WAHRIG
Dicionário semibilíngue
para brasileiros – Alemão

WAHRIG

Dicionário semibilíngue para brasileiros – Alemão

Organizado e atualizado
por Renate Wahrig-Burfeind

Tradução
Karina Jannini
Rita de Cássia Machado

SÃO PAULO 2011

WAHRIG

Der kleine WAHRIG Wörterbuch der deutschen Sprache

Na primeira edição desta obra, criada por Gerhard Wahrig e publicada pela primeira vez em 1978, colaboraram:

Prof. Dr. Gerhard Wahrig †
Veronika Bürki-von Planta, Kurt Cron,
Ulf Graefe, Dra. Gudrun Guckler,
Hildegard Krämer, Marta Kučerová,
Cornelia Lessenich-Drucklieb,
Irmgard Pflaum, Heide Rebel,
Stefan Wahrig, Charlotte Warnecke, entre outros.

Direção da reedição de 2007
Dra. Renate Wahrig-Burfeind
4.ª edição revista e atualizada

1.ª edição: 1978, Deutscher Taschenbuch Verlag GmbH & Co. KG, Munique
Título da edição original:
Wahrig, dtv-Wörterbuch der deutschen Sprache

O **WAHRIG Textkorpus**^{digital} foi elaborado e analisado do ponto de vista linguístico e tecnológico pela CLT Sprachtechnologie GmbH Saarbrücken.
Consultor linguístico e tecnológico:
Prof. Dr. Manfred Pinkal, Universidade de Saarland

A análise foi realizada com base nas edições atuais dos seguintes jornais e revistas: *Berliner Zeitung, BRAVO, FÜR SIE, Neue Zürcher Zeitung, Spektrum der Wissenschaft, Der Spiegel, Der Standard, Süddeutsche Zeitung* (licenciado pela DIZ München GmbH), entre outros.

Direção de projeto Felix Wenzel
Redação Michael Müller, omnibooks
Colaboração na redação Heike Krützfeldt
Layout Roman Bold & Black, Colônia

© 2007 Wissen Media Verlag GmbH
(anteriormente Bertelsmann Lexikon Verlag GmbH),
Gütersloh/Munique

Esta obra foi publicada originalmente em alemão com o título
WAHRIG – KOMPAKTWÖRTERBUCH DER DEUTSCHEN SPRACHE BY RENATE WAHRIG-BURFEIND
por Wissen Media – Verlag GmbH, Gütersloh/Munique
Copyright © 2002 Wissen Media Verlag GmbH, Gütersloh/Munique
Copyright © 2011, Editora WMF Martins Fontes Ltda.,
São Paulo, para a presente edição.

1ª edição 2011

Tradução Karina Jannini
Rita de Cássia Machado
Revisão e texto final Karina Jannini
Acompanhamento editorial Luzia Aparecida dos Santos
Revisão gráfica Rita de Cássia Machado
Produção gráfica Geraldo Alves
Paginação Studio 3 Desenvolvimento Editorial

Dados Internacionais de Catalogação na Publicação (CIP)
(Câmara Brasileira do Livro SP Brasil)

Wahrig : dicionário semibilíngue para brasileiros/alemão / organizado e atualizado por Renate Wahrig-Burfeind ; tradução Karina Jannini, Rita de Cássia Machado. - São Paulo : Editora WMF Martins Fontes, 2011.

Título original: Wahrig : Kompaktwörterbuch Der Deutschen Sprache
ISBN 978-85-7827-445-0

1. Alemão – Vocabulários e manuais de conversação – Português 2. Português – Vocabulários e manuais de conversação – Alemão I. Wahrig-Burfeind, Renate.

11-07310   CDD-438.24

Índices para catálogo sistemático:
1. Alemão : Guia de conversação : Linguística 438.24
2. Guia de conversação : Alemão : Linguística 438.24

Todos os direitos desta edição reservados à
Editora WMF Martins Fontes Ltda.
*Rua Prof. Laerte Ramos de Carvalho, 133
01325.030 São Paulo SP Brasil
Tel. (11) 3293.8150 Fax (11) 3101.1042
e-mail: info@wmfmartinsfontes.com.br
http://www.wmfmartinsfontes.com.br
www.wahrig-sprachberatung.de*

Prefácio à reedição de 2007

Como obra de referência, o *WAHRIG Wörterbuch der deutschen Sprache* é um dicionário de definições que registra o vocabulário básico da língua alemã. Contém mais de 25.000 verbetes, que, tanto no nível semântico quanto no gramatical, são detalhadamente descritos em todos os modos de emprego. A base do dicionário, criada em 1978 por Gerhard Wahrig, fez e continua fazendo parte da obra mais abrangente, intitulada *WAHRIG Deutsches Wörterbuch*.

A seleção das palavras para a elaboração de um vocabulário de base orienta-se, por um lado, pela frequência de seu uso e, por outro, por seu significado no cotidiano linguístico. Desse modo, o vocabulário de base reproduzido neste dicionário registra todas as palavras alemãs importantes e frequentemente empregadas, que pertencem à língua-padrão e não estão limitadas ao uso dialetal ou técnico. No dicionário, os termos combinados ou compostos, como são chamados, são registrados quando não podem ser entendidos diretamente a partir de seus elementos isolados. Vocábulos estrangeiros só são aceitos na lista de verbetes quando apresentam um alto grau de integração na língua alemã e, por conseguinte, quando são atribuídos ao vocabulário de base ou, ao longo da discussão sobre a reforma da ortografia alemã, foram tratados com frequência e acabaram por tornar-se "populares".

O vocabulário de base de uma língua é relativamente constante, contudo, não deixa de levar parcialmente em conta uma evolução linguística. Por essa razão, algumas palavras já não são usadas em determinadas expressões, uma vez que estas se tornaram ultrapassadas. Outras palavras recebem significados adicionais ou são empregadas em novos modelos de oração. Isso significa que os verbetes de um vocabulário de base também precisam ser regularmente atualizados, como foi feito para a presente reedição do *WAHRIG Wörterbuch der deutschen Sprache*.

O *Wörterbuch der deutschen Sprache* foi criado em 1978 por Gerhard Wahrig e é o primeiro dicionário da língua alemã a ser produzido com o auxílio do processamento eletrônico de dados. Nesse meio-tempo, a inclusão eletrônica e a reelaboração de dados é uma evidência não apenas na editoração, mas também em quase todos os campos da vida. Todavia, mesmo hoje a atualização da lista de verbetes de um dicionário baseado num *corpus* eletrônico como o *WAHRIG Textkorpus^{digital}*, de que dispõem a redação da editora e a autora, não é o padrão usual. Com base nesse *corpus*, foram discriminados para a presente reedição cerca de mil novos termos, que, devido à frequência de seu aparecimento na língua alemã, passaram a integrar a lista de verbetes. Além disso, para o trabalho lexicográfico, esse *corpus* textual foi de grande auxílio durante a atualização do inventário de verbetes existentes, uma vez que permitiu, entre outras coisas, o levantamento dos exemplos de emprego e dos modelos de oração que faltavam, bem como sua complementação nos verbetes já existentes.

A entrada em vigor da nova reforma ortográfica, em 1º de agosto de 2006, tornou necessária uma revisão profunda de toda a lista de verbetes. O dicionário foi inteiramente reelaborado de acordo com as novas regras ortográficas. Na presente reedição, são apresentadas todas as grafias e variantes válidas dos verbetes descritos. As principais inovações da reforma da ortografia alemã são comentadas nas "Informações sobre a nova ortografia alemã", no apêndice do dicionário.

Além da ortografia, um dicionário de definições também registra inúmeras outras categorias linguísticas. De especial importância, como a já mencionada designação de cada conceito, é a apresentação detalhada do significado ou da definição das palavras, razão pela qual o dicionário que traz o sentido das palavras também é denominado dicionário de definições. Todos os 25.000 verbetes do *Wörterbuch der deutschen Sprache* contêm informações precisas sobre ortografia, divisão silábica, pronúncia, acentuação e gramática. As definições são complementadas com todos os modelos usuais de oração e exemplos de emprego. Além disso, são indicados sinônimos, antônimos, conceitos semelhantes ou adicionais, bem como registro linguístico e áreas do conhecimento.

A concepção do dicionário e a estrutura dos verbetes estão descritas nas "Indicações de uso", nas quais também são esclarecidos em detalhes a inserção das novas grafias e o sistema de remissão das variantes. Para a presente reedição, o dicionário foi reformulado com base num *layout* bicolor, que facilita a clareza e a compreensão das informações oferecidas nesta obra.

Renate Wahrig-Burfeind

Prefácio à primeira edição de 1978

Este dicionário tem por objetivo apresentar, da maneira mais detalhada possível, a correlação entre as categorias gramaticais e o significado das expressões linguísticas (palavras e locuções), para que a separação metodológica, existente até o momento entre a descrição gramatical e a lexical de uma língua, seja superada.

Nas últimas décadas, tanto a linguística alemã quanto a internacional vêm se ocupando intensamente de questões sobre a forma e o conteúdo linguísticos. Durante décadas, as pesquisas sobre o conteúdo dos signos linguísticos foram um domínio da linguística alemã; desde o final dos anos 60, elas também passaram a ser discutidas com mais detalhes do que nos anos anteriores pela linguística internacional. Vinculada a esse fato está a tentativa de empregar, em medida maior do que nos últimos cem anos, métodos logicamente consistentes na apresentação das gramáticas de cada língua. Nesse pano de fundo, caracterizado pelos lugares-comuns "gramática gerativo-transformacional", "estruturalismo" e "pesquisa sobre o conteúdo linguístico", torna-se compreensível que, nas escolas, os professores busquem recursos de ensino e obras de consulta nos quais esses modelos da descrição da língua sejam empregados.

Este dicionário é a tentativa de utilizar os resultados da discussão, obtidos até agora, para apresentar o vocabulário alemão.

Por conseguinte, ele traz informações sobre:
1. as diferentes formas das palavras, tais como elas são expressas na flexão dos substantivos, adjetivos, pronomes e verbos;
2. as diferentes possibilidades de empregar uma palavra no contexto das regras sintáticas da língua alemã;
3. as diferentes situações em que uma expressão linguística pode aparecer;
4. as diferentes palavras com as quais um verbete pode ser apresentado e, dependendo das circunstâncias, exprimir outro conteúdo.

Portanto, o dicionário contém não apenas as palavras com a indicação de todas as suas possíveis acepções; ele também indica em quais situações uma palavra com determinado significado pode ser empregada de maneira adequada. Evidentemente, nele também estão contidas outras informações esperadas de um dicionário, como aquelas referentes a:

5. ortografia;
6. divisão silábica;
7. acentuação e pronúncia;
8. estilo;
9. uso oral;
10. uso técnico.

Para este dicionário, foram selecionadas as palavras alemãs (incluídas aquelas chamadas de "estrangeiras") que não devem ser vistas como dialetais ou técnicas em todos os seus significados e usos, ou que não devem ser atribuídas a um estilo particularmente elevado, ou ainda cujo significado – por exemplo, em palavras compostas

– não resulta de seus componentes. A esses critérios correspondem cerca de 16.000 verbetes, que foram detalhadamente descritos com todos os seus significados. Entre outras coisas, deu-se especial importância a pronomes, advérbios e preposições, que têm uma função preponderantemente gramatical. A descrição lexicográfica desses vocábulos é mais detalhada do que o já feito até agora e fornece um grande número de informações adicionais aos dicionários existentes – incluído o *Deutsches Wörterbuch* (Gütersloh, Bertelsmann, 1966; reedição, 1975), mais abrangente e organizado por mim, e que serviu de base para a presente obra.

Todos os verbetes contidos neste dicionário foram revistos segundo pontos de vista diferentes daqueles usados no *Deutsches Wörterbuch*, constituindo, assim, uma evolução dessa obra. Os princípios linguísticos, teóricos e metodológicos empregados na revisão deste dicionário foram esclarecidos em detalhes em minha *Anleitung zur grammatisch-semantischen Beschreibung lexikalischer Einheiten* [Introdução à descrição semântico-gramatical de unidades lexicais] (Tübingen, Niemeyer, 1973). Vocábulos que auxiliam o esclarecimento (a definição) receberam atenção especial, sendo apresentados como verbetes e igualmente esclarecidos. Para satisfazer essa exigência, também foram empregados métodos da linguística computacional.

Este dicionário destina-se a todos aqueles que pretendem fazer uso adequado da língua alemã, especialmente às pessoas que produzem texto, como secretárias, empresários, redatores, publicitários, tradutores e intérpretes, e, de modo geral, àquelas para as quais é importante expressar-se correta e inequivocamente.
A obra é de especial interesse para todos os que pretendem conhecer melhor sua língua materna ou estudar e ensinar o alemão como língua estrangeira.

Agradeço a todos os colaboradores mencionados nos créditos o esforço dedicado à reelaboração desta obra. Além deles, meu agradecimento vale para todos os usuários, colegas e amigos, bem como para os que participaram de meus cursos na Universidade de Mainz e que chamaram minha atenção para a possibilidade de aperfeiçoar o *Deutsches Wörterbuch* (reedição, 1975), discutindo comigo o método praticado na elaboração do dicionário.

Nesta obra descreveu-se pela primeira vez uma parte mais extensa do vocabulário alemão com o auxílio de um método semântico-gramatical integrado. É natural que, numa iniciativa de tal complexidade, muitos detalhes ainda possam ser complementados ou que princípios metodológicos possam ser alterados. Tanto a editora quanto o organizador serão gratos a todas as pessoas que lhes participarem suas observações, levantadas com a utilização do dicionário.

Gerhard Wahrig

SUMÁRIO

V	**Prefácio à reedição de 2007**
VII	**Prefácio à primeira edição de 1978**

X	**Indicações de uso**
XVIII	**Tabela dos símbolos fonéticos**

XIX	**Tabelas sobre morfologia e sintaxe**
XIX	Declinação dos substantivos e dos pronomes
XXI	Declinação dos adjetivos e dos pronomes indefinidos
XXIII	Modelos de oração para adjetivos
XXVI	**Tabela das conjugações**
XXXVI	Modelos de oração para verbos

XL	**Abreviaturas e símbolos**

1	**DICIONÁRIO**

1285	**Informações sobre a nova ortografia alemã**

Indicações de uso

Os verbetes deste dicionário foram elaborados de acordo com um sistema uniforme, que é explicado e ilustrado como segue:

1. Ordenação dos verbetes:

A *ordenação dos verbetes* orienta-se rigorosamente pelo alfabeto, dispondo as vogais com trema *(ä, ö, ü)* do mesmo modo como as vogais sem trema; em contrapartida, *ae, oe* e *ue* têm valor de duas vogais. O *Eszett (ß)* é tratado como duplo *s*. Por exemplo:

>aussehen
>außen
>äußerlich
>aussetzen

Expressões contendo mais de um componente devem ser consultadas pelo primeiro vocábulo portador de significado. Por exemplo, a expressão "absolute Mehrheit" deve ser consultada na entrada "absolut". No segundo componente de tal expressão encontra-se frequentemente uma remissão ao primeiro ("→ a.").
Também são ordenados alfabeticamente os acrônimos *(AIDS)*, as abreviações *(Lkw)* e as abreviaturas *(bzw.)*.

2. Ortografia

Em 1º de julho de 1996, assinou-se um acordo por uma reforma da ortografia alemã, que passou a ser posta em prática em 1º de agosto de 1998. O período de transição, durante o qual tanto a antiga quanto a nova grafia tinham validade, terminou em 1º de agosto de 2006, após nova revisão das regras ortográficas pelo "Conselho para a ortografia alemã" e com a entrada em vigor das regras definitivas. No que se refere à ortografia, o *Dicionário compacto da língua alemã* foi inteiramente revisto e atualizado. Nas "Informações sobre a nova ortografia alemã" são esclarecidas as novas regras ortográficas (cf. pp. 1285 ss.). Na presente edição, todas as novas formas de grafia são destacadas em cinza, como os termos aufwändig, Beschluss e hoch gespannt.

Em muitos casos, há variantes de escrita, que, em princípio, devem ser consideradas de igual valor e são indicadas com a referência *auch:*. Não se faz distinção entre variantes principais ou secundárias. Mantida a ordem alfabética das entradas dos verbetes, os novos modos de escrita são apresentados ao lado dos antigos que ainda são válidos. Isso se refere tanto às variantes das maiúsculas e minúsculas quanto à escrita unida ou separada, bem como aos termos com hífen. (O mesmo também vale para a divisão silábica, cf. 4.1):

>**aber|hun|dert** *auch*: **Aber|hun|dert**
>**Al|lein|er|zie|hen|de(r)** *auch*: **al|lein Er|zie|hen|de(r)**
>**laub|tra|gend** *auch*: **Laub tra|gend**
>**laut||wer|den** *auch*: **laut wer|den**
>**Lay-out** *auch*: **Lay|out**

Quando os novos modos de escrita não podem ser acrescentados ao verbete existente por contrariarem a ordem alfabética ou por substituírem a antiga ortografia, recebem sua própria entrada. Por exemplo:

>**Gäm|se** ⟨f.; -, -n; Zool.⟩ *zu den Antilopen gehörendes Horntier von etwa 75 cm Schulterhöhe u. ziegenähnlicher Gestalt in den höheren Lagen der Alpen, Pyrenäen, Abruzzen, des Kaukasus u. Kleinasiens: Rupicapra rupicapra*

Formas ortográficas antigas que se tornaram inválidas após a nova ortografia são apresentadas quando, no dicionário, aparecem em ordem alfabética diferente do novo modo de escrita. Por exemplo:

>**da||sein** ⟨alte Schreibung für⟩ *da sein*
>**Gem|se** ⟨alte Schreibung für⟩ *Gämse*
>**Sten|gel** ⟨alte Schreibung für⟩ *Stängel*

Nesta reedição, o texto do verbete, que abrange a explicação do significado, ou seja, definições e exemplos de emprego, também foi inteiramente adaptado à nova ortografia, válida desde 1º de agosto de 2006. Em locuções ou exemplos de emprego dentro do texto dos verbetes, a nova grafia é destacada em cinza. Além disso, todas as variantes de grafia são marcadas por uma barra oblíqua, como nos exemplos seguintes:

SUMÁRIO

V Prefácio à reedição de 2007
VII Prefácio à primeira edição de 1978

X Indicações de uso
XVIII Tabela dos símbolos fonéticos

XIX **Tabelas sobre morfologia e sintaxe**
XIX Declinação dos substantivos e dos pronomes
XXI Declinação dos adjetivos e dos pronomes indefinidos
XXIII Modelos de oração para adjetivos
XXVI **Tabela das conjugações**
XXXVI Modelos de oração para verbos

XL **Abreviaturas e símbolos**

1 **DICIONÁRIO**

1285 Informações sobre a nova ortografia alemã

Indicações de uso

Os verbetes deste dicionário foram elaborados de acordo com um sistema uniforme, que é explicado e ilustrado como segue:

1. Ordenação dos verbetes:

A *ordenação dos verbetes* orienta-se rigorosamente pelo alfabeto, dispondo as vogais com trema *(ä, ö, ü)* do mesmo modo como as vogais sem trema; em contrapartida, *ae, oe* e *ue* têm valor de duas vogais. O *Eszett (ß)* é tratado como duplo *s*. Por exemplo:

> aussehen
> außen
> äußerlich
> aussetzen

Expressões contendo mais de um componente devem ser consultadas pelo primeiro vocábulo portador de significado. Por exemplo, a expressão "absolute Mehrheit" deve ser consultada na entrada "absolut". No segundo componente de tal expressão encontra-se frequentemente uma remissão ao primeiro ("→ a.").
Também são ordenados alfabeticamente os acrônimos *(AIDS)*, as abreviações *(Lkw)* e as abreviaturas *(bzw.).*

2. Ortografia

Em 1º de julho de 1996, assinou-se um acordo por uma reforma da ortografia alemã, que passou a ser posta em prática em 1º de agosto de 1998. O período de transição, durante o qual tanto a antiga quanto a nova grafia tinham validade, terminou em 1º de agosto de 2006, após nova revisão das regras ortográficas pelo "Conselho para a ortografia alemã" e com a entrada em vigor das regras definitivas. No que se refere à ortografia, o *Dicionário compacto da língua alemã* foi inteiramente revisto e atualizado. Nas "Informações sobre a nova ortografia alemã" são esclarecidas as novas regras ortográficas (cf. pp. 1285 ss.). Na presente edição, todas as novas formas de grafia são destacadas em cinza, como os termos aufwändig, Beschluss e hoch gespannt.

Em muitos casos, há variantes de escrita, que, em princípio, devem ser consideradas de igual valor e são indicadas com a referência *auch:*. Não se faz distinção entre variantes principais ou secundárias. Mantida a ordem alfabética das entradas dos verbetes, os novos modos de escrita são apresentados ao lado dos antigos que ainda são válidos. Isso se refere tanto às variantes das maiúsculas e minúsculas quanto à escrita unida ou separada, bem como aos termos com hífen. (O mesmo também vale para a divisão silábica, cf. 4.1):

> aber|hun|dert *auch*: Aber|hun|dert
> Al|lein|er|zie|hen|de(r) *auch*: al|lein Er|zie|hen|de(r)
> laub|tra|gend *auch*: Laub tra|gend
> laut|wer|den *auch*: laut wer|den
> Lay-out *auch*: Lay|out

Quando os novos modos de escrita não podem ser acrescentados ao verbete existente por contrariarem a ordem alfabética ou por substituírem a antiga ortografia, recebem sua própria entrada. Por exemplo:

> Gäm|se ⟨f.; -, -n; Zool.⟩ *zu den Antilopen gehörendes Horntier von etwa 75 cm Schulterhöhe u. ziegenähnlicher Gestalt in den höheren Lagen der Alpen, Pyrenäen, Abruzzen, des Kaukasus u. Kleinasiens: Rupicapra rupicapra*

Formas ortográficas antigas que se tornaram inválidas após a nova ortografia são apresentadas quando, no dicionário, aparecem em ordem alfabética diferente do novo modo de escrita. Por exemplo:

> da‖sein ⟨alte Schreibung für⟩ *da sein*
> Gem|se ⟨alte Schreibung für⟩ *Gämse*
> Sten|gel ⟨alte Schreibung für⟩ *Stängel*

Nesta reedição, o texto do verbete, que abrange a explicação do significado, ou seja, definições e exemplos de emprego, também foi inteiramente adaptado à nova ortografia, válida desde 1º de agosto de 2006. Em locuções ou exemplos de emprego dentro do texto dos verbetes, a nova grafia é destacada em cinza. Além disso, todas as variantes de grafia são marcadas por uma barra oblíqua, como nos exemplos seguintes:

X

Entrada do verbete

Abend ⟨m.; -s, -e⟩ ... jmdm. guten/Gu-
ten ~ sagen, wünschen ...
arm ⟨Adj. 22⟩ ... Arm und Reich jeder-
mann
Hand ⟨f.; -, Hän|de⟩ ... ~ breit = Hand-
breit; ... ~ voll = Handvoll
Haus ⟨n.; -es, Häu|ser⟩ ... er ist nir-
gends zu ~e/zuhause ...

A alteração do ß após vogal breve para ss nos verbos
também foi destacada nos exemplos, como em:

durch‖schie|ßen¹ ⟨V. 211/500 od. 511⟩
eine **Kugel**, einen Pfeil ... *(durch etwas)
hindurchsenden*; er schoss den Pfeil durch
den Apfel
fas|sen ⟨V.⟩ ... fass! *(Befehl an den Hund)*;
... Angst, Ekel, Entsetzen fasste uns bei
diesem Anblick ...

3. Fontes usadas no dicionário

O emprego sistemático de diferentes escritas é
um fator importante na estruturação da infor-
mação oferecida por um dicionário. Nesta obra,
foram utilizados os seguintes tipos de escrita:

negrito/**negrito**	para as entradas e as palavras--chave em expressões idiomáticas
redondo	para as expressões idiomáticas
redondo entre ⟨ ⟩	para dados gramaticais e esclarecimentos adicionais
redondo entre [ ]	para a transcrição fonética internacional
itálico	para as explicações dos significados
cinza	para nova ortografia
azul	para a tradução

Creme ⟨[kreːm] f.; -, -s⟩ oV *Krem*,
Kreme **1** *steife, die Form haltende, schlag-
sahne- od. salbenähnliche Flüssigkeit* 1.1
*feine, mit Sahne zubereitete Süßspeise
als Füllung für Süßigkeiten u. Torten*;
~*schnittchen* 1.2 *Hautsalbe* **2** ⟨unz.;
fig.⟩ *das Erlesenste* 2.1 *die ~ der* **Gesell-
schaft** *gesellschaftliche Oberschicht*

4. Entrada do verbete

A entrada de cada verbete é marcada em **ne-
grito** e seguida pelas informações gramaticais

entre os símbolos ⟨ ⟩. Para cada nova entrada
inicia-se uma nova linha. Quando podem ser
atribuídos a uma etimologia comum, vocábulos
com mais de um significado e grafia igual (os
chamados "polissêmicos") são, em regra, reuni-
dos em um único verbete. Assim, por exemplo,
o vocábulo **Birne** (Frucht/Glühkörper) recebe
apenas uma entrada (cf. também o item 7). Em
contrapartida, palavras homófonas de etimolo-
gia distinta (os chamados "homônimos") rece-
bem mais de uma entrada. Por exemplo: **Ball¹**,
Ball² ou **nicken¹**, **nicken²** e **nicken³**. Quando
várias entradas em negrito encontram-se uma
após a outra na mesma linha, isso significa que
possuem o mesmo significado, mas podem ser
escritas de maneira distinta. Essas palavras são
caracterizadas como variantes ortográficas; po-
rém, só aparecem na mesma linha quando apre-
sentam o mesmo número de letras e podem ser
mantidas na sequência alfabética dos verbetes.
Quando as variantes ortográficas não possuem
número igual de letras, como é o caso de **Schi** e
Ski, procede-se de outro modo (cf. item 7.5.2).
Novas variantes de escrita são sempre destaca-
das em cinza, o que não ocorre com as divisões
silábicas. Por exemplo:

aber|hun|dert *auch:* **Aber|hun|dert**
ste|hen‖blei|ben *auch:* **ste|hen
blei|ben**
Zy|pres|se *auch:* **Zyp|res|se**

4.1 Divisão silábica

Na entrada do verbete também é marcada a di-
visão silábica ou do vocábulo. Para destacá-la,
são usados os símbolos | e ‖, como nos exemplos
seguintes:

da|zwi|schen (na divisão silábica: *da-
zwi-schen*)
da|von‖lau|fen (na divisão silábica:
da-von-lau-fen)

Nos verbos, o duplo traço vertical ‖ indica que
o prefixo é separável (por exemplo: *davonlaufen*,
mas: *ich laufe davon*).
Note-se que a divisão silábica também pode mu-
dar com o acréscimo da terminação das flexões.
Por exemplo: *Tag, Tage* (na divisão silábica: *Ta-ge*).

4.1.1 A divisão silábica após as novas regras

Nas "Informações sobre a nova ortografia alemã"
(pp. 1285 ss.), as regras válidas para a divisão
silábica são esclarecidas em detalhes. Todos os

XI

Indicações de uso

verbetes são apresentados de acordo com as novas regras de separação. A divisão de vogais isoladas só é possível no meio das palavras, e não em seu início ou fim. Algumas palavras apresentam mais de uma variante de separação, que é indicada nos verbetes correspondentes. Como nos casos de grafias alteradas, as divisões silábicas antigas (desde que ainda válidas) e novas são apresentadas lado a lado, como nos exemplos seguintes:

> Ak|ro|bat
> Fens|ter
> ein|an|der *auch:* ei|nan|der
> Ka|bri|o|lett *auch:* Kab|ri|o|lett
> Ko|a|li|ti|on
> na|ti|o|nal
> Zu|cker
> Zys|te

Poucas palavras contêm três variantes de separação, como **Mu|sik|in|stru|ment** *auch:* **Mu|sik|ins|trument** *auch:* **Mu|sik|inst|ru|ment**. Em princípio, devem-se evitar essas separações equívocas. No entanto, como em ocorrências isoladas uma avaliação subjetiva pode levar a interpretar uma separação como responsável ou não pela alteração do sentido, na maioria dos casos apresentaram-se todas as possibilidades de separação.

Por razões de extensão e clareza, divisões silábicas adicionais que se referem a um número maior de verbetes em ordem alfabética são indicadas em caixas de informação. Os relativos verbetes são marcados com um losango:

> ♦ Die Buchstabenfolge **her|ein...** kann auch **he|rein...** getrennt werden.

> ♦ **her|ein** ⟨Adv.⟩ oV ⟨umg.⟩ *rein*² **1** *von (dort) draußen nach (hier) drinnen;* von draußen ~; → a. *hinein (1)* **2** ~! (Aufforderung zum Eintreten ins Zimmer) *(bitte) eintreten, hereinkommen!;* nur ~!; immer ~!; ~, ohne anzuklopfen (Aufschrift auf Türschildern in Ämtern, Behörden usw.)
> ♦ **her|ein...** ⟨Vorsilbe; in Zus. mit Verben betont u. trennbar⟩ *von (dort) draußen nach (hier) drinnen (zum Sprecher hin)* ⟨umg.⟩; hereinbitten, hereinholen, hereinlassen, hereinregnen, hereintreten

4.2 Acentuação

Na maioria dos verbetes, a acentuação é indicada na própria entrada, na qual vogais longas (modificadas ou não por metafonia [*Umlaut*]) ou ditongos são sublinhados (por exemplo, **e̱**), e vogais breves (modificadas ou não por metafonia [*Umlaut*]) recebem um ponto em sua base (por exemplo, **ẹ**):

> a̱b|bla|sen
> At|trak|ti|o̱n
> Ei̱|che
> fịns|ter

Quando houver uma variação de sílaba tônica, a acentuação alternativa é colocada entre colchetes, após a entrada. Por exemplo:

> **ak|tiv** ⟨a. ['--] Adj.⟩ (a. = auch)
> **un|er|hört** ⟨a. ['---] Adj.⟩

Nos estrangeirismos, a acentuação também é um critério para que sejam grafados em um ou mais vocábulos. Assim, os adjetivos e substantivos derivados do inglês são escritos em uma só palavra quando o acento recai apenas em seu primeiro componente. São escritos separadamente quando ambos os componentes são acentuados. Como nesse caso a pronúncia pode variar, nas entradas correspondentes são indicadas ambas as possibilidades. Por exemplo:

> **Hard|rock** ⟨[ha̱:d-]⟩ *auch:* **Hard Rock** ⟨m.; (-) - od. (-) -s; unz.⟩ *Stilrichtung der Rockmusik, für die extreme Lautstärke u. starke Betonung des gleichbleibenden Rhythmus charakteristisch sind*

– mas apenas separadamente, uma vez que ambas as palavras são acentuadas:

> **Grand Slam** ⟨[grænd slæm] m.; - - od. - -s, - -s; Sp.; Tennis⟩ *Sieg eines Spielers in den australischen, französischen, englischen u. US-amerikanischen Meisterschaften innerhalb eines Jahres;* der Spieler verpasste den ~

– mas apenas em um vocábulo, uma vez que só o primeiro componente da palavra é acentuado:

> **Hard|ware** ⟨[ha̱:dwɛːr] f.; -; unz.; EDV⟩ *die technischen Bestandteile einer EDV-Anlage;* Ggs *Software*

Dados gramaticais

Quando a pronúncia é indicada em um verbete – como nos estrangeirismos apresentados acima –, a acentuação é igualmente marcada entre colchetes; cf. também 4.3.

4.3 Pronúncia

A pronúncia é indicada em vocábulos que apresentam dificuldades de articulação. É o que ocorre, principalmente, nos termos estrangeiros. A pronúncia é dada entre colchetes com os símbolos internacionais de transcrição fonética (cf. tabela da p. XVIII). Nesse caso, a acentuação é igualmente marcada entre colchetes. Exemplos:

> Ce|vap|ci|ci *auch:* Će|vap|či|ći ⟨[tʃevaptʃitʃi] Pl.⟩
> non|cha|lant ⟨[nɔ̃ʃalãː] Adj.⟩
> Pa|per ⟨[pɛɪpə(r)] n.; -s, -⟩

Quando a pronúncia é dada apenas para uma parte do vocábulo, o restante dele é indicado com hífen, como em:

> äqui|va|lent ⟨[-va-] Adj. 24⟩
> ar|cha|isch ⟨[-çaː-] Adj.⟩
> chro|ma|tisch ⟨[kro-] Adj. 24⟩
> Ves|per ⟨[fɛs-] f.; -, -n⟩

5. Dados gramaticais

Os dados gramaticais são sempre apresentados entre os símbolos ⟨ ⟩. Com exceção dos substantivos, que são reconhecíveis por serem escritos com letra inicial maiúscula, todos os outros verbetes recebem a indicação de sua classe gramatical.

5.1 Substantivos

Nos substantivos, essa indicação se dá pelo gênero gramatical: m. = Maskulinum (masculino), f. = Femininum (feminino), n. = Neutrum (neutro). Em seguida, são apresentados o genitivo do singular (2º caso singular) e o nominativo do plural (1º caso plural). Exemplos:

> Blei[1] ⟨m.; -(e)s, -e; Zool.⟩
> Ga|la|xis ⟨f.; -, -xi|en; Astron.⟩
> Va|ter ⟨m.; -s, Vä|ter⟩

Nas declinações adjetivais ou nominais dos substantivos, remete-se aos números 1–3 nas tabelas 1–3. Nelas se encontram os modelos correspondentes à declinação. Por exemplo:

> Al|lein|er|zie|hen|de(r) *auch:* al|lein
> Er|zie|hen|de(r) ⟨f. 2 (m.1)⟩

No modelo de declinação nº 7, o emprego de formas do plural é ilustrado com indicações de medida e quantidade.

> Pfund ⟨n. 7; -(e)s, -e⟩

Além disso, substantivos "incontáveis", ou seja, que não formam plural, recebem a abreviatura "unz." (*unzählbar*). Por sua vez, outros vocábulos não possuem singular, como é o caso de "Leute". Estes são indicados com a expressão "nur Pl.". Muitos termos são incontáveis em uma de suas acepções, mas em outra possuem plural. Neste último caso, são precedidos pela abreviatura "zählb.".

5.2 Adjetivos

Os adjetivos costumam ser declinados e ter seu grau alterado de acordo com os números 10 e 21 ou 11 das tabelas. Casos particulares são indicados com os números 22–26. Em geral, podem ser empregados dentro de uma oração de modo atributivo, predicativo ou adverbial (cf. números 30–40 das tabelas). Como atributos, são declinados, mas quando forem predicativos e adverbiais, permanecem inalterados. Limitações dessas três possibilidades são observadas nos números 40–90 das tabelas. Nesses casos, também se indica se um adjetivo requer uma complementação especial.

> an|geb|lich ⟨Adj. 24⟩ **1** ⟨60⟩ *vermeintlich, vorgeblich;* der ~e Verfasser des Buches **2** ⟨80⟩ *wie man behauptet, vorgibt;* er hat sich ~ nicht gemeldet; er ist ~ Musiker

5.3 Verbos

Nos verbetes sobre verbos, a classe gramatical é seguida por alguns números, que indicam: 1) a conjugação do verbo e 2) o(s) modelo(s) de oração a que tal verbo pertence.

A conjugação

Verbos de conjugação fraca são considerados regra e, portanto, não são remetidos à tabela. No entanto, podem ser consultados no número 100 da p. XXVI. Se o verbo for seguido por um número entre 101 e 294, ele será de conjugação forte, mista ou irregular. As formas de conjugação podem ser consultadas nas páginas XXVI–XXXV junto a seus respectivos números. Exemplos:

XIII

Indicações de uso

ba|cken¹ ⟨V. 101⟩
her|an‖ge|hen ⟨V. 145(s.)⟩
schlie|ßen ⟨V. 222⟩

A maioria dos verbos forma o *Perfekt* com "haben". Como isso pode ser considerado regra, indicaram-se apenas os casos excepcionais. Verbos que formam o *Perfekt* com "sein" são indicados com (s.). Verbos que podem formar o *Perfekt* tanto com "haben" quanto com "sein" são marcados com (h. od. s.).

Os modelos de oração

Verbos de conjugação fraca recebem logo em seguida a indicação "V.". Verbos de conjugação forte recebem, depois do número de remissão à conjugação e de uma barra oblíqua (/), um número entre 300 e 850, bem como, eventualmente, uma combinação de Vr com os números 1–8. Com eles se remete aos modelos de oração nas tabelas das pp. XXXVI ss. Esses modelos descrevem com quais complementos (objetos e adjuntos adverbiais) o verbo pode formar uma oração considerada gramaticalmente completa e correta. Neles são indicados: 1) elementos obrigatórios da oração, ou seja, aqueles que são necessários para produzir uma oração gramaticalmente correta com o referido verbo; e 2) elementos facultativos da oração (entre parênteses), ou seja, aqueles objetos que podem aparecer na forma indicada na oração, mas que não são necessários para formar uma oração gramaticalmente correta. Dentro do modelo de oração, a sequência dos elementos é aleatória.

Em princípio, além dos elementos obrigatórios e facultativos, na oração alemã é possível empregar quantas especificações livres (adjuntos adverbiais e atributos) forem desejadas (ver abaixo).

Distinguiram-se os seguintes adjuntos adverbiais:

1. Adl/lok — lugar
2. Adl/temp — tempo
3. Adl/art — modo
4. Adl/kaus — causa
5. Adl/fin — finalidade, objetivo
6. Adl/instr — meio
7. Adl/junkt — concomitância
8. Adl/äquiv — equivalência

her|um‖fah|ren ⟨V. 130⟩ **1** ⟨411(s.)⟩ **um etwas** ~ *rundherum fahren, im Kreis um etwas fahren;* Sie müssen um die Stadt ~ **2** ⟨400(s.) od. 500(h.)⟩ **(jmdn. od. etwas)** ~ *planlos, ziellos (jmdn.) umherfahren, spazieren fahren;* wir sind ein wenig in der Stadt herumgefahren; er fuhr mit seinem neuen Auto in der Gegend herum; wir haben ihn in der Stadt herumgefahren **3** ⟨416(s.)⟩ **mit den Händen** in der Luft ~ ⟨umg.⟩ *gestikulieren, ziellose Bewegungen machen* 3.1 sich mit den Händen im Gesicht ~ *ziellos übers G. wischen* **4** ⟨400(s.); umg.⟩ *sich jäh nach jmdm. od. etwas umdrehen;* als sie hereinkam, fuhr er vor Schreck herum

6. Registro linguístico e área de conhecimento

Em princípio, palavras e locuções que não recebem nenhuma indicação especial podem ser consideradas pertencentes à norma culta padrão. Em contrapartida, aquelas com alguma marcação especial referem-se a:

1. **Limitações da área linguística**
   Há palavras e locuções que são comuns apenas na Áustria, na Suíça, na área de determinado dialeto ou em certas regiões. Vocábulos usados sobretudo na área linguística da ex-RDA ou dela oriundos também são respectivamente caracterizados.

2. **Delimitação do registro linguístico**
   O *Dicionário compacto da língua alemã* contém essencialmente tanto os vocábulos pertencentes à norma culta padrão quanto aqueles relativos ao registro coloquial. Enquanto a norma culta padrão é relevante especialmente para o uso oficial e escrito do alemão, o registro coloquial, de tom mais informal, designa a língua oral (cf., por exemplo, a forma coloquial *(Geld) verplempern* e aquela pertencente à norma culta padrão *(Geld) vergeuden*). Vocábulos interpretados como pertencentes ao registro coloquial são devidamente caracterizados com ⟨umg.⟩ (por exemplo, *Glotze, Schampus* etc.). À língua vulgar ⟨derb⟩ são atribuídas as palavras e locuções que se referem, sobretudo, aos atos de alimentação e defecação, bem como ao sexo, ou que incorrem em comparações com esses campos e, ao mesmo tempo, encerram certo tabu. Do ponto de vista estilístico, acima da norma culta padrão

encontram-se ainda o nível literário, marcado pela indicação ⟨poet.⟩, como o termo *Ross* em relação a *Pferd*, e o modo elevado de expressão ⟨geh.⟩. Outras designações de estilo são dadas pelas indicações ⟨scherzh.⟩ (irônico), ⟨fig.⟩ (sentido figurado) etc.

3. **Linguagens especiais ou jargão**
   Designam o código linguístico de determinados grupos sociais ou profissionais. Por exemplo: ⟨Schülerspr.⟩ (linguagem estudantil), ⟨Kaufmannspr.⟩ (linguagem comercial), ⟨Seemannsspr.⟩ (linguagem de marinheiros) etc.

4. **Linguagens técnicas**
   Referem-se a determinada área do conhecimento, na qual vocábulos ou expressões idiomáticas são empregadas. Por exemplo: ⟨EDV⟩ (informática), ⟨Med.⟩ (medicina), ⟨Rechtsw.⟩ (jurisprudência), ⟨Soziol.⟩ (sociologia) etc.
   As abreviaturas correspondentes estão listadas na tabela "Abreviaturas e símbolos" (pp. XL ss.).

7. A estrutura de um verbete

O seguinte princípio básico foi empregado na construção dos verbetes:

1. **entrada do verbete**, eventualmente variantes ortográficas adicionais (incluindo informações sobre a divisão silábica e a acentuação);
2. ⟨ ⟩ informações gramaticais, área linguística e registro de língua;
3. *explicação do vocábulo*;
4. expressões idiomáticas, exemplos de emprego;
5. **tradução**.

7.1 Vocábulos polissêmicos

Apesar de terem a mesma etimologia e a mesma flexão, ao contrário dos homônimos, muitas palavras possuem duas ou mais acepções. São chamadas de polissêmicas. Para fazer uma separação clara entre essas diferentes acepções dentro de um verbete, cada uma delas recebe um número em negrito (**1**, **2** etc.). A ordenação de cada acepção tem por base os seguintes princípios:

1. Coordenação
Se um vocábulo tiver duas ou mais acepções independentes uma da outra, estas recebem os números 1, 2 etc. Por exemplo:

A estrutura de um verbete

un|wirt|lich ⟨Adj.⟩ Ggs *wirtlich* **1** *ungastlich, unfreundlich;* ein ~es Haus **2** *einsam, unfruchtbar;* eine ~e Gegend **3** *regnerisch u. kalt;* ~es Wetter

2. Subordinação
Se houver uma ligação estreita entre os conteúdos de duas (ou mais) acepções, estas serão subordinadas à acepção mais abrangente por meio de números no segundo (ou terceiro) lugar: 1, 1.1, 1.2, 1.2.1 etc. Exemplo:

Bru|der ⟨m.; -s, Brü|der⟩ **1** *von demselben Elternpaar abstammender männlicher Verwandter;* ich habe noch einen ~; er ist ihr ~; mein älterer, großer, kleiner, jüngerer, leiblicher ~; der ~ mütterlicherseits, väterlicherseits; der Schlaf ist der ~ des Todes ⟨poet.⟩ **2** *Freund, Genosse, Mitglied derselben Vereinigung od. Gemeinschaft;* Bundes~, Kegel~, Vereins~ **2.1** das Gemälde ist unter Brüdern 500 Euro wert ⟨umg.⟩; *billig gerechnet in ehrlichem, freundschaftlichem Handel* **2.2** Mönch; Kloster~, Laien~, Ordens~; Barmherzige Brüder; geistlicher ~ **2.3** *Kamerad, Kerl;* ein finsterer ~ **2.3.1** gleiche Brüder, gleiche Kappen ⟨Sprichw.⟩ *einer wie der andere, gleich u. gleich gesellt sich gern* **2.3.2** ~ **Liederlich** ⟨umg.; scherzh.⟩ *liederlicher, unordentlicher Bursche (bes. als Anrede)* **2.3.3** ~ **Saufaus** ⟨umg.; scherzh.⟩ **2.3.4** ~ **Trunkenbold** *(bes. als Anrede)* **2.3.4** ~ **Lustig** ⟨umg.; scherzh.⟩ *lustiger Mensch* → a. *nass (3), warm (5).*

7.2 Os símbolos ⟨ ⟩ e as posições das acepções

Os símbolos ⟨ ⟩ podem aparecer após a entrada ou após o número de um vocábulo polissêmico. Quando aparecem logo após uma entrada, seu conteúdo vale para o verbete inteiro e, portanto, para todas as acepções. Quando aparecem após um número, seu conteúdo vale apenas para a acepção que o segue. Por exemplo:

ver|ges|sen ⟨V. 275/500⟩ **1** jmdn. od. **etwas** ~ *aus dem Gedächtnis verlieren, sich nicht mehr an jmdn. od. etwas erinnern, nichts mehr von jmdm. od. etwas wissen;* ich habe vergessen, was ich sagen wollte; ich habe seinen Namen, seine Adresse ~; ich vergesse leicht, schnell; diesen Vorfall hatte ich schon völlig ~; ich habe das Gelernte schon wieder ~; du musst versuchen, das zu ~; vergiss uns nicht! **1.1** den Vergessen anheimfallen *mit der Zeit in Vergessenheit geraten* **1.2** manche Werke dieses Schriftstellers sind heute ~ *kennt man heute nicht mehr* **1.3** ⟨530⟩ das werde ich dir nie ~! *ich werde immer daran denken, dass du das getan hast* **1.4** das kannst du ~! ⟨umg.⟩ *das ist erledigt, daraus wird nichts* **2** etwas ~ *an etwas (was man sich vorgenommen hat) nicht denken u. es (deshalb) nicht ausführen;* ich habe ~, Geld mitzunehmen; oh, das hab' ich ganz ~!;

XV

Indicações de uso

vergiss über dem Erzählen die Arbeit nicht!; nicht zu ~ ... (bei Aufzählungen); mir gefällt an ihm seine Kameradschaftlichkeit, seine Offenheit und, nicht zu ~, seine Liebe zu Kindern **2.1** ⟨800⟩ auf etwas ~ ⟨oberdt.⟩ *etwas (zu tun) versäumen* **3** *etwas ~ versentlich liegen, stehen lassen;* ich habe meinen Schirm bei euch ~*;* ich habe meine Uhr ~*;* er vergisst noch mal seinen Kopf! ⟨umg.; scherzh.⟩ **4** ⟨Vr 3⟩ **sich** ~ *unüberlegt sein, einer Gefühlsaufwallung nachgeben;* wie konnte er sich so weit ~, so etwas zu tun!

Fręch|heit ⟨f.; -, -en⟩ **1** ⟨unz.⟩ *das Frechsein, freches Benehmen;* er treibt es mit seiner ~ zu weit; die ~ auf die Spitze treiben **2** ⟨zählb.⟩ *freche Handlung od. Äußerung, Unverschämtheit, Dreistigkeit, Anmaßung;* diese ~ lasse ich mir nicht gefallen; das ist eine unerhörte, unglaubliche ~!

7.3 Modelos de oração e expressões idiomáticas

Após os símbolos ⟨ ⟩, segue-se em muitos verbetes o contexto de relevância semântica ou gramatical. Esse contexto é expresso por uma frase que representa o campo semântico ou gramatical de uma palavra.

Nos verbos, a frase indica o modelo de oração. Nela, o termo "jmd." representa uma pessoa, e "etwas", algo inanimado, concreto ou abstrato.

Em verbos que só fazem sentido se empregados com um sujeito neutro como agente, indica-se a forma flexionada. Exemplo:

we|hen ⟨V.⟩ **1** ⟨400⟩ **Wind** weht *bläst*

Em outras classes gramaticais, não se repete o modelo preestabelecido de oração, mas se indicam expressões idiomáticas, provérbios e locuções fixas, entre outras expressões comuns. Exemplos:

Gold ... **1.1** es ist nicht alles ~, was glänzt ⟨Sprichw.⟩ *oft täuscht der Schein*
gol|den ... **1.3.1** das Goldene Kalb anbeten ⟨fig.; umg.⟩ *das Geld zu sehr schätzen*

Em frases, exemplos e expressões idiomáticas, o verbete é substituído por um til (~).

7.4. As definições

As explicações dos vocábulos e expressões idiomáticas são impressas em *itálico*, apresentadas com o máximo de clareza e não devem substituir definições técnicas. Por uma questão de exatidão técnica, é objetivo deste dicionário tratar todas as explicações dos vocábulos de maneira que ao usuário seja possível compreender termos desconhecidos com base em sua compe-

tência linguística e classificá-los no sistema do vocabulário. Em alguns casos, para complementar as explicações, foram acrescentados sistemas científicos de conceitos e símbolos, como nos termos da área de biologia. Com frequência, utilizaram-se nomes científicos de plantas, animais e, parcialmente, também de partes do corpo, entre outros. Esses nomes figuram no final da definição, após dois-pontos. Exemplo: **Ęls|ter** ⟨f.; -; -n; Zool.⟩ **1** ...: *Pica pica*

7.5 Remissão a outros verbetes

Este dicionário contém um amplo sistema de remissões, que possibilita ao usuário consultar outros vocábulos na obra. Em geral, as remissões (variantes ortográficas, sinônimos e antônimos) estão relacionadas à explicação da acepção. No entanto, quando valem para todas as acepções de um verbete, são indicadas no início.

7.5.1 Sinônimos

Sinônimos, ou seja, vocábulos com significado igual ou semelhante, são apresentados no final da definição e destacados com a abreviatura *Sy*. Em regra, esses vocábulos são explicados apenas sob uma única entrada, que é justamente a mais usual. Porém, também podem aparecer como entrada independente na ordem alfabética, recebendo, nesse caso, um sinal de igual (=), seguido do vocábulo que contém a explicação.

Aş|ter ⟨f.; -, -n; Bot.⟩ *im Spätsommer u. Herbst blühende Blume mit sternförmigen Blütenblättern, Angehörige einer Gattung der Korbblütler;* Sy *Sternblume*
Stęrn|blu|me ⟨f.; -, -n⟩ = *Aster*

7.5.2 Variantes ortográficas

Variantes ortográficas com o mesmo número de letras, mas que podem sofrer alterações quanto às iniciais maiúsculas e minúsculas, à grafia separada ou em um só vocábulo, ou ao uso de hífen, aparecem uma após a outra na entrada do verbete, com destaque em cinza para as novas variantes. De resto, com as variantes ortográficas que não possuem o mesmo número de letras, como "Schi" e "Ski", procede-se do mesmo modo que com as remissões entre sinônimos: com o sinal de igual (=) remete-se à variante ortográfica que também apresentará explicações sobre a acepção e o emprego do verbete. Em regra, trata-se, nesse caso, da variante de uso mais frequente. A remissão retroativa é indicada com

A estrutura de um verbete

a abreviatura *oV* (= ortografische Variante). Em princípio, ambas as grafias têm o mesmo valor e aparecem uma após a outra. Por exemplo:

Geo|gra|fie ⟨f.; -; unz.⟩ *Lehre von der Erde, der Erdoberfläche, den Ländern, Meeren, Flüssen usw., Erdkunde, Erdbeschreibung;* oV *Geographie*
Geo|gra|phie ⟨f.; -; unz.⟩ = *Geografie*

No que concerne à grafia separada ou em um só vocábulo, há variantes ortográficas que devem ser diferenciadas com base em acepções diferentes. Por exemplo:

al|lein|ste|hend *auch:* **al|lein ste|hend** ⟨Adj. 24/70⟩ **I** ⟨Zusammen- u. Getrenntschreibung⟩ *für sich stehend, frei stehend;* ein *~es Haus* **II** ⟨nur Zusammenschreibung⟩ *unverheiratet, ohne Kinder, ohne Partner;* er ist alleinstehend

7.5.3 Antônimos

Antônimos são pares de vocábulos com significados opostos ou complementares. São marcados com a indicação *Ggs* quando essa complementação parecer coerente com a explicação da acepção. Por antônimo entende-se aqui não um "polo oposto e lógico", mas, antes, em sentido mais amplo, um significado fortemente contrário em uma situação linguística semelhante. Por exemplo:

Land ⟨n.; -(e)s, Län|der⟩ ... **3** ⟨unz.⟩ *Gebiet, Gegend, wo Landwirtschaft betrieben wird;* Ggs *Stadt;* Stadt und *~*; aufs *~* gehen, reisen, ziehen; auf dem *~*(e) leben, wohnen; ein ebenes, flaches, hügeliges, offenes, weites *~*

7.5.4 Ver também (→ a.)

Tal como "Sy" e "Ggs", este símbolo remete a um vocábulo que complementa um campo semântico. Por exemplo:

Kin|der|gar|ten ⟨m.; -s, -gär|ten⟩ *Einrichtung zur Betreuung u. Erziehung drei- bis sechsjähriger, noch nicht schulpflichtiger Kinder;* → a. *Hort (3);* kirchlicher, privater, städtischer *~*

Além disso, ele remete a expressões idiomáticas nas quais o verbete está contido. Exemplo:

Bahn ... **6.2** einer Idee, einer neuen Entwicklung *~* brechen *helfen, sie durchzusetzen;* → a. *recht (2.1), schief (1.2)*

7.5.5 Ver (→)

A indicação com seta (→) é inserida no lugar de uma explicação. Ela remete a uma palavra que contém um conceito genérico ou paralelo, sob o qual um grupo de palavras é tratado como exemplo:

dar|an‖ma|chen ⟨V. 500/Vr 3; umg.⟩ **1** sich *~ beginnen, anfangen;* oV *dranmachen;* sich *~,* etwas zu tun; ⟨aber Getrenntschreibung⟩ daran machen → *daran (1)*

Tabela dos símbolos fonéticos

Vogais

- [:] os dois-pontos indicam a duração de uma vogal; vogais sem os dois-pontos devem ter pronúncia breve ou semilonga
- [a] *a* breve (como em k**a**nn)
- [aː] *a* longo (como em H**a**hn)
- [æ] *ä* bem aberto, geralmente breve, tendendo ao [a] (como em G**a**ngway [gæŋweɪ])
- [æː] *ä* longo (como em inglês H**a**nds [hæːndz])
- [ʌ] *a* surdo e breve (como em C**u**p [kʌp])
- [ã] *a* curto e nasalado (como em francês Champs-Élysées [ʃãzelizeː])
- [ãː] *a* longo e nasalado (como em Rest**a**urant [rɛstorãː])
- [aɪ] ditongo (como em Br**ei**, L**ai**b)
- [aʊ] ditongo (como em k**au**m)
- [e] *e* breve e fechado (como em Deb**ü**t)
- [eː] *e* longo e fechado (como em R**e**h)
- [ə] *e* curto e surdo (como em Pini**e** [-iə], G**e**birge)
- [ɛ] *e* curto e aberto (como em F**e**st, G**ä**nse)
- [ɛː] *e* longo e aberto (como em B**ä**r)
- [ɛ̃] *e* curto e nasalado (como em t**im**brieren [tɛ̃briːrən])
- [ɛ̃ː] *e* longo e nasalado (como em Dess**in** [dɛsɛ̃ː])
- [eɪ] ditongo (como em Homepage [hoʊmpeɪdʒ])
- [ɪ] *i* breve (como em b**i**n)
- [iː] *i* longo (como em W**i**en)
- [ɔ] *o* breve e aberto (como em R**o**ss)
- [ɔː] *o* longo e aberto, próximo do [a] (como em W**a**lking [wɔːkɪn])
- [ɔ̃] *o* aberto e nasalado (como em M**on**t Blanc [mɔ̃blãː])
- [ɔ̃ː] *o* longo e nasal (como em F**on**ds [fɔ̃ː])
- [ɔɪ] ditongo (como em L**eu**te)
- [o] *o* breve e fechado (como em V**o**kal)
- [oː] *o* longo e fechado (como em L**o**hn, L**o**s)
- [oʊ] ditongo (como em Sh**o**w [ʃoʊ])
- [œ] *ö* breve (como em K**ö**ln)
- [œː] *ö* aberto e longo (como em G**i**rl [gœːl])
- [ø] *ö* breve e fechado (como em Ph**ö**nizier)
- [øː] *ö* longo e fechado (como em K**ö**hler)
- [œ̃] *ö* breve e nasal (como em francês **un** [œ̃])
- [œ̃ː] *ö* longo e nasal (como em Verd**un** [vɛrdœ̃ː])
- [u] *u* breve (como em r**u**nd)
- [uː] *u* longo (como em Gr**u**ß)
- [y] *ü* breve (como em J**ü**nger)
- [yː] *ü* longo (como em f**ü**hren)

Consoantes

- [b] oclusiva sonora, como em **B**ad
- [d] oclusiva sonora, como em **d**ort
- [f] fricativa surda, como em **F**eld
- [g] oclusiva sonora, como em **g**ut
- [h] aspirada, como em **h**eute
- [j] fricativa sonora, como em **j**a
- [k] oclusiva sonora, como em **K**ind
- [l] líquida, como em **l**eben
- [m] nasal, como em **M**ann
- [n] nasal, como em **N**ase
- [p] oclusiva surda, como em **P**ilz
- [r] líquida, como em **R**eich
- [t] oclusiva surda, como em **T**ag
- [ç] *ch* (como em i**ch**)
- [ŋ] *ng* (como em Lä**ng**e, Ba**nk** [baŋk])
- [s] *s* surdo (como em mü**ss**en)
- [ʃ] *sch* surdo (como em **Sch**af)
- [ʒ] som de *sch* sonoro (como em Etage [etaːʒə])
- [θ] sibilante surda (como em inglês **th**ing [θɪŋ])
- [ð] sibilante sonora (como em inglês mo**th**er [mʌðə(r)])
- [v] *w* (como em **W**asser)
- [w] pronúncia do *w* em inglês, com os lábios bem arredondados (como em **W**ells [wɛlz])
- [x] *ch* (como em ma**ch**en)
- [z] *s* sonoro (como em Weise)

Na transcrição fonética, as letras que reproduzem dois sons são representadas por dois símbolos. Por exemplo:

- [ts] *z* como em reizen [raɪtsən]
- [ks] *x* como em Hexe [hɛksə]

Tabelas sobre morfologia e sintaxe

Declinação dos substantivos e dos pronomes

Declinação dos particípios e dos adjetivos substantivados

1 Maskulinum
gemischt

	Singular	Plural
Nom.	Abgeordneter	Abgeordnete
Gen.	Abgeordneten	Abgeordneter
Dat.	Abgeordnetem	Abgeordneten
Akk.	Abgeordneten	Abgeordnete

schwach

Nom.	der Abgeordnete	die Abgeordneten
Gen.	des Abgeordneten	der Abgeordneten
Dat.	dem Abgeordneten	den Abgeordneten
Akk.	den Abgeordneten	die Abgeordneten

2 Femininum
gemischt

Nom.	Illustrierte	Illustrierte
Gen.	Illustrierter	Illustrierter
Dat.	Illustrierter	Illustrierten
Akk.	Illustrierte	Illustrierte

schwach

Nom.	die Illustrierte	die Illustrierten
Gen.	der Illustrierten	der Illustrierten
Dat.	der Illustrierten	den Illustrierten
Akk.	die Illustrierte	die Illustrierten

3 Neutrum
gemischt

Nom.	Geräuchertes	Isomere
Gen.	Geräucherten	Isomerer
Dat.	Geräuchertem	Isomeren
Akk.	Geräuchertes	Isomere

schwach

Nom.	das Geräucherte	die Isomeren
Gen.	des Geräucherten	der Isomeren
Dat.	dem Geräucherten	den Isomeren
Akk.	das Geräucherte	die Isomeren

Tabelas sobre morfologia e sintaxe

Declinação do artigo indefinido e dos pronomes possessivos

4 Antes do substantivo

	Maskulinum	Femininum	Neutrum	Plural
Nom.	ein mein	eine meine	ein mein	(entfällt) meine
Gen.	eines meines	einer meiner	eines meines	(entfällt) meiner
Dat.	einem meinem	einer meiner	einem meinem	(entfällt) meinen
Akk.	einen meinen	eine meine	ein mein	(entfällt) meine

Particularidades
Em *unser* e *euer*, o *e* pode ser suprimido antes das desinências *-e* e *-er*: *unsre, eurer*.
Nas desinências *-es, -em* e *-en*, o *e* pode ou não ser suprimido:
unsers, unsres, euerm, eurem, unsern, unsren.
Os pronomes possessivos precedidos de artigo são declinados como um adjetivo de declinação fraca (*schwach*) (cf. tabela nº 10):
  Wem gehört das Buch? Es ist das *meine*.
Pronomes possessivos que aparecem sozinhos após o verbo de ligação (*Kopula*) não são declinados ou recebem declinação forte (*stark*) (cf. nº 10):
  Wem gehört das Buch? Es ist *mein* (od.) *mein(e)s*.

Declinação do artigo definido

5

	Maskulinum	Femininum	Neutrum	Plural
Nom.	der	die	das	die
Gen.	des	der	des	der
Dat.	dem	der	dem	den
Akk.	den	die	das	die

Declinação do pronome demonstrativo

6 *einfach*

	Maskulinum	Femininum	Neutrum	Plural
Nom.	dieser	diese	dies(es)	diese
Gen.	dieses	dieser	dieses	dieser
Dat.	diesem	dieser	diesem	diesen
Akk.	diesen	diese	dies(es)	diese

zusammengesetzt

Nom.	derjenige	diejenige	dasjenige	diejenige
Gen.	desjenigen	derjenigen	desjenigen	derjenigen
Dat.	demjenigen	derjenigen	demjenigen	denjenigen
Akk.	denjenigen	diejenige	dasjenige	diejenige

Declinação dos adjetivos e dos pronomes indefinidos

Declinação dos substantivos que designam quantidades (coletivos, medidas, pesos e unidades monetárias)

7 **a)** O substantivo é declinado no singular. Por exemplo:
   wegen eines Cents od. wegen einem Cent
   wegen eines Pfundes od. wegen einem Pfund Sterling
O substantivo que segue e indica a substância da quantidade designada permanece no nominativo. Na forma obsoleta, também aparece no genitivo. Exemplos:
   mit einem Stück Zucker (Zuckers)
   der Inhalt eines Glases Wasser
b) Substantivos femininos e outras palavras terminadas em *-e* no nominativo singular sempre formam plural. Por exemplo:
   20 Tonnen; einige Tonnen Stahl
c) Substantivos masculinos e neutros que sofrem declinação forte no genitivo singular em *-(e)s*, que terminam em *-e* no nominativo plural, bem como substantivos femininos que não terminam em *-e*, não formam plural. Exemplos:
   wegen zwei Mark (= antiga unidade monetária)
   mit drei Stück Butter
   fünf Dutzend Tomaten
d) Substantivos masculinos e neutros que sofrem declinação forte e cujas formas no nominativo singular e no nominativo plural são idênticas (com a desinência *-er* ou *-el* no nominativo singular) apresentam uso variável no dativo plural. Por exemplo:
   eine Strecke von zwölf Meter(n)
   ein Grundstück von zehn Ar(en) Ackerland
e) Substantivos masculinos e neutros que designam objetos, tais como recipientes, que servem para indicar medidas, apresentam uso variável nas formas do plural: a desinência flexional aparece quando se trata de designar um número de objetos isolados. Por exemplo:
   Es standen zwei Gläser Bier da.
   Elf Fässer mit Wein wurden abgeladen.
A desinência flexional do plural é suprimida quando o conteúdo essencial de uma informação for a indicação de uma medida ou de uma quantidade:
   Bitte zwei Glas Wein!
   Liefern Sie 40 Fass Bier!
f) Unidades monetárias e de medida provenientes de línguas estrangeiras formam o plural como em sua língua de origem; o acréscimo de *-s* no plural é facultativo em alemão. Exemplos:
   20 Dollar(s)
   12 Inch(es)
   17 Centavo(s)
   500 Barrel(s) Öl

Declinação dos adjetivos e dos pronomes indefinidos

10 Maskulinum
stark

	Singular	Plural
Nom.	kalter Regen	schöne Tage
Gen.	kalten Regens	schöner Tage
Dat.	kaltem Regen	schönen Tagen
Akk.	kalten Regen	schöne Tage

Tabelas sobre morfologia e sintaxe

schwach

	Singular	**Plural**
Nom.	der schöne Tag	die schönen Tage
Gen.	des schönen Tag(e)s	der schönen Tage
Dat.	dem schönen Tag	den schönen Tagen
Akk.	den schönen Tag	die schönen Tage

Femininum
stark

Nom.	helle Nacht	helle Nächte
Gen.	heller Nacht	heller Nächte
Dat.	heller Nacht	hellen Nächten
Akk.	helle Nacht	helle Nächte

schwach

Nom.	die helle Nacht	die hellen Nächte
Gen.	der hellen Nacht	der hellen Nächte
Dat.	der hellen Nacht	den hellen Nächten
Akk.	die helle Nacht	die hellen Nächte

Neutrum
stark

Nom.	rotes Heft	rote Hefte
Gen.	roten Heft(e)s	roter Hefte
Dat.	rotem Heft	roten Heften
Akk.	rotes Heft	rote Hefte

schwach

Nom.	das rote Heft	die roten Hefte
Gen.	des roten Heft(e)s	der roten Hefte
Dat.	dem roten Heft	den roten Heften
Akk.	das rote Heft	die roten Hefte

Particularidades

Se o radical terminar em *-el* átono, a desinência flexional *e* é suprimida:
    dunkel → dunkle ...
    ... abel → ... able ...

Se o radical terminar em *-en* ou *-er* átonos, o *e* **pode** ser suprimido:
    munter → muntre ... ou muntere ...
    teuer → teure ... ou teuere ...
    entschieden → entschiedne ... ou entschiedene ...

Se o radical do adjetivo terminar em *-er* átono e vier seguido de outra desinência átona, terminada em consoante (*-em*, *-en* ou *-es*), são possíveis as formas seguintes:
    munteres (-em, -en) ou
    muntres (-em, -en) ou
    munterm (-n)

Flexão gradual dos adjetivos

11 Alguns adjetivos não são declinados nem formam comparação (cf. 24)
    lila, rosa, beige, prima

Flexão gradual dos adjetivos

21 O comparativo e o superlativo são formados com as desinências *-er* e *-st*
    klein, kleiner, am kleinsten
    Adjetivos cuja sílaba final for tônica e terminar em *-s*, *-ß*, *-x*, *-z*, *-t* ou *-d* formam o superlativo com *-est*
    am heißesten, am mildesten, mas: am größten
    Adjetivos cuja sílaba final terminar em *-h* ou vogal formam o superlativo com *-st* ou *-est*
    am roh(e)sten, am frei(e)sten
    Em adjetivos que terminam em *-el* átono, o *-e* é suprimido no comparativo; nas desinências átonas *-en* e *-er*, a supressão é facultativa
    edel, edler, edelst
    bitter, bitt(e)rer, am bittersten
    verwegen, verweg(e)ner, am verwegensten

22 O radical de alguns adjetivos sofre metafonia na flexão gradual
    lang, länger, am längsten
    groß, größer, am größten
    jung, jünger, am jüngsten

23 Em outros adjetivos, o radical pode ou não sofrer metafonia
    glatt, glätter, am glättesten
    ou
    glatter, am glattesten

    fromm, frömmer, am frömmsten
    ou
    frommer, am frommsten

    gesund, gesünder, am gesündesten
    ou
    gesunder, am gesundesten

24 Alguns adjetivos não formam comparativo nem superlativo (cf. 11)
    dreieckig, jährlich, tot, stumm,
    rosa, beige, prima

25 Alguns adjetivos formam apenas o comparativo, e não o superlativo
    oft, öfter

26 Alguns adjetivos formam apenas o superlativo, e não o comparativo
    möglich, möglichst

Modelos de oração para adjetivos

Adjetivos que não aparecem acompanhados por nenhum número são empregados sintaticamente conforme indicado nos números 30-34.

Tabelas sobre morfologia e sintaxe

Modelos de oração sem limitações

30   S + Vb + Adj
31   Vb → Kopula (verbo de ligação)
       die Flamme ist hell
      (o adjetivo é empregado como **predicativo**)
32   Vb → nicht Kopula
       die Flamme leuchtet hell
      (o adjetivo é empregado como **adjunto adverbial**)
33   Vb → Partizip = Adj.
       die hell leuchtende Flamme
      (o adjetivo é empregado como **adjunto adverbial de outro adjetivo**)

⎫ o adjetivo não é declinado

34   Vb → ∅
       die helle Flamme
      (o adjetivo é empregado como **adjunto adnominal** [Attribut])
      Na declinação, o adjetivo carrega marcas como gênero, número e caso do substantivo que o segue.

⎫ o adjetivo é declinado

Modelos de oração com limitações e complementações

40   Adjetivos empregados apenas como predicativos (cf. 31)
       das ist *schade*
       ich bin *schuld*
      (etwas is blink und blank, fix und fertig, gang und gäbe)
41   Adjetivos empregados como predicativos da regência do adjunto adverbial
       (bei jmdm.) (wegen etwas od. jmdm.) vorstellig werden
       mit jmdm. handgemein werden
42   Adjetivos empregados como predicativos e que regem um complemento no acusativo (AkkO)
       eine Sache gewahr werden
43   Adjetivos empregados como predicativos e que regem um complemento no dativo (DatO)
       er ist mir feind
       er wurde mir freund
       ich bin ihm gram
       etwas ist mir gewärtig
       mir ist angst
       etwas ist jmdm. eigen
       es ist mir erinnerlich
44   Adjetivos empregados como predicativos e que regem um complemento no genitivo (GenO)
       dessen bin ich gewärtig
       jmds. od. einer Sache habhaft werden
       einer Sache teilhaftig werden
       einer Sache ansichtig sein
45   Adjetivos empregados como predicativos, que regem um complemento no dativo e comportam um complemento precedido de preposição [DatO + (PräpO)]
       ich bin mir [über etwas] schlüssig
       einer Sache nahe sein
46   Adjetivos empregados como predicativos e que regem um complemento precedido de preposição (PräpO)
       zu etwas nütze sein
       um etwas verlegen sein
       nahe an die zwanzig sein
50   Adjetivos empregados apenas como adjuntos adverbiais (cf. 32)

Modelos de oração para adjetivos

51 Adjetivos empregados como adjuntos adverbiais e que regem um complemento no acusativo (AkkO)
    etwas ausfindig machen
    sich anheischig machen
52 Adjetivos empregados como adjuntos adverbiais, que regem um complemento no acusativo e comportam um complemento no dativo [AkkO + (DatO)]
    (jmdm.) jemanden abspenstig machen
53 Adjetivos empregados como adjuntos adverbiais e que regem um complemento no dativo (DatO)
    du tust mir leid
    du machst mir Angst
    er tritt ihr zu nahe ⟨fig.⟩
54 Adjetivos empregados como adjuntos adverbiais e que regem um complemento no genitivo (GenO)
    einer Sache verlustig gehen
55 Adjetivos empregados como adjuntos adverbiais e que regem um complemento no acusativo e outro no dativo (AkkO + DatO)
    jmdm. etwas streitig machen
56 Adjetivos empregados como adjuntos adverbiais, que regem um complemento no acusativo e outro precedido de preposição (AkkO + PräpO)
    sich über jmdn. lustig machen
60 Adjetivos empregados em contextos especiais ou, de modo geral, apenas como adjuntos adnominais (*Attribut*) (cf. 34)
    die goldene Hochzeit
    ein eisernes Gitter
    die hiesigen Zeitungen
70 Adjetivos empregados apenas como adjuntos adnominais (*Attribut*) e como predicativos (cf. 31 e 34)
    der beliebte Lehrer
    der Lehrer ist beliebt
71 Adjetivos empregados como adjuntos adnominais (*Attribut*) e como predicativos, que regem um complemento no acusativo (AkkO)
    die Kiste ist einen Meter hoch
    → die einen Meter hohe Kiste
72 Adjetivos empregados como adjuntos adnominais (*Attribut*) e como predicativos, que regem um complemento no dativo (DatO)
    ein Mitarbeiter ist mir behilflich
    → ein mir behilflicher Mitarbeiter
73 Adjetivos empregados como adjuntos adnominais (*Attribut*) e como predicativos, que regem um complemento no genitivo (GenO)
    der Sportler war seines Sieges sicher
    der seines Sieges sichere Sportler
74 Adjetivos empregados como adjuntos adnominais (*Attribut*) e como predicativos, que regem um complemento precedido de preposição (PräpO)
    der Nachbar ist auf seinen Vorteil bedacht
    die Nahrung ist arm an Vitaminen
    → die an Vitaminen arme Nahrung
80 Adjetivos empregados como predicativos e como adjuntos adverbiais
    jmd. ist [gegen etwas] allergisch
    jmd. reagiert allergisch
82 Adjetivos empregados como predicativos e como adjuntos adverbiais, que regem um complemento no dativo (DatO)
    jmdm. Angst machen
    jmdm. ist angst
86 Adjetivos empregados como predicativos e como adjuntos adverbiais, que regem um complemento precedido de preposição (PräpO)
    jmd. ist gegen etwas immun
    jmdn. gegen etwas immun machen
90 Adjetivos empregados como adjuntos adnominais (*Attribut*) e como adjuntos adverbiais
    etwas abschließend sagen
    abschließende Worte

Tabela das conjugações

Infinitiv	Indikativ Präsens	Indikativ Präteritum
100 machen	mach/e, ~st, ~t	macht/e, ~est, ~e
achteln[1]	achtel/e, ~st, ~t	achtelt/e, ~est, ~e
rasen[2]	ras/e, ~t, ~t	rast/e, ~est, ~e
schweißen[2]	schweiß/e, ~t, ~t	schweißt/e, ~est, ~e
salzen[2]	salz/e, ~t, ~t	salzt/e, ~est, ~e
ritzen[2]	ritz/e, ~t, ~t	ritzt/e, ~est, ~e
hexen[2]	hex/e, ~t, ~t	hext/e, ~est, ~e
prassen	prass/e, ~t, ~t	prasst/e, ~est, ~e
retten[3]	rett/e, ~est, ~et	rettet/e, ~est, ~e
rechnen[3]	rechn/e, ~est, ~et	rechnet/e, ~est, ~e
101 backen	backe, bäckst/backst, bäckt/backt	backt/e, ~(e)st (buk, ~(e)st)
102 befehlen	befehle, befiehlst, befiehlt	befahl
103 befleißen	befleiß/e, ~(es)t, ~t	befliss, beflissest
104 beginnen	beginn/e, ~st, ~t	begann
105 beißen	beiß/e, ~t, ~t	biss, bissest
106 bergen	berge, birgst, birgt	barg
107 bersten	berste, birst (berstest), birst (berstet)	barst (borst, berstete), ~est
108 bewegen[4]	beweg/e, ~st, ~t	bewegte (bewog)
109 biegen	bieg/e, ~st, ~t	bog
110 bieten	biet/e, ~est, ~et	bot, ~(e)st
111 binden	bind/e, ~est, ~et	band, ~(e)st
112 bitten	bitt/e, ~est, ~et	bat, ~(e)st
113 blasen	blase, bläst, bläst	blies, ~est
114 bleiben	bleib/e, ~st, ~t	blieb, ~(e)st
115 braten	brate, brätst, brät	briet, ~(e)st
116 brechen	breche, brichst, bricht	brach
117 brennen	brenn/e, ~st, ~t	brannte
118 bringen	bring/e, ~st, ~t	brachte
119 denken	denk/e, ~st, ~t	dachte
120 dingen	ding/e, ~st, ~t	dingte (dang)
121 dreschen	dresche, drischst, drischt	drosch (drasch), ~(e)st
122 dringen	dring/e, ~st, ~t	drang, ~(e)st
123 dünken	mich dünkt (deucht)	dünkte (deuchte)
124 dürfen	darf, ~st, ~; dürfen	durfte
125 empfehlen	emp/fehle, ~fiehlst, ~fiehlt	empfahl
126 erbleichen	erbleich/e, ~st, ~t	erbleichte (erblich)
127 erkiesen	erkies/e, ~(es)t, ~t	erkor
128 erlöschen	erlösche, erlischst, erlischt	erlosch, ~est
129 essen	esse, isst, isst	aß, ~est

1 Quando o radical do verbo terminar em ~el ou ~er átonos, (a) o infinitivo, a 1.ª e a 3.ª pessoas do plural do presente do indicativo (*Präsens*) terminarão em ~n, e o imperativo do singular, em ~e; (b) o ~e átono do radical na 1.ª pessoa do singular do presente do indicativo (*Präsens*) poderá ser suprimido: ich angle, zittre ou angele, zittere.

2 Quando o radical do verbo terminar em [z] ou [s] = s, ß, z, x, o ~s da 2.ª pessoa do singular do presente do indicativo (*Präsens*) é suprimido; em uso obsoleto, também se emprega a forma ras/est (schweißest, salzest, ritzest, hexest).

Tabela das conjugações

Konjunktiv Präteritum	Imperativ	Partizip des Perfekts	
machte	mach(e)	gemacht	100
achtelte	achtel(e)	geachtelt	
raste	ras(e)	gerast	
schweißte	schweiß(e)	geschweißt	
salzte	salz(e)	gesalzt (gesalzen)	
ritzte	ritz(e)	geritzt	
hexte	hex(e)	gehext	
prasste	prass(e)	geprasst	
rettete	rette	gerettet	
rechnete	rechne	gerechnet	
büke	back(e)	gebacken	101
beföhle (befähle)	befiehl	befohlen	102
beflisse	befleiß(e)	beflissen	103
begänne (begönne)	beginn(e)	begonnen	104
bisse	beiß(e)	gebissen	105
bürge (bärge)	birg	geborgen	106
börste (bärste)	birst	geborsten	107
bewöge	beweg(e)	bewegt (bewogen)	108
böge	bieg(e)	gebogen	109
böte	biet(e)	geboten	110
bände	bind(e)	gebunden	111
bäte	bitte	gebeten	112
bliese	blas(e)	geblasen	113
bliebe	bleib(e)	geblieben	114
briete	brat(e)	gebraten	115
bräche	brich	gebrochen	116
brennte	brenn(e)	gebrannt	117
brächte	bring(e)	gebracht	118
dächte	denk(e)	gedacht	119
ding(e)te (dünge, dänge)	ding(e)	gedungen (gedingt)	120
drösche	drisch	gedroschen	121
dränge	dring(e)	gedrungen	122
–	–	gedünkt (gedeucht)	123
dürfte	–	gedurft	124
empföhle	empfiehl	empfohlen	125
erbleichte (erbliche)	erbleich(e)	erbleicht (erblichen)	126
erköre	erkies(e)	erkoren	127
erlösche	erlisch	erloschen	128
äße	iss	gegessen	129

3 Quando o radical do verbo terminar em ~d, ~t, consoante + m, consoante + n, insere-se um ~e na 2.ª pessoa do singular e antes do ~t do pretérito (*Präteritum*).
4 No sentido concreto é conjugado de modo regular (*schwach*); no figurado, de modo irregular (*stark*).

Tabela das conjugações

Infinitiv	Indikativ Präsens	Indikativ Präteritum
130 fahren	fahre, fährst, fährt	fuhr, ~(e)st
131 fallen	falle, fällst, fällt	fiel
132 fangen	fange, fängst, fängt	fing
133 fechten	fechte, fichtst, ficht	focht, ~(e)st
134 finden	find/e, ~est, ~et	fand, ~(e)st
135 flechten	flechte, flichtst, flicht	flocht, ~est
136 fliegen	flieg/e, ~st, ~t	flog, ~(e)st
137 fliehen	flieh/e, ~st, ~t	floh, ~(e)st
138 fließen	fließ/e, ~(es)t, ~t	floss, flossest
139 fressen	fresse, frisst, frisst	fraß, ~est
140 frieren	frier/e, ~st, ~t	fror
141 gären	gär/e, ~st, ~t	gärte (gor)
142 gebären	gebäre, gebierst, gebiert	gebar
143 geben	gebe, gibst, gibt	gab
144 gedeihen	gedeih/e, ~st, ~t	gedieh
145 geh(e)n	geh/e, ~st, ~t	ging
146 gelingen	es gelingt	es gelang
147 gelten	gelte, giltst, gilt	galt, ~(e)st
148 genesen	genes/e, ~(es)t, ~t	genas, ~est
149 genießen	genieß/e, ~t, ~t	genoss, genossest
150 geschehen	es geschieht	es geschah
151 gewinnen	gewinn/e, ~st, ~t	gewann, ~(e)st
152 gießen	gieß/e, ~t, ~t	goss, gossest
153 gleichen	gleich/e, ~st, ~t	glich, ~(e)st
154 gleißen	gleiß/e, ~t, ~t	gleißte (gliss), glissest
155 gleiten	gleit/e, ~est, ~et	glitt, ~(e)st
156 glimmen	glimm/e, ~st, ~t	glomm (glimmte)
157 graben	grabe, gräbst, gräbt	grub, ~(e)st
158 greifen	greif/e, ~st, ~t	griff, ~(e)st
159 haben	habe, hast, hat	hatte
160 halten	halte, hältst, hält	hielt, ~(e)st
161 hängen[1]	hänge, hängst, hängt	hing, ~(e)st
162 hauen	hau/e, ~st, ~t	haute (hieb)
163 heben	heb/e, ~st, ~t	hob (hub), ~(e)st
164 heißen	heiß/e, ~t, ~t	hieß, ~est
165 helfen	helfe, hilfst, hilft	half, ~(e)st
166 kennen	kenn/e, ~st, ~t	kannte
167 klimmen	klimm/e, ~st, ~t	klomm, ~(e)st
168 klingen	kling/e, ~st, ~t	klang, ~(e)st
169 kneifen	kneif/e, ~st, ~t	kniff
170 kommen	komm/e, ~st, ~t	kam
171 können	kann, ~st, ~; können	konnte
172 kreischen	kreisch/e, ~st, ~t	kreisch/te, ~test
Formas obsoletas e dialetais:		krisch, ~est
173 kriechen	kriech/e, ~st, ~t	kroch
174 laden	lad/e, lädst (ladest), lädt (ladet)	lud (ladete), ~(e)st
175 lassen	lasse, lässt, lässt	ließ, ~est
176 laufen	laufe, läufst, läuft	lief, ~(e)st

1 Com objeto no acusativo (AkkO), é conjugado de modo regular (*schwach*).

Tabela das conjugações

Konjunktiv Präteritum	Imperativ	Partizip des Perfekts	
führe	fahr(e)	gefahren	130
fiele	fall(e)	gefallen	131
finge	fang(e)	gefangen	132
föchte	ficht	gefochten	133
fände	find(e)	gefunden	134
flöchte	flicht	geflochten	135
flöge	flieg(e)	geflogen	136
flöhe	flieh(e)	geflohen	137
flösse	fließ(e)	geflossen	138
fräße	friss	gefressen	139
fröre	frier(e)	gefroren	140
gärte (göre)	gär(e)	gegoren (gegärt)	141
gebäre	gebier	geboren	142
gäbe	gib	gegeben	143
gediehe	gedeih(e)	gediehen	144
ginge	geh(e)	gegangen	145
es gelänge	geling(e)	gelungen	146
gälte (gölte)	gilt	gegolten	147
genäse	genese	genesen	148
genösse	genieß(e)	genossen	149
es geschähe	–	geschehen	150
gewänne (gewönne)	gewinn(e)	gewonnen	151
gösse	gieß(e)	gegossen	152
gliche	gleich(e)	geglichen	153
glisse	gleiß(e)	gegleißt (geglissen)	154
glitte	gleit(e)	geglitten	155
glömme	glimm(e)	geglommen (geglimmt)	156
grübe	grab(e)	gegraben	157
griffe	greif(e)	gegriffen	158
hätte	hab(e)	gehabt	159
hielte	halt(e)	gehalten	160
hinge	häng(e)	gehangen (gehängt)	161
hiebe	hau(e)	gehauen	162
höbe (hübe)	heb(e)	gehoben	163
hieße	heiß(e)	geheißen	164
hülfe	hilf	geholfen	165
kennte	kenn(e)	gekannt	166
klömme	klimm(e)	geklommen	167
klänge	kling(e)	geklungen	168
kniffe	kneif(e)	gekniffen	169
käme	komm(e)	gekommen	170
könnte	–	gekonnt	171
kreischte	kreische	gekreischt	172
krische	kreische	gekrischen	
kröche	kriech(e)	gekrochen	173
lüde (ladete)	lad(e)	geladen	174
ließe	lass(e)	gelassen	175
liefe	lauf(e)	gelaufen	176

XXIX

Tabela das conjugações

Infinitiv	Indikativ Präsens	Indikativ Präteritum
177 leiden	leid/e, ~est, ~et	litt, ~(e)st
178 leihen	leih/e, ~st, ~t	lieh, ~(e)st
179 lesen	lese, liest, liest	las, ~est
180 liegen	lieg/e, ~st, ~t	lag
181 lügen	lüg/e, ~st, ~t	log, ~(e)st
182 mahlen	mahl/e, ~st, ~t	mahlt/e, ~est
183 meiden	meid/e, ~est, ~et	mied, ~(e)st
184 melken	melk/e, ~st (milkst), ~t (milkt)	melkte (molk)
185 messen	messe, misst, misst	maß, ~est
186 misslingen	es misslingt	es misslang
187 mögen	mag, ~st, ~; mögen	mochte
188 müssen	muss, ~t, ~; müssen, müsst, müssen	musste
189 nehmen	nehme, nimmst, nimmt	nahm, ~(e)st
190 nennen	nenn/e, ~st, ~t	nannte
191 pfeifen	pfeif/e, ~st, ~t	pfiff, ~(e)st
192 pflegen[1]	pfleg/e, ~st, ~t	pflegte (pflog), ~st
193 preisen	preis/e, ~t, ~t	pries, ~est
194 quellen[2]	quelle, quillst (quellst), quillt (quellt)	quoll (quellte)
195 raten	rate, rätst, rät	riet, ~(e)st
196 reiben	reib/e, ~st, ~t	rieb, ~(e)st
197 reihen[3]	reih/e, ~(e)st, ~t	rieh, ~est
198 reißen	reiß/e, ~t, ~t	riss, rissest
199 reiten	reit/e, ~est, ~et	ritt, ~(e)st
200 rennen	renn/e, ~st, ~t	rannte
201 riechen	riech/e, ~st, ~t	roch
202 ringen	ring/e, ~st, ~t	rang
203 rinnen	rinn/e ~st, ~t	rann, ~(e)st
204 rufen	ruf/e, ~st, ~t	rief, ~(e)st
205 saufen	saufe, säufst, säuft	soff, ~(e)st
206 saugen	saug/e, ~st, ~t	saugte (sog), ~(e)st
207 schaffen[4]	schaff/e, ~st, ~t	schuf, ~(e)st
208 schallen	schall/e, ~st, ~t	schallte (scholl)
209 scheiden	scheid/e, ~est, ~et	schied, ~(e)st
210 scheinen	schein/e, ~st, ~t	schien, ~(e)st
211 scheißen	scheiß/e, ~t, ~t	schiss, schissest
212 schelten	schelte, schiltst, schilt	schalt, ~(e)st
213 scheren[5]	scher/e, ~st, ~t	schor (scherte)
214 schieben	schieb/e, ~st, ~t	schob, ~(e)st
215 schießen	schieß/e, ~(es)t, ~t	schoss, schossest
216 schinden	schind/e, ~est, ~et	schund, ~(e)st
217 schlafen	schlafe, schläfst, schläft	schlief, ~(e)st
218 schlagen	schlage, schlägst, schlägt	schlug, ~(e)st
219 schleichen	schleich/e, ~st, ~t	schlich, ~(e)st

1 Na maioria das vezes, é conjugado de modo regular (*schwach*).
2 Com objeto no acusativo (AkkO), é conjugado de modo regular (*schwach*).
3 Com objeto no acusativo (AkkO), é sempre conjugado de modo regular (*schwach*); sem objeto no acusativo (AkkO), às vezes é conjugado de modo regular (*schwach*).

Tabela das conjugações

Konjunktiv Präteritum	Imperativ	Partizip des Perfekts	
litte	leid(e)	gelitten	177
liehe	leih(e)	geliehen	178
läse	lies	gelesen	179
läge	lieg(e)	gelegen	180
löge	lüg(e)	gelogen	181
mahlte	mahl(e)	gemahlen	182
miede	meid(e)	gemieden	183
mölke	melk(e)	gemelkt (gemolken)	184
mäße	miss	gemessen	185
es misslänge	–	misslungen	186
möchte	–	gemocht	187
müsste	–	gemusst	188
nähme	nimm	genommen	189
nennte	nenn(e)	genannt	190
pfiffe	pfeif(e)	gepfiffen	191
pflegte (pflöge)	pfleg(e)	gepflegt (gepflogen)	192
priese	preis(e)	gepriesen	193
quölle	quill (quelle)	gequollen (gequellt)	194
riete	rat(e)	geraten	195
riebe	reib(e)	gerieben	196
riehe	reih(e)	geriehen	197
risse	reiß(e)	gerissen	198
ritte	reit(e)	geritten	199
rennte	renn(e)	gerannt	200
röche	riech(e)	gerochen	201
ränge	ring(e)	gerungen	202
rönne (ränne)	rinn(e)	geronnen	203
riefe	ruf(e)	gerufen	204
söffe	sauf(e)	gesoffen	205
söge	saug(e)	gesaugt (gesogen)	206
schüfe	schaff(e)	geschaffen	207
schallete (schölle)	schall(e)	geschallt (geschollen)	208
schiede	scheid(e)	geschieden	209
schiene	schein(e)	geschienen	210
schisse	scheiß(e)	geschissen	211
schölte	schilt	gescholten	212
schöre	scher(e)	geschoren	213
schöbe	schieb(e)	geschoben	214
schösse	schieß(e)	geschossen	215
schünde	schind(e)	geschunden	216
schliefe	schlaf(e)	geschlafen	217
schlüge	schlag(e)	geschlagen	218
schliche	schleich(e)	geschlichen	219

4 Na acepção "arbeiten" e nas derivações com ver- e an-, é conjugado de modo regular (*schwach*).
5 Na acepção "kümmern", é conjugado de modo regular (*schwach*).

Tabela das conjugações

	Infinitiv	Indikativ Präsens	Indikativ Präteritum
220	schleifen[1]	schleif/e, ~st, ~t	schliff, ~(e)st
221	schleißen	schleiß/e, ~t, ~t	schliss (schleißte), schlissest
222	schließen	schließ/e, ~t, ~t	schloss, schlossest
223	schlingen	schling/e, ~st, ~t	schlang, ~(e)st
224	schmeißen	schmeiß/e, ~t, ~t	schmiss, schmissest
225	schmelzen[2]	schmelze, schmilzt, schmilzt	schmolz, ~est, (schmelzte)
226	schnauben[3]	schnaub/e, ~st, ~t	schnaubte (schnob)
227	schneiden	schneid/e, ~est, ~et	schnitt, ~(e)st
228	schrauben	schraub/e, ~st, ~t	schraubte
229	schrecken[4]	schrecke, schrickst (schreckst), schrickt (schreckt)	schrak, ~(e)st, (schreckte)
230	schreiben	schreib/e, ~st, ~t	schrieb, ~(e)st
231	schreien	schrei/e, ~st, ~t	schrie
232	schreiten	schreit/e, ~est, ~et	schritt, ~(e)st
233	schweigen	schweig/e, ~st, ~t	schwieg, ~(e)st
234	schwellen[5]	schwelle, schwillst (schwellst), schwillt (schwellte)	schwoll, ~(e)st, (schwellte)
235	schwimmen	schwimm/e, ~st, ~t	schwamm, ~(e)st
236	schwinden	schwind/e, ~est, ~et	schwand, ~(e)st
237	schwingen	schwing/e, ~st, ~t	schwang, ~(e)st
238	schwören	schwör/e, ~st, ~t	schwur (schwor), ~(e)st
239	sehen	sehe, siehst, sieht	sah, ~st
240	sein	bin, bist, ist; sind, seid, sind	war, ~st
241	senden	send/e, ~est, ~et	sandte (sendete), ~st
242	sieden[6]	sied/e, ~est, ~et	siedete (sott)
243	singen	sing/e, ~st, ~t	sang, ~(e)st
244	sinken	sink/e, ~st, ~t	sank, ~(e)st
245	sinnen	sinn/e, ~st, ~t	sann, ~(e)st
246	sitzen	sitz/e, ~t, ~t	saß, ~est
247	sollen	soll, ~st, ~	sollte
248	speien	spei/e, ~st, ~t	spie
249	spinnen	spinn/e, ~st, ~t	spann, ~(e)st
250	spleißen	spleiß/e, ~t, ~t	spliss, splissest
251	sprechen	spreche, sprichst, spricht	sprach, ~(e)st
252	sprießen	sprieß/e, ~t, ~t	spross, sprossest
253	springen	spring/e, ~st, ~t	sprang, ~(e)st
254	stechen	steche, stichst, sticht	stach, ~(e)st
255	stecken[7]	steck/e, ~st, ~t	stak
256	steh(e)n	steh/e, ~st, ~t	stand, ~(e)st
257	stehlen	stehle, stiehlst, stiehlt	stahl

[1] Nas acepções "zerstören, ziehen", é conjugado de modo regular (*schwach*).
[2] Com objeto no acusativo (AkkO), frequentemente é conjugado de modo regular (*schwach*).
[3] Geralmente conjugado de modo regular (*schwach*).
[4] Com objeto no acusativo (AkkO), é conjugado de modo regular (*schwach*).

Tabela das conjugações

Konjunktiv Präteritum	Imperativ	Partizip des Perfekts	
schliffe	schleif(e)	geschliffen	220
schlisse	schleiß(e)	geschlissen (geschleißt)	221
schlösse	schließ(e)	geschlossen	222
schlänge	schling(e)	geschlungen	223
schmisse	schmeiß(e)	geschmissen	224
schmölze	schmilz	geschmolzen (geschmelzt)	225
schnaubte (schnöbe)	schnaub(e)	geschnaubt (geschnoben)	226
schnitte	schneid(e)	geschnitten	227
schraubte	schraub(e)	geschraubt	228
schreckte (schräke)	schrick (schrecke)	erschrocken (erschreckt)	229
schriebe	schreib(e)	geschrieben	230
schrie	schrei(e)	geschrien	231
schritte	schreit(e)	geschritten	232
schwiege	schweig(e)	geschwiegen	233
schwölle (schwellte)	schwill (schwelle)	geschwollen (geschwellt)	234
schwömme (schwämme)	schwimm(e)	geschwommen	235
schwände	schwind(e)	geschwunden	236
schwänge	schwing(e)	geschwungen	237
schwüre	schwör(e)	geschworen	238
sähe	sieh(e)	gesehen	239
wäre Präsens; sei, sei(e)st, sei; seien, seiet, seien	sei; seid	gewesen	240
sendete	send(e)	gesandt (gesendet)	241
siedete (sötte)	sied(e)	gesiedet (gesotten)	242
sänge	sing(e)	gesungen	243
sänke	sink(e)	gesunken	244
sänne (sönne)	sinn(e)	gesonnen	245
säße	sitz(e)	gesessen	246
sollte	–	gesollt	247
spie	spei(e)	gespien	248
spönne (spänne)	spinn(e)	gesponnen	249
splisse	spleiße	gesplissen	250
spräche	sprich	gesprochen	251
sprösse	sprieß(e)	gesprossen	252
spränge	spring(e)	gesprungen	253
stäche	stich	gestochen	254
stäke	steck(e)	gesteckt	255
(stände) stünde	steh(e)	gestanden	256
(stöhle) stähle	stiehl	gestohlen	257

5 Com objeto no acusativo (AkkO), é conjugado de modo regular (*schwach*).
6 Com objeto no acusativo (AkkO), é conjugado de modo regular (*schwach*).
7 Com objeto no acusativo (AkkO), é conjugado de modo regular (*schwach*).

Tabelas das conjugações

	Infinitiv	Indikativ Präsens	Indikativ Präteritum
258	steigen	steig/e, ~st, ~t	stieg, ~(e)st
259	sterben	sterbe, stirbst, stirbt	starb
260	stieben	stieb/e, ~st, ~t	stob, ~(e)st
261	stinken	stink/e, ~st, ~t	stank, ~(e)st
262	stoßen	stoße, stößt, stößt	stieß, ~est
263	streichen	streich/e, ~st, ~t	strich, ~(e)st
264	streiten	streit/e, ~est, ~et	stritt, ~(e)st
265	tragen	trage, trägst, trägt	trug
266	treffen	treffe, triffst, trifft	traf, ~(e)st
267	treiben	treib/e, ~st, ~t	trieb
268	treten	trete, trittst, tritt	trat, ~(e)st
269	triefen	trief/e, ~st, ~t	troff (triefte), ~(e)st
270	trinken	trink/e, ~st, ~t	trank, ~(e)st
271	trügen	trüg/e, ~st, ~t	trog, ~(e)st
272	tun	tue, tust, tut; tun	tat, ~(e)st
273	verderben	verderbe, verdirbst, verdirbt	verdarb
274	verdrießen	verdrieß/e, ~t, ~t	verdross, verdrossest
275	vergessen	vergesse, vergisst, vergisst	vergaß, ~est
276	verlieren	verlier/e, ~st, ~t	verlor
277	wachsen	wachse, wächst, wächst	wuchs, ~est
278	wägen	wäg/e, ~st, ~t	wog (wägte)
279	waschen	wasche, wäschst, wäscht	wusch, ~(e)st
280	weben	web/e, ~st, ~t	webte (wob, wobest)
281	weichen[1]	weich/e, ~st, ~t	wich, ~est
282	weisen	weis/e, ~t, ~t	wies, ~est
283	wenden	wend/e, ~est, ~et	wandte (wendete)
284	werben	werbe, wirbst, wirbt	warb
285	werden[2]	werde, wirst, wird	wurde (ward)
286	werfen	werfe, wirfst, wirft	warf, ~(e)st
287	wiegen	wieg/e, ~st, ~t	wog
288	winden	wind/e, ~est, ~et	wand, ~(e)st
289	wissen	weiß, ~t, ~; wissen, wisst, wissen	wusste
290	wollen	will, ~st, ~; wollen	wollte
291	wringen	wring/e, ~st, ~t	wrang
292	zeihen	zeih/e, ~st, ~t	zieh, ~(e)st
293	ziehen	zieh/e, ~st, ~t	zog, ~(e)st
294	zwingen	zwing/e, ~st, ~t	zwang, ~(e)st

[1] Nas acepções "weich werden, einweichen", é conjugado de modo regular (*schwach*).
[2] O particípio do verbo auxiliar é "worden".

Tabelas das conjugações

Konjunktiv Präteritum	Imperativ	Partizip des Perfekts	
stiege	steig(e)	gestiegen	258
stürbe	stirb	gestorben	259
stöbe	stieb(e)	gestoben	260
stänke	stink(e)	gestunken	261
stieße	stoß(e)	gestoßen	262
striche	streich(e)	gestrichen	263
stritte	streit(e)	gestritten	264
trüge	trag(e)	getragen	265
träfe	triff	getroffen	266
triebe	treib(e)	getrieben	267
träte	tritt	getreten	268
tröffe (triefte)	trief(e)	getroffen (getrieft)	269
tränke	trink(e)	getrunken	270
tröge	trüg(e)	getrogen	271
täte	tu(e)	getan	272
verdürbe	verdirb	verdorben (verderbt)	273
verdrösse	verdrieß(e)	verdrossen	274
vergäße	vergiss	vergessen	275
verlöre	verlier(e)	verloren	276
wüchse	wachs(e)	gewachsen	277
wöge (wägte)	wäg(e)	gewogen (gewägt)	278
wüsche	wasch(e)	gewaschen	279
webte (wöbe)	web(e)	gewebt (gewoben)	280
wiche	weich(e)	gewichen	281
wiese	weis(e)	gewiesen	282
wendete	wende	gewandt (gewendet)	283
würbe	wirb	geworben	284
würde	werd(e)	geworden	285
würfe	wirf	geworfen	286
wöge	wieg(e)	gewogen	287
wände	wind(e)	gewunden	288
wüsste	wisse	gewusst	289
wollte	wolle	gewollt	290
wränge	wring(e)	gewrungen	291
ziehe	zeih(e)	geziehen	292
zöge	zieh(e)	gezogen	293
zwänge	zwing(e)	gezwungen	294

Tabela das conjugações

Modelos de oração para verbos

Verbos de ligação + predicativo

300 S + Vb* + PN
 die Blumen sind bunt; Karl ist Lehrer
301 S („es") + Vb* + PN
 es wird Frühling, Abend
310 S + Vb* + Adl
 er bleibt vielleicht
311 S + Vb* + Adl/lok
 ich bin zu Tisch
312 S + Vb* + Adl/temp
 heute ist Mittwoch
313 S + Vb* + Adl/art
 der Tisch ist aus Eichenholz
314 S + Vb* + Adl/kaus
 es war wegen des Unwetters
315 S + Vb* + Adl/fin
 die Summe bleibt zur Verrechnung
330 S+ Vb* + DatO
 das Buch ist mir
340 S + Vb* + GenO
 er ist deutscher Abstammung
380 S + Vb* + „zu" + Infinitiv
 das scheint zu gehen

Verbos sem objeto ou com objeto facultativo

400 S + Vb
 der Regen rinnt
401 S („es") + Vb
 es regnet
402 S + Vb + (AkkO)
 sie gewinnt (etwas); er blufft (ihn); sie streiten (sich)
403 S + Vb + (DatO)
 das Rezept gerät (ihm)
404 S + Vb + (GenO)
 er starb (eines schönen Todes)
405 S + Vb + (PräpO)
 er lebt (von seinem Geld); er spekuliert (auf Baisse)
410 S + Vb + Adl
 die Unterschlagung geschah heute, aus Liebe, hier, raffiniert
411 S + Vb + Adl/lok
 er wohnt in Mainz, in einem Hochhaus
412 S + Vb + Adl/temp
 das Bild datiert aus dem 13. Jahrhundert
413 S + Vb + Adl/art
 er geriet außer sich; der Diamant spielt in allen Farben

Vb* – a esse grupo pertencem apenas os verbos *bleiben, heißen* (1–1.4), *scheinen* (2–2.1), *sein* e *werden*.

Modelos de oração para verbos

414 S + Vb + Adl/kaus
sie besticht durch ihr Aussehen
415 S + Vb + Adl/fin
er zieht auf Rache aus
416 S + Vb + Adl/instr
sie blinkt mit den Augen
417 S + Vb + Adl/junkt
er geht mit ihr
418 S + Vb + Adl/äquiv
Karl arbeitet als Dreher
470 S + Vb + Infinitiv
alle wollen kommen
480 S + Vb + „zu" + Infinitiv
er beliebt zu scherzen

Verbos com objeto obrigatório no acusativo (AkkO)

500 S + Vb + AkkO
er wiederholt die Frage
501 S („es") + Vb + AkkO
es regnet sich aus
503 S + Vb + AkkO + (DatO)
er beweist (dem Vater) das Gegenteil
504 S + Vb + AkkO + (GenO)
er beraubt ihn (seines Geldes)
505 S + Vb + AkkO + (PräpO)
sie befragt ihn (über den Vorfall)
507 S + Vb + AkkO + (Infinitiv)
ich höre ihn (kommen)
510 S + Vb + AkkO + Adl
wir glaubten ihn im Urlaub, verraten, hier
511 S + Vb + AkkO + Adl/lok
sie goss den Kaffee in die Tasse
512 S + Vb + AkkO + Adl/temp
das Gespräch zog sich eine Stunde hin
513 S + Vb + AkkO + Adl/art
die Kälte macht den Aufenthalt ungemütlich
514 S + Vb + AkkO + Adl/kaus
er fand vor Überraschung keine Worte
515 S + Vb + AkkO + Adl/fin
er gibt sich zu dieser Sache her
516 S + Vb + AkkO + Adl/instr
er bringt die Zeit mit Lesen hin
517 S + Vb + AkkO + Adl/junkt
sie hat sich mit ihm eingelassen
518 S + Vb + AkkO + Adl/äquiv
er erweist sich als Freund
520 S + Vb + AkkO + AkkO
der Lehrer lehrt ihn die finnische Sprache
530 S + Vb + AkkO + DatO
er gibt ihm das Buch

Tabela de conjugações

531 S + Vb + AkkO + DatO + Adl/lok
sie warf ihm das Buch an den Kopf
533 S + Vb + AkkO + DatO + Adl/art
sie zog ihm die Ohren lang
534 S + Vb + AkkO + DatO + Adl/kaus
wir versprechen uns einiges von diesen Maßnahmen
535 S + Vb + AkkO + DatO + Adl/fin
wir machen es uns zu eigen
540 S + Vb + AkkO + GenO
er enthebt ihn seines Amtes; er besinnt sich eines Besseren
550 S + Vb + AkkO + PräpO
er hält ihn für einen Freund
553 S + Vb + AkkO + PräpO + Adl/art
meine Zuhörer machten mich auf Widersprüche aufmerksam
570 S + Vb + AkkO + Infinitiv
wir lehren ihn schreiben
580 S + Vb + AkkO + „zu" + Infinitiv
sie schickt sich an zu gehen; es genügt, ihn zu sehen

Verbos com objeto obrigatório no dativo (DatO)

600 S + Vb + DatO
er ähnelt seinem Vater
601 S („es") + Vb + DatO
es langt mir
602 S + Vb + DatO + (AkkO)
er glaubt dem Vater (die Geschichte)
605 S + Vb + DatO + (PräpO)
der Hut steht ihr (zu Gesicht)
607 S + Vb + DatO + (Infinitiv)
er hilft dem Freund (arbeiten)
608 S + Vb + DatO + („zu" + Infinitiv)
er riet mir (zu gehen)
610 S + Vb + DatO + Adl
das hat ihnen gerade noch gefehlt
611 S + Vb + DatO + Adl/lok
ich klopfe meinem Freund auf die Schulter
613 S + Vb + DatO + Adl/art
sein Benehmen dünkt mir seltsam
616 S + Vb + DatO + Adl/instr
er folgt ihr mit den Augen
650 S + Vb + DatO + PräpO
es graut mir vor dir; er gefällt sich in Anspielungen
680 S + Vb + DatO + „zu" + Infinitiv
sie weiß sich zu helfen

Verbos com objeto obrigatório no genitivo (GenO)

700 S + Vb + GenO
wir gedenken des Verstorbenen

Modelos de oração para verbos

701 S („es") + Vb + GenO
   es lohnt nicht der Mühe
717 S + Vb + GenO + Adl/junkt
   ich pflegte mit ihm Rats

Verbos com objeto preposicionado (PräpO) obrigatório

800 S + Vb + PräpO
   seine Aussage beruht auf Wahrheit
801 S („es") + Vb + PräpO
   es wimmelt von Ameisen
802 S + Vb + PräpO + (AkkO)
   das berechtigt (ihn) zum Rücktritt
803 S + Vb + PräpO + (DatO)
   sie bürgen (uns) für die Schulden
805 S + Vb + PräpO + (PräpO)
   er tritt (mit einer Forderung) an sie heran
813 S + Vb + PräpO + Adl/art
   sie steht mit ihm auf Kriegsfuß
850 S + Vb + PräpO + PräpO
   er schließt von sich auf andere

Verbos de uso reflexivo e recíproco

Alguns dos objetos apresentados nos modelos de oração citados acima precisam ou podem ser substituídos por um pronome reflexivo (mir, mich; dir, dich; uns; euch; sich), e precisamente
   a) de modo obrigatório: o pronome reflexivo precisa substituir um objeto junto a verbos "genuinamente" reflexivos

Vr1 DatO → pronomes reflexivos com função reflexiva
   ich bilde mir ein
Vr2 DatO → pronomes reflexivos com função recíproca
   die Tatsachen widersprechen sich
Vr3 AkkO → pronomes reflexivos com função reflexiva
   ich erinnere mich; es ereignete sich
Vr4 AkkO → pronomes reflexivos com função recíproca
   die Meinungen polarisieren sich

   b) de modo facultativo: o pronome reflexivo pode substituir um objeto junto a verbos com objeto no acusativo (AkkO) ou no dativo (DatO)

Vr5 DatO → pronomes reflexivos com função reflexiva
   ich gönne mir etwas
Vr6 DatO → pronomes reflexivos com função recíproca
   sie geben sich die Hand
Vr7 AkkO → pronomes reflexivos com função reflexiva
   er wäscht sich
Vr8 AkkO → pronomes reflexivos com função recíproca
   sie schlugen sich (einer den anderen)

Guia para usar este dicionário

- entrada do verbete com dados sobre acentuação e gramática
- as palavras-chave dos exemplos de emprego são destacadas em negrito
- o til (~) substitui o verbete
- no caso de verbos irregulares, os números 101-294 remetem à tabela de conjugações (pp. XXVI-XXXV)
- variantes ortográficas na mesma ordem alfabética
- nova ortografia destacada em cinza
- divisão silábica; em verbos com prefixo separável, usa-se o símbolo ||
- indicação da área de conhecimento em que o termo é empregado

---

Auf|ga|be ⟨f.; -, -n⟩ **1** ⟨unz.⟩ ~ eines **Auftrages**, einer Anzeige, eines Briefes, des Gepäcks *Übergabe (an andere) zur weiteren Veranlassung* □ entrega; expedição **2** ⟨unz.⟩ ~ einer **Tätigkeit** *Beendigung* □ encerramento; ~ eines Amtes, des Dienstes □ demissão **2.1** ~ eines **Unternehmens**, Geschäftes *Schließung*; Ausverkauf wegen Geschäfts~ □ fechamento **2.2** ~ eines **Zieles**, Wunsches *Verzicht auf ein Z.*; ~ des Rennens □ renúncia **3** *etwas, was erledigt werden muss*; eine leichte, schwere, schwierige ~ □ tarefa **3.1** *Pflicht, Sendung*; Lebens~; ich betrachte es als meine ~, ihm zu helfen; es sich zur ~ machen, etwas zu tun; im Leben eine ~ haben □ dever; missão **3.2** *Arbeit, Anforderung*; auf dich warten große ~n; das ist nicht deine ~; sich vor eine ~ gestellt sehen; jmdn. vor eine ~ stellen □ responsabilidade **3.3** *Übung, Übungsstück*; eine ~ lösen; eine schriftliche ~ □ exercício; lição **3.3.1** *Schul-, Klassen-, Hausarbeit*; Schul~; seine ~n machen □ tarefa; dever

auf|ge|legt 1 ⟨Part. Perf. von⟩ *auflegen* **2** ⟨Adj. 24/70; fig.⟩ *sich in einer bestimmten Laune befindend*; gut, schlecht ~; wie sind Sie heute ~? □ estar de bom/mau humor **2.1** ⟨74⟩ **zu etwas ~ sein** *in der Stimmung sein, etwas zu tun*; nicht zum Scherzen ~ sein; er war den ganzen Abend zum Tanzen ~ □ *estar disposto a alguma coisa **2.2** ⟨60; umg.; abwertend⟩ *offenkundig*; das war ein ~er Schwindel, Unsinn □ patente; manifesto

auf||grei|fen ⟨V. 158/500⟩ **1** jmdn. ~ *zu fassen bekommen, finden u. in (polizeilichen) Gewahrsam nehmen*; der Gesuchte wurde in einem Lokal aufgegriffen □ capturar; prender **2** ein Thema, eine Anregung ~ *aufnehmen u. erörtern* □ aproveitar **2.1** etwas ~ *etwas wieder aufnehmen, an etwas wieder anknüpfen*; die Unterhaltung vom Vortag ~ □ retomar; reatar

auf|grund *auch:* **auf Grund** ⟨Präp. m. Gen.⟩ *wegen, verursacht durch*; oV *auf Grund*; der Unterricht fällt ~ von Krankheit aus □ em razão de; devido a

Auf|auss ⟨m.; -es, -güs|se⟩ **1** *durch Aufgießen (Überbrühen) entstandene Flüssigkeit*; Tee~, Kaffee~; einen ~ von Kamille verwenden; der erste, zweite ~ vom Kaffee, Tee □ infusão **2** ⟨fig.; abwertend⟩ *Nachahmung ohne eigenen Wert*; dieses Bild ist ein schlechter ~ von Dürer □ imitação

auf||ho|len ⟨V.⟩ **1** ⟨500⟩ etwas ~ *durch (große) Anstrengung u. Leistung einen Rückstand verringern*; der Zug hat die Verspätung aufgeholt; er muss den Zeitverlust ~ **1.1** *wettmachen, gutmachen*; den Verlust, den Rückstand ~ **2** ⟨400⟩ *den Vorsprung eines anderen verringern*; der Läufer holt mächtig auf; er hat im letzten halben Jahr stark aufgeholt **2.1** ⟨Börse⟩ *besser werden, im Preis steigen*; die Aktien der Autoindustrie haben jetzt stark aufgeholt □ recuperar(-se) **3** ⟨500; Seemannsspr.⟩ *heraufziehen*; Anker, Segel ~ □ içar

---

- tradução em azul
- explicações sobre as acepções, com exemplos de emprego relacionados
- os números 10-26 remetem à declinação e ao grau dos adjetivos (pp. XXI-XXIII)
- os números 30-90 remetem aos modelos de oração para adjetivos (pp. XXIV-XXV)
- substantivos com indicação de gênero, genitivo e plural
- os números 300-850 e os suplementos Vr 1-8 remetem aos modelos de oração para verbos (pp. XXXVI-XXXIX)

cf. mais detalhes nas "Indicações de uso", pp. X-XVII

Mie|te¹ ⟨f.; -, -n⟩ **1** *Entgelt für die Überlassung des Gebrauchs einer Sache od. einer Dienstleistung;* die ~ überweisen, vorauszahlen; unsere ~ beträgt monatlich 530 Euro; eine hohe, niedrige, überhöhte, sozial zumutbare ~ zahlen □ aluguel **1.1** das ist schon die **halbe** ~ ⟨fig.; umg.⟩ *das wirkt begünstigend, macht einen Erfolg wahrscheinlich* □ *isso já é meio caminho andado; → a. kalt(3.6), warm(1.12)* **2** *entgeltliche (vorübergehende) Überlassung des Gebrauchs einer Sache od. einer Dienstleistung* **2.1 zur** ~ wohnen (bei) *eine Wohnung od. ein Zimmer gemietet haben* □ aluguel

Mie|te² ⟨f.; -, -n⟩ *mit Stroh u. Erde als Frostschutz bedeckter Stapel von Feldfrüchten zum Überwintern;* eine ~ für Kartoffeln, Rüben anlegen; die ~ im Frühjahr aufmachen, öffnen □ silo

♦ Die Buchstabenfolge **mi|kr...** kann in Fremdwörtern auch **mik|r...** getrennt werden.

♦ **mi|kro..., Mi|kro...** ⟨in Zus.⟩ *klein..., Klein...*; Ggs *makro..., Makro...*; mikroelektronisch, Mikrochip, Mikrofilm

♦ **Mi|kro|fon** ⟨n.; -s, -e⟩ *Gerät zur Umwandlung von mechanischen Schallwellen in elektrische Schwingungen;* oV *Mikrophon* □ microfone

♦ **Mi|kro|phon** ⟨n.; -s, -e⟩ = *Mikrofon*

mi|li|eu|be|dingt ⟨[miljø:-] Adj. 24/70⟩ *durch das Milieu, durch die Umwelt bedingt, hervorgerufen;* ~e Schäden □ condicionado pelo meio/ambiente

Mil|li|on ⟨f.; -, -en; Abk.: Mill. od. Mio.⟩ *tausend mal tausend, 1000 mal 1000;* seid umschlungen, ~en! (Schiller, „Lied an die Freude"); drei viertel ~en, (oder:) eine Dreiviertel~; eine und drei viertel ~en, (aber:) ein(und)dreiviertel ~en; ~en von hoffenden Menschen, (od.) ~en hoffender Menschen; die Verluste gehen in die ~en; eine ~ Mal; ~en Mal; mit drei ~en beteiligt sein □ milhão

Mil|li|o|när ⟨m.; -s, -e⟩ **1** *Besitzer von Werten über eine Million (Euro)* **2** *sehr reicher Mann* □ milionário

Mil|li|o|nä|rin ⟨f.; -, -rin|nen⟩ *weibl. Millionär* □ milionária

mill|lio|nen|mal ⟨alte Schreibung für⟩ *Millionen Mal*

Mi|nis|trant *auch:* **Mi|nist|rant** ⟨m.; -en, -en⟩ *meist jugendlicher Gehilfe des Priesters während der Messe;* Sy *Messdiener* □ ministro; acólito

Min|ne ⟨f.; -; unz.⟩ **1** ⟨MA⟩ *höfischer Frauendienst, Werben der Ritter um Frauenliebe* □ amor cortês **2** ⟨heute poet. u. altertümelnd⟩ *Liebe* □ amor

miss|ach|ten ⟨V. 500/Vr 8⟩ Ggs *achten(1)* **1** jmdn. ~ *jmdn. für schlecht achten, verachten* **2** etwas ~ *etwas absichtlich nicht beachten;* er missachtete meinen Rat; ein Gesetz, eine Vorschrift ~; die Vorfahrt ~ □ desprezar; menosprezar; ein zu Unrecht missachtetes Werk □ desprezado; menosprezado

---

cf. mais detalhes nas "Indicações de uso", pp. X-XVII

Abreviaturas e símbolos

a.	auch	EDV	elektronische Datenverarbeitung
Abk.	Abkürzung	ehem.	ehemalig
Adj.	Adjektiv, Eigenschaftswort	eigtl.	eigentlich
Adl	Adverbial(bestimmung), Umstandsbestimmung	Eisenb.	Eisenbahn
		El.	Elektronik
Adv.	Adverb, Umstandswort	engl.	englisch
adv.	adverbial	erg.	ergänze
Akk.	Akkusativ	europ.	europäisch
AkkO	Akkusativobjekt	ev., evang.	evangelisch
alem., alemann.	alemannisch	f.	Femininum, weiblich
allg.	allgemein	Fem.	Femininum, weibliches Geschlecht
Amtsdt.	Amtsdeutsch		
Anat.	Anatomie	fig.	figürlich, im übertragenen Sinne
Anthrop.	Anthropologie	Finanzw.	Finanzwesen
Arch.	Architektur	finn.	finnisch
Archäol.	Archäologie, Altertumskunde	finn.-ugr.	finnisch-ugrisch
art	die Art und Weise ausdrückend	Flugw.	Flugwesen
Art.	Artikel, Geschlechtswort	Forstw.	Forstwirtschaft
Astrol.	Astrologie	Fot.	Fotografie
Astron.	Astronomie	frz., französ.	französisch
AT	Altes Testament	Funkw.	Funkwesen
attr.	attributiv	Fußb.	Fußball(spiel)
Ausspr.	Aussprache	gallorom.	galloromanisch
bair.	bairisch	Gartenb.	Gartenbau
Bakt.	Bakteriologie	gegr.	gegründet
Bankw.	Bankwesen	geh.	gehoben (Stil)
Bauw.	Bauwesen	Geneal.	Genealogie
bes.	besonders	Gen.	Genitiv
Bez.	Bezeichnung	GenO	Genitivobjekt
Bgb.	Bergbau	Geogr.	Geografie, Erdkunde
bibl.	biblisch	Geol.	Geologie, Erdgeschichte
Bibliotheksw.	Bibliothekswesen	Geom.	Geometrie
Bildungsw.	Bildungswesen	Gesch.	Geschichte
Biol.	Biologie	Ggs	Gegensatz
Bot.	Botanik, Pflanzenkunde	Gramm.	Grammatik
Buchw.	Buchwesen	grch., griech.	griechisch
Bundesrep.	Bundesrepublik	Gruß	Grußwort
bzw.	beziehungsweise	h.	zur Bildung des Perfekts dient das Verb „haben"
ca.	circa		
Chem.	Chemie	Handb.	Handball(spiel)
chin.	chinesisch	Hdl.	Handel
Chir.	Chirurgie	hebr.	hebräisch
christl.	christlich	Her.	Heraldik, Wappenkunde
Dat.	Dativ	hist.	historisch
DatO	Dativobjekt	hl.	heilig
DDR	Deutsche Demokratische Republik	i. Allg.	im Allgemeinen
		i. e. S.	im engeren Sinne
Dekl.	Deklination	Imp.	Imperativ
d. h.	das heißt	Ind.	Industrie
dt.	deutsch	Inf.	Infinitiv, Nennform
Dtschld.	Deutschland	insbes.	insbesondere

XLIII

Abreviaturas e símbolos

instr.	instrumental (das Mittel ausdrückend)	n.	Neutrum, sächlich
Int.	Interjektion	Nachs.	Nachsilbe
intr.	intransitiv, nicht zielend	Naturw.	Naturwissenschaft
iron.	ironisch	ndrl.	niederländisch
islam.	islamisch	nddt.; niederdt.	niederdeutsch
ital., italien.	italienisch	Neutr.	Neutrum, sächliches Geschlecht
i. w. S.	im weiteren Sinne	Nom.	Nominativ
Jagdw.	Jagdwesen	norddt.	norddeutsch
jap.	japanisch	nordostdt.	nordostdeutsch
Jh.	Jahrhundert	nordwestdt.	nordwestdeutsch
jmd.	jemand	NT	Neues Testament
jmdm.	jemandem	Num.	Numerale, Zahlwort
jmdn.	jemanden	o. Ä.	oder Ähnliche(s)
jmds.	jemandes	o. a.	oben angeführt; oder andere
junkt.	junktiv (das gemeinsame Vorkommen ausdrückend)	oberdt.	oberdeutsch
		Obj.	Objekt
Kart.	Kartenspiel	od.	oder
Kartogr.	Kartografie	Okk.	Okkultismus
kath.	katholisch	Ökol.	Ökologie
kaus	kausal (den Grund ausdrückend)	Opt.	Optik
Kfz	Kraftfahrzeug(technik)	ostdt.	ostdeutsch
Kochk.	Kochkunst	österr.	österreichisch
Komp.	Komparativ	ostmdt., ostmitteldt.	ostmitteldeutsch
Konj.	Konjunktion, Bindewort	oV	orthografische Variante
Kunstw.	Kunstwort	Päd.	Pädagogik, Erziehungswesen
Kurzf.	Kurzform	Part.	Partizip
Kurzw.	Kurzwort	Pass.	Passiv
Kyb.	Kybernetik	Path., Pathol.	Pathologie, Krankheitslehre
Landw.	Landwirtschaft	Perf.	Perfekt
lat.	lateinisch	Pharm.	Pharmazie, Pharmakologie
Lit., Literaturw.	Literatur, Literaturwissenschaft	Philat.	Philatelie, Briefmarkenwesen
lok	lokal (den Ort bestimmend)	Philol.	Philologie
Luftf.	Luftfahrt	Philos.	Philosophie
m.	Maskulinum, männlich; mit	Phon.	Phonetik
MA	Mittelalter	Phonol.	Phonologie
Mal.	Malerei	Phys.	Physik
Mar.	Marine, Schifffahrt	Physiol.	Physiologie
Mask.	Maskulinum, männliches Geschlecht	Pl.	Plural
		PN	Prädikatsnomen
Math.	Mathematik	poet.	poetisch
mdt., mitteldt.	mitteldeutsch	Pol.	Politik
Mech.	Mechanik	Postw.	Postwesen
Med.	Medizin	präd.	prädikativ
Met.	Metallurgie, Hüttenwesen	Präf.	Präfix
Meteor.	Meteorologie, Wetterkunde	Präp.	Präposition, Verhältniswort
Mil.	Militärwesen	PräpO	Präpositionalobjekt
mil.	militärisch	Präs.	Präsens, Gegenwart
Min.	Mineralogie, Gesteinskunde	Prät.	Präteritum
Morphol.	Morphologie	Pron.	Pronomen
mundartl.	mundartlich	Psych.	Psychologie
Mus.	Musik	Raumf.	Raumfahrt
Myth.	Mythologie	rd.	rund, etwa

Abreviaturas e símbolos

Rechtsw.	Rechtswesen	übl.	üblich
Rel.	Religion	u. dgl.	und dergleichen
relig.	religiös	umg.	umgangssprachlich
Rhet.	Rhetorik, Redekunst	unpersönl.	unpersönlich
Rotw.	Rotwelsch	unz.	unzählbar (von Substantiven, die keinen Plural haben)
S	Subjekt		
S.	Seite	urspr.	ursprünglich
s.	zur Bildung des Perfekts dient das Verb „sein"	usw.	und so weiter
		V., Vb	Verb, Zeitwort
sächs.	sächsisch	Verk.	Verkehrswesen
Sammelbez.	Sammelbezeichnung	Versicherungsw.	Versicherungswesen
scherzh.	scherzhaft	Vet.	Veterinärmedizin
Schulw.	Schulwesen	vgl.	vergleiche
schweiz.	schweizerisch	Völkerk.	Völkerkunde, Ethnologie
Sg., Sing.	Singular, Einzahl	Volksk.	Volkskunde, Folklore
slaw.	slawisch	Vors.	Vorsilbe
sog.	sogenannte(r, -s), so genannte(r, -s)	Web.	Weberei
		westdt.	westdeutsch
Soziol.	Soziologie	westmdt., westmitteldt.	westmitteldeutsch
Sp.	Sport		
Spr., ... spr.	Sprache, ...sprache, ...sprachlich	Wirtsch.	Wirtschaft
		wiss.	wissenschaftlich
Sprachw.	Sprachwissenschaft, Linguistik	Wissth.	Wissenschaftstheorie
Sprichw.	Sprichwort	zählb.	zählbar (von Substantiven, die einen Plural haben)
sprichw.	sprichwörtlich		
Stat.	Statistik	z. B.	zum Beispiel
Subj.	Subjekt	z. T.	zum Teil
Subst.	Substantiv, Dingwort	Zool.	Zoologie, Tierkunde
subst.	substantiviert	Zeitungsw.	Zeitungswesen
süddt.	süddeutsch	Zus.	Zusammensetzung(en)
südostdt.	südostdeutsch	zw.	zwischen
südwestdt.	südwestdeutsch	→	siehe
Superl.	Superlativ	→ a.	siehe auch
Sy	Synonym	=	Hinweis auf ein Wort mit gleicher Bedeutung
Tech.	Technik		
Tel.	Telekommunikation	~	Tilde, Wiederholungszeichen für ein Wort od. einen Wortteil
temp	temporal (die Zeit bestimmend)		
		®	Markenzeichen
Textilw.	Textilwesen	∅	sem tradução em português
Theat.	Theaterwesen	*	indica que o termo é traduzido dentro da expressão em que se encontra
TV	Fernsehen		
Typ.	Typografie, Buchdruck		
u.	und		
u. a.	unter anderem, und anderes		
u. Ä.	und Ähnliche(s)		

Muitas vezes não se usou a terminação ... isch; a terminação ... lich foi abreviada com l.

Dicionário

Aal ⟨m.; -(e)s, -e; Zool.⟩ **1** ⟨i. e. S.⟩ (Europäischer) ~ langer, schlangenähnlicher Speisefisch aus der Familie der Aale, der im Ozean wandert u. in Binnengewässern gefangen wird: Anguilla anguilla; geräucherter ~; frischer ~; grüner ~ (als Speise); (Amerikanischer) ~: Anguilla rostrata; (Japanischer) ~: Anguilla japonica □ enguia **1.1** ⟨i. w. S.⟩ ⟨Echte⟩ ~e Familie von Fischen mit echtem Knochenskelett: Anguillidae □ anguilídeos **2** jmd. ist **geschmeidig** wie ein ~ sehr wendig und geschickt □ enguia **2.1** jmd. windet sich wie ein ~ versucht (mit allen Mitteln), aus einer unangenehmen Lage herauszukommen □ *esquivar-se; furtar-se
aa|len ⟨V. 500/Vr 3; umg.⟩ sich ~ sich beim Ausruhen im Liegen genussvoll ausstrecken und dehnen; sie aalt sich in der Sonne; wir ~ uns auf der Decke □ *estirar-se; espreguiçar-se
Aas¹ ⟨n.; -es, -e⟩ **1** verwesende Tierleiche; Sy Kadaver **1.1** wo ~ ist, sammeln sich die Geier ⟨fig.⟩ wo leicht etwas zu bekommen ist, finden sich Habgierige ein □ carniça
Aas² ⟨n.; -es, Äser; umg.⟩ **1** kein ~ war zu sehen, kein ~ war gekommen niemand □ viva alma **2** jmd. ist ein ~ gerissen, hinterhältig □ malandro; matreiro
aa|sen ⟨V. 800; umg.⟩ mit etwas ~ verschwenderisch mit etwas umgehen; er aast mit seinem Geld □ *desperdiçar alguma coisa
ab ⟨Adv. od. (wenn ein Subst. folgt) Präp. m. Dat.⟩ **1** ~ einem **Ort** an diesem Ort beginnend; Ggs bis zu □ a partir de **1.1** ~ **Ort der** Lieferung abzuholen von, geliefert werdend von, Transport bezahlt bis; ~ Bahnhof, Bord, Waggon; ~ Fabrik, Werk, Lager; ~ Hamburg, Berlin □ (a ser retirado/entregue) em **1.1.1** Verkauf ~ **Hof, Produzent** direkt vom Produzenten □ direto de **2** ⟨Ortsadverb⟩ ~ hier, dort, da, da drüben usw. von hier (usw.) ~ beginnend, ausgehend von; Ggs bis; → a. auf (1.1–1.1.3) □ a partir de **1.3** ~ nach links, rechts, hinten ⟨Theat.⟩ abgehen, die Bühne verlassen in Richtung □ *sair pela esquerda/direita/por trás **2** ~ einem **Zeitpunkt** seit; Ggs bis (zu); ~ zweitem Mai; ~ zweiten Mai ⟨umg.⟩; ~ 12 Uhr, heute, gestern od. vom 2. Mai, von 12 Uhr (usw.) ~; ein Kinofilm ~ sechs Jahre(n); ~ dem 13. Lebensjahr; von da ~ ⟨umg.⟩ □ a partir de **2.1** ~ **und an**, ~ und zu manchmal, zuweilen □ *às vezes **3** ~ bestimmten **Menge** beginnend bei, mit, ebenso viel und mehr; Ggs bis (zu); ~ 3 €, 200 kg, 0,5 V; ~ fünf Glas Bier (usw.) □ a partir de **4** ~ **Kosten** ⟨Kaufmannsspr.⟩ vermindert um, minus; Ggs zusätzlich, plus; ~ Diskont, Rabatt, Unkosten, Mehrwertsteuer □ *com desconto; descontado **5** vermindert um □ diminuído/reduzido em **5.1** ~ **sein** **5.1.1** ein **Gegenstand** ist ab abgegangen, nicht mehr befestigt □ *soltar-se; desprender-se; cair **5.1.2** jmd. ist (ganz) ab ⟨umg.⟩ müde, erschöpft □ *estar (completamente) exausto/esgotado

ab... ⟨Vorsilbe; bei Verben trennbar⟩ **1** trennend, beseitigend; abschaben, abwaschen, abschaffen **2** vermindernd; abtragen, abziehen **3** beginnend; abreisen, abfahren **4** sich nach unten bewegend; abspringen **4.1** nach unten gerichtet; abfallen **5** verneinend, rückgängig machend; absagen, ablehnen **6** verstärkend; abbetteln, abängstigen **7** nachahmend; abschreiben, abmalen

ab|än|dern ⟨V. 500⟩ etwas ~ **1** (teilweise) anders machen, umändern, umbilden; ein Vorhaben, einen Plan ~ □ alterar **2** verbessern, korrigieren; einen Bericht ~ □ melhorar; corrigir
ab|ar|bei|ten ⟨V.⟩ **1** ⟨500⟩ etwas ~ durch Arbeiten erledigen **1.1** Schulden ~ durch Arbeiten tilgen, abtragen □ saldar; pagar **2** ⟨500⟩ jmdn. od. etwas ~ durch (übermäßige) Arbeit beanspruchen, abnutzen □ sobrecarregar; desgastar **3** ⟨Vr 3⟩ sich ~ übermäßig viel, bis zur Erschöpfung arbeiten; er hat sich an dieser Aufgabe lange Zeit abgearbeitet □ *esgotar-se; sobrecarregar-se
Ab|art ⟨f.; -, -en⟩ Abweichung von einer Art, Spielart □ variedade; subespécie
ab|ar|tig ⟨Adj.⟩ **1** von einer Art abweichend, aus der Art geschlagen □ anormal; anômalo **2** pervers (bes. in sexueller Hinsicht) □ pervertido **3** (bes. Jugendspr.) ungewöhnlich, unnormal, auffallend; ein ~es Benehmen □ esquisito
Ab|bau ⟨m.; -(e)s; unz.⟩ **1** ⟨unz.⟩ ~ von Bodenschätzen usw. das Abbauen □ exploração; extração **2** ⟨zählb.⟩ Stelle, an der Bodenschätze abgebaut werden, Grubenbau □ mina
ab||bau|en ⟨V.⟩ **1** ⟨500⟩ Bodenschätze, Kohle, Eisenerz ~ gewinnen, ausbeuten □ explorar; extrair **2** ⟨500⟩ **2.1** Bauwerke, Maschinen ~ in Bestandteile zerlegen □ desmontar **2.2** organische Stoffe, Eiweiß, Stärke ~ ⟨Chem.; Biochem.⟩ in andere Stoffe umwandeln □ decompor **3** ⟨500⟩ **3.1** Kosten, Preise, Löhne, Steuern ~ verringern **3.2** Warenlager ~ verkleinern □ reduzir; diminuir **3.3** Arbeitnehmer, Mitarbeiter, Angestellte ~ ⟨verhüllend für⟩ entlassen □ reduzir o número de **3.4** Rechte, (Gefühle) ~ verringern, beseitigen □ eliminar; afastar **4** ⟨400⟩ jmd. baut ab lässt in der Leistung nach □ esmorecer
ab||bei|ßen ⟨V. 105/500⟩ etwas ~ durch Beißen abtrennen; ein Stück Brot ~; er biss von dem Apfel ab; sich lieber die Zunge ~, als etwas zu verraten ⟨fig.⟩ □ morder
ab||bei|zen ⟨V. 500⟩ etwas ~ die Farb-, Oxidschichten mit Lösungsmitteln von etwas entfernen; einen Schrank, eine alte Truhe ~ □ decapar; desoxidar
ab||be|kom|men ⟨V. 170/500⟩ Sy abkriegen; etwas ~ **1** einen Teil von etwas erhalten, bekommen; er hat keinen Kuchen mehr ~; diese Pflanzen haben kein

Wasser ~ □ receber **2** *Schaden nehmen*; *der Motorradfahrer hat bei dem Unfall nichts* ~ □ sofrer **3** *entfernen können*; *einen Deckel nicht* ~ □ conseguir tirar

ab∥be∥stel∥len ⟨V. 500⟩ **1** *etwas* ~ *die Bestellung von etwas widerrufen, rückgängig machen* □ cancelar **2** *jmdn.* ~ *jmdn. zu einem vereinbarten Termin nicht kommen lassen*; *den Klempner wieder* ~ □ desmarcar

ab∥bie∥gen ⟨V. 109⟩ **1** ⟨400⟩ *die Richtung ändern, eine andere Richtung einschlagen*; *wir müssen hier nach rechts* ~ □ virar **2** ⟨500⟩ *etwas* ~ *krümmen, in eine andere Richtung biegen*; *ein Metallschild, Draht* ~ □ dobrar; curvar; torcer

ab∥bil∥den ⟨V. 500⟩ *Personen od. Gegenstände* ~ *in einem Bild wiedergeben* □ reproduzir

ab∥bin∥den ⟨V.111⟩ **1** ⟨V. 500⟩ *abschnüren*; *eine verletzte Ader, die Nabelschnur* ~ □ comprimir; ocluir **2** ⟨V. 500⟩ *etwas* ~ *abnehmen, losbinden*; *sich das Kopftuch, die Krawatte* ~ □ soltar; desatar **2.1** ⟨Landw.⟩ *entwöhnen (vom Kalb)* □ desmamar **3** ⟨V. 400⟩ *erhärten*; *der Gips bindet schlecht ab* □ endurecer

Ab∥bit∥te ⟨f.; -, -n⟩ *Entschuldigung, Bitte um Verzeihung*; ~ *tun um Verzeihung bitten*; *jmdm.* ~ *leisten, schulden* □ desculpa

ab∥bla∥sen ⟨V. 113/500⟩ **1** *etwas* ~ *durch Blasen entfernen*; *Staub, Schaum* ~ □ soprar **2** *Gas* ~ *ausströmen lassen* □ deixar escapar **3** *Jagd* ~ *durch ein geblasenes Signal beenden* □ *dar o sinal de fim da caçada **4** *eine Veranstaltung* ~ ⟨fig.⟩ *absagen* □ cancelar

ab∥blit∥zen ⟨V. 400; umg.⟩ *zurück-, abgewiesen werden, keinen Erfolg mit etwas haben*; *jmdn.* ~ *lassen*; *er ist bei ihr abgeblitzt* □ mandar passear; despachar

ab∥bre∥chen ⟨V. 116⟩ **1** ⟨500⟩ *etwas* ~ *durch Brechen abtrennen*; *ich habe den Henkel von der Tasse abgebrochen* □ quebrar **1.1** *Blumen* ~ *pflücken* □ colher; apanhar **1.2** *einer Sache die Spitze* ~ ⟨fig.⟩ *die Schärfe nehmen* □ quebrar **2** ⟨400(s.)⟩ *etwas bricht ab trennt sich (von selbst) ab*; *ein Ast von unserem Birnbaum ist abgebrochen* □ romper-se **3** ⟨500⟩ *ein Gebäude, Bauwerk* ~ *nieder-, abreißen*; *ein Lager* ~ □ demolir **4** ⟨500⟩ *etwas* ~ *unterbrechen, (vorzeitig) beenden, einstellen*; *eine Erzählung, Rede* ~; *die Suche nach jmdm.* ~ □ interromper; *die Beziehungen, Verhandlungen* ~; *den Umgang mit jmdm.* ~ □ romper **5** ⟨400 od. 500⟩ *unvermittelt, vorzeitig aufhören*; *wir wollen hier* ~ **5.1** *das bricht nicht ab* ⟨fig.⟩ *geht immer weiter* □ suspender **5.2** *abgebrochene Worte verstümmelte, undeutliche Rede* □ *palavras entrecortadas

ab∥bren∥nen ⟨V. 117⟩ **1** ⟨500⟩ *etwas* ~ *verbrennen, durch Brennen beseitigen*; *Grünabfälle, Gehölz* ~ □ **1.1** *Felder, Wiesen* ~ *durch Feuer von Unkraut säubern* □ queimar **2** ⟨500⟩ *etwas* ~ *anzünden, in Brand stecken*; *eine Zündschnur* ~ **2.1** *ein Feuerwerk* ~ *veranstalten* □ soltar **2.2** *Raketen, Feuerwaffen* ~ *abfeuern* □ soltar; descarregar; disparar **2.3** *Urwald* ~ *durch Verbrennung roden* **3** ⟨400 (s.)⟩ *etwas brennt ab verbrennt nach u. nach, wird durch Brand zerstört*; *die Scheune, das Haus ist abgebrannt* **3.1** *seinen Besitz durch Feuer verlieren, mittellos sein* □ queimar; → a. abgebrannt

Ab∥bruch ⟨m.; -(e)s, unz.⟩ **1** *das Abbrechen(1-5)* **1.1** *Niederreißen, Abreißen*; ~ *eines Gebäudes* **1.1.1** *ein Haus auf* ~ *(ver)kaufen ein Haus unter der Bedingung (ver)kaufen, dass es niedergerissen wird* □ demolição **1.1.2** ~ *eines* **Lagers** *Vorbereitung zum Verlegen eines L., Einpacken der Sachen u. Geräte* □ desmontagem **1.2** *Beendigung, Einstellung*; ~ *der Beziehungen*; ~ *einer Reise* □ rompimento; interrupção **2** *Schaden*; ~ *erleiden*; *das tut der Liebe keinen* ~ □ prejuízo

Abc ⟨n.; -, -⟩ oV **Abece 1** = *Alphabet* **2** *Anfangs-, Grundwissen*; *das* ~ *der Kochkunst* □ abecê

ab∥da∥chen ⟨V. 500⟩ **1** *etwas* ~ *schräg machen, abschrägen* □ enviesar; escarpar **2** ⟨Vr 3⟩ *sich* ~ *sich schräg nach unten senken* □ *inclinar-se

ab∥dan∥ken ⟨V.⟩ **1** ⟨400⟩ *aus dem Dienst ausscheiden, von seinem Amt zurücktreten*; *der dienstälteste Außenminister hat abgedankt*; *der englische König dankte ab verzichtete auf seinen Thron* □ renunciar **2** ⟨500; veraltet⟩ **jmdn.** ~ *ihn aus dem Dienst entlassen* □ demitir **3** ⟨400; schweiz.⟩ *die kirchliche (evang.) Trauerfeier für einen Verstorbenen halten* □ celebrar exéquias

ab∥drän∥gen ⟨V. 500; a. fig.⟩ *jmdn.* ~ *vom Weg, von der Fahrbahn drängen, beiseite schieben, wegschieben*; *der Motorradfahrer wurde von der Fahrbahn abgedrängt* □ desviar; afastar; empurrar

ab∥dre∥hen ⟨V.⟩ **1** ⟨500⟩ *etwas* ~ *durch Drehen verschließen, ausschalten*; *den Wasserhahn, den Strom, das Gas, Licht* ~ □ fechar; desligar (girando) **1.1** ⟨500⟩ *bis zu Ende drehen*; *einen Film, eine Filmszene* ~ □ rodar (até o fim) **1.2** ⟨503⟩ *durch Drehen abtrennen*; *einen Knopf vom Jackett* ~; *einem Schlüssel den Bart* ~; *einem Huhn den Hals* ~ *durch Umdrehen des Halses töten* □ arrancar (girando); torcer **2** ⟨500/Vr 7⟩ *sich* ~ *sich abwenden, beiseite drehen*; *sie drehte sich ab* □ *afastar-se **3** ⟨400⟩ *den Kurs wechseln, eine andere Richtung einschlagen*; *das Flugzeug dreht ab*; *die feindlichen Truppen drehen ab* □ desviar

Ab∥druck[1] ⟨m.; -(e)s, -e⟩ **1** *Wiederholung eines anderen Druckes* □ reimpressão **2** *Wiedergabe durch Druck, Stempel usw.* □ reprodução

Ab∥druck[2] ⟨m.; -(e)s, -drü∥cke⟩ *Form, die ein Körper in einem Material hinterlässt*; *Finger~, Gips~* □ impressão; marca

ab∥druc∥ken ⟨V. 500⟩ **1** *im Druck wiedergeben* □ imprimir **2** *einen Abdruck (von einem körperlichen Gegenstand) anfertigen* □ reproduzir

ab∥drü∥cken ⟨V. 500⟩ **1** ⟨402⟩ *(eine Schusswaffe)* ~ *durch Hebeldruck (Schuss) auslösen* □ disparar **2** *jmdn.* ~ ⟨umg.⟩ *herzlich umarmen, an die Brust drücken* □ abraçar **3** ⟨530⟩ *es drückt ihm das Herz ab* ⟨fig.⟩ *es tut ihm sehr leid, belastet ihn seelisch stark* □ *ele está com o coração apertado **4** ⟨500/Vr 3⟩ *sich* ~ *(in einem Material) als Abdruck entstehen*; *sein Fuß hat sich im weichen Boden abgedrückt* □ *imprimir-se; deixar marca

ab∥dun∥keln ⟨V. 500⟩ *dunkler machen, gegen das Einfallen oder Aussenden von Lichtstrahlen abschirmen*; *Farbe* ~; *eine Lampe mit Tüchern* ~; *abgedunkelte Fenster* □ escurecer; obscurecer

Abe|ce ⟨n.; -, -; Pl. selten⟩ = *Abc*
Abend ⟨m.; -s, -e⟩ **1** *Teil des Tages, von Sonnenuntergang bis Mitternacht, Zeit der Dunkelheit;* Ggs *Morgen;* einen gemütlichen ~ verbringen; ein literarischer, musikalischer ~; jmdm. einen schönen ~ wünschen; am ~, am ~ vorher; bis in den späten ~ hinein; gegen ~; **gestern, heute, morgen** Abend; sich auf, für heute Abend verabreden ☐ *fim da tarde; noite* **1.1** ~ für ~ *jeden A.* ☐ **noite após noite* **1.2** zu ~ essen *die abendliche Mahlzeit einnehmen* ☐ **jantar* **1.3 guten** ~! *(Gruß);* jmdm. guten/ Guten ~ sagen, wünschen ☐ *noite;* → a. *heilig(3.2.1)* **1.4** du kannst mich mal am ~ besuchen ⟨verhüllend für⟩ *am Arsch lecken* ☐ **vá ver se estou na esquina!* **2** ⟨fig.⟩ *Ende; Lebens~;* ~ *des Lebens* ☐ *fim; ocaso* **2.1** noch ist nicht aller **Tage** ~, man soll den Tag nicht vor dem ~ loben *das Ende ist noch unbekannt* ☐ **quem viver verá* **3** *nach, gegen* ~ *in Richtung Sonnenuntergang, Westen* ☐ **na direção do poente/Ocidente*
Abend|brot ⟨n.; -(e)s; unz.; norddt. u. mitteldt.⟩ = *Abendessen*
Abend|es|sen ⟨n.; -s, -⟩ *Mahlzeit am Abend(1);* Sy *Abendbrot* ☐ *jantar*
Abend|land ⟨n.; -(e)s; unz.⟩ *die (durch eine gemeinsame Kultur verbundenen) westlichen Länder Europas;* Sy *Okzident,* Ggs *Morgenland* ☐ *Ocidente*
Abend|mahl ⟨n.; -(e)s, -e⟩ **1** ⟨veraltet⟩ *abendliche Mahlzeit* ☐ *ceia* **2** ⟨Theol.⟩ *das (hl.)* ~ *Tisch des Herrn, Altarsakrament, in den christlichen Kirchen gottesdienstliche Handlung zur Erinnerung an das letzte Mahl Christi mit seinen Jüngern* ☐ *comunhão*
abends ⟨Adv.⟩ *am Abend;* ~ *(um) 8 Uhr;* (um) *8 Uhr* ~; ~ *spät; spät* ~; ~ *ist er müde* ☐ *à noite*
Aben|teu|er ⟨n.; -s, -⟩ **1** *gefährliches, verwegenes Unternehmen;* ~ *bestehen; sich in* ~ *stürzen* **2** *außergewöhnliches Erlebnis; auf* ~ *ausgehen* **3** *unverbindliches Liebeserlebnis* ☐ *aventura*
aben|teu|er|lich ⟨Adj.⟩ **1** *in der Art eines Abenteuers, von Abenteuern handelnd;* ~e *Geschichten erzählen* ☐ *aventuroso; de aventura* **2** *gewagt, riskant, verwegen, mit ungewissem Ausgang; ein* ~es *Vorhaben* ☐ *arriscado* **3** *bizarr, seltsam; du siehst ja* ~ *aus!; eine* ~e *Bekleidung* ☐ *estranho; extravagante*
aber 1 ⟨Konj.: vor Sätzen u. Satzteilen steht immer ein Komma⟩ *(zwei Sätze od. Satzteile als gegensätzlich bezeichnend, wobei meist ein Zugeständnis eingeräumt wird);* er wird kommen, kann ~ nicht lange bleiben; sie hatte zugesagt, ~ sie war nicht gekommen; klein, ~ fein ☐ *mas; porém;* Hans schrieb, Jochen ~ spielte Schach ⟨Stellung auch nach dem Subjekt⟩ ☐ *por sua vez* **1.1 oder** ~ *(schließt Alternative ein)* ☐ **ou então* **1.2 wohl** ~ *(betont das Zugeständnis);* er ist nicht klug, wohl ~ fleißig ☐ **mas; porém* **1.3** ~ **dennoch, doch** *trotz allem* ☐ **não obstante; todavia* **2** ⟨Partikel; umg.⟩ *das ist* ~ *schrecklich!; das war* ~ *schön!* ☐ ∅ **2.1 nun** ~! *(drückt Verwunderung aus)* ☐ **nossa!* **2.2** ~ **ja!** *natürlich!, selbstverständlich!* ☐ **(mas) claro!* **2.3** ~ **nein!** *keinesfalls!* ☐ **nem pensar!; de jeito nenhum!* **2.4** ~, ~! *(drückt*

Tadel, Erstaunen aus) ☐ **ora, ora!* **2.5** ~ **sicher!** ☐ **mas claro!;* du ~, Daniel, gehe hin ...; das ist ~ schön; den hab ich ~ verhauen! ☐ ∅ **3** ⟨Adv.⟩ ~ und abermals *immer wiederholt, immer noch einmal* ☐ **volta e meia* **3.1** tausend und ~ tausend/ Tausend und Abertausend, Tausende und Abertausende/ tausende und abertausende *unzählbare Tausende (von)* ☐ **milhares e milhares (de)*
Aber|glau|be ⟨m.; -ns; unz.⟩ **1** *rückständiger Glaube an Übernatürliches, der nicht dem zeitgenössischen Wissen entspricht* **2** *rückständiger, der Lehrmeinung der Kirche widersprechender Glaube* ☐ *superstição*
aber|gläu|bisch ⟨Adj.⟩ *einem Aberglauben anhängend, einem Aberglauben entspringend;* er ist sehr ~; eine ~e *Furcht* ☐ *supersticioso*
aber|hun|dert auch: **Aber|hun|dert** → a. *abertausend* ☐ *centenas (de)*
Aber|hun|der|te auch: **aber|hun|der|te** → a. *Abertausende* ☐ *centenas (de)*
ab‖er|ken|nen ⟨V. 166/530; Vors. entweder trennbar od. untrennbar; ich erkenne es ihm ab; ich aberkenne es ihm⟩ **jmdm. etwas** ~ **1** ⟨Rechtsw.⟩ *jmdm. ein Recht, einen Besitz, eine Eigenschaft absprechen* ☐ *negar; privar* **2** ⟨fig.⟩ *etwas Gutes absprechen, urteilen, dass jmdm. etwas nicht zusteht; jmdm. seine Verdienste, seine Fähigkeiten* ~ ☐ *não reconhecer; contestar*
aber|ma|lig ⟨Adj. 60⟩ *nochmalig, wiederholt* ☐ *reiterado; repetido*
aber|mals ⟨Adv.⟩ *noch einmal* ☐ *novamente*
aber|tau|send auch: **Aber|tau|send** ⟨Indefinitpron.⟩ *viele, unzählbare tausend;* ~/ Abertausend *Menschen waren gekommen* ☐ *muitos; milhares (de)*
Aber|tau|sen|de auch: **abertausende** ⟨Pl.⟩ *viele, unzählige Tausende;* ~/ abertausende *empfingen die erfolgreichen Sportler* ☐ *muitos; milhares (de)*
ab‖fah|ren ⟨V. 130⟩ **1** ⟨400(s.)⟩ *eine Fahrt beginnen, abreisen* ☐ *partir; sair* **1.1** *sterben;* jmd. wird bald ~, ist abgefahren ☐ *morrer* **2** ⟨500⟩ **2.1 Gegenstände, Erde, Holz, Abfall** ~ *mittels Fahrzeugs abtransportieren;* Ggs *anfahren(3)* ☐ *transportar; levar embora* **2.2** ⟨(h.) od. (s.)⟩ *eine* **Strecke**, *ein* **Gebiet** ~ *fahrend absuchen, prüfen, beobachten* ☐ *percorrer; explorar* **2.3** *einen* **Fahrschein**, *sein Fahrgeld* ~ *völlig ausnützen* ☐ *utilizar completamente; gastar (até o fim); consumir* **3** ⟨500⟩ **3.1** ⟨505⟩ *einen* **Teil** *eines* **Gegenstandes** ~ *durch (unvorsichtiges) Fahren abbrechen, abtrennen;* den Rückspiegel vom Lastwagen ~ ☐ *quebrar* **3.2** *ein* **Fahrzeug**, *die Reifen* ~ *durch Fahren abnützen; die Reifen fahren sich ungleichmäßig ab* ☐ *desgastar(-se)* **3.3** ⟨530/Vr 5 od. Vr 6⟩ *jmdm. einen* **Körperteil** ~ *durch Überfahren abtrennen;* der Zug fuhr ihm ein Bein ab ☐ *mutilar; cortar* **4** ⟨400(s.); fig.⟩ **4.1** jmd. ist abgefahren *hat sich eine Abfuhr(3) geholt* ☐ **levar uma fora* **4.2** jmdm. ~ *lassen jmdm. eine Abfuhr(3) erteilen* ☐ **dar um fora em alguém* **5** ⟨550; fig.⟩ **auf etwas** od. **jmdn.** ~ ⟨salopp⟩ *sich etwas oder jmdm. stark zuwenden, nachhaltig beeindruckt, begeistert von etwas od. jmdm. sein;* er fährt zurzeit total

Abfahrt

auf Rockmusik ab □ *ser louco/tarado por alguma coisa ou alguém **6** ⟨402; TV⟩ *mit der Ausstrahlung beginnen;* eine Sendung ~ □ iniciar

Ạb|fahrt ⟨f.; -, -en⟩ **1** *das Abfahren(1), Beginn einer Fahrt;* Ggs *Ankunft* □ partida **2** ⟨Skisp.⟩ **2.1** *Talfahrt* □ descida **2.2** *Abhang* □ declive **3** ⟨österr.⟩ = *Ausfahrt (4)*

Ạb|fall ⟨m.; -(e)s, -fäl|le⟩ **1** ⟨unz.⟩ *Loslösung;* ~ *vom Glauben;* ~ *von einer Partei* □ apostasia; defecção **1.1** ~ *von Ländern Lösung von dem sie beherrschenden Land* □ deserção; abandono **2** *unbrauchbarer Rest, Müll; Entsorgung, Beseitigung von* ~ □ lixo; detrito **3** *Minderung, Abnahme; Leistungs~* □ queda; diminuição

ạb|fal|len ⟨V. 131/400(s.)⟩ **1** *sich von etwas lösen u. fallen;* *die Blätter fallen ab* □ cair **2** *niedriger werden; das Gelände fällt ab* □ declinar **3** *sich loslösen, abtrünnig werden; vom Glauben ~;* □ apostatar; abandonar **4** *als Gewinn, Verdienst übrig bleiben;* ein Trinkgeld wird ~, *etwas fällt für dich ab* □ restar **5** *an Gewicht verlieren* □ emagrecer **6** ⟨800⟩ *gegen jmdn. ~ weniger gut sein* □ *ser inferior a alguém* **7** ⟨Seemannsspr.⟩ *den Kurs eines Segelschiffes so ändern, dass der Wind voller in die Segel fällt; wir fallen ab* □ sotaventear

ạb|fäl|lig ⟨Adj.⟩ *abwertend, verächtlich, beleidigend;* eine ~*e Bemerkung machen* □ desfavorável; depreciativo

ạb|fan|gen ⟨V. 132/500⟩ **1** *jmdn. od. etwas ~ jmdn. oder etwas vor dem Erreichen des Ziels abpassen;* den Chef vor dem Büro ~; den Ball vor dem Tor ~ **1.1** *einen Brief ~ nicht dem Empfänger zukommen lassen, vorenthalten* □ interceptar **2** *ein Fahrzeug, Flugzeug ~ durch geschicktes Manövrieren wieder in die normale Position bringen* □ retomar o controle; endireitar **3** *einen Gegner ~* ⟨Sp.⟩ *vor Erreichen des Zieles noch überholen* □ impedir

ạb|fer|ti|gen ⟨V. 500⟩ **1** *etwas ~* ⟨Post; Eisenb.⟩ *zur Beförderung, zum Versand fertig machen; Gepäck ~;* eine Sendung ~ □ preparar para a expedição **1.1** *ein Fahrzeug, Flugzeug, Schiff ~ zur Abfahrt, zum Abflug vorbereiten* □ preparar para a partida **2** *jmdn. ~ der Reihe nach bedienen; Kundschaft ~* □ servir; atender **3** *jmdn. ~* ⟨umg.⟩ *unfreundlich behandeln, abservieren, abweisen; jmdn. kurz ~* □ despachar; mandar passear **3.1** *einer Forderung durch minderwertige Leistung nur unzulänglich nachkommen; jmdn. mit Geld ~* □ liquidar; livrar-se de

ạb|fin|den ⟨V. 134⟩ **1** ⟨500⟩ *jmdn. ~ jmds. Ansprüche (teilweise) befriedigen; jmdn. mit Geld ~* □ satisfazer; compensar **2** ⟨550/Vr 3⟩ *sich mit etwas od. jmdn. ~ sich (widerwillig) mit etwas od. jmdn. zufrieden geben* □ *resignar-se com alguma coisa ou alguém*

Ạb|fin|dung ⟨f.; -, -en⟩ *Geldbetrag, mit dem jmds. Ansprüche abgeglichen werden* □ indenização; compensação

ạb|flau|en ⟨V. 400(s.)⟩ **1** *nachlassen; der Wind flaut ab* **2** ⟨fig.⟩ *geringer werden, abnehmen, nachlassen; sein Interesse an der Sache flaut ab; die Nachfrage nach hochwertigen Erzeugnissen ist in diesem Jahr deutlich abgeflaut* □ diminuir; abrandar

ạb|flie|gen ⟨V. 136⟩ **1** ⟨400(s.)⟩ *anfangen zu fliegen, wegfliegen; die Vögel fliegen ab* □ levantar voo **1.1** *ein Flugzeug fliegt ab startet* □ decolar **2** ⟨500⟩ **2.1** *jmdn. ~ auf dem Luftweg wegbringen; Verletzte ~* □ levar de avião **2.2** *eine Strecke ~ entlangfliegen* □ sobrevoar **3** ⟨400(s.)⟩ *sich lösen und wegfliegen; die Radkappen flogen ab* □ voar

ạb|flie|ßen ⟨V. 138/400(s.)⟩ **1** *wegfließen, ablaufen; das Wasser in der Badewanne floss nicht ab* **2** *das Geld fließt ins Ausland* ⟨fig.⟩ *wird ins Ausland gebracht (und dort angelegt)* □ escoar

Ạb|flug ⟨m.; -(e)s, -flü|ge⟩ **1** ⟨unz.⟩ *das Fort-, Wegfliegen; der ~ der Zugvögel* □ voo **2** ⟨zählb.⟩ *Start (von Flugzeugen)* □ decolagem

Ạb|fluss ⟨m.; -es, -flüs|se⟩ **1** *Zustand, Tätigkeit des Abfließens* □ escoamento **2** *Rohr, Rinne, Flussbett usw., wodurch etwas abfließt od. abgeleitet wird* □ escoadouro **3** ⟨fig.⟩ *Abgang, Verminderung;* ~ *von Kapital, Arbeitskräften ins Ausland* □ saída

ạb|fra|gen ⟨V.⟩ **1** ⟨503/ Vr 8 od. Vr 6⟩ *jmdn. od. jmdm. etwas ~ jmds. Wissen durch Fragen überprüfen;* er fragte sie englische Vokabeln ab □ interrogar; fazer chamada oral **2** ⟨500⟩ *Leitungen ~* ⟨Tel.⟩ *durch Anruf die Funktionsfähigkeit der Leitungen überprüfen* **3** ⟨500⟩ *Daten, Informationen ~* ⟨bes. EDV; Tel.⟩ *mithilfe technischer Geräte ermitteln; die aktuellen Ozonwerte können telefonisch abgefragt werden* □ averiguar; verificar

Ạb|fuhr ⟨f.; -, -en⟩ **1** *das Abfahren(2.1);* Ggs *Anfahrt(1)* □ transporte; remoção **2** ⟨Fechten⟩ *Fehlschlag, Niederlage* □ derrota **3** ⟨fig.⟩ *grobe Ablehnung, Zurechtweisung* □ fora; rejeição; *jmdm. eine ~ erteilen* □ *dar um fora em alguém;* sich eine ~ *holen* □ *levar um fora de alguém*

ạb|füh|ren ⟨V.⟩ **1** ⟨500⟩ *jmdn. ~ wegführen, wegleiten* □ transportar; levar embora **1.1** *in polizeilichem Gewahrsam nehmen, verhaften* □ prender **2** *einen Betrag ~ bezahlen; Steuern an das Finanzamt ~* □ pagar **4** ⟨40; Med.⟩ *Stuhlgang herbeiführen; Leinsamen führt ab* □ evacuar **4** ⟨803⟩ *von etwas ~* ⟨fig.⟩ *wegleiten, abseits führen; das führt vom Thema ab* ⟨fig.⟩ *lenkt ab, gehört nicht zum Thema* □ desviar

Ạb|ga|be ⟨f.; -, -n⟩ **1** *das Abgeben* □ entrega **1.1** *Verkauf* □ venda **1.1.1** *gezogener Wechsel* □ saque **2** *Überlassung* **3** *Auslieferung, Aushändigung* □ cessão; entrega **4** *Miete, Pacht* □ locação **4.1** ⟨meist Pl.⟩ *Steuer* □ imposto; taxa **5** ⟨Fußb.⟩ *das Zuspielen des Balles* □ passe

Ạb|gang ⟨m.; -(e)s, -gän|ge⟩ **1** *das Weg-, Fortgehen, Verabschiedung* □ saída; despedida **1.1** ⟨Theat.⟩ *Abtreten von der Bühne* □ saída de cena **1.1.1** *sich einen guten ~ verschaffen* ⟨fig.⟩ *sich wirkungsvoll entfernen, einen guten Eindruck hinterlassen* □ *deixar uma boa impressão* **2** *Abfahrt; 5 Minuten vor ~ des Zuges, Schiffes* □ partida **3** ⟨Kaufmannsspr.⟩ *Verlust, Schwund* □ perda; redução **4** *Aufgeben, Verlassen einer Tätigkeit* □ saída; demissão **5** ⟨Med.⟩ **5.1** *Ausscheidung, z. B. von Nierensteinen od. Sekret* □ expulsão **5.2** *Abort* □ aborto espontâneo **6** ⟨fig.⟩ *Sterben, Tod* □ morte **6.1** *den ~ machen* ⟨Drogenszene⟩ *in-*

folge übermäßiger Einnahme von Drogen sterben □ *morrer de overdose* **7** *Verkauf* 7.1 einen guten ~ haben *gut verkauft werden* □ *venda; saída*

Ab|gas ⟨n.; -es, -e⟩ **1** ⟨allg.⟩ *gasförmiges Abfallprodukt, das durch Verbrennung entsteht* 1.1 ⟨Kfz⟩ *Auspuffgas* (~katalysator, ~sonderuntersuchung); *weniger ~ an die Umwelt abgeben* □ *gás de escape*

ab|ge|ar|bei|tet 1 ⟨Part. Perf. von⟩ *abarbeiten* **2** ⟨Adj.⟩ *infolge andauernder (körperlicher) Arbeit erschöpft; sie sieht abgearbeitet aus* □ *exausto; esgotado* 2.1 *~e Hände durch vieles Arbeiten hart u. rissig gewordene Hände* □ *calejado*

ab|ge|ben ⟨V. 143⟩ **1** ⟨503 od. 505⟩ *etwas ~ weggeben; etwas an jmdn. ~; jmdm. etwas ~* 1.1 *etwas dem zuständigen Empfänger übergeben, abliefern;* (bestellte) *Ware ~* □ *dar; entregar* 1.2 *etwas zurückgeben;* entliehene *Bücher in der Stadtbücherei ~* □ *restituir; devolver* 1.3 *zur Aufbewahrung geben; das Handgepäck ~* □ *depositar* 1.4 (jmdm.) *etwas ~ jmdm. einen Teil von etwas geben; von seinem Überfluss ~* □ *partilhar; distribuir* 1.5 *jmdm. etwas überschreiben; sein Geschäft ~* □ *transferir* 1.6 *gegen Bezahlung geben, verkaufen* □ *vender* **2** ⟨500⟩ *äußern, mitteilen; seine Meinung über, zu etwas ~* □ *expressar; dar* **3** ⟨500; Funktionsverb⟩ → a. *Schuss*(3), *Stimme*(5.4.1) 3.1 *den Vermittler ~ vermitteln, als V. tätig sein* □ *servir de intermediário* 3.2 *er gibt einen guten Soldaten ab ist geeignet als S.* □ *ele leva jeito para ser um bom soldado* **4** ⟨550/Vr 3⟩ *sich mit etwas od. jmdm. ~* ⟨umg.⟩ *sich beschäftigen* □ *ocupar-se de alguma coisa ou alguém* **5** ⟨400; schweiz.⟩ *hinfällig werden; der alte Mann hat abgegeben* □ *caducar*

ab|ge|brannt 1 ⟨Part. Perf. von⟩ *abbrennen* **2** ⟨Adj.⟩ 2.1 *infolge eines Brandes zerstört; ein ~es Gehöft* □ *queimado; incendiado* 2.2 ⟨fig.; umg.⟩ *mittellos, ohne Geld; ich bin völlig ~* □ *duro; sem um tostão*

ab|ge|brüht ⟨Adj.⟩ **1** *gewitzt, schlau, gerissen; ein ~er Geschäftsmann* □ *esperto; matreiro* **2** *(durch schlimme Erfahrungen) unempfindlich (geworden); er ist gegen alles ~* □ *insensível; escaldado* **3** *ohne moralische Grundsätze* □ *inescrupuloso*

ab|ge|dro|schen ⟨Adj.⟩ *oft wiederholt, durch zu häufige Wiederholung inhalts-, bedeutungslos (geworden), banal; eine ~e Redensart* □ *trivial; banal*

ab|ge|hen ⟨V. 145(s.)⟩ **1** ⟨400⟩ *sich wegbewegen, sich entfernen, abfahren; der Zug, das Schiff geht ab* □ *partir; zarpar* 1.1 *eine Sendung ~ lassen auf den Weg bringen, wegschicken* □ *enviar; expedir* **2** ⟨800⟩ 2.1 *aus einem Amt, einer Stellung scheiden* □ *demitir-se* 2.1.1 *von der Schule ~ sie verlassen, entlassen werden* □ *deixar; abandonar* 2.2 *von einer Sache, vom rechten Wege, von der Wahrheit ~* ⟨fig.⟩ *abweichen* □ *desviar-se; afastar-se* 2.2.1 *von einer Absicht, Meinung ~ sie ändern, nachgeben* □ *mudar* 2.2.2 *von Forderungen ~ sie herabmindern, aufgeben* □ *desistir; renunciar* 2.3 *der Weg geht nach rechts ab biegt ab* □ *virar* **3** ⟨400⟩ *Schauspieler gehen ab* ⟨Theat.⟩ *verlassen die Bühne* □ *sair de cena* **4** ⟨400; Med.⟩ 4.1 *die Würmer gehen ab werden abgeführt* □ *sair; ser expelido* 4.2

Eiter geht ab fließt ab □ *purgar* **5** ⟨800⟩ *mit dem Tode ~* ⟨fig.; geh.⟩ *sterben* □ *morrer; partir* **6** ⟨400; Hdl.⟩ 6.1 ⟨413⟩ *die Waren gehen gut, schlecht ab verkaufen sich gut, schlecht* □ *vender; ter saída* 6.2 ⟨405⟩ (**von** einer Summe) *~ abgezogen, abgerechnet werden; davon gehen 2% ab; davon geht nichts ab* □ *ser descontado; ter desconto* **7** ⟨600⟩ *fehlen; du gehst mir sehr ab* □ *fazer falta* 7.1 *es geht ihm nichts ab er hat alles, was er braucht* □ *faltar* **8** ⟨400⟩ *sich lösen; die Farbe, der Knopf geht ab* □ *soltar-se; desprender-se* **9** ⟨413; unpersönl.⟩ *ablaufen, verlaufen, enden* □ *terminar; acabar* 9.1 *es wird (nicht) ohne Streit ~ S. wird sich (nicht) vermeiden lassen* □ *isso (não) vai acabar em briga* 9.2 *das ist noch mal gut abgegangen gutgegangen, es ist nichts passiert* □ *terminar bem* **10** ⟨411; unpersönl.⟩ *da geht es ganz schön ab* ⟨umg.⟩ *es ist sehr laut, unbändig zu, da ist sehr viel los* □ *é (um lugar/ambiente) bem legal/animado* **11** ⟨500⟩ *einen Platz ~ abschreiten, um den ganzen P. herumgehen* □ *percorrer; medir com passos*

ab|ge|le|gen ⟨Adj.⟩ *entfernt, schwer zugänglich, einsam; ein ~er Ort* □ *afastado; isolado*

ab|ge|neigt ⟨Adj.⟩ *ablehnend gegenüber stehen; einer Sache ~ sein* □ *desfavorável; contrário*

Ab|ge|ord|ne|te(r) ⟨f. 2 (m. 1); Abk.: Abg.⟩ **1** *jmd., der für eine bestimmte Tätigkeit abgeordnet worden ist* □ *delegado* **2** *Mitglied des Parlaments; die ~n des Parlaments entschieden gegen den Antrag* □ *deputado*

ab|ge|ris|sen 1 ⟨Part. Perf. von⟩ *abreißen* □ *arrancado; rasgado* **2** ⟨Adj.⟩ 2.1 *unzusammenhängend; eine ~e Rede* □ *desconexo; incoerente* 2.2 *plötzlich unterbrochen; den ~en Faden (des Gesprächs) wieder aufnehmen* □ *interrompido* 2.3 *zerlumpt, schäbig; ein ~er Mantel; er sieht ganz schön ~ aus* □ *esfarrapado; andrajoso*

Ab|ge|sand|te(r) ⟨f. 2 (m. 1)⟩ *jmd., der als Vertreter einer Person od. Institution weggeschickt wird (um einen bestimmten Auftrag auszuführen); die ~n des Papstes* □ *enviado; emissário*

ab|ge|spannt 1 ⟨Part. Perf. von⟩ *abspannen* **2** ⟨Adj.⟩ *erschöpft, überlastet, überarbeitet; er sieht sehr ~ aus* □ *exausto; extenuado*

ab|ge|stan|den 1 ⟨Part. Perf. von⟩ *abstehen* **2** ⟨Adj.⟩ 2.1 *durch langes Stehen geschmacklos od. faulig geworden; ~es Bier, Wasser* □ *choco* 2.2 ⟨fig.⟩ *durch häufigen Gebrauch fad, inhaltslos geworden; ~e Redensarten* □ *insípido; monótono*

ab|ge|wöh|nen ⟨V. 530⟩ **1** *jmdm. etwas ~ jmdn. so beeinflussen, dass er eine Gewohnheit ablegt* **2** ⟨Vr 5⟩ *sich etwas ~ eine Gewohnheit ablegen* □ *desacostumar(-se)* **3** *noch einen zum Abgewöhnen trinken* ⟨scherzh.⟩ *Entschuldigung, wenn man weitertrinken will* □ *tomar a saideira*

ab|glei|chen ⟨V. 153/500⟩ **1** *durch Vergleichen überprüfen, (an vorhandene Richtwerte) anpassen, einander angleichen; eine Messgröße, einen Empfänger ~* □ *igualar; ajustar* **2** *eine Schuld ~ bezahlen* □ *saldar; pagar*

ab|gra|ben ⟨V. 157/500⟩ *etwas ~* **1** *durch Graben ableiten; Wasser ~* □ *desviar; derivar* **2** *durch Graben* *entfernen;* Hügel, Erde ~ □ *separar por meio de fossos; cavar* **3** ⟨530⟩ jmdm. das **Wasser** ~ ⟨fig.⟩ *seine Existenz gefährden od. vernichten* □ **minar o terreno de alguém*

ab‖gra|sen ⟨V. 500⟩ **1** *den Graswuchs abfressen; die Weide ist von den Pferden schon ganz abgegrast worden* □ *pastar* **2** ⟨fig.; umg.⟩ *gründlich absuchen, wegen einer bestimmten Sache aufsuchen od. ansprechen; ich habe den ganzen Weg nach deinem Schlüssel abgegrast; alle Läden nach einem Geschenk ~* □ *procurar; percorrer em busca de* **2.1** *dieser Forschungsbereich ist schon vollständig abgegrast ist schon umfassend bearbeitet u. beschrieben worden* □ *exaurir*

Ab|grund ⟨m.; -(e)s, -grün|de⟩ **1** *(unermesslich) große Tiefe; jäher ~* **2** ⟨fig.⟩ *moralischer Tiefstand* **3** *am Rande des ~es* ⟨fig.⟩ *kurz vor dem Untergang, der Vernichtung* □ *abismo; precipício*

ab|grün|dig ⟨Adj.⟩ Sy *abgrundtief* **1** *sehr tief, tief wie ein Abgrund; ein ~es Misstrauen* □ *abismal* **2** *geheimnisvoll, rätselhaft; ein ~es Lächeln* □ *insondável*

ab|grund|tief ⟨Adj.⟩ = *abgründig*

Ab|guss ⟨m.; -es, -güs|se⟩ **1** *Abformung durch einen später erhärtenden Stoff* □ *moldagem* **2** *die so entstandene Form, Nachbildung* □ *cópia* **3** *Flüssigkeit, die von anderen od. einem Rückstand abgegossen wurde* □ *escoamento; resíduo*

ab‖ha|ken ⟨V. 500⟩ *etwas ~* **1** *vom Haken lösen; einen Riemen ~* □ *desenganchar* **2** *mit einem Haken versehen; die Namen auf einer Liste ~* □ *marcar; ticar* **2.1** *das kannst du ~* ⟨fig.; umg.⟩ *damit kannst du nicht mehr rechnen* □ *esquecer*

ab‖hal|ten ⟨V. 160⟩ **1** ⟨505⟩ *etwas ~ fernhalten;* Nässe, Kälte *~* □ *proteger de* ; *Tiere vom Rasen ~* □ *manter afastado* **2** ⟨505/Vr 8⟩ *jmdn. ~ hindern; das kann uns nicht davon ~, ...* □ *impedir; sich ~ lassen* □ **incomodar-se* ; *lassen Sie sich nicht ~!* (Höflichkeitsformel) □ **não se incomode!* **2.1** *jmdn. von der Arbeit ~ hindern zu arbeiten* □ **impedir alguém de trabalhar, estorvar alguém em seu trabalho* **3** ⟨500⟩ Fest, Versammlung, Besprechung, Gottesdienst *~ durchführen, veranstalten* □ *dar; organizar; conduzir* **4** ⟨500⟩ *ein* Kind *~ zur Verrichtung der Notdurft halten* □ **segurar uma criança para que ela faça suas necessidades* **5** ⟨411⟩ *vom Lande ~* ⟨Mar.⟩ *Kurs vom Lande weg nehmen* □ **fazer-se ao largo*

ab‖han|deln ⟨V.⟩ **1** ⟨500⟩ *ein* Thema *~ erschöpfend behandeln* □ *tratar exaustivamente* **2** ⟨530⟩ jmdm. etwas *~ (durch Herunterhandeln des Preises) von jmdm. etwas erstehen* □ *regatear; pechinchar*

ab|han|den|kom|men ⟨V. 170/400(s.)⟩ *verlorengehen* □ *perder-se*

Ab|hand|lung ⟨f.; -, -en; Abk.: Abh.⟩ **1** *Aufsatz, schriftliche wissenschaftliche Arbeit;* Sy *Traktat(1); gelehrte, wissenschaftliche ~* □ *tratado* **2** *amtlicher Bericht* □ *relatório*

Ab|hang ⟨m.; -(e)s, -hän|ge⟩ *geneigte Fläche des Erdbodens; jäher, steiler, sanfter ~* □ *encosta; declive*

ab‖hän|gen[1] ⟨V. 161⟩ **1** ⟨400(s.)⟩ *Fleisch hängt ab hängt eine Zeit lang, bis es genießbar ist* □ *ficar dependurado* **2** ⟨800⟩ *eine Sache hängt von jmdm. od. etwas ab wird von jmdm. bestimmt* **2.1** *ist durch etwas bedingt* **2.2** *ist auf jmdn. od. etwas bezogen; es hängt davon ab, ob, dass ...* □ *depender* **3** ⟨fig.; umg.⟩ *nichts tun, müßiggehen* □ *ficar de papo para o ar*

ab‖hän|gen[2] ⟨V. 500⟩ **1** *etwas ~ entfernen* **1.1** *ein Bild von der Wand ~ vom Haken nehmen* □ *tirar; desprender* **1.2** *einen Anhänger ~ vom Triebwagen lösen* □ *desengatar; desatrelar* **2** jmdn. *~ hinter sich lassen, sich von jmdn. entfernen* □ *deixar para trás* **2.1** *er hängte alle Mitschüler ab übertraf sie an Leistung* □ *superar* **2.2** *einen unerwünschten Begleiter ~ sich von ihm lösen, ihm entfliehen* □ *safar-se; esquivar-se*

ab|hän|gig ⟨Adj.⟩ *durch etwas od. jmdn. bestimmt, unselbständig; von jmdm. ~ werden; drogen~ sein* □ *dependente*

ab‖här|ten ⟨V. 505/Vr 7⟩ **1** *den* Körper *~ an Strapazen, an Kälte gewöhnen* □ *tornar resistente; acostumar* **2** *sich gegen Gefühle, schädliche Einflüsse usw. ~ sich ihnen gegenüber hart machen* □ *tornar-se insensível; endurecer-se*

ab‖hau|en ⟨V. 162⟩ **1** ⟨500⟩ *abschlagen, abhacken;* Bäume *~* □ *cortar;* abater **2** ⟨400; Prät.: nur: haute ab; umg.⟩ *weg-, davonlaufen, flüchten; er ist von seinen Eltern abgehauen;* ⟨vor der Wiedervereinigung Dtschlds.⟩ *in den Westen ~* □ *safar-se; fugir*

ab‖he|ben ⟨V. 163⟩ **1** ⟨500⟩ *etwas ~ durch Heben wegnehmen* **1.1** Geld *~ vom Bankkonto holen* □ *retirar; sacar* **1.2** *die* Karten *~* ⟨Kart.⟩ *einen Teil der Karten wegnehmen u. den Rest wieder daraufleqen* □ *cortar (o baralho)* **1.3** *das* Dach *~ das zum Decken verwendete Material entfernen* □ *descobrir; remover a cobertura* **2** ⟨800⟩ *auf etwas ~ hinweisen, darauf aufmerksam machen* □ **ressaltar alguma coisa* **3** ⟨505/Vr 3⟩ *sich (von etwas) ~ sich abzeichnen, unterscheiden;* Farben, Umrisse, Leistungen *heben sich voneinander ab* □ **sobressair; destacar-se* **4** ⟨400⟩ *ein* Flugzeug *hebt ab erhebt sich in die Luft* □ *decolar* **4.1** *er hebt ab* ⟨fig.; umg.⟩ *er lebt in einer anderen Welt, er hat den Bezug zur Realität verloren* □ *viver no mundo da lua*

ab‖hel|fen ⟨V. 165/600⟩ **1** *einem* Übel *~ ein Ü. beseitigen* **2** *dem muss abgeholfen werden das muss man ändern* □ *remediar* ; *dem ist nicht abzuhelfen* □ **não há o que fazer*

ab‖het|zen ⟨V. 500⟩ **1** *jmdn. od. etwas ~ bis zur Erschöpfung hetzen;* Wild *~* □ *acossar* **2** ⟨Vr 3⟩ *sich ~ sich bis zur Erschöpfung beeilen* □ **esfalfar-se; extenuar-se*

Ab|hil|fe ⟨f.; -; unz.⟩ **1** *Beseitigung eines Übels; auf ~ dringen* □ *remédio* **1.1** *~ schaffen Schwierigkeiten, Missstände beseitigen* □ **remediar*

ab‖ho|len ⟨V.⟩ **1** ⟨500⟩ *etwas (von einem Ort) ~ herbringen* **1.1** ⟨Vr 8⟩ jmdn. *~ (von einem Treffpunkt) ~ hierherbegleiten* □ (ir) *buscar* **2** ⟨500⟩ jmdn. *~* ⟨verhüllend⟩ *verhaften* □ *prender*

ab‖hor|chen ⟨V. 500⟩ **1** *ein Gespräch ~ unter Schwierigkeiten od. heimlich anhören, belauschen* □ *escutar com dificuldade/às escondidas* **2** *Geräusche u. deren Ursachen ~ durch Horchen zu ergründen suchen*

□ tentar escutar **3** jmdn. ~ ⟨Med.⟩ *Geräusche im Körper eines Patienten mit dem Ohr (mit Hilfe eines Stethoskops) feststellen* □ auscultar **4** jmdn. ~ ⟨Schülerspr.⟩ *durch Fragen kontrollieren, ob jmd. seine Aufgaben gelernt hat* □ indagar; interrogar

ab∥hö|ren ⟨V. 500⟩ **1** *eine Sendung, Kassette ~ eine S., K. aufmerksam anhören* □ ouvir com atenção **2** *ein Gespräch ~ heimlich mit anhören (bes. telefonisch)* □ interceptar; ouvir às escondidas **3** *eine Lektion ~ Fragen zu einer L. stellen* □ *tomar a lição; fazer perguntas sobre a lição

Ab|i|tur ⟨n.; -s, -e; Pl. selten⟩ *Reifeprüfung (an Oberschule u. Gymnasium), Hochschulreife* □ exame final do ensino médio

Ab|i|tu|ri|ent ⟨m.; -en, -en⟩ *Schüler, der die Reifeprüfung ablegen will od. abgelegt hat* □ estudante que já prestou ou vai prestar o exame final do ensino médio

Ab|i|tu|ri|en|tin ⟨f.; -, -tin|nen⟩ *Schülerin, die die Reifeprüfung ablegen will od. abgelegt hat* □ estudante que já prestou ou vai prestar o exame final do ensino médio

ab∥kap|seln ⟨V. 500⟩ **1** *etwas ~ in eine Kapsel einschließen* □ encapsular **2** ⟨Vr 3⟩ *sich ~* **2.1** *sich mit einer Kapsel umgeben;* Parasiten, Tumoren kapseln sich ab □ *encapsular-se; enquistar-se* **2.2** ⟨fig.⟩ *sich von der Umwelt abschließen* □ *isolar-se

ab∥kau|fen ⟨V. 530⟩ **1** *jmdm. etwas ~ von jmdm. etwas kaufen* □ comprar **2** *das kaufe ich dir nicht ab!* ⟨fig.; umg.⟩ *das glaube ich dir nicht* □ acreditar; engolir **3** *jmdm. den Schneid ~* ⟨fig.⟩ *ihn einschüchtern* □ *intimidar alguém

ab∥keh|ren[1] ⟨V. 500⟩ *etwas ~* **1** *mit dem Besen entfernen;* Schmutz *~* **2** *mit dem Besen säubern;* einen Gegenstand *~* □ varrer; limpar com escova

ab∥keh|ren[2] ⟨V. 550/Vr 3⟩ *sich von jmdm. od. etwas ~* **1** *sich abwenden, sich umwenden, um etwas od. jmdn. nicht zu sehen* □ *evitar alguém ou alguma coisa; virar as costas para alguém ou alguma coisa* **2** *sich um etwas od. jmdn. nicht mehr kümmern* □ renegar; abandonar

ab∥klap|pern ⟨V. 500; umg.⟩ *etwas ~ ablaufen, absuchen, der Reihe nach aufsuchen;* die Schuhgeschäfte der Stadt *~;* alle Freunde u. Bekannte *~* □ bater de porta em porta; percorrer em busca de

ab∥klem|men ⟨V. 500⟩ *etwas ~* **1** *durch eine Klemme unterbrechen, verschließen;* eine Leitung *~;* Arterien, Venen *~* ⟨Med.⟩ □ fechar **2** ⟨fig.; schweiz.⟩ *abbrechen, beenden;* ein Geschäft, eine Unterredung, Beziehung *~* □ fechar; interromper

ab∥klin|gen ⟨V. 168/400(s.)⟩ **1** *leiser werden;* der Ton klingt ab □ diminuir; atenuar-se **2** ⟨fig.⟩ *nachlassen, schwächer werden;* die Krankheit, die Erscheinung klingt ab □ atenuar-se; ceder

ab∥klop|fen ⟨V. 170/500 od. Vr 6⟩ *etwas ~* **1** *durch Klopfen entfernen;* den Schmutz, den Staub vom Rock *~;* er klopft sich den Staub ab **2** ⟨500/Vr 7 od. 530/Vr 5⟩ *durch Klopfen reinigen;* ein Kleidungsstück *~* □ bater/sacudir (o pó, a sujeira) **2.1** *Dampfkessel ~ den Kesselstein aus dem D. entfernen* □ desin-

crustar **3** ⟨500⟩ *einen* Kranken *~* ⟨Med.⟩ *durch Klopfen feststellen, ob sich im Körperinnern Flüssigkeit angesammelt hat* □ percutir **3.1** ⟨550⟩ *einen* Sachverhalt *auf etwas ~* ⟨fig.⟩ *prüfen, ob ein S. bestimmte Bedingungen erfüllt;* Argumente auf ihre Stichhaltigkeit hin *~* □ examinar; verificar **4** ⟨400; Mus.⟩ *Zeichen geben zum Unterbrechen des Spiels; bei Musikproben ~* □ interromper (batendo a batuta)

ab∥kom|men ⟨V. 170/405(s.)⟩ **1** *sich ungewollt von der eingeschlagenen Richtung entfernen;* vom Wege *~;* vom Thema *~* ⟨fig.⟩ □ desviar-se; divagar **1.1** *sein Ziel verfehlen;* ihm Schuss *~* □ errar o alvo **2** *freikommen;* das Flugzeug kommt vom Boden ab; ein aufgelaufenes Schiff kommt ab □ afastar-se **2.1** *können sich (von einer Tätigkeit) für eine bestimmte Zeit frei machen können* □ *conseguir liberar-se **3** ⟨Sp.⟩ *starten;* der Schwimmer, Läufer ist gut, schlecht abgekommen □ largar **4** ⟨fig.⟩ *etwas nicht mehr wollen; von einer Absicht ~;* von einem Brauch *~* □ desistir; renunciar **5** ⟨400; veraltet⟩ *jmd. ist abgekommen hat an Gewicht verloren* □ emagrecer

Ab|kom|men ⟨n.; -s, -⟩ *Übereinkunft, Vereinbarung;* ein *~ treffen, brechen;* einem *~ beitreten* □ acordo

ab∥kömm|lich ⟨Adj. 24/40⟩ **1** *~ sein abkommen können, sich frei machen können* **1.1** *sie ist zur Zeit nicht abkömmlich sie kann sich nicht frei machen, ihre augenblickliche Tätigkeit, Arbeit nicht unterbrechen* □ disponível; livre

Ab|kömm|ling ⟨m.; -s, -e⟩ **1** *Nachkomme, Nachfahre* □ descendente **2** ⟨Chem.⟩ *chem. Verbindung, die aus einer anderen durch Ersatz von Atomen durch andere Atome od. Atomgruppen abgeleitet u. dargestellt wird* □ derivado

ab∥krat|zen ⟨V.⟩ **1** ⟨503/Vr 5 od. Vr 6⟩ *etwas ~* **1.1** ⟨Vr 5⟩ *durch Kratzen entfernen;* Schmutz, Flecke *~* **1.2** ⟨500/Vr 7 od. 530/Vr 5⟩ *durch Kratzen säubern* □ raspar; limpar (raspando) **2** ⟨400; umg.⟩ **2.1** *sterben* □ morrer; bater as botas **2.2** ⟨veraltet⟩ *davonlaufen* □ fugir **2.2.1** *kratz ab!* ⟨derb⟩ *mach, dass du fortkommst!* □ *dê o fora!

ab∥krie|gen ⟨V. 500⟩ *= abbekommen*

ab∥küh|len ⟨V.⟩ **1** ⟨402/Vr 3⟩ *etwas kühlt (sich) ab etwas wird kühl(er);* die Suppe muss (sich) abkühlen **1.1** *Gefühle kühlen (sich) ab* ⟨fig.⟩ *werden ruhiger, gehen vorüber;* seine Leidenschaften kühlen ab; seine Aufregung kühlt sich ab **2** ⟨500⟩ *etwas ~ kühl(er) machen;* die Suppe durch Pusten *~* **2.1** *Gefühle ~* ⟨fig.⟩ *beruhigen;* ihre Entschuldigung kühlte seinen Zorn wieder ab **3** ⟨500/Vr 3⟩ *jmd. kühlt sich ab erfrischt sich* □ refrescar-se

ab∥kür|zen ⟨V. 500⟩ **1** *den Weg ~ einen kürzeren W. nehmen* □ encurtar; cortar **2** *ein Wort ~ die Kurzform eines Wortes bilden* **3** *einen Vorgang ~ zeitlich verkürzen* □ abreviar

Ab|kür|zung ⟨f.; -, -en⟩ **1** *abkürzender Weg;* eine *~ gehen, nehmen* □ atalho **2** *gekürzte Form für häufig vorkommenden Wörtern u. Wortverbindungen; z. B.* ist die *~ für „zum Beispiel"* **3** *das Abkürzen(3);* die *~ des Prozesses, der Tagung* □ abreviação

abladen

ab︱la︱den ⟨V. 174/505⟩ **1** ein **Fahrzeug** ~ *entleeren* **2 Gegenstände** ~ *von (aus) einem Fahrzeug nehmen* ▢ descarregar **3 Arbeit, Aufgaben,** eine **Schuld** auf jmdm. ~ *jmdm. mit A., A., einer S. belasten* ▢ descarregar; descontar **4 Gefühlsäußerungen, Groll, Ärger** bei jmdm. ~ *sich mit jmdm. aussprechen* ▢ desabafar; desafogar

Ab︱la︱ge ⟨f.; -, -n⟩ **1** *Aufbewahrungsstelle für Schriftsachen, bes. in Büros* ▢ arquivo **2** ⟨schweiz.⟩ *Agentur zur Annahme u. Abholung von Gegenständen für bestimmte Zwecke, z. B. chem. Reinigung* ▢ depósito; armazém

ab︱la︱gern ⟨V. 500⟩ **1 Güter** ~ *abstellen, aufs, ins Lager bringen* ▢ armazenar **1.1 Nahrungs-** u. **Genussmittel** ~ *lassen zur Qualitätssteigerung liegen lassen* ▢ sazonar; deixar amadurecer/envelhecer **2 Schutt** ~ *abladen* ▢ descarregar **3 feste Stoffe** ~ *Sedimente bilden;* der Fluss lagert Sand ab **3.1** ⟨500/Vr 3⟩ **feste Stoffe** lagern sich ab *bilden Sedimente* ▢ sedimentar; precipitar(-se)

Ab︱lass ⟨m.; -es, -läs︱se⟩ **1** *das, was abgelassen wird* ▢ escoamento; drenagem; escape **2** *Ort od. Vorrichtung zum Ablassen* ▢ escoadouro; saída; dreno **3** ⟨kath. Kirche⟩ *Erlassen, Nachlass zeitlicher Strafen für begangene Sünden;* jmdm. ~ *gewähren* ▢ indulgência **4** ~ **vom Preis** *Ermäßigung* ▢ redução; abatimento

ab︱las︱sen ⟨V. 175⟩ **1** ⟨500⟩ **etwas** ~ *abgeben lassen* ▢ soltar; largar **1.1 Flüssigkeit** ~ *ablaufen lassen* ▢ deixar escoar **1.2 Dampf** ~ *entweichen lassen* ▢ deixar escapar **1.3** einen **Zug** ~ *abfahren lassen* ▢ deixar partir **1.4** *leerlaufen lassen;* einen **Teich** ~ ▢ esvaziar; drenar **2** ⟨530⟩ jmdm. etwas ~ *überlassen, abgeben, verkaufen* ▢ ceder; vender **3** ⟨550⟩ **etwas vom Preis** ~ *den P. senken* ▢ abater; descontar **4** ⟨800⟩ **von etwas** ~ *etwas aufgeben, mit etwas aufhören;* von seinem Vorhaben ~ ▢ desistir; renunciar

Ab︱lauf ⟨m.; -(e)s, -läu︱fe⟩ **1** *Stelle, an der Flüssigkeit aus einem Teich, Rohr od. dgl. austritt* ▢ desaguadouro; fossa; vala **2** *Vorrichtung zum Austritt von Flüssigkeit, Abfluss* ▢ escoadouro **3** *Ende einer Zeitdauer, einer Frist;* nach ~ von 2 Tagen ▢ vencimento **4** *Verlauf einer Handlung* ▢ decurso; evolução **5 Startplatz** ▢ ponto de partida/largada

ab︱lau︱fen ⟨V. 176⟩ **1** ⟨400(s.)⟩ **1.1** ein **Film,** eine **Vi**deoaufnahme läuft ab *wird vorgeführt* ▢ exibir **1.1.1** ein **Programm** läuft ab ⟨fig.⟩ *geht vonstatten* ▢ rodar **1.2** ein **Kabel** läuft ab *rollt ab* ▢ desenrolar-se **1.3 Flüssigkeit** läuft ab *fließt ab* ▢ escoar **1.4** die **Uhr** läuft ab *die U. bleibt stehen, wenn die Feder nicht aufgezogen wird* ▢ parar **1.5** die **Zeit** läuft ab *vergeht* ▢ transcorrer; passar **1.6** eine **Frist,** ein **Vertrag** läuft ab *geht zu Ende* **1.6.1** ein **Wechsel** läuft ab *wird fällig* ▢ expirar **2** ⟨413(s.)⟩ **etwas** läuft gut ab *endet günstig* ▢ terminar bem **3** ⟨500 od. 530/Vr 1⟩ **3.1 Schuhe, Sohlen, Absätze** ~ *durch vieles Laufen abnützen* ▢ (des)gastar **3.2 sich** die **Beine** nach etwas ~ *sich sehr um etwas bemühen* ▢ *gastar sola de sapato em busca de alguma coisa **3.3 Geschäfte, Straßen** ~ *durch viele G., S. laufen, um etwas od. jmdn. zu finden* ▢ percor-

rer em busca de **4** ⟨530⟩ jmdm. den **Rang** ~ ⟨fig.⟩ *jmdn. übertreffen* ▢ *superar/vencer alguém **5** ⟨500/Vr 3⟩ sich ~ *sich müde laufen* ▢ *cansar-se de tanto correr

ab︱le︱cken ⟨V. 500/Vr 7 od. 503/Vr 5⟩ **1** etwas ~ *an etwas mit der Zunge entlanggleiten* ▢ lamber **2** etwas ~ *durch wiederholtes Lecken säubern* ▢ limpar lambendo **3** sich die Finger nach etwas ~ ⟨fig.⟩ *etwas heftig begehren* ▢ *estar babando/louco por alguma coisa

ab︱le︱gen ⟨V.⟩ **1** ⟨500⟩ **etwas** ~ *von sich weglegen* **1.1 Kleider** ~ *ausziehen;* den Mantel, die Jacke ~; bitte legen Sie ab!; möchten Sie ~ ? (*Aufforderung, Frage an einen Besucher*) **1.1.1** die **Maske** ~ ⟨fig.⟩ *aufhören zu heucheln, sich ehrlich zeigen* ▢ tirar **1.2** den **Druck**satz ~ ⟨Typ.⟩ *einschmelzen od. die einzelnen Typen wieder in den Setzkasten einordnen* ▢ desmanchar; desfazer **1.3 Karten** ~ ⟨Kart.⟩ *nicht benötigte K. beiseitelegen* ▢ descartar **2** ⟨500⟩ **etwas** ~ *nicht mehr tragen;* den abgelegten Anzug hat sie dem Roten Kreuz gegeben **2.1** ⟨fig.⟩ *endgültig mit etwas aufhören, etwas aufgeben;* die Trauer ~; einen Fehler ~; Vorurteile, Gewohnheiten ~ ▢ deixar de usar; abandonar **3** ⟨500⟩ eine **Sache** ~ *leisten, machen* **3.1** ein **Bekenntnis, Gelübde** ~ *bekennen, geloben, versprechen* ▢ fazer **3.2** einen **Eid** ~ *schwören, leisten* ▢ prestar **3.3** eine **Probe** ~ *eine P. als Beispiel seines Könnens, Tuns zeigen* ▢ fornecer **3.4** eine **Prüfung** ~ *sich einer P. unterziehen* **3.5 Rechenschaft** ~ (über) *Auskunft über sein Tun u. Lassen geben* ▢ prestar **3.6 Zeugnis** ~ *von etwas, für, gegen jmdn. über etwas aussagen, für, gegen jmdn. zeugen* ▢ dar **4** ⟨400⟩ eine **Pflanze** legt ab ⟨Bot.⟩ *vermehrt sich vegetativ, durch Ableger* ▢ ramificar **4.1** ein **Schiff** legt ab *entfernt sich von der Anlegestelle;* Ggs anlegen(8) ▢ zarpar

Ab︱le︱ger ⟨m.; -s, -⟩ **1** *Pflanzenteil zur vegetativen Vermehrung,* Sy Senker (3) ▢ alporque; mergulhão **2** ⟨fig.⟩ *Zweigunternehmen* ▢ sucursal; filial **3** ⟨Landw.⟩ *Teil eines Getreidemähers, der die abgeschnittenen Halme in Bündeln neben der Fahrspur ablegt* ▢ enfardadeira

ab︱leh︱nen ⟨V. 500⟩ **etwas** ~ *1 zurückweisen, ausschlagen;* Ggs annehmen (1); mit Dank ~ ▢ recusar **2** *verweigern;* eine Antwort ~ ▢ negar

ab︱lei︱ten ⟨V. 500⟩ **1** etwas ~ *von einer eingeschlagenen Richtung abbringen, wegführen* ▢ desviar **1.1** eine **Flüssigkeit** ~ *abfließen lassen* ▢ deixar escoar **1.2** einen **Fluss** ~ *in ein anderes Bett legen* ▢ desviar; derivar **1.3** den **Zorn** von sich ⟨fig.⟩ ~ *weglenken* ▢ afastar **2** jmdn. vom Ziel ~ ⟨fig.⟩ *so beeinflussen, dass er das Ziel nicht erreicht* ▢ desviar; distrair **3** eine **Sache** ~ *die Ursache einer S. feststellen, nachweisen* **3.1** ⟨Sprachw.⟩ **3.1.1** *die sprachliche Verwandtschaft feststellen von;* ein deutsches Wort vom Griechischen ~ **3.1.2** *ein Wort von einem anderen* ~ *es durch Anfügen von Silben, Lauten, durch Ablaut od. Zusammensetzung aus einem Wort bilden* **3.2** ⟨Math.⟩ *den Differentialquotienten (die Ableitung) bilden von* ▢ derivar **3.3** *Vergünstigungen aus einem Gesetz* ~ *V. aufgrund eines Gesetzes feststellen* ▢ obter

ab∥len∥ken ⟨V. 500⟩ **1** etwas ~ *aus der ursprünglichen Richtung lenken;* ein Schiff vom Kurs ~; ein Gespräch vom Thema ~ ⟨fig.⟩; den Verdacht auf jmdn. ~ ⟨fig.⟩ ☐ **desviar 2** jmdn. ~ *jmdn. so beeinflussen, dass er die ursprüngliche Richtung seiner Gedanken ändert;* jmdn. von einem Vorhaben, Ziel ~ ☐ **desviar; distrair**

Ab∥len∥kung ⟨f.; -, -en⟩ **1** ⟨Phys.⟩ *durch elektromagnetische Felder bewirkte Änderung der Bewegungsrichtung elektrisch geladener Teilchen* ☐ **deflexão 2** ⟨fig.⟩ *Zerstreuung;* ~ suchen, brauchen ☐ **distração**

ab∥le∥sen ⟨V. 179⟩ **1** ⟨500⟩ etwas ~ *vom beschriebenen, bedruckten Blatt lesen* **1.1** ⟨531⟩ jmdm. etwas am Gesicht ~ ⟨fig.⟩ *die Gefühle, Wünsche eines anderen erkennen* **1.2** *die Anzeige auf einer Skala feststellen;* die Temperatur ~ ☐ **ler 2** ⟨500⟩ Beeren ~ *vom Strauch einzeln abpflücken* ☐ **colher 2.1** ⟨530 od. 550⟩ jmdm. od. von etwas Ungeziefer ~ *U. (in größerer Menge) einzeln entfernen* ☐ **catar**

ab∥lie∥fern ⟨V. 500⟩ etwas ~ *abgeben, pflichtgemäß überreichen, aushändigen* ☐ **entregar**

ab∥lö∥sen ⟨V. 500⟩ **1** etwas ~ *vorsichtig (von einer Unterlage) entfernen;* eine Briefmarke ~; einen Verband ~ **2** ⟨Vr 3⟩ etwas löst sich ab *geht von selbst ab;* der Fingernagel löst sich ab ☐ **descolar(-se); soltar(-se) 3** ⟨Vr 8⟩ jmdn. ~ *die Tätigkeit eines anderen übernehmen;* die Wache ~ ☐ **substituir; render 4** eine Sache löst eine andere ab ⟨fig.⟩ *folgt einer anderen unmittelbar;* ein Zustand löst einen anderen ab; der Tag löst die Nacht ab ☐ **seguir; suceder 5** eine Verpflichtung ~ *durch Zahlung tilgen;* eine Schuld ~ ☐ **pagar; liquidar 5.1** Rente ~ *durch Kapitalabfindung ersetzen* ☐ **reembolsar 5.2** Pfand ~ *gegen Zahlung zurückerhalten* ☐ **resgatar 5.3** eine rechtliche Verpflichtung aufgrund gesetzlicher Bestimmung ~ *gegen Entschädigung beseitigen* ☐ **indenizar**

ab∥ma∥chen ⟨V.⟩ **1** ⟨505⟩ ein Ding, etwas, was haftet, umwickelt, angenäht, angewachsen ist, (von einem Gegenstand) ~ *entfernen* ☐ **tirar; destacar; soltar 2** ⟨500 od. 517⟩ eine Angelegenheit, einen Preis, Termin mit jmdm. ~ *vereinbaren, zu Ende führen;* etwas mit sich selbst ~; sie haben abgemacht, sich am Dienstag zu treffen ☐ **combinar; marcar 2.1** abgemacht *beschlossen;* eine abgemachte Sache; das ist abgemacht! ☐ **combinado**

Ab∥ma∥chung ⟨f.; -, -en⟩ **1** *Vereinbarung, Verabredung* ☐ **acordo 1.1** ~en treffen *etwas abmachen, vereinbaren* ☐ ***fazer um acordo**

ab∥ma∥gern ⟨V. 400(s.)⟩ *mager werden* ☐ **emagrecer**

ab∥mel∥den ⟨V. 500/Vr 7⟩ **1** jmdn. ~ *melden, dass jmd. weggeht, ausscheidet;* sich polizeilich ~; sich beim Chef ~; jmdn. von der Schule ~ ☐ **notificar a saída 2** etwas ~ *melden, dass etwas nicht mehr benutzt wird;* das Auto, Telefon ~ ☐ **cancelar (um contrato, uma assinatura)**

ab∥mes∥sen ⟨V. 185/500⟩ **1** etwas ~ *die Maße von etwas feststellen* **2** seine Worte genau ~ ⟨fig.⟩ *genau überlegen, was man sagt* ☐ **medir; pesar 3** etwas nach etwas anderem ~ ⟨fig.⟩ *einer Sache genau anpassen* ☐ **proporcionar; adaptar**

Ab∥mes∥sung ⟨f.; -, -en⟩ **1** ⟨unz.⟩ *das Abmessen(1)* ☐ **medição 2** *Ausmaße;* die ~en eines Gegenstandes ☐ **dimensão**

ab∥mü∥hen ⟨V. 516/Vr 3⟩ sich ~ mit etwas *sich mit etwas bis zur Erschöpfung plagen, etwas unter großer Anstrengung zu bewerkstelligen suchen* ☐ ***esfalfar-se com alguma coisa**

Ab∥nah∥me ⟨f.; -; unz.⟩ **1** *das Ab-, Wegnehmen, Entfernen;* ~ eines Verbandes ☐ **remoção 1.1** ⟨Chir.⟩ = *Amputation* **2** *Verringerung, Verfall, Verlust, Rückgang;* Ggs Zunahme; eine schnelle ~ des Gewichtes, der Kräfte ☐ **perda; diminuição 2.1** ~ zeigen *zurückgehen* ☐ **retração 2.2** ~ des Mondes *Übergang vom Vollmond zum Neumond* ☐ **declínio 3** *Kauf;* ~ einer Ware ☐ **compra 3.1** ~ *finden verkauft werden* ☐ ***vender bem; ter boa saída 4** *Entgegen-, Annahme;* bei ~ eines größeren Postens ⟨Amtsdt.⟩ ☐ **recebimento 4.1** ~ eines Bauwerks *(amtl.) Anerkennung der richtigen Fertigstellung* **4.2** ~ einer Ladung *Abholung u. Anerkennung der richtigen Lieferung* ☐ **controle; inspeção**

ab∥neh∥men ⟨V. 189⟩ **1** ⟨505⟩ etwas (von etwas) ~ *wegnehmen, entfernen;* einen Deckel, den Hut, die Maske, den Vorhang, das Bild (von der Wand), den Hörer (von der Gabel), die Wäsche (von der Leine) ~ **1.1** den Verband (vom Finger) ~ *abwickeln* **1.2** den Besatz vom Kleid ~ *abtrennen* ☐ **tirar; remover 1.3** den Bart ~ *abrasieren* ☐ **tirar; raspar 1.4** ein Körperglied ~ ⟨Chir.⟩ *abtrennen, amputieren* ☐ **amputar 1.5** Obst ~ *pflücken, ernten* ☐ **colher; apanhar 1.6** Maschen ~ *durch Zusammenstricken ihre Zahl verringern* ☐ **diminuir 1.7** Bauwerke, Maschinen ~ *prüfen, ob ihre Herstellung den gesetzlichen Vorschriften entspricht* ☐ **inspecionar 1.8** eine Prüfung ~ *veranstalten, jmdn. prüfen* ☐ **realizar; aplicar 1.9** eine Rechnung ~ *anerkennen, annehmen* ☐ **aprovar 2** ⟨530⟩ jmdm. etwas ~ *(mit Gewalt, List) wegnehmen, beschlagnahmen* ☐ **tirar; tomar 2.1** jmdm. viel Geld für eine Sache ~ *einen hohen Preis nehmen* ☐ ***cobrar muito caro por alguma coisa* **2.2** jmdm. eine Ware ~ *abkaufen* ☐ **comprar 2.3** jmdm. die Maske ~ ⟨fig.⟩ *seinen wahren Charakter enthüllen* ☐ ***desmascarar alguém 2.4** jmdm. eine Verpflichtung ~ *jmdn. verpflichten, jmdn. von einer V. befreien* ☐ ***liberar alguém de uma obrigação* **2.5** jmdm. ein Versprechen ~ *sich etwas versprechen lassen* ☐ ***prometer alguma coisa a alguém* **2.6** jmdm. die Beichte ~ *jmds. B. anhören* ☐ **ouvir 2.7** jmdm. eine Last ~ ⟨a. fig.⟩ *übernehmen und weitertragen* ☐ **tirar 2.8** jmdm. die Arbeit ~ *für jmdn. die A. tun* ☐ ***fazer o trabalho no lugar de alguém* **2.9** die Sache wird er niemand ~ *glauben* ☐ **acreditar 3** ⟨400⟩ etwas nimmt ab *wird weniger, kleiner, geringer, verringert sich;* der Mond, der Regen, das Fieber nimmt ab; die Aussichten nehmen ab; um 10% ~; an Kräften, Bedeutung ~; von außen her ~ ☐ **diminuir; minguar; reduzir 3.1** ein Lebewesen nimmt ab *verliert an Gewicht, Umfang;* an den Hüften ~ ☐ **emagrecer; perder peso**

Ab∥neh∥mer ⟨m.; -s, -⟩ **1** *jmd., der eine Ware abnimmt* **1.1** eine Ware findet viele, wenige ~ *wird gern, nicht gern gekauft* ☐ **comprador**

Abnehmerin

Ab|neh|me|rin ⟨f.; -, -rin|nen⟩ *weibl. Abnehmer* □ compradora

Ab|nei|gung ⟨f.; -, -en⟩ **1** *Widerwille; Ggs Zuneigung;* ~ *gegen etwas od. jmdn. haben, fühlen, verspüren; er flößt mir ~ ein* **1.1** *unüberwindliche gegenseitige ~ (Scheidungsgrund bei zweiseitiger Erklärung)* □ aversão; antipatia

ab|norm ⟨Adj.⟩ *(krankhaft) von der Norm abweichend, nicht normal, ungewöhnlich; das Verhalten dieses Tieres ist ~; eine ~e Veranlagung* □ anormal; anômalo

ab|nor|mal ⟨Adj.; bes. österr. u. schweiz.⟩ *nicht normal; ein solches Gelächter ist ~* □ anormal

ab||nut|zen ⟨V. 500⟩ oV *abnützen* **1** *etwas ~ durch Gebrauch schadhaft machen, Wert od. Brauchbarkeit verringern von, beschädigen* **2** ⟨Vr 3⟩ *sich ~ schadhaft, unbrauchbar werden; diese Geräte nutzen sich ab* □ (des)gastar(-se); deteriorar(-se)

ab||nüt|zen ⟨V. 500⟩ = *abnutzen*

Abon|ne|ment ⟨[-n(ə)mã:] n.; -s, -s; kurz: Abo⟩ **1** *Bezug von Waren (meist Zeitungen, Zeitschriften, Büchern) auf bestimmte Zeit* **2** *Bezug von Theater-, Kino-, Konzertkarten für die Dauer einer Spielzeit; Sy ⟨veraltet⟩ Anrecht(2)* □ assinatura **3** *Dauerfahrkarte (Zeitkarte)* □ passe; cartão de transporte

Abon|nent ⟨m.; -en, -en⟩ *Inhaber eines Abonnements* □ assinante

Abon|nen|tin ⟨f.; -, -tin|nen⟩ *weibl. Abonnent* □ assinante

abon|nie|ren ⟨V. 500⟩ **1** *etwas ~ etwas im Abonnement bestellen, beziehen; eine Zeitung, Zeitschrift ~; Theaterkarten ~* □ assinar **1.1** *auf etwas abonniert sein etwas abonniert haben* □ *ser assinante de alguma coisa* **1.1.1** *auf Erfolg, Sieg abonniert sein* ⟨fig.⟩ *seinen E., S. häufig wiederholen* □ *conseguir sempre; vencer sempre*

ab||ord|nen ⟨V. 500⟩ *jmdn. ~ jmdn. mit einem Auftrag (zu jmdm.) schicken* □ delegar

Ab|ord|nung ⟨f.; -, -en⟩ *eine Anzahl von Personen, die mit etwas beauftragt wurden, Delegation; eine ~ schicken* □ delegação

Ab|ort¹ ⟨m.; -(e)s, -e⟩ *Ort zur Verrichtung der Notdurft; Sy Abtritt, Klosett, Toilette* □ toalete; W.C.

Ab|ort² ⟨m.; -(e)s, -e⟩ = *Fehlgeburt*

ab||pa|cken ⟨V. 500⟩ *etwas ~ etwas in kleinere Mengen aufteilen u. verpacken* □ embalar; empacotar

ab||pral|len ⟨V. (s.)⟩ **1** ⟨400⟩ *beim Auftreffen auf einen Gegenstand zurückgeworfen werden* □ ricochetear **2** ⟨800⟩ *das prallt an ihm ab* ⟨fig.⟩ *das macht keinen Eindruck auf ihn* □ deixar indiferente

ab||ra|ten ⟨V. 196/605⟩ *jmdn. (von etwas) ~ jmdm. raten, etwas nicht zu tun* □ dissuadir; desaconselhar

Ab|raum ⟨m.; -(e)s, -räu|me⟩ **1** ⟨Bgb.⟩ *Erdschicht über Bodenschätzen* □ camada de cobertura **2** ⟨fig.⟩ *Schutt, Abfall* □ entulho

ab||räu|men ⟨V. 500⟩ *etwas ~* **1** *(von einer Oberfläche) wegräumen; das Geschirr ~* □ arrumar **2** *die Oberfläche eines Gegenstandes von etwas befreien; den Tisch ~* □ desocupar; liberar

ab||rech|nen ⟨V.⟩ **1** ⟨500⟩ *etwas ~* **1.1** *etwas von einer Zahl ~ abziehen* □ deduzir; subtrair **1.2** *eine (endgültige) Rechnung aufstellen u. diese bezahlen; die Unkosten ~; Schulden u. Guthaben ~* □ saldar; liquidar **2** ⟨400⟩ **2.1** *Rechenschaft ablegen* □ prestar contas **2.2** ⟨405⟩ **2.2.1** *mit jmdm. ~ Rechenschaft über die Ausgaben ablegen (erhalten) u. das nicht verbrauchte Geld zurückgeben (zurückerhalten)* **2.2.2** *mit jmdm. ~* ⟨fig.⟩ *die moralische Schuld eines andern feststellen u. ihn zur Rechenschaft ziehen* □ **acertar as contas com alguém*

Ab|rech|nung ⟨f.; -, -en⟩ **1** *das Abrechnen* □ desconto; dedução **2** *Zusammenfassung mehrerer Rechnungen; Sy ⟨schweiz.⟩ Rechnung(2)* □ balanço **3** *Auseinandersetzung, Vergeltung* □ acerto de contas **3.1** *~ halten mit jmdm. mit jmdm. abrechnen(2.2.2)* □ **acertar as contas com alguém*

Ab|re|de ⟨f.; -, -n⟩ **1** *Verabredung, Vereinbarung, Abkommen; das ist wider die ~!; geheime ~n treffen* **1.1** *gegen eine ~ handeln eine Vereinbarung nicht einhalten* **1.2** *nach ~ entsprechend der Vereinbarung* □ acordo; combinado **2** *etwas in ~ stellen leugnen, sagen, dass etwas nicht wahr sei* □ **negar; contestar*

ab||rei|ben ⟨V. 196⟩ **1** ⟨500⟩ *etwas ~ durch Reiben entfernen; die Schale einer Zitrone ~* **1.1** *durch Reiben abnützen* □ esfregar; ralar; desgastar **2** ⟨500/Vr 7 od. Vr 8⟩ *etwas od. jmdn. ~ gehörig reiben, um etwas od. jmdn. zu trocknen od. zu säubern; sich, jmdn. mit dem Badetuch ~; ich habe mir die Hände abgerieben; die Kartoffeln ~* □ esfregar **3** ⟨500⟩ *jmdn. ~* ⟨fig.; veraltet⟩ **3.1** *scharf tadeln* □ repreender **3.2** *prügeln* □ dar uma coça

Ab|rei|se ⟨f.; -; unz.⟩ *Beginn einer Reise* □ partida

ab||rei|sen ⟨V. 400(s.)⟩ *eine Reise antreten; Sy ⟨umg.⟩ starten(1.3); er reist heute ab* □ partir

ab||rei|ßen ⟨V. 198⟩ **1** ⟨500⟩ *etwas ~* **1.1** *durch Reißen abtrennen; einen Faden ~* □ romper; cortar **1.1.1** *ein Glied ~ durch Verletzung abtrennen* □ cortar **1.2** *niederreißen, zerstören* **1.2.1** *ein Gebäude ~ niederreißen, abbrechen* □ demolir **1.2.2** *Kleider ~* ⟨veraltet⟩ *abnutzen* □ desgastar; esfarrapar **2** ⟨400⟩ *etwas reißt ab trennt sich durch Reißen* **2.1** *ein Faden reißt ab zerreißt* □ romper-se; partir-se **2.2** *etwas Angefügtes reißt ab löst sich; der Knopf reißt ab* □ soltar-se; desprender-se **3** ⟨400⟩ *ein Vorgang reißt ab endet, hört auf; die Musik riss nicht ab* □ terminar; cessar

ab||rich|ten ⟨V. 500⟩ **1** *Tiere ~ bewirken, dass sie sich so verhalten, wie es der Mensch wünscht; Sy dressieren(1)* □ adestrar **2** *ein Geschütz ~ in Schussrichtung bringen* □ mirar; assestar **3** *Bretter, Hölzer ~ durch Glätten in eine exakte Form bringen* □ nivelar; retificar; desempenar **4** *jmdn. zu etwas ~ unterweisen, wie er sich in einem bestimmten Fall zu verhalten hat* □ instruir

ab||rie|geln ⟨V. 500⟩ **1** *etwas ~ durch einen Riegel absperren* □ trancar; aferrolhar **1.1** *Zugangswege ~ sperren* □ barricar; bloquear **2** ⟨Vr 7⟩ *jmdn. ~ einschließen* □ trancar **2.1** *Truppen ~ von ihren Verbindungen trennen* □ bloquear **3** ⟨fig.⟩ *Schluss machen mit, unterbinden* □ acabar com; cortar

Ab|riss ⟨m.; -es, -e⟩ **1** *das Abreißen;* → *abreißen(1.2.1)* □ demolição **2** *etwas Zerrissenes* □ picote **3** *kurze Darstellung, Entwurf, Schema* □ esquema; esboço **3**.1 *wissenschaftliche Übersicht* □ resumo; compêndio **4** ⟨schweiz.⟩ *(schamlose) Überforderung* □ exigência descabida

ab|rol|len ⟨V.⟩ **1** ⟨500⟩ *etwas ~ auf Rollen fortbewegen* □ rodar **1**.1 *mit dem Fahrzeug einer Spedition abholen od. wegschaffen;* Waren ~ □ transportar **1**.2 *von einer Rolle abwickeln;* ein Seil, eine Spule ~ □ desenrolar; desenrodilhar **1**.3 *abspulen u. zugleich abspielen;* einen Film ~ □ projetar **2** ⟨400(s.)⟩ **2**.1 *sich rollend fortbewegen;* der Güterzug rollt ab □ rodar **2**.2 ⟨Sp.; Volleyball⟩ *mit aufgefangenem Ball über den Rücken rollen* □ girar **2**.3 ⟨fig.⟩ *vor sich gehen;* das Programm rollt ab □ rodar

ab|rü|cken ⟨V.⟩ **1** ⟨500⟩ *etwas ~ von dem ursprünglichen Standort wegschieben;* das Bett vom Fenster ~ □ remover; afastar **2** ⟨400(s.)⟩ *wegziehen, abmarschieren;* Truppen rücken ab □ retirar-se **3** ⟨500(s.)⟩ *von jmdm. od. etwas ~* ⟨a. fig.⟩ *sich distanzieren, nichts mehr mit jmdm. od. etwas zu tun haben wollen* □ afastar-se

Ab|ruf ⟨m.; -(e)s, -e; Pl. selten⟩ **1** *das Abrufen;* ~ *von Daten aus dem Internet* □ levantamento **1**.1 *auf ~ sofort, wenn es benötigt wird; auf ~ bereitstehen;* eine Ware auf ~ bereithalten □ *às ordens; à disposição

ab|ru|fen ⟨V. 204/500⟩ **1** Ware ~ ⟨Hdl.⟩ *zur Teillieferung anweisen* □ *solicitar a entrega de mercadorias **2** den Zug ~ ⟨Eisenb.⟩ *die Abfahrt eines Zuges melden* □ *anunciar a partida do trem **3** *jmdn. ~ von einer Tätigkeit wegrufen;* den Chef aus einer Sitzung ~ □ chamar **3**.1 *von einem Posten entfernen;* einen (hohen) Beamten, Diplomaten ~ □ afastar; remover **3**.2 *(vom Herrn, Gott, in die Ewigkeit) abgerufen werden* ⟨fig.⟩ *sterben* □ ser chamado **4** *Daten ~* ⟨EDV⟩ *gespeicherte D. abfragen, herunterladen* □ pesquisar; levantar

ab|run|den ⟨V. 500⟩ *etwas ~* **1** *rund machen;* die Ecken ~ **2** *die Endziffer(n) durch Null(en) ersetzen;* eine Zahl ~ □ arredondar **3** ⟨fig.⟩ *(zusammenfassend) ergänzen, gut durcharbeiten, vervollkommnen;* seinen Stil, seine Bildung ~ □ burilar; aprimorar

ab|rupt ⟨Adj.⟩ **1** *plötzlich, unvorhergesehen, unvermittelt;* die Sache nahm ein ~es Ende □ abrupto; brusco **2** *zusammenhanglos* □ desconexo; incoerente

ab|rüs|ten ⟨V.⟩ **1** ⟨400⟩ *Kriegsrüstung, Streitkräfte verringern, begrenzen* □ desarmar; desmobilizar **2** ⟨500⟩ *ein Gebäude ~ das Baugerüst entfernen* □ *desmontar o andaime de um edifício

ab|rut|schen ⟨V. 400(s.)⟩ **1** *den Halt verlieren, abgleiten;* das Auto rutscht auf dem Schnee ab; er rutscht beim Klettern ab **1**.1 *seitwärts nach unten gleiten;* das Flugzeug rutscht ab **1**.2 ⟨Skisp.⟩ *seitlich abgleiten* □ derrapar; deslizar; escorregar **2** ⟨fig.⟩ *an gesellschaftlichem Ansehen verlieren* □ desmoralizar-se **3** ⟨fig.⟩ *auf die schiefe Bahn geraten, etwas Unrechtes tun* □ descaminhar-se

Ab|sa|ge ⟨f.; -, -n⟩ **1** *ablehnende Mitteilung, negativer Bescheid;* der Bewerbung folgte eine ~ □ indeferimento **1**.1 *Zurückweisung, beleidigende ~* □ recusa **2** *Mitteilung, dass etwas nicht stattfindet* **2**.1 *Mitteilung, dass man einen vereinbarten Termin nicht einhalten kann* □ cancelamento **3** *abschließende Worte im Anschluss an eine Rundfunksendung* □ encerramento

ab|sa|gen ⟨V.⟩ **1** ⟨500⟩ *etwas ~ mitteilen, dass etwas nicht stattfindet;* den Ausflug, eine Veranstaltung ~ □ cancelar **1**.1 *eine Rundfunksendung ~ abschließende Worte nach einer Sendung sprechen* □ encerrar **2** ⟨602⟩ *jmdm. (etwas) ~ seine Anmeldung für etwas zurückziehen;* ich muss dir leider ~ □ indeferir; cancelar

ab|sä|gen ⟨V. 500⟩ **1** *etwas ~ durch Sägen abtrennen* □ serrar **2** *jmdn. ~* ⟨fig.; umg.⟩ *jmdn. um eine Stellung bringen, jmdn. kündigen, jmdn. fortschicken* □ mandar embora; pôr no olho da rua

ab|sah|nen ⟨V. 500⟩ **1** Milch ~ *Sahne von der M. abschöpfen* □ desnatar **2** *das Beste für sich ~* ⟨fig.; umg.⟩ *ohne Mühe u. Bezahlung erwerben* □ tirar proveito; ficar com a melhor parte

Ab|satz ⟨m.; -es, -sät|ze⟩ **1** *Unterbrechung, Ruhepause;* er sprach in Absätzen □ intervalo; interrupção **1**.1 *mit einer neuen Zeile beginnender Abschnitt in einem geschriebenen od. gedruckten Text;* neuer ~; ohne ~ □ parágrafo **1**.2 ⟨Rechtsw.; Abk.: Abs.⟩ *Abschnitt, Paragraf, Teil eines Paragrafen (in Gesetzestexten)* □ parágrafo; alínea **1**.3 *Treppenpodest;* ~ *an der Treppe* □ patamar **2** *verstärkter u. erhöhter Teil der Schuhsohle unter der Ferse;* hohe, flache Absätze □ salto **3** ⟨unz.⟩ *Ablagerung von im Wasser befindlichen gelösten od. festen Stoffen;* ~ *von Kalk* □ depósito; sedimento **4** ⟨unz.; Wirtsch.⟩ *Gesamtheit der verkauften Waren;* diese Güter haben (keinen) guten ~ □ venda; saída

ab|scha|ben ⟨V.⟩ **1** ⟨503/Vr 5 od. Vr 6⟩ *etwas ~ durch Schaben beseitigen, entfernen, abkratzen;* Schmutz ~ □ raspar; die Farbe schabt sich ab □ descascar **2** ⟨500/Vr 7 od. Vr 8⟩ *etwas od. jmdn. ~ durch Schaben säubern, glätten;* Häute ~ □ limpar raspando

ab|schaf|fen ⟨V. 500⟩ **1** *etwas ~ aufgeben, verzichten auf* □ renunciar a **1**.1 *außer Kraft setzen, aufheben;* Steuern, Gesetze ~ □ anular; revogar **1**.2 *etwas nicht mehr halten;* die Gänse ~ □ desfazer-se de **2** *jmdn. ~ entlassen;* den Koch ~ □ demitir **3** ⟨Vr 3; umg.⟩ *sich ~ bis zum Ende der Kräfte arbeiten;* er schafft sich für die Familie ab □ *dar um duro

ab|schal|ten ⟨V.⟩ **1** ⟨500⟩ *etwas ~ durch Schalten unterbrechen;* Strom, Licht ~ □ desligar; apagar **2** ⟨400; umg.⟩ *nicht mehr zuhören od. mitmachen;* er hat abgeschaltet □ estar/ficar desligado; distrair-se

ab|schät|zen ⟨V. 500⟩ **1** *etwas ~ nach seinem Wert, Umfang, seiner Größe schätzen, feststellen, taxieren* □ calcular; taxar **2** *die geistige Leistungsfähigkeit ~* ⟨fig.⟩ *einschätzen, beurteilen* □ avaliar; estimar

ab|schät|zig ⟨Adj.⟩ *herabsetzend, verächtlich, geringschätzig, abfällig;* einen Roman ~ beurteilen □ (de modo) depreciativo

Ab|schaum ⟨m.; -(e)s; unz.⟩ **1** *Schaum, der sich auf kochenden Flüssigkeiten od. schmelzenden Metallen bildet* □ espuma **2** ⟨fig.⟩ *die (moralisch) minderwertigsten Menschen;* der ~ der Gesellschaft □ escória

ab∥schei∥den ⟨V. 209⟩ **1** ⟨500⟩ etwas scheidet etwas ab *sondert etwas ab;* der Körper scheidet bestimmte Stoffe ab; die Lösung scheidet Kupfer ab 1.1 ⟨500 od. 505/Vr 3⟩ etwas scheidet **sich** ab *sondert sich ab, trennt sich von, wird ausgeschieden aus;* ein Tier scheidet sich von seiner Herde ab; in der Lösung scheidet sich Kupfer ab □ separar(-se); segregar(-se); precipitar(-se) **2** ⟨400(s.)⟩ jmd. scheidet ab (geh.; verhüllend) *stirbt* □ morrer; falecer

Ạb∥scheu ⟨m.; -(e)s, -e od. f.; -; unz.⟩ **1** *Ekel, heftiger Widerwille;* jmdm. ~ einflößen; ~ haben vor jmdm. od. etwas 1.1 er ist mir ein Gegenstand des ~s (geh.) □ mich ekelt vor ihm □ aversão; repulsa

ab∥scheu∥lich ⟨Adj.⟩ **1** *ekelhaft, grauenhaft* **2** *gehässig, hässlich, böse;* ein ~er Kerl □ horrível; repugnante **3** *verabscheuenswürdig, scheußlich;* ein ~es Verbrechen □ abominável; atroz

ab∥schi∥cken ⟨V. 500⟩ **1** etwas ~ *wegschicken, absenden* 1.1 ein Paket ~ **2** jmdn. ~ *wegschicken (um einen bestimmten Auftrag auszuführen)* □ enviar; expedir

ab∥schie∥ben ⟨V. 214⟩ **1** ⟨500⟩ etwas ~ *von den ursprünglichen Platz wegschieben, abrücken;* den Stuhl vom Tisch ~ □ empurrar; afastar (empurrando) 1.1 ⟨fig.⟩ *von sich auf andere übertragen;* die Schuld, die Verantwortung, die Arbeit ~ □ imputar 1.2 jmdn. ~ *polizeilich ausweisen; unerwünschte Personen* ~ □ expulsar; deportar 1.2.1 ⟨fig.⟩ *einen lästigen Menschen kaltstellen;* aus der leitenden Position ~ □ pôr de lado; afastar **2** ⟨400(s.); umg.⟩ *(ein wenig widerwillig) weggehen;* er schob beleidigt ab 2.1 schieb ab! *mach, dass du fortkommst!, du hast nichts zu suchen!* □ ir embora; cair fora

Ạb∥schied ⟨m.; -(e)s, -e; meist unz.⟩ **1** von jmdm. ~ nehmen *sich von jmdm. verabschieden* □ *despedir-se de alguém* **2** *Entlassung* □ demissão 2.1 jmdm. den ~ geben *jmdn. entlassen* □ *demitir alguém* 2.2 der Beamte, Offizier bekommt, erhält seinen ~ *wird entlassen* □ demissão; baixa 2.3 seinen ~ nehmen, einreichen *um seine Entlassung bitten* □ *pedir demissão/baixa*

ab∥schie∥ßen ⟨V. 215/500⟩ **1** ein Geschoss ~ *abfeuern, losschießen;* eine Rakete, einen Torpedo ~; er schoss einen Pfeil ab □ disparar; lançar **2** eine Schusswaffe ~ *einen Schuss abgeben aus einer S.;* ein Gewehr ~ □ descarregar; disparar **3** einen Körperteil ~ *durch Schießen abtrennen* □ arrancar (com tiro) **4** ⟨Vr 8⟩ jmdn. od. etwas ~ *durch einen Schuss kampfunfähig machen, töten;* Wild ~ □ matar, abater 4.1 Flugzeuge, Panzer ~ *kampfunfähig schießen;* → a. *Vogel(1.3)* □ abater; derrubar 4.2 jmdn. ~ 4.2.1 *auf gemeine Art od. hinterlistig erschießen* □ fuzilar; matar com arma de fogo 4.2.2 ⟨fig.; umg.⟩ *durch Intrigen aus einer Stellung entfernen* □ tirar do caminho; puxar o tapete de alguém

ab∥schir∥men ⟨V. 500⟩ **1** ⟨V. 505/Vr 7⟩ jmdn. od. sich gegen etwas ~ *etwas von jmdm. od. sich fernhalten, jmdn. od. sich vor etwas schützen;* jmdn. gegen Gefahren ~; jmdn. vor äußeren Einflüssen ~ □ proteger **2** etwas gegen Strahlen ~ *vor Strahlen schützen* □ blindar

Ạb∥schlag ⟨m.; -(e)s, -schläge⟩ **1** *Teil einer Zahlung* □ parcela 1.1 *Teillohn, Vorschuss* □ parcela; prestação 1.2 auf ~ *auf Raten, mittels Teilzahlung* □ *em prestações/parcelas* **2** *Preissenkung* □ redução; desconto **3** ⟨Bankw.⟩ *Betrag, um den ein Kurs unter dem Nennwert liegt* □ deságio **4** ⟨Forstw.⟩ 4.1 *das Fällen der Bäume* □ derrubada; desmatamento 4.2 *Ort, an dem alle Bäume gefällt worden sind* □ área desmatada **5** *Abzugskanal der Mühle* □ canal de descarga do lixo **6** ⟨Jagdw.⟩ *Teil des Balzgesanges beim Auerhahn* □ canto de acasalamento do tetraz **7** ⟨Hockey⟩ *Beginn od. (nach einem Tor) Wiederbeginn des Spiels* □ bully **8** ⟨Golf⟩ *Startplatz, Abschlagplatz (für das zu spielende Loch)* □ tee **9** ⟨Typ.⟩ *Probedruck* □ prova

ab∥schla∥gen ⟨V. 218/500⟩ **1** etwas ~ *durch Schlagen gewaltsam abtrennen;* Nüsse mit Stöcken ~; die Ecken ~; den Kopf ~ □ quebrar; cortar 1.1 die Glieder sind mir wie abgeschlagen *vor Erschöpfung spüre ich meine G. nicht mehr* □ quebrado; moído 1.2 Holz, Bäume ~ *fällen* □ cortar; derrubar **2** ein Zelt, Lager, Gerüst ~ *abbauen, niederreißen;* Ggs aufschlagen(5) □ desmontar; desarmar **3** *weniger berechnen;* Ggs aufschlagen(6); etwas vom Preis ~ □ abater; descontar **4** einen **Angriff** ~ *zurückschlagen* □ repelir; rechaçar **5** ⟨530⟩ jmdm. etwas ~ *verweigern, nicht bewilligen, versagen;* schlag es mir nicht ab!; ein Gesuch, eine Bitte ~ □ negar; recusar; indeferir **6** ⟨500⟩ sein Wasser ~ ⟨umg.; veraltet⟩ *urinieren* □ *urinar*

ab∥schlä∥gig ⟨Adj.⟩ *ablehnend;* ~e Antwort □ negativo

ab∥schlei∥fen ⟨V. 220/500/Vr 7⟩ **1** etwas ~ *durch Schleifen beseitigen;* den Rost ~ □ polir; desbastar 1.1 ⟨fig.⟩ *sich abgewöhnen;* schlechte Gewohnheiten, Fehler ~ □ abandonar **2** etwas ~ *eine Oberfläche durch Schleifen od. Reiben glätten;* Edelsteine ~ □ lapidar; polir 2.1 ⟨Vr 3⟩ sich ~ ⟨a. fig.⟩ *durch Reibung glatt werden* □ *desgastar-se*

ab∥schlep∥pen ⟨V. 500⟩ **1** ein Fahrzeug ~ *nicht mehr fahrfähiges F. abtransportieren* □ rebocar **2** ⟨505/Vr 3⟩ sich (mit etwas) ~ *durch schweres Tragen abplagen, sich mit einer zu großen Last abmühen* □ *esfalfar-se/derrear-se (com alguma coisa); carregar um fardo*

ab∥schlie∥ßen ⟨V. 222⟩ **1** ⟨500⟩ etwas ~ 1.1 einen Gegenstand, Raum, Tür ~ *mit Schlüssel verschließen;* er schloss die Haustür ab □ fechar à chave; trancar 1.2 Dampf ~ *absperren* □ fechar; cortar 1.3 eine Vorgang, eine Sitzung ~ *beenden* □ encerrar; concluir; eine ~de Bemerkung □ conclusivo; so können wir ~d sagen, dass ... □ *para concluir, poderíamos dizer que...* 1.3.1 eine Vorlage im Parlament ~d behandeln *endgültig* □ *concluir um projeto de lei no parlamento* 1.4 einen **Vertrag** ~ *rechtlich bindend vereinbaren;* ein Geschäft, einen Tarif, eine Versicherung ~ □ fechar; concluir; contratar; eine Anleihe ~ □ contrair 1.5 eine **Rechnung**, ein Konto ~ *eine Schlussabrechnung machen* □ fechar **2** ⟨800⟩ mit etwas ~ *etwas beenden, als erledigt betrachten;* mit der Vergangenheit ~ □ *deixar alguma coisa para trás* 2.1 mit einem **Saldo** ~ ⟨Buchführung⟩ *einen Unterschied zwischen Soll und Haben ausweisen* □ *fechar* 2.2 mit **jmdm.** ~ *keine Verbindung mehr mit jmdm. haben wollen* □ **terminar com alguém* 3 ⟨550/Vr 7⟩ jmdn. od. etwas **von, gegen** jmdn. od. etwas ~ *abtrennen, absondern, isolieren; er hat sich gegen alle abgeschlossen* □ **isolar(-se) de alguém ou alguma coisa*

Ab|schluss ⟨m.; -es, -schlüs|se⟩ **1** *abschließende Trennung (oft als Verzierung);* der ~ der Tapete □ *borda* **2** ⟨unz.⟩ *Ende, Beendigung;* ein günstiger ~; ~ eines Geschäftes; etwas zum ~ bringen; zum ~ ein Lied singen; das war ein schöner ~ des Abends □ *fim; encerramento; conclusão* 2.1 ⟨Wirtsch.⟩ *Schlussabrechnung;* Jahres~; Konto~; Rechnungs~; ~ der Bücher □ *fechamento; balanço final* **3** *Vereinbarung;* ein guter Vertrags~ 3.1 ⟨meist Pl.⟩ *Kaufvertrag;* günstige Abschlüsse tätigen □ *conclusão* 3.1.1 mit **jmdm. zum ~ kommen** *handelseinig werden* □ **chegar a um acordo com alguém*

ab|schme|cken ⟨V. 500⟩ **1** etwas ~ *auf den Geschmack prüfen;* Speisen ~ □ *provar; experimentar* 1.1 ein Gericht **mit Salz** u. **Pfeffer** ~ *Salz u. Pfeffer nach Geschmack hinzufügen* □ *temperar*

ab|schmie|ren ⟨V. 500⟩ **1** etwas ~ 1.1 ⟨Tech.⟩ *mit Schmieröl versehen, einölen* □ *lubrificar; untar* 1.2 **jmdn.** ~ ⟨Schülerspr.⟩ *unsauber abschreiben* □ *copiar rasurando/borrando* **2** jmdn. ~ ⟨umg.⟩ *verprügeln, ohrfeigen* □ **dar uns tabefes em alguém* 3 ⟨400⟩ der Computer, Rechner schmiert ab ⟨EDV; fig.; umg.⟩ *stürzt ab, läuft nicht mehr* □ **dar pau*

ab|schnei|den ⟨V. 227⟩ **1** ⟨503/Vr 5 od. Vr 6⟩ (jmdm.) etwas ~ *durch Schneiden abtrennen, entfernen;* ein Stück Wurst ~; eine Rose ~; die Haare ~; die Mutter schnitt ihm ein Stück Kuchen ab; du musst dir die Fingernägel ~ □ *cortar* 1.1 **Coupons** ~ ⟨fig.⟩ *vom Kapitalertrag leben* □ **viver de renda* **2** ⟨500⟩ etwas ~ *absperren, unterbinden;* Dampf ~ ⟨veraltet⟩ □ *cortar;* **interromper** 2.1 die Zufuhr der Lebensmittel ~ *(durch Blockieren der Zufahrtswege) unmöglich machen* □ *bloquear* 2.2 *verhindern, unterbrechen;* den Verkehr ~; jmdm. den Rückzug ~ □ *bloquear; impedir* **3** ⟨505⟩ **jmdn.** od. **etwas (von etwas)** ~ *abtrennen, isolieren;* die Truppen vom Hinterland ~; die Bewohner waren vier Tage lang (durch die Schneemassen) von der Umwelt abgeschnitten □ *isolar; bloquear* **4** ⟨402⟩ den Weg ~ *verkürzen;* hier schneiden wir ab □ *cortar* **5** ⟨530⟩ **jmdm.** etwas ~ ⟨fig.⟩ 5.1 jmdm. den **Weg** ~ *jmdm. zuvorkommen u. sich in den Weg stellen* □ **cortar o caminho de alguém* 5.2 jmdm. das **Wort** ~ *jmdm. nicht ausreden lassen* □ **interromper/cortar alguém* 5.3 **jmdm.** die **Ehre** ~ *nehmen, rauben* □ **manchar/macular a honra de alguém* **6** ⟨413⟩ bei einem Wettbewerb, einer Prüfung gut, schlecht ~ ⟨umg.⟩ *ein gutes, schlechtes Ergebnis haben, erreichen;* → a. *Scheibe(1.2.1)* □ *sair-se bem/mal*

Ab|schnitt ⟨m.; -(e)s, -e⟩ **1** *Stück vom Ganzen, Teil;* Kugel~ □ *segmento* **2** *abtrennbarer Teil eines Formulars;* der ~ der Zahlkarte ist gut aufzubewahren □ *canhoto* **3** *Teil eines Kapitels, Absatz;* er las den ersten ~ □ *parágrafo; seção* **4** ⟨Rechtsw.; Abk.: Abschn.⟩ *Teil eines Paragrafen;* ~ im Gesetzbuch □ *seção* **5** *Teil einer Strecke;* Autobahn~; Eisenbahn~ □ *trecho* **6** ⟨Metrik⟩ *Einschnitt, kurze Pause* □ *intervalo* **7** ⟨Mil.⟩ *Operationsbezirk* □ *setor* **8** *Zeiteinheit, zusammengefasster Zeitraum, Epoche;* ein ~ im Jahr □ *período*

ab|schnü|ren ⟨V. 500⟩ **1** etwas ~ *mit einer Schnur ganz fest umwickeln* □ *amarrar; atar* 1.1 einen **Körperteil** ~ ⟨Med.⟩ *den Blutkreislauf in einem K. unterbrechen* □ *apertar com ligaduras* **2** ⟨fig.⟩ *drosseln;* den Handel ~; man hat diese Entwicklung abgeschnürt; → a. *Luft(5.4)* □ *limitar; frear* **3** ⟨Handwerk⟩ *eine gerade Linie mithilfe einer Schnur markieren* □ *traçar*

ab|schöp|fen ⟨V. 500⟩ **1** etwas ~ *durch Schöpfen wegnehmen;* Schaum ~ □ *tirar* 1.1 das Fett ~, den Rahm ~ ⟨fig.⟩ *sich das Beste aussuchen* □ **escolher a dedo, pegar a melhor parte*

ab|schre|cken ⟨V. 500⟩ **1** jmdn. von etwas ~ *abbringen, indem man ihm die unangenehmen Seiten der Sache zeigt; das schreckt mich nicht ab!; sich ~ lassen* □ *desencorajar; desanimar,* ein ~des Beispiel □ *desanimador* **2** jmdn. ~ *verscheuchen;* sein Benehmen hat schon viele abgeschreckt □ *intimidar* **3** erhitzte Stoffe ~ ⟨Chem.; Met.⟩ *plötzlich abkühlen, um gewünschte Eigenschaften zu erzielen;* den glühenden Stahl ~ **4** Speisen ~ ⟨Kochk.⟩ *nach dem Kochen mit kaltem Wasser übergießen;* Eier ~ □ *resfriar*

Ab|schre|ckung ⟨f.; -, -en⟩ **1** *das Abschrecken(1-2)* □ *desencorajamento; intimidação* 1.1 **Strategie** der ~ *strategische Theorie, nach der Verteidiger seine militärische Macht so sehr stärkt, dass ein Angreifer, um nicht selbst vernichtet zu werden, einen Angriff unterlässt* □ *dissuasão*

ab|schrei|ben ⟨V. 230/500⟩ **1** ein **Schriftstück** ~ *unter Benutzung der Vorlage nochmals schreiben* □ *copiar* **2** (etwas) ~ *unerlaubt übernehmen, kopieren, Diebstahl an geistigem Eigentum begehen;* er hat (die Aufgaben) von seinem Nachbarn abgeschrieben □ *plagiar; colar* **3** etwas ~ ⟨Kaufmannsspr.⟩ *streichen* 3.1 einen **Betrag** ~ *wegen Wertminderung streichen* □ *abater* 3.1.1 **Geldbeträge** ~ *vom Bankkonto abziehen* □ *sacar* 3.1.2 **Ausgaben** von der Steuer ~ *wegen Wertminderung, Abnutzung aus der (steuerlichen) Bilanz abziehen* □ *deduzir; descontar* 3.2 einen **Auftrag** ~ *für ungültig erklären, aufgeben* □ *cancelar* **4** jmdn. od. etwas ~ ⟨fig.⟩ *auf jmdn. od. etwas nicht mehr rechnen;* ich hatte ihn längst abgeschrieben □ *deixar de contar com; esquecer* **5** ⟨600⟩ jmdm. ~ *schriftlich absagen;* ich muss Ihnen leider ~ □ *declinar/recusar por escrito* **6** ⟨500/Vr 3⟩ etwas schreibt sich ab *nutzt sich durch Schreiben ab;* die Feder hat sich stark abgeschrieben □ *(des)gastar(-se) com a escrita* **7** ⟨530/Vr 1⟩ **sich** die **Finger** ~, wundschreiben ⟨fig.; umg.⟩ *sehr viel (erfolglos) schreiben* □ **criar calo nos dedos de tanto escrever*

Ab|schrift ⟨f.; -, -en⟩ *eine durch Abschreiben hergestellte, dem Urtext genau entsprechende zweite Ausfertigung*

Abschuss

eines Schriftstückes; Sy *Kopie(1), Zweitschrift; eine beglaubigte ~ anfertigen* □ cópia

ab|schuss ⟨m.; -es, -schüs|se⟩ **1** *das Abschießen; der ~ der Rakete* □ lançamento **2** ⟨unz.⟩ *das Zerstören, die Vernichtung durch Schießen; der ~ von zehn Flugzeugen* **3** ⟨unz.; Jägerspr.⟩ *eine bestimmte Zahl von Wild, die in einem Revier geschossen werden soll od. abgeschossen ist; Wild zum ~ freigeben; den jährlichen ~ regeln* □ abate **4** ⟨Mil.⟩ *Ergebnis des Abschießens; man meldete drei Abschüsse* □ tiro; disparo

ab|schüs|sig ⟨Adj.⟩ *steil, stark abfallend; ~es Gelände; eine Piste* □ íngreme; escarpado

ab|schüt|teln ⟨V. 500⟩ **1** *etwas ~ durch Schütteln abwerfen, entfernen; den Schnee (von sich) ~; Früchte vom Baum ~* □ sacudir; fazer cair sacudindo **2** *etwas od. jmdn. ~* ⟨fig.⟩ *zu etwas od. jmdm. keine Beziehung haben wollen, jmdn. od. etwas loswerden; er hat die Erinnerung daran (von sich) abgeschüttelt; endlich konnte er seine Verfolger ~* □ livrar-se

ab|schwä|chen ⟨V. 500⟩ *etwas ~ schwächer machen, abmildern, vermindern; eine Bemerkung ~* □ atenuar; moderar

ab|schwei|fen ⟨V.⟩ **1** ⟨405(s.)⟩ **(von etwas) ~ 1.1** *abkommen, abgehen; vom Weg ~* □ desviar-se; afastar-se **1.2** ⟨fig.⟩ *abweichen; vom Thema ~* □ desviar-se **2** ⟨500⟩ *etwas ~* **2.1** *Textilien ~ vor dem Färben kochen, damit sie die Farbe besser annehmen* □ banhar **2.2** *Holz ~ mit der Schweifsäge trennen* □ chanfrar

ab|schwö|ren ⟨V. 238/600⟩ *jmdm. od. einer Sache ~ sich durch Schwur von jmdm. od. einer Sache lossagen, jmdn. od. eine Sache verneinen, verleugnen; dem Teufel ~; einem Glauben, einer Weltanschauung ~; Schuld ~; seinen Rechten ~; dem Alkohol ~* ⟨fig.⟩ □ abjurar; (re)negar

ab|se|hen ⟨V. 239⟩ **1** ⟨530⟩ *jmdm. etwas ~ beobachtend erlernen, durch Zusehen übernehmen; er hat ihm diesen Kunstgriff abgesehen* □ aprender observando **2** ⟨410⟩ *nach Hinsehen abschreiben; der Schüler hat von seinem Nachbarn abgesehen* □ copiar; colar **3** ⟨531⟩ *jmdm. etwas an den Augen, an der Nase, am Gesicht ~ von den A., von der N., vom G. ablesen, einen Wunsch erraten, ohne dass er ausgesprochen wurde* □ *ler alguma coisa nos olhos/nariz/rosto de alguém **4** ⟨500⟩ *etwas ~ erkennen; das Ende von etwas ~; es ist nicht abzusehen, wie ... ***4.1*** *abschätzen können; die Folgen ~* □ prever **5** ⟨650/Vr 1⟩ *sich die Augen nach etwas ~ lange vergeblich ausschauen* □ *ficar procurando alguma coisa **6** ⟨800⟩ *von etwas ~* ⟨fig.⟩ *etwas ausnehmen, nicht berücksichtigen, auf etwas verzichten; er sah von einer Bestrafung, Anzeige ab* □ desconsiderar; renunciar; *abgesehen davon, dass ...* □ *sem levar em conta que...; desconsiderando-se o fato de que...* **7** ⟨550⟩ *es auf jmdn. od. etwas abgesehen haben* ⟨umg.⟩ *es auf jmdn. od. etwas abzielen; sie hat es auf ihn, sein Geld abgesehen* □ *estar de olho em alguém ou alguma coisa

ab|sein ⟨alte Schreibung für⟩ ab sein

ab|seits 1 ⟨Adv.⟩ *entfernt, fern* **2** ⟨Präp. m. Gen.⟩ *entfernt von, seitlich, neben; ~ der Grünflächen* □ à parte; longe de

ab|seits||lie|gen ⟨V. 180/400 od. 411⟩ *entfernt liegen; das Haus ist abseitsgelegen* □ afastada

ab|seits||ste|hen ⟨V. 256/400⟩ *fern von den anderen stehen, unbeachtet sein* ⟨a. fig.⟩ □ ficar à parte/longe/fora **1.1** ⟨Ballspiele⟩ *sich in einer regelwidrigen Position zwischen dem ballführenden Spieler u. dem gegnerischen Tor befinden, ohne dass zwei Spieler der gegnerischen Mannschaft näher am Tor sind* □ estar impedido

ab|sen|den ⟨V. 241/500⟩ *jmdn. od. etwas ~ wegschicken; jmdn. od. etwas ~ nach; er hat das Geld mit der Post abgesandt, abgesendet* □ enviar

Ab|sen|der ⟨m.; -s, -; Abk.: Abs.⟩ **1** *jmd., der etwas abschickt* □ remetente **2** *Vermittler zwischen Kaufleuten u. Fuhrunternehmern* □ expedidor

Ab|sen|de|rin ⟨f.; -, -rin|nen⟩ *weibl. Absender* □ remetente; expedidora

ab|sen|gen ⟨V. 500⟩ **1** *etwas ~ durch Sengen entfernen; Federn ~* **2** *etwas ~ durch Sengen von Federresten befreien; Geflügel ~* □ tirar chamuscando/crestando

ab|sen|ken ⟨V. 500⟩ **1** *Bauwerke ~ mit Senkblei die Vertikale bestimmen von B.* □ *determinar a verticalidade de uma obra **2** *den Stand einer Flüssigkeit ~ senken, niedriger machen; den Grundwasserstand ~* **3** *einen Brunnenmantel ~* ⟨Brunnenbau⟩ *nach unten bringen* □ rebaixar; aprofundar **4** *Senk- od. Schwimmkästen ~* ⟨Betonbau⟩ *für Gründungen unter Wasser auf tragfähigen Baugrund bringen* □ enterrar; mergulhar **5** ⟨500/Vr 3⟩ *sich ~ sich nach unten senken; das Gelände senkt sich ab* □ *declinar; declivar **6** *Pflanzen ~* ⟨Gartenbau; Weinbau⟩ *durch Senker vermehren* □ alporcar; mergulhar

ab|set|zen ⟨V. 500⟩ **1** *etwas ~ von einer Stelle wegnehmen; das Glas (vom Mund) ~* **1.1** *abheben, abnehmen; den Hut ~; die Brille ~* □ tirar **1.2** *(auf den Boden) hinstellen, niederlegen; eine Last ~; den Koffer ~* □ colocar (no chão) **1.3** *Geweih ~* ⟨Jägerspr.⟩ *verlieren* □ perder **2** *jmdn. ~* **2.1** *einen Reiter ~ aus dem Sattel heben, abwerfen* □ desmontar; apear **2.2** *jmdn. (an einer bestimmten Stelle) ~ aussteigen lassen (u. weiterfahren); du kannst mich hier, jetzt, am Bahnhof ~* □ desembarcar; deixar **2.3** *eine Amtsperson, einen Herrscher ~* ⟨fig.⟩ *des Amtes entheben, entthronen; den König ~; vom Amt ~* □ destituir; destronar **3** ⟨Kaufmannsspr.⟩ *verkaufen; neue Waren ~; vom Lager ~* □ vender **4** *herstellen* □ produzir **4.1** *Schriftsatz ~* □ setzen(6.4) **4.2** *den Kurs ~ auf der Karte einzeichnen* □ marcar no mapa **4.3** *eine Mauer ~ in Absätzen dünner werden lassen* □ afinar; estreitar **5** *etwas setzt etwas ab sondert etwas ab; der Fluss setzt Sand ab; Bier setzt Hefe ab* **5.1** ⟨Vr 3⟩ *etwas setzt sich ab schlägt sich nieder, lagert sich ab; im Wasser hat sich Eisen abgesetzt; in der Lunge setzt sich Staub ab* □ depositar(-se) **6** ⟨505⟩ *einen Betrag (von einer Summe) ~ abziehen; einen Posten von der Rechnung ~; von der Steuer ~* □ deduzir **7** ⟨505⟩ *jmdn. od. etwas (von einer Liste) ~ streichen, nicht mehr aufführen; vom Programm, vom Spielplan ~*

□ cancelar; suspender **8** Säugetiere ~ ⟨Landw.⟩ entwöhnen □ desmamar **9** ⟨400⟩ aufhören, unterbrechen; sie trank, sang, las, ohne abzusetzen □ cessar; interromper(-se) **10** ⟨500/Vr 3⟩ sich ~ heimlich weggehen, seinen Wohnsitz verlegen; sich ins Ausland ~; er hat sich abgesetzt, bevor ihn die Polizei verhaften konnte □ *fugir **11** ⟨505/Vr 3⟩ etwas (mit etwas) ~ abheben, abschließen; Farben (voneinander) ~; die Tapete, eine Täfelung mit einer Leiste ~; einen Saum mit einer Borte ~; ein Kleid mit farblich abgesetztem Kragen □ realçar **11.1** sich von od. gegen etwas ~ sich abheben, deutlich unterscheiden von; die hellen Möbel setzen sich gegen die dunklen Tapeten ab □ distinguir-se; destacar-se **11.2** er setzt sich von seinen Kollegen ab *er geht zu seinen K. auf Distanz* □ distanciar-se; afastar-se **12** eine Zeile ~ *mit einer neuen Z. beginnen* □ *pular uma linha

Ab|sicht ⟨f.; -, -en⟩ **1** *Wille, etwas zu tun, um ein Ziel zu erreichen, Bestreben;* ohne böse ~; in der besten ~; es war wirklich nicht meine ~, das zu tun; in der ~, etwas zu tun **1.1** *Vorsatz, Vorhaben;* die ~ hegen, etwas zu tun; jmd. hat eine ~; es besteht die ~ ... □ intenção; propósito **1.1.1** mit ~ *vorsätzlich* □ *de propósito; deliberadamente* **1.2** in welcher ~? *mit welchem Zweck?* □ intenção; propósito **2** ⟨meist Pl.⟩ *Plan, Ziel;* jmd. hat ~en; jmds. ~en vereiteln; → a. *ernst(3.1)* □ plano

ab|sicht|lich ⟨schweiz. ['---] Adj. 90⟩ *mit Absicht, vorsätzlich;* eine ~e Täuschung; etwas ~ nicht sagen □ intencional(mente); proposital(mente)

ab|sin|gen ⟨V. 243/500⟩ **1** ein Lied ~ □ cantar **1.1** vom Blatt singen □ cantar à primeira vista **1.2** ohne Ausdruck singen □ cantar sem expressão **1.3** *von Anfang bis Ende singen* □ cantar do início ao fim **2** die Stimme ~ *durch vieles Singen verbrauchen* □ ficar rouco de tanto cantar

ab|sit|zen ⟨V. 246⟩ **1** ⟨500⟩ eine Zeit ~ ⟨umg.⟩ *so lange sitzen, bis eine Z. zu Ende ist* □ *tomar chá de cadeira **1.1** Strafe ~ *in der Strafanstalt verbüßen* □ expiar; pagar **1.2** die Arbeitszeit ~ *ohne rechte Beschäftigung (im Büro) sitzen, bis die A. zu Ende ist* □ *matar o tempo no trabalho **2** ⟨500⟩ etwas ~ ⟨umg.⟩ *durch vieles Sitzen abschaben;* eine Hose ~ □ (des)gastar; puir; abgesessenes Samtsessel ~ □ puído **3** ⟨400(s.)⟩ *absteigen; vom Pferd, Fahr-, Motorrad ~* □ apear(-se); descer **4** ⟨410⟩ *von jmdm. od. etwas ~ weit entfernt sitzen* □ sentar longe **5** ⟨405⟩ sitzen Sie ab! ⟨schweiz.⟩ *nehmen Sie Platz!* □ *sente-se!

ab|so|lut ⟨Adj.⟩ **1** *unabhängig, losgelöst, für sich, einzeln betrachtet;* Ggs *relativ(1)* **1.1** ~e **Bewegung** *(physikalisch nicht abhängige) B. ohne Bezugssystem* **1.2** ~es **Gehör** *Fähigkeit, ohne vergleichbare Töne die Höhe eines Tones zu erkennen* **1.3** ~e **Feuchtigkeit** *Feuchtigkeitsgehalt der Luft ohne Rücksicht auf Temperatur* **1.4** ~e **Helligkeit** *H. eines Sternes, ungeachtet der durch seine Entfernung bedingten Sichtbarkeit am Himmel* **1.5** ~e **Mehrheit** *M. von mehr als 50 % * **2** *unbeschränkt, völlig* **2.1** ~er **Superlativ** *S., der keine weitere Steigerung zulässt* **2.2** ~e **Monarchie** *Alleinherrschaft durch einen Monarchen, der Staatsoberhaupt, oberster Richter und Gesetzgeber ist* **2.3** ~es **Vertrauen** *unbedingtes V. ohne jede Einschränkung* **2.4** ~es **Maßsystem** ⟨veraltet⟩ *System der gesetzlich festgelegten Maßeinheiten* **2.5** ~e **Atmosphäre** ⟨veraltet; Zeichen: ata⟩ *= Atmosphäre(2)* **2.6** ~er **Nullpunkt** *die tiefste erreichbare Temperatur (−273,16° C)* **2.7** ~e **Temperatur** *auf den absoluten Nullpunkt bezogene T.* **2.8** ~e **Zahl** *eine ohne Vorzeichen betrachtete Z.* **3** *unbedingt* **3.1** ~e **Kunst** *ungegenständliche, abstrakte K.* **3.2** ~e **Musik** *M., der keine außermusikalischen Vorstellungen zugrunde liegen* **3.3** ~e **Rechte** *R., die gegenüber jedem wirksam sind* **3.4** ~er **Scheidungsgrund** *S., der ein Verlangen nach Scheidung rechtfertigt, ohne Rücksicht darauf, ob die Ehe zerrüttet ist* □ absoluto **3.5** *rein* **3.5.1** ~er **Alkohol** *wasserfreier Äthylalkohol* □ absoluto; puro **4** ⟨50⟩ *durchaus, gänzlich, überhaupt, völlig;* das ist ~ unmöglich □ absolutamente

Ab|so|lu|ti|on ⟨f.; -; unz.⟩ *kath. Kirche⟩ Vergebung, Freisprechung von Sünden (nach der Beichte);* jmdm. ~ erteilen □ absolvição

Ab|so|lu|tis|mus ⟨m.; -; unz.⟩ *Alleinherrschaft eines Monarchen, der uneingeschränkt über Gesetzgebung, Gerichtsbarkeit und Militär bestimmt, absolute Monarchie* □ absolutismo

Ab|sol|vent ⟨[-vɛnt] m.; -en, -en⟩ *jmd., der eine Ausbildung, die Schule, einen Lehrgang od. ein Studium erfolgreich abgeschlossen hat* □ aquele que concluiu seus estudos

Ab|sol|ven|tin ⟨[-vɛnt-] f.; -, -tin|nen⟩ *weibl. Absolvent* □ aquela que concluiu seus estudos

ab|sol|vie|ren ⟨[-viː-] V. 500⟩ **1** jmdn. ~ *befreien, los-, freisprechen, jmdm. die Absolution erteilen* □ absolver **2** eine Ausbildung, das Gymnasium, einen Lehrgang, Studien, ein Pensum ~ *durchlaufen, erfolgreich beenden, abschließen* □ concluir **2.1** absolvierter Konservatorist ⟨veraltet⟩ *jmd., der sein Studium am Konservatorium erfolgreich abgeschlossen hat* □ formado **3** ein Gastspiel ~ *geben, beenden, ableisten* □ terminar; concluir

ab|son|der|lich ⟨Adj.⟩ *merkwürdig, eigentümlich, besonders, gesondert, seltsam, sonderbar;* ein ~es Benehmen; ein ~er Mensch □ extravagante; estranho; singular

ab|son|dern ⟨V. 500⟩ **1** ⟨Vr 7⟩ etwas od. jmdn. ~ *trennen, abseitshalten;* Sy isolieren(1); Kranke, Häftlinge ~; er sondert sich von seinen Bekannten ab; die Kälber von den Kühen ~ □ separar; isolar **2** etwas ~ *ausscheiden;* Nadelhölzer sondern Harz ab; Drüsen sondern Sekret ab □ secretar; excretar **2.1** ⟨Vr 3⟩ etwas sondert **sich ab** *wird ausgeschieden;* Eiter sondert sich ab □ purgar

ab|sor|bie|ren ⟨V. 500⟩ **1** etwas ~ *einsaugen, aufsaugen, aufzehren* **2** jmdn. ~ *völlig in Anspruch nehmen* □ absorver

ab|span|nen ⟨V.⟩ **1** ⟨500⟩ etwas ~ *Spannung vermindern, entspannen* □ diminuir a tensão; afrouxar; aliviar **1.1** ⟨400; fig.⟩ *sich erholen, entspannen, sich ausruhen;* nach der Arbeit ~ □ descansar; relaxar **2** ⟨500⟩ Zugtiere, Pferde ~ *ihnen das Geschirr abnehmen* □

Abspannung

desatrelar 3 ⟨500⟩ hochragende **Bauten** ~ ⟨Tech.⟩ *mit Spannseil sichern; einen Schornstein* ~□ estaiar

Ab|span|nung ⟨f.; -; unz.⟩ **1** *Nachlassen, Verminderung der Spannung* □ afrouxamento **2** *Spannseil* □ estai; cabo tensor **3** *Ermüdung, Erschöpfung;* körperliche ~ □ exaustão; esgotamento

ab|spei|sen ⟨V.⟩ **1** ⟨500⟩ jmdn. ~ *mit Speise versorgen* □ dar de comer; alimentar **2** ⟨505⟩ jmdn. ~ (mit) ⟨fig.; umg.⟩ *mit etwas Minderwertigem abfertigen* □ despachar; *sich mit Redensarten ~ lassen* □ contentar-se

ab|spens|tig ⟨Adj. 52⟩ jmdm. jmdn. ~ *machen entfremden, weglocken, wegnehmen;* er hatte ihm seine Geliebte, seine Freunde ~ gemacht □ *tirar; tomar

ab|sper|ren ⟨V. 500⟩ **1** *etwas* ~ *abschließen, (ver)sperren;* ich habe vergessen (die Tür, das Haus) abzusperren □ trancar; fechar à chave **1.1** *den Dampf* ~ *(mithilfe eines Ventils) am Ausströmen hindern* □ fechar; interromper **2** *etwas* ~ *für den Verkehr sperren;* den Weg, die Straße, den Hafen ~ □ bloquear **3** *Telefon* ~ *außer Betrieb setzen* □ cortar **4** ⟨Vr 7⟩ jmdn. ~ ⟨a. fig.⟩ *jmdn. einschließen, absondern;* du sperrst dich von der Welt ab □ isolar(-se)

ab|spie|len ⟨V. 500⟩ **1** *etwas* ~ *vom Anfang bis zum Ende spielen, ablaufen lassen, vorführen;* eine Kassette, eine CD ~ □ pôr para tocar; deixar tocar **2** *ein Musikstück (vom Blatt)* ~ *nach Noten spielen, ohne vorher geübt zu haben* □ tocar à primeira vista **3** *den* **Ball** ~ ⟨Ballspiele⟩ *an einen (freien) Spieler der eigenen Mannschaft abgeben, weiterleiten* □ passar **3.1** *Billardball von der Bande* ~ *von der Bande aus abstoßen* □ dar uma tacada em **4** ⟨Vr 3⟩ *etwas spielt sich ab ereignet sich, findet statt;* folgende Szene spielte sich vor unseren Augen ab □ acontecer; passar-se

Ab|spra|che ⟨f.; -, -n⟩ *Abrede, Verabredung, Vereinbarung;* nach vorheriger ~; geheime ~n treffen; das entspricht nicht der ~ □ acordo; trato

ab|spre|chen ⟨V. 251⟩ **1** ⟨500/Vr 8⟩ **etwas** (mit jmdm.) ~ *verabreden, abmachen,* wir müssen das noch (mit ihm) ~; wir haben uns abgesprochen, dass ... □ combinar **2** ⟨530/Vr 5⟩ **jmdm. etwas** ~ *in Abrede stellen, aberkennen;* jmdm. Kenntnisse od. Fähigkeiten ~ □ contestar; não reconhecer **2.1** **jmdm.** *das* **Recht** ~, *etwas zu tun versagen, verweigern* □ negar **2.2** ⟨Part. Präs.⟩ ~d *abfällig;* in ~der Weise; ein ~des Urteil □ negativo; depreciativo; desfavorável

ab|sprei|zen ⟨V. 500/Vr 7⟩ **1** *Wände von Baugruben od. Schächten* ~ *durch Stützen gegen Einsturz sichern* □ escorar **2** *spreizen, wegdrehen;* den kleinen Finger (von den übrigen) ~ □ esticar abrindo; distender

ab|sprin|gen ⟨V. 253/400(s.)⟩ **1** *herunterspringen;* von einem (fahrenden) Fahrzeug, Zug ~; vom Pferd ~ **1.1** *mit dem Fallschirm aus einem Flugzeug* ~ *(während des Fluges) aussteigen* **2** *empor-, wegschnellen, losspringen, sich abstoßen;* er springt mit dem linken Fuss ab □ saltar; pular **3** *ein* **Teil** *springt ab trennt sich springend ab;* mehrere Splitter sind schon abgesprungen □ desprender(-se); romper(-se) **4** *etwas* springt ab *schlägt auf und springt zurück;* der Ball sprang von der Torlatte ab □ ricochetear **5** ⟨fig.⟩ *(aus einer Gemeinschaft) austreten, sich distanzieren, sich von etwas lossagen;* gegen Ende des Kurses sind mehrere Teilnehmer abgesprungen □ deixar; abandonar

Ab|sprung ⟨m.; -(e)s, -sprün|ge⟩ **1** *das Los-, Abspringen;* der ~ mit Anlauf □ salto; ~ *von einer Partei* ⟨fig.⟩ □ abandono **2** *das Herunterspringen;* ~ *aus dem Flugzeug* □ salto **3** ⟨meist Pl.⟩ *durch Pflanzenkrankheit verursachtes Abbrechen der Kieferntriebe des vergangenen Jahres* □ queda

ab|stam|men ⟨V. 411(s.)⟩ **1** *von jmdm.* ~ *jmds. Nachkomme sein* □ descender **2** *von etwas* ~ *sich ableiten;* dieses Wort stammt vom Lateinischen ab □ derivar

Ab|stam|mung ⟨f.; -; unz.⟩ **1** *Herkunft;* sie ist von edler edler ~ □ origem **1.1** ~ *eines* **Wortes** ⟨Sprachw.⟩ *etymologische Herkunft* □ etimologia **2** *Stammbaum* □ árvore genealógica

Ab|stand ⟨m.; -(e)s, -stän|de⟩ **1** *Entfernung, Zwischenraum* □ distância; intervalo **1.1** ~ *halten von etwas od. jmdm. in einer bestimmten Entfernung bleiben, Distanz wahren, sich etwas od. jmdm. nicht zu sehr nähern* □ *manter distância de alguma coisa ou alguém **1.2** *in Abständen mit räumlichen od. zeitlichen Zwischenräumen* □ *a intervalos **2** *von etwas* ~ *nehmen* ⟨Amtsdt.⟩ *auf etwas verzichten, von etwas absehen* □ *desistir de/renunciar a alguma coisa **3** ⟨unz.⟩ *Zahlung für die Überlassung einer Sache* □ indenização; recompensa

ab|stat|ten ⟨V. 530; Funktionsverb⟩ **1** ⟨Vr 6⟩ *jmdm.* *einen* **Besuch** ~ *jmdn. besuchen* □ *fazer uma visita a alguém **2** *jmdm. seinen* **Dank** ~ *sich bedanken* □ *agradecer a alguém

ab|stau|ben ⟨V. 500⟩ **1** ⟨Vr 7⟩ *Gegenstände* ~ *den Staub von etwas entfernen;* oV abstäuben; sie staubte die Bücher, die Bilder ab □ tirar o pó de **2** *etwas* ~ ⟨umg.⟩ *stehlen, heimlich wegnehmen, mitgehen lassen;* Geld ~ □ surrupiar **2.1** er hat ein Päckchen Zigaretten abgestaubt *als Geschenk erhalten* □ ganhar de presente **3** *jmdn.* ~ ⟨umg.⟩ *ausschimpfen* □ *passar um sabão em alguém **4** *ein* **Tor** ~ ⟨umg.; Fußb.⟩ *ein T. durch Ausnutzen eines Zufalls ohne Mühe schießen* □ *receber um gol de bandeja

ab|stäu|ben ⟨V. 500/Vr 7⟩ = abstauben(1)

ab|ste|chen ⟨V. 254⟩ **1** ⟨500⟩ *etwas* ~ *durch Stechen (mit einem scharfen Gerät) abtrennen* **1.1** *Rasen* ~ *mit dem Spaten abteilen* □ cortar; aparar **1.2** *Stahlstangen, -rohre* ~ *nach der Fertigstellung mit dem Abstechmeißel auf der Drehbank vom Rohrstück abtrennen* □ cortar; talhar **2** ⟨500⟩ *etwas* ~ *ausfließen, ablaufen lassen;* den Hochofen ~; einen Teich ~ □ vazar; sangrar; drenar **2.1 Wein** ~ *den Fasswein vom Bodensatz trennen* □ espichar **3** ⟨500⟩ *Tiere* ~ *durch einen Stich töten* □ degolar **4** ⟨500⟩ *den* **Gegner** ~ ⟨Fechten⟩ *besiegen* □ vencer **5** ⟨500⟩ *einen Kupferstich* ~ *nachbilden* □ reproduzir **6** ⟨800⟩ *vom* **Lande** ~ ⟨Mar.⟩ *in See gehen* □ *fazer-se ao largo **7** ⟨800⟩ *von jmdm. od. etwas, gegen jmdn. od. etwas* ~ *deutlich anders sein als jmd. od. etwas, sich abheben gegen jmdn. od. etwas, sich* unterscheiden von jmdm. od. etwas □ *distinguir-se de alguém ou alguma coisa; contrastar com alguém ou alguma coisa 7.1 unvorteilhaft ~ gegen jmdm. od. etwas *schlecht abschneiden im Vergleich mit jmdm. od. etwas* □ *levar desvantagem em comparação com alguém

Ab|ste|cher ⟨m.; -s, -⟩ *kleiner Ausflug zu einem etwas abseits der eingeschlagenen Wegstrecke gelegenen Ort od. Ziel;* auf dem Weg nach Süden einen ~ nach München machen; wir machen noch einen kurzen ~ in die Psychologie ⟨fig.⟩ □ **escapada; incursão**

ab|ste|cken ⟨V. 500 od. 503/Vr 6⟩ **1** *eine* **Fläche, Strecke** *~ durch Zeichen (an den Grenzen) markieren;* einen Bauplatz ~; sie haben den Platz für das Lager abgesteckt □ **marcar; delimitar 2** *etwas Zusammengestecktes lösen;* eine Brosche ~ □ **tirar 3** *ein* **Kleid** *~ mithilfe von Nadeln der Figur anpassen* □ **ajustar; alfinetar**

ab|ste|hen ⟨V. 256⟩ **1** ⟨400⟩ *etwas steht ab strebt vom Ansatzpunkt weg* □ **distar**; die Haare standen ihm vom Kopf ab □ *seus cabelos estavam arrepiados; ~de Ohren* □ *orelhas de abano* **2** ⟨410⟩ *entfernt stehen;* er stand zu weit ab, um etwas sehen zu können **3** ⟨800⟩ *von einer* **Forderung**, *einem* **Vorhaben** *~* ⟨geh.⟩ *auf eine F., ein V. verzichten* □ **desistir de; renunciar a 4** ⟨530/Vr 1⟩ *sich die* **Beine** *~* ⟨umg.⟩ *lange stehen müssen* □ *ficar um tempão em pé*

ab|stei|gen ⟨V. 400(s.)⟩ **1** *heruntersteigen;* von der Leiter ~; vom Pferd, vom Fahrrad ~ □ **descer; apear 1.1** *bergab gehen* **2** *sinken;* das Flugzeug steigt ab **2.1** *hinabführen;* die Straße steigt kurvenreich ab □ **descer 3** ⟨fig.⟩ *an* Ansehen, Geltung *verlieren* □ **decair; ir de mal a pior;** er ist auf dem ~*sten Ast* □ *ele está em decadência* **4** ⟨Sp.⟩ *in die nächsttiefere Spielklasse versetzt werden* □ **ser rebaixado na categoria**

ab|stel|len ⟨V. 500⟩ **1** *etwas ~ wegstellen, hinstellen, niederlegen;* sein Glas auf der Fensterbank ~ □ **colocar; pousar 1.1** *aufbewahren;* das Fahrrad kannst du im Hof ~ □ **guardar 2** *etwas ~ aufhören lassen zu arbeiten, außer Betrieb setzen* **2.1** *ausschalten, ausdrehen;* eine Maschine, Uhr ~; den Wecker ~ □ **desligar 2.2** *die Zuleitung von etwas unterbrechen;* Gas, Licht, Wasser ~ □ **fechar; apagar 3** *einen* Missstand, Schaden *~ beseitigen* □ **corrigir; suprimir 4** ⟨550⟩ *etwas auf eine* **Sache** *~ etwas nach einer S. ausrichten, orientieren;* das Programm ist ganz auf den Publikumsgeschmack abgestellt □ **orientar**

ab|ster|ben ⟨V. 259/400(s.)⟩ **1** *etwas stirbt ab geht langsam ein;* der Baum stirbt ab □ **definhar; murchar 2** ⟨Med.⟩ *immer weniger, geringer werden, zugrunde gehen;* das Gewebe stirbt ab □ **atrofiar 3** *nichts mehr empfinden, gefühllos sein;* meine Beine sind wie abgestorben; meine Füße sterben ab; seine Gefühle ihr gegenüber sind abgestorben □ **perder a sensibilidade; adormecer**

Ab|stich ⟨m.; -(e)s, -e⟩ *das Abstechen(1–2)* □ **corte; drenagem; espicho**

Ab|stieg ⟨m.; -(e)s, -e⟩ **1** ⟨meist unz.⟩ *das Ab-, Hinabsteigen;* wir wurden durch einen Schneesturm zum ~ gezwungen **2** *bergab führender Weg;* ein steiler, ge-

fährlicher ~ □ **descida 2.1** ⟨fig.⟩ *Verschlechterung, Niedergang;* wirtschaftlicher ~; unsere Fußballmannschaft ist vom ~ bedroht □ **decadência**

ab|stil|len ⟨V.⟩ **1** ⟨500⟩ *einen* **Säugling** *~ von der Muttermilch entwöhnen u. auf andere Nahrung umstellen* □ **desmamar 2** ⟨400⟩ *aufhören zu stillen;* ich habe abgestillt □ **parar de amamentar**

ab|stim|men ⟨V.⟩ **1** ⟨400 od. 800⟩ *durch Abgeben seiner Stimme zu einer Entscheidung beitragen;* über eine Gesetzesvorlage ~ □ **votar 2** ⟨500⟩ *etwas ~ im Ton (überein)stimmend machen* □ **harmonizar 2.1** *Instrumente ~ stimmen* □ **afinar 2.2** *das* **Radio** *~ genau auf eine Wellenlänge einstellen* □ **sintonizar 3** ⟨505⟩ Sachen (aufeinander, miteinander) ~ *übereinstimmend, zueinander passend machen;* wir müssen noch unsere Urlaubswünsche (aufeinander) ~ □ **conciliar 4** ⟨517/Vr 3⟩ *sich mit jmdm. ~ absprechen;* wegen des Urlaubs hat er sich mit seinen Kollegen abgestimmt □ *combinar com alguém

Ab|stim|mung ⟨f.; -, -en⟩ **1** *Anpassung, Angleichung, Übereinstimmung;* die ~ der Farben ist gut □ **harmonização 2** *Wahl, Stimmabgabe;* eine geheime, öffentliche ~; die ~ ergab nur eine knappe Mehrheit □ **votação; escrutínio 2.1** *zur ~ bringen abstimmen lassen über* □ *levar à votação* **2.2** *zur ~ schreiten* ⟨feierlich⟩ *mit der Stimmabgabe beginnen* □ *passar à votação* **3** *~ der* **Wellenlänge** ⟨Funkw.⟩ *Einstellung der W.* □ **sintonização**

abs|ti|nent *auch:* **abs|ti|nent** ⟨Adj.⟩ *enthaltsam (bes. den Genuss von Alkohol betreffend)* □ **abstinente**

Ab|stoß ⟨m.; -es, -stöße⟩ **1** *Stoß, der von einer Sache weg gerichtet ist* □ **empurrão; empuxo 2** ⟨Fußb.⟩ *Abschuss des Balles (vom Tor)* □ **lançamento (do goleiro)**

ab|sto|ßen ⟨V. 262⟩ **1** ⟨500/Vr 7⟩ *jmdn. od. etwas ~ wegstoßen, mit einem Stoß wegbewegen;* er stieß sich mit beiden Füßen vom Rand ab □ **empurrar; repelir 1.1** *den* **Ball** *~* ⟨Fußb.⟩ *vom Tor ins Spiel bringen* □ **chutar 2** ⟨400⟩ *ein Schiff stößt ab entfernt sich vom* **Land** □ **fazer-se ao largo 3** ⟨500⟩ *etwas ~ durch einen Stoß od. durch wiederholtes Anstoßen beschädigen, abnutzen, abschlagen, abbrechen;* die Möbel sind abgestoßen; die Ecken ~; → a. **Horn¹**(4.1) □ **lascar; bater 3.1** ⟨Vr 3⟩ *etwas stößt sich ab nutzt sich durch wiederholte Stöße ab;* die Schuhkappen stoßen sich leicht ab □ **(des)gastar 4** ⟨500/Vr 8⟩ *jmdn. od. etwas ~ zurückstoßen;* Wachs stößt Wasser ab; gleichnamige Pole stoßen einander ab □ **repelir 4.1** *jmdn.* ~ ⟨fig.⟩ *jmds. Widerwillen, Ekel, Abscheu erregen;* sein Benehmen stößt mich ab □ **causar aversão; repugnar 5** ⟨500⟩ **Ware** *~ (schnell) verkaufen, (billig) absetzen* □ **vender bem 5.1** *Ware mit Verlust ~ verschleudern, unter Preis verkaufen* □ *malbaratar as mercadorias* **6** ⟨500⟩ **Töne** *~ staccato spielen* □ **destacar (kurz)**

ab|stot|tern ⟨V. 500; umg.⟩ *einen* **Geldbetrag** *~* ⟨umg.⟩ *nach u. nach bezahlen, in Raten abzahlen* □ **parcelar; pagar em prestações**

Abs|tract *auch:* **Abs|tract** ⟨[æ:]bstrækt] m.; -s, -s⟩ *kurze, meist schriftlich abgefasste Inhaltsangabe eines Vortrags, Artikels o. Ä.* □ **resumo**

abstrakt

ab|strakt auch: **abs|trakt** ⟨Adj.⟩ **1** von der Wirklichkeit abgetrennt, begrifflich verallgemeinert, nur gedacht, unanschaulich; Ggs konkret **1.1** ~e **Kunst** Kunstrichtung, die durch frei erfundene Formen Eigenes schaffen will, das seine Vorlage nicht in der uns umgebenden Wirklichkeit finden muss **1.2** ~es **Rechtsgeschäft** ein selbständiges, vom Rechtsgrund (Gesetz, Vertrag) unabhängiges R. ▢ abstrato

ab|strei|chen ⟨V. 263⟩ **1** ⟨500⟩ etwas ~ durch Streichen entfernen; die Asche von der Zigarre ~ **2** ⟨500⟩ etwas ~ durch Streichen von etwas säubern; die Füße ~ ▢ limpar **2.1** ein **Messglas** ~ abnehmen, was über das Maß hinausgeht ▢ rasar **2.2** ein **Rasiermesser** ~ abwischen, abziehen ▢ limpar; enxugar **3** ⟨550⟩ etwas von etwas ~ abziehen; von den Neuerungen wurde die Hälfte abgestrichen ▢ tirar **4** ⟨500⟩ etwas ~ durch Darüberstreichen absuchen; die Scheinwerfer strichen das Ufer ab **4.1** der **Raubvogel** streicht das Feld ab (Jägerspr.) sucht das F. nach Beute ab ▢ vasculhar; perscrutar **5** ⟨400⟩ Federwild streicht ab fliegt weg ▢ levantar voo

ab|strei|fen ⟨V. 500⟩ **1** befestigte Gegenstände ~ durch Streifen von etwas entfernen; Beeren (von den Stielen) ~ ▢ tirar; arrancar **1.1** ⟨503/Vr 5 od. Vr 6⟩ etwas ~ durch streifende Bewegung säubern; sich die Füße ~ ▢ limpar **2** einen **Aal** ~ einem A. die Haut abziehen ▢ despelar; esfolar **3** ⟨503/Vr 5 od. Vr 6⟩ etwas ~ durch Herunterstreifen von sich entfernen, ablegen; ausziehen; (jmdm. od. sich) Handschuhe, Kleider ~ ▢ tirar **3.1** die **Schlange** streift die Haut ab häutet sich ▢ mudar de pele **3.2** Fehler, Gewohnheiten ~ ablegen ▢ deixar de fazer; abandonar

ab|strei|ten ⟨V. 264/500⟩ **1** etwas ~ in Abrede stellen, bestreiten, leugnen; er streitet es ab, dabei gewesen zu sein; es lässt sich nicht ~, dass … ▢ negar; desmentir; contestar **1.1** ⟨530/Vr 5⟩ jmdm. etwas ~ nicht zugestehen wollen; Sy absprechen(2); das lasse ich mir nicht ~! ▢ não dar o braço a torcer

Ab|strich ⟨m.; -(e)s, -e⟩ **1** Strich nach unten (beim Schreiben) ▢ traço/risco para baixo **2** Verringerung, Abzug; am Haushaltsplan wurden einige ~e gemacht ▢ corte; redução **3** ⟨Met.⟩ bei der trockenen Raffination des Bleis entstehende Verbindungen, die sich in der Schmelze an der Oberfläche sammeln u. von dort entfernt (abgestrichen) werden können ▢ litargírio **4** ⟨Med.⟩ Entnahme von Absonderungen aus Wunden und von der Schleimhaut zur mikroskopischen od. bakteriologischen Untersuchung **4.1** der entnommene Schleim selbst ▢ biópsia

ab|strus auch: **abs|trus** ⟨Adj.⟩ verworren, schwer verständlich, merkwürdig; seine Ausführungen waren ziemlich ~ ▢ abstruso

ab|stu|fen ⟨V. 500⟩ **1** etwas ~ ⟨a. fig.⟩ stufenförmig gliedern, stufenförmig einteilen; Gelände ~ ▢ graduar **1.1** eine **Skala** ~ in verschiedene Messbereiche einteilen, unterteilen ▢ *escalonar **2** Farbtöne ~ ⟨fig.⟩ in verschiedenen Schattierungen gegeneinander absetzen, abschattieren ▢ matizar

ab|stump|fen ⟨V.⟩ **1** ⟨500⟩ etwas ~ stumpf machen; eine Schneide, Kante, Spitze ~ **1.1** jmdn. od. etwas ~ ⟨fig.⟩ jmdn. od. etwas gefühllos machen; sein Schicksal hat ihn völlig abgestumpft; die lange Zeit im Gefängnis hat seine Gefühle abgestumpft ▢ embotar **2** ⟨400(s.)⟩ etwas stumpft ab etwas wird stumpf; die Klinge stumpft ab ▢ perder o gume **2.1** jmd. od. etwas stumpft ab ⟨fig.⟩ jmd. od. etwas wird unempfindlich, träge, gleichgültig; der Kranke war schon abgestumpft; ihr Empfinden war abgestumpft ▢ perder o interesse; tornar-se insensível

Ab|sturz ⟨m.; -es, -stür|ze⟩ **1** Herunterfallen, Sturz in die Tiefe; ~ eines Flugzeugs **2** ⟨EDV⟩ das Abstürzen(3) ▢ queda; pane

ab|stür|zen ⟨V. 400(s.)⟩ **1** herunterfallen, in die Tiefe stürzen; ein Flugzeug ist abgestürzt; er stürzte beim Klettern ab ▢ cair; precipitar-se **2** an dieser Stelle stürzt der **Berg** (jäh) ab fällt steil ab ▢ tornar-se íngreme; declivar **3** ⟨EDV⟩ zusammenbrechen (von Computersystemen, -programmen) ▢ cair (o sistema), *dar pau

ab|surd ⟨Adj.⟩ **1** abwegig, widersinnig **2** unsinnig, unvernünftig ▢ absurdo

Ab|szess auch: **Abs|zess** ⟨m; -es, -e⟩ eitrige Geschwulst, Ansammlung von Eiter im Gewebe ▢ abscesso

Ab|szis|sen|ach|se auch: **Abs|zis|sen|ach|se** ⟨[-ks-] f.; -, -n; Math.⟩ = x-Achse

Abt ⟨m.; -(e)s, -Äb|te⟩ Vorsteher eines Klosters ▢ abade

ab|ta|keln ⟨V. 500⟩ **1** ein **Schiff** ~ ⟨Mar.⟩ die Takelage vom Schiff abbauen, ein Schiff außer Dienst stellen ▢ desaparelhar **2** jmdn. ~ ⟨fig.⟩ des Amtes entheben ▢ exonerar

ab|tau|en ⟨V.⟩ **1** ⟨400(s.)⟩ schmelzen, sich lösen (von Eis, Schnee); das Eis taut ab ▢ derreter(-se); degelar(-se) **2** ⟨500⟩ von Eis befreien, zum Abschmelzen bringen; einen Kühlschrank, das Eisfach ~ ▢ descongelar; degelar

Ab|tei ⟨f.; -, -en⟩ Kloster, dem ein Abt od. eine Äbtissin vorsteht ▢ abadia

Ab|teil ⟨a. ['--] n.; -(e)s, -e⟩ **1** abgetrennter Raum im Eisenbahnwagen ▢ cabine **2** Schrankfach ▢ compartimento

ab|tei|len ⟨V. 500⟩ **1** etwas ~ einteilen, trennen; in Portionen ~ **1.1** ein **Wort** ~ nach Silben trennen **2** ⟨Vr 7⟩ absondern **3** Haare ~ scheiteln ▢ separar; dividir

Ab|tei|lung[1] ⟨f.; -; unz.⟩ das Abteilen, Abtrennung, Loslösung, Zerlegung ▢ separação; divisão

Ab|tei|lung[2] ⟨f.; -, -en⟩ **1** Abschnitt, Teil eines gegliederten Ganzen ▢ parte; seção **1.1** zu einer Gruppe zusammengefasste organisatorische Einheit **1.1.1** in der- für Anfänger reiten in einer aus Anfängern gebildeten Gruppe reiten ▢ grupo **2** ⟨Biol.⟩ Merkmal der Einteilung in der systematischen Biologie, zwischen Gruppe u. Klasse angeordnet ▢ divisão **3** ⟨Geol.⟩ Abschnitt der Erdgeschichte zwischen Formation u. Stufe ▢ série **4** ⟨Mil.⟩ Einheit von 2 bis 4 Kompanien od. Batterien ▢ destacamento **5** Zweig eines Betriebes mit bestimmtem Aufgabengebiet; ~ einer Behörde, einer Bank, eines Betriebes, eines Krankenhauses; Leiter einer ~

abwandern

sein □ **departamento; seção; repartição 6** ⟨Forstw.⟩ *Teil eines Waldes* □ **reserva**

ab|tö|ten ⟨V. 500⟩ **1** ⟨Vr 7 od. Vr 8⟩ *etwas ~ töten, vernichten;* Bakterien ~; einen Nerv ~ □ **matar 2** Schmerz ~ ⟨fig.⟩ *stillen, mithilfe eines Medikamentes unterdrücken* □ **aplacar 3** Begierden ~ ⟨fig.⟩ *unterdrücken* □ **reprimir; matar 3.1** ⟨Rel.⟩ *sich kasteien* □ **mortificar-se; flagelar-se**

ab|tra|gen ⟨V. 265/500⟩ *etwas ~* **1** ⟨geh.⟩ *vom Tisch abräumen;* die Speisen ~ □ **tirar 2** *Stein für Stein abbrechen;* Gebäude ~ □ **demolir 3** *einebnen;* Gelände ~ □ **nivelar; aplanar 4** *nach u. nach fortschaffen, beseitigen;* eine Geschwulst (operativ) ~ □ **remover 5** eine Schuld ~ ⟨geh.⟩ *(in Raten) abzahlen* □ **pagar (em prestações) 6** Kleider ~ *durch Tragen abnutzen* □ **(des)gastar(-se); puir(-se) 7** ⟨505/Vr 3⟩ *sich* (mit etwas) ~ ⟨umg.⟩ *(etwas) mühsam tragen, schleppen* □ ***arrastar-se (carregando alguma coisa)**

ab|träg|lich ⟨Adj.; geh.⟩ *schädlich, nachteilig;* das ist seinem Ruf ~ □ **prejudicial; nocivo**

ab|trans|por|tie|ren ⟨V. 500⟩ *jmdn. od. etwas ~ (mit einem Fahrzeug) wegbefördern, fortbringen;* die Schwerverletzten ~; Sperrmüll, Unrat ~ □ **remover; levar**

ab|trei|ben ⟨V. 267⟩ **1** ⟨500⟩ *etwas treibt jmdn. od. etwas ab bringt jmdn. od. etwas vom Weg, Kurs ab;* die Strömung hat den Schwimmer abgetrieben □ **desviar; afastar 2** ⟨400⟩ *durch Wind od. Seegang vom Kurs abkommen;* das Boot treibt ab □ **ficar à deriva; derivar 3** ⟨400⟩ *eine bestehende Schwangerschaft durch Entfernung des Embryos beenden;* sie hat im zweiten Monat abgetrieben □ **abortar 4** ⟨500⟩ *etwas ~ aus dem Körper heraustreiben* **4.1** Würmer ~ *zur Ausscheidung bringen* □ **eliminar; expelir 5** ⟨500⟩ Weidevieh ~ *von der Weide zu Tal treiben* □ **conduzir/descer ao vale 6** ⟨530/Vr 6⟩ *jmdm. seine* Beute *~ abjagen* □ **arrebatar; tomar 7** ⟨500⟩ Edelmetalle ~ ⟨Met.⟩ *von Bleibeimengungen abtrennen* □ **copelar; refinar 8** ⟨500⟩ eine Galerie ~ ⟨Bgb.⟩ *Stollen anlegen* □ **abrir**

Ab|trei|bung ⟨f.; -, -en⟩ *Abbruch der Schwangerschaft durch Entfernung des Embryos;* eine ~ vornehmen □ **aborto**

ab|tren|nen ⟨V. 500⟩ **1** *etwas ~ (los)lösen;* eine Briefmarke von dem Bogen ~; Gebietsteile ~ ⟨fig.⟩ □ **destacar; separar 2** *etwas Angenähtes ~ ablösen, abschneiden;* den Besatz eines Kleides ~ □ **descosturar; descoser 3** Glieder ~ ⟨Chir.⟩ *amputieren* □ **amputar 4** *etwas ~ absondern, abteilen;* die Duschecke ist durch eine Wand vom übrigen Badezimmer abgetrennt □ **separar; isolar**

ab|tre|ten ⟨V. 268⟩ **1** ⟨500⟩ *etwas ~ durch Treten ablösen, abbrechen* □ **(des)gastar de tanto pisar/caminhar em cima 2** ⟨530/Vr 1⟩ *sich die* Füße *~ durch festes Auftreten säubern* □ ***limpar os pés 3** ⟨530⟩ *jmdm. etwas ~ überlassen;* jmdm. seine Geschäfte, Rechte ~ □ **ceder; transferir 4** ⟨400(s.)⟩ *einen bestimmten Ort verlassen;* von der Bühne ~ □ **sair; deixar 4.1** ~ *lassen* ⟨Mil.⟩ *wegtreten lassen* □ ***retirar-se 5** ⟨800(s.)⟩ *sich von etwas zurückziehen;* aus dem öffentlichen Leben ~; vom Amt des Bürgermeisters ~; die Leitung eines Unternehmens an Jüngere ~ □ **retirar-se; demitir-se; transferir 6** ⟨400(s.)⟩ *den Abort aufsuchen* □ **tentar abortar**

Ab|tre|ter ⟨m.; -s, -⟩ *Fußmatte zum Abtreten des Schmutzes von der Schuhsohle* □ **capacho**

Ab|tre|tung ⟨f.; -, -en⟩ **1** *Überlassung* **2** ~ *an Zahlungs statt Hergabe von Sachen od. Rechten anstelle einer Z.* □ **cessão; transferência**

Ab|trieb ⟨m.; -(e)s, -e⟩ **1** *Hinabtreiben (des Viehs) von den Almen;* Ggs *Auftrieb(1);* Alm~ □ **transumância 2** ⟨Tech.⟩ *am letzten Glied einer Maschine abgegebene Kraft* □ **saída de movimento**

Ab|tritt ⟨m.; -(e)s, -e⟩ **1** ~ *eines* Schauspielers *Abgang von der Bühne* □ **saída 2** ⟨fig.⟩ Tod □ **morte 3** ⟨umg.⟩ Abort[1] □ **toalete; W. C. 4** *Ausscheiden aus einer Position;* ~ eines Beamten, Politikers □ **demissão**

ab|trock|nen ⟨V.⟩ **1** ⟨500/Vr 7 od. 530/Vr 6⟩ *jmdn. od. (jmdm.) etwas ~ trockenmachen;* das Geschirr ~; sich die Füße ~; das nasse Kind ~; ich habe mich noch nicht abgetrocknet **1.1** *etwas trocknet etwas ab macht etwas trocken;* die Sonne hat die Wege gut abgetrocknet **2** ⟨400(s.)⟩ *etwas trocknet ab wird trocken;* das Geschirr trocknet von selbst ab □ **secar(-se); enxugar(-se)**

ab|trün|nig ⟨Adj.; geh.⟩ **1** *treulos* □ **desleal; infiel 2** *von einer Partei, Glaubensrichtung abgefallen* □ **renegado; apóstata**

ab|tun ⟨V. 272/500⟩ **1** *etwas ~* ⟨umg.⟩ *ablegen;* Kleider ~; Gewohnheiten ~ □ **tirar; abandonar 2** *eine Sache ~* (veraltet) *beendigen, erledigen;* ein Geschäft, eine Angelegenheit ~ **2.1** das ist damit nicht abgetan *noch nicht beendet, noch nicht genug* □ **terminar; concluir 2.2** Missbrauch ~ *abstellen, abschaffen* □ **abolir; acabar com 3** *eine Sache ~ geringschätzig ablehnen, sich mit einer S. zu befassen;* einen Vorschlag mit der Bemerkung „unmöglich" ~ □ **recusar; indeferir**

ab|wä|gen ⟨V. 278/500⟩ **1** *etwas ~ bedächtig überlegen, abschätzend erwägen;* die Worte ~ **2** zwei Dinge gegeneinander ~ *die Vorzüge und Nachteile zweier D. vergleichen* □ **ponderar; pesar**

ab|wäl|zen ⟨V. 505⟩ **1** eine Last (auf andere) ~ *von sich (auf andere) wälzen, abschieben* □ **livrar-se de; empurrar para alguém 2** Steuern auf den Verbraucher ~ ⟨fig.⟩ *S. durch Preiserhöhung den V. zahlen lassen* □ **transferir 3** Arbeit, Bürde von sich ~ ⟨fig.⟩ *anderen auferlegen* □ ***empurrar um trabalho/fardo para alguém 4** Schuld, Verdacht von sich ~ ⟨fig.⟩ *sich von S., V. unberechtigt befreien* □ ***livrar-se da culpa/suspeita descarregando-a em alguém**

ab|wan|deln ⟨V. 500⟩ **1** *etwas ~ umwandeln, abändern;* das Thema ist hier leicht abgewandelt □ **modificar 2** ein Nomen, Verb ~ ⟨Gramm.⟩ = *beugen(6)*

Ab|wan|de|lung ⟨f.; -, -en; Gramm.⟩ *Beugung* oV *Abwandlung* □ **modificação; flexão**

ab|wan|dern ⟨V. 400⟩ **1** ⟨(s.)⟩ *von einem Ort an einen anderen ziehen;* die Bevölkerung wandert vom Land in die Städte ab; ein Hochdruckgebiet wandert nach

Abwandlung

Osten ab **2** ⟨(s.)⟩ *die Arbeitsstelle verlassen;* die Arbeitskräfte wandern aus der Landwirtschaft in die Industrie ab **3** ⟨(s.)⟩ *einem Betrieb od. Industriezweig entzogen werden;* Kapital, Devisen wandern ins Ausland ab ☐ **(e)migrar; deslocar-se 4** ⟨500⟩ *eine Gegend wandernd durchqueren;* bei seinen Ausflügen hat er das ganze Gebiet abgewandert ☐ **atravessar; percorrer**

Ab|wand|lung ⟨f.; -, -en⟩ = *Abwandelung*

Ab|wart ⟨m.; -(e)s, -e; schweiz.⟩ *Hausmeister;* den ~ der Schule um Hilfe bitten ☐ **zelador**

ạb|war|ten ⟨V.⟩ **1** ⟨500⟩ *etwas od. jmdn. ~ auf etwas od. jmdn. warten;* einen günstigen Augenblick ~; den Briefträger ~ ☐ **esperar; aguardar 2** ⟨400⟩ *geduldig bleiben, bis etwas geschieht;* warten Sie ab! ☐ ***tenha paciência!;** ~ und Tee trinken! ⟨fig.; umg.⟩ ☐ ***é preciso ter paciência! 2.1** ~! ⟨umg.⟩ *man wird schon sehen* ☐ **veremos!**

ạb|wärts ⟨Adv.⟩ **1** *nach unten* ☐ **para baixo; abaixo 2** *Kinder von 3 Jahren ~ von 3 Jahren u. Jünger* ☐ **menor de; abaixo de**

ạb|wärts|ge|hen ⟨V. 145/400 (s.)⟩ **1** *hinuntergehen;* auf einer Treppe abwärtsgehen ☐ **descer 2** ⟨fig.⟩ *es geht abwärts mit jmdm. od. etwas es wird schlechter;* mit der Firma wird es ~ ☐ **ir de mal a pior**

ạb|wa|schen ⟨V. 279⟩ **1** ⟨503/Vr 5 od. Vr 6⟩ **(jmdm. od. sich) etwas ~** *mithilfe von Wasser (u. Seife) entfernen;* sich das Blut vom Gesicht ~; die alte Farbe ~ **2** ⟨500/Vr 7 od. Vr 8⟩ *etwas od. jmdn. ~ mithilfe von Wasser u. Seife reinigen;* das Auto gründlich ~; das Kind ~ **3** ⟨500⟩ **3.1** *Geschirr ~ spülen* **3.2 Boden ~** *wegschwemmen;* die Flut hat die Ufer abgewaschen ☐ **lavar**

Ab|was|ser ⟨n.; -s, -wäs|ser⟩ *(aus Haushalten und Betrieben) abfließendes verschmutztes Wasser;* Reinigung, Wiederaufbereitung von ~ ☐ **água de escoamento; água residual**

ạb|wech|seln ⟨[-ks-] V.⟩ **1** ⟨505/Vr 3 od. Vr 4⟩ **sich (mit jmdm.) ~** *wechselweise handeln, vorgehen;* sich beim Autofahren ~ **1.1** *eine Tätigkeit im regelmäßigen Wechsel mit einem andern tun;* sich bei der Arbeit, im Dienst ~ ☐ ***revezar-se (com alguém) 2** ⟨410⟩ **mit etwas ~** *wechselweise auftreten, vorkommen;* Wälder wechseln mit Wiesen ab **2.1** *in seiner* **Beschäftigung ~** *die Art der B. häufig wechseln* ☐ ***variar/diversificar alguma coisa**

Ab|wech|se|lung ⟨[-ks-] f.; -, -en⟩ = *Abwechslung*

Ab|wechs|lung ⟨[-ks-] f.; -, -en⟩ oV *Abwechselung* **1** *unterhaltsame Unterbrechung (des Alltags), Zerstreuung;* in eine Sache ~ bringen ☐ ***levar/trazer diversão para alguma coisa;** das ist eine nette ~; der ~ wegen; zur ~ ☐ **distração; diversão 1.1** *in einen Raum ~ bringen einen R. vielfältig, bunt usw. gestalten* ☐ ***diversificar um espaço 1.2** *in eine Gesellschaft ~ bringen zur Unterhaltung einer G. beitragen* ☐ ***distrair/divertir um grupo de amigos**

ạb|we|gig ⟨Adj.⟩ **1** *sonderbar, unwirklich;* das kommt mir alles ziemlich ~ vor ☐ **estranho; irreal 2** *falsch, schädlich;* ein ~er Gedanke ☐ **errôneo 2.1** *das ist gänzlich ~ unvorstellbar* ☐ **despropositado; absurdo**

Ạb|wehr ⟨f.; -; unz.⟩ **1** ⟨a. fig.; Sp.⟩ *Zurückweisung eines Angriffs, Verteidigung;* ~ einer Krankheit; eine starke ~; sich auf ~ konzentrieren ☐ **defesa 2** *Schutz;* Wind-~ ☐ **proteção 3** *Schutzmittel;* Mücken-~ ☐ **repelente 4** ⟨Mil.⟩ *Geheimdienst gegen Spionage* ☐ **contraespionagem 5** ⟨Mil.; Sp.⟩ *Einheit zur Verteidigung;* Flieger-~, Luft-~; unsere ~ spielte heute sehr schwach ☐ **defesa 6** *Widerstand, Ablehnung;* auf ~ stoßen ☐ **resistência**

ạb|weh|ren ⟨V. 500⟩ **1** *jmdn. od. etwas ~* ⟨a. fig.⟩ *zurückweisen;* den Feind ~; Dank, Lob ~; Gefahr ~; einen Angriff ~; eine Krankheit ~; üble Folgen ~ ☐ **rechaçar; recusar; proteger contra 1.1** *einen Hieb, Schlag ~ verhindern, dass ein H., S. trifft* ☐ **defender; rechaçar 1.2** ⟨Fechten⟩ = *parieren(1)* **2** *jmdn. od. etwas ~ fernhalten, sich dagegen schützen;* Kälte ~; die Besucher ~; die neugierigen Fragen ~ ☐ **proteger contra; afastar 2.1** *verscheuchen;* die Mücken ~ ☐ **repelir; afugentar**

ạb|wei|chen[1] ⟨V.⟩ **1** ⟨500⟩ *etwas ~ ablösen durch Einweichen;* eine Briefmarke von einem Umschlag ~ **2** ⟨400⟩ *etwas weicht ab löst sich durch Feuchtigkeit ab;* das Etikett ist abgeweicht ☐ **desprender(-se); soltar(-se)**

ạb|wei|chen[2] ⟨V. 281(s.)⟩ **1** ⟨400 od. 800⟩ *von etwas ~ sich von einer Richtung entfernen;* vom Kurs ~; vom Weg ~; → *a. recht(2.3)* **1.1** *von der* **Regel ~** *eine Ausnahme bilden* **1.2** *vom Thema ~ abkommen, nicht bei einem T. bleiben* ☐ **desviar-se; afastar-se 2** ⟨800⟩ *von jmdm. od. etwas ~ anders, verschieden sein, nicht gleichen;* unsere Ansichten weichen in dieser Frage voneinander ab ☐ **diferir**

ạb|wei|sen ⟨V. 282/500⟩ **1** *jmdn. od. etwas ~ ablehnen, zurückweisen;* ein Anerbieten ~; eine Bitte ~; eine Erbschaft ~; Klage ~; einen Liebhaber ~; Wechsel ~ ☐ **recusar; rejeitar;** sich nicht ~ lassen ☐ ***não aceitar recusa;** jmdn. barsch, höflich, kurz, schroff ~ ☐ **rejeitar; mandar passear;** ein ~des Gesicht machen; sich ~d verhalten ☐ **(de modo) pouco amável 2** *einen* **Angriff ~** *zurückschlagen* ☐ **repelir**

ạb|wen|den ⟨V. 283/500⟩ **1** ⟨505/Vr 7⟩ **sich od. etwas (von etwas) ~** *nach einer anderen Seite wenden;* den Blick ~; sich vom Wege ~ ☐ **desviar(-se) 1.1** *sich von etwas od. jmdm. od. einem Vorhaben ~ sich zurückziehen* ☐ **dissuadir; afastar(-se) 1.2** *seine Hand von jmdm. ~* ⟨fig.⟩ *jmdm. seine Gunst (Fürsorge) entziehen* ☐ ***retirar o apoio a alguém 2** *eine* **Sache ~** ⟨fig.⟩ *verhindern, beseitigen, abwehren;* Gefahr ~; einen Hieb ~; Nachteile ~ ☐ **impedir; afastar**

ạb|wer|fen ⟨V. 286/500⟩ **1** *etwas od. jmdn. ~ nach unten, zur Erde werfen;* den Reiter ~ (vom Pferd); die Bettdecke ~ ☐ **derrubar; jogar no chão 1.1** *das Geweih ~* ⟨Jägerspr.⟩ *zu einer bestimmten Jahreszeit verlieren* ☐ **perder 1.2** *die Maske ~* ⟨fig.⟩ *sein wahres Gesicht zeigen* ☐ **jogar 1.3 Karten ~** *ablegen* ☐ **descartar 2** ⟨fig.⟩ *sich von etwas befreien;* ein Joch ~ ☐ **libertar-se 3** *etwas wirft etwas ab bringt etwas ein;* Gewinn ~ ☐ **render**

ạb|wer|ten ⟨V.500/Vr 7 od. Vr 8⟩ Ggs *aufwerten* jmdn. od. etwas ~ *geringer schätzen, niedriger bewer-*

ten, im Wert herabsetzen; jmds. Leistungen, Können ~; eine Währung ~ ☐ **depreciar; desvalorizar**

ab∥we∣send ⟨Adj. 24⟩ Ggs anwesend **1** *nicht anwesend, nicht da, ferngeblieben;* ~ sein; drei Schüler sind ~ 1.1 *seit 2 Tagen (von zu Hause usw.) ~ sein seit 2 T. nicht mehr da gewesen sein* ☐ **ausente 2** ⟨fig.⟩ *zerstreut, mit den Gedanken nicht bei der Sache sein; geistes~;* er saß stumm und ~ da ☐ **ausente; distraído**

Ab∥we∣sen∣heit ⟨f.; -, unz.⟩ **1** *Nichtgegenwärtigsein, Nichtanwesenheit;* kurze, ständige, zeitweilige ~ ☐ **ausência 1.1** durch ~ glänzen ⟨fig.; umg.; meist scherzh.⟩ *durch Fernbleiben auffallen* ☐ ***brilhar por sua ausência 1.2** jmdn. in ~ verurteilen *ihn verurteilen, ohne dass er beim Gerichtsverfahren gegenwärtig ist;* in ~ Verurteilter ☐ ***condenar em contumácia**

ab∥wi∣ckeln ⟨V. 500/Vr 7⟩ **1** etwas ~ *etwas von einer Rolle wickeln, abrollen(1.2);* Binde, Garn, Knäuel ~ ☐ **desenrolar; desenovelar 2** etwas ~ ⟨fig.⟩ *etwas ordnungsgemäß erledigen;* Geschäfte, Aufträge ~ ☐ **concluir; resolver 2.1** ⟨Vr 3⟩ sich ~ *sich abspielen;* die Ereignisse wickeln sich ab ☐ ***desenrolar-se; passar-se**

Ab∥wi∣cke∣lung ⟨f.; -, -en; Pl. selten⟩ = Abwicklung

Ab∥wick∣lung ⟨f.; -, -en⟩ *ordnungsgemäße, schrittweise Erledigung;* oV Abwickelung ☐ **desenrolar; evolução; realização**

ab∥wie∣gen ⟨V. 287/500⟩ *eine gewünschte Menge von einer größeren Menge abnehmen u. wiegen;* er muss 100 Gramm Salami ~ ☐ **pesar; sopesar**

ab∥wim∣meln ⟨V. 500; umg.⟩ *(als lästig Empfundenes) ab-, zurückweisen;* aufdringliche Besucher ~; eine Arbeit, einen Auftrag ~ ☐ **livrar-se de; despachar**

ab∥wi∣schen ⟨V.⟩ **1** ⟨503/Vr 5 od. Vr 6⟩ **(jmdm.)** etwas ~ *durch Wischen entfernen;* den Staub ~; das Blut (vom Gesicht) ~ **2** ⟨503/Vr 5 od. Vr 6⟩ **jmdn.** od. **etwas** ~ *durch Wischen säubern, putzen;* den Tisch ~; sich die Lippen (mit dem Taschentuch) ~ ☐ **limpar; enxugar**

ab∥wür∣gen ⟨V. 500⟩ **1** *ein Lebewesen ~ zu ersticken versuchen, ihm die Kehle zudrücken;* der Marder würgte die Hühner ab ☐ **estrangular; esgoelar 1.1** jmdn. ~ ⟨fig.; umg.⟩ *vernichten;* die Gegner, die Opponenten ~ ☐ **acabar com; dar cabo de 2** etwas ~ ⟨fig.; umg.⟩ *im Keim ersticken, unmöglich machen;* ein Unternehmen, eine Sache ~ ☐ **sufocar 2.1** den **Motor** ~ *durch falsche Bedienung von Kupplung u. Bremse zum Stillstand bringen* ☐ **fazer morrer**

ab∥zah∣len ⟨V. 500⟩ etwas ~ *in Raten zahlen, allmählich bezahlen;* Schuld ~; Möbel ~; wöchentlich, monatlich, vierteljährlich ~ ☐ **parcelar; pagar em prestações**

ab∥zäh∣len ⟨V.⟩ **1** ⟨500⟩ jmdn. od. etwas ~ *zählen(1);* die Anwesenden, die Schüler ~; Flaschen, Kisten ~ ☐ **contar; enumerar 1.1** das Geld bitte abgezählt bereithalten *passend* ☐ **contado 1.2** ⟨511 od. 531/Vr 5⟩ (sich) etwas an den Fingern ~ *mit Hilfe der F. zählen* ☐ ***fazer a conta usando os dedos 1.2.1** das kannst du dir doch an den fünf Fingern ~ ⟨fig.⟩ *das ist doch selbstverständlich, leicht durchschaubar* ☐ ***pode ter certeza disso; é certo como dois e dois são quatro 2**

⟨400⟩ *durch Zählen auswählen u. für eine Aufgabe bestimmen;* die Kinder zählten ab, wer fangen sollte ☐ **escolher contando 2.1** ⟨405⟩ zu vieren ~! (Kommando) *bis vier zählen, indem jeder in der Reihe die nächste Zahl nennt, und dann wieder von vorn beginnen* ☐ ***contar até quatro!**

Ab∥zah∣lung ⟨f.; -, -en⟩ *Teilzahlung, Rate;* etwas auf ~ (ver)kaufen ☐ **parcela; prestação**

ab∥zap∣fen ⟨V.⟩ **1** ⟨500⟩ etwas ~ *durch ein Bohrloch abfließen lassen;* Bier, Wein (aus einem Fass) ~ ☐ **espichar;** Harz (aus Bäumen) ~ ☐ **extrair 2** ⟨530/Vr 5 od. Vr 6⟩ jmdm. etwas ~ *allmählich abnehmen* ☐ **tirar aos poucos 2.1** jmdm. Blut ~ *aus den Adern entnehmen* **2.2** jmdm. Geld ~ ⟨fig.; umg.⟩ *durch unbescheidenes Fordern von jmdm. erhalten* ☐ **tirar**

Ab∥zei∣chen ⟨n.; -s, -⟩ **1** *(die Zugehörigkeit zu einer bestimmten Gruppe symbolisierendes) Kennzeichen, Plakette, Orden;* Reit~; Schwimm~ ☐ **emblema; distintivo; insígnia 2** *(meist heller) sich deutlich von der Grundfarbe abhebender Fleck im Fell von Haustieren;* der Rappe hat ein weißes ~ auf der Stirn ☐ **mancha**

ab∥zeich∣nen ⟨V. 500⟩ **1** etwas ~ *nach einer Vorlage zeichnen;* ein Bild ~ ☐ **copiar; desenhar 2** *ein Schriftstück ~ mit dem abgekürzten Namenszug unterschreiben;* Sy signieren(1) ☐ **rubricar 3** ⟨Vr 3⟩ etwas zeichnet **sich ab** *hebt sich ab, ist deutlich sichtbar;* die Umrisse der Türme zeichnen sich gegen den Himmel ab ☐ **sobressair; destacar-se 3.1** ⟨fig.⟩ *sich andeuten, erkennbar werden;* die Entwicklung zeichnet sich deutlich ab ☐ **delinear-se**

ab∥zie∣hen ⟨V. 293⟩ **1** ⟨500⟩ etwas ~ *ziehend entfernen, wegnehmen* **1.1** den Schlüssel ~ *aus dem Schloss ziehen* ☐ **tirar (da fechadura) 1.2** ⟨550⟩ etwas von jmdm. od. etwas ~ *abwenden;* die Blicke von der erfreulichen Erscheinung ~ ☐ **desviar; afastar 1.2.1** seine Hand von jmdm. ~ ⟨fig.⟩ *jmdm. weiteren Schutz, weitere Hilfe versagen* ☐ ***deixar alguém na mão; retirar o apoio a alguém 2** ⟨500⟩ etwas ~ *durch Herunterziehen von etwas befreien* **2.1** ein Bett ~ *Bettbezüge abnehmen* ☐ **tirar 2.2** ein Tier ~ *Fell (Haut) von einem T. ziehen* ☐ **despelar; esfolar 3** ⟨500⟩ etwas ~ *herausziehen, (saugend) entnehmen;* Wasser ~ ☐ **tirar; extrair 3.1** Wein ~ *vom Fass entnehmen u. in Flaschen füllen* ☐ **engarrafar; trasfegar 4** ⟨505⟩ etwas (von einem Betrag) ~ *abrechnen, subtrahieren;* Steuern vom Lohn ~; eine Summe vom Endbetrag ~ ☐ **abater; descontar 5** ⟨500⟩ Messer ~ *glättend nachschleifen* ☐ **afiar 6** ⟨500⟩ etwas ~ *übertragen* ☐ **transferir 6.1** Bilder ~ *kopieren, vervielfältigen* ☐ **copiar; reproduzir 6.2** ⟨Typ.⟩ *einen Andruck, Abzug von etwas machen* ☐ **tirar provas de; imprimir 7** ⟨550⟩ etwas mit etwas ~ ⟨Kochk.⟩ *sämig machen;* eine Suppe mit Ei ~ ☐ **engrossar 8** ⟨550⟩ jmdn. von einer Sache ~ *ablenken, abbringen;* jmdn. von seinen Gedanken ~ ☐ **distrair;** jmdn. von einem Plan ~ ☐ **dissuadir; afastar 9** ⟨400(s.)⟩ *sich ziehend entfernen* **9.1** *abrücken, abmarschieren;* die Wache zieht ab **9.2** *weg-, davongehen;* er zog beschämt ab ☐ **retirar-se 9.2.1** zieh ab! ⟨umg.⟩ *fort mit dir!* ☐ ***dê o fora! 9.3** etwas zieht ab *zieht*

abzielen

weg; der Rauch zieht gut ab; das Gewitter zog ab □ **mover-se; afastar-se**

ab|zie|len 〈V. 800〉 **1** auf etwas ~ *etwas beabsichtigen, auf etwas gerichtet sein;* auf was zielst du damit ab? □ ***ter alguma coisa em vista 2** auf jmdn. ~ jmdn. meinen;* auf wen zielte das ab? □ ***ter alguém em mente**

Ab|zug 〈m.; -(e)s, -zü|ge〉 **1** *das Abziehen(4)* □ **redução;** desconto 1.1 etwas in ~ bringen *abziehen(4), vermindern* □ ***reduzir; descontar** 1.2 nach ~ der Kosten *nachdem ein Betrag um die Kosten gekürzt wurde* □ **redução** 1.3 ohne ~ *zum vollen Rechnungsbetrag* □ **desconto 2** 〈Mil.〉 *Rückzug, Abmarsch (von Truppen)* □ **retirada 3** *Vorrichtung, durch die etwas abziehen kann* 3.1 〈Tech.; Chem.〉 *Vorrichtung zum Ableiten von Dämpfen u. Gasen* 3.2 *Graben oder Rohr zum Ableiten von Flüssigkeit* □ **saída; conduto** 3.3 ~ von **Wein** *das Abziehen(3.1)* □ **engarrafamento; trasfega 4** 〈Fot.〉 *positive Kopie von einem Negativ;* einen Kontakt~ anfertigen □ **cópia (por contato) 5** 〈Typ.〉 *Einzelabdruck vom Schriftsatz* □ **prova 6** *Vorrichtung an Schusswaffen zum Auslösen des Schusses* □ **gatilho**

ab|zwei|gen 〈V.〉 **1** 〈400 od. 500/Vr 3〉 ein Weg zweigt (sich) ab *gabelt, spaltet sich ab;* der Weg zweigt hier ab □ **bifurcar 2** 〈515〉 etwas (für sich) ~ *heimlich wegschaffen* □ **separar; pôr de lado**

Ab|zwei|gung 〈f.; -, -en〉 **1** *Verzweigung in zwei Arme;* ~ der Straße, Eisenbahn; bei der ~ rechts bleiben □ **bifurcação 2** 〈Eisenb.〉 *von der Hauptstrecke zu kleinen Orten führende Strecke* □ **ramificação 3** *Nebenleitung* □ **ramal**

Ac|ces|soire 〈[aksɛsoa:(r)] n.; -s, -s; meist Pl.〉 *modisches Zubehör, z. B. Modeschmuck, Gürtel, Handtaschen, Handschuhe;* seine Kleidung mit den passenden ~ ergänzen □ **acessório**

ach 〈Int.〉 **1** *(drückt Erstaunen, Schmerz usw. aus)* 1.1 ~ Gott! nein, so was! □ ***ai, meu Deus!** 1.2 ~ ja! *na ja, ja schon, gewiss doch* □ ***mas claro!** 1.3 ~ nein! *gewiss nicht!,was du nicht sagst* □ **claro que não!** 1.4 ~ so! *so ist das!* □ ***ah, bom!; mas claro (, é isso)!** 1.5 ~ was? *wirklich?, wie ist das möglich?* □ ***é mesmo?** 1.6 ~ was! *keine Rede davon, keine Spur!, kommt nicht in Frage!* □ ***nem pensar!**

Ach 〈n.; -s, -s〉 **1** mit ~ und Krach 〈umg.〉 *gerade noch, mit viel Glück* □ ***a duras penas 2** Ach und Weh schreien *laut jammern* □ **dar grandes ais; lamentar-se**

Ach|laut *auch:* **Ach-Laut** 〈m.; -(e)s, -e〉 *der nach a, o, u, gesprochene Laut ch, der am hinteren (weichen) Gaumen gebildet wird, z. B. in* ach, noch, Besuch □ **fonema velar fricativo surdo;** → a. **Ichlaut**

Ach|se 〈[-ks-] f.; -, -n〉 **1** 〈Tech.〉 *längliche Vorrichtung zum Aufhängen der Räder eines Fahrzeugs* □ **eixo** 1.1 etwas **auf** od. **per** ~ schicken, befördern 〈Kaufmannsspr.〉 *durch ein Fahrzeug auf dem Landwege* □ ***enviar/expedir por terra** 1.1.1 ständig auf (der) ~ sein 〈fig.; umg.〉 *unterwegs, immerzu auf Reisen* □ ***estar sempre com o pé na estrada 2** 〈Astron.; Phys.〉 *gedachte, gerade Linie, um die sich ein (Himmels-)Körper dreht* **3** 〈Math.〉 *Gerade, die bei einer Drehung ihre Lage nicht verändert;* Koordinaten~, Symmetrie~ **4** 〈Opt.〉 *gedachte Gerade, die durch den Mittel-*

punkt der Krümmung eines Spiegels od. einer Linse verläuft **5** 〈fig.〉 *wichtige Verbindungslinie;* Nord-Süd-~ □ **eixo 6** 〈Bot.〉 *Stängel, Schaft, Stamm u. Wurzelstock einer Pflanze* □ **caule**

Ach|sel 〈[-ks-] f.; -, -n〉 **1** 〈i. w. S.〉 *Schulter* □ **ombro** 1.1 etwas auf die leichte ~ nehmen 〈fig.〉 *sich wenig darum sorgen* □ ***dar pouca importância a alguma coisa; não levar a sério** 1.2 jmdn. über die ~ ansehen 〈fig.〉 *auf jmdn. herabschauen, jmdn. geringschätzen* □ ***menosprezar alguém; olhar para alguém com ar de superioridade 2** 〈i. e. S.〉 *Höhle zwischen Brust, Oberarm u. Schulterblatt* □ **axila**

acht 〈Numerale 11; in Ziffern: 8〉 → a. **vier 1** *die Zahl* 8 1.1 um, gegen ~ *um, gegen 8 Uhr;* ~ mal drei ist vierundzwanzig **2** ~ Tage *eine Woche (eigtl. sieben Tage);* in ~ Tagen, vor ~ Tagen, über ~ Tage **3** 〈in Ziffern〉 8fach/8-fach, 8-malig, 6–8-mal, 8 mal 3 ist 24 □ **oito 4** 〈Getrennt- u. Zusammenschreibung〉 4.1 ~ Mal = *achtmal*

Acht[1] 〈f.; -, -en〉 **1** *die Zahl, Ziffer 8;* eine ~ drucken □ **oito 2** 〈umg.〉 *Straßenbahn, Buslinie Nr. 8;* in die ~ umsteigen, mit der ~ fahren □ **linha oito**

Acht[2] 〈f.; -; unz.〉 **1** *Aufmerksamkeit, Fürsorge* □ **atenção; consideração** 1.1 etwas aus der, aus aller ~ lassen *versäumen, von etwas absehen;* die Vorschriften außer aller ~ lassen □ ***não prestar atenção em alguma coisa; não observar alguma coisa** 1.2 etwas außer Acht lassen *versäumen, nicht beachten;* ihren Wunsch ließ er außer Acht □ ***não levar em conta alguma coisa** 1.3 sich, etwas in Acht nehmen *vorsichtig sein, gut achten auf, aufpassen auf* 1.4 sich vor etwas od. jmdn. in Acht nehmen *vorsehen vor, vorsichtig sein bei;* nimm dich (vor dem Menschen) in Acht! □ ***ter cautela/cuidado com alguma coisa ou alguém 2** 〈Getrennt- u. Zusammenschreibung〉 2.1 ~ geben = *achtgeben* 2.2 ~ haben = *achthaben*

Acht[3] 〈f.; -; unz.〉 Sy *Bann(1.2)* **1** *Ausschluss von jedem Rechtsschutz;* die ~ aussprechen über jmdn., jmdn. in die ~ erklären, tun □ **expulsão; exílio 2** 〈fig.〉 *aus der Gesellschaft ausstoßen;* jmdn. in ~ und Bann tun □ ***banir alguém**

ach|te(r, -s) 〈Numerale 11; Zeichen: 8.〉 **1** 〈Ordinalzahl von〉 *acht* 1.1 〈Kleinschreibung〉 der ~ Januar 1.2 〈Großschreibung〉 der Achte in der Reihenfolge; er ist der Achte der Leistung nach (in seiner Klasse); am Achten des Monats; Heinrich der Achte □ **oitavo**

ach|tel 〈Numerale 11; in Ziffern: 8〉 *der achte Teil;* ein ~ Zentner 〈od.〉 ein Achtelzentner □ **oitavo; oitava parte**

Ach|tel 〈n.; -s, - od. schweiz. m.; -s, -〉 **1** *der achte Teil;* ein ~ vom Kuchen; drei ~ Wurst □ **oitavo 2** 〈Mus.〉 *Achtelnote;* die Geige beginnt zwei ~ später als die Flöte; im Dreiachteltakt (3/8-Takt) □ **colcheia**

ach|ten 〈V.〉 **1** 〈500/Vr 7 od. Vr 8〉 jmdn. od. etwas ~ *Achtung(2) vor jmdn. od. etwas haben;* Ggs *verachten(1);* jmdn. od. etwas gering ~ □ **considerar; respeitar** 1.1 eine geachtete Firma, Persönlichkeit *geschätzt, von gutem Ruf, von hohem Ansehen* □ **respei-**

tável 1.2 Ansichten, Gesetze ~ *respektieren, darauf Rücksicht nehmen, sich danach richten* □ *respeitar* **2** ⟨700⟩ jmds. od. einer Sache ~ ⟨veraltet⟩ *auf jmdn. od. eine S. aufpassen;* er achtet ihrer **3** ⟨800⟩ auf jmdn. od. etwas ~ *seine Aufmerksamkeit auf jmdn. od. etwas gerichtet haben;* Sy achtgeben, achthaben(2); ohne auf ihn zu ~ □ **prestar atenção em alguém ou alguma coisa* **4** ⟨550/Vr 7⟩ jmdn. od. etwas für nichts ~ *geringschätzen* □ **fazer pouco caso de alguém ou alguma coisa*

ạ̈ch|ten ⟨V. 500⟩ **1** jmdn. ~ *in die Acht erklären, tun* **2** ⟨fig.⟩ *aus einer Gemeinschaft ausstoßen* □ *proscrever; banir* **3** *missachten, ignorieren* □ *desprezar; ignorar*

ạcht|fach ⟨Adj.; in Ziffern: 8fach/8-fach⟩ *achtmal (so viel);* der Wert war um das Achtfache erhöht □ *oito vezes; octuplicado*

ạcht|ge|ben *auch:* **Acht ge|ben** ⟨V. 143/800⟩ *auf jmdn. od. etwas* ~ = *achten(3);* hast du achtgegeben/Acht gegeben? □ *prestar atenção; reparar*

ạcht|ha|ben *auch:* **Acht ha|ben** ⟨V. 159⟩ **1** ⟨400⟩ hab acht/Acht! *pass auf!, sieh dich vor!* □ *prestar atenção; ter cuidado* 1.1 habt acht/Acht! ⟨Mil.; bes. österr.⟩ *stillgestanden! (Kommando)* □ **sentido!* **2** ⟨800⟩ auf etwas od. jmdn. ~ = *achten (3)*

ạcht|los ⟨Adj.⟩ **1** *ohne etwas od. jmdn. zu beachten, sorglos* □ *desatento; distraído* **2** *leichtsinnig, ohne Überlegung* □ *descuidado; irrefletido*

ạcht|mal *auch:* **ạcht Mal** ⟨Adv.; in Ziffern: 8-mal/8 mal⟩ **1** *acht Male, achtfach wiederholt;* ich habe ~ versucht, dich anzurufen 1.1 ⟨abweichende Schreibweise bei der Multiplikation⟩ acht mal neun ist zweiundsiebzig □ *oito vezes*

ạcht|sei|tig ⟨Adj. 24/70; in Ziffern: 8-seitig⟩ **1** *aus acht Seiten bestehend, acht Seiten umfassend;* ein ~es Manuskript □ *de oito páginas* **2** *acht Seiten(5) aufweisend;* ein ~es Vieleck □ *octogonal*

Ạcht|ton|ner ⟨m.; -s, -; in Ziffern: 8-Tonner⟩ *Lastkraftwagen mit einer Ladekapazität von acht Tonnen* □ *caminhão com capacidade para oito toneladas*

Ạch|tung ⟨f.; -; unz.⟩ **1** *Aufmerksamkeit* □ *atenção* 1.1 ⟨Mil.⟩ *(Kommando) aufgepasst!, Vorsicht!* □ *sentido!* **2** *Wertschätzung, Hochschätzung;* jmdm. ~ einflößen, erweisen, gebieten, zollen; jmdm. wird (hohe) ~ zuteil; sich ~ verschaffen; die schuldige ~ beobachten; in hoher ~ bei jmdm. stehen; aus ~ vor jmdm.; es an ~ gegen jmdn. fehlen lassen □ *respeito; consideração* **3** ⟨Getrennt- u. Zusammenschreibung⟩ 3.1 ~ *gebietend* = *achtunggebietend*

ạch|tung|ge|bie|tend *auch:* **Ạch|tung ge|bie|tend** ⟨Adj. 24⟩ *so beschaffen, dass es Achtung erweckt, entstehen lässt;* ein ~er Mensch □ *respeitável; estimável*

ạcht|zehn ⟨Numerale 11; in Ziffern: 18⟩ *zehn plus acht;* um (das Jahr) ~hundert (1800); im Jahre (neunzehnhundert)~ (1918) □ *dezoito*

ạcht|zig ⟨Numerale 11; in Ziffern: 80⟩ **1** *acht mal zehn;* er ist ~ (Jahre alt); über, mit ~, unter ~; jmd. ist Mitte, Ende (der) achtzig, er ist schon weit über die achtzig; in die achtzig kommen; im Jahre ~; mit ~ Stundenkilometern fahren □ *oitenta* 1.1 jmdn. auf ~

bringen ⟨fig.; salopp⟩ *jmdn. in Wut bringen* □ **deixar alguém pê da vida; fazer alguém perder as estribeiras*

Ạcht|zig ⟨f.; -, -en⟩ **1** *die Zahl 80* □ *oitenta*

ạcht|zi|ger ⟨Adj. 11⟩ **1** *zwischen den Jahren 80 u. 90 eines Jahrhunderts (geschehen)* □ *anos 80* **2** ein ~ Jahrgang 2.1 *eine im Jahre 1980 geborene Person* □ *pessoa dos anos 80* 2.2 *ein Wein aus dem Jahr 1980* □ *vinho dos anos 80* **3** ⟨Getrennt- u. Zusammenschreibung⟩ 3.1 ~ Jahre = *Achtzigerjahre*

Ạcht|zi|ger ⟨m.; -s, -⟩ **1** → *Vierziger(1);* er ist ein rüstiger ~ □ *octogenário* 1.1 *hoch in den* ~n *weit über 80 Jahre alt* □ **ter bem mais de oitenta anos* **2** ⟨nur Pl.⟩ → *Vierziger(2)*

Ạcht|zi|ge|rin ⟨f.; -, -rin|nen⟩ → *Vierzigerin;* sie ist eine rüstige ~ □ *octogenária*

Ạcht|zi|ger|jah|re *auch:* **ạcht|zi|ger Jah|re** ⟨Pl.⟩ **1** die Achtzigerjahre/achtziger Jahre des 20. Jh. *die Jahre zwischen 1980 u. 1990* 1.1 ⟨in Ziffern⟩ 80er Jahre/80er-Jahre □ *anos 80* **2** *die Lebensjahre zwischen 80 u. 90;* sie ist in den Achtzigerjahren/achtziger Jahren □ **ela está na casa dos oitenta (anos)*

ạ̈ch|zen ⟨V. 400⟩ **1** *stöhnen, seufzen;* vor Hunger, Schmerz ~ **2** *klagen, wehklagen* □ *gemer; queixar-se*

Ạcker ⟨m.; -s, Ạ̈cker⟩ *landwirtschaftlich bebauter Boden, Feld;* den ~ bestellen, pflügen; auf dem ~ arbeiten □ *campo* **2** ⟨m. 7; -s, -⟩ *altes Feldmaß (landschaftlich verschieden gemessen, zwischen 19,065 a in Hessen u. 64,43 a in Sachsen-Altenburg)* □ *acre*

Ạcker|bau ⟨m.; -(e)s; unz.⟩ **1** (i. e. S.) *systematisches Bebauen des Bodens mit Nutzpflanzen;* ~ treiben □ *agricultura* **2** (i. w. S.) *auch der Viehhaltung* □ *agropecuária*

ạckern ⟨V. 400⟩ **1** *den Acker bestellen, pflügen* □ *arar; lavrar* **2** ⟨fig.⟩ *schwer arbeiten, sich plagen, sich hart mühen;* ich habe heute schwer geackert □ *trabalhar duro; esfalfar-se*

Ạc|ryl ⟨n.; -s; unz.⟩ *ein durchsichtiger Kunststoff* (~glas, ~harz) □ *acrílico*

Ạdam ⟨m.; -s, -s⟩ **1** ⟨nach bibl. Überlieferung⟩ *der erste Mensch* □ *Adão* 1.1 *eine Geschichte bei* ~ *und Eva zu erzählen anfangen weitschweifig erzählen, ganz von vorn anfangen* □ **começar a contar uma história desde o princípio* **2** ⟨fig.⟩ *der Mensch (schlechthin) mit all seinen Schwächen* □ *ser humano* 2.1 den alten ~ ausziehen *ein neuer Mensch werden* □ **tornar-se outra pessoa* 2.2 der alte ~ in ihm regt sich *der sündhafte Mensch in ihm, der Mensch, der der Versuchung zugänglich ist* □ **seus velhos hábitos dão sinal de vida*

ad|äquat ⟨Adj.⟩ *angemessen, passend, entsprechend;* Ggs *inadäquat;* ein ~es Benehmen; eine ~e Bezahlung; die Darstellung war nicht ~ □ *adequado*

ad|die|ren ⟨V. 500⟩ etwas ~ **1** *hinzufügen* **2** *zusammenzählen;* Ggs *subtrahieren* 20 und 30 ~ □ *acrescentar; adicionar*

Ad|di|ti|on ⟨f.; -, -en; bes. Math.⟩ Ggs *Subtraktion* **1** *das Zusammenzählen, Vorgang des Addierens* **2** *Ergebnis des Addierens* □ *adição*

ade ⟨Int.; umg.⟩ *adieu, leb wohl;* Winter ~, Scheiden tut weh; jmdm. ~/Ade sagen □ *adeus*

Adel ⟨m.; -s; unz.⟩ **1** *in einer nach Ständen gegliederten Gesellschaftsordnung der oberste, mit besonderen Vorrechten ausgestattete Stand, aufgrund von Landbesitz od. von besonderen Verdiensten durch Verleihung;* Feudal~, Geburts~, Brief~, Verdienst~; *alter, hoher, niedriger ~* **1.1** *von altem ~ sein aus einem alten adligen Geschlecht stammen* ☐ **nobreza; aristocracia 2** *Adelstitel; den ~ verleihen; gekaufter ~* ☐ **título nobiliárquico 3** ⟨fig.; geh.⟩ *vornehme edle Gesinnung, geistige Kultiviertheit; Seelen~, Geistes~; innerer ~* ☐ **nobreza**

ade|lig ⟨Adj. 24⟩ = *adlig*

adeln ⟨V. 500⟩ **1** *jmdn. ~ in den Adelsstand erheben, jmdm. einen Adelstitel verleihen* **2** *jmdn. od. etwas ~* ⟨fig.; geh.⟩ *edler machen, bes. hervorheben, auszeichnen; seine Gesinnung adelt sein Handeln, seine Tat; ihr hässliches Gesicht wurde durch Güte u. Vornehmheit geadelt* ☐ **enobrecer**

Ader ⟨f.; -, -n⟩ **1** *der Beförderung von Blut dienendes Organ von Menschen u. Tieren;* Sy *Blutgefäß; mir erstarrte vor Schreck das Blut in den ~n* ☐ **veia; vaso sanguíneo 1.1** *jmdn. zur ~ lassen* ⟨veraltet, Med.⟩ *jmdm. Blut abnehmen* ☐ **tirar sangue de alguém* **1.1.1** ⟨fig.⟩ *jmdm. viel Geld abnehmen* ☐ **meter a faca em alguém* **2** *sich verzweigende Linie* ☐ **ramificação 2.1** ⟨Bot.⟩ *Blattnerv, Rippe; Blatt~* ☐ **veia; nervura 2.2** ⟨Geol.⟩ *Mineralstätte, Gang; Erz~* **2.3** *Linie der Maserung; Marmor~* ☐ **veio 2.4** ⟨Tech.⟩ *stromführender Teil eines Kabels* ☐ **condutor; fio 3** *Wesenszug, Veranlagung; eine poetische ~; es ist keine gute ~ an ihm* ☐ **veia**

Ader|lass ⟨m.; -es, -läs|se⟩ **1** ⟨Med.⟩ *Öffnung einer Blutader (Vene) zur Entziehung von Blut* ☐ **flebotomia 2** ⟨fig.⟩ *Verlust, Einbuße* ☐ **perda; prejuízo**

ädern ⟨V. 500⟩ *Gegenstände ~* **1** *mit Adern versehen* **2** *mit einem aderähnlichen Muster verzieren* ☐ **veiar**

adieu ⟨[adjø:]⟩ Adj. 50; *Abschiedsgruß) lebe wohl, auf Wiedersehen; jmdm. ~/Adieu sagen* ☐ **adeus**

Ad|jek|tiv ⟨n.; -(e)s, -e; Gramm.⟩ *Wortart, die ein Substantiv oder Verb näher bestimmt u. die gebeugt werden kann;* Sy *Eigenschaftswort* ☐ **adjetivo**

Ad|ler ⟨m.; -s, -⟩ **1** ⟨Zool.⟩ *Angehöriger einer Gattung großer Greifvögel mit kräftigem Schnabel:* Aquila **2** *Sinnbild für Stärke u. Kühnheit* **3** *Wappentier; der österreichische ~* ☐ **águia 4** ⟨Astron.⟩ *Sternbild der Äquatorzone des Himmels* ☐ **Águia, Áquila**

ad|lig ⟨Adj. 24⟩ oV *adelig* **1** *von Adel; ein ~es Fräulein* **1.1** *~en Standes dem Adel zugehörig* ☐ **nobre; aristocrata 2** ⟨a. fig.; geh.⟩ *edel, vornehm* ☐ **nobre; distinto**

Ad|mi|ral ⟨m.; -s, -e od. (österr.) -rä|le⟩ **1** *Offizier der Seestreitkräfte im Generalsrang* **2** *Tagschmetterling mit rotem Band u. weißen Flecken auf schwarzen Flügeln:* Vanessa atalanta ☐ **almirante 3** *Rotwein mit Vanille (od. anderen Gewürzen) erhitzt u. mit Eigelb verquirlt* ☐ **Admiral**

ad|op|tie|ren ⟨V. 500⟩ **1** *etwas ~ sich aneignen* **2** *ein Kind ~ = annehmen(2.4)* ☐ **adotar**

Ad|op|ti|on ⟨f.; -, -en⟩ *das Adoptieren, Annehmen, Aufnehmen; die ~ eines Kindes; ein Kind nach der Geburt zur ~ freigeben* ☐ **adoção**

Ad|res|sat ⟨m.; -en, -en⟩ *jmd., an den ein Brief od. eine Sendung adressiert ist, Empfänger* ☐ **destinatário**

Ad|res|sa|tin ⟨f.; -, -tin|nen⟩ *weibl. Adressat* ☐ **destinatária**

Ad|res|se ⟨f.; -, -n⟩ **1** *Angabe (des Namens u.) der Wohnung (des Ortes, der Straße u. der Hausnummer) einer bestimmten Person;* Sy *Anschrift* ☐ **endereço 1.1** *per ~* ⟨auf Briefen; Abk.: p. A., p. adr.⟩ *an die Anschrift (einer dritten Person), zu erreichen über; Herrn Heinrich Schulze, p. A. Familie Müller* ☐ **aos cuidados de* **2** *schriftl. Kundgebung, Eingabe* ☐ **manifesto; reivindicação 3** *Glückwunschschreiben; Glückwunsch~; eine ~ an jmdn. richten* ☐ **mensagem de felicitações**

ad|rett ⟨Adj.⟩ *hübsch u. zugleich nett, sauber; ein ~es Mädchen; ~ angezogen sein* ☐ **bem-apessoado; elegante**

Ad|vent ⟨[-vɛnt] m.; -(e)s, -e⟩ **1** *Zeit vor Weihnachten* **2** *erster ~ der erste der vier Sonntage vor Weihnachten, Beginn des Kirchenjahres* ☐ **Advento**

Ad|verb ⟨[-vɛrb] n.; -s, -en od. -bi|en; Gramm.⟩ *unflektierbare Wortart, die ein Verb, Adjektiv od. ein anderes Adverb genauer bestimmt (z. B. „sehr" gut) od. angibt, unter welchen Umständen (Zeit, Ort, Art u. Weise) etwas geschieht, z. B. jetzt, hier* ☐ **advérbio**

ad|ver|bi|al ⟨[-vɛr-] Adj.; Gramm.⟩ *das Adverb betreffend, in der Art des Adverbs; ein Wort ~ gebrauchen* ☐ **como advérbio 1.1** *~e Bestimmung Satzglied, das angibt, unter welchen Umständen (Ort, Zeit usw.) sich ein im Satz ausgedrücktes Geschehen abspielt, z. B. am Morgen* ☐ **adverbial**

Ae|ro|bic ⟨[ɛ-] n.; -; unz.; Sp.⟩ *Ausdauer- u. Beweglichkeitstraining mit Elementen aus Gymnastik u. Tanz; einen Kurs für ~ anbieten* ☐ **ginástica aeróbica**

Af|fä|re ⟨f.; -, -n⟩ **1** *Angelegenheit, (unangenehmer) Vorfall, Streitsache* ☐ **caso; assunto; questão 2** *Liebesverhältnis, -abenteuer; Liebes~* ☐ **caso (amoroso)**

Af|fe ⟨m.; -n, -n⟩ **1** *Angehöriger einer Unterordnung der Herrentiere (Primates) mit Greifhand u. gut entwickeltem Gehirn:* Simiae; *er kann klettern wie ein ~* ☐ **macaco 1.1** *ich glaube, mich laust, kratzt der ~* ⟨umg.⟩ *ich bin überrascht* ☐ **macacos me mordam; mal posso acreditar* **1.1.1** *rennen wie ein vergifteter ~* ⟨umg.⟩ *außerordentlich schnell, hastig, eilig* ☐ **correr feito louco* **1.1.2** *du bist wohl vom ~n gebissen?* ⟨umg.⟩ *du bist wohl verrückt?* ☐ **você ficou louco?* **1.1.3** *den ~n machen* ⟨umg.⟩ *sich aufspielen, sich verrückt benehmen* ☐ **bancar o doido/louco* **2** *dumme (eingebildete) Person (als Schimpfwort); du ~!; so ein eingebildeter ~* ☐ **tolo; imbecil 3** ⟨umg.⟩ *Rausch; einen ~n haben* **3.1** *sich einen ~n kaufen* ⟨fig.⟩ *sich einen Rausch antrinken* ☐ **tomar um porre*

Af|fekt ⟨m.; -(e)s, -e⟩ *heftiger, unkontrollierter Gefühlsausbruch, Starke Erregung; etwas im ~ tun; jmdn. im ~ töten* ☐ **emoção; paixão**

af|fek|tiert ⟨Adj.⟩ *geziert, unnatürlich, gekünstelt; sich ~ benehmen* ☐ **(de modo) afetado/artificial**

äf|fen ⟨V. 500; geh.⟩ **1** *jmdn. od. etwas ~ nachahmen* ☐ **imitar; macaquear 2** *jmdn. ~ narren* ☐ **zombar de**

af|fig ⟨Adj.; fig.; umg.⟩ *geziert, gekünstelt, eitel;* Sy *äffisch(2)* □ **afetado; artificial**
äf|fisch ⟨Adj.⟩ **1** *wie ein Affe* □ **simiesco 2** ⟨fig.; geh.⟩ = *affig*
Af|ter ⟨m.; -s, -; Anat.⟩ *Öffnung des Mastdarms nach außen* □ **ânus**
Af|ter|shave ⟨[-tə(r)ʃɛiv] n.; -s, -s ⟩ *Rasierwasser* □ **loção pós-barba**
Agent ⟨m.; -en, -en⟩ **1** *Vertreter, Vermittler, Beauftragter* □ **agente 2** *Spion* □ **espião**
Agen|tin ⟨f.; -, -tin|nen⟩ *weibl. Agent* □ **agente; espiã**
Ag|gre|gat ⟨n.; -(e)s, -e⟩ **1** *Anhäufung, mehrgliedriges Ganzes* **2** ⟨Math.⟩ *durch + od. – verbundene mehrgliedrige Größe* **3** ⟨Tech.⟩ *Koppelung mehrerer Maschinen, bes. von Kraft- u. Arbeitsmaschinen* □ **agregado**
Ag|gre|gat|zu|stand ⟨m.; -(e)s, - stän|de⟩ *eine der drei Erscheinungsformen der Materie; gasförmiger, flüssiger, fester ~* □ **estado de agregação**
Ag|gres|si|on ⟨f.; -, -en⟩ **1** *Angriff, Überfall;* militärische *~en* □ **ataque 2** *Angriffslust, Streitsucht;* er war voller *~en* gegenüber seinem Vorgesetzten □ **agressão**
ag|gres|siv ⟨Adj.⟩ **1** *angreifend* **2** *angriffslustig, streitsüchtig* □ **agressivo**
Agi|ta|ti|on ⟨f.; -, -en⟩ *aggressive politische Werbung, politische Propaganda* □ **agitação; propaganda (política)**
ah! ⟨Int.⟩ **1** *(Ausruf des Staunens, der Verwunderung, Bewunderung od. Erleichterung)* **2** *~ so! also so ist das!* □ **ah**
aha! ⟨a. ['--] Int.⟩ **1** *Ausruf des plötzlichen Verstehens* □ **ah, entendi 2** *Ausruf der Genugtuung* □ **hähä**
Ah|le ⟨f.; -, -n⟩ *spitzes Werkzeug zum Stechen von Löchern in Leder od. Pappe;* Sy *Pfriem, Pfriemen, Ort²(2)* □ **sovela; cravador**
Ahn ⟨m.; -(e)s, -en⟩ **1** ⟨geh.⟩ *Vorfahre; die ~en, unsere ~en* □ **antepassado 2** ⟨oberdt.⟩ *Groß-, Urgroßvater* □ **avô; bisavô**
ahn|den ⟨V. 500; geh.⟩ *etwas ~ bestrafen, strafrechtlich verfolgen; eine Straftat, ein Vergehen ~* □ **castigar; punir**
Ah|ne ⟨m.; -n, -n od. f.; -, -n⟩ **1** ⟨geh.⟩ *Ahn, Ahnin, männl. od. weibl. Vorfahr* □ **antepassado 2** ⟨oberdt.⟩ *Groß-, Urgroßvater, Groß-, Urgroßmutter* □ **avô; bisavô; avó; bisavó**
äh|neln ⟨V. 600/Vr 6⟩ *jmdm. od. etwas ~ (so) ähnlich sein, ähnlich (aus)sehen, ähnlich klingen (wie); das Bild ähnelt dem anderen; die Ehepartner ~ einander* □ **assemelhar-se a; parecer-se com**
ah|nen ⟨V.⟩ **1** ⟨500⟩ *etwas ~ vorher-, vorausfühlen;* ich habe es doch (fast) geahnt, dass du heute kommen würdest; du ahnst nicht, wie schwer es ist; ich ahne Böses, nichts Gutes; deine Andeutung lässt ~, was nun kommt □ **pressentir; imaginar 1.1** ach, du ahnst es nicht! ⟨umg.⟩ *(Ausruf des unangenehmen Überraschung)* □ ***ah, você não faz ideia!* 2** ⟨530⟩ *jmdm. ahnt etwas* ⟨umg.⟩ *jmd. befürchtet etwas;* mir ahnt, dass ... □ **temer**
ähn|lich ⟨Adj.⟩ **1** *in entsprechenden Merkmalen übereinstimmend;* sie ist ihrem Bruder ~, wird ihm immer ~er; täuschend, sprechend ~; ~ sein, schmecken, riechen, klingen; sich ~ anfühlen; etwas Ähnliches; er heißt N. oder so ~; eine meinem Bruder ~e Person; er ist meinem B. ~; sie reagiert ~ wie ihre Schwester; er sieht ihr ~; sie sehen sich ~ ⟨aber⟩ → a. *ähnlichsehen* □ **(de modo) semelhante/parecido 1.1** und Ähnliches ⟨Abk.: u.Ä.⟩ *u. anderes, was dem Genannten, Erwähnten entspricht* **1.2** ich habe Ähnliches erlebt □ ***e coisas semelhantes/similares* 2** ⟨Math.; Zeichen: ~⟩ *in entsprechenden Winkeln übereinstimmend;* ~e Dreiecke □ **semelhante**
Ähn|lich|keit ⟨f.; -, -en⟩ *das Ähnlichsein, Übereinstimmung in wesentlichen Merkmalen;* er, sie, es hat (einige) ~ mit ... □ **semelhança**
ähn|lich|se|hen ⟨V. 239/600; fig.⟩ **1** *jmdm. ~ für jmdn. charakteristisch sein* □ **parecer-se com 1.1** das sieht ihm ~ *das habe ich ihm zugetraut* □ ***isso é bem a cara dele; isso é típico dele;* →** a. *ähnlich (1)*
Ah|nung ⟨f.; -, -en⟩ **1** *Vorgefühl, Vermutung, gefühlsmäßige Erwartung;* meine ~ hat sich (nicht) erfüllt; ich habe eine ~, als ob ...; meine ~ hat mich (nicht) getrogen; bange, böse, dunkle, garstige schlimme ~en □ **pressentimento 2** ⟨unz.; umg.⟩ *Begriff, Vorstellung;* hast du eine ~, wo ich meine Brille hingelegt habe?; ich habe keine blasse ~, wo er ist; du hast ja keine ~, wie schrecklich das ist!; ich habe nicht die leiseste ~, ob ..., wie ... □ **ideia 2.1** hast du eine ~! ⟨umg.⟩ *was du dir so (darunter) vorstellst* □ ***se você soubesse!; até parece!* 2.2** keine ~! ⟨umg.⟩ *ich weiß es nicht!* **2.3** ich habe keine ~ davon *ich weiß es absolut nicht* □ ***não faço a menor ideia(!)***
ah|nungs|los ⟨Adj.⟩ *ohne Ahnung, nichts wissend;* ich war völlig ~ □ **confiante; ignaro; sem suspeita**
Ahorn ⟨m.; -(e)s, -e; Bot.⟩ *ein Baum od. Strauch aus der Gattung der Ahorngewächse (Aceraceae) der nördlichen Halbkugel: Acer* □ **ácer; bordo**
Äh|re ⟨f.; -, -n; Bot.⟩ **1** *Blütenstand mit ungestielten Einzelblüten an der verlängerten Hauptachse* **2** *der fruchttragende Teil des Getreidehalms;* reife, schwere, taube ~n; in die ~n schießen; ~n lesen □ **espiga**
AIDS, Aids ⟨[ɛidz] ohne Artikel; Kurzwort für engl.⟩ *Acquired Immune Deficiency Syndrom, lebensbedrohliche Immunschwächekrankheit* □ **Aids**
Air¹ ⟨[ɛːr] n.; -s, unz.⟩ **1** *Aussehen, Haltung, Benehmen* □ **ar; aparência 2** sich ein ~ geben *vornehm tun, sich wichtigmachen, angeben;* sich ein ~ von Künstlertum geben □ ***dar-se ares***
Air² ⟨[ɛːr] n.; -s, -s; Mus.⟩ **1** *Lied, Arie* **2** *liedartiges Instrumentalstück* □ **ária**
Aka|de|mie ⟨f.; -, -n⟩ **1** *Vereinigung, Gesellschaft von Gelehrten, Dichtern, Künstlern u. Ä.;* Dichter-~, Sprach-~; ~ der schönen Künste; ~ der Wissenschaften **2** ⟨veraltet⟩ *Fachschule od. Hochschule für Künste od. Bergbau;* Berg-~, Kunst-~, Musik-~ **3** ⟨österr.⟩ *literarische od. musikalische Veranstaltung* □ **academia**
Aka|de|mi|ker ⟨m.; -s, -⟩ **1** ⟨selten⟩ *Mitglied einer Akademie* **2** ⟨allg.⟩ *jmd., der auf einer Akademie, bes. auf der Universität, studiert hat* □ **acadêmico**
Aka|de|mi|ke|rin ⟨f.; -, -rin|nen⟩ *weibl. Akademiker* □ **acadêmica**

aka|de|misch ⟨Adj.⟩ **1** *eine Akademie betreffend, zu ihr gehörig, auf ihr beruhend* **2** *einer Hochschule zukommend, von einer H. stammend, zu einer H. gehörend; eine ~e Bildung; ~ ausgebildet* **2.1** *~e* **Freiheit 2.1.1** *Freiheit des Studierenden, sich seinen Studienplan selbst zusammenzustellen u. sich die Hochschule auszuwählen* **2.1.2** *die Lehrfreiheit des Dozenten* **2.2** *~er* **Grad** *Stufe in der Laufbahn des Hochschullehrers nach bestimmten Prüfungen, z. B. Doktor* □ *acadêmico* **2.3** *~er* **Mittelbau** ⟨Sammelbez. für⟩ *wissenschaftliche Mitarbeiter u. Dozenten einer Hochschule od. Universität, die nicht Professoren sind* □ **conselho acadêmico* **2.4** *~es* **Viertel** *Viertelstunde nach der (für den Beginn der Lehrveranstaltung) angegebenen Zeit* □ **quarto de hora acadêmico; quinze minutos de tolerância* **3** ⟨fig.⟩ *weltfremd, trocken* □ *alheio à realidade* **3.1** *überlieferungstreu* □ *acadêmico*

Aka|zie ⟨[-tsjə] f.; -; Bot.⟩ *tropischer Laubbaum, Angehörige einer Gattung der Hülsenfrüchtler mit doppelt gefiederten Blättern, die in vielen Arten als Baum od. Strauch vorkommt* □ *acácia*

Ake|lei ⟨f.; -, -en; Bot.⟩ *Angehörige einer Gattung der Hahnenfußgewächse mit zierlichen Blüten, beliebte Gartenstaude* □ *aquilégia*

ak|kli|ma|ti|sie|ren ⟨V. 500/Vr 3⟩ *sich ~ an veränderte Klima- od. Umweltbedingungen gewöhnen, sich diesen anpassen* □ **aclimatar-se*

Ak|kord ⟨m.; -(e)s, -e⟩ **1** *Übereinstimmung, Einklang* **2** ⟨Rechtsw.⟩ *Vergleich, Vereinbarung (mit Gläubigern); einen ~ abschließen* □ *acordo* **3** ⟨Mus.⟩ *Zusammenklang von drei od. mehr Tönen verschiedener Höhe; einen ~ anschlagen, greifen* □ *acorde* **4** ⟨unz.⟩ *nach der Menge der geleisteten Arbeit bemessener Lohn* □ *empreitada; im ~ arbeiten* □ **trabalhar por empreitada*

Ak|kor|de|on ⟨n.; -s, -s; Mus.⟩ *mehrstimmig spielbares Harmonikainstrument mit Klavier- und Knopftasten, bei dem die Saug- und Druckluft durch Auseinanderziehen und Zusammenschieben des Balges erzeugt wird; Sy Schifferklavier* □ *acordeão*

Ak|ku|mu|la|tor ⟨m.; -s, -en; kurz: Akku⟩ **1** *Gerät zum Speichern elektrischer Energie mittels elektrochem. Vorgänge* **2** *ein Druckwasserbehälter mit konstantem Wasserdruck für hydraulische Pressen* □ *acumulador*

ak|ku|rat ⟨Adj.⟩ **1** *genau, sorgfältig, sehr ordentlich; Ggs inakkurat; ~ arbeiten* □ *(de modo) acurado/meticuloso* **2** ⟨50⟩ *es ist ~ so* ⟨umg.⟩ *genauso ist es* □ *exatamente; precisamente*

Ak|ku|sa|tiv ⟨m.; -(e)s, -e; Gramm.⟩ **1** *Kasus, der für das Akkusativobjekt verwendet wird, vierter Fall der Deklination; Sy Wenfall* **2** *Wort, das im Akkusativ(1) steht* □ *acusativo*

Ak|ne ⟨f.; -; unz.; Med.⟩ *eine von den Talgdrüsen ausgehende, bes. in den Entwicklungsjahren vorkommende eitrige Hauterkrankung: Acne vulgaris* □ *acne*

Ak|ri|bie ⟨f.; -; unz.⟩ *äußerste, peinliche Genauigkeit, höchste Sorgfalt; das Kunstwerk wurde mit größter ~ restauriert* □ *meticulosidade*

Ak|ro|bat ⟨m.; -en, -en⟩ **1** *Turner, der besondere körperliche Kraft, Gewandtheit u. Beweglichkeit erforderne Übungen vollbringt* **2** *Turnkünstler, Schlangenmensch, Seil-, Trapezkünstler* □ *acrobata*

Ak|ro|ba|tin ⟨f.; -, -tin|nen⟩ *weibl. Akrobat* □ *acrobata*

Akt[1] ⟨m.; -(e)s, -en⟩ = *Akte(1);* *suchen Sie mir bitte den ~ „Meyer" heraus* □ *documentação*

Akt[2] ⟨m.; -(e)s, -e⟩ **1** *Handlung, Vorgang, Tätigkeit, Tat; ein ~ der Menschlichkeit, Höflichkeit, Verzweiflung; ein symbolischer, feierlicher ~* □ *ato* **2** *Vorführung; Zirkus~* □ *número; apresentação* **3** *Teil eines Bühnenwerkes; Sy Aufzug(4); ein Drama mit fünf ~en* □ *ato* **4** *Darstellung des nackten menschlichen Körpers; einen ~ zeichnen, malen; ein männlicher, weiblicher ~* □ *nu* **5** *Begattung, Koitus; Geschlechts~* □ *ato sexual; coito*

Ak|te ⟨f.; -, -n⟩ **1** *schriftliche Unterlagen eines geschäftlichen od. gerichtlichen Vorgangs; oV Akt[1]; Gerichts~, Polizei~, Prozess~* □ *documentação;* *in den ~n führen Unterlagen über jmdn. besitzen* □ **ter documentos sobre alguém* **2** *etwas zu den ~n legen* **2.1** ⟨Abk.: z.d.A.⟩ *zu den schon vorhandenen, gesammelten Schriftstücken über den gleichen Vorgang* □ **juntar/anexar à documentação* **2.2** ⟨fig.⟩ *als erledigt ablegen* □ **dar por encerrado*

Ak|ten|map|pe ⟨f.; -, -n⟩ = *Aktentasche*

Ak|ten|ta|sche ⟨f.; -, -n⟩ *verschließbare Tasche mit Tragegriff, in der man Akten, Schriftstücke, Bücher u. Ä. mitnehmen kann; Sy Aktenmappe* □ *pasta*

Ak|tie ⟨[-tsjə] f.; -, -n⟩ **1** *Anteil am Grundkapital einer Aktiengesellschaft; die ~n stehen (nicht) gut, steigen (fallen)* **1.1** *Anteilschein; sein Geld in ~n anlegen* □ *ação* **2** *die ~n stehen gut (schlecht)* ⟨fig.⟩ *die Aussichten sind gut (schlecht)* □ **as perspectivas são boas/ruins*

Ak|ti|en|ge|sell|schaft ⟨[-tsi-] f.; -, -en; Abk.: AG, AG., A.G., A.-G.⟩ *Handelsgesellschaft, deren Grundkapital aus den Einlagen der Gesellschafter besteht, mit denen diese (beschränkt od. voll) haften u. aus denen sie in Form von Dividenden Erträge beziehen* □ *sociedade anônima*

Ak|ti|on ⟨f.; -, -en⟩ **1** *Handlung, Vorgehen, Unternehmung; eine gemeinsame ~ starten* □ *ação* **1.1** *in ~ treten zu handeln, zu wirken beginnen* □ **entrar em ação* **1.2** *in ~ sein tätig sein* □ **estar em ação/atividade* **2** *Maßnahme, Ereignis, Geschehnis; eine ~ abbrechen; eine große Werbe~* □ *ação*

ak|tiv ⟨a. ['--] Adj.⟩ **1** *tätig, wirksam, unternehmend; Ggs passiv; sich ~ beteiligen an, bei etwas* **1.1** *~es* **Wahlrecht** *das Recht zu wählen* **1.2** *~e* **Immunisierung** ⟨Med.⟩ *I. durch Übertragung lebender od. abgetöteter Krankheitserreger, wobei der Körper selbst Antikörper bildet* **1.3** *~er* **Widerstand** *W. mit Anwendung von Gewalt* **1.4** *~er* **Wortschatz** *W., den ein Sprecher selbst anwendet;* → a. *passiv(1.4)* **1.5** ⟨Gramm.⟩ *zum Aktiv[1] gehörig, im A. stehend* □ *ativo; ativamente* **2** ⟨Mil.⟩ *ständig im Dienst stehend; Ggs inaktiv; ~er Offizier; die ~e Truppe* □ *em serviço ativo*

Ak|tiv[1] ⟨n.; -s; unz.; Gramm.⟩ *grammatische Kategorie, bei der ein Subjekt formal als Träger eines Geschehens anzusehen ist; Ggs Passiv* □ *voz ativa*

Ak|tiv² ⟨n.; -s; -s od. -e; DDR⟩ *Gruppe von Personen, die auf eine größere Gemeinschaft aktivierend einwirken soll* □ **grupo/equipe de trabalho**

Ak|tu|a|li|tät ⟨f.; -; unz.⟩ *Bedeutung für die Gegenwart* □ **atualidade**

ak|tu|ell ⟨Adj.⟩ **1** *für die Gegenwart bedeutsam, zeitgemäß;* eine ~e Frage, ein ~es Theaterstück **2** *ganz neu, modisch, im Trend liegend;* die ~e Damenmode □ **atual**

Aku|punk|tur ⟨f.; -; unz.; Med.⟩ *jahrtausendealtes chinesisches, heute auch in Europa praktiziertes Heilverfahren, bei dem durch Einstich von Nadeln an lehrmäßig festgelegten Hautpunkten Erkrankungen beeinflusst werden, wird auch zur Anästhesie verwendet;* eine Allergie mit ~ behandeln □ **acupuntura**

Akus|tik ⟨f.; -; unz.⟩ **1** *Lehre vom Schall* 1.1 ⟨Mus.⟩ *Lehre von den Tönen* **2** *Klangwirkung, Beschaffenheit eines Raumes bezüglich des Widerhalls von Klang;* der Saal hat eine gute, schlechte ~ □ **acústica**

akus|tisch ⟨Adj. 24⟩ **1** *die Akustik betreffend, zu ihr gehörend;* die ~en Gegebenheiten eines Konzertsaales berücksichtigen **2** *das Gehör(vermögen), den Schall betreffend;* ~e Sinneseindrücke; ich habe dich ~ nicht verstanden □ **acústico**

akut ⟨Adj.⟩ **1** ⟨70⟩ ~e **Gefahr** *plötzlich auftretende G.* □ **premente** 1.1 ~e **Schmerzen** *heftige S.* □ **agudo** 1.2 ~e **Probleme, Fragen** *dringend zu lösende P., F.* □ **urgente 2** ~e **Krankheiten** *plötzlich auftretende u. heftig verlaufende K.;* Ggs *chronisch* □ **agudo**

Akut ⟨m.; -(e)s, -e; Zeichen: ´; frz.: accent aigu⟩ *Zeichen für Länge, Betonung od. geschlossene bzw. offene Aussprache eines Vokals, z. B. im Ungarischen u. Französischen* □ **acento agudo**

Ak|zent ⟨m.; -(e)s, -e; Zeichen: ´, `, ^⟩ **1** *Zeichen für Betonung, Qualität od. Quantität eines Lautes;* einen Buchstaben mit einem ~ versehen □ **acento 2** ⟨a. fig.⟩ *Betonung, Nachdruck; auf ein Wort, eine Aussage besonderen ~ legen;* ~e setzen ⟨fig.⟩; der ~ liegt auf der ersten Silbe, dem ersten Wort □ **ênfase; tônica** 2.1 den ~ *eines Satzes verschieben den Sinn ändern* □ ***mudar o sentido da frase* 3** *Aussprache, Tonfall, Sprachmelodie;* mit ausländischem, englischem, süddeutschem ~ sprechen □ **sotaque; pronúncia**

ak|zep|ta|bel ⟨Adj.⟩ *etwas ist ~ lässt sich akzeptieren, ist annehmbar;* das ist eine akzeptable Lösung; dieses Vorhaben ist nicht ~ □ **aceitável**

Ak|zep|tanz ⟨f.; -; unz.⟩ *Bereitschaft, etwas zu akzeptieren, etwas anzunehmen;* in der Bevölkerung besteht eine geringe ~ für dieses Vorhaben □ **predisposição para aceitar**

ak|zep|tie|ren ⟨V. 500⟩ *einen* **Vorschlag** *~ annehmen* □ **aceitar**

Ala|bas|ter ⟨m.; -s, -; Pl. selten⟩ **1** *marmorähnliche, feinkörnige, reinweiße, durchscheinende Abart des Gipses* **2** *weißer od. gelber, durchscheinender Kalksinter, härter als Gips, Werkstoff für Schalen, Vasen u. a. Kunstgegenstände* □ **alabastro**

Alarm ⟨m.; -(e)s, -e⟩ **1** *Ruf zur Bereitschaft, Warnung, Gefahrenmeldung, Gefahrensignal;* Feind~, Feuer~, Flieger~; ~ blasen, geben, läuten, schlagen; blinder, falscher ~ □ **alarme 2** ⟨im 2. Weltkrieg⟩ *die Zeit der Gefahr, vom Signal bis zur Entwarnung;* dreistündiger, kurzer, langer ~ □ **estado de alerta**

alar|mie|ren ⟨V. 500⟩ jmdn. ~ **1** *jmdn. zu Hilfe rufen, jmdm. eine Gefahrenmeldung machen, jmdn. warnen, zum Einsatz rufen;* die Feuerwehr ~ □ **chamar; pedir socorro 2** ⟨fig.⟩ *tief beunruhigen, aufschrecken;* diese Worte haben mich alarmiert □ **alarmar**

Alaun ⟨m.; -s, -e; Chem.⟩ **1** ⟨nur Pl.; i. w. S.⟩ ~e *Doppelsulfat mit ein- u. dreiwertigen Metallen;* Kaliumchrom~ **2** ⟨i. e. S.⟩ *natürlich vorkommendes Kalium-Aluminium-Sulfat, als Beizmittel in der Färberei, als Gerbmittel, zum Leimen von Papier u. zum Blutstillen verwendet* □ **alume**

Alb¹ ⟨f.; -, -en⟩ *Juragebirge;* Schwäbische ~ □ **cordilheira do Jura**

Alb² ⟨m.; -(e)s, -e; germ. Myth.⟩ **1** = *Elf*² **2** *nach dem Volksglauben Gespenst, das sich dem Schläfer auf die Brust setzt u. dadurch schwere Träume verursacht* □ **duende**

Al|ba|tros auch: **Al|bat|ros** ⟨m.; - od. -ses, -se; Zool.⟩ *Angehöriger einer Familie der Sturmvögel, vorzügliche, ausdauernde Segelflieger der südlichen Ozeane: Diomedeidae* □ **albatroz**

Alb|drü|cken ⟨n.; -s; unz.⟩ = *Alpdrücken*

al|bern¹ ⟨Adj.⟩ **1** *dumm, einfältig, kindisch;* ~es Benehmen, Gerede, Getue; ein ~er Film, ~es Theaterstück; ~es Zeug schwatzen □ ***falar besteira;* ~ daherreden, ~ kichern, lachen** □ ***como bobo;* sei nicht so ~!** □ **tolo; bobo** 1.1 ~e **Gänse** ⟨umg.⟩ *grundlos kichernde Mädchen* □ ***meninas tolas/que riem à toa**

al|bern² ⟨V. 400⟩ *kindische Possen treiben, sich albern benehmen;* mit den Kindern ~ □ **brincar; fazer palhaçada**

Al|bi|no ⟨m.; -s, -s⟩ *Mensch od. Tier mit mangelhafter od. fehlender Farbstoffbildung* □ **albino**

Alb|traum ⟨m.; -(e)s, -träu|me⟩ = *Alptraum*

Al|bum ⟨n.; -s, Al|ben⟩ **1** *Gedenkbuch, Sammelbuch;* Foto~, Poesie~ **2** *Tonträger mit mehreren Aufnahmen einer Gruppe od. eines Einzelinterpreten, die eigens für diese Veröffentlichung erstellt wurden* □ **álbum**

Al|ge ⟨f.; -, -n; Bot.⟩ *Angehörige einer sehr arten- u. formenreichen Gruppe chlorophyllhaltiger niederer Pflanzen: Phycophyta* □ **alga**

Al|ge|bra auch: **Al|geb|ra** ⟨österr. [---] f.; -s; unz.; Math.⟩ *Teilgebiet der Mathematik, Lehre von den Gleichungen u. ihren Lösungsmethoden* □ **álgebra**

Ali|bi ⟨n.; -s, -s⟩ *Nachweis der Abwesenheit vom Tatort zur Tatzeit;* ein (kein) ~ haben; sein ~ nachweisen können □ **álibi**

Ali|ment ⟨n.; -(e)s, -e; meist Pl.⟩ **1** *Unterhaltsbeitrag* 1.1 ⟨i. e. S.⟩ *Beitrag zum Unterhalt unehelicher Kinder;* ~e zahlen □ **pensão alimentícia**

Al|ka|li ⟨n.; -s, -li|en; Chem.⟩ *aus einem der in der ersten Gruppe des Periodensystems stehenden Element od. Ammonium u. je einem Atom Wasserstoff u. Sauerstoff entstandene chem. Verbindung, deren wässerige Lösung alkalisch (basisch) reagiert;* Sy *Base*² □ **álcali**

Al|ko|hol ⟨m.; -s, -e; Chem.⟩ **1** ⟨i. w. S.⟩ *organische che-*

mische aliphatische od. aromatische Verbindung, in der ein oder mehrere Wasserstoffatome durch ein oder mehrere Hydroxyl-(OH-)Gruppen ersetzt sind, Ausgangsprodukt für organische Synthesen, gute Lackzusätze, Lösungsmittel **2** ⟨unz.; i. e. S.⟩ = *Äthylalkohol* **2.1** *alkoholhaltiges Getränk, z. B. Bier, Wein, Branntwein;* er trinkt keinen ~, wenn er Auto fahren muss; seine Sorgen in ~ ertränken; ~sucht; ~test; ~verbot **2.1.1** unter (dem Einfluss von) ~ stehen *betrunken sein* **2.2** ⟨Med.⟩ *Mittel zur Desinfektion* □ **álcool**

Al|ko|ho|li|ker ⟨m.; -s, -⟩ *jmd., der gewohnheitsmäßig alkoholische Getränke konsumiert, gewohnheitsmäßiger Trinker* □ **alcoólatra**

Al|ko|ho|li|ke|rin ⟨f.; -, -rin|nen⟩ *weibl. Alkoholiker* □ **alcoólatra**

al|ko|ho|lisch ⟨Adj.⟩ *Alkohol enthaltend* (Getränk, Flüssigkeit); ~e Gärung *zur Bildung von Alkohol führende Gärung* □ **alcoólico**

all (Indefinitpronomen) **1** *eine Gesamtheit bildend, ohne Ausnahme;* ~es hat seine Grenzen; ~es hat seine zwei Seiten; ~e beide; ~e fünf; ~es Ding währt seine Zeit; ~es eingerechnet; ~es oder nichts; was ~es noch?; ich habe ~ mein Geld verloren; ~es, ~ mein Hab und Gut; er will ~es für sich haben; Gebrauchsgegenstände ~er Art; wie viel davon hast du ihm gegeben? ~es!; ~es auf einmal; ~e Kinder, Menschen, Tiere; ~e Leute; ~e, die kommen wollen; wir, ihr, sie ~e; ~e aussteigen!; ~er Augen waren auf ihn gerichtet; wer war ~es da?; ~e auf einmal; ~e Arbeit allein tun; ich will ~es tun, was ich kann; ~es, was ich gehört, gesehen, getan habe; ~es das hat keinen Sinn; das ist ~es nicht wahr; ~es Fremde, Neue, Ungewohnte; ~er Anfang ist schwer; ~es Übrige erledigen wir; diese Städte habe ich ~e gesehen; sie kamen aus ~en Ländern; die Ursache ~en Leides, Übels; er hat ~en Grund dazu; es sind ~e gekommen; man kann es nicht ~en recht machen; wie viele sind gekommen? ~e!; ~es, was Odem hat, lobet den Herren □ **tudo; todo 1.1** ~e Welt *jedermann* □ ***todo o mundo 1.2** seid ihr ~e da? *(Frage des Kaspers an das Publikum beim Puppenspiel)* □ ***estão todos aí? 2** ⟨prädikativ⟩ das ist ~es **2.1** *mehr gibt es nicht, mehr ist nicht zu berichten* □ ***isso é tudo 2.1.1** *ich brauche nichts mehr* □ ***é só isso 2.2** ist das ~es? **2.2.1** *hast du noch mehr zu sagen?* □ ***só isso? 2.2.2** *ist es nichts Schlimmeres?* □ ***isso é tudo? 2.2.3** *genügt das?, brauchen Sie noch etwas?* □ ***mais alguma coisa? 2.3** das ist ~es schön und gut, aber … *das mag zutreffen, trotzdem habe ich Einwände* □ ***está tudo muito bonito/bom, mas... 2.4** ~es Mögliche tun *sehr viel Verschiedenes* □ ***fazer todo o possível 2.5** ~e und jeder *jedermann, viel zu viele* □ ***todo o mundo 2.6** mein Ein und Alles *für mich das Liebste, Bedeutendste auf der Welt* □ ***a coisa mais importante da minha vida 2.7** Mädchen für ~es **2.7.1** *M. für jede Arbeit* □ ***empregada que faz todo tipo de serviço 2.7.2** ⟨fig.⟩ *jmd., der die verschiedensten Arbeiten tun muss* □ ***pau para toda obra 3** ~es, was recht ist! *das geht wirklich nicht!* □ ***vamos e venhamos! 3.1** ~es andere als *gar nicht;*

er ist ~es andere als dumm □ ***tudo menos... 3.2** da hört sich doch ~es auf! *das ist unerhört!* □ ***não dá para acreditar! 4** ⟨mit Präp. u. Abstraktum; intensivierend⟩ ~en Mahnungen zum Trotz; bei ~em seinem Leichtsinn ist er doch ein liebenswerter Kerl; bei ~edem; auf ~e Fälle; für ~e Fälle; für ~e Zeiten; in ~em und jedem etwas Schlechtes sehen; in ~er Eile; in ~er Ruhe; in ~er Stille □ **todo; tudo**; in ~er Frühe □ ***bem cedo; de madrugada**; was in ~er Welt haben Sie da getan? □ ***que diabos o senhor estava fazendo ali?**; wo in ~er Welt sind Sie gewesen? □ ***onde diabos o senhor esteve?**; mit ~er Gewalt, Kraft, Liebe □ **todo**; ohne ~e Gefahr □ ***sem nenhum perigo**; ohne ~en Zweifel □ ***sem nenhuma dúvida**, trotz ~em, ~edem; trotz ~em Zureden; ein gutes Buch geht mir über ~es; jmdn. über ~es lieben; über ~e Zweifel, ~en Zweifel erhaben; unter ~en Umständen; vor ~en Dingen; zu ~edem kommt hinzu; zu ~en Zeiten; zu ~em Unglück □ **tudo; todo 4.1** ein für ~e Mal *einmal, (das) für immer (gilt)* **4.1.1** ich sage dir das ein für ~e Mal! *ich möchte das nicht noch einmal sagen müssen* □ ***de uma vez por todas**; ⟨aber⟩ → a. allemal **4.2** ~es in ~em *insgesamt;* ~es in ~em kostet es 2.000 Euro □ ***no total 4.2.1** ~es in ~em war es doch schön *von Einzelheiten abgesehen* □ ***de maneira geral 4.3** zu ~em fähig sein *zu jeder, auch zu einer schrecklichen Tat* □ ***ser capaz de tudo 4.4** vor ~em *hauptsächlich, zuerst* □ ***sobretudo 4.5** um ~es in der Welt (nicht) *auf jeden (gar keinen) Fall* □ ***por tudo no mundo; por nada neste mundo 5** ~e, ~er ⟨mitteldt.⟩ *immer wiederkehrend;* ~e Tage; ~e Augenblicke; ~e fünf Meter; ~e 200 km; ~e Jahre wieder; wir treffen uns ~e paar Monate; ~e acht Tage; ~e paar Schritte stolperte er □ ***a cada 6** ⟨Getrennt- u. Zusammenschreibung⟩ **6.1** ~es fressend = *allesfressend*

All ⟨n.; -s; unz.⟩ **1** *Weltall, Weltraum, Universum* **2** *alles Seiende* □ **universo**

Al|lah ⟨a. [´-'-] ohne Artikel; im Islam Bez. für⟩ *Gott* □ **Alá**

al|le ⟨Adj. 80; umg.; mitteldt.⟩ **1** *zu Ende, verbraucht;* ~ sein; das Brot, mein Geld ist ~ □ ***acabou 1.1** = *werden nahezu verbraucht sein, zur Neige gehen;* die Kartoffeln, die Vorräte werden allmählich ~ □ ***estar no fim 2** jmd. ist (ganz) ~ ⟨fig.⟩ *erschöpft* □ **esgotado; exausto**

Al|lee ⟨f.; -, -n⟩ *von Bäumen gesäumte Straße, von Bäumen eingefasster Weg* □ **alameda**

Al|le|go|rie ⟨f.; -, -n; in bildender Kunst und Dichtung⟩ *bildhafte Darstellung eines Begriffs od. Vorgangs mit enger, erkennbarer Verbindung zu diesem, z. B. Frau mit verbundenen Augen für „Gerechtigkeit"* □ **alegoria**; → a. *Sinnbild, Symbol*(4), *Gleichnis*

al|lein 1 ⟨Adv.⟩ *getrennt, für sich;* Ggs *zusammen mit (jmdm. od. einer Sache);* ~ im Zimmer sein; ~ leben; ich lasse Sie jetzt ~; das Haus steht (ganz) ~; ein Klavierstück mit jeder Hand ~ spielen, üben; ein Unglück kommt selten ~ ⟨Sprichw.⟩; der Starke ist am mächtigsten ~

(Schiller, „Wilhelm Tell", 1,3) □ **sozinho** 1.1 er will mit jedem ~ sprechen *einzeln* 1.1.1 *ohne Zeugen;* kann ich dich einen Augenblick ~ sprechen?; ich habe ihn (nicht) ~ angetroffen; er war ~ mit ihr (im Zimmer) □ **a sós** 1.2 *ohne Hilfe;* ich mache alle Arbeit ~;; das Kind kann schon, noch nicht ~ laufen; er steht ganz ~ (im Leben); danke, ich kann es ~; ich werde ~ damit fertig; ich kann das Kind nicht ~ im Haus lassen □ **sozinho** 1.3 *nur, ausschließlich;* er ~ ist an allem schuld; du ~ bist meine Hilfe; ~ der Gedanke daran macht mich schaudern; einzig und ~ seine Geistesgegenwart hat uns gerettet; nicht ~ ..., sondern auch □ **só; somente** 1.4 *einsam;* sie ist sehr oft ~; ich bin so ~; einsam und ~ 1.4.1 er fand sich plötzlich ~ *alle anderen hatten ihn verlassen* □ **sozinho; solitário** 2 ⟨Konj.; oft poet.⟩ *aber, doch;* ich wollte dem Bettler etwas geben, ~ ich hatte nichts dabei; die Botschaft hör ich wohl, ~ mir fehlt der Glaube (Goethe, „Faust" I, Nacht) □ **mas; porém** 3 ⟨Getrennt- u. Zusammenschreibung⟩ 3.1 ~ erziehend = *alleinerziehend* 3.2 ~ Erziehende(r) = *Alleinerziehende(r)* 3.3 ~ stehend = *alleinstehend (I)*

al|lein|er|zie|hend *auch:* **al|lein er|zie|hend** ⟨Adj. 24/70⟩ *ein Kind, Kinder allein, ohne den anderen Elternteil erziehend u. betreuend;* eine ~e Mutter; Kinder von ~en Eltern □ **que cria o(s) filho(s) sozinho(a)**

Al|lein|er|zie|hen|de(r) *auch:* **al|lein Er|zie|hen|de(r)** ⟨f. 2 (m. 1)⟩ *Elternteil (Mutter od. Vater), der sein Kind od. seine Kinder allein auf- u. erzieht;* staatliche Unterstützung für ~ □ **único responsável pelo(s) filho(s); pai solteiro; mãe solteira**

al|lei|nig ⟨Adj. 24⟩ 1 ⟨60⟩ *einzig, ausschließlich* □ **único; exclusivo;** er ist der ~e Erbe des Vermögens □ **universal** 2 ⟨österr.⟩ *ohne Begleitung, alleinstehend;* eine ~e ältere Dame □ **desacompanhada**

al|lein|ste|hend *auch:* **al|lein ste|hend** ⟨Adj. 24/70⟩ I ⟨Zusammen- u. Getrenntschreibung⟩ *für sich stehend, frei stehend;* ein ~es Haus □ **isolado** II ⟨nur Zusammenschreibung⟩ *unverheiratet, ohne Kinder, ohne Partner;* er ist alleinstehend □ **solteiro; sozinho**

Al|lein|ste|hen|de(r) ⟨f. 2 (m. 1)⟩ *jmd., der keinen Partner, keine Familie hat* □ **pessoa sozinha/sem família**

al|le|ma|chen ⟨V. 500; umg.⟩ 1 *etwas ~ verbrauchen, aufessen;* kannst du nicht das Gemüse auch noch ~? □ **acabar com; terminar** 2 *jmdn.* ⟨derb⟩ *umbringen* □ **dar cabo de**

al|le|mal ⟨a. [--'-] Adv.⟩ 1 *jedes Mal, immer* 1.1 das kannst du ~ noch tun ⟨umg.; mitteldt.⟩ *immer noch, auch später noch* □ **sempre** 1.2 ~, wenn ⟨umg.; mitteldt.⟩ *immer, wenn* □ ***sempre que** 2 *auf jeden Fall* 2.1 ~! ⟨umg.; mitteldt.⟩ *auf jeden Fall!, ohne Bedenken!* □ ***claro!; com certeza!;** → *a.* **all *(4.1)***

al|len|falls ⟨Adv.⟩ 1 *vielleicht, gegebenenfalls, eventuell;* du kannst mich ~ noch einmal anrufen, wenn du nicht warten willst, bis ich Bescheid sage □ **eventualmente; se necessário** 2 *höchstens, gerade noch;* sie hat ~ ein Kopfnicken für mich übrig; er kümmert sich kaum um die Kinder, ~ sieht er sie beim Abend-brot □ **quando muito; no máximo** 3 ⟨veraltet⟩ *auf alle Fälle, jedenfalls* □ **em todo caso**

al|ler..., Al|ler... ⟨in Zus.⟩ *(verstärkt den Superlativ);* er ist der Allergeschickteste von ihnen

al|ler|be|ste(r, -s) ⟨Adj. 70; verstärkend⟩ *beste(r, -s);* das gefällt mir am ~n □ ***é o que mais gosto;** von der ~n Sorte; es ist das Allerbeste, zu gratulieren; das ist das Allerbeste, was sie machen kann; ich wünsche Ihnen das Allerbeste (zum Geburtstag usw.); du bist meine Allerbeste □ **o melhor (de todos); o melhor possível**

al|ler|dings ⟨Adv.⟩ 1 *in der Tat, selbstverständlich, gewiss, freilich* 1.1 bist du denn selbst dort gewesen? ~! *aber sicher!* □ **claro; lógico** 1.2 *ich muss zugeben, dass ...;* das hat er ~ nicht gesagt, nicht erlaubt; das ist ~ richtig, aber es ist nicht die volle Wahrheit □ **certamente, sem dúvida;** sein Vortrag war ganz gut, ich muss ~ sagen, dass seine Sprechweise mich störte 1.3 *jedoch, aber;* ich komme gern, ~ möchte ich eine Bedingung stellen; die Mutter hat uns nicht verboten wegzugehen, sie hat ~ gesagt, wir sollen den Kleinen nicht allein in der Wohnung lassen □ **no entanto; contudo**

Al|ler|gie *auch:* **Al|ler|gie** ⟨f., -, -n; Med.⟩ *Überempfindlichkeit gegen bestimmte Stoffe;* eine ~ gegen Koffein, Oxalsäure haben; Staub~; Obst~ □ **alergia**

al|ler|gisch *auch:* **al|ler|gisch** ⟨Adj.⟩ 1 ~e Reaktion *auf Allergie beruhende R.* 2 ~e Person *gegen bestimmte Stoffe überempfindliche P.;* ~ gegen Koffein, Nüsse sein □ **alérgico** 2.1 *gegen etwas ~ sein* ⟨fig.⟩ *etwas überhaupt nicht mögen* □ ***ter horror a alguma coisa**

al|ler|hand ⟨Adj. 11/60⟩ 1 *allerlei, verschiedenerlei;* ~ hübsche Dinge, Kleinigkeiten; ich habe ~ erlebt □ **vário; toda sorte de; de tudo** 2 ⟨umg.⟩ *ziemlich stark, unerhört,* Sy *allerlei(2);* das ist wirklich ~! □ ***isso já é demais!**

al|ler|lei ⟨[--'-] Adj. 11/60⟩ 1 *Verschiedenes, verschiedene Dinge;* ~ gute Sachen □ **vário; toda sorte de** 2 = *allerhand(2)*

al|ler|letz|te(r, -s) ⟨a. [--'---] Adj. 24/70; verstärkend⟩ 1 *letzte(r, -s);* in ~r Minute; ⟨subst.⟩ er ist der Allerletzte; er kam als Allerletzter □ **o último (de todos)** 2 ⟨umg.; abwertend⟩ *scheußlich, schauderhaft, hässlich;* du hast dir ja wirklich die ~n Sachen angezogen □ **horrível; pior** 2.1 das ist ja wirklich das Allerletzte! ⟨als Ausruf⟩ *das ist wirklich unerhört, unverschämt* □ ***é o fim da picada!**

al|ler|seits ⟨Adv.⟩ *alle, alle zusammen;* gute Nacht, guten Tag, auf Wiedersehen ~!; haben Sie sich schon ~ bekanntgemacht? □ **a todos; a todo o mundo**

al|les ⟨unbestimmtes Pron.⟩ → *all* □ **todo; tudo**

al|le|samt ⟨schweiz. ['---] Adv.⟩ *alle miteinander, alle zusammen;* die Kollegen haben sich ~ mit ihr über ihren Erfolg gefreut □ **todos (juntos)**

al|les|fres|send *auch:* **al|les fres|send** ⟨Adj. 24/60⟩ ~e Tiere *T., die sich von Pflanzen u. Tieren ernähren* □ **onívoro**

allgemein

all|ge|mein ⟨a. ['---] Adj.⟩ **1** *(fast) alle od. alles betreffend;* Ggs *besonders, besondere(r, -s);* die ~e *(politische, wirtschaftliche usw.)* Lage; ~ *gesprochen, verhält es sich so, dass ...* ◻ **(de modo) geral 1.1** *im Allgemeinen im Großen und Ganzen, meist, fast immer u. überall, grundsätzlich* ◻ ***em geral; de modo geral 1.2** *jmdn. mit ~en* Redensarten *abspeisen sich mit häufig gebrauchten R. zu nichts verpflichten* ◻ ***despachar alguém com lugares-comuns 1.3** *(fast) alle Personen betreffend; das ist ~ bekannt; er ist ~ beliebt* ◻ **por todos 1.3.1** *für alle bestimmt;* ~e Dienstpflicht, ~es Wahlrecht ◻ **geral; universal**; *um 11 Uhr war ~er Aufbruch* ◻ ***costuma-se partir às 11h**; *das Museum ist ~ zugänglich* ◻ ***o museu costuma ser acessível 1.3.2** *~er Studentenausschuss* (Abk.: AStA) *gewählte Interessenvertretung der Studenten an Hoch- u. Fachhochschulen* **1.3.3** *von allen geäußert;* ~e Entrüstung, Zustimmung; *der Abend verlief zur ~en Zufriedenheit; sein Verhalten rief ~es Erstaunen hervor; der Vorschlag fand ~e Zustimmung; die Empörung war ~* ◻ **geral**; *seine Tüchtigkeit wird ~ anerkannt* ◻ **por todos**; *man sagt ~, dass ...* ◻ ***dizem por aí que...; corre o boato que... 1.3.4** *das Allgemeine* ⟨Philos.⟩ *Denkkategorie eines hohen Grades der Abstraktion; vom Besonderen auf das Allgemeine, vom Allgemeinen auf das Besondere schließen* ◻ **universal 2** *überall (verbreitet, bekannt); das hört man ~* ◻ **por toda parte 3** ⟨Getrennt- u. Zusammenschreibung⟩ **3.1** ~ **bildend** = *allgemeinbildend* **3.2** ~ **verständlich** = *allgemeinverständlich*

all|ge|mein|bil|dend *auch:* **all|ge|mein bil|dend** ⟨Adj. 24⟩ *eine allgemeine Bildung, Grundwissen vermittelnd;* ~e Schulen ◻ **de cultura/formação geral**

All|ge|mein|heit ⟨f.; -; unz.⟩ **1** *Gesamtheit, Öffentlichkeit, das Volk; etwas im Dienste der ~ tun* ◻ **todos; todo o mundo 2** *unverbindliche Redensart, undifferenzierte Aussage; sich in ~en ergehen* ◻ **generalidades**

all|ge|mein|ver|ständ|lich *auch:* **all|ge|mein ver|ständ|lich** ⟨Adj.⟩ *von allen zu verstehen, leicht verständlich* ◻ **acessível; fácil de entender**

Al|li|anz ⟨f.; -, -en⟩ **1** *Bündnis, Vereinigung, Interessengemeinschaft* **1.1** *die Heilige ~ Bündnis zwischen Preußen, Russland u. Österreich 1815* ◻ **aliança**

Al|li|ga|tor ⟨m.; -s, -en; Zool.⟩ *Angehöriger einer Familie der Krokodile mit einer verhältnismäßig kurzen Schnauze* ◻ **aligátor**

Al|li|ier|te(r) ⟨f. 2 (m. 1)⟩ **1** *Angehörige(r) einer Allianz* **1.1** *die ~n die gegen Dtschld. verbündeten Länder im Ersten u. Zweiten Weltkrieg* ◻ **aliado**

all|jähr|lich ⟨schweiz. ['---] Adj. 24⟩ *jedes Jahr (stattfindend, sich wiederholend)* ◻ **anual**

all|mäch|tig ⟨Adj. 24⟩ *Allmacht habend;* der ~e Gott, Vater ◻ **onipotente**

all|mäh|lich ⟨Adj.⟩ **1** *langsam u. stetig fortschreitend;* eine ~e Entwicklung ◻ **gradual; paulatino 2** *schrittweise, nach u. nach; ich begreife ~, was das für dich bedeutet; sein Befinden bessert sich ~; ~ näher kommen* ◻ **aos poucos; progressivamente**

Al|lo|tria *auch:* **Al|lot|ria** ⟨n.; -s; unz.; früher Pl.⟩ *urspr.* **1** ⟨urspr.⟩ *nicht zur Sache gehörige Dinge* ◻

coisas alheias **2** ⟨allg.⟩ *Unfug, Unsinn, Dummheiten;* ~ *treiben* ◻ **disparate; travessura**

all|sei|tig ⟨Adj. 24⟩ Ggs *einseitig(3);* → a. *vielseitig* **1** *alle Seiten berücksichtigend, vielseitig;* eine ~e Bildung, Ausbildung besitzen; ~ *gebildet sein* ◻ **universal 2** *von allen Seiten, nach allen Seiten;* eine Sache, Angelegenheit ~ *betrachten* ◻ **de todos os pontos de vista 3** *in jeder Beziehung* ◻ **sob todos os aspectos**

all|seits ⟨Adv.⟩ *überall, nach, von allen Seiten; er war ~ beliebt* ◻ **por toda parte**

All|tag ⟨m.; -(e)s, unz.⟩ **1** *Tag, der kein Sonntag od. Feiertag ist* ◻ **dia útil 2** ⟨unz.⟩ *gleichförmiger Tagesablauf; dem ~ entfliehen; sich den ~ verschönern; der graue ~* ◻ **cotidiano**

all|täg|lich ⟨Adj.⟩ **1** *zum Alltag gehörend, für den Alltag bestimmt;* ~e Kleidung ◻ **de todo dia 2** *täglich, jeden Tag (stattfindend, sich wiederholend);* ~e Pflichten; *ich gehe ~ an seinem Haus vorüber* ◻ **cotidiano; diário; diariamente 3** ⟨fig.⟩ *durchschnittlich, nicht ausgeprägt, fad;* ein ~er Mensch; eine ~e Meinung **3.1** *etwas Alltägliches etwas, was alle Tage vorkommt od. vorkommen kann, nichts Besonderes* ◻ **trivial; banal**

Al|lü|ren ⟨nur Pl.⟩ *(ungewöhnliches) Benehmen, (auffallende) Umgangsformen, Gewohnheiten* ◻ **extravagância; afetação**

all|wis|send ⟨a. ['---] Adj. 24⟩ *alles wissend; der ~e Gott; ich bin doch nicht ~!* ◻ **onisciente**

all|zu ⟨Adv.⟩ **1** *viel zu;* die Suppe ist ~ *schwer* ◻ **demasiadamente; muito 2** *in zu großem Maße, übertrieben; das ist ~ wenig* ◻ **muito**; ~ *sehr; er macht ~ viele Fehler; du überlegst ~ viel; das ist nicht ~ viel* ◻ ***demais 2.1** ~ *viel ist ungesund man soll nichts übertreiben* ◻ ***o exagero faz mal à saúde**

Alm ⟨f.; -, -en⟩ *Weide im Hochgebirge;* Sy *Alp¹* ◻ **pastagem (alpina)**

Al|ma Ma|ter ⟨f.; -, -; unz.; poet.⟩ *Hochschule, Universität* ◻ **universidade**

Al|mo|sen ⟨n.; -s, -⟩ **1** *Gabe an Arme, Bedürftige; jmdm. ein ~ geben* **2** *milde Gabe; um ~ bitten; auf ~ angewiesen sein* **3** ⟨fig.; abwertend⟩ *herablassend gegebenes kleines (Geld-)Geschenk; ich will von ihm kein ~ haben* ◻ **esmola**

Aloe ⟨[-loe:] f.; -, -n⟩ **1** ⟨Bot.⟩ *Angehörige einer Gattung der Liliengewächse mit langen, dickfleischigen Blättern* ◻ **aloé 2** *leicht bitter schmeckender Saft der Aloeblätter, der als Heilmittel u. in der Kosmetik verwendet wird* ◻ **aloé; babosa**

Alp¹ ⟨f.; -, -en⟩ = *Alm;* oV *Alpe*

Alp² *(alte Schreibung für)* *Alb² (2)* ◻ **duende**

Alp|drü|cken ⟨n.; -s; unz.⟩ *(mit Angstträumen verbundenes) Gefühl der Beklemmung (im Schlaf);* oV *Albdrücken* ◻ **pesadelo**

Al|pe ⟨f.; -, -n⟩ = *Alp¹*

Al|pen|ro|se ⟨f.; -, -n; Bot.⟩ *unter Naturschutz stehende, in den Hochalpen vorkommende Art immergrüner Sträucher mit trichterförmigen Blüten;* Raublättrige ~; Rostblättrige ~ ◻ **rododendro**

Al|pen|veil|chen ⟨n.; -s, -; Bot.⟩ *Primelgewächs mit immergrünen, herzförmigen Blättern u. kaminroten Blüten: Cyclamen;* Sy *Zyklame, Zyklamen* ◻ **cíclame**

Al|pha|bet ⟨n.; -(e)s, -e⟩ **1** *die geordnete Folge der Buchstaben einer Sprache;* Sy *Abc;* Wörter, Namen nach dem ~ ordnen □ **alfabeto 2** *musikalisches* — *die Buchstabenfolge zur Bezeichnung der 7 Stammtöne c, d, e, f, g, a, h oder u. (do), re, mi, fa, so (sol), la, si* □ ***escala musical**

al|pha|be|tisch ⟨Adj. 24/90⟩ *nach dem Alphabet, in der Ordnung des Alphabets;* Namen, Wörter in ~er Reihenfolge aufschreiben □ **alfabético**

al|pin ⟨Adj. 70⟩ **1** *die Alpen, das Hochgebirge betreffend, in den Alpen, im Hochgebirge vorkommend, Alpen-, Hochgebirgscharakter zeigend, in der Art der Alpen* 1.1 ⟨60⟩ ~e **(Dreier-) Kombination** ⟨Skisp.⟩ *Abfahrtslauf, Slalom (u. Riesenslalom)* 1.2 ⟨60⟩ ~es **Rettungswesen** *alle Maßnahmen u. Einrichtungen zur Rettung in Not geratener Bergsteiger u. zur Verhütung von Unglücksfällen im Hochgebirge* □ **alpino; alpestre**

Alp|traum ⟨m.; -(e), -träu|me⟩ *durch Alpdrücken hervorgerufener, unheimlicher, schwerer, beängstigender Traum;* oV **Albtraum** □ **pesadelo**

als¹ ⟨Konj.⟩ **1** *(ein Merkmal tragend, das als Gleichsetzung dient)* 1.1 ⟨mit Subst.⟩; ~ Zeuge vor Gericht erscheinen; ~ Fachmann wusste er genau, dass ...; ~ Künstler leistet er stets Hervorragendes, aber ~ Mensch ist er wenig erfreulich; ~ Außenstehender kann ich das nicht beurteilen; ~ dein Freund möchte ich dir raten, es nicht zu tun □ **como, na qualidade de**; ~ Kind bin ich oft dort gewesen □ **quando**; ich komme ~ Bittender zu Ihnen; er hat ~ wahrer Freund gehandelt; sie hatte ~ „Maria Stuart" großen Erfolg; in meiner Eigenschaft ~ Leiter dieses Betriebes muss ich dagegen protestieren, dass ...; jmdm. ~ Führer dienen; jmdn. ~ Schön annehmen; man darf nicht die Serviette ~ Taschentuch benutzen; ich schenke dir die Kette ~ Andenken; ich erwähne das nur ~ Beispiel; 100 Euro ~ Belohnung, Unterstützung erhalten; mit diesen Worten ~ Einleitung □ **como; na qualidade de** 1.2 ⟨mit Adj.⟩; ich empfinde seine Bemerkung ~ sehr unhöflich; sich ~ tauglich, untauglich, brauchbar, unbrauchbar erweisen; die Nachricht hat sich ~ falsch, richtig, wahr herausgestellt; dieses Bild gilt ~ das Beste des ganzen Museums □ ⌀; der Krug ~ solcher ist sehr praktisch, aber Farbe und Muster sind hässlich □ **como 2** *(Ausdruck zur Bezeichnung eines Vergleichs);* er ist heute ganz anders ~ sonst; Sy ~ **wie** ⟨umg.⟩ □ **do que** 2.1 niemand (anderer) ~ ich allein *nur ich* □ **além de** 2.2 *(nach Komparativ);* er ist älter ~ ich; sie ist hübscher ~ ihre Schwester; dieses Buch ist teurer ~ jenes; eins ist größer, höher, schöner ~ das andere; das ist besser ~ nichts; man braucht länger ~ zwei Stunden; es sind bis dorthin nicht mehr ~ zwei Stunden; ich verlange nichts (anderes) ~ dies; sie ist mehr schön ~ klug; das Haus ist mehr breit ~ hoch; davon habe ich mehr ~ genug 2.2.1 ich bin darüber mehr ~ froh *ich bin außerordentlich, sehr froh* □ **do que** 2.2.2 ich komme so bald ~ möglich ⟨umg.⟩ *so bald wie möglich* □ ***venho assim que puder** 2.2.3 *(zur Einleitung von komparativen Nebensätzen);* er ist jünger, ~ er aussieht; es ging viel schneller, ~ ich dachte 2.2.4 ich komme so schnell, ~ ich kann ⟨umg.⟩ *so schnell, wie* □ **do que 3** *sowohl* ~ *auch der (die, das) eine und auch der (die, das) andere;* sowohl Zwetschen ~ auch Birnen; sowohl der Lehrer ~ auch die Schüler □ ***tanto... quanto 4** ~ *da sind:* ... *wie, zum Beispiel;* wir haben eine Menge Obst im Garten, ~ da sind: Äpfel, Birnen, Pflaumen usw. □ ***tais como; a saber 5** *(zur Einleitung von Nebensätzen)* 5.1 *gleichzeitig mit, zu der Zeit, da;* ~ ich sagte, ich könne nicht mitkommen, war er sehr enttäuscht; ~ ich krank war, hatte ich viel Zeit zum Lesen; wir waren kaum daheim angekommen, ~ es auch schon zu regnen anfing; ich war gerade beim Kochen, ~ er kam; damals, ~ das geschah; gerade ~ ich gehen wollte, klingelte das Telefon; ~ ich noch ein Kind war, bin ich oft bei den Großeltern gewesen □ **quando** 5.2 ⟨mit Konjunktiv⟩ ~, ~ **ob,** ~ **wenn** ⟨umg.⟩ *einen Sachverhalt annehmend, vortäuschend;* er stellte sich, ~ hörte er nichts, ~ ob er nichts hörte; es war mir doch, ~ hätte es geläutet, ~ ob es geläutet hätte; tu nicht so, ~ ob du das nicht könntest, wüsstest, ~ könntest du das nicht; ~ wenn ich dir überhaupt nicht geholfen hätte ⟨umg.⟩ □ ***como se** 5.3 zu ..., ~ dass so ..., *dass nicht;* er ist zu anständig, ~ dass er so etwas tun könnte □ ***demais... para (que)** 5.4 umso mehr, ~ ... *insbesondere, weil, vor allem weil;* ich möchte das Konzert sehr gern hören, umso mehr, ~ ich den Dirigenten nicht kenne □ ***tanto mais que**

als² ⟨Partikel; westmitteldt.⟩ *immer wieder, manchmal;* ich habe ihn ~ in der Stadt gesehen; er ist ~ dort gewesen □ **volta e meia**

als|bald ⟨Adv.; veraltet⟩ *sofort, sogleich* □ **imediatamente; no mesmo instante**

al|so 1 ⟨Konj.⟩ 1.1 *aus diesem Grund, folglich;* du kommst ~ nicht mit?; ~ los, gehen wir!; ich habe ihn nicht gesehen, ~ ist er weggefahren □ **então; portanto** 1.2 *endlich, schließlich;* er ist ~ doch gekommen □ **por fim; finalmente** 1.2.1 na ~! *ich habe es doch gleich gesagt* □ ***eu não disse?** 1.2.2 ~ **doch!** *es ist doch so, wie ich es gesagt habe, siehst du!* □ ***está vendo?** 1.3 ~ gut, ~ schön! *nun gut!, es sei* □ ***pois bem (, que seja)! 2** ⟨Adv.⟩ *auf diese Weise, so;* ~ hat Gott die Welt geliebt; ~ sprach Zarathustra □ **desse modo; assim**

alt ⟨Adj. 22⟩ **1** *eine* **Sache** *ist* ~ *besteht seit vielen Jahren, ist seit vielen Jahren vorhanden;* Ggs *neu;* ein ~es Bauwerk; ~e Überlieferungen □ **velho; antigo** 1.1 **jmd.** *ist* ~ *lebt seit vielen Jahren;* Ggs *jung;* die ~en Leute, die ~e Generation; eine ~e Frau; sich (noch nicht) ~ fühlen; das Altwerden fällt ihm schwer; er ist der älteste der vier Söhne □ **velho; idoso** 1.1.1 älter **als** seine **Jahre** sein *älter aussehen als man ist* □ ***ser mais velho do que parece** 1.1.2 auf seine ~en **Tage** *im Alter* □ ***na velhice** 1.1.3 *(Eigenname)* der ~e Schneidler ⟨umg.⟩ *Herr S. senior* 1.1.4 der ~e Goethe *in seinen letzten Lebensjahrzehnten* 1.1.5 ~ **wie Methusalem** ⟨umg.; scherzh.⟩ *sehr alt* □ **velho 2** ⟨60⟩ *erfahren, bewährt;* ein ~er Soldat 2.1 ein ~er **Hase** *(auf diesem Gebiet)* ⟨fig.⟩ *ein erfahrener*

Alt

Fachmann □ *um profissional experiente **2.2** ~er **Kämpfer** *langjähriger, bewährter Angehöriger einer politischen Partei* □ antigo; veterano **2.3** ein Mensch von ~em **Schrot und Korn** *ein tüchtiger, zuverlässiger Mensch, einer, der sich bewährt hat* □ *uma pessoa como já não se faz hoje em dia **2.4** ~er **Bursche**!, ~es **Haus**!, ~er **Junge**!, ~er **Knabe**! ⟨umg.; scherzh.⟩ *lieber (langjähriger) Freund!* □ *mano velho! **2.5** ~es **Mädchen** ⟨veraltet; umg.; scherzh.⟩ *liebe (langjährige) Freundin!* □ *velha amiga **2.6** mein ~er **Herr** ⟨umg.⟩ *mein Vater* □ *meu velho **2.7** meine ~e **Dame** ⟨umg.⟩ *meine Mutter* □ *minha velha **2.8** der **Alte Fritz** *Beiname Friedrichs II. v. Preußen (1740–86)* **3** ⟨60⟩ ~er **Bekannter**, Freund, Verwandter *seit vielen Jahren vertraut, lieb* **3.1** ~er **Freund**, so geht das nicht! ⟨umg.; scherzh.⟩ *du Schelm!* □ velho **4** ⟨60⟩ eine ~e **Liebe** *(zu jmdm. od. einer Sache) frühere od. seit langer Zeit bis jetzt anhaltende L.* **4.1.1** eine ~e **Liebe** *jmd., den man in der Jugend geliebt hat (und noch heute liebt)* □ antigo **4.2** ⟨70⟩ jmd. ist, bleibt (immer) der **Alte** *derselbe, unverändert, (stets) ein guter Freund* □ mesmo **4.3** ⟨60⟩ *unverändert, nach überkommenem Brauch;* seinen ~en **Gang** gehen; in ~er **Weise**; ~e **Gewohnheiten** □ velho; de sempre **4.4** ⟨70⟩ immer die ~e **Geschichte**, Leier, Platte! ⟨fig.; umg.⟩ *immer dasselbe!* □ velho; mesmo **4.5** ~e **Sitten und Gebräuche** *überlieferte, seit langem gepflegte S. u. G.* □ antigo; viele Jahrhunderte ~ □ *de muitos séculos **4.5.1** am **Alten hängen**, beim **Alten bleiben**, es beim **Alten lassen** *nichts ändern, das Überlieferte, Althergebrachte pflegen* □ → *deixar do mesmo jeito; não mudar **4.6** ⟨70⟩ ~e **Dinge**, Möbel, Bilder *aus früheren Zeiten stammende* □ antigo **4.6.1** in ~en **Zeiten** *in längst vergangener Zeit D., M., B.* □ ido; antigo **4.6.2** ein ~er **Schlager** *überholter, nicht mehr moderner S.* □ antigo; fora de moda **4.6.3** ~er/**Alter Mann** ⟨Bgb.⟩ *abgebaute Teile einer Grube* □ *exploração abandonada/antiga **4.7** ⟨60⟩ ein ~er **Lehrer** (Schüler) von mir *ein früherer L. (S.), jmd., der vor langer Zeit mein L. (S.) war* □ antigo; ex **4.7.1 Alter Herr** ⟨Studentenspr.⟩ *ehem. aktives Mitglied einer student. Verbindung* □ *veterano (de uma associação de estudantes) **4.8** ⟨60⟩ **4.8.1** ~e **Völker** *V. des Altertums;* die ~en **Germanen**, Griechen, Römer **4.8.2** ~e **Sprachen** *die S. des klassischen Altertums, Griechisch u. Latein;* Ggs neuere Sprachen, → a. neu (1.3.1) **4.8.3** (die) ~e **Geschichte** *G. des Altertums;* Ggs neuere Geschichte **4.8.4** ~er **Orient** *die Kultureinheit Ägyptens, Palästinas u. Syriens, Kleinasiens, Mesopotamiens und der iranischen Hochebene zwischen 3000 v. Chr. bis etwa zur Zeitwende* **4.8.5** die **Alte Welt** *das seit dem Altertum bekannte Europa;* Ggs Neue Welt (Amerika) □ antigo **4.8.6** ~er **Stil** *(seit der Kalenderreform durch Gregor XIII. (1582) übliche Bez.; Abk.: a. St.) Datum nach dem Julianischen Kalender* □ *calendário juliano **4.8.7** ein ~er **Meister** *Künstler des Mittelalters* **4.8.8** das **Alte Testament** ⟨Abk.: AT⟩ *der erste, ältere, hebräisch geschriebene Teil der Bibel, der die Zeit der Propheten vor der Geburt Jesu beschreibt* □ antigo; → a. neu (3.1.7)

4.8.9 das ~e **Jahr** *das vergangene Jahr beim Jahreswechsel* □ passado; → a. neu (1.4.1) **4.9** ⟨60⟩ **4.9.1** ~er **Wein** *gut abgelagerter W.;* Ggs junger Wein □ envelhecido **4.9.2** ~e **Kartoffeln** *Kartoffeln der vorjährigen Ernte (wenn es schon neue gibt)* □ *da colheita anterior **4.9.3** ~es **Brot** *altbackenes, nicht mehr frisches B.* □ velho; amanhecido **4.9.4** ~e **Dienste** ⟨Arch.⟩ *Dienst(7) größeren Durchmessers* □ *fustes espessos **5** ⟨Zeitmaß⟩ er ist 20 Jahre ~ *lebt seit 20 J.;* das Kind ist noch nicht 1 Jahr ~; ein 1 000 Jahre ~er Baum; er starb, noch nicht 30 Jahre ~; □ de idade; ~ an Jahren sein □ *ter idade; wie ~ sind Sie?; für wie ~ halten Sie ihn? □ idade **5.1** dieses Buch ist schon 100 Jahre ~ *vor 100 J. hergestellt* □ de idade **6** etwas ~ **kaufen** *bereits gebrauchte Sachen k., aus zweiter Hand k.;* Ggs neu □ usado; de segunda mão **6.1** ⟨60⟩ ~es **Eisen** *unbrauchbare Gegenstände* □ *ferro-velho; sucata **6.1.1** zum ~en **Eisen** gehören ⟨fig.; umg.⟩ *nicht mehr arbeitsfähig sein, ausgedient haben* □ *virar sucata; estar na última lona **6.1.2** jmdn. od. etwas zum ~en **Eisen** werfen ⟨fig.; umg.⟩ *als verbraucht ausscheiden* □ *pôr de lado; descartar **7** aus **Alt** mach **Neu** ⟨umg.⟩ *alte Gegenstände, bes. Kleider geschickt umändern, so dass sie wie neu aussehen* **7.1** ~ **für neu** *Abzug von der Entschädigung wegen Wertminderung durch Abnutzung* □ velho **8** ⟨60⟩ **8.1** eine ~e **Jungfer** ⟨umg.; abwertend⟩ *ältere Frau mit eigenartigem Benehmen* □ *solteirona **8.2** ~er **Schwätzer**, Widersacher *hartnäckiger, unverbesserlicher S., W.* □ contumaz; incorrigível **9 Alt** und **Jung**, Alte und Junge *jedermann;* bei **Alt** und **Jung** beliebt sein □ velho

Alt ⟨m.; -s; unz.; Mus.⟩ **1** *die tiefere Stimmlage bei Frauen u. Knaben;* sie hat einen sehr schönen ~; sie singt (im) ~ **2** *Sänger od. Sängerin, der od. die Partien für Altstimme singt* □ contralto

Al|tar ⟨m.; -(e)s, -tä|re⟩ **1** ⟨urspr.⟩ *erhöhter block- od. tischartiger Platz zur Darbringung von Opfern* **1.1** sein Leben auf dem ~ des Vaterlandes opfern ⟨poet.; geh.⟩ *im Krieg fallen* **2** ⟨christl. Kirche⟩ *Stätte des Abendmahles* **2.1** sich vor dem ~ das Jawort geben ⟨fig.; geh.⟩ *kirchlich heiraten* □ altar

alt|ba|cken ⟨Adj.⟩ *nicht mehr frisch, einige Tage alt;* ~es Brot □ velho; amanhecido

alt|be|kannt ⟨Adj. 24/70⟩ *seit langem bekannt, offenkundig;* das ist doch ~!; eine ~e Wahrheit □ conhecido há muito tempo

Al|ten|heim ⟨n.; -(e)s, -e⟩ = Altersheim

Al|ten|teil ⟨n.; -(e)s, -e⟩ **1** *rechtlich gesicherte Leistungen auf Lebenszeit an denjenigen (bes. Bauern), der seinen Hof, sein Geschäft o. Ä. seinem Nachfolger übergibt, z. B. mietfreie Wohnung, Erhalt eines Geldbetrages* □ renda vitalícia **1.1** sich aufs ~ setzen, zurückziehen *sich zur Ruhe setzen, sein Amt an einen Nachfolger übergeben, sich aus dem öffentlichen Leben zurückziehen* □ *aposentar-se; pendurar as chuteiras **1.2** jmdn. aufs politische ~ setzen *jmdn. in eine politisch wirkungsloser Position verweisen* □ *chutar alguém para escanteio na política

Al|te(r)¹ ⟨f. 2 (m. 1)⟩ **1** *alte Frau bzw. alter Mann; Alte und Junge; er redet wie ein Alter* □ **velho 2** *der Alte* ⟨umg.⟩ *der Chef, Meister* □ **patrão 3 mein** *Alter* ⟨umg.⟩ *mein Mann, mein Vater* **4** *die Alte letzte Garbe, die am Schluss der Ernte auf dem Feld bleibt od. feierlich eingebracht wird* □ **última paveia/gavela 5** *die Alten die alten Leute* **6** *die Alten* ⟨umg.⟩ *die Eltern, die Vorfahren* □ **velho** 6.1 *wie die Alten sungen, so zwitschern die Jungen* ⟨Sprichw.⟩ 6.1.1 *oft reden Kinder kritiklos nach, was sie von den Eltern hören* 6.1.2 *die Kinder sind, handeln wie die Eltern* □ ***tal pai, tal filho 7** *die Alten die Völker des Altertums* □ **antigo**

Al|ter² ⟨n.; -s; unz.⟩ Ggs *Jugend* **1** *Zeitdauer, die seit der Entstehung (eines Lebewesens od. Gegenstandes) verstrichen ist, Lebenszeit, Zeit des Bestehens;* in welchem ~ ist er ungefähr?; in meinem ~ kann ich mir das nicht mehr leisten; im ~ von 85 Jahren starb er; im zarten ~ von fünf Jahren; ein ehrwürdiges ~ (erreichen); im reifen ~; ein Herr mittleren ~s; noch im hohen ~; bis ins hohe ~ rüstig sein; *das ~ eines Baumes, einer Münze, eines Kunstwerkes* 1.1 *man sieht dir dein ~ nicht an du siehst jünger aus, als du bist* 1.2 *er ist in meinem ~ so alt wie ich* 1.3 *für sein ~ recht gewandt sein wenn man seine Jugend berücksichtigt* → a. **beste(r, -s)(1.2) 2** *Lebenszeit des alten Menschen;* Ggs *Jugend(1);* ~ schützt vor Torheit nicht ⟨Sprichw.⟩ **3** *alte Leute;* Ggs *Jugend(4);* dem ~ den Vortritt lassen; das ~ muss man ehren ⟨Sprichw.⟩ □ **idade; velhice**

al|tern ⟨V.⟩ **1** ⟨400(s.)⟩ *jmd. altert wird (sichtlich) alt;* er ist früh gealtert; er ist in den letzten Jahren sehr (rasch) gealtert **2** ⟨400(s.)⟩ *Stoffe ~ verändern ihre ursprüngliche Beschaffenheit;* Metalle, Aromen, Weine ~ 2.1 ⟨500⟩ *Stoffe ~ veranlassen, dass sie ihre ursprüngl. Beschaffenheit verändern;* Metalle, Aromen, Weine (künstlich) ~ □ **envelhecer**

al|ter|na|tiv ⟨Adj. 24⟩ **1** *eine Alternative, Wahl zwischen zwei Möglichkeiten bietend* 1.1 *eine zweite zu wählende Möglichkeit darstellend;* ein ~er Vorschlag **2** *vom Herkömmlichen abweichend, im Gegensatz zu ihm stehend;* ~e Lebensweise, ~e Medizin; ~e Politik □ **alternativo**

Al|ter|na|ti|ve ([-və] f.; -, -n⟩ **1** *Wahl zwischen zwei Möglichkeiten;* jmdn. vor die ~ stellen; jmdm. keine ~ lassen **2** *zweite, ersatzweise wählbare Möglichkeit;* als ~ ist auch ein gekürzter Vortrag möglich □ **alternativa**

al|ter|nie|ren ⟨V. 400⟩ **1** *wechseln, abwechseln zwischen zweien;* ~d singen □ **alternadamente 1.1** *der Versfuß alterniert* ⟨Metrik⟩ *wechselt regelmäßig zwischen einsilbiger Hebung und Senkung* **1.2** **mathematische Ausdrücke** ~ ⟨Math.⟩ *wechseln das Vorzeichen* □ **alternar 1.2.1** *~de Reihe Reihe mit wechselnden Vorzeichen der einzelnen Glieder* 1.3 *~der Strom Wechselstrom* □ **alternado**

Al|ters|heim ⟨n.; -(e)s, -e⟩ *Wohnstätte, in der alte Menschen leben u. betreut werden;* Sy *Altenheim;* ins ~ gehen, ziehen; einen Platz im ~ suchen; seine Mutter lebt im ~ □ **asilo; casa de repouso**

Al|ter|tum ⟨n.; -(e)s; unz.⟩ **1** ⟨unz.⟩ *der Zeitraum von den Anfängen menschlicher Kultur bis etwa zum Untergang des weströmischen Reiches;* Ggs *Neuzeit* 1.1 **klassisches** ~ *das griechisch-römische A. vom 5. Jh. v. Chr. bis zum 5. Jh. n. Chr.;* Sy *Antike(1)* □ **Antiguidade 2** ⟨nur Pl.⟩ *Altertümer Kunstgegenstände aus diesem Zeitraum;* die Altertümer im Museum besichtigen □ **antiguidades**

al|ter|tüm|lich ⟨Adj.⟩ **1** *in der Art vergangener Zeiten, aus ihnen stammend;* ~e Baudenkmäler □ **antigo 2** *veraltet, nicht dem Zeitgeist entsprechend, archaisch;* ~e Ansichten besitzen □ **arcaico; obsoleto**

alt|klug ⟨Adj.⟩ *frühreif u. vorlaut;* ein ~es Kind; das Kind schien ihm ~ zu sein □ **precoce**

alt|mo|disch ⟨Adj.⟩ *nicht der augenblicklichen Mode entsprechend, nicht modern, rückständig, veraltet;* ~e Möbel, Kleidung, Ansichten; er war ~ gekleidet □ **antiquado; fora de moda**

Alt|wei|ber|som|mer ⟨m.; -s, -⟩ Sy *fliegender Sommer* □ **veranico de São Martinho;** → *fliegend (2.5)* **1** *vom Wind getragene Spinnfäden im Spätsommer* □ **fios da Virgem 2** *durch das Auftreten dieser Fäden charakterisierter Nachsommer* □ **veranico de São Martinho**

Alu|mi|ni|um ⟨n.; -s; unz.; Chem.; Zeichen: Al⟩ *chem. Element, silberweißes Leichtmetall, Ordnungszahl 13* □ **alumínio**

am ⟨Präp. + schwach betonter Artikel⟩ = *an dem* **1** ⟨zur Bildung des Superlativs⟩ das ist ~ schönsten □ ***é o mais bonito;** er hat ~ besten gespielt □ ***ele foi o que melhor jogou/tocou 2** ⟨örtlich⟩ Frankfurt ~ Main ⟨Abk.: a. M.⟩ □ **às margens de** 2.1 ~ *angeführten Ort* ⟨Abk.: a.a.O.⟩ *in einem bereits genannten Werk* □ ***loco citato (loc. cit.)** 2.2 er sitzt ~ Tisch □ **(junto) a 3** ⟨durativ⟩ er ist ~ Schreiben *beschäftigt mit, beim Schreiben, er schreibt gerade* □ ***ele está escrevendo**

Amal|gam ⟨n.; -s, -e⟩ **1** *Legierung aus Quecksilber u. anderen Metallen* 1.1 ⟨Zahnmed.⟩ *(als Zahnfüllung verwendete) Quecksilberlegierung mit über 50% Silber* □ **amálgama**

Ama|ryl|lis ⟨f.; -, -ryl|len; Bot.⟩ *ein Zwiebelgewächs mit einem hohen Blütenschaft u. mehreren sehr großen, leuchtend roten od. rosafarbenen Blüten* □ **amarílis**

Ama|teur ([-tø:r] m.; -s, -e⟩ *jmd., der nicht beruflich, sondern nur aus Freude an der Sache auf einem künstlerischen, wissenschaftlichen od. sportlichen Gebiet tätig ist;* Sy *Liebhaber(2);* ~fotograf; Foto~ □ **amador**

Ama|zo|ne ⟨f.; -, -n⟩ **1** ⟨griech. Myth.⟩ *Angehörige eines kriegerischen Frauenvolkes in Kleinasien* **2** ⟨Reitsp.⟩ *Springreiterin;* sie war die beste ~ im Feld □ **amazona**

Am|bi|en|te ⟨n.; -s; unz.⟩ **1** *Umgebung, Atmosphäre, Milieu;* ein angenehmes ~ schaffen 1.1 ⟨Lit.⟩ *Kolorit, Atmosphäre einer Schilderung* **2** *Stil einer Einrichtung, Ausstattung;* ein luxuriöses, rustikales ~; für das passende ~ sorgen 2.1 ⟨Kunst⟩ *Umgebung einer Gestalt in einem Kunstwerk (Licht, Schatten, Gegenstände u. a.)* □ **ambiente**

am|bi|va|lent ([-va-] Adj. 24⟩ **1** *zwiespältig, einander widersprechend;* ~e Gefühle **2** *doppelwertig, zwei-, mehrdeutig;* ~e Werte □ **ambivalente**

Am|boss ⟨m.; -es, -e⟩ **1** *eiserner Block mit ebener Fläche, auf dem der Schmied das Eisen schmiedet* **2** ⟨Anat.⟩ *das mittlere der drei Gehörknöchelchen* □ **bigorna**

am|bu|lant ⟨Adj. 24⟩ **1** *herumziehend, wandernd* 1.1 *~es Gewerbe* ⟨veraltet⟩ *das im Umherziehen von Ort zu Ort betriebene G.;* *~er Handel* □ **ambulante 2** ⟨Med.⟩ *~e Behandlung B. während der ärztlichen Sprechstunde im Krankenhaus od. in einer Arztpraxis (ohne einen Krankenhausaufenthalt);* Ggs *stationär*(4) □ **ambulatorial**

Am|bu|lanz ⟨f.; -, -en; Med.⟩ **1** *Station im Krankenhaus für ambulante Behandlungen* (Notfall~) □ **ambulatório 2** = *Krankenwagen*

Amei|se ⟨f.; -, -n; Zool.⟩ *Angehörige einer zur Ordnung der Hautflügler gehörenden Familie staatenbildender Insekten: Formicidae; geflügelte ~; fleißig wie eine ~* □ **formiga**

Amen ⟨n.; -s, -⟩ **1** ⟨Liturgie⟩ *Zustimmung der Gemeinde u. Schlussformel zu Rede, Segen, Gebet usw.* **2** *sein ~ zu etwas geben* ⟨fig.⟩ *sein Einverständnis erklären* 2.1 *zu allem ja und amen/* Ja *und* Amen *sagen* ⟨fig.⟩ *mit allem einverstanden sein, sich allem fügen* **3** *das ist so sicher wie das ~ in der Kirche* ⟨Sprichw.⟩ *ganz sicher, bestimmt* □ **amém**

Am|mann ⟨m.; -(e)s, -män|ner; schweiz.⟩ *Obmann, Amtmann, Bezirks-, Gemeindevorsteher* (Land~) □ **chefe administrativo; magistrado local**

Am|me ⟨f.; -, -n⟩ *Mutter, die ein fremdes Kind stillt* □ **ama de leite**

Am|mo|ni|um ⟨n.; -s; unz.; Chem.⟩ *das den Alkalimetallen entsprechende Radikal NH⁴* □ **amônia**

Am|nes|tie ⟨f.; -, -n⟩ *gesetzlich verfügter Straferlass für eine Gruppe von (meist politischen) Gefangenen, Begnadigung;* *eine ~ erlassen* □ **anistia**

Amok ⟨m.; -s; unz.⟩ *~ laufen infolge einer Geistesstörung blindwütig u. unkontrolliert mit einer Waffe über andere Menschen herfallen u. sie dabei schwer verletzen od. töten* □ ***ser tomado por crise de loucura; atacar às cegas**

amorph ⟨Adj.⟩ **1** *formlos, gestaltlos, ohne Kristallform;* Ggs *kristallin, kristallisch* □ **amorfo 2** *~e Sprachen = isolierende Sprachen,* → *isolieren*(3)

Am|pel ⟨f.; -, -n⟩ **1** *von der Decke eines Zimmers herabhängende Lampe in Form einer Schale* □ **lustre 2** *hängende Schale für Blumen* □ **vaso de flores suspenso 3** *als Signal zur Regelung des Straßenverkehrs dienende Lampe mit rotem, gelbem u. grünem Licht* □ **semáforo**

Am|pere ⟨[ampɛːr] n.7; - od. -s, -; El.; Zeichen: A⟩ *Maßeinheit der elektrischen Stromstärke* □ **ampere**

Amp|fer ⟨m.; -s, -; Bot.⟩ *artenreiche Gattung aus der Familie der Knöterichgewächse, zur Herstellung von Oxalsäure u. als Gewürz verwendet: Rumex* □ **azeda**

Am|phi|bie ⟨[-bjə] f.; -, -n; Zool.⟩ *Tier, das im Wasser und auf dem Land leben kann;* Sy *Lurch* □ **anfíbio**

Am|pul|le ⟨f.; -, -n⟩ **1** *bauchiges Gefäß, bauchige Flasche* 1.1 ⟨Pharm.⟩ *spitz zulaufendes, verschlossenes Glas- od. Plastikröhrchen mit sterilen Flüssigkeiten od. Medikamenten (zum Injizieren)* **2** ⟨Med.⟩ *kolbenartig erweiterter Teil röhrenförmiger Organe (Mastdarm, Eileiter)* □ **ampola**

Am|pu|ta|ti|on ⟨f.; -, -en; Med.⟩ *operative Entfernung;* Sy *Abnahme(1.1);* *~ eines Körpergliedes* □ **amputação**

am|pu|tie|ren ⟨V. 500⟩ *ein Körperglied ~ durch Operation entfernen* □ **amputar**

Am|sel ⟨f.; -, -n; Zool.⟩ *ein Singvogel aus der Familie der Drosseln, Männchen schwarz mit gelbem Schnabel, Weibchen graubraun mit braunem Schnabel: Turdus merula;* Sy *Schwarzdrossel; Köhler~* □ **melro**

Amt ⟨n.; -(e)s, -Äm|ter⟩ **1** *fester, dauernder Aufgabenkreis im Dienste anderer, Stellung, Beruf sowie damit verbundene Amtsgewalt, Rechte und Pflichten; ein verantwortungsvolles ~; sich um ein ~ bewerben; ein ~ antreten, ausüben, bekleiden, innehaben, versehen, behalten, niederlegen; das ~ des Bürgermeisters, das ~ eines Treuhänders ausüben; im ~ sein, bleiben, sich befinden; jmdn. in ein ~ einsetzen, einweisen, einführen* □ **cargo; ofício;** *etwas von ~s wegen bekanntmachen, untersagen, verbieten, verkünden* □ ***notificar/interdizer/proibir/anunciar oficialmente** 1.1 *jmdn. seines ~es entheben absetzen* □ ***afastar alguém de seu cargo; destituir alguém de sua função** 1.2 *ich bin von ~s wegen hier amtlich, in öffentlichem Auftrag* □ ***estou aqui oficialmente** 1.3 *kraft seines ~es aufgrund seiner Amtsgewalt* □ ***por força de ofício** 1.4 *in ~ und Würden sein eine feste, gute Stellung (bekommen) haben* □ ***estar num bom cargo** **2** ⟨fig.⟩ *Aufgabe, Pflicht* □ **dever; obrigação** 2.1 *seines ~es walten seine amtlichen Pflichten ausüben* □ ***fazer seu dever/sua obrigação** 2.1.1 *das ist nicht meines ~es* ⟨geh.; veraltet⟩ *das ist nicht meine Aufgabe, Pflicht* □ **alçada 3** *staatlicher Verwaltungsbereich aus mehreren Gemeinden* □ **jurisdição 4** *behördl. Institution; Finanz~* □ **delegacia regional da fazenda;** *Auswärtiges ~* □ ***Ministério das Relações Exteriores** 4.1 ⟨veraltet⟩ *Vermittlungsstelle des Fernmeldedienstes der Post; Fern~* □ **central interurbana** 4.2 *das Gebäude, in dem ein Amt(4) untergebracht ist; aufs ~ gehen; zum ~ gehen* □ **delegacia; ministério 5** ⟨veraltet, kath. Kirche⟩ *Messe mit Gesang* □ **missa cantada** 5.1 ⟨ev. Kirche⟩ *Abendmahl* □ **ceia; comunhão**

amt|lich ⟨Adj.⟩ **1** *auf einem Amt beruhend, von einem Amt stammend; ~e Bescheinigung* □ **oficial;** *ein ~es Schreiben* □ ***ofício** 1.1 *ist das ~?* ⟨umg.⟩ *offiziell, verbürgt, gewiss, feststehend* □ **certo; garantido 2** *von Amts wegen, nicht privat; ich teile Ihnen dies ~ mit* **3** *aufgrund der Rechte eines Amtes; etwas ~ verfügen, befehlen* □ **oficialmente**

Amu|lett ⟨n.; -(e)s, -e⟩ *(meist um den Hals getragener) kleiner Gegenstand als Glücksbringer* □ **amuleto**

amü|sant ⟨Adj.⟩ *unterhaltsam, belustigend* □ **divertido**

amü|sie|ren ⟨V. 505/Vr 3⟩ *(sich über jmdn. od. etwas) ~ unterhalten, belustigen, vergnügen; die Geschichte hat mich amüsiert; wir haben uns prächtig, königlich über ihn (über seine Späße) amüsiert* □ **divertir(-se)**

an¹ ⟨Präp.⟩ → a. *am* **1** ⟨m. Akk.⟩ 1.1 *~ einen Ort in Richtung auf, bis hin zu einem Ort; etwas ~ die Tafel schreiben; ~ die Tür klopfen; sich ~ die Wand leh-*

nen; bis ~ den Hals im Wasser stehen ☐ **em; até** 1.1.1 jmdn. ~ die **Wand stellen** ⟨fig.⟩ *zum Erschießen* ☐ ***colocar alguém no paredão** 1.2 ~ jmdn. *auf jmdn. gerichtet, bezogen, bestimmt für;* ein Brief ~ seine Frau; einen Gruß ~ deine Mutter!; eine Bitte, Frage ~ jmdn. haben, richten; ich habe gerade ~ dich gedacht; ~ Gott glauben; ~ Konto x ... ⟨Buchhaltung⟩ ☐ **a; para; em** 1.3 ~ eine **Tätigkeit**, etwas **Abstraktes** *gerichtet auf;* das Lied „An die Freude"; geh ~ deine Aufgabe! ☐ **(voltado) a/para 2** ⟨Präp. m. Dat.⟩ 2.1 ~ einem **Ort** *dicht bei, nahe;* (nahe) ~ der Autobahn; dort steht Haus ~ Haus; ~ einer Stelle im Wald; ~ der Ecke warten; der Ort, ~ dem er starb ☐ **(junto) a; perto de; em;** Frankfurt ~ der Oder ⟨Abk.: a. d. O.⟩ ☐ **às margens de** 2.1.1 14:30 Uhr ~ München ⟨auf Fahrplänen⟩ *Ankunft in München um ...* 2.1.2 ⟨regional, bes. schweiz.⟩ *auf;* ~ der Erde liegen; es war gestern ~ einem Konzert 2.1.3 er wohnt ~ der Bahnhofstraße ⟨schweiz.⟩ *in der B.* 2.1.4 ~ einer **Behörde**, einem **Unternehmen** sein *beruflich tätig in, bei;* Dekan ~ der Philosophischen Fakultät ☐ **em** 2.2 du bist ~ der Reihe *der Nächste* ☐ ***você é o próximo** 2.2.1 jetzt ist es ~ dir zu handeln *es ist deine Aufgabe* ☐ ***agora cabe a você agir** 2.3 ~ einer **Sache, Tätigkeit** sein *beschäftigt mit;* ~ einem Theaterstück schreiben; ~ der Arbeit sein ☐ ***estar fazendo alguma coisa; estar ocupado em alguma coisa/atividade** 2.3.1 man hat es ~ der Rede ⟨schweiz.⟩ *man spricht davon* ☐ ***estão falando a respeito** 2.4 *den Teil einer Menge betreffend;* reich (arm) ~ Erzen ☐ **em;** haben Sie etwas ~ Sommerstoffen da?; jung ~ Jahren sein; es fehlt ihm ~ der nötigen Ausdauer ☐ ∅ 2.4.1 es ist (nicht) ~ dem ⟨umg.⟩ *es ist (nicht) wahr, es entspricht (nicht) den Tatsachen* ☐ ***não é verdade** 2.5 *infolge, verursacht durch;* jmdn. ~ der Stimme erkennen; ich seh dir's ~ der Nasenspitze an, dass ...; ~ einer Krankheit leiden; ~ Entkräftung sterben; ~ den Folgen des Krieges wirtschaftlich zugrunde gehen ☐ **por; de** 2.5.1 es liegt nur ~ ihm *er ist schuld* ☐ ***a culpa é dele** 2.6 *mittels, mit Hilfe;* ~ einem Teller Suppe habe ich genug; sich ~ Obst satt essen; ~ den Fingern herzählen; ~ Krücken gehen ☐ **com (o auxílio de)** 2.7 ~ einem **Zeitpunkt** *zu eben dieser Zeit;* der Tag, ~ dem ...; ~ einem heißen Sommertag; ~ seinem letzten Geburtstag; es ist ~ der Zeit zu handeln ☐ **em** 2.8 ~ eine bestimmte **Eigenschaft**, ein **Merkmal** ~ **sich haben** *durch eine E., ein M. gekennzeichnet sein;* ~ der Sache ist kein wahres Wort; ich weiß nicht, was du ~ ihm findest ☐ **em; de** 2.8.1 ~ dem Theaterstück ist nicht viel (dran) *es taugt nicht viel* ☐ ∅; → a. **Eid (1.1)**

an² ⟨Adv.⟩ **1** *von ...* ~ Sy *von ... ab* 1.1 *von einem* **Ort** ~ *beginnend;* von hier ~; von unten ~ 1.2 *von einem* **Zeitpunkt** ~ *beginnend (am, um, mit);* von dem Tage ~, als (da) ...; von nächster Woche ~; von Jugend, Kindheit ~; von heute ~ 1.3 *von einer bestimmten* **Menge** ~ *beginnend bei, mit ebenso viel und mehr;* von 5 Euro ~ aufwärts; von 0,5 V ~ ☐ ***a partir de;** → a. *ab (2.1)* **2** ~ *sich,* ~ *und für sich eigentlich, von Rechts wegen, genau genommen* ☐ ***em si 3** ⟨das auf „an" folgende Substantiv steht im Kasus des Satzgliedes, es wird nicht von „an" regiert⟩ (**Menge**, Maß, Gewicht, Anzahl) ~ (die) 5.000 Euro *etwa, ungefähr;* mit ~ (die) 50 Schulkindern; ~ (die) 220 V ☐ **cerca de 4** ⟨kurz für⟩ 4.1 ⟨umg.⟩ *angezogen, bekleidet* ☐ **vestido** 4.1.1 ohne etwas ~ *unbekleidet* ☐ ***sem nada; despido** 4.1.2 mit wenig ~ *nur dürftig bekleidet* ☐ ***com pouca roupa;** → a. **anhaben(1) 5** ~ **sein** *angeschaltet, eingeschaltet sein;* das Licht ist immer noch ~ ☐ ***estar ligado/aceso** 5.1 bitte Motor ~! *bitte den M. anschalten* ☐ **ligar**

an... ⟨Vorsilbe; bei Verben trennbar⟩ **1** *befestigend;* anbinden **2** *sich nähernd, berührend;* angrenzen, anhängen **3** *Richtung auf etwas od. jmdn. hin nehmend;* jmdn. anschreiben; jmdn. anbrüllen; etwas anpeilen **4** *beginnend;* anstimmen, anfaulen, ansetzen **5** *verstärkend, vergrößernd;* anschwellen, anbauen, anhäufen **6** *längere Zeit einer Tätigkeit nachgehend;* etwas anhören, ansehen

anal ⟨Adj. 24/90⟩ **1** ⟨Med.⟩ *den After betreffend, in seiner Nähe liegend* **2** ⟨Psych.⟩ ~e **Phase** *frühkindliche Stufe der Sexualität, in der der Trieb auf die Afterregion gerichtet ist* ☐ **anal**

ana|log ⟨Adj.⟩ **1** *entsprechend, ähnlich, vergleichbar;* eine ~e Darstellung, Erscheinung ☐ **análogo** 1.1 ⟨EDV⟩ Ggs **digital** 1.1.1 *kontinuierlich* 1.1.2 ⟨Phys.⟩ *durch die gleichen mathematischen Zeichen darstellbar;* ~es **Signal** *kontinuierliches, als physikalische Größe dargestelltes S.* ☐ **analógico 2** ⟨Präp. m. Dat.⟩ *entsprechend;* etwas ~ zu etwas anderem beschreiben ☐ **analogamente**

Ana|lo|gie ⟨f.; -, -n⟩ **1** *Beziehung zwischen Dingen, Vorstellungen, Relationen und komplexen Systemen, die in gewisser Hinsicht übereinstimmen;* Sy **Entsprechung 2** *sinngemäße Anwendung, Übertragung* ☐ **analogia**

An|al|pha|bet ⟨a. [---'-] m.; -en, -en⟩ *Person, die nicht lesen u. schreiben gelernt hat* ☐ **analfabeto**

An|al|pha|be|tin ⟨a. [---'--] f.; -, -tin|nen⟩ *weibl. Analphabet* ☐ **analfabeta**

Ana|ly|se ⟨f.; -, -n⟩ Ggs **Synthese 1** *Zergliederung eines Ganzen in seine Teile, genaue Untersuchung der Einzelheiten, Auflösung* **2** ⟨Chem.⟩ 2.1 **qualitative** ~ *Bestimmung eines Stoffes nach der Art seiner Bestandteile* 2.2 **quantitative** ~ *Bestimmung eines Stoffes nach der mengenmäßigen Zusammensetzung* ☐ **análise**

ana|ly|sie|ren ⟨V. 500⟩ jmdn. od. etwas ~ *eine Analyse von jmdn. od. etwas machen, jmdn. od. etwas zergliedern* ☐ **analisar**

ana|ly|tisch ⟨Adj. 24⟩ **1** *die Analyse betreffend, auf ihr beruhend, mit ihrer Hilfe;* Ggs **synthetisch** 1.1 ~es **Urteil** *U., das durch Zergliederung der in einem Begriff enthaltenen Merkmale gewonnen wird* **2** ~e **Chemie** *der Teil der C., der die Analyse zum Gegenstand hat* **3** ~e **Geometrie** *rechnerische G., die analytische Gebilde, wie Kurven u. Flächen, untersucht u. mit Hilfe von Funktionsgleichungen darstellt* ☐ **analítico**

Ana|nas ⟨f.; -, - od. –se; Bot.⟩ **1** *tropische Pflanze mit spitzen, rosettenförmigen Blättern u. einem ährigen Blütenstand* **2** *essbare, bis zu 3,5 kg schwere Frucht der Ananaspflanze mit gelblichem, süßsäuerlich schmeckendem Fruchtfleisch* □ **abacaxi**

An|ar|chie ⟨[-çiː] f.; -, -n⟩ **1** *die vom Anarchismus geforderte Gesellschaftsordnung* **2** *Zustand der Gesetzlosigkeit, (politische) Unordnung* □ **anarquia**

an|ar|chisch ⟨[-çɪ]⟩ Adj.⟩ *auf Anarchie(2) beruhend* □ **anárquico**

An|ar|chis|mus ⟨[-çɪs-] m.; -; unz.⟩ *politische Lehre, die jede staatliche Ordnung ablehnt u. das menschliche Zusammenleben nur vom Willen u. von der Einsicht des Einzelnen bestimmt wissen will* □ **anarquismo**

Ana|to|mie ⟨f.; -, -n⟩ **1** ⟨unz.⟩ *Wissenschaft, Lehre vom Körperbau der Lebewesen; ~ der Pflanzen, Tiere u. des Menschen* □ **anatomia** **2** *wissenschaftliches Institut für anatomische Studien* □ **instituto de anatomia** **3** ⟨i. w. S.⟩ *Strukturbestimmung* □ **anatomia; estrutura**

an‖bah|nen ⟨V. 500; fig.⟩ **1** *etwas ~ beginnen, den Weg bereiten für; eine Ehe ~* □ **preparar; iniciar** **2** ⟨Vr 5⟩ *etwas bahnt sich an eröffnet sich, zeichnet sich ab; neue Möglichkeiten bahnen sich an* □ **delinear-se**

an|ban|deln ⟨V.⟩ = **anbändeln**

an‖bän|deln ⟨V. 405; umg.⟩ oV **anbandeln** **1** *mit jmdm. ~ eine Liebesbeziehung anknüpfen, einen Annäherungsversuch machen; sie hat mit ihm angebändelt* □ **paquerar; começar a namorar** **2** *mit jmdm. Streit ~* ⟨selten⟩ *S. Anfangen* □ ***arrumar briga com alguém**

An|bau ⟨m.; -(e)s; unz.⟩ **1** ⟨Landw.; unz.⟩ *das Anbauen, Aufzucht (von Pflanzen)* □ **cultivo; plantação** **2** *angebautes Gebäude (oder Teil eines Gebäudes)* □ **(edifício) anexo**

an‖bau|en ⟨V. 500⟩ **1** ⟨Landw.⟩ *etwas ~ (in größerem Umfang) pflanzen, säen, aufziehen; Feldfrüchte ~; Wein ~* □ **cultivar; plantar** **2** *etwas ~ dazu-, hinzubauen, -stellen; Bücherregale zum Anbauen* **2.1** *ein Gebäude durch ein anderes vergrößern; eine Garage (an ein Haus) ~* □ **construir como anexo**

an‖be|hal|ten ⟨V. 160/500; umg.⟩ *ein Kleidungsstück ~ am Körper behalten, nicht ausziehen, nicht ablegen; ich behalte die neuen Schuhe gleich an* □ **ficar com; não tirar**

an|bei ⟨a. ['--] Adv.⟩ *beiliegend, beigefügt; ~ senden wir Ihnen die gewünschten Unterlagen* □ **anexo**

an‖bei|ßen ⟨V. 105⟩ **1** ⟨500⟩ *etwas ~ in etwas zum ersten Mal beißen, hineinbeißen; ein Stück Brot, Wurst, einen Apfel ~* **1.1** *das Kind ist zum Anbeißen* ⟨fig.; umg.; scherzh.⟩ *sehr niedlich* **2** ⟨500⟩ *den Köder annehmen; der Fisch will nicht ~; hat was angebissen? (am Angelhaken)* □ **morder** **2.1** ⟨fig.; umg.⟩ *sich verlocken, überreden lassen; als wir ihm Geld boten, biss er sofort an; er will nicht ~* □ **morder a isca; cair**

an‖be|rau|men ⟨V. 500⟩ *etwas ~ festsetzen; einen Termin, einen Zeitpunkt ~* □ **marcar; estabelecer**

an‖be|ten ⟨V. 500⟩ *etwas ~ durch Gebet verehren, zu jmdm. od. etwas beten; die Götter ~; die Sonne, den Mond ~* **1.1** ⟨fig.⟩ *sehr verehren, vergöttern; er betet seine Frau an* □ **venerar; adorar**

An|be|tracht ⟨nur noch in der Wendung⟩ **in ~ mit Rücksicht auf, im Hinblick auf; in ~ der kritischen Situation; in ~ dessen, dass ...** □ **considerando; visto que**

an‖bie|dern ⟨V. 500/Vr 3⟩ *sich (bei jmdm.) ~ sich bei jmdm. einschmeicheln, sich jmdm. aufdrängen; er biedert sich bei mir an* □ ***insinuar-se; tentar ganhar a simpatia de alguém**; *ein ~des Gerede* □ **insinuante**

an‖bie|ten ⟨V. 110⟩ **1** ⟨530⟩ *jmdm. etwas ~ vorschlagen, etwas zu nehmen, fragen, ob jmd. etwas haben will; jmdm. ein Glas Wein, eine Tasse Kaffee ~; seine Hilfe, seine Dienste, eine Stellung ~; Waren zum Kauf, Verkauf ~; er bot mir an, mich im Wagen mitzunehmen* □ **oferecer** **1.1** *jmdm. Prügel ~ mit P. bedrohen* □ ***ameaçar bater em alguém** **2** ⟨580/Vr 7⟩ *sich ~, etwas zu tun seine Dienste zur Verfügung stellen* □ ***colocar-se à disposição para fazer alguma coisa**

An|blick ⟨m.; -(e)s, -e⟩ **1** ⟨unz.⟩ *das Anblicken; beim ersten ~* □ **vista** **2** *Bild, das man beim Anblicken wahrnimmt; ein herrlicher, furchtbarer ~* □ **cena; visão**; *in den ~ einer Blume versunken sein* □ ***ficar absorvido olhando as flores*; → a. *Gott(1.2)*

an‖bli|cken ⟨V. 500/Vr 7 od. Vr 8⟩ *jmdn. od. etwas ~ ansehen, anschauen, den Blick hinwenden auf; er blickte sie fragend, lange, stumm, fassungslos, dankbar an* □ **olhar; contemplar**

an‖bre|chen ⟨V. 116⟩ **1** ⟨500⟩ *etwas ~ zu verbrauchen beginnen; Vorrat ~* □ **começar a consumir** **1.1** *Brot ~ das erste Stück abbrechen* □ **partir** **1.2** *eine Tafel Schokolade ~ zu essen beginnen* □ **começar a comer** **1.3** *eine Flasche Wein ~ das erste Glas ausschenken* □ **abrir** **2** ⟨500⟩ *etwas ~ nicht ganz durchbrechen; einen Holzstab, Knochen ~; ein Bein ~* □ **quebrar** **3** ⟨400(s.); geh.⟩ *etwas bricht an beginnt, fängt an; der Tag, der Frühling bricht an* □ **nascer; começar**; *ein angebrochener Abend* □ ***um anoitecer**

an‖bren|nen ⟨V. 117⟩ **1** ⟨400⟩ *etwas brennt an fängt an zu brennen; das Holz brannte endlich an* **2** ⟨400(s.)⟩ *etwas brennt an setzt sich am Boden des Kochtopfes an; Milch brennt leicht an; etwas (versehentlich) ~ lassen* □ **começar a queimar**; *angebrannt riechen, schmecken* □ **queimado** **3** ⟨500⟩ *etwas ~ zum Brennen, Glühen, Leuchten bringen;* Sy *anzünden; eine Kerze, Lampe ~* **3.1** ⟨530/Vr 5 od. Vr 6⟩ *jmdm. etwas ~ anzünden; sich eine Zigarette, Pfeife ~* □ **acender**

an‖brin|gen ⟨V. 118/500⟩ **1** *jmdn. od. etwas ~ herbeibringen, herbeitragen; der Hund brachte das erlegte Wild an* □ **trazer** **2** *etwas ~ befestigen, festmachen, anmachen, installieren; an der Wand muss noch eine Lampe angebracht werden* □ **instalar; afixar** **2.1** ⟨fig.⟩ *machen, hinzufügen; Änderungen, Verbesserungen ~* □ **fazer; acrescentar** **3** *etwas ~ vortragen, äußern, mitteilen; eine Klage, Beschwerde ~; eine Bemerkung gesprächsweise ~; ich konnte meine Bitte nicht ~* □ **fazer; apresentar** **4** *Waren ~ absetzen, verkaufen* □ **vender**

An|bruch ⟨m.; -(e)s, -brü|che⟩ **1** ⟨unz.; geh.⟩ *Beginn, Anfang; der ~ einer Epoche; bei ~ der Nacht* □ **iní-**

cio 2 ⟨Forstw.⟩ *krankes, fauliges Holz* □ **madeira podre** 3 ⟨Jägerspr.⟩ *in Fäulnis übergehendes totes Wild* □ **carniça** 4 ⟨Bgb.⟩ *angebrochene Masse nutzbarer Mineralien* □ **fenda; fissura**

An|cho|vis ⟨[-ˈoːvɪs] od. [-ˈçoːvɪs] f.; -, -⟩ = *Anschovis*

An|dacht ⟨f.; -, -en⟩ 1 ⟨unz.⟩ *geistige u. seelische Versenkung;* jmds. ~ (nicht) *stören;* in stille ~ *versunken* □ **meditação** 1.1 ⟨unz.; Rel.⟩ *Besinnung auf Gott;* mit frommer ~ die Kirche betreten □ **devoção** 2 ⟨unz.⟩ *feierliche, ehrfürchtige Stimmung, innere Sammlung;* etwas mit ~ lesen, hören, betrachten □ **concentração** 3 ⟨Rel.⟩ *kurzer Gottesdienst;* Abend~; Morgen~; eine ~ halten 3.1 *stille, religiöse Feier;* Haus~ □ **oração; prece**

an|dau|ern ⟨V. 400⟩ etwas dauert an *dauert lange, hört nicht auf, hält an;* der Regen dauert an; die Verhandlungen dauern an □ **(per)durar; continuar**

an|dau|ernd ⟨Adj. 24/90⟩ 1 *anhaltend, unaufhörlich, ununterbrochen;* ein ~er Regen □ **ininterrupto** 2 ⟨a. [-ˈ--]⟩ *immer wieder, sich ständig wiederholend;* diese ~en Fragen sind mir lästig; ~ sagt sie dasselbe □ **persistente; contínuo; continuamente**

an|den|ken ⟨V.119/500; umg.⟩ etwas ~ *über etwas zum ersten Mal nachdenken;* ich werde die Sache ~ □ **pensar sobre**

An|den|ken ⟨n.; -s, -⟩ 1 ⟨unz.⟩ *Gedenken, Gedächtnis, Erinnerung;* ich schicke dir das Foto zum ~ an unsere Reise 2 *Gegenstand zur Erinnerung;* Sy *Souvenir;* der Ring ist ein ~ an meine Mutter □ **lembrança; recordação**

an|de|re(r, -s) ⟨Indefinitpronomen 10⟩ 1 *nicht diese Sache(n) od. Person(en), sondern (eine) davon verschiedene;* ein ~s Kleid anziehen; mit ~n Worten: ...; entweder das eine/Eine oder ~/Andere!; und ~(s)/Andere(s) ⟨Abk.: u. a.⟩; und ~s/Andere(s) mehr ⟨Abk.: u. a. m.⟩; und vieles ~/Andere mehr; es war ein ~r/Anderer 1.1 *das ist etwas ~s/Anderes!;* spielen wir etwas ~s/Anderes!; reden wir von etwas ~m/Anderem! 1.2 das haben ~/Andere auch schon gesagt *nicht nur du sagst das* 1.3 das kannst du ~n/Anderen erzählen, aber nicht mir! *ich glaube es nicht!* □ **outro** 1.4 ich habe ihn eines ~n/Anderen belehrt *ich habe ihm seinen Irrtum nachgewiesen* □ ***fiz com que ele percebesse seu erro** 1.5 ~n Leuten in die Töpfe gucken ⟨fig.; umg.⟩ *sich neugierig für die Angelegenheiten anderer interessieren* □ ***meter o bedelho na vida alheia** 2 *etwas od. jmd. aus einer Reihenfolge;* einer schrie lauter als der ~; es kam eins zum ~n, am Schluss war das Unglück passiert; ein ~s Mal komme ich mit; ich bin von einem Geschäft zum ~n gelaufen □ **outro** 2.1 ~n Tags, am ~n Tag *am nächsten Tag* □ ***no dia seguinte** 2.1.1 er erzählte eine Geschichte nach der ~n *immer wieder eine neue* 2.2 ein Wort gab das ~, und schon war der Streit im Gange *die Diskutierenden widersprachen einander ständig* 2.3 immer einer (eins) nach dem ~n! *immer der Reihe nach!* □ **outro** 2.4 ein Mal um das ~ *jedes zweite Mal* □ ***a cada duas vezes** 2.4.1 einen Tag um den ~n *jeden zweiten Tag* □ ***a cada dois dias; dia sim, dia não** 2.5 zum einen habe ich keine Zeit und zum ~n auch gar keine Lust *erstens ..., zweitens ...* □ ***em primeiro lugar, não tive tempo, em segundo, não tive vontade** 3 *in wesentlichen Merkmalen verschieden;* ich bin ~r Meinung; ~n Sinnes werden □ **outro** 3.1 sich eines ~n/Anderen besinnen *seine Meinung ändern* □ ***mudar de ideia** 3.2 ~ Saiten aufziehen ⟨fig.; umg.⟩ *strenger werden* □ ***mudar de tom; ser mais rigoroso** 3.2.1 dort herrscht ein ~r Ton *ein strengerer Ton* □ **outro** 3.3 in ~n Umständen schwanger □ ***em estado interessante** 4 *der (das) eine/Eine oder ~/Andere irgendjemand, irgendetwas, manches, einiges* □ **outro** 5 unter ~m/Anderem ⟨Abk.: u. a.⟩ *außerdem* □ ***entre outras coisas** 6 nichts ~s/Anderes als jmd. od. etwas *nur dieses (dieser, diese);* es blieb ihm nichts ~s/Anderes übrig, als zu ... □ ***nada além de alguém ou alguma coisa** 7 alles ~/Andere als *das Gegenteil von;* das Konzert war alles ~/Andere als gut □ ***tudo menos** 7.1 sie verdient alles ~/Andere als ein Lob *Tadel* □ ***ela merece tudo menos um elogio**

an|de|ren|falls ⟨Adv.⟩ *im anderen Fall, sonst;* oV *andernfalls;* die Straßenführung muss begradigt werden, ~ besteht erhöhte Unfallgefahr □ **do contrário; senão**

an|de|rer|seits ⟨Adv.; leitet einen Satz oder Satzteil ein, der dem vorausgegangenen inhaltlich entgegengesetzt ist⟩ *auf der anderen Seite, hingegen, wenn man (aber) berücksichtigt;* oV *anderseits, andrerseits;* → a. *einerseits;* auf der einen Seite möchte ich ins Kino gehen, ~ müsste ich aber noch arbeiten; einerseits gefällt mir dieser Stoff, ~ ist er mir zu teuer □ **por outro lado**

an|der|mal ⟨Adv.; in der Wendung⟩ ein ~ *ein anderes Mal, nicht jetzt, zu einem anderen Zeitpunkt;* reden wir darüber ein ~ □ **em outra ocasião/hora**

än|dern ⟨V. 500⟩ 1 etwas ~ *anders machen;* die Richtung ~; seine Meinung, seine Pläne ~; das ändert die Sache; ich kann es auch nicht ~ 1.1 das ist **nicht zu** ~, *das ändert nichts an der Tatsache, dass ... trotzdem bleibt die T. bestehen, dass ..., damit muss man sich abfinden* 1.2 ⟨503/Vr 5⟩ (jmdm.) ein Kleidungsstück ~ *anders nähen* 1.3 ⟨500⟩ etwas (an etwas) ~ *einen Teil von etwas anders machen;* an einem Kleid den Ausschnitt ~ □ **mudar; alterar; modificar** 2 ⟨Vr 3⟩ sich ~ *anders werden;* das Wetter ändert sich; die Zeiten ~ sich; das lässt sich nicht ~; es hat sich seitdem nichts geändert; er hat sich schon sehr geändert; du musst dich gründlich ~ □ ***mudar**

an|dern|falls ⟨Adv.⟩ = *anderenfalls*

an|ders ⟨Adv.⟩ 1 *nicht so;* sie sieht ~ aus als ihre Schwester □ **diferente;** ich denke ~ (als ihr); das macht man ~ □ **de outro modo; de modo diferente;** jmd. od. etwas ist ~ (geworden) □ ***alguém ou alguma coisa mudou;** er verhält sich (ganz) ~; ~ denken als die Mehrheit □ **de modo diferente** 1.1 ~ ausgedrückt *mit anderen Worten* □ ***em outras palavras** 1.2 *ich sehe die Sache* ~ *überlegen den Entschluss ändern* □ ***reconsiderar; tomar outra decisão** 1.3 sich ~

andersartig

besinnen *seine Pläne ändern* ☐ *mudar de ideia **1.4** er spricht jetzt ganz ~ als früher ⟨fig.⟩ *er hat seine Gesinnung od. sein Verhalten geändert* ☐ **de modo diferente 1.5** das klingt schon ~ ⟨umg.⟩ *besser* ☐ **melhor 1.6** erstens **kommt es** ~ und zweitens als man denkt ⟨umg.; scherzh.⟩ *es kommt meist nicht wie erwartet* ☐ ***as coisas nunca acontecem conforme o previsto 2** wo ~ *sonst;* wo ~ könnte er gewesen sein?; irgendwo ~ gewesen sein ☐ ***onde mais 3** nicht ~ *nur so;* ich habe es nicht ~ erwartet ☐ ***eu não esperava outra coisa;** so und nicht ~ (wird es gemacht)! ☐ ***assim e somente assim (será feito)!;** wenn es nicht ~ geht ... ☐ ***se não der para ser de outro jeito...;** wenn nicht ~ möglich, müssen wir schon vorher abreisen ☐ ***se não houver outra possibilidade... 3.1** ich konnte nicht ~ als ihn empfangen *nur* ☐ ***eu só podia recebê-lo 4** ⟨Getrennt- u. Zusammenschreibung⟩ **4.1** ~ denkend = *andersdenkend* **4.2** ~ Denkende(r) = *Andersdenkende(r)*

an|ders|ar|tig ⟨Adj. 24⟩ *von anderer Art, anders geartet, sich von anderen unterscheidend;* ein *~es Wesen;* sich *~ verhalten* ☐ **diferente**

an|ders|den|kend *auch:* **an|ders den|kend** ⟨Adj. 24/70⟩ *von anderer Denkweise, eine andere Ansicht, andere Meinung vertretend* ☐ **de opinião/mentalidade diferente; dissidente**

An|ders|den|ken|de(r) *auch:* **an|ders Den|ken|de(r)** ⟨f. 2 (m. 1)⟩ *jmd., der anders denkt, anderer Meinung ist (bes. in politischer u. religiöser Hinsicht);* die Verfolgung von *~n* ☐ **dissidente**

an|der|seits ⟨Adv.⟩ = *andererseits*

an|ders|wo ⟨Adv.⟩ *an einem anderen Ort* ☐ **em outro lugar; alhures**

an|ders|wo|her ⟨Adv.⟩ *von einem anderen Ort, aus einer anderen Richtung* ☐ **de outro lugar**

an|ders|wo|hin ⟨Adv.⟩ *an einen anderen Ort, in eine andere Richtung* ☐ **para outro lugar**

an|dert|halb ⟨Numerale; in Ziffern: 1 1/2⟩ *einundeinhalb;* ~ *Stunden;* dieses Haus ist *~mal* so groß wie jenes ☐ **um e meio**

Än|de|rung ⟨f.; -, -en⟩ *das Ändern;* ~en vorbehalten (im Programm); eine ~ an einem Kleid vornehmen lassen; ist eine ~ im Befinden des Kranken eingetreten? ☐ **mudança; alteração**

an|der|weit ⟨Adv.; geh.⟩ *in anderer Hinsicht, in anderer, auf andere Weise;* wenn Sie die Ware nicht binnen einer Woche abnehmen, werden wir ~ darüber verfügen ☐ **de outro modo**

an|der|wei|tig ⟨Adj. 24/90⟩ *auf andere Weise, sonstig, an anderer Stelle;* die Stelle wurde ~ vergeben; eine *~e* Verwendung finden ☐ **outro; de outro modo**

an|deu|ten ⟨V. 500⟩ *etwas* ~ **1** *vorsichtig, durch einen versteckten Hinweis zu verstehen geben, ahnen lassen, vorsichtig, versteckt ankündigen;* er hat so etwas angedeutet, als ob er heute Abend kommen wollte; die Wolken deuten ein Gewitter an ☐ **dar a entender; anunciar 2** *flüchtig, unvollständig angeben;* den Weg durch kleine Fähnchen auf der Landkarte ~; die Punkte im Bild sollen Vögel ~; ich möchte meinen Lebenslauf nur kurz ~ ☐ **indicar; delinear**

An|deu|tung ⟨f.; -, -en⟩ **1** *Anspielung, Hinweis;* eine geheimnisvolle, leise ~ machen; sich in ~en ergehen ☐ **indicação; insinuação 1.1** *kurze Bemerkung, Erwähnung;* in ~en reden ☐ **menção; alusão 2** *Anzeichen, Vorzeichen(3);* die ~en einer Krankheit ☐ **indício; sintoma 3** *schwache Bezeichnung;* die ~ der Umrisse auf der Skizze ist zu schwach ☐ **traçado; delineamento**

An|drang ⟨m.; -(e)s; unz.⟩ **1** *das heftige An-, Herandrängen, -strömen;* Wasser~ ☐ **afluxo 2** *Wallung, heftiger Zustrom;* Blut~ ☐ **congestão 3** *Gedränge, drängender Zustrom einer Menschenmenge;* es herrschte großer ~ an der Kasse ☐ **afluência**

an‖dre|hen ⟨V. 500⟩ **1** *eine Kurbel* ~ *zu drehen beginnen* ☐ **começar a girar 2** *etwas* ~ *durch Drehen (eines Schalters) anstellen;* das Licht, Radio ~; würdest du bitte die Spieluhr ~? ☐ **ligar; acender 3** ⟨530⟩ *jmdm. etwas* ~ ⟨umg.⟩ *jmdm. etwas betrügerisch od. gegen dessen Willen verkaufen* **3.1** *jmdm. eine Arbeit* ~ ⟨umg.⟩ *jmdm. zu einer Arbeit überreden, zu der man selbst keine Lust hat* ☐ **empurrar 4** *etwas* ~ ⟨umg.⟩ *anfangen, zuwege, zustande bringen, bewerkstelligen;* wie willst du das ~? ☐ **começar; pôr em prática**

and|rer|seits ⟨Adv.⟩ = *andererseits*

an‖dro|hen ⟨V. 530⟩ *jmdm. etwas* ~ *jmdm. mit etwas drohen, jmdm. etwas drohend ankündigen;* er drohte den Kindern Strafe an ☐ ***ameaçar alguém de/com alguma coisa**

an‖ecken ⟨V. 400(s.)⟩ **1** *an eine Ecke stoßen, anstoßen;* pass auf, dass du mit dem Tablett nicht aneckst! ☐ **bater numa quina 2** ⟨fig.; umg.⟩ *Anstoß, Missfallen erregen;* ich bin bei ihm angeeckt ☐ **magoar; ofender**

an‖eig|nen ⟨V. 530/Vr 1⟩ *sich etwas* ~ *sich etwas zu eigen machen, etwas in Besitz nehmen, Besitz von etwas ergreifen;* sich etwas widerrechtlich ~; sich eine Gewohnheit ~; sich gute Kenntnisse ~ ☐ ***apropriar-se de/usurpar/adquirir alguma coisa 1.1** *sich eine Sprache* ~ *lernen* ☐ ***aprender/assimilar uma língua**

an|ein|an|der *auch:* **an|ei|nan|der** ⟨Adv.⟩ **1** *einer an den anderen;* wir haben oft ~ gedacht; sie müssen sich ~ gewöhnen ☐ **um no outro; um com o outro 2** *einer an dem anderen,* ~ *vorbeigehen;* sich ~ festhalten ☐ **um pelo outro; um ao outro 2.1** ~ *vorbereiten sich gegenseitig missverstehen* ☐ ***falar sem se entender; manter um diálogo de surdos**

an|ein|an|der‖ge|ra|ten *auch:* **an|ei|nan|der|ge|ra|ten** ⟨V. 195/500; fig.⟩ *mit jmdm.* ~ *mit jmdm. einen Streit anfangen; aufgrund von Meinungsverschiedenheiten* ~ ☐ **ir/chegar às vias de fato**

an|ein|an|der‖gren|zen *auch:* **an|ei|nan|der|gren|zen** ⟨V. 400⟩ *angrenzen, eine gemeinsame Grenze besitzen;* zwei ~de Grundstücke ☐ **ser contíguo/limítrofe**

An|ek|do|te ⟨f.; -, -n⟩ *kurz u. treffend erzählte spaßige Begebenheit;* ~n erzählen ☐ **anedota**

Ane|mo|ne ⟨f.; -, -n; Bot.⟩ *Angehörige einer Gattung der Hahnenfußgewächse, die in zahlreichen Farben u. Formen vorkommt, Buschwindröschen* ☐ **anêmona**

an|er|kannt 1 ⟨Part. Perf. von⟩ *anerkennen* 2 ⟨Adj.⟩ 2.1 *bewährt, von gutem Ruf, unbestritten;* ein ~er Fachmann 2.2 *zugelassen, bestätigt;* eine staatlich ~e Prüfung □ **reconhecido**

an|er|ken|nen ⟨V. 166/500⟩ 1 jmdn. od. etwas ~ *gelten lassen;* eine Forderung, Meinung ~ 1.1 ein Kind ~ *als das Eigene bestätigen* 1.2 ⟨Vr 8⟩ **Staaten** erkennen **einander** an *nehmen diplomatische Beziehungen auf;* die beiden afrikanischen Staaten haben einander anerkannt □ **reconhecer** 2 *loben, würdigen;* die Leistung eines anderen ~ □ **apreciar; aprovar;** sich ~d äußern (über); ~de Worte finden (für) □ **de/com reconhecimento/aprovação**

An|er|ken|nung ⟨f.; -, -en⟩ 1 ⟨unz.⟩ *Lob, Billigung;* jmdm. seine ~ aussprechen; ~ ernten, finden 2 *Bestätigung;* ~ der Vaterschaft 3 ⟨unz.⟩ *Würdigung;* in ~ seiner Verdienste □ **reconhecimento**

an||fah|ren ⟨V. 130⟩ 1 ⟨400(s.)⟩ *anfangen zu fahren;* der Wagen fuhr plötzlich an; der Wagen gibt beim Anfahren ein Geräusch □ **arrancar** 2 ⟨400(s.)⟩ *mit einem Fahrzeug ankommen;* er kam in einem alten Auto angefahren □ **chegar (em veículo)** 3 ⟨500⟩ etwas ~ *mit einem Fahrzeug heranschaffen;* Ggs *abfahren(2.1)* □ **trazer (em veículo)** 4 ⟨500⟩ jmdn. od. etwas ~ *gegen jmdn. od. etwas fahren;* einen Fußgänger ~ □ **atropelar** 5 ⟨500⟩ jmdn. ~ ⟨fig.⟩ *heftig u. unfreundlich zu jmdm. sprechen;* er hat ihn grob, tüchtig angefahren □ **tratar rudemente**

An|fahrt ⟨f.; -, -en⟩ 1 *das Heran-, Herbei-, Näherfahren;* Ggs *Abfuhr(1);* die ~ von Waren □ **transporte** 2 *Strecke od. Zeit, die man zum Heranfahren braucht;* die ~ dauerte zwei Stunden □ **viagem** 3 *der Weg od. die Straße, die man zum Heranfahren benutzt;* eine lange ~ zur Arbeit haben □ **trajeto; caminho** 4 ⟨Mar.⟩ *Landeplatz, Kai* □ **cais; desembarcadouro**

An|fall ⟨m.; -(e)s, -fäl|le⟩ 1 *plötzliches Auftreten einer krankhaften Erscheinung;* ein ~ von Fieber, Schwindel; der Patient hatte in der Nacht einen schweren ~ 1.1 ⟨fig.⟩ *Ausbruch(1);* in einem ~ von Schwermut, Jähzorn, Eifersucht □ **acesso; ataque; crise** 2 ⟨unz.⟩ *Ertrag;* der ~ an Milch □ **rendimento; lucro** 3 *das, was anfällt, vorkommt, zu erledigen ist;* Arbeits~; der ~ von Korrespondenz ist kaum zu bewältigen □ **acúmulo**

an||fal|len ⟨V. 131⟩ 1 ⟨500⟩ jmdn. ~ *(plötzlich) angreifen, überfallen;* den Feind von hinten ~; der Hund fiel den Mann an □ **atacar; agredir** 2 ⟨500⟩ etwas fällt jmdn. an ⟨fig.; geh.⟩ *ergreift jmdn.;* Fieber, Krankheit, Wut fiel ihn an □ **acometer** 3 ⟨400(s.)⟩ etwas fällt an *etwas entsteht nebenbei, kommt vor;* in der nächsten Zeit wird viel Arbeit ~ ⟨fig.⟩ □ **acumular-se;** die ~den Gebühren, Zinsen, Arbeiten; der ~de Müll □ **acumulativo; que se acumula;** bei der Produktion fallen viele Nebenprodukte an □ **resultar; render**

an|fäl|lig ⟨Adj.⟩ *nicht widerstandsfähig (bes. gegen Krankheiten), neigend zu;* ~ für, gegen Krankheiten sein; dieses Gerät ist stör~; jmd. ist stress~ □ **debilitado; delicado; suscetível a**

An|fang ⟨m.; -(e)s, -fän|ge⟩ 1 *etwas Erstes, Ursprüngliches;* Sy *Beginn;* Ggs *Ende(1);* am ~; der ~ einer Strecke, der Straße; ~ nächster Woche; ~ März kommt er; es ist ~ Mai; am ~ des Jahres; sie ist ~ dreißig; von ~ an; der ~ einer Erzählung; wir haben den ~ des Theaterstücks versäumt; im ~ war das Wort (NT, Joh. 1,1); zu ~ hatte ich Schwierigkeiten; aller ~ ist schwer ⟨Sprichw.⟩ 1.1 das ist der ~ vom Ende *damit ist das E. schon abzusehen* □ **início; começo** 1.2 wer macht den ~? *wer fängt an?* □ ***quem começa?** 1.3 von ~ bis (zu) Ende *vollständig, ganz* □ **início; começo** 2 ⟨Pl.⟩ *die Anfänge von etwas Ausgangspunkte, Grundlagen;* die Anfänge einer Wissenschaft □ **primórdio(s)**

an||fan|gen ⟨V. 132⟩ Sy *beginnen* 1 ⟨400⟩ *einen Anfang haben, nehmen;* Ggs *enden, aufhören(1);* ein Zeitraum, eine Strecke, ein Vorgang fängt an; der Unterricht fängt um 8.00 Uhr an 1.1 jmd. fängt an *ist der Erste* 1.2 ⟨500 od. 800⟩ etwas ~ **Tätigkeit, mit** einer T. ~ *den Anfang machen mit einer Tätigkeit;* Ggs *beenden, aufhören(1.1);* hast du den Brief schon angefangen?; einen Bericht ~; mit einer Arbeit ~; von vorn, von neuem ~; sie fängt an, alt zu werden; zu weinen ~; ich fange an zu verstehen; es hat angefangen zu regnen □ **iniciar; começar** 2 ⟨500⟩ eine **Sache** ~ *tun, unternehmen;* sie weiß gar nicht, was sie vor Freude ~ soll; was fangen wir nun an?; etwas geschickt ~; ich weiß nicht, wie ich es ~ soll 3 ⟨516 + Modalverb⟩ **mit** jmdm. od. einer Sache etwas ~ **können (sollen)** *ein Ziel erreichen* 3.1 **mit** einem **Gegenstand** etwas ~ können *(zu einem Zweck) verwenden, nutzen;* was soll ich mit den Schrauben ~?; mit der Rechenmaschine kann ich nichts ~ □ **fazer** 3.2 mit jmdm. etwas ~ können 3.2.1 *jmdm. eine Arbeit übertragen können* □ ***poder encarregar alguém de alguma coisa** 3.2.2 *sich mit jmdm. verstehen, mit jmdm. harmonieren* □ ***entender-se com alguém;** mit dir kann man heute wirklich nichts ~ □ ***realmente não dá nem para chegar perto de você hoje**

An|fän|ger ⟨m.; -s, -⟩ 1 *jmd., der anfängt, etwas zu lernen, jmd., der auf einem Gebiet nur geringe Kenntnisse besitzt;* Kurse für ~ 1.1 ~! ⟨umg.; abwertend⟩ *ungeschickter Mensch* □ **iniciante; novato**

An|fän|ge|rin ⟨f.; -, -rin|nen⟩ *weibl. Anfänger* □ **iniciante; novata**

an|fäng|lich 1 ⟨Adv.⟩ = *anfangs* 2 ⟨Adj. 24/60⟩ *zu Anfang bestehend, erste(r, -s);* die ~en Schwierigkeiten konnten bald überwunden werden □ **inicial**

an|fangs ⟨Adv.⟩ *zu Anfang, zuerst;* Sy *anfänglich;* ~ waren die Kinder noch schüchtern; ~ ging alles gut □ **no princípio; inicialmente**

an||fas|sen ⟨V. 500⟩ 1 ⟨Vr 8⟩ jmdn. od. etwas ~ *mit der Hand berühren;* Sy *angreifen(1);* fass mal an, ob der Teig weich genug ist; das Kind hat den heißen Ofen angefasst; man fasst einen heißen Topf mit einem Topflappen an □ **tocar (em); pegar** 2 *zupacken, Hand anlegen, helfen;* mit müsst ~, ist der Tisch schnell gedeckt □ **colaborar; dar uma mão** 3 etwas ~ *in Angriff nehmen, unternehmen;* ihm glückt alles, was er anfasst □ **começar; empreender** 3.1 = *angreifen(3)* 4 ⟨513⟩ jmdn. od. etwas in bestimmter Weise ~ *be-*

anfechten

handeln, mit jmdm. od. etwas umgehen; jmdn. hart ~; eine Sache richtig, verkehrt ~ □ **tratar; lidar com**

an‖fech‖ten ⟨V. 133/500⟩ **1** etwas ~ *die Gültigkeit von etwas bestreiten, nicht anerkennen, Einspruch gegen etwas erheben;* ein Testament, ein Urteil ~ □ **contestar; impugnar 2** etwas ficht jmdn. an ⟨fig.; geh.⟩ *bekümmert, beunruhigt jmdn.;* das ficht mich nicht an □ **preocupar; incomodar**

An‖fech‖tung ⟨f.; -, -en⟩ **1** *Einspruch gegen die Gültigkeit einer rechtlichen Handlung;* die ~ eines Urteils □ **contestação; impugnação 2** *Versuchung;* einer ~ erliegen, standhalten; allen ~en zum Trotz □ **tentação**

an‖fer‖ti‖gen ⟨V. 500⟩ etwas ~ *herstellen, (kunstgerecht) machen;* Kleider, Arznei nach Rezept, ein Schriftstück ~ □ **confeccionar; preparar; redigir**

an‖feu‖ern ⟨V. 500⟩ **1** etwas ~ *in etwas Feuer machen, etwas zum Brennen bringen;* den Ofen ~ □ **acender; atear fogo 2** jmdn. od. etwas ~ ⟨fig.⟩ *kräftig ermuntern, ermutigen, durch Zuruf antreiben, anreizen;* die Mannschaft ~ □ **animar; encorajar**

an‖fin‖den ⟨V. 134/500/Vr 3⟩ sich (wieder) ~ *sich wiederfinden, wieder auftauchen;* der Kugelschreiber wird sich schon wieder ~ □ **(re)aparecer*

an‖fle‖hen ⟨V. 500⟩ jmdn. ~ *jmdn. flehend, eindringlich bitten;* ich flehe dich an, es nicht zu tun! □ **implorar; suplicar**

an‖flie‖gen ⟨V. 136⟩ **1** ⟨500⟩ etwas ~ *ein Ziel fliegend ansteuern;* den Flugplatz, eine Stadt ~ □ **chegar de avião a 1.1** die Lufthansa fliegt Bangkok an *hat eine Fluglinie nach B.* □ **voar para 1.2** ⟨Part. Perf.⟩ angeflogen kommen *sich fliegend nähern;* drei Vögel kamen angeflogen □ **aproximar-se voando 2** ⟨600(s.)⟩ etwas fliegt jmdn. an ⟨fig.⟩ *jmd. eignet sich etwas leicht an;* diese Kenntnisse sind ihm angeflogen; ich weiß nicht, wo ich mir die Erkältung geholt habe, sie ist mir eben angeflogen □ **assimilar; acometer 2.1** es fliegt ihm nur so an *mit müheloser Leichtigkeit schafft er es* □ **ter facilidade para 3** ⟨500⟩ etwas fliegt jmdn. an ⟨fig.; geh. od. veraltet⟩ *etwas befällt jmdn.;* Angst flog ihn an □ **ser tomado por**

An‖flug ⟨m.; -(e)s, -flü‖ge⟩ **1** *das Heranfliegen (von Vögeln, Flugzeugen);* beim ~; die Maschine ist im ~ □ **aproximação por voo; chegada (da aeronave) 2** ⟨fig.⟩ *Hauch, Andeutung, Schatten;* mit dem ~ eines Lächelns; ein ~ von Bärtchen auf der Oberlippe; mit einem ~ von Heiterkeit □ **sombra; indício 3** ⟨Forstw.⟩ *aus vom Wind verbreitetem Samen entstandener Baumbestand* □ **dispersão anemófila 4** ⟨Min.⟩ *dünner Überzug bei manchen Mineralien* □ **eflorescência**

an‖for‖dern ⟨V. 500⟩ jmdn. od. etwas ~ *(dringend) verlangen, bestellen;* Lieferung, Zusendung ~; einen Bericht ~; mehr Personal ~; Polizeiverstärkung ~ □ **exigir; cobrar**

An‖for‖de‖rung ⟨f.; -, -en⟩ **1** *Bestellung, das Anfordern;* die ~ von Informationsmaterial **2** *geforderte Leistung, Anspruch;* hohe ~en stellen □ **exigência; pedido; requisição**

An‖fra‖ge ⟨f.; -, -n⟩ **1** *Frage, Bitte um Auskunft, Ersuchen;* darf ich mir eine ~ erlauben; eine ~ richten an; eine parlamentarische ~; eine ~ einbringen (im Parlament) □ **pergunta; interpelação 1.1** große/Große ~ *durch besondere Wichtigkeit u. größere Anzahl von Unterzeichnern gekennzeichnete parlamentarische A.* □ **interpelação parlamentar a ser respondida em assembleia* **1.2** kleine/Kleine ~ *kurze parlamentarische A., die schriftlich beantwortet werden kann* □ **interpelação parlamentar a ser respondida por escrito*

an‖fra‖gen ⟨V. 400⟩ *fragen, sich erkundigen (bei), um Auskunft bitten, ersuchen (a. im Parlament);* ich möchte bei Ihnen ~, ob ... □ **perguntar; interpelar**

an‖fü‖gen ⟨V. 500⟩ etwas ~ *als Anlage im Brief beifügen, hinzufügen* □ **anexar; acrescentar**

an‖füh‖len ⟨V.⟩ **1** ⟨500⟩ etwas ~ *fühlend anfassen, untersuchen;* jmds. Stirn ~; fühl den Stoff einmal an, wie weich er ist □ **tocar; apalpar 2** ⟨530⟩ jmdm. (etwas) ~ ⟨fig.⟩ *(etwas) durch Gefühl merken;* man fühlt (es) ihm an, dass er unglücklich ist □ **sentir; perceber 3** ⟨513/Vr 3⟩ sich ~ *ein bestimmtes Gefühl vermitteln;* sich weich, hart, rau ~ □ **ser (macio/duro/áspero) ao toque*

an‖füh‖ren ⟨V. 500/Vr 7⟩ **1** jmdn. od. etwas ~ *jmdm. od. etwas führend vorangehen;* einen Faschingszug, eine Polonaise ~ □ **dirigir; conduzir 1.1** *der Anführer sein;* jmdn. od. etwas, befehligen, leiten; ein Heer, eine Expedition ~ □ **comandar; capitanear 1.2** ⟨Sp.⟩ *Erster sein;* das Feld, die Tabelle ~ □ **liderar 2** etwas ~ *mitteilen, vorbringen;* Gründe ~; etwas als Beispiel ~; was können Sie zu Ihrer Rechtfertigung ~? □ **apresentar; alegar 2.1** *erwähnen, sich auf etwas berufen;* ein Buch, Schriftwerk ~ □ **mencionar;** am angeführten Ort (in wissenschaftlichen Arbeiten bei Zitaten) ⟨Abk.: a. a. O.⟩ □ **loco citato (loc. cit.)* **2.1.1** *wörtlich wiederholen;* Sy zitieren(1); eine Textstelle, einen Ausspruch ~; ich möchte hier ein Wort von Goethe ~ □ **citar 3** jmdn. ~ *absichtlich irreführen, listig hintergehen;* da hat er dich schön angeführt □ **enganar; ludibriar**

An‖füh‖rer ⟨m.; -s, -⟩ *jmd., der eine Gruppe, Bande o. Ä. anführt, leitet, befehligt;* der ~ einer Gruppe □ **líder; chefe**

An‖ga‖be ⟨f.; -, -n⟩ **1** *das Angeben(1,2,4,5)* **1.1** *Aussage, Mitteilung;* können Sie genaue ~n machen über ...?; können Sie zu dem Vorfall nähere ~n machen?; weitere ~n kann ich nicht machen; ich habe in dem Buch eine ~ gefunden über ...; laut ~n von ...; nach seinen ~n verhält es sich so ...; wir bitten um ~ von Einzelheiten, um ~ der Preise □ **dado; informação 1.2** *Anweisung;* das Haus ist nach meinen eigenen ~n gebaut worden □ **instrução; orientação 1.3** ⟨umg.⟩ *Prahlerei, Aufschneiderei;* ~ ist auch eine Gabe! (scherzh.); es ist alles nur ~, was er erzählt □ **gabarolice; fanfarrice 1.4** ⟨Sp.⟩ *Aufschlag, erster Schlag, z. B. beim Tennis, Tischtennis;* wer hat die ~? □ **serviço; saque**

an‖ge‖ben ⟨V. 143⟩ **1** ⟨500⟩ etwas ~ *sagen, aussagen, nennen, mitteilen, Auskunft geben über etwas;* Namen, Gründe ~; er kann nicht ~, wer ihn niedergeschlagen hat; bitte geben Sie Ihre Anschrift an; etwas genau ~ (können); die Uhr gibt die Minuten u. Sekunden an; er gibt an, krank gewesen zu sein ☐ dizer; declarar; informar **2** ⟨500⟩ etwas ~ *bestimmen, festsetzen;* gib mir bitte das A an! ⟨Mus.⟩ 2.1 den Ton ~ ⟨a. fig.⟩ *in einer Gesellschaft, Gemeinschaft bestimmen, das Wort führen* ☐ dar **3** ⟨500⟩ **jmdn.** od. **etwas** ~ *nennen, melden;* er hat ihn bei der Polizei (als Zeugen) angegeben ☐ denunciar **4** ⟨400; umg.⟩ *sich wichtig tun, prahlen, aufschneiden;* gib nicht so an! ☐ gabar-se **5** ⟨400⟩ *ein Spiel eröffnen;* wer gibt an? ☐ iniciar; começar

An|ge|ber ⟨m.; -s, -⟩ **1** *jmd., der einen anderen angibt (anzeigt)* ☐ denunciante; delator **2** *jmd., der (beim Spiel) angibt* ☐ quem inicia o jogo **3** ⟨abwertend⟩ *jmd., der angibt, wichtigtuet* ☐ exibido; fanfarrão

An|ge|be|rin ⟨f.; -, -rin|nen⟩ *weibl. Angeber* ☐ delatora; quem inicia o jogo; exibida

an|geb|lich ⟨Adj. 24⟩ **1** ⟨60⟩ *vermeintlich, vorgeblich;* der ~e Verfasser des Buches **2** ⟨80⟩ *wie man behauptet, vorgibt;* er hat sich ~ nicht gemeldet; er ist ~ Musiker ☐ suposto; supostamente

an|ge|bo|ren ⟨Adj. 24/70⟩ *von Geburt an, von Natur aus, als Veranlagung vorhanden;* ~e Eigenschaft, Krankheit; sein Taktgefühl ist ~, nicht anerzogen ☐ inato; congênito

An|ge|bot ⟨n.; -(e)s, -e⟩ **1** *etwas Angebotenes, Vorschlag, etwas zu nehmen;* ein ~ annehmen, ausschlagen, ablehnen 1.1 *Vorschlag zur Zahlung eines Geldbetrages;* Honorar~, Preis~; höchstes ~ (bei Auktionen); machen Sie mir ein ~! ☐ oferta; lanço 1.2 *Vorschlag zur Annahme einer Stelle in einem Unternehmen;* Stellen~; ein sehr günstiges ~ bekommen 1.3 ~ von **Waren** *Gesamtheit der zum Verkauf stehenden W.;* Waren~; ~ und Nachfrage regeln die Preise; ein reichhaltiges ~ (von Möbeln usw.) 1.4 ~, (für jmdn.) etwas zu tun *Vorschlag* ☐ oferta; proposta

an|ge|hei|tert ⟨Adj.; umg.⟩ *leicht betrunken, beschwipst (u. dadurch in heiterer Stimmung);* er war bei der Feier ganz schön ~ ☐ alegre; alto

an|ge|hen ⟨V. 145⟩ **1** ⟨500⟩ **jmdn.** od. **etwas** ~ *an jmdn. od. etwas herangehen, angreifen, in Angriff nehmen;* einen Feind, eine Arbeit ~ 1.1 ⟨800(s.)⟩ **gegen jmdn.** od. **etwas** ~ *jmdn. od. etwas bekämpfen;* gegen eine Krankheit ~ ☐ atacar; combater **2** ⟨550(s.)⟩ **jmdn. um etwas** ~ *bitten;* jmdn. um Geld, eine Unterstützung ~ ☐ pedir **3** ⟨500⟩ **etwas geht jmdn.** od. **etwas an** *etwas betrifft jmdn. od. etwas;* derjenige, den es angeht, ist leider nicht da; das geht mich nichts an; was mich angeht, ich bin bereit; was deinen Vorschlag angeht, so muss ich Folgendes sagen ☐ dizer respeito a **4** ⟨400(s.)⟩ **etwas geht an** *ist möglich, schicklich, vertretbar;* dass er nicht gekommen ist, mag noch ~, aber dass er sich nicht entschuldigt hat, ärgert mich sehr; das kann doch nicht ~! 4.1 *leidlich, erträglich sein;* wie gefällt dir deine neue Arbeit? es geht an ☐ ser aceitável/razoável **5** ⟨400(s.); umg.⟩ *etwas geht an fängt an;* das Theater, die Vorstellung geht um 20.00 Uhr an ☐ começar 5.1 *anfangen zu brennen;* abends, wenn die Lichter ~; das Feuer geht nicht an ☐ começar a acender/arder 5.2 *die Pflanzen gehen an fangen an zu wachsen* ☐ vingar **6** ⟨400(s.)⟩ **Fleisch, Obst** geht an *geht in Fäulnis über;* der Pfirsich ist schon etwas angegangen ☐ apodrecer

an|ge|hend 1 ⟨Part. Präs. von⟩ angehen **2** ⟨Adj. 60⟩ *noch nicht am Ende der Entwicklung, jedoch die Vollendung schon ahnen lassend;* sie ist eine ~e junge Dame ☐ *ela é quase uma moça; ein ~er Künstler ☐ principiante 2.1 ~es **Wild** ⟨Jägerspr.⟩ *sich dem Ende seiner Entwicklung näherndes W.* ☐ adulto 2.1.1 ein ~es Schwein *Keiler von 4 Jahren* ☐ *um javali

an|ge|hö|ren ⟨V. 600⟩ **1** *einer* **Gruppe**, *einem* **Zeitraum** ~ *zu einer bestimmten G. od. zu einem bestimmten Z. gehören;* einer Partei (als Mitglied) ~ ☐ pertencer; ser filiado a **2 jmdm.** ~ ⟨geh.; veraltet⟩ *(mit) jmdm. eng verbunden sein;* einem Mann ~ ☐ *ser de alguém

An|ge|hö|ri|ge(r) ⟨f. 2 (m. 1)⟩ **1** *jmd., der einer Gemeinschaft angehört, Mitglied;* Staatsangehöriger; er ist ~r des Männerchors ☐ membro 1.1 *Verwandter;* Familienangehöriger 1.1.1 meine ~n *meine nächsten Verwandten* ☐ parente

An|ge|klag|te(r) ⟨f. 2 (m. 1)⟩ *jmd., der einer Straftat beschuldigt ist und gegen den das Gericht die Eröffnung des Hauptverfahrens beschlossen hat* ☐ acusado; réu

An|gel ⟨f.; -, -n⟩ **1** *Zapfen, an dem Tür od. Fenster drehbar befestigt ist;* Tür~; die Tür quietscht in den ~n; die Tür aus den ~n heben ☐ gonzo; dobradiça 1.1 die Welt aus den ~n heben ⟨fig.⟩ *die Welt erschüttern, grundlegend ändern* ☐ *mudar o mundo; → a. *Tür(7.2)* **2** *Fischfanggerät aus Rute, Schnur, Vorfach u. Haken, an dem der Köder befestigt wird u. der Fisch beim Anbeißen hängen bleiben soll;* einen Fisch an der ~ haben ☐ vara de pescar **3** *Vorrichtung zum Schwimmenlernen aus einem vom Beckenrand über das Wasser ragenden Gerüst, Seil u. Schwimmgürtel* ☐ extensor de cinto **4** ⟨Jagdw.⟩ *Verlängerung der Klinge bei blanken Waffen, die in den Griff hineinragt* ☐ espiga **5** ⟨Film, Fernsehen⟩ *peitschenförmig gebogener Ständer, der über die Szene reicht* ☐ grua

An|ge|le|gen|heit ⟨f.; -, -en⟩ **1** *Begebenheit, Geschehen;* eine peinliche ~; das ist meine ~!; kann ich Sie in einer dringenden, privaten ~ sprechen?; diese ~ muss heute noch erledigt, geregelt werden; misch dich nicht in fremde ~en!; kümmere dich um deine eigenen ~en!; ich will mit der ganzen ~ nichts zu tun haben; wir wollen über diese ~ nicht mehr sprechen ☐ assunto; questão **2** ⟨nur Pl.⟩ *auswärtige ~en Tätigkeitsbereich der Außenpolitik* ☐ *questões de política externa

an|geln ⟨V.⟩ **1** ⟨402⟩ *mit der Angel fischen;* Fische ~; er angelt leidenschaftlich gern ☐ pescar **2** ⟨503/Vr 5⟩ (sich) **etwas** od. **jmdn.** ~ ⟨fig.; scherzh.⟩ *mit Mühe erreichen, erwischen, für sich gewinnen;* den Hut aus dem Wasser ~; sie hat sich einen reichen Witwer geangelt **3** ⟨800⟩ **nach etwas** od. **jmdm.** ~ ⟨fig.⟩ *versuchen zu greifen, zu bekommen;* nach einem Ehemann ~; mit dem Fuß nach dem Schuh ~ ☐ *(tentar) fisgar/apanhar alguma coisa ou alguém

angemessen

an|ge|mes|sen 1 ⟨Part. Perf. von⟩ *anmessen* 2 ⟨Adj.⟩ *passend, entsprechend;* eine ~e Belohnung, Frist, Strafe; ein ~es Gehalt; in ~er Weise; er war ~ gekleidet □ *(de modo) adequado; apropriado*

an|ge|nehm ⟨Adj.⟩ 1 *gern (gehabt), erwünscht* 1.1 *erfreulich, willkommen;* ~er Besuch; eine ~e Abwechslung, Beschäftigung; es ist mir sehr ~, dass ...; das Angenehme mit dem Nützlichen verbinden; ich bin ~ überrascht; mir ist ~ aufgefallen, dass...; ich wünsche ~ Unterhaltung!; es ist ~ frisch draußen □ *agradável; agradavelmente* 1.1.1 (sehr) ~! ⟨geh.⟩ *(formelhafte Äußerung desjenigen, der jmdm. vorgestellt wird)* □ **(muito) prazer!* 1.1.2 ~e Ruhe! *(Grußformel beim Schlafengehen)* □ **bom descanso!* 1.2 ~es Wesen, Benehmen *verbindlich, freundlich, unaufdringlich;* er ist von ~em Wesen □ *simpático* 1.3 ~es Wetter *mild, heiter* 1.4 ~es Äußeres *fein, hübsch, gepflegt* 1.5 ~er Geschmack *köstlich* 1.6 ~e Kühle *wohltuend;* es ist ~ kühl hier □ *agradável; bom* 1.7 sich (bei) jmdm. ~ ⟨veraltet⟩ machen *sich einschmeicheln* □ **tentar ganhar a simpatia de alguém*

an|ge|regt 1 ⟨Part. Perf. von⟩ *anregen* 2 ⟨Adj.⟩ *lebhaft, interessant;* sich ~ unterhalten □ *vivo; animado; animadamente*

an|ge|se|hen 1 ⟨Part. Perf. von⟩ *ansehen* 2 ⟨Adj.⟩ *geachtet, geschätzt, von hohem Ansehen;* eine ~e Persönlichkeit; er ist sehr ~ bei allen Mitgliedern 2.1 ein ~es Geschäft *ein gut eingeführtes G.* □ *estimado; conceituado*

An|ge|sicht ⟨n.; -(e)s, -er; österr. a.: n.; -(e)s, -e; Pl. selten⟩ 1 *Gesicht;* jmdm. von ~ zu ~ gegenüberstehen; holdes ~ □ *cara* 2 im ~ ⟨fig.⟩ *Anblick;* im ~ des Todes, des Feindes □ **de cara para; na frente de*

an|ge|sichts ⟨Präp. m. Gen.⟩ *gegenüber, im Hinblick (auf);* ~ dieser Tatsache ist es besser; ~ der erdrückenden Last von Beweisen □ *em vista de; em presença de*

An|ge|stell|te(r) ⟨f. 2 (m. 1)⟩ *jmd., der gegen ein festes Monatsgehalt bei einer Firma, Behörde arbeitet;* die Arbeiter und ~n; leitender ~r □ *empregado*

an|ge|trun|ken ⟨Adj.⟩ *leicht betrunken;* jmd. ist ~ □ *meio embriagado*

an|ge|wie|sen 1 ⟨Part. Perf. von⟩ *anweisen* 2 ⟨Adj. 24/46⟩ auf jmdn. od. etwas ~ sein *jmdn. od. etwas dringend benötigen, unbedingt brauchen;* in dieser Angelegenheit bin ich auf ihn ~ □ **depender de alguém; não poder prescindir de alguém*

an||ge|wöh|nen ⟨V. 530/Vr 5⟩ jmdm. etwas ~ *zur Gewohnheit machen;* sich das Rauchen ~; gewöhne dir das gar nicht erst an!; ich habe ihm angewöhnt, pünktlich zu sein □ *habituar; acostumar*

An|ge|wohn|heit ⟨f.; -, -en⟩ *(schlechte) Gewohnheit, zur Gewohnheit gewordene Eigenheit;* seine schlechten ~en ablegen □ *hábito*

An|gi|na ⟨f.; -, -gi|nen; Med.⟩ *entzündliche, fieberhafte Erkrankung des Halses mit Schwellung* □ *angina*

an||glei|chen ⟨V. 153/500/Vr 7 od. Vr 8⟩ jmdn. od. etwas ~ *bewirken, dass jmd. od. etwas jmd. od. etwas anderem ähnelt od. gleicht, anpassen;* die beiden Eheleute haben sich einander sehr angeglichen; die Gehälter den Lebenshaltungskosten ~ □ *adaptar; ajustar*

Ang|ler ⟨m.; -s, -⟩ *jmd., der angelt* □ *pescador*

Ang|le|rin ⟨f.; -, -rin|nen⟩ *weibl. Angler* □ *pescadora*

an|grei|fen ⟨V. 158/500⟩ 1 jmdn. od. etwas ~ *mit der Hand berühren, in die Hand nehmen;* Sy *anfassen(1)*; einen Gegenstand ~ 1.1 *tastend erkunden;* greif doch mal die Herdplatte an, ob er schon warm ist! □ *pegar; tocar (em)* 1.2 ⟨Vr 3⟩ sich ~ *sich anfühlen;* der Stoff greift sich hart (weich) an □ **ser (duro/macio) ao toque* 2 ⟨Vr 8⟩ jmdn. od. eine Gruppe von Personen ~ *einen Kampf gegen jmdn. beginnen;* einen Feind ~; jmdn. mit dem Messer ~; unser Sturm greift (den Gegner) unentwegt an ⟨Sp.⟩ □ *atacar* 2.1 ⟨fig.⟩ *scharf kritisieren, anklagen;* der Redner wurde heftig angegriffen □ *atacar; criticar* 3 ⟨500⟩ etwas ~ *eine S. zu tun beginnen;* Sy *anfassen(3.1);* eine Arbeit geschickt ~; was er auch angreift, es gelingt ihm alles □ *começar; empreender* 4 Geld, Werte ~ *zu verbrauchen beginnen;* Ersparnisse, Vorräte ~ □ *começar a gastar* 4.1 Firmengelder ~ *veruntreuen* □ *desfalcar* 5 etwas greift etwas od. jmdn. an 5.1 etwas greift ein Organ (Herz, Nerven, Gesundheit) an *schwächt, ermüdet, strengt es an;* das helle Licht greift meine Augen an □ *cansar;* er sieht angegriffen aus □ *cansado* 5.2 Umwelteinflüsse greifen Gegenstände an *beschädigen, zersetzen sie;* Säuren greifen Metalle an; Witterungseinflüsse greifen Gebäude an □ *atacar; corroer* 5.3 ein Geschehen greift jmdn. an *versetzt ihn in Gemütsbewegung;* ich kann das Buch nicht lesen, es greift mich zu sehr an □ *tocar; comover*

An|grei|fer ⟨m.; -s, -⟩ *jmd., der einen anderen angreift;* den ~ zurückschlagen □ *agressor; atacante*

An|grei|fe|rin ⟨f.; -, -rin|nen⟩ *weibl. Angreifer* □ *agressora; atacante*

An|griff ⟨m.; -(e)s, -e⟩ 1 *das Angreifen(2), Beginn, Eröffnung des Kampfes, auch des sportlichen Wettkampfes;* ein ~ gegen jmdn.; einen ~ abwehren, zurückschlagen; sich gegen jmds. ~e wehren; zum ~ übergehen □ *ataque; agressão* 1.1 ~ auf (gegen) jmdn. od. etwas *Beleidigung, Beschimpfung, scharfer Vorwurf, heftige Kritik;* das war ein ~ auf seine Ehre □ *ataque; crítica* 2 etwas in ~ nehmen *beginnen;* ein Werk in ~ nehmen □ **começar alguma coisa*

angst ⟨Adj. 11/82; in Verbindung mit den Verben „sein", „bleiben", „werden"⟩ jmdn. ist ~ *jmd. hat Angst;* mir ist ~ und bange; ihm wird ~ □ **estar com medo;* → a. *Angst*

Angst ⟨f.; -, -Ängs|te⟩ 1 *große Sorge, Unruhe, unbestimmtes, oft grundloses Gefühl, bedroht zu sein;* aus ~ vor Strafe nicht schlafen können; jmd. gerät, schwebt in ~; in tausend Ängsten schweben; die ~ (in sich) bekämpfen, unterdrücken; jmdm. ~ einflößen, einjagen; es mit der ~ zu tun bekommen; vor ~ nicht schlafen können □ *medo; receio* 1.1 etwas aus ~ tun *weil man sich ängstigt* □ **fazer alguma coisa por medo* 1.2 jmd. hat, bekommt ~ *ist, wird ängstlich* □ **ter medo; ficar com medo* 1.3 jmdm. Angst machen; jmdm. Angst und Bange machen *jmdn. mit Angst erfüllen* □ *amedrontar alguém; fazer alguém morrer de medo* 1.4 ~ um jmdn. od. etwas haben *befürchten, dass jmdm. od. einer Sache ein Unglück geschieht* □ *temer por alguém ou alguma coisa* 1.5 ~ vor jmdm. od. etwas haben *befürchten, dass jmd. od. etwas einen Schaden verursacht* □ *ter medo de alguém ou alguma coisa;* → a. *angst*

angst|er|füllt ⟨Adj. 24⟩ *mit dem Ausdruck der Angst, voller Angst;* ein ~er Blick □ *amedrontado*

ängs|ti|gen ⟨V. 500⟩ **1** jmdn. ~ *in Angst versetzen, jmdm. Angst machen;* ein Hund hat das Kind geängstigt □ *assustar; amedrontar* **2** ⟨505/Vr 3⟩ sich ⟨vor jmdm. od. etwas⟩ ~ *Angst haben, sich große Sorgen machen;* sich ~ vor jmdm. od. etwas □ *ter medo de alguém ou alguma coisa;* sich ~ um jmdm. od. etwas □ *temer por alguém ou alguma coisa* 2.1 sich zu Tode ~ ⟨fig.⟩ *sich sehr ängstigen* □ *morrer de medo*

ängst|lich ⟨Adj.⟩ **1** *Angst habend, innerlich unruhig, sehr besorgt;* eine ~e Person; jmd. ist ~ □ *medroso; temeroso;* ~ antworten □ *com medo;* mir wurde ~ zumute □ *comecei a ficar com medo* 1.1 *peinlich genau, übertrieben gewissenhaft (aus Angst, etwas falsch zu machen);* ~ darauf bedacht sein, dass ... □ *minucioso; meticuloso* **2** ⟨40⟩ *nicht* ~ *sein* ⟨umg.⟩ *nicht dringend sein, nicht eilen;* mit dem Zurückgeben des Buches ist es nicht so ~ □ *urgente*

an||gu|cken ⟨V. 500; umg.⟩ jmdn. od. etwas ~ *(verwundert) ansehen, anschauen, betrachten;* was guckst du mich so an?; willst du dir das Foto nicht ~? □ *olhar*

an||gur|ten ⟨V. 500/Vr 7⟩ jmdn. od. sich ~ *anschnallen, mit einem Sicherheitsgurt auf einem Auto-, Flugzeugsitz befestigen* □ *pôr o cinto de segurança*

an||ha|ben ⟨V. 159⟩ **1** ⟨500⟩ etwas ~ *ein Kleidungsstück am Körper haben, tragen, angezogen haben;* du hast noch immer die nassen Sachen an!; Schuhe und Strümpfe ~ □ *estar (vestido) com* **2** ⟨530⟩ jmdm. od. einer Sache etwas (nichts) ~ *können, wollen (nicht) schaden können, wollen;* er kann dir nichts ~; der Wind kann dem Boot nichts ~ □ *fazer mal a*

an||haf|ten ⟨V. 600⟩ **1** etwas haftet einer Sache an *haftet fest an etwas, ist fest mit etwas verbunden;* den Kleidungsstücken haftet ein unangenehmer Geruch an □ *aderir; estar pegado/grudado em* **2** eine Sache haftet jmdm. an ⟨fig.; geh.⟩ *jmd. wird etwas nicht los, kann sich nicht von etwas befreien;* ihm haftet immer noch etwas von seiner früheren Depression an □ *não conseguir livrar-se de; ainda estar com*

an||hal|ten ⟨V. 160⟩ **1** ⟨400⟩ 1.1 *eine Bewegung beenden, stehen bleiben;* in 1.1.1 halten Sie an! *(Aufforderung an den Fahrer eines Fahrzeugs)* □ *parar* 1.2 *ein Vorgang od. Zustand hält an geht weiter, wird nicht beendet;* Regen und Kälte halten an; die Spannung hielt den ganzen Film hindurch an □ *continuar; (per)durar* **2** ⟨800⟩ um ein Mädchen, die Hand eines M. ~ ⟨veraltet⟩ *sich um ein M. bewerben, einem M. einen Heiratsantrag machen* □ *pedir a mão de; pedir em casamento* **3** ⟨500⟩ einen bewegten Gegenstand, eine bewegte Person ~ *an der Weiterbewegung hindern, zum Stehen bringen;* eine Maschine, ein Fahrzeug, die Uhr ~; einen Spaziergänger ~ □ *deter; fazer parar* 3.1 den Atem, die Luft ~ *vorübergehend aufhören zu atmen* □ *conter* 3.2 einen Ton, Akkord ~ *aushalten, weiterklingen lassen* □ *sustentar* **4** ⟨550⟩ jmdn. zu etwas ~ *ermahnen zu etwas, dafür sorgen, dass jmd. etwas tut;* die Mutter hält die Kinder zur Höflichkeit an; jmdn. zur Arbeit ~ □ *exortar* **5** ⟨530/Vr 5 od. Vr 6 od. 511⟩ jmdn. ein Kleidungsstück, einen Schmuck ~ *vor den Körper, an die Kleidung halten;* halt dir doch bitte mal die Brosche an! □ *colocar (junto ao corpo, à roupa)* **6** ⟨511/Vr 3⟩ sich an etwas od. jmdm. ~ *fest halten;* sich fest am Geländer ~ □ *segurar-se/ apoiar-se em alguma coisa ou alguém*

An|hal|ter ⟨m.; -s, -⟩ = *Tramper;* per ~ fahren *trampen* □ *ir de carona*

An|hal|te|rin ⟨f.; -, -rin|nen⟩ = *Tramperin*

An|halts|punkt ⟨m.; -(e)s, -e; fig.⟩ *Hinweis, eine Annahme unterstützender Beleg;* keine ~e für etwas finden □ *ponto de referência*

an|hand ⟨Präp. m. Gen.⟩ *mit Hilfe, aufgrund;* den Täter ~ eines Fotos überführen □ *com base em*

An|hang ⟨m.; -(e)s, -hän|ge; Abk.: Anh.⟩ **1** ⟨Pl. selten; Abk.: Anh.⟩ *Zusatz zu Schriftstücken und E-Mails, (erläuterndes od. ergänzendes) Schlusskapitel;* den ~ zu einem Vertrag zusammenstellen; im ~ des Buches suchen □ *apêndice; anexo* **2** ⟨Anat.⟩ *Endstück;* Knochen~ □ *extremidade* **3** ⟨unz.; fig.⟩ *Anhängerschaft* □ *sequazes; partidários* 3.1 *ein Kreis von Freunden;* einen starken ~ haben; er kann nicht mit einem großen ~ rechnen □ *círculo de amigos* 3.2 *Verwandtschaft, Angehörige;* er ist Witwer ohne ~ □ *parente; dependente*

an||hän|gen[1] ⟨V. 161/600⟩ **1** etwas hängt jmdm. an *belastet jmdm.;* diese alte Geschichte hängt ihm immer noch an □ *pesar sobre* **2** jmdm. od. einer Sache ~ ⟨geh.⟩ *ergeben sein;* er hing einem fernöstlichen Glauben an; einem Laster ~ □ *ser seguidor de; entregar-se a*

an||hän|gen[2] ⟨V. 161/500⟩ **1** etwas ~ *so an etwas befestigen, dass es hängt;* etwas an einen Haken ~; einen Wagen an den Zug ~ □ *pendurar; engatar* 1.1 *hinzufügen;* eine Endung an ein Wort ~ ⟨Gramm.⟩ □ *acrescentar* **2** ⟨530/Vr 8⟩ jmdm. etwas ~ ⟨fig.⟩ *jmdm. etwas Unangenehmes nachsagen* □ *imputar*

An|hän|ger ⟨m.; -s, -⟩ **1** *ein Fahrzeug ohne Motor, das an ein anderes angehängt wird;* ein Lastkraftwagen mit ~ □ *reboque* **2** *an einer Kette od. einem Band zu tragendes Schmuckstück;* ein ~ aus Gold, Silber □ *pingente* **3** *ein Zettel mit einem Namen od. einer Nummer, der an Gepäckstücke angehängt wird;* Koffer~ □ *etiqueta de identificação* **4** ⟨fig.⟩ *jmd., der einer Person od. Sache ergeben ist;* ~ einer Theorie, Bewegung, eines Politikers, Königshauses; seine Lehre findet viele ~ □ *partidário*

An|hän|ge|rin ⟨f.; -, -rin|nen⟩ *weibl. Anhänger(4)* □ *partidária*

anhänglich

an|häng|lich ⟨Adj.⟩ *treu, eng verbunden, nicht von der Seite weichend;* der Hund ist sehr ~ □ **fiel, afeiçoado**

an|hau|chen ⟨V. 500⟩ **1** jmdn. ~ *seinen Atem gegen jmdn. richten;* er hauchte sie an **2** etwas ~ *auf etwas hauchen;* die Brille, die Fensterscheibe ~ □ **bafejar 3** jmdn. ~ ⟨fig.; umg.; scherzh.⟩ *jmdn. schelten, grob anfahren;* der Chef hat ihn ganz schön angehaucht □ ***passar um sabão em alguém 4** jmd. ist politisch (alternativ, konservativ) angehaucht* ⟨fig.⟩ *mit einem Anflug politischer (alternativer, konservativer) Wesensart, sich wie ein Politiker (Alternativer, Konservativer) gebärdend* □ ***ter veia política 4.1** jmd. ist vom Tod angehaucht* ⟨poet.⟩ *jmd. weist die ersten Anzeichen des Todes auf* □ ***a morte sopra sobre alguém**

an|häu|fen ⟨V. 500⟩ **1** etwas ~ *in Mengen sammeln, in Haufen zusammentragen;* Geld, Reichtümer, Schätze, Vorräte, Waren ~ **2** ⟨Vr 3⟩ etwas häuft **sich** an *sammelt sich an, wird immer mehr;* die neuen Bücher häufen sich an □ **acumular(-se)**

an|he|ben ⟨V. 163⟩ **1** ⟨500⟩ etwas od. jmdn. ~ *ein kleines Stück in die Höhe heben;* den Schrank ~; ein Glas ~; ein Kind ~ □ **levantar 1.1** ⟨fig.⟩ *erhöhen;* das Niveau ~; die Preise ~ □ **elevar 2** ⟨400⟩ jmd. od. etwas hebt an ⟨geh.; veraltet⟩ *fängt an, beginnt;* der neue Tag hebt an; zu sprechen, singen ~; er hob (hub) an zu lachen □ **começar**

an|hei|meln ⟨V. 500⟩ etwas heimelt **jmdn.** an *kommt jmdm. heimisch, vertraut vor, gibt jmdm. das Gefühl des Vertrautseins;* das Zimmer, die Atmosphäre heimelt mich an □ **fazer alguém sentir-se em casa**

an|heim|fal|len ⟨V. 131/400 (s.); geh.⟩ *in jmds. Besitz übergehen* □ **caber a**

an|heim|ge|ben ⟨V.143/530/ Vr 7; geh.⟩ jmdm. od. etwas einer Sache ~ *jmdm. od. etwas einer Sache überlassen, anvertrauen,* das Kind der Obhut eines Arztes, einer Erzieherin ~ □ **deixar com; confiar a**

an|heim|stel|len ⟨V. 530; geh.⟩ jmdm. etwas ~ *jmdm. die Entscheidung über etwas anvertrauen, etwas in jmds. Ermessen stellen;* ich stelle dir anheim, welche Maßnahme du ergreifst □ **remeter; confiar**

an|hei|zen ⟨V. 500⟩ etwas ~ **1** *zu heizen beginnen;* einen Ofen, Grill ~ □ **começar a aquecer 2** ⟨fig.⟩ *steigern, anstacheln, schüren;* die Stimmung, den Protest ~ □ **incitar; instigar**

An|hieb ⟨m.; -(e)s, -e⟩ **1** *der erste Hieb* □ **pontapé inicial 2** auf ~ *gleich beim ersten Mal, sofort;* eine Prüfung auf ~ bestehen □ ***logo de cara**

an|hö|ren ⟨V. 500⟩ **1** ⟨Vr 7 od. Vr 8⟩ jmdn. ~ *eine Sache vorbringen lassen u. zuhören, jmdm. Gehör schenken;* ich habe ihn bis zu Ende angehört **2** etwas ~ *bei etwas (aufmerksam) zuhören,* ein Musikstück ~; (sich) jmds. Klagen ~ □ **ouvir (com atenção) 2.1** dieser Lärm ist nicht anzuhören *der L. ist unerträglich* □ ***esse barulho é insuportável 3** ⟨530⟩ jmdm. etwas ~ *an jmds. Sprechweise etwas merken;* man hört ihm die ausländische Herkunft an □ **perceber 4** ⟨513/Vr 3⟩ etwas hört **sich gut, schlecht** an *klingt gut, schlecht* □ ***soar bem/mal**

An|hö|rung ⟨f.; -, -en⟩ *Erörterung u. Diskussion eines bestimmten Themas (bes. in einem Ausschuss od. im Parlament), insbes. durch Befragen u. Anhören von Sachverständigen, Gutachtern od. Zeugen;* Sy Hearing □ **audiência**

ani|ma|lisch ⟨Adj.⟩ **1** *tierisch, den Tieren eigentümlich, von ihnen stammend;* ~er Dünger; das ~e Leben **1.1** ~e Funktionen ⟨Zool.⟩ *spezifisch tierische Lebensäußerungen wie Bewegung u. Sinneswahrnehmung, die den Pflanzen im Allgemeinen nicht zukommen* □ **animal 2** ⟨fig.⟩ *wie ein Tier, tierhaft;* er stieß ~e Schreie aus □ **animal; animalesco 2.1** *triebhaft, bestialisch;* eine ~e Lust, Freude an etwas empfinden, ein ~er Lärm, ~e Begierden □ **instintivo; bestial**

Ani|ma|teur ⟨[-tø:r] m.; -s, -e⟩ *Angestellter eines Reiseunternehmens od. Hotels, der für die Unterhaltung u. Freizeitgestaltung einer Reisegruppe zuständig ist* □ **animador**

Ani|ma|teu|rin ⟨[-tø:-] f.; -, -rin|nen⟩ *weibl. Animateur* □ **animadora**

Ani|ma|ti|on ⟨f.; -, -en⟩ **1** *Unterhaltung u. Freizeitgestaltung, die von einem Animateur organisiert u. geleitet wird* **2** ⟨EDV; Film⟩ *Verfahren zur Belebung u. Bewegung von Figuren im Trickfilm* □ **animação**

ani|mie|ren ⟨V. 505/Vr 7 od. Vr 8⟩ jmdn. (zu einer Handlung) ~ *beleben, ermuntern, anregen, in Stimmung bringen (etwas zu tun);* jmdn. zu einem Streich ~ □ **animar; encorajar**

Anis ⟨a. [-'-] m.; -es, -e⟩ *Gewürz- u. Arzneipflanze: Pimpinella anisum* □ **anis**

an|kämp|fen ⟨V. 800⟩ gegen etwas od. jmdn. ~ *etwas od. jmdn. bekämpfen, sich zur Wehr setzen, Widerstand leisten;* gegen den geplanten Stellenabbau ~; gegen die Müdigkeit ~ ⟨fig.⟩ □ **lutar contra; resistir a**

An|kauf ⟨m.; -(e)s, -käu|fe⟩ *Erwerb durch Kauf, Kauf in größeren Mengen;* der ~ von Aktien, Grundstücken; Ankäufe tätigen, machen, vermitteln □ **compra; aquisição**

an|kau|fen ⟨V. 500⟩ **1** etwas ~ *käuflich erwerben;* ein Haus, Geschäft ~ □ **comprar; adquirir 2** ⟨Vr 3⟩ sich ~ *sich durch Kauf eines Hauses od. Grundstückes an einem Ort niederlassen* □ ***estabelecer-se (numa propriedade]**

An|ker ⟨m.; -s, -⟩ **1** ⟨Mar.⟩ *an Kette od. Tau befestigter schwerer Doppelhaken zum Festmachen von Schiffen auf dem Meeresgrund;* die ~ lichten, hieven; ~ werfen, fieren; vor ~ gehen; vor ~ liegen □ **âncora 1.1** ⟨a. fig.⟩ **1.1.1** vor ~ gehen *sesshaft werden, an einem Ort bleiben* □ ***ancorar 1.1.2** ~ werfen *anfangen, sesshaft zu werden, an einem Ort zu bleiben* □ ***lançar âncora 1.1.3** ~ lichten *mit der Abreise beginnen* □ ***içar âncora 2** ⟨Arch.⟩ *Eisenstange od. -schiene mit Öse, durch die ein Querstück (Splint) zum Zusammenhalten von Bauteilen gesteckt wird* **3** ⟨Tech.⟩ *hin u. her bewegter Teil der Hemmung einer Uhr* □ **âncora 4** ⟨Elektrotech.⟩ *derjenige Teil einer umlaufenden elektrischen Maschine, in dessen Wicklungen der Hauptstrom läuft, der die Maschine in Drehung versetzt* □ **induzido**

An|kla|ge ⟨f.; -, -n⟩ **1** *eine bei Gericht erhobene Beschuldigung einer bestimmten Person wegen einer bestimmten Straftat;* die ~ lautet Mord □ acusação; die ~ gegen jmdn. erheben □ *prestar queixar contra alguém* **1.1** unter ~ stehen (wegen) *vor Gericht angeklagt sein* □ *ser acusado (de)* **1.2** jmdn. unter ~ stellen *jmdn. vor Gericht anklagen* □ *acusar/denunciar alguém* **2** *die Vertretung der Anklage;* die ~ vertritt ...; ein Zeuge der ~ **3** ⟨geh.⟩ *Beschuldigung, Vorwurf;* sie schrie ihm ihre ~ ins Gesicht □ acusação

an|kla|gen ⟨V.⟩ **1** ⟨514 od. 504/Vr 7 od. Vr 8⟩ jmdn. (wegen) einer Sache ~ *gegen jmdn. vor Gericht Klage erheben;* er wurde wegen Mordes od. des Mordes angeklagt **2** ⟨500; geh.⟩ jmdn. od. etwas ~ *beschuldigen;* wer sich entschuldigt, klagt sich an ⟨Sprichw.⟩ □ acusar; incriminar

An|klä|ger ⟨m.; -s, -⟩ *jmd., der eine gerichtliche Klage (gegen jmdn.) erhebt od. erhoben hat* □ acusador

An|klä|ge|rin ⟨f.; -, -rin|nen⟩ *weibl. Ankläger* □ acusadora

an|klam|mern ⟨V. 500⟩ **1** etwas ~ *mit Klammern befestigen* □ prender; fixar **2** ⟨505/Vr 3⟩ sich an jmdn. ~ *sich krampfhaft an jmdn. festhalten, jmdn. nicht loslassen* ⟨a. fig.⟩ □ *segurar-se/agarrar-se em alguém*

An|klang ⟨m.; -(e)s, -klän|ge⟩ **1** ⟨zählb.; geh.⟩ *leichte Ähnlichkeit, flüchtige Spur von Übereinstimmung;* in dieser Oper findet man Anklänge an Wagner □ reminiscência; eco **2** ⟨unz.⟩ ~ finden, haben ⟨fig.⟩ *(freundliche) Zustimmung, Anerkennung, Beifall finden, haben;* seine Musik, Rede, Idee fand viel ~ □ *ter eco/boa repercussão; ser bem recebido*

an|kle|ben ⟨V.⟩ **1** ⟨503/Vr 5 od. Vr 6⟩ etwas (jmdm.) ~ *mit Klebstoff an etwas (sich) befestigen;* Plakate, Tapeten ~; sich falsche Wimpern ~ □ colar; afixar **2** ⟨411(s.)⟩ etwas klebt an, auf etwas *an etwas kleben, festhaften;* der Teig klebt an der Schüssel an □ grudar

an|klei|den ⟨V. 500/Vr 7⟩ jmdn. ~ ⟨geh.⟩ *anziehen;* jmdm. beim Ankleiden helfen; sich (zum Ausgehen) ~ □ vestir(-se)

an|klin|geln ⟨V. 500 od. 411⟩ jmdn. ~, bei jmdm. ~ ⟨umg.⟩ *jmdn. (telefonisch) anrufen, jmdm. telefonieren;* ich kling(e)le dich morgen an; er hat heute bei mir angeklingelt □ telefonar; ligar

an|klin|gen ⟨V. 168/400⟩ **1** etwas klingt an *deutet sich an;* die Idee der Freiheit klingt immer wieder an □ manifestar-se **1.1** Erinnerungen klingen an *werden wach* □ despertar **2** etwas klingt an etwas an ⟨geh.⟩ *erinnert im Klang, Stil, Wortlaut an etwas;* hier klingt noch (schon) manches aus seinen früheren (späteren) Werken an; das Gedicht klingt an Goethe an □ evocar; (fazer) lembrar

an|klop|fen ⟨V.⟩ **1** ⟨400⟩ *an die Tür klopfen (um eingelassen zu werden)* □ bater à porta **1.1** ⟨411⟩ bei jmdm. (um etwas) ~ ⟨fig.⟩ *jmdn. (behutsam) um etwas bitten;* er hat bei mir um Geld angeklopft □ *sondar alguém (para pedir alguma coisa)*

an|knüp|fen ⟨V.⟩ **1** ⟨500⟩ etwas ~ *durch Knüpfen an etwas befestigen* □ unir; atar **2** ⟨800⟩ an, bei etwas ~ *sich auf etwas beziehen, eine Verbindung herstellen mit, zu etwas, etwas als Ausgangspunkt für etwas anderes benutzen;* er knüpfte in seinem Vortrag an ein Ereignis an □ fazer referência a; relacionar **3** ⟨500⟩ Beziehungen ~ *aufnehmen* □ estabelecer; mit jmdm. ein Gespräch ~ □ entabular

an|kom|men ⟨V. 170(s.)⟩ **1** ⟨411⟩ an (in) einem Ort od. bei jmdm. ~ *eintreffen, anlangen;* → a. abfahren(1); sie sind gestern (in München) angekommen; bist du gut angekommen?; am Bahnhof ~; ich bin in dem Roman an der Stelle angekommen, wo ... □ chegar **1.1** bei Müllers ist ein Baby angekommen *geboren worden* □ *os Müller tiveram um bebê* **1.2** bei einer Firma, Behörde ~ *angestellt werden* □ ser admitido **2** ⟨413⟩ gut, schlecht (bei jmdm.) ~ *(von jmdm.) aufgenommen werden* □ *ser (bem/mal) acolhido (por alguém)* **2.1** seine Witze kommen bei den Zuhörern nicht an *zünden nicht, finden kein Echo* □ fazer sucesso **2.2** damit kommst du bei mir nicht an *damit hast du kein Glück bei mir* □ *assim você não vai conseguir nada de mim* **3** ⟨800⟩ gegen jmdn. od. etwas ~ *jmdn. od. etwas überwinden, stärker sein als jmd. od. etwas* **3.1** er kommt nicht gegen ihn an *er ist ihm unterlegen* □ superar; vencer **4** ⟨500 od. 580⟩ eine Sache kommt jmdn. an ⟨geh.⟩ *ergreift, übermannt jmdn.;* eine leichte Rührung kam ihn an; es kam mich das Verlangen an, zu ... □ dominar; tomar **4.1** (unpersönl.) es kommt ihn schwer an, zu ... *es fällt ihm schwer* □ custar; ser difícil **5** ⟨800/(s.)⟩ es kommt auf jmdn. od. etwas an *hängt von jmdm. od. etwas ab, geht nicht ohne jmdn. od. etwas;* das kommt darauf an, dass, ob, wie jmd. arbeitet **5.1** darauf kommt es ja gerade an! *das ist ja das Entscheidende!* □ depender **5.2** wenn es d(a)rauf ankommt, ist er stets zur Stelle *im entscheidenden Augenblick, wenn er wirklich gebraucht wird* □ *na hora H, ele sempre está presente* **5.3** ⟨650⟩ es kommt ihm gar nicht darauf an *das ist ihm gar nicht wichtig, es ist ihm gleichgültig* □ *ele não está nem aí* **5.4** ⟨650⟩ es kommt mir sehr darauf an *es ist mir sehr wichtig* **5.5** ⟨650⟩ es kommt mir bei dieser Arbeit mehr auf Genauigkeit als auf Schönheit an *Genauigkeit ist mir wichtiger als Schönheit* □ ser importante; importar **5.6** es darauf ~ lassen *eine Sache sich entwickeln lassen, ohne einzugreifen* □ deixar acontecer; não interferir

an|kot|zen ⟨V. 500; derb⟩ **1** ⟨Vr 7 od. Vr 8⟩ jmdn. od. etwas ~ *mit Erbrochenem schmutzig machen* □ sujar com vômito **2** etwas kotzt jmdn. an ⟨fig.⟩ *widert jmdn. an, erregt jmds. Widerwillen;* das kotzt mich an; ihr Auftreten kotzte ihn an □ enojar; causar repugnância **3** jmdn. ~ ⟨fig.⟩ *grob anfahren;* der Chef hat ihn ganz schön angekotzt □ passar uma descompostura

an|krei|den ⟨V. 500⟩ **1** etwas ~ ⟨veraltet⟩ *mit Kreide auf einer Tafel anmerken;* Schulden, Waren ~ □ marcar com giz **2** (etwas) ~ lassen ⟨umg.⟩ *Schulden machen, sich (im Gasthaus) ohne gleich zu zahlen bewirten lassen;* die Zeche ~ lassen □ pôr na conta; comprar fiado **3** ⟨530⟩ jmdm. etwas ~ ⟨fig.⟩ *übelnehmen, nicht vergessen* □ guardar rancor

an|kreu|zen ⟨V. 500⟩ etwas (in einer Liste, einer Tabelle, einem Text) ~ *etwas mit einem aus zwei Schrägstrichen gemalten Kreuz markieren* ▢ **marcar com uma cruz**

an|kün|di|gen ⟨V. 500⟩ **1** ⟨Vr 7⟩ jmdn. ~ *jmds. baldiges Erscheinen anmelden;* einen bekannten Sänger ~; sich bei Freunden fürs Wochenende ~ **2** etwas ~ *etwas demnächst Kommendes bekanntgeben;* ein Konzert, Schauspiel in der Zeitung ~; er hat seinen Besuch bereits angekündigt; der Wind kündigte ein Gewitter an ⟨fig.⟩ ▢ **anunciar; avisar 3** ⟨Vr 3⟩ etwas kündigt **sich** an ⟨fig.⟩ *macht sich in Anzeichen bemerkbar;* der Herbst kündigte sich an; die schwere Krankheit kündigte sich seit langem an ▢ **anunciar-se**

An|kün|di|gung ⟨f.; -, -en⟩ **1** *das Ankündigen, Bekanntgabe* **2** *Schriftstück, auf dem etwas angekündigt wird* ▢ **aviso; anúncio**

An|kunft ⟨f.; -; unz.⟩ *Eintreffen, Erscheinen, Ankommen(1);* Ggs *Abfahrt(1);* jmds. ~ erwarten; seine ~ mitteilen; bei, nach meiner ~ ▢ **chegada**

an|kur|beln ⟨V. 500⟩ **1** *(mit einer Kurbel) in Gang bringen;* den Motor ~ ▢ **pôr em movimento** **1.1** *die Produktion* ~ ⟨fig.⟩ *in Schwung bringen, erhöhen;* Sy *anleiern* ▢ **fomentar; estimular**

an|la|chen ⟨V.⟩ **1** ⟨500/Vr 8⟩ jmdn. ~ *lachend anblicken;* er lachte sie freundlich an; der Himmel lachte uns an ⟨fig.⟩; poet.⟩ ▢ ***rir/sorrir para alguém** **2** ⟨500⟩ etwas lacht jmdn. an ⟨fig.⟩ *bietet einen einladenden, appetitanregenden Anblick;* das Stück Kuchen lacht mich an ▢ ***sorrir para alguém** **3** ⟨530/Vr 1⟩ sich jmdn. ~ ⟨umg.⟩ *freundschaftliche Beziehungen zu jmdm. aufnehmen;* er hat sich auf dem Ausflug eine junge Frau angelacht ▢ ***fisgar alguém**

An|la|ge ⟨f.; -, -n⟩ **1** *Tätigkeit des Anlegens, Gründung, Bereitstellung* ▢ **disposição; colocação 2** *Keim, Ansatz* ▢ **início 3** *Nutzbau, bebautes Gelände* ▢ **construção 3.1** *Gesamtheit eines Betriebes;* Fabrik~, Befestigungs~ ▢ **instalação; estabelecimento 4** *Plan, Aufbau;* ~ eines Dramas, Romans ▢ **estrutura 5** *Veranlagung, Begabung, angeborene Fähigkeit;* gute geistige ~n haben; er hat eine natürliche ~ zum Singen ▢ **talento; aptidão 6** ⟨Med.⟩ *angeborene Neigung (zu Krankheiten);* eine ~ zu nervösen Störungen haben ▢ **tendência; predisposição 7** *Einsatz von Geld, Kapital;* Kapital~; Schmuck, Gold, Pfandbriefe als ~ des Kapitals ▢ **investimento 8** *Beilage, etwas Beigelegtes, Beigefügtes (im Brief);* die Rechnung legen wir Ihnen als ~ bei; in der ~ senden wir Ihnen ein kleines Extra ▢ **anexo 9** *Park, mit Blumen bepflanzte Grünfläche;* die städtische Grün~ ▢ **parque; jardim**

An|lass ⟨m.; - es, -läs|se⟩ **1** *Veranlassung, Grund, (äußerer) Anstoß;* zum Klagen ~ geben; der Vorfall war ~ zu drastischen Maßnahmen gegeben; ohne allen ~; es ist kein ~ zu klagen ▢ **ocasião; motivo 1.1** *aus ~ veranlasst durch, anlässlich;* aus ~ seines 75. Geburtstages ▢ ***por ocasião de** **1.2** *aus diesem ~ deshalb* ▢ ***por essa razão** **2** *Gelegenheit;* das ist ein willkommener ~ ▢ **oportunidade 2.1** ~ nehmen, etwas zu tun ⟨förml.⟩ *die Gelegenheit ergreifen* ▢ ***aproveitar a ocasião/o ensejo** **3** ⟨schweiz.⟩ *(festliche, sportliche, familiäre) Veranstaltung* ▢ **evento; comemoração**

an|las|sen ⟨V. 175/500⟩ **1** etwas ~ *in Gang setzen;* den Motor, Wagen ~ ▢ **pôr em movimento; dar a partida 2** etwas ~ ⟨umg.⟩ *nicht ablegen, ausziehen, sondern anbehalten;* das Kleid, die Schuhe ~ ▢ **não tirar; ficar com 3** etwas ~ *angeschaltet lassen, brennen, laufen lassen;* das Licht, den Motor ~ ▢ **deixar ligado/aceso 4** Stahl ~ *nach dem Härten allmählich ein wenig erwärmen* ▢ **recozer 5** ⟨513/Vr 3⟩ sich gut, schlecht ~ ⟨umg.⟩ *sich bei Beginn als gut, schlecht erweisen;* der neue Mitarbeiter lässt sich gut an; das Wetter lässt sich ja schlecht an ▢ ***começar bem/mal; prometer melhora/piora 6** ⟨513/Vr 8⟩ jmdn. ~ *hart anfahren, ausschelten* ▢ **tratar com rudeza; repreender**

An|las|ser ⟨m.; -s, -⟩ *Vorrichtung zum Anlassen des Motors (bes. bei Kraftfahrzeugen)* ▢ **motor de arranque**

an|läss|lich ⟨Präp. m. Gen.⟩ *aus Anlass des, der ..., bei der Gelegenheit des, der ..., zum, zur;* ~ des 50. Geburtstages unseres Vaters ▢ **por ocasião de**

An|lauf ⟨m.; -(e)s, -läu|fe⟩ **1** ⟨Sp.⟩ *kurzer, rascher Lauf, um Schwung für den Sprung oder Wurf zu bekommen;* einen schnellen ~ nehmen ▢ **impulso 1.1** *Abfahrt beim Skispringen auf der Sprungschanze* ▢ **largada; arranque 2** *Strecke für das Anlaufen;* den ~ verlängern ▢ **trecho; percurso 3** ⟨fig.⟩ *Ansetzen zu einer Leistung, Versuch;* er hat mehrere vergebliche Anläufe gemacht; er bestand erst beim zweiten ~ ▢ **tentativa 4** *Beginn;* auf den ~ der neuen Buchproduktion warten ▢ **início 5** ⟨Arch.⟩ *konkaver unterster Teil eines Säulenschaftes od. einer Wand, der die Verbindung zum vorspringenden Sockel herstellt* ▢ **esbarro; inclinação**

an|lau|fen ⟨V. 176⟩ **1** ⟨400(s.); Sp.⟩ *durch kurzen Lauf Schwung nehmen* ▢ **tomar impulso 2** ⟨400(s.)⟩ angelaufen **kommen** *heran-, herbeilaufen;* die Kinder kamen angelaufen ▢ ***chegar correndo 3** ⟨411(s.)⟩ gegen jmdn. od. etwas ~ *mit Schwung gegen jmdn. od. etwas laufen* ▢ ***ir correndo de encontro a alguém ou alguma coisa 4** ⟨500⟩ etwas ~ ⟨Mar.⟩ *ansteuern;* einen Hafen ~ ▢ **aproar em 5** ⟨400(s.)⟩ Wild läuft an ⟨Jägerspr.⟩ *kommt schussgerecht vor den Jäger* ▢ **vir na mira 6** ⟨400(s.)⟩ etwas läuft an *beginnt zu laufen, kommt in Gang;* die Maschine, der Motor läuft an; der Versuch, die Versuchsreihe ist angelaufen ▢ **começar a funcionar 6.1** ein neuer Film ist angelaufen *wird seit kurzem gezeigt* ▢ **entrar em cartaz 7** ⟨400(s.)⟩ etwas läuft an *wächst an, häuft sich;* Kosten, Zinsen sind angelaufen ▢ **aumentar; acumular-se 8** ⟨400(s.)⟩ etwas läuft an *bedeckt sich mit einer dünnen Schicht Wasserdampf, beschlägt* ▢ **embaçar 9** ⟨413(s.)⟩ *sich verfärben;* blau ~ (vor Kälte) ▢ ***arroxear-se (de frio);** rot ~ (vor Scham od. Zorn) ▢ ***enrubescer (de vergonha ou raiva) 9.1** Stahl blau (usw.) ~ lassen *erhitzen, bis er sich blau (usw.) färbt, als Zeichen dafür, dass eine bestimmte Temperatur erreicht ist* ▢ ***azular o aço 10** ⟨411(s.)⟩ **bei** jmdm. schlecht ~ ⟨veraltet⟩ *schlechten Empfang finden, schlecht aufgenommen werden* ▢ ***ser mal recebido por alguém**

an|le|gen ⟨V.⟩ **1** ⟨500⟩ jmdn. od. etwas ~ *an jmdn. od. etwas legen;* beim Domino od. Kartenspiel einen Stein od. eine Karte ~ □ **pôr; colocar 1.1** einen **Säugling** ~ *an die Brust legen, stillen* □ **amamentar 1.2** einen **Hund** ~ *anketten, an einer Kette befestigen* □ **prender 1.3** eine **Leiter** ~ *anlehnen* □ **apoiar 1.4** Holz, Kohlen ~ (im Ofen) *nachfüllen, nachlegen* □ **colocar; reabastecer 1.5** das **Gewehr** ~ *mit dem Gewehr zielen;* legt an (erg.: das Gewehr)! (militär. Kommando) □ **mirar 1.6** Feuer ~ *etwas (verbrecherisch) in Brand stecken* □ **incendiar;* **pôr fogo 1.7** (mit) **Hand** ~ *bei einer Arbeit selbst mit zupacken* □ **ajudar;* **dar uma mão 1.7.1** letzte Hand ~ *eine Arbeit zum letzten Male überprüfen, eine Sache abschließend ordnen* □ **dar os últimos retoques* **1.8** Hand ~ an jmdn. od. sich *jmdm. od. sich Gewalt antun, jmdn. misshandeln, jmdm. nach dem Leben trachten* □ **atentar contra a vida de alguém;* atentar contra a própria vida **2** ⟨500⟩ etwas ~ ⟨geh.⟩ = *anziehen(1.1);* ein Kleid, eine Rüstung ~ □ **vestir 3** ⟨530/Vr 5 od. Vr 6⟩ jmdm. etwas ~ *umbinden, etwas an jmdm. befestigen;* jmdm. einen Verband ~ □ **atar; amarrar 3.1** jmdm. Fesseln ~ *jmdn. fesseln, mit Fesseln binden* □ **algemar alguém;* → a. *Zügel(1)* **4** ⟨500⟩ etwas ~ **4.1** *schaffen, einrichten, errichten;* eine Bahnstrecke, Straße, Stadt ~; einen Garten ~ □ **construir 4.1.1** die Wände ~ ⟨mitteldt.⟩ *neu streichen* □ **repintar 4.2** *zusammenstellen, aufstellen, zusammentragen, aufbauen;* ein Verzeichnis, eine Sammlung ~ □ **organizar; ordenar 4.3** *in den Grundzügen festlegen, entwerfen;* der Plan ist so angelegt, dass ...; der Roman ist breit, groß angelegt □ **esboçar; delinear 5** ⟨550⟩ Geld ~ *nutzbringend verwenden* **5.1** *festlegen, mit Nutzen unterbringen;* sein Kapital (in Wertbriefen, in Schmuck) ~ □ **aplicar; investir 5.2** *ausgeben;* so viel möchte ich nicht dafür ~ □ **gastar 6** ⟨550⟩ es auf etwas od. jmdn. ~ *abgesehen haben;* du legst es wohl darauf an, mich zu ärgern! □ **estar a fim de;* estar determinado a **7** ⟨517/Vr 3⟩ sich mit jmdm. ~ *mit jmdm. in Streit geraten* □ **procurar briga com alguém* **8** ⟨400⟩ ein **Schiff** legt an; *landet;* Ggs *ablegen(4.1);* am Ufer, im Hafen ~ □ **atracar**

an|leh|nen ⟨V. 500⟩ **1** (Vr 7) etwas od. sich ~ *gegen etwas lehnen, gegen etwas stützen;* die Leiter ~; den Rücken ~; auf diesem Stuhl kann man sich nicht ~; nicht ~! (Aufschrift an frisch gestrichenen Wänden od. Geländern) **1.1** ⟨550/Vr 3⟩ sich an jmdn. ~ *Hilfe, Unterstützung bei jmdm. finden;* sie konnte sich in ihrem Unglück an einen starken Freund ~ □ **apoiar-se em alguém* **1.2** etwas ~ *nicht ganz schließen, nicht einklinken;* das Fenster, die Tür ~ □ **encostar 2** ⟨550/Vr 3⟩ sich ~ ⟨fig.⟩ *sich jmdm. od. etwas zum Vorbild nehmen;* der Verfasser lehnt sich in seinem Buch stark an die Lehre Humboldts an □ **orientar-se (por);* inspirar-se (em)

An|leh|nung ⟨f.; -, -en⟩ **1** ~ *suchen bei, in Unterstützung, Hilfe, Anschluss suchen bei, in* □ **apoio 2** in, unter ~ an ⟨fig.⟩ *nach dem Vorbild von;* in ~ an die Lehre Humboldts; die ~ an die Gotik ist unverkennbar □ **com base em;* inspirando-se em

an|lei|ern ⟨V. 500; umg.⟩ = *ankurbeln(1.1)*

An|lei|he ⟨f.; -, -n⟩ **1** *(langfristige) Aufnahme einer größeren Geldsumme;* eine ~ *aufnehmen, machen;* eine staatliche ~ **1.1** ich muss bei dir eine ~ machen ⟨umg.; scherzh.⟩ *mir von dir Geld borgen* **2** ⟨umg.; fig.⟩ *Verwendung fremden geistigen Eigentums;* in diesem Gedicht hat er eine ~ bei Goethe gemacht □ **empréstimo**

an|lei|ten ⟨V.⟩ **1** ⟨500⟩ jmdn. ~ *zeigen, wie etwas zu tun ist, unterweisen, anlernen;* der Lehrer leitet die Schüler bei der Arbeit an; Lehrlinge ~ □ **orientar; instruir 2** ⟨505⟩ jmdn. (zu etwas) ~ *anhalten;* sie leitet das Kind zur Ordnung an □ **ensinar; educar**

An|lei|tung ⟨f.; -, -en⟩ **1** *das Anleiten, Unterweisung* □ **orientação; instrução 2** *Schriftstück mit hilfreichen Erklärungen zum Gebrauch eines Gerätes o. Ä.* □ **guia; manual**

an|ler|nen ⟨V. 500⟩ **1** jmdn. ~ *einen Anfänger für eine Tätigkeit, einen Beruf ausbilden;* der Meister lernt ihn als Schuster an; neue Arbeiter ~ □ **ensinar; treinar 2** ⟨530/Vr 1⟩ sich etwas ~ *sich etwas durch Lernen oberflächlich aneignen;* sein Benehmen ist nicht natürlich, sondern angelernt □ **aprender/assimilar alguma coisa na prática*

an|lie|gen ⟨V. 180⟩ **1** ⟨400⟩ etwas liegt an **1.1** *etwas schmiegt sich eng an den Körper an;* die Hose liegt knapp an; sie trug ein anliegendes Kleid □ **estar justo/apertado 1.2** *beigefügt, (in Briefen) beigelegt sein;* siehe anliegende Prospekte! □ **anexado 1.3** ⟨umg.⟩ *etwas ist noch zu erledigen;* was liegt heute noch an? □ **o que falta fazer hoje?* **2** ⟨600⟩ jmdm. ~ ⟨fig.; geh.⟩ *jmdm. mit Bitten, Wünschen bedrängen;* sie liegt ihm seit Tagen wegen dieses Vorschlags an □ **pedir (com insistência) 2.1** etwas liegt jmdm. an ⟨geh.⟩ *etwas ist jmdm. wichtig;* mir liegt es sehr an, ihr zu helfen □ **ser importante 3** ⟨400⟩ ein genau gesteuerter **Kurs** liegt an (am Kompass) ⟨Mar.⟩ *ein genauer K. wird eingehalten* □ **manter; seguir**

An|lie|gen ⟨n.; -s, -⟩ *Wunsch, Bitte;* ein ~ *vorbringen;* ich habe ein ~ an Sie □ **pedido**

An|lie|ger ⟨m.; -s, -⟩ *Besitzer od. Bewohner eines Grundstücks, das an einer öffentlichen Straße liegt, Anwohner;* Sy *Anrainer;* frei für ~ (auf Verkehrsschildern) □ **morador**

An|lie|ger|staat ⟨m.; -(e)s, -en⟩ *an ein bestimmtes Gebiet (bes. Meer) angrenzender Staat;* Sy *Anrainerstaat;* die ~en der Nordsee □ **Estado limítrofe/costeiro**

an|lo|cken ⟨V. 500/Vr 8⟩ jmdn. od. etwas ~ *zum Näherkommen zu bewegen suchen;* die Musik hat viele Besucher angelockt; das Licht lockte die Stechmücken an □ **atrair**

an|ma|chen ⟨V. 500⟩ **1** etwas ~ **1.1** einen **Gegenstand** (an einem anderen) ~ *festmachen, befestigen;* Gardinen ~ □ **prender; fixar 1.1.1** Bilder ~ *aufhängen* □ **pendurar 1.2** *durch Rühren vermengen* **1.2.1** Speisen ~ *mit den Zutaten vermischen, zubereiten;* Salat ~ □ **temperar 1.2.2** Mörtel ~ *anrühren* □ **misturar;** preparar **2** etwas ~ *in Gang setzen* □ pôr para funcionar 2.1 eine **Maschine, Energiequelle** ~ *einschalten;* das Licht, Radio ~; die Heizung ~ □ ligar **2.2** Feuer ~ *anzünden* □ acender **3** *jmdn.* ~ ⟨umg.⟩ **3.1** *jmdn. in beleidigender Weise ansprechen, anpöbeln* □ insultar **3.2** *jmdn. reizen, in Stimmung bringen;* die Musik macht mich an □ animar; entusiasmar **3.3** *jmdn. mit deutlichem Hinweis auf gemeinsame sexuelle Handlungen ansprechen;* ein Mädchen in der Diskothek ~ □ cantar; passar uma cantada

An|marsch ⟨m.; -(e)s; unz.⟩ **1** *das Herannahen;* den ~ des Feindes aufhalten □ avanço **1.1** auf dem, im ~ *sein sich nähern, kommen* □ *aproximar-se; avançar **2** ⟨umg.⟩ *Strecke, die zur Erreichung eines Zieles zurückzulegen ist;* sie hat einen langen ~ zur Arbeit □ caminho; trajeto

an||ma|ßen ⟨V. 530/Vr 3⟩ *sich etwas ~ sich etwas ohne Berechtigung zuerkennen, zutrauen, für sich in Anspruch nehmen;* sich Fähigkeiten, Vorrechte ~; ich maße mir nicht an, darüber zu urteilen □ *arrogar-se/permitir-se alguma coisa

an|ma|ßend 1 ⟨Part. Präs. von⟩ *anmaßen* **2** ⟨Adj.⟩ *ohne Berechtigung selbstbewusst, überheblich, eingebildet;* sehr ~ auftreten; von ~em Wesen sein □ arrogante; pretensioso

An|ma|ßung ⟨f.; -, -en⟩ **1** *unberechtigter Anspruch;* eine ~ von Rechten □ usurpação **2** *Überheblichkeit;* etwas im Ton ~ sagen; eine unglaubliche ~ □ arrogância; petulância

an||mel|den ⟨V. 500⟩ **1** ⟨Vr 7⟩ *jmdn. od. etwas ~ ankündigen, bekanntgeben;* jmds. Ankunft, Besuch ~; Konkurs ~; sich ~ lassen (von der Sekretärin); würden Sie mich bitte ~; sich schriftlich, telefonisch ~ □ avisar; anunciar; declarar **1.1** ⟨Vr 7⟩ *jmdn.* ~ *vormerken lassen;* sich beim Arzt ~; sich zu einem Kurs ~ □ marcar (consulta); inscrever(-se) **1.2** eine Sache ~ *geltend machen, vorbringen;* Ansprüche ~ □ apresentar; fazer valer **1.3** ein Spiel ~ ⟨Kart.⟩ *den Wert des Spieles nennen, das man spielen will* □ *anunciar o valor do jogo **2** *jmdn. od.* etwas ~ *bei einer amtlichen Stelle melden;* ein Kind in der, zur Schule ~; ein Patent ~ □ matricular; registrar

An|mel|dung ⟨f.; -, -en⟩ **1** *Ankündigung, Mitteilung der Anwesenheit od. Ankunft;* ohne vorherige ~ können wir den Arzt nicht sprechen □ *sem marcar consulta antes não podemos falar com o médico;* die ~ eines Besuches □ aviso **1.1** *Bitte um Vormerkung;* Ihre ~ können wir nicht mehr berücksichtigen □ reserva **2** *das Anmelden bei einer zuständigen amtlichen Stelle;* polizeiliche ~; die ~ eines Gewerbes; ein Kind zur ~ in die Schule bringen □ registro; inscrição; matrícula **3** *das Geltendmachen, Vorbringen;* die ~ von Ansprüchen bei Gericht □ apresentação; declaração **4** *Raum, in dem man sich anmelden muss;* wo ist die ~? □ recepção **5** *Anmeldeformular* □ formulário de registro

an||mer|ken ⟨V. 500⟩ **1** ⟨530/Vr 6⟩ *jmdm. etwas ~ an jmdm. etwas bemerken;* man merkt ihm seine Unruhe, Verlegenheit usw. (deutlich) an □ notar; per-

ceber **1.1** *sich etwas ~ lassen die andern etwas merken, sehen lassen;* er lässt sich seinen Kummer nicht ~; lass es dir nicht ~, dass du davon weißt □ *deixar transparecer/notar **2** etwas ~ *anstreichen, mit einem Zeichen versehen;* einen Tag im Kalender ~ □ marcar **3** etwas ~ ⟨geh.⟩ *erläuternd od. ergänzend bemerken;* dazu ist noch Folgendes anzumerken □ notar; observar

An|mer|kung ⟨f.; -, -en; Abk.: Anm.⟩ **1** *(kurze) Bemerkung;* eine bissige ~ über etwas machen □ observação **2** *erläuternde od. ergänzende Bemerkung, kurze Erläuterung;* einen Text mit ~en versehen; ~en des Verlags □ anotação; apontamento **2.1** ⟨Abk.: Anm.⟩ *Fußnote* □ nota de rodapé

An|mut ⟨f.; -; unz.⟩ **1** *Liebreiz, liebliche Schönheit;* ihr Gesicht war von außerordentlicher ~; sie ist voller natürlicher ~ □ graça; encanto **1.1** *harmonische Schönheit;* die ~ der abendlichen Landschaft □ beleza **2** *zarte, angenehme Schönheit der Bewegung, Haltung;* die ~ ihrer Bewegungen; sie tanzte mit ~ □ elegância **2.1** *Beschwingtheit;* ~ der Form **3** *heitere, gewandte Leichtigkeit;* ~ des Stils □ desenvoltura

an|mu|tig ⟨Adj.; geh.⟩ *voller Anmut, liebreizend;* ein ~es Kind □ gracioso

an||nä|hern ⟨V.⟩ **1** ⟨530⟩ etwas einer **Sache** ~ *sehr ähnlich machen, fast angleichen;* seine Lebensweise der der Eingeborenen ~ **2** ⟨503/Vr 3⟩ *sich ~ sehr ähnlich, fast gleich werden;* das Ergebnis näherte sich dem Grenzwert an **3** ⟨503/Vr 3 od. Vr 4⟩ *sich ~ sich einem Ort, Ziel nähern* **3.1** ⟨fig.⟩ *sich anfreunden* □ aproximar(-se)

An|nä|he|rung ⟨f.; -, -en⟩ **1** *das Näherkommen;* die ~ des Flugzeuges **2** *Angleichung;* es kam zu keiner ~ der Ansichten **3** ⟨fig.⟩ *Anfreundung, Besserung der Beziehungen;* bei den Gesprächen wurde eine ~ der beiden Länder erreicht □ aproximação

An|nah|me ⟨f.; -, -n⟩ **1** *Stelle, an der etwas angenommen wird;* Ggs *Ausgabe(3.1);* Paket~, Gepäck~ □ guichê de recebimento/retirada **2** ⟨unz.⟩ *das Annehmen(1-2)* □ recebimento; admissão **2.1** ~ an Kindes statt ⟨veraltet⟩ *Adoption* **2.2** ~ als Kind *Adoption* □ adoção **3** die ~, dass ... od. die ~, es sei ... *Voraussetzung, Vermutung* □ suposição

an||neh|men ⟨V. 189⟩ **1** ⟨500⟩ *etwas Angebotenes ~ nehmen, entgegennehmen;* Ggs *ablehnen(1);* Geschenk, Paket, Erbschaft, Dienst, Rat, Auftrag, Einladung ~ **1.1** *zu sich nehmen, essen;* der Kranke hat heute keine Speise angenommen **1.2** *ein Manuskript, ein Theaterstück ~ zur Veröffentlichung, Aufführung übernehmen* □ aceitar **1.3** *einen anderen Namen, einen Titel ~ anfangen zu führen* **1.3.1** angenommener Name *Name, den man sich selbst gibt* **1.4** *eine Gewohnheit, Meinung, einen Glauben ~ sich zu eigen machen;* nimm doch Vernunft an! □ adotar **1.5** *einen Wechsel ~ bestätigen* □ aceitar **1.6** *einen Reisescheck ~ umwechseln* □ trocar **2** ⟨500⟩ *jmdn. ~ vor-, zulassen* □ atender; admitir **2.1** Besucher, Patienten, Klienten ~ *empfangen* □ receber **2.2** *Bewerber für eine Stellung ~ in Dienst nehmen* **2.3** Studienbewerber, Schüler ~ *zum Studium, Schulbesuch* zulassen □ admitir 2.4 ein **Kind** ~ als eigenes K. aufnehmen; Sy adoptieren □ adotar 3 ⟨500⟩ **Wild** nimmt die Hunde an ⟨Jägerspr.⟩ stellt sich dem Angriff der Hunde □ enfrentar 4 ⟨500⟩ der **Hund** nimmt die Fährte an ⟨Jägerspr.⟩ findet und verfolgt sie □ seguir 5 ⟨500⟩ ein Gegenstand nimmt eine **Eigenschaft** an erhält eine neue E.; Aussehen, Gestalt, Umfang, Form ~; der Stoff nimmt die Farbe gut an; der Tabak nimmt den Geschmack von Seife an □ adquirir; absorver 6 ⟨540/Vr 3⟩ jmd. nimmt sich jmds. od. einer **Sache** an kümmert sich um jmdn., unterstützt eine Sache; sich jmds. hilfreich, liebevoll ~ □ cuidar de; encarregar-se de 7 ⟨500⟩ jmd. nimmt an, dass ... od. jmd. nimmt an, es sei ... setzt voraus, vermutet; man nimmt allgemein an, dass ...; nehmen wir an, es sei so, wie er sagt; etwas als richtig, wahr ~; angenommen, (dass) ... □ supor

An|nehm|lich|keit ⟨f.; -, -en⟩ etwas Angenehmes, Bequemlichkeit, Komfort; die kleinen ~en des Lebens genießen □ comodidade; conforto

An||non|ce ⟨[-nɔ̃:sə] a. [-nɔŋsə-] f.; -, -n⟩ = Anzeige(1)

an||non|cie|ren ⟨[-nɔ̃si:-] a. [-nɔŋsi:-] V.⟩ 1 ⟨500⟩ etwas ~ durch Annonce veröffentlichen, ausschreiben; eine Stelle ~ 2 ⟨400⟩ eine Zeitungsanzeige veröffentlichen lassen, aufgeben □ anunciar

an||nul|lie|ren ⟨V. 500⟩ eine **Sache** ~ 1 für ungültig, für nichtig erklären 2 außer Kraft setzen □ anular

Ano|de ⟨f.; -, -n; El.; Phys.⟩ positive Elektrode; Ggs Kathode □ ânodo

ano|mal ⟨Adj. 24⟩ nicht der Regel entsprechend, regelwidrig, nicht normal □ anômalo

An|o|ma|lie ⟨f.; -, -n⟩ 1 Regelwidrigkeit, Abweichung von der Regel 1.1 ~ des **Wassers** Erscheinung, dass das W. im Unterschied zu allen anderen Stoffen seine größte Dichte bei 4° C hat □ anomalia

an|o|nym ⟨Adj. 24⟩ 1 ungenannt, namenlos, ohne Namensangabe 1.1 ~er Brief B., der vom Absender nicht unterschrieben ist 1.2 das Buch ist ~ erschienen ohne Angabe des Verfassers □ (de modo) anônimo

Ano|rak ⟨m.; -s, -s⟩ sportliche Jacke, meist mit Reißverschluss u. Kapuze, die vor Wind u. Regen schützt □ jaqueta/agasalho com capuz

an||ord|nen ⟨V. 500⟩ etwas ~ 1 eine bestimmte Ordnung, Reihenfolge herstellen; Blumen in einer Vase ~ □ arrumar; dispor 2 befehlen, bestimmen, festsetzen; der Arzt ordnete Bettruhe an □ ordenar; prescrever

An||ord|nung ⟨f.; -, -en⟩ 1 Reihenfolge, Gliederung; die ~ der Bücher ist sehr übersichtlich □ disposição; arranjo 2 Befehl, Erlass, Verfügung; sich den ~en widersetzen; seine ~en treffen □ ordem; prescrição

an|or|ga|nisch ⟨Adj. 24⟩ 1 unbelebt, nicht von Lebewesen stammend, nicht durch Lebewesen entstanden, nicht Kohlenstoff enthaltend; Ggs organisch(2) ~e Stoffe 1.1 ~e **Chemie** Lehre von den Verbindungen, die keinen Kohlenstoff enthalten von den Oxiden und Metallverbindungen, aber einschließlich der Karbide, der Oxide des Kohlenstoffs, der Kohlensäure u. ihrer Salze □ inorgânico

an||pas|sen ⟨V. 530⟩ 1 etwas jmdm. od. einer Sache ~ (zu etwas Vorhandenem) passend machen; einen Mantel der Figur ~; ein Werkstück ist dem anderen genau angepasst □ ajustar; adaptar 2 etwas ~ anprobieren; jmdm. ein Kleid ~; Schuhe ~ □ provar; experimentar 3 etwas einer Sache ~ mit einer S. abstimmen, in Einklang bringen; die Handlung der Situation ~; die Kleider der kalten Jahreszeit ~ 4 ⟨503/Vr 3⟩ sich (jmdm. od. einer Sache) ~ sich seiner Umwelt gut einfügen, sich nach den jeweiligen Umständen richten; sich den Gewohnheiten anderer ~; sich den Verhältnissen ~; er kann sich schlecht, nicht gut ~ □ adaptar(-se)

An||pfiff ⟨m.; -(e)s, -e⟩ 1 ⟨Sp.⟩ Pfiff zum Zeichen des Beginns eines Spieles □ apito de início 2 ⟨fig.; umg.⟩ Rüffel, strenger Tadel □ pito

an||pö|beln ⟨V. 500; umg.; abwertend⟩ jmdn. ~ jmdn. mit groben Worten beleidigen, anmachen; dieser Mensch hat mich schon auf der Straße angepöbelt □ insultar

An||prall ⟨m.; -(e)s, unz.⟩ heftiger Stoß, Schlag gegen etwas; ~ der Wogen an, gegen das Ufer □ choque; colisão

an||pral|len ⟨V. 411(s.)⟩ ~ an heftig gegen etwas stoßen, schlagen; an einen Fels ~ □ *colidir contra

an||prei|sen ⟨V. 193/500/Vr 7⟩ jmdn. od. etwas ~ öffentlich rühmen, loben (u. empfehlen); eine Ware ~; einen Sänger ~ □ elogiar; recomendar

An||pro|be ⟨f.; -, -n⟩ 1 Anpassen eines Kleidungsstückes; zur ~ kommen; die erste, zweite ~ □ prova 2 der Raum für die Anprobe(1) (im Geschäft) □ provador

an||pro|bie|ren ⟨V. 500⟩ ein Kleidungsstück ~ anziehen, um zu sehen, wie es passt □ provar

An|rai|ner ⟨m.; -s, -; oberdt.⟩ = Anlieger

An|rai|ner|staat ⟨m.; -(e)s, -en⟩ = Anliegerstaat

an||ra|ten ⟨V. 195/500⟩ 1 (jmdm.) etwas ~ raten, empfehlen, nahelegen (etwas Bestimmtes zu tun) □ aconselhar; sugerir 1.1 auf Anraten von auf den Rat, auf die Empfehlung von □ *por conselho/sugestão de

an||rau|en ⟨V. 500⟩ etwas ~ raumachen; einen Stoff, Leder ~ □ ratinar; encrespar

an||rech|nen ⟨V.⟩ 1 ⟨505⟩ jmdm. etwas ~ (auf) berechnen, verrechnen mit 1.1 die Beträge auf die Rente ~ 2 ⟨530⟩ (in eine Wertung) einbeziehen, bewerten; dieses Diktat wird den Schülern nicht auf die Note angerechnet □ computar; contar 2.1 jmdm. etwas hoch ~ ⟨fig.⟩ jmdm. für etwas sehr dankbar sein, jmdm. für sein Verhalten wertschätzen □ estimar; ter em alta conta

An||recht ⟨n.; -(e)s, -e⟩ 1 Recht, Anspruch auf etwas; ein ~ auf etwas erwerben, haben; er besitzt die älteren ~e auf das Erbe □ direito; título 2 ⟨Theat.; veraltet⟩ = Abonnement; ein ~ für die Oper haben □ assinatura

An||re|de ⟨f.; -, -n⟩ 1 persönliches Ansprechen; eine Vertraute ~ □ alocução 2 Bezeichnung für den, den man anredet, z. B. Ihr, Sie, Frau, Mademoiselle, Herr Professor; „du" ist eine vertrauliche ~; „Signor" ist die italienische ~ für den Herrn; wie ist die richtige ~ für einen Bischof? □ forma de tratamento; apelativo

an||re|den ⟨V. 500⟩ 1 jmdn. ~ ansprechen, um mit ihm ein Gespräch zu beginnen; jmdn. auf der Straße ~; ich

anregen

habe ihn auf seinen Freund hin, auf den Unfall hin angeredet ☐ *dirigir a palavra a alguém* **2** ⟨513⟩ jmdn. ~ *eine Anrede für jmdn. wählen;* jmdn. mit „Du", mit „Herr Direktor" ~; jmdn. höflich ~ ☐ *tratar (alguém por)*

an‖re|gen ⟨V. 500/Vr 8⟩ **1** *etwas* ~ *den Anstoß zu etwas geben;* dieses Buch regt zum Nachdenken an ☐ **fazer; levar a;** *können Sie nicht einmal* ~, *dass* ... ☐ **propor 2** jmdn. od. etwas ~ *reger machen, ermuntern, beleben;* Wein, Kaffee regt an ☐ **estimular; excitar;** *dieses Mittel wirkt ~d auf den Kreislauf;* ein den Kreislauf ~des Mittel; er ist ein ~der Mensch ☐ **estimulante**

An|re|gung ⟨f.; -, -en⟩ **1** *das Anregen, Anstoß, Impuls;* die ~ geben, etwas zu tun; wertvolle ~en erhalten ☐ **estímulo; impulso 1.1** *Veranlassung, Vorschlag;* auf ~ von; die ~ zu den neuen Methoden ist von ihm ausgegangen ☐ **iniciativa; sugestão 2** *Belebung, Ermunterung;* ein Mittel zur ~ der Herztätigkeit; zur ~ Kaffee trinken ☐ **estimulação; excitação**

an‖rei·hen[1] ⟨V. 511⟩ **1** *etwas* ~ *in einer Reihe ordnen, einer Reihe hinzufügen;* neue Häuser an die alten ~ **2** ⟨Vr 3⟩ *sich* ~ ⟨geh.⟩ *sich an eine Reihe anschließen;* sich hinten, hinter den anderen ~; ein Unglück reihte sich ans andere ☐ **enfileirar(-se); acrescentar(-se)**

an‖rei·hen[2] ⟨V. 197 od. schwach konjugiert/500⟩ *etwas* ~ **1** *leicht reihen;* die Gardine ist dicht angereiht, angeriehen **2** *lose an etwas heften;* Futter ~ ☐ **alinhavar**

An|rei|se ⟨f.; -; unz.⟩ **1** *Fahrt zu einem bestimmten Ziel;* die ~ dauert 20 Stunden ☐ **viagem 2** *Ankunft;* nach der ~ legte er sich schlafen ☐ **chegada**

an‖rei|ßen ⟨V. 198/500⟩ **1** *etwas* ~ *einen kleinen Riss anbringen in etwas;* Stoff, Papier ~ ☐ **rasgar 1.1** *ein Thema* ~ ⟨fig.⟩ *zur Sprache bringen, ansprechen;* er riss ein heikles Thema an ☐ **trazer à baila; abordar 2** *etwas* ~ ⟨umg.⟩ *zu verbrauchen beginnen;* Vorrat ~; eine Tafel Schokolade ~; mein Erspartes reiß ich nicht an ☐ **começar a gastar/consumir 3** *die Saiten* ~ *leicht ziehen u. loslassen* ☐ ***dedilhar 4** *einen Außenbordmotor* ~ *in Gang bringen* ☐ **ligar; pôr para funcionar 5** *ein* Streichholz, Feuerzeug ~ ⟨umg.⟩ *anzünden* ☐ **acender 6** *Arme, Beine* ~ *mit einem Ruck anziehen* ☐ **contrair 7** *etwas* ~ ⟨Tech.⟩ *mit einem spitzen Gerät Linien auf etwas aufzeichnen, einritzen;* eine Linie auf Metall od. Holz ~; Blech nach Schablonen ~ ☐ **marcar; gravar 8** *jmdn.* ~ ⟨umg.⟩ *mit aufdringlichen Mitteln anlocken;* Kunden, Käufer ~ ☐ **assediar; abordar**

An|reiz ⟨m.; -es, -e⟩ *Reiz, Ansporn, Versuchung;* die Anerkennung war ihm ein ~ zu weiterer eifriger Arbeit; einen materiellen ~ bieten; das erhöht den ~ ☐ **estímulo**

an‖rei|zen ⟨V. 500⟩ **1** *etwas* ~ *in jmdn. einen Reiz zu etwas wecken;* die Neugier, Begierde ~ **1.1** *steigern, anregen;* den Appetit ~ ☐ **aguçar; despertar 2** ⟨505⟩ *jmdn. (zu etwas)* ~ *jmdn. einen Anreiz bieten, geben, jmdn. (zu etwas) herausfordern, motivieren, verlocken, anspornen;* er hat ihn zu dieser Tat angereizt; jmdn. zum Spiel, zum Trinken ~ ☐ **estimular; animar**

an‖rem|peln ⟨V. 500/Vr 8; umg.⟩ *jmdn.* ~ **1** *(absichtlich) heftig, grob anstoßen;* der Bursche rempelte alle Passanten an ☐ **empurrar; dar um encontrão em 2** ⟨fig.⟩ *mit jmdm. Streit suchen, jmdn. beschimpfen, belästigen* ☐ **provocar; implicar (com)**

an‖rich|ten ⟨V. 500⟩ *etwas* ~ **1** *zum Essen fertig machen u. auftragen od. bereitstellen;* Speisen ~; einen Salat mit Petersilie ~ ☐ **preparar 1.1** es ist angerichtet! *das Essen ist bereit, bitte zu Tisch!* **2** ☐ *está na mesa!* **2** ⟨fig.⟩ *etwas Negatives verursachen, zustande bringen;* Schaden ~; ein Unheil, Blutbad ~ ☐ **causar 2.1** da hast du ja etwas Schönes angerichtet! *du hast etwas Schlimmes getan!* ☐ ***o que você foi aprontar!**

an‖rü|chig ⟨Adj.; abwertend⟩ **1** *übel beleumdet, von schlechtem Ruf;* ein ~es Lokal, Haus; eine ~e Person, Familie ☐ **mal-afamado; malfadado 2** *nicht einwandfrei, nicht in Ordnung;* eine ~e Angelegenheit; ein ~er Lebenswandel ☐ **suspeito 3** *leicht anstößig;* ein ~es Lied; er erzählte eine ~e Geschichte ☐ **picante; indecente**

An|ruf ⟨m.; -(e)s, -e⟩ **1** *laute Anrede, Zuruf;* auf, bei ~ stehen bleiben ☐ **chamado 2** *Telefongespräch;* einen ~ bekommen ☐ **telefonema**

An|ruf|be|ant|wor|ter ⟨m.; -s, -⟩ *mit dem Telefon verbundenes Gerät, das die vom Inhaber gespeicherte Mitteilung automatisch an einen Anrufer übermittelt u. die gesprochene Nachricht des Anrufers aufzeichnet* ☐ **secretária eletrônica**

an‖ru|fen ⟨V. 204/500⟩ **1** ⟨Vr 8⟩ *jmdn.* ~ *laut anreden, durch Rufen jmds. Aufmerksamkeit erwecken* ☐ **chamar 1.1** *telefonisch sprechen (wollen);* ruf mich noch heute morgen Nachmittag an! ☐ **telefonar; ligar 2** Gott, ein Gericht ~ *um Beistand, Hilfe bitten* ☐ **rogar; apelar para**

an‖rüh|ren ⟨V. 500⟩ **1** *etwas* ~ *etwas mit etwas mischen;* Teig ~; die Soße mit Mehl ~ **1.1** *mit Flüssigkeit vermengen;* Farben, Kleister, Kalk, Zement mit Wasser ~ ☐ **misturar 2** *jmdn. od. etwas* ~ *berühren, mit der Hand anfassen;* rühr mich nicht an!; im Museum darf man nichts ~ **2.1** *etwas nicht* ~ ⟨fig.⟩ *keinen Gebrauch von etwas machen;* das Essen nicht ~; keinen Alkohol mehr ~; das Geld auf der Bank nicht ~; das Buch nicht ~; die Frage nicht ~ ☐ **tocar; mexer 3** *jmdn.* ~ ⟨fig.; geh.⟩ *innerlich rühren, seelisch beeindrucken;* sein Kummer hat mich angerührt; das Lied rührte sie zutiefst an ☐ **tocar; impressionar**

An|sa|ge ⟨f.; -, -n⟩ **1** *Ankündigung, bes. einer (künstlerischen) Darbietung;* Zeit~; ~ einer Sendung im Radio, Fernsehen; eine heitere, witzige ~ machen ☐ **anúncio; comunicado 2** *Diktat;* einen Text nach ~ schreiben ☐ **ditado**

an‖sa|gen ⟨V. 500⟩ **1** *etwas* ~ *ankündigen, vorher mitteilen;* Programm ~; er hat seinen Besuch für heute angesagt; es ist schlechtes Wetter angesagt ☐ **apresentar; anunciar;** dem Feind den Kampf ~ ☐ **desafiar 2** ⟨Vr 7⟩ *jmdn.* ~ *anmelden;* unser Freund hat sich für vier Uhr angesagt ☐ **comunicar 3** ⟨530⟩ *jmdm. etwas* ~ *diktieren;* bitte schreiben Sie, was ich Ihnen ansage ☐ **ditar**

An|sa|ger ⟨m.; -s, -⟩ *jmd., der (im Radio, Fernsehen) etwas ansagt;* Sy *Sprecher(3)* □ **locutor; apresentador**

An|sa|ge|rin ⟨f.; -, -rin|nen⟩ *weibl. Ansager* □ **locutora; apresentadora**

an‖sam|meln ⟨V. 500⟩ **1** *etwas ~ sammeln u. aufbewahren, zusammentragen;* Vorräte, Schätze ~ □ **juntar; acumular 2** ⟨Vr 3⟩ *etwas* sammelt sich an ⟨a. fig.⟩ *häuft sich an, wird immer mehr;* in großen Behältern sammelte sich die Flüssigkeit an; Wut und Zorn haben sich schon lange in ihm angesammelt □ **acumular-se 3** ⟨Vr 3⟩ *sich ~ sich versammeln, in großen Mengen zusammenkommen;* bei dem Brand sammelten sich viele Neugierige an; die Menschen sammeln sich schon an □ ***reunir-se; aglomerar-se**

An|samm|lung ⟨f.; -, -en⟩ **1** *das Ansammeln* **2** *das, was sich angesammelt hat;* eine ~ von Gerümpel; ~ von Kunstschätzen, Gemälden □ **acúmulo 3** *massenhaftes Zusammenkommen, Häufung;* Menschen~ □ **aglomeração; multidão**

an|säs|sig ⟨Adj. 24⟩ **1** *an einem bestimmten Ort wohnend, ständig beheimatet* □ **residente 1.1** sich ~ machen *festen Wohnsitz nehmen* □ ***estabelecer-se; fixar residência em**

An|satz ⟨m.; -es, -sät|ze⟩ **1** *das Ansetzen(5-8, 10)* □ **formação; preparação; cálculo 1.1** *Schätzung, Festsetzung (von Preisen, Summen)* □ **orçamento; estimativa 1.1.1** in ~ bringen *in Rechnung stellen* □ ***orçar; contabilizar 1.2** *Anlauf, Anfang;* die ersten Ansätze zu schriftstellerischer Arbeit □ **início 1.3** ⟨Pharm.⟩ *Zusammenstellung aller notwendigen Bestandteile für ein Präparat* □ **combinação 1.4** *(bei Rechenaufgaben) Umsetzung von gegebenen Tatsachen in Rechengrößen* □ **formulação 2** *Maschinenteil, Werkstück, an das ein anderes angesetzt werden kann* □ **peça adicional 3** *Schicht, die sich angesetzt hat; Fett~* □ **camada; depósito 4** *Stelle, an der ein zum Körper gehörender Teil beginnt;* Haar~, Brust~ □ **raiz; início 5** *Art der Tonerzeugung (bei Bläsern, Streichern, Sängern);* einen weichen, harten, reinen, unreinen ~ haben □ **entoação**

an‖schaf|fen ⟨V. 503/Vr 5⟩ **1** (sich) *etwas ~ etwas (käuflich) erwerben, sich zulegen;* sich neue Möbel ~; er hat für die Bibliothek viele neue Bücher angeschafft; teure Maschinen ~; er muss sich einen Hund ~ □ **adquirir 1.1** (sich) jmdn. ~ ⟨fig.; umg.⟩ *bekommen;* wir wollen uns keine Kinder mehr ~; sie hat sich einen Liebhaber angeschafft □ **ter; arranjar 2** ⟨530⟩ jmdm. etwas ~ ⟨bair.; österr.⟩ *anordnen, befehlen;* wer hat dir angeschafft, das zu tun? □ **mandar; ordenar 3** ⟨400; umg.⟩ **3.1** *arbeiten, Geld verdienen* □ **ganhar 3.2** *der Prostitution nachgehen;* ~ gehen □ **rodar bolsinha**

An|schaf|fung ⟨f.; -, -en⟩ *Erwerbung, Kauf;* wir können noch keine großen ~en machen □ **aquisição**

an‖schal|ten ⟨V. 500⟩ *etwas ~* **1** *mittels Schalters in Gang setzen;* den Motor ~ □ **ligar 2** *einschalten, Stromkreis schließen;* das Licht ~ □ **acender**

an‖schau|en ⟨V. 500⟩ **1** ⟨500/Vr 7 od. Vr 8⟩ jmdn. od. etwas ~ *ansehen, den Blick richten auf jmdn. od. etwas;* einen Menschen freundlich, böse ~; sich ein Buch ~; sie schaute sich im Spiegel an; lass dich mal ~! □ **olhar 2** ⟨530/Vr 1⟩ sich etwas od. jmdn. ~ *prüfend betrachten, untersuchen;* ich will mir den Patienten einmal ~; du sollst dir das Buch nochmals ~; schau dir mal die Tiere an! □ ***observar alguma coisa ou alguém; dar uma olhada em alguma coisa ou alguém**

an|schau|lich ⟨Adj.⟩ *deutlich, lebendig;* → *a. plastisch(4);* ein ~es Beispiel für ...; eine ~e Schilderung □ **claro; vivo;** etwas ~ erzählen □ **com clareza**

An|schau|ung ⟨f.; -, -en⟩ **1** ⟨unz.⟩ *das Anschauen, Betrachtung;* er war ganz in ~ versunken □ **contemplação;** ~sunterricht □ **aula ilustrativa 1.1** *Erfahrung durch Anschauen;* etwas aus eigener ~ kennen; das weiß ich aus eigener ~ □ **experiência 2** ⟨unz.⟩ *innere Versenkung, Schau;* ~ Gottes □ **contemplação 3** *Meinung, Auffassung, Vorstellung;* jmds. ~ teilen; ich habe davon, darüber eine andere ~; seine politischen ~en; nach meiner ~ verhält es sich so □ **opinião; ponto de vista**

An|schein ⟨m.; -(e)s; unz.⟩ *Schein, äußerer Eindruck;* es erweckt den ~, als ob ... □ **aparência; impressão;** es gibt sich den ~, als könne er alles □ ***ele se dá ares de conseguir tudo;** es hat den ~, als ob ... □ ***aparentemente...;** allem ~ nach ist er weggefahren □ ***ao que parece ele foi embora**

an|schei|nend ⟨Adv.⟩ *dem Anschein nach, offensichtlich, offenbar, wie man sieht;* → *a. scheinbar(1);* ~ ist er nicht zu Hause; sie hat ~ keine Zeit □ **aparentemente**

an‖schi|cken ⟨V. 550 od. 580/Vr 3⟩ sich zu etwas ~ ⟨geh.⟩ *etwas beginnen, anfangen, im Begriff sein, etwas zu tun;* er schickte sich an, den Baum abzusägen; sich zum Ausgehen ~ □ ***pôr-se a (fazer alguma coisa; preparar-se para (fazer alguma coisa)**

an‖schie|ßen ⟨V. 215⟩ **1** ⟨500/Vr 7 od. Vr 8⟩ jmdn. od. etwas ~ *durch einen Schuss treffen u. verwunden, aber nicht töten;* bei dem Gefecht ist er nur angeschossen worden; der Jäger schoss den Hirsch an □ **ferir/acertar com um tiro 2** ⟨400⟩ Kristalle schießen an ⟨Chem.⟩ *setzen sich fest, kristallisieren* □ **cristalizar(-se) 3** ⟨Part. Perf.⟩ *angeschossen* kommen *mit großer Geschwindigkeit näher kommen;* er kam angeschossen; das Wasser kam angeschossen □ **chegar a toda**

An|schiss ⟨m..; -es; -e; umg.⟩ *grober, scharfer Tadel;* einen ~ bekommen □ **bronca; carraspana**

An|schlag ⟨m.; -(e)s, -schlä|ge⟩ **1** ⟨unz.⟩ *das Anschlagen(3, 6-9)* □ **batida; lançamento; espicho; avaliação 1.1** *Art u. Weise des Anschlagens(3);* einen harten, weichen ~ haben (auf dem Klavier) **1.2** *Berühren des Beckenrandes im Wettschwimmen* □ **toque 1.3** *Versteckspiel der Kinder, bei dem der Entdeckte an einer bestimmten Stelle mit Anschlagen der Hand ausgerufen wird* □ **pique 2** ⟨unz.⟩ *schussfertige Haltung (des Gewehres);* das Gewehr im ~ haben □ **(posição de) mira 3** *etwas, das angeschlagen worden ist;* ein ~ an einer Mauer, am schwarzen Brett □ **cartaz 4** *Überschlag, ungefähre Vorberechnung der Kosten;* Kosten~ □ **orçamento; cálculo 4.1** in ~ bringen *auf den Kos-*

anschlagen

tenanschlag setzen, in Rechnung stellen □ *orçar; calcular **5** *Überfall, Angriff;* einen ~ verüben, vorhaben auf; einem ~ zum Opfer fallen □ **atentado 6** ⟨Tech.⟩ *vorspringender Teil, Hemmung an einer Maschine als Begrenzung;* bis zum ~ gleiten, ausschlagen □ **margeador 6.1** *verstellbare Kante an Schneid- und Hobelmaschinen zur Einführung eines Werkstückes* □ **encaixe 7** ⟨Arch.⟩ *Mauervorsprung zur Aufnahme von Blendrahmen für Fenster und Türen* □ **batente 8** *die erste Maschenreihe beim Häkeln u. Stricken* □ **primeira carreira**

an‖schla|gen ⟨V. 218⟩ **1** ⟨500⟩ *etwas ~ befestigen;* ein Brett, Plakat ~ **1.1 Blendrahmen ~** ⟨Arch.⟩ *an Fenster- u. Türöffnung befestigen* **1.2 Förderwagen ~** ⟨Bgb.⟩ *an Seil od. Kette befestigen* **1.3 Segel ~** ⟨Mar.⟩ *an Rundhölzern festmachen* □ **prender; (a)fixar 2** ⟨500⟩ *eine Schusswaffe ~ anlegen, auf jmdn. od. etwas richten;* das Gewehr ~ □ **mirar 3** ⟨500⟩ *eine Taste ~ mit dem Finger niederdrücken* □ **bater; digitar 4** ⟨500⟩ *etwas ~ durch einen Schlag zum Tönen bringen;* eine Glocke ~ □ **badalar 4.1** einen **Ton ~** *erklingen lassen* □ **tocar 4.1.1** ein **Thema ~** *auf etwas zu sprechen kommen* □ **abordar 5** ⟨500/Vr 8⟩ *jmdn. od. etwas ~ durch Schlagen beschädigen* □ **bater (em); dar uma batida (em) 5.1 Geschirr ~** *Ecken vom G. abschlagen* □ **lascar 5.2** den **Gegner ~** *durch Schläge an den Rand einer Niederlage bringen* □ **abater 6** ⟨500⟩ den **Ball ~** *durch einen Schlag ins Spiel bringen* □ **lançar 7** ⟨500⟩ ein **Fass ~** *anzapfen* □ **espichar 8** ⟨510⟩ *eine Sache hoch, niedrig ~* ⟨fig.⟩ *veranschlagen, einschätzen, bewerten;* ich schlage seine Leistung sehr hoch an □ **avaliar 9** ⟨411⟩ *an etwas schlagen;* die Wellen schlagen am Kai an □ **bater 10** ⟨400⟩ *etwas schlägt an hat Erfolg, wirkt;* die Kur, Arznei hat gut angeschlagen □ **fazer efeito 11** ⟨400⟩ ein **Hund** *schlägt an gibt Laut, bellt warnend* □ **ladrar**

an‖schlie|ßen ⟨V. 222⟩ **1** ⟨500⟩ *jmdn. od. etwas ~ mit einem Schloss sichern;* das Fahrrad ~; das Rad an einen Zaun ~; einen Hund ~; einen Gefangenen ~ □ **prender 2** ⟨500⟩ *etwas ~ an etwas anbringen u. dadurch eine Verbindung herstellen;* einen Schlauch ~ □ **conectar 2.1** ⟨El.⟩ *mit einem Stromkreis verbinden;* eine Lampe ~ □ **ligar; acender 3** ⟨500⟩ *etwas ~ (einer Reihe) anfügen;* das Institut ist der Universität angeschlossen □ **anexar 4** ⟨500/Vr 3⟩ *sich ~ unmittelbar folgen;* an den offiziellen Teil des Abends schloss sich ein geselliger Teil mit Tanz an □ ***seguir-se 4.1** ⟨400⟩ bitte ~! *in der Reihe eng aneinanderrücken, aufrücken* □ **entrar na fila 4.2** *etwas schließt sich an liegt unmittelbar daneben;* an unser Grundstück schließt sich ein anderes an □ **confinar com; ser contíguo a 5** ⟨530/Vr 3⟩ *sich jmdm. od. einer Sache ~ zugesellen, mit jmdm. od. einer Sache mitgehen;* darf ich mich Ihnen ~? □ ***acompanhar/juntar-se a alguém ou alguma coisa 5.1** ⟨513/Vr 3⟩ *sich schwer ~ schwer Anschluss finden, verschlossen sein* □ ***ser fechado/de pouca conversa 5.2** ⟨550/Vr 3⟩ *sich an jmdn. ~ mit jmdn. vertraut werden, sich anfreunden* □ ***fazer amizade com alguém 5.3** *sich einer Partei ~ Mitglied werden* □ ***filiar-se a um partido 5.4** *sich einer od. jmds. Meinung ~ ihr zustimmen, sie sich zu eigen machen* □ ***aderir à opinião de alguém; seguir a opinião de alguém 6** ⟨410⟩ *etwas schließt ... an liegt ... an;* der Halsausschnitt schließt eng an □ **estar apertado/justo**

an|schlie|ßend ⟨Adv.⟩ *im Anschluss (an etwas), hinterher, danach, darauf;* ~ gingen wir ins Schwimmbad □ **em seguida**

An|schluss ⟨m.; -es, -schlüs|se⟩ **1** ⟨unz.⟩ *das Anschließen(5.3), Sichanschließen(5);* ~ an eine Partei □ **filiação; adesão 1.1** *der ~ Österreichs die Besetzung u. Einverleibung Ö. 1938 in das Dt. Reich* □ **Anschluss 2** ⟨Tech.⟩ *Verbindung mit einem Netz od. innerhalb eines Netzes* **2.1** *Verbindung mit dem Versorgungsnetz;* Licht~, Gas~, Wasser~; die Wohnung hat noch keinen elektrischen ~ □ **ligação; conexão 2.2** *Verbindung im Verkehrsnetz;* der Zug hat um 13.30 Uhr ~ nach Mönchengladbach; Zug~; ~ haben; den ~ verpassen; erreichen wir den ~ nach Berlin noch? □ **conexão 2.3** *Verbindung in od. mit dem Telefonnetz;* Telefon~; keinen ~ bekommen (beim Telefonieren) □ **conexão; linha (telefônica);** kein ~ unter dieser Nummer *(automatische Telefonansage)* □ ***este número de telefone não existe 3** ⟨umg.⟩ *Verbindung zu jmdn.* □ **ligação; contato 3.1** *~ finden Bekanntschaft machen* □ ***fazer amizade com 4** *im ~ an (unmittelbar) nach, anschließend;* bitte kommen Sie im ~ an den Vortrag zu mir; in unmittelbarem ~ daran ... □ ***após; em seguida**

an‖schnal|len ⟨V.500/Vr 7⟩ *jmdn., sich od. etwas ~ mit einer Schnalle befestigen, angurten;* sich im Auto, Flugzeug ~ □ **afivelar (o cinto)**

an‖schnei|den ⟨V. 227/500⟩ **1** *das erste Stück von etwas abschneiden;* das Brot ~ □ **cortar o primeiro pedaço/a primeira fatia 1.1** *Hunde od. Raubwild schneiden erlegtes Wild an* ⟨Jägerspr.⟩ *fressen es an* □ **devorar 2** ⟨fig.⟩ *zur Sprache bringen, von etwas zu sprechen beginnen;* ein Thema, eine Frage ~ □ **abordar 3** *nicht ganz durchschneiden;* die Tomaten vor dem Brühen etwas ~ □ **cortar 3.1** ein **Geschwür ~** *durch einen kleinen Schnitt öffnen* □ **abrir 3.2** *angeschnittene Ärmel Ä., die mit dem Oberteil eines Kleidungsstücks in einem Stück zugeschnitten wurden* □ ***manga sem costura 4** einen **Punkt ~** ⟨Vermessungsw.⟩ *die Visierlinie auf einen P. einstellen* □ **marcar; mirar**

An|schnitt ⟨m.; -(e)s, -e⟩ **1** *erstes abgeschnittenes Stück;* der ~ des Brotes, Kuchens □ **primeira fatia; primeiro pedaço;** der erste ~ von einem Stoffballen □ **corte 2** *Schnittfläche;* der ~ war nicht gleichmäßig □ **superfície de corte**

An|scho|vis ⟨[-vɪs] f.; -, -⟩ *pikant, süßsauer zubereitete Sardine od. Sardelle;* oV **Anchovis** □ **aliche; anchova em conserva**

an‖schrei|ben ⟨V. 230/500⟩ **1** *etwas ~ an eine senkrechte Fläche, z. B. Wandtafel, Aushängeschild, schreiben* □ **escrever 2** *~ lassen auf die laufende Rechnung setzen lassen* □ ***pôr na conta 3** ⟨510; Passiv⟩ bei jmdm. gut angeschrieben sein ⟨fig.; umg.⟩ *geschätzt* *werden, beliebt sein* □ **cair nas graças de alguém* **4** jmdn. ~ ⟨Amtsdt.⟩ *an jmdn. schreiben* □ **escrever**

an‖schrei|en ⟨V. 231/500/Vr 8⟩ **jmdn. ~** jmdn. *sehr laut ansprechen, heftig schelten;* ich lasse mich von dir nicht so ~; sie haben sich die ganze Zeit angeschrien □ **gritar; berrar**

An|schrift ⟨f.; -, -en⟩ = *Adresse(1)*

an‖schul|di|gen ⟨V. 504⟩ jmdn. **(wegen)** einer Sache ~ ⟨Rechtsw.⟩ *öffentlich vor Gericht anklagen, nachdem das Hauptverfahren eröffnet ist;* einen unschuldigen Menschen ~; er ist des Mordes angeschuldigt; man hat ihn wegen Diebstahls angeschuldigt □ **acusar; incriminar**

an‖schwär|zen ⟨V.⟩ **1** ⟨503/Vr 5 od. Vr 6⟩ (sich) etwas ~ *ein wenig schwarz machen;* du hast dir die Hände angeschwärzt; die Wand am Ofen ist angeschwärzt □ **enegrecer; sujar 2** ⟨500⟩ jmdn. **(bei jmdm.)** ~ ⟨fig.; umg.⟩ *verdächtigen, verleumden;* Sy **denunzieren**; er hat ihn beim Chef angeschwärzt □ **denegrir; sujar**

an‖schwel|len ⟨V. 234/400(s.)⟩ **1** etwas schwillt an *wird dicker, nimmt an Umfang zu;* seine Füße schwollen an; die Knospen schwellen an; die unbeantworteten E-Mails schwellen langsam an □ **avolumar-se, acumular-se 1.1** ein **Fluss** schwillt an *führt immer mehr Wasser, steigt an* □ **avolumar-se 2** Geräusche schwellen an ⟨fig.⟩ *werden lauter;* der Lärm, der Gesang schwillt an; die Musik, die Stimme schwillt an □ **aumentar**

an‖schwin|deln ⟨V. 500; umg.⟩ jmdn. ~ *jmdn. nicht die Wahrheit sagen, ihn belügen* □ **contar lorota**

an‖se|hen ⟨V. 239⟩ **1** ⟨500/Vr 7 od. Vr 8⟩ **jmdn. od. etwas** ~ *die Augen auf jmdn. od. etwas richten;* jmd. sieht jmdn. an; sieh mich an!; jmdn. od. etwas aufmerksam, freundlich, neugierig usw. ~ □ **olhar 1.1** ⟨513⟩ etwas auf eine **bestimmte Art und Weise** ~ ⟨fig.⟩ *beurteilen, bewerten;* ich sehe die Sache anders an; du kannst die Sache ~, wie du willst, es ändert sich nichts □ **ver; julgar 1.1.1** etwas nicht ~ *nicht beachten* □ **reparar em; notar 1.1.2** er sieht das **Geld** nicht an *er gibt es leicht, gern aus, ist nicht kleinlich* □ **ele é mão-aberta* **2** ⟨518/Vr 7⟩ etwas **als** od. **für** etwas ~ *für etwas halten;* etwas als beendet ~; ich sehe es als meine Pflicht an, ihm zu helfen □ **considerar 3** ⟨530/Vr 6 od. 531⟩ jmdm. od. einem Gegenstand etwas ~, es jmdm. **an** etwas ~ *anmerken, erkennen, dass jmd. (etwas) ...;* man sieht ihm seine Krankheit nicht an □ **dá para ver que ele ainda está doente;* man sieht ihm sein Alter nicht an □ **ele não aparenta a idade que tem;* man sieht ihm an, dass er überarbeitet ist, wie er gearbeitet hat, ob er gesund ist □ **dá para ver/perceber...;* man sieht der Sache den Preis nicht an □ **não parece que custa isso;* man sieht es seinem Gesicht an, dass ...; ich sehe es dir an den Augen, an der Nasenspitze an, dass du schwindelst □ **ver; ler 4** ⟨530/Vr 1⟩ **sich** jmdn. od. etwas ~ *jmdn. od. etwas untersuchen;* sich einen Patienten, Kandidaten ~; sich etwas gründlich ~; das muss ich mir schon genauer ~ □ **examinar alguém ou alguma coisa* **4.1** sich eine **Sehenswürdigkeit**, Kirche,

Stadt ~ *besichtigen* □ **visitar 4.2** sich seine Aufgaben noch einmal ~ *nachprüfen* □ **averiguar; conferir 5** ⟨517 od. 537/Vr 1⟩ (sich) etwas mit ~ *Zeuge, Zuschauer sein* □ **presenciar alguma coisa* **5.1** ⟨fig.⟩ *dulden, ertragen;* ich kann (es) nicht länger mit ~, wie das Pferd geschlagen wird; ich sehe es mir noch eine Weile mit an, aber dann ... □ **tolerar; aguentar 6** etwas ist ... *anzusehen sieht ... aus;* das ist lustig, schön, schrecklich usw. anzusehen □ **é engraçado/bonito/horrível de ver* **7** ⟨Imperativ⟩ sieh (mal einer) an! *wer hätte das gedacht!, nicht zu glauben!* □ **veja só!; pode uma coisa dessas?*

An|se|hen ⟨n.; -s; unz.⟩ **1** ⟨nur in den Wendungen⟩ **1.1** jmdn. nur vom ~ kennen *vom Sehen kennen, ohne mit ihm gesprochen zu haben* □ **conhecer alguém apenas de vista* **1.2** ohne ~ der Person ⟨fig.; geh.⟩ *ohne Berücksichtigung der Stellung, des Ranges der P.* □ **com imparcialidade* **2** *Würde, Geltung, Hochachtung, Wertschätzung;* das ~ unserer Familie, unseres Hauses; seine Stellung verleiht ihm ~; ~ genießen; sich ~ verschaffen; an ~ verlieren □ **reputação; prestígio**; in hohem ~ stehen □ **ser muito considerado; ser tido em alta conta* **3** ⟨umg.⟩ *Aussehen, Äußeres;* dem ~ nach urteilen; ein anderes ~ gewinnen □ **aparência**

an|sehn|lich ⟨Adj. 70⟩ **1** *von gutem, angenehmem Äußeren, stattlich, groß;* er ist ein ~er Mann; ein ~es Gebäude □ **vistoso; de boa aparência 2** *bedeutend, beträchtlich;* eine ~ Summe, Mitgift; ein ~es Vermögen □ **considerável; respeitável**

an‖sein ⟨alte Schreibung für⟩ *an sein* □ **estar ligado/aceso**

an‖set|zen ⟨V. 500⟩ **1** etwas ~ *an eine bestimmte Stelle setzen, führen* □ **pôr; colocar 1.1** die Flöte, das Glas ~ an den Mund setzen □ **levar à boca 2** etwas ~ *ein zusätzliches Stück anfügen;* an einen Ärmel ein Stück ~ □ **acrescentar; aplicar 3** etwas ~ *festlegen, bestimmen;* eine Besprechung ~ □ **estabelecer;** marcar **4** jmdn. od. ein Tier ~ *einsetzen, mit etwas beauftragen* □ **(en)carregar 4.1** ⟨550⟩ einen Hund auf die Fährte ~ *einen H. auf die Fährte bringen, die er verfolgen soll* □ **pôr; colocar 5** etwas ~ *aus sich heraus entwickeln, hervorbringen;* Knospen ~ □ **germinar; desabrochar 5.1** Fett ~ *dick, fett werden* □ **engordar* **5.2** die Erdbeeren haben gut angesetzt *versprechen, viele Früchte zu bringen* □ **desenvolver-se; crescer** ⟨Vr 3⟩ *sich bilden, festsetzen;* am Eisen hat sich Rost angesetzt; Kristalle setzen sich an □ **formar-se* **7** ⟨515⟩ zu etwas ~ *im Begriff sein, etwas zu tun;* zum Sprung ~ □ **estar para fazer alguma coisa* **8** etwas ~ *mischen, (eine Mischung) vorbereiten* **8.1** eine **Bowle** ~ *Früchte mit Zucker bestreuen u. mit Alkohol übergießen als Vorbereitung zur B.* □ **preparar 9** etwas ~ ⟨mundartl.⟩ *zum Kochen auf den Herd setzen;* Wasser, Kartoffeln ~ □ **levar ao fogo 10** eine **Gleichung** ~ *einen Ansatz (1.4) machen* □ **pôr em equação* **11** sich ~ ⟨Jägerspr.⟩ *sich an den Ort begeben, wo man sitzend auf das Erscheinen von Wild wartet;* der Jäger setzt sich auf den Bock an □ **esperar; ficar de tocaia*

Ansicht

An|sicht ⟨f.; -, -en⟩ **1** ⟨unz.⟩ *das Ansehen, Betrachten;* können Sie mir die Ware zur ~ schicken? ☐ avaliação **2** *Wiedergabe eines Anblicks, Abbildung, Bild;* eine ~ des Straßburger Münsters; Postkarte mit ~ der Stadt Danzig ☐ reprodução; imagem **3** *Anblick, Blickwinkel, Seite, von der man etwas sieht;* Vorder~, Seiten~; eine ~ von vorn, von der Seite ☐ visão; perspectiva **4** ⟨fig.⟩ *Anschauung, Auffassung, Meinung;* eine ~ haben, vertreten; der ~ sein, dass ...; meiner ~ nach verhält es sich anders; verschiedener ~ über etwas sein; er hat sehr vernünftige ~en; der gleichen ~ sein **4.1** jmds. ~ teilen *derselben Meinung sein* ☐ parecer; opinião

an‖sie|deln ⟨V. 500⟩ **1** jmdn. ~ *jmdm. Grund u. Boden zur ständigen Bearbeitung überlassen, jmdn. sesshaft machen;* Einwanderer ~ ☐ assentar **2** ⟨Vr 3⟩ sich ~ *eine Siedlung gründen, sesshaft werden, sich niederlassen;* sich in Kanada ~; hier haben sich Bakterien angesiedelt ⟨fig.⟩; diese Arbeit ist auf einem hohen geistigen Niveau angesiedelt ⟨fig.⟩ ☐ *instalar-se; estabelecer-se **3** ⟨505; fig.⟩ etwas ~ *einordnen;* in welcher Epoche ist dieses Kunstwerk anzusiedeln?; die Kosten für den Umbau sind bei etwa 200.000 € anzusiedeln ☐ estabelecer; enquadrar

An|sin|nen ⟨n.; -s, -; geh.⟩ **1** *kaum annehmbare Forderung od. Vorschlag;* ein ~ an jmdn. stellen, richten; ein ~ ablehnen **2** *Zumutung;* ein freches, dreistes ~ ☐ exigência; impertinência

an‖span|nen ⟨V. 500⟩ **1** *Zugtiere* ~ *vor dem Wagen festmachen;* die Pferde ~; lassen Sie bitte ~! **1.1** den Wagen ~ *mit einem Gespann versehen* ☐ atrelar **2** *etwas* ~ *spannen, straff machen;* die Muskeln ~; ein Seil ~ ☐ esticar; retesar **3** ⟨Vr 7⟩ jmdn. od. jmds. Kräfte ~ *anstrengen* ☐ *exigir muito de alguém; sobrecarregar alguém;* einen Schüler zu sehr ~ ☐ *exigir demais de um aluno;* seine Aufmerksamkeit ~ ☐ intensificar; redobrar; angespannt arbeiten ☐ *trabalhar sob tensão

An|span|nung ⟨f.; -; unz.⟩ **1** *Anstrengung;* eine seelische, körperliche ~ ☐ tensão **2** *Zusammennehmen aller Kräfte;* mit, trotz ~ ☐ esforço

an‖spie|len ⟨V. 500⟩ **1** jmdn. ~ ⟨Sp.⟩ *jmdm. den Ball zuspielen;* den Stürmer ~ ☐ passar a bola para **2** ein Instrument ~ ⟨Mus.⟩ *einige Töne darauf spielen* ☐ *tocar algumas notas em um instrumento* **3** ein Musikstück ~ ⟨Mus.⟩ *den Anfang probeweise spielen* ☐ *tocar/ensaiar o começo de uma peça musical* **4** eine Karte ~ ⟨Kart.⟩ *zur Eröffnung des Spiels hinlegen;* er hat Herz angespielt ☐ servir **4.1** ⟨400; Kart.⟩ *ein Spiel beginnen;* wer spielt an? ☐ começar o jogo; ter a mão **5** ⟨800⟩ auf jmdn. od. etwas ~ *versteckt hinweisen;* in der Antwort spielte er auf seinen Bruder an; er spielte auf den Vorfall von gestern an ☐ aludir

An|spie|lung ⟨f.; -, -en⟩ *versteckter Hinweis, absichtsvolle Andeutung;* eine ~ machen auf etwas; sie ging auf seine ~ ein ☐ alusão

An|sporn ⟨m.; -(e)s; unz.⟩ *Antrieb, Anreiz; Belohnung* ist ein ~ zu höheren Leistungen ☐ incentivo; estímulo

an‖spor|nen ⟨V. 500⟩ **1** ein Pferd ~ *antreiben, einem P. die Sporen geben* ☐ esporear **2** jmdn. od. etwas ~ ⟨fig.⟩ *anreizen, den Ehrgeiz anstacheln, geistigen Antrieb geben;* jmdn. durch Lob, Vorbild zu guten Leistungen ~; ihr Lob spornte seinen Ehrgeiz an ☐ estimular; incentivar

An|spra|che ⟨f.; -, -n⟩ **1** *kleine förmliche Rede;* eine ~ halten ☐ alocução **2** ⟨unz.; süddt., österr.⟩ *Möglichkeit für ein Gespräch, eine Unterhaltung;* er hat in seinem neuen Wirkungskreis keinerlei ~; ~ suchen, finden ☐ oportunidade de comunicar-se

an‖spre|chen ⟨V. 251⟩ **1** ⟨500/Vr 8⟩ jmdn. ~ *anreden, das Wort an jmdn. richten* ☐ *dirigir a palavra a alguém* **1.1** ⟨550⟩ jmdn. um etwas ~ *bitten* **1.2** ⟨550⟩ jmdn. auf etwas ~ *jmds. Stellungnahme zu etwas erbitten;* ich sprach ihn auf den gestrigen Vorfall an ☐ pedir; solicitar **2** ⟨518⟩ jmdn. od. etwas ~ *als bezeichnen, beurteilen als;* man kann seine Leistung als zufriedenstellend ~ ☐ avaliar **3** ⟨500⟩ ein Ziel ~ *erkennen, seine Lage bestimmen* ☐ determinar **3.1** ein Wild ~ ⟨Jägerspr.⟩ *Standort, Art, Geschlecht, Alter usw. eines W. feststellen* ☐ avaliar; reconhecer **4** ⟨500⟩ etwas spricht jmdn. an *gefällt jmdm., nimmt jmdn. für sich ein;* der Vortrag hat ihn angesprochen ☐ agradar; interessar **5** ⟨800⟩ auf etwas ~ *wirksam werden, reagieren;* der Apparat spricht auf die leiseste Berührung an ☐ reagir; responder **6** ⟨410⟩ etwas spricht leicht, schwer an ⟨Mus.⟩ *läßt sich leicht, schwer zum Tönen bringen;* die Flöte spricht leicht, schwer an ☐ soar

an‖sprin|gen ⟨V. 253⟩ **1** ⟨500/Vr 8⟩ jmdn. ~ *sich mit einem Sprung auf jmdn. stürzen, an jmdn. hochspringen;* der Hund sprang den Einbrecher an; der Hund sprang mich freudig bellend an ☐ pular em; avançar em **2** ⟨400(s.)⟩ angesprungen kommen *heran-, herbeispringen, sich springend nähern;* die Kinder kamen angesprungen ☐ *chegar saltitando **3** ⟨400(s.)⟩ *mit einem Sprung zum Lauf ansetzen;* der Skiläufer sprang an u. raste den Berg hinunter ☐ saltar **4** ⟨400(s.)⟩ etwas springt an *kommt in Gang, beginnt zu laufen;* der Motor springt nicht an ☐ pegar **4.1** er ließ den Motor ~ *setzte den M. in Gang* ☐ pôr em movimento

An|spruch ⟨m.; -(e)s, -sprü|che⟩ **1** *Forderung;* berechtigter, begründeter ~; seine Ansprüche geltend machen; allen Ansprüchen gerecht werden, genügen ☐ exigência **1.1** Ansprüche stellen *etwas fordern* ☐ *fazer exigências **1.1.1** er stellt große Ansprüche *er ist unbescheiden, erwartet von seinen Mitmenschen zu viel* ☐ *ele exige demais; ele é muito exigente* **1.2** (keinen) ~ erheben (auf etwas) *etwas (nicht) haben wollen, (nicht) beanspruchen;* das Buch erhebt keinen ~ auf Vollständigkeit ☐ *(não) ter pretensão (de) **2** *Recht, Anrecht (auf etwas);* einen ~ haben auf etwas; den ~ auf etwas verlieren ☐ direito **3** jmdn. od. etwas in ~ nehmen *beanspruchen* ☐ *exigir alguém ou alguma coisa* **3.1** jmdn. in ~ nehmen *beschäftigen;* ich bin augenblicklich sehr, stark in ~ genommen ☐ *ocupar alguém* **3.2** etwas in ~ nehmen

Gebrauch von etwas machen, etwas verwenden, benutzen; er nimmt das Recht für sich in ~, zu kommen u. zu gehen, wann er will; darf ich Ihre Hilfe, Ihre Liebenswürdigkeit einmal in ~ nehmen? □ *servir-se de alguma coisa 3.2.1 etwas nimmt etwas in ~ *erfordert etwas;* es nimmt viel Zeit in ~; ihre Aufmerksamkeit war von den Vorgängen auf der Straße völlig in ~ genommen □ *tomar/ocupar alguma coisa

an|spruchs|los ⟨Adj.⟩ Ggs anspruchsvoll 1 *ohne (große) Ansprüche u. Forderungen, bescheiden, genügsam;* sie leben sehr ~ 2 *(abwertend) (geistig) nicht sehr gehaltvoll, schlicht;* ~e Musik; eine ~e Unterhaltung führen □ modesto; despretensioso

an|spruchs|voll ⟨Adj.⟩ Ggs anspruchslos 1 *hohe Ansprüche, Forderungen stellend, unbescheiden* 2 *hohes (geistiges) Niveau verlangend, hohen Anforderungen genügend;* eine ~e berufliche Tätigkeit □ exigente; pretensioso

an||sta|cheln ⟨V. 505⟩ jmdn. od. etwas (zu einer Leistung) ~ *heftig antreiben, anspornen, ermuntern;* das Lob stachelte ihn zu neuen Taten an; jmds. Ehrgeiz ~ □ incitar; instigar

An|stalt ⟨f.; -, -en⟩ 1 *(öffentliche) Einrichtung* □ instituição; instituto 1.1 ~ *des öffentlichen Rechts selbständige Zusammenfassung von Personen u. Sachen zur Erfüllung bestimmter Aufgaben der öffentl. Hand* □ *instituição pública 1.2 *Schule;* Unterrichts-~, Lehr-~ □ instituição; educandário 1.3 *Heilstätte (bes. für Geisteskranke, Alkoholiker, Drogenabhängige);* Heil-~, Pflege-~; in eine ~ eingewiesen werden □ clínica de reabilitação; sanatório 1.4 *Betrieb (meist des grafischen Gewerbes);* Verlags-~ □ editora; lithografische ~ □ estabelecimento 2 *der Wohlfahrt od. Bildung dienendes öffentliches Gebäude;* Besserungs-~, Erziehungs-~ □ casa de correção 3 ⟨nur Pl.⟩ *(keine)* ~en *zu etwas machen, treffen sich (nicht) anschicken, etwas zu tun;* er machte keine ~en, seinen Koffer zu packen □ *(não) se dispor a; (não) fazer os preparativos para

An|stand¹ ⟨m.; -(e)s, -stän|de⟩ 1 ⟨unz.⟩ *der guten Sitte entsprechendes Benehmen;* die Regeln des ~s beachten; den ~ verletzen; den ~ wahren; er hat keinen ~; du hast wohl gar kein Gefühl für ~?; sich mit ~ von einer Sache zurückziehen □ boas maneiras; decência 1.1 mit ~ verlieren können *mit Würde* □ dignidade 2 ⟨süddt., österr.⟩ *Schwierigkeit, Ärger;* keine Anstände haben (bei); ich will keine Anstände mit ihm bekommen □ problema 3 ⟨keinen⟩ ~ an etwas nehmen ⟨geh.⟩ *(keinen) Anstoß nehmen, (keine) Bedenken haben;* er nahm an ihrem merkwürdigen Verhalten keinen ~ □ *(não) se escandalizar com alguma coisa; (não) ver problema em alguma coisa

An|stand² ⟨m.; -(e)s, -stän|de⟩; Jagdw.⟩ *Ort, wo der Jäger auf das Wild wartet;* Sy Kanzel(4); auf den ~ gehen □ tocaia; emboscada

an|stän|dig ⟨Adj.⟩ 1 *dem Anstand¹(1), den Sitten, sozialen Regeln, Normen u. Gewohnheiten entsprechend;* ~es Benehmen □ decente; decoroso; benimm dich ~!; iss ~! □ direito; ~ gekleidet sein □ com decoro/

decência 1.1 ~e Gesinnung, ~er Charakter *moralisch, sittlich einwandfrei;* das war nicht ~ von ihm □ honesto; decente; ~ handeln □ com honestidade/decência 1.2 ein ~er Mensch, eine ~e Firma *ehrbar, ordentlich;* er ist ein ~er Kerl □ honesto; respeitável 2 ~e Waren ⟨umg.⟩ *gute, brauchbare W.;* gibt es bei euch einen ~en Wein?; ~e Kleidung □ bom; de qualidade 3 *angemessen;* ein ~es Gehalt □ adequado; conveniente 3.1 eine ~e Menge *viel, reichlich* □ considerável 3.2 ein ~er Preis *nicht zu hoch, aber auch nicht zu niedrig* □ razoável 4 ⟨50⟩ *ziemlich, heftig, tüchtig, kräftig;* jetzt schneit es aber (ganz) ~; er hat ~ zugeschlagen □ bastante; a valer

an|stands|los ⟨Adv.⟩ *ohne Schwierigkeiten zu machen, ohne zu zögern;* er hat das Geld ~ gezahlt □ sem hesitação; prontamente

an|statt → a. statt 1 ⟨Präp. mit Gen.⟩ *anstelle von;* ~ des Hutes hättest du lieber eine Mütze aufsetzen sollen; ~ seiner kam sein Freund; er traf den Baum ~ der Zielscheibe 2 ⟨Konj.⟩ = *statt¹(2);* du solltest lieber arbeiten, ~ dich herumzutreiben 2.1 ~ dass er arbeitete, ~ zu arbeiten, trieb er sich draußen herum *er arbeitete nicht, sondern ...* □ em vez de; no lugar de

an||ste|cken ⟨V.⟩ 1 ⟨500⟩ etwas ~ *mit einer Nadel befestigen;* eine Brosche ~ □ prender/pregar (com alfinete) 2 ⟨500⟩ einen Ring ~ *an den Finger stecken* □ colocar; pôr 3 ⟨500⟩ etwas ~ *in Brand setzen, anzünden;* ein Haus ~; eine Kerze, Zigarette ~ □ pôr fogo em; acender 4 ⟨505/Vr 7 od. Vr 8⟩ jmdn. (mit einer Krankheit od. Stimmung) ~ *eine K. od. S. auf jmdn. übertragen;* Sy *infizieren;* er hat mich mit seiner Erkältung angesteckt; er hat uns alle mit seiner Fröhlichkeit angesteckt ⟨fig.⟩; ich bin (von ihm) angesteckt worden □ infectar; contagiar 4.1 ⟨Vr 3⟩ sich ~ *sich eine Krankheit zuziehen, eine Stimmung übernehmen;* ich habe mich (bei ihm) angesteckt □ *infectar-se; contagiar-se 5 ⟨400⟩ etwas steckt an *ist übertragbar, ansteckend;* diese Krankheit steckt an; Lachen, Gähnen steckt an □ contagiar; ser contagiante

an||ste|hen ⟨V. 256⟩ 1 ⟨405⟩ (nach etwas) ~ *stehend in einer Reihe warten, sich anstellen, Schlange stehen;* man muss nach Theaterkarten lange ~ □ ficar/esperar na fila 2 ⟨580⟩ nicht ~, etwas zu tun *nicht zögern, keine Bedenken haben, etwas zu tun;* ich stehe nicht an, zu behaupten ... □ *não hesitar em fazer alguma coisa 3 ⟨600⟩ etwas steht jmdm. an ⟨geh.⟩ *kommt jmdm. zu, geziemt sich für jmdn.;* die Ehrerbietung stand ihm wohl an □ ficar bem; convir 4 ⟨400⟩ etwas steht an *liegt vor, ist zu erledigen, ist zu tun;* welche Termine stehen heute an? □ estar marcado/programado 4.1 etwas ~ lassen *sich sammeln lassen, unerledigt lassen;* Rechnungen, Schulden ~ lassen; Zahlungen ~ lassen □ *protelar; adiar

an||stei|gen ⟨V. 258/400(s.)⟩ etwas steigt an 1 *führt in die Höhe, aufwärts;* der Weg steigt langsam an; das Gelände stieg steil an □ subir; eine stark ~de Straße □ *uma ladeira íngreme 2 *wird höher;* die Flut steigt an; die Temperatur stieg an 3 ⟨fig.⟩ *nimmt zu, wächst;* die Preise steigen ständig an; der Fremdenverkehr

anstelle

ist in den letzten Jahren auf das Vierfache angestiegen □ subir; aumentar

an|stel|le auch: **an Stel|le** ⟨Präp. m. Gen.⟩ statt; ~ eines Hundes; ~ von Prüfungen □ **em vez de; no lugar de**

an|stel|len ⟨V. 500⟩ **1** einen Gegenstand ~ anlehnen, heranrücken; eine Leiter an die Hauswand ~ □ **encostar; apoiar 2** ein Gerät ~ in Gang setzen, einschalten; das Radio, die Heizung ~ □ **ligar 3** ⟨511 od. 550/Vr 3⟩ **sich** ~ sich an eine Reihe wartend anschließen, Schlange stehen; sich an der Kasse ~; sich nach Theaterkarten ~; hinten ~! □ *pôr-se na fila **4** jmdn. ~ beschäftigen □ **ocupar 4.1** in Dienst nehmen, in ein Arbeitsverhältnis aufnehmen; jmdn. als Verkäufer ~; er ist bei der Firma X fest angestellt □ **contratar; empregar 4.2** zur Arbeit heranziehen; ich lasse mich von dir nicht ~ □ **recrutar 5** etwas ~ machen, ausführen, tun, versuchen; eine Dummheit ~; alles Mögliche ~, um etwas zu erreichen; Versuche ~; ich weiß wirklich nicht, wie ich es ~ soll □ **fazer 5.1** Betrachtungen ~ (über) etwas etwas überlegend, nachdenklich betrachten □ *pôr-se a refletir/fazer reflexões sobre alguma coisa **5.2** es lässt sich leider nichts damit ~ es ist leider zu nichts zu gebrauchen □ **prestar; servir 5.3** was soll ich nur mit dir ~? ⟨umg.⟩ was soll ich nur mit dir machen?, du bist aber auch zu gar nichts zu gebrauchen! □ **fazer 5.4** was habt ihr da wieder angestellt? was habt ihr da wieder für Dummheiten gemacht? □ **aprontar 6** ⟨Vr 3⟩ **sich** ~ ⟨umg.⟩ sich verhalten, sich benehmen □ *comportar-se; sich geschickt ~ □ *mostrar habilidade/destreza; er stellt sich an, als ob er nicht bis drei zählen könnte ⟨umg.⟩; sich ~ wie ein Verrückter □ **comportar-se; agir 6.1** stell dich nicht so dumm an! ⟨umg.⟩ tu nicht, als ob du so dumm wärst! □ *não banque o idiota! **6.2** stell dich nicht so an! zier dich nicht so!, spiel kein Theater!, sei nicht so zimperlich! □ *não seja manhoso!

An|stel|lung ⟨f.; -, -en⟩ **1** ⟨Pl. selten⟩ Einstellung; die ~ neuer Mitarbeiter; zurzeit erfolgt keine ~ □ **contratação 2** Posten, Amt, Stelle; eine neue ~ suchen, finden, erhalten □ **emprego; cargo**

An|stieg ⟨m.; -(e)s, -e⟩ **1** ⟨Pl. selten⟩ Steigung; der steile ~ des Berges □ **aclive; inclinação 2** ⟨Pl. selten⟩ Erhöhung, Zunahme; der plötzliche ~ der Temperatur; der unmerkliche ~ der Preise □ **aumento; elevação 3** das Hinaufsteigen, der Aufstieg; einen sehr langen, beschwerlichen ~ hinter sich haben □ **subida; ascensão 3.1** Weg bergauf; der letzte ~ bis zum Gipfel; das ist einer der beliebtesten ~e □ **subida; escalada**

an|stif|ten ⟨V.⟩ **1** ⟨505⟩ jmdn. (zu etwas) ~ verleiten, verlocken; sie hat ihn zum Diebstahl, Mord angestiftet; wer hat euch dazu angestiftet? □ **instigar; induzir 2** ⟨500⟩ etwas ~ (etwas Übles) veranlassen; furchtbares Unheil ~; eine Verschwörung ~ □ **causar; provocar**

an|stim|men ⟨V. 500⟩ **1** etwas ~ zu singen od. zu spielen beginnen; ein Lied ~; das Orchester stimmte die Ouvertüre an □ **entoar; começar a tocar 1.1** immer wieder das alte Lied ~ ⟨fig.; umg.⟩ immer wieder dasselbe erzählen □ *vir sempre com a mesma cantilena

1.2 ein Klagelied über jmdn. od. etwas ~ ⟨fig.; umg.⟩ über jmdn. od. etwas sehr klagen □ *fazer uma choradeira sobre alguém ou alguma coisa **1.3** ein Loblied auf jmdn. od. etwas ~ ⟨fig.; umg.⟩ jmdn. od. etwas sehr loben □ *jogar confete em alguém; tecer altos elogios a alguém ou alguma coisa **2** etwas ~ ⟨fig.⟩ in etwas ausbrechen, etwas laut zu äußern beginnen; lautes Wehklagen ~; Geheul, Geschrei ~ □ **prorromper em**

An|stoß ⟨m.; -es, stö|ße⟩ **1** ⟨Pl. selten; Fußb.⟩ der erste Schuss; den ~ ausführen, haben □ **pontapé inicial 2** ⟨fig.⟩ Anlass, Impuls; den ersten ~ geben; einen kräftigen ~ bekommen □ **impulso; estímulo 2.1** Ermunterung; es bedurfte nur eines neuen ~es □ **incentivo; estímulo 3** ⟨geh.⟩ Ärgernis, Ärger; sein Benehmen ist ein Stein des ~es für alle □ *seu comportamento é um aborrecimento para todos **3.1** an etwas (keinen) ~ nehmen etwas (miss)billigen; sie nahm an seiner Kleidung keinen ~ □ *(não) se escandalizar com **3.2** (keinen) ~ erregen (keine) Missbilligung hervorrufen; seine Bemerkungen haben ~ erregt □ *(não) escandalizar

an|sto|ßen ⟨V. 262⟩ **1** ⟨500/Vr 8⟩ jmdn. od. etwas ~ jmdm. od. etwas einen (kleinen) Stoß geben □ **esbarrar em; ir de encontro a 1.1** etwas ~ durch einen Stoß in Bewegung setzen, ins Rollen bringen; einen Ball ~ □ **chutar; dar um pontapé em 1.2** jmdn. ~ jmdn. durch einen Stoß ein Zeichen geben; jmdn. mit dem Ellbogen, Fuß ~ □ **cutucar 2** ⟨411(s.)⟩ an, gegen etwas stoßen; ich bin mit dem Kopf angestoßen □ **bater 2.1** angestoßenes Obst beim Transport gedrücktes, beschädigtes Obst □ *fruta amassada/machucada **2.2** mit der Zunge ~ beim Sprechen der Zischlaute mit der Zunge an die oberen Schneidezähne geraten, lispeln □ *cecear ⟨400⟩ zur Bekräftigung eines Wunsches die Gläser aneinanderklingen lassen und einander zutrinken; auf gutes Gelingen, auf jmds. Wohl ~; darauf wollen wir ~! □ **brindar 4** ⟨411(s.)⟩ **bei jmdm.** (mit einer Bemerkung, Handlung) ~ ⟨fig.⟩ jmds. Missfallen, Unwillen erregen □ *escandalizar/ofender alguém **5** ⟨411(s.)⟩ **an etwas** ~ angrenzen; unser Haus stößt an sein Grundstück an; das ~de Zimmer □ *ser contíguo a alguma coisa

an|stö|ßig ⟨Adj.⟩ Anstoß(3) erregend, den Anstand verletzend, peinlich, schlüpfrig; ~es Benehmen; ~e Geschichten erzählen; das wirkte ~ □ **inconveniente; escandaloso**

an|strei|chen ⟨V. 263/500⟩ **1** ⟨Vr 7 od. Vr 8⟩ etwas ~ Farbe auf etwas streichen □ **pintar 2** mit einem Strich kenntlich machen, hervorheben; Fehler ~; eine Stelle im Buch ~; den heutigen Tag muss man rot im Kalender ~ ⟨fig.⟩ □ **marcar; assinalar 3** ⟨530/Vr 5 od. Vr 6⟩ jmdm. etwas ~ ⟨umg.⟩ vergelten, heimzahlen wollen □ **pagar na mesma moeda 4** ein Streichholz ~ anzünden □ **riscar 5** eine Saite ~ ⟨Mus.⟩ mit dem Bogen probeweise darüber streichen □ **testar; tocar (testando)**

an|stren|gen ⟨V.⟩ **1** ⟨500/Vr 3⟩ **sich** ~ sich Mühe geben, sich sehr bemühen, sein Bestes zu leisten; du musst dich in der Schule mehr ~; er hat sich vergeblich angestrengt □ *esforçar-se; empenhar-se **1.1** die Gastgeber haben sich heute besonders angestrengt haben viel Mühe u. Kosten auf sich genommen ☐ *esmerar-se 2 ⟨500⟩ etwas ~ zu einer besonderen Leistung steigern; da muss man schon seinen Verstand, Geist ~; sie strengte ihre Fantasie an ☐ esforçar; fazer um esforço 3 ⟨500⟩ jmdn. od. etwas ~ stark beanspruchen, ermüden; das Gehen strengte ihn noch an; diese Arbeit strengt das Herz an ☐ cansar; angestrengt aussehen ☐ cansado; die Reise war sehr anstrengend ☐ cansativo 4 ⟨400⟩ etwas strengt an ermüdet; Turnen, Rennen strengt an ☐ cansar 4.1 das Kind ist sehr angestrengt sehr müde, erschöpft ☐ *a criança está exausta 5 ⟨500⟩ einen Prozess ~ ⟨Rechtsw.⟩ einen P. beginnen; er will gegen ihn einen Prozess wegen Betrugs ~ ☐ intentar

An|stren|gung ⟨f.; -, -en⟩ 1 das Anstrengen, Bemühung, Aufwand der Kräfte; seine ~en verdoppeln; mit der letzten ~ hat er es erreicht; geistige ~en 1.1 große ~en machen sich sehr bemühen; er machte keinerlei ~en, um sein Ziel zu erreichen ☐ esforço 2 Strapaze, Belastung; der Aufstieg war für ihn eine einzige ~ ☐ cansaço

An|strich ⟨m.; -(e)s, -e⟩ 1 ⟨unz.⟩ das Anstreichen; er hat den ~ des Hauses selbst gemacht 2 aufgetragene Farbe; der helle ~ gefällt mir gut; das Haus ist einen weißen ~ ☐ pintura 3 ⟨unz.; fig.⟩ Anschein, Aussehen, Note; der Veranstaltung einen künstlerischen ~ geben ☐ aparência; sich einen ~ von Gelehrsamkeit geben ☐ *dar-se ares de erudição

An|sturm ⟨m.; -(e)s, -stür|me⟩ 1 Angriff, Sturm; eine Stadt beim ersten ~ erobern; der ~ der Wellen ☐ ataque; investida 2 (heftiger) Andrang, starke Nachfrage; dem ~ nicht gewachsen sein; der ~ auf die Theaterkarten ist jedes Mal sehr groß ☐ afluência; demanda

an|stür|men ⟨V.⟩ 1 ⟨400 (s.)⟩ angestürmt kommen stürmisch herbeirennen, in großer Eile kommen; die Kinder kamen angestürmt ☐ *chegar com impetuosidade; precipitar-se 2 ⟨800 (s.)⟩ gegen jmdn. od. etwas ~ ⟨a. fig.⟩ zum Angriff vorwärtsstürmen, heftig angreifen; der Wind stürmte gegen das Boot an; gegen die gegnerische Mannschaft ~; gegen Vorurteile ~ ☐ arremeter/investir contra alguém ou alguma coisa

An|su|chen ⟨n.; -s, -; Amtsdt.⟩ Bitte, Gesuch; ein ~ stellen an; auf mein ~ hin; auf ~ von Herrn X ☐ pedido; requerimento

Ant|ark|tis ⟨f.; -; unz.⟩ südlichster Teil der südlichen Erdhalbkugel, Südpolargebiet ☐ Antártica; Antártida; → a. Arktis

an|tas|ten ⟨V. 500/Vr 7 od. Vr 8⟩ 1 jmdn. od. etwas ~ ⟨a. fig.⟩ vorsichtig berühren; den Verletzten hat keiner angetastet; du hast das Essen noch nicht angetastet; ein Thema nur ~ ☐ tocar 2 etwas ~ ⟨fig.⟩ unberechtigt berühren, verletzen; mit Recht, meine Ehre lasse ich von niemandem ~; die Unabhängigkeit unseres Staates darf nicht angetastet werden ☐ atentar contra; violar

An|teil ⟨m.; -(e)s, -e⟩ 1 jmdm. zustehender, zufallender Teil; Geschäfts~, Gewinn~; wie hoch ist mein ~ an den Kosten?; er hat seinen ~ schon bekommen; unser ~ an dem Erbe ☐ parte; quota 2 ⟨unz.⟩ (innere) Teilnahme, Beteiligung; lebhaften, herzlichen, starken ~ nehmen an jmds. Schicksal; er hat an diesem Ergebnis keinen ~ ☐ participação 2.1 ⟨fig.⟩ Interesse; auch während der langen Krankheit hat er noch regen ~ an der Politik genommen ☐ interesse

An|teil|nah|me ⟨f.; -; unz.⟩ 1 Beteiligung; die Beisetzung fand unter starker ~ der Bevölkerung statt ☐ participação 2 ⟨fig.⟩ innere Beteiligung, Teilnahme, Mitgefühl; seine ~ an ihrem Kummer ist groß, herzlich, warm ☐ interesse 2.1 Beileid; seine ~ bei einem Todesfall ausdrücken, aussprechen ☐ condolência 2.2 Interesse; etwas mit wacher, kritischer, steigender ~ verfolgen ☐ interesse

An|ten|ne ⟨f.; -, -n⟩ 1 ein od. mehrere elektrische Leiter zum Empfangen od. Senden elektromagnetischer Wellen 2 ⟨Zool.⟩ Fühler ☐ antena 3 keine ~ für etwas haben ⟨fig.; umg.⟩ keinen Sinn ☐ sensibilidade

an|thra|zit ⟨Adj. 24⟩ schwarzgrau, dunkelgrau; der Anzug ist ~; die Ausstattung ist in Anthrazit gehalten; ~farbene Möbel ☐ cinza-escuro

an|ti..., An|ti... ⟨Vorsilbe⟩ gegen..., Gegen...; z. B. antifaschistisch, antiautoritär, Antibabypille, Antialkoholiker, Antisemit

An|ti|bi|o|ti|kum ⟨n.; -s, -ti|ka; Pharm.⟩ Stoff, der antibiotisch (Bakterien vernichtend) wirkt u. als Arzneimittel verwendet wird, z. B. Penizillin; ein ~ verschreiben ☐ antibiótico

an|tik ⟨Adj. 24⟩ 1 die Antike betreffend, zu ihr gehörig, aus ihr stammend; ~e Ausgrabungen; das ~e Griechenland ☐ antigo 1.1 ~er Vers ⟨Metrik⟩ altgriechisches Versmaß, das nach dem Wechsel zwischen langen u. kurzen Silben aufgebaut ist u. nicht nach der Setzung des Akzentes ☐ clássico 2 alt, altertümlich, aus einer vergangenen Zeit stammend; ~e Möbel, Bücher ☐ antigo

An|ti|ke ⟨f.; -; unz.⟩ 1 ⟨unz.⟩ = klassisches Altertum ☐ Antiguidade; → Altertum(1.1) 2 ⟨nur Pl.⟩ Altertümer, antike Kunstwerke ☐ antiguidades

An|ti|lo|pe ⟨f.; -, -n; Zool.⟩ Angehörige einer Familie der Rinder in Asien u. Afrika, zierlich gebaut u. rasch laufend ☐ antílope

An|ti|mon ⟨a. ['---] n.; -(e)s; unz.; Zeichen: Sb⟩ chem. Element, ein Metall, silberweiß glänzend, in Legierungen von Letternmetall u. für lichtelektrische Zellen verwendet, Ordnungszahl 51 ☐ antimônio

An|ti|pa|thie ⟨f.; -, -n⟩ Abneigung, Widerwille; Ggs Sympathie; eine ~ gegen jmdn. haben, hegen ☐ antipatia

an|tip|pen ⟨V. 500⟩ 1 jmdn. ~ jmdn. mit dem Finger, der Hand leicht u. kurz berühren; jmdn. an der Schulter ~ 1.1 ein heikles Thema ~ ⟨fig.⟩ vorsichtig ansprechen ☐ tocar em

An|ti|qua|ri|at ⟨n.; -(e)s, -e⟩ 1 ⟨unz.⟩ Handel mit gebrauchten (oft wertvollen) Büchern ☐ comércio de livros usados 1.1 Buchhandlung, die den An- u. Verkauf *gebrauchter Bücher betreibt* □ **sebo 1.2** *modernes ~ Handel mit neuwertigen Büchern, die verbilligt veräußert werden* □ ***comércio de livros excedentes 2** Handel mit Antiquitäten (Kunst~)* □ **comércio de antiguidades**

an|ti|qua|risch ⟨Adj.⟩ *alt, gebraucht, aus zweiter Hand* □ **usado; de segunda mão**

an|ti|quiert ⟨Adj.; abwertend⟩ *veraltet, überholt, unzeitgemäß;* ~e *Ansichten, Meinungen vertreten; das wirkt reichlich ~* □ **antiquado; obsoleto**

An|ti|qui|tät ⟨f.; -, -en⟩ *altertümliches Kunstwerk, altertümlicher (kostbarer) Gegenstand* □ **antiguidade**

Ant|litz ⟨n.; -es, -e; poet.⟩ *Gesicht* □ **semblante; face**

An|trag ⟨m.; -(e)s, -trä|ge⟩ **1** *schriftlich an eine Behörde gerichtete Bitte, Gesuch;* einen ~ *einreichen;* einen ~ *ablehnen, annehmen;* einem ~ *stattgeben* □ **requerimento; petição 1.1** *Formular für einen Antrag(1); Anträge gibt es am Schalter* □ **formulário de requerimento 2** *zur Abstimmung eingereichter Vorschlag;* einen ~ *(im Parlament) einbringen; für, gegen einen* ~ *stimmen; auf* ~ *einer Partei* □ **proposta; moção 3** *Frage, ob jmd. (bes. eine Frau) den Fragenden heiraten will;* Heirats~; *einer Frau einen* ~ *machen* □ **pedido de casamento**

an∥tref|fen ⟨V. 266/500⟩ *jmdn. od. etwas ~ an einem bestimmten Ort, in einem bestimmten Zustand vorfinden; er ist nie, nur selten anzutreffen; von 9 bis 12 triffst du mich immer im Büro an; ich habe ihn (nicht) zu Hause angetroffen; wann und wo kann ich dich ~?; die Situation, die ich da antraf, ...* □ **encontrar**

an∥trei|ben ⟨V. 267⟩ **1** ⟨500/Vr 7 od. Vr 8⟩ *ein Tier ~ zu rascher Bewegung veranlassen; die Pferde mit der Peitsche ~; die Hunde ~* □ **açodar 1.1** *etwas ~ in Bewegung setzen; den Wagen ~; das Boot wird elektrisch angetrieben; der Wind treibt die Windmühle an* □ **pôr em movimento; acionar 2** ⟨550/Vr 8⟩ *jmdn. zu etwas ~ drängen, zwingen; sie trieb ihn zur Eile, Arbeit an* □ **apressar; exortar 2.1** *etwas treibt jmdn. zu etwas* **an** *veranlasst, drängt zu etwas; die Angst trieb ihn an, das Zimmer zu verlassen; die Neugier trieb sie dazu an* □ **levar 3** *etwas od.* **jmdn.** (ans Ufer) ~ *treiben, spülen; die Wellen trieben ihn ans Ufer an; eine Leiche ist gestern angetrieben worden; mit der Flut sind Bäume angetrieben worden* □ **levar; arrastar**

an∥tre|ten ⟨V. 268⟩ **1** ⟨500⟩ *etwas ~ mit etwas beginnen; eine Reise ~* □ **iniciar;** *den Rückzug ~* □ ***bater em retirada;** er hat sein achtzigstes Jahr angetreten* ⟨geh.⟩ □ ***ele entrou na casa dos oitenta** 1.1 seine letzte Reise ~* ⟨geh.⟩ *sterben* □ ***fazer sua última viagem 1.2 eine Arbeit aufnehmen; wann können Sie die Stelle ~?* □ **assumir;** *er muss den Dienst pünktlich ~* □ **entrar (no serviço) 1.3** *etwas übernehmen; die Herrschaft, die Regierung ~; jmds. Nachfolge, Erbe ~* □ **assumir 1.4** *den* **Beweis** ~ *beweisen* □ **apresentar 2** ⟨500⟩ *etwas ~ durch Treten in Gang setzen; das Motorrad ~* □ **ligar; pôr em movimento 3** ⟨500⟩ *Erde, Sand ~ ein wenig festtreten* □ **pisar 4** ⟨500⟩ *jmdn. ~* ⟨veraltet⟩ *sich jmdm. nähern; der Tod trat ihn rasch an* □ **aproximar-se de 5** ⟨415(s.)⟩ *zu etwas ~ erscheinen; zur Schicht, zum Dienst ~* □ **apresentar-se 6** ⟨410(s.)⟩ *sich in einer bestimmten Ordnung aufstellen; der Größe nach ~* □ **alinhar-se; enfileirar-se;** *in Reih und Glied ~* □ ***pôr-se em fila;** *in einer Linie ~!; angetreten!* ⟨militärisches Kommando⟩ □ ***em forma! 7** ⟨800(s.)⟩ *gegen* **jmdn.** *od.* **etwas** ~ ⟨Sp.⟩ *den (Wett-)Kampf aufnehmen; die deutsche Mannschaft tritt gegen die englische an; er ist nicht gegen den Weltmeister angetreten* □ **jogar 8** ⟨800(s.)⟩ *etwas tritt* **an** *etwas* **an** ⟨Sprachw.⟩ *schließt sich an; die Endung ist an die Wurzel angetreten* □ **unir-se; ligar-se**

An|trieb ⟨m.; -(e)s, -e⟩ **1** ⟨Tech.⟩ *bewegende Kraft, Triebkraft; Maschine mit elektrischem, hydraulischem, mechanischem ~* □ **acionamento 1.1** *Bewegungsenergie, der zugeführte Impuls;* den ~ *übertragen* □ **impulso 1.2** *Teil einer Maschine, der diese Energie liefert od. überträgt;* Strahl~; *ein ~ für Raketen* □ **propulsão 2** ⟨fig.⟩ *diejenigen Kräfte, die die Ursache einer bestimmten Handlung od. eines bestimmten Verhaltens sind; er spürte den ~ zu flüchten; einem starken ~ folgen; aus eigenem, freiem ~; aus innerem ~ (heraus)* □ **iniciativa 2.1** *äußerer Anreiz;* einen neuen ~ *erhalten, geben* □ **estímulo**

An|tritt ⟨m.; -(e)s; unz.⟩ **1** *das Antreten(1-1.4);* bei ~ *der Reise* □ **início;** *der ~ eines Amtes, Dienstes* **2** *Übernahme;* ~ *einer Erbschaft* □ **tomada de posse**

an∥tun ⟨V. 272/500⟩ **1** ⟨530/Vr 5 od. Vr 6⟩ **1.1** *jmdm.* **etwas** *~ zufügen, bereiten; jmdm. Leid, Schaden ~;* tu *uns keine Schande an!; achte darauf, dass er dem Kind nichts (Böses) antut!; wenn du wüsstest, was er mir alles (Böses) angetan hat!; das wirst du mir doch nicht ~!* □ **fazer; causar 1.1.1** *du würdest uns (eine) große Ehre ~, wenn ... du würdest uns eine große Ehre erweisen* □ **dar 1.1.2** *tu mir die Liebe an und komm bald! bereite mir doch die Freude, bald zu kommen* □ ***faça o favor de voltar logo!** 1.1.3 *er musste sich Gewalt, Zwang ~, um ruhig zu bleiben er musste sich sehr beherrschen* □ ***ele tinha de se esforçar para ficar calmo** 1.1.4 *bitte tun Sie sich keinen Zwang an!* ⟨scherzh.⟩ *benehmen Sie sich ganz so, wie es Ihnen gefällt* □ ***por favor, não faça cerimônia!** 1.1.5 *tun Sie mir das nicht an! verschonen Sie mich damit!* □ ***poupe-me!** 1.2 **sich** **etwas** ~ *Selbstmord begehen;* ich habe Angst, dass sie sich etwas antut □ ***cometer suicídio 2** ⟨530⟩ *es* **jmdm.** *angetan haben jmdm. gefallen; diese Landschaft, dieser Wein hat es mir angetan; diese Frau hat es ihm angetan* □ **agradar; conquistar 3** *etwas ~* ⟨geh.⟩ *anziehen; ein Kleid ~* □ **vestir 3.1** *angetan festlich gekleidet; sie erschien, mit einem neuen Kleid angetan* □ **bem-vestido**

Ant|wort ⟨f.; -, -en⟩ **1** *Erwiderung, Entgegnung (auf eine Äußerung);* eine ausweichende, bejahende, dumme, freundliche, verneinende ~ *geben; du hast, weißt auch auf alles eine ~; auf ~ warten (beim Überbringen einer Botschaft); „Nein", gab er zur ~; jmdn. keiner ~ würdigen* □ **resposta 1.1** *um ~ wird gebeten* ⟨Abk.: u. A. w. g.⟩ *Zusage bzw. Absage erbe-*

ten □ **aguarda-se a resposta (R.S.V.P.)* 1.2 die ~schuldigbleiben *nicht antworten* □ **ficar devendo a resposta* 1.3 gib ~! *antworte!* □ **responda!* 1.4 ~ auf ein Gesuch, eine Eingabe *Bescheid* □ **resposta** 1.5 keine ~ ist auch eine ~ *auch Schweigen ist eine A.* □ **o silêncio também é resposta* 1.6 Rede und ~ stehen *Rechenschaft geben* □ **dar explicações; justificar-se* 2 ⟨fig.⟩ *Gegenhandlung, Reaktion;* er drehte ihm als ~ nur verächtlich den Rücken zu; lautes Lachen war die ~; energisches Vorgehen ist die richtige ~ auf seine Herausforderung □ **resposta; reação**

ạnt|wor|ten ⟨V. 402 od. 403 od. 405⟩ (jmdm. etwas auf etwas) ~ *erwidern, entgegnen;* „Ja", antwortete er; was hast du (ihm) geantwortet?; kurz, schriftlich ~; der Teilnehmer antwortet nicht ⟨Tel.⟩; kannst du nicht ~?; auf eine Frage ~; was sollte ich darauf ~?; er antwortet mit einem „Ja" □ **responder**

ạn‖ver|trau|en ⟨V. 530⟩ 1 jmdm. od. einer **Sache** jmdn. od. **etwas** ~ *zu treuen Händen überlassen, übergeben;* jmdm. Geld, ein Geschäft ~; er vertraute dem Lehrer seine Tochter an 1.1 ⟨Vr 3⟩ **sich** jmdm. od. einer **Sache** ~ *sich in jmds. Obhut geben;* wir haben uns Gottes Führung anvertraut; er hat sich seiner Pflege anvertraut; er hat sich dem Arzt anvertraut □ **confiar(-se); entregar(-se)** 2 jmdm. etwas ~ *vertraulich, im Geheimen mitteilen;* jmdm. ein Geheimnis ~; jmdm. seinen Kummer ~; ich vertraue dir eine Neuigkeit an □ **confiar** 2.1 ⟨Vr 3⟩ **sich** jmdm. ~ *sich vertrauensvoll an jmdn. wenden u. ihm Persönliches od. Geheimes mitteilen;* er vertraute sich seiner Frau an; du kannst dich mir ruhig ~ □ **fazer uma confidência a alguém; abrir-se com alguém*

ạn‖wach|sen ⟨[-ks-] V. 277/400(s.)⟩ 1 *sich wachsend mit etwas fest verbinden;* der angenähte Finger ist wieder fest angewachsen □ **aderir; concrescer** 2 *Wurzel schlagen;* die jungen Pflanzen sind (gut, noch nicht) angewachsen □ **enraizar-se; pegar** 3 ⟨fig.⟩ *zunehmen, immer mehr werden, anschwellen;* seine Ersparnisse waren inzwischen auf 10.000 € angewachsen; die Bevölkerung ist um das Doppelte angewachsen; die Arbeit wuchs von Tag zu Tag mehr an □ **aumentar; crescer**

Ạn|walt ⟨m.; -(e)s, -wäl|te⟩ 1 *Rechtsanwalt;* sich einen ~ nehmen; sich durch einen ~ vertreten lassen; sich als ~ niederlassen □ **advogado** 2 ⟨fig.⟩ *Fürsprecher, Verfechter;* sich für jmdn. od. etwas zum ~ machen; er ist ein guter ~ für unsere Sache □ **defensor**

Ạn|wäl|tin ⟨f.; -, -tin|nen⟩ *weibl. Anwalt* □ **advogada; defensora**

ạn‖wan|deln ⟨V.; geh.⟩ 1 ⟨500⟩ etwas wandelt jmdn. an ⟨geh.⟩ *erfasst jmdn., überkommt jmdn. vorübergehend;* Furcht wandelte mich an; mich wandelte die Lust an ...; es wandelte mich die Versuchung an ... □ **dar (medo, vontade) em alguém* 2 ⟨400; meist Part. Perf.; selten⟩ *langsam, gemächlich herankommen;* der alte Herr kam angewandelt □ **chegar devagar; aproximar-se**

Ạn|wand|lung ⟨f.; -, -en⟩ *plötzlich auftretendes Gefühl, Laune;* war seine Großzügigkeit echt oder nur eine plötzliche ~?; in eine ~ von Freigebigkeit □ **acesso; ímpeto**

Ạn|wär|ter ⟨m.; -s, -⟩ *jmd., der Anspruch od. Aussicht auf ein Recht od. Amt hat, aussichtsreicher Bewerber;* ~ auf einen Posten, auf den Thron; ~ auf olympische Medaillen □ **candidato; aspirante**

Ạn|wär|te|rin ⟨f.; -, -rin|nen⟩ *weibl. Anwärter* □ **candidata; aspirante**

Ạn|wart|schaft ⟨f.; -; unz.⟩ *Anspruch, Aussicht (auf ein Amt usw.)* □ **candidatura; aspiração**

ạn‖we|hen ⟨V. 500⟩ 1 etwas weht jmdn. an ⟨geh.⟩ *etwas weht gegen jmdn.;* er ließ sich vom Winde ~; ein warmer Luftzug wehte mich an □ **soprar contra alguém* 1.1 ⟨fig.⟩ *etwas überkommt jmdn., berührt jmdn.;* es wehte mich heimatlich an □ **fazer lembrar;** eine düstere Ahnung wehte sie an; ein Schauer wehte ihn an □ **acometer** 2 der **Wind** weht etwas an *treibt etwas zusammen;* der Wind hat Sand, Schnee, Blätter angeweht 3 ⟨400(s.)⟩ *etwas weht an wird zusammengeweht;* hier wehen immer viele Blätter an □ **amontoar(-se); acumular(-se)**

ạn‖wei|sen ⟨V. 282/500⟩ 1 ⟨580⟩ jmdm. ~, etwas zu tun *beauftragen, etwas zu tun;* er hat mich angewiesen, die Sachen wegzubringen; bitte weisen Sie Ihre Leute an, mit den Kisten vorsichtig umzugehen; man hat mich angewiesen, ich bin angewiesen, Ihnen zu helfen □ **encarregar; mandar** 2 jmdm. ~ ⟨geh.⟩ *anleiten;* jmdn. bei einer neuen Arbeit ~ □ **instruir; orientar** 3 jmdm. etwas ~ *zuteilen;* jmdm. einen Platz ~; man hat mir dieses Zimmer angewiesen □ **indicar; dar** 4 Geld ~ *überweisen;* jmdm. einen Betrag (durch die Bank, die Post) ~ □ **transferir; remeter**

Ạn|wei|sung ⟨f.; -, -en⟩ 1 *Anordnung, Befehl;* ich habe strenge ~, niemanden einzulassen; einer ~ folgen; laut ~ vom Chef; Tropfen nur nach ärztlicher ~ einnehmen □ **ordem; prescrição** 2 *Anleitung;* ich bitte um genaue ~, wie ich es machen soll; eine ~ ist dabei □ **instrução** 3 *Zuweisung;* auf die ~ eines Platzes im Heim warten □ **atribuição** 4 ⟨Bankw.⟩ 4.1 *Anordnung zur Auszahlung an jmdn.;* Zahlungs-~; die ~ des Honorars, des Gehalts ist noch nicht erfolgt □ **ordem de pagamento** 4.2 *Überweisung;* die ~ des Gewinns erfolgt durch die Post; die ~ des Geldes auf ein Konto im Ausland □ **transferência; envio** 4.3 *Schriftstück zur Abhebung od. Überweisung einer Geldsumme;* Bank-~, Post-~; eine ~ auf 10.000 € ausstellen, ausschreiben □ **ordem de pagamento**

ạn‖wen|den ⟨V. 283/500⟩ 1 ⟨505⟩ etwas (auf etwas od. jmdn.) ~ *verwenden, gebrauchen;* Heilmittel ~; etwas falsch, geschickt, gut, schlecht, richtig, lange ~ □ **usar; empregar** 1.1 **Vorsicht** ~ *sich vorsehen* □ **ter cuidado* 2 *zur Wirkung bringen, in die Tat umsetzen;* eine Regel, Methode, Wissenschaft ~; kann man die Regel auch in diesem, auf diesen Fall ~? □ **aplicar;** die angewandte Mathematik; das angewendete Verfahren □ **aplicado** 2.1 angewandte **Kunst** *Gebrauchskunst, Kunstgewerbe* □ **artes decorativas; artesanato;** Ggs *freie Kunst,* → *frei(1.2.2)*

Anwendung

An|wen|dung ⟨f.; -, -en⟩ *Verwendung, Gebrauch, Umsetzung in die Tat;* ~ der Theorie auf die Praxis; zur ~ bringen; ~ finden □ **aplicação; emprego**

an|wer|ben ⟨V. 284/505⟩ jmdn. ~ (für etwas) *jmdn. durch Werbung für etwas zu gewinnen suchen;* Käufer ~; Soldaten, Freiwillige ~ □ **contratar; recrutar**

an|wer|fen ⟨V. 286/500⟩ **1** etwas ~ *an etwas anderes werfen* □ **lançar; atirar;** Kalk, Mörtel (an die Mauer) ~ □ ***rebocar (o muro) 2** einen Motor ~ ⟨Tech.⟩ *anlassen, in Gang setzen* □ **ligar; pôr em movimento**

An|we|sen ⟨n.; -s, -⟩ *größeres Haus mit Grundbesitz;* ein ländliches ~ □ **quinta**

an|we|send ⟨Adj. 24/70⟩ Ggs *abwesend* **1** *sich an einem bestimmten Ort (wo man erwartet wird) befindend, da sein;* bitte teilen Sie den heute nicht ~en Mitgliedern mit, dass ...; er war bei der Feier (nicht) ~ 1.1 Verzeihung, ich war eben nicht ganz ~ ⟨umg.; scherzh.⟩ *ich habe nicht aufgepasst* **2** die Anwesenden *alle, die anwesend sind, die Versammelten* □ **presente**

An|we|sen|heit ⟨f.; -; unz.⟩ **1** *das Anwesendsein, Gegenwart;* die ~ feststellen (bei Versammlungen); in ~ von; es ist während seiner ~ passiert **2** *das Vorhandensein;* die ~ von Gift ist erwiesen worden □ **presença**

an|wi|dern ⟨V. 500⟩ jmdn. ~ *jmdm. widerlich sein, jmds. Ekel erregen;* er fühlt sich von dem Geruch angewidert; dieses Buch widert mich an; das Essen widert den Kranken an □ **repugnar; causar aversão em**

an|win|keln ⟨V. 500⟩ etwas ~ *so biegen, dass es einen Winkel bildet;* ein Rohr, den Arm ~ □ **curvar; dobrar**

An|woh|ner ⟨m.; -s, -⟩ *jmd., der angrenzend an eine Straße, ein Grundstück o. Ä. wohnt, Anlieger;* die ~ haben Beschwerde über das städtische Bauvorhaben eingereicht □ **vizinho**

An|wurf ⟨m.; -(e)s, -wür|fe⟩ **1** ⟨unz.; Ballspiele⟩ *der erste Wurf;* den ~ haben □ **lançamento; arremesso 2** *Verputz;* Kalk~, Mörtel~ □ **reboco 3** ⟨fig.; veraltet⟩ *Verleumdung, Beleidigung;* heftige Anwürfe gegen jmdn. richten; ich kann deine Anwürfe nicht länger hinnehmen □ **ultraje; insulto**

an|wur|zeln ⟨V. 400⟩ **1** *Wurzeln schlagen, anwachsen;* die Pflanzen sind gut angewurzelt □ **enraizar(-se) 2** wie angewurzelt dastehen, stehen (bleiben) *starr, regungslos* □ ***ficar plantado/parado**

An|zahl ⟨f.; -, -en⟩ *eine gewisse aber nicht genannte Zahl, Menge, Gesamtzahl;* die ~ der Teilnehmer steht noch nicht fest; die ~ der Mitglieder ist stark angestiegen; die große ~ der Gäste kam erst viel später □ **número; quantidade 2** *eine unbestimmte Zahl von der Gesamtzahl, einige;* eine ~ Häuser; eine beträchtliche, große, stattliche ~; eine ~ Kinder spielte dort; eine ~ von Kindern spielte auf der Straße ⟨umg.⟩ □ **alguns/algumas**

an|zah|len ⟨V. 500⟩ **1** eine Ware ~ *zunächst einen Teilbetrag zahlen für eine W.;* den Fernseher ~; die Möbel ~; die Waschmaschine ~ **2** Geld ~ *als ersten Teil des ganzen Betrags zahlen;* wie viel muss ich ~?; 4.000 € ~ für ein Auto □ **pagar a primeira parcela; dar como sinal**

an|zap|fen ⟨V. 500⟩ **1** etwas ~ *durch ein Bohrloch öffnen, um eine Flüssigkeit entnehmen zu können* □ **sangrar;** ein Fass ~ □ **espichar;** Bäume (zur Harzgewinnung) ~ □ **sangrar; resinar 1.1** ⟨400⟩ der Wirt hat angezapft *den Zapfen eines Fasses geöffnet* □ **espichar 1.2** eine Leitung ~ ⟨El.⟩ *zwischen Anfang u. Ende eines Stromkreises Anschlüsse herstellen* □ ***puxar ponto/extensão na linha de transmissão 1.2.1** eine Telefonleitung ~ ⟨fig.; umg.⟩ *Gespräche heimlich abhören* □ **grampear 2** jmdn. ~ ⟨scherzh.⟩ *jmdm. Blut entnehmen* □ ***tirar o sangue de alguém 3** jmdn. ~ ⟨fig.; umg.⟩ **3.1** *von jmdm. Geld borgen;* er wollte ihn wieder (um 100 €) ~ □ **pedir dinheiro emprestado 3.2** *jmdn. ausfragen, um etwas zu erfahren* □ **indagar; pressionar**

An|zei|chen ⟨n.; -s, -⟩ **1** *Zeichen, das etwas Kommendes ankündigt, Vorzeichen, erster Hinweis auf etwas;* ein Windstoß als ~ eines Gewitters; es gibt keine ~ für eine Krise □ **indício 1.1** = *Symptom* ⟨Med.⟩; Fieber ist oft das erste ~ einer Krankheit □ **sintoma 2** *Zeichen für etwas Vorhandenes;* es sind alle ~ dafür vorhanden, gegeben, dass ...; sie kam ohne jegliches ~ der Erschöpfung □ **sinal**

An|zei|ge ⟨f.; -, -n⟩ **1** *schriftliche, gedruckte Ankündigung, Mitteilung, Bekanntmachung;* Sy *Annonce, Inserat;* Geburts~, Heirats~, Todes~; Zeitungs~; eine ~ (bei, in der Zeitung) aufgeben; auf eine ~ antworten □ **anúncio 1.1** *an einem Zeiger ablesbarer Wert eines Messgerätes* □ **valor indicado 1.2** *Meldung, Mitteilung (an die Behörde, Polizei wegen eines Verstoßes gegen die Gesetze);* eine ~ (bei der Polizei) machen, erstatten □ **queixa; denúncia 2** ⟨Med.⟩ *Anzeichen;* bei dem Patienten ist die ~ für eine Gehirnerschütterung gegeben □ **sintoma**

an|zei|gen ⟨V. 500⟩ **1** einen Gegenstand ~ (zum Verkauf), ein Ereignis ~ ⟨geh.⟩ *schriftlich od. durch eine Zeitungsanzeige ankündigen, mitteilen, bekanntmachen;* ein Buch, seine Vermählung ~ □ **anunciar 2** ein Messgerät zeigt Maßeinheiten an *lässt durch Zeiger o. Ä. Maßeinheiten sichtbar werden;* das Thermometer zeigt 10ºC an; die Armbanduhr zeigt die Sekunden an □ **indicar; marcar 3** ein Vergehen ~ *angeben, der Polizei melden;* einen Diebstahl ~ **4** jmdn., einen Dieb ~ *jmdn., der vermutlich die Gesetze verletzt hat, verklagen, beschuldigen* □ **denunciar; dar queixa 5** ⟨Part. Perf.⟩ es scheint angezeigt *alle Anzeichen deuten darauf hin, es ist ratsam* □ **conveniente; oportuno**

an|zet|teln ⟨V. 500⟩ **1** den Aufzug eines Gewebes ~ ⟨Textilw.⟩ *auf dem Webstuhl vorbereiten, Kettenfäden dafür spannen* □ **urdir 2** etwas ~ ⟨fig.⟩ *im Geheimen vorbereiten, anstiften;* eine Verschwörung ~ □ **tramar; maquinar**

an|zie|hen ⟨V. 293⟩ **1** ⟨500/Vr 7⟩ jmdn., ein Lebewesen, eine Puppe ~ *jmds. Körper mit Kleidung versehen;* Sy ⟨geh.⟩ *ankleiden;* Ggs *ausziehen;* ein Kind ~; sich zum Ausgehen ~; sich fürs Theater ~; das Kind kann sich schon, noch nicht allein ~; sich elegant, festlich, gut, sauber, warm ~; er ist immer gut ange-

zogen □ **vestir(-se)** 1.1 Kleidung ~ *überstreifen, überziehen;* Sy ⟨geh.⟩ *anlegen(2)*; ein Kleid, Handschuhe, eine Hose, Strümpfe ~ □ **vestir; calçar** 1.1.1 den bunten Rock ~ ⟨veraltet⟩ *Soldat werden* □ ***vestir a farda** 2 ⟨500/Vr 8⟩ *jmd. od. etwas zieht jmdn. od. etwas an* zieht an sich heran; *der Magnet zieht Eisen an; ungleiche Pole ziehen sich an* 2.1 Käufer, Besucher ~ ⟨fig.⟩ *heran-, anlocken, anreizen* □ **atrair** 2.2 einen Geruch, Geschmack ~ *aufnehmen, annehmen* □ **pegar (cheiro, gosto)** 2.3 Wasser ~ *an- od. aufsaugen* □ **absorver** 2.4 jmd. od. etwas zieht jmdn. sehr (stark) an ⟨fig.⟩ *jmd. od. etwas ist sehr sympathisch, gefällt sehr gut;* ihr heiteres Wesen zieht alle an; jeder fühlt sich von seiner Fröhlichkeit angezogen □ **encantar; agradar** 2.5 Saite, Schraube, Bremse ~ *anspannen, straffer ziehen* □ **apertar; puxar** 2.5.1 die Leistungen, Leistungsanforderungen ~ ⟨fig.⟩ *erhöhen, steigern* □ **aumentar; elevar** 3 ⟨400⟩ 3.1 der **Motor** zieht an *setzt sich in Bewegung (und zieht gleichzeitig ein Fahrzeug)* □ **pôr-se em movimento** 3.2 die **Preise, Börsenkurse** ziehen an *steigen, erhöhen sich* □ **aumentar; elevar(-se)** 3.3 ein Spieler, eine **Figur** zieht an ⟨Brettspiel⟩ *beginnt mit dem Spiel* □ **começar a partida; fazer o primeiro lance**
an|zie|hend ⟨Adj.⟩ *gewinnend, reizvoll, angenehm, sympathisch;* ein ~es Wesen; ein ~er Mensch □ **simpático; encantador**
An|zug ⟨m.; -(e)s, -zü|ge⟩ 1 *Hose mit dazugehöriger Jacke (u. Weste)*; Herren~; Hosen~; im dunklen ~ erscheinen; zweireihiger ~; sonntäglicher ~; sich einen ~ vom Schneider machen lassen; der ~ sitzt, passt (nicht) □ **terno** 2 *die Art, sich zu kleiden, Kleidung;* dieser Rock mit dem Pullover zusammen ist ein hübscher ~ □ **conjunto; traje** 3 ⟨unz.⟩ jmd. od. etwas ist im ~ *nähert sich, rückt (bedrohlich) heran;* ein Gewitter ist im ~; die Truppen sind im ~ □ ***aproximar-se; ser iminente** 3.1 jmd. ist im ~ ⟨bes. Brettspiele⟩ *hat den ersten Zug, beginnt* □ **fazer o primeiro lance; começar a partida**
an|züg|lich ⟨Adj.⟩ 1 *auf etwas Peinliches anspielend, leicht boshaft;* er machte eine ~e Bemerkung □ **maldoso; alusivo;** ~ lächeln, zwinkern □ **alusivamente** 1.1 ~ werden *eine spitze, beziehungsvolle Bemerkung machen* □ **mordaz; indelicado** 2 *zweideutig, anstößig;* ~e Witze, Geschichten erzählen □ **malicioso; indecente**
an|zün|den ⟨V. 500⟩ Sy *anbrennen(3-3.1)* 1 etwas ~ *zum Brennen, Glühen, Leuchten bringen;* ein Licht, ein Feuer, ein Streichholz, eine Kerze ~ □ **acender** 1.1 *in Brand setzen;* die Kinder zündeten beim Spiel die Scheune an; das Holz im Herd ~ □ **pôr fogo em** 2 ⟨530/Vr 5⟩ jmdm. etwas ~ *anstecken;* sich eine Zigarette ~; sie zündete ihm die Pfeife an □ **acender**
apart ⟨Adj.⟩ 1 *auf ungewöhnliche Weise hübsch, attraktiv, reizvoll;* eine ~e Frau; eine ~e Idee □ **interessante; atraente** 2 ⟨24/50; Buchw.⟩ *einzeln zu liefern;* zwei Bände ~ bestellen □ **separadamente**
Apart|ment ⟨n.; -s, -s⟩ = *Appartement (2)*
Apa|thie ⟨f.; -; unz.⟩ 1 *Teilnahmslosigkeit, Gleichgültigkeit* 1.1 ⟨Med.; Psych.⟩ *mangelnde Ansprechbarkeit aufgrund eines Schocks* 2 *Abstumpfung, Abgestumpftsein* 3 ⟨Philos.⟩ *Gemütsruhe, psychische Unempfindlichkeit (Grundbegriff der Stoiker)* □ **apatia**
apa|thisch ⟨Adj.⟩ 1 *teilnahmslos, gleichgültig, antriebslos;* sie sitzt völlig ~ im Sessel □ **apático** 2 *abgestumpft;* auf das ständige Nachfragen reagiert er nur noch ~ □ **com apatia**
Ap|fel ⟨m.; -s, Äp|fel⟩ 1 *Frucht des Apfelbaumes* □ **maçã** 1.1 es konnte kein ~ zur Erde fallen ⟨fig.⟩ *es war sehr voll, die Menschen standen dicht gedrängt* □ ***não cabia mais nem uma mosca/agulha** 1.2 der ~ fällt nicht weit vom Stamm ⟨Sprichw.⟩ *wie der Vater, so der Sohn, das liegt in der Familie* □ ***quem puxa aos seus não degenera;** → a. *sauer(1.1)* 2 *einem Apfel(1) ähnlicher Gegenstand;* Erd~ □ **batata,** Pferde~ □ **excremento de cavalo** 3 ⟨unz.⟩ = *Apfelbaum*
Ap|fel|baum ⟨m.; -(e)s, -bäu|me; Bot.⟩ *rötlich weiß blühendes Kernobstgewächs der Familie der Rosaceae mit fleischigen, rundlichen Früchten: Malus;* Sy *Apfel(3)* □ **macieira**
Ap|fel|si|ne ⟨f.; -, -n⟩ *Frucht des Apfelsinenbaumes;* Sy *Orange[1]* □ **laranja**
Ap|fel|si|nen|baum ⟨m.; -(e)s, -bäu|me; Bot.⟩ *aus China stammendes Zitrusgewächs: Citrus sinensis* □ **laranjeira**
Apo|ka|lyp|se ⟨f.; -, -n⟩ 1 *prophetische Schrift über das Weltende, bes. die Offenbarung des Johannes im NT* □ **Apocalipse** 1.1 ⟨Kunst⟩ *Darstellung des Weltuntergangs mit künstlerischen Mitteln* 2 ⟨fig.⟩ *Katastrophe, Untergang* □ **apocalipse**
Apo|stel auch: **Apos|tel** ⟨m.; -s, -⟩ 1 *Sendbote, Verkünder einer neuen Lehre, Vorkämpfer* 2 ⟨i. e. S.⟩ *Jünger Jesu* □ **apóstolo**
Apo|stroph auch: **Apos|troph** auch: **Apost|roph** ⟨m.; -(e)s, -e; Zeichen: '; Sprachw.⟩ *Zeichen für einen ausgelassenen Vokal, Auslassungszeichen, z. B.* „mach's gut" (= mach es gut) □ **apóstrofo**
Apo|the|ke ⟨f.; -, -n⟩ 1 *Verkaufs- u. Herstellungsstelle für Arzneimittel* □ **farmácia** 2 ⟨umg.⟩ *Geschäft mit hohen Preisen* □ **loja careira**
Apo|the|ker ⟨m.; -s, -⟩ *jmd., der aufgrund seiner beruflichen Ausbildung (Hochschulstudium und Praktikumszeit) berechtigt ist, eine Apotheke zu leiten* □ **farmacêutico**
Apo|the|ke|rin ⟨f.; -, -rin|nen⟩ *weibl. Apotheker* □ **farmacêutica**
Ap|pa|rat ⟨m.; -(e)s, -e⟩ 1 *aus mehreren Teilen zusammengesetztes Gerät* □ **aparelho** 1.1 *Telefon* □ **telefone;** bleiben Sie bitte am ~! □ ***não desligue!;** wer ist am ~? □ ***quem fala?;** (ich bin selbst) am ~! □ ***sou eu mesmo;** Sie werden am ~ verlangt □ ***telefone para o/a senhor(a)** 1.2 *Fotoapparat;* nimmst du deinen ~ mit? □ **máquina fotográfica** 2 *kritischer ~ Anmerkungsteil der wissenschaftlichen Ausgabe eines Werkes mit den verschiedenen Lesarten, Auslegungen usw.* 3 ⟨fig.⟩ *Gesamtheit aller für eine Tätigkeit od. Arbeit nötigen Hilfsmittel u. Personen;* Verwaltungs~ □ **aparato**
Ap|pa|ra|tur ⟨f.; -, -en⟩ *Gesamtheit von Apparaten (als Funktionseinheit)* □ **aparelhagem**

Ap|par|te|ment ⟨[apartəmã:] n.; -s, -s od. schweiz. a. [-mɛnt] n.; -s, -e⟩ **1** *(im Hotel) Zimmerflucht mit Wohn- u. Schlafzimmer, meist mit Bad* □ **apartamento 2** *Kleinstwohnung aus einem Zimmer, Bad u. Küche bzw. Kochnische;* oV *Apartment* □ **quitinete**

Ap|pell ⟨m.; -(e)s, -e⟩ **1** *Aufruf, Mahnruf;* einen ~ an jmdn. richten □ **apelo 2** ⟨Mil.⟩ *Ruf zum Versammeln, Antreten;* Fahnen~; zum ~ blasen, antreten □ **chamada 3** ⟨Jägerspr.⟩ *Gehorsam des Hundes;* guten, schlechten, keinen ~ haben □ **obediência**

ap|pel|lie|ren ⟨V. 800⟩ **an jmdn. od. etwas ~** *jmdn. od. etwas anrufen, auffordern, ermahnen;* ich appelliere an deine Vernunft; an die Bevölkerung ~ □ ***apelar para alguém ou alguma coisa**

Ap|pe|tit ⟨m.; -(e)s, -e⟩ *Verlangen nach einer Speise;* den ~ anregen; der ~ kommt beim Essen; Bewegung und frische Luft machen ~; ich lasse mir von dir nicht den ~ verderben; da vergeht einem ja der ~!; den ~ verlieren; einen gesegneten, großen, gar keinen ~ haben; guten ~!; ~ auf etwas Bestimmtes haben; woraufhaben Sie ~? □ **apetite**

ap|pe|tit|lich ⟨Adj.⟩ **1** *den Appetit anregend, wohlschmeckend, lecker; das Essen ist ~ garniert* □ **apetitoso**

ap|plau|die|ren ⟨V. 600⟩ jmdm. ~ *Beifall spenden, klatschen;* die Zuhörer applaudierten dem Vortrag, dem Pianisten □ **aplaudir**

Ap|plaus ⟨m.; -es; unz.⟩ *Beifall, Händeklatschen;* sie erhielt starken, donnernden ~ □ **aplauso**

Ap|pli|ka|ti|on ⟨f.; -, -en⟩ **1** ⟨geh.⟩ *Anwendung, Verwendung* **1.1** ⟨Med.⟩ *Verabreichung, Anwendung (von Medikamenten)* **2** *aufgenähtes Muster (auf Kleidungsstücken)* □ **aplicação 3** ⟨EDV⟩ *Anwendungsprogramm;* eine ~ starten □ **aplicativo**

Ap|pre|tie|ren ⟨V. 500⟩ Textilien ~ *bearbeiten, um ihnen besseres Aussehen, Glanz, höhere Festigkeit zu verleihen* □ **dar acabamento a**

Ap|pre|tur ⟨f.; -, -en⟩ **1** ⟨unz.⟩ *das Appretieren* **2** *einem Gewebe nachträglich verliehene Glätte, Festigkeit* □ **acabamento 3** *Ort, an dem Textilien appretiert werden* □ **local de acabamento**

Ap|pro|ba|ti|on ⟨f.; -, -en⟩ **1** *Genehmigung, Bewilligung, Zuerkennung* □ **aprovação 2** *staatliche Genehmigung zur Berufsausübung für Ärzte u. Apotheker* □ **licença 3** ⟨kath. Kirche⟩ **3.1** *Bestätigung eines Priesters, Ordens usw.* □ **ordenação 3.2** *amtliche kirchliche Erlaubnis zum Druck von Schriften* □ **autorização**

ap|pro|bie|ren ⟨V. 500⟩ **1** etwas ~ *genehmigen, bewilligen* □ **aprovar 2** einen Arzt, Apotheker ~ *zur Berufsausübung zulassen* □ **licenciar;** approbierter Arzt □ **licenciado**

Ap|ri|ko|se ⟨f.; -, -n⟩ **1** *eiförmige, orangefarbene Frucht des Aprikosenbaumes;* Sy **Marelle,** ⟨österr.⟩ **Marille** □ **abricó; damasco 2** ⟨unz.⟩ = *Aprikosenbaum*

Ap|ri|ko|sen|baum ⟨m.; -(e)s, -bäu|me; Bot.⟩ *aus dem Kaukasus od. Ostasien stammender Baum mit Kernobst, der dem Pflaume ähnelt:* Prunus armeniaca; Sy *Aprikose(2)* □ **abricoteiro; damasqueiro**

Ap|ril ⟨m.; - od. -s, -e; Abk.: Apr.⟩ **1** *der vierte Monat im Jahr; der unbeständige, launische* ~ □ **abril 2** ~,~! ⟨umg.⟩ *Hereingefallen! (Ausruf nach einem Aprilscherz)* □ ***primeiro de abril!** **2.1** der erste ~ ⟨fig.⟩ *Tag, an dem man andere zum Besten hat, foppt* □ **abril 2.2** jmdn. in den ~ **schicken** ⟨fig.⟩ *jmdn. am 1. April foppen* □ **pregar uma peça em alguém (no dia 1º de abril)**

ap|ro|pos ⟨[-po:] Adv.⟩ *nebenbei (bemerkt), übrigens, was ich noch sagen wollte* □ **a propósito**

Äqua|tor ⟨m.; -s, -to|ren; Pl. selten; Geogr.⟩ **1** *größter Breitenkreis auf der Erd- od. Himmelskugel;* Sy *Linie(5)* **2** ⟨i. w. S.⟩ *dem Äquator(1) entsprechende Linie auf einem anderen Himmelskörper* □ **(linha do) Equador**

äqui|va|lent ⟨[-va-] Adj. 24⟩ *gleichwertig* □ **equivalente**

Ära ⟨f.; -, Ären⟩ *Zeitalter, Zeitabschnitt, Amtszeit;* die ~ Schröder; eine neue ~ zieht herauf; die Wilhelminische ~ □ **era**

Ar|beit ⟨f.; -, -en⟩ **1** *körperliche od. geistige Tätigkeit, Beschäftigung, Betätigung;* Garten~, Haus~, Forschungs~; ~ macht das Leben süß; eine Menge ~; die ~ einstellen; produktive ~ leisten; eine anstrengende, einträgliche, geistige, harte, körperliche, leichte, schriftliche, schwere, wissenschaftliche ~; an die ~ gehen; sich an die ~ machen; sich vor keiner ~ scheuen; bei einer ~ sitzen; nach des Tages ~; vor ~ nicht aus den Augen sehen können *zu viel A. haben;* gründliche ~ leisten ⟨a. fig.⟩ *energisch aufräumen, rücksichtslos durchgreifen;* er hat die ~ nicht erfunden ⟨scherzh.⟩ *arbeitet nicht gern;* der ~ aus dem Wege gehen *nicht gern arbeiten* □ **trabalho 1.1** *Beruf, berufliche Tätigkeit, Stellung;* die ~ aufgeben; ~ finden; ~ suchen; berufliche ~: haben Sie keine ~ für mich?; er hat ~ als Tischler gefunden; ohne ~ sein □ **trabalho; emprego 1.1.1** auf dem Weg zur ~ *Arbeitsstelle* □ **(local de) trabalho 1.1.2** in ~ stehen *ein Arbeitsverhältnis haben* □ ***trabalhar** **1.1.3** Arbeiter gehen zur, auf ~ ⟨umg.⟩ *sind beruflich tätig* □ **trabalho 1.1.4** von seiner Hände ~ leben *sich seinen Lebensunterhalt durch körperliche Leistung selbst verdienen* □ ***viver do seu trabalho (braçal)** **1.1.5** jmdn. in ~ nehmen *anstellen, in Dienst nehmen* □ ***admitir/contratar alguém** **1.2** *Mühe, Anstrengung;* eine Menge ~; ein schönes Stück ~; es kostet viel ~; unnötige ~; viel ~ □ **trabalho; esforço 1.3** *schriftliche od. praktische Prüfung;* Prüfungs~, Mathematik~, Schul~; seine ~ abgeben; eine ~ schreiben □ **trabalho (escrito); prova 2** ⟨Mechanik⟩ *Produkt aus der an einem Körper angreifenden Kraft u. dem von ihm zurückgelegten Weg* □ **trabalho 3** *Produkt* □ **produto 3.1** *(fertiges) Ergebnis einer zielgerichteten Tätigkeit;* saubere ~ leisten; seine ~en vorlegen, zeigen; seine ~en auf diesem Gebiet erregten Aufsehen **3.2** *Ausführung, Gestaltung eines hergestellten Gegenstandes;* Einlege~, Goldschmiede~, durchbrochene, eingelegte, erhabene (auf Metall), getriebene ~ □ **trabalho 3.3** *Herstellung;* ein Stück in ~ geben □ ***encomendar/mandar fazer uma peça,** in ~ haben, in ~ nehmen □ ***trabalhar em; assumir um *trabalho*; ein Stück ist (noch) in ~ □ *a peça (ainda) está em execução/obras

ar|bei|ten ⟨V.⟩ **1** ⟨400⟩ *Arbeit leisten, Arbeit verrichten; arbeitet er (nach seinem Unfall) schon wieder?; körperlich, geistig, wissenschaftlich ~; angestrengt, fleißig, flink, gewissenschaft, gut, ordentlich, sauber, schlecht, schnell, sorgfältig, tüchtig ~; er arbeitet als Tischler; mit dem Kopf ~; er arbeitet für die Firma XY; ~ und nicht verzweifeln (Zitat nach Carlyle)* **1.1** *wie ein Pferd, mit aller Kraft ~ sehr angestrengt, mit großer Mühe* **1.2** *er arbeitet für zwei tüchtig, viel* **1.3** *es arbeitet sich schlecht bei dieser Hitze man kann schlecht arbeiten* **1.4** ⟨411⟩ *an einer Arbeitsstelle, in, bei einer Firma ~ ständig beschäftigt, angestellt sein; am Schraubstock ~; auf dem Feld ~; er arbeitet bei der Post; er arbeitet im Verlag* **1.5** ⟨417⟩ *mit jmdm. ~ zusammenarbeiten, Beziehungen pflegen; Hand in Hand ~ mit jmdm.; mit einer Firma ~* **1.5.1** *es arbeitet sich gut mit ihm (zusammen) man kann gut mit ihm zusammenarbeiten* □ **trabalhar 1.6** ⟨500⟩ *(ein Produkt), Kleid, Möbelstück ~ anfertigen, herstellen; ich habe mir einen Anzug ~ lassen; der Ring, das Wörterbuch ist gut gearbeitet* **1.6.1** *bei welchem Schneider lassen Sie (Ihre Kleider) ~?; welcher Schneider näht für Sie?* □ **(mandar) fazer 1.6.2** ⟨800⟩ *an etwas ~ gegenwärtig etwas anfertigen, herstellen, sich mit etwas beschäftigen; woran arbeitest du gerade?; an einer Erfindung ~; an einem Bild ~* **2** ⟨800⟩ *an jmdm. od. etwas ~ sich intensiv mit jmdm. od. etwas beschäftigen, um ihn od. es zu fördern od. zu vervollkommnen; an sich selbst ~; an der eigenen Unbeherrschtheit ~* □ **ocupar-se de alguém ou alguma coisa* **2.1** ⟨550/Vr 3⟩ *sich durch etwas ~ sich bemühen, anstrengen;* → a. *durcharbeiten(3); sich durch den Schnee, das Gestrüpp, ein wissenschaftliches Werk ~* □ **abrir caminho por/enfrentar alguma coisa* **2.2** ⟨650⟩ *jmdm. in die Hände ~ jmds. Tätigkeit erleichtern* □ **fazer o jogo de alguém* **3** ⟨400⟩ *etwas arbeitet bewegt sich, ist in Gang; eine Maschine, sein Herz, der Motor arbeitet einwandfrei, normal* □ **trabalhar; funcionar 3.1** *Teig arbeitet treibt, geht auf* □ **levedar; crescer 3.2** *Most arbeitet gärt* □ **fermentar 3.3** *Holz arbeitet verändert seine Form* □ **deformar-se; empenar 3.4** *Geld arbeitet trägt Zinsen, bringt Gewinn* □ **render 3.5** ⟨800; unpersönl.⟩ *es arbeitet in jmdm. jmd. ist erregt, bewegt, kämpft mit sich; man sah seinem Gesicht an, wie es in ihm arbeitete* □ **estar agitado/aflito* **3.6** ⟨800⟩ *die Zeit arbeitet für (gegen) uns unsere Ziele werden (nicht) durch Abwarten erreicht* □ **o tempo trabalha a nosso favor/contra nós*

Ạr|bei|ter ⟨m.; -s, -⟩ **1** *jmd., der arbeitet, jeder, der einen Beruf ausübt* **1.1** *er ist sehr guter ~ er ist tüchtig* **2** (i. e. S.) *jmd., der gegen Lohn körperliche Arbeit leistet; Berg~, Industrie~, Metall~* □ **trabalhador; operário**

Ạr|bei|te|rin ⟨f.; -, -rin|nen⟩ *weibl. Arbeiter* □ **trabalhadora; operária**

Ạr|beit|ge|ber ⟨m.; -s, -⟩ *jmd., der Arbeitnehmer gegen Lohn od. Gehalt beschäftigt* □ **empregador; patrão**

Ạr|beit|ge|be|rin ⟨f.; -, -rin|nen⟩ *weibl. Arbeitgeber* □ **empregadora; patroa**

Ạr|beit|neh|mer ⟨m.; -s, -⟩ *jmd., der für einen Arbeitgeber gegen Lohn od. Gehalt arbeitet* □ **empregado; assalariado**

Ạr|beit|neh|me|rin ⟨f.; -, -rin|nen⟩ *weibl. Arbeitnehmer* □ **empregada; assalariada**

ạr|beits|in|ten|siv ⟨Adj.⟩ *einen hohen Aufwand, Einsatz von Arbeit erfordernd; ein ~es Unternehmen, Projekt* □ *que exige muito trabalho/esforço*

Ạr|beits|kraft ⟨f.; -, -kräf|te⟩ **1** ⟨unz.⟩ *Schaffenskraft, Arbeitsleistung; sich mit voller ~ für ein Vorhaben einsetzen* □ **força de trabalho 2** *arbeitender Mensch; wir benötigen eine weitere ~ für unser Büro* □ **mão de obra**

ạr|beits|los ⟨Adj. 24⟩ *ohne berufliche Arbeit, ohne Beschäftigung; Sy erwerbslos; er ist seit dem 1. September ~* □ **desempregado**

Ạr|beits|lo|se(r) ⟨f. 2 (m. 1)⟩ *jmd., der arbeitslos ist; die Zahl der ~n ist in den letzten Jahren deutlich angestiegen* □ **desempregado**

Ạr|beits|platz ⟨m.; -es, -plät|ze⟩ **1** *Platz, Ort, an dem man arbeitet* □ **(local de) trabalho 2** *Arbeitsverhältnis, berufliche Anstellung; keinen ~ finden* □ **trabalho; emprego**

ar|cha|isch ⟨[-ça:-] Adj.⟩ **1** *aus der Frühzeit stammend, frühzeitlich, altertümlich* **1.1** (Psych.) *älteren Schichten der Persönlichkeit entstammend; ~es Verhalten* **2** ⟨geh.; abwertend⟩ *altertümlich, veraltet, altmodisch; eine ~e Wortwahl, Ausdrucksweise* □ **arcaico**

Ạr|che ⟨f.; -, -n⟩ **1** *kastenförmiges Schiff* **1.1** *die ~ Noah(s)* (im AT) *Schiff Noahs, in dem während der Sintflut Menschen u. Tiere Zuflucht fanden* □ **arca**

Ar|chi|tẹkt ⟨[-çi-] m.; -en, -en⟩ **1** *jmd., der Bauwerke entwirft u. ihre Fertigstellung überwacht, Baufachmann* **2** (fig.) *Schöpfer, Urheber, geistiger Begründer einer Idee; er gilt als ~ der modernen Marktforschung* □ **arquiteto**

Ar|chi|tẹk|tin ⟨[-çi-] f.; -, -tin|nen⟩ *weibl. Architekt* □ **arquiteta**

Ar|chi|tek|tur ⟨f.; -, -en⟩ **1** *Baukunst, Wissenschaft von der Baukunst; ~ studieren* **2** *innerer Aufbau, Bauplan (von Bauwerken, künstlerischen Werken, Maschinen, Körpern); die ~ moderner Hochhäuser* **2.1** *Baustil; die ~ der Gotik* □ **arquitetura**

Ar|chiv ⟨[-çi:f] n.; -(e)s, -e⟩ **1** *Sammlung von Urkunden, Dokumenten, Fotografien u. Ä.; Kirchen~, Foto~, Bild~* **2** *Raum zum Aufbewahren eines Archivs(1)* □ **arquivo**

Are|al ⟨n.; -s, -e⟩ **1** *Fläche, Bezirk* □ **área; superfície 2** *Siedlungsgebiet* □ **área de colonização 3** *Verbreitungsgebiet; von Tieren od. Pflanzen besiedeltes, bewachsenes ~* □ **área de distribuição**

Arẹ|na ⟨f.; -, -Arẹ|nen⟩ **1** *mit Sand bestreuter Kampfplatz im Amphitheater* **2** *Sportplatz mit Zuschauersitzen* **3** ⟨Zirkus⟩ = *Manege(2)* **4** (österr.) *Sommerbühne* □ **arena**

ạrg ⟨Adj. 22⟩ **1** *schlimm, böse, bösartig; jmdm. einen ~en Blick zuwerfen; ~e Gedanken haben* □ **mau;**

Ärger

ruim; maldoso; damit machst du alles ja nur noch ärger! □ *assim você só está piorando as coisas!; jmdm. ~ mitspielen □ *tratar mal alguém; ihr treibt es aber doch auch gar zu ~! □ *vocês estão indo longe demais!; das ist denn doch zu ~! □ *isso já é demais!; vor dem Ärgsten bewahrt bleiben; das Ärgste dabei ist, dass ... □ pior 1.1 *unangenehm groß, stark, heftig;* er ist ein ~er Spötter; ~e Schmerzen haben; ~es Pech haben □ grande; forte 1.2 *im* Argen *liegen schlecht bestellt sein, nicht in Ordnung sein* □ *ser caótico; encontrar-se num estado deplorável* 2 ⟨80; oberdt.⟩ *sehr;* ich bin ~ froh; er läuft ~ schnell; das ist ~ teuer □ muito 3 ⟨43⟩ es ist jmdm. ~, dass ... *es tut jmdm. sehr Leid* □ *lamentar

Är|ger ⟨m.; -s; unz.⟩ 1 *ein Gefühl des Gereiztseins, das durch Missfallen, Unzufriedenheit u. a. hervorgerufen wird, Verdruss, Unwille;* seinen ~ an jmdm. auslassen; du bereitest, machst mir ~; seinem ~ Luft machen; grün sein, werden vor ~ ⟨umg.; scherzh.⟩; ich bin ganz krank vor ~; ich könnte platzen vor ~ ⟨umg.; scherzh.⟩ □ irritação; raiva 2 *Unannehmlichkeit;* beruflichen ~ haben; ich habe schweren ~ gehabt; ich habe damit, mit ihm, ihr noch viel ~ gehabt; nichts als ~ und Verdruss hat man damit! □ aborrecimento; contrariedade

är|ger|lich ⟨Adj.⟩ 1 *voller Ärger, verärgert, verdrossen, leicht zornig;* er war darüber sehr ~; er ist auf sie sehr ~; ~ sein, werden □ irritado; zangado; etwas ~ sagen, beobachten □ com raiva/irritação 2 *Ärgernis erregend, unangenehm;* ein ~er Vorfall; das ist wirklich sehr ~ □ desagradável

är|gern ⟨V.⟩ 1 ⟨500/Vr 7 od. Vr 8⟩ jmdn. ~ *jmdm. Ärger, Verdruss bereiten, jmdn. ärgerlich machen, in Zorn versetzen;* es ärgert ihn, dass ...; jmdn. bis aufs Blut, zu Tode, ins Grab, krank ~ ⟨fig.; umg.⟩ 1.1 jmdn. ärgert die Fliege an der Wand ⟨fig.; umg.⟩ *jede Kleinigkeit* □ irritar; aborrecer 1.2 *boshaft necken;* du darfst deine kleine Schwester, den Hund nicht immer ~ □ irritar; provocar, Mensch, ärgere dich nicht® (Würfelspiel) □ *ludo 2 ⟨505/Vr 3⟩ sich ~ über jmdn. od. etwas *ärgerlich über jmdn. od. etwas sein, werden;* ich habe mich sehr darüber, über dich geärgert □ *irritar-se/zangar-se com alguém ou alguma coisa

Är|ger|nis ⟨n.; -ses, -se⟩ 1 *kleiner Ärger, Unannehmlichkeit;* es ist jedes Mal ein ~ mit ihm; die ~se des Alltags □ contrariedade; aborrecimento 2 *eine anstoßerregende Handlung, Verletzung des religiösen od. sittlichen Gefühls;* ~ erregen; an etwas ~ nehmen (veraltet) □ escândalo

Arg|list ⟨f.; -; unz.⟩ *Heimtücke, hinterlistiges Wesen;* voll ~ sein; ohne ~ □ malícia; astúcia

arg|los ⟨Adj.⟩ 1 *ohne böse Absicht, ohne Arg, nichts Böses vorhabend;* er machte eine ~e Bemerkung; sie fragte ihn ganz ~ 2 *nichts Böses ahnend, vertrauensselig, ahnungslos;* er stellte sich ganz ~; sie folgte ihm ganz ~ in seine Wohnung □ ingênuo; sem malícia

Ar|gu|ment ⟨n.; -(e)s, -e⟩ 1 *stichhaltige Entgegnung, Beweis, Beweisgrund;* das ist kein ~ (gegen meine Behauptung)!; ein schwerwiegendes ~ für, gegen 2 ⟨Math.⟩ *unabhängige Veränderliche einer Funktion* □ argumento

ar|gu|men|tie|ren ⟨V. 417 od. 800⟩ (mit jmdm. über etwas) ~ *Argumente vorbringen, durch Schlüsse beweisen* □ argumentar

Arg|wohn ⟨m.; -(e)s; unz.⟩ *schlimme Vermutung, Verdacht, Misstrauen;* jmds. ~ beschwichtigen, zerstreuen; jmds. ~ erregen; ~ (bei jmdm.) erwecken; ~ hegen (gegen); begründeter, unbegründeter ~ □ suspeita; desconfiança

arg|wöh|nen ⟨V. 500⟩ etwas ~ ⟨geh.⟩ *einen Argwohn gegen jmdn. od. etwas haben, etwas befürchten, (Schlimmes) vermuten;* einen Einbruch ~; ich argwöhne, dass ... □ suspeitar; desconfiar

arg|wöh|nisch ⟨Adj.; geh.⟩ *voller Argwohn, misstrauisch;* jmdn. ~ machen □ *deixar alguém desconfiado; ein ~er Blick □ suspeito; desconfiado

Arie ⟨[-riə] f.; -, -n; Mus.⟩ *kunstvolles Sologesangsstück mit Instrumentalbegleitung* □ ária

Aris|to|kra|tie ⟨f.; -, -n⟩ 1 ⟨zählb. *Adel, adlige Oberschicht, die mit adligen Privilegien ausgestattet ist* 1.1 ⟨unz.⟩ *Adelsherrschaft (als Staatsform)* 2 ⟨zählb.⟩ *Oberschicht innerhalb einer Gesellschaft, die durch Geld, Besitz od. Bildung gekennzeichnet ist* (Geld~, Geistes~) □ aristocracia 3 ⟨unz.; fig.⟩ *Würde, Vornehmheit;* die ~ seines Benehmens war bewundernswert □ nobreza

Ark|tis ⟨f.; -; unz.⟩ *nördlichster Teil der nördlichen Erdhalbkugel, Nordpolargebiet* □ Pólo Ártico; → a. Antarktis

arm ⟨Adj. 22⟩ 1 jmd. ist, wird ~ *wenig besitzend, mittellos, bedürftig;* Ggs reich(1); ein ~er Mensch □ pobre; jmd. kauft sich ~ □ barato; ~er Kerl, Schlucker, Teufel, Tropf □ *pobre diabo; du isst mich (ja noch) ~! ⟨umg.; scherzh.⟩ □ *você (ainda) vai me levar à falência de tanto comer!; mildtätig gegen die Armen sein □ pobre; necessitado; 1.1 ich bin um 100 Euro ärmer geworden ⟨umg.; scherzh.⟩ *ich habe 100 Euro ausgegeben, man hat mich um 100 Euro betrogen* □ pobre 1.1.1 um jmdn. ärmer werden *jmdn. (durch Ausscheiden, Tod) verlieren* □ *perder alguém 1.2 Arm und Reich *jedermann, die Armen und die Reichen* □ *todo o mundo 1.2.1 Arm und Reich *die Armen und die Reichen* □ *pobres e ricos 1.3 ⟨60⟩ arme/Arme Ritter ⟨Kochk.⟩ *in Milch eingeweichte, in Ei gewendete und in Fett gebackene, mit Zucker bestreute Weißbrotscheiben* □ *rabanada 1.4 ⟨60⟩ es ist ja nicht wie bei ~en Leuten ⟨umg.; scherzh.⟩ *es ist ja alles Nötige vorhanden* □ *aqui não é como em casa de pobre 2 etwas ist ~ *dürftig, kümmerlich, gering* □ escasso 2.1 welch ein Glanz in meiner ~en Hütte! (scherzh. Willkommensgruß für einen seltenen Gast) □ *quanta honra em minha humilde casa! 3 *unglücklich, beklagenswert, bedauernswert;* du ~es Kind!; das ~e Ding, Geschöpf; ~e Seele; du Arme, Armer 3.1 der, die Ärmste! *(Ausruf des Mitleids)* □ pobre; coitado 3.2 geistig ~ *sehr anspruchslos* □ *pobre de espírito 3.3 ~er Sünder □ *pobre pecador 3.3.1 ⟨früher) *zum Tode Verurteilter* □ **condenado à morte* **3.3.2** ⟨heute allg.⟩ *seiner Strafe gewärtiger Missetäter* □ **criminoso que aguarda julgamento* **4** ⟨74⟩ *etwas od. jmd. ist ~ an einer Sache leidet Mangel, enthält wenig;* ~ *an Vitaminen; sie ist ~ an Freude(n); sie führt ein an Freude ~es Leben* □ **ser pobre em* **4.1** ⟨50⟩ *~ dran sein bedauernswert* □ **estar numa situação crítica*

Arm ⟨m.; -(e)s, -e⟩ **1** *~ eines* **Menschen**, *Affen od. anderen Tieres Vordergliedmaße; die ~e ausbreiten; die ~e (nach jmdm.) ausstrecken; sich den ~ brechen; jmdm. die ~e entgegenstrecken; jmdm. den ~ reichen (um ihn zu führen, zu stützen); jmdm. am ~ packen; mit verschränkten, gekreuzten ~en dastehen, zuschauen; jmdm. in die ~e nehmen, schließen; ~ in ~ gehen; ein Paket unter den ~ nehmen; mit deiner Feindseligkeit gegen ihn treibst du ihm das Mädchen erst recht in die ~e* **1.1** *~e beugt, streckt! (Kommando beim Turnen)* □ **braço 1.2** *jmdn. unter den ~ nehmen* ⟨umg.⟩ *jmdm. den Arm reichen, um ihn zu führen, zu begleiten* □ **dar o braço a alguém (para acompanhá-lo)* **1.3** *jmdn. im ~, in den ~en halten umarmt halten* □ **segurar/ter alguém nos braços* **1.3.1** *sich jmdm. in die ~e werfen ihn umarmen* □ **jogar-se nos braços de alguém* **1.3.2** *einander in die ~e sinken einander umarmen* □ **abraçar-se* **1.4** *jmdm. in den ~ fallen ihn hindern, etwas zu tun* □ **impedir alguém de fazer alguma coisa; deter alguém* **1.4.1** *jmdm. in die ~e fallen jmdn. umarmen* □ **cair nos braços de alguém* **1.5** *jmdm. in die ~e laufen zufällig begegnen* □ **deparar/topar com alguém* **1.6** *jmdn. mit offenen ~en empfangen sehr freundlich aufnehmen* □ **receber alguém de braços abertos* **1.7** *die* **Beine** *unter den ~, unter die ~e nehmen* ⟨umg.⟩ *rasch davonlaufen, sich beeilen* □ **dar no pé* **1.8** *jmdn. auf den ~ nehmen* ⟨a. fig.; scherzh.⟩ *necken, verspotten* □ **pregar uma peça em alguém* **1.9** *jmdn. unter die ~e greifen* ⟨fig.⟩ *helfen* □ **ajudar alguém* **2** ⟨fig.⟩ *Arbeitskraft, Hilfskraft; wir können hier noch zwei starke ~e gebrauchen* **2.1** *Machtbefugnis, Gewalt; der ~ des Gesetzes* **3** *armähnlicher Teil eines Gegenstandes, Gerätes; zwei ~e eines Leuchters* **3.1** *beweglicher Maschinenteil; Hebel~, Kraft~, Last~* **3.2** *Abzweigung; ~ eines Flusses* □ **braço**

Ar|ma|tur ⟨f.; -, -en⟩ **1** *Zubehör von Maschinen u. technischen Anlagen* □ **equipamento 1.1** *Bedienungsteil (mit verschiedenen Schaltern) für Maschinen, Apparate, Fahrzeuge u. Ä.* □ **válvula; controle 2** *Vorrichtung zur Regelung der Wasserzufuhr in Bädern* □ **torneira**

Arm|brust ⟨f.; -, -e od. -brüs|te⟩ *aus dem Pfeilbogen hervorgegangene mechanische Schusswaffe des Mittelalters, bestehend aus Schaft mit Kolben u. Bogen; die ~ spannen* □ **besta**

Ar|mee ⟨f.; -, -n; Mil.⟩ **1** *Gesamtheit der Land-, Luft- u. Seestreitkräfte* □ **forças armadas 1.1** *= Heer* **1.2** *Truppenverband aus mehreren Divisionen* **2** ⟨fig.⟩ *große Menge von Menschen; eine ~ von Reportern* □ **contingente**

Är|mel ⟨m.; -s, -⟩ **1** *den Arm ganz od. teilweise bedeckender Teil eines Kleidungsstückes; Hemd~, Mantel~;*

kurzer, langer, angeschnittener ~; ein Kleid ohne ~; die ~ kürzen, einsetzen □ **manga 1.1** *jmdn. am ~ zupfen verstohlen mahnen* □ **puxar alguém pela manga* **2** *die ~ hochkrempeln* ⟨fig.; umg.⟩ *bei einer Arbeit tüchtig zupacken* □ **arregaçar as mangas* **3** *etwas aus dem ~ schütteln* ⟨fig.; umg.⟩ *etwas spielend erledigen, mit Leichtigkeit zustande bringen; er schüttelt die Witze nur so aus dem ~* □ **improvisar alguma coisa; tirar alguma coisa de letra*

...ar|mig ⟨Adj. 24/70⟩ *mit einer bestimmten Zahl von Armen versehen; ein dreiarmiger Leuchter*

ärm|lich ⟨Adj.⟩ **1** *im Äußeren von materieller Armut zeugend, dürftig; ein ~es Zimmer, Kleid; ~ gekleidet; er lebt sehr ~* □ **(de modo) pobre/modesto 2** *mangelhaft, kümmerlich; seine Kenntnisse in Französisch waren recht ~* □ **deficiente; fraco**

arm|se|lig ⟨Adj.⟩ **1** *von großer materieller Armut zeugend, elend; ein ~er Bettler; er hatte einen ~en Anzug an; ~ wirken* □ **miserável; indigente 2** *mangelhaft, unzulänglich; eine ~e Mahlzeit; ~e Ausflüchte, Worte* □ **insuficiente 2.1** *unfähig; ein ~er Geiger wirkte beim Konzert mit* □ **incompetente**

Ar|mut ⟨f.; -; unz.⟩ **1** *materielle Not, Mangel am Notwendigsten; tiefe, bittere, bedrückende ~; in ~ geraten, leben, sterben ~* □ **pobreza; miséria**; *~ ist keine Schande, ~ schändet nicht* ⟨Sprichw.⟩ □ **pobreza não é vileza* **2** *Bedürftigkeit, Mangel; geistige, innere ~; die ~ eines Landes an Rohstoffen; ~ des Gefühls; ~ des Geistes* □ **pobreza; escassez**

Ar|muts|zeug|nis ⟨n.; -ses, -se⟩ **1** ⟨Rechtsw.⟩ *amtliche Bescheinigung über die Bedürftigkeit, Nachweis der Armut* □ **atestado de pobreza 2** ⟨fig.; abwertend⟩ *Beweis der Unfähigkeit; sich ein ~ ausstellen, geben* □ **dar prova de sua incapacidade*

Arm|voll *auch:* **Arm voll** ⟨m.; (-) -, (-) -⟩ *so viel, wie man mit den Armen tragen kann; dem Pferd einen ~ Heu füttern* □ **braçada**

Ar|ni|ka ⟨f.; -; unz.; Bot.⟩ *einer Gattung gelbblühender Korbblütler angehörende Heilpflanze mit anregender Wirkung: Arnica* □ **arnica**

Aro|ma ⟨n.; -s, -men od. -s⟩ **1** *würziger Wohlgeruch od. Wohlgeschmack* **2** *künstlich hergestellter Geschmacksstoff für Speisen* □ **aroma**

aro|ma|tisch ⟨Adj.⟩ **1** *voller Aroma, wohlriechend, wohlschmeckend, würzig* **1.1** *~e Wässer Auszüge von Blüten u. Kräutern mit Duftstoffen* **2** *~e Verbindungen* ⟨Chem.⟩ *ringförmig angeordnete Kohlenwasserstoffe mit bestimmter Anordnung der Bindungen innerhalb des Ringes; ~e Kohlenwasserstoffe* □ **aromático**

ar|ran|gie|ren ⟨[arɑ̃ʒiː] *a.* [araŋʒiː-] V. 500⟩ **1** *etwas einrichten, in die Wege leiten, organisieren; ein Treffen, eine Konferenz ~* □ **organizar 1.1** *künstlerisch gestalten, (geschmackvoll) ausstatten; die Dekoration auf einer festlichen Tafel ~* □ **arrumar; dispor 2** *Musikstücke ~ instrumentieren, (für andere Instrumente) bearbeiten; eine Komposition neu ~* □ **arranjar; fazer arranjo de 3** ⟨Vr 3 od. Vr 4⟩ *sich ~ sich einigen, über-*

Arrest

einkommen, zurechtkommen; die streitenden Parteien haben sich arrangiert □ *entrar em acordo

Ar|rest ⟨m.; -(e)s, -e⟩ **1** ~ *für* **Personen** *Haft, Freiheitsentzug, leichte Freiheitsstrafe; jmd. bekommt drei Tage leichten, schweren, verschärften* ~ □ *detenção* 1.1 ~ *für* **Schüler** ⟨veraltet⟩ *Entzug der Freiheit durch Nachsitzen, Strafstunde* □ *castigo* **1.2** *persönlicher* ~ ⟨veraltet⟩ *Verhaftung eines Schuldners* □ *detenção do devedor* **2** ~ *von* **Sachen** *vorläufige Beschlagnahme; ein Schiff, Waren mit* ~ *belegen* **2.1** *dinglicher* ~ □ **arresto; embargo** 2.1.1 *vorläufige Pfändung* □ *penhora* 2.1.2 *Eintragung einer Zwangshypothek zur Sicherung von Forderungen eines Gläubigers* □ *hipoteca judiciária*

ar|re|tie|ren ⟨V. 500⟩ **1** *jmdn.* ~ ⟨veraltet⟩ = *verhaften* **2** *bewegliche Teile eines Gerätes* ~ ⟨Tech.⟩ *sperren, blockieren* □ *bloquear; parar*

ar|ro|gant ⟨Adj.; abwertend⟩ *anmaßend, dünkelhaft, eingebildet, hochnäsig; er ist sehr* ~; ~*es Auftreten* □ *arrogante*

Ar|ro|ganz ⟨f.; -; unz.⟩ *Anmaßung, Dünkel; die* ~ *der Macht* □ *arrogância*

Arsch ⟨m.; -(e)s, Är|sche; umg.; derb⟩ **1** *Gesäß* □ *traseiro; cu* 1.1 *du kannst mich mal* (kreuzweise) *am* ~ *lecken, leck mich am* ~! (*Ausdruck der Verachtung, Ablehnung*) □ *vá tomar no cu!* **2** *jmd. ist ein* ~ *ein verachtenswerter, gemeiner Mensch; du* ~! □ *cretino; babaca*

Ar|sen ⟨n.; -(e)s; unz.; chem. Zeichen: As⟩ *ein chem. Grundstoff, Ordnungszahl 33, gefährliches Gift* □ *arsênico*

Art ⟨f.; -, -en⟩ **1** *Einheit von Sachen* (*Dingen, Lebewesen, Vorgängen, Angelegenheiten*), *die gemeinsame Merkmale haben; diese* ~ *Leute ist unangenehm; er gehört zu der* ~ *von Menschen, die ...; Gemüse aller* ~(*en*); *verschiedene* ~*en von Gewebe* □ *tipo* 1.1 ⟨Biol.⟩ *Ordnungseinheit, die alle diejenigen Individuen umfasst, die miteinander fruchtbare Nachkommen erzeugen können; Species; Sy Spezies*(2) **2** *etwas Ähnliches wie; eine* ~ *Professor; sie besitzen eine* ~ *Sommerhaus; der Stoff ist (so) eine* ~ *Taft* □ *espécie* **3** *Eigenart, Eigentümlichkeit; nach* ~ *der Kinder; er zeigt seine Dankbarkeit auf seine* ~ □ *maneira; es ist eigentlich nicht seine* ~, *so zu handeln* □ *realmente não é próprio dele agir dessa forma; auf gute* ~ *mit jmdm. auskommen, fertigwerden* □ *dar-se bem com alguém* 3.1 *aus der* ~ *schlagen* ⟨abwertend⟩ *sich anders entwickeln, als zu erwarten war (von Lebewesen)* □ *fugir à regra; não puxar aos seus* 3.2 ~ *lässt nicht von* ~ *bestimmte Merkmale werden vererbt* □ *filho de peixe peixinho é* **4** *Beschaffenheit, Wesen; Spaghetti nach Mailänder* ~ □ *moda; diese Möbel sind von derselben* ~ *wie unsere* □ *tipo* **4.1** *dieses Gebäude ist einzig in seiner* ~ *ein solches G. gibt es nur einmal* □ *gênero* **5** ~ (*und Weise*) *Gewohnheit im Verhalten u. Benehmen; er hat (so) eine heitere, gewinnende* ~, *dass man ihn gern haben muss; er hat eine* ~ *zu sprechen, zu lachen wie sein Vater; er hat eine* ~, *mit Menschen umzugehen, die ihn gleich*

sympathisch macht; die beste, einfachste ~, *etwas zu tun; auf diese* ~ (*und Weise*) *geht es nicht; kannst du es nicht auf andere* ~ *versuchen?* □ *jeito; modo* 5.1 *das ist keine* ~! *das ist kein Benehmen, so etwas tut man nicht* □ *isso não são modos!* **5.2** *er hat ihn verprügelt, dass es (nur so) eine* ~ *hatte* ⟨umg.⟩ *er hat ihn tüchtig verprügelt* □ *ele lhe deu uma bela surra* **6** *Adverb* ~ *der Weise Adverb, das eine Eigenschaft eines Geschehens bezeichnet und mit „wie geschieht etwas?" erfragt werden kann* □ *advérbio de modo*

ar|ten ⟨V.(s.)⟩ **1** ⟨413⟩ *ähnlich beschaffen sein (wie jmd. od. etwas); anders geartet als ...; gut, schlecht geartet; er ist (nun einmal) so geartet, dass ...* □ *ser (de determinada maneira)* 1.1 ⟨800⟩ *nach jmdm. od. etwas* ~ *geraten, ähnlich werden; er ist nach seinem Vater geartet* □ *sair como alguém ou alguma coisa; puxar a alguém ou alguma coisa*

Ar|te|rie [-ria] ⟨f.; -, -n; Anat.⟩ *vom Herzen wegführendes Blutgefäß; Ggs Vene* □ *artéria*

ar|tig ⟨Adj.⟩ **1** *brav, folgsam, gehorsam; sei* ~!; *der Kleine war heute sehr* ~ □ *obediente; bem-comportado* **2** ⟨geh.; veraltet⟩ *höflich, zuvorkommend, gut erzogen; jmdm. ein* ~*es Kompliment machen; er ist ihr gegenüber sehr* ~ □ *cortês; galante* **3** ⟨veraltet⟩ *hübsch, nett, niedlich; er sang recht* ~; *sie hatte ein* ~*es Kleidchen an* □ *gracioso*

...**ar|tig** ⟨Adj.⟩ *in einer bestimmten Art, in der Art von, so wie; holzartig, samtartig, andersartig, gleichartig, gutartig*

Ar|ti|kel ⟨a. [-ti:-] m.; -s, -⟩ **1** ⟨Gramm.⟩ *das grammatische Geschlecht bezeichnende Wortart; bestimmter, unbestimmter* ~ **2** *kleiner Aufsatz; Zeitungs~; einen* ~ *schreiben* **3** ~ *eines Gesetzes, Vertrages Abschnitt* **4** ⟨Rel.⟩ *Glaubenssatz; Glaubens-* **5** ⟨Wirtsch.⟩ *Warengattung; ein billiger, rarer* ~; *einen* ~ *führen* □ *artigo*

Ar|ti|ku|la|ti|on ⟨f.; -, -en⟩ **1** ⟨Phon.⟩ 1.1 *Lautbildung* 1.2 *(deutliche u. gegliederte) Aussprache* **2** ⟨Mus.⟩ 2.1 *Wiedergabe der Vokale u. Konsonanten beim Gesang* 2.2 *Gliederung, Verbindung u. Betonung der Töne beim Instrumentalspiel* **3** *Wiedergabe, Ausdruck (von Gedanken) in Worten* **4** ⟨Anat.⟩ *Gliederung, Gelenkverbindung* □ *articulação*

ar|ti|ku|lie|ren ⟨V. 500⟩ **1** *Laute* ~ ⟨Phon.⟩ *(deutlich) aussprechen* **2** *Töne* ~ ⟨Mus.⟩ *(in einer bestimmten Art u. Weise) gliedern, verbinden, betonen* **3** *Gedanken* ~ *mit Worten wiedergeben, zum Ausdruck bringen* 3.1 ⟨Vr 3⟩ *sich* ~ *sich ausdrücken, seine Gedanken in Worte fassen* □ *articular(-se)*

Ar|til|le|rie ⟨f.; -, -n; Mil.⟩ **1** *Ausrüstung mit Geschützen* **2** *mit Geschützen ausgerüstete Truppe; leichte, schwere, reitende* ~ □ *artilharia*

Ar|ti|scho|cke ⟨f.; -, -n; Bot.⟩ *in wärmeren Ländern angebaute, zu den Korbblütlern gehörende Gemüsepflanze: Cynara scolymus* □ *alcachofra*

Ar|tist ⟨m.; -, -tin|nen⟩ *Varieté- od. Zirkuskünstler* □ *artista*

Ar|tis|tin ⟨f.; -, -tin|nen⟩ *weibl. Artist* □ artista
Arz|nei ⟨f.; -, -en⟩ **1** *Heilmittel, Medikament;* eine ~ einnehmen, verordnen, verschreiben □ medicamento; remédio 1.1 eine bittere, heilsame ~ ⟨fig.⟩ *eine bittere, heilsame Lehre* □ lição
Arzt ⟨m.; -es, A̱rz|te⟩ **1** *jmd., der an einer Hochschule Medizin studiert hat, eine Approbation besitzt und Kranke behandelt;* den ~ konsultieren; zum ~ gehen; den ~ holen (lassen) □ médico; → a. praktisch(3)
Ärz|tin ⟨f.; -, -tin|nen⟩ *weibl. Arzt* □ médica
ärzt|lich ⟨Adj.⟩ *den Arzt betreffend, mit seiner Hilfe, durch den Arzt;* ~e Hilfe holen; die ~e Tätigkeit; eine ~e Untersuchung, Verordnung, ~es Zeugnis, Attest □ médico; sich ~ behandeln, beraten lassen □ como médico
Arzt|pra|xis ⟨f.; -, -pra|xen⟩ **1** *Räumlichkeiten einer ärztlichen Praxis* □ consultório médico **2** *Patientenstamm eines Arztes* □ clientela; pacientes
As ⟨alte Schreibung für⟩ *Ass*
As|best ⟨m.; -(e)s, -e; Min.⟩ *faseriges, grausilbernes Mineral, Verwitterungsprodukt von Hornblende od. Serpentinstein, wärmedämmend* □ asbesto
Asche ⟨f.; -, -n⟩ **1** *anorganischer, pulveriger Rückstand eines verbrannten Stoffes;* glühende, heiße ~; zu ~ verbrennen □ cinza 1.1 Friede seiner ~! ⟨geh.⟩ *der Tote ruhe in Frieden* □ *que descanse em paz! 1.2 sich ~ aufs Haupt streuen ⟨fig.⟩ *sich schuldig bekennen, bereuen, büßen* □ *fazer seu mea-culpa 1.2.1 ~ auf mein Haupt! *das tut mir leid!* □ *sinto muito! 1.3 wie ein Phönix aus der ~ steigen, erstehen ⟨fig.; geh.⟩ *verjüngt, neu belebt wiedererstehen* □ *renascer das cinzas como uma fênix; → a. Sack(1.5), Schutt(1.1), Staub(2.1)
Aschen|be|cher ⟨m.; -s, -⟩ *kleines Gefäß, Schale zum Abstreifen der Asche u. zum Ablegen von brennenden Zigaretten u. Zigarren* □ cinzeiro
Aschen|brö|del ⟨n.; -s, -⟩ = *Aschenputtel*
Aschen|put|tel ⟨n.; -s, -⟩ oV *Aschenbrödel* **1** *weibl. Märchengestalt* □ Gata Borralheira **2** ⟨fig.⟩ *weibl. Person, die die niedrigsten (Küchen-)Arbeiten verrichten muss u. ständig benachteiligt wird; sie macht für die Familie nur das* ~ □ gata borralheira
Ascher|mitt|woch ⟨m.; -s, -e⟩ *der Tag nach Fastnacht, erster Tag der Fastenzeit vor Ostern* □ Quarta-feira de Cinzas
asch|fahl ⟨Adj. 24⟩ *fahl, blass, grau wie Asche;* er ist ~ im Gesicht □ cinzento; cinéreo
äsen ⟨V. 400; Jägerspr.⟩ *fressen, Nahrung aufnehmen (vom Wild);* das Reh äste auf der Lichtung □ pastar
As|ke|se ⟨f.; -; unz.⟩ *streng enthaltsame Lebensweise, Selbstüberwindung, Entsagung, Bußübung, um Begierden abzutöten u. Laster zu überwinden* □ ascese
As|ket ⟨m.; -en, -en⟩ *jmd., der Askese übt* □ asceta
As|pekt ⟨m.; -(e)s, -e⟩ **1** *Blickrichtung, Ansicht, Gesichtspunkt;* unter diesem ~ habe ich die Sache noch nicht betrachtet **2** ⟨Gramm.⟩ *Aktionsart des Verbums, die einen Vorgang danach bezeichnet, ob er vollendet ist oder nicht* **3** ⟨Astron.⟩ *bestimmte Stellung von Sonne, Mond u. Planeten zur Erde* □ aspecto

As|phalt ⟨m.; -(e)s, -e⟩ *natürlich vorkommende od. künstlich erzeugte Mischung aus Bitumen u. anderen mineralischen Stoffen, z. B. für Fahrbahndecken im Straßenbau verwendet* □ asfalto
As|pik ⟨[-piːk-] m. od. österr. n.; -s, -e⟩ *Sülze (mit Fleisch- od. Fischeinlage);* Ente, Hering in ~ □ aspic
As|pi|ra|ti|on ⟨f.; -, -en; meist Pl.⟩ **1** *Streben, Bestrebung* **2** *Ehrgeiz, ehrgeiziger Plan* **3** *Ansaugung von Luft, Flüssigkeiten usw.* **4** *~ eines Lautes* ⟨Phon.⟩ *Behauchung, behauchte Aussprache* □ aspiração
as|pi|rie|ren ⟨V. 500⟩ **1** *eine Sache ~ erstreben, anstreben, erhoffen* **2** *Luft, Flüssigkeiten ~ ansaugen* **3** *einen Konsonanten ~* ⟨Phon.⟩ *behaucht aussprechen* **4** ⟨800⟩ *auf etwas ~* ⟨österr.⟩ *sich um etwas bewerben, etwas anstreben* □ aspirar (a)
Ass ⟨n.; -es, -e⟩ **1** ⟨urspr.⟩ *die Eins auf dem Würfel* **2** *Spielkarte mit dem höchsten Wert;* Sy Daus[1] (1) **3** ⟨fig.⟩ *Spitzenkönner auf einem Gebiet, bes. im Sport;* ein, das ~ im Surfen, auf der Geige □ ás
As|si|mi|la|ti|on ⟨f.; -, -en⟩ **1** *Anpassung, Angleichung* **2** ⟨Biol.⟩ *die Bildung körpereigener organischer aus von außen aufgenommener anorganischer Substanz* **3** ⟨Pol.⟩ *das Aufgehen einer nationalen Minderheit in einem anderen Volk* **4** ⟨Psych.⟩ *Verschmelzung einer Vorstellung mit einer anderen, bereits vorhandenen* **5** ⟨Phon.⟩ *Angleichung eines Lautes an den benachbarten, z. B. mhd. „zimber" an „Zimmer"* □ assimilação
As|sis|tent ⟨m.; -en, -en; Abk.: Ass.⟩ **1** *(bes. wissenschaftlicher) Helfer, Mitarbeiter* **2** *Nachwuchswissenschaftler mit bes. Aufgaben* □ assistente
As|sis|ten|tin ⟨f.; -, -tin|nen⟩ *weibl. Assistent* □ assistente
As|so|zi|a|ti|on ⟨f.; -, -en⟩ **1** *Vereinigung, Zusammenschluss* **1.1** ⟨Psych.⟩ *(unwillkürliche) Aneinanderreihung, Verknüpfung von Vorstellungen* **1.2** ⟨Chem.⟩ *Vereinigung mehrerer Moleküle in Flüssigkeiten zu größeren Gebilden, die durch zwischen den Molekülen wirkende Kräfte zusammengehalten werden* **2** ⟨Bot.⟩ *Pflanzengesellschaft* **3** ⟨Astron.⟩ *Gruppe von dicht beieinanderstehenden Sternen mit ähnlichen Eigenschaften* □ associação
as|so|zi|ie|ren ⟨V.⟩ **1** ⟨405/Vr 8⟩ *eine Assoziation(1-2) bilden;* Sy verbinden, verknüpfen 1.1 Begriffe, Vorstellungen ~ miteinander verbinden **2** *sich ~ zu einer Handelsgesellschaft vereinigen* □ associar(-se)
Ast ⟨m.; -(e)s, Äs|te⟩ **1** *~ eines Baumes, Strauches unmittelbar aus dem Stamm bzw. der Wurzel hervorgehender Teil des Baumes bzw. Strauches;* Ggs Zweig; Äste beschneiden, verschneiden; von ~ zu ~ springen □ ramo; galho 1.1 *~ eines Brettes, Balkens Stelle, an der ein Ast(1) ansetzt* □ nó **2** *Verzweigung, astartiges Glied, astartiger Teil;* Nerven~ □ ramo; ramificação **3** *Höcker, Buckel* □ corcunda **3.1** *sich einen ~ lachen* ⟨fig.⟩ *sehr lachen* □ *morrer de rir **4** *einen ~ haben* ⟨umg.; schweiz.⟩ *schläfrig, müde sein, einen Kater haben* □ *estar caindo de sono **5** *einen ~ durchsägen* ⟨fig.; scherzh.⟩ *laut schnarchen* □ *roncar **6** ⟨fig.⟩ *Grundlage des Lebens* □ sustento 6.1 den ~ absägen,

Aster

auf dem man sitzt ⟨fig.⟩ *sich selbst schädigen, sich seine Existenz nehmen* □ **matar sua galinha dos ovos de ouro* **6.2** auf dem absteigenden ~ sein, sich befinden ⟨fig.⟩ *im Niedergang begriffen sein* □ **estar em decadência*

As|ter ⟨f.; -, -n; Bot.⟩ *im Spätsommer u. Herbst blühende Blume mit sternförmigen Blütenblättern, Angehörige einer Gattung der Korbblütler;* Sy *Sternblume* □ *áster*

Äs|the|tik ⟨f.; -; unz.⟩ *Lehre von den Gesetzen u. Grundlagen des Schönen, bes. in Natur u. Kunst* □ *estética*

äs|the|tisch ⟨Adj.⟩ **1** *die Ästhetik betreffend, ihren Forderungen entsprechend, zu ihr gehörig, auf ihr beruhend* **2** *in den Proportionen schön, geschmackvoll* **3** *ansehnlich, ansprechend* □ *estético*

Asth|ma ⟨n.; -s; unz.; Med.⟩ *anfallsweise auftretende Atemnot, Kurzatmigkeit infolge einer Erkrankung entweder der Bronchien od. des Herzens;* Bronchial~, Herz~ □ *asma*

♦ Die Buchstabenfolge **as|tr...** kann in Fremdwörtern auch **ast|r...** getrennt werden.

♦ **As|tro|lo|gie** ⟨f.; -; unz.⟩ *Lehre vom (angeblichen) Einfluss der Gestirne auf das menschliche Schicksal* □ *astrologia*

♦ **As|tro|naut** ⟨m.; -en, -en⟩ *Besatzungsmitglied eines Weltraumfahrzeugs;* Sy *Raumfahrer,* ⟨DDR⟩ *Kosmonaut* □ *astronauta*

♦ **As|tro|nau|tik** ⟨f.; -; unz.⟩ *Erforschung u. Durchquerung des Weltraums außerhalb der Erdatmosphäre;* Sy *Raumfahrt* □ *astronáutica*

♦ **As|tro|nau|tin** ⟨f.; -, -tin|nen⟩ *weibl. Astronaut;* Sy *Raumfahrerin,* ⟨DDR⟩ *Kosmonautin* □ *astronauta*

♦ **As|tro|no|mie** ⟨f.; -; unz.⟩ *Wissenschaft von den Himmelskörpern* □ *astronomia*

♦ **as|tro|no|misch** ⟨Adj. 24⟩ **1** *die Astronomie betreffend, zu ihr gehörig, auf ihr beruhend* **1.1** ~e **Einheit** (Abk.: AE) *mittlere Entfernung der Erde von der Sonne, 1 AE = 149,6 Mill. km* **1.2** ~e **Zeichen** *Z. für Tage, Himmelskörper, Sternbilder, Konstellationen u. Mondphasen* □ *astronômico* **1.3** ~e **Navigation** *Standort- und Richtungsbestimmung von Schiffen und Flugzeugen durch Beobachtung der Gestirne* □ *astronavegação **1.4** ~er **Ort** *Richtung nach einem Gestirn vom Erdmittelpunkt aus;* Sy *Position(3.2)* **1.5** ~e **Uhr** *Präzisionsuhr für Sternwarten usw.* **2** ⟨fig.⟩ *riesenhaft, ungeheuer, sehr hoch; er nannte für die Verluste ~e Summen; eine ~e Miete zahlen* ⟨scherzh.⟩ □ *astronômico*

Asyl ⟨[azy:l] n.; -(e)s, -e⟩ **1** *Freistätte, Zufluchtsort (für Verfolgte)* **1.1 politisches** ~ *Obdach für politische Flüchtlinge;* um ~ *bitten, nachsuchen; jmdm. ~ gewähren* □ *asilo*

Asy|lant ⟨[azy-] m.; -en, -en; häufig abwertend für⟩ *jmd., der (aus politischen Gründen) in einem fremden Staat um Asyl bittet, Asylbewerber* □ *asilado*

Asy|lan|tin ⟨f.; -, -tin|nen⟩ *weibl. Asylant* □ *asilada*

Ate|li|er ⟨[-lje:] n.; -s, -s⟩ **1** ~ *eines Künstlers Werkstatt* □ *ateliê;* Foto~ □ *estúdio fotográfico* **2** *Raum für Filmaufnahmen;* Film~ □ *estúdio de filmagem* **3** *Modegeschäft, in dem Damenkleidung nach Maß angefertigt wird;* Mode~ □ *ateliê de costura*

Atem ⟨m.; -s; unz.⟩ **1** *das Atmen(1); sein ~ ging stoßweise; mit verhaltenem ~ lauschen* □ *respiração* **1.1** *den ~ anhalten kurze Zeit keine Luft holen (vor Spannung, Schreck)* □ **ficar em suspense* **1.2** *jmdn. in ~ halten jmdn. nicht zur Ruhe kommen lassen* □ **manter alguém em suspense* **1.3** *einen kurzen, langen ~ haben in kurzem, langem Abstand atmen* **1.3.1** *der Sänger hat einen langen ~ kann die Töne lange aushalten* **1.3.2** *den längeren ~ haben* ⟨fig.⟩ *(bei einem Streit o.Ä.) das größere Durchhaltevermögen als ein anderer haben* **2** *Luft zum Atmen; der Schreck benahm ihm den ~* ⟨fig.⟩; *der ~ ist mir ausgegangen* □ *fôlego* **2.1** *(tief) ~ holen, schöpfen Luft einziehen, einatmen* □ **respirar (fundo)* **2.2** *nach ~ ringen mühsam Luft einatmen* □ **arquejar; ofegar* **2.3** *außer ~ geraten, kommen sich abhetzen, anfangen zu keuchen (bei einer Anstrengung)* □ *ficar sem fôlego **2.4** *außer ~ sein keuchen, atemlos sein* □ *estar sem fôlego **2.5** *wieder zu ~ kommen nach einer Anstrengung sich erholen, zu keuchen aufhören* □ **recuperar o fôlego* **3** *ausgeatmete Luft; den ~ vor dem Munde sehen (bei großer Kälte)* □ *hálito* **3.1** ⟨fig.⟩ *Hauch; der ~ des Todes hatte ihn gestreift* ⟨poet.⟩; *der ~ Gottes* ⟨poet.⟩ □ *sopro* **4** *in einem ~, ohne ~ zu holen, außerordentlich schnell, ohne Pause, nacheinander* □ *de um só fôlego

atem|be|rau|bend ⟨Adj.⟩ *den Atem nehmend, so ungewöhnlich erregend, dass man den Atem anhalten muss; eine ~e Spannung, Geschwindigkeit; sie war ~ schön* □ *de tirar o fôlego*

Athe|is|mus ⟨m.; -; unz.⟩ *Ablehnung, Verneinung der Existenz Gottes, Weltanschauung ohne Gott* □ *ateísmo*

Äther ⟨m.; -s; unz.⟩ **1** *Himmel, Luft des Himmels* **2** ⟨Chem.⟩ *organische Verbindung, bei der zwei gleiche od. verschiedene Alkyle über ein Sauerstoffatom miteinander verbunden sind;* oV ⟨fachsprachl.⟩ *Ether* **2.1** ⟨Med.⟩ *Narkosemittel;* Äthyl~ □ *éter*

äthe|risch ⟨Adj.⟩ **1** (24) *ätherhaltig, flüchtig* **1.1** ~e *Öle* ⟨Chem.⟩ *meist stark aromatisch riechende, vollständig verdunstende, aus Pflanzen zu gewinnende Öle* **2** *himmlisch* **3** ⟨fig.⟩ *hauchzart, durchgeistigt* □ *etéreo*

Ath|let ⟨m.; -en, -en⟩ **1** *muskulöser Mensch, Kraftmensch* **2** *Wettkämpfer;* Leicht~, Schwer~ □ *atleta*

Ath|le|tin ⟨f.; -, -tin|nen⟩ *weibl. Athlet* □ *atleta*

ath|le|tisch ⟨Adj.⟩ *stark, starkknochig, kraftvoll, muskulös* □ *atlético*

Äthyl|al|ko|hol ⟨m.; -s, unz.; Chem.⟩ *brennbare Flüssigkeit, die nur mit Wasser verdünnt trinkbar ist u. berauschend wirkt;* oV ⟨fachsprachl.⟩ *Ethylalkohol;* Sy *Weingeist, Spiritus², Alkohol(2)* □ *álcool etílico*

At|las¹ ⟨m.; - od. -ses, -se od. -lan|ten⟩ **1** *Sammlung von Landkarten in Buchform* **2** *umfangreiches Buch mit Abbildungen aus einem Wissensgebiet;* Anatomie~ □ *atlas*

At|las² ⟨m.; -; unz.⟩ *der oberste, den Kopf tragende Halswirbel der höheren Wirbeltiere* □ *atlas*

At|las³ ⟨m.; - od. -ses, -se⟩ 1 ⟨unz.; Web.⟩ *Bindung mit glänzender Oberseite, auf der nur Kette od. Schuss sichtbar sind, u. matter, glatter Rückseite* 2 *Gewebe, meist Seide, in dieser Bindung* ☐ cetim

at|men ⟨V.⟩ 1 ⟨400⟩ *Luft mit den Lungen einziehen u. ausstoßen;* der Verunglückte atmete noch (schwach); tief, mühsam, unruhig ~; durch die Nase, den Mund ~; hier kann man frei ~ ⟨fig.⟩ 2 ⟨500⟩ *etwas* ~ *einatmen;* mit jmdm. die gleiche Luft ~; tief die reine, frische Luft ~ 3 *etwas atmet etwas* ⟨fig., geh.⟩ *etwas strömt etwas aus, ist von etwas erfüllt;* dieser Ort atmet Frieden u. Stille ☐ respirar

At|mo|sphä|re ⟨f.; -, -n⟩ 1 *Gashülle eines Planeten, bes. die Lufthülle der Erde* 2 ⟨f. 7; Abk.: atm⟩ *Maßeinheit für den Druck, entspricht dem durchschnittlichen Luftdruck auf der Höhe des Meeresspiegels, etwa 1 kg/cm²;* physikalische ~, technische ~ 3 ⟨fig.⟩ *Umwelt, Einfluss, Stimmung;* eine ~ des Friedens, der Harmonie, der Kameradschaft; zwischen den beiden herrscht eine gespannte ~ ☐ atmosfera

At|mung ⟨f.; -; unz.⟩ 1 *das Atmen* 1.1 *künstliche* ~ *Erweiterung u. Verengung der Lungen durch Zusammenpressen des Brustkorbes von Hand oder maschinell (bei Verunglückten, an Kinderlähmung Erkrankten usw.)* ☐ respiração

Atoll ⟨n.; -s, -e⟩ *ringförmige Koralleninsel in den tropischen Regionen des Stillen Ozeans* ☐ atol

Atom ⟨n.; -s, -e; Chem.⟩ 1 *kleinstes Teilchen eines chem. Elements* 2 ⟨fig.⟩ *winziges Teilchen, Winzigkeit* ☐ átomo

ato|mar ⟨Adj. 24⟩ 1 ⟨Chem.; Phys.⟩ *das Atom betreffend, auf ihm beruhend;* ~e Masseneinheit 2 ⟨Atomphys.⟩ *die Kernenergie betreffend, auf ihr beruhend;* ~e Energie 3 ⟨Mil.⟩ *die Atomwaffen betreffend, auf ihnen beruhend;* Raketen mit ~em Sprengkopf ☐ atômico

Atom|bom|be ⟨f.; -, -n⟩ 1 *Bombe mit Kernsprengstoff als Ladung* 2 ⟨i. e. S.⟩ *Bombe, deren Wirkung auf der Spaltung von Atomkernen beruht* ☐ bomba atômica

Atom|ener|gie ⟨f.; -; unz.⟩ = *Kernenergie*

Atom|kraft|werk ⟨n.; -(e)s, -e; Abk. AKW⟩ = *Kernkraftwerk*

Atom|re|ak|tor ⟨m.; -s, -en⟩ = *Kernreaktor*

Atom|waf|fe ⟨f.; -, -n.; meist Pl.⟩ *auf Atomkernspaltung od. Atomkernverschmelzung beruhende Waffe, z. B. Atombombe* ☐ arma nuclear

At|ta|cke ⟨f.; -, -n⟩ 1 ⟨urspr.⟩ *Angriff mit der blanken Waffe, Reiterangriff* 2 ⟨fig.⟩ *heftige Kritik, scharfer Vorwurf* ☐ ataque 2.1 eine ~ reiten (gegen) jmdn. od. etwas ⟨fig.⟩ *jmdn. od. etwas heftig angreifen* ☐ *atacar alguém ou alguma coisa 3 *Anfall, bes. Krankheitsanfall;* Herz~ ☐ ataque

at|ta|ckie|ren ⟨V. 500/Vr 8⟩ *jmdn.* ~ 1 *angreifen* 2 ⟨fig.⟩ *jmdn. zusetzen, jmdn. heftig kritisieren, jmdn. bedrängen;* er wurde von seinen Gegnern heftig attackiert ☐ atacar

At|ten|tat ⟨a. [---] n.; -(e)s, -e⟩ 1 *(politischer) Mordanschlag, Gewalttat;* ein ~ auf jmdn. verüben ☐ atentado 2 ein ~ auf jmdn. vorhaben ⟨umg.; scherzh.⟩ *jmdn. um einen (großen) Gefallen, eine (großen) Hilfeleistung bitten wollen* ☐ *querer pedir um (grande) favor/uma (grande) ajuda a alguém

At|ten|tä|ter ⟨m.; -s, -⟩ *jmd., der ein Attentat verübt (hat);* die ~ konnten nicht gefasst werden ☐ autor de um atentado

At|ten|tä|te|rin ⟨f.; -, -rin|nen⟩ *weibl. Attentäter* ☐ autora de um atentado

At|test ⟨n.; -(e)s, -e⟩ *schriftliche (bes. ärztliche) Bescheinigung, Zeugnis;* ein ~ vorlegen, vorweisen; Gesundheits~ ☐ atestado

At|trak|ti|on ⟨f.; -, -en⟩ 1 *Anziehung* 1.1 *Anziehungskraft* 2 ⟨Theat.⟩ *Zugstück* 2.1 ⟨Zirkus⟩ *Glanznummer* 3 *bes. gut gehende Ware* ☐ atração

at|trak|tiv ⟨Adj.⟩ 1 *verlockend, begehrenswert, reizvoll;* ein ~es Angebot 1.1 *hübsch, anziehend;* ein ~er Mann; eine ~e Frau ☐ atraente

At|trap|pe ⟨f.; -, -n⟩ 1 *Falle, Schlinge* ☐ armadilha 2 *(täuschend ähnliche) Nachbildung, Schaupackung* ☐ imitação 3 *trügerischer Schein;* sein Auftreten ist nur ~ ☐ simulacro

At|tri|but ⟨n.; -(e)s, -e⟩ 1 *wesentliches Merkmal, bleibende Eigenschaft* 2 *Kennzeichen, Abzeichen, Beigabe, sinnbildlich zugehöriges Zeichen;* der Dreizack als ~ Neptuns 3 ⟨Gramm.⟩ *zu einem Nomen od. Verbum tretendes Wort, Satzteil od. Satz* ☐ atributo

ät|zen ⟨V. 500⟩ 1 *etwas* ~ ⟨Chem.⟩ *die Oberfläche von Stoffen durch chemisch hochaktive Verbindungen verändern od. entfernen;* Salzsäure ätzt Löcher in Zinn ☐ corroer; ein ~des Gift ☐ corrosivo 2 ⟨Part. Präs.⟩ ~d ⟨fig.⟩ *kränkend, verletzend;* er sprach mit ~der Ironie; jmdn. mit ~dem Spott behandeln ☐ cáustico; mordaz 2.1 ⟨salopp⟩ *langweilig, blöd;* der Mathematheunterricht war heute wieder ~d ☐ um porre/saco 3 *Gewebe* ~ ⟨Med.⟩ *zu Heilzwecken durch chem. Mittel zerstören;* eine Wucherung auf der Haut ~ ☐ cauterizar 4 *eine Zeichnung* ~ ⟨Typ.⟩ *auf einer Druckplatte durch Einwirkung von Säure eine Z. erhaben od. vertieft herausarbeiten;* ein Bild auf, in die Kupferplatte ~ ☐ gravar com água-forte

au! ⟨Int.⟩ 1 *(Ausruf des Schmerzes);* ~, das tut weh! ☐ ai! 2 ⟨scherzh.⟩ *(Ausruf bei einem faulen Witz)* 3 ~ weia! ⟨umg.⟩ *(Ausruf des Erstaunens od. in Erwartung von etwas Unangenehmem)* ☐ *ai, caramba!

Au|ber|gi|ne ⟨[oberʒiːə] f.; -, -n⟩ *violette, gurkenförmige Frucht mit weichem, weißlichem Fruchtfleisch, wird als Gemüse verwendet, Eierfrucht* ☐ beringela

auch 1 ⟨Partikel; attr. u. adv.⟩ 1.1 *(verstärkend);* aber ~ nur dieses eine Mal! ☐ *mas também só desta vez!; ~ nicht einer ☐ *nem um único/sequer; warum ~? ☐ *e por quê?; wann ~ immer du kommst ☐ *seja qual for o momento em que você chegar; wie sehr er ~ lief ☐ *por mais que ele corresse; wie reich er ~ sei (ist) ☐ *por mais rico que ele seja; wozu ~ schreiben? ☐ *mas para que escrever?; den Teufel ~! ☐ *caramba!; kommst du ~ schon? (iron.) ☐ *você também já vai?; das fehlte ~ noch! (iron.) ☐ *só faltava (mais) essa! 1.2 *ebenfalls, gleichfalls;* Gutes und ~ Schlechtes; ~ das nicht; seine Schwester ist ~ dabei; kennst du ~ seine Tochter?; ich ~ nicht; ~ ich war dabei; vorher und ~ hinterher; das kann ~ dir passieren; er wusste es ~ schon; kommst du ~ mit?; kannst du das ~?; ich glaube (es) ~; ich gehe jetzt, du ~?; ich ~!; das kann dir ~ passieren; so ist es ~ gut, recht 1.3 *zugleich;* sie ist schön und ~ klug; man kann darüber ~ anders denken ☐ **também** 1.4 *tatsächlich, wirklich;* das hat ~ niemand behauptet!; das Kleid war ganz billig! So sieht es ~ aus!; er hat schon immer das Unheil befürchtet, das dann ~ geschah; kommst du ~ (wirklich)?; du bist ja ganz außer Atem! ich bin ja ~ gelaufen; so ist es ~!; kann ich mich ~ darauf verlassen?; das ist (aber) ~ wahr!; du hast aber ~ gar keine Geduld; er weiß ~ (rein) gar nichts; du bist ~ immer der Letzte! ☐ **de fato; realmente; mesmo**; ach was, man muss ~ nicht alles glauben ☐ ***ora, também não é para se acreditar em tudo**; wie dem ~ sei ☐ ***seja como for** 1.5 *selbst, sogar;* ohne ~ nur zu fragen ☐ ***sem nem sequer perguntar**; und wenn ich ~ alles hergeben müsste ☐ ***e mesmo que eu tivesse de entregar tudo**; was er ~ (immer) sagen mag ☐ ***diga o que disser**; zu dem Grundstück gehört ein Haus und ~ ein Garten; die Sache hat aber ~ einen Vorteil; ~ dieses Mal; ~ heute schon; ~ der Klügste kann sich irren; ~ der kleinste Fehler kann ernste Folgen haben; er fragte ~ dann noch weiter, als ich ... ☐ **também; até (mesmo) 2** 〈Konj.〉 2.1 *verstärkend;* oder ~ ☐ ***ou também**; nicht nur ..., sondern ~ ☐ ***não apenas..., mas também**; sowohl gestern als ~ heute ☐ ***tanto ontem quanto hoje** 2.2 *wenn* ~ *obwohl, selbst wenn;* wenn du mir ~ sagst, dass ...; und wenn er ~ noch so bescheiden ist; ~ wenn du noch so sehr bittest ☐ ***embora; ainda que** 2.2.1 und wenn ~! *was tut's, was schadet es?* (als Antwort) ☐ ***e daí?** (qual o problema?)

Au|di|enz 〈f.; -, -en〉 **1** *feierlicher, offizieller Empfang;* zu einer ~ eingeladen werden **2** *Unterredung (mit hohen Würdenträgern);* jmdn. um eine ~ bitten; ~ beim Papst ☐ **audiência**

Au|er|hahn 〈m.; -(e)s, -häh|ne; Jägerspr. m.; -(e)s, -en〉 *männl. Auerhuhn;* Sy 〈Jägerspr.〉 *großer Hahn* → *tetraz* → *groß*(1.3)

Au|er|huhn 〈n.; -(e)s, -hüh|ner〉 *größtes Waldhuhn Europas: Tetrao urogallus* ☐ **tetraz**

Au|er|och|se 〈[-ks-] m.; -n, -n; Zool.〉 *ausgestorbenes Wildrind: Bos primigenius,* Sy *Ur* ☐ **auroque**

auf¹ 〈Präp.〉 **1** 〈m. Akk.〉 *in die Richtung* ☐ **a; para** 1.1 ~ einen Ort 1.1.1 ~ den **oberen** Teil eines **Gegenstandes,** eines Lebewesens, einer Person *hinauf, empor auf;* Ggs *unter, herunter, hinunter, hinab;* ~ den Schrank legen; ~ den Tisch schlagen; ~ den Kopf setzen; ~ einen Berg steigen ☐ **em; sobre** 1.1.2 ~ eine **Fläche** *nach, hin, zu;* ~ die Erde fallen ☐ **em**; etwas ~ die Seite legen ☐ **de**; ~s Land ziehen; ~ seinen Landsitz reisen; das Fenster geht ~ den Hof (hinaus); ~ den Fluss (zu) ☐ **para** 1.1.3 ~ einen räumlichen **Gegenstand**, ein Lebewesen, Gebäude (zu) *hin zu, in;* ~ den Bahnhof, die Post, den Markt usw. gehen; sich das Frühstück ~s Zimmer bringen lassen (meist bei Hotelzimmern) ☐ **a; para**; ~ jmdn. od. etwas stoßen ☐ ***ir de encontro a alguém ou alguma coisa**; sich ~ den Heimweg machen ☐ ***pôr-se a caminho de casa** 1.1.4 das Wort endet ~ „z" *sein letzter Buchstabe ist z* ☐ **com** 1.2 ~ **Arbeit** gehen 〈umg.〉 *zum Arbeitsplatz gehen u. arbeiten* 1.2.1 ~ die (höhere) **Schule** gehen *die S. besuchen, um zu lernen;* ~ die Universität, das Gymnasium gehen ☐ **a; para** 1.3 (**Zeit**) 1.3.1 *während;* Sy *für;* ~ einen Augenblick verschwinden; ~ Lebenszeit ☐ **por**; ~ immer ☐ ***para sempre**; ~ (längere) Sicht ☐ ***em um prazo mais longo**; ~ einen Monat ☐ ***por um mês** 1.3.1.1 - Monate, Jahre hinaus *für lange Zeit* ☐ ***por/durante meses, anos** 1.3.2 kommst du heute ~ die Nacht zu mir? 〈oberdt.〉 *heute Abend* ☐ ***você vem hoje à noite à minha casa?** 1.3.3 *zu, für;* jmdn. ~ eine Tasse Kaffee, ein Glas Wein einladen; jmdn. ~ den Abend einladen ☐ **para** 1.3.4 (alle, alles) ~ einmal *zur gleichen Zeit* ☐ ***(todos, tudo) de uma vez** 1.3.5 ~ **morgen**! (als Abschiedsgruß) ☐ ***até amanhã!**; ~/Auf Wiedersehen (Abschiedsgruß) ☐ ***até breve** 1.3.6 drei Viertel ~ acht (Uhr) 〈mundartl.〉 *drei viertel acht, ein Viertel vor acht;* Sy *bis* ☐ ***quinze para as oito** 1.3.7 es geht ~ drei Uhr *es ist bald drei Uhr;* Sy *gegen* ☐ ***são quase três horas** 1.3.8 ~ die Minute, Sekunde *genau, pünktlich* ☐ ***no exato minuto/segundo** 1.3.9 *in wiederholter Folge, eins nach dem andern;* Monat ~ Monat *vergingen;* es ging Schlag ~ Schlag; es folgte Unglück ~ Unglück ☐ **após** 1.4 (**Abstraktes**) *in die Richtung eines Zieles;* ~ Ihr Wohl! ☐ ***à sua saúde!**; im Hinblick ~ ☐ ***em vista de** 1.4.1 *eine Art und Weise betreffend;* ~ diese Weise ☐ ***desse modo**; ~s höchste/Höchste überrascht ☐ ***extremamente surpreso**; ~ gut Glück ☐ ***ao acaso**; jmdn. ~s beste/Beste unterbringen ☐ ***hospedar alguém da melhor maneira**, einen Satz ~ Deutsch sagen ☐ **em** 1.4.1.1 ~ einmal *plötzlich* ☐ ***de repente** 1.4.1.2 ~ der **Stelle** *sofort* ☐ ***de imediato** 1.4.1.3 ~ neu herrichten 〈umg.〉 *neu herrichten* ☐ ***preparar de novo** 1.4.1.4 ~ Neue wieder, von vorn, neu ☐ ***novamente** 1.4.2 ~ ... (hin), ~ ... (von) *einen Grund betreffend, verursacht durch;* Sy *infolge* (von); ~ höheren Befehl; ~ seine Rat (hin); ~ meinen Wunsch (hin); ~ die Nachricht (hin), dass ...; ~ Bitten (von) ☐ ***segundo; conforme** 1.4.3 *ein Mittel betreffend;* ein Kampf ~ Leben und Tod ☐ ***uma luta de vida e de morte;** ~ Raten kaufen ☐ ***comprar por indicação;** ~ Kosten von, des, der ☐ ***à custa de;** ~ eigene Rechnung und Gefahr (hin) ☐ ***por conta e risco próprios** 1.4.3.1 Zweikampf ~ **Pistolen** *mit P.* ☐ **com** 1.4.3.2 ~ den ersten **Blick** *beim ersten B.* ☐ ***à primeira vista** 1.4.4 ~ **dass** *mit dem Ziel, Zweck, dass;* Sy *damit* ☐ ***para que** 1.4.5 *ein Maß betreffend;* sein Vermögen wird ~ 100.000 € geschätzt ☐ **em**; 3 Äpfel gehen ~ ein Pfund ☐ **por** 1.4.5.1 ~ ihn entfallen 500 € *sein Anteil beträgt* ☐ ***sua parte é de 500 €** 1.4.6 (im Präpositionalobjekt, vgl. die Artikel zu den Verben); ~ jmdn. od. etwas bauen, vertrauen ☐ ***confiar em alguém ou alguma coisa**; ~ jmdn. od. etwas achten ☐ ***reparar em alguém ou alguma coisa**; ~ etwas hoffen ☐ ***esperar por alguma coisa**; ~ jmds. Gesundheit trinken ☐ ***beber à saúde de alguém**; ~ den Namen

aufbäumen

„Paul" taufen ◻ *batizar com o nome de "Paul"; die Wahl fiel ~ ihn ◻ *a escolha recaiu sobre ele; ~ jmdn. ein Loblied singen ◻ *tecer elogios a alguém; eine Last, eine Verantwortung ~ sich nehmen ◻ *assumir um fardo/uma responsabilidade; ~ jmdn. (losgehen) stoßen ◻ *ir de encontro a alguém; ~ jmdn. od. etwas schimpfen ◻ *vociferar contra alguém ou alguma coisa; ~ jmdn. od. etwas warten ~ *esperar por alguém ou alguma coisa; ~ etwas (hin) untersuchen ◻ *examinar alguma coisa 1.5 bis ~ ... 1.5.1 bis ~ *außer, ausschließlich;* bis ~ die Hälfte; bis ~ die Grundmauern niedergebrannt ◻ *até; alle bis ~ einen ◻ *todos menos um; bis ~ die Haut nass werden ◻ *ficar molhado até os ossos; jmdn. bis ~s Hemd ausplündern ◻ *deixar alguém na miséria 1.5.2 bis ~ *einschließlich* 1.5.2.1 bis ~ den letzten Mann *alle* ◻ *até; incluindo* 1.5.3 jmdn. ~s Haar gleichen *genau* ◻ *ser a cara de alguém* **2** (m. Dat.) *zeitliche, räumliche Lage betreffend* **2.1** ~ einem **Ort 2.1.1** ~ dem **oberen Teil** eines **Gegenstandes**, einer **Person** usw. *dort befindlich; Ggs unter;* ~ dem Baum, dem Dach; ~ der Insel; ~ Malta, Rügen, Sizilien; den Hut ~ dem Kopf behalten; ~ dem Wasser schwimmen; ~ der Stelle treten, gehen; Fettaugen ~ der Suppe ◻ *em; sobre;* ~ dem Bauch, ~ dem Rücken (liegen) ◻ *(estar deitado) de bruços, de costas* **2.1.2 (Fläche)** *an;* ~ der Straße; ~ der Landstraße nach ...; der Ort liegt ~ der Strecke nach Stuttgart; ~ dieser Seite, ~ der anderen Seite, ~ beiden Seiten des Weges ◻ *em; de* **2.1.3 (Raum)** *in;* ~ dem Schloss; ~ dem Hof; ~ der (ganzen) Welt ◻ *em* **2.2 (Tätigkeit)** *während;* Sy *bei;* ~ dem Abschlussball; ~ der Flucht; ~ der Jagd; ~ Reisen; ~ der Reise; ~ der Suche (nach) ◻ *em; durante* **2.2.1 (Mittel)** *mit;* ~ einem Fuß hinken; ~ beiden Augen blind ◻ *de* **2.2.2** etwas beruht ~ einem Irrtum *wurde verursacht durch* ◻ **é um equívoco 2.2.3** etwas beruht ~ Gegenseitigkeit *betrifft beide Seiten gleichermaßen* ◻ *é recíproco* **3** (Getrennt- u. Zusammenschreibung) **3.1** ~ Grund = *aufgrund* **3.2** ~ Seiten = *aufseiten*
auf² ⟨Adv.⟩ **1 (Ort) 1.1** ~ **und ab** *(sich) abwechselnd nach oben und unten (bewegend);* ~ und ab schwingen ◻ *para cima e para baixo* **1.1.1** vor dem Haus ~ und ab gehen *hin und her* ◻ *de um lado para outro* **1.1.2** es geht mit ihm ~ und ab ⟨fig.⟩ *er erlebt Gutes und Schlechtes* **1.1.3** das Auf und Ab des Lebens ⟨fig.⟩ *die Licht- und Schattenseiten des L.* ◻ *altos e baixos* **1.2** ~ und nieder *hinauf und hinunter* ◻ *para cima e para baixo* **1.3** ~ **und davon** *weg, spurlos verschwunden;* er ist ~ und davon (gelaufen, gegangen) ◻ *sumir* **2 (Zeit)** *von ... seit;* Sy *von ... an;* von Jugend ~; von klein ~; von Kind ~ ◻ *desde* **3 3.1** *aus dem Bett sein* **3.1.1** sie ist ~ *aufgestanden* ◻ *estar de pé; levantar (da cama)* **3.1.2** er ist noch ~ *noch wach;* bist du schon ~? ◻ *acordado* **3.2** *geöffnet sein, offen sein* **3.2.1** der Deckel war ~ *offen;* der Laden ist bis 22 Uhr ~ ◻ *aberto* **3.3** ⟨Imperativ⟩ **3.3.1** ~! *vorwärts!, fang an!, leg los!;* ~, an die Arbeit! ◻ *vamos, ao trabalho!* **3.3.2** Augen ~! *pass auf!, sieh dich vor!* ◻ *atenção!; cuidado!* **3.3.3** ~ geht's! *es geht los, wir gehen* ◻ *vamos!*

auf... ⟨Vorsilbe; in Zus. mit Verben trennbar⟩ **1** *hinauf, empor, nach oben;* aufblicken, auffliegen **2** *öffnend;* aufbrechen, aufschließen **3** *zu Ende gehend, beendend;* aufbrauchen, aufessen, auflesen **4** *plötzlich u. kurze Zeit geschehend;* aufflammen

auf‖at‖men ⟨V. 400⟩ **1** *einmal hörbar u. tief atmen; aus tiefster Brust* ~ ◻ *respirar profundamente;* ein erleichtertes Aufatmen ging durch den Saal ◻ *suspiro* **2** ⟨fig.⟩ *erleichtert sein, einen Seufzer der Erleichterung ausstoßen;* nach der schweren Zeit konnte er endlich frei ~; nach dem Sieg atmete er glücklich auf ◻ *respirar (aliviado)*
Auf‖bau ⟨m.; -(e)s; unz.⟩ **1** ⟨unz.⟩ *das Aufbauen, Aufstellen;* der ~ eines Gebäudes, einer Fabrik; der ~ eines Zeltes, Lagers, Gerüstes ◻ *construção; montagem* **1.1** *Wiedererrichtung von Zerstörtem;* der neue ~ der zerbombten Stadt ◻ *reconstrução* **2** ⟨unz.⟩ *Errichtung, Schaffung;* der ~ einer Firma, der ~ eines Unternehmens, den wirtschaftlichen ~ leiten ◻ *estabelecimento; criação* **3** ⟨unz.⟩ *innere Gliederung, Anordnung der Teile;* der ~ eines Dramas, Bildes, Musikstückes; der architektonische ~ eines Schlosses; der innere ~ eines Atoms, Moleküls ◻ *estrutura* **4** ⟨Tech.⟩ *der Teil eines Kraftfahrzeugs, der auf das Fahrgestell aufgesetzt ist* ◻ *carroceria* **5** ⟨Bauw.⟩ *aufgesetztes Stockwerk;* ein turmartiger ~ ◻ *andar (sobre-edificado)* **5.1** ⟨Schiffbau⟩ *auf dem Deck befindliche Schiffsräume;* Deck~ ◻ *superestrutura*
auf‖bau‖en ⟨V.⟩ **1** ⟨500⟩ etwas ~ *bauen* ◻ *construir* **1.1** wieder ~ *nach Zerstörung wieder errichten;* der Stadtkern ist nach alten Plänen wieder aufgebaut worden; ein Gebäude, eine Stadt wieder ~ ◻ *reconstruir* **1.2** *etwas aus Einzelteilen zusammensetzen;* die Leute bauten ihre Buden für den Jahrmarkt auf ◻ *montar* **1.3** *(geschmackvoll) anordnen, hinlegen;* Geschenke auf dem Geburtstagstisch ~; Waren im Schaufenster ~ ◻ *arrumar; dispor* **1.4** *nach künstlerischen Gesichtspunkten gliedern, anlegen;* ein Drama, Bild, Musikstück ~ ◻ *estruturar* **1.5** *errichten, schaffen;* eine neue Industrie, ein Unternehmen ~ ◻ *estabelecer, criar* **2** ⟨800⟩ auf einer **Sache** ~ *sich auf eine S. stützen, auf eine S. gründen;* das Drama baut auf den Regeln der antiken Dramentechnik auf ◻ *basear(-se)* em **3** ⟨500/Vr 3⟩ sich ~ *aufstellen* **3.1** ⟨511/Vr 3⟩ sich vor jmdn. ~ ⟨fig.; umg.⟩ *sich drohend od. Aufmerksamkeit heischend vor jmdn. hinstellen* ◻ *colocar-se/postar-se diante de alguém* **3.2** sich ~ ⟨Mil.⟩ *Haltung annehmen;* er baute sich vorschriftsmäßig auf und salutierte ◻ *pôr-se em sentido* **4** ⟨500⟩ jmdn. ~ ⟨fig.; umg.⟩ *auf eine Karriere vorbereiten, an jmds. Aufstieg arbeiten* ◻ *preparar; formar*
auf‖bäu‖men ⟨V. 500⟩ **1** Kettenfäden ~ ⟨Web., Wirkerei⟩ *am Kettenbaum befestigen* ◻ *enrolar; pregar* **2** ⟨Vr 5⟩ sich ~ *sich heftig hoch aufrichten;* sein Körper bäumte sich unter den Schlägen auf ◻ *erguer-se* **2.1**

aufbauschen

sich auf die Hinterbeine stellen; das Pferd bäumte sich vor dem Hindernis auf □ **empinar-se* 〈550/Vr 3〉 **sich gegen etwas ~** 〈fig.〉 *sich heftig gegen etwas wehren;* das Volk bäumte sich gegen die Tyrannei auf; sein Stolz bäumte sich gegen diese Forderung auf □ **revoltar-se contra alguma coisa*

auf‖bau‖schen 〈V. 500〉 **1** 〈Vr 7〉 *sich aufblähen;* die Segel blähten sich im Wind auf □ **inflar 2** eine Sache ~ 〈fig.; abwertend〉 *eine S. übertreiben, in übertriebener Weise darstellen;* die Geschichte wurde von der Presse aufgebauscht □ **exagerar; aumentar**

auf‖be‖geh‖ren 〈V. 400; geh.〉 **1** *hochfahren, aufbrausen;* er begehrt immer gleich auf □ **protestar 2** 〈800〉 **gegen jmdn. od. etwas ~** *sich gegen jmdn. od. etwas wehren;* er begehrte gegen sein Schicksal, seine Unterdrücker auf □ **revoltar-se; insurgir-se**

auf‖be‖rei‖ten 〈V. 500〉 **1** etwas ~ *für die Benutzung, Verwendung vorbereiten, geeignet machen;* das für die Herstellung von Baustoffen benötigte Material ~ **1.1 Rohstoffe ~** 〈Keramik〉 *zerkleinern u. mit Wasser mischen, so dass eine formbare Masse entsteht* **1.2** die aus der Erde gewonnenen **Rohstoffe ~** 〈Bgb.〉 *von fremden Bestandteilen, die nicht benötigt werden, reinigen* **1.3 Wasser ~** *reinigen* **1.4** gebrauchte **Mineralöle, Kernbrennstoffe ~** 〈Chem.; Tech.〉 *regenerieren, wieder gebrauchsfähig machen* □ **preparar; tratar**

auf‖bes‖sern 〈V. 500〉 **1** etwas ~ *Qualität od. Quantität von etwas erhöhen, verbessern;* das Gehalt, die Renten, das Taschengeld ~; den Speisezettel ~; seine Kenntnisse ~ □ **melhorar 2** jmdn. ~ 〈umg.〉 *jmds. Gehalt erhöhen* □ **aumentar o salário de alguém*

auf‖be‖wah‖ren 〈V. 500; geh.〉 etwas ~ *(für die Zukunft) verwahren, hüten, lagern;* Sy *aufheben(2);* ein Andenken, Wertgegenstände ~; etwas gut, sicher, sorgfältig ~; (sich) etwas ~ lassen; Gepäck auf dem Bahnhof ~ lassen; etwas für jmdn. ~ lassen □ **conservar; guardar**

Auf‖be‖wah‖rung 〈f.; -, -en〉 **1** 〈unz.〉 *das Aufbewahren* □ **conservação;** jmdm. etwas zur ~ übergeben, anvertrauen □ **dar alguma coisa para alguém guardar* **2** *Ort, an dem etwas aufbewahrt wird;* Gepäck~ □ **depósito; guarda-volumes**

auf‖bie‖ten 〈V. 110/500〉 **1** etwas ~ *zusammennehmen, -raffen, sammeln, aufwenden;* alle Kräfte ~; seinen ganzen Einfluss ~ □ **reunir; empregar 2** jmdn. od. etwas ~ *einberufen, zusammenbringen, aufstellen, auf die Beine bringen;* Streitkräfte, Truppen ~; die Beteiligten zu einer Sitzung, einem Fußballspiel ~ 〈schweiz.〉 □ **convocar 3** ein **Brautpaar ~** *die beabsichtigte Heirat eines Brautpaars öffentlich, von der Kanzel od. durch Aushang bekannt geben, um mögliche Ehehindernisse zu ermitteln* □ **publicar os proclamas;* **anunciar do púlpito o matrimônio**

auf‖bin‖den 〈V. 111/500〉 **1** etwas ~ *in die Höhe binden;* Pflanzen, Zweige ~; Haar ~; sie trägt ihr Haar zum Pferdeschwanz aufgebunden □ **prender (no alto) 2** 〈500/Vr 5〉 etwas ~ *etwas Zugebundenes, Verschnürtes lösen, entwirren;* einen Knoten, eine Schleife ~; ich wollte dir die Krawatte ~; ich muss mir die Schnürsenkel ~ □ **desatar; soltar 3** Bücher ~ binden □ **encadernar 4** 〈530〉 jmdm. etwas ~ 〈fig.; umg.〉 *jmdm. etwas weismachen, ihn beschwindeln;* er hat ihr ein Märchen, eine Lüge aufgebunden; dir kann man auch alles ~! □ **enganar; fazer crer;** → a. *Bär (1.1-1.2)*

auf‖bla‖sen 〈V. 113/500〉 **1** etwas ~ *durch Hineinblasen anschwellen lassen;* einen Ball, ein Luftkissen, eine Luftmatratze ~; die Backen ~ □ **encher de ar; soprar 2** 〈Vr 3〉 sich ~ 〈fig.; umg.〉 *sich wichtig tun;* blas dich nicht so auf! □ **inchar-se;* **contar vantagem;** er ist ein aufgeblasener Kerl □ **cheio de si 2.1** jmd. ist aufgeblasen *eitel, hochnäsig, wichtigtuerisch;* ein aufgeblasener Kerl; aufgeblasen daherreden □ **metido; arrogante**

auf‖blei‖ben 〈V. 114/400(s.)〉 **1** *nicht schlafen gehen;* die Kinder dürfen heute bis 9 Uhr ~; er ist die ganze Nacht aufgeblieben □ **ficar acordado 2** etwas bleibt auf 〈umg.〉 *bleibt offen;* das Fenster soll ~; die Tür bleibt auf! □ **ficar aberto**

auf‖brau‖sen 〈V. 400(s.)〉 **1** etwas braust auf *steigt brausend empor;* das Meer brauste plötzlich auf □ **agitar-se 1.1** *beim Kochen Blasen bilden;* das Wasser braust schon auf □ **ferver 1.2** *schäumen;* beim Ausschenken brauste der Sekt, die Limonade auf □ **espumar 1.3** 〈fig.〉 *plötzlich brausend ertönen;* erneut brauste Beifall auf □ **ressoar 2** 〈fig.〉 *sich schnell, heftig erregen, zornig hochfahren;* du musst nicht immer gleich ~ □ **enfurecer-se; encolerizar-se;** er hat ein ~des Temperament □ **explosivo; irascível**

auf‖bre‖chen 〈V. 116〉 **1** 〈500〉 etwas ~ *durch Brechen öffnen;* eine Kiste ~; ein Schloss ~; die Tür ~ *einen Brief, ein Siegel ~* □ **abrir (com força); forçar; arrombar 1.1** Pflaster ~ *mit Brechwerkzeug auseinanderbrechen, vom Boden lösen* □ **romper; soltar(-se) 1.2** Wild ~ 〈Jägerspr.〉 *die Bauchdecke des erlegten W. öffnen u. das Eingeweide herausnehmen* □ **desventrar; estripar 1.3** Schwarzwild bricht die **Erde** auf 〈Jägerspr.〉 *wühlt die Erde auf* □ **cavar; revolver 2** 〈400(s.)〉 etwas bricht auf *bricht auseinander, öffnet sich;* Eis, die Eisdecke bricht auf □ **quebrar(-se); romper(-se);** eine Knospe bricht auf □ **rebentar; desabrochar;** ein Geschwür bricht auf; eine Wunde bricht auf □ **abrir-se 3** 〈400(s.)〉 *den bisherigen Aufenthaltsort verlassen, fortgehen, abreisen;* sie sind vor einer Stunde aufgebrochen; im Begriff sein aufzubrechen; am Aufbrechen sein 〈umg.〉 □ **partir; ir embora;** am Aufbrechen sein 〈umg.〉 □ **estar de partida*

auf‖brin‖gen 〈V. 118/500〉 **1** etwas ~ 〈umg.〉 *öffnen können;* eine Kiste, Tür ~; ich bringe den Kasten, das Schloss, die Tür nicht auf □ **conseguir abrir 2** ein junges **Tier ~** *aufziehen, zum Gedeihen bringen* □ **criar 3** etwas ~ *beschaffen, herschaffen;* Geldmittel, Truppen ~; die Familie kann das Geld für die Operation nicht ~ □ **arranjar; conseguir 4** eine **Sache ~** *haben, ermöglichen;* Verständnis, Mut ~; er hat nicht den Mut aufgebracht, seine Tat einzugestehen; ich kann dafür kein Verständnis ~ □ **ter (compreensão); encontrar (coragem) 5** etwas ~ *einführen, in Umlauf* *setzen;* eine Mode, ein Gerücht, ein neues Wort ~ □ lançar; **introduzir** **6** eine **Schicht** von etwas ~ *auftragen;* Farbe ~ □ aplicar **7** ein **Schiff** ~ kapern □ apresar; capturar **8** jmdn. ~ *erzürnen, erregen;* dein ständiger Widerspruch bringt ihn auf □ irritar; aborrecer 8.1 ⟨Part. Perf.⟩ er war sehr aufgebracht *sehr zornig, erregt;* eine aufgebrachte Menge; aufgebracht schimpfen □ irritado; com irritação

Auf|bruch ⟨m.; -(e)s, -brü|che⟩ **1** ⟨unz.⟩ *das Aufbrechen, das Weggehen, Abreise;* um 11 Uhr war allgemeiner ~; ~ zur Jagd, zur Wanderung; das Zeichen zum ~ geben □ partida; saída 1.1 ein Entwicklungsland ist im ~ ⟨fig.⟩ *macht rasch Fortschritte, entwickelt sich schnell* □ crescimento **2** ⟨zählb., Jägerspr.⟩ *die inneren Organe des aufgebrochenen Wildes* □ entranhas; vísceras **3** ⟨zählb.; Geol.⟩ *aufgebrochene Stelle;* durch Wasser und Frost entstandene Aufbrüche □ fenda; rachadura

auf|bür|den ⟨V. 530/Vr 5⟩ jmdm. etwas ~ ⟨a. fig.⟩ *eine Bürde aufladen, auferlegen;* dem Gepäckträger die Koffer ~ □ *dar alguma coisa para alguém carregar; jmdm. die ganze Arbeit, die Schuld, die Verantwortung ~; ich habe mir viel Sorgen aufgebürdet □ encarregar; imputar

auf|de|cken ⟨V.⟩ **1** ⟨500/Vr 7⟩ jmdn. od. etwas ~ *die Bedeckung von jmdm. od. etwas abnehmen;* das Bett ~; den Topf ~; den Kranken zur Untersuchung ~ 1.1 sich ~ *die Bettdecke wegschieben;* das Kind hat sich im Schlaf aufgedeckt □ descobrir(-se) **2** ⟨500⟩ die Karten ~ *offen hinlegen* □ mostrar **3** ⟨500⟩ ein Geheimnis, Verbrechen ~ ⟨fig.⟩ *enthüllen* □ revelar **4** ⟨500⟩ das Tischtuch ~ *auflegen* □ estender 4.1 ⟨400; umg.⟩ *den Tisch decken;* soll ich schon ~? □ pôr a mesa

auf|drän|gen ⟨V.⟩ **1** ⟨530⟩ jmdm. etwas ~ *jmdm. etwas aufzwingen, aufnötigen, jmdn. drängen, etwas gegen seinen Willen anzunehmen;* jmdm. Essen, eine Ware, seine Freundschaft, Hilfe, Meinung ~ □ impor; impingir **2** ⟨503/Vr 3⟩ sich (jmdm.) ~ *sich zudringlich jmdm. beigesellen, (jmdm.) unaufgefordert seine Dienste anbieten;* ich möchte mich nicht ~; er hat sich den Touristen als Führer aufgedrängt □ *impor-se* **3** ⟨530/Vr 3⟩ etwas drängt sich jmdm. auf *wird jmdm. zwingend bewusst;* der Gedanke, der Verdacht drängt sich mir auf □ *não conseguir deixar de (pensar/suspeitar)*

auf|dre|hen ⟨V.⟩ **1** ⟨500⟩ etwas ~ *durch Drehen öffnen;* den Leitungshahn ~ □ abrir *(girando)* 1.1 eine Schraube ~ *durch Drehen lockern* □ desaparafusar; desatarraxar 1.2 einen Strick ~ *durch Drehen (in einzelne Fäden) auflösen* □ desfiar; destorcer **2** ⟨500⟩ etwas ~ *durch Drehen in Gang setzen, aufziehen;* ein Uhrwerk ~ □ dar corda **3** ⟨400; umg.⟩ *Gas geben, schnell fahren;* er hat auf der Heimfahrt mächtig aufgedreht □ pisar fundo (no acelerador) **4** ⟨400/s.⟩ *lustig, lebhaft werden;* wenn sie in Stimmung ist, kann sie mächtig ~ □ estar/ficar de bom humor/animado; du bist ja heute Abend so aufgedreht!; die Kinder sind heute sehr aufgedreht □ animado

auf|dring|lich ⟨Adj.⟩ **1** *zudringlich, lästig;* Sy penetrant(2); sie ist eine ~e Person; die Musik ist sehr ~ □ importuno; inconveniente; chato **2** ~ gekleidet sein *überladen, auffällig* □ (de maneira) extravagante

Auf|druck ⟨m.; -(e)s, -e⟩ **1** *kurzer aufgedruckter Text (auf Briefen, Etiketten, Karten usw.);* Firmen~ □ timbre; Preis~ □ preço **2** ⟨Philatelie⟩ *nachträglich angebrachter Druck, der das Postwertzeichen für einen besonderen Zweck bestimmt;* eine Briefmarke mit ~ versehen □ sobrecarga

auf|drü|cken ⟨V.⟩ **1** ⟨500⟩ etwas ~ *durch Drücken öffnen;* der Wind hat die Tür aufgedrückt □ abrir (fazendo pressão sobre) 1.1 ⟨503/Vr 5⟩ (jmdm. od. sich) etwas ~ *durch Druck aufgehen lassen;* eine Pustel, einen Verschluss ~ □ apertar; espremer **2** ⟨530⟩ einem **Gegenstand** etwas ~ *etwas auf etwas anderes drücken;* einem Papier einen Stempel, ein Siegel ~ □ apor; aplicar 2.1 jmdm. od. einer **Sache** seinen **Stempel** ~ ⟨fig.; geh.⟩ *jmdn. od. eine S. nach seiner eigenen Art prägen* □ *imprimir sua marca em alguém ou alguma coisa* 2.2 jmdm. einen ~ ⟨salopp⟩ *einen Kuss geben* □ *tascar um beijo em alguém* 2.3 jmdm. etwas ~ ⟨fig.; salopp⟩ *jmdm. etwas aufbürden, auferlegen;* der Chef hat mir die ganze Arbeit aufgedrückt □ *descarregar alguma coisa em cima de alguém* **3** ⟨400⟩ *in bestimmter Weise auf etwas drücken;* du drückst mit der Feder (die Feder) zu stark auf □ apertar; carregar

auf|ein|an|der auch: **auf|ei|nan|der** ⟨Adv.⟩ **1** *einer auf den anderen;* ~ achten; ~ warten; ~ einwirken □ um no outro; um pelo outro; um sobre o outro **2** *einer gegen den anderen;* ~ losgehen, losschlagen □ um contra o outro **3** ⟨Getrennt- u. Zusammenschreibung⟩ 3.1 ~ folgen = aufeinanderfolgen

auf|ein|an|der|fol|gen auch: **auf|ei|nan|der|fol|gen** ⟨V. 400 (s.)⟩ *eins dem anderen folgen;* die beiden Unterrichtsstunden sollten direkt aufeinanderfolgen ⟨bei Hauptakzent auf dem Adverb⟩ /aufeinander folgen ⟨bei Hauptakzent auf dem Verb⟩ □ seguir-se; suceder-se

auf|ein|an|der|tref|fen auch: **auf|ei|nan|der|tref|fen** ⟨V. 266/400 (s.)⟩ *zusammentreffen* □ encontrar-se; entrechocar-se

Auf|ent|halt ⟨m.; -(e)s, -e⟩ **1** *Zeit, während deren man sich an einem Ort aufhält;* angenehmer, dauernder, kurzer, längerer, ständiger, vorübergehender ~; wir wollen dir den ~ bei uns so schön wie möglich machen □ permanência; estadia 1.1 *Pause, Unterbrechung einer Fahrt;* warum haben wir so lange ~?; der Zug hat 10 Minuten ~; ohne ~ weiterfahren □ parada **2** *Ort des Verweilens;* ich wählte Verona als ~ □ morada 2.1 in einem Hotel, einer Stadt ~ nehmen (geh.) *sich aufhalten* □ *pousar em um hotel/uma cidade*

auf|er|le|gen ⟨V. 530/Vr 5; geh.⟩ jmdm. etwas ~ *zu tragen geben, aufbürden;* jmdm. eine Geldbuße, eine Strafe ~; du hast für viele Entbehrungen ~ müssen; sich Zwang ~ müssen □ infligir; impor

auf|er|ste|hen ⟨V. 256/400(s.)⟩ **1** *wieder zum Leben erwachen;* vom Tode ~; Christus ist auferstanden; als Christus auferstand □ ressuscitar **2** ⟨fig.; geh.⟩ *neu entstehen;* den (Geist des) Militarismus (nicht) ~

lassen; die Stadt war nach dem Krieg aus den Ruinen auferstanden □ ressurgir; renascer
auf∥fä∣deln ⟨V. 500⟩ etwas ~ *auf einen Faden ziehen*; *Perlen, Pilze* ~ □ enfiar
auf∥fah∣ren ⟨V. 130⟩ **1** ⟨411(s.)⟩ *auf etwas* ~ *auf, gegen etwas fahren*; das Auto ist auf ein anderes aufgefahren; das Schiff ist auf eine Sandbank aufgefahren □ bater em **2** ⟨400(s.)⟩ *vorfahren*; die Wagen der königlichen Familie fahren auf □ passar na frente **3** ⟨500⟩ etwas ~ *heranfahren*; Erde, Kies ~ □ levar; transportar 3.1 *in Stellung bringen*; ein Geschütz ~ □ posicionar 3.2 ⟨umg.⟩ *reichlich auftischen*; Wein, Speisen ~; am späten Abend ließ er noch Sekt u. Kaviar ~ □ servir **4** ⟨400(s.), Rel.⟩ *in den Himmel aufsteigen*; Christus ist gen Himmel aufgefahren □ subir; ascender **5** ⟨400(s.), Bgb.⟩ *hinauffahren*; aus dem Schacht ~ □ subir **6** ⟨400(s.)⟩ *sich plötzlich u. schnell aufrichten, aufspringen, emporschnellen*; aus dem Schlaf ~; aus tiefen Gedanken ~; er fuhr von seinem Sitz auf □ acordar/levantar de sobressalto; saltar 6.1 ⟨410⟩ *zornig werden*; er fährt immer gleich auf, wenn man davon spricht □ encolerizar-se; enfurecer-se

Auf∣fahrt ⟨f.; -, -en⟩ **1** *das Auf-, Heran-, Hinauffahren, Fahrt nach oben, bergauf*; die ~ zur Burg war sehr kurvenreich □ subida **2** ⟨Pl. selten; süddt. u. schweiz.⟩ *Himmelfahrt* □ ascensão **3** *breite ansteigende Straße, Weg zum Auffahren*; die ~ zur Autobahn ist gesperrt □ rampa 3.1 = *Rampe(1)*

auf∥fal∣len ⟨V. 131 (s.)⟩ **1** ⟨411⟩ *auf jmdn. od. etwas* ~ *fallen, aufschlagen u. abprallen*; der Körper ist erst auf einen Felsvorsprung aufgefallen und dann in die Tiefe gestürzt □ *cair sobre alguém ou alguma coisa **2** ⟨403⟩ (jmdm.) ~ ⟨fig.⟩ *(jmds.) Aufmerksamkeit erregen*; angenehm, unangenehm ~; durch schlechtes Benehmen ~ □ chamar a atenção; nur nicht ~! □ *não dê na vista!; es fällt (mir) auf, dass... □ *reparei/notei que...

auf∥fal∣lend 1 ⟨Part. Präs. von⟩ *auffallen* **2** ⟨Adj.⟩ *so, dass es auffällt, außer-, ungewöhnlich, aus dem Rahmen des Üblichen fallend*; Sy *auffällig (1)*; ~es Benehmen; sich ~ kleiden; ein ~ schönes Mädchen; es ist heute ~ still hier □ (de modo) extravagante; surpreendente(mente)

auf∥fäl∣lig ⟨Adj.⟩ **1** = *auffallend (2)* **2** *Anlass zu Mutmaßungen gebend, Verdacht erregend* □ suspeito; estranho

auf∥fan∣gen ⟨V. 132/500⟩ **1** *jmdn. od. etwas* ~ *im Fallen, in einer Bewegung fassen, festhalten*; einen Ball ~; Maschen, Schwingungen, Wellen ~; fang auf! □ apanhar; agarrar 1.1 *etwas* ~ *in etwas sammeln*; Blut, Tropfen in einer Schüssel ~ □ coletar 1.2 *jmdn.* ~ *vorübergehend (in Lagern) aufnehmen*; Flüchtlinge, Auswanderer ~ □ recolher **2** *etwas* ~ *abfangen*; einen Schlag, Stoß ~ □ parar; amortecer 2.1 *zufällig od. durch List erhalten u. nicht weiterbefördern*; eine Nachricht, Briefe ~ □ interceptar 2.2 *zufällig u. nur unvollständig hören, aufschnappen*; einige Worte aus einem Gespräch ~ □ captar; ouvir; pescar

auf∥fas∣sen ⟨V. 518⟩ **1** *etwas (als etwas)* ~ ⟨fig.⟩ *etwas in einer bestimmten Weise auslegen, deuten*; eine Bemerkung lustig, übel, falsch ~; er hat seine Frage als Beleidigung aufgefasst; der Schauspieler hat die Rolle anders aufgefasst als der Regisseur □ interpretar **4** ⟨402⟩ **(etwas)** ~ ⟨fig.⟩ *begreifen, verstehen*; das Kind fasst mit seinen drei Jahren schon sehr gut auf; etwas schnell ~ □ compreender; entender

Auf∣fas∣sung ⟨f.; -, -en⟩ **1** *Vorstellung von etwas, Ansicht, Anschauung, Meinung*; er ist der ~, dass ...; seine ~ ändern; jmds. ~ (nicht) teilen; ich habe davon eine andere ~ als Sie; meine ~ ist folgende; er hat eine strenge ~ seiner Pflicht, der Moral; meiner ~ nach; nach ~ meines Vorgesetzten; eine ~ von etwas haben; darüber gibt es verschiedene ~en, kann man verschiedener ~ sein □ concepção; opinião 1.1 *Auslegung, Deutung*; diese Passage lässt mehrere ~en zu □ interpretação

auf∥for∣dern ⟨V. 550 od. 508⟩ **1** *jmdn. zu etwas* ~ *(nachdrücklich) bitten, ermahnen etwas zu tun*; jmdn. ~ mitzuwirken, teilzunehmen; jmdn. zu zahlen ~; er forderte ihn auf, seinen Personalausweis zu zeigen □ exortar; pedir 1.1 *einladen*; jmdn. ~, zu Besuch zu kommen; er forderte sie zu einem Essen, einem Ausflug auf □ convidar 1.2 *befehlen*; er forderte die Stadt zur Übergabe auf; die Verteidiger der Festung wurden aufgefordert, sich zu ergeben; sie hat ihn energisch aufgefordert, die Wahrheit zu sagen □ intimar; ordenar 1.3 *zum Tanz bitten*; er forderte die Unbekannte zum Walzer auf; ein junger Mann forderte sie auf □ convidar para dançar

auf∥fri∣schen ⟨V.⟩ **1** ⟨500⟩ *etwas* ~ *erneuern, wieder ansehnlich machen*; ein altes Gemälde ~; seine Garderobe ~; die Möbel mit einer neuen Politur ~ □ restaurar; renovar 1.1 ⟨fig.⟩ *wieder lebendig machen*; eine alte Bekanntschaft ~; er frischte seine Kenntnisse in der französischen Sprache auf □ refrescar; avivar **2** ⟨500/Vr 3⟩ *sich* ~ ⟨fig.⟩ *sich frischmachen, erfrischen, erholen*; er frischte sich durch eine Kur auf □ *revigorar-se **3** ⟨400(s.)⟩ *der Wind frischt auf weht stärker* □ aumentar; intensificar-se; eine ~de Brise aus Nordwest □ forte

auf∥füh∣ren ⟨V. 500⟩ **1** *etwas* ~ *vor einem Publikum spielen, darstellen, vorführen, zeigen*; ein Drama, eine Oper ~ □ apresentar **2** ⟨513/Vr 3⟩ *sich gut, schlecht* ~ ⟨umg.⟩ *sich gut, schlecht benehmen, verhalten*; sich anständig, unmöglich ~; du hast dich ja gut, schön aufgeführt ⟨iron.⟩ □ comportar-se **3** ⟨Vr 7 od. Vr 8⟩ *jmdn. od. etwas* ~ *anführen, nennen*; Namen, Zahlen ~; dein Name ist in der Liste nicht aufgeführt □ constar **4** *etwas* ~ ⟨geh.⟩ *errichten, in die Höhe führen, aufbauen*; einen Bau, eine Mauer ~ □ erigir

Auf∣füh∣rung ⟨f.; -, -en⟩ **1** *das Aufführen* 1.1 *Darstellung, Vorstellung, Vorführung*; die ~ war gut, schlecht besucht, ausverkauft; eine ~ der „Zauberflöte"; eine ausgezeichnete, gute, schlechte ~; als nächste ~ bringen wir ...; eine ~ vorbereiten □ apresentação; recital 1.1.1 *zur* ~ *bringen* aufführen(1) □ *apresentar 1.1.2 *zur* ~ *gelangen aufgeführt werden* □ *ser apresentado **2** ⟨unz.⟩ *Betragen, Benehmen, Verhalten*; deine ~ war lobenswert □ comportamento; conduta

Auf|ga|be ⟨f.; -, -n⟩ **1** ⟨unz.⟩ ~ eines **Auftrages**, einer Anzeige, eines Briefes, des Gepäcks *Übergabe (an andere) zur weiteren Veranlassung* ☐ **entrega**; **expedição 2** ⟨unz.⟩ ~ einer **Tätigkeit** *Beendigung* ☐ **encerramento**; ~ eines Amtes, des Dienstes ☐ **demissão** 2.1 ~ eines **Unternehmens**, Geschäftes *Schließung*; *Ausverkauf wegen Geschäfts~* ☐ **fechamento** 2.2 ~ eines **Zieles**, Wunsches *Verzicht auf ein Z.*; ~ des Rennens ☐ **renúncia 3** *etwas, was erledigt werden muss*; *eine leichte, schwere, schwierige ~* ☐ **tarefa** 3.1 *Pflicht, Sendung*; *Lebens~*; *ich betrachte es als meine ~, ihm zu helfen*; *es sich zur ~ machen, etwas zu tun*; *im Leben eine ~ haben* ☐ **dever**; **missão** 3.2 *Arbeit, Anforderung*; *auf dich warten große ~n*; *das ist nicht deine ~*; *sich vor eine ~ gestellt sehen*; *jmdn. vor eine ~ stellen* ☐ **responsabilidade** 3.3 *Übung, Übungsstück*; *eine ~ lösen*; *eine schriftliche ~* ☐ **exercício**; **lição** 3.3.1 *Schul-, Klassen-, Hausarbeit*; *Schul~*; *seine ~n machen* ☐ **tarefa**; **dever**

auf|ga|beln ⟨V. 500⟩ **1** *etwas ~ auf eine Gabel spießen* ☐ **garfar**; **apanhar com o forcado 2** *jmdn. ~* ⟨fig.; umg.; scherzh.⟩ *zufällig treffen, kennenlernen*; *wo hat er diese Mädchen aufgegabelt?*; *sie gabelte ihn irgendwo auf* ☐ **conhecer** 2.1 *etwas ~* ⟨fig.; umg.; abwertend⟩ *zufällig finden, entdecken*; *wo hast du wieder diese Weisheit aufgegabelt?* ☐ **descobrir**; **tirar (de)**

Auf|gang ⟨m.; -(e)s, -gän|ge⟩ **1** ⟨unz.⟩ *das Aufgehen, Erscheinen der Gestirne*; *Sonnen~*; *auf den ~ des Mondes warten* ☐ **nascer 2** *aufwärtsführender Eingang, Treppe*; *das Haus hat zwei Aufgänge*; *der rechte ~ ist für Lieferanten bestimmt* ☐ **subida**; **escada 3** *Weg nach oben*; *der ~ zur Hütte war sehr steil* ☐ **subida**; **rampa 4** ~ *der* **Jagd** ⟨Jagdw.⟩ *Zeitpunkt, an dem nach der Schonzeit die Jagd aufgeht (beginnt)* ☐ **retomada**

auf|ge|ben ⟨V. 143/500⟩ **1** *etwas ~ jmdm. etwas zur Weiterleitung übergeben*; *eine Bestellung ~* ☐ **encarregar** 1.1 *zur Beförderung (durch Post od. Bahn) geben*; *ein Paket ~*; *das Gepäck ~* ☐ **expedir**; **enviar**; **despachar** 1.2 *zur Veröffentlichung, zum Druck geben*; *eine Zeitungsanzeige ~* ☐ **entregar para publicação 2** ⟨530/Vr 6⟩ *jmdm. etwas ~ auftragen, zur Erledigung od. Lösung geben*; *Schularbeiten ~* ☐ **dar 3** *etwas ~ auf die Fortführung von etwas verzichten*; *die Hoffnung ~* ☐ ***perder a esperança***; *seinen Beruf ~* ☐ ***demitir-se***; *ein Geschäft ~* ☐ **fechar** 3.1 *gib's auf!* ⟨umg.; oft abwertend⟩ *hör auf!, lass sein!* ☐ ***esqueça!***; ***deixe para lá!*** 3.2 *den Geist ~* 3.2.1 *sterben* ☐ ***entregar a alma a Deus***; **morrer** 3.2.2 ⟨umg.⟩ *kaputtgehen, entzweigehen* ☐ ***pifar*** 3.3 *jmdn. od. etwas ~ als verloren ansehen* ☐ ***dar alguém ou alguma coisa como perdido*** 3.3.1 *einen Kranken ~* ☐ **desenganar 4** ⟨Vr 7 od. Vr 8⟩ *sich ~ sich keine Mühe mehr geben, weil man alles als verloren ansieht* ☐ ***entregar os pontos*** **5** ⟨400⟩ 5.1 ⟨allg.⟩ *zurücktreten, resignieren*; *du solltest jetzt noch nicht ~* ☐ **desistir**; **voltar atrás** 5.2 ⟨Sp.⟩ *einen Wettkampf beenden, ohne ins Ziel gekommen zu sein*; *sie gaben entnervt auf* ☐ **abandonar**; **largar 6** *etwas ~* ⟨regional⟩ *auflegen, auf den Teller tun* ☐ **servir**

Auf|ge|bot ⟨n.; -(e)s, -e⟩ **1** ⟨unz.⟩ *das Aufbieten(1-3)* 1.1 *Aufwendung*; *mit, unter (dem) ~ aller Kräfte* ☐ **emprego** 1.2 *Aufruf* ☐ **convocação**; **chamada** 1.2.1 ⟨Rechtsw.⟩ *Aufforderung, Ansprüche u. Rechte anzumelden, z. B. bei Erbschaften* ☐ **intimação**; **notificação** 1.2.2 ⟨Mil.⟩ *Aufforderung zur Landesverteidigung, Einziehung zum Wehrdienst* ☐ **recrutamento** 1.3 *amtliche Bekanntgabe, Veröffentlichung einer beabsichtigten Eheschließung*; *das ~ bestellen* ☐ **edital de proclamas 2** *das, was aufgeboten wird*; *ein ungeheures ~ an Menschen und Material stand zur Verfügung* ☐ **série**; **quantidade** 2.1 *aufgebotene Wehrfähige* ☐ **recruta**

auf|ge|dun|sen ⟨Adj.⟩ **1** *aufgeschwollen, ungesund aufgequollen*; *ein ~es Gesicht*; *er sah ~ aus* 1.1 *aufgebläht, aufgetrieben*; *ein ~er Leib* ☐ **inchado**; **estufado**

auf|ge|hen ⟨V. 145(s.)⟩ **1** ⟨400⟩ *etwas geht auf öffnet sich*; *das Geschwür geht auf*; *der Knopf, die Knospe ist aufgegangen*; *die Tür ging nicht auf*; *das Fenster geht schwer auf*; *der Vorhang geht auf* ⟨Theat.⟩ ☐ **abrir(-se)** 1.1 *mir sind die Augen aufgegangen (über ...) ich habe die Wahrheit erkannt, ich lasse mich nicht mehr täuschen* ☐ ***abri os olhos (quanto a...)*** 1.2 *das Herz geht mir auf, wenn ich sehe, wie ... ich freue mich, bin glücklich* ☐ ***fico feliz quando vejo como...*** 1.3 *das Eis geht auf wird rissig, bricht* ☐ **romper(-se)**; **rachar(-se)** 1.4 *das Haar, der Knoten, die Naht, die Schleife geht auf löst sich* ☐ **cair**; **soltar(-se)**; **descosturar**; **desfazer-se** 1.5 ⟨600⟩ *jmdm. geht etwas auf wird etwas klar, jmd. versteht etwas*; *mir ist erst jetzt der Sinn deiner Bemerkung aufgegangen* ☐ **entender** 1.5.1 *jetzt geht mir ein Licht auf jetzt wird es mir endlich klar, auf einmal verstehe ich es* ☐ ***agora entendi 2*** ⟨400⟩ *ein* **Gestirn** *geht auf steigt empor, wird über dem Horizont sichtbar*; *die Sonne geht auf*; *der Mond ist aufgegangen* ☐ **nascer**; **levantar-se 3** ⟨400⟩ *die* **Saat** *geht auf beginnt aus der Erde zu sprießen, keimt* ☐ **brotar 4** ⟨400⟩ *der* **Teig** *geht auf treibt, geht in die Höhe* ☐ **levedar**; **crescer 5** ⟨400⟩ *die Gleichung, die Rechnung geht auf stimmt, bleibt ohne Rest* ☐ **não deixar resto** 5.1 *seine Rechnung ist nicht aufgegangen* ⟨fig.⟩ *seine eigennützigen Pläne wurden durchschaut* ☐ **não dar certo**; **ir por água abaixo 6** ⟨800⟩ *in einer Sache ~ von einer Sache gänzlich gefangengenommen werden* ☐ ***absorver-se em alguma coisa*** 6.1 *sich einer Sache ganz widmen*; *er geht völlig in seinem Beruf, seiner Arbeit auf* ☐ ***dedicar-se de corpo e alma a alguma coisa*** 6.2 *eins mit etwas werden*; *in etwas ~ wird mit etwas verschmolzen*; *ein Unternehmen ist in einem größeren aufgegangen* ☐ **fundir-se 7** ⟨800⟩ *etwas geht in etwas auf löst sich in etwas auf* ☐ **dissolver-se** 7.1 *in Rauch ~ verbrennen* ☐ **queimar** 7.1.1 *seine Hoffnungen, Pläne sind in Rauch aufgegangen* ⟨fig.⟩ *haben sich in nichts aufgelöst, sind zunichte geworden* ☐ ***virar fumaça***; **não dar em nada 8** ⟨400⟩ *die* **Jagd** *geht auf beginnt nach der Schonzeit neu* ☐ **recomeçar**; **retomar**

auf|ge|kratzt 1 ⟨Part. Perf. von⟩ *aufkratzen* **2** ⟨Adj.; fig.⟩ *gut gelaunt, gut aufgelegt, fröhlich, fidel*; *du bist heute sehr ~* ☐ **de bom humor**; **alegre**

auf|ge|legt 1 ⟨Part. Perf. von⟩ *auflegen* **2** ⟨Adj. 24/70; fig.⟩ *sich in einer bestimmten Laune befindend;* gut, schlecht ~; wie sind Sie heute ~? □ **estar de bom/ mau humor** 2.1 ⟨74⟩ *zu etwas ~ sein in der Stimmung sein, etwas zu tun;* nicht zum Scherzen ~ sein; er war den ganzen Abend zum Tanzen ~ □ ***estar disposto a alguma coisa** 2.2 ⟨60; umg.; abwertend⟩ *offenkundig;* das war ein ~er Schwindel, Unsinn □ **patente; manifesto**

auf|ge|schlos|sen 1 ⟨Part. Perf. von⟩ *aufschließen* **2** ⟨Adj.; fig.⟩ *empfänglich, interessiert, zugänglich für alle Eindrücke, Anregungen;* er ist ein ~er Mensch; sie ist gegenüber neuen Ideen ~; er ist ~ für zeitgenössische Kunst □ **receptivo; acessível**

auf|ge|weckt 1 ⟨Part. Perf. von⟩ *aufwecken* **2** ⟨Adj.; fig.⟩ *lebhaft u. klug, intelligent;* ein ~es Kind; der Schüler zeigte sich sehr ~ □ **esperto; vivo**

auf‖grei|fen ⟨V. 158/500⟩ **1 jmdn.** ~ *zu fassen bekommen, finden u. in (polizeilichen) Gewahrsam nehmen;* der Gesuchte wurde in einem Lokal aufgegriffen □ **capturar; prender 2** ein Thema, eine Anregung ~ *aufnehmen u. erörtern* □ **aproveitar** 2.1 etwas ~ *etwas wieder aufnehmen, an etwas wieder anknüpfen;* die Unterhaltung vom Vortrag ~ □ **retomar; reatar**

auf|grund *auch:* **auf Grund** ⟨Präp. m. Gen.⟩ *wegen, verursacht durch;* der Unterricht fällt ~ von Krankheit aus □ **em razão de; devido a**

Auf|guss ⟨m.; -es, -güs|se⟩ **1** *durch Aufgießen (Überbrühen) entstandene Flüssigkeit;* Tee~, Kaffee~; einen ~ von Kamille verwenden; der erste, zweite ~ vom Kaffee, Tee □ **infusão 2** ⟨fig.; abwertend⟩ *Nachahmung ohne eigenen Wert;* dieses Bild ist ein schlechter ~ von Dürer □ **imitação**

auf‖ha|ben ⟨V. 159/500⟩ **1** etwas ~ *auf dem Kopf tragen;* er hat einen neuen Hut auf; sie hat die Brille nicht auf □ **estar (de chapéu, de óculos) 2** etwas ~ ⟨umg.⟩ *offen haben;* jetzt musst du die Augen ~; den Mund ~; das Fenster ~ □ **abrir 3** etwas ~ ⟨umg.⟩ *eine (Schul-) Aufgabe bekommen, zu Hause erledigen müssen;* wir haben heute viel, wenig, nichts auf; was habt ihr für morgen auf? □ **ter lição de casa 4** etwas ~ ⟨umg.⟩ *aufgegessen haben;* hast du die Suppe schon auf? □ **terminar de comer; comer tudo 5** ⟨400; umg.⟩ *geöffnet sein;* die Post hat noch auf; die Gaststätte hat bis 24 Uhr auf □ **estar aberto**

auf‖hal|ten ⟨V. 160/500⟩ **1** etwas ~ *jmdn. od. etwas ~ bewirken, dass jmd. od. etwas nicht mehr vorankommt;* die durchgehenden Pferde ~; ich komme etwas später, ich bin aufgehalten worden; ich will Sie nicht (länger) ~; den Ansturm des Feindes ~; lassen Sie sich bitte (durch mich) nicht ~ □ **reter; prender** 1.1 ⟨550/Vr 3⟩ **sich mit etwas ~** *seine Zeit mit etwas verschwenden;* ich kann mich nicht mit Kleinigkeiten ~ □ ***perder tempo com alguma coisa 2** etwas ~ *offen, geöffnet halten;* ich kann den schweren Sack nicht länger ~ □ **manter aberto** 2.1 die Hand ~ *die H. geöffnet hinhalten (damit etwas hineingelegt werden kann)* □ ***estender a mão (aberta) 3** ⟨Vr 3⟩ sich ~ *an einem Ort sein, bleiben, verweilen;*

er hält sich zurzeit bei seinem Onkel auf; du solltest dich nicht länger im Freien ~; wollen Sie sich länger in unserer Stadt ~?; ich kann mich (gar) nicht lange ~ □ ***ficar; demorar-se 4** ⟨550/Vr 3⟩ *sich über etwas od. jmdn. ~ sich tadelnd od. spöttisch äußern;* er hat sich lange über die schlechten Gewohnheiten seines Sohnes aufgehalten □ ***queixar-se de alguma coisa ou alguém; criticar alguma coisa ou alguém**

auf‖hän|gen ⟨V.⟩ **1** ⟨500⟩ *jmdn. od. etwas ~ veranlassen, dass jmd. od. etwas hängt;* ein Bild, einen Hut, Mantel ~ 1.1 **Wäsche** ~ *zum Trocknen auf die Leine hängen* □ **pendurar; estender** 1.2 jmdn. ~ *durch Hängen, Erhängen töten* 1.2.1 ⟨Vr 3⟩ sich ~ *Selbstmord durch Erhängen begehen* □ **enforcar(-se) 2** ⟨530⟩ jmdm. etwas ~ ⟨umg.⟩ *jmdm. etwas Falsches oder Wertloses geben;* sich einen rechten Schund, einen schlechten Stoff ~ lassen □ **vender gato por lebre; ludibriar** 2.1 etwas Lästiges od. Mühevolles zuteilen; er hat mir noch eine zusätzliche Arbeit aufgehängt; jmdm. den Hund zum Hüten ~ □ **impingir; empurrar**

auf‖he|ben ⟨V. 163⟩ **1** ⟨500⟩ *jmdn. od. etwas ~ in die Höhe heben;* einen Gestürzten ~; etwas od. jmdn. vom Boden ~ □ **levantar; apanhar do chão** 1.1 die Hand ~ *erheben* □ **levantar** 1.2 einen Deckel ~ *abheben* □ **tirar 2** ⟨503/Vr 5⟩ (jmdm.) etwas ~ *etwas (für jmdn.) an einem dafür vorgesehenen Ort verwahren;* jmdm. etwas zum Aufheben geben □ **guardar** 2.1 bestellte od. verkaufte **Waren,** Theaterkarten ~ *zurücklegen;* können Sie mir das Buch bis morgen ~? □ **reservar** 2.2 ⟨nur Part. Perf.⟩ **gut (schlecht)** aufgehoben sein *gut (schlecht) versorgt, behandelt werden;* hier ist man gut aufgehoben □ ***ser bem tratado/maltratado** 2.2.1 das Geld ist bei ihm gut aufgehoben *sicher aufbewahrt, in guten Händen* □ **estar em boas mãos 3** ⟨500⟩ eine **Sache** ~ *außer Kraft setzen, für ungültig erklären;* eine Anweisung, ein Recht, eine Strafe ~ □ **invalidar; revogar** 3.1 die **Tafel** ~ *das gemeinsame Essen beenden, das Zeichen zum Aufstehen geben* □ **dar o sinal de se levantar da mesa/do fim da refeição** → a. *aufschieben(3.1)* **4** ⟨550⟩ **Werte, Kräfte** heben sich auf *kommen einander an Wert od. Wirkung gleich und verlieren somit an Wert und Wirkung;* Druck und Gegendruck heben sich auf; das eine hebt das andere (nicht) auf □ **compensar-se; neutralizar-se**

Auf|he|ben ⟨n.; -s; unz.⟩ *Erregung von Aufmerksamkeit;* um jmdn. od. etwas, von jmdm. od. etwas (großes od. viel) ~(s) machen □ ***fazer muito barulho por alguém ou alguma coisa; dar muita importância a alguém ou alguma coisa**

auf‖hei|tern ⟨V. 500⟩ **1** jmdn. ~ *heiter machen, froh stimmen;* er hatte Mühe, sie aufzuheitern; niemand konnte ihn mehr ~ □ **alegrar; animar 2** ⟨402/Vr 3⟩ etwas heitert (sich) auf *wird heiter, freundlicher;* Gesicht, sein Blick heiterte sich langsam auf; das Wetter, der Himmel heitert (sich) auf; allmählich aufheiternd □ **alegrar(-se); desanuviar(-se)**

auf‖hel|len ⟨V. 500⟩ **1** etwas ~ *heller machen;* die Schatten im Bild, im Foto ~; vergilbte Wäsche ~; Haar ~ □ **clarear** 1.1 ⟨fig.⟩ *aufklären;* jmds. Vergangenheit ~; eine dunkle Angelegenheit ~ □ **esclarecer; elucidar** 1.2 jmds. **Stimmung** ~ ⟨fig.⟩ *aufheitern* □ **animar 2** ⟨Vr 3⟩ **etwas** hellt sich auf ⟨a. fig.⟩ *wird heller, freundlicher;* der Himmel hellt sich auf; sein Blick, seine Stimmung hat sich aufgehellt □ **desanuviar-se** 2.1 ⟨fig.⟩ *sich klären, durchschauen lassen;* das Problem, das Geheimnis wird sich ~ □ **esclarecer-se**

auf‖ho̱|len ⟨V.⟩ **1** ⟨500⟩ **etwas** ~ *durch (große) Anstrengung u. Leistung einen Rückstand verringern;* der Zug hat die Verspätung aufgeholt; er muss den Zeitverlust ~ 1.1 *wettmachen, gutmachen;* den Verlust, den Rückstand ~ **2** ⟨400⟩ *den Vorsprung eines anderen verringern;* der Läufer holt mächtig auf; er hat im letzten halben Jahr in der Schule stark aufgeholt 2.1 ⟨Börse⟩ *besser werden, im Preis steigen;* die Aktien der Autoindustrie haben jetzt stark aufgeholt □ **recuperar(-se) 3** ⟨500; Seemannsspr.⟩ *heraufziehen;* Anker, Segel ~ □ **içar**

auf‖hö̱|ren ⟨V.⟩ **1** ⟨400⟩ **etwas** hört auf *hat, nimmt ein Ende;* Sy *enden*(1 u. 4); Ggs *beginnen*(1), *anfangen*(1); ein Vorgang, eine Strecke hört auf; der Regen hört gleich auf 1.1 ⟨800⟩ **mit einer Tätigkeit** ~ *eine T. zu Ende bringen;* Sy *beenden;* mit einer Arbeit ~; wenn er nur damit ~ wollte; ~ zu heulen, singen, lachen □ **terminar; acabar; parar 2** ⟨400⟩ da hört (sich) doch alles auf! *das geht über alles Maß hinaus, das ist unerhört!* □ **é o cúmulo!** 2.1 da hört (bei mir) das Verständnis auf *das lasse ich mir nicht gefallen, dulde ich nicht* □ *****não admito uma coisa dessas!*

Auf|kauf (m.; -(e)s, -käu|fe) **1** *Kauf (einer Gesamtheit von Gegenständen, Grundstücken, eines Unternehmens usw.)* □ **compra em bloco** 1.1 *Massenkauf (zu Wucherzwecken)* □ **açambarcamento**

auf‖kau̱|fen ⟨V. 500⟩ **1 etwas** ~ *alles von einer bestimmten Ware kaufen, ohne einen Rest zurückzulassen;* er kaufte eine große Bildersammlung auf; Aktien, Anteile ~ □ **comprar em bloco** 1.1 *massenhaft zu Wucherzwecken kaufen;* Eier, Getreide, Vorräte ~ □ **açambarcar**

auf‖klap|pen ⟨V. 500⟩ **etwas** ~ *durch Klappen, Bewegen od. Anheben öffnen, aufschlagen, aufmachen;* ein Buch ~; den Herd ~ □ **abrir; levantar**

auf‖klä̱|ren ⟨V. 500⟩ **1** jmdn. ~ *über Zusammenhänge belehren;* jmdn. über einen Irrtum ~ □ **explicar; esclarecer** 1.1 *ein Kind ~ über die geschlechtlichen Vorgänge belehren;* ist, habt ihr eure Tochter schon aufgeklärt? □ **dar educação sexual 2** eine **Sache** ~ *die Wahrheit darüber ans Licht bringen, Klarheit darüber schaffen, ihr auf den Grund gehen;* die Sache muss aufgeklärt werden □ **explicar; esclarecer** 2.1 ⟨Vr 3⟩ eine **Sache** klärt sich auf *wird durchschaubar u. kann geordnet werden;* die Sache hat sich aufgeklärt □ **esclarecer-se 3** feindliches **Gelände**, feindliche **Stellungen** ~ ⟨Mil.⟩ *erkunden, erforschen, auskundschaften* □ **explorar; reconhecer 4** eine **Flüssigkeit** ~ *aufhellen, die Trübung verschwinden lassen* □ **clarificar 5** ⟨Vr 3⟩ **etwas** klärt sich auf *wird klar, sonnig;* der Himmel, das Wetter hat sich aufgeklärt □ **melhorar; abrir**

Auf|klä̱|rung ⟨f.; -, -en⟩ **1** *das Aufklären*(1-3) 1.1 *Belehrung, Unterrichtung, bes. über politische, weltan-*schauliche, geschlechtliche Fragen □ **instrução; educação sexual** 1.2 ⟨unz.⟩ *völlige Klärung einer Angelegenheit* □ **esclarecimento** 1.3 ⟨Mil.⟩ *Erkundung* □ **exploração, reconhecimento 2** ⟨unz.⟩ *Bestreben, das Denken von Vorurteilen zu befreien u. auf Vernunft zu gründen* □ **esclarecimento** 2.1 ⟨i. e. S.⟩ *die im Europa des 18. Jh. herrschende Bewegung zur Erneuerung von Wissenschaft u. Bildung, die gegen Willkürherrschaft, religiösen Aberglauben u. Unwissenheit auftrat* □ **Iluminismo**

auf‖kle̱|ben ⟨V. 500⟩ **etwas** ~ *auf etwas kleben, mit Klebstoff auf etwas befestigen;* eine Briefmarke ~; eine Fotografie auf einen Zettel ~ □ **colar**

auf‖ko̱|chen ⟨V. 500⟩ **1** ⟨500⟩ **etwas** ~ *kurz kochen (lassen);* die Soße nur ~ (lassen); die Milch ~ 1.1 *kurz kochen (u. dadurch genießbar halten);* Kompott noch einmal ~, damit es nicht sauer wird □ **esquentar 2** ⟨400⟩ *zum Kochen kommen u. kurz aufwallen;* wenn die Soße aufkocht, nimm sie vom Feuer; das Wasser kocht schon auf □ **começar a ferver 3** ⟨400; süddt.; österr.⟩ *aus besonderem Anlass reichlich kochen u. auftischen* □ **preparar um banquete**

auf‖kom|men ⟨V. 170(s.)⟩ **1** ⟨410⟩ *aufstehen, gesund werden;* er ist von seiner Krankheit nur langsam, schwer wieder aufgekommen □ **recuperar-se; convalescer(-se) 2** ⟨400⟩ **etwas** kommt auf *entsteht, entwickelt sich;* ein Gewitter kommt auf □ **armar-se;** wir wollen kein Misstrauen ~ lassen; ich möchte keinen Zweifel darüber ~ lassen, dass ...; eine neue Mode, Sitte kommt auf □ **surgir 3** ⟨400⟩ ein **Schiff** kommt auf *wird am Horizont sichtbar* □ **surgir no horizonte 4** ⟨800⟩ **für** jmdn. od. etwas ~ *einstehen, zahlen, haften;* ich komme für nichts auf; er muss für den Schaden, den Verlust ~ □ *****ser responsável por alguém ou alguma coisa; pagar por alguém ou alguma coisa 5** ⟨800⟩ **gegen** jmdn. od. **etwas** ~ *etwas tun können, sich gegen jmdn. od. etwas durchsetzen;* er kommt gegen ihn (in seiner Leistung) nicht auf; die Polizei kommt gegen die nächtlichen Ruhestörungen nicht auf; ich komme gegen seinen Einfluss nicht auf □ *****poder com alguém ou alguma coisa 6** ⟨400⟩ *niemanden neben sich ~ lassen niemanden neben sich hochkommen, sich emporarbeiten lassen, keinen Gleichberechtigten, Mitbewerber usw. neben sich dulden* □ *****não admitir concorrência de ninguém**

Auf|kom|men ⟨n.; -s, -⟩ **1** *Gesamtheit, Anzahl von etwas;* ein hohes Verkehrs~; Zuschauer~ □ **volume; número** 1.1 *Summe der Erträge, Gesamtbetrag;* das Steuer~ eines Staates □ **receita**

auf‖kraṯ|zen ⟨V.⟩ **1** ⟨500/Vr 7 od. 503/Vr 5⟩ (sich) **etwas** ~ *durch Kratzen verletzen;* eine Wunde ~; ich habe mir die Haut aufgekratzt; das Kind hat sich das Gesicht aufgekratzt □ **arranhar(-se); esfolar(-se) 2** ⟨500⟩ **Wolle** (mit der Raumaschine) ~ ⟨Textilw.⟩ *die Oberfläche der W. aufrauen* □ **cardar;** → a. *aufgekratzt(2)*

auf‖krem|peln ⟨V. 500⟩ **etwas** ~ *mehrmals umschlagen od. aufrollen u. dadurch kürzer machen;* die Ärmel ~; er krempelte die Hosenbeine auf □ **arregaçar**

auf‖la|den ⟨V. 174⟩ **1** ⟨500⟩ etwas ~ *auf etwas anderes laden;* Holz, Heu, Kohlen (auf ein Fahrzeug) ~ **2** ⟨530/Vr 5⟩ jmdm. od. sich etwas ~ ⟨a. fig.⟩ *eine Last jmdm. geben od. auf sich nehmen, aufbürden;* er lud sich den Koffer auf □ **carregar;** du hast dir zu viel Arbeit aufgeladen □ **encarregar-se; assumir;** jmdm. die Schuld ~ □ **imputar; atribuir 3** ⟨500/Vr 7⟩ etwas ~ ⟨Phys.⟩ *elektrisch laden;* eine Batterie, einen Kondensator ~ **3.1** etwas lädt sich auf *etwas lädt sich elektrisch;* die Autobatterie lädt sich beim Fahren auf □ **recarregar(-se)**

Auf|la|ge ⟨f.; -, -n⟩ **1** *etwas, was man auf etwas legt;* die neue ~ aus Schafwolle muss den Sitz wieder bequem **1.1** *Überzug (aus Metall);* Metall~, Gold~; die ~ des Silberbestecks ist schon sehr abgenutzt □ **revestimento; camada 2** ⟨Abk.: Aufl.⟩ *Gesamtzahl der auf einmal hergestellten od. ausgelieferten Exemplare eines Buches od. einer Zeitung;* die ~ beträgt 10 000 Exemplare; das Buch erscheint in einer ~ von 10 000 Exemplaren; erste, zweite, neu bearbeitete, überarbeitete, unveränderte, verbesserte ~ □ **edição; tiragem 3** *geforderte Leistung, Verpflichtung für einen Zeitabschnitt;* Steuer~ □ **tributação;** als ~ bekommen (etwas zu tun, zu zahlen) □ **imposição; condição**

auf‖las|sen ⟨V. 175/500⟩ **1** etwas ~ ⟨umg.⟩ *offen, geöffnet lassen;* den Hahn, die Tür ~; das Geschäft ~; lässt du bitte das Fenster auf! □ **deixar aberto 2** den Hut ~ ⟨umg.⟩ *auf dem Kopf behalten, nicht abnehmen* □ **não tirar 3** jmdn. ~ ⟨umg.⟩ *aufbleiben lassen, nicht ins Bett schicken;* ein Kind, einen Kranken ~ □ **deixar ficar acordado 4** etwas ~ ⟨Rechtsw.⟩ *das Eigentum an etwas aufgeben, auf jmdn. übertragen;* ein Grundstück, Grab ~ □ **transferir; alienar 5** etwas ~ *stilllegen, außer Betrieb setzen;* ein Bergwerk ~ □ **suspender (o serviço/a exploração); fechar**

auf‖lau|ern ⟨V. 600⟩ jmdm. ~ *in einem Versteck hinterlistig auf jmdn. warten (um ihn zu überfallen);* er lauerte mir die ganze Nacht auf; dem Feind, seinem Opfer ~ □ **espiar; espreitar**

Auf|lauf ⟨f.; -(e)s, -läu|fe⟩ **1** *(rechtswidrige) Ansammlung von Menschen auf öffentlichen Straßen od. Plätzen;* Menschen~ □ **agrupamento; aglomeração 2** ⟨Kochk.⟩ *in einer Form überbackene Speise;* Grieß~, Kartoffel~, Kirschen~, Nudel~, Reis~ □ **suflê; empadão**

auf‖lau|fen ⟨V. 176⟩ **1** ⟨411(s.)⟩ auf jmdn. od. etwas ~ *im Laufen auf jmdn. od. etwas prallen;* auf den Vordermann ~ □ **esbarrar; bater 1.1** *auf Grund stoßen, geraten;* das Schiff ist auf eine Sandbank, ein Riff aufgelaufen; das Boot lief auf den Strand auf □ **encalhar 1.2** ⟨411; Sp.⟩ *während eines Wettlaufs Anschluss nach vorn gewinnen;* er ist beim Rennen erst im Endspurt zur Spitze aufgelaufen □ **avançar; alcançar 2** ⟨405(s.)⟩ ein **Guthaben** läuft auf (eine Million) auf *wird größer u. erreicht den Betrag von einer M.;* Post, Schulden ~ lassen □ **aumentar; crescer 3** ⟨400(s.)⟩ das **Wasser** läuft auf ⟨Seemannsspr.⟩ *steigt* □ **subir; elevar-se 4** ⟨530/Vr 1⟩ sich die **Füße** ~ ⟨umg.⟩ *wundlaufen* □ ***ralar/esfolar os pés 5** ⟨400(s.)⟩; meist in der Wendung⟩ jmdn. ~ **lassen** ⟨umg.⟩ *bewirken, dass jmds. Bemühungen scheitern, jmdn. ohne Vorwarnung in eine unangenehme Situation bringen* □ ***jogar areia (nos projetos de alguém); atrapalhar (a vida de alguém)**

auf‖le|ben ⟨V. 400(s.)⟩ **1** *zu neuem Leben erwachen;* die Blumen lebten nach dem Regen auf □ **reviver 1.1** *wieder munter, fröhlich werden, neue Kraft bekommen;* der Kranke lebte durch den Besuch wieder auf; seit er bei uns wohnt, ist er richtig aufgelebt □ **reanimar; revigorar 2** ⟨fig.⟩ *wieder auftreten, erneut aus-, hervorbrechen;* der Kampf lebte wieder auf; der alte Hass zwischen ihnen lebte wieder auf **2.1** *wieder lebhafter werden;* am Nachmittag lebt der Verkehr immer auf □ **reacender-se; recrudescer**

auf‖le|gen ⟨V. 500⟩ **1** etwas ~ *auf etwas anderes legen, offen hinlegen;* ein Gedeck mehr ~; Karten (zur Patience) ~ □ **colocar; pôr;** ein Pflaster (auf eine Wunde) ~; Puder, Rot, Rouge, Schminke ~ □ **aplicar;** ein frisches Tischtuch ~ □ **colocar; estender;** Waren ~ □ **expor 1.1** den (Telefon-)Hörer ~ *den H. auf die Gabel legen u. damit die Verbindung abbrechen* □ **pôr no gancho 1.1.1** er hat (den Hörer) einfach aufgelegt *das Gespräch kurz u. unhöflich beendet* □ ***ele simplesmente bateu o telefone 1.2** ⟨530/Vr 5 od. Vr 6⟩ jmdm. od. einem **Tier** eine **Last** ~ *aufbürden, zu tragen geben;* dem Pferd den Sattel ~ □ ***colocar uma carga em/sobre alguém ou um animal; carregar alguém ou um animal 1.2.1** jmdm. **Steuern** ~ *jmdn. zum Zahlen der S. verpflichten* □ **impor; cobrar 2** ein Buch (neu) ~ *eine (neue) Auflage herausbringen;* das Buch wird nicht wieder aufgelegt □ **(re)editar 3** eine Anleihe ~ *den Verkauf von Anteilscheinen für eine A. ankündigen, damit beginnen* □ **emitir 4** ein Schiff ~ *zeitweilig außer Dienst stellen, zur Werft geben* □ **tirar de circulação; estacionar**

auf‖leh|nen ⟨V. 500/Vr 3⟩ **1** sich ~ *sich stützen;* er lehnte sich auf das Fensterbrett auf □ ***apoiar-se; encostar-se 2** ⟨505/Vr 3⟩ sich gegen jmdn. od. etwas ~ *sich empören, Widerstand leisten;* er lehnte sich gegen den Diktator auf; sich gegen die Tyrannei, den Staat, das Gesetz, das Schicksal, ein Verbot ~ □ ***sublevar-se/insurgir-se contra alguém ou alguma coisa**

auf‖le|sen ⟨V. 179/500⟩ **1** etwas ~ *vom Boden, vom Tisch einzeln aufheben, einsammeln;* Steine, Scherben, Obst, Perlen ~ □ **colher 2** ⟨503/Vr 1⟩ (sich) etwas ~ ⟨fig.; umg.⟩ *(sich) etwas holen, unfreiwillig bekommen;* Ungeziefer ~; eine Krankheit ~; wo hast du dir bloß diesen Schnupfen aufgelesen? □ **apanhar; pegar 3** jmdn. od. ein **Haustier** ~ ⟨fig.; umg.⟩ *finden u. mitnehmen;* er hat sie in einer Bar aufgelesen; einen Hund (von der Straße) ~ □ **recolher**

auf‖lo|ckern ⟨V. 500⟩ **1** etwas ~ *(durch Aufschütteln, Bewegen, Graben ö. Ä.) locker machen;* die Erde ~ □ **revolver; afofar 1.1** ⟨Vr 3⟩ sich ~ *lockernde Körperbewegungen machen* □ ***soltar-se; relaxar 2** etwas ~ ⟨fig.⟩ *abwechslungsreich gestalten;* einen Vortrag mit zahlreichen Beispielen ~; eine Grünfläche durch Beete ~ □ **diversificar; variar**

auf∥lö∥sen ⟨V. 500⟩ **1** etwas ~ *flüssig machen, in einer Flüssigkeit zerfallen lassen;* Zucker ~; eine Tablette in Wasser ~ 1.1 ⟨Vr 3⟩ *sich ~ zergehen;* Salz löst sich im Wasser auf ☐ **dissolver(-se); diluir(-se)** 1.1.1 er fand sie in Tränen aufgelöst ⟨fig.⟩ *heftig, haltlos weinend* ☐ ***ele a encontrou debulhada em lágrimas** 1.2 ⟨550/Vr 3⟩ *sich in etwas ~ sich in etwas verwandeln, in etwas übergehen;* der Schnee hat sich in Matsch aufgelöst ☐ ***transformar-se em/virar alguma coisa** 1.2.1 sich in Wohlgefallen ~ ⟨fig.⟩ *von selbst zu Ende gehen, verschwinden;* seine Schwierigkeiten haben sich in Wohlgefallen aufgelöst ☐ ***desaparecer; sumir 2** etwas ~ ⟨geh.⟩ *lösen, entwirren, aufknüpfen;* einen Knoten ~; sie erschien mit aufgelöstem Haar ☐ **soltar; desfazer** 2.1 ⟨fig.⟩ *von einem Zusammenhang, von einer Bindung befreien;* in aufgelöster Marschordnung ☐ **desfeito; desagregado 3** ⟨Vr 7⟩ etwas ~ *nicht länger bestehen lassen, beenden, außer Kraft setzen;* einen Kontrakt, eine Versammlung, eine Ehe ~ ☐ **rescindir; anular**, eine Firma ~ ☐ **dissolver; fechar** 3.1 ein Kreuz, ein b ~ ⟨Mus.⟩ *(durch Auflösungszeichen) ungültig machen, aufheben* ☐ **anular; cancelar 4** etwas ~ *eine Lösung für etwas finden;* eine Gleichung ~; ein Rätsel ~ ☐ **resolver** 4.1 eine Chiffre, Geheimschrift ~ *entziffern* ☐ **decifrar**

Auf∥lö∥sung ⟨F.; -, -en⟩ *das Auflösen;* die ~ einer Verlobung, eines Geschäfts; das Parlament war in ~ ☐ **anulação; dissolução;** ~ der Rätsel auf S. 90 ☐ **solução;** das Heer war in voller ~ begriffen ☐ **debandada**

auf∥ma∥chen ⟨V. 500⟩ **1** etwas ~ *öffnen;* die Tür, das Fenster ~; den Mantel ~; die Augen ~ ☐ **abrir** 1.1 mach doch die, deine Ohren auf! ⟨umg.⟩ *hör besser zu!* ☐ ***preste atenção!** 1.2 einen Knoten ~ *lösen* ☐ **desfazer; desatar** 1.3 Dampf ~ *einer Dampfmaschine mehr D. zuführen, um die Leistung zu erhöhen* ☐ ***aumentar o vapor; alimentar a máquina a vapor 2** ein Geschäft ~ *eröffnen* ☐ **abrir 3** etwas ~ *ausstatten, verzieren;* ein Buch, eine Ware, eine Theaterinszenierung hübsch, geschmackvoll, prächtig ~ ☐ **decorar; ornamentar 4** etwas ~ *aufhängen, anbringen;* Gardinen ~ ☐ **pendurar; colocar 5** eine Rechnung ~ *aufstellen* ☐ **apresentar** 5.1 die Havarie ~ *einen Seeschaden berechnen* ☐ **calcular 6** ⟨Vr 3⟩ *sich ~ sich auf den Weg machen, aufbrechen, weggehen;* der Wanderer hatte sich schon vor Sonnenaufgang aufgemacht; wir müssen uns jetzt ~ ☐ ***partir; pôr-se a caminho** 6.1 ein leichter Wind hat sich aufgemacht *hat sich erhoben* ☐ **levantar(-se)**

Auf∥ma∥chung ⟨f.; -, -en⟩ **1** *Ausstattung, äußere Gestaltung;* altertümliche, geschmackvolle, großartige, prächtige, sorgfältige, schäbige ~; die Zeitung erscheint in großer ~ ☐ **apresentação** 1.1 ⟨umg.⟩ *Kleidung;* wohin willst du in dieser ~ gehen? ☐ **roupa; traje** 1.1.1 in großer ~ erscheinen *prächtig gekleidet* ☐ ***aparecer em grande estilo/com grande pompa**

Auf∥marsch ⟨m.; -(e)s, -mär∣sche⟩ **1** *Heranmarschieren u. Aufstellung zum Gefecht, zur Kundgebung o. Ä.;* der ~ des Heeres vollzog sich in Viererreihen ☐ **posicionamento; alinhamento 2** feierlicher Vorbeimarsch,

festlicher, prunkvoller Zug; der ~ der Sportler bei den Olympischen Spielen ☐ **desfile; parada**

auf∥merk∥sam ⟨Adj.⟩ **1** *Sinneswahrnehmungen gut, scharf aufnehmend, scharf beobachtend;* ~ zuhören, zusehen; einen Vorgang ~ verfolgen ☐ **com atenção** 1.1 *geistig wach, gespannt, wachsam;* ~er Zuhörer, Zuschauer; in der Schule ~ sein ☐ **atento 2** *auf jmdn. od. etwas gerichtet, gesammelt* 2.1 auf jmdn. od. etwas ~ machen *hinweisen;* darf ich Sie darauf ~ machen, dass... ☐ ***chamar a atenção de 3** *liebenswürdig, höflich, zuvorkommend, rücksichtsvoll;* ein ~er junger Mann; einen Kunden ~ bedienen; er ist gegen Damen und Ältere sehr ~ 3.1 vielen Dank, sehr ~! *(als Antwort auf eine kleine Hilfeleistung)* ☐ **atencioso; gentil**

Auf∥merk∥sam∥keit ⟨f.; -, -en⟩ **1** ⟨unz.⟩ *die Fähigkeit, Sinneswahrnehmungen gut aufzunehmen, geistige Spannung, Sammlung* 1.1 *Gerichtetsein aller Gedanken auf etwas;* die ~ lenken auf; (größte) ~ auf etwas verwenden; einer Sache besondere ~ widmen; einer Sache od. jmdm. ~ schenken ☐ **atenção 2** *liebenswürdige u. höfliche, rücksichtsvolle, zuvorkommende Behandlung;* seine ~ tat ihr sehr gut, wohl; jmdm. ~en erweisen ☐ **atenção; amabilidade** 2.1 *kleines Geschenk;* die Blumen für sie waren nur eine kleine ~ ☐ **cortesia; gentileza**

auf∥mun∥tern ⟨V. 500⟩ **1** jmdn. ~ *jmdn. aufheitern, jmdn. in eine fröhlichere, lebhaftere Stimmung bringen* ☐ **alegrar; animar** 1.1 der Kaffee hat mich aufgemuntert *mich wieder lebhaft gemacht, meine Müdigkeit verjagt* ☐ **estimular; despertar 2** ⟨505⟩ jmdn. zu etwas ~ *jmdm. Mut zusprechen, etwas zu tun, jmdn. zu etwas ermutigen;* sie munterte ihn auf, trotz der Niederlage weiterzumachen ☐ **encorajar; animar**

Auf∥nah∥me ⟨f.; -, -n⟩ *das Aufnehmen(1-5.5)* **1** ⟨unz.⟩ ~ von Stoffen, Flüssigkeiten od. Gasen in anderen Stoffen *das Aufsaugen* ☐ **absorção; assimilação** 1.1 ~ von Nahrung *das Essen, Fressen;* Nahrungs~ ☐ **ingestão** 1.2 ~ von Geld, Hypotheken *das Leihen, Verpfänden* ☐ **ato de contrair (empréstimo/hipoteca); tomada (de empréstimo/hipoteca)** 1.3 ~ einer Nachricht, von Gedanken, Vorschlägen *das Erfassen, Begreifen, Ansprechen, Eingehen auf;* die ~ eines neuen Romans durch das Publikum ☐ **aceitação; recepção 2** *das Einfügen in etwas Vorhandenes;* ~ eines Theaterstücks in den Spielplan; ~ eines modernen Malers in ein Lexikon ☐ **inserção** 2.1 ~ einer Person in, bei *beginnende Mitgliedschaft in einer Gemeinschaft, Zulassung* ☐ **admissão;** ~ in ein Krankenhaus, eine Schule, Universität usw. ☐ **internação; inscrição;** um ~ in eine Partei, einen Verein usw. bitten; ~ als Mitglied ☐ **admissão** 2.1.1 ~ gewähren *aufnehmen* ☐ ***aceitar** 2.2 *Empfangsraum im Krankenhaus;* melden Sie sich bitte alsbald in der ~! ☐ **recepção** 2.3 ⟨unz.⟩ *Unterkunft, Obdach, Empfang;* ~ als Gast; freundliche, kühle, liebenswürdige ~; sich für die herzliche ~ bedanken ☐ **recepção; acolhimento** 2.3.1 ~ finden *(gut) aufgenommen werden* ☐ ***ser (bem) recebido 3** ~ einer Tätigkeit *Beginn;* ~ der Arbeit,

aufnehmen

eines Gespräches; die ~ von diplomatischen Beziehungen zu anderen Staaten □ **início; estabelecimento 4** ~ von Bildern, Personen, Geräuschen, Vorgängen *das Aufnehmen(5), das Aufgenommene;* ~ auf CD, Platte □ **gravação;** ~ mit der Kamera; eine Film~, fotografische ~ *verwackeln;* ~n (fürs Fernsehen, für den Film) *machen;* eine gute, schlechte, scharfe, unscharfe, über- oder unterbelichtete, vorteilhafte ~; ich habe von ihr zwei ~n gemacht □ **tomada; filmagem; fotografia 4.1** ~ von **Nachrichten**, **Äußerungen** *Notiz, Niederschrift;* ~ einer Bestellung; stenografische ~ □ **anotação; registro 4.1.1** ~ eines **Geländes** *Vermessung* □ **medição 4.1.2** *Ort, an dem etwas notiert wird;* Telegramm~ □ **local de registro**

auf‖neh|men ⟨V. 189/500⟩ **1** etwas ~ *in sich fassen* 1.1 ein **Behälter** nimmt 5 l Flüssigkeit auf *fasst, kann enthalten* □ **ter capacidade para conter 1.2** **Lebewesen** *nehmen* **Nahrung** *auf ernähren sich* □ **ingerir 2** eine **Sache** ~ *entgegennehmen* □ **tomar; aceitar 2.1** **Geld** ~ *sich G. leihen;* einen Kredit, eine Anleihe ~ □ **tomar emprestado 2.1.1** eine Hypothek auf ein Grundstück, Haus ~ *ein G., H. für Geld verpfänden* □ ***hipotecar um terreno/uma casa 2.2** **Gedanken**, **Vorschläge** ~ *weiterführen, zu verwirklichen suchen;* einen Eindruck in sich ~ □ **empreender; tentar pôr em prática 2.2.1** ⟨513⟩ eine **Nachricht** (gut, günstig, schlecht, übel) ~ *als (gut usw.) betrachten, verstehen;* etwas als Beleidigung ~; das Stück ist vom Publikum gut aufgenommen worden □ **receber; aceitar 3** ⟨550⟩ jmdn. od. etwas **in** etwas Vorhandenes ~ *einfügen, mit dazunehmen;* ein Theaterstück in den Spielplan ~; ein Wort in ein Wörterbuch ~; wollen Sie bitte diese Aussage noch ins Protokoll ~ □ **inserir; incorporar 3.1** ⟨511⟩ jmdn. (bei, in ...) ~ *zum Angehörigen einer Gemeinschaft machen;* einen Schüler in die Klasse ~ □ **admitir; inscrever;** jmdn. in ein Krankenhaus ~ □ **internar; hospitalizar 3.1.1** ⟨520⟩ jmdn. als Mitglied in einen Verein, eine Partei ~ *Eintritt, Zutritt, Teilnahme gewähren* □ **admitir 3.1.2** *beherbergen, Obdach, Zuflucht gewähren;* jmdn. als Gast ~; Flüchtlinge ~; jmdn. freundlich, herzlich, kühl, unfreundlich ~ □ **receber; acolher 4** eine Tätigkeit ~ *beginnen;* die Arbeit, ein Gespräch, den Kampf ~; das Studium (an der Universität) ~ □ **iniciar;** Beziehungen ~ (zu) □ **estabelecer; travar 4.1** die **Spur** ~ *finden und verfolgen* □ **seguir 5** Bilder, Töne, Zeichen ~ *durch mechanische, optische, elektrische o. a. Verfahren für spätere Wiedergabe festhalten;* Sy *aufzeichnen (2.1);* eine Fernsehsendung ~ □ **gravar; registrar 5.1** Sichtbares ~ *fotografieren* □ ***fotografar 5.2** Hörbares ~ *die Schallwellen mechanische od. elektrische aufzeichnen;* ein Musikstück auf CD ~ □ ***gravar; registrar 5.3** das gesprochene Wort ~ *aufschreiben, schriftlich festhalten;* eine Ansage, einen Brief, ein Telegramm ~; einen Brief stenografisch ~ □ **escrever; registrar 5.4** Fakten ~ *sich Notizen über F. machen;* den Bestand ~; die Polizei nahm den Unfall auf □ **anotar; registrar 5.5** ein **Gelände** ~ *vermessen* □ **medir 6** jmdn. od. etwas ~ *nach oben wegnehmen* □ **levar para cima 6.1** Schmutz (mit einem Lappen) ~ *aufwischen* □ **limpar 6.2** eine **Masche** ~ *auffangen, festhalten, mehr dazustricken* □ **aumentar 7** ⟨550; unpersönl.⟩ **es mit jmdm.** ~ *es jmdm. in einer Fertigkeit, Fähigkeit gleichtun;* im Tennis kann er es mit jedem ~ □ ***estar à altura de alguém; poder competir com alguém**

auf‖op|fern ⟨V. 550/600/Vr 3⟩ etwas od. sich ~ (für) etwas od. sich ohne Rücksicht auf die eigene Person für jmdn. od. etwas hingeben; die Soldaten wurden für die Befreiung des Landes aufgeopfert; sich für einen Kranken ~ □ **sacrificar(-se); devotar(-se)**

auf‖pas|sen ⟨V. ⟩ ⟨525⟩ (auf etwas od. jmdn.) ~ *Aufmerksamkeit aufbringen, seine Aufmerksamkeit auf etwas od. jmdn. richten;* pass doch auf!; aufgepasst!; in der Schule gut, nicht ~; an der Kreuzung bitte genau ~! □ **prestar atenção; observar 1.1** auf jmdn. ~ *jmdn. betreuen, von Gefahr schützen* □ ***tomar conta de alguém 2** ⟨500⟩ einen **Gegenstand** ~ *auf etwas anderes setzen, um zu sehen, ob er passt;* einen Hut, Deckel ~ □ **sobrepor; experimentar (por cima de)**

auf‖peit|schen ⟨V. 500/Vr 7 od. Vr 8⟩ **1** etwas peitscht etwas auf ⟨fig.⟩ *etwas wühlt etwas auf;* der Sturm, der Wind peitscht die Wellen, die Wogen, das Meer auf □ **agitar 2** jmdn. od. etwas ~ ⟨fig.⟩ *durch ein Reizmittel stark erregen;* die laute Musik peitschte ihn auf; sich durch Kaffee ~; er wurde durch den Rhythmus aufgepeitscht □ **estimular**

auf‖pflan|zen ⟨V. 500⟩ **1** etwas ~ *etwas deutlich sichtbar, bes. als Merkzeichen, aufstellen, aufrichten;* eine Fahne, Flagge, einen Mast ~ □ **içar; hastear 2** das Bajonett, Seitengewehr ~ *auf den Gewehrlauf aufstecken* □ **calar 3** ⟨511/Vr 3⟩ sich vor jmdn. od. etwas ~ *sich herausfordernd od. als Wächter vor jmdn. od. etwas hinstellen;* er pflanzte sich am Eingang auf; er hatte sich vor ihm aufgepflanzt □ ***postar-se/plantar-se diante de alguém ou alguma coisa**

auf‖plat|zen ⟨V. 400(s.)⟩ *aufgehen, entzweigehen, sich platzend öffnen;* die Wunde ist wieder aufgeplatzt; die Tomaten sind alle aufgeplatzt □ **abrir**

auf‖plus|tern ⟨V. 500⟩ **1** die Federn ~ *aufrichten, sträuben;* die Henne plustert ihr Gefieder auf 1.1 ⟨Vr 3⟩ sich ~ *(durch Aufstellen der Federn) scheinbar seinen Umfang vergrößern;* die Tauben plusterten sich auf □ **eriçar(-se) 2** ⟨Vr 3⟩ sich ~ ⟨fig.; umg.; abwertend⟩ *sich wichtigtun;* du sollst dich nicht so ~ □ ***emproar-se; empavonar-se**

Auf|prall ⟨m.; -(e)s, -e⟩ *das Aufprallen;* mit einem ~ auf den Boden fallen □ **choque; impacto**

auf‖pral|len ⟨V. 405(s.)⟩ *mit einem heftigen Schlag gegen etwas od. jmdn. stoßen;* auf ein parkendes Fahrzeug ~ □ **bater; chocar-se**

Auf|preis ⟨m.; -es, -e⟩ *zusätzliche Kosten, Aufschlag, Mehrpreis;* die Ausstattung mit elektrischen Fensterhebern ist gegen (einen) ~ möglich □ **acréscimo; sobrepreço**

auf∥pum∥pen ⟨V. 500⟩ **1** etwas ~ *durch Pumpen mit Luft füllen;* einen Fahrradreifen ~ ☐ *encher (de ar)* **1.1** ⟨Vr 3⟩ sich ~ ⟨fig.; umg.⟩ *sich wichtigtun* ☐ ***emproar-se**

auf∥put∥schen ⟨V. 500/Vr 7 od. Vr 8; abwertend⟩ **1** jmdn. od. etwas ~ *zum Putsch aufhetzen;* die Zuhörer, die Bevölkerung ~; die Massen mit Hetzreden ~ ☐ *incitar à revolta* **2** jmdn. od. etwas ~ ⟨fig.⟩ *mit Reizmitteln aufpeitschen;* Alkohol putschte ihn immer auf; er putschte sich mit Kaffee auf ☐ *estimular; excitar*

auf∥raf∥fen ⟨V. 500⟩ **1** etwas ~ *schnell, eilig sammeln u. hastig, gierig aufheben, an sich nehmen;* er raffte die Papiere vom Schreibtisch auf; das auf dem Fußboden liegende Geld aufgerafft ☐ *recolher/apanhar rapidamente* **2** ⟨Vr 3⟩ **2.1** sich ~ *mit Mühe aufstehen, sich erheben;* beim Laufen fiel er, raffte sich aber wieder auf ☐ ***levantar-se com dificuldade** **2.2** sich ~ ⟨fig.⟩ *alle seine Kräfte zusammennehmen u. sich mühsam entschließen, etwas zu tun;* er raffte sich auf und antwortete auf die Frage; er konnte sich nicht zum Handeln ~; er half ihr, sich aus der Enttäuschung wieder aufzuraffen ☐ ***tomar coragem e decidir-se**

auf∥rau∥en ⟨V. 500⟩ *Stoffe ~ raumachen, mit einer rauen Oberfläche versehen* ☐ *tornar áspero; perchar*

auf∥räu∥men ⟨V.⟩ **1** ⟨500⟩ etwas ~ *in Ordnung bringen;* die Wohnung, den Keller, das Zimmer ~; die Kinder räumten ihre Spielsachen auf **1.1** ⟨400; fig.⟩ *die Zustände ändern;* jetzt wird aber aufgeräumt! ☐ *arrumar; pôr em ordem* **2** ⟨411; fig.; umg.⟩ *Opfer fordern;* die Seuche hat unter der Bevölkerung aufgeräumt ☐ *dizimar* **3** ⟨800⟩ *mit jmdm. od. etwas ~* ⟨umg.⟩ *Schluss machen, beseitigen;* der Staat hat endgültig mit den Verbrechern aufgeräumt; mit den Lügen, Vorurteilen ~; sie hat mit der Vergangenheit aufgeräumt ☐ ***acabar com alguém ou alguma coisa; pôr um ponto final em alguma coisa**

auf∥recht ⟨Adj.⟩ **1** *gerade, in aufgerichteter Haltung;* ~ gehen, stehen; einen Kranken ~ halten; diese Hoffnung hält sie noch ~ ⟨fig.⟩; sich vor Müdigkeit nicht mehr ~ halten können; das Aufrechtgehen fällt ihm noch schwer ☐ *ereto; de pé* **2** ⟨fig.⟩ *aufrichtig, rechtschaffen, unbestechlich;* ein ~er Mensch, Charakter; eine ~e Gesinnung haben ☐ *correto; honesto*

auf∥recht∥er∥hal∥ten ⟨V. 160/500⟩ etwas ~ *beibehalten, (weiterhin) bestehen lassen, fort-, weiterführen;* eine Zusage ~; die Ordnung ~ ☐ *conservar; manter*

auf∥re∥gen ⟨V.⟩ **1** ⟨500/Vr 7⟩ jmdn. od. sich ~ *erregen;* viel Besuch regt den Kranken auf; regen Sie sich nicht auf; die Kinder sind vor Freude, Spannung ganz aufgeregt; sich wegen jeder Kleinigkeit aufregen; er kam aufgeregt ins Zimmer gestürzt ☐ *agitar(-se); inquietar(-se);* ein ~des Buch, Theaterstück **1.1** deine Leistungen sind nicht sehr ~d ⟨umg.; scherzh.⟩ *sind durchschnittlich* ☐ *excitante* **2** ⟨550/Vr 3⟩ *sich über jmdn. od. etwas ~* ⟨umg.⟩ *sich empören;* das ganze Dorf regt sich über sie auf; die Nachbarn haben sich über ihr Kleid aufgeregt ☐ ***indignar-se com alguém ou alguma coisa** **3** ⟨500⟩ etwas ~ ⟨geh.⟩

veraltet) *aufwühlen;* Gedanken, Gefühle in jmdm. ~ ☐ *inquietar; perturbar*

Auf∥re∥gung ⟨f.; -, -en⟩ **1** *heftige innerliche Bewegung der Gefühle;* er konnte vor ~ kaum sprechen; wir müssen dem Kranken jede ~ ersparen; sie machte in der ~ alles verkehrt ☐ *agitação; excitação;* in ~ geraten ☐ ***agitar-se; inquietar-se;** in ~ bringen ☐ ***agitar; inquietar** **2** *Unruhe, Durcheinander;* nach dieser Nachricht entstand eine große ~; er fand die Gesellschaft in heller ~ ☐ *inquietação; confusão*

auf∥rei∥ben ⟨V. 196/500/Vr 7⟩ **1** ⟨530⟩ jmdn. od. einem Lebewesen etwas ~ *wundreiben;* der Sattel hat dem Pferd die Haut aufgerieben ☐ *esfolar; escoriar* **2** ⟨Vr 8⟩ jmdn. od. etwas ~ *vernichten;* die Truppen des Feindes wurden völlig aufgerieben ☐ *aniquilar; exterminar* **3** ⟨Vr 7 od. Vr 8⟩ jmdn. od. etwas ~ *überbeanspruchen u. völlig verbrauchen;* seine Kräfte ~ ☐ *gastar; consumir;* du reibst dich für deine Familie auf; sie reibt sich bei der Pflege für den Kranken (völlig) auf ☐ *extenuar-se;* eine ~de Tätigkeit ☐ *extenuante* **4** den Boden ~ ⟨österr.⟩ *mit Seife (und Scheuerbürste) säubern* ☐ *esfregar*

auf∥rei∥ßen ⟨V. 198⟩ **1** ⟨500⟩ etwas ~ *durch Reißen öffnen;* einen Brief ~; sie riss das Päckchen gleich auf ☐ *abrir (rasgando)* **1.1** *auseinanderreißen, zerreißen;* eine Naht, ein Kleid ~ ☐ *rasgar* **1.2** *aufbrechen, aufhacken;* den Fußboden, das Pflaster, die Straße ~ ☐ *romper; rachar* **1.3** ⟨fig.⟩ *schnell u. weit öffnen;* die Augen, den Mund ~ ☐ *arregalar; escancarar* **2** ⟨400⟩ etwas reißt auf *öffnet sich durch Druck od. Schlag, platzt auf, spaltet sich;* die Haut, Naht, Wunde ist aufgerissen ☐ *abrir; gretar; rachar; descosturar* **3** ⟨500⟩ etwas ~ *einen Aufriss von etwas zeichnen* ☐ *traçar; desenhar* **4** ⟨500⟩ jmdn. ~ ⟨salopp⟩ *jmdn. ansprechen, mit jmdm. sexuellen Kontakt suchen;* sie gehen nur in die Diskothek, um Mädchen aufzureißen ☐ *cantar; xavecar*

auf∥rei∥zen ⟨V. 505⟩ **1** jmdn. ~ *aufhetzen, zur Auflehnung veranlassen;* jmdn. zum Widerstand ~; die Massen mit Hetzreden ~ ☐ *incitar; instigar* **2** jmdn. od. etwas ~ *mutwillig, absichtlich erregen;* das Bild reizte seine Fantasie stark auf; sie reizte mit ihrem Lächeln die Männer auf ☐ *provocar; excitar;* eine ~de Farbe, Musik; deine Gleichgültigkeit ist (geradezu) ~d ☐ *provocante; excitante; provocador*

auf∥rich∥ten ⟨V. 500⟩ **1** ⟨Vr 7⟩ jmdn. od. etwas ~ *geraderichten u. senkrecht stellen;* einen Kranken, Gestürzten ~; sich langsam, mühsam kerzengerade ~; den Oberkörper, den Rücken ~; die Blumen richten sich nach dem Regen auf ☐ *endireitar(-se); erguer(-se); levantar(-se)* **2** etwas ~ *errichten;* ein Denkmal, ein Gebäude, eine Mauer ~ **2.1** = *aufstellen(1);* einen Mast, einen Pfahl, ein Zeichen ~ ☐ *erigir; construir* **3** ⟨Vr 7⟩ jmdn. od. etwas ~ ⟨fig.⟩ *trösten, seelisch stärken, Mut zusprechen;* sie hat ihn durch freundlichen Zuspruch aufgerichtet; er richtete sich in seiner Verzweiflung an ihr auf; er hat ihr Selbstvertrauen wieder einmal aufgerichtet ☐ *encorajar; levantar o moral*

auf∥rich∥tig ⟨Adj.⟩ *ehrlich, offen;* ~en Dank!; ein ~er Mensch; ~e Teilnahme!; es tut ihm ~ leid; ~ zu

aufrollen

jmdm., gegen jmdn. sein; ~ seine Meinung sagen ☐ sincero; honesto; sinceramente; honestamente

auf|rol|len ⟨V. 500⟩ **1** etwas ~ auf eine Rolle wickeln; Garn ~; ein Seil ~ ☐ enrolar **2** Zusammengerolltes ~ öffnen, entrollen; eine Papierrolle ~ 2.1 ⟨Vr 3⟩ etwas rollt sich auf wickelt sich von einer Rolle ab; das Band hat sich aufgerollt ☐ desenrolar(-se) **3** eine Sache ~ ⟨fig.⟩ einer Sache nachgehen, eine Sache gründlich untersuchen, umfassend behandeln; wir müssen die Frage, das Problem noch einmal ~ ☐ examinar a fundo **4** das Feld in einem Rennen von hinten ~ ⟨fig.; Sp.⟩ in einem Rennen von einer zurückliegenden Position aus nach vorne an die Spitze sprinten ☐ dar um sprint; arrancar

Auf|ruf ⟨m.; -(e)s, -e⟩ **1** das Aufrufen; ~ des Namens; bei od. nach ~ bitte vortreten ☐ chamada **2** Vorladung; ~ zur Aussage (vor Gericht) ☐ intimação 2.1 öffentliche Aufforderung, Appell; ~ zum Widerstand; Streik~ ☐ apelo; convocação

auf|ru|fen ⟨V. 204/500⟩ **1** jmdn. od. etwas ~ (öffentlich) beim Namen nennen 1.1 jmdn. ~ durch Rufen zum Erheben od. Sichmelden veranlassen; einen Schüler ~; Sie müssen warten, bis Sie aufgerufen werden ☐ chamar; fazer a chamada 1.2 Banknoten ~ für ungültig erklären ☐ tirar de circulação **2** ⟨550/Vr 8⟩ jmdn. zu etwas ~ 2.1 zu einem bestimmten Zwecke rufen, auffordern ☐ chamar; convocar 2.2 vorladen; einen Zeugen (zur Aussage) ~ ☐ citar; intimar 2.3 an jmdn. appellieren; zur Teilnahme, zum Widerstand ~ ☐ chamar; convocar **3** etwas ~ ⟨geh.⟩ wachrufen, an etwas appellieren; die Einbildungskraft, jmds. Gewissen ~ ☐ apelar

Auf|ruhr ⟨m.; -s, -e; Pl. selten⟩ **1** starke innere Erregung; ~ der Gefühle; jmdn., jmds. Gefühle in ~ bringen; sein Herz war in ~ ☐ agitação; inquietação **2** ⟨geh.⟩ heftige Unruhe, Bewegtheit; der ~ der (Natur-)Elemente; die ganze Natur war in ~ ☐ agitação; movimento **3** Erhebung gegen die Staatsgewalt, Empörung; einen ~ stiften, unterdrücken; der ~ brach im ganzen Land aus; die Soldaten stehen in ~ ☐ revolta; insurreição

auf|rüh|ren ⟨V. 500⟩ **1** einen dickflüssigen Stoff ~ einen S. rühren, damit seine festen Bestandteile gleichmäßiger verteilt werden; Farbe ~ ☐ mexer; agitar **2** etwas Vergessenes wieder in Erinnerung bringen; alte Geschichten, Streitereien ~ ☐ reevocar; relembrar **3** ⟨selten⟩ in Aufruhr bringen, aufhetzen; die Massen, das Volk ~ ☐ sublevar; amotinar

auf|rüh|re|risch ⟨Adj.⟩ in Aufruhr befindlich, zum Aufruhr auffordernd; ~e Reden schwingen ☐ insurgente; sedicioso

auf|run|den ⟨V. 500⟩ eine Summe ~ nach oben abrunden, die Endziffern einer Zahl durch Nullen ersetzen u. die letzte verbleibende Stelle auf eine runde Zahl erhöhen;; 6,80 € auf 7,00 € ~ ☐ arredondar (para cima)

auf|rüs|ten ⟨V.; Mil.⟩ **1** ⟨400⟩ die Streitkräfte u. ihre Ausrüstung verstärken; ein Staat rüstet auf **2** ⟨500⟩ etwas ~ mit Streitkräften, Waffen versehen 2.1 ein Land atomar ~ mit Atomwaffen versehen ☐ armar

auf|rüt|teln ⟨V. 500/Vr 7 od. Vr 8⟩ **1** jmdn. ~ durch Rütteln aufwecken; einen Schlafenden ~; jmdn. aus dem Schlaf ~ ☐ despertar (sacudindo) **2** jmdn. od. etwas ~ ⟨fig.⟩ energisch zum Tun ermahnen; jmdn. aus seinen Träumereien, seiner Gleichgültigkeit ~ ☐ sacudir 2.1 zu einer Einsicht bringen; die öffentliche Meinung ~ ☐ chamar à razão; sensibilizar; eine ~de Rede ☐ sensibilizador; de conscientização

auf|sa|gen ⟨V. 500⟩ **1** etwas ~ auswendig hersagen, sprechen; ein Gedicht ~ ☐ recitar (de cor) **2** jmdm. die Freundschaft ~ jmdm. die F. kündigen, die F. mit jmdm. für beendet erklären ☐ terminar; romper

auf|säs|sig ⟨Adj.⟩ **1** ungehorsam, widerspenstig, trotzig; ein ~es Kind; ein ~er Schüler ☐ desobediente; obstinado **2** rebellisch; man hörte ihn ~e Reden halten; eine Gruppe ~er Soldaten ☐ rebelde

Auf|satz ⟨m.; -es, -sät|ze⟩ **1** aufgesetztes Stück, Aufbau; ein Schreibtisch mit einem ~ für Bücher ☐ capitel; Altar~ ☐ *retábulo **2** ⟨Mil.⟩ Teil der Visiereinrichtung von Geschützen, mit dem die Stellung des Rohrs zur Waagerechten eingestellt wird; Gewehr~ ☐ alça de mira **3** mehrere an einem Stab übereinander angeordnete Schalen od. Teller für Obst, Konfekt o. Ä.; Porzellan-, Obst-, Tafel~ ☐ porta-petits-fours (em andares); fruteira **4** kurze schriftliche Arbeit zu einem vom Lehrer gestellten Thema; der beste ~ wird den Schülern vorgelesen; die Aufsätze wurden vom Lehrer korrigiert; Deutsch~ ☐ redação **5** wissenschaftliche Abhandlung; einen kritischen, polemischen ~ schreiben, in der Zeitung bringen; dieses Buch enthält mehrere Aufsätze zum Thema Drogen; Zeitschriften~ ☐ artigo; ensaio

auf|sau|gen ⟨V. 206/500⟩ **1** etwas ~ saugend in sich aufnehmen; das Wasser vom Boden ~ ☐ absorver 1.1 ⟨511⟩ etwas in sich ~ ⟨fig.⟩ etwas begierig in sich aufnehmen, sich etwas mit großem Eifer einprägen; den neuen Lehrstoff mit großem Wissensdrang in sich ~ ☐ assimilar **2** etwas saugt jmdn. auf ⟨fig.⟩ etwas verbraucht jmds. Kräfte ☐ exaurir

auf|scheu|chen ⟨V. 500⟩ **1** durch heftige Bewegungen od. Worte aus der Ruhe bringen, hochjagen, vertreiben; die Krähen vom Feld ~ ☐ afugentar; espantar 1.1 jmdn. ~ ⟨fig.⟩ jmdn. von einer in Ruhe ausgeübten Tätigkeit heftig hochjagen ☐ estorvar; incomodar; das Kind aus dem Schlaf ~ ☐ *espantar o sono da criança

auf|schie|ben ⟨214/500⟩ **1** etwas ~ durch Schieben öffnen; eine (Schiebe-)Tür, ein Fenster ~ ☐ abrir (empurrando) 1.1 zurückschieben; den Riegel ~ **2** Förderwagen ~ ⟨Bgb.⟩ in den Förderkorb schieben ☐ empurrar **2** etwas ~ ⟨fig.⟩ auf einen späteren Zeitpunkt verlegen, verzögern; eine Reise, ein Vorhaben ~; etwas von einem Tag zum anderen ~; die Operation lässt sich nicht länger ~ ☐ adiar; prorrogar 3.1 aufgeschoben ist nicht aufgehoben ⟨Sprichw.⟩ wenn man etwas verschoben hat, braucht es noch nicht ungültig zu sein ☐ *adiado não é cancelado

auf|schie|ßen ⟨V. 215⟩ **1** ⟨400⟩ etwas schießt auf ⟨a. fig.⟩ etwas schießt in die Höhe, bewegt sich rasch nach oben; eine riesige Flamme schoss aus dem Dach auf

aufschrecken

☐ erguer-se/crescer bruscamente; die Vögel schossen nach dem Schuss in alle Richtungen auf ☐ levantar voo; er schoss vom Sessel auf ☐ levantar-se bruscamente; saltar; eine wilde Angst schoss in ihm auf ☐ brotar; crescer 1.1 ⟨fig.⟩ *rasch (aus dem Boden wachsen, größer werden;* die Saat, das Unkraut schoss nach dem Regen üppig auf; in der Gegend sind die Häuser wie Pilze aus der Erde aufgeschossen ☐ brotar; espigar 2 ⟨500; Mar.⟩ 2.1 Tauwerk ~ *in regelmäßigen Buchten in der Hand od. an Deck gebrauchsfertig zusammennehmen* ☐ enrolar 2.2 ein Segelschiff ~ *mit dem Bug in den Wind drehen, um es zum Stehen zu bringen* ☐ aquartelar

Auf|schlag ⟨m.; -(e)s, -schlä|ge⟩ 1 *das Aufschlagen, heftiger Fall auf eine Fläche;* das Flugzeug explodierte nach dem ~; man hörte den dumpfen ~ des Körpers ☐ queda; impacto 2 ⟨Tennis⟩ *erster Schlag;* er hat einen harten, weichen ~; den ~ haben, verlieren ☐ saque; serviço 3 *nach oben umgeschlagener od. aufgesetzter Rand an Kleidungsstücken;* eine Jacke mit roten Aufschlägen; eine Hose mit breiten Aufschlägen ☐ punho; bainha; lapela 4 *Erhöhung des Preises, Verteuerung;* für die Sondermarken muss ein ~ gezahlt werden; der ~ bei Luxusartikeln beträgt 50% ☐ sobretaxa; aumento 5 ⟨Weberei⟩ *Kette* ☐ urdidura 6 ⟨Forstw.⟩ *die aus schwerem, ungeflügeltem Samen, wie von Bucheckern, Eicheln, Kastanien, ohne menschliches Nachhelfen entstandenen Bäume u. Sträucher* ☐ espécie arbórea autocórica

auf|schla|gen ⟨V. 218⟩ 1 ⟨400(s.)⟩ *auf einer Fläche auftreffen, aufprallen;* der Körper des Stürzenden schlug auf dem Boden auf; das Geschoss schlug auf der Hauswand auf ☐ chocar-se; bater; atingir 2 ⟨500⟩ etwas ~ *zerschlagen* ☐ despedaçar 2.1 *durch einen Schlag öffnen;* ein Ei, eine Nuss ~ ☐ quebrar 2.1.1 ein Fass ~ *anzapfen* ☐ tirar; espichar 2.2 *durch einen Aufprall verletzen;* den Kopf ~; sich das Knie ~ ☐ bater; machucar 3 ⟨500⟩ etwas ~ *öffnen* ☐ abrir 3.1 ein Buch ~ *aufblättern* ☐ abrir (folheando) 3.2 eine Seite, Stelle (im Buch) ~ *aufsuchen, nachschlagen* ☐ procurar; consultar 3.3 Karten ~ *aufdecken, offen hinlegen (um daraus wahrzusagen)* ☐ *pôr/deitar as cartas 3.4 die Bettdecke ~ *umschlagen, zurückschlagen, aufdecken* ☐ tirar 3.5 die Augen ~ *die Lider öffnen* ☐ abrir 3.5.1 die Augen zu jmdm. ~ *zu jmdm. emporblicken* ~ *levantar os olhos para alguém 4 ⟨500⟩ etwas ~ *in die Höhe schlagen* ☐ levantar 4.1 die Ärmel ~ *aufkrempeln* ☐ arregaçar 4.2 den Kragen ~ *emporstellen, hochschlagen* ☐ levantar 5 ⟨500⟩ etwas ~ *aufstellen, errichten, aufbauen;* Ggs abschlagen(2); ein Bett ~; ein Lager, ein Zelt ~; die Truppe schlug ihr Quartier in einem Bauernhof auf; seinen Wohnsitz ~ ☐ montar; armar 6 ⟨402 od. 405⟩ **(etwas) ~ *den Preis erhöhen;* → a. abschlagen(3);* der Lebensmittelhändler hat eine ganze Menge aufgeschlagen 6.1 ⟨400⟩ etwas schlägt auf *wird teurer, angehoben, erhöht sich (im Preis);* eine Ware schlägt auf; die Preise haben wieder aufgeschlagen ☐ aumentar; encarecer 7 ⟨400(s.)⟩ etwas schlägt auf *schlägt in die Höhe;* die Flammen schlugen hoch auf ☐ crescer; levantar-se

8 ⟨400; Tennis⟩ *den ersten Schlag tun;* wer schlägt auf? ☐ sacar 9 ⟨500⟩ Maschen ~ *die ersten M. für eine Strickerei od. Häkelei auf die Nadel nehmen* ☐ montar

auf|schlie|ßen ⟨V. 222/500⟩ 1 etwas ~ *mit einem Schlüssel öffnen;* eine Tür, ein Schubfach ~ ☐ abrir (à chave) 2 ⟨530/Vr 7⟩ jmdm. sich od. etwas ~ ⟨fig.; geh.⟩ *offenbaren* 2.1 jmdm. sein Herz ~ *sich jmdm. anvertrauen* ☐ *abrir-se com alguém; abrir o coração a alguém 2.2 ⟨Vr 3⟩ *sich anvertrauen, andere am eigenen Erlebten teilnehmen lassen;* er schloss sich ihr auf ☐ *abrir-se; desabafar 3 eine Mine ~ ⟨Bgb.⟩ *abbaureif machen, den Abbau eröffnen* ☐ abrir 4 Erde ~ *aufbereiten, zerkleinern* ☐ preparar 5 *wasserunlösliche Stoffe* ~ ⟨Chem.⟩ *in Stoffe umwandeln, die in Wasser löslich sind* ☐ solubilizar 5.1 die Verdauungssäfte schließen die Nahrung auf *lösen sie auf, wandeln sie chemisch um* ☐ digerir 6 ⟨400 od. 411⟩ *sich an den Vorder- od. Nebenmann anschließen, nachrücken;* in der Kassenschlange ~ ☐ *entrar na fila do caixa

Auf|schluss ⟨m.; -es, -schlüs|se⟩ 1 *Aufklärung, Auskunft;* ~ erhalten (über); jmdm. ~ geben (über); sich ~ verschaffen (über) ☐ esclarecimento; informação 2 ⟨Geol.⟩ *Stelle, an der ein sonst verborgenes Gestein zutage tritt* ☐ afloramento 3 ⟨Bgb.⟩ 3.1 *Fundstelle jeder Lagerstätte* ☐ jazida 3.2 *Grubenbau, der (noch) nicht der Förderung von Bodenschätzen dient* ☐ escavação experimental

auf|schluss|reich ⟨Adj.⟩ *reich an Auskünften, aufklärend, informativ;* das Gespräch war sehr ~; eine ~e Darstellung der vorliegenden Zusammenhänge ☐ elucidativo; instrutivo

auf|schnap|pen ⟨V.⟩ 1 ⟨500⟩ etwas ~ *mit dem Maul auffangen;* der Hund schnappt die Fleischwurst auf ☐ abocanhar 1.1 ⟨fig.; umg.⟩ *zufällig hören, zufällig erfahren;* Kinder schnappen aus den Gesprächen der Erwachsenen manches auf ☐ pegar; pescar 2 ⟨400(s.)⟩ *sich öffnen;* die Tür schnappte endlich auf ☐ abrir-se

auf|schnei|den ⟨V. 227⟩ 1 ⟨500⟩ etwas ~ *durch Schneiden öffnen;* einen Briefumschlag, einen Knoten ~; der Arzt hat ihm ein Geschwür aufgeschnitten; sie hat sich die Pulsadern aufgeschnitten; dem Verletzten den Verband ~ 1.1 ein Buch ~ *seine außen zusammenhängenden Seiten trennen* ☐ abrir (cortando); cortar 1.2 etwas ~ *in Scheiben schneiden;* Brot, Wurst ~; aufgeschnittener Braten ☐ fatiar; trinchar 2 ⟨400; fig.; umg.; abwertend⟩ *prahlen, übertreiben;* er hat ziemlich aufgeschnitten ☐ gabar-se; contar vantagem

Auf|schnei|der ⟨m.; -s, -⟩ *jmd., der aufschneidet, übertreibt* ☐ fanfarrão; garganta

Auf|schnitt ⟨m.; -(e)s; unz.⟩ 1 *in Scheiben geschnittenes, verschiedenartiges Fleisch (Wurst, Schinken, Braten), kalter, gemischter* ~ ☐ frios 2 ⟨schweiz.⟩ *Prahlerei, Aufschneiderei* ☐ fanfarrice

auf|schre|cken ⟨V.⟩ 1 ⟨500⟩ jmdn. ~ *durch einen Schreck jäh auffahren lassen;* ein Aufschrei hat ihn aufgeschreckt; die seltsamen Geräusche in der Nacht schreckten ihn auf ☐ assustar 1.1 ein Tier ~ ⟨Jägerspr.⟩ *aus dem Lager scheuchen u. wegjagen;* einen

aufschreiben

Hasen durch Lärm ~ □ **desentocar** 2 ⟨a. 229 Part. Perf. aufgeschreckt; 400(s.)⟩ *plötzlich vor Schreck auffahren, sich aufrichten;* aus dem Schlaf, aus tiefem Sinnen ~; das Kind schrak nachts aus einem bösen Traum auf □ **assustar-se; sobressaltar-se**

auf|**schrei**|**ben** ⟨V. 230/500/Vr 5⟩ **(sich)** etwas ~ *niederschreiben, schriftlich festhalten, zu Papier bringen, notieren;* seine Memoiren ~; ich habe mir seine Telefonnummer aufgeschrieben □ **escrever; anotar**

auf|**schrei**|**en** ⟨V. 231/400⟩ *plötzlich einen kurzen Schrei ausstoßen;* vor Freude, Schmerz, Schreck ~; die Zuschauer schrien auf □ **soltar/dar um grito**

Auf|**schrift** ⟨f.; -, -en⟩ *etwas Daraufgeschriebenes, Beschriftung;* ~ auf einem Schild; Pullover mit ~ □ **inscrição**

Auf|**schub** ⟨m.; -(e)s, -schü|be⟩ **1** *Zeit, für od. um die etwas aufgeschoben wird, Verzögerung, Frist;* ~ gewähren (geh.); um ~ bitten; die Sache duldet keinen ~; jmdm. zwei Monate ~ geben (geh.) □ **adiamento; prorrogação 1.1** ohne ~ *sofort, unverzüglich* □ *****sem delongas**

auf|**schwin**|**gen** ⟨V. 237⟩ **1** ⟨500/Vr 3⟩ **sich** ~ *sich in die Höhe schwingen;* der Vogel schwang sich auf □ *****levantar voo 2** ⟨550/Vr 3⟩ **sich zu etwas** ~ ⟨fig.; umg.⟩ *sich mit Mühe entschließen, etwas zu tun, sich aufraffen zu etwas;* ich kann mich nicht (dazu) ~, dieses Buch nochmal zu lesen □ *****encontrar ânimo para fazer alguma coisa 3** ⟨400⟩ **etwas schwingt auf** *öffnet sich schwingend;* das Tor schwang weit auf □ **abrir-se (balançando)**

Auf|**schwung** ⟨m.; -(e)s, -schwün|ge⟩ **1** ⟨Sp.⟩ *Wechsel der Position an einem Gerät, vom Hang mit Schwung in den Stütz, wobei der Körper eine volle Drehung um seine Querachse ausführt;* ~ am Reck, am Barren □ **giro 2** ⟨fig.; geh.⟩ *stimmungsmäßiger Auftrieb;* die Reise gab ihr neuen ~; ~ der Fantasie □ **ânimo; impulso 3** ⟨Wirtsch.⟩ *eine Phase der Konjunktur, die dem unteren Wendepunkt folgt, Aufstieg;* die Industrie, Wirtschaft erlebte, nahm einen bedeutenden, großen, ungeheuren ~ **3.1 etwas nimmt einen ~** *entwickelt sich schnell u. gut* □ **melhora; prosperidade; progresso**

auf|**se**|**hen** ⟨V. 239⟩ **1** ⟨400⟩ *in die Höhe sehen, emporblicken;* zum Himmel, zu den Sternen ~; fragend, dankend, lächelnd zu jmdm. ~; er arbeitete, ohne aufzusehen; er sah kaum, nicht von der Arbeit auf □ **olhar para cima; levantar os olhos 2** ⟨800⟩ *zu jmdm.* ~ ⟨fig.⟩ *jmdn. bewundern, verehren;* sie sah ehrfürchtig, mit Bewunderung zu ihm auf; er ist jemand, zu dem man ~ kann □ **admirar; venerar**

Auf|**se**|**hen** ⟨n.; -s; unz.⟩ *durch ein besonderes Ereignis hervorgerufene starke allgemeine Aufmerksamkeit;* Sy *Sensation(1);* seine Heirat erregte großes ~; die Sache ging ohne ~ vor sich; ~ machen, verursachen; ~ vermeiden □ **sensação 2** ⟨Getrennt- u. Zusammenschreibung⟩ 2.1 ~ erregend = *aufsehenerregend*

auf|**se**|**hen**|**er**|**re**|**gend** *auch:* **Auf**|**se**|**hen er**|**re**|**gend** ⟨Adj. so beschaffen, dass es Aufsehen erregt;* ein ~ Vorfall; ⟨bei Steigerung od. Erweiterung der gesammten Fügung nur Zusammenschreibung⟩ die Premiere des „Hamlet" war (viel) aufsehenerregender als erwartet; ein sehr aufsehenerregendes Ereignis; ⟨bei Erweiterung des Erstbestandteils nur Getrenntschreibung⟩ viel Aufsehen erregend □ **sensacional**

Auf|**se**|**her** ⟨m.; -s, -⟩ *jmd., der Aufsicht führt, Wächter, Aufsicht(2);* ~ im Museum □ **guarda; vigia**

Auf|**se**|**he**|**rin** ⟨f.; -, -rin|nen⟩ *weibl. Aufseher* □ **guarda; vigia**

auf sein (alte Schreibung für) *auf sein*

auf|**sei**|**ten** *auch:* **auf Sei**|**ten** ⟨Präp. m. Gen.⟩ *bei (der Partei);* ~ der Opposition, der Regierung, der Revolutionäre stehen □ **do lado de**

auf|**set**|**zen** ⟨V.⟩ **1** ⟨500⟩ **etwas ~** *auf etwas anderes setzen* □ **colocar; apor;** ein Stockwerk (auf ein Haus) ~ □ **construir,** Taschen auf einen Mantel ~ □ **aplicar 1.1** die Brille ~ *auf die Nase setzen* **1.2** den Hut ~ *auf den Kopf setzen* □ **colocar 1.3** *zum Kochen auf den Herd stellen;* Essen, Kartoffeln, Wasser ~ □ **colocar/pôr no fogo 1.4** ein Lächeln, eine **Miene** ~ *bewusst zeigen;* eine mürrische, unfreundliche Miene, eine Amtsmiene ~ □ *****dar um sorriso; fazer cara de 1.4.1** seinen Dickkopf, Trotzkopf ~ ⟨fig.⟩ *eigensinnig, trotzig sein* □ *****meter na cabeça; teimar,** → a. *Horn[1]* (6), *Krone*(1.1; 5.2), *Licht*(2.1) **2** ⟨400⟩ **etwas ~** *einander treffen, eine Unterlage, den Boden berühren;* das Flugzeug setzte hart, weich (auf dem Boden) auf □ **pousar; aterrissar 3** ⟨500/Vr 3⟩ **sich ~** *sich (aus dem Liegen) zum Sitzen aufrichten;* zum Essen musst du dich ~ □ *****sentar-se 4** ⟨500⟩ **etwas ~** *(vorläufig schriftlich) abfassen, entwerfen, aufstellen, ins Unreine schreiben;* eine Rechnung ~; den Text für eine Rede ~ □ **rascunhar 5** ⟨400⟩ Hirsche, Rehe setzen auf ⟨Jägerspr.⟩ *bilden Gehörn, Geweih neu* □ **renovar a galhada**

Auf|**sicht** ⟨f.; -, -en⟩ **1** ⟨unz.⟩ *Überwachung, Beaufsichtigung;* Bau-~, Rechts-~; die ~ führen, haben (über) ~ unter jmds. ~ stehen; jmdn. unter polizeiliche ~ stellen; das Kind darf nicht ohne ~ sein, bleiben; in der großen Pause hat der neue Lehrer ~ auf dem Schulhof **2** ⟨unz.; umg.⟩ *Person od. Stelle, die die Aufsicht hat, Aufseher;* melden Sie sich bitte bei der ~!; er fragte bei der ~ □ **vigilância; fiscalização 3** ⟨Math.⟩ *Sicht von oben;* einen Gegenstand, Körper in ~ zeichnen □ **perspectiva superior; vista de cima 4** ⟨Getrennt- u. Zusammenschreibung⟩ 4.1 ~ führend = *aufsichtführend*

auf|**sicht**|**füh**|**rend** *auch:* **Auf**|**sicht füh**|**rend** ⟨Adj. 24/60⟩ **1** *die Beaufsichtigung führend, andere beaufsichtigend;* der ~e Lehrer □ **vigilante; supervisor 2** ~er Richter ⟨Rechtsw.⟩ *R., der die Dienstaufsicht an einem mit mehreren Richtern besetzten Amtsgericht hat* □ *****juiz corregedor**

auf|**sit**|**zen** ⟨V. 246⟩ **1** ⟨400(s.)⟩ *sich auf ein Reittier, ein Fahrzeug setzen;* er hat ihn auf dem Wagen, auf dem Motorrad (hinten) ~ lassen □ **montar; subir 1.1** aufgesessen! *zu Pferde! (Kommando)* □ **montar! 2** ⟨400⟩ *nicht zu Bett gehen, aufbleiben;* er ist wieder die ganze Nacht aufgesessen □ **ficar acordado 3** ⟨400(s.)⟩ Seemannsspr.⟩ *auf Grund geraten, auf-, festlaufen, stranden*

☐ **encalhar** 4 ⟨600(s.)⟩ *jmdm.* ~ *beschwerlich fallen, lästig werden* ☐ **importunar; incomodar** 5 ⟨600(s.)⟩ *jmdm. od. einer* **Sache** ~ *sich von jmdm. od. einer S. täuschen lassen;* er ist ihm (schön) aufgesessen ☐ ***deixar-se enganar por alguém ou alguma coisa; cair na conversa de alguém** 6 ⟨Inf.⟩ *jmdm.* ~ **lassen** ⟨fig.; umg.⟩ *jmdm. versetzen, jmdm. durch Nichteinhalten einer Verabredung od. Zusage in eine unangenehme Lage bringen* ☐ ***deixar alguém na mão; dar o cano em alguém**
auf‖**sper**|**ren** ⟨V. 500⟩ **1** *etwas* ~ ⟨regional⟩ *mittels Schlüssels od. Riegels öffnen, aufschließen;* eine Tür, ein Schubfach ~ ☐ **destrancar 2** *etwas* ~ ⟨umg.⟩ *weit öffnen, aufmachen;* den Schnabel, den Rachen ~; Türen und Fenster weit ~, damit frische Luft hereinkommt ☐ **abrir; escancarar** 2.1 *Mund u. Nase* ~ ⟨fig.; umg.⟩ *sehr verwundert, überrascht sein* ☐ **ficar boquiaberto/pasmo** 2.2 *die* **Ohren** ~ ⟨fig.; umg.⟩ *genau, aufmerksam zuhören* ☐ ***abrir bem os ouvidos; prestar bastante atenção**
auf‖**spie**|**len** ⟨V.⟩ **1** ⟨500⟩ (zu) *etwas* ~ *Musik machen;* los, spiel eins auf!; zum Tanz ~ ☐ **tocar 2** ⟨413; Sp.⟩ *in einer bestimmten Weise spielen;* groß, glanzvoll ~ ☐ **jogar 3** ⟨500/Vr 3⟩ *sich* ~ ⟨fig.; umg.; abwertend⟩ *sich wichtig tun, angeben, prahlen;* spiel dich nicht so auf; er spielte sich vor ihr gern auf ☐ ***gabar-se; contar vantagem** 3.1 ⟨518⟩ *sich als jmd.* ~ *so tun, als ob man jmd. wäre;* sich als feiner Mann ~; sich als Sachverständiger ~ ☐ ***dar-se ares de**
auf‖**sprin**|**gen** ⟨V. 253(s.)/400⟩ **1** *in die Höhe springen, sich mit einem Sprung erheben;* vom Stuhl, aus dem Bett ~ 1.1 *auf etwas* ~ *mit einem Sprung, Satz auf etwas auftreffen;* er ist auf den fahrenden Zug aufgesprungen ☐ **pular; saltar 2** ⟨411⟩ *etwas springt auf 2.1 öffnet sich;* die Tür, das Fenster ist aufgesprungen ☐ **abrir-se** 2.2 *wird rissig, wund;* aufgesprungene Hände haben ☐ **rachado**
auf‖**spü**|**ren** ⟨V. 500⟩ **1** *jmdm. od. ein* **Tier** ~ *durch Verfolgen der Spur entdecken, im Versteck finden;* der Hund hat zwei Hasen aufgespürt; die Polizei spürte den Verbrecher auf ☐ **encontrar** 1.1 ⟨fig.⟩ *entdecken;* neue, junge Talente ~ ☐ **descobrir**
Auf|**stand** ⟨m.; -(e)s, -stän|de⟩ *Empörung, Erhebung gegen eine bestehende Ordnung;* Sy **Revolte**; ~ der Massen; ein ~ bricht aus; bewaffneter ~ ☐ **rebelião; insurreição**
auf‖**stän**|**disch** ⟨Adj.⟩ *in einem Aufstand begriffen, die Gefolgschaft verweigernd, rebellisch;* ~e Truppen; ~e Arbeiter ☐ **rebelde; revoltoso**
auf‖**stau**|**en** ⟨V. 500⟩ **1** *etwas* ~ *etwas stauen u. eine größere Menge davon ansammeln;* einen Fluss ~ ☐ **represar** 1.1 ⟨Vr 3⟩ *etwas staut sich auf sammelt sich an;* die Eisschollen stauen sich am Ufer auf 1.2 ⟨511⟩ *etwas in sich* ~ ⟨fig.⟩ *etwas (über einen längeren Zeitraum) in sich ansammeln;* die Wut, der Hass staute sich in ihm auf ☐ **acumular(-se)**
auf‖**ste**|**cken** ⟨V. 500⟩ **1** *etwas* ~ *auf etwas stecken, draufstecken;* eine Flagge ~ ☐ **hastear 2** *etwas* ~ *hochstecken;* seinen Rock, ein Kleid ~ ☐ **levantar; encurtar**, sich das Haar ~ ☐ **prender (no alto da cabeça)**

3 ⟨402⟩ (*eine* **Sache**) ~ ⟨fig.; umg.⟩ *aufgeben, (damit) aufhören, (darauf) verzichten;* die Arbeit, einen Beruf ~; sie hat das Klavierspielen aufgesteckt; er hat (zu) früh aufgesteckt ~ ☐ **largar; abandonar**
auf‖**ste**|**hen** ⟨V. 256⟩ **1** ⟨400(s.)⟩ *sich auf die Füße stellen, sich zum Stehen aufrichten;* Sy **erheben**(2, 2.1); vom Boden, vom Stuhl ~; beim Aufstehen schmerzt mich der Fuß noch 1.1 ⟨400⟩ (*aus dem Bett*) ~ *das Bett verlassen;* früh, spät ~; das Aufstehen am Morgen fällt mir schwer; ich stehe jeden Tag um 6 Uhr auf; nach einer Krankheit wieder ~ ☐ **levantar(-se); pôr-se de pé** 1.1.1 da musst du (schon) **früher** ~ (*wenn du mich übers Ohr hauen willst*)! *da musst du dich beeilen, besser aufpassen!* ☐ ***enquanto você vem com a farinha, eu volto com o bolo!*; → a. **linke**(3.1) 1.2 ⟨800⟩ 1.2.1 in der Straßenbahn *vor alten Leuten* ~ *ihnen seinen Platz anbieten* ☐ **levantar-se (para ceder o lugar a alguém)** 1.2.2 *von der* **Mahlzeit**, vom Essen, vom Tisch ~ *die M. beenden* ☐ ***terminar a refeição; levantar-se da mesa* 2** ⟨400(s.)⟩ *ein Prophet ist aufgestanden* ⟨fig.⟩ *hat sich erhoben, ist an die Öffentlichkeit getreten* ☐ **revelar-se** 2.1 ⟨800⟩ ~ *gegen sich auflehnen, empören, erheben gegen* ☐ **revoltar-se; insurgir-se** 3 ⟨411⟩ *auf etwas* ~ *auf einem Untergrund stehen;* der Schrank steht mit der Unterseite auf dem Boden auf ☐ **estar (sobre/em) 4** ⟨400⟩ Fenster, Türen, Schubfächer stehen auf *sind offen* ☐ **estar aberto**
auf‖**stei**|**gen** ⟨V. 258/400(s.)⟩ **1** *auf ein Reittier, ein Fahrzeug steigen;* er hatte Mühe, auf das Pferd aufzusteigen ☐ **montar; subir** 1.1 *jmdn.* ~ **lassen** *mit einem Fahrzeug (Motorrad, Fahrrad) mitnehmen* ☐ ***levar alguém na garupa* 2** *in die Höhe steigen;* Nebel, Rauch steigt auf; ein Flugzeug, Vogel steigt auf; die Gestirne steigen am Horizont auf; einen Drachen ~ lassen; ein Gewitter steigt auf ☐ **subir; elevar-se**; die Tränen stiegen ihr auf ☐ **vir aos olhos**; gegen die ~den Tränen ankämpfen ☐ **que vêm aos olhos**; Übelkeit stieg in mir auf ☐ ***fiquei enjoado* 2.1 *sich auf dem ~ Ast befinden* ⟨fig.⟩ *vorwärtskommen* ☐ ***progredir; avançar** 2.2 *Blutsverwandte in der ~den Linie alle Vorfahren von jmdm.* ☐ **ascendente** 2.3 ⟨403 od. 410⟩ *eine* **Sache** *steigt auf* ⟨fig.; geh.⟩ *taucht auf, kommt hoch;* mir stieg der Gedanke auf; ein Bild stieg vor mir, vor meinem inneren Auge auf; Erinnerungen steigen in mir auf ☐ **emergir; aflorar 3** *aufrücken, eine höhere Stellung erreichen* ☐ **subir de posto; ser promovido** 3.1 ⟨Sp.⟩ *in eine höhere Leistungsklasse eintreten* ☐ **subir na categoria**
auf‖**stel**|**len** ⟨V. 500⟩ **1** *jmdn. od. etwas* ~ *in eine aufrechte Stellung bringen;* ein Denkmal, Zelt ~; etwas Umgefallenes wieder ~ ☐ **erigir; armar; pôr de pé** 1.1 *eine* **Vorrichtung** ~ *so hinstellen, dass sie richtig arbeiten, wirken kann;* eine Maschine, eine Falle ~ 1.1.1 ein **Bett** ~ *zusammensetzen, aufschlagen* ☐ **montar; instalar** 1.2 (*eine Gruppe von*) **Personen** ~ *für einen bestimmten Zweck auswählen u. ihnen (ihr) eine Aufgabe zuweisen;* Posten, Wachen ~ ☐ **montar; postar**, eine Mannschaft ~ (bes. Sp.) ☐ **montar; compor** 1.2.1

Aufstellung

Truppen ~ *einziehen u. kampfbereit machen* □ formar 1.2.2 Kandidaten ~ *nennen u. zur Wahl vorschlagen;* jmdn. als Wahlkandidaten ~; sich als Kandidaten ~ lassen □ lançar(-se); propor(-se) 1.2.3 ⟨Vr 3⟩ sich ~ *antreten, sich (wartend) hinstellen* □ *entrar na fila 2 etwas (in einer* Ordnung) ~ *(schriftlich) zusammenstellen, zusammenfassen, ordnen;* eine Liste, Rechnung ~; in Reihen ~ □ fazer; redigir 2.1 einen Rekord ~ *einem R. erreichen* □ alcançar 2.2 (neue) Systeme, Theorien, Grundsätze, Regeln ~ *erdenken (u. veröffentlichen od. anwenden)* □ conceber; den Beweis ~, dass ... □ fornecer 2.2.1 einen Tarif ~ *festsetzen, schaffen* □ fixar; criar 2.2.2 eine Behauptung ~ *etwas behaupten* *fazer uma afirmação

Auf|stel|lung ⟨f.; -, -en⟩ 1 *das Aufstellen, Errichtung;* die ~ eines Denkmals, eines Gerüstes □ instalação; montagem; die ~ einer Wache, eines Beobachters □ colocação 1.1 ~ nehmen *sich aufstellen;* die Soldaten nahmen ~ im Wald □ *posicionar-se 2 *das Zusammenstellen, Formierung;* die ~ eines Heeres, einer Armee, eines Orchesters □ formação 2.1 ⟨Sp.⟩ *vorgeschriebene Verteilung der Spieler am Anfang eines sportlichen Spieles od. nach einer Unterbrechung* □ posicionamento; posição 3 *Nominierung für eine Wahl;* die ~ der Kandidaten □ apresentação 4 *Liste;* eine beifügen, einreichen, machen, vorlegen; laut ~; er nahm die ~ der Waren mit □ lista 5 *Ausarbeitung u. Formulierung;* die ~ einer Theorie, einer Regel □ formulação

Auf|stieg ⟨m.; -(e)s, -e⟩ 1 ⟨unz.⟩ *das Aufsteigen(1-3);* ein leichter, schwerer, rascher ~; beim ~ auf den Berggipfel □ subida; nach seinem ~ zum Leiter des Unternehmens; der ~ zum führenden Staat Europas; der ~ in die 1. Bundesliga □ ascensão; promoção 2 *aufwärtsführender Weg;* ein bequemer, steiler, steiniger ~ □ subida

auf|sto|cken ⟨V. 500⟩ 1 ein Gebäude ~ *ein Stockwerk aufsetzen, um im Stockwerk erhöhen* □ sobrelevar 2 Kapital ~ ⟨fig.; Wirtsch.⟩ *im Kapital durch einen Zuschuss vergrößern;* ein Bankkonto um 10.000 € ~; die Finanzierung des Projekts durch öffentliche Anleihen ~ □ *aumentar o capital

auf|sto|ßen ⟨V. 262⟩ 1 ⟨500⟩ etwas ~ *durch einen Stoß, ruckartig öffnen;* das Fenster, die Tür ~ □ abrir empurrando 2 ⟨500 od. 530/Vr 5⟩ etwas ~ *heftig mit etwas auf eine Oberfläche stoßen, heftig etwas auf etwas anderes setzen, stellen;* er hat sich den Kopf aufgestoßen; sein Glas (auf den Tisch) ~; seinen Stock (auf den Boden) ~ 2.1 ⟨411(s.)⟩ auf etwas ~ *mit etwas zusammenstoßen, gegen etwas anstoßen;* er ist (mit dem Kopf) auf den Boden, die Kante aufgestoßen □ bater 3 ⟨400(s.)⟩ *auf Grund stoßen, stranden, auflaufen;* das Schiff ist aufgestoßen □ encalhar 4 ⟨400⟩ *Luft aus dem Magen heraufdringen lassen;* nach dem Essen hat er mehrere Male aufgestoßen □ arrotar 4.1 ⟨600⟩ etwas stößt jmdm. auf *dringt aus dem Magen herauf;* das Bier stößt mir auf □ dar azia; an saurem Aufstoßen leiden □ *sofrer de azia 4.1.1 das stößt mir sauer (übel) auf ⟨fig.⟩ *stört mich sehr, ärgert mich* □ *isso me irrita/aborrece 5 ⟨600(s.)⟩ etwas stößt jmdm. auf *fällt jmdn. (als bemerkenswert) auf;* mir ist aufgestoßen, dass ...; bei der Durchsicht der Bücher sind mir einige Dinge aufgestoßen, über die wir sprechen müssen □ chamar a atenção; impressionar

auf|stre|ben ⟨V. 400; geh.⟩ 1 *in die Höhe streben;* die Pappel strebt besonders hoch auf; die ~den gotischen Kirchen □ erguer-se; elevar-se 2 ⟨meist im Part. Präs.; fig.⟩ *nach oben, vorwärtsstreben;* sie ist eine junge ~de Frau □ ambicioso; die rasch ~de Industrie 2.1 das ~de Bürgertum *das aufblühende, zur Macht strebende B.* □ emergente

Auf|strich ⟨m.; -(e)s, -e⟩ 1 *das auf etwas Aufgestrichene, aufgestrichene Schicht;* Farb~ □ camada; demão 2 ⟨Pl. selten⟩ *alles, was aufs Brot gestrichen wird, z. B. Butter, Marmelade, Wurst;* Brot~ □ tudo o que se passa no pão 3 ⟨Mus.; Zeichen: V⟩ *Bogenstrich zu den Saiten hin (bei Streichinstrumenten)* □ arcada 4 *aufwärtsführender Strich, Haarstrich (beim Schreiben)* □ traço fino e ascendente

auf|stül|pen ⟨V. 500⟩ 1 ⟨503/Vr 5⟩ etwas (jmdm. auf etwas) ~ *achtlos, nachlässig auf etwas anderes setzen, legen;* (sich) den Hut, die Mütze (auf den Kopf) ~ □ colocar de qualquer jeito 2 etwas ~ *nach oben umschlagen;* die Ärmel, die Hutkrempe ~ □ levantar; arregaçar 2.1 die Lippen ~ *vorschieben, einen Schmollmund machen* □ *fazer bico/biquinho;* aufgestülpte Lippen □ *lábios projetados para frente; biquinho

auf|stüt|zen ⟨V. 500⟩ 1 ⟨500/Vr 3⟩ etwas od. sich ~ *etwas od. sich auf etwas stützen, lehnen;* die Arme auf den/dem Tisch ~; er stützte sich auf das Geländer auf □ apoiar(-se); encostar(-se) 2 jmdn. ~ *jmdn. stützend aufsetzen, aufrichten;* einen Kranken, einen am Boden Liegenden ~ □ *ajudar alguém a levantar-se/erguer-se

auf|su|chen ⟨V. 500⟩ 1 ⟨Vr 8⟩ jmdn. od. etwas ~ *(aus einem bestimmten Grund) zu jmdm. od. etwas gehen;* er suchte gleich nach seiner Ankunft seine Freunde, seine Verwandten, seine Bekannten auf; eine Bar, ein Gasthaus, eine Toilette ~ □ procurar 1.1 *besuchen;* darf ich Sie heute Abend ~?; wann darf ich Sie einmal ~? □ visitar 1.2 den Arzt ~ *konsultieren* □ consultar 1.3 sein Zimmer ~ *in sein Z. gehen, sich in sein Z. zurückziehen* □ *ir para seu quarto; recolher-se a seu quarto 2 etwas ~ *an einer bestimmten Stelle suchen, nachsehen;* eine Straße auf dem Stadtplan ~; jmds. Telefonnummer, Adresse im Notizbuch ~ □ procurar 3 etwas ~ *suchend auflesen;* die Glassplitter, das Kleingeld vom Fußboden ~ □ apanhar; recolher

auf|ta|keln ⟨V. 500⟩ 1 ein Schiff ~ ⟨Mar.⟩ *mit Takelwerk versehen;* sie takelte die Jacht nach dem Winter auf □ aparelhar; armar 2 ⟨Vr 3⟩ sich ~ ⟨fig.; umg.; abwertend⟩ *sich übertrieben anziehen, schminken, mit Schmuck behängen usw.;* sie ist aufgetakelt wie eine Fregatte; heute hat sie sich mächtig aufgetakelt □ *emperiquitar-se; empetecar-se

Auf|takt ⟨m.; -(e)s, -e⟩ 1 ⟨Mus.⟩ *unvollständiger Takt zu Beginn eines Musikstückes;* der erste Satz beginnt mit einem ~ 2 ⟨Metrik⟩ *unbetonter Teil eines Verses vor der ersten Hebung* □ **anacruse** 3 ⟨unz.; fig.⟩ *Beginn, Einleitung, Vorbereitung, Eröffnung (eines besonderen Ereignisses);* der unmittelbare ~ zum Ersten Weltkrieg war ...; die Vorstellung war ein guter ~ zu den diesjährigen Festspielen □ **início; prelúdio**

auf∥**tau**∣**chen** ⟨V. 400(s.)⟩ 1 *aus dem Wasser hervorkommen, über dem Wasser sichtbar werden;* der Wal taucht in regelmäßigen Abständen auf, um Luft zu holen; wieder, nach einer Weile, nicht mehr ~ □ **emergir; vir à tona** 2 ⟨fig.⟩ *erscheinen, plötzlich u. unerwartet da sein;* nach langer Zeit tauchte er wieder bei uns auf; immer wieder tauchte der Gedanke, tauchten Zweifel auf; ein fremdes Schiff tauchte am Horizont auf; die Gipfel der Berge tauchten in der Ferne auf □ **surgir; aparecer**

auf∥**tau**∣**en** ⟨V.⟩ 1 ⟨400(s.)⟩ *schmelzen;* das Eis taut auf □ **derreter** 1.1 ⟨fig.⟩ *seine Schüchternheit verlieren, zugänglich, gesprächig werden;* nach zwei Stunden taute das Kind auf □ **desinibir-se; soltar-se** 2 ⟨500⟩ *etwas Gefrorenes ~ zum Tauen bringen, von Eis befreien;* tiefgekühlte Lebensmittel ~; die Autoscheiben ~ □ **degelar; descongelar**

auf∥**tei**∣**len** ⟨V. 500⟩ 1 etwas ~ *in Teile aufgliedern (u. restlos verteilen);* Bonbons, den Kuchen unter den Geschwistern ~ 1.1 ein Land ~ *in Gebiete aufgliedern* 2 jmdn. ~ *in Gruppen, Gemeinschaften aufgliedern;* die Schüler wurden in Gruppen aufgeteilt □ **dividir; repartir**

auf∥**ti**∣**schen** ⟨V.⟩ 1 ⟨503⟩ *etwas ~ auf den Esstisch bringen, auftragen;* mehrere Gerichte ~; sie tischte ihren Gästen ein vorzügliches Mahl auf □ **servir; pôr na mesa** 2 ⟨530⟩ *jmdm. etwas ~* ⟨fig.; umg.⟩ *jmdm. etwas (Unwahres) erzählen;* er tischt ihr nur Lügen, Ausreden auf; sie hat ihm das übliche Märchen von der Verspätung des Zuges aufgetischt □ **contar; inventar**

Auf∣**trag** ⟨m.; -(e)s, -trä∣ge⟩ 1 *zugeteilte Arbeit, Anweisung zur Ausführung einer Arbeit;* jmdm. einen ~ erteilen, geben; einen ~ (pünktlich) erledigen; eine Arbeit in ~ nehmen; einen ~ ausführen; ein diplomatischer, ehrenvoller ~; einen ~ ausrichten □ **tarefa; missão; incumbência** 2 *Anweisung;* ich komme im ~ von Herrn XY □ **venho da parte/em nome do senhor XY;* in jmds. ~ handeln □ **agir por ordem de alguém;* ich habe den ~, Ihnen mitzuteilen, dass ... □ **ordem; orientação** 2.1 im ~ ⟨Abk.: i. A.⟩ *nicht vom Bevollmächtigten, sondern von einem anderen Beauftragten einer Firma, Behörde usw. unterzeichnet* □ **por ordem de* 3 ⟨Rechtsw.⟩ *Vertrag zur unentgeltlichen Besorgung eines Geschäftes* □ **comissão; mandato** 4 *Aufstrich, aufgetragene Schicht;* Farb~ □ **camada; aplicação**

auf∥**tra**∣**gen** ⟨V. 265⟩ 1 ⟨500⟩ *etwas ~ auf eine Oberfläche streichen, aufstreichen;* Farbe, Lack, Puder, Schminke ~; Salbe dick, dünn ~ □ **aplicar; passar** 2 ⟨500⟩ *Speisen ~ auf den Esstisch bringen,* Sy *servieren(1);* das Essen ist aufgetragen □ **servir** 3 ⟨500⟩ *Kleidungsstücke ~ durch Tragen völlig abnutzen;* die Schuhe sind aufgetragen; das Kleid kann ich noch daheim ~ □ **gastar; usar** 4 ⟨530/Vr 6⟩ *jmdm. etwas ~ einen Auftrag geben, jmdn. mit etwas beauftragen, jmdn. anweisen, etwas zu tun;* jmdm. eine Arbeit ~ □ **encarregar; incumbir;** jmdm. Grüße ~ (an) □ **mandar lembranças (a);* ich habe ihm aufgetragen, auf dich zu warten □ **mandar, ordenar** 5 ⟨400⟩ *etwas trägt auf* ⟨umg.⟩ *lässt jmdn. dick erscheinen;* dieser Stoff, diese Jacke trägt sehr auf □ **engordar**

auf∥**tref**∣**fen** ⟨V. 266/411(s.)⟩ *auf etwas ~ auf etwas aufstoßen, aufprallen, treffen;* der Ball trifft auf den Boden auf; auf das Hausdach ~de Sonnenstrahlen □ **bater; cair**

auf∥**trei**∣**ben** ⟨V. 267/500⟩ 1 jmdn. od. etwas ~ *hochtreiben* □ **levantar; fazer subir** 1.1 jmdn. ~ *aufstören, aufjagen, aufscheuchen;* der Hunger trieb sie auf □ **fazer sair** 1.2 etwas ~ *aufwirbeln;* der Wind trieb Staub und Blätter auf □ **levantar; remoinhar** 2 etwas ~ *blähen, durch inneren Druck erweitern;* Verdauungsgase treiben den Leib auf; Hefe treibt den Teig auf □ **inchar; fazer crescer** 3 jmdn. od. etwas ~ *nach mühevollem Suchen ausfindig machen u. herbeischaffen;* wo hast du das Buch aufgetrieben?; das ist alles, was ich an Essbarem, an Geld usw. ~ konnte □ **descobrir; arranjar** 4 einen Gang ~ ⟨Bgb.⟩ *aufwärts aushauen* □ **talhar um filão* 5 *Reifen auf ein Fass ~ hämmernd befestigen* □ **fixar**

auf∥**tre**∣**ten** ⟨V. 268(s.)⟩ 1 ⟨413⟩ *auf den Boden treten, den Fuß aufsetzen;* laut, leise, energisch, kräftig, vorsichtig ~ □ **pisar** 2 ⟨410⟩ *in Erscheinung treten, sich (öffentlich) zeigen;* als Bewerber ~; als Zeuge (vor Gericht) ~; öffentlich ~ □ **apresentar-se** 2.1 *gegen jmdn. ~ gegen jmdn. Partei ergreifen, Stellung nehmen* □ **opor-se a alguém* 2.2 *vorkommen;* Pocken treten in Europa nur noch selten auf; vereinzelt auftretende Bodenfröste □ **ocorrer** 2.3 *sich in einer bestimmten (guten) Weise benehmen;* würdevoll ~; für diesen Posten brauchen wir jmdn., der ~ kann □ **comportar-se;** ein sicheres, gewandtes Auftreten haben □ **comportamento** 2.4 *die Bühne betreten, auf der Bühne erscheinen;* das war heute sein erstes Auftreten □ **hoje foi sua estreia;* als jugendlicher Liebhaber ~; in einem Theater, einem Stück ~ □ **entrar em cena;** er tritt im Zirkus mit seiner Hundegruppe auf □ **apresentar-se**

Auf∣**trieb** ⟨m.; -(e)s, -e⟩ 1 *Hinauftreiben (des Viehs) auf die Alm;* Ggs *Abtrieb(1)* □ **transumância** 2 ⟨Phys.⟩ *eine der Schwerkraft entgegenwirkende, nach oben gerichtete Kraft;* das Flugzeug erhält ~ □ **força ascensional;** → a. *dynamisch(1.1), statisch(1.1)* 3 ⟨fig.⟩ *Aufschwung, Schwung, Schaffenskraft;* die Wirtschaft erhielt (einen) neuen ~; ich habe heute gar keinen ~ (etwas zu tun) □ **impulso; estímulo** 3.1 jmdn. ~ *geben jmdn. (zu einer Leistung) anregen, ermuntern, anspornen;* die gute Note in Deutsch hat ihm ~ gegeben □ **encorajar/estimular alguém*

Auf∣**tritt** ⟨m.; -(e)s, -e⟩ 1 *das Auftreten, Erscheinen auf einem Schauplatz, bes. auf der Bühne;* der Präsident hatte einen glänzenden, miserablen ~ im Fernsehen;

auftrumpfen

die Schauspieler warten in der Garderobe auf ihren ~ ☐ **entrada (em cena) 2** ⟨Theat.⟩ = *Szene(1)*; 1. Akt, 3. ~; im letzten Akt sind zwei ~e gestrichen; im ersten ~ des zweiten Aktes erscheint die berühmte Schauspielerin ☐ **cena 3** ⟨fig.⟩ *heftiger Streit, Wortwechsel*; ein hässlicher, peinlicher, unangenehmer ~; es kam zu einem fürchterlichen ~ zwischen den beiden; er hasste ihre ständigen ~e; einen ~ mit jmdm. haben ☐ **discussão; cena 4** ⟨selten⟩ *Tritt(brett), Stufe, Podest* ☐ **degrau; estribo**

auf|trump|fen ⟨V.⟩ **1** ⟨400; Kart.⟩ *einen Trumpf ausspielen* ☐ **jogar um trunfo** 1.1 ⟨416⟩ *mit etwas ~ mit etwas sein Können, seine Überlegenheit deutlich beweisen* ☐ **triunfar; exultar 2** ⟨800⟩ *gegen jmdn. ~ sich durch bestimmtes Auftreten gegenüber jmdm. durchzusetzen versuchen, gegenüber jmdm. triumphieren*; er trumpft ständig gegen seinen Vater auf ☐ ***tentar impor-se a alguém**

auf|tun ⟨V. 272⟩ **1** ⟨500⟩ *etwas ~* ⟨umg.⟩ *öffnen*; den Mund nicht ~; er hat Angst, den Mund aufzutun; er lügt, sobald er den Mund auftut; eine Tür, ein Fenster ~ ⟨regional⟩ 1.1 *einen Laden, ein Geschäft o. Ä. ~* ⟨regional⟩ *eröffnen* ☐ **abrir** 1.2 *tu die Augen auf!* pass auf!, schau dich ordentlich um! ☐ ***abra o olho!; fique atento!* 2** ⟨500/Vr 3⟩ *sich ~* ⟨geh.⟩ *sich öffnen*; die Tür, die Pforte, der Vorhang tat sich langsam auf; ihre Augen taten sich weit auf ☐ ***abrir-se 3** ⟨530/Vr 3⟩ *etwas tut sich jmdm. auf* ⟨fig.; geh.⟩ *ist plötzlich deutlich zu sehen, zu erkennen*; vor unseren Augen tat sich ein herrliches Bild auf; ein schönes Tal tat sich vor uns auf; neue Möglichkeiten tuten sich ihm auf ☐ **irromper; abrir(-se) 4** ⟨500⟩ *jmdn. od. etwas ~* ⟨fig.; umg.⟩ *(etwas Günstiges) entdecken, finden*; ich habe einen tollen Friseur, ein preiswertes Lokal, einen billigen Schuhladen aufgetan ☐ **descobrir 5** ⟨530/Vr 5⟩ *jmdm. etwas ~* ⟨umg.⟩ *auf den Teller tun*; er tat sich noch drei Scheiben vom Braten auf; die Serviererin tat der alten Dame (die Suppe) zuerst auf ☐ **servir(-se)**

auf|wa|chen ⟨V. 400(s.)⟩ **1** *wach werden* 1.1 *vom Schlaf erwachen*; ich bin (heute) früh, spät aufgewacht; ich wache jeden Morgen gegen 6 Uhr auf ☐ **despertar; acordar** 1.2 *aus der Ohnmacht ~ das Bewusstsein wiedererlangen* ☐ ***recuperar a consciência** 1.3 ⟨411⟩ *etwas wacht in jmdm. lebendig*; Kindheitserinnerungen wachten in mir auf ☐ **despertar 2** ⟨fig.⟩ *Interesse an der Umwelt gewinnen, lebhafter, vernünftiger werden*; der Junge ist schon sehr aufgewacht ☐ **despertar; amadurecer**

auf|wach|sen ⟨[-ks-] V.277/400(s.)⟩ **1** *größer, älter werden, vom Kind zum Erwachsenen heranwachsen*; er ist auf dem Land, in der Stadt, in Südamerika aufgewachsen; ich bin in einer kinderreichen Familie aufgewachsen; er ist unter der Obhut seines Onkels aufgewachsen; wir sind zusammen aufgewachsen ☐ **crescer 2** ⟨fig.; geh.⟩ *auftauchen*; am Horizont wuchsen die Gipfel der Berge aus dem Nebel auf ☐ **despontar**

auf|wal|len ⟨V. 400(s.)⟩ **1** *aufkochen*; die Suppe nur einmal, kurz ~ lassen; das Wasser wallt schon auf ☐

ferver 2 ⟨geh.⟩ *wallend in die Luft steigen*; der Rauch ist langsam aufgewallt ☐ **dispersar-se; flutuar 3** ⟨fig.; geh.⟩ *plötzlich aufsteigen (von Gefühlen)*; der Hass, der Zorn wallte in ihm auf ☐ **subir (à cabeça); crescer**, in ~der Freude ☐ **crescente**

Auf|wand ⟨m.; -(e)s; unz.⟩ **1** *das Aufwenden, Einsatz*; ~ an Energie, Geld, Kraft, Material, Zeit; mit großem, geringem, viel, wenig ~; etwas mit dem geringsten ~ (an Material) zuwege bringen **2** *das, was aufgewendet worden ist, die Kosten*; der finanzielle ~ hatte sich (nicht) gelohnt; der ~ war beträchtlich ☐ **despesa; gasto 3** *Luxus, unnötige Verschwendung*; großen, viel ~ treiben; ohne großen ~ leben, sich kleiden ☐ **luxo**

auf|wän|dig ⟨Adj.⟩ *mit großem Aufwand verbunden, betrieben, kostspielig, arbeitsintensiv*; oV *aufwendig*; eine ~e Veranstaltung; sie ist immer ~ gekleidet ☐ **dispendioso; caro**

auf|wär|men ⟨V. 500⟩ **1** *etwas ~ wieder erwärmen*; den Tee, die Suppe, das Essen, die Milch ~ ☐ **requentar 2** ⟨Vr 3⟩ *sich ~* ⟨umg.⟩ *sich wieder wärmen, weil einem kalt ist*; die Straßenarbeiter wärmten sich am Feuer auf; zu Hause hat er sich mit heißem Tee aufgewärmt. 2.1 ⟨Sp.⟩ *sich durch Laufen, leichte Übungen usw. auf Höchstleistungen vorbereiten* ☐ ***esquentar-se; aquecer-se 3** ⟨etwas ~⟩ ⟨fig.⟩ *eine unerfreuliche, schon vergessene od. erledigte Angelegenheit wieder erzählen od. an sie erinnern*; alte Geschichten immer wieder ~; musst du den alten Kohl wieder ~? ⟨umg.⟩ ☐ **tirar do baú; desenterrar**

auf|war|ten ⟨V.⟩ **1** ⟨600⟩ *jmdm. ~* ⟨geh.; veraltet⟩ *jmdn. bedienen; bei Tisch, bei einer Festtafel ~*; den Gästen bei der Feier ~ ☐ **servir 2** ⟨803⟩ ⟨jmdm.⟩ *mit etwas ~* ⟨geh.; veraltet⟩ *etwas anbieten, auftischen*; sie wartete den Gästen mit einem Imbiss auf; die Gastgeberin hat der Gesellschaft mit verschiedenen Delikatessen aufgewartet; dem Gast mit einer Tasse Kaffee und Kuchen ~ ☐ ***servir/oferecer alguma coisa a alguém** 2.1 *damit kann ich ihm ~!* ⟨fig.; umg.; iron.⟩ *das soll er haben!* ☐ ***ele vai ver o que é bom para a tosse! 3** ⟨800⟩ *mit etwas ~* ⟨fig.⟩ *etwas bieten*; das Kaufhaus wartete mit einem Sonderangebot auf; mit einer Überraschung, vielen Neuigkeiten, einer großen Sensation ~ ☐ ***oferecer alguma coisa 4** ⟨600⟩ *jmdm. ~* ⟨veraltet⟩ *einen höflichen, kurzen Besuch abstatten*; er wartete ihr auf; er bat sie, ihr ~ zu dürfen ☐ **fazer uma visita de cortesia**

auf|wärts ⟨Adv.⟩ *empor, nach oben, in die Höhe* ☐ **para cima**

auf|wärts|fah|ren ⟨V. 130⟩ **1** ⟨400 (s.)⟩ *von (hier) unten nach (dort) oben fahren* 1.1 *einen Fluss ~ stromaufwärts fahren* **2** ⟨500⟩ *jmdn. od. etwas ~ mit einem Fahrzeug von (hier) unten nach (dort) oben bringen, transportieren*; er fährt die Gäste bis zur Burg aufwärts ☐ **levar (para cima)**

auf|wärts|ge|hen ⟨V. 145/400 (s.)⟩ **1** *hinaufgehen*; den Weg aufwärtsgehen ☐ **subir 2** ⟨fig.⟩ *bessergehen*; mit ihm wird es bald ~ ☐ **melhorar**

auf|wärts|stei|gen ⟨V. 258/400 (s.)⟩ *hinaufsteigen* □ subir

Auf|war|tung ⟨f.; -, -en⟩ **1** ⟨unz.⟩ *das Aufwarten(1 u. 4)* □ **serviço; visita de cortesia** 1.1 die ~ übernehmen, machen (bei jmdm.) *bei jmdm. regelmäßig gegen Entgelt die Wohnung reinigen* □ **faxina** 1.2 jmdm. seine ~ machen *einen förmlichen Besuch abstatten* □ **visita formal 2** *jmd., der als Haushaltshilfe arbeitet;* ich habe, suche eine neue ~ □ **empregada; diarista**

Auf|wasch ⟨m.; -(e)s; unz.⟩ **1** *schmutziges Geschirr, das aufgewaschen werden soll;* in der Küche steht noch der (ganze) ~; ich habe heute viel, wenig ~ □ **louça suja 2** *das Aufwaschen;* den ~ machen; heute musst du dich beim ~ beeilen □ **lavagem da louça** 2.1 das geht in einem ~ ⟨fig.; umg.⟩ *das kann man alles mit einem Male erledigen* □ ***isso fica pronto de uma assentada**

auf|wa|schen ⟨V. 279/500 od. 400⟩ Geschirr ~ *spülen;* Teller, Tassen, Besteck ~; die Mutter ist in der Küche und wäscht auf □ **lavar (louça)**

auf|we|cken ⟨V. 500⟩ **1** jmdn. ~ *wachmachen;* sei bitte leise, damit du das Kind nicht aufweckst!; dieser Krach weckt ja Tote wieder auf! ⟨umg.; scherzh.⟩ □ **acordar;** → *a. aufgeweckt(2)*

auf|wei|chen ⟨V.⟩ **1** ⟨500⟩ etwas ~ *durch Flüssigkeit weich machen, erweichen;* hartes Brot in Wasser, Kaffee, Suppe ~; der Regen hat den Weg aufgeweicht □ **amolecer; encharcar** 1.1 *(durch Wärme) schmelzen;* die Sonne weicht die Eisschicht langsam auf □ **derreter 2** ⟨500⟩ etwas ~ ⟨fig.⟩ *allmählich von innen her zerstören, aushöhlen;* eine Partei ideologisch ~; ein Bündnis ~ □ **minar 3** ⟨400(s.)⟩ *durch Flüssigkeit weich werden;* das Brötchen weichte in der Milch auf; die Wege sind vom Regen aufgeweicht □ **amolecer; encharcar** 3.1 *(durch Wärme) erweichen;* der Asphalt weicht unter der prallen Sonne auf □ **amolecer**

auf|wei|sen ⟨V. 282/500⟩ **1** etwas ~ *auf etwas weisen, zeigen;* er weist alle Anzeichen von Masern auf; die Bilanz weist einen Gewinn auf; der Lehrer wies den Schülern neue Methoden auf □ **indicar; mostrar 2** etwas ~ *erkennen lassen;* der Apparat weist viele Mängel auf; der Sand wies frische Spuren auf □ **apresentar 3** etwas aufzuweisen **haben** *über etwas verfügen, etwas besitzen, etwas vorweisen;* die Forschung hat neue Ergebnisse, große Erfolge aufzuweisen; haben Sie keine Referenzen aufzuweisen? □ **dispor; ter para mostrar**

auf|wen|den ⟨V. 283/500⟩ **1** etwas ~ *für einen Zweck, für ein Ziel aufbringen, aufbieten, verwenden;* große Energie, viel Mühe, alle Kräfte für ein Unternehmen ~; für eine Arbeit viel Fleiß, Zeit ~; es lohnt nicht die aufgewendete/aufgewandte Mühe; er hat für sie seine ganze Freizeit aufgewendet/aufgewandt □ **despender; empregar** 1.1 *zahlen, ausgeben;* er musste für den Umbau des Hauses viel Geld ~; eine halbe Million wurde für den Plan bereits aufgewendet/aufgewandt □ **gastar; investir**

auf|wen|dig ⟨Adj.⟩ = *aufwändig*

Auf|wen|dung ⟨f.; -, -en⟩ **1** ⟨unz.⟩ *das Aufwenden;* unter ~ aller Kräfte □ **dispêndio 2** ⟨nur Pl.⟩ ~en *Ausgaben, Zahlungen, Kosten;* sehr hohe ~en haben □ **gastos, despesas**

auf|wer|fen ⟨V. 286⟩ **1** ⟨500⟩ etwas ~ *in die Höhe werfen;* Schnee, Erde ~ □ **lançar (para o alto)** 1.1 ⟨400⟩ Schalenwild (außer Schwarzwild) wirft auf ⟨Jägerspr.⟩ *hebt plötzlich rasch u. aufmerksam den Kopf* □ **levantar/erguer rapidamente 2** ⟨500⟩ die Lippen ~ *vorschieben, schürzen* □ ***fazer beicinho** 2.1 aufgeworfene Lippen *sehr breite L.* □ ***lábios grossos/carnudos 3** ⟨500⟩ etwas ~ *aufhäufen, aufschütten;* einen Wall, Erdhaufen ~; Kohlen ~ □ **amontoar; aterrar 4** ⟨500⟩ eine Frage ~ *zur Sprache bringen;* ein Problem ~ □ **levantar; evocar 5** ⟨550/Vr 3⟩ sich zu etwas ~ *sich eigenmächtig zu etwas erklären, eine anmaßende Rolle übernehmen;* sich zum Richter ~ (über andere) □ ***arvorar-se de alguma coisa; erigir-se em alguma coisa**

auf|wer|ten ⟨V. 500⟩ Ggs *abwerten* **1** etwas ~ *höher bewerten, an Wert zunehmen;* eine Währung ~ □ **supervalorizar** 1.1 etwas wertet jmdn. od. etwas auf ⟨fig.⟩ *erhöht das Ansehen, die Bedeutung von jmdm. od. etwas;* die Kette wertet das Kleid auf; mit dieser Rede versuchte er, seine Stellung in der Firma aufzuwerten □ **valorizar**

auf|wi|ckeln ⟨V. 500/Vr 7⟩ **1** etwas ~ *auf etwas wickeln;* die Wolle auf einen Knäuel ~; die Schnur, die Wäscheleine auf eine Rolle ~ □ **enrolar; bobinar** 1.1 Haar ~ *auf Lockenwickler drehen* □ **enrolar; encaracolar 2** etwas ~ *die Verpackung von etwas entfernen, auseinanderwickeln;* ein Päckchen ~; er wickelte vorsichtig das Papier auf □ **desembrulhar; desembalar**

auf|wie|geln ⟨V. 500⟩ jmdn. ~ *zur Empörung, Auflehnung, zum Aufstand anstiften;* die Soldaten gegen die Regierung ~; die Kollegen gegen den Chef ~ □ **sublevar; incitar à revolta**

auf|wie|gen ⟨V. 287/500⟩ **1** etwas ~ *ausgleichen, ein Gegengewicht herstellen;* die Vorteile wiegen die Nachteile kaum, nicht, bei weitem auf; der Erfolg wog alle Mühe und Anstrengungen auf 1.1 Ersatz bieten für; das Geld, das er bekam, wog den Verlust des Bildes nicht auf □ **compensar 2** etwas od. jmd. ist **nicht mit Gold** aufzuwiegen ⟨umg.⟩ *ist unbezahlbar, unersetzlich;* das lässt sich nicht mit Gold ~ □ ***ser impagável; não ter preço**

auf|wir|beln ⟨V.⟩ **1** ⟨500⟩ etwas ~ *drehend in die Höhe wehen;* der Wind wirbelte den Staub auf; der Sturm hat Blätter, Schnee, Sand aufgewirbelt □ **levantar; remoinhar** 1.1 Staub ~ ⟨fig.; umg.⟩ *Aufsehen in der Öffentlichkeit erregen, Aufregung bringen;* der Prozess, der Skandal, die Affäre hat eine Menge Staub aufgewirbelt □ ***fazer barulho; causar sensação 2** ⟨400⟩ etwas wirbelt auf *steigt wirbelnd in die Höhe;* die trockenen Blätter wirbelten im Sturm auf; Schnee, Sand wirbelt auf □ **voar; remoinhar**

auf|wi|schen ⟨V. 500⟩ etwas ~ *wegwischen, durch Wischen reinigen;* die verschüttete Milch ~; ich habe den Boden aufgewischt □ **limpar; enxugar**

auf|wüh|len ⟨V. 500⟩ **1** etwas ~ *durch Wühlen an die Oberfläche bringen;* Kartoffeln, Steine ~ □ **desenterrar; extrair (revolvendo) 2** die **Erde** ~ *durch Wühlen aufreißen;* die Wildschweine wühlten den Acker auf □ **cavar; remexer 3** jmdn. ~ ⟨fig.⟩ *in starke innere Bewegung versetzen, erschüttern;* das Buch, das Theaterstück, die Nachricht hat mich tief, bis ins Innerste aufgewühlt □ **revolver; comover; perturbar**

auf|zäh|len ⟨V. 500⟩ **1** etwas ~ *auflisten, einzeln, eins nach dem anderen nennen;* alle Geburtstagswünsche ~; die eingeladenen Gäste ~; er hat alle Untugenden des Hundes aufgezählt □ **enumerar 1.1** Geld ~ *Stück für Stück zählend hinlegen* □ **contar**

auf|zeich|nen ⟨V. 500⟩ **1** etwas ~ *auf etwas zeichnen;* eine Skizze, einen Plan auf ein Papier ~; ein Monogramm auf Stoff ~ 1.1 *erklärend hinzeichnen;* jmdm. einen Plan, einen Weg ~ □ **desenhar; traçar 2** etwas ~ *schriftlich festhalten, notieren;* du solltest deine Erinnerungen, Erlebnisse einmal ~ □ **anotar; registrar** 2.1 = *aufnehmen (5)*

Auf|zeich|nung ⟨f.; -, -en⟩ **1** *das Aufzeichnen;* die ~ im Studio hat gerade begonnen; die ~ des Musters auf Stoff muss sorgfältig gemacht werden □ **gravação; desenho 2** *das Aufgezeichnete;* seine ~en veröffentlichen; ~en eines Malers (Untertitel von Lebenserinnerungen); es sind geheime ~en gefunden worden; hast du von der ~ im Hauptseminar über Goethe? □ **desenho; anotação; registro**

auf|zei|gen ⟨V.⟩ **1** ⟨500⟩ etwas ~ *deutlich vor Augen führen, darlegen, deutlich auf etwas hinweisen;* die Entwicklung eines Lebewesens (in einem Vortrag o. Ä.) ~; der Lehrer zeigte die Fehler, die Probleme auf; der Erfolg hat die Bedeutung der neuen Methode aufgezeigt □ **apresentar; mostrar 2** ⟨500⟩ jmdn. ~ ⟨österr.⟩ *anzeigen* □ **delatar; dedurar 3** ⟨400⟩ die Hand heben, sich melden; der Schüler zeigt auf □ **levantar a mão (para chamar)**

auf|zie|hen ⟨V. 293⟩ **1** ⟨500⟩ etwas ~ *in die Höhe ziehen;* eine Flagge, Jalousie, Schleuse, Zugbrücke ~ □ **içar; hastear; levantar 2** ⟨500⟩ etwas ~ *durch Ziehen öffnen;* eine Schublade, den Vorhang ~ □ **abrir (puxando) 3** ⟨500⟩ etwas ~ *auf etwas spannen;* eine Landkarte, ein Foto auf Pappe ~; die Leinwand ~ □ **esticar; estender; montar,** einen Reifen ~ □ **colocar;** montar, Saiten ~ □ *****encordoar,** die Kette auf dem Webstuhl ~ ⟨Web.⟩ □ **montar; dispor 4** ⟨500⟩ etwas ~ *die Feder von etwas spannen;* die Uhr, ein Uhrwerk ~; die Uhr ist (noch nicht) aufgezogen □ **dar corda** 4.1 er redete wie aufgezogen *als ob er aufgezogen sei (wie ein Uhrwerk), ununterbrochen u. lebhaft* □ *****ele falava sem parar** 4.2 den Hahn einer Schusswaffe ~ ⟨veraltet⟩ *den Verschluss spannen* □ *****engatilhar uma arma de fogo 5** ⟨500⟩ etwas ~ *durch Ziehen (des Fadens) auftrennen;* eine Strickerei, einen Pullover (wieder) ~ □ **descoser; desmanchar 6** ⟨500⟩ ein Kind, ein Tier, eine **Pflanze** ~ *großziehen, zum Gedeihen bringen;* ein Tier mit der Flasche ~ □ **criar 7** ⟨500⟩ eine Spritze ~ ⟨Med.⟩ *mit Flüssigkeit, die injiziert werden soll, füllen* □ *****preparar uma injeção 8** andere **Saiten** ~ ⟨fig.⟩ *härter, energischer vorgehen* □ *****ser mais exigente; agir com mais rigor 9** ⟨500⟩ etwas ~ ⟨fig.⟩ *organisieren, ins Werk setzen;* ein Fest, einen bunten Abend ~; ein Unternehmen (ganz) groß ~; ein Theaterstück als Posse, Schwank ~ □ **montar; organizar 10** ⟨500/Vr 8⟩ jmdn. ~ ⟨fig.; umg.⟩ *necken, ärgern, foppen, zum Besten haben* □ *****caçoar/zombar de alguém** 10.1 jmdn. mit einer Angewohnheit ~ *wegen einer A. hänseln* □ *****caçoar/zombar de alguém por causa de um hábito* **11** ⟨400(s.)⟩ *heranziehen, näher kommen;* ein Gewitter zieht auf; Wolken ziehen auf □ **aproximar-se** 11.1 *(in militär. Ordnung) heranmarschieren u. sich aufstellen;* in Marschordnung ~ □ **desfilar,** der Posten, die Wache zieht auf □ **montar guarda**

Auf|zug ⟨m.; -(e)s, -züge⟩ **1** *das Aufziehen(11.1);* in feierlichem ~ erscheinen, einherschreiten; den ~ der Wachen beobachten □ **desfile; cortejo 2** *Vorrichtung zur Beförderung von Personen od. Lasten nach oben od. unten;* Sy *Fahrstuhl(1), Lift*[1]*;* Lasten~, Personen~ □ **elevador 3** *äußere Erscheinung, Art der Kleidung, Aufmachung;* in einem derartigen ~ kannst du dich nirgendwo sehen lassen □ **traje 4** = *Akt*[2]*(3);* 1. ~, 3. Auftritt; Tragödie in 5 Aufzügen □ **ato 5** ⟨Web.⟩ *das Aufziehen(3) der Kette auf dem Webstuhl* □ **montagem** 5.1 *die beim Aufzug(5) befestigte Kette* □ **urdidura**

auf|zwin|gen ⟨V. 294/530⟩ **1** jmdm. etwas ~ *gewaltsam aufdrängen, jmdn. nötigen, etwas entgegenzunehmen;* zwing dem Kind das Essen nicht auf; jmdm. seinen Willen ~; einem Volk eine Staatsform, eine fremde Kultur ~; ich lasse mir diese Lösung nicht ~ **2** ⟨Vr 3⟩ etwas zwingt **sich** jmdm. auf ⟨geh.⟩ *wird jmdm. zwingend bewusst;* ihr zwang sich immer der Gedanke, die Ahnung auf, dass er sie betrügt □ **impor(-se)**

Aug|ap|fel ⟨m.; -s, -äp|fel⟩ **1** *fast kugelförmiger, beweglicher Teil des menschlichen (zum Teil a. tierischen) Auges: Bulbus oculi* □ **globo ocular 2** ⟨fig.; geh.⟩ *etwas Kostbares;* jmdn. od. etwas wie seinen ~ hüten, hegen □ **menina dos olhos**

Au|ge ⟨n.; -s, -n⟩ **1** *Sinnesorgan des Menschen u. der Tiere zur Wahrnehmung von Lichtwellen;* blaue, braune, graue ~n; ein künstliches ~; die ~n öffnen, aufschlagen, niederschlagen; mit den ~n rollen ~; einen Fremdkörper im ~ haben; mir ist etwas ins ~ gekommen, geflogen; die ~n brennen, tränen mir; mit den ~n zwinkern □ **olho 1.1** ~n rechts!, ~n geradeaus!, die ~n links! □ **olhar** ⟨Mil.⟩ *(Kommando)* 1.2 gute, schlechte ~n haben *gut, schlecht sehen können* □ *****ter vista boa/ruim** 1.3 so weit das ~ reicht *so weit man sehen kann* □ *****até onde a vista alcança** 1.4 die ~n **anstrengen** *angestrengt auf etwas schauen* □ *****forçar a vista** 1.5 sich die ~n **verderben** *einen Teil der Sehkraft verlieren* □ *****estragar a vista** 1.6 die ~n **richten auf** *blicken auf, ansehen* □ *****olhar para** 1.6.1 sich nach jmdm. die ~ **ausschauen** *jmdn. angestrengt zu entdecken suchen* □ *****procurar alguém; tentar encontrar alguém** 1.6.2 ein ~ **riskieren** *einen raschen, vorsichtigen Blick auf etwas werfen* □ *****dar uma olhada** 1.7 er konnte kein ~ von ihr (ab)wenden *er* *musste sie immer ansehen* □ **não conseguia tirar o olho dela* 1.8 etwas fürs ~ ⟨fig.⟩ *etwas, woran das A. sich erfreut, etwas, was hübsch hergerichtet, appetitlich zurechtgemacht ist* □ **colírio para os olhos* 1.9 jmdm. wie aus den ~n geschnitten sein *jmdm. äußerlich sehr ähnlich sein* □ **ser a cara de alguém;* → a. *bloß(2.1), Faust(1.1), Luchs(1.1)* **2** *Organ der bewussten Wahrnehmung* 2.1 kein ~ zutun *nicht schlafen können* □ **não pregar os olhos* 2.2 schwere, verschlafene ~ haben, bekommen *müde sein, werden* □ **estar/ficar com os olhos pesados (de sono)* 2.3 mir wurde schwarz vor (den) ~n *mir wurde übel, ich drohte ohnmächtig zu werden* □ **vi tudo preto; perdi os sentidos* 2.4 es schwimmt mir (alles) vor den ~n *mir ist schwindelig* □ **está tudo girando; estou tonto* 2.5 ich kann vor Arbeit nicht mehr aus den ~ sehen *die A. kaum bewältigen* □ **mal consigo abrir os olhos (de tanto cansaço)* **3** *Organ der Beobachtung* 3.1 seine ~n überall haben *gut beobachten, sich nichts entgehen lassen, umsichtig sein* □ **ter olhos por toda parte* 3.2 mit offenen ~n durch die Welt gehen, die ~n offen halten *aufmerksam sein, die Umwelt gut beobachten* □ **encarar a vida de frente; ficar de olho aberto* 3.2.1 die ~n aufmachen ⟨fig.⟩ *sich umschauen, auf alles achten* □ **abrir os olhos* 3.3 jmdn. od. etwas (fest, scharf) ins ~ fassen *ansehen* □ **fixar os olhos em alguém ou alguma coisa* 3.4 jmdn. od. etwas (genau, gut) im ~ behalten *(genau) beobachten* □ **ficar de olho em alguém ou alguma coisa* 3.5 jmdn. nicht aus den ~n lassen *ständig beobachten* □ **não perder alguém de vista* 3.6 ein ~ haben auf etwas od. jmdn. *etwas od. jmdn. sorglich beobachten, darauf od. auf ihn achtgeben, aufpassen* □ **estar de olho em alguém ou alguma coisa* **4** *Organ zur aufmerksamen Wahrnehmung* 4.1 wo hattest du denn deine ~n?, hast du keine ~n (im Kopf)? *das musst du doch gesehen haben* □ **você está cego?* 4.2 die ~n in die Hand nehmen ⟨fig.; umg.⟩ *genau hinschauen, etwas zu erkennen suchen, bes. bei Dunkelheit* □ **examinar de perto* 4.3 es fällt, springt in die ~n *fällt sofort auf, erregt die Aufmerksamkeit* □ **salta aos olhos* 4.4 jmdn. aus den ~n verlieren *nichts mehr von jmdm. hören* □ **perder alguém de vista* 4.4.1 aus den ~n, aus dem Sinn *nicht mehr gesehen, schon vergessen* □ **longe dos olhos, longe do coração* 4.5 ~n auf (gemacht)! *aufgepasst!* □ **abra o olho!* 4.6 ein wachsames ~ haben auf *aufpassen, achtgeben auf* □ **ficar de olho* 4.7 du schläfst wohl mit offenen ~n? *du passt nicht auf!* □ **você está dormindo de olho aberto?* 4.8 das ~ des Herrn macht das Vieh fett ⟨Sprichw.⟩ *was gut gedeihen soll, muss gut beaufsichtigt werden* □ **o olho do dono engorda o gado* 4.9 das ~ des Gesetzes *die Polizei* □ **os olhos da lei* **5** *Organ des Erkenntnisvermögens* 5.1 das ~ der Vernunft *die menschliche Erkenntnisfähigkeit* □ **os olhos da razão* 5.2 er hat dafür keine ~n *sieht es, merkt es nicht, ist blind dafür* □ **ele não tem olhos para isso* 5.3 jmdm. die ~n öffnen ⟨fig.⟩ *jmdn. aufklären über* □ **abrir os olhos de alguém* 5.4 ein (sicheres) ~ haben *bestimmte Eindrücke besonders gut aufnehmen, das Wesentliche von etwas schnell erfassen* □ **ter olho bom/vista boa (para alguma coisa)* 5.4.1 gut schießen können □ **ter boa pontaria* 5.5 jetzt gehen mir die ~n auf! *jetzt erst erkenne ich die Zusammenhänge* □ **agora estou entendendo!* 5.6 sich eine Tatsache vor ~n halten *eine T. bedenken, nicht vergessen, beherzigen* □ **não perder um fato de vista; ter um fato presente* 5.7 jmdm. etwas vor ~n führen *jmdn. auf etwas aufmerksam machen* □ **chamar a atenção de alguém para alguma coisa* 5.8 was die ~n sehen, glaubt das Herz ⟨Sprichw.⟩ *das Herz lässt sich durch den äußeren Schein täuschen* □ **o que os olhos não veem, o coração não sente* 5.9 ich traute meinen ~n nicht, als ich das sah *ich wollte es nicht glauben* □ **não acreditei em meus próprios olhos quando vi aquilo* 5.9.1 die ~n (vor einer Tatsache) verschließen *(etwas) nicht sehen wollen* 5.9.2 ein ~ zudrücken *etwas nicht genau nehmen, (wohlwollend) nicht bemerken (wollen)* □ **fechar os olhos;* → a. *eigen(1.4.4), Schuppe(2.1)* **6** *Organ des Vorstellungsvermögens* 6.1 etwas vor ~n haben *sich deutlich vorstellen* □ **ter alguma coisa diante de si* 6.2 etwas vor seinem geistigen ~ sehen *sich vorstellen* □ **visualizar/imaginar alguma coisa* 6.3 geistiges, inneres ~ *Vorstellung;* vor meinem geistigen ~ □ **visualização; imaginação* **7** *Organ der Urteilsfähigkeit* 7.1 etwas mit anderen ~n ansehen *von einem anderen Gesichtspunkt aus beurteilen* □ **olhar alguma coisa com outros olhos* 7.2 in meinen ~n ist er ein Schuft *meiner Ansicht nach* □ **a meu ver ele é um canalha* 7.3 meine ~n waren größer als der Magen ⟨umg.; scherzh.⟩ *ich habe mir mehr auf den Teller genommen, als ich essen kann* □ **fiquei com o olho maior do que a boca;* → a. *Sand(1.3), Splitter(1.1)* **8** *etwas im ~ haben* ⟨a. fig.⟩ *beabsichtigen, erstreben;* ich habe einen anderen Weg im ~ (den wir gehen können); ich habe ein bestimmtes Kleid im ~ (das ich kaufen möchte); (nur) seinen eigenen Vorteil im ~ haben □ **ter alguma coisa em mente* 8.1 eine Sache ins ~ fassen *in Erwägung ziehen, beabsichtigen, sich vornehmen* □ **levar alguma coisa em conta* 8.2 ein ~ auf etwas werfen *etwas gern besitzen wollen* □ **deitar olho comprido a alguma coisa* 8.2.1 er hat ein ~ auf sie geworfen *es kann sein, dass er sich in sie verliebt* □ **ele lançou (uns) olhares para ela* 8.3 mit den ~n verschlingen *begehrlich betrachten* □ **comer com os olhos* 8.4 einer Sache ins ~ blicken *einer unangenehmen S. mutig begegnen;* einer Gefahr ins ~ blicken □ **encarar alguma coisa de frente* 8.5 dem Tod ins ~ sehen *in Todesgefahr sein* □ **ver a morte de perto* 8.6 jmdm. etwas an den ~n ablesen, absehen *einen unausgesprochenen Wunsch erraten* □ **ler alguma coisa nos olhos de alguém* **9** *Organ zum Ausdruck von Gefühlen;* blitzende, funkelnde, glänzende, strahlende, sanfte, schöne, treue ~n; ihre ~n blitzten, funkelten, strahlten, schossen Blitze □ *olho;* jmdn. od. etwas mit scheelen ~n ansehen □ **botar olho gordo/grande em alguém;* ihm quollen (vor Staunen) fast die ~n aus dem Kopf □ **os olhos quase lhe saltaram da cara*

Augenblick

(por causa do espanto) 9.1 mit **niedergeschlagenen** ~n *verschämt, verlegen* □ ***cabisbaixo; acanhado** 9.1.1 um seiner **schönen** ~n willen *nur wegen seines Aussehens, weniger wegen seiner persönlichen Verdienste* □ ***por seus belos olhos** 9.2 **verquollene** ~n *(vom Weinen) angeschwollene A.* □ ***olhos inchados (de tanto chorar)** 9.3 die ~n **gingen** ihm **über** 9.3.1 *er begann zu weinen* □ ***começou a chorar** 9.3.2 ⟨fig.⟩ *er war stark beeindruckt, ergriffen (von einem Anblick)* □ ***ficou impressionado; mal podia acreditar no que via** 9.4 da **blieb kein** ~ **trocken** 9.4.1 *alle waren sehr gerührt* □ ***todos ficaram emocionados** 9.4.2 ⟨umg.⟩ *alle waren begeistert* □ ***todos ficaram entusiasmados** 9.5 jmdm. **zu tief in** die ~n **sehen** *sich in jmdn. verlieben* □ ***apaixonar-se por alguém** 9.6 jmdm. **ins** ~ **sehen können** *keine Hintergedanken, ein reines Gewissen jmdm. gegenüber haben*; jmdm. fest, scharf ins ~ sehen □ ***poder olhar nos olhos de alguém** 9.7 jmdm. (nicht mehr) **unter die** ~n **treten können** *ein gutes (schlechtes) Gewissen jmdm. gegenüber haben, sich vor jmdm. nicht zu schämen brauchen (bzw. schämen müssen)* □ *(já não) **poder olhar nos olhos de alguém** 9.8 sich die ~n **aus dem Kopf weinen** *sehr weinen* □ ***debulhar-se em lágrimas**; → a. *Dorn¹(1.2), groß(1.8.1), lachen(1.3), Schalk(1.2), schön(1.3), verlieben(1.1.1)* **10** zwei ~n *eine Person* □ ***uma (única) pessoa** 10.1 eine Sache **auf zwei** ~n **stellen** *die Verantwortlichkeit einer einzigen Person übertragen* □ ***confiar alguma coisa a uma só pessoa** 10.2 jmdm. etwas **unter vier** ~n sagen, etwas unter vier ~n besprechen *jmdm. etwas allein sagen, zu zweit, ohne Zeugen besprechen* □ ***dizer/conversar alguma coisa a sós/em particular** 10.3 vier ~n sehen mehr als zwei *zwei Personen erledigen eine Sache besser als eine* □ ***quatro olhos enxergam melhor do que dois** 10.4 **vor, unter** meinen ~n *vor mir, in meiner Gegenwart* □ ***na minha frente; debaixo dos meus olhos** 10.4.1 **vor aller** ~n *öffentlich, vor allen anderen* □ ***diante de todos** 10.5 geh mir **aus den** ~n *ich will dich nicht mehr sehen* □ ***saia da minha frente!** 10.6 ~ **in** ~ *von Angesicht zu Angesicht, einander fest ansehend* □ ***olho no olho** 10.7 er war **ganz** ~ (und Ohr) *schaute (und lauschte) gespannt, voller Aufmerksamkeit* □ ***ele foi todo ouvidos** 10.8 die ~n **schließen, zutun** ⟨fig.⟩ *sterben* 10.8.1 seine ~n **brechen** *er stirbt*; mit brechenden ~n □ ***fechar os olhos** **11** *unersetzliches Organ des Menschen* 11.1 ich könnte ihm die ~n **auskratzen** *bin wütend auf ihn, kann ihn nicht leiden* □ ***eu seria capaz de arrancar-lhe os olhos** 11.2 das wäre fast **ins** ~ **gegangen!** *wäre fast schlimm ausgegangen* □ ***por pouco poderia ter acabado mal!** 11.3 ~ **um** ~, **Zahn um Zahn** (2. Mose 21, 24) *Gleiches muss mit Gleichem vergolten werden* □ ***olho por olho, dente por dente**; → a. *Krähe(2)* **12** *ein runder Gegenstand, eine runde Figur* 12.1 ⟨Spiel⟩ *Punkt, Figur, Zahl (auf Würfeln, Dominosteinen, Spielkarten)*; vier, sechs, acht ~n werfen (beim Würfeln) □ **ponto** 12.2 ~ **auf der Suppe**, Soße *schwimmender Fetttropfen*; Fett~ □ **olho de gordura** 12.3 *kreisrunde, farbige Zeichnung in den Schwanzfedern des Pfaus* □ **ocelo** 12.4 ⟨Bot.⟩ *ruhende Knospe, Knospenansatz*; Pfropf~; schlafendes ~ □ **olho; gema; broto** 12.5 ⟨Maschinenbau⟩ *Verdickung am Bohrungsende* **13** *eine runde Öffnung, Luke* 13.1 ⟨Web.⟩ *Öffnung an den Litzen des Webgeschirrs, durch die die Kettfäden gezogen werden* 13.2 ⟨Müllerei⟩ *Einfüllöffnung am Mühlstein* □ **olho** 13.3 ⟨Arch.⟩ *Kuppelöffnung* □ **olho; óculo** 13.4 ⟨Meteor.⟩ *Zentrum eines Tiefdruckgebietes* **14** ⟨Geom.⟩ *Projektionszentrum bei perspektivischen Darstellungen* □ **centro da projeção**

Au|gen|blick ⟨a. [--'-] m.; -(e)s, -e⟩ **1** *sehr kurze Zeitspanne*; ein entscheidender ~; ein unangenehmer ~; der große, erwartete ~ war gekommen; schreckliche ~e durchleben □ **momento** 1.1 **lichte** ~e haben 1.1.1 *kurze Zeitspannen klaren Bewusstseins (bei Krankheit)* □ ***ter momentos de lucidez** 1.1.2 ⟨fig.; meist scherzh.⟩ *schöpferische, einfallsreiche Zeiten* □ ***ter momentos de criatividade** 1.2 einen kleinen ~, bitte! *bitte noch ein (klein) wenig Geduld* □ **momento; instante** 1.3 es geschah in **einem** ~ *sehr schnell, zu gleicher Zeit* □ ***aconteceu num piscar de olhos** **2** *Zeitpunkt* 2.1 alle ~e *sehr oft, häufig wiederholt* □ ***a todo momento** 2.2 jeden ~ *unmittelbar bevorstehender Zeitpunkt*; Sy *sofort, sogleich*; er muss jeden ~ da sein □ ***a qualquer momento** 2.3 **im** ~ *zur Zeit, gerade jetzt, soeben*; ich bin im ~ sehr beschäftigt; im ~ ist er fortgegangen □ ***no momento** 2.4 *bestimmter Zeitpunkt*; im schönsten ~; er erschien im ungeeignetsten ~; bis zu diesem ~; (gerade) in dem ~, als ...; einen günstigen ~ erwischen ⟨umg.⟩ 2.4.1 er kam im letzten ~ *gerade noch rechtzeitig* 2.4.2 im nächsten ~ *unmittelbar darauf* 2.4.3 in ersten ~ dachte ich ... *zuerst* □ **momento; instante**

au|gen|blick|lich ⟨a. [--'--] Adj. 24⟩ **1** *sofort, jetzt*; komm bitte ~ her; etwas ~ erledigen □ **imediatamente** **2** *im Augenblick, derzeit, zur Zeit, zu diesem Zeitpunkt, momentan*; ~ ist er unterwegs, bei der Arbeit □ **no momento**

au|gen|fäl|lig ⟨Adj.⟩ *auffällig, deutlich erkennbar*; seine Vorliebe für schnelle Autos ist ~; eine ~e Intrige □ **evidente; manifesto**

Au|gen|licht ⟨n.; -(e)s; unz.⟩ **1** *Sehkraft* 1.1 das ~ **verlieren** *blind werden* □ **visão**

Au|gen|merk ⟨n.; -s; unz.⟩ **1** (in festen Wendungen) *Aufmerksamkeit*; sein ~ auf jmdn. od. etwas richten; jmds. ~ auf jmdn. od. etwas lenken; jmdm. od. etwas sein ~ zuwenden □ **atenção** **2** ⟨veraltet⟩ *Ziel* □ **objetivo**

Au|gen|schein ⟨m.; -s; unz.⟩ **1** *das Anschauen, äußerer Anschein*; wie der ~ lehrt, zeigt; der ~ trügt in diesem Falle; nach dem ~ zu urteilen; der bloße ~ genügt □ **aparência**; dem ~ nach □ ***pelo visto** **2** ⟨a. Rechtsw.⟩ *Prüfung durch (eigene) Besichtigung*; sich durch ~ von etwas überzeugen; einen (gerichtlichen) ~ vornehmen □ **vistoria; inspeção** 2.1 jmdn. od. etwas **in** ~ **nehmen** *durch eigene Besichtigung prüfen* □ ***inspecionar/examinar alguém ou alguma coisa**

Au|gen|zeu|ge ⟨m.; -n, -n⟩ *jmd., der einen Vorfall mit angesehen hat (u. ihn schildern kann)*; er hat es als ~

berichtet; ~ bei einem Unfall sein □ **testemunha ocular**

Au|gust¹ ⟨m.; -(e)s, -e; Abk.: Aug.⟩ *der achte Monat im Jahr;* ein heißer, verregneter, trockener ~ □ **agosto**

Au|gust² ⟨m.; -(e)s, -e⟩ (dummer) ~ = *Clown*

Auk|ti|on ⟨f.; -, -en⟩ = *Versteigerung*

Au|la ⟨f.; -, Au|len⟩ **1** *Saal für Veranstaltungen (an Schulen, Universitäten)* □ **auditório; aula 2** (urspr.) *Vorhof des griechischen Hauses* □ **aula**

Au|pair-Mäd|chen *auch:* **Au-pair-Mäd|chen** ([opɛːr-] n.; -s, -⟩ *Mädchen, das gegen Unterkunft, Verpflegung u. Taschengeld im Ausland in einer Familie arbeitet* □ *au pair*

Au|ra ⟨f.; -, Au|ren⟩ **1** ⟨unz.⟩ *griech. Göttin, Gefährtin von Artemis u. Geliebte von Dionysius* **2** ⟨zählb.⟩ *okkulte Strahlungserscheinungen, die einen Menschen (angeblich) umgeben, Strahlenkranz* **2.1** ⟨fig.⟩ *Gesamtheit der Wirkungen, die einen Menschen umgeben, Ausstrahlung;* sie ist von einer ~ des Glücks umgeben **2.2** *von einem Kunstwerk ausgehende Wirkung;* das Gemälde strahlt eine ~ von Düsternis aus **3** ⟨zählb.; Med.⟩ *Gesamtheit von psychischen od. physischen Wahrnehmungen, die einem epileptischen Anfall od. einer Migräne vorausgehen* □ **aura**

aus¹ ⟨Präp. m. Dat.⟩ **1** ~ einem Ort, einer Gegend *herkommend von;* er hat mir ~ München geschrieben; einen Brief ~ Leipzig bekommen; er ist ~ der Bretagne gekommen **1.1** er stammt ~ Berlin *ist in B. geboren, aufgewachsen* **1.2** ~ einem **Raum**, Hohlraum (heraus) *von einem R. her, sich wegbewegend;* ~ dem Haus gehen, kommen, treten; ~ dem Fenster fallen; etwas ~ dem Fenster werfen; ~ einem Glas trinken □ **de 1.2.1** ich kann das Buch nicht ~ der Hand geben *weggeben, verleihen* □ *não posso emprestar o livro* **1.2.2** das Tier frisst ~ der Hand *holt sich das Futter von der H.* **1.2.2.1** ⟨fig.⟩ *das T. ist zahm* **2** ⟨Zeit⟩ *von früher her;* ein Lied ~ alten Zeiten; ein Schrank ~ dem Biedermeier; das Bild stammt ~ dem vorigen Jahrhundert □ **de 3** (Sachverhalt) *aus ... heraus, weg von;* jmdm. ~ einer Verlegenheit (heraus) helfen □ *livrar alguém de um constrangimento* **3.1** geh mir ~ den Augen! ⟨fig.⟩ *ich will dich nicht mehr sehen, verschwinde!* □ *desapareça da minha frente!* **3.2** jmdn. od. etwas ~ den Augen verlieren ⟨fig.⟩ *nichts mehr von jmdm. od. einer Sache sehen und hören* □ *perder alguém ou alguma coisa de vista* **3.3** er ist ganz ~ dem Häuschen ⟨fig.⟩ *sehr aufgeregt* □ *ele está totalmente fora de si* **3.4** ~ ihm spricht der Hass ⟨fig.⟩ *er spricht hasserfüllt, man merkt ihm seinen Hass an* □ *ele é puro ódio* **3.5** ~ der Mode kommen *unmodern werden* □ *sair de moda* **3.6** ~ vollem Hals lachen, schreien *laut lachen, schreien* □ *rir às gargalhadas;* **gritar a plenos pulmões 3.7** ~ Leibeskräften schreien *mit aller Kraft;* (im Präpositionalobjekt) a. bestehen ~, erwachsen ~, folgen ~ usw. □ *gritar com toda a força* **4** ~ einer **Menge**, Anzahl *als Teil einer M., A.;* er stammt ~ guter Familie; der Roman besteht ~ mehreren Teilen; ein Gegenstand ~ meinem Besitz; das lässt sich nur ~ dem Zusammenhang entnehmen **4.1** einer ~ unserer Mitte *einer von uns* **4.2** ~ einem **Stoff**, Material bestehen *als einzigen oder hauptsächlichen Bestandteil haben;* ~ Glas, ~ Gold; ein Kleid ~ Wolle, ~ Holz geschnitzt **4.2.1** er hat ein Herz ~ Stein ⟨fig.⟩ *er ist unbarmherzig* □ **de 5** (Instrument) *mittels;* das habe ich ~ einem Buch gelernt; wie Sie ~ der beigefügten Rechnung ersehen; etwas ~ dem Gedächtnis wiederholen; etwas ~ Erfahrung, wissen □ **de; por 5.1** etwas ~ dem Kopf wissen, hersagen *auswendig* □ *saber/recitar de cor* **5.2** ~ der Not eine Tugend machen *eine unangenehme Lage geschickt ausnützen* □ *fazer da necessidade virtude* **6** ~ einem **Grund** *(infolge) von;* ~ welchem Grund?; ~ verschiedenen Gründen; ~ Liebe; ~ Verzweiflung; ~ bester Absicht (heraus); ~ diesem Anlass; ~ Furcht □ **por**

aus² ⟨Adv.⟩ von ... ~ **1** von einem **Ort** *ausgehend von;* von hier ~ kann man es sehen □ *a partir de um lugar* **1.1** ein und ~ gehen *durch die Tür hereinkommen und hinausgehen* □ *entrar e sair* **1.2** bei jmdm. ein und ~ gehen ⟨umg.⟩ *mit jmdm. häufig und ungezwungen verkehren* □ *frequentar a casa de alguém* **2** von Grund ~ **2.1** von Grund ~ verdorben *von Anfang an, durch und durch* □ *desde o início;* **totalmente 2.2** von Grund ~ erneuern *vollständig* □ *renovar completamente* **3** ~ sein **3.1** beendet sein □ **ter acabado/terminado 3.2** auf etwas ~ sein *eine Absicht verfolgen, etwas verfolgen;* der Löwe ist auf Beute ~; sie ist nur auf Männer ~; wer nur darauf ~ ist, Geld zu verdienen... □ *ter alguma coisa em vista; estar interessado em alguma coisa* **4** von mir ~ ⟨umg.⟩ *ich bin einverstanden, meinetwegen* □ *por mim, tudo bem* **5** ein und ~ *entrar e sair* **5.1** weder ein noch ~ wissen *völlig, total ratlos sein* □ *não saber o que fazer* **6** (kurz für) **6.1** *ausgeschaltet, ausschalten;* Licht ~!; das Licht ist ~ □ *apagado; desligado* **6.2** jmd. ist ~ ⟨umg.⟩ *ausgegangen* □ *saiu; não está* **6.3** ~! Schluss!, Ruhe! □ *chega!; silêncio!*

Aus ⟨n.; -; unz.; Sp.⟩ **1** *Ende, Abschluss;* das ~ kam kurz nach dem zweiten Tor □ **fim; término 2** *Raum außerhalb eines Spielfeldes;* der Ball flog ins ~ □ **fora da área**

aus... ⟨abtrennbare, betonte, verbale Vorsilbe⟩ **1** *weg von, hinaus;* ausgehen, aussenden, ausrufen, ausstellen **2** *hervor, heraus;* ausbrechen, ausgraben **3** *bis zu Ende, gründlich;* ausstrecken, auskochen, ausweinen **4** *Wahl unter mehreren;* auslesen, auswählen aus ...; → a. *hinaus ..., heraus ...*

aus‖ar|bei|ten ⟨V. 500⟩ **1** etwas ~ *schriftlich zusammenstellen, in gültige Form bringen, (ausführlich) verfassen;* einen Vortrag, ein Gesetz, eine Zeichnung, einen Plan ~ □ **elaborar; redigir 1.1** *vervollkommnen, verbessern, den letzten Schliff geben* **1.1.1** *handwerklich die Feinheiten herausholen;* Ornamente ~ □ *dar acabamento; retocar* **2** ⟨Vr 3⟩ *sich* ~ *sich durch Arbeit*

ausarten

körperlich(e) Bewegung verschaffen, seine Kräfte in körperliche Bewegung umsetzen; sich im Garten tüchtig ~ □ *exercitar-se (com um trabalho físico)*

aus‖ar|ten ⟨V. 405(s.)⟩ **1** etwas artet aus in od. zu etwas *etwas geht über das übliche Maß hinaus zu etwas Negativem, entwickelt sich schlecht;* ihr Streit artete plötzlich in eine Schlägerei aus; die Demonstration ist in eine Straßenschlacht ausgeartet; deine Großzügigkeit darf nicht zu unbegrenzter Verschwendung ~ □ **degenerar 2** jmd. artet aus *jmd. verliert das rechte Maß, die Beherrschung, benimmt sich schlecht;* die Kinder arten aus; in seiner Betrunkenheit, seinem Zorn artet er immer aus □ **passar dos limites 3** ⟨veraltet⟩ *aus der Art schlagen, entarten;* ein ausgearteter Mensch □ **degenerado**

aus‖at|men ⟨V. 402⟩ *eingeatmete Luft durch Mund od. Nase ausstoßen;* Ggs einatmen □ **expirar; exalar**

aus‖ba|den ⟨V. 500; umg.⟩ etwas ~ *die Folgen von etwas (meist nicht selbst) Verschuldetem tragen;* er muss diese Dummheit, diese Sache, diesen Fehler jetzt ~ □ *arcar com as consequências*

aus‖bau|en ⟨V. 500⟩ etwas ~ **1** *aus einem Bau, einem Gefüge herausnehmen;* ein Maschinenteil, den Motor ~ □ **desmontar; retirar 2** *durch Bauen erweitern, vergrößern;* den Hafen ~; ein Geschäft ~ □ **ampliar; aumentar 2.1** *die Einzelheiten von etwas vollenden, die Inneneinrichtung von etwas fertigstellen;* den Dachstuhl ~ □ **completar; terminar 3** ⟨fig.⟩ *planvoll weiterentwickeln;* Beziehungen ~; ein System ~; eine Theorie ~; eine Abhandlung zur Doktorarbeit ~ □ **desenvolver**

aus‖be|din|gen ⟨V. 120/530/Vr 1; geh.⟩ sich etwas ~ *zur Bedingung machen, sich vorbehalten, verlangen;* ich bedinge mir aus, dass...; sich das Recht ~, etwas zu tun □ *estipular/reservar-se alguma coisa*

aus‖bes|sern ⟨V. 500⟩ **1** etwas ~ *Schäden beseitigen an, etwas instand setzen, reparieren;* ein Dach, ein Gebäude, ein Gerät, eine Straße ~ □ **reparar; consertar 1.1** *flicken, stopfen;* alte Kleidung, Wäsche ~ □ **remendar 1.2** *restaurieren;* ein altes Gemälde ~ □ **restaurar**

Aus|beu|te ⟨f.; -, -n; Pl. selten⟩ *Gewinn, Nutzen, Ertrag;* eine geringe, große ~ ; ~ an Bodenschätzen □ **rendimento; lucro**

aus‖beu|ten ⟨V. 500⟩ **1** Bodenschätze, Naturkräfte ~ *fördern, gewinnen, nutzbringend anwenden, verwerten;* ein Bergwerk, eine Grube ~ **2** jmdn. od. etwas ~ ⟨abwertend⟩ *zum eigenen Vorteil skrupellos ausnutzen;* er beutet die Arbeiter schamlos aus; das römische Imperium beutete die besetzten Gebiete aus; jmds. Notlage, Unkenntnis ~ □ **explorar**

aus‖bil|den ⟨V. 500/Vr 7 od. Vr 8⟩ **1** jmdn. ~ *schulen, unterrichten;* Schüler, Lehrlinge, Nachwuchs ~; er ist am Konservatorium ausgebildet (worden); sie ist ausgebildete Zahnarzthelferin; sie lässt sich als, zur Schauspielerin ~; sich an einem Instrument, in der Malerei ~ (lassen) □ **formar; instruir 2** etwas ~ *entwickeln, weiterbilden, vervollkommen;* Fähigkeiten ~; seine Stimme ~ □ **desenvolver; aperfeiçoar 3** ⟨Vr 3⟩ etwas bildet **sich** aus *entwickelt sich, entsteht;* im 19. Jh. bildete sich der historische Roman aus □ **desenvolver-se; surgir**

Aus|bil|dung ⟨f.; -, -en⟩ **1** *das Ausbilden* **2** *Ergebnis des Ausbildens* □ **formação; instrução**

aus‖bit|ten ⟨V. 112/530/Vr 1; geh.⟩ **1** sich (von jmdm.) etwas ~ *etwas durch Bitten erreichen, verlangen od. zu erreichen versuchen;* sich vom Chef eine Bedenkzeit ~; ich habe mir von ihm ein Buch ausgebeten; sich von den Eltern eine Erlaubnis ~ □ *pedir alguma coisa (a alguém)* **2** sich (von jmdm.) etwas ~ *etwas mit Nachdruck fordern, verlangen;* ich bitte mir aus, dass Sie pünktlich sind; ich bitte mir ein anständiges Benehmen aus!; ich bitte mir aus, dass du um elf Uhr zu Hause bist! □ *exigir alguma coisa (de alguém)* **2.1** das möchte ich mir (auch) ausgebeten haben! *das habe ich auch nicht anders erwartet!* □ *é o que espero!*

aus‖blei|ben ⟨V. 114(s.)/400⟩ **1** *(wider Erwarten) nicht kommen, nicht eintreffen, fernbleiben;* zwei Teilnehmer sind ausgeblieben □ **faltar; não aparecer 2** *(wider Erwarten) nicht eintreten, nicht erfolgen;* die Menstruation ist ausgeblieben; die beabsichtigte Wirkung blieb aus □ **não vir; não se verificar 2.1** *aussetzen, stillstehen;* der Pulsschlag blieb aus □ **falhar**

Aus|blick ⟨m.; -(e)s, -e⟩ **1** *Blick in die Ferne, Aussicht;* vom Turm hat man einen schönen, weiten, herrlichen ~ auf die Landschaft; ein Zimmer mit ~ aufs Meer; die Bäume versperren den ~ □ **vista; panorama 2** ⟨fig.⟩ *Blick in die Zukunft, Vorausschau;* der modernen Medizin eröffnen sich durch diese Methode neue ~e □ **perspectiva**

aus‖bre|chen ⟨V. 116⟩ **1** ⟨500⟩ etwas ~ *losbrechen, herausbrechen;* Mauersteine, Zähne ~ □ **arrancar; quebrar 2** ⟨500⟩ den **Mageninhalt** ~ *erbrechen* □ **vomitar 3** ⟨400(s.)⟩ *sich mit Gewalt befreien;* der Häftling ist ausgebrochen; aus dem Gefängnis ~; der Löwe ist aus dem Käfig ausgebrochen □ **evadir-se; escapar 4** ⟨400(s.)⟩ etwas bricht aus *beginnt plötzlich, setzt heftig ein;* ein Brand, Feuer, Krieg bricht aus; eine Seuche brach aus; ein Streik ist ausgebrochen □ **ter início; eclodir; estourar 4.1** ein Vulkan bricht aus *wird plötzlich tätig, beginnt zu arbeiten* □ **entrar em erupção 4.2** der Schweiß brach mir aus *ich begann heftig zu schwitzen* □ *comecei a transpirar* **5** ⟨800(s.)⟩ in Gefühlsbewegungen ~ *plötzlich heftig G. zeigen;* in Gelächter ~; in Schmähungen ~; in Tränen ~; in Zorn ~; mit plötzlich ~dem Zorn □ **desatar, prorromper**

aus‖brei|ten ⟨V. 500/Vr 7⟩ **1** etwas ~ *auf eine Fläche verteilt hinlegen, nebeneinanderlegen;* die Karten ~ □ **dispor; colocar;** Ware zur Ansicht, zum Verkauf ~ □ **expor;** Wäsche zum Trocknen ~ □ **estender 2** etwas ~ *auseinanderbreiten, entfalten;* eine Decke, ein Tischtuch ~ □ **abrir; desdobrar;** sie breitete ihre ganze Lebensgeschichte vor mir aus ⟨fig.⟩ □ **narrar; desfiar 3** etwas ~ *nach den Seiten ausstrecken;* die Arme, Flügel ~ □ **esticar; abrir 4** ⟨Vr 3⟩ etwas breitet **sich** aus **4.1** *vergrößert seine Ausdehnung, verbrei-*

tet sich; ein Gerücht, eine Nachricht breitet sich aus; die Panik hat sich ausgebreitet; der Fleck, das Feuer hat sich ausgebreitet **4.2** *erstreckt sich;* jenseits des Gebirges breitet sich die Ebene aus □ **expandir-se; espalhar-se**

aus∥bren∣nen ⟨V. 117⟩ **1** ⟨500⟩ etwas ~ *durch Brennen entfernen, vernichten;* eine Warze ~ □ **cauterizar 2** ⟨500⟩ eine **Wunde** ~ *reinigen, keimfrei machen* □ **desinfetar 3** ⟨400(s.)⟩ etwas brennt aus *brennt zu Ende, verbrennt ganz;* das Feuer, die Kerze, die Batterie ist ausgebrannt □ **apagar-se; arriar 3.1** ein ausgebrannter **Vulkan** *ein erloschener, nicht mehr tätiger V.* □ **extinto 4** ⟨400(s.)⟩ *im Innern völlig verbrennen, leerbrennen;* das Gebäude ist gänzlich ausgebrannt □ **ser destruído pelo fogo; queimar completamente 4.1** jmd. ist ausgebrannt ⟨fig.⟩ *hat seine seelischen u. körperlichen Kräfte völlig verbraucht* □ **esgotado**

aus∥brin∣gen ⟨V. 118/500⟩ etwas ~ **1** einen Trinkspruch ~ *mit, bei einem Trunk aussprechen;* einen Trinkspruch auf jmdn., auf jmds. Gesundheit ~ □ **brindar; propor um brinde à saúde de alguém 2** ein Geheimnis ~ ⟨schweiz.⟩ *ausplaudern* □ **revelar 3** eine Zeile ~ ⟨Typ.⟩ *die Wortzwischenräume so vergrößern, dass es eine Zeile mehr ergibt* □ **acrescentar 4** Eier ~ ⟨Jägerspr.⟩ *ausbrüten* □ **chocar**

Aus∣bruch ⟨m.; -(e)s, -brü∣che⟩ **1** *das Ausbrechen(3-5);* Vulkan~ □ **erupção;** ~ aus einem Gefängnis □ **evasão, fuga;** ~ einer Seuche □ **surgimento;** bei ~ des Krieges □ **início; estourar;** ~ der Freude, des Zorns □ **explosão; ímpeto 1.1** zum ~ kommen *ausbrechen(4)* □ ***ter início; eclodir 2** *süßer Wein aus überreifen, am Stock halb eingetrockneten Beeren, aus denen die geeigneten ausgebrochen (ausgelesen) werden* □ **Ausbruch**

aus∥brü∣ten ⟨V. 500⟩ **1** Eier ~ *so lange brüten, bis der junge Vogel ausschlüpft;* die Henne brütet die Küken aus **1.1** eine **Krankheit** ~ ⟨fig.; scherzh.⟩ *einige Zeit undeutliche Symptome aufweisen, ehe sich die Krankheit zeigt;* ich brüte eine Grippe, einen Schnupfen aus **2** etwas ~ ⟨fig.; umg.⟩ *so lange über etwas grübeln, bis ein Ergebnis zustande kommt;* einen Plan ~; finstere, seltsame Gedanken ~ □ **chocar**

Aus∣bund ⟨m.; -(e)s; unz.⟩ *Inbegriff, mustergültiges Beispiel, Vorbild;* ein ~ an Schönheit, Frechheit, Sturheit; sie ist ein ~ von Unfähigkeit □ **modelo; exemplo**

aus∥bürs∣ten ⟨V. 500⟩ **1** etwas ~ *durch Bürsten säubern;* Dreck, Staub aus einer Jacke, Hose ~; einem Hund das Fell ~ **1.1** Haare ~ *H. kräftig durchbürsten* □ **escovar**

Aus∣dau∣er ⟨f.; -; unz.⟩ **1** *Fähigkeit, etwas über längere Zeit auszuhalten, Zähigkeit;* er hat fast keine ~; sie beweist, zeigt in diesem Falle große, bewundernswerte ~; die Entwicklung wird von uns mit ~ verfolgt; sie wurde für ihre ~ belohnt **1.1** *anhaltender Fleiß;* mit ~ arbeiten □ **persistência; perseverança**

aus∥dau∣ernd 1 ⟨Part. Präs. von⟩ *ausdauern* **2** ⟨Adj.⟩ *beharrlich, zäh, geduldig* □ **persistente; perseverante 2.1** ⟨Bot.⟩ *mehrere Jahre hindurch fortlebend;* ~e Pflanzen □ **perene**

aus∥deh∣nen ⟨V. 500⟩ **1** ⟨Vr 7⟩ etwas ~ *den Umfang von etwas vergrößern;* dehne mir meine Handschuhe nicht aus! □ **alargar; lassear 1.1** ⟨Vr 3⟩ etwas dehnt sich aus *etwas vergrößert seinen Umfang;* Metall dehnt sich durch Erwärmung aus; die Stadt dehnt sich immer mehr, immer weiter aus □ **dilatar-se; expandir-se 2** etwas ~ *(zeitlich) verlängern;* eine Frist, Lieferzeit ~; eine Reise übers Wochenende ~ **2.1** wir wollen den Abend nicht zu lange ~ *nicht zu spät auseinandergehen* □ **prolongar; estender 2.2** ein ausgedehnter Spaziergang *ein weiter, langer S.* **2.3** ein ausgedehntes Frühstück *ein reichhaltiges, langes Frühstück* □ **longo 2.4** ⟨Vr 3⟩ etwas dehnt sich in die Länge, zieht sich hin; die Feier dehnte sich bis in den Morgen aus □ **estender-se 3** eine Sache ~ *erweitern;* seinen Einfluss, seine Herrschaft ~; das schlechte Wetter dehnt sich auch auf die südlichen Landesteile aus □ **ampliar(-se); expandir(-se) 3.1** ausgedehnte Beziehungen *weit verzweigte, weitläufige, weitreichende B.* □ **amplo 3.2** eine ausgedehnte Praxis haben *eine große P.* □ **grande 4** ⟨550⟩ ein Gesetz, Verbot auf jmdn. od. etwas ~ *in seinem Anwendungsbereich auf jmdn. od. etwas erweitern;* Vorschriften auf einen größeren Personenkreis ~ □ **estender**

Aus∣deh∣nung ⟨f.; -, -en⟩ **1** *das Ausdehnen* **1.1** *Zunahme, Vergrößerung des Volumens od. der Länge;* isotrope, lineare, kubische ~ ⟨Phys.⟩ □ **dilatação; extensão 1.2** *räumliche Ausweitung;* die ~ eines Hochs über Deutschland; die ~ einer Epidemie verhindern □ **expansão 1.3** ⟨fig.⟩ *Vergrößerung;* das Land bemühte sich um ~ seiner Macht, seines Einflusses; die weitere ~ des Handels anstreben □ **aumento 1.4** *zeitliche Verlängerung;* die ~ der Tagung auf mehrere Tage; die ~ der Besuchszeit □ **prolongamento; prorrogação 2** ⟨Math.⟩ = *Dimension(1)* **2.1** *Größe, Umfang;* die Stadt hat eine ~ von 10 km²; die Hauptstadt hat eine gewaltige, beträchtliche ~ erreicht; hier kann man den See in seiner vollen ~ sehen □ **dimensão; extensão**

aus∥den∣ken ⟨V. 119/500 od. 530/Vr 1⟩ **1** (sich) etwas ~ *(sich) durch Denken etwas zurechtlegen od. schaffen;* er hat (sich) einen Plan ausgedacht; sich eine Überraschung für jmdn. ~; sich einen Scherz, einen Trick, einen Spaß, ein Spiel ~; ist das wahr oder hast du es dir nur ausgedacht?; du denkst dir immer neue Ausreden aus □ **imaginar; conceber; preparar 1.1** da musst du dir schon etwas anderes ~ *das glaube ich dir nicht* □ ***invente outra coisa 2** etwas ist nicht auszudenken *etwas ist unvorstellbar;* die Folgen, die Auswirkungen sind nicht auszudenken □ ***é inimaginável**

Aus∣druck ⟨m.; -(e)s, -drü∣cke⟩ **1** ⟨unz.⟩ *die Art, sich auszudrücken, zu sprechen, zu singen, zu spielen;* dein Aufsatz ist inhaltlich gut, aber der ~ muss noch besser werden; mit leidenschaftlichem ~ singen, spielen, sprechen □ **estilo 2** ⟨unz.⟩ *äußerliches Zeichen, Kundgeben inneren Erlebens;* Gefühls~; seinen Gefühlen ~ geben; einer Hoffnung ~ geben; eine Äußerung mit dem ~ des Bedauerns zurücknehmen; mit

ausdrücken

dem ~ vorzüglicher Hochachtung (veralteter Briefschluss) □ **expressão**; in seinem Vortrag kam (deutlich) zum ~, dass ... □ *****sua conferência exprimiu (claramente) que...** 2.1 etwas zum ~ bringen *(deutlich) sagen, ausdrücken, in Worte fassen* □ *****exprimir** 2.2 *Miene, Mienenspiel; Gesichts~;* der ~ seines Gesichts wechselte ständig; ihr Gesicht hatte einen mitleidigen ~; in seinem Gesicht lag ein ~ von Güte, Hass, Mitleid 2.3 *Betonung, Nachdruck;* ein Gedicht mit ~ vortragen; einem Lied (beim Singen) mehr ~ geben; er spielt, singt ohne (jeden) ~ 2.4 *künstlerische Gestalt(ung), Form(ung);* dieses Porträt hat gar keinen ~ 3 *Wort, Bezeichnung, Redensart, Redewendung;* Fach~, Kraft~; beleidigende Ausdrücke; den richtigen ~ nicht finden; „pürschen" ist ein ~ aus der Jägersprache; nach dem richtigen, einem geeigneten ~ suchen; kannst du mir einen anderen ~ für „romantisch" sagen?; beschönigender, bildlicher, falscher, geläufiger, mundartlicher, neuer, richtiger, treffender, veralteter, verhüllender, volkstümlicher ~; „weeß Knöbbchen" ist ein sächsischer ~ □ **expressão** 3.1 Ausdrücke gebrauchen *vulgäre, derbe Wörter, Schimpfwörter* □ *****usar palavrões**

aus|drü|cken ⟨V. 500⟩ **1** etwas ~ *durch Drücken die Flüssigkeit aus etwas entfernen;* ein Kleidungsstück ~; eine Schwamm ~; eine Zitrone ~ □ **torcer; espremer** 1.1 Flüssigkeit ~ *durch Drücken herausholen;* Saft ~ □ **extrair** **2** eine Zigarette ~ *durch Drücken auslöschen* □ **apagar** **3** etwas ~ *in einer bestimmten Art formulieren;* es ist nicht auszudrücken, wie schön es war; ich will es noch anders od. besser ~; man kann es nicht anders ~ als „unverantwortlich"; etwas in, mit Worten, Gesten ~ □ **expressar; formular** 3.1 ⟨Vr 3⟩ *sich* ~ *sich in einer bestimmten Art äußern;* sich derb, deutlich, falsch, gewählt, gut, klar, richtig ~; habe ich mich richtig ausgedrückt?; ich weiß nicht, wie ich mich ~ soll 3.1.1 seine Art, sich auszudrücken, ist erheiternd *seine Redeweise* □ *****expressar-se** 3.1.2 = *artikulieren(3)* 3.2 ⟨550⟩ etwas in etwas ~ *angeben;* einen Sachverhalt in Zahlen ~; in Zahlen, Quadratmetern ausgedrückt beträgt die Größe des Grundstücks 350 m² □ **indicar** **4** etwas ~ *in Worte fassen, aussprechen;* Gefühle, seinen Dank ~; seine Freude ~ (über etwas) □ **dizer** 4.1 ⟨530⟩ jmdm. etwas ~ *äußerlich zeigen, kundtun;* jmdm. seine Hochachtung ~; jmdm. seine Anteilnahme ohne Worte ~ □ **manifestar; expressar**

aus|drück|lich ⟨a. [-'--] Adj.⟩ *besonders betont, bestimmt, deutlich, klar;* ~e Erlaubnis, ~es Verbot; ~en Wunsch; mit ~em Vorbehalt □ **expresso; manifesto**; ich habe ~ gesagt, dass er kommen soll; etwas ~ verbieten, erklären; auf etwas ~ hinweisen, verzichten □ **terminantemente; expressamente**

aus|drucks|los ⟨Adj.⟩ *ohne Ausdruck, ohne Anzeichen innerer Regung;* er spielte ~ Klavier □ **inexpressivo; inexpressivamente**

aus|drucks|voll ⟨Adj.⟩ *voller Ausdruck, mit viel Ausdruck, leidenschaftlich;* ein ~er Gesang; ~es Gesicht; ~er Wein □ **expressivo; com expressão**

Aus|drucks|wei|se ⟨f.; -, -n⟩ *die Art sich auszudrücken, zu sprechen, Sprachstil;* eine gehobene ~ □ **modo de expressão; elocução**

aus|duns|ten ⟨V. 500⟩ = *ausdünsten*

aus|düns|ten ⟨V. 500⟩ etwas ~ *einen unangenehmen Dunst od. Geruch absondern, ausscheiden;* oV *ausdunsten;* der modrige Teich dünstete üble Gerüche aus; die Tiere haben einen scharfen Geruch ausgedünstet □ **feder; exalar (mau cheiro)**

◆ Die Buchstabenfolge **aus|ein...** kann in Fremdwörtern auch **aus|ei|n...** getrennt werden.

♦ **aus|ein|an|der** ⟨Adv.⟩ **1** *einer vom anderen getrennt, abgesondert, weg;* diese Ereignisse liegen um einige Tage, Jahre ~ □ **separado**; die Geschwister sind fast 15 Jahre ~ □ **de diferença** 1.1 wir sind schon lange ~ ⟨umg.⟩ *nicht mehr befreundet* □ **separado** **2** *eines aus dem anderen;* etwas theoretisch ~ ableiten □ *****deduzir/derivar teoricamente alguma coisa**

♦ **aus|ein|an|der||ge|hen** ⟨V. 145/400(s.)⟩ **1** *getrennte Wege gehen, sich trennen;* die Ehepartner sind auseinandergegangen □ **separar-se** 1.1 die Meinungen gehen auseinander *unterscheiden sich voneinander* □ **divergir** **2** etwas geht auseinander *geht entzwei, zerbricht;* der Stuhl, der Roller geht auseinander □ **quebrar-se; partir-se** **3** ⟨umg.⟩ *an Leibesumfang zunehmen;* im letzten Jahr ist er ganz schön auseinandergegangen □ **engordar**

♦ **aus|ein|an|der||schrei|ben** ⟨V. 230/500⟩ etwas ~ *getrennt schreiben;* dieses Wort schreibt man auseinander □ **escrever separadamente**

♦ **aus|ein|an|der||set|zen** ⟨V.⟩ **1** ⟨500⟩ jmdm. ~ *einen anderen, entfernteren Sitzplatz zuweisen;* der Lehrer musste die beiden Schüler auseinandersetzen □ **fazer sentar separadamente; separar** **2** ⟨530, fig.⟩ jmdm. etwas ~ *darlegen, erklären;* er hat ihm seine Pläne, seine Gründe klar auseinandergesetzt □ **expor; esclarecer** **3** ⟨550/Vr 3; fig.⟩ *sich* ~ 3.1 sich mit etwas ~ *sich mit etwas kritisch befassen, gründlich beschäftigen;* sich mit einer Lehre, einer anderen Meinung, einem Problem ~ □ *****ocupar-se de alguma coisa** 3.2 sich mit jmdm. ~ *mit jmdm. einen Sachverhalt in einem ernsten Gespräch klären;* der Autor dieses Romans hat versucht, sich mit dem Leser auseinanderzusetzen; er setzt sich mit dem Gegner auseinander □ *****discutir com alguém** **3** ⟨500/Vr 4; Rechtsw.; fig.⟩ *sich* (über etwas) ~ *sich über die Aufteilung von gemeinsamem Besitz einigen;* die Erben müssen sich ~ □ *****fazer a partilha de alguma coisa**

♦ **Aus|ein|an|der|set|zung** ⟨f.; -, -en⟩ **1** *eingehende Erklärung von etwas, kritische Beschäftigung mit etwas;* ohne eine ~ mit dieser Frage wird es nicht gehen; wir müssen uns der ~ mit den Problemen stellen □ **esclarecimento; análise** **2** *Meinungsaustausch, Diskussion;* eine wissenschaftliche, kritische, politische ~; es gab mehrere fruchtbare ~en über dieses Thema □ **discussão; debate** **3** *Streit;* wir hatten eine (heftige) ~ zu Hause; es kam zu blutigen, dramatischen,

scharfen ~en zwischen den Anwesenden ◻ **briga;** discussão 4 ⟨Rechtsw.⟩ *Aufteilung gemeinsamen Besitzes;* die ~ bei einer Erbschaft ◻ **partilha**
aus‖fah‖ren ⟨V. 130⟩ **1** ⟨400(s.)⟩ *nach draußen fahren* 1.1 die Bauern fahren aus *fahren (zum ersten Mal im Jahr) zur Arbeit auf den Acker* ◻ **sair para trabalhar no campo** 1.2 Bergleute fahren aus *verlassen das Bergwerk;* Ggs *einfahren(1.1)* ◻ **sair da mina** 1.3 Verkehrsmittel, ein Zug, ein Schiff fährt aus *verlässt den Bahnhof, den Hafen partir; sair;* → a. *einfahren(1)* **2** ⟨500⟩ **2.1** jmdn. ~ *spazieren fahren;* ein Kind im Wagen, einen Kranken im Rollstuhl ~ ◻ **levar para passear** **2.2** ⟨(h.) od. (s.)⟩ *ein Rennen* ~ ⟨Sp.⟩ *an einem R. teilnehmen, an einem R. bis zum Ende mitfahren* ◻ ***participar de uma corrida** **2.3** ⟨(h.) od. (s.)⟩ Kurven ~ *in der K. am rechten Straßenrand fahren;* Ggs *schneiden(9)* ◻ ***fazer curvas abertas** **2.3.1** einen Wagen ~ *bis zur Höchstgeschwindigkeit beschleunigen* ◻ **acelerar ao máximo; pisar fundo** **2.4** Gleise, einen Weg ~ *durch Fahren abnutzen* ◻ **desgastar; consumir** **2.4.1** er bewegt sich in ausgefahrenen Gleisen ⟨fig.⟩ *wiederholt nur längst Bekanntes* ◻ ***ele está seguindo pelo mesmo trilho** **2.5** Dachs u. Fuchs fahren Erde aus ⟨Jägerspr.⟩ *werfen E. aus dem Bau* ◻ ***o texugo e a raposa lançam terra para fora da toca** **3** ⟨Part. Präs.⟩ *eine ~de Bewegung* ⟨Med.⟩ *eine plötzliche, unwillkürliche B.* ◻ ***um movimento involuntário; um reflexo**
Aus‖fahrt ⟨f.; -, -en⟩ **1** *das Ausfahren, Spazierfahrt;* eine ~ unternehmen ◻ **excursão; passeio** **2** *Ausgang für Fahrzeuge;* Tor~, Hafen~; ~ freihalten! ◻ **saída de veículos** **3** *Erlaubnis zum Ausfahren;* der Zug hat noch keine ~ ◻ **permissão para partir** **4** *Straße zum Verlassen der Autobahn od. Schnellstraße,* Sy (österr.) *Abfahrt (3)* ◻ **saída**
Aus‖fall ⟨m.; -(e)s, -fäl‖le⟩ **1** *das Ausfallen* ◻ **queda** 1.1 ⟨Fechten⟩ *rasches Vorsetzen des rechten Fußes mit Beugen des Knies u. Vorschnellen des Körpers sowie der damit verbundene Stoß od. Hieb* ◻ **ataque** **2** ⟨fig.⟩ *beleidigender Angriff gegen jmdn.* ◻ **insulto; invectiva**
aus‖fal‖len ⟨V. 131/400(s.)⟩ **1** *etwas fällt aus fällt heraus;* die Haare, Zähne fallen aus ◻ **cair** **2** *etwas fällt aus fällt unerwartet weg;* mein Lohn fällt für diese Zeit aus; der fahrplanmäßige Zug fällt aus ◻ **ser suspenso** **2.1** eine Sitzung fällt aus *findet nicht statt;* der Unterricht fällt heute aus ◻ **não se realizar; não haver 3** ⟨413⟩ *etwas fällt gut, schlecht aus hat ein gutes, schlechtes Ergebnis;* die Ernte ist gut ausgefallen; die Prüfung fiel nicht so besonders aus; die Arbeit wird gut od. schlecht ~ ◻ ***ter bom/mau resultado;** wie ist das Spiel ausgefallen? ◻ ***como terminou o jogo?** **4** jmd. fällt aus ⟨bes. Sp.⟩ *nimmt an einem Spiel, einem Wettbewerb (kurzfristig) nicht teil;* er wird die nächsten drei Wochen ~ ◻ **ficar fora (do jogo/da competição)**
aus‖fin‖dig ⟨Adj. 24/51⟩ jmdn. od. etwas ~ machen *nach langem, angestrengtem Suchen od. Nachdenken finden;* den Täter ~ machen; er hat ein nettes Lokal ~ gemacht; seine Spur wurde ~ gemacht ◻ ***encontrar/descobrir alguém ou alguma coisa**

Aus‖flucht ⟨f.; -, -flüch‖te⟩ *Ausrede, mit der etwas unglaubwürdig entschuldigt wird;* immer eine ~ haben; Ausflüchte machen, gebrauchen; sich hinter Ausflüchten verstecken ◻ **pretexto; evasiva**
Aus‖flug ⟨m.; -(e)s, -flü‖ge⟩ **1** *das Wegfliegen;* ~ der Bienen, der Vögel ◻ **voo** **2** *eine (kurze) Wanderung od. Fahrt zum Vergnügen od. zur Erholung;* einen ~ (ins Grüne, nach X usw.) machen; ein schöner, großer, gemeinsamer ~ aufs Land, in die Berge ◻ **excursão;** es war ein ~ in die Vergangenheit, in die Mythologie ⟨fig.⟩ ◻ **digressão**
Aus‖fluss ⟨m.; -es, -flüs‖se⟩ **1** *Stelle, an der eine Flüssigkeit ausfließt, Öffnung für den Abfluss;* der ~ eines Teiches, Sees ◻ **escoadouro; saída** **2** ⟨Med.⟩ *krankhafte Absonderung von Flüssigkeit aus der Scheide;* eitriger, blutiger ~ ◻ **corrimento; secreção** **3** ⟨unz.; fig.; geh.⟩ *Ergebnis, Folge;* es war ein ~ seiner Phantasie, schlechter Laune, augenblicklicher Stimmung ◻ **resultado; produto**
aus‖fra‖gen ⟨V. 505⟩ jmdn. (über etwas) ~ *jmdn. anhaltend nach etwas befragen, jmdn. über etwas aushorchen;* der Mann fragte die Kinder nach ihren Eltern aus ◻ **interrogar; sondar**
aus‖fres‖sen ⟨V. 139/500⟩ **1** etwas ~ *leerfressen;* die Schweine haben den Trog ausgefressen; das Pferd frisst den Hafer nicht aus ◻ **comer tudo** **2** etwas ~ *aus etwas herausfressen;* die Säure hat ein Loch ausgefressen ◻ **corroer** **3** etwas ausgefressen haben ⟨fig.; umg.⟩ *etwas angestellt haben, sich etwas zuschulden haben kommen lassen;* was hast du denn ausgefressen? ◻ ***o que você andou aprontando?**
aus‖frie‖ren ⟨V. 140⟩ **1** ⟨400(s.)⟩ **1.1** *zu Eis erstarren, erfrieren;* zum Trocknen aufgehängte Wäsche ~ lassen; im vorigen Winter fror die Saat aus **1.2** (regional) *vor Kälte durch u. durch frieren;* ich bin ganz ausgefroren ◻ **congelar 2** ⟨500⟩ ein Gemisch ~ ⟨Tech.⟩ *durch Abkühlen in seine Bestandteile trennen* ◻ **separar por resfriamento**
Aus‖fuhr ⟨f.; -; unz.⟩ *der Verkauf von Waren ins Ausland;* Sy *Export;* Ggs *Einfuhr* ◻ **exportação**
aus‖füh‖ren ⟨V. 500⟩ **1** jmdn. ~ *jmdn. zu einer Veranstaltung, in ein Lokal führen u. freihalten* ◻ ***sair com alguém** **2** den Hund ~ *spazieren führen* ◻ **levar para passear** **3** Waren ~ *ins Ausland bringen, verkaufen,* Sy *exportieren (1)* ◻ **exportar** **4** eine Arbeit ~ *durchführen, vollenden* ◻ **realizar; cumprir** **5** Gedanken ~ *(mündlich od. schriftlich) darlegen, auseinandersetzen, ausführlich erklären;* er führte seine Theorien, Ideen weitschweifig aus; wie ich oben ausgeführt habe ◻ **expor; explicitar**
aus‖führ‖lich (schweiz. ['---] Adj.) *bis ins Einzelne gehend, eingehend, sehr genau, breit darstellend;* ein ~er Brief, Bericht; ein Thema ~ behandeln; etwas ~ erklären, beschreiben, erzählen ◻ **detalhado; em detalhes**
Aus‖füh‖rung ⟨f.; -, -en⟩ **1** *Durchführung, Vollendung;* die ~ der Bauarbeiten dauert drei Wochen ◻ **execução; realização** **2** *Ausarbeitung;* die weitere ~ einer Zeichnung ◻ **elaboração** **3** *Art der Herstellung, Ausstattung;* die ~ des Einbandes war mangelhaft; in

ausfüllen

sorgfältiger ~ □ acabamento **4** *ausführliche Erklärung, Darlegung;* gelehrte ~en; wie ich Ihren ~en entnommen habe; wir danken dem Redner für seine interessanten ~en □ exposição; explicação

aus‖fül|len ⟨V.⟩ **1** ⟨505⟩ etwas (mit etwas) ~ *etwas Leeres od. Hohles vollständig füllen;* einen Zahn mit Amalgam, Kunststoff ~; eine Grube mit Sand ~; eine Lücke in seiner Bildung ~ ⟨fig.⟩ □ (pre)encher **1.1** etwas od. jmd. füllt etwas aus *bedeckt od. nimmt nur einen begrenzten Raum od. Platz ein;* die zwei Schränke füllen den ganzen Flur aus; die Bilder füllten die ganze Wand aus; sie hat mit ihrem dicken Körper den ganzen Sessel ausgefüllt ~ □ ocupar; preencher **2** etwas ~ *alle erforderlichen Angaben in ein Schriftstück eintragen, in einem Schriftstück gestellte Fragen beantworten;* einen Fragebogen, ein Formular, eine Anmeldung in Druckschrift ~; füllen Sie bitte diesen Meldezettel deutlich aus! □ preencher **3** eine begrenzte Zeit (mit etwas) ~ *verbringen;* sie füllte die Wartezeit mit Lesen aus; die Pause unterhaltsam ~; ihr ganzes Leben war mit Arbeit ausgefüllt □ passar; preencher **4** einen Posten ~ ⟨fig.⟩ *bekleiden, einer Aufgabe gewachsen sein;* er füllt seine Stellung, seinen Platz gut, gewissenhaft aus □ ocupar; preencher **5** etwas füllt jmdn. aus ⟨fig.⟩ *etwas erfüllt jmdn., nimmt jmdn. voll in Anspruch;* ein Gedanke, eine Idee, ein Vorhaben füllt ihn gänzlich aus; das unvorstellbare Glück füllte ihn aus □ ocupar; tomar **5.1** *befriedigen;* die Arbeit füllte sie nicht aus; seine Tätigkeit hat ihn ganz ausgefüllt □ satisfazer

Aus|ga|be ⟨f.; -, -n⟩ **1** *Zahlung, Geldaufwand;* kleine, große, viele ~n haben, machen; laufende ~n; keine ~n scheuen; ~n u. Einnahmen □ despesa **2** ~ von Schriftwerken (Abk.: Ausg.) *Veröffentlichung;* Abend~, Erst~ □ edição **2.1** ~ *letzter Hand letzte vom Verfasser selbst autorisierte Veröffentlichung eines Werkes* □ *última edição revista e corrigida pelo autor* **2.2** *Ausstattung, Form eines Druckwerkes;* Pracht~, Liebhaber~, Sonder~, Taschen~; erweiterte, verkürzte ~ □ edição **2.3** *Nummer einer Zeitung;* in welcher ~ stand die Nachricht? □ número **3** ⟨unz.⟩ *das Herausgeben(2);* Waren~, Essen~ □ entrega **3.1** *Stelle, an der etwas herausgegeben wird;* Ggs *Annahme(1);* Paket~; fragen Sie an der ~! □ guichê de entrega

Aus|gang ⟨m.; -(e)s, -gän|ge⟩ **1** *Öffnung eines Raumes zum Hinausgehen;* Ggs *Eingang(1);* alle Ausgänge besetzen!; den ~ versperren **1.1** *Tür zum Hinausgehen, Tür ins Freie;* bitte den ~ an der Seite benutzen!; am ~ des Theaters □ saída **1.2** ~ *eines Stollens, unterirdischen Ganges usw.* □ boca; abertura **2** ~ *eines Geschehens, Zeitraumes, einer Abfolge Ende;* eine Geschichte mit bösem, glücklichem, gutem ~; tödlicher ~ einer Krankheit, eines Unfalls; am ~ des 19. Jh.; der ~ eines Romans, Wortes, Verses, einer Zeile □ fim; desfecho **2.1** ~ *einer Verhandlung, eines Unternehmens Erfolg bzw. Misserfolg* □ resultado **2.2** ~ *eines Konflikts Lösung* □ solução; saída **3** *Ergebnis einer Bearbeitung einer Datenverarbeitungsanlage derjenige Teil einer*

D., *der das Ergebnis einer Berechnung darstellt* **3.2** ⟨meist Pl.⟩ *Ausgänge an einem Tag gelieferte Waren, abgesandte Briefe usw.* **4** *das Ausgehen(1);* es war sein erster ~ nach der Krankheit □ saída **4.1** ⟨bes. von Dienstboten u. Soldaten⟩ *Ausgehtag, freier Tag od. Nachmittag;* das Personal hat heute ~ □ folga

aus‖ge|ben ⟨V. 143/500⟩ **1** etwas ~ *weg-, her-, fortgeben;* Geld ~ □ gastar; despender **1.1** mit vollen Händen Geld ~ *verschwenderisch sein* □ *gastar dinheiro a rodo* **1.2** einen **Schnaps** ~ ⟨umg.⟩ *spendieren* □ *pagar uma pinga (para alguém)* **1.3** eine **Runde** ~ *für jeden im geselligen Kreis ein Getränk spendieren* □ *pagar uma rodada* **2** etwas ~ *verteilen, übergeben;* Essen, Gepäck ~ □ distribuir **2.1** etwas (zum Verkauf) ~ *herausgeben, herausbringen, in Umlauf setzen;* Aktien, Briefmarken, Fahrscheine, Eintrittskarten ~ □ emitir **2.2** *Befehle, Parolen* ~ *bekanntgeben* □ dar **3** ⟨Vr 3⟩ sich ~ *sich verausgaben, seine Kraft verbrauchen* □ *extenuar-se* **4** ⟨518/Vr 7⟩ jmdn. od. etwas als, für jmdn. od. etwas ~ *fälschlich als jmdn. od. etwas vorstellen, für jmdn. od. etwas gelten (lassen) wollen;* er gibt sich für den Sohn des X aus; er gibt sich als Deutscher aus (ist es aber nicht) □ *fazer-se passar por alguém ou alguma coisa* **5** ⟨413⟩ etwas gibt viel (wenig) aus *bringt (keinen) Ertrag, reicht (nicht) weit, lange;* diese Wolle gibt viel aus □ render muito/pouco

Aus|ge|burt ⟨f.; -, -en; fig.⟩ *(übles) Erzeugnis;* ~ der Hölle; eine ~ seiner krankhaften Fantasie □ criatura; produto; fruto

aus|ge|fal|len 1 ⟨Part. Perf. von⟩ *ausfallen* **2** ⟨Adj. 70⟩ *nicht alltäglich, merkwürdig;* eine ~e Idee!; eine ~e Angelegenheit □ insólito; extravagante

aus|ge|gli|chen 1 ⟨Part. Perf. von⟩ *ausgleichen* **2** ⟨Adj.⟩ *gleichgesinnt, ohne Schwankungen, schwer zu erschüttern, gleichmäßig;* ein ~er Charakter, ein ~es Gemüt, Wesen; ein ~es Klima, Spiel □ equilibrado; estável

aus‖ge|hen ⟨V. 145(s.)⟩ **1** ⟨400⟩ *nach draußen gehen, seine Wohnung verlassen, um einer Beschäftigung od. einem Vergnügen nachzugehen;* nicht gern ~ □ sair **2** ⟨400⟩ etwas geht aus *wird weniger;* der Atem ging ihm aus; jetzt geht ihm die Geduld aus □ faltar; acabar **2.1** Geld, Waren gehen aus *gehen zur Neige, brauchen sich auf* □ estar no fim **2.2** Haare gehen aus *fallen aus* □ cair **2.3** Farben gehen aus *laufen (beim Waschen) ineinander, laufen aus* □ desbotar **2.4** das Feuer geht aus *erlischt;* das Feuer ~ lassen □ apagar-se; extinguir-se **3** einen **Befehl**, ein **Verbot** ~ lassen *verkünden, verbreiten, aussenden* □ divulgar; emitir **4** ⟨800⟩ in eine **Spitze** ~ = *auslaufen(6.1)* **5** ⟨413⟩ *eine Sache wird gut od. schlecht* ~ *ein gutes od. schlechtes Ergebnis haben* □ *ter bom ou mau resultado; acabar bem ou mal* **6** ⟨413⟩ *frei, leer* ~ *durch etwas Unangenehmes, Angenehmes nicht betroffen werden* □ *sair ileso; sair de mãos abanando* **7** ⟨800⟩ **7.1** auf etwas ~ *nach etwas heftig streben;* auf Abenteuer, Beute, Raub, seinen Vorteil ~ □ *ter em vista alguma coisa* **7.2** von etwas ~ *etwas zum Ausgangspunkt nehmen;* von bestimmten Voraussetzungen ~; ich gehe davon aus, dass ... ☐ *partir de alguma coisa* **8** ⟨Vr 7⟩ es geht sich nicht aus ⟨österr.⟩ *es reicht nicht, passt nicht* ☐ ***não dá; não vai dar**

aus|ge|las|sen 1 ⟨Part. Perf. von⟩ *auslassen* **2** ⟨Adj.⟩ *übermütig, sehr fröhlich u. wild;* ein ~es Kind ☐ **traquinas; endiabrado;** *die Gesellschaft war gegen Mitternacht schon sehr ~;* in ~er Laune sein ☐ **animado**

aus|ge|macht 1 ⟨Part. Perf. von⟩ *ausmachen* **2** ⟨Adj. 24/70⟩ **2.1** *gewiss, bestimmt, sicher;* es ist schon ~, dass ...; es galt als ~, dass ... **2.2** ⟨60⟩ eine ~e **Sache** ⟨umg.⟩ *er-, bewiesene S., feststehende Tatsache;* es ist eine ~e Sache, dass sie gewinnen wird ☐ **certo 2.2.1** ⟨verstärkend; umg.⟩ *sehr groß, ausgesprochen, vollkommen;* das ist ein ~er Blödsinn; er ist ein ~er Schurke ☐ **enorme; total**

aus|ge|nom|men ⟨Präp. (oft nachgestellt) m. Akk.⟩ *außer, nicht enthaltend;* wir alle, mich ~; Anwesende ~; ~ die letzten beiden Tage ☐ **exceto; salvo**

aus|ge|rech|net 1 ⟨Part. Perf. von⟩ *ausrechnen* **2** ⟨Adj.⟩ **2.1** ⟨24/50⟩ *gerade (so, wie es nicht zu erwarten war);* ~ mir muss das passieren!; musst du ~ jetzt zu mir kommen? ☐ **justamente; justo 2.2** ⟨Adj. 60⟩ ein ~er Mensch ⟨schweiz.⟩ *ein berechnender, auf seinen geldlichen Vorteil bedachter M.* ☐ **calculista**

aus|ge|schlos|sen 1 ⟨Part. Perf. von⟩ *ausschließen* **2** ⟨Adj. 24/80⟩ *unmöglich;* das ist ganz ~; das halte ich für ~ ☐ **impossível 2.1** ~! *kommt nicht in Frage* ☐ ***nem pensar!; de jeito nenhum!**

aus|ge|spro|chen 1 ⟨Part. Perf. von⟩ *aussprechen* **2** ⟨Adj. 24⟩ **2.1** ⟨60⟩ *unverkennbar, besonders ausgeprägt;* er hat einen ~en Sinn für Humor; er hat eine ~e Trinkernase; er hat eine ~e Vorliebe für Musik; das ist (ein) ~es Pech ☐ **pronunciado; acentuado; grande 2.2** ⟨50; verstärkend; umg.⟩ *sehr, ganz besonders;* ich mag ihn ~ gern; ein ~ hübsches Kind; es war ein ~ heißer Sommer; das finde ich ~ komisch ☐ **muito**

aus|ge|zeich|net ⟨a. [--'--]⟩ **1** ⟨Part. Perf. von⟩ *auszeichnen* **2** ⟨Adj.⟩ *sehr gut, vorzüglich, ganz hervorragend (auch als Zensur);* ein ~er Wein; danke, es geht (mir) ~; das hast du ~ gemacht ☐ **excelente; muito bem;** ganz ~! ☐ ***perfeito!; excelente!;** sie kann ~ kochen, tanzen ☐ **muito bem**

aus|gie|big ⟨Adj.⟩ **1** ⟨umg.⟩ *reichlich;* eine ~e Mahlzeit; ~ frühstücken; ~ schlafen; in der Nacht hat es ~ geregnet ☐ **abundante; copioso; muito 2** ⟨veraltet⟩ *ergiebig;* das Fett, die Wolle ist sehr ~ ☐ **lucrativo; rendoso**

aus|gie|ßen ⟨V. 152/500⟩ **1** eine **Flüssigkeit** (aus etwas) ~ *gießen;* die Milch (aus der Kanne) ~; er goss das Bier (aus der Flasche) in ein Glas aus ☐ **verter; entornar 2** ein **Gefäß** ~ *durch Gießen leeren;* einen Eimer, eine Flasche, eine Vase, ein Glas ~ ☐ **esvaziar; despejar 3** ein **Feuer**, eine **Flamme** ~ *durch Übergießen löschen* ☐ **apagar 4** ⟨516⟩ *etwas mit etwas ~ mit einer flüssigen (später erstarrenden) Masse ausfüllen;* eine Spur, eine Form mit Gips ~; er hat die Risse mit Zement ausgegossen; die Löcher in der Straßendecke mit Asphalt ~ ☐ **cobrir; preencher 5** ⟨550⟩ **Zorn**, **Hohn**, **Verachtung**, **Spott über jmdn.** ~ ⟨fig.⟩ *ausschütten;* er goss seine Verachtung über ihn aus ☐ **despejar; descarregar**

Aus|gleich ⟨m.; -(e)s, -e; Pl. selten⟩ *das Ausgleichen; Lasten~;* zum ~ Ihres Kontos; einen ~ schaffen für etwas; einen ~ vornehmen ☐ **compensação; equilíbrio;** in letzter Minute den ~ erzielen ⟨Sp.⟩ ☐ **empate**

aus|glei|chen ⟨V. 153/500⟩ **1** etwas **Ungleiches** ~ *einander angleichen, gleichmachen* ☐ **igualar 1.1** ⟨Vr 7⟩ **Unterschiede** ~ *durch gegenseitiges Ausgleichen aufheben;* Unebenheiten des Bodens ~ ☐ **nivelar; aplanar 1.1.1** ein **Konto** ~ *Soll- und Habenseite auf den gleichen Stand bringen* ☐ **compensar; ajustar 1.2 Gegensätze** ~ *durch Vermitteln versöhnen;* Spannungen, kontroverse Meinungen ~ ☐ **conciliar 1.3 Mängel** ~ *wiedergutmachen, ersetzen;* den Schaden ~; Verluste ~ ☐ **compensar; remediar 1.4** eine **Rechnung** ~ ⟨Kaufmannsspr.⟩ *begleichen, bezahlen* ☐ **saldar; liquidar 1.5** (etwas) ~ ⟨Sp.⟩ *einen unentschiedenen Spielstand erreichen;* die Führung ~; sie konnten zwischenzeitlich ~ ☐ **empatar 2** ⟨Vr 7⟩ sich ~ *sich aufheben;* Verluste u. Gewinne gleichen sich aus ☐ ***compensar-se**

aus|glei|ten ⟨V. 155(s.); geh.⟩ **1** ⟨400⟩ jmd. gleitet aus *verliert durch plötzliches, unerwartetes Gleiten das Gleichgewicht;* sie ist auf der vereisten Straße, auf dem nassen Gras ausgeglitten ☐ **escorregar; perder o equilíbrio 2** ⟨600⟩ *etwas gleitet jmdm. aus rutscht, fällt nach unten;* das Messer, die Tasse glitt ihm aus ☐ **escorregar; cair**

aus|glü|hen ⟨V. 500⟩ **1** eine **Nadel** ~ ⟨Med.⟩ *durch Glühen reinigen* ☐ **flambar; esterilizar 2 Metalle** ~ *auf hohe Temperatur erwärmen u. langsam abkühlen, um sie weich u. dehnbar zu machen* ☐ **recozer 3 Glasgefäße** ~ *bis zum Glühen erhitzen, um Spuren von Verunreinigungen zu beseitigen* ☐ **temperar**

aus|gra|ben ⟨V. 157/500⟩ **1** jmdn. od. etwas ~ *durch Graben aus der Erde holen;* einen Toten wieder ~; die Pflanzen muss man mit den Wurzeln ~; in Lawinenhund hat die Verschütteten ausgegraben ☐ **desenterrar; exumar 1.1** ⟨Archäol.⟩ *freilegen;* einen griechischen Tempel ~; Waffen, Urnen ~ ☐ **descobrir (escavando) 1.2** das **Kriegsbeil** ~ ⟨fig.; umg.; scherzh.⟩ *einen Streit beginnen* ☐ ***iniciar uma briga 2** etwas ⟨längst⟩ **Vergessenes** ~ ⟨fig.⟩ *neu hervorbringen, neu beleben;* musst du den alten Zwist immer wieder ~?; das Bild grub er in einem Archiv aus; er hat einen Roman aus dem vorigen Jahrhundert ausgegraben ☐ **desenterrar; tirar do baú**

Aus|guss ⟨m.; -es, -güs|se⟩ **1** *Becken mit Abfluss zum Ausgießen von schmutzigem Wasser, z. B. in der Küche;* der ~ war schon wieder verstopft ☐ **pia 2** ~ an Kannen, Krügen *als Röhre od. Mulde geformter Teil eines Gefäßes, der das Ausgießen von Flüssigkeit erleichtern soll;* Sy *Schnauze(3)* ☐ **bico**

aus|ha|ben ⟨V. 159; umg.⟩ **1** ⟨500⟩ etwas ~ *ausgelesen, ausgetrunken, ausgezogen haben usw.;* hast du das Buch schon aus?; ich habe das Glas Milch schon aus ☐ **terminar;** hat er schon den Mantel aus? ☐ **tirar**

2 ⟨400⟩ *dienstfrei, schulfrei haben;* wann hast du heute aus? □ ter folga; estar livre

aus‖hal|ten ⟨V. 160⟩ **1** ⟨500⟩ etwas ~ *ertragen;* Kälte, Schmerzen, Lärm ~; ich halte es vor Hunger nicht mehr aus; das ist nicht auszuhalten; es ist nicht zum Aushalten □ suportar; aguentar **2** ⟨412⟩ *durchhalten, ausharren;* sie hielt bei ihm bis zum Ende aus; er hält in keiner Stellung lange aus □ resistir; persistir **3** ⟨500⟩ jmdn. ~ (*abwertend*) *jmds. Lebensunterhalt bezahlen;* eine Geliebte ~ □ **sustentar; manter 4** ⟨500⟩ etwas ~ *lange tönen lassen, anhalten;* eine Note, einen Ton ~□ sustentar

aus‖hän|di|gen ⟨V. 530⟩ jmdm. etwas ~ *jmdm. etwas (offiziell) überreichen, übergeben;* er händigte ihm den Brief, das restliche Geld, die Autoschlüssel aus □ entregar

Aus|hang ⟨m.; -(e)s, -hän|ge⟩ *ausgehängter Anschlag, öffentlich ausgehängte Bekanntmachung* □ cartaz; edital; aviso

aus‖hän|gen¹ ⟨V. 161/400⟩ **1** etwas hängt aus *ist irgendwo öffentlich zur allgemeinen Information angebracht;* die Bekanntmachung, die Anzeige hing vier Wochen aus □ **expor; afixar 2** jmd. hängt aus ⟨umg.⟩ *jmds. Name od. Bild ist irgendwo öffentlich aus bestimmtem Anlass angebracht;* die Kandidaten hingen am Rathaus aus □ *ter o nome/a fotografia exposto(a) **2.1** das **Brautpaar** hängt aus *wird aufgeboten* □ *correm os proclamas dos noivos

aus‖hän|gen² ⟨V. 500⟩ **1** etwas ~ *irgendwo öffentlich zur allgemeinen Information anbringen;* die neuen Waren im Schaufenster ~ □ expor **2** jmdn. ~ ⟨umg.⟩ *jmds. Name od. Bild aus einem bestimmten Anlass irgendwo öffentlich anbringen;* man hat alle Kandidaten vor der Wahl ausgehängt □ **expor; apresentar 3** eine **Tür**, ein **Fenster** ~ *aus den Angeln od. Scharnieren herausheben* □ **desengonçar; desencaixar 4** ⟨500/Vr 3⟩ sich ~ *durch Hängen wieder glatt werden;* das Kleid, der Anzug hängt sich wieder aus; die Falten haben sich noch nicht ausgehängt □ *desamarrotar-se

aus‖har|ren ⟨V. 400; geh.⟩ *(trotz widriger Umstände) ausdauernd warten, lange Zeit aus-, durchhalten;* sie harrte noch zwei Stunden in der Kälte aus, aber er ist nicht gekommen □ esperar; perseverar

aus‖he|ben ⟨V. 163/500⟩ **1** etwas ~ *graben, ausschachten;* Gräben ~ □ **cavar 2** etwas ~ *grabend aus der Erde holen;* Bäume ~; Erdreich ~ □ tirar (cavando) **3** etwas ~ *aus einer Haltevorrichtung heben;* die Tür, das Fenster ~ □ **desengonçar; desencaixar 4** ein **Nest** ~ *die Eier herausnehmen* □ *tirar os ovos de um ninho **4.1** ein **Diebesnest** ~ ⟨fig.⟩ *ausfindig u. die Diebe unschädlich machen* □ **desaninhar 5** jmdn. ~ *zum Wehrdienst verpflichten;* Rekruten ~ □ **recrutar; alistar 6** ⟨530/Vr 5⟩ jmdm. etwas ~ *ausrenken;* sich den Arm ~ □ **deslocar; luxar 7** jmdm. den **Magen** ~ ⟨umg.⟩ *auspumpen* □ *fazer lavagem estomacal em alguém **8** den **Guss** ~ *das gegossene Stück aus der Gussform nehmen* □ *tirar do molde **9** einen **Briefkasten** ~ ⟨österr.⟩ *leeren* □ **esvaziar 10** jmdn. ~ ⟨Ringen⟩ *durch Heben zu Fall bringen* □ levantar; alçar

Aus|he|bung ⟨f.; -, -en⟩ *das Ausheben;* Erd~ □ escavação; die ~ einer kriminellen Bande □ descoberta e captura; die ~ von Rekruten □ recrutamento; alistamento; die ~ des Briefkastens ⟨österr.⟩ □ esvaziamento

aus‖hel|fen ⟨V. 165/600 od. 411⟩ **1** jmdm. ~ *aus einer vorübergehenden Notlage helfen;* könntest du mir mit zehn Euro ~?; ich werde ihm schon ~ □ **ajudar; socorrer 2** *bei einer Arbeit helfen, einspringen;* sie arbeitet nicht mehr, hilft aber gelegentlich noch bei uns aus □ colaborar; substituir alguém

aus‖höh|len ⟨V. 500⟩ **1** etwas ~ *eine Höhlung in etwas machen;* eine Melone ~□ **abrir uma cavidade; tirar o miolo;** ein ausgehöhlter Baum, Felsen □ oco **1.1** *untergraben, auswaschen;* der starke Strom hat die Flussufer ausgehöhlt □ **erodir 2** jmdn. od. etwas ~ *innerlich schwächen;* die Krankheit hat ihn stark ausgehöhlt; diese Kräfte versuchen, das demokratische System auszuhöhlen □ minar; enfraquecer

aus‖ho|len ⟨V.⟩ **1** ⟨400⟩ *mit einer schwungvollen Bewegung zu etwas ansetzen;* mit der Hand ~; zum Schlag, zum Wurf ~ □ **levantar a mão/o braço (para bater/lançar) 1.1** *ausgreifen, große Schritte machen;* die Pferde holten weit aus □ **alongar o passo 2** ⟨410⟩ *(beim Erzählen) weit zurückgehen, weitschweifig erzählen;* wenn ich das erzählen will, muss ich weit ~ □ **remontar ao princípio; começar** *ab ovo* **3** ⟨500/Vr 8⟩ jmdn. ~ *ausfragen, aushorchen* □ interrogar; sondar

aus‖hor|chen ⟨V. 500⟩ jmdn. (nach etwas) ~ *ausfragen, jmdm. begierig Neuheiten, geheime Informationen o.Ä. zu entlocken versuchen* □ perscrutar; sondar

aus‖hun|gern ⟨V.⟩ **1** ⟨500⟩ jmdn. ~ *hungern lassen* **1.1** (Mil.) *durch Hunger zum Nachgeben, zur Aufgabe zwingen;* die Bewohner einer belagerten Stadt, die Besatzung einer Festung ~ □ **esfaimar; esfomear 2** ⟨400 Passiv⟩ ausgehungert **sein** *sehr hungrig sein, durch Hunger geschwächt sein* □ *estar esfomeado/faminto **2.1** ⟨800 Passiv⟩ **nach** etwas ausgehungert **sein** ⟨fig.⟩ *stark, begierig nach etwas verlangen;* er nach Liebe, Sonne ausgehungert □ *ter fome de; ansiar

aus‖ken|nen ⟨V. 166/500/Vr 3⟩ sich ~ *sich zurechtfinden, Bescheid wissen;* sich in einem Gebiet, Fach, einer Gegend, Stadt ~; kennst du dich hier aus? □ *ser versado; conhecer bem

aus‖klam|mern ⟨V. 500⟩ **1** einen **Faktor** ~ ⟨Math.⟩ *den bei mehreren Summanden sich wiederholenden F. herausziehen u. ihn vor od. hinter eine Klammer, die die veränderte algebraische Summe einschließt, setzen, z. B.* $ab + ac = a(b + c)$ □ **colocar fora dos parênteses 2** jmdn. od. etwas ~ ⟨fig.⟩ *ausschließen;* man darf den Menschen bei solchen Problemen nicht ~; eine Frage, Problemstellung ~ □ excluir

Aus|klang ⟨m.; -(e)s, -klän|ge⟩ **1** *letzter Ton eines Musikstücks;* der fröhliche ~ eines Liedes □ **final; finale 2** ⟨fig.⟩ *langsamer Abschluss, Ende;* der ~ eines Festes, einer Geschichte □ conclusão; epílogo

aus‖klin|gen ⟨V. 168/400(s.); geh.⟩ **1** ein **Ton** klingt aus *hört auf zu klingen, verhallt;* ein Lied, ein Musikstück klingt harmonisch aus □ terminar; chegar ao

fim 2 etwas klingt aus ⟨fig.⟩ *schließt (langsam, harmonisch) ab, endet;* seine Rede klang mit einer Mahnung aus; die Feier klang in einem gemeinsamen Lied aus □ **terminar; concluir-se**

aus‖klin|ken ⟨V. 500/Vr 7⟩ **1** etwas od. sich ~ *etwas od. sich durch Druck auf eine Klinke aus der Verbindung lösen (u. fallen lassen);* das Schlepp-, Startseil vom Segelflugzeug ~; der Segelflieger hat (seine Maschine) zu spät ausgeklinkt; die erste Stufe der Rakete klinkt sich automatisch aus; Bomben aus dem Flugzeug ~ □ **desengatar; destravar; soltar** **1.1** *mit Druck auf die Klinke öffnen* □ **abrir**; lass die Tür bitte ausgeklinkt! □ ***por favor, deixe a porta encostada! 1.2** sich ~ (aus etwas) ⟨fig.⟩ *sich zurückziehen (von etwas), seine Anteilnahme (an etwas) beenden* □ ***retirar-se (de alguma coisa) 1.3** *er ist völlig ausgeklinkt* ⟨fig.; umg.⟩ *er hat die Beherrschung gänzlich verloren* □ ***ele está totalmente fora de si 2** eine **Druckplatte** ~ ⟨Typ.⟩ *ein Stück aus einer D. herausnehmen* □ **destacar; soltar**

aus‖klop|fen ⟨V. 500⟩ etwas ~ *durch Klopfen reinigen, von Schmutz befreien;* Teppiche, Decken ~; eine Pfeife ~; □ **bater; sacudir (para limpar)**

aus‖klü|geln ⟨V. 500⟩ etwas ~ *scharfsinnig, bis in die letzten Feinheiten ausdenken;* er hat seinen Plan, seine Methode bis ins Kleinste ausgeklügelt; nach einem ausgeklügelten Plan arbeiten □ **estudar a fundo; excogitar**

aus‖knei|fen ⟨V. 169/400(s.); umg.⟩ **1** *ausreißen, heimlich weglaufen;* er ist aus der Schule, aus dem Gefängnis ausgekniffen; in seiner Jugend kniff er seinen Eltern mehrmals aus □ **fugir 2** ⟨fig.⟩ *sich einer Verpflichtung entziehen* □ **safar-se**

aus‖ko|chen ⟨V. 500⟩ **1** etwas ~ *durch Kochen Nährstoffe, Fett usw. herauslösen;* Knochen, ein Stück Fleisch für eine Suppe ~ □ **cozinhar até extrair o caldo/a gordura 2** etwas ~ *Schmutz aus etwas durch Kochen lösen u. entfernen;* Wäsche, Hemden, Handtücher ~; einen neuen Topf ~ □ **ferver 2.1** *Instrumente* ~ ⟨Med.⟩ *durch Kochen sterilisieren* □ **esterilizar 3** etwas Übles ~ ⟨fig.; umg.⟩ *ausbrüten* □ **maquinar; tramar 3.1** ⟨nur im Part. Perf.⟩ *ausgekocht hintertrieben, berechnend* □ **esperto; astuto;** er ist ein ausgekochtes Schlitzohr □ ***ele é um tremendo espertalhão**

aus‖kom|men ⟨V. 170(s.)⟩ **1** ⟨417⟩ mit jmdm. od. etwas, ohne jmdn. od. etwas ~ *zurechtkommen;* wir kommen gut miteinander aus; mit ihm kann man nicht ~ □ **dar-se bem; entender-se**; mit seinem Geld gut, nicht ~; mit seinen Vorräten ~; ich muss nun ohne es, ohne ihn ~ □ **arranjar-se; virar-se 2** ⟨400⟩ etwas kommt aus ⟨regional⟩ *kommt heraus* □ **aparecer; tornar-se público 2.1** sich nichts ~ lassen ⟨süddt.⟩ *sich nichts entgehen lassen, nichts hergeben, geizig sein;* ihm kommt nichts aus □ ***não deixar escapar nada**

Aus|kom|men ⟨n.; -s; unz.⟩ **1** *Lebensunterhalt;* Sy *Existenz(2);* er fand ein bescheidenes, sicheres ~; sein gutes ~ haben □ **sustento; meio de subsistência 2** mit jmdm. ist kein ~ *jmd. ist unerträglich;* mit ihm ist kein ~ (möglich) □ ***é impossível entender-se/lidar com ele**

aus‖kos|ten ⟨V. 500⟩ etwas ~ *(in allen Einzelheiten) genießen, ausnutzen, erleben;* seine neu gewonnene Freiheit, Unabhängigkeit ~; er kostete aus, dass er im Mittelpunkt des Interesses stand □ **usufruir; saborear**

Aus|kul|ta|ti|on ⟨f.; -, -en; Med.⟩ *Abhorchen der Körpergeräusche mit Ohr od. Hörrohr;* ~ von Herz u. Lunge □ **ausculta**

aus‖kund|schaf|ten ⟨V. 500⟩ jmdn. od. etwas ~ *durch Nachforschen herausfinden, erkunden;* die Polizei hat bald ausgekundschaftet, wo er wohnt; dieses Geheimnis müssen wir ~; jmds. Meinung zu etwas ~; ein Versteck, die feindlichen Stellungen ~ □ **descobrir**

Aus|kunft ⟨f.; -, -künf|te⟩ **1** *aufklärende Mitteilung, Belehrung, Unterrichtung, Antwort (auf eine Anfrage);* ich hätte gern eine ~; darüber kann, darf ich keine ~ geben; Auskünfte einziehen; können Sie mir ~ geben über ...?; um ~ bitten; er gibt keine ~ □ **informação 2** *Ort, an dem Auskunft(1) erteilt wird;* Bahnhofs~; wo ist bitte die ~? □ **balcão de informações**

aus‖la|chen ⟨V. 500⟩ **1** jmdn. ~ *jmdn. durch Lachen verspotten, sich über jmdn. lustig machen;* man hat ihn oft wegen seiner großen Nase, seiner Dummheit, seiner unvorteilhaften Kleidung ausgelacht □ **rir; fazer troça 1.1** lass dich nicht ~! *so ein Unsinn!, mach dich nicht lächerlich!* □ ***não seja ridículo! 2** ⟨Vr 3⟩ sich ~ *lange, bis zur Genüge lachen;* wir warten ab, bis du dich ausgelacht hast □ ***fartar-se de rir**

aus‖la|den ⟨V. 174/500⟩ **1** etwas ~ *eine Ladung, eine Fracht aus einem Fahrzeug herausnehmen;* Holz, Sand, Kisten mit Bier ~ □ **descarregar 1.1 Truppen** ~ *aussteigen lassen* □ **desembarcar 2** ein **Fahrzeug** ~ *leeren;* den Kahn, den Waggon, den Lastkraftwagen ~ □ **descarregar 3** jmdn. ~ ⟨umg.⟩ *eine bereits ausgesprochene Einladung wieder rückgängig machen;* wir mussten die Gäste leider wieder ~ □ **desconvidar 4** ⟨400⟩ **Bauteile** laden aus ⟨Arch.⟩ *ragen aus der Wand, die ihnen als Stütze dient, heraus;* die Konsolen laden aus □ **sobressair; projetar-se**; das Haus hat einen weit ~den Erker □ **saliente 4.1** mit weit ~den Gesten, Gebärden ⟨fig.⟩ *weit ausholenden G., G.* □ ***com gestos amplos**

Aus|la|ge ⟨f.; -, -n⟩ **1** *(in einem Schaufenster) ausgestellte Ware;* eine geschmackvolle, reiche ~; die ~n des Juweliers □ **mercadoria exposta (na vitrine) 1.1** ⟨süddt.; österr.⟩ *Stelle, wo die Ware ausgelegt wird, Schaufenster;* ich möchte das Hemd aus Ihrer ~ haben; Geschäft mit großen ~n □ **vitrine 2** ⟨nur Pl.⟩ *~n ausgelegtes Geld;* die ~n werden erstattet, vergütet, ersetzt; Bar~n; Porto~n □ **gastos; despesas 3** ⟨Sp.⟩ *Grund-, Ausgangsstellung beim Fechten, Boxen, Rudern;* steile, verhängte ~ ⟨Fechten⟩; der Boxer versuchte die ~; Links-, Rechts~ □ **posição de guarda 4** ⟨Jagdw.⟩ *der größte Abstand der beiden Stangen eines Geweihs* □ **distância máxima entre os galhos 5** ⟨Tech.⟩ *maximale Reichweite für die zugelassene Belastung;* ein Kran mit einer ~ von 10 m □ **alcance máximo**

Ausland

Aus|land ⟨n.; -(e)s; unz.⟩ Ggs *Inland* **1** *das nicht zum eigenen Staat gehörige Gebiet, fremdes Land;* Pressestimmen aus dem ~; sich im ~ aufhalten; ins ~ gehen □ **exterior 2** *die Bewohner des Auslands(1);* Handel mit dem ~; die Meinung des ~es □ **estrangeiro**

Aus|län|der ⟨m.; -s, -⟩ *jmd., der aus dem Ausland(1) stammt, Angehöriger eines anderen Staates* □ **estrangeiro**

Aus|län|de|rin ⟨f.; -, -rin|nen⟩ *weibl. Ausländer* □ **estrangeira**

aus|län|disch ⟨Adj.⟩ *das Ausland betreffend, von ihm stammend, zu ihm gehörig* □ **estrangeiro**

aus‖las|sen ⟨V. 175/500⟩ **1** *etwas ~ weglassen, überschlagen;* ein Wort im Satz, eine Zahl ~ □ **omitir; pular 2** *etwas ~ herauslaufen, -fließen lassen, ablassen;* Wasser ~ □ **deixar escorrer 3** ⟨550⟩ *eine Stimmung an jmdn. ~ einer S. (ungehemmt, zügellos) Ausdruck geben u. sie jmd. anderen spüren lassen;* lass deine schlechte Laune nicht immer an mir aus □ **descarregar; despejar 4** ⟨550/Vr 3⟩ *sich über etwas od. jmdn. ~ seine Meinung sagen über etwas od. jmdn.;* sich anerkennend ~ über die Neuerungen; sich lang und breit über etwas ~ □ ***manifestar-se/pronunciar-se sobre alguma coisa ou alguém 5** etwas ~ durch Auftrennen der Naht od. des Saums erweitern, verlängern;* Hosen, Kleider ~ □ **encompridar; alargar 6** *etwas ~ ausschmelzen, flüssig werden lassen;* Butter, Speck ~ □ **derreter; dissolver 7** *jmdn. od. ein Tier ~* ⟨österr.⟩ *frei-, loslassen;* den Hund von der Leine ~ □ **soltar 7.1** *jmdn. ~* ⟨österr.⟩ *jmdn. in Ruhe lassen* □ **deixar em paz**

Aus|las|sung ⟨f.; -, -en⟩ **1** *das Weglassen;* ~ eines Wortes im Satz, eines Lautes im Wort □ **omissão; salto 2** ⟨nur Pl.;⟩ *~en* ⟨fig.; abwertend⟩ *(weitschweifige) Äußerung, Bemerkung;* seine ~en über ...; die neuesten ~en der Presse □ **declaração; manifestação**

aus‖las|ten ⟨V. 500⟩ *etwas od. jmdn. ~ Trag-, Arbeitsfähigkeit ausnutzen;* einen Wagen voll ~; die Kapazität einer Fabrik, die neuen Maschinen ~; die Arbeitskräfte ~; ausgelastete Fahrzeuge; ich bin n. mit meiner Arbeit (nicht) voll ausgelastet □ **usar a capacidade máxima; sobrecarregar**

Aus|lauf ⟨m.; -(e)s, -läu|fe⟩ **1** ⟨unz.⟩ *das Auslaufen(1)* □ **saída 2** *Stelle, an der eine Flüssigkeit auslaufen kann, Abflussöffnung;* □ **desaguadouro; canal 3** ⟨unz.⟩ *Spielraum zum Stoppen des Laufs;* ~strecke □ **reta de chegada 4** ⟨unz.⟩ *Möglichkeit, sich in einem größeren Areal ausreichend zu bewegen, Bewegungsfreiheit;* Kinder, Hunde, Pferde brauchen ~; genügend ~ haben □ **espaço 5** *(umzäuntes) Grundstück, Gebiet, in dem sich Lebewesen frei bewegen können;* ein Pferd in den ~ stellen □ **cercado**

aus‖lau|fen ⟨V. 176⟩ **1** ⟨400(s.)⟩ *ein Schiff läuft aus fährt aus dem Hafen hinaus, sticht in See* □ **zarpar 2** ⟨400(s.)⟩ *eine Flüssigkeit läuft aus fließt aus (einem Behälter);* das Öl ist ausgelaufen □ **vazar; escorrer 3** ⟨400(s.)⟩ *ein Behälter läuft aus läuft leer;* der Tank ist ausgelaufen □ **estar vazio 4** ⟨400(s.)⟩ *Farben laufen aus laufen ineinander, verwischen sich;* die Farben des Stoffes sind beim Waschen ausgelaufen □ **desbotar 5** ⟨400(s.)⟩ *langsamer werdend bis zum Stillstand laufen;* die Maschine läuft aus □ **desacelerar 6** ⟨400(s.)⟩ *etwas läuft aus geht zu Ende, endet;* wir lassen das Programm, diese Serie jetzt ~ und fangen dann etwas Neues an; ist die Sache noch gut ausgelaufen? **6.1** ⟨800(s.)⟩ *in etwas ~ enden, zulaufen;* Sy *ausgehen(4);* die Straße läuft in einen Park aus; die Säule läuft in eine flache Spitze aus □ **terminar 7** *eine Kurve ~ genau auf der vorgeschriebenen Bahn durchlaufen* □ ***fazer uma curva 8** ⟨500⟩ *Schuhe ~ durch Laufen ausweiten* □ **lassear 9** ⟨500/Vr 3⟩ *sich ~* ⟨umg.⟩ *sich müde laufen, weit umherlaufen, seine Wanderlust befriedigen;* im Urlaub habe ich mich einmal tüchtig ausgelaufen □ ***correr bastante; caminhar até cansar**

aus‖lee|ren ⟨V. 500⟩ *etwas ~* **1** *den Inhalt von etwas ausschütten, vollständig leeren;* den Mülleimer ~ □ **esvaziar 1.1** *austrinken;* das Glas auf einen Zug ~ □ **beber tudo**

aus‖le|gen ⟨V. 500⟩ **1** *etwas ~ hinlegen, in die für einen bestimmten Zweck notwendige Lage bringen;* Minen, Schlingen ~ □ **depositar; colocar 1.1** *ausgebreitet, offen zur Ansicht hinlegen;* Waren, Zeitschriften ~ □ **expor 2** ⟨516⟩ *einen Raum mit etwas ~ den Boden eines Raumes mit etwas ganz bedecken;* ein Schubfach mit Papier ~; ein Zimmer mit Teppichen ~ □ **revestir; forrar 3** *Geld ~ leihweise bezahlen;* kannst du den Betrag für mich ~? □ **emprestar; pagar para alguém 4** *einen Text, Ausspruch ~ deuten, erklären;* den Text der Bibel ~; das hast du falsch, richtig ausgelegt □ **interpretar; explicar 5** ⟨Vr 3⟩ *sich ~* ⟨Fechten⟩ *sich vorbeugen* □ ***adotar a posição de guarda**

Aus|lei|he ⟨f.; -, -n⟩ *Stelle in Büchereien u. Bibliotheken, an der ausleihbare Bücher ausgegeben werden* □ **balcão de empréstimo**

aus‖lei|hen ⟨V. 178⟩ **1** ⟨503/Vr 5 od. Vr 6⟩ (jmdm.) *etwas ~ leihen;* diese Bibliothek leiht Bücher aus; Geld auf Zinsen ~; ich habe ihm mein Fahrrad ausgeliehen; an ihn, sie werde ich nie etwas ~ □ **emprestar 2** ⟨530/Vr 1⟩ *sich etwas (von jmdm.) ~ sich leihen;* ich habe mir ein Buch ausgeliehen; er hat sich das Geld von seinem Freund ausgeliehen □ ***pedir alguma coisa emprestada a alguém**

Aus|le|se ⟨f.; -, -n⟩ **1** *Auswahl (der Besten);* eine ~ treffen; eine natürliche, strenge, bewusste ~ □ **seleção 2** *die Besten aus einer Anzahl von Personen od. Dingen, die Elite;* nur eine ~ der Sportler kann an diesem Wettkampf teilnehmen □ **elite; nata 3** *aus überreifen Trauben bereiteter Wein;* Trockenbeeren~ □ *Auslese* **4** *Auswahl von (vorbildlichen) Prosawerken verschiedener Schriftsteller, bes. für den Unterricht;* eine ~ aus den Werken deutscher Klassiker □ **antologia**

aus‖le|sen ⟨V. 179/500⟩ **1** *etwas ~* ⟨umg.⟩ *zu Ende lesen;* hast du das Buch schon ausgelesen?; ich muss erst diesen Roman ~ □ **terminar (de ler); ler até o fim 2** *jmdn. od. etwas ~ nach einer bestimmten Beschaffenheit auswählen;* die besten Schüler ~; die faulen Kartoffeln, Pilze ~; wir haben die reifsten Früchte ausgelesen ☐ selecionar

aus|lie|fern ⟨V.⟩ **1** ⟨500⟩ **Waren ~** *zum Verkauf an den Handel liefern;* Ware, Bücher ~; die erste Auflage wird im Mai ausgeliefert ☐ **entregar; fornecer 1.1** jmdn. ~ ⟨Rechtsw.⟩ *dem Heimatstaat, der zuständigen Gerichtsbarkeit übergeben;* einen geflohenen Verbrecher ~; politische Flüchtlinge ~ ☐ **extraditar 2** ⟨503/Vr 7 od. Vr 8⟩ *jmdn. od. etwas ~ in jmds. Gewalt geben, übergeben;* die Stadt dem Feind(e) ~ ☐ **entregar (em poder de) 2.1** jmdm. od. einer **Sache** ausgeliefert sein *schutzlos preisgegeben sein;* wir waren dem Unwetter völlig ausgeliefert ☐ ***estar entregue a alguém ou alguma coisa**

Aus|lie|fe|rung ⟨f.; -, -en⟩ *das Ausliefern;* die ~ der Waren, der Bücher; die ~ der Unterlagen fordern ☐ **entrega; fornecimento**; die ~ des Verbrechers, des Flüchtlings an sein Heimatland wurde beschlossen ☐ **extradição**

aus|lie|gen ⟨V. 180/400⟩ *etwas liegt aus ist zur Ansicht od. zum Verkauf ausgelegt, ausgestellt;* in den Schaufenstern liegen schöne Juwelen aus; im Zeitschriftensaal liegen folgende Zeitungen u. Zeitschriften aus ☐ **estar exposto; estar à mostra**

aus|lö|schen ⟨V. 500⟩ **1** etwas ~ *ab-, auswischen, beseitigen;* Schrift ~ ☐ **apagar; cancelar 1.1** Feuer, Licht ~ *(vollständig) löschen* ☐ **apagar; extinguir 2** jmdn. od. jmds. Leben ~ *jmdn. töten* ☐ ***apagar alguém; tirar a vida de alguém**

aus|lo|sen ⟨V. 500⟩ *jmdn. od. etwas ~ durch das Ziehen von Losen bestimmen;* die Kinder haben ausgelost, wer beginnen darf; die Gewinne ~ ☐ **tirar a sorte**

aus|lö|sen ⟨V. 500⟩ **1** jmdn. od. etwas ~ *zurückkaufen, loskaufen* **1.1** Gefangene ~ *durch Lösegeld befreien* **1.2** Verpfändetes ~ *wieder eintauschen* ☐ **resgatar 2** einen Mechanismus ~ *in Gang setzen, betätigen;* den Kameraverschluss ~ ☐ **acionar; disparar 3** eine Sache ~ *hervorrufen, veranlassen;* großen Beifall ~; der Scherz löste allgemeine Heiterkeit aus ☐ **desencadear; provocar**

aus|ma|chen ⟨V. 500⟩ **1** etwas ~ *löschen, auslöschen;* das Licht, Feuer ~ ☐ **apagar; extinguir 1.1** ausschalten; mach bitte das Licht aus! ☐ **apagar; desligar 2** etwas ~ *mit jmdm. zum Abschluss bringen* ☐ **concluir; encerrar 2.1** *verabreden, vereinbaren;* einen Termin ~; wir haben ausgemacht, dass ... ☐ **combinar; marcar 2.2** ⟨413⟩ *klären, erledigen;* etwas in Güte ~; das machen wir unter uns aus! ☐ **resolver 3** jmdn. od. etwas ~ *das Wesentliche von jmdm. od. etwas darstellen, bilden;* das macht den Zauber dieser Landschaft aus ☐ **constituir; fazer 3.1** etwas macht etwas aus *beträgt, beläuft sich auf;* die Kosten machen 50 Euro aus ☐ **perfazer; montar,** wie viel macht es aus? ☐ ***quanto dá (a conta)?* 4** etwas macht (nichts) aus *fällt (nicht) ins Gewicht, spielt (k)eine Rolle;* das macht nichts aus ☐ **(não) ter importância 4.1** wenn es Ihnen nichts ausmacht *wenn es Sie nicht stört* ☐ ***se não for incomodá-lo; se não se importa* 5** jmdn. od. etwas ~ ⟨schweiz.; mitteldt.⟩ *erkennen, wahrnehmen* ☐ **reco-**

nhecer; perceber 5.1 ⟨Jägerspr.⟩ *aufspüren, entdecken* ☐ **descobrir 6** etwas ~ *ausgraben, aus der Erde holen;* Kartoffeln ~ ☐ **desenterrar**

Aus|maß ⟨n.; -es, -e⟩ **1** ~e **Größe,** *räumliche Ausdehnung;* die ~e des Übungsgeländes, des Kraters, des neuen Gebäudes sind gewaltig ☐ **dimensão; extensão 2** ⟨fig.⟩ *Umfang, Grad, in dem etwas geschieht;* die Sache hat ein ~ angenommen, das sich nicht mehr übersehen lässt; das ganze ~ der Katastrophe ist noch nicht zu übersehen; in, von gewaltigem, großem, geringem ~ ☐ **dimensão; escala**

aus|mer|zen ⟨V. 500⟩ **1** ⟨urspr.⟩ Tiere ~ *zur Zucht untaugliche T. aussondern* ☐ **apartar; separar 2** jmdn. od. etwas ~ *als untauglich od. falsch restlos beseitigen, tilgen, ausrotten;* er hat ihn aus seinem Gedächtnis ausgemerzt; Schädlinge ~; Fehler aus einer (schriftlichen) Arbeit ~; eine Stelle im Text ~ ☐ **suprimir; eliminar**

aus|mus|tern ⟨V. 500⟩ **1** nicht mehr Verwendetes ~ *musternd auswählen, aussortieren;* sie musterte einige Sachen für das Rote Kreuz aus ☐ **separar; escolher 2** ⟨Mil.⟩ jmdn. ~ **2.1** *jmdn. als untauglich ausscheiden* ☐ **reformar; dispensar 3** Fahrzeuge ~ *(wegen Schadhaftigkeit) aus dem Betrieb nehmen* ☐ **aposentar**

Aus|nah|me ⟨f.; -, -n⟩ **1** *Abweichung von gleichgearteten Fällen, Sonderfall;* Ggs Regel(1, 3); eine ~ machen, bilden; darin ist er keine ~; seltene ~n; keine Regel ohne ~; ~n bestätigen die Regel; als ~ ansehen, dass ... ☐ **exceção 2** mit ~ (von) *ausgenommen, nicht enthalten;* mit ~ von zwei Schülern; mit ~ zweier Schüler ☐ ***com exceção (de)**

aus|neh|men ⟨V. 189/500⟩ **1** etwas ~ *aus etwas den Inhalt herausnehmen* ☐ **tirar; extrair 1.1** die Ladenkasse ~ ⟨umg.⟩ *das in der L. befindliche Geld stehlen* ☐ ***limpar o caixa* 1.2** ein Tier ~ *einem T. die Innereien entfernen* ☐ **limpar; estripar 1.3** ein Vogelnest ~ *die Eier od. jungen Vögel aus einem V. herausnehmen* ☐ **desaninhar 2** jmdn. ~ ⟨fig.; umg.⟩ *jmdm. etwas entlocken* ☐ **arrancar 2.1** von jmdm. durch geschickte Fragen etwas in Erfahrung bringen ☐ **sondar 2.2** jmdn. *durch listiges Vorgehen einen Großteil seines Vermögens abnehmen* ☐ **depenar; limpar 3** ⟨505⟩ jmdn. od. etwas (von etwas) ~ *ausschließen, nicht berücksichtigen;* ihn muss ich natürlich von dieser Behauptung ~; bitte nehmt mich davon aus; ich möchte diesen Vorfall bei der Beurteilung ~ ☐ **excluir; desconsiderar 4** ⟨513/Vr 3⟩ sich gut (schlecht) ~ *gut (schlecht) wirken* ☐ ***causar boa/má impressão**

aus|neh|mend ⟨Adj. 24; geh.⟩ *besonders, äußerst, außerordentlich;* dieses Kleid steht dir ~ gut; er entgegnete ihr mit ~er Härte ☐ **extraordinariamente; particularmente**

aus|nut|zen ⟨V. 500⟩ oV **ausnützen 1** etwas ~ *Vorteil aus etwas ziehen, ganz nutzen;* seinen Einfluss ~; eine Gelegenheit ~; den Sieg ~ **1.1** *nutzbringend verwenden;* die Zeit (gut) ~; die Konjunktur ~; die Errungenschaften der modernen Technik ~; den Boden, den Raum besser ~ ☐ **aproveitar; utilizar 2** jmdn. od. etwas ~ *rücksichtslos gebrauchen, unberechtigt für*

ausnützen

seine Zwecke in Anspruch nehmen; er nutzt sie gewissenlos aus; er hat ihre Schwäche, finanzielle Notlage bedenkenlos ausgenutzt; jmds. Gutmütigkeit ~ □ **explorar; aproveitar-se de**

aus∥nüt∣zen ⟨V. 500⟩ = ausnutzen

aus∥pa∣cken ⟨V.⟩ etwas ~ **1** ⟨500⟩ *aus der Verpackung herausnehmen;* Gegenstände ~ □ **desembrulhar; desempacotar 2** ⟨500⟩ *durch Herausnehmen des Verpackten leeren;* ein Paket, einen Koffer ~; ich will zuerst ~ □ **desembalar; desfazer 3** ⟨402⟩ *etwas Geheimes ~* ⟨fig.; umg.⟩ *bereitwillig, ausführlich erzählen, ein Geständnis machen;* ein Geheimnis, Neuigkeiten ~ □ **contar em detalhes 3.1** *pack aus! sag, was du weißt!* □ **desembuche! 4** ⟨400 od. 410; fig.; umg.⟩ *gründlich seine Meinung sagen;* er hat (bei mir) einmal richtig ausgepackt □ **dizer a própria opinião sem rodeios; dizer o que pensa sem meias palavras**

aus∥plau∣dern ⟨V. 500; umg.⟩ **1** *etwas ~ leichtsinnig, gedankenlos etwas Geheimes verraten;* einen Plan, ein Geheimnis ~; er plaudert alles aus □ **dar com a língua nos dentes 2** ⟨Vr 2⟩ *sich ~ sich nach Herzenslust unterhalten, bis der Gesprächsstoff erschöpft ist;* wir haben uns einmal richtig ~ können □ ***bater papo; tagarelar**

aus∥prä∣gen ⟨V. 500⟩ **1** *Münzen*, Medaillen ~ *prägen;* Gold, Silber zu Münzen ~; eine Medaille aus Bronze ~ lassen □ **cunhar 2** ⟨Vr 3⟩ *etwas prägt sich aus* ⟨fig.⟩ *etwas bildet sich heraus, formt sich;* seine Charakterzüge haben sich immer mehr ausgeprägt □ **definir-se; tomar forma;** er hat einen stark ausgeprägten Sinn für Familie; sie hat eine ausgeprägte Neigung zu ...; er ist eine ausgeprägte Persönlichkeit; ausgeprägte Gesichtszüge □ **marcado; pronunciado 3** ⟨550/Vr 3⟩ *etwas prägt sich in etwas aus* ⟨fig.⟩ *zeigt sich deutlich, wird offenbar;* sein Denken, sein Charakter prägt sich in seinem künstlerischen Schaffen aus; Angst und Leid prägen sich in seinem Gesicht aus □ **manifestar-se; exprimir-se**

aus∥pro∣bie∣ren ⟨V. 500⟩ *etwas ~ durch Probieren testen, probeweise verwenden, erproben;* ein neues Auto ~; dieses Rezept habe ich schon ausprobiert □ **provar; experimentar**

Aus∥puff ⟨m.; -(e)s, -e; Tech.; bei Verbrennungsmotoren⟩ **1** *Ausstoß von Abgasen* □ **escape 2** *die Vorrichtung zur Wegleitung der Abgase;* der ~ ist durchgerostet und muss erneuert werden □ **escapamento**

aus∥ra∣die∣ren ⟨V. 500⟩ **1** *etwas ~ durch Radieren auslöschen, entfernen* □ **apagar (com borracha) 1.1** *eine Stadt ~* ⟨fig.⟩ *vollständig zerstören, dem Erdboden gleichmachen* □ **aniquilar 1.2** *ein Volk ~* ⟨fig.⟩ *töten, ermorden* □ **exterminar**

aus∥ran∣gie∣ren ⟨[-ranʒiː-] V. 500⟩ *etwas ~* **1** ⟨Eisenb.⟩ *durch Rangieren entfernen, ab-, wegschieben* □ **pôr fora de serviço 2** ⟨fig.⟩ *aussondern, aussortieren, wegwerfen;* alte Kleider, unbrauchbares Hausgerät ~ □ **desfazer-se; descartar**

aus∥ras∣ten ⟨V.⟩ **1** ⟨400(s.)⟩ *aus einer Befestigung herausspringen;* das Fenster ist ausgerastet □ **destravar-se 1.1** ⟨fig.; salopp⟩ *die Beherrschung, die Kontrolle über sich selbst verlieren, zornig werden;* bei dieser Bemerkung ist er total ausgerastet □ **perder a cabeça 2** ⟨402/Vr 7; österr.⟩ *sich ~ sich ausruhen, Rast machen* □ ***descansar; repousar**

aus∥räu∣chern ⟨V. 500⟩ **1** *Lebewesen ~ L. durch Rauch od. Gas vertreiben od. vernichten;* Wanzen, Schaben ~; Ratten ~ □ **fumigar;** die Polizisten räucherten die Verbrecher in ihrem Versteck aus ⟨fig.⟩ □ **fazer sair (do esconderijo) lançando bombas de gás 1.1** ⟨Jagdw.⟩ *einen Dachs, Fuchs od. Marder aus einem Bau (durch Anzünden eines Feuers in einer Röhre) vertreiben* □ **desentocar 2** *etwas ~ durch Rauch od. Gas von etwas befreien;* ein verwanztes Zimmer ~; ein Wespennest ~ □ **fumigar;** ein Diebesnest, einen Schlupfwinkel einer Bande ~ ⟨fig.⟩ □ **lançar bombas de gás (em um refúgio/esconderijo)**

aus∥räu∣men ⟨V. 500⟩ **1** *etwas ~ ganz vom Inhalt befreien, leeren;* ein Zimmer, eine Wohnung, einen Schrank ~; eine verstopfte Leitung ~; den Magen, Darm ~ □ **esvaziar; desobstruir 1.1** ⟨fig.; umg.⟩ *plündern;* Einbrecher haben ihm die ganze Wohnung, das Geschäft ausgeräumt; ein Dieb räumte in der Nacht den Tresor aus □ **fazer a limpa em 2** *etwas ~ völlig aus etwas herausnehmen;* alte Bücher ~; alle Sachen aus dem Schrank ~; vor dem Tapezieren müssen wir alle Möbel ~ □ **tirar 3** *etwas ~* ⟨fig.⟩ *ein Hindernis aus dem Wege räumen, beseitigen;* alle Unklarheiten, Missverständnisse, Schwierigkeiten ~ □ **eliminar**

aus∥rech∣nen ⟨V. 503/Vr 5⟩ **1** *(sich) etwas ~ durch Rechnen herausfinden;* den Preis, das Gewicht, die Höhe genau ~; kannst du bitte ~, wie viel es kostet?; ich rechnete mir aus, wie viel Zeit ich noch habe □ **calcular 1.1** *eine Aufgabe ~ lösen* □ **resolver 2** ⟨530/Vr 1⟩ *sich etwas ~* **2.1** ⟨fig.⟩ *etwas durch genaues Überlegen ermitteln;* du kannst dir deine Chancen, Möglichkeiten ~ □ ***contar com/esperar alguma coisa 2.2** ⟨umg.⟩ *sich etwas von selbst denken, etwas erwarten;* das kann ich mir ~, was er dazu sagen wird □ **imaginar;** das kannst du dir an den (fünf) Fingern ~ □ ***você pode muito bem imaginar;** → a. *ausgerechnet*

Aus∣re∣de ⟨f.; -, -n⟩ *Entschuldigung, bei der der wahre Grund verschwiegen, dafür aber ein anderer genannt wird;* faule ~n ⟨umg.; abwertend⟩ □ ***desculpa esfarrapada;** immer eine ~ bei der Hand, bereit haben; nach einer ~ suchen; nie um eine ~ verlegen sein □ **desculpa; subterfúgio**

aus∥re∣den ⟨V.⟩ **1** ⟨400⟩ *zu Ende, fertig reden;* jmdn. ~ lassen; lass mich doch erst ausreden! □ **terminar de falar 2** ⟨530/Vr 5 od. Vr 6⟩ *jmdm. etwas ~ jmdn. durch Reden umstimmen, zu einer anderen Meinung über etwas bringen, ihn von einer Meinung, einem Vorhaben abbringen;* das lasse ich mir nicht ~; kannst du es ihm nicht ~, dorthin zu gehen?; ich habe vergeblich versucht, ihm den Gedanken auszureden □ **dissuadir 3** ⟨500/Vr 3⟩ *sich ~ sein Herz ausschütten, sich aussprechen* □ ***desabafar 4** ⟨500/Vr 3⟩ *sich ~* ⟨selten⟩ *sich herausreden, Ausflüchte machen* □ ***arrumar uma desculpa; inventar um pretexto**

aus∥rei∣chen ⟨V.⟩ **1** ⟨400⟩ *etwas reicht aus reicht, genügt;* wird das Geld, das Essen, der Stoff, die Zeit

~?; seine Kenntnisse reichen völlig aus, um ...; die Kredite haben nicht ausgereicht, um ... □ **bastar; ser suficiente 2** ⟨417⟩ mit etwas ~ *auskommen;* sie werden mit den Vorräten nicht ~; die Tochter reichte mit dem Taschengeld nicht aus □ **arranjar-se**

aus‖rei|chend ⟨Adj. 24⟩ **1** *genügend, genug;* er bekam ~ Geld, Essen, Zeit; über ~e Beweise, Mittel, Kenntnisse verfügen; etwas ~ erklären, begründen, darlegen □ **suficiente(mente)**; → a. *Note(2.4)*

aus‖rei|fen ⟨V.⟩ **1** ⟨400(s.)⟩ *Pflanzen* reifen aus *reifen zu Ende, fertig, werden ganz reif;* Früchte am Baum ~ lassen; die Tomaten sind noch nicht ausgereift **1.1** einen **Plan** ~ lassen ⟨fig.⟩ *erst in allen Einzelheiten vorbereiten* □ **amadurecer 2** ⟨500⟩ etwas ~ *zur Reife bringen, ganz reif werden lassen;* die Herbstsonne wird die Trauben gut ~ □ **maturar; sazonar**

Aus|rei|se ⟨f.; -, -n⟩ **1** *Reise ins Ausland;* die ~ mit dem Auto, mit dem Zug; es ist während der ~ passiert □ **viagem para o exterior 2** *Grenzübertritt ins Ausland;* Geldmittel bei der ~ angeben; bei der ~ wird der Pass kontrolliert □ **travessia de fronteira 3** *Genehmigung zur Ausreise;* die ~ beantragen; ihm wurde die ~ verweigert □ **visto**

aus‖rei|sen ⟨V. 400(s.)⟩ *sich gerade auf der Ausreise befinden;* ~ nach; er will mit der Bahn, dem Auto aus Frankreich ~ □ **viajar para o exterior**

aus‖rei|ßen ⟨V. 198⟩ **1** ⟨500⟩ etwas ~ *herausreißen, durch Reißen entfernen;* Unkraut, Federn ~; ausgerissenes Blatt (aus einem Buch) □ **arrancar;** er fühlt sich schon wieder so kräftig, als könne er Bäume ~ □ ***ele já se sente tão forte novamente que está pronto para outra 2** ⟨400(s.)⟩ etwas reißt aus *geht durch Reißen entzwei, löst sich, trennt sich;* der Stoff, die Naht ist an dieser Stelle ausgerissen □ **rasgar(-se); romper(-se) 3** ⟨400(s.); umg.⟩ *die Flucht ergreifen, fliehen, davonlaufen;* er riss voriges Jahr zweimal aus der Schule aus □ **fugir; dar no pé**

aus‖ren|ken ⟨V. 530/Vr 5⟩ **1** jmdm. od. sich ein Glied ~ *so aus dem Gelenk drehen, dass der Knochen herausspringt, verrenken;* beim Sturz renkte ich mir den Arm, den Knöchel, das Bein, den Fuß aus; bei der Schlägerei hat man ihm seinen Kiefer ausgerenkt □ **deslocar; luxar 2** ⟨530/Vr 1 m. Präp.⟩ sich den **Hals** nach jmdm. od. etwas ~ ⟨fig.; umg.⟩ *jmdm. od. etwas mit Blicken verfolgen od. suchen;* ich habe mir fast den Hals ausgerenkt, um das Bild besser sehen zu können ~ □ ***virar o pescoço para ver alguém ou alguma coisa**

aus‖rich|ten ⟨V. 500⟩ **1** ⟨Vr 7⟩ jmdn. od. etwas ~ *(gerade) richten* **1.1** jmdn. ~ *geraderichten, genau in eine Reihe stellen* □ **endireitar; alinhar;** ~! (als Kommando) □ **em forma! 1.2** einen **Gegenstand** ~ *in eine vorgegebene Lage bringen;* einen Zeiger auf einen Punkt ~ □ **ajustar; regular 1.3** jmdn. od. eine Sache ~ ⟨fig.⟩ *in eine bestimmte gesinnungsmäßige Richtung lenken;* kommunistisch ausgerichtete Splittergruppe □ **orientar 2** eine **Nachricht** ~ *bestellen, übermitteln, weitergeben;* einen Auftrag, eine Botschaft, einen Gruß ~; ich werde es ihm ~; ich soll

einen Gruß von ihm ~ □ **transmitir 3** etwas ~ *erreichen, erwirken, durchsetzen;* ich konnte bei ihm nichts ~; weder mit Geld noch mit guten Worten kannst du in dieser Angelegenheit etwas ~; mit Güte kannst du bei ihm viel ~ □ **conseguir; obter 4** ein **Fest** ~ *veranstalten, gestalten (u. die Kosten tragen);* jmdm. eine Hochzeit ~ □ **organizar 5** ⟨schweiz.⟩ **5.1** einen **Betrag** ~ *zahlen* □ **pagar 5.2 Geld** ~ *ausgeben* □ **gastar 5.3** einen **Preis** ~ *aussetzen* □ **oferecer**

aus‖rot|ten ⟨V. 500/Vr 8⟩ **1 Lebewesen** ~ *völlig u. für immer vernichten, alle töten;* die Feinde ~; im Krieg wurde das ganze Volk ausgerottet; diese Tierrasse ist schon längst ausgerottet worden; Mäuse, Fliegen, Ratten ~ □ **exterminar; aniquilar 2** etwas ~ ⟨fig.⟩ *restlos beseitigen;* den Aberglauben, die schlechte Gewohnheit, das Verbrechertum ~; etwas mit Stumpf und Stiel ~ □ **extirpar; erradicar;** das Übel mit der Wurzel ~ □ ***arrancar o mal pela raiz**

aus‖rü|cken ⟨V.⟩ **1** ⟨400(s.)⟩ *aus-, hinausmarschieren;* die Truppe rückt aus □ **pôr-se em marcha; partir 2** ⟨400(s.); umg.⟩ *ausreißen, davonlaufen;* das Kind ist von zu Hause ausgerückt □ **escapar; dar no pé 3** ⟨500⟩ etwas ~ *vom Mittelpunkt wegrücken* □ **remover 3.1** Zeilen ~ ⟨Typ.⟩ *vorrücken, vor dem linken Rand beginnen* □ **recuar 3.2** ⟨Tech.⟩ *abkoppeln, vom Antrieb trennen* □ **desengatar; desembrear**

Aus|ruf ⟨m.; -(e)s, -e⟩ **1** *plötzliche kurze, laute Äußerung;* ein ~ der Freude, der Bewunderung, des Erstaunens; ein zorniger, empörter ~; ~e des Mitleids, des Entsetzens wurden laut **2** ⟨unz.⟩ *das Ausrufen* □ **grito; exclamação 2.1** *öffentliche mündliche Bekanntmachung* □ **proclamação**

aus‖ru|fen ⟨V. 204/500⟩ **1** jmdn. od. etwas ~ *durch Rufen öffentlich verkünden;* die Republik ~ □ **proclamar;** der Nachtwächter ruft die Stunden aus; einen verlorenen Gegenstand ~ □ **comunicar em voz alta;** jmdn. durch (über) Lautsprecher ~ (lassen) □ **chamar 2** Waren, Zeitungen ~ *laut anpreisen, feilbieten* □ **anunciar em voz alta 3** etwas ~ *sich plötzlich laut, kurz äußern, leise (auf)schreien;* „nein!", rief er aus □ **exclamar; gritar 4** ⟨550⟩ jmdn. zu etwas ~ *in ein Amt einsetzen (nach einer Wahl od. laut Gesetz);* jmdn. zum König ~ □ **proclamar**

aus‖ru|hen ⟨V. 500⟩ **1** etwas ~ *ruhen lassen;* die Beine, die Hände, die Nerven, die Augen ~; seine müden Knochen ~ ⟨umg.⟩ □ **descansar; repousar 2** ⟨Vr 3⟩ sich ~ *sich durch Ruhe erholen;* willst du dich nicht eine Weile ~?; er muss sich von, nach den Anstrengungen des Tages, der Arbeit ~; er ruhte zu Hause, im Garten, bei einem Glas Wein aus; wir sind gut, schlecht ausgeruht; jetzt hat er endlich einen ausgeruhten Kopf □ ***descansar; recuperar-se 2.1 (sich) auf seinen Lorbeeren** ~ ⟨umg.; fig.⟩ *(sich) nach einem Erfolg od. Lob nicht mehr anstrengen* □ ***dormir sobre os louros**

aus‖rüs|ten ⟨V. 500⟩ **1** ⟨Vr 7 od. Vr 8⟩ jmdn. od. etwas ~ *mit allem Nötigen versehen, ausstatten;* eine Expedition, ein Schiff ~; Truppen ~; sportlich gut ausgerüstet sein; sich für eine Reise ~; mit Waffen, Werkzeug, Mannschaften ~ □ equipar; munir 2 jmdm. ~ ⟨fig.⟩ *mit dem nötigen (geistigen) Rüstzeug versehen;* mit guten Vorsätzen ausgerüstet sein □ abastecer; prover 3 Gewebe ~ *mechanisch u. chemisch-physikalisch nachbehandeln* □ tratar

Aus|rüs|tung ⟨f.; -, -en⟩ 1 ⟨unz.⟩ *das Ausrüsten* 2 ⟨Gesamtheit der⟩ *Gegenstände, mit denen jmd. od. etwas ausgerüstet wurde, Ausstattung;* nach dem Unfall hat er seine Ski ~ verkauft □ equipamento; apetrechos

aus|rut|schen ⟨V.⟩ 1 ⟨400⟩ *ausgleiten, rutschend hinfallen;* auf glatter Straße, Glatteis ~ □ escorregar 1.1 ⟨403⟩ etwas rutscht jmdm. aus *gleitet jmdm. aus der Hand* ~ *escorregar/cair da mão de alguém* 1.1.1 jmdm. rutscht die Hand aus ⟨umg.⟩ *jmd. hat (ungewollt, im Affekt) jmdm. eine Ohrfeige gegeben* □ *dar uma bofetada em alguém

Aus|sa|ge ⟨f.; -, -n⟩ 1 *sprachlich gefasste Mitteilung, kurzer Bericht, Erklärung vor einer Behörde, bes. vor Gericht;* Zeugen~; eine ~ machen; die ~ verweigern; laut, nach ~ von; er blieb bei seiner ~ □ declaração; depoimento 2 ⟨fig.; geh.⟩ *geistiger Inhalt, der durch ein Kunstwerk ausgedrückt wird, innerer Gehalt;* ein Bild, Film mit einer starken ~; dem Bild fehlt die ~ □ conteúdo; mensagem 3 ⟨Gramm.⟩ = Prädikat; Satz~ □ predicado

aus|sa|gen ⟨V.⟩ 1 ⟨500⟩ *etwas* ~ *sprachlich mitteilen, berichten;* dies ist ein altes Sprichwort, das aussagt, dass...; etwas über die Beschaffenheit, das Wesen der Dinge ~ □ dizer; declarar 1.1 ⟨fig.⟩ *Inhalt, inneren, geistigen Gehalt haben u. ausdrücken;* das Bild, der Film sagt etwas aus □ exprimir 2 ⟨400 od. 410⟩ *eine Aussage vor Gericht machen, sagen, was man über jmdn. od. etwas weiß;* wollen Sie ~? ⟨als Frage an den Zeugen⟩; alle sagen übereinstimmend aus; unter Eid ~; er hat falsch, gegen ihn, zu seinen Gunsten ausgesagt □ depor; testemunhar

Aus|satz ⟨m.; -es; unz.; Med.⟩ = Lepra

aus|sät|zig ⟨Adj.; Med.⟩ *an Lepra erkrankt* □ leproso

aus|schach|ten ⟨V. 500⟩ 1 Erde, Boden ~ *ausheben, herausholen;* den Boden bis zu einem Meter Tiefe ~ 1.1 *durch Herausholen von Erde Raum für etwas schaffen od. etwas herstellen;* einen Kanal, einen Keller, einen Bunker, ein Fundament ~; eine Grube, einen Schacht ~ □ (es)cavar; abrir

aus|schal|ten ⟨V. 500⟩ 1 *etwas* ~ *durch Schalten abstellen, den Stromkreis unterbrechen;* den Strom, das Licht, Radio, einer Maschine ~ □ desligar; apagar 2 jmdn. od. etwas ~ ⟨fig.⟩ *ausschließen, beseitigen;* eine Fehlerquelle, alle Zweifel ~; einen Rivalen ~ □ eliminar; excluir

Aus|schank ⟨m.; -(e)s, -schän|ke⟩ 1 *Ausgabe von Getränken;* der ~ von Bier, alkoholischer Getränke; heute kein ~ □ venda (de bebidas) 1.1 ~ auch über die Straße *zum Mitnehmen* □ *venda de bebidas também para viagem* 2 *Schankwirtschaft, Kneipe;* wir trafen uns im ~; als er den ~ betrat □ bar 3 *Schanktisch;* noch drei Betrunkene saßen beim ~; vom ~ aus konnte er das ganze Lokal übersehen □ balcão (do bar)

Aus|schau ⟨f.; -; unz.⟩ nach jmdm. od. etwas ~ halten *nach jmdm. od. etwas erwartend sehen;* er hielt ~ nach seiner Frau, nach seinen Koffern □ *procurar por alguém ou alguma coisa

aus|schei|den ⟨V. 209⟩ 1 ⟨500⟩ *etwas* ~ *ohne Hilfsmittel aus dem Körper entfernen, absondern;* Kot durch den Darm ~ □ expelir; excretar 1.1 ⟨Met.⟩ *aus einer Legierung lösen* □ soltar; desprender 1.2 jmdn. od. etwas ~ ⟨als untauglich⟩ *aussondern;* geknickte Blumen ~ □ descartar 2 ⟨400(s.)⟩ *etwas scheidet aus kommt nicht in Betracht; das scheidet (von vornherein) aus* □ não ser levado em consideração; ser excluído 2.1 *nicht mehr mitwirken, -spielen, -arbeiten, den Dienst, die Stellung verlassen;* aus einem Amt, aus dem Dienst ~; aus einem Wettbewerb ~ □ demitir-se; sair

Aus|schei|dung ⟨f.; -, -en⟩ 1 *das Ausscheiden(1), Absondern* 1.1 ⟨Zool.⟩ *das Entleeren von Stoffen, die im Körper keine Aufgaben mehr haben;* die ~ von Harn, Schweiß; die ~ der Stoffwechselprodukte 1.2 ⟨Bot.⟩ *Abgabe überflüssiger od. nutzloser Stoffe od. Aussonderung von Substanzen, die bestimmten Zwecken dienen, z. B. der Anlockung von Insekten* □ excreção; secreção; eliminação 2 = *Exkret* 2.1 *menschliche, tierische* ~en *Kot, Harn, Schweiß* □ excreção 3 ⟨Sp.⟩ *ein Kampf, bei dem die Besten für den Endkampf ermittelt werden;* die ~skämpfe haben schon begonnen □ eliminatória 4 ⟨Met.⟩ *das Ausscheiden von Kristallen aus einer Schmelze* □ precipitação

aus|schen|ken ⟨V. 500⟩ 1 *Getränke* ~ *am Ausschank einfüllen u. ausgeben od. verkaufen;* Bier, Wein, Schnaps ~; Alkohol darf an Jugendliche nicht ausgeschenkt werden □ vender 2 Kaffee, Tee, Suppe ~ ⟨umg.⟩ *ausgießen;* der Tee ist schon ausgeschenkt □ servir

aus|schlach|ten ⟨V. 500⟩ 1 *ein Tier* ~ *seine Eingeweide entfernen, herausnehmen u. es in Einzelteile zerlegen;* ein Schwein, ein Kalb ~ □ esquartejar; estripar 2 *etwas* ~ ⟨fig.; umg.⟩ *die brauchbaren Teile aus etwas ausbauen;* ein altes Auto, ein Schiff, einem Computer ~ □ desmontar (para reutilizar); canibalizar 3 *etwas* ~ ⟨fig.; umg.; abwertend⟩ *für seine Zwecke ausnutzen, ausbeuten;* für sein Buch hat er eine ähnliche wissenschaftliche Abhandlung ausgeschlachtet; der Spionagefall wurde von der Presse politisch ausgeschlachtet □ explorar; aproveitar-se de

aus|schla|fen ⟨V. 217⟩ 1 ⟨400 od. 500/Vr 3⟩ *so lange schlafen, bis man völlig erfrischt ist;* im Urlaub will ich morgens mal richtig ~; ich habe, bin heute nicht ausgeschlafen; er musste sich einmal ordentlich ~ □ dormir bem/bastante 1.1 na, hast du endlich ausgeschlafen? ⟨fig.; umg.⟩ *gibst du jetzt Acht?, bist du endlich aufmerksam?* □ *acordou? 2 ⟨500⟩ *etwas* ~ ⟨umg.⟩ *durch Schlaf beseitigen, vergehen lassen;* seinen Rausch, Ärger ~ □ curar com o sono

Aus|schlag ⟨m.; -(e)s, -schlä|ge⟩ 1 *krankhafte Veränderung der Haut;* einen ~ bekommen, haben □ erupção cutânea; eczema 2 *das Ausschlagen(4);* der ~ der Waage, des Zeigers bei Messinstrumenten □ inclinação; desvio 2.1 *Schwingungsweite (eines Pendels)* □ **amplitude da oscilação** 2.2 *das Gewicht, die Menge, die bei der Waage das Sinken einer Waagschale veranlasst* □ **peso** 3 den ~ geben (für) ⟨fig.⟩ *(zugunsten jmds. od. einer Sache) entscheidend sein* □ *ser decisivo/determinante (para)*

aus‖**schla**‖**gen** ⟨V. 218⟩ 1 ⟨500 od. 503⟩ etwas ~ *herausschlagen, durch Schlag entfernen, zerstören* □ **bater; arrebentar**; jmdm. ein Auge ~ □ **vazar**; → a. *Fass (1.2)* 2 ⟨400⟩ etwas schlägt aus *schlägt zu Ende, hört auf zu schlagen;* die Uhr hat ausgeschlagen □ **terminar de bater/badalar** 3 ⟨400⟩ *um sich schlagen;* er schlug vor Wut mit Händen u. Füßen aus □ **debater-se** 3.1 das Pferd schlägt aus *tritt mit den Hinterhufen* □ **dar coice** 4 ⟨400(s. od. h.)⟩ *etwas schlägt aus weicht von der Ruhe-, Gleichgewichtslage ab, schwingt;* die Waage, ein Pendel, der Zeiger eines Messinstrumentes schlägt aus □ **desviar; oscilar; inclinar** 5 ⟨400 (s. od. h.)⟩ Knospen, Bäume schlagen aus *treiben, sprossen, grünen;* der Mai ist gekommen, die Bäume schlagen aus (Volkslied) □ **brotar; desabrochar** 6 ⟨500⟩ einen **Innenraum** ~ *auskleiden, bedecken;* einen Raum schwarz ~; Kisten mit Papier ~ □ **revestir; forrar** 7 ⟨500⟩ ein **Angebot** ~ ⟨fig.⟩ *zurückweisen, ablehnen;* eine Einladung, Erbschaft ~; wie konnte er nur dieses günstige Angebot ~? □ **recusar** 8 ⟨800(s.)⟩ eine **Sache** schlägt **zum Guten, Schlechten** aus ⟨geh.⟩ *entwickelt sich zum Guten, Schlechten* □ **dar bom/mau resultado;* das wird dir zum Nutzen ~ □ **isso vai ser vantajoso para você*

aus‖**schlag**‖**ge**‖**bend** ⟨Adj. 24/70⟩ *entscheidend;* dieser Hinweis war ~ für die Verhaftung des Täters □ **decisivo**

aus‖**schlie**‖**ßen** ⟨V. 222/500⟩ 1 jmdn. ~ *von etwas fernhalten* □ **manter afastado** 1.1 ⟨Vr 7 od. Vr 8⟩ *durch Zuschließen aussperren* □ **fechar a porta a alguém;* er hat sich selbst ausgeschlossen □ **ele mesmo se trancou do lado de fora* 1.2 ⟨550⟩ *aus einer Gemeinschaft entfernen, nicht teilnehmen lassen;* wir müssen ihn davon ~ □ **excluir** 2 eine **Sache** ~ *nicht berücksichtigen, nicht für möglich halten;* einen Sachverhalt, einen Fall ~; er schloss diese Möglichkeit von vornherein aus □ **desconsiderar; excluir** 3 eine Sache ~ ⟨Logik⟩ *durch logische Schlussfolgerungen als nicht möglich od. nicht zutreffend erkennen* □ **excluir** 4 eine **Zeile** ~ ⟨Typ.⟩ *die Wortzwischenräume einer Zeile mit Ausschluss(2) füllen u. ihr dadurch die gewünschte Länge geben* □ **justificar**

aus‖**schließ**‖**lich** ⟨a. [-'---]⟩ 1 ⟨Adj.⟩ *alleinig, ungeteilt, uneingeschränkt, nur, nichts anderes als;* sein ~es Recht; sie ist jetzt ~ Hausfrau und Mutter; sich ~ mit ... beschäftigen; ~ von vegetarischer Kost leben □ **exclusivo; exclusivamente** 2 ⟨Präp. m. Gen.⟩ *nicht mitgerechnet, ungerechnet;* der Preis gilt ~ uns täglich ~ des Sonntags; Preise ~ Mehrwertsteuer □ **exceto; salvo**

Aus‖**schluss** ⟨m.; -es, -schlüs|se⟩ 1 *das Ausschließen;* der ~ eines Mitgliedes □ **exclusão; expulsão**; unter ~ der Öffentlichkeit □ **a portas fechadas;* nach ~ dieses Falles □ **exclusão** 2 ⟨Typ.⟩ *nicht mitdruckendes, niedriges Material zum Setzen (ohne Schriftbild), mit dem die Wortzwischenräume ausgefüllt werden* □ **espaço**

aus‖**schnei**‖**den** ⟨V. 227/500⟩ etwas ~ 1 *(formgerecht) herausschneiden;* Schattenbilder, Scherenschnitte ~; Figuren aus Papier ~; ein Inserat aus der Zeitung ~ □ **recortar** 2 *durch Schneiden erweitern;* den Ausschnitt, das Armloch am Kleid ~ □ **decotar**; tief ausgeschnittenes Kleid □ **decotado** 3 Bäume ~ *von überflüssigen Zweigen befreien* □ **podar**

Aus‖**schnitt** ⟨m.; -(e)s, -e⟩ 1 *das Ausschneiden(3)* □ **poda** 2 *ausgeschnittene Stelle;* Kleid~ □ **decote do vestido**, Ärmel~ □ **cava**; sie trug ein Kleid mit einem gewagten ~ □ **decote** 2.1 *Loch, Lücke, z. B. am Visier für die Augen* □ **abertura** 3 *das Ausgeschnittene;* Zeitungs~ □ **recorte** 3.1 ⟨Math.⟩ *Kreisausschnitt* □ **setor** 4 ⟨fig.⟩ *Einzelheit, Teil;* einen ~ aus einem Film zeigen; ein ~ aus dem Gemälde wurde in diesem Buch reproduziert □ **fragmento; parte**

aus‖**schrei**‖**ben** ⟨V. 230/500⟩ etwas ~ 1 *mit (allen) Buchstaben schreiben, nicht abkürzen;* den Vornamen bitte ~! 1.1 *nicht in Ziffern schreiben;* der Betrag muss ausgeschrieben werden □ **escrever por extenso** 2 *ausfüllen, ausfertigen, ausstellen;* ein Formular ~; ein Rezept, eine Rechnung ~ □ **preencher** 3 *durch Inserat bekanntmachen, veröffentlichen;* in der Zeitung Stellen ~ □ **publicar; anunciar** 4 *durch langes, vieles Schreiben zügig machen, ausprägen;* eine ausgeschriebene Handschrift haben □ **corrido; cursivo**

Aus‖**schrei**‖**bung** ⟨f.; -, -en⟩ 1 *das Ausschreiben(3)* □ **anúncio; publicação** 2 ⟨Rechtsw.⟩ *öffentliche Aufforderung, Gebote für Leistungen od. Lieferungen Angebote zu machen;* eine öffentliche, beschränkte ~ □ **edital de concurso** 3 ⟨Sp.⟩ *Ankündigung eines Wettkampfs mit allen festgelegten Einzelheiten* □ **edital de competição**

Aus‖**schrei**‖**tung** ⟨f.; -, -en⟩ 1 ⟨meist nur Pl.⟩ ~en *Gewalttätigkeit;* ~en begehen; wegen ~en gegen jmdn. verurteilt werden; es kam zu schweren ~en □ **agressão; ato de violência** 2 ⟨geh.; veraltet⟩ *Ausschweifung* □ **excesso; abuso**

Aus‖**schuss** ⟨m.; -es, -schüs|se⟩ 1 ⟨unz.⟩ *als fehlerhaft, mangelhaft ausgesonderte Ware* □ **mercadoria com defeito; refugo** 2 *Stelle, an der ein Geschoss aus dem Körper wieder ausgetreten ist;* ~öffnung □ **orifício de saída de um projétil** 3 *für besondere Aufgaben ausgewählte Gruppe von Personen;* Sy **Kommission(2)**; Prüfungs~; geschäftsführender, ständiger, vorbereitender ~; erweiterter ~ □ **comissão; comitê**

aus‖**schüt**‖**ten** ⟨V.⟩ 1 ⟨505⟩ *etwas (aus etwas) ~ durch Schütten entfernen;* Kartoffeln, Getreide (aus einem Sack) ~; Wasser (aus der Vase) ~ □ **despejar; verter**; → a. *Kind(5.8)* 2 ⟨530⟩ jmdm. seinen **Kummer**, seine Sorgen, seinen Schmerz ~ ⟨fig.⟩ *jmdm. von seinem K., seinen S., seinem S. erzählen* □ **desabafar; contar** 2.1 jmdm. sein **Herz** ~ ⟨fig.⟩ *jmdm. das erzählen, was einen bewegt* □ **desabafar com alguém;* abrir o coração a alguém 3 ⟨500⟩ etwas ~ *durch Schütten leeren;* einen Korb, einen Mülleimer, einen Aschenbecher ~; eine Vase, einen Kübel ~ □ **esva-**

ausschweifen

ziar 4 ⟨550/Vr 3⟩ sich ~ vor Lachen ⟨fig.⟩ *sehr lachen, laut, herzhaft u. anhaltend lachen* □ **fartar-se de rir; rir às gargalhadas* **5** ⟨500⟩ Geldsummen ~ *nach einem bestimmten Schlüssel verteilen;* Prämien, Gewinn, Dividenden ~ □ **distribuir; repartir**

aus‖schwei|fen ⟨V.⟩ **1** ⟨500⟩ etwas ~ *mit einer nach außen gebogenen Linie versehen;* der Tischler hat die Rundung ausgeschweift □ **chanfrar; perfilar 2** ⟨400(s.); fig.⟩ *das rechte Maß, den Rahmen überschreiten;* eine ~de Fantasie besitzen □ **extravagante** 2.1 *abschweifen, vom Thema abkommen* □ **divagar** 2.2 ein ~des Leben führen *ein moralisch u. gesundheitlich ungezügeltes Leben voller Genuss führen* □ **dissoluto; desregrado**

Aus|schwei|fung ⟨f.; -, -en⟩ **1** *das normale Maß überschreitender Genuss;* er lebte ein Leben ohne ~en □ **excesso** 1.1 ~ der Fantasie *übertriebenes Gebilde der F.* □ **extravagância** 1.2 *sexuelle Zügellosigkeit;* er hat ihn zu wüsten ~en verleitet; sinnliche ~en □ **libertinagem; devassidão**

aus‖se|hen ⟨V. 239⟩ **1** ⟨413⟩ gut (schlecht) ~ *ein gutes (schlechtes) Äußeres, Erscheinungsbild haben;* schön, hässlich, hübsch, vergnügt ~; wie siehst du denn aus? □ **ter aparência boa/ruim, parecer* 1.1 bei mir sieht es aus ...! ⟨umg.⟩ *bei mir ist es sehr unordentlich* □ **minha casa está uma bagunça!* 1.2 *aufgrund von (sichtbaren) Anzeichen vermuten lassen;* er sieht jünger (älter) aus (als er ist); er sieht krank aus; er sieht aus, als ob er krank sei; es sieht nach Regen, Schnee aus; so od. danach sieht er gar nicht aus; es sieht danach aus, als ob ... □ **parecer** 1.2.1 wie sieht es geschäftlich aus? *wie stehen die Geschäfte?, wie geht es dem Geschäft?* □ **como vão os negócios?* 1.2.2 die Sache sieht nicht gut aus *scheint bedenklich, gefährlich* □ **a situação não parece boa* 1.2.3 wie etwas od. jmd. ~ *den Eindruck machen, ähnlich sein;* das sieht wie Gold aus; er sieht (genau) aus wie sein Vater; er ist nicht so jung, wie er aussieht; er sieht nicht aus wie 70 □ **parecer** 1.3 ⟨813⟩ (gut) zu etwas ~ ⟨umg.⟩ (gut) *passen;* der Pullover sieht gut zu dem Rock, der Hose aus □ **combinar com alguma coisa; cair bem com alguma coisa* 1.4 ⟨800⟩ nach etwas ~ ⟨umg.⟩ *mehr od. besser scheinen, als es ist, den Anschein von etwas Besserem od. Größerem haben* □ **ter ar/aspecto/cara de alguma coisa* 1.4.1 nach nichts ~ *nicht besonders gut od. ansprechend scheinen, unansehnlich sein* □ **não ter nada de especial* 1.5 so siehst du (gerade) aus! ⟨umg.⟩ *das könnte dir so passen!, das hast du dir gedacht!, da hast du dich (aber) geirrt!* □ **é o que você pensa!* **2** ⟨800⟩ nach jmdm. od. etwas ~ *ausschauen, Ausschau halten (nach)* □ **procurar por alguém ou alguma coisa* **3** ⟨530/Vr 1 m. Präp.⟩ sich die Augen nach jmdm. ~ *lange vergeblich nach jmdm. Ausschau halten* □ **ficar procurando (em vão) por alguém ou alguma coisa*

Aus|se|hen ⟨n.; -s; unz.⟩ **1** *äußere Erscheinung, Anblick, Anschein;* ihr ~ macht mich besorgt; ein Kind von gesundem, krankem, rosigem ~ 1.1 dem ~ nach zu urteilen ... *dem äußeren Anblick, dem Anschein nach zu urteilen ...* □ **aparência; aspecto**

aus‖sein ⟨alte Schreibung für⟩ *aus sein*

au‖ßen ⟨Adv.⟩ **1** *außerhalb eines Raumes, an der äußeren Seite;* Ggs *innen;* die Tür von ~ streichen; das Fenster ist nach ~ zu öffnen; von ~ (her) kam ein kalter Wind ins Zimmer; ~ am Topf, ~ an der Tür; einen Mantel von innen nach ~ kehren, drehen, wenden; das Haus sieht von ~ nicht schön aus □ **fora; externamente 2** nach ~ hin wahrt er den Schein ⟨fig.⟩ *anderen Personen gegenüber* □ **para os outros ele mantém as aparências* **3** ⟨Getrennt- u. Zusammenschreibung⟩ 3.1 ~ Stehender = *Außenstehender*

aus‖sen|den ⟨V. 241/500⟩ **1** jmdn. ~ ⟨geh.⟩ *(mit einem Auftrag) wegschicken;* die Regierung sandte/sendete einen Kundschafter aus; die katholische Kirche hat Missionare ausgesandt/ausgesendet; man hat einen Boten nach ihm ausgesandt/ausgesendet □ **enviar 2** etwas ~ ⟨Funkw.⟩ *senden* □ **difundir; transmitir 3** Energie ~ ⟨Phys.⟩ *E. von sich geben, ausstrahlen;* Radium sendet radioaktive Strahlen aus; das Gerät sendete elektromagnetische Wellen aus □ **irradiar**

Au|ßen|po|li|tik ⟨f.; -; unz.⟩ *Politik der zwischenstaatlichen Beziehungen, Verkehr eines Staates mit anderen* □ **política externa**

Au|ßen|sei|ter ⟨m.; -s, -⟩ **1** *jmd., der außerhalb der Gesellschaft od. abseits einer Gruppe steht* 1.1 *Mensch, der seine eigenen Wege geht, Einzelgänger* □ **outsider 2** ⟨Sp.⟩ *Teilnehmer an einem sportlichen Wettbewerb, dem nur geringe Gewinnchancen eingeräumt werden;* als ~ an den Start gehen 2.1 *Rennpferd, auf das nur geringe Wetteinsätze getätigt werden und das im Falle eines Sieges eine hohe Gewinnquote bringt;* auf einen ~ setzen □ **azarão**

Au|ßen|sei|te|rin ⟨f.; -, -rin|nen⟩ *weibl. Außenseiter* □ *outsider*

Au|ßen|ste|hen|de(r) auch: **au|ßen Ste|hen|de(r)** ⟨f. 2 (m. 1)⟩ **1** *jmd., der in etwas nicht eingeweiht ist;* er ist ein ~ □ **não iniciado; espectador 2** *nicht zu einem bestimmten Kreis od. zur Familie gehörige Person;* aich als ~ fühlen □ **estranho**

au|ßer 1 ⟨Präp. m. Dat.⟩ 1.1 (Ort) *nicht (mehr) dort befindlich* 1.1.1 jmd. ist ~ Haus(e) *ausgegangen, nicht zu Hause* □ **fora** 1.1.2 ~ Landes gehen ⟨nur m. Gen.⟩ *ins Ausland gehen, auswandern* □ **sair do país* 1.2 ~ der Zeit *nicht zur rechten Zeit, unpassend, ungelegen* □ **inoportuno; intempestivo* 1.3 (Tätigkeit) *eine T. nicht (mehr) ausübend;* die Maschine ist ~ Betrieb, ~ Tätigkeit; ein Schiff ~ Dienst stellen □ **fora de serviço; inativo* 1.3.1 ~ Gefecht setzen *kampfunfähig machen* □ **pôr fora de combate* 1.3.2 ~ Fassung geraten *die Beherrschung verlieren* □ **perder o sangue-frio/a calma* 1.3.3 ~ Dienst ⟨Abk.: a. D.⟩ *pensioniert, im Ruhestand;* Beamter, Offizier ~ Dienst □ **aposentado; reformado* 1.4 (Zustand) *nicht (mehr) in einem Z. befindlich;* er ist ~ Gefahr □ **fora** 1.4.1 Geld, Wertpapiere ~ Kurs setzen *für ungültig erklären* □ **tirar moeda/títulos cambiais de circulação* 1.5 jmdn.

~ der **Reihe** bedienen *bevorzugt* □ *dar a preferência a alguém* 1.6 es steht ~ (allem) **Zweifel** *ist steht fest, daran ist nicht zu zweifeln* □ *não haver (nenhuma) dúvida* 1.7 ~ sich sein *erregt, empört, zornig, unbeherrscht (vor Empörung, Zorn) sein* □ *estar fora de si* 1.7.1 ~ sich geraten *sich sehr erregen, die Beherrschung verlieren* □ *perder o controle* 1.8 *ohne, nicht mit (enthalten)* 1.8.1 ~ **Atem** sein *atemlos sein, keuchen* □ *estar sem fôlego* 1.8.2 ~ Acht lassen *nicht beachten* □ *negligenciar; desconsiderar* 1.8.3 mit *Ausnahme von, ausgenommen, abgesehen von;* ich esse alles gern ~ Fisch; alle ~ mir; ~ dir wird niemand kommen; das Kind schreit nie, ~ in der Nacht; ich bin immer zu Hause, ~ nachmittags □ *exceto; menos* 1.8.4 *noch dazu, darüber hinaus, neben;* ~ dem Gehalt bekommt er noch Provision; ~ den beiden Jungen haben sie noch ein kleines Mädchen □ *além de* **2** ⟨Konj.⟩ *= sei denn (dass);* du wirst wohl noch lange auf Hilfe warten müssen, ~ du hilfst dir selbst □ *a menos que* 2.1 ~ **dass** *ausgenommen, dass, abgesehen davon, dass, wenn nicht;* der Urlaub war sehr schön, ~ dass ich mich erkältet habe □ *não fosse por/pelo fato de que* 2.2 ~ **wenn** *nur nicht, wenn, es sei denn, dass;* ich komme, ~ wenn es regnet □ *a não ser que* **3** ⟨Getrennt- u. Zusammenschreibung⟩ 3.1 ~ **Frage** = außerfrage 3.2 ~ **Stande** = außerstande

au|ßer|dem ⟨a. [--'-] Konj.⟩ *(noch) dazu, überdies, darüber hinaus, ferner;* fünf Kühe, zwei Schweine u. ~ (noch) Hühner u. Enten; ich habe keine Zeit mitzukommen, u. ~ bin ich auch gar nicht eingeladen □ *além disso; além do mais*

äu|ße|re(r, -s) ⟨Adj. 70⟩ **1** *außen(1) befindlich;* Ggs *innere(r, -s)(1)* 1.1 *an der Außenseite, an der Oberfläche (befindlich), von außen sichtbar;* die ~ Seite 1.2 ⟨60⟩ ~ **Mission** *Vereinigung zur Aussendung von Missionaren in nichtchristliche Länder* 1.3 ⟨60⟩ die ~n **Angelegenheiten** eines Staates *die auswärtigen, die außenpolitischen A.* □ *externo; exterior* 1.4 ⟨60⟩ *der ~ Mensch der Erscheinungsform des Menschen, sein Aussehen betreffend* 1.4.1 *du musst etwas für deinen ~n Menschen tun* ⟨umg.⟩ *dich mehr pflegen* □ *aparência* **2** ⟨60⟩ *nur für andere Personen bestimmt, um der Wirkung willen gezeigt;* der ~ Eindruck; dem ~n Anschein nach zu urteilen □ ∅

Äu|ße|re(s) ⟨n. 3; unz.⟩ Ggs *Innere(s)* **1** *Außenseite, Oberfläche;* das Äußere des Hauses ist recht hübsch □ *exterior; parte externa* **2** ⟨fig.⟩ *äußere Erscheinung, äußere Ansicht, Anblick von außen, Aussehen;* ein gepflegtes, anziehendes, vornehmes ~; er hält, gibt viel auf sein ~; Wert auf (sein) ~ legen; ein angenehmes ~ haben; man soll nicht (nur) nach dem Äußeren urteilen □ *aparência; aspecto* **3 Minister** des Äußeren *Außenminister* □ *Ministro das Relações Exteriores*

au|ßer|fra|ge *auch:* **au|ßer Fra|ge** ⟨Adv.⟩ ~ stehen *feststehen;* es steht ~, dass... □ *não haver dúvida*

au|ßer|ge|wöhn|lich ⟨Adj.⟩ *über das Gewöhnliche, Gewohnte weit hinausgehend, auffallend, ungewöhnlich, hervorstechend;* eine ~e Leistung; ~ heiß, kalt, gut,

schlecht; ein ~ schönes Mädchen □ *extraordinário; excepcional(mente)*

au|ßer|halb **1** ⟨Präp. m. Gen.⟩ *nicht in einem bestimmten Raum od. Zeitraum;* Ggs *innerhalb;* ~ des Hauses; ~ der Stadt; ~ der Arbeitszeit □ *fora* **2** ⟨Adv.⟩ *draußen, auswärts;* er wohnt ~; Briefe nach ~; sie kommen von ~ □ *exterior; estrangeiro*

au|ßer|ir|disch ⟨Adj. 24⟩ *außerhalb der Erde befindlich, nicht von der Erde stammend, außerweltlich;* ~e Wesen □ *extraterrestre*

äu|ßer|lich ⟨Adj. 24⟩ **1** *das Äußere betreffend, von außen;* Ggs *innerlich;* das ist ~ nicht erkennbar □ *externamente; por fora* 1.1 ⟨nur⟩ ~! ⟨Aufschrift auf Rezepten od. Arzneiflaschen⟩ *nur zum Einreiben oder Baden, nicht zum Einnehmen* □ *(somente) uso externo!* **2** ⟨fig.⟩ *den äußeren Schein betreffend, auf ihm beruhend, oberflächlich, scheinbar;* rein ~ betrachtet; das ist nur ~ □ *superficial(mente); aparente(mente)* 2.1 ⟨80⟩ dieser **Mensch** ist sehr ~ *legt Wert darauf, gut auszusehen u. einen positiven Eindruck zu machen, ohne entsprechende geistige od. seelische Qualitäten zu haben* □ *superficial*

äu|ßern ⟨V.⟩ **1** ⟨500⟩ etwas ~ *sagen, aussprechen;* er hat eine Bitte, einen Wunsch geäußert; Gefühle ~; eine Meinung, einen Verdacht ~ □ *dizer; exprimir* 1.1 ⟨Vr 3⟩ sich ~ *seine Meinung sagen;* bitte ~ Sie sich dazu; sich über jmdn. od. etwas abfällig, lobend, vorsichtig ~; zu diesem Thema kann ich mich nicht ~ □ *pronunciar-se* **2** ⟨550/Vr 3⟩ etwas äußert sich durch, in, als etwas *zeigt sich, wird in bestimmter Weise sichtbar;* die Krankheit äußert sich durch hohes Fieber; ihre Nervosität äußerte sich im Zittern ihrer Hände □ *manifestar-se*

au|ßer|or|dent|lich ⟨a. [--'---] Adj.⟩ **1** *ungewöhnlich, außerhalb der gewöhnlichen Ordnung stehend, stattfindend;* eine ~e Gelegenheit; ein ~es Ereignis; eine ~e Versammlung des Kabinetts; ich muss dir etwas Außerordentliches mitteilen □ *extraordinário* **2** *sich aus dem Übrigen heraushebend, hervorstechend, einzigartig;* eine ~e Leistung; ein ~er Mensch; sie ist von ~er Schönheit □ *extraordinário; notável; excepcional* **3** ⟨50; verstärkend⟩ *sehr, ganz besonders;* er ist ~ begabt, klug; ich habe mich ~ gefreut; sie ist ~ hübsch □ *muito; extremamente* **4** ⟨60⟩ *Sonder...;* ein ~es Gericht; eine ~e Vollmacht; ein ~er Gesandter 4.1 ⟨Abk.: a. o.⟩ ~er **Professor** *planmäßiger P. an einer Universität, ohne eigenes Institut* □ *extraordinário*

äu|ßerst ⟨Adj.; Superlativ⟩ **1** *am weitesten von einem Punkt entfernt, außen liegend;* am ~en Ende der Stadt, des Landes, des Bezirks; die Eisbären leben im ~en Norden 1.1 die ~e **Linke, Rechte** ⟨Pol.⟩ *Partei mit radikalem extremistischem Programm* □ *extremo* **2** *größte, stärkste;* eine Sache von ~er Bedeutung, Wichtigkeit; er war in ~er Gefahr; es wurde mit ~em Nachdruck gebeten; hier ist ~e Vorsicht geboten □ *extremo; máximo* **3** ⟨50; verstärkend bei Adj.⟩ *sehr, im höchsten Grade;* ~ erregt; ~ wichtig; er ist ~ liebenswürdig, unzufrieden, streng; es war ihm ~ peinlich, angenehm, verdächtig, sie dort anzutref-

außerstande

fen; sie war ~ elegant, schlampig gekleidet □ muito; **extremamente** 3.1 auf das äußerste/Äußerste gereizt sein; er ist aufs äußerste/Äußerste gespannt □ **extremamente; ao máximo** 4 ⟨60⟩ 4.1 *letztmöglich;* das ist der Preis □ último; das Äußerste wagen, tun □ **máximo**; etwas aufs Äußerste ankommen lassen □ *levar alguma coisa às últimas consequências 4.2 bis zum Äußersten gehen □ *ir até o fim; jmdn. bis zum Äußersten reizen □ *tirar alguma coisa do sério; atormentar alguém 4.3 *schlimmste;* im ~en Fall □ *na pior das hipóteses; em último caso; das Äußerste befürchten, verhindern □ *temer/evitar o pior; er muss aufs Äußerste gefasst sein □ *ele tem de estar preparado para o pior

au|ßer|stan|de *auch:* **au|ßer Stan|de** ⟨Adv.; nur in Verbindung mit bestimmten Verben⟩ **1** ~ **sein**, etwas zu tun *nicht imstande, nicht in der Lage sein, etwas zu tun, etwas nicht tun können;* er war ~, ihm zu helfen; er ist ~, sich daran zu erinnern □ *não estar em condições de fazer alguma coisa 1.1 sich ~ fühlen, etwas zu tun *glauben, dass man etwas nicht tun kann;* er fühlte sich ~, ihm zu antworten □ *sentir-se incapaz de fazer alguma coisa 1.2 sich od. **jmdn.** ~ **sehen**, etwas zu tun *sehen, dass man od. jmd. etwas nicht tun kann;* er sah sich ~, den Fall zu übernehmen □ *achar-se/achar alguém incapaz de fazer alguma coisa 1.3 jmdn. ~ **setzen**, etwas zu tun *jmdm. etwas unmöglich machen;* durch diese Ereignisse wurde er ~ gesetzt, ... □ *impossibilitar alguém de fazer alguma coisa

Äu|ße|rung ⟨f.; -, -en⟩ **1** *das Geäußerte, Gesagte, Gesprochene* 1.1 ⟨fig.⟩ *Ausdruck (von etwas), Signal, Zeichen;* das Kopfnicken ist eine ~ der Zustimmung □ **manifestação; expressão 2** *Aussage, Bemerkung, Ausspruch;* seine letzte ~ hätte er besser vermeiden sollen; eine verletzende, unbedachte ~; sich jeglicher ~ enthalten *nichts sagen, bemerken* □ **declaração; observação; comentário**

aus|set|zen ⟨V.⟩ **1** ⟨500⟩ **jmdn. od. etwas ~** *hinaussetzen* □ *pôr na rua;* **expulsar** 1.1 ein **Kind** ~ *irgendwo hinlegen und hilflos liegen lassen* □ **abandonar; enjeitar** 1.2 ein **Boot** ~ *ins Wasser lassen, setzen (bes. vom Schiff aus)* □ **lançar à água** 1.3 **Wild** ~ *gekaufte Tiere im Wald freilassen (um den Bestand aufzufrischen od. eine neue Wildart einzubürgern)* □ **soltar (na natureza)** 1.4 **Pflanzen** ~ *ins Freie setzen* □ **colocar ao ar livre** 1.5 das **Allerheiligste** ~ *zur Anbetung ausstellen* □ *expor o Santíssimo 1.6 den **Ball** ~ ⟨Billard⟩ *zum Anspiel hinlegen* □ **dispor; colocar (na marca) 2** ⟨530/Vr 7 od. Vr 8⟩ **jmdn. od. etwas** einer **Sache** ~ *preisgeben, ausliefern;* sich od. jmdn. der Ansteckung ~; sich od. jmdn. einer Gefahr ~; sich, jmdn. od. etwas (dem) Wind u. Wetter ~; du setzt dich mit deinem Verhalten dem Gelächter, dem Spott der andern aus; auf diesem Platz sind wir zu sehr den Blicken der andern ausgesetzt □ **expor(-se) 3** ⟨400⟩ *vorübergehend, unerwartet aufhören, stocken;* der Puls, Motor setzte aus; die Atmung des Kranken hat ausgesetzt □ **falhar; ratear** 3.1 ⟨800⟩ **mit etwas ~** *etwas unterbrechen;* mit der Arbeit, dem Unterricht ~ □ **in-**terromper 3.2 ich muss (ein paar Minuten) ~; beim Laufen, Spielen ~ *eine Pause machen* □ **fazer uma pausa; parar 4** ⟨500⟩ eine **Prämie** ~ *als Belohnung festsetzen, festlegen, ausschreiben, zur Verfügung stellen;* auf seinen Kopf sind 10.000 € (Belohnung) ausgesetzt □ **oferecer; prometer 5** ⟨500⟩ einen **Vorgang** ~ *unterbrechen, verschieben;* den Unterricht ~; das Verfahren aussetzen bis ... ⟨Rechtsw.⟩ □ **interromper; prorrogar 6** ⟨550⟩ **an jmdm.** od. einer **Sache** etwas ~ *tadeln, bemängeln;* er hat an allem etwas auszusetzen; es ist nichts daran auszusetzen □ **criticar 7** ⟨500⟩ *Sägeblätter ~ die Zähne von Sägeblättern abwechselnd nach rechts u. links abbiegen* □ *alternar os dentes da lâmina de serra

Aus|set|zung ⟨f.; -, -en⟩ **1** *das Aussetzen;* ~ eines Verfahrens □ **suspensão; prorrogação;** ~ eines Kindes □ **abandono;** ~ einer Belohnung, Rente, eines Preises □ **oferta; promessa;** ~ einer Strafe □ **suspensão;** *sursis* 1.1 *Amt mit* ~ ⟨kath. Kirche⟩ *feierliche Messe mit Gesang, bei der das Allerheiligste ausgesetzt wird* □ *missa com exposição do Santíssimo

Aus|sicht ⟨f.; -, -en⟩ **1** *begründete Hoffnung, Möglichkeit, Chance, dass ein Ereignis eintritt;* günstige, ungünstige, berufliche ~en; es besteht (keine) ~, es ist ~ vorhanden, dass ...; er hat (keine) ~ zu gewinnen; ~ auf Erfolg, Gewinn; die sichere ~ auf Befreiung; jmdm. ~en machen auf; er hat (keine) ~ auf den ersten Preis □ **perspectiva** 1.1 **in ~** *möglicherweise, wahrscheinlich* □ *provavelmente;* etwas in ~ haben □ *ter alguma coisa em vista;* eine Überraschung steht in ~ □ *esperar-se/é provável uma surpresa 1.1.1 etwas in ~ nehmen *planen, beabsichtigen* □ *planejar/pretender alguma coisa* 1.1.2 (jmdm.) etwas in ~ **stellen** *versprechen, zusichern* □ *prometer alguma coisa (a alguém) 2* ⟨unz.⟩ *Blick, Rund-, Aus-, Fern-, Weitblick;* eine gute, schöne, weite ~ bietet sich; die ~ aus dem Fenster; die ~ vom Berggipfel, Fenster, Zimmer (aus); ~ auf den Hof, auf die Straße, aufs Meer; die ~ (weit) über den See, übers Land □ **vista; panorama**

aus|sichts|los ⟨Adj.⟩ *keine Aussicht auf Erfolg bietend, hoffnungslos;* Ggs *aussichtsreich;* seine momentane Situation ist ~; ein ~er Plan □ **sem esperança; vão**

aus|sichts|reich ⟨Adj.⟩ *gute Aussicht auf Erfolg bietend, erfolgversprechend;* Ggs *aussichtslos;* seine Bewerbung ist ~; ein ~es Unterfangen □ **auspicioso; promettedor**

aus|söh|nen ⟨V. 550/Vr 7 od. Vr 8⟩ **1** jmdn. od. sich (mit jmdm.) ~ *die Feindschaft nach einem Streit einstellen u. Frieden schließen, sich versöhnen;* er söhnte sie mit ihrem Vater aus; die Mutter hat die streitenden Brüder ausgesöhnt; hast du dich mit deinem Freund ausgesöhnt? □ **reconciliar(-se); fazer as pazes 2 sich mit etwas ~** ⟨geh.⟩ *sich damit abfinden, zufriedengeben;* ich habe mich mit dem schlechten Wetter ausgesöhnt; er söhnte sich mit seinem Schicksal aus □ *conformar-se com alguma coisa; adaptar-se a alguma coisa

aus|son|dern ⟨V. 500⟩ **jmdn. od. etwas ~** *prüfend aus einer Menge heraussuchen (u. entfernen);* man hat die

Nichtschwimmer ausgesondert; verschimmelte Erdbeeren, schlechte Kartoffeln ~; alte Kleider für eine Sammlung des Roten Kreuzes ~ ☐ **selecionar; separar; fazer a triagem**

aus‖span|nen ⟨V.⟩ **1** ⟨500⟩ 1.1 ein **Seil**, eine Leine ~ *straff zwischen zwei Punkten spannen* ☐ **estender; esticar** 1.2 ein **Netz**, ein Tuch ~ *gestreckt, gespannt aufhängen od. aufstellen;* die Fischer spannten ihre Netze zum Trocknen aus ☐ **estender; dependurar** 1.3 ein **Zugtier** od. etwas ~ *aus einem Gespann lösen;* der Kutscher spannte die Pferde aus; der Bauer hat den Wagen, den Pflug ausgespannt ☐ **desatrelar** 1.4 etwas (aus etwas) ~ *etwas Eingespanntes herausnehmen;* einen Bogen (aus der Schreibmaschine) ~; eine Stickerei (aus dem Rahmen) ~; ein Werkstück (aus dem Schraubstock) ~ ☐ **soltar; tirar 2** ⟨530⟩ jmdn. jmdn. ~ ⟨fig.; umg.⟩ *abspenstig machen, wegschnappen;* er hat ihm die Freundin ausgespannt 2.1 darf ich dir heute Abend deine Frau ~? ⟨scherzh.⟩ *darf ich mit ihr heute Abend ausgehen?* ☐ **surrupiar; roubar** 2.2 jmdn. etwas ~ ⟨fig.; umg.⟩ *nach langem Bitten od. durch List od. Schmeicheln von jmdm. bekommen;* den Schirm hat sie ihrer Freundin ausgespannt; die Uhr spannte er seinem Vater aus ☐ **tomar; conseguir obter** 2.3 ich möchte dir heute Abend deine Perlenkette ~ ⟨scherzh.⟩ *sie mir leihen* ☐ **pegar emprestado 3** ⟨400⟩ *für einige Zeit nicht arbeiten u. sich dadurch erholen;* sie muss jetzt ein paar Wochen richtig ~; du sollst einmal von der Arbeit ~ ☐ **descansar; relaxar**

aus‖sper|ren ⟨V. 500⟩ **1** jmdn. ~ *die Tür vor jmdm. zuschließen, jmdn. nicht hereinlassen;* sie sperrte ihn nach dem Streit aus; ich habe mich gestern versehentlich ausgesperrt ☐ ***fechar a porta a alguém; trancar alguém do lado de fora* 2** jmdn. ~ ⟨fig.⟩ *jmdn. von etwas ausschließen (bes. von der Arbeit), nicht zulassen zu etwas;* Fabrikarbeiter ~ ☐ **excluir; demitir**

aus‖spie|len ⟨V.⟩ **1** ⟨402⟩ eine Karte ~ *als Erster (eine K.) hergeben, anfangen zu spielen* ☐ ***dar a primeira carta; começar o jogo** 1.1 ⟨Kart.⟩ *das Spiel eröffnen;* wer spielt aus? ☐ ***quem começa?** 1.2 ⟨500⟩ etwas ~ *ins Spiel bringen;* eine Karte, einen Trumpf, ein Ass, einen König ~ ☐ **jogar; servir** 1.2.1 den letzten Trumpf ~ ⟨a. fig.⟩ *die letzte Entgegnung* ☐ ***jogar/dar a última cartada* 2** ⟨402⟩ (eine **Rolle**) ~ *zu Ende spielen;* er hat ausgespielt ☐ ***desempenhar (um papel) até o fim* 2.1 ausgespielt haben ⟨fig.⟩ *nichts mehr ausrichten können, nichts mehr zu sagen haben* ☐ ***perder o prestígio* 3** ⟨500⟩ etwas ~ *als Spielgewinn festsetzen;* in der Lotterie wird ein hoher Betrag ausgespielt ☐ ***estabelecer alguma coisa como prêmio* 4** ⟨550⟩ jmdn. gegen jmdn. ~ *Personen gegeneinander aufwiegeln, aufhetzen, um daraus Nutzen zu ziehen* ☐ ***jogar alguém contra alguém**

Aus‖spra|che ⟨f.; -, -n⟩ **1** *das Aussprechen(1);* gute, schlechte, (un)deutliche, falsche, richtige, reine ~; englische ~; dieses Wort hat mehrere ~n ☐ **pronúncia;**→ a. *feucht(1.2)* **2** *das Aussprechen(6);* eine ~ mit jmdm. haben; jmdn. zu einer ~ bitten ☐ **conversa**

aus‖spre|chen ⟨V. 251⟩ **1** ⟨500⟩ Wörter, Sätze, Laute ~ *mit den Sprechwerkzeugen bilden;* etwas deutlich, falsch, richtig ~; wie spricht man dieses Wort aus? ☐ **pronunciar 2** ⟨500⟩ eine **Sache** ~ *(durch Sprechen) zum Ausdruck bringen, äußern, in Worte fassen, vorbringen;* eine Bitte, einen Tadel, einen Wunsch ~; du sprichst ein großes Wort gelassen aus ☐ **exprimir; manifestar** 2.1 ⟨503⟩ ⟨jmdm.⟩ seine Anteilnahme, seinen Dank, sein Mitgefühl ~ *mitteilen, bezeugen* ☐ **prestar; manifestar 3** ⟨400⟩ *zu Ende sprechen;* lassen Sie ihn (doch) ~!; er hatte kaum ausgesprochen, als die Tür aufging ☐ **terminar de falar 4** ⟨513 od. 550/Vr 3⟩ sich ~ *(über jmdn. od. etwas) wertend Stellung nehmen, seine Meinung äußern;* er hat sich darüber nicht ausgesprochen; sich offen, anerkennend über jmdn. ~ ☐ ***manifestar-se; pronunciar-se** 4.1 ⟨550/Vr 3⟩ sich für etwas ~ *sich zu etwas bekennen, für etwas Partei ergreifen* ☐ ***declarar-se favorável a alguma coisa* 4.2 ⟨550/Vr 3⟩ sich gegen etwas ~ *gegen etwas stimmen, gegenteilige Meinung äußern über etwas* ☐ ***declarar-se contra alguma coisa* 5** ⟨500/Vr 3⟩ sich ~ *über eigene Probleme mit einem anderen sprechen;* sie wollte sich einmal ~; sprich dich (ruhig) aus! ⟨a. iron.⟩ ☐ ***desabafar 6** ⟨500/Vr 4⟩ sich ~ *eine Unterredung, ein klärendes Gespräch (über Meinungsverschiedenheiten) führen* ☐ ***ter uma conversa (com alguém)**

Aus‖spruch ⟨m.; -(e)s, -sprü|che⟩ *(meist kürzere) Äußerung mit bedeutendem Inhalt;* ein ~ Bismarcks; (gesammelte) Aussprüche großer Männer (als Untertitel) ☐ **máxima; sentença**

Aus|stand ⟨m.; -(e)s, -stän|de⟩ **1** ⟨unz.⟩ *Streik* 1.1 im ~ sein, sich im ~ befinden, in den ~ treten *streiken* ☐ **greve 2** ⟨nur Pl.; schweiz.⟩ *ausstehende Geldforderung;* ich habe noch einige Ausstände ☐ **dívida ativa 3** *Feier anlässlich des Ausscheidens aus einem Betrieb;* seinen ~ aus dem Verlag geben ☐ **festa de despedida**

aus‖stat|ten ⟨V. 500⟩ **1** ⟨516⟩ jmdn. ~ *jmdn. eine Ausstattung geben, jmdn. mit einer A., mit allem Notwendigen versehen, ausrüsten;* jmdn. mit Kleidern, Geräten, Lebensmitteln ~ ☐ **prover; equipar; abastecer** 1.1 mit guten, reichen **Anlagen** ausgestattet sein *gute, reiche A. besitzen* ☐ ***dispor de boas/ricas instalações* 2** einen **Raum** (mit etwas) ~ *einrichten;* einen Raum geschmackvoll prunkvoll ~ ☐ **decorar; ornar 3** etwas ~ *mit einer besonderen äußeren Aufmachung versehen;* ein gut ausgestattetes Buch ☐ **apresentar; ornar**

Aus‖stat|tung ⟨f.; -, -en⟩ **1** ⟨unz.⟩ *das Ausstatten;* die ~ des neuen Krankenhauses übernahm eine ausländische Firma ☐ **aparelhagem; equipamento 2** ⟨unz.⟩ *äußere Gestaltung, Aufmachung;* künstlerische ~ von Büchern ☐ **apresentação 3** *Sachen, Geräte od. Ähnliches, mit denen jmd. od. etwas ausgestattet wird* ☐ **equipamento** 3.1 *Zuwendungen, die ein Kind von seinen Eltern od. einem Elternteil zum Aufbau einer selbstständigen Existenz od. anlässlich seiner Verheiratung erhält;* Sy *Aussteuer;* einer Braut eine reichliche, vollständige ~ mitgeben ☐ **enxoval** 3.2 *Einrichtung (von Räumen) jeder Art, bes. Möbel;* die ~ des Raumes; ~

einer ärztlichen Praxis □ **mobília; decoração** 3.3 *Ausrüstung;* technische ~ der Autos □ **equipamento** 3.4 〈Theat.〉 *Gesamtheit aller Gegenstände, die bei der Aufführung eines Stückes verwendet wurden, z. B. Kulissen, Requisiten, Kostüme usw.;* ein Theaterstück, ein Film in großer ~ □ **cenário**

aus∥ste|chen 〈V. 254/500〉 **1** 〈530/Vr 5 od. Vr 6〉 jmdm. etwas ~ *durch einen Stich zerstören, vernichten;* jmdm. ein Auge ~ □ **vazar 2** *etwas ~ durch Stechen, durch Spatenstiche entfernen bzw. entnehmen;* Pflanzen, Rasen ~ □ **cortar; tirar 3** *Teig ~ durch Stechen formen;* kleines Gebäck, Plätzchen (mit Ausstechformen) ~ □ **recortar (com forminhas) 4** jmdn. ~ 〈fig.〉 *jmdn. übertreffen;* einen Nebenbuhler, Mitbewerber ~ □ **superar; levar vantagem 4.1** 〈511〉 jmdn. bei einem andern ~ *jmdn. aus jmds. Gunst verdrängen* □ **suplantar; desbancar**

aus∥ste|hen 〈V. 256〉 **1** 〈500〉 etwas ~ *erleiden, erdulden, ertragen, aushalten;* ich habe große Angst ausgestanden; er hat viel (Böses) ~ müssen; große Schmerzen ~; er hat hier, bei ihm nichts auszustehen □ **sofrer; aguentar; sentir 1.1** jmdn. od. **etwas nicht** ~ **können** *nicht leiden können, (ganz u. gar) nicht mögen* □ **suportar 2** 〈400〉 *etwas steht aus fehlt;* seine Antwort steht noch aus; die Entscheidung steht noch aus □ **faltar 2.1** *nicht bezahlt sein* □ **pendente; atrasado;** ~de Forderungen □ ***dívidas ativas;** ~de Zahlungen □ ***contas a serem pagas**

aus∥stei|gen 〈V. 258/411(s.)〉 **1** *aus einem* **Fahrzeug ~** *ein F. verlassen;* beim Aussteigen bitte beeilen! □ **desembarcar; descer 2** *aus einem* **Unternehmen ~** 〈umg.〉 *nicht mehr mitmachen* □ **deixar; largar 2.1** *den beruflichen Werdegang abbrechen, um ein Leben abseits der bislang ausgeübten gesellschaftlichen Gepflogenheiten zu führen* □ **mudar radicalmente de vida; largar tudo**

Aus|stei|ger 〈m.; -s, -〉 *jmd., der aus seiner beruflichen Tätigkeit aussteigt u. ein Leben abseits der gesellschaftlichen Gepflogenheiten führt;* viele ~ zieht es aufs Land; die ~ aus der Gesellschaft □ **pessoa que abandona os estudos e/ou o trabalho; dissidente**

Aus|stei|ge|rin 〈f.; -, -rin|nen; salopp〉 *weibl. Aussteiger* □ **pessoa que abandona os estudos e/ou o trabalho; dissidente**

aus∥stel|len 〈V. 500〉 **1** *etwas ~ zur Schau stellen, zur Ansicht hinstellen, hinlegen;* Waren, Bilder, Hunde ~; im Schaufenster einen Mantel ~ □ **expor 2** *ein* **Schriftstück ~** *ausschreiben, ausfertigen;* Pass, Quittung, Rechnung, Zeugnis ~ □ **emitir 3** *etwas od. jmdn. ~ an einen geeigneten Platz stellen;* Wachen ~, Fallen ~ □ **montar; armar; colocar 4** 〈550〉 **an jmdm. etwas ~** 〈veraltet〉 *an jmdm. etwas zu tadeln, zu bemängeln haben* □ **criticar**

Aus|stel|lung 〈f.; -, -en〉 **1** *zur Ansicht zusammengestellte Sammlung;* Bilder-~, Hunde-~, Möbel~; ~ alter Meister; in eine ~ gehen; eine ~ besuchen, veranstalten; sich eine ~ ansehen □ **exposição 2** *das Ausstellen(2);* ~ von Pässen, Wechseln, Rechnungen, Zeugnissen □ **emissão 3** 〈nur Pl.; veraltet〉 *Bean-* *standung, das Ausstellen(4);* ~en machen □ **crítica; objeção**

aus∥ster|ben 〈V. 259/400(s.)〉 **1** *sich nicht mehr fortpflanzen u. dadurch aufhören, auf der Erde zu existieren;* Pflanzen, Tiere, Völker sterben aus □ **extinguir-se; despovoar-se 1.1** *die* **Dummen** *sterben nicht aus* 〈umg.; scherzh.〉 *die D. wird es immer geben* □ **deixar de existir 2** *etwas stirbt aus* 〈fig.〉 *wird vergessen, verschwindet allmählich;* eine Sprache, Mundart, ein Brauch stirbt aus □ **desaparecer; extinguir-se 3** 〈Part. Perf.〉 **wie ausgestorben** 〈fig.〉 *menschenleer;* die Stadt war wie ausgestorben □ ***vazio; deserto**

Aus|steu|er 〈f.; -, -n〉 = *Ausstattung(3.1);* einem Mädchen eine kostbare, reiche, vollständige ~ (in die Ehe) mitgeben □ **enxoval**

aus∥steu|ern 〈V. 500〉 **1** jmdn. ~ *mit einer Aussteuer versehen, ausstatten;* er konnte seine Tochter reich ~ □ **fazer o enxoval 2** jmdn. ~ 〈Rechtsw.〉 *Unterstützung (aus einer Versicherung) beenden;* seine Kasse hat ihn ausgesteuert □ **cancelar o benefício 2.1** er ist ausgesteuert *er hat nach Gewährung der höchstzulässigen Leistungen keine Ansprüche mehr an die Sozialversicherung, Krankenkasse* □ ***ele teve o benefício cancelado 3** *etwas ~ so einstellen, dass eine einwandfreie Wiedergabe gewährleistet ist;* eine Aufnahme ~ □ **modular**

Aus|stieg 〈m.; -(e)s, -e〉 **1** *das Aussteigen(1);* der ~ ging schnell □ **desembarque 2** *Tür, Öffnung zum Aussteigen;* ~ an Straßenbahnen, Autobussen; bitte den hinteren ~ benutzen, frei machen □ **saída**

Aus|stoß 〈m.; -es, stö|ße〉 **1** 〈unz.〉 *das Ausstoßen(1-3)* □ **expulsão; emissão 2** *Produktion eines Industriebetriebes, einer Maschine;* die Maschine hat einen ~ von 100 000 Flaschen täglich; Jahres~, Monats~, Produktions~ □ **produção; rendimento 3** *das Anstechen eines Bierfasses* □ **abertura**

aus∥sto|ßen 〈V. 262/500〉 **1** *etwas ~ durch Stoßen entfernen* □ **lançar para fora; expulsar 1.1** ein Auge ~ *durch einen Stoß zerstören* □ **vazar 1.2** *(die Haut geschlachteter Tiere) vom Tierkörper lösen* □ **despelar 2** *etwas ~ durch Innendruck heraustreiben, hervorbringen;* Dampf, Rauchwolken ~ □ **soltar; exalar 3** *Laute ~ von sich geben, (heftig) äußern;* Flüche, Schreie, Verwünschungen ~; einen Seufzer ~ □ **soltar; lançar; dar 4** 〈511/Vr 8〉 jmdn. od. etwas aus einer **Gemeinschaft**, einem Verband ~ *ausschließen;* jmdn. aus der Kirche, Armee ~; von aller Welt ausgestoßen sein □ **expulsar; banir;** ein Wort stößt im Lauf seiner Entwicklung einen Vokal, Konsonanten aus 〈Sprachw.〉 □ **elidir; suprimir 5** Waren ~ *produzieren;* das Werk stößt täglich 4000 Autos aus □ **produzir**

aus∥strah|len 〈V.〉 **1** 〈500〉 etwas ~ 〈a. fig.〉 *in od. durch Strahlen nach allen Richtungen verbreiten;* der Ofen strahlt Wärme, eine starke Hitze aus; die Lampe strahlte ein gelbes Licht aus; das Bild strahlt eine unsagbare Harmonie aus 〈fig.; geh.〉; die Frau, ihr Wesen, ihr Gesicht strahlt Ruhe, Güte, Heiterkeit, eisige Kälte aus □ irradiar 1.1 ⟨Funkw.⟩ senden; die Sendung wird vom Deutschlandfunk ausgestrahlt; das Fernsehen hat dann ein anderes Programm ausgestrahlt □ difundir; transmitir 2 ⟨411(s.)⟩ 2.1 von etwas ~ ⟨a. fig.⟩ sich in Strahlen verbreiten; vom Ofen strahlt Wärme aus; von ihrem Wesen strahlte Ruhe aus ⟨fig.; geh.⟩ □ irradiar; emanar 2.2 auf jmdn. od. etwas ~ ⟨fig.⟩ einwirken, Einfluss haben; von ihm strahlte Ruhe auf sie aus; seine Werke strahlten auf die Werke seiner Nachfolger aus □ emanar; influenciar

aus‖stre|cken ⟨V. 500⟩ 1 ein Glied (des Körpers) ~ ein G. in seiner ganzen Länge strecken; die Hände, die Arme (nach jmdm. od. etwas) ~ □ esticar; estender 1.1 ⟨550⟩ die Hand nach jmdm. od. etwas ~ ⟨a. fig.⟩ jmdn. begehren, etwas haben wollen □ *estar de olho em alguém ou alguma coisa; cobiçar alguém ou alguma coisa; → a. Finger(2.5) 2 ⟨Vr 3⟩ sich ~ sich hinlegen, den ganzen Körper der Länge nach im Liegen strecken; er streckte sich auf dem Bett, im Gras aus; sie lag ausgestreckt am Strand □ *esticar-se; estender-se

aus‖strei|chen ⟨V. 263/500⟩ 1 etwas Geschriebenes od. Gedrucktes ~ einen Strich hindurchziehen u. dadurch ungültig machen; ein (falsches) Wort, eine Zahl ~; er strich mehrere Sätze aus □ rasurar; cancelar 1.1 etwas aus dem Gedächtnis ~ ⟨fig.⟩ völlig vergessen □ *riscar/ apagar alguma coisa da memória 2 Falten, Nähte ~ oberflächlich bügeln, glatt streichen □ alisar 3 Teig ~ breitstreichen □ espalmar 3.1 ⟨Med.⟩ etwas im dünnen Film verteilen; Blutstropfen auf einer Glasplatte zum Mikroskopieren ~; Bakterien auf Nährboden ~ □ colocar; distribuir 4 etwas (mit etwas) ~ innen ausschmieren, Zwischenräume ausfüllen; sie hat die Backform (mit Butter) ausgestrichen □ untar; Mauerfugen, Risse in der Wand (mit Zement) ~ □ preencher 5 ⟨Jagdw.⟩ 5.1 einen Hund ~ lassen einen H. weit hinaus suchen lassen □ *soltar um cachorro 5.2 ⟨400⟩ ein Tier streicht aus verlässt seinen Bau, sein Nest; der Fuchs ist schon ausgestrichen □ deixar a toca/o ninho

aus‖strö|men ⟨V.⟩ 1 ⟨500⟩ etwas ~ abgeben u. nach allen Richtungen verbreiten; die Blume strömt einen wunderbaren Duft aus; der Ofen strömte Wärme aus □ exalar; difundir 2 ⟨500 od. 411(s.); fig.; geh.⟩ (etwas) ~ ausstrahlen; ihr Zimmer strömte Behaglichkeit aus; von ihm strömte Ruhe, Zufriedenheit aus □ irradiar 3 ⟨400(s.)⟩ etwas strömt aus etwas kommt strömend in größeren Mengen heraus u. verbreitet sich dabei; Gas strömt (aus der Leitung) aus; an dieser Stelle ist der Dampf, das Wasser ausgeströmt; durch ~des Gas getötet, vergiftet worden □ escapar

aus‖su|chen ⟨V. 503/Vr 5⟩ 1 (sich) jmdn. od. etwas ~ aus einer Menge prüfend heraussuchen u. auswählen; er suchte für seine Frau einen schönen Ring aus; du hast dir für die Bedienung ein nettes Mädchen ausgesucht; ich muss mir ein Buch, ein Kleid ~; sich einen guten Platz ~; du darfst dir etwas (Schönes) ~ □ escolher 1.1 Beeren ~ auslesen, die guten B. von den schlechten trennen □ selecionar; separar 1.2 ⟨Part. Perf.⟩ ausgesucht ⟨umg.⟩ nicht mehr viel Auswahl bietend; die Bestände, Lager waren schon sehr ausgesucht □ escasso

Aus|tausch ⟨m.; -(e)s; -e; Pl. selten⟩ 1 das Austauschen; etwas im ~ für etwas anderes geben od. erhalten; ~ von Waren; Waren~; Weizen im ~ gegen Öl erhalten; Kultur~ □ troca; permuta; intercâmbio 1.1 Aufenthalt im Ausland, der auf Gegenseitigkeit beruht; Schüler~, Studenten~ □ intercâmbio 2 ⟨fig.⟩ wechselseitige Mitteilung; Gedanken~, Meinungs~, Erfahrungs~; ~ von Gedanken, von Meinungen, von Erfahrungen □ troca

aus‖tau|schen ⟨V. 500⟩ 1 jmdn. od. etwas ~ sich wechselseitig jmdn. od. etwas schicken, übergeben; Gefangene, Verwundete ~; Schüler, Studenten, Professoren ~; Botschafter ~; ich tausche mit ihm Briefmarken, Briefe, Bilder aus □ trocar; permutar 2 etwas ~ ⟨fig.⟩ sich wechselseitig etwas mitteilen; Gedanken, Höflichkeiten, Erlebnisse, Erinnerungen, Erkenntnisse, Meinungen ~; sie tauschten bedeutungsvolle Blicke aus □ trocar 2.1 ⟨517/Vr 4⟩ sich mit jmdm. (über etwas) ~ einer dem anderen seine Meinung mitteilen □ *trocar opiniões/ideias com alguém 3 jmdn. od. etwas ~ gegen jmdn. od. etwas (in gleicher Qualität) tauschen, auswechseln; der Trainer musste den Torwart ~; Maschinenteile ~ □ substituir 3.1 er war plötzlich wie ausgetauscht ⟨fig.⟩ völlig verändert □ *de repente ele mudou completamente/da água para o vinho

aus‖tei|len ⟨V. 500⟩ 1 etwas ~ an bestimmte Personen geben, verteilen; Geschenke an die Kinder ~; der Lehrer teilte die Hefte an die Schüler aus; Karten für die Vorstellung ~; das Sakrament ~ □ dar; distribuir 1.1 bei Tisch ~ Speisen aufgeben □ servir 1.2 Schläge, Prügel, Ohrfeigen ~ ⟨fig.⟩ schlagen □ dar; distribuir 1.3 mit vollen Händen ~ verschwenderisch leben □ esbanjar; ser mão-aberta; → a. Korb(2.1)

Aus|ter ⟨f.; -, -n; Zool.⟩ Angehörige einer Familie essbarer Meeresmuscheln: Ostreidae; er beträufelte die ~ mit Zitronensaft u. schlürfte sie dann aus □ ostra

aus‖to|ben ⟨V.⟩ 1 ⟨500/Vr 7⟩ sich od. seine Gefühle ~ seinen Gefühlen freien Lauf lassen, seine G. ungezügelt entladen; habt ihr euch nun ausgetobt? ⟨umg.⟩; er hat seinen Zorn, seine Wut ausgetobt □ descarregar; desafogar 2 ⟨500/Vr 3⟩ sich ~ bis zum Erschöpfen seiner Kräfte toben; lass ihn sich ~, dann ist er wieder vernünftig; das Gewitter hat sich (endlich) ausgetobt ⟨fig.⟩ □ *acalmar-se; amainar-se 2.1 tollen, überschüssige Kraft durch Toben erschöpfen lassen; Jugend will sich ~; auf dem Spielplatz können sich die Kinder (nach Herzenslust) ~; er tobt sich beim Sport, Tanzen immer aus □ *cair na folia; esbaldar-se 2.2 sich vor der Ehe ~ ⟨fig.; umg.⟩ das Leben vor der E. ohne Hemmungen genießen □ *aproveitar a vida de solteiro

Aus|trag ⟨m.; -(e)s, -trä|ge⟩ 1 ⟨unz.⟩ das Austragen(3); gerichtlicher ~; einen Streit zum ~ bringen; zum ~ kommen □ decisão; acordo 2 ⟨Pl. selten⟩ süddt., österr.) *Altenteil;* der alte Bauer lebte im ~ □ renda vitalícia

aus‖tra|gen ⟨V. 265/500⟩ **1** etwas ~ *den Empfängern, Kunden ins Haus tragen, austeilen;* Briefe, Zeitungen, Waren ~ □ entregar em domicílio **1.1** Klatsch, Neuigkeiten ~ ⟨fig.⟩ *verbreiten* □ divulgar; espalhar **2** ein Kind ~ *bis zur Geburt im Mutterleib tragen, ausreifen lassen* □ *levar a gravidez até o fim **3** einen Streit, Wettkampf ~ ⟨fig.⟩ *bis zur Entscheidung führen* □ resolver; disputar

aus‖trei|ben ⟨V. 267/500⟩ **1** Vieh ~ *auf die Weide treiben* □ levar para pastar **2** jmdn. ~ ⟨geh.⟩ *vertreiben, verdrängen, verstoßen, verbannen;* die Bevölkerung aus einem Gebiet ~; den Winter ~ ⟨fig.⟩ □ banir; expulsar **3** etwas ~ *aus dem Körper ausstoßen, hervorbringen* □ expelir; das Kind ~ *gebären* □ dar à luz **4** etwas ~ *durch Beschwörung verbannen;* den Teufel (aus einem Besessenen) ~; Geister ~ □ exorcizar **5** ⟨530⟩ jmdm. eine Unart ~ *abgewöhnen* □ fazer perder o hábito **6** zwei Zeilen ~ ⟨Typ.⟩ *den Text erweitern, sodass er um zwei Z. länger wird* □ expandir

aus‖tre|ten ⟨V. 268⟩ **1** ⟨400(s.)⟩ *heraustreten, einen Raum verlassen* □ sair; retirar-se; Blut tritt aus den Gefäßen aus □ extravasar; transbordar **1.1** ein Eingeweideteil tritt (bei einem Bruch) aus *drängt sich heraus* □ sair; soltar-se **1.2** Wild tritt aus dem Wald aus ⟨Jägerspr.⟩ *tritt ins Freie* □ sair **1.3** ⟨umg.⟩ *die Toilette aufsuchen* □ ir ao banheiro **2** ⟨411(s.)⟩ aus etwas ~ *eine Gemeinschaft, Vereinigung verlassen, die Mitgliedschaft, Zugehörigkeit aufgeben;* aus einem Geschäft, einer Partei ~; aus der Kirche ~; aus einem Verein ~ □ sair; deixar **3** ⟨500⟩ etwas ~ *durch Darauftreten auslöschen;* Feuer ~; eine Zigarette ~ □ apagar (pisando sobre) **4** ⟨500⟩ etwas ~ *durch häufiges Treten abnutzen* **4.1** Stufen ~ *durch häufiges Darauftreten abnutzen* □ gastar; consumir **4.2** Schuhe ~ *durch vieles Tragen ausweiten, abnutzen;* ausgetretene Schuhe □ gastar; deformar; → a. *Kinderschuh(2.1)* **4.3** einen Weg ~ *durch vieles Treten, Begehen bahnen, festtreten;* ein ausgetretener Pfad, Weg □ abrir caminho; trilhar **4.3.1** ausgetretene Pfade, Wege gehen ⟨fig.⟩ *Altbekanntes wiederholen, nichts Neues wagen* □ *seguir por caminhos já trilhados

aus‖trin|ken ⟨V. 270⟩ **1** ⟨402⟩ *zu Ende trinken;* ich möchte noch ~; trinkst du (den Sekt) nicht aus? □ terminar de beber **2** ⟨500⟩ ein Glas ~ *restlos leer trinken* □ esvaziar o copo

Aus‖tritt ⟨m.; -(e)s, -e⟩ **1** ⟨unz.⟩ *das Austreten aus einem Raum* □ saída; der ~ des Wassers, des Gases □ transbordamento; escape **1.1** ⟨Jägerspr.⟩ *das Ziehen des Wildes aus der Deckung ins Freie;* ~ des Wildes aus dem Wald □ saída **2** *das Verlassen einer Gemeinschaft, der man als organisiertes Mitglied angehört;* ~ eines Teilhabers; seinen ~ erklären (aus der Kirche, aus einer Partei) □ saída; abandono **3** *Platz in der Art eines kleinen Balkons, der das Hinaustreten aus dem Zimmer ins Freie ermöglicht* □ varanda **3.1** *Absatz einer Treppe* □ patamar

aus‖trock|nen ⟨V.⟩ **1** ⟨400(s.)⟩ *etwas trocknet aus wird völlig trocken;* der Bach, Boden trocknet aus; der Neubau muss noch ~; meine Kehle ist (vor Durst) ausgetrocknet □ secar **2** ⟨500⟩ etwas ~ *(innen) trocken machen, trocknen;* Gläser innen gut ~; die Sonne hat die Pfützen ausgetrocknet; Sümpfe ~ □ enxugar; secar

aus‖üben ⟨V. 500⟩ **1** eine Tätigkeit ~ *betreiben, gewohnheitsmäßig verrichten;* einen Beruf, ein Gewerbe ~; er hat Musik studiert, übt sie aber nicht aus; eine Pflicht ~; einen erlernten Beruf, eine Fähigkeit praktisch ~ □ exercer; praticar **1.1** ~der Arzt = *praktizierender A.* **1.2** ~der Künstler *(auf seinem Gebiet) tätiger K.* □ em atividade/exercício **2** etwas ~ *innehaben u. anwenden;* die Macht, die Herrschaft ~ **2.1** ~de Gewalt = *Exekutive* ⟨550⟩ etwas auf jmdn. od. etwas ~ *wirksam werden lassen;* Druck, Einfluss auf jmdn. ~; großen Reiz ~ (auf); eine starke Wirkung (auf jmdn. od. etwas) ~ □ exercer

Aus|ver|kauf ⟨m.; -(e)s, -käu|fe⟩ *(meist verbilligter) Verkauf einer Ware, um die Lager zu leeren;* das Kleid hat sie im ~ erworben; ~ wegen Aufgabe des Geschäfts □ liquidação

aus‖ver|kau|fen ⟨V. 500⟩ **1** etwas ~ *bis zum letzten Stück verkaufen;* die Ware ist ausverkauft; wir müssen die Kleider aus der alten Kollektion ~ □ liquidar **1.1** das Haus ist ausverkauft ⟨Theat.⟩ *alle Eintrittskarten sind verkauft* □ *os ingressos estão esgotados **1.2** vor ausverkauftem Hause spielen ⟨Theat.⟩ *vor voll besetztem H.* □ *atuar com a casa cheia

aus‖wach|sen ⟨[-ks-] V. 277⟩ **1** ⟨550/Vr 3⟩ sich zu etwas ~ *zu etwas werden, sich zu etwas entwickeln;* der unscheinbare Junge hat sich zu einem hübschen, jungen Mann ausgewachsen; die anfängliche Spielerei hat sich ja zu regelrechter Arbeit ausgewachsen ⟨umg.; scherzh.⟩ □ *transformar-se em/tornar-se alguma coisa **2** ⟨500⟩ Kleidungsstücke ~ ⟨umg.⟩ *aus K. herauswachsen;* das Kind hat das Kleid (schon wieder) ausgewachsen □ perder **3** ⟨400(s.)⟩ Korn wächst aus *keimt (wegen feuchter Witterung) auf dem Halm* □ brotar; germinar **4** ⟨400(s.); umg.⟩ *die Geduld verlieren;* dabei kann man ja ~!; das ist ja zum Auswachsen! □ *é de perder a paciência!

Aus|wahl ⟨f.; -; unz.⟩ **1** *das Auswählen;* eine ~ der, des Besten, Schönsten; die ~ unter den vielen schönen Kleidern war schwer; etwas zur ~ stellen □ escolha **1.1** eine ~ treffen *auswählen;* haben Sie schon Ihre ~ getroffen? □ *fazer uma escolha **1.2** die ~ haben *die Möglichkeit zu wählen* □ *ter escolha **2** *Menge von Waren, aus der man wählen kann;* eine reiche ~; große, kleine, gute ~ □ sortimento; variedade **3** *das Ausgewählte;* eine ~ aus Schillers Werken □ antologia **3.1** ⟨Sp.⟩ *ausgewählte Mannschaft;* in der ~ mitspielen □ seleção

aus‖wäh|len ⟨V. 503/Vr 5⟩ **1** (sich) jmdn. od. etwas ~ *aus einer Menge wählen, sich durch Wahl für jmdn. od. etwas entscheiden;* er hat schon einen Nachfolger, Bewerber ausgewählt; das Beste, die Besten ~; er wählte schnell noch ein Buch aus; du hast dir das schönste Mädchen ausgewählt; ich habe mir den günstigsten Augenblick ausgewählt ☐ **escolher** 1.1 *etwas ~ passend zusammenstellen;* Bilder, Bücher für eine Sammlung ~; ausgewählte Werke, Gedichte, Beispiele ☐ **selecionar; antologiar; escolher**

aus|wal|zen ⟨V. 500⟩ **1** *etwas ~* ⟨Tech.⟩ *durch Walzen in der Länge u. Breite strecken, flachmachen;* Stahl, Blech ~ ☐ **laminar** 1.1 *Teig ~ ausrollen* ☐ **cilindrar; passar o rolo sobre** **2** *etwas ~* ⟨fig.; umg.⟩ *unnötig viele Worte machen (über, um etwas);* der Redner hat die ganze Geschichte viel zu breit, zu sehr ausgewalzt; das Ereignis wurde in der Zeitung breit ausgewalzt ☐ **estender; alongar**

aus|wan|dern ⟨V. 400(s.)⟩ *seine Heimat für immer verlassen;* er wanderte aus politischen Gründen nach Amerika aus ☐ **exilar-se; expatriar-se**

aus|wär|tig ⟨Adj. 24/70⟩ **1** *außerhalb des eigenen ständigen (Wohn-)Ortes befindlich;* ein ~es Unternehmen **2** *von auswärts (her)kommend;* ein ~er Schüler; wir haben ~en Besuch ☐ **estrangeiro** **3** *die Beziehungen mit dem Ausland betreffend;* ~e Politik, Angelegenheiten ☐ **externo** 3.1 *Auswärtiges Amt zentrale Behörde der Bundesrepublik Deutschland für auswärtige Angelegenheiten* ☐ ***Ministério das Relações Exteriores** 3.2 **Bundesminister** *des Auswärtigen Leiter des Auswärtigen Amtes in der BRD* ☐ ***Ministro das Relações Exteriores**

aus|wärts ⟨Adv.⟩ **1** *außerhalb des Hauses;* ~ schlafen, essen ☐ **fora de casa** **2** *außerhalb des Wohnortes;* ~ studieren; von ~ kommen; jmdn. nach ~ schicken; Besuch von ~ haben ☐ **fora; exterior** **3** *nach außen (gerichtet);* die Tür ist ~ zu öffnen ☐ **para fora**

aus|wärts|dre|hen ⟨V. 500⟩ *etwas ~ nach außen drehen;* er dreht die Füße beim Laufen auswärts ☐ **virar para fora**

aus|wa|schen ⟨V. 279/500⟩ *etwas ~* **1** *durch Waschen (aus einem Gewebe usw.) entfernen;* einen Fleck ~ ☐ **lavar; tirar lavando** **2** *durch Waschen (Spülen) säubern;* Gläser, Wäsche, ~; eine Wunde ~ ☐ **lavar; enxaguar** **3** *durch Wassereinwirkung abnutzen, aushöhlen;* die Felsen, das Ufer ~ ☐ **erodir**

aus|wech|seln ⟨[-ks-] V. 500⟩ **1** *jmdn. od. etwas ~ gegen jmdn. od. etwas (in gleicher Qualität) austauschen;* der Trainer musste den Torwart ~; ein Teil, ein Stück gegen ein anderes ~ 1.1 *etwas nicht mehr Brauchbares durch Neues ersetzen;* ein Rad ~; er hat die Zündkerzen, die Glühbirne ausgewechselt ☐ **trocar; substituir** 1.2 er war wie ausgewechselt ⟨fig.⟩ *plötzlich ganz anders* ☐ ***ele estava completamente mudado; ele era outra pessoa**

Aus|weg ⟨m.; -(e)s, -e⟩ *Möglichkeit, sich aus einer schwierigen od. unangenehmen Lage zu befreien, rettende Lösung in der Notlage;* jmdn. den (letzten) ~ abschneiden, verbauen; einen (rettenden) ~ finden; es ist kein ~ mehr offen; einen ~ suchen; es gibt keinen anderen ~ (als) ☐ **saída; alternativa; solução**

aus|weg|los ⟨Adj.⟩ *ohne Ausweg, ohne die Möglichkeit einer Lösung, hoffnungslos;* seine Situation ist ~ ☐ **sem saída/solução**

aus|wei|chen ⟨V. 281/600/Vr 6(s.)⟩ **1** *jmdm. od. etwas ~ aus dem Wege gehen, Platz machen;* er konnte dem Wagen gerade noch ~; der Fahrer wich dem Betrunkenen in der letzten Minute aus ☐ **desviar;** rechts, links, seitlich, rückwärts ~ ☐ **virar** **2** *jmdm. od. einer* **Sache** *~ zu entgehen suchen, indem man zur Seite weicht;* der Boxer wich geschickt dem Gegner aus; einem Hieb, Stoß, Tritt ~; sie weicht einer Begegnung mit ihm aus; er konnte den Kampf nicht mehr ~ ☐ **desviar; evitar** **3** *einer* **Sache** *~* ⟨fig.⟩ *etwas (Unangenehmes) vermeiden;* er wich ihren neugierigen Fragen mit einem Scherz aus; einer Bitte, Gefahr, Versuchung ~; sie weicht seinen Blicken aus ☐ **evitar; esquivar-se** 3.1 *eine ~de* **Antwort** *geben Ausflüchte machen* ☐ **evasivo** **4** ⟨411⟩ *auf etwas ~ sich für etwas anderes entscheiden;* von der Autobahn auf die Bundesstraße ~; die Verbraucher weichen auf billigere Produkte aus ☐ **optar; decidir-se por**

Aus|weis ⟨m.; -es, -e⟩ **1** *Urkunde, die etwas beglaubigt* ☐ **certificado; atestado** 1.1 *Urkunde, die bescheinigt, dass ihr Inhaber eine bestimmte Person ist;* Personal~; einen ~ ausstellen, beantragen, vorzeigen ☐ **(cédula de) identidade** 1.2 *Urkunde, die bescheinigt, dass eine Person einer bestimmten Gemeinschaft angehört;* Mitglieds~, Schüler~, Studenten~, Betriebs~ ☐ **carteira** 1.3 *Urkunde, die bescheinigt, dass ihr Inhaber bestimmte Rechte hat;* Fahrt~ ☐ **bilhete; passagem,** Theater~ ☐ **entrada; ingresso** **2** *nach ~ wie gezeigt wird (durch);* nach ~ der Statistik 2.1 *nach ~ des Kontos laut Kontostand, Kontoauszug* ☐ ***segundo mostra/atesta...; de acordo com...**

aus|wei|sen ⟨V. 282/500⟩ **1** *jmdn. ~ jmdn. aus dem Lande weisen* ☐ **expulsar; exilar** **2** ⟨Vr 3⟩ *sich ~ den Nachweis über seine Person erbringen;* sich durch Vorlegen des Passes ~; sich als Vertreter einer Firma, als Besitzer eines Wagens ~ ☐ ***identificar-se** **3** ⟨550/Vr 3⟩ *sich über Kenntnisse ~* ⟨schweiz.⟩ *K. nachweisen* ☐ ***comprovar/mostrar seus conhecimentos**

Aus|wei|sung ⟨f.; -, -en⟩ **1** *das Ausweisen(1)* 1.1 *das Ausgewiesenwerden* ☐ **expulsão; exílio**

aus|wei|ten ⟨V. 500⟩ **1** *(durch Gebrauch) weiter, größer machen, dehnen;* ein Kleidungsstück, Schuhe ~ ☐ **lassear; alargar;** sein Grundstück ~ ☐ **ampliar; aumentar** **2** ⟨a. fig.⟩ *erweitern, vergrößern;* seinen Einfluss, seine Beziehungen ~; den Handel nach Übersee ~ ☐ **ampliar; estender** 2.1 ⟨Vr 3⟩ *sich ~ (unerwünscht) größer werden, sich ausdehnen;* die Seuche wird sich über den gesamten Viehbestand ~; die Unruhen haben sich über das ganze Land ausgeweitet ☐ ***alastrar-se**

aus|wen|dig¹ ⟨Adj.; veraltet; österr.⟩ *außen, außenseitig, auf, an der Außenseite;* Ggs *inwendig* ☐ **externamente; do lado de fora**

aus|wen|dig² ⟨Adv.⟩ **1** *aus dem Gedächtnis, ohne auf eine Vorlage zu sehen;* ein Gedicht ~ lernen; ein Musikstück ~ spielen; etwas ~ können od. wissen **2** das weiß ich schon ~! ⟨a. fig.; umg.⟩ *das habe ich nun oft genug gehört!* ☐ **de cor**

auswerfen

aus|wer|fen ⟨V. 286/500⟩ **1** etwas ~ zu einem bestimmten Zweck heraus-, hinausschleudern, -werfen; die Angel, das Netz ~; den Anker ~; einen Köder ~ ▫ lançar; jogar **2** etwas wirft etwas aus schleudert etwas nach außen; der Vulkan wirft Lava aus ▫ lançar; expelir **3** etwas ~ aushusten, ausspucken; Blut, Schleim ~ ▫ cuspir; expectorar **4** etwas ~ durch Herausschaufeln von Erde anlegen; einen Graben ~ ▫ (es)cavar **5** ⟨530⟩ jmdm. ein Auge ~ durch (Stein-) Wurf ein Auge verletzen, zerstören ▫ machucar; vazar **6** eine Geldsumme ~ ⟨fig.⟩ festsetzen, bestimmen (für), zur Verfügung stellen, verteilen; einen Betrag ~ (für einen bestimmten Zweck); Gewinne ~ ▫ estipular; conceder

aus|wer|ten ⟨V. 500⟩ **1** etwas ~ dem Wert nach bestimmen, den Wert von etwas ermitteln; Vorschläge, Erfahrungen, Kenntnisse ~; Material, Zahlen für eine Arbeit ~ ▫ avaliar; analisar **1.1** etwas Gesammeltes ~ durch Ordnen wertvoll, nutzbar machen, verwerten; die Polizei wertete die Berichte aus; die Bilder vom Mond sind noch nicht ausgewertet worden; ich habe die eingegangenen Briefe ausgewertet ▫ utilizar; aproveitar

aus|wir|ken ⟨V.⟩ **1** ⟨505/Vr 3⟩ sich ~ (auf etwas) seine Wirkung zeigen, bestimmte Folgen haben; der Regen hat sich günstig, ungünstig ausgewirkt; der Klimawechsel hat sich vorteilhaft, nachteilig auf seine Gesundheit ausgewirkt; die Krise in der Automobilindustrie wirkt sich auf die Wirtschaft aus ▫ *influir; repercutir (em alguma coisa) **2** ⟨530/Vr 5⟩ jmdm. etwas ~ ⟨veraltet; geh.⟩ jmdm. etwas erwirken, für jmdn. etwas erreichen; sie hat ihm eine Unterstützung ausgewirkt ▫ conseguir; obter **3** ⟨500⟩ Teig ~ durchkneten ▫ amassar (bem)

aus|wi|schen ⟨V.⟩ **1** ⟨500⟩ etwas ~ **1.1** durch Wischen säubern; einen Schrank ~; Gläser, Tassen ~; sich die Augen ~ ▫ limpar; esfregar **1.2** durch Wischen entfernen; Schrift, eine Zeichnung ~ ▫ apagar **2** ⟨600(s.)⟩ jmdm. ~ entweichen, ausreißen, entkommen ▫ evitar; esquivar-se **3** ⟨530⟩ jmdm. eins ~ ⟨fig.; umg.⟩ einen bösen Streich spielen, eine Bosheit antun, willkürlich Schaden zufügen; die Kollegen wollten ihm eins ~ ▫ *pregar uma peça em alguém

Aus|wuchs ⟨[-ks] m.; -es, -wüch|se⟩ **1** etwas krankhaft Herausgewachsenes, Wucherung, Geschwulst, Buckel; er hat einen ~ an der Stirn; bei vielen Bäumen sind knollenartige Auswüchse zu beobachten ▫ protuberância; excrescência **2** ⟨unz.⟩ Landw.⟩ **2.1** Keimen des Getreides auf dem Halm (infolge Feuchtigkeit) ▫ broto **2.2** derart keimendes Getreide ▫ germe **3** ⟨nur Pl.; fig.⟩ Missstand, unangenehme Nebenerscheinung; Auswüchse einer Entwicklung; die Auswüchse der Bürokratie hart bekämpfen ▫ inconveniente **4** ~ der Fantasie ⟨fig.⟩ abwegige Vorstellung, krankhafte Übertreibung ▫ excesso; exagero

Aus|wurf ⟨m.; -(e)s, -wür|fe⟩ **1** das Auswerfen(1-4) ▫ lançamento; ejeção **1.1** ⟨Med.⟩ aus den Atmungswegen entleerte Stoffe (Schleim, Blut); blutiger, eitriger ~ ▫ expectoração **1.2** vom Vulkan bei einer Eruption ausgeworfene Masse ▫ lava **2** ~ der Menschheit ⟨fig.; abwertend⟩ Abschaum der M. ▫ ralé; escória

aus|zah|len ⟨V.⟩ **1** ⟨530⟩ jmdm. etwas ~ eine bestimmte Menge Bargeld geben; jmdm. seinen Anteil (in bar) ~; den Arbeitern ihren Lohn ~; dem Gewinner 500 € ~; Prämien, Gehälter ~ ▫ pagar em dinheiro **1.1** sich ~ lassen sich den Betrag, der einem zukommt, aushändigen lassen; er ließ sich die Rente, die Lebensversicherung ~; ich habe mir mein Erbteil ~ lassen ▫ *receber **2** ⟨500⟩ jmdn. ~ jmdn. mit einer ihm zustehenden Summe abfinden; er hat die Erben ausgezahlt; er zahlte seinen Teilhaber aus ▫ pagar **3** ⟨500/Vr 3⟩ etwas zahlt sich aus ⟨fig.; umg.⟩ lohnt sich; das zahlt sich nicht aus; diese Arbeit, die Mühe hat sich ausgezahlt ▫ valer a pena

aus|zäh|len ⟨V. 500⟩ **1** etwas ~ durch Zählen genau feststellen; die Stimmen nach der Wahl ~ ▫ contar; escrutinar **2** jmdn. ~ ⟨regional⟩ durch Zählen auswählen u. für eine Aufgabe bestimmen (bei Kinderspielen) ▫ escolher contando; determinar o número **3** ⟨Boxsp.⟩ durch Zählen bis 10 Niederlage (des am Boden liegenden Kämpfers) feststellen; der Titelverteidiger wurde schon in der vierten Runde ausgezählt ▫ fazer a contagem

aus|zeich|nen ⟨V. 500⟩ **1** Waren ~ mit Preisschild versehen; Bücher, Schuhe ~ ▫ pôr preço em **2** jmdn. (durch etwas) ~ ehren, mit Vorzug behandeln; der hohe Besuch wurde durch besonderen Applaus ausgezeichnet ▫ agraciar **2.1** jmdn. mit einem Orden, Titel usw. ~ jmdn. durch Verleihen eines Ordens, Titels usw. ehren, ihm einen Orden, Titel zuteilwerden lassen; er wurde mit dem Bundesverdienstkreuz, mit dem Nobelpreis ausgezeichnet ▫ condecorar; premiar **3** etwas zeichnet etwas od. jmdn. aus hebt etwas od. jmdn. (aus einer Menge) hervor, lässt etwas od. jmdn. hervorragen; sein Mut zeichnet ihn (vor anderen) aus ▫ distinguir **4** ⟨Vr 3⟩ sich ~ sich hervortun, sich (aus einer Menge) herausheben; er hat sich durch Entschlossenheit, Liebenswürdigkeit ausgezeichnet; er hat sich in der Mathematik, im Sport besonders ausgezeichnet ▫ *distinguir-se; destacar-se **5** einen Text, ein Manuskript ~ Schriftarten u. -größen angeben, anzeichnen ▫ formatar; marcar **6** ein Wort (im Text) ~ durch Sperrung, andere Schriftart od. -größe hervorheben ▫ destacar

Aus|zeich|nung ⟨f.; -, -en⟩ **1** Preisangabe (bei Waren) ▫ (etiqueta com o) preço **2** Ehrung, Belobigung; eine Prüfung mit ~ bestehen **2.1** mit ~ (als Prüfungsnote) hervorragend, herausragend ▫ distinção **2.2** auszeichnendes Abzeichen, Kennzeichen, Orden, Titel; er hat mehrere ~en erhalten ▫ condecoração; título **3** ⟨Typ.⟩ Auszeichnungsschrift; Kapitälchen als, zur ~ verwenden ▫ formatação **4** ⟨Typ.⟩ Hinweis auf die Schriftart; der Text ist mit viel(en) ~(en) versehen ▫ marcação

aus|zie|hen ⟨V. 293⟩ **1** ⟨400(s.)⟩ wegziehen, herausgehen; die Soldaten sind aus den besetzten Gebieten ausgezogen ▫ retirar(-se) **1.1** die Wohnung mit Hab und Gut verlassen; aus einem Haus ~; sie sind vor einem Jahr ausgezogen ▫ mudar (de casa) **1.2**

⟨415(s.)⟩ ~ **auf, zu** *fortgehen, fortziehen, um etwas zu finden od. zu tun;* auf Raub ~; auf Abenteuer ~; zum Kampf ~ □ *partir em busca de **2** ⟨500⟩ etwas ~ 2.1 *in die Länge ziehen, auseinanderziehen;* der Tisch war ganz, halb ausgezogen; ein Fernrohr, Stativ ~ □ **estender; abrir** 2.2 **Gummiband, Seil** ~ *dehnen, spannen, straffziehen* □ **esticar** 2.3 **Nagel** ~ *aus einem Körper ziehen* □ **arrancar** 2.4 **Stoffe**, flüchtige Bestandteile von Pflanzen ~ *einen Extrakt daraus herstellen* 2.5 *eine* **Abhandlung**, ein **Werk** ~ *das Wichtigste daraus zusammenstellen;* Sy **exzerpieren;** *Stellen aus einem Buch* ~ □ **extrair** 2.6 *die* **Luft, Sonne** *zieht die Feuchtigkeit aus verflüchtigt sich* □ **evaporar** 2.7 *die* **Sonne** *zieht die Farben aus macht sie blasser* □ **desbotar** 2.8 *eine* **Linie mit Tusche** ~ *(nach)ziehen, (nach)zeichnen* □ **traçar** **3** ⟨500/Vr 7⟩ *jmdn.* ~ *jmdm. die Kleider abnehmen;* Ggs *anziehen(1);* hast du das Kind schon ausgezogen?; es hat sich selbst ausgezogen □ **despir(-se)** 3.1 ⟨fig.⟩ *jmdn. ausplündern, ihm sein Eigentum wegnehmen* □ **despojar; espoliar;** sie haben ihn bis aufs Hemd ausgezogen ~ □ *tiraramlhe até as calças* **4** ⟨503/Vr 5⟩ *ein* **Kleidungsstück** ~ *ablegen;* jmdm. etwas ~; Handschuhe, Kleid, Mantel, ~ □ **despir; tirar** 4.1 *die* **Uniform** ~ ⟨a. fig.⟩ *den Abschied nehmen, aufhören, Soldat zu sein* □ *despir a farda;* → a. *Kinderschuh(2.1), Stiefel(1.1)*

Aus|zu|bil|den|de(r) ⟨f. 2 (m. 1); Kurzwort: Azubi⟩ *jmd., der in einem Lehrverhältnis steht, Lehrling* □ **aprendiz; estagiário**

Aus|zug ⟨m.; -(e)s, -zü|ge⟩ **1** ⟨unz.⟩ *das Ausziehen(1);* ~ aus einer Wohnung; ~ aus einem besetzten Gebiet; ~ der Kinder Israels (aus Ägypten) □ **mudança; emigração; saída; êxodo** **2** ⟨unz.; süddt.⟩ *Altenteil;* die Großeltern sitzen auf dem ~ □ **pensão/renda vitalícia** **3** ⟨unz.; schweiz.⟩ *die wehrfähige männliche Bevölkerung zwischen 20 u. 32 Jahren* □ **classe 4** *Teil, den man ausziehen, verlängern kann;* Kamera~ □ **tubo de extensão; fole 5** *Teilabschrift;* Konto~ □ **extrato bancário** 5.1 ~ *aus einem Buch, einer Abhandlung herausgeschriebene Stelle, kurze Zusammenfassung;* eine Rede in Auszügen wiedergeben □ **excerto; trecho** 5.2 *Bearbeitung eines Orchesterstückes für ein einzelnes Instrument;* Klavier~ □ **arranjo 6** ~ *aus Heilkräutern herausgezogener Stoff;* Sy *Extrakt* □ **extrato** 6.1 *feinste Verarbeitungsstufe;* ~ **topo de linha;** ~smehl □ **flor da farinha; farinha 00**

aut|ark *auch:* **au|tạrk** ⟨Adj. 24⟩ *unabhängig, selbständig, sich selbst versorgend;* ~e Wirtschaft □ **autárquico**

au|then|tisch ⟨Adj. 24⟩ **1** *verbürgt, echt, zuverlässig;* ~e Information, Nachricht, Abschrift □ **autêntico 2** ⟨Mus.⟩ 2.1 ~e Töne *1., 3., 5. und 7. Kirchenton* □ *modos autênticos* 2.2 ~e Kadenz *K. Dominante – Tonika* □ *cadência autêntica/perfeita*

Au|tịs|mus ⟨m.; -; unz.; Med.; Psych.⟩ *psychische Störung, die sich in krankhafter Ichbezogenheit, Teilnahmslosigkeit gegenüber der Umwelt u. Flucht in eigene Fansiewelten äußert;* frühkindlicher ~ □ **autismo**

Au|to ⟨n.; -s, -s; Kurzw. für⟩ *Automobil;* jmd. kann gut, schlecht ~ fahren; das Autofahren mit Kindern kann im Sommer zur Qual werden □ **automóvel; carro**

Au|to|bahn ⟨f.; -, -en⟩ *vier- od. mehrspurige Schnellstraße für Kraftfahrzeuge mit einem Mittelstreifen zwischen den beiden entgegengesetzten Fahrtrichtungen* □ **rodovia; autoestrada**

Au|to|bio|gra|fie ⟨f.; -, -n⟩ *Selbstbeschreibung, Beschreibung des eigenen Lebens;* oV *Autobiographie;* der Künstler veröffentlichte eine ~ □ **autobiografia**

Au|to|bio|gra|phie ⟨f.; -, -n⟩ = *Autobiografie*

Au|to|bus ⟨m.; -ses, -se⟩ = *Omnibus*

au|to|chthon *auch:* **au|toch|thon** ⟨Adj. 24⟩ *alteingesessen, bodenständig, eingeboren;* ~e Bevölkerung □ **autóctone**

Au|to|di|dakt ⟨m.; -en, -en⟩ *jmd., der sich durch Selbstunterricht bildet od. gebildet hat;* er hat als ~ komponiert □ **autodidata**

Au|to|fah|rer ⟨m.; -s, -⟩ *jmd., der Auto fährt* □ **motorista**

Au|to|fah|re|rin ⟨f.; -, -rin|nen⟩ *weibl. Autofahrer* □ **motorista**

au|to|gen ⟨Adj. 24⟩ **1** *ursprünglich, selbsttätig* 1.1 ~es Schweißen und Schneiden ⟨Tech.⟩ *Bearbeitung von Metall durch die Stichflamme eines Gemisches von Brenngas u. Sauerstoff* **2** ⟨Med.⟩ *aus dem Körper heraus* 2.1 ~es Training *allein auszuführende Entspannungsübungen* □ **autógeno**

Au|to|gramm ⟨n.; -(e)s, -e⟩ *handschriftlicher Namenszug, Signatur (einer bekannten Persönlichkeit);* ~e geben, verteilen □ **autógrafo**

Au|to|mat ⟨m.; -en, -en⟩ **1** ⟨Kyb.⟩ *ein System (z. B. Maschine), das Informationen aus der Umgebung aufnimmt, speichert, verarbeitet u. Informationen an die Umgebung abgibt* □ **sistema de automação** 1.1 *selbsttätige Maschine* □ **máquina automática 2** *selbsttätiger Arbeits- od. Verkaufsapparat;* Fahrkarten~, Geld~ □ **jukebox,** Waren~ □ **distribuidor automático**

Au|to|ma|tik ⟨f.; -, -en⟩ **1** ⟨unz.⟩ *Lehre von der Selbsttätigkeit, Selbststeuerung* □ **automatismo 2** *Steuer- od. Kontrollvorrichtung (an einer Maschine, einem Gerät), die automatisch arbeitet* □ **comando automático** 2.1 ⟨kurz für⟩ *Automatikgetriebe, automatisch arbeitendes Getriebe bei Kraftfahrzeugen;* ein Auto mit, ohne ~ □ **câmbio automático 3** ⟨fig.; geh.⟩ *unwillkürlich ablaufende Prozesse, Vorgänge;* die ~ der zunehmenden Gewalttätigkeit □ **automatismo**

au|to|ma|tisch ⟨Adj. 24⟩ **1** *selbsttätig, selbststeuernd, mit Hilfe eines Automaten;* ~e Maschinen, Produktion; ~es Getriebe (bei Kraftfahrzeugen) □ **automático 2** ⟨fig.⟩ *unwillkürlich, ohne zu überlegen, wie ein Automat;* das mache ich ganz ~ □ **automaticamente; espontaneamente**

Au|to|mo|bil ⟨n.; -s, -e; Kurzw.: Auto⟩ *Personenkraftwagen* □ **automóvel**

au|to|nom ⟨Adj.⟩ **1** *selbständig, unabhängig, nach eigenen Gesetzen lebend* ; ~e militante Gruppen G., deren Anhänger zu gewalttätigen, politisch motivierten Auseinandersetzungen (mit dem Staat) neigen □ **autônomo 2** ⟨24⟩ ~es Nervensystem = *vegetatives Nervensystem,* → *vegetativ*

Au|to|no|mie ⟨f.; -; unz.⟩ *Selbständigkeit, (selbstverwaltete) Unabhängigkeit;* die ~ eines Staates fordern; Kolonien in die ~ entlassen □ autonomia

Aut|op|sie *auch:* **Au|top|sie** ⟨f.; -, -n⟩ **1** *eigene Beobachtung, Selbstwahrnehmung* **2** ⟨Med.⟩ *Leichenöffnung, Obduktion* □ autópsia

Au|tor ⟨m.; -s, -en⟩ *Verfasser, Urheber;* ~ eines Kunst- od. Schriftwerkes □ autor

Au|to|rin ⟨f.; -, -rin|nen⟩ *weibl. Autor* □ autora

au|to|ri|tär ⟨Adj.⟩ **1** *auf Autorität beruhend* ; ~e Erziehung **2** *mit (unumschränkter) Autorität herrschend;* ein ~es Regime, ~er Staat □ autoritário

Au|to|ri|tät ⟨f.; -, -en⟩ **1** ⟨unz.⟩ *Geltung, Ansehen, maßgebender Einfluss;* jmds. ~ untergraben; sich ~ verschaffen; seine ~ wahren **2** *Person mit maßgebendem Einfluss, Person, deren Wissen u. Urteil allgemein anerkannt wird, anerkannter Fachmann;* eine ~ auf einem Gebiet sein □ autoridade

Avant|gar|de ⟨[avã-] f.; -, -n⟩ **1** *Gruppe von Vorkämpfern (einer Idee od. Bewegung)* **1.1** *Kunstrichtung, die sich vom traditionellen, bisherigen Stil u. Kunstverständnis deutlich absetzt;* er gehörte der französischen ~ der 20er Jahre an □ vanguarda

Aver|si|on ⟨[avɛr-] f.; -, -en⟩ *Abneigung, Widerwille;* ~en gegen jmdn. od. etwas haben, hegen □ aversão

Avo|ca|do ⟨[avo-] f.; -, -s; Bot.⟩ *dunkelgrüne, birnenförmige Frucht mit einer lederartig genarbten Außenschale, einem großen Kern u. hellgrünem, weichem, sehr nahrhaftem Fruchtfleisch* □ abacate

Axt ⟨f.; -, Äx|te⟩ **1** *Hauwerkzeug zum Fällen von Bäumen, Spalten u. Zurichten von Holz, mit langem Stiel u. schmaler, zweiseitig geschliffener Schneide;* eine scharfe, stumpfe ~; die ~ schleifen, schärfen; die ~ schwingen; jmdn. mit der ~ erschlagen; die ~ im Haus erspart den Zimmermann ⟨Sprichw. nach Schillers „Wilhelm Tell"⟩ □ machado **1.1** *sich wie eine ~ im Walde benehmen* ⟨fig.; umg.⟩ *rücksichtslos vorgehen* □ *comportar-se de modo grosseiro/insolente* **1.2** *die ~ an die Wurzel(n) legen* ⟨fig.; Bibel⟩ *ein Übel von Grund auf beseitigen* □ *cortar o mal pela raiz*

Aza|lee ⟨[-leːə] f.; -, -n; Bot.⟩ *Angehörige einer Gattung der Erikagewächse, meist immergrüne Sträucher, mit dem Rhododendron verwandt: Azalea* □ azaleia

Azu|bi ⟨a. ['---] m.; -s, -s; umg.; Kurzw. für⟩ *Auszubildende(r)* □ aprendiz; estagiário

Ba|by ⟨[bɛ:bi] n.; -s, -s⟩ *Säugling* □ bebê

Bach ⟨m.; -(e)s, Bä|che⟩ *kleiner Fluss, Rinnsal; Dorf~, Gebirgs~, Wald~, Mühl~; ein heller, klarer, murmelnder, rauschender, reißender ~; ein ~ windet, schlängelt sich durch das Tal; Bäche von Blut, Schweiß, Tränen* ⟨fig.; geh.⟩ □ regato; filete

Back|bord ⟨n; -s; unz.; Flugw.; Mar.⟩ *linke Seite des Schiffs od. Flugzeugs; Ggs Steuerbord* □ bombordo

Ba|cke¹ ⟨f.; -, -n⟩ 1 *Teil des Gesichts, Seitenwand der Mundhöhle, Wange; die ~n aufblasen; dicke, rote, runde ~n haben; Sy* ⟨geh.⟩ *Wange(1); eine geschwollene ~ haben; mit vollen ~n kauen* □ bochecha 1.1 *über beide ~n strahlen* ⟨umg.⟩ *überaus glücklich sein* □ *estar radiante 2 ⟨fig.⟩ Seitenflächen, die meist paarweise auftreten; ein Lehnstuhl mit großen ~n* □ encosto lateral; *die ~n an der Skibindung* □ batente 2.1 *eine der beiden verstellbaren Flächen eines Werkzeugs (Schraubstocks u. Ä.), zwischen denen ein Werkstück zum Bearbeiten festgeklemmt wird* □ braçadeira; boca 2.2 *Fläche der Bremsvorrichtung, die an die Räder des Fahrzeugs angedrückt wird; Brems~* □ sapata de freio 2.3 *Stelle des Gewehrschafts, die an die Backe(1) angelegt wird* □ feição

Ba|cke² ⟨f.; -, -n⟩ 1 ⟨Mar.⟩ 1.1 *die Rundung an beiden Seiten des Bugs eines Schiffes* □ bochecha; amura 1.2 *Vorbau am oberen Teil eines Mastes* □ esquadro 2 *einer der beiden Teile des Gesäßes; oV Backen; Hinter~, Sitz~* □ nádega

ba|cken¹ ⟨V. 101⟩ 1 ⟨500⟩ (*etwas aus Teig*) ~ *durch trockene Hitze (im Ofen) gar machen; Brot, Eierkuchen, Kuchen ~; die Semmeln sind braun, leicht knusprig, scharf gebacken; frisch gebackenes Brot* □ assar 1.1 *Gebäck herstellen; ich backe gern; wo haben Sie das Backen gelernt?* □ fazer (pães, bolos, biscoitos) 1.2 ⟨530/Vr 1⟩ *sich etwas od. jmdn. ~ lassen* ⟨fig.; umg.⟩ *in einer Sonderanfertigung herstellen lassen; sein Ideal muss man sich ~ lassen* □ *criar/bolar alguma coisa 2 ⟨500⟩ etwas ~ in heißem Fett (in der Pfanne) garen, braten; Eier, Fleisch ~; gebackener Fisch* □ fritar 3 ⟨500⟩ *Obst ~ dörren, trocknen* □ secar 4 ⟨400⟩ *etwas bäckt wird im Ofen od. in der Pfanne gar; der Kuchen bäckt noch; der Kuchen muss 40 Minuten ~* □ assar; cozinhar

ba|cken² ⟨V. 411; bes. norddt.⟩ *kleben, sich zusammenballen; Schmutz backt an den Schuhen; der Schnee backt an den Skiern, an den Schuhsohlen* □ aderir; grudar

ba|cken³ ⟨V. 400; Seemannsspr.⟩ 1 *Essen einnehmen, fassen* □ comer 1.1 *~ und banken zu Tisch!, zum Essen!* □ *para a mesa!; vamos comer!

Ba|cken ⟨m.; -s, -⟩ = *Backe²(2)* □ nádega

Bä|cker ⟨m.; -s, -; Berufsbez.⟩ *Handwerker, der gewerblich Backwaren anfertigt* □ padeiro

Bä|cke|rei ⟨f.; -, -en⟩ 1 *das Backen; Weihnachts~* □ pães; bolos; biscoitos 2 *Betrieb, in dem Backwaren angefertigt (u. verkauft) werden* □ padaria

Bä|cke|rin ⟨f.; -, -rin|nen⟩ *weibl. Bäcker* □ padeira

Back|wa|ren ⟨Pl.; Sammelbez. für⟩ *in einer Bäckerei gebackene Ware (Brot, Brötchen, Kuchen, Gebäck)* □ pães; bolos; biscoitos

Bad ⟨n.; -(e)s, Bä|der⟩ 1 *das Baden(1); ein Dusch~, Wannen~; ein belebendes ~; ein ~ nehmen; ein heißes, kaltes ~; ein ~ im Meer* □ banho 1.1 *ein ~ in der Menge nehmen* ⟨fig.⟩ *sich unter eine Menschenmenge, unter das Volk mischen; nach der Begrüßung nahm der Präsident ein ~ in der Menge* □ *tomar um banho de multidão 2 (Behälter mit) Wasser zum Baden(1); jmdm. ein ~ bereiten; das ~ ist fertig, gerichtet; ins ~ steigen 2.1 Wasser mit Zusätzen von Mineralien u. a. Stoffen mit stärkender od. heilender Wirkung auf den Menschen; Kohlensäure~, Moor~ 2.2 (Behälter mit) Flüssigkeit zur chem. od. physikal. Bearbeitung; Wasser~; Fixier~* ⟨Fot.⟩; *galvanisches ~* □ banho; → a. *Kind(5.8)* 3 *Anlage, Gebäude, Raum zum Baden; Schwimm~, Hallen~, Frei~; das städtische ~; ins ~ gehen* □ piscina 3.1 *Raum zum Baden in einer Wohnung; ein gekacheltes ~; Wohnung mit Küche u. ~* □ banheiro 4 *Kurort mit Heil- od. Seebad; ~ Elster, ~ Nauheim; ins ~ reisen* □ termas; balneário

Ba|de|an|zug ⟨m.; -(e)s, -zü|ge⟩ *zum Schwimmen getragenes einteiliges Kleidungsstück (für Frauen u. Mädchen)* □ traje de banho; maiô

Ba|de|ho|se ⟨f.; -, -n⟩ *zum Schwimmen getragene kurze Hose (für Kinder, Jungen u. Männer)* □ calção de banho

ba|den ⟨V. 500/Vr 7 od. 400⟩ 1 (*jmdn. od. etwas*) ~ *zur Reinigung, Erfrischung od. zu Heilzwecken in Wasser od. eine heilkräftige Flüssigkeit tauchen; ich habe mich gebadet; ein Kind ~; sich die Füße ~; kalt, warm, heiß ~; täglich ~; im Meer ~* □ tomar/dar banho; banhar(-se) 2 (*mit etwas*) ~ *gehen* ⟨fig.; salopp⟩ *einen Misserfolg haben, scheitern* □ *quebrar a cara (com alguma coisa) 3 wie eine gebadete Maus aussehen ⟨fig.⟩ völlig durchnässt sein* □ *parecer um pinto molhado

Ba|de|wan|ne ⟨f.; -, -n⟩ *Wanne zum Baden (im Badezimmer)* □ banheira

Ba|de|zim|mer ⟨n.; -s, -⟩ *mit sanitären Vorrichtungen zum Waschen, Duschen und Baden ausgestatteter Raum (in einer Wohnung)* □ banheiro

Ba|ga|tel|le ⟨f.; -, -n⟩ 1 *kurzes, leicht spielbares Musikstück* 2 *Kleinigkeit, Geringfügigkeit* □ bagatela

Bahn ⟨f.; -, -en⟩ 1 *glatter Weg; Bob~, Rodel~, Fahr~* □ pista 1.1 *ebene, nach festen Regeln vorbereitete Fläche für Wettrennen; Renn~, Kampf~, Eis~* □ pista; arena; estádio 2 *durch Schienen befestigter Weg u. (od.*

bahnbrechend

die dazugehörigen Fahrzeuge; Eisen~, Straßen~; *wann fährt die letzte ~?; die ~ nehmen; der Weg verläuft unmittelbar neben der ~; (mit der) ~ fahren; die ~ verpassen* 2.1 *Eisenbahn; er ist bei der ~ beschäftigt* □ **ferrovia; trem; bonde** 2.1.1 **an, von** *der ~ am, an den, vom Bahnhof; er war an der ~, um mich abzuholen; jmdn. an die ~ bringen; jmdn. von der ~ abholen* 2.1.2 *eine Sendung frei ~ schicken kostenlos bis zum Bahnhof* □ **estação**; → a. *deutsch(1.2)* **3** ~ *eines Geschosses, eines* **Gestirns** *Weg, Verlauf* □ **órbita; trajetória 4** ~ *aus* **Stoff, Papier** *langer Streifen* □ **festo;** *Tapeten~* □ **faixa de papel de parede,** *Zelt~* □ **lona;** *ein Rock aus mehreren ~en* □ **camada 5** ~ *eines* **Hammers, Ambosses** *ebene Seite zum Schlagen od. Formen eines Werkstücks* □ **face 6** *die ~ für eine* **Entwicklung, für einen Menschen** ⟨fig.⟩ *Weg, Lebensweg; eine Bewegung, Tätigkeit in die richtigen ~en lenken; freie ~ dem Tüchtigen!; aus der ~ geschleudert werden* ⟨a. fig.⟩ □ **caminho** 6.1 *sich ~* **brechen** ⟨fig.⟩ *Widerstände überwinden, sich durchsetzen* 6.2 *einer Idee, einer neuen Entwicklung ~ brechen helfen, sie durchzusetzen* □ ***abrir caminho (para);** → a. **recht**(2.1), **schief**(1.2)
ba**hn|bre|chend** ⟨Adj. 70⟩ *umwälzend, eine neue Entwicklung beginnend, neue Möglichkeiten weisend; eine ~e Erfindung, Tat, Leistung* □ **revolucionário; pioneiro**
Bahn|card ⟨f.; -, -s⟩ *Karte, Ausweis mit Passbild, der von der Deutschen Bahn bezogen werden kann u. zum Erwerb von ermäßigten Fahrkarten berechtigt; bei der Kontrolle der Fahrscheine die ~ vorzeigen* □ **cartão da ferrovia alemã que dá direito a desconto nas passagens**
bah|nen ⟨V. 530/Vr 5⟩ **1** *jmdm. einen Weg ~ (durch etwas) ebnen, freie Bahn schaffen; er musste sich einen Weg durch die wartende Menschenmenge ~; er bahnte ihr mühsam den Weg durch den Schnee; es waren gut gebahnte Wege; der Fluss hat sich ein neues Bett gebahnt* □ **aplanar; trilhar 2** *jmdm. od. einer Sache den Weg ~* ⟨fig.; geh.⟩ *jmdn. od. eine Sache fördern; der Freiheit eine Gasse ~* ⟨poet.⟩ □ ***abrir caminho para alguém ou alguma coisa**
Bahn|hof ⟨m.; -(e)s, -höfe; Abk.: Bhf., Bf.⟩ **1** ⟨i. w. S.⟩ *Anlage zur Abwicklung des Personen- u. Güterverkehrs (der Eisenbahn); Sy Station(1)* 1.1 ⟨i. e. S.⟩ *Haltestelle der Eisenbahn; Personen~, Güter~; Kopf~, Durchgangs~; in den ~ einfahren; jmdn. vom ~ abholen; jmdn. zum ~ begleiten, bringen; der Zug hält auf einem ~* □ **estação** 1.2 *Anlage zur Abwicklung des Personenverkehrs mit Omnibussen;* Omnibus~ □ **rodoviária 2** *großer ~* ⟨umg.⟩ *festlicher Empfang einer bedeutenden Person des öffentlichen Lebens auf dem Bahnsteig od. Flugplatz; der Präsident wurde mit einem großen ~ empfangen* □ ***grande pompa 3 (immer) nur ~ verstehen** ⟨fig.; umg.⟩ *überhaupt nichts verstehen* □ ***não entender patavina**
Bahn|steig ⟨m.; -(e)s, -e⟩ *erhöhter Weg zwischen den Schienen auf Bahnhöfen, auf dem Personen von u. zu den Zügen ein- u. aussteigen können. Gepäck verladen werden kann; Sy* ⟨österr.; schweiz.⟩ *Perron; der Zug nach Hamburg fährt von ~ 12* □ **plataforma**
Ba**h|re** ⟨f.; -, -n⟩ **1** *längliches Gestell zum Tragen von* **Kranken, Verletzten** *od.* **Toten;** *Trag~, Toten~; der Kranke wurde auf einer ~ weggetragen* □ **maca; padíola; féretro** 1.1 *von der* **Wiege** *bis zur ~* ⟨fig.; geh.⟩ *von Anfang bis Ende des Lebens* □ ***a vida inteira; do nascimento à morte**
Bai|ser ⟨[bɛzeː] n.; -s, -s⟩ *Schaumgebäck aus Eischnee u. Zucker; Sy Meringe* □ **suspiro; merengue**
Bak|te|rie ⟨[-riə] f.; -, -n⟩ = *Bakterium*
Bak|te|ri|um ⟨n.; -s, -ri|en⟩ *einzelliges, stäbchenförmiges, pflanzliches Lebewesen, Gärungs-, Fäulnis-, Krankheitserreger;* oV *Bakterie;* Sy *Spaltpilz* □ **bactéria**
Ba|lan|ce ⟨[balɑ̃ːsə] od. [balɑ̃ːs(ə)] f.; -, -n⟩ *Gleichgewicht; die ~ halten; die ~ verlieren* □ **equilíbrio**
ba|lan|cie|ren ⟨[-lɑ̃ːsiː-] od. [lãsiː-] V.⟩ **1** ⟨400⟩ *Balance, Gleichgewicht halten; auf einem Seil ~* **2** ⟨500⟩ *etwas ~ etwas im Gleichgewicht halten; ein rohes Ei auf einem Löffel ~* □ **equilibrar(-se)**
bald ⟨Adv.⟩ **1** *wenig später, kurz danach; ich werde ~ kommen; komm bitte ~ zurück!; ~ danach, ~ darauf* □ **logo** 1.1 *in kurzer Zeit, binnen kurzem, schnell; sehr ~ !* ⟨fig.⟩ ***bem depressa,** *möglichst ~, so ~ wie möglich* □ ***o quanto antes;** *komm ~ !* □ **logo; rápido;** *er wird so ~ nicht kommen* □ **cedo** 1.1.1 *das ist nicht so ~ getan das geht nicht so schnell* 1.1.2 *(all)zu ~ (all)zu schnell, (all)zu rasch* □ **rápido; depressa 2** *beinahe, fast; er wäre ~ verzweifelt; ich wäre ~ hingefallen* □ **quase** 2.1 *ich hätte ~ etwas gesagt wäre fast unhöflich od. energisch geworden* □ ***faltou pouco para eu dizer alguma coisa 3** ~ *so,* ~ *so abwechselnd, einmal so, einmal anders* 3.1 ~ *lachte,* ~ *weinte sie vor Freude manchmal, abwechselnd* □ ***ora... ora**
bal|dig ⟨Adj. 24⟩ *in Kürze erfolgend, kurz bevorstehend; wir hoffen sehr auf ein ~es Wiedersehen!* □ ***esperamos vê-lo em breve!;** *um ~e Antwort wird gebeten; sein ~er Eintritt in die Schule* □ **pronto; imediato**
bal|digst ⟨Adv.⟩ *so bald wie möglich, möglichst bald; ich werde das ~ erledigen* □ **o quanto antes**
Balg¹ ⟨m.; -(e)s, Bällge⟩ **1** *abgezogenes Fell, abgezogene Haut (von Tieren);* einem Tier den ~ abziehen □ **pelo; pele** 1.1 *jmdm. auf den ~ rücken* ⟨derb⟩ *(zu) nahe rücken* □ ***pegar no pé de alguém; não dar sossego a alguém** 1.2 ⟨oberdt.⟩ *Hülse von Hülsenfrüchten* □ **casca; pele 2** *ausgestopfter Körper, Strohmann, Rumpf;* den ~ (der Puppe) neu ausstopfen □ **manequim; boneco** 2.1 ⟨westdt.⟩ *Wanst, Fettbauch* □ **3** *Behälter für Luft u. Wind (bei Dudelsack, Orgel, Harmonium, Ziehharmonika);* Blase~ □ **fole** 3.1 *die Bälge treten (bei der Orgel, um ihr Luft zuzuführen)* ⟨fig.⟩ *geistlose, untergeordnete Hilfsarbeit leisten* □ ***prestar um serviço secundário 4** *harmonikaartig ausziehbare Hülle, z. B. an Fotoapparaten* □ **fole** 4.1 *ausziehbares Verbindungsteil zwischen Eisenbahnwagen* □ **mangote**
Balg² ⟨n. od. ⟨umg.⟩ m.; -(e)s, Bällge od. Bällger⟩ *(ungezogenes, lästiges) Kind; freches, unerzogenes ~; ein süßes kleines ~* □ **pirralho; fedelho**

bal|gen ⟨V. 500/Vr 3 od. Vr 4⟩ sich ~ *sich (spielend) raufen, sich miteinander auf dem Boden herumwälzen* □ **engalfinhar-se; pegar-se**

Bal|ken ⟨m.; -s, -⟩ **1** *vierkantig gesägtes Bauholz zum Tragen u. Stützen von Bauteilen;* Quer~, Stütz~ □ **viga; trave 1.1** *das Wasser hat keine ~ im Wasser kann man sich nicht festhalten* □ ***o mar/a água é traiçoeiro(a)** **1.2** *lügen, dass sich die ~ biegen* ⟨sprichwörtl.⟩ *sehr lügen, sodass es jeder merkt* □ ***mentir descaradamente;** → a. *Splitter(1.1)* **2** *einer der beiden Arme der Waage* □ **braço 3** *vom Pflug aufgeworfene Erde* □ **terra arada 4** ⟨Anat.⟩ *Nervenbrücke zwischen den Großhirnhälften: Corpus callosum* □ **corpo caloso 5** ⟨Her.⟩ *durch zwei waagerechte Linien begrenzter Streifen im Wappen;* roter ~ *im weißen Feld* □ **faixa**

Bal|kon ⟨[balkõ:] od. [-kɔŋ] m.; -s, -s od. südöstr., schweiz. [balko:n] m.; -s, -e⟩ **1** *durch Gitter od. Brüstung abgeschlossener Vorbau eines Hauses* **2** *erster Rang (im Theater);* Mittel~, Seiten~ □ **balcão**

Ball¹ ⟨m.; -(e)s, Bäl|le⟩ **1** *kugelförmiges Spielzeug od. Sportgerät;* Fuß~, Tennis~, Wasser~, Gummi~, Leder~; ~ spielen; den ~ (auf)fangen, abgeben, einwerfen, schlagen, stoßen, werfen, jmdm. zuspielen □ **bola 1.1** *jmdm. die Bälle zuwerfen, zuspielen* ⟨a. fig.⟩ *jmdn. (im Gespräch) durch geschickte Fragen zum Sprechen ermuntern* □ ***passar a bola para alguém** **1.2** *am ~ bleiben* ⟨a. fig.⟩ *eine dem eigenen Nutzen dienende Sache weiterhin betreiben* □ ***não entregar os pontos; não deixar a peteca cair** **2** *etwas, was in seiner Form an einen Ball(1) erinnert;* Signal~, Sonnen~ □ **esfera; globo**

Ball² ⟨m.; -(e)s, Bäl|le⟩ *festliche Tanzveranstaltung (größeren Umfanges);* einen ~ eröffnen, veranstalten; auf einen ~ gehen □ **baile**

Bal|la|de ⟨f.; -, -n⟩ **1** ⟨Mus.; urspr.⟩ *zuerst einstrophiges, später dreistrophiges Tanzlied (bes. im 13. u. 14. Jahrhundert in Frankreich verbreitet)* **2** ⟨heute⟩ *episch-dramatisches Gedicht (in Deutschland bes. in der Romantik verbreitet), Erzähllied* □ **balada**

Bal|last ⟨m.; -(e)s, -e; Pl. selten⟩ **1** *wertlose Fracht zum Ausgleich des Gewichts od. (bei Schiffen) des Tiefgangs;* ~ abgeben, ab- od. auswerfen (um das Gewicht od. den Tiefgang zu verringern); mit ~ beladen od. beschweren □ **lastro 2** ⟨fig.⟩ *unnützes Beiwerk, unnötige Belastung, Bürde;* jmdn. od. etwas als ~ empfinden; überflüssiges ~ mitschleppen □ **peso morto/inútil**

bal|len ⟨V.⟩ **1** ⟨500⟩ *etwas ~ zusammendrücken, verdichten u. in eine ballähnliche Form bringen;* die Faust, die Fäuste ~; die Hand zur Faust ~; mit geballter Faust □ **cerrar 1.1** *geballte Ladung mehrere zusammengebundene Handgranaten zum Sprengen von Hindernissen* □ ***carga explosiva** **1.1.1** *das war eine geballte Ladung Wissen* ⟨fig.⟩ *eine große Menge, hohe Konzentration an Wissen* □ ***era uma grande carga/concentração de conhecimento** **2** ⟨500/Vr 3⟩ *etwas ballt sich bildet eine dichte Masse, einen Klumpen;* der Schnee, die Erde ballt sich (zu Klumpen) □ **acumular-se; amontoar-se 2.1** *Menschen in geballten Massen, geballten Klumpen* ⟨scherzh.⟩ *dichte Men-*

schengruppen, sehr viele Menschen auf einmal □ ***um aglomerado/amontoado de gente** **3** ⟨400; selten⟩ *mit dem Ball spielen;* die Kinder ballen vor dem Haus □ **jogar bola**

Bal|len ⟨m. 7; -s, -⟩ **1** *in Leinwand o. Ä. fest verpacktes Frachtstück in bestimmter, meist rundlicher Form;* ein ~ Baumwolle, Stroh, Tabak **2** *Maßeinheit für Papier, Tuch u. Leder;* ein ~ Papier **3** *zusammengerollte od. auf Pappe gewickelte Stoffbahn;* Stoff~ □ **fardo 4** ⟨Zool.⟩ *verdickte Stellen an den Laufflächen der Gliedmaßen der Säugetiere sowie unter Daumen u. Zehen beim Menschen;* auf den ~ gehen □ **tênar; ponta do pé 4.1** *(krankhafte) Verdickung an der Innenseite des ersten Mittelfußknochens* □ **joanete**

Bal|lett ⟨n.; -(e)s, -e⟩ **1** *auf einer Bühne vorgeführter Tanz* □ **balé; bailado 2** *Tänzer u. Tänzerinnen, die Ballett(1) tanzen* □ **bailarino(a)**

Bal|lett|tän|zer ⟨alte Schreibung für⟩ *Balletttänzer* □ **bailarino**

Bal|lett|tän|ze|rin ⟨alte Schreibung für⟩ *Balletttänzerin*

Bal|lett|tän|zer ⟨m.; -s, -⟩ *Tänzer bei einem Ballett* □ **bailarino**

Bal|lett|tän|ze|rin ⟨f.; -, -rin|nen⟩ *Tänzerin bei einem Ballett* □ **bailarina**

Bal|lon ⟨[-lɔ̃:] od. [-lɔŋ] od. [-lo:n] m.; -s, -s od. österr., süddt. schweiz. [balo:n] m; -s, -e⟩ **1** *mit Gas gefülltes, ballförmiges Luftfahrzeug, leichter als Luft;* Frei~, Fessel~ □ **balão 1.1** *mit Gas gefüllter Ball aus dünner Gummihaut, Kinderspielzeug;* Luft~ □ **bexiga 2** *große, bauchige Flasche (zum Aufbewahren von Säuren, Herstellen von Most usw.)* □ **garrafão**

Bal|sam ⟨m.; -s, -e⟩ **1** *natürliches Gemisch von Harzen u. ätherischen Ölen;* ein Tropfen ~ **2** ⟨fig.; poet.⟩ *Linderung, Wohltat;* deine Worte sind ~ für meine Seele, mein verwundetes Herz **2.1** *~ auf jmds. Wunde träufeln jmds. seelischen Schmerz lindern, jmdn. trösten* □ **bálsamo**

Balz ⟨f.; -, -en; Zool.⟩ **1** *Paarungsspiel gewisser Vögel, das aus Gesängen, bestimmten Bewegungen u. Flügen besteht u. bei manchen Arten an bestimmte Plätze gebunden ist;* ~ des Auerhahnes, der Wildtauben, Kraniche, Waldhühner, Fasane, Trappen, Schnepfen □ **cortejo 2** *Paarungszeit gewisser Vögel;* die ~ der Auerhähne geht zu Ende □ **período de acasalamento 3** *auf die ~ gehen in der Balz(2) Vögel jagen* □ **caça no período de acasalamento**

ba|nal ⟨Adj.; abwertend⟩ *alltäglich, geistlos, abgedroschen, nichts sagend, fade* □ **banal**

Ba|na|ne ⟨f.; -, -n; Bot.⟩ **1** *Angehörige einer Gattung tropischer Pflanzen, die Früchte od. Fasern liefern: Musa* **1.1** (i. e. S.) *krautartige, zum Teil holzige Pflanze, die längliche gelbe Früchte liefert: Musa paradisiaca* □ **bananeira 2** *Frucht der Banane(1.1)* □ **banana**

Ba|nau|se ⟨m.; -n, -n; abwertend⟩ *Mensch ohne Kunstverständnis, ohne Sinn für Kunst, Spießbürger* □ **filisteu; ignorante**

Band¹ ⟨n.; -(e)s, Bän|der⟩ **1** *biegsamer, schmaler Streifen aus Stoff o. ä. Material* □ **tira; fita 1.1** *schmaler Streifen Stoff mit festen Rändern;* ein ~ annähen; ein ~ im

Haar tragen ▢ fita 1.2 *Lederstreifen als Treibriemen* ▢ correia 1.3 *metallener Reifen um ein Fass* ▢ arco; aro 1.4 *Metallstreifen, der zwei Teile fest u. gleichzeitig beweglich verbindet* ▢ tira de metal 1.5 ⟨Anat.⟩ *faseriger Strang aus Bindegewebe zur Befestigung der gegeneinander beweglichen Knochen: Ligamentum* ▢ ligamento 1.6 *Streifen aus Kunststoff zur magnetischen Aufzeichnung u. Wiedergabe;* Ton~; *Informationen auf* ~ *speichern; ein* ~ *besprechen, bespielen; etwas auf* ~ *aufnehmen* ▢ fita magnética 1.7 *mechanisch bewegter Streifen, der einzelne Werkstücke von einem Arbeitsplatz zum anderen befördert;* Fließ~; *laufendes* ~ ▢ linha de montagem 1.7.1 *am laufenden* ~ ⟨fig.⟩ *ohne Unterbrechung, sich ständig wiederholend* ▢ a fio; ininterruptamente 2 ⟨Rundfunk⟩ *Frequenz- od. Wellenbereich, der für einen bestimmten Zweck freigegeben ist* ▢ banda (de frequência)

Band² ⟨m.; -(e)s, Bän|de; Abk.: Bd.⟩ 1 *gebundenes Buch (als Teil eines Gesamtwerkes);* Sy *Volumen(2);* Leder~, Leinen~; *gebunden in 5 Bänden; Schillers Werke in 10 Bänden* ▢ volume; tomo 1.1 *darüber könnte man Bände erzählen, schreiben* ⟨fig.⟩ *sehr viel erzählen, schreiben* ▢ livro 1.2 *das spricht Bände!* ⟨fig.⟩ *das sagt genug* ▢ *isso já diz tudo!*

Band³ ⟨n.; -(e)s, -e; meist Pl.⟩ 1 ⟨veraltet od. poet.⟩ *Fessel;* zu Mantua in ~en … (Anfang eines Gedichtes auf Andreas Hofer von Julius Mosen) ▢ grilhão 1.1 *in* ~e(n) *schlagen fesseln* ▢ *agrilhoar;* pôr a ferros 1.2 *in* ~en *liegen gefangen, eingekerkert, gefesselt sein* ▢ *estar a ferros/encarcerado* 2 ⟨fig.; poet.⟩ *durch Gesetz, Überlieferung od. inniges Gefühl bewirkte enge Verbindung zweier od. mehrerer Menschen; zarte* ~e; ~e *der Freundschaft, Liebe; das* ~ *der Ehe; frei von* ~en ▢ *laço; vínculo;* → a. *Rand(2.1)*

Band⁴ ⟨[bænd] f.; -, -s; Mus.⟩ *Kapelle für Tanzmusik od. Jazz* ▢ banda

Ban|de¹ ⟨f.; -, -n⟩ 1 *organisierte Vereinigung von Verbrechern unter einem Anführer; eine bewaffnete, berüchtigte* ~; *eine* ~ *terrorisiert die ganze Stadt* ▢ quadrilha 2 ⟨fig.; umg.⟩ *abwertend od. scherzh.⟩ ausgelassene Schar von Kindern od. jungen Leuten; ihr seid ja eine* ~! *die ganze* ~ *zog mit* ▢ bando; gangue

Ban|de² ⟨f.; -, -n⟩ 1 *innere Umrandung des Billardtisches* ▢ tabela 2 *Einfassung der Reitbahn u. der Zirkusmanege* 2.1 *seitliche Begrenzung einer Kegel- od. Eisbahn* ▢ alambrado; cerca

Ban|del ⟨n.; -s, -; bair.-österr.⟩ = Bändel

Bän|del ⟨n.; -s, -⟩ oV ⟨bair.-österr.⟩ *Bandel* 1 *kleines Band, Schnur, Schnürsenkel* ▢ cordão; cadarço 1.1 jmdm. am ~ *hängen* ⟨fig.; umg.⟩ *sich an jmdn. anklammern, nicht von seiner Seite weichen* ▢ *viver agarrado a alguém/à barra da saia de alguém* 1.2 jmdn. am ~ haben ⟨fig.; umg.⟩ 1.2.1 *über jmdn. verfügen können, jmdn. in seiner Gewalt haben* ▢ *ter alguém na palma da mão* 1.2.2 *einen Freund, eine Freundin haben* ▢ *ter namorado(a)* 1.3. jmdn. am ~ *herumführen* ⟨fig.; umg.⟩ *jmdn. foppen, zum Narren halten* ▢ *pregar uma peça em alguém*

bän|di|gen ⟨V. 500⟩ 1 *ein Tier* ~ *zähmen, unterwerfen;* das Pferd war kaum zu ~ ▢ domar; amansar 2 jmdn.

~ *zur Ruhe, zum Gehorsam bringen, beruhigen;* ich weiß nicht, wie ich das wilde Kind ~ *soll; der sich wehrende Gefangene war kaum zu* ~ ▢ refrear; conter 3 *ein Gefühl* ~ *bezwingen, unterdrücken;* er konnte seine Wut nicht ~ ▢ dominar; conter

Ban|dit ⟨m.; -en, -en⟩ 1 *gewerbsmäßiger Verbrecher, Räuber* ▢ bandido 1.1 *einarmiger* ~ ⟨fig.; scherzh.⟩ *mit einem Hebel zu betätigender Spielautomat* ▢ *caça-níqueis* 2 ⟨fig.; scherzh.⟩ jmd., *der frech und zu Streichen aufgelegt ist;* diese Kinder sind richtige ~en ▢ peste; pestinha

bang ⟨Adj.⟩ = bange

ban|ge ⟨Adj.⟩ oV *bang* 1 *furchtsam, ängstlich, beklommen, besorgt;* ~ *Erwartungen;* ~ *Stunden durchleben; von* ~r *Sorge erfüllt* ▢ terrível; aflito 1.1 ⟨40⟩ jmdm. ist ~ jmd. hat Angst, ist ängstlich, besorgt; ~ bleiben, sein, werden; mir ist ~ um ihn; mir ist angst und ~ geworden; vor ihm ist mir nicht ~ ▢ estar com medo; estar preocupado; → a. *angst, Bange*

Ban|ge ⟨f.; -; unz.; umg.⟩ 1 *Angst, Furcht, Sorge, Beklommenheit* ▢ medo; temor 1.1 jmdm. Bange machen jmdn. ängstlich machen; du machst mir Bange ▢ *assustar alguém;* meter medo em alguém 1.2 ~machen gilt nicht! *nur keine Angst, nicht einschüchtern lassen!* ▢ *você não vai conseguir me deixar com medo!;* → a. *bange*

ban|gen ⟨V.⟩ 1 ⟨802/Vr 7⟩ (sich) um jmdn. od. etwas ~ ⟨geh.⟩ *Angst, Furcht, Sorge haben;* ich bange um sein Leben; er bangt um seine Stellung; ich bange mich um ihn ▢ *temer por alguém ou alguma coisa* 1.1 ⟨650/Vr 5⟩ (sich) vor etwas ~ *sich fürchten;* mir bangt, es bangt mir (vor); er bangt sich vor dem Tode; ihm bangt vor der Zukunft ▢ *ter medo de alguma coisa* 2 ⟨803/Vr 7⟩ (sich) nach jmdm. od. etwas ~ ⟨norddt.⟩ *sich angstvoll sehnen nach;* die Kinder ~ *nach der Mutter;* sie bangte sich nach ihm ▢ *ansiar por alguém ou alguma coisa*

Bank¹ ⟨f.; -, Bän|ke⟩ 1 ⟨meist ungepolstertes⟩ *Sitzmöbel für mehrere Personen;* Ofen~, Eck~ ▢ banco 1.1 ⟨alle⟩ durch die ~ ⟨fig.⟩ *allesamt, alle miteinander, alle ohne Ausnahme* ▢ *todos; sem exceção;* → a. *lang(4.9),* leer(3.3) 1.2 ⟨Turnen⟩ *kombiniertes Turngerät in Form einer Bank(1), die umgekehrt als Schwebebalken dient;* Turn~ ▢ banco sueco 2 *fester, schwerer Tisch als Arbeitsgerät für Handwerker;* Werk~, Hobel~ ▢ banco; bancada 2.1 ⟨meist in Zus.⟩ *Ort zum sachgerechten Aufbewahren von Organen, Speichern von Daten u. a.;* Organ~, Blut~, Daten~ 3 *geringe Tiefe in Gewässern* 3.1 *Kies- od. Sandablagerungen in bewegten Gewässern;* Sand~, Kies~ 3.2 *Ansammlung von Ablagerungen mancher Meereslebewesen;* Korallen~ 3.3 *gehäuftes Vorkommen von Schalentieren in seichten Gewässern od. im Watt;* Austern~ 4 ⟨Geol.⟩ *Gesteinsschicht, die von einer anderen Gestein eingefasst ist* ▢ banco 5 ⟨Sp.⟩ *Stellung eines Sportlers mit angezogenen Beinen, ausgestreckten Armen und dem Gesicht zum Boden* ▢ posição de banco

Bank² ⟨f.; -, -en⟩ 1 *Anstalt, Unternehmen für den Geldverkehr;* Geld von der ~ *holen;* Geld auf der ~ einzahlen; ein Konto bei einer ~ eröffnen □ banco; ~automat □ caixa eletrônico 1.1 **bei der** ~ **sein** *Angestellter einer Bank sein* □ **trabalhar em banco; ser bancário* **2** ⟨Glücksspiel⟩ *die vom Bankhalter verwaltete Kasse* □ *banca* 2.1 *die* ~ *halten das Amt des Bankhalters ausüben, gegen alle Mitspieler spielen, setzen* □ **bancar (o jogo)* 2.2 *die* ~ *sprengen das gesamte Geld des Bankhalters gewinnen* □ **quebrar a banca*

Bän|kel|sang ⟨m.; -(e)s; unz.; im 17./18. Jh.⟩ *einförmiger, kunstloser Vortrag von Liedern über meist schaurige Ereignisse, bes. auf Jahrmärkten* □ **canto dos jograis sobre fatos assombrosos**

Bank|no|te ⟨f.; -, -n⟩ *von der Notenbank ausgegebenes Geld in Form eines Papierscheines* □ **nota, papel-moeda**

bank|rott *auch:* **ban|krott** ⟨Adj. 24⟩ *zahlungsunfähig*, Sy ⟨umg.⟩ *pleite*, die Firma ist ~ □ **falido**

Bank|rott *auch:* **Ban|krott** ⟨m.; -(e)s, -e⟩ **1** *Zahlungsunfähigkeit, finanzieller Zusammenbruch;* Sy ⟨umg.⟩ *Pleite;* seinen ~ *erklären* □ **falência; bancarrota** 1.1 ~ *machen zahlungsunfähig werden* □ **falir* 1.2 *betrügerischer* ~ *strafbare Bankrotterklärung mit der Absicht, seine Gläubiger zu benachteiligen, indem man noch vorhandenes Vermögen verheimlicht* □ **falência fraudulenta*

bank|rott|ge|hen *auch:* **ban|krott|ge|hen** ⟨V. 145/400(s.)⟩ *zahlungsunfähig werden;* die Firma ist **bankrottgegangen** □ **falir*

Bann ⟨m.; -(e)s, -e⟩ **1** *gegen Personen, Orte od. Gegenstände verhängtes Gebot des Meidens;* mit dem ~ *belegen* □ **proscrição, banimento** 1.1 den ~ *brechen den Eid brechen, den der Verbannte schwören musste, nicht vor Ablauf des Bannes zurückzukehren* □ **interromper o exílio* 1.2 *Ausschluss aus einer kirchlichen od. weltlichen Gemeinschaft, Verbannung,* Sy *Acht³* □ **expulsão, excomunhão;** jmdn. in den ~ tun □ **expulsar/excomungar alguém* **2** ⟨MA⟩ *königliche bzw. gräfliche Regierungsgewalt, die sich auf das Recht des Grundherrn stützt, Verbote zu erlassen u. Strafen zu verhängen;* Heer~, Gerichts~ □ **poder de ban** 2.1 *Bereich, in dem der Bann(2) des Bannherrn gilt* □ **bailiado** **3** ⟨fig.⟩ *Zauber, Verzauberung, Fessel;* die Zuhörer standen ganz im ~ der Erzählung, der Musik □ **encanto;** jmdn. in ~ *schlagen* □ **encantar/fascinar alguém* 3.1 den ~ *brechen* ⟨fig.⟩ *eine Befangenheit, eine verlegene Stimmung überwinden* □ **quebrar o gelo* 3.2 *Kreis, Bereich, in dem ein solcher Zauber wirkt;* jmdn. in seinen ~ *ziehen, zwingen* □ **encantar/fascinar alguém*

ban|nen ⟨V. 500⟩ **1** jmdn. ~ ⟨früher⟩ *mit dem Bann belegen, aus der Kirche ausschließen;* der Papst bannte den abtrünnigen Kaiser; einen Ketzer ~ □ **excomungar** **2** jmdn. od. etwas ~ ⟨geh.⟩ *mit magischer Kraft an einem Ort od. in einem Zustand festhalten, zu bleiben zwingen;* wie gebannt lauschen, zuhören; er blieb wie gebannt stehen; er bannte die Zuhörer mit seiner Stimme □ **encantar; fascinar** 2.1 jmd. ist ans Bett gebannt ⟨fig.⟩ *ist bettlägerig* □ **estar de cama* 2.2 ⟨fig.⟩ *im Bild od. Ton festhalten;* ein Bild auf den Film; ein Lied auf CD ~ □ **gravar** **3** jmdn. od. etwas ~ ⟨geh.⟩ *mit magischer Kraft abwehren, vertreiben;* eine Gefahr ~ ⟨fig.⟩; Geister, den Teufel ~; die Not war fürs Erste gebannt □ **esconjurar; exorcisar**

Ban|ner ⟨n.; -s, -⟩ **1** *an einer mit dem Fahnenschaft verbundenen, frei beweglichen Querstange befestigte Fahne;* Heer~, Herzogs~; Lilien~, Sternen~; das ~ aufrollen, aufpflanzen; ein seidenes, rotes ~ **2** *Feldzeichen, unter dem sich das Aufgebot des Befehlshabers versammelte;* unter einem ~ *stehen* 2.1 ⟨fig.⟩ *das unter dem Banner(2) stehende Aufgebot;* „Das ~ der freiwilligen Sachsen" □ **bandeira; estandarte**

bar ⟨Adj. 24⟩ **1** ⟨90; früher⟩ *in Geldscheinen od. Münzen (nicht in Schecks od. Wechseln, nicht durch Überweisung);* ~ *bezahlen;* nur gegen ~ *verkaufen;* in ~ *bezahlen;* in ~em *Gelde* □ **em dinheiro (vivo);** *cash* 1.1 ⟨heute⟩ *bar(1) od. mit Scheck, durch Überweisung, nicht auf Raten* □ **à vista** 1.2 *eine Bemerkung, Behauptung, einen Scherz, Witz für* ~e *Münze nehmen* ⟨fig.⟩ *als wahr hinnehmen, glauben* □ **levar a sério uma observação/uma afirmação/uma brincadeira* **2** ⟨60; geh.⟩ *nackt, unbekleidet, bloß, entblößt;* er ging mit ~em Haupt □ **nu** **3** ⟨44; fig.; geh.⟩ *ohne etwas, entblößt von etwas;* ~ aller Hoffnung; ~ allen, jeden Schamgefühls □ **destituído** **4** ⟨60⟩ *rein, lauter, offensichtlich;* das ist ~er Unsinn □ **puro**

Bar¹ ⟨n. 7; -, -; Zeichen: bar⟩ *Maßeinheit für Druck* □ **bar**

Bar² ⟨f.; -, -s⟩ **1** *Gaststätte od. Raum mit erhöhter Theke zur Einnahme von Getränken* □ **bar** 1.1 *intimes Nachtlokal* □ **bar;** *boate* 1.2 *der Schanktisch einer Bar²(1)* □ **bar** **2** *engl. Anwaltskammer* □ **ordem dos advogados**

Bär ⟨m.; -en, -en⟩ **1** *Angehöriger einer meist als Einzelgänger lebenden Raubtierfamilie mit dickem Pelz u. von gedrungener Gestalt: Ursidae;* Braun~; Eis~; Brillen~; Kragen~; Lippen~; Höhlen~; brummig, unbeholfen, ungeschickt wie ein ~ □ **urso** 1.1 jmdm. einen ~en *aufbinden* ⟨fig.⟩ *jmdm. eine Lügengeschichte erzählen, jmdn. neckend verspotten* □ **pregar uma peça em alguém* 1.2 *sich einen* ~en *aufbinden lassen* ⟨fig.⟩ *eine erlogene Geschichte glauben, sich veralbern lassen* □ **cair como um patinho* **2** ⟨Astron.⟩ *eins der beiden ähnlichen Sternbilder des nördlichen Himmels;* Großer ~, Kleiner ~ □ **Ursa** **3** *eisernes Fallgewicht an u. Rammen Schmiedehämmern;* Schlag~, Ramm~ □ **martelo de bate-estacas**

...bar ⟨Nachsilbe für Adj.⟩ *so, dass man etwas Bestimmtes damit tun kann;* heilbar; auswechselbar

Ba|ra|cke ⟨f.; -, -n⟩ *einfacher, flacher, nicht unterkellerter Bau (als Notwohnung od. Schuppen)* □ **barraca**

Bar|bar ⟨m.; -en, -en⟩ *Ungebildeter, Rohling* □ **bárbaro**

bar|fuß ⟨Adj. 24/80⟩ *mit bloßen Füßen, ohne Schuhe u. Strümpfe;* oV *barfüßig;* ~ *gehen, laufen* □ **descalço**

bar|fü|ßig ⟨Adj. 24⟩ = *barfuß*

Bar|geld ⟨n.; -(e)s; unz.⟩ *vorhandene Geldscheine u. Münzen,* Ggs *Scheck, Wechsel¹(2);* er hatte nicht viel ~ zu Hause □ **dinheiro (em espécie); dinheiro vivo**

Bariton

Ba|ri|ton ⟨m.; -(e)s, -e; Mus.⟩ **1** *Männerstimme in der Mittellage* **2** *Sänger mit Bariton(1)* □ barítono

Bar|ke ⟨f.; -, -n; a. poet.; bes. in Mittelmeerländern⟩ *kleines Boot, Kahn* □ barco

barm|her|zig ⟨Adj.⟩ **1** ⟨geh.⟩ *mitleidig u. hilfreich;* er ist ein ~er Mensch; mit jmdm., gegen jmdn. ~ sein □ misericordioso; caridoso **2** ⟨60⟩ **2.1** ~er Himmel, Gott! *Ausruf des Erstaunens, des Schreckens* □ *Santo Deus!* **2.2** Barmherzige Brüder ⟨kath. Kirche⟩ *ursprünglich Laienvereinigung zur Pflege männl. Kranker, seit 1572 Orden* □ *Irmãos da Caridade* **2.3** Barmherzige Schwestern ⟨kath. Kirche⟩ *alle Mitglieder weibl. Orden u. Kongregationen, die sich der Pflege der Armen u. Kranken widmen* □ *Irmãs da Caridade*

ba|rock ⟨Adj.⟩ **1** *zum Barock gehörend, aus ihm stammend* **2** ⟨fig.⟩ *verschnörkelt, überladen* □ barroco

Ba|rock ⟨n. od. m.; -s; unz.⟩ **1** *schmuckreicher, schwungvoller Kunststil vom Anfang des 17. bis zur Mitte des 18. Jh.* **2** *das Zeitalter des Barocks(1)* □ barroco

Ba|ro|me|ter ⟨n.; -s, -⟩ Meteor. *Gerät zum Messen des Luftdrucks* □ barômetro

Ba|ron ⟨m.; -s, -e⟩ **1** *Adelstitel;* Sy Freiherr **1.1** ⟨urspr.⟩ *Adliger, der sein Lehen unmittelbar vom König erhalten hat* **2** ⟨fig.; umg.; meist abwertend⟩ *jmd., der als Besitzender in einem Wirtschaftszweig führend ist;* Öl-~ □ barão

Bar|ren ⟨m.; -s, -⟩ **1** *Gussform (Stangen, Ziegel) der Edelmetalle als Zahlungsmittel;* Gold~, Silber~ □ barra **2** *Turngerät aus zwei fest stehenden, waagerechten Stangen* □ barras paralelas

Bar|ri|e|re ⟨[-riẹː-] f.; -, -n⟩ *Schranke, Schlagbaum, Sperre* □ barreira

Bar|ri|ka|de ⟨f.; -, -n⟩ **1** *Schanze, Hindernis, Straßensperre (bes. zur Verteidigung)* **2** *Sinnbild der Revolution* □ barricada **2.1** auf die ~n gehen, steigen ⟨fig.⟩ *sich erheben, empören* □ *ir às barricadas; insurgir-se* **2.2** dafür würde ich auf die ~n gehen *dafür würde ich meine ganze Kraft u. mein Leben einsetzen* □ *eu moveria céus e terras por/para isso*

barsch ⟨Adj.⟩ *grob, unfreundlich;* eine ~e Antwort; jmdn. ~ anreden □ rude(mente); (de modo) grosseiro

Bart ⟨m.; -(e)s, Bär|te⟩ **1** *Haarwuchs im Gesicht u. am Hals bei Menschen u. Säugetieren;* sich den ~ abnehmen, schneiden (lassen); sich den ~ raufen (vor Zorn, Sorge, Verzweiflung); er lässt sich einen ~ stehen, wachsen; beim ~(e) des Propheten! *(Ausruf der Moslems zum Bekräftigen einer Behauptung)* □ barba **1.1** ⟨fig.⟩ **1.1.1** der ~ ist ab ⟨fig.; umg.⟩ *es ist zu Ende, es ist aus* □ *agora chega!* **1.1.2** das hat so einen ~! *das ist doch längst bekannt!* □ *essa é do tempo do Onça!* **1.1.3** etwas in seinen ~ brummen, murmeln *undeutlich vor sich hin, zu sich selbst sprechen* □ *falar entre os dentes; resmungar* **1.1.4** jmdm. um den ~ gehen ⟨fig.⟩ *jmdm. umschmeicheln* □ *puxar o saco de alguém* **1.1.5** sich um des Kaisers ~ streiten ⟨fig.⟩ *sich um Nichtigkeiten streiten* □ *discutir o sexo dos anjos* **1.2** *(bei Hunden, Katzen u. a. Tieren)* Schnauzhaare □

bigode 1.3 *zottiges Anhängsel, Fleischlappen an Schnauze od. Schnabel* □ barba **2** *der das Schloss bewegende Teil des Schlüssels* □ palhetão

bär|tig ⟨Adj.⟩ *mit einem Bart versehen, einen Bart tragend;* er traf einen ~en Mann; ein ~es Gesicht; ~ herumlaufen ⟨umg.⟩ □ barbudo; ~es Moos, ~e Fichten ⟨fig.⟩ □ barbado; radiculado

Ba|salt ⟨m.; -(e)s, -e; Geol.⟩ *schwärzliches Vulkangestein in charakteristischen säulenförmigen Absonderungen* □ basalto

Ba|se¹ ⟨f.; -, -n; veraltet⟩ **1** *Tochter des Onkels od. der Tante;* Sy Cousine, Kusine; meine ~ kam zu Besuch □ prima **2** ⟨schweiz. a.⟩ *Tante* □ tia **3** *Nachbarin* □ vizinha

Ba|se² ⟨f.; -, -n⟩ = Alkali

ba|sie|ren ⟨V. 800⟩ ~ auf *beruhen, sich gründen, sich stützen auf* □ basear

Ba|si|li|ka ⟨f.; -, -li|ken⟩ **1** *altgriech. Amtsgebäude, altröm. Markt- u. Gerichtshalle* **2** *altchristl. Versammlungsraum der Gemeinde, Kirche mit Mittelschiff u. zwei niedrigeren Seitenschiffen, später vielfach abgewandelt* □ basílica

Ba|sis ⟨f.; -, Ba|sen⟩ **1** *Grundlage, Ausgangspunkt;* die schriftlichen Aufzeichnungen dienen als ~ für die Untersuchung; jmdm. die ~ für seine Existenz entziehen; etwas steht auf einer breiten, schmalen ~; in der Diskussion eine gemeinsame ~ suchen, finden **1.1** *Unterlage, Stützpunkt;* Militär~ **2** ⟨Math.⟩ *Grundzahl;* ~ einer Potenz, eines Logarithmus **2.1** ⟨Geom.⟩ *Grundlinie, Grundfläche* **3** ⟨Arch.⟩ *Grundlage, Sockel, Unterbau* **4** ⟨Sprachw.⟩ *Grundwort, Wurzel eines Wortes* **5** ⟨histor. Materialismus⟩ *die ökonomische Struktur einer Gesellschaftsordnung;* Ggs Überbau(4) **5.1** ⟨Pol.⟩ *die Mitglieder einer politischen Partei, die nicht den Führungsgremien angehören;* Partei~; von der ~ geäußerter Widerspruch **5.2** ⟨Pol.⟩ *Masse des Volkes;* an der ~ arbeiten □ base

ba|sisch ⟨Adj.; Chem.⟩ **1** *zu den Alkalien gehörig* **2** ~es Gestein ⟨Geol.⟩ *mit sehr niedrigem Kieselsäuregehalt* □ básico

bass ⟨Adv.; nur noch in der Wendung⟩ ~ erstaunt, verwundert *sehr, ungemein erstaunt* □ muito

Bass ⟨m.; -es, Bäs|se; Mus.⟩ **1** ⟨kurz für⟩ *Kontrabass* □ contrabaixo **2** *tiefste Tonlage bei Musikinstrumenten;* ~flöte, ~klarinette, ~trompete, ~geige **3** *tiefe Stimmlage begleitender Instrumente* □ baixo **3.1** *bezifferter ~ Bass(3) mit Ziffern über oder unter den einzelnen Noten zur Ausführung auf einem Tasteninstrument* □ *baixo cifrado* **4** *tiefste Tonlage der männlichen Stimme* **5** *Sänger der tiefsten Stimmlage, Bassist* **6** *Gesamtheit der tiefen Stimmen bzw. Instrumente im Chor bzw. Orchester* □ baixo

Bass|stim|me ⟨f.; -, -n; Mus.⟩ **1** *Stimme (eines Musikstückes) in der tiefsten Tonlage* **2** *Männerstimme in der tiefsten Tonlage* □ baixo

Bast ⟨m.; -(e)s, -e⟩ **1** *unter der Rinde liegendes pflanzliches Fasergewebe, zum Flechten od. Binden geeignet;* eine Tasche, Matte, Teppich aus ~ □ ráfia **2** *äußere, gelbliche Schicht der Naturseide* □ líber; floema **3** ⟨Jägerspr.⟩ *behaarte Haut am wachsenden Geweih od. Gehörn;* der Hirsch ist (noch) im ~ □ veludo

Bas|tard ⟨m.; -(e)s, -e⟩ *Nachkomme von Eltern unterschiedlicher Rasse, Gattung od. Art;* Sy Mischling □ mestiço

bas|teln ⟨V. 400 od. 503/Vr 5 od. Vr 6⟩ *spielerisch zusammenbauen, aus Liebhaberei handwerklich fertigen;* Weihnachtsarbeiten ~; sich ein Radio ~; er bastelt gern □ fazer (trabalhos manuais/bricolagem); montar

Ba|tail|lon ⟨[bataljoːn] n.; -s, -e; Abk.: Bat.⟩ *Truppenabteilung, Teil eines Regiments* □ batalhão

Bat|te|rie ⟨f.; -, -n⟩ **1** ⟨Abk.: Batt(r.)⟩ *aus mehreren Geschützen (mit Bedienungsmannschaft) bestehende kleinste Einheit der Artillerie* **2** ⟨Tech.⟩ *mehrere gleichartige Geräte, die hinter- od. nebeneinander gekuppelt od. zusammengeschlossen werden, um ihre Leistung zusammenzufassen;* Koksofen~, Dampfkessel~ **2.1** *zu einer Stromquelle zusammengeschlossene elektrische Elemente;* Akkumulatoren~, Taschenlampen~ □ bateria

Bat|zen ⟨m.; -s, -⟩ **1** ⟨umg.⟩ *Klumpen, Haufen;* ein ~ Erde, Lehm □ torrão **1.1** ein ⟨fig.⟩ *Geld* ⟨fig.; umg.⟩ *sehr viel G.;* das wird einen schönen ~ Geld kosten; er verdient, besitzt, erbt einen hübschen ~ Geld □ *uma dinheirama; um dinheirão* **2** ⟨histor.⟩ *alte Münze, in Deutschland 4 Kreuzer, in der Schweiz 10 Rappen;* ein Heller und ein ~ □ Batzen

Bau¹ ⟨m.; -(e)s, -ten⟩ **1** ⟨unz.⟩ *das Bauen, das Errichten, die Bauarbeit;* der ~ eines Hauses, eines Schiffes, einer Straße; (noch) im ~; mit dem ~ beginnen □ construção **1.1** *auf dem ~ – auf einer Baustelle;* auf dem ~ arbeiten □ construção; obra **1.2** *Aufbau, Struktur, Gestalt* □ construção; estrutura **1.2.1** jmd. ist **von** starkem, zartem, kräftigem, schlankem ~ *Körperbau, Gestalt, Wuchs* □ compleição; constituição **1.2.2** *der ~ einer Blüte, eines Dramas, einer Maschine Anordnung der einzelnen Teile* □ estrutura **1.3** *Anbau (von Früchten, Getreide);* Acker~, Feld~ □ cultivo **1.4** jmd. ist **vom** ~ *ist Fachmann, hat reichlich Erfahrungen* □ *ser versado/entendido* **2** *Gebäude, Bauwerk;* ein düsterer, gewaltiger, mächtiger, schöner, solider, stattlicher ~ □ construção; edifício **3** ⟨unz.; umg.; Mil.⟩ *Gefängnis;* in den ~ wandern **3.1** *Arrest, Freiheitsstrafe;* drei Tage ~ □ prisão

Bau² ⟨m.; -(e)s, -e⟩ **1** *Erdhöhle, Tierwohnung unter der Erde;* ein ~ von Fuchs, Dachs, Otter, Kaninchen, Wildkatze u. a. **1.1** *nicht aus dem ~ kommen* ⟨fig., umg.⟩ *nicht aus der Wohnung, nicht unter Menschen kommen* □ toca; → a. Fuchs **2** *Bergwerksanlage;* Gruben~, Tage~ □ exploração; extração

Bauch ⟨m.; -(e)s, Bäu|che⟩ **1** *unterer Teil des Rumpfes;* auf dem ~ liegen; sich auf den ~ legen; auf dem ~ kriechen □ bruços; ein ~ einziehen; einen ~ bekommen, haben; ein dicker, fetter, spitzer ~; der ~ tut mir weh □ barriga **1.1** sich den ~ vollschlagen (mit) ⟨umg.⟩ *viel essen (von)* □ *encher a barriga; empanturrar-se* **1.2** sich den ~ halten vor Lachen ⟨fig.⟩ *sehr heftig lachen* □ *rebentar/morrer de rir* **1.3** (eine) Wut im ~ haben ⟨umg.⟩ *äußerst wütend sein (u. dabei*

nichts äußern dürfen) □ *estar furioso/possesso* **1.4** *vor jmdm. auf dem ~e kriechen* ⟨fig.⟩ *jmdm. gegenüber unterwürfig, kriecherisch sein* □ *rastejar(-se) aos pés de alguém;* → a. *Loch (5.5), voll (1.7)* **2** *Hohl-, Innenraum;* Schiffs~; die Ladung verschwand im ~ des Schiffes □ porão **3** ⟨fig.⟩ *Wölbung, gewölbter Teil eines Gegenstandes;* Flaschen~ □ bojo

Bauch|fell ⟨n.; -(e)s, -e; Anat.⟩ **1** ⟨Anat.⟩ *glatte, feuchte Haut, die die innere Wand der Bauchhöhle u. die Oberfläche der meisten Bauchorgane überkleidet: Peritoneum* □ peritônio **2** *Fell auf der Bauchseite bei den Pelztieren* □ pele da barriga

bau|chig ⟨Adj. 24/70⟩ *wie ein Bauch geformt, gewölbt;* eine ~ Flasche □ barrigudo; bojudo

bäuch|lings ⟨Adv.⟩ **1** *auf dem Bauch;* ~ auf dem Bett liegen □ de bruços **2** *auf den Bauch, mit dem Bauch voran;* ~ ins Wasser fallen □ de barriga

bau|en ⟨V. 503/Vr 5⟩ **1** *etwas ~ planmäßig zusammenfügen, errichten, aufbauen, konstruieren;* Wege, Straßen, eine Brücke, ein Haus, eine Maschine, ein Schiff, Nester, Höhlen, eine Geige ~; an einer Sache, an einem neuen Modell ~; Atombomben **1.1** *sinnlose Sätze ~* ⟨fig.⟩ *konstruieren, äußern* **1.2** *einen neuen Staat ~* ⟨fig.⟩ *begründen u. erschaffen* □ construir **1.3** *sein Bett ~* ⟨Soldatenspr.⟩ *sein B. machen* □ fazer **2** *eine Sache ~* ⟨umg.⟩ *aktiv an einer S. beteiligt sein* □ fazer; ocupar-se **2.1** *einen Unfall, einen Sturz ~* ⟨umg.⟩ *einen U., St. verursachen* □ causar **2.1.1** Scheiße ~ ⟨derb⟩ *einen großen Fehler begehen* □ *fazer merda* **3** *Feldfrüchte ~ anpflanzen, anbauen;* Getreide, Gemüse, Obst ~ □ cultivar **4** *ein Haus bauen(1);* hoch, teuer ~ □ construir **5** *breit, kräftig, schmal, stark gebaut sein einen breiten usw. Bau¹(1.2) haben* □ *ser de constituição/estrutura larga/forte/pequena/forte* **5.1** *so wie du gebaut bist, schaffst du es leicht* ⟨a. fig.; umg.⟩ *du hast die Kraft, Fähigkeit dazu* □ *com a sua estrutura/capacidade você consegue facilmente* **6** ⟨800⟩ *auf jmdn. ~ jmdm. vertrauen, sich auf jmdn. verlassen;* ich baue auf dich; er baut auf ihre Freundschaft; ich baue auf Ihr Wort, Ihre Diskretion □ *contar com alguém*

Bau|er¹ ⟨m.; -n, -n⟩ **1** *jmd., der berufsmäßig ein eigenes od. gepachtetes Stück Land bebaut;* Acker~; Wein~ □ camponês; lavrador **1.1** *die dümmsten ~n haben die größten/dicksten Kartoffeln* ⟨Sprichw.⟩ *diejenigen haben das meiste Glück, die es am wenigsten verdienen* □ *felicidade sorri aos tolos* **2** *kleinste Schachfigur;* Sy Soldat(2) □ peão **3** ⟨Kart.⟩ *Bube* □ valete

Bau|er² ⟨n.; -s, -⟩ *Käfig für Vögel;* Vogel~ □ gaiola

...bau|er ⟨m., -s, -; in Zus.⟩ *jmd., der etwas baut;* Brückenbauer; Häuserbauer; Straßenbauer; Instrumentenbauer; Ofenbauer

Bäu|e|rin ⟨f.; -, -rin|nen⟩ *Frau des Bauern, Bauersfrau* □ camponesa; mulher do lavrador

bäu|e|risch ⟨Adj.⟩ oV bäurisch **1** *wie ein Bauer* □ rústico **2** ⟨abwertend⟩ *plump, urwüchsig, nicht verfeinert;* seine Kleider waren ~; ~e Sitten; sich ~ benehmen □ rude(mente); (de modo) grosseiro

bäu|er|lich ⟨Adj.⟩ *den Bauern betreffend, zu ihm gehörend, von ihm stammend;* das ~e Leben; die ~e Kunst; ein Zimmer ~ einrichten; ~e Schlauheit □ rural; rústico

Bau|ern|hof ⟨m.; -(e)s, -hö|fe⟩ *Hof, Landbesitz u. Vieh eines Bauern;* auf dem ~ leben; einen ~ bewirtschaften; frisches Gemüse vom ~ □ granja; sítio

bau|fäl|lig ⟨Adj.⟩ *dem Zusammenbruch nahe;* ein ~es Haus, Gebäude; die Brücke war ~ geworden □ ruinoso; em mau estado

Bau|kas|ten ⟨m.; -s, -käs|ten⟩ *Spielzeug für Kinder, Kasten mit Einzelteilen zum Bauen;* er bekam zum Geburtstag einen ~ □ kit de construções

bau|lich ⟨Adj. 24/90⟩ *den Bau betreffend;* ~e Veränderungen anbringen, vornehmen □ arquitetônico

Baum ⟨m.; -(e)s, Bäu|me⟩ **1** *Holzgewächs mit Stamm u. verzweigtem Wipfel (Krone) mit Blättern od. Nadeln;* der ~ blüht, nadelt, schlägt aus; der Sturm hat viele Bäume entwurzelt; einen ~ fällen, pflanzen, veredeln, verschneiden; ein alter, belaubter, blühender, hoher, junger, morscher ~ □ árvore; der Junge ist groß, kräftig wie ein ~ □ *o rapaz é grande/forte como um touro* **1.1** Bäume ausreißen ⟨fig.; umg.⟩ *viel leisten können;* ich fühle mich so gesund, als könnte ich Bäume ausreißen □ *estar pronto para outra; estar em plena forma* **1.2** einen alten ~ soll man nicht verpflanzen ⟨fig.⟩ *einen alten Menschen soll man in seiner gewohnten Umgebung lassen* □ *macaco velho não aprende arte nova; papagaio velho não aprende a falar* **1.3** es ist immer dafür gesorgt, dass die Bäume nicht in den Himmel wachsen ⟨Sprichw.⟩ *dass alles seine Grenze findet* □ *não há bem que sempre dure nem mal que nunca acabe* **1.4** das ist ja, um auf die Bäume zu klettern! *das ist ja zum Verzweifeln!* □ *é de tirar do sério!* **1.5** das steigt ja auf die Bäume! *das ist unerhört* □ *é o fim da picada!* **1.6** vom ~ der Erkenntnis essen **1.6.1** *sich seiner Geschlechtlichkeit od. sich seiner selbst als geschlechtliches Wesen bewusstwerden (nach dem verbotenen Apfelbaum im Paradies)* **1.6.2** *durch Erfahrung, Wahrnehmung wissend werden* □ *provar da árvore do conhecimento;* → a. Hieb(3.2), Wald(1.1) **1.7** *Tanne, Fichte, die zum Weihnachtsfest geschmückt wird;* den (Weihnachts)~ anzünden, schmücken □ árvore **2** *Balken, dicke Stange;* Hebe~, Lade~, Schlag~ □ alavanca; pau de carga; cancela **2.1** *Walze am Webstuhl, auf die die Kettfäden od. das fertige Gewebe gewickelt werden;* Kett~, Zug~ □ cilindro **2.2** *Rundholz der Takelung;* Klüver~, Mast~ □ pau da bujarrona; mastro

bau|meln ⟨V. 400; umg.⟩ **1** *lose schwingend hängen;* an einem Ast baumelt ein Affe, ein Schild, ein Seil; er ließ die Beine ins Wasser ~ □ balançar **1.1** er wird ~ müssen *er wird gehenkt werden;* er soll am Galgen, Strick ~ □ *ele vai balançar na forca* **2** *mit den Beinen, Füßen* ~ *sie hin u. her bewegen, schaukeln* □ *balançar as pernas/os pés*

bäu|men ⟨V. 500/Vr 3⟩ **1** *sich erregt od. erschrocken ruckartig aufrichten;* die Schlange bäumte sich vor ihm; der getroffene Soldat hat sich noch einmal gebäumt...

□ erguer-se **1.1** ein **Pferd** bäumt sich (auf) *stellt sich auf die Hinterbeine* □ empinar-se **2** ⟨fig.; geh.⟩ *sich widersetzen, sich empören;* ihr Stolz bäumte sich gegen ein solches Angebot □ rebelar-se; revoltar-se

Baum|gren|ze ⟨f.; -, unz.⟩ *Grenze im Hochgebirge od. polwärts, an der noch einzelne aufrecht stehende Bäume vorkommen;* die ~ lag schon hinter uns □ limite da vegetação arbórea

Baum|schu|le ⟨f.; -, -n⟩ *Gärtnerei für Bäume* □ viveiro de árvores

Baum|wol|le ⟨f.; -; unz.⟩ **1** *meist einjährige Pflanze der Tropen u. Subtropen, mit behaartem Stängel, großen Blättern u. walnussgroßen, kapselartigen Früchten, in denen die mit langen Haaren besetzten Samen sitzen: Gossypium;* ~ anpflanzen □ algodão; algodoeiro **2** *die Samenhaare der Baumwolle(1);* ~ pflücken **3** *Gewebe od. Garne, die aus Baumwolle(2) hergestellt sind;* dieses Kleid ist aus ~; es fehlen noch 3 m ~ □ algodão

bäu|risch ⟨Adj.⟩ = bäuerisch

Bausch ⟨m.; -(e)s, Bäu|sche⟩ **1** *locker zusammengedrehtes Bällchen aus einem leichten Material;* Watte~ □ chumaço **1.1** ⟨österr.⟩ *Umschlag, Kompresse* □ compressa **2** in ~ und **Bogen** ⟨fig.⟩ *alles in einem (genommen), ohne es genau zu nehmen;* etwas in ~ und Bogen verurteilen **2.1** Waren in ~ und Bogen kaufen, berechnen *Waren insgesamt kaufen, ohne zu zählen, zu messen od. zu wiegen* □ *em bloco*

bau|schen ⟨V. 500⟩ **1** *etwas* ~ *aufblähen, prall u. rund machen;* der Wind bauscht die Segel, die Gardinen, die Vorhänge □ inflar; enfunar **2** ⟨Vr 3⟩ *sich* ~ *Falten schlagen, abstehen, sich blähen;* der Ärmel bauscht sich; das Kleid sitzt nicht gut, es bauscht sich über den Hüften □ tufar(-se); abalofar(-se); ein Kleid mit gebauschten Ärmeln □ bufante

bau|schig ⟨Adj.⟩ *in lockeren Falten hervortretend, abstehend, weit, gebläht;* ein ~es Gewand; ~e Falten □ bufante

Bau|stein ⟨m.; -(e)s, -e⟩ **1** *ein Stein zum Bauen;* ~e transportieren, brechen □ pedra de cantaria **2** ⟨fig.⟩ *Beitrag, Unterstützung;* ein ~ zum Gelingen des Plans □ componente

Bau|stel|le ⟨f.; -, -n⟩ *Stelle, Ort, wo gebaut wird;* auf der Autobahn staut sich der Verkehr vor einer ~; auf einer ~ arbeiten □ (local de) construção; obra; Vorsicht ~ □ *cuidado! em obras*

Bau|werk ⟨n.; -(e)s, -e⟩ **1** *das Erbaute* **2** *größerer, bes. künstlerisch bedeutender Bau;* ein gotisches ~; historische ~e □ construção; edifício

Bau|we|sen ⟨n.; -s; unz.⟩ *alle Vorgänge u. Einrichtungen, die mit dem Bauen zusammenhängen;* die Mechanisierung im ~ □ construção civil

Ba|zil|lus ⟨m.; -, -zil|len⟩ *stäbchenförmiger Spaltpilz, sporenbildendes Bakterium* □ bacilo

be|ab|sich|ti|gen ⟨V. 500⟩ *etwas* ~ *vorhaben, tun wollen;* ich beabsichtige nächste Woche nach Rom zu fahren; ich hatte nicht beabsichtigt, ihn zu beleidigen; was ~ Sie damit? □ pretender; ter a intenção de; das war (doch) nicht beabsichtigt! □ *(mas) não foi intencional!*

be|ach|ten ⟨V. 500/Vr 8⟩ jmdn. od. etwas ~ *auf jmdn. od. etwas achten, seine Aufmerksamkeit richten;* einen Ratschlag, ein Verbot, Verkehrszeichen ~; ~ Sie bitte die Farben dieses Bildes; er hat sie, ihr Geschenk überhaupt nicht beachtet; ich beachtete das gar nicht weiter □ reparar; prestar atenção

be|acht|lich ⟨Adj.⟩ *erstaunlich (groß), beträchtlich;* ein ~er Erfolg; seine Bemühungen sind ~; Beachtliches erreicht haben □ considerável; notável

be|ackern ⟨V. 500⟩ **1** ein Feld ~ *mit Pflug und Egge bearbeiten* □ arar; cultivar **2** ein Thema, eine Frage ~ ⟨fig.; umg.⟩ *gründlich durcharbeiten, genau bearbeiten* □ estudar a fundo

Be|am|te(r) ⟨m.1⟩ *Inhaber eines öffentlichen Amtes, entweder im Staats- od. Kommunaldienst od. im Dienst privatwirtschaftlicher Unternehmen;* Staats~, städtischer ~ □ funcionário público

Be|am|tin ⟨f.; -, -tin|nen⟩ *weibl. Beamter* □ funcionária pública

be|ängs|ti|gen ⟨V. 500/Vr 7⟩ jmdn. ~ *jmdm. Angst machen, jmdn. beklemmen;* der Traum, die Ungewissheit beängstigte sie □ afligir; inquietar; assustar; sein schlechtes Aussehen ist ~d; er sieht ~d bleich aus; der Junge wird ja geradezu ~d groß! ⟨scherzh.⟩ □ (de modo) alarmante/assustador

be|an|spru|chen ⟨V. 500/Vr 8⟩ **1** etwas ~ *(zu Recht od. Unrecht) fordern, verlangen;* Körperbehinderte können einen Sitzplatz ~; er beanspruchte sein Erbe □ exigir; reivindicar **1.1** *brauchen, nötig haben;* die neuen Möbel ~ viel Platz; viel Raum, Zeit ~ □ requerer **2** jmdn. od. etwas ~ *große Anforderungen an jmdn. od. etwas stellen;* meine Arbeit beansprucht meine ganze Kraft, Zeit; ich bin zurzeit stark beansprucht; er wird von seiner Familie sehr beansprucht □ exigir; ocupar; absorver **2.1** *belasten;* die Maschinen, die Bremsen, die Reifen sind zu stark beansprucht worden □ sobrecarregar; exigir **3** etwas ~ *in Anspruch nehmen, von etwas Gebrauch machen;* jmds. Gastfreundschaft nicht länger ~ wollen; ich möchte Ihre Hilfe nicht weiter ~ □ abusar

be|an|stan|den ⟨V. 500⟩ etwas ~ *tadeln, etwas auszusetzen haben an, sich beschweren über, reklamieren;* eine Rechnung, Ware ~; das Einzige, was ich an der Sache zu ~ habe, ist ...; es gab nichts zu ~; die Behörde beanstandete den Pass □ reclamar; objetar

be|an|tra|gen ⟨V. 500⟩ **1** jmdn. od. etwas ~ *einen Antrag auf jmdn. od. etwas stellen, förmlich um jmdn. od. etwas bitten;* zwei neue Mitarbeiter ~; einen Sonderurlaub, seine Versetzung, Pensionierung ~; ein Visum, einen Pass ~ **1.1** ⟨Rechtsw.⟩ *fordern;* eine polizeiliche Untersuchung ~; der Verteidiger hat Freispruch beantragt; der Staatsanwalt beantragte die Höchststrafe □ requerer; solicitar **2** jmdn. od. etwas ~ *vorschlagen;* einen Kandidaten ~; eine Änderung der Tagesordnung ~; die beantragte Unterstützung □ propor

be|ant|wor|ten ⟨V. 503/Vr 5 od. Vr 6⟩ **1** etwas ~ *antworten auf, eine Antwort geben auf;* einen Brief, eine Frage ~; das kann ich nicht ~ **1.1** ⟨fig.⟩ *reagieren;* die Regierung beantwortet die Provokation mit der Verhängung des Ausnahmezustands □ responder

be|ar|bei|ten ⟨V. 500⟩ **1** etwas ~ *an etwas körperlich arbeiten* □ trabalhar **1.1** Land ~ *bebauen;* den Boden ~; ein Stück Land ~ □ lavrar; cultivar **1.2** Rohstoffe ~ *zurichten, zurechtmachen, Rohstoffen eine bestimmte Form geben;* Holz, Metall, Stein ~; Metall mit dem Hammer, Stein mit dem Meißel ~ □ modelar; trabalhar **2** eine Sache ~ *an einer S. geistig arbeiten* □ estudar; tratar **2.1** Schriftstücke ~ *durchsehen u. sachgemäß erledigen;* einen Antrag, ein Gesuch ~ □ ocupar-se; examinar **2.2** *(zu einem bestimmten Zweck) überarbeiten, einer S. eine neue Form geben;* ein Buch, einen Text ~; neu bearbeitete Auflage (eines Buches); ein Theaterstück für die Bühne ~; ein Musikstück für ein anderes Instrument ~; ein Musikstück für Orchester ~ □ rever; arranjar; adaptar **3** ⟨516⟩ jmdn. od. etwas mit etwas ~ *heftig schlagen, verprügeln;* jmdn. mit den Fäusten ~ □ espancar **4** ⟨Vr 8⟩ jmdn. ~ ⟨fig.⟩ *jmdn. zu beeinflussen versuchen;* er hat mich so bearbeitet, dass ich nicht Nein sagen konnte □ tentar persuadir

Be|ar|bei|tung ⟨f.; -, -en⟩ **1** ⟨unz.⟩ *das Bearbeiten, Vorgang des Bearbeitens;* schnelle ~ einer Angelegenheit □ preparação; tratamento **2** ⟨zählb.⟩ *etwas (bes. Literatur od. Musikstück), das bearbeitet wurde;* die ~ der 6. Symphonie von Beethoven für Klavier □ arranjo; adaptação

Beat ⟨[biːt] m.; -s; unz.; Mus.⟩ **1** ⟨Mus.⟩ *betonter Taktteil im Jazz* **1.1** *Schlagrhythmus (von der Rhythmusgruppe gespielt)* **1.2** *(kurz für)* Beatmusik □ beat

be|auf|sich|ti|gen ⟨V. 500/Vr 8⟩ jmdn. od. etwas ~ *Aufsicht führen über, überwachen, kontrollieren;* Kinder ~; Schularbeiten ~; jmdn. beim Arbeiten ~ □ vigiar; inspecionar; tomar conta

be|auf|tra|gen ⟨V. 580 od. 550⟩ jmdn. ~ *jmdm. (od. einer Institution) einen Auftrag erteilen, ihm etwas zu tun aufgeben;* ich habe ihn beauftragt, die Bücher abzuholen; jmdn. mit einer Arbeit ~; ich bin beauftragt, die Sachen abzuholen □ incumbir; encarregar

be|bau|en ⟨V. 500⟩ **1** Gelände ~ *mit Gebäuden versehen;* dieses Gebiet wird bebaut; ein Grundstück mit Häusern ~ □ urbanizar **2** Land ~ *bestellen, etwas darauf anpflanzen;* ein Feld haben wir mit Kartoffeln bebaut; er bebaut seinen Garten mit Gemüse; alle Felder müssen bebaut werden □ cultivar

be|ben ⟨V.⟩ **1** ⟨400⟩ etwas bebt *wird heftig erschüttert;* die Erde bebte; das Haus bebte beim Einschlag der Bombe **2** ⟨400; geh.⟩ *heftig zittern;* die Knie bebten mir; seine Stimme bebte; er bebte am ganzen Leib; mit ~der Stimme; vor Erregung, Furcht, Kälte, Wut, Zorn ~ **3** ⟨800⟩ **3.1** vor jmdm. ~ *große Angst vor jmdm. haben* **3.2** um jmdn. ~ *um jmdn. Angst haben, sich sehr sorgen* □ tremer

Be|cher ⟨m.; -s, -⟩ **1** *Trinkgefäß, bes. ohne Fuß u. ohne Henkel;* ein ~ Eis, Milch, Wein; den ~ füllen, heben, leeren, kreisen lassen, die Runde machen lassen; den ~ an den Mund setzen; den ~ des Leidens bis zur Neige leeren ⟨fig.; poet.⟩ **1.1** den (Gift-) ~ nehmen, trinken ⟨poet.⟩ *Selbstmord begehen* □ **caneca; pote; taça** 1.2 er hat zu tief in den ~ geschaut ⟨fig.⟩ *er hat zu viel getrunken, er ist beschwipst* □ *ele bebeu demais **2** *etwas Becherförmiges, z. B. Fruchthülle, unterster Teil der Holzblasinstrumente, Gefäß zum Würfeln;* Würfel~ □ **campânula; pavilhão; copo** 2.1 *Gefäß am Förderband zum Aufnehmen des Materials;* Förder~ □ **recipiente**

Be|cken ⟨n.; -s, -⟩ **1** *große, flache Schüssel, Schale;* Tauf~, Spül~, Wasch~ □ **pia 2** *großer, eingefasster, ausgemauerter Wasserbehälter;* Schwimm~ □ **piscina 3** *Mulde, Vertiefung in der Erdoberfläche* □ **bacia 4** *Schlaginstrument aus zwei flachgewölbten Metallscheiben* □ **pratos 5** ⟨Anat.⟩ *Knochenring der höheren Wirbeltiere u. des Menschen, der aus dem Teil der Wirbelsäule, Kreuz- u. Schambein gebildet ist:* Pelvis □ **pelve**

be|dacht 1 ⟨Part. Perf. von⟩ **bedenken 2** ⟨Adj. 24⟩ 2.1 ⟨74⟩ ~ **auf etwas** *nach etwas strebend;* der auf seinen Ruf, Vorteil ~e Manager; er war darauf ~ □ **interessado** 2.2 *von Überlegung zeugend, mit Überlegung handelnd;* sie handelte stets ~; sein ~es Auftreten machte allgemein Eindruck; das Vorgehen in der Angelegenheit ist sehr ~ □ **ponderado; com ponderação**

Be|dacht ⟨m.; -(e)s; unz.⟩ **1** *mit, ohne, voll ~ Überlegung, Ruhe, Umsicht;* etwas mit ~ tun; mit (gutem) ~ vorgehen; er sagte es ohne ~ □ **ponderação; prudência 2 auf etwas ~ nehmen** *auf etwas bedacht sein;* auf seinen Vorteil (keinen) ~ nehmen □ ***levar alguma coisa em consideração**

be|däch|tig ⟨Adj.⟩ *langsam, vorsichtig, ruhig, besonnen;* ~ gehen, handeln, sprechen; mit ~em Schritt; er nickte ~; sie ist ein ~er Mensch □ **cauteloso; ponderado; lento; com cautela; lentamente**

be|dan|ken ⟨V. 505/Vr 2⟩ **1 sich (bei jmdm. für etwas) ~** *jmdm. Dank sagen, jmdm. (für etwas) danken;* er bedankte sich bei ihm für die Einladung; vergiss nicht, dich zu ~! □ ***agradecer (alguma coisa a alguém)** 1.1 sei (von Herzen) bedankt! ⟨geh.⟩ *Dank sei dir gesagt* □***sou-lhe profundamente grato!** 1.2 dafür bedanke ich mich! ⟨fig.; umg.; iron.⟩ *das lehne ich ab, das will ich nicht!* □ ***não, muito obrigado!** 1.3 dafür wird sich jeder ~ ⟨fig.; umg.; iron.⟩ *das will niemand* □***qualquer um adoraria isso**

Be|darf ⟨m.; -s; unz.⟩ **1** *Bedürfnis, Erfordernis, erforderliche Menge;* einem ~ abhelfen; seinen ~ decken; nach ~ auswählen, einkaufen; bei ~ bitte wieder nachbestellen; wir haben über unseren ~ (hinaus) Vorräte □ **necessidade; demanda** 1.1 mein ~ ist gedeckt (a. fig.; umg.) *danach habe ich kein Bedürfnis, dazu habe ich keine Lust mehr* □ ***estou satisfeito 2 ~ an** *Verbrauch, Nachfrage;* (dringender) ~ an Lebensmitteln, Obst, Erdöl □ **necessidade; demanda**

be|dau|er|lich ⟨Adj.⟩ *unerfreulich, zu bedauern(2), schade* □ **deplorável; lamentável**

be|dau|ern ⟨V. 500⟩ **1** jmdn. ~ *bemitleiden;* der arme Kerl ist zu ~ □ **ter pena; compadecer-se 2** *einen Vorgang, etwas Vergangenes ~ wünschen, dass es nicht geschehen sei, nicht gern sehen, als schade empfinden;* den Vorfall ~; jmd. bedauert, dass etwas geschehen ist; ich bedauere es (sehr), dass ich nicht mitkommen kann □ **lamentar** 2.1 ⟨400⟩ bedaure! *(als Ausdruck des Ablehnens, Abweisens)* tut mir Leid, kein Bedarf □ **sinto muito!; lamento**

Be|dau|ern ⟨n.; -s; unz.⟩ **1** *Mitgefühl, leichtes Mitleid* □ **compaixão 2** *Wunsch, dass etwas nicht geschehen sein möge;* jmdm. sein ~ ausdrücken; mit ~ zur Kenntnis nehmen 2.1 zu meinem größten ~ *leider* □ **pesar**

be|de|cken ⟨V. 500/Vr 7⟩ **jmdn. od. etwas ~ 1** *zudecken (und dadurch unsichtbar machen);* Schnee bedeckt die Erde; der Rock bedeckt (gerade) die Knie; der Garten war mit Blütenblättern bedeckt; das Gesicht mit den Händen ~; der Himmel hat sich bedeckt; der Himmel ist bedeckt; bei bedecktem Himmel; einen Toten mit einem Tuch ~ 1.1 jmds. Gesicht mit Küssen ~ *überschütten, heftig küssen* □ **(en)cobrir(-se)** 1.2 ⟨Vr 3⟩ sich ~ ⟨veraltet⟩ *den Hut aufsetzen* □ ***pôr o chapéu** 1.3 das **Haupt** ~ ⟨geh.⟩ *eine Kopfbedeckung aufsetzen* □ ***cobrir a cabeça 2** ⟨Mil.⟩ *zum Schutz geleiten* □ **escoltar 3** **sich bedeckt geben, halten** ⟨fig.⟩ *wenig Auskunft erteilen, sich nicht äußern;* nach der Versammlung hielt sich der Vorsitzende bedeckt □ ***não se manifestar**

be|den|ken ⟨V. 119/500⟩ **1** *etwas ~ über etwas nachdenken, etwas überlegen, etwas erwägen;* es ist zu ~, dass ...; ich gab es zu ~; du solltest die Folgen ~; das hast du nicht gründlich genug bedacht; wenn man es recht bedenkt **2** ⟨Vr 3⟩ sich ~ *eine Entscheidung überlegend aufschieben;* ich muss mich erst ~; ohne mich lange zu ~ □ ***pensar; refletir 3** ⟨505/Vr 7 od. Vr 8⟩ *jmdn. (mit etwas) ~ jmdm. etwas vermachen, schenken;* er hat sie in seinem Testament bedacht; zum Jubiläum wurde er mit großen Ehrungen bedacht; jmdn. mit einem Geschenk ~ □ **contemplar**

Be|den|ken ⟨n.; -s, -⟩ **1** *Überlegung, Besinnung, Nachdenken;* nach langem ~, ohne ~ zustimmen □ **reflexão 2** *Zweifel, Einwendung;* ~ äußern, anmelden; es bestehen ~; haben, hegen, tragen; es kommen ~; jmds. ~ teilen, zerstreuen, schwerwiegende ~; zu ~ Anlass geben □ **dúvida; hesitação**

be|denk|lich ⟨Adj.⟩ **1** *Bedenken(2) hervorrufend, besorgnierregend;* der Zustand des Patienten ist ~; das Wetter sieht ~ aus; er befindet sich in einer ~en Lage □ **crítico; preocupante 2** *zweifelhaft;* das wirft ein ~es Licht auf seinen Charakter; es handelt sich um ein ~es Unternehmen; das scheint mir recht ~; die ganze Angelegenheit macht einen ~en Eindruck □ **duvidoso; suspeito 3** *zweifelnd, voll Sorge, Vorbehalt, besorgt;* er machte ein ~es Gesicht, als er von dem Vorschlag hörte; das stimmt, macht mich ~ □ **preocupado**

be|deu|ten ⟨V. 500⟩ **1** *etwas bedeutet etwas hat einen bestimmten Sinn, ist ein Zeichen für etwas, ist gleichzusetzen mit etwas;* „Hobbyraum" bedeutet so viel wie „Werkraum, Bastelzimmer"; es bedeutet Folgendes; was soll das eigentlich ~? 1.1 *sprachliche Ausdrücke ~ etwas* ⟨Sprachw.⟩ *ordnen einem od. mehreren Zeichen (z. B. Wörtern) einen Inhalt zu, bezeich-*

nen sie, benennen Begriffe; Aphasie bedeutet „Verlust des Gedächtnisses" **2 etwas** bedeutet eine **Sache** *ist ein Anzeichen für eine S., hat eine S. zur Folge;* diese Wolken ~ Sturm ☐ **indicar**; *das bedeutet nichts Gutes* ☐ ***isso não é bom sinal***; *das hat etwas (nichts) zu* ~ ☐ ***isso não significa nada***; *das bedeutet eine erhebliche Einbuße für uns* ☐ **significar 3** ⟨530 od. 550⟩ *jmdm. od. für jmdn. etwas (viel, wenig)* ~ *wichtig sein;* die Kinder ~ ihr alles; das Mädchen bedeutet mir wenig; seine Anteilnahme bedeutet mir sehr viel; hundert Euro ~ viel für mich ☐ **importar; ter importância 4** ⟨530 (od. veraltet 520)⟩ *jmdm.* (veraltet *jmdn.*) *etwas* ~ *(geh.) jmdm. etwas zu verstehen geben, andeuten, befehlen;* er bedeutete ihm zu gehen; mir wurde bedeutet, meine Haltung in dieser Angelegenheit zu ändern; sich etwas ~ lassen ☐ **dar a entender**

Be|deu|ten ⟨n.; -s; unz.; nur in der Wendung⟩ mit dem ~, dass ... *unter der Voraussetzung, Bedingung, dass ...* ☐ ***contanto que; desde que**

be|deu|tend ⟨Adj.⟩ **1** *umfangreich, groß, beträchtlich;* er hat bereits ~e Erfolge erzielt; er konnte ~e Geschäfte machen; ein ~es Kapital hat sich angesammelt; das Vermögen, das sich dort angesammelt hat, ist ~ ☐ **considerável; significativo 2** *wichtig;* ein ~es Ereignis; dieser Vortrag war recht ~; sein Anteil daran ist ~; es war nichts Bedeutendes ☐ **importante 3** *bekannt, berühmt, einflussreich;* er ist ein ~er Gelehrter; es handelt sich um eine ~e Persönlichkeit; er gehört zu den ~sten Vertretern seines Faches; auf diesem Gebiet ist er am ~sten; er war der Bedeutendste (von allen) ☐ **importante; influente 3.1** *künstlerisch wertvoll;* ein ~es Buch, Werk ☐ **importante 4** ⟨50; verstärkend bei Verben u. vor dem Komparativ⟩ *sehr;* er erhielt ~ weniger, als er erwartet hatte; in letzter Zeit hat er sich ~ verbessert; der Umsatz hat um ein Bedeutendes zugenommen ☐ **consideravelmente**

Be|deu|tung ⟨f.; -, -en⟩ **1** *das Bedeuten(1-3);* die ~ eines Begriffes erläutern; die ~ eines Wortes kennen **1.1** *der durch das Bedeuten(1) entstandene Inhalt;* dieses Wort hat mehrere ~en; dieser Ausdruck wird in übertragener ~ verwendet; die ursprüngliche ~ eines Wortes; die wörtliche ~ lautet; in der wahren ~ des Wortes ☐ **significado, sentido 2** *Wichtigkeit;* einer Sache ~ beimessen; erst nach seinem Tode hat man die ~ seiner Forschungen erkannt; an ~ gewinnen; dieser Angelegenheit kommt keinerlei ~ zu; es ist von ~ ☐ **importância; relevância 3** *Tragweite, Auswirkung;* seine Arbeit hat große ~ auf dem Gebiet der Elektronik erlangt; bist du dir über die ~ deiner Aussage im Klaren?; ein Ereignis von historischer ~ ☐ **transcedência; envergadura 4** *jmd. von ~ eine einflussreiche, große Persönlichkeit;* ein Mann von ~ ☐ **importância; relevância**

be|die|nen ⟨V. 500⟩ **1** *jmdm.* ~ *jmdm. Dienste leisten;* er lässt sich immer von seiner Frau ~ **1.1 Kunden** ~ *als Verkäufer dem K. Dienste leisten;* hier wird die Kundschaft gut bedient; werden Sie schon bedient? **1.2 Gäste** ~ *den G. Speisen u. Getränke reichen;* die Gäste aufmerksam ~ ☐ **atender; servir 1.3** ⟨Vr 3⟩ **sich** ~ *sich nehmen, zugreifen;* bitte ~ Sie sich; das Kind bedient sich schon selbst beim Essen ☐ ***servir-se* 1.4** ich bin bedient! ⟨fig.; umg.⟩ *ich habe genug davon, meine schlechten Erfahrungen reichen mir* ☐ ***estou farto/ cheio!* 2** eine **Maschine**, ein **Gerät** ~ *handhaben, steuern, betätigen* ☐ **manejar 3 Farbe, Trumpf** ~ ⟨Kart.⟩ *die gleiche F. od. den gleichen T. ausspielen* ☐ ***servir uma carta do mesmo naipe* 4** ⟨540/Vr 3⟩ **sich** einer **Sache** ~ *sie nehmen u. benutzen, Gebrauch davon machen;* darf ich mich Ihres Angebots ~? ☐ ***fazer uso de alguma coisa***

be|diens|tet ⟨Adj. 24/70⟩ **bei jmdm.** ~ **sein** *in jmds. Dienst stehen, beschäftigt sein* ☐ ***estar a serviço de alguém; trabalhar para alguém***

Be|die|nung ⟨f.; -, -en⟩ **1** ⟨unz.⟩ *das Bedienen;* schlechte ~; Selbst~; Fern~; die ~ der Küchenmaschine ist einfach; prompte, schnelle ~ ☐ **atendimento; serviço 1.1** *Geld für das Bedienen, ein Zuschlag von 10-20% auf den Preis von Restaurant- u. Hotelrechnungen;* ~ ein-, inbegriffen ☐ **serviço; gorjeta 1.2** *zur freien* ~ *zum Mitnehmen (ohne Bezahlung)* ☐ ***sirva-se à vontade* 2** *jmd., der bedient, z. B. Kellner(in), Verkäufer(in);* wo bleibt die ~?; die ~ lässt auf sich warten ☐ **atendente; garçom; vendedor 3** ⟨Mil.⟩ *Einheit, die größere Schusswaffen u. technische Geräte bedient* ☐ **serviço**

be|din|gen¹ ⟨V. 120/530/Vr 1⟩ **sich etwas** ~ *durch Kontrakt od. andere bindende Abmachung festsetzen;* der bedungene Lohn ☐ ***estipular/estabelecer alguma coisa***

be|din|gen² ⟨V. 500/Vr 8⟩ **1** *ein Vorgang bedingt einen anderen hat einen anderen notwendig zur Folge;* eine Untersuchung bedingt die nächste ☐ **causar; condicionar 2** *eine Sache bedingt eine andere hängt von einer anderen als Voraussetzung ab;* diese Tätigkeit bedingt Einfühlungsvermögen ☐ **implicar; pressupor**

be|dingt ⟨Part. Perf. von⟩ *bedingen²* **2** ⟨Adj.24⟩ **2.1** *eingeschränkt;* ~es Lob ☐ **limitado; com reservas 2.2** *an Bedingungen geknüpft, von Bedingungen abhängig* **2.2.1** ~e **Annahme,** ~es **Akzept** ⟨Kaufmannsspr.⟩ *Anerkennung einer nicht in bar erfolgenden Zahlung unter der Voraussetzung, dass Deckung vorhanden ist* **2.2.2** ~e **Strafaussetzung,** ~er **Straferlass** ⟨Rechtsw.⟩ *Straferlass, unter der Bedingung, dass sich der Straffällige für eine bestimmte Zeit (Bewährungsfrist) gut führt* ☐ **condicional 2.3** *von den Verhältnissen abhängig* ☐ **dependente 2.3.1** ~e **Reflexe** ⟨Physiol.⟩ *diejenigen R., die durch Dressur od. Gewohnheit entstanden sind* ☐ **condicionado;** *= relativ(1)*

Be|din|gung ⟨f.; -, -en⟩ **1** *Voraussetzung;* viel Ruhe und Schonung sind unumgängliche ~en für ihre baldige Genesung; unter jeder ~ **2** *Verpflichtung, Bestimmung, Abmachung;* die ~en anerkennen, einhalten; jmdm. ~en auferlegen, stellen, vorschreiben; wir müssen noch die ~en vereinbaren, unter denen ...; günstige, harte, (un)annehmbare, (un)vorteilhafte ~en stellen; sich an die ~en halten; lass dich auf diese ~en nicht ein; ich kann auf seine ~en nicht eingehen; mit der ~, dass; mit der ~ nicht einverstanden sein □ condição 3 ⟨meist Pl.⟩ *Umstände, Verhältnisse;* unter diesen ~en könnte ich nicht leben; unter guten, schlechten ~en arbeiten □ condições; circunstâncias 4 ⟨Philos.⟩ *Zutreffen einer Sache, wenn gleichzeitig eine andere Sache ebenfalls zutrifft;* a ist ~ für b □ condição

be|din|gungs|los ⟨Adj.⟩ 1 *ohne Bedingungen, Forderungen zu stellen;* die Aufständischen haben ~ kapituliert □ incondicional(mente) 2 *uneingeschränkt, kompromisslos, unbedingt;* ein ~es Vorgehen □ absoluto; limitado; jmdm. ~ vertrauen □ sem reservas; totalmente

be|drän|gen ⟨V. 500/Vr 8⟩ 1 *jmdn. (mit etwas) ~ jmdn. unter Druck setzen, in eine Notlage drängen, um ein bestimmtes Handeln zu erzwingen;* jmdn. hart, heftig ~; die Gläubiger haben ihn von allen Seiten bedrängt; jmdn. mit seinen Bitten, Wünschen ~; von Hunger, Nöten, Sorgen bedrängt werden □ pressionar 1.1 ein **Mädchen** ~ *belästigen* □ importunar 2 eine **Stellung**, eine **Stadt** ~ *stürmen* □ tomar de assalto 3 *sich in einer bedrängten* **Lage**, *bedrängten Umständen befinden in Schwierigkeiten, in Not sein* □ *encontrar-se numa situação difícil 4 ⟨fig.⟩ *seelisch bedrücken;* ich muss meinem bedrängten Herzen Luft machen; Zweifel, Sorge, Gedanken haben ihn bedrängt □ afligir; atormentar

Be|dräng|nis ⟨f.; -, -se; Pl. selten⟩ *(materielle od. seelische) Notlage;* in ~ geraten; sich in (einer) ~ befinden □ aflição; dificuldade

be|dro|hen ⟨V. 500/Vr 8⟩ 1 *jmdn. ~ jmdn. mit Anwendung von Gewalt drohen;* er bedrohte ihn mit dem Messer; jmdn. mit einer Waffe ~; sich bedroht fühlen 1.1 *tätlich* ~ ⟨Rechtsw.⟩ *(ungesetzliche) Anwendung von Gewalt ankündigen* 1.2 *mit* **Strafe** ~ *S. ankündigen* 2 *etwas bedroht* **jmdn.** *od. etwas etwas ist für jmdn. od. etwas gefährlich;* eine Seuche bedroht die Bevölkerung; das steigende Wasser bedrohte die Stadt; sein Leben ist bedroht □ ameaçar

be|droh|lich ⟨Adj.⟩ *gefährlich, unheildrohend;* das Unwetter rückt in ~e Nähe; am politischen Horizont sieht es ~ aus; die Sache nimmt einen ~en Charakter an; er hat sich mir ~ genähert □ (de modo) ameaçador

be|drü|cken ⟨V. 500⟩ 1 *jmdn. ~ jmdn. Zwang auferlegen, jmdn. unterdrücken, quälen* □ oprimir; atormentar 2 *etwas bedrückt jmdn. lässt jmdn. seelisch leiden, macht jmdn. traurig, niedergeschlagen;* Geldschwierigkeiten ~ ihn; was bedrückt euch?; die Krankheit des Kindes bedrückt sie □ deprimir 2.1 ⟨Part. Perf.⟩ *bedrückt niedergeschlagen;* er ist bedrückt; wegen geschäftlicher Schwierigkeiten ist er augenblicklich sehr bedrückt; sie wirkt heute so bedrückt; sie machte einen bedrückten Eindruck □ deprimido; abatido

be|dür|fen ⟨V. 124/700⟩ *jmds. od. einer Sache ~* ⟨geh.⟩ *jmdn. od. eine Sache nötig haben, brauchen;* der Verunglückte bedarf dringend des Arztes; sie ~ unserer Hilfe; es bedurfte nur geringer Mühe; der Patient bedarf äußerster Schonung; es hat ihrer ganzen Überredungskunst bedurft, damit er ...; die schwierige Abhandlung bedarf einer ausführlichen Erläuterung; das bedarf einer Erklärung; es bedarf keines weiteren Wortes □ necessitar; precisar; ser necessário

Be|dürf|nis ⟨n.; -ses, -se⟩ 1 *Notwendigkeit od. Wunsch, einem Mangel abzuhelfen, Verlangen;* ein ~ fühlen nach; es besteht ein allgemeines, dringendes, geringes, großes ~ nach ... □ necessidade; es ist mir ein ~, Ihnen mitzuteilen, dass ... □ *preciso informar-lhe que... 1.1 *es ist mir ein angenehmes ~* ⟨Höflichkeitsformel⟩ *ich tue es gern, aus eigenem Antrieb* □ *é um prazer 1.2 *ich habe das ~ (zu) ich möchte gern ...* □ *eu gostaria de... 1.3 *einem ~ abhelfen, ein ~ befriedigen einer Notwendigkeit (einem Wunsch) entsprechend einen Mangel, Missstand beseitigen* □ *satisfazer um desejo/uma necessidade 1.4 ⟨veraltet; geh.⟩ *Notdurft;* ein ~ haben □ necessidade (fisiológica)

be|dürf|tig ⟨Adj.⟩ 1 *Mangel leidend, arm;* einer ~en Frau helfen; ~e Familien; wir müssen für die Bedürftigen sammeln □ pobre; carente 2 ⟨73⟩ *jmds. od. einer* **Sache** ~ *sein jmdn. od. eine Sache nötig haben, brauchen;* seiner Freundschaft ~ sein; des Trostes, Zuspruchs ~ sein □ *precisar de alguém ou de alguma coisa

be|ei|len ⟨V. 500/Vr 3⟩ 1 *sich ~ sich eilen, möglichst schnell, rasch machen;* so beeil dich doch endlich!; wenn du den Zug noch erreichen willst, musst du dich ~ 1.1 *sich ~ etwas zu tun beflissen, eilfertig sein, etwas zu tun;* er beeilte sich, dem Vorschlag zuzustimmen □ *apressar-se (para fazer alguma coisa)

be|ein|dru|cken ⟨V. 500⟩ 1 *jmdn. ~ auf jmdn. Eindruck machen, jmdm. imponieren;* das Theaterstück hat mich sehr beeindruckt; die Begegnung beeindruckte ihn zutiefst □ impressionar 1.1 *beeindruckt sein berührt, ergriffen sein;* er war von ihrer Schönheit sichtlich beeindruckt; ich bin von ihrer Kunst sehr beeindruckt □ *estar/ficar impressionado

be|ein|flus|sen ⟨V. 500/Vr 8⟩ *jmdn. od. etwas ~ auf jmdn. od. etwas Einfluss nehmen, einwirken;* er ist leicht zu ~; beeinflusst sein von; jmdn. günstig, ungünstig ~; dieses Ereignis hat seine Arbeit beeinflusst; die Kinder ~ sich gegenseitig □ influenciar(-se)

be|ein|träch|ti|gen ⟨V. 500⟩ 1 *jmdn. od. etwas ~ stören, behindern, einschränken;* die Nachtruhe wird durch den Flugverkehr erheblich beeinträchtigt; er ließ sich in seiner Arbeit nicht ~ □ afetar; prejudicar 2 *etwas ~ vermindern, verringern;* seine Sehfähigkeit wurde durch den Unfall stark beeinträchtigt □ prejudicar; reduzir

be|en|den ⟨V. 500⟩ *etwas ~ zu Ende bringen, fertig machen, vollenden, Schluss machen mit etwas;* oV beendigen; Sy aufhören(1.1); Ggs anfangen(1.2), beginnen(1.2); die Arbeit, den Streit ~ □ acabar; terminar

be|en|di|gen ⟨V. 500; älter für⟩ = *beenden*

Be|en|di|gung ⟨f.; -; unz.⟩ *das Beenden, Beendigen;* oV *Beendung* □ fim; término

Be|en|dung ⟨f.; -; unz.⟩ = *Beendigung*

be|en|gen ⟨V. 500/Vr 8⟩ **1** jmdn. od. etwas ~ *im Raum beschränken, einengen;* die niedrige Decke beengte sie; die Kleider ~ mich; der steife Kragen beengt seinen Hals; die Familie wohnt sehr beengt ☐ oprimir; apertar 1.1 (fig.) *die Bewegungsfreiheit einschränken;* er fühlt sich durch Gesetze, Verbote, Vorschriften beengt; er konnte das beengende Gefühl auf der Brust nicht loswerden ☐ oprimir

be|er|di|gen ⟨V. 500⟩ jmdn. ~ *begraben, bestatten, zur letzten Ruhe betten;* der Verstorbene wurde auf dem alten Friedhof beerdigt; kirchlich ~; sie hatte gerade ihren Bruder beerdigt ☐ enterrar; sepultar

Be|er|di|gung ⟨f.; -, -en⟩ **1** *das Beerdigen, Bestattung, Begräbnis, Trauerfeier;* auf eine ~ gehen; zu einer ~ kommen ☐ enterro; funeral 1.1 auf die *falschen* ~ sein (fig.; salopp) 1.1.1 *am falschen Ort, unerwünscht sein* ☐ *estar no lugar errado 1.1.2 eine falsche Meinung, unpassende Vorstellung von etwas haben ☐ *fazer uma ideia errada

Bee|re ⟨f.; -, -n⟩ *kleine runde od. ovale Frucht mit völlig fleischiger Fruchtwand u. meist mehreren Samenkernen;* Heidel~, Him~, Johannis~, Preisel~, Erd~, Stachel~; eine reife, saftige, rote, süße ~; ~n pflücken, essen; ~n reifen, fallen ab ☐ baga; bago

Beet ⟨n.; -(e)s, -e⟩ *begrenztes, gärtnerisch bearbeitetes Stück Boden;* Blumen~, Gemüse~, Mist~; ein ~ mit Blumen, Gemüse anlegen, bepflanzen; ein langes, gepflegtes, erhöhtes ~; in ~e unterteilen ☐ canteiro

be|fä|hi|gen ⟨V. 515⟩ jmdn. zu etwas ~ *jmdn. in die Lage versetzen, etwas zu tun, jmdm. etwas ermöglichen;* seine Kenntnisse ~ ihn zu dieser Arbeit; das befähigte ihn auszuhalten ☐ habilitar; capacitar

be|fah|ren[1] ⟨V. 130/500⟩ **1** Straßen, Wege ~ *mit dem Fahrzeug benutzen, auf S., Wegen fahren* ☐ transitar; percorrer; eine stark ~e Bundesstraße ☐ *uma rodovia muito movimentada* **2** etwas ~ ⟨Bergmannsspr.⟩ *in etwas zum Abbau fahren;* das Bergwerk wird nicht mehr ~ ☐ descer **3** ⟨540/Vr 3⟩ sich einer Sache ~ (veraltet) *eine Sache befürchten* ☐ *temer alguma coisa*

be|fah|ren[2] **1** ⟨Part. Perf. von⟩ *befahren*[1] **2** ⟨Adj. 70⟩ 2.1 ⟨Jägerspr.⟩ *bewohnt;* ein ~er Bau ☐ habitado; ocupado 2.2 ⟨Seemannsspr.⟩ *in der Seefahrt erprobt;* ~es Volk ☐ navegador

be|fal|len ⟨V. 131/500⟩ etwas befällt jmdn. od. etwas *etwas ergreift, überkommt plötzlich jmdn. od. etwas;* Sorge befiel mich; vom Fieber ~ sein; von Schlaf ~ werden; plötzlich von Furcht ~ werden; die Obstbäume sind von Schädlingen ~; das Land wurde von einer Seuche ~ ☐ acometer

be|fan|gen ⟨Adj.⟩ **1** *gehemmt, schüchtern, verlegen;* eine ~e Konversation; die neue Umgebung macht das Kind ganz ~; er antwortete ihr ~; er machte einen ~en Eindruck ☐ tímido; acanhado **2** *voreingenommen, nicht objektiv;* ein ~er Gutachter, Kritiker; ~ an eine Sache herangehen 2.1 ⟨Rechtsw.⟩ *parteiisch;* einen Geschworenen als ~ ablehnen; jmdn. für ~ erklären; ein ~er Richter ☐ parte interessada; parcial; tendencioso **3** ⟨74⟩ *in etwas ~ sein* ⟨geh.⟩ *sich in etwas befinden, in etwas verstrickt sein;* in einem Irrtum, einer Illusion, einer Täuschung ~ sein ☐ *ser tomado por alguma coisa; estar imbuído de alguma coisa*

be|fas|sen ⟨V. 550⟩ **1** ⟨Vr 3⟩ sich mit jmdm. od. etwas ~ *sich mit jmdm. od. etwas beschäftigen, abgeben;* ich befasste mich oft mit ihr; mit dieser Angelegenheit haben wir uns nun lange genug befasst; er befasst sich gerade mit Literatur; damit muss ich mich erst noch ~; die Zeitung befasst sich mit dem gestrigen Fußballspiel ☐ *dedicar-se a alguém ou alguma coisa; ocupar-se de alguém ou alguma coisa* **2** jmdn. mit etwas ~ ⟨Amtsdt.⟩ *jmdn. dazu bewegen, dass er sich mit etwas beschäftigt, jmdn. mit etwas beauftragen;* einen Beamten mit einer Angelegenheit ~; er wurde mit dieser Angelegenheit befasst; das Gericht mit einer Anklage ~; die mit der Akte befasste Staatsanwältin ☐ encarregar alguém de alguma coisa

Be|fehl ⟨m.; -(e)s, -e; bes. Mil.⟩ **1** *Aufforderung, etwas sofort u. ohne Widerrede zu tun;* ein dienstlicher, mündlicher, schriftlicher, strenger ~; einen ~ ausführen, befolgen, verweigern, bekommen, empfangen, erhalten, erlassen, erteilen; einem ~ Folge leisten, gehorchen, nachkommen; sich einem ~ widersetzen; ~ zum Angriff geben; unter dem ~ von; mein Vorgehen geschah auf seinen ~ (hin); auf höheren ~; ~ ausgeführt! ☐ ordem 1.1 *zu ~!* ⟨Mil.⟩ *jawohl, ich gehorche* ☐ *às ordens!* 1.2 ~ *ist ~ einem Befehl muss gehorcht werden* ☐ *ordens são ordens* **2** ⟨unz.⟩ *Befugnis, Befehle zu erteilen,* Sy *Kommando(1);* den ~ über jmdn. haben ☐ comando

be|feh|len ⟨V. 102⟩ **1** ⟨400⟩ *die Befugnis haben, Befehle zu erteilen;* hier habe ich zu ~! ☐ comandar; ordenar **2** ⟨500⟩ etwas ~ *etwas anordnen;* „komm her!" befahl er; der Oberst hat befohlen, das ... ☐ ordenar **3** ⟨530⟩ jmdm. etwas ~ *einen Befehl erteilen, Befehle erteilen;* du hast mir gar nichts zu ~!; von dir lasse ich mir nichts ~! ☐ mandar; ordenar 3.1 ⟨511⟩ jmdn. zu sich ~ *zu sich kommen lassen* ☐ chamar; convocar **4** ⟨530⟩ jmdm. eine Sache ~ ⟨poet.⟩ *anvertrauen, empfehlen* ☐ confiar; encomendar; seine Seele Gott ~ ☐ *encomendar a alma a Deus*; Gott befohlen! ☐ *vá com Deus!* **5** ⟨402⟩ (etwas) ~ ⟨veraltet; noch scherzh.⟩ *wünschen;* bitte ~ Sie! ☐ *em que posso ajudá-lo?*; ~ Sie sonst noch etwas?; wie Sie ~! ☐ desejar

be|feh|li|gen ⟨V. 500; Mil.⟩ jmdn. od. etwas ~ *über jmdn. od. etwas den Befehl haben, jmdn. od. etwas kommandieren;* der General befehligte die Truppen; eine Kompanie ~ ☐ comandar

be|fes|ti|gen ⟨V. 500⟩ **1** etwas (an, durch, in, mit etwas) ~ *festmachen, mit etwas fest verbinden;* ein Schild an der Tür ~; etwas mit Klebstoff, Leim, Nägeln, Schrauben ~ ☐ fixar; prender **2** etwas ~ *haltbar machen;* einen Deich, einen Weg, ein Ufer ~ ☐ reforçar 2.1 jmdn. od. etwas ~ (fig.; geh.) *stärken;* die Freundschaft, das Vertrauen zu jmdm. ~; jmdn. in seinem Vorhaben ~ ☐ fortalecer; consolidar **3** etwas ~ ⟨Mil.⟩ *zur Verteidigung bereiten, ausbauen;* eine Stadt, eine Grenze ~; eine befestigte Burg ☐ fortificar

Be|fes|ti|gung ⟨f.; -, -en⟩ **1** ⟨unz.⟩ *das Befestigen;* die ~ eines Gemäldes an der Wand □ **fixação 1.1** *Fest-, Haltbarmachen, Herstellen einer festen Verbindung;* die ~ gelockerter Dachziegel □ **reforço 2** ⟨fig.⟩ *Stärkung, Verankerung;* ~ eines politischen Regimes □ **consolidação; fortalecimento 3** ⟨Mil.⟩ *Errichtung, Bau von Verteidigungsanlagen;* die ~ einer Stadt **3.1** *Verteidigungsanlage* □ **fortificação**

be|feu|ern ⟨V. 500⟩ **1** *eine Heizung* (mit Kohlen, Öl) ~ *heizen* **2** ⟨Mar.⟩ *Seewege* ~ *die wichtigen Punkte zur Orientierung der Schiffe mit Strahlungsquellen (Leuchtfeuern od. Funkfeuern) versehen;* die Küste, die Hindernisse ~ □ **balizar 3** ⟨Flugw.⟩ *die Luftstraßen, Landebahnen* ~ *mit Leuchtfeuern, Funkfeuern u. Lampen versehen* □ **sinalizar 4** *jmdn.* ~ ⟨fig.; geh.⟩ *ansporen;* diese Aufgabe befeuert mich □ **estimular; entusiasmar**

be|fin|den ⟨V. 134⟩ **1** ⟨511/Vr 3⟩ *sich* ~ *sich aufhalten, (anwesend) sein;* sich auf dem Land, in der Stadt, im Zimmer ~; befindet sich jmd. unter Ihnen, der ...; wir befanden uns in einer schwierigen Lage; er befindet sich häufig auf Reisen; meine Wohnung befindet sich im zweiten Stock(werk); sich in einem Buche, einem Katalog, einer Liste ~; sich im Zustand völliger Erschöpfung ~ □ **encontrar-se; estar* **2** ⟨513/Vr 3⟩ *sich* ~ *sich fühlen;* sich unpässlich, wohl ~; wie ~ Sie sich? □ **sentir-se* **3** ⟨800⟩ *über jmdn. od. etwas* ~ *urteilen, entscheiden;* hierüber hat nur der Arzt zu ~; nur der Richter hat über diese Sache zu ~; ich habe nicht darüber zu ~ □ **decidir 4** ⟨513⟩ *jmdn. od. etwas für gut, schlecht* ~ *für gut, schlecht ansehen, halten;* der Verräter wurde schuldig befunden □ **considerar; julgar**

Be|fin|den ⟨n.; -s; unz.; geh.⟩ **1** *gesundheitlicher Zustand;* wie ist Ihr ~? ⟨geh.⟩; mein ~ lässt insgesamt zu wünschen übrig; sich nach jmds. ~ erkundigen □ **estado de saúde 2** ⟨geh.⟩ *Urteil, Gutachten;* nach meinem ~ verhält es sich so ...; man muss nach eigenem ~ entscheiden □ **opinião; parecer**

be|find|lich ⟨Adj.24/60⟩ *sich befindend, vorhanden* □ **existente; situado; que se encontra em**

Be|find|lich|keit ⟨f.; -, -en⟩ **1** *Befinden, (geistiger u. körperlicher) Zustand;* er beschreibt seine derzeitige ~; die ~ der Regierungspartei □ **estado; situação 2** *Zeitgeist;* sich nach der ~ der Jugend richten □ **estado de espírito; disposição de ânimo**

be|fle|cken ⟨V. 500/Vr 7 od. Vr 8⟩ *jmdn. od. etwas* ~ **1** *mit Flecken versehen, fleckig machen, beschmutzen;* er befleckte sich mit Obstsaft; das Tischtuch ist schon wieder befleckt; die mit Blut befleckte Kleidung verriet den Mörder; mit Farbe, Rotwein ~ □ **manchar; sujar 2** ⟨fig.; geh.⟩ *entehren, entweihen;* jmds. Ehre ~; seinen Ruf ~ □ **macular; desonrar**

be|flei|ßen ⟨V. 103/540/Vr 3; geh.⟩ *sich einer Sache* ~ *sich um etwas bemühen, Fleiß aufwenden;* Sy **befleißigen** □ **dedicar-se a alguma coisa; empenhar-se em alguma coisa*

be|flei|ßi|gen ⟨V. 540/Vr 3⟩ = *befleißen*

be|flis|sen ⟨Adj.⟩ *eifrig bemüht;* dienst~; kunst~; er ist sehr ~; um jmds. Wohlergehen ~ sein □ **dedicado; solícito**

be|flü|geln ⟨V. 500; geh.⟩ **1** *jmdn. od. etwas* ~ *beschleunigen;* er beflügelte seine Schritte; beflügelten Schrittes eilte er zu ihr ⟨poet.⟩ □ **acelerar 2** *jmdn. od. etwas* ~ ⟨fig.⟩ *beleben, antreiben;* die Hoffnung beflügelte ihn; der Wein hat seine Fantasie beflügelt □ **dar asas**

be|fol|gen ⟨V. 500⟩ *etwas* ~ *sich nach etwas richten, nach etwas handeln;* Befehle, Gebote, Gesetze, Vorschriften, einen Rat, Vorschläge ~; einen Wink ~ □ **seguir; obedecer**

be|för|dern ⟨V. 500⟩ **1** *jmdn. od. etwas* ~ *an einen anderen Ort bringen, fortschaffen;* Sy **transportieren**; Briefe, Gepäck, Güter, Pakete, Waren ~; die Fähre befördert täglich etwa 100 Fahrgäste; dieser Brief muss durch Eilboten, durch Luftpost befördert werden; die Fahrgäste mit (dem) Bus, Flugzeug, Schiff ~ □ **expedir; transportar 1.1** *jmdn. an die (frische) Luft* ~ ⟨fig.; umg.⟩ *hinauswerfen* □ **mandar passear; pôr no olho da rua* **2** ⟨505⟩ *jmdn.* ~ (zu) ... *im Rang erhöhen, in eine höhere Stellung aufrücken lassen;* zum Oberleutnant ~; er ist zum Oberregierungsrat befördert worden □ **promover**

Be|för|de|rung ⟨f.; -, -en⟩ **1** ⟨unz.⟩ *das Befördern, Transport;* die ~ mit dem Flugzeug □ **expedição; transporte 2** ⟨zählb.⟩ *Befördertwerden, Aufsteigen in eine höhere Stellung;* im Büro wurde heute seine ~ gefeiert □ **promoção**

be|frach|ten ⟨V. 500⟩ *etwas* ~ *mit Fracht beladen;* ein Schiff mit Erz ~ □ **carregar; fretar**

be|fra|gen ⟨V.⟩ **1** ⟨500⟩ *jmdn.* ~ *an jmdn. Fragen richten, um Auskunft bitten;* er hat den Arzt, den Rechtsanwalt befragt; jmdn. über seine Herkunft, Vergangenheit ~; er wurde um seine Einschätzung befragt **1.1** *ein Buch, Wörterbuch, Lexikon* ~ ⟨fig.⟩ *darin nachschlagen* □ **consultar 2** ⟨Vr 3⟩ *sich* ~ ⟨veraltet⟩ *sich erkundigen, Erkundigungen einziehen;* ich muss mich erst ~; ich habe mich in dieser Sache überall befragt; du befragst dich bei ihr □ **informar-se*

be|frei|en ⟨V. 500/Vr 7 od. Vr 8⟩ **1** *jmdn.* ~ *frei machen, in Freiheit setzen;* Gefangene ~; jmdn. unter großen Opfern, Mühen, Schwierigkeiten aus der Gefangenschaft ~; jmdn. aus einer Gefahr, aus einer unangenehmen Lage ~; Sklaven gegen Lösegeld ~; nach den Jahren der Knechtschaft atmete das befreite Volk auf □ **libertar; emancipar 2** ⟨550⟩ *jmdn. od. etwas von etwas* ~ *von etwas Störendem, Unangenehmem frei machen, erlösen, entlasten, erretten;* die Stadt vom Tyrannen ~ (Schiller, Bürgschaft); jmdn. von Abgaben, einer Arbeit, einer Krankheit, Sorgen ~; sein Gewissen von Vorwürfen ~; er ist als Rentner von Steuern befreit; jmdn. vom Militärdienst ~; sich endlich von Schulden ~; das Gartenbeet vom wuchernden Unkraut ~ □ **isentar; dispensar; livrar**

be|frem|den ⟨V. 500⟩ *etwas befremdet jmdn. setzt jmdn. in Erstaunen, macht jmdn. stutzig, berührt ihn unangenehm;* ihr ablehnendes Verhalten hat ihn befremdet ☐ *causar estranheza; surpreender; desconcertar;* er blickte sie befremdet an ☐ *surpreso; desconcertado;* etwas befremdend finden ☐ *desconcertante; estranho*

be|freun|den ⟨V. 550/Vr 3⟩ **1** sich mit jmdm. ~ *mit jmdm. Freundschaft schließen, jmds. Freund werden;* ich habe mich schnell mit ihm befreundet; es bleibt abzuwarten, ob sie sich miteinander ~ ☐ **tornar-se amigo de alguém; travar amizade com alguém* **1.1** ⟨Part. Perf.⟩ befreundet *in Freundschaft verbunden, nahe stehend;* befreundete Familien, Staaten ☐ *amigo* **2** sich mit etwas ~ *sich an etwas gewöhnen, mit etwas vertraut werden;* ich kann mich nicht mit dem Gedanken ~, dass ...; es hat lange gedauert, bis ich mich mit seinen Plänen ~ konnte ☐ **familiarizar-se com alguma coisa*

be|frie|di|gen ⟨V. 500/Vr 7 od. Vr 8⟩ **1** jmdn. od. eine Sache ~ *zufriedenstellen, jmdn. od. einer Sache Genüge tun, genügen;* jmds. Ansprüche, Forderungen, Verlangen, Wünsche ~; seinen Appetit, Durst, Hunger ~; um ein dringendes Bedürfnis zu ~, ...; die Gläubiger müssen befriedigt werden; hast du deine Neugierde befriedigt?; er sinnt darauf, seinen Rachedurst zu ~; es ist leicht, schwer zu ~; mit dieser Antwort wird er doch befriedigt sein?; bist du nun endlich befriedigt?; mit seinen Leistungen bin ich vollkommen, vollauf befriedigt ☐ *satisfazer; saciar* **1.1** sich (selbst) ~ *masturbieren* ☐**masturbar-se* **1.2** ⟨Part. Präs.⟩ befriedigend *zufriedenstellend, genügend;* ~e Verhältnisse ☐ *satisfatório; suficiente* → Note(2.3)

Be|frie|di|gung ⟨f.; -, -en⟩ **1** *das Befriedigen;* die ~ der Bedürfnisse, Wünsche, aller Forderungen; die soziale ~; sexuelle ~ **2** *Zufriedenheit, Genugtuung;* jmdm. volle ~ bieten; diese Arbeit gewährt ihm nicht die gewünschte ~; mir fehlt dabei die ~; dauernde, volle, wahre ~ finden in ...; die erhoffte, ersehnte ~ in einem neuen Beruf suchen; mit ~ feststellen, dass ...; die neu entwickelte Marketingstrategie könnte zu unserer ~ beitragen ☐ *satisfação*

be|fruch|ten ⟨V. 500⟩ **1** *die Befruchtung vollziehen, indem der männliche Same auf die weibliche Eizelle übertragen wird u. sich mit dieser vereinigt, begatten;* aus dem befruchteten Ei entwickelt sich der Embryo; Blüten werden von Insekten oder vom Wind befruchtet ☐ *fecundar; polinizar* **2** ⟨fig.⟩ jmdn. od. etwas ~ *zu fruchtbarer Tätigkeit anregen;* seine Ausführungen haben meine eigene Arbeit (geistig) befruchtet ☐ *enriquecer;* das Ideengut der Klassik hat auf sein Lebenswerk ~d gewirkt ☐ *enriquecedor; fecundo*

be|fu|gen ⟨V. 550⟩ **1** jmdn. zu etwas ~ *ermächtigen, berechtigen* ☐ *autorizar* **2** zu etwas befugt sein *zu etwas berechtigt, ermächtigt sein;* zu einer Auskunft bin ich nicht befugt; ich bin nicht befugt zu entscheiden, ob ...; amtlich, dienstlich befugt sein, darüber zu entscheiden ☐**estar autorizado a (fazer) alguma coisa*

Be|fug|nis ⟨f.; -, -se⟩ *Erlaubnis, Berechtigung, Ermächtigung;* jmdm. ~se einräumen, erteilen, vergeben; besondere ~se besitzen, erhalten, erlangen, haben; ich

kenne meine ~!; seine ~se überschreiten; dazu hast du keine ~! ☐ *autorização; atribuição; poder*

Be|fund ⟨m.; -(e)s, -e⟩ **1** *Feststellung, Ergebnis einer Untersuchung;* wir müssen noch den ~ abwarten; der ~ war negativ, positiv; der ~ liegt noch nicht vor; wie lautet der ärztliche ~?; je nach ~; nach dem ~ des Sachverständigen ☐ *resultado* **1.1** ohne ~ ⟨Med.; Abk.: o. B.⟩ *die Untersuchung hat nichts ergeben* ☐ *diagnóstico*

be|fürch|ten ⟨V. 500⟩ etwas ~ *etwas Unangenehmes fürchten, besorgt ahnen;* ich befürchte das Schlimmste; es ist, steht zu ~, dass ...; er hat von ihm nichts zu ~ ☐ *temer; recear*

be|für|wor|ten ⟨V. 500⟩ etwas ~ *wohlwollend unterstützen, empfehlen, für etwas eintreten;* eine Bitte, ein Gesuch (warm) ~; der Plan wurde von ihm befürwortet; dieses Vorhaben kann ich nur ~ ☐ *apoiar; recomendar*

be|gabt ⟨Adj.⟩ *mit besonderen Fähigkeiten, Gaben ausgestattet, talentiert;* ein ~er Schüler, Künstler, Wissenschaftler; sie ist sehr ~ ☐ *talentoso; habilidoso*

Be|ga|bung ⟨f.; -, -en⟩ **1** *angeborene Befähigung, Anlage zu besonderen (geistigen, künstlerischen o. a.) Fähigkeiten;* Sy *Talent(2);* eine ~ für Sprachen haben; eine musikalische, dichterische ~; seine ~ entfalten ☐ *talento; aptidão* **2** *begabter Mensch;* er ist eine große ~ ☐ *talento*

be|gat|ten ⟨V. 500/Vr 8⟩ jmdn. od. sich ~ *sich paaren mit, sich geschlechtlich vereinigen mit (bes. von Tieren)* ☐ *acasalar(-se); copular*

be|ge|ben ⟨V. 143/500⟩ **1** ⟨511/Vr 3⟩ sich irgendwohin ~ ⟨geh.⟩ *gehen; sich nach Hause ~;* sich zu jmdm. ~ ☐ **dirigir-se a algum lugar* **1.1** sich in Gefahr ~ *sich einer G. aussetzen;* du sollst dich nicht unnötig in Gefahr ~! ☐ **expor-se ao perigo* **1.2** sich zur Ruhe ~ *sich schlafen legen* ☐ **ir descansar* **1.3** sich in jmds. Schutz ~ *sich unter jmds. S. stellen;* er hat sich in dessen Schutz ~ ☐ **colocar-se sob a proteção de alguém* **2** ⟨550/Vr 3⟩ sich an etwas ~ ⟨geh.⟩ *mit etwas beginnen; sich an die Arbeit ~* ☐ **iniciar alguma coisa* **3** ⟨Vr 3⟩ etwas begibt sich ⟨geh.⟩ *geschieht, ereignet sich;* es begab sich aber zu der Zeit, ... (Lukas 2, 1); da begab es sich, dass ... ☐ *acontecer; passar-se* **4** ⟨540/Vr 3⟩ sich einer Sache ~ ⟨geh.⟩ *sich um eine Sache bringen, auf eine Sache verzichten;* damit hat er sich seines Anrechts, dieses Vorteils ~ ☐ **renunciar a alguma coisa; desistir de alguma coisa* **5** etwas ~ ⟨Kaufmannsspr.⟩ *ausgeben, in Umlauf setzen, weitergeben;* Anleihen, einen Wechsel, Wertpapiere ~ ☐ *emitir; negociar*

Be|ge|ben|heit ⟨f.; -, -en⟩ *Ereignis, Geschehnis, Geschehen* ☐ *acontecimento*

be|geg|nen ⟨V. 600/Vr 6(s.)⟩ **1** jmdn. od. etwas ~ *auf jmdn. od. etwas unerwartet treffen;* in dieser kleinen Stadt begegnet man sich oft; jmdm. unterwegs, zufällig ~; wir werden diesem Ausdruck im Roman noch recht häufig ~; ihr ist das Glück begegnet ☐ *encontrar; deparar* **1.1** ⟨Vr 2⟩ sich ~ **1.1.1** ihre Blicke begegneten sich *trafen aufeinander* ☐ **cruzar-se;* en-

Begegnung

contrar-se 1.1.2 unsere Vorlieben, Wünsche ~ sich stimmen überein ◻ coincidir **2** einer **Sache** ~ *gegen eine S. etwas tun;* einem Fehler, einer Gefahr, drohenden Unheil ~ ◻ combater; opor-se a **3** ⟨613⟩ **jmdm.** *in bestimmter Weise ~ jmdn. auf eine bestimmte W. behandeln;* jmdm. hochmütig, abweisend, (un)freundlich ~; jmdm. mit Achtung, Rücksicht ~ ◻ tratar

Be|geg|nung ⟨f.; -, -en⟩ **1** *Zusammentreffen;* eine unangenehme, zufällige, erfreuliche ~ ◻ encontro **2** ⟨Sp.⟩ *Wettkampf;* die ~ der deutschen Nationalmannschaft mit einer englischen Auswahlmannschaft endete unentschieden ◻ confronto; partida

be|ge|hen 1 ⟨V. 145/500⟩ etwas ~ **1** *zu Fuß benutzen;* ein häufig begangener Weg ◻ percorrido 1.1 *prüfend abschreiten, entlanggehen;* eine Eisenbahnstrecke, Felder ~ ◻ inspecionar (caminhando) **2** *(etwas Schlechtes) tun, verüben;* eine Dummheit, einen Fehler, eine Sünde, Unrecht, ein Verbrechen ~; er beging Selbstmord 2.1 *er beging die Unvorsichtigkeit, seine Pläne zu verraten er war so unvorsichtig, ...* ◻ cometer; fazer; praticar **3** ⟨geh.⟩ *feiern;* ein Fest, seinen 75. Geburtstag, ein Jubiläum ~ ◻ festejar

be|geh|ren ⟨V.⟩ **1** ⟨500/Vr 8 (od. veraltet 700)⟩ **jmdn.** od. **jmds.**, etwas od. einer **Sache** ~ *sehnlich wünschen, heftig verlangen, Verlangen haben nach jmdm.* od. *etwas;* du sollst nicht ~ ... (2. Mose, 20, 17); ein Mädchen zur Frau ~; (man kann nicht) alles haben, was das Herz begehrt ◻ cobiçar; ambicionar; desejar; sie war eine begehrte Partnerin, Tänzerin; eine begehrte Rolle für Charakterschauspieler ◻ cobiçado 1.1 **jmdn.** ~ *geschlechtliches Verlangen nach jmdm. haben;* eine Frau ~ ◻ desejar **2** ⟨500⟩ etwas ~ ⟨geh.⟩ *verlangen, um etwas fordernd bitten;* etwas zu wissen ~ ◻ pretender

be|geis|tern ⟨V. 500⟩ **1** ⟨Vr 8⟩ **jmdn.** ~ *zur Begeisterung bringen, mit Begeisterung erfüllen;* jmdn. für eine Sache ~; er ist für nichts zu ~; die Zuhörer waren von dem Konzert begeistert; das begeisterte Publikum rief die Darsteller immer wieder vor den Vorhang; der Präsident wurde von der Bevölkerung begeistert empfangen; ein begeisterter Verehrer ihrer Kunst; er schilderte begeistert seine Reiseerlebnisse **2** ⟨Vr 2⟩ *sich ~ in Begeisterung geraten;* dafür könnte ich mich (nicht) ~; sich für jmds. Kunst ~ ◻ entusiasmar(-se)

Be|geis|te|rung ⟨f.; -; unz.⟩ **1** *freudige Erregung, Jubel;* einen Sturm der ~ entfesseln; die Wogen der ~ gingen hoch; ~ auslösen, entfachen, erwecken, hervorrufen; die ~ hielt nicht lange an; die ~ kannte keine Grenzen; die ~ ließ schnell nach; in glühende, große, helle ~ geraten; es herrscht allgemein ~ über ... ; die Zuhörer klatschten vor ~ **2** *leidenschaftlicher Eifer;* voller ~ ans Werk gehen ◻ entusiasmo

Be|gier|de ⟨f.; -, -n⟩ *heftiges Verlangen (a. geschlechtliches) nach etwas, leidenschaftlicher Wunsch, Gelüst;* seine ~ (nicht) bezähmen können; sich in der ~ verzehren, zu ...; große, heftige, wachsende ~ haben, verspüren nach ...; voller ~ seine Augen schweifen lassen ◻ concupiscência; anseio

be|gie|rig ⟨Adj.⟩ *voller Begierde, in ungeduldiger Erwartung;* er ist ~ darauf, endlich etwas Neues zu erfahren; er verfolgte sie mit ~en Blicken ◻ ansioso; desejoso

be|gie|ßen ⟨V. 152/500⟩ **1** jmdn. od. etwas ~ *Flüssigkeit auf jmdn.* od. *etwas gießen;* man hat ihn mit kaltem Wasser begossen; sie begoss gerade die Blumen; den Braten ~ ◻ banhar; regar 1.1 *wie ein begossener Pudel abziehen, dastehen, umherlaufen* ⟨fig.; umg.⟩ *kleinlaut, sehr beschämt, verlegen* ◻ *sair/ficar/circular com o rabo entre as pernas* **2** etwas ~ ⟨fig.; umg.⟩ *mit Alkohol feiern;* ein Ereignis, ein Wiedersehen, einen Kauf ~; das müssen wir ~! ⟨scherzh.⟩ ◻ festejar (com bebidas); brindar

Be|ginn ⟨m.; -(e)s; unz.⟩ *Anfang;* ~ des Schuljahres, der Vorlesungen; ~ der Vorstellung ist 20 Uhr; ich kam zu spät und versäumte den ~; den ~ des Urlaubs (vor)verlegen auf den ...; pünktlicher, verfrühter, verspäteter ~; am ~, bei ~, zu ~ der Sendung; seit ~ dieses Jahrhunderts; eine Entwicklung von ihrem ~ an verfolgen; gleich zu ~ ◻ início; começo

be|gin|nen ⟨V. 104⟩ Sy *anfangen* **1** ⟨400⟩ *seinen Anfang haben, nehmen;* Ggs *enden, aufhören(1);* ein Zeitraum, eine Strecke, ein Vorgang beginnt; der Unterricht beginnt um 8.00 Uhr; eine ~de Verschlechterung der Beziehungen 1.1 *jmd. beginnt ist der Erste;* wer beginnt? 1.2 ⟨500 od. 800⟩ eine **Tätigkeit** od. **mit einer T.** ~ *den Anfang machen mit einer T.;* Ggs *beenden;* hast du den Brief schon begonnen?; einen Bericht ~; etwas geschickt, schlau ~; ich weiß nicht, wie ich es ~ soll; mit einer Arbeit ~; von vorn, von neuem ~; sie beginnt, alt zu werden; zu weinen ~; ich beginne zu verstehen; es hat zu schneien begonnen ◻ começar; iniciar **2** ⟨500⟩ etwas ~ *tun, unternehmen;* was ~ wir nun?; sie weiß nicht, was sie vor Freude ~ soll ◻ fazer **3** ⟨516 m. Modalverb⟩ **mit** jmdm. od. einer **Sache** etwas ~ **können** (**sollen**) *ein Ziel erreichen* ◻ conseguir; obter 3.1 *mit einer Sache etwas ~ können (zu einem Zweck) verwenden, nutzen;* was soll ich mit den Schrauben ~?; mit diesen Computer kann ich nichts ~ 3.2 **mit jmdm.** etwas ~ **können** ◻ fazer 3.2.1 *jmdm. eine Arbeit übertragen können* ◻ confiar; transferir 3.2.2 *sich mit jmdm. verstehen, mit jmdm. harmonieren;* mit dir kann man heute wirklich nichts ~ ◻ entender-se

be|glau|bi|gen ⟨V. 500⟩ etwas ~ *glaubhaft machen, (amtlich) bestätigen, bezeugen;* die Abschrift vom Zeugnis durch die Polizei ~ lassen; die Unterschrift, Urkunden, Vollmachten ~; eine notariell beglaubigte Abschrift vorlegen ◻ autenticar; reconhecer

be|glei|chen ⟨V. 153/500; geh.⟩ etwas ~ ⟨a. fig.⟩ *tilgen, bezahlen;* eine Rechnung ~; die Summe ist noch nicht beglichen ◻ pagar; quitar

be|glei|ten ⟨V. 500⟩ **1** jmdn. ~ *mit jmdm. mitgehen,* darf ich Sie ~?; wir werden dich in dieses Konzert ~; jmdn. nach Hause ~ **2** etwas begleitet **etwas** od. **jmdn.** *ist mit etwas* od. *jmdm. verbunden, geht mit etwas* od. *jmdm. einher;* die ~den Umstände waren sehr unerfreulich; jede Rolle, die sie spielt, ist von Erfolg be-

begründen

gleitet; das Glück begleitete ihn während der ganzen Reise **3** jmdn. ~ *zum Gesang od. zu einem melodieführenden Instrument auf einem anderen Instrument spielen;* er begleitete die Opernsängerin auf dem Klavier; kannst du mich beim Flötenspiel ~? □ acompanhar

Be|glei|tung ⟨f.; -, -en⟩ **1** *das Begleiten(1);* wäre Ihnen meine ~ angenehm?; ich habe ihr meine ~ angeboten; sich jmds. ~ anvertrauen □ companhia **1.1 in ~ in Gesellschaft;** ich bin in ~ von Freunden hier; sie wird häufig in ~ von Herrn X gesehen □ *em companhia de;* der Präsident erschien in großer ~ □ comitiva; **1.2** ⟨Mil.⟩ *Begleit-, Bedeckungsmannschaft* □ escolta **2** ⟨Mus.⟩ *das Begleiten(3);* die ~ der Sängerin übernahm Herr K. **2.1** *begleitende Stimme* □ acompanhamento

be|glü|cken ⟨V. 505/Vr 7 od. Vr 8⟩ jmdn. (mit etwas) ~ *jmdn. glücklich machen, jmdm. eine Freude machen;* jmdn. mit einem Buch, einem Geschenk, einem Kompliment ~; womit kann ich dich ~? □ agradar; deixar feliz; ein ~des Erlebnis, Gefühl □ feliz; de felicidade; es ist ~d zu wissen, dass ... □ *fico feliz/ contente em saber que...;* beglückt aussehen; beglückt sein über etwas □ feliz; contente; er hat uns mit seiner Gegenwart, seinem Besuch beglückt ⟨umg.; a. iron.⟩ □ honrar; agraciar

be|glück|wün|schen ⟨V. 505/Vr 7 od. Vr 8⟩ **1** jmdn. (zu etwas) ~ *jmdm. seine Mitfreude, Anerkennung aussprechen;* Sy *gratulieren(1);* jmdn. feierlich, herzlich, offiziell ~; jmdn. zum Geburtstag, zum Jubiläum, zur bestandenen Prüfung ~ □ parabenizar; felicitar **1.1** du kannst dich zu deiner Entscheidung ~ *du kannst stolz auf deine E. sein* □ orgulhar-se

be|gna|di|gen ⟨V. 500⟩ jmdn. ~ *jmds. Strafe vermindern od. erlassen;* einen zum Tode Verurteilten ~ □ indultar, perdoar

be|gnü|gen ⟨V. 505/Vr 3⟩ sich (mit etwas) ~ *mit etwas zufrieden sein, sich mit etwas zufriedengeben;* ich begnüge mich damit; sie hat sich mit der Mitteilung begnügt □ *contentar-se (com alguma coisa)

be|gra|ben ⟨V. 157/500⟩ **1** ⟨Abk. für das Part. Perf.: begr.⟩ jmdn. ~ *beerdigen, bestatten, zu Grabe tragen;* gestern haben sie ihn auf dem Südfriedhof ~; jmdn. in aller Stille ~; wo ist, liegt er ~? □ enterrar; sepultar **1.1** ⟨Vr 3⟩ sich ~ lassen können ⟨fig.; umg.⟩ *zu nichts zu gebrauchen sein* □ *não ter nenhuma serventia* **1.2** an einem Ort nicht ~ sein wollen ⟨fig.; umg.⟩ *sich an einem O. unter keinen Umständen aufhalten wollen* □ *não querer ficar em um lugar nem morto* **1.3** in den Wellen ~ sein ⟨poet.⟩ *ertrunken* □ *estar sepultado nas ondas* **2** ⟨511⟩ jmdn. od. etwas unter etwas ~ *verschütten, mit etwas bedecken;* unter den Trümmern eines Hauses ~ werden □ enterrar; soterrar **3** eine Sache ~ *aufgeben, ganz auf eine S. verzichten;* Feindschaft, Freundschaft, Liebe ~; diese Hoffnung habe ich längst ~; lass uns unseren Streit endlich ~; längst ~ Hoffnungen werden dadurch wieder wach □ abandonar; esquecer

Be|gräb|nis ⟨n.; -ses, -se⟩ *das Begraben(1), Bestattung, Beisetzung eines Toten;* ein großes Staats~; zu einem ~ kommen; an einem ~ teilnehmen □ enterro; sepultamento

be|grei|fen ⟨V. 158/500⟩ **1** ⟨Vr 7 od. Vr 8⟩ jmdn. od. eine Sache ~ *verstehen, eine Sache od. jmds. Verhalten nachvollziehen können;* etwas allmählich, langsam, leicht, mühsam, schnell, schwer ~; hast du es jetzt endlich begriffen?; können Sie ihn ~?; es ist ganz einfach nicht zu begreifen □ entender **2** ⟨550⟩ etwas in sich ~ *enthalten, einschließen;* die Frage begreift die Antwort in sich □ conter; compreender **3** einen Gegenstand ~ ⟨veraltet⟩ *anfassen, betasten* □ apalpar; tocar

be|gren|zen ⟨V. 500⟩ etwas ~ **1** *in Grenzen einschließen, mit Grenzen versehen, umranden;* den Garten durch eine Hecke, einen Zaun ~; die Fahrrinne durch Seezeichen ~ **1.1 etwas begrenzt etwas** *bildet die Grenze zu etwas, schließt an etwas an;* im Norden ~ Berge das Land □ delimitar **2** ⟨505; fig.⟩ *beschränken, einengen;* ein Arbeitsgebiet, ein Thema ~ auf ...; die Redezeit der Diskussionsteilnehmer auf fünf Minuten ~; meine Zeit ist begrenzt □ restringir; limitar **2.1** er hat einen begrenzten Horizont ⟨fig.; umg.⟩ *er ist geistig wenig rege, er hat geringe geistige Interessen* □ limitado

Be|griff ⟨m.; -(e)s, -e⟩ **1** *meist mit einem Wort benannte, von den sinnlichen Empfindungen u. Wahrnehmungen abgeleitete Verallgemeinerung des Inhalts von Sachen der Außenwelt u. der menschlichen Vorstellung;* mathematischer ~; ein deutlicher, eindeutiger, falscher ~; ich muss diesen ~ umschreiben, da mir das rechte Wort dafür fehlt; ich weiß diesen ~ nicht klar zu benennen, bezeichnen □ conceito; ideia **2** *Vorstellungsvermögen, Fähigkeit, etwas zu verstehen;* sich einen ~ von etwas machen; einen, keinen deutlichen ~ von etwas haben; das geht über meine ~e; langsam, leicht, schwer von ~ sein ⟨umg.⟩ □ compreensão; ideia; noção **2.1** für meine ~e, nach unseren ~en *Ansichten, Meinungen* □ opinião; ponto de vista **2.2** sich einen (keinen) ~ von etwas machen *(nicht) ahnen, (k)einen Eindruck bekommen;* du machst dir keinen ~ davon, wie los war □ *(não) fazer ideia de alguma coisa; (não) imaginar alguma coisa* **2.3** ein ~ sein *bekannt, berühmt sein* □ *ser conhecido;* ist dir das ein ~? □ *isso lhe diz alguma coisa?;* dieser Name ist mir kein ~ □ *esse nome não me diz nada;* ein ~ für Qualität □ *um símbolo de qualidade* **2.4** über alle ~e *außerordentlich* □ *extraordinário* **3** im ~ sein, stehen, etwas zu tun *gerade anfangen, beginnen* □ *estar para fazer alguma coisa;* ich bin im ~ zu gehen □ *estou de saída*

be|grif|fen 1 ⟨Part. Perf. von⟩ begreifen **2** ⟨Adj. 24/40; nur in der Wendung⟩ **in etwas ~ sein** *mit etwas beschäftigt sein, (gerade) dabei sein;* das neue Konzept ist bisher noch in der Entwicklung ~; er ist mitten in den Reisevorbereitungen ~; die Pflanzen sind im Wachstum ~ □ *estar em processo de; estar ocupado com*

be|grün|den ⟨V. 500⟩ etwas ~ **1** *den Grund legen für etwas, gründen;* eine neue Lehre ~; ein Geschäft,

begrüßen

einen Hausstand ~ □ **fundar** 2 *(durch Gründe) erklären;* seine Ablehnung, seine Abwesenheit, seinen Antrag, sein Verhalten ~; eine Behauptung ~; sie begründete ihr Fehlen mit Krankheit; wie willst du das ~?; womit begründest du das?; eine begründete Abneigung gegen etwas haben, hegen; es besteht begründete Hoffnung, dass ...; ein begründeter Verdacht; das halte ich für nicht begründet 2.1 **etwas ist in/durch etwas begründet** *hat seinen Grund in etwas, erklärt sich aus etwas;* das ist in seiner schlechten Erziehung begründet; ihr Verhalten ist durch mangelndes Mitgefühl begründet □ **justificar; fundamentar** 3 ⟨Part. Präs.⟩ ~d = *kausal(2)*

be|grü|ßen ⟨V. 500⟩ 1 ⟨Vr 8⟩ jmdn. ~ *bei einer Begegnung, beim Empfang grüßen, willkommen heißen;* jmdn. freundlich, herzlich, kühl, liebenswürdig, offiziell, unfreundlich ~; jmdn. mit großer Herzlichkeit, mit freundlichen Worten ~ □ **saudar; cumprimentar** 2 eine **Sache** ~ ⟨fig.⟩ *billigen, für erfreulich, gut, richtig halten;* wir ~ es sehr, dass ...; auch ich würde es ~, wenn ...; wir ~ seinen Entschluss, seinen Plan, sein Verhalten, sein Vorhaben □ **aprovar; receber bem** 3 jmdn., bes. eine Behörde ~ ⟨schweiz.⟩ *sich an jmdn. wenden, um seine Meinung zu erfahren, seine Unterstützung zu erhalten* □ **consultar**

be|güns|ti|gen ⟨V. 500/Vr 8⟩ jmdn. od. etwas ~ *vorziehen, bevorzugen;* seine Mutter hat ihn vor den anderen Geschwistern begünstigt; er war vom Schicksal begünstigt; sein Unternehmen ist vom Glück begünstigt; meistbegünstigt, steuerbegünstigt; begünstigt durch das milde Klima 2 jmdn. od. etwas ~ *fördern, Beihilfe leisten;* ein Verbrechen ~; die Flucht eines Verbrechers ~ □ **favorecer; auxiliar**

be|gut|ach|ten ⟨V. 500⟩ etwas od. jmdn. ~ 1 *etwas od. jmdn. beurteilen, prüfen, ein Gutachten über etwas od. jmdn. abgeben;* die Qualität von Fleisch, Gemüse, Saatgut ~; die Wehrpflichtigen wurden begutachtet □ **emitir parecer (sobre); avaliar** 2 *prüfend anschauen, mustern;* sie begutachtete die Kleidung der Gäste; das Essen wurde von den Kindern kritisch begutachtet □ **examinar**

be|gü|ti|gen ⟨V. 500; veraltet⟩ jmdn. ~ *jmdn. gut zureden, jmdn. beruhigen, besänftigen, beschwichtigen;* er versuchte, den aufgebrachten Mann zu ~; sie war durch das Geschenk schnell begütigt □ **acalmar; tranquilizar;** begütigend lächeln □ **de modo tranquilizador/pacificador;** auf jmdn. ~d einreden □ ***tranquilizar alguém**

be|haa|ren ⟨V. 500/Vr 3⟩ sich ~ *Haare bekommen* □ ***cobrir-se de pelos;*** die behaarten Stellen des Körpers; dicht, spärlich, stark behaart □ **cabeludo; peludo**

be|hä|big ⟨Adj.; häufig abwertend⟩ 1 *beleibt, dicklich u. dabei bequem;* ein ~er Herr; er ist im Alter recht ~ geworden; ein ~es Leben führen □ **corpulento; fleumático** 1.1 ⟨fig.⟩ *umfangreich, breit;* ein alter ~er Sessel; die Möbel wirkten ~ und gediegen □ **confortável; cômodo** 2 *langsam, schwerfällig;* ~ daherkommen; in ~er Ruhe; mit ~er Stimme □ **lento; pacato** 3 ⟨schweiz.⟩ *wohlhabend* □ **abastado**

be|haf|tet ⟨Adj. 46⟩ **mit etwas ~ sein** *mit etwas Unangenehmem versehen, belastet sein;* er war mit einer ansteckenden Krankheit ~; die Sache ist mit einem Fehler, Makel ~ □ **estar com; ser acometido por**

be|ha|gen ⟨V. 600⟩ etwas behagt jmdm. ⟨geh.⟩ *etwas gefällt jmdm., sagt jmdm. zu, ist jmdm. angenehm;* der Unbekannte behagte mir nicht; ihm scheint dein Vorhaben zu ~ □ **agradar; convir**

Be|ha|gen ⟨n.; -s; unz.⟩ *Zufriedenheit, Wohlgefallen;* sein ~ finden an, in ...; außerordentliches, äußerstes, nur geringes, größtes ~; mit ~ essen; den Wein mit ~ schlürfen; voller ~ lauschen, zuhören □ **prazer; satisfação**

be|hag|lich ⟨Adj.⟩ 1 *Behagen verbreitend, gemütlich, angenehm;* ein ~es Leben führen; ~e Wärme verbreitend; ein ~es Zimmer; die Wohnung ~ einrichten; obwohl er nur eine kleine Wohnung besitzt, hat er es sich doch recht ~ gemacht □ **agradável; aconchegante; confortável** 2 *Behagen empfindend, bequem;* ~ seine Pfeife rauchen □ **tranquilamente; prazerosamente**

be|hal|ten ⟨V. 160/500⟩ 1 jmdn. od. etwas ~ *nicht weg-, hergeben, zurückhalten, bei sich lassen;* wir haben unseren Gast über Nacht bei uns ~; etwas widerrechtlich ~; eine Ware auf Lager ~ 1.1 den Hut auf dem Kopf ~ *nicht abnehmen* □ **ficar com; manter** 2 jmdn. od. etwas (im Gedächtnis) ~ *im Bewusstsein, im Gedächtnis bewahren, sich merken, nicht vergessen;* ich habe von seinen Ausführungen nichts ~; ich kann seinen Namen einfach nicht ~; jmdn. in gutem Andenken ~; im Kopf ~ 2.1 ein Geheimnis **für sich** ~ *es nicht ausplaudern* □ **guardar** 3 etwas ~ *unverändert lassen, bleiben, weiterhin haben;* er hat sein jugendliches Aussehen ~; Schmuck wird im Allgemeinen seinen Wert ~; du hast wieder einmal Recht ~; er konnte seine Stellung (nicht) ~ □ **manter; conservar;** → a. *Auge(3.4), Kopf(6.2)*

Be|häl|ter ⟨m.; -s, -⟩ *ein (meist verschließbarer) Hohlkörper, der zur Aufbewahrung od. zum Transport von festen, flüssigen u. gasförmigen Stoffen dient, z. B. Becken, Etui, Kasten, Topf, Tank, Truhe usw.;* ein großer, kleiner ~; ein ~ für Öl, Wasser, Kohlen; einen ~ öffnen, leeren; Metall~, Holz~; Benzin~, Gas~; Brief~; Versand~ □ **recipiente; reservatório; caixa**

be|händ ⟨Adj.⟩ = *behände*

be|hän|de ⟨Adj.⟩ *flink u. geschickt, gewandt;* oV *behänd;* sie ist ~ wie eine Katze; mit einem ~n Sprung warf er sich zur Seite □ **ágil; ligeiro**

be|han|deln ⟨V. 500⟩ 1 ⟨513/Vr 8⟩ jmdn. od. etwas ~ *(mit) sich beschäftigen mit jmdm. od. etwas, um auf ihn od. es einzuwirken;* die Apparate, Maschinen usw. müssen mit größter Sorgfalt behandelt werden; mit Säure, Wärme ~; jmdn. mit ausgesuchter Höflichkeit, mit Hochachtung ~; er hat ihn als Freund behandelt; er ist leicht, schwierig zu ~; jmdn. gut, freundlich, liebevoll, schlecht, schonend, ungerecht, unwürdig, verständnisvoll ~ □ **manejar; tratar; lidar** 1.1 ⟨Vr 7 od. Vr 8⟩ einen **Kranken** od. eine **Krankheit**

~ *auf einen Kranken od. eine Krankheit (als Arzt) heilend u. helfend einwirken;* sich gegen Kreislaufbeschwerden ~ lassen; sich ärztlich ~ lassen; das Geschwür muss vom Arzt behandelt werden; von wem werden Sie behandelt?; wer hat Sie bisher behandelt?; ~der Arzt ist Dr. X □ tratar; cuidar **2** ein **Thema**, einen **Gegenstand** ~ *einem Vortrag, einer Lehrveranstaltung zugrunde legen, darüber sprechen u. diskutieren;* etwas ausführlich, erschöpfend, fachmännisch, falsch, flüchtig, kurz, sorgfältig ~; das Drama, der Roman behandelt die Bauernkriege □ tratar; discutir **2.1** eine **Angelegenheit** (bevorzugt) ~ *erledigen, mit einer A. fertigwerden* □ resolver; cumprir

Be|hand|lung ⟨f.; -, -en⟩ **1** ⟨unz.⟩ *das Behandeln, Art u. Weise, mit jmdm. umzugehen;* diese ~ lasse ich mir nur nicht länger gefallen! **2** *das Bearbeiten (mit einem Mittel), Auftragen (auf etwas);* die ~ von Obst mit Pflanzenschutzmitteln **3** *das Behandeltwerden* **3.1** sich in **ärztliche** ~ begeben *einen Arzt konsultieren, zu einem Arzt in die Sprechstunde gehen* □ tratamento **4** *Besprechung, Auseinandersetzung, Untersuchung;* die ~ eines Themas □ abordagem

Be|hang ⟨m.; -(e)s, -hän|ge⟩ **1** *das, was an jmdm. od. etwas hängt* □ revestimento; ornamento **1.1** *Wandteppich; Wand~;* kunstvoll gestickte Behänge □ tapeçaria; colgadura **2** ⟨Jägerspr.⟩ *Ohren des Jagdhundes* □ orelhas caídas/pendentes

be|hän|gen ⟨V. 517/Vr 7 od. Vr 8⟩ **1** jmdn. od. etwas mit etwas ~ *mit etwas, was man aufhängen kann, versehen, ausstatten;* die Wände mit Bildern, Fotografien, Gemälden, Teppichen ~; den Christbaum mit bunten Kugeln und Lametta ~; die Tür mit Girlanden ~ □ adornar; decorar **1.1** ⟨Vr 3⟩ **sich mit Schmuck** ~ ⟨umg.; abwertend⟩ *zu viel S. tragen;* sich mit Perlen ~ □ *cobrir-se de joias **2** ⟨500⟩ einen Leit- od. Schweißhund ~ ⟨Jägerspr.⟩ *ihn an der Leine abrichten* □ adestrar

be|har|ren ⟨V. 800⟩ **1 auf, bei etwas** ~ *an etwas festhalten, auf etwas bestehen;* auf einer Ansicht, einem Entschluss, einer Meinung ~; er beharrte bei seinem Irrtum □ insistir; teimar **2 in etwas** ~ *bleiben, standhaft in etwas sein;* er beharrte in seinem Trotz; in Ergebenheit, Liebe, Treue ~ □ perseverar; persistir

be|haup|ten ⟨V. 500⟩ **1** etwas ~ *etwas für wahr, zutreffend erklären (ohne es zu beweisen);* er behauptete, mich (nicht) gesehen zu haben; das kannst du nicht einfach ~, wenn du es nicht beweisen kannst; du willst doch nicht etwa ~, dass ... □ afirmar; asseverar **2** etwas ~ *erfolgreich verteidigen, aufrechterhalten;* seine Meinung ~; seinen Standpunkt, seine Stellung ~; das Feld ~ ⟨a. fig.⟩ □ defender; manter **3** ⟨Vr 3⟩ **sich** ~ *standhaft bleiben, sich durchsetzen;* es gelang ihm mühelos, nicht, schnell, sich in seiner neuen Stellung zu ~ □ *afirmar-se; impor-se

Be|haup|tung ⟨f.; -, -en⟩ **1** *bestimmte, aber nicht bewiesene Äußerung einer Ansicht;* eine ~ aufstellen, vorbringen, zurücknehmen; die Tatsachen beweisen, widerlegen deine ~; wir wollen die ~ gelten lassen;

eine gewagte, kühne, unhaltbare, unverschämte ~; bei seiner ~ bleiben; er geht von seiner ~ nicht ab; wie kommst du zu dieser ~? □ afirmação; asserção **2** ⟨unz.; geh.⟩ *das Sichbehaupten;* → a. behaupten(3); die ~ des Rechtes, der Freiheit; Macht~; Selbst~ □ afirmação; alegação

be|he|ben ⟨V. 163/500⟩ **1** etwas ~ *beseitigen;* einen Mangel, einen Schaden ~; er hat rasch alle Zweifel, Schwierigkeiten behoben □ eliminar; remediar **2** Geld ~ ⟨österr.⟩ *von der Bank, von seinem Konto abheben* □ sacar

be|hel|fen ⟨V. 165/500/Vr 3⟩ **1** sich (mit etwas) ~ *sich zu helfen wissen, sich (einstweilen) einen Ersatz nehmen;* du musst dich vorübergehend mit diesem alten Mantel ~; ich habe mich mit einem Sofa beholfen; sich kümmerlich, notdürftig mit etwas ~ □ *contentar-se (com alguma coisa) **2** sich ohne jmdn. od. etwas ~ *ohne jmdn. od. etwas auskommen;* er musste sich ohne sein Auto ~; du wirst dich schon ohne uns zu ~ wissen; er hat sich ohne Geld ~ müssen □ *arranjar-se/virar-se sem alguém ou alguma coisa

be|helfs|mä|ßig ⟨Adj.⟩ *vorübergehend, provisorisch, als notdürftiger Ersatz dienend;* ein Lager für Flüchtlinge ~ errichten; eine ~e Konstruktion, Wohnungseinrichtung □ provisório, provisoriamente

be|hel|li|gen ⟨V. 505/Vr 3⟩ jmdn. ~ *belästigen;* darf ich Sie mit einer Bitte, Frage ~?; sein Nachbar hat ihn ständig mit verschiedenen Angelegenheiten behelligt □ incomodar; importunar

be|hend ⟨alte Schreibung für⟩ *behänd*
be|hen|de ⟨alte Schreibung für⟩ *behände*

be|her|ber|gen ⟨V. 500⟩ **1** ~ *jmdm. Unterkunft geben, jmdn. unterbringen;* er hat sie in seinem Haus beherbergt; ich beherbergte den Gast einige Tage □ hospedar **2** etwas ~ ⟨fig.; geh.⟩ *bei sich, in sich haben, den Raum bieten für;* eine Hoffnung, einen Gedanken, ein Gefühl ~; das ehemalige Schloss beherbergt jetzt ein Museum □ abrigar

be|herr|schen ⟨V. 500⟩ **1** jmdn. od. etwas ~ *über jmdn. od. etwas herrschen, Macht haben, regieren;* sie beherrscht ihn völlig; ein Land ~; er ist von dem Wunsch beherrscht, ... □ dominar; governar **2** ⟨Vr 7⟩ etwas od. **sich** ~ *in der Gewalt haben, zügeln;* seine Leidenschaften, seine Miene, seinen Zorn ~; sie weiß sich zu ~; er kann sich gut, schlecht, schwer ~; ein beherrschter Mensch; beherrscht erscheinen, sein; beherrscht sprechen □ conter(-se); controlar(-se) **2.1** ⟨Vr 3⟩ ich kann mich ~! ⟨umg.⟩ *ich denke nicht daran, ich werde mich hüten!* □ *nem pensar!; Deus me livre! **3** etwas ~ *können, meistern, sehr bewandert sein in etwas;* eine Kunst, eine Sprache, eine Technik, ein Thema, ein Wissenschaftsgebiet ~ □ dominar; ser versado em **4** etwas beherrscht etwas *überragt etwas (wirkungsvoll);* der Berg beherrscht die Insel; der Kirchturm beherrscht die ganze Stadt □ dominar; der ~de Gedanke seiner Ausführungen war ... □ dominante

Be|herr|schung ⟨f.; -; unz.⟩ **1** *das Beherrschen, Sichbeherrschen;* die ~ eines Volkes **1.1** die ~ **verlieren** *sich*

beherzigen

nicht mehr unter Kontrolle haben, wütend, ungehalten werden □ domínio; controle **2** Können, Fähigkeit, Vermögen; ~ mehrerer Sprachen; die ~ eines Fahrzeugs □ domínio; conhecimento

be|her|zi|gen ⟨V. 500⟩ etwas ~ sich zu Herzen nehmen, sich merken u. danach richten; einen Rat, seine Worte ~; ich habe deine Warnung beherzigt □ **considerar; tomar a peito**

be|herzt ⟨Adj.⟩ mutig, tapfer, unerschrocken, entschlossen; seinem ~en Handeln, Vorgehen war es zu danken, dass ...; ~ vorgehen, zupacken, an etwas herangehen □ **(de modo) corajoso/intrépido**

be|hilf|lich ⟨Adj. 40; nur in der Verbindung⟩ jmdm. ~ sein jmdm. helfen; würden Sie mir wohl dabei ~ sein?; ich bin gern, jederzeit ~; er war mir beim Umzug ~ □ ***ser útil a alguém**

be|hin|dern ⟨V. 505/Vr 7 od. Vr 8⟩ **1** jmdn. od. etwas ~ jmdn. od. etwas an etwas hindern, Hindernisse in den Weg legen; ein Hustenanfall behinderte ihn beim Sprechen; die Kinder haben ihn bei seiner Arbeit behindert; er ist durch seine Verwundung schwer behindert; die Militärkolonne behindert den Verkehr; jmdn. in seinem Fortkommen ~ □ **estorvar; impedir; dificultar** 1.1 jmdn. ~ ⟨Sp.⟩ jmdm. den Wettkampf unfair erschweren; am, beim Laufen ~; er hat den Gegner durch Festhalten, Versperren des Weges behindert □ **marcar; impedir**

be|hin|dert ⟨Adj. 24⟩ **1** ⟨Part. Perf. von⟩ behindern **2** bezüglich der körperlichen od. geistigen Verfassung dauerhaft beeinträchtigt; der Junge ist von Geburt an ~; ein Kindergarten für körperlich ~e Kinder; seh~ □ **deficiente**

Be|hin|der|te(r) ⟨f. 2 (m. 1)⟩ jmd., dessen körperliche od. geistige Verfassung dauerhaft beeinträchtigt ist; Arbeitsplätze für ~; Körper~; Hör~ □ **deficiente**

Be|hör|de ⟨f.; -, -n⟩ **1** Organ zur Erledigung von Amtsgeschäften in Bund, Land, Gemeinde u. Kirche, bestehend aus Verwaltungsapparat u. Bediensteten; die hierfür zuständige ~; meine vorgesetzte ~; ein Vertreter der ~ sprach zu den Versammelten □ **autoridades; serviços públicos; administração pública 2** der Raum, das Gebäude, in dem diese Bediensteten untergebracht sind □ **repartição pública; órgão público**

be|hü|ten ⟨V.⟩ **1** ⟨500⟩ jmdn. od. etwas ~ in seinen Schutz nehmen, bewachen; er hat in unserer Abwesenheit die Kinder, das Haus behütet; einen Schatz ~; jmdn. liebevoll, fürsorglich, sorgsam ~; jmdn. wie seinen Augapfel ~ ⟨geh.⟩ □ **cuidar** 1.1 behüt dich Gott ⟨veraltet; geh.⟩ Gruß zum Abschied □ ***Deus te proteja!; fique com Deus! 2** ⟨505⟩ jmdn. od. etwas ~ (vor jmdm. od. etwas) ~ bewahren; sie hat das Kind davor behütet, dass ...; jmdn. vor jmds. Einflüssen, Einfluss, vor Gefahr, vor Unheil ~ □ **proteger**; ein Geheimnis ~ □ **guardar** 2.1 Gott behüte (mich davor)! ⟨umg.⟩ Ausruf der entschiedenen Ablehnung □ ***Deus me livre!**

be|hut|sam ⟨Adj.⟩ sorgsam, vorsichtig, umsichtig, zart; jmdm. eine Nachricht ~ beibringen; ein Problem ~ anfassen; wir müssen ~ vorgehen; eine ~e Hand, Stimme □ **com cautela; cauteloso; prudente**

bei ⟨Präp.⟩ **1** ~ einem Ort in der Nähe von, neben; in der Schlacht ~ Leuthen; Borsdorf ~ Leipzig; gleich ~m Flugplatz befindet sich ...; dicht ~ der Fabrik gelegen □ **junto a; perto de; ao lado de** 1.1 hier steht Haus ~ Haus stehen die Häuser dicht nebeneinander □ ***aqui as casas se encontram uma ao lado da outra** 1.2 ~ einem **Arbeitgeber**, einer Firma, einer Behörde sein als Arbeitnehmer tätig, dort beschäftigt, angestellt; er arbeitet ~ der Firma ...; er dient ~ der Bundeswehr; er ist ~ der Bahn, ~ der Post; Botschafter ~m Vatikan 1.3 ~m Verlag, ~m Bäcker in den Geschäftsräumen von; gedruckt ~ (auf Buchtiteln) □ **para; em** 1.4 ~ jmdm. sein in der Wohnung, im Haus von jmdm.; er wohnt ~ einer netten alten Dame; ~ meinem Bruder; wollen Sie ~ uns zu Mittag essen?; wollen wir nicht alle zusammen ~ uns Silvester feiern?; ~ Hofe war es üblich, dass ...; wir werden ~ ihm auf euch warten; ~ mir, uns zu Hause □ **na casa de; com** 1.5 ~ einem Volk, einer **Gruppe** von Personen in dem Land, im Gebiet von; ~ den Germanen war es Brauch; ~ den Engländern wird Weihnachten so gefeiert: ... □ **entre** 1.6 ~ Goethe in den Werken von G. □ **em** 1.7 Unterricht haben ~ jmdm. veranstaltet durch jmdn.; Vorlesungen hören ~ Professor ...; sie nimmt Gesangsunterricht ~ Frau ... □ **de; com** 1.8 (Teil eines Gegenstandes, einer Person); Sy an; ~ der Hand nehmen; jmdn. ~ den Ohren ziehen; ~m Henkel anfassen; den Hund ~m Schwanz packen □ **por** 1.8.1 die Gelegenheit ~m **Schopf(e) fassen** ⟨fig.⟩ eine günstige Gelegenheit schnell wahrnehmen; ~ ***aproveitar a ocasião** 1.8.2 etwas ~ der Hand haben griffbereit ~ ***ter alguma coisa à mão** 1.8.3 sie sind schon ~ Tisch sie essen bereits □ ***já estão à mesa** **2** ⟨mit Reflexivpronomen⟩ 2.1 jmd. (hat etwas) ~ sich besitzt etwas, trägt etwas in seiner Hand, an seinem Körper; der flüchtige Verbrecher hat eine Schusswaffe ~ sich; genügend, kein Geld ~ sich haben; ich habe die Wagenpapiere nicht ~ mir □ ***levar; carregar; ter algo consigo** 2.2 jmd. denkt ~ sich im Inneren, ohne es zu äußern; ich dachte ~ mir □ ***pensar consigo mesmo** 2.3 jmd. sagt etwas ~ sich kaum verständlich □ ***falar consigo mesmo** 2.4 jmd. ist nicht ~ sich ist sich einer Sache nicht bewusst □ ***não regular bem** **3** (Zeit, Dauer) während, als, zur Zeit von; ~ Tage, Nacht, ~ Sonnenaufgang; ~ Lebzeiten meiner Eltern □ **durante; em** 3.1 sich ~ Tag und Nacht sorgen um ... ständig □ ***preocupar-se dia e noite** **4** in Verbindung mit; ~ dieser Präposition steht der Genitiv; hast du nichts Ungewöhnliches ~ ihm bemerkt?; kommt das oft ~ ihm vor? □ **em; com** 4.1 alles ~m Alten lassen nichts ändern □ ***deixar tudo como está** 4.2 ~ bestimmten **Umständen**, in Anbetracht, angesichts, wenn es so u. so ist; ~ (nächster) Gelegenheit werde ich ...; ~ derartigen Unglücksfällen □ **em**; ~ näherer Betrachtung □ ***considerando melhor**; nicht ~ Besinnung sein □ ***estar inconsciente; não estar em seu juízo perfeito**; ~ Appetit sein □ ***ter apetite**; ~ (guter) Laune sein □ ***estar de bom humor**; (noch nicht) wieder ~ Kräften sein □ ***(ainda

não) ter recuperado as forças; der Tenor ist heute nicht ~ Stimme ◻ *o tenor não está com boa voz hoje; ~ einer Flasche, einem Glas Wein gemütlich zusammensitzen ◻ junto a; feierlich ~ Kerzenlicht essen ◻ *comemorar com um jantar à luz de velas 4.2.1 ~ **Wasser und Brot** sitzen *eine Gefängnisstrafe verbüßen* ◻ *estar a pão e água 4.2.2 du bist **nicht** recht ~ **Trost** ⟨fig.⟩ *nicht recht bei Verstand* ◻ *você não está muito bom da cabeça 4.2.3 gut, schlecht ~ **Kasse** sein ⟨umg.⟩ *mit Geld versehen* ◻ *andar bem/mal de dinheiro 5 ~ einer **Tätigkeit**, einem **Vorgang** *augenblicklich beschäftigt mit, stattfindend;* ~ Regen bleiben wir zu Hause; ~ meiner Abfahrt, Ankunft, meinem Aufenthalt in ...; ~ der Arbeit; ~m Frühstücken, ~m Waschen; ~ den Reisevorbereitungen ◻ em; com; ~m Erwachen ◻ *ao acordar; Vorsicht ~ der Einfahrt des Zuges ◻ *cuidado com a chegada do trem, Vorsicht ~m Aussteigen! ◻ *cuidado ao descer! 5.1 ~ einem **Zustand** *bestehend;* ~ fünf Grad unter dem Gefrierpunkt ◻ a 6 (Ursache, Grund) ~ *aufgrund von, unter Berücksichtigung von, angesichts;* ~ dieser Nachricht, diesen Worten; ~ seinen Fähigkeiten sollte es ihm gelingen; ~ so vielen Schwierigkeiten sehe ich lieber davon ab; ~ so vielen Besuchern, Teilnehmern, Zuschauern wird es möglich sein; ~ diesem Regen, ~ deiner Erkältung bleiben wir zu Hause ◻ com; devido a; das Unangenehme ~ dieser Angelegenheit ist ... ◻ em; ~ alledem ◻ *com tudo isso; apesar de tudo isso; ~ seiner **Jugend** ◻ em 6.1 ~ **all** seiner Klugheit konnte er doch nicht verhindern ... *trotz* ◻ apesar de 6.2 Betreten ~ **Strafe** *verboten B. wird bestraft* ◻ sob pena de 6.3 jmdn. ~ seinem **Namen** rufen *mittels, mit Hilfe* ◻ *chamar alguém pelo nome 7 *(zur Einleitung von Formeln zur Beteuerung);* ~ **Gott!** (Schwurformel) ◻ *por Deus!; ~ meiner **Ehre!** ◻ *palavra de honra!; ~m **Bart(e)** des Propheten (schwören) ⟨umg.; scherzh.⟩ ◻ *(jurar) pelas barbas do profeta 8 ~ 3000 **Mann** ⟨veraltet; vor Mengenangaben⟩ *ungefähr* ◻ cerca de 9 ~ **weitem/Weitem** *überaus, viel, ganz und gar* ◻ *de longe;* ~ weitem/Weitem *nicht zufrieden sein* ◻ *não estar nem um pouco satisfeito; das ist ~ weitem/Weitem besser, schöner ◻ *isso é bem melhor/mais bonito
bei|be|hal|ten ⟨V. 160/500⟩ eine Sache ~ *weiterhin behalten, (wie gewohnt) fortführen, nicht aufgeben;* diese regelmäßigen Treffen werden wir ~; eine Angewohnheit, Mode, einen Brauch ~ ◻ manter; conservar
bei|brin|gen ⟨V. 118⟩ 1 ⟨530/Vr 5 od. Vr 6⟩ **jmdm.** etwas ~ *jmdm. etwas lehren, jmdn. in etwas unterweisen;* jmdm. gutes Benehmen, das Tennisspielen, die Zeichensetzung ~ ◻ ensinar; ich werde dir schon noch die Flötentöne ~! ⟨fig.; umg.⟩ ◻ *vou lhe ensinar a entrar nos eixos! 2 ⟨530⟩ **jmdm.** etwas ~ *schonend mitteilen, zu verstehen geben;* wir müssen ihm ~, dass sie abgesagt hat ◻ dizer com cuidado; dar a entender 3 ⟨530⟩ **jmdm.** etwas ~ *zufügen;* jmdm. eine Niederlage, einen Schlag, Verluste, eine Wunde ~ ◻

causar; infligir 3.1 **jmdm.** eine **Arznei, Gift** ~ *einflößen* ◻ dar; ministrar 4 ⟨500⟩ **jmdn.** od. etwas ~ *herbeiholen, beschaffen;* Zeugen, Zeugnisse ~ ◻ apresentar; fornecer
Beich|te ⟨f.; -, -n⟩ 1 *Geständnis, Bekenntnis;* er hörte sich die ~ seines Freundes, seines Kindes an; ich muss dir eine ~ ablegen ⟨umg.; scherzh.⟩ 2 ⟨christl. Rel.⟩ *öffentliches od. geheimes Aussprechen seiner Sünden;* die ~ ablegen; die ~ abnehmen, hören; zur ~ gehen; allgemeine ~ ⟨ev. Kirche⟩ 2.1 der **Geistliche** hört, sitzt ~ *der G. sitzt im Beichtstuhl u. hört die Beichte an* ◻ confissão
beich|ten ⟨V.⟩ 1 ⟨503/Vr 6⟩ **(jmdm.)** etwas ~ *etwas Bedrückendes, eine Schuld, ein Vergehen bekennen, gestehen;* ich muss dir etwas ~; er hat seiner Mutter alles gebeichtet 2 ⟨402; christl. Rel.⟩ *öffentlich od. geheim Sünden bekennen;* in Demut, voller Reue ~; beim Pfarrer, beim Kaplan ~; ~ gehen; seine Sünde ~ ◻ confessar
bei|de ⟨Pron. 10 (Pl.)⟩ 1 *alle zwei* ◻ ambos 1.1 ~ **Mal** kam er zu spät *(alle) zwei Mal* ◻ *nas duas vezes ele chegou atrasado 1.2 mit ~n Beinen, Füßen auf der Erde stehen ⟨fig.⟩ *das Leben richtig anpacken, Wirklichkeitssinn haben* ◻ *ter os pés no chão

♦ Die Buchstabenfolge **bei|ein...** kann in Fremdwörtern auch **bei|ei|n...** getrennt werden.

♦ **bei|ein|an|der** ⟨Adv.⟩ *einer beim anderen, nahe zusammen;* am Sonntag muss die ganze Familie ~ beieinander sein ◻ junto 1.1 gut ~ sein *gesund, rüstig sein;* er ist mit seinen 80 Jahren noch gut ~ ◻ *estar bem de saúde 1.2 nicht recht, nicht ganz ~ sein *nicht recht bei Verstand sein;* er ist wohl nicht ganz ~! ◻ *não estar bem da cabeça
♦ **bei|ein|an|der||ha|ben** ⟨V.159/500⟩ 1 etwas ~ *etwas zusammengebracht, beisammen haben;* er hat alle Unterlagen, Bücher beieinander ◻ reunir 2 seine Gedanken, seine fünf Sinne ~ *seine Gedanken sammeln, sich konzentrieren* ◻ concentrar(-se) 2.1 du hast wohl nicht alle beieinander! ⟨umg.⟩ *du bist nicht gescheit, nicht recht bei Verstand* ◻ *você está completamente maluco!
bei|ein|an|der||sein ⟨alte Schreibung für⟩ *beieinander sein*
♦ **bei|ein|an|der||sit|zen** ⟨V. 246/400⟩ *einer neben dem anderen sitzen, zusammensitzen* ◻ sentar(-se) ao lado de alguém
Bei|fah|rer ⟨m.; -s, -⟩ *jmd., der (vorne) neben dem Fahrer eines Kraftfahrzeugs sitzt* ◻ passageiro do banco dianteiro
Bei|fah|re|rin ⟨f.; -, -rin|nen⟩ *weibl. Beifahrer* ◻ passageira do banco dianteiro
Bei|fall ⟨m.; -(e)s; unz.⟩ 1 *Billigung, Zustimmung;* ~ äußern, ernten, finden, haben, klatschen, zollen; das Stück fand bei den Zuschauern großen ~; der Vorschlag findet allgemein ~ ◻ aprovação 2 *Händeklatschen (als Ausdruck der Zustimmung, Begeisterung), Applaus;* ein Sturm des ~s brach los; anhaltender,

beifallheischend

begeisterter, brausender, herzlicher, jubelnder, nicht enden wollender, spärlicher, starker, tosender, verdienter ~; ~ für eine Darbietung, für einen Künstler; unter dem ~ von Tausenden; vom ~ umbrandet, umwogt □ **aplauso** 3 ⟨Getrennt- u. Zusammenschreibung⟩ 3.1 ~ heischend = beifallheischend

bei|fall|hei|schend auch: **Bei|fall hei|schend** ⟨Adj. 24⟩ um Beifall werbend, Beifall erwartend, nach Zustimmung, Lob strebend; er blickte ~ in die Runde □ **à espera de aprovação**

bei|fäl|lig ⟨Adj. 90⟩ billigend, zustimmend; ~ nicken; eine ~e Äußerung, Bemerkung □ **aprobativo; favorável**

bei|fü|gen ⟨V. 530⟩ einer Sache etwas ~ beilegen, hinzufügen; einer Sendung etwas ~; dem Geschenk war eine Grußkarte beigefügt; das beigefügte Gutachten □ **juntar; anexar**

beige ⟨[be:ʒ] Adj. 11⟩ von der natürlichen Farbe der Wolle, sandfarben, gelbbraun □ **bege**

bei|ge|ben ⟨V. 143/530⟩ **1** einer Sache etwas ~ als Ergänzung geben, hinzufügen; dem Gulasch noch Paprika ~; dem Reiseführer eine Landkarte ~ □ **acrescentar; fornecer 2** jmdm. jmdn. ~ jmdm. jmdn. zur Unterstützung, zur Hilfe, zur Verfügung stellen; den Bergsteigern einen Bergführer ~; dem Fahrer einen Helfer ~ □ **colocar à disposição 3** ⟨410⟩ klein ~ ⟨fig.; umg.⟩ sich fügen, den Widerstand aufgeben; nachdem er lange gedroht hatte, gab er schließlich klein bei □ ***dar-se por vencido**

Bei|ge|schmack ⟨m.; -(e)s; -schmä|cke⟩ **1** Nebengeschmack, der den eigentlichen Geschmack verdrängt; ein bitterer, süßlicher ~ □ **gosto residual**; der Wein hat einen merkwürdigen ~ □ **retrogosto 2** ⟨fig.⟩ störende Nebeneigenschaft; diese Angelegenheit hat einen unangenehmen ~ □ **complicador**

Bei|hil|fe ⟨f.; -, -n⟩ **1** kleine finanzielle Hilfe, Unterstützung, z. B. für Beamte; das Landes NRW für seine Beamten; jmdn. mit einer ~ unterstützen □ **abono; subsídio** 1.1 Stipendium; Studien~ □ **bolsa de estudo 2** ⟨Rechtsw.⟩ wissentliche Hilfe bei einer Straftat; die Anklage lautet auf ~ zum Mord; ~ zu einem Verbrechen leisten □ **cumplicidade**

Bei|klang ⟨m.; -(e)s, -klän|ge⟩ **1** Nebenton, mitschwingender Klang; die Musik hat einen fremdartigen ~ □ **ressonância 2** ⟨unz.; fig.⟩ herauszuhörendes Gefühl; seine Worte haben einen ~ von Unbehagen □ **conotação; insinuação**

bei|kom|men ⟨V. 170/600(s.)⟩ **1** jmdm. ~ jmdn. zu fassen bekommen; ihm ist absolut nicht beizukommen □ **apanhar; pegar** 1.1 ⟨fig.⟩ aus der Zurückhaltung herauslocken □ **quebrar o gelo 2** einer Sache ~ eine S. meistern, mit einer S. fertigwerden; ich weiß nicht, wie ich der Sache ~ soll □ **dar conta; resolver 3** sich etwas ~ lassen ⟨umg.⟩ sich einfallen lassen □ ***pensar em alguma coisa**

Beil ⟨n.; -(e)s, -e⟩ **1** Hauwerkzeug mit kurzem Stiel u. breiter, einseitiger Schneide zum Be- u. Zerhauen von Holz u. Fleisch; mit dem ~ zerhacken, zerkleinern, spalten; ein kleines, scharfes, stumpfes ~; ein ~ schleifen, schärfen; Feuerwehr~, Fleischer~, Henker(s)~, Kriegs~ □ **machado; machadinha** 1.1 Gerät zur Hinrichtung; durch das ~ hinrichten; Fall~ □ **cutelo**

Bei|la|ge ⟨f.; -, -n⟩ **1** etwas, was zu einem Druckwerk beigelegt wird; die literarische ~ einer Zeitung; diese Zeitschrift erscheint mit einer wissenschaftlichen ~; Mode~, Reklame~, Roman~ □ **encarte; suplemento** 1.1 ⟨schweiz.; österr.⟩ Anlage (zu einem Brief o. Ä.) □ **anexo 2** etwas, was einem Gericht beigegeben wird; Kartoffeln, Reis als ~ zum Fleisch; Salat als ~ zum Braten; Gemüse~ □ **acompanhamento 3** ⟨Tech.⟩ Streifen aus Blech zum Ausgleichen von Spielräumen bei Maschinen □ **chapa de calço**

bei|läu|fig ⟨Adj. 90⟩ **1** nebenbei gesagt, wie zufällig geäußert; eine ~e Bemerkung machen; ein paar ~e Fragen stellen; etwas ~ erwähnen, erzählen, fragen □ **incidental(mente); de passagem 2** ⟨österr. a.⟩ etwa, ungefähr; ~ 10 Euro □ **cerca de**

bei|le|gen ⟨V.⟩ **1** ⟨530⟩ einem Gegenstand etwas ~ zu etwas Vorhandenem als Ergänzung beifügen, hinzulegen; einem Brief ein Foto, das Rückporto ~ □ **anexar; juntar 2** ⟨500⟩ Auseinandersetzungen ~ im Guten beenden, schlichten; eine Meinungsverschiedenheit, einen Streit ~ □ **conciliar; resolver 3** ⟨530/Vr 5 od. Vr 6⟩ sich od. einer Sache die Bezeichnung ~ ⟨fig.⟩ jmdm. od. sich ohne Berechtigung eine B. geben; er hat sich den Titel Konsul beigelegt □ **conferir(-se); atribuir(-se) 4** ⟨500⟩ einer Angelegenheit etwas ~ ⟨fig.⟩ beimessen, zuschreiben; wir haben der Sache weiter keine Bedeutung beigelegt; er legt ihren Worten einen anderen Sinn bei □ **atribuir**

bei|lei|be ⟨Adv.; verstärkend in Verneinungen⟩ ~ nicht **1** bestimmt nicht, wirklich nicht; das hat er ~ nicht getan; das ist ~ nicht das erste Mal □ ***certamente não** 1.1 auf keinen Fall, um keinen Preis; er ist ~ kein großer Künstler!; du darfst ~ nicht daran denken; frage ~ niemals danach □ ***de modo algum 2** ~ nicht! (dies ist) um jeden Preis zu vermeiden! □ ***de jeito nenhum!; nem pensar!**

Bei|leid ⟨n.; -(e)s; unz.⟩ Anteilnahme an jmds. Trauer; mein ~!; herzliches ~!; sein ~ ausdrücken, aussprechen, bekunden, bezeigen □ **pêsames**

bei|lie|gen ⟨V. 180/600⟩ **1** etwas liegt einer Sache bei etwas ist einer Sache beigefügt, beigelegt; Zeugnisse liegen dem Schreiben bei; die Rechnung lag der Sendung bei □ **acompanhar**; die beiliegenden Formulare, Prospekte, Unterlagen □ **anexo 2** jmdm. ~ ⟨veraltet; geh.⟩ mit jmdm. Geschlechtsverkehr haben; einer Frau ~ □ ***ter relações sexuais com alguém 3** ⟨400; Mar.⟩ vor dem Wind liegen □ **estar filado**

beim ⟨Präp. + Art.⟩ bei dem

bei|mes|sen ⟨V. 185/530⟩ jmdm. od. einer Sache Bedeutung, Wichtigkeit, Wert, Gewicht ~ zuschreiben, jmdn. od. eine Sache für bedeutend, wichtig, wertvoll, gewichtig halten; einer Angelegenheit besondere, geringe, große, keine, nur wenig, zuviel Bedeutung ~; jmdm. die Schuld an etwas ~; sie misst dieser Tatsache kein Gewicht bei □ **atribuir**

Bein ⟨n.; -(e)s, -e⟩ **1** *eine der meist paarigen Gliedmaßen von Tieren;* die ~e des Kraken, des Krebses, des Storches, der Kuh **2** *eine der beiden unteren, der Fortbewegung dienenden Gliedmaßen des Menschen;* gerade, dicke, krumme, kurze, lange, schlanke, schöne ~e haben; ein gebrochenes, geschientes ~; ein künstliches ~; das linke, rechte ~ heben; mit den ~en baumeln; die ~ anziehen, ausstrecken; mit gekreuzten, übergeschlagenen ~en dasitzen; mit gespreizten ~en dastehen; sich kräftig mit den ~en abstoßen (beim Schwimmen, beim Springen); auf einem ~ hüpfen; sich ans ~ stoßen ☐ **perna 3** *Mittel der Bewegung* 3.1 auf den ~en sein *unterwegs;* die ganze Stadt war auf den ~en; den ganzen Tag, von früh an auf den ~en sein ☐ ***estar de pé; estar na labuta** 3.2 alles, was ~e hat ⟨umg.⟩ *jedermann;* alles, was ~e hatte, war zum Wochenende unterwegs ☐ ***todo o mundo** 3.3 sich die ~e (ein wenig) vertreten *sich Bewegung machen* ☐ ***desenferrujar as pernas** 3.4 sich die ~e nach etwas ablaufen *viele Wege machen, um etwas zu bekommen* ☐ ***gastar sola do sapato à procura de alguma coisa** 3.5 sich die ~e in den Leib (Bauch) stehen ⟨fig.; umg.⟩ *lange warten müssen* ☐ ***ter de esperar de pé** 3.6 ich muss mich auf die ~e machen *ich muss weggehen* ☐ ***agora preciso ir embora** 3.7 jmdm. ~e machen ⟨fig.; umg.⟩ *jmdn. wegjagen, antreiben;* soll ich dir ~e machen? ☐ ***enxotar alguém; dar uma sacudida em alguém** 3.8 die ~e in die Hand (unter den Arm) nehmen *schnell entwischen* ☐ ***dar no pé; sair correndo** 3.9 meine Geldbörse hat ~e bekommen ⟨fig.; umg.⟩ *ist abhandengekommen, gestohlen worden* ☐ ***minha carteira sumiu 4** *(Tätigkeit, Aktivität)* 4.1 sich kein ~ ausreißen ⟨fig.; umg.⟩ *sich nicht übermäßig anstrengen* ☐ ***não fazer muita força** 4.2 etwas auf die ~e stellen *zustande bringen* ☐ ***criar/bolar alguma coisa** 4.3 tausend Mann auf die ~e bringen *zusammenbringen, aufstellen* ☐ ***mobilizar/reunir milhares de homens** 4.4 von einem ~ aufs andere treten *ungeduldig, nervös sein* ☐ ***estar impaciente; não se aguentar de nervoso** 4.5 über seine eigenen ~e stolpern *ungeschickt sein* ☐ ***tropeçar nas próprias pernas;** → a. *Kopf(3.1.1)* **5** *(Bestandteil menschlichen Daseins)* 5.1 noch gut auf den ~en sein ⟨fig.⟩ *noch rüstig sein* ☐ ***ainda estar inteiro/em forma** 5.1.1 nach langer Krankheit wieder auf die ~e kommen *gesund werden, genesen* ☐ ***restabelecer-se/recuperar-se após longo período doente** 5.1.2 jmdm. (einem Gestürzten) wieder auf die ~e helfen ⟨a. fig.⟩ *jmdn. aufrichten, jmdm. so helfen, dass er weiterhin ohne fremde Hilfe leben kann* ☐ ***ajudar alguém a se reerguer** 5.1.3 er hat das Geschäft wieder auf die ~e gebracht ⟨fig.⟩ *wieder hochgebracht, ihm neuen Aufschwung gegeben* ☐ ***ele recolocou a loja de pé** 5.1.4 einen Kranken wieder auf die ~e bringen ⟨fig.⟩ *zu seiner Genesung, Kräftigung beitragen* ☐ ***recuperar um doente** 5.2 jmdm. ein ~ stellen 5.2.1 *versuchen ihn zu Fall zu bringen* 5.2.2 ⟨a. fig.⟩ *ihm absichtlich Schaden zufügen* ☐ ***passar uma rasteira em alguém** 5.3 sich etwas ans ~ binden ⟨a. fig.; umg.⟩ *sich mit etwas belasten* ☐ ***so-**

brecarregar-se com alguma coisa 5.4 mit einem ~ im Grabe stehen ⟨fig.⟩ *dem Tode nahe sein* ☐ ***estar com um pé na cova** 5.5 die ~e unter den Tisch strecken ⟨fig.⟩ *sich ernähren lassen, nichts tun* ☐ ***viver à custa de alguém** 5.6 auf einem ~ kann man nicht stehen ⟨fig.⟩ *Aufforderung, noch ein Glas (Schnaps) zu trinken* ☐ ***vamos tomar mais uma!;** → a. *beide(1.2), eigen(1.4.2), Klotz(1.2), Knüppel(3.1), linke(r, -s)(3.1), Lüge(1.1)* **6** – *eines* **Möbelstückes** *senkrechte Stütze aus Holz, Metall o. Ä.;* Tisch~, Stuhl~; ein Schemel mit drei ~en ☐ **perna 7** ⟨veraltet⟩ *Knochen;* Elfen~; von meinem ~e (in alten Zauberformeln) ☐ **osso** 7.1 der **Schreck** ist mir in die ~e gefahren ⟨fig.; umg.⟩ *ich bin sehr erschrocken* ☐ ***morri de medo;** → a. *Mark³(3.1), Stein(2.6)*

bei|nah ⟨a. [-'-] Adv.⟩ = *beinahe*
bei|na|he ⟨a. [-'--] Adv.⟩ *fast;* oV *beinah* ☐ **quase**
Bei|na|me ⟨m.; -ns, -n⟩ *Name, den jmd. zu seinem eigentlichen Namen später bekommen hat, z. B. Ehrenname, Spitzname;* Friedrich I. mit dem ~n „Barbarossa"; Kaiser Karl erhielt den ~n „der Große"; Zar Iwan bekam den ~n „der Schreckliche" ☐ **alcunha**
Bein|bruch ⟨m.; -(e)s, -brü|che⟩ **1** ⟨veraltet⟩ *Bruch eines Beinknochens* ☐ **fratura da perna 2** ⟨Geol.⟩ *Kalkstein, der durch Ablagerung aus kalkhaltigem Wasser entstanden ist* ☐ **tufo calcário; osteocola 3** *das ist kein ~* ⟨fig.⟩ *das ist nicht schlimm* ☐ ***não é o fim do mundo!;** → a. *Hals(2.1)*
bei||ord|nen ⟨V.⟩ **1** ⟨530⟩ jmdm. jmdn. ~ *beigeben, zur Seite stellen;* dem Minister waren Fachleute als Berater beigeordnet ☐ **adjudicar; agregar 2** ⟨500⟩ etwas ~ *gleichberechtigt nebeneinanderstellen* 2.1 ⟨Gramm.⟩ *Wörter, Wortgruppen u. Sätze ~ als gleichwertig bzw. von gleichem strukturellem Rang nebeneinanderstellen* ☐ **coordenar** 2.2 ⟨Part. Perf.⟩ beigeordnet *einer anderen Ordnung angepasst, koordiniert* ☐ **coordenado**
bei||pflich|ten ⟨V. 600/Vr 6⟩ jmdm. od. einer **Sache** ~ *Recht geben, zustimmen;* du musst mir ~, dass ...; er hat ihr in diesem Punkt beigepflichtet; einer Ansicht, Bemerkung, Meinung ~; er pflichtete diesem Vorschlag bei ☐ **concordar; dar razão**
Bei|rat ⟨m.; -(e)s, -rä|te⟩ *beigeordneter Berater, beratende Körperschaft;* eine Sitzung des ~(e)s einberufen; er ist Mitglied verschiedener Beiräte ☐ **conselheiro; conselho consultivo**
be|ir|ren ⟨V. 500/Vr 7 od. Vr 8⟩ jmdn. ~ *irremachen, verwirren;* lass dich dadurch nicht ~; diese Tatsache konnte ihn nicht ~; sich durch etwas, von jmdm. (nicht) ~ lassen ☐ **confundir; desconcertar**
bei|sam|men ⟨Adv.⟩ **1** *zusammen, beieinander;* sobald ich alle Unterlagen ~ habe; wir waren gestern Abend noch lange gemütlich ~; es sind viele Jahre ~ gewesen ☐ **juntos; reunidos** 1.1 für diese Arbeit muss ich meine Gedanken ~ haben *muss ich mich konzentrieren* ☐ ***para esse trabalho preciso me concentrar** 1.2 er kann doch seinen Verstand, seine fünf Sinne nicht recht ~ haben! *er muss geistig beschränkt sein* ☐ ***ele não pode estar em seu juízo perfeito!** 1.3

beisammenstehen

ich bin heute nicht ganz ~ 〈umg.〉 *fühle mich nicht wohl* □ *hoje não estou me sentindo bem* 1.4 *gut ~ sein* 〈umg.〉 *gesund sein, gut aussehen* □ *estar bem de saúde/bem disposto*

bei|sam|men|ste|hen 〈V. 256/400 (h.) od. süddt., österr., schweiz. (s.)〉 *einer beim anderen stehen*; wir standen beisammen, als ... □ *estar junto*

Bei|schlaf 〈m.; -(e)s; unz.〉 *Geschlechtsverkehr*; den ~ ausüben, vollziehen □ *coito*

bei|sei|te 〈Adv.〉 **1** *auf die Seite, zur Seite, fort, weg* □ *à parte; de lado* 1.1 *Spaß, Scherz ~!* 〈fig.; umg.〉 *es ist ernst gemeint* □ *brincadeiras à parte!* **2** *auf der Seite, seitlich;* er hielt sich immer ~ □ *à parte; de lado*

bei|sei|te|ge|hen 〈V. 145/400 (s.)〉 *zur Seite gehen* □ *afastar-se*

bei|sei|te|las|sen 〈V. 175/500; a. fig.〉 *etwas ~ etwas (vorübergehend) unberücksichtigt lassen* □ *deixar de lado*

bei|sei|te|le|gen 〈V. 500〉 *etwas ~ zur Seite legen, aufheben;* ein Buch, eine Brille ~; Geld ~ □ *pôr de lado*

bei|sei|te|neh|men 〈V. 189/500; fig.〉 *jmdn. ~ allein mit jmdm. sprechen* □ *chamar alguém de lado*

bei|sei|te|schaf|fen 〈V. 500; a. fig.〉 *etwas ~ etwas verstecken* □ *esconder*

bei|sei|te|schie|ben 〈V. 214/500; a. fig.〉 *jmdn. od. etwas ~ etwas verdrängen* □ *afastar; deixar de lado*

bei|sei|te|spre|chen 〈V. 251/400; fig.; Theat.〉 *nur für die Zuschauer sprechen, nicht für die Mitspieler;* der Schauspieler sprach ~ □ *fazer um aparte*

Bei|sel 〈n.; -s, - od. -n; süddt.〉 österr.〉 *Wirtshaus, Kneipe*; oV *Beisl* □ *bar*

bei|set|zen 〈V.〉 **1** 〈503〉 *(einer Sache) etwas ~ hinzufügen, dazusetzen* □ *acrescentar; juntar* **2** 〈500〉 *jmdn. ~* 〈geh.〉 *(feuer)bestatten, begraben, beerdigen;* jmdn. in aller Stille, mit militärischen Ehren ~; die Urne mit der Asche des Verstorbenen wurde in der Familiengruft beigesetzt □ *sepultar*

Bei|set|zung 〈f.; -, -en〉 *das Beisetzen(2), Beerdigung, Bestattung;* an einer ~ teilnehmen; die ~ fand im Familienkreis, in aller Stille statt □ *sepultamento*

Bei|sit|zer 〈m.; -s, -〉 **1** *Mitglied eines kollegialen Organs, z. B. eines Gerichts, das nicht den Vorsitz führt, Nebenrichter* **2** *Mitglied eines Vorstands, das nicht den Vorsitz führt* □ *assessor*

Bei|sit|ze|rin 〈f.; -, -rin|nen〉 *weibl. Beisitzer* □ *assessora*

Beisl 〈n.; -s, - od. -n; süddt.; österr.〉 = *Beisel*

Bei|spiel 〈n.; -(e)s, -e〉 **1** *Vorbild, Muster;* dies kann uns als ~ dienen; ein gutes, lehrreiches, schlechtes, treffendes ~; ein abschreckendes, warnendes ~; nimm dir ein ~ an deinem Bruder!; nach dem ~ von; ein ~ (ab)geben; ich folge seinem ~; schlechte ~e verderben gute Sitten 〈Sprichw.〉; mit gutem ~ vorangehen **2** *einzelner Fall, der zur Veranschaulichung anderer, ähnlicher Fälle dient;* etwas an einem ~ klarmachen; ein ~ geben, nennen; zum ~ 〈Abk.: z. B.〉; wie zum ~; nehmen wir zum ~ an, dass ... □ *exemplo*

bei|spiel|los 〈Adj.〉 *ohne Beispiel, noch nie da gewesen, unerhört;* ein ~er Erfolg; er hat sich ~ mutig geschlagen □ *sem precedentes; sem igual*

bei|spiels|wei|se 〈Adv.〉 *zum Beispiel* □ *por exemplo*

bei|sprin|gen 〈V. 253/600(s.); geh.〉 *jmdm. ~ jmdm. zu Hilfe kommen; jmdm. in Gefahr, im Notfall ~; einem Verwundeten, Kranken schnell ~* □ *socorrer; acudir*

bei|ßen 〈V. 105〉 **1** 〈405/Vr 7 od. Vr 8〉 *jmdn. od. etwas ~ mit den Zähnen erfassen (u. zerkleinern);* Hunde ~ sich; jmdm./jmdn. in die Hand ~; ins Brot ~; auf einen Kern ~; er biss sich auf die Zunge; der alte Mann kann das Brot nicht mehr ~ □ *morder; mastigar* 1.1 *nichts zu ~ und zu brechen haben nichts zu essen haben, Not leiden* □ *não ter o que comer* 1.2 *sich auf die Zunge, auf die Lippen ~* 〈fig.〉 *das Lachen od. ein Wort der Entgegnung zurückhalten* □ *morder a língua*; → a. *Gras*(3.3), *letzte*(r, -s)(1.2) 1.3 〈400〉 *manche Tiere ~ greifen gewöhnlich Menschen od. andere Lebewesen mit den Zähnen an od. stechen sie;* beißt dieser Hund?; die Flöhe, Läuse, Wanzen ~ □ *morder; picar* **2** 〈410〉 *etwas beißt verursacht ein brennendes Gefühl, ist scharf;* Säure, das Essen, Pfeffer beißt auf der Zunge; der Rauch beißt in die Augen; der scharfe Wind beißt einem ins Gesicht □ *arder; ferir*; ein ~der Geruch; eine ~d scharfe Soße □ *ardido; picante* 2.1 *~der Hohn, Spott verletzender, scharfer H., S.* □ *mordaz* **3** 〈500/Vr 4〉 *die Farben ~ sich passen nicht zueinander, vertragen sich nicht;* Rot und Orange beißen sich □ *as cores não combinam*

Bei|stand 〈m.; -(e)s, -stän|de〉 **1** 〈unz.; geh.〉 *Hilfe, Stütze, Unterstützung;* (keinen) ~ haben, finden; jmdm. ~ leisten; ich habe meinen Freund um ~ gebeten; ärztlicher, militärischer ~ □ *auxílio; assistência* **2** 〈Rechtsw.〉 *Helfer* 2.1 *Helfer des Angeklagten im Prozess; Rechts~* □ *advogado; consultor jurídico* 2.2 *ein von dem Vormundschaftsgericht einem allein stehenden Elternteil zugeteilter Helfer* □ *representante legal* **3** *Sekundant (im Duell)* □ *testemunha* **4** 〈österr.; veraltet〉 *Trauzeuge* □ *padrinho de casamento*

bei|ste|hen 〈V. 256/600〉 *jmdm. ~ jmdm. helfen, jmdn. unterstützen;* Gott steh(e) mir bei!; er hat mir in der Not beigestanden; jmdm. mit Rat und Tat ~ □ *ajudar; socorrer*

bei|steu|ern 〈V. 505〉 *etwas (zu einer Sache) ~* 〈a. fig.〉 *seinen Beitrag zu einer S. geben, leisten;* seinen Anteil ~; sein Scherflein ~; etwas zum Programm ~; er hat zu der Sammlung seinen Anteil beigesteuert □ *contribuir com alguma coisa (para)*

bei|stim|men 〈V. 600〉 *jmdm. od. einer Meinung ~ Recht geben, zustimmen, beipflichten;* ich stimme Ihnen bei; einem Vorschlag, einem Beschluss ~ □ *concordar; aprovar*

Bei|strich 〈m.; -(e)s, -e; veraltet〉 = *Komma*

Bei|trag 〈m.; -(e)s, -trä|ge〉 **1** *Anteil, Mitarbeit eines Einzelnen an der Verwirklichung eines größeren Vorhabens, Werkes;* ~ zu einem Programm, einer Sammlung, einem Thema, einer Zeitschrift 1.1 *seinen ~ leisten (zu etwas) seinen Anteil geben (zu etwas), zum Gelingen von etwas beitragen* 1.1.1 *einen ~ zu einem Literaturwerk leisten ein Teilgebiet des Werkes bear-*

beiten □ contribuição 2 *Artikel, Aufsatz (in Sammelschriften);* einer Zeitung Beiträge einschicken, liefern; einen ~ (für eine Zeitschrift, ein Werk) schreiben; ein belehrender, literarischer ~ 2.1 *Beiträge zu ... (als Titel eines wissenschaftlichen Werkes) gesammelte Aufsätze, Abhandlungen zu ...* □ artigo; ensaio 3 *regelmäßige Zahlung eines Mitglieds an einen Verein od. eine Organisation;* Jahres~, Monats~, Mitglieds~ □ contribuição; cota

bei|tra|gen ⟨V. 265/505 od. 800⟩ (etwas) zu etwas ~ ⟨a. fig.⟩ *seinen Beitrag (zu etwas) leisten, (bei etwas) mithelfen;* sein Äußeres hat sehr viel zu seiner Popularität beigetragen; er trug zur Unterhaltung (mit) bei; etwas zum Gelingen des Abends ~ □ contribuir

bei|trei|ben ⟨V. 267/500; Rechtsw.⟩ *ausstehende Forderungen ~ einziehen;* Geld ~; Schulden ~; Steuern ~ □ cobrar; arrecadar

bei|tre|ten ⟨V. 268/600(s.)⟩ 1 einer **Organisation** ~ *Mitglied einer O. werden, sich einer O. anschließen;* er ist diesem Verein, Klub, dieser Partei, Gewerkschaft, Genossenschaft beigetreten; die Bundesrepublik Deutschland trat der NATO bei □ filiar-se; ingressar 2 einer **Meinung**, einem Plan, einem Vorschlag ~ ⟨fig.⟩ *beipflichten, zustimmen* □ aderir

Bei|werk ⟨n.; -(e)s; unz.⟩ *etwas, was ergänzend od. schmückend zu etwas hinzukommt, Zutat, (unwichtige, überflüssige) Ausschmückung;* alles zusätzliche, unnütze, nebensächliche, dekorative ~ weglassen; auf modisches ~ verzichten □ acessório

bei|woh|nen ⟨V. 600⟩ 1 einer **Sache** ~ ⟨geh.⟩ *an etwas als Gast od. Zuschauer teilnehmen, bei etwas zugegen sein;* einer Feier, einer Gerichtsverhandlung ~; der Autor wohnte der Premiere bei □ assistir; presenciar 2 einer **Frau** ~ ⟨veraltet⟩ *mit einer F. Geschlechtsverkehr haben* □ *ter relações sexuais com uma mulher

Bei|ze ⟨f.; -, -n⟩ 1 *(chemisches) Mittel zur Behandlung der Oberfläche von verschiedenem Material* □ verniz 1.1 *färbendes Mittel für Holz* □ tintura para madeira 1.2 ⟨Met.⟩ *Flüssigkeit, die Metalle vor Korrosion schützt od. einen bestimmten Farbton hervorruft* □ banho de decapagem 1.3 ⟨Landw.⟩ *Chemikalie zur Desinfektion des Saatgutes* □ desinfetante 1.4 ⟨Gerberei⟩ *Mittel zum Gerben* □ tanante 1.5 ⟨Textilw.⟩ *Flüssigkeit, die Stoffe zur Aufnahme von Farbstoff vorbereitet* □ mordente 1.6 ⟨Kochk.⟩ *gewürzter Aufguss mit Salz u. Essig* □ marinada 1.7 *konzentrierte Lösung des Kochsalzes zum Salzen von Käse* □ salmoura 2 ⟨unz.; Jägerspr.⟩ *Jagd mit abgerichteten Raubvögeln, bes. Falken;* Falken~ □ altanaria

bei|zei|ten ⟨Adv.⟩ *zur rechten Zeit, bevor es zu spät ist;* ich möchte ~ da sein; morgen müssen wir ~ aufstehen □ a tempo; em boa hora

bei|zen ⟨V. 500⟩ 1 *etwas ~ mit Beize behandeln* 1.1 Holz ~ *die Oberfläche färben, wobei die Maserung sichtbar bleibt od. verstärkt wird;* einen Stuhl, Tisch ~ □ envernizar; tingir 1.2 Metall ~ ⟨Met.⟩ *nichtmetallische anorganische Schichten der Oberfläche, z. B. Oxide, Rost, beseitigen;* Zink in alkalischer Lösung ~; elektrolytisch ~ □ decapar 1.3 Saatgut ~ ⟨Landw.⟩ *S. mit Chemikalien zum Schutz gegen anhaftende, schmarotzende Pilze behandeln* □ desinfetar 1.4 Tabak ~ *T. mit Lösungen scharfer Säuren od. Laugen behandeln, die ihm scharfe u. brenzlige od. bittere Bestandteile entziehen* □ tratar; beneficiar 1.5 Leder ~ *enthaarte Häute mit Eiweiß abbauenden Fermenten behandeln, um sie weich zu machen* □ curtir 1.6 Textilien ~ ⟨Textilw.⟩ *T. mit Salzen behandeln, um sie besser zur Aufnahme von Farbstoffen vorzubereiten* □ tratar com mordente 1.7 Schmucksteine ~ *S. durch Einlegen in Lösungen, z. T. nach Erhitzen, verfärben* □ descolorir 1.8 Fisch, Fleisch ~ ⟨Kochk.⟩ *in eine Beize(1.6) legen* □ marinar 1.9 Käse ~ *den geformten K. in eine starke Kochsalzlösung legen* □ salgar 1.10 eine Wunde ~ *ätzen, ausbrennen* □ cauterizar 2 *etwas beizt etwas etwas wirkt auf etwas mit ätzender Schärfe ein;* der Rauch, Qualm beizte uns die Augen; ~der Geruch □ arder; irritar 3 ⟨Jägerspr.⟩ *mit abgerichteten Greifvögeln jagen;* man beizt mit Falken; Enten ~ □ caçar com ave de rapina

be|ja|hen ⟨V. 500⟩ etwas ~ 1 *Ja sagen zu etwas;* Ggs verneinen; eine Frage ~; etwas lebhaft, zögernd ~ □ responder afirmativamente; ~de Antwort □ afirmativo 2 ⟨fig.⟩ *zu etwas positiv eingestellt sein, etwas billigen;* jmds. Handeln ~; das Leben ~ □ aprovar; ter uma atitude positiva; ein (lebens)~der Mensch □ *uma pessoa para cima/positiva

be|jahrt ⟨Adj. 24⟩ *alt, in die (höheren) Jahre gekommen, reiferen Alters;* ein ~er Herr, Mann; sie war schon ~, als er sie kennenlernte □ idoso

be|kämp|fen ⟨V. 500/Vr 8⟩ 1 jmdn. od. etwas ~ *gegen jmdn. od. etwas kämpfen;* einander (bis aufs Blut) ~; einen politischen Gegner ~; Schädlinge ~ 1.1 *gegen etwas vorgehen;* eine Krankheit ~; eine falsche Meinung ~ □ lutar contra; combater

be|kannt ⟨Adj.⟩ 1 ⟨70⟩ etwas ist ~ *von jmdn. (od. vielen) gewusst, nicht neu;* das ist mir ~; es ist allgemein ~, dass ...; ich darf wohl als ~ voraussetzen, dass ...; eine ~e Tatsache □ conhecido; sabido 2 ⟨70⟩ jmd. ist ~ *man kennt ihn, viele kennen ihn;* er ist in der Musikszene ~; er ist für seine Gewissenhaftigkeit ~ □ conhecido; famoso 2.1 er ist ~ wie ein bunter (scheckiger) Hund ⟨umg.; scherzh.⟩ *ungewöhnlich viele kennen ihn* □ *não há quem não o conheça 3 ⟨46⟩ mit jmdm. ~ sein *kennen, den Namen wissen, vertraut sein;* wir sind gut ~ (miteinander) □ *conhecer alguém 4 ⟨Getrennt- u. Zusammenschreibung⟩ 4.1 ~ geben = bekanntgeben 4.2 ~ machen = bekanntmachen 4.3 ~ werden = bekanntwerden

Be|kann|te(r) ⟨f. 2 (m. 1)⟩ 1 *jmd., mit dem man bekannt(3) ist;* sie begrüßten sich wie alte ~; ein ~r von mir; ein alter, flüchtiger, guter ~r; ich habe eine(n) ~(n) getroffen □ amigo; conhecido

be|kannt|ge|ben *auch:* **be|kannt ge|ben** ⟨V. 143⟩ 1 ⟨500⟩ etwas ~ *öffentlich mitteilen, verkünden;* Ergebnisse, Neuigkeiten, Zensuren ~ □ anunciar; tornar público 1.1 ⟨530⟩ jmdm. etwas ~ *jmdm. etwas offiziell mitteilen;* er hat uns seine Vermählung bekanntgegeben/bekannt gegeben; sie gab uns ihren Entschluss bekannt □ comunicar; participar

be|kannt|lich ⟨Adv.⟩ *wie allgemein bekannt, wie jedermann weiß;* Goethe ist ~ in Frankfurt am Main geboren □ como se sabe

be|kannt|ma|chen *auch:* **be|kannt ma|chen** ⟨V.⟩ **1** ⟨500⟩ etwas ~ *öffentlich wissen lassen, behördlich mitteilen;* die Presse machte die Nachricht bekannt; das neue Gesetz wird bald bekanntgemacht/bekannt gemacht □ divulgar; publicar **2** ⟨550/Vr 7 od. Vr 8⟩ jmdn. od. sich mit etwas ~ *jmdn. od. sich mit etwas vertraut machen;* er hat ihn mit der neuen Verordnung bekanntgemacht/bekannt gemacht; du musst dich mit dem neuen Gesetz bekanntmachen/bekannt machen; die Wähler werden noch heute mit den Ergebnissen der Wahl bekanntgemacht/bekannt gemacht □ colocar a par; familiarizar(-se) **2.1** (sich od. jmdn.) mit jmdm. ~ *sich od. jmdn. jmdm. vorstellen;* darf ich Sie mit meiner Mutter bekanntmachen/bekannt machen?, haben Sie sich schon bekanntgemacht/bekannt gemacht? □ apresentar(-se)

Be|kannt|ma|chung ⟨f.; -, -en⟩ **1** *amtliche öffentliche Mitteilung, Veröffentlichung* □ comunicado; edital **2** *Anzeige, Anschlag* □ anúncio **3** *Zettel, Plakat, auf dem etwas bekanntgemacht wird* □ aviso

Be|kannt|schaft ⟨f.; -, -en⟩ **1** ⟨unz.⟩ *das Bekanntwerden, Bekanntsein mit jmdm. od. etwas;* unsere ~ besteht schon seit Jahren; meine ~ mit ihm ist schon alt; meine ~ mit der englischen Literatur währt noch nicht lange □ conhecimento; relação **1.1** jmds. ~ machen ~ *schließen mit jmdm. jmdn. kennenlernen;* ich freue mich, Ihre ~ zu machen □ *conhecer alguém; travar amizade com alguém **1.2** mit etwas ~ machen ⟨häufig scherzh.⟩ *etwas (Unangenehmes) kennenlernen* □ *tomar conhecimento de alguma coisa **2** *Bekannte(r), Bekanntenkreis;* er hatte zahlreiche ~en; eine nette kleine ~; in meiner ~ ist Folgendes passiert □ conhecido; círculo de amigos

be|kannt|wer|den *auch:* **be|kannt wer|den** ⟨V. 285/500 (s.)⟩ **1** *an die Öffentlichkeit gelangen;* das darf nicht bekanntwerden/bekannt werden □ ser divulgado **2** *von der Öffentlichkeit wahrgenommen werden;* er ist durch seinen Roman bekanntgeworden/bekannt geworden □ ficar conhecido **3** mit jmdm. ~ *jmdn. kennenlernen;* ich möchte mit ihm bekanntwerden/ bekannt werden □ *conhecer alguém

be|keh|ren ⟨V. 505/Vr 7 od. Vr 8⟩ **1** jmdn. od. sich (zu etwas) ~ *von etwas überzeugen, dazu bringen, etwas zu glauben od. zu tun;* sich zu einer Ansicht ~; sie bekehrte ihn zu einer anderen Weltanschauung; du kannst mich nicht (dazu) ~!; er wollte mich zu seiner Überzeugung ~ □ convencer(-se) **1.1** ⟨Rel.⟩ *bei jmdm. od. sich durch innere Wandlung die religiöse Einstellung ändern;* sich zu einem anderen Glauben ~; jmdn. od. sich zum Christentum ~; Heiden ~ □ converter(-se)

be|ken|nen ⟨V. 166⟩ **1** ⟨500⟩ etwas ~ *gestehen, zugeben, offen sagen;* seinen Fehler, seine Schuld ~; ich bekenne, dass ich es getan habe; die Wahrheit ~ □ admitir; confessar **1.1** Farbe ~ **1.1.1** ⟨Kart.⟩ *eine Karte gleicher Farbe ausspielen* □ *servir carta do mesmo naipe* **1.1.2** ⟨fig.⟩ *seine wahre Meinung offenbaren* □ *colocar as cartas na mesa* **1.2** ⟨513/Vr 3⟩ sich schuldig ~ *sich für schuldig erklären* □ *declarar-se culpado* **2** ⟨550/Vr 3⟩ sich zu jmdm. od. etwas ~ *für jmdn. od. etwas eintreten, zu jmdm. od. etwas stehen;* sich zu einer Auffassung, einem Glauben, einer Lehre ~; sich zum Christentum ~ □ *ser partidário de alguém ou alguma coisa* **3** ⟨402⟩ (seinen Glauben) ~ *(für seinen Glauben) Zeugnis ablegen;* öffentlich ~ □ professar

Be|kennt|nis ⟨n.; -ses, -se⟩ **1** *das Bekennen;* ~ einer Auffassung, Meinung des Glaubens; ~ zur Demokratie □ profissão de fé **2** *Geständnis, Eingeständnis, Beichte;* Sünden~; ein ~ ablegen □ confissão **3** *Glaubenssätze einer Religionsgemeinschaft;* Glaubens~ □ credo **4** *(Zugehörigkeit zu einer) Religionsgemeinschaft;* evangelisches, katholisches, religiöses ~ □ confissão

be|kla|gen ⟨V.⟩ **1** ⟨500⟩ jmdn. od. etwas ~ ⟨geh.⟩ *um, über jmdn. od. etwas klagen, jmdn. od. etwas schmerzlich bedauern;* er beklagte den Toten; den Tod des Freundes ~; einen Verlust ~ □ lamentar **1.1** Menschenleben sind (nicht) zu ~ es gab (keine) Tote(n) □ *(não) há vítimas fatais* **2** ⟨550/Vr 3⟩ sich über jmdn. od. über (wegen) etwas ~ *sich beschweren, Klage führen;* Sie können sich nicht ~; ich habe mich (bei seinen Eltern) über seine Worte/wegen seiner Worte beklagt; der Lehrer beklagte sich über die Störung ~ □ *reclamar/queixar-se de alguém ou alguma coisa* **3** ⟨Part. Perf.⟩ die beklagte Partei, Person ⟨Rechtsw.⟩ *Partei od. Person, gegen die im Zivilprozess die Klage gerichtet ist* □ *parte acusada; réu

be|klei|den ⟨V. 500⟩ **1** ⟨Vr 7⟩ jmdn. od. sich ~ *mit Kleidern versehen, anziehen;* er bekleidete den Bettler; in der Eile hat sie sich nur notdürftig bekleidet □ vestir(-se) **1.1** ⟨meist in der Verbindung⟩ **(mit etwas) bekleidet sein** *etwas anhaben;* er war nur leicht, mit Hemd und Hose bekleidet; das vermisste Kind ist mit einem blauen Anorak bekleidet □ *vestir (alguma coisa)* **2** etwas ~ ⟨fig.; geh.⟩ *etwas innehaben;* er bekleidet ein hohes Amt; während des Krieges hat er den Rang eines Oberleutnants bekleidet; seit langem bekleidet sie eine wichtige Stelle, einen bedeutenden Posten □ ocupar; exercer **3** ⟨516⟩ jmdn. mit Macht, Würde, einem Amt ~ ⟨fig.; geh.⟩ *jmdn. mit M., W., einem A. versehen* □ investir **4** ⟨516⟩ etwas mit etwas ~ *beziehen, bedecken;* eine Wand mit Papier, Stoff, Tapete ~ □ revestir

be|klem|men ⟨V. 503⟩ **1** etwas beklemmt jmdn. od. (jmdm.) etwas *etwas bedrückt, beengt jmdn. od. (jmdm.) etwas;* der schreckliche Gedanke beklemmte ihn; Angst, Sorge beklemmt mich, mein Herz; eine bange Ahnung beklemmte (mir) mein Herz, meine Brust; der Kragen beklemmt mich □ apertar; oprimir; afligir **1.1** etwas beklemmt jmdn. den Atem *etwas nimmt jmdn. den A.;* der Nebel, die Hitze beklemmt mir den Atem □ sufocar

be|klem|mend ⟨Adj.⟩ *bedrückend, beengend, unheilvoll;* ein ~des Angstgefühl; eine ~de Stille, Stimmung

beladen

trat ein; die Situation war ~ □ angustiante; opressivo
be|klom|men ⟨Adj. 24; geh.⟩ *bedrückt, ängstlich;* sie stieg ~en Herzens die Treppe hinauf; sie schwieg ~; mir war ~ zumute; sie wartete mit ~em Herzen □ angustiado; aflito
be|kom|men ⟨V. 170⟩ **1** ⟨500⟩ jmd. bekommt etwas *es wird bewirkt, dass jmd. etwas hat;* ich bekomme noch drei Euro; einen Brief ~; Gehalt, Geld ~; eine Nachricht ~; die Mitteilung ~, dass ...; er hat seinen Teil ~; (keine) Antwort ~; die Erlaubnis ~ (etwas zu tun); (telefon.) Verbindung ~; Besuch, vier Wochen Urlaub ~ □ receber; das Kind hat einen Zahn ~ □ *nasceu um dente na criança* **1.1** was ~ Sie bitte? *was wünschen Sie, was möchten Sie kaufen?* □ *o que vai querer?* **1.2** was ~ Sie? *was habe ich zu zahlen?, was bin ich Ihnen schuldig?* □ *quanto lhe devo?* **1.3** ⟨400⟩ ~ Sie schon? *werden Sie schon bedient?* □ *já foi atendido?;* danke, ich bekomme schon! □ *obrigado, já fui atendido!* **1.4** sie bekommt ein Kind *sie erwartet ein K., ist schwanger* □ *ela está grávida* **1.5** sie hat ein Kind ~ *sie hat ein K. geboren, zur Welt gebracht* □ *ela deu à luz* **1.6** ⟨580 od. mit Part. Perf.⟩ *erfahren, erhalten;* was kann ich zu essen ~? □ *o que há para comer?;* du wirst es noch zu hören ~ □ *você ainda vai ouvir falar disso;* kann ich etwas anderes zu tun ~? □ *posso pegar outra coisa para fazer?;* ich habe nichts davon zu sehen ~ □ *não cheguei a ver nada disso;* ich habe das Buch geborgt ~; wir ~ es zugeschickt; etwas geschenkt ~ □ receber **2** ⟨500⟩ jmd. od. etwas bekommt etwas (anderes) *unterliegt einer Änderung;* graue Haare ~ □ *começar a ficar grisalho;* die Mauer bekommt Risse □ *o muro está com rachaduras;* wir ~ Kälte □ *vai esfriar;* wir ~ anderes Wetter □ *o tempo vai mudar;* Übung (im Autofahren o. Ä.) ~ □ *ganhar prática;* Hunger, einen Schrecken, Herzklopfen, Schläge, Angst ~, Lust ~, etwas zu tun □ ficar com; einen Wutanfall ~ □ *ter um ataque de cólera;* (die nötige) Sicherheit (im Auftreten usw.) ~ □ adquirir **2.1** einen Bauch ~ *dick werden* □ *ganhar barriga* **2.2** Farbe ~ *allmählich gesünder, frischer aussehen* □ *ganhar cor* **2.3** eine Krankheit ~ *erkranken (an), sich eine K. zuziehen;* die Masern, den Schnupfen ~ contrair; apanhar **2.4** ⟨550 + Inf.⟩ es mit der Angst zu tun ~ *ängstlich werden* □ *começar a ficar com medo* **2.5** ⟨550 + Inf.⟩ es mit jmdm. zu tun ~ *jmdn. von der unangenehmen Seite kennenlernen;* benimm dich anständig, sonst bekommst du es mit mir zu tun!; □ *haver-se com alguém* **2.6** ⟨513⟩ **2.6.1** etwas od. jmdn. in seine Gewalt ~ *sich einer Sache od. einer Person bemächtigen* □ *ter alguém ou alguma coisa na palma da mão* **2.6.2** ⟨550⟩ etwas od. jmdn. zu Gesicht ~ *sehen, erblicken* □ *ver alguma coisa ou alguém* **3** ⟨600(s.)⟩ *etwas bekommt jmdm. ist jmdm. bekömmlich, tut jmdm. gut;* es bekommt mir gut (schlecht); der Klimawechsel ist mir schlecht ~; das Essen ist mir nicht ~; ist Ihnen der gestrige Abend gut ~?; die Luft, die Ruhe wird ihm gut ~ □ *fazer bem/mal a alguém;* wie ist Ihnen das Bad ~? □ *o que achou do banho?;* wohl bekomm's! (Wunsch beim Essen od. Trinken) □ *bom proveito!*
be|kömm|lich ⟨Adj.⟩ *gesund, zuträglich;* ein ~es Essen, Getränk; eine ~e Mahlzeit; fette Speisen sind schwer ~ □ saudável; digerível
be|kräf|ti|gen ⟨V. 505⟩ **1** etwas mit od. durch etwas ~ *nachdrücklich bestätigen;* die Meinung eines anderen ~; einen Vorschlag ~; er hat die Aussage durch seinen Eid, mit seiner Unterschrift bekräftigt □ reforçar; confirmar **2** ⟨Vr 8⟩ jmdn. od. etwas (in etwas) ~ ⟨geh.⟩ *unterstützen, bestärken;* diese Ereignisse haben mich in meinem Vorhaben bekräftigt; jmds. Plan ~ □ corroborar; apoiar
be|kreu|zi|gen ⟨V. 500/Vr 3⟩ **1** sich ~ ⟨christl. Kirche außer evang.⟩ *das Zeichen des Kreuzes mit einer Bewegung der Hand über Stirn u. Brust andeuten;* sie bekreuzigte sich beim Eintreten in die Kirche; er hat sich vor dem Altar bekreuzigt **1.1** ⟨550/Vr 3⟩ sich vor jmdm. od. einer Sache ~ ⟨umg.⟩ *sich aus Abscheu od. abergläubischer Furcht vor jmdm. od. einer Sache hüten* □ benzer-se; fazer o sinal da cruz
be|krie|gen ⟨V. 500/Vr 8⟩ **1** jmdn. od. ein Land ~ *gegen jmdn. od. ein L. Krieg führen;* den Feind ~ □ combater; travar guerra **1.1** ⟨Vr 4⟩ sich od. einander ~ *sich gegenseitig bekämpfen, ständige Auseinandersetzungen führen, sich andauernd streiten* □ travar guerra; brigar
be|küm|mern ⟨V. 500⟩ **1** etwas bekümmert jmdn. *etwas macht jmdm. Sorge, betrübt jmdn.;* das bekümmert ihn gar nicht; dein Leichtsinn, dein Zustand, deine Haltung bekümmert mich; das braucht dich nicht zu ~ □ preocupar **1.1** was bekümmert Sie das? *was geht Sie das an?* □ *o que o senhor tem a ver com isso?* **2** ⟨550/Vr 3⟩ sich um jmdn. od. etwas ~ ⟨veraltet⟩ *sich um jmdn. od. etwas kümmern, sorgen, sich für jmdn. od. etwas einsetzen;* ich werde mich um die Angelegenheit ~; bitte bekümmere dich ein wenig um die Kinder! □ *cuidar de alguém ou alguma coisa*
be|küm|mert 1 ⟨Part. Perf. von⟩ *bekümmern* **2** ⟨Adj.⟩ *betrübt, besorgt, bedrückt;* ein ~es Gesicht machen; er schwieg ~; warum siehst du so ~ aus? □ preocupado
be|kun|den ⟨V. 500⟩ **1** etwas ~ ⟨geh.⟩ *etwas deutlich zeigen, zum Ausdruck bringen;* er bekundete keinerlei Absicht, Neigung, zu ...; sein Beileid, Mitgefühl ~; seine Reue, Unwissenheit ~ □ manifestar; exprimir **1.1** etwas vor Gericht ~ ⟨Rechtsw.⟩ *bezeugen* □ depor **1.2** ⟨Vr 3⟩ etwas bekundet sich ⟨geh.⟩ *zeigt sich, wird deutlich;* sein Verdacht bekundete sich schon am nächsten Tag □ manifestar-se; mostrar-se
be|la|den ⟨V. 174/505⟩ **1** ein Transportmittel, Behältnis, Möbelstück (mit Gegenständen) ~ *G. hinbringen u. sie dort niederlegen, stapeln od. befestigen;* ein Lasttier mit Gepäck ~; einen Wagen (mit Kohle, Holz) ~; ein hoch mit Heu ~er Anhänger □ carregar **2** ⟨Vr 7 od. Vr 8⟩ jmdn. mit seinen Sorgen ~ ⟨fig.⟩ *jmdm. von seinen S. berichten u. ihn damit (seelisch) belasten* □ carregar; gravar **2.1** ⟨Part. Perf.⟩ mit

Belag

Sorgen, Sünden ~ (sein) *voller Sorgen, Sünden (sein);* kommt alle zu mir, die ihr mühselig und ~ seid (Matth. 11,28) □ **carregado; oprimido**

Be|lag ⟨m.; -(e)s, -läge⟩ **1** *das Aufgelegte;* ~ *aus Brettern (auf dem Boden), Fußboden* ~ □ **revestimento;** *den ~ der Bremsen erneuern* □ **pastilha de freio** 1.1 *dünne Schicht, mit der etwas überzogen ist;* ~ *auf der Fensterscheibe;* ~ *auf dem Spiegel* □ **camada fina;** *einen ~ auf der Zunge haben* ⟨Med.⟩ □ **saburra** 1.2 *Aufstrich, Aufschnitt auf dem Brot;* Brot~ □ **frios; recheio** 1.3 ⟨Schneiderei⟩ 1.3.1 = *Besatz(1)* 1.3.2 *Aufschlag (an Jacke, Kleid od. Mantel)* □ **punho; bainha; lapela**

be|la|gern ⟨V. 500⟩ **1** *etwas ~ mit einem Heer umschlossen halten;* eine Festung, eine Stadt ~ □ **sitiar; assediar 2** jmdn. od. etwas ~ ⟨fig.; umg.⟩ *sich um jmdn. od. etwas drängen, jmdn. od. etwas von allen Seiten bedrängen, bestürmen;* die Theaterkasse, einen Verkaufsstand ~; die Reporter belagerten die Schauspielerin □ **assediar; cercar**

be|läm|mert ⟨Adj.; umg.⟩ **1** *verwundert, verwirrt, betreten;* ein ~es Gesicht machen □ **perplexo; consternado 2** *ärgerlich, unangenehm, scheußlich;* das ist heute ein ~er Tag, ein ~es Wetter □ **horrível; horroroso**

Be|lang ⟨m.; -(e)s, -e⟩ **1** ⟨nur Pl.⟩ *Interessen;* wirtschaftliche ~e; jmds. ~e vertreten, wahren □ **interesses 2** ⟨nur in den Wendungen⟩ **(nicht) von, ohne ~** *(nicht) ohne Bedeutung, (nicht) unwichtig;* das ist für mich an dieser Stelle nicht von ~; diese Frage ist für dich (nicht) von ~ □ **(não) ser importante* 2.1 nichts von ~! *nichts Wichtiges!* □ **nada de importante!*

be|lan|gen ⟨V. 500⟩ **1** jmdn. *~ zur Verantwortung ziehen, verklagen;* jmdn. gerichtlich ~; jmdn. wegen Diebstahls ~; für diese Tat werde ich Sie ~ □ **processar 2** was jmdn. od. etwas (an)belangt *was jmdn. od. etwas betrifft;* was mich (an)belangt, so ist es mir gleichgültig □ **no que diz respeito a alguém ou alguma coisa*

be|lang|los ⟨Adj.⟩ *nicht von Belang, bedeutungslos, unwichtig;* seine Kritik an dem Buch ist ~ □ **irrelevante; sem importância**

be|las|sen ⟨V. 175/505⟩ **1** jmdn. od. etwas ~ *im gegenwärtigen Zustand, ohne Änderung lassen;* die Möbel vorläufig in einem Raum ~; jmdn. in seiner Stellung (noch) ~; alles beim Alten ~; er belässt es bei der bisherigen Regelung □ **deixar (como está)** 1.1 wir wollen es dabei ~ *bewenden lassen* □ **vamos deixar como está; vamos deixar assim*

be|las|ten ⟨V. 500⟩ **1** etwas ~ *mit einer Last beladen, beschweren;* eine Brücke, einen Fahrstuhl (zu sehr) ~ □ **carregar 2** ⟨505/Vr 7 od. Vr 8⟩ jmdn. od. etwas (mit etwas) ~ *stark beanspruchen;* ich will dich nicht mit meinen Sorgen ~; ich kann mich nicht mit Kleinigkeiten, Kleinkram ~ □ **sobrecarregar; onerar** 2.1 etwas belastet jmdn. *bedrückt jmdn., macht jmdm. zu schaffen;* sein Unglück belastet mich sehr; ein Kummer belastet ihn □ **pesar sobre; oprimir** 2.1.1 erblich belastet sein *eine bestimmte (krankhafte) Erb-*

anlage haben; er ist von seines Vaters Seite her erblich belastet □ **ter uma predisposição/carga hereditária* **3** ⟨Vr 7 od. Vr 8⟩ jmdn. ~ *schuldig erscheinen lassen;* den Angeklagten durch eine Aussage ~ □ **incriminar;** ~de Aussagen machen; seine Aussagen, seine Worte fallen ~d ins Gewicht; ein ~der Umstand □ **comprometedor; agravante 4** ⟨550/Vr 7⟩ jmdn. od. etwas mit einer Verpflichtung ~ *jmdm. od. etwas eine finanzielle Belastung auferlegen;* wir müssen Sie mit den Kosten ~ □ **onerar;** ein Konto mit einem Betrag ~ □ **debitar uma quantia a uma conta;* ein Haus mit Hypotheken ~ □ **hipotecar uma casa*

be|läs|ti|gen ⟨V. 500/Vr 8⟩ **1** jmdn. ~ *jmdn. unangenehm sein, jmdn. stören;* jmdn. mit seiner Anwesenheit, mit seinen Besuchen ~; jmdn. mit Fragen ~; ich möchte Sie nicht ~, aber darf ich fragen ... □ **incomodar** 1.1 *sich jmdm. aufdrängen, jmdn. behelligen;* jmdn. auf der Straße ~; bitte ~ Sie mich nicht länger! □ **importunar**

Be|läs|tung ⟨f.; -, -en⟩ **1** *das Belasten, Belastetwerden;* zulässige ~ eines Fahrstuhls, einer Brücke, Maschine □ **carga;** finanzielle ~; steuerliche ~ □ **ônus; encargo;** ~ eines Hauses, eines Kontos □ **hipoteca; débito 2** *Eintragung auf der Sollseite* □ **débito 3** *Last, Druck;* eine große seelische ~ □ **peso; pressão**

be|lau|fen ⟨V. 176⟩ **1** ⟨500⟩ ein Gebiet ~ ⟨umg.⟩ *prüfend, suchend abgehen* □ **percorrer (à procura de) 2** ⟨550/Vr 3⟩ etwas beläuft sich auf etwas *etwas beträgt, ergibt etwas;* sein Alter belief sich auf 60 Jahre; die Kosten ~ sich auf 300 Euro; die Zahl der Teilnehmer beläuft sich auf 200 □ **montar a; somar**

be|le|ben ⟨V. 500⟩ **1** jmdn. od. etwas ~ *(wieder) Leben geben;* einen Erschöpften durch stärkende Getränke ~ □ **reanimar;** ein ~der Regen □ **revigorante** 1.1 ⟨Part. Perf.⟩ belebt *organisches Leben habend;* die belebte Welt □ **animado 2** jmdn. od. etwas ~ *lebhafter machen, anregen;* den Geschäftsgang ~ □ **estimular 3** ⟨Vr 3⟩ sich ~ *(wieder) lebhaft, lebendiger werden;* die Straße, der Verkehr belebt sich; seine (Gesichts)züge ~ sich □ **revitalizar-se; revigorar-se* 3.1 ⟨Part. Perf.⟩ belebt *mit Leben, Bewegung erfüllt;* eine belebte Straße □ **movimentado 4** etwas ~ *lebendig(er) gestalten;* ein kahles Zimmer durch Bilder, Vorhänge ~ □ **dar vida a**

Be|leg ⟨m.; -(e)s, -e⟩ **1** *etwas, was als Beweis dient;* einen schriftlichen ~ finden, vorzeigen; kann ich für die Zahlung einen ~ haben? □ **documento; prova; recibo** 1.1 *Originalunterlage (Rechnung, Quittung) für die Buchung;* Rechnungs~ □ **recibo 2** *Nachweis;* ~e suchen; für diese Form gibt es im Germanischen keinen ~ □ **prova;** ~exemplar □ **depósito legal;** ~stelle □ **citação**

be|le|gen ⟨V. 500⟩ **1** etwas ~ *(mit einem Belag) bedecken;* den Boden mit Brettern, Dielen, Fliesen, Matten ~ □ **revestir; cobrir;** Brote (mit Wurst-, Käsescheiben) ~; ein Brot mit Käse ~ □ **rechear;** belegte Brötchen □ **canapés;* seine Zunge ist belegt; eine belegte Zunge □ **saburrento** 1.1 belegte **Stimme** *heisere S.* □ **rouco** 1.1.1 seine Stimme klingt belegt *gedämpft, nicht frei* □ abafado 1.2 ⟨516⟩ eine Stadt mit Bomben ~ *bombardieren* □ bombardear 2 *etwas ~ besetzen, sich ein Anrecht auf etwas sichern* □ ocupar 2.1 im Gasthaus sind alle Zimmer belegt *besetzt* □ ocupado 2.2 ⟨516⟩ ein Haus, eine Stadt mit Truppen ~ *Truppen einquartieren in einem H., einer S.* □ *acantonar tropas em uma casa/em uma cidade 2.3 einen Platz ~ *sich einen P. (durch Darauflegen eines Gegenstandes) sichern, freihalten* □ guardar; reservar 2.4 ein Kolleg ~, einen Kursus, ein Seminar ~ *sich als Hörer, Teilnehmer dafür einschreiben* □ inscrever-se; matricular-se 3 *etwas ~ mit einem Schriftstück beweisen, mit einem schriftlichen Zeugnis nachweisen; eine Behauptung ~; Ausgaben (durch Quittungen) ~; dieses Wort ist schon bei Walther von der Vogelweide belegt; diese Form ist schon (ist nicht) im Germanischen belegt* □ comprovar; demonstrar 4 ⟨516⟩ jmdn. mit etwas ~ *jmdm. etwas auferlegen; jmdn. mit einer Geldstrafe ~; eine Stadt mit Abgaben ~* □ *impor/infligir alguma coisa a alguém 5 *ein weibliches Tier ~ begatten, decken* □ cobrir; cruzar 6 *ein Boot ~ an Land festmachen* □ abitar; encapelar 7 ⟨516⟩ eine Sache mit einem Namen ~ *einer S. einen Namen geben* □ *nomear alguma coisa

Be|leg|schaft ⟨f.; -, -en⟩ *alle Beschäftigten eines Betriebes* □ pessoal; equipe

be|leh|ren ⟨V. 505/Vr 8⟩ 1 *jmdn. ~ jmdn. etwas lehren, jmdn. etwas wissen lassen; er hat ihn belehrt, wie er sich zu verhalten hat* □ ensinar; instruir; *ein ~des Buch, Gespräch; ~de Schriften* □ instrutivo 1.1 jmdn. über etwas ~ *jmdn. über etwas aufklären; er belehrte uns über die Vorschriften; das Buch belehrte mich über die Pflege der Zimmerpflanzen* □ esclarecer; informar 2 *jmdn. ~ jmdn. von seiner (irrigen) Ansicht abbringen, jmds. Meinung ändern; er ist nicht zu ~* □ dissuadir; fazer mudar de ideia; *du brauchst dich nicht von ihm ~ zu lassen* □ *você não precisa dar ouvidos a ele; *ich habe mich ~ lassen (müssen)* □ *dei-me conta de que estava errado 2.1 ⟨504/Vr 7 od. Vr 8⟩ jmdn. (eines Besseren, anderen) ~ ⟨geh.⟩ *jmdn. von der Richtigkeit einer (besseren, anderen) Auffassung überzeugen* □ *abrir os olhos de alguém

be|leibt ⟨Adj.⟩ *dick, dickbäuchig, korpulent; eine ~e ältere Dame; er war ganz schön ~* □ corpulento

be|lei|di|gen ⟨V. 500/Vr 8⟩ 1 jmdn. ~ *etwas ~ verletzen, kränken; dieser Anblick beleidigt das Auge; solche Klänge ~ das Ohr* □ ofender; insultar; ferir; *sie ist leicht, schnell beleidigt; sich beleidigt fühlen; beleidigt sein* □ ofendido; *einen ~den Brief schreiben; ~de Worte sprechen* □ ofensivo 1.1 *die beleidigte Leberwurst spielen* ⟨fig.; umg.⟩ *lange gekränkt sein, schmollen* □ *ficar emburrado/amuado

be|lem|mert ⟨alte Schreibung für⟩ belämmert

be|le|sen ⟨Adj.⟩ *durch vieles Lesen gut unterrichtet, gelehrt; ein ~er Schüler; er ist sehr ~* □ lido; culto; versado

be|leuch|ten ⟨V. 500⟩ 1 *etwas ~ in helles Licht setzen, anstrahlen; der Platz, die Straße ist gut, schlecht beleuchtet; einen Saal festlich ~* □ iluminar 2 *eine An-gelegenheit ~* ⟨fig.⟩ *genau untersuchen, betrachten, behandeln; das müssen wir etwas näher ~; einen Gegenstand einseitig, von allen Seiten ~* □ examinar a fundo

be|leum|det ⟨Adj. 24/70; geh.⟩ *im Ruf stehend; gut, schlecht, übel ~; eine gut ~e Familie* □ que tem boa/má fama/reputação

be|lie|ben ⟨V.; veraltet⟩ 1 ⟨400 od. 408⟩ *wünschen; der Herr Graf, Eure Majestät zu speisen?; wie Sie ~ 1.1 was beliebt? was wünschen Sie?* □ desejar 2 ⟨480⟩ *geneigt sein, sich (gnädig) herbei-, herablassen (etwas zu tun); er beliebt zu scherzen* □ gostar 3 ⟨600⟩ *es beliebt jmdm. es gefällt jmdm.; schreiben Sie, wann es Ihnen beliebt* □ agradar; aprazer

be|lie|big ⟨Adj. 24⟩ 1 ⟨70⟩ *irgendein; ein ~es Beispiel herausgreifen; ein ~er Gegenstand; einen ~en Zuhörer bitten, auf die Bühne zu kommen* □ qualquer 1.1 jeder Beliebige *irgendeiner, jeder* □ *qualquer pessoa; qualquer um 2 ⟨50⟩ *nach Wunsch, nach Wahl; du kannst hier ~ spazieren gehen; ~ lange, ~ viel, ~ oft* □ à vontade

be|liebt 1 ⟨Part. Perf. von⟩ belieben 2 ⟨Adj.⟩ 2.1 *allgemein u. überall gern gesehen u. geschätzt; ein ~er Lehrer, Schauspieler; er ist bei allen Kollegen ~; beim Volke ~* □ querido; benquisto 2.1.1 *sich ~ machen sich durch etwas die Zuneigung anderer verschaffen; wenn du dich bei mir ~ machen willst, dann hilf mir bitte* ⟨scherzh.⟩ □ *conquistar; ganhar a simpatia 2.2 *gern u. oft gebraucht; eine ~e Ausrede; das ist ein ~er Scherz; ein ~er Vorwand* □ usual; em voga 2.2.1 *oft besucht; dieses Lokal war bei den Gästen sehr ~* □ procurado

bel|len ⟨V. 400⟩ 1 *Laut geben; Hunde, Füchse, Wölfe ~* □ latir; regougar; uivar; → a. *Hund(3.1)* 2 ⟨fig.; umg.⟩ *heftig u. hart, trocken husten; ~der Husten* □ *tosse de cachorro

be|loh|nen ⟨V. 505/Vr 7⟩ *jmdn. (für etwas) ~ jmdm. einen Gegenwert als Dank (für eine nicht bestellte Leistung) geben;* Ggs *bestrafen; jmdn. mit Undank ~; jmdn. für seine Hilfe, seine Mühe ~; jmdn. reichlich ~* □ recompensar; premiar

Be|loh|nung ⟨f.; -, -en⟩ *Gegenwert als Dank für eine (nicht bestellte) Leistung;* Ggs *Strafe, Bestrafung; eine hohe ~ aussetzen für etwas; als od. zur ~ für ...; einen verlorenen Gegenstand gegen ~ abgeben* □ recompensa

be|lü|gen ⟨V. 181/500⟩ *jmdn. ~ jmdm. etwas Unwahres sagen; er hat mich mehrmals belogen ~* □ mentir

be|lus|ti|gen ⟨V.⟩ 1 ⟨500/Vr 7 od. Vr 8⟩ jmdn. od. sich ~ *jmdn. od. sich zum Lachen bringen, bei jmdm. od. sich Heiterkeit hervorrufen; er belustigte mit seinen Reden die ganze Gesellschaft; sein Benehmen hat sie belustigt; es hat mich belustigt, ihn anzusehen* □ divertir(-se); entreter(-se); *er fand es äußerst belustigend, dass ...* □ divertido 2 ⟨550/Vr 3⟩ sich über jmdn. od. etwas ~ *lustig machen; die ganze Stadt hat sich damals über seine Manieren belustigt* □ *zombar de alguém ou alguma coisa 3 ⟨500/Vr 3⟩ sich ~

bemächtigen

⟨veraltet⟩ *sich amüsieren; die jungen Leute belustigen sich beim Tanz* □ *divertir-se

be|mäch|ti|gen ⟨V. 540/Vr 3; geh.⟩ **1** sich einer Sache ~ *sich etwas mit Gewalt nehmen, sich gewaltsam etwas aneignen; sich einer Stadt, eines Landes ~; er bemächtigte sich plötzlich der Waffe* **2** sich jmds. ~ *jmdn. in seine Gewalt bekommen; sich des Kindes ~ (um es zu entführen); die Polizisten bemächtigten sich des Entflohenen* **2.1** etwas bemächtigt sich jmds. ⟨fig.; poet.⟩ *etwas ergreift, überkommt jmdn.; Furcht, Angst bemächtigte sich meiner* □ **tomar; apossar-se; apoderar-se**

be|ma|len ⟨V. 500/Vr 7⟩ **1** etwas ~ *mit Farbe anstreichen, bunt machen; er bemalte die Teller mit Blümchen; eine bemalte Truhe* **2** sich ~ ⟨umg.; scherzh.⟩ *sich schminken* □ **pintar(-se)**

be|män|geln ⟨V. 500⟩ etwas ~ *etwas tadeln, es jmdm. als Fehler vorhalten; jmds. Verhalten ~; ich muss ~, dass ...; an allem etwas zu ~ haben* □ **criticar; censurar**

be|man|nen ⟨V. 500⟩ etwas ~ *etwas mit einer Mannschaft versehen; ein Schiff, Flugzeug ~; ein mit acht Ruderern bemanntes Boot* □ **tripular**

be|män|teln ⟨V. 500⟩ etwas ~ *etwas verbergen, verhüllen, beschönigen; einen Fehler, einen Fehltritt ~; er versuchte, seine wahren Absichten zu ~* □ **encobrir; esconder; disfarçar**

be|merk|bar ⟨Adj. 24⟩ **1** *so geartet, dass man es bemerken kann* □ **perceptível 1.1** sich ~ machen *auf seine Anwesenheit (durch Geräusche) hinweisen; die Gefangenen machten sich durch Klopfzeichen ~* □ *fazer-se notar **1.2** etwas macht sich ~ *etwas ist erkennbar, zeigt Auswirkungen; die Krankheit macht sich seit zwei Monaten ~* □ *manifestar-se

be|mer|ken ⟨V. 500⟩ **1** ⟨Vr 8⟩ jmdn. od. etwas ~ *jmdn. od. etwas wahrnehmen, darauf aufmerksam werden; ich bemerkte ein leises Geräusch, eine Bewegung im Gebüsch; einen Schaden rechtzeitig, zu spät ~; jmdn. nicht ~* □ **notar; perceber 2** etwas ~ *mit wenigen Worten äußern, sagen; er tat den Einwand mit dem Bemerken ab, er sei unwichtig; nebenbei bemerkt, ich habe ihn gar nicht gesehen; haben Sie noch etwas dazu zu ~?; ich möchte dazu ~, dass ...; „...", bemerkte er* □ **comentar; observar**

Be|mer|kung ⟨f.; -, -en⟩ **1** *kurze mündliche od. schriftliche Äußerung; eine kritische, spöttische, treffende, witzige, zynische ~; eine ~ machen über* **1.1** *deine (dummen) ~en kannst du dir sparen!* ⟨umg.⟩ *deine (dummen) B. sind unpassend* □ **comentário; observação 2** ⟨veralt.⟩ *Wahrnehmung, Beobachtung* □ **percepção; observação**

be|mes|sen ⟨V. 185/500⟩ etwas ~ *etwas nach Schätzung od. bestimmtem Maß (Größe, Menge, Dauer usw.) zuteilen, abmessen; er hat das Geld zu knapp ~; eine genau ~e Dosis; unsere Zeit ist kurz ~* □ **calcular; medir; limitar**

be|moost ⟨Adj.⟩ **1** *mit Moos bewachsen, bedeckt; ~e Felsen, Bäume; alte Dächer sind ~* □ **musgoso 2** ⟨fig.; scherzh.⟩ alt ~ **velho 2.1** ein ~es Haupt **2.1.1** ⟨urspr.⟩ *Student, der schon sehr lange studiert* □ *um veterano **2.1.2** ⟨allg.⟩ *alter Mann, alter Herr* □ **idoso; velho**

be|mü|hen ⟨V. 500⟩ **1** jmdn. ~ ⟨geh.⟩ *bitten, veranlassen, etwas zu tun; darf ich Sie noch einmal wegen dieser Sache ~* **1.1** jmdm. Mühe, Arbeit bereiten; es tut mir Leid, dass ich Sie vergeblich bemüht habe □ **incomodar; dar trabalho 2** ⟨500/Vr 3⟩ sich ~ *sich Mühe geben, sich anstrengen; du solltest dich ~, deine Aufgaben sorgfältiger zu machen* □ *empenhar-se; esforçar-se; *bitte, ~ Sie sich nicht (als höfliche Ablehnung einer Dienstleistung)* □ *por favor, não se incomode! **2.1** ⟨515⟩ sich für jmdn. ~ *an jmds. Stelle tätig werden* □ *agir no lugar de alguém **2.2** ⟨550⟩ sich um etwas ~ *nach etwas streben* □ *esforçar-se para obter alguma coisa **2.3** ⟨550⟩ sich um jmdn. ~ *jmds. Gunst, Freundschaft zu gewinnen suchen* □ *esforçar-se para conquistar a simpatia de alguém **3** ⟨511/Vr 3; veraltet⟩ sich an einen Ort ~ (Höflichkeitsformel) *sich an einen Ort begeben, an einen Ort gehen; ich danke Ihnen, dass Sie sich hierher bemüht haben* □ **dirigir-se; deslocar-se;** *wenn Sie sich bitte ins Nebenzimmer ~ würden* □ **passar**

be|mü|ßigt ⟨Adj. 50/24 nur in den Wendungen⟩ sich ~ fühlen, sehen, finden ⟨meist scherzh.⟩ *sich genötigt, veranlasst fühlen, sehen, finden; ich fühlte mich bemüßigt, sie nach Hause zu begleiten* □ *julgar oportuno; ver-se no dever de

be|mut|tern ⟨V. 500⟩ jmdn. ~ *wie eine Mutter für jmdn. sorgen, jmdn. sanft bevormunden; er bemutterte gern seine jüngeren Geschwister* □ **proteger; mimar**

be|nach|rich|ti|gen ⟨V. 505/Vr 8⟩ **1** jmdn. ~ *jmdm. eine Nachricht übermitteln; wir haben seine Schwester benachrichtigt; die Polizei ~* **1.1** jmdn. von etwas ~ *jmdn. von etwas unterrichten, ihm etwas mitteilen; er benachrichtigte die Eltern von der Geburt des Kindes; ich muss ihn von meinem Vorhaben ~* □ **comunicar; informar; avisar**

be|nach|tei|li|gen ⟨V. 500/Vr 7 od. Vr 8⟩ jmdn. ~ *jmdn. zurücksetzen, jmdn. (zugunsten eines anderen) weniger zugestehen;* Ggs bevorzugen; *er benachteiligt nur die Mädchen; warum fühlst du dich benachteiligt?* □ **prejudicar**

Ben|del ⟨für⟩ ~ ⟨alte Schreibung für⟩ Bändel

be|ne|beln ⟨V. 500/Vr 7⟩ **1** jmdn. od. sich ~ *jmdn. od. sich den Verstand trüben; der Erfolg benebelte seinen Kopf* □ **ofuscar; turvar 1.1** ⟨umg.⟩ *jmdn. od. sich ein wenig betrunken machen; der Wein hatte ihn, hatte ihm die Sinne benebelt* □ **toldar(-se); deixar/ficar alegre 1.2** ⟨Part. Perf.⟩ benebelt sein ⟨umg.⟩ *leicht betrunken sein; er war ganz schön benebelt* □ **tocado; alto; alegre**

be|neh|men ⟨V. 189⟩ **1** ⟨513/Vr 3⟩ sich ~ *sich betragen, sich verhalten; sich anständig, gut, schlecht, tadellos ~; er hat sich unmöglich benommen* ⟨umg.⟩ **1.1** ⟨500/Vr 3⟩ *sich gut, anständig, betragen, verhalten; bitte benimm dich!; er weiß nicht zu ~* □ *comportar-se; portar-se **2** ⟨530⟩ etwas ~ benimmt jmdm. etwas ⟨geh.; poet.⟩ *nimmt jmdm. etwas; der Wind, der Schreck benahm ihm den Atem; der Alkohol benahm ihm den klaren Blick* □ **tirar; tolher**

Be|neh|men ⟨n.; -s; unz.⟩ **1** *Art, wie sich jmd. benimmt; albernes, anständiges, bescheidenes, feines, gewand-*

tes, höfliches, tadelloses, unverschämtes ~; sein ~ war einwandfrei □ **comportamento; conduta 2** sich mit jmdm. ins ~ setzen ⟨geh.⟩ *sich mit jmdm. aussprechen über etwas, mit jmdm. übereinkommen* □ ***entender-se com alguém; entrar em acordo com alguém**
be|nei|den ⟨V. 500⟩ **1** ⟨Vr 8⟩ jmdm. ~ *jmdm. etwas nicht gönnen* **1.1** *sein wollen wie jmd., an jmds. Stelle sein wollen;* ich habe dich glühend beneidet, als dir die Leute zujubelten; der arme Kerl ist nicht zu ~ **1.2** ⟨550/Vr 8⟩ jmdm. um etwas ~ *dasselbe haben wollen wie jmd.;* ich beneide ihn um seine Energie; ich beneide ihn nicht um sein Schicksal □ **invejar**
be|nen|nen ⟨V. 190/505/Vr 7 od. Vr 8⟩ **1** jmdn. od. etwas (nach jmdm. od. einer Sache) ~ *jmdm. od. einer Sache (nach jmdm. od. einer Sache) einen Namen geben, jmdn. od. etwas bezeichnen;* die Mutter benannte die Tochter nach ihrer Freundin; den Platz hat man nach dem berühmten Schriftsteller benannt; das Meer wurde nach seiner Farbe benannt □ **dar (o) nome (de alguém/alguma coisa) a (alguém/alguma coisa); chamar de 1.1** einen Begriff ~ ⟨Sprachw.⟩ *einen B., einen sprachlichen Ausdruck (z. B. ein Wort) zuordnen* □ **designar; denominar**; → a. *bezeichnen(3)* **2** jmdn. ~ *jmds. Namen angeben;* jmdn. als Kandidaten, Zeugen ~ □ **designar; nomear**
Ben|gel[1] ⟨m.; -s, -; veraltet⟩ **1** *kurzes Stück Holz, Prügel, Knüppel* □ **porrete 2** *mittelalterliche Waffe, Keule mit Kopf, der Stacheln trägt* □ **clava; maça**
Ben|gel[2] ⟨m.; -s, -; umg. m.; -s, -s⟩ *(frecher) Junge; kleiner, hübscher, süßer ~;* er ist ein fauler, ungezogener ~ □ **moleque; garoto**
be|nom|men **1** ⟨Part. Perf. von⟩ *benehmen* **2** ⟨Adj. 24⟩ *verwirrt, leicht betäubt;* er befand sich in einem ~en Zustand; vom Alkoholgenuss, von einem Schlafmittel (noch) ~ sein; er ist von dem Schrecken, dem Unfall noch ganz ~; sie lag ~ im Bett □ **atordoado; tonto**
be|nö|ti|gen ⟨V. 500/Vr 8; geh.⟩ jmdn. od. etwas ~ *jmdn. od. etwas notwendig brauchen, dringend nötig haben;* Geld, Kleidung ~; ich benötige deine Hilfe; wir ~ weitere Mitarbeiter □ **precisar de**
be|nut|zen ⟨V. 500⟩ **1** ein Werkzeug, Hilfsmittel ~ *gebrauchen;* einen Schraubenzieher ~; ein Buch, Nachschlagewerk ~ □ **utilizar; servir-se de 2** einen Zeitraum ~ *vorteilhaft verbringen* **3** eine Gelegenheit ~ □ **Nutzen ziehen aus einer G.** □ **aproveitar**
Be|nut|zung ⟨f.; -; unz.⟩ *das Benutzen, Gebrauch;* die ~ öffentlicher Verkehrsmittel; ~ auf eigene Gefahr! □ **emprego; uso**
Ben|zin ⟨n.; -s; unz.⟩ *die bis 200° C siedenden Bestandteile des Erdöls, als Motorentreibstoff, Fleckentferner u. Lösungsmittel verwendet* □ **benzina; gasolina**
be|ob|ach|ten ⟨V. 500⟩ **1** ⟨Vr 7 od. Vr 8⟩ jmdn. od. etwas ~ *eine Zeit lang genau betrachten, mit den Augen verfolgen u. bewusst wahrnehmen, bemerken, feststellen;* einen Vorgang ~; eine, keinerlei Veränderung ~; das habe ich noch nie an ihr beobachtet; ich habe schon oft beobachtet, dass ...; genau, gut, scharf, unausgesetzt ~; aus der Nähe; von weitem ~; jmdn. aus den Augenwinkeln, bei einer Beschäftigung ~; jmdn. ärztlich ~ (lassen) □ **observar; examinar 2** Regeln, Gesetze, Vorschriften ~ ⟨geh.; veraltet⟩ *beachten;* bitte ~ Sie genau meine Anweisungen; □ **cumprir; observar 2.1** Stillschweigen ~ *schweigen* □ ***manter sigilo**
be|quem ⟨Adj.⟩ **1** *angenehm;* ein ~er Weg; ein ~es Leben führen □ **agradável; cômodo 2** *behaglich;* ein ~er Sessel □ **confortável;** sitzt du ~? □ **está sentado confortavelmente?;** mach es dir ~! □ ***fique à vontade!* 3** *gut passend;* ~e Schuhe, ~es Kleid □ **confortável 4** *leicht, mühelos;* man kann den Ort ~ in einer halben Stunde erreichen; ein Werkzeug ~ zur Hand haben; eine ~e Ausrede □ **facilmente; fácil 5** *träge, jeder Mühe abgeneigt;* er wird im Alter etwas ~ □ **comodista; indolente**
be|que|men ⟨V.⟩ **1** ⟨580/Vr 3⟩ sich zu etwas ~ ⟨geh.; abwertend⟩ *sich (endlich) bereit finden, anschicken, etwas zu tun;* er bequemte sich schließlich, die Sache zu erklären; du wirst dich dazu ~ müssen aufzustehen □ **dignar-se; resolver-se 2** ⟨505/Vr 3⟩ sich ~ ⟨veraltet⟩ *sich in etwas fügen, sich anpassen* □ ***acomodar-se**
Be|quem|lich|keit ⟨f.; -, -en⟩ **1** *Einrichtung, die das Leben angenehmer, behaglicher macht;* ein Zimmer mit allen ~en ausstatten □ **comodidade 1.1** ⟨umg.; veraltet⟩ *Abtritt, Abort;* die ~ finden Sie auf halber Treppe □ **privada; latrina 2** ⟨unz.⟩ *angenehme, behagliche Lebensweise;* er liebt die ~; brauchen Sie noch etwas zu Ihrer ~? □ **comodidade; conforto 3** ⟨unz.⟩ *Faulheit, Nachlässigkeit;* er hat aus ~ die Tür nicht abgeschlossen □ **comodismo; preguiça**
be|ra|ten ⟨V. 195/500⟩ **1** ⟨Vr 8⟩ jmdn. ~ *jmdm. einen Rat geben, ratend beistehen;* jmdn. gut, schlecht, übel ~; sich von jmdm. ~ lassen □ **aconselhar(-se) (com); consultar(-se) (com);** jmdm. ~d beistehen; ~des Mitglied einer Körperschaft, Vereinigung □ **conselheiro; consultor 1.1** damit bist du gut, wohl, schlecht ~ *das ist ein guter, schlechter Rat* □ **aconselhado 2** ⟨Vr 7⟩ etwas od. sich ~ *sich besprechen (über etwas), gemeinsam überlegen, sich gegenseitig raten;* wir haben den neuen Plan, das neue Projekt ~; sie haben stundenlang ~, ob u. wie es geschehen soll; sich mit jmdm. ~; ich habe mich mit ihm darüber ~, ob ..., wie ...; sie haben über die Ausführung des Planes ~ □ **deliberar; discutir**
Be|ra|ter ⟨m.; -s, -⟩ *jmd., der anderen einen Rat erteilt, der andere berät (Fach~, Finanz~);* politischer ~ des Präsidenten □ **consultor; coselheiro**
Be|ra|te|rin ⟨f.; -, -rin|nen⟩ *weibl. Berater* □ **consultora; conselheira**
Be|ra|tung ⟨f.; -, -en⟩ **1** *Erteilung von Ratschlägen;* Mütter~; Berufs~ □ **conselho; orientação 1.1** *Beratungsstelle;* ~ für Drogenabhängige □ **centro de orientação/aconselhamento 2** *Besprechung, Unterredung;* das Gericht hat sich zur ~ zurückgezogen □ **deliberação; discussão**
be|rau|ben ⟨V. 500⟩ **1** jmdn. ~ *jmdm. etwas (mit Gewalt durch einen Überfall) wegnehmen;* jmdn. seines

berauschen

Geldes ~ □ roubar 2 ⟨540/Vr 7 od. Vr 8⟩ **jmdn.** einer **Sache** ~ ⟨geh.⟩ *jmdm. eine S. entziehen; jmdn. des Rechtes* ~, *etwas zu tun; jmdn. seiner Freiheit* ~ □ **privar alguém de alguma coisa*

be|rau|schen ⟨V. 500⟩ **1** *etwas berauscht* **jmdn.** *macht jmdn. betrunken; der Wein hatte ihn berauscht; in berauschtem Zustand* □ embriagar **1.1** *leicht, schwer, stark berauscht sein betrunken sein* □ *estar embriagado* **1.2** ⟨Part. Präs.⟩ ~d *in Rausch versetzend, trunken machend;* ~*de Getränke, Mittel, Gifte; ein* ~*der Duft von Rosen* □ inebriante; embriagador **2** *eine* **Sache** *berauscht* **jmdn.** ⟨fig.⟩ *versetzt jmdn. in Begeisterungstaumel; ich war von der (Schönheit der) Musik ganz berauscht* □ extasiar; inebriar **2.1** ⟨Part. Präs.⟩ *nicht* ~*d* ⟨umg.; iron.⟩ *mittelmäßig, nicht besonders gut, schön; wie war es gestern auf dem Fest? Nicht* ~*d!; dein Zeugnis ist nicht gerade* ~*d* **3** □ **nada de especial; medíocre* **3** ⟨505/Vr 3⟩ **sich** ~ *sich betrinken* □ **embriagar-se* **3.1 sich (an etwas)** ~ ⟨fig.⟩ *in Begeisterungstaumel geraten (über etwas); sich an einem Anblick* ~ □ **extasiar-se/inebriar-se (com alguma coisa)* **3.1.1** *sich an seinen eigenen* **Worten** ~ *sich gern reden hören* □ **inebriar-se com as próprias palavras*

be|rech|nen ⟨V. 500⟩ **1** *etwas* ~ *ausrechnen;* Kosten, *den Preis, Zinsen* ~; *den Umfang eines Kreises* ~; *die Wirkung eines Geschosses* ~ □ calcular; computar **2** *eine* **Sache** ~ *vorher genau überlegen, erwägen, berücksichtigen, planen; bestimmte Umstände* ~; *alles, was er sagt u. tut, ist nur auf Effekt, auf Wirkung berechnet* □ avaliar; calcular **3** ⟨530/Vr 6⟩ **jmdn.** *etwas* ~ *in Rechnung stellen, anrechnen, Bezahlung verlangen (für etwas); für die Verpackung, die Zutaten berechne ich Ihnen nichts; wie viel* ~ *Sie mir?* □ cobrar

be|rech|nend 1 ⟨Part. Präs. von⟩ berechnen **2** ⟨Adj.⟩ *stets vorausschauend, auf seinen Vorteil bedacht; sie ist sehr* ~; *ein (kalt, kühl)* ~*er Mensch* □ calculista; interesseiro

Be|rech|nung ⟨f.; -, -en⟩ **1** *das Berechnen; eine mathematische, statistische* ~; *genaue, ungefähre* ~; *seine* ~*en stimmen; nach meiner* ~ *müssen wir in 10 Minuten da sein* □ cálculo **1.1** ~*en anstellen berechnen* □ **calcular* **2** ⟨fig.⟩ *vorherige genaue, nüchterne Überlegung; nach menschlicher* ~ *alle* ~*en wurden zunichte; es liegt außerhalb aller* ~ □ consideração; estimativa **2.1** ⟨abwertend⟩ *auf eigenen Vorteil bedachte Überlegung, Eigennützigkeit; aus* ~ *(heraus) handeln; etwas nur aus* ~ *tun* □ interesse

be|rech|ti|gen ⟨V.⟩ **1** ⟨550/Vr 8⟩ **jmdn.** *zu etwas* ~ *jmdm. das Recht geben, etwas zu tun; der Ausweis berechtigt (nicht) zum kostenlosen Eintritt* □ autorizar; dar direito de/a **1.1** *berechtigt sein, etwas zu tun, berechtigt sein, das Recht, die Befugnis, Vollmacht haben; ich bin nicht berechtigt, Sie hereinzulassen* □ **estar autorizado a fazer alguma coisa;* ter direito de/a **2** ⟨800⟩ *seine Anlagen* ~ *zu den schönsten Hoffnungen lassen das Beste hoffen* □ motivar

Be|rech|ti|gung ⟨f.; -, -en⟩ **1** *Anrecht, Befugnis, Vollmacht, Erlaubnis; Aufenthalts*~; ~ *zur Teilnahme,* *zum Eintritt* □ autorização; direito **2** *das Berechtigtsein; etwas mit voller* ~ *behaupten; dieser Einwand hat seine* ~ □ justificação; legitimidade

be|re|den ⟨V.⟩ **1** ⟨505⟩ *etwas (mit jmdm.)* ~ *besprechen; er muss die Sache mit ihr* ~; *ich wollte den Fall erst mit meinem Freund* ~ □ discutir **2** ⟨505/Vr 3⟩ **sich (mit jmdm.)** ~ *beraten; ich habe mich mit ihm noch nicht beredet; wir müssen uns noch* ~ □ **deliberar/discutir (com alguém)* **3** ⟨505 od. 580⟩ **jmdn.** *zu etwas* ~ *überreden, veranlassen, etwas zu tun; er beredete mich, die Reise mitzumachen; er ließ sich nicht* ~ □ persuadir; convencer **4** ⟨500⟩ **jmdn.** od. *etwas* ~ ⟨umg.⟩ *abfällig, schlecht über jmdn. od. etwas reden; jmds. Verhalten* ~; *es gibt Leute, die alles und jedes* ~ *müssen* □ falar mal de

be|red|sam ⟨Adj.⟩ = beredt

be|redt ⟨Adj.; geh.⟩ oV *beredsam* **1** *redegewandt, viel redend, wortreich, viele Worte machend; ein* ~*er Anwalt; er ist sehr* ~ □ eloquente; loquaz **2** ⟨fig.⟩ *eindringlich, ausdrucksvoll, vielsagend; ein* ~*es Schweigen; diese Tat ist ein* ~*es Zeugnis für seine Hilfsbereitschaft* □ eloquente; significativo

Be|reich ⟨m.; -(e)s, -e od. (selten) n.; -(e)s, -e⟩ **1** *Bezirk, Umgebung, Gebiet; im* ~ *der Stadt; in nördlichen* ~*en; das Flugzeug befand sich im* ~ *der Berge; Küsten*~, *Hafen*~ □ área; região **2** *einer Sache od. jmdm. zukommende Sphäre, Sachgebiet; ein Problem aus dem* ~ *der Mathematik, Physik; diese Aufgabe fällt nicht in meinen* ~; *Interessen*~ □ campo; esfera **2.1** *das liegt durchaus (nicht) im* ~ *der Möglichkeiten das ist durchaus (nicht) möglich* □ **isso está totalmente dentro/fora do possível* **3** *Wirkungskreis, -feld; im privaten, politischen, öffentlichen* ~; *im* ~ *seiner Macht; Einfluss*~ □ âmbito; esfera; *Wellen*~, *Frequenz*~ ⟨Phys.⟩ □ banda; faixa; gama

be|rei|chern ⟨V. 500⟩ **1** *etwas* ~ *etwas reicher machen, vergrößern; ich konnte meine Sammlung um einige wertvolle Stücke* ~; *seine Kenntnisse, sein Wissen, seinen Wortschatz* ~ □ aumentar; enriquecer **2** *etwas bereichert* **jmdn.** *etwas macht jmdn. innerlich reicher, vervollkommnet jmdn.; sie fühlte sich durch dieses Gespräch sehr bereichert; das neue Erlebnis hat ihn bereichert* □ enriquecer **3** ⟨505/Vr 3⟩ **sich (an jmdm.** od. *etwas)* ~ *sich ohne Skrupel auf Kosten anderer Gewinn verschaffen; er hat sich mit dieser Tätigkeit ungeheuer bereichert; sich am Eigentum anderer* ~ □ **enriquecer-se à custa de alguém*

be|rei|ni|gen ⟨V. 500⟩ **1** *etwas* ~ *säubern, reinigen, von etwas befreien; einen Text von Fehlern* ~ □ limpar **2** *eine Sache* ~ *etwas in Ordnung bringen, klären, lösen, beseitigen; eine Angelegenheit, Schwierigkeiten* ~ □ esclarecer; resolver **3** ⟨Vr 3⟩ *etwas, eine Sache bereinigt sich (von selbst)* ⟨fig.⟩ *kommt (von selbst) wieder in Ordnung, löst sich auf; die Unklarheiten haben sich von selbst bereinigt* □ resolver-se

be|rei|sen ⟨V. 500⟩ *etwas* ~ *durch Reisen kennenlernen, erforschen;* Städte, Länder, die Welt ~ □ visitar; viajar por

be|reit ⟨Adj. 24/70⟩ **1** *fertig, vorbereitet;* wir sind (der Zug ist) zur Abfahrt ~; seid ihr ~?; ~ (sein) zu gehen, zu sterben ☐ **pronto 2** *geneigt, gewillt;* ~ sein, etwas zu tun; wärst du ~, mir zu helfen? ☐ **disposto; pronto 3** ⟨Getrennt- u. Zusammenschreibung⟩ 3.1 ~ erklären = *bereiterklären*

be|rei|ten¹ ⟨V. 500⟩ **1** ⟨503/Vr 5 od. Vr 6⟩ **(jmdm.)** etwas ~ *zubereiten, herstellen;* Speisen ~; das Essen ~; jmdm. ein Bad ~ ☐ **preparar** 1.1 **Häute** ~ *gerben* ☐ **curtir 2** ⟨505/Vr 3⟩ **sich (zu etwas)** ~ *bereitmachen, fertig machen, zurichten;* sich zum Sterben ~ ☐ ***pre-parar-se (para alguma coisa) 3** ⟨530/Vr 5 od. Vr 6⟩ jmdm. eine Sache ~ *verursachen, zuteilwerden lassen;* jmdm. Freude, Kummer, Schmerz ~; jmdm. Schwierigkeiten ~ ☐ **causar; dar;** das Spiel bereitet mir großes Vergnügen ~ ☐ ***a brincadeira me divertiu muito;** jmdm. einen guten Empfang ~ ☐ ***receber bem alguém**

be|rei|ten² ⟨V. 199/500⟩ **1** ein Pferd ~ *reiten u. ausbilden* ☐ **amestrar; adestrar 2** ein Gebiet, eine Strecke ~ *zu Pferde durchmessen* ☐ **percorrer a cavalo**

Be|rei|ter ⟨m.; -s, -; Berufsbez.⟩ **1** *jmd., der etwas zubereitet* ☐ **preparador 2** *jmd., der beruflich Pferde reitet u. ausbildet* ☐ **picador**

Be|rei|te|rin ⟨f.; -, -rin|nen⟩ *weibl. Bereiter* ☐ **preparadora; picadora**

be|reit|er|klä|ren *auch:* be|reit er|klä|ren ⟨Vr 3⟩ sich ~, etwas zu tun *zum Ausdruck bringen, dass man bereit ist, etwas zu tun* ☐ ***mostrar-se pronto**

be|reit|fin|den ⟨V. 134/Vr 3⟩ sich ~, etwas zu tun *zum Ausdruck bringen, dass man bereit ist, etwas zu tun* ☐ ***mostrar-se pronto**

be|reit|hal|ten ⟨V. 160/500/Vr 7⟩ **1** etwas ~ *bereit, zur Verfügung haben, gebrauchsfertig halten;* eine Überraschung ~ ☐ ☐ **reservar;** die Ausweise ~ ☐ **ter à mão/disposição 2** ⟨Vr 3⟩ sich ~ *jederzeit zur Verfügung stehen; abrufbereit sein;* sich zum Abmarsch ~ ☐ ***estar pronto para; estar à disposição**

be|reits ⟨Adv.⟩ = *schon(1);* ich habe ~ gegessen; ich bin ~ fertig ☐ **já**

Be|reit|schaft ⟨f.; -, -en⟩ **1** ⟨unz.⟩ *das Bereitsein;* militärische ~; zum Kampf, Alarm, Abwehr ~ ☐ **prontidão** 1.1 jmdn. od. etwas in ~ halten *jmdn. od. etwas zum sofortigen Einsatz bereithalten, parat haben;* der Polizist hielt seine Waffe in ~ ☐ ***estar com alguém ou alguma coisa preparado(a)/pronto(a)** 1.2 etwas od. jmd. ist (liegt, steht) in ~ *ist (liegt, steht) zur Verfügung* ☐ ***estar à disposição** 1.3 etwas in ~ haben *etwas bereithaben* ☐ ***ter alguma coisa pronta** 1.4 *Bereitwilligkeit;* ~ zur Verteidigung, zu Verhandlungen zeigen; seine ~ erklären; Hilfs~; Kompromiss~ ☐ **disposição; solicitude 2** ⟨unz.⟩ ~ haben *Bereitschaftsdienst;* der Arzt hat die ganze Nacht ~ ☐ ***estar de plantão 3** ⟨zählb.⟩ *eine Einheit der Polizei, die für den Einsatz bereit ist;* Polizei~; ~spolizei ☐ **serviço de emergência da polícia** 3.1 *Gruppe der Schutzpolizei;* ~spolizei ☐ **tropa de choque**

be|reit|ste|hen ⟨V. 256/400⟩ *fertig, vorbereitet sein, zur Verfügung stehen;* der Zug steht zur Abfahrt bereit; das Mittagessen steht bereit ☐ **estar pronto**

be|reit|stel|len ⟨V. 500⟩ etwas ~ *zur Verfügung stellen, zur Benutzung, Verwendung hinstellen;* finanzielle Mittel ~; sie hat das Gepäck, den Proviant schon bereitgestellt ☐ **dispor; preparar**

be|reit|wil|lig ⟨Adj.⟩ *gern bereit (zu etwas), geneigt, entgegenkommend;* er sagte seine Hilfe ~ zu; ~ Auskunft erteilen; sie fand ~e Unterstützung ☐ **pronto; solícito**

be|reu|en ⟨V. 500⟩ **1** etwas ~ *Reue über etwas empfinden, etwas ungeschehen wünschen;* seine Sünden ~; eine Tat ~; etwas bitter ~; eine Geldausgabe ~ ☐ ***ar-repender-se** 1.1 *bedauern;* ich bereue es nicht, mitgekommen zu sein ☐ **lamentar**

Berg ⟨m.; -(e)s, -e⟩ **1** *deutlich sichtbare, größere Geländeerhebung;* Ggs *Tal;* einen ~ besteigen; auf einen ~ steigen; die ~e (~ und Tal) kommen nicht zusammen, wohl aber die Menschen ☐ **monte; montanha** 1.1 der Glaube kann ~e versetzen ⟨Sprichw.⟩ *Gewaltiges leisten* ☐ ***a fé remove montanhas** 1.2 wenn der ~ nicht zum Propheten kommt, muss der Prophet wohl zum ~e kommen ⟨Sprichw.⟩ *man muss sich selbst bemühen u. den ersten Schritt tun* ☐ ***se Maomé não vai à montanha, a montanha vai a Maomé** 1.3 über alle ~e *unerreichbar weit fort;* er ist schon über alle ~e ☐ ***a quilômetros de distância** 1.4 hinter dem ~e wohnen auch Leute *es gibt noch andere Leute, die etwas vermögen, andere können auch etwas* ☐ ***o sol nasce para todos** 1.5 die Haare stehen jmdm. zu ~e *sträuben sich (vor Schreck)* ☐ ***ficar de cabelo em pé** 1.6 der ~ kreißt und gebiert eine Maus *ein großer Aufwand hat ein lächerlich kleines Ergebnis* ☐ ***a montanha pariu um rato** 1.7 mit etwas hinter dem ~(e) halten ⟨fig.⟩ *etwas verheimlichen* ☐ ***ficar na moita** über den ~ *über das Schlimmste, Schwierigste hinweg;* wir sind mit den Schwierigkeiten noch lange nicht über den ~; der Kranke ist über den ~; jmdm. über den ~ helfen ☐ ***superar (o pior, as dificuldades);** → a. *Ochse(1.1)* **2** ⟨nur Pl.⟩ die ~e *das Gebirge;* in die ~e fahren ☐ **montanhas 3** ⟨umg.⟩ *große, sich auftürmende Menge;* ein (ganzer) ~ Schokolade; einen ~ von Arbeit ☐ **montanha; pilha;** → a. *golden(1.1)* **4** ⟨nur Pl.; Bgb.⟩ ~e *taubes Gestein* ☐ **rochas estéreis**

berg|ab ⟨Adv.⟩ **1** *den Berg hinunter, abwärts, talwärts;* ~ fahren, fließen, steigen ☐ **morro abaixo 2** *es geht mit jmdm. od. etwas (immer mehr)* ~ ⟨fig.; umg.⟩ *jmds. (Gesundheits-)Zustand od. der Zustand einer Sache verschlechtert sich, die finanzielle, wirtschaftliche Lage wird schlechter* ☐ ***ir de mal a pior**

berg|auf ⟨Adv.⟩ **1** *den Berg hinauf, aufwärts;* ~ gehen; der Pfad führt steil ~ ☐ **morro acima 2** *es geht mit jmdm. od. etwas (wieder)* ~ ⟨fig.; umg.⟩ *jmds. (Gesundheits-)Zustand od. der Zustand einer Sache bessert sich, die finanzielle, wirtschaftliche Lage wird besser* ☐ ***a situação está melhorando**

Berg|bau ⟨m.; -(e)s; unz.⟩ *industrielle Gewinnung von Bodenschätzen;* im ~ arbeiten; ~ betreiben ☐ **indústria da mineração; exploração de minas**

ber|gen ⟨V. 106/500⟩ **1** ⟨Vr 7⟩ jmdn. od. etwas ~ *in Sicherheit bringen, retten;* Tote, Verunglückte ~ (nach

Unfällen) □ **salvar; resgatar** 1.1 sich geborgen fühlen *sich zu Hause fühlen, sich geschützt, behaglich fühlen* □ ***sentir-se em segurança** 1.2 geborgen sein *in Sicherheit sein;* hier bist du geborgen (vor deinen Feinden) □ ***estar em segurança; estar a salvo** 1.3 die Segel ~ *niederholen, einziehen* □ **arriar; recolher 2** etwas ~ ⟨geh.⟩ *verbergen, verhüllen;* er barg das Päckchen unter seinem Mantel □ **esconder 3** etwas birgt etwas ⟨geh.⟩ *etwas enthält etwas;* die Erde birgt viele Schätze; der Wald birgt ein Geheimnis □ **conter** 3.1 ⟨550⟩ etwas birgt etwas in sich *fasst, schließt etwas in sich;* das Unternehmen birgt Gefahren in sich □ **conter em si; encerrar**

ber|gig ⟨Adj.⟩ *mit Bergen versehen, Berge aufweisend;* ein ~es Gelände; eine ~e Insel □ **montanhoso**

Berg|mann ⟨m.; -(e)s, -leu|te⟩ *jmd., der im Bergwerk arbeitet* □ **mineiro**

Berg|werk ⟨n.; -(e)s, -e⟩ *Einrichtung für Bergbau, Anlage zur Gewinnung von Bodenschätzen* □ **mina**

Be|richt ⟨m.; -(e)s, -e⟩ *schriftliche od. mündliche sachliche Darstellung von Sachverhalten u. Tatsachen, Reportage;* Bild~, Erlebnis~, Tatsachen~; ~ erstatten (über); einen ~ schreiben, verfassen, anfordern; laut ~ vom 10. 1.; nach ~en unserer Mitarbeiter □ **relato; relatório; boletim**

be|rich|ten ⟨V. 410 od. 503 od. 803/Vr 8⟩ **1** (jmdm.) von od. über etwas od. jmdn. ~ *erzählen, etwas sachlich darstellen;* ausführlich, atemlos, genau, stockend ~; „...", berichtete er; (über) ein Erlebnis ~; von einer Urlaubsreise ~; nun berichte (von dir), wie es dir geht; über einen Vorgang ~; man hat mir berichtet, dass ...; an seine Dienststelle ~ □ **referir; relatar 2** ⟨417⟩ miteinander ~ ⟨schweiz.⟩ *sich unterhalten* □ **conversar 3** ⟨Zustandspassiv⟩ jmd. ist falsch berichtet ⟨schweiz.⟩ *falsch unterrichtet* □ ***estar mal informado**

be|rich|ti|gen ⟨V. 500/Vr 7 od. Vr 8⟩ jmdn. od. sich, etwas ~ *richtig stellen, richtig machen, verbessern, korrigieren;* bitte ~ Sie mich, wenn ich etwas Falsches sage; einen Fehler, einen Irrtum ~; wir müssen uns ~ □ **corrigir(-se); retificar(-se)**

Ber|mu|das ⟨Pl.; kurz für⟩ *Bermudashorts*

Ber|mu|da|shorts *auch:* **Ber|mu|da-Shorts** ⟨[-ʃɔːts] Pl.⟩ *knielange, kurze Sommerhosen* □ **bermudas**

bers|ten ⟨V. 107⟩ **1** ⟨400(s.)⟩ etwas birst ⟨geh.⟩ *etwas zerspringt, platzt, bricht mit großer Gewalt auseinander;* die Erde, das Eis birst; beim Erdbeben barsten die Häuser, die Wände; geborstene Mauer □ **romper-se; rachar; fender**; ich bin zum Bersten voll ⟨umg.; scherzh.⟩ □ ***estou a ponto de estourar (de tanto comer)** 1.1 der Saal, der Bus war zum Bersten voll *überfüllt, brechend voll* □ ***o salão/o ônibus estava abarrotado/lotado** 1.2 ⟨800⟩ vor etwas ~ ⟨fig.⟩ *von etwas übervoll sein;* er hätte vor Ungeduld, vor Wut, vor Ärger, vor Neid ~ mögen □ **explodir (de)** 1.2.1 wir sind vor Lachen fast geborsten *haben unmäßig gelacht* □ ***quase rachamos/estouramos de rir**

be|rüch|tigt ⟨Adj.; abwertend⟩ **1** *übelbeleumdet, in schlechtem Ruf stehend, verrufen, auf traurige Weise berühmt;* ein ~er Ausbilder, Schinder; eine ~e Kneipe; die ganze Gegend ist ~ □ **mal-afamado** 1.1 *gefürchtet;* er war für seine od. wegen seiner Grausamkeit ~ □ **temido**

be|rü|cken ⟨V. 500; geh.⟩ jmdn. od. etwas ~ *jmdn. od. etwas entzücken, bezaubern;* ihre Anmut berückte ihn; sich ~ lassen von etwas od. jmdm.; das schöne Mädchen berückte sein Herz □ **encantar; seduzir**; ein ~des Lächeln; ein Mädchen von ~der Schönheit □ **encantador; sedutor**

be|rück|sich|ti|gen ⟨V. 500⟩ **1** jmdn. od. etwas ~ *jmdn. od. etwas beachten, jmdn. od. etwas zu seinem Recht kommen lassen;* jmds. Verdiensten entsprechend ~; ein Gesuch ~; sie muss bei der Erbschaft berücksichtigt werden **2** jmdn. od. etwas ~ *auf jmdn. od. etwas Rücksicht nehmen, in Betracht ziehen;* die besonderen Umstände, Verhältnisse ~; man muss dabei ~, dass ...; jmds. Eigenart(en), Gesundheitszustand ~ □ **considerar; levar em conta**

Be|ruf ⟨m.; -(e)s, -e⟩ **1** *gewerblich ausgeübte od. auszuübende, meist dem Erwerb des Lebensunterhaltes dienende Tätigkeit;* keinen (festen) ~ haben; er hat seinen ~ verfehlt; was sind Sie von ~?; er ist von ~ Lehrer; einen ~ ausüben, erlernen; ausgeübter, erlernter ~; seinen ~ an den Nagel hängen; seinem ~ nachgehen; welchen ~ willst du einmal ergreifen? □ **profissão**; → a. *frei(1.1.1)* **2** ⟨geh.; veraltet⟩ *Berufung, innere Bestimmung, Aufgabe, Sendung;* den ~ zum Politiker, Geistlichen, Arzt, Lehrer, Maler, Musiker in sich fühlen □ **vocação**

be|ru|fen ⟨V. 204⟩ **1** ⟨510⟩ jmdn. ~ *jmdn. ein Amt anbieten, jmdn. in ein Amt einsetzen;* einen Professor an eine Universität ~; er ist zum Nachfolger des Verstorbenen ~ worden; er ist als Ordinarius nach Göttingen ~ worden □ **nomear 2** ⟨550/Passiv⟩ 2.1 sich zu etwas ~ fühlen *sich zu etwas ermächtigt fühlen;* ich fühle mich nicht dazu ~, hier einzugreifen □ ***sentir-se capacitado/competente para alguma coisa** 2.2 zu etwas ~ sein *besonders befähigt sein;* er ist dazu ~, anderen Menschen zu helfen □ ***estar/ser capacitado para; ter vocação para** **3** ⟨550/Vr 3⟩ sich auf jmdn. od. etwas ~ *stützen, jmdn. od. etwas als Zeugen od. als Beweis nennen* □ ***referir-se a alguém ou alguma coisa* **4** ⟨500⟩ jmdn. ~ ⟨veraltet⟩ *bestellen, kommen lassen;* jmdn. zu sich ~; viele sind ~, aber wenige sind auserwählt (Matth. 20,16) □ **chamar; convocar** 4.1 *beschwören;* Geister, ein Unglück ~ □ **invocar** 4.2 wir wollen nicht ~ ⟨umg.⟩ *wir wollen nicht davon sprechen aus (abergläubischer) Furcht, dass es dadurch gefährdet wird od. eintritt* □ ***isola!* **5** ⟨800⟩ gegen eine Verordnung, ein Urteil ~ ⟨österr.⟩ *Berufung einlegen* □ ***apelar/recorrer de um decreto/uma sentença**

be|rufs|tä|tig ⟨Adj. 24/70⟩ *im Beruf tätig, einen B. ausübend, erwerbstätig;* ~e Frauen; er war nicht mehr ~ □ **ativo; empregado**

Be|ru|fung ⟨f.; -, -en⟩ **1** *das Berufen, Sichberufen;* ~ eines Professors an eine Universität □ **nomeação** 1.1 eine ~ an eine Universität erhalten *einen Ruf erhalten* □ **convocação** 1.2 unter ~ auf ⟨förml.⟩ *unter Hinweis auf* □ ***com referência a* **2** ⟨fig.⟩ *innere Bestim-*

mung für einen Beruf od. eine Tätigkeit, Aufgabe, Sendung; die ~ zum Arzt in sich fühlen □ vocação **3** Einspruch, Rechtsmittel zur Nachprüfung od. Änderung eines gerichtlichen Urteils □ apelação; recurso **3.1** ~ einlegen gegen (bei) ⟨Rechtsw.⟩ Einspruch erheben gegen □ *interpor recurso contra/(junto a)

be|ru|hen ⟨V. 800⟩ **1** etwas beruht auf etwas etwas gründet, stützt sich auf etwas, hat seine Ursache in etwas; die Abneigung, Zuneigung beruht auf Gegenseitigkeit; seine Furcht beruht auf einem Schock, den er als Kind erlitten hat; seine Behauptungen ~ auf Wahrheit, auf einem Irrtum □ *basear-se/fundamentar-se em alguma coisa **2** etwas auf sich ~ lassen etwas nicht weiterverfolgen, etwas so lassen, wie es ist; er wollte die Sache auf sich ~ lassen □ *deixar alguma coisa como está

be|ru|hi|gen ⟨V. 500⟩ **1** ⟨Vr 7 od. Vr 8⟩ jmdn. od. etwas ~ ruhig machen **1.1** jmdn. ~ zur Ruhe, beschwichtigen, zum Schweigen bringen, trösten; ich habe das Kind nur mit Mühe ~ können □ acalmar; aquietar; ~de Worte sprechen □ tranquilizador **1.1.1** beruhigt (sein) ohne Sorge, unbesorgt (sein); beruhigt einschlafen; bitte sieh noch einmal nach, damit ich beruhigt bin; seien Sie ganz beruhigt! □ calmo; tranquilo **2** ⟨Vr 3⟩ sich ~ ruhig werden; mein Gewissen hat sich wieder beruhigt **2.1** das aufgeregte Meer hat sich wieder beruhigt hat sich geglättet **2.2** sich legen; der Sturm, die Aufregung hat sich beruhigt □ *acalmar-se; serenar(-se)

be|rühmt ⟨Adj. 70⟩ **1** weithin bekannt, überall sehr angesehen; ein ~er Dichter, Musiker, Politiker; er ist durch seine Theaterstücke ~ geworden; er ist wegen seiner Mildtätigkeit ~; ein ~es Buch, Werk □ famoso; célebre **2** nicht (gerade) ~ (iron.) nicht besonders gut, mittelmäßig; dein Aufsatz ist nicht ~ □ *não ser nada do outro mundo

Be|rühmt|heit ⟨f.; -, -en⟩ **1** ⟨unz.⟩ weitreichender Ruf, Ruhm; ~ erlangen; er hat durch seine geschickten Einbrüche eine traurige ~ erlangt □ fama **2** ⟨umg.⟩ berühmte Persönlichkeit; er ist in den letzten Jahren eine ~ geworden; bei der Tagung sah man einige ~en □ celebridade

be|rüh|ren ⟨V. 500⟩ **1** ⟨Vr 7 od. Vr 8⟩ jmdn. od. etwas ~ in Kontakt mit jmdn. od. etwas kommen; die Figuren, Waren usw. bitte nicht ~!; mit der Hand ~; die Tangente berührt den Kreis in einem Punkt; sie standen so nahe beisammen, dass sie sich fast berührten; die Figuren ~ sich; jmd. berührt sich mit der Hand □ tocar(-se); Grundstücke ~ sich □ ser contíguo; ihre Interessen ~ sich □ coincidir; wir haben (auf unserer Fahrt) Berlin nur berührt □ passar por; das Berühren (der Gegenstände, Waren usw.) ist verboten □ tocar (em) **2** eine Sache berührt jmdn. od. etwas betrifft jmdn., hat eine Wirkung auf jmdn. od. etwas; dein Vorschlag berührt meine Gedanken, Bestrebungen; das berührt uns nicht, kaum, wenig □ afetar; dizer respeito a **2.1** ⟨513⟩ eine Sache berührt jmdn. weckt in jmdm. Gefühle; es berührt mich angenehm, schmerzlich, unangenehm, wohltuend □ *agrada-me; dói-me; desagrada-me; reconforta-me; jmd. ist von etwas (un)angenehm berührt □ *ficar contente/triste com alguma coisa **2.2** eine Sache (am Rande) ~ (flüchtig) erwähnen; ein Thema ~; eine Angelegenheit gesprächsweise ~ □ aludir; mencionar

Be|rüh|rung ⟨f.; -, -en⟩ **1** das Berühren; er empfindet bei jeder, bei der kleinsten ~ Schmerzen; Ansteckung durch ~ □ contato; toque **2** ⟨fig.⟩ Kontakt, das Zusammentreffen mit jmdm. od. einer Sache; zwei Dinge miteinander in ~ bringen; der Kranke darf nicht mit Gesunden in ~ kommen; ich war mit ihm (durch die Arbeit) in ~ gekommen □ contato **3** ⟨fig.⟩ Erwähnung; die ~ dieser Frage war ihm peinlich □ alusão; menção

be|sa|gen ⟨V. 500⟩ etwas besagt etwas etwas bringt etwas zum Ausdruck, bedeutet etwas; der Abschnitt besagt Folgendes; diese Bemerkung will ~, dass ...; das hat nichts zu ~ □ dizer; significar

be|sagt ⟨Part. Perf. von⟩ besagen **2** ⟨Adj. 24/60⟩ erwähnt, bereits genannt; der Besagte; ~er Schüler hat ...; in dem ~en Ort □ mencionado **2.1** um auf den ~en Hammel zurückzukommen ⟨fig.⟩ um zur Sache zurückzukommen □ *voltando à vaca-fria

be|sänf|ti|gen ⟨V. 500/Vr 7 od. Vr 8⟩ jmdn. od. etwas ~ beruhigen, beschwichtigen, mildern; einen Wütenden ~; er versuchte, ihren Zorn zu ~; das Meer hatte sich am nächsten Tag besänftigt □ acalmar; aplacar

Be|satz ⟨m.; -es, -sät|ze⟩ **1** Teile, mit denen ein Kleidungsstück zur Verzierung besetzt ist; Sy Belag(1.3.1); ein Kleid mit schwarzem ~; Spitzen, Bänder, Borten sind als ~ sehr beliebt □ guarnição **2** ⟨unz.; Jagdw.⟩ Bestand eines Reviers an Niederwild od. einer Niederwildart; Hühner~ □ população **3** ⟨unz.; Landw.⟩ die Zahl der Tiere je Flächeneinheit Weideland □ gado **4** ⟨unz.; Fischerei⟩ die Menge der Fische, die in einem Teich ausgesetzt werden können □ estoque; população

Be|sat|zung ⟨f.; -, -en⟩ **1** Truppen, die zur Bedienung einer festen Anlage bestimmt sind; die ~ einer Festung, einer Burg, einer Radarstation □ guarnição **2** Bemannung eines Schiffes, eines Flugzeugs od. eines Kampffahrzeugs; Schiffs~; Flugzeug~; Panzer~ □ tripulação **3** ⟨unz.⟩ Truppen, die fremdes Staatsgebiet besetzt halten; die ~ zog ab; die ~ wurde verstärkt □ tropa de ocupação **4** ⟨unz.⟩ Zustand des Besetztseins; die ~ dauerte schon 10 Jahre □ ocupação

be|sau|fen ⟨V. 205⟩ **1** ⟨500/Vr 3⟩ sich ~ ⟨derb⟩ sich betrinken; er ist jeden Tag besoffen □ *encher a cara; tomar um porre **2** ⟨Part. Perf.⟩ besoffen ⟨fig.; umg.⟩ nicht recht bei Verstand; ich muss wohl besoffen gewesen sein, als ich das zugesagt habe □ de porre; de cara cheia

be|schä|di|gen ⟨V. 500⟩ **1** etwas ~ etwas schadhaft machen, versehren; das Haus wurde vom Blitz schwer beschädigt; ein beschädigtes Buch, Glas □ avariar; danificar **2** ⟨Vr 7 od. Vr 8⟩ jmdn. od. sich ~ ⟨veraltet⟩ sich verletzen □ ferir(-se)

Be|schä|di|gung ⟨f.; -, -en⟩ **1** das Beschädigen, Versehren; Sach~ □ dano material; die ~ eines Fahrzeugs □

be|schaf|fen[1] ⟨V. 530/Vr 5 od. Vr 6⟩ jmdm. etwas ~ *herbeibringen, herbeischaffen, besorgen, kaufen;* sich das Geld für etwas ~; das notwendige Material für eine Arbeit ~; es ist nicht zu ~; jmdm. eine Arbeitsstelle ~ □ arranjar; conseguir

be|schaf|fen[2] ⟨Adj. 40⟩ **1** *geartet, veranlagt, in einem bestimmten Zustand;* ich bin nun einmal so ~; der Gegenstand ist so ~, dass …; so ~ wie (etwas anderes) □ constituído; feito **1.1** wie ist es mit deiner Gesundheit ~? *wie steht es mit deiner G.?* □ *como está sua saúde? **1.2** mit ihr ist es schlecht ~ *es geht ihr schlecht* □ *ela não está bem

Be|schaf|fen|heit ⟨f.; -; unz.⟩ **1** *das Beschaffensein, Sosein, Natur, natürliche Eigenart, Zustand;* Boden~; ~ eines Materials, eines Stoffes; ~ einer Ware; von eigentümlicher ~ □ natureza; qualidade **1.1** *Veranlagung, Disposition;* Körper~; seelische, körperliche ~ □ constituição; compleição

be|schäf|ti|gen ⟨V. 500⟩ **1** ⟨Vr 7 od. Vr 8⟩ jmdn. ~ *arbeiten, tätig sein lassen;* die Kinder ~ □ ocupar **1.1** ein Arbeitgeber beschäftigt **Arbeitnehmer** *lässt sie gegen Bezahlung arbeiten;* er beschäftigt in seinem Betrieb 50 Arbeiter; in der Fabrik sind 100 Arbeiter beschäftigt □ empregar **1.2** er ist bei der Firma X beschäftigt *angestellt* □ empregado **2** ⟨516/Vr 7⟩ jmdn. mit einer Arbeit ~ *jmdn. eine A. tun lassen* □ ocupar **2.1** ⟨Vr 3⟩ sich mit einem **Zeitvertreib** ~ *(zum Vergnügen) tätig sein;* sich mit Gartenarbeit, mit seinen Gedanken, mit einem Problem ~; sie war gerade damit beschäftigt, Gardinen aufzuhängen, als ich kam; er kann sich gut, nicht (allein) ~ □ *ocupar-se de um passatempo **2.2** ⟨Vr 3⟩ sich mit jmdm. ~ *sich um jmdn. kümmern, jmdn. fördern;* die Eltern sich viel, wenig mit den Kindern □ *dedicar-se a alguém; cuidar de alguém **3** ⟨500⟩ die **Angelegenheit** beschäftigt mich sehr ⟨fig.⟩ *gibt mir sehr zu denken* □ preocupar **3.1** sehr, stark beschäftigt sein *emsig, tätig, sehr in Anspruch genommen sein, viel Arbeit haben* □ *estar assoberbado/sobrecarregado

Be|schäf|ti|gung ⟨f.; -, -en⟩ **1** *Tätigkeit, Zeitvertreib;* eine interessante, gesunde, dauernde, geregelte ~; er muss eine ~ haben, damit er nicht langweilt □ atividade; ocupação **2** *Beruf, Arbeit;* einer ~ nachgehen; er sucht eine ganztägige ~; bisherige ~ (auf Fragebogen); ohne ~ sein □ emprego; ocupação **3** ⟨unz.⟩ *das Beschäftigen;* die ~ von Kindern ist nicht erlaubt □ emprego **4** ⟨unz.⟩ *das Beschäftigtsein;* seine ~ bei der Bahn ist nicht mehr gesichert □ atividade; ocupação **5** ⟨unz.⟩ ~ mit etwas *das Sichbeschäftigen (Studium, Nachdenken);* die ~ mit der englischen Sprache; die ~ mit diesem Thema □ dedicação; ocupação

be|schä|men ⟨V. 500⟩ jmdn. ~ **1** *in jmdm. Scham über (s)ein Fehlverhalten erwecken* □ envergonhar; sie schlug beschämt die Augen nieder □ envergonhado; ein ~des, demütigendes Gefühl; dein Verhalten ist ~d □ vergonhoso **1.1** beschämt sein *sich schämen* □ *estar envergonhado* **2** *etwas, das beschädigt wurde, beschädigte Stelle;* ~ an einer Mauer, einem Zaun □ dano; estrago

be|schat|ten ⟨V. 500⟩ **1** ⟨Vr 7 od. Vr 8⟩ etwas ~ *vor Sonne schützen, in den Schatten bringen, einen Schatten werfen auf;* ein großer Hut beschattete ihr Gesicht; eine alte Linde beschattet das Haus □ sombrear; proteger **1.1** ⟨fig.; geh.⟩ *betrüben;* die Feier war durch diese traurige Nachricht beschattet □ ofuscar **2** ⟨Vr 8⟩ jmdn. ~ ⟨fig.⟩ *jmdn. heimlich verfolgen u. beobachten, überwachen;* jmdn. von Kriminalbeamten, Detektiven ~ lassen □ seguir (de perto e secretamente)

be|schau|en ⟨V. 500/Vr 7 od. Vr 8 od. 503/Vr 1; regional⟩ jmdn. od. etwas ~ *jmdn. od. etwas prüfend anschauen, genau betrachten, besichtigen;* er beschaute (sich) misstrauisch die Bilder; das muss ich mir genauer, näher, gründlich ~; sich im Spiegel ~ □ observar; examinar

be|schau|lich ⟨Adj.⟩ **1** *behaglich, friedlich;* ein ~es Dasein führen; ~ auf einer Bank sitzen; in ~er Ruhe □ tranquilo; sereno **2** *verträumt, besinnlich in Betrachtungen versunken, ruhig sinnend;* ein ~er Mensch, Roman; über etwas ~ schreiben; ich bin mehr fürs Beschauliche □ (de modo) contemplativo

Be|scheid ⟨m.; -(e)s, -e⟩ **1** ⟨unz.⟩ *Antwort, Nachricht, Auskunft;* Sie bekommen (noch) ~; auf ~ warten □ informação; notificação; resposta **1.1** jmdm. ~ geben *Auskunft erteilen, jmdn. benachrichtigen* □ *informar/notificar alguém **1.2** jmdm. ~ sagen *jmdm. etwas mitteilen, jmdn. von etwas in Kenntnis setzen;* bitte sagen Sie mir ~, wann ich aussteigen muss □ *comunicar/participar a alguém **1.3** jmdm. ordentlich ~ sagen, stoßen ⟨umg.⟩ *jmdm. deutlich die Meinung sagen* □ *dizer umas verdades a alguém **2** *(behördliche) Entscheidung;* abschlägiger ~; der endgültige ~ geht Ihnen schriftlich zu; vorläufiger ~; wann kann ich mir den ~ holen? □ decisão **3** ~ wissen *Kenntnis haben von etwas, etwas gut kennen, sich zurechtfinden (in);* danke, ich weiß ~!; bitte geh ins Zimmer, du weißt ja ~!; in einer Stadt ~ wissen; in, auf einem Fachgebiet ~ wissen; ich weiß über seinen Plan nicht ~; damit du ~ weißt! (als Drohung) □ *estar informado; conhecer; saber **3.1** ich weiß hier nicht ~ *ich bin hier fremd* □ *não conheço nada aqui* **3.2** er weiß überall ~ *er findet sich in jeder Lage schnell zurecht, kennt sich in jedem Handwerk aus* □ *ele se vira bem em qualquer situação

be|schei|den[1] ⟨V. 209/500⟩ **1** ⟨505/Vr 3⟩ sich (mit etwas) ~ ⟨geh.⟩ *sich (mit etwas) begnügen;* mit dieser Antwort musste ich mich ~; sich mit wenigem ~ □ *contentar-se/dar-se por satisfeito (com alguma coisa) **2** ⟨530⟩ jmdm. etwas ~ ⟨geh.⟩ *zuteilwerden lassen, geben;* Gott hat ihm beschieden, zu …, dass …; ihm war kein Erfolg beschieden □ conceder; dar **2.1** jmdm. ist es nicht beschieden *es ist jmdm. nicht vergönnt, es sollte nicht sein, dass jmd. …;* es war ihm nicht beschieden, ein großer Künstler zu werden ☐ *não lhe foi concedido/destinado; não era para (ele) ser 3 ⟨511⟩ jmdn. an einen Ort ~ ⟨veraltet⟩ *bestellen, kommen lassen;* jmdn. vor Gericht ~ ☐ *convocar/intimar alguém a comparecer em algum lugar* 3.1 jmdn. zu sich ~ *zu sich bitten, zu sich kommen lassen* ☐ *chamar/mandar vir alguém* 4 jmdn. ~ ⟨Amtsdt.⟩ *jmdm. etwas mitteilen, einen Bescheid geben* ☐ *informar; notificar* 4.1 ⟨513⟩ jmdm. abschlägig ~ *jmdm. eine Absage mitteilen, etwas ablehnen, absagen* ☐ *indeferir/recusar (alguma coisa) a alguém*

be|schei|den² ⟨Adj.⟩ 1 *genügsam, anspruchslos;* ein ~er Mensch; ~ leben ☐ **despretensioso; modesto** 2 *einfach, gering, mäßig, mittelmäßig;* ~e Ansprüche, Forderungen; ein ~es Gehalt, Einkommen beziehen; deine Leistungen sind ja sehr ~; etwas zu einem ~en Preis einkaufen; er drängt sich nie vor, dazu ist er viel zu ~ ☐ **simples; moderado** 2.1 wie geht es dir? ~! *mäßig* ☐ *mais ou menos* 2.1.1 ⟨a. verhüllend für⟩ *beschissen* ☐ **péssimo; horrível**

be|schei|ni|gen ⟨V. 503/Vr 6⟩ (jmdm.) etwas ~ *schriftlich bestätigen, bezeugen;* den Empfang eines Briefes, einer Sendung ~; das muss ich mir vom Arzt lassen ☐ **acusar; atestar**

Be|schei|ni|gung ⟨f.; -, -en⟩ 1 ⟨unz.⟩ *das Bescheinigen* ☐ **atestado; certificado** 2 ⟨zählb.⟩ *schriftliche Bestätigung, Schriftstück, mit dem etwas bescheinigt wird;* eine ~ (über etwas) ausstellen, benötigen, anfordern ☐ **recibo; comprovante**

be|schen|ken ⟨V. 500⟩ jmdn. ~ *jmdm. ein Geschenk machen;* die Kinder wurden zu Weihnachten reich beschenkt; jmdn. mit Schmuck ~ ☐ **presentear**

be|sche|ren ⟨V.⟩ 1 ⟨530/Vr 6⟩ jmdm. etwas ~ *jmdm. zu Weihnachten etwas schenken;* was hat dir das Christkind beschert?; was hast du zu Weihnachten beschert bekommen? ☐ **dar presentes de Natal** 2 ⟨400⟩ *Geschenke austeilen (bes. zu Weihnachten);* bei uns wird nachmittags um fünf Uhr beschert (am Heiligen Abend); wir ~ erst morgens am 25. Dezember; den Erwachsenen wird später beschert ☐ **distribuir presentes** 3 ⟨530/Vr 7 od. Vr 8⟩ jmdm. jmdn. od. etwas ~ *zuteilwerden lassen, bringen;* das Schicksal bescherte ihnen ein sorgenreiches Leben; der Besuch hat uns eine böse Überraschung beschert; was wird uns die Zukunft ~? ☐ **reservar**

Be|sche|rung ⟨f.; -, -en⟩ 1 *(feierliches) Austeilen, Überreichen von Geschenken (bes. am Heiligen Abend);* am 24. Dezember abends ist (die) ~; Weihnachts- ☐ **distribuição de presentes** 2 ⟨unz.; fig.; umg.; scherzh.⟩ *unangenehme Überraschung;* jetzt haben wir die ~!; ☐ *agora estamos bem arranjados!*; das ist ja eine schöne ~! ☐ *mas que bonito/maravilha*!

be|schi|cken ⟨V. 500⟩ 1 eine Messe, eine Ausstellung ~ *Waren od. Ausstellungsgegenstände auf eine M., A. schicken* ☐ *enviar mercadorias para uma feira/exposição*; der Aussteller hat die Messe mit Mustern beschickt ☐ **o expositor mandou amostras para a feira**; der Markt war reich beschickt ☐ *o mercado estava muito bem abastecido* 2 eine Versammlung, einen Kursus ~ *durch Vertreter besuchen lassen* ☐ *enviar representantes a uma reunião/a um curso;* die Tagung wurde international beschickt ☐ *o congresso recebeu representantes internacionais* 3 einen Hochofen od. metallurgischen Ofen (mit etwas) ~ ⟨Techn.; Met.⟩ *mit einem Material, das be- od. verarbeitet werden soll, füllen;* einen Hochofen mit Erzen, Zuschlägen und Brennmaterial ~ ☐ **alimentar** 4 etwas ~ ⟨regional⟩ *besorgen, erledigen;* heute konnte ich nichts ~ ☐ **fazer; preparar**

be|schimp|fen ⟨V. 500/Vr 8⟩ jmdn. ~ *seinen Zorn gegen jmdn. laut äußern, jmdn. mit groben Worten beleidigen;* er hat mich heftig beschimpft; sie ~ sich gegenseitig ☐ **insultar; xingar**

be|schla|fen ⟨V. 217/500⟩ 1 eine Sache ~ ⟨umg.⟩ *eine Nacht schlafen, bevor man die Sache entscheidet, eine Entscheidung bis zum Morgen aufschieben, sie sich gründlich vorher überlegen;* deinen Vorschlag muss ich (mir) noch einmal ~; ich werde (mir) den Plan erst ~ ☐ *consultar o travesseiro* 2 eine Frau ~ ⟨veraltet⟩ *mit einer Frau geschlechtlich verkehren* ☐ *dormir com uma mulher*

Be|schlag ⟨m.; -(e)s, schlä|ge⟩ 1 *Metallstück zum Zusammenhalten von beweglichen Teilen (z. B. von Fenstern, Türen), zum Schutz (z. B. der Ecken eines Buchdeckels, des Pferdehufes), zur Verzierung (z. B. an Schränken, Schubfächern)* ☐ **ferragem; guarnição** 2 *feiner Niederschlag, Hauch, Überzug (auf Fensterscheiben, Metallflächen usw.)* ☐ **bafo; vapor** 3 ⟨unz.; Jägerspr.⟩ *das Beschlagen¹(3)* ☐ **acasalamento** 4 ⟨nur in der Wendung⟩ jmdn. od. etwas in ~ nehmen, mit ~ belegen *ganz für sich allein beanspruchen;* einen Raum mit ~ nehmen; jmds. Zeit mit ~ belegen ☐ *monopolizar*

be|schla|gen¹ ⟨V. 218⟩ 1 ⟨500⟩ ein Tier od. etwas ~ *einen Metallbeschlag anbringen an etwas, bes. an den Hufen eines Tieres;* ein Pferd mit Hufeisen ~; mit Eisen ~; mit Nägeln ~e Schuhe ☐ **ferrar** 2 ⟨400⟩ etwas beschlägt *überzieht sich mit einem Beschlag;* Glas, Metall beschlägt leicht; die Fensterscheibe beschlägt ☐ **embaçar** 2.1 das Eisen ist mit Rost ~ *überzogen, bedeckt* ☐ **coberto** 3 ⟨500⟩ weibl. Tiere des Schalenwilds ~ ⟨Jägerspr.⟩ *begatten, befruchten* ☐ **acasalar; cobrir** 3.1 das Tier ist ~ *befruchtet* ☐ **prenhe** 4 ⟨500⟩ Segel ~ ⟨Seemannsspr.⟩ *befestigen* ☐ **ferrar**

be|schla|gen² 1 ⟨Part. Perf. von⟩ *beschlagen¹* 2 ⟨Adj. 70⟩ *in etwas erfahren, reich an Kenntnissen;* auf, in einem Fachgebiet gut, sehr ~ sein ☐ **versado**

be|schlag|nah|men ⟨V. 500⟩ etwas ~ *jmdm. im behördlichen Auftrag das Verfügungsrecht über etwas entziehen, etwas behördlich wegnehmen;* die Polizei beschlagnahmte die Schmuggelware ☐ **confiscar; sequestrar**

be|schleu|ni|gen ⟨V. 500⟩ 1 ⟨500⟩ etwas ~ *etwas schneller werden lassen;* eine Bewegung ~; die Fahrt ~; er beschleunigte seine Schritt ☐ **acelerar; apressar**; beschleunigter Puls; mit beschleunigter Geschwindigkeit ☐ **acelerado** 1.1 ⟨500/Vr 3⟩ etwas beschleunigt sich *wird schneller;* das Tempo, der Puls beschleunigt sich 1.2 ⟨413⟩ ein Fahrzeug beschleunigt leicht,

beschließen

gut, schnell, sofort *ein F. erhöht leicht usw. die Geschwindigkeit* **2** ⟨500; Phys.⟩ **etwas ~** *die Geschwindigkeit innerhalb einer Zeiteinheit (Maßeinheit m/sec²) heraufsetzen* □ **acelerar(-se) 2.1 negativ ~** *bremsen, verzögern* □ ***desacelerar; retardar* 3** ⟨500⟩ **etwas ~** ⟨fig.⟩ *dafür sorgen, dass etwas früher geschieht, schneller eintritt od. vorangeht;* die Vorbereitungen, die Abreise ~; er wollte den Umzug ~; die Entwicklung, das Wachstum ~ □ **acelerar 3.1** beschleunigtes Verfahren ⟨Rechtsw.⟩ *ein Verfahren, bei dem das Zwischenverfahren (die Einreichung der Anklageschrift) wegfällt* □ ***processo acelerado; processo tratado em regime de urgência***

be|schlie|ßen ⟨V. 222/500⟩ **1 etwas ~** *einen Beschluss(1) fassen;* er beschloss, sofort abzureisen; es ist noch nichts (endgültig) beschlossen; was habt ihr beschlossen?; es ist beschlossene Sache □ **decidir; resolver 2 etwas ~** *etwas beenden, mit etwas Schluss machen;* seine Tage, sein Leben in beschaulicher Ruhe ~; ich möchte meinen Vortrag mit dem Wunsch ~, dass ... □ **terminar; concluir**

Be|schluss ⟨m.; -es, schlüs|se⟩ **1** *Entscheidung, etwas zu tun als Ergebnis einer Beratung;* einen ~ fassen; einstimmiger ~; laut ~ der Versammlung; einen Antrag zum ~ erheben □ **decisão; resolução 2** ⟨unz.; veraltet⟩ *Ende, Schluss, Abschluss;* zum ~ wollen wir noch gemeinsam ein Lied singen; den ~ einer Kolonne, Reihe machen □ **conclusão; término**

be|schmụt|zen ⟨V. 500/Vr 7 od. Vr 8⟩ **1 etwas, jmdn. od. sich (mit etwas) ~** *etwas, jmdn. od. sich schmutzig machen, verunreinigen;* ich habe meine Hose beschmutzt; er hat die anderen Kinder beschmutzt; wie konntest du dich denn wieder so beschmutzen? **1.1** ⟨530/Vr 1⟩ **jmdm. od. sich etwas ~;** er hat ihr das Kleid beschmutzt; ich habe mir beim Spazieren die Schuhe beschmutzt □ **sujar(-se) 2 eine Sache ~** *verunglimpfen, entweihen, entehren;* jmds. Ansehen, Andenken, Ehre ~ □ **manchar; macular**

be|schnei|den ⟨V. 227/500⟩ **1 etwas ~** *den Rand glatt schneiden (von Papier, Leder, Stoff usw.);* die Bogen eines Buches ~ □ **aparar 2 etwas ~** *kürzer machen, stutzen, zurückschneiden;* Äste, Bäume, Fingernägel, Fußnägel ~; einen Bart ~; einem Vogel die Flügel ~ □ **aparar; podar 3 eine Sache ~** ⟨fig.⟩ *herabsetzen, einschränken, schmälern;* die Ausgaben, Löhne ~; jmds. Freiheit, Rechte, jmdm. die Freiheit ~ □ **reduzir; restringir 4 jmdn. ~** *bei jmdm. die Vorhaut, die Klitoris od. die kleinen Schamlippen entfernen (als Ritual)* □ **circuncidar**

be|schö|ni|gen ⟨V. 500⟩ **1 etwas ~** *etwas Negatives in einem besseren Licht erscheinen lassen, etwas harmloser darstellen, als es in Wirklichkeit ist;* er beschönigt seine Fehler, Schwächen, Handlung, Tun, Verhalten ~ □ **atenuar; paliar 1.1** ~der Ausdruck = *Euphemismus*

be|schrän|ken ⟨V.⟩ ⟨500⟩ **etwas ~** *etwas begrenzen, einer Sache Schranken setzen;* den Export ~; die Zahl der Studienbewerber ~; jmds. Rechte ~; seine Ausgaben ~ **1** ⟨550⟩ **jmdn. in etwas ~;** *jmdn. in etwas* einengen; jmdn. in seinen Rechten, in seiner (Handlungs-)Freiheit ~ **1.2** ⟨550⟩ **etwas auf ein bestimmtes Maß ~** *ein Maß nicht überschreiten lassen;* er hat seine Geldausgaben auf ein Mindestmaß beschränkt; sie muss ihren Vortrag auf 30 Minuten ~ **2** ⟨550/Vr 3⟩ **sich auf jmdn. od. etwas ~** *sich mit jmdm. od. einer Sache begnügen;* wir müssen uns auf das Notwendigste, das Wesentliche ~; wir wollen versuchen, das Feuer auf den Brandherd zu ~ **2.1 etwas beschränkt sich auf jmdn. od. etwas** *etwas ist nur für jmdn. od. etwas gültig;* sein Einfluss beschränkte sich nicht nur auf die Politik; die Maßnahme beschränkt sich auf die Rentner □ **limitar(-se); restringir(-se)**

be|schränkt 1 ⟨Part. Perf. von⟩ *beschränken* **1.1** *räumlich begrenzt, knapp;* unser Platz ist ~; ~er Raum **1.2** *zeitlich begrenzt;* meine Zeit ist ~ **1.3** *gering;* seine Möglichkeiten sind ~; wir haben nur ~e Mittel zur Verfügung □ **limitado; escasso; restrito 1.3.1** in ~en Verhältnissen leben *in ärmlichen V. Leben* □ ***viver no aperto* 1.4** *in seiner Geltung begrenzt;* Gesellschaft mit ~er Haftung □ ***sociedade de responsabilidade limitada;*** er hat nur ~e Vollmachten □ **limitado 2** ⟨Adj.; fig.; abwertend⟩ *geistig begrenzt, von geringer Intelligenz, einfältig;* einen ~en geistigen Horizont haben; er ist geistig etwas ~; ein ~er Mensch □ **limitado; tacanho**

be|schrei|ben ⟨V. 230/500⟩ **1 etwas ~** *mit Schriftzeichen versehen, vollschreiben;* ein Stück Papier, eine Tafel ~; die Seiten waren dicht, eng beschrieben; ein beschriebenes Stück Papier □ **escrever (em); preencher 2 jmdn. od. etwas ~** *durch Worte einen Eindruck von jmdm. od. etwas vermitteln;* eine Person ~; etwas anschaulich, ausführlich, genau, näher ~; können Sie den Täter ~?; sein Glück war nicht zu ~; wer beschreibt mein Erstaunen, meine Freude, meinen Schrecken, als ... □ **descrever 3 etwas beschreibt einen Kreis, eine Kurve** *führt einen K., eine K. aus;* das Flugzeug, der Wagen beschrieb einen Kreis, Bogen □ **descrever; traçar**

Be|schrei|bung ⟨f.; -, -en⟩ **1** *das mündliche od. schriftliche Beschreiben;* nach einer Pause fuhr sie in ihrer ~ fort; ich kenne ihn nur aus ihrer ~; er wurde in seiner ~ unterbrochen □ **descrição; relato 1.1 etwas spottet jeder, aller ~** ⟨umg.⟩ *etwas ist unbeschreiblich, übersteigt jedes Maß;* seine Frechheit spottet jeder ~; der Zustand des Zimmers spottete jeder ~ □ ***ser indescritível* 2** *genaue Angaben über etwas od. jmdn.;* eine ~ des Täters, einer Person geben; Personen~; eine ~ für den Gebrauch □ **descrição; instrução**

be|schul|di|gen ⟨V. 504/Vr 7 od. Vr 8⟩ **1 jmdn. od. sich (einer Sache) ~** *jmdm. od. sich die Schuld an etwas geben;* jmdn. des Betruges, des Diebstahls ~; man hat ihn beschuldigt, Geld gestohlen zu haben; jmdn. falsch, zu Unrecht ~ **1.1** ⟨Rechtsw.⟩ *jmdn. wegen einer Straftat bei Gericht anzeigen (vor der öffentlichen Klage)* □ **acusar(-se); incriminar(-se)**

be|schüt|zen ⟨V. 500/Vr 8⟩ **jmdn. (vor etwas) ~** *jmdm. Schutz geben, jmdn. (vor etwas) schützen, behüten, be-*

wahren; jmdn. vor den Feinden ~; sie ~ sich, einander vor den Gefahren des Lebens □ **proteger**

Be|schwer|de ⟨f.; -, -n⟩ **1** *Mühe, Last, Mühsal, Mühseligkeit;* der Weg, die Arbeit macht mir viel(e) ~(n) □ **fadiga; sacrifício 2** ⟨Pl.⟩ *körperliche Leiden, Schmerzen;* die ~n des Alters; das Treppensteigen macht, verursacht mir ~n; keinerlei ~n (mehr) haben; über ~n (beim Atmen, bei der Verdauung usw.) klagen; wo haben Sie ~n? □ **dores; achaques 3** *an zuständiger Stelle vorgebrachte Klage über jmdn. od. etwas;* große, kleine ~n; jmdm. Grund zur ~ geben; was haben Sie für ~?; eine ~ vorbringen □ **queixa; reclamação 3.1** ~ führen *sich beschweren* □ **queixar-se;* **reclamar 3.2** *Rechtsmittel gegen Beschlüsse (von Verwaltungsbehörden)* □ **recurso 3.2.1** ~ einlegen *einreichen* □ **interpor recurso*

be|schwe|ren ⟨V. 500⟩ **1** etwas ~ *belasten, schwerer machen;* Schriftstücke ~ (damit sie nicht wegwehen werden); den Magen mit fetten Speisen ~ □ **colocar peso sobre; agravar 2** ⟨550/Vr 7 od. Vr 8⟩ jmdn. mit etwas ~ *seelisch belasten;* jmdn. mit Sorgen, Nöten, einer schlimmen Nachricht ~ □ **oprimir; afligir 3** ⟨Vr 3⟩ sich ~ *eine Beschwerde(3) vorbringen, sich beklagen;* Sy *reklamieren(2);* sich beim Geschäftsführer ~; sich über ungerechte Behandlung, schlechte Bedienung ~ □ **reclamar; queixar-se*

be|schwer|lich ⟨Adj.⟩ **1** *Beschwerde(n) bereitend, mühselig, mühsam, ermüdend;* ~e Arbeit; ein ~er Weg; die Reise war lang und ~ □ **cansativo; penoso; árduo 1.1** jmd. od. etwas wird jmdm. ~ *fällt jmdm. schwer, wird jmdm. lästig* □ **maçante; tedioso**

be|schwich|ti|gen ⟨V. 500/Vr 7 od. Vr 8⟩ jmdn. od. etwas ~ *beruhigen;* jmds. Erregung, Wut, Zorn ~; sein (schlechtes) Gewissen ~; einen Zornigen ~ □ **acalmar; aplacar; tranquilizar;** eine ~de Geste □ **tranquilizador**

be|schwingt ⟨Adj.; fig.⟩ *leicht, schwungvoll, heiter, beflügelt, freudig eilend;* ~e Melodie, ~er Rhythmus; ~ nach Hause gehen □ **exultante; jovial;** ~en Schrittes, mit ~en Schritten □ **a passos leves*

be|schwö|ren ⟨V. 238/500⟩ **1** eine Aussage ~ *durch Schwur bekräftigen, beeiden* □ **jurar 2** ⟨580⟩ jmdn. ~, etwas (nicht) **zu tun** *flehentlich bitten;* sie beschwor ihn, sie nicht zu verlassen □ **implorar; suplicar 3** Dämonen, Geister, Naturmächte ~ *herbeizaubern, -rufen od. bannen, wegzaubern, austreiben* □ **invocar; esconjurar 3.1** Erinnerungen ~ *ins Gedächtnis rufen* □ **evocar**

be|se|hen ⟨V. 239/500/Vr 7 od. Vr 8 od. 503/Vr 1⟩ **1** (sich) jmdn. od. etwas ~ *(sich) jmdn. od. etwas genau beschauen, jmdn. od. etwas betrachten, ansehen;* er besah sie (sich) aufmerksam, von oben bis unten; ich besah mich im Spiegel □ **examinar; olhar 1.1** bei Licht(e), in der Nähe, genau, recht ~ ⟨fig.; umg.⟩ *genau genommen, in Wirklichkeit, recht überlegt;* bei Lichte ~, ist es doch anders □ **pensando bem; examinando melhor*

be|sei|ti|gen ⟨V. 500⟩ **1** etwas ~ ⟨a. fig.⟩ *etwas entfernen, zum Verschwinden bringen;* Schmutz, Abfälle, Essenreste, Flecken ~; Fehler, Hindernisse, Schwierigkeiten, Störung, Ursachen, Vorurteile ~ □ **eliminar; remover 2** jmdn. ~ ⟨verhüllend⟩ *ermorden, umbringen;* einen Mitwisser ~; man hat ihn beseitigt, weil er zu viel wusste □ **liquidar; eliminar**

Be|sen ⟨m.; -s, -⟩ **1** *Werkzeug zum Kehren;* Hand~, Kehr~ □ **espanador; vassoura 1.1** ich fresse einen ~, wenn das stimmt ⟨umg.; scherzh.⟩ *ich glaube es nicht, das kann nicht stimmen* □ **corto o pescoço se isso for verdade* **1.2** jmdn. auf den ~ laden ⟨fig.⟩ *täuschen, foppen, zum Besten haben* □ **levar alguém no bico;* **pregar uma peça em alguém;** → a. *neu(1.2);* eisern(2.2) **2** *Gerät zum Schaumschlagen;* Schnee~ □ **batedor de claras** ⟨umg.; scherzh.⟩ **3** *Mann, Mensch;* du alter ~!; □ **seu malandro!;* so ein alter ~! □ **que malandro!* **3.1** ⟨umg.; abwertend⟩ *kratzbürstige, zänkische Frau* □ **megera; bruxa**

be|ses|sen 1 ⟨Part. Perf. von⟩ **besitzen 2** ⟨Adj.⟩ **2.1** *von bösen Geistern beherrscht, ergriffen, irr, wahnsinnig;* er ist vom Teufel ~; wie ~ herumspringen, schreien, davonrennen □ **possesso; possuído 2.2** *von etwas übermäßig erfüllt, begeistert sein;* von einer (fixen) Idee, Vorstellung, einem Wunsch ~ sein; sie war von ihrer Arbeit ~ □ **obcecado 2.2.1** *leidenschaftlich;* ein ~er Spieler, Rennfahrer □ **apaixonado**

be|set|zen ⟨V. 500⟩ **1** einen Platz ~ *belegen, freihalten;* alle Plätze waren schon besetzt □ **ocupar;** einen Stuhl für jmdn. ~ □ **reservar;** das Theater war (dicht, voll) besetzt; die Straßenbahn war (voll) besetzt □ **cheio; tomado;** Besetzt (Aufschrift auf den Schlössern von Toilettentüren) □ **ocupado 1.1** ein Sitzmöbel ~ *sich daraufsetzen* □ **ocupar 1.2** der Platz ist besetzt ~ *ist bereits belegt* **1.3** das Telefon ist besetzt *die Telefonleitung ist belegt* □ **ocupado 2** einen Staat, Teil eines Staates ~ *der eigenen Herrschaft, Kontrolle unterstellen;* die besetzten Gebiete; ein Land, eine Stadt ~; leerstehende Häuser ~ □ **ocupar 3** eine (offene) Stelle ~ *einen Arbeitnehmer für eine S. einstellen;* die guten Posten waren schon besetzt □ **ocupar; preencher 3.1** Rollen ~ ⟨Theat.⟩ *auf einzelne Schauspieler verteilen* □ **distribuir;** das Stück war mit guten Schauspielern besetzt □ **a peça contava com bons atores* **4** ⟨516⟩ Stoff mit etwas ~ *auf etwas etwas nähen;* ein mit Pelz besetzter Mantel □ **aplicar; guarnecer 5** ein Beet ~ *bepflanzen;* die Rabatte mit Tulpen ~ □ **plantar**

be|sich|ti|gen ⟨V. 500⟩ etwas ~ *etwas zwecks Bildung od. Prüfung bei einem Rundgang ansehen, anschauen;* ein Bauwerk, ein Museum, eine Stadt ~; ein Krankenhaus, eine Schule, Truppen ~; etwas durch Sachverständige ~ lassen □ **inspecionar; visitar**

Be|sich|ti|gung ⟨f.; -, -en⟩ *das Besichtigen;* ~ durch Sachverständige; ~ von Kunstwerken □ **visita; inspeção**

be|sie|geln ⟨V. 500⟩ etwas ~ **1** ⟨veraltet⟩ *mit Siegel versehen, durch Siegel versiegeln, fest verschließen* □ **selar; lacrar 2** ⟨505; geh.⟩ *bekräftigen, bindend bestätigen;* er hat seine Treue mit seinem Blut, seinem Tod besiegelt; ein Versprechen mit Handschlag ~; eine Liebeserklärung mit einem Kuss ~ □ **selar; confirmar**

besiegen

2.1 besiegelt sein *entschieden sein, unverrückbar feststehen;* sein Schicksal ist (damit, durch das Urteil usw.) besiegelt ☐ *estar decidido/selado

be|sie|gen ⟨V. 500/Vr 7 od. Vr 8⟩ **1** jmdn. od. sich, etwas ~ *den Sieg erringen über, im Kampf gewinnen gegen;* jmdn. im Wettkampf, im Spiel ~; den Gegner (geistig) ~; sich selbst ~ ist der schönste Sieg (F. von Logau) ☐ **vencer; derrotar;** ein besiegtes Land ☐ **derrotado;** wehe den Besiegten! (Ausspruch des Galliers Brennus, als er 390 v. Chr. Rom eroberte) ☐ *ai dos vencidos! **1.1** seine **Leidenschaften** ~ *zügeln, bezähmen* ☐ **dominar; refrear 1.2** *überwinden;* Schwierigkeiten, Furcht, Zweifel ~ ☐ **superar; vencer 1.3** sich für besiegt erklären *sich zum Verlierer erklären, den Kampf aufgeben* ☐ *dar-se por vencido; capitular

be|sin|nen ⟨V. 245/500/Vr 3⟩ **1** sich ~ *überlegen, nachdenken, zur Ruhe kommen;* sich einen Augenblick ~; ich muss mich erst ~; ohne sich zu ~ ☐ *refletir; pensar **1.1** ⟨513 od. 540⟩ sich anders, eines Besseren ~ *sich etwas anders, besser überlegen;* ich habe mich anders besonnen ☐ *mudar de opinião; reconsiderar **1.1.1** sie hat sich schließlich besonnen *sie ist schließlich vernünftig geworden* ☐ *finalmente ela tomou juízo/caiu em si **2** ⟨505⟩ sich (auf jmdn. od. etwas) ~ *sich (an jmdn. od. etwas) erinnern;* ich kann mich nicht (mehr) ~, wie er ausgesehen hat ☐ *lembrar-se/recordar-se (de alguém ou alguma coisa) **2.1** wenn ich mich recht besinne *wenn ich nicht irre, wenn mich meine Erinnerung nicht täuscht* ☐ *se não me engano **2.2** jetzt besinne ich mich wieder *jetzt fällt es mir wieder ein* ☐ *agora me lembro

be|sinn|lich ⟨Adj.⟩ *nachdenklich, beschaulich;* eine ~e Stunde verbringen ☐ *passar uma hora pensando/refletindo; ~e Worte ☐ **que leva à reflexão;** sie schaute ~ zum Himmel auf ☐ **pensativo; contemplativo**

Be|sin|nung ⟨f.; -; unz.⟩ **1** *Bewusstsein* ☐ **consciência; sentidos 1.1** die ~ verlieren *bewusstlos werden, in Ohnmacht fallen* ☐ *perder os sentidos; desmaiar **1.2** wieder zur ~ kommen *aus der Bewusstlosigkeit erwachen* ☐ *recuperar os sentidos; voltar a si **2** *ruhige Überlegung, ruhiges Nachdenken, das Besinnen;* in dem Rummel kommt man nicht zur ~ ☐ **reflexão 2.1** jmdn. zur ~ bringen *jmdn. zur Vernunft bringen* ☐ *chamar alguém à razão **3** ⟨geh.⟩ *Erinnerung;* die ~ auf den Ursprung des Weihnachtsfestes ☐ **lembrança; recordação**

be|sin|nungs|los ⟨Adj.⟩ **1** *bewusstlos, ohnmächtig;* sie stürzte ~ zu Boden; der ~e Mann war verletzt ☐ **inconsciente; desmaiado 2** *außer sich, aufs Höchste erregt, nicht bei Vernunft;* ~ vor Wut sein; sie war ~ vor Schreck; sich ~ in die Arbeit stürzen ☐ **fora de si; descontrolado 3** *maßlos;* ~e Furcht, Angst, Eile ☐ **desmedido**

Be|sitz ⟨m.; -es; unz.⟩ **1** ⟨Rechtsw.⟩ *tatsächliche Herrschaft, Gewalt über eine Sache;* → a. *unmittelbar(2.1)* ☐ **posse 1.1** *die Sache selbst, deren Gebrauchs- u. Nutzungsrecht man hat;* das Haus ist sein rechtmäßiger ~ ☐ **posse; bem 2** *alles, worüber man (begrenzt) verfügen darf;* → a. *Eigentum* ⟨umg.⟩; an seinen Erinne-

rungen einen kostbaren, köstlichen, unverlierbaren (geistigen) ~ haben; das Gut ging vor einigen Jahren in seinen ~ über ☐ **patrimônio 2.1** *Besitzung, Grundstück, Landgut;* er hat in Italien einen sehr schönen ~ ☐ **propriedade 3** *das Besitzen;* unerlaubter ~ (z. B. von Waffen) ☐ **posse 3.1** in den ~ einer Sache kommen *etwas bekommen* ☐ *entrar em posse de alguma coisa **3.2** von etwas ~ ergreifen, etwas in ~ nehmen *sich etwas aneignen* ☐ *tomar posse de alguma coisa **3.3** im ~ einer Sache sein *eine S. besitzen* **3.3.1** ich bin im ~ Ihres Schreibens *ich habe Ihr Schreiben erhalten* ☐ *estar de posse de alguma coisa

be|sit|zen ⟨V. 246/500⟩ etwas ~ **1** *in Besitz haben, darüber herrschen, verfügen;* einen Gegenstand ~; ein Grundstück, ein Haus, viel Geld, großen Reichtum ~ ☐ **possuir 1.1** ~de **Klasse** *Gesellschaftsklasse mit viel Besitz* ☐ *a classe proprietária; die Besitzenden ☐ *os proprietários **2** ⟨geh.⟩ *haben;* Mut, Fantasie, ein Talent, Temperament ~; er hat die Frechheit besessen zu behaupten, ... **3** *teilhaben an;* jmds. Liebe, Vertrauen, Zuneigung ~ ☐ **ter**

Be|sit|zer ⟨m.; -s, -⟩ *jmd., der etwas besitzt, Eigentümer;* → a. *unmittelbar(2.1.1)* ☐ **proprietário**

Be|sit|ze|rin ⟨f.; -, -rin|nen⟩ *weibl. Besitzer* ☐ **proprietária**

Be|sit|zung ⟨f.; -, -en⟩ *größeres Grundstück, Landgut, Grundbesitz;* er wohnt auf seinen ~en ☐ **propriedade**

be|son|de|re(r, -s) ⟨Adj. 24/60⟩ **1** *einzeln, nicht allgemein, nicht auf alle zutreffend, nicht für alle geeignet, für sich;* Ggs *allgemein(1);* im Allgemeinen und im Besonderen; ~ Kennzeichen, Umstände, Wünsche ☐ **particular; específico 2** *außerordentlich, außergewöhnlich;* ein ganz ~r Fall; das ist etwas ganz Besonderes, nichts Besonderes ☐ **excepcional; extraordinário 2.1** *speziell;* zur ~n Verwendung ⟨Mil.; Abk.: z. b. V.⟩ ☐ **especial 3** *eigen, eigenartig, eigentümlich;* ein ganz ~s Gefühl ☐ **próprio; peculiar**

be|son|ders ⟨Adv.⟩ **1** *getrennt, gesondert, abseits, für sich;* Ggs *allgemein(1);* einen Gegenstand ~ aufstellen, legen, stellen ☐ **separadamente 2** *hauptsächlich, vor allem;* ich rechne ihm seine Haltung hoch an, ~ wenn man bedenkt, dass ...; ich habe mich ~ darüber gefreut, dass ...; ich habe dabei ~ an dich gedacht ☐ **especialmente 3** *in hohem Maße, sehr (hervorragend);* wie geht es dir? nicht ~; (nicht) ~ gut, schön, schlecht ☐ *(não) muito bem **4** *ausdrücklich, nachdrücklich;* ich möchte ~ betonen, hervorheben ☐ **particularmente 4.1** *speziell;* ~ eignet sich ~ zum Lehrer ☐ **especialmente**

be|son|nen¹ ⟨V. 500⟩ **1** jmdn. od. etwas ~ *mit Sonne bescheinen* ☐ **expor ao sol 1.1** besonnt ⟨geh.⟩ *von Sonne beschienen* ☐ **ensolarado**

be|son|nen² **1** ⟨Part. Perf. von⟩ *besinnen* **2** ⟨Adj.⟩ *überlegt, bedächtig, vorsichtig, umsichtig;* ein ~er Mensch ☐ **prudente; cauteloso;** ~ handeln; ~ zu Werke gehen ☐ **com prudência/cautela**

be|sor|gen ⟨V. 500⟩ **1** etwas ~ *erledigen;* einen Botengang, Einkauf, ein Geschäft ~ ☐ **realizar 2** ⟨530/Vr 5⟩ jmdm. etwas ~ *kaufen, einkaufen, beschaffen, ver-*

schaffen, holen; jmdm. eine Theaterkarte, ein Zimmer ~; bitte besorge mir ein Taxi; sich etwas ~ lassen □ **arranjar; providenciar** 3 *jmdm. od. etwas ~ betreuen, pflegen, versorgen, sich um jmdn. od. etwas kümmern;* Kranke, Kinder, das Hauswesen ~ □ **cuidar; tratar** 4 〈530; umg.〉 *es jmdm. ~ vergelten, heimzahlen* □ ***pagar na mesma moeda** 4.1 dem habe ich es (aber) besorgt! *dem habe ich deutlich die Meinung gesagt* □ **eu lhe disse umas verdades!** 5 ~, dass ... 〈veraltet〉 *Sorge haben (um od. dass ...), befürchten, argwöhnen;* ich besorge, dass er einen Unfall gehabt hat □ **recear; temer** 6 〈Part. Perf.〉 **besorgt sein (um)** *sich Sorgen machen, in Sorge sein;* eine besorgte Mutter; um jmds. Gesundheit besorgt sein □ ***estar preocupado/apreensivo (com)**

Be|sorg|nis 〈f.; -, -se〉 1 *Sorge, Furcht, Befürchtung;* diese Nachricht erfüllte ihn mit ~; jmds. ~se zerstreuen; etwas hat seine ~ erregt; Anlass zur ~ geben □ **apreensão; preocupação** 2 〈Getrennt- u. Zusammenschreibung〉 2.1 ~ **erregend** = *besorgniserregend*

be|sorg|nis|er|re|gend *auch:* **Be|sorg|nis er|re|gend** 〈Adj.〉 *Anlass zur Besorgnis, zur Sorge gebend;* ihr Zustand ist ~; 〈bei Steigerung od. Erweiterung der gesamten Fügung nur Zusammenschreibung〉 ihr Zustand ist (viel) besorgniserregender, als alle dachten; ein sehr besorgniserregender Bericht; 〈bei Erweiterung des Erstbestandteils nur Getrenntschreibung〉 eine große Besorgnis erregende Mitteilung □ **preocupante**

be|spre|chen 〈V. 251/500〉 1 *etwas ~ erörtern, beraten, über etwas sprechen;* die Ereignisse der Woche (im Fernsehen) ~; eine Frage, ein Problem, einen Vorfall ~; etwas eingehend, gründlich ~; ich habe Folgendes mit ihm besprochen ... □ **discutir; falar de/sobre** 2 〈517/Vr 3〉 *sich mit jmdm. ~ mit jmdm. über etwas sprechen, Meinungen austauschen;* er besprach sich mit seinem Berater □ ***conversar com alguém; consultar alguém** 3 *jmdn. od. etwas ~ beurteilen, eine Kritik schreiben über jmdn. od. etwas;* ein neues Buch ~; eine Theateraufführung ~ □ ***fazer a crítica de; analisar** 4 *jmdn. od. etwas ~ durch magische Worte zu heilen suchen;* eine Krankheit, Warzen ~ □ **ensalmar** 5 einen **Tonträger** ~ *etwas auf einen T. sprechen, gesprochene Worte auf einen T. aufnehmen (lassen)* □ **gravar**

Be|spre|chung 〈f.; -, -en〉 1 *Beratung, Sitzung, gemeinsames Überlegen, Erörterung;* Herr Meier ist gerade in einer ~ □ **conferência; reunião** 2 *kritische Beurteilung, Rezension;* Buch~; ~ einer Uraufführung □ **crítica; recensão** 3 *(medizinische) Behandlung durch das Sprechen beschwörender, magischer Worte* □ **ensalmo**

be|sprin|gen 〈V. 253/500; umg.〉 *ein weibl. Tier ~ (vom Rind, Pferd, Edelwild u. a.) auf es aufsteigen, um es zu begatten* □ **acavalar; cobrir**

bes|ser 〈Adj.〉 1 〈Komparativ von〉 *gut;* ich komme wieder, wenn du ~e Laune hast; fühlst du dich (wieder) ~?; geht es dir finanziell, gesundheitlich wieder ~?; meine Kinder sollen es einmal ~ als ich haben; du kannst das ~ als ich; er ist zu faul zum Arbeiten, ~ gesagt: Er will gar nicht arbeiten; es ist ~, du kommst sofort, dass du sofort kommst; ihre Leistungen sind ~ als deine; es wäre ~, wenn du sofort kämst; es muss doch einmal (wieder) ~ werden; er will immer alles ~ wissen; ~ spät als nie; das ist ~ als nichts; auf ~es Wetter warten; auf ~e Zeiten hoffen; desto ~!; für ein ~es Leben arbeiten; es kommt noch ~! 〈beim Erzählen eines Ereignisses〉; umso ~! □ **melhor** 1.1 ~ *ist ~! lieber vorbeugen!* □ **é melhor prevenir do que remediar** 1.2 〈60〉 *er ist nur ein ~er Hilfsarbeiter kaum mehr als ein H., etwas Ähnliches wie ein H.* □ ***ele é só pouco mais do que um assistente** 1.3 〈60〉 meine ~e **Hälfte** 〈umg.; scherzh.〉 *meine Frau* ***minha cara-metade** 1.4 〈60〉 mein ~es Ich *mein Gewissen* □ ***minha consciência** 1.5 〈60〉 in ~en **Kreisen** verkehren *in höheren Gesellschaftsschichten* □ ***frequentar altas rodas** 1.6 〈60〉 das ~e **Teil** gewählt haben *sich richtig entschieden haben* □ ***ter tomado a melhor decisão** 2 〈Getrennt- u. Zusammenschreibung〉 2.1 ~ **Verdienende(r)** = *Besserverdienende(r)* 2.2 ~ **gehen** = *bessergehen*

Bes|se|re(s) 〈n. 3〉 1 *etwas, das besser ist als anderes;* ich habe ~s zu tun, als ...; etwas ~s ist dir wohl nicht eingefallen?; haben Sie nicht noch etwas ~s? 〈beim Einkaufen〉; er hat das ~ gewählt; ich kann im Augenblick nichts ~s tun als ...; wenn du nichts ~s vorhast, komm doch heute Abend; in Ermangelung von etwas Besserem; eine Wendung zum Besseren □ **melhor** 1.1 *jmdn. eines Besseren belehren jmdn. von einer falschen Meinung abbringen* □ ***abrir os olhos de alguém** 1.2 *sich eines Besseren besinnen es sich anders (besser) überlegen* □ ***pensar melhor**

bes|ser|ge|hen *auch:* **bes|ser ge|hen** 〈V. 145/400 (s.)〉 *es geht jmdm. besser jmd. befindet sich in einem besseren Gesundheitszustand, in einer besseren wirtschaftlichen Lage o. Ä. als zuvor;* es wird ihm bald wieder ~; geht es ihm finanziell wieder besser? □ **estar melhor**

bes|sern 〈V. 500〉 1 *jmdn. od. etwas ~ besser machen, verbessern;* wir müssen ihn zu ~ suchen; die Strafe hat ihn nicht gebessert; an den Verhältnissen war viel zu ~; ein Kleidungsstück ~ 〈geh.〉 2 〈Vr 3〉 *sich ~ besser werden;* du musst dich ~; die Kurse ~ sich; deine Leistungen müssen sich noch ~; seine Krankheit, sein Leiden bessert sich zusehends; er hat versprochen sich zu ~ □ **melhorar**

bes|ser|stel|len 〈V. 500〉 1 *jmdn. ~ jmdn. in eine höhere Gehaltsklasse einstufen, jmds. Gehalt aufbessern* □ **promover;** er ist bessergestellt als ich □ ***ele está em melhor situação do que eu** 2 〈Vr 3〉 *sich ~ über mehr Geld verfügen, seine finanzielle Situation verbessern* □ ***melhorar de vida**

Bes|se|rung 〈f.; -, -en〉 1 *das Besserwerden, Sichbessern, Hinwendung zum Guten, Bessern;* die frische Luft hat viel zur ~ seiner Krankheit beigetragen 1.1 es ist eine (merkliche) ~ eingetreten *es ist (merklich) besser geworden* □ **melhora** 1.2 *gute ~! möge sich deine Krankheit bald bessern!, alles Gute für deine Gesundung!, werde bald wieder gesund!* □ ***(estimo as suas) melhoras!** 1.3 *sich auf dem Wege der ~ befinden der*

Besserverdienende(r)

Gesundung entgegengehen □ *estar melhorando; estar em recuperação

Bes|ser|ver|die|nen|de(r) auch: **bes|ser Ver|die|nende(r)** ⟨f. 2 (m. 1)⟩ *Person mit hohen Einkünften* □ pessoa que ganha bem

Be|stand ⟨m.; -(e)s, stän|de⟩ **1** ⟨unz.⟩ *das Bestehen, Fortbestehen, Dauer* □ duração; das ist nicht von ~ □ *isso não vai durar* 1.1 *das hat keinen ~ ist nicht von Dauer* □ *isso não dura* **2** *das Vorhandene* □ existência **2.1** *augenblicklicher Vorrat; Kassen~* □ dinheiro em caixa, *Waren~* □ estoque de mercadorias; *der ~ der Bibliothek beträgt 10 000 Bände; der ~ an Büchern, an Kleidern* **2.2** *immer verfügbarer Vorrat; den ~ auffüllen, erneuern; in meinen Beständen wird sich schon etwas Passendes finden* □ acervo; estoque **3** ⟨Forstw.⟩ *Gesamtheit der Nutzbäume eines Reviers* □ povoamento florestal

be|stan|den 1 ⟨Part. Perf. von⟩ *bestehen* **2** ⟨Adj. 24/70⟩ *bewachsen; der Garten war mit Bäumen ~; ein dünn ~er Wald* □ arborizado

be|stän|dig ⟨Adj.⟩ **1** *andauernd, ständig, ununterbrochen; der ~e Regen macht mich ganz trübselig* □ constante; contínuo; *~es Wetter* □ estável; *in ~er Angst, Sorge, Unruhe leben* □ permanente **1.1** ⟨50⟩ *immer(zu), in einem fort; es hat heute ~ geregnet; er hat ~ etwas auszusetzen, zu klagen; er kommt ~ zu mir gelaufen* □ constantemente; sem parar **2** *dauerhaft, widerstandsfähig; wetter~; der Stoff ist sehr ~ gegen Wasser, Witterungseinflüsse* □ resistente **3** *beharrlich, treu, nicht wankelmütig; ein ~er Mensch; er ist sehr ~ in seiner Arbeit, seinem Fleiß* □ firme; persistente

Be|stand|teil ⟨m.; -(e)s, -e⟩ **1** *Teil einer größeren Einheit; die Methodik ist ein wesentlicher ~ der Pädagogik; die ~e einer Uhr, Maschine, eines Motors; Haupt~; einen Gegenstand in seine ~e zerlegen; Nahrungs~* □ componente; elemento **1.1** *das Stück hat sich in seine ~e aufgelöst* ⟨umg.; scherzh.⟩ *ist entzweigegangen* □ *a peça espatifou-se*

be|stär|ken ⟨V. 505/Vr 8⟩ *jmdn. (in etwas) ~ bestätigen, unterstützen; jmdn. in seiner Meinung, in einem Vorsatz ~; seine Antwort bestärkte meinen Verdacht* □ corroborar; fortalecer

be|stä|ti|gen ⟨V. 500⟩ **1** *etwas ~ als richtig anerkennen, für zutreffend, gültig erklären; jmds. Ansicht, Meinung ~, eine Aussage ~; eine Behauptung ~; ich kann die Ausführungen meines Vorgängers nur ~* □ confirmar; corroborar, *eine Urkunde ~; eidlich, unterschriftlich ~* □ autenticar; certificar **1.1** *etwas bestätigt etwas zeigt die Richtigkeit von etwas; das bestätigt meinen Verdacht; damit sehe ich meine Auffassung bestätigt* **1.2** ⟨Vr 3⟩ *etwas bestätigt sich stellt sich als richtig, zutreffend heraus; es hat sich bestätigt, dass ...; meine Befürchtungen haben sich bestätigt* □ confirmar(-se) **2** *den Empfang einer Sendung ~* ⟨Kaufmannsspr.⟩ *mitteilen, dass eine S. angekommen ist* □ acusar **3** *etwas ~ als rechtskräftig anerkennen; jmds. Amtseinsetzung ~; Beschlüsse ~* □ ratificar; homologar

Be|stä|ti|gung ⟨f.; -, -en⟩ *das Bestätigen, Zustimmung, Anerkennung, Beglaubigung; um die ~ einer Kündigung bitten; die ~ eines Gerichtsurteils; amtliche ~* □ confirmação; certificação; homologação

be|stat|ten ⟨V. 500; geh.⟩ *jmdn. ~ jmdn. begraben, beerdigen, einäschern; man hat ihn feierlich, kirchlich, mit militärischen Ehren in seiner Heimat, im fremden Land bestattet* □ enterrar; sepultar

Be|stat|tung ⟨f.; -, -en⟩ *das Bestatten, Begräbnis, Beerdigung, Beisetzung* □ enterro; *Feuer~* □ cremação

be|stau|nen ⟨V. 500⟩ *etwas od. jmdn. ~ über etwas od. jmdn. staunen, mit Bewunderung betrachten; die Kinder bestaunten den Seiltänzer* □ admirar; olhar com espanto

bes|te(r, -s) ⟨Adj.⟩ **1** ⟨Superlativ von⟩ *gut; der ~ Freund, Schüler; ~r Freund, so geht das nicht!; er hat den ~n Willen dazu, aber er schafft es nicht; es ist am ~n, du kommst sofort; das gefällt mir am ~n gesungen; das musst du selbst am ~n wissen; er ist auf dem ~n Wege, ein großer Künstler zu werden; er ist im ~n Alter für einen Berufswechsel; im ~n Sinne des Wortes; nach ~m Wissen handeln; das Leben von der ~n Seite sehen; sich von seiner ~n Seite zeigen* □ melhor, *nein, mein Bester!; du bist doch meine Beste!* □ caro; querido; *ich kaufe stets nur das Beste; man muss aus jeder Lebenslage das Beste machen; ich will doch nur dein Bestes; der, die Beste (in) der Klasse; es geschieht zu deinem Besten; das Beste vom Besten; das Beste seiner Werke; ich halte es für das Beste, ...; es wird das Beste sein ...;* □ melhor **1.1** *das geht beim ~n Willen nicht wirklich nicht, mit aller Mühe nicht* □ *isso não é possível nem mesmo com a melhor boa vontade* **1.2** *er ist im ~n Alter, in den ~n Jahren im mittleren Alter, zwischen 45 und 55, in den Lebensjahren, in denen man schon gereift, aber noch rüstig u. tatkräftig ist* □ melhor **1.3** *er war im ~n Zuge (beim Reden, Spielen, Arbeiten) mittendrin* □ *ele estava no meio da conversa/do jogo/do trabalho* **1.4** *es war alles aufs ~/Beste bestellt so gut wie möglich, sehr gut* □ *tudo estava indo muito bem* **1.5** *mit seiner Gesundheit steht es nicht zum Besten nicht gut* □ *ele não anda bem de saúde* **1.6** *einen Witz zum Besten geben zur Unterhaltung vortragen, erzählen* □ *contar uma piada* **1.7** *jmdn. zum Besten haben, halten zum Scherz täuschen* □ *caçoar/zombar de alguém* **1.8** *sein Bestes tun sich alle Mühe geben* □ *dar o melhor de si* **1.9** *ein Konzert zum Besten notleidender Künstler zugunsten, für* □ *um concerto em prol de artistas necessitados* **2** *der, die, das erste, nächste Beste der, die, das nächste; ich habe den ersten ~n/Besten gefragt, der mir begegnete; wenn du einen Mantel kaufen willst, darfst du nicht den ersten Besten nehmen; die erste ~ Gelegenheit ergreifen; ich könnte mich vor Verzweiflung am nächsten ~n Baum aufhängen* □ *o primeiro (a aparecer)*

be|ste|chen ⟨V. 254⟩ **1** ⟨500/Vr 8⟩ *jmdn. ~ jmdn. durch unerlaubte Geschenke für sich gewinnen, beeinflussen; Beamte ~; einen Richter, Zeugen ~; er ließ sich*

bestimmen

leicht ~ □ subornar **2** ⟨414⟩ **mit, durch etwas ~** *für sich einnehmen, einen gewinnenden, günstigen Eindruck auf jmdn. machen;* sie besticht durch ihr gutes Aussehen; das Buch hat mich durch seine hübsche Ausstattung bestochen □ seduzir; encantar; sie hat ein ~des Lächeln; sein Auftreten hat etwas Bestechendes □ sedutor, encantador

Be|steck ⟨n.; -(e)s, -e⟩ **1** ⟨umg. Pl. auch -s⟩ *Gerät, mit dem eine Person Essen zu sich nimmt od. mit Hilfe dessen sie das Essen zerkleinert od. serviert (Löffel, Messer, Gabel);* ein ~ mehr auflegen; bringe noch ein ~!; die ~e waren aus Silber; Ess~, Tisch~, Vorlege~; Obst~, Kuchen~ □ talher **2** ⟨Med.⟩ *eine Zusammenstellung von Instrumenten für den Arzt, handlich u. staubdicht verpackt;* anatomisches, chirurgisches ~; mikroskopisches ~ □ instrumental **3** ⟨Mar.⟩ *Stand eines Schiffes auf See, nach Längen- u. Breitengrad;* geschätztes, beobachtetes ~; nautisches ~ □ estima **3.1** *das ~ nehmen den Standort eines Schiffes bestimmen* □ *determinar a estima (de uma embarcação)

be|ste|hen ⟨V. 256⟩ **1** ⟨400 od. 410⟩ *vorhanden sein, da sein, existieren;* ~ irgendwelche Bedenken gegen meinen Vorschlag?; seit Bestehen des Geschäfts; die Firma besteht schon seit 10 Jahren; das Geschäft besteht nicht mehr; dein Vorwurf besteht zu Recht; darüber besteht kein Zweifel; Schönheit vergeht, Tugend besteht ⟨Sprichw.⟩ □ existir; haver **1.1** *in Kraft, gültig sein;* die ~den Gesetze □ em vigor **1.2** ⟨401⟩ *es besteht ... es gibt;* es besteht ein Gesetz, eine Vorschrift, dass ... □ *existe; há **1.3** ⟨mit Modalverb⟩ *leben;* mit so wenig Nahrung kann niemand ~ □ subsistir; sobreviver **2** ⟨400⟩ **~ bleiben** *weiterhin bestehen, an-, fortdauern, sich nicht ändern;* diese Regelung sollte ~ bleiben; es bleibt alles so ~; etwas bleibt ~, besteht weiter □ *subsistir; perdurar **3** ⟨800⟩ **3.1 vor jmdm. ~** *jmds. Zweifel od. Ansprüchen standhalten;* vor jmds. Kritik, kritischem Blick ~; er hat glänzend vor uns bestanden □ *fazer face/resistir a alguém **3.2 auf etwas ~** *beharren, etwas energisch verlangen;* ich bestehe auf meinem Recht; er bestand hartnäckig auf seiner Forderung; wenn du darauf bestehst, muss ich es dir sagen; ich bestehe darauf, dass mir der Schlüssel ausgehändigt wird; er besteht auf seinem Willen □ insistir; persistir **3.2.1** *er besteht auf seinem Kopf* ⟨umg.⟩ *er ist unnachgiebig, eigensinnig* □ *ele é turrão **3.3 ~ aus** *zusammengesetzt sein aus;* dieser Gegenstand besteht aus Gummi, Holz, Silber □ *compor-se de **3.4 ~ in** *ausgefüllt sein mit, gebildet werden durch;* sein Leben bestand in Hilfe u. Aufopferung für andere; die Ursache besteht in ...; der Unterschied besteht darin, dass ...; meine Aufgabe besteht darin ... □ *consistir em **4** ⟨500⟩ **etwas ~** *erfolgreich durchstehen, siegreich überstehen;* Abenteuer, Kampf, Probe, Prüfung ~; er hat die Probe gut, schlecht, nicht bestanden; eine Prüfung mit Auszeichnung ~ □ sair-se bem; ter êxito; passar; nach bestandenem Examen □ *depois de passar no exame **4.1** ⟨800⟩ *in einer Gefahr, einem Kampf ~ sich behaupten, bewähren* □ *superar um perigo; vencer uma luta

be|stel|len ⟨V.⟩ **1** ⟨503/Vr 5⟩ **(jmdm.) etwas ~** *verlangen, dass (jmdm.) etwas gebracht wird;* Lieferungen, Waren ~; ein Taxi (telefonisch) ~; eine Flasche Wein ~; ich habe bei der Firma X 100 Stück bestellt; ich habe das Essen für (auf) 12 Uhr bestellt □ encomendar; chamar; pedir **1.1** *das ist bestellte Arbeit im Auftrag verrichtete A.* □ encomendado **1.2** *unser Junge hat sich ein Geschwisterchen bestellt* ⟨umg.; verhüllend⟩ *er möchte ein G. haben, d. h. wir bekommen bald ein Kind* □ pedir **2** ⟨500⟩ **jmdn. ~** *verlangen, dass jmd. kommt;* jmdn. an einen Ort ~; er hat mich auf, für Montag bestellt; jmdn. zu sich ~; ich bin hierher bestellt worden □ convocar; mandar vir/ir **2.1** *er stand wie bestellt und nicht abgeholt* ⟨umg.; scherzh.⟩ *er stand wartend da u. wusste nicht, was er tun sollte* □ *ele ficou plantado **3** ⟨800⟩ **jmdn. zum Richter, zum Vormund ~** *amtlich als R., V. einsetzen, zum R., V. ernennen;* amtlich bestellter Vormund □ nomear; instituir **4** ⟨500⟩ **das Feld ~** *bearbeiten, bebauen;* die Felder bestellt gut, schlecht bestellt □ cultivar; lavrar **5** ⟨500⟩ **sein Haus ~** *(abschließend) versorgen, ordnen* □ colocar em ordem; arrumar **6** ⟨500; selten⟩ **einen Brief ~** *zur Post geben, überbringen, zustellen* □ enviar; remeter **7** ⟨530⟩ **jmdm. etwas (eine Nachricht) ~** *ausrichten, eine Botschaft überbringen;* bestelle deinem Vater einen schönen Gruß von mir; ich soll Ihnen ~, dass meine Mutter nicht kommen kann; haben Sie mir etwas zu ~? □ comunicar; transmitir **7.1** ⟨530 od. 550⟩ **jmdm. od. an jmdn. einen Gruß (von jmdm.) ~** *jmdn. grüßen lassen* □ *mandar lembranças a alguém **8 etwas zu ~ haben** ⟨umg.⟩ **8.1** *etwas zu sagen haben, Entscheidungen fällen können* □ *ter algo a dizer **8.2** *etwas zu tun, zu erledigen haben;* nicht hatte nichts mehr zu ~ □ *ter o que fazer **9** *es ist schlecht um ihn bestellt* ⟨umg.⟩ *es geht ihm schlecht, er befindet sich in einer misslichen Situation* □ *as coisas vão mal para ele

bes|tens ⟨Adv.⟩ **1** *aufs Beste, so gut wie möglich, sehr gut, ausgezeichnet;* wie geht es dir? ~!; wir werden Sie ~ bedienen, es ~ erledigen □ muito bem; da melhor maneira **1.1 danke ~!** ⟨iron.⟩ *ich denke nicht daran (etwas zu tun)!* □ *não, muito obrigado! **2** *sehr herzlich;* ich danke Ihnen ~ für ... □ *agradeço-lhe profundamente...

be|steu|ern ⟨V. 500⟩ **jmdn. od. etwas ~** *mit einer Steuer belegen;* ein Einkommen ~; die Regierung besteuert die Luxusartikel, die Einkommen ihrer Bürger zu hoch; Importe sind zu hoch besteuert □ tributar; taxar

Bes|tie ⟨[-tjə] f.; -, -n⟩ **1** *wildes Tier* □ fera; animal selvagem **2** ⟨fig.⟩ *roher, grausamer Mensch* □ animal; besta-fera

be|stim|men ⟨V. 500⟩ **1 etwas ~** *festsetzen, entscheiden;* den Ort, den Preis, die Zeit ~; er bestimmte, dass ...; einen Tag, einen Termin ~ □ determinar; fixar; du hast hier nichts zu ~! □ decidir **1.1** *verfügen, entscheiden können;* hier habe ich zu ~!; hier bestimme ich! □ decidir; mandar **2** ⟨518 od. 517/Vr 7 od. Vr 8⟩ **jmdn. od. etwas (als, zu etwas) ~** *als, zu etwas vorse-*

bestimmt

hen; einen Nachfolger ~; jmdn. als, zum Nachfolger ~ □ designar 2.1 ⟨530⟩ jmdm. etwas ~ festsetzen, dass jmd. etwas bekommt; ihm war eine große Zukunft (vom Schicksal) bestimmt □ reservar; destinar 3 jmdn. od. etwas ~ ermitteln, feststellen; den Standort ~; den Gewinner durch das Los ~ □ determinar; estabelecer 3.1 Pflanzen ~ ⟨Bot.⟩ nach Art, Familie, Gattung ermitteln u. einordnen □ classificar 4 ⟨500/Vr 8⟩ jmdn. od. etwas ~ entscheidend beeinflussen; sich seinen Launen, Neigungen ~ lassen □ influenciar 4.1 ~den Einfluss auf jmdn. haben entscheidenden E. □ determinante 5 ⟨550/Vr 7⟩ jmdn. zu etwas ~ bewirken, festlegen, dass jmd. etwas tut; ich habe mich dazu ~ lassen, das Amt zu übernehmen; jmdn. ~, etwas zu tun □ *levar alguém a (fazer alguma coisa)

be|stimmt ⟨Adj.⟩ 1 ⟨60⟩ genau festgesetzt, festgelegt, begrenzt; ich suche etwas Bestimmtes; ich brauche es für einen ~en Zweck; zur ~en Zeit □ determinado; preciso 1.1 der ~e Artikel ⟨Gramm.⟩ der, die, das 1.2 ~es Pronomen ⟨Gramm.⟩ durch Person und Numerus festgelegtes Pronomen, z. B. ich, mein □ definido 2 entschieden, energisch, stark ausgeprägt; eine sehr ~e Anordnung; seine Rede war sehr ~ □ decidido; resoluto; er sprach sehr ~ □ de maneira decidida/resoluta 3 ⟨50⟩ sicher, gewiss; wir kommen ~ (nicht) ; ich kann es nicht ~ sagen □ com certeza

Be|stim|mung ⟨f.; -, -en⟩ 1 das Bestimmen □ determinação; Begriffs~ □ definição; ein Adjektiv als nähere ~ zum Subjekt, Objekt ⟨Gramm.⟩ □ complemento; determinante 2 Anordnung, Vorschrift; den ~en gemäß; gesetzliche ~en; ich muss mich nach den (geltenden) ~en richten □ disposição; norma 3 Ziel; das Schiff war mit ~ (nach) Hamburg unterwegs □ destino 4 Schicksal, Los; es war wohl ~, dass alles so kommen musste □ destino; sorte 5 Aufgabe, Sendung; seiner ~ getreu; es ist die natürliche ~ jedes Menschen, einem Bedürftigen zu helfen □ missão; tarefa

be|stra|fen ⟨V. 500⟩ jmdn. ~ jmdm. eine Strafe auferlegen; jmdn. mit Gefängnis, mit dem Tode ~ □ castigar; punir

be|strah|len ⟨V. 500/Vr 7 od. Vr 8⟩ 1 jmdn. od. etwas ~ hell beleuchten, mit Strahlen bescheinen, Strahlen aussetzen; die Sonne bestrahlt die Erde; die Scheinwerfer ~ die Szene □ iluminar 1.1 ⟨Med.⟩ mit Strahlen behandeln; jmdn. mit Höhensonne, mit Kurzwellen, mit radioaktiven Substanzen ~; bösartige Geschwülste, Tumore ~ □ tratar por meio de radioterapia

be|stre|ben ⟨V. 508/Vr 3; geh.⟩ 1 sich ~, etwas zu tun ⟨veraltet⟩ sich bemühen, ernstlich versuchen, etwas zu tun; er bestrebt sich, noch mehr zu leisten; ich habe mich bestrebt, keinem Unrecht zu tun □ *esforçar-se/empenhar-se para fazer alguma coisa 1.1 ⟨meist Part. Perf.⟩ bestrebt sein, etwas zu tun bemüht sein, etwas zu tun; er ist bestrebt, ihr jeden Wunsch zu erfüllen; ich bin bestrebt, gute Arbeit zu leisten □ *estar empenhado em fazer alguma coisa

be|strei|chen ⟨V. 263/500⟩ 1 ⟨505⟩ etwas mit etwas ~ beschichten, streichend auftragen; ein Brötchen mit Butter ~ □ untar; barrar; eine Truhe mit Farbe ~ □ pintar 2 ⟨fig.⟩ streichend hinweggehen über; der Wind bestreicht das Meer □ roçar; varrer 3 ⟨Mil.⟩ beschießen, unter Beschuss nehmen; bestrichenes Gelände □ bombardear

be|strei|ten ⟨V. 264/500⟩ etwas ~ 1 für falsch erklären, in Zweifel ziehen, anzweifeln, nicht glauben, das Gegenteil von etwas behaupten; eine Aussage, Behauptung, Tatsache, ein Urteil ~; du kannst doch nicht ~, dass ...; das hat ja auch gar niemand bestritten!; ich will seine gute Absicht gar nicht ~, aber ...; ich bestreite entschieden, dass ... □ questionar; contestar; impugnar 2 bezahlen, finanzieren, aufbringen, aufkommen für etwas; die Kosten von etwas ~; den Unterhalt einer Familie ~; sein Studium aus eigener Tasche ~ □ pagar; custear 3 den für eine Veranstaltung, Unterhaltung nötigen Aufwand übernehmen; einen Teil des Programms ~; er hat die Unterhaltung allein bestritten; ein Spiel um einen Pokal ~ □ conduzir; levar adiante

be|stri|cken ⟨V. 500/Vr 8⟩ 1 jmdn. ~ jmdn. bezaubern, auf jmdn. einen gewinnenden Eindruck machen; sie hat ihn durch ihren Charme bestrickt □ fascinar; encantar; ein ~des Wesen haben; er ist ~d liebenswürdig; sie ist von ~der Liebenswürdigkeit □ fascinante; encantador 2 jmdn. ~ ⟨umg.; scherzh.⟩ viel für jmdn. stricken, jmdn. mit selbst gestrickter Kleidung versorgen; ein Kind, eine Puppe mit Pullovern, Handschuhen, Mützen usw. ~ □ tricotar

be|stür|zen ⟨V. 500⟩ 1 etwas bestürzt jmdn. etwas erschreckt jmdn., bringt jmdn. aus der Fassung, macht jmdn. ratlos; die Nachricht hat mich sehr, tief bestürzt □ assustar; consternar 1.1 ⟨meist Part. Perf.⟩ bestürzt fassungslos, ratlos, erschreckt; sie war über die unbeabsichtigte Wirkung ihrer Worte ganz bestürzt; „...?", fragte sie bestürzt □ assustado; consternado

Be|such ⟨m.; -(e)s, -e⟩ 1 das Besuchen; jmdm. einen ~ machen od. abstatten; einen Kunden, Vertreter um seinen ~ bitten; er hat seinen ~ für Montag angekündigt; ~ einer Schule, eines Theaters, einer Versammlung; ~ einer Stadt □ visita, frequência 1.1 jmds. ~ erwidern einen Gegenbesuch machen □ *retribuir uma visita a alguém 2 Aufenthalt als Gast; seinen ~ absagen, abbrechen, ausdehnen; seine häufigen, vielen ~e werden uns allmählich lästig; ein kurzer, langer ~; bei jmdm. auf, zu ~ sein; während meines ~s bei den Freunden, Verwandten; bei Freunden zu ~ sein □ visita 3 Anzahl derer, die etwas besuchen; der ~ der Versammlung lässt zu wünschen übrig; starker, schwacher, mäßiger ~ (einer Versammlung) □ frequência 4 jmd., der jmdn. besucht, Gast, Gäste; ~ empfangen, erwarten; wir haben heute ~; es kommt ~; wir wollen unserem ~ die Stadt zeigen; lieber ~; hoher ~; wir haben viel ~ □ visita; hóspede

be|su|chen ⟨V. 500⟩ 1 ⟨Vr 8⟩ jmdn. ~ aufsuchen (u. bei jmdn. zu Gast sein); ~ Sie mich bald einmal, bald wieder!; einen Freund, einen Kranken ~; unsere Vertreter ~ die Kunden einmal im Monat; jmdn. häufig, regelmäßig ~; jmdn. gern, oft ~; jmdn. im Krankenhaus ~ □ visitar **2** etwas ~ *aufsuchen, um sich etwas anzusehen od. anzuhören;* ein Konzert, Museum, Theater ~; eine Stadt ~ □ ir a; visitar **2.1** etwas *ist gut, schlecht besucht viele, wenige Leute waren in etwas;* das Theater war gut, schlecht besucht; ein gut besuchter Kurort; eine stark besuchte Aufführung □ *ser muito/pouco frequentado* **2.2** *an etwas teilnehmen;* die Schule ~; eine Versammlung ~; Vorlesungen ~ □ frequentar; participar

Be|su|cher ⟨m.; -s, -⟩ *jmd., der jmdn. od. eine Veranstaltung, einen Ort o. Ä. besucht, Teilnehmer, Zuschauer, Gast;* die ~ werden gebeten, sich während der Vorführung ruhig zu verhalten □ visitante; frequentador

Be|su|che|rin ⟨f.; -, -rin|nen⟩ *weibl. Besucher* □ visitante; frequentadora

be|su|deln ⟨V. 516/Vr 7 od. Vr 8; abwertend⟩ **jmdn. od. sich, etwas** ~ *stark schmutzig machen, beflecken;* mit Blut, Schmutz besudelt; ich habe mich mit Farbe besudelt; seine od. jmds. Ehre, guten Namen, Ruf ~ ⟨fig.⟩ □ manchar(-se); sujar(-se)

be|tagt ⟨Adj.⟩ *alt, hoch an Jahren;* ein ~er Rentner; ein Mann, schon etwas ~, kam vorbei □ idoso

be|tä|ti|gen ⟨V. 500⟩ **1** ⟨Vr 3⟩ **sich** ~ *arbeiten, sich beschäftigen, eine Tätigkeit ausführen;* sich politisch ~; du suchst dich ruhig etwas (mit) ~!; sich im Garten, im Haushalt ~; er betätigt sich in seiner Freizeit als Gärtner □ *ocupar-se; trabalhar* **2** etwas ~ *zur Wirkung bringen, bedienen;* einen Hebel, Mechanismus ~; die Bremse, ein Signal ~ □ acionar **3** eine Sache ~ ⟨geh.⟩ *in die Tat umsetzen;* seine Gesinnung ~ □ levar a efeito

be|täu|ben ⟨V. 500⟩ **1** ⟨Vr 7⟩ jmdn. od. etwas ~ *gegen Schmerz unempfindlich machen;* jmdn. durch, mittels Narkose ~; ein Glied, eine Stelle des Körpers, einen Zahn ~; den Fuß örtlich ~ □ anestesiar **2** ⟨Vr 7⟩ jmdn. ~ *jmds. Bewusstsein trüben, jmdn. benommen machen;* jmdn. durch einen Schlag auf den Kopf ~; sie war vor Schreck ganz betäubt, wie betäubt □ atordoar; aturdir **2.1** ein ~der Duft von Blüten *berauschender, starker D.* □ embriagar **2.2** ~der Lärm *sehr starker, unerträglicher L.* □ ensurdecer **3** eine Sache ~ ⟨fig.⟩ *die Schmerzlichkeit einer Sache weniger fühlbar machen;* er suchte seinen Kummer durch Alkohol, durch Arbeit zu ~ □ afogar

be|tei|li|gen ⟨V. 550⟩ **1** ⟨Vr 3⟩ **sich an etwas** ~ *an etwas teilnehmen, mitwirken;* sich an einem Gespräch ~; sich an, bei einem Unternehmen, einem Wettbewerb ~ **1.1** sich finanziell an einem Geschäft ~ *seinen Anteil beisteuern, einen Teil der Finanzierung übernehmen* □ *participar de alguma coisa* **1.2** an etwas beteiligt sein *teilhaben, in etwas verwickelt sein;* mit wie viel Prozent ist er an dem Geschäft beteiligt?; waren Sie an dem Unfall, dem Vorgang beteiligt? □ ter participação em alguma coisa; estar envolvido em alguma coisa **2** jmdn. an etwas ~ *jmdm. einen Anteil geben von etwas;* Arbeiter am Gewinn ~ □ *dar a alguém parte de alguma coisa

be|ten ⟨V.⟩ **1** ⟨405⟩ **(zu Gott)** ~ *sich mit einem persönlichen Anliegen im Gebet an Gott wenden, zu Gott sprechen;* bete und arbeite!; sie betete innig und lange; lasst uns ~!; um die Ernte ~ □ rezar; orar **1.1** *Not lehrt ~* ⟨Sprichw.⟩ *in der Not wendet sich auch der Ungläubige an Gott* □ *a necessidade ensina a rezar* **1.2** für etwas ~ *Gott um etwas bitten* □ *pedir a Deus alguma coisa* **1.3** für jmdn. ~ *Gott um Schutz od. Hilfe für jmdn. bitten* □ *rezar por alguém* **1.4** vor bzw. nach Tisch ~ *das Tischgebet sprechen* □ *rezar antes ou depois das refeições* **2** ⟨500⟩ ein Gebet ~ *ein G. sagen;* das Ave-Maria, den Rosenkranz, das Vaterunser ~ □ *rezar; fazer uma oração*

be|teu|ern ⟨V. 503/Vr 6⟩ **(jmdm.) etwas** ~ *feierlich, nachdrücklich versichern, erklären;* seine Unschuld ~; er beteuerte (hoch u. heilig), es nicht getan zu haben □ afirmar; asseverar

Be|ton ⟨[bətɔŋ] od. [bətõ:]; süddt., österr., schweiz. [-toːn] m.; -s; unz.⟩ *Mörtel aus Sand mit Zement, meist in Schalungen od. Formen eingebracht, ein Baustoff* □ concreto

be|to|nen ⟨V. 500⟩ etwas ~ **1** *mit Nachdruck aussprechen od. spielen;* eine Note, Silbe, ein Wort ~; stark, schwach ~; eine schwach, stark, wenig betonte Silbe, Note; betonter Taktteil; er betonte fast alle Fremdwörter falsch □ acentuar **2** ⟨a. fig.⟩ *auf etwas Nachdruck legen, etwas nachdrücklich mit Worten unterstreichen;* ich möchte ~, dass ich mit der Sache nichts zu tun habe; er betont seine vornehme Abstammung allzu deutlich; er hat noch einmal seinen Standpunkt betont □ frisar; ressaltar **2.1** ⟨fig.⟩ *auf etwas Gewicht legen, etwas für den Schwerpunkt halten;* die neue Mode betont die elegante Linie; diese Schule betont die naturwissenschaftlichen Fächer □ enfatizar **2.1.1** ⟨Part. Perf.⟩ betont *bewusst (zur Schau getragen);* er verhält sich ihr gegenüber betont höflich □ marcadamente; deliberadamente; sich mit betonter Einfachheit kleiden □ acentuado; marcado

be|to|nie|ren ⟨V. 500⟩ etwas ~ *mit Beton befestigen, ausfüllen* □ concretar

Be|to|nung ⟨f.; -, -en⟩ **1** *das Betonen, Hervorheben durch stärkere Tongebung* □ acentuação **2** *Akzent;* ~ auf der ersten Silbe □ acento tônico **3** ⟨fig.⟩ *Nachdruck, Schwerpunkt, besondere Hervorhebung;* die ~ seiner außerordentlichen Leistungen im Dienste der Wissenschaft □ ênfase

be|tö|ren ⟨V. 505/Vr 8⟩ jmdn. (mit, durch etwas) ~ *zu törichtem Handeln verleiten, durch verführerisches Benehmen um den klaren Verstand bringen;* sie hat ihn durch ihren Liebreiz betört; er hat sich von ihrer Koketterie ~ lassen □ seduzir; iludir; jmdn. ~d anlächeln; sie hat eine Stimme von ~dem Wohllaut □ (de modo) sedutor/fascinante

Be|tracht ⟨m.; -(e)s; unz.⟩ **1** in ~ kommen *in Frage kommen, erwogen, berücksichtigt werden;* es kommen auch noch andere Möglichkeiten in ~; er, sie kommt für diese Arbeit, diesen Posten nicht in ~ □ *ser con-

betrachten

siderado; ser levado em conta; das kommt nicht in ~ □ *isso está fora de questão; **2** etwas in ~ ziehen *etwas erwägen, berücksichtigen* □ *levar alguma coisa em consideração **3** außer ~ bleiben *unberücksichtigt bleiben* □ *não ser levado em conta **4** jmdn. od. eine Sache außer ~ lassen *von jmdn. od. einer Sache absehen, nicht berücksichtigen* □ *não levar alguém ou alguma coisa em conta

be|trach|ten ⟨V. 500/Vr 7 od. Vr 8⟩ **1** jmdn. od. etwas ~ *längere Zeit u. nachdenklich od. genussvoll ansehen, anschauen, beobachten;* ein Bild, eine Landschaft ~; jmdn. forschend, heimlich, prüfend, sinnend, verstohlen, wohlgefällig, wohlwollend ~; das muss ich mir einmal genauer, näher ~; wenn man die Sache aus der Nähe betrachtet, erscheint sie doch etwas anders; etwas in aller Ruhe ~; sich im Spiegel ~; etwas mit Muße, mit Wohlgefallen ~ □ **contemplar; observar 2** ⟨518⟩ jmdn. od. etwas als etwas ~ *als etwas ansehen, für etwas halten;* eine Angelegenheit als erledigt ~; ich betrachte ihn als den größten Dichter unserer Zeit; er betrachtet ihn als seinen Freund, Feind; er betrachtet sie als seine Tochter □ **considerar; ver como**

be|trächt|lich ⟨Adj.⟩ **1** ⟨60⟩ *erheblich, beachtlich, ziemlich groß;* eine ~e Entfernung, Summe; ein ~es Stück; ~e Verluste; ein Gegenstand von ~en Ausmaßen □ **considerável 2** ⟨50; verstärkend⟩ *sehr, um vieles;* ~ größer, schneller, weiter als ...; die Preise sind um ein Beträchtliches gestiegen □ **consideravelmente**

Be|trach|tung ⟨f.; -, -en⟩ **1** *das Betrachten, Beschauen;* bei der ~ dieses Bildes kamen mir folgende Gedanken ... □ **contemplação; observação 2** *Überlegung, Nachdenken, Gedanke* □ **consideração; reflexão** 2.1 ~en über etwas anstellen *über etwas nachdenken, sich Gedanken machen über etwas* □ *refletir sobre alguma coisa

Be|trag ⟨m.; -(e)s, -trä|ge⟩ **1** *Geldsumme;* Geld~, Gesamt~; ~ dankend erhalten (auf Quittungen, Rechnungen); ein ~ von 50 € steht noch offen; überweisen Sie den ~ bitte auf mein Konto; ein bestimmter, geringfügiger, großer, hoher, kleiner ~; eine Quittung über den bezahlten ~ ausstellen 1.1 eine Rechnung im ~(e) von 100 € *in Höhe von 100 €* □ **quantia; importância**

be|tra|gen ⟨V. 265/500⟩ **1** etwas beträgt etwas *beläuft sich auf etwas, erreicht die Summe von etwas;* die Breite, Höhe, Länge beträgt 1,50 m; die Gebühr, Miete, Rechnung beträgt 800 €; die Kosten ~ mehr als der Gewinn; wie viel beträgt es? □ **montar (a); somar 2** ⟨Vr 3; veraltet⟩ sich ~ *sich benehmen, verhalten;* betrage dich anständig!; sich artig, unartig, freundlich, gut, unfreundlich, schlecht, höflich, unhöflich ~ □ *comportar-se

Be|tra|gen ⟨n.; -s; unz.⟩ *Benehmen, Verhalten, Manieren;* ein vorbildliches ~; sein ~ lässt zu wünschen übrig; ihr ~ war lobenswert □ **comportamento; conduta**

Be|treff ⟨m.; -(e)s; unz.; Abk.: Betr.; Amtsdt.⟩ **1** *Gegenstand, Inhalt;* in diesem, dem ~ teilen wir Ihnen mit, dass ... □ *a esse respeito, participamos-lhe que... 1.1 ~: Ihre Anfrage vom 20.10. *(als Überschrift eines Schreibens)* □ **referência** 1.2 in Betreff (Ihrer Anfrage, dieser Angelegenheit usw.) *betreffs, betreffend* □ *com referência a

be|tref|fen ⟨V. 266/500⟩ **1** jmdn. od. etwas ~ *angehen, anbelangen, sich auf jmdn. od. etwas beziehen;* das betrifft dich!; was mich betrifft; was meine Arbeit betrifft, so kann ich sagen, dass ...; es betrifft unsere Verabredung □ **dizer respeito a; referir-se a;** alle den Unfall ~den Hinweise □ **relativo/referente a;** Betrifft: (am Anfang von Geschäftsbriefen) □ **referência** 1.1 der ~de Kollege *der genannte, zuständige K.* □ **competente; responsável 2** etwas betrifft jmdn. ⟨geh.⟩ *etwas Unangenehmes stößt jmdm. zu;* sie wurden von einer Epidemie betroffen; von einem (schmerzlichen) Verlust betroffen; vom Brand betroffenen Häuser □ **atingir; afetar 3** ⟨510⟩ jmdn. ~ ⟨veraltet⟩ *ertappen, erwischen, antreffen;* ich habe ihn betroffen, als er ...; ein Kind beim Naschen ~ □ **apanhar; surpreender**

be|treffs ⟨Präp. m. Gen.; Abk.: betr.; Amtsdt.⟩ *betreffend, bezüglich;* ~ Ihres Angebotes benötigen wir weitere Informationen; Ihre Anfrage ~ Kindergeldes □ **com referência a**

be|trei|ben ⟨V. 267/500⟩ etwas ~ **1** *sich mit etwas beschäftigen;* Studien ~; Ackerbau ~; Handel mit gebrauchten Büchern ~; eine Liebhaberei ~; das Fotografieren ~; einen Sport nicht länger ~ □ **dedicar-se; ocupar-se** 1.1 eine berufliche Tätigkeit ~ *ausüben, leiten, führen;* ein Handwerk, ein Gewerbe ~; ein Geschäft ~ □ **exercer; gerir; conduzir 2** eine Sache ~ *vorantreiben, versuchen, etwas zu beschleunigen, weiterführen;* Pläne, Angelegenheiten ~ □ **levar adiante; fazer avançar** 2.1 auf jmds. Betreiben, auf Betreiben von jmdm. (hin) *auf jmds. Anregung, Initiative (hin)* □ *por iniciativa de alguém **3** Geld ~ ⟨schweiz.⟩ *eintreiben, pfänden* □ **cobrar 4** ⟨500 od. 516⟩ *antreiben;* eine Maschine, Lokomotive elektrisch ~; einen Motor mit Benzin ~; eine Heizung mit Gas ~ □ **acionar; operar**

be|tre|ten¹ ⟨V. 268/500⟩ etwas ~ **1** *auf etwas treten (u. darauf weitergehen wollen);* den Rasen ~; nach einer Schiffsreise wieder festen Boden ~ □ **pisar (em);** ein häufig ~er Weg □ **trilhado; calcado;** das Betreten der Baustelle, des Grundstücks ist verboten □ **entrada;** eine Brücke ~ □ **andar em/sobre 2** *in etwas treten;* einen Raum ~; ein Haus ~; kaum hatte ich das Zimmer ~, als ... □ **entrar 3** der Hahn betritt die Henne (Jägerspr.) *begattet sie* □ **acasalar(-se)**

be|tre|ten² ⟨Adj.⟩ *verlegen, verwirrt, peinlich berührt, beschämt;* ein ~es Gesicht machen; ~ dastehen, dreinschauen □ **desolado; consternado**

be|treu|en ⟨V. 500⟩ **1** jmdn. od. etwas ~ *sich um jmdn. od. etwas kümmern, für jmdn. od. etwas sorgen;* einen Säugling, eine Kranke, ein Haustier ~; er betreute in ihrer Abwesenheit das Geschäft, die Praxis □ **cuidar de; tomar conta de** 1.1 ein Arbeits-, Sachgebiet ~ *bearbeiten* □ **coordenar; ser responsável por**

Be|treu|er ⟨m.; -s, -⟩ **1** *jmd., der jmdn. od. etwas betreut* **1.1** *Bearbeiter eines Sachgebiets* □ **coordenador; responsável 1.2** ⟨Sp.⟩ *Trainer* □ **treinador 2** *Pfleger, Helfer* (Jugend~, Alten~) □ **cuidador; acompanhante**

Be|treu|e|rin ⟨f.; -, -rin|nen⟩ *weibl. Betreuer* □ **coordenadora; responsável; treinadora; cuidadora; acompanhante**

Be|trieb ⟨m.; -(e)s, -e⟩ **1** *Einheit von zusammenwirkenden Personen u. Produktionsmitteln zum Hervorbringen von Gütern u. Leistungen;* einen ~ aufbauen , stilllegen; einen ~ leiten; in dem ~ sind 200 Arbeiter beschäftigt **1.1** ⟨i. e. S.⟩ *die zum Betrieb(1) nötigen Räume (u. technischen Anlagen) im Unterschied zur wirtschaftlichen Einheit des Unternehmens* □ **empresa; companhia 1.2** *Fabrik, größere Werkstatt, Geschäft;* Industrie~, Schneiderei~; er ist noch im ~, geht jeden Morgen in den, in seinen ~ □ **empresa; oficina; serviço 2** ⟨unz.⟩ *das Arbeiten, Wirken eines Betriebes(1.1) od. einer Maschine, Wirksamkeit;* elektrischer ~; die Maschine ist in ~; einen Mechanismus, eine neue Maschine in ~ nehmen, setzen; ~ mit Gas, Dampf □ **atividade; funcionamento 2.1** die Firma hat den ~ aufgenommen *hat zu arbeiten begonnen* □ **a empresa iniciou suas atividades* **2.2** etwas dem ~ übergeben *in Dienst stellen* □ **colocar em funcionamento;* **abrir 2.3** die Maschine, Fabrik ist außer ~ *wird nicht mehr benutzt, arbeitet nicht mehr* □ **a máquina/a fábrica está fora de serviço* **3** ⟨unz.; fig.⟩ *Verkehr, lebhaftes Treiben, Rummel;* auf der Straße, im Geschäft war lebhafter ~; hier herrscht viel, wenig, gar kein ~; in dem Lokal ist jeden Abend viel ~ □ **movimento**

be|trieb|sam ⟨Adj.⟩ **1** *tätig, emsig, unternehmend, rührig;* er ist ein ~er Mensch; in der Nacht wurde er immer ~ □ **ativo 1.1** ⟨abwertend⟩ *übertrieben rührig* □ **agitado; irrequieto**

Be|triebs|rat ⟨m.; -(e)s, -rä|te⟩ *Vertretung der Arbeitnehmer eines Betriebes zur Wahrung ihrer wirtschaftlichen u. sozialen Interessen;* ein Gespräch zwischen ~ und Geschäftsleitung □ **conselho dos empregados e operários; comitê de empresa**

be|trin|ken ⟨V. 270/500/Vr 3⟩ *sich ~ sich durch reichlichen Genuss von Alkohol berauschen;* sich (aus Kummer) ~ □ **embriagar-se;* betrunken sein; er ist schwer, völlig betrunken; er kommt oft betrunken nach Hause □ **embriagado; bêbado**

be|trof|fen 1 ⟨Part. Perf. von⟩ *betreffen* **2** ⟨Adj.⟩ **2.1** *bestürzt;* es herrschte ein ~es Schweigen; sie schwieg ~; er machte ein ~es Gesicht □ **consternado 2.2** *unangenehm od. schmerzlich überrascht;* jmdn. ~ ansehen; sein letzter Vorschlag machte mich ~ □ **perplexo**

be|trü|ben ⟨V. 500/Vr 7 od. Vr 8⟩ *jmdn. ~ jmdn. traurig machen, bekümmern;* diese Nachricht hat uns sehr betrübt □ **afligir; entristecer;** betrübt sein; ich bin sehr betrübt darüber; meine Seele ist betrübt bis an den Tod (bibl.; Matth. 26,38); ein betrübtes Gesicht machen; „...", sagte sie betrübt; sich über etwas ~ ⟨veraltet⟩ □ **triste; desolado**

be|trüb|lich ⟨Adj.⟩ *traurig, bedauerlich;* eine ~e Mitteilung machen; eine ~e Situation □ **deplorável; triste**

Be|trug ⟨m.; -(e)s; unz.⟩ **1** *die wissentliche Täuschung eines anderen mit dem Ziel, einen Vorteil zu erlangen od. dem Getäuschten Schaden zuzufügen;* einen ~ von vornherein durchschauen; einen ~ aufdecken; Selbst~; einen ~ begehen □ **engano; fraude; logro;** → a. *fromm(3)*

be|trü|gen ⟨V. 271/500/Vr 8⟩ **1** *jmdn. od. etwas ~ hintergehen, täuschen, übervorteilen, beschwindeln;* bei diesem Geschäft hat er ihn betrogen □ **enganar; iludir 1.1** jmd. sieht sich in (allen) seinen Erwartungen, Hoffnungen betrogen, jmd. ist in seinen Erwartungen, Hoffnungen betrogen worden *seine E., H. haben sich nicht erfüllt, jmd. hat vergebens gehofft* □ **frustrado 1.2** seinen **Ehepartner** ~ *Ehebruch begehen;* er hat seine Frau, sie hat ihren Mann betrogen; er hat seine Frau mit ihrer Freundin betrogen □ **enganar; trair 1.3** ⟨Vr 3⟩ *sich* (selbst) ~ *sich nicht die Wahrheit eingestehen, sich etwas vormachen, sich Illusionen hingeben* □ **enganar-se;* **iludir-se 2** ⟨400⟩ *einen Betrug begehen, sich einen Vorteil erschleichen* **2.1** beim, im Spiel ~ *falsch spielen* □ **ludibriar; trapacear 3** ⟨550/Vr 8⟩ *jmdn. um etwas ~ arglistig um etwas bringen;* jmdn. um sein Geld, sein Vermögen ~ □ **defraudar alguém de alguma coisa*

Be|trü|ger ⟨m.; -s, -⟩ *jmd., der andere betrügt* □ **embusteiro; fraudador**

Be|trü|ge|rin ⟨f.; -, -rin|nen⟩ *weibl. Betrüger* □ **embusteira; fraudadora**

be|trun|ken 1 ⟨Part. Perf. von⟩ *betrinken* **2** ⟨Adj.; fig.; umg.⟩ *nicht recht bei Verstand;* du warst wohl ~, als du diesen Vertrag unterschrieben hast □ **bêbado**

Bett ⟨n.; -(e)s, -en⟩ **1** *Möbelstück, auf das man sich zum Ruhen u. Schlafen legt;* Eisen~; Ehe~; Kinder~; ein ~ aufschlagen, aufstellen **1.1** *Nachtlager;* das ~ (frisch) beziehen; jmdm. das Frühstück ans ~ bringen; aus dem ~ springen; ins ~ fallen, sinken (vor Müdigkeit); wann gehst du abends ins ~?; ins ~ kriechen; sich ins ~ legen □ **cama 1.1.1** das ~, die ~en machen *das Laken glatt ziehen, die Kissen aufschütteln u. ordentlich hinlegen* □ **fazer a cama* **1.1.2** morgens nicht aus dem ~ finden *schwer, ungern aufstehen* □ **custar a levantar de manhã* **1.1.3** sich ins gemachte ~ legen ⟨fig.⟩ *sich seine Existenz nicht selbst aufbauen* □ **ficar bem de vida (sem fazer esforço)* **1.1.4** ein Kind zu ~ bringen *schlafen legen* □ **pôr uma criança para dormir* **1.1.5** zu ~ gehen *schlafen gehen* □ **ir para a cama;* **ir dormir;** → a. *Huhn(5.2)* **1.2** *Krankenlager;* nimm dein ~ und gehe hin (Joh. 5,8); ans ~ gefesselt sein (durch Krankheit) □ **leito; cama 1.2.1** das ~ hüten *wegen Krankheit im Bett(1) bleiben* □ **estar de cama* **1.3** *Lager der Liebe u. Ehe* □ **cama;** bei 1.3.1 mit jmdm. ins ~ gehen ⟨fig.; umg.⟩ *Geschlechtsverkehr haben* □ **ir para a cama com alguém* **2** *großes Federkissen zum Zudecken;* Feder~; Daunen~; das ~, die ~en aufschütteln; die ~en lüften □ **acolchoado; edre-**

dom 3 ⟨Jägerspr.⟩ *Lager des Hochwildes* □ antro 4 *von fließendem Gewässer ausgespülte Rinne, Vertiefung; Bach~, Fluss~;* einen Fluss in ein neues ~ leiten □ leito 5 *waagerechter Hauptteil, Träger einer Werkzeugmaschine, z. B. einer Drehbank, auf dem die übrigen Teile befestigt sind* □ bancada; leito

bet|teln ⟨V.⟩ 1 ⟨400⟩ *öffentlich (auf der Straße u. in Häusern) um Almosen bitten;* ~ gehen; Betteln und Hausieren verboten!; um etwas ~ □ mendigar; pedir esmola 2 ⟨408 od. 800; fig.⟩ *unaufhörlich, dringlich, flehentlich bitten (bes. von Kindern);* der Junge hat so (darum) gebettelt, mitkommen zu dürfen; er bettelte um Verzeihung, um ihre Liebe □ implorar

bet|ten ⟨V.⟩ 1 ⟨500/Vr 7⟩ *jmdn. od. etwas ~ behutsam, sorglich (zur Ruhe) hinlegen, in eine bequeme Lage bringen;* jmdn. auf eine Bahre ~; den Kopf des Verletzten auf ein Kissen ~ □ deitar 1.1 nicht auf Rosen gebettet sein *es im Leben nicht leicht haben* □ *não viver em um mar de rosas 1.2 ⟨Vr 3⟩ *sich ~ sich zur Ruhe legen, sich (bequem) hinlegen* □ *deitar-se 1.2.1 wie man sich bettet, so liegt, schläft man ⟨Sprichw.⟩ *wie man sein Leben gestaltet, so muss man es dann auch ertragen* □ *quem boa cama faz nela se deita 2 ⟨400⟩ die Betten machen □ fazer a cama

bett|lä|ge|rig ⟨Adj. 70⟩ *(wegen Krankheit) gezwungen, im Bett zu liegen;* er war schon lange ~; ein ~er Patient □ de cama; acamado

Bett|la|ken ⟨n.; -s, -⟩ *großes, die Matratze bedeckendes Tuch, Laken;* Sy Betttuch □ lençol

Bett|ler ⟨m.; -s, -⟩ *jmd., der bettelt, andere um Almosen bittet* □ mendigo

Bett|le|rin ⟨f.; -, -rin|nen⟩ *weibl. Bettler* □ mendiga

Bett|tuch ⟨n.; -(e)s, -tü|cher⟩ = *Bettlaken* □ lençol

be|tucht ⟨Adj.; umg.⟩ *reich, wohlhabend;* jmd. ist ~ □ abastado; endinheirado

be|tu|lich ⟨Adj.; häufig abwertend⟩ 1 *(andere Personen) mütterlich umsorgend* □ zeloso; cheio de desvelos; sie ist immer sehr ~ zu uns □ *ela é sempre uma mãe para nós 2 *umständlich, langsam, beschaulich;* sie hat ein ~es Wesen □ tranquilo; sossegado

beu|gen ⟨V. 500⟩ 1 *jmdn. od. etwas ~ (nach unten) biegen, krümmen;* den Kopf, Rumpf ~; die Arme, Knie ~; den Nacken, den Rücken ~; unter einer Last gebeugt; vom Alter gebeugt □ dobrar; curvar; arquear 1.1 *der Kummer hat ihn gebeugt niedergedrückt* □ deprimir 1.2 ⟨511/Vr 3⟩ *sich ~ neigen;* sich aus dem Fenster ~; sich nach vorn ~; sich über ein Geländer ~ □ *debruçar-se; inclinar-se 2 ⟨530 od. 550/Vr 3⟩ *sich (vor) jmdn. ~* ⟨fig.⟩ *sich jmdm. unterordnen, fügen, unterwerfen;* sich dem Stärkeren, dem Schicksal ~ □ *curvar-se diante de alguém; submeter-se a alguém 3 *jmds. Stolz ~ jmdn. zwingen, in seinem S. nachzugeben* □ *baixar a bola de alguém 4 *das Recht ~ missachten, unehrlich anwenden* □ violar 5 *Strahlen ~* ⟨Phys.⟩ *vom geradlinigen Strahlengang ablenken* □ refratar 6 *Nomen, Verben ~* ⟨Gramm.⟩ *durch die Veränderung der Wortform die verschiedenen grammatischen Funktionen eines Wortes, wie Fall, Geschlecht, Numerus usw. ausdrücken* □ flexionar

Beu|gung ⟨f.; -, -en⟩ 1 *das Beugen, Gebeugtwerden;* ~ der Arme, Beine □ flexão 2 = *Flexion*

Beu|le ⟨f.; -, -n⟩ 1 *Schwellung, Vorwölbung der Haut;* sich eine ~ fallen, schlagen; eine ~ am Kopf, an der Stirn □ inchaço; galo 2 *durch Stoß od. Schlag entstandene Wölbung nach außen (od. innen);* der Topf ist voller ~n; ~n im Hosenbein 2.1 *kleiner Blechschaden an einem Kraftfahrzeug* □ abaulamento; mossa

be|un|ru|hi|gen ⟨V. 500⟩ 1 *jmdn. ~ jmdm. Unruhe verursachen, Sorge bereiten;* sein schlechtes Aussehen beunruhigt mich □ preocupar; eine ~de Nachricht; es ist sehr ~d, dass er nicht kommt □ preocupante 2 ⟨Vr 3⟩ *sich ~ sich sorgen, sich Sorgen machen;* bitte Sie sich nicht!; sich um etwas, um jmdn. ~; sich des Vaters wegen ~; du brauchst dich ihretwegen nicht zu ~ □ *inquietar-se; preocupar-se

be|ur|kun|den ⟨V. 500⟩ *eine Sache, Angelegenheit ~* 1 *aufgrund von Urkunden, Schriftstücken nachweisen, bezeugen;* die Gründung der Stadt ist im Mittelalter beurkundet □ documentar; registrar 2 *mit einer Urkunde beglaubigen, bestätigen;* einen Kaufvertrag ~ □ autenticar; legalizar

be|ur|lau|ben ⟨V. 500⟩ 1 *jmdn. ~* 1.1 *jmdm. Urlaub gewähren* □ dar férias 1.2 *jmdn. vorübergehend von seinen dienstlichen Pflichten entbinden;* der Vorsitzende wird bis zur Klärung der gegen ihn erhobenen Vorwürfe beurlaubt □ licenciar; suspender 2 ⟨Vr 3⟩ *sich ~ (lassen) (dem Vorgesetzten) mitteilen, dass man Urlaub nimmt;* ich habe mich bei Herrn Meier beurlaubt; er hat sich ~ lassen □ tirar férias

be|ur|tei|len ⟨V. 500/Vr 7 od. Vr 8⟩ *jmdn. od. etwas ~ sich über jmdn. od. etwas ein Urteil bilden, ein Urteil abgeben;* jmds. Arbeit, Leistung ~; ein Buch, ein Theaterstück, einen Kunstgegenstand ~; einen Menschen, einen Schüler ~; etwas od. jmdn. abfällig, falsch, gerecht, günstig, richtig, streng ~; das kann man nur schwer ~; ich kann die Dinge nur danach ~, was ich in der Zeitung darüber lese; das kann ich nicht ~; wie ~ Sie den Wert dieses Bildes? □ julgar; avaliar

Be|ur|tei|lung ⟨f.; -, -en⟩ 1 ⟨unz.⟩ *das Beurteilen, Meinungsbildung;* die ~ der vorliegenden Entwürfe □ avaliação 2 ⟨zählb.⟩ *Urteil, Bewertung, Zeugnis;* eine gute, schlechte ~ erhalten □ crítica

Beu|te[1] ⟨f.; -; unz.⟩ 1 *Gewinn bei Jagd, Krieg, Plünderung, Einbruch u. Diebstahl; Diebes~, Jagd~, Kriegs~;* die ~ der Einbrecher konnte sichergestellt werden; auf ~ ausgehen (von Raubtieren, Verbrechern); einem Dieb seine ~ wieder abjagen, abnehmen □ presa; despojo; saque 1.1 ~ machen *etwas erbeuten* □ capturar 1.2 das Munitionslager wurde eine ~ des Feindes *fiel dem Feind in die Hände* 1.3 der Schmuck war für den Dieb eine leichte ~ *fiel ihm leicht in die Hände* □ presa 2 ⟨fig.⟩ *Opfer;* das Haus wurde eine ~ der Flammen; er wurde eine ~ der wilden Tiere □ vítima

Beu|te[2] ⟨f.; -, -n; mitteldt.⟩ 1 *Trog, in dem der Teig zum Backen vorbereitet wird; Back~* □ amassadeira 2 *ausgehöhlter Baumstamm als Bienenstock; Klotz~;* Bienen~ □ colmeia

Beu|tel[1] ⟨m.; -s, -⟩ **1** *Behälter in der Form eines kleineren Sackes;* Schuh~, Wäsche~ □ **bolsa; saco 1.1** *Geldbörse, Geldtasche;* Geld~ □ **carteira; porta-moedas**, arm am ~, krank am Herzen (Goethe, „Der Schatzgräber") □ ***sem dinheiro e com muita preocupação 1.1.1** seinen ~ füllen ⟨fig.⟩ *sich bereichern* □ ***encher a burra 1.1.2** *der eine hat den ~, der andere hat das Geld* ⟨Sprichw.⟩ *niemand hat alles, was er braucht, dem einen fehlt dies, dem anderen das* □ **carteira; bolsa 1.1.3** den ~ ziehen *die Geldbörse öffnen (um etwas zu bezahlen)* □ ***abrir a carteira 1.1.4** den ~ zuhalten *nichts bezahlen (wollen)* □ ***não (querer) abrir a carteira 1.1.5** mein ~ ist leer *ich habe kein Geld* □ ***estou de bolso vazio 1.1.6** die Hand auf dem ~ haben *nichts bezahlen (wollen), geizig sein* □ ***ser mão-fechada 1.1.7** (tief) in den ~ greifen (müssen) ⟨viel⟩ *bezahlen (müssen)* □ ***(ter de) abrir a carteira 1.1.8** das reißt ein großes, schönes Loch in meinen ~ *das kostet mich viel* □ ***custou os olhos da cara 2** *der Brutsack der Beuteltiere;* ein Känguru mit seinem Jungen im ~ □ **marsúpio**

Beu|tel[2] ⟨m.; -s, -⟩ **1** *Stechwerkzeug für Holzbearbeitung* □ **formão 2** *Rundholz zum Klopfen des Flachses vor dem Brechen* □ **gramadeira**

beu|teln ⟨V.⟩ **1** ⟨500⟩ jmdn. ~ *schütteln;* er packte den Jungen im Nacken u. beutelte ihn ein wenig, tüchtig ~ □ **sacudir 1.1** Mehl ~ *mit dem Beutel sieben* □ **peneirar 1.2** Flachs ~ *klopfen* □ **gramar 2** ⟨402/Vr 3⟩ etwas beutelt (sich) *etwas bildet einen Beutel, bauscht sich, wirft Falten;* das Kleid beutelt (sich) □ **abalofar(-se); franzir(-se)**

be|völ|kern ⟨V. 500⟩ **1** *etwas ~ die Bevölkerung von etwas bilden;* die Erde ~; dicht, stark bevölkerte Gebiete **1.1** ⟨505⟩ ein Land (mit Menschen) ~ *Einwohner in einem L. ansiedeln* □ **povoar 2** *etwas* ⟨fig.⟩ *etwas in großer Zahl, in Scharen füllen, beleben;* das Theater war besonders von jungen Leuten bevölkert; Tausende von Vögeln ~ die Insel; der Spielplatz ist von Kindern bevölkert □ **ocupar 2.1** ⟨Vr 3⟩ etwas bevölkert **sich** *füllt sich mit Menschen;* die Straßen, die Lokale bevölkerten sich allmählich □ **encher-se**

Be|völ|ke|rung ⟨f.; -, -en⟩ *Gesamtheit der Bewohner eines bestimmten Gebietes* □ **população**

be|voll|mäch|ti|gen ⟨V. 580 od. 515/Vr 8⟩ jmdn. ~ ⟨od. einer Institution⟩ *eine Vollmacht erteilen;* ich bevollmächtigte ihn, das Geld abzuholen; jmdn. zum Abschluss eines Kaufs, eines Vertrages ~ □ **autorizar**

be|vor ⟨Konj.⟩ *ehe, früher als;* ~ ich nicht weiß, was geschehen ist, kann ich nicht helfen; komm noch einmal zu mir, ~ du gehst □ **antes de/que**

be|vor|mun|den ⟨V. 500⟩ jmdn. ~ **1** *unter Vormundschaft stellen* □ **tutelar 2** ⟨Vr 8⟩ ⟨fig.⟩ *nicht selbständig entscheiden lassen;* ich lasse mich von dir nicht ~ □ ***decidir por alguém**

be|vor|ste|hen ⟨V. 256/403⟩ etwas steht (jmdm.) ~ *bevor etwas zu erwarten ist, etwas wird bald geschehen;* ihr steht Erfreuliches bevor; wer weiß, was uns noch bevorsteht! □ **ter pela frente; estar por vir**, das ~de Ereignis; die ~de Gefahr □ **iminente**

be|vor|zu|gen ⟨V. 500/Vr 8⟩ **1** jmdn. od. etwas ~ *jmdm. od. etwas den Vorzug geben, jmdn. bevorrechten, begünstigen, günstiger behandeln;* ein Kind, einen Schüler ~; ich bevorzuge Seefische; einen Freund vor anderen ~ □ **preferir**; bevorzugte Lage eines Ortes; bevorzugter Schüler; eine bevorzugte Stellung einnehmen □ **preferido; preferencial; privilegiado 1.1** jmdn. bevorzugt abfertigen, behandeln *vor den anderen, früher als die anderen* □ ***dar prioridade a alguém**

be|wa|chen ⟨V. 500⟩ etwas od. jmdn. ~ **1** *aufpassen auf, scharf beobachten, unter Kontrolle behalten;* die Gefangenen werden scharf bewacht □ **vigiar 2** *beschützen, behüten;* der Hund bewacht das Haus □ **guardar; proteger**

be|wach|sen ⟨[-ks-] V. 277/500⟩ **1** Pflanzen ~ etwas *wachsen über etwas, überziehen, bedecken etwas;* der Efeu bewächst die Mauer □ **(re)cobrir 1.1** ⟨550⟩ etwas mit Pflanzen ~ *etwas mit Pflanzen bedecken;* einen Balkon mit Kletterpflanzen ~ □ ***cobrir alguma coisa com plantas**

be|waff|nen ⟨V. 500/Vr 7 od. Vr 8⟩ jmdn., etwas od. sich ~ **1** *mit Waffen versehen;* er bewaffnete sich mit einem Messer, einer Pistole □ **armar(-se)**; ein bewaffneter Dieb; leicht, schwer bewaffnet; bis an die Zähne bewaffnet □ **armado 2** ⟨fig.; umg.; scherzh.⟩ *ausrüsten;* mit einem Fernglas bewaffnet; er bewaffnete sich mit Hacke u. Spaten u. ging daran, den Garten umzugraben □ **armar-se; equipar-se**

be|wah|ren ⟨V.⟩ **1** ⟨550/Vr 7 od. Vr 8⟩ jmdn. od. etwas vor etwas ~ *schützen, behüten;* jmdn. od. etwas vor einer Gefahr ~; einen Gegenstand vor Feuchtigkeit ~; jmdn. od. etwas vor Schaden ~; möge uns der Himmel vor Unheil ~; Gott bewahre mich davor! □ **proteger 1.1** bewahre!, Gott bewahre! ⟨umg.⟩ *absolut nicht!, gar nicht daran zu denken!, aber nein!* □ ***Deus me livre! 2** ⟨500⟩ Gegenstände ~ ⟨geh.⟩ *verwahren, für längere Zeit aufheben;* bewahre es mir gut, bis ich wiederkomme!; etwas Anvertrautes treu ~ □ **guardar 3** ⟨500⟩ Worte (bei sich) ~ *behalten, nicht vergessen;* jmds. Worte bei sich ~; jmds. Worte im Gedächtnis, im Herzen ~ □ **guardar; memorizar 4** ⟨505⟩ über eine Sache Stillschweigen ~ *nicht mit anderen (weiteren) Personen darüber sprechen, nicht öffentlich bekanntmachen* □ ***guardar sigilo sobre alguma coisa 4.1** ⟨530⟩ jmdm. die Treue, das Andenken ~ *weiterhin entgegenbringen* □ ***manter-se fiel a alguém; guardar a lembrança de alguém 4.2** ⟨530/Vr 1⟩ sich eine Eigenschaft ~ *erhalten;* sich seine Unabhängigkeit ~ □ ***preservar uma característica 4.3** ⟨500/Vr 3⟩ etwas bewahrt sich *hält sich;* dieser Brauch hat sich bis heute bewahrt □ **conservar-se; manter-se**

be|wäh|ren ⟨V. 500/Vr 3⟩ sich ~ *sich als zuverlässig erweisen, sich als geeignet herausstellen, sich erproben, eine Probe bestehen;* er hat sich als treuer Freund, als guter Schwimmer bewährt; er muss sich erst ~, ehe wir ihm größere Aufgaben übertragen können;

diese Einrichtung hat sich nicht bewährt; dieser Mantel hat sich schon sehr bewährt □ *dar provas de; corresponder às expectativas; dar bons resultados; ein bewährtes Mittel gegen Heuschnupfen □ comprovado; unter seiner bewährten Führung □ autorizado; abalizado

be|wahr|hei|ten 〈V. 500/Vr 3〉 etwas bewahrheitet sich *erweist sich als wahr, richtig;* seine Voraussagen haben sich bewahrheitet; es hat sich leider bewahrheitet, dass ... □ confirmar-se; verificar-se

Be|wäh|rung 〈f.; -, -en〉 **1** *das Sichbewähren, Nachweis der Fähigkeit;* er hat die ~ gut, glänzend, nicht bestanden □ prova **1.1** eine **Strafe zur, auf** ~ aussetzen 〈Rechtsw.〉 *die Vollstreckung der S. aufschieben u. bei guter Führung erlassen, Bewährungsfrist;* jmdn. zu drei Jahren Gefängnis ohne ~ verurteilen □ sursis; suspensão condicional da pena

be|wäl|ti|gen 〈V. 500〉 **1** etwas ~ *mit Mühe, nach großer Anstrengung mit etwas fertigwerden, etwas meistern;* die Arbeit ~; ich weiß kaum, wie ich alles ~ soll; man konnte den Andrang kaum ~ □ levar a cabo; finalizar **1.1** ein **Problem** ~ *lösen* □ resolver **1.2** die Portion kann ich nicht allein ~ *nicht allein aufessen* □ dar conta de **1.3** 〈fig.〉 *seelisch überwinden, verarbeiten;* die Vergangenheit, die große Enttäuschung ~ □ superar

be|wan|dern 〈V. 500〉 eine Gegend ~ *wandernd begehen, wandernd kennenlernen, ansehen* □ caminhar por; percorrer

be|wan|dert 1 〈Part. Perf. von〉 bewandern **2** 〈Adj. 74〉 **2.1** 〈46〉 in etwas, auf einem Gebiet ~ sein *in etwas, auf einem G. gut Bescheid wissen;* er ist in der Musik, Technik sehr ~; er ist auf dem Gebiet der Biologie gründlich ~ **2.2** *erfahren, versiert;* eine juristisch ~e Abgeordnete □ experiente; versado

Be|wandt|nis 〈f.; -; unz.〉 **1** mit jmdm. od. etwas hat es eine **besondere** od. (s)eine **eigene** od. **folgende** ~ *für jmdn. od. etwas sind besondere od. folgende Umstände maßgebend, für jmdn. od. etwas steht es so ...;* mit ihrem Mann hat es eine besondere ~ □ *a situação/história do seu marido é particular*; mit diesem Ereignis hat es seine eigene ~ □ *esse acontecimento é um caso à parte* **1.1** was hat es damit für eine ~? *was ist damit los?, wie hat man das zu verstehen?* □ *qual o problema?*

be|we|gen[1] 〈V. 500〉 **1** etwas od. jmdn. ~ *veranlassen, dass etwas od. jmd. seine Lage verändert;* die Arme, die Füße ~; er konnte kein Glied ~; ich kann den Schrank nicht allein von der Stelle ~ □ mover; mexer **1.1** Pferde ~ *reiten, laufen lassen;* Pferde sollen regelmäßig bewegt werden □ exercitar **1.2** 〈Vr 3〉 **sich** ~ *seine Lage verändern;* der Zug bewegte sich durch die Straßen; der Raum war so überfüllt, dass man sich kaum ~ konnte; er bewegte sich nicht vom Fleck, von der Stelle; die Erde bewegt sich um die Sonne; er wird bewacht, kann sich aber frei ~; sich anmutig, geziert, unbeholfen ~; langsam bewegte er sich auf uns zu □ *mover-se; mexer-se **1.2.1** ich muss mich noch etwas ~ *an die frische Luft gehen* □ andar;

mexer-se **1.2.2** sich in einer bestimmten Weise in **Gesellschaft** ~ *in G. verkehren, auftreten;* sie bewegt sich auf dem Parkett (in der Öffentlichkeit) genauso sicher u. unbefangen wie zu Hause; sich in feinen, gehobenen, schlechten Kreisen ~ □ circular **1.2.3 Werte** ~ *sich verändern sich;* Preise, Kurse ~ sich geringfügig □ variar; oscilar **1.3** 〈511〉 **Gedanken im Herzen** ~ 〈veraltet〉 *gründlich über etwas nachdenken;* Maria aber behielt alle diese Worte u. bewegte sie in ihrem Herzen (Luk. 2,19) □ *meditar/ponderar no coração* **2** jmdn. ~ 〈fig.〉 *rühren, innerlich ergreifen, erregen, jmds. Gemüt beeindrucken;* das Lied, der Vortrag, sein Tod, seine Worte haben mich sehr, tief bewegt □ comover; emocionar; es war ein ~der Moment □ comovente; emocionando

be|we|gen[2] 〈V. 108/580 od. 515〉 jmdn. ~ etwas zu tun, jmdn. zu einer **Handlung** ~ *bestimmen, veranlassen;* er bewog ihn, das Haus zu verkaufen, zum Verkauf des Hauses; ich fühlte mich bewogen, etwas dazu zu sagen; die dringenden Mahnungen des Arztes haben mich (dazu) bewogen, meine Reise zu verschieben; was hat dich dazu bewogen, so schnell abzureisen?; er war nicht dazu zu ~; ich habe mich dazu ~ lassen, in dieser Sache einzugreifen □ persuadir; induzir; levar

be|weg|lich 〈Adj.〉 **1** *so beschaffen, dass man es bewegen kann;* die einzelnen Teile des Spielzeugs sind ~; einen Gegenstand an einem anderen ~ befestigen; ~e Güter; ~e Habe, ~es Kapital (im Unterschied zum Grund- u. Hausbesitz) □ móvel; flexível **1.1** 〈60〉 ~e **Feste** F, *die sich nach dem Mondjahr richten u. nicht jedes Jahr auf den gleichen Tag fallen, z. B. Ostern* □ *festas móveis* **2** 〈fig.〉 *gelenk, behände, regsam, lebhaft;* geistig ~ □ ágil; vivaz

be|wegt 1 〈Part. Perf. von〉 bewegen **2** 〈Adj.〉 **2.1** *unruhig;* ~e See, ~es Meer □ agitado **2.2** *unruhig, voller Ereignisse;* ein ~es Leben führen; eine ~e Vergangenheit hinter sich haben; wir leben in einer sehr ~en Zeit □ movimentado; turbulento **2.3** 〈fig.〉 *ergriffen;* freudig, tief ~; „...", sagte er mit ~er Stimme; mit ~en Worten danken; von Freude, Furcht, Sorge ~ □ comovido

Be|we|gung 〈f.; -, -en〉 **1** *das Bewegen;* Kreis~, Pendel~, Vorwärts~; er wies ihn mit einer ~ der Hand, des Kopfes zurück; anmutige, eckige, geschmeidige, unbeholfene ~en haben (von Personen od. Tieren); (gleichförmig) beschleunigte ~ (beim freien Fall); eine hastige, unbedachte, unvorsichtige ~ machen; du hast zu wenig ~; jeder war in emsiger, geschäftiger ~; (körperliche) ~ in frischer Luft □ movimento; exercício **1.1** ich werde ihn schon in ~ bringen! 〈fig.; umg.〉 *ich werde schon dafür sorgen, dass er etwas arbeitet, hilft, tut* □ *vou colocá-lo para trabalhar!* **1.2** sich in ~ setzen *sich zu bewegen beginnen, in Gang kommen, vorwärtsgehen, -fahren;* der Zug setzte sich in ~ □ *colocar-se em movimento* **1.3** sich ~ machen *sich körperlich (zur Erhaltung der Gesundheit) bewegen, spazieren gehen, körperlich arbeiten* □ *exercitar-se* **2** 〈fig.〉 *Rührung, innere Anteilnahme,*

Ergriffenheit; sich seine (innere) ~ nicht anmerken lassen; (tiefe) innere ~; seine Stimme zitterte vor (innerer) ~; er konnte vor tiefer ~ nicht sprechen ◻ **emoção; comoção 3** *geistiges od. weltanschauliches Bestreben mehrerer od. einer Masse;* Arbeiter~, Friedens~, künstlerische, literarische, politische, religiöse ~ ◻ **movimento**

Be|weis ⟨m.; -es, -e⟩ **1** *Darlegung von Zeugnissen, Gründen u. Ä. zur Sicherung, Bestätigung der Richtigkeit einer Behauptung od. Erkenntnis, Nachweis;* ~ des Gegenteils; unter der Last der ~ zusammenbrechen; den ~ antreten, führen, liefern für; ein schlagender, sprechender, untrüglicher ~; als ~ für meine Behauptung kann ich anführen, dass ...; einen Angeklagten aus Mangel an ~en freisprechen ◻ **prova; evidência 1.1** *eine Behauptung, eine Fähigkeit unter ~ stellen beweisen* ◻ ***dar prova de uma afirmação/capacidade;** → a. *indirekt(2.6)* **2** *Zeichen, sichtbarer Ausdruck;* sie errötete – ein ~, dass sie geschwindelt hatte; als ~ seiner Verehrung; als ~ dafür, dass ich es ernst meine, werde ich ...; ihre Verlegenheit war ein ~ für ihre Lüge; dieses Versagen ist ein ~ von Unfähigkeit; zum ~ für ◻ **sinal; prova 3** ⟨Philos.⟩ *Schluss, Bestätigung;* logischer ~ ◻ **demonstração**

be|wei|sen ⟨V. 282/503/Vr 6⟩ (jmdm.) etwas ~ *einen Beweis liefern für, durch Beweise glaubhaft machen, sichern, bestätigen, bezeugen;* jmdm. ~, dass er Unrecht hat; dieses Argument, diese Tatsache beweist noch gar nichts!; er hat seine Aufrichtigkeit, seinen Mut oft bewiesen; eine Behauptung ~; jmds. Schuld, Unschuld ~; er hat ihr seine Verehrung bewiesen, indem er ...; sein Verhalten beweist (mir, uns) seinen ehrlichen Willen; etwas durch Belege, Urkunden ~; das musst du mir erst ~!; diese Behauptung ist durch nichts zu ~; es ist längst bewiesen, dass ...; dieser Lehrsatz braucht nicht bewiesen zu werden, weil er unmittelbar einleuchtet ◻ **provar; demonstrar**

be|wen|den ⟨V.; nur als Inf. in der Wendung⟩ **1** *es bei od. mit etwas ~ lassen es mit etwas gut sein lassen, die Sache nicht weiter verfolgen od. -besprechen;* wir wollen es dabei ~ lassen ◻ ***dar-se por satisfeito com alguma coisa; contentar-se com alguma coisa 1.1** *und damit soll es sein Bewenden haben damit soll die Sache erledigt sein* ◻ ***assunto encerrado**

be|wer|ben ⟨V. 284⟩ **1** ⟨500/Vr 3⟩ *sich ~ seine Arbeitskraft anbieten;* ich habe mich schon mehrmals (vergeblich) beworben; sich als Buchhalter ~ (bei); sich an der Universität (um Zulassung) ~ ◻ ***candidatar-se 2** ⟨550/Vr 3⟩ *sich um jmdn. od. etwas ~ sich um jmdn. od. etwas bemühen;* sich um ein Amt, eine Kandidatur, einen Posten, eine Stelle ~ ◻ *** pedir a mão de alguém em casamento; concorrer/aspirar a alguma coisa**

Be|wer|bung ⟨f.; -, -en⟩ **1** *das Sichbewerben* **2** *Stellengesuch;* ~ um eine Arbeitsstelle, einen Posten ◻ **candidatura 2.1** *Anschreiben, in dem man sich um eine Stelle bewirbt, Bewerbungsschreiben;* eine ~ ablehnen, einreichen, schreiben, abschicken; seine ~en waren erfolglos ◻ **currículo; pedido de emprego**

be|wer|fen ⟨V. 286/516/Vr 8⟩ **1** *jmdn. od. etwas mit etwas ~ mit etwas nach jmdm. od. etwas anderem werfen;* die Kinder bewarfen sich mit Schneebällen; der Karnevalszug wurde mit Konfetti beworfen ◻ ***atirar; lançar; atacar 1.1** *jmdn. ~* ⟨fig.⟩ *jmdn. verleumden, hässlich über jmdn. reden;* er hat ihn mit Schmutz beworfen ◻ **difamar 2** ⟨Bauw.⟩ *etwas ~ mit Mörtel bedecken, verputzen;* die Wände, eine Mauer mit Kalk ~ ◻ **rebocar**

be|werk|stel|li|gen ⟨V. 500⟩ *etwas ~ zustande bringen, ausführen;* ich werde es schon ~, dass er ...; ich weiß nicht, wie ich das ~ soll ◻ **conseguir; realizar**

be|wer|ten ⟨V. 513/Vr 7 od. Vr 8⟩ *jmdn. od. etwas ~* ⟨a. fig.⟩ *jmdn. od. etwas (seinem Werte nach) (ein)schätzen, bestimmen, würdigen;* etwas hoch, niedrig, günstig, ungünstig, gut, schlecht ~; ein Schmuckstück mit 500 Euro ~; die Arbeit wurde nur mit „ausreichend" bewertet; man soll Menschen nicht nach ihrem Äußeren ~; es ist besonders hoch zu ~, dass ...; wie ~ Sie seine Leistung? ◻ **avaliar; julgar**

be|wil|li|gen ⟨V. 503⟩ (jmdm.) jmdn. od. etwas ~ *offiziell genehmigen, gewähren;* Gelder, Kredite, Zuschüsse ~; eine Gehaltserhöhung ~; eine Summe ~ (für); jmdm. eine Unterstützung ~; man hat ihm zwei Mitarbeiter bewilligt ◻ **autorizar; conceder**

be|wir|ken ⟨V. 500⟩ *eine Sache ~ zustande bringen, hervorbringen, hervorrufen, herbeiführen, veranlassen;* Vitamin C bewirkt eine größere Widerstandsfähigkeit des Körpers gegen Erkältungen ◻ **causar; produzir; provocar 1.1** *~des Zeitwort* ⟨Sprachw.⟩ *Verbum, das eine Tätigkeit bezeichnet, durch die ein Vorgang veranlasst wird, z. B.* fällen = fallen machen ◻ ***verbo causativo**

be|wir|ten ⟨V. 500⟩ **1** *einen Gast ~ ihm zu essen u. zu trinken geben;* jmdn. festlich, gastlich, reichlich ~ ◻ **servir; tratar; acolher 2** *ein Landgut ~* ⟨schweiz.⟩ *bewirtschaften* ◻ **administrar**

be|woh|nen ⟨V. 500⟩ *etwas ~ in, auf etwas wohnen, seine Wohnung, sein Heim haben;* ein Haus, ein Zimmer ~; die Insel ist nicht bewohnt ◻ **habitar; ocupar; morar**

Be|woh|ner ⟨m.; -s, -⟩ *jmd., der etwas bewohnt;* die ~ eines Landes, eines Hauses, einer Etage ◻ **habitante; morador**

Be|woh|ne|rin ⟨f.; -, -rin|nen⟩ *weibl. Bewohner* ◻ **habitante; moradora**

be|wöl|ken ⟨V. 500/Vr 3⟩ *sich ~* **1** *der Himmel bewölkt sich bedeckt sich mit Wolken;* der Himmel bewölkte sich (allmählich, plötzlich, rasch) ◻ **anuviar-se; nublar-se;** ein leicht, stark, schwer bewölkter Himmel; tagsüber leicht bewölkt ◻ **encoberto; nublado 2** ⟨fig.⟩ *jmds.* Miene bewölkt sich *wird finster, unfreundlich;* seine Stirn bewölkte sich; mit bewölkter Stirn ◻ **turvar-se; anuviar-se**

be|wun|dern ⟨V. 500/Vr 7 od. Vr 8⟩ *jmdn. od. etwas ~ jmdn. od. etwas als außergewöhnlich anerkennen u. hochachten;* jmds. Leistung, Mut ~; jmdn. od. etwas aufrichtig, ehrlich, glühend, heimlich, neidlos ~; sie ließ sich in ihrem neuen Kleid ~; seine Ausdauer ist

B

zu ~; sie möchte gern bewundert werden □ **admirar**; bewundernde Blicke □ **de admiração**; ein bewundertes Beispiel □ **admirado**

be|wusst ⟨Adj.⟩ **1** *von etwas wissend* **1.1** *klaren Geistes, klar erkennend, geistig wach;* ein ~er Mensch □ **cônscio; consciente; ciente 1.2** ⟨73⟩ *sich einer Sache ~ sein sich über eine S. klar sein, eine S. in ihrer vollen Bedeutung erkennen;* sich eines Fehlers, Irrtums ~ sein; ich bin mir keiner Schuld ~; ich bin mir meines Fehlers genau, sehr wohl ~ □ **estar consciente de alguma coisa* **1.3** ⟨44⟩ *ins Bewusstsein gedrungen, im B. vorhanden, bekannt;* mir ist nicht ~, dass ...; dir ist anscheinend gar nicht ~, was du angerichtet hast! □ **dar-se conta de alguma coisa* **2** *gewollt, absichtlich;* ~e Irreführung; du hast mich ~ betrogen; das habe ich wirklich nicht ~ getan □ **intencionalmente 3** ⟨60⟩ *genannt, erwähnt, bekannt;* dies ist das ~e Haus (von dem ich sprach) **3.1** *der* Bewusste *der Genannte, Erwähnte* □ **mencionado 3.2** *das ~e Örtchen* ⟨umg.; scherzh.; verhüllend⟩ *Toilette* □ **a casinha* **4** ⟨Getrennt- u. Zusammenschreibung⟩ **4.1** ~ machen = *bewusstmachen* **4.2** ~ werden = *bewusstwerden*

be|wusst|los ⟨Adj. 24⟩ *ohne Bewusstsein, besinnungslos, ohnmächtig;* sie war nur ganz kurz ~; der ~e Körper □ **sem sentidos; inconsciente;** jmd. bricht ~ zusammen □ **desmaiar*

be|wusst∥ma|chen *auch:* **be|wusst ma|chen** ⟨V. 530/Vr 5⟩ *jmdm. etwas ~ ins Bewusstsein bringen, deutlich machen, klarmachen;* jmdm. die Folgen seines Handelns ~ □ **conscientizar**

Be|wusst|sein ⟨n.; -s; unz.⟩ **1** *geistige Klarheit, Besinnung;* das ~ verlieren; das ~ wiedererlangen; er starb, ohne das ~ wiedererlangt zu haben; er ist (nicht) bei ~; jmdn. ins ~ zurückrufen; wieder zu ~ kommen □ **consciência 2** *das Wissen um etwas;* im ~ seiner Stärke; die Tat geschah bei, mit vollem ~; jmdm. etwas zum ~ bringen □ **conhecimento 2.1** mir ist erst jetzt zum ~ gekommen, dass ... *mir ist erst jetzt klargeworden, dass* ... □ **agora me dei conta de que...*

be|wusst|wer|den *auch:* **be|wusst wer|den** ⟨V. 285⟩ **1** ⟨700/Vr 3⟩ *sich einer Sache, sich seiner selbst ~ eine Sache, sich selbst besser kennen- und verstehen lernen* □ **tomar consciência de alguma coisa/de si próprio* **2** ⟨600(s.)⟩ *jmdm. ~ jmdm. klarwerden, etwas realisieren* □ **perceber; dar-se conta**

be|zah|len ⟨V. 500⟩ **1** *eine Ware od.* **Leistung** ~ *für eine W. od. L. den Gegenwert in Geld geben;* eine Arbeit ~; eine Ware (in) bar, mit Scheck, mit Kreditkarte ~; das kann ich gar nicht ~; wenn es ans Bezahlen geht, zieht er sich zurück □ **pagar**; → a. *Geld(1.4.3)* **1.1** *das macht sich (nicht) bezahlt das ist sein Geld, seinen Preis (nicht) wert, das lohnt sich (nicht)* □ **isso (não) vale a pena* **1.2** *eine Sache ~ müssen büßen müssen;* das habe ich teuer ~ müssen; er hat es mit dem Leben ~ müssen □ **ter de pagar por alguma coisa* **2** ⟨Vr 8⟩ *jmdn. ~ jmdm. für seine Leistung Geld geben, jmdn. entlohnen;* sich ~ lassen; ein gut, schlecht bezahlter Posten □ **remunerar 2.1** er isst, trinkt als ob er's bezahlt bekäme ⟨umg.;

scherzh.⟩ *sehr schnell, sehr viel* ~ □ **ele come/bebe como se fosse morrer amanhã* **2.2** *bezahlte* **Kräfte** *gegen Entgelt (Lohn) Arbeitende* □ **mão de obra remunerada* **2.3** *bezahlter* **Urlaub** *U. mit ununterbrochener Lohnzahlung* □ **férias remuneradas* **3** *Geld ~ als Gegenwert für etwas zahlen;* ich habe hundert Euro bezahlt □ **pagar 4** *eine* **Schuld** ~ *sich durch das Zahlen von Geld von einer S. befreien;* die Rechnung, Schuld ist (noch) nicht bezahlt □ **saldar uma dívida;* → a. *Zeche(1.3)*

Be|zah|lung ⟨f.; -, -en⟩ **1** *das Bezahlen;* die ~ einer Rechnung □ **pagamento 2** *Lohn, Gehalt, Verdienst;* bei guter, schlechter ~ arbeiten □ **pagamento; remuneração**

be|zäh|men ⟨V. 500/Vr 7⟩ **1** *jmdn. od. sich, etwas ~ bezwingen, bändigen, im Zaum halten, beherrschen,* Leidenschaften ~; seine Neugier, Ungeduld, seinen Zorn ~; ich konnte mich nicht länger ~ □ **dominar(-se); conter(-se) 2** *ein Tier ~* ⟨veraltet⟩ *zahm machen* □ **domar**

be|zau|bern ⟨V. 500/Vr 8⟩ *jmdn. od. etwas ~* ⟨fig.⟩ *einen Zauber auf jmdn. od. etwas ausüben, jmdn. entzücken, begeistern;* die Sprache dieser Dichtung bezaubert mich; seine Musik bezauberte das Publikum; sie hat uns alle durch ihren Liebreiz bezaubert; er ist von ihrer Schönheit ganz bezaubert □ **encantar; fascinar**

be|zau|bernd 1 ⟨Part. Präs. von⟩ *bezaubern* **2** ⟨Adj.⟩ *reizend, entzückend, voller Liebreiz u. Anmut;* ein ~er Abend; du siehst ~ aus; das Kind ist wirklich ~ □ **encantador; fascinante**

be|zeich|nen ⟨V. 500⟩ **1** *etwas ~ durch ein Zeichen kenntlich machen;* einen Buchstaben mit einem Akzent ~; die Sitzplätze sind mit Nummern bezeichnet □ **marcar; indicar 2** ⟨Vr 7 od. Vr 8⟩ *jmdn. od. etwas ~ nennen, angeben, näher beschreiben, kennzeichnen, charakterisieren;* diese Tat bezeichnet (ist bezeichnend für) ihren Mann!; kannst du mir den Ort ~, an dem ...; kannst du den Ort nicht genauer, näher ~?; im Einzelnen ~; ich weiß nicht, wie ich es ~ soll □ **descrever; caracterizar; especificar 2.1** ⟨518⟩ *etwas od. jmdn. ~ als benennen (mit), nennen;* jmdn. als Betrüger ~; er hat ihn als den größten Politiker unserer Zeit bezeichnet; diese Leistung kann, muss man als hervorragend ~ □ **qualificar; chamar 3** *ein sprachlicher Ausdruck bezeichnet einen Begriff wird einem B. zugeordnet;* dieses Wort bezeichnet verschiedene Dinge □ **designar**; → a. *benennen(1.1)*

be|zeich|nend 1 ⟨Part. Präs. von⟩ *bezeichnen* **2** ⟨Adj.⟩ *charakteristisch, kennzeichnend, typisch;* diese Äußerung, Haltung ist ~ für ihn □ **característico; típico 2.1** *das ist mal wieder ~!* ⟨umg.; abwertend⟩ *das ist typisch, das war nicht anders zu erwarten* □ **(isso) é típico!; é sempre assim!*

Be|zeich|nung ⟨f.; -, -en⟩ **1** ⟨unz.⟩ *das Bezeichnen, Kenntlichmachen;* die ~ von Gütern, Waren □ **marca; nome 2** *Benennung, Name, Begriff;* nach der richtigen ~ für etwas suchen; hierfür gibt es mehrere ~en □ **designação**

be|zei|gen ⟨V.; geh.⟩ **1** ⟨530⟩ jmdm. etwas ~ *jmdm. etwas bekunden, ausdrücken*; jmdm. Achtung, Ehre, Gnade ~; jmdm. seine Dankbarkeit, Hochachtung, Teilnahme ~ ☐ manifestar; demonstrar; → a. *bezeugen(3)* **2** ⟨500⟩ etwas ~ *etwas zeigen, zu erkennen geben*; Freude, Furcht, Schmerz ~ ☐ demonstrar **3** ⟨513/Vr 3⟩ sich ~ *sich zeigen*; sich dankbar, unruhig ~ ☐ *mostrar-se

be|zeu|gen ⟨V. 500⟩ eine Sache ~ **1** *aufgrund eigenen Augenscheins, eigenen Wissens bestätigen*; er konnte ~, dass der Angeklagte die Wahrheit gesagt hat; ich kann (ihm) seine Aufrichtigkeit ~ ☐ testemunhar **2** *(durch Zeugen, durch Zeugnisse, urkundlich) nachweisen*; die Wahrheit ~; das Auftreten dieses Wortes ist für das 16. Jh. bezeugt ☐ atestar; comprovar **3** ⟨530/Vr 6⟩ jmdm. etwas ~ *bezeigen, ausdrücken*; jmdm. seine Achtung ~ ☐ demonstrar; manifestar

be|zich|ti|gen ⟨V. 580 od. 540/Vr 7 od. Vr 8⟩ jmdn. od. sich einer Sache ~ *beschuldigen*; jmdm. eines Vergehens ~; er wurde bezichtigt, den Diebstahl begangen zu haben ☐ acusar

be|zie|hen ⟨V. 293/500⟩ **1** etwas ~ *etwas auf, über etwas ziehen* ☐ cobrir **1.1** *einen Überzug darüber ziehen*; ein Bett, Kissen ~; Polstermöbel ~ ☐ forrar; cobrir; ein Bett frisch, neu ~ ☐ *trocar a roupa de cama **1.2** *bespannen (bes. mit Saiten)*; ein Saiteninstrument, einen Tennisschläger ~ ☐ encordoar **1.3** ⟨Vr 3⟩ der **Himmel** bezieht sich *bedeckt sich mit Wolken* ☐ nublar-se; encobrir-se **2** Räume ~ *in etwas einziehen*; ein Büro, ein Haus, eine Wohnung ~ ☐ instalar-se em; mudar-se para **2.1** die **Universität** ~ ⟨veraltet⟩ *mit dem Studium an der U. beginnen* ☐ *entrar na universidade **2.2** Quartier ~ *nehmen* ☐ *aquartelar-se **2.3** (einen) Posten ~ ⟨Mil.⟩ *sich auf (s)einem P. Aufstellen* ☐ ocupar **2.4** (die) Wache ~ ⟨Mil.⟩ *auf W. ziehen, den Wachtposten einnehmen* ☐ *montar guarda **3** etwas ~ *(regelmäßig) erhalten, bekommen*; eine Gehalt ~; Prügel ~ ⟨umg.⟩; eine Rente ~; Waren ~; eine Zeitschrift ~; Waren aus dem Ausland ~; wir haben unsere Möbel von der Firma X bezogen; woher beziehst du deine Informationen? ☐ receber; obter **3.1** Steuern ~ ⟨schweiz.⟩ *einfordern* ☐ cobrar **4** ⟨550/Vr 3⟩ sich auf jmdn. od. etwas ~ *berufen, auf jmdn. od. etwas verweisen, anspielen*; er bezieht sich bei, mit dieser Bemerkung auf einen bestimmten Vorfall; wir ~ uns auf Ihr Schreiben vom 10. 1. u. teilen Ihnen mit, ... ☐ *referir-se a alguém ou alguma coisa **4.1** ⟨Vr 3⟩ etwas bezieht sich auf jmdn. od. etwas *betrifft jmdn. od. etwas*; seine Äußerung bezieht sich auf unser gestriges Gespräch ☐ *dizer respeito a alguém ou alguma coisa **4.2** etwas auf jmdn. od. etwas ~ *mit jmdm. od. etwas in Zusammenhang bringen*; diese Regel kann man nicht auf diesen Fall ~; diese Bemerkung brauchst du nicht auf dich zu ~ ☐ aplicar; relacionar

Be|zie|hung ⟨f.; -, -en⟩ **1** *Verbindung*; die ~en zu jmdm. abbrechen, wiederaufnehmen; ~en anknüpfen (mit, zu); die ~en (zu jmdm.) einschlafen lassen; die ~en (zu jmdm.) pflegen; diplomatische ~en (zu einem Staat) aufnehmen; freundschaftliche, verwandtschaftliche, wirtschaftliche ~en; langjährige ~en (zwischen, zu); geschlechtliche, intime ~en mit jmdm. haben ☐ relação **1.1** (gute) ~en haben ⟨umg.⟩ *einflussreiche Bekannte haben, die einem nützlich sein können*; etwas über, durch, mit Hilfe von ~en erreichen ☐ relações; seine ~en spielenlassen ☐ *mexer os pauzinhos **2** *innerer Zusammenhang, wechselseitiges Verhältnis*; zwei Dinge miteinander in ~ bringen; eine Sache, Tatsache zu einer anderen in ~ setzen ☐ *relacionar duas coisas; relacionar uma coisa a outra/um fato a outro; mit jmdm. oder einer Sache in ~ stehen; in freundschaftlichen ~en zu jmdm. stehen; die beiden Dinge stehen in keiner ~ zueinander ☐ *ter/manter relações com alguém ou alguma coisa; mit, zu jmdm. in freundschaftliche ~en treten ☐ *travar relações de amizade com alguém **3** in dieser ~ *Hinsicht*; in dieser, in gewisser, in mancher ~ muss ich dir Recht geben; es ist in jeder ~ zu begrüßen, dass ...; es ist in keiner ~ zu vertreten, dass ...; es wäre in vielen ~en zu begrüßen, wenn ... ☐ *sob esse aspecto

be|zie|hungs|wei|se ⟨Konj.; Abk.: bzw.⟩ **1** *oder, oder auch*; Kaffee ~ Tee regt den Kreislauf an ☐ ou **1.1** *oder besser, genauer gesagt*; die Kinder ~ der Sohn unseres Nachbarn war gestern auf dem Grundstück ☐ ou melhor; melhor dizendo **2** *im anderen Fall, und*; die Sänger ~ Sängerinnen dieser Aufführung erhielten begeisterten Applaus ☐ respectivamente

Be|zirk ⟨m.; -(e)s, -e⟩ **1** *abgegrenztes Gebiet*; Wohn~ ☐ *zona residencial **2** ⟨Abk.: Bez.⟩ *Verwaltungseinheit in Ländern, Städten, Gemeinden*; Stadt~ ☐ distrito; circunscrição **3** ⟨fig.⟩ *Bereich*; das Buch stammt aus dem religiösen ~ der Literatur ☐ campo; área

Be|zug ⟨m.; -(e)s, -zü|ge⟩ **1** ⟨unz.⟩ *das Beziehen(3)*; der ~ von Waren, Zeitungen; bei ~ von mehr als 10 Stück ☐ recebimento **2** ⟨nur Pl.⟩ *Bezüge Einnahmen, Gehalt*; wie hoch sind Ihre Bezüge? ☐ vencimentos; honorários **3** *Überzug*; einen ~ für Betten, Polstermöbel; die Bezüge der Betten waschen, wechseln; die Couch mit einem neuen ~ versehen ☐ capa (de edredom/almofada); coberta; forro **4** ⟨unz.⟩ in Bezug auf *hinsichtlich, was ... betrifft*; in Bezug auf die Lage war unser altes Haus schöner ☐ *em relação a; com respeito a **4.1** ~ nehmen auf *sich beziehen auf* ☐ *referir-se a **4.2** mit ~ auf unser Schreiben vom 10. 1. teilen wir Ihnen mit *wir beziehen uns auf unser S. vom 10. 1. u. teilen Ihnen mit* ☐ referência

be|züg|lich 1 ⟨Adj.⟩ *(auf etwas) bezogen, Beziehung habend (zu etwas)* ☐ relativo **1.1** ~es Fürwort *F., das in einem untergeordneten Gliedsatz anstelle der Benennung einer Person od. Sache steht* ☐ *pronome relativo **2** ⟨Präp. m. Gen.; Abk.: bez.⟩ *mit Beziehung auf*; ~ Ihres Schreibens; ~ unserer Verabredung möchte ich noch sagen ... ☐ com referência a

be|zwe|cken ⟨V. 500⟩ etwas ~ *etwas beabsichtigen, erreichen wollen, einen Zweck verfolgen*; was bezweckst du mit deiner Drohung?; was soll denn das ~?; ich verstehe nicht, was er damit ~ möchte ☐ **pretender; ter em vista**

be|zwin|gen ⟨V. 294/500⟩ **1** jmdn. od. etwas ~ *besiegen, überwinden;* eine Festung, einen Gegner ~ ☐ **tomar; vencer;** er wollte etwas Heftiges erwidern, aber er bezwang sich ☐ **controlar-se 1.1** Tiere ~ *zähmen, unterwerfen, im Zaum halten* ☐ **domar 1.2** eine Schwierigkeit ~ *mit einer S. fertig werden, eine S. bewältigen;* den letzten Anstieg eines Berges, einen Berg ~; er hat die Strecke in wenigen Tagen (zu Fuß) bezwungen ☐ **superar; vencer 1.3** Leidenschaften ~ *in Schranken halten, unterdrücken, beherrschen;* seine Enttäuschung, Ungeduld, seinen Schmerz, Zorn ~ ☐ **dominar; conter**

BH ⟨Abk. für⟩ Büstenhalter ☐ **sutiã**

Bi|bel ⟨f.; -, -n⟩ **1** *von den christlichen Kirchen als Wort Gottes anerkannte Schriften, die das Alte u. das Neue Testament umfassen, Buch der Bücher;* Sy *Heilige Schrift;* die ~ auslegen, übersetzen; auf die ~ schwören; Familien-~, Bilder-~, Taschen-~ ☐ **Bíblia 1.1** das steht schon in der ~ ⟨umg.⟩ *das ist eine alte Weisheit* ☐ ***isso não é novidade; todo o mundo já sabe (disso) 1.2** ⟨fig.⟩ *ein bedeutsames Buch;* der „Macbeth" ist seine ~ ☐ **bíblia**

Bi|ber[1] ⟨m.; -s, -; Zool.⟩ **1** *Angehöriger einer Familie der Nagetiere, an fließenden Gewässern u. Uferzonen mit Laubholz heimisch: Castoridae;* der Europäische ~; der Kanada-~ **1.1** *dessen Pelz* ☐ **castor**

Bi|ber[2] ⟨m. od. n.; -s, -⟩ *raues Baumwollgewebe in Köperbindung (bes. für Bettwäsche verwendet)* ☐ **flanela**

♦ Die Buchstabenfolge **bi|bl...** kann in Fremdwörtern auch **bib|l...** getrennt werden.

♦ **Bi|blio|gra|fie** ⟨f.; -, -n⟩ oV *Bibliographie* **1** *Verzeichnis von Druckwerken (Büchern, Zeitschriften) zu einem bestimmten Fachgebiet od. Thema, in dem Verfasser, Titel u. Erscheinungsdatum u. -ort angegeben sind;* eine ~ der Erziehungswissenschaft **2** (früher) *Bücherkunde, Buchwesen* ☐ **bibliografia**

♦ **Bi|blio|gra|phie** ⟨f.; -, -n⟩ = *Bibliografie*

♦ **Bi|blio|thek** ⟨f.; -, -en⟩ Sy *Bücherei* **1** *Büchersammlung* **2** *Raum od. Gebäude, in dem die Büchersammlung aufbewahrt wird;* Fach-~, Leih-~, Universitäts-~, Bereichs-~, Werks-~ ☐ **biblioteca**

bie|der ⟨Adj.; häufig abwertend⟩ **1** *rechtschaffen, ehrenwert;* eine ~e Hausfrau; er spielte den ~en Bürger ☐ **honesto; correto 2** *brav, aufrichtig, verlässlich, treuherzig;* brav u. ~ wie er war, hat er ... ☐ **probo; íntegro**

bie|gen ⟨V. 109⟩ **1** ⟨500⟩ etwas ~ *aus seiner bisherigen (geraden) Form in eine andere Richtung krümmen;* Zweige zur Seite ~; mit vor Alter krummgebogenem Rücken ☐ **dobrar; curvar 1.1** mag es ~ oder brechen, auf Biegen oder Brechen *auf jeden Fall, um jeden Preis, unter allen Umständen* ☐ ***custe o que custar 1.2** es geht auf Biegen oder Brechen ⟨fig.⟩ *hart auf hart, es wird rücksichtslos vorgegangen* ☐ ***ou vai, ou racha 1.3** ⟨Vr 3⟩ sich ~ *eine gekrümmte Form annehmen, krumm werden;* die Zweige ~ sich unter der Last der Früchte, des Schnees; die Bäume ~ sich im Wind ☐ ***vergar-se; arquear-se 1.3.1** sich ~ vor Lachen *heftig, sehr lachen* ☐ ***contorcer-se de rir 1.3.2** lieber (erg.: sich) ~ als brechen ⟨fig.⟩ *lieber nachgeben als gezwungen werden* ☐ **ceder 2** ⟨411(s.)⟩ *um etwas ~ eine Krümmung, Kurve gehen od. fahren;* um die Ecke ~ ☐ **dobrar; fazer uma curva 3** ⟨500; Gramm.; veraltet⟩ = *beugen(6)*

bieg|sam ⟨Adj.⟩ **1** *so beschaffen, dass man es biegen kann;* ein ~er Ast, Zweig **2** *gelenkig, geschmeidig;* ein ~er Körper **3** ⟨fig.⟩ *leicht zu formen, fügsam;* ein ~er Charakter ☐ **flexível; maleável**

Bie|gung ⟨f.; -, -en⟩ *von der Geraden in eine Bogenform übergehende Richtungsänderung, Kurve;* Fluss-~ ☐ **curva; dobra**

Bie|ne ⟨f.; -, -n; Zool.⟩ **1** *Angehörige einer Familie der Hautflügler, zuweilen staatenbildend: Apidae;* emsig, fleißig wie eine ~; die ~n schwärmen, summen; Honig-~ ☐ **abelha 2** ⟨fig.; umg.; veraltet⟩ *Mädchen;* eine flotte, hübsche, kesse ~ ☐ **menina**

Bie|nen|stock ⟨m.; -(e)s, -stö|cke⟩ *Kasten mit kleiner Öffnung (Flugloch) als Unterkunft für Bienen mit Vorrichtungen zum Wabenbau, Futterstelle usw.;* es wimmelt wie in einem ~! ☐ **colmeia**

Bier ⟨n.; -(e)s, -e⟩ **1** *aus Hopfen, Malz, Hefe u. Wasser durch Gärung gewonnenes alkoholisches Getränk;* ein Glas, ein Krug ~; ein Liter ~ ausschenken, brauen, zapfen; ein ~ trinken; dunkles, helles, Pilsner ~; beim ~ (im Gasthaus) sitzen ☐ **cerveja 2** *das ist (nicht) mein ~* ⟨fig.; umg.⟩ *(nicht) meine Angelegenheit* ☐ ***isso (não) é problema meu**

Bier|gar|ten ⟨m.; -s, -gär|ten⟩ *Gartenlokal, in dem vorzugsweise Bier ausgeschenkt wird* ☐ **cervejaria (ao ar livre)**

Biest ⟨n.; -(e)s, -er⟩ **1** (niederdt.) *Vieh, bes. Rinder* ☐ **rês 2** ⟨fig.⟩ *schreckliches od. unangenehmes, lästiges Tier;* nehmen Sie das ~ an die Leine! ☐ **fera 3** ⟨fig.⟩ *verwünschter Gegenstand;* das ~ funktioniert nicht mehr ☐ **maldito objeto; maldita máquina 4** ⟨umg.; Schimpfw.⟩ *gemeiner Mensch, hinterhältige, intrigante Person;* so ein elendes ~! ☐ **besta**

bie|ten ⟨V. 110/500⟩ **1** ⟨530⟩ jmdm. etwas ~ *jmdn. vor die Wahl stellen, etwas zu nehmen;* jmdm. Geld, eine Stellung ~; jmdm. eine Belohnung, eine Entschädigung ~ (für etwas); jmdm. Gelegenheit ~, etwas zu tun **1.1** wir müssen unserem Besuch, Gast doch etwas ~ *etwas Gutes (zu essen) vorsetzen sowie ihn unterhalten, ihm etwas zeigen* ☐ **oferecer 1.2** *ein Angebot machen (bei Versteigerungen);* er hat mir 800 Euro für das Bild geboten; 100 Euro sind geboten (worden), wer bietet mehr? ☐ **oferecer; dar 1.2.1** (Skat) *reizen* ☐ **envidar 1.3** ⟨503/Vr 3⟩ etwas bietet sich (jmdm.) *bietet sich an, zeigt sich, kommt vor;* unseren Augen bot sich ein herrlicher Anblick; es hat sich mir noch keine Gelegenheit dazu geboten; wenn sich eine Handhabe (gegen ihn), ein Vorwand böte, dann könnten wir ...; bei der nächsten sich ~den Gelegenheit ☐ **apresentar-se; oferecer-se 2** ⟨530⟩ jmdm.

etwas ~ ⟨geh.⟩ *(dar)reichen, anbieten, entgegenhalten;* jmdm. den Arm ~ (als Stütze, zum Unterhaken); jmdm. die Hand ~; jmdm. die Lippen, die Wange zum Kuss ~ □ **oferecer; estender;** → a. *Blöße(2.1), Schach (2.1), Spitze(1.2), Stirn(1.1)* **3** *etwas ~ zeigen, darbieten;* die beiden Kinder boten ein hübsches Bild; der Künstler bot ein ausgezeichnetes Programm □ **apresentar 4** ⟨530/Vr 6⟩ *jmdm. einen guten Morgen,* **guten Tag ~** ⟨veraltet⟩ *wünschen, jmdm. grüßen* □ **desejar 5** ⟨530/Vr 5⟩ *jmdm. etwas ~ zumuten* □ **exigir 6** ⟨Getrennt- u. Zusammenschreibung⟩ 6.1 ~ lassen = ~~bietenlassen~~
bie|ten||las|sen *auch:* **bie|ten las|sen** ⟨V. 175/500/Vr 3⟩ *das darf, kann man sich nicht ~ lassen das darf, kann man sich nicht gefallen lassen* □ **tolerar; admitir**
Big Band (**[**bɪgbænd**]**) *auch:* **Big Band** ⟨f.; (-) -,(-), -s⟩ *großes Tanz- od. Jazzorchester* □ **big band**
Big Busi|ness ⟨[bɪg bɪznɪs] n.; -; unz.⟩ **1** *Geschäftswelt der Großunternehmen;* Einflussnahme des ~ auf die Wirtschaftspolitik □ **mundo dos negócios 2** *großes, einträgliches Geschäft eines Großunternehmens;* im ~ erfolgreich sein □ **grande(s) negócio(s)**
Bike ⟨[baɪk] n.; -s, -s⟩ *Sportfahrrad* □ **mountain bike**
Bi|lanz ⟨f.; -, -en⟩ **1** *Übersicht über zwei verschiedene Zahlenreihen* □ **balanço** 1.1 *das durch den Vergleich beider gewonnene Ergebnis* □ **saldo** 1.2 *jährlicher Kontenabschluss* □ **balanço 2** ⟨fig.⟩ *abschließender Überblick* □ **balanço** 2.1 *die ~ ziehen* ⟨a. fig.⟩ *sich einen Überblick (über Vergangenes, Geschehenes) verschaffen, die Auswirkungen betrachten* □ ***fazer o balanço**
Bild ⟨n.; -(e)s, -er⟩ **1** *Darstellung von etwas od. jmdm. auf einer Fläche, z. B. Gemälde, Zeichnung, Druck, Fotografie od. plastisch, z. B. Relief, Statue;* Licht~, Öl~; Marmor~, Stand~; ein ~ aufhängen, betrachten, malen, zeichnen; ein buntes, farbenfrohes, gelungenes, herrliches, meisterhaftes ~; ein gerahmtes, ungerahmtes ~; ein ~ auf Glas, Holz, Leinwand; ein ~ aus, von Erz, Marmor, Stein; ein ~ aus dem vorigen Jh.; ein ~ von Dürer; ein ~ aufnehmen ⟨Fot.⟩; ein scharfes, unscharfes, verwackeltes ~ ⟨Fot.⟩ □ **quadro; imagem; ilustração; fotografia;** → a. *leben(1.9)* **2** ⟨Opt.⟩ *Abbildung* □ **ilustração 3** *Darstellung einer Sache durch eine andere, Zeichen, Symbol;* Sinn~ □ **símbolo** 3.1 *in ~ern sprechen Gleichnisse, übertragene Ausdrücke gebrauchen* □ **metáfora 4** *Erscheinungsform;* Krankheits~ □ **quadro; manifestação 5** *Ebenbild;* er ist ganz das ~ seines Vaters; und Gott schuf den Menschen ihm (sich) zum ~e (1. Mose, 1,27) **6** *Anblick;* als wir ins Zimmer traten, bot sich uns ein überraschendes ~ □ **imagem; cena** 6.1 *ein ~ für (die) Götter* ⟨umg.; scherzh.⟩ *ein köstlicher, komischer Anblick* □ ***uma cena impagável** 6.2 *ein ~ des Jammers sein einen bejammernswürdigen Anblick bieten* □ **uma cena deplorável/lamentável** 6.3 *ein ~ von einem Mädchen, Manne sein sehr schön sei* □ ***uma moça linda; um homem lindo 7** *Vorstellung von etwas;* die ~er meiner Fantasie, meiner Träume; in meiner Erinnerung, vor meinem geistigen Auge stiegen alle alten ~er auf; er entwarf ein ~ des Lebens im 18. Jh.; er vermittelte uns ein anschauliches, fesselndes, genaues, wahrheitsgetreues ~ (von ...); ein deutliches, flüchtiges, klares ~ (in der Erinnerung); ein falsches, richtiges ~ von etwas haben □ **ideia; imagem; impressão** 7.1 *sich ein ~ (von etwas) machen können sich etwas vorstellen können* □ **ideia** 7.2 *sein ~ ist mir gut im Gedächtnis geblieben ich kann mich gut an ihn erinnern* □ **imagem** 7.3 *genaue Vorstellung, aufgrund deren eine Beurteilung der Lage möglich ist* □ **ideia** 7.3.1 *sich ein ~ von etwas machen sich eine Meinung über etwas bilden* □ ***formar uma opinião sobre alguma coisa** 7.3.2 *im ~e sein sich über etwas im Klaren sein, die Zusammenhänge kennen;* damit Sie im ~e sind; ich bin darüber nicht im ~e □ ***estar informado sobre; estar a par de** 7.3.3 *jmdn. ins ~ setzen jmdn. genau unterrichten* □ ***informar alguém sobre; colocar alguém a par de**
bil|den ⟨V.⟩ **1** ⟨500⟩ *etwas ~ erzeugen, machen, hervorbringen, schaffen;* die Fälle, Verbformen (von Wörtern) ~; die Kinder bildeten einen Kreis; das Wort „Unzahl" bildet keinen Plural; aus zehn Buchstaben ein Wort ~ (bei Buchstabenrätseln); sich eine Meinung, ein Urteil über etwas ~; eine Regierung ~ 1.1 ⟨Vr 3⟩ *etwas bildet sich entsteht, entwickelt sich;* Nebel, Rauch, Staub bildet sich; Geschwüre haben sich gebildet □ **formar(-se) 2** ⟨500⟩ *etwas ~ formen, gestalten;* eine Gestalt, Figur aus, in Marmor, Ton ~ □ **moldar; modelar** 2.1 *~de Kunst* ⟨Sammelbez. für⟩ *Baukunst, Plastik, Malerei, Grafik* □ ***artes plásticas/gráficas 3** ⟨500⟩ *etwas ~ sein;* der Vorfall von gestern bildete den ganzen Abend das Gesprächsthema; die Straße bildet hier die Grenze; sein Vortrag bildete den Höhepunkt des Abends □ **constituir 4** ⟨500/Vr 7⟩ *jmdn. od. etwas ~ belehren, erziehen, jmdn. od. etwas Bildung geben;* jmds. Charakter, Verstand ~ □ **instruir; educar; formar** 4.1 *gebildet sein Bildung besitzen;* wissenschaftlich gebildet sein □ ***ter instrução/formação** 4.2 *ein gebildeter Mensch, Gebildeter Mensch mit Bildung* □ **culto; instruído** 4.3 ⟨Vr 3⟩ *sich ~ sich Bildung aneignen;* sich geistig ~ □ ***instruir-se; educar-se; formar-se** 4.4 ⟨400⟩ *etwas bildet vermittelt Bildung;* Bücher können ~ □ **instruir** 4.4.1 *~de Bücher Bildung vermittelnde B.* □ **instrutivo**
Bil|der|buch ⟨n.; -(e)s, -bü|cher⟩ *mit vielen großen farbigen Bildern ausgestattetes Buch (für Kinder)* □ **livro ilustrado**
Bil|der|buch... ⟨in Zus.; umg.⟩ *besonders schön, vorbildlich, problemlos;* ein ~wetter; eine ~ehe □ **lindo; maravilhoso**
Bild|flä|che ⟨f.; -, -n⟩ **1** *bei unbewegtem Auge überschaubarer Raum (bes. beim Übertragen vom Räumlichen auf eine Fläche);* die Gestalt nimmt die ganze ~ ein □ **superfície da imagem 2** *Leinwand für Filmvorführung;* eine große, kleine ~ □ **tela 3** ⟨fig.; umg.⟩ 3.1 *auf der ~ erscheinen plötzlich auftreten, kommen, sichtbar werden* □ ***entrar em cena** 3.2 *von der ~ ver-*

schwinden *sich plötzlich entfernen, in Vergessenheit geraten* □ *sair de cena; cair no esquecimento

Bild|hau|er ⟨m.; -s, -⟩ *ein Künstler, der aus festen Werkstoffen, bes. aus Stein, Plastiken herstellt* □ escultor

Bild|hau|e|rin ⟨f.; -, -rin|nen⟩ *weibl. Bildhauer* □ escultora

bild|lich ⟨Adj. 90⟩ **1** *in Bildern, mit Hilfe eines Bildes od. von Bildern; die ~ dargestellte Entwicklung des Embryos* □ imagético; por imagem **2** *~er Ausdruck A., der ein Bild gebraucht, um einen Gegenstand od. Sachverhalt anschaulich od. poetisch darzustellen, z. B. „Segler der Lüfte" für „Wolken" (Schiller)* □ *expressão figurada; metáfora; *eine Sache ~ darstellen; ein ~er Vergleich; er hat mich veralbert, ~ gesprochen: er hat mich auf den Besen geladen* □ metafórico; metaforicamente

Bild|nis ⟨n.; -ses, -se⟩ *bildliche Darstellung eines Menschen; Sy Porträt; ein ovales, auf Holz gemaltes ~; Jugend~, Selbst~* □ retrato

Bild|schirm ⟨m.; -(e)s, -e⟩ **1** *Leuchtschirm von Fernsehapparaten u. Computern, Monitor* □ tela; monitor 1.1 ⟨umg.; kurz für⟩ *Fernsehapparat od. Computer; den ganzen Abend vor dem ~ sitzen* □ aparelho de televisão; computador

Bil|dung ⟨f.; -, -en⟩ **1** ⟨unz.⟩ *das Bilden, Sichbilden; ~ eines Ausschusses, einer Regierung; ~ einer Geschwulst; ~ einer Form, ~ eines Wortes; ~ von Nebel, Rauch, Schaum, Staub* □ formação; constituição **2** ⟨zählb.⟩ *etwas, was in bestimmter Weise gebildet ist, Form, Gestalt; Wolken~, Gesichts~, Körper~* □ forma **3** ⟨unz.⟩ *geistige u. innere Formung, Vervollkommnung, geistiges u. inneres Geformtsein des Menschen, vielseitige Kenntnisse, verbunden mit Geschmack, Urteil, Sinn für Wert; sich ~ aneignen; jmdm. ~ beibringen; eine gediegene, vielseitige ~ genossen haben; (keine) ~ haben; ein Mann von ~; zur Vervollkommnung seiner ~ eine Weltreise machen* □ cultura; educação; formação 3.1 *das zu wissen gehört zur allgemeinen ~ das muss man wissen, wenn man für gebildet gelten will* □ cultura 3.2 *Anstand, Takt u. Herzensgüte; Herzens~* □ nobreza de espírito

Bil|lard ⟨[bɪljart], österr. [bijaːr] n.; -s, -e⟩ **1** *Spiel, bei dem Kugeln mit Hilfe eines Stabes (Queue) auf stoffbezogenem Tisch mit federndem Rand (Bande) gestoßen werden* **2** *der Tisch für das Billard(1)* □ bilhar

Bil|lett ⟨[bɪljɛt] n.; -s, -s od. -e⟩ **1** ⟨schweiz.⟩ *Fahrkarte, Eintrittskarte* **2** *kurzes Schreiben, Zettel mit einer Nachricht od. Notiz* □ bilhete **3** ⟨österr. a.⟩ *Glückwunsch~, Briefkarte mit Umschlag* □ cartão

bil|lig ⟨Adj.⟩ **1** *wohlfeil, preiswert, nicht teuer; ~e Waren; eine Ware ~ kaufen, verkaufen; hier kann man sehr ~ leben* □ barato **2** ⟨70⟩ *gerecht, berechtigt, angemessen, vernünftig; eine ~ Forderung; dein Verlangen ist nur ~, ist nicht mehr als ~* □ justo; razoável; → a. *recht(2.4, 2.5, 2.5.1, 2.5.2)* **3** *minderwertig, dürftig; ein ~es Kleid* **4** *abgedroschen, nichtssagend; eine ~e Ausrede, Redensart; ein ~er Trost* □ barato

bil|li|gen ⟨V. 500⟩ *etwas ~ gutheißen, genehmigen, einverstanden sein mit; jmds. Verhalten, einen Vorschlag ~; ich kann deinen Entschluss auf keinen Fall ~* □ aprovar; concordar

Bil|lig|keit ⟨f.; -; unz.⟩ **1** *billige Beschaffenheit* □ preço baixo **2** *Dürftigkeit* □ escassez; pobreza **3** *Angemessenheit, Berechtigung* □ justiça; equidade

bim|meln ⟨V. 400; umg.⟩ *klingeln, läuten; bei jmdm. an der Haustür ~* □ tocar a campainha

Bin|de ⟨f.; -, -n⟩ **1** *Streifen aus Verbandstoff zum Verbinden; Mull~; ein verletztes Glied mit einer ~ umwickeln* □ atadura; bandagem **2** *Stoffstreifen als Schmuck, Krawatte od. Abzeichen; Arm~, Stirn~, Hals~* □ braçadeira; venda; gravata 2.1 *(sich) einen hinter die ~ gießen* ⟨umg.; scherzh.⟩ *einen Schnaps trinken* □ *tomar uma pinga **3** *Tuch zum Zubinden, Festhalten, Stützen od. Wärmen; Leib~; den Arm in der ~ tragen* □ cinta; faixa; tipoia

Bin|de|ge|we|be ⟨n.; -s; unz.; Anat.⟩ *Stützgewebe aus Zellen u. Fasern, das zum Aufbau des Körpers dient u. Bänder u. Sehnen bildet* □ tecido conjuntivo

Bin|de|haut ⟨f.; -, -häu|te; Anat.⟩ *schleimige, die Innenseite der Augenlider u. die Vorderseite des Augapfels überziehende Haut* □ conjuntiva

bin|den ⟨V. 111/500⟩ **1** *jmdn. od. etwas ~ mit Band, Faden, Riemen, Kette o. Ä. festmachen, verbinden, verknüpfen, zusammenfügen; einen Baum an einen Pfahl ~; Korn in Garben ~; Blumen zum Kranz, zum Strauß ~* □ atar; prender; → a. *Nase(1.10), Seele(1.8)* 1.1 *ein Band an, in, um etwas ~ an, in etwas befestigen, um etwas herumführen u. festbinden; ein Band ins Haar ~; jmdm. ein Tuch um die Augen ~; eine Schnur um ein Paket ~* □ amarrar 1.1.1 *die Krawatte, eine Schleife ~ formgerecht schlingen* □ *dar um nó na gravata; dar um laço **2** *etwas ~ durch Zusammenbinden herstellen; Besen ~; Fässer ~; einen Kranz aus Blumen ~* □ fazer **3** *jmdn. od. etwas ~ fesseln; einem Gefangenen die Hände ~; einen Gefangenen mit gebundenen Händen vorführen ~* □ prender; atar; → a. *Hand(2.6.14)* **4** ⟨Vr 7 od. Vr 8⟩ *jmdn. od. etwas ~* ⟨fig.⟩ *verpflichten, festlegen, abhängig machen; sich durch ein Versprechen ~* □ comprometer; vincular 4.1 *sich als gebunden betrachten sich durch Abmachung, Zusage verpflichtet fühlen* □ *sentir-se obrigado 4.2 *eine ~de Abmachung, Zusage eine verpflichtende A., Z.* □ vinculativo; obrigatório 4.3 *an einen Zeitpunkt, an feste Preise gebunden sein sich an eine bestimmte Zeit, an feste Preise halten müssen* □ preso; vinculado 4.4 ⟨Vr 3⟩ *sich ~ ein festes Verhältnis mit einem Mann od. einer Frau eingehen; sich an eine Frau ~ mit ihr ein festes Verhältnis eingehen, sich verloben* □ *comprometer-se 4.5 *gebundene Rede R. in Gedichtform, in Versen* □ *poesia 4.6 *gebundenes System* ⟨Arch.⟩ *Konstruktionsart romanischer Basiliken mit dem Quadrat der Vierung als grundlegender Maßeinheit* □ ligado **5** *etwas ~ zusammenhalten, festhalten* □ ligar; manter unido; *gebundene Wärme, Elektrizität* □ latente 5.1 *feindliche Kräfte ~ kämpfend festhalten, an der Bewegung hindern* □ deter 5.2 *eine Soße mit Mehl ~* ⟨Kochk.⟩ *dickflüssiger machen* □ engrossar 5.3 *Stoffe ~* ⟨Chem.⟩

miteinander vereinigen ☐ ligar; combinar 5.4 *Bücher ~ mit Rücken u. Deckeln versehen* ☐ encadernar 5.5 *Laute, Töne ~* ⟨Phon.; Mus.⟩ *miteinander verbinden, ohne Unterbrechung aufeinander folgen lassen; mehrere Töne ~; mehrere Töne gebunden singen, spielen* ☐ ligar

Bin|der ⟨m.; -s, -⟩ **1** *jmd., der etwas bindet* ☐ enfardador; encadernador; *Besen~* ☐ vassoureiro **2** ⟨Landw.⟩ *Maschine, die etwas bindet; Garben~, Mäh~* ☐ enfardadeira **3** = *Krawatte(1); ein bunter, einfarbiger, geschmackloser ~* ☐ gravata **4** ⟨Arch.⟩ **4.1** *auf den Mauern ruhender Balken, der den Dachstuhl trägt od. versteift; Dach~* ☐ asna; tesoura **4.2** *Mauerstein, der mit der Schmalseite nach außen liegt;* Ggs *Läufer(9)* ☐ tijolo (de) perpianho **5** ⟨süddt., österr.⟩ *Böttcher; Fass~* ☐ tanoeiro

Bin|de|strich ⟨m.; -(e)s, -e; Gramm.; Zeichen: -⟩ *kurzer Querstrich, der zwei Wörter od. Wortbestandteile verbindet od. als Silbentrennungszeichen verwendet wird* ☐ hifen

Bind|fa|den ⟨m.; -s, -fä|den⟩ **1** *Faden zum Binden, dünne Schnur, dünner Strick; eine Rolle ~* ☐ barbante **2** *es regnet* Bindfäden ⟨fig.; umg.; scherzh.⟩ *sehr stark* ☐ *chove a cântaros

Bin|dung ⟨f.; -, -en⟩ **1** ⟨fig.⟩ *das enge innere Verbundensein, verpflichtende Beziehung; eine starke, lose ~; eine menschliche, politische, konfessionelle ~; eine vertragliche ~; er löste alle alten ~en; sie will keine neuen ~en eingehen* ☐ vínculo; compromisso **2** ⟨Sp.⟩ *eine Vorrichtung zur Verankerung des Skischuhs auf dem Ski; die ~ geht, springt (nicht) auf; Sicherheits~* ☐ fixação **2.1** (Wasserski) *eine verstellbare, pantoffelförmige Halterung aus Gummi auf den Skiern* ☐ sapata **3** ⟨Textilw.⟩ *die Art, wie sich in einem Gewebe die Fäden kreuzen; Leinwand~, Kreuz~, Tuch~, Körper~, Atlas~* ☐ ligamento **4** ⟨Chem., Phys.⟩ *Art des Zusammenhalts der Atome u. der Bausteine des Atomkerns* ☐ liga; combinação **5** ⟨Mus.⟩ *die möglichst lückenlose Verbindung zweier od. mehrerer Töne* ☐ ligadura

bin|nen ⟨Präp. mit Dativ, seltener u. geh. mit Genitiv⟩ **1** *innerhalb, im Laufe von; ~ Jahresfrist; ~ 10 Minuten; ~ zweier Tage; ~ 24 Stunden* ☐ dentro de **1.1** *~ kurzem/Kurzem bald* ☐ *logo; (dentro) em breve

Bin|nen|land ⟨n.; -(e)s, -län|der⟩ *nicht an der Küste gelegenes Land* ☐ interior

Bin|se ⟨f.; -, -n; Bot.⟩ **1** *zur Familie der Binsengewächse (Juncaceae) gehörige Pflanzengattung mit stängelähnlichen, Pflanzenmark enthaltenden Blättern, die für Geflechte verwendet werden: Juncus; er hat aus ~n Körbe und Matten geflochten; Sumpf~, Wasser~* ☐ junco **2** *in die ~n gehen* ⟨fig.; umg.⟩ *entzweigehen, schiefgehen; verlorengehen; das Geschäft, das Gerät ist in die ~n gegangen* ☐ *ir para o brejo

---

bio..., Bio... ⟨in Zus.⟩ *leben(s)..., Leben(s)...*

Bio|che|mie ⟨[-çe-] f.; -; unz.⟩ *Wissenschaft von der Zusammensetzung u. der Funktionsweise chemischer Verbindungen, die am Aufbau u. dem Stoffwechsel lebender Organismen beteiligt sind* ☐ bioquímica

Bio|gra|fie ⟨f.; -, -n⟩ *Lebensbeschreibung einer bekannten Person;* oV *Biographie; Auto~* ☐ biografia

Bio|gra|phie ⟨f.; -, -n⟩ = *Biografie*

Bio|lo|ge ⟨m.; -n, -n⟩ *Wissenschaftler, Student, Kenner der Biologie* ☐ biólogo

Bio|lo|gie ⟨f.; -; unz.⟩ *Wissenschaft vom Leben u. von den Lebewesen* ☐ biologia

Bio|lo|gin ⟨f.; -, -gin|nen⟩ *weibl. Biologe* ☐ bióloga

bio|lo|gisch ⟨Adj.⟩ **1** *die Biologie betreffend, zu ihr gehörig, auf ihr beruhend* **1.1** *~e* **Waffen** *Bakterien, Viren u. a. Seuchen verbreitende Mittel einer (bisher nicht angewendeten) Kriegführung* **2** *naturbedingt, natürlich* **2.1** *~es* **Gleichgewicht** *G. zwischen Entstehen u. Vergehen der Lebewesen* ☐ biológico

bio|lo|gisch-dy|na|misch ⟨Adj. 24⟩ *ohne die Verwendung od. den Zusatz chemischer Stoffe erzeugt; ~er Landbau; ~es Gemüse* ☐ orgânico

Bir|ke ⟨f.; -, -n; Bot.⟩ *Laubbaum aus der Familie der Birkengewächse (Betulaceae) mit weißer Borke, Kätzchenblüten u. geflügelten Früchten: Betula; Weiß~, Zwerg~* ☐ bétula

Birn|baum ⟨m.; -(e)s, -bäu|me; Bot.⟩ *weißblühendes Kernobstgewächs mit länglichen gelben Früchten: Pyrus communis;* Sy *Birne(1)* ☐ pereira

Bir|ne ⟨f.; -, -n⟩ **1** = *Birnbaum* **1.1** *längliche, süße, saftige Frucht des Birnbaums; eine gelbe, reife, grüne ~* ☐ pera **2** *elektrischer Glühkörper; Glüh~; eine 100-Watt-~; die ~ ist durchgebrannt; eine neue ~ einsetzen, einschrauben* ☐ lâmpada **3** *birnenförmiges Glasgefäß* ☐ pera **4** ⟨umg.; scherzh.⟩ *Kopf* ☐ cabeça; cuca **4.1** *eine weiche ~ haben nicht ganz richtig im Kopf sein* ☐ *estar lelé da cuca **4.2** *jmdm. eins auf, vor die ~ geben jmdn. auf den Kopf schlagen* ☐ *dar um peteleco na cabeça de alguém

bis ⟨Präp. mit Akk., meist mit einer weiteren Präp.⟩ **1** *~ an, zu einem Ort hin zu dem O. als Endpunkt einer Strecke; von Berlin ~ München, ~ nach Hannover; ~ an die Knie im Wasser stehen; der Ball ist ~ aufs Dach geflogen; ~ dahin, hierher begleite ich dich; ~ vor die Tür, ~ hinter die Garage; ~ zum Ende der Straße; ~ wohin fahren Sie?* **2** *~ zu einem Zeitpunkt hin zu dem Z. als Ende eines Zeitraumes; ~ drei Uhr warten; Sprechzeit von 10 ~ 12 Uhr; vom Morgen ~ zum Abend; von morgens ~ abends; von Dienstag ~ Donnerstag; ~ etwa gegen Mitternacht; ~ um sechs; ~ in den Abend; ~ nach Weihnachten; ~ vor hundert Jahren; Kinder ~ sechs Jahre, ~ zu sechs Jahren; ~ dahin vergeht noch viel Zeit; ~ auf Widerruf; sie wartet, ~ er kommt, ~ es zu spät ist, ~ sie weiß, was geschehen ist* ⟨als Konjunktion⟩ *; ~ dass der Tod uns scheidet* ☐ até **2.1** *~ bald, gleich, nachher, später* ⟨umg.⟩ *auf (baldiges usw.) Wiedersehen* ☐ *até logo; até breve; até mais tarde **2.2** *~ auf weiteres/Weiteres eine unbestimmte Zeit lang* ☐ *até segunda ordem **2.3** *~ und mit* ⟨bes. schweiz.⟩ *bis(2) einschließlich; der Film läuft ~ (und) mit Donnerstag* ☐ *até e inclusive **3** *~ auf außer; die Wohnung ~ auf die Küche herrichten; sie gingen alle ~ auf einen* ☐ *menos; exceto **3.1** *einschließlich; sie wurden ~ auf den*

Bischof

letzten Mann gerettet □ até **4** ~ ins Kleinste, Letzte sehr genau; wir müssen das Programm ~ auf das i-Tüpfelchen durchtesten □ *até nos mínimos detalhes **5** ein Wert (von) ~ mit einem unteren W. beginnend u. einem oberen W. endend; vier ~ fünf Euro; 20 ~ 40 Küken; 10 ~ 12 Prozent; eine Arbeit mit der Note „zwei ~ drei" bewerten; das Konzert war mittelmäßig ~ schlecht □ *um valor (de)... a

Bi|schof ⟨m.; -(e)s, -schö|fe⟩ **1** leitender Geistlicher in christlichen Kirchen 1.1 (kath. Kirche) Leiter einer Diözese, eines Bistums, der vom Papst ernannt wird; jmdn. zum ~ weihen; Weih~ 1.2 (ev. Kirche) der oberste Geistliche einer Landeskirche □ bispo **2** kaltes Getränk aus Rotwein, Zucker u. Pomeranzenschalen □ sangria

bis|her ⟨schweiz. a. ['--] Adv.⟩ bis jetzt, bislang □ até agora

bis|he|rig ⟨Adj. 24/60⟩ **1** bisher gewesen, vorhanden, bislang sich ereignet habend; meine ~en Freunde; sein ~es Verhalten hat mich sehr verwundert □ até agora 1.1 im Bisherigen im Vorangegangenen □ *no anterior/precedente

bis|lang ⟨Adv. 80⟩ bisher, bis jetzt □ até agora

Bis|mut ⟨n.; -(e)s; unz.; Zeichen: Bi⟩ silberweißes Metall, Ordnungszahl 83; oV Wismut □ bismuto

Biss ⟨m.; -es, -e⟩ **1** das Hineinbeißen mit den Zähnen; ein scharfer, giftiger ~; sich vor dem ~ des Hundes schützen □ mordida 1.1 ⟨fig.⟩ stechender Schmerz, Reue; Gewissensbisse □ remorso **2** die durch Beißen entstandene Verletzung; der ~ wollte nicht verheilen; er hat einen ~ am Bein □ mordida

biss|chen ⟨unbestimmtes Numerale⟩ **1** wenig; ihr ~ Schmuck; das ~ Schnee, das heute gefallen ist □ pouco **2** ein ~ ein wenig, eine Kleinigkeit, etwas; ein ~ Brot, Geld, Liebe; gib dir ein ~ Mühe; komm ein ~ näher; sei ein ~ netter zu mir!; gar ein ~ schneller!; tut es weh? Nicht ein ~! □ *um pouco **3** kein ~ gar nicht(s), überhaupt nicht(s), gar kein; es ist kein ~ Wurst mehr da; das Kind hat kein ~ geweint □ *nem um pouco; nada

Bis|sen ⟨m.; -s, -⟩ **1** die Menge, die man auf einmal abbeißen kann, Mundvoll; ein ~ Brot; einen großen ~ machen, nehmen □ bocado; mordida; ihm blieb vor Schreck der ~ im Halse stecken; sie brachte vor Aufregung keinen ~ hinunter □ *ficou perplexo/atônito 1.1 jmdm. keinen ~ Brot gönnen ⟨fig.⟩ neidisch, missgünstig sein □ *botar olho gordo em alguém 1.2 jmdm. jeden ~ in den Mund zählen aufpassen, wie viel er isst, neidisch beim Essen zusehen □ *secar (a comida alheia) 1.3 er hat sich für seine Familie jeden ~ vom Munde abgespart er hat auf vieles verzichtet, um die Familie ernähren zu können □ *ele poupou cada centavo pela família **2** ⟨fig.⟩ eine Kleinigkeit zu essen, Happen; ich muss ganz schnell erst einen ~ essen □ *preciso engolir rapidamente alguma coisa; keinen ~ anrühren □ *não tocar na comida; ein leckerer ~ □ *um petisco 2.1 iss doch einen ~ mit uns! ⟨umg.⟩ komm od. bleib zu einer kleinen zwanglosen Mahlzeit bei uns □ *venha comer alguma coisa com a gente!; → a. fett(1.1)

bis|sig ⟨Adj.⟩ **1** ⟨70⟩ schnell, gern beißend, durch Beißen angreifend; Vorsicht, ~er Hund! (Warnungsschild an Hof- od. Gartentüren); der Esel war sehr ~ □ bravo **2** ⟨fig.⟩ scharf, höhnisch, auf barsche Weise verletzend; eine ~e Bemerkung, Kritik □ mordaz

Bis|tum ⟨n.; -s, -tü|mer⟩ Verwaltungsbereich eines Bischofs, bischöflicher Sprengel; Sy Diözese □ episcopado; diocese

bis|wei|len ⟨Adv. 50; geh.⟩ manchmal, mitunter, ab u. zu; ~ habe ich das Gefühl, dass ... □ às vezes; de vez em quando

bit|te ⟨Adv.; Höflichkeitsformel⟩ **1** wenn ich dich od. Sie darum bitten darf!, sei od. seien Sie so freundlich!; sieh dir das ~ an!; hören Sie ~!; entschuldigen Sie ~!; würden Sie mir ~ helfen?; sagen Sie mir ~ ...; komm ~ etwas später; ~ einen Kaffee!; möchten Sie Wurst oder Käse? ~ Wurst!; ~ Tür schließen! (auf Türschildern); ~ Füße abtreten od. abstreifen (auf Schildern an Türen od. Treppen); ~ lauter! (Aufforderung an einen Redner); ach, ~, können Sie mir sagen ...; ~, langen Sie zu, nehmen Sie sich! □ por favor 1.1 ~ wenden! ⟨Abk.: b. w.⟩ (Aufforderung am Ende einer Seite, eines Formulars o. Ä.) □ *vide verso 1.2 (wie) ~? (Rückfrage bei nicht verstandener Äußerung) □ *como?; o que disse? **2** gern, selbstverständlich, ja; vielen Dank! ~! □ *de nada!, não tem de quê!; darf ich mir das Buch einmal ansehen? ~ sehr! □ *à vontade!; por favor!; ist der Platz hier frei? ~!, ja, ~! □ *(sim,) pois não! 2.1 oh, Verzeihung! ~! es macht nichts, schadet nichts □ *não foi nada! 2.2 kann ich das Telefonbuch haben? ~! (beim Überreichen) hier □ *disponha! **3** ja, ~? (Meldung am Telefon) □ *alô? **4** ~! das war schon immer meine Meinung, ich habe es gewusst; ~! hab' ich's nicht gesagt? □ *eu sabia!

Bit|te ⟨f.; -, -n⟩ **1** Mitteilung eines Wunsches, Wunsch, höfliches Verlangen, Gesuch, Ersuchen; jmdm. eine ~ abschlagen; eine ~ aussprechen, äußern; eine ~ erfüllen, gewähren; ich habe eine ~; jmds. ~n nachgeben, nachkommen; die sieben ~n des Vaterunsers; eine dringende, flehentliche, inständige, vergebliche ~; ich habe, hätte eine ~ an Sie; auf seine dringende ~ hin bin ich gekommen □ pedido 1.1 an jmdn. eine ~ richten, stellen jmdn. bitten □ *fazer um pedido a alguém

bit|ten ⟨V. 112⟩ **1** ⟨800⟩ (um etwas) ~ eine Bitte aussprechen (um etwas zu erhalten); „...!", bat er □ pedir; auf Bitten von Herrn X □ a pedido do senhor X; sich aufs Bitten verlegen □ *dedicar-se a pedir; durch vieles Bitten hat er schließlich erreicht, dass ... □ pedido; súplica; du kannst ~ und betteln, so viel du willst, ich tue es doch nicht □ implorar; insistir; wenn du ~ darfst; ich bitte Sie (herzlich) darum; ich bitte (tausendmal) um Entschuldigung; um Geduld, Hilfe, Nachsicht, Schonung, Verzeihung ~ □ pedir; darf ich um das Salz ~? (bei Tisch) □ *pode me passar o sal?; darf ich um den nächsten Tanz ~? □ convidar; → a. Wort(7.4) 1.1 da muss ich doch sehr ~! das gehört sich nicht! □ *tenha a santa paciência! 1.2 darum möchte ich gebeten haben! das bitte ich mir aus, das verlange ich □ *é o que espero! **2** ⟨500⟩ jmdn.

~ *höflich auffordern, ersuchen;* ich bitte Sie, mir zu helfen; ich hatte ihn gebeten zu warten; er will immer erst gebeten sein □ pedir; sich lange ~ lassen □ *fazer-se rogado;* jmdn. dringend, flehentlich, fußfällig, inständig ~ □ suplicar; implorar 2.1 ich bitte Sie! aber nein!, so etwas!, hält man das für möglich!, kaum zu glauben! □ *ora, por favor!* 2.2 aber ich bitte dich! *aber selbstverständlich!, das ist doch keine Frage!* □ *mas claro!; sem dúvida!* 3 ⟨550⟩ *jmdn. zu etwas ~* ⟨geh.⟩ *einladen;* dürfen wir Sie für morgen zum Essen, zum Tee ~? 3.1 eine Dame zum Tanz ~ *auffordern* 3.2 jmdn. zu Tisch ~ *auffordern, zum Essen zu kommen* 3.3 **jmdn. irgendwohin ~** *jmdn. höflich auffordern, irgendwohin zu kommen;* jmdn. ins Sprechzimmer ~ 3.3.1 jmdn. einladen, *jmdn. zu sich kommen lassen* □ convidar 4 ⟨800⟩ **für jmdn. ~** *eintreten, zu jmds. Gunsten sprechen* □ *pedir por alguém; interceder em favor de alguém*

bit|ter ⟨Adj.⟩ 1 **~er Geschmack** *sehr herb;* Ggs *süß(1);* einen ~en Geschmack im Munde haben; ~e Mandel, Medizin, Schokolade □ amargo 1.1 **ein Bitterer** *stark mit bitteren Kräutern gewürzter Likör* □ *bitter* 2 ⟨fig.⟩ *hart, schmerzlich;* ~e Tränen weinen □ amargo; ~e Not leiden □ extremo; jmdm. ~e Vorwürfe machen □ duro; severo; aus dem harmlosen Streit wurde ~er Ernst □ *o que era um briga inocente se tornou coisa séria* 2.1 ein ~er Tropfen im Becher der Freude *ein wenig Bitterkeit, Trauer bei aller Freude* □ *uma gota de fel no cálice da felicidade* 2.2 ⟨40⟩ *verbittert, unfroh, an nichts mehr Freude habend;* ~ werden; er ist durch böse Erfahrungen ~ geworden □ amargurado 3 ⟨50; fig.; verstärkend⟩ *sehr, tüchtig, heftig;* ~arm sein; es ist ~kalt; es ist mir ~ernst damit!; eine Tat ~ bereuen; er hat das Geld ~ nötig □ muito; extremamente

bit|ter|bö|se ⟨Adj.⟩ *sehr, äußerst böse;* er war ~; das waren ~ Worte □ furioso

bit|ter|lich ⟨Adj. 90; verstärkend⟩ *sehr heftig, schmerzerfüllt;* ~ weinen, schluchzen □ amargamente

bi|zarr ⟨Adj.⟩ 1 *seltsam, ungewöhnlich* □ bizarro; esquisito 2 *wunderlich, verschroben* □ excêntrico; extravagante

Bi|zeps ⟨m.; -es, -e; Anat.⟩ *zweiköpfiger Muskel, z. B. am Oberarm u. am Oberschenkel* □ bíceps

Black-out *auch:* **Black|out** ⟨[blækaʊt] n.; -s, -s *od.* m.; -s, -s⟩ 1 ⟨Theat.⟩ *kurze (witzige) Szene, nach der die Beleuchtung ausgeschaltet wird* 1.1 *plötzliches Ausschalten der Beleuchtung nach Szenenschluss* 2 ⟨Med.⟩ *Ausfall von Körperfunktionen, z. B. des Erinnerungsvermögens, des Sehvermögens od. der Gehirnfunktionen* 2.1 *plötzliche Bewusstseinstrübung;* einen ~ haben 3 *vorübergehender Ausfall von Funkverbindungen* □ blecaute 4 *vollständiger Stromausfall während der Nacht (bes. in Städten)* □ blecaute; apagão

blä|hen ⟨V.⟩ 1 ⟨400⟩ *eine Speise bläht eine S. bildet übermäßig viel Gas in Darm u. Magen;* Hülsenfrüchte, Kohl, Zwiebeln ~ □ causar flatulência; provocar gases 2 ⟨500/Vr 2⟩ *etwas bläht etwas od. sich etwas macht es sich prall u. füllig, füllt etwas od. sich mit Luft;* der Wind bläht die Segel, die Vorhänge; die Gardine, der Rock blähte sich (im Wind) □ inchar(-se); inflar(-se) 3 ⟨500/Vr 3⟩ **sich ~** ⟨fig.; abwertend⟩ *sich wichtigtun, angeben, prahlen;* du blähst dich wie ein Pfau □ *inchar-se; pavonear-se*

Bla|ma|ge ⟨[-ʒə] f.; -, -n⟩ *beschämende, peinliche Bloßstellung, Schande;* der Auftritt war eine ~ □ vexame; mico

bla|mie|ren ⟨V. 500⟩ jmdn. ~ = *bloßstellen;* da habe ich mich ja wieder schön blamiert; jmdn. vor allen Leuten ~ □ ridicularizar; cometer uma gafe

blank ⟨Adj.⟩ 1 *blinkend, glänzend, hell;* ~e Augen, Fensterscheiben; ~es Metall □ brilhante; reluzente 1.1 **~e Waffen** *Hieb- u. Stichwaffen* □ *armas brancas* 1.2 *sauber, rein;* die Schuhe sind ~ □ limpo 1.3 *abgegriffen, abgewetzt;* ein ~er Hosenboden, ~e Ärmel □ gasto; puído 2 ⟨60⟩ *unbedeckt, bloß;* er drang mit ~em Degen auf ihn ein; Prügel auf den ~en Hintern bekommen ⟨umg.⟩; er trug die Jacke auf dem ~en Körper; auf der ~en Erde schlafen □ nu; descoberto 2.1 ⟨50⟩ **~ gehen** ⟨schweiz. u. österr.; veraltet⟩ *ohne Mantel gehen* □ *sair sem casaco* 2.2 *eine Farbe ~ haben* ⟨Kart.⟩ 2.2.1 *nur eine Karte von einer Farbe haben* 2.2.2 *die letzte, unstechbare Karte haben* □ *ter apenas uma carta de um naipe* 2.3 ⟨40⟩ **~ sein** ⟨umg.⟩ *kein Geld haben;* ich bin völlig ~ □ *estar liso/duro* 3 ⟨60; umg.⟩ *offensichtlich, rein;* ~er Unsinn □ puro 4 ⟨60⟩ **der Blanke Hans** ⟨poet.⟩ *die Nordsee (bei Sturm)* □ *o bravio Mar do Norte* 5 ⟨Getrennt- u. Zusammenschreibung⟩ 5.1 *polieren =* **blankpolieren** 5.2 *reiben =* **blankreiben** 5.3 *scheuern =* **blankscheuern** 5.4 **~ poliert** *= blankpoliert*

blan|ko ⟨Adj. 11⟩ *unterschrieben, aber nicht vollständig ausgefüllt;* Formulare, Schecks ~ unterschreiben □ em branco

blank‖po|lie|ren *auch:* **blank po|lie|ren** ⟨500⟩ *etwas ~ so lange polieren, bis es sauber und glänzend ist;* die Fenster ~ □ lustrar

blank‖po|liert *auch:* **blank po|liert** ⟨Adj.⟩ *sauber, glänzend poliert;* ~e Stiefel, Schuhe □ reluzente; engraxado

blank‖rei|ben *auch:* **blank rei|ben** ⟨V. 196/500⟩ *etwas ~ so lange reiben, bis es sauber und glänzend ist;* eine Münze ~ □ esfregar até deixar brilhando

blank‖scheu|ern *auch:* **blank scheu|ern** ⟨V. 500⟩ *etwas ~ so lange scheuern, bis es sauber und glänzend ist;* den Fußboden ~ □ esfregar até deixar brilhando

Bla|se ⟨f.; -, -n⟩ 1 *mit Luft od. Flüssigkeit gefüllter Hohlraum* □ bolha 1.1 ⟨Med.⟩ *häutiges Hohlorgan bei Menschen u. Tieren für Flüssigkeit od. Luft;* Gallen-~, Harn-~; Schwimm-~; die ~ entleeren; sich die ~ erkälten □ bexiga; vesícula 1.2 *mit Schwellung verbundene Flüssigkeitsansammlung unter der obersten Schicht der Haut;* Brand-~; eine ~ aufstechen; sich ~n (an den Füßen) laufen; eine ~ am Fuß, an der Hand haben 1.3 *Ansammlung von Gas od. Flüssigkeit unter der Oberfläche von etwas, frei schwebend mit feiner Haut;* Seifen-~; der Teig, das Wasser schlägt ~n □ bolha 1.3.1 ~n werfen ⟨fig.; umg.⟩ *Aufsehen erregen*

blasen

□ *chamar a atenção; causar sensação 1.3.2 ~n ziehen ⟨fig.; umg.⟩ *Folgen haben* □ *ter consequências 1.4 *Behälter zum Verdampfen od. Destillieren* □ *retorta; balão* **2** ⟨unz.; derb; abwertend⟩ *Bande, Pack, Gesindel;* das ist eine ~!; er und seine ganze ~ □ **corja**

bla|sen ⟨V. 113⟩ **1** ⟨400⟩ *Luft aus dem Munde ausstoßen u. dadurch eine Luftbewegung (in einer bestimmten Richtung) erzeugen;* in die Hände ~ (um sie zu erwärmen) □ **bafejar** 1.1 ⟨500⟩ **etwas** ~ *durch Ausstoßen der Luft kühlen;* den Kaffee ~ □ **soprar** 1.2 ⟨500⟩ **etwas** ~ *durch Ausstoßen der Luft erzeugen;* Ringe ~ (beim Rauchen) □ **soltar** **2** ⟨500⟩ ein **Blasinstrument** ~ *zum Tönen bringen, spielen;* Trompete ~ □ **tocar** 2.1 ⟨530⟩ jmdm. den Marsch, die Meinung ~ *jmdm. die Meinung sagen, jmdn. energisch zurechtweisen* □ *dizer poucas e boas a alguém* 2.2 ⟨530⟩ ich werde dir was ~! ⟨umg.⟩ *ich denke nicht daran!* □ *pode tirar seu cavalo da chuva!* 2.3 ⟨418⟩ mit jmdm. ins gleiche Horn ~ ⟨fig.⟩ *jmds. Meinung vertreten, nachreden* □ *rezar pela cartilha de alguém* 2.4 ⟨500⟩ **Trübsal** ~ *trübe gestimmt, trübselig, hoffnungslos sein* □ *ficar triste/jururu* 2.5 ⟨530; derb⟩ **jmdm. einen** ~ *durch Reizung der Geschlechtsteile mit Zunge u. Lippen sexuell befriedigen;* → a. **tuten**(1.1) □ **praticar felação; chupar 3** ⟨515⟩ zum Angriff, zum Rückzug, zum Sammeln ~ *mittels Blasinstruments Signal zum A., R., S. geben* □ **tocar/soar a corneta 4** ⟨400⟩ der **Wind** bläst *weht heftig;* ein eisiger Wind blies mir ins Gesicht □ **soprar** 4.1 *daher bläst der Wind! also das steckt dahinter!* □ *ah, então é isso!* 4.2 woher bläst der Wind? ⟨fig.⟩ *was steckt dahinter?, wer ist der Anstifter?* □ *o que/quem está por trás disso?* **5** ⟨500⟩ **Glas** ~ *mittels Glasbläserpfeife Gegenstände aus Glas herstellen* **6** ⟨400; Brettspiel⟩ *einen feindlichen Stein entfernen* □ **soprar**

Blä|ser ⟨m.; -s, -⟩ **1** *jmd., der etwas bläst;* Glas~ □ **soprador 2** *Musiker, der ein Blasinstrument spielt;* Blech~, Flöten~, Holz~; die ~ im Orchester □ **instrumentista de sopro**

bla|siert ⟨Adj.; abwertend⟩ *eingebildet, arrogant, hochnäsig u. dabei dumm;* ein ~es Gehabe; wie kann man nur so ~ sein! □ **esnobe; blasé**

Blas|in|stru|ment auch: **Blas|ins|tru|ment** auch: **Blas-inst|ru|ment** ⟨n.; -(e)s, -e; Mus.⟩ *Musikinstrument, das mittels Atemluft od. Gebläse gespielt wird (z. B. Flöte, Oboe, Orgel, Posaune, Trompete);* Holz~; Blech~ □ **instrumento de sopro**

blass ⟨Adj. 70⟩ **1** *bleich, farblos, fahl, weißlich;* ein ~es Blau; ein ~es Gesicht; ~e Haut; ~ aussehen; ~ werden (vor Schreck usw.); diese Farbe macht dich ~ □ **pálido; descorado 2** ⟨fig.⟩ *schwach, unklar;* ich habe nur noch eine ~e Erinnerung an ihn □ **vago**; ich habe keine ~e Ahnung, keinen ~en Dunst, Schimmer, was das heißen soll □ *não faço a mais pálida ideia do que isso quer dizer*

Bläs|se ⟨f.; -; unz.⟩ **1** ⟨geh.⟩ *das Blasssein, Farblosigkeit;* die ~ seines Gesichts war auffallend □ **palidez 2** ⟨fig.⟩ *Langweiligkeit* □ **monotonia**

Bläss|huhn ⟨n.; -(e)s, -hüh|ner⟩ *an Gewässern lebender hühnergroßer schwarzgrauer Wasservogel mit weißer Blesse: Fulica atra;* oV **Blesshuhn** □ **galeirão**

Blatt ⟨n.; -(e)s, Blät|ter⟩ **1** *flächig ausgebildetes, durch Blattgrün gefärbtes Organ höherer Pflanzen;* Baum~; Blüten~; die Bäume treiben Blätter; ein frisches, gelbes, grünes, trockenes, verwelktes ~; die Blätter fallen, knospen, sprießen □ **folha** 1.1 kein ~ vor den Mund nehmen ⟨fig.⟩ *deutlich u. offen seine Meinung sagen* □ *não ter papas na língua* **2** ⟨n. 7⟩ *(gleichmäßig beschnittenes) Stück Papier;* 50 ~ Papier; fliegende Blätter; ein neues ~ beginnen (beim Schreiben) □ **folha** 2.1 *das* ~ *hat sich gewendet* ⟨fig.⟩ *die Umstände haben sich geändert* □ *as coisas mudaram* 2.2 *das steht auf einem anderen* ~ ⟨fig.⟩ *das ist eine andere Sache, das gehört nicht hierher* □ *isso é outra história* 2.3 vom ~ singen, spielen ⟨Mus.⟩ *ohne vorheriges Üben nach Noten singen, spielen* □ *cantar/tocar à primeira vista* 2.4 (grafisches) ~ *Holzschnitt, Radierung, Kupfer- od. Stahlstich, Zeichnung* □ **gravura** 2.5 *Zeitung, Zeitschrift;* Tage~, Wochen~ □ **jornal; periódico** 2.6 *ein neues* ~ *der Weltgeschichte* ⟨fig.⟩ *ein neuer Zeitabschnitt* □ **página 3** ⟨Kart.⟩ *Spielkarte* □ **carta** 3.1 *Gesamtheit der ausgeteilten Karten eines Spielers* □ **mão** 3.1.1 *ein* **gutes (schlechtes)** ~ *haben eine günstige (ungünstige) Zusammenstellung von Spielkarten* □ *(não) estar com uma boa mão* **4** *fein ausgewalztes Blech, Folie* □ **lâmina; chapa 5** *(breiter, flacher, blattförmiger) Teil eines Gerätes, Werkzeugs, einer Klinge;* Degen~; Ruder~; Säge~ □ **lâmina; pá** 5.1 *breites, flaches Ende eines Riemens für Ruderboote* 5.2 ⟨Luftf.⟩ *Flügel einer Luftschraube od. eines Hubschraubers* □ **pá** 5.3 ⟨Web.⟩ *beweglicher Teil des Webstuhls, durch den die Kettfäden geführt sind und mit dem der Schuss an das fertige Gewebe angedrückt wird* □ **pente** 5.4 *Teil des Schuhs über dem Spann* □ **gáspea 6** *Rumpfteil bei Tieren;* Schuss aufs ~ □ **tronco** 6.1 *Schulterstück vom Rind* □ **paleta** 6.2 *vorderer Rumpfteil mit Schulterblatt beim Schalenwild* □ **escápula**

blät|te|rig ⟨Adj.⟩ oV **blättrig 1** *voll Blätter, belaubt, blattreich* □ **folhado; frondoso 2** ⟨fig.⟩ *Blättern ähnlich* □ **folhado; laminado 3** *abblätternd, in dünnen Schichten auseinanderfallend;* ~er Teig □ **folhado**

blät|tern ⟨V.⟩ **1** ⟨411⟩ in etwas ~ *bedruckte od. beschriebene Blätter umschlagen, ohne alles zu lesen;* er blätterte in einem Buch, in einer Zeitschrift □ *folhear alguma coisa* **2** ⟨400(s.)⟩ *etwas blättert* 2.1 *etwas löst sich in dünnen Schichten ab;* die Farbe, der Rost blättert; der Verputz blättert von den Wänden □ **descascar** 2.2 *etwas teilt sich in dünne Schichten;* Schiefer, Teig blättert □ **desfolhar-se 3** ⟨511⟩ **Geldscheine auf den Tisch** ~ *in einzelnen Blättern nacheinander hinlegen* □ *colocar notas uma por uma sobre a mesa* **4** ⟨500⟩ **Rüben** ~ ⟨Landw.⟩ *einzelne Blätter von den R. entfernen* □ **desfolhar**

blätt|rig ⟨Adj.⟩ = **blätterig**

blau ⟨Adj.⟩ **1** *von der Farbe des wolkenlosen Himmels;* ~e Augen haben; der ~e Himmel; ein ~es Kleid; das ~e Meer; ~ in ~ malen; die Blaue Grotte auf Capri

☐ azul 1.1 ⟨60⟩ das Blaue **Band** *Auszeichnung für das schnellste Passagierschiff zwischen Amerika u. Europa* ☐ *das Blaue Band* 1.2 ⟨60⟩ ~e **Bohnen** *Gewehrkugeln* ☐ **bala (de arma de fogo)* 1.3 ⟨60⟩ *ein ~er/ Blauer Brief* ⟨allg.⟩ *Kündigungsbrief* ☐ **bilhete azul; carta de demissão* 1.3.1 ⟨60; Schülerspr.⟩ *eine Mitteilung über schlechte Leistungen; einen ~/ Blauen Brief bekommen* ☐ **receber uma advertência* 1.4 ⟨60⟩ *~e* **Jung(en)s** *Matrosen* ☐ *marinheiro* 1.5 ⟨60⟩ *der* Blaue **Planet** *die Erde* ☐ *azul* **2** *von der Farbe des durch die Haut hindurchschimmernden (venösen) Blutes* ☐ *lívido* 2.1 *blutunterlaufen; ein ~es Auge* ☐ *roxo, ~er Fleck* ☐ **hematoma* 2.1.1 *mit einem ~en Auge davonkommen noch glimpflich davonkommen* → **escapar sem grandes prejuízos;* → a. *grün(1.3)* 2.2 *blutleer; ~ Lippen haben; ~ vor Kälte sein* ☐ *roxo; lívido* 2.3 ⟨60⟩ *~es Blut in den Adern haben adlig sein* ☐ **ter sangue azul* **3** ⟨fig.; umg.⟩ *betrunken; er war schon am Nachmittag völlig ~* ☐ *bêbado* **4** ⟨90⟩ *~er* **Montag** ⟨fig.; umg.⟩ *über den Sonntag hinaus bis einschließlich Montag verlängerte Arbeitsruhe* ☐ **segunda-feira enforcada; ~en Montag machen* ☐ **enforcar a segunda-feira* **5** ⟨60⟩ *von der Farbe des Horizontes, der unbestimmten Ferne* ☐ *azul do horizonte* 5.1 *die ~e* **Blume** *nach Novalis Sinnbild der Romantik* ☐ **a Flor Azul* 5.2 *die ~e* **Stunde** *(stimmungsvolle S. in der) Dämmerung* ☐ **o crepúsculo* 5.3 *ins* Blaue ⟨umg.⟩ *ins Unbestimmte, ohne bestimmtes Ziel; eine Fahrt ins Blaue; ins Blaue hineinfahren* ☐ **sem destino* **6** ⟨60; fig.⟩ *lügnerisch, täuschend* ☐ **à toa* **6** ⟨60; fig.⟩ *lügnerisch, täuschend* ☐ *mentiroso; ilusório* 6.1 *jmdm. ~en* **Dunst** *vormachen* ⟨fig.⟩ *jmdm. etwas Falsches sagen, etwas vorspiegeln* ☐ **jogar poeira nos olhos de alguém* 6.2 *sein ~es* **Wunder** *erleben* ⟨fig.; umg.⟩ *eine unangenehme, peinliche Überraschung erleben; du wirst noch dein ~es Wunder erleben!* ☐ **cair do cavalo* 6.3 *das Blaue vom* **Himmel** *herunterlügen, reden* ⟨fig.; umg.⟩ *hemmungslos Lügen erzählen* ☐ **mentir que é uma beleza* 6.4 *jmdm. das Blaue vom* **Himmel** *versprechen Unerfüllbares versprechen* ☐ **prometer mundos e fundos* **7** ⟨Getrennt- u. Zusammenschreibung⟩ 7.1 *~ färben = blaufärben* 7.2 *~ machen = blaumachen* (1) 7.3 *~ gestreift = blaugestreift*

Blau ⟨n.; -s, -s⟩ **1** *Farbe des wolkenlosen Himmels; das ~ des Himmels* 1.1 *sie ging ganz in ~ sie war blau gekleidet* 1.2 *das Zimmer war überwiegend in ~ gehalten war überwiegend mit blauen Tapeten, Vorhängen, Polstermöbeln usw. ausgestattet* ☐ *azul*

blau|äu|gig ⟨Adj.⟩ **1** *mit blauen Augen ausgestattet* ☐ *de olhos azuis* **2** ⟨fig.; abwertend⟩ *einfältig, treuherzig, naiv, dumm; sie ist ~; ein ~es Vorhaben* ☐ *ingênuo; tolo*

blau||fär|ben *auch:* **blau fär|ben** ⟨V. 500⟩ *etwas ~ mit einer blauen Färbung versehen; einen Stoff ~* ☐ *tingir de azul*

blau|ge|streift *auch:* **blau ge|streift** ⟨Adj. 24⟩ *mit blauen Streifen versehen; ein ~es Kleid* ☐ *com listras azuis*

blau|grün ⟨Adj. 24⟩ *von einer grünen, ins Bläuliche spielenden Farbe; ein ~er Teppich* ☐ *verde-azulado*

bläu|lich ⟨Adj.⟩ *blau schimmernd, leicht blau; ein ~er Farbton* ☐ *azulado; azul-claro; ~ grün* ☐ **glauco*

blau||ma|chen *auch:* **blau ma|chen** ⟨V.⟩ **1** ⟨500/Vr7; Zusammen- u. Getrenntschreibung⟩ *etwas od. sich* blaumachen/*blau machen blaufärben, mit etwas Blauem beschmutzen* ☐ *tingir(-se)/manchar(-se) de azul* **2** ⟨402; Zusammenschreibung⟩ *ohne einen wohlbegründeten Anlass nicht zur Arbeit gehen, schwänzen; den Montag blaumachen; er macht eine Woche blau* ☐ *enforcar/matar o trabalho*

blau|rot ⟨Adj. 24⟩ *von einer roten, ins Bläuliche spielenden Farbe, violett; ein ~es Kleid* ☐ *violeta*

Bla|zer ⟨[blɛɪzə(r)] m.; -s, -⟩ *sportliches Jackett für Herren od. Damen* ☐ *blazer*

Blech ⟨n.; -(e)s, -e⟩ **1** *zu Tafeln od. Folien ausgewalztes Metall; dünnes, starkes, verzinktes ~; ~e biegen, schneiden, hämmern; eine Kiste aus ~ machen; Silber~, Gold~* ☐ *chapa metálica; folha de flandres* **2** *Backblech, Kuchenblech; das ~ in den Ofen schieben; den Kuchen vom ~ nehmen* ☐ *assadeira; forma* **3** ⟨unz.; Mus.⟩ *die Blechblasinstrumente im Orchester; im 2. Satz trat das ~ stärker hervor* ☐ *metais* 3.1 *die Bläser von Blech(3)* ☐ *instrumentista de metais* **4** ⟨unz.; fig.; umg.⟩ *Unsinn; so ein ~!; red nicht solches ~!* ☐ *baboseira; bobagem*

Blech|blas|in|stru|ment *auch:* **Blech|blas|ins|tru|ment** *auch:* **Blech|blas|inst|ru|ment** ⟨n.; -(e)s, -e; Mus.⟩ *aus Metall gefertigtes Blasinstrument im modernen Orchester, Horninstrument, z. B. Trompete, Posaune, Tuba* ☐ *instrumento metálico de sopro*

ble|chen ⟨V. 402; umg.⟩ **(etwas)** *~ zahlen; für diesen Fehltritt wirst er ganz schön ~ müssen* ☐ *pagar*

ble|chern ⟨Adj. 24⟩ **1** ⟨60⟩ *aus Blech* ☐ *de lata; de folha de flandres* **2** ⟨fig.⟩ *wie Blech, metallisch klappernd, dünn; sie hat eine ~e Stimme; er lachte ~* ☐ *metálico*

Blei[1] ⟨m.; -(e)s, -e; Zool.⟩ *bleigrauer Karpfenfisch mit rötlichen Flossen: Abramis brama* ☐ *brema*

Blei[2] ⟨n.; -(e)s, -e⟩ **1** ⟨unz.; Zeichen: Pb⟩ *chem. Element, weiß glänzendes Metall, das an der Luft grau anläuft, leicht schmelzbar, weich u. schwer ist, Ordnungszahl 82; reines ~; ~ schmelzen; die Füße waren ihm schwer wie ~* ⟨fig.⟩; *die Müdigkeit lastet wie ~ auf mir* ⟨fig.⟩; *das Gefühl, ~ in den Gliedern zu haben* ⟨fig.⟩ 1.1 *~* **gießen** *geschmolzenes B. in kaltes Wasser gießen u. die dadurch entstandenen Figuren als Orakel deuten (als Silvesterbrauch)* ☐ *chumbo* **2** *Lot; Senk~, Richt~* ☐ *prumo*

Blei[3] ⟨m. od. (südwestdt.) n.; -(e)s; unz.; umg.⟩ *Bleistift; einen ~ weich machen, weich schreiben* ☐ *lápis*

Blei|be ⟨f.; -; unz.; umg.⟩ *Unterkunft, Herberge, Obdach; keine ~ haben; jmdm. eine ~ anbieten* ☐ *alojamento; teto*

blei|ben ⟨V. 114(s.)⟩ **1** ⟨311⟩ *an einem Ort ~, eine Zeit lang ~ den Standort nicht verändern; bei den Kindern, bei den Kranken ~; die Nacht über im Hotel ~; in Berlin ~; kannst du nicht noch etwas,*

bleibenlassen

eine Weile ~?; wie lange kannst du (bei uns) ~?; ich kann jetzt nicht länger ~ ☐ **ficar; permanecer** 1.1 hier ist meines Bleibens nicht länger ⟨geh.⟩ *hier kann ich mich nicht länger aufhalten* ☐ *não posso continuar aqui; não posso ficar por mais tempo* 1.2 *wo ~ Sie denn? warum kommen Sie nicht?* ☐ *por que você está demorando tanto?* 1.3 **im Krieg** ~ *fallen, sterben; auf dem Schlachtfeld* ~ ☐ *não voltar da guerra* 1.4 *das bleibt* **unter uns!** *darüber sprechen wir nicht zu anderen* ☐ *isso fica entre nós!* **2** ⟨313⟩ in einer **Lage, Stellung, Verfassung** ~ *einen Zustand nicht verändern; wach, gesund, nüchtern, ruhig, gefasst* ~ ☐ **ficar; permanecer;** ~ *Sie gesund!* ☐ *cuide-se!; offen, geschlossen* ~; *diese Untat kann nicht verborgen* ~; *so kann es nicht* ~ ☐ **ficar; permanecer;** *von* ~*dem Wert* ☐ **fixo; permanente;** *wir* ~ *Freunde!* ☐ *continuamos amigos!; ein* ~*der Erfolg, Gewinn* ☐ **permanente;** *die Sache wird nicht ohne Folgen, ohne Nachspiel, ohne Wirkung* ~ ☐ **ficar;** *jmdm. od. etwas treu* ~; *er ist seinen Grundsätzen immer treu geblieben* ☐ **permanecer; manter(-se)** 2.1 ⟨300⟩ *er ist derselbe geblieben er hat sich (im Lauf der Jahre) nicht verändert* ☐ *ele continua o mesmo* 2.2 ⟨300⟩ *wir* ~ **die** Alten! *wir wollen u. werden uns nicht verändern* ☐ *continuamos os mesmos!* 2.3 ⟨313⟩ *hier ist alles beim* Alten *geblieben hier hat sich nichts verändert* ☐ *por aqui nada mudou* 2.4 *bleibt!* (bei handschriftl. Korrekturen) *nichts ändern!* ☐ **deixar!** 2.5 ⟨330/Vr 1⟩; unpersönl.) *es bleibt* **sich gleich** *es ist eines wie das andere, es kommt auf dasselbe heraus* ☐ *dá no mesmo* 2.6 ⟨313⟩ **am Leben** ~ *nicht sterben* ☐ *sobreviver* 2.7 ⟨330⟩ *es ist mir im* **Gedächtnis** *geblieben ich habe es nicht vergessen* ☐ *isso ficou (gravado) em minha memória* **3** ⟨313⟩ *bei einer* **Meinung** ~ *seine M. nicht ändern* ☐ *manter uma opinião* 3.1 (unpersönl.) *es bleibt bei* **dabei!** *abgemacht, wie besprochen!; es bleibt dabei, dass ...* ☐ *combinado!; fica combinado que...* 3.2 *ich bleibe* **dabei,** *dass er ein Betrüger ist ich behaupte weiterhin* ☐ *insisto que ele é um impostor* 3.3 *(nicht)* **bei der Wahrheit** ~ *(nicht) die Wahrheit sagen* ☐ *(não) se ater à verdade* 3.4 *bei einer* **Tätigkeit** ~ *eine T. nicht unterbrechen, nicht aufhören mit einer T.; ich kann nie bei meiner Arbeit* ~; *in* **Bewegung, in Gang** ~ ☐ **continuar 4** ⟨313⟩ *das Gesetz bleibt* **in Kraft** *bis ... wird weiterhin angewendet* ☐ **a lei permanece em vigor até... 5** ⟨300⟩ *etwas od. jmd.* **aus** *einer* **Anzahl (Menge)** *bleibt bildet einen Rest; ihr ist von ihren Kindern keines geblieben* ☐ **restar; ficar** 5.1 ⟨300⟩ 10 *weniger 7 bleibt 3* (veraltet) *ist gleich* ☐ **ser igual a; dar (como resultado) 6** ⟨300 mit Part. Perf. od. Infinitiv⟩ 6.1 *dahingestellt* ~ *nicht entschieden werden* ☐ *permanecer em suspenso; resta saber* 6.2 *das bleibt* **abzuwarten** *das muss (noch) abgewartet werden* ☐ *resta aguardar* 6.3 *es bleibt mir* **nichts** *weiter (zu tun), als ... ich kann nichts anderes mehr tun, als ...* ☐ *não me resta mais nada (a fazer) senão...* 6.4 *es bleibt mir nichts anderes (zu tun)* **übrig, als...** *ich kann nichts anderes tun, als..., ich habe keine andere Möglichkeit* ☐ *não me resta outra coisa (a fazer) senão...* **7** ⟨Getrennt- u. Zusammenschreibung⟩ 7.1 ~ **lassen** = *bleibenlassen*

blei|ben|las|sen *auch:* **blei|ben las|sen** ⟨V. 175/500; umg.⟩ *etwas* ~ *etwas seinlassen, nicht beginnen, nicht in Angriff nehmen, mit etwas aufhören; das werde ich schon* ~!; **lass** *das bleiben!* ☐ **deixar (de lado); não fazer**

bleich ⟨Adj.⟩ **1** *sehr blass aussehend, fast ohne Farbe;* ~*es Gesicht; ihre Lippen waren ganz* ~; *die Farben sind* ~ *geworden; sie war* ~ *wie Wachs, wie die Wand, wie der Tod; er wurde vor Schreck, vor Wut* ~ **2** ⟨geh.⟩ *fahl; das* ~*e Licht des Mondes; der* ~*e Morgenhimmel* ☐ **pálido; lívido** 2.1 ⟨fig.⟩ *bleich machend; das* ~*e Entsetzen, die* ~*e Furcht befiel ihn* ☐ **grande; intenso**

blei|chen[1] ⟨V. 500⟩ **1** *etwas* ~ *bleich, weiß machen; die Wäsche, die Leinwand* ~; *ein gebleichtes Hemd* ☐ **quarar; branquear 2** *das* **Haar** ~ *grau, weiß machen, blondieren; die Sonne hat ihr Haar gebleicht; ich lasse mir das Haar vom Friseur* ~; *vom Alter gebleichtes Haar* ☐ **embranquecer; clarear; descolorir**

blei|chen[2] ⟨V. wie 126/400; geh.⟩ *etwas bleicht etwas wird farblos, etwas entfärbt sich; die gesunde Farbe auf ihren Wangen blich; ihr Haar ist von der Sonne geblichen* ☐ **empalidecer; descolorir**

blei|ern ⟨Adj. 24⟩ **1** *aus Blei;* ~*e Gewichte, Rohre* ☐ **de chumbo; plúmbeo** 1.1 *wie eine* ~*e Ente schwimmen* ⟨umg.; scherzh.⟩ *überhaupt nicht od. schlecht schwimmen* ☐ *nadar como uma pedra* **2** *bleifarben; ein* ~*es Grau;* ~*er Himmel* ☐ **plúmbeo; cinzento 3** ⟨fig.⟩ *wie Blei, schwer, lastend;* ~*e Müdigkeit;* ~*er Schlaf* ☐ **pesado; de chumbo**

Blei|stift ⟨m.; -(e)s, -e; südwestdt. n.; -(e)s, -e⟩ *Grafitstift (meistens in einer Holzfassung)* ☐ **lápis**

Blen|de ⟨f.; -, -n⟩ **1** *abschirmende Vorrichtung* ☐ **anteparo** 1.1 *Panzerung, Schutzwand (z. B. am Schießstand)* ☐ **blindagem; muro de proteção** 1.2 *innerer Laden des Bullauges* ☐ **postigo (da vigia)** 1.3 *Farbglas an der Signallaterne* ☐ **filtro 2** ⟨Fot.⟩ 2.1 *Einrichtung in der Kamera zur Verkleinerung u. Vergrößerung der Objektivöffnung* ☐ **diafragma** 2.2 *durch Zahl bezeichnete Öffnungsweite des Objektivs; die* ~ *einstellen* ☐ **abertura 3** *angesetzter Streifen am Kleid* ☐ **guarnição 4** *zur Verzierung od. Gliederung der Mauer eingesetzter Bauteil, blinde Tür, blindes Fenster, blinder Bogen o. Ä.* ☐ **porta /janela/arcada cega 5** *sulfidisches Mineral mit oft starkem Glanz* ☐ **blenda; esfalerita**

blen|den ⟨V.⟩ **1** ⟨402⟩ *(jmdn. od. etwas)* ~ *durch übermäßige Helligkeit das Sehvermögen beeinträchtigen; das Licht blendet mich, meine Augen* 1.1 *unmittelbar, schmerzhaft ins Auge strahlen; die Sonne (auf dem Schnee, auf der Wasserfläche) blendet* ☐ **cegar; ofuscar 2** ⟨500⟩ *etwas blendet jmdn.* ⟨fig.⟩ *beeindruckt jmdn. so stark, dass der Betreffende nichts anderes mehr wahrnimmt; er war von ihrer Schönheit geblendet; sich durch den schönen, äußeren Schein* ~ *lassen* ☐ **deslumbrar; fascinar 3** ⟨402⟩ *(jmdn.)* ~ *jmdm. erfolgreich Gutes vortäuschen; er blendete (sie) durch sein sicheres Auftreten* 3.1 *mehr scheinen, als*

man ist; er blendet durch seine geistreichen Einfälle, sein liebenswürdiges Benehmen □ **iludir; enganar** **4** ⟨500⟩ Jägerspr.⟩ **Wild** ~ *durch aufgehängte Lappen zurückscheuchen* □ **afugentar; espantar 5** ⟨500⟩ **jmdm.** ~ *jmdm. die Augen ausstechen, jmdn. blind machen (als Strafe);* einen Verurteilten ~; auf beiden Augen geblendet sein □ **cegar 6** ⟨500⟩ etwas ~ *mit einer Blende(1) versehen* □ **proteger da luz 6.1** ⟨Mil.⟩ *tarnen, verdecken, dem Einblick entziehen* □ **camuflar 7** ⟨500⟩ **Pelzwerk** ~ ⟨Kürschnerei⟩ *dunkel färben* □ **escurecer**
blen|dend 1 ⟨Part. Präs. von⟩ *blenden* **2** ⟨Adj. 90; umg.⟩ *großartig, ausgezeichnet, hervorragend;* ein ~er Redner, Schauspieler □ **brilhante;** eine Frau von ~er Schönheit; du siehst heute ~ aus □ **deslumbrante;** wie hat es dir gefallen? ~! □ **excelente;** wir haben uns ~ amüsiert □ **muitíssimo;** sie haben ~ gespielt □ **muito bem;** ein ~ weißer Anzug □ **muito branco; branquíssimo**
Bles|se ⟨f.; -, -en⟩ **1** *weißer Fleck auf der Stirn eines Tieres;* ein Kalb mit einer ~ □ **mancha branca na testa 2** *Tier (bes. Kuh, Pferd) mit weißem Stirnfleck* □ **animal com uma mancha branca na testa**
Bless|huhn ⟨n.; -(e)s, -hüh|ner⟩ = *Blässhuhn*
Bles|sur ⟨f.; -, -en⟩ *Verwundung, Körperverletzung* □ **ferida;** sich ~en zuziehen □ ***ferir-se**
Blick ⟨m.; -(e)s, -e⟩ **1** *Wahrnehmung mit dem Auge, (kurzes) Hinschauen;* mit einem ~ eine Sachlage erfassen; ein flüchtiger ~ genügte, um festzustellen ...; den ~ abwenden □ **olhar 1.1** den ~ auf etwas od. jmdn. richten *etwas od. jmdn. ansehen* □ ***dirigir o olhar a alguma coisa ou alguém* 1.2** einen Gegenstand od. jmdn. mit den ~en verfolgen *lange u. gründlich ansehen* □ ***seguir um objeto ou alguém com o olhar* 1.3** einen ~ auf jmdn. od. etwas werfen *sich etwas kurz ansehen* □ ***lançar um olhar a alguém ou alguma coisa* 1.4** einen ~ in ein Buch tun *es kurz betrachten, durchblättern* □ ***dar uma olhada em um livro* 1.5** den ~ auf jmdn. od. etwas lenken *bewirken, dass etwas od. jmd. angesehen wird* □ ***atrair o(s) olhar(es) para alguém ou alguma coisa* 1.6** etwas od. jmdn. auf den ersten ~ erkennen *sofort, unverzüglich* □ ***reconhecer/identificar alguém à primeira vista* 1.7** Liebe auf den ersten ~ *L. beim ersten Ansehen* □ ***amor à primeira vista* 2** *Sicht, Blickfeld;* das Flugzeug entschwand unseren ~en **2.1** *Aussicht, Fernsicht;* Aus-, Rund-~; ein Zimmer mit ~ aufs Meer; ~ ins Grüne, in die Weite; von hier aus hat man einen herrlichen, weiten ~ □ **vista 3** *Ausdruck der Augen (als Folge einer seelischen Regung od. Einstellung);* er hat einen offenen ~; ein dankbarer, finsterer, freundlicher, heimlicher, rascher, verstohlener ~; jmdm. mit bösen ~en bedenken; ein durchdringender, scharfer, stechender ~ **3.1** wenn ~e töten könnten ...! *jmd. blickt äußerst feindselig* □ **olhar 3.2** jmdn. mit ~en durchbohren *durchdringend (u. feindselig) ansehen* □ ***fulminar alguém com o olhar* 3.3** jmdn. mit seinen ~en verschlingen *aufdringlich ansehen* □ ***devorar alguém com os olhos* 3.4** jmds. ~ ausweichen *Unsicherheit od. schlechtes Gewissen vor jmdm. zeigen* □

***evitar o olhar de alguém;* → a. *böse(2.1)* 4** ⟨a. fig.⟩ *Zeichen (des Einverständnisses);* jmdm. einen ~ zuwerfen; er begegnete ihrem ~; einen ~ (des Einverständnisses mit jmdm.) wechseln **5** *Wahrnehmungsvermögen;* etwas mit sicherem ~ erkennen □ **olhar 5.1** jmdn. den ~ schärfen *jmds. Wahrnehmungsvermögen verbessern* □ ***aguçar o olhar de alguém* 5.2** einen guten oder keinen ~ für etwas haben *Fähigkeit zu beurteilen* □ ***(não) ter bom olho para alguma coisa* 5.3** sich (durch Einzelheiten) den ~ (aufs Ganze) trüben lassen *in seinem Urteil unsicher werden* □ ***deixar-se ofuscar (pelos detalhes)* 5.4** einer Sache od. jmdm. (k)einen ~ schenken, eine Sache od. jmdn. keines ~es würdigen (als Zeichen der Verachtung) *(nicht) ansehen, (nicht) beachten* □ ***(não) se dignar a olhar para alguma coisa ou alguém*
bli|cken ⟨V. 400⟩ **1** ⟨411⟩ *die Augen, den Blick auf ein Ziel richten;* er blickte gespannt aus dem Fenster, in die Zeitung, zu ihr; die Sonne blickt ins Zimmer ⟨fig.⟩; sie blickt zur Seite, zu Boden, geradeaus, vor sich hin, von einem zum anderen □ **olhar;** von hier aus kann man weit in die Ferne ~ □ **enxergar; ver;** → a. *Auge(8.4);* → a. *Kulisse(2.2)* **2** ⟨413⟩ *in bestimmter Weise schauen;* böse, finster, freundlich, scheu ~; ihre Augen blickten fragend, vorwurfsvoll, heiter □ **olhar;** → a. *tief(8.6)* **3** ⟨413; a. fig.⟩ *sichtbar sein;* das Haus blickt durch die Bäume; die Sonne blickte durch die Wolken; das Glück blickte ihm aus den Augen □ **aparecer; ser visível 4** ⟨Getrennt- u. Zusammenschreibung⟩ 4.1 ~ lassen = **blickenlassen**
bli|cken||las|sen *auch:* **bli|cken las|sen** ⟨V. 175/500/Vr 3; umg.⟩ sich ~ *zu Besuch kommen;* er hat sich nie mehr bei uns ~; lass dich ja nicht wieder hier blicken! □ ***aparecer**
Blick|feld ⟨n.; -(e)s, -er⟩ *das durch Augenbewegungen erweiterte Gesichtsfeld;* das ~ beträgt beim Menschen für das einzelne Auge nach allen Seiten etwa 45° □ **campo de visão 2** etwas ins ~ rücken ⟨fig.⟩ *die Aufmerksamkeit auf etwas richten* □ ***fazer de alguma coisa o centro das atenções*
Blick|win|kel ⟨m.; -s, -⟩ **1** *der imaginäre Winkel, den das Auge beschreibt, wenn der Blick von einem Objekt zum anderen wandert* □ **ângulo visual 2** ⟨fig.⟩ *Gesichtspunkt, Standpunkt;* Sy *Perspektive(4);* unter diesem ~; aus dem ~ des Freundes stellte sich die Angelegenheit vollkommen anders dar □ **ponto de vista; ângulo**
blind ⟨Adj. 24⟩ **1** *kein Sehvermögen habend;* von Geburt an ~ sein □ **cego;** die Augen ~ vom vielen Weinen ⟨fig.⟩ □ **embaciado 1.1** ~er **Fleck** *Stelle, an der der Sehnerv ins Auge eintritt u. an der die Sehzellen fehlen* □ ***mancha cega* 1.2** ein ~es Huhn findet auch mal ein Korn ⟨Sprichw.⟩ *auch ein Dummer hat zuweilen Erfolg* □ ***até galinha cega um dia acha o milho* 1.3** jmd. ist ~ für etwas *sieht etwas nicht, will etwas nicht sehen;* er war ~ für die Schönheit der Landschaft □ **cego 1.4** *ohne hinzusehen;* eine Arbeit ~ machen können; ~ auf der Maschine schreiben, Schach spielen □ **sem olhar 1.4.1** ~er Schuss nicht

Blinddarm

gezielter Schuss □ *tiro cego* **2** ⟨fig.⟩ *ohne Einsicht, ohne Überlegung; er war ~ vor Eifersucht, Zorn; ~e Wut* □ *cego; ~er Eifer schadet nur* ⟨Sprichw.⟩ □ **a pressa é inimiga da perfeição* **2.1** ⟨50⟩ *Liebe macht ~ Liebende sehen nicht die Fehler des geliebten Menschen* □ **o amor é cego* **2.2** *bedingungslos, uneingeschränkt; ~er Glaube; ~es Vertrauen; jmdm. ~ vertrauen* □ *cego; cegamente* **2.3** *~er* **Gehorsam** *Befolgung von Befehlen unter Ausschaltung der eigenen Urteilskraft* □ **obediência cega* **3** *angelaufen, nicht spiegelnd, nicht durchsichtig; ~e Fensterscheiben; ein ~es Glas; ein ~er Spiegel* □ *embaçado* **4** ⟨60⟩ *nicht sichtbar; eine ~e Naht* □ *invisível* **4.1** *~er heimlich u. ohne Fahrkarte mitfährt* □ *clandestino* **5** ⟨90⟩ *vorgetäuscht, falsch; ~er Alarm, ~es Fenster* □ *falso* **5.1** *~e* **Rotte** ⟨Mil.⟩ *R. einer Marschkolonne, die nicht voll besetzt ist* □ **coluna desfalcada* **6** ⟨50⟩ *die* **Straße** *endet ~ als Sackgasse* □ **a rua não tem saída* **7** ⟨60⟩ *~er* **Schacht** ⟨Bgb.⟩ *nicht bis zu Tage gehender S.* □ **poço cego; poço interno*

Blind|darm ⟨m.; -(e)s, -där|me; Anat.⟩ **1** ⟨Med.⟩ *blind endender Teil des Dickdarms* □ *ceco* **2** ⟨umg.; fälschl. für⟩ *Wurmfortsatz des Blinddarms* □ *apêndice vermiforme*

Blin|de(r) ⟨f. 2 (m. 1)⟩ **1** *jmd., der blind ist* □ *cego* **1.1** *das sieht doch ein ~r im Dunkeln* (mit dem Krückstock)! ⟨umg.; scherzh.⟩ *das sieht doch jeder sofort* □ **até um cego vê isso!* **1.2** *unter ~n ist der Einäugige König* ⟨Sprichw.⟩ *der Mittelmäßige ist unter Schlechten der Beste* □ **em terra de cego, quem tem um olho é rei* **1.3** *du redest davon wie der ~ von der Farbe ohne Sachkenntnis, ohne Urteilsvermögen, ohne etwas davon zu verstehen* □ **você fala a respeito como um cego fala das cores*

Blind|heit ⟨f.; -; unz.⟩ **1** *das Blindsein, fehlendes Sehvermögen; die völlige ~; seine ~ war angeboren* □ *cegueira; Farben~* □ *daltonismo, Nacht~* □ *cegueira noturna; nictalopia* **1.1** *wie mit ~ geschlagen sein* ⟨geh.⟩ *verblendet sein, die Tatsachen, die Lage nicht erkennen* □ **estar cego/deslumbrado* **2** ⟨fig.⟩ *Verblendung, Mangel an Urteilskraft; politische, geistige ~* □ *cegueira*

blind|lings ⟨Adv.⟩ **1** *ohne hinzusehen, ohne Vorsicht; er stürmte ~ drauflos; er rannte ~ in sein Verderben; er schlug ~ um sich* **2** ⟨fig.⟩ *ohne jede Überlegung, ohne Bedenken, Kritik; jmdm. ~ gehorchen, vertrauen, folgen; etwas ~ tun* □ *às cegas; cegamente*

Blind|schlei|che ⟨f.; -, -n; Zool.⟩ *nützliche, ungiftige, lebendgebärende fußlose Echse aus der Familie der Schleichen: Anguis fragilis* □ *licranço*

blin|ken ⟨V.⟩ **1** ⟨400⟩ *etwas blinkt etwas blitzt, glänzt funkelnd; die Sterne ~ am Himmel; in der Ferne blinkte ein Licht; der Spiegel blinkt in der Sonne* □ *cintilar; reluzir* **2** ⟨400⟩ *in kurzen u. regelmäßigen Abständen ein Licht aufleuchten lassen, ein Lichtsignal geben; er blinkte mit einer Lampe; der Leuchtturm blinkt* □ *dar sinal luminoso; der Wagen vor mir blinkte links* □ *dar seta* **2.1** ⟨500⟩ **Notsignale** *~ N. durch Blinken übermitteln;* SOS *~* □ **transmitir sinal de alarme/* SOS **3** ⟨416⟩ *mit den* **Augen** *~ blinzeln* □ **piscar*

Blink|feu|er ⟨n.; -s, -⟩ = *Leuchtfeuer*

blin|zeln ⟨V. 400⟩ **1** *die Augenlider bis auf einen Spalt zusammenkneifen u. rasch auf u. ab bewegen; sie blinzelte in die Sonne, ins Licht; er blinzelte verschlafen* □ *pestanejar* **1.1** *die Augenlider absichtlich rasch bewegen u. dadurch heimlich jmdm. ein Zeichen geben; er verstand nicht, warum sie blinzelte; als Antwort blinzelte er mit beiden Augen; listig ~* □ *piscar; dar uma piscadinha*

Blitz ⟨m.; -es, -e⟩ **1** *elektrische Entladung bei Gewitter; der ~ hat eingeschlagen; zuckende ~e; vom ~ erschlagen werden; ein vom ~ getroffener Baum* □ *relâmpago; raio* **1.1** *wie ein ~ plötzlich; er verschwand wie der ~; wie vom ~ getroffen zu Boden stürzen* □ **como um raio* **1.2** *wie ein ~ aus heiterem Himmel plötzlich u. völlig unerwartet* □ **do nada; inesperadamente* **1.3** *mit den Augen ~e schießen zornig um sich blicken* □ **fulminar com o olhar;* → a. *ölen(1.2)*

Blitz|ab|lei|ter ⟨m.; -s, -⟩ **1** *eine aus einer hochragenden Metallstange mit Drahtverbindung zur Erde bestehende Anlage an Gebäuden, Fahrzeugen, Hochspannungsleitungen u. a., die Blitze unschädlich ableiten soll* □ *para-raios* **1.1** *jmdn. als ~ benutzen, vorschieben* ⟨fig.⟩ *eine unangenehme Sache, einen Zornausbruch o. Ä. auf einen anderen ablenken* □ **fazer de alguém saco de pancadas*

blit|zen ⟨V. 400⟩ **1** *es blitzt Blitze sind am Himmel zu sehen; es blitzte schon; es blitzt und donnert* □ *relampejar* **2** *etwas blitzt etwas leuchtet plötzlich auf, glänzt funkelnd im Licht; ein Brillant blitzte in ihrem Ring; ein Messer blitzte in seiner Hand; ein Licht blitzte durch die Bäume; Wut, Leidenschaft blitzt aus, in ihren Augen* □ *brilhar; reluzir; ~des Metall, ~de Edelsteine* □ *brilhante; reluzente* **2.1** *die ganze Wohnung, die Küche, alles blitzt* (vor Sauberkeit) ⟨umg.⟩ *ist peinlich sauber* □ *brilhar (de limpeza)*

blitz|sau|ber ⟨Adj. 24; umg.⟩ **1** *sehr sauber, vor Sauberkeit blitzend* □ *impecavelmente limpo* **1.1** *ein ~es Mädchen* ⟨süddt.⟩ *ein hübsches, adrettes, prächtiges M.* □ **uma bela moça*

blitz|schnell ⟨Adj. 24⟩ *schnell wie ein Blitz, außerordentlich schnell; eine ~e Antwort; sich ~ entscheiden* □ *rápido como um raio; muito rápido*

Block ⟨m.; -(e)s, -s od. Blö|cke⟩ **1** (Pl. nur: Blö|cke) *großes, ungefüges Stück aus Holz, Metall od. Stein; Fels~, Marmor~; roher, unbehauener ~* □ *bloco* **1.1** *kurzer Baumstamm, Klotz* □ *cepo; tora* **1.2** *viereckiges Holzstück mit Vorrichtungen zum Befestigen der Glieder als Folterwerkzeug; einen Verurteilten an, in den ~ schließen* □ *bloco* **1.3** *großes, würfelähnliches Stück Holz od. Stein zum Auflegen des Kopfes für den zum Tod durch das Beil Verurteilten; Richt~, Henkers~* □ *cepo* **1.4** *in Formen mit rechteckigem Querschnitt gegossene Masse aus Rohmetall* □ *bloco* **1.5** *Einrichtung zum Sperren von Eisenbahnstrecken durch Signale; ~system* □ *sistema de blocos* **1.6** *Gehäuse für die Rollen des Flaschenzuges* □ *cadernal; moitão* **1.7** *Gebirgsmassiv* □ *maciço montanhoso* **1.8** ⟨Geol.⟩ *ursprünglich Anlage eines Kontinents* □ *bloco continen-*

tal 2 *aus gleichartigen Teilen bestehendes Ganzes* □ **bloco 2.1** *Gesamtheit mehrerer zusammengebauter Mietshäuser;* Häuser~, Wohn~; *die Familie X wohnt mit uns im gleichen* ~; *abends noch einmal um den* ~ *gehen* □ **quarteirão; bloco residencial 2.2** ⟨Pol.⟩ *von mehreren Staaten od. Parteien, die in einer bestimmten politischen Zielsetzung übereinstimmen, gebildete Einheit* **3** *an allen vier Seiten zusammengeklebte od. -geheftete Papierbogen, die man abreißen kann;* Notiz~, Schreib~, Zeichen~ □ **bloco**

Blo|cka|de ⟨f.; -, -n⟩ **1** *Absperrung eines (Staats-)Gebietes von jeglicher Zufuhr;* Hunger~; Straßen~ **2** ⟨Med.⟩ *Ausschaltung von Teilen des Nervensystems zu Heilzwecken* □ **bloqueio**

Block|flö|te ⟨f.; -, -n; Mus.⟩ *ein Blasinstrument aus Holz, bei dem das Blasrohr oben bis auf einen Spalt durch einen Block verschlossen ist* □ **flauta doce**

blo|ckie|ren ⟨V. 500⟩ **1** *jmdn. od. etwas* ~ *sperren, absperren* **1.1** (Abschnitte von) **Eisenbahnstrecken** ~ ⟨Eisenb.⟩ *durch Block(1.5) sperren* □ **bloquear**

Block|schrift ⟨f.; -; unz.⟩ *lateinische Druckschrift aus Großbuchstaben mit gleichmäßig starken Strichen* □ **letra de imprensa; letra de forma**

blöd ⟨Adj.⟩ = **blöde**

blö|de ⟨Adj.⟩ oV **blöd 1** ⟨veraltet⟩ *geistig behindert* □ **deficiente mental 2** ⟨umg.; abwertend⟩ *langweilig, einfallslos, sinnlos, närrisch;* ein ~s Buch □ **chato; sem graça;** ein ~r Kerl, Hund ⟨derb⟩ □ **besta; babaca;** *lass die ~n Bemerkungen!* □ **imbecil 3** ⟨umg.⟩ *dumm, ungeschickt;* sei nicht so ~!; stell dich nicht so ~ an!; er ist gar nicht so ~, wie er aussieht □ **estúpido; bobo 4** ⟨umg.⟩ *ärgerlich, unangenehm;* es war ein ~s Gefühl; er machte einen ~n Fehler; so etwas Blödes! □ **desagradável; bobo**

blö|deln ⟨V. 400; umg.⟩ *sich absichtlich albern benehmen, bewusst Unsinn reden;* den ganzen Abend hat sie mit ihm nur geblödelt □ **dizer bobagens; gracejar**

Blö|di|an ⟨m.; -(e)s, -e; umg.⟩ *blöder, dummer Kerl;* so ein ~! □ **imbecil; idiota; palerma**

Blöd|sinn ⟨m.; -(e)s; unz.; umg.; abwertend⟩ *Unsinn, Dummheit, dummes Zeug;* ~ machen, reden; so ein ~!; mach keinen solchen ~! □ **estupidez; tolice; bobagem**

Blog ⟨m. od. n.; -s, -s; EDV⟩ *regelmäßig aktualisiertes, im Internet öffentlich zugängliches Tagebuch, Weblog* □ **blog**

blö|ken ⟨V. 400⟩ *das* **Schaf**, **Rind** *blökt stößt langgezogene Schreie aus;* eine ~de Herde □ **balir; berrar; mugir**

blond ⟨Adj. 70⟩ **1** *hell, gelblich;* ~es Haar **1.1** *hellhaarig;* ein ~es Mädchen **1.2** ein ~es **Gift** ⟨umg.; scherzh.; veraltet⟩ *eine verführerische Frau mit blondem Haar* □ **louro 2** ein ⟨kühles⟩ **Blondes** ⟨umg.; scherzh.⟩ *ein Glas helles Bier* □ ***uma loura (gelada) 3** ⟨Getrennt- u. Zusammenschreibung⟩ **3.1** ~ **gelockt** = **blondgelockt**

blond|ge|lockt *auch:* **blond gelockt** ⟨Adj. 24⟩ *mit blonden Locken ausgestattet;* ~es Haar; ein ~es Kind □ **com cachos louros**

blon|die|ren ⟨V. 500⟩ *Haar* ~ *künstlich aufhellen, blond färben* □ ***oxigenar/descolorir os cabelos**

Blon|di|ne ⟨f.; -, -n⟩ *Frau mit blondem Haar* □ **loura**

bloß ⟨Adj. 24⟩ **1** *nackt, unbekleidet;* mit der ~en Hand eine Flamme löschen; mit ~en Füßen herumlaufen; nackt und ~ □ **nu; despido 1.1** ⟨60; veraltet⟩ *mit ~em Kopf spazieren gehen ohne Kopfbedeckung* □ ***sair para passear sem chapéu 1.2** ⟨60⟩ *im ~en* **Hemd** *dastehen nur mit dem H., mit sonst nichts bekleidet* □ ***estar só de camisa 1.3** ⟨60⟩ *auf der ~en* **Erde** *ohne Unterlage* □ ***no chão nu; na terra nua 1.4** ~ **liegen** *frei, unbedeckt liegen;* das Kind hat die halbe Nacht ~ gelegen □ **ficar descoberto** ⟨aber Getrennt- u. Zusammenschreibung⟩ ~ **liegen** ⟨fig.⟩ = *bloßliegen* **2** ⟨60⟩ *alleinig, nichts weiter als;* vom ~en Hinschauen wird mir schon schwindlig □ ***só de olhar já fico tonto;** auf den ~en Verdacht hin □ ***por mera suspeita;** der ~e Anblick macht mich schaudern □ ***só de olhar já sinto calafrios;** ich möchte ~ liegen □ ***só quero ficar deitado 2.1** mit ~em **Auge** *ohne Brille, Fernglas od. Lupe* □ ***a olho nu 2.2** das kann ich, weiß ich *aus dem ~en* **Kopf** ⟨umg.; scherzh.⟩ *auswendig, von selbst* □ ***isso eu sei de cor 3** ⟨24/50⟩ *nur, doch (als Verstärkung);* nimm ~ einmal an, ich hätte ... □ ∅; was kann dort ~ passiert sein? □ ***mas que diabos deve ter acontecido por lá?;** ich habe ~ noch fünf Euro □ ***só me restam mais cinco euros;** ~ nicht! □ ***nem pensar!;** geh ~ nicht hin! □ ∅

Blö|ße ⟨f.; -, -n⟩ **1** *Nacktheit;* seine ~ bedecken □ **nudez 2** *Mangel an Deckung* □ **ausência de cobertura 2.1** dem Gegner eine ~ bieten *eine Gelegenheit zum Angriff geben* □ ***dar ao adversário uma oportunidade de ataque 2.2** sich eine ~ geben *es an Deckung fehlen lassen, einen Angriffspunkt bieten* □ ***mostrar seu ponto fraco 2.3** ⟨fig.⟩ *schwache Stelle, Schwäche* □ **ponto fraco 2.3.1** ich möchte mir keine ~ geben ⟨fig.⟩ *ich möchte mich nicht bloßstellen, schwach zeigen* □ ***não quero mostrar meu ponto fraco 3** *Lichtung (im Wald)* □ **clareira 4** ⟨Gerberei⟩ *gereinigte, ungegerbte Lederhaut* □ **pele crua e limpa**

bloß|lie|gen *auch:* **bloß liegen** ⟨V. 180/400; fig.⟩ *man merkt ihn an, dass seine Nerven ~ dass er nervös ist, seine Nerven nicht unter Kontrolle hat;* □ ***estar com os nervos à flor da pele** → a. *bloß (1.4);* ⟨aber nur Getrenntschreibung⟩ bloß liegen → *bloß (2)*

bloß|stel|len ⟨V. 500/Vr 7 od. Vr 8⟩ *jmdn. od. sich ~ bei jmdm. od. sich eine schwache Seite od. Stelle zeigen, jmdn. od. sich zum Gespött machen;* Sy *blamieren* □ **expor(-se); comprometer(-se)**

Blou|son ⟨[bluzˈɔ̃ː] od. [-zɔŋ] m.; -s, -s od. n.; -s, -s⟩ *Sportjacke, die auf den Hüften aufliegt* □ **blusão**

blub|bern ⟨V. 400; umg.⟩ **1** *Blasen bilden, sprudelnd gluckern;* der Kartoffelbrei blubbert im Topf □ **borbulhar 2** ⟨fig.; umg.; abwertend⟩ *sprechen;* was blubberst du denn da? □ **resmungar**

Blue|jeans ⟨[ˈbluːdʒiːnz] Pl.; umg. auch Sg.: f.: -, -⟩ = *Jeans*

Blues ⟨[bluːz] m.; -, -⟩ **1** ⟨urspr.⟩ *getragener, schwermütiger Gesang der Schwarzen in den USA* **1.1** *aus dem Blues(1) entwickelte Urform des Jazz* **1.2** *langsamer Tanz* □ **blues**

Bluff ⟨[blœf] od. [blʌf] m.; -s, -s⟩ **1** *auf Prahlerei beruhende Irreführung* **2** *durch dreistes Auftreten, Verblüffung erzielte Täuschung* ☐ blefe

bluf|fen ⟨[blœfən] od. [blʌfən] V. 402⟩ ⟨jmdm.⟩ ~ *durch prahlerische Behauptungen, dreistes Auftreten, Verblüffung irreführen, täuschen;* er blufft ja nur; damit hat er uns geblufft ☐ blefar

blü|hen ⟨V.⟩ **1** ⟨400⟩ **Pflanzen** ~ *haben (offene) Blüten;* ~de Bäume, Sträucher, Felder ☐ florescer; florir **2** ⟨400⟩ **Mineralien** ~ *sind an der Oberfläche der Erde sichtbar* ☐ aflorar **3** ⟨400⟩ *gedeihen, günstig, rege sein;* das Geschäft, der Handel blüht ☐ prosperar **3.1** sie sieht ~d aus ⟨fig.⟩ *frisch, rotwangig, gesund* ☐ saudável **3.2** im ~den **Alter** von 18 Jahren ⟨fig.⟩ *im jugendlichen A.* ☐ *na flor da idade aos 18 anos* **3.3** du hast eine ~de **Fantasie** ⟨fig.⟩ *große Einbildungskraft* ☐ *você tem uma imaginação fértil* **4** ⟨400⟩ jmdm. blüht etwas *jmd. hat etwas zu erwarten;* wer weiß, was uns noch (alles) blüht; das blüht uns noch ☐ esperar **4.1** wer weiß, wo mir mein Glück noch blüht *wer weiß, wo ich mein G. noch finden werde* ☐ *quem sabe onde ainda vou encontrar minha sorte?*

Blu|me ⟨f.; -, -n⟩ **1** *Pflanze, die Blüten treiben kann;* Sommer~, Herbst~, Garten~, Wiesen~; ~n gießen, pflanzen **2** *blühende Pflanze;* ~n pflücken, schneiden; frische, künstliche, verwelkte ~n; eine ~ am Hut, im Knopfloch tragen; ~n in Vasen ordnen; (bei einer Hochzeit) ~n streuen ☐ flor **2.1** jmdm. ~n auf den Weg streuen ⟨a. fig.⟩ *jmdm. Angenehmes bereiten* ☐ aplainar o caminho de alguém; facilitar a vida de alguém **2.2** vielen Dank für die ~n ⟨umg.; iron.⟩ *das möchte ich ganz u. gar nicht, das ist mir unangenehm* ☐ *muito obrigado pelo elogio!* **3** *die* ~ *des Weines den Wein kennzeichnender Duft,* Sy Bukett(2) ☐ buquê **3.1** *Schaum (auf frisch eingeschenktem Bier)* ☐ colarinho **4** etwas durch die ~ sagen *in Andeutungen, verhüllt sagen* ☐ *usar de meias palavras/eufemismos;* → blumenreich(2) **5** *Keule vom Rind* ☐ coxa de bovino **6** ⟨Jägerspr.⟩ *der kurze, weiße Schwanz des Hasen, die weiße Schwanzspitze von Fuchs u. Wolf* (ponta da) cauda

Blu|men|kohl ⟨m.; -(e)s; unz.; Bot.⟩ *Kreuzblütler mit einer dickfleischigen, kopfförmigen weißen Blütensprosse, die als Gemüse dient: Brassica oleracea var. botrytis subvar. cauliflora;* Sy ⟨österr.⟩ Karfiol ☐ couve-flor

blu|men|reich ⟨Adj.⟩ **1** ⟨geh.⟩ *reich an Blumen;* ein ~er Garten ☐ florido **2** ⟨fig.⟩ *reich an schmückenden Beiwörtern u. Vergleichen;* ~er Stil ☐ floreado

Blu|men|strauß ⟨m.; -es, -sträu|ße⟩ *aus Schnittblumen gebundener Strauß* ☐ ramalhete; buquê

Blu|men|topf ⟨m.; -(e)s, -töp|fe⟩ **1** *ein Topf aus Ton, Kunststoff, Porzellan o. Ä. zum Einpflanzen eines Ziergewächses;* die Pflanzen braucht einen größeren ~; ein Untersatz für den ~ ☐ vaso **2** damit kannst du keinen ~ gewinnen ⟨fig.; umg.⟩ *damit kannst du nichts erreichen, das ist nicht viel wert* ☐ *assim você não chega a lugar algum*

Blu|se ⟨f.; -, -n⟩ **1** *lose sitzendes Kleidungsstück für den Oberkörper (bes. für Damen);* Hemd~; Seiden~; eine

kurzärmelige, langärmelige ~ ☐ blusa **1.1** *kurze Windjacke;* Wind~ ☐ jaqueta impermeável **1.2** *kurzes Oberteil einer Uniform;* Matrosen~, Flieger~ ☐ blusa

Blut ⟨n.; -(e)s; unz.⟩ **1** *Flüssigkeit zum Transport für Sauerstoff u. Nährstoffe im Körper der Menschen u. Tiere;* jmdm. ~ ablassen, abzapfen ⟨Med.⟩; ein Tropfen ~; ~ spenden; seine Jacke war mit ~ befleckt, besudelt; der Verletzte hat viel ~ verloren; ~ übertragen ⟨Med.⟩; das ~ pocht (in den Adern, den Schläfen); ~ konservieren ⟨Med.⟩; das ~ fließt, quillt, schießt, sickert, strömt aus der Wunde **2** *zum Leben notwendige Flüssigkeit, die bei Verletzung ausfließt* ☐ sangue **2.1** in seinem ~e liegen ⟨geh.⟩ *schwer verletzt sein* ☐ *estar gravemente ferido* **2.2** ~ vergießen *töten;* im Kampfe wurde viel ~ vergossen; wir wollen kein unnötiges ~ vergießen ☐ *derramar sangue* **2.3** dieser Boden ist mit ~ getränkt ⟨fig.; geh.⟩ *hier ist jmd. (sind viele Menschen) getötet worden* ☐ *este chão está banhando em sangue* **2.4** an seinen Händen klebt ~ ⟨a. fig.⟩ *er hat jmdn. ermordet* ☐ *suas mãos estão manchadas de sangue* **2.5** eine Schande mit ~ abwaschen ⟨poet.⟩ *durch Kampf u. Tod rächen* ☐ *lavar a honra com sangue* **2.6** sein ~ schreit nach Rache ⟨fig.; poet.⟩ *der Tote muss gerächt werden* ☐ *seu sangue clama por vingança* **2.7** jmdn. bis aufs ~ peinigen *bis zum Letzten peinigen* ☐ *torturar alguém até o limite* **2.8** ~ geleckt haben ⟨a. fig.⟩ *auf den Geschmack gekommen sein* ☐ *tomar gosto por alguma coisa* **2.9** das ~ **Christi** *Wein beim Abendmahl* ☐ *o sangue de Cristo* **3** ⟨fig.⟩ *Gemütslage, Temperament;* nur ruhig ~! ☐ *fique calmo/frio!* **3.1** feuriges, heißes ~ haben *leicht erregbar, sehr temperamentvoll sein* ☐ *ter sangue quente* **3.2** das ~ schoss, stieg ihm vor Scham, vor Zorn in den Kopf, zu Kopfe *er wurde rot vor Scham, vor Zorn* ☐ *o sangue lhe subiu à cabeça de tanta vergonha/raiva* **3.3** sie stand da wie mit ~ übergossen *heftig errötet vor Scham od. Zorn* ☐ *ela ficou vermelha de vergonha/raiva* **3.4** alles ~ war aus ihrem Gesicht gewichen *sie war totenblass* ☐ *ela ficou lívida* **3.5** das ~ erstarrte in meinen Adern *mich packte Entsetzen* ☐ *senti o sangue gelar nas veias* **3.6** ~ schwitzen (vor Angst, Aufregung) *große Angst haben, sehr aufgeregt sein* ☐ *estar/ficar apavorado;* → a. böse(3.2), kalt(3.1.1) **4** ⟨fig.⟩ *Abstammung, Herkunft;* sein ~ komme über uns und unsere Kinder (NT; Matth. 27,25); sein eigen Fleisch und ~ ☐ sangue **4.1** von edlem ~ *adelig* ☐ *de sangue nobre;* → a. blau(2.3) **4.2** die **Bande** des ~es *die B. der Familie, Verwandtschaft* ☐ *laços de sangue; consanguinidade* **4.3** die Stimme des ~es ⟨fig.⟩ *die Abstammung, die sich nicht verleugnen lässt* ☐ *a voz do sangue* **4.4** etwas liegt jmdm. im ~ *ist jmds. Veranlagung* ☐ *estar no sangue* **5** ⟨Tierzucht⟩ *Eigenart eines Tieres hinsichtlich seiner gezüchteten Eigenschaften;* Kalt~, Voll~, Warm~ **6** ⟨poet.⟩ *Mensch;* ein junges ~; ein lustiges ~ ☐ sangue **7** ⟨Getrennt- u. Zusammenschreibung⟩ **7.1** ~ stillend = blutstillend

Blut|bild ⟨n.; -(e)s, -er; Med.⟩ **1** *mikroskopische Untersuchung hinsichtlich der Zahl der roten u. weißen Blutkörperchen, des Blutfarbstoffes usw.;* ein ~ machen □ **hemograma 2** *die so festgestellte Beschaffenheit des Blutes;* ein schlechtes ~ haben □ **quadro hematológico**

Blü|te ⟨f.; -, -n; Bot.⟩ **1** *Fortpflanzungsorgan höherer Pflanzen* □ **flor** 1.1 ~n treiben *Knospen bilden* □ **brotar; germinar* 1.1.1 seltsame, wunderliche ~n treiben ⟨fig.⟩ *seltsame, erstaunliche Formen, Ausmaße annehmen;* die Übersetzung fremdsprachiger Bücher treibt zuweilen wunderliche ~n □ **produzir efeitos estranhos/singulares* 1.2 ⟨fig.⟩ *das Beste, die Besten* □ **flor 2** ⟨unz.⟩ *das Blühen;* die Bäume standen in (voller) ~ □ **florescência; flor** 2.1 in der ~ seiner Jahre *in der Mitte des Lebens;* er steht in der ~ seiner Jahre □ **na flor da idade* 2.2 ⟨fig.⟩ *Höhepunkt einer Entwicklung;* eine neue ~ der Malerei, Literatur □ **apogeu 3** ⟨umg.⟩ *falsche Banknote* □ **nota falsa 4** ⟨Med.⟩ *krankhafte Hauterscheinung, Pickel* □ **espinha**

Blut|egel ⟨m.; -s, -; Zool.⟩ *10-15 cm langer, blutsaugender Kieferegel, der medizinisch zur Blutentziehung u. Steuerung der Blutgerinnung verwendet wird: Hirudo medicinalis* □ **sanguessuga**

blu|ten ⟨V. 400⟩ **1** *Blut verlieren;* an der Hand ~; aus der Nase ~ □ **sangrar;** stark ~de Wunden □ **feridas que sangram muito* 1.1 das Herz blutet mir dabei *es tut mir unendlich leid, mein Kummer ist unermesslich* □ **estou com o coração partido* 1.2 mit ~dem Herzen *mit großem Kummer, sehr ungern* □ **com o coração partido* **2** ein Baum blutet *lässt Harz ausfließen* **3** eine Rebe blutet *verliert Saft* □ **transudar 4** Beton blutet *stößt Wasser auf der Oberfläche ab* □ **repelir a água 5** die Farbe des Untergrundes blutet *durchdringt einen neu aufgetragenen Farbanstrich* □ **transparecer 6** ⟨mit Modalverb; fig.⟩ *zahlen, büßen;* er wird schön ~ müssen! □ **pagar**

Blü|ten|stand ⟨m.; -(e)s, -stän|de; Bot.⟩ *der blütentragende, blattlose Teil des Pflanzensprosses* □ **inflorescência**

Blut|er|guss ⟨m.; - es, -güs|se⟩ *Blutung innerhalb des Körpergewebes* □ **hematoma**

Blut|ge|fäß ⟨n.; -(e)s, -e; Med.⟩ = **Ader(1)**

blu|tig ⟨Adj.⟩ **1** *voller Blut, mit Blut vermischt, mit Blut befleckt;* ~e Hände; ein ~er Verband □ **ensanguentado;** sich die Hände ~ machen □ **ensanguentar as mãos* **2** *mit körperlichen Verletzungen u. Töten verbunden;* ein ~er Kampf; ein ~es Drama; ~e Rache nehmen 2.1 ~es Handwerk ⟨fig.⟩ *mit Mord od. Kampf u. Tod zusammenhängende Tätigkeit* □ **sangrento 3** ⟨60; verstärkend⟩ 3.1 ein ~er Anfänger, Laie *jmd., der von einer Sache (noch) nicht das Geringste versteht,* weiß □ **absoluto; total** 3.2 es ist mein ~er Ernst *absoluter, völliger, tiefer E.* □ **estou falando muito sério* 3.3 ~e Tränen weinen *bittere, schmerzliche T. weinen* □ **chorar lágrimas de sangue*

Blut|kör|per|chen ⟨n.; -s, -; Med.⟩ *freie Zelle, die ein geformter Bestandteil des Blutes ist* □ **glóbulo sanguíneo;** → a. *rot(1.15); weiß¹(2.5)*

Blut|pro|be ⟨f.; -, -n⟩ ⟨Med.⟩ *Blutentnahme für Blutuntersuchung* 1.1 *Untersuchung des Blutes auf den Gehalt an Alkohol* □ **exame de sangue**

blut|rüns|tig ⟨Adj.⟩ **1** *Freude an Grausamkeiten habend, die mit körperliche Verletzungen u. Töten verbunden sind;* ein ~er Mensch □ **sanguinário 2** *von viel Mord u. Totschlag handelnd;* er erzählte eine ~e Geschichte; ein ~es Buch □ **sangrento**

Blut|sau|ger ⟨m.; -s, -⟩ **1** ⟨Zool.⟩. 1.1 *Tiere, die anderen lebenden Tieren od. Menschen das Blut durch die Haut entziehen u. sich dadurch ernähren: Haematophagen (z. B. Mücken, Flöhe usw.)* □ **hematófago** 1.2 *eine baumbewohnende südasiatische Echsenart der Agamen mit langen Hinterbeinen u. dünnem Schwanz: Calotes versicolor* □ **lagarto da família dos agamídeos 1.3** = *Vampir(1)* **2** ⟨Volksglauben⟩ = *Vampir(2)* **3** ⟨fig.; umg.; abwertend⟩ *jmd., der sich auf Kosten anderer rücksichtslos bereichert;* Sy *Vampir(3)* □ **vampiro; sanguessuga**

Bluts|bru|der ⟨m.; -s, -brü|der⟩ *Freund, mit dem man, durch feierliches Mischen des Blutes, Blutsbrüderschaft geschlossen hat* □ **irmão de sangue**

Blut|sen|kung ⟨f.; -, -en; Med.⟩ **1** *das Absinken der roten Blutkörperchen in ungerinnbar gemachtem Blut, wobei die Geschwindigkeit auf bestimmte Krankheiten schließen lässt* □ **sedimentação sanguínea 2** *die Untersuchung selbst;* eine ~ machen □ **exame para testar a velocidade da sedimentação sanguínea**

blut|still|end auch: **Blut still|end** ⟨Adj.⟩ *Blutungen zum Stillstand bringend;* ein ~es Medikament □ **hemostático; anti-hemorrágico**

Blut|ver|gif|tung ⟨f.; -, -en; Med.⟩ *Erkrankung durch Eintritt von Bakterien in die Blutbahn;* Sy *Sepsis* □ **sépsis**

Blut|wurst ⟨f.; -, -würs|te⟩ *Wurst aus Schweinefleisch u. -speckstückchen mit viel Blut* □ **morcela**

Bö ⟨f.; -, -en⟩ *heftiger Windstoß;* oV **Böe** □ **rajada**

Bob ⟨m.; -s, -s; Sp.; Kurzw. für⟩ *Bobsleigh* □ **bobsleigh**

Bob|sleigh ⟨[-sleɪ] m.; -s, -s; Sp.⟩ *lenkbarer Rennschlitten für 2-4 Personen* □ **bobsleigh**

Bock ⟨m.; -(e)s, Bö|cke⟩ **1** *männl. Tier, bes. bei geweihod. gehörntragenden Arten, auch beim Kaninchen* □ **macho;** Reh~, Schaf~, Ziegen~ □ **corço; carneiro; bode** 1.1 *die Böcke von den Schafen scheiden* (Matth. 25,32) *die Bösen von den Guten* □ **cabrito** 1.2 einen ~ schießen ⟨fig.⟩ *einen Fehler machen, einen Missgriff begehen* □ **cometer um erro* 1.3 jmdn., bes. ein Kind, stößt der ~ *jmd. ist trotzig, aufsässig* □ **fazer birra* 1.4 den ~ zum Gärtner machen ⟨fig.⟩ *jmdn. am falschen Platze einsetzen* □ **colocar a raposa para tomar conta do galinheiro* 1.5 (keinen, null) ~ (auf etwas) haben ⟨Jugendspr.⟩ *(keine) Lust haben (etwas zu tun);* ich hab keinen ~ auf Feiern □ **(não) estar a fim de* **2** *vierbeiniges Gestell, Gerät* 2.1 *Gestell, Stützkonstruktion zum Auflegen von Werkstücken;* Rüst~, Säge~ □ **cavalete** 2.2 *hochbeiniger Schemel* □ **banco alto** 2.3 *gepolsterter, lederbezogener Holzkasten auf vier ausziehbaren Beinen als Turngerät für Springübungen;* (über den) ~ springen □ **cavalo** 2.3.1 den ~ machen *sich gebückt hinstellen, so dass der andere*

bocken

darüberspringen kann □ **brincar de pular carneirinho* **3** *Sitz des Kutschers auf dem Wagen;* Kutsch~; auf dem ~ sitzen □ **boleia 4** *Ramme, Rammbalken zum Einbrechen von Mauern beim Sturm auf Befestigungen;* Sturm~ □ **ariete 5** *Folterwerkzeug zum kreuzweisen Zusammenschrauben von Daumen u. großen Zehen* □ **esmagador de polegares**

bo|cken ⟨V.⟩ **1** ⟨400⟩ ein **Tier** *bockt bäumt sich auf u. will nicht weitergehen; das Pferd, der Esel bockte* □ **empinar; empacar 1.1** ein **Kind** bockt ⟨fig.; umg.⟩ *ist widerspenstig, störrisch, trotzig, unwillig* □ **teimar; embirrar 1.2** *etwas* bockt ⟨fig.; umg.⟩ *etwas funktioniert nicht; der Wagen, der Motor bockt* □ **emperrar; não funcionar 2** ⟨400⟩ **Ziegen, Schafe ~** *verlangen nach dem Bock* □ **estar no cio**

bo|ckig ⟨Adj.⟩ *trotzig, störrisch, widerspenstig;* ein ~es Tier, Kind; er gab eine ~e Antwort; ~ stehen bleiben □ **teimoso; birrento; renitente**

Bo|den ⟨m.; -s, Bö|den⟩ **1** *äußere (nutzbare) Schicht der Erde, Erdoberfläche;* den ~ bearbeiten, bebauen, fruchtbarer, guter, sandiger, schwerer, steiniger ~ □ **solo; chão; terra 1.1** den ~ (vor)bereiten ⟨fig.⟩ *für ein Ziel vorarbeiten* □ ***preparar o terreno 1.2** *günstigen* ~ *(für ein Vorhaben) vorfinden günstige Stimmung od. Bedingungen* **1.3** *seine Vorschläge fielen auf fruchtbaren ~ fanden Anklang, wurden aufgenommen* □ **terreno 1.4** *(Stück) Land;* auf eigenem ~ stehen □ **terra; território 1.4.1** *auf deutschem ~ innerhalb Deutschlands, auf rechtlich zu Deutschland gehörendem Gebiet* □ **território; solo;** → a. *Grund(1.1.1-1.2)* **2** *Fläche, auf der man geht u. steht;* auf den ~ fallen; auf dem ~ liegen; zu ~ stürzen; zu ~ werfen; sie hätte vor Verlegenheit in den ~ (ver)sinken mögen □ **chão 2.1** der ~ wird jmdm. zu heiß, der ~ brennt jmdm. *unter den Füßen* ⟨fig.⟩ *jmd. ist nicht mehr sicher, muss fliehen* □ ***a situação está ficando complicada 2.2** am ~ zerstört sein ⟨fig.; umg.; scherzh.⟩ *völlig erschöpft sein (nach dem Flugzeugen im 2. Weltkrieg, die am Boden vernichtet wurden, ohne im Einsatz gewesen zu sein)* □ ***estar arrasado 2.3** *wie aus dem ~ gewachsen plötzlich, unerwartet, ohne dass man das Kommen (von jmdm. od. etwas) gesehen hätte; da stand wie aus dem ~ gewachsen ein Mann vor ihm* □ ***como se tivesse brotado do solo 2.4** *etwas aus dem ~ stampfen aus dem Nichts schaffen* □ ***tirar do nada 2.5** zu ~ gehen ⟨Boxsp.⟩ *niederstürzen* □ ***ir à lona 2.6** die Augen zu ~ schlagen (vor Scham, vor Verlegenheit) *nach unten blicken* □ ***baixar os olhos 2.7** etwas drückt jmdn. zu ~ ⟨fig.⟩ *macht jmdn. niedergeschlagen;* Kummer, Schuldgefühl drückte ihn zu ~; die Sorgen drückten sie zu ~ □ ***alguma coisa derruba alguém; alguma coisa deixa alguém abatido;** → a. *Grund(1.1.1-1.1.3)* **2.8** ⟨fig.⟩ *sichere Grundlage, fester Grund* □ **terra firme 2.8.1** ~ gewinnen ⟨fig.⟩ *Sicherheit gewinnen, andere für seine Ziele gewinnen, andere überzeugen;* er konnte in seinem Beruf noch keinen ~ gewinnen □ ***ganhar terreno 2.8.2** auf dem ~ der Tatsachen stehen *real denken, sachlich sein, Wirklichkeitssinn besitzen* □ ***ter os pés no chão 2.8.3** festen ~ unter den Füßen haben, unter die Füße bekommen *sicher sein, werden, eine sichere Existenzgrundlage haben, sich schaffen* □ ***estar/ficar bem de vida 2.8.4** den ~ unter den Füßen verlieren ⟨fig.⟩ *den inneren Halt, die Sicherheit verlieren* □ ***perder o chão 2.8.5** jmdm. den ~ unter den Füßen wegziehen ⟨fig.⟩ *jmdm. die Existenzgrundlage nehmen* □ ***puxar o tapete de alguém 3** *untere abschließende Fläche eines Raumes od. Hohlgefäßes;* Fuß~, Fass~, Flaschen~; ein Koffer mit doppeltem ~ □ **chão; assoalho; fundo;** → a. *Fass(1.2 u. 1.4)*, *Handwerk(1.2)* **4** *unbewohnter Raum unter dem Dach eines Hauses;* Dach~, Korn~, Trocken~, Wäsche~; auf den ~ gehen, steigen; Wäsche auf den ~ hängen □ **sótão; laje**

bo|den|los ⟨Adj. 70⟩ **1** *unergründlich tief;* der Abgrund war, schien (ihm) ~; die ~e Tiefe; sich ins Bodenlose verlieren □ **sem fundo; insondável 2** ⟨fig.; umg.⟩ *unerhört;* eine ~e Frechheit, Gemeinheit □ **incrível; inaudito**

Bo|den|satz ⟨m.; -es; sät|ze⟩ *feste Teilchen in einer Flüssigkeit, die sich auf dem Boden des Gefäßes abgesetzt haben;* ein dicker ~ □ **depósito; sedimento**

Bo|den|schät|ze ⟨Pl.⟩ *Werte im Erdboden, wichtige Rohstoffe für die Industrie, z. B. Kohle, Metalle usw.; dieses Land ist reich an ~n* □ **recursos minerais**

Bo|dy ⟨[bɔdɪ] m.; - od. -s, -s; umg.⟩ *Bodysuit* □ **body**

Bo|dy|suit ⟨[bɔdɪsjuːt] m.; - od. -s, -s; Abk.: Body⟩ *eng anliegendes einteiliges Kleidungsstück (bes. für Damen), das den Rumpf bedeckt (und als Unterwäsche getragen wird)* □ **body**

Böe ⟨f.; -, -n⟩ = *Bö*

Bo|gen ⟨m.; -s; - od. ⟨süddt.⟩ Bö|gen⟩ **1** *Teil einer gekrümmten Linie, Krümmung, Kurve;* Kreis~, Regen~; einen ~ beschreiben; in hohem ~ hinausfliegen, hinausgeworfen werden □ **curva; arco 1.1** den ~ heraushaben ⟨fig.⟩ *auf geschickte Weise mühelos etwas erreichen, zustande bringen* □ ***pegar o jeito/macete 1.2** große ~ spucken ⟨umg.⟩ *prahlen, angeben, aufschneiden* □ ***gabar-se; vangloriar-se;** → a. *Bausch(2)* **1.3** *Umweg* □ **desvio 1.3.1** einen ~ um jmdn. od. etwas machen *jmdn. od. etwas aus dem Wege gehen* □ ***evitar alguém ou alguma coisa 1.4** ⟨Mus.⟩ **1.4.1** *Zeichen über zwei Noten gleicher Höhe zur Verlängerung des ersten Tones um die Länge des zweiten* □ **ligadura de duração 1.4.2** *Zeichen für die Bindung von Noten ungleicher Höhe* □ **ligadura de expressão 2** *gekrümmtes tragendes Teil eines Bauwerkes aus verbundenen Steinen zum Überbrücken einer Öffnung, Wölbung;* Gewölbe~, Rund~, Spitz~, Tor~, Brücken~; gotischer, romanischer ~ □ **arco; ogiva; vão 3** *Holzgerüst des Sattels,* Sattelbaum; Sattel~ □ **arção 4** *aus einem biegsamen, mit einer Sehne bespannten Holzstab bestehende Waffe zum Abschießen von Pfeilen;* mit Pfeil und ~ schießen □ **arco 4.1** man soll den ~ nicht überspannen ⟨fig.⟩ *keine übertrieben hohen Forderungen stellen, nichts übertreiben* □ ***não se deve exagerar 5** *biegsamer, mit Ross- od. künstlichen Haaren bespannter Holzstab zum Streichen der Saiten von Streichinstru-*

menten; Fiedel~, Geigen~ □ arco **6** *rechteckig beschnittenes Schreibpapier od. Packpapier;* Papier~ □ folha de papel 6.1 ⟨Typ.⟩ *ungefaltetes großes Blatt Papier, auf das in der Regel mehrere Seiten eines Buches od. einer Zeitung gedruckt werden;* Druck~; *ein Druckwerk aus, von* 60 ~ □ folha de impressão **6.2** ⟨Typ.⟩ *durch den Umbruch in Drucksseiten eingeteilter Satz* □ prova tipográfica

Boh|le ⟨f.; -, -n⟩ **1** *dickes Brett, Planke;* schwere, dicke ~; etwas mit ~en verschalen; Eichen~, Tannen~ □ prancha; tabuão **2** ⟨veraltet; schweiz.⟩ *Anhöhe* □ outeiro

Boh|ne ⟨f.; -; -n⟩ **1** ⟨Bot.⟩ *Gattung der Schmetterlingsblütler als Gemüsepflanze, deren Früchte grün u. der Samen getrocknet als Nahrung dienen: Phaseolus* □ feijão; feijoeiro **2** *längliche Hülsenfrucht der Bohne(1);* grüne ~n □ *feijão-verde **3** *nierenförmiger Samen der Bohne(1);* weiße ~n □ *feijão-branco **3.1** *keine* ~ *davon verstehen nichts davon verstehen* □ *não entender patavina **3.2** *nicht die* ~*! kein Gedanke daran!, absolut nicht!, nichts!;* → *a. blau(1.2)* **4** *Frucht von Kaffee od. Kakao;* Kaffee~, Kakao~ □ grão **5** *Vertiefung an der Reibfläche des Schneidezahns beim Pferd, aufschlussreich für die Altersbestimmung* □ corneto dentário

Boh|ner ⟨m.; -s, -⟩ *dichte, kurze, schwere Bürste mit langem Stiel, die zur Pflege des Fußbodens verwendet wird* □ escovão

boh|nern ⟨V. 500⟩ *etwas* ~ *mit Wachs einreiben u. mit der Bohnerbürste blankreiben;* den Fußboden, das Parkett ~; die Treppe ist frisch gebohnert □ encerar

boh|ren ⟨V.⟩ **1** ⟨400 od. 402 od. 411⟩ **(etwas)** ~ *mit dem Bohrer, Finger od. einem spitzen Gegenstand drehend ein Loch machen od. in einem Loch suchen, prüfend umhertasten;* einen Brunnen, Gang, Schacht ~ □ (per)furar; ein Loch ~ □ abrir; jmdm. ein Messer in den Leib ~ □ enfiar; perfurar; (mit dem Finger) in der Nase ~ □ *enfiar o dedo no nariz **1.1** ⟨500⟩ *Gewinde* ~ *ein G. in die Wände eines Loches schneiden* □ *abrir roscas **1.2** ⟨511/Vr 3⟩ *sich in etwas* ~ *bohrend eindringen; das abstürzende Flugzeug bohrte sich tief in den Erdboden; das Schiff bohrte sich in den Grund* □ afundar; ir a pique **2** ⟨515⟩ **nach** Öl, Wasser ~ *mittels Bohrern in der Erde nach Ö., W. suchen* □ *perfurar (o solo) em busca de petróleo/água; prospectar petróleo/água (em um terreno)* **3** ⟨400⟩ *etwas bohrt peinigt* □ atormentar; *ein* ~ *der Schmerz* □ lancinante **4** ⟨400; fig.⟩ *drängen, inständig bitten;* er hat so lange gebohrt, bis er es erfahren hat □ instar; insistir

Boh|rer ⟨m.; -s, -⟩ **1** *spitzes, spiralförmiges Werkzeug zum Bohren;* den ~ auswechseln; ein feiner, spitzer ~; Gewinde~, Metall~ □ broca **2** *jmd., der bohrt, Arbeiter an der Bohrmaschine;* Tief~, Glas~ □ (per)furador

Boi|ler ⟨m.; -s, -⟩ *Gerät zum Erhitzen u. Speichern von Wasser, Warmwasserspeicher* □ caldeira; aquecedor de água

Bo|je ⟨f.; -, -n⟩ *verankerter Schwimmkörper, Seezeichen* □ boia; baliza

Boll|werk ⟨n.; -(e)s, -e⟩ **1** *Bauwerk zum Schutz gegen Angriffe;* ein ~ errichten □ fortaleza **1.1** = *Bastion* **2** ⟨fig.⟩ *Schutz vor einem Übel;* ein ~ *des Friedens (gegen den Krieg)* errichten □ baluarte **3** = *Kai*

Bol|zen ⟨m.; -s, -⟩ **1** ⟨Maschinenbau⟩ *runder Metallstift zur unmittelbaren Verbindung von Maschinenteilen;* einen ~ mit dem Hammer einschlagen; Niet~, Schrauben~, Gelenk~ □ pino; cavilha **2** *Geschosshaar für Armbrust od. Luftgewehr; ein tödlicher, vergifteter* ~; *einen* ~ *schnitzen* □ flecha; dardo **3** ⟨regional⟩ *längliches, spitz zulaufendes Metallstück, Keil, Pflock, Zapfen, z. B. früher bei Bügeleisen die im Ofen zum Glühen gebrachte Einlage;* Plätt~ □ cunha

Bom|bar|de|ment ⟨[-mã:] n.; -s, -s⟩ ⟨Mil.⟩ *heftiger Beschuss mit Bomben* **2** ⟨fig.⟩ *geballte Menge, die auf jmdn. eindringt;* ein ~ *von Neuigkeiten* □ bombardeio

Bom|bast ⟨m.; -es; unz.⟩ **1** ⟨urspr.⟩ *Baumwollstoff zum Aufbauschen der Kleider* □ estofo de algodão **2** ⟨abwertend⟩ *Schwulst (des Rede- od. Schreibstils), Wortschwall* □ estilo bombástico/empolado; grandiloquência **3** ⟨abwertend⟩ *Prunk, Überladenheit* □ pompa; ostentação

bom|bas|tisch ⟨Adj.⟩ **1** *mit viel Bombast, schwülstig, hochtrabend* □ bombástico; empolado **2** *prunkvoll, überladen* □ pomposo

Bom|be ⟨f.; -, -n; Mil.⟩ **1** *mit Sprengstoff gefüllter geschlossener Metallbehälter mit Zünder;* Brand~; Spreng~; ~n abwerfen, zünden; eine ~ platzt, schlägt ein, detoniert □ bomba **1.1** *eine Stadt mit* ~n *belegen bombardieren* □ *bombardear uma cidade **2** ⟨fig.⟩ *runder Gegenstand;* Eis~ □ bola **3** *unerhörtes, unerwartetes Ereignis; die Nachricht schlug wie eine* ~ *ein* □ bomba **3.1** *die* ~ *ist geplatzt, ging hoch* ⟨a. fig.⟩ *es hat einen Skandal gegeben, die Wahrheit ist ans Licht gekommen* □ *a bomba estourou

Bom|mel ⟨f.; -, -n; umg.⟩ *Troddel, Quaste;* oV *Bummel²;* ~mütze □ pompom; borla

Bon|bon ⟨[bõbõ:] od. [bɔŋbɔŋ] n.; -s, -s ⟨österr. u. schweiz. nur so⟩; od. m.; -s, -s⟩ *kleines Zuckerzeug, Zuckerware* □ bala

Bon|bo|ni|e|re ⟨[bõbɔnjɛːrə] f.; -, -n⟩ oV *Bonbonniere* **1** *Behältnis zum Anbieten von Bonbons u. Pralinen* □ bonbonnière; bomboneira **2** *dekorative Pralinenpackung* □ caixa de bombons

Bon|bon|ni|e|re ⟨[bõbɔnjɛːrə] f.; -, -n⟩ = *Bonboniere*

Boom ⟨[buːm] m.; -s, -s⟩ *sprunghafter Anstieg, plötzlicher wirtschaftlicher Aufschwung;* Baby~; Auto~; *der Tourismus in Nordafrika erlebt einen* ~ □ boom

boo|men ⟨[buː-] V. 400; bes. Wirtsch.⟩ *sprunghaft ansteigen, einen Boom erleben;* der Handel mit Gebrauchtwagen boomt □ prosperar; crescer rapidamente

Boot ⟨n.; -(e)s, -e; Pl. regional a.: Bö|te⟩ **1** *kleines, meist offenes Wasserfahrzeug; ein schnelles, leichtes, wendiges* ~; *das* ~ *sticht in See* ⟨Seemannsspr.⟩; *das* ~ *klarmachen* ⟨Seemannsspr.⟩; Paddel~, Ruder~, Segel~, Motor~; *das* ~ *ist leck, reparaturbedürftig; wir fahren gern* ~; *wir sind in, mit einem* ~ *(über den See)*

Bootsmann

gefahren ◻ barco **1.1** ein (Rettungs)~ **aussetzen** *von einem größeren Schiff herablassen u. aufs Meer setzen* ◻ *lançar um bote (salva-vidas) ao mar* **1.2** wir sitzen alle in einem ~ ⟨fig.; umg.⟩ *sind alle in der gleichen Lage, der gleichen Gefahr ausgesetzt* ◻ *estamos todos no mesmo barco

Boots|mann ⟨m.; -(e)s, -leu|te⟩ **1** ⟨Handelsmarine⟩ *Gehilfe des wachhabenden Offiziers* **2** ⟨Kriegsmarine⟩ *Soldat im Range eines Feldwebels(1)* ◻ **contramestre**

Bord¹ ⟨n.; -(e)s, -e⟩ *Gestell, Regal, Brett;* Bücher~, Wand~ ◻ **estante; prateleira**

Bord² ⟨m.; -(e)s, -e; norddt.⟩ **1** *Deckplatte, Seitenplatte, Rand, Einfassung* ◻ **borda; beira;** ~stein ◻ **guia; meio-fio 2** *oberster Rand des Schiffes;* über ~ gespült werden; über ~ fallen, gehen; eine Flasche über ~ werfen ◻ **bordo 2.1** Mann über ~! *Hilfe! jmd. ist aus dem Schiff ins Wasser gefallen* ◻ *homem ao mar! **2.2** eine Sache über ~ werfen ⟨fig.⟩ *sich von einer S. freimachen;* die Sorgen über ~ werfen; die Vorsicht über ~ werfen ◻ *livrar-se de alguma coisa **2.3** ⟨in bestimmten Zus.⟩ *Schiff, Flugzeug* **2.3.1** an ~ *auf dem Schiff, im Flugzeug;* alle Passagiere befinden sich an ~ ◻ *a bordo **2.3.2** an ~ bringen, gehen, nehmen *aufs Schiff, ins Flugzeug* ◻ *embarcar **2.3.3** von ~ gehen *das Schiff, Flugzeug verlassen* ◻ *desembarcar **3** ⟨Her.⟩ *Schildrand* ◻ **bordo**

Bor|dell ⟨n.; -s, -e⟩ *Einrichtung zur Ausübung der Prostitution;* Sy Freudenhaus ◻ **bordel**

bor|gen ⟨V. 530⟩ **1** jmdm. etwas ~ *jmdm. etwas unter dem Versprechen der Rückgabe vorübergehend geben;* ich borge dir dieses Buch; würdest du mir bitte dieses Buch ~?; er borgt nicht gern ◻ **emprestar 2** ⟨Vr 1⟩ sich (von jmdm.) etwas ~ *sich etwas (von jmdm.) mit dem Versprechen der Rückgabe für eine bestimmte Zeit geben lassen;* dieses Buch hatte ich mir von dir geborgt; ich muss mir Geld ~; ich habe (mir) (von meinem Bruder) 50 € geborgt; diese Ideen hat er sich geborgt ⟨fig.⟩ ◻ *pegar alguma coisa emprestada (de alguém);* Borgen macht Sorgen ⟨Sprichw.⟩ ◻ *quem empresta a um amigo cobra a um inimigo

Bor|ke ⟨f.; -, -n⟩ **1** *Rinde des Baumes;* die ~ abschälen; glatte ~ ◻ **casca; cortiça 2** ⟨niederdt.⟩ *Wundschorf* ◻ **casca; crosta**

bor|niert ⟨Adj.⟩ *geistig beschränkt, engstirnig;* ein ~er Mensch; ich finde ihn ausgesprochen ~; er galt bei allen als ~ ◻ **tacanho; limitado**

Bör|se ⟨f.; -, -n⟩ **1** ⟨geh.; veraltet⟩ *Geldbeutel, Geldtäschchen;* eine kleine, volle, lederne ~; seine ~ verlieren, suchen, zücken ◻ **bolsa; carteira 1.1** eine dicke ~ *viel Geld bei sich haben* ◻ *uma carteira recheada **2** ⟨Wirtsch.⟩ *regelmäßige Zusammenkunft von Händlern bestimmter Warengattungen od. Effekten zu Geschäftsabschlüssen;* Waren~, Wertpapier~; auf die ~ gehen; an der ~ handeln, (ver)kaufen, spekulieren; an der ~ zugelassen (Wertpapier) **3** *Gebäude für Börse(2);* neben der ~ ist das Rathaus; ~ liegt im Zentrum der Stadt ◻ **bolsa**

Bors|te ⟨f.; -, -n⟩ **1** *steifes, dickes Haar einiger Säugetiere;* die ~n des Schweines, Ebers; eine schwarze,

braune ~; Natur~, Kunst~; Rücken~, Schwanz~ ◻ **cerda 1.1** ⟨fig.; umg.; scherzh.⟩ *Haar* ◻ **cabeleira; barba**

bors|tig ⟨Adj.⟩ **1** *mit Borsten versehen;* ein ~es Tier ◻ **cerdoso; peludo 1.1** ⟨fig.⟩ *struppig, zerzaust;* er hat ~es Haar; die Haare stehen ~ ab ◻ **eriçado; hirsuto 2** ⟨fig.; umg.⟩ *grob, unhöflich, mürrisch, kratzbürstig;* eine ~e Antwort; sich ~ benehmen ◻ **(de modo) grosseiro; rabugento**

Bor|te ⟨f.; -, -n⟩ *schmales, dicht gewebtes, einfarbiges od. mehrfarbiges, auch mit Stickerei verziertes Band mit od. ohne Musterung, das zur Verzierung auf Stoff aufgenäht wird;* ein Kleid mit goldenen ~n; einen Rock mit breiten ~n besetzen ◻ **galão; passamane**

bös ⟨Adj.⟩ = **böse**

bös|ar|tig ⟨Adj.⟩ **1** *von böser Art, tückisch, hinterhältig;* ein ~er Charakter, Mensch ◻ **maldoso; mau; ruim;** ~ lachen, handeln ◻ **com maldade 2** *überaus gefährlich;* eine ~e Krankheit **2.1** ~e **Geschwulst** ⟨Med.⟩ *G., z. B. Karzinom od. Sarkom, die durch Druck, Einbruch u. Absiedelung von Tochtergeschwülsten Körpergewebe verdrängt u. zerstört* ◻ **maligno;** Ggs gutartige Geschwulst → gutartig(1.1)

Bö|schung ⟨f.; -, -en⟩ *befestigter Abhang, schräge Grabenwand;* eine steile, betonierte, bepflanzte ~; die ~ der Autobahn ◻ **talude; declive; escarpa**

bö|se ⟨Adj.⟩ oV **bös 1** *schlimm, schlecht, unangenehm, Übles herbeiführend;* ein ~s Wetter; das ist eine ~ Angelegenheit, Sache; wir erleben ~ Zeiten; der Kranke ist ~ dran; sich zum Bösen wenden ◻ **ruim 1.1** eine ~ **Ecke** *eine gefährliche Straßenecke, eine E., an der viele Unfälle passieren* ◻ *uma esquina perigosa **1.2** ⟨60⟩ die ~ **Sieben** *Unglückszahl (nach der alten dt. Spielkarte „7", die alle anderen stach, mit dem Bild eines alten Weibes)* ◻ *o sete do azar **2** *boshaft, schädigend;* Ggs gut(5); er ist ein durch u. durch ~r Mensch ◻ **mau; perverso;** er hat es nicht ~ gemeint; etwas Böses sagen, tun, vorhaben; jmdm. etwas Böses wünschen; man soll Böses nicht mit Bösem vergelten ◻ **mal; maldade 2.1** ⟨60⟩ der ~ **Blick** *angebliche Zauberkraft, durch den Blick andere zu behexen od. ihnen zu schaden* ◻ **mau-olhado 2.2** ⟨60⟩ der ~ **Feind** ⟨verhüllend⟩ *der Teufel* ◻ *o diabo; o maldito **2.3** ⟨60⟩ ein ~r **Geist** *Kobold, Teufel* ◻ **espírito maligno; diabo 2.4** ⟨60⟩ jmdm. ~ **Worte** geben *jmdn. beschimpfen* ◻ *insultar alguém **2.5** ⟨60⟩ sie hat eine ~ Zunge *sie spricht gehässig über andere* ◻ *ela tem uma língua comprida/afiada **2.6** im Bösen *mit Gewalt, erzwungenermaßen;* etwas nur im Bösen erreichen ◻ *com força; com violência;* wenn es im Guten nicht geht, dann im Bösen ◻ *se não vai por bem, vai por mal **3** *zornig, wütend;* ~ sein (auf jmdn., mit jmdm.); wenn ich das höre, könnte ich ~ werden! ◻ **furioso; zangado 3.1** im Bösen auseinandergehen, sich trennen *ohne sich zu einigen, im Unfrieden* ◻ *separar-se em clima de animosidade/sem acordo **3.2** ⟨60⟩ das wird ~s **Blut** machen ⟨fig.⟩ *Unwillen erregen* ◻ *isso vai provocar indignação **4** *sündhaft;* sich vom Bösen abwenden; das Gute stets vom Bösen trennen; vom

Bösen verführt □ pecador; mau 4.1 jenseits von Gut und Böse *völlig realitätsfern, die Grenzen des Bewertbaren überschreitend* □ *além do bem e do mal 4.2 ⟨60⟩ er sieht aus wie das ~ Gewissen ⟨umg.⟩ *schuldbeladen* □ *ele parece estar com a consciência pesada 5 *schlimm, entzündet, schmerzend;* einen ~n Fuß, ein ~s Knie haben; die Verletzung sieht ~ aus □ dolorido; inflamado; grave

Bö|se|wicht ⟨m.; -(e)s, -er⟩ 1 ⟨veraltet⟩ *schlechter, böser Mensch, Verbrecher* □ malvado; celerado 2 ⟨umg.; scherzh.⟩ *Schlingel, kleiner Übeltäter;* wer war der ~? □ malandro; maroto

bos|haft ⟨Adj.⟩ *schadenfroh, hinterlistig, höhnisch;* sie ist eine ~e Person; er machte ~e Bemerkungen □ malicioso; er lachte, grinste ~ □ maliciosamente

Bos|heit ⟨f.; -, -en⟩ 1 ⟨unz.⟩ *Gemeinheit, Hinterlist; das hat er nur aus ~ getan* □ maldade; malícia 2 *boshafte Handlung, Äußerung;* ~en von sich geben □ *dizer maldades

Boss ⟨m.; -es, -e⟩ *Chef, Leiter, Führer, Anführer;* wer ist hier der ~?; ich bin hier der ~! □ chefe

bos|se|lie|ren ⟨V. 500⟩ etwas ~ = bossieren

bos|seln ⟨V.⟩ 1 ⟨800⟩ an einer *Sache* ~ *an einer S. leichte kleine Arbeiten genauestens ausführen;* lange Zeit an etwas ~; ich habe an der Modelleisenbahn gebosselt □ trabalhar, ocupar-se 2 ⟨400⟩ *kegeln, Eisschießen spielen* □ jogar boliche/*curling* 3 ⟨500⟩ = bossieren

bos|sie|ren ⟨V. 500⟩ oV *bosselieren, bosseln(3)* 1 *Stein* ~ *grob behauen, meißeln* □ talhar; cinzelar 2 *weiches Material* ~ *formen* □ moldar

Bo|ta|nik ⟨f.; -; unz.⟩ *Pflanzenkunde* □ botânica

bo|ta|nisch ⟨Adj. 24⟩ 1 *die Botanik betreffend, zu ihr gehörig* 1.1 ~er Garten *G., in dem Pflanzen aus allen Erdteilen gezogen u. zu Unterrichtszwecken verwendet werden* 1.2 ~es Institut *I. zur Erforschung des Lebens der Pflanzen* □ botânico

Böt|chen ⟨n.; -s, -⟩ *kleines Boot* □ barquinho

Bo|te ⟨m.; -n, -n⟩ 1 *Überbringer von Dingen od. Nachrichten; Post~, Zeitungs~;* ein zuverlässiger, schneller, zuverlässiger ~ □ mensageiro; entregador 2 ⟨poet.⟩ *Gesandter, Abgesandter, Verkünder;* Schneeglöckchen als erste ~n des Frühlings; ein ~ des Todes □ emissário; mensageiro

bot|mä|ßig ⟨Adj. 43; veraltet geh.⟩ *jmdm. ~ sein tributpflichtig, untertan sein, pflichtgemäß gehorsam ~ submisso; subjugado;* ein fremdes Volk ~ machen □ *subjugar um povo estrangeiro

Bot|schaft ⟨f.; -, -en⟩ 1 *Nachricht, Meldung;* eine ~ bekommen, erhalten, hören, vernehmen; jmdm. eine ~ senden, überbringen, übermitteln, zukommen lassen; eine ~ durch Rundfunk u. Fernsehen, über das Internet verbreiten □ notícia; mensagem; → a. *froh(2.1)* 1.2 *feierliche amtliche Verlautbarung, politische Kundgebung;* eine ~ des Bundespräsidenten □ comunicado 2 *ständige diplomatische Vertretung 1. Ranges;* zur deutschen ~ in Paris gehen; sich an die französische ~ in London wenden 2.1 *das ihr zur Verfügung stehende Gebäude* □ embaixada

Bot|schaf|ter ⟨m.; -s, -⟩ 1 *Gesandter 1. Klasse, oberste Rangstufe eines diplomatischen Vertreters;* der deutsche ~ in Washington □ embaixador 1.1 *päpstlicher ~ Nuntius* □ *embaixador papal; núncio

Bött|cher ⟨m.; -s, -⟩ *Handwerker, der (große) Gefäße aus Holz herstellt* □ tanoeiro

Bot|tich ⟨m.; -(e)s, -e⟩ *ein großes, offenes hölzernes Daubengefäß von meist zylindrischer Form;* die Wäsche in einem ~ einweichen; Brau~, Gär~; Bier~, Kalk~, Fisch~ □ cuba; tina; bacia

Bou|clé *auch:* **Bouc|lé** ⟨[bukle:] n.; -s, -s od. m.; -s, -s; Textilw.⟩ = Buklee

Bouil|lon ⟨[buljɔ̃] österr. [bujɔ̃:] f.; -, -s; Kochk.⟩ *Fleischbrühe* □ caldo de carne

Bou|quet ⟨[buke:] n.; -s, -s⟩ = Bukett

Bour|geoi|sie ⟨[burʒoazi:] f.; -; unz.⟩ *das (besitzende) Bürgertum (als Klasse)* □ burguesia

Bou|tique ⟨[buti:k] f.; -, [-kən]⟩ *kleiner Laden (bes. für modische Damenbekleidung);* oV *Butike* □ butique

Bow|le ⟨[bo:lə] f.; -, -n⟩ 1 *Getränk aus Wein, Früchten, Gewürzen u. Zucker mit Sekt* □ ponche 2 *Gefäß, in dem das Getränk angesetzt wird* □ poncheira

Bow|ling ⟨[bo:lɪŋ] n.; - od. -s; unz.⟩ 1 *amerikanische Art des Kegelspiels, das mit 10 Kegeln gespielt wird;* ~bahn □ boliche 2 *englisches Kugelspiel auf Rasenplätzen* □ bowls

Box ⟨f.; -, -en⟩ 1 *abgeteilter Raum im Pferdestall zur Unterbringung eines Pferdes; Pferde~* 1.1 *Unterstellraum, Einstellplatz für Autos in einer Garage* 1.1.1 ⟨Motorsp.⟩ *kleine Werkstatt neben Rennstrecken zum Reparieren und Auftanken der Rennwagen;* in die ~ fahren □ boxe 2 *kleine Schachtel;* Hut~ □ caixa 3 ⟨kurz für⟩ *Lautsprecherbox* □ caixa acústica

bo|xen ⟨V.⟩ 1 ⟨400⟩ *den sportlichen Faustkampf nach bestimmten Regeln ausüben* □ praticar boxe/pugilismo 2 ⟨500/Vr 8⟩ *jmdn. ~ schlagen, prügeln* □ *dar socos em alguém; esmurrar alguém

Bo|xer ⟨m.; -s, -⟩ 1 *jmd., der den sportlichen Faustkampf betreibt* □ boxeador; pugilista 2 *mittelgroße gedrungene Hunderasse mit schwarzbraunem, kurzem Fell* □ bóxer

Boy|kott ⟨[bɔi-] m.; -(e)s, -e⟩ *wirtschaftliche, soziale od. politische Ächtung, Absperrung, Weigerung des Warenein- od. -verkaufs; Wirtschafts~;* jmdm. den ~ erklären; den ~ über etwas verhängen; jmdn. mit ~ belegen □ boicote

brab|beln ⟨V. 402; umg.⟩ (etwas) ~ *undeutlich reden, murmeln;* was brabbelst du denn da? □ resmungar; murmurar

brach ⟨Adj. 24/90⟩ 1 *unbebaut, unbestellt;* der ~e Acker; die ~en Länder □ inculto; baldio 2 ⟨fig.⟩ *ungenutzt;* die ~en, ~liegenden Kräfte □ não utilizado

Bra|che ⟨f.; -, -n; Landw.⟩ 1 *gepflügter, unbebauter Acker; Sy Brachland;* auf der ~ pflügen □ alqueive 2 *Zeit, während der ein Acker unbestellt bleibt; während der ~ kann sich der Boden erholen* □ pousio

Brach|land ⟨n.; -(e)s; unz.; Landw.⟩ = Brache(1)

Brack|was|ser ⟨n.; -s, -⟩ *Mischung von Süß- u. Salzwasser, bes. in Flussmündungen* □ água salobra

Bran|che ⟨[brɑ̃:ʃə] f.; -, -n⟩ **1** ⟨Kaufmannsspr.⟩ *Geschäfts-, Wirtschaftszweig*; Mode~, Schuh~, Werbe~ **2** *Fachgebiet*; in welcher ~ sind Sie tätig? □ *ramo*

Brand ⟨m.; -(e)s, Brän|de⟩ **1** *Feuer, Feuersbrunst*; Dachstuhl~; die Feuerwehr konnte den ~ schnell eindämmen, löschen; trockenes Stroh kann leicht in ~ geraten □ *fogo; incêndio* 1.1 in ~ stehen *brennen*; der Dachstuhl stand in ~ □ *queimar* 1.2 ein Haus in ~ stecken, setzen *anzünden* □ *incendiar uma casa*; pôr fogo em uma casa **2** *das Brennen, Ausglühen (von Porzellan, Ziegeln)* □ *queima* **3** *Feuerung, Heizmaterial* □ *combustível* **4** *Brandmal, eingebrannte Marke, z. B. Zeichen für eine Pferderasse*; Hannoveraner ~ □ *ferrete; marca de fogo* **5** ⟨umg.⟩ *Durst*; nach dem Essen hatte ich einen tüchtigen ~; ich muss meinen ~ löschen □ *sede ardente* **6** ⟨Pathol.⟩ *Absterben von Körperzellen* □ *gangrena* **7** ⟨Bot.; Bez. für⟩ *verschiedene Pflanzenkrankheiten, die Ähnlichkeit mit äußerer Verbrennung haben*; Mais~ □ *alforra; ferrugem*

bran|den ⟨V. 400 od. 411⟩ *die Wellen ~* ⟨geh.⟩ *prallen tosend an etwas u. strömen schäumend zurück, brechen sich*; das Meer brandet an die Küste, an die Felsen; die Wogen der Empörung brandeten um den Attentäter ⟨fig.⟩ □ *quebrar; rebentar*

bran|dig ⟨Adj.⟩ **1** ⟨geh.⟩ *verbrannt aussehend, riechend, schmeckend*; ein ~er Geruch □ *(de) queimado* **2** ⟨Pathol.⟩ *vom Brand(6) befallen*; die ~en Zellen; ~es Gewebe □ *gangrenado* **3** ⟨Bot.⟩ *vom Brand(7) befallen*; ~es Getreide □ *alforrado; atacado pela ferrugem*

Brand|mal ⟨n.; -(e)s, -e od. (selten) -mä|ler⟩ **1** ⟨im MA⟩ *in die Haut gebranntes Schandmal für Verbrecher* **2** *angeborener roter Fleck auf der Haut, Muttermal* □ *estigma* **3** *eingebranntes Zeichen bei Zuchtvieh* □ *ferrete*

braąd|mar|ken ⟨V. 500⟩ **1** ⟨urspr.⟩ *ein Schandmal einbrennen* **2** ⟨heute⟩ *jmdn. ~* ⟨fig.; abwertend⟩ *jmdn. öffentlich bloßstellen, anprangern, scharf kritisieren, verurteilen*; man hat ihn für sein ganzes Leben gebrandmarkt □ *estigmatizar*

Brand|stif|tung ⟨f.; -, -en⟩ *fahrlässige od. vorsätzliche Beschädigung od. Zerstörung von Gegenständen, bes. Gebäuden, durch Verbrennen*; ihm wird ~ vorgeworfen □ *incêndio (doloso ou acidental)*

Bran|dung ⟨f.; -, -en⟩ *das Brechen, Überstürzen der Wellen an der Küste*; die tobende, tosende ~; er schwamm durch die ~ □ *ressaca; rebentação*

Brannt|wein ⟨m.; -(e)s, -e⟩ *aus gegorenen Flüssigkeiten durch Destillation („Brennen") gewonnenes alkoholisches Getränk*; eine Flasche ~; reiner ~ □ *aguardente*

bra|ten ⟨V. 115⟩ **1** ⟨500⟩ *etwas ~* ⟨Kochk.⟩ *(in der Pfanne) in wenig heißem Fett garen*; Fisch, Fleisch, Kartoffeln ~; etwas braun, goldgelb, knusprig, kräftig, leicht, scharf ~; Hähnchen am Spieß ~; auf dem Herd, auf dem Rost ~; in Butter, Öl, zerlassenem Speck ~; in der Pfanne, in der Röhre ~ □ *assar; fritar; grelhar*; ich darf nichts Gebratenes essen □ **não posso comer fritura* 1.1 *Gebratenes und* **Gesottenes**

⟨fig.; bes. im Märchen⟩ *viel gutes Essen* □ **manjar; iguaria* 1.2 ⟨530⟩ nun brate mir einer einen Storch! ⟨fig.; umg.⟩ *das ist ja merkwürdig!, ich muss mich wundern* □ **não dá para acreditar!* 1.3 die gebratenen Tauben fliegen einem nicht ins Maul, in den Mund ⟨fig.; umg.⟩ *man muss etwas tun, um etwas zu bekommen* □ **as coisas não caem do céu* **2** ⟨400⟩ *etwas* brät *gart in ein wenig heißem Fett*; das Fleisch brät schon in der Pfanne □ *cozinhar* **3** ⟨410; umg.⟩ *sich starker Hitze, Sonnenbestrahlung aussetzen (um braun zu werden)*; am Strand werde ich in der Sonne ~ □ *assar; torrar*

Bra|ten ⟨m.; -s, -⟩ **1** *größeres gebratenes od. zum Braten bestimmtes Stück Fleisch*; Rinder~, Schweine~; den ~ anbrennen lassen; am Abend kalten ~ zum Brot essen □ *assado; carne assada* 1.1 den ~ riechen ⟨fig.; umg.⟩ *etwas Unangenehmes frühzeitig bemerken od. ahnen* □ **suspeitar; desconfiar*; → a. *fett(1.1)*

Brat|kar|tof|feln ⟨Pl.; Kochk.⟩ *in Fett gebratene Kartoffelscheiben*; ~ mit Speck □ *batatas sautées*

Brat|sche ⟨f.; -, -n; Mus.⟩ *das Instrument im Altlage in Streichquartett*; Sy *Viola²(1, 2.2), Viola da braccio* □ *viola*

Bräu ⟨n.; -(e)s, -e od. -s⟩ **1** *Brauereierzeugnis, das gebraute Getränk* **2** *Biermenge, die mit einem Male gebraut wird* □ *cerveja* **3** *Brauerei, Brauhaus* □ *cervejaria; fábrica de cerveja* **4** *Schenke, brauereieigene Gastwirtschaft* □ *cervejaria; bar*

Brauch ⟨m.; -(e)s, Bräu|che⟩ **1** *(aus früherer Zeit) überkommene Sitte, Gewohnheit*; Seemanns~, Weidmanns~; Advents~, Hochzeits~; Volks~, Orts~; alte Bräuche am Leben erhalten; das ist bei uns so ~; es ist alter ~, dass ...; Ostern, Pfingsten, Weihnachten nach altem ~ feiern □ *costume; hábito* **2** ⟨veraltet⟩ *Gebrauch* □ *uso; emprego*; Miss~ □ *abuso; mau uso*

brauch|bar ⟨Adj.⟩ **1** *zur Benutzung, Verwendung gut geeignet*; ~es Material; die Jacke ist noch ganz gut ~ □ *utilizável; aproveitável* 1.1 *nützlich*; er ist ein ~er Mensch; ~e Vorschläge □ *útil*

brau|chen ⟨V.⟩ **1** ⟨500⟩ *jmdn. od. etwas ~ nötig haben, seiner bedürfen*; einen Freund, Pflege, Ruhe, Zeit ~; Beistand, Erholung, Geld, Unterstützung ~; er braucht mehr Bewegung; er braucht deine Hilfe nicht; eine Geschäftsgründung braucht zunächst Kapital; etwas dringend, rasch, sofort, später ~; sie braucht viel Geld für ... □ *precisar; necessitar* 1.1 ⟨550⟩ *der Zug braucht für diese Strecke zwei Stunden der Zug fährt zwei Stunden lang* 1.2 ⟨550⟩ er hat 6 Jahre zum Studium gebraucht *er ist erst nach 6 Jahren mit dem Studium fertiggeworden* 1.3 ⟨513⟩ wie viel Zeit braucht man, um zu ... *wie lange dauert es, um zu ...* □ *levar; precisar; ser necessário* 1.4 ⟨700⟩ es braucht einer **Sache** ⟨geh.⟩ *es bedarf einer S.*; es braucht keiner Überredung mehr ...; was braucht es da noch vieler Erklärungen? □ **(não) é necessário* 1.5 ⟨480 od. (umg.) 470⟩ *etwas (nicht) zu tun — etwas (nicht) tun müssen*; bei diesem Gerät braucht man nur den Knopf zu drücken; Sie ~ gar nicht erst hinzugehen; du brauchst es ihr nicht zu sagen; das braucht nicht so zu sein!; es braucht wohl nicht erst gesagt zu werden, dass ...; ich brauche nur zu wissen, ob ... □ *(não) ser preciso/necessário fazer alguma coisa; (não) precisar fazer alguma coisa 1.5.1 deshalb brauchtest du doch nicht gleich zu kündigen! das war doch kein Grund dafür! □ *você não precisava pedir demissão por causa disso! 1.5.2 Sie ~ es mir nur zu sagen es genügt, wenn Sie es mir sagen □ *é só me dizer 1.5.3 er hätte es nicht zu wissen ~ es wäre besser gewesen, er hätte es nicht gewusst □ *ele não precisava ficar sabendo 2 ⟨500⟩ jmdn. od. etwas ~ verwenden, gebrauchen; ich kann dich jetzt nicht ~; ich kann es ~ als ...; dieses Buch kann ich gut für meine Arbeit ~ □ utilizar; empregar

Brauch|tum ⟨n.; -s, -tü|mer; Pl. selten⟩ Gesamtheit der Bräuche eines Volkes, die Volksbräuche; das alte ~ pflegen; jagdliches ~ □ usos e costumes; tradição popular

Braue ⟨f.; -, -n⟩ feiner Haarwuchs über dem Auge in Form eines Bogens; Augen~; schwarze, dichte ~n; die ~n runzeln □ sobrancelha

brau|en ⟨V.⟩ 1 ⟨500⟩ ein Getränk ~ aus mehreren Zutaten herstellen, zubereiten; Bier ~; einen Punsch ~; wir wollen uns einen guten Trunk ~ □ fabricar; preparar 2 ⟨400⟩ etwas braut brodelt, wallt; Nebel braut im Tal □ formar-se

Brau|e|rei ⟨f.; -, -en⟩ 1 ⟨unz.⟩ das Brauen (von Bier), Bierherstellung; er versteht viel von der ~ □ fabricação de cerveja 2 Braugewerbe □ indústria cervejeira 3 Unternehmen, in dem Bier hergestellt wird; er arbeitet in einer ~; Kloster~, Stadt~ □ cervejaria; fábrica de cerveja

braun ⟨Adj.⟩ 1 gelb-rot-schwarz gemischt in der Farbe; Erde, Holz ist ~; ~e Augen, ~es Haar haben □ marrom; castanho 1.1 sonnengebräunt; er hat ~e Haut □ queimado; bronzeado 1.2 ⟨60⟩ ~e Butter durch Erhitzen flüssig gemachte u. gebräunte B. □ manteiga dourada 2 ⟨fig.; umg.; abwertend⟩ dem Nationalsozialismus anhängend (nach den braunen Uniformen der Nationalsozialisten) □ nazista; camisa-marrom 3 ⟨Getrennt- u. Zusammenschreibung⟩ 3.1 ~ gebrannt = braungebrannt

Braun ⟨n.; -s, -s⟩ 1 braune Farbe; ein schönes, dunkles, helles ~ □ marrom; castanho 2 Meister ~ der Bär (in der Tierfabel) □ *urso

Bräu|ne ⟨f.; -; unz.⟩ 1 braune Tönung der Haut, bräunlicher Teint; die tiefe ~ ihrer Haut □ bronzeado

bräu|nen ⟨V.⟩ 1 ⟨500/Vr 7⟩ jmdn. od. sich, etwas ~ braun machen, braun färben; das Fleisch, das Omelett, die Zwiebeln in der Pfanne ~; die Sonne bräunt die Haut; mein Gesicht hat sich schnell gebräunt; im Herbst ~ sich die Wälder 2 ⟨400(s.)⟩ braun werden; ich bräune langsam, leicht, schnell, schwer; der Braten bräunt gleichmäßig □ dourar; bronzear(-se)

braun|ge|brannt auch: **braun ge|brannt** ⟨Adj.⟩ von der Sonne braun geworden; von der Sonne ~ sein □ bronzeado

Braun|koh|le ⟨f.; -, -n⟩ dem geologischen Alter nach zwischen dem Torf u. der Steinkohle liegende, hell- bis dunkelbraun gefärbte Kohle von holziger od. erdiger Beschaffenheit u. meist hohem Wassergehalt □ linhito

bräun|lich ⟨Adj. 24⟩ braun schimmernd, leicht braun; ein ~er Farbton □ amarronzado; acastanhado

Braus ⟨m.; nur in der Wendung⟩ in Saus und ~ verschwenderisch, üppig, prunkvoll, mit allem Komfort □ *no bem-bom; na maior mordomia

Brau|se ⟨f.; -, -n⟩ 1 siebartig durchlöcherter, trichterförmiger Aufsatz zur Wasserverteilung, z. B. bei Gießkannen u. Duschen; die ~ aufstecken, reinigen; ein Blumenbeet mit der ~ gießen □ bocal (de chuveiro/regador) 2 = Dusche ⟨kurz für⟩ Brauselimonade; eine kalte ~ trinken □ limonada gasosa

brau|sen ⟨V. 400⟩ 1 Wasser braust wallt geräuschvoll auf □ ferver; borbulhar 2 Töne ~ ertönen rauschend, sausend; der Wind braust □ rumorejar; sibilar; die Brandung braust □ estalar; crepitar; die Wellen ~ □ rumorejar; marulhar; der Künstler erntete ~den Beifall □ ruidoso; estrondoso 2.1 es braust mir in den Ohren es saust, rauscht mir in den Ohren □ zumbir 3 ⟨500/Vr 7 od. Vr 8⟩ jmdn. od. sich ~ die Brause benutzen, duschen; ich brause mich täglich kalt □ *dar banho em alguém; tomar uma ducha 4 ⟨411(s.); umg.⟩ geräuschvoll u. mit hoher Geschwindigkeit fahren; plötzlich brauste ein Motorrad um die Ecke □ *cantar pneu

Braut ⟨f.; -, Bräu|te⟩ 1 Frau, die vor der Hochzeit steht, Verlobte; er machte seine ~ mit seinen Eltern bekannt □ noiva 1.1 ⟨umg.⟩ Freundin (bes. in sexueller Hinsicht); er fährt zu seiner ~ □ namorada 2 Frau an ihrem Hochzeitstag; er führte die ~ in die Kirche, zum Altar; das Gefolge der ~ □ noiva 3 ~ Christi ⟨Rel.⟩ Nonne □ *freira 4 ~ in Haaren ⟨Bot.⟩ im Mittelmeergebiet verbreitete Hahnenfußart mit hellblauen, von einer vielteiligen Hülle umgebenen Blüten: Nigella damascena □ *nigela

Bräu|ti|gam ⟨m.; -s, -e⟩ 1 Mann, der vor der Hochzeit steht, Verlobter 2 ⟨junger⟩ Mann an seinem Hochzeitstag; ~ und Braut □ noivo 3 der himmlische ~ ⟨Rel.; Bez. für⟩ Christus □ *o Noivo Celeste

brav ⟨[-f] Adj.⟩ 1 gehorsam, artig; das Kind ist sehr ~ gewesen □ bem-comportado; obediente 2 bieder; dieses Kleid fand sie zu ~ □ honrado; honesto 3 ⟨90⟩ tüchtig, tapfer, wacker; der ~e Mann denkt an sich selbst zuletzt (Schiller) □ valente; corajoso 3.1 sich ~ halten sich wacker halten, tapfer sein □ *manter-se firme 4 ordentlich, schulmäßig □ obediente; disciplinado 4.1 ⟨50⟩ er hat das Stück ~ (herunter)gespielt zwar fehlerlos, aber ohne eine besondere Leistung zu zeigen □ (de modo) regular/mediano

bra|vo ⟨[-vo] Adj. 11⟩ ~! gut! (als Beifallskundgebung); ~ / Bravo rufen □ bravo

Bra|vour ⟨[-vu:r] f.; -; unz.⟩ = Bravur

Bra|vur ⟨[-vu:r] f.; -; unz.⟩ herausragende Meisterschaft, Großartigkeit, Schneid; oV Bravour; etwas mit großer ~ meistern □ bravura; habilidade

Brech|ei|sen ⟨n.; -s, -⟩ = Brechstange

bre|chen ⟨V. 116⟩ 1 ⟨500⟩ etwas ~ durch Druck in Stücke teilen; einen Stock, Zweig ~ □ partir; quebrar; → a. beißen(1.1), Knie(1.2), Lanze(2), Stab(1.2),

Zaun(2), Herz(8.1–8.2. u. 11.1) 1.1 **Papier** ~ *falten, knicken* □ dobrar 1.2 **Flachs** ~ *bearbeiten, Holzteilchen daraus entfernen* □ trilhar; gramar 1.3 **Nüsse** ~ *knacken, zerknacken* □ quebrar 1.4 **Körner** ~ *schroten* □ triturar; moer 1.5 **Steine** ~ *im Steinbruch gewinnen, abschlagen;* Marmor ~ *extrair* 1.6 **Blumen** ~ ⟨poet.⟩ *pflücken;* er brach eine Rose für sie □ colher 1.6.1 **Herzen** ~ ⟨fig.⟩ *andere in sich verliebt machen* □ *partir corações 1.7 **Teig** ~ *durchkneten* □ amassar 1.8 **den Acker** ~ *pflügen, umpflügen* □ lavrar; cultivar 1.9 ⟨530/Vr 1⟩ **sich etwas** ~ *sich durch Druck od. Sturz einen Knochen verletzen;* er brach sich den Arm, ein Bein; der gebrochene Arm muss geschient werden □ *quebrar/fraturar alguma coisa;* → a. *Genick(1.1)* **2** ⟨400⟩ *etwas* bricht *geht unter Druck in Stücke;* der Ast brach □ partir; quebrar, → a. *Eis(2.1.1–2.1.2), biegen(1.1–1.2)* 2.1 jmds. **Augen** ~ ⟨geh.⟩ *werden im Tode starr, jmd. stirbt;* ihre Augen sind gebrochen □ *falecer,* ~den Auges sagte er ... □ *moribundo ele disse...* 2.2 ⟨600⟩ jmdm. bricht das **Herz** ⟨geh.⟩ *ein großer Kummer überwältigt jmdn.;* das Herz brach ihr vor Heimweh □ *estar com o coração partido 2.2.1 *an gebrochenem Herzen stirbt man nicht* ⟨fig.⟩ *selbst an großem Kummer stirbt man nicht* □ *de coração partido ninguém morre* 2.3 ⟨530⟩ *jmdm.* ~ die **Knie** *die Knie geben unter jmdm. nach* □ *seus joelhos cederam* 2.4 ⟨400⟩ jmds. **Stimme** bricht *setzt aus* □ *sua voz falha/está falhando* 2.4.1 *verändert sich während der Pubertät, nimmt eine andere Klangfarbe an* □ *sua voz está mudando* 2.4.2 *versagt;* seine Stimme brach; ihm brach die Stimme □ embargar 2.4.3 *mit gebrochener Stimme mit einer durch heftige Erschütterung klanglos gewordenen Stimme* □ *com voz embargada* 2.5 ⟨400⟩ **Milch** bricht ⟨schweiz.⟩ *gerinnt* □ coalhar 2.6 ⟨400⟩ **Wein** bricht *wird trübe* □ turvar(-se) 2.7 *es war* ~d*, zum Brechen voll überfüllt;* der Versammlungsraum war ~d voll □ *estava abarrotado/apinhado (de gente)* **3** ⟨511/Vr 3⟩ **etwas** bricht **sich an etwas** *wird zurückgeworfen, weicht von der ursprünglichen Richtung ab;* die Wellen ~ sich am Felsen □ quebrar-se; rebentar 3.1 ⟨500⟩ **etwas** ~ *die ursprüngliche Richtung von etwas verändern, von der Richtung abweichen lassen, zurückwerfen;* Lichtstrahlen ~; der Felsen bricht die Wellen; die Wellen werden an der Küste gebrochen □ quebrar; refratar 3.2 *eine gebrochene Linie L., die plötzlich ihre Richtung ändert* □ *uma linha quebrada* **4** ⟨500⟩ **eine Sache** ~ ⟨fig.⟩ *bezwingen, überwinden;* jmds. Trotz, Widerstand, Zorn ~; die Gewalt des Stromes ~; die Blockade ~ □ quebrar; vencer; romper 4.1 **Bundesrecht** bricht **Landesrecht** *Bundesrecht geht vor Landesrecht* □ prevalecer 4.2 **einen Rekord** ~ *überbieten* □ quebrar **5** ⟨800⟩ **mit jmdm.** od. **einer Sache** ~ *die Verbindung zu jmdm. od. einer S. aufgeben;* mit dem Elternhaus ~ □ romper; cortar relações 5.1 **mit einer lieben Gewohnheit** ~ *müssen eine liebe G. aufgeben müssen* □ largar; perder **6** ⟨500⟩ **eine Sache** ~ ⟨fig.⟩ *nicht (ein)halten, einer S. zuwiderhandeln;* einen Eid, ein Gelübde ~; einen Vertrag ~; sein Wort ~ □ romper;

quebrar; faltar 6.1 die **Ehe** ~ *Ehebruch begehen* □ *cometer adultério* 6.2 das **Fasten** ~ *das Fastengebot nicht einhalten* □ quebrar 6.3 das **Gesetz** ~ *übertreten* □ violar; infringir 6.4 das **Schweigen** ~ *es beenden, wieder reden* □ quebrar; romper 6.5 den **Streik** ~ *sich nicht an ihn halten, trotzdem arbeiten* □ furar 6.6 die **Treue** ~ *untreu werden* □ quebrar **7** ⟨411⟩ **aus, durch etwas** ~ *gewaltsam aus etwas hervorkommen;* das Wild bricht aus dem Gebüsch; plötzlich brach der Mond aus den Wolken (hervor); laut schreiend brachen die Kinder aus dem Versteck (hervor); durch die Reihen des Gegners ~; die Sonne bricht durch die Wolken □ irromper, → a. *Bahn(6.1–6.2)* **8** ⟨400; umg.⟩ *den Magen durch den Mund entleeren, sich erbrechen;* ich muss ~ □ vomitar 8.1 *ich fand diese ordinäre Darbietung zum Brechen* ⟨fig.⟩ *abscheulich* □ repugnante 8.2 ⟨500⟩ *etwas* ~ *durch den Mund aus dem Magen wieder herausbringen;* nur Schleim ~ □ vomitar **9** ⟨400⟩ **Schwarzwild** bricht ⟨Jägerspr.⟩ *wühlt den Boden auf* □ (es)cavar, revolver

Bre|cher ⟨m.; -s, -⟩ **1** *hohe, sich überstürzende Welle* □ vagalhão **2** *Maschine zur Zerkleinerung von festem Gestein;* Marmor~, Kegel~, Hammer~ □ britadeira

Brech|stan|ge ⟨f.; -, -n⟩ Sy Brecheisen **1** *kurze Eisenstange, am Ende etwas abgebogen, zum Heben von Lasten, Ausreißen von Haken usw.* □ pé-de-cabra 1.1 *mit der* ~ ⟨fig.⟩ *mit Gewalt, mit allen Mitteln* □ *à força; a pulso*

Brei ⟨m.; -(e)s, -e⟩ **1** *dickflüssige, pflanzliche Speise;* Sy Mus; *ein süßer, heißer, dünner* ~; *einen* ~ *kochen, essen;* die Kleinkinder bekommen Milch~, Grieß~, Bananen~, Reis~ □ mingau; papa **2** *unförmige weiche Masse;* ein ~ von tauendem Schnee; etwas zu ~ *zerstampfen, zermalmen* □ massa; pasta; Lehm~ □ limo 2.1 *jmdn. zu* ~ *schlagen* ⟨fig.; umg.⟩ *jmdn. heftig prügeln* □ *deixar alguém em frangalhos; moer alguém de pancada* **3** *um den (heißen)* ~ *herumreden* ⟨fig.; umg.⟩ *nicht über das Wesentliche reden* □ *enrolar; embromar,* → a. *Koch(3)*

breit ⟨Adj.⟩ **1** *in der Querrichtung gemessen;* dieser Stoff liegt 90 cm ~ □ *esse tecido tem 90 cm de largura* **2** *seitlich ausgedehnt, geräumig;* Ggs schmal(1); *ein* ~*er Graben versperrte den Weg;* er hat ~e Schultern □ largo 2.1 er hat einen ~en Buckel, Rücken ⟨fig.; umg.⟩ *er verträgt viel, er lässt sich nicht so leicht aus der Ruhe bringen* □ *ele tem as costas largas* 2.2 ~ **dastehen** *breitbeinig* □ *com as pernas abertas/afastadas* **3** *groß, ausgedehnt;* die ~e Öffentlichkeit □ grande; vasto 3.1 *mit der Volkshochschule will auf* ~*ester Grundlage arbeiten so arbeiten, dass jeder Nutzen davon haben kann* 3.2 ⟨60⟩ ~e Schichten der Bevölkerung *der Allgemeinheit, ein großer Teil der Bevölkerung* □ amplo, → a. *weit(1.9.1)* **4** ⟨fig.⟩ *weitschweifig, umständlich* □ pormenorizado, prolixo 4.1 *eine Angelegenheit des* Langen *und* Breiten *darlegen sehr ausführlich* □ *expor uma questão em pormenores* **5** *behäbig, unakzentuiert;* eine ~e Aussprache haben □ alongado **6** ⟨Mus.⟩ *langsam u. aus-*

druckvoll ☐ **largo 7** ⟨Getrennt- u. Zusammenschreibung⟩ 7.1 ~ **gefächert** = *breitgefächert*

Brei|te ⟨f.; -, -n⟩ **1** *messbare Ausdehnung in der Querrichtung;* die Fahrbahn hat eine ~ von fünf Metern; die ~ des Stoffes beträgt 140 cm ☐ **largura** 1.1 *der ~ nach in der Querrichtung* ☐ ***de largura 2** große seitliche Ausdehnung;* die ~ der Straßen und die Weite der Plätze erstaunte die Touristen ☐ **amplitude; extensão** 2.1 *sie ist in letzter Zeit sehr in die ~ gegangen* ⟨umg.⟩ *dick geworden* ☐ ***nos últimos tempos ela deu uma engordada** 2.2 ⟨fig.⟩ *Weitschweifigkeit;* einen Vorgang in aller, in großer ~ schildern ☐ **prolixidade 3** ⟨Pl.⟩ *Gegend;* in unseren ~n ist das nicht üblich ☐ **região 4** ⟨unz.; Geogr.⟩ *Abstand (eines Ortes) vom Äquator, Polhöhe;* → a. *Länge(2-2.1);* geographische ~; nördliche ~ ⟨Abk.: n. Br. od. nördl. Br.⟩; südliche ~ ⟨Abk.: s. Br. od. südl. Br.⟩; der Ort liegt auf 34 Grad südlicher Breite **5** ⟨unz.; Astron.⟩ *Abstand eines Sternortes vom Himmelsäquator* ☐ **latitude**

Brei|ten|grad ⟨m.; -(e)s, -e⟩ *in Winkelgrad aus dem gedachten Erdmittelpunkt gemessener Breitenkreis;* der nördliche, südliche ~; jede Halbkugel der Erde hat 90 ~e ☐ **grau de latitude**

Brei|ten|kreis ⟨m.; -es, -e⟩ *parallel zum Äquator um die Erde laufende gedachte Linie;* Ggs *Längenkreis* ☐ **paralelo**

breit|ge|fäch|ert *auch:* **breit ge|fäch|ert** ⟨Adj. 24⟩ *vielseitig, umfassend, große Auswahl bietend;* ein ~es Angebot ☐ **bastante variado/diversificado**

breit|schla|gen ⟨V. 218/500; fig.; umg.⟩ **1** *jmdn. ~ überreden, durch Überredung beeinflussen;* er schlug ihn endlich breit ☐ **convencer; levar na conversa 2** *sich ~ lassen sich überreden lassen;* warum hast du dich von ihm ~ lassen? ☐ ***deixar-se levar na conversa**

breit|tre|ten ⟨V. 268/500; fig.; umg.⟩ *etwas ~ etwas (Unangenehmes) in allen Einzelheiten weitschweifig erzählen od. verbreiten;* er hat die alte Geschichte unnötig breitgetreten; in dem Vortrag wurde das Thema zu sehr breitgetreten ☐ **alongar; estender**

Brem|se¹ ⟨f.; -, -n⟩ **1** *eine Vorrichtung, die die Bewegung eines umlaufenden Maschinenteils (Welle, Rad) u. damit verbundener Teile verlangsamen, ganz aufheben od. den stillgesetzten Teil festhalten soll;* Hinterrad~, Vorderrad~; Scheiben~, Backen~; Druckluft~, Kurzschluss~, Magnet~; Hand~; Not~; eine zuverlässige ~; die ~ anziehen, betätigen, ziehen; die ~ funktioniert nicht; auf die ~ treten (im Auto); hydraulische, automatische, elektromagnetische ~ **2** ⟨fig.⟩ *Hemmung;* seine Bedenken gegen unseren Plan wirkten als ~ ☐ **freio** 2.1 *ziehe die ~ an!* ⟨umg.⟩ *hör auf!, übertreibe nicht!* ☐ ***alto lá!* 3** *eine Vorrichtung zur Bändigung von Pferden, seltener Rindern, meist in der Form einer Klemme;* Nasen~, Lippen~, Schenkel~ ☐ **freio; travão**

Brem|se² ⟨f.; -, -n; Zool.⟩ *kräftige Fliege mit dickem, meist graubraunem Hinterleib: Tabanidae;* Rinder~, Schaf~, Vieh~; Regen~; die Weibchen von ~n saugen Blut ☐ **mutuca; tavão**

brem|sen ⟨V.⟩ **1** ⟨400⟩ *die Bremse¹(1) betätigen;* der Fahrer bremste scharf; der Wagen musste plötzlich ~; durch plötzliches Bremsen des Busses wurde ein Fahrgast verletzt **2** ⟨500⟩ *etwas ~ verlangsamen, anhalten;* der Fahrer konnte die Straßenbahn noch rechtzeitig ~ ☐ **frear** 2.1 *etwas ~* ⟨fig.⟩ *aufhören lassen, hemmen, dämpfen, drosseln;* die Entwicklung, die Begeisterung ~; jmds. Redestrom zu ~ suchen; sein Arbeitstempo wird sich von selbst ~ ☐ **refrear; desacelerar** 2.2 ⟨Vr 7⟩ *jmdn., sich ~* ⟨fig.; umg.⟩ *zurückhalten, hindern, zu weit zu gehen;* man muss ihn ~; ich kann mich nicht ~! ☐ **conter(-se)**

bren|nen ⟨V. 117⟩ **1** ⟨400⟩ *etwas brennt fängt Feuer, steht in Flammen, wird von Feuer verzehrt;* der Dachstuhl brannte lichterloh ☐ **estar em chamas**; das Streichholz brennt nicht ☐ **acender** 1.1 ⟨401⟩ *es brennt Feuer ist ausgebrochen* ☐ ***está pegando fogo**; *es brennt!* (Alarmruf bei Ausbruch eines Feuers) ☐ ***fogo!**; im Nebenhaus brennt es ☐ **pegar fogo**; *wo brennt es?* ☐ ***onde é o incêndio?* 1.1.1 *es brennt!* (bei Suchspielen) *du bist der Lösung ganz nah, das Versteckte ist ganz in deiner Nähe* ☐ ***está quente!* 1.1.2 *wo brennt's denn?* ⟨fig.; umg.⟩ *warum so eilig?, was ist eigentlich los?, wo liegt das Problem?* ☐ ***onde é o incêndio?* 1.2 *hat bestimmte Brenneigenschaften;* Öl brennt am besten ☐ **queimar; inflamar-se 2** ⟨500⟩ *etwas ~ von Feuer verzehren lassen, als Heizstoff verwenden;* Briketts ~; wir ~ nur Koks ☐ **queimar** 2.1 ⟨veraltet⟩ *Brand stiften, Feuer legen, verwüsten;* morden und ~, sengen und ~ ☐ **incendiar 3** ⟨400⟩ *die Sonne brennt scheint heiß wie Feuer;* die Sonne brannte über den Dächern der Stadt ☐ **queimar; arder**, *die ~de Glut der Mittagssonne* ☐ **ardente 4** ⟨400⟩ *eine Lichtquelle brennt leuchtet;* die Lampe brennt; auch über Nacht lasse ich im Flur (das) Licht ~; im Wohnzimmer brennt noch Licht ☐ **estar aceso** 4.1 ⟨500⟩ *etwas ~ als Beleuchtung verwenden;* zum Abendessen ~ wir gern Kerzen ☐ **acender 5** ⟨511⟩ *etwas auf, in etwas ~ einbrennen;* ein Muster in das Holz ~; er hat mir mit der Zigarette ein Loch ins Tischtuch gebrannt ☐ **queimar** 5.1 ⟨531⟩ *jmdm. eins auf den Pelz ~* ⟨fig.; umg.⟩ *auf jmdn. schießen u. ihn treffen* ☐ ***queimar alguém; dar um tiro em alguém* 5.2 *Vieh ~ mit einem Brandmal versehen, brandmarken* 5.2.1 *die Pferde wurden gebrannt mit dem Gestütszeichen versehen* ☐ **ferretear 6** ⟨500/Vr 7⟩ *jmdn. ~ durch starke Hitze verletzen;* ich habe mich am Bügeleisen gebrannt ☐ **queimar(-se)** 6.1 *was dich nicht brennt, das blase nicht* ⟨fig.; umg.⟩ *kümmere dich nicht um Dinge, die dich nichts angehen* ☐ ***não meta o bedelho onde não é chamado* 6.2 *(ein) gebranntes Kind scheut das Feuer* (Sprichw.) *wenn einem einmal ein Missgeschick passiert ist, sieht man sich beim nächsten Mal vor* ☐ ***gato escaldado tem medo de água fria* 6.3 *jmdm. einen stechenden Schmerz auf der Hautoberfläche zufügen, z. B. durch Berührung mit Brennnesseln;* am Wegrand brennt man sich leicht an den Brennnesseln ☐ **queimar-se**

Brennnessel

(com urtiga) **7** ⟨400⟩ **etwas brennt** *ist heiß u. schmerzt prickelnd u. stechend;* meine Fußsohlen ~; meine Haut brennt (vom Sonnenbad); die Wunde brennt heftig, wie Feuer 7.1 ⟨600/Vr 1⟩ **jmdm. brennt etwas** *jmd. spürt einen prickelnden, stechenden Schmerz in etwas;* mir ~ die Augen (vom vielen Lesen, vor Kälte); mir ~ die Füße vom vielen Gehen □ **arder 8** ⟨400 od. 410⟩ **etwas brennt** *ist glühend heiß, so dass man sich daran verbrennen kann* □ **queimar** 8.1 dem Verbrecher brennt der Boden unter den Füßen (fig.) *er möchte fliehen* □ *o criminoso sente o cheiro do perigo* 8.2 die Arbeit brennt mir auf den Nägeln, Nähten (fig.) *es ist eilig, dringend* □ *o trabalho é urgente* 8.3 das Geheimnis brennt mir auf der Zunge ⟨fig.⟩ *ich möchte ein G. loswerden* □ *estou com coceira na língua para contar o segredo* 8.4 ein ~des Geheimnis *ein schwer zu bewahrendes Geheimnis* □ *um segredo difícil de guardar* 8.5 verursacht einen beißenden, stechenden Schmerz; das Jod brennt in der Wunde 8.6 *ist scharf, verursacht einen beißenden Reiz;* der Pfeffer brannte auf der Zunge; der Paprika brennt im Mund **9** ⟨400 od. 410; fig.⟩ *tief ergriffen sein, leidenschaftlich erregt sein;* er brennt vor Begierde, Ehrgeiz, Neugier, Ungeduld □ **arder;** sein ~der Ehrgeiz treibt ihn zu weit; das Gefühl ~der Scham ließ ihn heftig erröten; mit ~der Sorge ... (Pius XI.) □ **ardente** 9.1 ⟨800⟩ **auf etwas ~** ⟨fig.⟩ *begierig, neugierig sein auf etwas, es kaum erwarten können;* ich brenne darauf, sie zu sehen □ *estou ansioso/louco para vê-la* **10** ⟨500⟩ etwas ~ *mit Feuer, Hitze behandeln, herstellen;* Holz zu Kohlen ~ □ **carbonizar; calcinar;** aus Getreide, Kartoffeln, Obst, Wein kann man Branntwein ~ □ **destilar** 10.1 gebrannte **Wasser** ⟨schweiz.⟩ *Schnäpse* □ *aguardente* 10.2 Kaffee ~ *rösten* □ **torrar** 10.3 gebrannte Mandeln *gezuckerte u. geröstete M.* □ *amêndoa doce torrada* 10.4 Glas ~ *schmelzen* □ **fundir; derreter** 10.5 Porzellan, Ziegel ~ *härten* □ **cozer; queimar** 10.6 Haare ~ (früher) *mit der Brennschere kräuseln;* es ist nicht mehr üblich, das Haar zu ~ □ **frisar** 10.7 eine CD, DVD ~ *mit Hilfe eines Brenners mit Daten beschreiben* □ **queimar**

Brenn|nes|sel ⟨f.; -, -n; Bot.⟩ *mit Brennhaaren ausgestattetes Kraut der Nesselgewächse: Urtica;* Sy Nessel[2] *(1)* □ **urtiga**

Brenn|punkt ⟨m.; -(e)s, -e⟩ **1** ⟨Opt.⟩ *der Punkt, in dem sich parallele Lichtstrahlen nach der Brechung durch eine Linse od. Reflexion an einem Hohlspiegel annähernd vereinigen;* den ~ einer Linse bestimmen; der Abstand jedes ~es vom Mittelpunkt heißt Brennweite **2** ⟨Math.⟩ *ein Punkt, um den der Kegelschnitte konstruiert werden* **3** ⟨fig.⟩ *zentraler Punkt, Mittelpunkt, Stelle, auf die die allgemeine Aufmerksamkeit gerichtet ist* □ **foco**

Brenn|stoff ⟨m.; -(e)s, -e⟩ *leicht entzündlicher u. bei der Verbrennung Wärme abgebender Stoff, bes. zur Heizung;* feste, flüssige ~e; die Versorgung mit ~en □ **combustível**

brenz|lich ⟨Adj.; österr.⟩ = *brenzlig*

brenz|lig ⟨Adj.⟩ oV ⟨österr.⟩ *brenzlich* **1** *nach Brand riechend;* einen ~en Geruch wahrnehmen □ *que cheira a queimado* **2** ⟨fig.; umg.⟩ *bedenklich, gefährlich, heikel;* in eine ~e Situation hineingeraten; die Sache, Angelegenheit wird mir zu ~ □ **crítico; delicado**

Bre|sche ⟨f.; -, -n; Mil.⟩ **1** ⟨Mil.⟩ *Lücke (in einer Befestigung od. Front), an der man angreifen kann* □ **brecha** 1.1 eine ~ **schlagen** ⟨a. fig.⟩ *Widerstand überwinden, sich Bahn brechen* □ *abrir uma brecha* 1.2 in die ~ **springen** ⟨fig.⟩ *einspringen, zu Hilfe kommen* □ *intervir em favor de alguém;* quebrar o galho de alguém

Brett ⟨n.; -(e)s, -er⟩ **1** *aus einem Baumstamm geschnittene, flache Holzplatte;* eine Kiste mit ~ern vernageln □ **tábua** 1.1 das ~ bohren, wo es am dünnsten ist ⟨fig.⟩ *den Weg des geringsten Widerstandes gehen, sich eine Sache leicht machen* □ *seguir a lei do mínimo esforço* 1.2 durch drei (od. mehr) ~er sehen ⟨fig.; umg.⟩ *sehr klug, pfiffig sein* □ *ser inteligente/esperto* 1.3 ein ~ vorm Kopf haben ⟨fig.; umg.⟩ *begriffsstutzig, beschränkt sein* □ *ser burro/tapado;* → a. *Welt(2.3)* 1.4 *Bord, flacher Holzträger für Bücher, Geschirr usw.;* Bücher~; ein ~ für Bücher über dem Schreibtisch anbringen □ **prateleira** 1.5 *eine Holztafel zum Aufhängen von kleinen Gegenständen* □ **cabideiro;** Schlüssel~ □ **porta-chaves** 1.6 *umränderte Platte, Spieltafel;* Schach~; stell schon die Figuren auf das ~ □ **tabuleiro** 1.6.1 er hat bei ihr einen Stein im ~ ⟨fig.; umg.⟩ *er steht bei ihr in Gunst (eigtl. „einen Stein auf dem Spielbrett haben")* □ *ele caiu nas graças dela* 1.7 *lange, schmale, federnde Holztafel;* Sprung~ □ **trampolim** 1.8 *Schalttafel zur Bedienung von Maschinen, Kraftfahrzeugen usw.;* Schalt~ □ **quadro de distribuição; painel de controle** 1.9 *Anschlagtafel für Bekanntmachungen, bes. in der Universität;* schwarzes/Schwarzes ~ □ **quadro** 1.10 ⟨veraltet⟩ *Tablett;* Auftrage~ □ **bandeja** 1.11 *Griffbrett an Lauten usw.* □ **braço 2** ⟨nur Pl.⟩ ~er Skier; sich die ~er anschnallen; die ~er gut wachsen; noch nicht sicher auf den ~ern sein, stehen □ **esquis 3** ⟨nur Pl.⟩ ~er ⟨fig.⟩ *Bühne;* auf den ~ern, die die Welt bedeuten, stehen □ **palcos** 3.1 das Musical ging ein Jahr lang über die ~er *wurde ein Jahr lang gespielt* □ *o musical ficou um ano em cartaz*

Bret|zel ⟨f.; -, -n; schweiz.⟩ = *Brezel*

Bre|vier ⟨[-vi:r] n.; -s, -e⟩ **1** *Gebetbuch der katholischen Geistlichen* □ **breviário 2** *kleine Auswahl aus den Werken eines Dichters;* Goethe-~ □ **antologia**

Bre|zel ⟨f.; -, -n⟩ *Gebäck etwa in Form einer 8;* oV Bretzel ⟨schweiz.⟩; Salz~, Kümmel~, Zucker~ □ **bretzel**

Brief ⟨m.; -(e)s, -e⟩ **1** *schriftliche, bes. durch die Post zugestellte Mitteilung;* einen ~ frankieren, freimachen; ein einfacher, doppelter, eingeschriebener ~ □ **carta;** missiva; ein ~ blau(1.3-1.3.1), offen(1.9.4) **2** *Urkunde;* Gesellen~ □ **certificado; documento** 2.1 ~ und Siegel auf etwas geben ⟨fig.⟩ *etwas fest zusichern* □ *garantir alguma coisa* **3** *kleines Päckchen od. Heftchen mit einer Ware, bes. Nadeln;* ein ~ Nähnadeln, Streichhölzer □ **carta 4** ⟨Börse⟩ *Wertpapier, Wechsel*

□ título; letra de câmbio 4.1 ⟨Abk.: B.⟩ *Kurswert von angebotenen Aktien* □ preço de venda de ações

Brief|kas|ten ⟨m.; -s, -käs|ten⟩ 1 *von der Post aufgestellter u. regelmäßig geleerter Kasten, in den die zu versendenden Briefe eingeworfen werden* □ caixa de coleta postal 2 *(mit Name versehener) Kasten an Hauswänden od. Wohnungstüren für den Empfänger von Briefsendungen* □ caixa de correio

Brief|mar|ke ⟨f.; -, -n⟩ *von der Post herausgegebenes, käufliches, aufklebbares Wertzeichen zum Freimachen von Postsendungen;* ~n *sammeln; einen Satz* ~n *kaufen; eine wertvolle* ~ □ selo

Brief|ta|sche ⟨f.; -, -n⟩ 1 *kleine Mappe zum Verwahren von Ausweisen, Kreditkarten u. Ä.* 1.1 *jmd. hat eine dicke* ~ ⟨fig.; umg.⟩ *jmd. ist sehr reich* □ carteira

Brief|trä|ger ⟨m.; -s, -⟩ *Postangestellter, der die Post austrägt, dem Empfänger zustellt;* Sy *Postbote* □ carteiro

Brief|trä|ge|rin ⟨f.; -, -rin|nen⟩ *weibl. Briefträger* □ carteira

Brief|um|schlag ⟨m.; -(e)s, -schlä|ge⟩ *verschließbare Papierhülle zum Verschicken von Briefen, Kuvert* □ envelope

Brief|wech|sel ⟨[-ks-] m.; -s, -⟩ 1 *brieflicher Austausch, Schriftverkehr mit anderen Personen* □ correspondência; *mit jmdm. in einem* ~ *stehen* □ *corresponder-se com alguém; *den* ~ *mit jmdm. beenden* □ *deixar de corresponder-se com alguém 1.1 *Gesamtheit des Schriftverkehrs zwischen zwei (bekannten) Personen; der* ~ *zwischen Wagner u. Nietzsche* □ correspondência

Bri|ga|de ⟨f.; -, -n⟩ 1 ⟨Mil.⟩ *Einheit des Heeres, die aus Truppen verschiedener Waffengattungen besteht* □ brigada 2 ⟨DDR⟩ *Arbeitsgruppe innerhalb eines Betriebes* □ equipe de trabalho

Bri|kett ⟨n.; -s, -s od. -e⟩ *in Form gepresste Braun- od. Steinkohle* □ briquete

bril|lant ⟨[brɪljant] Adj.⟩ *glänzend, hervorragend* □ brilhante; excelente

Bril|lant ⟨[brɪljant] m.; -en, -en⟩ 1 *geschliffener Edelstein, bes. Diamant* □ brilhante 2 ⟨Typ.⟩ *ein Schriftgrad (3 Punkt)* □ corpo tipográfico de calibre 3

Bril|le ⟨f.; -, -n⟩ 1 *Vorrichtung zum Ausgleich von Augenfehlern od. zum Schutz gegen Licht, Funken, Staub u. ä.; Schutz*~*, Sonnen*~*; eine schärfere, schwächere* ~ *brauchen; eine* ~ *für die Ferne, für die Nähe; eine* ~ *mit dunklen Gläsern gegen grelles Sonnenlicht; eine* ~ *zum Lesen;* → a. *rosig(2.4), schwarz(3.6.1)* 2 *ringförmige Zeichnung um die Augen von Tieren;* ~*nschlange* □ óculos 3 *ringförmiger Rand um eine runde Öffnung; Klosett*~ □ assento do vaso sanitário

brin|gen ⟨V. 118/500⟩ 1 *jmdn. od. etwas* ~ *an einen Ort tragen, befördern, bewegen* 1.1 *holen, herbeischaffen, überbringen, übermitteln;* ~ *Sie es mir!; jmdm. eine Erfrischung* ~*; jmdm. einen Stuhl* ~*; jmdm. eine Tasse Tee* ~ *lassen; der Postbote hat ein Paket gebracht; jmdm. eine Botschaft, Mitteilung, Nachricht* ~*; was* ~ *Sie mir?* 1.1.1 *was* ~ *Sie Neues? haben Sie Neuigkeiten für mich?* 1.2 ⟨511⟩ **jmdn.** od. einen **Gegenstand** *an eine bestimmte* **Stelle** ~ *schaffen,*

hinschaffen, fortbewegen; den Kranken ins Krankenhaus ~*;* das bringt Devisen ins Land □ trazer; levar; → a. *zehn(1.1)* **2** ⟨511⟩ **jmdn. irgendwohin** ~ *begleiten, führen;* jmdn. nach Haus ~*;* den Gast zur Bahn, zum Bahnhof, zum Wagen ~ □ levar; conduzir **3 etwas** ~ *veröffentlichen, erscheinen lassen;* die heutige Zeitung bringt einen Artikel über …*;* unser Theater bringt zurzeit eine neue Oper von …*;* das Fernsehprogramm bringt heute Abend …*;* einen Bericht im Fernsehen ~*;* was brachte die Tagesschau, der Wetterbericht, die Zeitung? □ trazer **4** ⟨530⟩ **jmdm.** eine **Sache** ~ *darbieten, zuteilwerden lassen;* jmdm. ein Opfer ~ □ fazer; jmdm. Hilfe, Trost, Unterstützung ~*;* dem Jubilar ein Ständchen ~ □ trazer; oferecer **4.1 etwas** bringt **(jmdm.)** eine **Sache** *ruft eine S. hervor, zeitigt eine S., verursacht (jmdm.) eine S., hat (für jmdn.) eine S. zur Folge;* das wird uns Ehre, Nutzen, Schaden, Verluste ~*;* das wird uns noch viel Ärger, Verdruss ~*;* der Luftröhrenschnitt hat dem Verletzten sofort Erleichterung gebracht; der Talisman soll Glück ~*;* Neid kann nichts Gutes ~ □ trazer; causar **5 etwas** bringt etwas *ergibt, erzielt etwas, gibt einen Ertrag; Gewinn, Zinsen* ~*;* die Felder ~ in diesem Jahr reiche Ernte; was bringt das Haus monatlich an Miete?*;* was soll das ~? □ render; produzir **5.1** die Masse muss es ~ *durch großen Absatz kommt der Verdienst* □ *só vendendo muito é que se tem lucro **6 etwas** ~ *erreichen, schaffen* **6.1** ⟨umg.⟩ *(leisten) können, schaffen, vermögen;* das bringe ich nicht **6.2** ⟨550⟩ *es dahin* ~*, dass … erreichen, dass …* **6.3** ⟨550; unpersönl.⟩ es zu etwas ~ *etwas erreichen, eine gute Stellung erlangen, erfolgreich sein;* er wird es weiter zu wenig Initiative entwickelt, wird er es zu nichts ~*;* er hat es bis zum Oberregierungsrat gebracht; es zu Weltruf ~*;* → a. *weit(4.1)* **6.4** ⟨550⟩ es auf etwas ~ *eine (hohe) Zahl von etwas erreichen* **6.4.1** er hat es auf 90 Jahre gebracht *er hat das hohe Alter von 90 J. erreicht* **6.4.2** dieser Sportwagen bringt es auf 260 Stundenkilometer *erreicht die Geschwindigkeit von 260 S.* □ conseguir; alcançar; chegar a **7** ⟨550⟩ **jmdn. um etwas** ~ *schuld sein, dass jmd. etwas verliert, jmdm. etwas nehmen;* er hat sie um ihre gesamten Ersparnisse gebracht; du hast mich um die Freude, das Vergnügen, die Vorfreude gebracht □ *tirar alguma coisa de alguém **7.1** jmdn. ums Leben ~ *töten* □ *matar alguém **7.2** er hat sich um Lohn und Brot gebracht *durch eigenes Verschulden seine Stellung verloren* □ *ele foi à miséria; ele perdeu tudo **8** ⟨517⟩ etwas bringt **etwas mit sich** *ist eine Begleiterscheinung von etwas;* sein Alter bringt es mit sich, dass …*;* die Umstände ~ es so mit sich; diese Expedition wird Gefahren mit sich ~*;* das bringt Nachteile mit sich □ implicar; acarretar **9** ⟨511/Vr 8⟩ **jmdn.** od. **etwas irgendwohin** ~ *dafür sorgen, dass jmd. od. etwas irgendwohin kommt;* ein Buch auf den Index ~*;* einen neuen Artikel auf den Markt ~*;* dieser Hinweis brachte die Polizei auf die Spur des Verbrechers □ colocar; das Gespräch unauffällig auf ein anderes Thema ~ □ conduzir; das Essen auf den Tisch ~*;* sein Leichtsinn wird ihn noch ins Gefängnis ~ ◻ **levar; colocar**; etwas in seinen Besitz, in seine Hand ~; in seine Gewalt ~ ◻ **colocar**; Leben in die Bude ~ ◻ ***animar o ambiente**; etwas in die Zeitung ~; unter seine Gewalt, Herrschaft ~; die Kinder zu Bett ~ ◻ **colocar**; etwas vor Gericht, vor den Richter ~ ◻ **levar** 9.1 *etwas an sich ~ sich etwas aneignen* ◻ ***apropriar-se/apoderar-se de alguma coisa** 9.2 *jmdm. auf etwas ~ jmdm. einen Gedanken eingeben, ihm zu einem Plan u. Ä. verhelfen;* ich brachte ihn darauf, einen Abendkursus zu besuchen ◻ ***sugerir alguma coisa a alguém; dar uma ideia a alguém** 9.3 *etwas hinter sich ~ etwas bewältigen* ◻ ***levar alguma coisa a cabo** 9.4 *jmdm. wieder zu sich ~ jmdm. helfen, wieder zu Bewusstsein, zu Vernunft, zur Besinnung zu kommen* ◻ ***fazer alguém recuperar a consciência/razão**; → a. *Bein(4.3), Erde(2.2.1), Galgen(1.1), Grab(1.8), Haube(4.1), Herz(6.4), Höhe(6.2), Hut¹(2.1 u. 2.1.1), Leute(6.2-6.3), Licht(3.2.2-3.2.5), Lippe(2.1.1), Mann(3.1 u. 4.14), Nenner(1.1 u. 1.1.1), Papier(1.1), Seite(6.8-6.9, 10.2.1), Tapet(2), Welt(3.1)* **10** ⟨550/Vr 7 od. Vr 8⟩ **jmdn. od. etwas in** einen, aus einem **Zustand** ~ *versetzen, geraten lassen;* jmdn. in Aufregung, Erregung, Unruhe, Verlegenheit, Wut, Zorn ~; jmdn. ins Elend, in **Not** ~ ◻ **levar alguém a**; etwas in Gang ~; in Gefahr ~; etwas in Ordnung, ins Reine ~; in Sicherheit ~ ◻ **pôr**; du wirst dich noch ins Unglück ~ ◻ ***você ainda vai cair em desgraça**; die Kinder ~ schnell alles in Unordnung ◻ ***as crianças logo bagunçaram tudo**; in Verbindung ~ mit ◻ ***pôr em contato com**; er war nicht aus der Fassung zu ~ ◻ ***ele não era de perder a calma**; → a. *Konzept(3), Trab(2.3)* 10.1 ⟨850⟩ vom Leben zum Tode ~ *hinrichten* ◻ ***executar; matar** 10.2 du kannst mich zur Verzweiflung ~ ⟨fig.⟩ *bis zur Verzweiflung reizen* ◻ ***você ainda vai me levar ao desespero 11** ⟨513⟩ **etwas in** eine bestimmte **Form** ~ *etwas (einer Sache) eine bestimmte F. geben*; etwas in Reime, Verse ~ ◻ **colocar; pôr 12** ⟨550⟩ jmdn. od. **etwas zu etwas** ~ *zu einem Verhalten, einer Entwicklung veranlassen;* zum Schweigen ~ ◻ ***fazer alguém se calar**; er war nur mit Mühe zum Sprechen zu ~ ◻ ***só com muito esforço conseguiu-se fazê-lo falar**; etwas zur Entfaltung ~ ◻ ***fazer com que alguma coisa se desenvolva** 12.1 ⟨514⟩ etwas od. jmdn. dahin ~, dass ..., jmdn. dazu ~, dass ... *veranlassen, zu ...;* ich habe mich im Zorn dazu ~ lassen ◻ ; ich habe mich von euch dazu ~ lassen ◻ ***levar alguma coisa ou alguém a (uma situação/ação)**; → a. *Fall¹(1.2.1-1.2.2), Sprache(3.1-3.2)* **13** ⟨550; Funktionsverb⟩ 13.1 zum Abschluss, zu Ende ~ *beenden, beschließen* ◻ ***terminar** 13.2 in Ansatz, Anschlag ~ ⟨veraltet⟩ *bemessen, berechnen, veranschlagen* ◻ ***avaliar; calcular** 13.3 zur Anwendung ~ ⟨geh.⟩ *anwenden* ◻ ***empregar; utilizar** 13.4 etwas zum Ausdruck ~ *ausdrücken* ◻ ***exprimir; manifestar** 13.5 eine Tatsache zum Bewusstsein ~ *bewusstmachen, bewusstwerden lassen* ◻ ***conscientizar (alguém) de um fato** 13.6 konntest du in Erfahrung ~, ob ...? *konntest du feststellen, hast du erfahren, ob ...?* ◻ ***você conseguiu saber/descobrir se...?** 13.7 etwas zur Kenntnis ~ ⟨geh.⟩ *mitteilen* ◻ ***trazer/levar ao conhecimento** 13.8 in Erinnerung ~ *erinnern an* ◻ ***lembrar** 13.9 jmdn. in Verdacht ~ *verdächtig machen* ◻ ***lançar suspeita sobre alguém**

bri|sant ⟨Adj.⟩ **1** ⟨Mil.⟩ *zermalmend, mit großer Sprengkraft* ◻ **brisante 2** ⟨fig.⟩ *Konflikte hervorrufend, brennend aktuell;* ein ~es Thema ansprechen ◻ **explosivo**

Bri|sanz ⟨f.; -; unz.⟩ **1** ⟨Mil.⟩ *Sprengkraft* ◻ **brisância 2** ⟨unz.; fig.⟩ *brennende Aktualität, Zündstoff;* ein Thema von großer ~ ◻ ***um tema explosivo/de grande atualidade**

Bri|se ⟨f.; -, -n⟩ *gleichmäßiger Wind mittlerer Geschwindigkeit, guter Segel-, Fahrwind;* eine frische, steife ~ ◻ **brisa**

Broc|co|li ⟨a. [broː-] nur Pl.; Bot.⟩ = Brokkoli

brö|ckeln ⟨V.⟩ **1** ⟨400(s.)⟩ *etwas bröckelt etwas zerfällt in kleine Stücke;* der Putz bröckelt von den Wänden; das Brot bröckelt sehr stark ◻ **esboroar(-se); esmigalhar(-se) 2** ⟨500⟩ *etwas ~ etwas in kleinen Stücken abbrechen;* er bröckelt das Brot in die Kartoffelsuppe ◻ **esmigalhar; esfarelar**

Bro|cken ⟨m.; -s, -⟩ **1** *verhältnismäßig großes abgebrochenes Stück;* Brot~, Fels~ ◻ **pedaço; bocado; fragmento** 1.1 jmdm. ein paar ~ hinwerfen ⟨fig.; umg.⟩ *jmdn. mit ein paar Worten abfertigen* ◻ ***despachar alguém com poucas palavras**; → a. *dick(1.1), fett(1.1), hart(4.4-4.4.1)* **2** ⟨Jägerspr.⟩ *Köder einer Fangvorrichtung* ◻ **isca 3** ⟨fig.; umg.⟩ *großer, breiter, schwerfälliger Mensch* ◻ **brutamontes; armário 4** ⟨fig.⟩ *zusammenhangloses einzelnes Teil* ◻ **fragmento** 4.1 ein paar ~ Französisch können ⟨fig.⟩ *einige Sätze* ◻ ***arranhar o francês** 4.2 mit gelehrten ~ um sich werfen ⟨fig.; umg.⟩ *gelehrt tun* ◻ ***falar bonito**

bro|deln ⟨V. 400⟩ **1** *etwas brodelt kocht wallend, sprudelnd;* das Wasser, die Suppe brodelte im Topf ◻ **fervilhar; borbulhar**; ~de Lava ◻ **borbulhante; fumegante** 1.1 *dampfend aufsteigen;* ~der Nebel füllte das Tal; ~de Dämpfe, Fluten ◻ **vaporoso; fumegante 2** es brodelt ⟨fig.⟩ *Unruhe, Aufruhr breitet sich aus;* in der Masse brodelte es; es brodelt in der Bevölkerung ◻ **agitar-se; insurgir-se**

Broi|ler ⟨m.; -s, -; ostdt.⟩ *gegrilltes Hähnchen* ◻ **frango grelhado**

Bro|kat ⟨m.; -(e)s, -e; Textilw.⟩ *schwerer, mit Gold- u. Silberfäden durchwirkter Seidenstoff (für festliche Kleidung);* in ~ gekleidet; ein ~kleid tragen ◻ **brocado**

Brok|ko|li ⟨a. [broː-] nur Pl.; Bot.⟩ *dem Blumenkohl ähnliches Gemüse mit grünen, langstieligen Blütensprossen;* oV Broccoli ◻ **brócolis**

Brom|bee|re ⟨f.; -, -n; Bot.⟩ **1** *Angehörige einer Gattung der Rosengewächse;* Rubus ◻ **amoreira** 1.1 *Echte ~ Brombeere(1) mit glänzend schwarzen Früchten;* Rubus fructicosus ◻ ***amora preta 2** *Frucht der Brombeere(1.1)* ◻ **amora**

Bron|ze ⟨[ˈbrɔ̃ːsə] od. [ˈbrɔŋsə] f.; -, -n⟩ **1** *Legierung aus Kupfer und Zinn* 1.1 ⟨i. w. S.⟩ *Legierung aus Kupfer und einem anderen Metall;* Aluminium~, Mangan~,

Silizium~ **2** *Gegenstand (der bildenden Kunst) aus Bronze(1)* **3** ⟨unz.⟩ *rotbrauner Farbton* □ **bronze 4** *Mischung von Metallstaub mit Anstrichmitteln zur Erzielung eines Metalleffektes* □ **purpurina bronze**

Bro|sa|me ⟨f.; -, -n; meist Pl.⟩ **1** *kleines Stück von zerbröckeltem Brot od. Gebäck, Krümel;* den Vögeln ~n streuen; die ~n vom Kuchen auf der Tischdecke **1.1** die ~n, die von des Reichen Tische fallen (nach Matth. 15,27) *der Abfall vom Überfluss* □ **migalhas**

Bro|sche ⟨f.; -, -n⟩ *Schmuckstück mit Nadel zum Anstecken* □ **broche**

Bro|schü|re ⟨f.; -, -n⟩ **1** *geheftetes Buch* □ **brochura 1.1** *kleine nicht eingebundene Druckschrift od. Flugschrift; Prospekt* □ **folheto; prospecto**

Brö|sel ⟨m.; -s, -; österr. n.; -s, -; Pl. umg. a.: -n⟩ *Krümel, (Brot-)Bröckchen; Semmel~* □ **migalha**

Brot ⟨n.; -(e)s, -e⟩ **1** *Gebäck aus Mehl, Wasser, etwas Salz u. einem Mittel zum Auflockern;* ein Laib, eine Schnitte, eine Scheibe, ein Stück o. ~ backen, brechen, schneiden; altbackenes, frisches, geriebenes, geröstetes, gesäuertes, hausbackenes, trockenes, ungesäuertes ~ □ **pão 1.1** er kann mehr als ~ essen ⟨fig.; umg.⟩ *er ist ein tüchtiger, zu vielen Arbeiten geschickter Mensch* □ ***ele é pau para toda obra;** → *schießen(4.2)*, *Wasser(1.2)* **1.2** ~ und Salz ⟨fig.⟩ *die unentbehrlichsten Nahrungsmittel* **1.3** ~ und Wein ⟨Rel.⟩ *Hostie u. Wein beim Abendmahl, Leib u. Blut Jesu* □ **pão 2** *eine Scheibe Brot(1);* ein gut belegtes ~; ein ~ streichen; ein ~ schmieren ⟨umg.⟩ □ **(fatia de) pão;** → a. *Butter(1.3-1.4)* **3** ⟨fig.⟩ *Nahrung, Unterhalt;* sein ~ verdienen; unser täglich ~ (im Vaterunser) □ **pão 3.1** jmdn. ums ~ bringen *jmdn. um seinen Verdienst, seine Stellung bringen* □ ***tirar o ganha-pão de alguém 3.2** das ist ein hartes, saures ~ ⟨fig.⟩ *schwere, anstrengende, mühsame Arbeit* □ ***esse é um pão suado 3.3** in ~ und ~, des Lied ich sing' ⟨Sprichw.⟩ *in wessen Dienst ich stehe, auf dessen Seite muss ich mich stellen* □ ***escolhe a dança quem paga o músico;** → a. *Lohn(2.1,2.2)*

Bröt|chen ⟨n.; -s, -⟩ **1** *kleines Gebäck aus Weizenmehl, Wasser od. Milch u. Hefe; Sy Semmel(1)* □ **pãozinho 1.1** belegtes ~ *Brötchen mit Butter u. Wurst od. Käse* □ ***sanduíche 2** seine ~ **verdienen** *ein bescheidenes Gehalt beziehen* □ ***ganhar seu pão**

brot|los ⟨Adj. 24⟩ **1** ⟨80⟩ *ohne Arbeit, Verdienst, erwerbslos;* er ist plötzlich ~ geworden □ **desempregado 1.1** jmdn. ~ **machen** ⟨fig.⟩ *jmdm. seinen Verdienst nehmen, ihn um seine Stellung bringen* □ ***tirar o ganha-pão de alguém 2** ~e **Kunst** *eine Fertigkeit, die nichts einbringt* □ ***atividade que não dá lucro**

Brow|ser ⟨[braʊ] m.; -e, -; EDV⟩ *Programm, das u. a. einen Zugriff auf das World Wide Web ermöglicht (Web~)* □ **browser; navegador**

Bruch[1] ⟨m.; -(e)s, Brü|che⟩ **1** *das Brechen(1-2, 5-6)* □ **rompimento; quebra; dobra 1.1** *Auseinandergehen, das Zerbrechen durch Druck, Stoß, Schlag usw.;* Achsen~, Damm~ □ **rompimento; ruptura 1.1.1** zu ~ gehen *zerbrechen* □ ***despedaçar-se; quebrar-se 1.2** ⟨fig.⟩ *Lösung einer Beziehung, eines Verhältnisses, Verletzung eines Abkommens u. Ä.;* Vertrags~; der ~ eines Ehrenwortes, Eides, Gesetzes, Gelübdes, Vertrages □ **rescisão; quebra; violação;** der ~ einer Freundschaft, einer Geschäftsverbindung, eines Verlöbnisses; ein ~ mit der Vergangenheit □ **rompimento 1.2.1** es kam zwischen ihnen zum ~ ⟨fig.⟩ *sie verkehren nicht mehr miteinander* □ ***eles cortaram relações 1.2.2** er will es nicht zum völligen ~ kommen lassen ⟨fig.⟩ *die Verbindung nicht völlig abbrechen* □ ***ele não quer romper todos os vínculos 1.3** *Unterbrechung, Abgehen von einer bestimmten Darstellungsweise; Stil~* □ ***quebra de estilo 2** *das Gebrochene* □ **o que se quebrou 2.1** *Scherben, Trümmer* □ **cacos; escombros 2.1.1** ~ machen ⟨Fliegerspr.⟩ *so landen, dass das Flugzeug dabei beschädigt wird;* bei der Landung machte das Flugzeug ~ □ ***fazer pouso forçado 2.1.2** etwas geht in die Brüche *zerbricht, wird zerbrochen, misslingt;* Geschirr kann leicht in die Brüche gehen □ ***quebrar-se;** unser Plan ist in die Brüche gegangen ⟨fig.⟩; ihre Ehe ist in die Brüche gegangen ⟨fig.⟩ □ ***ir para o brejo 2.2** *entzweigegangene, zerbrochene, minderwertige Ware;* ~schokolade; der ~ von Keks, Schokolade, Waffeln □ **pedaço quebrado; farelo 2.2.1** da hast du dir ~ aufschwatzen lassen ⟨umg.⟩ *minderwertige Ware* □ ***você levou gato por lebre 3** *Stelle, an der etwas gebrochen ist od. gebrochen wird;* ein gezackter, glatter, rauer, unebener ~ □ **fratura; fenda 3.1** ⟨Med.⟩ *Knochenbruch;* der ~ eines Arms, Beins, Fingers, Wirbels, Zehs; ein einfacher, glatter, komplizierter ~ □ **fratura 3.2** ⟨Med.⟩ *Heraustreten von Nabel od. Gewebe durch eine schwache Stelle im bedeckenden Gewebe; Nabel~;* einen ~ operieren; sich am ~ operieren lassen; sich einen ~ heben, zuziehen □ **hérnia 3.3** *Steinbruch* □ **pedreira 4** *durch Faltung entstandene Kante, Knick, Falte, Bügelfalte;* einen scharfen ~ in die Hose bügeln; der Faltenrock hat keine Brüche mehr □ **prega; vinco 5** ⟨Math.⟩ *Verhältnis zwischen zwei ganzen Zahlen;* einen ~ erweitern, kürzen, verwandeln; rechnet ihr in der Schule schon mit Brüchen? □ **fração;** → a. *echt(6)* **6** ⟨Forstw.⟩ *Beschädigung von Bäumen durch Wind od. Schnee;* Wind~ □ ***árvores danificadas pelo vento 7** ⟨Geol.⟩ *Verwerfung* □ **falha 8** ⟨Jägerspr.⟩ *ein als Kennzeichen auf erlegtes Wild od. auf die Fährte gelegter grüner Zweig* **8.1** *Zweig als Hutschmuck des erfolgreich gewesenen Jägers* □ **ramo 9** *Milchgerinnsel bei der Käseherstellung* □ **coalho 10** *Weinfehler* □ **defeito no vinho (pelo contato com metais) 11** ⟨umg.⟩ = *Einbruch(1.1)*

Bruch[2] ⟨m.; -(e)s, Brü|che; a. n.; -(e)s, Brü|che⟩ *Moor, Sumpfland, -wald;* den (das) ~ austrocknen □ **pântano**

brü|chig ⟨Adj.⟩ **1** *(leicht) zerbrechlich, Brüche*[1] *aufweisend;* ~es Gestein; ~er Knochen □ **frágil; quebradiço 1.1** ~er **Lehm** *rissiger L.* □ **rachado 1.2** ~e **Seide** *zerfallende S.* □ **esgarçado 2** ~e **Stimme** ⟨fig.⟩ *ungleichmäßige, klanglose S.* □ **afônico, frágil 3** ~e **Moral** ⟨fig.⟩ *nicht einwandfreie, uneinheitliche M.* □ **frágil; duvidosa**

bruch|rech|nen ⟨V. 400; nur. Inf.⟩ *mit Brüchen*[1]*(5) rechnen* □ **calcular com frações**

Bruch|stück ⟨n.; -(e)s, -e⟩ **1** *von einem Ganzen abgebrochenes Stück;* die ~e der Vase zusammenkleben; sie konnte nur einzelne ~e ihrer Unterhaltung hören ⟨fig.⟩ ☐ fragmento; pedaço **2** = *Fragment(1-2);* nur ~e seines Werkes sind uns erhalten ☐ fragmento; trecho **3** ⟨Bildhauerei⟩ *unvollständiger Körper* ☐ esboço

Bruch|teil ⟨m.; -(e)s, -e⟩ **1** *ein bestimmter Teil eines Ganzen;* der ~ eines Millimeters, einer Sekunde, einer Summe, eines Wertes ☐ fração; parte **1.1** im ~ einer Sekunde ⟨fig.⟩ *äußerst schnell* ☐ *em uma fração de segundo **2** *sehr kleiner Teil;* nur ein ~ der Arbeit konnte heute geleistet werden; nur ein ~ des Schadens wurde von der Versicherung ersetzt ☐ parcela; fração

Brü|cke ⟨f.; -, -n⟩ **1** *Bauwerk zur Führung von Verkehrswegen über Straßen, Eisenbahnlinien, Flüsse, Schluchten usw.;* eine ~ abbrechen, bauen, konstruieren, schlagen, sprengen; eine aufklappbare, breite, drehbare, hochziehbare, hölzerne, provisorische, schmale, schwankende, stählerne, steinerne ~; auf der ~ stehen und in den Fluss hinabschauen; eine ~ über eine Eisenbahnlinie, einen Fluss, ein Tal; über die ~ fahren, gehen ☐ ponte; viaduto **1.1** alle ~n hinter sich abbrechen ⟨fig.⟩ *alle Verbindungen lösen, sich eine Rückkehr unmöglich machen* ☐ *romper todos os vínculos; → a. *golden(4.1)* **2** *Haltevorrichtung für künstliche Zähne an den benachbarten, gesunden Zähnen;* Zahn~ **3** ⟨Mar.⟩ *Kommandosteg auf dem Oberdeck von Schiffen;* Kommando~; auf der ~ stehen und Befehle geben; von der ~ aus das Gefecht beobachten **4** ⟨Theat.⟩ *Arbeitssteg über der Bühne;* Beleuchter~ **5** ⟨Tech.⟩ *Querleitung bei Messschaltungen;* Wheetstone~ **6** ⟨Sp.⟩ *Rückbeuge des Körpers, bis die Hände den Boden erreichen, als turnerische Übung;* die ~ machen **7** ⟨Sp.⟩ *Verteidigungsstellung beim Ringen* ☐ ponte **8** *kleiner schmaler Teppich;* zwischen Wohnzimmer und Essecke liegt eine ~ ☐ passadeira **9** ⟨schweiz.⟩ *Fußbank* ☐ escabelo; banquinho **10** ⟨schweiz.⟩ *Heuboden* ☐ palheiro **11** ⟨österr.⟩ *Schlachthof* ☐ matadouro

Bru|der ⟨m.; -s, Brü|der⟩ **1** *von demselben Elternpaar abstammender männlicher Verwandter;* ich habe noch einen ~; er ist ihr ~; mein älterer, großer, kleiner, jüngerer, leiblicher ~; der ~ mütterlicherseits, väterlicherseits; der Schlaf ist der ~ des Todes (poet.) ☐ irmão **2** *Freund, Genosse, Mitglied derselben Vereinigung od. Gemeinschaft;* Bundes~, Kegel~, Vereins~ ☐ associado; confederado **2.1** das Gemälde ist unter Brüdern 500 Euro wert ⟨umg.⟩ *billig gerechnet in ehrlichem, freundschaftlichem Handel* ☐ *para amigos faço a pintura por 500 euros **2.2** *Mönch;* Kloster~, Laien~, Ordens~; Barmherzige Brüder; geistlicher ~ ☐ irmão **2.3** *Kamerad, Kerl;* ein finsterer ~ ☐ camarada; sujeito **2.3.1** gleiche Brüder, gleiche Kappen ⟨Sprichw.⟩ *einer wie der andere, gleich u. gleich gesellt sich gern* ☐ *cada qual com seu igual **2.3.2** ~ Liederlich ⟨umg.; scherzh.⟩ *liederlicher, unordentlicher Bursche (bes. als Anrede)* ☐ *bagunceiro **2.3.3** ~ Saufaus ⟨umg.; scherzh.⟩ *Trunkenbold (bes. als Anrede)* ☐ *pinguço; cachaceiro **2.3.4** ~ **Lustig** ⟨umg.; scherzh.⟩ *lustiger Mensch* ☐ *sujeito engraçado; figura; → a. *nass(3), nass(5), warm(5)*

brü|der|lich ⟨Adj.⟩ *wie unter Brüdern üblich, voller Zuneigung, gerecht;* eine ~e Umarmung; etwas ~ teilen ☐ fraternal(mente)

Brü|der|schaft ⟨f.; -; unz.⟩ **1** *enge Freundschaft, brüderliches Verhältnis;* in ~ zusammenleben ☐ fraternidade; amizade **1.1** jmdm. ~ antragen, anbieten *die Anrede mit Du anbieten* ☐ *propor a alguém tratar-se por "você" **1.2** ~ **schließen, trinken** *in der Anrede vom Sie zum Du übergehen* ☐ *selar amizade; passar a tratar-se informalmente depois de um brinde **2** *Zusammenschluss von Gleichgesinnten* ☐ confraria; irmandade

Brü|he ⟨f.; -, -n⟩ **1** *durch Kochen von Nahrungsmitteln (bes. von Fleisch u. Knochen) gewonnene Flüssigkeit;* Fleisch~, Knochen~; eine heiße, klare, kräftige, würzige ~ trinken; ~ mit Ei veredeln; ~ von Geflügel, Gemüse, Knochen, Rindfleisch kochen ☐ caldo **1.1** die ~ kostet mehr als der Braten ⟨fig.⟩ *das Drum u. Dran ist kostspieliger als die Sache selbst* ☐ *o caldo é mais caro do que o peixe; → a. *körnen(1.1)* **2** ⟨umg.; abwertend⟩ *schmutzige, trübe Flüssigkeit;* diese dünne ~ soll Kaffee sein?; in dieser ~ willst du baden? ☐ água suja

brü|hen ⟨V. 500⟩ etwas ~ *mit kochendem Wasser übergießen, auf etwas kochendes Wasser einwirken lassen;* Reis, Gemüse, Mandeln ~; ich brühte das Huhn ☐ escaldar

brüh|warm ⟨Adj.; umg.⟩ **1** ⟨70⟩ *ganz frisch, neu;* eine ~e Neuigkeit; die Geschichte ist noch ~ ☐ fresco; recente **2** ⟨50⟩ *etwas ~ weitererzählen sofort, umgehend;* etwas jmdm. ~ auftischen ☐ imediatamente

brül|len ⟨V.⟩ **1** ⟨400 od. 410⟩ *dumpf, laut schreien;* der Ochse brüllte ☐ mugir; die Raubtiere brüllten ☐ bramir; die Kinder ~ auf dem Hof ☐ berrar; gritar; wie am Spieß ~ ⟨umg.⟩ ☐ *fazer um escarcéu; vor Schmerz, Wut, Zorn ~ ☐ berrar; urrar **1.1** vor Dummheit ~ ⟨umg.⟩ *sehr dumm sein* ☐ *ser burro como uma porta **1.2** das ist ja zum Brüllen ⟨umg.⟩ *komisch, dass man laut darüber lachen muss* ☐ *é de morrer de rir **2** ⟨500⟩ etwas ~ *laut schreiend rufen;* er brüllte die Kommandos; „das ist eine Frechheit!" brüllte er ☐ gritar; vociferar

brum|men ⟨V.⟩ **1** ⟨400⟩ *tiefe, dumpfe Laute von sich geben;* der Bär brummt; die Fliege, der Käfer r, im Kreisel, eine tiefe Stimme brummt ☐ grunhir; zumbir; murmurar **2** ⟨600⟩ *jmdm. brummt der Kopf jmd. hat (dumpfe) Kopfschmerzen;* mir brummt der Kopf, der Schädel vor lauter Lernen ☐ *estar com a cabeça latejando **3** ⟨410; fig.⟩ *mürrisch sein, schmollen, unverständlich sprechen;* er brummt in letzter Zeit sehr oft ☐ resmungar **4** ⟨400⟩ *müssen ⟨fig.; umg.⟩ eine Strafe absitzen müssen* ☐ *ter que pagar por seus pecados **4.1** *im Gefängnis eine Strafe abbüßen müssen;* er muss vier Wochen ~ ☐ *ter que ir para o xilindró **5** ⟨500⟩ *etwas ~ undeutlich (u. ärgerlich)* *sagen;* „das hättest du besser machen können", brummte er; was brummst du vor dich hin?; was brummst du da in deinen Bart? ☐ resmungar

Brum|mer ⟨m.; -s, -⟩ **1** ⟨i. e. S.⟩ *ein Insekt, das beim Flug brummende Geräusche verursacht, z. B. Schmeißfliege, Hummel* ☐ moscão **2** ⟨i. w. S.⟩ *jedes brummende Tier, bes. Stier* ☐ animal que emite grunhido **3** ⟨umg.; scherzh.⟩ *schlechter Sänger* ☐ cantor desafinado **4** ⟨umg.⟩ *etwas (Großes, Dickes u. Schwerfälliges), was ein brummendes Geräusch erzeugt* ☐ trambolho **4.1** *schweres Geschoss;* ein großer, dicker ~ ☐ *artilharia pesada **4.2** *Lastkraftwagen mit großer Motorleistung* ☐ caminhão

brü|nett ⟨Adj. 24⟩ *von bräunlicher Farbe, braunhaarig;* eine ~e Frau; einen ~en Teint besitzen ☐ moreno

Brun|nen ⟨m.; -s, -⟩ **1** *Anlage zur Förderung von Grundwasser durch Schöpfeimer od. Pumpe;* Zieh~; einen ~ anlegen, bohren, graben; ein artesischer, künstlicher, natürlicher ~ ☐ poço **1.1** den ~ zudecken, wenn das Kind hineingefallen ist ⟨fig.⟩ *erst dann Maßnahmen treffen, wenn ein Unglück geschehen ist* ☐ *casa roubada, trancas à porta **2** *Wasser einer natürlichen Quelle, bes. Heilquelle;* Mineral~; ~ trinken; ein heißer, kohlensäurehaltiger, salziger, warmer ~ ☐ água **3** *Badeort* ☐ termas

Brunst ⟨f.; -, Brüns|te⟩ *der bei vielen Säugetieren periodisch über einen längeren od. kürzeren Zeitraum (Brunstzeit) auftretende Zustand geschlechtlicher Erregung* ☐ cio

brüsk ⟨Adj.⟩ *unvermittelt, abrupt, schroff;* jmdn. ~ abweisen ☐ bruscamente; rudemente; jmdm. eine ~e Antwort erteilen ☐ brusco; rude

Brust ⟨f.; -, Brüs|te⟩ **1** ⟨unz.⟩ *die vordere Hälfte des Rumpfes des Menschen u. der Wirbeltiere;* eine breite, schmale ~; sich an jmds. ~ ausweinen; jmdn. an die ~ drücken; an jmds. ~ sinken ☐ peito; tórax **1.1** die ~ schwillt ihm vor Freude, Glück, Stolz ⟨fig.⟩ *er ist sehr glücklich, stolz* ☐ *ele está todo inchado (de alegria/felicidade/orgulho) **1.2** jmd. hat es auf der ~ ⟨umg.⟩ *leidet an Bronchitis, ist lungenkrank* ☐ *sofrer de bronquite/dos pulmões **1.3** schwach auf der ~ sein ⟨fig.; umg.⟩ *zahlungsunfähig sein, wenig Geld bei sich haben* ☐ *estar curto de grana **1.4** aus voller ~ singen *kräftig, laut, mit voller Lungenkraft* ☐ *cantar a plenos pulmões **1.5** sich in die ~ werfen ⟨fig.⟩ *sich ein Ansehen geben, prahlen* ☐ *vangloriar-se; gabar-se **2** *beim weiblichen Oberkörper (milchgebendes) paariges Organ von halbkugeliger Form;* dem Säugling die ~ geben; der Säugling nimmt die ~ ☐ peito; seio; den Säugling von der ~ entwöhnen ☐ *desmamar o bebê **2.1** an den Brüsten der Weisheit saugen ⟨poet.⟩ *studieren, eifrig lernen* ☐ *beber na fonte da sabedoria **3** ⟨Getrennt- u. Zusammenschreibung⟩ 3.1 ~ schwimmen = *brustschwimmen*

Brust|drü|se ⟨f.; -, -n; Anat.⟩ *bei Menschen u. Säugetieren vorkommende paarige Drüse mit äußerer Sekretion (Milchbildung)* ☐ glândula mamária

brüs|ten ⟨V. 500/Vr 3; abwertend⟩ **sich mit etwas ~** *mit etwas angeben, prahlen;* er brüstet sich damit, alle Prüfungen mit Auszeichnung bestanden zu haben ☐ *vangloriar-se/gabar-se de alguma coisa

Brust|fell ⟨n.; -(e)s, -e; Anat.⟩ **1** *die den Brustraum der Wirbeltiere innen auskleidende Membran;* Pleura; Sy Rippenfell **2** *Fell auf der Brustseite eines Tieres* ☐ pleura

Brust|korb ⟨m.; -(e)s, -kör|be⟩ *das knöcherne korbförmige Gerüst der Brust bei Menschen u. höheren Tieren, das aus den Rippen, der oberen Wirbelsäule u. dem Brustbein gebildet wird* ☐ caixa torácica

brust|schwim|men ⟨V. 400; nur im Inf. üblich⟩ *auch:* Brust schwim|men ⟨V. 235/400(s.) od. (h.)⟩ *in Brustlage schwimmen;* ich kann ~; du schwimmst Brust ☐ nadar peito

Brüs|tung ⟨f.; -, -en⟩ *eine bis zur Brust od. halben Höhe eines Menschen reichende Ausmauerung einer Fensteröffnung od. Schutzwand einer Terrasse;* Fenster~, Balkon~; eine Marmor~, Holz~; er beugte sich über die ~; sie lehnte sich an die ~ ☐ parapeito; peitoril

Brut ⟨f.; -, -en⟩ **1** ⟨unz.⟩ *das Brüten(1);* die erste, zweite ~ ☐ incubação; choco **2** *Nachkommenschaft aller brutpflegenden Tiere, bes. der eierlegenden;* die ~ der Fische, Fliegen, Insekten, Vögel; die ~ aufziehen, ausrotten ☐ ninhada; desova **3** ⟨fig.; abwertend⟩ *Gesindel, Pack;* diese ~ hat hier nichts zu suchen ☐ gentalha; raça **4** *Pflanzenteile zur Aufzucht neuer Pflanzen* ☐ muda **5** *ungeschliffene Edelsteine* ☐ pedra bruta

bru|tal ⟨Adj.⟩ *roh, gewaltsam, rücksichtslos;* ein ~er Mensch; das ~e Vorgehen des Militärs ☐ brutal

brü|ten ⟨V.⟩ **1** ⟨400⟩ *die Eier durch eigene Körperwärme erwärmen bis zum Ausschlüpfen der Jungen;* die Glucke brütet ☐ incubar; chocar **2** ⟨400; Atomphys.⟩ *im Brutreaktor spaltbares Material erzeugen* ☐ sofrer regeneração **3** ⟨400⟩ *etwas brütet lastet drückend auf etwas;* die Hitze, der Mittag, die Sonne brütet über dem Tal ☐ sufocar; ~de Hitze; es ist ~d heiß ☐ *está um calor sufocante **4** ⟨800⟩ **über etwas ~** ⟨fig.⟩ *über etwas nachgrübeln, nachsinnen;* über den Schulaufgaben ~; über einem Entschluss ~ ☐ refletir; meditar **5** ⟨500⟩ **etwas ~** *auf etwas sinnen, nach etwas trachten;* Rache ~ ☐ tramar

Brut|kas|ten ⟨m.; -s, -käs|ten⟩ **1** ⟨Med.⟩ *Gerät zur Aufzucht von Frühgeburten* ☐ incubadora **2** ⟨fig.; umg.⟩ *sehr heißer Ort;* hier ist es wie im ~! ☐ forno

Brut|stät|te ⟨f.; -, -n⟩ **1** *Brutplatz, Ort zum Ausbrüten der Eier* ☐ ninho; lugar para chocar **2** ⟨fig.; abwertend⟩ *Ort, an dem sich Seuchen, Ungeziefer, Verbrechen usw. bes. günstig entwickeln können;* eine ~ des Lasters, Unheils ☐ foco; covil

brut|to ⟨Adj. 11; Kaufmannsspr.⟩ Ggs *netto* **1** *einschließlich Verpackung* **2** *ohne Abzug* **2.1** *ohne Rabatt* **2.2** *ohne Steuerabzug;* ein Gehalt von 2.000 € ~ ☐ bruto

brut|zeln ⟨V.; umg.⟩ **1** ⟨400⟩ *etwas brutzelt brät in spritzendem Fett;* das Schnitzel brutzelt in der Pfanne **2** ⟨500⟩ **etwas ~** *bratend zubereiten;* ich werde uns noch ein Spiegelei ~ ☐ fritar

Bub ⟨m.; -en, -en; süddt., österr., schweiz.⟩ = *Bube*

Bu|be ⟨m.; -n, -n⟩ **1** oV *Bub* (süddt., österr., schweiz.) **1.1** *Junge, Knabe;* ein lieber, fleißiger, aufgeweckter, wilder ~; ~ oder Mädchen; Laus~; Schul~ □ **garoto; menino 1.2** ⟨veraltet⟩ *Lehrling, Auszubildender;* Lehr~ □ **aprendiz 1.3** ⟨früher⟩ *junger Ritter vor dem Ritterschlag;* Stahl~ **1.4** ⟨Kart.⟩ *französische vierthöchste Spielkarte;* → a. *Unter, Wenzel;* den ~n ausspielen □ **valete**

Buch ⟨n.; -(e)s, Bü|cher⟩ **1** ⟨früher⟩ *zusammengebundene Schreibtafeln aus Buchenholz* □ **códice 2** *größeres (Schrift- od.) Druckwerk aus miteinander verbundenen Papierbogen u. einem festen Einband;* ein ~ wieder auflegen, binden, erscheinen lassen, verlegen, vertreiben; ein antiquarisches ~ kaufen; ein gutes, interessantes, langweiliges, spannendes ~ lesen; dieses ~ ist vergriffen, nicht mehr erhältlich; ein ~ für anspruchsvolle, junge Leser; in einem ~ blättern, lesen □ **livro 2.1** steck deine Nase ins ~! ⟨umg.⟩ *lerne!* □ ***abra o livro!;** *estude!* **2.2** du solltest öfter ein ~ in die Hand nehmen! ⟨umg.⟩ *du solltest mehr lesen!* □ ***você deveria ler mais!** **2.3** über den Büchern sitzen ⟨umg.⟩ *fleißig lernen, geistig arbeiten* □ ***ralar de estudar** **2.4** er redet wie ein ~ *gewandt u. pausenlos* □ ***ele fala pelos cotovelos** **2.5** in jmds. Seele wie in einem ~ lesen können ⟨fig.⟩ *jmdn. genau kennen* □ ***conhecer alguém como a palma da mão** **2.6** das ist für mich ein ~ mit 7 Siegeln ⟨fig.⟩ *das ist mir unverständlich, ein großes Geheimnis* □ ***isso é grego para mim;** → a. *Monat(1.1)* **2.7** wie es im ~ steht! ⟨fig.⟩ *besonders typisch;* ein Geschäftsmann, wie er im ~e steht! □ ***como manda o figurino!** **2.8** das ~ zum Film, zu einer Oper *Drehbuch, Textbuch* □ **roteiro; libreto 3** *Teil eines größeren Schriftwerkes, z. B. der Bibel;* das ~ Hiob □ **livro 4** *eine in einem Umschlag od. Einband zusammengefasste meist größere Anzahl von leeren Papierblättern, die für bestimmte Eintragungen benutzt werden;* Tage- □ **diário; caderno de anotações 4.1** ~ führen (über) *systematische Ausgaben, Vorfälle usw. aufzeichnen* □ ***registrar, escriturar** **4.2** damit hat er sich ins ~ der Geschichte eingetragen ⟨fig.⟩ *unsterblichen Ruhm verdient* □ ***com isso ele entrou para a história;** → a. *golden(2.2)* **4.3** ⟨meist Pl.⟩ *Bücher* ⟨Wirtsch.⟩ *die der Buchführung dienenden Unterlagen in Form von gebundenen Büchern(4) od. losen Blättern;* jmdm. die Bücher führen; die Bücher prüfen □ **livros; contabilidade 4.3.1** das Haus steht mit 80.000 Euro zu ~ ⟨Kaufmannsspr.⟩ *ist mit dem Wert eingetragen* □ ***a casa está avaliada em 80.000 euros 5** ⟨Sp.⟩ *Wettliste bei Pferderennen* □ **livro de apostas 5.1** ~ machen *Rennwetten eintragen* □ ***registrar aposta em um páreo** **6** ein ~ **Spielkarten** *ein Satz S.* □ ***um baralho** **7** *Mengenmaß für Papierbogen u. für Blattgold u. -silber* **7.1** ein ~ **Papier** *100 Bogen* □ ***quatro mãos de papel** **7.2** ein ~ **Blattgold od. -silber** *250 Blatt* □ ***dez mãos de ouro/prata em folha**

Bu|che ⟨f.; -, -n; Bot.⟩ *ein Laubbaum mit silberglatter Rinde u. rötlichem Holz aus der Familie der Buchengewächse, die in Europa nur durch eine Art vertreten ist: Fagus silvatica;* ein Wald mit alten ~n □ **faia**

Buch|ecker ⟨f.; -, -n; Bot.⟩ *kleine dreikantige, ölhaltige Frucht der Buche* □ **fruto da faia**

bu|chen ⟨V. 500⟩ **1** ⟨Kaufmannsspr.⟩ *etwas ~ etwas in Geschäftsbuch od. Liste eintragen;* eine Summe auf ein Konto ~; die Bank buchte die Zinsen, Gewinn □ **lançar; contabilizar 2** *etwas* (als etwas) *~* ⟨fig.⟩ *etwas Vorteilhaftes für sich od. jmdn. registrieren;* er hat es zu seinen Gunsten gebucht; er bucht es als Erfolg, Gewinn für sich □ **registrar; considerar 3** *etwas ~ bei einem Reiseunternehmen od. -büro einen Platz für eine Reise rechtsverbindlich bestellen;* einen Platz im Flugzeug, auf dem Schiff, im Schlafwagen ~; er hat einen Flug nach Madrid gebucht; schon 8000 Urlauber haben für die Nebensaison gebucht □ **marcar; reservar**

Bü|che|rei ⟨f.; -, -en⟩ = *Bibliothek*

Bü|cher|wurm ⟨m.; -(e)s, -wür|mer⟩ **1** *in Büchern lebende Art der Bohrkäfer* □ **traça 2** ⟨fig.; umg.; scherzh.⟩ *jmd., der ständig u. eifrig Bücher liest, Bücherliebhaber;* er ist ein richtiger ~ □ **rato de biblioteca**

Buch|füh|rung ⟨f.; -, unz.⟩ *1 systematisches Aufschreiben aller Geschäftseinnahmen u. -ausgaben;* Sy *Buchhaltung(1)* □ **contabilidade;** → a. *doppelt(1.2), einfach(2.2)*

Buch|hal|tung ⟨f.; -, -en⟩ **1** = *Buchführung* **2** *die für die Buchführung zuständige Abteilung eines Betriebes;* sie arbeitet in der ~ □ **contabilidade**

Buch|hand|lung ⟨f.; -, -en⟩ *Geschäft, in dem Bücher verkauft werden;* Sy ⟨umg.⟩ *Buchladen* □ **livraria**

Buch|la|den ⟨m.; -s, -lä|den; umg.⟩ = *Buchhandlung*

Buch|ma|cher ⟨m.; -s, -⟩ *jmd., der gewerbsmäßig bei Pferderennen Wetten vermittelt* □ **bookmaker**

Büch|se ⟨[-ks-] f.; -, -n⟩ **1** *kleiner Behälter aus Holz, Metall o. Ä., Dose, Schachtel;* Blech~, Konserven~ □ **caixa; lata 1.1** *Konservendose;* eine ~ Ananas, Gulasch, Milch, Thunfisch, Würstchen; das Fleisch in der ~ erwärmen □ **lata de conserva 1.2** *Sammelbüchse;* ein Scherflein in die ~ werfen (poet.) □ **mealheiro 2** ⟨früher⟩ *jede Art Handfeuerwaffe od. Geschütz* □ **arma de fogo 2.1** (später) *Gewehr mit gezogenem Lauf;* die ~ knallt; die ~ laden, spannen, umhängen □ **espingarda 2.2** (heute meist) *Jagdgewehr;* Wild vor die ~ bekommen □ **espingarda de caça; carabina**

Buch|sta|be ⟨m.; -ns, -n⟩ **1** *Schriftzeichen für einen Sprachlaut;* A, der erste ~ des Alphabets; deutsche, griechische, kyrillische, lateinische ~n; ein gedruckter, geschriebener, großer, kleiner ~ □ **letra; caractere 1.1** eine Zahl in ~n schreiben *nicht in Ziffern angeben, sondern als Wort ausschreiben* □ ***escrever um número por extenso;** → a. *vier(2.2)* **2** ⟨fig.⟩ *Wortlaut, formale Vorschrift;* sich zu sehr an den ~n halten; man darf nicht nur nach dem ~n gehen!; nur nach dem ~n richten, verurteilen etwas nur nach dem ~n des Gesetzes erfüllen □ **ao pé da letra; literalmente 3** seine vier ~n (verhüllend) *Gesäß,* ⟨umg.⟩ *Popo* □ ***bumbum**

buch|sta|bie|ren ⟨V. 500⟩ **1** ein Wort ~ *die Buchstaben eines Wortes in der Reihenfolge einzeln nennen;* seinen

Namen am Telefon ~; ein fremdes Wort ~ 1.1 jedes Wort ~ *langsam, schülerhaft lesen* □ soletrar 2 *eine unleserliche* Schrift ~ *mit zu Mühe entziffern versuchen* □ decifrar

buch|stäb|lich ⟨Adj.⟩ 1 ⟨90⟩ *dem Wortlaut, nicht dem Sinn entsprechend, genau dem Buchstaben nach; eine Textstelle* ~ *übersetzen, auslegen* 2 ⟨50; fig.⟩ *tatsächlich, im wahrsten Sinne des Wortes, wirklich; er wurde* ~ *in Stücke gerissen* □ literalmente

Bucht ⟨f.; -, -en⟩ 1 *ins Land eingreifender Teil von Meeren od. Binnengewässern* □ baía; golfo 2 *in ein Gebirge eingreifender Teil des Flachlandes;* Tiefland~ □ enseio 3 *in den Bürgersteig eingreifender, als Parkplatz od. Haltestelle gekennzeichneter Teil der Straße;* Park~ □ acostamento 4 ⟨Mar.⟩ 4.1 *seitliche Krümmung des Schiffsdecks* □ costado 4.2 *Biegung, Schleife, Windung in einem Tau od. einer Leine* □ laçada 5 *Schweinekoben, Verschlag;* Sau~ □ chiqueiro; cercado

Bu|chung ⟨f.; -; -en⟩ 1 *das Buchen* 2 *rechtsverbindliche Bestellung eines Platzes für eine Reise, einen Flug o. Ä. bei einem Reiseveranstalter; eine* ~ *bestätigen, stornieren* □ reserva 3 ⟨Wirtsch.⟩ *Eintragung eines Geschäftsvorganges in ein Rechnungsbuch* □ registro; assentamento

Buch|wei|zen ⟨m.; -s; unz.; Bot.⟩ *Gattung der Knöterichgewächse, deren dreikantige Früchte den Bucheckern ähneln u. deren Mehl als Grütze gegessen wird: Fagopyrum; Gemeiner* ~; *Tatarischer* ~ □ trigo-sarraceno

Bu|ckel ⟨m.; -s, -⟩ 1 ⟨umg.⟩ *Rücken* □ costas 1.1 *er kann mir den* ~ *hinunterrutschen!* ⟨fig.; umg.⟩ *er ist mir ganz gleichgültig* □ *ele que vá para o inferno!* 1.2 *jmdm. den* ~ *zudrehen* ⟨fig.; umg.⟩ *jmdn. nicht beachten* □ *dar/virar as costas a alguém* 1.3 *den* ~ *vollkriegen* ⟨umg.⟩ *eine Tracht Prügel* □ *levar uma bela surra* 1.4 *er hat schon seine 90 Jahre auf dem* ⟨fig.; umg.⟩ *ist schon 90 Jahre alt* □ *ele já tem 90 anos nas costas* 1.5 *er hat schon genug auf seinem* ~ ⟨fig.; umg.⟩ *er hat es schon schwer genug* □ *ele já tem responsabilidades demais nas costas* 1.6 *etwas auf seinen* ~ *nehmen* ⟨fig.⟩ *die Verantwortung auf sich nehmen* □ *carregar nas costas* 1.7 *ihr lief es kalt den* ~ *hinunter* ⟨fig.; umg.⟩ *ihr schauderte* □ *um calafrio lhe percorreu a espinha;* → a. breit(2.1), krumm(1.1) 2 *Wölbung der Wirbelsäule nach hinten; sie hat einen* ~ □ corcunda; corcova 2.1 *sich einen* ~ *lachen* ⟨umg.⟩ *tüchtig lachen* □ *morrer de rir* 3 *Höcker, Beule, Ausbuchtung* □ protuberância; saliência 3.1 *erhabene Metallverzierung* □ adorno com relevo metálico

bu|cke|lig ⟨Adj.⟩ = bucklig

bü|cken ⟨V. 500/Vr 3⟩ *sich* ~ *sich den Rücken krummmachen, nach vorne u. gleichzeitig nach unten beugen; sich schnell, tief* ~; *sich zur Erde, zu Boden* ~; *ich bückte mich nach einem Pilz; sie geht gebückt an Stock; das Bücken strengt an* □ *curvar-se; inclinar--se; abaixar-se*

buck|lig ⟨Adj.⟩ oV buckelig 1 *mit einem Buckel(2), einer Rückenkrümmung ausgestattet; ein* ~*er Mensch* □ corcunda; encurvado 2 *mit Hügeln, Ausbuchtungen (u. Löchern) versehen, uneben; eine* ~*e Straße* □ acidentado; irregular

Bück|ling¹ ⟨m.; -s, -e; scherzh.⟩ *Verbeugung, Diener; er verabschiedete sich mit vielen* ~*en; sie machten einen tiefen* ~ □ mesura; reverência

Bück|ling² ⟨m.; -s, -e⟩ *warm geräucherter Hering* □ arenque defumado

Bud|del ⟨f.; -, -n; norddt.; umg.⟩ *Flasche; eine* ~ *voll Rum* □ garrafa

bud|deln ⟨V.; umg.⟩ 1 ⟨400⟩ *wühlen, graben, im Sand spielen;* Kinder ~ *gern im Sand* □ cavar; brincar (na areia) 2 ⟨500⟩ Kartoffeln ~ *mit der Hacke aus der Erde graben* □ colher; desenterrar

Bud|dhis|mus ⟨m.; -; unz.⟩ *die von Buddha (560-480 v. Chr.) begründete indische Religion* □ budismo

Bu|de ⟨f.; -, -n⟩ 1 *leichtes Bretterhäuschen, bes. als Verkaufsstelle;* Bretter~ □ quiosque 2 *Verschlag od. Zelt auf dem Jahrmarkt mit öffentlichen Darbietungen;* Schausteller~ □ barraca; tenda 3 *kleines baufälliges Haus, alte behelfsmäßig eingerichtete Wohnung, Spelunke* □ casebre; espelunca 4 ⟨umg.; abwertend⟩ *Laden, Geschäft* □ lojinha; biboca 4.1 *die* ~ *zumachen* ⟨fig.; umg.⟩ *sein Geschäft schließen (bes. wegen Zahlungsunfähigkeit)* □ *fechar as portas* 5 ⟨umg.; scherzh.⟩ *Stube, Heim, Büro u. Ä.;* Studenten~ □ quarto; cômodo 5.1 *jmdm. die* ~ *einlaufen, einrennen* ⟨fig.; umg.⟩ *ihn wiederholt aufsuchen u. mit Wünschen belästigen* □ *pegar no pé de alguém* 5.2 *jmdm. auf die* ~ *rücken* ⟨umg.⟩ *ihn aufsuchen (bes. um ihn dann zur Rede zu stellen)* □ *ir atrás de alguém; ir ter com alguém* 5.3 *die* ~ *auf den Kopf stellen* ⟨umg.; scherzh.⟩ *Unsinn treiben* □ *virar tudo de pernas para o ar* 5.4 *er kam mir unerwartet, unverhofft in die* ~ *geschneit* ⟨fig.; umg.⟩ *unangemeldet, mich zu besuchen* □ *ele chegou de surpresa* 5.5 *Leben in die* ~ *bringen* ⟨fig.; umg.⟩ *in einer Gesellschaft die Unterhaltung beleben* □ *animar o ambiente;* → a. sturmfrei(2)

Bud|get ⟨[bydʒeː] n.; -s, -s⟩ *finanzieller Rahmen, Haushaltsplan, zur Verfügung stehende Geldsumme; für das Projekt steht ein* ~ *von einer halben Million zur Verfügung; mein* ~ *ist erschöpft* □ orçamento

Bü|fett ⟨[byfeː] n.; -s od. -e⟩ oV ⟨österr.; schweiz.⟩ *Buffet* 1 *Anrichte, Porzellan- u. Glasschrank* □ aparador 2 *Schanktisch* □ balcão 3 *Tisch mit Speisen zum Selbstbedienen* 3.1 *die am Büfett(3) gereichten Speisen; kaltes* ~, *warmes* ~ □ bufê

Büf|fel ⟨m.; -s, -; Zool.⟩ *Angehöriger einer Gruppe der Rinder mit langen, im Querschnitt fast dreieckigen Hörnern mit Ringen an der Basis, Schulterhöhe 180 cm* □ búfalo

büf|feln ⟨V. 402; umg.⟩ (etwas) ~ *intensiv lernen, pauken; ich muss heute noch Mathe* ~; *er büffelt für sein Abitur* □ ralar de estudar

Buf|fet ⟨[byfeː], schweiz. [byfeː] n.; -s, -s⟩ = Büfett

Bug ⟨m.; -(e)s, Bü|ge od. (Mar. nur so) -e⟩ 1 ⟨Mar.; Luftfahrt⟩ *vorderer Teil eines Schiffes od. Flugzeugs; vorn am* ~ *stehen; der Pilot sitzt im* ~ □ proa; nariz 2 ⟨Zool.⟩ *Schulterteil bei Pferd, Rind u. Hochwild*

☐ espádua 3 ⟨Kochk.⟩ *Schulterstück (vom Schlachttier)* ☐ paleta 4 ⟨Arch.⟩ *kurze Strebe am oberen Ende eines Pfostens im Fachwerk, die meist paarweise vorkommt* ☐ contrafileira; contrafixa

Bü|gel ⟨m.; -s, -⟩ **1** *gebogene Leiste aus Holz od. Kunststoff mit einem nach oben greifenden Haken zum Aufhängen von Kleidungsstücken;* Kleider~; nimm das grüne Kleid vom ~!; er hängte die Hose auf den ~ ☐ cabide **2** = *Steigbügel(1);* in den ~ steigen; dem Reiter den ~ halten ☐ estribo **3** *Teil der Brille, das über die Ohren gelegt wird;* Brillen~; der rechte ~ ist verbogen ☐ haste **4** *gebogene metallene Einfassung des Verschlusses der Handtasche;* den ~ zuklappen ☐ fecho "clic-clac" **5** *Stromabnehmer bei elektrischen Bahnen;* der ~ hat keinen Kontakt ☐ arco coletor de corrente **6** *gebogene federnde Metallklammer zum Anpressen des Deckels auf das Glas beim Einkochen* ☐ fecho hermético **7** *gebogenes Teil der Säge über dem Sägeblatt;* eine Säge mit hölzernem ~ ☐ arco

Bü|gel|ei|sen ⟨n.; -s, -⟩ *metallenes, elektrisch beheiztes Gerät zum Bügeln von Wäsche* ☐ ferro de passar roupa

bü|geln ⟨V. 402⟩ ⟨Kleidungsstücke u. Wäsche⟩ ~ *mit dem Bügeleisen glätten;* Sy *plätten;* ich muss noch (die Hosen) ~ ☐ passar a ferro; engomar

Bug|gy ⟨[bʌgi] m.; -s, -s⟩ **1** *leichter, zusammenklappbarer Kindersportwagen* ☐ carrinho de bebê **2** ⟨urspr.⟩ *einspänniger, offener Kutschwagen* ☐ charrete; carroça

bug|sie|ren ⟨V. 500⟩ **1** ⟨Seemannsspr.⟩ *im Schiff* ⟨*innerhalb des Hafens*⟩ *schleppen, ins Schlepptau nehmen* ☐ rebocar **2** jmdn. od. etwas ~ ⟨fig.; umg.⟩ ⟨*mit Geschick u. Einfallsreichtum*⟩ *irgendwohin befördern, an einen anderen Platz schleppen;* einen Koffer auf den Dachboden ~ ☐ levar; arrastar

bu|hen ⟨V. 400; umg.⟩ *als Zeichen des Missfallens „Buh"* *rufen;* nach der Aufführung wurde gebuht, buhten viele Zuschauer ☐ vaiar

buh|len ⟨V. 800⟩ **1** mit jmdm. ~ ⟨veraltet; poet.⟩ *jmdm. seine Liebe zeigen (u. Zärtlichkeiten austauschen)* ☐ cortejar; galantear **1.1** ⟨heute abwertend⟩ *eine Liebschaft haben* ☐ *ter um caso com alguém* **2** um etwas od. jmdn. ~ ⟨veraltet⟩ *sich um etwas od. jmdn. bemühen, mit Schmeichelei werben;* um jmds. Gunst, Anerkennung ~ ☐ cortejar; adular **2.1** ⟨mit jmdm.⟩ um etwas ~ *wetteifern* ☐ competir; lutar por

Büh|ne ⟨f.; -, -n⟩ **1** *der nach dem Zuschauerraum hin geöffnete, für die Aufführung bestimmte Teil des Theaters;* die ~ der Oper, des Schauspielhauses; eine drehbare, große, kleine ~ ☐ palco **1.1** die ~ betreten *auftreten* ☐ *entrar em cena;* subir no palco **1.2** ein Stück auf die ~ bringen *aufführen* ☐ *levar uma peça aos palcos;* encenar uma peça **1.3** ein Stück geht über die ~ *wird aufgeführt* ☐ *uma peça é encenada* **1.3.1** die Sache geht über die ~ ⟨fig.; umg.⟩ *die Sache geht in Ordnung, es wird keine Schwierigkeiten geben* ☐ *as coisas vão indo bem* **1.4** ⟨fig.⟩ *Schauplatz* ☐ cena; palco **1.4.1** von der ~ abtreten ⟨fig.⟩ *sich* ⟨*von der Öffentlichkeit*⟩ *zurückziehen* ☐ *sair de cena* **2** ⟨fig.⟩ *Theater;* die städtischen ~n, die ~n der Stadt Hamburg ☐ palco; teatro **2.1** sich von der ~ zurückziehen *nicht mehr Theater spielen* ☐ *abandonar os palcos* **2.2** er will zur ~ gehen *Schauspieler werden* ☐ *ele quer ser ator* **3** *Podium, erhöhter Teil des Fußbodens, Tribüne;* Redner~ ☐ pódio; tribuna

Bu|kett ⟨n.; -(e)s, -e⟩ oV *Bouquet* **1** *Blumenstrauß* ☐ buquê; ramalhete **2** = *Blume(3)*

Buk|lee *auch:* **Buk|lee** ⟨Textilw.⟩ oV *Bouclé* **1** ⟨n.; -s, -s⟩ *knötchenartiges Garn* **2** ⟨m.; -s, -s⟩ *Gewebe aus Buklee(1)* ☐ buclê

Bul|let|te ⟨f.; -, -n; regional⟩ **1** = *Frikadelle* **1.1** ran an die ~n! ⟨fig.; umg.⟩ *los, auf geht's, lasst uns zugreifen, zupacken* ☐ *mãos à obra!;* vamos lá!

Bull|au|ge ⟨n.; -s, -n; an Schiffen⟩ *rundes Fenster an Schiffen* ☐ vigia

Bul|le¹ ⟨m.; -n, -n⟩ **1** *geschlechtsreifes männl. Rind, Zuchtstier;* ein großer, starker ~ **2** ⟨fig.⟩ *großer, starker Mann;* er ist ein richtiger ~ ☐ touro **3** ⟨derb; abwertend⟩ *Polizei- od. Kriminalbeamter;* die ~n waren hinter ihm her ☐ tira

Bul|le² ⟨f.; -, -n⟩ **1** *Kapsel für das Siegel einer Urkunde* **1.1** *das Siegel einer Urkunde* **2** *Urkunde mit Metallsiegel;* → a. *golden(1.2)* **3** *päpstlicher Erlass* ☐ bula

bul|lern ⟨V. 400; umg.⟩ **1** *dumpf poltern, knacken;* das Feuer bullert im Ofen ☐ estalar; crepitar **2** *poltern, pochen;* an die Haustür ~ ☐ bater; fazer barulho

Bu|me|rang ⟨a. [bu-] m.; -s, -e od. m.; -s, -s⟩ **1** *gebogenes Wurfholz, das zu dem Werfenden zurückkehrt* **2** ⟨fig.⟩ *auf den Verursacher, Initiator einer Sache sich nachteilig auswirkender Effekt; die Maßnahme ist zu einem ~ geworden, hat sich als ein ~ erwiesen* ☐ bumerangue

Bum|mel¹ ⟨m.; -s, -; umg.⟩ *gemütlicher Spaziergang ohne ein bestimmtes Ziel;* Schaufenster~; auf einem ~ durch die Geschäftsstraßen sein; einen ~ durch die Stadt machen ☐ passeio; volta

Bum|mel² ⟨f.; -, -n; umg.⟩ = *Bommel*

bum|meln ⟨V. 410; umg.⟩ **1** ⟨(s.)⟩ *ohne ein bestimmtes Ziel gemütlich spazieren gehen, umherschlendern;* durch die Hauptgeschäftsstraßen ~; ich bin durch ganz Paris gebummelt ☐ dar uma volta; passear **2** *trödeln, sehr langsam arbeiten;* bumm(e)le nicht, beeile dich ein bisschen! ☐ embromar; enrolar **3** *nichts tun, leichtsinnig leben;* in den ersten Semestern hat er nur gebummelt ☐ vagabundear; vadiar

bum|sen ⟨V.; umg.⟩ **1** ⟨400 od. 411⟩ *dröhnen, knallen, pochen;* er ist gegen die Tür gebumst; an das Fenster ~ ☐ bater; golpear **2** ⟨405 od. 500⟩ ⟨mit jmdm.⟩ od. jmdn. ~ ⟨derb⟩ *Geschlechtsverkehr ausüben* ☐ trepar

Bund¹ ⟨m.; -(e)s, Bün|de⟩ **1** *enge dauernde Verbindung zwischen gleichgesinnten Personen;* Ehe~; ein ~ der Freundschaft; ein dauerhafter, enger, fester, langjähriger ~; einen ~ eingehen, erneuern, festigen, lösen, schließen; jmdm. die Hand zum ~ reichen ⟨fig.⟩ ☐ união; vínculo; aliança **1.1** den ~ fürs Leben schließen *heiraten* ☐ *unir-se para sempre;* casar-se **1.2** im ~e mit jmdm. sein *mit jmdm. verbündet sein, ihn unterstützen* ☐ *estar aliado a alguém* **2** *Vereinigung, Gemeinschaft, Vereinsverband;* Jugend~; politischer

☐ associação; união; coalizão 2.1 *Partei;* ~ der Heimatvertriebenen ☐ partido 2.2 *Standesvereinigung; Lehrer~* ☐ associação 2.3 ⟨Pol.⟩ *Zusammenschluss von Staaten;* Staaten~ ☐ confederação 2.3.1 *die obersten staatlichen Instanzen der Bundesrepublik Deutschland;* ~ u. Länder ☐ governo federal 2.3.2 ⟨Soldatenspr.⟩ *die Streitkräfte der Bundesrepublik Deutschland, Bundeswehr* ☐ forças armadas 3 ⟨Rel.⟩ *das Verhältnis zwischen Gott u. seinem Volk* ☐ Testamento 4 *zusammenhaltendes Element* ☐ liga 4.1 *eingefasster oberer Rand an Hose od. Rock; Hosen~, Rock~; der ~ an der Hose, am Rock ist 70 cm weit* ☐ cós; cintura 4.2 ⟨Buchw.⟩ *die Schnüre am Buchrücken* ☐ nervo; corda 4.3 ⟨Mus.⟩ *Querleiste auf dem Griffbrett bei Zupfinstrumenten, z. B. bei Gitarren* ☐ traste 4.4 ⟨Tech.⟩ *ringförmige Auflage zur Begrenzung od. Verstärkung bei Achsen u. Wellen* ☐ flange; cinta

Bund² ⟨n. 7; -(e)s, -e⟩ 1 *etwas Zusammengebundenes, Zusammengefasstes;* Stroh~; Schlüssel~ ☐ molho; fardo; feixe 1.1 *Maßeinheit für Zusammengebundenes;* ein ~ Karotten; ein ~ Radieschen, Spargel, Schnittlauch ☐ maço

Bündel ⟨n. 7; -s, -⟩ 1 *etwas Zusammengebundenes;* Reisig~, Stroh~ ☐ fardo; feixe 1.1 *sie ist nur ein ~ Nerven* ⟨fig.; umg.⟩ *übernervöser Mensch* ☐ *ela é uma pilha de nervos* 2 *Gepäck, Paket;* Akten~; ein festes, großes, leichtes, loses, schweres ~ ☐ pacote; embrulho; maço 2.1 sein ~ schnüren ⟨fig.; umg.⟩ *sich zum Aufbruch fertig machen* ☐ *arrumar suas trouxas 2.2 auch er hat sein ~ zu tragen* ⟨fig.; umg.⟩ *auch er hat Sorgen* ☐ *ele também tem seu fardo para carregar* 3 *Maßeinheit für Garn* ☐ meada 4 ⟨Math.⟩ *unendliche Schar von Geraden od. Ebenen im Raum, die sich in einem Punkt od. einer Geraden schneiden* ☐ feixe convergente

bündeln ⟨V. 500⟩ etwas ~ *zu einem Bündel zusammenbinden, -schnüren;* Altpapier ~ ☐ empacotar; enfardar

Bundeskanzler ⟨m.; -s, -⟩ 1 ⟨in der Bundesrepublik Dtschld. u. Österr.⟩ *Leiter der Bundesregierung* ☐ chanceler (da República Federal) 2 ⟨Schweiz.⟩ *Leiter der Bundeskanzlei* ☐ chanceler (da Confederação)

Bundesland ⟨n.; -(e)s, -län|der⟩ 1 ⟨i. w. S.⟩ *zu einem Bundesstaat gehörendes Land* ☐ Estado de uma federação 2 (i. e. S.) *eines der sechzehn Länder der Bundesrepublik Deutschland* 2.1 alte *Bundesländer die elf westdeutschen Bundesländer (die bereits vor der dt. Wiedervereinigung der BRD angehörten)* 2.2 neue *Bundesländer die fünf ostdeutschen Bundesländer (die nach der dt. Wiedervereinigung der BRD beitraten)* ☐ Estado da República Federal da Alemanha

Bundesminister ⟨m.; -s, -⟩ *Minister der Bundesregierung;* ~ für Wirtschaft ☐ ministro federal

Bundespräsident ⟨m.; -en, -en⟩ *Staatsoberhaupt eines Bundesstaates* ☐ presidente da República Federal

Bundesrat ⟨m.; -(e)s, -rä|te⟩ 1 *regierendes u. aus den Vertretern der Gliedstaaten bestehendes Organ eines Bundesstaates* 2 *Regierung der Schweizerischen Eidgenossenschaft* ☐ Conselho Federal; Câmara Alta

Bundesstaat ⟨m.; -(e)s, -en⟩ 1 *Vereinigung mehrerer Staaten zu einem (neuen) souveränen Gesamtstaat* 2 *einzelner Gliedstaat eines Bundesstaates (1)* ☐ Estado federal

Bundesstraße ⟨f.; -, -n; Abk.: B⟩ *für den Fernverkehr in Deutschland bestimmte, besonders gekennzeichnete u. nummerierte Autostraße, z. B. B 68* ☐ rodovia federal

Bundestag ⟨m.; -(e)s, unz.; BRD⟩ 1 *regierendes u. gesetzgebendes Organ der Bundesrepublik Deutschland* ☐ Parlamento Federal da Alemanha; Câmara Baixa do Parlamento Alemão 2 Deutscher ~ ⟨1815-1866 nicht offizielle Bez. für⟩ *das in Frankfurt a. Main tagende Organ der 38 Staaten des Deutschen Bundes* ☐ *Parlamento Alemão

Bundeswehr ⟨f.; -; unz.⟩ *die Streitkräfte der Bundesrepublik Deutschland* ☐ Forças Armadas Federais

bündig ⟨Adj. 24⟩ 1 *überzeugend, treffend, klar;* ein ~er Beweis, Schluss ☐ convincente; conciso; *etwas kurz und ~ beantworten, erklären* ☐ *responder/explicar alguma coisa sem rodeios* 2 ⟨Arch.⟩ *auf gleicher Ebene liegend;* ~e Balken; die Dielenbretter liegen ~ ☐ nivelado; no mesmo nível

Bündnis ⟨n.; -ses, -se⟩ 1 *feste Verbindung zwischen gleichgesinnten Personen od. Gruppen;* ein ~ schließen, eingehen, lösen; ein freundschaftliches, enges ~ ☐ aliança; pacto 2 *völkerrechtlicher Vertrag zwischen Staaten zur Verfolgung gemeinsamer Interessen;* ein ~ beraten, erneuern; ein ~ zweier Staaten, zwischen zwei Staaten ☐ liga; aliança

Bungalow [-lo:] ⟨m.; -s, -s⟩ 1 ⟨urspr.⟩ *leicht gebautes, einstöckiges Haus der Europäer in Indien* 2 ⟨i. w. S.⟩ *ein- od. anderthalbstöckiges Wohnhaus mit flachem Dach* ☐ bangalô

Bunker ⟨m.; -s, -⟩ 1 *Schutzraum, betonierter Unterstand;* Luftschutz~ ☐ bunker; abrigo 2 *Sammelbehälter für Kohle, Getreide, Öl usw.* ☐ carvoeira; paiol 3 *Sandloch beim Golfspiel* ☐ bunker

bunkern ⟨V. 500⟩ etwas ~ 1 *in einem Bunker verwahren, speichern* ☐ armazenar; guardar 1.1 ⟨umg.; salopp⟩ *etwas horten, ansammeln, für sich behalten, versteckt aufbewahren;* er hat die ganzen Nüsse gebunkert; Geld, alte Münzen ~ ☐ guardar; estocar

bunt ⟨Adj.⟩ 1 *farbig, nicht nur schwarzweiß;* die Gärten boten ein ~es Bild ☐ colorido 1.1 in schreiendes Bunt gekleidet sein *geschmacklos grelle Farben tragen* ☐ *vestir-se com roupas chamativas 1.2 der ~e Rock ⟨veraltet⟩ *Soldatenrock* ☐ *uniforme militar; farda 1.2.1 den ~en Rock anziehen *in den Militärdienst treten* ☐ *entrar para o serviço militar 1.2.2 den ~en Rock ausziehen *aus dem Militärdienst ausscheiden* ☐ *despir a farda 2 *mehrfarbig;* ~e Blumen, Fahnen, Kleider, Tücher ☐ multicolorido 2.1 ~es Laub *herbstlich gefärbtes L.* ☐ *folhas de outono 2.2 gefleckt; eine ~e Kuh ☐ manchado; malhado 2.2.1 wie ein ~er Hund bekannt sein ⟨fig.⟩ *überall bekannt sein* ☐ *ser muito conhecido/popular 3 ⟨fig.⟩ *gemischt, mannigfaltig, vielgestaltig, abwechslungsreich* ☐ variegado; diversificado 3.1 ⟨60⟩ ~er Abend *Veranstaltung mit verschiedenen unterhaltsamen Darbietungen;* zu einem

buntgemischt

~en Abend gehen □ *noite de variedades 3.2 ⟨60⟩ ~e Platte *P. mit Aufschnitt* □ *tábua de frios 3.3 ⟨60⟩ ~er Teller *T. mit verschiedenem Gebäck u. Süßigkeiten* □ *prato de doces 3.4 ⟨60⟩ in ~er Reihe *nicht gleichmäßig zusammengesetzt;* die Hochzeitsgäste saßen in ~er Reihe □ *em fila alternada de homens e mulheres 4 *wirr, ungeordnet;* im Schubkasten lag alles ~ durcheinander □ *na gaveta estava tudo em desordem 4.1 treibt es nicht zu ~! *werdet nicht übermütig!* □ *não exagere!; comporte-se! 4.2 hier geht es aber ~ zu! ⟨fig.⟩ *besonders lebhaft* □ *que animado está aqui! 4.3 ⟨40⟩ jetzt wird mir das Lärmen der Kinder aber zu ~! *zu arg* □ *o barulho das crianças já está demais para mim! 5 ⟨Getrennt- u. Zusammenschreibung⟩ 5.1 ~ **gemischt** = **buntgemischt** 5.2 ~ **gestreift** = **buntgestreift**

bunt|ge|mischt *auch:* **bunt ge|mischt** ⟨Adj. 24/60⟩ *aus vielen verschiedenen Teilen od. Personen bestehend;* eine ~e Gesellschaft □ *variado*

bunt|ge|streift *auch:* **bunt ge|streift** ⟨Adj. 24⟩ *mit bunten Streifen versehen;* ein ~es Hemd □ *com listras coloridas*

Bür|de ⟨f.; -, -n⟩ **1** *schwere Traglast;* die Äste brachen unter der ~ des Schnees; eine drückende, leichte, schwere ~; eine ~ tragen, abwerfen □ *peso; carga* **2** ⟨fig.⟩ *seelische Last, Mühe, Kummer;* mit dieser Aufgabe hast du mir eine große ~ aufgeladen; eine ~ auf sich nehmen; schwer unter der ~ des Alters leiden; unter einer ~ zusammenbrechen; etwas als ~ empfinden □ *fardo; peso* **2.1** die ~ seiner **Jahre** spüren *das Alter spüren* □ *sentir o peso dos anos*

Burg ⟨f.; -, -en⟩ **1** *meist aus Stein errichtete, befestigte Gebäudeanlage, die im MA als Wohnsitz eines Territorialherrn diente;* Flieh~, Wohn~, Wasser~, Felsen~, Vor~; Hof~, Ritter~, Stamm~; die ~ wurde belagert, erstürmt, zerstört; eine mittelalterliche ~ besteht aus Bergfried, Palas, Kemenate und Kapelle □ *castelo; fortaleza* **2** *Bau aus Sand, bes. am Strand;* Sand~ □ *castelo de areia* **3** ⟨Jägerspr.⟩ *hoch über dem Wasser hinausgebauter Bau der Biber;* Biber~ □ *toca de castor* **4** die ~ ⟨umg.; kurz für⟩ *Wiener Burgtheater* □ *Burgtheater de Viena*

Bür|ge ⟨m.; -n, -n⟩ **1** *jmd., der für eine andere Person bürgt;* als ~ für jmdn. eintreten □ *fiador* **2** ⟨Rechtsw.⟩ *jmd., der für eine andere Person eine Bürgschaft übernimmt* □ *fiador; avalista*

bür|gen ⟨V. 800⟩ **1** *für jmdn. od. etwas ~ haften, Sicherheit leisten;* ich bürge für meinen Bruder; für jmds. Ehrlichkeit, Zuverlässigkeit ~; er bürgt für die Echtheit der Unterschrift □ *responsabilizar-se; responder* **1.1** ⟨803⟩ ⟨jmdm.⟩ *für jmdn. od. etwas ~ sich für jmdn. od. etwas verbürgen;* wer bürgt mir dafür, dass er die Schulden bezahlt?; dafür bürge ich dir mit meinem Wort □ *garantir; afiançar*

Bür|ger ⟨m.; -s, -⟩ **1** *Bewohner einer Stadt od. eines Staates;* Staats~; ein ~ der Vereinigten Staaten □ *cidadão* **2** *Angehöriger des 3. Standes, des besitzenden Bürgertums, der Bourgeoisie;* ein angesehener ~ □ *burguês*

Bür|ge|rin ⟨f.; -, -rin|nen⟩ *weibl. Bürger* □ *cidadã; burguesa*

Bür|ger|in|i|ti|a|ti|ve ⟨[-ve] f.; -, -n⟩ *Vereinigung von Bürgern zur Durchsetzung bestimmter Forderungen u. Interessen, Bürgerbewegung;* eine ~ gründen □ *iniciativa civil*

Bür|ger|krieg ⟨m.; -(e)s, -e⟩ *mit den Waffen ausgetragener Machtkampf streitender Parteien innerhalb eines Staates* □ *guerra civil*

bür|ger|lich ⟨Adj.⟩ **1** ⟨60⟩ *den Staatsbürger betreffend* **1.1** Bürgerliches **Gesetzbuch** ⟨Abk.: BGB⟩ *einheitliches deutsches Gesetzbuch zur Regelung des bürgerlichen Rechts* **1.2** ~es **Recht** *das allgemeine, jeden Bürger betreffende Privatrecht;* Sy *Zivilrecht* □ *civil* **2** *den 3. Stand, das Bürgertum betreffend, ihm zugehörig* □ *burguês* **2.1** ⟨fig.⟩ *spießig, eng;* ~e Ansichten; das sind ~e Vorurteile! □ *pequeno-burguês; tacanho* **2.2** *nach hergebrachter Art, nicht überfeinert;* ~e Küche □ *caseiro; simples* **2.3** *nicht militärisch;* Sy *zivil(1)* □ *civil*

Bür|ger|meis|ter ⟨m.; -s, -⟩ *Oberhaupt einer Stadt od. Gemeinde;* man ernannte ihn zum ~; einen neuen ~ wählen; Ober~ □ *prefeito; burgomestre*

Bür|ger|meis|te|rin ⟨f.; -, -rin|nen⟩ *weibl. Bürgermeister* □ *prefeita; burgomestra*

Bür|ger|steig ⟨m.; -(e)s, -e⟩ *für Fußgänger bestimmter Weg neben der Fahrbahn* □ *calçada; passeio*

Burg|frie|de ⟨m.; -ns, -n⟩ **1** ⟨veraltet; MA⟩ **1.1** *Hoheitsbezirk eines Burgherrn sowie der rechtliche Schutz innerhalb dieses Bezirks* □ *jurisdição de um burgo; castelania* **1.2** *Verbot der Fehde in einem ummauerten Bezirk (Burg od. Stadt)* □ *trégua* **2** ⟨fig.; heute⟩ *zeitweilige Einstellung eines parlamentarischen Parteikampfes;* mit jmdm. einen ~n schließen □ *trégua política (entre os partidos)*

Bürg|schaft ⟨f.; -, -en⟩ **1** *Sicherheit, Haftung für jmdn. durch einen Bürgen;* Sy *Kaution(1);* eine ~ leisten, stellen, übernehmen für jmdn. □ *caução; fiança; garantia* **2** *der Vertrag über die Bürgschaft(1)* □ *carta de fiança*

bur|lesk ⟨Adj.⟩ ⟨derb⟩ *possenhaft, (ins Absurde gehend) komödiantisch* □ *burlesco*

Bü|ro ⟨n.; -s, -s⟩ **1** *ein od. mehrere Räume, in denen schriftliche Arbeiten erledigt werden* **1.1** *kleine Firma;* Schreib~ **1.2** *Geschäftsstelle* □ *escritório* **2** *Gesamtheit der in einem Büro(1) Tätigen;* das ~ macht heute einen Betriebsausflug □ *funcionários do escritório*

Bü|ro|kra|tie ⟨f.; -, -n⟩ **1** *Beamtenherrschaft* **2** *die Gesamtheit einer aus Beamten u. Angestellten bestehenden Verwaltung* **3** ⟨fig.; abwertend⟩ *von geistig wenig beweglichen Beamten beherrschte Verwaltung* □ *burocracia*

bü|ro|kra|tisch ⟨Adj.⟩ **1** *in der Art der Bürokratie* **2** ⟨fig.; abwertend⟩ *pedantisch, unnachgiebig, starr (an Gesetzen u. Vorschriften festhaltend);* ein ~es Vorgehen □ *burocrático*

Bur|sche ⟨m.; -n, -n⟩ **1** *junger Mann, Halbwüchsiger;* ein flinker, frischer, hübscher, strammer ~; die jungen ~n; er ist ein leichtsinniger ~ □ *rapaz; moço* **2** ⟨umg.; abwertend⟩ *Spitzbube, ein Taugenichts;* ein sauberer ~! □ *um belo sem-vergonha! 2.1 ich werde mir den ~n noch kaufen ⟨umg.⟩ *ich werde ihn zur Rede stellen* □ *esse malandro vai ter de se explicar comigo* 3 ⟨früher⟩ *Diener, Gehilfe* □ criado; aio 3.1 ⟨Mil.⟩ *der Diener eines Offiziers;* Offiziers~ □ *impedido; ordenança* 3.2 *Hoteldiener, Hausdiener;* Hotel~ □ *carregador de bagagem* 3.3 *Botenjunge;* Lauf~ □ *mensageiro* 3.4 *Geselle;* Müller~ □ aprendiz 4 ⟨Studentenspr.⟩ *älteres Mitglied einer Studentenverbindung* □ veterano de centro académico

bur|schi|kos ⟨Adj.⟩ *jungenhaft ungezwungen, formlos* □ espontâneo; sem cerimônia

Bürs|te ⟨f.; -, -n⟩ 1 *Reinigungsgerät mit Borsten* 2 ⟨El.⟩ *beim Elektromotor Kohlestückchen zum Zu- u. Ableiten des Stroms* 3 ⟨Tech.⟩ *Gerät zum Glätten u. Rauhen* □ escova

bürs|ten ⟨V.⟩ 1 ⟨500⟩ *etwas ~ mit einer Bürste durch Hin- und Herreiben reinigen* 2 ⟨530/Vr 5⟩ *jdmn. od. sich (das Haar, die Zähne) ~ mit einer Bürste über (das Haar, die Zähne) streichen; habt ihr euch schon die Zähne gebürstet?* □ escovar

Bür|zel ⟨m.; -s, -⟩ 1 *Schwanzwurzel der Vögel mit oft auffallender Färbung u. einer paarigen Drüse* □ uropígio 2 ⟨Jägerspr.⟩ *Schwanz des Bären, des Schwarzwildes u. des Dachses* □ rabadilha

Bus ⟨m.; -ses, -se; kurz für⟩ *Autobus, Omnibus* □ ônibus

Busch ⟨m.; -(e)s, Bü|sche⟩ 1 *dicht belaubter einzelner Strauch* □ arbusto 1.1 *(bei jmdm.) auf den ~ klopfen* ⟨fig.; umg.⟩ *jmdn. nach etwas fragen, versuchen, jmds. Standpunkt in Erfahrung zu bringen* □ *sondar o terreno* 1.2 *(mit einer Sache) hinter dem ~ halten* ⟨fig.; umg.⟩ *eine S. verheimlichen, nicht preisgeben* □ *ficar na moita* 1.3 *sich (seitwärts) in die Büsche schlagen* ⟨fig.; umg.⟩ *heimlich verschwinden* □ *sair de fininho* 2 ⟨unz.⟩ *dichter halbhoher Wald; im afrikanischen ~ jagen* □ selva; mata 3 *großer Strauß, großes Büschel* □ ramo; ramalhete; Feder~ □ penacho

Bü|schel ⟨n.; -s, -⟩ 1 *viele, zu einem Bündel zusammengeraffte lange, dünn gewachsene Dinge gleicher Art; ein ~ Haare, Gras, Stroh* □ tufo; feixe 2 ⟨Geom.⟩ 2.1 *eine unendliche Schar von Geraden einer Ebene, die sich alle in einem Punkt schneiden;* Geraden~ □ *feixe de retas* 2.2 *eine unendliche Schar von Ebenen, die sich alle in einer Geraden schneiden;* Ebenen~ □ *feixe de planos*

bu|schig ⟨Adj.⟩ 1 *dicht wie ein Busch wachsend (meist von Haaren);* ~es Haar, ~e Wimpern, ~er Bart; *der Schwanz des Fuchses ist ~* □ espesso; cerrado; basto 2 *mit Gebüsch bewachsen; ein ~es Gelände, Ufer* □ matoso; brenhoso

Bu|sen ⟨m.; -s, -⟩ 1 *weibliche Brust; ein schöner ~* □ seio 2 ⟨poet.⟩ *menschliche Brust; am ~ des Freundes ruhen* □ peito; colo 2.1 *einen Brief in den ~ stecken in den Halsausschnitt* □ decote 2.2 *am ~ der Natur im Freien* □ *ao ar livre; no seio da natureza* 3 ⟨fig.; geh.⟩ *das Innere des Menschen, Gesinnung; einen Wunsch im ~ hegen* □ coração 3.1 *jmdm. seinen ~ öffnen sich ihm anvertrauen* □ *abrir o coração para alguém* 3.2 *ein Geheimnis in seinem ~ verschließen geheim hal-* ten □ *guardar um segredo a sete chaves* 4 *Bucht, besonders tief in die Küste einschneidende Meeresbucht;* Meer~ □ *golfo

Bus|sard ⟨m.; -s, -e; Zool.⟩ *Greifvogel mit breiten Flügeln u. krallenartigen Zehen: Buteonina;* Mäuse~ □ busardo; bútio

Bu|ße ⟨f.; -, -n⟩ 1 *religiöse Handlung zur Wiedergutmachung einer Tat od. zur Besserung, z. B. Fasten, Beten, Wallfahrten; jmdm. für ein Vergehen eine ~ auferlegen; ~ tun; das Sakrament der ~* ⟨kath. Kirche⟩ □ penitência 2 *Einsicht, vor Gott schuldig zu sein, Reue u. Wille zur Besserung; den Sünder zur ~ ermahnen* □ arrependimento 3 ⟨Rechtsw.⟩ *Strafe für geringfügige Rechtsverletzungen, Entschädigung, Schadensersatz;* Geld~; *jmdm. mit ~ belegen; ~ entrichten, leisten, zahlen; die ~ wird ihm erlassen* □ multa

bü|ßen ⟨V.⟩ 1 ⟨400⟩ *Buße tun, eine Schuld sühnen, wiedergutmachen* □ expiar; pagar; *die ~de Magdalena* □ arrependido 2 ⟨500 od. 800⟩ (für) *etwas ~ eine Strafe für etwas auf sich nehmen, erleiden; lange, schwer für etwas ~ müssen; das soll er mir ~!* ⟨Drohung⟩; *er wird seine Vertrauensseligkeit noch einmal ~ müssen* □ pagar; sofrer as consequências 3 ⟨550⟩ *etwas mit etwas ~ etwas bezahlen; er musste seinen Leichtsinn mit dem Tode ~* □ pagar 4 ⟨500⟩ *seine Lust ~* ⟨veraltet⟩ *befriedigen, sein Verlangen stillen* □ satisfazer

Bus|serl ⟨n.; -s, -n; oberdt.⟩ *Kuss* □ beijo

buß|fer|tig ⟨Adj. 24⟩ *zur Buße bereit* □ contrito; pesaroso

Büs|te ⟨f.; -, -n⟩ 1 *plastische Darstellung des Menschen vom Kopf bis zur Brust; eine ~ aus Marmor, Gips aufstellen; die ~ des Königs* □ busto 2 ⟨Schneiderei⟩ *Nachbildung des Oberkörpers zum Anprobieren;* Schneider~ □ manequim 3 ⟨veraltet⟩ *weibl. Brust; eine gut geformte ~* □ busto; seio

Büs|ten|hal|ter ⟨m.; -s, -; Abk.: BH⟩ *Kleidungsstück, das der weibl. Brust Form u. Halt gibt* □ sutiã

Bu|ti|ke ⟨f.; -, -n⟩ = *Boutique*

But|ler ⟨[bʌtlə(r)] m.; -s, -⟩ *männlicher Hausdiener (der sich bes. durch dezentes Benehmen auszeichnet)* □ mordomo

Butt ⟨m.; -(e)s, -e; Zool.⟩ *Angehöriger einer Gattung der Schollenfische;* Stein~, Heil~ □ linguado; halibute

Bütt ⟨f.; -, -en⟩ *Rednerpult des Karnevalredners;* oV *Bütte(3);* die ~ besteigen □ tribuna

Büt|te ⟨f.; -, -n; Nebenform von⟩ = *Bütte*

Büt|te ⟨f.; -, -n⟩ 1 *ein offenes hölzernes Daubengefäß, das nach unten etwas enger wird;* oV ⟨oberdt.⟩ *Butte; Most~, Trag~; eine ~ mit Trauben auf dem Rücken tragen; eine ~ mit Wasser füllen* □ tina; cuba 2 *Holzfass für den Papierbrei bei der Papierherstellung* □ tanque 3 = *Bütt*

Büt|tel ⟨m.; -s, -⟩ 1 ⟨veraltet⟩ *Gerichtsbote, der Vorladungen austrägt u. Bekanntmachungen verbreitet;* Sy *Häscher(1)* □ esbirro; beleguim 2 ⟨abwertend⟩ *Polizist* □ tira 3 ⟨abwertend⟩ *jmd., der zu Handlangerdiensten missbraucht wird* □ servente

But|ter ⟨f.; -; unz.⟩ 1 *aus Milch gewonnenes Speisefett; frische, gesalzene, ranzige, ungesalzene ~; in ~ bra-*

Butterbrot

ten, dünsten; mit ~ backen; eine Scheibe Brot mit ~ bestreichen 1.1 jmd. ist weich wie ~ *sanft u. nachgiebig* □ manteiga 1.2 ihm zerrinnt das Geld wie ~ an der Sonne *er kann nicht sparsam leben* □ **o dinheiro não para na mão dele* 1.3 jmdm. die ~ vom Brot nehmen ⟨fig.⟩ *jmdm. zuvorkommen, jmdn. hemmen, lahmlegen* □ **puxar o tapete de alguém; dar uma rasteira em alguém* 1.3.1 jmd. sieht aus, als hätte man ihm die ~ vom Brot genommen ⟨fig.; umg.⟩ *sieht sehr enttäuscht aus* □ **estar com cara de quem teve o doce roubado* 1.4 jmdm. ist die ~ vom Brot gefallen ⟨fig.; umg.⟩ *jmd. ist bestürzt, enttäuscht* □ **tiraram o doce da sua mão* 1.5 (es ist) alles in ~! ⟨fig.; umg.⟩ *alles in Ordnung* □ **(está) tudo azul!; (está) tudo às mil maravilhas!;* → a. *braun(1.2), Kamm(14.3)*

But|ter|brot ⟨n.; -(e)s, -e⟩ **1** *mit Butter bestrichene Scheibe Brot* □ pão com manteiga 1.1 **belegtes ~** *Butterbrot mit Wurst, Käse u. ä.* □ **sanduíche* **2** jmdm. etwas aufs ~ schmieren ⟨fig.; umg.⟩ *sehr deutlich u. immer wieder zu verstehen geben, vorwerfen* □ **jogar/ esfregar alguma coisa na cara de alguém* **3** *etwas für ein ~ bekommen, kaufen, verkaufen* ⟨fig.; umg.⟩ *spottbillig, weit unter dem sonst üblichen Preis* □ **receber/comprar/vender a preço de banana* **4** *für ein ~ arbeiten* ⟨fig.; umg.⟩ *fast umsonst* □ **trabalhar por um salário de fome*

but|tern ⟨V.⟩ **1** ⟨400⟩ *aus Milch Butter herstellen;* die Bäuerin hat gerade gebuttert □ fazer manteiga 1.1 *zu Butter werden;* der Rahm will heute nicht ~ □ amanteigar **2** ⟨400⟩ eine **Wunde** buttert ⟨umg.⟩ *eitert* □ *formar pus; supurar* **3** ⟨500⟩ eine **Speise** ~ *mit Butter versehen;* den Kuchen ~ □ pôr/passar manteiga em **4** ⟨511⟩ **Geld** in ein **Unternehmen** ~ ⟨fig.; umg.⟩ *G. für ein U. geben* □ **investir dinheiro em uma empresa*

but|ter|weich ⟨Adj.⟩ **1** *sehr weich, knetbar* □ mole; maleável **2** ⟨fig.; umg.⟩ *mitleidig, teilnahmsvoll, nachgiebig* □ mole; condescendente

bzw. ⟨Abk. für⟩ beziehungsweise □ respectivamente; ou melhor

Ca|ba|ret ⟨[kabare:] od. [kabare:] n.; -s, -s⟩ = *Kabarett (1)*

Ca|brio *auch:* **Cab|rio** ⟨n.; -s, -s; kurz für⟩ *Cabriolet* □ cabriolé

Ca|bri|o|let *auch:* **Cab|ri|o|let** ⟨[kabriole:] n.; -s, -s⟩ = *Kabriolett*

Cad|mi|um ⟨n.; -s; unz.; chem. Zeichen: Cd; fachsprachl.⟩ = *Kadmium*

Ca|fé ⟨[-fe:] n.; -s, -s⟩ **1** *Lokal, Kaffeehaus, in dem überwiegend Kaffee und Kuchen serviert werden* □ café **2** ⟨m.; -s, -s; schweiz.⟩ = *Kaffee(3)*

Cal|ci|um ⟨n.; -s; unz.; chem. Zeichen: Ca; fachsprachl.⟩ = *Kalzium*

Cal|vi|nis|mus ⟨[-vi-] m.; -; unz.⟩ = *Kalvinismus*

Ca|mi|on ⟨[kamjɔ̃:] m.; -s, -s; schweiz.⟩ *Lastkraftwagen* □ caminhão

Camp ⟨[kæmp] n.; -s, -s⟩ **1** *Zelt-, Ferienlager; ein Ferien~ veranstalten, abhalten* **2** *Militärlager, Wohnanlage (bes. für amerikanische Soldaten, die in Deutschland stationiert sind)* □ acampamento **2.1** *Gefangenenlager* □ campo de prisioneiros

Cam|pa|gne *auch:* **Cam|pag|ne** ⟨[-panjə] f.; -, -n⟩ = *Kampagne*

cam|pen ⟨[kæmpən] V. 400⟩ *im Zelt übernachten, mit einem Z. verreisen* □ acampar

Cam|pher ⟨m.; -s; unz.; Chem.⟩ = *Kampfer*

Cam|ping ⟨[kæm-] n.; -s; unz.⟩ *Freizeit- u. Feriengestaltung mit Zelt od. Wohnwagen* □ camping

Ca|na|pé ⟨[-pe:] n.; -s, -s⟩ = *Kanapee*

Ca|nos|sa|gang ⟨m.; -(e)s, -gän|ge⟩ = *Kanossagang*

Cape ⟨[ke:p] n.; -s, -s⟩ = *Umhang*

Ca|ra|van® ⟨[karava:n] m.; -s, -s⟩ **1** *Kombiwagen* □ furgão **1.1** *Wohnwagen* ; mit dem ~ durch Amerika reisen □ trailer **2** *als Verkaufsstand zu nutzender Wagen* □ furgão adaptado para o comércio

Ca|ri|tas ⟨f.; -; unz.⟩ = *Karitas*

Ca|ro|tin ⟨n.; -(e)s, unz.; Biochem.; fachsprachl.⟩ = *Karotin*

Cä|si|um ⟨n.; -s; unz.; chem. Zeichen: Cs; fachsprachl.⟩ = *Zäsium*

cat|chen ⟨[kætʃən] V. 400⟩ *Ringkampf im Freistil betreiben* □ disputar luta livre

Ca|te|ring ⟨[-kɛɪ-] n.; - od. -s; unz.⟩ *Herstellung, Anlieferung u. Bereitstellung von Speisen u. Getränken für eine größere Anzahl von Personen, z. B. im Flugzeug, bei Kongressen od. Partys* □ catering

CD ⟨Abk. für⟩ **1** *Compact Disc* □ CD **2** *Corps Diplomatique* □ corpo diplomático

CD-Play|er *auch:* **CD-Pla|yer** ⟨[tsede:plɛɪə(r)] m.; -s, -⟩ = *CD-Spieler*

CD-ROM ⟨f.; -, -s; EDV; Abk. für engl.⟩ *Compact Disc Read Only Memory, kleine Scheibe, kann als optische Speicherplatte große Mengen an Daten speichern, die mit einem Lesegerät aufgerufen, aber nicht verändert werden können (bes. für Nachschlagewerke verwendet)* □ CD-ROM

CD-Spie|ler ⟨m.; -s, -⟩ *Apparat zum Abspielen von Musik-CDs; Sy CD-Player* □ tocador de CD

Cel|lo ⟨[tʃɛl-] n.; -s, -s od. Cel|li; Mus.⟩ *Streichinstrument in Tenorlage, das beim Streichen auf einem Metallstachel stehend zwischen den Knien gehalten wird; Sy Violoncello* □ cello

Cel|lo|phan® ⟨n.; -; unz.; fachsprachl.⟩ = *Zellophan*

Cel|lu|loid ⟨n.; -s, unz.; fachsprachl.⟩ = *Zelluloid*

Cel|lu|lo|se ⟨f.; -; unz.; fachsprachl.⟩ = *Zellulose*

Cem|ba|lo ⟨[tʃɛm-] n.; -s, -s od. -bal|li; Mus.⟩ *altes Tasteninstrument in Flügelform mit Zupfmechanik (teilweise mit zwei Manualen)* □ cravo

Cen|ter ⟨[sɛntə(r)] n.; -s, -⟩ *großes Verkaufszentrum, Ansammlung von mehreren Geschäften auf einem größeren Areal;* Einkaufs~; Shopping~ □ centro comercial

Cer|ve|lat ⟨[zɛrvə-] f.; -, -s od. m.; -s, -s; schweiz.⟩ = *Zervelatwurst*

Ce|vap|ci|ci *auch:* **Će|vap|či|ći** ⟨[tʃevaptʃitʃi] Pl.⟩ *scharf gewürzte, gegrillte kleine Röllchen aus Hackfleisch* □ croquete de carne

Cha|mä|le|on ⟨[ka-] n.; -s, -s⟩ **1** ⟨Zool.⟩ *kleines, echsenartiges Schuppentier, das auf Bäumen und Sträuchern lebt und seine Hautfarbe ändern u. seiner Umgebung anpassen kann* **2** ⟨fig.; abwertend⟩ *Mensch, der seine Anschauungen ständig ändert, um sich anderen anzupassen* □ camaleão

Cham|pi|gnon *auch:* **Cham|pig|non** ⟨[ʃampinjɔŋ] m.; -s, -s; Bot.⟩ *weißer bis dunkelbrauner mittelgroßer Speisepilz;* Zucht~; Feld~ □ champinhom; cogumelo

Cham|pi|on ⟨[tʃæmpjən], frz. [ʃãpjɔ̃] m.; -s, -s; Sp.⟩ *erfolgreichster Sportler in einer Sportart (der einen Meistertitel errungen hat);* der ~ im Kugelstoßen; Box~ □ campeão

Chan|ce ⟨[ʃã:s(ə)] f.; -, -n⟩ **1** *günstige Gelegenheit, Aussicht auf einen glücklichen Zufall;* ~n haben; eine ~ ausnutzen, wahrnehmen, verpassen, versäumen; eine ~ haben, das Spiel zu gewinnen; geringe, große, keine, wenig ~n; ~n auf einen Gewinn, bei einem Wettkampf **1.1** jmdm. eine ~ bieten *Möglichkeit zur Bewährung geben* **1.2 bei jmdm.** (keine) ~n haben ⟨fig.⟩ **1.2.1.** *einen gewünschten Einfluss auf jmdn. (nicht) ausüben können* □ chance; possibilidade; oportunidade **1.2.2.** *jmdm. nicht sympathisch genug für ein Liebesverhältnis sein* □ chance

chan|gie|ren ⟨[ʃãʒi:-] V. 400⟩ **1** *etwas changiert schillert* □ cambiar; mudar de cor **2** ⟨Reitsp.; veraltet⟩ *vom Rechtsgalopp in den Linksgalopp (od. umgekehrt) übergehen* □ mudar de pé **3** *Jagdhunde ~* ⟨Jägerspr.⟩ *wechseln von einer Fährte auf eine andere* □ mudar

Chan|son ⟨[ʃãsɔ̃] n.; -s, -s; Mus.⟩ **1** ⟨urspr. in der altfrz. Dichtung⟩ *einstimmiges episch-lyrisches Lied* **1.1** ⟨später⟩ *mehrstimmiges Lied mit Tendenz zur politischen Satire* **2** ⟨heute⟩ *einstimmiges, strophisch gegliedertes Lied mit vielfältiger Thematik (Liebe, Gesellschaftskritik, Satire), das bes. im Kabarett verbreitet ist* □ canção

Chan|so|ni|er ⟨[ʃãsɔnjeː] m.; -s, -s⟩ = *Chansonnier*

Chan|son|ni|er ⟨[ʃãsɔnjeː] m.; -s, -s⟩ *Chansonsänger, -dichter, Kabarettsänger;* oV **Chansonier** □ trovador; cançonetista

Cha|os ⟨[kaːɔs] n.; -; unz.⟩ **1** ⟨Myth.⟩ *der ungeordnete Urstoff vor der Weltschöpfung* **2** ⟨i. w. S.⟩ *Durcheinander, Wirrwarr,* ~ansichten □ caos

cha|o|tisch ⟨[ka-] Adj.⟩ *durcheinander, ungeordnet, wirr; hier sieht es ~ aus; eine ~e Planung, Durchführung; jmd. ist ~* □ caótico

Cha|rak|ter ⟨[ka-] m.; -s, -te|re⟩ **1** ⟨unz.⟩ *Merkmal, Gepräge, Eigenart; der ~ einer Landschaft* **1.1** *die Geschwulst hat einen bösartigen ~ angenommen ist bösartig geworden* **1.2** *die Besprechungen trugen vertraulichen ~ waren vertraulich* **1.3** ~ *einer Schrift Art u. Weise der Gestaltung einer S.* **2** ⟨unz.⟩ *sittliche Veranlagung, Wesensart; einen ausgeprägten, edlen, guten, haltlosen, schwierigen, starken ~ haben* **2.1** *ein Mann von ~ ein M., der zu seiner Meinung steht* **2.1.1** ~ *beweisen eine feste Haltung einnehmen* **2.2** *er hat keinen ~ ist wankelmütig* □ caráter **2.3** ⟨veraltet⟩ *Rang* □ categoria **3** *Mensch von ausgeprägter Eigenart; er ist ein ~* □ *ele tem personalidade **4** *Schriftzeichen* □ caractere

cha|rak|te|ri|sie|ren ⟨[ka-] V. 500⟩ **1** *jmdn. od. etwas ~ die kennzeichnenden Eigenschaften von jmdm. od. etwas beschreiben; wie würdest du ihn ~?; der Verlauf dieser Krankheit ist schwer zu ~* **2** *etwas charakterisiert jmdn. od. etwas ist kennzeichnend, typisch für jmdn. od. etwas; die Häufung von Adjektiven charakterisiert seinen Stil* □ caracterizar

cha|rak|te|ris|tisch ⟨[ka-] Adj.⟩ *kennzeichnend, unterscheidend; eine ~e Geste, Äußerung; grelle Farben sind ~ für seinen Malstil* □ característico

Char|ge[1] ⟨[ʃarʒə] f.; -, -n⟩ **1** *Würde, Rang, Amt; eine ~ in einer Studentenverbindung* □ cargo **2** ⟨Mil.⟩ *Dienstgrad* □ posto **2.1** ⟨nur Pl.⟩ *Unteroffiziere* □ os suboficiais **3** ⟨Tech.⟩ *Beschickung eines metallurgischen Ofens, z. B. des Hochofens* □ carga **4** ⟨Pharm.; Chem.⟩ *Serie von Wirkstoffen, die in einem bestimmten Prozess hergestellt u. verpackt worden sind* □ lote

Char|ge[2] ⟨[ʃarʒə] f.; -, -n⟩ Theat.⟩ *kleine Rolle* □ ponta

char|mant ⟨[ʃar-] Adj.⟩ *voller Charme, liebenswürdig, zuvorkommend, bezaubernd;* oV *scharmant; jmd. ist sehr, außerordentlich ~; ein ~er Abend, eine ~e Feier* □ charmoso; encantador

Charme ⟨[ʃarm] m.; -s; unz.⟩ *Liebenswürdigkeit, Liebreiz, gewinnendes Wesen;* oV *Scharm; sie besitzt sehr viel ~* □ charme; encanto

Char|ta ⟨[kar-] f.; -, -s⟩ **1** ⟨im Altertum⟩ *Papierblatt zum Schreiben* □ folha de papel **2** ⟨im MA⟩ *Urkunde* □ carta; documento **3** ⟨heute⟩ *Verfassungsurkunde; ~ der Vereinten Nationen* □ carta constitucional; estatuto

char|tern ⟨[(t)ʃar-] V. 500⟩ *ein Schiff, Flugzeug ~ zur Beförderung von Fracht od. Personen mieten* □ fretar

Charts ⟨[tʃaːts] Pl.; Mus.⟩ *Liste der Spitzenschlager; in die ~ kommen; dieses Lied ist in den ~* □ parada de sucessos

Cha|teau *auch:* **Châ|teau** ⟨[ʃatoː] n.; -s, -s⟩ *Schloss, größerer Landsitz, Weingut* □ castelo; vinhedo

Chauf|feur ⟨[ʃoføːr] m.; -s, -e⟩ *Kraftwagenfahrer (als Beruf)* □ motorista

chauf|fie|ren ⟨[ʃɔf-] V. 500⟩ *jmdn. ~ (als Chauffeur) jmdn. in einem Auto befördern* □ levar/conduzir (de automóvel)

Chaus|see ⟨[ʃɔ-] f.; -, -n; veraltet⟩ *Landstraße* □ estrada

Chau|vi|nis|mus ⟨[ʃovi-] m.; -, -men; abwertend⟩ **1** ⟨unz.⟩ *übertriebene Liebe zum eigenen Vaterland, verbunden mit Hass u. Verachtung gegen andere Völker* **1.1** *Äußerung in der Art des Chauvinismus(1)* □ chauvinismo **2** *überhebliches Heraustellen männlicher Eigenschaften u. Fähigkeiten (verbunden mit der Herabsetzung u. Benachteiligung der Frau); eine krasse Form von ~* **2.1** *Äußerung in der Art des Chauvinismus(2); ich bin diese ständigen Chauvinismen leid* □ machismo

chau|vi|nis|tisch ⟨[ʃovi-] Adj.; abwertend⟩ *in der Art des Chauvinismus, ihm anhängend, ihn betreffend; sich ~ benehmen; ~e Ansichten äußern; er ist ein ~er Mensch* □ chauvinista; machista

Check ⟨[tʃɛk] m.; -s, -s⟩ **1** ⟨Eishockey⟩ *erlaubte Behinderung eines Gegenspielers* □ check **2** *Überprüfung, Kontrolle; sich einem Gesundheits~* □ checkup

che|cken ⟨[tʃɛkən] V. 500⟩ **1** ⟨Eishockey⟩ *jmdn. (einen Gegenspieler) ~ in erlaubter Weise behindern* □ bloquear **2** *etwas ~ vergleichend überprüfen, kontrollieren; Daten, Texte ~* □ checar **3** ⟨umg.; salopp⟩ *etwas ~ verstehen, begreifen; hast du noch nicht gecheckt, was er mit seinem Angebot bezweckt?; endlich hat er es gecheckt* □ entender, pescar

Chef ⟨[ʃɛf] m.; -s, -s⟩ **1** *Vorgesetzter* **1.1** *Vorsteher, Leiter einer Dienststelle* **2** *Arbeitgeber, Unternehmer* □ chefe

Che|fin ⟨[ʃɛ-] f.; -, -fin|nen⟩ *weibl. Chef* □ chefe

Che|mie ⟨[çe-] od. *süddt.; österr.:* [ke-] f.; -; unz.⟩ *Wissenschaft von den chem. Grundstoffen u. den chem. Verbindungen sowie deren Veränderungen, soweit sie nicht auf Atomkernreaktionen beruhen* **2** *zwischen ihnen stimmt die ~* ⟨fig.; umg.⟩ *sie passen gut zueinander, harmonieren miteinander* □ química

Che|mi|ka|lie ⟨[çe-ljə] f.; -, -n⟩ *auf chemischem Weg hergestelltes Erzeugnis* □ produto químico

Che|mi|ker ⟨[çe-] od. *süddt.; österr.:* [ke-] m.; -s, -⟩ *Wissenschaftler, Student der Chemie* □ químico

Che|mi|ke|rin ⟨[çe-] od. *süddt.; österr.:* [ke-] f.; -, -ri|nen⟩ *weibl. Chemiker* □ química

che|misch ⟨[çe-] od. *süddt.; österr.:* [ke-] Adj. 24⟩ **1** *die Chemie betreffend, mit Stoffumwandlung verbunden* **2** ~*es Element,* ~*er Grundstoff einer der mit Hilfe chem. Methoden nicht weiter in einfachere Stoffe zerlegbaren Grundbestandteile der Materie* **3** ~*e Formel symbolische Darstellung der chemischen Verbindungen* **4** ~*e Gleichung in Form einer Gleichung geschriebene symbolische Darstellung einer chemischen*

Reaktion **5** ~e **Reaktion** *Vorgang, durch den verschiedene chemische Stoffe od. Verbindungen ineinander übergeführt werden* **6** ~es **Zeichen** *für chem. Grundstoffe verwendete(r) Buchstabe(n)* **7** ~e **Verbindung** *Vereinigung der Atome mehrerer chemischer Elemente zu einem Molekül* □ **químico 8** ~e **Reinigung** *R. von Kleidungsstücken durch chemische Lösemittel* □ **limpeza/lavagem a seco*

...chen ⟨Nachsilbe; Verkleinerungssilbe⟩ *Herzchen, Häuschen, Bettchen, Kleidchen*

chic ⟨[ʃɪk] Adj. 40⟩ = *schick*
Chic ⟨[ʃɪk] m.; -s; unz.⟩ = *Schick*
Chi|co|rée ⟨[ʃikoreː] od. [ʃɪkoreː] f.; -; unz. od. m.; -s; unz.⟩ = *Schikoree*
Chiff|re *auch:* **Chiff|re** ⟨[ʃɪfrə] od. [ʃɪfər] f.; -, -n⟩ **1** *Ziffer, Zahl* □ **algarismo; número 2** *Namenszeichen, Monogramm* □ **monograma 3** *Geheimzeichen* □ **cifra 4** *Kennziffer in Anzeigen; unter einer* ~ *annoncieren; ~anzeige* □ **anúncio cifrado**
chiff|rie|ren *auch:* **chiff|rie|ren** ⟨[ʃɪf-] V. 500⟩ *Buchstaben, einen Text* ~ *in Geheimschrift schreiben, verschlüsseln; Ggs dechiffrieren* □ **cifrar; criptografar**
Chi|mä|re ⟨[çi-] f.; -, -n⟩ = *Schimäre*
Chip ⟨[tʃɪp] m.; -s, -s⟩ **1** *Spielmarke im Roulette* □ **ficha 2** *kleiner Span, Splitter* □ **apara; lasca 3** *frittierte u. gewürzte Scheiben aus Kartoffeln, Mais o. Ä.* □ **batatas fritas;** *chips* **4** ⟨El.⟩ *dünnes Halbleiterplättchen, auf dem sich elektronische Halbleiterschaltungen befinden* □ **chip**
Chir|urg *auch:* **Chi|rurg** ⟨[çir-] od. süddt.; österr.: [kir-] m.; -en, -en; Med.⟩ *jmd., der operative Eingriffe vornimmt, Facharzt für Chirurgie* □ **cirurgião**
Chir|ur|gie *auch:* **Chi|rur|gie** ⟨[çir-] od. süddt.; österr.: [kir-] f.; -; unz.; Med.⟩ **1** *Heilkunst durch operative Eingriffe* □ **cirurgia 2** *Klinik für Chirurgie(1)* □ **clínica de cirurgia**
Chir|ur|gin *auch:* **Chi|rur|gin** ⟨[çir-] od. süddt.; österr.: [kir-] f.; -; -rin|nen.⟩ *weibl. Chirurg* □ **cirurgiã**
Chlor ⟨[kloːr] n.; -s; unz.; chem. Zeichen: Cl⟩ *in der Natur nicht frei vorkommendes chem. Element, ein gelbgrünes, stechendes Gas, Chlorgas* □ **cloro**
Cho|le|ri|ker ⟨[ko-] m.; -s, -; nach der antiken Temperamentenlehre⟩ *zu Wutanfällen neigender, leicht aufbrausender Mensch* □ **colérico**
cho|le|risch ⟨[ko-] Adj.⟩ *zu Wutanfällen neigend, aufbrausend, jähzornig; ein* ~er *Mensch* □ **colérico**
Chor¹ ⟨[koːr] m.; -(e)s, Chö|re⟩ **1** ⟨Antike⟩ *Platz für kultische Gesänge u. Tänze* **2** *Gruppe, die kultische Tänze vorführt* **3** ⟨griech. Theat.⟩ *derjenige Teil der Tragödie, der – von mehreren Sprechern gleichzeitig gesprochen – die Meinung des Volkes ausdrücken soll* **4** ⟨Mus.⟩ **4.1** *mehrstimmige Gesangsgemeinschaft, größere Sängergruppe; gemischter* ~ **4.2** *eine Vereinigung gleicher od. verwandter Instrumente; Bläser~* **4.3** *gemeinsamer, meist mehrstimmiger Gesang* **4.4** *Musikstück für eine Sängergruppe* □ **coro**
Chor² ⟨[koːr] m. od. n.; -(e)s, -e od. Chö|re⟩ *den Geistlichen vorbehaltener, das Kirchenschiff abschließender Raum mit Hochaltar u. Chorgestühl* □ **coro**

Cho|ral ⟨[ko-] m.; -(e)s, -rä|le⟩ **1** *Gregorianischer* ~ *einstimmiger, unbegleiteter Chorgesang der römischen Kirche* □ **canto 1.1** *protestantisches Kirchenlied* □ **coral**
Cho|reo|gra|fie ⟨[ko-] f.; -, -n⟩ *oV Choreographie* **1** *Schrift zum Beschreiben von Tänzen* **2** *Entwurf von Tänzen in einem Ballett* □ **coreografia**
Cho|reo|gra|phie ⟨[ko-] f.; -, -n⟩ = *Choreografie*
Christ ⟨[krɪst]⟩ **1** ⟨m.; -; unz.; volkstüml. für⟩ *Christus* □ **Cristo 1.1** *der heilige* ~ *Christkind* □ ***o Menino Jesus 2** ⟨m.; -en, -en⟩ *Anhänger des Christentums* □ **cristão**
Christ|baum ⟨[krɪst-] m.; -(e)s, -bäu|me⟩ = *Weihnachtsbaum*
Chris|ten|tum ⟨[krɪs-] n.; -s; unz.⟩ **1** *religiöse, auf Jesus Christus zurückgeführte Lehre; das* ~ *annehmen, verbreiten; sich zum* ~ *bekennen; vom* ~ *abfallen* **2** *christlicher Glaube, die gelebte Lehre Christi; ein echtes, weltoffenes, praktisches* ~ □ **cristianismo**
christ|lich ⟨[krɪst-] Adj.⟩ **1** *auf Christus od. dessen Lehre zurückgehend, von Christus stammend; die* ~e *Religion, Lehre, Taufe; der* ~e *Glaube* **2** *zu Christus u. dem Christentum gehörig, an Christus glaubend; eine* ~e *Gemeinde, Bevölkerung, Kirche* **3** *vom Christentum geprägt, auf Christus gerichtet; eine* ~e *Kunst, Kultur, Moral, Ethik; das* ~e *Abendland* **4** *dem Christentum u. seinen Grundsätzen entsprechend; ein* ~es *Leben führen;* ~ *denken, handeln;* ~e *Güte, Nächstenliebe* □ **cristão 4.1** *Christlich-Demokratische Union Deutschlands* ⟨Abk.: CDU⟩ *1945 gegründete politische Partei auf christlicher Grundlage* □ ***União Democrata-Cristã da Alemanha 4.2** *Christlich-Soziale Union in Bayern* ⟨Abk.: CSU⟩ *1945 in Bayern gegründete politische Partei auf christlicher Grundlage* □ ***União Social-Cristã na Baviera 4.3** *Christlicher Verein Junger Menschen (früher: Männer)* ⟨Abk.: CVJM⟩ *1883 gegründeter evangelischer Jugendverband mit religiösen u. sozialen Zielen* □ ***Associação Cristã de Moços 4.4** *Christliche Wissenschaft eine von Mary Baker-Eddy 1876 gegründete Glaubensgemeinschaft mit religiöser Weltanschauung u. Heilmethode* □ ***Ciência Cristã 5** ⟨24⟩ *kirchlich;* ~es *Begräbnis; jmdn.* ~ *trauen, bestatten* □ **cristão**
Chrom ⟨[kroːm] n.; -s; unz.; chem. Zeichen: Cr⟩ *chemisches Element, silberweißes, glänzendes Schwermetall, das bei Normaltemperatur nicht oxidiert* □ **cromo**
chro|ma|tisch ⟨[kro-] Adj. 24⟩ **1** ⟨Mus.⟩ *in Halbtönen fortschreitend; Ggs diatonisch(2)* **1.1** ~e **Tonleiter** *aus den 12 Halbtönen gebildete Tonleiter* **2** ⟨Opt.⟩ *auf Zerlegung von Farben beruhend* □ **cromático**
Chro|nik ⟨[kroː-] f.; -, -en⟩ *Bericht über geschichtliche Vorgänge in der Reihenfolge ihres Geschehens* □ **crônica**
chro|nisch ⟨[kroː-] Adj. 24⟩ ~e **Krankheiten** *langsam verlaufende, schleichende K.; Ggs akut(2)* □ **crônico**
Chro|nist ⟨[kro-] m.; -en, -en⟩ *Verfasser einer Chronik* □ **cronista**
Chro|no|lo|gie ⟨[kro-] f.; -, -n⟩ **1** *Zeitkunde* **2** *Zeitfolge, zeitlicher Ablauf* □ **cronologia**
chro|no|lo|gisch ⟨[kro-] Adj. 24⟩ *dem zeitlichen Ablauf entsprechend; die* ~e *Abfolge von Geschehnissen; eine Biografie* ~ *gliedern* □ **cronológico**

Chrys|an|the|me auch: **Chry|san|the|me** ⟨[krys-] f.; -, -n; Bot.⟩ einer Gattung der Korbblütler angehörige Pflanze mit großen, üppig gewachsenen strahlenförmigen Blütenköpfen; Sy Wucherblume □ **crisântemo**
cir|ca ⟨[tsɪrka] Adv.; Abk.: ca.⟩ = zirka
Cir|cus ⟨m.; -, -se⟩ = Zirkus
Ci|trat auch: **Cit|rat** ⟨n.; -(e)s, -e; chem.; fachsprachl.⟩ = Zitrat
Ci|ty ⟨[sɪti] f.; -, -s⟩ Innenstadt, Stadtzentrum (mit Geschäften) einer Großstadt; die ~ von Dortmund; als Fußgängerzone gestaltete ~ □ **centro da cidade**
Clan ⟨[klæːn] m.; -s, -s od. eindeutschend [klaːn] m.; -s, -e⟩ = Klan
clean ⟨[kliːn] Adj. 24/40; umg.⟩ nicht mehr drogenabhängig; nach der Entziehungskur war er ein halbes Jahr ~ □ **limpo; desintoxicado**
cle|ver ⟨[klɛvə(r)] Adj.⟩ schlau, klug, geschickt handelnd; ein ~er Geschäftsmann □ **hábil; inteligente**; bei den Verhandlungen ist sie sehr ~ vorgegangen □ **com habilidade/inteligência**
Cle|ver|ness ⟨[klɛvə(r)nɛs] f.; -; unz.⟩ cleveres Wesen, Schlauheit, Klugheit, geschickte u. wendige Vorgehensweise; dieser Beruf erfordert ein hohes Maß an ~ □ **habilidade; inteligência**
Clinch ⟨[klɪntʃ] od. [klɪnʃ] m.; -es; unz.⟩ **1** ⟨Boxen⟩ Umklammerung des Gegners □ **clinch 2** ⟨fig.⟩ Streit, Auseinandersetzung; mit jmdm. im ~ liegen; wir haben wegen dieser Angelegenheit schon seit mehr als zwei Monaten ~ □ **briga; discussão**
Cli|que ⟨[klɪkə] f.; -, -n⟩ **1** Gruppe miteinander befreundete Personen □ **grupo de amigos; galera 2** ⟨abwertend⟩ durch gemeinsame egoistische Interessen verbundene Gruppe, Sippschaft, Klüngel; Macht~ □ **panelinha**
Clou ⟨[kluː] m.; -s, -s⟩ **1** Höhepunkt; der ~ vom Ganzen □ **auge; apogeu 2** Zugstück, Schlager; das war der ~!; der ~ des Abends, der Saison, der Vorstellung □ **ponto alto; atração**
Clown ⟨[klaʊn] m.; -s, -s⟩ **1** ⟨urspr.⟩ die lustige Person der englischen Bühne □ **bobo; bufão 2** ⟨heute⟩ Spaßmacher im Zirkus u. Varieté; Sy August[2] **3** ⟨fig.⟩ stetig unernste od. alberne Person □ **palhaço**
Club ⟨m.; -s, -s⟩ = Klub (1)
cm ⟨Abk. für⟩ Zentimeter □ **centímetro**
cm² ⟨Abk. für⟩ Quadratzentimeter □ **centímetro quadrado**
coach ⟨[koʊtʃ] m.; -s, -s⟩ Trainer, Betreuer, Manager eines Sportlers od. einer Sportmannschaft; als ~ eines Tennisspielers tätig sein; der ~ der deutschen Nationalmannschaft □ **treinador; técnico**
coa|chen ⟨[koʊtʃən] V. 500⟩ jmdn. ~ als Coach für jmdn. tätig sein, jmdn. trainieren; einen Sportler, eine Mannschaft ~; er hat die Nationalmannschaft zwei Jahre lang gecoacht □ **treinar**
Co|balt ⟨n.; -(e)s; unz.; chem. Zeichen: Co; fachsprachl.⟩ = Kobalt
Co|ca-Co|la® ⟨f.; -, -s od. n.; -s, -s⟩ mit Kohlensäure versetztes, koffeinhaltiges Erfrischungsgetränk □ **Coca-Cola**

Cock|pit ⟨n.; -s, -s⟩ **1** ⟨Mar.⟩ vertiefter Sitz des Steuermanns □ **cockpit 2** Vorratsraum des Schiffes □ **cambusa; despensa 3** ⟨Luftf.⟩ Sitz des Piloten □ **cockpit**
Cock|tail ⟨[kɔktɛɪl] m.; -s, -s⟩ alkoholisches Mischgetränk □ **coquetel**
Co|da ⟨f.; -, -s⟩ = Koda
Code ⟨[koʊd] od. [koːd] m.; -s, -s⟩ **1** = Kode (2) **2** Gesetzbuch; oV Kode (1) → a. Codex 2.1 ~ **civil** [koːd sɪviːl] auf Veranlassung von Napoleon 1804 geschaffenes franz. bürgerliches Gesetzbuch 2.2 ~ **Napoléon** [koːd napoleɔ̃ː] Code civil im ersten u. zweiten frz. Kaiserreich □ **código**
Co|dex ⟨m.; -, -di|ces [-tse:s]⟩ **1** = Kodex (1) 1.1 ~ **argenteus** gotische Bibelhandschrift des Wulfila (6. Jh.) in silberverziertem Einband 1.2 ~ **aureus** mittelalterliche Prachthandschrift mit goldverziertem Einband **2** = Kodex(2) 2.1 ~ **Iuris Canonici** ⟨Abk.: CIC⟩ Gesetzbuch der katholischen Kirche von 1917 2.2 ~ **Rubricarum** ein von Papst Johannes XXIII. veröffentlichtes Reformwerk zur Vereinfachung der Rubriken ab 1. 1. 1961 □ **codex**
co|die|ren ⟨V. 500⟩ = kodieren
Cof|fe|in ⟨n.; -s; unz.; fachsprachl.⟩ = Koffein
Co|gnac® auch: **Cog|nac**® ⟨[kɔnjak] m.; -s, -s⟩ in der Region der frz. Stadt Cognac hergestellter Weinbrand □ **conhaque**; → a. Kognak
Coif|feur ⟨[koaføːr] m.; -s, -s od. -e; bes. schweiz.⟩ Friseur □ **cabeleireiro**
Coif|feuse ⟨[koaføːz(e)] f.; -, -n; bes. schweiz.⟩ Friseuse □ **cabeleireira**
Co|i|tus ⟨m.; -; unz.⟩ = Koitus
Co|la ⟨f.; -s od. n.; -s, -s, kurz für⟩ Coca-Cola®
Col|la|ge ⟨[-ʒə] f.; -, -n⟩ **1** ⟨bildende Kunst⟩ aus Papier, Fotos od. anderem Material geklebtes Bild **2** ⟨Lit.⟩ 2.1 Technik der Kombination unverändert übernommener Textteile aus verschiedenen literar. Werken innerhalb eines neuen Werkes 2.2 mit Hilfe dieser Technik gestaltetes Werk □ **colagem 3** ⟨Mus.⟩ Einarbeitung vorhandener musikal. Fragmente in neue Kompositionen □ **medley; pot-pourri**
Col|lie ⟨m.; -s, -s; Zool.⟩ schottischer Schäferhund, mittelgroße, langhaarige Hunderasse mit langer, flacher Schnauze □ **collie**
Colt® ⟨[kɔlt] m.; -s, -s⟩ Revolver □ **colt; revólver**
Com·bo ⟨f.; -, -s; Mus.; Jazz⟩ kleine Musikkapelle für Jazz- od. Tanzmusik □ **combo**
Come-back auch: **Come|back** ⟨[kʌmbæk] n.; -s, -s⟩ erfolgreiches Wiederauftreten, Rückkehr eines Künstlers od. einer bekannten Person (nach längerer Pause) □ **retorno; volta**
Com|pact Disc ⟨[kɔmpɛkt dɪsk] f.; - -, - -s; Abk.: CD⟩ dünne runde Scheibe, auf der Musik od. andere Information gespeichert u. durch Laserstrahl abgetastet u. wiedergegeben wird; oV Compact Disk □ **compact disc**
Com|pact Disk ⟨[kɔmpɛkt dɪsk] f.; - -, - -s; Abk.: CD⟩ = Compact Disc
Com|pu|ter ⟨[-pjuː-] m.; -s, -; EDV⟩ elektronische Datenverarbeitungsmaschine □ **computador**
Com|pu|ter|pro|gramm ⟨[-pjuː-] n.; -(e)s, -e; EDV⟩ eindeutige Befehle, die den Computer veranlassen, be-

stimmte Abläufe od. Aufträge in einer bestimmten Reihenfolge auszuführen; ein neues ~ installieren ▢ **programa de computador**

Con|fi|se|rie ⟨f.; -, -n; schweiz.⟩ = *Konfiserie*

Con|tai|ner ⟨[-teː-] m.; -s, -⟩ *Großbehälter zur Aufbewahrung (u. Beförderung) von Gütern;* Altglas~ ▢ **contêiner**

con|tra auch: **cont|ra** ⟨Präp.⟩ = *kontra*

cool ⟨[kuːl] Adj.; umg.⟩ **1** *(salopp) kühl, nüchtern, ohne Erregung, ohne Gefühl;* er bleibt in jeder Situation ~ ▢ **frio; impassível 1.1** *immer schön* ~ *bleiben! nicht aufregen!* ▢ ***fique frio! 2** ⟨Jugendspr.⟩ *prima, super;* du siehst echt ~ aus ▢ **maneiro; (muito) legal; da hora**

Co|pi|lot ⟨m.; -en, -en⟩ = *Kopilot*

Co|py|right ⟨[kɔpiraɪt] n.; -s, -s; Zeichen: ©⟩ *Urheberrecht* ▢ **copyright**

Cord ⟨m.; -(e)s, -e⟩ = *Kord*

Cor|ned|beef ⟨[kɔːrn(e)dbiːf]⟩ auch: **Cor|ned Beef** ⟨n.; (-) -; unz.⟩ *zerkleinertes u. gepökeltes Rindfleisch (in Büchsen)* ▢ **carne bovina enlatada**

Corps ⟨[koːr] n.; - [koːrs], - [koːrs]⟩ **1** = *Korps* **1.1** ~ **consulaire** [koːr kõsylɛːr] ⟨Abk.: CC⟩ *Gesamtheit der Angehörigen fremder Konsulate in einem Land* ▢ ***corpo consular 1.2** ~ **diplomatique** ⟨[koːr -tiːk] Abk.: CD⟩ *diplomatisches Korps* ▢ ***corpo diplomático**

Cor|pus ⟨n.; -, -Cor|po|ra⟩ **1** ⟨Pl.: -se; Med.⟩ = *Korpus¹* (2) **1.1** ~ **Christi** ⟨kath. Rel.⟩ *der Leib Christi im Abendmahl (der in der Hostie versinnbildlicht wird)* ▢ ***Corpus Christi 1.2** ~ Delicti ⟨Rechtsw.⟩ *als Beweismaterial für die Aufklärung eines Verbrechens dienender Gegenstand* **1.2.1** ⟨geh.; scherzh.⟩ *Beweisstück, ein Missgeschick od. eine Untat bezeugender Gegenstand;* das ~ Delicti, *die teuer erstandene Vase, lag zerschlagen am Boden* ▢ ***corpo de delito 2** = *Korpus²* (1) **3** ⟨Bot.⟩ *zentraler Teil der Sprossspitze bei Samenpflanzen* ▢ **corpo**

Cot|ton ⟨[kɔtən] m. od. n.; -s; unz.; Textilw.⟩ *Baumwolle, Gewebe aus Baumwolle;* 100% ~ ▢ **algodão**

Couch ⟨[kaʊtʃ] f.; -, -es [-tʃiz] od. -en⟩ *breites Liegesofa mit niedriger Lehne;* Schlaf~ ▢ **divã; sofá**

Count-down auch: **Count|down** ⟨[kaʊntdaʊn] m.; -s, -s od. n.; -s, -s⟩ **1** *hörbares Rückwärtszählen (von zehn od. einer anderen Ziffer) bis null als Vorbereitung auf einen zeitlich genau terminierten Start;* der ~ läuft **2** ⟨a. fig.⟩ *die letzte Phase vor dem Beginn eines wichtigen Unternehmens;* der ~ hat begonnen ▢ **contagem regressiva**

Coup ⟨[kuː] m.; -s, -s⟩ **1** *Schlag, Hieb* ▢ **golpe; pancada 2** *Trick, Kniff, Kunstgriff* ▢ **golpe; ardil 3** *überraschendes Vorgehen* **3.1** ~ d'État ⟨[-detɑ] *Staatsstreich* ▢ ***golpe de Estado**

Cou|pé ⟨[kupeː] n.; -s, -s⟩ = *Kupee*

Cou|pon ⟨[-põ] m.; -s, -s⟩ = *Kupon*

Cou|ra|ge ⟨[kuraːʒə] f.; -; unz.⟩ *Mut, Schneid;* dazu gehört ~!; er hat dabei viel ~ gezeigt ▢ **coragem**

Cou|sin ⟨[kuzɛ̃] m.; -s, -s⟩ = *Vetter*

Cou|si|ne ⟨[ku-] f.; -, -n⟩ = *Kusine*

Cou|vert ⟨[kuvɛrt] od. [kuvɛːr] n.; -s, -s; schweiz.⟩ = *Kuvert*

Co|ver ⟨[kʌvə(r)] n.; -s, - od. -s⟩ **1** *Hülle einer CD, Schallplatte, DVD usw.* **2** *Titelseite von Illustrierten (~girl)* ▢ **capa**

Cow|boy ⟨[kaʊbɔɪ] m.; -s, -s⟩ *berittener nordamerikanischer Rinderhirt* ▢ **caubói**

Co|yo|te ⟨m.; -n, -n⟩ = *Kojote*

Crack¹ ⟨[kræk] m.; -s, -s⟩ **1** *Spitzensportler, sehr erfolgreicher Sportler* **1.1** *hervorragender Fachmann, Kapazität(3);* er ist ein ~ in der Atomphysik **2** *hervorragendes, Spitzenleistungen erbringendes Rennpferd* ▢ **craque**

Crack² ⟨[kræk] n.; -s; unz.⟩ *ein synthetisches Rauschmittel, das Kokain enthält* ▢ **crack**

Cre|do ⟨n.; -s, -s⟩ = *Kredo*

creme ⟨[kreːm] Adj. 11/40⟩ *cremefarben, beiger, von leicht gelblicher Farbe* ▢ **(cor) creme**

Creme ⟨[kreːm] f.; -, -s⟩ oV Krem, Kreme **1** *steife, die Form haltende, schlagsahne- od. salbenähnliche Flüssigkeit* **1.1** *feine, mit Sahne zubereitete Süßspeise als Füllung für Süßigkeiten u. Torten;* ~schnittchen **1.2** *Hautsalbe* ▢ **creme 2** ⟨unz.; fig.⟩ *das Erlesenste* **2.1** *die* ~ *der Gesellschaft gesellschaftliche Oberschicht* ▢ **nata; elite**

Crème de la Crème ⟨[krɛːm də la krɛːm] f.; - - - -; unz.; umg.; auch abwertend od. iron.⟩ *auserlesener Kreis der gesellschaftlichen Oberschicht* ▢ **nata; elite**

Crêpe ⟨[krɛp] m.; -s, -s od. -e⟩ = Krepp

Crux ⟨f.; -; unz.⟩ oV Krux **1** *Last, Bürde;* das ist eine ~! ▢ **cruz; fardo 2** *entscheidende Schwierigkeit, Knackpunkt;* die ~ dabei ist Folgendes ... ▢ **dificuldade; questão crucial**

Csar|das auch: **Csár|dás** ⟨[tʃarda(ʃ)] m.; -, -; Mus.⟩ *ungarischer Nationaltanz im 3/4-Takt* ▢ **xarda; czarda**

Cup ⟨[kʌp] m.; -s, -s⟩ **1** *Pokal* **2** *Ehrenpreis bei Sportwettkämpfen* ▢ **taça 3** *der Wettkampf um einen Cup(2);* Davis~ ▢ **copa**

Cur|ry ⟨[kœri] m. od. [kʌri] m.; -s od. n.; -s, -s⟩ **1** ⟨unz.⟩ *dunkelgelbes Gewürzpulver aus indischen Gewürzen* **2** ⟨zählb.; Kochk.⟩ *indisches Gericht mit Fleisch od. Fisch in einer scharfen, mit Curry(1) gewürzten Soße* ▢ **curry; caril**

cut|ten ⟨[kʌtən] V. 402⟩ *Filmaufnahmen* ~ *zurechtschneiden, für die endgültige Fassung nach künstlerischen Gesichtspunkten schneiden, umstellen u. wieder zusammenkleben* ▢ **editar**

Cut|ter ⟨[kʌtə(r)] m.; -s, -⟩ *jmd., der beruflich Filmaufnahmen für die endgültige Fassung zurechtschneidet, Schnittmeister* ▢ **montador; editor de som/imagem**

Cut|te|rin ⟨[kʌt-] f.; -, -rin|nen⟩ *weibl. Cutter* ▢ **montadora; editora de som/imagem**

D d

da¹ ⟨Adv.⟩ **1** ⟨örtlich⟩ 1.1 *dort, an jener Stelle;* der Mann ~ kommt mir verdächtig vor; das Unglück geschah ~, wo die Straße stark abfällt; ~ habe ich vor Jahren einmal gewohnt; ~ kommt er endlich!; lass das ~ liegen!; ~ sehen Sie die höchste Erhebung des Taunus; sieh ~!; ~ draußen, drinnen, drüben wartet er; ~ steht er ja schon!; der Weg führt ~ durch, entlang, hinauf, hinüber, hinunter; ~ hinten, oben, unten, vorn liegt das Buch; hier und ~, ~ und dort sahen wir Pilze im Walde; von ~ ging es weiter zur Raststätte □ **ali; lá;** wer ist ~?; hallo, du ~, ...! ⟨umg.⟩ □ **aí**; bitte von dieser Sorte Wurst ~ □ **ali** ⟨umg.⟩ 1.1.1 (halt,) wer ~? ⟨Mil.⟩ *(Ruf des Postens)* □ ***(alto,) quem vem lá?** 1.2 *hier, an dieser Stelle;* ~ hast du das Gewünschte; ~, nimm den Brief mit! □ **aqui; cá** 1.2.1 ~ sein *anwesend, gegenwärtig, zugegen sein, vorhanden;* ich komme erst, wenn er ~ ist, ~ war; wäre er nicht ~, so hätte ich ... □ ***estar presente**; ist jemand ~?; es ist niemand ~ □ **aí; aqui**; es ist kein Brot mehr ~ □ ***não tem/há mais pão** 1.2.1.1 ich bin gleich wieder ~ *gleich wieder zurück* □ ***volto logo** 1.2.1.2 *für, zu etwas* ~ sein *vorgesehen, bestimmt sein;* du kannst das Geld verbrauchen, dazu ist es ja ~ □ ***você pode usar o dinheiro, é para isso que ele está aí**; dafür bin ich nicht ~, dass ich diese Arbeit erledige □ ***não estou aqui para fazer esse trabalho** 1.2.1.3 *leben, bestehen, existieren;* ich will nur für dich ~ sein □ ***quero viver só para você** 1.2.1.4 das ist noch nicht ~ gewesen! *noch nicht vorgekommen* □ ***isso nunca aconteceu antes!** 1.3 nichts ~! ⟨umg.⟩ *das gibt es nicht, das kommt nicht in Frage* □ ***nem pensar!** **2** ⟨zeitlich⟩ *zu dieser Zeit, in diesem Augenblick;* haben wir ~ alle gelacht!; doch ~ sagte er plötzlich, ...; von ~ an war nicht mehr mit ihm zu reden □ **então; naquele momento** 2.1 hier und ~ *zuweilen* □ **às vezes** 2.2 ~ siehst du, ... *(erst) jetzt merkst du, stellst du fest* ... □ **(só) agora** **3** ⟨folgend⟩ *unter diesen Umständen, in diesem Fall;* ~ haben Sie Unrecht!; was kann ich ~ machen?; ~ kann man nur noch resignieren; ~ muss man vorsichtig sein!; und ~ wagst du noch zu behaupten ... □ **nesse caso; nessas circunstâncias** 3.1 ~ hast du's *jetzt musst du auch einsehen, was ich vorausgesehen habe* □ ***aí está!** **4** ⟨abstrakt⟩ *als* ~ sind (bei Aufzählungen) *nämlich* □ **nomeadamente; a saber** 4.1 ~ schau her! *(Ausruf des Erstaunens)* □ ***ora veja só!** **5** ⟨Relativadv.; veraltet; noch poet.⟩ *die Stelle,* ~ *er begraben liegt;* der Tag, ~ die Wende eintrat □ **em que**

da² ⟨kausale Konj.; im Unterschied zu „weil" häufig dann verwendet, wenn das Geschehen im kausalen Gliedsatz als bekannt vorausgesetzt wird⟩ *aus dem Grunde, dass ...;* ~ es doch nicht mehr zu ändern ist, müssen wir uns damit abfinden; ~ ich nicht kommen kann, wird mein Bruder mich vertreten; ~ aber, ~ doch, ~ ja, ~ jedoch, ~ nun einmal ... □ **uma vez que; visto que**

da|bei ⟨a. ['--], bes. bei betonten Hinweisen auf etwas Bestimmtes; Pronominaladv.⟩ **1** *nahe, in der Nähe, daneben;* ein Haus mit Garten ~; ganz nahe ~ befindet sich ... □ **junto; perto** 1.1 ~ sein *anwesend, beteiligt sein;* der Junge ist ~ gewesen; er ist jedes Mal ~, wenn ein Streich geplant ist; ~ zu sein bedeutet mir sehr viel □ ***estar presente** 1.1.1 ich bin ~! ⟨umg.⟩ *bin einverstanden, mache mit* □ ***estou nessa!; eu topo!** 1.1.2 ~ sein *etwas zu tun damit beschäftigt sein;* ihr könntet schon lange ~ sein, den Koffer zu packen □ ***poderiam estar arrumando as malas faz tempo** 1.1.3 ich bin schon ~! *ich habe schon damit begonnen* □ ***já comecei!; já estou fazendo!** 1.2 *dazu;* eine Suppe mit Fleisch ~ □ **acrescido de** **2** *bei dieser Tätigkeit, diesem Vorgang, Zustand, währenddessen, zudem;* er arbeitete und hörte ~ Radio; er stürzte und verletzte sich ~; er ist taub und ~ gelähmt □ **ao mesmo tempo**; ~ kann man nichts lernen; ohne sich etwas ~ zu denken; er fühlt sich wohl ~ □ **nessa circunstância; nessa situação**; stell dir doch zum Bügeln das Bügelbrett möglichst niedrig ein, damit du ~ sitzen kannst □ ***diminua a altura da tábua, assim você pode se sentar enquanto passa roupa**; manche können besser bügeln, wenn sie ~ stehen ∅ 2.1 ~ kommt nichts heraus *das führt zu nichts* □ ***isso não vai dar em nada** 2.2 es bleibt ~! *wie vereinbart, es wird nichts geändert* □ ***combinado!** **3** *was das betrifft;* du bekommst das Geld, aber ~ handelt es sich nur um einen Zuschuss; das ist ~ noch nicht einmal das Schlimmste □ **isso; essa situação** **4** *entgegengesetzt zu dem, wovon gerade gesprochen wird, doch;* bei ihm zeigen sich schon früh Alterserscheinungen, und ~ hat er stets gesund gelebt; er ist reich und ~ bescheiden □ **no entanto** **5** ~ bleiben *darauf beharren;* er bleibt ~, dass er mir Bescheid gesagt habe □ ***insistir** **6** ~ sein, finden ⟨umg.⟩ *daran bedenklich sein, finden;* was ist denn schon ~? □ ***que mal há nisso?**; es ist doch nichts ~, wenn man ... □ ***nada há de errado se/quando...**; ich kann ~ nichts finden □ ***não vejo nenhum problema nisso**

da|bei|blei|ben ⟨V. 114/400(s.)⟩ *bei einer Person, Sache, Tätigkeit bleiben;* auch als ich anfangen gingen, blieb sie dabei □ **ficar**; er war als Bäcker tätig und ist dabeigeblieben □ **continuar (sendo)**; ⟨aber Getrenntschreibung⟩ dabei bleiben → *dabei(5)*

da|bei|sein ⟨alte Schreibung für⟩ *dabei sein*

da|bei|sit|zen ⟨V. 246/400⟩ *bei jmdm. (od. etwas) sitzen, bleiben;* ich möchte gern ~, wenn ihr euch unterhaltet □ **estar (sentado) junto de**; ⟨aber Getrenntschreibung⟩ dabei sitzen → *dabei(2)*

da|blei|ben ⟨V. 114/400(s.)⟩ **1** *nicht fortgehen, hierbleiben;* könnt ihr noch eine Weile ~?; bleib doch noch einen Augenblick da! □ **ficar**; du kannst die Nacht über ~ □ ***você pode passar a noite aqui 1.1** nachsitzen in der Schule* □ **ficar de castigo (depois da aula)**; ⟨aber Getrenntschreibung⟩ da bleiben → *da¹ (1)*

Dach ⟨n.; -(e)s, Dä|cher⟩ **1** *oberer Abschluss eines Gebäudes;* Flach~, Ziegel~; ein abgeschrägtes, flaches, spitzes ~; ein ~ abtragen, aufsetzen, ausbessern, decken □ **telhado 1.1** *mit jmdm. unter einem ~ wohnen in demselben Haus* □ **teto 1.2** *unterm ~ wohnen im obersten Stockwerk, in einer Mansarde* □ ***morar no último andar 1.3** noch kein ~ überm Kopf haben* ⟨fig.⟩ *noch nirgends untergekommen sein* □ ***ainda não ter onde morar 1.4** die Ernte unter ~ bringen einbringen, sichern* □ **recolher; armazenar 1.5** *die Spatzen pfeifen es vom ~, von den Dächern* ⟨fig.⟩ *es ist allgemein bekannt* □ ***é voz corrente 1.6** unter ~ und* **Fach** *in Sicherheit, geschützt;* unter ~ und Fach sein □ ***(estar) em segurança;** eine Angelegenheit unter ~ und Fach bringen* □ ***terminar/concluir um trabalho 1.7** jmdm. aufs ~ steigen* ⟨fig.; umg.⟩ *jmdn. rügen, tadeln, schelten* □ ***passar um sabão em alguém 1.8** eins aufs ~ bekommen* ⟨fig.; umg.⟩ *gerügt, zurechtgewiesen werden* □ ***levar uma bronca* 2** *Bedeckung, Wetterschutz;* Schirm~ □ **toldo;** Wagen~ □ **capota;** Wetter~ □ **alpendre 3** ⟨meist in Zus.⟩ *Zentrale, übergeordnete Organisation;* ~organisation □ **organização de cúpula;** ~verband □ **confederação; associação dirigente 4** ⟨Bgb.⟩ *über dem Abbau überhängendes Gestein* **5** *das ~ der Welt* ⟨fig.⟩ *das Hochland von Pamir* □ **teto**

Dach|de|cker ⟨m.; -s, -/ *Bauhandwerker, der Dächer herstellt u. ausbessert* □ **telhador**

Dach|gar|ten ⟨m.; -s, -gär|ten⟩ *Gartenanlage, Terrasse auf dem Flachdach eines Hauses* □ **jardim suspenso**

Dach|or|ga|ni|sa|ti|on ⟨f.; -, -en; fig.⟩ *übergeordnete Organisation, die verschiedene Organisationen zusammenfasst u. einheitlich leitet* □ **organização de cúpula**

Dach|rin|ne ⟨f.; -, -n⟩ *an der unteren Kante des Daches befestigte Rinne zum Auffangen des Regenwassers;* Sy *Dachtraufe, Regenrinne* □ **calha; algeroz**

Dachs ⟨[-ks] m.; -es, -e; Zool.⟩ **1** *Angehöriger einer Unterfamilie der Familie der Marder, plumpes Tier mit fast rüsselförmiger Schnauze: Meles meles* □ **texugo 1.1** *schlafen wie ein ~ sehr fest u. lange schlafen* □ ***dormir como uma pedra* 2** ⟨fig.; umg.⟩ *unerfahrener, junger Bursche;* so ein junger ~! □ **fedelho; criançola**

Dachs|hund ⟨[-ks] m.; -(e)s, -e; Zool.⟩ *zur Dachs- u. Fuchsjagd bes. gut geeignete krumm- u. kurzbeinige Hunderasse mit Hängeohren;* Sy *Dackel* □ **dachshund**

Dach|stuhl ⟨m.; -(e)s, -stüh|le⟩ *das tragende Gerüst des Daches;* den ~ aufsetzen □ **armação/madeiramento do telhado**

Dach|trau|fe ⟨f.; -, -n⟩ = *Dachrinne*

Dach|zie|gel ⟨m.; -s, -⟩ *zum Dachdecken verwendetes Bauelement aus Lehm od. Ton* □ **telha**

Da|ckel ⟨m.; -s, -⟩ = *Dachshund;* oV *Teckel*

da|durch ⟨a. ['--] Pronominaladv.⟩ **1** *durch diesen Umstand;* ~ geriet er in Rückstand; er hatte ~ große Verluste □ **com isso; desse modo 1.1** ~, **dass** ... *durch den Umstand, dass ...;* ~, dass mein Zug Verspätung hatte, konnte ich nicht rechtzeitig kommen □ ***como;** er genießt viele Vorteile ~, dass er der Älteste ist* □ **pelo fato de; por 2** ⟨nur ['--]⟩ *durch diese Öffnung, Gegend usw.;* soll ich durch diese Tür gehen od. ~? □ **por aqui 3** ⟨aber Getrenntschreibung⟩ da durch ⟨umg.⟩ → *da¹(1)*

da|für ⟨a. ['--]⟩, bes. bei betonten Hinweisen auf etwas Bestimmtes; Pronominaladv.⟩ **1** *für dieses;* Ggs *dagegen(2)* □ **para isso 1.1** *ich werde ~ sorgen, dass bald mit der Arbeit begonnen wird ich werde mich darum kümmern, dass ...* □ ***cuidarei para que... 1.2** er ist kein Fachmann, hält sich aber ~ für einen solchen* □ ***não é especialista, mas considera-se tal 1.3** für diesen Umstand, hinsichtlich dieser Sache;* er ist ~ bestraft worden, dass er ... □ ***foi punido porque...;** ~ ist er noch zu jung* □ ***ele ainda é jovem para isso;** er ist bekannt ~, stets schnell zu handeln* □ ***é conhecido pelo fato de sempre agir com rapidez 1.3.1** das Kind kann nichts ~* ⟨umg.⟩ *hat keine Schuld daran* □ ***a criança não tem culpa 1.4** ~ sein zustimmen, einverstanden sein, einer bestimmten Ansicht sein;* Ggs *dagegen(2.3);* wer ist ~?; alle sind ~; er ist ~, bald umzuziehen; er ist ~, dass wir umziehen □ ***ser a favor; concordar 1.4.1** zugunsten dieser Sache;* ~! (bei Abstimmungen) □ **apoiado!;** wer stimmt ~? □ ***quem vota a favor?* 1.5** *als Gegenwert, Ausgleich für dieses;* ~ bekommt man nichts **1.5.1** *als Preis, Entgelt für dieses;* ~ will er nur ein paar Cent berechnen; und dies ist nun der Dank ~! ⟨iron.⟩ □ **em troca; como recompensa 1.5.2** *als Ersatz für dieses, stattdessen;* er beherrscht die französische Sprache nur schlecht, ~ aber die englische umso besser □ **em compensação 1.6** *für diesen Zweck, diese Bestimmung;* ~ hat er nicht die geringsten Voraussetzungen □ **para isso; para tanto 2** ⟨umg.⟩ *dagegen(2.1, 2.1.1);* ~ gibt es kein Mittel □ **contra isso; para evitar isso 3** ⟨umg.⟩ *aufgrund bestimmter Umstände;* er wurde nicht seekrank, ~ war er ja Seemann □ ***por ser marinheiro, nunca enjoava* 4** ⟨Getrennt- u. Zusammenschreibung⟩ **4.1** *~ können* = *dafürkönnen* **4.2** *~ stehen* = *dafürstehen*

da|für|hal|ten ⟨V. 160/500; veraltet⟩ **1** *etwas ~ der Meinung sein, meinen;* ich halte dafür, dass es besser sei, es zu sagen □ **considerar; achar;** nach meinem Dafürhalten □ **opinião; 2** ⟨aber Getrenntschreibung⟩ dafür halten → *dafür(1.2)*

da|für|kön|nen *auch:* **da|für kön|nen** ⟨V. 171/500; umg.⟩ *etwas ~ Schuld haben;* ich kann nichts dafür □ ***ter culpa de alguma coisa**

da|für|spre|chen ⟨V. 251/400⟩ **1** *etwas od. jmdn. positiv kennzeichnen* □ **falar em favor de; defender 2** *auf etwas hindeuten, einer Annahme nahelegen;* alles spricht dafür, dass es sich so zugetragen hat □ **levar a crer; indicar**

da|für|ste|hen *auch:* **da|für ste|hen** ⟨V. 256⟩ **1** *gutstehen, einstehen für etwas* □ **responsabilizar-se 1.1**

dagegen

⟨401(s.)⟩ es steht nicht dafür ⟨österr.⟩ *hat keinen Wert, lohnt sich nicht* □ ***não vale a pena**

da|ge|gen ⟨a. ['--], bes. bei betonten Hinweisen auf etwas Bestimmtes; Pronominaladv.⟩ **1** ⟨räuml.⟩ *gegen das Erwähnte, Bezeichnete* **1.1** als er an der Mauer stand, lehnte er sich ~ *an sie an* **1.2** ein Felsbrocken lag im Weg und er fuhr ~ *auf ihn auf* □ **contra (alguma coisa) 2** *gegen dieses;* Ggs *dafür(1);* wir wenden uns ~; sie kämpfen ~, solange sie können □ **contra isso 2.1** *zum Schutz, zur Abwehr, Abhilfe;* was kann man ~ tun?; gibt es kein Mittel ~? **2.1.1** ~ ist nichts zu machen *damit muss man sich abfinden* □ **contra isso; para evitar isso 2.2** *zuungunsten dieser Sache;* ~! (bei Abstimmungen); er hat 1000 Einwendungen ~; er sagte nichts ~, aber auch nichts dafür **2.2.1** wenn Sie nichts ~ haben, würde ich gern ... *wenn Sie einverstanden sind* □ **contra 2.3** ~ sein *nicht zustimmen, nicht einverstanden sein;* wer ist ~?; ich bin ~; die öffentliche Meinung ist ~ □ ***ser contra; discordar 2.4** *hierauf, hierzu;* ~ ist nichts einzuwenden □ **a isso; contra isso 2.5** *jedoch, im Gegensatz dazu, indessen;* ich habe stets Zeit für dich, du für mich ~ nie; er tanzt großartig, ~ bist du nur ein Anfänger □ **em contrapartida; ao contrário 2.6** *dafür(1.5, 1.5.1), als Gegenwert, Ersatz für dieses;* im Tausch ~ versprach er ihr ein neues Auto □ **em troca; como recompensa**

da|ge|gen|hal|ten ⟨V. 160/500⟩ **1** etwas ~ *etwas vergleichen, nebeneinanderstellen;* man müsste zum Vergleich einmal den Originaltext ~ □ **confrontar; cotejar 2** ⟨503⟩ **(jmdm.)** etwas ~ *entgegnen, antworten;* was hast du ihm dagegengehalten? □ **objetar; replicar**

da|heim ⟨Adv.⟩ **1** *zu Hause;* ~ sein; ~ bei mir ...; wir wollen es uns ~ gemütlich machen; bitte fühlen Sie sich hier ganz wie ~! □ **em casa;** auf eine Nachricht von ~ warten □ ***esperar uma notícia de casa 1.1** für niemanden ~ sein *nicht zu sprechen sein* □ ***não estar para ninguém 1.2** ~ ist ~! *zu Hause fühlt man sich am wohlsten* □ ***lar doce lar! 1.3** wie geht's ~? ⟨umg.⟩ *den nächsten Angehörigen* □ ***como vão as coisas em casa? 2** auf einem Gebiet ~ sein ⟨fig.; umg.⟩ *es beherrschen* □ ***sentir-se em casa (em relação a um campo/domínio)**

da|her ⟨Pronominaladv.⟩ **1** ⟨räuml.⟩ *(von) dorther, aus dieser bestimmten Richtung;* von ~ muss er gekommen sein □ **de lá; dali 1.1** ~ weht also der Wind ⟨fig.; umg.⟩ *so ist das also, jetzt merke ich die Absicht* □ ***agora entendi; então é isso 2** *(von) diesem Umstand her, deshalb, deswegen, darum;* von ~ rührt seine Abneigung gegen ... □ **disso; daí;** ~ also!; ~ kommt es, dass er sich benachteiligt fühlt; das kommt nur ~, weil du nicht genug gearbeitet hast; ~ hat er seine Geschicklichkeit; er hat sich jahrelang mit diesem Problem beschäftigt, ~ kann er es am besten beurteilen; ich war Augenzeuge und kann ~ den Unfall genau beschreiben □ **por isso; eis por que**

da|her|ge|lau|fen ⟨Adj. 24/60; abwertend⟩ *von ungewisser, zweifelhafter Herkunft, heruntergekommen,* schäbig; ein ~er Mensch □ **ilustre desconhecido; que saiu não se sabe de onde**

Da|her|ge|lau|fe|ne(r) ⟨f. 2 (m. 1); abwertend⟩ *jmd., der von ungewisser, zweifelhafter Herkunft ist, Person ohne Ansehen;* diese Unterlagen können sie doch nicht jedem ~n zeigen □ **qualquer um**

da|her|kom|men ⟨V. 170/400(s.); umg.⟩ **1** *(unerwartet) kommen, hinzukommen, sich nähern;* gerade ist er ~ u. hat mich getreten □ **chegar; aproximar-se 1.1** ⟨umg.⟩ *sich jmdm. gegenüber unpassend verhalten od. äußern;* er ist mir so blöd dahergekommen, dass ich seine Bitte gleich abgelehnt habe □ **mostrar-se; comportar-se 2** ⟨aber Getrenntschreibung⟩ daher kommen → *daher(1,2)*

da|her|re|den ⟨V. 410 od. 500; umg.; abwertend⟩ *etwas ~ planlos, ohne Sinn u. Gehalt reden;* du solltest nicht so viel ~!; er hat nur Unsinn dahergeredet □ **falar bobagem; dizer besteira**

da|hin ⟨a. ['--], bes. bei betonten Hinweisen auf etwas Bestimmtes; Pronominaladv.⟩ **1** *an diesen Ort, zu dieser bestimmten Stelle;* auf diesem Weg kommen wir nie ~; ~ und dorthin gehen; bis ~ kannst du fahren, den Rest des Weges musst du gehen □ **lá, ali 2** *in diese Richtung;* meine Meinung geht ~, dass ... □ ***sou da opinião de que 2.1** seine Bemühungen gehen ~, dass ... *zielen darauf* □ ***seus esforços visam a... 3** *so weit, bis zu diesem Zustand;* ~ hat ihn seine Trägheit gebracht; schließlich ist es ~ gekommen, dass ...; musste es ~ mit dir kommen? □ **a esse ponto; a ponto de 3.1** jmdn. ~ bringen, dass ... *in der Art beeinflussen, dass ...* □ ***levar/induzir alguém a 3.2** jmd. bringt es ~ erreicht es □ ***conseguir; chegar a 4** *bis ~ bis zu diesem Zeitpunkt;* es ist noch genug Zeit bis ~; bis ~ müssen wir warten **4.1** ich freue mich auf unser Wiedersehen, bis ~ viele Grüße *inzwischen* □ **até lá 5** ⟨nur [-'-] Adv.; fig.⟩ *vergangen, verloren, vorbei;* alles Geld ist ~; Jugend und Schönheit sind schnell ~ sein Leben ist ~; sein guter Ruf ist endgültig ~ □ **acabar; passar 5.1** jmd. ist ~ *tot* □ **morto 6** ⟨Getrennt- u. Zusammenschreibung⟩ **6.1** ~ gehend = *dahingehend*

da|hin|ei|len ⟨V. 400(s.)⟩ **1** *sich schnell fortbewegen;* er eilte dahin, um ... □ **correr; apressar-se 2** *etwas eilt dahin* ⟨fig.⟩ *verfliegt, vergeht schnell;* die Zeit eilt nur so dahin □ **voar; passar rapidamente**

da|hin|ge|gen ⟨Konj.; geh.⟩ *jedoch;* sie ~ wollte ... □ **todavia; contudo**

da|hin|ge|hen ⟨V. 145/400(s.)⟩ **1** *seines Weges gehen* **2** *etwas geht dahin* ⟨fig.; geh.⟩ *vergeht;* wie schnell sind doch die letzten Jahre dahingegangen; die Zeit geht dahin □ **passar 3** ⟨poet.⟩ *sterben;* er ist dahingegangen □ **perecer 4** ⟨aber Getrenntschreibung⟩ dahin gehen → *dahin(1)*

da|hin|ge|hend *auch:* **da|hin ge|hend** ⟨Adv.⟩ *auf ein bestimmtes Ziel gerichtet;* sich ~ äußern, einigen, dass... □ **no sentido de**

da|hin|stel|len ⟨V. 500; nur Part. Perf. in der Wendung⟩ **1** etwas dahingestellt sein lassen *etwas unentschieden, offenlassen;* das wollen wir einstweilen dahingestellt sein lassen □ *deixar alguma coisa em aberto **2** etwas bleibt, ist, sei dahingestellt *etwas ist offen, fraglich;* es bleibe dahingestellt, ob ... □ *ficar em suspenso **3** ⟨aber Getrenntschreibung⟩ dahin stellen → *dahin(1)*

da|hin|ten ⟨Adv.⟩ *dort hinten;* ~ siehst du das Haus □ ali/lá atrás

da|hin|ter ⟨Pronominaladv.⟩ **1** *hinter diesem, hinter diese(n, -s);* Ggs *davor(1);* bald kommen Sie an den Ortsausgang und ~ beginnt gleich der Wald □ atrás (de alguma coisa) 1.1 ⟨fig.⟩ *als Grundlage* 1.1.1 er schießt zwar auf das Tor, aber es steckt keine Kraft ~ *aber nicht kraftvoll* □ *embora tenha mirado o gol, seu chute foi sem força* 1.1.2 es ist **nichts**, nicht viel ~ ⟨umg.⟩ *es ist nicht viel wert* □ *não é nada de especial;* 1.1.3. große Klappe und nichts ~ ⟨fig.; umg.⟩ *jmd. hat viel angekündigt u. wenig davon eingehalten* □ *muito barulho por nada*

da|hin|ter|kom|men ⟨V. 170/400 od. 410(s.); fig.; umg.⟩ **1** *entdecken, erfassen, ausfindig machen;* ich konnte einfach nicht ~, was das bedeuten soll; wir werden ~, was er vorhat □ descobrir **2** ⟨aber Getrenntschreibung⟩ dahinter kommen → *dahinter(1)*

Dah|lie ⟨[-ljə] f.; -, -n; Bot.⟩ *einer Gattung der Korbblütler angehörende Zierpflanze, die in vielen Farben blüht u. sich in der Erde durch Teilung der Knollen vermehrt* □ dália

da|mals ⟨Adv.⟩ *zu einem bestimmten vergangenen Zeitpunkt, zu jener Zeit;* das war schon ~ der Fall; ~ war sie noch ledig; es ging ihm ~ nicht besonders gut □ naquele tempo/momento; naquela época

Da|mast ⟨m.; -(e)s, -e; Textilw.⟩ *Gewebe mit eingewebtem gleichfarbigen Muster* □ damasco

Da|me ⟨f.; -, -n⟩ **1** ⟨urspr.⟩ *Frau von Adel* **2** ⟨danach⟩ *gebildete Frau mit gepflegtem Äußeren u. Benehmen (aus guter bürgerlicher Familie);* eine ~ der besten Gesellschaft; die vornehme ~ hervorkehren, spielen □ dama; senhora **3** ⟨höfl. für⟩ *Frau;* ~nfußball; ~mode; ~nriege □ feminino; eine alte, ältere, junge, jüngere, vornehme, würdige ~; eine junge ~ möchte Sie sprechen; ich habe ihn mit einer mir unbekannten ~ gesehen □ mulher; die ~ seines Herzens ⟨scherzh.⟩ □ *a dona do seu coração;* meine ~n und Herren! ⟨Anrede⟩ □ *senhoras e senhores!;* (für) ~n (Aufschrift an Toiletten); Mode für ~ □ senhoras 3.1 die ~ des Hauses ⟨geh.⟩ *Hausherrin, Gastgeberin* □ dona 3.2 nach dem Tanz führt der Herr seine ~ an ihren Platz zurück ⟨geh.⟩ *eine Tischnachbarin, Tanzpartnerin* □ dama **4** ⟨Schachspiel⟩ *für den Angriff die stärkste Figur, die geradlinig u. schräg ziehen u. schlagen kann;* Sy *Königin(3);* mit der ~ ziehen □ dama; rainha **5** *Damespiel, ein Brettspiel;* ~ spielen □ damas 5.1 *Doppelstein im Damespiel* □ dama **6** ⟨Kart.⟩ *dritthöchste Spielkarte;* die ~ ausspielen □ dama; rainha

da|mit ⟨a. ['--], bes. bei betonten Hinweisen auf etwas Bestimmtes; Pronominaladv.⟩ **1** *mit diesem;* du sollst endlich ~ aufhören!; er kann nicht ~ umgehen □ com isso; ~ ist es jetzt aus! □ *agora acabou!* 1.1 wie steht's ~? *wie weit ist diese Angelegenheit gediehen?* □ *em que pé estão as coisas?* 1.2 und ~ basta! ⟨umg.⟩ *Schluss jetzt!* □ *agora chega!* 1.3 es ist aus ~ *die Angelegenheit hat sich erledigt, wurde beendet, ich will nichts mehr mit dieser Sache zu tun haben* □ *fim de papo* 1.4 es ist nichts ~ *es taugt nichts* □ *isso não serve para nada* 1.5 her ~! ⟨umg.⟩ *gib es mir!* □ *me dá isso aqui!* 1.6 heraus ~! ⟨umg.⟩ *nun sag' schon!* □ desembuche! 1.7 ~ anfangen zu arbeiten *mit der Arbeit anfangen* □ *começar a trabalhar* 1.8 er rechnet ~, den ersten Preis zu gewinnen *mit dem Gewinn des ersten Preises* □ *ele contava ganhar o primeiro prêmio* 1.9 *mittels dieses Gegenstands, mit dessen Hilfe;* er nahm den Hammer und zerschlug ~ die Scheibe 1.10 *mit diesem ausgestattet, versehen;* er hat sein Gehalt, ~ muss er auskommen □ com (alguma coisa) 1.11 *dadurch, infolgedessen, somit;* er hat ihn zum Arzt gebracht und ihm ~ das Leben gerettet; sie hätte langsamer und ~ gründlicher arbeiten müssen; der Franzose hatte die höchste Punktzahl erreicht und war ~ Sieger □ com isso; assim; ~, dass er weiter lügt, schadet er sich selbst □ *ao continuar mentindo, ele prejudica a si mesmo;* das Haus ist baufällig und ~ unbewohnbar □ por isso; portanto 1.12 *zugleich mit diesem, unmittelbar darauf;* der Vorhang öffnete sich und ~ begann das Spiel □ logo em seguida **2** ⟨nur [-'-] Konj.⟩ *in der Absicht, zu dem Zweck, dass ...;* Sy *dass(3.6);* → a. *auf²(1.4.4);* ich sage es, ~ ihr Bescheid wisst; ~ wir uns recht verstehen, ich ... □ para que; a fim de que

däm|lich ⟨Adj.; umg.; abwertend⟩ *dumm, unwissend, einfältig;* wie kann man nur so ~ sein! □ idiota; imbecil

Damm ⟨m.; -(e)s, Däm|me⟩ **1** *aufgeschütteter, fester Erdkörper als Unterbau von Eisenbahnlinien, Straßen usw. zum Schutz gegen Hochwasser (Deich), gemauert zur Sicherung von Hafenanlagen usw.;* Bahn~ □ aterro ferroviário, Erd~ □ dique de terra, Straßen~ □ faixa de rodagem; Hafen~ □ quebra-mar; molhe; einen ~ aufschütten, errichten □ dique; aterro; barragem 1.1 jmdn. wieder **auf den** ~ **bringen** ⟨fig.; umg.⟩ *jmdm. helfen, jmdn. aufrichten, ermuntern, gesundmachen* □ *estender a mão a alguém* 1.2 wieder auf dem ~ sein ⟨fig.; umg.⟩ *gesund, munter sein* □ *recuperar-se* 1.3 ⟨veraltet; noch regional⟩ *befestigte Fahrstraße;* Kurfürsten ~ □ avenida **2** ⟨fig.⟩ *Widerstand, innerliches Absperren gegen etwas;* der Willkür einen ~ entgegensetzen □ obstáculo **3** ⟨Anat.⟩ *Gegend zwischen After u. Geschlechtsteilen: Perineum* □ períneo **4** ⟨Orgelbau⟩ *Holz, auf dem Stimmstock liegt* □ travessa/cavalete de sustentação do someiro

däm|men ⟨V. 500⟩ **1** das Wasser, den Fluss ~ *stauen, durch einen Damm aufhalten* □ represar (por meio de dique) 1.1 Räume gegen Wärme (Kälte) ~ ⟨Tech.⟩ *vor Temperatureinflüssen schützen* □ vedar **2** etwas ~ ⟨fig.⟩ *einschränken, hemmen, eindämmen;* jmds. Zorn ~; die Seuche war nicht zu ~ □ refrear; conter

däm|me|rig ⟨Adj.⟩ oV *dämmrig* **1** *halbdunkel, schwach hell, vom Tageslicht zum Dunkel od. von der Finsternis ins Helle übergehend;* ein ~er Hof, Flur; ein ~er Tag, Nachmittag □ mal iluminado; crepuscular 1.1 es

dämmern

wird ~ *der Abend bzw. der Tag bricht an* □ *está anoitecendo/amanhecendo

däm|mern ⟨V. 400⟩ **1** der Morgen, Abend dämmert *es wird langsam hell, bzw. dunkel* □ *rompe o dia; cai a noite 1.1 ⟨401⟩ es dämmert *der Morgen bzw. Abend bricht an* □ *amanhece; anoitece **2** ⟨405⟩ jmd. dämmert **(vor sich hin)** *befindet sich im Halbschlaf, träumt;* der Kranke dämmerte den ganzen Tag vor sich hin □ dormitar; ficar sonolento **3** ⟨403; unpersönl.⟩ es dämmert (jmdm.) ⟨fig.; umg.⟩ *etwas wird jmdm. klar, jmd. ahnt etwas;* mir dämmert Schreckliches □ *começar a ficar claro 3.1 ⟨412; unpersönl.⟩ dämmert's endlich? *wird es dir endlich klar?, verstehst du es endlich?* □ *deu para entender?

Däm|me|rung ⟨f.; -, -en⟩ **1** *Übergang zwischen Nacht u. Tag, Halbdunkel;* die ~ brach herein, breitete sich aus; es geschah in der ~; bei Einbruch, Eintritt der ~; Morgen~, Abend~ **2** ⟨Astron.⟩ *Zeit zwischen Sonnenuntergang u. Sternenaufgang bzw. vom Verblassen der Sterne bis Sonnenaufgang* □ crepúsculo; alvorada

dämm|rig ⟨Adj.⟩ = dämmerig

Dä|mon ⟨m.; -s, -mo̱|nen⟩ **1** *Teufel, böser Geist;* er schien von einem ~ besessen zu sein **2** *dem Menschen innewohnende übermenschliche Macht, guter od. böser Geist;* von seinem ~ getrieben □ demônio

dä|mo̱|nisch ⟨Adj.⟩ **1** *teuflisch* **2** *urgewaltig* **3** *unheimlich, im Besitz übernatürlicher Kräfte* **4** *besessen* □ demoníaco

Dampf ⟨m.; -(e)s, Dämp|fe⟩ **1** ⟨Phys.⟩ *Materie in gasförmigem Zustand;* in ~ verwandeln **2** *unter Druck stehendes Wasser in gasförmigem Zustand;* eine Maschine mit ~ betreiben; im ~ garen ⟨Kochk.⟩ □ vapor; einen Kessel unter ~ halten □ *manter uma caldeira sob pressão; eine Lokomotive, ein Schiff steht unter ~ □ *uma locomotiva/um navio está pronto para partir/zarpar **3** ⟨fig.⟩ *Druck, Nachdruck, Spannung* □ pressão; tensão 3.1 ~ ablassen ⟨a. fig.; umg.⟩ *seiner Erregung freien Lauf lassen, Spannung abbauen* □ *desafogar; desabafar 3.2 ~ hinter etwas machen, setzen *etwas mit (bes.) Nachdruck betreiben* □ *acelerar; apressar 3.3 jmdm. ~ machen *jmdn. unter Druck setzen* □ *pressionar alguém **4** *feinstverteilte Flüssigkeit, feuchte Luft, Nebel, Dunst;* dicker ~ quillt aus der Waschküche; die giftigen Dämpfe verflüchtigen sich □ vapor; exalação **5** der Hirsch liegt im ~ ⟨Jägerspr.⟩ *er bricht im Gewehrfeuer verendet zusammen* □ *o cervo foi abatido **6** Hans~ in allen Gassen sein ⟨fig.; umg.⟩ *abwertend) überall dabei sein u. den Anschein erwecken, sich überall auszukennen* □ *metido a sabichão **7** ~ haben, bekommen ⟨fig.; umg.⟩ *Hunger;* Kohl~ □ *estar/ficar com fome

dạmp|fen ⟨V. 400⟩ **1** *etwas dampft entwickelt Dampf, stößt D. aus;* das Essen dampfte noch, als es aufgetragen wurde; die Täler, die Wiesen ~; das Wasser dampft bereits auf dem Herd □ exalar vapor; fumegar **2** ⟨411(s.); umg.⟩ *mit einem (von Dampf betriebenen) Fahrzeug fahren;* vor 2 Jahren ist er nach Malta gedampft □ ir de trem/navio **3** ⟨411(s.)⟩ etwas dampft ⟨umg.⟩ *fährt (urspr. unter Dampfentwicklung)* □ andar (soltando fumaça/vapor) 3.1 die Lokomotive, der Zug dampft aus dem Bahnhof *fährt soeben ab* □ partir; zarpar

dämp|fen ⟨V. 500⟩ **1** *Gegenstände ~ mit Wasserdampf behandeln;* Fasern, Stoffe ~ □ vaporizar 1.1 *Kleidungsstücke ~ feucht bügeln;* eine Hose, einen Mantel ~ □ passar (com pano úmido ou ferro a vapor) **2** *Nahrungsmittel ~* ⟨Kochk.⟩ *etwas mit Dampf im geschlossenen Topf garen, mit wenig Fett im eigenen Saft kochen, dünsten;* Fleisch, Gemüse ~ □ cozinhar no vapor **3** ⟨fig.⟩ 3.1 *Licht ~ weniger hell machen;* gedämpfte Farben □ filtrar; atenuar 3.2 den Schall ~ *Geräusche verringern;* Lärm ~; gepolsterte Türen den Schall □ abafar; mit gedämpften Trompeten spielen □ *tocar trompete com surdina 3.3 einen Aufprall, Stoß ~ *die Wirkung eines A., S. abschwächen* □ amortecer 3.4 Erwartungen ~ *verringern, niedriger einschätzen;* seinen Optimismus ~ □ reduzir; diminuir 3.5 seine Gefühle ~ *nicht voll zum Ausdruck bringen;* seine Wut, seinen Eifer ~ □ esfriar

Dạmp|fer ⟨m.; -s, -; kurz für⟩ **1** *Dampfschiff;* einen Ausflug mit, auf einem ~ machen; der ~ legt an, fährt ab; Fisch~, Luxus~, Ozean~, Passagier~ □ vapor; transatlântico **2** auf dem falschen ~ sein, sitzen 2.1 ⟨fig.; umg.⟩ *auf einem Irrtum beharren, eine falsche Auffassung vertreten* □ *tomar o bonde errado 2.1.1 am falschen Ort, fehl am Platz sein □ *estar no lugar errado

Dämp|fer ⟨m.; -s, -⟩ **1** ⟨Mus.⟩ *eine Vorrichtung zum Abschwächen der Tonstärke u. gleichzeitig zur Veränderung der Klangfarbe;* den ~ aufsetzen; mit ~ spielen □ abafador; surdina 1.1 *beim Klavier das die Hämmer verschiebende Pedal* □ abafador 1.2 *Streichinstrumente: ein auf die Saiten zu setzender Bügel* 1.3 *bei Blasinstrumenten ein durchbohrter Kegel* □ surdina **2** ⟨Mech.⟩ *Vorrichtung an Kraftfahrzeugen zum Auffangen von Stößen durch Unebenheiten des Bodens* □ amortecedor **3** ⟨Kochk.⟩ *Gerät zum Dämpfen von Speisen u. Futter;* die Kartoffeln im ~ kochen; Kartoffel~ □ panela de pressão **4** jmdm. einen ~ geben ⟨fig.; umg.⟩ *jmds. Überschwang zügeln, mäßigen* □ *jogar um balde de água fria em alguém

Dạmpf|ma|schi|ne ⟨f.; -, -n⟩ *eine Kraftmaschine, die mit gespanntem Wasserdampf betrieben wird* □ máquina a vapor

da|na̱ch ⟨a. ['--], bes. bei betonten Hinweisen auf etwas Bestimmtes; Pronominaladv.⟩ **1** *in diese(r) Richtung* 1.1 *nach diesem hin;* sie streckte schon die Hand ~ aus □ para; em direção a (isso/alguma coisa) 1.2 *auf dieses abzielend, gerichtet;* sein Streben, Verlangen, Wunsch ~ war stärker □ a isso; por isso; er trachtet ~, dich zu übervorteilen □ *ele pretende prejudicá-lo 1.3 *dieses betreffend;* ich fragte ihn wiederholt ~, ohne eine Antwort zu erhalten; ich habe mich noch nicht ~ erkundigt □ a respeito **2** *hierauf folgend;* Ggs davor(2) 2.1 *hinterher, dann, hierauf, später;* wir fahren zuerst in die Bayerischen Alpen u. ~ halten wir uns noch einige Tage in München auf; gleich ~ begann die Vorstellung □ depois 2.2 *im An-*

schluss daran, dahinter; am Weg stehen erst Erlen und ~ Weiden ☐ **depois; atrás** 2.3 *als Nächster in der Rangfolge, an nächster Stelle;* Sieger in dem Wettbewerb war ein Schwede, ~ kam ein Finne ☐ **depois; em seguida 3** *diesem entsprechend, so;* er sieht ganz ~ aus, als ob ... ☐ *****ele tem cara de que...**; er hat früher verschwenderisch gelebt und heute geht es ihm auch ~ (umg.) ☐ *****no passado ele levou uma vida dispendiosa e hoje isso continua igual**; du solltest ~ handeln ☐ *****você deveria agir de acordo** 3.1 die Ware ist billig, aber sie ist auch ~ (umg.) *entsprechend schlecht* ☐ *****a mercadoria é barata no preço, mas também é ruim** 3.2 das Wetter ist heute nicht ~ (umg.) *es ist ungünstig für ein Vorhaben* ☐ *****hoje o tempo não está favorável** 3.3 richten Sie sich bitte ~! *verhalten Sie sich dementsprechend!* ☐ *****comporte-se de acordo (com a ocasião)!**

da|ne|ben ⟨selten ['---], bes. bei betonten Hinweisen auf etwas Bestimmtes; Pronominaladv.⟩ **1** *(räumlich) neben diesem, in unmittelbarer Nähe von diesem, neben diese(n, -s);* sein Haus befindet sich gleich ~; vor dem Fenster befindet sich mein Schreibtisch, ~ steht das Tischchen mit dem Computer; ich stand (direkt) ~, als es geschah; die breite Tür führt ins Konferenzzimmer, die rechts ~ in den Zeichenraum, die links ~ in den Musiksaal; er sitzt in der ersten Reihe, setz dich doch ~ ☐ **ao lado (de); junto de 1.1 ~ sein 1.1.1** *sich schlecht, unwohl, krank fühlen;* ich bin heute irgendwie ~ ☐ *****sentir-se mal 1.1.2** *in einer schlechten Stimmung sein;* der Chef war letzte Woche ziemlich ~ ☐ *****estar de mau humor 2** *außerdem, ferner, gleichzeitig;* wir tranken Wein, ~ einen Kognak und zum Schluss Sekt; wir einigten uns über etliche Fachfragen, doch ~ fanden wir noch Zeit für ein persönliches Gespräch; ~ fielen auch unsachliche Äußerungen ☐ **além disso; ao mesmo tempo**

da|ne|ben|be|neh|men ⟨V.189/500/Vr 3; umg.⟩ *sich ~ sich schlecht benehmen, ein unpassendes Verhalten zeigen;* bei meinen Eltern hat er sich ganz schön danebenbenommen ☐ *****comportar-se mal**

da|ne|ben|ge|hen ⟨V.145/400(s.)⟩ **1** *ein Schuss geht daneben verfehlt das Ziel* ☐ **errar o alvo 2** ⟨umg.; fig.⟩ *missglücken, nicht gelingen;* der Vortrag ist danebengegangen ☐ **ir para o brejo**; ⟨aber Getrenntschreibung⟩ *daneben gehen* → *daneben(1)*

da|ne|ben|hau|en ⟨V. 400; fig.; umg.⟩ *etwas falsch machen, eine falsche Antwort geben, sich irren, nicht das richtige Wort treffen;* mit dieser Behauptung haute er kräftig daneben; du hast mit deiner Schätzung ziemlich danebengehauen ☐ **errar; enganar-se**; ⟨aber Getrenntschreibung⟩ *daneben hauen* → *daneben(1)*

da|ne|ben|sein ⟨alte Schreibung für⟩ *daneben sein*
da|nie|der|lie|gen ⟨V. 180/400⟩ **1** ⟨geh.⟩ *krank, bettlägerig sein;* an einer Lungenentzündung ~ ☐ **estar de cama 2** ⟨fig.⟩ *brachliegen, nicht ausgeübt werden;* er lässt seine Fähigkeiten ~; der Handel darf nicht ~ ☐ **esmorecer; parar**

dank ⟨Präp. mit Dat. od. Gen. im Sing., im Pl. meist mit Gen.⟩ *durch, mit Hilfe von, infolge;* ~ seinem (od. seines) guten Willen(s) gelang es; ~ seines raschen Handelns verhinderte er den Unfall; ~ seiner großen Erfahrungen hat er die Stelle bekommen ☐ **graças a**

Dank ⟨m.; -(e)s; unz.⟩ **1** *Gefühl, Ausdruck der Anerkennung für eine erwiesene Wohltat, Hilfe usw.;* jmdm. seinen ~ abstatten, ausdrücken, aussprechen ☐ *****agradecer a alguém; expressar sua gratidão a alguém**; ich vermag meinen ~ kaum in Worte zu fassen; Ihre freundliche Hilfe nehme ich mit ~ an; auf ~ verzichten; nicht auf, mit ~ rechnen; keinen ~ für etwas beanspruchen, erfahren, erhalten, ernten; ist das der ~ dafür?; zum ~ für Ihre Bemühungen erlaube ich mir, Ihnen ... ☐ **agradecimento; gratidão; reconhecimento**; jmdm. ~ schulden, wissen ☐ *****ser grato a alguém**; jmdm. zu ~ verpflichtet sein ☐ *****ser devedor de alguma coisa a alguém**; von ~ erfüllt sein ☐ *****estar muito grato/agradecido**; Lob und ~! ☐ *****Deus seja louvado!**; Gott sei ~! ☐ **graças a Deus!** 1.1 es ist Gott sei ~ noch einmal gutgegangen *glücklicherweise* ☐ *****felizmente correu tudo bem de novo** 1.2 haben Sie vielen ~! *ich danke Ihnen sehr!* ☐ *****muito obrigado!** 1.3 aufrichtigen, besten (vielen), herzlichen, innigen, verbindlichen ~! *ich bedanke mich aufrichtig, sehr, herzlich, innig, verbindlich* ☐ *****meus sinceros/mais profundos agradecimentos!** **2** ⟨Getrennt- u. Zusammenschreibung⟩ 2.1 jmdm. ~ sagen = *danksagen*

dank|bar ⟨Adj.⟩ **1** *von Dank erfüllt;* ein ~es Publikum, Kind; jmdm. einen ~en Blick zuwerfen; er drückte ihm ~ die Hand ☐ **agradecido; grato**; jmds. Hilfe ~ annehmen ☐ *****aceitar de bom grado a ajuda de alguém 2** *stets zu Dank bereit, erkenntlich;* ich wäre dir ~, wenn ... ☐ *****eu lhe agradeceria se...**; ein ~es Wesen haben; sich jmdm. gegenüber ~ erweisen, zeigen; jmdm. ~ sein; er ist stets ~ für Hinweise, Kritik ☐ **reconhecido; grato 3** ⟨70; fig.⟩ *ergiebig, lohnend, befriedigend;* eine ~e Aufgabe, Rolle ☐ **gratificante** 3.1 eine ~e Qualität *haltbare Q.* ☐ **durável** 3.2 eine ~e Pflanze *P., die ohne viel Pflege gedeiht* ☐ **durável; resistente**

dan|ke ⟨Adv.; Höflichkeitsformel⟩ **1** *(kurzer Ausdruck des Dankes); ich bedanke mich;* ~ sehr, ~ vielmals; wie geht es dir? ~, gut; (jmdm. ~) Danke sagen 1.1 ja, ~ *(höflicher Zusatz, wenn man etwas Angebotenes annimmt);* darf ich dir nachschenken? ja, ~ 1.2 nein, ~ *(höflicher Zusatz, wenn man ein Angebot ablehnt);* möchten Sie ein Stück Torte? nein, ~ ☐ **obrigado(a)**

dan|ken ⟨V.⟩ **1** ⟨605⟩ **jmdm. (für etwas)** ~ *Dank aussprechen;* jmdm. herzlich, innig, wiederholt ~; er lässt von Herzen ~; sie dankte ihm für seine Teilnahme im Voraus ~ ☐ *****agradecer (alguma coisa) a alguém**; eine Einladung ~d ablehnen, annehmen ☐ **agradecendo**; Ihr Schreiben habe ich ~d erhalten ☐ *****recebi e agradeço sua carta** 1.1 ⟨400 od. 413⟩ danke! *ich bedanke mich!*; danke, schön, sehr, vielmals!; danke, gleichfalls! (*Antwort auf einen Wunsch*); wie geht

danksagen

es Ihnen? Danke, gut!; ja (nein) danke!; danke, ja (nein)! ◻ obrigado(a); 1.2 nichts zu ~! *es ist nicht notwendig, sich zu bedanken* ◻ *de nada! 1.3 ⟨400⟩ *den Gruß erwidern;* er grüßte sie u. sie dankte freundlich ◻ agradecer 1.4 ⟨fig.; umg.⟩ *nicht wollen* 1.4.1 na, ich danke, mir reicht es! *ich habe genug davon, ich will nichts mehr davon wissen!* ◻ *obrigado(a), mas já tenho o suficiente! 1.4.2 ⟨800⟩ für solche Aufgaben danke ich! *ich weise solche A. zurück* ◻ *obrigado(a), mas não quero saber dessas tarefas! 2 ⟨530⟩ jmdm. etwas ~ *mit Dank vergelten;* wie kann ich dir das jemals ~?; diese Aufopferung wird man dir niemals ~!; all die Mühe dankt dir keiner ◻ agradecer; recompensar 3 ⟨530⟩ jmdm. od. einer Sache etwas ~ ⟨geh.⟩ *verdanken;* meine Ausbildung danke ich meinen Eltern; ihren Erfolg dankt sie ihrem Talent und Fleiß; seine Position dankt er dem Einfluss seines Vaters ◻ dever

dank|sa|gen *auch:* **Dank sa|gen** ⟨V. 400; geh.; selten⟩ jmdm. ~ *sich mündlich od. schriftlich bei jmdm. bedanken;* ich danksage ihm/sage ihm Dank; ich habe ihm dankgesagt/Dank gesagt; um ihm dankzusagen/Dank zu sagen ◻ agradecer

dann ⟨Adv.⟩ **1** *nachher, später, danach;* erst überlegen, ~ sprechen 1.1 und was ~? *und was soll danach geschehen?* ◻ depois; em seguida **2** *ferner, außerdem;* ~ müsste man noch besprechen, ob ...; und ~ sagte er noch ...; erst belügst du mich u. ~ versuchst du auch noch ... ◻ depois; além disso **3** *in dem Falle, zu dem Zeitpunkt, (wenn eine bestimmte Voraussetzung erfüllt ist);* wenn du wieder gesund bist, ~ ruf mich bitte einmal an; selbst ~ ist er noch nicht damit einverstanden, wenn ...; wenn du Hilfe brauchst, ~ sage es mir; ~ (also) nicht!; ich werde erst ~ eurem Plan zustimmen, wenn ... ◻ então; nesse caso **4** *zu einem nicht näher bestimmten Zeitpunkt* 4.1 ~ und **wann** *ab und zu, gelegentlich, manchmal;* ~ und wann schaute ich aus dem Fenster ◻ *de quando em quando; eventualmente 4.2 ~ und ~ *zu einem bestimmten (an dieser Stelle nicht zu benennenden) Zeitpunkt;* er sagte, er käme ~ und ~ ◻ *tal dia; tal mês; tal hora

dan|nen ⟨Adv.; veraltet, nur noch bibl. u. poet. in der Wendung⟩ **von** ~ *von dort (weg);* aufgefahren in den Himmel, von ~ er kommen wird ... (Glaubensbekenntnis) ◻ de onde; von ~ eilen, gehen, ziehen ◻ *ir-se embora; partir

♦ Die Buchstabenfolge **dar|an...** kann auch **da|ran...** getrennt werden.

♦ **dar|an** ⟨a. ['--], bes. bei betonten Hinweisen auf etwas Bestimmtes; Pronominaladv.⟩ oV ⟨umg.⟩ **dran 1** *an dieses, an diesem;* ich muss immer ~ denken ◻ *preciso pensar sempre nisso; ~ ist keinem etwas gelegen ◻ *ninguém se interessa por isso; man erkennt ~, dass es gar nicht so einfach ist ◻ *por esse fato dá para perceber que ele não é nem um pouco fácil; ich erkenne ihn ~, dass er einen Schirm trägt ◻ *reconheço-o por ele estar com um guarda-chuva;

ich zweifle ~, dass er immer die Wahrheit gesagt hat ◻ *duvido (de) que...; du hast recht ~ getan, es ihm zu sagen ◻ *você fez bem em ter dito isso a ele; es ist etwas Wahres ~ ◻ *há certa verdade nisso; ~ bin ich nicht beteiligt ◻ *não tenho nada com isso; er ist nicht schuld ~ ◻ *ele não tem culpa (disso); ~ kannst du nichts machen ◻ a esse respeito; quanto a isso 1.1 er hat jung ~ glauben müssen ⟨umg.⟩ *er ist jung gestorben* ◻ *ele morreu jovem 1.2 ich denke gar nicht ~! ⟨umg.⟩ *ich weigere mich, das zu tun, das kommt gar nicht infrage* ◻ *nem penso nisso! 1.3 mir liegt gar nicht, viel, wenig ~ *ich lege keinen, großen, geringen Wert darauf* ◻ *(não) me importo nem um pouco/muito/pouco com isso 1.4 ⟨räumlich⟩ *an dieses (heran), an diesem, mit diesem verbunden;* zunächst kommt man an Feldern und Wiesen vorbei, ~ schließt sich gleich der Wald an; ein Hut mit einer Feder ~ ◻ ao lado 1.4.1 er will nicht recht ~ ⟨fig.; umg.⟩ *er hat keine Lust dazu, will sich nicht damit befassen* ◻ *ele não quer saber disso 1.4.2 komm nicht ~! *berühre es nicht!* ◻ *não mexa! 1.4.3 da ist aber alles ~! ⟨fig.; umg.⟩ *alle Vorzüge, Nachteile sind hier vereint* ◻ *não falta (mais) nada! 1.4.4 es ist nichts ~ ⟨fig.; umg.⟩ *es ist völlig belanglos, es ist nicht wahr (was behauptet wird)* ◻ *não tem importância 1.5 **nahe** sein, zu ... *im Begriff sein, zu ...;* er war nahe ~, zu sterben; das Licht ist nahe ~, auszugehen ◻ *estar para/a ponto de...; → a. **drauf** (1.2)

♦ **dar|an||ge|hen** ⟨V. 145/400(s.); umg.⟩ oV **drangehen 1** *beginnen, etwas zu tun;* er wollte gerade ~, den Brief zu schreiben, als er unterbrochen wurde ◻ começar a; ⟨aber Getrenntschreibung⟩ daran gehen → **daran**(1.4)

♦ **dar|an||ma|chen** ⟨V. 500/Vr 3; umg.⟩ **1 sich** ~ *beginnen, anfangen;* oV **dranmachen;** sich ~, etwas zu tun ◻ *pôr-se a; começar a; ⟨aber Getrenntschreibung⟩ daran machen → **daran**(1)

dar|auf *auch:* **da|rauf** ⟨a. ['--], bes. bei betonten Hinweisen auf etwas Bestimmtes; Pronominaladv.⟩ oV ⟨umg.⟩ **drauf 1** *auf diesem, auf dieses;* ~ basieren, beruhen, fußen, dass ... ◻ *basear-se no fato de que...; du hättest mich ~ aufmerksam machen sollen! ◻ *você deveria ter-me alertado para isso/a esse respeito!; ich freue mich schon ~, wenn du kommst ◻ *já me sinto feliz se você vier; wir haben ausdrücklich ~ hingewiesen ◻ *alertamos expressamente para esse fato; Sie können sich ~ verlassen ◻ *pode contar com isso; ich werde noch ~ zurückkommen ◻ *ainda voltarei a esse assunto 1.1 nichts, viel ~ geben *davon halten* ◻ *(não) dar (muita) importância a 1.2 es kommt (jmdm., für jmdn.) ~ an *das ist wichtig (für jmdn.), hängt davon ab;* ~ kommt es mir nicht an; es kommt ~ an, ob schönes Wetter ist ◻ *(alguma coisa) depende (de alguém/de alguma coisa) 1.3 ich muss ~ bestehen, dass ... *ich gehe nicht davon ab* ◻ *devo insistir que... 1.4 er ging verständnisvoll ~ ein *er zeigte Verständnis dafür* ◻ *ele se mostrou compreensivo/condescendente (a esse respeito) 1.5 ich möchte mich nicht ~ einlassen *ich möchte damit* nichts zu tun haben □ *não quero me envolver nesse assunto 1.6 ~ steht Freiheitsstrafe nicht unter 2 Jahren *diese Tat wird mit F. nicht unter 2 Jahren bestraft* □ *a pena para isso/para esse crime é de...* 1.7 *auf dieses Ziel, dieses Ergebnis;* er geht nur ~ aus, sich überall einladen zu lassen □ *ele só queria ser convidado para todas as ocasiões;* sie ist nur ~ aus, ... □ *ela só pretende...* 1.7.1 ~ wollte ich hinaus *das hatte ich beabsichtigt, im Sinn gehabt* □ *era isso o que eu tinha em mente* 1.7.2 die Sache wird schließlich ~ hinauslaufen, dass ... *so enden, dass ...* □ *no final, essa questão vai...* 1.8 *oben auf diesem, auf dieses herauf;* das Grundstück ist verkauft, und es steht bereits ein Haus ~; stell die Vase ~!; das Grab sieht kahl aus, wir wollen Stiefmütterchen ~ pflanzen; was nützt ein Sparbuch, wenn kein Geld ~ ist? □ em/em cima/sobre (isso) 1.8.1 die Hand ~! 〈fig.〉 *versprich es mir mit Handschlag* □ *juro!; prometo!* 2 *danach, dann, später* 2.1 〈zeitl.〉; am Tag ~; eine Woche ~; ~ sagte er: ...; gleich ~; ~ ereignete sich Folgendes: ... 2.2 〈räuml.〉; vornweg ging die Musikkapelle, ~ kamen die Wagen mit den Tieren vom Zirkus □ depois; em seguida

dar|auf|hin *auch:* da|rauf|hin 〈a. ['--'-] Adv.〉 1 *unter einem bestimmten Gesichtspunkt, Aspekt, im Hinblick darauf;* etwas ~ analysieren, untersuchen, prüfen □ sob determinado aspecto; sieh deine Sachen ~ durch, was du noch gebrauchen kannst □ *verifique suas coisas para ver se ainda precisa de alguma coisa* 2 *deshalb, im Anschluss daran, infolgedessen;* es begann zu regnen, ~ gingen alle Zuschauer nach Hause; die Sache wurde ihm zu gefährlich, ~ änderte er seinen Plan □ por isso; por conseguinte

dar|aus *auch:* da|raus 〈a. ['--] , bes. bei betonten Hinweisen auf etwas Bestimmtes; Pronominaladv.〉 oV 〈umg.〉 draus 1 *(räumlich) aus diesem, dieser heraus;* die Kasse war verschlossen, trotzdem ist ~ Geld verschwunden □ disso; daí; dali 2 〈auf die inhaltliche od. materielle Herkunft verweisend〉 *aus, von diesem, dieser* 2.1 ~ folgt, dass ... *aus dem Gesagten, diesem Umstand* □ *disso resulta que...* 2.2 das ist misslungen, u. ~ solltest du lernen *aus dieser Tatsache, diesem Umstand* □ com isso 2.3 das ist zu ungenau, ~ lässt sich nichts ablesen *aus dem Vorliegenden, dieser Quelle* □ a partir disso 2.4 es ist noch Stoff übrig, ~ kann man einen Rock nähen *aus diesem Material* □ com isso; → a. *Strick(2.1)* 2.5 was soll ~ werden? *wie soll die Sache weitergehen?* □ *no que isso vai dar?* 2.6 ich werde nicht klug ~ *ich verstehe es nicht* □ *não estou entendendo* 2.7 ich mache mir nichts ~ *es bekümmert mich nicht, ich ärgere mich nicht darüber* □ *não me importo com isso* 2.7.1 ich mache mir nichts ~ (z. B. aus einer Speise) *ich mag das nicht, ich habe keine Freude daran* □ *não gosto disso*

dar|ben 〈V. 400; geh.〉 *entbehren, Mangel an etwas haben, Mangel leiden;* sie haben gehungert u. gedarbt □ passar necessidade 1.1 die Stadt, Wirtschaft darbt *leidet Not, verfällt* □ passar por dificuldades

dar||bie|ten 〈V. 110; geh.〉 1 〈530〉 jmdm. etwas ~ *jmdm. etwas reichen, anbieten, hinhalten;* den Gästen wurde Konfekt dargeboten; er bot ihr die Hand zum Gruß dar □ oferecer 2 〈500〉 etwas ~ 2.1 *künstlerische od. unterhaltende Werke zeigen, aufführen;* es wurden Lieder und Tänze dargeboten; die dargebotene Szene, Probe 2.2 *etwas vortragen;* der Lehrer bot den Lehrstoff in anschaulicher Form dar; die dargebotenen Gedichte □ apresentar 3 〈530/Vr 3〉 sich jmdm. ~ *sich zeigen, sichtbar werden;* ein herrlicher Anblick bot sich uns dar □ *mostrar-se/apresentar-se a alguém* 3.1 *sich anbieten;* es bot sich ihm eine günstige Gelegenheit, Möglichkeit dar □ *oferecer-se a alguém* 3.2 〈scherzh.〉 *sich zur Schau stellen;* er bot sich uns in seiner vollen Größe dar □ *apresentar-se a alguém*

Dar|bie|tung 〈f.; -, -en〉 *künstlerische, unterhaltsame Vorstellung, Vortrag;* das war eine gekonnte ~ □ apresentação

dar|ein *auch:* da|rein 〈a. ['--], wenn mit bes. Nachdruck auf etwas hingewiesen wird; Pronominaladv.; poet.〉 *in dieses, in diesen Zustand;* oV 〈umg.〉 drein; dieser Sessel ist kaputt, ~ kannst du dich nicht setzen □ nela

dar|ein||set|zen *auch:* da|rein|set|zen 〈V. 500; geh.〉 1 *alle Möglichkeiten einsetzen, alle Kräfte aufbieten;* sie hat alles dareingesetzt, einen Studienplatz in ihrer Heimatstadt zu bekommen □ empenhar-se em; fazer de tudo para; 〈aber Getrenntschreibung〉 darein setzen → *darein*

dar|in *auch:* da|rin 〈a. ['--], bes. bei betonten Hinweisen auf etwas Bestimmtes; Pronominaladv.〉 1 *hierin, in diesem (Punkt);* er wird es ~ nie weit bringen; ~ irrst du dich gründlich!; ~ ist er mir überlegen; ~, dass wir dem Plan zustimmen, sind wir uns also einig □ nesse ponto; nisso; a esse respeito 1.1 *an diesem Ort, in diesem;* oV 〈umg.〉 drin; ist etwas ~? □ aí dentro; ein Nest mit zwei Jungen ~ □ dentro; ich habe die Zeitung schon gelesen, es steht nichts Neues ~ □ nele

dar|le|gen 〈V. 503〉 (jmdm.) etwas ~ *erklären, klärend ausführen;* etwas im Einzelnen ~; er versuchte vor Gericht darzulegen, wie es dazu kam □ esclarecer; expor

Dar|le|hen 〈n.; -s, -〉 *Summe, die man gegen Zahlung von Zinsen von jmdm. geliehen bekommt od. die man jmdm. leiht;* Sy *Kredit¹ (1, 1.1);* ein ~ aufnehmen, bekommen; jmdn. um ein ~ bitten; ein hohes, staatliches, verzinsliches ~; die Tilgung, Gewährung eines ~s □ empréstimo

Darm 〈m.; -(e)s, Där|me; Anat.〉 1 *ein Röhren- u. Hohlraumsystem im Inneren der Tiere u. des Menschen, das zur Aufnahme u. Verdauung der Nahrung dient;* eine Erkrankung des ~s □ intestino; Dünn~ □ intestino delgado, Mast~ □ reto 2 *verarbeitetes Eingeweide von Schlachttieren (Wursthaut, Saiten)* □ tripa

Dar|re 〈f.; -, -n〉 1 *Draht- od. Holzgitter, auch Schuppen zum Trocknen od. Rösten von Obst, Getreide, Hopfen usw.* □ secadouro; estufa 1.1 *das Rösten selbst* □ dessecação 2 *Erkrankungen junger Tiere (bes. Fohlen), die mit chronischer Ernährungsstörung einhergehen* □ consumpção; definhamento

dar|stel|len ⟨V. 500⟩ **1** etwas ~ *beschreiben, schildern;* er kann die Angelegenheit nicht objektiv ~; er versuchte es so darzustellen, als ob ... □ demonstrar; descrever **2** jmdn. od. etwas ~ *wiedergeben, anschaulich machen (in Bild od. Nachbildung);* das Gemälde stellt den Künstler selbst in jungen Jahren dar; der Bildhauer versuchte, in seinem Werk die Lebensfreude darzustellen; die zunehmende Berufstätigkeit der Frau grafisch ~ □ representar; figurar **2.1** die ~den **Künste** *auf der Bühne, in Film und Fernsehen ausgeübte Kunst* □ as artes do espetáculo **2.2** ~de Geometrie *G., die die Abbildung geometrischer Gebilde auf der Bild- od. Zeichenebene behandelt* □ *geometria descritiva **3** jmdn. od. etwas ~ *(als Schauspieler) verkörpern;* er vermag den Faust ebenso überzeugend darzustellen wie den Mephisto □ representar; interpretar **3.1** etwas (nichts) ~ ⟨fig.; umg.⟩ *(nicht) den Eindruck einer besonderen Persönlichkeit erwecken, gut (schlecht) wirken;* Sy repräsentieren(2); man muss schon etwas ~, um in die Kreise des Adels aufgenommen zu werden; er stellt nichts dar □ representar; dar ares de **4** etwas ~ *sein, bedeuten;* diese Arbeit stellt eine vollendete Leistung dar □ representar; significar **5** ⟨503/Vr 3⟩ sich (jmdm.) ~ *sich zeigen, erscheinen;* so, wie sich das Problem mir darstellt, gibt es nur eine Lösung □ *apresentar-se/mostrar-se (a alguém)

Dar|stel|ler ⟨m.; -s, -⟩ *Schauspieler, Opernsänger;* der ~ des Hamlet; Charakter~ □ intérprete

Dar|stel|le|rin ⟨f.; -, -rin|nen⟩ *weibl. Darsteller* □ intérprete

Dar|stel|lung ⟨f.; -, -en⟩ **1** *Beschreibung, Schilderung;* nach seiner ~ war die Haustür verschlossen □ descrição; demonstração **2** *bildliche Wiedergabe, Nachbildung, Abbildung;* die ~ des Jesuskindes im Mittelalter □ reprodução; representação gráfica **3** *Verkörperung, Repräsentation;* die ~ des Hamlet □ interpretação; representação; interpretação

dar|über *auch:* **da|rü|ber** ⟨a. ['---], bes. bei betonten Hinweisen auf etwas Bestimmtes; Pronominaladv.⟩ oV ⟨umg.⟩ *drüber* **1** *(räumlich) über, auf, oberhalb von diesem, über, auf dieses;* Ggs *darunter(1);* ein kleines Haus mit einem flachen Dach ~; die Toreinfahrt ist für den Mieter ungünstig, denn das Zimmer ~ ist sehr kalt; ~ stand als Überschrift zu lesen: ...; die Rosenstöcke sind vom Frost bedroht, nimm die alten Säcke und decke sie ~ □ em/por cima; acima (de/disso) **1.1** sie sitzt schon lange ~, trotzdem wird die Arbeit nicht fertig ⟨fig.⟩ *sie beschäftigt sich schon lange damit* □ *faz tempo que ela está se ocupando disso, ... **1.2** ~ (hinaus, hinweg) *über dieses hinaus, hinweg;* der Ball flog weit ~ hinaus; der Fluss bildet eine Trennungslinie, aber die Grenze läuft ~ (hinaus, hinweg) □ mais além; mais longe; ~ hinweggehen, hinwegkommen, hinwegsehen ⟨a. fig.⟩ □ *passar por cima; superar; fechar os olhos para alguma coisa;* ich bin ~ hinaus ⟨a. fig.⟩ □ *já não me importo; já superei **1.2.1** ⟨fig.⟩ *außerdem;* ~ hinaus möchte ich noch Folgendes bemerken: ... □ além disso **1.2.2** ⟨fig.⟩ *mehr (als dieses);* Ggs *darunter(1.1);* 20 € und keinen Cent ~! □ a mais **2** *über dieses, was diese Sache betrifft;* ich dachte, wir sind uns ~ einig?; ~ ließe sich diskutieren, reden, streiten, verschiedener Meinung sein; mehr konnte ich nicht ~ erfahren; er ist weit in der Welt herumgekommen und ~ will er jetzt ein Buch schreiben; ~ bin ich nicht unterrichtet; sich keine Gedanken ~ machen; in der nächsten Ausgabe einer Zeitschrift ~ schreiben □ a esse respeito; sobre isso; er beschwert sich ~, dass ... □ *ele se queixou de que...; ich freue mich sehr ~, dass Sie ... □ *fico muito contente que... **3** *währenddessen;* Jahre gingen ~ hin; er ist ~ gestorben; sie erzählte u. erzählte, u. ~ verging die Zeit; er kam mit seinen Untersuchungen nie zu einem Ende, er ist alt ~ geworden □ nesse ínterim; enquanto isso **3.1** ~ (hinaus) *über dieses hinaus, länger, später;* der Zug sollte um Mitternacht einlaufen, jetzt ist es schon mehr als eine Stunde ~ □ passar

dar|über|ste|hen *auch:* **da|rü|ber|ste|hen** ⟨V. 256/400⟩ *geistig überlegen sein* □ ser superior; ihr solltet doch mittlerweile ~! □ *nesse meio-tempo, vocês deveriam estar acima disso!; ⟨aber Getrenntschreibung⟩ darüber stehen → *darüber(1)*

dar|um *auch:* **da|rum** ⟨a. ['--], bes. bei betonten Hinweisen auf etwas Bestimmtes; Pronominaladv.⟩ oV ⟨umg.⟩ *drum* **1** *um dieses;* es handelt sich ~, dass er mehrfach unentschuldigt gefehlt hat □ *trata-se apenas do fato de (que)...; es handelt sich ~, zu erfahren, ob ... □ *trata-se de saber se...; er bat mich ~, ihn zu entschuldigen □ *ele me pediu para desculpá-lo **1.1** ~ geht es ja gerade! ⟨umg.⟩ *eben um diese Angelegenheit handelt es sich!* □ *é justamente disso que se trata! **1.2** jmdm. ist (es) ~ zu tun *jmdm. liegt daran, jmd. strebt danach* □ *ser importante para alguém;* ist es dir wirklich nur ~ zu tun? □ *é só isso o que realmente importa para você?; es ist mir sehr ~ zu tun, zu erfahren ... □ *é muito importante para mim... **1.3** jmd. weiß ~ *weiß darüber Bescheid;* wer weiß ~, dass... □ saber; estar a par de **1.4** *in Beziehung darauf, was das betrifft;* wir wollen ~ losen □ *queremos tirar a sorte (para decidir alguma coisa);* wollt ihr euch wirklich ~ streiten? □ por causa disso; er hatte den Sieg verdient, aber er wurde ~ betrogen □ *ele mereceu a vitória, mas dela foi defraudado; nur weil du plötzlich keine Lust mehr hast, ~ kannst du doch nicht gleich den ganzen Plan fallen lassen □ *só porque de repente você perdeu a vontade não pode abandonar todo o projeto **1.4.1** ich gäbe etwas ~, wenn ich wüsste ... ⟨umg.⟩ *ich möchte zu gerne wissen, ob ...* □ *daria tudo para saber... **2** ~ (herum) *(räumlich) um dieses herum, dort herum;* ein Park mit einer hohen Mauer ~; dieses Päckchen ist nicht gut verpackt, binde das Band lieber noch ~; fahre nicht durch das Schlagloch, sondern ~ herum! □ em volta;

ao redor (de); rede doch nicht ~ herum ⟨fig.⟩ □ *fale sem rodeios*; man wird kaum ~ herumkommen ⟨fig.⟩ □ *vai ser difícil evitar (isso/alguma coisa)* **3** *deshalb, aus diesem Grunde, zu diesem Zweck;* ~ muss ich immer wieder vor den Schwierigkeiten warnen, die das Unternehmen mit sich bringt; und ~ weise ich erneut auf diese Gefahr hin □ *por isso; por essa razão*; er hat es nur ~ getan, weil er keinen anderen Ausweg wusste □ *só fez isso porque não viu outra saída*; ~ ziehen wir alle an einem Strang □ *vamos todos somar nossos esforços (para isso)* **3.1** *warum?* ~! ⟨umg.⟩ *das geht dich gar nichts an, warum das so ist!* □ *por quê? porque sim!* **3.2** (vor Verneinungen) *dennoch, trotzdem;* das Haus ist alt, aber ~ nicht baufällig; er war vorsichtig, aber ~ doch nicht feige □ *não obstante*

dar|um|kom|men auch: **da|rum|kom|men** ⟨V. 170/400(s.); umg.⟩ **1** *einer bevorstehenden (unangenehmen) Angelegenheit entgehen, verschont bleiben;* er ist glücklicherweise um die schwere Operation darumgekommen □ *felizmente ele escapou de ser operado* **2** *um eine Sache ~ um eine S. gebracht werden, sie nicht erleben;* wir sind um den Opernabend darumgekommen, weil unsere Tochter krank wurde □ *perder; não ir a*; ⟨aber Getrenntschreibung⟩ darum kommen → *darum(2)*

dar|un|ter auch: **da|run|ter** ⟨a. ['--], bes. bei betonten Hinweisen auf etwas Bestimmtes; Pronominaladv.⟩ oV ⟨umg.⟩ **drunter** **1** *unter, unterhalb von diesem, unter dieses;* Ggs *darüber(1);* ein Tisch mit einem Teppich ~; unsere Wohnung ist im ersten Stock, ~ befinden sich die Geschäftsräume; wenn du den Zettel auf dem Tisch nicht findest, dann sieh doch einmal ~ nach □ *embaixo (de); debaixo (de)* **1.1** *unter diese(r) Grenze;* Ggs *darüber(1.2.2);* ich habe Ihnen den Preis genannt, ~ kann ich nicht gehen; es betrifft nur Gehälter von 3.000 € und ~ □ *abaixo disso; por menos do que isso* **2** *unter diesem, diesbezüglich;* ihre Überreiztheit wird allmählich unerträglich, die ganze Familie leidet ~ **2.1** *was verstehen Sie ~?* was meinen Sie damit? □ *com isso* **3** *dazwischen, dabei;* eine große Menschenmenge, ~ viele Kinder; mitten ~; sie sind ~ geraten □ *entre; no meio (de)*

dar|un|ter|fal|len auch: **da|run|ter|fal|len** ⟨V. 131/400(s.); fig.⟩ *zu etwas gerechnet werden, (von etwas) betroffen sein;* diese Regelung ist neu, es wird sich zeigen, ob er darunterfällt □ *ser incluído em*

das ⟨n. 5⟩ **1** (bestimmter Artikel) ~ Haus, ~ Kind □ *o, a* **2** (Demonstrativpron.; Gen. a. dessen, Gen. Pl. a. deren) *dies, dieses, dasjenige;* ~ habe ich nicht behauptet!; von wem hast du denn ~ gehört?; ja, ~ ist es!; ich bin krank, ~ bist du nicht; ~ ist sehr freundlich von Ihnen □ *isso; isto;* ~ ist der Gesuchte!; ~ ist der berühmte Schauspieler X; ich habe ausdrücklich davon abgeraten, ~ ist die Wahrheit □ *esse; este; essa; esta;* ~ war eine erholsame Zeit für uns □ *aquele*; er hat ihn weiterempfohlen u. ~ auf meine Bitte hin □ *isso;* ~ da, dort, hier □ *aquilo ali; aquilo lá; isto aqui;* nur ~ nicht! □ *tudo menos isso!;* ~ heißt ⟨Abk.: d. h.⟩ □ *ou seja;* ~ ist ⟨Abk.: d. i.⟩ □ *isto é* **2.1** (als Korrelat mit dem Relativpronomen „was" zur Einleitung eines Relativsatzes) ~, was ich dir soeben gesagt habe, muss noch unter uns bleiben □ *aquilo/isso que* **3** ⟨Relativpron.; Gen. dessen, Gen. Pl. deren⟩ sein Vorgesetzter, von dessen Wohlwollen unser Plan abhing, ... □ *cujo; cuja;* ein Kind, ~ so faul ist, wird das Klassenziel nicht erreichen; es ist das beste Theaterstück, ~ ich in letzter Zeit gesehen habe □ *que*

da∥sein (alte Schreibung für) *da sein*

Da∥sein ⟨n.; -s; unz.⟩ **1** *Leben, bes. die einfachsten Voraussetzungen dafür;* Bettler~, Junggesellen~, Emigranten~, Rentner~, Sklaven~; ein besseres ~ erstreben; ein elendes, trauriges ~ führen, haben; für ein besseres ~ eintreten, kämpfen; der Kampf ums ~ □ *existência; vida* **1.1** *ins ~ treten* ⟨geh.⟩ *geboren werden* □ *vir à luz* **2** *das Vorhandensein;* Sy *Existenz(1);* das ~ Gottes leugnen; sie hat noch eine Schwester, von deren ~ er bisher nichts wusste □ *existência* **3** *Anwesenheit;* sein bloßes ~ erregte allerseits Interesse □ *presença*

das∥je∥ni∥ge ⟨Demonstrativpron.; n. 6⟩ → *derjenige*

dass ⟨Konj. zur Einleitung eines Nebensatzes, der für ein Satzglied od. Attribut steht⟩ **1** (als Subjekt) ~ du kommst, ist doch wohl sicher □ *que, o fato de (que)* **2** (als Objekt) ich hoffe, ~ ich bald mit der Arbeit fertig bin; ich weiß, ~ er kommen wollte □ *que* **3** (als Adverbialbestimmung) **3.1** (temporal) kaum ~ er da war, begann er Streit □ *mal ele chegou...;* bis ~ der Tod euch scheidet ⟨veraltet⟩ □ *até que a morte os separe* **3.2** (modal) er grüßt mich nicht mehr, ohne ~ ich einen Grund dafür wüsste □ *que* **3.3** (kausal) sein schlechtes Gewissen mir gegenüber zeigt sich daran, ~ er mir aus dem Wege geht □ *no fato de (que); pelo fato de (que);* er war zu gutmütig, als ~ er mir etwas hätte abschlagen können □ *ele era bondoso demais para me recusar alguma coisa* **3.4** (konditional) das kommt davon, ~ du ihn nicht streng genug erzogen hast □ *isso acontece porque...* **3.5** (konsekutiv) er war so gut, ~ er nicht zu schlagen war □ *ele era tão bom que...* **3.6** (final) beeil dich doch, ~ du endlich damit fertig wirst = *damit(2)* **3.6.1** *so ~/sodass;* er war sehr entgegenkommend, so ~/sodass es leicht war, ihn für unseren Plan zu gewinnen □ *de modo que* **3.6.2** *auf ~* ⟨veraltet⟩ *damit;* du sollst Vater und Mutter ehren, auf ~ es dir wohl ergehe □ *para que; a fim de que* **3.7** (instrumental) *dadurch, ~* er jetzt den Lehrstoff wiederholt, wird er das Versäumte bald nachgeholt haben □ *ao repetir a matéria, logo ele terá recuperado o que perdeu;* er verbrachte Jahre seines Lebens damit, ~ er an seiner Erfindung arbeitete □ *ele passou anos da sua vida trabalhando em sua invenção* **4** (als Attribut) die Angelegenheit hat den großen Nachteil, ~ sie sich nun schon über Jahre hinzieht; ich habe die Hoffnung, ~ sich alles noch zum Guten wenden wird □ *de (que)* **5** (als Gliedsatz, der einen Imperativ ver-

dasselbe

tritt; umg.⟩ ~ dich der Teufel (hole)! □ *que o diabo te carregue!;* ~ du mir ja nicht an die Torte rangehst! □ *nem pense em chegar perto da torta!;* ~ du nicht etwa auf den Gedanken kommst, zu ihm zu gehen! □ *nem pense em ir procurá-lo!;* o ~ es endlich so weit wäre! □ *ah, quem dera já tivesse chegado a hora!*

das|sel|be ⟨Demonstrativpron.; n. 6⟩ → *selbe* **1** ein und ~, genau ~; es ist ~ Haus, in dem ich meine Kindheit verbracht habe; es läuft auf ~ hinaus **2** ⟨umg.⟩ *das Gleiche;* sie hat sich gestern ~ Kleid gekauft wie ich □ **o mesmo; a mesma**

Dass|satz *auch:* **dass-Satz** ⟨m.; -es, -sät|ze⟩ *mit der Konjunktion „dass" eingeleiteter Nebensatz* □ *oração iniciada por dass*

da|ste|hen ⟨V. 256/400⟩ **1** *stehen;* du sollst nicht so krumm ~!; wie versteinert ~ □ **ficar/estar aí; ficar/estar de pé** 1.1 ~ und Maulaffen feilhalten ⟨fig.⟩ *tatenlos herumstehen* □ *ficar parado feito um palerma* **2** ⟨fig.⟩ *vorkommen;* das ist eine einmalig ~de Unverschämtheit! □ *é um descaramento sem igual!* **3** ⟨413; fig.; umg.⟩ *leben;* glänzend, gut, mittellos ~ □ **levar a vida** 3.1 wenn der Vater stirbt, wird sie ganz allein ~ *keine Angehörigen mehr haben* □ **ficar sozinho 4** ⟨413; fig.⟩ *Geltung haben* □ **valer** 4.1 jetzt steht er ganz anders da *jetzt genießt er weit mehr Ansehen* □ *agora ele está em outra situação* 4.2 wie stehe ich nun da! *habe ich das nicht gut gemacht?* □ *não sou o máximo?* 4.3 wie stehe ich nun vor meinen Freunden da! *was müssen meine F. jetzt von mir halten!, ich bin blamiert* □ *o que meus amigos vão pensar!;* ⟨aber Getrenntschreibung⟩ da stehen → *da¹(1)*

Date ⟨[deɪt] n.; -s, -s; umg.⟩ **1** *Termin, Verabredung;* ich habe heute ein ~ □ **compromisso; encontro 2** *Person, mit der man ein Date(1) hat;* mein ~ ist leider nicht erschienen □ **pessoa com que se marcou um compromisso**

Da|tei ⟨f.; -, en⟩ **1** *Sammlung sachlich zusammengehöriger Daten* **2** ⟨EDV⟩ *ein (auf CD-ROM, USB-Stick od. Festplatte) gespeicherter Bestand an elektron. Daten* □ **arquivo**

Da|ten 1 ⟨Pl. von⟩ *Datum* □ **datas 2** ⟨nur Pl.⟩ *(aus Untersuchungen, Statistiken, Messungen, Erhebungen u. Ä. gewonnene) Ergebnisse, Zahlenwerte;* neue ~ zur Luftverschmutzung; ~ sammeln, auswerten, veröffentlichen 2.1 ⟨Math.; EDV⟩ *(kodierte) elektronisch verwertbare Informationen, Größen, Werte u. a.;* ~ im Computer speichern □ **dados**

Da|ten|bank ⟨f.; -, -en; EDV; kurz für⟩ *EDV-Programme, in denen große Mengen an Daten(2) gespeichert werden können;* eine ~ aufbauen, anlegen □ **banco de dados**

da|tie|ren ⟨V.⟩ **1** ⟨500⟩ einen Brief ~ *mit Datum versehen* **2** ⟨500⟩ *geologische od. historische* **Funde** ~ *die Entstehungszeit bestimmen* **3** ⟨412⟩ ~ **von, aus** *stammen, herrühren von* □ **datar**

Da|tiv ⟨m.; -(e)s, -e; Gramm.; Abk.: Dat.⟩ **1** *Kasus, der für das Dativobjekt verwendet wird, dritter Fall der Deklination;* Sy *Wemfall* **2** *Wort, das im Dativ (1) steht* □ **dativo**

Dat|scha ⟨f.; -, -s od. Dat|schen⟩ = *Datsche*

Dat|sche ⟨f.; -, -n; ostdt.⟩ *Wochenendhaus, Sommerhaus auf dem Lande;* oV *Datscha* □ **casa de campo; casa de veraneio**

Dat|tel ⟨f.; -, -n⟩ *saftige, zuckerreiche, z. T. mehlige, dickfleischige Frucht der Dattelpalme* □ **tâmara**

Da|tum ⟨n.; -s, Da|ten⟩ **1** *bestimmter Zeitpunkt;* die Daten der Weltgeschichte; Daten aus dem Leben eines Künstlers 1.1 *Angabe eines Tages nach dem Kalender;* ~ des Poststempels; ein früheres ~ angeben; unter dem heutigen ~; welches ~ haben wir heute? □ **data** 1.2 *neueren* ~s *der Gegenwart näher liegend, noch nicht alt;* eine Information neueren ~s □ *recente;* → a. *Daten*

Dau|be ⟨f.; -, -n⟩ **1** *gebogenes Brett des Fasses* □ **aduela 2** ⟨Sp.⟩ *Zielwürfel beim Eisschießen* □ **tee (alvo do curling)**

Dau|er ⟨f.; -; unz.⟩ **1** *das begrenzte Fortbestehen in einem Zustand, bestimmte Zeitspanne;* Jahres~, Monats~, Arbeits~, Aufenthalts~, Lebens~; die ~ seines Aufenthaltes steht noch nicht fest; für die ~ eines Augenblicks 1.1 *etwas ist* **von kurzer, nicht von langer** ~ *etwas wird nicht lange bestehen* □ **duração** 1.2 **für** die ~ **von** *für die Zeitspanne von;* er bekam die Genehmigung für die ~ von 5 Jahren □ **período 2** *das unbegrenzte Fortbestehen in einem Zustand, lange Zeit;* es war nicht für die ~ so vorgesehen □ *(isso) não estava previsto para durar/demorar tanto* 2.1 **auf** die ~ *für lange Zeit;* auf die ~ ist es unerträglich □ *a longo prazo* 2.2 *etwas ist* **von** ~ *etwas hat Bestand;* ihr Glück war leider nicht von ~ □ *durar*

dau|er|haft ⟨Adj.⟩ *sich lange Zeit erhaltend, fest, beständig, widerstandsfähig über einen längeren Zeitraum;* ein ~es Material; einen ~en Frieden schließen; diese Tapete ist nicht sehr ~ □ **duradouro; durável**

dau|ern¹ ⟨V. 400⟩ **1** ⟨412⟩ *etwas* dauert *eine* **Zeit lang** *währt, hält an;* die Krankheit dauert nun schon drei Wochen; wie lange dauert der Flug?; es kann nur noch einige Minuten ~; es dauerte nicht lange □ **durar; demorar 2** *etwas* dauert *bleibt unverändert, dauert an;* sein Nachruhm wird ~ □ **durar; perdurar;** → a. *dauernd*

dau|ern² ⟨V. 500; veraltet⟩ *jmdn.* ~ *jmdm. leidtun;* er dauert mich; der Kranke dauert ihn; mich dauert mein schönes Geld, das ich dafür ausgegeben habe; all die Mühe und Zeit, die er darauf verwendet hat, dauert ihn jetzt □ **dar pena; lamentar**

dau|ernd 1 ⟨Part. Präs. von⟩ *dauern¹* **2** ⟨Adj. 24/90⟩ *ständig, immer wieder, ununterbrochen;* eine ~e Gefahr □ **constante;** er ist ~ unterwegs; sein Vortrag wurde ~ unterbrochen □ **constantemente**

Dau|er|wel|le ⟨f.; -, -n⟩ *durch Einwirkung bestimmter Chemikalien gekraustes Haar, das über einen längeren Zeitraum die Kräuselung behält* □ **permanente**

Dau|men ⟨m.; -s, -⟩ **1** *zweigliedriger, stärkster Finger der Hand, der sich gegen die übrigen vier Finger bewegen lässt;* ich habe mich in den ~ geschnitten; am ~

lutschen ☐ **polegar** 1.1 jmdm. über den ~ drehen ⟨fig.; umg.⟩ *jmdn. betrügen* ☐ ***levar alguém no bico** 1.2 etwas über den ~ peilen ⟨fig.⟩ *etwas ganz grob überschlagen, ungefähr bestimmen;* die Entfernung, den Kostenaufwand über den ~ peilen ☐ ***chutar; calcular por alto** 1.3 jmdm. den ~ drücken, halten ⟨fig.⟩ *jmdm. zu einer Sache Erfolg wünschen* ☐ ***torcer por alguém; cruzar os dedos por alguém** 1.4 die ~ drehen ⟨fig.⟩ *faul sein, sich langweilen* ☐ ***ficar de braços cruzados; ficar à toa** 1.5 den ~ draufdrücken ⟨a. fig.; umg.⟩ *mit Nachdruck auf etwas bestehen* ☐ ***insistir** 1.6 jmdm. den ~ aufs Auge setzen ⟨fig.; umg.⟩ *jmdn. zwingen, ihm hart zusetzen* ☐ ***pôr alguém contra a parede** 2 ⟨Tech.⟩ *Griffhebel* ☐ **came**

Dau|ne ⟨f.; -, -n⟩ 1 ⟨i. w. S.⟩ *Flaumfeder der Vögel, bei der die Äste der Federn locker angeordnet sind u. sich nicht zu einer Federfahne zusammenschließen* 2 ⟨i. e. S.⟩ *Flaumfeder der Gans od. Ente zum Füllen von Kissen u. Decken;* eine Steppdecke mit ~n füllen ☐ **penugem**

Daus[1] ⟨n.; -es, -e od. n.; -es, Däu|ser⟩ 1 = *Ass (2)* 2 ⟨Würfelspiel⟩ *zwei Augen* ☐ **dois pontos**

Daus[2] ⟨m.; -es, -e; veraltet; verhüllend für⟩ ei der ~!, was der ~! ⟨Hüllwort für⟩ *Teufel* ☐ ***com mil demônios!**

da|von ⟨a. ['--], bes. bei betonten Hinweisen auf etwas Bestimmtes; Pronominaladv.⟩ 1 *von diesem;* selbst wenn ich ~ absehe, dass mir das Geld für ein solches Unternehmen fehlt, ... ☐ ***mesmo quando não levo em conta o fato de que...**; was habe ich ~? ☐ ***o que ganho com isso?**; er hält nicht viel ~; reden, sprechen wir nicht mehr ~ ☐ **a (esse) respeito**; wenn du 2 ~ abziehst, bleiben dir noch 10 ☐ ***se você tirar 2 ainda lhe restam 10**; ~ bleiben drei Viertel übrig ☐ ***restam três quartos (disso)**; ~ lassen wir noch 50 Stück anfertigen; ~ machen wir weitere Abzüge 1.1 *von diesem, was das betrifft;* das nächste Mal mehr ~ ☐ **disso**; genug ~! ☐ ***chega!; basta!** 1.1.1 nichts mehr ~! *sprechen wir nicht mehr darüber!* ☐ ***chega de falar disso!** 1.2 ⟨räumlich⟩ *von diesem, von dort (entfernt, weg);* hier ist die Schule, und die Haltestelle ist nicht weit ~ (entfernt) ☐ **daqui; dali**; auf und ~ gehen, laufen ☐ ***fugir; desaparecer**; ich bin weit ~ entfernt, das zu glauben ⟨fig.⟩ ☐ ***estou muito longe de acreditar nisso**; weg ~ ☐ ***saia daí**; könnt ihr euch nicht ~ losreißen? ⟨a. fig.⟩ ☐ ***vocês não podem largar isso?** 2.1 ⟨Adv. ohne pronominale Funktion; umg.⟩ *weg, fort;* er ist auf und ~ (gegangen) ☐ ***ele partiu/foi embora** 1.3 *von dieser Menge, Anzahl;* wer will noch etwas ~? (z. B. von dieser Speise) ☐ ***quem quer mais um pouco (de...)?**; hundert Preise waren zu gewinnen, aber ~ sind nur noch wenige übrig; ~ fahren zehn nach Frankreich; fünf ~ gehen wir zu Fuß ☐ **deles/delas; desses/dessas** 1.4 *mit diesen Mitteln, daraus, aus diesem Material;* es sind nur noch ein paar Bohnen da, ~ kann ich keine Suppe kochen ☐ **com eles/elas**; ~ kann kein Mensch existieren ☐ **com isso** 1.5 *dadurch, daher;* das kommt ~, dass du nicht auf meine Warnung hören wolltest ☐ ***isso aconteceu porque...**; er wurde nicht gesund ~ ☐ ***isso/aquilo não o curou**

da|von‖kom|men ⟨V. 170/410(s.)⟩ 1 ⟨fig.⟩ *einer drohenden Gefahr entgehen, sich vor einer Gefahr retten können;* mit dem Leben, mit heiler Haut, mit dem Schrecken ~; glimpflich, gut, heil ~; wir sind noch einmal glücklich davongekommen!; er kam mit einer Geldstrafe davon ☐ **escapar; sair ileso**; er ist mit einem blauen Auge davongekommen ⟨a. fig.; umg.⟩ ☐ ***ele escapou/saiu sem grande prejuízo**; ⟨aber Getrenntschreibung⟩ davon kommen → *davon(1.5)*

da|von‖lau|fen ⟨V. 176/400(s.)⟩ 1 *fort-, weglaufen, fliehen;* er ist vor lauter Angst davongelaufen 1.1 es ist zum Davonlaufen *es ist unerträglich* ☐ **sair correndo** 2 etwas läuft davon ⟨fig.⟩ *etwas entzieht sich der Kontrolle, wird unbeherrschbar;* die Zeit läuft uns davon! ☐ **escapar; sair do controle**

da|von‖ma|chen ⟨V. 500/Vr 3⟩ sich ~ ⟨umg.⟩ *unbemerkt weggehen, heimlich fortlaufen;* er hat sich gleich nach dem offiziellen Empfang davongemacht ☐ ***sair à francesa**

da|von‖tra|gen ⟨V. 265/500⟩ 1 jmdn. od. etwas ~ *durch Tragen von einem Ort entfernen, weg-, forttragen;* sie fiel in Ohnmacht und wurde davongetragen; ihr sollt nicht alles ~, lasst noch etwas hier ☐ **levar (de algum lugar)** 2 etwas ~ ⟨fig.⟩ 2.1 *etwas erringen;* diesmal konnten wir den Sieg ~ ☐ **coquistar** 2.2 *etwas erleiden, als Folge bekommen;* er hat von dem Unfall schwere Verletzungen davongetragen ☐ **sofrer**

da|vor ⟨a. ['--], bes. bei betonten Hinweisen auf etwas Bestimmtes; Pronominaladv.⟩ 1 ⟨räumlich⟩ Ggs *dahinter(1)* 1.1 *vor dem eben Erwähnten;* ein Haus mit einem Baum ~; ein Park mit einem Brunnen ~; da ist der Laden und ~ ist die Haltestelle 1.2 *vor das eben Erwähnte;* hier ist der Eingang, stell dich ~! ☐ **em frente (a/de); diante (de)** 2 ⟨zeitlich⟩ *vor der betreffenden Zeit, vorher;* Ggs *danach(2);* fünf Minuten ~ musste ich feststellen, dass...; kurz, unmittelbar, einige Stunden ~ ☐ **antes; atrás** 3 *im Hinblick auf die betreffende Sache, vor der eben erwähnten Sache;* ich habe Angst, Furcht ~ ☐ **disso**; ~ behüte dich Gott! ☐ ***Deus te livre (disso)!**; hüte dich ~! ☐ **cuidado (com isso)!**; er hat mich ~ gewarnt ☐ **disso; a (esse) respeito**

da|zu ⟨a. ['--], bes. bei betonten Hinweisen auf etwas Bestimmtes; Pronominaladv.⟩ 1 *zu diesem* 1.1 *zu diesem, was das betrifft;* ~ will ich mich nicht äußern; was meinen, sagen Sie ~?; ich muss Ihnen ~ Folgendes schreiben ☐ **a (esse) respeito; sobre isso** 1.1.1 ich kann nichts ~ tun *ich kann dabei nicht helfen* ☐ ***nada posso fazer quanto a isso/a (esse) respeito** 1.2 *zu (mit) diesem Ergebnis, Ziel, Zweck, hierfür;* man sollte es gar nicht erst ~ kommen lassen! ☐ **a esse ponto**; und ~ brauche ich ...; er ist kein Fachmann, aber man könnte ihn ~ ausbilden ☐ **para isso**; wenn ich einen Nagel einschlagen soll, musst du das Brett ~ halten ☐ ∅; was können wir ~ tun? ☐ ***o que podemos fazer (quanto a isso)?**; wie kann man so etwas wagen, ~ gehört viel Mut ☐ **para isso** 1.2.1 jmdn. ~

bringen, dass er ... *so beeinflussen, dass ...* □ **influenciar/levar alguém a...* 1.2.2 er ist ~ da, um ... *das ist seine Aufgabe, ...* □ **ele está aí para...* 1.2.3 ~ bin ich ihm wohl gut genug! *das glaubt er mir zumuten zu können* □ **para isso (ele acha que) eu sirvo!* 1.3 *zu diesem, da hinzu;* wir könnten ihn doch ~ einladen □ **para isso** 1.4 *(ergänzend) zu diesem, außerdem, überdies;* sie sang und er begleitete sie ~ □ **ainda; além disso**; ~ gehört noch mehr □ **isso não é tudo;* ich brauche hierfür Draht, ~ Bast und Klebstoff; sie ist nicht sehr begabt, ~ ist sie noch faul; noch ~, wo (doch) ... □ **além disso** 1.4.1 wollen wir nicht Beckers noch mit ~ einladen *noch außer den Übrigen, zusätzlich* □ **também; além dos outros**

da|zu||ge|hö|ren ⟨V. 400⟩ *mit etwas od. jmdm. eng verbunden sein, zu etwas od. jmdm. gehören;* er will auch mit ~ □ **fazer parte de**; ⟨aber Getrenntschreibung⟩ dazu gehören → *dazu(1.2)*

da|zu|ge|hö|rig ⟨Adj. 24/60⟩ *mit etwas od. jmdm. eng verbunden, zu etwas od. jmdm. gehörig;* die ~en Ersatzteile befinden sich in dem Regal □ **correspondente; respectivo**

da|zu|kom|men ⟨V. 170/400(s.)⟩ 1 *zu einem Geschehen kommen, eintreffen;* er kam gerade dazu, als ... □ **chegar** 2 *zu dem eben Erwähnten noch zusätzlich hinzukommen, hinzugefügt werden;* Folgendes wird noch ~; wenn noch mehr Ausgaben ~, wird das Geld nicht reichen □ **somar-se; acrescentar-se** 3 kommt noch etwas dazu? *wollen Sie noch mehr kaufen?* □ **deseja mais alguma coisa?;* ⟨aber Getrenntschreibung⟩ dazu kommen → *dazu(1.2)*

da|zwi|schen ⟨a. ['---], bei betonten Hinweisen auf etwas Bestimmtes; Pronominaladv.⟩ 1 ⟨räumlich⟩ 1.1 *zwischen den eben erwähnten Sachen od. Personen;* zwei Felder mit einer Hecke ~; es war viel Unkraut ~; die Gäste saßen im Garten, ~ spielten die Kinder; ~ kommen Wiesen und Wälder; auf der Straße stauen sich die Fahrzeuge, ~ fahren Jugendliche auf ihren Rollschuhen; 1.2 *zwischen die eben erwähnten Sachen od. Personen;* der Tisch steht links und das Fenster ist rechts, ~ muss der Schrank gestellt werden; er drängte sich ~ □ **no meio; entre eles/elas** 2 ⟨zeitlich⟩ *zwischen diese(n) Zeiten, Ereignisse(n), ab und zu;* ~ liegen immerhin fünf Jahre; er wanderte dieser Zeit u. ruhte sich ~ einige Male aus; am Nachmittag gibt es Musik und Verkehrsmeldungen ~; und was geschah ~?; ~ reden Vertreter beider Parteien; ~ ruft die Klingel zur Mittagspause □ **nesse ínterim** 3 *darunter, unter diese(r) Menge, dabei;* man hat ihm alle gefundenen Sachen gezeigt, sein Regenschirm war nicht ~ □ **entre eles/elas**

da|zwi|schen|fah|ren ⟨V. 130/400(s.)⟩ 1 *sich heftig u. unaufgefordert in etwas einmischen;* der Junge ist den Kindern ständig dazwischengefahren □ **intrometer-se; imiscuir-se** 1.1 *jmdm. ins Wort fallen;* warum fährst du mir ständig dazwischen? □ **interromper**; ⟨aber Getrenntschreibung⟩ dazwischen fahren → *dazwischen(1.1)*

da|zwi|schen|fun|ken ⟨V. 400; umg.⟩ *sich in etwas einmischen, in einen Ablauf störend eingreifen;* ständig funkt er uns dazwischen! □ **(intro)meter-se**

da|zwi|schen|re|den ⟨V.⟩ 1 ⟨400 od. 600⟩ *ungefragt reden, anderen ins Wort fallen, das Gespräch anderer Personen redend unterbrechen;* er redet ständig dazwischen; jmdm. ~ □ **interromper** 2 ⟨500⟩ *etwas ~ ungefragt Bemerkungen während eines Gespräches einwerfen* □ **meter-se na conversa; dar palpite**; ⟨aber Getrenntschreibung⟩ dazwischen reden → *dazwischen(2)*

da|zwi|schen|ru|fen ⟨V. 204⟩ 1 ⟨400⟩ *durch Rufen (einen Vortrag o. Ä.) stören, unterbrechen;* bei seiner letzten Vorlesung wurde häufig dazwischengerufen □ **interromper (gritando)** 2 ⟨500⟩ *etwas ~ etwas laut rufend einwerfen* □ **objetar (interrompendo)**; ⟨aber Getrenntschreibung⟩ dazwischen rufen → *dazwischen*

De|ba|kel ⟨n.; -s, -⟩ 1 *schlimme Niederlage, Fiasko, Zusammenbruch;* das Spiel der deutschen Mannschaft wurde zu einem ~; der Film war ein finanzielles ~ □ **fiasco; fracasso** 2 *missliche, ausweglos erscheinende Situation, Unglück, Katastrophe;* die Angelegenheit wird zu einem ~ □ **desgraça**

De|bat|te ⟨f.; -, -n⟩ 1 *Erörterung* □ **debate** 1.1 *zur ~ stehen erörtert werden* □ **estar em debate/discussão* 1.2 *etwas zur ~ stellen veranlassen, dass etwas erörtert wird* □ **pôr em debate/discussão* 1.3 *Wortgefecht; eine erregte, lebhafte, stürmische, unsachliche ~; sich in eine ~ einlassen* □ **debate; altercação** 2 *Verhandlung vor einem Parlament;* Bundestags~; eine ~ eröffnen, führen □ **debate; sessão**

de|bat|tie|ren ⟨V. 500 od. 800⟩ (über) *etwas ~ etwas erörtern, diskutieren;* über dieses Thema wurde im Ausschuss noch nicht debattiert □ **debater**

De|büt ⟨[-byː] n.; -s, -s⟩ 1 *erstes öffentliches Auftreten, bes. auf der Bühne;* sein ~ geben, liefern 2 *erste Vorstellung bei Hofe* □ **estreia**

De|bü|tant ⟨m.; -en, -en⟩ *jmd., der sein Debüt gibt* □ **estreante**

De|bü|tan|tin ⟨f.; -, -tin|nen⟩ *weibl. Debütant* □ **estreante**

de|chif|frie|ren *auch:* **de|chiff|rie|ren** ⟨[deʃifriː-] V. 500⟩ *Buchstaben, einen Text ~ entziffern, entschlüsseln;* Ggs *chiffrieren;* einen Brief, eine Nachricht, einen Kode ~ □ **decifrar**

Deck ⟨n.; -s, -e od. n.; -s, -s⟩ 1 *die waagerechte Unterteilung des Schiffsraumes durch Stahlplatten od. Planken, Stockwerk im Schiff, bes. das oberste;* das ~ scheuern, waschen □ **convés**; alle Mann an ~! □ **todos ao convés!*; auf ~ promenieren; von ~ gehen □ **convés** 1.1 *klar ~ fertig auf dem D.* □ **preparar convés!* 2 *nicht (recht) auf ~ sein* ⟨fig.; umg.⟩ *sich gesundheitlich nicht wohlfühlen* □ **não estar/andar (muito) bem*

De|cke ⟨f.; -, -n⟩ 1 *flächiger schmiegsamer Gegenstand, der zum Zudecken, Bedecken geeignet ist (meist aus Textil);* Bett~ □ **coberta; colcha**; Tisch~ □ **toalha de mesa**; Woll~ □ **cobertor**; eine dicke, dünne, karierte, warme, weiche, wollene ~; sich in eine ~ hüllen, wi-

ckeln; eine ~ über etwas breiten, legen; eine ~ aufle-
gen □ **coberta** 1.1 mit jmdm. unter einer ~ stecken
⟨fig.; umg.⟩ *gemeinsame Sache machen* □ ***estar man-
comunado com alguém** 1.2 sich nach der ~ strecken
⟨fig.; umg.⟩ *sich anpassen, sparen* □ ***dançar conforme
a música 2** *Auflage, (obere) Schicht* □ **cobertura; ca-
mada;** Schnee~ □ **camada de neve;** Straßen~ □ **pavi-
mentação;** *das Eis bildet eine feste ~ zum Schlitt-
schuhlaufen* □ **cobertura; camada** 2.1 *Mantel des
Radreifens;* Reifen~ □ **banda de rodagem** 2.2 *Buch-
einband* □ **encadernação** 2.3 ⟨Geol.⟩ *durch Bewegun-
gen der Erdkruste aufgeschobene Gesteinsmasse von be-
deutender Länge u. Breite* □ **placa tectônica** 2.4 ⟨Geol.⟩
flächenhafter, vulkanischer Lavaerguss □ **lava 3** ⟨Jä-
gerspr.⟩ *behaarte Haut (der wiederkäuenden Huftiere
u. der großen Raubtiere)* □ **pele 4** *oberer Abschluss eines
Raumes;* Zimmer~; *die Räume haben getäfelte,
hohe, kräftig getönte, mit Stuck verzierte, niedrige
~n* □ **teto** 4.1 *an die ~ gehen* ⟨fig.; umg.⟩ *jähzornig
sein, aufbrausen* □ ***subir pelas paredes; ficar louco da
vida** 4.2 *vor Freude bis an die ~ springen* ⟨fig.⟩ *sich
sehr freuen* □ ***dar pulos de alegria**

De|ckel ⟨m.; -s, -⟩ **1** *oberer Verschluss (eines Behälters od.
Gerätes);* Topf~; Koffer~; Klavier~; Sarg~; *den ~
aufklappen, zuklappen, öffnen, schließen; den ~
vom Topf abnehmen, abheben; mit einem ~ schlie-
ßen, versehen, verschließen; der ~ passt auf diesen
Topf; einen ~ auf den Topf geben, setzen* □ **tampa**
1.1 *sie passen zusammen wie Topf und ~* ⟨fig.; umg.⟩
sehr gut □ ***foram feitos uma para o outro 2** *vorderer
od. hinterer fester Teil des Bucheinbands* □ **capa 3** ⟨umg.;
scherzh.⟩ *Hut* □ **chapéu** 3.1 *jmdm. eins auf den ~
geben jmdn. zurechtweisen* □ ***dar uma bronca em al-
guém** 3.2 *eins auf den ~ kriegen zurechtgewiesen
werden* □ ***levar uma bronca**

de|cken ⟨V. 500⟩ **1** *Gegenstände od. Personen ~ mit
einer (schützenden, verhüllenden) Schicht versehen* 1.1
*einen Gegenstand (mit etwas) ~ bedecken, zudecken,
belegen; das Dach (mit Schiefer, Ziegeln) ~; ein
Grab (mit Tannenzweigen) ~* □ **cobrir** 1.1.1 *den
Tisch (für 6 Personen) ~ Geschirr u. Bestecke für eine
Mahlzeit auflegen* □ ***pôr a mesa** 1.1.2 *sich an den ge-
deckten Tisch setzen* ⟨fig.⟩ *nicht für das Essen zu sor-
gen brauchen, ernährt, versorgt werden* □ ***ter comida
pronta** 1.2 ⟨511⟩ *etwas über etwas od. jmdn. ~ auf
etwas od. jmdn. legen;* sie deckte ein Tuch über den
Käfig □ ***colocar alguma coisa sobre outra ou al-
guém 2** *etwas deckt jmdn. od. etwas liegt über etwas
od. jmdm.;* der Schnee deckt die junge Saat □ **cobrir**
2.1 *auch ihn deckt nun schon der grüne Rasen*
⟨poet.⟩ *er ruht im Grab* □ **cobrir; sepultar** 2.2 *die
Farbe deckt (etwas) bildet eine undurchsichtige Schicht
(über etwas), verdeckt (etwas);* ich habe ein gut ~des
Rot verwendet; diese Farbe deckt den hellen Unter-
grund (nicht) gut □ **(en)cobrir 3** ⟨Vr 3 od. Vr 4⟩
*etwas deckt sich (mit etwas) stimmt (mit etwas)
überein;* unsere Ansichten, Interessen ~ sich nicht
völlig; ihre Aussage deckt sich nicht mit der seinen;
die beiden Begriffe ~ sich nicht 3.1 ⟨Vr 3⟩ *geometri-
sche Figuren ~ sich sind deckungsgleich, kongruent;
die beiden Dreiecke müssen sich ~* □ **coincidir 4** ⟨Vr
7 od. Vr 8⟩ *jmdn. od. etwas ~ schützen, sichern;
gegen diese Beschuldigung müsste ich ihn ~; jmdn.
mit dem eigenen Leibe ~;* er wird von seinen Kom-
plizen gedeckt; du musst dich gegen seine Angriffs-
versuche besser ~; die Flanke, den Rückzug ~ ⟨Mil.⟩;
du musst deinen König besser ~ ⟨Schachspiel⟩; der
Boxer deckt sein Gesicht gegen einen Haken des
Gegners □ **cobrir(-se); proteger(-se)** 4.1 *sich ~* ⟨Jä-
gerspr.⟩ *Deckung aufsuchen* □ ***procurar um abrigo**
4.2 ⟨Sp.⟩ *bewachen (in Mannschaftssportarten);* den
eigenen Torraum ~ □ **cobrir; defender** 4.2.1 *einen
gegnerischen Spieler ~ am Einsatz, in seiner Bewe-
gungsfreiheit behindern;* ihr müsst die Stürmer enger
~ □ **marcar 5** *die* **Nachfrage,** *den* **Bedarf** *~* ⟨Hdl.⟩
befriedigen; ~ Sie rechtzeitig Ihren Bedarf an Weih-
nachtsartikeln! □ **satisfazer** 5.1 *mein Bedarf ist ge-
deckt!* ⟨umg.; iron.⟩ *ich habe es satt* □ ***estou satis-
feito! 6** ⟨505; Wirtsch.⟩ *einen* **Wert** *(durch einen
Gegenwert) ~ sichern;* der Scheck ist nicht gedeckt;
das Darlehen ist durch Hypotheken gedeckt; der
Schaden wird durch die Versicherung voll gedeckt
□ **cobrir; garantir** 6.1 *einen* **Fehlbetrag,** *ein* **Soll**
~ ausgleichen, begleichen; Kosten, Schulden, einen Ver-
lust ~ □ **cobrir; liquidar 7** *ein weibliches Haustier ~
begatten;* er hat die Stute ~ lassen; ein Rüde mit
Stammbaum soll die Hündin ~ □ **cobrir 8** *Hunde ~
ein Wild* ⟨Jägerspr.⟩ *packen u. halten ein W. fest* □
capturar; apanhar

Deck|man|tel ⟨m.; -s; unz.; fig.⟩ *vorgetäuschte Eigen-
schaft od. Tätigkeit, Vorwand für ein schlechtes Verhal-
ten;* das dient ihm nur als ~!; unter dem ~ der
Freundschaft hat er uns sehr geschadet □ **pretexto**

Deck|na|me ⟨m., -ns, -n⟩ *angenommener Name, den
eine Person od. eine Sache zur Geheimhaltung trägt;* Sy
Pseudonym □ **pseudônimo**

De|ckung ⟨f.; -, -en; meist unz.⟩ **1** *Übereinstimmung,
Gleichsein;* es ist unmöglich, alle Vorstellungen zur
~ zu bringen □ **acordo; concordância 2** *Sicherung*
□ **garantia; segurança** 2.1 ⟨bes. Mil.⟩ *Schutz (vor
feindlichem Feuer od. gegen Sicht);* über eine aus-
sichtsreiche, schwache, starke ~ verfügen; dieses
Gelände bietet genügend, gute, keine ~; für die ~
des Rückzuges sorgen; die Stellung ohne ~ lassen
□ **cobertura; proteção;** *in ~ gehen* □ ***proteger-se;
volle ~!** ⟨militärisches Kommando⟩ □ ***para o chão!;
volle ~ nehmen** □ ***jogar-se no chão (para se pro-
teger);** *~ suchen vor dem feindlichen Feuer* □ **pro-
teção; abrigo** 2.1.1 *~ geben Schutz (durch Schießen
auf den Gegner) bieten* □ ***dar cobertura** 2.2 *~ des ei-
genen Tors* ⟨Sp.⟩ *Verteidigung (im Mannschaftsspiel)*
2.2.1 *Gesamtheit der Spieler, die in der Deckung(2.2)
spielen;* die ~ war mit den Stürmen völlig überfor-
dert □ **defesa** 2.3 *~ der gegnerischen Spieler* ⟨Sp.⟩
*Bewachung, Verhinderung eines erfolgreichen Spiels der
gegnerischen Mannschaft (im Mannschaftsspiel);* die ~
des Linksaußen ließ viel zu wünschen übrig □ **cober-
tura** 2.4 ⟨Sp.⟩ *Schutz des Körpers durch Fäuste u. Arme*

deckungsgleich

(beim Boxen); die ~ durchschlagen □ **guarda** 2.5 (Schachspiel) *vor dem Zugriff des Gegners schützende Figur(en);* die Dame ohne ~ lassen □ **cobertura 3** ~ von **Nachfrage, Bedarf** (Hdl.) *Befriedigung* □ **satisfação 4** (Wirtsch.) *Sicherung durch einen Gegenwert;* für diesen Scheck ist keine ~ vorhanden; ~ in bar □ **cobertura; garantia** 4.1 *Ausgleich, Begleichung eines Fehlbetrags, eines Solls;* als, zur ~ von ...; zur ~ der Kosten beitragen □ **cobertura; pagamento 5** ~ eines weiblichen **Haustiers** (Säugetier) *das Decken(7);* der Bulle wurde zur ~ zugelassen □ **cobrição**

de|ckungs|gleich ⟨Adj. 24/70; Geom.⟩ *in allen Merkmalen übereinstimmend;* Sy kongruent(2); die beiden Dreiecke sind ~ □ **congruente; coincidente**

de|fekt ⟨Adj.⟩ **1** *fehlerhaft, mangelhaft;* die Waschmaschine ist ~ □ **com defeito; quebrado 2** *beschädigt,* die Ärmel des Pullovers haben sich *schadhaft;* ein ~es Fahrzeug □ **danificado**

De|fekt ⟨m.; -(e)s, -e⟩ **1** *Mangel, Fehler, Gebrechen;* ein körperlicher, geistiger ~ □ **deficiência 2** *Beschädigung, Schaden;* Motor~, Reifen~ □ **avaria 3** *Ausfall, Fehlbetrag* □ **déficit**

de|fen|siv ⟨Adj.⟩ *abwehrend, verteidigend;* Ggs offensiv(1); ~ Auto fahren; ein ~es Verhalten □ **defensivo**

De|fi|lee ⟨n.; -s, -le|en⟩ *feierliches Vorbeimarschieren (bes. an bedeutenden Repräsentanten eines Staates)* □ **desfile**

de|fi|lie|ren ⟨V. 400; Mil.⟩ *feierlich vorbeimarschieren;* die Soldaten defilierten vor dem Staatspräsidenten □ **desfilar**

de|fi|nie|ren ⟨V. 500⟩ *eine* **Sache** ~ *(genau) erklären, begrifflich bestimmen, festlegen* □ **definir**

De|fi|ni|ti|on ⟨f.; -, -en⟩ **1** *Begriffsbestimmung;* die ~ von Wörtern 1.1 *Selbsteinschätzung, Standortbestimmung;* nach unserer ~ sind wir ein gemeinnütziger Verein **2** ⟨kath. Theol.⟩ **dogmatische** ~ *unfehlbare Entscheidung des Papstes od. eines Konzils in Glaubensfragen* □ **definição**

De|fi|zit ⟨a. [--'-] n.; -(e)s, -e⟩ **1** *Mangel, Nachholbedarf;* ~ an Vitaminen, Nährstoffen; ein Wissensausgleichen **2** *Fehlbetrag, Verlust;* das Geschäftsjahr endete mit einem ~ □ **déficit**

De|fla|ti|on ⟨f.; -, -en⟩ **1** *starke Einschränkung des Geldumlaufs ohne entsprechende Verringerung der Produktion;* Ggs Inflation **2** ⟨Geol.⟩ *Abtragung von lockerem Gestein u. Sand durch Wind* □ **deflação**

def|tig ⟨Adj.⟩ **1** *derb, grob, unverblümt, bodenständig;* eine ~e Komödie □ **irreverente;** er gab ihm eine ~e Antwort □ **rude; grosseiro;** jmdm. eine ~ Ohrfeige geben □ **forte; pesado 2** *kräftig, sehr nahrhaft;* ein ~es Essen □ **nutritivo; substancioso 3** *stark, sehr hoch;* das sind aber ~e Preise □ **elevado** 3.1 eine ~e Überraschung *eine große Ü.* □ **grande**

De|gen¹ ⟨m.; -s, -; poet.⟩ *tüchtiger Kriegsmann, Gefolgsmann, Held* □ **herói**

De|gen² ⟨m.; -s, -⟩ *Hieb- u. Stichwaffe mit langer, schmaler, zweischneidiger Klinge;* den ~ ziehen; ~ greifen; die ~ kreuzen □ **espada**

De|ge|ne|ra|ti|on ⟨f.; -, -en; Med.⟩ *Rückbildung, Entartung, (körperlicher u. geistiger) Verfall;* Ggs Regeneration □ **degeneração**

de|ge|ne|rie|ren ⟨V. 400(s.)⟩ *sich zurückbilden, entarten, (körperlich u. geistig) abbauen, verfallen;* Ggs regenerieren □ **degenerar**

de|gra|die|ren ⟨V. 500⟩ **1** jmdn. ~ ⟨Mil.⟩ *im Rang herabsetzen;* einen Offizier zum Gefreiten ~ **2** den **Boden** ~ *durch Entzug wertvoller Nährstoffe verschlechtern* **3 Energie** ~ ⟨Phys.⟩ *zerstreuen* □ **degradar**

deh|nen ⟨V. 500⟩ **1** *etwas* ~ *durch Ziehen verlängern, strecken, spannen, weiten;* → a. stauchen(1.1); du darfst das Gummiband, den Stoff nicht zu sehr ~ □ **esticar** 1.1 **Laute,** Vokale, Sätze ~ ⟨Gramm.⟩ *langziehen, langgezogen aussprechen;* eine Silbe, ein Wort beim Sprechen ~; in gedehntem Ton sprechen □ **alongar** 1.2 **Töne** ~ *lange aushalten, klingen lassen* □ **prolongar; sustentar 2** ⟨Vr 3⟩ *sich* ~ *größer, weiter, länger werden;* die Ärmel des Pullovers haben sich gedehnt □ ***alongar-se; estirar-se** 2.1 *sich recken, die Glieder strecken;* sich nach dem Schlaf recken und ~ □ ***esticar-se; espreguiçar-se** 2.2 ⟨Sp.⟩ *sich vor einem Wettkampf aufwärmen* □ ***aquecer-se; alongar-se 3** ⟨Vr 3⟩ **Flächen** ~ *sich erstrecken sich, breiten sich aus;* die Felder ~ sich bis zum Horizont □ **estender-se**

Deh|nung ⟨f.; -, -en⟩ *das Dehnen(1-2);* Vokal~ □ **alongamento; extensão;** durch die starke ~ zerriss das Gummiband □ **esticamento**

Deich ⟨m.; -(e)s, -e⟩ *Schutzdamm gegen Hochwasser am Meer od. Flussufer;* einen ~ bauen, verstärken □ **dique; barragem**

Deich|sel ⟨[-ks-] f.; -, -n⟩ *an der Vorderachse eines Wagens angebrachte Stange od. Doppelstange zum Ziehen, Lenken u. Anschirren der Zugtiere;* ein Pferd an die ~ spannen □ **timão; lança**

deich|seln ⟨[-ks-] V. 500⟩ *etwas* ~ ⟨fig.; umg.⟩ *etwas Schwieriges durch Geschick zuwege bringen, geschickt durchführen;* ich werde die Sache schon ~ □ **arranjar; dar um jeito**

dein¹ ⟨Possessivpron. 4; 2. Person Sg.; in Briefen Groß- u. Kleinschreibung⟩ → a. *mein*¹*(1.1- 3.4)* **1** ~ **Buch** (usw.) *du hast ein B. (usw.)* 1.1 *dir gehörend, aus deinem Eigentum od. Besitz stammend* □ **teu; tua** 1.1.1 das **deine**/Deine, das **deinige**/Deinige *dein Eigentum* □ ***o teu; a tua** 1.1.2 ein Streit um **Mein** und **Dein** *ein S. um Besitzverhältnisse* □ **teu** 1.2 *mit dir verwandt, bekannt, befreundet* 1.2.1 die **deinen** / Deinen *deine (engen) Verwandten* □ ***os teus; a tua família** 1.3 *einen Teil von dir bildend* 1.4 *von dir ausgehend, bei dir Ursprung habend* 1.5 *dir zukommend* **2** *eine Eigenschaft von dir darstellend* 2.1 *dir zur Gewohnheit geworden* **3** *von dir getan* 3.1 *von dir verursacht* 3.2 *von dir vertreten, gerechtfertigt* 3.3 *dir erwünscht* 3.4 *von dir benutzt* □ **teu; tua 4** es grüßt **dich**/Dich **dein(e)**/Dein(e) ... *(vertrauliche Schlussformel in Briefen)* □ **os teus; a tua família**

dein² ⟨Gen. des Personalpron.; veraltet; in Briefen Groß- u. Kleinschreibung⟩ *du;* ich gedenke ~ □ ***penso em ti**

dei|ner ⟨Gen. des Personalpron.; in Briefen Groß- u. Kleinschreibung⟩ *du* □ **o teu; a tua; de ti**

dei|ner|seits ⟨Adv.; in Briefen Groß- u. Kleinschreibung⟩ *von dir, von dir aus, von deiner Seite;* du musst auch ~ etwas unternehmen □ **por teu lado; por tua parte**

dei|nes|glei|chen ⟨Pron.; in Briefen Groß- u. Kleinschreibung⟩ *wie du, Leute wie du;* du und ~ □ **teus semelhantes**

dei|net|we|gen ⟨Adv.; in Briefen Groß- u. Kleinschreibung⟩ *wegen dir, um dich, für dich;* ich habe den Hund, die Katze nur ~ gekauft; ~ mache ich mir Sorgen □ **por tua causa; por ti; para ti**

dei|ni|ge ⟨substantiviertes Possessivpron.⟩ *deine;* ist dieser Koffer der ~?; der, die, das Deinige/deinige *das, was zu dir gehört* □ **o teu; a tua;** die deinigen/Deinigen *deine Familie, deine Angehörigen* □ ***os teus; a tua família**

De|ka|de ⟨f.; -, -n⟩ **1** *Gesamtheit von zehn Stück* □ **década 1.1** *Zeitraum von zehn Tagen, Wochen, Monaten od. Jahren* □ **decêndio; período de dez semanas; decemestre; decênio**

de|ka|dent ⟨Adj.; abwertend⟩ *angekränkelt, heruntergekommen, entartet* □ **decadente**

De|ka|denz ⟨f.; -; unz.⟩ *sittlicher od. kultureller Verfall, Entartung, Verwahrlosung* □ **decadência**

De|kla|ma|ti|on ⟨f.; -, -en⟩ **1** *(ausdrucksvolle, künstlerisch gestaltete) Vortragsweise;* ~ eines Gedichtes von Goethe **1.1** ⟨umg.; scherzh.⟩ *übertrieben ausdrucksvoll, pathetisch gestalteter Vortrag* **2** ⟨Mus.⟩ *Verbindung von Sprache u. Musik (innerhalb eines Musikwerkes), Wort-Ton-Verhältnis* □ **declamação**

de|kla|mie|ren ⟨V.⟩ **1** ⟨500⟩ ein Gedicht ~ *ausdrucksvoll vortragen* **2** ⟨400⟩ beim Gesang ~ *deutlich sprechen* **2.1** ⟨umg.; scherzh.⟩ *übertrieben pathetisch sprechen* □ **declamar**

De|kla|ra|ti|on ⟨f.; -, -en⟩ **1** *offizielle Erklärung;* eine ~ zur innenpolitischen Lage abgeben **2** ⟨Wirtsch.⟩ *Zoll-, Steuererklärung* **2.1** *Inhalts-, Wertangabe bei Versandgut* □ **declaração**

de|kla|rie|ren ⟨V. 500⟩ etwas ~ *eine Deklaration über etwas abgeben, etwas erklären, kundgeben, etwas ausweisen als;* Ware als zollfrei ~ □ **declarar**

De|kli|na|ti|on ⟨f.; -, -en⟩ **1** ⟨Gramm.⟩ *Flexion (Beugung) der Substantive, Adjektive, Pronomen u. Numeralien nach Genus, Kasus u. Numerus;* starke, schwache ~ **2** ⟨Astron.⟩ *Winkelabstand eines Gestirns vom Himmelsäquator* **3** ⟨Geophys.⟩ *Abweichung der nach Norden zeigenden Kompaßnadel von der wahren Nordrichtung;* Sy *Mißweisung* □ **declinação**

de|kli|nie|ren ⟨V. 500⟩ Substantive, Adjektive, Pronomen, Numeralien ~ *nach Genus, Kasus u. Numerus beugen, abwandeln* □ **declinar**

De|kol|le|té ⟨[-kɔlteː] n.; -s, -s⟩ = **Dekolletee**

De|kol|le|tee ⟨[-kɔlteː] n.; -s, -s⟩ *tiefer Ausschnitt an Damenkleidern;* oV *Dekolleté;* ein tiefes ~ tragen □ **decote**

De|kor ⟨m.; -s, -e od. m.; -s, -s, auch n.; -s, -e od. n.; -s⟩ **1** *Muster, Verzierung (bes. auf Porzellan- od. Glaswaren);* diese Teller haben ein hübsches ~ □ **decoração; desenho 2** = *Dekoration(2)*

De|ko|ra|ti|on ⟨f.; -, -en⟩ **1** *Ausschmückung, Schmuck;* festliche Tisch~ □ **decoração 2** ⟨Theat.; Film⟩ *Ausstattung;* Sy *Dekor(2);* Bühnen~ □ **cenário 3** *Orden, Ehrenzeichen* □ **condecoração**

de|ko|rie|ren ⟨V. 500⟩ **1** etwas ~ *schmücken, verzieren* □ **decorar; ornar 2** jmdn. ~ *auszeichnen, jmdm. einen Orden verleihen;* er ist mit einem Orden dekoriert worden □ **condecorar**

De|kret ⟨n.; -(e)s, -e⟩ *behördliche Verordnung, Verfügung;* ein ~ erlassen □ **decreto**

De|le|ga|ti|on ⟨f.; -, -en⟩ **1** *Abordnung;* eine ~ des Europaparlaments besuchte letztes Jahr den Nahen Osten **2** ⟨Rechtsw.⟩ *Übertragung;* ~ einer Vollmacht, Befugnis, Schuld □ **delegação**

de|le|gie|ren ⟨V. 500⟩ **1** jmdn. ~ *jmdn. (zur Ausführung einer Sache) abordnen;* einen Abgeordneten ~ **2** *etwas, eine Aufgabe ~ etwas, eine Aufgabe an jmdn. übertragen, übergeben* □ **delegar**

Del|fin ⟨m.; -(e)s, -e; Zool.⟩ *Angehöriger einer Familie stromlinienförmiger Zahnwale, der in Herden lebt u. sehr intelligent u. gelehrig ist;* oV *Delphin* □ **golfinho**

de|li|kat ⟨Adj.⟩ **1** ~e Speisen *köstliche, leckere S.* □ **delicioso; apetitoso 2** ~e Angelegenheiten ⟨fig.⟩ *heikel, behutsam zu behandelnde A.* □ **delicado; difícil**

De|li|ka|tes|se ⟨f.; -, -n⟩ **1** *Köstlichkeit, Leckerbissen;* Kaviar ist eine ~ **1.1** ⟨Pl.⟩ *Feinkost;* ~n anbieten; Geschäft für ~n □ **delicatéssen 2** ⟨unz.; fig.⟩ *Feingefühl, Behutsamkeit;* diese Angelegenheit ist mit besonderer ~ zu behandeln □ **delicadeza; tato**

De|likt ⟨n.; -(e)s, -e; Rechtsw.⟩ *strafbare Handlung* □ **delito**

De|lin|quent ⟨m.; -en, -en, geh.⟩ *Misse-, Übeltäter, Verbrecher* □ **delinquente**

De|lin|quen|tin ⟨f.; -, -tin|nen⟩ *weibl. Delinquent* □ **delinquente**

De|li|ri|um ⟨n.; -s, -ri|en⟩ *Zustand der Bewusstseinstrübung, Wahnvorstellung (bei hohem Fieber, Gehirnkrankheiten, auch bei ständigem Alkoholmissbrauch);* sich im ~ befinden □ **delírio**

Del|le ⟨f.; -, -n⟩ **1** ⟨umg.⟩ *Vertiefung, Ausbuchtung, Beule* □ **amassado; mossa 2** ⟨Geomorphol.⟩ *muldenförmige Einsenkung der Erdoberfläche ohne eigenes Bachbett* □ **depressão**

Del|phin ⟨m.; -(e)s, -e; Zool.⟩ = *Delfin*

del|phisch ⟨Adj.⟩ **1** *Delphi betreffend, zu Delphi gehörig, von, in Delphi* □ **délfico 1.1** *das Delphische Orakel das in Delphi bestehende O.* □ ***o oráculo de Delfos 2** ⟨fig.⟩ *doppelsinnig, rätselhaft;* ein ~es Orakel; eine ~e Weisheit □ **ambíguo; enigmático**

Del|ta¹ ⟨n.; -s od. -, -s; Zeichen: δ, Δ⟩ **1** *vierter Buchstabe der griech. Alphabets* **2** ⟨Math.⟩ *Symbol für das Dreieck od. den Zuwachs einer Größe* □ **delta**

Del|ta² ⟨n.; -s od. -, -s od. Del|ten⟩ **1** *dreieckförmige Flussmündung* **2** *das von den äußeren Mündungsarmen umschlossene Gebiet* □ **delta**

dem ⟨Dat. von⟩ **1** *der¹* **2** *das*

Dem|a|go|ge auch: **De|ma|go|ge** ⟨m.; -n, -n⟩ **1** ⟨urspr.⟩ *Volksführer* **1.1** ⟨heute abwertend für⟩ *Aufwiegler, Volksverführer* □ **demagogo**

Dem|a|go|gie auch: **De|ma|go|gie** ⟨f.; -; unz.⟩ *Aufwiegelung, Volksverhetzung;* mit reiner ~ gegen den politischen Gegner vorgehen □ **demagogia**

de|mas|kie|ren ⟨V. 500⟩ **1** jmdn. ~ **1.1** jmdm. die Maske abnehmen **1.2** ⟨fig.⟩ jmdn. entlarven □ **desmascarar**

de|men|tie|ren ⟨V. 500⟩ eine Nachricht ~ **1** leugnen, bestreiten **2** widerrufen **3** berichtigen □ **desmentir**

dem|ge|gen|über ⟨Adv.⟩ auf der anderen Seite, andererseits, im Vergleich zu etwas □ **por outro lado; em contrapartida**

De|mis|si|on ⟨f.; -, -en⟩ oV ⟨veraltet⟩ Dimission **1** = Rücktritt(1) **2** Entlassung, Verabschiedung □ **demissão**

de|mis|sio|nie|ren ⟨V. 400⟩ seine Demission annehmen, abdanken □ **demitir-se**

dem|je|ni|gen ⟨Dat. von⟩ **1** derjenige **2** dasjenige

dem|nach ⟨Adv. od. konsekutive Konj.⟩ also, infolgedessen, aufgrund des Gesagten; es ist ~ aussichtslos, noch auf Besserung zu hoffen; ~ warst du gestern dort? □ **por conseguinte; assim**

dem|nächst ⟨a. [-'-] Adv.⟩ bald, in Kürze □ **logo; em breve; pouco depois**

De|mo ⟨f.; -, -s; umg.; kurz für⟩ Demonstration □ **demonstração; manifestação; protesto**

De|mo|gra|fie ⟨f.; -, -n⟩ Beschreibung von Struktur u. Bewegung der Bevölkerung aufgrund von Statistiken, Bevölkerungslehre; oV Demographie □ **demografia**

De|mo|gra|phie ⟨f.; -, -n⟩ = Demografie

De|mo|krat ⟨m.; -en, -en⟩ Anhänger der Demokratie □ **democrata**

De|mo|kra|tie ⟨f.; -, -n⟩ Volksherrschaft, Staatsform, bei der ein Staat nach dem Willen des Volkes regiert wird □ **democracia**

De|mo|kra|tin ⟨f.; -, -tin|nen⟩ weibl. Demokrat □ **democrata**

de|mo|kra|tisch ⟨Adj.⟩ der Demokratie entsprechend, nach den Grundsätzen der Demokratie verfahrend □ **democrático**

de|mo|lie|ren ⟨V. 500⟩ **1** etwas ~ niederreißen, zerstören □ **demolir 1.1** eine Festung ~ schleifen □ **destruir; arrasar**

♦ Die Buchstabenfolge **de|mons|tr…** kann in Fremdwörtern auch **de|monst|r…** getrennt werden.

♦ **De|mons|trant** ⟨m.; -en, -en; Pol.⟩ jmd., der an einer Demonstration(3) teilnimmt □ **manifestante**

♦ **De|mons|tran|tin** ⟨f.; -, -tin|nen⟩ weibl. Demonstrant □ **manifestante**

♦ **De|mons|tra|ti|on** ⟨f.; -, -en⟩ **1** Beweisführung, Darlegung, anschauliche Schilderung; eine ~ der Funktionsweise einer neuen Maschine geben **2** nachhaltige Bekundung, Zurschaustellung; das war eine ~ der politischen, militärischen Stärke □ **demonstração 3** ⟨Politik⟩ Massenkundgebung **3.1** Protestkundgebung □ **manifestação; protesto**

♦ **de|mons|tra|tiv** ⟨Adj.⟩ **1** beweisend **2** anschaulich darlegend □ **demonstrativo 3** absichtlich, auffallend, betont; ~er Beifall; ~ zustimmen □ **ostensivo; intencional 4** ⟨Gramm.⟩ hinweisend □ **demonstrativo**

♦ **de|mons|trie|ren** ⟨V.⟩ **1** ⟨500⟩ eine Sache ~ anschaulich vorführen **1.1** etwas ad oculos ~ etwas anschaulich vor Augen führen **1.2** darlegen, beweisen □ **demonstrar; expor 2** ⟨400⟩ eine Demonstration(3) veranstalten, an ihr teilnehmen □ **manifestar(-se); participar de manifestação**

De|mon|ta|ge ⟨[-ta:ʒə] f.; -, -n⟩ **1** Abbau, Abbruch, bes. von Industrieanlagen □ **desmontagem; demolição 1.1** ~ einer Person ⟨fig.⟩ allmählicher Abbau des Ansehens, der Einflussnahme einer Person; die ~ des Ministerpräsidenten □ **desmantelamento**

de|mon|tie|ren ⟨V. 500⟩ etwas ~ ⟨Tech.⟩ **1** in seine Bestandteile zerlegen □ **desmontar 2** abbauen, abtragen; industrielle Anlagen wurden nach dem 2. Weltkrieg demontiert □ **desmontar; demolir;** den Vorsitzenden einer politischen Partei ~ ⟨fig.⟩ □ **desmantelar**

De|mo|sko|pie auch: **De|mos|ko|pie** ⟨f.; -, -n⟩ Meinungsforschung □ **pesquisa de opinião pública**

dem|sel|ben ⟨Demonstrativpron.; Dat. m. u. n.⟩ → selbe

De|mut ⟨f.; -; unz.⟩ Liebe u. Bereitschaft zum Dienen, tiefe Bescheidenheit, Unterwürfigkeit, Ergebenheit; christliche, wahre, echte ~; in ~ dienen □ **humildade; submissão**

de|mü|tig ⟨Adj.⟩ von Demut erfüllt, ergeben, ohne Geltungsbedürfnis; eine ~e Bitte; ~ blicken □ **humilde; submisso**

de|mü|ti|gen ⟨V. 500/Vr 7⟩ jmdn., sich ~ jmdn., sich erniedrigen, in seiner Würde verletzen; er hat den Freund öffentlich gedemütigt; er hat sich vor seinem Vater ~ müssen □ **humilhar(-se); rebaixar(-se)**

den 1 ⟨Akk. von⟩ der¹ **2** ⟨Dat. von⟩ die²

de|nen 1 ⟨Dat. Pl. von der¹(2)⟩ diesen, denjenigen; ~, die unter diese Bestimmung fallen, wird geraten ... □ **àqueles 2** ⟨Dat. Pl. von der¹(3)⟩ welchen; er gab es den Freunden, ~ er schon immer vertraut hatte □ **nos quais 3** ⟨Dat. Pl. von der¹(4); umg.⟩ ihnen; wie konntest du ~ nur vertrauen! □ **neles**

den|je|ni|gen 1 ⟨Akk. von⟩ derjenige **2** ⟨Dat. von⟩ diejenigen

denk|bar ⟨Adj. 24⟩ **1** ⟨70⟩ möglich, vorstellbar; das ist durchaus ~; ein ~es Vorhaben □ **imaginável; concebível 2** ⟨50; verstärkend⟩ kaum vorstellbar, äußerst; sie hat sich ~ ungünstig angezogen, eine ~ schlechte Vorstellung geben □ **extremamente**

den|ken ⟨V. 119⟩ **1** ⟨400⟩ geistig arbeiten, überlegen; der Mensch als ~des Wesen □ **pensante;** die lateinische Sprache wird als gute Schulung für das Denken betrachtet □ **raciocínio;** erst ~, (und) dann handeln; lernen zu ~ □ **pensar;** das Denken lernen □ **reflexão; raciocínio;** logisch, scharf, vernunftgemäß ~ □ **pensar; raciocinar;** ich dachte mir nichts Böses dabei □ **imaginar 1.1** das gibt zu ~ das ist bedenklich, hier heißt es vorsichtig sein □ *isso dá o que pensar **1.2** ⟨550⟩ einen Gedanken zu Ende ~ bis zu Ende verfolgen □ *concluir um pensamento **1.3** du sollst nicht so viel ~ ⟨umg.⟩ nicht so viel grübeln □ **remoer; ruminar 1.4** und wenn ich denke, dass ... wenn ich mir vorstelle, dass ... □ *quando penso que... **1.5** ⟨410⟩ bei sich ~ (heimlich) überlegen □ *pensar com os próprios botões **1.6** ⟨412 mit Modalverb⟩ solange ich ~

kann, ... *soweit meine Erinnerung zurückreicht,* ... □ *até onde consigo lembrar... 1.7 gedacht, getan *kaum war der Plan gefasst, so wurde schon mit seiner Ausführung begonnen* □ *dito e feito 1.8 ~ Sie mal an! ⟨umg.⟩ *ist es möglich!, so etwas!, was Sie nicht sagen!* □ *imagine só! 2 ⟨500⟩ etwas ~ *glauben, meinen, annehmen; das hätte ich nicht von ihm gedacht!;* ich dachte, Wunder wie reich er wäre!; man sollte ~, dass ...; sie dachte, es sei ihre Pflicht; du denkst wohl, du brauchst dir jetzt keine Mühe mehr zu geben?; ich dächte, es wäre besser für dich, erst einmal dein Studium abzuschließen; wann ist er mit dem Studium fertig? Ich denke, in einem Jahr etwa; ~ wir einmal, wir wären in ...; ganz wie Sie ~! □ imaginar; supor; achar; pensar 2.1 ⟨550⟩ was ~ Sie von ...? *was halten Sie von ...?, wie beurteilen Sie ...?* □ achar; pensar 2.2 wer hätte das gedacht! *das hätte niemand für möglich gehalten!* □ *quem diria!; quem poderia imaginar! 2.3 machen Sie es, wie Sie ~ *wie Sie es für richtig halten* □ *faça como achar melhor 3 ⟨700 od. 800⟩ an jmdn. od. etwas ~ *seine Gedanken auf jmdn. od. etwas richten;* wir denken auch an die Kosten; ich denke oft an dich 3.1 daran ist im Augenblick überhaupt noch nicht zu ~! *darauf besteht jetzt noch nicht die geringste Aussicht!* □ *pensar em alguém ou alguma coisa 3.2 nicht daran ~ *(etwas) nicht in Betracht ziehen, sich weigern;* er denkt gar nicht daran zu antworten; ich denke nicht daran! □ *não pensar em (alguma coisa) 3.3 denke an deine Verpflichtungen! *vergiss deine V. nicht!* □ *não se esqueça das suas obrigações! 3.4 *sich an jmdn., etwas erinnern, jmds., einer Sache gedenken;* ~ wir doch einmal an die Revolution □ lembrar-se de 3.4.1 ~ Sie noch daran? *erinnern Sie sich noch gelegentlich?, haben Sie es noch nicht vergessen?* 3.5 *an jmdn., einer Sache interessiert, um jmdn., etwas bemüht, auf jmdn. bedacht sein;* bei allem dachte er nur an seine Familie 3.5.1 du musst endlich auch an dich selbst ~! *du darfst nicht zu selbstlos, uneigennützig sein!* □ pensar em 4 ⟨530/Vr 1⟩ sich jmdn. od. etwas ~ *(im Geiste) vorstellen;* ich kann es mir ~; ich denke ihn mir groß und blond; ich dachte mir die Sache so: ...; sie können sich sicher ~, dass ..., wie sehr ...; ich hatte mir das ganz anders gedacht!; er hatte sich, so ziemlich gedacht □ imaginar; fazer uma ideia de 4.1 ich habe ich mir beinahe gedacht! *das habe ich vermutet* □ imaginar; presumir 4.2 ich habe es mir gleich gedacht! *ich habe es kommen sehen!; ich habe es gleich vermutet* □ *eu estava mesmo pensando nisso! 4.3 etwas lässt sich ~ *versteht sich von selbst* □ *ser evidente 4.4 das hast du dir gedacht! ⟨umg.⟩ *da hast du dich gründlich getäuscht!* □ *é o que você pensa! 4.5 was ~ Sie sich eigentlich? ⟨umg.⟩ *was erlauben Sie sich?* □ *quem o senhor pensa que é? 4.6 ich denke mir mein Teil dabei ⟨umg.⟩ *ich habe da meine eigene Meinung* □ *tenho minha própria opinião a respeito 4.7 (mit Modalverb) das hätte ich mir ~ können! *das hätte mich nicht überraschen sollen, es war zu erwarten gewesen* □ *eu já esperava por isso! 4.8 dacht ich

mir's doch! *das vermutete ich!* □ *foi o que pensei! 5 ⟨505/Vr 3⟩ sich (in etwas) ~ *sich im Geiste (in etwas) versetzen;* wir dachten uns in seine Situation 5.1 ~ Sie sich an meine Stelle! *versetzen Sie sich in meine Lage!* □ *colocar-se na situação/no lugar de alguém 6 ⟨480 od. 500⟩ *gesonnen sein, beabsichtigen, gedenken;* wir ~ nicht im wenig zu bleiben; ich denke, wir warten noch ein paar Minuten □ pensar em; pretender 6.1 ⟨400⟩ der Mensch denkt, und Gott lenkt (Sprichw.) *des Menschen Pläne vermögen nichts gegen Gottes Willen* □ *o homem põe e Deus dispõe 7 ⟨413⟩ auf bestimmte Art ~ *gesinnt sein;* edel, engstirnig, freundschaftlich, kleinlich, gemein ~ □ *ser de determinado modo; ter determinado temperamento 7.1 sein großherziges Denken erlaubte keine Lüge *seine großherzige Gesinnung* □ caráter 8 ⟨550⟩ von jmdm. od. einer Sache, über jmdn. od. etwas in bestimmter Weise ~ *eine bestimmte Meinung von jmdm. od. einer Sache haben, jmdn. od. etwas in bestimmter W. beurteilen;* gering, gut, hässlich, niedrig von jmdm. ~; ~ Sie nach diesem ersten Zwischenfall nicht schlecht von mir! □ *pensar alguma coisa de alguém; julgar alguém de determinada maneira

...den|ken ⟨n.; -s; unz.; in Zus.⟩ 1 *auf ein bestimmtes Ziel gerichtetes, zweckorientiertes Denken;* Anspruchs~, Sicherheits~ 2 *von einer bestimmten Sichtweise geprägtes Denken;* Feindbild~, Konkurrenz~, Partei~

denk|faul ⟨Adj.; abwertend⟩ *zu faul zum Denken, geistig träge* □ que tem preguiça de pensar; lerdo

Denk|mal ⟨n.; -(e)s, -mäler od. (selten) -e⟩ 1 (i. w. S.) *denk- u. erhaltungswürdiger Gegenstand der Kunst, Geschichte, Natur;* Bau~, Natur~, Sprach~; ein literarisches, historisches ~ 2 (i. e. S.) *Bildwerk, Gedenkstein zur Erinnerung an ein Ereignis od. eine Person;* ein ~ aus Marmor, Granit; ein ~ bauen, errichten, enthüllen □ monumento 2.1 jmdm. ein ~ setzen *eine Persönlichkeit u. ihre Verdienste in einem Kunstwerk (meist literarisch) verewigen* □ *perpetuar a memória/a obra de alguém 2.2 sich ein ~ setzen ⟨fig.⟩ *etwas Hervorragendes von bleibendem Wert leisten* □ *ficar para a história

Denk|wei|se ⟨f.; -, -n⟩ *Art u. Weise zu denken, Gesinnung, Einstellung;* diese ~ lehne ich ab □ modo de pensar; mentalidade

Denk|zet|tel ⟨m.; -s, -⟩ *fühlbare, handgreifliche Lehre, die man nicht so leicht vergessen kann, exemplarische Strafe;* einen ~ bekommen, erhalten; jmdm. einen ~ geben, verpassen er hat endlich einmal einen ~ verdient □ lição

denn[1] ⟨Konj. zur Verbindung zweier Hauptsätze⟩ 1 *(Ausdruck, der eine Begründung einleitet);* → a. weil; beende erst deine Ausbildung, ~ das bringt dich beruflich weiter □ pois 2 (norddt. für die temporale Konj. *dann*); na, ~ geht es eben nicht □ então

denn[2] ⟨Adv.⟩ 1 (einräumend) es sei ~, dass ... *außer ..., außer, wenn;* ich lasse dich nicht, du segnest mich ~

denn (biblisch) □ a não ser que; a menos que **2** ⟨verstärkend⟩ nur, bloß; wo kann er ~ sein? □ *onde será que ele está?; was ist ~ eigentlich geschehen? □ *mas o que foi que aconteceu? **2.1** auf, nun, wohlauf ~! jetzt soll es aber beginnen! □ *vamos lá! **3** ⟨identifizierend⟩ genau(er), bestimmt(er); wann, welcher, wer, wo, weshalb ~? □ *mas quando/que/quem/onde/por quê?

denn³ ⟨Vergleichspartikel⟩ **1** ⟨veraltet⟩ als **1.1** ⟨noch in der formelhaften Wendung⟩ mehr ~ je □ *mais do que nunca; er war der Aufklärung des Verbrechens näher ~ je zuvor □ *ele estava mais perto do que nunca de esclarecer o crime **1.2** ⟨mitunter noch, um zu vermeiden, dass zwei „als" nebeneinanderstehen⟩; er beriet ihn mehr als Freund ~ als Vormund; er war größer als Künstler ~ als Mensch □ do que

den|noch ⟨Konj.⟩ trotz des vorher Gesagten, doch, trotzdem; er ist schon mehrmals abgewiesen worden, ~ will er es noch einmal versuchen; ich werde es ~ tun □ contudo; todavia; mesmo assim

den|sel|ben ⟨Demonstrativpron.; Akk. m.⟩ → selbe

De|nun|zi|ant ⟨m.; -en, -en⟩ jmd., der andere Personen denunziert □ denunciante

De|nun|zi|an|tin ⟨f.; -, -tin|nen⟩ weibl. Denunziant □ denunciante

de|nun|zie|ren ⟨V. 500⟩ jmdn. od. etwas ~ aus niedrigen Beweggründen anzeigen; Sy ⟨fig., umg.⟩ anschwärzen □ denunciar

Deo ⟨n.; -s, -s; kurz für⟩ Deodorant □ desodorante

Deo|do|rant ⟨n.; -s, -s od. -e⟩ kosmetisches, meist parfümiertes Mittel zur Beseitigung von Körpergeruch; oV Desodorant □ desodorante

deo|do|rie|ren ⟨V. 500/Vr 3⟩ etwas od. sich ~ unangenehmen (Körper-) Geruch mit Hilfe eines kosmetischen, meist parfümierten Mittels überdecken; oV desodorieren; Toiletten ~ □ desodorizar

De|pe|sche ⟨f.; -, -n; veraltet⟩ eilige Nachricht □ telegrama

De|po|nie ⟨f.; -, -n⟩ **1** Stelle zum Ablagern von Abfällen, Schuttabladeplatz; Müll~ **2** das Ablagern von Abfällen; die ~ von Schadstoffen bereitet zunehmend Schwierigkeiten □ depósito de lixo; vazadouro

de|po|nie|ren ⟨V. 500⟩ etwas ~ **1** hinterlegen, (in einem Depot) aufbewahren; ich habe meinen Schmuck in der Bank deponiert □ depositar **2** auf einer Deponie(1) lagern □ jogar no lixo

De|pot ⟨[depo:] n.; -s, -s⟩ **1** Aufbewahrungsort □ depósito; Bank~ □ cofre **1.1** die im Depot(1) einer Bank aufbewahrten Gegenstände □ depósito **2** Straßenbahnhof; Straßenbahn~ □ pátio **3** Archiv, Magazin, Lager; Dental~ □ depósito; estabelecimento **4** ⟨Med.⟩ Speicher, Ansammlung, Ablagerung; Fett~ □ depósito **5** ⟨Med.⟩ Behandlung mit Arzneien, die über längere Zeit wirken □ tratamento com medicamento de ação prolongada **6** ⟨schweiz.⟩ = Pfand(2); Flaschen~ □ caução por garrafa retornável

De|pres|si|on ⟨f.; -, -en⟩ **1** ⟨meist Pl.⟩ Niedergeschlagenheit, gedrückte Stimmung; Sy ⟨umg.⟩ Tief(3) **2** ⟨Wirtsch.⟩ Phase des Rückgangs der Konjunktur, wobei das reale Bruttoinlandsprodukt fällt; Sy ⟨umg.⟩ Tief(4) **3** ⟨Meteor.⟩ Gebiet niedrigen Luftdrucks; Sy Tief(1) **4** ⟨Geogr.⟩ unter dem Meeresspiegel liegendes Land **5** ⟨Astron.⟩ der unter dem Horizont liegende Teil des Höhenkreises eines Gestirns **6** ⟨Bgb.⟩ Unterdruck bei der Grubenbewetterung **7** ⟨Phys.⟩ Absinken unter einen Normalwert □ depressão

de|pri|mie|ren ⟨V. 500⟩ jmdn. ~ niederdrücken, entmutigen; das deprimiert mich; jmd. ist deprimiert □ deprimir

der¹ ⟨m. 5⟩ **1** ⟨bestimmter Artikel⟩; ~ Mann; ~ Baum; ~ Peter ⟨umg. a. vor Eigennamen⟩ **1.1** er ist sicherlich der Komponist unserer Zeit der bedeutendste K. **1.2** ~ Möller männliches Mitglied der Familie M. □ o **2** ⟨Demonstrativpron.; Gen. a.: dessen, Gen. Pl.: a. deren/derer⟩ dieser, derjenige; ~, den ich gesehen habe, hatte ...; ~ da, dort, hier war es! □ aquele **2.1** ⟨Gen. Pl. rückweisend: deren⟩ die Opfer, deren wir heute gedenken wollen □ que **2.2** ⟨Gen. Pl. vorausweisend: derer⟩ das Bemühen derer (derjenigen), die bereits seit Jahrzehnten für diesen Verein tätig sind ... □ daqueles **2.3** ~ und ~ soll auch dabei gewesen sein! ⟨als Ersatz für Eigennamen⟩ ein bestimmter Herr X □ *fulano de tal também deve ter aparecido **3** ⟨Relativpron.; Gen. dessen, Gen. Pl. deren⟩ welcher; er war der Erste, ~ die Erde umkreiste □ que; o qual **4** ⟨umg. für das Personalpron.⟩ er; wie konnte ~ nur dein Vertrauen gewinnen? □ ele

der² **1** ⟨Gen., Dat. von⟩ die¹ **2** ⟨Gen. von⟩ die²

der|art ⟨Adv.⟩ so; die Wolle war ~ verknotet, dass sie nicht entwirren konnte □ de tal modo

der|ar|tig ⟨Adj. 24⟩ so beschaffen, von solcher Art; eine ~e Unverschämtheit habe ich bisher noch nicht erlebt! □ *até hoje não vi tamanho desaforo!; etwas Derartiges gibt es nicht □ *não existe nada igual; Derartiges hatte er noch nicht gesehen □ *ele ainda não tinha visto nada igual/desse tipo

derb ⟨Adj.⟩ **1** rau, grob, hart; ~er Stoff, ~es Schuhwerk, ~e Kost □ áspero; duro, substancioso; ~ zugreifen, anfassen □ *apanhar/agarrar bruscamente **1.1** ⟨Geol.⟩ grobkörnig, unregelmäßig; ~es Mineral, Gestein □ bruto **1.2** kräftig, heftig; ~er Stoß; jmdm. ~ die Hand schütteln □ forte; com força **1.3** unrührig, bäurisch; ein ~er Bursche, Junge □ rústico **2** grob, offen, ohne jede Rücksicht, nicht salonfähig, unfein; eine ~e Antwort; ~e Witze, Reden □ grosseiro; irreverente; indelicado; sich ~ ausdrücken; jmdn. ~ anfahren □ de modo rude/grosseiro

der|einst ⟨Adv.; geh.⟩ **1** künftig □ um dia **2** früher einmal □ certa vez

de|ren ⟨Gen. Pl. von⟩ **1** der¹(2,3) **2** das(2,3) **3** die¹(2,3)

de|rer ⟨Gen. Pl. von⟩ **1** der¹(2) **2** das(2) **3** die¹(2); → a. der¹(2)

der|glei|chen ⟨Demonstrativpron. 11; Abk.: dgl.⟩ **1** so beschaffen, ähnlich geartet; ~ Dinge hielt er für unvermeidlich; ~ Fälle kommen immer wieder vor □ semelhante **1.1** und ~ mehr ⟨Abk.: u. dgl. m.⟩ mehr von dieser Art □ *e (coisas) semelhantes **1.2** nichts ~ nichts davon, es ist nichts in dieser Art geschehen □ *nada disso; nada semelhante **2** nicht ~ tun etwas od. jmdn. nicht beachten, nicht reagieren; er tat nicht ~ □ *não fazer nada disso; não reagir

der|je|ni|ge ⟨Demonstrativpron. m. 6; in Relativsätzen verstärkend für⟩ **1** *der¹(2), die¹(2), das(2);* ~ Gast, den wir gestern trafen □ **aquele** 1.1 du bist also ~, welcher! ⟨iron.⟩ *der, von dem die Rede ist, der verantwortlich ist* □ ***então é você!***

der|je|ni|gen 1 ⟨Gen.; Dat. von⟩ *diejenige* **2** ⟨Gen. Pl. von⟩ *diejenigen;* → a. *derjenige*

der|sel|be ⟨Demonstrativpron.; m. 6⟩ **1** *(genau) der, ebender;* es war ~ Mann, den ich zwei Stunden zuvor gesehen hatte □ **o mesmo 2** ⟨veraltet⟩ *er, dieser;* ich ließ den Verdächtigen festnehmen, da ~ sich nicht ausweisen konnte □ **ele; este**

der|zeit ⟨Adv.⟩ **1** *jetzt, augenblicklich, zurzeit;* ~ ist die Lage kritisch; die ~ beste Methode □ **atualmente 2** ⟨veraltet⟩ *damals, seinerzeit;* der ~ beste Tänzer; ~ sah die Stadt anders aus □ **naquela época; antigamente**

des ⟨Gen. von⟩ **1** *der¹* **2** *das*

De|ser|teur ⟨[-tø:r] m.; -s, -e⟩ *jmd., der desertiert, Fahnenflüchtiger* □ **desertor**

de|ser|tie|ren ⟨V. 400⟩ Soldaten ~ **1** *entfernen sich von ihrer Truppe, um nicht wieder zurückzukehren, begehen Fahnenflucht* **2** *laufen zum Gegner über, um sich zu ergeben;* Sy *überlaufen¹(3)* □ **desertar**

des|glei|chen 1 ⟨Adv.; Abk.: desgl.⟩ *das Gleiche, so, ebenso;* tue ~! □ **do mesmo modo 2** ⟨Konj.⟩ *ebenso, auch;* aufgerufen wurden zunächst die Nummern eins bis zehn, ~ noch einige dringende Fälle □ **igualmente; bem como**

des|halb ⟨Adv.⟩ *aus diesem Grunde, darum;* Sy *deswegen;* dieses Buch wendet sich nur an den Fachleute, ~ habe ich kein Interesse daran □ **por isso; por essa razão**; er kommt nur ~, weil er dich nicht enttäuschen will (als Ergänzung zur Konj. „weil") □ **porque**

De|sign ⟨[diza̱in] n.; -s, -s⟩ **1** *künstlerisch gestalteter Entwurf, Skizze, Modell* **2** *formgerechte u. funktionelle Gestaltung, Stil;* ultramodernes ~ □ **design**

Des|in|fek|ti|on ⟨f.; -, -en⟩ *Vernichtung von Krankheitserregern mit chemischen od. physikalischen Mitteln* □ **desinfecção**

Des|in|fek|tor ⟨m.; -s, -en⟩ **1** *jmd., der (von Berufs wegen) desinfiziert* **2** *Gerät zum Desinfizieren* □ **desinfetador**

des|in|fi|zie|ren ⟨V. 500⟩ jmdn. od. etwas ~ *durch Desinfektion keimfrei machen* □ **desinfetar**

Des|in|ter|es|se auch: **Des|in|te|res|se** ⟨n.; -s; unz.⟩ *mangelndes Interesse, Uninteressiertheit, Gleichgültigkeit;* sein Vorschlag stieß auf ~; Ggs *Interesse* □ **desinteresse**

des|in|ter|es|siert auch: **des|in|te|res|siert** ⟨Adj.⟩ *nicht interessiert, gleichgültig, unbeteiligt;* er wohnte dem Geschehen ~ bei □ **desinteressado**

des|je|ni|gen ⟨Gen. von⟩ **1** *derjenige* **2** *dasjenige*

Des|o|do|rant auch: **De|so|do|rant** ⟨n.; -s, -s od. -e⟩ = *Deodorant*

des|o|do|rie|ren auch: **de|so|do|rie|ren** ⟨V. 500/Vr 3⟩ = *deodorieren*

de|so|lat ⟨Adj.⟩ **1** *ausweg-, hoffnungslos;* er ist in einer ~en Situation **2** *trostlos, miserabel;* der Zustand des Hauses ist ~ □ **desolador**

Des|pot ⟨m.; -en, -en⟩ **1** *Gewaltherrscher, Willkürherrscher* **2** ⟨abwertend⟩ *Tyrann, herrischer Mensch* □ **déspota**

des|po|tisch ⟨Adj.⟩ **1** *wie ein Despot, gewalttätig, willkürlich* **2** ⟨abwertend⟩ *herrisch, rücksichtslos* □ **despótico**

des|sen ⟨Gen. von⟩ **1** *der¹(2)* **2** *das(2)*

Des|sert ⟨[dɛsɛːr] n.; -s, -s⟩ = *Nachtisch*

Des|sin ⟨[dɛsɛ̃ː] n.; -s, -s⟩ **1** *Muster, Dekoration;* ein Stoff mit hübschem ~ □ **estampa; desenho 2** *zeichnerischer Entwurf, Plan* □ **esboço; desenho**

De|stil|la|ti|on auch: **Des|til|la|ti|on** ⟨f.; -, -en⟩ **1** ⟨veraltet⟩ *Schankwirtschaft* □ **taberna 2** ⟨Chem.⟩ *Verdampfung u. anschließende Kondensation (Wiederverflüssigung durch Abkühlen) einer Flüssigkeit zur Abtrennung einer Flüssigkeit von darin gelösten Feststoffen u. zur Trennung verschiedener Flüssigkeiten* □ **destilação**

de|stil|lie|ren auch: **des|til|lie|ren** ⟨V. 500⟩ etwas ~ *durch Destillation(2) trennen* □ **destilar**

des|to ⟨proportionale Konj., steht nur vor einem Komparativ⟩ **1** *umso;* ~ früher kann ich kommen! □ ***posso vir ainda mais cedo!***; je mehr hierbei mitarbeiten, ~ schneller wird die Arbeit beendet sein □ **tanto mais 2** ~ besser! *(Ausruf der Erleichterung)* □ ***tanto melhor!***

des|we|gen ⟨Konj.⟩ = *deshalb;* sie ist krank, ~ kann sie nicht kommen □ **por isso; por essa razão**

De|tail ⟨[deta̱ːj] n.; -s, -s⟩ *etwas Einzelnes, Einzelheit;* ~s angeben; sich an alle ~s erinnern; auf jedes ~ eingehen; auf ~s verzichten; sich auf jedes ~ einlassen; ins ~ gehen; bis ins kleinste ~ berichten; mit ~s ausschmücken □ **detalhe**

de|tail|liert ⟨[detaji̱ːrt] Adj.⟩ *bis ins Detail gehend, in allen Einzelheiten dargestellt, sehr genau;* eine ~e Schilderung des Täters geben □ **detalhado**

De|tek|tiv ⟨m.; -s, -e⟩ *privater, berufsmäßiger Ermittler von Straftaten u. zivilrechtlichen Angelegenheiten* □ **detetive**

De|tek|ti|vin ⟨f.; -, -vin|nen⟩ *weibl. Detektiv* □ **detetive**

De|to|na|ti|on ⟨f.; -, -en⟩ *eine mit Knall u. unter Gasentwicklung sehr rasch, aber langsamer als eine Explosion verlaufende chemische Reaktion* □ **detonação**; → a. *Explosion(1.1)*

de|to|nie|ren ⟨V. 400⟩ **1** *in Form einer Detonation verbrennen;* → a. *explodieren(1.1)* □ **detonar 2** *unrein singen, spielen* □ **desafinar**

det|to ⟨Adv.; österr.⟩ = *dito*

deu|ten ⟨V.⟩ **1** ⟨500⟩ etwas ~ *etwas auslegen, erklären, erläutern;* ich kann es mir nicht ~; ein Gleichnis, Handlinien, die Sterne, einen Text, ein Zeichen ~; etwas falsch, richtig ~; wir haben es in unserem Sinn gedeutet □ **interpretar; explicar 2** ⟨411⟩ (mit etwas) auf etwas ~ *jmdn.* ~ *auf etwas od. jmdn. deutlich zeigen;* sie deutete auf ihn; mit dem Finger, der Hand, dem Zeigestock auf etwas ~ □ **indicar; apontar** 2.1 etwas deutet **auf etwas** ⟨fig.⟩ *etwas lässt etwas erkennen, erwarten;* alles deutet auf eine baldige Wetteränderung; das deutet auf nichts Gutes!; alles deutet darauf, dass ... □ **indicar; fazer pensar**

deut|lich ⟨Adj.⟩ **1** ⟨70⟩ *klar (erkennbar);* ich kann den Ort am Horizont ~ erkennen, sehen, wahrnehmen ☐ **claramente; nitidamente** 1.1 etwas ~ machen *etwas verständlich machen, erklären* ☐ **tornar algo compreensível/inteligível* **2** *akustisch gut verständlich;* ein Wort ~ aussprechen; du sollst ~ reden! ☐ **com clareza; com boa dicção 3** *leicht lesbar;* er hat eine ~e Schrift ☐ **legível 4** ⟨a. fig.⟩ *leicht festzustellen;* es war ~ seine Absicht ☐ **claro; evidente 5** *eindeutig;* das war aber eine ~e Antwort!; du musst dich ~er ausdrücken! ☐ **claro; inequívoco** 5.1 *nachdrücklich;* jmdm. einen ~en Wink geben ☐ **manifesto; expresso** 5.2 *rücksichtslos offen, grob;* eine ~e Sprache mit jmdm. sprechen; das war aber ~!; er wurde ziemlich ~ ☐ **claro; franco**

Deut|lich|keit ⟨f.; -, -en⟩ **1** ⟨unz.⟩ *Verständlichkeit, Eindeutigkeit, Erkennbarkeit, Klarheit;* die ~ seiner Erklärung, Aussprache; etwas gewinnt an ~ ☐ **clareza** 1.1 etwas **in, mit aller** ~ sagen ⟨fig.⟩ *mit allem Nachdruck, rücksichtslos offen* ☐ **franqueza 2** ⟨fig.; umg.⟩ *grobe Antwort, derb Gesprochenes;* jmdm. eine ~ sagen ☐ **dizer umas verdades a alguém;* diese ~en waren nicht nötig! ☐ **grosseria**

deutsch ⟨Adj. 24⟩ **1** ⟨70⟩ *zu Deutschland gehörig, Deutschland betreffend;* die ~e Außenpolitik; die ~en Grenzen ☐ **alemão** 1.1 die ~e Bundesrepublik ⟨ungenaue Bez. für⟩ *Bundesrepublik Deutschland* ☐ **República Federal da Alemanha** 1.2 ⟨Großschreibung in Titeln, Namen⟩; die Deutsche Bibliothek (in Frankfurt a. M.); die Deutsche Bücherei (in Leipzig); der Deutsche Bund; Deutsche Bahn AG ⟨Abk.: DB⟩; Deutsches Bundesgebrauchsmuster ⟨Abk.: DBGM⟩; Deutsches Bundespatent ⟨Abk.: DBP⟩; Deutsche Demokratische Republik ⟨Abk.: DDR⟩; Deutscher Gewerkschaftsbund ⟨Abk.: DGB⟩; Deutsche Post AG ⟨Abk.: DP⟩; Deutsches Reichspatent ⟨Abk.: DRP⟩; Deutsches Rotes Kreuz ⟨Abk.: DRK⟩ ☐ **alemão; da Alemanha** 1.2.1 Deutsche Mark ⟨Abk.: DM⟩ *Währungseinheit in Deutschland 1948-2001* 1.2.2 der Deutsch-Französische Krieg *der K. von 1870/71* ☐ **a Guerra Franco-Alemã* 1.2.3 ⟨aber⟩ ein deutsch-französischer Krieg *irgendein Krieg zwischen Deutschland u. Frankreich* ☐ **uma guerra franco-alemã* 1.2.4 Deutsches Reich 1.2.4.1 ⟨962-1806⟩ *die deutschsprachigen Fürstentümer des Heiligen Römischen Reiches (Deutscher Nation)* ☐ **Sacro Império Romano-Germânico* 1.2.4.2 ⟨1871-1945; amtl. Bez. für⟩ *Deutschland* ☐ **Reich* 1.2.5 Deutscher Orden *Ritterorden seit 1190* ☐ **Ordem Teutônica* 1.2.6 Deutsche **Dogge** *große schlanke D.* ☐ **dogue alemão* 1.2.7 Deutsche **Schabe** *bis 13 mm lange, weltweit verbreitete Schabe¹ mit zwei dunklen Streifen auf dem gelbl. Halsschild: Blattella germanica* ☐ **baratinha* 1.2.8 Deutscher Schäferhund *mittelgroße bis große Gebrauchshundrasse* ☐ **pastor alemão 2** *für Deutschland u. seine Bevölkerung eigentümlich;* nach alter ~er Sitte; die ~e Sprache **3** *in der Sprache der Bevölkerung Deutschlands;* dieses Fremdwort kann man auch ~ aussprechen; er hat ~ geschrieben, gesprochen; wir haben uns ~ unterhalten 3.1 auf, in, zu Deutsch *in dt. Text, Wortlaut;* wie heißt das auf Deutsch? 3.2 ⟨50; fig.⟩ ~ mit jmdm. reden *jmdm. ohne Umschweife die Wahrheit sagen* 3.3 auf gut Deutsch ⟨fig.; umg.⟩ *einfach u. deutlich (gesagt), unmissverständlich;* das heißt auf gut Deutsch, dass du nicht kommen willst 3.4 die ~ Schweiz *die deutschsprachige S.* **4** ⟨60⟩ *aus Deutschland stammend, in Deutschland hergestellt;* der ~e Arbeiter; ~e Erzeugnisse ☐ **alemão 5** ⟨Getrennt- u. Zusammenschreibung⟩ 5.1 ~ sprechend, Deutsch sprechend = *deutschsprechend*

Deutsch ⟨n.; - od. -s; unz.⟩ **1** *die deutsche Sprache als Sprache eines Einzelnen od. einer bestimmten Gruppe od. wenn sie sonst wie näher bestimmt ist;* sein ~ ist akzentfrei, einwandfrei, gut, schlecht; im heutigen ~ gibt es viele englische Wendungen; wir legen Wert auf gutes ~ **2** ⟨ohne Art.⟩ *die deutsche Sprache im Allgemeinen;* er kann, lehrt, lernt, spricht, versteht (kein) ~; er versteht kein Wort ~; Unterricht in Deutsch erhalten, erteilen, geben, haben, nehmen 2.1 du verstehst wohl kein ~? ⟨fig.; umg.⟩ *kannst du nicht gehorchen, nicht hören?* **3** ⟨ohne Art.⟩ *die dt. Sprache u. Literatur als Unterrichtsfach;* er hat in ~ eine 3; wer hat hier den Lehrstuhl für ~? ☐ **alemão**; → a. *deutsch* **4** ⟨Getrennt- u. Zusammenschreibung⟩ 4.1 ~ sprechend = *deutschsprechend*

Deut|sche ⟨n. 3; unz.; nur mit best. Artikel⟩ das ~ **1** *die deutsche Sprache;* etwas aus dem ~n ins Französische übersetzen, übertragen ☐ **alemão; língua alemã 2** ⟨in Zus.⟩ *einzelner Zweig der dt. Sprache;* das Nieder-, Mittelhochdeutsche ☐ **baixo-alemão; alto-alemão médio 3** *für Deutschland u. die Deutschen bezeichnende Eigenart;* das typisch ~ an ihm ☐ **alemão**

Deut|sche(r) ⟨f. 2 (m. 1)⟩ **1** *jmd., der nach Abstammung u. Muttersprache dem deutschen Volk angehört;* alle ~n; sie ist (eine) ~; sie hat einen ~n geheiratet; ihr Mann ist (ein) ~r **2** *jmd., der deutscher Staatsbürger ist;* sie spricht nur französisch, ist aber ~ ☐ **alemão; alemã**

deutsch|spre|chend *auch:* **deutsch spre|chend** *auch:* **Deutsch spre|chend** ⟨Adj. 24/70⟩ *die deutsche Sprache sprechend, beherrschend;* die ~en Länder ☐ **falante de alemão; germanófono**

De|vi|se ⟨[-viː-] f.; -, -n⟩ **1** = *Wahlspruch* **2** ⟨nur Pl.⟩ *Zahlungsmittel in ausländischer Währung* ☐ **divisas**

De|von ⟨[-voːn] n.; -s, unz.; Geol.⟩ *geologische Formation des Erdaltertums zwischwen Silur u. Karbon* ☐ **Devoniano**

de|vot ⟨[-voːt] Adj.; abwertend⟩ *unterwürfig, übertrieben ehrerbietig, ergeben;* er verhält sich sehr ~ gegenüber seinem Vorgesetzten ☐ **submisso; deferente**

De|zem|ber ⟨m.; -s od. -, -; Abk.: Dez.⟩ *der 12. Monat des Jahres* ☐ **dezembro**

de|zent ⟨Adj.⟩ **1** *unauffällig, zurückhaltend, gedämpft;* sich ~ kleiden; ~e Farben ☐ **(de modo) decente/discreto 2** *feinfühlig, taktvoll, schicklich;* sich ~ nach jmdm. erkundigen; ~ auf etwas hinweisen ☐ **com tato; com delicadeza**

de|zi|mal ⟨Adj. 24⟩ *auf der Zahl zehn beruhend* ☐ **decimal**

de|zi|mie|ren ⟨V. 500⟩ ein Volk, eine Truppe ~ 1 ⟨eigtl.⟩ jeden zehnten Mann töten 2 ⟨fig.⟩ stark vermindern, große Verluste zufügen □ dizimar

Dia ⟨n.; -s, -s; kurz für⟩ Diapositiv □ diapositivo; slide

di|a|bo|lisch ⟨Adj.; geh.⟩ teuflisch; ein ~er Plan □ diabólico

Di|a|dem ⟨n.; -s, -e⟩ Schmuckreif, der um die Stirn od. im Haar getragen wird □ diadema

Di|a|gno|se auch: Di|ag|no|se ⟨f.; -, -n⟩ 1 ⟨Med.⟩ ~ einer Krankheit Erkennung, Feststellung; eine ~ stellen □ diagnóstico 2 ⟨Bot.; Zool.⟩ Bestimmung der systematischen Stellung einer Tier- od. Pflanzenart nach ihren Merkmalen □ diagnose

di|a|go|nal ⟨Adj. 24⟩ 1 zwei nicht benachbarte Ecken eines Vielecks od. eines durch fünf od. mehr ebene Flächen begrenzten geometrischen Körpers geradlinig verbindend 2 weder waagerecht noch senkrecht, sondern schräg laufend □ diagonal 3 ein Buch ~ lesen ⟨umg.⟩ sehr flüchtig □ *passar os olhos por um livro

Dia|gramm ⟨n.; -(e)s, -e⟩ grafische Darstellung von unterschiedlichen, voneinander abhängigen (Mess-)Größen od. Werten, Schaubild; etwas in einem ~ darstellen □ diagrama

Dia|lekt ⟨m.; -(e)s, -e; Sprachw.⟩ = Mundart

dia|lek|tal ⟨Adj. 24⟩ den Dialekt betreffend, zu ihm gehörig; oV dialektisch(1); ~e Verschiedenheiten □ dialetal

Dia|lek|tik ⟨f.; -; unz.⟩ 1 Kunst der (wissenschaftlichen) Gesprächsführung, Redekunst 2 ⟨Philos.⟩ Kunst der Beweisführung (durch Denken in gegensätzlichen Begriffen), Logik; → a. dialektisch(2.1) 3 ⟨geh.⟩ innerhalb einer Sache od. eines Sachverhaltes inbegriffene Gegensätzlichkeit; die ~ der Beziehung zwischen Mann u. Frau □ dialética

dia|lek|tisch ⟨Adj.⟩ 1 = dialektal 2 die Dialektik betreffend 2.1 ~er Materialismus ⟨Kurzw.: Diamat; umg.⟩ philosophische Anschauung, nach der jede Entwicklung als Ergebnis der sich aufgrund von Gegensätzen u. Widersprüchen ständig wandelnden, zueinander in Wechselbeziehung stehenden Formen der Materie anzusehen ist □ dialético

Dia|log ⟨m.; -(e)s, -e⟩ 1 Gespräch zwischen zweien od. mehreren, Wechselrede; Ggs Monolog(1) 2 philosophische Erörterung □ diálogo

Dia|ly|se ⟨f.; -, -n⟩ 1 ⟨Med.⟩ Reinigung des Blutes von giftigen Stoffen (bei unzureichender Nierenfunktion) 2 chemisches Verfahren, bei dem Flüssigkeiten mithilfe einer halbdurchlässigen Membran getrennt werden □ diálise

Dia|mant¹ ⟨m.; -en,-en⟩ 1 aus reinem Kohlenstoff bestehendes, härtestes Mineral, ein wertvoller Edelstein wegen der hohen Lichtbrechung seiner Kristalle; ~en facettieren, schleifen, fassen; ein ~ von 3 Karat 2 ~en tragen Schmuck mit D. tragen 3 hart wie ~ (ein) ~ ⟨a. fig.⟩ sehr hart □ diamante

Dia|mant² ⟨f.; -; unz.; Typ.⟩ ein Schriftgrad, 4 Punkt(3) □ diamante

Dia|po|si|tiv ⟨n.; -(e)s, -e; kurzw.: Dia⟩ durchsichtiges Lichtbild, Fotografie (zur Projektion auf eine Leinwand) □ diapositivo; slide

Di|ät ⟨f.; -; -en⟩ 1 eine der Konstitution (des Kranken) gemäße Lebens- u. Ernährungsweise; Sy Schonkost; eine (strenge) ~ (ein)halten; eine ~ verordnen; ~ für Gallen-, Magen-, Zuckerkranke 2 kalorienarme, eine Gewichtsabnahme herbeiführende Ernährungsweise; nach einer bestimmten ~ leben; er lebt Diät; eine ~ machen □ dieta

Di|ä|ten ⟨nur Pl.⟩ Bezüge der Abgeordneten eines Parlamentes; die geplante Erhöhung der ~ erregt den Unmut der Bevölkerung □ cotas parlamentares

dia|to|nisch ⟨Adj. 24; Mus.⟩ 1 sich überwiegend durch Ganztonschritte bewegend 2 in der Tonfolge einer Dur- od. Molltonleiter; Ggs chromatisch(1) □ diatônico

dich ⟨in Briefen Groß- u. Kleinschreibung; Akk. von⟩ du ↔ te; ti; → a. sich

dicht ⟨Adj.⟩ 1 undurchlässig; das Boot ist ~; die Schuhsohlen sind nicht mehr ~; ~ halten, bleiben □ impermeável; die Fenster schließen nicht ~ □ *as janelas não vedam bem 1.1→ a. dichthalten 2 ⟨50⟩ nahe, eng; er stand ~ dabei, als der Unfall geschah; ~ neben dem Haus stand ... □ bem próximo/perto 2.1 jmdm. ~ auf den Fersen sein jmdm. unmittelbar folgen □ *estar no encalço de alguém 3 ohne od. mit geringem Zwischenraum zusammengefügt; ein ~es Gewebe; er hat ~es Haar □ compacto; denso 3.1 schwer zu durchdringen; eine ~e Hecke umsäumte das Grundstück; ~er Nebel behinderte den Verkehr; ein ~er Wald □ espesso; cerrado 4 ⟨Getrennt- u. Zusammenschreibung⟩ 4.1 ~ bebaut = dichtbebaut

dicht|be|baut auch: dicht be|baut ⟨Adj. 90⟩ eng bebaut, mit vielen Gebäuden bebaut; ein ~es Gelände, Gebiet □ com muitos prédios

Dich|te ⟨f.; -; unz.⟩ 1 ⟨allg.⟩ die Menge eines Stoffes in der Raumeinheit 1.1 Menge od. Anzahl von Organismen je Flächeneinheit, dichtes Nebeneinander, Enge, Nähe; Bevölkerungs~, Einwohner~, Verkehrs~; die ~ der Bevölkerung, die ~ des Straßenverkehrs 2 ⟨Phys.⟩ die in der Raumeinheit od. Flächeneinheit enthaltene Masse eines Stoffes, das Verhältnis der Masse eines Körpers zu seinem Volumen; Gas~, Strom~, Luft~; Raum~, Flächen~, Linien~ □ densidade; → a. relativ(1.7)

dich|ten¹ ⟨V. 402⟩ (etwas) ~ 1 ein sprachliches Kunstwerk (insbes. in Versen) schaffen, verfassen, ausdenken; ein Gedicht, ein Drama, ein Lied ~; er dichtet; er hat diese Ballade gedichtet □ compor; escrever 2 ⟨umg.⟩ schwindeln, erträumen □ imaginar; fantasiar 3 sein Dichten und Trachten war darauf gerichtet seine Gedanken, Absichten, Wünsche zielten auf ... □ *essa era sua única aspiração

dich|ten² ⟨V. 500⟩ etwas ~ dicht, undurchlässig machen; eine Tür, ein Fenster ~; das Dach, den Wasserhahn ~; ein Leck mit Teer ~ □ vedar

Dich|ter ⟨m.; -s, -⟩ 1 Schöpfer von Sprachkunstwerken □ poeta; escritor 2 Träumer, Schwärmer, fantasievoller Mensch, der die Welt beseelt sieht □ sonhador

Dich|te|rin ⟨f.; -, -rin|nen⟩ weibl. Dichter □ poetisa; escritora; sonhadora

dich|te|risch ⟨Adj.⟩ **1** *zum Dichter, zur Dichtung gehörig, auf sie bezüglich;* ein glänzender ~er Einfall; seine ersten ~en Versuche □ **poético 1.1** ~e Freiheit *die F. des Dichters, aus künstlerischen Gründen vom Herkömmlichen (sprachlich) u. Wirklichen abzuweichen* □ ***licença poética 2** in formvollendeter Sprache abgefasst;* der Roman ist eine große ~e Leistung □ **literário 3** *seelen-, fantasievoll;* wahrhaft ~e Worte finden □ **fantasioso; inspirado**

dicht|hal|ten ⟨V. 160/400; umg.⟩ *etwas für sich behalten, schweigen;* du musst ~; er hat (nicht) dichtgehalten □ **ficar de bico calado** ⟨aber Getrenntschreibung⟩ dicht halten → *dicht(1)*

Dich|tung[1] ⟨f.; -, -en⟩ **1** *Werk eines Dichters, sprachliches Kunstwerk;* Roman~, Balladen~; Heimat~; eine lyrische, epische, romantische, dramatische ~; die ~ der Romantik; geistliche, weltliche ~ **1.1** epische ~ = erzählende D., → **erzählen** □ **poesia 2** ⟨fig.; umg.⟩ *Schwindel, Fantasiegebilde;* das ist doch reine ~! □ **invenção; imaginação**

Dich|tung[2] ⟨f.; -, -en⟩ **1** ⟨unz.⟩ *das Undurchlässigmachen, Verstopfen* □ **vedação; calafetagem 2** ⟨Tech.⟩ *flaches Zwischenstück an Verbindungsstellen technischer Geräte u. Maschinen zum Abdichten;* Schlauch~; Gummi~, Filz~; eine neue ~ in den Wasserhahn einlegen; die ~ erneuern □ **empanque**

dick ⟨Adj.⟩ **1** *eine große Masse aufweisend, umfangreich;* ein ~er Ast □ **espesso; grosso 1.1** ein ~er **Brocken** ⟨a. fig.; umg.⟩ *eine schwierige Aufgabe* □ ***um belo abacaxi 1.2** ~er **Bruder** ⟨fig.; umg.; schweiz.⟩ Mann mit sehr viel Geld* □ ***ricaço 1.2.1** es nicht so ~ haben* ⟨fig.; umg.⟩ *nicht viel Geld besitzen* □ ***estar mal de grana 1.3** einen ~en **Schädel** haben* ⟨a. fig.; umg.⟩ *eigensinnig, hartnäckig sein* □ ***ser cabeça-dura 1.4** es ~ hinter den Ohren haben* ⟨fig.; umg.⟩ *gewitzt, gerissen sein* □ ***ser esperto; não ter nascido ontem 1.5** ein ~er **Hund** ⟨a. fig.⟩ ein starkes Stück* □ ***inacreditável 2** mit großem Leibesumfang;* ein ~er Mann □ **gordo 2.1** sich ~ und rund essen ⟨umg.⟩ *sehr viel essen* □ ***empanturrar-se 2.2** eine **Hündin**, Raubwild ist, geht, wird ~* ⟨Jägerspr.⟩ *trächtig* □ **prenhe 3** *(krankhaft) geschwollen;* eine ~e Backe; einen ~en Finger haben □ **inchado 4** *im Querschnitt von großer Ausdehnung;* ein ~es Buch; ein ~er Stoff □ **grosso; espesso 4.1** ein ~es **Fell** haben ⟨a. fig.; umg.⟩ *unempfindlich sein* □ ***aguentar firme; ser/ficar inabalável 4.2** in reichlicher Menge, kräftig;* ein Brot ~ mit Butter bestreichen □ ***passar bastante manteiga no pão 4.2.1** jmdm. etwas ~* **ankreiden** ⟨fig.⟩ *nicht vergessen, bes. nachtragen* □ **guardar rancor/mágoa de alguém por alguma coisa 4.2.2** ~ **auftragen** ⟨a. fig.; umg.⟩ *übertreiben* □ ***carregar; exagerar 4.3** im Querschnitt stark;* das Brett war 3 cm ~ □ ***a tábua tinha 3 cm de espessura 5** dicht, in gedrängter Masse;* im ~sten Verkehr; die Katze hat sich im ~sten Gestrüpp verkrochen; aus der Küche kam ~er Rauch □ **intenso; cerrado; espesso 5.1** durch ~ und dünn ⟨fig.; umg.⟩ *durch alle Schwierigkeiten hindurch* □ ***para o que der e vier 5.1.1** die beiden gehen durch ~ und dünn mit-*

einander *stehen einander bei allen Gefahren zur Seite* □ ***ambos estão juntos para o que der e vier 5.2** die Luft ist zum Schneiden ~ verbraucht, sehr stickig* □ **abafado; sufocante 5.3** hier ist ~e **Luft** *verbrauchte L.* □ ***está muito abafado aqui 5.3.1** ⟨fig.; umg.⟩ *gespannte Stimmung, Gefahr* □ ***o ambiente está carregado 5.4** zähflüssig;* ein ~er Brei □ **espesso; grosso 6** ⟨fig.; umg.⟩ *groß, gewichtig* □ **importante; de peso 6.1** das ~e **Ende** *kommt nach das Schlimmste steht noch bevor* □ ***o pior está por vir 6.2** ein ~es **Geschäft** machen *ein sehr einträgliches G.* □ ***fazer um ótimo negócio 6.3** ein ~es **Lob** ernten *sehr gelobt werden* □ ***ser muito elogiado 6.4** eine ~e **Rechnung** *eine hohe R.* □ ***uma conta alta/elevada 6.5** ~e **Töne** spucken *prahlen* □ ***contar bravata; gabar-se 7** ⟨90; fig.; umg.⟩ *eng, innig, vertraut;* die beiden sind ~e Freunde □ **íntimo 7.1** mit jmdm. ~e **Freundschaft** halten *eng befreundet sein* □ ***ser muito amigo de alguém; ser amigo íntimo de alguém 8** ⟨Getrennt- u. Zusammenschreibung⟩ 8.1 ~ machen = *dickmachen*

Di|ckicht ⟨n.; -(e)s, -e⟩ *dichtes Gebüsch, dichter, junger Wald, Gestrüpp;* ein ~ von Fichten; das finstere ~ des Waldes; das undurchdringliche ~ des Urwaldes □ **matagal; mata fechada**

Dick|kopf ⟨m.; -(e)s, -köp|fe; fig.⟩ **1** *eigensinniger, starrsinniger Mensch;* so ein ~!; du ~! □ **cabeça-dura 2** seinen ~ haben, aufsetzen *trotzig sein* □ ***ser cabeça-dura**

dick|ma|chen *auch:* **dick ma|chen** ⟨V. 1⟩ ⟨400⟩ *das Gewicht erhöhen;* Süßigkeiten machen dick **2** ⟨500⟩ jmdn. ~ *jmdm. beleibter werden lassen* □ **engordar**

die[1] ⟨f. 5⟩ **1** (bestimmter Artikel) ~ Mutter, ~ Schule; ~ Johanna ⟨umg. a. vor Eigennamen⟩ **1.1** sie ist die (betont) Schriftstellerin der englischen Kriminalliteratur *die bedeutendste S.* □ **a 1.2** nach der und der Zeit *nach einer bestimmten Z.* □ ***depois de certo tempo 2** ⟨Demonstrativpron.; Gen. a. deren/derer⟩ *diese, diejenige;* ~, welche ich gesehen habe, hatte ...; ~ da, dort, hier war es! □ **aquela 2.1** ~ und ~ *soll auch dabei gewesen sein eine bestimmte Frau Gathmann (als Ersatz für Eigennamen)* □ ***fulana de tal também deve ter aparecido 3** ⟨Relativpron.; Gen. deren⟩ *welche;* sie war die Erste, ~ eintrat; die Tochter, ~ im Garten spielt □ **que; a qual 4** ⟨umg. für das Personalpron.⟩ *sie;* wie konnte ~ nur dein Vertrauen gewinnen! □ **ela**

die[2] ⟨Pl. von⟩ *der, die, das*

Dieb ⟨m.; -(e)s, -e⟩ *jmd., der stiehlt;* einen ~ bestrafen, ertappen, fangen, festnehmen; ein vorbestrafter ~ □ **ladrão;** haltet den ~! (Alarmruf, um einen flüchtenden Dieb zu fassen) □ ***pega ladrão!**

Die|bin ⟨f.; -, -bin|nen⟩ *weibl. Dieb* □ **ladra**

die|bisch ⟨Adj.⟩ **1** ⟨60⟩ *zum Stehlen neigend, gern stehlend;* ein ~er Kerl; sie ist eine ~e Person □ **ladrão 1.1** ~e **Elster** ⟨fig.⟩ *Person, die gern stiehlt* □ ***mão-leve 2** ⟨90; umg.⟩ *sehr groß, mit Schadenfreude vermischt;* eine ~e Freude an, auf, über etwas haben; ein ~es Vergnügen daran haben; ich freue mich ~ □ **enorme; imenso**

Dieb|stahl ⟨m.; -(e)s, -stäh|le⟩ **1** *die heimliche, unrechtmäßige Aneignung fremden Eigentums, das Stehlen;*

einen ~ aufdecken, begehen, beobachten, bestrafen, entdecken; einfacher, schwerer ~; sich des ~s schuldig machen; sich gegen ~ versichern; Auto~, Geld~, Juwelen~ ☐ **roubo; furto** 1.1 *geistiger* ~ = *Plagiat*
die|je|ni|ge ⟨Demonstrativpron.; f. 6⟩ → *derjenige*
die|je|ni|gen ⟨Pl. von⟩ → *derjenige, dasjenige, diejenige*
Die|le ⟨f.; -, -n⟩ **1** *langes Brett, das als Belag für den Fußboden verwendet wird;* eine knarrende ~; ~n schneiden, legen ☐ **tábua (de assoalho) 2** *Vorraum einer Wohnung;* durch die ~ gehen; in der ~ warten, ablegen ☐ **hall; vestíbulo 3** *Gaststätte, Vergnügungsstätte;* in der ~ wird getanzt ☐ **salão;** Tanz~, Eis~ ☐ **danceteria; sorveteria**
die|nen ⟨V.⟩ **1** ⟨600⟩ *jmdm. od. einer Institution ~ für jmdm. od. eine I. (gegen Entgelt) arbeiten;* er hat ihm sein Leben lang treu gedient; als Beamter dient er dem Staat ☐ **servir** 1.1 *~der Bruder Laienbruder, Mönch, der die Hausarbeit im Kloster verrichtet* ☐ ***irmão leigo; donato** 1.2 ⟨Mil.⟩ *Soldat sein, Dienst tun;* bei der Luftwaffe, Marine ~ **2** ⟨600⟩ **Gott, Göttern** ~ *Gott, G. untertan sein u. seinen, ihren Vorschriften gemäß leben;* falschen Götzen ~ **3** ⟨600⟩ *jmdm. od. einer Sache ~ jmdm. od. eine Sache fördern, indem man sich für ihn od. etwas einsetzt;* der Allgemeinheit, der Bequemlichkeit, dem Fortschritt, der Gerechtigkeit, seiner Karriere, dem Mitmenschen, dem Wohl der Menschheit ~ ☐ **servir;** niemand kann zwei Herren ~ ⟨Sprichw.⟩ ☐ ***não se pode servir a dois senhores** 3.1 *zu ~!* ⟨veraltet; eigtl.: *zu Diensten bereit, ja, bitte sehr*⟩ ☐ ***às ordens! 4** ⟨413 od. 416⟩ *als, zu etwas ~ brauchbar, nützlich sein;* als, zur Ausschmückung, Zierde ~; als Ersatz, als Hilfe ~ für; deine Erfahrungen werden mir als Richtschnur ~; es dient ihm als, zum Zeitvertreib; die Burgruine dient heute als beliebtes Ausflugsziel; ein Holzklötzchen dient dem Kind als Schiff; dieser Posten dient ihm nur als Sprungbrett für weiteres Vorwärtskommen; er kann dir als Vorbild ~; lass dir das als, zur Warnung ~!; wozu soll das ~?; er dient ihm als Blitzableiter für seinen Zorn ⟨umg.⟩ ☐ ***servir de/para; fazer as vezes de** 4.1 *jmdm. zum Spott ~ zum Gegenstand seines Spotts werden* ☐ ***servir de gozação para alguém 5** ⟨416⟩ *jmdm. mit etwas ~ behilflich sein;* wenn Ihnen damit gedient ist ...; damit ist mir nicht gedient; kann ich Ihnen mit etwas ~? 5.1 *damit können wir (Ihnen) leider nicht ~* ⟨Kaufmannsspr.⟩ *das haben wir nicht vorrätig, das führen wir nicht* ☐ ***ser útil a alguém (em alguma coisa); ajudar alguém (em alguma coisa)**
Die|ner ⟨m.; -s, -⟩ **1** *Hausangestellter;* ein treuer ~ seines Herrn ☐ **criado; serviçal 2** *jmd., der sich jmdm. od. einer Sache widmet, sich ganz od. für bestimmte Aufgaben zur Verfügung stellt;* ein ~ Gottes, der Kirche, des Staates, des Fortschritts ☐ **servidor** 2.1 *ergebenster ~!, Ihr ~!* (Höflichkeitsformel) 2.2 *gehorsamster ~* ⟨veraltet; österr.⟩ (*Begrüßung in Gaststätten seitens des Personals od. des Inhabers*) ☐ **criado; servidor 3** *Verbeugung (von Jungen)* ☐ **reverência** 3.1 einen ~ machen (früher) *sich verbeugen* ☐ ***fazer uma reverência**

Die|ne|rin ⟨f.; -, -rin|nen⟩ *weibl. Diener* ☐ **criada; serviçal**
Dienst ⟨m.; -(e)s, -e⟩ **1** *abhängiges Arbeitsverhältnis* ☐ **serviço;** in jmds. ~(e) treten ☐ ***passar a trabalhar para alguém;** in jmds. ~(en) stehen; bei jmdm. in ~ stehen ☐ ***estar a serviço de alguém;** einen Beamten seines ~es entheben ☐ ***dispensar/exonerar um funcionário;** mit Vollendung seines 65. Lebensjahres wird er aus dem ~ ausscheiden ☐ **serviço** 1.1 *jmdn. in ~, in seine ~e nehmen an-, einstellen* ☐ ***empregar/contratar alguém** 1.2 *den ~ kündigen, quittieren (als Arbeitnehmer) sein Arbeitsverhältnis aufgeben* ☐ ***demitir-se** 1.3 *jmdm. den ~ kündigen (als Arbeitgeber) jmdn. entlassen* ☐ ***demitir/dispensar alguém 2** *Ausübung der Berufs-, Amtspflicht;* er wird seinen ~ am 1. März antreten ☐ ***ele começará a trabalhar no dia 1º de março;** seinen ~ gewissenhaft, gut, schlecht versehen; er vernachlässigt seinen ~ ☐ **serviço;** im ~ sein ☐ ***estar em serviço; estar trabalhando** 2.1 *im ~ ergrauen* ⟨fig.⟩ *alt werden* ☐ ***envelhecer trabalhando** 2.2 ich muss um 8 Uhr im ~ sein *in der Dienststelle* ☐ **(local de) trabalho; serviço** 2.3 *~ ist ~ (und Schnaps ist Schnaps)* ⟨Sprichw.⟩ *man muss die Arbeit vom Persönlichen trennen* ☐ ***trabalho é trabalho** 2.4 *ein Beamter außer ~* ⟨Abk.: a. D.⟩ *in Pension* ☐ ***um funcionário aposentado** 2.5 *Offizier vom ~* ⟨Mil.⟩ *diensttuender O.* ☐ ***oficial de serviço** 2.6 *Chef vom ~* ⟨Zeitungswesen⟩ *leitender Redakteur* ☐ ***redator-chefe** 2.7 *des ~es immer gleichgestellte Uhr* (Schiller, „Piccolomini") ⟨fig.⟩ *die immer wiederkehrenden Anforderungen der Pflicht* ☐ ***os ossos do ofício 3** *Erfüllung einer Funktion, Aufgabe* 3.1 *das tut seinen ~ ~ erfüllt noch seinen Zweck* ☐ ***ainda serve/funciona** 3.2 *ein Schiff wieder in ~ stellen in Gebrauch nehmen* ☐ ***recolocar um navio em serviço/uso** 3.3 *ein veraltetes Verkehrsmittel außer ~ stellen aus dem Verkehr ziehen* ☐ ***tirar de circulação um meio de transporte** 3.4 *unsere neue Ölheizung wird uns im nächsten Winter gute ~e leisten großen Nutzen bringen* ☐ ***nosso aquecedor a óleo nos será de grande auxílio no próximo inverno 4** *Organisation mit der Zuständigkeit für bestimmte Arbeiten;* Abschlepp~, Fähr~, Funk~, Nachrichten~, Warn~; öffentlicher ~ ☐ **serviço 5** *Hilfe, freiwillige Unterstützung;* jmdm. seine ~e anbieten ☐ **auxílio; préstimo;** jmdm. einen guten, schlechten, üblen ~ erweisen; jmds. ~e in Anspruch nehmen ☐ **serviço;** Sie würden mir einen großen ~ erweisen, wenn ... ☐ **favor;** ich stehe zu Ihren ~en! ☐ ***estou a seu dispor!** 5.1 *am Kunden kleine, unentgeltliche Gefälligkeiten des Geschäftsmannes gegenüber dem Kunden* ☐ ***cortesia (da casa)** 5.2 *was steht zu ~en? was wünschen Sie?* ☐ ***o que deseja?; em que posso servi-lo?** 5.3 *im ~ einer Sache im Interesse, zur Förderung einer S.;* ärztliche Forschung im ~(e) der Menschheit; im ~ einer guten, schlechten Sache stehen ☐ ***em prol de alguma coisa 6** ⟨kurz für⟩ *Gottesdienst, bes. Messe* ☐ **serviço 7** ⟨Arch.⟩ *dünne Säule als Bestandteil eines Bündel- od. Wandpfeilers* ☐ **fuste de coluna fasciculada;** junge,

alte ~e □ fuste delgado/espesso **8** ⟨Getrennt- u. Zusammenschreibung⟩ 8.1 ~ habend = *diensthabend*

Diens|tag ⟨m.; -(e)s, -e; Abk.: Di⟩ *der zweite Tag der Woche; gestern war* ~, *der 20. Mai; jeden* ~ *im Monat; am* Dienstagabend, *am* Dienstagmorgen, *am* Dienstagnachmittag; *der kommende, nächste* ~ □ terça-feira

Diens|tag|abend ⟨m.; -(e)s, -e⟩ *Abend eines od. jeden Dienstags; am* ~; *eines* ~s; □ terça-feira à noite → a. *Dienstag*

diens|tag|abends ⟨Adv.⟩ *am Abend jeden Dienstags;* ⟨aber getrennt⟩ *dienstags abends;* ~ *gehen wir immer schwimmen* □ às terças-feiras à noite

diens|täg|lich ⟨Adj.⟩ *jeden Dienstag stattfindend;* *unsere* ~e *Veranstaltung fällt heute aus* □ de terça-feira

diens|tags ⟨Adv.⟩ **1** *an jedem Dienstag; wir treffen uns seit Jahren immer* ~ □ às terças-feiras **1.1** ~ *abends* ⟨auch für⟩ *dienstagabends* □ *às terças-feiras à noite

dienst|be|flis|sen ⟨Adj.⟩ *(übertrieben) dienstwillig, eifrig bemüht, seinen Dienst zu erfüllen* ~ solícito; obsequioso

dienst|ha|bend *auch:* Dienst ha bend ⟨Adj. 24/60⟩ *im Dienst befindlich, zum Dienst eingeteilt;* ~er *Arzt* □ de serviço; de plantão

Dienst|leis|tung ⟨f.; -, -en⟩ **1** *Dienst, den jmd. auftragsgemäß od. freiwillig leistet; seine* ~ *anbieten; persönliche, freundliche, kleine* ~ **2** *(meist Pl.)* *Arbeiten, Leistungen in der Wirtschaft, die nicht der Produktion von Sachgütern dienen; die kommunalen* ~en; *Reparaturen, chemische Reinigung sind* ~ **3** ⟨Mil.⟩ *vorübergehende Einstellung eines Offiziers bei einer anderen Waffe od. Behörde für eine besondere Aufgabe; zur* ~ *kommandiert sein* □ (prestação de) serviço

dienst|lich ⟨Adj. 24⟩ **1** *den Dienst betreffend, zu ihm gehörig, amtlich, streng; eine* ~e *Angelegenheit; ein* ~er *Befehl; ein* ~es *Schreiben* □ oficial; formal **1.1** ~ *verhindert sein (am Kommen) durch den Dienst* □ por razões de trabalho **2** ⟨fig.; umg.⟩ *unpersönlich, betont offiziell; er wurde wieder* ~ □ formal; protocolar

dies ⟨Demonstrativpron.; unreflektiert vor allem, wenn es allein stehend verwendet wird⟩ **1** *dieser, dieses* □ este; esse; isto; isso **1.1** ~ *und das Verschiedenes* □ *isto e aquilo

dies|be|züg|lich ⟨Adj. 90⟩ *sich hierauf beziehend, das Erwähnte betreffend, in dieser Hinsicht, hierzu, dazu; die* ~e *Vereinbarung* □ relativo; referente; ~ *möchte ich noch sagen ...* □ a esse respeito; em relação a isso

die|se(r, -s) ⟨Demonstrativpron. 6; allein stehend od. attributiv⟩ **1** *(Hinweis auf etwas dem Sprecher, Hörer od. Schreiber näher Befindliches od. näher Liegendes);* → a. *jene(r, -s);* ~r *hohe Baum; ... ein Kind. Dieses sagte ...; ist es* ~?; ~(r, -s) *ist es!;* ~ *hier; sich aller* ~r *Kinder annehmen;* ~s *Jahr,* ~ *Woche;* ~r *Tage, in* ~n *Tagen* □ este(s); esse(s); esta(s); essa(s) **2** ~(r, -s) *und jene(r, -s) manche(r, -s)* □ *este e aquele; isto e aquilo

Die|sel ⟨m.; -od. -s, -s, -; Kfz; kurz für⟩ **1** *Dieselmotor* □ motor a diesel **2** *Fahrzeug mit Dieselmotor* □ veículo a diesel **3** ⟨unz.⟩ *Dieselkraftstoff* □ diesel

die|sel|be ⟨Demonstrativpron.; f. 6⟩ → *selbe*

Die|sel|kraft|stoff ⟨m.; -(e)s, -e; Kfz⟩ *Kraftstoff für (Fahrzeuge mit) Dieselmotoren* □ diesel

Die|sel|mo|tor ⟨m.; -s, -en; Kfz⟩ *eine Verbrennungskraftmaschine, ein Zwei- od. Viertaktmotor, in dessen Zylinder nur reine Luft eingesaugt u. erst im Moment der höchsten Verdichtung der Kraftstoff (meist Leichtöl) eingespritzt wird, der sich ohne Zündvorrichtung selbst entzündet* □ motor a diesel

die|sig ⟨Adj.⟩ *dunstig, regnerisch;* ~es *Wetter; es ist* ~ *und feucht* □ nublado; enevoado

dies|jäh|rig ⟨Adj. 60⟩ *in diesem Jahre stattfindend, aus diesem Jahr stammend; die* ~e *Ernte; sein* ~er *Urlaub* □ deste ano

dies|mal ⟨Adv.⟩ *dies, dieses eine Mal* □ (d)esta vez

dies|sei|tig ⟨Adj. 24⟩ *Ggs jenseitig* **1** *auf dieser Seite gelegen* □ deste lado; daqui **2** *das Diesseits betreffend* □ deste mundo; terreno

dies|seits ⟨Adv.⟩ *auf dieser Seite; Ggs jenseits;* ~ *der Alpen, des Flusses, des Gebirges, der Grenze; wir wohnen* ~ *des Stromes* □ deste lado; aquém

Dies|seits ⟨n.; -; unz.⟩ *die Welt, das irdische Leben; Ggs Jenseits; im* ~ □ este mundo; mundo terreno

Diet|rich ⟨m.; -s, -e⟩ *Werkzeug (Drahthaken) zum Öffnen von Schlössern (bes. von zugesperrten Wohnungstüren)* □ gazua; chave falsa

dif|fa|mie|ren ⟨V. 500⟩ *jmdn.* ~ *herabsetzen, verleumden, jmdm. Übles nachreden* □ difamar

dif|fe|ren|ti|ell ⟨Adj. 24/70; fachsprachl.⟩ = differenziell

Dif|fe|renz ⟨f.; -, -en⟩ **1** ⟨allg.⟩ *Unterschied* **2** ⟨Math.⟩ *Ergebnis einer Subtraktion; die* ~ *zwischen 10 u. 15 ist 5* **2.1** ⟨Kaufmannsspr.⟩ *Rest, Restposten, Fehlbetrag; bei einer Revision* ~en *feststellen* **3** *Meinungsverschiedenheit; es gab* ~en **3.1** *Streit; dauernd* ~en *mit jmdm. haben* □ diferença

dif|fe|ren|zi|ell ⟨Adj. 24/70⟩ *eine Differenz begründend od. darstellend, unterscheidend, differenzierend; oV* ⟨fachsprachl.⟩ *differentiell* □ diferencial

dif|fus ⟨Adj.⟩ **1** *zerstreut, verschwommen;* ~es *Licht* **2** ~es *Gerede nicht klar abgegrenztes, wirres, verschwommenes G.* □ difuso

di|gi|tal ⟨Adj. 24⟩ **1** ⟨Med.⟩ *mit dem Finger;* ~e *Untersuchung* **2** ⟨EDV⟩ *mit Hilfe von Ziffern, in Ziffern dargestellt; Ggs analog* **2.1** ~e *Signale durch Ziffern angezeigte S.* □ digital

Dik|ta|fon ⟨n.; -s, -e⟩ *Diktiergerät; oV Diktaphon* □ ditafone; gravador

Dik|ta|phon ⟨n.; -s, -e⟩ = Diktafon

Dik|tat ⟨n.; -(e)s, -e⟩ **1** *Ansage (zum Nachschreiben)* **2** *Nachschrift nach Ansage (als Rechtschreibübung in der Schule); ein* ~ *schreiben* **3** ⟨fig.⟩ *aufgezwungene Verpflichtung* **3.1** *aufgezwungener Vertrag* □ ditado

Dik|ta|tor ⟨m.; -s, -en⟩ **1** ⟨im alten Rom⟩ *in Notzeiten für sechs Monate eingesetztes Regierungsoberhaupt mit höchster Gewalt* **2** ⟨allg.⟩ *Herrscher mit unbeschränkter Gewalt* □ ditador

dik|tie|ren ⟨V. 530⟩ *jmdm. etwas* ~ **1** *zum Nachschreiben vorsprechen; jmdm. einen Brief* ~ **2** *aufzwingen,* *befehlen;* jmdm. einen Vertrag, Bedingungen ~ □ ditar

Di|lem|ma ⟨n.; -s, -s od. -ma|ta⟩ *schwierige Wahl (zwischen zwei Übeln)* □ **dilema**; → a. **Zwangslage**

Di|let|tant ⟨m.; -en, -en⟩ **1** ⟨meist abwertend⟩ *jmd., der eine Tätigkeit nicht berufsmäßig, sondern aus Liebhaberei betreibt, Laie, Liebhaber* **2** ⟨abwertend⟩ *jmd., der eine Arbeit ohne die nötigen Kenntnisse u. Fähigkeiten nachlässig erledigt* □ **diletante**

Di|let|tan|tin ⟨f.; -, -tin|nen⟩ *weibl. Dilettant* □ **diletante**

di|let|tan|tisch ⟨Adj.⟩ **1** *in der Art eines Dilettanten, laienhaft* **2** ⟨abwertend⟩ *nachlässig, unsachgemäß* □ **diletante**

Dill ⟨m.; -s, -e; Bot.⟩ *als Salatgewürz verwendetes Doldengewächs mit schlitzförmigen Blättern;* oV ⟨österr.⟩ **Dille** □ **aneto; endro**

Dil|le ⟨f.; -, -n; österr.; Bot.⟩ = **Dill**

Di|men|si|on ⟨f.; -, -en⟩ **1** *Richtungserstreckung eines Körpers (Breite, Höhe, Tiefe);* Sy *Ausdehnung(2);* vierte ~ **2** ⟨a. fig.⟩ *Erstreckung, Abmessung;* ein Raum von ungeheuren ~en □ **dimensão**

Di|mis|si|on ⟨f.; -, -en⟩ = *Demission*

Di|ner ⟨[-ne:] n.; -s, -s⟩ **1** *Festessen, festliches Mahl;* zum ~ einladen □ **banquete; festim 2** ⟨in Frankreich⟩ *abendliche Hauptmahlzeit* □ **jantar**

Ding¹ ⟨n.; -(e)s, -e⟩ **1** *(namentlich nicht bestimmte) Sache, Angelegenheit;* bedeutende, beunruhigende, erfreuliche, nützliche, schöne, unangenehme ~e; es gab allerhand gute, leckere ~e (zu essen) □ **coisa; assunto;** bei Gott ist kein ~ unmöglich □ **para Deus nada é impossível;* reden wir lieber von anderen, erfreulichen ~en!; ich habe noch tausend ~e zu erledigen □ **coisa** 1.1 das ~ beim rechten Namen nennen *offen über eine Sache sprechen, seine Meinung offen äußern* □ **colocar os pingos nos is* 1.2 jedes ~ hat (seine) zwei Seiten *man kann alles von zwei Seiten betrachten* □ **toda medalha tem seu reverso* 1.3 das ist ein ~ der Unmöglichkeit *ist unmöglich* □ **isso é impossível* 1.4 das ~ an sich *nach Kant eine Wirklichkeit hinter den Erscheinungen, die unabhängig vom erkennenden Subjekt ist* □ **a coisa em si* 1.5 er hat immer andere ~e im Kopf als die Schularbeiten *er denkt an anderes, arbeitet nicht* 1.6 ich habe andere ~e im Kopf als ... *ich muss an Wichtigeres denken als an ...* □ **coisa; interesse** 1.7 gut ~ will Weile haben ⟨Sprichw.⟩ *ein gutes Ergebnis benötigt Zeit zur Vorbereitung* □ **a pressa é inimiga da perfeição* 1.8 aller guten ~e sind drei ⟨Sprichw.⟩ *die Anzahl, Folge dreier Gegenstände od. Geschehnisse verheißt Gutes* □ **não há dois sem três* **2** ⟨nur Pl.⟩ *Gesamtheit von (namentlich nicht bestimmten) Sachen, Zuständen, Ereignissen;* von künstlerischen ~en versteht er nicht viel; wir müssen den ~en nun ihren Lauf lassen 2.1 so, wie die ~e (nun einmal) liegen *so, wie es (nun einmal) ist* □ **coisas** 2.2 das geht nicht mit rechten ~en zu *das geschieht nicht auf natürliche od. rechtmäßige Weise* □ **isso não é normal;* aí tem coisa 2.3 es müsste nicht mit rechten ~en zugehen, wenn er heute nicht käme *unvorstellbar, dass er heute noch kommt* □ **é incrediável/inimaginável* 2.4 so wie ich die ~e sehe *so, wie ich die Lage beurteile* □ **do modo como vejo as coisas* 2.5 das ist der Lauf der ~e *so ist es nun einmal* □ **é assim que as coisas são/funcionam* 2.6 vor allen ~en *vor allem, hauptsächlich* □ **sobretudo; antes de tudo* 2.7 unverrichteter ~e *ohne etwas erreicht zu haben* □ **de mãos abanando* 2.8 (munter und) guter ~e sein *frohen Mutes, guter Laune sein* □ **estar de bom humor; estar bem disposto*

Ding² ⟨n.; -(e)s, -er⟩ **1** *Sache, (die nicht genauer benannt werden soll od. kann); was sind denn das für komische ~er?;* gib mir mal das ~(s) da! ⟨umg.⟩ 1.1 ⟨umg.⟩ *wertloser od. unbrauchbarer Gegenstand;* was soll ich mit den ~ern? □ **coisa; negócio; troço** 1.2 jmdm. ein ~ verpassen *einen Schlag versetzen, etwas Unangenehmes zufügen, eins auswischen* □ **dar o troco* 1.3 ein ~ drehen ⟨umg.⟩ *ein Verbrechen begehen (bes. Einbruch, Raubüberfall), etwas Unerlaubtes, etwas Ungewöhnliches anstellen* □ **dar um golpe* **2** ⟨fig.; veraltet⟩ *kleines Mädchen, junges Mädchen, Kind, ganz junges Tier* □ **coisinha; criaturinha;** das arme ~! □ **coitadinha!; pobrezinha!;* du dummes ~! □ **tolinha!;* diese jungen ~er □ **essas garotinhas/menininhas;** sie ist ein hübsches junges ~ □ **ela é uma gracinha de menina*

Ding³ ⟨n.; -(e)s, -e⟩ *german. Volks- u. Gerichtsversammlung;* oV *Thing;* ein ~ abhalten, einberufen □ **assembleia; reunião**

din|gen ⟨V. 120/500⟩ jmdn. ~ **1** ⟨veraltet⟩ *jmdn. in Dienst nehmen;* einen Arbeiter, Dienstboten ~ □ **admitir; empregar 2** ⟨geh.⟩ *jmdn. durch Lohn zu jmds. Verfügung gewinnen;* einen Mörder ~ □ **pagar; contratar**

ding|fest ⟨Adj. 51; nur in der Wendung⟩ jmdn. ~ machen *verhaften* □ **prender alguém*

di|nie|ren ⟨V. 400; geh.⟩ *festlich speisen, ein Diner einnehmen* □ **participar de um banquete**

Din|kel ⟨m.; -s, -⟩ *(bereits in vorgeschichtlicher Zeit angebaute) anspruchslose u. winterharte Weizenart, die bes. in der Vollwerternährung verwendet wird* □ **espelta**

Di|no|sau|ri|er ⟨m.; -s, -⟩ *ausgestorbene Reptilordnungen Saurischia u. Ornithischia* □ **dinossauro**

Di|oxid ⟨n.; -(e)s, -e; Chem.⟩ *Verbindung mit zwei Sauerstoffatomen, z. B. Kohlendioxid CO_2;* oV *Dioxyd* □ **dióxido**

Di|oxyd ⟨n.; -(e)s, -e; Chem.⟩ = *Dioxid*

Di|ö|ze|se ⟨f.; -, -n⟩ = *Bistum*

Diph|the|rie ⟨f.; -, -n; Med.⟩ *infektiöse Hals- u. Rachenerkrankung* □ **difteria**

Diph|thong *auch:* **Diph|thong** ⟨m.; -(e)s, -e; Sprachw.⟩ *aus zwei Vokalen bestehender Laut, z. B. äu, ei, au;* Sy *Doppellaut(2);* Ggs *Monophthong* □ **ditongo**

♦ Die Buchstabenfolge **di|plo...** kann in Fremdwörtern auch **dip|lo...** getrennt werden.

♦ **Di|plom** ⟨n.; -(e)s, -e; Abk.: Dipl.⟩ **1** ⟨urspr.⟩ *amtliches Schriftstück* **2** ⟨heute⟩ *Zeugnis, Urkunde über eine*

Diplomand

Auszeichnung od. abgelegte Prüfung, bes. von einer höheren Schule od. Universität □ diploma
- **Di|plo|mand** ⟨m.; -en, -en⟩ *Student, der dabei ist, seine Diplomprüfung abzulegen* □ diplomando
- **Di|plo|man|din** ⟨f.; -, -din|nen⟩ *weibl. Diplomand* □ diplomanda
- **Di|plo|mat** ⟨m.; -en, -en⟩ **1** ⟨urspr.⟩ *Hersteller von Diplomen* □ fabricante de diplomas **2** ⟨heute⟩ *Staatsmann, höherer Beamter des auswärtigen Dienstes* **3** ⟨fig.; umg.⟩ *geschickt u. vorsichtig verhandelnder Mensch* □ diplomata
- **Di|plo|ma|tie** ⟨f.; -; unz.⟩ **1** *Regelung zwischenstaatlicher Beziehungen* **2** *Gesamtheit der Diplomaten* **3** ⟨fig.⟩ *geschickte Berechnung, vorsichtiges Verhandeln* □ diplomacia
- **di|plo|ma|tisch** ⟨Adj.⟩ **1** *die Diplomatie betreffend, zu ihr gehörig, auf ihr beruhend* **2** *zwischenstaatlich* 2.1 *~es* **Corps** *die zur Vertretung eines Staates bevollmächtigten Vertreter in einem anderen Staat* **3** ⟨fig.⟩ 3.1 *geschickt, gewandt* 3.2 *vorsichtig verhandelnd, auf Ausgleich bedacht* □ diplomático

dir ⟨Dat. von⟩ *du* □ **te; a ti; para ti**; → *a. sich*

di|rekt ⟨a. ['--] Adj.⟩ **1** *geradlinig, ohne Umweg; eine ~e Verbindung von H. nach M.; wenden Sie sich ~ an den Chef; ich komme ~ von zu Hause* □ **direto; diretamente 2** *ganz nahe bei; ~ am Flugplatz* □ **bem perto de; bem ao lado de 3** ⟨24/60⟩ *unmittelbar, unabhängig; Ggs indirekt* 3.1 *~e Rede wörtlich (in Anführungszeichen) angeführte R.* 3.2 *~e* **Steuer** *von einer Person od. Gruppe von Personen erhobene S.* 3.3 *~e* **Wahl** *W. eines Kandidaten ohne Mittelspersonen* □ **direto 4** ⟨24/50⟩ *geradezu; du hast ja ~ einen Roman erlebt; das ist mir ~ peinlich* □ **realmente 4.1** *genau; der Ball flog mir ~ ins Gesicht* □ ***a bola voou bem no meu rosto**

Di|rek|ti|on ⟨f.; -, -en⟩ *Leitung, Vorstand, Geschäftsführung* □ direção

Di|rek|tor ⟨m.; -s, -en; Abk.: Dir.⟩ *Leiter, Vorsteher; Bank~, Fabrik~, Schul~* □ diretor

Di|rek|tri|ce *auch:* **Di|rek|ti|ce** ⟨[-triːs(ə)] f.; -, -n⟩ *Abteilungsleiterin, leitende Angestellte (bes. in der Bekleidungsbranche)* □ gerente

Di|ri|gent ⟨m.; -en, -en; Mus.⟩ *Leiter eines Orchesters od. Chores* □ regente

Di|ri|gen|tin ⟨f.; -, -tin|nen; Mus.⟩ *weibl. Dirigent* □ regente

di|ri|gie|ren ⟨V.⟩ **1** ⟨400⟩ *den Takt schlagen* □ **reger 2** ⟨500⟩ *ein Unternehmen ~ leiten, verwalten* □ **dirigir** 2.1 *Orchester od. Chor ~ leiten* □ **reger** 2.2 *jmdn. ~* ⟨umg.⟩ *in eine Richtung, an einen Ort weisen* □ **guiar; orientar**

Dirndl ⟨n.; -s, -n; bair.-österr.⟩ **1** *junges Mädchen* □ **moça 2** ⟨kurz für⟩ *Dirndlkleid* □ **traje tirolês ou bávaro**

Dirndl|kleid ⟨n.; -(e)s, -er⟩ *bayerisches od. österreichisches Trachtenkleid mit weitem Rock u. engem Mieder (häufig mit einer Spitzenbluse getragen)* □ **traje tirolês ou bávaro**

Dir|ne ⟨f.; -, -n⟩ **1** ⟨veraltet⟩ *(derbes) junges Mädchen, bes. vom Lande, Magd;* *eine schmucke ~* □ **caipira 2** ⟨abwertend⟩ *Freudenmädchen, Prostituierte* □ **meretriz; prostituta**

Disc|jo|ckey ⟨[-dʒɔki] od. [-dʒɔke] m.; -s, -s; Abk.: DJ⟩ *jmd., der in Fernseh-, Rundfunkveranstaltungen od. in Diskotheken die Musik auswählt u. präsentiert;* oV *Diskjockey* □ disc jockey

Dis|co ⟨f.; -, -s⟩ = *Disko*

Dis|co|thek ⟨f.; -, -en⟩ = *Diskothek*

Dis|ket|te ⟨f.; -, -n; EDV⟩ *kleine Kunststoffscheibe zur Speicherung von Daten;* Sy *Floppy Disk* □ disquete

Disk|jo|ckey ⟨[-dʒɔki] od. [-dʒɔke] m.; -s, -s; Abk.: DJ⟩ = *Discjockey*

Dis|ko ⟨f.; -, -s; kurz für⟩ *Diskothek;* oV *Disco* □ discoteca

Dis|ko|thek ⟨f.; -, -en⟩ oV *Discothek* **1** *(öffentlich zugängliche) Schallplatten-, CD- od. Tonbandsammlung* **2** *(bes. von Jugendlichen besuchtes) Tanzlokal, in dem überwiegend CDs aktueller Stilrichtungen der Popmusik gespielt werden* □ discoteca

Dis|kre|panz ⟨f.; -, -en⟩ *Abweichung, Unstimmigkeit, Zwiespalt, Widerspruch, Missverhältnis* □ discrepância

dis|kret ⟨Adj.⟩ **1** *verschwiegen, taktvoll, unauffällig;* Ggs *indiskret; ~es Benehmen; ~e Behandlung; ~en Gebrauch von einer Mitteilung machen; eine Angelegenheit ~ behandeln* □ **discreto; discretamente 2** ⟨24⟩ 2.1 ⟨Math.⟩ *nicht zusammenhängend, vereinzelt, gesondert* 2.2 ⟨Phys.⟩ *unstetig, in endlichen Schritten* □ **discreto; descontínuo**

dis|kri|mi|nie|ren ⟨V. 500⟩ **1** *etwas ~ aussondern, unterschiedlich behandeln* **2** *jmdn. ~ jmds. Arbeit ~ herabsetzen, herabwürdigen; als Ausländer wurde er häufig diskriminiert* □ discriminar

Dis|kurs ⟨m.; -es, -e⟩ **1** ⟨geh.⟩ *wissenschaftliche Abhandlung* □ **discurso; tratado** 1.1 *lebhafte Debatte, eingehende Erörterung* □ **discussão 2** ⟨Sprachw.⟩ *sprachliche Äußerung eines Sprechers, (als Text) zusammenhängende Rede* **3** ⟨Philos.⟩ *Diskussion, Argumentation, mit dem Ziel, einen Konsens herbeizuführen* □ discurso

Dis|kus ⟨m.; - od. -ses, -se od. Dis|ken; Sp.⟩ *hölzerne Wurfscheibe mit Metallbeschlag* □ disco

Dis|kus|si|on ⟨f.; -, -en⟩ *lebhafte Erörterung, Meinungsaustausch; in eine ~ eintreten; eine ~ (über ein Thema) entfachen, beginnen* □ discussão

Dis|kus|wer|fen ⟨n.; -s; unz.; Sp.⟩ *sportlich betriebenes Werfen mit dem Diskus* □ lançamento de disco

dis|ku|ta|bel ⟨Adj.⟩ *so beschaffen, dass man darüber diskutieren kann od. sollte, erwägenswert, annehmbar;* Ggs *indiskutabel* □ discutível

dis|ku|tie|ren ⟨V. 500 od. 800⟩ *(über) ein* **Thema** *~ es lebhaft erörtern, Meinungen darüber austauschen* □ discutir

Dis|play ⟨[-pleɪ] n.; -s, -s⟩ **1** *optisch wirksames Zurschaustellen (von Waren, Werbematerial u. a.)* □ *display* **2** *Anzeigeneinheit elektronischer Geräte (mit Leucht-*

dioden od. als Flüssigkristallanzeige), z. B. bei Handys □ display; visor

dis|po|nie|ren ⟨V.⟩ 1 ⟨500⟩ etwas ~ ordnen, gliedern, einteilen □ dispor 2 ⟨800⟩ über jmdn. od. etwas ~ verfügen □ *dispor de alguém ou alguma coisa 3 ⟨Part. Perf.⟩ disponiert sein bereit, imstande sein □ estar disposto/pronto 3.1 der Sänger ist heute gut disponiert gut bei Stimme; Ggs indisponiert □ *hoje o cantor está com boa voz 3.2 zu einer Krankheit disponiert für eine bestimmte Krankheit empfänglich □ *ter predisposição a uma doença

Dis|po|si|ti|on ⟨f.; -, -en⟩ 1 Plan, Einteilung, Gliederung, Anordnung von gesammeltem Material □ disposição 2 physische u. psychische Verfassung, Anlage, Empfänglichkeit; ~ für eine Krankheit □ predisposição 3 zur ~ stellen ⟨Abk.: z. D.⟩ in den Wartestand od. einstweiligen Ruhestand versetzen □ *colocar à disposição; disponibilizar

Dis|put ⟨m.; -(e)s, -e⟩ Streit mit Worten, heftiges, hitziges Gespräch; Sy Wortgefecht □ disputa; discussão

dis|qua|li|fi|zie|ren ⟨V. 500⟩ 1 jmdn. ~ für untauglich erklären 2 einen Sportler ~ vom Wettkampf (zur Strafe) ausschließen □ desqualificar

Dis|sens ⟨m.; -es, -e⟩ Meinungsverschiedenheit; Ggs Konsens □ dissensão

Dis|ser|ta|ti|on ⟨f.; -, -en; Abk.: Diss.⟩ zum Erlangen des Doktorgrades geschriebene wissenschaftliche Arbeit, Doktorarbeit □ dissertação; tese

Dis|si|dent ⟨m.; -en, -en⟩ 1 jmd., der von der offiziellen (politischen) Meinung od. Denkweise abweicht, Andersdenkender 2 jmd., der keiner staatlich anerkannten Religionsgemeinschaft angehört 2.1 jmd., der aus der Kirche ausgetreten ist □ dissidente

dis|so|nant ⟨Adj.⟩ Ggs konsonant 1 in der Art einer Dissonanz, missklingend 1.1 ⟨Mus.⟩ nach Auflösung strebend 2 ⟨fig.⟩ unstimmig, nicht vereinbar; ~e Charaktere □ dissonante

Dis|so|nanz ⟨f.; -, -en⟩ Ggs Konsonanz 1 Missklang 1.1 ⟨Mus.⟩ nach Auflösung strebender Klang 2 ⟨fig.⟩ Unstimmigkeit □ dissonância

♦ Die Buchstabenfolge di|st... kann in Fremdwörtern auch dis|t... getrennt werden.

♦ Di|stanz ⟨f.; -, -en⟩ 1 Abstand, Entfernung; einen Gegenstand auf eine ~ von 10 m erkennen; das Rennen geht über eine ~ von 5000 m □ distância 2 ~ wahren (von, zu jmdm.) Vertraulichkeit vermeiden □ *manter distância de alguém)

♦ di|stan|zie|ren ⟨V.⟩ 1 ⟨500⟩ jmdn. (im Wettkampf) ~ überbieten, hinter sich lassen □ *distanciar-se de alguém; deixar alguém para trás 2 ⟨550/Vr 3⟩ sich von etwas od. jmdm. ~ von etwas od. jmdm. abrücken, nichts damit od. mit ihm zu tun haben wollen □ *distanciar-se/afastar-se de alguma coisa ou alguém

Dis|tel ⟨f.; -, -n; Bez. für⟩ zwei Gattungen der Korbblütler (Compositae) angehörende, mehr od. weniger stachelige Pflanze: Carduus, Cirsium □ cardo

♦ Di|strikt auch: Dist|rikt ⟨m.; -(e)s, -e⟩ 1 Region, Gebiet 2 ⟨England, Frankreich, USA⟩ Verwaltungsbezirk □ distrito

Dis|zi|plin auch: Dis|zip|lin ⟨f.; -, -en⟩ 1 ⟨unz.⟩ Zucht, Ordnung, Einordnung, Unterordnung; Ggs Indisziplin; ~ halten; die ~ wahren; eiserne, strenge ~; jmdn., sich an ~ gewöhnen; für ~ sorgen 2 wissenschaftliche Fachrichtung, Fachgebiet; die Dozenten der geisteswissenschaftlichen ~en □ disciplina 3 Sportart; die olympischen ~en 3.1 Teilbereich einer Sportart; der Abfahrtslauf ist seine stärkste ~ □ modalidade

di|to ⟨Adv.; bei wiederholtem Vorkommen derselben Wörter od. Posten auf Rechnungen u. a. Listen; Abk.: do.⟩ gleichfalls, ebenso; oV detto ⟨österr.⟩ □ idem

Di|va ⟨[-va] f.; -, -s od. Di|ven [-vən]⟩ 1 berühmte Künstlerin (bes. Sängerin) □ diva 1.1 ⟨meist abwertend⟩ Frau mit auffälligem, betont extravagantem Verhalten; sie benimmt sich wie eine ~ □ vedete; estrela

Di|van ⟨[-va:n] m.; -s, -e⟩ = Diwan

di|vers ⟨[-vɛrs] Adj. 24; Kaufmannsspr.⟩ 1 verschieden 2 Diverse mehrere 3 Diverses verschiedene Gegenstände, die man (in Aufstellungen usw.) nicht in die gegebenen Rubriken einordnen kann □ diverso(s); variado(s)

Di|vi|den|de ⟨[-vi-] f.; -, -n; Bankw.⟩ auf eine Aktie entfallender Gewinnanteil, Ausschüttung □ dividendo

di|vi|die|ren ⟨[-vi-] V. 505; Math.⟩ Zahlen ~ der Division(1) unterziehen; Sy teilen; 20 lässt sich (glatt) durch 5 ~ □ dividir

Di|vi|si|on ⟨[-vi-] f.; -, -en⟩ 1 ⟨Math.⟩ Aufteilung einer Zahl (Dividend) in so viele gleiche Teile, wie eine andere Zahl (Divisor) angibt; Sy Teilung 2 ⟨Mil.⟩ aus mehreren Waffengattungen bestehender Truppenverband ⟨Mar.⟩ 3.1 Verband von 3-5 Kriegsschiffen als Teil eines Geschwaders 3.2 Teil der Schiffsbesatzung in Stärke einer Kompanie □ divisão

Di|wan ⟨m.; -s, -e⟩ oV Divan 1 ⟨früher⟩ niedriges Sofa ohne Rückenlehne 2 Sammlung orientalischer Gedichte 3 ⟨früher in islam. Staaten⟩ Staatsrat □ divã

DNA ⟨Abk. für⟩ Desoxyribonukleinsäure, Hauptbestandteil der Chromosomen, der als Träger der Erbinformation die stoffliche Substanz der Gene bildet □ DNA

doch[1] 1 ⟨Partikel⟩ ⟨Ausdruck der entgegengesetzten od. verstärkenden Antwort⟩; du hast ihn sicher nicht gesehen? ~! □ vi sim!; komm endlich! Ja ~! □ *já vou!; já estou indo!; nein ~! nicht ~! □ *claro que não!; warst du nicht dabei? O ~! □ *claro que sim! 2 ⟨Adv.⟩ 2.1 ja, eben; ich habe es ~ gleich gesagt; ich habe es dir ~ schon dreimal gesagt; das ist ~ das Allerletzte!; du bist ~ kein Kind mehr! □ ∅ 2.2 Ausdruck zur Verbindung von Gegensätzen; wenn er auch nicht reich ist, so ist er ~ (auch) nicht arm □ tampouco; die Luft ist kalt und ~ angenehm □ no entanto 2.2.1 wirklich, trotzdem, dennoch, wenn es auch schwierig ist; und er kommt ~!; das war denn ~ zu viel; er kann ~ nicht kommen □ mesmo assim; realmente 2.2.2 also ~! ich habe es ja gleich gesagt! □ *eu não disse? 2.3 ⟨Ausdruck der Ungewissheit⟩; er hat dir ~ geschrieben(?); er wird ~ wohl kommen? □ afinal; das ist ~ nicht dein Ernst! □ *você não pode estar falando sério!; du weißt ~, dass ... □ *você sabe muito

bem que... 2.4 ⟨in Wunschsätzen; bittend, verstärkend⟩ *tatsächlich, wahrhaftig, wirklich;* besuch uns ~ einmal!; bring mir ~ bitte die Zeitung!; dass dich ~ der Teufel hole!; komm ~!; wenn er ~ bald käme; lass das ~ (sein); wenn er nicht will, so lass ihn ~; sei ~ bitte so nett; wäre ich ~ noch einmal 20 Jahre!; tun Sie es ~!; warte ~! □ ∅

doch² ⟨Konj. zum Anknüpfen eines Hauptsatzes an einen anderen⟩ *aber;* ich wurde eingeladen, ~ wir hatten schon etwas anderes vor; wir warteten lange, ~ er kam nicht □ **mas, porém**

Docht ⟨m.; -(e)s, -e⟩ *Faden aus besonders saugfähiger Baumwolle, der durch eine Kerze od. Lampe verläuft, der der Flamme durch Kapillarwirkung den Brennstoff zuführt u. gleichzeitig selbst verbrennt* □ **pavio; mecha**

Dock ⟨n.; -s, -s od. -e⟩ *als Schwimmkörper od. Becken konstruierte Anlage, die leergepumpt werden kann u. es dadurch gestattet, Schiffe ins Trockene zu setzen;* Schwimm~; Trocken~; ins ~ gehen □ **doca**

Dog|ge ⟨f.; -, -n; Zool.⟩ *Angehörige einer Gruppe von Hunderassen, große, schlanke bis kurzbeinige, schwere Arten;* Bull~; Deutsche ~ □ **dogue**

Dog|ma ⟨n.; -s, Dog|men⟩ **1** *festgelegte Meinung, die nicht angezweifelt wird* **1.1** *systematisch formulierte, letztlich aber nicht bewiesene Anleitung zum Handeln* **2** *von einer Glaubensgemeinschaft formulierte u. in offizieller Form proklamierte Grundlage eines Bekenntnisses* □ **dogma**

dog|ma|tisch ⟨Adj.⟩ **1** *ein Dogma betreffend, zu ihm gehörig, darauf beruhend, daran gebunden* **2** ⟨fig.⟩ *ohne Prüfung der Voraussetzungen, unkritisch, starr an einem Dogma festhaltend* □ **dogmático**

dok|tern ⟨V. 400; umg.⟩ *(ohne ärztliche Anweisung) eine medizinische Behandlung ausprobieren, herumdoktern;* er doktert schon wieder an seinem Fuß □ **automedicar-se**

Dok|tor ⟨m.; -s, -en; Abk.: Dr.⟩ **1** *akademischer Grad u. Titel nach besonderer Prüfung* **1.1** Dr. agr. (agronomiae), Dr. sc. agr. (scientiarum agrarium) *Dr. der Landwirtschaft* **1.2** Dr. disc. pol. (disciplinarum politicarum) *Dr. der Sozialwissenschaften* **1.3** Dr. forest. (scientiae rerum forestalium) *Dr. der Forstwirtschaft* **1.4** Dr. habil. (habilitatus) *habilitierter Dr.;* **1.5** Dr. h. c. (honoris causa) *Doktor ehrenhalber, Ehrendoktor (nur verliehener Titel)* **1.6** Dr. h. c. mult. (honoris causa multiplex) *mehrfacher Ehrendoktor* **1.7** Dr.-Ing. *Dr. der Ingenieurwissenschaften* **1.8** Dr. jur. (juris) *Dr. der Rechte* **1.9** Dr. j. u., Dr. jur. utr. (juris utriusque) *Dr. beider Rechte* **1.10** Dr. med. (medicinae) *Dr. der Medizin* **1.11** Dr. med. dent. (medicinae dentariae) *Dr. der Zahnheilkunde* **1.12** Dr. med. univ. (medicinae universae) ⟨österr.⟩ *Dr. der gesamten Medizin* **1.13** Dr. med. vet. (medicinae veterinariae) *Dr. der Tierheilkunde* **1.14** Dr. mult. (multiplex) *mehrfacher Dr.* **1.15** Dr. nat. techn. (rerum naturalium technicarum) ⟨österr.⟩ *Dr. der Bodenkultur* **1.16** Dr. oec. (oeconomiae) *Dr. der Betriebswirtschaft* **1.17** Dr. oec. publ. (oeconomiae publicae) *Dr. der Volkswirtschaft* **1.18** Dr. paed. (paedagogiae) *Dr. der Pädagogik* **1.19** Dr. pharm. (pharmaciae) *Dr. der Pharmazie* **1.20** Dr. phil. (philosophiae) *Dr. der Philosophie* **1.21** Dr. phil. nat. (philosophiae naturalis), Dr. rer. nat. (rerum naturalium), Dr. sc. nat. (scientiarum naturalium) *Dr. der Naturwissenschaften* **1.22** Dr. rer. camer. (rerum cameralium) ⟨schweiz.⟩ *Dr. der Staatswissenschaften* **1.23** Dr. rer. comm. (rerum commercialium) ⟨österr.⟩ *Dr. der Handelswissenschaften* **1.24** Dr. rer. hort. (rerum hortensium) *Dr. der Gartenbauwissenschaft* **1.25** Dr. rer. mont. (rerum montanarum) *Dr. der Bergbauwissenschaften* **1.26** Dr. rer. oec. (rerum oeconomicarum) *Dr. der Wirtschaftswissenschaften* **1.27** Dr. rer. pol. (rerum politicarum), Dr. sc. pol. (scientiarum politicarum) *Dr. der Staatswissenschaften* **1.28** Dr. rer. publ. (rerum publicarum) *Dr. der Zeitungswissenschaft* **1.29** Dr. rer. soc. oec. (rerum socialium oeconomicarumque) ⟨österr.⟩ *Dr. der Sozial- u. Wirtschaftswissenschaften* **1.30** Dr. sc. math. (scientiarum mathematicarum) *Dr. der mathemat. Wissenschaften* **1.31** Dr. rer. techn. (rerum technicarum), Dr. sc. techn. (scientiarum technicarum) ⟨österr.⟩ *Dr. der techn. Wissenschaften* **1.32** Dr. sc. (scientiarum) ⟨DDR⟩ *Dr. der Wissenschaften (entspricht Dr. habil.)* **1.33** Dr. theol. (theologiae) *Dr. der Theologie* **2** *jmd., der einen Doktortitel besitzt* □ **doutor 3** *Doktorprüfung* **3.1** den ~ machen ⟨umg.⟩ *die Doktorprüfung ablegen* □ **doutorado 4** ⟨umg.⟩ *Arzt;* wir müssen heute mit dem Kind zum ~ gehen □ **doutor**

Dok|to|rand ⟨m.; -en, -en⟩ *jmd., der an seiner Dissertation arbeitet* □ **doutorando**

Dok|to|ran|din ⟨f.; -, -din|nen⟩ *weibl. Doktorand* □ **doutoranda**

Dok|to|rin ⟨f.; -, -rin|nen⟩ *weibl. Doktor* □ **doutora**

Dok|trin *auch:* **Dokt|rin** ⟨f.; -, -en⟩ **1** = *Lehrsatz* **2** ⟨fig.⟩ *starre Meinung* □ **doutrina**

Do|ku|ment ⟨n.; -(e)s, -e⟩ **1** *Aufzeichnung, Schriftstück, das als Grundlage für weitere Arbeiten herangezogen werden kann* **2** *Urkunde, amtliche Bescheinigung, amtliches Schriftstück* **3** *als Beweis dienendes Schriftstück* □ **documento**

Dolch ⟨m.; -(e)s, -e⟩ *kurze, zweischneidige Stichwaffe;* den ~ ziehen, zücken □ **punhal**

Dol|de ⟨f.; -, -n; Bot.⟩ *büscheliger Blütenstand;* Doppel~; ~ntraube; ~nrispe; Blüten~ □ **umbela**

Dol|lar ⟨m. 7; -s, -s; Zeichen: $⟩ *Währungseinheit in den USA (u. in anderen Ländern),* 1 $ entspricht 100 Cent □ **dólar**

Dol|met|scher ⟨m.; -s, -⟩ *jmd., der mündlich übersetzt, das Gespräch zwischen Sprechern übermittelt, die nicht dieselbe Sprache sprechen* □ **intérprete**

Dol|met|sche|rin ⟨f.; -, -rin|nen⟩ *weibl. Dolmetscher* □ **intérprete**

Dom¹ ⟨m.; -(e)s, -e⟩ **1** *große Kirche* **1.1** *Bischofskirche* **1.2** *Hauptkirche einer Stadt* □ **catedral; sé 2** *Weihnachtsmarkt am Domplatz in Hamburg* □ **feira natalina na praça da catedral em Hamburgo 3** *der ~ des Himmels* ⟨poet.⟩ *Himmelswölbung* □ ***a abóbada celeste**

Dom² ⟨m.; -(e)s, -e⟩ **1** *gewölbte Decke* **2** *gewölbter Aufsatz, Kappe, Haube (auf Dampfkesseln)* □ **cúpula**

Do|mä|ne ⟨f.; -, -n⟩ **1** *staatliches od. landesherrliches Landgut* **2** *jmds. ~* ⟨fig.⟩ *Arbeitsgebiet, Wissensgebiet, auf dem jmd. bes. gut Bescheid weiß* □ **domínio**

do|mi|nant ⟨Adj.⟩ **1** *vorherrschend, beherrschend, tonangebend* **2** ⟨24/90; Biol.⟩ *andere Erbanlagen überdeckend* □ **dominante**

do|mi|nie|ren ⟨V.⟩ **1** ⟨405⟩ *herrschen, vorherrschen; bei dem Empfang dominierten lange Kleider* **2** *jmdn. od. etwas ~ beherrschen, befehligen; sie dominiert ihre jüngeren Geschwister; das schlechte Gewissen dominierte ihn* □ **dominar**

Do|mi|no¹ ⟨m.; -s, -s⟩ **1** *Maskenanzug mit langem, weitem Mantel u. Kapuze* **2** *Person in diesem Anzug* □ **dominó**

Do|mi|no² ⟨n.; -s, -s⟩ *Spiel mit 28 Steinen, von denen jeder zwei Felder (mit 0-6 Augen) hat, die jeweils mit der gleichen Augenzahl aneinandergelegt werden müssen* □ **dominó**

Do|mi|zil ⟨n.; -(e)s, -e⟩ **1** = *Wohnsitz(1)* **2** *Zahlungsort (bei Wechseln)* □ **domicílio**

Domp|teur ⟨[-tø:r] m.; -s, -e⟩ *jmd., der wilde Tiere dressiert u. Dressurakte vorführt* □ **domador**

Domp|teu|se ⟨[-tø:zə] f.; -, -n⟩ *weibl. Dompteur* □ **domadora**

Don|ner ⟨m.; -s, -⟩ **1** *beim Gewitter dem Blitz folgendes rollendes, krachendes Geräusch infolge plötzlichen Ausdehnens u. Zurückschlagens der vom Blitz erhitzten Luft; der ~ grollt, kracht, rollt* □ **trovão** 1.1 *wie vom ~ gerührt stehen bleiben od. dastehen regungslos vor Überraschung* □ ***ficar paralisado, como que atingido por um raio** 1.2 ⟨umg.⟩ *(Ausruf der Verwunderung, des Unwillens); ~ und Doria! (Fluch des Gianettino Doria in Schillers „Verschwörung des Fiesco"); Blitz und ~!* □ ***com mil trovões!** **2** ⟨fig.⟩ *rollendes Krachen; der ~ der Geschütze* □ **estrondo; ribombo**

don|nern ⟨V.⟩ **1** ⟨401⟩ *es donnert ein Donner ist zu hören; in der Ferne hat es gerade schwach gedonnert* □ **trovejar** 1.1 ⟨400⟩ *etwas donnert* ⟨a. fig.⟩ *gibt ein donnerndes Geräusch von sich, macht bei einer Bewegung dem Donner ähnlichen Lärm; die Züge ~ über die Brücke; die Maschinen donnerten in der Halle; er hat mit der Faust an die Tür gedonnert; die Lawine war zu Tal gedonnert* □ **troar; ribombar**; *~der Applaus, ~des Lachen* □ **estrondoso; tonitruante 2** ⟨511⟩ *etwas irgendwohin ~* ⟨umg.⟩ *etwas mit Wucht, heftig irgendwohin schleudern; er donnerte die Bücher in die Ecke; er hat den Ball in den Torwinkel gedonnert* □ **arremessar; lançar 3** ⟨400 od. 410; umg.⟩ *laut, brüllend zurechtweisen; Vater hat mächtig wegen unseres Zuspätkommens gedonnert; gleich donnert es!* □ **trovejar**

Don|ners|tag ⟨m.; -(e)s, -e; Abk.: Do⟩ *der vierte Tag der Woche; heute ist ~, der 20. Juli; am nächsten ~* □ **quinta-feira**; → a. *Dienstag*

don|ners|tags ⟨Adv.⟩ *an jedem Donnerstag* □ **às quintas-feiras**; → a. *dienstags*

Don|ner|wet|ter ⟨n.; -s, -⟩ **1** *Gewitter* □ **tempestade; trovoada 2** ⟨umg.; scherzh.⟩ *heftige, laute Schelte, heftige Auseinandersetzung; wenn du heimkommst, gibt's*

od. setzt's ein ~!; ein ~ ging auf ihn nieder □ **trovoada; briga 3** *~!* *(Ausruf der Anerkennung, der bewundernden Überraschung)* □ **caramba! 4** *(Ausruf des Unwillens, der Ungeduld, des Zorns); zum ~ (noch einmal)!* □ ***mas que raio!**

doof ⟨Adj.; umg.; abwertend⟩ **1** *dumm, geistig beschränkt, einfältig, blöd; ein ~er Mensch, Kerl; du bist richtig ~; deinen Einfall finde ich ~* □ **imbecil; idiota 2** *langweilig, einfallslos; der Abend mit deinen Freunden war einfach ~; wir haben dieses Jahr nur ~e Lehrer* □ **chato; enfadonho**

Do|ping ⟨n.; -s, -s; Sp.⟩ *unerlaubte Anwendung leistungssteigernder Medikamente bei Wettkämpfen* □ **doping**

Dop|pel ⟨n.; -s, -⟩ **1** *zweite Ausfertigung eines Schriftstückes, Durchschlag, Duplikat, Kopie; ich habe ein ~ des Vertrages bei mir im Büro* □ **cópia; duplicata; via 2** ⟨Tennis u. a.⟩ *Spiel von jeweils zwei Spielern gegeneinander; Damen~, Herren~* **2.1** *aus zwei Spielern bestehende Mannschaft eines Doppels(2)* **2.2** *gemischtes ~ Mixed, Doppel(2, 2.1) eines gemischten (nicht gleichgeschlechtlichen) Spielerpaares* □ **dupla**

dop|pel|deu|tig ⟨Adj.⟩ *mit zwei Bedeutungen, mit zwei Möglichkeiten der Auslegung, zweideutig; eine ~e Bemerkung machen* □ **ambíguo**

Dop|pel|gän|ger ⟨m.; -s, -⟩ *jmd., der einem anderen täuschend ähnlich sieht; einen ~ haben* □ **sósia**

Dop|pel|gän|ge|rin ⟨m.; -, -rin|nen⟩ *weibl. Doppelgänger* □ **sósia**

Dop|pel|laut ⟨m.; -(e)s, -e; Sprachw.⟩ **1** *aus zwei gleichen Buchstaben (Konsonant od. Vokal) bestehender Laut, z. B. pp oder aa* □ **consoante ou vogal dobrada 2** = *Diphthong*

Dop|pel|le|ben ⟨n.; -; unz.⟩ *ein ~ führen zwei verschiedene Lebensstile nebeneinander führen (oft in der Absicht zu täuschen)* □ **vida dupla**

dop|peln ⟨V. 500⟩ *etwas ~* **1** *Schuhsohle an den Rahmen od. Zwischensohle an die Sohle nähen* **1.1** ⟨österr.⟩ *besohlen* □ **pôr sola**

Dop|pel|punkt ⟨m.; -(e)s, -e⟩ **1** ⟨Gramm.⟩ *aus zwei Punkten bestehendes Satzzeichen (:) vor der direkten Rede, vor angekündigten Sätzen, Satzstücken, Aufzählungen* □ **dois-pontos 2** ⟨Mus.⟩ *zwei Punkte nebeneinander hinter einer Note, der 1. Punkt verlängert die Note um die Hälfte ihres Wertes, der 2. um ein weiteres Viertel* □ **duplo ponto de aumento 3** ⟨Mus.⟩ *zwei Punkte übereinander vor dem doppelten Taktstrich am Ende eines Teilstückes zum Zeichen der Wiederholung* □ **dois-pontos**

dop|pelt ⟨Adj. 24⟩ **1** *noch einmal (so viel), zweimal (so sehr); dieses Grundstück ist ~ so groß wie das andere* □ **duas vezes**; *das macht mir ~ so viel Arbeit* □ **dobro**; *mit ~er Kraft* □ **redobrado**; *das freut mich ~* □ **em dobro**; *das kostet das Doppelte* □ **dobro**; *das Buch besitze ich ~* □ **repetido**; *~ genäht hält besser* ⟨Sprichw.⟩ □ ***um homem prevenido vale por dois**; *geteilte Freude ist ~e Freude* ⟨Sprichw.⟩ □ ***alegria compartilhada, alegria redobrada** 1.1 *in ~er Ausführung in zwei gleichen Ausführungen* □ ***em dupla**

doppeltsehen

realização 1.2 ~e **Buchführung** *zweifache Aufzeichnung, so dass jede Minderung auf einem Konto zugleich als Mehrung auf einem anderen erscheint* □ **escrituração por partidas dobradas* 1.3 einen ~en Haushalt führen, haben *zwei Haushalte nebeneinander führen, haben* □ **cuidar de duas casas* 1.4 Gegenstände, Personen ~ **sehen** *zweimal sehen;* □ **duas vezes; duplicado;** *(aber)* → a. *doppeltsehen* 1.5 dieser Mantel ist um das Doppelte teurer als dieser *ist noch einmal so teuer* □ **duas vezes** 2 *zweideutig, betrügerisch;* ein ~es Spiel spielen 2.1 ~e **Moral,** Moral mit ~em Boden *M. mit je nach Situation u. Interesse verschiedenen Maßstäben* □ **duplo** 3 ⟨heute a.⟩ *zweifach* 3.1 ~ **und dreifach** ⟨umg.⟩ *über das normale Maß hinaus;* ein Paket ~ und dreifach verschnüren; das zählt, wiegt ~ und dreifach □ **duas, três vezes (mais)*

dop|pelt|se|hen ⟨V. 239/400; umg.⟩ *betrunken sein* □ **estar bêbado;** → a. *doppelt (1.4)*

dop|pel|zün|gig ⟨Adj.; abwertend⟩ *falsch, je nach Bedarf anderes sprechend;* ein ~er Mensch □ **falso; fingido**

Do|ra|do ⟨n.; -s, -s⟩ = *Eldorado(2)*

Dorf ⟨n.; -(e)s, Dör|fer⟩ 1 *kleinere ländliche Siedlung mit zumeist landwirtschaftlichen Betrieben* 1.1 → a. **Kirche**(2.1-2.2) 2 *Gesamtheit der Bewohner eines Dorfes(1);* das halbe ~ spricht schon davon; das ganze ~ war auf den Beinen *war anwesend, unterwegs* □ **aldeia; povoado**

Dorn[1] ⟨m.; -(e)s, -en⟩ 1 *aus dem äußeren Gewebe mancher Pflanzen wachsende harte Spitze;* eine Pflanze mit ~en; sich einen ~ in den Fuß treten 1.1 sein Lebensweg war voller ~en ⟨fig.⟩ *sein L. war beschwerlich, mühsam* □ **espinho** 1.2 es war ihm ein ~ im Auge ⟨fig.⟩ *es störte ihn sehr* □ **era uma pedra em seu sapato*

Dorn[2] ⟨m.; -(e)s, -e; Tech.⟩ 1 *spitzer Stahlstab als Werkzeug zum Erweitern von Löchern* □ **mandril** 2 *dünner spitzer Metallstift (an Schnallen)* □ **fuzilão**

dor|nen|voll ⟨Adj.⟩ 1 *voller Dornen* □ **espinhoso; cheio de espinhos** 2 ⟨fig.; geh.⟩ *voller Mühsal u. Leid;* ein ~er Weg □ **espinhoso; penoso**

dor|nig ⟨Adj.⟩ 1 *mit Dornen versehen, besetzt;* ein ~er Ast, Zweig 2 ⟨fig.; geh.⟩ *voller Schwierigkeiten;* einen ~en Weg vor sich haben □ **espinhoso; difícil**

dor|ren ⟨V. 400(s.); poet.⟩ = *dörren(2)*

dör|ren ⟨V.⟩ 1 ⟨500⟩ etwas ~ *am Feuer od. an der Luft austrocknen;* die sengende Hitze dörrte die Steppe; sie hat die Pflaumen im Backofen gedörrt □ **secar; desidratar; dessecar;** gedörrtes Obst; gedörrter Fisch, gedörrtes Fleisch □ **seco** 2 ⟨400(s.)⟩ *dürr werden, vertrocknen;* oV *dorren;* das Gras dörrte in der Sonne □ **secar; estorricar**

Dorsch ⟨m.; -(e)s, -e; Zool.⟩ 1 ⟨i. w. S.⟩ *Angehöriger einer Familie der Knochenfische, die bes. in den kalten u. gemäßigten Zonen der nördlichen Weltmeere leben* 2 ⟨i. e. S.⟩ *junger Kabeljau* 2.1 *in der Ostsee lebende Form des Kabeljaus* □ **bacalhau**

dort ⟨Adv.⟩ 1 *da (weiter weg);* gib mir bitte das Buch ~!; wo ist das Buch? ~ liegt es!; er reist viel umher und ist bald hier, bald ~; ~ hinten, oben, unten, vorn; ~ in der Ecke; ich komme soeben von ~ □ **ali; lá; acolá;** wer ist ~? (am Telefon) □ **quem fala?* 1.1 *an dem Ort, von dem ich spreche;* Ggs *hier;* wir treffen uns dann ~!; von ~ aus sind es noch 10 km; kennst du Berlin? Ja, dort war schon ~; ich möchte gerne ~ bleiben □ **lá** 2 ⟨Getrennt- u. Zusammenschreibung⟩ 2.1 ~ **zu Lande** = *dortzulande*

dort|her ⟨Pronominaladv.⟩ *von* ~ *von dem erwähnten Ort her, aus dieser Richtung, von dort;* er kam von ~ □ **de lá; dali*

dort|hin ⟨Pronominaladv.⟩ *an den erwähnten Ort hin, in diese Richtung, dahin;* geh nicht ~!; er lief da- und ~ und trotzdem fand er nicht den richtigen Weg □ **(para/até) lá; ali; acolá**

dor|tig ⟨Adj. 24/60⟩ *dort befindlich;* der ~e Bürgermeister wird das Weitere veranlassen □ **de lá; dali; (do) local**

dort|zu|lan|de *auch:* **dort zu Lan|de** ⟨Pronominaladv.; geh.⟩ *dort in dem erwähnten Land, in der erwähnten Gegend* □ **naquela/nessa região; daquela/dessa região**

Do|se ⟨f.; -, -n⟩ 1 *kleiner, meist runder od. ovaler, verschließbarer Behälter aus Holz od. Metall usw., Büchse;* Blech~, Butter~, Puder~, Tabaks~, Zucker~; eine flache, vergoldete, leere ~; etwas aus der ~ nehmen □ **caixa; pote; lata** 2 *luftdicht verschlossener Blechbehälter für Lebensmittel;* Konserven~; zwei ~en Milch, Bohnen; eine ~ öffnen, verschließen □ **lata** 3 ⟨umg.⟩ = *Dosis(1.1)* 4 ⟨El.; kurz für⟩ *Steckdose;* den Stecker aus der ~ ziehen □ **tomada**

dö|sen ⟨V. 400; umg.⟩ 1 *schlummern, halb schlafen;* sie hat im Liegestuhl etwas gedöst □ **cochilar** 2 *nicht aufmerksam sein, im Wachen träumen;* du döst vor dich hin □ **devanear; sonhar acordado**

do|sie|ren ⟨V. 500⟩ etwas ~ *zumessen, zuteilen;* ein Medikament richtig ~ □ **dosar**

Do|sis ⟨f.; -, Do|sen⟩ 1 *bestimmte Menge eines die Gesundheit beeinflussenden Stoffes* 1.1 *ärztlich verordnete Menge für die jeweilige Einzelgabe einer Arznei;* oV *Dose(3);* eine kleine, hohe, geringe ~ Chinin □ **dose;** → a. **Überdosis** 2 *jmdm. eine Nachricht, eine Wahrheit in kleinen Dosen beibringen* ⟨fig.⟩ *nach u. nach, schonend, vorsichtig mitteilen* □ **contar a alguém uma notícia/uma verdade em doses homeopáticas*

do|tie|ren ⟨V.⟩ 1 ⟨530⟩ jmdm. etwas ~ *schenken, zuwenden, mit Einkünften versehen* 2 ⟨550⟩ einen Preis mit 5.000 € ~ *ausstatten* □ **dotar; doar**

Dot|ter ⟨n.; -s, - od. m.; -s, -⟩ 1 *das Gelbe im Ei, das dem Keimling zur Nahrung dient;* Sy *Eigelb;* Ei~; das Eiweiß vom ~ trennen (beim Backen) □ **gema** 2 ⟨Bot.⟩ *selten angebaute Ölpflanze, Gattung gelb blühender Kreuzblütler: Camelina;* Lein~, Flachs~ □ **camelina**

Dou|blé *auch:* **Doub|lé** ⟨[dubleː] n.; -s, -s⟩ = *Dublee*

Do|zent ⟨m.; -en, -en⟩ *Lehrer an einer Hochschule, Fachhochschule od. Volkshochschule* □ **docente**

Do|zen|tin ⟨f.; -, -tin|nen⟩ *weibl. Dozent* □ **docente**

Dr. ⟨Abk. für⟩ *Doktor*

Dra|che ⟨m.; -n, -n⟩ 1 *riesiges schlangen- od. echsenartiges Ungeheuer (meist mit feuerspeienden Köpfen), Fabeltier* □ **dragão** 2 = *Drachen(2)*

drängen

Dra|chen ⟨m.; -s, -⟩ **1** *als Spielzeug dienendes Fluggerät mit einem aus Papier od. Stoff bespannten Holzgerüst als Tragfläche, das bei Schrägstellen gegen den Wind in die Höhe steigt u. dabei an einer langen Schnur gehalten wird;* Papier~, Kasten~; einen ~ steigen lassen □ **pipa; papagaio 2** ⟨fig.; umg.; abwertend⟩ *zänkische (bes. weibliche) Person;* oV *Drache(2);* Haus~; sie ist ein (richtiger) ~ □ **megera; víbora**

Dra|gee ⟨[-ˈʒeː] n.; -s, -s od. f.; -, -n⟩ o V *Dragée* **1** *mit einer Zuckermasse überzogene Süßigkeit* **2** *mit Zuckermasse überzogene Pille* □ **drágea; confeito**

Dra|gée ⟨[-ˈʒeː] n.; -s, -s od. f.; -, -n⟩ = *Dragee*

Dra|go|ner ⟨m.; -s, -⟩ **1** ⟨Mil.⟩ 1.1 ⟨urspr.⟩ *berittener Infanterist* 1.2 ⟨dann⟩ *Kavallerist* 1.3 ⟨heute⟩ *leichter Reiter* □ **dragão 2** ⟨österr.⟩ *Rückenspange an Rock od. Mantel* □ **regulador de cintura 3** ⟨fig.; umg.; scherzh.; abwertend⟩ *sehr energische, derbe Person* □ **dragão**

Draht ⟨m.; -(e)s, Drähte⟩ **1** *schnurartig ausgewalztes od. ausgezogenes Metall;* eine Wiese mit ~ einzäunen □ **arame** 1.1 ⟨umg.⟩ *Fernsprech-, Fernschreibleitung;* eine Nachricht per ~ übermitteln □ **telefone; telégrafo** 1.2 *auf* ~ *sein* ⟨fig.⟩ *in Ordnung, einsatzbereit, in Schwung, gesund, intelligent sein;* der Junge ist auf ~; ich bin heute nicht auf ~ □ *****estar em forma 2** *mit Pech getränktes Hanfgarn als Nähfaden des Schuhmachers* □ **fio de cânhamo**

drah|tig ⟨Adj.⟩ **1** *wie Draht, fest, stark, hart;* sein Haar ist ~ □ **duro; rígido 2** ⟨fig.⟩ *kräftig, sehnig, körperlich gewandt, sportlich trainiert;* ein ~er Mann □ **robusto; musculoso**

Draht|zie|her ⟨m.; -s, -⟩ **1** *Drahthersteller* □ **fabricante de arame 2** ⟨fig.; abwertend⟩ *jmd., der durch andere seinen Willen ausführen lässt u. dabei selbst im Hintergrund bleibt;* die ~ des Komplotts sind bisher noch nicht gefasst worden □ **maquinador; intriguista**

Drai|na|ge ⟨[drɛnaˈʒə] f.; -, -n⟩ **1** ⟨Med.⟩ *Abfluss von Wundflüssigkeit nach außen mit Hilfe eines Stoffstreifens od. eines Röhrchens* **2** ⟨österr., schweiz. Schreibung für⟩ *Dränage* □ **drenagem**

dra|ko|nisch ⟨Adj.⟩ *sehr streng, rücksichtslos, hart durchgreifend;* ~e Maßnahmen ergreifen □ **draconiano**

drall ⟨Adj.; meist abwertend⟩ *derb, stämmig, rund u. fest, stramm, pausbäckig (von Personen, bes. Mädchen od. Kindern);* eine ~e Kellnerin □ **gorducho**

Drall ⟨m.; -(e)s, -e⟩ **1** *Drehung, Drehbewegung;* die Kugel hat einen deutlichen ~ nach links 1.1 *die durch eine Drehbewegung entstehende Abweichung nach der Seite* □ **giro** 1.1.1 ⟨fig.⟩ *starke Neigung, Tendenz;* politisch hat er einen ~ nach rechts, links □ **propensão; tendência 2** *Windung der Züge im Rohr von Feuerwaffen* 2.1 *durch die Züge den Geschossen verliehene Drehbewegung um ihre Längsachse nach rechts od. links, um das Überschlagen zu verhindern;* Rechts~; Links~ □ **estria 3** ⟨Phys.⟩ *zurückstrebende Kraft eines am Faden hängenden Körpers, der aus seiner Ruhelage verdreht wurde* **4** ⟨Spinnerei⟩ *bei Garn die Anzahl der Drehungen auf eine bestimmte Fadenlänge* □ **torção**

Dra|ma ⟨n.; -s, Dramen⟩ **1** *Schauspiel;* ein ~ aufführen, schreiben, inszenieren; ~ in fünf Akten; ein ~ von Shakespeare; das deutsche ~; das ~ zur Zeit Goethes **2** *aufregendes (trauriges) Geschehen;* das ist das reinste ~! □ **drama**

Dra|ma|tik ⟨f.; -; unz.⟩ **1** *das Schauspiel betreffende Dichtkunst* □ **arte dramática 2** *(Ergriffenheit, Begeisterung verbreitende) Spannung, Aufregung;* ein Vortrag von außergewöhnlicher ~ □ **dramaticidade**

dra|ma|tisch ⟨Adj.⟩ **1** *das Schauspiel od. die Dramatik betreffend, dazu gehörig, darauf beruhend* **2** ⟨fig.⟩ *spannend, bewegt, lebendig, mitreißend* □ **dramático**

dran ⟨Pronominaladv.; umg.⟩ **1** = *daran* **2** *an der Reihe;* ich bin jetzt (noch nicht) ~ □ *****(ainda não) é a minha vez;* → a. *drauf(1.2), drum(1.2-1.3)*

Drä|na|ge ⟨[-ʒə] f.; -, -n⟩ **1** *Entwässerung des Bodens* 1.1 *(aus Gräben, Rohren o. Ä. bestehende) Anlage zur Entwässerung des Bodens* □ **drenagem;** → a. *Drainage*

Drang ⟨m.; -(e)s, Dränge⟩ **1** ⟨selten⟩ *Druck, Zwang;* im ~ der Zeit □ **pressão 2** *dringendes körperliches Bedürfnis;* ~ zum Wasserlassen ⟨Med.⟩ □ **necessidade; urgência;** Harn~, Stuhl~ □ **tenesmo** ⟨fig.⟩ *innerer Trieb, starkes Bedürfnis nach etwas, Sehnsucht;* ~ nach Freiheit, Rache; etwas aus innerem ~ tun; einen unwiderstehlichen, plötzlichen, heftigen ~ in sich fühlen, verspüren; von einem ~ nach etwas ergriffen, besessen sein □ **ímpeto; impulso; ânsia 4** → a. *Sturm¹(6)*

drän|geln ⟨V.; umg.⟩ **1** ⟨402⟩ ⟨jmdn.⟩ ~ *in einer Menge unablässig drücken (u. zur Seite schieben), um rasch irgendwohin zu gelangen;* nicht so ~!; wer drängelt da so?; er drängelte ihn in eine Ecke; die Leute drängelten ihn an ihre Seite, aus der Tür □ **empurrar; afastar empurrando** 1.1 ⟨500/Vr 3⟩ *sich* ~ *sich unablässig schiebend u. drückend zu einem Ziel bewegen;* du drängelst dich umsonst; die Leute ~ sich in dem überfüllten Zug □ *****empurrar-se; acotovelar-se 2** ⟨402⟩ ⟨jmdn.⟩ ~ *auf jmdn. hartnäckig u. unablässig einreden, um ihn zu bewegen, etwas zu tun;* das Kind hat so lange gedrängelt, bis ich nachgegeben habe; der Gastwirt drängelte (die Gäste) zum Aufbruch □ **instar; insistir**

drän|gen ⟨V.⟩ **1** ⟨400⟩ *in einer Menge schieben u. drücken, um ein Ziel zu erreichen;* die Leute drängten so, dass die Türen nicht geöffnet werden konnten; Tausende drängten sich vor den Kinoeingängen □ **forçar; empurrar(-se);** der Saal war gedrängt voll □ *****o salão estava apinhado/lotado 2** ⟨500/Vr 7 od. Vr 8⟩ *jmdn.* ~ *schiebend u. drückend vorwärtsbewegen;* die Polizei drängt die Demonstranten von der Straße □ **impelir; empurrar;** sich durch die Menge ~ □ **acotovelar-se** 2.1 ⟨500⟩ *sich in den Vordergrund* ~ ⟨a. fig.⟩ *die Aufmerksamkeit auf sich lenken (wollen)* □ *****(querer) passar para o primeiro plano** 2.2 ⟨511 od. 550/Vr 3⟩ *sich zwischen die Streitenden* ~ ⟨meist fig.⟩ *zwischen S. zu vermitteln suchen* □ *****colocar-se entre os litigantes** 2.3 ⟨550/Vr 3⟩ *sich an die Wand* ~ *lassen* ⟨a. fig.⟩ *sich zurücksetzen lassen, zu bescheiden sein* □ *****deixar-se ofuscar** **3** ⟨500⟩ *jmdn.* ~ ⟨fig.⟩ *antreiben, zur Eile mahnen;* ~ Sie mich nicht!; ich lasse mich nicht ~; einen Schuldner ~ □ apressar; pressionar 3.1 ⟨580 od. 515⟩ **jmdn. zu etwas ~** *antreiben, etwas zu tun;* er drängte ihn, den Antrag zu unterschreiben; lass dich nicht zu dieser Entscheidung ~ □ **pressionar; forçar** 3.1.1 ⟨580/Vr 3⟩ es drängt mich, Ihnen zu sagen ... *ich muss Ihnen sagen ...* □ *sinto-me **obrigado a lhe dizer que... 4** ⟨800⟩ **auf etwas ~** *etwas fordern;* die Politiker ~ auf eine Entscheidung □ **exigir;** auf Drängen von Herrn X □ *por exigência do senhor X **5** ⟨400⟩ etwas drängt *eilt, erfordert schnelles Handeln;* die Zeit drängt; es drängt nicht □ **urgir;** das Geschehen drängt zur Entscheidung □ **levar**

Drang|sal ⟨f.; -, -e; geh.⟩ *Leiden, Not, bedrängte Lage, Qual;* die ~e des Krieges; ~ des Lebens □ **tormento; sofrimento**

drang|voll ⟨Adj.; geh.⟩ **1** *(räumlich) sehr gedrängt* □ **apinhado; lotado 2** ⟨fig.⟩ *voll von Bedrängnis, sehr bedrückend;* in ~ fürchterlicher Enge (poet.) □ **aflitivo; opressivo**

dran∥kom|men ⟨V. 170/400(s.); umg.⟩ *an die Reihe kommen;* in der Schule, beim Deutsch-, Mathematikunterricht ~ □ **ser/chegar a vez de**

dra|pie|ren ⟨V. 500⟩ etwas ~ **1** *künstlerisch, wirkungsvoll gestalten, schmücken, anordnen* □ **guarnecer; decorar** 1.1 Stoff ~ *kunstvoll in Falten legen* □ **drapejar**

dras|tisch ⟨Adj.⟩ **1** ~e Arznei *schnell wirkende A.* **2** ~e Maßnahmen *sehr wirksam;* Missstände mit ~en Mitteln beseitigen; zu ~en Maßnahmen greifen **3** *derb, deutlich, handgreiflich;* einen Sachverhalt ~ ausdrücken, erklären; er wurde sehr ~ □ **drástico**

drauf ⟨Adv.; umg.⟩ **1** = *darauf* 1.1 ~! *(Ruf zur Ermunterung bei Raufereien);* immer feste ~! □ ***vamos!; força!** 1.2 ~ **und dran sein** *unmittelbar bereit, schon entschlossen sein;* ich war ~ und dran aufzugeben □ ***estar a ponto de; estar prestes a**

Drauf|gän|ger ⟨m.; -s, -⟩ *jmd., der viel wagt, ohne sich zu besinnen;* er war schon immer ein ~; er ist ein kühner ~ □ **pessoa corajosa/temerária**

drauf∥le|gen ⟨V. 500; umg.⟩ etwas ~ *zu etwas dazulegen, zusätzlich (zu einem Betrag) zahlen;* dafür musste ich noch einen Hunderter ~ □ **acrescentar**

drauf|los ⟨Adv.⟩ *in Richtung auf etwas, gegen etwas;* immer ~! □ **diretamente; em frente**

drauf|los∥re|den ⟨V. 400; umg.⟩ *rasch u. unüberlegt anfangen zu reden* □ **desatar a falar**

draus ⟨Pronominaladv.; umg.⟩ = *daraus*

drau|ßen ⟨Adv.⟩ **1** *außerhalb, nicht in diesem Raum;* Ggs *drinnen;* ich warte solange ~; wer ist ~?; ~ vor der Tür □ **(do lado de) fora** 1.1 er ist wieder ~ ⟨fig.; umg.⟩ *aus der Justizvollzugsanstalt entlassen* □ ***foi solto novamente 2** *nicht hier, weit entfernt;* ~ in der Welt; ~ auf dem Lande □ **bem longe** 2.1 die Fischer sind noch ~ *auf dem Meer* □ **no mar**

drau|ßen∥blei|ben ⟨V. 114/400(s.)⟩ *außerhalb (eines Raumes) bleiben;* du musst ~; bleib draußen! □ **ficar do lado de fora**

drech|seln ⟨[-ks-] V. 500⟩ **1** etwas ~ *aus Holz, Horn u. a. auf der Drehbank u. mit Schneidwerkzeugen herstellen;* einen Becher ~; gedrechselte Tischbeine □ **tor-**

near **2** ⟨fig.⟩ *kunstvoll formen;* ein Gedicht ~; Schmeicheleien ~ □ **tornear; burilar;** gedrechselte Worte, Sätze □ **torneado; burilado** 2.1 wie gedrechselt *steif, künstlich, ohne Leben* □ **burilado; apurado**

Dreck ⟨m.; -(e)s; unz.; umg.⟩ **1** *Schmutz, Schlamm;* in den ~ fallen; etwas in den ~ schmeißen (derb) □ **imundície; lama** 1.1 voll ~ und Speck *sehr schmutzig* □ ***imundo** 1.2 du hast wohl ~ in den Ohren? ⟨derb⟩ *du bist wohl schwerhörig* □ ***você está com o ouvido entupido?** 1.3 jmdn. wie ~ (am Stiefel) behandeln *sehr schlecht, verächtlich behandeln* □ ***tratar alguém como cachorro** 1.4 der hat selber ~ am Stecken ⟨fig.⟩ *der hat selbst kein reines Gewissen (u. soll also nicht schlecht über andere reden)* □ ***ele tem culpa no cartório** 1.5 etwas in den ~ ziehen ⟨fig.⟩ *abfällig, hässlich über etwas sprechen* □ ***falar mal de; denegrir** 1.6 jmdn. mit ~ bewerfen ⟨a. fig.⟩ *etwas Hässliches von jmdm. sagen* □ ***difamar/caluniar alguém;** → a. *Karre* (3.2-3.3) **2** Kehricht □ **lixo 3** *Kot; Fliegen~; Mäuse~* □ **fezes; excrementos 4** ⟨fig.; umg.⟩ *Schwierigkeit, Notlage* 4.1 jetzt sind wir aus dem gröbsten, ärgsten, schlimmsten ~ heraus *jetzt haben wir die größten Schwierigkeiten überwunden* □ **dificuldade; enrascada** 4.2 da sitzen wir schön im ~! ⟨fig.⟩ *da sind wir mitten in den Schwierigkeiten drin* □ ***estamos na pior! 5** ⟨fig.⟩ *wertlose, verächtliche Kleinigkeit, Plunder;* ich muss mich um jeden ~ (selbst) kümmern □ **bobagem** 5.1 jmdn. wie den letzten ~ behandeln *sehr schlecht, verächtlich behandeln* □ ***tratar alguém como cachorro** 5.2 anderen Leuten ihren ~ nachräumen od. wegräumen ⟨derb⟩ *von anderen Leute Liegengelassenes aufräumen* □ **bagunça** 5.3 mach deinen ~ allein! ⟨derb⟩ *mach deine Arbeit allein, mach was du willst, ich kümmere mich nicht mehr darum!* □ ***faça como bem entender! 6** einen ~ ⟨fig.; derb⟩ *sehr wenig, gar nichts;* du verstehst einen ~ davon; das geht dich einen an; das kümmert mich einen ~; die Sache ist einen ~ wert □ ***patavina; nada; nem um pouco**

dre|ckig ⟨Adj.⟩ **1** *voller Dreck, schmutzig;* ~e Hände, Schuhe; eine ~e Wohnung; er hat sich bei der Arbeit ~ gemacht; die Straße ist ~ □ **sujo; imundo** 1.1 ~ und speckig ⟨umg.⟩ *schmutzig u. unappetitlich;* seine Kleidung war ~ und speckig □ ***nojento; ensebado 2** ⟨fig.; umg.⟩ *eklig, obszön, unanständig;* eine ~e Bemerkung; einen ~en Witz erzählen □ **sujo; indecente 3** ⟨50⟩ *hämisch, unangenehm;* er lachte, grinste ~ □ **sarcástico; malicioso 4** ⟨50⟩ jmdm. geht es ~ ⟨umg.⟩ *jmdm. geht es (finanziell) schlecht* □ ***estar na pior; estar na pindaíba**

Dreh ⟨m.; -(e)s, -e⟩ **1** *Drehung, Drehbewegung;* einem Gegenstand einen ~ nach rechts, links geben □ **giro; volta 2** ⟨fig.; umg.⟩ *entscheidender Handgriff, Kunstgriff, Weg zur Lösung eines Problems;* übler ~; auf einen ~ verfallen □ **jeito** 2.1 den ~ heraushaben, weghaben *wissen, wie man etwas machen muss;* man zu etwas kommt □ ***pegar o jeito; descobrir o segredo/truque** 2.2 er wird schon den rechten ~ finden *er wird schon merken, wie er es machen muss;* ich habe den richtigen ~ noch nicht gefunden, leider noch nicht weg ☐ *encontrar o jeito certo 2.3 auf den ~ wäre ich nicht **gekommen!** *auf diese Idee* ☐ *eu nunca teria tido essa ideia!; eu nunca teria pensado nisso!* **3** im ~ sein ⟨fig.; umg.⟩ *in der Arbeit stecken* ☐ *estar mergulhado no trabalho*

Dreh|bank ⟨f.; -, -bän|ke⟩ *Werkzeugmaschine, die ein Werkstück um eine horizontale Achse in Drehung versetzt, das dann mit Schneidwerkzeugen bearbeitet wird* ☐ torno

Dreh|be|we|gung ⟨f.; -, -en⟩ *drehende Bewegung* ☐ movimento giratório/circular

Dreh|buch ⟨n.; -(e)s, -bü|cher⟩ *Manuskript für Filmaufnahmen, in dem die Szenen in Einstellungen (kleinste Aufnahmeeinheiten) geteilt u. mit Hinweisen für Akustik u. Optik versehen sind* ☐ roteiro

dre|hen ⟨V.⟩ **1** ⟨500⟩ jmdn. od. etwas ~ *um eine Achse od. einen Punkt bewegen;* er dreht seine Partnerin im Walzertakt; eine Kurbel, einen Handgriff ~; einen Kreisel ~ ☐ girar; virar; rodar; einen Gegenstand in ~de Bewegung versetzen ☐ giratório; → a. *Daumen(1.1, 1.4), Ding²(1.3)* **1.1** ⟨411⟩ an etwas ~ *etwas od. einen Teil von etwas anfassen, so dass es sich um seine Achse bewegt;* nervös drehte sie an ihrem Knopf; er dreht am Radio, um den gesuchten Sender einzustellen ☐ torcer; girar **1.1.1** da muss doch jmd. daran gedreht haben ⟨a. fig.⟩ *darauf eingewirkt, etwas verändert, etwas entzweigebrochen haben* ☐ mexer; interferir **1.1.2** daran lässt sich nichts ~ ⟨fig.⟩ *daran lässt sich nichts ändern, da ist nichts zu machen* ☐ *não há o que fazer/mudar* **1.2** ⟨500⟩ den Leierkasten ~ *durch Drehen der Kurbel zum Ertönen bringen* ☐ *tocar o realejo* **2** ⟨500/Vr 3⟩ sich ~ *sich in Bewegung um einen Punkt außerhalb seiner selbst od. um die eigene Achse befinden;* dreh dich bitte einmal (beim Anprobieren); die Räder ~ sich; die Erde dreht sich um die Sonne; sich im Tanze ~ ☐ *virar--se; girar* **2.1** ⟨531/Vr 3⟩ jmdm. dreht sich alles vor den Augen, im Kreis *jmdm. ist schwindlig* ☐ *sentir tontura; sentir tudo girar* **2.2** ⟨Part. Präs.⟩ jmdm. ist ganz ~d (im Kopf) *jmdm. ist schwindlig* ☐ tonto; zonzo **2.3** ⟨513/Vr 3⟩ etwas od. jmd. dreht sich im Kreise ⟨a. fig.⟩ *kommt nicht vorwärts* ☐ *girar em círculos* **2.4** ⟨500/Vr 3⟩ sich ~ u. winden ⟨fig.⟩ *Ausflüchte machen* ☐ *usar de rodeios; servir-se de subterfúgios* **3** ⟨550/ Vr 3 unpersönl.⟩ es dreht sich um jmdn. od. etwas ⟨fig.⟩ *es handelt sich um jmdn. od. etwas;* in dem Roman dreht es sich um einen Politiker; es dreht sich darum, dass er nie pünktlich ist ☐ *tratar-se de alguém ou alguma coisa* **3.1** ⟨550/Vr 3⟩ alles dreht sich um ihn *er ist Mittelpunkt, jeder kümmert sich nur um ihn* ☐ *tudo gira em torno dele* **4** ⟨500/Vr 7 od. Vr 8⟩ jmdn. od. etwas in eine bestimmte Richtung) ~ *jmdn. od. etwas eine andere Richtung geben;* er dreht seinen Kopf nach rechts; der Arzt versuchte, den Verletzten auf die Seite zu ~ **4.1** der Fahrer drehte (sein Fahrzeug) *lenkte sein Fahrzeug in die Gegenrichtung* ☐ virar **5** ⟨530⟩ jmdm. den Rücken ~ *zudrehen, zuwenden* ☐ *virar as costas para alguém* **6** ⟨513; fig.⟩ etwas in bestimmter Weise ~ *verdrehen,* ⟨in der Bedeutung⟩ *verändern* **6.1** er dreht alles, alle Worte so, wie er es braucht *legt es so aus, versteht es nur so* ☐ distorcer; alterar **6.2** wie man es auch dreht und wendet ⟨fig.⟩ *von welcher Seite man die Angelegenheit auch betrachtet* ☐ *seja qual for a visão/opinião a respeito* **7** ⟨411 od. 511/Vr 3⟩ (sich) ~ *seine Stellung durch eine Bewegung um die eigene Achse verändern;* er drehte sich in die falsche Richtung; der Wind hat (sich) gedreht ☐ *virar(-se)* **7.1** das Schiff dreht (sich) nach Backbord *wechselt seinen Kurs in Richtung B. (nach rechts)* ☐ *o navio vira a bombordo* **8** Gegenstände ~ *durch eine kreisende Bewegung herstellen, ver- od. bearbeiten* ☐ tornear; enrolar **8.1** einen Film ~ *produzieren, herstellen* ☐ rodar **8.2** Stricke ~ *flechten, winden* ☐ entrelaçar; torcer; → a. *Strick(2.1)* **8.3** Pillen ~ *rund formen* ☐ preparar **8.4** eine Zigarette ~ *herstellen, indem Zigarettenpapier um Tabak gerollt wird* ☐ enrolar **8.5** ein Werkstück ~ *auf der Drehbank (aus Metall) anfertigen;* eine kupferne Hülse ~; ein Schraubengewinde ~ ☐ tornear **8.6** Fleisch durch den Wolf ~ *im Fleischwolf zerkleinern* ☐ moer

Dre|her ⟨m.; -s, -⟩ **1** *Arbeiter an einer Drehbank* ☐ torneiro **2** *Handgriff zum Drehen, bes. Türgriff* ☐ manivela; maçaneta **3** ⟨Anat.⟩ *zweiter Wirbel der Landwirbeltiere: Epistropheus, Axis* ☐ áxis **4** *volkstümlicher Tanz, Ländler* ☐ valsa regional

Dreh|or|gel ⟨f.; -, -n; Mus.⟩ *fahr- od. tragbare Kleinorgel, bei der eine Kurbel den Blasebalg sowie eine Walze mit Stiften betätigt, die die Ventile der Pfeifen öffnen;* Sy *Leierkasten* ☐ realejo

Dreh|schei|be ⟨f.; -, -n⟩ **1** *drehbare Scheibe mit Schiene zum Wenden u. Umsetzen von Schienenfahrzeugen* ☐ placa/plataforma giratória **2** *früher mit dem Fuß, heute mechanisch drehbare Töpferscheibe, auf der Gegenstände aus Ton geformt werden* ☐ torno de oleiro

Dre|hung ⟨f.; -, -en⟩ *das Drehen, Sichdrehen (um eine Achse), Umdrehung, Wendung* ☐ giro; volta

drei ⟨Numerale.; Gen. -er, insofern kein vorangehendes Wort den Kasus kennzeichnet; in Ziffern: 3⟩ → a. *achte(r, -s), vier* **1** *erste ungerade Primzahl; die ersten ~* ☐ três **1.1** ~ viertel *drei Teile eines in vier gleichmäßige Teile geteilten Ganzen umfassend; das Glas ist ~ viertel voll* ☐ três quartos **1.1.1** es ist ~ viertel fünf (Uhr) *4.45 od. 16.45 Uhr* ☐ *são quinze para as cinco* **2** ⟨fig.⟩ **2.1** wir haben bisher keine ~ Worte miteinander gewechselt *wir kennen uns kaum* ~ *até agora mal trocamos duas palavras* **2.2** nicht bis ~ zählen können *sehr dumm sein* ☐ *não saber contar até três* **2.3** ehe man bis ~ zählen konnte, war er wieder da *sehr schnell, im Nu* ☐ *num piscar de olhos ele já estava de volta* **2.4** ich will es in ~ Worten erklären *kurz erklären* ☐ *quero explicar em poucas palavras* **2.5** ~ Kreuze hinter jmdm. od. einer Sache machen ⟨umg.⟩ *froh sein, dass jmd. fort od. eine S. vorüber ist* ☐ *dar graças a Deus (por alguém ter ido embora/por alguma coisa ter terminado)* **3** unter ein Schriftstück ~ Kreuze machen *ein Zeichen in dieser Form anstelle der Unterschrift machen, wenn man des Schrei-*

bens unkundig ist ☐ **assinar em cruz* **4** ⟨Getrennt- u. Zusammenschreibung⟩ 4.1 ~ *Mal* = *dreimal*

Drei ⟨f.; -, -en⟩ **1** *die Ziffer 3* ☐ *três* 1.1 ⟨umg.⟩ *die Straßenbahn-, Buslinie Nr. 3; mit der ~ fahren; in die ~ umsteigen* ☐ *linha três* **2** *befriedigend (als Schulnote, Zensur); eine ~ schreiben; eine Prüfung mit (einer) „~" bestehen* ☐ *três (nota equivalente ao 6 ou 7 no Brasil)*

Drei|eck ⟨n.; -(e)s, -e; Geom.⟩ *geometrische Figur mit drei Ecken: durch die kürzesten Verbindungen dreier, nicht auf einer Geraden liegenden Punkte begrenzte Fläche* ☐ *triângulo*

drei|eckig ⟨Adj. 24⟩ *in Form eines Dreiecks, mit drei Ecken* ☐ *triangular*

drei|fach ⟨Adj. 24; in Ziffern: 3fach/3-fach⟩ *dreimal(ig), dreifältig; ein ~es Hoch auf das Geburtstagskind!; ein Stück Papier ~ falten, legen; ein Schriftstück in ~er Ausfertigung; dieser bezaubernde Hut kostet das Dreifache von jenem* ☐ *triplo; três (vezes);* → a. *doppelt(3.1)*

Drei|kö|nigs|fest ⟨n.; -(e)s, -e⟩ *Fest der Heiligen Drei Könige, 6. Januar* ☐ *dia de Reis; epifania*

Drei|li|ter|au|to ⟨n.; -s, -s⟩ *umweltfreundliches Auto, das nur drei Liter Kraftstoff pro 100 km verbraucht; die serienmäßige Produktion des ~s* ☐ *carro de três litros*

drei|mal ⟨Adv.; in Ziffern: 3-mal⟩ *dreifach wiederholt; muss man dir immer alles ~ sagen?* ☐ *três vezes*

drein ⟨Adv.; umg.⟩ = *darein*

drein|re|den ⟨V. 600; umg.⟩ *jmdm. ~ unaufgefordert dazwischenreden, unterbrechen, sich einmischen, es anders haben wollen; ich lasse mir in meine Arbeit nicht, von niemandem ~* ☐ *meter o nariz (em); interferir*

drei|ßig ⟨Numerale 11; in Ziffern: 30⟩ *dreimal zehn; er ist ~ (Jahre alt); über ~, unter ~; jmd. ist Mitte, Ende (der)* dreißig, *über die* dreißig ☐ *trinta;* → a. *achtzig*

Drei|ßig ⟨f.; -, -en⟩ *die Zahl 30* ☐ *trinta*

dreist ⟨Adj.; abwertend⟩ *keck, unverfroren, anmaßend, frech; ein ~es Benehmen; eine ~e Bemerkung; etwas ~ fordern, sagen, behaupten; ein ~es Kind* ☐ *(de modo) atrevido/insolente*

drei|vier|tel (alte Schreibung für) *drei viertel*

Drei|vier|tel|stun|de ⟨f.; -, -n⟩ *drei Viertel einer ganzen Stunde, 45 Minuten; er kommt in einer ~* ⟨oder⟩ *in drei viertel Stunden* ☐ *quarenta e cinco minutos; três quartos de hora*

drei|zehn ⟨Numerale 11; in Ziffern: 13⟩ **1** *drei und zehn; um (das Jahr) ~hundert (1300); im Jahre (neunzehnhundert)~ (1913)* ☐ *treze* **2** *jetzt schlägt's ~!* ⟨fig.; umg.⟩ *jetzt habe ich aber genug!* ☐ **agora chega!; já passou dos limites!*

Drei|zim|mer|woh|nung ⟨f.; -, -en; in Ziffern: 3-Zimmer-Wohnung⟩ *aus drei Zimmern, Bad u. Küche bestehende Wohnung* ☐ *apartamento de três dormitórios*

Dres. ⟨Abk. für lat.⟩ *doctores (Doktoren); ~ Becker und Schmidt* ☐ *doutores*

Dre|sche ⟨f.; -; unz.; umg.⟩ *Schläge, Prügel; ~ bekommen* ☐ *surra*

dre|schen ⟨V. 121/500⟩ **1** *Getreide ~ durch Schlagen die Körner des Getreides aus den Ähren od. Hülsenfrüchten aus den Schoten lösen; auf dem Felde, auf der Tenne ~; du drischst den Weizen mit der Dreschmaschine; die Bauern sind beim Dreschen* ☐ *malhar,* → a. *leer(3.2)* 1.1 ⟨leere⟩ *Phrasen ~* ⟨fig.⟩ *mit großen Worten leere Redensarten vorbringen* ☐ **fazer um discurso vazio* 1.2 *Skat* ⟨fig.; umg.⟩ *eifrig S. spielen* ☐ *jogar* **2** ⟨Vr 8⟩ *jmdn. ~* ⟨fig.; umg.⟩ *jmdn. prügeln; er hat ihn grün und blau gedroschen; sie droschen sich windelweich* ☐ *descer/meter o braço em alguém* **3** *etwas ~* ⟨fig.; umg.⟩ *mit Wucht irgendwohin schlagen; er drischt auf die Tasten* ☐ *martelar, er drosch den Ball ins Tor* ☐ *lançar com força*

Dress ⟨m.; - od. -es, -e od. österr. a. -en⟩ **1** *Bekleidung für einen bestimmten Zweck od. Anlass, bes. für eine Sportart; Sport~, Reit~, Tennis~* ☐ *traje; uniforme* 1.1 ⟨salopp⟩ *auffällige Kleidung; in diesem ~ kannst du nicht zu der Feier gehen* ☐ *roupa chamativa*

dres|sie|ren ⟨V. 500⟩ **1** *Tiere ~ = abrichten(1)* 1.1 ⟨550⟩ *einen Hund auf den Mann ~ so abrichten, dass er auf Zuruf Menschen angreift* ☐ **treinar um cão para atacar pessoas* **2** *Speisen ~ gefällig anrichten* ☐ *enfeitar; decorar* **3** *Filzhüte ~ in eine Form pressen* ☐ *ajeitar (apertando)*

Dres|sur ⟨f.; -, -en⟩ **1** *das Dressieren, Abrichten* **2** *Vorführen einer Dressur(1)* 2.1 *Dressurreiten (als Disziplin des Reitsports)* ☐ *adestramento*

drib|beln ⟨V. 400; Fußb.⟩ *den Ball mit kurzen u. schnellen Schritten vor sich hertreiben, ohne ihn abzuspielen* ☐ *driblar*

Drill ⟨m.; -(e)s; unz.⟩ *strenge Art u. Weise der Wissensvermittlung (durch häufiges, energisches Wiederholen des Lernstoffes)* ☐ *treino; adestramento*

dril|len ⟨V. 500⟩ **1** *etwas ~ mit dem Drillbohrer bohren* ☐ *perfurar; verrumar* **2** *die Saat ~* ⟨Landw.⟩ *mit der Drillmaschine in Reihen, Furchen säen* ☐ *semear em fila* **3** ⟨Vr 7⟩ *jmdn. ~ streng erziehen, hart ausbilden; die Schüler für die letzte Prüfung ~* ☐ *treinar; educar com rigor* 3.1 ⟨Mil.⟩ *jmdm. besondere Bewegungen u. Handgriffe mit der Waffe, die im Ernstfall Zeit u. Verluste sparen sollen, mechanisch u. monoton u. gleichzeitig hart einüben; Rekruten ~* ☐ *treinar; adestrar*

Dril|ling[1] ⟨m.; -s, -e⟩ *Triebrad, Getriebe einer Mühle* ☐ *roda motriz*

Dril|ling[2] ⟨m.; -s, -e⟩ **1** *mit zwei andern gleichzeitig im Mutterleib entwickeltes Kind* ☐ *trigêmeo* **2** *Jagdgewehr mit drei Läufen für Kugel u. Schrot* ☐ *espingarda de três canos*

drin ⟨Adv.; umg.⟩ **1** = *darin* 1.1 ⟨nicht⟩ *~ sein* ⟨fig.⟩ *(nicht) gehen, (nicht) möglich sein, (keinen) Sinn, Zweck haben, sich (nicht) lohnen; er sagt, das sei nicht ~; da ist noch alles ~; das ist in dieser Angelegenheit einfach nicht ~* ☐ **(não) ser possível/viável*

drin|gen ⟨V. 122⟩ **1** ⟨411(s.)⟩ *sich einen Weg bahnen, drängen; Flüssigkeit dringt aus einem undichten Behälter; aus dem Kessel ~ Dämpfe* ☐ *sair; vazar; escapar; das Gerücht, der Lärm drang bis zu uns* ☐ *chegar; durch das Gebüsch ~* ☐ *passar; die Kälte drang uns durch die Kleider; der Feind drang durch* unsere Stellungen; die Kugel drang ihm ins Herz □ **penetrar; atingir** 1.1 aus dem Zimmer drang Geschrei *ertönte, klang* □ **ouviram-se gritos vindos do quarto* 1.2 das Lied dringt zu Herzen *geht nahe, berührt innerlich* □ **tocar; comover** 1.3 es dringt mir durchs Herz ⟨fig.⟩ *es verursacht mir tiefen Schmerz* □ **causa-me profundo pesar* 1.4 ich fühlte mich gedrungen, die Wahrheit zu sagen *ich hatte das Bedürfnis, die W. zu sagen* □ **senti-me impelido a dizer a verdade* **2** ⟨800 (s.)⟩ **in jmdn. ~** ⟨fig.; geh.⟩ *jmdn. mit Bitten u. Ä. bedrängen, bestürmen;* versuche nicht, in mich zu ~, denn das wäre aussichtslos □ **atormentar alguém* **3** ⟨800⟩ **auf etwas ~** *etwas mit Nachdruck verlangen, auf etwas bestehen;* auf Antwort ~; auf Zahlung ~ □ **insistir em alguma coisa; instar alguma coisa*

drin|gend ⟨Adj.⟩ **1** *eilig, drängend, keinen Aufschub duldend;* Sy *dringlich;* ein ~er Brief; ein ~es Geschäft; eine ~e Verpflichtung; ich brauche das Buch ~; die Sache ist sehr ~; es ist ~ erforderlich, notwendig, dass ... □ **urgente(mente)** 1.1 ~e **Gefahr** *unmittelbar drohende G.* □ **iminente 2** *sehr wichtig, nachdrücklich;* einem ~en Bedürfnis abhelfen; hier handelt es sich um eine ~e Notwendigkeit □ **importantíssimo** 2.1 ein ~es **Ferngespräch, Telegramm** *ein vorrangiges F., T.* □ **urgente; prioritário** 2.2 es besteht der ~e Verdacht, dass ... *der eindeutige, begründete, zwingende V.* 2.3 er ist der Tat ~ verdächtig *es scheint eindeutig, dass er die Tat begangen hat* □ **forte(mente)** 2.4 ich kann im Augenblick nur das Dringendste erledigen *das Notwendigste, Wichtigste, besonders Eilige* □ **o mais importante/urgente 3** *inständig, flehentlich, eindringlich;* seine ~e Mahnung fand bei den Schülern kein Gehör □ **insistente;** ich möchte Sie ~ darum bitten □ **encarecidamente**

drịng|lich ⟨Adj.⟩ = *dringend (1);* eine ~e **Angelegenheit** *dringende A.* □ **urgente**

Drịnk ⟨m.; -s, -s⟩ *alkoholisches (Misch-)Getränk;* jmdn. zu einem ~ einladen □ **drinque; aperitivo**

drịn|nen ⟨Adv.⟩ *innerhalb, in etwas darin;* Ggs *draußen(1);* er ist ~! (im Zimmer) □ **dentro**

drịn\|stẹ|cken ⟨V. 255/400; umg.⟩ **1** *in etwas stecken* □ **estar dentro de alguma coisa;** der Schlüssel steckt schon drin □ **a chave já está na porta* **2** ⟨fig.⟩ *mit etwas beschäftigt sein;* sie steckt ganz in ihrer neuen Aufgabe drin □ **estar ocupado com alguma coisa** 2.1 er steckt bis zum Hals drin! *er befindet sich in einer ausweglos erscheinenden Situation* □ **ele está encrencado até o pescoço!* **3** *in etwas od. jmdm. ~ in etwas od. jmdm. (nicht sichtbar) vorhanden sein;* in diesem Projekt steckt noch viel drin □ **haver algo por trás de alguma coisa ou alguém* 3.1 da steckt man nicht drin! *da weiß man nicht, wie es ausgeht* □ **não dá para saber (o que vem pela frente)*

drịtt ⟨Numerale 11; nur in der Wendung⟩ **zu ~** *drei (Personen) zusammen* □ **a três;* → a. *dritte(r, -s)*

dritt... ⟨Adj. 11; in Zus.⟩ *an dritter Stelle stehend;* der dritthöchste, drittgrößte, drittletzte

drịt|te(r, -s) ⟨Numerale 24; Zeichen: 3.⟩ **1** ⟨Ordinalzahl von⟩ *drei;* der ~ Mann beim Skat □ **terceiro;** zum Ersten, zum Zweiten, zum Dritten! (Ruf des Auktionators bei Versteigerungen vor dem Zuschlag) □ **dou-lhe uma, dou-lhe duas, dou-lhe três!;* der, die, das Dritte; der Dritte im Bunde (nach Schiller, „Die Bürgschaft"); ein Verwandter ~n Grades □ **terceiro** 1.1 das Dritte **Reich** ⟨nationalsozialist. Sprachgebrauch⟩ *die Zeit des Nationalsozialismus in Deutschland 1933–1945* □ **o Terceiro Reich* 1.2 der ~ **Stand** *das Bürgertum (nach Adel u. Geistlichkeit)* □ **o terceiro Estado* 1.3 die Dritte **Welt** *die Entwicklungsländer* □ **o terceiro mundo* 1.4 das ist sein ~s Wort *das sagt er dauernd, wiederholt er immer wieder* □ **é o que ele sempre diz/repete* 1.5 Drittenabschlagen (spielen) *jeweils einen dritten Spieler durch ein Spielerpaar zu fangen suchen* □ **brincadeira de criança** 1.6 der ~ Teil einer Summe *ein Drittel* □ **terço** 1.7 es gibt kein Drittes *nur zwei Möglichkeiten* □ **não há uma terceira possibilidade* 1.8 die ~n **Zähne** ⟨umg.; scherzh.⟩ *Zahnersatz, falsche Z. (nachdem die natürlichen Z. ausgefallen od. gezogen sind)* □ **a ponte* **2** ⟨fig.⟩ *fernstehend, unbeteiligt, fremd;* sprich mit keinem Dritten davon! □ **estranhos** 2.1 das habe ich von ~r **Seite** erfahren *von Unbeteiligten* □ **foi o que fiquei sabendo por terceiros* 2.2 ~ **Kraft** (meist Pol.) *K., die sich nicht einer von zwei starken, einander entgegengesetzten Parteien od. Weltanschauungen anschließt, sondern einen neuen Weg sucht* □ **terceira força (política)* 2.3 ~r **Ort** *neutraler O.;* sich an einem ~n Ort treffen □ **neutro;** → a. *lachen(2.3), zwei(2.1)*

drịt|tel ⟨Zahladv.; in Ziffern: /3⟩ *den dritten Teil eines Ganzen umfassend;* einen ~ Liter Milch zugeben; mit einer ~ Sekunde Vorsprung ins Ziel gehen □ **terço**

Drịt|tel ⟨n.; -s, -; schweiz. m.; -s, -⟩ *dritter Teil eines Ganzen;* ein ~ der Abgeordneten stimmte gegen das Gesetz □ **terço**

drịt|teln ⟨V. 500⟩ *etwas ~ in drei (gleichmäßige) Teile teilen, dreiteilen;* den Kuchen, das Brot ~ □ **tripartir; dividir em três partes**

Dro|ge ⟨f.; -, -n⟩ **1** *pflanzliches od. tierisches Erzeugnis, das zu Arzneien verwendet wird* 1.1 *das daraus hergestellte Präparat* □ **droga 2** = *Rauschmittel*

dro|gen|ab|hän|gig ⟨Adj. 24⟩ *von Sucht erzeugenden Medikamenten od. Rauschmitteln abhängig;* er ist ~ □ **viciado; dependente químico**

Dro|ge|rie ⟨f.; -, -n⟩ *Ladengeschäft für Chemikalien, Kosmetika, Putzmittel, Kerzen u. ä. Haushaltwaren* □ **drogaria**

dro|hen ⟨V.⟩ **1** ⟨600⟩ jmdm. ~ *jmdm. ankündigen, etwas für ihn Unangenehmes zu tun, als Hilfsmittel einzusetzen;* der Fußgänger drohte dem Autofahrer, ihn anzuzeigen; sie drohte ihm mit der Polizei, als er sie belästigte; jmdm. mit dem Finger, mit der Faust ~ □ **ameaçar** 1.1 eine ~de Haltung einnehmen *eine H. einnehmen, die jmdn. etwas Unangenehmes erwarten lässt* □ **ameaçador 2** ⟨403⟩ *als Unannehmlichkeit, Gefahr, Unheil bevorstehen* 2.1 ⟨501⟩ es droht etwas *es*

Drohn

ist zu befürchten, dass etwas eintritt; es droht zu regnen; es droht eine Inflation ▢ **ameaçar; estar na iminência de** 2.2 ⟨600⟩ etwas droht jmdm. *etwas steht jmdm. bevor;* ihm droht Gefängnis, Strafe, der Tod ▢ **correr o risco de** 3 ⟨480⟩ etwas droht zu geschehen *steht im Begriff, sich als etwas Unangenehmes zu ereignen;* das Haus droht einzustürzen; vor Müdigkeit drohte er einzuschlafen ▢ **ameaçar; estar prestes a**

Drohn ⟨m.; -en, -en; fachsprachl.⟩ = *Drohne(1)*

Droh|ne ⟨f.; -, -n⟩ 1 *männliche Honigbiene, die im Bienenstaat von den weiblichen Bienen gefüttert wird;* oV *Drohn* ▢ **zangão** 2 ⟨fig.; abwertend⟩ *jmd., der auf Kosten anderer lebt, Nichtstuer, Schmarotzer* ▢ **parasita**

dröh|nen ⟨V. 400⟩ 1 etwas dröhnt *schallt, tönt laut, durchdringend;* die Motoren dröhnten; Schritte ~ auf der Straße; ein ~des Gelächter; die Musik dröhnt mir in den Ohren ▢ **roncar; ressoar; retumbar**; er lachte ~d ▢ **alto**; mit ~der Stimme schreien ▢ **vibrante** 2 etwas dröhnt *ist von lautem, vibrierendem Schall erfüllt, erzittert durch Lärm;* der ganze Saal dröhnte von der Musik; mir dröhnt der Kopf von all dem Lärm ▢ **trepidar; retumbar**

drol|lig ⟨Adj.⟩ *lustig, spaßig, komisch;* eine ~e Geschichte; ein ~es Kind; das war so ~, dass ...; mir ist etwas Drolliges passiert ▢ **engraçado**

Drops ⟨m.; -, -; meist Pl.⟩ *säuerliches Fruchtbonbon zum Lutschen* ▢ **dropes**

Drosch|ke ⟨f.; -, -n⟩ 1 *leichtes Pferdefahrzeug, Pferdekutsche, die man mieten kann;* Pferde-~ ▢ **fiacre; coche** 2 ⟨veraltet⟩ *Mietauto, Taxi;* Auto-~ ▢ **carro de aluguel; táxi**

Dros|sel¹ ⟨f.; -, -n; Zool.⟩ 1 *Angehörige einer Familie insekten- u. beerenfressender Singvögel, die über die ganze Erde verbreitet ist: Turdidae* ▢ **turdídeo** 2 *Eigentliche ~ Angehörige der Gattung der Drosseln, die etwa 200 Arten umfasst: Turdus;* Schwarz-~, Ring-~, Mistel-~, Sing-~, Wacholder-~, Rot-~ ▢ ***tordo; melro**

Dros|sel² ⟨f.; -, -n⟩ 1 ⟨Jägerspr.⟩ *Luftröhre, Kehle des Wildes* ▢ **goela** 2 ⟨Tech.⟩ *Vorrichtung zum Regeln der Menge von Flüssigkeiten od. Gasen, die durch eine Rohrleitung strömen* ▢ **válvula reguladora**

dros|seln ⟨V. 500⟩ 1 etwas ~ *die Zufuhr von etwas verhindern, hemmen;* den Dampf, Strom, das Gas ~ ▢ **obstruir (a saída de)** 1.1 den Motor ~ ⟨Tech.⟩ *den M. langsamer laufen lassen u. dadurch seine Leistung verringern* ▢ ***diminuir a potência do motor** 2 eine Sache ~ ⟨a. fig.⟩ *verringern, beschränken;* den Handel, die Einfuhr, die Ausgaben ~; das Tempo ~ ▢ **limitar; reduzir**

drü|ben ⟨Pronominaladv.; umg.⟩ 1 *auf der anderen od. auf die andere Seite;* da ~ steht ein Haus; dort ~ beginnt der Wald ▢ **além; do outro lado** 2 *jenseits der Grenze, des Ozeans;* ihre Tochter lebt ~ in Amerika; nach ~ gehen, fahren ▢ **lá; o outro lado do Atlântico** 2.1 ⟨umg.; veraltet⟩ *im östlichen Gebiet des 1949–1990 geteilten Deutschlands;* sie sind von ~ gekommen ▢ **do lado de lá; Alemanha Oriental**; → a. *hüben*

drü|ber ⟨Pronominaladv.; umg.⟩ = *darüber*

Druck¹ ⟨m.; -(e)s, Drü|cke; Pl. nur techn. fachsprachl.⟩ 1 ⟨unz.⟩ *das Drücken, Zusammenpressen;* Hände-~; der feste ~ seiner Hand gab ihr wieder Mut; ein ~ auf den Knopf (zum Einschalten eines Apparates) ▢ **aperto; pressão** 2 *die senkrecht auf eine Fläche wirkende Kraft, Belastung;* Gas-~; Luft-~; Wasser-~; das Material hält auch starken Drücken stand; hoher, niedriger ~ 3 ⟨unz.; fig.⟩ *Bedrückung, Belastung, unangenehm Lastendes;* es ist mir unmöglich, unter diesem ~ zu arbeiten 3.1 einen ~ im Kopf, im Magen haben, verspüren *ein drückendes Gefühl* 3.2 *Zwang, starker Einfluss;* ~ ausüben; unter dem ~ der Verhältnisse 3.2.1 auf den ~ der öffentlichen Meinung hin *erzwungen durch die ö. M.* ▢ **pressão** 3.3 ⟨umg.⟩ *Bedrängnis, Zeitnot* ▢ **aperto; apuros** 3.3.1 jmdn. unter ~ setzen *mit Forderungen bedrängen, mit Drohungen einschüchtern;* ich lasse mich nicht unter ~ setzen! ▢ ***pressionar/intimidar alguém** 3.3.2 jmdn. unter ~ halten *nicht selbständig handeln lassen, in Angst u. Sorge halten* ▢ ***manter alguém sob pressão** 3.3.3 hinter etwas ~ machen, setzen *etwas zu beschleunigen suchen* ▢ ***pressionar (alguém) para acelerar alguma coisa** 3.3.4 in, im ~ sein *in Bedrängnis sein, es sehr eilig haben* ▢ ***estar sob pressão**

Druck² ⟨m.; -(e)s, -e⟩ 1 *das Drucken, Abdruck;* die Zensur verbietet den ~ des Artikels 1.1 das Manuskript geht in ~ *mit dem Abdruck des Manuskripts wird begonnen* 1.2 seinen Aufsatz in ~ geben *einen A. drucken lassen* 1.3 ~ und Verlag von ... *gedruckt u. verlegt bei ...* ▢ **impressão** 2 *Erzeugnis des Druckens, das Gedruckte;* ein alter, kostbarer, seltener ~ 2.1 *gedruckter Text, Buch;* diese alten ~e sind kaum noch zu lesen ▢ **impresso** 2.1.1 *Auflage, Ausgabe;* Nach-~; Neu-~ ▢ **reimpressão** 2.2 *gedrucktes Bild;* der ~ hat farblich keine gute Qualität ▢ **impressão; estampa** 3 ⟨unz.⟩ *die Art, wie ein Buch, eine Schrift gedruckt ist, Schriftart;* großer, klarer, kleiner, gut (schlecht) leserlicher ~; schlechter, sorgfältiger ~ ▢ **impressão**

dru|cken ⟨V. 500⟩ etwas ~ 1 *im Abdruck herstellen, wiedergeben;* Muster auf Stoffe ~ ▢ **estampar** 2 *durch Druck² vervielfältigen;* einen Aufsatz ~ lassen; ein Buch in 1 000 Exemplaren ~ ▢ **imprimir** 2.1 er lügt wie gedruckt *er lügt mit unglaublicher Gewandtheit u. Selbstverständlichkeit* ▢ ***ele mente descaradamente**

drü|cken ⟨V.⟩ 1 ⟨402⟩ (jmdn. od. etwas) ~ *Druck ausüben (auf jmdn. od. etwas)* ▢ **pressionar; apertar** 1.1 ⟨511⟩ etwas aus etwas ~ *durch Druck bewirken, dass etwas aus etwas herauskommt, herauspressen;* den Saft aus der Zitrone ~; sich das Wasser aus den Haaren ~ ▢ **espremer; tirar** 1.2 ⟨511⟩ etwas auf, in etwas ~ ⟨a. fig.⟩ *bewirken, dass etwas auf, in etwas gepresst wird;* das Siegel auf den Brief ~ ▢ **aplicar**; das Erlebnis hat sich mir tief ins Herz, ins Gedächtnis gedrückt ▢ **imprimir** 1.2.1 jmdn. einen Kuss auf die Lippen, die Stirn ~ ⟨geh.⟩ *geben* ▢ **dar** 1.3 ⟨511⟩ etwas od. jmdn. an, in etwas ~ *bewirken, dass etwas, jmd. ganz dicht an etwas herangebracht wird;* das Taschentuch an die Augen ~; das Gesicht schluchzend in die Kissen ~ ▢ **apertar; comprimir**; sich in eine Ecke ~ ▢ **encolher-se**; jmdn. an die Brust ~ ▢ **apertar** 1.4 ⟨500⟩ jmdn. od. etwas ~ *pressen, belasten;*

bitte Knopf ~! (als Aufschrift an Klingeln, Automaten u. Ä.) ☐ premer; apertar; eine Nation mit Steuern ~ ☐ oprimir 1.4.1 jmdn. ~ ⟨umg.⟩ *herzlich, fest umarmen* ☐ abraçar fortemente 1.4.2 ⟨530⟩ jmdm. etwas ~ *zusammenpressen;* jmdm. die Hand ~ 1.5 ⟨402⟩ etwas drückt (jmdn.) *verursacht bei jmdm. unangenehme Druckgefühle;* der Schuh drückt ☐ apertar; eine Speise drückt (im Magen) ☐ pesar; die Hitze drückt ☐ sufocar; ~de Hitze ☐ sufocante 1.5.1 ~d heiß *übermäßig warm* ☐ *sufocante; asfixiante 1.6 ⟨500⟩ etwas drückt jmdn. ⟨geh.⟩ *lastet schwer auf jmdm., bedrückt jmdn.;* es drückt mich, sie, dass ...; die (Last der) Verantwortung drückt mich; sie, ihn drückt die Sorge, dass ... ☐ afligir; preocupar 1.7 ⟨500⟩ Blech ~ ⟨Tech.⟩ *durch einen auf der Druckbank ausgeübten Druck umformen* ☐ embutir 2 ⟨500⟩ etwas ~ *bewirken, dass etwas niedriger wird, nach unten pressen, herabsetzen;* Preise, Honorare, Löhne ~ ☐ fazer baixar 2.1 Rekorde ~ *unterbieten* ☐ bater 3 ⟨500/Vr 3⟩ sich ~ ⟨umg.⟩ *unauffällig weggehen, sich davonmachen;* um elf Uhr habe ich mich aus dem Saal gedrückt ☐ *sair de fininho 3.1 ⟨505/Vr 3⟩ sich ⟨von, vor, um etwas⟩ ~ *etwas aus dem Wege gehen, sich einer Verpflichtung od. Aufforderung entziehen;* sie haben sich gedrückt; sich von, vor der Arbeit, sich um die Arbeit ~; sich vor einer Einladung ~; sich vor einer Verpflichtung ~ ☐ *esquivar-se (de alguma coisa) 4 ⟨500⟩ Gewichte ~ ⟨Sp.⟩ *ohne mit dem Körper Schwung zu holen, heben* ☐ levantar 5 ⟨500⟩ Spielkarten ~ ⟨Kart.⟩ *verdeckt ablegen* ☐ descartar 6 ⟨500⟩ Wild ~ ⟨Jägerspr.⟩ *bei der Drückjagd vor die Schützen treiben* ☐ *bater/abrir caminho

Dru|cker ⟨m.; -s, -⟩ 1 ⟨Typ.⟩ *im Buchdruck ausgebildeter Handwerker, Buchdrucker* ☐ impressor 2 ⟨EDV⟩ *an Computer(anlagen) angeschlossenes Gerät, das Daten auf Papier druckt u. ausgibt* (Farb~, Laser~) ☐ impressora

Drü|cker ⟨m.; -s, -⟩ 1 Türklinke ☐ maçaneta 2 *selbsttätig einschnappendes Türschloss* ☐ trinco 3 *Abzug am Jagdgewehr* ☐ gatilho 4 *Bedienungsknopf für elektrische Anlagen, z. B. zur Türöffnung, Klingelknopf* ☐ botão 5 *drei- od. vierkantiger Schraubenschlüssel* ☐ chave de rosca 6 am ~ ⟨fig.; umg.⟩ *an der maßgeblichen, auslösenden Stelle* ☐ *no comando 6.1 die Hand am ~ haben ⟨fig.; umg.⟩ *jederzeit bereit sein, Maßnahmen zu ergreifen* ☐ *ter as rédeas na mão 6.2 am ~ sitzen, sein ⟨fig.; umg.⟩ *eine einflussreiche Stellung haben* ☐ *estar no comando 7 auf den letzten ~ ⟨fig.; umg.⟩ *im letzten Augenblick, gerade noch rechtzeitig* ☐ *no último minuto

Druck|knopf ⟨m.; -(e)s, -knöp|fe⟩ 1 *Knopf zum Drücken (zum Bedienen von elektrischen Anlagen)* ☐ botão 2 *zweiteiliger knopfähnlicher Verschluss für Kleidungsstücke* ☐ botão de pressão

Druck|sa|che ⟨f.; -, -n⟩ *früher: offene Postsendung, die nur einen gedruckten od. mechanisch vervielfältigten, keinen geschriebenen Text als Inhalt hat, zu ermäßigter Gebühr;* eine Sendung als ~ schicken ☐ impresso

Druck|schrift ⟨f.; -, -en⟩ 1 *jeder gedruckte, bes. nicht gebundene Text, Broschüre u. Ä.* ☐ impresso 2 *Schrift aus Druckbuchstaben;* Ggs *Schreibschrift;* etwas in ~ schreiben ☐ letra de imprensa; letra de forma

druck|sen ⟨V. 400; umg.⟩ *nicht offen reden, zögernde Mitteilungen machen, nicht recht über etwas (Unangenehmes) sprechen wollen;* was druckst du denn so (herum)? ☐ hesitar; titubear

Druck|stock ⟨m.; -(e)s, -stö|cke⟩ *eine dünne Platte aus Zink od. Kupfer mit eingeätztem Satz od. Bild für Hochdruck, die auf einer Holz- od. Metallunterlage befestigt wird;* Sy *Klischee(1)* ☐ cliché; matriz

Druck|werk ⟨n.; -(e)s, -e⟩ *Erzeugnis eines Druckverfahrens, z. B. Buch, Zeitung usw.* ☐ obra tipográfica; impresso

drum ⟨Pronominaladv.; umg.⟩ 1 = *darum* 1.1 sei's ~ *es macht nichts, nehmen wir's in Kauf, es soll uns nicht stören* ☐ *não tem problema 1.2 mit allem, was ~ und dran hängt ⟨umg.⟩ *mit allem, was damit zusammenhängt, was dazugehört* ☐ *todo equipado; com todos os acessórios 1.3 das Drum und Dran *das Zubehör, alles, was dazugehört* ☐ *toda a parafernália

drun|ten ⟨Adv.⟩ *dort unten, da unten* ☐ lá/ali embaixo

drun|ter ⟨Pronominaladv.; umg.⟩ 1 = *darunter* 1.1 es geht (alles) ~ und drüber *es geht (alles) durcheinander, es herrscht keine Ordnung mehr* ☐ *está (tudo) uma confusão

Drü|se ⟨f.; -, -n; Anat.⟩ *ein- od. mehrzelliges Organ bei Mensch u. Tier, das Sekrete nach außen od. in die Blut- od. Lymphbahn absondert;* Speichel~, Schild~, Schweiß~, Milch~; Sekret~; *exokrine, endokrine* ~ ☐ glândula

Dschun|gel ⟨m. od. n.; -s, - od. f.; -, -n⟩ 1 ⟨allg.⟩ *dichter, undurchdringlicher tropischer Busch- und Sumpfwald* ☐ selva 1.1 *undurchdringliches (Pflanzen-)Dickicht* ☐ matagal 2 ⟨urspr.⟩ *subtropischer Urwald Indiens* ☐ floresta subtropical da Índia

Dschun|ke ⟨f.; -, -n⟩ *chinesisches Segelschiff* ☐ junco

dt. ⟨Abk. für⟩ *deutsch*

du ⟨Personalpron., 2. Person Sg.; Gen. dein(er), Dat. dir, Akk. dich; in Briefen Groß- u. Kleinschreibung⟩ 1 (Anrede für Verwandte, Freunde, Kinder, Tiere u. Gegenstände); ~ gehst; wir erinnern uns deiner ⟨geh.⟩; das sieht dir wieder ähnlich; sie liebt dich ☐ tu; você; ~ Dummkopf! ☐ *seu imbecil!; ~ mein Heimatland! ☐ tu; ~ armes, gutes Tier ☐ *pobrezinho!; geh ~ (betont) doch zu ihr; und wenn ~ glaubst (wenn man glaubt), es geht nicht mehr weiter, dann kommt doch plötzlich von irgendwoher eine Hilfe ☐ tu; você 2 und hast ~, was kannst ~ (meist norddt.: haste, was kannste) *lief er davon eilig, schleunigst, so schnell er konnte* ☐ *ele saiu correndo dali 3 und hast ~ nicht gesehen, plötzlich, im Nu war er fort ☐ *num piscar de olhos ele já tinha ido embora 4 jmdn. ~ nennen, zu jmdm. ~ sagen *jmdn. vertraulich anreden* ☐ *tratar alguém por tu/você 4.1 mit jmdm. auf Du und Du stehen *mit jmdm. sehr vertraut sein* ☐ *ter intimidade/familiaridade com alguém 5 wie ~ mir, so ich dir *Gleiches wird mit Gleichem vergolten* ☐ *olho por olho, dente por dente

Du ⟨n.; -; unz.⟩ **1** *(vertrauliche Anrede)* ☐ **tu; você 1.1** jmdm. das ~ anbieten *Brüderschaft schließen wollen* ☐ *propor a alguém o tratamento por tu/você*

du|al ⟨Adj. 24⟩ **1** *eine (sich wechselseitig entsprechende) Zweiheit darstellend, bildend* **1.1** ~es **System** *System der Müllentsorgung, bei dem der wiederverwertbare Müll getrennt von dem Restmüll gesammelt wird* ☐ **dual**

Dü|bel ⟨m.; -s, -⟩ **1** *kleiner Pflock aus Holz, der Möbelteile zusammenhält* ☐ **cavilha; pino 2** *Hülse (meist aus Kunststoff), die in ein vorgebohrtes Loch (an der Wand, in der Decke) gesteckt wird u. die sich beim Eindrehen einer Schraube spreizt u. dadurch festhält* ☐ **bucha**

du|bi|os ⟨Adj.⟩ *zweifelhaft, unsicher, unseriös; das ist ein ~er Geschäftsmann* ☐ **duvidoso**

Du|blee *auch:* **Dub|lee** ⟨n.; -s, -s⟩ *mit einem dünnen Überzug aus Edelmetall (z. B. Gold) überzogenes unedles Metall;* oV *Doublé* ☐ **folheado**

du|cken ⟨V. 500⟩ **1** ⟨Vr 3⟩ *sich ~ sich rasch beugen, Kopf u. Schultern einziehen, um sich zu verbergen od. einem Schlag o. Ä. auszuweichen; ich duckte mich, um nicht gesehen zu werden; die Katze hat sich zum Sprung geduckt; ein Hase duckte sich in die, der Furche* ☐ *agachar-se; encolher-se*, in geduckter Stellung verharren ☐ *ficar agachado/encolhido* **1.1** den **Kopf** einziehen ☐ *abaixar a cabeça* **1.2** jmdn. ~ ⟨veraltet⟩ *jmdn. den Kopf nach unten drücken; er duckte mich unter Wasser* ☐ *abaixar a cabeça de alguém* **2** ⟨Vr 3⟩ **sich** ~ ⟨fig.; umg.; abwertend⟩ *sich ängstlich fügen, sich unterwerfen; du duckst dich vor der Gewalt; vor ihm ducke ich mich nicht; sich unter jmds. Willen, Joch ~* ☐ *submeter-se; curvar-se* **2.1** jmdn. ~ *jmdn. demütigen, fügsam machen; er duckt die ganze Familie* ☐ **humilhar; rebaixar**

Duck|mäu|ser ⟨m.; -s, -; abwertend⟩ *jmd., der sich sofort beim geringsten Widerstand fügt, der seine Meinung nicht zu sagen wagt, nicht offen ist;* Sy *Leisetreter* ☐ **covarde; hipócrita**

du|deln ⟨V. 402; umg.; abwertend⟩ **1** (etwas) ~ *auf Blas- od. mechanischen Musikinstrumenten eintönige u. ermüdende Töne erzeugen, monoton od. leise vor sich hin singen od. summen; er dudelt den ganzen Tag (Lieder) (auf seiner Flöte); sie hat heute schon genug Lieder gedudelt* ☐ **tocar (instrumento de sopro); cantarolar; assobiar 2** *Musikinstrumente* ~ (etwas) *spielen ununterbrochen; sein Radio dudelt den ganzen Tag; ständig dudelte eine Klarinette im Nachbarzimmer* ☐ **tocar (sem parar)**

Du|del|sack ⟨m.; -(e)s, -säcke; Mus.⟩ *altes schottisches u. südosteuropäisches Blasinstrument, bei dem aus einem mittels Mundstücks aufgeblasenen Windsack durch Druck mit dem Arm Luft in mehrere Pfeifen (mit u. ohne Grifflöcher) gedrückt wird;* Sy *Sackpfeife*; den ~ *spielen, blasen* ☐ **gaita de foles**

Du|ell ⟨n.; -s, -e⟩ *Kampf zwischen zwei Personen; ein ~ auf Pistolen, Säbel; Rede~* ☐ **duelo**

Du|el|lant ⟨m.; -en, -en⟩ *jmd., der in einem Duell kämpft* ☐ **duelista**

Du|ett ⟨n.; -(e)s, -e; Mus.⟩ *Musikstück für zwei Singstimmen od. zwei gleiche Instrumentalstimmen* ☐ **dueto**; → a. *Duo(1);* Flöten~

Duft ⟨m.; -(e)s, Düf|te⟩ **1** *zarter, meist angenehmer Geruch; ein ~ verfliegt; einen aromatischen ~ verbreiten, ausströmen, von sich geben* ☐ **odor; perfume 2** ⟨poet.⟩ *leichter Nebel, Dunst* ☐ **névoa 3** ⟨fig.⟩ *besondere Atmosphäre, eigenartiger Reiz; der ~ der weiten Welt* ☐ **ares; atmosfera 4** ⟨schweiz.⟩ = *Raureif*

duf|ten ⟨V.⟩ **1** ⟨400⟩ *Duft verbreiten; süß, berauschend, betäubend ~; das Essen duftet angenehm* ☐ **ter cheiro; cheirar**, ~de Rosenblüten ☐ **perfumado 1.1** ⟨iron.⟩ *stinken; der Käse duftet* ☐ **feder 2** ⟨800⟩ *nach etwas* ~ *nach etwas riechen; hier duftet es nach Flieder* ☐ **ter cheiro de alguma coisa**

duf|tig ⟨Adj.; fig.⟩ **1** *wie ein Duft, hauchzart, hauchfein; ~e Spitzen; eine ~e Steckfrisur; sie war ~ gekleidet* ☐ **vaporoso; leve 2** ⟨poet.⟩ *in feinen Dunst gehüllt;* in ~er Ferne ☐ **enevoado; nebuloso**

dul|den ⟨V.⟩ **1** ⟨400⟩ *still leiden; er duldet schweigend, standhaft* ☐ **sofrer (em silêncio) 2** ⟨500⟩ *etwas Unangenehmes* ~ *ertragen, über sich ergehen lassen; er duldet große Schmerzen* ☐ **aguentar; suportar 3** ⟨500⟩ *etwas* ~ *erlauben, zulassen; ich dulde es nicht, dass ...; die Sache duldet keinen Aufschub; ich kann dein Betragen nicht länger ~; er duldet keinen Widerspruch* ☐ **permitir; tolerar 3.1** ⟨Vr 8⟩ *jmdn.* ~ *jmdn. in seiner Nähe sich aufhalten lassen; sie duldete seine Verwandten nicht in ihrem Haus* ☐ **admitir; tolerar 3.1.1** *er ist hier nur geduldet nicht gern gesehen* ☐ *ele não é bem visto aqui*

dumm ⟨Adj. 22⟩ **1** *ohne Vernunft, Intelligenz, Können* **1.1** *unwissend, unerfahren; ein ~es Kind; du behandelst mich wie einen ~en Jungen* ☐ **tolo; ignorante 1.2** *einfältig, töricht; sich ~ anstellen; er sucht nur einen Dummen, der ihm die Arbeit machen soll* ☐ **bobo; idiota**; *du bist ja dümmer als die Polizei erlaubt!; er ist so* ~(,) *wie die Nacht (finster ist)* ☐ *ele é burro como uma porta!; du bist gar nicht so ~, wie du aussiehst!; ein ~es Gesicht machen* ☐ **bobo**; *du ~es Ding, ~er Kerl* ☐ **seu tolo/imbecil!**, *du ~e Gans!* ☐ *sua boba!* **1.2.1** *der ~e* **August** *der Clown im Zirkus* ☐ *o palhaço* **1.2.2** *tu das nicht, sonst bist du bloß der Dumme! sonst fällst du herein, hast den Schaden davon* ☐ *não faça isso, senão o azar será seu!* **1.2.3** *ich lasse mich doch nicht für ~ verkaufen ich lasse mir nichts vormachen, mich nicht irreführen, nicht verspotten* ☐ *não vou passar recibo de trouxa* **1.3** *unverständig, unvernünftig, unbegabt; er ist nicht ~, sondern nur faul* ☐ **burro**; *red nicht so ~ (daher)!* ☐ *não diga bobagens!; sei doch nicht so ~* ☐ *deixe de ser imbecil!; ~es Zeug!* (Ausdruck der ungedultigen Ablehnung) ☐ *bobagem!* **2** *ärgerlich, unangenehm, peinlich, heikel; eine ~e Angelegenheit, Lage; es war ein ~es Gefühl; eine ~e Sache; so was Dummes!; das ist aber wirklich ~!; ich habe etwas Dummes angestellt* ☐ **chato; desagradável 2.1** *die Sache wäre beinahe ~ ausgegangen schiefgegangen* ☐ *quase deu errado* **2.2** *jetzt wird's mir aber zu ~ jetzt* *ist meine Geduld am Ende* □ **agora minha paciência acabou* 2.3 ~er Witz *unpassender W.* □ **piada infame/de mau gosto* 2.3.1 ~e Witze machen *(etwas) in unpassender Weise sagen od. tun* □ **fazer piada de mau gosto* 3 ⟨43; umg.⟩ *schwindlig, benommen; mir ist von dem Lärm ganz ~ im Kopf* □ *tonto* 4 ⟨Getrennt- u. Zusammenschreibung⟩ 4.1 ~ kommen = dummkommen

dumm|dreist ⟨Adj. 24⟩ *dumm u. gleichzeitig frech; ein ~es Benehmen; ~e Fragen stellen* □ *impertinente; insolente*

Dumm|heit ⟨f.; -, -en⟩ 1 ⟨unz.⟩ *Mangel an Einsicht u. Urteilskraft, das Dummsein; gegen ~ ist kein Kraut gewachsen* □ **não há nada que possa contra a estupidez; mit der ~ kämpfen Götter selbst vergebens* (Schiller, „Die Jungfrau von Orleans", 3,6) □ *ignorância; estupidez* 1.1 *mit ~ geschlagen sein* (abwertend) *sehr dumm sein* □ **ser burro como uma porta* 1.2 *~ und Stolz wachsen auf einem Holz* ⟨Sprichw.⟩ *ein Dummer ist oft auch stolz* □ **estupidez e orgulho são fruto da mesma planta* 2 *unüberlegte Handlung, törichter Streich; eine ~ machen, begehen; er hat nur ~en im Kopf* □ *bobagem; besteira*

dumm||kom|men *auch:* dumm kom|men ⟨V. 170/600(s.)⟩ *jmdm. ~ zu jmdm. frech, unverschämt werden; er ist mir dummgekommen/dumm gekommen* □ **estar/ficar insolente/atrevido com alguém*

Dumm|kopf ⟨m.; -(e)s, -köp|fe⟩ *dummer, einfältiger Mensch; du benimmst dich wieder wie ein ~!; sei doch kein ~!* □ *imbecil; burro*

düm|peln ⟨V. 400⟩ Boote ~ *bewegen sich sacht (mit dem Wellenschlag) im Wasser hin u. her* □ *balançar*

dumpf ⟨Adj.⟩ 1 *den Atem beklemmend; eine ~e Schwüle lastete auf der Stadt* □ *abafado; sufocante* 2 *muffig, modrig; das Brot schmeckt, riecht ~; ~e Kellerluft* □ *embolorado; mofado* 3 *hohl, tief u. undeutlich, gedämpft, erstickt (klingend); der ~e Schlag von Trommeln; der Donner rollt, grollt ~; mit ~er Stimme* □ *abafado; surdo* 4 *unbestimmt, unklar, nicht bewusst; ihn beschlich eine ~e Ahnung; ein ~er Schmerz* □ *vago; indistinto* 5 *benommen; der Alkohol machte ihn ganz ~ im Kopf* □ *confuso; tonto* 6 *geistig unbewegig, stumpf(sinnig); in ~em Schweigen dasitzen, verharren; er versank in ein ~es Brüten* □ *apático; insensível*

Dum|ping ⟨[dʌm-] n.; -s, -s⟩ *Verkauf einer Ware unter dem üblichen Marktpreis; etwas zu ~preisen verkaufen* □ *dumping*

Dü|ne ⟨f.; -, -n⟩ *vom Wind zusammengewehter Sandhügel; Sand~, Wander~; kahle, bewachsene ~n; die ~n wandern* □ *duna*

Dung ⟨m.; -(e)s; unz.⟩ *Mist, der als Dünger verwendet wird;* den ~ *auf den Acker fahren* □ *esterco; adubo*

dün|gen ⟨V. 500⟩ *etwas ~ mit Dünger versehen;* den *Acker, die Blumen ~* □ *adubar*

Dün|ger ⟨m.; -s, -⟩ 1 *Stoffe, die dem Boden zur Verbesserung seiner Fruchtbarkeit u. zur Ernährung der Pflanzen zugeführt werden; Blumen~; ~ fahren, streuen, untergraben* 1.1 anorganischer *od.* künstlicher *~ bergmännisch gewonnener od. chem. hergestellter Stoff, der zur Düngung verwendet wird;* Mineral~, Kali~, Phosphor~, Stickstoff~ 1.2 organischer *od.* natürlicher *~ vorwiegend tierische Ausscheidungsstoffe, Dung;* Stall~, Kuh~; Wirtschafts~ □ *adubo; fertilizante*

dun|kel ⟨Adj.⟩ 1 ⟨70⟩ *lichtlos, finster; Ggs* hell; *eine dunkle Ecke, Straße, ein dunkler Winkel; im Sommer wird es spät ~; ihm wurde ~ vor den Augen* 2 ⟨70⟩ *in der Färbung (mehr od. weniger) dem Schwarz angenähert; Ggs* hell; *eine dunkle Gestalt kam auf uns zu; einen dunklen Anzug anhaben; dunkle Augen, dunkles Haar; ein dunkles Rot, Blau, Grün; ~ gefärbtes Haar; mit erleuchteten Kerzen liefen sie durch das Dunkel* □ *escuro* 2.1 *gelblich, bräunlich; dunkler Teint* □ *escuro; moreno* 3 *tief, gedämpft; Ggs* hell; *eine dunkle Stimme; ein dunkler Ton* □ *abafado* 4 (fig.) *unklar, nicht zu durchschauen* 4.1 *unklar, nebelhaft, unbestimmt, verschwommen, verworren; die Herkunft dieses Wortes ist ~; der Sinn dieses Ausspruches ist mir ~; er redete allerlei dunkles Zeug daher; ich kann mich ~ daran erinnern* 4.1.1 *eine dunkle Stelle (in einem Text) unklare, nicht gedeutete S.* □ *obscuro* 4.1.2 *er hat mich darüber im* Dunkeln *gelassen im Ungewissen, er hat mich nicht darüber unterrichtet* □ *escuro* 4.1.3 *das liegt noch im* Dunkeln *ist noch ungewiss* □ **isso ainda não está decidido; isso ainda é incerto* 4.1.4 *im* Dunkeln *tappen vergeblich forschen, im Unklaren sein* □ **tatear no escuro* 4.2 *ungewiss, geheimnisvoll, rätselhaft; er erging sich in dunklen Andeutungen; eine dunkle Ahnung stieg in ihm auf* □ *vago; incerto* 4.3 *fragwürdig, zweifelhaft, das Licht des Tages, die Öffentlichkeit scheuend, ehrenrührig; eine dunkle Existenz; dunkle Geschäfte, Machenschaften; seine Nachrichten aus dunklen Quellen beziehen; dunkle Pläne schmieden; eine dunkle Vergangenheit haben; in seinem Leben gibt es einen dunklen Punkt* □ *obscuro; duvidoso* 5 *unerfreulich, traurig, schwer; die ~sten Stunden seines Lebens* □ *sombrio*

Dün|kel ⟨m.; -s; unz.; abwertend⟩ *übertrieben hohe Meinung von sich selbst, Hochmut bei innerer Hohlheit* □ *presunção; vaidade*

dun|kel|blau ⟨Adj. 24⟩ *von dunklem Blau, tiefblau; ein ~es Kleid, Kostüm* □ *azul-escuro*

Dun|kel|heit ⟨f.; -; unz.⟩ *Lichtlosigkeit, Finsternis; Ggs* Helligkeit; *~ brach herein, bei einbrechender ~; bei Eintritt der ~* □ *escuridão*

dun|keln ⟨V. 400⟩ 1 ⟨401⟩ *es dunkelt es wird dunkel, es dämmert; es dunkelte schon, als er kam* 2 *etwas dunkelt wird in der Farbe dunkler; das Holz des Fußbodens dunkelt langsam; ihr Haar ist gedunkelt* □ *escurecer* 3 ⟨poet.⟩ *dunkel leuchten* □ *eclipsar(-se); sombrear*

dün|ken ⟨V. 123; geh.; veraltet⟩ 1 ⟨601 od. 501⟩ *es dünkt jmdm. od. jmdn. jmd. glaubt, etwas annehmen zu dürfen; mich deucht* ⟨veraltet; poet.⟩; *wenn es Ihnen gut dünkt; sein Benehmen dünkt mich seltsam* □ *parecer* 2 ⟨500/Vr 3; abwertend⟩ sich ~ *sich vorkommen (wie), sich halten für, sich einbilden, etwas*

dünn

zu sein; er dünkt sich etwas Großes, etwas Besseres als wir; er dünkt sich sehr geschickt □ *julgar-se; crer-se

dünn ⟨Adj.⟩ **1** *von geringem Durchmesser;* ein ~es Blech; der ~e Ast □ **fino; delgado 1.1** ~e Bretter bohren ⟨fig.⟩ *es sich bequem machen, nicht viel leisten* □ *escolher o caminho mais fácil **1.2** (fast) durchscheinend;* eine ~e Stelle im Stoff (am Ellbogen, Knie); ein ~er Schleier □ **fino 1.3** *schmal, sehr schlank, mager;* eine ~e Frau; ein Kind mit ~en Beinen; sie will ~er werden; er ist ~ wie ein Faden □ **magro; esguio 1.3.1** sich ~ machen *versuchen, wenig Platz einzunehmen* □ *apertar-se; encolher-se; ⟨aber⟩ → a. dünnmachen* **2** *wenig konzentriert, nicht dicht (beieinander);* der ~en Luft wegen geriet er außer Atem; ~e Nebel ziehen über das Land □ **rarefeito 2.1** sein ~es Haar *sein schütteres H.* □ **ralo 2.2** es fällt ein ~er Regen *es nieselt* □ **fino 2.3** *wässerig, verdünnt, wenig gehaltvoll;* eine ~e Suppe; die Milch ist recht ~ □ **aguado; ralo 2.4** *(verhältnismäßig) flüssig;* der Teig ist zu ~ geraten □ **fluido 3** ⟨fig.⟩ *schwach;* mit ~er Stimme; er brachte nur ein ~es Lächeln zustande □ **fraco; débil 4** ⟨fig.; umg.⟩ *wenig gehaltvoll, inhaltlich unzureichend;* ein ~es Argument, Buch; was er sagt, ist ziemlich ~ □ **insuficiente; fraco;** → a. *dick(5.1)* **5** ⟨Getrennt- u. Zusammenschreibung⟩ **5.1** ~ besiedelt = *dünnbesiedelt* **5.2** ~ gesät = *dünngesät*

dünn|be|sie|delt *auch:* **dünn be|sie|delt** ⟨Adj. 24⟩ *von wenigen Menschen bewohnt, spärlich besiedelt;* ein ~er Landstrich □ **pouco povoado**

dünn|ne||ma|chen ⟨V. 500/Vr 3; umg.⟩ *sich ~ heimlich od. in aller Eile verschwinden, weglaufen, ausreißen;* oV *dünnmachen* ehe man sie fassen konnte, haben sie sich dünngemacht □ *safar-se; fugir

dünn|ge|sät *auch:* **dünn ge|sät** ⟨Adj. 24⟩ **1** *spärlich gesät;* ~es Getreide □ **pouco semeado 2** ⟨fig.⟩ *selten vorhanden, selten vorkommend;* Hilfsbereitschaft ist bei euch anscheinend ~ □ **raro**

dünn||ma|chen ⟨V. 500/Vr 3; umg.⟩ = *dünnemachen;* → a. *dünn (1.3.1)*

Dunst ⟨m.; -(e)s, Düns|te⟩ **1** *Lufttrübung, leichter Nebel;* über der Stadt, den Wiesen liegt ein leichter, schwacher ~; die Berge liegen im ~ □ **névoa; bruma 1.1** *Qualm, Rauch, Abgase;* blauer ~ umhüllte den Rauchertisch □ **fumaça;** → a. *blau(6.1)* **1.1.1** in ~ aufgehen ⟨fig.⟩ *zunichtewerden* □ *dar em nada **2** *Ausdünstung, Hauch;* die Tiere strömten einen warmen, scharfen ~ aus □ **exalação; bafo 3** ⟨Jägerspr.⟩ *feinster Schrot;* Vogel~ □ **escumilha 4** keinen (blassen) ~ haben (von etwas) ⟨fig.; umg.⟩ *keine Ahnung haben (von etwas), nichts wissen (von etwas);* ich habe keinen blassen ~, was er dort suchte □ *não ter (a menor) ideia (de alguma coisa)

duns|ten ⟨V. 400; geh.⟩ *Dunst ausströmen, Dunst verbreiten, dampfen;* oV *dünsten(1);* die feuchte Erde dunstet □ **exalar vapor; fumegar**

düns|ten ⟨V.⟩ **1** ⟨400⟩ = *dunsten* **2** ⟨500⟩ *Speisen ~* ⟨Kochk.⟩ *in einem verschlossenen Gefäß durch Dampf im eigenen Saft u. wenig Fett ohne Bräunung garen, dämpfen;* Fleisch, Gemüse ~ □ **cozinhar no vapor**

duns|tig ⟨Adj. 70⟩ *voller Dunst, leicht neblig, trüb;* ~es Wetter □ **nublado; enevoado**

Dunst|kreis ⟨m.; -es; -e; bes. fig.⟩ *Atmosphäre, Wirkungsbereich;* im ~ seiner Berühmtheit, ihrer Fürsorge; er bewegte sich schon lange am liebsten in ihrem ~ □ **atmosfera; ambiente**

Dü|nung ⟨f.; -, -en⟩ *Seegang vor u. nach Sturm mit gleichmäßig langen Wellen (trotz Windstille);* eine leichte, schwere, flache ~; das Schiff hebt und senkt sich in der ~ □ **ressaca; marulho**

Duo ⟨n.; -s, -s⟩ **1** *Musikstück für zwei selbständige, meist verschiedene Instrumentalstimmen* **1.1** *die beiden ein Duo(1) spielenden Musiker* □ **duo; dueto 2** *ein gut zusammenarbeitendes, einander ergänzendes Gespann aus zwei Personen* □ **dueto; dupla**

dü|pie|ren ⟨V. 500; geh.⟩ *jmdn. ~ täuschen, überlisten, foppen;* er hat alle seine Gegner düpiert □ **enganar; ludibriar**

Du|pli|kat ⟨n.; -(e)s, -e⟩ **1** ~ *einer Urkunde doppelte Ausfertigung* **2** *Abschrift, Kopie, Durchschlag, Zweitschrift* □ **duplicata**

du|pli|zie|ren ⟨V. 500; geh.⟩ *etwas ~ verdoppeln* □ **duplicar**

Dur ⟨n.; -s; unz.; Mus.⟩ *Tongeschlecht mit großer Terz im Dreiklang der Tonika;* Ggs *Moll;* A-~-Tonleiter; ~-Dreiklang □ **modo maior**

durch 1 ⟨Präp. m. Akk.⟩ **1.1** ~ *etwas (hindurch) auf der einen Seite in etwas hinein u. auf der anderen wieder hinaus;* einen Ball ~s Fenster werfen; ~ das Fernrohr sehen; der Schuss ging ihm ~s Herz; ~ die Nase sprechen; der Fluss fließt ~ einen See □ **através; por;** er ist ~s Examen gefallen ⟨fig.⟩ □ *ele foi reprovado no exame **1.1.1** jmdn. ~ den Kakao ziehen ⟨fig.⟩ *sich über jmdn. lüstig machen* □ *fazer gozação de alguém **1.1.2** warum willst du mit dem Kopf ~ die Wand ⟨fig.⟩ *warum willst du das unbedingt, obwohl es kaum möglich erscheint?* □ *por que você é tão cabeça-dura?* **1.2** ~ *etwas (kreuz u. quer) in einer Sache (herum);* ~ ein Land reisen; ein Ruf scholl ~ den Wald; ein Fisch schwimmt ~ das Wasser; sich ~ das Dunkel tasten; ihm war etwas ~ den Kopf gegangen ⟨fig.⟩ □ **por 1.2.1 (alle)** ~ die Bank *(alle) ohne Ausnahme (eigentlich in der Reihenfolge, wie sie auf der B. sitzen)* □ *(todos) sem exceção **1.3** ~ einen **Zeitraum (hindurch)** *während eines Zeitraums, einen Z. hindurch, über einen Z. hin;* unsere Freundschaft hat ~ das ganze Leben gehalten; die Krankheit begleitete ihn ~ viele Wochen; das ganze Jahr ~; die ganze Nacht ~; den Winter ~ □ **por; durante 1.4** ~ sein **1.4.1** *(hin)durchgekommen sein, vorbeigekommen sein;* der Zug muss nach Berlin ist schon ~ **1.4.2** *vorüber, vergangen sein;* es ist schon sechs (Uhr) ~ □ *passar **1.4.3** *genehmigt, wirksam sein* □ **ser aprovado; ter efeito 1.4.3.1** das Gesetz ist schon ~ *verabschiedet* □ *a lei já foi votada **1.5 durch etwas** ~ **sein** *etwas überwunden haben, mit etwas fertiggeworden sein;* sie ist ~ das Gröbste ~ □ **superar 1.5.1 durch**

eine **Gefahr** ~ sein *außer G. sein, eine G. überwunden haben; er war sehr krank, aber jetzt ist er* ~ □ ***estar fora de perigo** 1.5.2 durch eine **Prüfung** ~ sein *eine P. bestanden haben; hätte ich mich richtig auf die Prüfung vorbereitet, könnte ich schon* ~ sein □ ***passar em um exame** 1.6 **Speisen** sind ~ *gar, durchgebraten; das Fleisch ist* ~ □ **estar pronto/cozido/ bem passado** 1.6.1 *der Käse ist* ~ *reif, weich* □ **macio; cremoso** 1.7 **Kleidungsstücke** sind ~ *durchgelaufen, -gescheuert, -gerissen; die Schuhsohlen, Strümpfe sind* ~ □ **estar puído/gasto** 1.8 *mit Hilfe von, mittels, durch Vermittlung von, infolge (von); er hat mich* ~ *stichhaltige Argumente überzeugt;* ~ *Ausdauer, Erfahrungen, Fleiß, Wissen vorwärtskommen; einen Brief* ~ *Boten, Eilboten senden; einen Kasten* ~ *Drücken des Knopfes öffnen; ich habe ihn* ~ *Freunde kennengelernt; den Gewinner* ~ *das Los ermitteln;* ~ *das viele Rauchen wirst du noch krank werden; ich habe den Posten* ~ *seine Vermittlung erhalten; ich bin* ~ *einen Kunden länger aufgehalten worden* □ **por mei/intermédio de; graças a; devido a; com** 1.8.1 ~ *die Blume sprechen* ⟨fig.⟩ *einen versteckten, aber deutlichen Hinweis geben* □ ***dourar a pílula** 2 ⟨Adv.; umg.⟩ 2.1 ~ *und* ~ *vollkommen, ganz u. gar;* ~ *und* ~ *nass; er ist* ~ *und* ~ *ehrlich* □ ***totalmente** 2.1.1 *ich kenne ihn, sie, das Land usw.* ~ *und* ~ *sehr genau* □ ***muito bem** 2.1.2 *der Schrei ging mir* ~ *und* ~ *traf, erschreckte mich bis ins Innerste* □ ***profundamente** 2.2 *(bei jmdm.)* unten ~ sein *es mit jmdm. verdorben haben, von jmdm. nicht geschätzt werden; er ist bei mir unten* ~ □ ***perder a estima de alguém** 2.3 *vorbei; darf ich bitte* ~? □ ***com licença, posso passar?**

durch‖ar‖bei‖ten ⟨V.⟩ 1 ⟨400⟩ *(eine gewisse Zeit) ohne Pause arbeiten; die ganze Nacht* ~ □ ***trabalhar a noite inteira** 1.1 *wir arbeiten heute durch machen keine Mittagspause* □ **trabalhar sem parar** 2 ⟨500⟩ *etwas* ~ *sich eingehend u. bis zu Ende mit etwas beschäftigen, etwas sehr gründlich bis zum Ende studieren; ein Buch, ein Wissensgebiet* ~ □ **estudar a fundo** 3 ⟨500/Vr 3⟩ *sich* ~ *mit Anstrengung hindurchdringen, alle Schwierigkeiten überwindend bis zum Ende vordringen; sich durch dichtes Gestrüpp, durch ein Wissensgebiet* ~ □ ***abrir caminho; avançar; ir até o fim** 4 ⟨500⟩ *eine zähe Masse* ~ *durchkneten; Knetmasse, Ton, Teig* ~ □ **trabalhar bem**

durch‖at‖men ⟨V. 400⟩ 1 *kräftig, tief ein- u. ausatmen; beim Schwimmen musst du richtig* ~ 1.1 *nach dem Bestehen einer schweren Aufgabe wieder tief* ~ ⟨fig.⟩ *nach einer Anspannung erleichtert sein* □ **respirar (fundo)**

durch‖aus ⟨a. ['--] Adv.⟩ 1 *völlig, vollkommen, aber mit gewisser Einschränkung; er möchte* ~ □ ***de todo jeito; wenn du** ~ *willst* ... □ ***se você faz questão; würde Ihnen das Freude machen? Oh,** ~! □ **claro; sem dúvida; ich bin mir** ~ *klar darüber, dass ..., aber ...* □ **completamente** 2 *(verstärkend in verneinenden Sätzen) unbedingt; absolut; ich habe* ~ *keinen Grund, das zu denken; ich bin* ~ *nicht bereit,* *das zu tun; ich bin damit* ~ *nicht einverstanden* □ **absolutamente; de modo algum** 2.1 ~ *nicht! bestimmt nicht, sicher nicht, keinesfalls* □ ***de modo algum!**

durch‖bei‖ßen[1] ⟨V. 105/500⟩ 1 *etwas* ~ *in zwei Teile zerbeißen, durch Beißen trennen; er* biss *seine Fesseln durch; der Hund hat dem Huhn die Kehle durchgebissen* □ **cortar/arrancar com os dentes** 2 ⟨Vr 3⟩ *sich* ~ ⟨fig.; umg.⟩ *hart kämpfen (im Leben), Widerstände überwinden; er hat sich tüchtig* ~ *müssen* □ ***vencer (lutando/batalhando)**

durch‖bei‖ßen[2] ⟨V. 105/500⟩ *etwas* ~ *beißend durchdringen, zerbeißen, zertrennen, mit den Zähnen durchbohren; der Hund* durchbiss *dem Huhn die Kehle* □ **cortar/arrancar com os dentes**

durch‖bil‖den ⟨V. 500⟩ 1 *etwas* ~ *vollständig ausbilden* □ **formar por completo; estruturar** 1.1 *ein gut durchgebildeter Körper schön ausgebildeter, schön gewachsener, gut entwickelter K.* □ **bem formado/desenvolvido**

Durch‖blick ⟨m.; -(e)s, -e⟩ 1 *Blick, Sicht durch etwas hindurch* □ **vista; perspectiva** 2 ⟨fig.; umg.⟩ *Fähigkeit, etwas zu begreifen u. Zusammenhänge zu erkennen, Überblick, Übersicht; du hast doch gar keinen* ~ □ **visão; percepção**

durch‖bli‖cken ⟨V. 400⟩ 1 ⟨411⟩ *durch etwas* ~ *hindurchsehen, hindurchschauen; durch eine Lupe, ein Mikroskop* ~; *lass mich auch einmal* ~! □ ***ver/ olhar através de alguma coisa** 2 ⟨umg.⟩ *(Zusammenhänge) begreifen, verstehen; da blickst du doch nicht durch!* □ **entender; pescar** 3 ⟨400; Inf.⟩ *etwas* ~ *lassen andeuten, zu verstehen geben; er ließ sein Einverständnis* ~ □ ***dar a entender alguma coisa**

durch‖bo‖xen ⟨V. 500⟩ 1 ⟨Vr 3⟩ *sich* ~ *sich boxend durch eine Menschenmenge drängen* □ ***acotovelar-se; abrir espaço** 1.1 ⟨fig.; umg.⟩ *gegen Schwierigkeiten ankämpfen u. sie meistern, sich behaupten; er hat sich schon in seiner Jugend allein* ~ *müssen* □ ***virar-se** 2 ⟨fig.; umg.⟩ *etwas (gegen alle Widerstände) energisch, unerbittlich durchsetzen; das neue Gesetz wurde von der Regierungspartei durchgeboxt* □ **impor**

durch‖bre‖chen[1] ⟨V. 116⟩ 1 ⟨500⟩ *etwas* ~ *entzweibrechen, durch Brechen in Teile zerlegen; ein Brett, einen Stab* ~ 2 ⟨400⟩ *etwas bricht durch geht durch Brechen entzwei; der Steg über den Bach ist durchgebrochen* □ **romper(-se); quebrar(-se)** 3 ⟨500⟩ *etwas* ~ *gewaltsam einen Durchgang schlagen durch; eine Wand* ~ □ **derrubar; demolir** 4 ⟨400(s.); fig.⟩ *sich (gewaltsam) einen Weg bahnen, sich Bahn brechen; wir müssen versuchen, durch die feindlichen Stellungen durchzubrechen* □ **abrir caminho; irromper**; *das Magenschwür ist durchgebrochen* □ **abrir**; *die ersten Zähne brechen durch* □ **nascer**; *erst am Nachmittag ist die Sonne durchgebrochen* □ **irromper** 4.1 *zum Ausbruch kommen, in Erscheinung treten; seine alte Wildheit brach durch* □ **eclodir** 5 ⟨411(s.)⟩ **durch** *eine Fläche* ~ *durch etwas, das zerbricht, nach unten sinken, fallen, stürzen; beim Schlittschuhlaufen ist der Junge durch die dünne Eisdecke durchgebrochen* □ **afundar; cair**

durch|bre|chen² ⟨V. 116/500⟩ **1** etwas ~ *sich gewaltsam einen Weg durch etwas bahnen, durch etwas durchstoßen;* die Verbände ~ die Front; die Polizeikette wurde von den Demonstranten durchbrochen □ **romper; abrir caminho 2** eine Sache ~ ⟨fig.⟩ *etwas übertreten, einer Sache zuwiderhandeln;* Gesetze, Vorschriften, Abkommen ~; seine Gewohnheit ~ □ **transgredir; infringir 3** etwas ~ *mit Zwischenräumen versehen* □ **perfurar 3.1** durchbrochene **Arbeit** (in Metall, Holz usw.) *Gegenstand mit Verzierung durch ausgeschnittene od. ausgesägte Muster* □ *****trabalho perfurado 3.2** durchbrochene **Stickerei** *bestimmte Art von Lochstickerei* □ *****bordado a crivo**

durch||bren|nen ⟨V. 117⟩ **1** ⟨400(s.)⟩ etwas brennt durch *schmilzt, geht durch zu starke Strombelastung entzwei;* eine elektrische Birne, eine Sicherung brennt durch □ **queimar 2** ⟨500⟩ etwas ~ *mittels Feuers zerteilen;* er brannte die Schnur durch, die ihn fesselte □ **cortar queimando 3** ⟨400(s.)⟩ *bis zum Glühen brennen, ganz glühend werden;* den Ofen zuschrauben, wenn die Kohlen durchgebrannt sind □ **incandescer 4** ⟨400(s.); fig.; umg.⟩ *heimlich davonlaufen;* er ist seinen Eltern durchgebrannt; mit der Kasse ~; von zu Hause ~ □ **escapar; safar-se**

durch||brin|gen ⟨V. 118/500; umg.⟩ **1** jmdn. ~ *jmdm. helfen, eine Krankheit od. Schwierigkeiten zu überwinden, eine Prüfung zu bestehen;* der Arzt meinte, er könne den Kranken ~ □ **ajudar 2** ⟨Vr 7⟩ jmdn. ~ (mit Mühe) *ernähren, für jmds. Lebensunterhalt sorgen;* er weiß nicht, wie er seine Familie ~ soll; er muss seinen alten Vater mit ~; er bringt sich mühsam mit Stundengeben durch □ **sustentar 3** eine Sache ~ *durchsetzen, gegen den Widerstand anderer zur Geltung, Anerkennung bringen;* die Fraktion konnte ihren Antrag nicht ~ □ **fazer valer 4** etwas ~ ⟨fig.⟩ *vergeuden, verschleudern, sinnlos ausgeben;* er hat sein ganzes Erbteil, Geld durchgebracht □ **dissipar; desperdiçar**

Durch|bruch ⟨m.; -(e)s, -brü|che⟩ **1** *das Durchbrechen, gewaltsames Durchdringen, Durchstoßen;* ~ durch die feindlichen Linien □ **irrupção; invasão;** ~ von Eigenschaften; ~ einer Krankheit □ **manifestação;** ~ eines Magengeschwürs □ **abertura; rompimento;** ~ der Zähne □ **nascimento;** einer Idee, einer Sache zum ~ verhelfen □ *****fazer com que uma ideia/uma coisa tenha sucesso 1.1** zum ~ kommen *durchbrechen¹ (4.1);* die Pubertätserscheinungen kommen bei ihm verspätet, aber umso heftiger zum ~ □ *****manifestar-se 2** durchgebrochene *Öffnung;* ein ~ in der Mauer □ **rombo; brecha 3** ⟨fig.⟩ **3.1** *Erfolg, der zur Berühmtheit verhilft* **3.2** *Erfolg, der zum Gelingen einer Angelegenheit beiträgt* □ **sucesso**

durch||dre|hen ⟨V.⟩ **1** ⟨500⟩ etwas ~ *mit einer Drehebewegung durch eine Maschine laufen lassen;* Gemüse, Obst, Fleisch (durch den Wolf) ~ □ **moer; picar 2** ⟨400⟩ *sich auf der Stelle bewegen;* die Autoreifen drehen durch □ **patinar 3** ⟨400; fig.; umg.⟩ *die Nerven, die Fassung, den Verstand verlieren;* ich habe Angst, er dreht noch durch □ **perder a cabeça; pirar 3.1** durchgedreht **sein** *durcheinander, am Ende seiner Nervenkräfte sein;* er ist völlig durchgedreht □ **estar exausto/transtornado**

durch||drin|gen¹ ⟨V. 122/400(s.)⟩ **1** etwas dringt durch *gelangt (gegen Widerstände durch etwas) hindurch;* der Regen ist uns bis auf die Haut durchgedrungen; das Gerücht, die Nachricht ist bis zu uns durchgedrungen □ **penetrar; chegar 1.1** ~de **Kälte,** Nässe *eine K., N., die durch alle schützenden Hüllen dringt* **1.2** ein ~der **Blick** *scharfer B.;* er maß ihn mit einem ~den Blick □ **penetrante 1.3** ein ~der **Verstand** *ein scharfer, zum Wesentlichen vorstoßender V., Scharfsinn* □ **perspicaz 1.4** ein ~der **Ton,** Schrei *alles übertönender, gellender T., S.* □ **agudo; penetrante 1.5** ~der Geruch *starker, intensiver G.* □ **forte 2** etwas dringt durch ⟨fig.⟩ *gewinnt gegen anfänglichen Widerstand Zustimmung;* sein Vorschlag ist durchgedrungen; mit seiner Meinung ~ □ **impor-se; fazer-se valer**

durch|drin|gen² ⟨V. 122/500⟩ **1** etwas ~ *durchbrechen, durchstoßen, eindringen in etwas;* den Urwald ~; ein Licht durchdrang die Dunkelheit; Röntgenstrahlen ~ feste Körper □ **penetrar; atravessar 1.1** eine **Aufgabenstellung,** ein **Problem (geistig)** ~ *geistig verarbeiten* □ **elaborar (intelectualmente) 2** etwas durchdringt jmdn. *erfüllt jmdn. völlig;* ein Gefühl der Freundschaft durchdrang ihn □ **invadir; tomar 2.1** ⟨Passiv⟩ **von** etwas durchdrungen **sein** *erfüllt, überzeugt sein von;* von dem stolzen Bewusstsein durchdrungen, dass ...; vom Gefühl der Verantwortung durchdrungen □ *****ser invadido/tomado por alguma coisa**

Durch|drin|gung ⟨f.; -; unz.⟩ **1** *das Durchdringen²* **2** ⟨geh.⟩ *geistiges Erfassen;* ~ eines komplexen Themas □ **apreensão; compreensão 3** ⟨Math.⟩ *Aufeinandertreffen zweier Körper, z. B. eines Prismas u. eines Kegels, die eine Durchdringungsfigur bilden, deren Oberfläche sowohl dem einen als auch dem anderen Körper angehört* □ **interseção 3.1** ⟨fig.; geh.⟩ *Ineinandergreifen, Verschmelzen verschiedener Bereiche;* die gegenseitige ~ von Literatur- und Sprachwissenschaft □ **fusão**

durch||drü|cken ⟨V. 500⟩ **1** etwas ~ *durchpressen, durchtreiben;* Gemüse, Fruchtbrei durch ein Sieb ~ □ **comprimir; fazer passar (espremendo) 2** etwas ~ *bis zum Widerstand drücken;* einen Hebel ~ □ **empurrar/pressionar (até o fim) 2.1** das **Kreuz,** den **Ellbogen** ~ *nach hinten drücken, gerade biegen, strecken;* mit durchgedrückten Knien □ **esticar 3** eine Sache ~ ⟨fig.; umg.⟩ *etwas gegen Widerstand durchsetzen;* seine Meinung, einen Antrag, Vorschlag ~ □ **impor**

durch|ein|an|der *auch:* **Durch|ei|nan|der** ⟨Adv.⟩ **1** *aus Reihe u. Ordnung gekommen, unordentlich, regellos (wechselnd)* □ **misturado; em desordem 2** ⟨umg.⟩ *verwirrt, aufgeregt;* ich bin noch ganz ~ □ **confuso; transtornado**

Durch|ein|an|der *auch:* **Durch|ei|nan|der** ⟨a. ['----] n.; -s, -⟩ **1** *Unordnung, Wirrwarr;* in der Wohnung herrschte ein heilloses ~ □ **desordem; bagunça 1.1** *Regellosigkeit, mangelnde Organisation;* deine Ter-

minplanung ist ein einziges ~ ☐ desorganização; caos 2 *Verwirrung;* in dem ~ auf der Straße bemerkte niemand den kleinen weißen Hund ☐ confusão
durch|ein|an|der||brin|gen *auch:* **durch|ei|nan|der||brin|gen** ⟨V. 118/500⟩ **1** etwas ~ *in Unordnung bringen;* Papiere, Bücher ~; wer hat meine Sachen durcheinandergebracht ☐ bagunçar **2** *Sachen ~ verwechseln;* Begriffe, Vorstellungen ~ ☐ misturar; confundir **3** ⟨Vr 8⟩ *jmdn. ~* ⟨fig.⟩ *nervös machen, aufregen;* der Schreck hat mich ganz durcheinandergebracht ☐ deixar nervoso; perturbar
durch|ein|an|der||es|sen *auch:* **durch|ei|nan|der||es|sen** ⟨V. 129/500⟩ alles ~ *wahllos die verschiedensten Dinge essen* ☐ comer de tudo
Durch|fahrt ⟨f.; -, -en⟩ **1** ⟨unz.⟩ *das Durchfahren, Passieren(1);* freie ~ *gewährleisten, haben;* ~ *verboten!;* Torweg zur ~ *freihalten!* ☐ passagem **1.1 auf der ~ sein** *nur eine Zwischenstation machen, nicht bleiben wollen* ☐ *estar de passagem **2** *Öffnung zum Durchfahren, Strecke, auf der passiert werden kann;* ein altes Stadttor bildet die ~; die ~ zum Hotel ist sehr eng ☐ passagem
Durch|fall ⟨m.; -(e)s, -fäl|le⟩ **1** ⟨Med.⟩ *rasche u. häufige dünnflüssige Darmentleerung;* einen ~ mit Fieber bekommen ☐ diarreia **2** ⟨fig.⟩ *Misserfolg;* das Stück erlebte bei der Premiere einen ~; ~ im Examen ☐ fracasso; fiasco
durch|fal|len ⟨V. 131(s.)⟩ **1** ⟨400⟩ *durch eine Öffnung hinunterfallen* ☐ cair através de **2** ⟨400; fig.⟩ *Misserfolg haben;* das Stück ist bei der Premiere durchgefallen ☐ fracassar; malograr **2.1** *eine Prüfung nicht bestehen;* einen Prüfling ~ *lassen* ☐ *reprovar um candidato; er ist (im Examen) durchgefallen ☐ não passar **2.2** ⟨411⟩ *bei einer Wahl ~ nicht gewählt werden* ☐ *perder a eleição; não ser eleito/escolhido
durch|fech|ten ⟨V. 133/500⟩ **1** *eine Sache ~ für eine S. bis zum Erfolg, Sieg kämpfen, für eine S. energisch eintreten u. sie zum Ziel führen;* er focht seinen Prozess in allen Instanzen durch ☐ lutar até o fim **2** ⟨Vr 3⟩ *sich ~* ⟨fig.; regional⟩ *sich seinen Weg mühsam (durchs Leben) bahnen* ☐ *batalhar; ir à luta **2.1** *seinen Lebensunterhalt bettelnd verdienen* ☐ *viver de esmola
durch|flie|gen[1] ⟨V. 136/400 od. 405(s.)⟩ **1** *durch etwas hindurchfliegen, sich hindurchbewegen;* der Ball flog (durch das Fenster) durch; die Zugvögel sind durchgeflogen; das Tal ist eng, aber das Flugzeug ist trotzdem durchgeflogen ☐ voar por; atravessar (voando) **2** ⟨fig.; umg.⟩ *durchfallen (in einer Prüfung);* er ist im Abitur durchgeflogen ☐ levar bomba; ser reprovado
durch|flie|gen[2] ⟨V. 136/500⟩ **1** *eine Strecke ~ von einem Ende bis zum anderen fliegend zurücklegen;* das Flugzeug durchflog die Strecke Paris–New York in Rekordzeit; die Störche haben die Strecke Mitteleuropa–Nordafrika in 5 Tagen durchflogen ☐ fazer; voar; percorrer **1.1** *fliegend durchqueren;* die Rakete hat die Atmosphäre durchflogen; das Flugzeug durchflog die Wolken ☐ atravessar (voando) **2** *Schriftstücke ~* ⟨fig.; umg.⟩ *eilig u. flüchtig lesen;* ich habe den Brief nur durchflogen ☐ passar os olhos por
durch|flie|ßen[1] ⟨V. 138/400(s.)⟩ **1** *durch etwas hindurchfließen;* das Wasser ist hier durchgeflossen **2** *weiterfließen, abfließen;* durch die Öffnung kann das Wasser ~ ☐ escorrer/passar por
durch|flie|ßen[2] ⟨V. 138/500⟩ *etwas ~ fließend durchqueren;* der Strom durchfließt die Stadt ☐ atravessar; correr por
Durch|fluss ⟨m.; -(e)s, -flüs|se⟩ **1** ⟨unz.⟩ *das Hindurchfließen (durch etwas)* ☐ escorrimento; passagem (de líquidos) **2** ⟨zählb.⟩ *Öffnung, durch die etwas durchfließt* ☐ passagem (de líquidos)
durch|flu|ten ⟨V. 500⟩ *etwas ~* **1** *flutend, strömend durchdringen;* ein breiter Strom durchflutet das Land **2** ⟨fig.⟩ *erfüllen;* Licht durchflutet den Raum ☐ inundar
durch|füh|ren ⟨V. 500⟩ **1** *jmdn. ~ durch etwas hindurchführen, führend begleiten durch;* darf ich Sie rasch ~? (durch eine Ausstellung usw.) ☐ conduzir **2** *etwas ~* ⟨fig.⟩ *verwirklichen, in die Tat umsetzen;* eine Arbeit, Untersuchung, einen Auftrag, Versuch, ein Gesetz, Unternehmen ~; eine begonnene Arbeit bis zum Abschluss ~ ☐ realizar; executar
Durch|gang ⟨m.; -(e)s, -gän|ge⟩ **1** *Stelle, Öffnung, Weg zum Durchgehen, schmaler Gang;* zwischen den Häusern befindet sich ein ~; ~ *verboten!* ☐ passagem **2** *Abschnitt eines mehrteiligen Geschehens od. Vorganges (bes. bei Wettkämpfen, Prüfungen, Wahlen), Durchlauf;* im ersten ~ lag der Favorit vorn; eine Wahl in ersten ~ *gewinnen* ☐ tempo; fase; turno **3** ⟨Astron.⟩ *Vorbeigehen eines Planeten (Merkur u. Venus) vor der Sonne* ☐ trânsito **4** *~ von* **Waren** *Weiterbefördern, Passieren von Waren, die für ein anderes Land bestimmt sind* ☐ passagem
durch|ge|hen ⟨V. 145(s.)⟩ **1** ⟨400⟩ *durch etwas gehen, sich gehend (durch etwas) hindurchbewegen;* das Museum ist nicht groß, man kann bequem in einer Stunde ~; Sie können gleich hier ~ ☐ andar por; passar por **2** ⟨400⟩ *(bei Kontrollen) unbeanstandet weitergeleitet werden od. weitergehen, passieren;* Nachrichten gehen ohne Zensur durch; Antiquitäten u. lebende Tieren gehen beim Zoll nicht durch ☐ passar por **3** ⟨411⟩ **an dieser Stelle,** hier, dort geht es *durch ist der Durchgang, der richtige Weg* ☐ *a passagem/o caminho é por este local/por aqui/por ali;* geht es hier zum Nachbarhaus durch? ☐ *é por aqui que se passa para a casa vizinha? **4** ⟨400⟩ *sich durch etwas hindurchschieben, -stecken lassen;* die Löcher sind so klein, dass die Schrauben nicht ~ ☐ passar por; entrar em **5** ⟨411⟩ **durch etwas ~** *durch etwas hindurchdringen;* die Nässe, Kälte ist durch die Jacke durchgegangen ☐ penetrar **6** ⟨400⟩ *etwas geht durch findet Zustimmung, wird angenommen, bewilligt;* der Antrag, das Gesetz ist glatt durchgegangen ☐ passar; ser aprovado **7** ⟨400⟩ *etwas ~ lassen jmdm. etwas nachsehen, es dulden, ohne zu tadeln od. zu strafen;* das solltest du den Kindern nicht ~ lassen; einen Fehler ~ lassen **7.1** das kann ich nicht ~ lassen *nicht dulden*

□ *deixar alguma coisa passar; tolerar 8 ⟨400⟩ *fortlaufen, außer Kontrolle geraten* □ *escapar* 8.1 *wild werden u. davonstürmen;* die Pferde sind plötzlich mit der Kutsche durchgegangen □ *desembestar* 8.2 ⟨umg.⟩ *heimlich davonlaufen, fliehen, ausreißen;* seine Frau ist mit einem andern durchgegangen; er ist mit der Kasse durchgegangen □ *fugir* 8.3 ⟨600⟩ die Nerven gehen jmdm. durch *jmd. verliert die Beherrschung* □ **ter um ataque de nervos* 8.4 ⟨800⟩ etwas geht mit jmdm. durch *etwas überwältigt jmdn., reißt jmdn. mit;* sein Temperament, seine Fantasie geht mit ihm durch □ **arrebatar/dominar alguém* 9 ⟨400⟩ etwas geht durch *ist von Anfang bis Ende vorhanden, führt ohne Unterbrechung entlang-, hindurch;* die Heizrohre gehen von unten bis oben durch □ *passar sem interrupção* 9.1 der Zug geht durch bis … *ein u. derselbe Zug fährt bis …* □ **o trem vai até…* 10 ⟨500 (s. od. h.)⟩ etwas ~ *prüfend durchsehen, durchlesen, (kurz) besprechen, sich mit etwas befassen;* eine Liste, einen Wissensstoff ~; seine Aufgaben noch einmal ~ □ *repassar; rever*

durch‖grei|fen ⟨V. 158/400⟩ **1** *durch etwas hindurchgreifen, fassen;* das Gitter ist zu eng, man kann nicht ~ □ *passar a mão por/através de* **2** ⟨fig.⟩ *Ordnung schaffen, einen Übelstand durch energische Maßnahmen beseitigen;* hier muss man energisch ~; die Polizei hat gegen die Übeltäter scharf durchgegriffen □ *intervir (energicamente/ drasticamente)* 2.1 ~de *Änderungen, Maßnahmen einschneidend, äußerst wirksame Ä., M.* □ *enérgico; radical*

durch‖hal|ten ⟨V. 160/402⟩ (eine Sache) ~ *aushalten, etwas bis zuletzt ertragen;* er hat eisern, standhaft durchgehalten; einen Streik, Kampf ~; wir haben bis zum letzten Mann durchgehalten; diese ständigen Auseinandersetzungen halte ich nicht mehr durch □ *resistir; aguentar até o fim*

durch‖hau|en¹ ⟨V. 162/500⟩ **1** etwas ~ *durch Hauen in (zwei) Teile spalten, zerschlagen;* der Fleischer haut/hieb den Knochen durch; er hat einen Ast durchgehauen □ *cortar em dois; talhar* **2** ⟨Vr 3⟩ sich ~ ⟨umg.⟩ *sich durch Hauen einen Weg bahnen;* ich habe mich durch das Gestrüpp durchgehauen □ **abrir caminho/picada* **3** ⟨Vr 8⟩ jmdn. ~ ⟨umg.⟩ *verprügeln;* sie haben ihn tüchtig durchgehauen □ **dar uma surra em alguém*

durch‖hau|en² ⟨V. 162/500⟩ **1** etwas ~ = *durchhauen¹(1);* der Fleischer durchhieb/durchhaute den Knochen; er hat den Ast durchhauen □ *cortar em dois; talhar* **2** den Wald ~ ⟨Forstw.⟩ *einen Weg durch den W. schlagen* □ **abrir caminho pela floresta*

durch‖hö|ren ⟨V. 500⟩ etwas ~ ⟨umg.⟩ **1** *durch etwas hindurchhören, wahrnehmen;* die Tür war geschlossen, aber ich konnte die Stimmen ~ □ *ouvir* **2** *aus Andeutungen heraushören, der Redeweise anmerken;* er hat es nicht deutlich ausgesprochen, aber ich konnte doch ~, dass … □ *perceber*

durch‖käm|men¹ ⟨V. 500; Vr 7 od. Vr 8⟩ **1** das Haar, Fell ~ *gründlich u. kräftig kämmen;* ich kämmte mir das Haar durch; ich habe dem Hund das Fell durchgekämmt □ *pentear; escovar* **2** etwas ~ ⟨fig.⟩ = *durchkämmen²;* die Polizei kämmte den Wald nach entflohenen Sträflingen durch; die Einwohner haben den Sumpf durchgekämmt □ *vasculhar; passar um pente-fino*

durch‖käm|men² ⟨V. 500⟩ etwas ~ ⟨fig.⟩ *(ein Gebiet) systematisch mit einer Kette von nebeneinander gehenden Menschen durchsuchen, einzeln kontrollieren;* die Polizei durchkämmte den Wald nach entflohenen Sträflingen; die Einwohner haben den Sumpf durchkämmt □ *vasculhar; passar um pente-fino*

durch‖kämp|fen ⟨V. 500⟩ **1** eine Sache ~ *mit aller Kraft durchsetzen* □ *impor energicamente; fazer valer* **2** ⟨Vr 3⟩ sich ~ *kämpfend hindurchdringen;* die Übermacht der Feinde war groß, aber er kämpfte sich durch; sich durch unwegsames Gebiet ~; er hat sich bis zum Eingang durchgekämpft □ **abrir caminho lutando; combater* 2.1 ⟨fig.⟩ *sich mit Mühe behaupten;* sich im Leben ~ müssen □ **batalhar*

durch‖kom|men ⟨V. 170(s.)/402 od. 405 od. 411⟩ **1** *durch etwas hindurchkommen, vorbei-, entlangkommen;* der Präsident muss hier (durch diese Straße) ~ □ *passar por* **2** *(hin)durchdringen, sich hindurchzwängen;* ich versuche seit einer Stunde, die Zentrale in München anzurufen, aber ich komme nicht durch □ *conseguir;* das Gitter ist eng, aber ich werde versuchen durchzukommen □ *passar por; atravessar;* die ersten Knospen, die ersten grünen Spitzen kommen jetzt schon durch □ *despontar* **3** ⟨fig.⟩ *(durch etwas) unbeschadet hindurchgelangen;* sieh zu, dass du (irgendwie, allein) durchkommst; er ist heil und unversehrt durchgekommen □ *sair ileso* **3.1** *etwas zu Ende führen;* ich werde sehen, ob, wie ich durchkomme (bei, mit einer Arbeit) □ *dar conta de; terminar* **3.2** *(Prüfung) bestehen;* die Prüfungen waren so einfach, dass jeder durchgekommen ist □ *passar (no exame)* **3.3** *gesund werden, überleben;* wird er ~? □ *ficar bom; sarar* **3.4** *gewählt werden;* bei einer Wahl ~ □ *ser eleito* **3.5** ⟨805⟩ **mit etwas** (bei jmdm.) **nicht ~** *keinen Erfolg haben, Anstoß erregen;* mit Schwindeln kommst du bei mir nicht durch; damit werden Sie nicht ~ □ **malograr/não ter êxito com alguma coisa ou alguém* **4** ⟨416⟩ *auskommen;* mit 1.500 € im Monat kannst du ~ □ *arranjar-se; virar-se*

Durch‖lass ⟨m.; -es, -läs|se⟩ **1** ⟨unz.⟩ *das Durchlassen durch einen dafür freigegebenen Raum;* jmdm. ~ geben, gewähren **2** *Öffnung, um etwas od. Personen durchzulassen, enger Durchgang;* der ~ für Autos ist zu schmal □ *passagem* **3** ⟨Bauw.⟩ *Mauerwerk zur Unterführung eines Wasserlaufs mit freiem Gefälle unter einem Verkehrsweg* □ *galeria*

durch‖läs|sig ⟨Adj.⟩ **1** *etwas (Licht, Luft, Flüssigkeit) durchlassend, undicht;* licht~, luft~, wasser~; ~e Schuhe □ *permeável* **1.1** *porös;* ~es Gestein □ *poroso*

Durch‖laucht ⟨a. ['--] f.; -; unz.; Titel für⟩ *Fürst, Fürstin;* Seine ~ ist gerade in einer Audienz; gestatten Eure ~… □ *Alteza*

Durch‖lauf ⟨m.; -(e)s, -läu|fe⟩ **1** *das Durchlaufen¹;* der ~ des Wassers durch die Leitungen □ *passagem;* escoamento 2 *das Durchlaufen²*; ~ durch einen Betrieb ☐ **passagem** 3 〈Sp.〉 *Durchgang, Abschnitt eines mehrteiligen Wettbewerbs*; im ersten ~ an den Start gehen; Probe~ ☐ **tempo; fase** 4 〈EDV〉 *Ablaufen eines Computerprogramms (von Beginn bis Ende)* ☐ **execução**

durch‖lau|fen¹ 〈V. 175/500〉 1 〈500 od. 411〉 einen Ort ~, durch einen Ort ~ *sich laufend hindurchbewegen*; der Bach ist seicht, man kann ~; ich hatte keine Zeit, ich bin (durch die Ausstellung) nur rasch durchgelaufen ☐ **atravessar; passar correndo (por)** 2 〈410〉 *bis zum Ziel od. eine gewisse Zeit laufen, ohne Rast zu machen*; er ist zehn Stunden durchgelaufen; wollen wir bis zum nächsten Dorf ~? ☐ **correr** 3 〈400〉 *eine Flüssigkeit läuft durch fließt hindurch, sickert durch*; das Dach ist undicht, das Wasser läuft durch; Kaffee ~ lassen (durch den Filter) ☐ **passar; escorrer; coar** 4 〈400〉 *bearbeitet werden*; das Werkstück usw. läuft nebenher mit durch ☐ **ser trabalhado** 5 〈500〉 *Fußbekleidung ~ durch vieles Laufen abnutzen, schadhaft machen*; die Schuhe, Strümpfe ~ ☐ **gastar** 5.1 〈530/Vr 1〉 *sich die Füße ~ wundlaufen, auflaufen* ☐ *****machucar os pés (de tanto andar)**

durch|lau|fen² 〈V. 500〉 1 *eine Strecke ~ in sehr eiligem Schritt durchqueren*; einen Weg in kurzer Zeit ~ ☐ **atravessar; passar correndo (por)** 2 *ein Gedanke durchläuft jmdn. erfüllt jmdn. plötzlich* ☐ *****um pensamento passa pela cabeça de alguém** 2.1 *es durchlief mich eiskalt (siedend heiß) ich fühlte ein kaltes (heißes) Schauern* ☐ *****senti um calafrio/um calorão** 3 *eine Ausbildung ~ absolvieren, hinter sich bringen*; die Schule, Universität ~ ☐ **concluir** 3.1 *arbeitend kennenlernen*; er hat jetzt alle Abteilungen des Betriebes ~ ☐ **passar por**

durch‖leuch|ten¹ 〈V. 400〉 *das Licht leuchtet durch (durch etwas) das L. scheint (durch etwas) durch*; die Sonne hat (durch die Gardinen) durchgeleuchtet, leuchtete durch ☐ **filtrar (por)**

durch|leuch|ten² 〈V. 500〉 1 *jmdn. od. etwas ~ mit Hilfe von Röntgen- od. Lichtstrahlen untersuchen*; der Arzt hat den Kranken durchleuchtet; ein Werkstück ~; seine Lunge muss durchleuchtet werden ☐ **radiografar; tirar uma chapa**; Eier (elektrisch) ~ ☐ *****examinar os ovos contra a luz (elétrica)**; ich bin morgen zum Durchleuchten bestellt ☐ **radiografia** 2 *eine Sache ~* 〈fig.〉 *kritisch untersuchen*; jmds. Charakter, Verhalten ~; die dunkle Angelegenheit muss durchleuchtet werden ☐ **examinar a fundo**

durch‖ma|chen 〈V.; umg.〉 1 〈500〉 *etwas ~ erdulden, erleiden, erleben*; er hat viel durchgemacht 1.1 *überstehen, hinter sich bringen*; eine Krankheit ~ ☐ **passar por; sofrer** 2 〈500〉 *etwas ~ durchlaufen²(3)* ☐ **concluir** 3 〈400〉 *ohne Unterbrechung fortfahren* ☐ **seguir sem parar** 3.1 (bis zum Morgengrauen) *~ die ganze Nacht hindurch feiern, durchfeiern* ☐ **festejar** 3.2 wir müssen bis zum Abend ~, um mit der Arbeit fertig zu werden *bis zum Abend arbeiten, durcharbeiten* ☐ **trabalhar sem interrupção**

Durch|marsch 〈m.; -(e)s, -mär|sche〉 1 *Durchquerung, Marsch durch etwas* ☐ **marcha; passagem (em marcha)** 2 〈unz.; umg.; scherzh.〉 *Durchfall* ☐ **caganeira** 3 〈Skat〉 *Ramsch, bei dem die anderen Spieler keine Möglichkeit haben, einen Stich zu machen* ☐ **Durchmarsch**

durch|neh|men 〈V. 189/500〉 *etwas ~ (ausführlich) besprechen, erörtern*; in Englisch haben wir heute Fragewörter durchgenommen ☐ **discutir**

durch‖peit|schen 〈V. 500〉 1 *jmdn. ~ mit der Peitsche züchtigen* ☐ **chicotear** 2 *eine Sache ~* 〈fig.〉 *sehr nachdrücklich u. eilig gegen Widerstand durchsetzen*; ein Gesetz ~ ☐ **sancionar/despachar rapidamente**

durch|que|ren 〈V. 500〉 *etwas ~ in seiner Ausdehnung (in gerader Richtung) überwinden, sich durch etwas hindurchbewegen*; einen Fluss, See, Raum ~; ein Land, einen Kontinent ~ ☐ **atravessar**

durch‖rech|nen 〈V. 500〉 *etwas ~ gründlich rechnen, bis zu Ende rechnen, durch Rechnen prüfen*; ich muss das Projekt erst ~, ehe ich darüber etwas sagen kann; ich habe es noch einmal durchgerechnet ☐ **calcular; verificar**

Durch|rei|se 〈f.; -; unz.〉 1 *Reise durch ein Land, ein Gebiet* ☐ **viagem** 1.1 wir sind auf der ~ *wir machen Zwischenstation, reisen noch weiter* ☐ *****estamos de passagem**

durch‖rei|sen¹ 〈V. 400(s.)〉 *ohne längere Unterbrechung durch einen Ort od. ein Gebiet reisen, weiterfahren u. nicht bleiben*; wir reisten nur durch; die Stadt kenne ich nicht, ich bin nur durchgereist ☐ **passar por**

durch|rei|sen² 〈V. 500〉 *etwas ~ reisend durchqueren, reisend kennenlernen*; Länder ~; er durchreiste die ganze Welt; er hat schon ganz Europa durchreist ☐ **viajar por; percorrer**

durch‖rin|gen 〈V. 202/550/Vr 3〉 *sich zu etwas ~ sich nach inneren Kämpfen zu etwas entschließen*; er hat sich zum Verzicht durchgerungen; ich habe mich dazu durchgerungen, es zu tun ☐ *****tomar uma decisão (depois de muito pensar)**

Durch|sa|ge 〈f.; -, -n〉 *Übermittlung einer Nachricht von einer zentralen Stelle an alle Personen (durch Lautsprecher, Rundfunk, Telefon usw.)*; Achtung, es folgt eine ~ der Polizei; Ende der ~; bitte achten Sie auf die ~n am Bahnsteig! ☐ **mensagem; aviso; comunicado**

durch‖schau|en¹ 〈V. 400 od. 411〉 *(durch etwas) hindurchschauen*; die Fenster sind so schmutzig, man kann kaum noch ~; hast du schon durchs Fernrohr durchgeschaut? ☐ **ver (através de)**

durch|schau|en² 〈V. 500; fig.〉 1 *jmdn. od. etwas ~ den wahren Kern von jmdm. od. etwas erkennen, sich über jmdn. od. etwas klarwerden*; jetzt habe ich dich durchschaut ☐ *****agora entendi qual é a sua**; sie durchschaute seinen Trick sofort ☐ **perceber; descobrir** 1.1 〈400〉 *endlich schaue ich durch! jetzt verstehe ich die Sache!* ☐ *****agora entendi!** 1.1.1 *ich schaue (noch) nicht durch habe noch keinen Überblick* ☐ ***(ainda) não entendo muito bem**

durch‖schie|ßen¹ 〈V. 211/500 od. 511〉 *eine Kugel, einen Pfeil (durch etwas) ~ (durch etwas) hindurchsenden*; er schoss den Pfeil durch den Apfel ☐ **atirar/lançar (através de)**

durch|schie|ßen² ⟨V. 211/500⟩ **1** Gegenstände ~ *mit einem Schuss durchbohren;* er durchschoss ihm die Hand □ **perfurar (com tiro) 2** ⟨Typ.⟩ Drucksatz ~ *die Abstände der Zeilen vergrößern, mit Durchschuss versehen;* durchschossener Satz □ **entrelinhar 3** ⟨Buchbinderei⟩ Bücher ~ *weiße Papierblätter zwischen die Buchblätter heften;* ein durchschossenes Exemplar □ **interfoliar**

Durch|schlag ⟨m.; -(e)s, -schlä|ge⟩ **1** *(früher) auf der Schreibmaschine hergestellte Durchschrift;* Sy Kopie(2.1); einen Brief mit zwei Durchschlägen tippen; den ~ eines Briefes abheften □ **cópia; via 2** *großes Sieb zum Durchschlagen von Kartoffeln, Quark u. Ä.;* gekochte Kartoffeln durch den ~ rühren □ **passador 3** *spitzes Stahlgerät zum Schlagen von Löchern* □ **punção 4** *plötzliche elektrische Entladung starker Spannung durch einen Isolator* □ **ruptura dielétrica**

durch|schla|gen¹ ⟨V. 218⟩ **1** ⟨500⟩ etwas ~ *durch Schlag trennen, teilen, zerschlagen, entzweischlagen;* ein Stück Holz ~ □ **romper; partir ao meio 2** ⟨500⟩ etwas ~ *durch Schlag ganz hindurchdringen lassen;* einen Nagel durch ein Brett ~ □ **cravar 3** ⟨500⟩ eine Öffnung, ein Loch **(durch etwas)** ~ *eine Ö., ein L. (in etwas) durch die Wirkung von Schlägen erzeugen;* er begann, ein Loch durch die Mauer durchzuschlagen □ ***fazer uma abertura; abrir um buraco 4** ⟨500⟩ etwas ~ *durch ein Sieb rühren, streichen;* Kartoffeln, Früchte, Quark ~ □ **espremer/passar no passador 5** ⟨500⟩ ein **Manuskript**, einen Brief ~ *(früher) mit einem od. mehreren Durchschlägen schreiben* □ **escrever com cópia 6** ⟨400(s.)⟩ etwas schlägt durch *dringt (durch etwas) hindurch;* die Bombe ist von oben bis unten durchgeschlagen **6.1** *die Tinte schlägt durch dringt auf die Rückseite des Papiers durch* □ **vazar; passar para o verso 6.2** das war ein ~der Erfolg *(fig.) das war ein voller Erfolg* □ **total; absoluto 7** ⟨405⟩ etwas schlägt **(auf etwas)** durch *wird wirksam (in etwas);* die Kostensteigerungen schlagen spürbar auf die Preise durch □ **recair; incidir 8** ⟨400(s.)⟩ **Erbanlagen** schlagen durch in od. bei jmdm. *treten deutlich bei jmdm. hervor* **8.1** bei ihm schlägt der Großvater durch *treten die Erbanlagen des Großvaters deutlich hervor* □ ***puxar a alguém 9** ⟨500/Vr 3⟩ sich ~ **9.1** *sich einen Weg bahnen, erkämpfen;* sich mit wenigen Leuten durch die Reihen des Feindes ~; er konnte sich bis in die Heimat ~ □ ***abrir caminho; conseguir chegar 9.2** *(fig.) sein Leben mit dem notwendigen Unterhalt fristen;* er hat sich im Leben immer so eben ~ können; sich mit Gelegenheitsarbeiten ~ □ **ir vivendo; virar-se**

durch|schla|gen² ⟨V. 218/500⟩ ein **Gegenstand** durchschlägt einen anderen *dringt durch Schlag in einen G. ein und wieder hinaus;* die Kugel hat die Bretterwand ~ □ **atingir; penetrar**

durch|schlep|pen ⟨V. 500; umg.⟩ **1** jmdn. od. etwas ~ *durch etwas hindurchschleppen, schleppend hindurchtragen, durchziehen* □ **arrastar; carregar arrastando 2** jmdn. (mit) ~ ⟨fig.⟩ *mühsam für jmds. Unterhalt mitsorgen, einen Teil der Arbeit von jmdm. miterledigen;* die Klasse hat den Schüler bis zum Abitur durchgeschleppt □ ***carregar alguém nas costas 3** ⟨Vr 3⟩ sich mühsam ~ *sich mühsam durchschlagen, sich mühsam nur das Notwendigste zum Leben verschaffen* □ ***viver com dificuldade**

durch|schleu|sen ⟨V. 500⟩ **1** ein **Schiff** ~ *mittels Schleuse durch etwas hindurchbringen, in ein tieferes od. höheres Flussbett leiten* □ ***fazer um navio passar por uma eclusa 2** jmdn. od. etwas ~ *durch etwas leiten;* Passanten rasch durch den Verkehr ~; ein Fahrzeugkollone durch das Stadtzentrum ~ □ **conduzir; guiar 3** ⟨Vr 8⟩ jmdn. ~ ⟨a. fig.⟩ *durch eine Kontrolle, Sperre bringen;* Reisende durch eine Kontrolle ~ □ ***ajudar alguém a passar/entrar clandestinamente**

durch|schlüp|fen ⟨V. 400(s.)⟩ **1** *durch etwas schlüpfen, hindurchkriechen, unbemerkt hinein- u. wieder hinauskommen;* die Katze schlüpfte durch den Zaun durch; die Öffnung war groß genug zum Durchschlüpfen; er schlüpfte durch die Büsche durch; er versuchte, durch die Menge durchzuschlüpfen □ **esgueirar-se 1.1** *(fig.) entkommen;* der Dieb ist der Polizei (zwischen den Fingern) durchgeschlüpft □ **escapulir; safar-se**

Durch|schnitt ⟨m.; -(e)s, -e⟩ **1** ⟨zählb.⟩ *das Durchschneiden, Schnitt durch etwas* **1.1** *Querschnitt;* den ~ der Maschine zeichnen □ **corte; seção 2** ⟨unz.⟩ *Mittelwert (mehrerer gleichartiger Größen);* über, unter dem ~ liegen □ **média 2.1** im ~ *den Mittelwert gerechnet, im Allgemeinen;* die Kuh gibt im ~ täglich 15 l Milch; er arbeitet im ~ 9 Stunden am Tag □ ***em média;* → a. *gut(1.7)*

durch|schnitt|lich ⟨Adj. 24⟩ **1** *dem Durchschnitt entsprechend, im Durchschnitt, im Mittelwert (gerechnet), mittelmäßig, weder gut od. viel noch bes. schlecht od. wenig;* das ~e Einkommen unserer Angestellten beträgt ...; seine Leistungen sind ~; der Stoff ist von ~er Qualität; sie ist ein ~er Mensch □ **mediano; medíocre 2** ⟨50; umg.⟩ *im Allgemeinen;* er kommt uns ~ einmal in der Woche besuchen; der Bus fährt diese Strecke ~ dreimal täglich □ **em média**

Durch|schrift ⟨f.; -, -en⟩ *mit Durchschlagpapier u. Kohlepapier hergestellte zweite Ausfertigung eines (handgeschriebenen) Schriftstücks;* Sy Kopie(2) □ **cópia; segunda via**

durch|se|hen ⟨V. 239⟩ **1** ⟨400⟩ *durch etwas (hindurch)sehen;* lass mich einmal ~! (durchs Fernrohr); die Berge durch den Dunst ~ □ **ver (através de) 2** ⟨500⟩ etwas ~ *prüfend ansehen, nachprüfen, überprüfen;* Papiere, die Post, Rechnungen ~; einen Apparat, einen Motor ~; eine Magisterarbeit noch einmal auf Schreibfehler ~ □ **examinar; rever; verificar 3** ⟨500⟩ ein **Druckwerk** ~ *flüchtig anschauen, durchblättern;* ein Buch ~ □ **passar os olhos por; folhear**

durch|sein *(alte Schreibung für)* durch sein

durch|set|zen¹ ⟨V. 500⟩ **1** etwas ~ *nach Überwindung von Widerstand erreichen, verwirklichen;* ich habe es durchgesetzt, dass ...; einen Plan ~; seinen Willen ~ □ **conseguir; realizar 1.1** seinen Kopf ~ *unnachgiebig seinen Willen geltend machen* □ ***impor a própria von-***

tade 2 ⟨Vr 3⟩ sich ~ *sich behaupten, seinen Willen geltend machen, Anerkennung erreichen* □ **afirmar-se; fazer-se valer*

durch|sęt|zen² ⟨V. 550⟩ etwas mit etwas anderem ~ *etwas mit etwas anderem vermischen, einer Masse etwas beimengen; das Gestein ist mit Erzen durchsetzt* □ *misturar*

durch|sich|tig ⟨Adj.⟩ 1 *so beschaffen, dass man hindurchsehen kann;* ~es *Papier, Gewebe; der Stoff der Bluse war* ~ □ *transparente* 2 ⟨fig.⟩ *sehr zart, blass, blutarm; ihr Gesicht war fast* ~ □ *pálido* 3 ⟨fig.⟩ *leicht durchschaubar, leicht erkennbar; sein Plan ist allzu* ~; ~e *Absichten, Vorwände* □ *claro; transparente*

durch∥spre|chen ⟨V. 251⟩ 1 ⟨411⟩ durch etwas ~ *hindurchsprechen; er sprach durch das Fenster am Schalter durch* □ **falar através de alguma coisa* 2 ⟨500⟩ ein Telegramm ~ *telefonisch durchgeben, durchsagen, weiterleiten* □ transmitir 3 ⟨500⟩ eine Sache ~ *erörtern, besprechen; eine Frage, Rolle, einen Plan, Vorfall* ~; *wir haben dieses Problem, Thema in aller Ruhe durchgesprochen* □ *discutir*

durch∥sto|ßen¹ ⟨V. 262⟩ 1 ⟨400(s.)⟩ *sich gewaltsam einen Weg bahnen; der Gegner ist an der Front durchgestoßen; die Tunnelbauer stießen endlich ins Freie durch* □ *penetrar; avançar* 1.1 *durch etwas stoßen, stoßend ein- u. auf der anderen Seite wieder hinausdringen; er hat den Stock (durch den Schnee) durchgestoßen; die Arbeiter stießen (durch die Wand) durch* □ *empurrar; sair empurrando* 1.2 zu jmdm. ~ ⟨bes. Mil.⟩ *vordringen* □ **chegar/avançar até alguém* 2 ⟨500⟩ etwas ~ *durch häufigen Gebrauch schadhaft machen; er hat sich die Ärmel an den Ellbogen durchgestoßen; die Knie sind schon durchgestoßen* □ *gastar; puir* 2.1 ⟨Vr 3⟩ etwas stößt sich durch *nutzt sich durch vielen Gebrauch ab; der Kragen hat sich durchgestoßen* □ *puir-se*

durch|sto|ßen² ⟨V. 262/500⟩ jmdn. od. etwas ~ *etwas mit Gewalt durchbrechen, jmdn. stoßend durchdringen; er durchstieß ihn mit einem Dolch; die Sonne durchstieß langsam den Nebel; das Flugzeug hat die Wolkenschicht durchstoßen; die Armee hat die gegnerische Stellung* ~ □ *transpassar; atravessar*

durch∥strei|chen¹ ⟨V. 263/500⟩ etwas ~ 1 *einen Strich durch etwas Geschriebenes od. Gedrucktes ziehen u. es dadurch ungültig machen; Nichtgewünschtes, Nichtzutreffendes bitte* ~!; *er strich den letzten Satz durch; sie hat die falsche Zahl durchgestrichen* □ *rasurar; riscar* 2 ⟨Kochk.⟩ *durch ein Sieb streichen, treiben; Erbsen* ~; *die Mutter strich das Obst (durch ein Sieb) durch* □ *espremer/passar no passador*

durch|strei|chen² ⟨V. 263/500⟩ ein Gebiet ~ ⟨geh.⟩ *durch Wandern gründlich kennenlernen; er durchstrich das ganze Land; wir haben die ganze Gegend durchstrichen* □ *percorrer (caminhando)*

durch∥sty|len ⟨[-stai-] V. 500/Vr 3; umg.⟩ jmdn., sich od. etwas ~ *nach der neuesten Mode gestalten; sie hat ihr Wohnzimmer neu durchgestylt* □ *modernizar(-se)*

durch∥su|chen ⟨V. 500/Vr 8⟩ jmdn. od. etwas ~ *gründlich untersuchen, absuchen, um jmdn. od. etwas Bestimmtes zu finden; jmds. Gepäck, Taschen, Wohnung* ~; *das Haus polizeilich* ~ (lassen); *eine Wohnung nach Waffen* ~ □ *vascular*

durch|trie|ben ⟨Adj.; abwertend⟩ *listig, verschlagen, schlau, pfiffig; er ist ein ganz* ~er *Bursche; pass auf, sie ist* ~! □ *esperto; vivo*

durch∥wach|sen¹ ⟨[-ks-] V. 277/400 od. 411(s.)⟩ etwas wächst (durch etwas) *durch durchdringt (etwas), während es wächst; der Strauch wuchs (durch den Zaun) durch; die Blumen sind durch das Fenstergitter durchgewachsen* □ *crescer (entremeando-se)*

durch|wach|sen² ⟨[-ks-] V. 277/500⟩ etwas ~ *etwas wachsend überall durchdringen, sich wachsend durch etwas verbreiten; Gestrüpp durchwuchs den Baumbestand; der Urwald ist von Schlingpflanzen* ~; *das Erdreich ist ganz von Wurzeln* ~ □ *invadir; entremear*

durch|wach|sen³ ⟨[-ks-]⟩ 1 ⟨Part. Perf. von⟩ *durchwachsen²* 2 ⟨Adj.⟩ 2.1 *durchsetzt mit Pflanzen;* ein *von Gebüsch* ~er *Hochwald; ein Sumpf, von Röhricht* ~ □ *entremeado* 2.2 ~es Fleisch *von Fett, Sehnen, Knorpeln durchzogenes F.* □ **carne entremeada (de gordura, nervos, cartilagem)* 2.3 ~er Speck *S. mit Schichten aus Fett u. Fleisch* □ **toucinho entremeado/magro* 2.4 ⟨fig.; umg.⟩ *nicht sonderlich gut, mittelmäßig; im Urlaub war das Wetter* ~ □ *instável* 2.4.1 „Wie geht es dir?" „Danke, ~!" *mal gut, mal schlecht* □ *mais ou menos*

durch∥wär|men¹ ⟨V. 500/Vr 3⟩ sich ~ *sich gründlich wärmen; er hat sich am Feuer durchgewärmt* □ **aquecer-se; esquentar-se*

durch|wär|men² ⟨V. 500⟩ jmdn. od. etwas ~ *gründlich, vollständig erwärmen, wieder ganz warm machen, mit Wärme erfüllen; der heiße Kaffee wird dich wieder* ~; *der Ofen hat das Zimmer gut durchwärmt; der Glühwein hat uns gut durchwärmt* □ *aquecer; esquentar; ein wohlig durchwärmtes Zimmer; das Bett ist angenehm durchwärmt* □ *aquecido*

durch∥we|ben¹ ⟨V. 500⟩ etwas ~ *so einweben, dass es auf beiden Seiten gleich erscheint; ein durchgewebter Teppich; sie kaufte Stoff mit durchgewebten Rosen* □ *entretecer*

durch|we|ben² ⟨V. 280/500⟩ etwas ~ *etwas in etwas einweben, mit Mustern od. anderen Fäden versehen; einen Stoff mit Goldfäden* ~; *der Wald ist von Sonnenstrahlen durchwoben* ⟨poet.⟩; *der Roman ist von vielen romantischen Zügen durchwoben* ⟨fig.⟩ □ *entretecer; entrelaçar*

durch|weg ⟨Adv.⟩ *(fast) ohne Ausnahme, überall, in allen Fällen;* oV ⟨österr., schweiz.⟩ *durchwegs; die lateinischen Bezeichnungen können wir* ~ *streichen; es haben* ~ *alle zugestimmt* □ *sem exceção*

durch|wegs ⟨Adv.; österr., schweiz.⟩ = *durchweg*

durch∥win|den ⟨V. 288⟩ 1 ⟨511/Vr 3⟩ sich an einer Stelle ~ *in Windungen hindurchbewegen; der Fluss muss sich hier durch eine enge Schlucht* ~ □ **serpear por um lugar* 2 ⟨511/Vr 3⟩ sich ~ *sich mühsam hindurchdrängen, -zwängen; der Fisch hat sich durch die Maschen des Netzes durchgewunden* □ **deba-*

ter-se, agitar-se 2.1 sich durch Schwierigkeiten ~ S. geschickt überwinden od. umgehen □ *conseguir superar as dificuldades 3 ⟨500⟩ etwas ~ durch eine Presse hindurchdrehen □ espremer; moer

durch‖wüh‖len¹ ⟨V. 500/Vr 3⟩ sich ~ sich wühlend durch etwas hindurcharbeiten; der Maulwurf wühlte sich langsam (durch die Erde) durch □ *revolver-se; ich habe mich endlich durch die alten Akten durchgewühlt ⟨fig.⟩ □ *fazer uma busca minuciosa; procurar remexendo

durch‖wüh‖len² ⟨V. 500⟩ etwas ~ 1 etwas (suchend) aufgraben, aufwerfen, wühlend durchdringen; der Maulwurf durchwühlte die Erde; die Schweine haben die Beete, das Feld durchwühlt □ revolver; remexer 2 energisch, rücksichtslos durchsuchen, beim Suchen in Unordnung bringen; Gepäck, Schränke ~; die Koffer, die Wohnung nach Diebesgut ~ □ vasculhar

durch‖zie‖hen¹ ⟨V. 293⟩ 1 ⟨411(s.)⟩ (durch etwas) ~ sich (durch etwas) hindurchbewegen; seit 3 Tagen ziehen Soldaten durch das Dorf durch □ passar; marchar; ~de Soldaten □ em marcha 1.1 Vögel ziehen durch fliegen (in Scharen) vorbei; ~de Vögel; im Herbst ziehen hier die Kraniche durch □ passar (em bando) 1.2 ~ lassen Durchzug machen, durch Zugluft lüften □ *arejar 2 ⟨500⟩ etwas (durch etwas) ~ (hindurch)ziehen; den Faden (durch ein Öhr) ~ □ passar; enfiar 3 ⟨500⟩ Linien ~ ohne Unterbrechung ziehen, zeichnen □ traçar 4 ⟨500⟩ etwas ~ bis zum Anschlag ziehen; die Ruder, die Säge ~ □ puxar (até o limite) 4.1 ⟨fig.; umg.⟩ etwas unbedingt, ohne Verzögerung zu Ende bringen □ levar a cabo; concluir 5 ⟨511/Vr 3⟩ sich (durch etwas) ~ ⟨fig.⟩ durchgehend (in etwas) vorhanden sein; es ist nicht sicher, ob sich die Risse durch die ganze Mauer ~ □ *passar (por alguma coisa); atravessar (alguma coisa) 6 ⟨400(s.)⟩ etwas zieht durch ⟨bes. Kochk.⟩ etwas bekommt durch langes Liegen in einer Flüssigkeit den erwünschten Geschmack; der Sauerbraten ist gut durchgezogen □ estar (bem) marinado

durch‖zie‖hen² ⟨V. 293/500⟩ 1 etwas ~ wandernd, fahrend durchqueren; die Werber des Königs durchzogen das Land □ atravessar; percorrer 2 etwas durchzieht etwas ⟨fig.⟩ erstreckt sich durch etwas, breitet sich in od. auf etwas aus, durchdringt etwas; Wälder u. Flüsse ~ das Land; der Duft einer Rose durchzieht den Raum □ estender-se por; espalhar-se por 2.1 etwas durchzieht jmdn. erfüllt jmdn. nach u. nach; ein Gefühl des Stolzes durchzog ihn □ encher 3 ⟨516⟩ etwas mit etwas ~ bedecken, durchweben, durchwirken; einen Stoff mit bunten Fäden ~; den Acker mit Furchen ~ □ entretecer; entremear

durch‖zu‖cken ⟨V. 500⟩ 1 ein Blitz durchzuckt den Himmel, die Wolken ein B. bewegt sich schnell durch den H., die W. □ cortar; relampejar 2 etwas durchzuckt jmdn. ⟨a. fig.⟩ etwas durchfährt, durchläuft jmdn. plötzlich; ein Gedanke durchzuckte mich; ein wilder Schmerz durchzuckte seinen Körper □ fulminar; acometer

Durch|zug ⟨m.; -(e)s, -zü|ge⟩ 1 das Durchziehen, Durchfliegen, Durchmarschieren, Durchmarsch; ~ der Zugvögel □ migração; beim ~ durch die Stadt □ passagem; travessia 1.1 ⟨freien⟩ ~ gewähren ⟨Mil.⟩ unbehinderten friedlichen Durchmarsch fremder Truppen gewähren □ marcha; passagem 2 ⟨unz.⟩ sich durch einen Raum bewegende Luft □ corrente de ar 2.1 ~ machen durch Gegenzug, Luftzug lüften □ *fazer ventilar; arejar 3 umgebogene Kante, Saum zum Durchziehen von Band, Gummi; ~ an Gardinen, Hosen, Kleidern □ bainha; barra

dür|fen ⟨V. 124/470; Modalverb⟩ 1 die Erlaubnis, Einwilligung haben, erlaubt, berechtigt, befugt sein zu; das darf man nicht tun; darf ich etwas fragen?; darf ich, darf man eintreten?; kommst du mit? Nein, ich darf nicht; er hat nicht kommen ~; darf ich um das Salz bitten?; ich bitte, mich verabschieden zu ~; ein bisschen rasch, wenn ich bitten darf! □ poder; ter permissão 2 können, Grund haben, begründet sein zu; wie darf er es wagen, das zu tun? □ *como ele ousa fazer isso?; es dürfte ratsam sein, jetzt zu gehen □ *seria aconselhável/oportuno partir agora; Sie ~ es mir glauben □ *pode acreditar em mim 3 (nicht) ~ (nicht, auf keinen Fall) sollen; das darf nicht sein; er darf nichts davon erfahren; das hättest du nicht tun ~ □ *(não) poder/dever 3.1 darüber darf man sich nicht wundern darüber sollte man sich nicht wundern □ *não é de admirar 3.2 was darf es sein? was wünschen Sie, was soll ich Ihnen zeigen? (als Frage des Verkäufers) □ *o que deseja? 4 etwas dürfte sein ist wahrscheinlich □ *pode ser; é provável; das dürfte wohl möglich sein □ *isso é bem possível; es dürfte allen bekannt sein, dass ... □ *provavelmente todo o mundo sabe que... 5 nur, bloß ~ ⟨meist süddt.⟩ brauchen □ *bastar; Sie ~ es nur sagen □ *só precisa dizê-lo 6 ⟨411 mit Adv.; Zusammenschreibung nur in den infiniten Formen⟩; darf ich durch?; wenn er weg darf □ poder; ter permissão

dürf|tig ⟨Adj.⟩ 1 ärmlich, kümmerlich, armselig; eine ~e Wohnung; ~ leben, wohnen; sie war ~ gekleidet □ pobre; miserável; miseravelmente 2 knapp, kärglich, unzureichend; das Essen war ~; das Geschäft brachte nur ~e Einnahmen □ escasso 3 unzulänglich, wenig gehaltvoll; sein Vortrag war ~; ein ~es Ergebnis □ insuficiente

dürr ⟨Adj.⟩ 1 trocken, ausgetrocknet, abgestorben; ein ~r Ast; die Blätter sind schon ~ □ seco 2 unfruchtbar, ärmlich, unergiebig; auf dem ~n Boden wächst wenig □ árido; estéril 3 mager, abgemagert, sehr dünn; ein ~er Mensch; ~ wie ein Skelett sein; ein ~es Pferd □ magro; esquelético 4 in ~en Worten in wenigen, knappen, kurzen, nüchternen W. □ *em poucas palavras

Dür|re ⟨f.; -, -n⟩ 1 ⟨unz.⟩ große Trockenheit, das Dürrsein; ein Land von trostloser ~ □ seca 1.1 ⟨fig.⟩ Unergiebigkeit, Unfruchtbarkeit; eine geistige ~ □ aridez; esterilidade 2 ⟨zählb.⟩ Zeit der großen Trockenheit; langanhaltende ~; das Land wurde von verheerenden ~n heimgesucht □ (período de) estiagem/seca

Durst ⟨m.; -(e)s; unz.⟩ **1** *Bedürfnis zu trinken;* ~ erregen, haben, leiden, machen; seinen ~ löschen, stillen; brennender, großer, quälender ~; an ~ leiden; ~ auf Bier, Kaffee ☐ sede **1.1** einen über den ~ trinken ⟨umg.⟩ *sich betrinken* ☐ **beber umas a mais* **1.2** umkommen, vergehen vor ~ *sehr durstig sein* ☐ **estar morrendo de sede* **2** ⟨fig.⟩ *drängendes Verlangen, unbezwingliche Sehnsucht;* ~ nach Ruhm, Liebe, Wissen ☐ sede

durs|ten ⟨V. 400⟩ *Durst haben, Durst leiden;* er hat zwei Tage lang ~ müssen ☐ ter/passar sede

dürs|ten ⟨V.⟩ **1** ⟨501⟩ *jmdn. dürstet (es)* ⟨poet.; veraltet⟩ *jmd. hat Durst;* mich dürstete; es hat ihn gedürstet ☐ ter sede **2** ⟨550; unpersönl.⟩ *jmdn. dürstet **(es)** nach etwas* ⟨fig.; geh.⟩ *jmd. verlangt heftig nach etwas;* es dürstete ihn nach Rache, Vergeltung, Zuneigung ☐ ter sede de; ansiar por

durs|tig ⟨Adj.⟩ **1** *Durst verspürend, von Durst geplagt;* ich bin sehr ~; ein ~es Kind ☐ com sede; sedento **1.1** ~e Erde ⟨fig.; geh.⟩ *trockene, Regen brauchende E.* ☐ seco **1.2** eine ~e Kehle ⟨fig.⟩ *jmd., der gern trinkt* ☐ **alguém que está sempre com sede; alguém que gosta de beber*

durst|lö|schend ⟨Adj. 24⟩ *geeignet, Durst zu stillen;* ein ~es Getränk ☐ que mata a sede; refrescante

Du|sche ⟨f.; -, -n⟩ **1** *eine (bewegliche) Vorrichtung, die zur körperlichen Reinigung od. für Heilzwecke meistens von oben her kaltes, warmes, heißes od. wechselwarmes Wasser fein od. in hartem Strahl verspritzt; Sy Brause(2);* sich in Bad eine ~ einbauen lassen; unter die ~ gehen; sich unter die ~ stellen ☐ chuveiro; ducha **2** *Bad unter der Dusche(1), das Duschen;* eine warme, kalte ~; eine tägliche ~; eine ~ nehmen ☐ ducha; → a. kalt(3.4)

du|schen ⟨V. 400 od. 500/Vr 7⟩ ⟨jmdn.⟩ ~ *jmdn. unter die Dusche(1) stellen, ein Duschbad nehmen;* (sich) kalt, warm ~; er duschte sich, nachdem er im Meer geschwommen war ☐ dar/tomar banho; tomar uma ducha

Dü|se ⟨f.; -, -n⟩ **1** *Rohrleitung mit allmählich kleiner werdendem Querschnitt, wodurch sich die Geschwindigkeit eines hindurchströmenden Mediums erhöht, sein statischer Druck dagegen abnimmt;* Leerlauf~; eine verstopfte ~ reinigen ☐ tubeira; bocal; injetor **2** *Vorrichtung zum Zerstäuben von Flüssigkeit* ☐ pulverizador

dus|ter ⟨Adj.; norddt.⟩ *dunkel;* draußen ist es ~ ⟨verstärkend:⟩ stock-~ ☐ escuro; breu

düs|ter ⟨Adj.⟩ **1** *ohne Licht u. dadurch unfreundlich u. bedrückend wirkend;* ~e Gassen; ein ~es Haus, Zimmer; im Wald wird es langsam ~ **1.1** ⟨fig.⟩ *unheilverkündend, unheimlich, verdächtig;* eine ~e Ahnung von etwas haben; eine ~e Sache, Angelegenheit ☐ sombrio; lúgubre **2** ⟨fig.⟩ *finster u. unheimlich;* ein ~er Mensch; er hat einen ~en Blick; ~e Augen; er sah ihn ~ an ☐ sombrio; sinistro **3** ⟨fig.⟩ *schwermütig, verdrießlich, niedergedrückt, unerfreulich;* ~e Gedanken; es herrschte (ein) ~es Schweigen; ~e Stimmung ☐ sombrio; triste; taciturno

Dutt ⟨m.; -(e)s, -e; umg.⟩ *Haarknoten;* sie hatte das Haar zu einem ~ gebunden ☐ coque

Dut|zend ⟨n. 7; -s, -e; Abk.: Dtzd.⟩ **1** *12 Stück von einer Art;* ein, ein halbes ~ frische, frischer Eier; zwei ~ Handtücher; im ~ ist die Ware billiger ☐ dúzia **1.1** davon gehen zwölf auf(s) ein ~ ⟨umg.⟩ *das ist nichts Besonderes* ☐ **não é nada de especial* **2** ⟨bei unbestimmten Mengen Groß- u. Kleinschreibung⟩ ~e/dutzende **(von)** *eine Anzahl in unbestimmter Größe;* ~e/dutzende großer Autos; ~e/dutzende von Passanten; ~(e)/dutzend(e) Mal(e) ☐ **dúzias (de)* **2.1** zu, in ~en/dutzenden *in großer Zahl;* die Tiere starben zu, in ~en/dutzenden ☐ às dúzias

du|zen ⟨V. 500/Vr 8 od. 550/Vr 3 od. Vr 4⟩ *jmdn. ~, sich mit jmdm. ~ jmdn. mit Du anreden; Ggs siezen;* er hat ihn geduzt; er duzte mich; sich ~; wollen wir uns ~?; ich duze mich mit ihm; die beiden ~ sich ☐ **tratar alguém por você/tu*

DVD ⟨Abk. für engl.⟩ *Digital Versatile Disc, eine beidseitig beschichtete CD mit sehr großer Speicherkapazität, auf der Filme (in hoher Bild- u. Tonqualität) gespeichert werden* (~-Player, ~-Spieler) ☐ DVD

Dy|na|mik ⟨f.; -; unz.⟩ **1** ⟨Phys.⟩ *Lehre von der Bewegung von Körpern unter Einfluss von Kräften; Ggs Statik* **2** ⟨Mus.⟩ *Lehre von der Abstufung der Tonstärke* **2.1** *die Abstufung selbst* ☐ dinâmica **3** ⟨fig.⟩ *Triebkraft, Kraftentfaltung, Schwung, Lebendigkeit, lebendige, lebhafte, rhythmische Bewegung* ☐ dinamismo

dy|na|misch ⟨Adj.⟩ **1** *die Dynamik betreffend, auf ihr beruhend; Ggs statisch(1)* ☐ dinâmico **1.1** ~er Auftrieb ⟨Phys.⟩ *durch die besondere Form eines sich horizontal bewegenden Körpers (z. B. Flügels) senkrecht zur Bewegung nach oben wirkende Kraft (z. B. bei Flugzeugen, Vögeln)* ☐ **sustentação dinâmica; força ascensional* **2** ⟨fig.⟩ *triebkräftig, voll innerer Kraft, lebendig wirksam, lebendig, lebhaft, bewegt;* eine ~e Persönlichkeit ☐ dinâmico

Dy|na|mit ⟨n.; -s; unz.⟩ **1** *Sprengstoff auf der Basis von Glyzerintrinitrat;* der Felsbrocken wurde mit ~ gesprengt ☐ dinamite **2** mit ~ spielen ⟨fig.; umg.⟩ *sich leichtsinnig in eine lebensgefährliche Lage bringen* ☐ **brincar com fogo*

Dy|na|mo ⟨a.['---] m.; -s, -s; kurz für⟩ *Dynamomaschine* ☐ dínamo

Dy|na|mo|ma|schi|ne ⟨a.['------] f.; -, -n⟩ *Maschine zum Erzeugen von Strom (bes. für die Beleuchtungsanlage des Fahrrads); Sy Dynamo* ☐ dínamo

Dy|nas|tie ⟨f.; -, -n⟩ *Herrscherhaus, Herrscherfamilie* ☐ dinastia

Dys|funk|ti|on ⟨f.; -, -en⟩ *fehlerhaftes Funktionieren (innerhalb eines Systems od. Organismus);* eine ~ der Leber ☐ disfunção

D-Zug ⟨m.; -(e)s, -Zü|ge; Kurzwort für⟩ **1** *Durchgangszug (Schnellzug)* ☐ (trem) expresso **1.1** ein alter Mann, eine alte Frau ist doch kein ~ ⟨fig.; umg.; scherzh.⟩ *kann nicht so schnell sein* ☐ **um homem/uma mulher de idade não tem rodinha nos pés*

Eb|be ⟨f.; -, -n⟩ **1** regelmäßig zweimal täglich wiederkehrendes Absinken des Meeresspiegels, das im Wechsel der Gezeiten nach einem Ansteigen des Wassers folgt; Ggs *Flut(1)*; es ist ~; in zwei Stunden tritt die ~ ein □ *maré baixa; refluxo* **2** in der Kasse, im Geldbeutel herrscht ~ ⟨fig.; umg.⟩ *es ist wenig od. fast nichts drin* □ **o caixa/a carteira está quase vazio(a)*

ebd. ⟨Abk. für⟩ *ebenda(1.1)* □ *ibid.*

eben ⟨Adj.⟩ **1** gleichmäßig hoch, gerade, flach, platt, glatt; eine ~e Fläche, Straße; der Weg läuft ganz ~ (dahin) □ *plano; liso* **1.1** zu ~er Erde *in Höhe der Straße, des Erdbodens;* zu ~er Erde wohnen, Fenster zu ~er Erde □ **no térreo* **1.2** gleichmäßig, ohne Erschütterungen; das Pferd hat einen ~en Gang □ *regular; constante* **2** ⟨40; als Füllwort od. betonend⟩ **2.1** gerade in diesem Augenblick, soeben, gerade jetzt; Sy *soeben*; er ist ~ abgereist □ **ele acabou de partir*; ~ (erst) angekommen, schrieb er mir ... □ **assim que chegou, escreveu para mim*; ~ kommt er herein! □ **ele já está entrando!*; ~ habe ich mit ihm gesprochen □ **acabo de falar com ele*; ~ wollte er fortgehen, als ... □ **ele estava mesmo querendo ir embora quando...*; ~ da ich schreibe, klingelt das Telefon □ **justamente quando eu estava escrevendo, o telefone tocou*; wann ist er hier gewesen? Gerade ~, vor fünf Minuten □ **agora mesmo, há cinco minutos* **2.2** ⟨umg.⟩ *schnell einmal*; sag doch bitte mal ~ dem Jungen, dass er kommen soll □ ∅; kann ich ~ mal das Buch haben? □ *por um instante; um minuto* **2.3** *gerade (dies), genau (dies)*; ~ das wollte er; ~ diesem Umstand verdanken wir es, dass ... □ *justamente*; ~ hier □ **bem/exatamente aqui*; das ~ nicht! □ **não é (bem) isso!* **2.3.1** das ist es ja ~!; davon rede ich ja die ganze Zeit!, das meine ich ja! □ **é examente isso (o que eu estava pensando)!* **2.3.2** ~! ⟨als verstärkende Bestätigung⟩ *das sage ich ja, das ist es ja gerade, genau das, genauso ist es* □ *isso mesmo!; exatamente!* **2.4** *gerade passend, gerade noch, kaum, knapp*; das ist ~ (noch) gut genug □ **(isso) (ainda) dá para o gasto*; er kommt ~ recht □ **ele está chegando bem na hora certa/no momento oportuno*; das reicht (so) ~ aus □ **dá certinho* **2.4.1** so ~ ⟨umg.⟩ *leidlich*, **passável*; razoável **2.5** *gerade, besonders*; fünf Euro sind nicht ~ viel□ *propriamente* **2.6** *nun, ja, nun einmal, einfach*; du bist ~ ein Künstler; das ist ~ seine Schwäche; es ist ~ doch wahr; wenn du nicht mitkommen willst, dann bleibst du ~ hier; gut, dann ~ nicht!; ich hätte ~

nicht hingehen sollen; er will ~ nicht; es ist ~ so und lässt sich nicht ändern □ *simplesmente* **3** ⟨Getrennt- u. Zusammenschreibung⟩ **3.1** ~ machen = ebenmachen **3.2** ~ erwähnt = *ebenerwähnt*

Eben|bild ⟨n.; -(e)s, -er⟩ *Abbild, ganz ähnliches Wesen* □ *cópia*; er ist dein ~; er ist das ~ seines Vaters□ *cara*

eben|bür|tig ⟨Adj.⟩ **1** *gleichwertig*; ein ~er Gegner, Konkurrent □ *de mesmo nível*; er ist ihm an Kraft, Geist ~; sie war ihm geistig ~□ *igual* **2** ⟨früher⟩ *vom gleichen Stand, von gleicher Herkunft*; ~e Familien □ *com a mesma origem*

eben|da ⟨Adv.⟩ **1** *genau, gerade dort*□ *ali mesmo; exatamente ali* **1.1** (in wiss. Abhandlungen; Abk.: ebd.) *am eben angeführten (zitierten) Ort*□ *ibidem*

Ebe|ne ⟨f.; -, -n⟩ **1** *gleichmäßig flaches Land*; Hoch-, Tief-□ *planalto; planície* **2** ⟨Geom.; Phys.⟩ *unbegrenzte, nicht gekrümmte Fläche*; eine schiefe ~□ *plano; superfície plana* **3** auf der ~ ⟨fig.⟩ *Stufe eines hierarchisch geordneten Systems*; eine Sache auf der mittleren, unteren, oberen ~ beraten □ *nível*

eben|er|dig ⟨Adj.⟩ **1** *in Straßen-, Bodenhöhe* **2** *im Erdgeschoss, zu ebener Erde*; ein Haus mit ~er Terrasse □ *no térreo; no nível do solo*

eben|er|wähnt *auch:* **eben er|wähnt** ⟨Adj. 24/60⟩ *gerade, vor wenigen Augenblicken angesprochen*; der ~ Vorfall □ *supracitado; que acabamos de mencionar*

eben|falls ⟨Adv.⟩ *auch, gleichfalls*; er hat ~ ein Buch geschenkt bekommen; danke, ~! □ *igualmente*

eben|ma|chen *auch:* **eben ma|chen** ⟨V. 500⟩ *etwas* ~ *glätten* □ *aplanar; alisar; nivelar*

eben|mä|ßig ⟨Adj.⟩ *formschön, gleichmäßig, regelmäßig*; von ~em Wuchs □ *uniforme; bem-proporcionado*

eben|so ⟨vergleichende Konj.; a. als Korrelat der Konj. ...„wie" im Vergleichssatz⟩ *genauso, auch so*; er kann ~ gut dort bleiben □ *ele pode muito bem ficar lá*; mein Zimmer ist ~ lang □ *igualmente*; mein Zimmer ist ~ lang wie breit □ *tão*; ich war dort ~ lange□ **também fiquei muito tempo ali*; ich musste ~ lange vergeblich warten □ **tive de esperar muito e em vão*; ich habe es ~ oft versucht □ **também tentei muitas vezes*; er hat es mir ~ oft wie eindringlich gesagt □ **ele me disse isso várias vezes e com insistência*; er fehlt ihr ~ sehr□ *ele também faz muita falta a ela*; heute waren es ~ viel□ *hoje havia o mesmo tanto*; wir haben ~ viel wie gut gegessen; sie weiß es ~ wenig□ **comemos muito e bem*; er hat ein ~ großes Zimmer; er hat eine ~ umfangreiche Filmsammlung □ *igualmente*; heute sind es ~ viele Zuschauer wie gestern□ **hoje há tantos espectadores quanto ontem*; er denkt hierüber ~ wie ich □ **a esse respeito ele pensa o mesmo que eu*

Eber ⟨m.; -s, -⟩ *männliches Schwein*□ *varrão*

eb|nen ⟨V. 500⟩ **1** *etwas* ~ *flach, glatt machen, glätten*; Gartenwege ~, den Boden ~ **2** ⟨530⟩ *jmdm.* den Weg ~ ⟨fig.⟩ *alle Schwierigkeiten aus dem Weg räumen* □ *aplanar*

Echo ⟨n.; -s, -s⟩ **1** ⟨Phys.⟩ *reflektierte Schallwellen, die an ihrem Ausgangspunkt wieder wahrgenommen werden*; Sy *Widerhall(1)*; ein einfaches, dreifaches, mehrfaches ~ □ eco **2** *Beachtung, Anteilnahme;* der Vortrag fand begeistertes, lebhaftes ~; der Zwischenfall fand sein ~ in der Presse **2.1** ⟨fig.⟩ *Anklang, Zustimmung;* das Stück fand kein ~ bei den Zuschauern □ **eco; repercussão 4** ⟨fig.; umg.; abwertend⟩ *jmd., der fremde Meinungen nachbetet;* sie ist nur das ~ ihres Mannes □ **eco**

Ech|se ⟨[-ks-] f.; -, -n; Zool.⟩ *Angehörige einer Unterordnung der Schuppenkriechtiere mit ungefähr 3000 Arten, die sich von den verwandten Schlangen durch die feste Verbindung der Schädelknochen u. besonders der Teile des Unterkiefers unterscheidet: Sauria;* Brücken~, Panzer~, Krusten~, Wühl~ □ **sáurio**

echt ⟨Adj.⟩ **1** ⟨70⟩ *unverfälscht;* ~er Schmuck; ein ~es Dokument, Kunstwerk □ **autêntico; verdadeiro**; Bestecke aus ~em Silber □ **puro**; eine Perücke aus ~em Haar □ **natural**; sie trägt nur ~en Schmuck, keinen Modeschmuck; eine Perücke aus ~em Haar □ **verdadeiro**; diese Unterschrift ist nicht ~ □ **autêntico 1.1** ein ~er **Rembrandt** *wirklich von Rembrandt gemaltes Bild* □ **autêntico; genuíno 1.2** ~es Wachs ⟨umg.⟩ *Bienenwachs* □ **puro 1.3** *reinrassig;* ein ~er Schäferhund □ **de raça pura 2** ⟨70⟩ *aufrichtig, wahr;* ein ~er Freund in der Not; ihre Gefühle sind nicht ~; ihre Trauer ist nicht ~ □ **verdadeiro; sincero 3** ⟨90⟩ *bezeichnend (für);* das ist wieder einmal ~ Franz!; das ist ~ Murakami! □ **típico; característico 4** ⟨70⟩ *wirklich, wahr;* ~e Bedürfnisse; ein ~es Anliegen □ **real; verdadeiro 4.1** ⟨salopp; verstärkend⟩ *wirklich, richtig;* das ist ~ wahr; das finde ich ~ gemein!; der Film war ~ krass □ **realmente 5** ⟨60⟩ ~e Farbe *beständige F.;* farb~, licht~ □ **resistente; durável 6** ein ~er **Bruch** ⟨Math.⟩ *ein B., bei dem der Zähler kleiner als der Nenner ist, z. B. 2/3* □ ***fração própria**

echt|gol|den *auch:* **echt gol|den** ⟨Adj. 24/60⟩ *aus echtem Gold hergestellt (nicht vergoldet);* eine ~e Kette □ **em ouro puro**

Eck ⟨n.; -(e)s, -e; österr. n.; -(e)s, -en; oberdt.⟩ *Ecke* □ **canto; esquina**

EC-Kar|te ⟨[e:tse:-] f.; -, -n⟩ *Scheckkarte für bargeldlosen Zahlungsverkehr, Euroscheckkarte* □ **cartão EC; cartão Eurocheque**

Ecke ⟨f.; -, -n⟩ **1** *Stelle, an der Seiten od. Flächen zusammentreffen* □ **canto 1.1** *vorspringende Spitze;* das Buch hat umgebogene ~n; ich habe mich an der ~ des Tisches gestoßen □ **quina; ponta 1.2** *Winkel;* den Besen in die ~ stellen; ein Kind in die ~ stellen (als Strafe) ⟨früher⟩ □ **canto 2** *Stelle, an der zwei Häuserreihen, zwei Straßen zusammentreffen;* ein Eisverkäufer steht an der ~; in schneller Fahrt bog, kam der Wagen um die ~; das ist eine böse, gefährliche ~ □ **esquina 2.1** *in wohnt gleich um die ~* ⟨umg.⟩ *in nächster Nähe* □ ***ele mora aqui pertinho 3** ⟨fig.⟩ *Gegend;* in einer entfernten ~ der Welt □ **canto 4** ⟨fig.; umg.⟩ **4.1** *von allen ~n und Enden von überall her;* sie kommen von allen ~n und Enden □ ***de todos os cantos 4.2** *an allen ~n und Enden, Kanten überall;* es fehlt noch an allen ~n und Enden □ ***em todos os cantos 4.3** *um ein paar ~n herum mit jmdm. verwandt sein nicht geradlinig, weitläufig;* wir sind um mehrere ~n miteinander verwandt □ ***ter um parentesco distante com alguém 4.4** *jmdn. um die ~ bringen umbringen, töten, ermorden* □ ***matar/assassinar alguém 5** ⟨Math.⟩ *Punkt, an dem zwei Seiten eines Vielecks od. mindestens drei Kanten eines Körpers zusammentreffen;* die ~n eines Dreiecks, eines Würfels □ **ângulo 6** ⟨Sp.⟩ *Freistoß aus einer Ecke(1.2) des Spielfeldes, wenn der Ball von einem Spieler über die eigene Torlinie gespielt wurde;* die ~ wird vom Linksaußen getreten ⟨Fußball⟩ □ **escanteio**; → a. *neutral(1.1)*

eckig ⟨Adj.⟩ **1** *mit Ecken versehen, nicht rund, spitz, kantig;* ein ~er Turm, Tisch; sie hat eine Stirn, Gestalt □ **pontiagudo; anguloso 2** ⟨fig.⟩ *unbeholfen, ungeschickt;* ~e Bewegungen; er grüßte ~ □ **(de modo) desajeitado/atrapalhado 3** ⟨51⟩ *sich ~ lachen* ⟨fig.; umg.; scherzh.⟩ *heftig, hemmungslos lachen* □ ***rir desbragadamente**

Eck|pfei|ler ⟨m.; -s, -⟩ **1** ⟨Arch.⟩ *äußerster Pfeiler an der Ecke eines Gebäudes* **1.1** *Pfeiler am Ende einer Brücke* □ **pilar de canto 2** ⟨fig.⟩ *starke Stütze, Grundsatz;* die beiden ~ seiner Lehre □ **pilar**

Eck|stein ⟨m.; -(e)s, -e⟩ **1** ⟨Arch.⟩ *eine Mauer begrenzender Stein* **1.1** *behauener Stein* □ **pedra angular 2** *Prellstein an Straßenecken* □ **frade de pedra 3** *Grenzstein einer Gemarkung* □ **marco (miliário) 4** ⟨fig.⟩ *Hauptstütze, Grundprinzip, Grundsatz;* diese These ist der ~ seiner Philosophie □ **pedra angular 5** ⟨eindeutschend; Kart.⟩ = *Karo(3)*

edel ⟨Adj.⟩ **1** *kostbar, vortrefflich;* ein edler Wein **1.1** ⟨60⟩ edle Metalle *Platin, Gold, Silber u. a.* □ **nobre; precioso 2** ⟨60⟩ *rassig;* ein edles Pferd □ **de raça 3** *menschenfreundlich, hilfsbereit, großherzig;* ein edler Mensch; eine edle Tat □ **generoso; magnânimo 4** *ritterlich, vornehm; von edler Gesinnung* □ **nobre 5** ⟨60; veraltet⟩ *adlig, von vornehmer Herkunft;* die ~sten Geschlechter □ **nobre; aristocrático**

Edel|mann ⟨m.; -(e)s, -leu|te⟩ **1** *Adliger, Aristokrat;* ein deutscher ~ □ **nobre; aristocrata 2** ⟨fig.; geh.; veraltet⟩ *Mensch von edler, hochherziger Gesinnung* □ **nobre**

Edel|mut ⟨m.; -(e)s; unz.⟩ *Selbstlosigkeit, Groß-, Hochherzigkeit, Anständigkeit;* aus ~ handeln; seinen ~ beweisen □ **generosidade; magnanimidade**

Edel|stein ⟨m.; -(e)s, -e; Min.⟩ *durch Schönheit u. Klarheit der Farbe, Durchsichtigkeit, Glanz, Härte u. hohe Lichtbrechung ausgezeichnetes Mineral;* ein echter, synthetischer ~; eine mit ~en besetzte Brosche; der Schliff, die Fassung eines ~es □ **pedra preciosa**

edie|ren ⟨V. 500⟩ ein **Buch**, eine **Zeitschrift** ~ *herausgeben, veröffentlichen* □ **editar**

Edikt ⟨n.; -(e)s, -e⟩ **1** ⟨histor.⟩ *Verordnung, Erlass, Anweisung eines Herrschers;* ein ~ verkünden □ **édito 1.1** *Bekanntmachung, Erlass (einer Behörde od. der Regierung)* □ **edital**

Edi|ti|on ⟨f.; -, -en; Abk.: Ed.⟩ **1** *das Veröffentlichen, Herausgabe (bes. von wissenschaftlichen Werken);* die kritische ~ der Schriften Kants **2** *Ausgabe (eines Werkes)* □

edição 3 ⟨bes. in Firmennamen⟩ *Verlag (als Herausgeber); der Roman ist in der ~ XY erschienen* □ **edições**

Efeu ⟨m.; -s; unz.; Bot.⟩ *immergrüne Kriech- u. Kletterpflanze mit meist dreieckigen, mehrfach gezackten Blättern; einen Balkon mit ~ beranken* □ **hera**

Ef|fekt ⟨m.; -(e)s, -e⟩ **1** *Wirkung, Eindruck, Ergebnis, Erfolg* **1.1** *(erstaunliche) Wirkung; Beleuchtungs~* □ **efeito 2** ⟨Phys.⟩ *Arbeitsleistung* □ **eficácia**

Ef|fek|ten ⟨Pl.; Wirtsch.⟩ **1** *Wertpapiere* **1.1** *Urkunden über langfristige Kapitalanlagen* □ **títulos 2** *bewegliche Habe, Besitz (an Waren)* □ **efeitos móveis**

ef|fek|tiv ⟨Adj.⟩ **1** *tatsächlich, wirklich* **1.1** *~e Leistung (bei Maschinen) nutzbare Leistung* **1.2** *~e Temperatur die T. eines Sterns, die ein Schwarzer Körper haben müsste, der pro Flächeneinheit u. Zeiteinheit die gleiche Energiemenge ausstrahlt wie der Stern* □ **efetivo 2** *wirksam; seine Erziehungsmethoden sind nicht sehr ~* □ **eficaz**

ef|fi|zi|ent ⟨Adj.; geh.⟩ *wirksam, wirkungsvoll, von wirtschaftlichem Nutzen; Ggs ineffizient; diese Maßnahmen waren nicht sehr ~* □ **eficiente**

egal ⟨Adj. 24/40⟩ **1** *gleichmäßig, gleichförmig; die Schuhe, Strümpfe sind nicht ganz ~* □ **igual; uniforme 2** ⟨90; umg⟩ *gleichgültig, einerlei; das ist mir ganz ~* □ **indiferente 3** ⟨sächs. ['--] 50⟩ *fortwährend, immerzu; im Urlaub hat es ~ geregnet* □ **ininterruptamente; sem parar**

Eg|ge¹ ⟨f.; -, -n⟩ *der (meist verstärkte) seitliche Rand eines Gewebes* □ **ourela**

Eg|ge² ⟨f.; -, -n; Landw.⟩ *kammartiges Gerät zum Lockern, Zerkrümeln u. Einebnen des Ackerbodens* □ **rastelo**

Ego|is|mus ⟨m.; -, unz.⟩ *selbstsüchtige Haltung, selbstsüchtiges Handeln* □ **egoísmo**

ego|is|tisch ⟨Adj.⟩ = *selbstsüchtig*

eh 1 ⟨Konj.; umg.⟩ = *ehe* **2** ⟨Adv.⟩ *damals* **2.1** *(seit) ~ und je schon immer* □ ***desde sempre 2.2** *wie ~ und je wie jeher* □ ***como sempre 2.3** ⟨umg.⟩ *sowieso; das nützt ~ nichts!; er vergisst das ~ wieder!* □ **de todo modo; seja como for**

ehe ⟨temporale Konj.⟩ *bevor;* oV ⟨umg.⟩ *eh; ~ wir gehen, wollen wir noch schnell ...* □ **antes (de)**

Ehe ⟨f.; -, -n⟩ **1** *(durch Sitte od. Gesetz anerkannte) Geschlechts- u. Lebensgemeinschaft zwischen Mann u. Frau* □ **casamento; matrimônio;** *die ~ eingehen, vollziehen, schließen; in den Stand der (heiligen) ~ treten* □ ***casar-se; consumar/ contrair matrimônio; eine Frau, einen Mann zur ~ nehmen* ⟨veraltet⟩ □ ***tomar como esposa/marido; die Eltern gaben ihm die Tochter zur ~* ⟨veraltet⟩; *in harmonischer ~ leben; eine glückliche, unglückliche ~ führen; eine kinderlose ~; Kinder, Grundbesitz usw. in die ~ bringen; Kinder aus erster ~* □ **casamento;** *sich ~ verheiratet* □ ***casar-se pela segunda vez; eine ~ auflösen, scheiden, trennen, für ungültig erklären* □ **casamento; matrimônio;** *die ~ brechen* □ ***cometer adultério;* → a. *ehebrechen* **2** ⟨Verhaltensforschung⟩ *Geschlechts- u. Lebensgemeinschaft zwischen weiblichem u. männlichem Tier* □ **convivência 3** (fig.;

geh.; bes. poet.⟩ *Verbindung; bei ihm waren Klugheit u. Güte eine gute ~ eingegangen* □ **casamento; combinação**

ehe ... ⟨in Zus.; urspr. Präp.⟩ *vor, bevor; ehedem; ehedes, ehedessen* ⟨selten⟩

ehe|bre|chen ⟨V. 400; nur im Inf. u. Part. Präs.⟩ *die Ehe brechen, die eheliche Treue verletzen; du sollst nicht ~* (bibl. Gebot) □ **cometer adultério**

Ehe|frau ⟨f.; -, -en⟩ *weibliche Partnerin einer ehelichen Gemeinschaft, verheiratete Frau; wie fühlst du dich als ~?; meine ~ lässt herzliche Grüße bestellen* □ **mulher; esposa;** → a. *Ehemann*

ehe|lich ⟨Adj. 24⟩ **1** *zur Ehe gehörig, in der Ehe üblich ~e Pflichten, Rechte* **1.1** *~es Güterrecht gesetzliche Regelung der vermögensrechtlichen Beziehungen zwischen Eheleuten* □ **conjugal; matrimonial 2** *aus einer gültigen Ehe stammend; ~e Kinder* □ **legítimo**

ehe|ma|lig ⟨Adj. 24/60⟩ *einstig, früher; mein ~er Lehrer, Freund; das ~e Rathaus* □ **antigo; ex-**

ehe|mals ⟨Adv.; geh.⟩ *einst, früher; ~ konnte er gut turnen* □ **antigamente; outrora**

Ehe|mann ⟨m.; -(e)s, -män|ner⟩ *männlicher Partner einer ehelichen Gemeinschaft, verheirateter Mann* □ **marido; esposo;** → a. *Ehefrau*

Ehe|paar ⟨n.; -(e)s, -e⟩ *durch die Ehe verbundenes Paar, Ehemann u. Ehefrau; darf ich Ihnen das ~ Schmidt vorstellen?; ein Tanzkurs für ~e* □ **casal**

eher ⟨Adv.; Komparativ von⟩ *ehe* **1** *früher, nach einer kürzeren Zeit; ich konnte leider nicht ~ kommen; komm doch ein paar Minuten ~; je ~ du kommst, umso lieber ist es mir; sie war ~ da als er; je ~, desto besser, lieber; je ~, je lieber* □ **antes; mais cedo 2** *lieber, leichter; ich würde es umso ~ tun, als ...; ~ will ich verzichten, als dass ...* □ ***eu preferiria/prefiro...; alles andere ~ als das!* □ ***tudo menos isso!; ~ heute als morgen* □ **antes; de preferência 2.1** *morgen würde es ~ passen! besser ~* □ **melhor 3** *mehr, vielmehr; er ist von mittlerer, ~ kleinerem Wuchs* □ **antes; mais 3.1** *das könnte man schon ~ sagen! das könnte man schon mit mehr Berechtigung sagen (als etwas Anderes)* □ ***isso é mais provável**

ehes|te(r, -s) ⟨Adj.; Superlativ von⟩ *ehe* **1** *früheste(r, -s), schnellste(r, -s);* bei *~er Gelegenheit* □ ***na primeira/próxima ocasião; ich war am ~en hier* □ ***fui o primeiro a chegar* **1.1** *mit Ehestem* (Kaufmannsspr.) *in nächster Zeit, frühestmöglich* □ ***o mais breve possível* **2** *so geht es am ~en am leichtesten* □ ***esse é o modo mais simples/fácil**

Eh|re ⟨f.; -, -n⟩ **1** *Achtung od. Bewunderung, die jmdm. od. einer Sache entgegengebracht wird, Ansehen; ~, wem ~ gebührt; seine ~ stand auf dem Spiel; auf seine ~ achten, bedacht sein, halten; ein Mann von ~; das bringt ihm keine ~; er wird es zu ~n bringen; etwas zu ~n bringen; jmdn. wieder zu ~n bringen; jmdn. die ~ abschneiden* ⟨veraltet⟩; *jmdn. um seine ~ bringen* **1.1** *er tut es der ~ halber wegen seines Ansehens* □ **honra; reputação;** → a. *ehrenhalber* **1.2**

jmdm. ~ machen *Anerkennung einbringen;* das Werk macht seinem Meister ~; mit deinem Auftreten machst du mir wenig ~ □ **honrar alguém* **2** ⟨unz.⟩ *Gefühl der eigenen Würde, das von der Achtung durch andere abhängt;* keine ~ im Leibe haben; bei meiner ~! (Beteuerung); du musst ihn bei seiner ~ packen; seine ~ dareinsetzen, die Prüfung gut zu bestehen □ *honra; dignidade* **2.1** auf ~ und Gewissen ⟨umg.⟩ *wirklich u. wahrhaftig* □ **palavra de honra* **3** *Ausdruck der Achtung bei Bewunderung, die jmdm. od. einer Sache entgegengebracht wird, Auszeichnung;* jmdn. mit militärischen ~n empfangen; es ist mir eine besondere ~ ...; es ist eine große ~ für mich! □ *honra; reverência;* habe die ~! (als Gruß) □ **salve!;* was verschafft mir die ~ (Ihres Besuches)? □ **a que devo a honra (de sua visita)?;* in, mit allen ~n bestehen □ **ser aprovado com distinção* **3.1** jmdm. ~ erweisen *jmdm. ein sichtbares Zeichen der Achtung geben* □ **prestar homenagem a alguém;* → a. *letzte(r, -s) (1.8.4)* **3.2** sich etwas zur ~ anrechnen *sich geehrt, ausgezeichnet fühlen* □ **sentir-se honrado de alguma coisa* **3.3** einer Sache alle ~ antun *sie ehrenvoll behandeln* □ **tratar uma questão com todo o respeito* **3.4** etwas in ~n halten *treu, sorglich bewahren;* jmds. Andenken in ~n halten **levar em consideração; respeitar* **3.5** das ist aller ~n wert *es ist sehr anständig, lobenswert* □ **isso merece todas as honras* **3.6** um der Wahrheit die ~ zu geben, muss ich gestehen, dass ... ⟨geh.⟩ *um ehrlich zu sein* □ **para ser honesto/sincero...* **4** ⟨unz.⟩ sich die ~ geben, die ~ haben, zu ... (Höflichkeitsformel) *sich erlauben;* ich habe die ~, zu ...; wir geben uns, Sie zu ... einzuladen □ **ter a honra de* **4.1** mit wem habe ich die ~? ⟨steife Höflichkeitsfloskel⟩ *mit wem spreche ich?* □ *honra* **5** ⟨unz.; Rel.⟩ *Ruhm, Lobpreisung, Ehrung;* ~ sei Gott in der Höhe! □ **glória a Deus nas alturas!;* zur größeren ~ Gottes □ **para a maior glória de Deus* **5.1** Gott die ~ geben *Gott anbeten* □ **adorar/venerar Deus*

eh|ren ⟨V. 500⟩ **1** jmdn. od. etwas ~ *jmdm. od. etwas Achtung, Bewunderung entgegenbringen, jmdn. od. etwas achten, verehren;* du sollst deine Eltern ~; jmds. Verdienste ~ □ *honrar; respeitar;* sehr geehrter Herr! (Anrede im Brief) □ **prezado senhor!* **2** jmdn. ~ *jmdm. seine Achtung od. Bewunderung zeigen, jmdn. auszeichnen;* Ihr Vertrauen ehrt mich; er fühlt sich durch die Einladung sehr geehrt; man ehrte ihn durch einen Nachruf; er wurde mit einer Festschrift, Rede geehrt **3** etwas ehrt jmdn. *verdient Anerkennung;* Ihre Bescheidenheit ehrt Sie □ *honrar*

Eh|ren|amt ⟨n.; -(e)s, -äm|ter⟩ *unentgeltlich ausgeübtes Amt;* ein ~ bekleiden □ *cargo honorífico*

eh|ren|amt|lich ⟨Adj. 24⟩ *in der Art eines Ehrenamtes ausgeübt, unentgeltlich;* eine ~e Tätigkeit □ *honorário*

eh|ren|hal|ber ⟨Adv.; Abk.: E.H., e.h.⟩ **1** *als Ehrung (zugesprochen, verliehen)* □ *por uma questão de honra* **1.1** Doktor ~ □ **doutor honoris causa;* → a. *Doktor (1.5)*

Eh|ren|rech|te ⟨n.; Pl.⟩ **1** bürgerliche ~ *eine Summe von Befugnissen u. rechtlichen Eigenschaften, die dem Bürger in seiner Stellung als Mitglied des Staates zustehen* □ **direitos civis* **2** Aberkennung der bürgerlichen ~ **2.1** ⟨in der BRD bis 1970⟩ *eine Nebenstrafe, die im Verhältnis zur Dauer der Hauptstrafe begrenzt ist* **2.2** *Verlust der bürgerlichen E. während dieser Zeit* □ **cassação dos direitos civis*

eh|ren|rüh|rig ⟨Adj.; geh.⟩ *beleidigend, das Ehrgefühl verletzend;* ~e Worte, Taten; eine ~e Behauptung □ *desonroso; injurioso*

Eh|ren|sa|che ⟨f.; -, -n⟩ **1** *die Ehre betreffende Angelegenheit;* es ging um eine ~; Diskretion ist ~ **2** ⟨umg.⟩ *selbstverständliche, freudig u. stolz erfüllte Pflicht;* es ist uns ~, daran teilzunehmen; macht ihr mit? ~! (bekräftigende Zusage) ⟨scherzh.⟩ □ *questão de honra*

Eh|ren|wort ⟨n.; -(e)s; -wör|ter⟩ **1** ⟨urspr.⟩ *Verpfändung der Ehre für eine bestimmte Leistung;* jmdm. sein ~ geben; jmdn. auf ~ freilassen **2** ⟨danach⟩ *feierliches Versprechen, feierliche Bekräftigung einer Aussage;* (mein) ~! □ *palavra de honra*

Ehr|furcht ⟨f.; -; unz⟩ *Scheu, die auf tiefer Achtung, heiligem Respekt vor jmdm. od. etwas beruht;* jmdm. seine ~ bezeigen; vor jmdm. od. etwas ~ haben, hegen; er flößt uns ~ ein; sich einem Künstler, einem Kunstwerk mit ~ nahen □ *respeito; veneração*

Ehr|geiz ⟨m.; -es; unz.⟩ *starkes Streben nach Erfolg, Ruhm u. Ehren;* brennender, heftiger, krankhafter, übertriebener ~; er tut es aus ~; er ist vom, von ~ besessen □ *ambição*

ehr|gei|zig ⟨Adj.⟩ *voller Ehrgeiz, Ehrgeiz besitzend;* er ist sehr ~; das ist ein ~es Vorhaben, Unterfangen □ *ambicioso*

ehr|lich ⟨Adj.⟩ **1** *das fremde Eigentum achtend, zuverlässig (bes. in Geldsachen), nicht betrügerisch;* ein ~er Finder; er hat alles ~ bezahlt; er war immer ~; ~ spielen □ *honesto; honestamente* **1.1** ein ~er Makler ⟨nach Bismarcks Ausspruch in seiner Reichstagsrede vom 19. 2. 1878⟩ *uneigennütziger Vermittler* □ **um mediador imparcial* **2** *aufrichtig, redlich;* sei ~!; er meint es ~ mit ihr; ein ~er Mensch; die ~e Absicht haben □ *honesto; sincero* **2.1** ⟨60⟩ eine ~e Haut ⟨umg.⟩ *ein rechtschaffener, biederer Mensch* □ **um cara honesto/sério* **2.2** ⟨50⟩ *sehr;* sich ~ um etwas bemühen; er war ~ erstaunt, verzweifelt □ *muito* **2.3** ⟨umg.; bekräftigend⟩ *wirklich;* ich muss ~ sagen, ...; ich habe ihn ~ nicht gesehen; aber ~! □ *francamente* **3** *anständig, ohne Schande;* einen ~en Namen tragen; ein ~es Handwerk □ *honesto; decente*

ehr|wür|dig ⟨Adj.; geh.⟩ *Ehrfurcht einflößend, verehrungswürdig, Achtung gebietend, durch Alter Respekt gebietend;* ein ~er Greis; er erreichte ein ~es Alter □ *respeitável;* (in der Anrede veraltet) ~er Herr Pfarrer □ **reverendo*

Ei ⟨n.; -(e)s, -er⟩ **1** ⟨Biol.⟩ *die weibliche Fortpflanzungszelle der vielzelligen Lebewesen, Eizelle: Ovum, Ovulum* □ *óvulo;* ~erstock □ *ovário* **1.1** *von einer zerbrechlichen Schale umgebene Keimzelle der Vögel;* die Henne hat ein ~ gelegt; die ~er ausbrüten; ein angebrütetes ~; die Küken kriechen, schlüpfen aus dem ~

□ **ovo** 1.1.1 wie auf ~ern gehen ⟨fig.; umg.⟩ *sehr vorsichtig* □ *pisar em ovos 1.1.2 die Zwillinge gleichen sich wie ein ~ dem anderen *sind sich zum Verwechseln ähnlich* □ *os gêmeos são iguais como duas gotas d'água 1.1.3 du bist ja kaum aus dem ~ gekrochen! ⟨fig.; umg.⟩ *noch ganz unerfahren* □ *você mal saiu das fraldas!* 1.1.4 das ~ will klüger sein als die Henne ⟨Sprichw.⟩ *die unerfahrenen Jungen meinen, sie seien den erfahrenen Älteren überlegen* □ *querer ensinar o padre-nosso ao vigário* ; → a. *roh(1.1)* **2** *Hühnerei (als Nahrungsmittel);* ein angeschlagenes, faules, frisches, gebackenes, gebratenes, gefärbtes ~; die ~er aufschlagen, backen, braten, kochen, schälen; zum Frühstück ein hart-, weichgekochtes ~ essen; die ~er abschrecken; den Redner mit faulen ~ern bewerfen (als Missfallenskundgebung); pochierte, verlorene, russische ~er ⟨Kochk.⟩ □ **ovo** 2.1 ein ~ trennen *Eiweiß u. Eidotter trennen* □ *separar a gema da clara* 2.2 wie aus dem ~ gepellt ⟨umg.⟩ *sauber u. sorgfältig angezogen, gepflegt* □ *todo chique/alinhado* **3** ⟨meist Pl.⟩ ~er ⟨umg.⟩ *Geld, Geldstücke, Mark;* das kostet seine 100 ~er; **paus; pratas 4** ⟨nur Pl.⟩ ~er ⟨fig.; umg.⟩ *Schwierigkeiten;* das hat seine ~er □ **dificuldades; entraves 5** das ~ des **Kolumbus** ⟨fig.⟩ *überraschend einfache Lösung einer Schwierigkeit* □ *o ovo de Colombo* **6** ⟨Getrennt- u. Zusammenschreibung⟩ 6.1 ~er legend = *eierlegend*

ei! ⟨Int.⟩ **1** *(Ausruf des Erstaunens, Ärgers, Spottes, der Zärtlichkeit);* ~ du meine Güte! □ **ai meu Deus!** ; ~ der Daus! □ **nossa!** 1.1 ~ machen ⟨Kinderspr.⟩ *jmdn. streicheln* □ *fazer carinho* 1.2 ei, ei! ⟨Kinderspr.⟩ *(scherzhafte Drohung)* □ *ai, ai, ai!* **2** ~ freilich, ~ gewiss *(Bekräftigung einer Bejahung)* □ *mas claro!*

Ei|be ⟨f.; -, -n; Bot.⟩ *Angehörige einer auf der Nordhalbkugel weit verbreiteten Gattung der Nadelhölzer: Taxus (abgesehen von den roten Beeren sind alle Pflanzenteile giftig)* □ **teixo**

Ei|che ⟨f.; -, -n⟩ **1** *einer Gattung der Buchengewächse angehörender Laubbaum: Quercus;* Stiel~, Sommer~, Winter~, Trauben~, Flaum~, Kork~ □ **carvalho** 1.1 eine ~ fällt nicht auf einen Streich ⟨Sprichw.⟩ *jedes Ding braucht seine Zeit* □ *cada coisa tem seu tempo*

Ei|chel ⟨f.; -, -n⟩ **1** *Frucht der Eiche;* grüne, reife ~n; ~n sammeln □ **bolota; glande 2** ⟨meist Pl.; Kart.⟩ *Farbe der deutschen Spielkarte, entspricht dem Kreuz der französischen Spielkarte;* ~ass, ~daus □ **paus 3** ⟨Anat.⟩ *der vorderste Teil des männlichen Gliedes u. des Kitzlers* □ **glande**

ei|chen ⟨V.⟩ **1** ⟨500⟩ Maße ~ *amtlich daraufhin prüfen, ob sie den vorgeschriebenen Werten entsprechen;* geeichte Fässer, Gefäße, Gewichte, Gläser, Maße □ **aferir; calibrar 2** auf etwas geeicht sein ⟨fig.; umg.⟩ *für etwas bes. geeignet sein, sich auf etwas bes. gut verstehen* □ *ser fera em alguma coisa*

Eich|horn ⟨n.; -(e)s, -hör|ner; Zool.⟩ = *Eichhörnchen*
Eich|hörn|chen ⟨n.; -s, -; Zool.⟩ *ein ausgezeichnet kletterndes u. springendes Nagetier mit langem, buschigem Schwanz: Sciurus vulgaris,* Sy *Eichhorn* □ **esquilo**

Eid ⟨m.; -(e)s, -e⟩ **1** *feierliche Versicherung, die Wahrheit gesagt u. nichts verschwiegen zu haben;* einen ~ ablegen, leisten, schwören; ich kann einen ~ darauf ablegen!; jmdm. einen ~ abnehmen; den ~ brechen; den ~ verweigern; einen falschen ~ schwören; den ~ auf die Verfassung ablegen; etwas auf seinen ~ nehmen; etwas durch (einen) ~ bekräftigen; durch einen ~ gebunden sein; unter ~ vor Gericht aussagen; jmdn. zum ~ zulassen □ **juramento** 1.1 Erklärung an ~es statt *E., die jederzeit beschworen werden kann* □ *declaração sob juramento* ; → a. *eidesstattlich*

Ei|dech|se ⟨[-ks-] f.; -, -n; Zool.⟩ *Angehörige einer Familie der Echsen mit langem, leicht abbrechendem Schwanz, schlankem, mit Schuppen bedecktem Körper u. 4 kräftigen Beinen mit je 5 Zehen: Lacertidae;* Zaun~, Berg~, Wald~, Perl~ □ **lagarto**

ei|des|statt|lich ⟨Adj. 24; Rechtsw.⟩ **1** *anstatt eines Eides;* ~e Versicherung; eine ~e Erklärung abgeben □ **sob juramento** ; → *Eid(1.1)*

Ei|er|be|cher ⟨m.; -s, -⟩ *Gefäß zum Aufstellen eines weichgekochten Eies* □ **porta-ovo**

Ei|er|ku|chen ⟨m.; -s, -⟩ = *Pfannkuchen(1)*
ei|er|le|gend *auch:* **Eier legend** ⟨Adj. 24/60⟩ ~e Tiere, *T., die Eier legen* □ **ovíparo**

Ei|er|tanz ⟨m.; -es, -tän|ze⟩ **1** *Geschicklichkeitstanz mit od. zwischen Eiern* □ **dança dos ovos 2** ⟨fig.⟩ *äußerst vorsichtiges Verhalten in einer heiklen Lage* □ **jogo de cintura** 2.1 einen ~ aufführen *sich um eine heikle Angelegenheit drücken* □ *ter jogo de cintura*

Ei|fer ⟨m.; s; unz.⟩ **1** *ernsthaftes, emsiges Streben, Bemühen, schwungvoller, lebhafter Fleiß;* einen lobenswerten, löblichen ~ zeigen; mit großem, neuem, kindlichem ~ ans Werk gehen; sein ~ ist schon erkaltet, erlahmt; sein ~ hat bereits nachgelassen; etwas mit ~ anfassen, betreiben, unternehmen; mit großem ~ bei der Sache sein; mit übertriebenem ~ etwas beginnen □ **zelo; fervor;** sich vor ~ überschlagen wollen ⟨umg.⟩ □ *querer desdobrar-se em mil;* → a. *blind(2)* **2** *Tatendrang, Heftigkeit, Schwung;* beim Reden in ~ geraten; sich in ~ reden □ *exaltar-se ao falar* 2.1 etwas im ~ des **Gefechts** übersehen, vergessen ⟨fig.; umg.⟩ *vor Aufregung* □ *não reparar/esquecer no calor da discussão*

Ei|fer|sucht ⟨f.; -; unz.⟩ *leidenschaftliches u. neidisches Streben, jmdn. od. etwas allein zu besitzen (bes. in der Liebe), das oft auch krankhafte Symptome aufweist;* rasende, lächerliche, blinde, kindische ~; ~ empfinden, erregen; aus ~ handeln; er verfolgte sie mit seiner ~ □ **ciúme**

ei|fer|süch|tig ⟨Adj.⟩ *Eifersucht zeigend, empfindend;* sein ~es Verhalten ist unangebracht □ **ciumento**

eif|rig ⟨Adj.⟩ **1** *mit Eifer tätig, strebend bemüht, emsig;* ein ~er Angestellter, Arbeiter, Beamter, Schüler, Student □ **zeloso; dedicado;** ~ arbeiten, lernen, studieren; ~ um etwas bemüht sein □ **com dedicação/empenho 2** *leidenschaftlich, lebhaft, heftig;* ein ~er Anhänger einer Lehre □ **entusiasmado; fervoroso;** er vertritt ~ seinen Standpunkt; ~ für etwas od. jmdn. eintreten □ **com fervor/entusiasmo**

Ei|gelb ⟨n.7; -s, -e⟩ = *Dotter(1);* man nehme drei ~ (Rezept) ☐ **gema**

ei|gen ⟨Adj.⟩ **1** ⟨60⟩ *mit einer Person od. Sache eng verknüpft, ihr zugehörig;* → a. *fremd;* man kann nur seinen ~en Augen trauen; er hat die Folgen seiner Tat am ~en Leibe zu spüren bekommen; sein ~ Fleisch und Blut ⟨poet.⟩; etwas auf ~e Gefahr, Rechnung, Verantwortung tun; sein ~es Nest beschmutzen ⟨fig.⟩; es ist zu deinem ~en Nutzen, Schaden, Vorteil; in ~er Sache sprechen; ich habe es aus ~er Tasche bezahlt; sein ~er Vater hat ihn verstoßen ⟨verstärkend⟩; man kann ja vor Lärm sein ~es Wort nicht verstehen! ⟨umg.⟩ ☐ **próprio** 1.1 *aus ~er Kraft etwas erreichen ohne fremde Hilfe* ☐ *****conseguir algo sozinho;** er möchte gern etwas Eigenes machen ☐ *****ele gostaria de fazer alguma coisa sozinho/por conta própria** 1.2 *jmdm. etwas zu ~en Händen übergeben dem Betreffenden persönlich* ☐ *****entregar alguma coisa a alguém em mãos** 1.3 *jmdm. selbst gehörend (als Eigentum);* ein ~es Haus, eine ~e Wohnung, ein ~es Zimmer haben; auf ~em Boden stehen ☐ **próprio**; etwas zu ~ haben ☐ *****possuir/ter alguma coisa**; jmdm. etwas zu ~ geben ☐ **dar/presentear alguma coisa a alguém** 1.3.1 *das ist sein Eigen sein Eigentum* ☐ **propriedade**; etwas sein Eigen nennen ☐ *****ser proprietário de alguma coisa** 1.3.2 *ich habe es mir zu ~ gemacht mir geistig angeeignet, es gelernt* ☐ *****adquiri isso** 1.4 *selbständig, unabhängig;* er hat es aus ~em Antrieb getan; keine ~e Meinung haben ☐ *es ist doch nicht deine ~e Meinung!* ☐ **próprio** 1.4.1 *in ~er Person selbst* ☐ *****pessoalmente** 1.4.2 *auf ~en Beinen, Füßen stehen* ⟨fig.⟩ *selbständig sein; trotz seiner Jugend steht er schon auf ~en Füßen* ☐ *****andar com as próprias pernas; ganhar o próprio sustento** 1.4.3 *sein ~er Herr sein selbst bestimmen können, niemandem unterstellt sein, sich nach niemandem richten müssen* ☐ *****ser senhor de si; ser dono do seu nariz** 1.4.4 *er wollte es mit ~en Augen sehen sich selbst davon überzeugen* ☐ **próprio** 1.4.5 *etwas auf ~e Faust unternehmen* ⟨fig.⟩ *von sich aus, ohne zu fragen* ☐ *****agir por conta própria** 1.4.6 *mit ~er Hand selbst* ☐ *****por si mesmo** 1.4.7 *seine(r) ~en Wege gehen* ⟨fig.⟩ *sich nichts vorschreiben lassen, sich nicht um andere kümmern* ☐ *****seguir seu próprio caminho** 1.5 *besondere(r, -s);* eine Landschaft mit ~em Reiz; es ist eine ~e Sache damit; damit hat es seine ~e Bewandtnis ☐ **particular; à parte** 1.5.1 *getrennt;* Sy *separat*; ein Zimmer mit ~em Eingang ☐ **próprio; particular 2** ⟨72⟩ *jmdm. od. einer Sache ~ (als Eigenschaft) eigentümlich, innewohnend;* dies ist ihm ~; das ihm ~e Verantwortungsgefühl; mit der ihm ~en Tatkraft; ich erkenne ihn von weitem an dem ihm ~en Gang ☐ **típico, característico** 2.1 *wunderlich, sonderbar, merkwürdig, eigentümlich, eigenartig;* mir ist so ~ zumute ☐ **esquisito; estranho** 2.2 *peinlich genau, bes. sorgsam;* er ist darin sehr ~ ☐ **minucioso; meticuloso** 2.3 *anspruchsvoll, wählerisch;* sie ist in ihrer Arbeit, Kleidung sehr ~; ein sehr ~er Mensch ☐ **exigente; enjoado**

Ei|gen|art ⟨f.; -, -en⟩ **1** *Gesamtheit der typischen Merkmale, besondere (Wesens-)Art;* eine ~ dieser Pflanze besteht darin, dass ... ☐ **característica; particularidade 2** *Eigentümlichkeit, charakteristisches Kennzeichen;* dies ist eine ~ von ihm; er kannte alle ihre ~en ☐ **peculiaridade; singularidade**

ei|gen|ar|tig ⟨Adj.⟩ **1** *kennzeichnend* ☐ **característico 2** *merkwürdig, sonderbar, ungewöhnlich, seltsam;* eine ~e Vorliebe, Veranlagung; ein ~es Wesen ☐ **estranho; singular**

Ei|gen|bröt|ler ⟨m.; -s, -⟩ = *Sonderling;* er ist im Alter ein seltsamer, störrischer ~ geworden ☐ **tipo esquisito; solitário**

ei|gen|hän|dig ⟨Adj. 24⟩ **1** *mit eigenen Händen;* diesen Brief hat der Chef ~ geschrieben ☐ *****de próprio punho** 2 *selbst (ausgeführt), persönlich* 2.1 *einen Brief ~ übergeben dem Empfänger persönlich* ☐ *****pessoalmente; em mãos**

Ei|gen|heim ⟨n.; -(e)s, -e⟩ *(Einfamilien-)Haus, das der Eigentümer selbst bewohnt* ☐ **casa própria**

Ei|gen|lie|be ⟨f.; -; unz.⟩ = *Selbstsucht;* jmds. ~ kränken, sich in seiner ~ verletzt fühlen ☐ **amor-próprio**

ei|gen|mäch|tig ⟨Adj.⟩ **1** *unbefugt, nach eigenem Ermessen, ohne den Zuständigen zu fragen;* ~es Handeln, Vorgehen; er hat ~ gehandelt ☐ **(de modo) arbitrário/autoritário 2** ~e Abwesenheit ⟨Mil.⟩ *unerlaubtes Fernbleiben eines Soldaten von seiner Truppe über 3 Tage, Straftatbestand des Wehrstrafgesetzes* ☐ *****ausência sem autorização**

Ei|gen|na|me ⟨m.; -ns, -n; Gramm.⟩ *Nomen, das ein zu Benennendes als Einzelwesen begreift, z. B. Fluss-, Stadt-, Personenname* ☐ **nome próprio**

Ei|gen|nutz ⟨m.; -es; unz.⟩ **1** *der eigene Vorteil, Nutzen* **2** = *Selbstsucht;* aus ~ handeln ☐ **egoísmo; interesse pessoal**

ei|gens ⟨Adv.⟩ **1** *ausschließlich, nur;* ich bin ~ gekommen, um mich mit dir auszusöhnen; seine Worte waren ~ dafür berechnet, mich zu überzeugen; es ist ~ für dich bestimmt; zu diesem Zweck ☐ **exclusivamente; somente 2** *besonders, ausdrücklich, speziell;* ich habe es ihm ~ gesagt; das ist im Vertrag nicht ~ erwähnt ☐ **especialmente; expressamente**

Ei|gen|schaft ⟨f.; -, -en⟩ **1** *Wesen, Beschaffenheit, Besonderheit* 1.1 *zum Wesen eines Menschen gehörendes Merkmal;* diese ~ schätze ich wenig an ihm; die hierfür notwendigen ~en fehlen ihm; gute, schlechte ~en haben ☐ **característica; qualidade** 1.2 *zur Beschaffenheit einer Sache gehörendes Merkmal;* grüne Farbe ist eine ~ vieler frischer Pflanzen ☐ **característica; propriedade 2** *jmds. ~ als Stellung, Amt, Aufgabe;* in meiner ~ als Vorsitzender erlaube ich mir ... ☐ *****na qualidade de diretor,...**

Ei|gen|sinn ⟨m.; -(e)s; unz.⟩ **1** *zähes Festhalten an einer Meinung, einem Vorhaben usw., Starrsinn, Hartnäckigkeit;* sein ~ verärgerte die andern ☐ **teimosia; obstinação** 1.1 *dieser kleine ~!* ⟨fig.; umg.; veraltet⟩ *trotziges Kind* ☐ *****que criança birrenta!**

ei|gen|sin|nig ⟨Adj.⟩ *voller Eigensinn, starrsinnig, dickköpfig, unnachgiebig auf seiner Meinung beharrend;* er ist ein ~er Mensch ☐ **teimoso; obstinado**

ei|gent|lich ⟨Adj.; 24; Abk.: eigtl.⟩ **1** *tatsächlich, wirklich, in Wirklichkeit;* sein ~er Name ist ...; sein ~er Beruf ist Schlosser; die ~e Frage ist ja die: ... □ **verdadeiro**; das ist ihr Künstlername, ~ heißt sie ... □ **na verdade 2** ⟨60⟩ *ursprünglich;* die ~e Bedeutung dieses Wortes war ... □ **originário 3** ⟨50⟩ *im Grunde genommen;* ~ hast du Recht; ~ sollte man sich nicht darum kümmern; ~ wollen wir nur ein Stündchen bleiben □ **no fundo; na verdade 4** ⟨50; verstärkend⟩ *überhaupt, denn;* was will er ~?; was ist ~ mit dir los?; was ist ~ geschehen? □ **afinal**

Ei|gen|tum ⟨n.; -s; unz.⟩ *rechtliche Herrschaft über eine Sache mit voller Nutzungs- u. Verfügungsgewalt;* → a. *Besitz* ⟨Rechtsw.⟩; geistiges ~; persönliches, privates, öffentliches ~; das ist mein □ **propriedade**

Ei|gen|tü|mer ⟨m.; -s, -⟩ *Inhaber des Eigentums* □ **proprietário**

Ei|gen|tü|me|rin ⟨f.; -, -rin|nen⟩ *weibl. Eigentümer* □ **proprietária**

ei|gen|tüm|lich ⟨Adj.⟩ **1** ⟨43⟩ *eigen, jmdm. od. einer Sache innewohnend, zugehörig;* es ist ihm ~; der ihm ~e Stil; die den Tropen ~e Vegetation □ **peculiar; próprio 2** ⟨meist [--'--]⟩ *merkwürdig, sonderbar;* eine ~e Sache!; ein ~es Lächeln; sein Verhalten berührte mich ~; sie war ein ~er Mensch □ **(de modo) curioso/estranho**

ei|gen|wil|lig ⟨Adj.⟩ *nach eigenen Grundsätzen denkend u. handelnd, eigensinnig;* ein ~es Kind; eine ~e Auffassung, Begabung, Persönlichkeit □ **teimoso; obstinado**

eig|nen ⟨V.⟩ **1** ⟨600⟩ *etwas eignet* **jmdm.** ⟨geh.⟩ *etwas ist jmdm. eigentümlich, gehört jmdm.;* ihm eignet eine große Güte, viel Verständnis □ **ser próprio de alguém 2** ⟨517 od. 518/Vr 3⟩ *sich zu, als, für etwas ~ tauglich, geeignet sein, sich verwenden lassen;* dieser Stoff eignet sich nicht für eine Bluse; dieses Buch eignet sich gut als Geschenk; er eignet sich nicht für diese Aufgabe, diesen Beruf; sie eignet sich zur Schauspielerin; für etwas besonders geeignet sein; ein geeignetes Mittel finden für, gegen □ ***ser apropriado/convir a alguma coisa**

Eig|nung ⟨f.; -, -en⟩ *Tauglichkeit, Befähigung;* jmdm die ~ für, zu etwas absprechen; die fachliche, körperliche, persönliche ~ □ **aptidão; qualificação**

Ei|le ⟨f.; -; unz.⟩ **1** *Bemühen, etwas schnell zu machen;* er ist immer in ~; in der ~ habe ich das vergessen; in (aller) ~ möchte ich der mitteilen, dass ... □ **pressa; precipitação 2** *zeitlicher Druck;* in größter ~ etwas erledigen; er hat ~; es hat ~; damit hat es keine ~ □ **pressa; urgência**

ei|len ⟨V. 400⟩ **1** ⟨(s.)⟩ *sich schnell fortbewegen, schnell kommen, gehen;* nach Hause, nach der Unglücksstelle ~; jmdm. zu Hilfe ~; zum Arzt ~ □ **correr; apressar-se 1.1** ~den Fußes aufbrechen *sofort, sogleich* □ ***partir apressadamente 1.2** ⟨403⟩ eile mit Weile! ⟨Sprichw.⟩ *handle rasch, doch nicht unüberlegt!* □ ***devagar se vai ao longe!* 2** *etwas eilt muss schnell erledigt werden;* eilt! (auf Briefen, Bestellungen usw.); die Sache eilt!; es eilt mir damit; damit eilt es noch nicht □ **ser urgente 3** ⟨500 Vr 3⟩ *sich ~* ⟨umg.⟩ *sich bemühen, etwas schnell zu machen* □ ***apressar-se; aviar-se**

ei|lends ⟨Adv.⟩ *schnell, schleunigst, sofort;* er machte sich ~ auf; man holte ~ einen Arzt herbei □ **depressa; apressadamente**

eil|fer|tig ⟨Adj.⟩ **1** *eifrig bemüht, dienstbeflissen;* jmd. ist ~ □ **solícito 2** *übereilt, überstürzt, vorschnell;* einen ~en Entschluss fassen □ **precipitado; apressado**

ei|lig ⟨Adj.⟩ **1** *in Eile befindlich, rasch, schnell;* nur nicht so ~! □ **rápido; apressado;** ~ davonlaufen □ **rapidamente; apressadamente**, hast du es ~? □ ***está com pressa?*; er hörte ~e Schritte □ **apressado 2** *dringend, dringlich;* es handelt sich um eine ~e Angelegenheit; Mitteilung, die Sache ist sehr ~; wenn du nichts Eiligeres zu tun hast ... □ **urgente**

Ei|mer ⟨m.; -s, -⟩ **1** *Gefäß mit Henkel zum Tragen od. Aufbewahren von Flüssigkeiten, Abfällen usw.;* Müll~; Wasser~; ein ~ voll Wasser; ein ~ aus Blech, Kunststoff; den ~ mit Abfällen ausleeren □ **balde; lata 1.1** es gießt wie aus ~n ⟨fig.; umg.⟩ *es regnet sehr heftig* □ ***chove a cântaros 1.2** ⟨früher in Dtschld., Österreich u. der Schweiz⟩ *Flüssigkeitsmaß (56 bis 77 l)* ⟨*Eimer* **2** in den ~ gucken ⟨fig.; umg.⟩ *das Nachsehen haben* □ ***ficar a ver navios* 2.1** etwas ist im ~ ⟨fig.; umg.⟩ *ist entzwei, verloren, vorbei, zerstört;* nach dem Unfall war unser Urlaub im ~ □ ***ir para o brejo**

ein[1] ⟨Adv.⟩ **1** *hinein, herein* □ **dentro; em 2** ~ und aus □ ***dentro e fora* 2.1** bei jmdm. ~ und aus gehen *bei jmdm. häufiger Gast sein* □ ***frequentar a casa de alguém* 2.2** nicht ~ noch aus wissen *sich in einer ausweglosen Situation befinden* □ ***não saber o que fazer**

ein[2] ⟨unbestimmter Artikel 4⟩ **1** ~ Mann, ~e Frau, ~ Kind; ~e andere, ~ jedes; ~ jeglicher; ~en Eid ablegen; das Amt ~es Vorsitzenden übernehmen; es gab ~e Zeit, da ...; in ~em derartigen Fall; gibt es ~e günstigere Gelegenheit als ...; es ist ~ wahres Glück; bei ~em so wichtigen Geschäft **1.1** ⟨vor Eigennamen⟩ *ein Mann (eine Frau), der (die) die Eigenschaft eines ... hat;* das konnte nur ein(e) X schaffen □ **um; uma**

ein[3] ⟨Indefinitpron. 6; allein stehend stark, nach bestimmtem Artikel schwach dekliniert⟩ **1** *jemand, man;* ~er, ~e, ~(e)s, die /Eine, die ~e/Eine, das ~e/Eine; noch so ~(e)s; sie stören ~er den anderen/Einer den Anderen; sie helfen ~er dem anderen/Einer dem Anderen; es war ~er von ihnen; ~er von vielen; mit ~em dieser Kerle; ~er meiner Freunde; die ~en sagen ...; so ein Verhalten ärgert ~en; wie kann ~er nur so unklug sein!; das kann ~em leidtun □ **um; uma; alguém;** sie ist sein **Ein** und **Alles** □ ***ela é tudo para ele;* wenn ~e eine Reise tut ...; ~s geht ins andere über; immer ~s hübsch nach dem andern!; weder der ~e noch der andere/Eine noch der Andere; der ~e oder der andere/Eine oder der Andere; ~en (Tag) um den andern; der ~e und der andere/Eine und der Andere

~er ist so viel wert wie der andere ☐ **um; uma**; es ist ~ und dasselbe ☐ ***é o mesmo; é idêntico**; ~(e)s schickt sich nicht für alle ☐ ***o que é bom para um pode não ser para outro**; in ~em und demselben Augenblick ☐ ***no mesmo instante**; was für ~e? ☐ ***de que tipo/espécie?**; ~er von beiden; ~(e)s ist wichtig; das ~e, was nottut ☐ **uma coisa; algo**; und das soll ~er glauben! ⟨umg.⟩ ☐ ***e ainda querem que se acredite nisso!**; was man nicht weiß, macht ~en nicht heiß ⟨Sprichw.⟩ ☐ ***o que os olhos não veem o coração não sente** 1.1 ~er für alle, alle für ~en ⟨Sprichw.⟩ *jeder hilft jedem* ☐ ***um por todos e todos por um* 2** *das ist* ~er! *jmd., den man tadelt od. bewundert* ☐ ***é ele mesmo!* 2.1** er ist geschickt wie nur ~er *sehr geschickt* ☐ ***ele é habilidoso como ninguém* 3** sich ~en genehmigen, ~en heben ⟨umg.⟩ *einen Schnaps od. ein anderes alkoholisches Getränk trinken* ☐ ***tomar um trago* 4** jmdm. ~e kleben, reinhauen ⟨umg.⟩ *eine Ohrfeige geben* ☐ ***dar um tapa em alguém* 5** *das tut* ~em *wohl mir* ☐ ***isso faz bem para a gente*

ein⁴ (Numerale 4; immer betont; Zeichen: 1) **1** → a. *eins¹*; ~ Buch; ~es Buches; des ~en Buches; mit ~em Paar Strümpfe ☐ **um; uma**; ~ Herz und ~e Seele ☐ ***(ser) unha e carne**; ~er Meinung sein ☐ ***ser da mesma opinião**; zwei neue Anzüge und ~ alter; ~ Drittel mal ~ Viertel ☐ **um; uma**; dieser ~e Schüler ☐ ***esse aluno**; sein ~er Sohn ☐ ***seu filho**; um de seus filhos; er war nicht ~ einzigen Tag krank; zwei Augen sehen mehr als ~(e)s **um 1.1** (nicht flektiert); um ~ Uhr; nach ~ Uhr; es wird ~ bis zwei Tage dauern ☐ **um; uma 1.2** der Eine *Gott* ☐ ***o Uno* 2** etwas ~ für alle Mal sagen *eine Anordnung, einen Befehl, der für immer gilt, nur ein einziges Mal äußern* ☐ ***dizer alguma coisa de uma vez por todas* 2.1** damit ist ~ für alle Mal Schluss *endgültig* ☐ ***acabou definitivamente* 2.2** merk dir das ~ für alle Mal *merk dir das für künftige Fälle* ☐ ***perceba isso de uma vez por todas* 3** in ~em fort *ohne Unterbrechung* ☐ ***sem interrupção; de uma só vez*; → a. *Zug(1.2.1), Schlag(1.1)* **4** mit ~em Wort *kurz gesagt* ☐ ***em suma*

ein...¹, Ein...¹ ⟨Vorsilbe; in Zus. mit Verben trennbar⟩ **1** *in..., hinein..., in Richtung in, auf etwas bezeichnend, z. B.* eintreten, einbiegen, Einbruch **2** *etwas zusätzlich umfassend, einbeziehend, z. B.* einschließen, Einarbeitung **3** *einen Übergang von einem Zustand in einen anderen bezeichnend, z. B.* einlaufen, einfrieren **4** *eine sich wiederholende Tätigkeit, Übung bezeichnend; z. B.* einüben, einreiten **5** ⟨verstärkend⟩ eindreden, einhämmern

ein...², Ein...² ⟨Vorsilbe in Zus. mit Adj. u. Subst.⟩ *eins¹*; z. B. einaktig, einphasig, Einbettzimmer

ein|an|der *auch:* **ei|nan|der** ⟨reziprokes Pron.; geh.⟩ *einer dem od. den anderen, (sich) gegenseitig*; sie hatten ~ so lieb; sie helfen ~ ☐ **mutuamente; reciprocamente**

ein|ar|bei|ten ⟨V. 500⟩ **1** ⟨Vr 7⟩ jmdn. ~ *in eine Arbeit einführen*; ich muss meinen Nachfolger noch ~; er ist gut eingearbeitet ☐ **iniciar; instruir** 1.1 ⟨505/Vr **3**⟩ sich ~ (in) *mit einer Arbeit vertraut machen*; es wird noch einige Zeit dauern, bis ich mich in meine neuen Aufgaben eingearbeitet habe ☐ ***iniciar-se (em); familiarizar-se (com)* 2** etwas ~ *in eine Arbeit sinnvoll einfügen; fehlende Stichwörter in ein Wörterbuch* ~ ☐ **inserir; introduzir**

ein|äschern ⟨V. 500⟩ **1** ein Gebäude ~ *(zu Asche) verbrennen*; durch den Brand wurden mehrere Häuser eingeäschert; der Brand äscherte das ganze Dorf ein ☐ **reduzir a cinzas; incinerar 2** einen Leichnam ~ *durch Feuerbestattung beisetzen*; die Leiche ~; sie ist bereits vorige Woche eingeäschert worden ☐ **cremar**

ein|at|men ⟨V. 400⟩ *Luft durch Nase od. Mund aufnehmen, Luft, Atem holen*; kühle Waldluft ~; tief einund ausatmen ☐ **respirar; inspirar**

Ein|bahn|stra|ße ⟨f.; -, -n⟩ *in nur eine Fahrtrichtung zu befahrende Straße* ☐ **via de mão única**

Ein|band ⟨m.; -(e)s, -bän|de⟩ *Rücken u. Deckel eines Buches*; Hardcover ~, Leder~, Leinen~; Original~; ein Buch mit prächtigem, haltbarem, zerrissenem, ledernem ~ ☐ **encadernação**

ein|bau|en ⟨V. 500⟩ **1** etwas (in etwas) ~ *hineinbauen, als Zusatz einfügen*; einen Motor (in ein Auto, Boot) ~; neue Fenster (in eine Wohnung) ~; eine Kamera mit eingebautem Belichtungsmesser; in den eingebauten Schränken kann man sehr viel unterbringen ☐ **embutir; encaixar; instalar 2** ⟨511⟩ etwas in etwas ~ ⟨fig.⟩ *(nachträglich) sinnvoll einfügen*; Zitate in einen Vortrag ~ ☐ **inserir**

Ein|baum ⟨m.; -(e)s, -bäu|me⟩ *aus einem ausgehöhlten Baumstamm hergestellter Kahn*; Sy *Kanu(1.1)* ☐ **piroga**

ein|be|grif|fen ⟨Adj. 40; geh.⟩ *umschlossen, dazugenommen, -gezählt, eingeschlossen, enthalten*; im Preis ~ sind ... ☐ **incluído; incluso**

ein|be|ru|fen ⟨V. 204/500⟩ **1** jmdn. od. etwas ~ *zu einer Versammlung zusammenrufen*; das Parlament, den Parteitag, Bundestag ~; die Abgeordneten wurden zu einer Sitzung einberufen **2** jmdn. ~ *zum Heeresdienst rufen, auffordern*; Rekruten zum Militärdienst ~; man berief ihn zu einer Reserveübung ein ☐ **convocar**

ein|be|zie|hen ⟨V. 293/511/Vr 7 od. Vr 8⟩ jmdn. od. etwas in etwas (mit) ~ *einschließen, aufnehmen, hinzunehmen, -rechnen, -zählen*; wir sollten dieses neueste Forschungsergebnis mit in unseren Bericht ~; jmdn. in eine Unterhaltung (mit) ~; man bezog sie mit ein ☐ **incluir**

ein|bie|gen ⟨V. 109⟩ **1** ⟨411(s.)⟩ *von der bisherigen Richtung abgehen u. um die Ecke in einer anderen Richtung weitergehen od. -fahren*; das Auto bog in einen Seitenweg ein; er wollte nach rechts ~ ☐ **virar 1.1** etwas biegt in etwas ein *mündet in etwas*; diese Straße biegt in die Hauptstraße ein ☐ **desembocar; terminar 2** ⟨500⟩ etwas ~ *nach innen biegen, falten*; die Hutkrempe ein wenig ~ ☐ **virar/dobrar para dentro 2.1** ⟨Vr 3⟩ etwas biegt sich ein *biegt sich nach innen*; das Dach hat sich unter dem Schnee leicht eingebogen ☐ **ceder**

ein∥bil∥den ⟨V. 530/Vr 1⟩ **1 sich etwas ~** *sich unbegründete, falsche Vorstellungen machen, sich einreden;* ich bilde mir nicht ein, schön zu sein; bilde dir ja nicht ein, dass ich dir das glaube! □ *imaginar/pensar alguma coisa;* er hat sich steif und fest eingebildet, dass ... □ *ele pôs na cabeça que...*; sie bildet sich ein, unheilbar krank zu sein; sich allerlei ~ □ **imaginar; crer** 1.1 der eingebildete Kranke *Mensch, der sich einredet, krank zu sein* □ *o doente imaginário* **2 sich etwas (auf jmdn. od. etwas) ~** *übermäßig stolz sein;* er ist bescheiden geblieben und bildet sich nichts auf seinen Erfolg ein; sich auf seinen Reichtum etwas ~; er bildet sich viel darauf ein □ *vangloriar-se/gabar-se de alguma coisa*

Ein∥bil∥dung ⟨f.; -, -en⟩ **1** *Vorstellung, die nicht der Wirklichkeit entspricht;* das sind ~en!; ein Kranker ist er nur in seiner ~; das gibt es, existiert nur in deiner ~!; das ist nur in deiner ~ vorhanden □ **imaginação; fantasia 2** ⟨unz.; umg.⟩ *Überheblichkeit, Dünkel;* er platzt vor ~ □ **presunção; pretensão;** an ~ leiden □ *ser muito presunçoso/pretensioso* 2.1 ~ ist auch eine Bildung ⟨umg.⟩ *jmd. ist dünkelhaft und sonst gar nichts* □ *a pretensão também é uma forma de cultura*

ein∥bin∥den ⟨V. 111/505⟩ **1 etwas (in etwas) ~** *zum Schutz in etwas hineinbinden;* seine Sachen in ein Tuch ~; die verletzte Hand ~ □ **envolver; enfaixar 2** ein Buch ~ *ein B. mit Deckel u. Rücken (Einband) versehen;* Bücher in Leinen, Leder ~ lassen □ **encardernar**

ein∥bläu∥en ⟨V. 530⟩ **jmdm. etwas ~** *jmdm. etwas eindringlich einschärfen, mit Schlägen beibringen wollen;* den Kindern ~, mit keinem Fremden mitzugehen □ **inculcar**

ein∥blen∥den ⟨V.; Funkw., Film, Fernsehen⟩ **1** ⟨402/Vr 7⟩ **(etwas) ~** *eine Filmaufnahme od. eine Funksendung od. -szene in eine andere (allmählich stärker werdend) einschalten;* Geräusche, Musik ~; wir blenden ins Stadion ein □ **aplicar efeito de fade in 2** ⟨500/Vr 3⟩ **sich ~** *sich in eine laufende Sendung einschalten;* wir blenden uns in wenigen Minuten wieder ein □ *ir ao ar*

ein∥bleu∥en ⟨alte Schreibung für⟩ einbläuen

Ein∥blick ⟨m.; -(e)s, -e⟩ **1** *Blick in etwas hinein;* der ~ in den Garten □ **olhada 2** *Kenntnis durch eigenen Augenschein;* einen ~ bekommen, gewinnen; jmdm. einen ~ geben, gewähren □ *colocar alguém a par (de alguma coisa); permitir que alguém tome conhecimento (de alguma coisa);* nur einen flüchtigen, einen gründlichen ~ haben □ **ideia; noção;** ~ nehmen, tue □ *tomar conhecimento (de alguma coisa);* ich habe mir ~ in die Unterlagen verschafft; mir wurde der ~ in die Unterlagen verweigert □ **olhada**

ein∥bre∥chen ⟨V. 116⟩ **1** ⟨411⟩ **bei jmdm., in einen Raum ~** *gewaltsam eindringen;* in unsere(r) Wohnung wurde letzte Nacht eingebrochen □ **arrombar; invadir; roubar 2** ⟨250⟩ *durchbrechen u. nach unten stürzen;* er ist beim Schlittschuhlaufen auf dem Eis eingebrochen □ **derrubar 3** ⟨400(s.)⟩ **Dunkelheit bricht ein** *beginnt plötzlich;* bei ~der Dämmerung muss ich zu Hause sein; mit ~der Nacht □ **cair**

Ein∥bre∥cher ⟨m.; -s, -⟩ *jmd., der einen Einbruch verübt* □ **ladrão; arrombador**

Ein∥bre∥che∥rin ⟨f.; -, -rin|nen⟩ *weibl. Einbrecher* □ **ladra; arrombadora**

ein∥bren∥nen ⟨V. 117/500⟩ **1** ⟨503/Vr 5 od. Vr 6⟩ **(jmdm. od. einem Lebewesen) etwas ~** *mit glühendem Eisen o. Ä. eindrücken;* ein Brandmal ~; einem Tier ein Zeichen ~; ein Ornament auf eine Holzplatte ~ □ **marcar a fogo; queimar 2** ⟨530/Vr 3⟩ **etwas brennt sich jmdm. ein** ⟨fig.; geh.⟩ *etwas prägt sich jmdm. fest ein;* das Bild hat sich mir ins Gedächtnis eingebrannt □ *ficar gravado/marcado na mente/memória de alguém* **3 Mehl ~** ⟨Kochk.⟩ *rösten, bräunen* □ **torrar; tostar**

ein∥brin∥gen ⟨V. 118/500⟩ **1** die **Ernte ~** *hineinschaffen, -bringen;* das Getreide, Heu ~ (in die Scheune) □ **enceleirar 2** eine **Sache bringt etwas ein** *bringt Nutzen, Gewinn;* sein Geld so anlegen, dass es Zinsen einbringt; das Haus ist so alt und reparaturbedürftig, dass es seinem Besitzer nichts mehr einbringt □ **render (benefícios, lucros) 3** *ausgleichen, wettmachen;* die Verluste konnten wieder eingebracht werden; die verlorene Zeit ist nicht wieder einzubringen □ **compensar; recuperar 4** zwei Zeilen ~ ⟨Typ.⟩ *so eng setzen od. so viel streichen, dass zwei Zeilen weniger auf einer Seite stehen* □ **ajustar; enxugar 5** ⟨511⟩ **Werte in eine Gemeinschaft ~** *mitbringen;* 50.000 Euro in eine Firma ~; sie hat ein großes Mietshaus und noch 20.000 Euro bar in die Ehe eingebracht □ **colocar; trazer 6 Vorschläge** (in einer Versammlung) ~ *vorlegen, vorbringen;* einen Antrag im Parlament ~; in der Vorstandssitzung eine Entschließung ~ □ **apresentar; propor**

ein∥bro∥cken ⟨V.⟩ ⟨500⟩ **etwas ~** *brockenweise hineintun;* Brot in die Suppe ~ □ **esmigalhar; despedaçar 2** ⟨530/Vr 5 od. Vr 6⟩ **jmdm. etwas ~** ⟨fig.; umg.⟩ *Unannehmlichkeiten verursachen, jmdn. in eine unangenehme Situation bringen* □ *colocar alguém em maus lençóis* 2.1 da hast du dir aber etwas Schönes eingebrockt! □ *da hast du dich in eine dumme Situation gebracht!* □ *você arrumou sarna para se coçar!*

Ein∥bruch ⟨m.; -(e)s, -brü|che⟩ **1** *gewaltsames Eindringen; der durch den ~ von Wasser entstandene Schaden* □ **inundação;** den Truppen gelang ein ~ in die gegnerische Front □ **invasão** 1.1 *gewaltsames Eindringen in ein Gebäude (um etwas zu stehlen);* Sy ⟨umg.⟩ *Bruch(11);* einen ~ in ein Haus, in eine Wohnung verüben □ **arrombamento; roubo 2** ⟨unz.; fig.; geh.⟩ *plötzlicher Beginn;* bei, mit ~ der Nacht □ **cair 3** ⟨fig.⟩ *plötzliche Veränderung;* ein ~ in seine gewohnte Lebensweise □ **mudança brusca** 3.1 *plötzliche Veränderung zum Schlechten;* einen ~ erleiden □ **piora 4** ⟨Geol.⟩ *durch Bruch der Erdrinde entstandene Vertiefung* □ **depressão; falha 5** ⟨Bgb.⟩ *herausgesprengte Vertiefung, die bei der Anlage eines Grubenbaus weitere Sprengungen erleichtert* □ **arqueamento; brecha de impacto**

ein‖buch|ten ⟨V. 500; umg.⟩ jmdn. ~ *einsperren* □ *pôr em cana; pôr no xadrez*

ein‖bür|gern ⟨V. 500⟩ **1** jmdn. ~ *jmdm. die Staatsangehörigkeit verleihen;* Sy *nationalisieren(1), naturalisieren;* Ggs *ausbürgern* □ **naturalizar** **2** ⟨Vr 3⟩ *etwas bürgert sich ein* ⟨fig.⟩ *wird üblich;* es hat sich so eingebürgert; dieser Brauch hat sich vor Jahrhunderten hier eingebürgert; in unserer Sprache haben sich viele Fremdwörter eingebürgert □ **aclimatar-se; ser adotado**

Ein|bu|ße ⟨f.; -, -n⟩ *Verlust, Schaden;* eine beträchtliche, schwere ~; (keine) ~ erleiden; ~ an Ansehen, Einfluss, Vermögen □ **dano; prejuízo**

ein‖bü|ßen ⟨V.⟩ **1** ⟨500⟩ *etwas ~ verlieren;* sein Gehen, seinen guten Ruf ~; bei einem Unfall ein Bein, sein Leben ~; sein Vermögen beim Glücksspiel ~ 1.1 ⟨800⟩ *an etwas ~* ⟨geh.⟩ *ein Teil von etwas verlieren;* dadurch hat er sehr an Ansehen eingebüßt; die Ware hat an Güte, Haltbarkeit, Wert eingebüßt □ **perder**

ein‖däm|men ⟨V. 500⟩ **1** *das Hochwasser, den Fluss ~ aufhalten, mit einem Damm stauen* □ **represar** **2** *eine Sache ~* ⟨fig.⟩ *einschränken, beschränken, einer S. Einhalt tun;* jmds. Redeschwall, Übermut ~; es wurde alles getan, um die Seuche einzudämmen □ **conter; frear**

ein‖de|cken ⟨V. 500⟩ **1** *etwas ~ mit etwas bedecken;* die Rosen für den Winter (mit Stroh) ~; ein Dach (mit Schiefer) ~ ⟨Bauw.⟩ **2** *Haustiere ~ mit Decken vor Kälte schützen;* viele Reitpferde werden im Winter eingedeckt **3** ⟨550/Vr 7 od. Vr 8⟩ *jmdn. od. etwas mit etwas ~* ⟨a. fig.; umg.⟩ *überhäufen, überschütten;* er hat ihn mit Fragen, Aufgaben eingedeckt; ich bin mit Arbeit reichlich eingedeckt □ **cobrir** **4** ⟨Vr 3⟩ *sich ~ sich für den Notfall mit Vorräten versorgen;* wir haben uns für den Winter ausreichend mit Holzpellets eingedeckt; ich bin gut eingedeckt □ **aprovisionar-se; abastecer-se*

ein|deu|tig ⟨Adj.⟩ **1** *nur eine Bedeutung habend, nur eine Deutung zulassend, unmissverständlich, sehr klar;* einen ~en Beweis liefern; eine ~e Sprache sprechen; einen ~en Befehl geben □ **inequívoco** 1.1 ⟨fig.⟩ *grob, unmissverständlich, derb;* seine Absage war ~; er bekam eine ~e Abfuhr □ **manifesto; explícito**

ein‖drin|gen ⟨V. 122/410(s.)⟩ **1** *in etwas ~ gegen Widerstand hineingelangen;* der Splitter ist tief in die Haut eingedrungen; wenn das Hochwasser steigt, wird es noch in unseren Keller ~; in die Wunde sind Bakterien, ist Schmutz eingedrungen □ **penetrar; infiltrar** 1.1 *mit Gewalt hineingelangen, sich gewaltsam Zutritt verschaffen;* in eine Gemeinschaft ungebeten ~; der Dieb drang durch ein Fenster in das Haus, die Wohnung ein; bewaffnete Streitkräfte drangen in das benachbarte Land ein □ **invadir; forçar a entrada** 1.2 ⟨800⟩ *sich vertraut machen mit, kennenlernen, erforschen;* es ist schwer, in seine Gedankenwelt einzudringen; er versucht, in das Geheimnis einzudringen; in den Geist einer Sprache ~; forschend in medizinisches Neuland ~; ich bin noch nicht tief in dieses Problem eingedrungen; in die Zusammenhänge ~ □ **aprofundar-se; penetrar** **2** ⟨800⟩ *auf jmdn. ~ jmdn. bedrängen;* mit Worten auf jmdn. ~ □ **pressionar alguém*

ein|dring|lich ⟨Adj.⟩ *nachdrücklich, dringend, mahnend;* eine ~e Bitte, Warnung; ~ sprechen; seine Rede war sehr ~ □ **insistente; enfático**; jmdn. auf das eindringlichste/Eindringlichste warnen □ **advertir alguém com veemência*

Ein|dring|ling ⟨m.; -s, -e⟩ *jmd., der sich gewaltsam, rücksichtslos od. ungebeten Zutritt verschafft* □ **intruso; invasor**

Ein|druck[1] ⟨m.; -(e)s, -drü|cke⟩ **1** *durch Druck hervorgerufene Vertiefung;* der ~ des Fußes war im weichen Boden noch deutlich zu erkennen □ **pegada; marca** **2** *Einwirkung auf Fühlen u. Denken;* du solltest einmal neue Eindrücke sammeln; auf meiner letzten Reise habe ich unvergessliche Eindrücke gesammelt; er stand noch unter dem ~ des Unglücks, als ...; und dieser ~ bleibt haften, dauert an, hat sich noch verstärkt; ich hatte zunächst keinen guten ~ von ihm; deine Warnung hat ihren ~ nicht verfehlt; der erste ~ ist immer der beste ⟨Sprichw.⟩; einen guten, schlechten ~ machen; sein Verhalten hat einen ausgezeichneten, (un)günstigen, guten, schlechten ~ auf mich gemacht □ **impressão; efeito**; er will ~ schinden ⟨umg.⟩ □ **ele quer chamar a atenção/impressionar*

Ein|druck[2] ⟨m.; -(e)s, -e⟩ **1** ⟨unz.⟩ *das Bedrucken (von Stoffen)* □ **estampagem** **2** *zusätzlicher Druck;* ~ in ein Scheckformular □ **impressão**

ein‖dru|cken ⟨V. 500⟩ *etwas ~ in Stoff, Papier o. Ä. drucken;* Muster ~ □ **estampar; imprimir**

ein‖drü|cken ⟨V.⟩ **1** ⟨500⟩ *etwas ~ nach innen drücken u. es dadurch verbiegen, beschädigen od. zerstören, zerbrechen;* die Fensterscheiben wurden von den Dieben eingedrückt □ **forçar; quebrar**; einen Kotflügel ~ □ **amassar; afundar**; die gegnerische Front ~ □ **romper**; eingedrückter Brustkorb, eingedrückte Nase □ **comprimido; achatado**; beim Unfall wurden ihm die Rippen eingedrückt □ **esmagar** **2** ⟨511⟩ *etwas in einen Gegenstand ~ hineindrücken, so dass ein Abdruck entsteht;* Ornamente in Tongefäße ~ □ **moldar; imprimir** 2.1 ⟨Vr 3⟩ 2.1.1 *etwas drückt sich in einen Gegenstand ein hinterlässt einen Abdruck, Eindruck;* die Spuren hatten sich in den Boden eingedrückt □ **deixar marca; imprimir-se** 2.1.2 *etwas drückt sich ins Gedächtnis ein wird nicht vergessen;* dieses Erlebnis, ihr Anblick hatte sich tief in ihre Erinnerung eingedrückt □ **imprimir-se**

ein|ein|halb ⟨Numerale; in Ziffern: 1 1/2⟩ *ein(e, -er, -es) u. noch ein(e) halb(e, -er, -es);* oV *einundeinhalb;* es hat ~ Stunden gedauert; ~ Pfund Mehl □ **um e meio**

ein‖en|gen ⟨V. 500⟩ **1** *etwas ~ eng, enger machen;* der Raum ist durch die Schränke sehr eingeengt □ **estreitar** **2** *ein Kleidungsstück engt jmdn. ein beschränkt jmdn. in seiner Bewegungsfreiheit;* dieses Kleid engt mich ein; die Bluse engt sie ein □ **apertar** **3** *etwas ~* ⟨fig.⟩ *begrenzen, einschränken;* einen Begriff noch mehr ~; jmds. Freiheit ~ □ limitar; restringir; etwas engt jmdm. das Herz, den Atem ein □ apertar

Ei|ner ⟨m.; -s, -⟩ 1 ⟨Math.⟩ *Zahl zwischen 1 und 9* 1.1 *letzte Zahl einer mehrstelligen Zahl, Einerstelle* □ unidade 2 *Sportboot für eine Person* □ caiaque individual

ei|ner|lei ⟨Adj. 11; umg.⟩ 1 ⟨40⟩ *gleich, gleichgültig; das ist (mir)* ~ □ igual; indiferente; ~, *was er tut, es glückt ihm auf jeden Fall* □ não importa 2 *gleichartig, abwechslungsarm, eintönig; es gab immer nur ~ Kost; ~ Stoff, Tuch; Kleider von ~ Farbe* □ igual; mesmo

ei|ner|seits ⟨Adv.⟩ *bei Berücksichtigung bestimmter Dinge, auf der einen Seite, zwar, aber; ~ ..., andererseits, andrerseits, anderseits; ~ bin ich deiner Meinung, anderseits hat er Recht* □ por um lado

ein|fach ⟨Adj.⟩ 1 ⟨90⟩ *nicht zusammengesetzt, aus nur einem (od. aus gleichartigen Teilen) bestehend; ein ~er Bruch; ~e Zahlen* 1.1 *~er Satz* ⟨Gramm.⟩ *nur aus Subjekt u. Prädikat bestehender Hauptsatz* □ simples 2 ⟨90⟩ *einmal vorhanden, gemacht* □ simples; único 2.1 *~e Fahrt* ⟨Eisenb.⟩ *nur eine F., ohne Rückfahrt* □ *viagem só de ida 2.2 *~e Buchführung B., bei der die Geschäftsvorgänge nur einmal aufgezeichnet werden* □ *escrituração por partidas simples 2.3 *~e Mehrheit M., die weniger als 50% der stimmberechtigten Stimmen umfasst* □ *maioria simples 3 *leicht (verständlich), mühelos; etwas in ~en Worten erklären; das ist nicht ganz ~ zu verstehen; die Sache ist gar nicht so ~!; das ist sehr ~ zu bewerkstelligen, zu erledigen, zu machen* □ simples; fácil 3.1 *es ist das Einfachste, wenn wir alle zusammen gehen* □ a coisa mais fácil/simples; o mais fácil/simples; *etwas auf das einfachste/Einfachste lösen* □ *resolver alguma coisa da maneira mais fácil/simples 4 *bescheiden, schlicht, anspruchslos; der ~e Mann von der Straße; er bevorzugt eine ~e Lebensweise* □ simples; modesto; *sich ~ kleiden; sie ist sehr ~ gekleidet; ~ essen, leben, wohnen* □ modestamente; de modo frugal 5 ⟨50; verstärkend⟩ *geradezu; es war ~ großartig, herrlich; die Lage ist ~ hoffnungslos* 5.1 *überhaupt; ich verstehe dich ~ nicht!* 5.2 *kurzum; die Sache ist ~ die, dass ...* 5.3 *ohne weiteres; er ist ~ davongelaufen; du kannst doch jetzt nicht ~ absagen!* □ simplesmente

ein||fä|deln ⟨V. 500⟩ 1 *einen Faden ~ durch ein Nadelöhr ziehen; den Faden in die Nadel ~* □ enfiar 2 *etwas ~* ⟨fig.; umg.⟩ *etwas geschickt anbahnen, vorbereiten; eine Intrige ~; einen Plan geschickt, schlau ~* □ tramar; maquinar 3 ⟨Vr 3⟩ *sich ~ sich (auf einer stark befahrenen Straße) in eine Kolonne von Autos einreihen* □ *entrar na fila

ein||fah|ren ⟨V. 130⟩ 1 ⟨400(s.) od. 410⟩ *fahrend (in etwas) hineingelangen; Ggs ausfahren(1.3); das Schiff fuhr in den Hafen ein; der ICE aus Hamburg wird in wenigen Minuten auf dem Bahnsteig 5 ~; der Zug ist (in den Bahnhof) eingefahren* □ entrar 1.1 ⟨Bgb.⟩ *zur Arbeit in (den Schacht) fahren; Ggs ausfahren(1.2); die Bergleute sind um 8 Uhr in die Grube eingefahren* □ descer à mina 1.2 *ein Zug fährt ein fährt in den Bahnhof; Ggs ausfahren(1.3)* □ *entrar na estação* 1.3 ⟨Jägerspr.⟩ *in den Bau kriechen; der Fuchs, Dachs fährt ein* □ entocar-se 2 ⟨500⟩ *etwas ~ hineinfahren (in etwas); den Wagen vorsichtig ~ (in die Garage)* □ entrar (dirigindo) 2.1 *durch Hineinfahren beschädigen, zertrümmern; ein Schaufenster ~; unser Zaun wurde in der vergangenen Nacht von einem Wagen eingefahren* □ destruir; danificar 2.2 *mit einem Fahrzeug einbringen; die Ernte ~; wir wollen morgen das Getreide ~* □ enceleirar (com o auxílio de um veículo) 2.3 *durch Fahren allmählich leistungsfähig machen; der Wagen ist noch nicht eingefahren* □ amaciar; rodar 2.4 ⟨Vr 3⟩ *sich ~ sich im Fahren üben; er muss mich erst noch ~* □ *treinar a direção 2.4.1 *eine Sache fährt sich ein* ⟨fig.; umg.⟩ *wird zur Gewohnheit, spielt sich ein; die Sache hat sich gut eingefahren* □ entrar nos eixos

Ein|fahrt ⟨f.; -, -en⟩ 1 *das Hineinfahren; die Bergleute machen sich zur ~ bereit* □ descida; *Vorsicht bei ~ des Zuges!* □ embarque 1.1 ⟨Eisenb.⟩ *Erlaubnis zum Einfahren in einen Bahnhof; der Zug hat noch keine ~* □ permissão para entrar na estação 2 *Öffnung zum Hineinfahren; Hafen~, Hof~; bitte die ~ freihalten; vor der ~ darf nicht geparkt werden* □ entrada; acesso 3 ⟨Jägerspr.⟩ *die zum Bau eines Wildes führende Röhre* □ túnel (da toca, do covil)

Ein|fall ⟨m.; -(e)s, -fäl|le⟩ 1 *plötzlicher Gedanke, ungewöhnliche Idee; es war nur so ein ~ von mir; ein genialer, glänzender, glücklicher, launiger, seltsamer, witziger, wunderlicher ~; er kam auf den ~, sie anzurufen* □ ideia 1.1 *Einfälle wie ein altes Haus* ⟨umg.⟩ *sonderbare E.* □ *ideias esquisitas 2 *Eindringen (aus einer bestimmten Richtung); der ~ des Lichtes durch die Fenster* □ incidência; entrada 3 *gewaltsames Eindringen; ~ feindlicher Truppen* □ invasão; irrupção 4 ⟨Mus.⟩ *Einsetzen beim Mitspiel; ~ der Bläser* □ entrada 5 *Einsturz* □ desabamento; desmoronamento

ein||fal|len ⟨V. 131(s.)⟩ 1 ⟨600⟩ *etwas fällt jmdm. ein kommt jmdm. (plötzlich) in den Sinn; da fällt mir gerade Folgendes ein; plötzlich fiel ihm ein, dass ...; mir fällt nichts Besseres ein; mir fällt zu diesem Thema nichts mehr ein; sein Name will mir nicht ~; da hättest du dir aber etwas Besseres ~ lassen können!* □ ocorrer; vir à mente; pensar 1.1 *das fällt mir gar nicht, nicht im Traum(e) ein!* ⟨umg.⟩ *ich habe keineswegs die Absicht, das zu tun!* □ *nem em sonho eu pensaria em uma coisa dessas! 1.2 *lassen Sie sich ja nicht ~, ... versuchen Sie nicht, ...* □ *não vá pensando que... 1.3 *was fällt ihm ein? was erlaubt er sich?* □ *o que ele está pensando (que é)? 1.4 *jmdm. ~ ins Gedächtnis kommen; es wird mir schon wieder ~* □ ocorrer; aparecer à memória 2 ⟨400⟩ *Licht fällt ein strömt, dringt herein* □ incidir; *die ~den Lichtstrahlen werden in der Linse gebrochen* □ incidente 3 ⟨405⟩ *Federwild fällt (auf etwas) ein* ⟨Jägerspr.⟩ *lässt sich nieder; die Enten fallen auf dem Teich ein* □ pousar 4 ⟨411⟩ *in etwas ~ gewaltsam eindringen; plündernd und mordend ins Land ~* □ invadir; irromper 5 ⟨417⟩ *in etwas einstimmen; mit dem Chor*

~ □ junta-se 6 ⟨400⟩ *einstürzen, zusammenfallen;* die alte Mauer wird bald ~ □ desabar; desmoronar 7 ⟨400⟩ *mager werden, abmagern, einsinken;* seine Wangen sind ganz eingefallen □ macilento 7.1 eingefallene Augen *tiefliegende A.* □ encovado 8 ⟨400; Part. Präs.⟩ ~d ⟨Bgb.⟩ *sich in einer Richtung senkend;* ~des Gestein □ inclinado

Ein|falt ⟨f.; -; unz.⟩ 1 ⟨geh.⟩ *Einfachheit u. Reinheit des Gemüts, Naivität;* die ~ des Herzens, eines Kindes; reine, fromme, kindliche ~ □ simplicidade; inocência 2 *arglose, gutmütige Beschränktheit* □ ingenuidade 2.1 die liebe ~! einfältige Person □ *santa ingenuidade!*

ein|fäl|tig ⟨Adj.⟩ *töricht-naiv, dumm, gutgläubig;* wie kann man nur so ~ sein! □ simplório

Ein|falts|pin|sel ⟨m.; -s, -; umg.⟩ *törichter, beschränkter Mensch;* so ein ~! □ imbecil

ein|far|big ⟨Adj. 24⟩ *in nur einer Farbe gehalten, uni;* oV ⟨österr.⟩ *einfärbig;* ein ~es Kleid; ein ~er Stoff □ monocromático, de uma só cor; liso

ein|fär|big ⟨Adj. 24; österr.⟩ = *einfarbig*

ein|fas|sen ⟨V. 500⟩ 1 *etwas (mit etwas)* ~ *umrahmen, mit einem (festen) Rand umgeben;* einen Garten mit einer Hecke, einem Mauer ~; das Wasserbecken ist mit Steinen eingefasst ~ □ cercar; circundar 1.1 eine Naht, ein Kleid ~ *mit Borte versäubern, besetzen* □ debruar; orlar 1.2 Edelsteine ~ *E. mit einer Fassung (aus Gold u. a.) versehen* □ engastar 2 Heringe ~ *in Fässer legen, schichten* □ dispor em camadas

ein|fin|den ⟨V. 134/500/Vr 3⟩ *sich* ~ *eintreffen, kommen;* wir fanden uns zum verabredeten Zeitpunkt pünktlich ein □ *chegar; aparecer; apresentar-se

ein|flech|ten ⟨V. 135/500⟩ 1 ⟨505⟩ *etwas (in etwas)* ~ *durch Flechten dazwischenbringen;* ein buntes Band ins Haar ~ □ entrelaçar 2 eine **Sache** ~ ⟨fig.⟩ *erwähnen, einfügen, einwerfen (im Gespräch);* er hatte einige Zitate in seine Rede eingeflochten □ inserir; entremear

ein|flie|gen ⟨V. 136⟩ 1 ⟨500⟩ ein **Flugzeug** ~ *ein neues F. durch Fliegen ausprobieren od. kontrollieren u. es dadurch zur vollen Leistung bringen;* er hat die neue Maschine eingeflogen □ testar 2 ⟨500⟩ **jmdn.** od. **etwas** ~ ⟨bes. Mil.⟩ *in ein gefährdetes Gebiet od. in einen eingeschlossenen Ort mit dem Flugzeug transportieren;* das Rote Kreuz hat Lebensmittel in die überschwemmten Gebiete eingeflogen; neue Verbände, Reservisten in die Stadt ~ □ transportar (de avião) 3 ⟨400 od. 411(s.)⟩ *hineinfliegen;* feindliche Kampfflugzeuge sind in unser Gebiet eingeflogen □ invadir o espaço aéreo

ein|flie|ßen ⟨V. 138/400/(s.)⟩ 1 etwas fließt ein *etwas fließt in etwas hinein;* schädliche Abwässer fließen in den Kanal ein □ afluir; desaguar; kalte Polarluft floss von Norden ein ⟨Meteor.⟩ □ ingressar; chegar; avançar; einfließende Kaltluft ⟨Meteor.⟩ □ que chega/avança; größere Gelder sind in den Wohnungsbau eingeflossen ⟨fig.⟩ □ entrar 2 etwas ~ lassen ⟨fig.⟩ *etwas (unauffällig) bemerken, beiläufig ein-* *flechten;* er ließ ~, dass er verreisen muss; etwas gesprächsweise ~ lassen □ mencionar de passagem

ein|flö|ßen ⟨V. 530/Vr 5 od. Vr 6⟩ 1 **jmdm. etwas** ~ *jmdm. eine Flüssigkeit vorsichtig zu trinken geben;* einem Kranken Medizin, Tropfen, Arznei ~ □ *dar alguma coisa para alguém beber/tomar 2 **jmdm.** ein **Gefühl** ~ ⟨fig.⟩ *in jmdm. ein G. hervorrufen;* er flößte mir Achtung, Bewunderung, Vertrauen ein; seine Worte haben ihm Furcht, Angst, Respekt eingeflößt □ incutir; instilar

Ein|fluss ⟨m.; -es, -flüs|se⟩ 1 *das Münden, Einfließen* □ afluxo; afluência 2 ⟨fig.⟩ *bestimmende Einwirkung auf das Verhalten von jmdm. od. etwas;* sein ~ wächst ständig; sein ~ schwindet immer mehr; du brauchst seinen ~ nicht zu fürchten, solltest ihn aber auch nicht unterschätzen; du musst deinen ~ auch geltend machen; er versteht es nicht, sich ~ zu verschaffen; keiner ist fremden Einflüssen völlig unzugänglich; ein Mann von großem ~; das ist von großem, gutem, nachteiligem, unheilvollem ~ für uns; er steht völlig unter ihrem ~; ~ auf etwas od. jmdn. ausüben, haben, nehmen; ~ gewinnen; der ~ des Wetters auf seine Stimmung; ich habe keinen ~ auf seine Entscheidungen; der ~ polarer Kaltluft auf unsere Wetterlage; ich habe leider keinen ~ darauf □ influência; autoridade

ein|fluss|reich ⟨Adj.⟩ *großen Einfluss ausübend;* ein ~er Gönner □ influente

ein|för|mig ⟨Adj.⟩ *wenig Abwechslung bietend, immer gleichbleibend, langweilig, eintönig;* eine ~e Arbeit; ein ~es Leben führen □ uniforme; monótono

ein|frie|den ⟨V. 500⟩ etwas ~ *einzäunen, schützend umgeben lassen;* man friedete den Park mit einer Hecke ein; eingefriedete Grundstücke □ cercar

ein|frie|ren ⟨V. 140⟩ 1 ⟨400(s.)⟩ 1.1 *von Eis umgeben u. festgehalten werden;* einige Schiffe sind auf dem Rhein eingefroren □ ficar bloqueado pelo gelo 1.2 *durch Frost unbenutzbar werden;* die eingefrorenen Wasserrohre sind geplatzt 1.3 *gefrieren u. dadurch haltbar werden;* ich koche auf Vorrat und lasse die Gerichte dann in der Tiefkühltruhe ~ 2 ⟨500⟩ etwas ~ *durch Frost haltbar machen;* Fleisch, Gemüse ~ 3 ⟨500⟩ eine **Sache** ~ ⟨fig.; umg.⟩ *auf dem gegenwärtigen Stand ruhenlassen, nicht weiterführen;* Verhandlungen ~ 3.1 eingefrorene **Kredite** K., *die am Fälligkeitstag nicht zurückgezahlt werden können* □ congelar

ein|fü|gen ⟨V. 500⟩ 1 etwas ~ *in etwas fügen, dazwischenschieben, -legen, -setzen usw., eingliedern, einschieben, einarbeiten, zusätzlich anbringen;* noch einige Sätze in das Manuskript ~; in beschädigtes Mauerwerk einige Steine ~; an dieser Stelle möchte ich noch einige lobende Worte ~ □ inserir; introduzir 2 ⟨511/Vr 5⟩ *sich in etwas* ~ *sich anpassen, eingliedern, -ordnen;* er hat sich schnell in die neue Umgebung eingefügt; er kann sich nur schwer in eine Gemeinschaft ~ □ *integrar-se/adaptar-se a alguma coisa

ein|füh|len ⟨V. 505/Vr 3⟩ *sich (in etwas)* od. *jmdn.* ~ ⟨fig.⟩ *sich in jmdn., in jmds. Lage, Stimmung usw. hi-*

neinversetzen, jmds. Seelenleben verstehen; ich kann mich nur schwer in diese Stimmung ~ □ *colocar-se no lugar/na situação de alguém (ou alguma coisa)

Ein|fuhr ⟨f.; -, -en⟩ das Hereinbringen ausländischer Waren ins Inland; Sy Import; Ggs Ausfuhr; die ~ von Holz, Öl; die Zunahme, Abnahme der ~ □ importação

ein|füh|ren ⟨V. 500 od. 511⟩ **1** etwas ~ vorsichtig hineinschieben, hineingleiten lassen; den Schlauch in den Magen ~; der Kranke bekam abends ein Zäpfchen eingeführt □ introduzir; inserir **2** Waren ~ aus dem Ausland hereinbringen; Sy importieren(1); im nächsten Jahr sollen noch mehr Waren aus Japan eingeführt werden □ importar **3** etwas ~ auf den Markt, in Gebrauch bringen, verbreiten; einen neuen Artikel ~; eine Mode ~; einen Brauch ~; im nächsten Schuljahr werden wir neue Lehrmethoden an unserer Schule ~; dieses System lässt sich bei uns nicht ~ □ divulgar; lançar; implantar **3.1** das wollen wir gar nicht erst ~! mit so was wollen wir gar nicht erst anfangen ~ *não queremos nem começar uma coisa dessas!* **3.2** gut eingeführt gut bekannt u. anerkannt; die Firma ist gut eingeführt; Vertreter für gut eingeführten Artikel gesucht □ *reconhecido; com boa reputação **4** jmdn. ~ anleiten, unterweisen; die neuen Mitarbeiter müssen erst eingeführt werden □ instruir; iniciar **5** ⟨Vr 7 od. Vr 8⟩ jmdn. in ein Aufgabengebiet ~ mit einem A. vertraut machen; ich werde ihn in ihre Arbeit ~; der neue Rektor wurde gestern in sein Amt eingeführt □ encaminhar **6** ⟨Vr 7 od. Vr 8⟩ jmdn. bei jmdm., in einem Kreis ~ in offizieller Form bekanntmachen, vorstellen; ich werde dich bei ihm ~; bei jmdm. eingeführt sein; jmdn. in eine Familie, Gesellschaft, in ein Haus ~ □ apresentar; introduzir **6.1** du hast dich ja gut eingeführt! ⟨iron.⟩ gleich beim ersten Besuch schlecht benommen □ *que bela impressão você causou! **7** jmdn. od. etwas in etwas ~ zum ersten Mal auftreten, in Erscheinung treten lassen; eine neue Person im Roman ~ □ introduzir

Ein|ga|be ⟨f.; -, -n⟩ **1** ⟨unz.⟩ das Eingeben (von Medizin usw.) □ aplicação; administração **2** Bittschrift, Gesuch; eine ~ einreichen, machen, jmds. ~ ablehnen, bearbeiten, prüfen, weiterleiten; eine ~ an eine Behörde, ein Ministerium, eine einflussreiche Persönlichkeit □ requerimento; petição **3** ⟨EDV⟩ das Eingeben von Daten in einen Computer □ input; entrada

Ein|gang ⟨m.; -(e)s, -gän|ge⟩ **1** Öffnung zum Eintreten; Ggs Ausgang(1); Haupt~, Neben~; am, vorm ~ auf jmdn. warten; der Park hat vier Eingänge; das Haus durch einen seitlichen, zweiten ~ verlassen □ entrada **2** ⟨unz.⟩ Zutritt; verbotener ~; ~ verboten!; in eine Gesellschaft, einen Kreis, ein Wissenschaftsgebiet ~ finden; er versuchte vergeblich, sich in die Gesellschaft ~ zu verschaffen □ acesso **2.1** jmdm. ~ verschaffen bei jmdm. einführen bei □ *introduzir alguém em **2.2** einer Sache ~ verschaffen eine Sache einführen □ *introduzir alguma coisa **3** Anfang, Einleitung (einer Rede) □ introdução **3** ⟨unz.⟩ Ein-

treffen, Erhalt (von Post- u. Geldsendungen); wir bestätigen gern den ~ Ihres Schreibens vom ...; ~ vorbehalten ⟨Kaufmannsspr.; Abk.: E. v.⟩; vorbehaltlich des ~s □ recebimento **4** die Gesamtheit der an einem Tag angekommenen Post-, Geldsendungen usw.; den ~, die Eingänge bearbeiten, buchen, registrieren □ correspondência de entrada

ein|gangs 1 ⟨Adv.; förml.⟩ am Anfang; wie ~ erwähnt; der ~ erwähnte ... □ inicialmente **2** ⟨Präp. mit Gen.⟩ am Anfang; ~ des Schreibens; ~ des zweiten Kapitels □ no início (de)

ein|ge|ben ⟨V. 143/530⟩ **1** jmdm. etwas ~ einflößen; jmdm. eine Arznei ~ □ administrar; dar **2** jmdm. Gedanken, Gefühle ~ in jmdm. Gedanken, Gefühle aufkommen lassen; jmdm. einen Gedanken ~ □ inspirar; sugerir **3** ⟨530 od. 511; EDV⟩ Daten in einen Computer, in einen Rechner ~ von einem C., R. aufnehmen lassen □ inserir **4** ⟨500⟩ ein Gesuch ~ ⟨veraltet⟩ (bei einer Behörde) einreichen □ apresentar

ein|ge|bil|det 1 ⟨Part. Perf. von⟩ einbilden ~ imaginário **2** ⟨Adj.⟩ vom eigenen Wert, von der eigenen Tüchtigkeit allzu sehr überzeugt, dünkelhaft, auf andere herabschauend, überheblich; ein ~er Mensch; sie ist maßlos ~ □ convencido; presunçoso; cheio de si

ein|ge|bo|ren¹ ⟨Adj. 24⟩ **1** ⟨60⟩ in einem Lande geboren u. dort lebend, einheimisch, inländisch; die ~e Bevölkerung □ nativo; indígena **2** ⟨geh.⟩ angeboren, ererbt; seine ~e Intelligenz; ~e Rechte verletzen 2.1 ⟨43⟩ jmdm. ist etwas ~ jmd. hat etwas von Geburt an; dieses Streben ist dem Menschen ~ □ inato

ein|ge|bo|ren² ⟨Adj. 60; christl. Rel.⟩ der ~e Sohn Gottes, unseres Herren der einzige S., Christus □ unigênito

Ein|ge|bo|re|ne(r) ⟨f. 2 (m. 1)⟩ jmd., der in einem bestimmten Lande geboren ist u. dort lebt (bes. von Naturvölkern), Ureinwohner; die ~n Neuguineas □ nativo; indígena

Ein|ge|bung ⟨f.; -, -en⟩ plötzlich auftauchender (wichtiger, entscheidender) Gedanke, Einfall, Intuition; eine ~ haben; dichterische ~en; sie folgte einer plötzlichen ~ □ inspiração; intuição

ein|ge|denk ⟨Präp. m. Gen.⟩ einer Sache ~ sein sich einer Sache bewusst sein, (stets) daran denken, sich vor Augen halten, nicht vergessen; jmds. od. einer Sache ~ bleiben; ~ dessen, dass ...; ~ seines Versprechens, seiner Warnung, ging er nicht aus dem Haus □ *não perder de vista; não esquecer

ein|ge|fleischt ⟨Adj.; fig.⟩ **1** ⟨60; oft abwertend⟩ überzeugt, unverbesserlich; ein ~er Junggeselle; er ist ein ~er Optimist □ inveterado; incorrigível **2** ⟨70; selten⟩ zur zweiten Natur geworden, nicht mehr zu ändern; ~e Gewohnheiten; seine tief ~e Sparsamkeit □ inveterado; arraigado

ein|ge|hen ⟨V. 145(s.)⟩ **1** ⟨800⟩ in etwas ~ hineingehen, in etwas Aufnahme finden; das wird in die Geschichte ~ □ entrar **1.1** in den ewigen Frieden, zur ewigen Ruhe ~ sterben □ alcançar **2** ⟨600⟩ etwas geht jmdm. ein ⟨umg.⟩ wird von jmdm. aufgenommen; das Lob geht mir ein wie Milch und Honig 2.1

das Kompliment geht ihm glatt ein *er hört es gern, erhebt keinen Widerspruch* □ ***gostar de receber (elogios); ficar todo feliz (ao receber elogios)** **3** ⟨400⟩ etwas geht ein *trifft ein, kommt an;* Briefe, Waren sind eingegangen; das Geld wird morgen ~; ist viel Post eingegangen?; die eingegangene Post durchsehen □ **chegar 4** ⟨400⟩ etwas geht ein *wird enger, kleiner;* der Stoff geht ein; das Kleid ist (beim Waschen) eingegangen □ **encolher 5** ⟨400⟩ *aufhören zu existieren, absterben;* die Firma, das Geschäft, die Zeitung ist eingegangen; ein Bergwerk, einen Betrieb ~ lassen □ **fechar;** der Hund ist an der Staupe eingegangen; während der großen Dürre sind alle Pflanzen eingegangen □ **morrer 6** ⟨400; umg.⟩ *Schaden, Verlust haben, den Kürzeren ziehen, bestraft werden;* bei diesem Geschäft, dabei ist er (schön) eingegangen □ **levar a pior; entrar bem 7** ⟨500⟩ eine **Sache** ~ einer **S.** *zustimmen, sich mit ihr einverstanden erklären, sich durch eine S. (vertraglich) binden* □ **concordar; consentir;** eine Ehe ~ □ **contrair;** ein Geschäft ~ □ **concluir; fechar;** Verpflichtungen ~; eine Versicherung, einen Vertrag ~ □ **contrair; concluir;** eine Wette ~ □ ***fazer uma aposta; apostar 8** ⟨800⟩ **auf jmdn. od. etwas** ~ *sich mit jmdm. od. etwas auseinandersetzen, beschäftigen;* auf ein Kind (aufmerksam, nett, verständnisvoll) ~; auf einen Plan, einen Vorschlag ~; darauf werde ich nachher noch (ausführlicher, näher) ~; darauf kann ich jetzt nicht ~ □ **ocupar-se; cuidar**

ein|ge|hend 1 ⟨Part. Präs. von⟩ *eingehen* **2** ⟨Adj. 90⟩ *ins Einzelne gehend, ausführlich, genau, sorgfältig;* eine Angelegenheit ~ prüfen; ein Thema ~ behandeln, erörtern; sich ~ mit einer Sache beschäftigen □ **em detalhes; a fundo**

ein|ge|ses|sen 1 ⟨Part. Perf. von⟩ *einsitzen* **2** ⟨Adj. 24/70⟩ *(seit Generationen) ansässig, (schon lange) heimisch;* alt~; eine ~e Firma; die Familie ist dort ~ □ **sediado; domiciliado**

ein|ge|ste|hen ⟨V. 256/500/Vr 5 od. Vr 6⟩ etwas ~ *bekennen, gestehen, zugeben;* er hat den Diebstahl eingestanden; ich gestand mir offen ein, dass ... □ **confessar; reconhecer; admitir**

Ein|ge|wei|de ⟨nur Pl.⟩ *die in den großen Körperhöhlen (Brust, Bauch, Becken) liegenden inneren Organe;* menschliche, tierische ~ □ **entranhas; vísceras**

ein|ge|wur|zelt 1 ⟨Part. Perf. von⟩ *einwurzeln* **2** ⟨Adj. 70⟩ **2.1** *fest festsitzend, seit alters geübt;* ein tief ~er Brauch **2.2** *von jeher vorhanden;* ein ~es Übel **2.3** *sehr tiefsitzend;* ~er Hass □ **arraigado; enraizado**

ein|glie|dern ⟨V. 500/Vr 7⟩ jmdn. od. etwas ~ *als Glied in etwas einfügen, sinnvoll einordnen;* sich einer Gemeinschaft ~; er kann, will sich nicht ~; die Körperbehinderten wieder in den Arbeitsprozess ~ □ **integrar(-se); incorporar(-se)**

ein|gra|ben ⟨V. 157/500⟩ **1** etwas ~ *durch Graben so in die Erde bringen, dass es teilweise bedeckt ist;* einen Pfahl ~; eine Pflanze ~ □ **plantar; fincar 2** jmdn. od. etwas ~ *durch Graben so in die Erde bringen, dass er od. es vollständig bedeckt ist;* Schätze ~ □ **enterrar** 2.1 ⟨Vr 3⟩ sich ~ ⟨Mil.⟩ *sich zum Schutz einen Graben anlegen* □ ***entrincheirar-se 2.2** ⟨Vr 3⟩ sich ~ *sich einen Bau, ein Versteck in die Erde graben;* manche Tiere graben sich ein □ ***entocar-se 3** eine schmale **Vertiefung** ~ *mit einem spitzen Gegenstand anbringen;* eine Inschrift in Stein ~ □ **inscrever 4** ⟨530/Vr 1⟩ sich eine **Sache ins Gedächtnis** ~ ⟨fig.⟩ *tief einprägen;* sich etwas ins Gedächtnis ~ **4.1** ⟨405/Vr 3⟩ etwas gräbt sich jmdm. in etwas ein *in etwas hinterlässt Spuren in jmdm;* das Erlebnis hat sich mir tief ins Herz eingegraben □ ***gravar alguma coisa na memória**

ein|grei|fen ⟨V. 158/800⟩ **1** das **Zahnrad** greift ins **Getriebe** ein *das Z. greift, fasst ins G. u. treibt es an* □ **engrenar; endentar 2** ⟨fig.⟩ *etwas unternehmen, einschreiten (gegen etwas), sich energisch, entschlossen in etwas einmischen;* hier muss man (energisch) ~; er griff in das Gespräch ein; die Polizei hat bei der Schlägerei eingegriffen □ **intervir;** seinem Eingreifen war es zu verdanken, dass ... □ **intervenção** 2.1 in jmds. **Rechte** ~ *jmds. R. verletzen* □ ***violar os direitos de alguém 3** ⟨Part. Präs.⟩ ~d *entscheidend;* etwas ist von ~der Bedeutung, Wichtigkeit □ **decisivo**

Ein|griff ⟨m.; -(e)s, -e⟩ **1** ⟨Med.⟩ *Operation;* ein chirurgischer, operativer ~; einen ~ machen, vornehmen; er musste sich einem ~ unterziehen □ **intervenção (cirúrgica) 1.1** *verbotener ~ Abtreibung* □ ***aborto ilegal 2** *(unrechtmäßiges) Eingreifen, Übergriff (auf);* ~ in jmds. Rechte; ein gewaltsamer, empfindlicher, roher ~; einen ~ in die Privatsphäre abwehren □ **violação; transgressão**

ein|ha|ken ⟨V.⟩ **1** ⟨500⟩ jmdn. od. etwas ~ *mit einem Haken befestigen, verbinden* □ **enganchar 1.1** ⟨Vr 3 od. Vr 4⟩ sich ~ *seinen angewinkelten Arm in jmds. angewinkelten Arm schieben;* Sy *einhängen(2);* sich bei jmdm. ~ □ ***dar o braço a alguém;** mit jmdm. eingehakt gehen □ ***andar de braço dado com alguém 2** ⟨410; umg.⟩ *in das Gespräch eingreifen;* hier muss man einmal ~; ich fand keine Gelegenheit, bei der ich hätte ~ können □ **intervir**

Ein|halt ⟨m.; -(e)s; unz.⟩ **1** jmdm. ~ **gebieten** ⟨geh.⟩ *weiteres Tun verhindern, jmdn. zur Beendigung seines Tuns auffordern;* ein Sturm gebot uns ~ □ ***deter alguém 2** einer **Sache** ~ **gebieten, tun** ⟨geh.⟩ *eine S. beendigen, an weiterer Ausbreitung hindern, eindämmen, zurückhalten;* einer Seuche, einem Übel ~ gebieten □ ***pôr termo a alguma coisa**

ein|hal|ten ⟨V. 160⟩ **1** ⟨500⟩ etwas ~ *vereinbarungsgemäß erfüllen, einer Verpflichtung nachkommen;* er hielt den Termin, die Frist pünktlich ein; er hat die Lieferzeit, den Plan (nicht) eingehalten; eine Diät, einen Vertrag ~; der Zug hielt seine Fahrzeit (nicht) ein; die Zeit ~ □ **observar; cumprir 2** ⟨500⟩ etwas ~ *nicht von etwas abweichen;* das Flugzeug hat den Kurs eingehalten; den Abstand zwischen den Autos ~; die Richtung ~ □ **manter 3** ⟨500⟩ etwas ~ *etwas zusammenziehen od. in kleine Fältchen legen u. dadurch die Weite verringern;* eine Naht, einen Saum ~; die Taille muss noch eingehalten werden □ **encurtar; apertar 4** ⟨410 od. 800⟩ **mit, in** etwas ~ ⟨geh.⟩ *aufhören, innehalten, zögern;* halt ein!; er hielt im, mit dem

Lesen, Sprechen ein; in der, mit der Arbeit ~; er lauschte mit eingehaltenem Atem □ **parar, interromper; suspender**

ein|hän|dig ⟨Adj. 24⟩ *mit nur einer Hand;* ~ Fahrrad fahren □ **com uma mão só**

ein|hän|gen ⟨V.⟩ **1** ⟨500⟩ *etwas ~ an der dafür vorgesehenen Stelle durch Hängen befestigen;* das Fenster, die Tür ~ (in die Angeln) □ **enganchar; engonçar** **1.1** ⟨400⟩ *den Telefonhörer auflegen (u. damit das Gespräch beenden);* er hat schon eingehängt □ **desligar; pôr no gancho** **2** ⟨500/Vr 3 od. Vr 4⟩ *sich ~* ⟨umg.⟩ *= einhaken(1.1);* ich hänge mich bei ihm ein; sie hängten sich ein □ ***dar o braço (a alguém)**

ein|hei|misch ⟨Adj. 70⟩ **1** *in einem Land od. Ort od. in einer Provinz geboren u. dort lebend, beheimatet, fest ansässig, alteingesessen;* ~e Bevölkerung, Arbeiter **2** ~e Pflanze *bodenständige P.* □ **nativo** **3** *inländisch;* ~e Produkte, Industrie □ **nacional**

ein|heim|sen ⟨V. 500⟩ *etwas ~* **1** ⟨urspr.⟩ *heimbringen, ernten;* Früchte, die Ernte ~ □ **colher** **2** ⟨fig.; umg.⟩ *für sich erlangen;* Erfolg, Lob ~; Geld, Vorteile ~ □ **colher; obter**

ein|hei|ra|ten ⟨V. 411⟩ *in eine Familie, ein Familienunternehmen ~ durch Heirat Mitglied einer (reichen) Familie u. oft auch Mitbesitzer von deren Vermögen werden;* sie heiratet in eine vornehme Familie ein; er hat in das Geschäft, Unternehmen eingeheiratet □ ***entrar para uma família/empresa familiar mediante casamento**

Ein|heit ⟨f.; -, -en⟩ **1** ⟨unz.⟩ *Zusammenhang u. Zusammenwirken von Einzelteilen;* die ~ einer Nation; die innere ~ eines Kunstwerkes; die politische, staatliche, sprachliche, wirtschaftliche ~; die ~ der Zeit, des Ortes und der Handlung (als dramatisches Prinzip) **1.1** *etwas Zusammengehöriges, Untrennbares, ein Ganzes;* Gegensätze zu einer höheren ~ verbinden; ein ~ bilden **1.2** *die deutsche ~ Zusammengehörigkeit der ost- und westdeutschen Landesteile;* der Bundeskanzlerin bekräftigte ihr Bekenntnis zur deutschen ~ **2** ⟨Wissth.⟩ *Einzelwesen, einzelne Sache od. einzelne Klasse von Sachen od. Personen eines größeren Ganzen* **3** *Größe, die bei der Bestimmung eines Maßes zugrunde liegt;* Maß~, Gewichts~, Währungs~; der Euro ist die ~ unserer Währung; ~ der mathematische, physikalische ~ **4** *unterste militärische Gliederungsform, deren Führer Disziplinargewalt hat, z. B. Kompanie, Batterie, Staffel* □ **unidade**

ein|heit|lich ⟨Adj.⟩ **1** *eine Einheit bildend, zusammengehörend;* ein ~es Konzept entwickeln □ **unitário** **2** *in gleicher Weise (gestaltet), gleichmäßig;* die Mitarbeiter sind ~ gekleidet □ **(de modo) uniforme**

ein|hei|zen ⟨V.⟩ **1** ⟨400⟩ *heizen, Feuer machen;* sie hat eingeheizt, aber in dem Zimmer ist es noch kühl; in diesem Jahr musste man schon im September ~; bei dieser Kälte heizen wir tüchtig ein □ **ligar o aquecedor; aquecer** **1.1** ⟨500⟩ *etwas ~ etwas durch Heizen wärmen;* den Ofen, das Zimmer ~ □ **aquecer 2** ⟨600⟩ *jmdm.* ⟨tüchtig⟩ ~ ⟨fig.; umg.⟩ *jmdm. heftige Vorwürfe machen, jmdn. energisch mahnen;* ich habe ihm

gehörig eingeheizt □ ***dar uma (boa) bronca em alguém** **3** ⟨410; fig.; umg.⟩ *viel trinken;* er hat gestern zu stark eingeheizt □ ***tomar todas**

ein|hel|lig ⟨Adj.⟩ *übereinstimmend;* die ~e Meinung aller; alle drei Zeugen haben ~ behauptet, dass ... □ **unânime; em unanimidade**

ein|her... ⟨Vorsilbe; bei Verben trennbar; geh.⟩ *daher, heran, umher;* einherfahren, einherkommen, einherschreiten

ein|her|ge|hen ⟨V. 145(s.); geh.⟩ **1** ⟨410⟩ *in bestimmter Weise ~ daher-, heran-, umhergehen;* hochmütig, stolz ~; prächtig gekleidet ~ □ **andar por aí; passear** **2** ⟨417⟩ *mit etwas ~ zusammen mit etwas anderem auftreten, erscheinen, mit etwas anderem verbunden sein;* Masern gehen mit Fieber u. Ausschlag einher □ **vir acompanhado de**

ein|ho|len ⟨V.⟩ **1** ⟨500⟩ **1.1** *etwas ~ von seinem vorherigen Platz entfernen u. zu sich holen;* ein Boot, Tau ~ □ **recolher;** eine Flagge, ein Segel ~ □ **arriar 1.2** *jmdn. od. etwas ~* ⟨geh.⟩ *empfangen u. an einen Ort geleiten;* jmdn. feierlich ~ □ **receber 1.3** *jmdn. ~ nachlaufend erreichen, jmds. Leistungen nach anfänglichem Zurückbleiben gleichkommen* □ **alcançar 1.4 Versäumtes, Verlorenes ~** *wettmachen;* einen Verlust, Vorsprung ~ □ **compensar; recuperar 1.5 Informationen, Anweisungen ~** *sich geben lassen;* Auskunft ~; die Erlaubnis oder Genehmigung ~ (für, zu ...); jmds. Rat, Urteil ~ □ **pedir 2** ⟨400; umg.⟩ *(den täglichen Bedarf bes. an Lebensmitteln) einkaufen;* ~ gehen □ ***ir às compras**

ein|hül|len ⟨V. 500/Vr 7 od. Vr 8⟩ *jmdn. od. etwas ~ in etwas hüllen, lose einwickeln;* jmdn. warm ~; einen Kranken in Decken ~; sich in einen Mantel ~; in Papier ~; die Berge hatten sich in Wolken eingehüllt ⟨fig.⟩ □ **cobrir; envolver; embrulhar**

ei|nig ⟨Adj.⟩ **1** *geeint, fest zusammengehörend;* eine ~e Nation, ein ~es Volk; wir müssen ~ sein □ **unido 2** *eines Sinnes, einer Meinung seiend, übereinstimmend;* sich mit jmdm. ~ wissen; (sich) mit jmdm. ~ werden, sein; wir sind (uns) darin, darüber völlig, nicht ganz ~; darin (in dieser Hinsicht), darüber sind wir uns ~; wir sind uns noch nicht über die Form ~; über den Preis werden wir schon ~ werden; in dieser Frage bin ich (mir) mit ihm völlig ~ □ ***estar de acordo; concordar** **2.1** *sich mit sich selbst (noch nicht) ~ sein (noch nicht) klar über etwas sein;* ich bin mir mit mir noch nicht ganz ~, ob ich an dem Ausflug teilnehmen soll □ ***(ainda) estar indeciso** **2.2** *er ist heute mit sich selbst nicht ~ ist schlecht gelaunt, niedergeschlagen* □ ***hoje ele não está bem disposto/está deprimido** **2.3** *die beiden sind sich ~* ⟨umg.⟩ *wollen heiraten* □ ***ambos querem se casar** **3** ⟨60⟩ *der ~e Gott der einzige G.* □ ***o Deus uno**

ei|ni|ge(r, -s) ⟨Indefinitpron.⟩ **1** ⟨Sg.; Deklination eines nachfolgenden Adjektivs schwankt⟩ **1.1** *ein wenig, etwas;* nach ~r Zeit; mit ~m guten Willen wird es schon gehen; ~s Geld hatte ich noch; ~s davon kenne ich schon □ **algum; alguma** 1.1.1 *nicht allzu groß;* in ~r Entfernung □ **certo; certa** 1.2 *ziemlich viel;* ich habe dazu noch ~s zu sagen; das hat doch ~n Eindruck gemacht; ich habe darin ~ Erfahrung; es gehört schon ~ Frechheit, ~r Mut dazu; in dem Buch ist ~s Gute zu finden; dazu muss man schon ~s politische Rüstzeug mitbringen □ **muito; bastante** 2 ⟨Pl.; nachfolgendes Adjektiv wird stark dekliniert⟩ 2.1 *manche, mehrere, ein paar, wenige (aber mehr als zwei);* ~ haben dem Vorschlag zugestimmt; ~n ist der Ausflug nicht gut bekommen; ~ der schönsten Bilder; ~ schöne Bücher; ~ meiner Freunde; die Ruinen ~r verbrannter Häuser; ~ Mal/~ Male bin ich dort gewesen; ~ Menschen, Tiere, Städte; ~ Schritte entfernt; an ~n Stellen; in ~n Tagen; mit ~n anderen; mit ~n treuen Freunden; mit Ausnahme ~r weniger; mit Ausnahme ~r weniger Kollegen; nach ~n Stunden; vor ~n Wochen □ **alguns; algumas** 2.2 ⟨vor Grundzahlen⟩ *etwas über, etwas mehr als;* er ist ~ zwanzig (Jahre alt) □ **um pouco mais de** 2.3 ⟨vor Grundzahlen⟩ *mehrere;* ~ hundert/Hundert Menschen; ~ hundert(e)/Hundert(e) Packungen Zigaretten □ **alguns; algumas**

ei|ni|gen ⟨V. 500⟩ 1 *jmdn. od. etwas ~ eine (bes. politische) Einheit bilden aus, mehrere Personen miteinander einig machen;* er hat sein Volk geeinigt; der Richter einigte die zerstrittenen Parteien □ **unir; unificar; conciliar** 2 ⟨500/Vr 3⟩ *sich (mit jmdm.) ~ sich einig werden, zu einem gemeinsamen Beschluss kommen;* ich einigte mich mit ihm (auf einen Preis von 100 Euro); wir haben uns auf die folgende Form geeinigt; sich auf einen Kompromiss ~ □ ***entrar num acordo (com alguém);*** sich dahin ~, dass ... □ ***acordar (com alguém) em que...;* decidir (com alguém) que...**

ei|ni|ger|ma|ßen ⟨Adv.; umg.⟩ 1 *erträglich, leidlich, in mäßigem Grade;* er verdient ~; ~ gute Qualität; es geht mir ~; ~ niedrige Preise □ **razoavelmente** 2 *ungefähr, ziemlich (gut);* hier kenne ich mich ~ aus; das ist ~ erstaunlich; es ist ~ kalt draußen; auf diesem Gebiet weiß ich ~ Bescheid □ **bastante; relativamente**

ein|imp|fen ⟨V. 500⟩ 1 *Impfstoff ~ einspritzen, einflößen* □ **vacinar; inocular** 2 ⟨530⟩ *jmdm. eine Sache ~* ⟨fig.⟩ *tief einprägen, mit großem Nachdruck sagen;* ich habe den Kindern (immer wieder) eingeimpft, nicht mit Fremden mitzugehen □ **inculcar; pôr na cabeça**

ein|ja|gen ⟨V. 500⟩ 1 *Hunde ~* ⟨Jägerspr.⟩ *an die Jagd gewöhnen, in der Jagd sicher machen;* der Hund ist sehr gut eingejagt □ **acostumar à caça** 2 ⟨600; Funktionsverb; umg.⟩ 2.1 *jmdm. einen Schrecken ~ jmdn. erschrecken* □ ***dar um susto em alguém*** 2.2 *jmdm. Angst ~ jmdn. ängstigen;* lass dir doch keine Angst ~! □ ***incutir medo em alguém***

ein|kap|seln ⟨V. 500⟩ 1 *etwas ~ in eine Kapsel einschließen* □ **encapsular** 1.1 ⟨Vr 3⟩ *Tuberkeln kapseln sich ein* ⟨Med.⟩ *umgeben sich mit Kalk u. werden dadurch unwirksam* □ **enquistar-se** 2 ⟨Vr 3⟩ *sich ~* ⟨fig.⟩ *sich absondern, sich von der Umwelt abschließen;* du kapselst dich zu sehr ein □ ***isolar-se***

Ein|kauf ⟨m.; -(e)s, -käu|fe⟩ 1 *das Einkaufen;* ~ von Waren; Einkäufe machen, erledigen □ **compra** 1.1 ⟨kurz für⟩ *Einkaufsabteilung;* im ~ tätig sein □ **setor/seção de compras** 2 *das Gekaufte;* die Einkäufe auspacken □ **compra** 3 *Erwerb der Mitglied- od. Teilhaberschaft durch Zahlen einer Geldsumme* □ **aquisição**

ein|kau|fen ⟨V. 500⟩ 1 *etwas ~ (im Großen) kaufen;* Waren, Lebensmittel ~ □ **comprar** 1.1 *für den täglichen Bedarf kaufen;* ~ gehen □ ***ir às compras*** 1.2 ⟨403⟩ *etwas ohne Geld ~* ⟨umg.; scherzh.⟩ *in einem Laden stehlen* □ ***surrupiar*** 2 ⟨511/Vr 7⟩ *jmdn. sich in etwas ~ durch Zahlung eine Berechtigung erwerben;* sich in ein Altersheim ~ □ ***garantir alguma coisa para si/alguém pagando antecipadamente***

Ein|kehr ⟨f.; -; unz.⟩ 1 *das Einkehren, kurze Rast im Gasthaus;* in einem Gasthaus ~ halten □ ***parar em uma pousada;*** er fuhr ohne ~ weiter; Gasthaus zur ~ ⟨als Name⟩ □ **descanso** 2 ⟨fig.; geh.⟩ *Selbstbesinnung, innere Sammlung;* ~ halten; besinnliche ~ □ **reflexão; exame de consciência**

ein|keh|ren ⟨V. 410(s.)⟩ 1 *kurze Rast (im Gasthaus) halten;* wir sind heute schon dreimal eingekehrt □ **parar (em uma pousada); pousar;** im, in einen ⟨auch: in ein⟩ Gasthaus ~; bei Freunden ~ □ **hospedar-se; pousar** 2 ⟨511⟩ *etwas kehrt bei jmdm. ein* ⟨geh.⟩ *stellt sich bei jmdm. ein;* der Hunger, die Sorge war bei ihnen eingekehrt □ **fazer-se sentir**

ein|kei|len ⟨V. 500/Vr 8; meist in der Wendung⟩ *eingekeilt sein festgehalten, festgeklemmt sein, an der Fortbewegung gehindert sein, nicht vorwärts- u. nicht zurückkönnen;* er hat mich mit seinem Wagen eingekeilt; im Gedränge, zwischen Fahrzeugen eingekeilt sein □ **encurralar; estar/ficar encurralado**

ein|kes|seln ⟨V. 500⟩ *etwas od. jmdn. ~ wie in einem Kessel einschließen, einkreisen, umzingeln;* den Feind, die Truppe, das Wild ~ □ **cercar; sitiar**

ein|kla|gen ⟨V. 500⟩ *etwas ~ durch Klage eintreiben;* er klagte sein Erbteil ein; eine Schuld von 1 000 € ~ □ **reclamar; reivindicar; cobrar (por meio de ação judicial)**

ein|klam|mern ⟨V. 500⟩ *etwas ~ in Klammern setzen, in Klammern einschließen;* ein Wort ~ □ **pôr entre parênteses**

Ein|klang ⟨m.; -(e)s, -klän|ge⟩ 1 ⟨Musik, Gesang⟩ *Zusammenklang zweier od. mehrerer Stimmen auf dem gleichen Ton od. im Abstand einer od. mehrerer Oktaven* □ **uníssono** 2 *Übereinstimmung;* der ~ der Herzen; ~ von Meinungen □ **concordância** 2.1 *eine Sache mit einer anderen in ~ bringen abstimmen;* zwei Dinge miteinander in ~ bringen; seine Wünsche mit den gegebenen Möglichkeiten in ~ bringen □ ***conciliar/harmonizar uma coisa com outra*** 2.2 *im, in ~ mit etwas od. jmdm. stehen, sein mit etwas od. jmdm. übereinstimmen;* seine Rechte stehen nicht mit seinen Pflichten in ~; er steht mit seinem Freund im schönsten, besten ~ □ ***ser compatível/estar de acordo com alguma coisa ou alguém***

ein|klei|den ⟨V. 500⟩ **1** ⟨Vr 7⟩ jmdn. ~ *mit Kleidung versehen;* jmdn. neu, völlig ~; die ganze Familie hat sich neu eingekleidet □ **vestir(-se)** 1.1 *mit Uniform od. einheitlicher Tracht versehen;* Internatsschüler ~ □ **uniformizar 2** ⟨510⟩ eine **Sache in etwas** ~ ⟨fig.⟩ *indirekt in einer besonderen Form ausdrücken, sprachlich formulieren;* einen Gedanken in Worte ~; sie kleidete ihren Wunsch in eine Frage ein □ **exprimir; formular** 2.1 eingekleidete **Rechenaufgaben** *R., die in der Form eines Textes gegeben sind* □ **por extenso; redigido**

Ein|kom|men ⟨n.; -s, -⟩ *Einnahmen innerhalb eines bestimmten Zeitraumes, Gehalt;* ein sicheres ~ haben; sein ~ versteuern; festes, geringes, gutes, hohes, mäßiges, regelmäßiges, sicheres ~; ~ aus Grundbesitz; über ein sicheres ~ verfügen □ **renda**

ein|krat|zen ⟨V. 511 od. 550⟩ **1** *etwas in etwas* ~ *hineinkratzen, einritzen;* eine Inschrift in Stein, ein Zeichen in Metall ~; er kratzte sein Monogramm in den Baum ein □ **inscrever; gravar 2** ⟨Vr 3⟩ **sich** ~ ⟨umg.; abwertend⟩ *sich einschmeicheln, sich lieb Kind machen;* sich bei Lehrern, Vorgesetzten ~ □ ***puxar o saco (de alguém)**

ein|krei|sen ⟨V. 500⟩ **1** jmdn. od. etwas ~ *in einem Kreis einschließen, im Kreis umgeben, umzingeln, umstellen;* den Feind, den Gegner ~; die Jäger, die Hunde haben das Wild eingekreist □ **sitiar; cercar 2** jmdn. od. etwas ~ *in die Enge treiben, isolieren, die Möglichkeit, Verbündete zu gewinnen, nehmen;* einen Staat (durch Bündnisse mit anderen Staaten) ~; einen flüchtigen Verbrecher ~ □ **isolar**

ein|la|den ⟨V. 174/500 od. 510⟩ **1** *etwas* ~ *in etwas hineinladen, verladen;* Güter (ins Schiff, in den Waggon) ~ □ **carregar; embarcar 2** ⟨Vr 7 od. Vr 8⟩ jmdn. ~ *auffordern, bitten (zu kommen od. mitzugehen);* jmdn. ins Konzert, ins Theater ~; jmdn. zum Essen, zum Kaffee ~; jmdn. für acht Tage ~; ich bin heute Abend eingeladen; bei Freunden eingeladen sein; er lud ihn mit einer Handbewegung zum Nähertreten, zum Platznehmen ein; mit einer ~den Handbewegung forderte er ihn zum Eintreten auf □ **convidar**

ein|la|dend 1 ⟨Part. Präs. von⟩ *einladen* **2** ⟨Adj.⟩ 2.1 *anziehend, verführerisch, verlockend;* das Wetter ist nicht gerade sehr ~ (für einen Ausflug, zum Spazierengehen); ein ~es Gasthaus; ein wenig ~es Äußeres □ **atraente; convidativo** 2.2 *appetitlich;* das sieht ~ aus; der Braten ah ~ aus □ **apetitoso**

Ein|la|dung ⟨f.; -, -en⟩ **1** ⟨unz.⟩ *das Einladen, Eingeladenwerden* **2** ⟨zählb.⟩ *Aufforderung zum Besuch* (Geburtstags~); mündliche, schriftliche ~; eine ~ annehmen, absagen, aussprechen; ~en verschicken, verteilen □ **convite** 2.1 *Veranstaltung mit Gästen;* bei seiner ~ waren alle seine Freunde da □ **reunião; festa**

Ein|la|ge ⟨f.; -, -n⟩ **1** *etwas, das hineingelegt wird;* eine ~ in den Brief, in das Paket legen □ **anexo** 1.1 *festere Zutat zu flüssigen Speisen;* Suppen~; Fleischbrühe, Suppe mit ~ □ **macarrão, vegetais ou carne adicionados à sopa** 1.2 *innerer Tabak der Zigarre* □ **tabaco** 1.3 *zur Versteifung in Teile der Kleidung eingelegter Stoff;* Kragen~ □ **entretela 2** *(den Fuß stützende) Sohle zum Einlegen in den Schuh;* ~n tragen □ **palmilha 3** *(in ein Programm) eingeschobene Darbietung;* Programm~; eine musikalische ~ □ **entreato; interlúdio 4** *(auf ein Konto, von einem Teilhaber, beim Spiel) eingezahltes Geld;* Sparkassen~, Kapital~ □ **depósito; investimento; aposta**

Ein|lass ⟨m.; -es, -läs|se⟩ **1** ⟨unz.⟩ *Zutritt, Eintritt;* er bat um ~; jmdm. ~ gewähren; sie verschaffte ihm ~ ins Haus; kein ~! (als Aufschrift an Türen); ~ ab, um 18 Uhr 1.1 ~ **begehren** ⟨geh.⟩ *bitten, hereingelassen zu werden* □ **entrada; acesso** 1.2 *wann ist* ~? *wann wird (das Kino, Theater) geöffnet?* □ ***a que horas abre? 2** ⟨selten⟩ *Tür, Öffnung, kleine Pforte im od. neben dem Tor;* vor dem ~ drängten sich die Menschen □ **entrada**

ein|las|sen ⟨V. 175/500⟩ **1** jmdn. ~ *eintreten lassen* □ **deixar entrar; admitir 2** *etwas Flüssiges* ~ *einlaufen, einströmen lassen;* Wasser in ein Becken, einen Teich, in die Badewanne ~ □ **deixar (es)correr 3** *etwas* ~ *fest einfügen, einsetzen;* einen Haken, Ring in eine Mauer ~; ein eingelassener Schrank; Perlmutt in Holz ~ □ **embutir; encaixar** 3.1 *eingelassene Arbeit A., in die andersfarbige Verzierungen eingesetzt sind* □ ***trabalho encastoado/engastado 4** ⟨517/Vr 3⟩ **sich mit** jmdm. ~ ⟨abwertend⟩ *mit jmdm. eine Beziehung anknüpfen, eingehen;* lass dich nicht mit ihm ein! □ ***sair com alguém; envolver-se com alguém 5** ⟨550/Vr 3⟩ **sich auf, in etwas** ~ *auf etwas eingehen, bei etwas mitmachen;* darauf kann ich mich nicht ~; sich auf nichts ~; sich nicht auf Fragen ~; sich in ein Gespräch ~ □ ***meter-se em alguma coisa**

Ein|lauf ⟨m.; -(e)s, -läu|fe⟩ **1** *Ankunft;* ~ eines Schiffes, Zuges □ **chegada; entrada 2** *eingegangene Post* □ **correspondência de entrada 3** ⟨Sp.⟩ *das Durchlaufen der Ziellinie* □ **chegada** 3.1 *Reihenfolge der am Ziel ankommenden Sportler od. Rennpferde* □ **ordem de chegada 4** ⟨Jägerspr.⟩ *Vorrichtung, durch die das Wild in ein Gatter hinein-, aber nicht wieder hinausgelangen kann* □ **armadilha; arapuca 5** *das Einbringen einer größeren Flüssigkeitsmenge durch den After in den Darm zur Reinigung, künstlichen Ernährung u. a.;* → a. *Klistier;* jmdm. od. sich einen ~ machen □ **clister; lavagem intestinal**

ein|lau|fen ⟨V. 176⟩ **1** ⟨400(s.)⟩ *laufend in etwas gelangen* □ **chegar correndo** 1.1 *einfahren(1);* der Zug, das Schiff läuft ein □ **chegar; entrar** 1.2 *(mit der Post) eingehen;* der Auftrag, die Bestellung ist eingelaufen; täglich laufen Angebote, Klagen, Zuschriften ein □ **chegar** 1.3 ⟨Sp.⟩ *das Spielfeld im Laufschritt betreten;* die Spieler laufen ein; die Mannschaft läuft ein □ **entrar em campo** 1.4 *Rotwild läuft ein* ⟨Jägerspr.⟩ *kommt durch einen Einlauf(4) herein* □ **cair/entrar na armadilha** 1.5 *hineinfließen;* Wasser (ins Becken, in die Wanne) ~ lassen; ein Ei in eine Brühe, Suppe ~ lassen □ **despejar 2** ⟨400(s.)⟩ *(beim Waschen) kleiner werden;* dieser Stoff läuft nicht ein; das Kleid ist beim Waschen eingelaufen □ **encolher 3** ⟨500⟩ neue Schuhe ~ *durch Laufen austreten, dem Fuß anpassen* □ **lassear 4** ⟨500/Vr 3⟩ **sich** ~ *sich an einwandfreien,* *ruhigen Gang gewöhnen;* die Maschine ist, hat sich noch nicht eingelaufen □ **rodar; amaciar* **5** ⟨530⟩ jmdm. die Bude, das Haus, die Tür ~ ⟨umg.⟩ *jmdn. durch wiederholtes Aufsuchen belästigen* □ **não sair da casa de alguém; bater sempre à porta de alguém*

ein‖le|ben ⟨V. 500/Vr 3⟩ **1** ⟨511⟩ sich ~ *sich eingewöhnen, heimisch werden;* sich an einer neuen Arbeitsstätte ~; sich an einem Ort ~; sich in einer Gemeinschaft ~; sich in der neuen Heimat ~ □ **ambientar-se; familiarizar-se* **2** ⟨550⟩ sich in etwas od. jmdn. ~ ⟨geh.⟩ *sich völlig in etwas od. jmdn. hineinversetzen* □ **identificar-se com alguma coisa ou alguém*

ein‖le|gen ⟨V. 500⟩ etwas ~ **1** *hineinlegen;* ein Buchzeichen (ins Buch) ~; einen Film in die Kamera ~; eine CD in das Abspielgerät ~; ein Foto in einen Brief ~ □ **colocar; inserir** 1.1 das Haar ~ *in Wellen legen od. auf Lockenwickel wickeln* □ **enrolar; cachear** 1.2 den ersten Gang ~ ⟨Kfz⟩ *mit Hilfe der Gangschaltung in den ersten Gang schalten* □ **engatar** **2** leicht verderbliche Lebensmittel ~ *in eine gewürzte Flüssigkeit legen (zum Konservieren);* Fleisch, Gurken, Heringe, Oliven ~ □ **marinar; pôr em conserva** **3** Holz (mit andersfarbigem Material) ~ *durch Einsetzen (eines andersfarbigen Materials) verzieren;* eine eingelegte Arbeit; ein eingelegter Schrank; ein mit Perlmutt, Elfenbein eingelegtes Möbelstück ~ □ **marchetar; incrustar** **4** die Lanze, einen Pfeil ~ *zum Angriff in waagerechte Lage bringen* □ **alinhar; mirar** **5** etwas ~ *zusätzlich einschieben, einfügen;* eine Pause, einen Stopp ~; ein Lied ~ □ **inserir** **6** Gelder ~ ⟨Bankw.⟩ *(bei einer Sparkasse) einzahlen* □ **depositar** **7** *offiziell aussprechen, geltend machen;* Berufung ~ (gegen ein Gerichtsurteil) □ **interpor recurso* 7.1 Beschwerde ~ (gegen) *sich beschweren* □ **prestar queixa (contra)* 7.2 Protest ~ (gegen) *protestieren* □ **protestar (contra)* 7.3 Verwahrung ~ (gegen) ⟨geh.⟩ *sich verwahren (gegen)* □ **protestar (contra)* 7.4 sein Veto ~ *sein V. aussprechen* □ **vetar* **8** ein gutes Wort (für jmdn bei jmdm.) ~ *sich einem Dritten gegenüber positiv über jmdn. äußern u. ihm damit helfen wollen* □ **interceder (a favor de alguém)* **9** ⟨550⟩ Ehre mit etwas ~ ⟨veraltet⟩ *Anerkennung, Ansehen gewinnen;* mit deinen Leistungen kannst du keine Ehre ~ □ **ganhar reconhecimento com alguma coisa*

ein‖lei|ten ⟨V. 500⟩ **1** einen Vorgang ~ *vorbereiten u. in Gang bringen;* einen Prozess, eine Verhandlung ~ □ **instaurar; iniciar**, die nötigen Maßnahmen, Schritte ~ □ **tomar; dar**; ein Verfahren gegen jmdn. ~ □ **instaurar** **2** ⟨516⟩ eine Veranstaltung mit etwas ~ *eröffnen, beginnen;* eine Veranstaltung mit Musik, mit einer künstlerischen Darbietung ~ □ **abrir**; ~d möchte ich sagen □ **para iniciar/como introdução, eu gostaria de dizer...* 2.1 einige ~de Worte sprechen *einführende W., W. zu Beginn* □ **introdutório** **3** ein Buch ~ *mit einer Einleitung, einem Vorwort versehen* □ **prefaciar; fazer a introdução de**

Ein‖lei|tung ⟨f.; -, -en⟩ *das Einleiten, Einführung;* eine kurze, knappe, ausführliche ~; eine theoretische ~ in die Mengenlehre; die ~ eines Buches; sie wird zur ~ der Feier sprechen □ **introdução; abertura**

ein‖len|ken ⟨V. 400⟩ **1** ⟨fig.⟩ *(nach einer Auseinandersetzung) milder, versöhnlicher werden, nachgeben;* er sprach zornig, aber auf ihren erstaunten Blick hin lenkte er sofort ein □ **transigir; ceder** **2** ⟨411⟩ in etwas ~ *(mit einem Fahrzeug) in etwas einbiegen;* in eine Kurve, eine Seitenstraße ~ □ **entrar; pegar**

ein‖leuch|ten ⟨V. 600; fig.⟩ **1** etwas leuchtet jmdm. ein ⟨fig.⟩ *etwas überzeugt jmdn., etwas wird jmdm. klar;* dieses stichhaltige Argument leuchtete mir sofort ein □ **ficar claro/evidente** 1.1 das will mir nicht ~ *das verstehe ich nicht* □ **não entendo* 1.2 ⟨Part. Präs.⟩ ~d klar, verständlich; eine ~de Antwort; das ist ~d □ **claro; evidente**

ein‖lie|fern ⟨V. 500⟩ **1** etwas ~ *an einer zuständigen Stelle abgeben, abliefern;* eine Postsendung ~; bei der Post eingelieferte Pakete □ **entregar** **2** ⟨511⟩ jmdn. ins Gefängnis, ins Krankenhaus ~ *als Gefangenen, als Patienten hinbringen;* der Verletzte wurde sofort in eine Klinik eingeliefert □ **levar; conduzir**

ein‖lö|sen ⟨V. 500⟩ **1** ein Pfand ~ *zurückkaufen* □ **resgatar; readquirir** **2** etwas ~ *sich auszahlen, bezahlen lassen;* einen Gutschein, Scheck, Wechsel ~ □ **receber** **3** sein Versprechen, Wort ~ ⟨fig.⟩ *erfüllen, halten* □ **cumprir**

ein‖lul|len ⟨V. 500/Vr 8; umg.⟩ jmdn. ~ **1** *in den Schlaf singen* □ **acalentar; ninar** **2** *eine Gefahr nicht sehen lassen, jmdn. in Sicherheit wiegen* □ **poupar; proteger** 2.1 jmdn. durch, mit Versprechungen ~ *durch V. blind machen für die Wirklichkeit* □ **iludir**

ein‖ma|chen ⟨V. 500⟩ **1** Früchte, Obst, Gemüse, Fleisch ~ *einlegen, konservieren;* sie hat viele Gläser mit Kirschen eingemacht; die Mutter macht saure Gurken ein; eingemachtes Obst □ **pôr em conserva; fazer compota** **2** jmdn. ~ ⟨umg.⟩ *jmdn. fertigmachen(3,4), jmds. Existenz zerstören* □ **acabar com alguém*

ein|mal ⟨Adv.⟩ **1** *ein einziges Mal;* ~ und nicht, nie wieder!; das gibt's nur ~ □ **uma única vez, só uma vez**; ich sage es dir ein für alle Mal □ **vou lhe dizer de uma vez por todas* 1.1 ~ ist keinmal *ein einziges Mal zählt nicht* □ **só uma vez não conta* 1.2 noch ~/⟨od.⟩ ein Mal *zum letzten Mal;* ich sage es jetzt noch ~/⟨od.⟩ ein Mal (und dann nicht wieder) □ **pela última vez* 1.3 ich habe ihn noch nicht ~/⟨od.⟩ ein Mal gesehen *noch kein einziges Mal* □ **não o vi nem uma vez* 1.4 *ein (wiederholbares) Mal;* ~ so, ~ anders; ~ links (herum), ~ rechts (herum) □ **ora..., ora...** **2** *auf ~ plötzlich, unversehens;* auf ~ fing es an zu regnen □ **de repente* 2.1 *auf ~ gleichzeitig, in einem Zug, (alles) zugleich, zusammen;* alle auf ~; alles auf ~; es kommt immer alles auf ~; ich kann nicht alles auf ~ tun □ **de uma só vez* 2.2 noch ~ *zum wiederholten Mal;* ein Stück noch ~ spielen; sich noch ~ (vom) Fleisch nehmen (bei Tisch) □ **outra vez; de novo* 2.2.1 ich sage es noch ~ *ich wiederhole es, sage es wieder* □ **vou repetir* 2.3 noch ~ so ... *doppelt so ...;* er ist noch ~ so alt wie ich; wenn du dabei bist, ist es noch ~ so schön; noch ~ so viel □ **duas vezes mais; outro tanto* **3** *zu einer unbestimmten Zeit;* irgendwann ~ □ **uma hora/um dia (qualquer)* 3.1 *früher;*

Einmaleins

ich war schon ~ dort □ *já estive lá; es war ~ ein König □ *era uma vez um rei 3.1.1 das war ~ das ist gewesen, das kommt nicht wieder, ist vorbei □ *isso já passou 3.2 später, eines Tages; du wirst noch ~ an mich denken!; wenn es ~ so weit ist; kommen Sie doch ~ zu uns! □ um dia 4 (verstärkend) eben, gerade, doch; denk nur ~, sag ~; gib mir doch ~ das Buch; komm doch ~ (her)! 4.1 es ist nun ~ geschehen *es lässt sich nichts mehr daran ändern* 4.2 das ist nun ~ so *das ist eben so, man muss sich damit abfinden, kann es nicht ändern* 4.3 ich bin nun ~ so *ich kann nicht anders, so bin ich eben* □ ∅ 4.4 nicht ~ *sogar ... nicht, gar nicht*; er hat nicht ~ „auf Wiedersehen" gesagt; das ist nicht ~ schlecht!; er weiß nicht ~, wo Stuttgart liegt □ *nem sequer

Ein|mal|eins ⟨n.; -es; unz.⟩ **1** *Reihe der Multiplikationen der Zahlen von 1 bis 20 mit den Zahlen von 1 bis 10;* das ~ aufsagen, können, lernen □ tabuada 1.1 *kleines* ~ *alle Multiplikationen von je zwei Zahlen zwischen 1 u. 10* □ *tabuada do 1 ao 10 1.2 *großes* ~ *alle Multiplikationen der Zahlen von 11 bis 20 mit den Zahlen von 1 bis 10* □ *tabuada do 11 ao 20

ein|ma|lig ⟨Adj. 24⟩ **1** ⟨70⟩ *nur einmal vorkommend, nur einmal erforderlich;* eine ~e Gelegenheit; eine ~e Zahlung, Anschaffung □ único **2** ⟨fig.⟩ *großartig, unwiederholbar, hervorragend;* ein ~er Film; das Wetter war ~ schön; es war ein ~es Erlebnis □ único; extraordinário

ein|mi|schen ⟨V. 500⟩ **1** *etwas* ~ *in etwas hineinmischen, untermischen* □ misturar **2** ⟨505/Vr 3⟩ *sich* (*in fremde Angelegenheiten*) ~ *ungebeten od. ohne Berechtigung dazwischenreden, eingreifen;* er mischt sich in alles ein; er hat sich in jedes Gespräch eingemischt; du hast dich in diese Sache gar nicht einzumischen! □ *imiscuir-se/intrometer-se (em assuntos alheios)

ein|mü|tig ⟨Adj.⟩ *gleichgesinnt, einträchtig, einstimmig;* etwas ~ beschließen, erklären; ~ zusammenstehen; ~e Ablehnung, Zustimmung □ unânime

Ein|nah|me ⟨f.; -, -n⟩ ⟨unz.⟩ **1** *das Einnehmen;* ~ einer Stadt, eines Landes □ tomada; ocupação **2** *Verdienst, Gewinn, Ertrag;* hohe, niedrige ~n □ entrada; receita

ein|neh|men ⟨V. 189⟩ **1** ⟨500⟩ *Geld* ~ *in Empfang nehmen, verdienen;* monatlich zweitausend Euro ~; viel, wenig ~ □ receber; ganhar 1.1 er hat ein ~des Wesen ⟨iron.⟩ *er nimmt lieber, als er gibt* □ *ele é fominha;* → a. einnehmen(8) **2** ⟨500⟩ *etwas* ~ *zu sich nehmen;* Arznei ~; eine Mahlzeit ~; das Frühstück, Mittag-, Abendessen ~; die Mahlzeiten im Freien ~ □ tomar (remédio, café da manhã); fazer (uma refeição) **3** ⟨402⟩ (**Ladung**) ~ *aufnehmen, laden;* das Schiff nimmt (Kohle) ein □ carregar **4** ⟨500⟩ *einen* **Platz**, *ein* **Land** ~ *erobern, besetzen;* eine Festung, Stadt ~ □ conquistar; ocupar **5** ⟨500⟩ *Platz,* **Raum** ~ *benötigen, beanspruchen, ausfüllen;* der Tisch nimmt zu viel Platz, Raum ein □ *ocupar espaço 5.1 seinen **Platz** ~ *sich an seinen P. begeben;* seinen Platz am Tisch ~; bitte die Plätze ~! □ *sentar-se em seu

lugar 6 ⟨500⟩ eine **Stellung** ~ *innehaben;* er nimmt die Stelle eines Abteilungsleiters ein □ *ocupar um cargo 6.1 jmds. **Stelle** ~ *jmdn. vertreten* □ *substituir alguém 6.2 ⟨Funktionsverb⟩ *eine abwartende Haltung* ~ *sich abwartend verhalten* □ *ficar na expectativa **7** ⟨500⟩ *eine* **Sache** *nimmt jmdn. ein beschäftigt jmdn. stark;* die Sache nimmt alle meine Gedanken ein □ ocupar 7.1 *von einem Gedanken eingenommen sein beherrscht, erfüllt sein* □ *ser dominado/tomado por um pensamento **8** ⟨550⟩ *jmdn. für sich, etwas od. jmd. anderen* ~ *günstig stimmen, anziehen, gewinnen;* seine Zuverlässigkeit nimmt mich sehr für ihn ein; sie nimmt durch ihr heiteres Wesen alle für sich ein; die Wohnung nimmt mich durch ihre ruhige Lage für sich ein; sich ~ lassen von □ cativar; ganhar a simpatia 8.1 ~d *anziehend, gewinnend;* ein ~des Äußeres haben; ein Mann von ~dem Äußerem; er hat ein ~des Wesen □ atraente; encantador 8.2 *für jmdn. od. etwas eingenommen sein jmdm. od. einer Sache günstig, wohlwollend gesinnt sein* □ *simpatizar com alguém ou alguma coisa **9** ⟨550⟩ *jmdn. gegen sich, etwas od. jmd. anderen* ~ *ungünstig stimmen;* seine Unzuverlässigkeit nimmt mich sehr gegen ihn ein □ causar má impressão; predispor contra 9.1 *gegen jmdn. od. etwas eingenommen sein jmdm. od. einer Sache ungünstig gesinnt sein, ein Vorurteil gegen jmdn. od. etwas haben* □ *antipatizar com alguém ou alguma coisa

ein|nis|ten ⟨V. 500 od. 511/Vr 3⟩ *sich irgendwo* ~ **1** *sich ein Nest bauen;* Schwalben haben sich unter dem Dach eingenistet □ *aninhar-se em algum lugar **2** ⟨fig.; meist abwertend⟩ *fest von einem Platz Besitz ergreifen, sich nicht mehr vertreiben lassen;* ich nistete mich bei Verwandten ein □ *instalar-se em algum lugar

Ein|öde ⟨f.; -, -n⟩ *einsame Gegend;* eine grenzenlose, ungeheuere ~; in einer ~ leben □ lugar deserto/ermo

ein|ord·nen ⟨V. 500⟩ **1** *etwas* ~ *an die richtige Stelle in einer bereits bestehenden Ordnung bringen, in einen Zusammenhang einfügen;* die Akten ~; die neuen Bücher alphabetisch ~; etwas nach der Größe, Farbe ~ □ ordenar; classificar **2** ⟨Vr 3⟩ *sich* ~ *sich in eine bestehende Ordnung einfügen;* du musst dich in die Gemeinschaft ~; sich in die neuen Verhältnisse ~ □ *inserir-se; integrar-se 2.1 *in die vorgeschriebene Fahrbahn einlenken;* bitte ~!; der Fahrer hat sich vor der Kreuzung falsch eingeordnet □ *entrar na fila; pegar a faixa correta

ein|pa|cken ⟨V. 500⟩ **1** *etwas* ~ *einwickeln, mit einer Hülle umgeben (u. zu einem Paket machen);* können Sie mir die Bücher bitte ~? □ embrulhar; embalar 1.1 *jmdn.* ~ ⟨umg.⟩ *warm anziehen, zudecken;* ein Kind, einen Kranken warm ~ □ agasalhar; cobrir **2** *etwas* ~ *zum Transport (in etwas) packen;* ich muss meine Sachen noch ~ □ encaixotar; empacotar **3** ⟨400 od. 800 mit Modalverb⟩ ~ **können** ⟨umg.; abwertend⟩ *nichts erreichen, keinen Erfolg haben;* damit, jetzt kannst du ~ □ *não ter a menor chance; poder esquecer

ein‖pflan|zen ⟨V. 500⟩ **1** etwas ~ *in die Erde pflanzen; Senker erst in Wasser stellen und dann ~; Rosen im Garten ~;* □ plantar **2** ⟨530⟩ *jmdm. od. einem* **Tier** *ein* **Organ** *~* ⟨Med.⟩ *aus einem anderen Körper übertragen, implantieren; jmdm. eine fremde Niere ~;* □ implantar **3** ⟨530/Vr 5 od. Vr 6⟩ *jmdm. etwas ~* ⟨fig.; geh.⟩ *in jmdm. ein bleibendes Bewusstsein von etwas erwecken, etwas mit Nachdruck anerziehen; das hat man mir von Kindheit an eingepflanzt* □ incutir; inculcar

ein‖pla|nen ⟨V. 500⟩ etwas ~ *in einer Planung (mit) berücksichtigen, einbeziehen; diese Ausgaben sind nicht eingeplant; eine neue Stelle ~;* □ prever; programar

ein‖prä|gen ⟨V.⟩ **1** ⟨500⟩ etwas ~ *in etwas prägen, scharf eindrücken; einem Stein, Ring usw. eine Inschrift ~; einem Ledereinband ein Muster ~;* □ gravar; estampar **2** ⟨530⟩ *jmdm. etwas ~ so nachdrücklich zu Bewusstsein bringen, dass er es nicht wieder vergisst; ich habe den Kindern immer wieder eingeprägt, dass ...* □ inculcar **2.1** ⟨Vr 3⟩ *sich etwas ~ (genau) merken; sich etwas fest, gut ~;* □*gravar/memorizar alguma coisa* **3** ⟨405/Vr 3⟩ *etwas prägt sich (jmdm.) ein hinterlässt (jmdm.) einen nachhaltigen Eindruck, bleibt im Gedächtnis; die Melodie prägt sich dem Gehör leicht ein; das Erlebnis hat sich mir tief, unauslöschlich eingeprägt; seine Worte haben sich mir tief ins Herz eingeprägt* □ gravar; ficar gravado (na memória); marcar

ein‖pup|pen ⟨V. 500/Vr 3⟩ Insekten puppen sich ein *spinnen sich zur Puppe ein, umgeben sich mit einer festen Haut od. mit Fäden (um sich von der Larve zum fertigen Insekt zu entwickeln)* □ crisalidar(-se); empupar

ein‖quar|tie|ren ⟨V. 500⟩ *jmdn. ~ in Quartieren, Privathäusern unterbringen; Truppen ~* □ aquartelar

ein‖rah|men ⟨V. 500⟩ **1** etwas ~ *mit einem Rahmen versehen; ich möchte dieses Bild ~ lassen* □ emoldurar **2** etwas ~ ⟨fig.; geh.⟩ *umgeben, umrahmen; das Gebäude ist von hohen Bäumen eingerahmt; bewaldete Höhen rahmen das Dorf ein* □ cercar; rodear **2.1** *jmdn. ~* ⟨fig.; umg.; scherzh.⟩ *jmdn. in die Mitte nehmen; er wurde bei Tisch von zwei hübschen Mädchen eingerahmt* □ pôr no meio/entre

ein‖ras|ten ⟨V. 400/500⟩ **1** etwas rastet ein *greift ineinander u. befestigt sich dadurch; der Verschluss rastet ein; das Zahnrad war nicht eingerastet* □ engatar; engrenar **2** jmd. ist (hörbar) eingerastet ⟨fig.; umg.; scherzh.⟩ *er ist beleidigt u. lässt es sich stark anmerken* □ magoado; ofendido

ein‖räu|men ⟨V. 500⟩ **1** Gegenstände (in einen Raum) ~ *in einen dafür bestimmten R. räumen u. ordentlich unterbringen; Bücher, Spielsachen, Wäsche in die Fächer, Schränke ~;* □ arrumar; pôr no lugar **2** einen Raum ~ *mit Gegenständen füllen, versehen, ausstatten; Schubladen, Schränke ~; den Bücherschrank ~; die Wohnung, ein Zimmer ~;* □ arrumar; mobiliar **3** ⟨530/Vr 5 od. Vr 6⟩ *jmdm. einen* **Platz** *~ abtreten, überlassen* □ *ceder lugar a alguém **4** ⟨530⟩

jmdm. eine Sache *~ zubilligen, zugeben, zugestehen, gewähren; ich muss (allerdings) ~, dass ...; jmdm. eine Frist, einen Kredit ~; jmdm. das Recht ~, etwas zu tun* □ admitir; conceder **4.1** *~de* **Konjunktion** *ein Zugeständnis ausdruckende K., z. B. obgleich, obwohl* □ *conjunção concessiva*

ein‖re|den ⟨V.⟩ **1** ⟨530⟩ *jmdm. etwas ~ jmdm. so lange zureden, bis er etwas glaubt od. tut; wer hat dir das eingeredet?* □ levar a acreditar; persuadir **1.1** ⟨Vr 1 od. Vr 2⟩ sich etwas ~ *sich etwas vormachen, sich selbst belügen* □ *iludir-se com alguma coisa* **1.1.1** sich etwas ~ lassen *sich etwas weismachen lassen; das lasse ich mir nicht ~!* □ *deixar-se enganar por alguma coisa* **2** ⟨800⟩ *auf jmdn. ~ unaufhörlich u. eindringlich zu jmdm. reden* □ *importunar alguém* **3** ⟨600⟩ jmdm.~ ⟨veraltet⟩ *dreinreden* □ interromper **4** ⟨400; Rechtsw.⟩ *(den in einer Klage vorgebrachten Behauptungen) widersprechen* □ contestar; impugnar

ein‖rei|chen ⟨V. 500⟩ **1** ein Schriftstück ~ *einer zuständigen Instanz zur Bearbeitung ab-, übergeben; sie hat die Unterlagen, die Rechnungen, die Zeugnisse eingereicht; ein Gesuch ~;* □ apresentar; entregar **1.1** einen Antrag ~ etwas beantragen □ *apresentar um requerimento* **1.2** eine Klage ~ *gegen jmdn. klagen* □ *intentar uma ação* **1.3** Beschwerde ~ *sich beschweren* □ *prestar queixa* **2** den Abschied, Urlaub, die Versetzung ~ *um den A., U., die V. formell, schriftlich bitten* □ pedir

Ein‖rei|se ⟨f.; -, -n⟩ **1** *das Einreisen* **2** *vorschriftsgemäßes Betreten eines fremden Staates* □ entrada (num país estrangeiro) **3** *(kurz für)* Einreiseerlaubnis; jmdm. die ~ verweigern □ visto

ein‖rei|sen ⟨V. 400(s.)⟩ *in ein fremdes Land reisen, fremdes Staatsgebiet vorschriftsgemäß betreten; ich bin am 15. Januar in die USA eingereist* □ viajar para um país estrangeiro

ein‖rei|ßen ⟨V. 198⟩ **1** ⟨500⟩ etwas ~ *vom Rand her einen Riss in etwas machen;* Stoff, ein Stück Papier ~ □ rasgar **2** ⟨500⟩ ein Gebäude ~ *ab-, niederreißen, abbrechen* □ demolir; derrubar **3** ⟨400⟩ schlechte Sitten reißen ein ⟨fig.⟩ *werden zur Gewohnheit, verbreiten sich, greifen um sich; eine Unsitte, ein Übelstand riss ein; man darf das nicht erst ~ lassen* □ propagar-se; popularizar-se **4** ⟨400(s.)⟩ etwas reißt ein *bekommt vom Rand her einen Riss, beginnt zu reißen; das Papier, die Seite, die Tapete ist eingerissen* □ rasgar-se

ein‖ren|ken ⟨V. 500⟩ **1** ⟨503⟩ (jmdm.) etwas ~ *in die richtige Lage zurückführen; der Arzt renkte ihm den Arm wieder ein; den Rücken wieder ~* □ pôr no lugar; endireitar **2** eine Sache ~ ⟨fig.; umg.⟩ *zurechtrücken, zurechtsetzen, in Ordnung bringen; eine Angelegenheit (wieder) ~; er kann die Sache rasch wieder ~* □ pôr em ordem; consertar **2.1** ⟨Vr 3⟩ eine Sache renkt sich ein *kommt in Ordnung; diese Angelegenheit wird sich mit der Zeit schon ~; zum Glück hat sich alles wieder eingerenkt* □ arranjar-se

ein‖ren|nen ⟨V. 200/500⟩ **1** etwas ~ *durch Dagegenrennen, -stoßen zum Einsturz bringen, gewaltsam öffnen;*

einrichten

eine Mauer ~; ein Tor mit einer Eisenstange, einem Pfahl ~ ☐ *arrombar; derrubar*, → a. *offen(1.7.2)* **2** ⟨530/Vr 1⟩ *sich etwas* ~ ⟨umg.⟩ *bei einer Bewegung gegen etwas stoßen u. sich dabei verletzen;* sich den Schädel an einer Kante, Wand ~ ☐ **bater em alguma coisa* **3** ⟨530/Vr 6⟩ *jmdm. das Haus, die Wohnung, Bude, Tür* ~ ⟨fig.; umg.⟩ *jmdm. ständig aufsuchen* ☐ **não sair da casa de alguém*

ein│rich│ten ⟨V. 500/Vr 5⟩ **1** einen Raum ~ *(mit Möbeln, Geräten, Bildern) ausstatten;* eine behaglich, bescheiden, elegant, gemütlich, hübsch, modern eingerichtete Wohnung; jmdm. od. sich eine Wohnung, ein Zimmer ~; sie haben sich (ihre Wohnung) neu eingerichtet; eine Wohnung mit Möbeln ~; eine Praxis, Werkstatt mit den neuesten Apparaten ~ ☐ *mobiliar; equipar* 1.1 ⟨513/Vr 3⟩ *sich häuslich* ~ *es sich (für längere Zeit) wohnlich machen, sich (für länger) niederlassen* ☐ **instalar-se; estabelecer-se* **2** *etwas* ~ *(zur öffentlichen Nutzung) gründen;* einen neuen Kindergarten ~ ☐ *fundar; abrir* **3** eine Sache ~ *nach bestimmten Gesichtspunkten gestalten, anordnen;* eine Sache praktisch, unpraktisch, unzweckmäßig ~; das musst du (dir) anders, besser ~ ☐ *ordenar; dispor* 3.1 *bewerkstelligen, zustande bringen;* lass es nur so ~, dass ...; das lässt sich gut, schlecht ~; das wird sich ~ lassen; wie willst du das ~? ☐ *arranjar; conseguir* **4** ⟨550⟩ *etwas für etwas* ~ *passend machen, umarbeiten, umschreiben;* ein Musikstück für Klavier ~; ein Theaterstück für die Bühne ~ ☐ *fazer o arranjo; adaptar* **5** eine gemischte Zahl ~ ⟨Math.⟩ *in einen unechten Bruch verwandeln* ☐ *simplificar; reduzir* **6** einen Knochen, Knochenbruch ~ ⟨Med.⟩ *in die richtige Lage bringen* ☐ *reduzir* **7** jmdn. ~ ⟨umg.⟩ *in ein Amt, in eine neue Arbeit einführen, jmdm. beim Einarbeiten helfen* ☐ *introduzir; preparar* **8** *sich* ~ *sich den Gegebenheiten, der Lage anpassen, sich einschränken;* man muss sich eben ~ ☐ **adaptar-se* 8.1 ⟨550/Vr 3⟩ *sich auf etwas* ~ *(eine zu erwartende Situation)* ~ ⟨umg.⟩ *sich auf etwas vorbereiten;* bitte sagen Sie es mir vorher, damit ich mich darauf ~ kann ☐ **preparar-se para alguma coisa*

Ein│rich│tung ⟨f.; -, -en⟩ **1** ⟨unz.⟩ *das Einrichten;* die ~ eines Büros ☐ *estabelecimento; instalação* **2** ⟨zählb.⟩ *Gegenstände, mit denen etwas eingerichtet(1) ist;* Wohnungs~; Wohnzimmer~; Praxis~ ☐ *mobília* **3** *öffentliche Institution, Anstalt;* das Obdachlosenheim ist eine städtische ~ ☐ *instituição* 3.1 *(öffentliche) Maßnahme;* der ärztliche Notdienst ist eine privat organisierte ~ ☐ *serviço; órgão* **4** *einem bestimmten Zweck dienende technische Anlage;* Lüftungs~, Heizungs~ ☐ *instalação* **5** *Gewohnheit, regelmäßige Veranstaltung;* die Skatabende sind zu einer festen ~ geworden ☐ *hábito; instituição*

ein│ros│ten ⟨V. 400(s.)⟩ **1** etwas rostet ein *wird durch Rost unbeweglich, verklemmt;* das Schloss der Tür war eingerostet; die Schraube ist eingerostet **2** jmd. od. etwas rostet ein ⟨fig.; umg.⟩ *verliert die Beweglichkeit, wird steif;* wenn du nicht ~ willst, musst du mehr Sport treiben ☐ *enferrujar(-se)*

ein│rü│cken ⟨V.⟩ **1** ⟨400(s.)⟩ *einmarschieren, einziehen;* die Truppen rücken ein; in ein Land, eine Stadt ~ ☐ *entrar (marchando)* 1.1 in die Garnison, die Quartiere ~ *heimkehren* ☐ *regressar* 1.2 ⟨Mil.⟩ *zum Militär gehen, in den Heeresdienst eintreten* ☐ *entrar para o exército* **2** ⟨500⟩ *etwas* ~ *hineinrücken, einsetzen* ☐ *inserir* 2.1 eine Anzeige (in die Zeitung) ~ *(in der Zeitung) aufnehmen lassen* ☐ *pôr; colocar* 2.2 eine Zeile ~ ⟨Typ.⟩ *erst nach einem kleinen Abstand vom Rand beginnen lassen* ☐ **abrir parágrafo* 2.2.1 ~! *(als Hinweis im Manuskript) Zeilenanfang etwas zurücksetzen* ☐ *entrar; recuar* 2.3 eine Maschine ~ ⟨Tech.⟩ *durch Kupplung, Wechselgetriebe od. Auflegen eines Riemens mit dem Antrieb verbinden* ☐ *engrenar; engatar*

ein│rüh│ren ⟨V. 500⟩ **1** *etwas* ~ *durch Rühren hineinmischen, hineinmengen;* Grieß in die Suppe, ein Ei in den Teig ~ ☐ *misturar (mexendo)* **2** *etwas* ~ *anrühren, mit Wasser vermengen, flüssig machen;* Gips, Kalk ~ ☐ *diluir; dissolver* **3** ⟨530/Vr 5⟩ *jmdm. etwas Unangenehmes* ~ ⟨fig.; umg.⟩ *etwas für jmdn. Unangenehmes beginnen, in Gang bringen;* da hast du dir eine dumme Sache eingerührt ☐ **meter alguém em encrenca*

eins[1] ⟨Numerale 11; in Ziffern: 1; röm. Zahlzeichen: I⟩ → a. *vier, ein*[4] **1** *die Zahl 1;* ~, zwei, drei; ~ und ~ ist zwei (1 + 1 = 2); einmal ~ ist ~ (1 x 1 = 1) ☐ *um* 1.1 um ~ *ein Uhr* ☐ *à uma (hora);* Schlag, Punkt ~ ☐ **à uma (hora) em ponto* **2** ~ a *(Zeichen: Ia) ausgezeichnet, prima;* Ia Pralinen, Ia Qualität ☐ **excelente; de primeira (qualidade)* **3** ⟨fig.⟩ ~, zwei, drei war er weg *sogleich, im Nu* ☐ **num piscar de olhos ele já tinha ido embora*

eins[2] ⟨Adj. 40⟩ **1** *einig, eines Sinnes;* Ggs *uneins;* ~ (über etwas od. jmdn.) ☐ **estar de acordo (sobre alguma coisa ou alguém)* 1.1 ~ werden *sich vereinen* ☐ **unir-se* **2** ⟨43⟩ *einerlei, gleichgültig;* heute ist mir alles ~; das ist mir (doch) ~; das ist alles ~ ☐ *indiferente; igual* **3** ~ zu null *für mich* ⟨fig.; umg.⟩ *ich habe Recht gehabt u. du hast es nicht geglaubt* ☐ **um a zero para mim*

eins[3] ⟨Indefinitpron.⟩ **1** *etwas;* ~ muss ich dir sagen; noch ~; ich will ~ tun, nämlich ... ☐ *uma coisa* 1.1 jmdm. ~ auswischen *einen (üblen) Streich spielen* ☐ **pregar uma peça em alguém* **2** *eine Einheit, ein Ganzes;* das sehen und aufspringen war ~ ☐ *uma coisa só* **3** *ein und dasselbe;* es kommt, läuft auf ~ hinaus; es kommt auf ~ heraus ☐ *a mesma coisa*

Eins ⟨f.; -, -en⟩ **1** *die Ziffer 1;* eine ~ drucken, malen, schreiben ☐ *um* 1.1 *die Straßenbahn-, Buslinie Nr. 1;* mit der ~ fahren; in die ~ umsteigen ☐ *linha um* **2** *sehr gut (als Schulnote, Zensur);* eine ~ schreiben; eine Prüfung mit (einer) „~" bestehen ☐ *um (nota equivalente a 9 ou 10 no Brasil)*

ein│sam ⟨Adj.⟩ **1** *allein, verlassen;* ein ~er Mensch; sich ~ fühlen; ~ leben; ~ und allein ☐ *solitário; sozinho* **2** *abgelegen, unbewohnt, menschenleer, nicht begangen;* eine ~e Gegend, Insel; ein ~er Waldweg; ein ~es Haus bewohnen ☐ *ermo; isolado*

Ein|sam|keit ⟨f.; -; unz.⟩ **1** *das Einsamsein, Alleinsein, Verlassenheit;* die ~ einer Gegend; die ~ fliehen, fürchten, lieben, suchen; jmdn. aus seiner ~ reißen; jmdn. in seiner ~ trösten **2** *Abgelegenheit;* er zog sich in die ~ eines Klosters zurück □ **solidão; isolamento**

ein|sam|meln ⟨V. 500⟩ **1** etwas od. jmdn. ~ *sammeln, auflesen;* Weintrauben, Früchte (in einen Korb) ~ □ **colher; apanhar;** alle Kinder wurden am Spielplatz eingesammelt □ **reunir 2** etwas ~ *sich von jedem Einzelnen einer Gruppe etwas geben lassen;* Geld, Spenden ~; eine Schülerin sammelte die Hefte ein □ **coletar; recolher**

Ein|satz ⟨m.; -es, -sät|ze⟩ **1** *einsetzbarer, eingesetzter Teil;* Glas~; Blusen~; Spitzen~ □ **aplicação; gola falsa; entremeio;** Dose, Kessel, Topf, Schublade mit ~ □ **compartimento; divisória 2** *das Eintreten, Eingesetztsein für eine bestimmte Aufgabe;* im ~ stehen □ *****estar em operação/serviço;** in den ~ gehen □ *****entrar em ação;** freiwilliger, harter, ununterbrochener ~; (unter) ~ von Militär □ **ação; operação;** mit, unter ~ der letzten Kräfte □ *****mobilizando/empregando as últimas forças 3** *Wert, den man für Gewinn od. Verlust wagt;* den ~ stehen lassen; den ~ verdoppeln □ **aposta 3.1** *mit dem ~ herauskommen mindestens den eingesetzten Betrag gewinnen* □ *****ganhar o que apostou 3.2** *Pfand (für Flaschen, geliehene Gegenstände;* fünfzig Cent ~ bezahlen □ **depósito; caução 4** *das Einsetzen(5)* □ **risco 4.1** *den ~ des eigenen Lebens nicht scheuen sein Leben aufs Spiel setzen* □ *****não temer arriscar a própria vida 4.2** *jmdn. unter ~ des eigenen Lebens retten unter Lebensgefahr* □ *****arriscar a própria vida para salvar alguém 5** *Beginn eines Instrumentes od. einer Stimme (im Zusammenspiel);* ~ einer Stimme; ~ der Trompeten; den ~ verpassen (beim Zusammensingen, -spielen) □ **entrada 5.1** *Zeichen zum Beginn;* der Dirigent gibt den ~ □ **sinal de entrada**

ein|säu|men ⟨V. 500⟩ etwas ~ **1** *säumen, mit einem Saum versehen;* eine Decke, einen Stoff ~; ich muss das Kleid erst ~ □ **fazer a bainha 2** ⟨fig.⟩ *umgeben, einrahmen, einfassen;* große Linden säumten den Weg ein; ein mit Bäumen eingesäumter Weg □ **circundar; rodear**

ein|schal|ten ⟨V. 500⟩ **1** *etwas ~ den elektrischen Stromkreis (einer Leitung) schließen, durch Schalten in Gang bringen, in Bewegung, in Tätigkeit setzen;* das Licht, den Motor, den Fernseher, den Strom ~ □ **ligar; acender 1.1** ⟨Vr 3⟩ *sich ~ ein Telefongespräch von einem andern übernehmen;* Herr X möchte Sie sprechen, bitte schalten Sie sich ein □ *****ficar/aguardar na linha 2** *einen Gang im Auto ~ einlegen;* den zweiten Gang ~ □ **engatar 3** *etwas ~ einfügen, ein-, dazwischenschieben;* eine Pause, Programmnummer ~; einen Widerstand ~ ⟨El.⟩; in einen Roman eine Erzählung ~ □ **intercalar; inserir 3.1** ⟨513⟩ *gesprächsweise ~ im Gespräch einflechten, erwähnen* □ **mencionar 4** *jmdn. ~ zum Eingreifen veranlassen* □ **fazer intervir 4.1** ⟨Vr 3⟩ *sich ~ sich einmischen, ein-*

greifen; sich (nicht) in eine Unterredung, in ein Verfahren ~ □ *****interferir; intrometer-se**

ein|schär|fen ⟨V. 530/Vr 6⟩ jmdm. etwas ~ *eindringlich ins Gedächtnis prägen, jmdn. dringend zu etwas ermahnen;* jmdm. Verhaltensmaßregeln, Höflichkeit, Vorsicht ~; ich habe ihm eingeschärft, mich sofort zu benachrichtigen □ **inculcar; recomendar expressamente**

ein|schät|zen ⟨V. 500 od. 510/Vr 7 od. Vr 8⟩ **1** jmdn. od. etwas ~ *schätzen, bewerten;* jmds. Vermögen, Einkommen, Fähigkeiten falsch, richtig, hoch, niedrig ~; wie schätzt du die Lage ein?; er hat ihn nicht allzu hoch eingeschätzt □ **avaliar; analisar 1.1** jmdn. zur Steuer ~ *jmds. Steuerkraft veranschlagen* □ *****calcular o imposto de alguém**

ein|schen|ken ⟨V. 503/Vr 5 od. Vr 6⟩ jmdm. ein Getränk ~ *in ein Trinkgefäß gießen;* sie schenkte den Kaffee, Tee ein; ich habe mir schon eingeschenkt; darf ich Ihnen noch einmal (Wein) ~? □ **servir;** → a. *rein¹(2.2)*

ein|schich|tig ⟨Adj.⟩ **1** *nur aus einer Schicht bestehend* □ **de uma só camada 2** ⟨Industrie⟩ *nur in einer Arbeitsschicht;* diese Fabrik arbeitet ~ □ **num só turno 3** *einzeln (von einem zusammengehörigen Paar);* ein ~er Schuh, Strumpf □ **único; avulso 3.1** *ledig;* sie ist, lebt ~ □ **solteiro; sozinho**

ein|schi|cken ⟨V. 500⟩ etwas ~ *einsenden, einem Amt, einer Institution schicken;* dem Hersteller einen Apparat zur Reparatur ~; einer Zeitung einen Artikel, ein Manuskript ~ □ **enviar; remeter**

ein|schie|ben ⟨V. 214/500⟩ **1** etwas (in etwas) ~ *(hinein)schieben;* den Kuchen, das Brot zum Backen (in den Backofen) ~ □ **colocar; introduzir 2** jmdn. od. etwas ~ *in eine geplante u. geordnete Reihenfolge noch zusätzlich einfügen, aufnehmen;* können Sie mich nicht ~? (in der Sprechstunde o. Ä.); eine Arbeit ~; einen Satz nachträglich ~ □ **intercalar; encaixar 2.1** eingeschobener Satz ⟨Gramm.⟩ *innerhalb eines Satzes stehender S. (durch Kommata abgetrennt)* □ *****oração intercalada/interferente**

ein|schie|ßen ⟨V. 215/500⟩ **1** etwas ~ *durch Schießen zerstören, zertrümmern;* schoss das Fenster mit dem Ball ein □ **quebrar (atirando uma coisa contra outra) 2** eine Schusswaffe ~ *durch Probeschüsse die günstigste Lage, die richtige Einstellung von Kimme u. Korn usw. ermitteln u. so allmählich treffsicher machen;* ein Gewehr ~ □ *****regular/ajustar o tiro de uma arma 3** ⟨Vr 3⟩ sich (auf ein Ziel) ~ *durch wiederholtes Schießen sicher im Treffen werden;* die Artillerie hat sich jetzt eingeschossen □ *****treinar tiro 3.1** *sich auf jmdn. ~* ⟨fig.; umg.⟩ *jmdn. wiederholt heftig kritisieren;* die Journalisten haben sich auf den Parteivorsitzenden eingeschossen □ *****descer o cacete em alguém 4** Brot ~ *in den Ofen zum Backen schieben* □ **enfornar 5** Fäden ~ ⟨Textilw.⟩ *durchziehen, (Schussfäden) durch die Kettfäden ziehen* □ **tramar; passar 6** Geld ~ *zur finanziellen Sicherung beisteuern* □ **injetar; investir 7** Papier ~ ⟨Buchw.⟩ *P. zwischen Druckbogen legen, damit sie nicht abfärben* □ **intercalar 8**

⟨400(s.)⟩ die **Milch** schießt ein *füllt die Milchdrüsen* □ **o leite aflui (às glândulas mamárias)*
ein‖schif|fen ⟨V. 500⟩ **1** *jmdn. od. etwas ~ vom Land aufs Schiff bringen, verladen;* Truppen ~; Kisten ~ □ **carregar; embarcar (em navio) 2** ⟨Vr 3⟩ *sich ~ (nach) mit dem Schiff abreisen (nach);* ich habe mich gerade eingeschifft, als …; er hat sich nach Amerika eingeschifft □ **embarcar (em navio)*
ein‖schla|fen ⟨V. 217/400(s.)⟩ **1** *in Schlaf versinken;* ich kann nicht, schnell, sofort ~; vor dem Einschlafen noch eine Stunde lesen; bei, über der Arbeit ~ □ **adormecer 1.1** *bei diesem Buch schläft man ein dieses B. ist sehr langweilig* □ **esse livro dá sono* **1.2** schlaf nicht ein! (fig.; umg.) *pass auf, mach rascher!* □ **não durma!* **2** (verhüllend) *(eines sanften Todes) sterben;* Großvater ist gestern (sanft) eingeschlafen □ **falecer; adormecer para sempre 3** Gliedmaßen *schlafen ein werden vorübergehend gefühllos;* mein Arm, Bein ist eingeschlafen □ **adormecer; ficar dormente 4** *eine Sache schläft ein* ⟨umg.⟩ *lässt nach, hört auf;* unser Briefwechsel ist allmählich eingeschlafen □ **parar; acabar**
ein‖schlä|fern ⟨V. 500⟩ **1** *jmdn. ~ zum Schlafen bringen;* diese Musik schläfert mich ein; ~de Musik; die schwache Beleuchtung wirkt ~d □ **dar sono; adormentar 1.1** *narkotisieren;* ein ~des Mittel □ **soporífero; narcótico 2** *ein (altes, krankes)* **Tier** *~ durch Medikament schmerzlos töten* □ **sacrificar (com medicamento) 3** *jmdn. od. etwas ~* ⟨fig.⟩ *ablenken, zu zerstreuen suchen;* den Gegner durch schöne Redensarten ~ □ **distrair; desviar a atenção**
Ein|schlag ⟨m.; -(e)s, -schlä|ge⟩ **1** *das Einschlagen, Auftreffen (eines Geschosses)* □ **choque; impacto; queda 1.1** *Stelle, an der ein Geschoss aufgetroffen ist* □ **local de impacto; local atingido 2** *Abweichung von der geraden Richtung;* ~ der Räder, des Steuers □ **esterçamento; viragem 3** *Umschlag nach innen, z. B. breiter Saum, Knopfleiste* □ **barra; bainha 4** ⟨Web.⟩ Schuss □ **trama 5** ⟨Forstw.⟩ *das planmäßige Fällen von Holz* □ **abate; derrubada 5.1** *das geschlagene Holz selbst* □ **tora 6** *mit ~ verkaufen mit Rabatt, Verlust verkaufen* □ **desconto 7** ⟨fig.⟩ *Anteil, Beimischung;* mit nordischem ~; mit einem ~ von Barock □ **toque**
ein‖schla|gen ⟨V. 218⟩ **1** ⟨500⟩ *etwas ~ durch Schlagen hineintreiben;* Nägel, Keile, Pfähle ~ □ **pregar; cravar 2** ⟨503/Vr 5 od. Vr 6⟩ **(jmdm.)** *etwas ~ durch Schlagen zerbrechen, zerstören;* die Tür, das Fenster ~; sich den Schädel ~; jmdm. die Zähne ~ □ **arrombar; quebrar; fraturar 2.1** *Eier ~* ⟨Kochk.⟩ *aufschlagen u. in die Pfanne od. den Teig geben* □ **quebrar 3** ⟨400⟩ *der Blitz, ein Geschoss schlägt ein trifft u. beschädigt od. zerstört;* die Bombe, Granate hat eingeschlagen □ **cair 3.1** *es hat (in die Scheune) eingeschlagen der Blitz hat (die S.) getroffen* □ **caiu um raio (no celeiro)* **4** ⟨800⟩ *auf jmdn. od. ein Tier ~ wild drauflosschlagen, ohne darauf zu achten, wohin es trifft* □ **bater em; espancar 5** ⟨500⟩ *etwas ~ Papier, Stoff zum Schutz um etwas legen, einpacken;* einen Gegenstand in Papier, in ein Tuch ~; können Sie mir die Puppe etwas ~? □ **embrulhar 5.1** *ein Buch ~ ein B. einbinden, mit einem Schutzumschlag versehen* □ **encapar 6** ⟨400⟩ *einer Sache (durch Handschlag) zustimmen* □ **aceitar/concordar (com um aperto de mão);** schlag ein! □ **toque aqui!* **7** ⟨500⟩ *einen Weg, eine Richtung ~ wählen u. gehen od. fahren;* er wusste nicht, welche Richtung er ~ sollte; den Weg über Bernau, durch den Wald ~ □ **tomar; seguir (por) 7.1** *eine Laufbahn ~ wählen u. beginnen* □ **começar uma nova carreira* **8** ⟨400⟩ *Erfolg haben, Anklang finden;* der neue Artikel hat eingeschlagen; gut, nicht ~ □ **ter repercussão/êxito 9** ⟨500⟩ *die Steuerung eines Fahrzeugs ~ so drehen, dass das Fahrzeug von der geraden Richtung abweicht;* die Räder, das Steuer ~ □ **esterçar; virar 10** ⟨500⟩ *einen Saum ~ nach innen umschlagen u. annähen* □ **fazer a bainha/barra* **11** ⟨500⟩ *Fäden ~* ⟨Web.⟩ *einschießen, durchziehen* □ **tramar 12** ⟨500⟩ *Holz ~* ⟨Forstw.⟩ *planmäßig fällen* □ **abater; derrubar 13** ⟨500⟩ *Pflanzen ~* ⟨Landw.⟩ *vorläufig in die Erde setzen, bis zum Auspflanzen mit Erde ab-, bedecken* □ **cobrir (com terra) 14** ⟨500⟩ *Wein ~ mit Schwefeldioxid behandeln, um ihn haltbar zu machen* □ **enxofrar**
ein‖schlä|gig ⟨Adj. 24/90⟩ **1** *zu einem Gebiet od. Fach gehörend, bezüglich, zutreffend;* die ~en Bestimmungen nachlesen, nachschlagen; die ~e Literatur durcharbeiten □ **relativo; pertinente;** in den ~en Geschäften nachfragen □ **apropriadas; do setor 2** *~ vorbestraft für das gleiche Vergehen bereits vorbestraft* □ **ser reincidente*
ein‖schlei|chen ⟨V. 219/500/Vr 3⟩ **1** *sich ~ heimlich hinein-, hereinkommen;* die Diebe haben sich (bei Nacht in das Haus) eingeschlichen; du hast dich dort mit falschen Papieren eingeschlichen; sie konnte sich ungesehen ~ □ **introduzir-se/entrar furtivamente;* **penetrar 1.1** *sich in jmds. Herz, Vertrauen ~* ⟨fig.⟩ *geschickt jmds. H., V. erringen, um es auszunützen* □ **usar de artifícios para conquistar a simpatia/confiança de alguém* **2** *eine Sache schleicht sich ein* ⟨fig.⟩ *geschieht unbemerkt;* hier hat sich (in die Arbeit, Rechnung) ein Fehler eingeschlichen; in seinem Bericht hat sich ein Irrtum eingeschlichen □ **passar despercebido 2.1** *sich langsam ausbreiten, allmählich üblich werden, zur (schlechten) Gewohnheit werden;* wie konnte sich nur diese Unsitte, dieser Übelstand hier ~? □ **vulgarizar-se; banalizar-se**
ein‖schlep|pen ⟨V. 500⟩ **1** *ein Schiff ~ mit einem Schleppdampfer in den Hafen bringen* □ **rebocar 2** *eine Krankheit, Ungeziefer ~ unbemerkt hereinbringen u. auf andere übertragen;* er hat aus Indien die Pocken eingeschleppt; die Pest, den Typhus ~ □ **importar; trazer**
ein‖schleu|sen ⟨V. 500⟩ **1** *ein Schiff ~ durch Schleusen hereinbringen* □ **fazer entrar numa eclusa 2** *jmdn. od. etwas ~ unbemerkt durch eine Kontrolle hindurch u. hereinbringen;* die Agenten waren als Touristen eingeschleust worden; Spione in ein Land ~; Dro-

gen ~; Schmuggelware ~ □ introduzir; fazer entrar clandestinamente

ein‖**schlie**‖**ßen** ⟨V. 222/500⟩ **1** jmdn. od. etwas ~ *in etwas schließen* □ fechar **1.1** jmdn. ~ *durch Abschließen der Tür daran hindern, einen Raum zu verlassen;* einen Gefangenen ~; schloss das kleine Kind im Auto ein □ trancar **1.2** ⟨Vr 3 od. Vr 4⟩ **sich** ~ *durch Abschließen der Tür niemand zu sich hereinkommen lassen;* sich in ein, einem Zimmer ~ □ *fechar-se; trancar-se* **1.3** etwas ~ *in einem Raum od. Behälter verschließen;* Geld, Schmuck ~ □ guardar **1.3.1** ⟨511⟩ in Klammern ~ *einklammern* □ *pôr entre parênteses* **2** ⟨500⟩ jmdn. od. etwas ~ *von allen Seiten umgeben;* den Feind ~; eine Stadt, Festung ~; hohe Mauern schließen den Park ein; die Burg ist ringsum von einem See eingeschlossen; ein Stück Boden mit einem Zaun ~ □ cercar **3** ⟨500/Vr 7 od. Vr 8⟩ jmdn. od. etwas ~ *miteinbeziehen;* alle, mich eingeschlossen; jmdn. in sein Gebet ~ **3.1** *mitberechnen, in der Rechnung od. Zahl mitberücksichtigen;* Bedienung, Spesen, Trinkgelder eingeschlossen □ incluir

ein‖**schließ**‖**lich** ⟨ Präp. m. Gen.; Abk.: einschl.⟩ **1** *mitberücksichtigt, eingeschlossen, einbegriffen;* alle ~ der Neuankömmlinge; ~ aller Unkosten; sechs Kilo ~ Verpackung; die Kosten ~ Porto, des (hohen) Portos; der Preis versteht sich ~ Getränke □ *incluído; incluindo* **1.1** *das Letztgenannte eingeschlossen;* Sprechstunde Montag bis ~ Donnerstag; das Museum ist bis ~ 25. Mai geschlossen □ inclusive

Ein‖**schluss** ⟨m.; -es, -schlüs|se⟩ **1** *das Einschließen* **2** ⟨Min.⟩ *in ein Mineral eingeschlossener Körper;* ein ~ im Bernstein; tierische Einschlüsse □ inclusão **3** **mit, unter ~ von** *unter Berücksichtigung von, einschließlich des, der* □ *incluído; incluindo; com a inclusão de*

ein‖**schnap**‖**pen** ⟨V. 400(s.)⟩ **1** die Tür, das Schloss schnappt ein *die T., das S. schließt sich schnappend* □ fechar-se **2** ⟨fig.; abwertend⟩ *etwas übelnehmen, beleidigt, gekränkt sein;* leicht ~; er schnappt bei, wegen jeder Kleinigkeit ein; sei doch nicht gleich eingeschnappt □ levar a mal; ofender-se

ein‖**schnei**‖**den** ⟨V. 227⟩ **1** ⟨500⟩ etwas ~ *mit dem Messer einkerben, ein Zeichen ~;* Namen in die Baumrinde ~ □ entalhar; gravar **2** ⟨400⟩ *einen Schnitt machen, schneidend eindringen;* der Schmerz schneidet mir in die Eingeweide ein □ cortar; penetrar **2.1** ⟨513⟩ tief ins Herz ~ ⟨fig.⟩ *tief u. schmerzhaft ins Herz dringen* □ *cortar o coração*

Ein‖**schnitt** ⟨m.; -(e)s, -e⟩ **1** *Schnitt in etwas;* ein Geschwür durch einen ~ öffnen □ corte; incisão **2** *Stelle, an der eingeschnitten worden ist* □ local do corte **2.1** *Wunde, die durch Einschneiden entstanden ist;* der ~ heilte gut □ corte **2.2** *durch Abtragen von Gelände entstandene Erdvertiefung, Tal, Schlucht, Graben;* die Straße führt durch einen ~ zwischen den Felsen □ vala; escavação **3** *das Mähen, Ernte* □ ceifa; colheita **4** ⟨fig.⟩ *einschneidende Veränderung, Wandlung, Abschluss u. Neubeginn zugleich;* ein be-

deutsamer ~; eine Prüfung, die Heirat ist ein ~ im Leben □ reviravolta

ein‖**schrän**‖**ken** ⟨V. 500⟩ **1** eine Sache ~ *einer S. Schranken setzen, etwas verringern, herabsetzen;* sie muss diese Ausgaben ~; er hat das Rauchen (auf ein vernünftiges Maß) eingeschränkt; jmds. Rechte, Macht, Freiheit ~ □ limitar; reduzir; zu einem Vorwurf ~d bemerken, dass ... □ *sobre determinada crítica, frisar/ressaltar que...* **2** ⟨550/Vr 7 od. Vr 8⟩ jmdn. ~ *in einer Sache ~ einengen;* er wurde in seiner Handlungsfreiheit sehr eingeschränkt □ limitar; restringir **3** ⟨Vr 3⟩ **sich** ~ *sparsam leben* □ *economizar;* sich sehr ~ müssen □ *ter de limitar as despesas;* wir lebten ziemlich eingeschränkt □ *levamos uma vida bem modesta*

Ein‖**schrän**‖**kung** ⟨f.; -, -en⟩ *das Einschränken, einschränkende, begrenzende Maßnahme, Vorbehalt;* in diesem Bereich müssen wir (finanzielle) ~en vornehmen; mit der ~, dass ... □ limitação; restrição

ein‖**schrei**‖**ben** ⟨V. 230/500⟩ **1** etwas ~ *in etwas schreiben, eintragen;* Einnahmen u. Ausgaben ~ □ inscrever; registrar **1.1** er muss den Aufsatz noch ~ *(aus dem Konzept) ins Heft schreiben* □ escrever ⟨Vr 7⟩ jmdn. od. **sich** ~ *jmds. od. seinen Namen in ein Buch, eine Liste o. Ä. eintragen;* einen Schüler ins Klassenbuch ~; als Mitglied, als Student sich ~ (lassen); sich in die Teilnehmerliste ~ (u. dadurch vormerken lassen) □ inscrever(-se) **2.1** ⟨511/Vr 3⟩ sich in ein Album ~ *seinen Namen zur Erinnerung eintragen* □ *assinar um álbum* **3** einen Brief, ein Päckchen ~ lassen *auf der Post gegen Quittung in eine Liste schreiben u. dadurch gesondert u. sorgfältiger behandeln lassen;* einen Brief eingeschrieben schicken; eine eingeschriebene Postsendung □ *registrar uma carta/um pacote*

Ein‖**schrei**‖**ben** ⟨n.; -s, -⟩ *eingeschriebene Postsendung, Einschreibebrief;* ein ~ erhalten; einen Brief als ~ schicken □ carta/encomenda registrada

ein‖**schrei**‖**ten** ⟨V. 232/800(s.)⟩ gegen jmdn. od. etwas ~ *etwas unternehmen, entscheidend gegen jmdn. od. etwas vorgehen;* gegen Aufrührer, randalierende Rowdys ~; gegen Übergriffe, Missbräuche ~; gerichtlich, polizeilich ~ gegen etwas □ intervir; tomar providências

ein‖**schüch**‖**tern** ⟨V. 500/Vr 8⟩ jmdn. ~ *jmdm. Angst machen, jmdn. unsicher, verlegen machen;* sich (nicht) ~ lassen; jmdn. durch, mit Drohungen ~ □ intimidar

ein‖**schu**‖**len** ⟨V. 500⟩ ein Kind ~ *zum ersten Mal auf eine Schule geben;* unser Sohn wurde mit sechs Jahren eingeschult □ matricular (pela primeira vez)

Ein‖**schuss** ⟨m.; -es, -schüs|se⟩ **1** *Eintrittsstelle eines Geschosses* □ local de entrada de um projétil **2** ⟨Web.⟩ *der eingeschossene Querfaden* □ trama **3** *eingeschossenes Kapital, Einlage* □ investimento; depósito **4** *Einsatz (beim Spiel)* □ aposta **5** ⟨unz.⟩ *akute Entzündung u. Schwellung der Unterhaut an den Beinen der Pferde infolge kleinerer Wunden an Fuß u. Bein* □ flegmão

ein‖**se**‖**hen** ⟨V. 239/500⟩ **1** ein Gelände, einen Raum ~ *überblicken, in einen R. hineinsehen;* man kann die feindlichen Stellungen gut ~, nicht ~ ☐ **ver 2 Schriftstücke** ~ *in S. Einblick nehmen, einen prüfenden Blick werfen;* kann ich die Unterlagen ~? ☐ **examinar 3** eine **Sache** ~ *begreifen, verstehen;* siehst du das nicht ein?; ich sehe (durchaus) nicht ein, warum ich das tun soll ☐ **entender** 3.1 seinen **Irrtum,** sein **Unrecht** ~ *erkennen;* ich habe eingesehen, dass es so besser ist, dass ich Unrecht habe ☐ **reconhecer**

ein∥sei|fen¹ ⟨V. 500/Vr 7⟩ jmdn. ~ **1** ⟨503/Vr 5 od. Vr 6⟩ jmdn. od. etwas ~ *mit Seife einreiben;* sich das Gesicht ~ (zum Rasieren); der Friseur seifte den Kunden ein ☐ **ensaboar 2** (fig.) *mit Schnee einreiben (beim Balgen, bei Schneeballschlachten)* ☐ *esfregar neve em alguém

ein∥sei|fen² ⟨V. 500⟩ jmdn. ~ ⟨umg.⟩ *wortgewandt zu etwas überreden, überlisten, betrügen, hintergehen;* dieser Kerl hat ihn schön eingeseift ☐ *levar alguém no bico

ein∥sei|tig ⟨Adj.⟩ **1** *nur auf einer Seite stattfindend, befindlich;* ~e Kopfschmerzen, Lähmung, Lungenentzündung; Papier nur ~ bedrucken, beschreiben; der Stoff ist nur ~ gemustert ☐ **de um só lado 1.1** *nur für einen Teil, eine Partei verbindlich;* ~er Beschluss, Vertrag; eine ~e Erklärung **1.1.1** ~es **Rechtsgeschäft** *R. aufgrund der Willenserklärung einer Person, z. B. Testament, Kündigung* ☐ *negócio jurídico unilateral **2** *nur eine Seite einer Sache, nur einen Gesichtspunkt hervorhebend, berücksichtigend, subjektiv, parteiisch;* eine ~e Beurteilung, Meinung, Auffassung; eine Sache ~ betrachten; einen Vorgang ~ darstellen, schildern ☐ **unilateral(mente); parcial(mente) 3** *nur auf ein Gebiet beschränkt, unvollständig; Ggs allseitig, vielseitig(1-2);* er ist sehr ~; ~ ausgebildet sein; eine ~e Ausbildung ☐ **incompleto; limitado**

ein∥sen|den ⟨V. 241/500⟩ etwas ~ *einer Institution, einem Amt o. Ä. ein-, zuschicken;* das Lösungswort bitte an den Rundfunk ~!; die Bewerbungsunterlagen habe ich heute eingesandt ☐ **enviar; remeter**

Ein|ser ⟨m.; -s, -; bes. süddt.⟩ **1** *die Zahl, Ziffer Eins* ☐ **um 2** *Note(2.1) Eins;* sie hat schon wieder einen ~ in Englisch geschrieben ☐ **um (nota equivalente a 9 ou 10 no Brasil) 3** *Bus, Straßen- od. Untergrundbahn mit der Nummer Eins;* wann kommt der nächste ~? ☐ **linha um**

ein∥set|zen ⟨V. 500⟩ **1** etwas ~ *in etwas hineinsetzen, einfügen;* eine neue Fensterscheibe ~ ☐ **inserir; colocar 1.1** eine **Annonce, Anzeige** ~ (lassen) *in die Zeitung setzen (lassen)* ☐ **publicar; inserir 1.2** ein **Boot** ~ *ins Wasser lassen* ☐ **pôr; colocar 1.3 Edelsteine** ~ *in eine Fassung bringen* ☐ **engastar 1.4** Fische (zur Zucht) ~ *in einen Teich setzen* **1.5** eine **Flicken** ~ *einnähen* ☐ **pôr; colocar 1.6 Pflanzen** ~ *in die Erde setzen, einpflanzen* ☐ **plantar 1.7 Zahlen** ~ *in frei gelassenen Stellen (auf Formularen) schreiben* ☐ **escrever; inserir 1.8** den **Zirkel** ~ *einstechen* ☐ **fixar; fincar 2 Obst, Gemüse** ~ *einkochen, einmachen, einlegen, konservieren* ☐ **pôr em conserva; fazer compota 3** ⟨Vr 7 od. Vr 8⟩ jmdn. od. etwas ~ *bestimmen, ernennen, mit einem Amt betrauen;* einen Bürgermeister, Herrscher,

Leiter ~ ☐ **nomear; empossar;** jmdn. als, zum Erben ~; jmdn. als Richter ~; eine Regierung ~ ☐ **constituir, instituir 3.1** ⟨500⟩ **jmdn. (in eine Position)** ~ *jmdm. eine P. übergeben, die Pflichten u. Rechte einer P. übertragen;* jmdn. in ein Amt ~ ☐ **investir 3.1.1** jmdn. an jmds. Stelle ~ *jmdm. jmds. Stelle (über)geben* ☐ **colocar; instituir 3.1.2** jmdn. in eines anderen **Rechte** ~ *jmdm. die Rechte eines anderen übernehmen lassen* ☐ **transferir; alienar 3.1.3** jmdn. in seine früheren Rechte ~ *jmdm. seine Rechte wiedergeben* ☐ **reintegrar 4** jmdn. od. etwas ~ *planmäßig für eine bestimmte Aufgabe verwenden, dazu heranziehen;* Hilfsmittel, Maschinen, Truppen ~; freiwillige Helfer ~; Hunde ~ (zum Auffinden Verunglückter, Aufspüren von Verbrechern); seine ganze Kraft ~, um etwas zu erreichen; seine Kraft für eine Sache, für das Gelingen einer Sache ~ ☐ **empregar; mobilizar 4.1** den König, die Dame ~ *ins Spiel bringen* ☐ **avançar; mover 5** etwas ~ *(als Einsatz im Spiel) geben, aufs Spiel setzen;* einen Gegenstand zum Pfand ~ ☐ *dar um objeto como caução; sein Leben ~ ☐ **arriscar 6** ⟨515/Vr 7⟩ **sich für etwas od. jmdn.** ~ *verwenden, seinen Einfluss für etwas od. jmdn. geltend machen;* sich für die Einführung neuer Methoden ~ ☐ *intervir a favor de alguém ou alguma coisa **7** ⟨400⟩ *beginnen;* das kalte Wetter hat eingesetzt; mit ~dem Herbst ziehen die Zugvögel fort; die Musik setzt ein; ihr müsst etwas früher ~ (mit Singen, Spielen) ☐ **começar 7.1** ⟨410; Mus.⟩ *einfallen, in ein Zusammenspiel einstimmen;* die Bläser setzen im 3. Takt ein; mit dem 5. Takt ~ ☐ **entrar**

Ein|sicht ⟨f.; -, -en⟩ **1** ⟨unz.⟩ *Einblick, Kenntnisnahme;* ~ nehmen in etwas ☐ *examinar/consultar alguma coisa; ~ in die Akten, Vorgänge haben; jmdm. etwas (Akten, Papiere) zur ~ vorlegen; jmdm. ~ in etwas gewähren ☐ **exame; consulta 2** ⟨unz.⟩ *Verständnis, Vernunft;* haben Sie doch ~! ☐ *seja razoável!; er zeigte wenig ~; mit jmdm. ~ haben ☐ **compreensão;** er wird noch zur ~ kommen ☐ *ele ainda vai entender **3** ⟨zählb.⟩ *Erkenntnis, Sachkenntnis;* ich kam zu der ~, dass ... ☐ *fiquei sabendo que...; neue ~en gewinnen; wichtige, historische, interessante ~en ergeben sich ☐ **conhecimento**

ein∥sich|tig ⟨Adj.⟩ **1** *voller Einsicht(2), verständnisvoll;* er war sehr ~ ☐ **compreensivo 2** *verständlich, leicht zu verstehen;* diese Argumente sind sehr ~ ☐ **compreensível**

Ein|sied|ler ⟨m.; -s, -⟩ Sy *Eremit* **1** *einsam lebender Mönch;* ein frommer ~; wie ein ~ leben ☐ **anacoreta 2** (fig.) *einsam lebender Mensch* ☐ **eremita; solitário**

ein∥sil|big ⟨Adj.⟩ **1** ⟨24⟩ *aus einer Silbe bestehend;* ein ~es Wort **1.1** ~er **Reim** *R. aus einer Silbe* ☐ **monossilábico 2** (fig.) *wortkarg;* eine ~e Antwort geben; ~ sein; ein ~er Mensch ☐ **lacônico; taciturno**

ein∥sin|ken ⟨V. 244/400(s.)⟩ **1** *in einem weichen Untergrund langsam nach unten sinken, versinken;* Vorsicht, hier sinkt man ein!; bis zu den Knien ~; im Morast, im Schlamm, Schnee ~ ☐ **afundar; submergir 1.1** *flach werden, eine Krümmung nach unten od. hinten* *bekommen;* ein eingesunkener Brustkorb; eingesunkene Gräber; eingesunkener Fußboden □ fundo; afundado; cavado **2** *in sich zusammensinken, einfallen;* die hölzerne Brücke sank unter dem Gewicht der Schneemassen ein □ ceder; desmoronar

ein‖span|nen ⟨V. 500⟩ **1** *etwas ~ in einen Rahmen, eine Vorrichtung spannen;* ein neues Blatt (in die Schreibmaschine) ~; einen Film (in die Kamera) ~ □ inserir; colocar; ein Werkstück in den Schraubstock ~ □ fixar; Saiten in den Tennisschläger ~ □ *encordoar a raquete de tênis* **2** Zugtiere ~ *vor den Wagen spannen;* Pferde, Ochsen ~ □ atrelar **3** ⟨515/Vr 8⟩ jmdn. (für, zu etwas) ~ ⟨fig.; umg.⟩ *jmdn. zur Mitarbeit (bei, an etwas) veranlassen;* ich habe ihn zum Möbelräumen eingespannt □ pôr para trabalhar **3.1** er ist von früh bis spät im, in seinem Beruf eingespannt ⟨fig.⟩ *er ist von früh bis spät sehr beschäftigt, hat sehr viel zu tun* □ dar duro; trabalhar duro

ein‖sper|ren ⟨V. 500/Vr 7⟩ **1** *jmdn. od. ein Tier ~ in einen Raum sperren, einschließen;* ich habe mich in mein(em) Zimmer eingesperrt; sie sperrte den Hund in der Wohnung ein; jmdn. eingesperrt halten □ trancar **2** *jmdn. ~* ⟨umg.⟩ *in eine Haft- od. Strafanstalt setzen, gefangen setzen;* Sy arretieren(1); einstecken; einen Verbrecher ~ □ prender; encarcerar

ein‖spie|len ⟨V. 500⟩ **1** *ein Instrument ~ durch Spielen zum besseren, volleren Tönen bringen;* eine Geige ~ □ ensaiar; estudar **2** ⟨Vr 3⟩ *sich ~ sich im Spiel einüben, im Spiel sicher werden;* die Mannschaft, der Pianist, der Schauspieler musste sich erst ~ □ *treinar; ensaiar* **2.1** ⟨Vr 4⟩ *sich aufeinander ~ durch gemeinsame Tätigkeit zu guter Zusammenarbeit kommen* □ *harmonizar-se* **2.1.1** aufeinander eingespielt sein *sich gut ergänzen, im Spiel gut zusammenwirken;* die Mannschaft, das Orchester ist gut aufeinander eingespielt □ *estar em harmonia* ⟨Vr 3⟩ *etwas* spielt sich ein *wird zur Gewohnheit u. bereitet keine Schwierigkeiten mehr;* der Arbeitsablauf hat sich gut eingespielt □ entrar nos eixos; passar a funcionar bem **4** Kosten ~ ⟨Film; Theat.⟩ *durch Aufführungen einbringen;* die Produktionskosten wurden innerhalb weniger Monate eingespielt □ render **5** ein Musikstück ~ *auf Tonträger (Platte, CD) aufnehmen* □ gravar

ein‖spin|nen ⟨V. 249/500⟩ **1** ⟨Vr 3⟩ Spinner spinnen sich ein ⟨Zool.⟩ *spinnen um sich herum Fäden, um sich einzupuppen;* die Larve des Seidenspinners spinnt sich ein □ encasular-se **2** ⟨505/Vr 3⟩ *sich (in etwas) ~* ⟨fig.; geh.⟩ *sich (in etwas) völlig zurückziehen;* sich in seine Gedanken, in seine Häuslichkeit ~; sie hat sich ganz in ihre Träumereien eingesponnen □ recolher-se; ensimesmar-se

ein‖sprin|gen ⟨V. 253/410 od. 800(s.)⟩ **1** *für jmdn. ~ etwas ersatzweise, stellvertretend tun, ausnahmsweise die Arbeit eines anderen tun, aushelfen;* könnten Sie heute einmal ~?; er springt immer ein, wo, wenn es notwendig ist; für den erkrankten X sprang Y ein □ *substituir alguém* **2** ~der **Winkel** *W., der größer ist als 180°* □ *ângulo reentrante*

Ein|spruch ⟨m.; -(e)s, -sprü|che⟩ **1** *Einwand, Widerspruch;* Sy Veto(2); es erfolgte kein ~; seine Einsprüche vorbringen **1.1** ⟨Rechtsw.⟩ *Protest gegen Unrecht od. eine gerichtliche Entscheidung,* ~ erheben gegen einen Befehl, eine (gerichtliche) Entscheidung, eine Maßnahme, ein Unrecht □ objeção

einst ⟨Adv.⟩ **1** *wie früher, damals, in der Vergangenheit;* ~ dienten die Baracken zur Unterbringung von Flüchtlingen □ antigamente; outrora **2** *in ferner Zukunft;* ~ wird hier ein Industriezentrum entstehen □ um dia

Einst ⟨n.; -; unz.⟩ *Vergangenheit;* das ~ und das Jetzt □ passado

ein‖stamp|fen ⟨V. 500⟩ **1** Sauerkraut ~ *feststampfen* □ calcar **2** *etwas ~ durch Stampfen zerkleinern* □ moer; triturar **3** Druckschriften ~ *zu Papierrohstoff verarbeiten;* eine Auflage ~ □ fazer maculatura

Ein|stand ⟨m.; -(e)s, -stän|de⟩ **1** *festlich begangener Dienstantritt;* jmdm. zum ~ Glück wünschen; seinen ~ geben, feiern; es war ein ~ mit Bier u. Schnaps □ início em nova atividade/novo emprego **2** ⟨unz.; Tennis⟩ *gleicher Punktstand für beide Partner (ab 40 : 40)* □ empate **3** ⟨Jägerspr.⟩ *geschützter Standort, an dem sich das Schalenwild regelmäßig aufhält;* der Hirsch nahm seinen ~ □ refúgio

ein‖ste|cken ⟨V. 500⟩ **1** *etwas ~ in etwas dafür Bestimmtes stecken* □ introduzir; meter **1.1** *an sich nehmen, in die Tasche stecken, um es mitzunehmen;* vergiss nicht, deine Brille, dein Frühstück, dein Geld einzustecken; ich habe die Eintrittskarten vergessen einzustecken □ pegar; colocar no bolso **1.2** ⟨umg.⟩ *als Gewinn einnehmen;* bei diesem Geschäft hat er einige Tausender eingesteckt □ embolsar **2** *jmdn. ~* ⟨umg.⟩ = *einsperren(2)* **3** *eine Sache ~* ⟨fig.; umg.⟩ *widerspruchslos ertragen, hinnehmen, sich gefallen lassen;* eine Beleidigung, Grobheit, Kränkung ~ müssen; sie steckt nichts ein □ engolir

ein‖ste|hen ⟨V. 256(s.)⟩ **1** ⟨800⟩ *für etwas od. jmdn. ~ bürgen, gewährleisten, eintreten;* ich stehe dafür ein, dass ...; er will für nichts ~; für deine Tat musst du auch ~ □ responder; responsabilizar-se **2** ⟨800⟩ für etwas ~ *Ersatz leisten, die Folgen von etwas tragen;* er muss für den verursachten Schaden ~ □ indenizar; compensar **3** ⟨400⟩ das **Wild** steht ein ⟨Jägerspr.⟩ *zieht in ein bestimmtes Gebiet* □ estabelecer-se

ein‖stei|gen ⟨V. 258(s.)⟩ **1** ⟨411⟩ *in ein Fahrzeug ~ steigen;* ins Auto, in den Bus, in die Straßenbahn, ins Zugabteil ~; bitte ~! (Ansage über Lautsprecher vor Abfahrt des Zuges) □ entrar; embarcar **2** ⟨411⟩ *durch eine hoch gelegene Öffnung in einen Raum eindringen;* durch das Fenster ins Haus ~; der Dieb ist über den Balkon in die Wohnung eingestiegen □ entrar; penetrar **3** ⟨800⟩ in ein Geschäft ~ ⟨fig.; umg.⟩ *sich an einem G. beteiligen;* er will in das Geschäft ~ □ *participar/tomar parte de um negócio*

ein‖stel|len ⟨V. 500⟩ **1** *etwas ~ hineinstellen, unter Dach bringen, unterstellen, unterbringen;* die Pferde (in den Stall) ~; das Auto, den Wagen (in die Garage) ~ □ levar para dentro; guardar **2** jmdn. ~ *in Arbeit, in den Dienst nehmen;* wir müssen noch ei-

nige Arbeitskräfte ~ ☐ **empregar; admitir** 2.1 *zum Heeresdienst einziehen;* Rekruten ~ ☐ **convocar** 3 ⟨500⟩ eine **Tätigkeit** ~ *beenden, ruhenlassen;* die Arbeit, Zahlung ~; die Bauarbeiten mussten wegen des Frostes eingestellt werden; die Suche nach den vermissten Bergsteigern ~; die Kampfhandlungen wurden eingestellt ☐ **interromper; suspender;** das Feuer ~ ⟨Mil.⟩ ☐ **cessar,** ein Verfahren wegen Geringfügigkeit ~ ⟨Rechtsw.⟩ ☐ **arquivar** 3.1 die **Arbeit** ~ *mit dem Streik beginnen* ☐ **suspender** 4 ein technisches Gerät ~ *so richten, dass es in gewünschter Weise funktioniert;* das Fernglas scharf ~; einen Sender für klassische Musik im Radio ~; das Radiogerät auf Zimmerlautstärke ~; bei diesem trüben Wetter musst du deinen Fotoapparat auf eine große Blende ~ ☐ **ajustar; regular; focar** 5 einen **Rekord** ~ ⟨Sp.⟩ *nochmals, ebenfalls erreichen* ☐ **igualar** 6 ⟨Vr 3⟩ sich ~ *sich einfinden, erscheinen, kommen;* der Frühling hat sich in diesem Jahr schon früh eingestellt; gegen Abend stellte sich hohes Fieber bei ein; wir werden uns zum verabredeten Zeitpunkt bei euch ~ ☐ *****chegar; aparecer** 7 ⟨550/Vr 3⟩ *sich auf jmdn. od. etwas ~ sich nach jmdm. od. etwas richten, sich jmdm. od. etwas anpassen;* ich muss mich auf meine Schüler ~; ich habe mich noch nicht auf die neuen Arbeitsmethoden eingestellt; er hat sich ganz auf Diät eingestellt; unsere Urlaubsgarderobe ist nicht auf diese kühle Witterung eingestellt ☐ *****adaptar-se/habituar-se a alguém ou alguma coisa**
ein|stel|lig ⟨Adj. 70⟩ *eine ~e* **Zahl** *aus nur einer Ziffer bestehende Z.* ☐ **de um só algarismo**
Ein|stel|lung ⟨f.; -, -en⟩ 1 *das Einstellen*(2), *Anstellung;* bei meiner ~ wurde ich vom Personalchef durch den Betrieb geführt ☐ *****ao ser admitido...** 2 *Beendigung* ☐ **interrupção; suspensão** 2.1 *die ~ des* **Verfahrens** ⟨Rechtsw.⟩ *förmliche Beendigung eines Gerichtsverfahrens* ☐ **arquivamento** 3 *das Einstellen*(4) *eines technischen Gerätes;* die ~ eines Fernglases; die ~ der Kompassnadel ☐ **ajuste; regulagem** 3.1 ⟨Film; Fernsehen⟩ *kleinste Einheit einer Film- od. Fernsehaufzeichnung, durch die Entfernung der Kamera von der aufzunehmenden Wirklichkeit u. die dadurch bedingte Größe des Bildausschnitts bestimmt wird* ☐ **enquadramento** 4 *(durch Erfahrung erworbenes System von) Anschauungen, Meinungen u. Überzeugungen (eines Menschen);* ich kenne seine ~ zu dieser Sache; eine politische, religiöse ~ ☐ **posição; opinião** 5 *das Einstellen* (5) *eines Rekordes;* ihm gelang die ~ des Uraltweltrekordes ☐ *****ele conseguiu alcançar/igualar o antigo recorde mundial**
Ein|stieg ⟨m.; -(e)s, -e⟩ 1 *das Einsteigen* ☐ **embarque; entrada** 2 *Öffnung, Tür zum Einsteigen;* der vordere, hintere ~ bei der Straßenbahn ☐ **entrada; acesso**
eins|tig ⟨Adj. 60⟩ *ehemalig, früher;* mein ~er Lehrer ☐ **antigo; ex**
ein|stim|men ⟨V.⟩ 1 ⟨400⟩ *anfangen, sich an einem Gesang od. Spielen zu beteiligen;* der Chor stimmte ein; darauf stimmten die Flöten ein ☐ **entoar** 2 ⟨800; fig.⟩ *einer Meinung zustimmen, einwilligen;* in einen Plan ~ ☐ **fazer coro** 3 ⟨500⟩ ein **Instrument** ~ ⟨Mus.⟩ *mit den anderen Instrumenten in Einklang bringen* ☐ **harmonizar** 4 ⟨515/Vr 3 od. Vr 4⟩ *sich auf (für, zu) etwas ~* ⟨fig.⟩ *sich gefühlsmäßig, in der Stimmung auf etwas einstellen;* sich auf ein Konzert, einen Vortrag ~ ☐ *****entrar em sintonia/afinar-se com alguma coisa**
ein|stim|mig ⟨Adj. 24⟩ 1 ⟨Mus.⟩ *aus nur einer Stimme bestehend, nicht mehrstimmig;* ein ~es Lied singen; ~ singen, spielen ☐ **uníssono** 2 ⟨fig.⟩ *einmütig, übereinstimmend, von allen ohne Gegenstimme (gebilligt);* ein ~er Beschluss; der Vorschlag wurde ~ angenommen; die ganze Klasse antwortete, rief ~ ...; er wurde ~ zum Vorsitzenden gewählt ☐ **unânime; por unanimidade**
ein|strei|chen ⟨V. 263/500⟩ 1 ⟨516⟩ *etwas mit etwas ~ auf etwas durch Streichen etwas auftragen;* die wunde Stelle mit einer Salbe ~; die Tapeten mit Kleister ~ ☐ **untar; besuntar** 2 *etwas ~* ⟨fig.; umg.; abwertend⟩ *wie selbstverständlich an sich nehmen, einstecken;* er strich das Geld ein, ohne herauszugeben; große Gewinne ~ ☐ **embolsar,** Beifall, Ruhm ~ ☐ **receber; ganhar** 3 einen **Text** ~ ⟨Theat.⟩ *kürzen* ☐ **reduzir; encurtar**
ein|stür|men ⟨V. 800(s.)⟩ *auf jmdn. ~ plötzlich zustürzen, eindringen, jmdn. überfallen;* auf den Feind ~ ☐ *****cair/precipitar-se sobre alguém;** viele Fragen stürmten auf mich ein ⟨fig.⟩ ☐ *****fui bombardeado com muitas perguntas**
Ein|sturz ⟨m.; -es, -stür|ze⟩ *das Einstürzen, Zusammenstürzen, -brechen;* ~ eines Gebäudes; Vorsicht, ~gefahr! ☐ **desabamento; desmoronamento**
ein|stür|zen ⟨V.(s.)⟩ 1 ⟨400⟩ *etwas stürzt ein etwas bricht zusammen, zerfällt in Trümmer;* das alte Haus stürzte ein; ihm ist das Dach über dem Kopf eingestürzt ☐ **desabar; desmoronar** 2 ⟨800⟩ *etwas stürzt auf jmdn. ein* ⟨fig.⟩ *überfällt jmdn.;* die alten Erinnerungen stürzten auf ihn ein ☐ **acometer; tomar**
einst|wei|len ⟨Adv.⟩ 1 *vorläufig, erst einmal, derzeit;* ~ wohnt sie noch bei den Eltern ☐ **provisoriamente; por enquanto** 2 *unterdessen, inzwischen;* du kannst ~ auf den Hund aufpassen ☐ **enquanto isso**
einst|wei|lig ⟨Adj. 70⟩ 1 *vorläufig;* jmdn. in den ~en Ruhestand versetzen 1.1 eine ~e **Verfügung** ⟨Zivilprozess⟩ *vorläufige gerichtliche Anordnung zur Abwendung schwerer Nachteile für eine Partei* ☐ **provisório; transitório**
ein|tau|schen ⟨V. 505⟩ *etwas (gegen, für etwas) ~ tauschen, wechseln, durch Tausch bekommen, erwerben;* können Sie mir bitte einen Hundertgeuroschein gegen zwei Fünfzigeuroscheine ~?; Briefmarken gegen Münzen ~ ☐ **trocar**
ein|tei|len ⟨V. 500⟩ 1 ⟨510⟩ *etwas in etwas ~ in Teile zerlegen, teilen;* sie teilte die Torte in mehrere Stücke ein; den Braten in Portionen ~; die Stadt in 5 Bezirke ~ 1.1 *in Abschnitte gliedern, sinnvoll aufteilen;* ein Buch in 10 Kapitel ~ ☐ **dividir; repartir** 2 ⟨503/Vr 5⟩ *etwas ~* ⟨umg.⟩ *planmäßig verteilen, mit etwas sinnvoll umgehen;* er kann sich die Arbeit nicht ~; du musst dein Geld, deine Zeit besser ~! ☐ **organizar; dividir** 3 ⟨515 od. 518/Vr 8⟩ *jmdn. zu, als etwas ~ in eine Gruppe (mit bestimmten Aufgaben)*

einordnen, einreihen; er wurde zum Außendienst eingeteilt ☐ **alocar; destacar**

Ein|tei|lung ⟨f.; -, -en⟩ **1** *das Einteilen* ☐ **divisão; organização 2** *Gliederung;* ~ in drei Abschnitte, Kapitel, Strophen ☐ **divisão; classificação**

ein|tö|nig ⟨Adj.⟩ *ohne Abwechslung, gleichförmig, einförmig u. dadurch langweilig;* eine ~e Arbeit, Gegend, Kost; ~ reden, vorlesen ☐ **(de modo) monótono**

Ein|topf ⟨m.; -(e)s, -töp|fe; kurz für⟩ *Eintopfgericht;* Gemüse~, Linsen~ ☐ **guisado; ensopado**

Ein|topf|ge|richt ⟨n.; -(e)s, -e⟩ *in einem einzigen Topf gekochtes einfaches Gericht;* heute gibt es ein ~ ☐ **ensopado; minestrone**

Ein|tracht ⟨f.; -; unz.⟩ **1** *gutes Einvernehmen, Einmütigkeit, Einigkeit, Verträglichkeit;* in Liebe und ~; in ~ leben; die ~ stören ☐ **união; harmonia** 1.1 ~ **stiften** *einen Streit schlichten* ☐ ***fazer as pazes**

Ein|trag ⟨m.; -(e)s, -trä|ge⟩ **1** *Eintragung, schriftlicher Vermerk, Notiz, Buchung;* ein ~ in den Akten; die letzten Einträge lesen ☐ **registro** 1.1 *schriftlicher Tadel;* einen ~ ins Klassenbuch bekommen ☐ **advertência 2** ⟨unz.; nur in der Wendung⟩ *das tut der Sache keinen* ~ *macht nichts aus, beeinträchtigt die Sache nicht* ☐ ***não tem problema; não faz mal* 3** ⟨Web.⟩ *Querfaden* ☐ **trama**

ein|tra|gen ⟨V. 265/500⟩ **1** ⟨511/Vr 7⟩ *jmdn. od. etwas* ~ *einschreiben, vermerken;* bitte tragen Sie sich in diese Liste ein; ich muss mir den Termin noch in mein Notizbuch ~ ☐ **inscrever; anotar** 1.1 *ein eingetragener Verein* ⟨Abk.: e. V.⟩ *behördlich registrierter u. genehmigter V.* ☐ ***associação registrada** 1.2 *ein eingetragenes Markenzeichen beim Patentamt registriertes M., dessen Verwendung nur dem Inhaber gestattet ist* ☐ ***marca registrada** **2** ⟨530⟩ *jmdm. etwas ~ (Nutzen, Gewinn) einbringen;* sein letztes Buch hat ihm Ruhm und großen finanziellen Gewinn eingetragen; sein Versuch zu helfen hat ihm nur Undank eingetragen ☐ **trazer; render**

ein|träg|lich ⟨Adj.⟩ *gewinnbringend;* ein ~es Geschäft; dieser Handel war für ihn nicht sehr ~ ☐ **lucrativo**

ein|tref|fen ⟨V. 266/400(s.)⟩ **1** *ankommen;* unsere Besucher trafen pünktlich bei uns ein; sie ist glücklich zu Hause eingetroffen; Spargel frisch eingetroffen (Anpreisung zum Verkauf) ☐ **chegar 2** *etwas trifft ein geht in Erfüllung, bestätigt sich;* meine Befürchtungen, Vermutungen sind eingetroffen; alles ist genauso eingetroffen, wie er es vermutet hatte ☐ **confirmar-se; cumprir-se**

ein|trei|ben ⟨V. 267/500⟩ **1** *etwas* ~ *einschlagen;* Nägel, Niete, Pfähle ~ ☐ **cravar; fixar 2** *Vieh* ~ *in den Stall treiben;* er muss am Abend das Vieh ~ ☐ **recolher 3** *geldbeträge* ~ *einziehen, kassieren;* Schulden, Steuern ~; ich muss noch meine Außenstände, Beiträge ~ ☐ **cobrar; receber**

ein|tre|ten ⟨V. 268⟩ **1** ⟨500⟩ *etwas* ~ 1.1 *durch Treten eindrücken, zerstören;* der Polizist musste die Tür ~ ☐ **arrombar** 1.2 *durch Darauftreten in den Boden drücken;* er trat den Zigarettenrest in den Sand ein ☐ **calcar; amassar (pisando)** 1.3 *Schuhe* ~ *durch Tragen dem Fuß anpassen;* du musst die neuen Schuhe erst zu Hause ~ ☐ **lassear 2** ⟨530/Vr 1⟩ *sich etwas* ~ *sich durch Darauftreten etwas in die Fußsohle eindrücken, einziehen;* ich habe mir einen Dorn, Nagel, Splitter eingetreten ☐ ***pisar em alguma coisa 3** ⟨400(s.)⟩ 3.1 *hineingehen, hereinkommen;* bitte treten Sie ein!; bitte ~, ohne anzuklopfen (Türschild); er ist bereits in sein 70. Lebensjahr eingetreten; beim Eintreten blickte er suchend um sich ☐ **entrar** 3.2 ⟨411⟩ *(in einer Gemeinschaft) Mitglied werden;* in einen Betrieb, eine Firma, einen Club, einen Orden, eine Partei ~ ☐ **entrar; ingressar 4** ⟨400(s.)⟩ *etwas tritt ein* 4.1 *etwas geschieht, wird Wirklichkeit;* was wir befürchteten, trat tatsächlich ein; ein unvorhergesehenes Ereignis trat ein; überraschend trat ein Wetterumschwung ein; es wird keine Änderung ~; nun ist der Fall eingetreten, dass ...; unvermutet trat Fieber ein ☐ **acontecer; realizar-se; produzir-se** 4.2 *beginnt;* im Befinden des Kranken ist immer noch keine Besserung eingetreten ☐ **haver;** die Dunkelheit trat ein ☐ **cair 5** ⟨800(s.)⟩ 5.1 **in etwas** ~ *mit etwas beginnen;* in eine Debatte, Diskussion, ein Gespräch ~ ☐ ***entabular/encetar alguma coisa* 5.2 *für jmdn. od. etwas* ~ *jmdn. od. etwas verteidigen, vertreten, in Schutz nehmen, öffentlich dafür Partei nehmen, seinen Einfluss dafür verwenden;* er ist sehr für mich eingetreten; für eine Änderung, einen Plan, einen Vorschlag ~ ☐ ***intervir em favor de alguém ou alguma coisa* 5.3 **auf etwas** ~ ⟨schweiz.⟩ *sich (in einer beschlussfassenden Versammlung) mit etwas beschäftigen;* auf einen Antrag, eine Anzeige ~; die Fraktion beantragte, auf den Vorschlag einzutreten ☐ ***ocupar-se/tratar de alguma coisa**

Ein|tritt ⟨m.; -(e)s, -e⟩ **1** *das Eintreten(3.1);* ~ verboten! ☐ **entrada 2** *(gegen eine Gebühr erhältliche) Berechtigung zum Besuch von etwas, zur Teilnahme an etwas;* ~ 10 Euro; es kostet keinen ~; ~ frei! ☐ **ingresso; entrada 3** *das Eintreten(3.2);* beim ~ ins väterliche Geschäft ☐ ***ao entrar/ingressar na loja de pai;* sein ~ in die höhere Schule; jmdm. ~ gewähren ☐ **entrada, admissão 4** *das Eintreten(4.2), Beginn* ☐ **início;** bei ~ der Dunkelheit ☐ **cair**

Ein|tritts|kar|te ⟨f.; -, -n⟩ *Karte, die zum Besuch, zur Besichtigung od. zur Teilnahme berechtigt;* eine ~ für den Zoo, das Kino, eine Kunstausstellung erwerben ☐ **ingresso; entrada**

ein|und|ein|halb ⟨Numerale⟩ = *eineinhalb*

ein|ver|lei|ben ⟨V. 530; ich verleibe ein od. ich einverleibe, Part. des Perfekts nur einverleibt⟩ **1** *etwas einer Sache* ~ *einfügen, eingliedern;* er hat das wertvolle Buch seiner Bibliothek einverleibt; ein Gebiet wird einem Staat einverleibt ☐ **incorporar; anexar 2** ⟨Vr 1⟩ *sich etwas* ~ *aneignen;* sich ein Land ~ ☐ ***apropriar-se de alguma coisa* 2.1 ⟨scherzh.⟩ *etwas essen od. trinken, verzehren;* er hat sich ein halbes Brot einverleibt; ich verleibte mir drei Gläser Wein ein ☐ **mandar ver** 2.2 ⟨fig.⟩ *geistig aneignen;* er hat sich die neuen Erkenntnisse einverleibt ☐ **adquirir; assimilar 3** *einverleibende Sprachen* ⟨Sprachw.⟩ *S.,*

Einvernehmen

bei denen mehrere Satzteile zu einem einzigen Wort zusammengeschlossen werden, z. B. die Indianersprachen, Bantusprachen, Grönländisch □ **línguas incorporantes*

Ein|ver|neh|men ⟨n.; -s; unz.⟩ **1** *Übereinstimmung, Eintracht, Einigkeit; im gegenseitigen ~ handeln; mit jmdm. im ~, in gutem ~ leben, stehen* □ **entendimento; harmonia 2** *sich mit jmdm. ins ~ setzen sich mit jmdm. in Verbindung setzen, um zur Übereinstimmung zu kommen* □ ***entrar em acordo com alguém**

ein|ver|stan|den ⟨Adj. 24/74⟩ **1** *mit einer Sache ~ sein einer S. zustimmen, keine Einwände gegen eine S. haben, eine S. richtig finden; sie ist damit ~, dass ...* □ **estar de acordo/concordar com alguma coisa* **1.1** *(mit einem Entschluss, einer Maßnahme, einem Plan)* **~!** *gut!, in Ordnung!* □ **combinado!; de acordo! 2** *mit jmdm. ~ sein* **2.1** *mit jmdm. einer Meinung sein* □ **estar de acordo/concordar com alguém* **2.2** ⟨umg.⟩ *jmdn. billigen, gern mögen* □ ***aprovar alguém 3** *sich mit etwas ~ erklären seine Zustimmung zu etwas geben* □ ***dar sua aprovação/seu aval a alguma coisa**

ein|ver|ständ|lich ⟨Adj. 24; österr.⟩ *mit Einwilligung des Partners* □ **de comum acordo**

Ein|ver|ständ|nis ⟨n.; -ses, -se⟩ **1** *Einvernehmen, Übereinstimmung; zwischen uns herrscht völliges ~* □ **harmonia; concordância 2** *Billigung, Übereinkommen, Zustimmung; etwas mit jmds. ~ tun; im ~ mit jmdm. handeln* □ **aprovação; consentimento**

Ein|wand ⟨m.; -(e)s, -wän|de⟩ *Äußerung eines Gegengrundes, Widerspruch, Protest; einen ~ erheben, geltend machen, vorbringen; jmds. ~ zurückweisen; ein nichtiger, unbegründeter, unberechtigter ~* □ **objeção; protesto**

ein||wan|dern ⟨V. 410(s.)⟩ *in einen fremden Staat übertreten, einreisen, um sich dort dauernd niederzulassen; seine Familie ist im Jahre 1888 in Südamerika eingewandert* □ **imigrar**

ein|wand|frei ⟨Adj. 24⟩ **1** *in ordentlichem Zustand, nicht zu beanstanden, ohne Mangel; der Zustand der Ware ist ~* □ **intacto; impecável 2** *tadellos, vorbildhaft; sein Benehmen war ~* □ **irrepreensível 3** *klar, eindeutig, ohne Zweifel; es ist ~ nachgewiesen, dass ...* □ **(de modo) incontestável/indiscutível**

ein|wärts ⟨Adv.⟩ **1** *nach innen* □ **para dentro 1.1** *in ... hinein; stadt~, wald~* □ **dentro de; no interior de**

ein|wärts||bie|gen ⟨V. 109/500⟩ *etwas ~ nach innen biegen; ein Blech ~* □ **dobrar para dentro**

ein|wärts||geh|en ⟨V. 145/400(s.)⟩ *mit nach innen gerichteten Fußspitzen gehen* □ ***andar com os pés voltados para dentro**

Ein|weg... (in Zus.) *nur vom Erzeuger zum Verbraucher gehend, um dann weggeworfen zu werden, nur einmal zu benutzen; ~glas, ~flasche, ~dose usw.* □ **não retornável**

ein||wei|chen ⟨V. 500⟩ **1** *etwas ~ zum Weichmachen od. Schmutzlösen in Flüssigkeit legen; die Erbsen über Nacht ~ lassen; sie hat die trockenen Brötchen in* Milch eingeweicht; schmutzige Wäsche ~ □ **deixar de molho 2** *jmdn. od. etwas ~* ⟨fig.; umg.⟩ *durchnässen, durchfeuchten; ich bin vom Regen völlig eingeweicht* □ **ensopar; encharcar**

ein||wei|hen ⟨V. 500⟩ **1** *etwas ~ feierlich in Betrieb nehmen, zum ersten Mal gebrauchen, der Öffentlichkeit übergeben; die neue Brücke, Sporthalle, Straße ~* □ **inaugurar 1.1** ⟨fig.; umg.; scherzh.⟩ *zum ersten Mal tragen od. gebrauchen; ich habe heute mein neues Kostüm eingeweiht; ich muss die neue Filmkamera ~* □ **inaugurar; estrear 2** ⟨505/Vr 8⟩ *jmdn. (in etwas) ~* ⟨fig.⟩ *jmdm. ein Geheimnis anvertrauen, jmdn. in eine geheime Angelegenheit einführen; wir werden ihn in unseren Plan ~; sie hat ihn noch nicht eingeweiht* □ ***pôr alguém a par de alguma coisa**

ein||wei|sen ⟨V. 282/500/Vr 8⟩ **1** *jmdn. ~ feierlich in ein Amt einführen* □ **empossar 2** *jmdn. ~ zu einer neuen Arbeit anleiten, jmdm. die nötigen Erklärungen dazu geben; der Meister hat ihn (in seine neue Aufgabe) eingewiesen* □ **iniciar; instruir 3** ⟨511⟩ *jmdn. in einen Ort, eine Anstalt ~ veranlassen, dass jmd. an einem bestimmten O., in einer A. untergebracht wird, die Einlieferung anordnen; den Patienten ins Krankenhaus ~; das Jugendamt hat den Jungen in ein Heim eingewiesen* □ **encaminhar**

ein||wen|den ⟨V. 283/500⟩ *etwas ~ einen Einwand erheben, einen Gegengrund vorbringen, widersprechen; etwas gegen eine Sache ~; ich habe nichts dagegen einzuwenden* □ **objetar; opor-se**

ein||wer|fen ⟨V. 286/500⟩ **1** ⟨500⟩ *etwas ~ durch Wurf zertrümmern; eine Fensterscheibe ~* □ **quebrar/romper (lançando um objeto contra) 2** ⟨500⟩ *etwas (in etwas) ~ hineinwerfen; einen Brief (in den Briefkasten) ~* □ **introduzir; postar 3** ⟨400⟩ *(den Ball) ~* ⟨Sp.⟩ *ins Spielfeld werfen; die deutsche Mannschaft wirft ein* □ **fazer o lançamento (para a área) 4** *etwas ~* ⟨fig.⟩ *beiläufig bemerken, dazu sagen; er warf (dagegen) ein, dass ...* □ **objetar; observar**

ein||wi|ckeln ⟨V. 500⟩ **1** *jmdn. od. etwas ~ in etwas wickeln, einpacken, einhüllen; jmdn. in Decken ~; eine Ware in Papier ~; das Frühstücksbrot in Pergamentpapier ~* □ **envolver; embalar 2** *jmdn. ~* ⟨fig.; umg.⟩ *geschickt für sich gewinnen; da hast du dich ganz schön von ihm ~ lassen!* □ **enrolar; engambelar**

ein||wil|li|gen ⟨V. 800⟩ *in eine Sache ~ einer S. zustimmen, sie gestatten, erlauben; sie willigte in die Scheidung ein* □ ***concordar com alguma coisa; consentir em alguma coisa**

ein||wir|ken[1] ⟨V. 500; Web.⟩ *etwas ~ einweben; ein Muster in Stoff ~; eingewirkte Streifen* □ **entretecer**

ein||wir|ken[2] ⟨V. 800⟩ *auf jmdn. od. etwas ~ Wirkung haben, ausüben, jmdn. beeinflussen, ihm zureden; ein Klimawechsel könnte günstig auf seinen Gesundheitszustand ~; nachteilig, wohltuend auf jmdn. ~* □ **influenciar; influir**

Ein|wir|kung ⟨f.; -, -en⟩ *das Einwirken, Einfluss, Wirkung; eine positive ~ auf jmdn. ausüben* **1.1** *ohne ~ eines anderen ohne dass ein anderer daran beteiligt war* □ **influência**

Ein|woh|ner ⟨m.; -s, -⟩ **1** *dauernder Bewohner, Ansässiger (eines Landes, einer Stadt);* die ~ von Berlin; diese Gemeinde hat 4000 ~ □ **habitante; residente 2** *Bewohner, Mieter (eines Hauses)* □ **morador**

Ein|woh|ne|rin ⟨f.; -, -rin|nen⟩ *weibl. Einwohner* □ **habitante; residente; moradora**

Ein|wurf ⟨m.; -(e)s, -wür|fe⟩ **1** *das Hineinwerfen, z. B. in den Briefkasten* □ **introdução; postagem 2** *Stelle, durch die etwas eingeworfen werden kann, Öffnung, Schlitz;* ~ *für Großbriefe;* der ~ am Briefkasten □ **fenda; abertura 3** (Sp.) *das Hineinwerfen des Balles ins Spielfeld von außerhalb;* ~ *für den ... Sportverein* □ **lançamento (para a área) 4** (fig.) *kurzer Einwand, eingeworfene unterbrechende Zwischenbemerkung;* Einwürfe machen gegen ... □ **objeção; observação**

ein|wur|zeln ⟨V. 400(s.) od. 500/Vr 3⟩ **1** *eine Pflanze, ein Baum wurzelt ein schlägt Wurzeln in die Erde, wächst fest an;* diese Birke ist, hat sich tief eingewurzelt; die Sträucher müssen noch ~ □ **enraizar; criar raízes 2** *eine Sache wurzelt ein* (fig.) *setzt sich fest, wird zur Gewohnheit;* diese Meinung ist tief bei ihm eingewurzelt; ein tief eingewurzeltes Misstrauen gegen jmdn. haben □ **arraigar**

Ein|zahl ⟨f.; -; unz.; Gramm.⟩ = *Singular;* Ggs *Mehrzahl*

ein|zah|len ⟨V. 500⟩ *Geld* ~ **1** *in eine Kasse zahlen;* den Mitgliedbeitrag in die Vereinskasse ~ □ **pagar 2** *(zur Weiterbeförderung) bei einem Geldinstitut auf ein Konto einliefern;* 100 € auf ein Sparbuch ~; einen Geldbetrag bei der Post, Sparkasse ~ □ **depositar**

ein|zei|lig ⟨Adj. 24; in Ziffern: **1-zeilig**⟩ *eine Zeile umfassend, aus einer Zeile bestehend;* eine ~e Notiz, Überschrift □ **de uma só linha**

Ein|zel|heit ⟨f.; -, -en⟩ *einzelner Teil, Gegenstand, einzelne Frage (aus einem Zusammenhang);* auf ~en eingehen; etwas bis in die kleinsten ~en erklären, schildern □ **detalhe; pormenor**

ein|zeln ⟨unbest. Zahladjektiv; attr. u. substantivisch⟩ **1** *einer für sich allein, vom anderen getrennt, gesondert;* als Einzelner kann man sich schwer durchsetzen □ ***isoladamente/individualmente é difícil impor-se;** jeder Einzelne von uns weiß, dass ... □ ***cada um de nós sabe que...;** der ~e Mensch □ ***o indivíduo;** das ~e Buch □ **avulso; separado 1.1** *der, die, das Einzelne einer, eine, eines allein;* der Einzelne wird hier nicht berücksichtigt □ **indivíduo 1.2** *bis ins Einzelne* alles genau, mit allen Einzelheiten besprechen □ ***entrar nos detalhes 1.3** wir wollen es noch im Einzelnen besprechen *mit allen Einzelheiten* □ ***ainda queremos discutir isso em detalhes 1.3.1** vom Einzelnen zum Allgemeinen *vom Speziellen zum A.* □ ***do específico ao genérico 2** (Pl. od. n. Sing.) Einzelne, Einzelnes *einige(s), wenige(s), manche(s);* Einzelne sind der Meinung; Einzelnes hat mir gefallen □ **alguns; algumas coisas 3** (Getrennt- u. Zusammenschreibung) 3.1 ~ *stehen* = *einzelnstehend*

ein|zeln ste|hend *auch:* **ein|zeln ste|hend** ⟨Adj. 24/60⟩ *allein, für sich stehend;* ein ~er Baum □ **isolado; solitário**

ein|zie|hen ⟨V. 293⟩ **1** ⟨500⟩ *etwas* ~ *in etwas hineinziehen, einfügen;* einen Schnürsenkel in den Schuh ~; einen Faden in ein Nadelöhr ~; eine neue Scheibe in das Fenster ~ □ **inserir; colocar 2** ⟨500⟩ *Luft, Feuchtigkeit* ~ *in sich aufnehmen* □ **inspirar; absorver 3** ⟨500⟩ *ein Körperteil* ~ *an sich heranziehen;* die Katze zieht die Krallen ein □ **recolher;** die Schultern ~; mit eingezogenem Schwanz lief der Hund zurück □ **encolher** 3.1 den Schwanz ~ (a. fig.; umg.) *sich nicht durchsetzen, kleinlaut nachgeben* □ ***meter o rabo entre as pernas 4** ⟨500⟩ *etwas* ~ *einholen, ziehend zu sich heranholen;* die Ruder, die Segel ~; das Fahrgestell am Flugzeug ~ □ **recolher 5** ⟨530/Vr 1⟩ *sich einen Splitter, Dorn* ~ *in die Haut bohren;* ich habe mir einen Splitter in den Finger eingezogen □ **entrar; penetrar 6** ⟨500⟩ *Geldbeträge* ~ *(G., zu deren Zahlung eine Verpflichtung besteht) kassieren, einfordern;* Schulden, Steuern ~; Schuldbeträge gerichtlich ~ □ **coletar; cobrar 7** ⟨500⟩ *Privatbesitz* ~ *beschlagnahmen* □ **confiscar 8** ⟨500⟩ *etwas* ~ *aus dem Handel, Verkehr nehmen (weil es nicht den gesetzlichen Bestimmungen entspricht);* Banknoten ~; die alten Geldstücke werden eingezogen u. durch neue ersetzt; die letzte Nummer dieser Zeitschrift wurde laut einstweiliger Verfügung eingezogen □ **tirar de circulação 9** ⟨500⟩ *Erkundigungen* ~ *forschend einholen;* über jmds. Vergangenheit Erkundigungen ~ □ ***colher informações 10** ⟨500⟩ *jmdn.* ~ *zum Militärdienst einberufen;* Rekruten ~; demnächst wird ein weiterer Jahrgang eingezogen □ **convocar; recrutar 11** ⟨500⟩ *Wörter, Zeilen* ~ ⟨Typ.⟩ *einrücken(2.2)* □ **recuar 12** ⟨400 od. 411(s.)⟩ *Wohnung nehmen, sich einmieten, Wohnung, Zimmer beziehen;* die neuen Mieter sind gestern in unser Haus eingezogen □ **mudar(-se) 13** ⟨411(s.)⟩ *in einen Ort ziehen u. ankommen;* die Truppen zogen in die Stadt ein; mit vielen Tieren u. Wagen zog der Zirkus in die Stadt ein 13.1 ⟨411 od. 800; fig.; geh.⟩ *Einzug halten, sich einstellen;* mit dem Besuch der Kinder zog unbeschwertes Leben bei ihnen ein □ **entrar; chegar 14** ⟨400(s.)⟩ *Feuchtigkeit zieht ein dringt ein;* die Feuchtigkeit ist in die Mauer gezogen; in diesen Stoff zieht die Feuchtigkeit nicht so leicht ein □ **impregnar; infiltrar;** eine Creme, Salbe (in die Haut) ~ lassen □ **penetrar**

ein|zig ⟨Adj. 24⟩ **1** *nur einmal vorhanden, vorkommend, alleinig, einmalig;* der, die, das Einzige; er ist der Einzige, der mich versteht; ein ~es Mal; ein ~er Schlag genügte; sein ~er Sohn; wenn das deine ~e Sorge ist ...; ihr ~er Trost im Alter □ **único;** das Einzige wäre, dass ... □ **única coisa;** er hat als Einziger keinen Fehler gemacht □ **único; única pessoa** 1.1 *das ist das ~ Wahre!* ⟨umg.⟩ *das Richtige* □ ***essa é a única coisa certa!** 1.2 *er ist ein einziger Sohn unser einziger Sohn* □ **filho único 2** ⟨nur prädikativ od. adverbial⟩ *hervorragend, einzigartig, unvergleichlich;* seine Hilfsbereitschaft steht ~ da; es ist ~ in seiner Art; dort ist es ~ schön; eine ~ schöne Plastik □ **sem igual; excelente 3** ⟨nur adverbial⟩ *nur;* ich habe es dir

~ deshalb gesagt, weil ... □ só 3.1 ~ **und allein** *nur* □ *unicamente; ~ und allein das ist der Grund □ *essa é a única razão

ein|zig|ar|tig ⟨Adj. 24⟩ **1** *einmalig, einzig;* eine ~e Gelegenheit □ único **2** *herausragend, außerordentlich, unvergleichlich;* der Abend, das Konzert war ~ □ único; sem igual

Ein|zug ⟨m.; -(e)s, -zü|ge⟩ **1** *das Beziehen einer Wohnung;* wir wollen heute Abend unseren ~ feiern; beim ~ in die neue Wohnung haben wir alles renovieren lassen □ mudança **2** *das Einziehen(13), Einmarsch;* der ~ der Truppen in die Stadt □ entrada 2.1 ⟨fig.; geh.⟩ *Beginn* □ início 2.1.1 der Frühling hat seinen ~ gehalten *hat begonnen, sich eingestellt* □ *a primavera começou/chegou **3** *das Einziehen (eines Wechsels)* □ cobrança **4** ⟨Typ.⟩ *Einrückung, freigelassener Raum bei Beginn eines Absatzes;* in die Zeile mit ~ setzen □ recuo; entrada **5** ⟨Web.⟩ *das Einfädeln der Kettfäden* □ urdume **6** *in ein Loch einer Bürste eingezogenes Borstenbüschel* □ feixe de cerdas

Ein|zugs|ge|biet ⟨n.; -(e)s, -e⟩ **1** ⟨Geogr.⟩ *das gesamte von einem Fluss mit seinen Nebenflüssen entwässerte Gebiet* □ bacia hidrográfica **2** ⟨fig.⟩ *Versorgungsgebiet eines Verbrauchszentrums (Industriebezirk, Stadt)* □ zona de abastecimento

ein||zwän|gen ⟨V. 500/Vr 7⟩ *jmdn. od. etwas (in etwas) ~* ⟨a. fig.⟩ *hineinzwängen, -pressen, einpferchen, mit Gewalt hineinschieben u. einengen;* der steife Stehkragen zwängte ihn, ihm den Hals ein; sie saßen dicht eingezwängt □ apertar; fazer entrar à força

Eis ⟨n.; -es; unz.⟩ **1** *lichtdurchlässiger, kalter, spröder Stoff mit einer glatten Oberfläche, der durch Gefrieren aus Wasser entsteht* □ gelo; zu ~ gefrieren, werden □ *congelar; das ~ bricht, schmilzt; ein Block, eine Schicht, eine Stange ~; in ~ verwandeln; kalt wie ~ sein; der Teich hat sich mit einer dicken, dünnen Schicht ~ bedeckt; das ~ trägt noch nicht (zum Schlittschuhlaufen); auf dem ~ Schlittschuh laufen □ gelo 1.1 aufs ~ tanzen gehen ⟨fig.⟩ *übermütig werden* □ *ir longe demais; passar dos limites 1.2 etwas erst einmal auf ~ legen ⟨fig.; umg.⟩ *nicht weiterbearbeiten, verschieben* □ *pôr em compasso de espera **2** ⟨fig.⟩ *Gefühllosigkeit, Härte, unfreundliches, abweisendes Wesen;* ein Herz aus ~ □ *um coração de pedra 2.1 *Hemmungen, steifes, förmliches Verhalten* 2.1.1 das ~ brechen ⟨fig.⟩ *Hemmungen, Widerstand überwinden* □ *quebrar o gelo 2.1.2 das ~ ist gebrochen ⟨fig.⟩ *die anfängliche Zurückhaltung wurde aufgegeben, die unpersönlich steife Art überwunden* □ *o gelo foi quebrado **3** *gefrorene Süßspeise, Speiseeis;* ein Becher, eine Portion, eine Tüte ~; □ sorvete; ~ am Stiel □ *picolé

Eis|bein ⟨n.; -(e)s, -e; unz.⟩ *gepökeltes u. gekochtes Bein vom Schwein* □ joelho de porco

Eis|berg ⟨m.; -(e)s, -e⟩ *im Meer schwimmende, abgebrochene Randstücke (ant)arktischen Eises od. polarer Gletscher;* einen ~ sichten □ iceberg

Ei|sen ⟨n.; -s, -; chem. Zeichen: Fe⟩ **1** ⟨Zeichen: Fe⟩ *chem. Element, bläulich weißes, ziemlich weiches, an trockener Luft u. in luft- u. kohlendioxidfreiem Wasser unveränderliches, 2-, 3- und selten 6-wertiges Metall, Ordnungszahl 26;* → a. *Stahl;* ~ formen, hämmern, gießen, walzen; geschmiedetes, gewalztes, glühendes ~; einen Willen fest wie ~ haben □ ferro 1.1 zwei, mehrere ~ im Feuer haben ⟨fig.⟩ *zwei od. mehrere Pläne gleichzeitig verfolgen, um Erfolg zu haben* □ *ter duas/várias alternativas em vista 1.2 man muss das ~ schmieden, solange es heiß, warm ist ⟨Sprichw.⟩ *eine Sache erledigen, solange es günstig ist* □ *deve-se malhar o ferro enquanto está quente; → a. *alt(6.1), heiß(4)* **2** ⟨fig.⟩ *große Widerstandsfähigkeit, starke Belastbarkeit;* Muskeln, aus, von ~ haben □ ferro; → a. *Not(4.6)* **3** *etwas, das aus Eisen(1) hergestellt ist;* Bügel~ □ ferro (de passar) 3.1 *Beschlag für die Hufe des Pferdes;* ein Pferd mit ~ beschlagen □ ferradura 3.2 ⟨Jägerspr.⟩ *Falle* □ armadilha 3.3 ⟨Sp.⟩ *Golfschläger* □ taco de golfe 3.4 ⟨poet.⟩ *Schwert;* durch das ~ sterben □ espada; ferro 3.5 (nur Pl.) *Ketten, Fesseln;* einen Verbrecher in ~ legen; in ~ liegen □ ferros **4** ⟨Med.⟩ *eisenhaltiges Medikament;* sie muss während der Schwangerschaft ~ nehmen □ ferro **5** ⟨Getrennt- u. Zusammenschreibung⟩ 5.1 ~ verarbeitend *= eisenverarbeitend*

Ei|sen|bahn ⟨f.; -, -en⟩ **1** *schienengebundenes Verkehrsmittel auf eigenem Bahnkörper;* die ~ benutzen; mit der ~ fahren; ~en legen □ trem 1.1 *kleine Nachahmung der Eisenbahn(1) als Spielzeug;* der Junge spielte mit seiner ~ □ trenzinho **2** *es ist höchste ~* ⟨fig.; umg.; scherzh.⟩ *es ist höchste Zeit* □ *já está mais do que na hora **3** *Gleise für schienengebundene Verkehrsmittel* 3.1 ⟨kurz für⟩ *Eisenbahnstrecke;* die Straße führt entlang der ~; das Haus liegt an der ~ □ ferrovia; estrada de ferro **4** *Unternehmen, das den Eisenbahnverkehr organisiert, Bahn;* er arbeitet bei der ~ □ ferrovia

Ei|sen|hüt|te ⟨f.; -, -n⟩ *industrielle Anlage zur Gewinnung u. Weiterverarbeitung von Eisen(1);* Sy Eisenwerk(2) □ usina siderúrgica

ei|sen|ver|ar|bei|tend *auch:* **Ei|sen ver|ar|bei|tend** ⟨Adj. 24/60⟩ ~e Industrie *I., die auf die Verarbeitung von Eisen spezialisiert ist* □ siderúrgico

Ei|sen|werk ⟨n.; -(e)s, -e⟩ **1** *schmiedeeiserne Verzierung* □ ornamento em ferro forjado **2** *= Eisenhütte*

Ei|sen|zeit ⟨f.; -; unz.⟩ *vorgeschichtliches Zeitalter nach der Bronzezeit, etwa ab 800 v. Chr.* □ Idade do Ferro

ei|sern ⟨Adj.⟩ **1** ⟨60⟩ *aus Eisen bestehend;* ein ~es Gitter; ~e Kette, Nägel 1.1 Eiserner **Halbmond** ⟨dt. Bez. für⟩ *die 1915 gestiftete kaiserlich-osmanische „Kriegsmedaille"* 1.2 Eisernes **Kreuz** ⟨Abk.: EK⟩ *1813 zum ersten Mal gestiftete militärische Auszeichnung in zwei Klassen* 1.3 Eiserne **Krone** *langobardische Königskrone* 1.4 der ~e **Vorhang** ⟨Theat.⟩ *feuersicherer V. zwischen Bühne u. Zuschauerraum;* → a. *eisern(1.10)* 1.5 die Eiserne **Jungfrau** *Folterwerkzeug, eine Art Panzer, innen mit Nägeln besteckt* □ de ferro 1.6 ~e **Lunge** ⟨Med.⟩ *Gerät zur künstlichen Atmung bei vorübergehender Lähmung der Atemmuskulatur mittels rhythmischer Saugbewegung in einem luftdicht* *abgeschlossenen Raum* □ de aço 1.7 ~er **Hut** *eine mit Brauneisenerz in der Nähe der Erdoberfläche durch Verwitterungserscheinungen angereicherte Erzlagerstätte* □ *afloramento ferruginoso* 1.8 ⟨fig.⟩ *unangreifbar, bleibend* 1.8.1 ~e Ration, ~er Bestand *Vorrat, Proviant für den Notfall* □ de emergência; de reserva 1.8.2 *das Stück gehört zum* ~en *Bestand unseres Theaters das S. wird immer wieder einmal gespielt* □ permanente 1.9 *das Eiserne* **Tor** *der östliche Ausgang des Donaudurchbruchs zwischen den Südkarpaten u. dem Ostserbischen Gebirge* 1.10 *der Eiserne* **Vorhang** ⟨fig.; vor der Öffnung der osteuropäischen Staatsgrenzen⟩ *die Grenze des sowjetischen Machtbereiches gegen die übrige Welt als Trennungslinie zwischen östlichem u. westlichem politischem Machtbereich* 1.11 *der Eiserne* **Kanzler** *Bismarck* □ de ferro; → a. **Hochzeit** (1.3) **2** ⟨fig.⟩ *hart, unnachgiebig, unerbittlich, unbeugsam; in einer Angelegenheit* ~ *bleiben, sein* □ inflexível; *mit* ~er *Hand regieren* □ de ferro 2.1 *mit* ~er **Faust** *jmdn. unterdrücken mit unerbittlicher Strenge* □ *oprimir com mão de ferro 2.2 *mit dem* ~en **Besen** *auskehren, dazwischenfahren rücksichtslos durchgreifen* □ *agir com mão de ferro **3** ⟨fig.⟩ *unerschütterlich, zäh, unbeirrbar;* ~ *schweigen* □ *fazer boca de siri;* ~er *Fleiß, Wille;* ~e *Disziplin, Energie, Gesundheit* □ incansável, inabalável; de ferro; ~ *an etwas festhalten* □ *manter/segurar firme 3.1 *mit* ~er **Stirn** *lügen frech, unverschämt lügen* □ *mentir com a maior cara de pau* **4** *aber* ~! ⟨umg.⟩ *aber ja, selbstverständlich!* □ *mas claro!

Eis|gang ⟨m.; -(e)s, -gän|ge⟩ **1** *das Aufbrechen der Eisdecke eines zugefrorenen Flusses im Frühjahr* □ rompimento da camada de gelo **2** *das Wegschwimmen der Eisschollen auf fließenden Gewässern; ein starker, gefährlicher* ~ □ gelo à deriva

ei|sig ⟨Adj.⟩ **1** *kalt wie Eis, sehr kalt;* ~e *Kälte, Luft; es bläst ein* ~er *Wind; es ist* ~ kalt □ gelado; gélido; a. → **eiskalt 2** ⟨fig.⟩ *unnahbar, durch u. durch abweisend, ablehnend, gefühllos; es herrschte* ~es *Schweigen; sein Blick war* ~ □ glacial; *jmdn.* ~ *behandeln, empfangen* □ friamente **3** ⟨90; fig.⟩ *jmdn. mit Gefühl großer Kälte erfüllend, schauerlich; ein* ~er *Schreck durchfuhr sie* □ arrepiante; glacial; *es überläuft jmdn.* ~ □ *dar calafrios em alguém; arrepiar alguém*

eis|kalt ⟨Adj. 24⟩ **1** ⟨verstärkend⟩ *kalt wie Eis, sehr kalt;* ~e *Getränke servieren; das Meerwasser ist* ~ □ gelado **2** ⟨abwertend⟩ *gefühlskalt, mitleidslos, rücksichtslos; er ist* ~, *wenn es um seine eigenen Interessen geht* □ frio; insensível

eis|lau|fen ⟨V. 176/400(s.)⟩ *mit Schlittschuhen auf dem Eis laufen; er läuft eis seit mehreren Jahren; er ist eisgelaufen* □ patinar no gelo

Eis|zeit ⟨f.; -, -en; Geol.⟩ *Abschnitt der Erdgeschichte, in dem infolge entsprechenden Klimas größere Gebiete der Erdoberfläche von vorrückenden Gletschern u. Inlandeismassen bedeckt waren;* Ggs *Warmzeit* □ era glacial

ei|tel ⟨Adj. 21⟩ **1** ⟨meist abwertend⟩ *selbstgefällig, eingebildet, (zu) viel Wert auf das eigene Äußere legend; ein eitler Mensch; auf etwas* ~ *sein;* ~ *wie ein Pfau sein; sie betrachtete sich* ~ *im Spiegel* □ vaidoso **2** ⟨70; poet.⟩ *nichtig, gehaltlos, leer, nutzlos, wertlos; eitles Gerede, Geschwätz; eitle Wünsche* □ vão; fútil **3** ⟨24/60; veraltet; geh.⟩ *rein, lauter, pur;* ~ *Freud u. Wonne;* ~ *Gold; es herrschte* ~ *Jubel, Sonnenschein* □ mero; puro

Ei|ter ⟨m.; -s; unz.⟩ *eine gelbliche Flüssigkeit, die sich als Reaktion des Körpers in den Geweben od. in den Höhlen des Körpers im Laufe einer durch Bakterien ausgelösten Entzündung bildet u. weiße Blutkörperchen u. Gewebszellen enthält; in der Wunde hat sich* ~ *gebildet* □ pus

ei|tern ⟨V. 400⟩ *Eiter bilden, absondern; der Finger eiterte; eine* ~de *Wunde* □ supurar

Ei|weiß ⟨n. 7; -es, -e⟩ **1** *das Weiße im Ei; Dotter und* ~ *trennen* □ clara **2** ⟨Chem.⟩ *makromolekulare organisch-chemische Verbindung aus Kohlenstoff-, Wasserstoff-, Stickstoff- u. Sauerstoffatomen, z. T. auch Phosphor u. Schwefel, die neben den Kohlenhydraten u. Fetten die wichtigsten lebensnotwendigen Bestandteile der Nahrungsmittel u. Reservestoffe darstellt;* Sy *Protein;* ~e *kommen in allen Zellen eines lebenden Organismus vor; der tägliche Verbrauch an* ~ □ proteína

Eja|ku|la|ti|on ⟨f.; -, -en⟩ *Erguss des Samens beim Orgasmus des Mannes* □ ejaculação

Ekel[1] ⟨m.; -s; unz.⟩ *heftiger Widerwille, Abneigung, Abscheu;* ~ *erregen bei, in jmdm.;* ~ *bekommen, empfinden, haben vor jmdm. od. etwas; vor* ~ *ausspucken, sich übergeben; das wird mir zum* ~; *die Welt ist ihm zum* ~ □ repugnância; nojo **2** ⟨Getrennt- u. Zusammenschreibung⟩ 2.1 ~ erregend = ekelerregend

Ekel[2] ⟨n.; -s, -; umg.⟩ *unangenehmer, widerwärtiger Mensch; ein altes* ~; *du* ~! □ sujeito nojento/asqueroso

ekel|er|re|gend *auch:* Ekel erregend ⟨Adj.⟩ *ekelhaft, ein Gefühl des Ekels erzeugend; ein* ~er *Anblick* □ repugnante; nauseabundo

ekel|haft ⟨Adj.⟩ **1** *widerlich, abscheulich, ekelerregend, abstoßend; er ist ein* ~er *Mensch* □ repugnante; nojento **2** ⟨umg.; häufig verstärkend⟩ *unangenehm, scheußlich; ich hasse diese* ~e *Gartenarbeit* □ desagradável; chato; *ich habe draußen* ~ *gefroren* □ pra burro; pra caramba

ekeln ⟨V.⟩ **1** ⟨500⟩ *etwas ekelt jmdn. etwas erregt jmds. Ekel, etwas widert jmdm. an; der Geschmack, Geruch ekelt mich; die Suppe hat ihn geekelt* □ causar repugnância; dar nojo 1.1 ⟨550 od. 650; unpersönl.⟩ *jmdn., jmdm. ekelt (es) vor etwas od. jmdm. etwas od. jmd. flößt jmdm. Ekel ein, erfüllt jmdn. mit Ekel; es ekelt mich, mir vor ihm, vor diesem Gericht* **2** ⟨550/Vr 3⟩ *sich vor jmdm. od. etwas* ~ *Ekel empfinden; ich ek(e)le mich vor diesem Anblick; du hast dich immer davor geekelt ...* □ *sentir repugnância/nojo de alguém ou alguma coisa

Ek|lat ⟨[ekla:] m.; -s, -s⟩ *Skandal, Zerwürfnis, aufsehenerregendes Geschehnis; es kam zu einem* ~; *die Konferenz endete mit einem* ~ □ escândalo; sensação

ek|la|tant ⟨Adj.⟩ **1** *offenbar, offenkundig* □ evidente; flagrante **2** *aufsehenerregend, glänzend* □ estrepitoso

ek|lig ⟨Adj.⟩ *ekelhaft, widerwärtig, abscheuerregend;* eklige Würmer; das Essen sieht ~ aus □ **nojento; repugnante**

Ek|sta|se *auch:* **Eks|ta|se** ⟨f.; -, -n⟩ **1** *Außersichsein, Verzückung, Entrückung* □ **êxtase 2** *übermäßige Begeisterung;* in ~ geraten □ *extasiar-se

ek|sta|tisch *auch:* **eks|ta|tisch** ⟨Adj.⟩ **1** *in Ekstase befindlich, entrückt* □ **extático 2** *verzückt, schwärmerisch* □ **extasiado**

Ek|zem ⟨n.; -s, -e; Med.⟩ *(meist nichtansteckender) entzündlicher Hautausschlag* □ **eczema**

Elan ⟨[-lɑ̃:n], frz. [-lā:] m.; -s; unz.⟩ *Schwung, Begeisterung, Stoßkraft;* eine Sache mit großem ~ beginnen, betreiben □ **ímpeto; entusiasmo**

elas|tisch ⟨Adj.⟩ **1** *dehnbar, biegsam, nachgebend, federnd;* ~er Stoff; ~es Band □ **elástico 2** ⟨fig.⟩ *spannkräftig, schwungvoll* □ **flexível; ágil**

Elch ⟨m.; -(e)s, -e; Zool.⟩ *(in Nordeuropa, Nordamerika u. Asien verbreitete) größte Art der Hirsche mit schaufelförmigem Geweih u. überhängender Oberlippe* □ **alce**

El|do|ra|do ⟨n.; -s, -s⟩ **1** *(sagenhaftes) Goldland in Südamerika* **2** ⟨fig.⟩ *Traumland, Paradies;* oV *Dorado;* diese Insel ist ein ~ für Taucher □ **eldorado**

Ele|fant ⟨m.; -en; Zool.⟩ **1** *einer Familie der Rüsseltiere angehörender, in Herden lebender Pflanzenfresser mit kurzem Hals, zum Rüssel (Greiforgan) verlängerter, schlauchförmiger Nase u. zu Stoßzähnen ausgebildeten oberen Schneidezähnen: Elephantidae;* ein zahmer, wilder, junger ~ **1.1** er benimmt sich wie ein ~ im Porzellanladen ⟨fig.; umg.⟩ *er richtet durch seine Ungeschicklichkeit Unheil an* □ **elefante**; → a. *Mücke(1.1)*

ele|gant ⟨Adj.⟩ **1** *(auf schlichte Weise) vornehm u. geschmackvoll, erlesen* **1.1** ~e Kleidung *modische, geschmackvolle K.* **1.2** ~e Damen, Herren *elegant(1) gekleidete D., H.* □ **elegante 1.3** ~er Wein *erlesener W.* □ **selecionado 2** *fein, gewandt, harmonisch;* ~e Bewegungen; eine ~e Verbeugung, Geste □ **elegante; fino 2.1** *kultiviert, gepflegt;* ein ~es Spanisch sprechen □ **elegante; culto**

Ele|ganz ⟨f.; -; unz.⟩ **1** *modischer Geschmack;* die ~ der Kleidung, einer Gesellschaft **2** *Feinheit, blendende Gewandtheit, Harmonie;* die ~ der Bewegungen **2.1** *Kultiviertheit* □ **elegância**

♦ Die Buchstabenfolge **elek|tr...** kann in Fremdwörtern auch **elekt|r...** getrennt werden.

♦ **Elek|trik** ⟨f.; -; unz.; Kurzw. für⟩ *Elektrotechnik* □ **eletrotécnica**

♦ **elek|trisch** ⟨Adj. 24⟩ **1** *mit Elektrizität verbunden, zusammenhängend* **1.1** ~er Strom *Bewegung von Elektronen* **1.2** ~es Feld *Magnetfeld um elektrische Leiter* **1.3** ~e Leitfähigkeit *die Fähigkeit, elektrischen Strom zu leiten* **1.4** ~e Ladung *in Volt gemessene L. eines elektrischen Leiters* **1.5** ~er Widerstand *der W., den ein Leiter dem Durchgang eines elektrischen Stromes entgegensetzt* **1.6** ~e Festigkeit *Beständigkeit eines Isolators gegen Durchschlag od. Überschlag bei einer Spannungsbeanspruchung* □ **elétrico 2** *mit Elektrizität betreiben;* etwas ~ betreiben, beleuchten □ **eletricamente 2.1** ~e Anlage *Anordnung u. Zusammenschaltung von Einrichtungen u. Geräten zum Gewinnen u. Benutzen von elektrischer Energie* **2.2** ~e Eisenbahn *(Spielzeug)* **2.3** ~e Maschinen *umlaufende od. ruhende M., die elektrische Energie in mechanische Energie umwandeln od. umgekehrt* **2.4** ~e Steuerung *Auslösung u. Lenkung von Antrieben u. Maschinen durch elektrische Hilfsgeräte* **2.5** ~e Musikinstrumente *M., bei denen elektrische Wellen in Schallwellen umgewandelt werden* **2.6** ~es Klavier = *mechanisches Klavier,* → *mechanisch (2.1)* **3** *von Elektrizität bewirkt* **3.1** ~e Arbeit *die von einem elektrischen Strom bei gegebener Spannung u. Zeiteinheit geleistete A.* □ **elétrico 3.2** ~er Unfall *Gesundheitsschädigung durch Einwirken elektrischen Stromes* □ *acidente causado por corrente elétrica* **4** *Elektrizität benutzend* **4.1** ~e Bäder *B., bei denen die Elektroden in das Wasser getaucht werden u. die elektrischen Ströme auf den menschlichen Körper einwirken* **4.2** ~e Linse *ein statisches elektrisches Feld, das auf Elektronenstrahlen in gleicher Weise wirkt wie eine optische L. auf Lichtstrahlen* **4.3** ~e Messtechnik *Verfahren, Schaltungen, Geräte u. Instrumente für die Anzeige u. Aufzeichnung elektrischer Messgrößen wie Strom, Spannung, Widerstand, Leistung, Frequenz od. solcher, die sich in elektrische Größen umwandeln lassen* **5** *Elektrizität erzeugend* **5.1** ~e Fische ⟨Zool.⟩ *F., die in elektrischen Organen bis zu 600 Volt Spannung erzeugen* **6** *Elektrizität leitend* **6.1** ~e Leitung *L. für den Transport elektrischer Energie* **6.2** ~er Zaun *elektrisch geladener Draht als Umzäunung* □ **elétrico**

♦ **elek|tri|sie|ren** ⟨V. 500/Vr 7 od. Vr 8⟩ **1** *jmdn. od. etwas ~ elektrische Ladungen in etwas erzeugen u. auf jmdn. od. etwas übertragen* **2** *jmdn. ~ mit elektrischen Stromstößen behandeln* **3** *jmdn. ~* ⟨fig.⟩ *aufschrecken, aufrütteln, begeistern;* das hat ihn elektrisiert; sie war wie elektrisiert □ **eletrizar**

♦ **Elek|tri|zi|tät** ⟨f.; -; unz.⟩ *alle Erscheinungen, die von elektrischen Ladungen u. den sie umgebenden Feldern ausgehen* □ **eletricidade**

♦ **Elek|tro|de** ⟨f.; -, -n⟩ *Ein- od. Austrittsstelle des elektrischen Stromes in Flüssigkeiten od. Gasen od. im Vakuum* □ **elétrodo**

♦ **Elek|tro|herd** ⟨m.; -(e)s, -e⟩ *mit elektrischem Strom betriebener Herd* □ **fogão elétrico**

♦ **elek|tro|ma|gne|tisch** *auch:* **elek|tro|mag|ne|tisch** ⟨Adj.⟩ **1** *den Elektromagnetismus betreffend, auf ihm beruhend* **1.1** ~e Wellen *Schwingungen des elektrischen u. magnetischen Feldes, die sich im Raum wellenförmig mit Lichtgeschwindigkeit (300 000 km/sec) ausbreiten* □ **eletromagnético**

♦ **Elek|tron** ⟨n.; -s, -tro|nen⟩ *negativ geladenes, leichtes Elementarteilchen* □ **elétron**

♦ **Elek|tro|nik** ⟨f.; -, -en⟩ **1** ⟨unz.⟩ *Zweig der Elektrotechnik, der sich mit dem Verhalten elektr. Stromes in Vakuum, Gasen u. Halbleitern, seiner Verwendung zur Steuerung von Licht- u. Schallwellen sowie techn. Pro-*

zessen u. Rechenoperationen beschäftigt □ eletrônica **2** ⟨zählb.⟩ *Gesamtheit der elektronischen Bauteile eines technischen Gerätes;* die ~ *eines Fotoapparates* □ **componentes eletrônicos; parte eletrônica**

◆ **Elek|tro|tęch|nik** ⟨f.; -; unz.; Kurzw.: Elektrik⟩ *Lehre von der technischen Anwendung der physikalischen Grundlagen u. Erkenntnisse der Elektrizitätslehre* □ **eletrotécnica**

Ele|mȩnt ⟨n.; -(e)s, -e⟩ **1** ⟨im Altertum⟩ *Grund-, Urstoff* 1.1 *die* vier ~e *Feuer, Wasser, Luft u. Erde* 1.1.1 *das* nasse ~ *Wasser* 1.1.2 *das Toben der* ~e *ein Unwetter* **2** *Grundlage, Grundbestandteil;* die ~e *der Mathematik, Physik, einer Wissenschaft* □ **elemento 3** *Grundsatz, Grundbegriff* □ **elemento; princípio 4** *das einem Menschen Angemessene* 4.1 *er ist in seinem* ~ ⟨fig.; umg.⟩ *er hat das ihm Gemäße gefunden, das, was er beherrscht und worin er sich wohlfühlt* □ **elemento; meio 5** ⟨Chem.⟩ = *chemisches Element* → *chemisch(2)* **6** ⟨El.⟩ *Vorrichtung zum Umwandeln chemischer in elektrische Energie (u. umgekehrt); galvanisches* ~ **7** ⟨Mengenlehre⟩ *abstrakte Einheit, die bei Objekten nur von deren Zugehörigkeit zu einer od. mehreren Mengen als Eigenschaft ausgeht* **8** ⟨Bauw.⟩ *genormtes Bauteil im Fertigbau* **9** ⟨nur Pl.⟩ *gefährliche, kriminelle, schlechte, üble* ~e ⟨fig.; umg.⟩ *schlechte Menschen* □ **elemento**

ele|men|tar ⟨Adj.⟩ **1** *grundlegend, wesentlich;* ~e *Kenntnisse* **2** *anfängerhaft, den Anfang bildend;* ~e *Grundlagen einer Wissenschaft* **3** *naturhaft, urwüchsig;* ~e *Bedürfnisse befriedigen* □ **elementar 4** *heftig; ein Gewitter von* ~er *Gewalt* □ **violento; forte**

elend ⟨Adj.⟩ **1** *durch seelische Not bedrückt, unglücklich, beklagenswert; ein* ~es *Leben führen müssen; er ist* ~ *dran* **2** *durch materielle Not gekennzeichnet, ärmlich, kärglich, kümmerlich; eine* ~e *Behausung, Hütte; sie hat ein* ~es *Los* □ **miserável 3** *physisch leidend, kränklich, matt, abgemagert, nicht wohl; du siehst* ~ *aus; sich* ~ *fühlen; mir ist* ~ *zumute* □ **abatido; doentio 4** ⟨60⟩ *verächtlich, gemein, schlecht, minderwertig; ein* ~er *Kerl; das ist eine* ~e *Lüge* □ **miserável; torpe 5** ⟨90; umg.; verstärkend⟩ *unangenehm (groß); das war eine* ~e *Arbeit; es ist heute* ~ *heiß* □ **terrível; enorme**

Elend ⟨n.; -s; unz.⟩ **1** *Unglück, (seelische) Not; er ist nur noch ein Häufchen* ~ ⟨umg.⟩ □ ***ele não passa de um pobre coitado** 1.1 *trostloser Zustand; es ist ein* ~ *mit ihm* □ ***ele está na pior** 1.2 *trostlose Stimmung; das graue, große, heulende* ~ *bekommen, haben, kriegen* □ ***estar/ficar arrasado 2** *große materielle Not; im* ~ *leben, sterben; ins* ~ *geraten; von drückendem* ~ *umgeben sein* □ **miséria 3** *er sieht aus wie das leibhaftige* ~ *sehr leidend, krank* □ ***ele mais parece um morto-vivo**

ęlf ⟨Numerale; in Ziffern: 11⟩ *zehn plus eins;* → *a. vier; wir sind* ~*; es ist* ~ ⟨Uhr⟩*; zwanzig vor* ~ □ **onze**

Ęlf¹ ⟨f.; -, -en⟩ **1** *die Zahl 11* **2** *die* ~ *aus elf Spielern bestehende Mannschaft; Fußball*~ □ **onze**

Ęlf² ⟨m.; -en, -en⟩ *anmutiger, zarter Märchengeist;* Sy *Alb²;* Blumen~*, Licht*~ □ **elfo**

Ęl|fe ⟨f.; -, -n⟩ *weibl. Elf²* □ **sílfide**

Ęl|fen|bein ⟨n.; -(e)s; unz.⟩ *Zahnbein der Zähne von Elefant, Mammut, Walross, Nilpferd u. Narwal; ein helles, gelbliches* ~*; eine Kette aus* ~ □ **marfim**

ęlf|te(r, -s) ⟨Numerale 24; Zeichen: 11.⟩ **1** ⟨Ordinalzahl von⟩ *elf* 1.1 *das* ~ *Gebot* ⟨umg.; scherzh.⟩ *du sollst dich nicht erwischen (od.) verblüffen lassen!* □ **undécimo; décimo primeiro**

eli|mi|nie|ren ⟨V. 500⟩ **1** *etwas* ~ ⟨geh.⟩ *auslöschen, entfernen, beseitigen; alle Fehler, Ungereimtheiten* ~ 1.1 ⟨Chem.⟩ *Atome od. Atomgruppen aus einem Molekül abtrennen* 1.2 *eine* **unbekannte Größe** *aus einer Gleichung* ~ ⟨Math.⟩ *mithilfe von Rechenoperationen beseitigen* **2** *jmdn.* ~ *aus dem Weg räumen, ausschalten, beseitigen; einen Gegner* ~ □ **eliminar**

Eli|te ⟨österr. a. [eli:t] f.; -, -n⟩ *Auslese, das Beste, die Besten; er gehört zur* ~*;* ~*schule;* ~*ausbildung* □ **elite**

Eli|xier ⟨n.; -s, -e⟩ *Zauber*~*, Heiltrank; Lebens*~ □ **elixir**

Ęll|bo|gen ⟨m.; -s, -⟩ **1** *hakenförmiger Knochenfortsatz bei Mensch u. höheren Wirbeltieren, der beim Menschen auf der Streckseite des Armes an der Übergangsstelle von Ober- zum Unterarm liegt;* oV *Ellenbogen; die* ~ *auflegen, aufstützen; auf die* ~ *gestützt; die* ~ *vom Tisch nehmen* □ **cotovelo;** *mit dem* ~ *stoßen* □ ***acotovelar** 1.1 *seine* ~ **(ge)brauchen** ⟨fig.⟩ *sich rücksichtslos durchsetzen* □ ***impor-se de modo implacável** 1.2 *keine* ~ *haben sich nicht durchsetzen können* □ ***não saber/conseguir impor-se**

Ęll|bo|gen|frei|heit ⟨f.; -; unz.; fig.; umg.⟩ *Bewegungsfreiheit; (nicht) genug* ~ *haben* □ **liberdade de movimento**

Ęl|le ⟨f. 7; -, -n⟩ **1** ⟨Anat.⟩ *der an der Innenseite liegende Unterarmknochen; die beiden Unterarmknochen* ~ *und Speiche* □ **cúbito 2** *von der Länge des Unterarmes abgeleitetes altes Längenmaß (60–80 cm); vier* ~n *Tuch* □ **cúbito; côvado** 2.1 *alles* **mit der gleichen** ~ *messen* ⟨fig.; umg.⟩ *unterschiedslos behandeln* □ ***jogar tudo no mesmo saco**

Ęl|len|bo|gen ⟨m.; -s, -⟩ = *Ellbogen*

Ęl|lip|se ⟨f.; -, -n⟩ **1** ⟨Geom.⟩ *zu den Kegelschnitten gehörende, zentrisch-symmetrische, geschlossene Kurve, bei der für jeden Punkt die Summe der Entfernungen von zwei Festpunkten (Brennpunkten) gleich ist* **2** ⟨Gramm.⟩ *durch Aussparen einzelner Satzteile verkürzter Satz, Auslassungssatz, z. B. sitzen bleiben!; her damit!* □ **elipse**

Ęls|ter ⟨f.; -, -n; Zool.⟩ **1** *schwarzweißer Rabenvogel Eurasiens mit langem Schwanz, der gern Nester anderer Vögel plündert: Pica pica* □ **pega 2** *jmd. ist eine diebische, schwatzhafte* ~ ⟨fig.; umg.⟩ *eine diebische, schwatzhafte Frau* □ ***ser uma mão-leve/uma tagarela**

Ęl|ter ⟨n.; -s, -n; naturwissenschaftl. u. statist. Bez. für⟩ *ein Elternteil* □ **genitor**

Ęl|tern ⟨nur Pl.⟩ **1** *Vater u. Mutter; meine* ~*; sie lebt bei ihren* ~*; die* ~ *sind Deutsche* □ **pais** 1.1 *etwas ist* **nicht von schlechten** ~ ⟨fig.; umg.⟩ *etwas lässt nichts zu wünschen übrig, ist äußerst beachtlich, kräftig; die Ohrfeige war nicht von schlechten* ~ □ ***não ser pouca coisa**

Email ⟨[-maːj] od. [-maɪl] n.; -s, -s⟩ = *Emaille*

E-Mail ⟨[iːmɛɪl] f.; -, -s od. n.; -s; kurz für⟩ *Electronic Mail*, digitalisierte schriftliche Nachricht an einen Teilnehmer innerhalb eines Netzwerkes (~-Adresse); eine ~ verschicken, erhalten; die eingegangenen ~s aufrufen □ *e-mail*

Email|le ⟨[-maːljə] od. [-maːj] f.; -, -n⟩ *meist farbige, Metallgegenständen als Schutz od. Schmuck aufgeschmolzene Glasmasse, z. B. bei Kochtöpfen;* oV *Email* □ *esmalte*

Eman|zi|pa|ti|on ⟨f.; -, -en⟩ *Befreiung von Abhängigkeit u. Bevormundung, Gleichstellung;* die ~ der Frau □ *emancipação*

eman|zi|pie|ren ⟨V. 500/Vr 7⟩ jmdn. od. sich ~ *aus einer Abhängigkeit, Bevormundung durch andere befreien, gleichstellen* □ *emancipar(-se)*

Em|bar|go ⟨n.; -s, -s⟩ *(bestimmte Länder betreffendes vom Staat verhängtes Handelsverbot;* ein Waffen~ gegen ein kriegführendes Land aussprechen □ *embargo*

Em|blem *auch:* **Emb|lem** ⟨[ɛmbleːm] a. [aːbleːm] n.; -s, -e⟩ *Abzeichen, Kennzeichen, Sinnbild, bildhaftes Symbol;* ~ eines Fürstenhauses; die Schere als ~ des Friseurs □ *emblema*

Em|bo|lie ⟨f.; -, -n; Med.⟩ *plötzlicher Verschluss eines Blutgefäßes durch im Blutstrom wandernde Blutgerinnsel od. Fremdkörper* □ *embolia*

Em|bryo *auch:* **Emb|ryo** ⟨m.; -s, -s od. m.; -s, -s od. -o|nen od. österr. a. n.; -s, -s od. -o|nen⟩ *sich aus der befruchteten Eizelle entwickelndes Lebewesen vor der Geburt, vor dem Schlüpfen* □ *embrião*

♦ Die Buchstabenfolge **emi|gr...** kann in Fremdwörtern auch **emig|r...** getrennt werden.

♦ **Emi|grant** ⟨m.; -en, -en⟩ *jmd., der emigriert (ist);* Ggs *Immigrant* □ *emigrante; emigrado*

♦ **Emi|gran|tin** ⟨f.; -, -tin|nen⟩ *weibl. Emigrant;* Ggs *Immigrantin* □ *emigrante; emigrada*

♦ **emi|grie|ren** ⟨V. 400(s.)⟩ *(aus politischen Gründen) sein Heimatland verlassen;* Ggs *immigrieren;* er ist während des Krieges in die USA emigriert □ *emigrar*

emi|nent ⟨Adj. 90⟩ *hervorragend, außerordentlich;* ein Thema von ~er Wichtigkeit □ *eminente; extraordinário*

Emi|nenz ⟨f.; -, -en⟩ **1** ⟨kath. Kirche⟩ *(Titel u. Anrede für Kardinäle)* □ *eminência* 1.1 graue/Graue ~ *aufgrund ihrer (beruflichen od. politischen) Stellung, ihrer Erfahrung u. ihres Alters bedeutende Persönlichkeit* □ **eminência parda*

Emir ⟨a. [-ˈ-] m.; -s, -e⟩ *Fürst, Befehlshaber (als Titel)* □ *emir*

Emo|ti|on ⟨f.; -, -en⟩ *Gefühlsregung, Gemütsbewegung, Erregung;* keine ~en zeigen; er war voller ~en gegen seinen früheren Chef □ *emoção*

emo|ti|o|nal ⟨Adj.⟩ **1** *auf Emotionen beruhend, voller Emotionen;* eine ~e Rede □ *emocionante; emocional* **2** *gefühlsbetont, gefühlsmäßig;* er ist sehr ~; das war eine ~e Äußerung, Geste □ *emotivo; emocionante*

Emp|fang ⟨m.; -(e)s, -fän|ge⟩ **1** ⟨unz.⟩ *das Empfangen, Erhalten, Entgegennehmen;* den ~ einer Ware bescheinigen, bestätigen; bei Ihres Schreibens; zahlbar nach ~ der Ware ⟨Kaufmannsspr.⟩ □ *recebimento* 1.1 etwas in ~ nehmen *etwas entgegennehmen;* Geld, eine Ware in ~ nehmen □ **receber alguma coisa* **2** ⟨unz.⟩ *(offizielle) Begrüßung;* dem Präsidenten einen festlichen ~ bereiten; der ~ der Gäste war herzlich **3** *festliche offizielle Einladung, Unterredung (bei einer bedeutenden Persönlichkeit);* einen ~ geben, veranstalten; ~ bei Hofe; zum ~ eingeladen sein **4** ⟨unz.; Rundfunk, Fernsehen⟩ *das Hören, Sehen einer Sendung;* heute ist guter, schlechter ~; der ~ ist durch das Gewitter gestört; wir wünschen Ihnen einen guten ~ **5** ⟨unz.⟩ *Stelle in einem Hotel, wo sich die Gäste melden u. eintragen;* wir treffen uns am ~ □ *recepção*

emp|fan|gen ⟨V. 132/500⟩ **1** etwas ~ *erhalten, annehmen, entgegennehmen;* eine Belohnung, Briefe, Geschenke, Waren ~; ein Geschenk dankend ~; das heilige Abendmahl ~; die Weihen ~ (zum Priester) □ *receber* **2** eine Hörfunk-, Fernsehsendung ~ *in einem Empfangsgerät hören od. sehen;* wir können den Südwestfunk nur schlecht ~ □ *receber;* captar **3** ⟨402⟩ (ein Kind) ~ ⟨geh.⟩ *schwanger werden;* sie hat empfangen; sie empfängt ein Kind von ihm □ *conceber* **4** jmdn. ~ *willkommen heißen, aufnehmen, begrüßen;* empfängt er heute (Besucher)?; einen Besucher, Gast herzlich ~ □ *receber; acolher*

Emp|fän|ger ⟨m.; -s, -⟩ **1** *jmd., der etwas empfängt, erhält, annimmt* □ *recebedor; consignatário* 1.1 ~ unbekannt *(Vermerk auf Postsendungen, die nicht zugestellt werden können)* □ **destinatário desconhecido* **2** *Gerät, mit dem man Funksprüche, Rundfunk- od. Fernsehsendungen empfangen kann* □ *receptor*

Emp|fän|ge|rin ⟨f.; -, -rin|nen⟩ *weibl. Empfänger(1)* □ *recebedora; consignatária; destinatária*

emp|fäng|lich ⟨Adj.⟩ **1** *Eindrücken, Empfindungen, Einflüssen zugänglich, aufnahmebereit;* ein ~es Gemüt, Publikum; er ist ein ~er Mensch; sie ist ~ für Komplimente, Schmeicheleien; jmdn. für etwas ~ machen □ *receptivo* 1.1 jmd. ist (sehr) ~ für Krankheiten, Infektionen *anfällig* □ *predisposto; suscetível*

Emp|fäng|nis ⟨f.; -, -se; Pl. selten⟩ **1** *Befruchtung einer Eizelle durch eine Samenzelle beim Menschen* □ *concepção* **2** die unbefleckte ~ (Mariä) ⟨kath. Rel.⟩ *Glaubenssatz, dass Maria frei von Erbsünde war* □ **a Imaculada Conceição*

emp|feh|len ⟨V. 125/500⟩ **1** ⟨530/Vr 7⟩ jmdm. etwas od. jmdn. ~ *als für jmdn. vorteilhaft, brauchbar darstellen, jmdm. etwas anraten, zu etwas raten;* er empfahl mir, in dieser Angelegenheit noch nichts zu unternehmen; Ihr Geschäft ist mir sehr empfohlen worden; mit ein paar ~den Worten darauf hinweisen; eine gut empfohlene Praxis haben; einen neuen

Mitarbeiter ~ ☐ recomendar; aconselhar; ich empfehle mich Ihnen als Sachbearbeiter für ... ⟨Vr 3⟩ *ofereço meus serviços como especialista em... 1.1 ⟨Vr 3⟩ gute Ware empfiehlt sich selbst *zeigt ohne Werbung, dass es ratsam ist, sie zu kaufen* ☐ *bons produtos dispensam recomendação 1.2 ⟨580/Vr 3; unpersönl.⟩ es empfiehlt sich *es ist vorteilhaft, ratsam;* es empfiehlt sich, die Karten im Vorverkauf zu besorgen; es empfiehlt sich, einen Schirm mitzunehmen ☐ *é recomendável/aconselhável 2 ⟨530/Vr 3⟩ sich jmdm. ~ ⟨geh.; in Höflichkeitsformeln⟩ *jmdn. bitten, Grüße freundlich entgegenzunehmen;* bitte ~ Sie mich Ihrer Frau Gemahlin ☐ *mandar lembranças/recomendações a alguém;* ich empfehle mich Ihnen (a. als Briefschlussformel) ☐ *atenciosamente; cordialmente 3 ⟨Vr 3⟩ sich ~ *verabschieden;* es war dort so langweilig, dass ich mich bald wieder empfohlen habe ☐ *despedir-se 3.1 ⟨513/Vr 3⟩ sich (auf) Englisch, Französisch ~ ⟨umg.; scherzh.⟩ *ohne Abschied eine Gesellschaft verlassen* ☐ *sair à francesa 4 ⟨530⟩ jmdm. etwas od. jmdn. ~ ⟨geh.⟩ *jmdm. od. dessen Sorge etwas od. jmdn. vertrauensvoll übergeben;* ich empfehle es dir zur treuen Verwahrung; seine Seele Gott ~; ein Buch der Aufmerksamkeit des Lesers ~ ☐ encomendar; entregar (à proteção, aos cuidados de)

Emp|feh|lung ⟨f.; -, -en⟩ **1** *Rat, Vorschlag;* auf ~ des Arztes; auf seine ~ fuhr ich dorthin ☐ conselho; recomendação **2** *lobendes Urteil über jmdn. od. etwas;* Sy *Referenz(1);* haben Sie eine ~?; er gab ihm eine ~ für ...; er konnte die besten ~en vorweisen ☐ referência; recomendação **3** ⟨geh.⟩ *höflicher Gruß;* eine ~ ausrichten; eine ~ an Ihre Frau Gemahlin ☐ recomendações; cumprimentos; mit freundlichen (den besten) ~en (Formel am Briefschluss) ☐ *atenciosamente; cordialmente

emp|fin|den ⟨V. 134/500⟩ **1** *Reize ~ mit den Sinnen wahrnehmen;* Durst, Hunger, Kälte, Wärme ~ ☐ sentir **2** *Gefühle ~ (durch Gefühle) im Gemüt bewegt werden* ☐ *ter sentimentos;* Liebe, Leid ~; Befriedigung, Freude, Reue, Scham ~; einen Verlust schmerzlich, tief ~; Abneigung, Achtung, Antipathie, Bewunderung, Sympathie, Zuneigung für jmdn. ~; Abscheu, Ekel vor etwas od. jmdm. ~ 2.1 ⟨550⟩ nichts für jmdn. ~ *jmdn. nicht lieben* ☐ sentir

emp|find|lich ⟨Adj.⟩ **1** *leicht auf, gegen Reize reagierend;* eine ~e Haut; eine ~e Stelle berühren (auf der Haut); ~ gegen Föhn, Hitze, Kälte sein ☐ sensível **2** *seelisch leicht verletzbar, empfindsam;* jmdn. an (s)einer ~en Stelle treffen ☐ *tocar no ponto fraco de alguém 2.1 *leicht zu beleidigen;* sei nicht so ~ ☐ sensível **3** *so spürbar, dass es als starke Beeinträchtigung empfunden wird;* eine ~ Strafe ☐ dura; ~en Verlust erleiden ☐ doloroso; jmdn. ~ kränken; deine Anspielung hat ihn ~ getroffen ☐ seriamente; gravemente

emp|find|sam ⟨Adj.⟩ **1** *zart empfindend, sensibel;* ein ~er Mensch; sie ist sehr ~; ~e Nerven haben ☐ sensível; frágil **2** *gefühlvoll, sentimental;* eine ~e Stimmung 2.1 ⟨60⟩ ~e **Dichtung** *literarische Geschmacksrichtung der zweiten Hälfte des 18. Jahrhunderts, die das Gefühl in den Mittelpunkt stellte* ☐ sentimental

Emp|fin|dung ⟨f.; -, -en⟩ **1** *Sinneswahrnehmung* ☐ sentido; Geruchs~ ☐ olfato **2** *Gemütsbewegung, Gefühl;* seine ~en nicht zum Ausdruck bringen; sie singt mit viel ~ ☐ sentimento

Em|pha|se ⟨f.; -, -n⟩ *Nachdruck, eindringliche Hervorhebung, leidenschaftliche Betonung;* er spricht manchmal voller ~ ☐ ênfase

em|pha|tisch ⟨Adj.; geh.⟩ *nachdrücklich, eindringlich, leidenschaftlich;* das waren ~e Worte ☐ enfático

Em|pi|rie ⟨f.; -; unz.⟩ **1** *Erkenntnis, die auf Erfahrung beruht* **1.1** *auf gemessenen, beobachteten Daten u. deren Auswertung beruhende Erkenntnis (als Wissenschaftsmethode)* ☐ empiria

em|pi|risch ⟨Adj. 24; geh.⟩ *auf Erfahrung(swissen) beruhend, aus Erfahrung (u. Experiment) gewonnen;* ~e Daten; ~e Forschung ☐ empírico

em|por ⟨Adv.; geh.⟩ *nach oben, in die Höhe;* ~ zu den Gipfeln; zum Licht ~! ☐ acima; para cima; para o alto

em|por... ⟨in Zus. mit Verben immer abtrennbar⟩ *hinauf, aufwärts, in die Höhe;* emporhalten, du hältst empor, emporgehalten, emporzuhalten

Em|po|re ⟨f.; -, -n⟩ *(in der Art einer Galerie(1) gebautes) Obergeschoss bes. in Kirchen, das zum Innenraum hin offen ist;* auf der ~ sitzen, stehen ☐ tribuna; galeria

em|pö|ren ⟨V. 500⟩ **1** ⟨505/Vr 3⟩ sich (über etwas) ~ *sich aufregen, entrüsten, zornig sein;* ich empöre mich über sein freches Benehmen; ich bin empört! ☐ * indignar-se (com alguma coisa) **1.1** ⟨550⟩ sich gegen jmdn. ~ *sich auflehnen, erheben, jmdn. den Gehorsam verweigern;* das Volk empörte sich gegen seine Unterdrücker ☐ *revoltar-se/insurgir-se contra alguém **2** *jmdn. ~ erregen, zornig machen, in (sittliche) Entrüstung bringen;* das empörte ihn; sein Benehmen, seine Frechheit, sein Verhalten empört mich; die empörten Zuschauer pfiffen das Stück aus ☐ indignar; revoltar

em|por|fah|ren ⟨V. 130/400(s.)⟩ **1** *hinauffahren, aufwärtsfahren, in die Höhe schnellen* ☐ subir; ascender **2** ⟨fig.⟩ *aufbrausen* ☐ exaltar-se; irritar-se

em|por|kom|men ⟨V. 170/400(s.)⟩ **1** *sich hinaufhocharbeiten, vorankommen;* er wollte rasch in dieser Firma ~ ☐ ascender; fazer carreira **2** *aufkommen, entstehen* ☐ surgir; emergir **3** ⟨fig.⟩ *reich werden* ☐ enriquecer

em|por|ra|gen ⟨V. 400⟩ **1** *hinausragen (über), hoch aufragen;* der Berg ragt aus der Landschaft empor ☐ sobrelevar(se); sobrepujar **2** ⟨fig.⟩ *übertreffen;* seine Begabung ragt weit über den Durchschnitt empor ☐ superar; exceder

em|por|schau|en ⟨V.⟩ **1** ⟨400⟩ *auf-, hinaufschauen* ☐ levantar o olhar; olhar para cima **2** ⟨800⟩ zu jmdm. ~ ⟨fig.⟩ *jmdn. verehren, hoch achten* ☐ *ter admiração por alguém

Em|pö|rung ⟨f.; -, -en⟩ **1** ⟨unz.⟩ *das Empörtsein, Entrüstung, Zorn;* er sprach voller ~ von seinen Erlebnissen; seiner ~ Luft machen; seine ~ zum Ausdruck bringen □ **indignação 2** ⟨zählb.⟩ *Aufstand, Aufruhr, Rebellion;* die ~ der Unterdrückten □ **revolta; rebelião**

em|sig ⟨Adj.⟩ *rastlos u. unermüdlich tätig, fleißig, eifrig, ununterbrochen geschäftig;* ~e Bienen; ~e Betriebsamkeit; in ~er Kleinarbeit □ **diligente; aplicado**; ~ arbeiten □ **com diligência/aplicação**

Emul|si|on ⟨f.; -, -en⟩ **1** ⟨Chem.⟩ *feinste Verteilung einer Flüssigkeit in einer anderen, mit dieser nicht mischbaren Flüssigkeit* 1.1 *kosmetische ~ für kosmetische Zwecke hergestellt, meist milchig trübe, dickflüssige E.* **2** ⟨Fot.⟩ *die lichtempfindliche fotografische Schicht* □ **emulsão**

En|de ⟨n.; -s, -n⟩ **1** ⟨unz.⟩ *Zeitpunkt, an dem etwas aufhört;* Ggs *Anfang(1);* ~ des Jahres, Monats, der Woche; das ~ des Lebens; das ~ der Besprechung, Unterredung, der Verhandlungen; gegen ~ des Stückes wurde es langweilig; der Tag neigt sich dem ~ zu; er ist ~ achtzig □ **fim; final** 1.1 *etwas geht zu ~ etwas nähert sich dem Zeitpunkt, an dem es aufhört;* der Tag geht zu ~ □ *estar acabando 1.2 Zeitpunkt, an dem das menschliche Leben endet;* er fühlt sein ~ kommen, nahen; noch kurz vor seinem ~ machte er ein Testament 1.2.1 *es geht mit ihm zu ~ er ist dem Tod nahe* **2** ⟨unz.⟩ *Aufhören eines Geschehens, eines Zustandes;* alles hat einmal ein ~; meine Geduld ist zu ~ □ *(não) ter fim; (não) terminar 2.1 ein (kein) ~ nehmen (nicht) aufhören* 2.2 *Klagen ohne ~, Klagen und kein ~ unaufhörliche Klagen* □ **fim** 2.3 *Regen und kein ~ unaufhörlicher Regen* □ *chove sem parar* **3** ⟨unz.⟩ *endgültiger Abschluss;* zum guten ~ führen; glücklich zu ~ führen; mit einer Sache zu ~ kommen; etwas zu ~ bringen, führen; zu ~ lesen, schreiben, spielen usw.; das Fest fand ein frühes, plötzliches, vorzeitiges ~; er kann kein ~ damit finden; damit muss es jetzt ein ~ haben □ **fim; termo**; einer Sache ein ~ bereiten, machen, setzen □ *terminar/concluir alguma coisa 3.1* seinem Leben ein ~ machen, setzen *sich das Leben nehmen, Selbstmord begehen* □ *dar fim à própria vida* **4** ⟨unz.⟩ *letzter Abschnitt von etwas, das eine zeitliche Entwicklung hat, Ausgang, Schluss;* das glückliche, schlimme, traurige ~ eines Fernsehspiels, Films, Theaterstückes ~; davon wird sein, dass ...; das wird noch ein schlimmes ~ nehmen; die Angelegenheit war von Anfang bis ~ erlogen; das Stück ist von Anfang bis ~ spannend; am ~ wird sich zeigen, wer Recht behält □ **fim; conclusão** 4.1 ~ gut, alles gut ⟨Sprichw.⟩ *wenn das Resultat gut ist, kann man vergessen, mit welchen Schwierigkeiten es erreicht wurde* □ *bem está o que bem acaba* 4.2 *das ist das ~ vom Lied* ⟨fig.; umg.⟩ *die unausbleibliche Enttäuschung* □ *a festa acabou* **5** *am ~ zuletzt, schließlich;* am ~ kam er doch noch □ *por fim; no final* 5.1 ⟨umg.⟩ *womöglich, vielleicht, etwa;* du willst doch nicht am ~ gar ...; am ~ kommt er überhaupt nicht? □ *por acaso; talvez* **6** *zu dem ~* ⟨veraltet⟩ *zu dem Zweck, in der Absicht* □ *a fim de; com o intuito de* 6.1 *zu welchem ~? wozu?, in welcher Absicht?* □ *para quê?* **7** *Stelle, an der etwas aufhört;* das ~ der Straße; der Speisewagen befindet sich am ~ des Zuges; am oberen, unteren ~ □ **fim; final** 7.1 *das ist nie Kette, Schraube ohne ~* ⟨fig.⟩ *das hört nie auf, in dieser Angelegenheit ist kein Ende abzusehen* □ **fim** 7.2 *am ~ sein nicht weiterkönnen* □ *estar esgotado* 7.2.1 *ich bin mit meinem Latein am ~* ⟨umg.⟩ *ich weiß nicht weiter* □ *já não sei o que fazer* 7.2.2 *sie ist mit ihrer Kraft am ~ sie ist völlig erschöpft* □ *ela está no limite de suas forças* **8** *letztes, äußerstes Stück;* das ~ der Insel; am anderen ~ der Straße wohnen □ **extremo** 8.1 *von einem ~ zum anderen laufen hin u. her* □ *correr de um lado para o outro* 8.2 *am ~ der Welt wohnen* ⟨fig.; scherzh.⟩ *sehr weit entfernt, weit draußen auf dem Land* □ *morar no fim do mundo* 8.3 *bis ans ~ der Welt laufen* ⟨fig.; scherzh.⟩ *weit laufen* □ *ir até o fim do mundo* 8.4 *eine Sache beim rechten, am verkehrten ~ anfassen* ⟨fig.; umg.⟩ *etwas geschickt, ungeschickt in die Wege leiten, betreiben* □ *começar alguma coisa da maneira certa/errada* 8.5 *da ist das ~ von ab, fort, weg* ⟨umg.; scherzh.⟩ *das hört nicht mehr auf* □ *isso não tem fim*; → a. *Ecke (4.1-4.2)* **8.6** ⟨umg.⟩ *kleines Stück, Zipfel;* ein ~ Wurst □ **pedaço; ponta** 8.6.1 ⟨niederdt.⟩ *kleine Wurst;* Mett~ □ **linguicinha 9** ⟨unz.⟩ *Stück Weg, Strecke;* bis zu meiner Wohnung ist es noch ein gutes ~ □ **pedaço 10** ⟨meist Pl.; Jägerspr.⟩ *Zacke am Geweih des Rothirsches;* Sy *Sprosse(2)* □ *ponta do galho* **11** ⟨Mar.⟩ *Tau* □ **cabo; amarra 12** ⟨Web.⟩ *parallel zur Kette verlaufende Kante eines Gewebes, Webkante* □ **ourela**

en|den ⟨V. 400⟩ **1** *zeitlich aufhören;* Ggs *anfangen(1), beginnen(1);* die Vorstellung endet gegen 23 Uhr; nicht ~ wollender Beifall □ **terminar; parar 2** ⟨410⟩ *ausgehen, seinen Abschluss finden;* das wird nicht gut ~!; wie wird das mit dir noch ~?; wie wird das alles ~?; die Auseinandersetzung endete vor Gericht □ **terminar; acabar 3** ⟨⟨s.⟩⟩ *sterben, umkommen;* er wird noch am Galgen ~ □ **acabar; morrer 4** *räumlich aufhören;* die Straße endet auf dem Vorplatz zum Bahnhof; diese Eisenbahnlinie endet an der Grenze **5** ⟨Gramm.⟩ *mit einem Buchstaben od. einer Silbe abschließen;* Wörter, die auf -keit, mit ß ~ □ **terminar**

end|gül|tig ⟨Adj. 24⟩ *für immer, als Endergebnis gültig, unwiderruflich, unumstößlich;* eine ~e Entscheidung treffen; eine ~es Urteil; das ist ~ zu etwas endgültigen; das ist ~ aus, vorbei □ **definitivo; definitivamente**

En|di|vie ⟨[-vjə] f.; -, -n; Bot.⟩ *zu den Zichorien gehörende, leicht bitter schmeckende, grüne Salatpflanze* □ **endívia**

end|lich ⟨Adj.⟩ **1** ⟨24⟩ 1.1 *vergänglich;* Ggs *ewig(1)* □ **passageiro; transitório** 1.2 ⟨70⟩ *in Raum, Zeit u. Zahl begrenzt;* Ggs *unendlich;* ~e Größe, Strecke □ **limitado; demarcado 2** ⟨90⟩ 2.1 *nach langer Verzögerung, nach langem Warten;* ~ ist es soweit □ **finalmente** 2.1.1 *komm doch ~! (Ausdruck der Ungeduld) komm, dass ich nicht länger warten muss* □ *venha de uma vez!* 2.2 *am Ende, zuletzt;* → a. *schließlich(1);* jetzt begreife ich ~, warum ... □ **finalmente**

end|los ⟨Adj. 24⟩ **1** *ohne Ende;* eine ~e *Straße;* ein ~es *Kabel* □ **sem fim** 1.1 *ringförmig;* ein Treibriemen ist ein ~er Riemen □ **contínuo 2** ⟨fig.⟩ *unaufhörlich, unabsehbar, unendlich, grenzenlos;* ~es *Gerede;* ~e *Pein;* soll das ~ so weitergehen?; das dauert ja ~ lange; ich musste ~ lange warten; und so weiter bis ins Endlose □ **interminável; infinito; infinitamente**

Ener|gie ⟨f.; -, -n⟩ **1** ⟨Phys.; Chem.⟩ *Fähigkeit, Arbeit zu leisten;* chemische, elektrische ~; *Erhaltung, Umwandlung von* ~ □ **energia 2** ⟨allg.⟩ *Tatkraft, Kraft, Schwung, Nachdruck;* ~ *aufbringen, besitzen, haben;* sich mit aller ~ für etwas einsetzen □ **energia; vigor**

ener|gisch ⟨Adj.⟩ **1** *voller Energie, tatkräftig, kräftig, tätig;* ~e *Maßnahmen ergreifen;* ~ *durchgreifen* □ **enérgico 2** *entschlossen, Energie verratend;* ein ~es *Auftreten, Gesicht, Kinn* □ **enérgico; resoluto;** etwas ~ *betonen* □ **energicamente**

eng ⟨Adj.⟩ **1** *schmal, wenig Raum fassend;* Ggs *weit(1);* eine ~e *Straße;* ein ~es *Zimmer;* auf ~em Raum zusammengedrängt □ **estreito 2** *dicht (gedrängt);* ~ (beieinander) sitzen, stehen □ **bem perto;** ~ schreiben □ ***escrever com letra apertada* 3** *dem Körper fest anliegend;* Ggs *weit(2);* ~e *Kleidungsstücke* □ **apertado;** sich ein Kleid ~er machen □ ***apertar um vestido;*** der Rock ist mir zu ~ □ **apertado 4** *beschränkt, eingeschränkt;* jmdm. ~e Grenzen setzen; ein ~er Gesichtskreis; einen ~en Horizont haben ⟨fig.⟩; im ~eren Sinne □ **limitado, restrito;** in die ~ere Wahl kommen, nehmen □ ***estar entre os selecionados; passar para a segunda fase (da seleção)* 4.1** es wird ~ *es ist nur noch ein geringer Spielraum vorhanden, es wird knapp, es bleibt nicht mehr viel Zeit* □ ***vai ficar apertado* 5** *vertraut, nahe;* ~e *Freundschaft;* ~e *Freunde* □ **íntimo 5.1** im ~sten Kreise *unter Vertrauten* □ ***nos círculos mais restritos* 6** ⟨Getrennt- u. Zusammenschreibung⟩ **6.1** anliegend = enganliegend **6.2** ~ anschließend = enganschließend **6.3** ~ befreundet = engbefreundet

En|ga|ge|ment ⟨[ãgaʒ(ə)mãː] n.; -s, -s⟩ **1** *Anstellung, Beschäftigung (bes. im künstlerischen Bereich);* ein ~ als *Schauspieler, Sänger* **2** ⟨unz.⟩ *Einsatz, persönliches Bemühen;* sein ~ für die Flüchtlinge ist wirklich außergewöhnlich **2.1** viel ~ zeigen *sich sehr einsetzen* □ **engajamento**

en|ga|gie|ren ⟨[ãgaʒiːrən] V. 500/Vr 7⟩ **1** *Mitarbeiter* ~ *anstellen, einstellen;* Künstler ~ **2** ⟨Vr 3⟩ sich ~ *sich binden, sich festlegen* **2.1** ⟨515/Vr 3⟩ **sich für etwas ~** *einsetzen;* sie ist sehr engagiert in der Frauenpolitik □ **engajar(-se)**

eng|an|lie|gend *auch:* **eng an|lie|gend** ⟨Adj.⟩ *fest, dicht an etwas (bes. am Körper) sitzend;* ein ~es Kleid □ **justo; colado**

eng|an|schlie|ßend *auch:* **eng an|schlie|ßend** ⟨Adj. 24/70⟩ *fest, dicht an etwas anschließend;* ein ~er Kragen □ **apertado**

eng|be|freun|det *auch:* **eng be|freun|det** ⟨Adj. 60⟩ *sehr eng, innigst befreundet;* zwei ~e Schulkameraden □ **íntimo**

En|ge ⟨f.; -, -n⟩ **1** ⟨unz.⟩ *das Engsein, enge Beschaffenheit, enger Raum;* die ~ in der kleinen Wohnung; die bedrückende ~ eines Hinterhofes □ **aperto; estreiteza 2** ⟨unz.; fig.; geh.⟩ *Beschränktheit, Engherzigkeit, Engstirnigkeit;* die ~ seines Geistes, seiner Anschauungen; aus menschlicher ~ heraus handeln; dogmatische ~ □ **limitação 3** *schmale Stelle, die durch Bergwände od. Ufer eingeengt ist, Engpass;* Land~, Meer~; ein Schiff durch die gefährlichen ~ steuern □ **desfiladeiro; istmo; estreito 3.1** jmdn. in die ~ treiben ⟨fig.⟩ *jmdm. alle Auswege versperren, jmdn. in Bedrängnis bringen, alle Ausreden, Ausflüchte widerlegen* □ ***encurralar alguém; pôr alguém contra a parede***

En|gel ⟨m.; -s, -⟩ **1** *von Gott geschaffener Geist als Bote Gottes u. zur Hilfe für den Menschen;* Schutz~; ein gefallener ~; schön wie ein ~ ; ein ~ geht ein ~ durchs Zimmer ⟨fig.⟩ *das Gespräch stockt, plötzliches Schweigen tritt ein* □ ***o silêncio se instalou no quarto* 1.2** die ~ (im Himmel) singen hören ⟨fig.⟩ *sehr starken Schmerz empfinden* □ ***ver estrelas (de tanta dor)* 2** *unschuldiger, sanfter od. selbstloser Mensch;* du bist ein ~!; mein ~ (als Kosewort); du ahnungsloser ~! □ **anjo 2.1** er erschien mir als ~ *als Helfer in der Not* □ ***ele apareceu como um anjo da guarda***

En|ger|ling ⟨m.; -s, -e; Zool.⟩ *im Boden lebende Larve der Blatthornkäfer, z. B. des Maikäfers* □ **larva do besouro**

eng|lisch¹ ⟨Adj. 24⟩ **1** *zu England gehörig, England betreffend, aus E. stammend* **1.1** ~er Garten *aus England stammende Form einer Gartenanlage;* ⟨aber⟩ der Englische Garten in München **1.2** ~e Sprache *eine westgermanische Sprache* **1.3** ~es Vollblut *eine aus England stammende edle u. ausdauernde Pferderasse (wird bes. als Rennpferd eingesetzt)* **1.4** ~er Walzer ⟨Mus.⟩ *langsamer Walzer* **2** *die Sprache der Engländer betreffend, in der Sprache der Engländer;* er spricht sehr gut Englisch; im Englischen gibt es nur einen bestimmten Artikel □ **inglês**

eng|lisch² ⟨Adj. 24; veraltet⟩ **1** *die Engel betreffend, zu ihnen gehörig, von ihnen stammend, engelhaft* □ **angelical 2** Englischer Gruß ⟨kath. Kirche⟩ **2.1** *Gruß des Engels bei der Verkündigung Mariä* □ **saudação angélica 2.2** *Gebet, Ave Maria* □ **Ângelus; Ave-Maria**

Eng|pass ⟨m.; -es, -päs|se⟩ **1** *Stelle, wo ein Pass, Weg, eine Straße od. Durchfahrt durch Hindernisse eingeengt ist;* die Gebirgsstraße führt durch mehrere Engpässe; der schmale Tunnel erwies sich als ~ für den starken Verkehr □ **desfiladeiro; gargalo 2** ⟨fig.; umg.⟩ *Mangel, beschränkt verfügbare Materialien, Waren, Arbeitskräfte;* es besteht zurzeit ein ~ bei Blutspenden, an Blutkonserven □ ***atualmente há uma falta de/está difícil encontrar doadores/estoques de sangue***

En|kel¹ ⟨m.; -s, -⟩ **1** *Kind des Sohnes od. der Tochter, Kindeskind;* sie hat schon drei ~ **2** ⟨nur Pl.⟩ die ~ ⟨geh.⟩ *die Nachwelt, die Nachkommen;* das werden vielleicht unsere ~ noch erleben; davon werden unsere ~ noch sprechen □ **neto(s)**

En|kel² ⟨m.; -s, -⟩ *Fußknöchel* □ tornozelo

En|ke|lin ⟨f.; -, -lin|nen⟩ *weibl. Enkel¹* □ neta

En|kla|ve ⟨[-və] f.; -, -n⟩ *fremdes Staatsgebiet, das vom eigenen eingeschlossen ist;* Ggs *Exklave* □ enclave

enọrm ⟨Adj. 24⟩ **1** *sehr groß, riesig, ungeheuer;* ~e Summen; ~ groß, hoch □ demasiadamente **2** ⟨umg.⟩ *erstaunlich; das ist ja* ~! □ espantoso; surpreendente **3** ⟨umg.⟩ *herrlich, wunderbar; das Theaterstück war (ganz)* ~ □ extraordinário

En|sem|ble *auch:* **En|sem|ble** ⟨[ãsã:bl] n.; -s, -s⟩ **1** *Gesamtheit der an einem Theater od. Opernhaus fest angestellten Schauspieler, Sänger, Tänzer od. Musiker* 1.1 *Gruppe von gemeinsam auftretenden Künstlern;* Tanz~, Jazz~, Blechbläser~ □ ensemble **2** ⟨Mode⟩ *aus mehreren, aufeinander abgestimmten Einzelteilen bestehendes (Damen-)Kleidungsstück; ein ~ aus Rock u. Jacke* □ ensemble; conjunto **3** ⟨geh.⟩ *(harmonische, geschmackvoll strukturierte) Gesamtheit, Gesamtbild; Tisch, Stühle u. Wanduhr bilden in diesem Raum ein stilvolles ~* □ conjunto

ent|ar|ten ⟨V. 400(s.)⟩ **1** *aus der Art schlagen, degenerieren, sich krankhaft ausbilden, rückbilden; entartete Sitten* □ degenerar; depravar 1.1 *entartete* **Kunst** ⟨*im Sprachgebrauch des Nationalsozialismus Kunst, die nicht den politischen, propagandistischen u. rassistischen Zielsetzungen des Nationalsozialismus entsprach u. deshalb verboten wurde* □ *arte degenerada

ent|äu|ßern ⟨V. 540/Vr 3⟩ *sich einer* **Sache** *od. eines* **Gegenstandes** *~* ⟨geh.⟩ *weggeben, darauf verzichten* □ desfazer-se; renunciar

ent|beh|ren ⟨V.⟩ **1** ⟨500/Vr 8⟩ jmdn. od. etwas ~ *vermissen; sie entbehrte den Kaffee sehr; sie hat ihren Freund sehr entbehrt* □ sentir falta 1.1 jmdn. od. etwas (nicht) ~ *können, müssen, sollen* auf jmdn. od. etwas (nicht) *verzichten können, müssen, sollen; ich kann das Buch nicht länger ~; sie müssen das Nötigste ~; du sollst nichts ~* □ *(não) poder/precisar/dever ficar sem alguém ou alguma coisa **2** ⟨700⟩ einer **Sache** ~ ⟨geh.⟩ *ohne etwas sein; diese Behauptung entbehrt jeder Grundlage; des Trostes, des Zuspruchs ~* □ não ter; carecer 2.1 *der Anblick, die Situation, sein Verhalten entbehrte* **nicht** *einer* **gewissen Komik** *war etwas komisch* □ *o espetáculo/a situação/seu comportamento não deixa de ter seu lado cômico

Ent|beh|rung ⟨f.; -, -en⟩ *Mangel an Nötigem, Not;* jmdm. ~en auferlegen; ~en auf sich nehmen; ~ leiden □ privação; sacrifício

ent|bie|ten ⟨V. 110/500/Vr 8; veraltet⟩ **1** ⟨530⟩ **jmdm. etwas** ~ ⟨veraltet⟩ *sagen, übermitteln lassen;* seinen Gruß ~ □ transmitir **2** ⟨511 od. 550⟩ **jmdn. zu sich** ~ ⟨veraltet⟩ *zu sich bitten, kommen lassen* □ *(mandar) chamar alguém

ent|bin|den ⟨V. 111⟩ **1** ⟨550/Vr 8⟩ jmdn. von etwas ~ ⟨geh.⟩ *befreien; er entband ihn von seiner Verpflichtung, seinem Versprechen, seinem Wort* 1.1 ⟨540⟩ jmdn. einer Sache ~ ⟨geh.⟩ *von etwas lossprechen; jmdn. seiner Verpflichtung, seines Versprechens, seines Wortes ~* □ liberar; desobrigar **2** ⟨500⟩ eine **Frau** ~ *einer F. bei der Geburt eines Kindes helfen; der Chefarzt hat die Frau entbunden; sie ist von einem Mädchen entbunden worden* □ ajudar no parto **3** ⟨400⟩ *gebären, ein Kind zur Welt bringen, niederkommen; sie hat gestern entbunden; in der Klinik, zu Hause ~* □ dar à luz

ent|blö|ßen ⟨V. 500/Vr 7⟩ **1** etwas ~ *von etwas die Hülle, Kleidung wegnehmen;* den Oberkörper ~; sein Haupt ~; das Schwert ~ □ tirar; despir; desembainhar 1.1 mit entblößtem Kopf *ohne Kopfbedeckung,* mit bloßem K. □ *com a cabeça descoberta **2** ⟨540 od. 550⟩ **jmdn. od. etwas des Schutzes** ~ ⟨geh.⟩ *berauben; eine Festung, Stellung von Truppen ~* □ despojar; privar 2.1 **aller Mittel entblößt sein** ⟨geh.⟩ *ohne Mittel, ohne Geld sein* □ *estar desprovido de qualquer recurso

ent|bre|nnen ⟨V. 117(s.)⟩ **1** ⟨400⟩ etwas entbrennt *beginnt heftig, bricht heftig aus; ein harter Kampf (um die Stadt) entbrannte* □ irromper; desencadear-se **2** ⟨800⟩ in, von etwas ~ *von einer Gemütsbewegung leidenschaftlich ergriffen werden;* in heißer Liebe ~ □ *arder de paixão; er ist für dieses Mädchen entbrannt □ *ele está perdidamente apaixonado por essa moça; er entbrannte von Zorn, in Zorn □ *ele explodiu de raiva

ent|de|cken ⟨V. 500⟩ **1** etwas ~ *als Erster etwas in Wissenschaft u. Forschung Unbekanntes finden; ein Land, Naturgesetz ~; einen Stern, Stoff ~; Kolumbus hat Amerika entdeckt; Marie und Pierre Curie haben das Radium entdeckt* □ descobrir **2** ⟨Vr 8⟩ jmdn. od. etwas ~ *überraschend bemerken;* jmdn. unter vielen Menschen ~; in der Ferne etwas od. jmdn. ~; einen Dieb ~; er hat den Diebstahl sofort entdeckt; auf einem Baum eine Vogelnest ~ □ descobrir; encontrar **3** ⟨530/Vr 7⟩ jmdm. etwas od. sich ~ ⟨geh.⟩ *vertrauensvoll offenbaren, mitteilen* □ revelar(-se)

Ent|de|cker ⟨m.; -s, -⟩ *jmd., der etwas entdeckt hat, der als Erster etwas bislang Unbekanntes gefunden hat* □ descobridor

Ent|de|cke|rin ⟨f.; -, -rin|nen⟩ *weibl. Entdecker* □ descobrira

Ent|de|ckung ⟨f.; -, -en⟩ **1** ⟨unz.⟩ *das Entdecken, das Entdecktwerden; die ~ der Radioaktivität* **2** ⟨zählb.⟩ *etwas, das entdeckt wurde, Neuheit, Fund; ich habe gerade eine ~ gemacht* □ descoberta

En|te ⟨f.; -, -n⟩ **1** ⟨Zool.⟩ *kleine, kurzbeinige Angehörige einer Unterfamilie der Gänsevögel, die auch als Haustier gehalten werden: Anatinae;* schnattern, watscheln wie eine ~ □ pato **2** *Gefäß mit langem Hals zum Wasserlassen für bettlägerige Männer* □ papagaio **3** ⟨fig., umg.; scherzh.⟩ *falsche Meldung;* Zeitungs~; die Nachricht, das Gerücht war nur eine ~ □ boato; notícia falsa

ent|ei|sen ⟨V. 500⟩ etwas ~ *von Eis befreien, auftauen;* Autoscheiben, den Kühlschrank ~ □ tirar o gelo; descongelar; degelar

ent|ei|se|nen ⟨V. 500⟩ etwas ~ *den Eisengehalt von etwas verringern, von Eisen befreien;* Wasser ~ □ eliminar o ferro; das Trinkwasser ist enteisent; enteisentes Mineralwasser □ sem ferro

en|tern ⟨V.⟩ 1 ⟨400(s.)⟩ *in die Takelage eines Schiffes klettern* 2 ⟨500⟩ *ein* **Schiff** ~ *auf dem Meer erobern, in Besitz nehmen* □ abordar; abalroar

En|ter|tai|ner ⟨[-te:-] m.; -s, -⟩ *jmd., der (als Beruf) andere unterhält, Unterhaltungskünstler; ein guter, schlechter* ~ *sein* □ animador

ent|fa|chen ⟨V. 500; geh.⟩ **1** *Feuer* ~ *zum Brennen bringen* **2** *Leidenschaften* ~ ⟨fig.⟩ *hervorrufen, erregen; Hass, Leidenschaft* ~; *ihre Worte entfachten seinen Zorn* □ atiçar

ent|fah|ren ⟨V. 130/600(s.)⟩ *ein* **Wort**, *Seufzer, Fluch, Stöhnen entfährt* **jmdm.** *wird unbeabsichtigt ausgesprochen, ausgestoßen, entschlüpft unbeabsichtigt; ihr war ein Schimpfwort* ~; *ihr entfuhr ein schriller Schrei; ein unbedachtes Wort ist mir* ~ □ escapar

ent|fal|len ⟨V. 131(s.)⟩ **1** ⟨600⟩ *etwas entfällt* **jmdm.** (*od.* **jmds. Händen.**) ⟨geh.⟩ *fällt jmdm. aus der Hand; das Messer entfiel seiner Hand; die Vase entfiel ihr* □ cair; escapar **2** ⟨600⟩ *eine* **Sache** *entfällt* **jmdm.** *entschwindet jmdm. aus dem Gedächtnis; das Wort, der Name ist mir* ~ □ escapar; fugir **3** ⟨800⟩ *etwas entfällt auf jmdn. od. etwas kommt als Anteil auf jmdn. od. etwas; von der ganzen Summe* ~ *500 Euro auf ihn; der Gewinn entfiel auf die Losnummer 10828* □ caber; competir **4** ⟨400⟩ *etwas entfällt* ⟨förml.⟩ *fällt weg, aus, findet nicht statt; Frage 2 (auf Fragebogen) entfällt; die ursprünglich angesetzte Sendung im Fernsehen entfiel wegen der Übertragung des Fußballspiels* □ ser cancelado/anulado

ent|fal|ten ⟨V. 500⟩ **1** *etwas* ~ *auseinander falten u. ausbreiten; eine Fahne, Landkarte, Serviette* ~ □ desfraldar; desdobrar; *die Blüten sind jetzt, haben sich voll entfaltet* □ abrir; desabrochar **1.1** ⟨Vr 3⟩ *sich* ~ *öffnen, sich* *abrir-se **2** *etwas* ~ *ausführlich darlegen; einen Plan* ~ □ apresentar **3** ⟨Vr 7⟩ *sich od. etwas* ~ *entwickeln u. zu voller Geltung bringen; Begabung, Kräfte, Talente* ~; *die deutsche Schauspielkunst entfaltete sich zu hoher Blüte; sich zu voller Pracht, Schönheit* ~; *große Pracht, großen Prunk* ~; *er kann sich beruflich hier nicht* ~ **4** *eine* **Tätigkeit** ~ *beginnen u. fortsetzen; eine fruchtbare, segensreiche, vielseitige Tätigkeit* ~ □ desenvolver(-se)

ent|fer|nen ⟨V. 500⟩ **1** *jmdn. od. etwas* ~ *bewirken, dass jmd. od. etwas nicht mehr da ist; jmdn. aus einer Stellung, einem Amt* ~; *einen Schüler aus, von der Schule* ~; *bitte entfernt das Tier aus meiner Nähe; eine Geschwulst, die Mandeln operativ* ~; *Flecke, Schmutz* ~ □ afastar; remover **2** ⟨Vr 3⟩ *sich* ~ *wegbegeben; sich heimlich, rasch, schweigend* ~; *bitte entferne dich nicht zu weit; sich aus, von einer Gesellschaft* ~; *sich aus dem Haus* ~; *sich von seinem Posten* ~ **2.1** ⟨550⟩ *sich von der Wahrheit* ~ *nicht ganz bei der W. bleiben, nicht genau die W. sagen* □ *afastar-se **2.2** ⟨550⟩ *sich vom* **Thema** ~ *vom T. abschweifen, den direkten Bezug zum T. verlieren; damit* ~ *wir uns zu weit vom Thema* □ *desviar-se do tema **2.3** ⟨550⟩ *sich voneinander* ~ *das Zusammengehörigkeitsgefühl verlieren, fremd werden; wir haben uns in den vergangenen Jahren weit voneinander entfernt* □ *afastar-se um do outro

ent|fernt 1 ⟨Part. Perf. von⟩ *entfernen* **2** ⟨Adj.⟩ **2.1** *weit weg gelegen, fern; der Wald ist nicht sehr weit* ~; *das Eisenbahnnetz führt bis in die* ~*esten Teile des Landes* □ longe; afastado **2.2** ⟨fig.⟩ *weitläufig, nicht nahe; ein* ~*er Verwandter; ein* ~*er Vetter von mir; wir sind nur* ~ *verwandt miteinander* □ distante **2.3** ⟨74⟩ *von in einer Entfernung von jmdm. od. etwas (gelegen); das Haus liegt weit von uns, vom Dorf* ~ □ longe; afastado **2.3.1** *weit davon* ~ *sein, etwas zu tun* ⟨fig.⟩ *nicht daran denken, nicht die Absicht haben; ich bin weit davon* ~, *ihm schaden zu wollen; ich bin weit davon* ~ *zu glauben, dass er den Diebstahl begangen hat* □ *estar longe de fazer alguma coisa **2.4** *nicht im* Entferntesten *nicht im Geringsten, ganz u. gar nicht; ich bilde mir nicht im* Entferntesten *ein, dass* ...; *ich denke nicht im* Entferntesten *daran, das alles zu bezahlen* □ *nem de longe

Ent|fer|nung ⟨f.; -, -en⟩ **1** *das Entfernen; die operative* ~ *einer Geschwulst* □ remoção; extirpação **2** *Abstand, Strecke (zwischen zwei Punkten); die* ~ *beträgt 200 km; Hunde hören diese Pfeife auf große* ~; *das Tier beäugte mich aus einiger* ~ *aufmerksam; bei den großen* ~*en in dieser Stadt braucht man ein Auto; über diese* ~ *kann ich das nicht erkennen; in einiger* ~ *entdeckte ich ihn* □ distância **3** ⟨umg.⟩ *Ferne; aus der* ~ *sieht das ganz anders aus* □ *de longe, parece bem diferente

ent|flam|men ⟨V.(s.); geh.⟩ **1** ⟨500⟩ *Feuer* ~ *zum Brennen bringen* □ *pegar fogo; inflamar **2** ⟨500⟩ *Leidenschaften* ~ ⟨fig.⟩ *hervorrufen, erregen; jmds. Hass, Liebe, Begeisterung* ~ □ despertar **3** ⟨400⟩ *eine Sache entflammt beginnt heftig; sein Hass, der Streit entflammte von neuem* □ estourar; acender-se **4** ⟨800⟩ *in, von Liebe entflammt sein leidenschaftlich verliebt sein* □ *estar apaixonado

ent|flie|hen ⟨V.137(s.)⟩ **1** ⟨400⟩ *(vor jmdm. od. etwas) flüchten, fliehen, die Flucht ergreifen, entkommen; er ist aus der Haftanstalt entflohen* □ fugir **2** ⟨600⟩ *einer Sache* ~ ⟨fig.⟩ *meiden, sich zurückziehen, sich entziehen; sie versuchte, dem lauten Treiben zu* ~; *dem Alltag, der Hektik, dem Stress* ~ □ evitar **3** ⟨400, geh.⟩ *schnell vergehen, entschwinden; die schönen Jahre waren rasch entflohen* □ voar

ent|frem|den ⟨V.⟩ **1** ⟨500/Vr 3 od. 530/Vr 7⟩ **jmdm. jmdm.** ~ *fremdmachen, die Zuneigung zu jmdm. zerstören; ich habe mich ihm entfremdet; sie sind einander entfremdet; die lange Trennung hat ihn ihr entfremdet* □ afastar(-se); alhear(-se); tornar estranho **2** ⟨530⟩ *eine Sache ihrem Zweck* ~ *sie für einen anderen Z. als den vorgesehenen verwenden* □ desviar

ent|füh|ren ⟨V. 500⟩ **1** *jmdn.* ~ *(unbemerkt od. gewaltsam) an einen unbekannten Ort bringen, rauben; ein Kind, einen Industriellen* ~ □ sequestrar; raptar **2** *etwas* ~ ⟨scherzh.⟩ *ausleihen, mitnehmen; darf ich (dir) das neue Kartenspiel* ~? □ pegar (emprestado)

Ent|füh|rung ⟨f.; -, -en⟩ **1** *das Entführen* **2** *das Entführtwerden* □ sequestro

ent|ge|gen ⟨Präp. m. Dat.⟩ **1** ⟨nachgestellt⟩ *einer (näher kommenden) Person od. Sache* ~ *in Rich-*

entgegenbringen

tung auf; dem Feind ~; dem Schnee, dem Regen, dem Wind ~ (Goethe, Rastlose Liebe) □ **em direção a 2** ~ einem **vorangegangenen Geschehen** *im Gegensatz zu, zuwider;* dem Vorschlag ~ müssen wir feststellen, dass ...; er hat ~ meinen Anweisungen, meinem Befehl, Rat gehandelt; ~ dieser Nachricht müssen wir mitteilen, dass ... □ **contra; em oposição a**

ent|gegen|brin|gen ⟨V. 118/530/Vr 8⟩ **1 jmdm. etwas** ~ *auf jmdn. zugehen u. etwas bringen;* sie brachten uns die frohe Nachricht (schon auf halbem Wege) entgegen □ **trazer; vir com 2 jmdm.** od. einer **Sache etwas** ~ ⟨fig.⟩ *darbieten, zeigen, bezeigen;* jmdm. Achtung, Freundschaft, Wohlwollen ~; er brachte dem Vorschlag großes Interesse entgegen □ **mostrar; manifestar**

ent|ge|gen||ge|hen ⟨V. 145/600(s.)⟩ **1 jmdm.** od. **etwas** ~ *auf jmdn. od. etwas zugehen, sich in Richtung auf jmdn. od. etwas bewegen, sich nähern;* sie ging ihrem Mann entgegen; dem Schicksal furchtlos ~ □ **ir ao encontro de 1.1 etwas geht seiner Vollendung** entgegen ⟨fig.⟩ *wird bald vollendet sein* □ ***encaminhar-se para o final**

ent|ge|gen||ge|setzt 1 ⟨Part. Perf. von⟩ *entgegensetzen* **2** ⟨Adj.⟩ **2.1** *in umgekehrter Richtung verlaufend, gegenüberliegend;* in ~er Richtung fahren, gehen, liegen **2.2** *gegenteilig, gegensätzlich, widersprechend;* wir sind genau ~er Meinung; er hat sich genau ~ verhalten □ **(de modo) oposto/contrário**

ent|ge|gen||kom|men ⟨V. 170/600/Vr 8(s.)⟩ **1 jmdm.** ~ *auf jmdn., der sich nähert, zukommen;* komm mir bitte ein Stück entgegen; er kam ihr freudestrahlend entgegen; er kam ihr mit ausgestreckten Händen entgegen; er kam mir auf halbem Wege entgegen ⟨a. fig.⟩ □ **aproximar-se; ir/vir ao encontro de 2 jmdm.** od. einer **Sache** ~ ⟨fig.⟩ *zum Teil nachgeben, auf jmdn. od. dessen Wünsche eingehen;* dein Vorschlag kommt mir sehr entgegen; das kommt meinen Vorstellungen sehr entgegen □ **vir a calhar**

ent|ge|gen||neh|men ⟨V. 189/500⟩ **etwas** ~ *annehmen, in Empfang nehmen, sich geben lassen;* einen Auftrag, Brief ~; ich kann Ihre Beschwerde ~ und weiterleiten, aber ich selbst kann nichts für Sie tun; nehmen Sie Bestellungen entgegen? □ **receber; aceitar**

ent|ge|gen||se|hen ⟨V. 239/600⟩ **1 jmdm.** ~ *jmdn. (erwartungsvoll) kommen sehen;* von diesem Fenster aus kannst du ihm ~ □ **ver chegar 2** einer **Sache** ~ *einer S. erwarten* □ **esperar; aguardar***; ihrer Antwort* ~d (als Schlussformel in Geschäftsbriefen) □ ***no aguardo de sua resposta**; sie sieht ihrer baldigen Entbindung entgegen; er sieht dem Tod gefasst, ruhig entgegen □ **esperar (por)**

ent|ge|gen||set|zen ⟨V. 530⟩ jmdm. od. einer **Sache etwas** ~ *etwas Gegenteiliges tun od. sagen;* einer Beschuldigung eine gegenteilige Behauptung ~; jmdm. od. einem Plan, Vorhaben (hartnäckigen) Widerstand ~; ich kann seinen Vorwürfen nichts (anderes) ~ (als) □ **opor**

ent|geg|nen ⟨V. 503/Vr 6⟩ **(jmdm.) etwas** ~ *antworten, erwidern;* „...!", entgegnete er; (auf jmds. Frage) barsch, freundlich, liebenswürdig, unfreundlich (etwas) ~; darauf wusste er nichts zu ~; sie entgegnete ihm ... □ **replicar; responder**

ent|ge|hen ⟨V. 145/600(s.)⟩ **1 jmdm.** od. einer **Gefahr** ~ *entkommen, aus dem Wege gehen können;* er konnte der Rache seines Feindes ~; niemand entgeht seinem Schicksal; er wird der Strafe, Vergeltung nicht ~; dem Tod mit knapper Not ~; du entgehst mir nicht! □ **escapar 2 sich etwas** ~ **lassen** *(eine Gelegenheit) ungenützt vorübergehen lassen;* da hast du dir wirklich etwas ~ lassen; diesen Anblick, diesen Genuss will ich mir nicht ~ lassen; ich will mir die Gelegenheit nicht ~ lassen; das Vergnügen habe ich mir ~ lassen müssen; er lässt sich keinen Vorteil ~ □ ***deixar escapar alguma coisa 3 etwas** entgeht **jmdm.** od. dessen **Aufmerksamkeit** *etwas fällt jmdm. nicht auf, wird von jmdm. nicht bemerkt, jmd. übersieht etwas;* dieser Fehler ist mir entgangen; mir ist keines seiner Worte, keine seiner Bewegungen entgangen; mir ist (völlig) entgangen, dass ...; mir ist nicht entgangen, dass ... □ **escapar; passar despercebido**; es dürfte Ihnen nicht entgangen sein, dass ... □ ***deve ter notado que...**; es ist meiner Aufmerksamkeit entgangen, dass ... □ ***não notei/reparei que...**

ent|geis|tert ⟨Adj.⟩ *unangenehm überrascht, bestürzt;* er blickte, starrte sie ~ an; mit ~er Miene □ **espantado; pasmo**

Ent|gelt ⟨n.; -(e)s, -e⟩ *Lohn, Belohnung, Vergütung, Entschädigung, Ersatz (für Leistungen, Mühen);* er bekommt als ~ zwölf Euro in der Stunde; als ~ bekommst du eine Theaterkarte; für, gegen ein geringes, kleines ~ arbeiten; ohne ~ (unentgeltlich) arbeiten □ **recompensa; remuneração**

ent|gel|ten ⟨V. 147/530⟩ **1 jmdm. etwas** ~ ⟨geh.⟩ *vergüten, jmdm. für etwas entschädigen, belohnen;* wie kann ich dir deine Hilfe ~?; ich werde es dir später einmal ~ □ **remunerar; retribuir 2 jmdm. etwas** ~ **lassen** ⟨geh.⟩ *jmdn. für etwas büßen lassen;* lass es das Kind nicht ~, dass der Vater Böses getan hat □ ***descontar alguma coisa em alguém**

ent|glei|sen ⟨V. 400(s.)⟩ **1** ein **Schienenfahrzeug** entgleist *springt aus dem Gleis;* einen Zug zum Entgleisen bringen □ **descarrilar 2** ⟨fig.⟩ *vom rechten Weg abkommen, einen gesellschaftlichen Fehler begehen, etwas Ungehöriges, Unschickliches sagen od. tun;* wenn er betrunken ist, entgleist er leicht □ **cometer uma gafe; ser inconveniente**

ent|glei|ten ⟨V. 155/600(s.); geh.⟩ **1 etwas** entgleitet **jmdm.** (od. jmds. **Händen**) *etwas gleitet, fällt jmdm. aus den Händen;* die Vase entglitt ihren Händen und fiel zu Boden □ ***escorregar/escapar (das mãos de alguém)** **2 jmdm.** ~ ⟨fig.⟩ *sich dem Einfluss od. der Kontrolle von jmdm. od. etwas entziehen;* der Junge ist ihr entglitten; sooft er sie auch zu fassen suchte, sie entglitt ihm immer wieder □ ***escapar ao controle de alguém; fugir de alguém**

ent|hal|ten[1] ⟨V. 160/500⟩ **etwas** ~ *in sich fassen, umfassen, in sich schließen, in sich haben;* dieser Schnaps enthält 38% Alkohol; die Flasche enthält zwei Liter

Wein; in diesem Buch ist alles ~, was man über Neugeborene wissen muss □ conter

ent|hal|ten² ⟨V. 160/540/Vr 3⟩ **1** sich einer **Sache** ~ *etwas nicht tun, auf etwas verzichten;* sich des Alkohols, Kaffees ~ **1.1** sich der **Stimme** ~ *nicht mit abstimmen, seine Meinung bei einer Abstimmung nicht äußern* □ abster-se **2** ⟨504/Vr 3⟩ sich (einer **Sache**) nicht ~ können *etwas nicht unterlassen können;* ich konnte mich nicht ~ zu sagen, dass ...; ich konnte mich einer boshaften Bemerkung nicht ~; er konnte sich des Lachens kaum, nicht ~ □ *não poder deixar de (fazer alguma coisa)

ent|he|ben ⟨V. 163/540⟩ (geh.) *jmdn. einer Sache ~* *jmdn. von etwas entbinden, befreien, jmdn. entlassen;* jmdn. seines Amtes ~; damit bin ich aller Sorgen enthoben; jmdn. seiner Verpflichtungen ~; seines Amtes enthoben werden □ dispensar; exonerar; desobrigar

ent|hül|len ⟨V. 500⟩ **1** etwas ~ *von einer Hülle befreien u. dadurch sichtbar machen;* ein Denkmal, ein Bild ~ □ expor; inaugurar **1.1** ⟨Vr 3⟩ sich ~ (geh.) *ein od. mehrere Kleidungsstücke ablegen* □ *despir-se **2** ⟨503⟩ (jmdm.) eine Sache ~ (fig.; geh.) *nicht länger geheim halten, offenbaren;* sein Geständnis hat alles enthüllt; er enthüllte ihr die Wahrheit, sein Geheimnis, seinen Plan, seine Liebe □ revelar **2.1** ⟨518⟩ **jmdn.** als etwas ~ *entlarven;* man hat ihn als Lügner, Schwindler enthüllt □ desmascarar

En|thu|si|as|mus ⟨m.; -; unz.⟩ *Begeisterung, freudige Erregung, Schwärmerei;* er erzählte voller ~ von dem gestrigen Konzert □ entusiasmo

ent|klei|den ⟨V. 500/Vr 7; geh.⟩ **1** jmdn., sich ~ *ausziehen, von den Kleidern befreien;* ein Kind, einen Kranken ~; sie entkleidete sich im Badezimmer □ despir **2** ⟨540⟩ **jmdn. od. etwas einer Sache ~** (fig.) *jmdm. od. einer S. etwas wegnehmen;* man entkleidete ihn seines Amtes, seiner Macht □ privar; despojar

ent|kom|men ⟨V. 170/403(s.) od. 600(s.)⟩ **1** (jmdm. od. einer **Sache**) ~ *(jmdm. od. einer Sache) erfolgreich entfliehen;* der Flüchtling konnte seinen Verfolgern ~; er ist über die Grenze ~ **1.1** *sich jmds. Gewalt entziehen;* der Täter entkam; der Dieb ist der Polizei ~ **1.2** *einer Sache entgehen;* er entkam der Gefahr **1.3** *aus etwas (unbemerkt, unerlaubt) herauskommen;* aus dem Gefängnis ~ □ fugir; escapar

ent|kräf|ten ⟨V. 500⟩ **1** etwas entkräftet jmdn. *macht jmdn. kraftlos, schwach, beraubt jmdn. seiner Kräfte;* die Anstrengungen der Reise haben ihn entkräftet; der Patient ist vom Fieber entkräftet □ enfraquecer; debilitar **2** etwas ~ (fig.) *widerlegen, das Gegenteil davon beweisen;* er hat die Behauptung, Beschuldigung, das Gerücht entkräftet; einen Verdacht ~ □ invalidar; refutar

ent|la|den ⟨V. 174/500⟩ **1** etwas ~ *leeren, von seiner Ladung befreien* **1.1** ein **Transportmittel** ~ *die Ladung von einem T. herunternehmen;* einen Lastwagen, ein Schiff ~ **1.2** eine **Schusswaffe** ~ *die Munition aus einer S. nehmen* **1.3** eine **Batterie** ~ *einer B. elektrische Energie entnehmen* **2** ⟨Vr 3⟩ Spannung entlädt sich *gleicht sich schlagartig aus* □ descarregar(-se) **2.1** ein **Gewitter** entlädt sich *geht schlagartig nieder, bricht los* □ cair **2.2** **seelische Spannung** entlädt sich *kommt heftig zum Ausbruch* □ descarregar-se

ent|lang **1** ⟨meist nachgestellte Präp. m. Akk., schweiz. meist m. Dat.⟩ *längs, (neben, auf) hindurch in der Längsrichtung;* immer den Bach, den Fluss, das Ufer, den Feldweg ~; die Straße ~; das Tal ~ **2** ⟨Adv.⟩ *am Rande, neben;* am Fluss, am Bach, am Ufer ~ □ ao longo de

ent|lang|ge|hen ⟨V. 145/411(s.) od. 500(s.)⟩ **an etwas ~ od. etwas ~** *dem Verlauf von etwas folgen;* an einem Fluss ~; er ging ohne aufzublicken die Straßen entlang; sie ist am Ufer entlanggegangen □ seguir por; caminhar ao longo de

ent|lar|ven ⟨V. 500/Vr 7 od. Vr 8⟩ **1** jmdn. ~ *jmdm. die Gesichtsmaske abnehmen* **2** jmdn. od. etwas ~ (fig.) *jmds. wahre Absichten, den wahren Charakter von jmdm. od. einer Sache enthüllen, aufdecken;* einen Betrüger ~; er wurde als Dieb, Spion entlarvt; mit dieser Lüge hat er sich selbst entlarvt; ein Verbrechen, einen Plan ~ □ desmascarar

ent|las|sen ⟨V. 175/500⟩ jmdn. ~ **1** *jmdm. erlauben, sich zu entfernen, jmdn. verabschieden;* er entließ ihn mit einer Handbewegung, mit ein paar freundlichen Worten; und damit war ich ~ □ dispensar; despedir-se de **1.1** ⟨511⟩ **jmdn. aus einer Institution ~** *jmdn. von der Verpflichtung befreien, sich in einer I. aufzuhalten* □ dispensar; aus dem Krankenhaus (als geheilt) ~ □ dar alta; aus der Schule ~ werden □ ser expulso; jmdn. aus der Haftanstalt ~ □ libertar **2** *jmds. Arbeitsverhältnis lösen u. ihn aus seiner Stellung entfernen;* jmdn. fristlos ~; jmdn. wegen Veruntreuung ~; jmdn. aus dem Amt ~; Soldaten, Truppen aus dem Dienst, aus dem Heer ~ □ demitir; exonerar; licenciar

ent|las|ten ⟨V. 500⟩ **1** ⟨505⟩ jmdn. (von etwas) ~ *jmds. Belastung (durch etwas) verringern;* jmdn. von einem Verdacht, Vorwurf ~; jmdn. von Verpflichtungen ~ **1.1** *jmdm. einen Teil der Arbeit abnehmen;* der neue Assistent soll den Chef ~ □ aliviar **1.2** *von einer Schuld, die ihm zur Last gelegt wird, (teilweise) befreien;* einen Angeklagten ~ □ isentar; ein ~der Umstand □ isentiva **1.3** ⟨Kaufmannsspr.⟩ *jmds. Geschäftsführung nach Überprüfung gutheißen;* einen Geschäftsführer, Vorstand ~ □ aprovar **2** etwas ~ *die Belastung von etwas verringern;* einen Balken, einen Träger ~; den innerstädtischen Verkehr ~ □ aliviar; descongestionar **2.1** *von seelischer Belastung befreien;* sein Gewissen ~ □ aliviar; descarregar **2.2** jmds. Konto ~ *durch Tilgung einer Schuld ausgleichen* □ *creditar (uma soma) na conta de alguém

ent|le|di|gen ⟨V. 540/Vr 3; geh.⟩ **1** sich jmds. od. einer **Sache** ~ *sich von jmdm. od. einer S. befreien;* sich eines Mitwissers ~; sich einer Bürde, Last ~; sich seiner Schulden ~ □ *livrar-se de alguém ou alguma coisa **1.1** sich eines **Kleidungsstücks** ~ *ein K. ausziehen, ablegen;* sich seines Mantels ~ □ *tirar uma peça de roupa **1.2** sich eines **Auftrages** ~ *einen A. ausführen, erledigen;* sich einer Aufgabe, eines Auftrags mit (großem) Geschick ~ □ *cumprir uma missão

ent|lee|ren ⟨V. 500⟩ **1** etwas ~ *ausleeren, leermachen, ausschütten;* den Mülleimer, einen Aschenbecher, eine Schüssel ~ 1.1 die **Blase,** den Darm ~ *Harn, Kot ausscheiden* ☐ esvaziar **2** ⟨Vr 3⟩ 2.1 etwas entleert sich *verliert seinen Sinngehalt, hat seinen eigentlichen Sinn, Inhalt verloren* ☐ esvaziar-se; perder o sentido 2.2 jmd. entleert sich ☐ esvaziar-se 2.2.1 *verrichtet seine Notdurft* ☐ evacuar 2.2.2 *erbricht sich* ☐ vomitar

ent|le|gen ⟨Adj. 70⟩ **1** *fern, weit weg, abseitsliegend, abgelegen;* ein ~es Haus; eine ~e Gegend, Insel ☐ distante; remoto; isolado **2** ⟨fig.; geh.⟩ *abseitig;* ein ~er Gedanke; ein ~er Romanstoff ☐ incomum; invulgar

ent|leh|nen ⟨V. 500⟩ **1** etwas ~ ⟨veraltet⟩ *entleihen, sich borgen, sich leihen;* ich habe mir das Buch aus der Bibliothek entlehnt ☐ pegar emprestado **2** etwas (aus einer anderen Sprache od. einem anderen Wissensbereich) ~ *übernehmen;* das Wort „Fenster" ist aus dem Lateinischen entlehnt; unsere heutige Sprache hat viele Wörter aus der Technik entlehnt ☐ derivar; tomar emprestado

ent|lei|hen ⟨V. 178/505/Vr 5⟩ **1** etwas (von jmdm.) ~ *ausleihen, borgen;* sie hatte zwei Bücher aus der Bibliothek entliehen; ich habe mir die neuen Zeitschriften von ihm entliehen ☐ pegar emprestado **2** entlehnen(2); das Wort ist aus dem Griechischen entliehen ☐ derivar; tomar emprestado

ent|lo|ben ⟨V. 500/Vr 3⟩ sich ~ *die Verlobung lösen, rückgängig machen;* Ggs *verloben;* sie haben sich entlobt ☐ *desfazer/romper o noivado

ent|lo|cken ⟨V. 530/Vr 5 od. Vr 6⟩ **1** jmdm. etwas ~ *jmdn. veranlassen, etwas zu geben od. zu sagen;* jmdm. ein Geheimnis, ein Geständnis ~; die Musik entlockte ihr heiße Tränen; jmdm. etwas durch Schmeicheln, mit List ~ ☐ arrancar **2** einer Sache etwas ~ ⟨fig.⟩ *etwas S. etwas hervorbringen;* er entlockte seiner Flöte, Geige herrliche Weisen ☐ tirar

ent|mün|di|gen ⟨V. 500⟩ jmdn. ~ *jmdn. (infolge Geisteskrankheit, Geistesschwäche o. Ä.) durch gerichtlichen Beschluss als nicht mündig erklären, ihm seine Geschäftsfähigkeit entziehen u. ihn unter Vormundschaft stellen* ☐ interditar; declarar legalmente incapaz

ent|mu|ti|gen ⟨V. 500⟩ jmdn. ~ *jmdm. den Mut nehmen, jmdn. mutlos machen;* seine Kritik hat ihn entmutigt ☐ desencorajar; desanimar; das Gespräch war ~d; das klingt sehr ~d ☐ desencorajador; desanimador

ent|neh|men ⟨V. 189/530 od. 510⟩ **1** etwas einer Sache od. aus etwas ~ *herausnehmen;* er entnahm seiner Brieftasche einen Geldschein; der Kasse 5.000 € ~; dem Lager Waren ~; aus der Vene wird Blut entnommen; ein Zitat entnehmen; er entnahm diese Angaben, Zitate einem wissenschaftlichen Werk ☐ tirar **2** etwas einer Sache od. aus etwas ~ ⟨fig.⟩ *etwas aus etwas schließen, erkennen;* ich entnahm seinem Brief, seinen Worten, dass er nicht kommen wird; aus dem Bericht kann man nicht ~, was wirklich geschehen ist ☐ deduzir; concluir

ent|pup|pen ⟨V. 500/Vr 3⟩ **1** sich ~ *aus der Puppe schlüpfen;* ein Schmetterling, Käfer entpuppt sich ☐ *sair do casulo **2** ⟨518/Vr 3⟩ sich **als** jmd. od. **etwas** ~ 2.1 *sich überraschend als etwas od. jmd. erweisen;* er entpuppte sich als ein lange gesuchter Betrüger; sie hat sich als liebenswürdige Gastgeberin entpuppt; die Sache hat sich als Betrug, Schwindel entpuppt 2.2 ⟨fig.; umg.⟩ *den eigenen Charakter entwickeln, ein eigenes Gesicht zeigen;* warten wir erst ab, wie er sich entpuppt 2.3 ⟨500/Vr 3⟩ der hat sich ja entpuppt! ⟨umg.; iron.⟩ *der zeigt sich ganz anders, als man erwartet hat* ☐ revelar-se

ent|rei|ßen ⟨V. 198/530⟩ **1** jmdm. od. einer **Sache** jmdn. od. etwas ~ *mit Gewalt wegnehmen;* sie entriss ihm das Buch, das Kind, den Brief; der Dieb hat ihr die Handtasche entrissen ⟨fig.; geh.⟩ ☐ arrancar; arrebatar 1.1 dem Gegner den **Sieg** ~ ⟨fig.; geh.⟩ *den G. (wider Erwarten doch noch) besiegen* ☐ tirar 1.2 jmdn. dem (nassen) **Tode,** den Flammen, den Fluten, dem Wasser ~ ⟨fig.; geh.⟩ *jmdn. vor dem Tod erretten* ☐ salvar

ent|rich|ten ⟨V. 505⟩ **1** etwas (an jmdn.) ~ *bezahlen;* Steuern, Beiträge (an die zuständige Behörde) ~; er entrichtete pünktlich die Raten 1.1 seinen **Obulus** ~ ⟨scherzh.⟩ *seinen Beitrag od. Eintritt bezahlen* 1.2 seinen **Tribut** ~ ⟨fig.; geh.⟩ *sein Opfer bringen* ☐ pagar

ent|rin|gen ⟨V. 202/530/Vr 8; geh.⟩ **1** jmdm. etwas ~ *mühevoll, gewaltsam wegnehmen;* endlich konnte er dem Verbrecher die Waffe ~; sie hat ihm ein Geheimnis, Geständnis entrungen ⟨fig.⟩; er hat sich sein Geheimnis nicht ~ lassen ⟨fig.⟩ ☐ arrancar **2** ⟨Vr 3⟩ sich ~ *sich ringend losmachen, befreien;* sie entrang sich seinen Armen ☐ *desvencilhar-se 2.1 etwas entringt sich jmdm. ⟨fig.⟩ *kommt mühsam (nach innerem Kampf) aus jmdm. hervor;* ein Seufzer entrang sich seiner Brust ☐ sair; soltar-se

ent|rin|nen ⟨V. 203(s.); geh.⟩ **1** ⟨600⟩ *aus etwas herausrinnen;* die Tränen entrannen ihren Augen ☐ brotar **2** ⟨400⟩ **Zeit** entrinnt ⟨fig.⟩ *vergeht schnell;* die Stunden entrannen ☐ voar **3** ⟨600⟩ jmdm. od. einer **Sache** ~ *mit knapper Not entkommen, entfliehen;* einer Gefahr, dem Tod, dem Verderben ~; er konnte seinen Verfolgern ~ ☐ escapar; es gibt kein Entrinnen ☐ *não há escapatória

ent|rü|cken ⟨V. 500; geh.⟩ **1** ⟨503⟩ jmdn. (einer Sache) ~ *in einen Zustand versetzen, in dem er sich im Geist seiner wirklichen Umgebung entzieht (u. sich an einem anderen Ort befindet);* die schöne Musik hat ihn der Gegenwart entrückt ☐ enlevar; arrebatar 1.1 ⟨Zustandspassiv⟩ jmdm. od. einer **Sache** entrückt sein *in Gedanken fern, weit von jmdm. od. etwas sein;* sie war der Wirklichkeit entrückt; er war allem Irdischen entrückt ☐ *estar longe/fora de 1.2 ⟨Part. Perf.⟩ entrückt *geistesabwesend, gedankenverloren;* entrückt lauschte sie seinen Worten; ein entrückter Ausdruck lag in ihrem Gesicht ☐ ausente; alheio

ent|rüs|ten ⟨V. 500⟩ **1** etwas entrüstet jmdn. *macht jmdn. sehr unwillig, zornig;* er war sehr entrüstet; „...!", erwiderte er entrüstet; er wies den Vorschlag entrüstet von sich ☐ irritar **2** ⟨Vr 3⟩ sich ~ *sich empö-*

ren, sehr unwillig werden; sich über jmds. Handlungsweise ~ □ **indignar-se*

ent|sa|gen ⟨V. 600; geh.⟩ **1** einer **Sache** ~ *freiwillig, aber ungern, schmerzlich auf etwas verzichten;* seinem Glauben ~; dem Rauchen, dem Trinken ~; dem Thron ~; er hat ~ gelernt □ *renegar; renunciar; abdicar* **1.1** der **Welt** ~ *sich von der W. abschließen (bes. im Kloster)* □ *renunciar*

ent|schä|di|gen ⟨V. 500/Vr 7 od. Vr 8⟩ **jmdn.** ~ *jmdm. Ersatz geben (für Verlust od. Schaden);* jmdn. für entstandene Kosten, für seine Mühe ~; für Verluste entschädigt werden □ *indenizar; compensar*

ent|schär|fen ⟨V. 500⟩ **1** einen **Sprengkörper** ~ *die Vorrichtung zum Zünden entfernen;* die Minen, Granaten, eine Bombe ~ □ *desativar; desarmar* **2** eine **Sache** ~ (fig.; umg.) *einer S. die Schärfe nehmen, sie von scharfen politischen od. von obszönen Anspielungen, Stellen, Szenen befreien;* die gespannte politische Lage muss entschärft werden; die im Buch erwähnten sozialen Konflikte waren in seiner Verfilmung völlig entschärft □ *abrandar; atenuar*

ent|schei|den ⟨V. 209⟩ **1** ⟨500⟩ etwas ~ *etwas Strittiges, Zweifelhaftes auf eine darin angelegte Möglichkeit festlegen* **1.1** ⟨800⟩ *ein maßgebendes Urteil fällen;* nach deutschem Recht ~; über einen Fall, eine Streitfrage ~; über Leben und Tod der politischen Gefangenen ~ **1.2** *endgültig bestimmen;* er soll ~, ob wir es tun sollen oder nicht; du sollst ~, wie es gemacht werden soll; der Chef hat entschieden, dass es so gemacht werden soll; das kann ich nicht ~; darüber haben Sie nicht zu ~; die Sache ist bereits entschieden; es ist noch nichts entschieden **1.3 etwas entscheidet etwas** *etwas gibt für etwas den Ausschlag, bestimmt den Ausgang von etwas;* das Los soll ~, wer gehen, bleiben soll; sein Eingreifen hat die Schlacht (zu unseren Gunsten) entschieden **2** ⟨500/Vr 3⟩ **sich** ~ *eine von mehreren möglichen Handlungsweisen wählen;* ich kann mich nicht so schnell ~; ich werde mich morgen ~, ob ich mitfahre; ich kann mich nicht ~, wie ich es machen soll □ *decidir(-se)* **2.1** ⟨550⟩ **sich für jmdn. od. etwas** ~ *jmdn. od. einer Sache den Vorzug geben (vor jmd. od. etwas Anderem);* ich habe mich für keinen von beiden ~; sie hat sich für X entschieden □ **decidir-se por alguém ou alguma coisa; optar por alguém ou alguma coisa* **2.2** **sich gegen etwas od. jmdn.** ~ *etwas od. jmdn. ausschließen, indem man etwas od. jmd. anderem den Vorzug gibt* □ **decidir contra alguém ou alguma coisa*

Ent|schei|dung ⟨f.; -, -en⟩ **1** *das Festlegen von etwas Strittigem, Zweifelhaftem auf eine darin angelegte Möglichkeit;* die ~ annehmen, ablehnen, anfechten, erzwingen; die ~ steht noch aus; Kampf, Spiel um die ~; die ~ soll morgen fallen; wie ist seine ~ ausgefallen?; eine ~ treffen; eine falsche, gerichtliche, klare, rasche, richtige, schnelle ~ □ *decisão* **1.1** *endgültiges Urteil, Schiedsspruch;* die ~ des Richters, des Unparteiischen □ *sentença; veredicto* **2** *das Sichentscheiden, Wahl einer von mehreren Möglichkeiten;* einer ~ ausweichen, aus dem Wege gehen; einer ~ scheuen;

sich vor einer ~ scheuen; die ~ fällt mir schwer; jmdn. zur ~ drängen; die Entwicklung, die Lage drängt zur ~; er stand vor der ~, ob er es tun sollte oder nicht □ *decisão*

ent|schie|den 1 ⟨Part. Perf. von⟩ *entscheiden* **2** ⟨Adj. 90⟩ *eine andere Möglichkeit ausschließend, eine eindeutige Meinung vertretend;* er ist ein ~er Gegner der Todesstrafe; eine ~e Haltung einnehmen (bei einer Sache) □ *decidido; firme;* er lehnt es ~ ab, das zu tun; er bestritt ~, dass es so gewesen sei; er erklärte ~, es nicht tun zu wollen; ~ antworten □ *firmemente; com firmeza* **2.1** *eindeutig, klar ersichtlich, zweifellos;* das ist ein ~er Gewinn □ *evidente;* es war ~ falsch, richtig, dass du das getan hast □ *indiscutivelmente*

ent|schla|fen ⟨V. 217/400(s.)⟩ **1** ⟨geh.; selten⟩ *einschlafen* □ *adormecer* **2** ⟨meist verhüllend für⟩ *sterben;* er ist gestern friedlich, sanft ~ □ *falecer; expirar* **2.1** *der Entschlafene der (eben) Verstorbene* □ *falecido*

ent|schlie|ßen ⟨V. 222/505/Vr 3⟩ **1 sich (zu etwas)** ~ *sich etwas überlegen u. beschließen, etwas Bestimmtes zu tun;* schnell, entschließ dich!; ich kann mich stets nur schwer (zu etwas) ~; ich kann mich nicht ~ zu gehen; dazu kann ich mich nicht ~; er entschloss sich für die billigere Lösung; ich habe mich entschlossen, ich bin fest entschlossen, morgen abzureisen; kurz entschlossen fuhr ich nach Berlin in den Urlaub □ *decidir(-se); resolver* **1.1** *in seiner Verzweiflung war er zu allem entschlossen war ihm jeder Entschluss recht, war er zu allem bereit* □ **em seu desespero, ele estava pronto para tudo*

ent|schlos|sen 1 ⟨Part. Perf. von⟩ *entschließen* **2** ⟨Adj.⟩ *energisch, tatkräftig, beherzt, nicht zögernd;* seinem ~en Handeln, Vorgehen war es zu verdanken, dass größeres Unheil verhütet wurde; ~ eingreifen, handeln, vorgehen □ *(de modo) decidido/resoluto*

Ent|schluss ⟨m.; -es, -schlüs|se⟩ **1** *(nach vorangegangener Überlegung gefasster) Beschluss, etwas Bestimmtes zu tun;* einen ~ fassen; fester, rascher, schwerer, unabänderlicher ~; es ist mein fester ~, das zu tun; sich zu einem ~ durchringen; er kann zu keinem ~ kommen □ *decisão; resolução* **1.1** *er ist schnell, schwer von ~ er entschließt sich schnell, schwer* □ **ele é rápido/difícil para se decidir*

ent|schul|di|gen ⟨V. 500⟩ **1** ⟨500/Vr 7 od. 550/Vr 7⟩ **sich od. jmdn. (bei jmdm.)** ~ *sein Bedauern über die eigene od. jmds. andere Handlungsweise ausdrücken u. dafür (bei jmdm.) um Nachsicht, Verständnis, Verzeihung bitten;* er hat sich nicht einmal entschuldigt; ich möchte, muss mich (vielmals) ~, dass ich gestern nicht gekommen bin; du musst dich bei ihm wegen des Vorfalls von gestern ~ □ *desculpar(-se);* wer sich entschuldigt, klagt sich an ⟨Sprichw.⟩ □ **quem se desculpa se acusa;* einige ~de Worte sagen □ **dizer algumas palavras de desculpa;* „Ich bin noch nicht lange hier", sagte sie ~d □ *desculpando-se* **1.1** jmdn. (mit etwas) ~ *jmds. Fehlen erklären u. dafür um Nachsicht, Verständnis bitten;* ich möchte meinen Sohn für morgen ~; mein Sohn lässt sich ~, er kann leider

Entschuldigung

nicht kommen; ich muss meine Tochter in der Schule ~ 1.1.1 sich mit Krankheit ~ *fehlen u. K. als Grund angeben* ▢ **justificar (a ausência); pedir desculpa (pela ausência) 2** einen Fehler, ein Versäumnis ~ *so erklären, dass der Vorwurf gemildert wird;* seine Unhöflichkeit ist durch nichts, mit nichts zu ~. 2.1 etwas entschuldigt etwas *etwas lässt etwas verständlicher erscheinen;* seine Müdigkeit entschuldigt sein Schweigen, sein unhöfliches Benehmen ▢ **justificar 3** etwas od. jmdn. ~ *für etwas od. jmdn. Nachsicht, Verständnis zeigen;* unter diesen Umständen kann, muss man sein Verhalten wohl ~; ~ Sie bitte die Störung ▢ **desculpar (alguém por alguma coisa) 3.1** ⟨512⟩ ~ Sie mich bitte einen Augenblick *nehmen Sie es nicht übel, wenn ich Sie kurze Zeit allein lasse* ▢ ***desculpe-me um momento 3.2** ~ Sie! ⟨Höflichkeitsformel⟩ *verzeihen Sie, nehmen Sie es nicht übel!* ▢ ***desculpe!; perdão!**

Ent|schul|di|gung ⟨f.; -, -en⟩ **1** *entschuldigende Worte, Bitte um Nachsicht, Verständnis, Verzeihung;* eine ~ stammeln 1.1 *Erklärung für jmds. Fehlen, die mit der Bitte um Nachsicht, Verständnis verbunden ist;* einem Kind eine ~ (für die Schule) schreiben; ohne ~ fehlen ▢ **desculpa; justificativa 2** *Rechtfertigung, Entlastung von einem Vorwurf;* was können Sie zu Ihrer ~ anführen?; für solch ein Benehmen gibt es keine ~ **3** (jmdn.) um ~ bitten *Nachsicht, Verständnis;* ich bitte tausendmal um ~ ▢ **desculpa; perdão**

ent|schwin|den ⟨V. 236; geh.⟩ **1** ⟨400 od. 403⟩ *verschwinden, dem Blick verlorengehen;* das Flugzeug entschwand in den Wolken; lautlos ist das Tier meinem Blickfeld entschwunden ▢ **desaparecer 2** ⟨600⟩ etwas entschwindet jmdm. aus dem Gedächtnis *jmd. vergisst etwas;* das ist mir aus dem Gedächtnis entschwunden ▢ ***apagar-se da lembrança 3** ⟨400⟩ Zeit entschwindet *vergeht;* die Zeit ist (mir) zu schnell entschwunden; die entschwundene Jugend ▢ **passar**

ent|set|zen ⟨V. 500⟩ **1** jmdn. ~ *erschrecken, in Furcht, Schrecken, Grauen versetzen;* dieser Anblick hat sie sehr entsetzt; entsetzt sein; ich war ganz, völlig entsetzt; ein entsetzter Blick, Schrei 1.1 ⟨Vr 3⟩ sich ~ *sich erschrecken, in Furcht, Schrecken, Grauen geraten;* ich habe mich vor diesem Anblick entsetzt ▢ **assustar(-se); apavorar(-se) 2** jmdn. od. etwas ~ ⟨Mil.⟩ *von einer Belagerung befreien;* eine Festung, Stadt, Burg ~ ▢ **levantar o cerco 3** ⟨540⟩ jmdn. seines Postens, Amtes ~ ⟨veraltet; geh.⟩ *absetzen* ▢ **destituir**

Ent|set|zen ⟨n.; -s; unz.⟩ *Erschrecken, Schrecken, Furcht, Grauen;* ~ bemächtigte sich der Zuschauer; wer beschreibt mein ~, als ich sah, dass ...; ~ ergriff die Menge; die Menschen wurden von ~ erfasst, gepackt, geschüttelt; zu unserem ~, zu unser aller ~; zu meinem größten ~ ▢ **terror; espanto**

ent|setz|lich ⟨Adj.⟩ **1** *Entsetzen herbeiführend, schrecklich, grauenvoll, furchtbar;* dieser Anblick war ~; ich hörte ein ~es Geschrei ▢ **terrível; assustador 2** ⟨90; verstärkend; umg.⟩ *sehr, sehr stark, überaus;* er hat ~ gefroren; ich habe ~en Durst ▢ **tremendo; terrível**

ent|sin|nen ⟨V. 245/540 od. 550/Vr 3⟩ sich einer Sache od. jmds., sich an jmdn. od. eine Sache ~ *sich erinnern, sich besinnen auf etwas od. jmdn.;* kannst du dich nicht mehr ~?; soweit ich mich entsinne, war es so; ich kann mich noch des Tages, an den Tag ~, als ich ... ▢ ***lembrar-se de alguém ou alguma coisa**

ent|span|nen ⟨V. 500⟩ **1** etwas ~ *die Spannung von etwas lockern, lösen, von einer Anspannung befreien;* die Beine, Arme, den Körper ~ ▢ **relaxar; soltar 2** ⟨Vr 3⟩ sich ~ *sich ausruhen, sich erholen;* sich im Urlaub ~ ▢ ***relaxar; descansar 3** ⟨Vr 3⟩ etwas entspannt sich *beruhigt sich, glättet sich, verliert an Spannung;* die politischen Beziehungen zwischen beiden Staaten haben sich entspannt; die Lage hat sich entspannt ▢ **acalmar-se**; die Lehrerin hat ein entspanntes Verhältnis zu ihren Schülern; ein entspannendes Gespräch führen ▢ **tranquilo; descontraído**

ent|spre|chen ⟨V. 251/600⟩ **1** einer Sache ~ *mit einer S. übereinstimmen;* der „Amor" der römischen Mythologie entspricht dem griechischen „Eros"; seine Behauptung entspricht nicht den Tatsachen, der Wahrheit; es, er, sie entspricht nicht, entspricht völlig meinen Erwartungen, Wünschen ▢ **corresponder 2** einer Sache od. jmdn. ~ *genügen, etwas, jmds. Wünsche erfüllen;* den Anforderungen ~; seinem Zweck ~; ich kann ihm nicht ~ ▢ **corresponder; satisfazer**

ent|spre|chend 1 ⟨Part. Präs. von⟩ entsprechen **2** ⟨Adj.⟩ *angemessen, gemäß;* eine der Tat ~e Belohnung, Strafe; ein dem geleisteten Dienst ~es Trinkgeld ▢ **correspondente**; jmdn. seinen Leistungen ~ bezahlen; den Anweisungen, den Umständen ~ handeln; sich dem Anlass ~ kleiden; eine tapfere Tat ~ würdigen ▢ **adequadamente; de acordo com**

ent|sprin|gen ⟨V. 253(s.)⟩ **1** ⟨411⟩ ein Fluss entspringt in einer Landschaft *kommt als Quelle hervor;* die Elbe entspringt im Riesengebirge; der Rhein entspringt in den Alpen, in der Schweiz ▢ **nascer 2** ⟨600 od. 800⟩ etwas entspringt einer Sache ⟨fig.⟩ *hat seinen Ursprung in einer S., entsteht, entwickelt sich aus einer S.;* daraus entsprang die Meinung, die Vorstellung, dass ...; diese Geschichte ist seiner Fantasie entsprungen ▢ **provir; derivar 3** ⟨411 od. 600⟩ aus etwas ~ ⟨geh.⟩ *aus etwas ausbrechen, entfliehen;* ein Löwe ist aus dem Zirkus, dem Käfig entsprungen ▢ **fugir; escapar**

ent|ste|hen ⟨V. 256/400(s.)⟩ **1** etwas entsteht *beginnt zu sein, zu bestehen, sich zu bilden, sich zu entwickeln;* man sieht daraus, wie Gerüchte ~; wie ist Leben (auf der Erde) entstanden? ▢ **surgir; formar-se**; die Sache ist erst im Entstehen begriffen ▢ **formação**, wir wollen nicht den Eindruck ~ lassen, als ob ... ▢ ***não queremos dar a impressão de que...**; es entstand ein Aufruhr, große Aufregung, Lärm, Unruhe ▢ **dar-se; surgir 1.1** ⟨unpersönl.⟩ *hervorgerufen werden;* es entstand (bei den meisten) der Eindruck, dass ... ▢ ***(entre a maioria) surgiu a impressão de que...** 1.2 *hervorgehen;* daraus kann großes Unheil ~; hoffentlich entsteht daraus kein Krieg **2** ⟨800⟩ aus etwas ~ sich ergeben; Schaden ist (daraus) nicht entstanden; es werden für Sie keine Kosten ~ □ **resultar**; für ~den Schaden, ~de Verluste haftet der Eigentümer; für den entstandenen Schaden aufkommen □ **resultante; causado** 2.1 ⟨Sprachw.⟩ gebildet werden, sich herleiten; das neuhochdeutsche Wort „Tag" ist aus dem gotischen „dags" entstanden; durch die Entwicklung der Technik sind viele neue Wörter und Begriffe entstanden □ **derivar; surgir**

Ent|ste|hung ⟨f.; -, en⟩ das Entstehen, Entwicklung; die ~ von Krankheiten erforschen □ **surgimento**

ent|stel|len ⟨V. 500⟩ 1 jmdn. od. etwas ~ hässlich machen, verzerren, verunstalten, verstümmeln; die Leiche war grässlich entstellt; durch die Verletzung war er (bis zur Unkenntlichkeit) entstellt □ **desfigurar; deformar**; eine ~de Narbe im Gesicht haben □ **deformador; desfigurador** 2 etwas ~ fälschen, verfälschen, falsch darstellen; einen Vorfall, den Inhalt eines Briefes entstellt wiedergeben; einen ~den Bericht schreiben; einen Text ~ □ **alterar; deturpar**

ent|täu|schen ⟨V. 500⟩ 1 ⟨Vr 8⟩ jmdn. od. etwas ~ (jmds. Hoffnungen, Erwartungen) nicht erfüllen, zunichtemachen; er hat mich sehr enttäuscht; das Buch, die Aufführung hat mich enttäuscht; ich muss Sie leider ~, ich kann Ihren Wunsch nicht erfüllen; er ist im Leben so oft enttäuscht worden, dass ...; er hat meine Erwartungen, Hoffnungen enttäuscht □ **decepcionar; desapontar; frustrar** 1.1 enttäuscht sein betrübt, traurig, niedergeschlagen sein, weil sich Hoffnungen, Erwartungen nicht erfüllt haben; ich bin bitter, tief enttäuscht; bitte sei nicht enttäuscht, aber ich kann nicht kommen; komm nur mit, du wirst nicht enttäuscht sein; lies das Buch besser nicht, du bist bestimmt enttäuscht (davon) □ **decepcionado; desapontado; frustrado** 1.1.1 von jmdm. od. etwas enttäuscht sein jmd. od. etwas gefällt jmdm. wider Erwarten nicht; ich war von ihm, von der Stadt enttäuscht; vom Leben enttäuscht sein □ **decepcionado; desiludido**

ent|waff|nen ⟨V. 500⟩ jmdn. ~ 1 jmdm. die Waffe(n) wegnehmen; Gefangene, Truppen ~; einen gestellten Verbrecher ~ 2 ⟨fig.⟩ jmds. Angriffe durch eine unerwartete, überraschende Reaktion unwirksam machen; jmdn. mit einer witzigen Antwort ~ □ **desarmar**; eine ~de Antwort; sie war von ~der Offenheit □ **desconcertante; que desarma**

ent|we|der ⟨Konj.⟩ 1 ~ ... oder ... eines von beiden; du kannst ~ den Apfel oder die Birne haben, aber nicht beides; er ist ~ ihr Bruder oder ihr Schwager; ~ du benimmst dich anständig, oder du bleibst zu Hause; ich werde ~ fliegen oder mit dem Nachtzug fahren; ~ komme ich, oder ich schicke noch, auf jeden Fall gebe ich dir Bescheid; ~ hat er unsere Verabredung vergessen, oder er hat nicht kommen können; ~ alles oder nichts; ~ gleich oder gar nicht; er kommt ~ heute oder morgen □ **ou** 1.1 ~, oder! entscheide!, wähle! □ ***ou uma coisa, ou outra!**

Ent|we|der-o|der ⟨n.; -; unz.⟩ 1 das Entscheiden, Wahl zwischen zwei Möglichkeiten, Handlungen od. Dingen

1.1 hier gibt es nur ein ~! hier muss eine klare Entscheidung zwischen zwei Möglichkeiten getroffen werden 1.2 hier gibt es kein ~ hier ist keine Wahlmöglichkeit □ **opção; alternativa**

ent|wei|chen ⟨V. 281/400(s.)⟩ 1 etwas entweicht dringt heraus, tritt aus, strömt aus; aus dem Ballon entweicht Gas; Dampfschwaden ~ ins Freie □ **escapar** 1.1 ⟨511⟩ aus seinem Gesicht entwich alle Farbe verschwand □ **sumir; desaparecer**

ent|wen|den ⟨V. 503⟩ etwas ~ ⟨geh.⟩ heimlich, widerrechtlich wegnehmen, stehlen; er hat ihm die Brieftasche entwendet; jmdm. Geld (aus der Tasche) ~ □ **furtar**

ent|wer|fen ⟨V. 286/500⟩ 1 etwas ~ planend in seinen wesentlichen Zügen darstellen □ **planejar; projetar** 1.1 in Umrissen zeichnend andeuten; ein Gemälde ~ □ **esboçar** 1.2 die Hauptpunkte von etwas schriftlich festlegen; einen Vertrag, Vortrag ~ □ **redigir; rascunhar**

ent|wer|ten ⟨V. 500⟩ 1 etwas ~ den (Geld-)Wert von etwas herabsetzen, vermindern; aufgrund der steigenden Inflation wurde das Geld entwertet □ **desvalorizar** 2 Eintrittskarten, Fahrkarten, Briefmarken ~ (durch Einreißen, Lochen, Stempeln) ungültig für den weiteren Gebrauch machen □ **obliterar** 3 ⟨fig.⟩ schmälern, mindern; seine Leistungen für die Wissenschaft wurden durch die heftige Kritik an seiner Person entwertet □ **diminuir**

ent|wi|ckeln ⟨V. 500⟩ 1 ⟨Vr 3⟩ sich ~ seine Anlagen entfalten; sich günstig, ungünstig, gut, schlecht, rasch, langsam ~ □ ***desenvolver-se** 2 ⟨505/Vr 3⟩ sich (aus etwas) ~ allmählich entstehen, sich herausbilden; der Konflikt (im Drama) entwickelt sich; der Frosch entwickelt sich aus der Kaulquappe □ ***evoluir (a partir de alguma coisa)** 2.1 etwas entwickelt sich bildet sich; es ~ sich Dämpfe, Gase; beim Verbrennen von nassem Holz entwickelt sich viel Rauch □ **formar-se** 2.2 ⟨550⟩ sich zu etwas ~ zu anderem, Neuem werden; die Kleine hat sich inzwischen zu einer jungen Dame entwickelt; das Dorf hat sich zu einer kleinen Stadt entwickelt □ ***transformar-se em alguma coisa** 3 etwas ~ so ausbilden, dass darin angelegte Möglichkeiten nach u. nach verwirklicht werden, zur Geltung kommen; Geschmack, Instinkt, Scharfsinn, Sprachgefühl ~; einen Stil (in der Malerei, Schauspielkunst usw.) ~; eine Methode, ein neues Verfahren ~ □ **desenvolver** 3.1 ⟨503/Vr 6⟩ (jmdm.) etwas ~ in allen Einzelheiten darlegen, auseinandersetzen; Gedanken, Pläne ~ □ **desenvolver; expor** 3.2 einen Film ~ ⟨Fot.⟩ einen belichteten F. mit Chemikalien behandeln u. dadurch das Bild sichtbar machen □ **revelar** 4 etwas ~ (als Ergebnis eines Prozesses) hervorbringen, zeigen; große Geschwindigkeit ~ □ **alcançar; produzir**

Ent|wi|cke|lung ⟨f.; -, -en⟩ = Entwicklung

Ent|wick|lung ⟨f.; -, -en⟩ oV Entwickelung 1 das Entwickeln, das Entwickeltwerden, Erzeugung, Herstellung; ~ eines abgasarmen Autos, einer neuen Technologie □ **desenvolvimento; produção** 1.1 ⟨Fot.⟩ das Entwickeln (3.2); ~ eines Filmes □ **revelação** 2 das

entwirren

Sichentwickeln, Entstehung, Werden, Wachstum; die ~ eines Kindes; Rauch~; Dampf~; die ~ einer wissenschaftlichen Theorie; eine besorgniserregende ~ □ **desenvolvimento; formação; evolução**

ent|wir|ren ⟨V. 500⟩ etwas ~ *auflösen, auseinanderziehen;* einen Knoten, ein Knäuel, eine Schnur ~; ein Durcheinander ~ ⟨a. fig.⟩ □ **desatar; desembaraçar; desfazer**

ent|wi|schen ⟨V. 403(s.); umg.⟩ *schnell u. unauffällig entkommen, entschlüpfen;* der Junge ist dem Lehrer, der ihn strafen wollte, entwischt; der Dieb ist der Polizei entwischt □ **escapar; safar-se**

ent|wöh|nen ⟨V. 500⟩ **1** ⟨540/Vr 7⟩ jmdn. einer **Sache** ~ *jmdm. eine S. abgewöhnen, eine Gewohnheit ablegen* □ **desabituar;** sich des Rauchens, Trinkens ~ □ ***deixar/parar de fumar/beber;*** ich bin vollkommen entwöhnt □ ***perder o costume de alguma coisa*** **1.1** ein Kind ~ ⟨veraltet⟩ *abstillen, ein K. an Flaschenmilch, an eine andere Nahrung als Muttermilch gewöhnen* □ **desmamar**

Ent|wurf ⟨m.; -(e)s, -wür|fe⟩ **1** *Darstellung von etwas Geplantem, einem Vorhaben,* Sy *Projekt(2);* einen ~ ablehnen, annehmen; einen ~ anfertigen, herstellen, machen; jmdm. mehrere Entwürfe (zur Auswahl) vorlegen; erster, zweiter ~ □ **projeto; plano** **1.1** *Zeichnung in groben Umrissen;* Sy *Skizze(1);* der ~ zu einem Gemälde; die Zeichnung ist im ~ fertig □ **esboço; croqui** **1.2** *Niederschrift in Stichworten;* Roman~, Vertrags~; der ~ zu einem Roman, Vertrag; der Vertrag liegt im ~ vor □ **minuta; rascunho**

ent|zie|hen ⟨V. 293⟩ **1** ⟨530⟩ **jmdm. etwas** ~ *wegnehmen* **1.1** jmdm. Blut ~ ⟨geh.⟩ *abzapfen* □ **tirar** **1.2** jmdm. Kräfte ~ *jmds. K. vermindern* □ **reduzir** **1.3** *wegziehen, nicht länger lassen;* sie entzog ihm ihre Hand □ **retirar** **1.4** *nicht mehr geben, dass er damit keinen Missbrauch treibt;* jmdm. Alkohol, Kaffee, Nikotin ~ □ **privar** **1.5** *nicht mehr zuteilwerden lassen, für künftige Fälle verweigern;* jmdm. die Erlaubnis ~, etwas zu tun; jmdm. seine Gunst, Unterstützung ~ **1.5.1** einem Redner das Wort ~ *ihn nicht (weiter)reden lassen* □ **retirar** **2** ⟨530/Vr 3⟩ **sich einer Sache** ~ ⟨geh.⟩ *einer S. entfliehen, sich von etwas befreien;* sie entzog sich seiner Umarmung, seinen Zärtlichkeiten □ **desvencilhar-se** **2.1** *einer Sache entkommen, entgehen;* sich der Strafe, dem Zugreifen der Polizei durch die Flucht ~ □ **escapar; fugir** **2.2** *einer Sache nicht nachkommen;* sich der Verantwortung ~ □ **subtrair-se** **3** ⟨530/Vr 3⟩ **sich jmdm.** ~ ⟨geh.⟩ *sich von jmdm. zurückziehen, fernhalten;* warum entziehst du dich uns, unserer Gesellschaft? □ ***evitar alguém; esquivar-se de alguém*** **4** ⟨530/Vr 3⟩ *etwas entzieht sich der Wahrnehmung, Kenntnis bleibt verborgen, ist nicht zugänglich;* der See war unseren Blicken durch eine Baumgruppe entzogen; diese Vorgänge ~ sich der Beobachtung; der Fehler hat sich meiner Aufmerksamkeit entzogen **4.1** das entzieht sich meiner Kenntnis *das weiß ich nicht* □ **escapar**

ent|zif|fern ⟨V. 500⟩ etwas ~ **1** *lesen, obwohl es schlecht geschrieben ist;* einen Brief, eine Handschrift ~; ich kann die Schrift kaum, nicht, mühelos, nur schwer, nur mit Mühe ~ **2** *in die übliche Schrift umsetzen, die Bedeutung, den Sinn herausfinden aus etwas;* eine Geheimschrift ~; die Hieroglyphen, die Keilschrift ~; eine Geheimschrift mit einem Schlüssel ~ □ **decifrar**

ent|zü|cken ⟨V. 500⟩ jmdn. ~ *jmdn. in helle Freude versetzen, jmdn. begeistern;* der Anblick, das Buch, ihr Gesang entzückt mich; ich bin (ganz) entzückt davon □ **encantar; entusiasmar**

ent|zü|ckend **1** ⟨Part. Präs. von⟩ *entzücken* **2** ⟨Adj.⟩ *wunderschön, reizend, nett;* das Kleid ist einfach ~; Sie haben ganz ~e Kinder; das ist ganz ~ von ihm □ **deslumbrante; encantador**

Ent|zug ⟨m.; -(e)s; unz.⟩ **1** *das Entziehen (von etwas)* □ **retirada; privação** **2** ⟨kurz für⟩ *Entziehungskur (zur Heilung der Alkohol- od. Drogensucht)* □ **desintoxicação 2.1** auf ~ sein ⟨salopp⟩ *eine Entziehungskur machen* □ ***fazer tratamento de desintoxicação***

ent|zün|den ⟨V. 500⟩ **1** etwas ~ *zum Brennen bringen, anzünden;* ein Feuer ~; er hat eine Kerze entzündet; er entzündet ein Streichholz □ **acender** **1.1** ein Gefühl ~ ⟨fig.; geh.⟩ *erregen, verursachen;* jmds. Begeisterung, Leidenschaften, Hass, Liebe ~ □ **despertar** **2** ⟨Vr 3⟩ etwas entzündet **sich** *beginnt zu brennen;* ein Heuhaufen, ein Holzstoß hat sich entzündet; Kalk entzündet sich bei schlechter Lagerung selbst □ **incendiar-se** **2.1** Streit entzündet **sich** ⟨fig.; geh.⟩ *entsteht;* darüber hatte sich ein Streit entzündet □ **acender-se** **3** ⟨Vr 3⟩ etwas entzündet **sich** *etwas rötet sich krankhaft u. schwillt schmerzhaft an;* die Wunde hat sich entzündet; sein Hals ist entzündet □ **inflamar-se**

Ent|zün|dung ⟨f.; -, -en⟩ **1** ⟨unz.⟩ *das Entzünden (von Feuer)* **2** ⟨Med.⟩ *vom Körper zur Abwehr durch Krankheitserreger verursachter, durch chemische, physikalische u. a. Schädigungen ausgelöster Vorgang an den Körpergeweben, wobei aus den Gefäßen Blutflüssigkeit u. später weiße Blutzellen austreten;* eine akute, chronische ~ □ **inflamação**

ent|zwei ⟨Adj. 11/40⟩ *zerbrochen, zerrissen, kaputt;* Ggs *ganz(1);* die Tasse ist ~; meine Brille ist ~ □ **quebrado; partido (em dois)**

ent|zwei|bre|chen ⟨V. 116⟩ **1** ⟨500⟩ etwas ~ *etwas in Stücke, in mehrere Teile brechen, zerteilen;* ein Brot ~ □ **partir 2** ⟨400(s.)⟩ *zerbrechen, auseinanderbrechen;* die Tasse, der Teller ist entzweigebrochen; die dünnen Plätzchen brechen leicht entzwei □ **quebrar(-se); partir(-se) (em dois)**

En|zi|an ⟨m.; -s, -e; Bot.⟩ **1** *einer im Gebirge vorkommenden Gattung der Enziangewächse angehörende krautige Pflanze mit gelben od. blauen Blüten: Gentiana* □ **genciana** **2** *der mit einem Extrakt aus den Wurzeln des Gelben Enzians hergestellte bittere, klare Branntwein* □ **aguardente de genciana**

En|zy|klo|pä|die auch: **En|zyk|lo|pä|die** ⟨f.; -, -n⟩ *umfassendes Nachschlagewerk (Lexikon), in dem alle Wissensgebiete od. der gesamte Wissensstoff eines Fachgebietes in alphabetischer od. systematischer Anordnung dargestellt sind;* eine ~ der Naturwissenschaften; eine musikwissenschaftliche ~ in zehn Bänden □ enciclopédia

En|zym ⟨n.; -s, -e; Biochem.⟩ *hochmolekulare Eiweißverbindung, die langsam ablaufende biochemische Reaktionen beschleunigt od. ermöglicht u. dadurch den Stoffwechsel des Organismus steuert* □ enzima

Epi|de|mie ⟨f.; -, -n⟩ *ansteckende, sich rasch u. weit verbreitende, plötzlich auftretende u. abflauende Massenerkrankung;* → a. *Seuche;* Cholera~; Grippe~ □ epidemia

Epi|der|mis ⟨f.; -, -dermen; Anat.⟩ **1** *äußerste Schicht der Haut der Wirbeltiere;* Sy Oberhaut **2** *pflanzliches, meist einschichtiges Abschlussgewebe* □ epiderme

Epi|go|ne ⟨m.; -n, -n⟩ *jmd., der im künstlerischen Bereich Vorhergehendes unschöpferisch nachahmt od. anwendet* □ epígono

Epi|gramm ⟨n.; -(e)s, -e⟩ ⟨urspr.⟩ *altgriechische Aufschrift (auf Kunstwerken, Grab- od. Denkmälern, Gebäuden u. a.)* **2** ⟨später⟩ *kurzes Spott- od. Sinngedicht, Sinnspruch* □ epigrama

Epik ⟨f.; -; unz.; Lit.⟩ *Gattung der erzählenden Vers- u. Prosadichtung;* Vers~ □ épica

Epi|lep|sie ⟨f.; -; unz.; Med.⟩ *zeitweilig auftretende Krämpfe am ganzen Körper mit Bewusstlosigkeit* □ epilepsia

epi|lep|tisch ⟨Adj. 24⟩ **1** *die Epilepsie betreffend, auf ihr beruhend;* einen ~en Anfall bekommen **2** *an Epilepsie leidend;* ein ~es Kind □ epiléptico

Epi|log ⟨m.; -(e)s, -e; bes. Lit.⟩ Ggs Prolog **1** = *Nachwort* **2** *zu einem* **Drama** *Nachspiel* **3** *Schlussworte eines Schauspielers an das Publikum* □ epílogo

Epi|so|de ⟨f.; -, -n⟩ **1** ⟨altgriech. Drama⟩ *zwischen die Chorgesänge eingeschobene Handlung* **2** *eingeschobene Nebenhandlung im Drama od. Roman, Einschaltung* **3** ⟨Mus.⟩ *Zwischenspiel in der Fuge* **4** ⟨allg.⟩ *nebensächliches Ereignis od. Erlebnis, Zwischenspiel* □ episódio

Epi|stel *auch:* **Epis|tel** ⟨f.; -, -n⟩ **1** *längerer (kunstvoller) Brief* □ epístola **2** *Apostelbrief im NT* **3** *für den Gottesdienst vorgeschriebene Lesung aus der Apostelgeschichte od. den Apostelbriefen* □ Epístola **4** *jmdm. die ~ lesen* ⟨fig.⟩ *jmdn. ermahnen, jmdm. eine Strafpredigt halten* □ *passar um sermão em alguém

Epo|che ⟨[epɔxə] f.; -, -n⟩ **1** *(bedeutsamer) Zeitabschnitt* **2** *historischer Wendepunkt* **2.1** ~ **machen** *durch ein bedeutsames Ereignis einen neuen Zeitabschnitt einleiten* **3** ⟨Astron.⟩ *bestimmter Zeitpunkt, auf den irgendwelche Angaben bezogen werden, z. B. die Elemente der Planetenbahnen, das Minimum im Lichtwechsel veränderlicher Sterne* **4** ⟨[-'-] unz.; Philos.⟩ *Zurückhalten od. Enthaltung des Beifalls od. Urteils* □ época **5** ⟨Getrennt- u. Zusammenschreibung⟩ **5.1** ~ machend = *epochenmachend*

epo|che|ma|chend *auch:* **Epo|che ma|chend** ⟨[-xə-] Adj. 24⟩ *eine neue Epoche, einen neuen Zeitabschnitt einleitend, bahnbrechend;* eine ~e Entdeckung □ que faz época

Epos ⟨n.; -, Epen; Lit.⟩ **1** *langes, erzählendes Gedicht in gleichmäßiger Versform;* Vers~ **2** *großangelegte, breit ausgemalte Prosadichtung;* Helden~ □ epopeia

Equi|pe ⟨[eki:pə] f.; -, -n; Sp.⟩ *(für eine Nation startende) Mannschaft, Team;* die deutsche, englische, französische ~ □ equipe; time

er ⟨Personalpron., 3. Person Sg. m.; Gen. sein(er), Dat. ihm, Akk. ihn; Pl. sie²⟩ *(Ausdruck für ein maskulines Substantiv, das weder Sprecher noch Hörer ist);* ~ kommt; ~ ist es; da ist ~ ja!; ich kenne Müllers schon lange, sie ist eine Schulfreundin von mir und ~ hat mit mir zusammen studiert; sie gab es ihm; alle sehen ihn; ich habe mir einen neuen Anzug gekauft, ~ gefällt mir gut □ ele

Er ⟨m.; -, -s; umg.⟩ **1** *Mensch od. Tier männlichen Geschlechts;* ist die Katze ein ~ oder eine Sie? □ macho **1.1** ein ~ und eine Sie *ein Mann u. eine Frau* □ homem

er... ⟨Vorsilbe in Zus.⟩ **1** *etwas bewirken, etwas machen;* sich erkälten, erfreuen, ermuntern **2** *etwas entstehen lassen, hervorbringen;* erbauen, erzeugen **3** *etwas durch Mühe od. Anstrengung bekommen;* erbitten, erhalten, ersingen **4** *ein Ergebnis herbeiführen;* erkunden, erwarten **5** *zur Bezeichnung einer kurzen Handlung od. des Beginns einer Handlung;* erschauern, erzittern, erblühen, erröten

er|ach|ten ⟨V. 518/Vr 7 od. Vr 8; geh.⟩ **1** *jmdn. od. etwas für, als etwas ~ jmdn. od. etwas für jmdn. od. etwas halten, als jmdn. od. etwas ansehen;* ich erachte die Zeit für gekommen, um ...; zwei Gegenstände für gleich ~; es für nützlich ~ □ julgar; considerar **2** *meines Erachtens* (Abk.: m. E.) *nach meiner Meinung, meiner Ansicht* ? □ *na minha opinião

er|ar|bei|ten ⟨V. 500⟩ **1** ⟨520/Vr 3⟩ *(sich) etwas ~ durch Arbeit erwerben, erlangen, erreichen;* sie haben sich ihr Vermögen hart erarbeitet □ conseguir com o próprio trabalho **1.1** *durch Lernen, geistiges Arbeiten aneignen, geistig zu eigen machen;* sie hat sich ihre Lateinkenntnisse selbst erarbeitet □ adquirir; assimilar **1.2** ⟨in Einzelheiten⟩ *ausarbeiten, erstellen, festlegen;* ein Konzept, einen Plan, einen Vortrag ~ □ elaborar

er|bar|men ⟨V. 500⟩ **1** ⟨540 od. 550/Vr 3⟩ *sich jmds. ~ mit jmdm. Mitleid haben u. ihm zu helfen suchen;* erbarme dich mein, meiner; er hat sich des kranken Kindes erbarmt □ *apiedar-se/ter pena de alguém **1.1** *sich einer* **Sache** *~* ⟨umg.; scherzh.⟩ *sich einer S. annehmen;* keiner wollte sich der Reste vom Mittagessen ~ □ *aceitar/ficar com alguma coisa **2** ⟨geh.⟩ *jmds. Mitleid erregen u. ihn gleichzeitig hilfsbereit machen;* die alte Frau erbarmte ihn; sein Unglück, Elend hat ihn erbarmt □ comover; sie sah so elend aus, dass (es) Gott erbarm! ⟨fig.; veraltet⟩ □ *ela parecia tão miserável que dava pena/dó

Er|bar|men ⟨n.; -s; umg.⟩ **1** *Mitleid u. Hilfe zugleich;* ~!; er kannte kein ~; jmdn. aus ~ bei sich aufnehmen; mit jmdm. ~ haben; ohne ~ □ piedade; compaixão **1.1** *(das ist)* zum ~ ⟨umg.⟩ *sehr schlecht;* er sieht zum ~ aus; sie singt, spielt zum ~ □ *(é) de chorar; (é) de dar dó

er|bärm|lich ⟨Adj.; umg.⟩ **1** *erbarmenswert, bedauernswert, jämmerlich;* er befand sich in einem ~en Zu-

erbauen

stand; sie war nur ein ~es Häufchen Elend; ihr war ~ zumute □ **deplorável; lamentável** 1.1 *dürftig, ärmlich;* eine ~e Behausung, Hütte; er war ~ gekleidet; wir bekamen ein ~es Essen □ **pobre; miserável** 1.2 *sehr elend od. schlecht;* ein ~er Lohn; ~es Trinkgeld; er sah ~ aus; seine Leistungen sind ~ □ **miserável; péssimo** 1.3 (*abwertend*) *gemein, nichtswürdig, (moralisch) schlecht, verwerflich;* ein ~er Schuft; ein ~es Verhalten □ **miserável; abjeto;** sich ~ benehmen □ **de modo deplorável/execrável** 2 ⟨90⟩ *sehr groß, stark);* er hatte ~e Angst □ **enorme;** es tat ~ weh; das ist ~ wenig (Geld) □ **muito; terrivelmente**

er|bau|en ⟨V. 500⟩ **1** etwas ~ *aufbauen, errichten;* das Theater, die Kirche wurde in den Jahren 1858-1863 erbaut □ **construir** 2 ⟨550/Vr 3⟩ sich an etwas ~ (fig.; geh.) *erfreuen, sich durch etwas innerlich erheben, stärken lassen;* ich erbaue mich gern an guter Musik; er hat sich an diesem Anblick, an dieser Lektüre erbaut □ ***deleitar-se/edificar-se com alguma coisa** 3 von, über etwas (wenig od. nicht) erbaut sein ⟨umg.⟩ *davon angenehm (unangenehm) berührt sein, sich (nicht) darüber freuen;* ich bin von der Nachricht nicht sehr erbaut; er ist von dem Plan wenig erbaut; von seinem Besuch war sie nicht sehr erbaut; von dieser Aussicht war er sehr erbaut □ ***(não) ficar (muito) contente/animado com alguma coisa**

Ẹr|be[1] ⟨m.; -n, -n⟩ *jmd., der berechtigt ist, jmdn. zu beerben;* der einzige, gesetzliche ~; Müller(s) ~n (als Firmenbezeichnung); jmdn. als, zum ~ einsetzen; die lachenden ~n (umg.; scherzh.) □ **herdeiro**

Ẹr|be[2] ⟨n.; -s; unz.; geh.⟩ **1** *Erbschaft;* ein ~ antreten, ausschlagen; das väterliche ~ **2** *die Gesamtheit dessen, was auf die Gegenwart überkommen ist;* das klassische, kulturelle ~ □ **herança**

ẹr|ben ⟨V. 500⟩ etwas ~ **1** *jmds. Eigentum nach dessen Tod erhalten;* jmds. Vermögen ~; Geld, ein Haus, Schmuck von jmdm. ~ **1.1** ⟨umg.⟩ *übernehmen, geschenkt bekommen;* vielleicht kann ich hier etwas ~ **2** *als Anlage von den Vorfahren mitbekommen;* die Musikalität hat er von seiner Großmutter geerbt □ **herdar**

er|bie|ten ⟨V. 110/508/Vr 3⟩ sich ~, etwas zu tun ⟨geh.⟩ *sich bereiterklären, sich anbieten;* er erbot sich, diese Aufgabe zu übernehmen □ **oferecer-se; prontificar-se**

Ẹr|bin ⟨f.; -, -bin|nen⟩ *weibl. Erbe*[1] □ **herdeira**

er|bịt|tern ⟨V. 500⟩ jmdn. ~ *zur Verbitterung bringen, in Zorn bringen, sehr böse, sehr zornig machen;* diese Ungerechtigkeit erbittert mich; er war maßlos erbittert über ... □ **irritar; exasperar**

er|bịt|tert 1 ⟨Part. Perf. von⟩ *erbittern;* die ~en Zuschauer; das ~e Volk □ **irritado; exasperado** 2 ⟨Adj.⟩ *hartnäckig, unnachgiebig, äußerst heftig (u. ausdauernd);* es war ein ~er Kampf; zwischen ihnen entbrannte ein ~er Streit □ **obstinado; encarniçado**

er|blei|chen ⟨V. 126/400(s.); geh.⟩ **1** (schwach konjugiert) *bleich werden, erblassen, die Farbe verlieren;* ihre Lippen erbleichten; er ist vor Zorn erbleicht; sein Gesicht erbleichte; die bunten Blumen ~ □ **empalidecer** 2 (stark konjugiert; poet.) *sterben;* er ist erblichen □ **falecer; fenecer;** der Erblichene war sein Freund □ **falecido**

erb|lich ⟨Adj. 24⟩ **1** *durch Vererbung weitergegeben, als Erbanlage übertragbar, vererbbar, vererblich;* diese Krankheit ist ~; er ist ~ belastet **1.1** ~er Titel *durch Erbfolge bestimmter T.* □ **hereditário**

er|blị|cken ⟨V. 500⟩ **1** jmdn. od. etwas ~ *mit den Augen wahrnehmen, entdecken* □ **ver; avistar** 1.1 *das Licht der Welt ~ geboren werden* □ ***vir ao mundo** 2 ⟨550⟩ **in** etwas od. jmdm. etwas ~ *etwas od. jmdn. für etwas halten;* in ihm erblicke ich meinen schärfsten Gegner; darin kann ich keinen Fehler, Schaden, Vorteil ~ □ **ver; reconhecer**

er|blịn|den ⟨V. 400(s.)⟩ **1** *blind werden, das Augenlicht verlieren;* er ist völlig erblindet □ **ficar cego** 2 *Glas erblindet (fig.) wird matt, undurchsichtig* □ **embaçar-se**

er|bo|sen ⟨V. 500⟩ **1** jmdn. ~ *erzürnen;* ihre Bemerkung erboste ihn sehr; erbost sah sie ihn an **2** ⟨505/Vr 3⟩ sich (über etwas) ~ *böse werden, zornig werden;* ich habe mich über sein Benehmen erbost □ **zangar(-se); irritar(-se)**

er|bö|tig ⟨Adj. 80; veraltet⟩ ~ sein, etwas zu tun *bereit sein;* er war ~, ihm zu helfen □ **pronto**

er|brẹ|chen ⟨V. 116/500⟩ **1** etwas ~ *gewaltsam öffnen, aufbrechen;* er erbrach das Siegel □ **romper,** die Tür, den Geldschrank ~ □ **arrombar,** der Brief war erbrochen worden □ **abrir; deslacrar** 2 ⟨Vr 7⟩ etwas od. sich ~ *(den Mageninhalt) durch den Mund entleeren, sich übergeben;* der Kranke erbrach alle Speisen; der Betrunkene hat mehrmals erbrochen; das Essen ~; er muss ~ □ **vomitar** 3 das habe ich satt bis zum Erbrechen (fig.; umg.) *ich kann es nicht mehr ertragen* □ ***estou farto disso; estou por aqui com isso**

Erb|schaft ⟨f.; -, -en⟩ *das, was jmd. im Falle von jmds. Tod als Eigentum erhält;* eine ~ antreten, ausschlagen; er hat eine große ~ gemacht □ **herança**

Ẹrb|se ⟨f.; -, -n; Bot.⟩ **1** *eine Gattung der Schmetterlingsblütler angehörende einjährige krautige Kulturpflanze, die als wichtige Speise- u. Futterpflanze dient:* Pisum; Feld~, Kicher~, Zucker~; die ~n blühen meist weiß **1.1** *als Gemüse verwendeter kugelförmiger grüner od. gelber Samen dieser Pflanze;* junge, geschälte, trockene ~n; die ~n verlesen □ **ervilha**

Ẹrd|ap|fel ⟨m.; -s, -äp|fel; oberdt.⟩ *Kartoffel;* geröstete Erdäpfel □ **batata**

Ẹrd|be|ben ⟨n.; -s, -⟩ *großräumige Erschütterungen des Erdbodens, die durch geologische Vorgänge in der Erdkruste u. im oberen Erdmantel ausgelöst werden;* ein starkes, schweres ~; bei dem letzten ~ gab es viele Verletzte □ **terremoto**

Ẹrd|bee|re ⟨f.; -, -n; Bot.⟩ **1** *Angehörige einer Gattung der Rosengewächse mit weißen Blüten u. roten, saftigen, süßlichen Früchten:* Fragaria; ~n setzen, pflanzen □ **morangueiro** 2 *Frucht der Erdbeere(1);* ~n pflücken; ~n einkochen, einzuckern □ **morango**

Ẹrd|bo|den ⟨m.; -s; unz.⟩ **1** *Erdoberfläche, Erde, Boden;* das Kind kroch auf dem ~ **1.1** der Junge, die Halskette ist wie vom ~ verschluckt ⟨fig.⟩ *ganz plötzlich u. spurlos verschwunden* □ **chão; solo** **1.2** ein Haus, eine Stadt dem ~ **gleichmachen** ⟨fig.⟩ *völlig zerstören, niederreißen* □ *arrasar uma casa/cidade 1.3 vom ~ **verschwinden** ⟨fig.⟩ *vernichtet, ausgerottet werden* □ *sumir do mapa 1.4 *jmd. wäre am liebsten in den* ~ **versunken** ⟨fig.⟩ *jmd. wäre am liebsten aus Scham schnell verschwunden* □ *teria preferido enfiar-se num buraco

Er|de ⟨f.; -, -n⟩ **1** *aus verwittertem Gestein u. Humus bestehendes Gemisch, das den Teil der Erdoberfläche bildet, auf dem höhere Pflanzen wachsen können;* Blumen~; fette, feuchte, fruchtbare, gute, lockere, magere, schlechte, trockene ~; *denn du bist ~ und sollst zu ~ werden (1. Buch Mose, 3,19)* □ terra 1.1 *einen Toten der ~ übergeben ihn bestatten, beerdigen* □ *dar um morto à terra 1.2 *bald deckt ihn die kühle ~* ⟨poet.⟩ *bald wird er tot sein* □ *logo a fria terra o cobrirá 2 *fester Boden;* auf die ~ fallen; zur ~ fallen; auf der blanken, bloßen, nackten ~ schlafen; die ~ erbebte, erzitterte □ chão; ich wäre vor Scham am liebsten in der ~ versunken □ *queria ter-me enfiado num buraco de tanta vergonha 2.1 mit beiden Beinen fest auf der ~ stehen ⟨fig.⟩ *im Leben tüchtig sein, sich gut in der Welt zurechtfinden* □ *ter os pés no chão 2.2 unter der ~ *im Grab;* er liegt schon lange unter der ~ □ *debaixo da terra 2.2.1 *jmdn. unter die* ~ **bringen** *zu jmds. Tod beitragen, an jmds. Tod schuld sein* □ *levar alguém à morte 3 *Land, Gegend* □ terra 3.1 *in fremder ~ ruhen* ⟨geh.⟩ *in einem fremden Land begraben sein* □ *descansar em terra estrangeira 4 *die von den Menschen bewohnte Welt;* Himmel und ~; *unsere Mutter ~* ⟨fig.; poet.⟩ □ terra 4.1 *auf* ~n *im Diesseits, im Leben;* er hat den Himmel auf ~n; er hat bei ihr die Hölle auf ~n □ *na terra 5 *von der Sonne aus der dritte der neun Planeten unseres Sonnensystems;* die ~ kreist um die Sonne □ Terra 6 ⟨Pl.; Chem.⟩ *Oxide der Erdmetalle, z. B. des Aluminiums;* seltene ~n □ *terras raras 7 ⟨El.⟩ *leitende Verbindung einer elektrischen Anlage mit dem Erdboden;* für das Radio die Wasserleitung als ~ benutzen □ terra

er|denk|lich ⟨Adj. 24/60⟩ *was sich denken lässt, soweit man etwas ausdenken kann, erdenkbar;* er wünscht mir alles ~(e) Gute; er hat alles Erdenkliche getan □ imaginável; concebível

Erd|ge|schoss ⟨n.; -es, -e; Abk.: Erdg.⟩ *Stockwerk zu ebener Erde oder wenig darüber;* → a. *Geschoss²; das Zimmer, die Wohnung befand sich im ~* □ piso térreo

Erd|nuss ⟨f.; -, -nüs|se; Bot.⟩ **1** *Angehörige einer Gattung von Schmetterlingsblütlern, deren Hülsenfrüchte sich im Erdboden entwickeln* **2** *ölhaltiger Samen der Erdnuss(1);* gesalzene, geröstete Erdnüsse; ~butter □ amendoim

Erd|ober|flä|che ⟨f.; -; unz.⟩ *Oberfläche der Erdkugel, Erdboden* □ superfície terrestre

Erd|öl ⟨n.; -(e)s; unz.⟩ *in der Erde vorkommender Rohstoff, ein kompliziertes Gemisch aus 500 verschiedenen Kohlenwasserstoffen;* ~ ist einer der wichtigsten Bodenschätze; nach ~ bohren; ~ fördern, verarbeiten □ petróleo

Erd|reich ⟨n.; -(e)s; unz.⟩ *Erdboden, lockere Erde als Grundlage des Pflanzenwachstums* □ terra; solo

er|dreis|ten ⟨V. 580 od. 520/Vr 3⟩ **sich** ~, *etwas zu tun so dreist sein, etwas zu tun;* wie können Sie sich ~, mir das ins Gesicht zu sagen?; sich Frechheiten ~ □ ousar; atrever-se

er|dros|seln ⟨V. 500/Vr 7⟩ **1** jmdn. ~ *mit den Händen od. einem Strick erwürgen;* er hat sich mit einem Seil selbst erdrosselt □ estrangular; sufocar **2** *etwas ~* ⟨fig.⟩ *unterbinden;* eine Kritik, Entwicklung ~; alle Freude war erdrosselt □ sufocar; impedir

er|drü|cken ⟨V. 500⟩ **1** jmdn. ~ *zu Tode drücken, ersticken;* die herabstürzende Lawine erdrückte vier Skifahrer; zwei Arbeiter wurden bei dem Unglück erdrückt □ esmagar; asfixiar **2** *etwas erdrückt jmdn.* ⟨fig.⟩ *etwas belastet jmdn. in übergroßem Maße;* die Arbeit erdrückt mich fast; die hohen Steuern drohten ihn zu ~ □ sobrecarregar; oprimir 2.1 *~de Beweise (seiner Schuld) B., die jeden Zweifel ausschließen* 2.2 *die ~de Übermacht (des Feindes) die zu große Ü.* □ esmagador

Erd|teil ⟨m.; -(e)s, -e⟩ *große geschlossene Festlandmasse mit den ihr vorgelagerten Inseln;* Sy *Kontinent(2);* die fünf ~e Asien, Europa, Amerika, Australien und Afrika □ continente

er|dul|den ⟨V. 500⟩ *etwas ~ duldend ertragen, über sich ergehen lassen;* sie erduldete alle Demütigungen, die er in ihrer Gegenwart äußerte □ suportar; sofrer

er|ei|fern ⟨V. 500/Vr 3⟩ **sich** ~ *in Eifer geraten, heftig werden, sich (über etwas) aufregen;* sich über eine Behauptung, über jmds. Verhalten ~ □ *exaltar-se; enervar-se

er|eig|nen ⟨V. 500/Vr 3⟩ *etwas ereignet sich geschieht;* gestern hat sich etwas Merkwürdiges, Schreckliches ereignet; hat sich inzwischen irgend etwas (Besonderes) ereignet? □ acontecer; suceder

Er|eig|nis ⟨n.; -ses, -se⟩ **1** *Geschehnis, Vorkommnis, Begebenheit;* ein frohes, fröhliches, schmerzliches, trauriges ~; gab es inzwischen irgendwelche (besonderen) ~se?; seit diesem ~ sind viele Monate vergangen 1.1 *große ~se werfen ihre Schatten voraus kündigen sich durch besondere Anzeichen vorher an* **2** ⟨fig.; umg.⟩ *großes, eindrucksvolles Erlebnis;* die Aufführung war wirklich ein ~ □ acontecimento

Erek|ti|on ⟨f.; -, -en⟩ *das Erigieren, Anschwellen der äußeren Geschlechtsorgane (bei geschlechtlicher Erregung);* ~ des Penis, der Klitoris □ ereção

Ere|mit ⟨m.; -en, -en⟩ = *Einsiedler*

er|fah|ren¹ ⟨V. 130/500⟩ *eine* **Sache** ~ **1** *Kenntnis erhalten, mitgeteilt bekommen, zu wissen bekommen;* ich habe ~, dass er schon hier ist; hast du Einzelheiten, Näheres ~?; wann erfahre ich das Ergebnis?; ich habe nicht ~ können, ob ...; ich habe die Nachricht erst aus zweiter Hand ~; ich habe es bereits ~; ich habe es durch seinen Brief, durch die Zeitung, durch Zufall ~ □ ouvir dizer; ficar sabendo 1.1 *etwas zu ~ suchen auskundschaften, sich erkundigen nach* □ *tentar descobrir **2** *erleben, zu spüren bekommen, empfangen;* er hat in seinem Leben viel Böses,

erfahren

nicht viel Freude, Glück, Liebe ~ ☐ **sofrer; passar por** 3 ⟨Funktionsverb in nominaler Umschreibung des Passivs⟩ eine gute, schonende, sorgfältige Behandlung ~ *gut, schonend, sorgfältig behandelt werden* ☐ **receber**

er|fah|ren² ⟨Adj.; 70⟩ *reich an Erfahrung, Kenntnissen u. Übung, allseits erprobt, bewährt;* ein ~er Arzt, Fachmann, Lehrer; in der Behandlung schwieriger Kinder ~ sein ☐ **experiente; experimentado**

Er|fah|rung ⟨f.; -, -en⟩ 1 *Erlebnis, aus dem man lernt;* ~en sammeln; böse, bittere, gute, schlechte, trübe ~en machen; jeder muss selbst seine ~en machen; ich habe die ~ gemacht, dass ...; das kenne, weiß ich aus (eigener) ~; es ist eine alte ~, dass Kinder immer klüger als die Eltern wollen; durch ~ wird man klug 1.1 ~ ist die Mutter der Wissenschaft ⟨Sprichw.⟩ *aus dem, was man selbst erlebt, lernt man am meisten* 2 *in der Praxis erworbene Kenntnisse u. Übung;* berufliche ~ haben; zu dieser Arbeit gehört einige ~; große, langjährige ~ haben 3 ⟨Philos.⟩ *die aus eigenem Erlebnen, eigener Anschauung gewonnene Kenntnis der Wirklichkeit* ☐ **experiência** 4 *etwas in ~ bringen durch Nachforschungen erfahren* ☐ ***descobrir; aprender**

er|fas|sen ⟨V. 500⟩ 1 *jmdn. od. etwas ~ ergreifen, packen* ☐ **agarrar; apanhar** 1.1 *etwas erfasst jmdn.* ⟨fig.⟩ *überkommt jmdn., ergreift als heftige Empfindung von jmdm. Besitz;* Entsetzen, Furcht, Zweifel erfasste ihn ☐ **tomar; acometer** 2 *eine Sache ~ verstehen, begreifen;* er hat (noch nicht) erfasst, worauf es ankommt; eine Situation, einen Vorgang instinktiv, rasch, richtig, schnell, sofort ~; er erfasste die Lage mit einem Blick ☐ **entender; compreender** 3 *jmdn. od. etwas ~ Daten über eine bestimmte Gruppe von Personen od. Sachen zusammentragen u. in Listen, Verzeichnisse, Statistiken aufnehmen;* alle schulpflichtigen Kinder ~ ☐ **recensear**

er|fin|den ⟨V. 134/500⟩ 1 *etwas ~ noch nicht Vorhandenes, etwas ganz Neues, bes. in der Technik, ersinnend schaffen;* Edison hat die Glühlampe erfunden ☐ **inventar** 2 *etwas od. jmdn. ~ sich ausdenken;* Ausreden ~; die ganze Geschichte ist frei erfunden; das hat er glatt erfunden!; eine erfundene Person (zwecks Täuschung) vorschieben ☐ **inventar; imaginar**

Er|fin|der ⟨m.; -s, -⟩ *jmd., der etwas Neues, bes. in der Technik, geschaffen hat;* Gutenberg, der ~ der Buchdruckerkunst ☐ **inventor**

Er|fin|de|rin ⟨f.; -, -rin|nen⟩ *weibl. Erfinder* ☐ **inventora**

er|fin|de|risch ⟨Adj.⟩ *einfallsreich, ideenreich, schöpferisch, rasch Neues od. Notwendiges ersinnend;* er ist sehr ~; ein ~er Kopf ☐ **engenhoso, inventivo**; Not macht ~ ⟨Sprichw.⟩ ☐ ***a necessidade é a mãe da indústria**

Er|folg ⟨m.; -(e)s, -e⟩ 1 *Ergebnis, Folge;* Sy *Resultat(2);* der ~ wird zeigen, ob es richtig war, so zu handeln; der Versuch hatte (nicht) den gewünschten ~; und was war der ~? Die Pflanzen gingen alle ein ⟨iron.⟩ ☐ **resultado** 1.1 *positives Ergebnis;* einen ~ erzielen; die Sache verspricht (keinen) ~; wir werden sehen, ob die Sache ~ zeitigen wird; er, die Sache hat keine Aussicht auf ~; an einer Prüfung mit ~ teilnehmen; seine Mühe wurde von ~ gekrönt ☐ **êxito; bom resultado** 1.1.1 *erfolgreiche Sache;* das Konzert, Theaterstück wurde ein ~ ☐ **sucesso** 2 *(Eintreten der beabsichtigten, angestrebten) Wirkung;* beispielloser, durchschlagender, geringer, glänzender, großer, nachhaltiger, voller ~; gierig nach ~ sein; seine Bemühungen blieben ohne ~; der ~ gibt ihm Recht ☐ **resultado; efeito** 2.1 *~ haben Anklang finden;* keinen ~ haben; viel, wenig ~ haben; ~(e) bei Frauen haben; ~ im Beruf, im Leben haben; damit wirst du keinen ~ haben ☐ **sucesso; êxito** 3 ⟨Getrennt- u. Zusammenschreibung⟩ 3.1 *~ versprechend* = *erfolgversprechend*

er|fol|gen ⟨V. 400(s.)⟩ 1 *etwas erfolgt geschieht (als Folge auf etwas);* darauf erfolgte eine Detonation ☐ **suceder; seguir-se** 2 ⟨Funktionsverb⟩ *ein Vorgang erfolgt etwas geschieht;* die Auszahlung der Renten erfolgt jeweils am 10. des Monats; Ihr Eintritt kann sofort ~; er rief, aber es erfolgte keine Antwort; es ist nichts weiter darauf erfolgt ☐ **acontecer; dar-se**

er|folg|reich ⟨Adj.⟩ 1 *mit Erfolg, viel Erfolg habend, von Erfolg gekrönt;* ein ~es Buch; er hat das Examen ~ bestanden ☐ **bem-sucedido; com sucesso** 1.1 *wirksam, mit positivem Ergebnis;* die ~e Behandlung einer Krankheit ☐ **eficaz**

er|folg|ver|spre|chend *auch:* **Er|folg ver|spre|chend** ⟨Adj. 70⟩ *voraussichtlich guten Erfolg habend;* ein ~es Vorhaben ☐ **promissor**

er|for|der|lich ⟨Adj. 24⟩ *nötig, unerlässlich, unentbehrlich;* das ~e Alter für diesen Beruf ist 25 Jahre; ich werde die ~en Schritte unternehmen; es ist dringend, unbedingt ~, dass ...; eine Vorbildung ist für diese Arbeit nicht ~ ☐ **necessário; exigido**

er|for|dern ⟨V. 500⟩ *etwas erfordert jmdn. od. etwas fordert, benötigt, verlangt jmdn. od. etwas (unbedingt);* die Erziehung von Kindern erfordert viel Geduld; diese Arbeit erfordert meine besondere Aufmerksamkeit; der Beruf erfordert seine ganze Kraft ☐ **exigir; requerer**

er|for|schen ⟨V. 500⟩ 1 *etwas ~ (wissenschaftlich) ergründen, genau kennenzulernen suchen, herauszubekommen suchen;* jmds. wirkliche Meinung ~ ☐ **investigar**; biologische, chemische Vorgänge ~; das Verhalten von Tieren ~ ☐ **pesquisar**; er erforschte das Innere Afrikas; ein kaum erforschtes Gebiet ☐ **explorar** 1.1 *sein Gewissen ~ prüfen* ☐ ***fazer um exame de consciência**

er|freu|en ⟨V.⟩ 1 ⟨500/Vr 8⟩ *jmdn. ~ jmdm. Freude machen;* jmdn. mit einem Besuch, mit einem Geschenk ~ ☐ **alegrar; deixar feliz** 1.1 ⟨550/Vr 3⟩ *sich an etwas ~* ☐ ***deleitar-se com alguma coisa** 1.1.1 „Ja, gern!", sagte er erfreut *Freude empfindend, zeigend* ☐ **contente** 1.1.2 *erfreut sein über etwas sich über etwas freuen;* er war über ihren Besuch sehr erfreut ☐ ***ficar feliz/contente com alguma coisa** 1.1.3 *sehr erfreut!* (veraltete Höflichkeitsformel, wenn man mit jmdm. bekanntgemacht wird) ☐ ***encantado!** 2

⟨540/Vr 3⟩ sich einer **Sache** ~ ⟨geh.⟩ *sich anhaltend über eine Sache freuen können, eine Sache genießen;* er erfreut sich eines ausgezeichneten Rufes als Arzt; diese Einrichtung erfreut sich großer Beliebtheit; sich bester Gesundheit ~ □ ***gozar de alguma coisa**

er|freu|lich ⟨Adj.⟩ *Freude bereitend, angenehm, schön;* das ist eine ~e Nachricht; den Zuschauern bot sich kein ~er Anblick □ **bom; agradável**

er|frie|ren ⟨V. 140⟩ **1** ⟨400(s.)⟩ *durch Frieren, Kälterwerden zugrunde gehen, umkommen, absterben;* der englische Polarforscher R. Scott erfror auf dem Rückweg vom Südpol; die Blumen sind erfroren □ **morrer de frio;** erfrorene Füße haben □ **dormente; insensível (devido ao frio);** erfrorene Kartoffeln schmecken süßlich □ **congelado 1.1** ich bin **ganz, halb** erfroren ⟨fig.; umg.⟩ *vor Kälte erstarrt* □ **congelar 2** ⟨530/Vr 1⟩ sich einzelne **Glieder** ~ *die einzelnen G. sind durch übermäßige Kälteeinwirkung abgestorben;* er hat sich als Soldat die Hände erfroren; ich habe mir die Ohren erfroren □ ***ficar com os membros insensíveis (devido ao frio)**

er|fri|schen ⟨V.⟩ **1** ⟨402⟩ etwas erfrischt (**jdmn.** od. **etwas**) *macht (jmdn. od. etwas) frisch, wirkt (auf jmdn. od. etwas) belebend;* die Ruhepause hat mich sehr erfrischt; der Regen erfrischt die Natur; dieses Getränk erfrischt außerordentlich; eine kalte Dusche erfrischt fast immer □ **revigorar; refrescar;** ~de Kühle; ein ~des Getränk □ **refrescante 1.1** ⟨fig.⟩ *innerlich belebend, anregend auf jmdn. wirken;* er hat einen ~den Humor; ihre Offenheit war ~d □ **animador 2** ⟨500/Vr 3⟩ sich ~ *sich frischmachen, sich erquicken;* er hat sich im Bad erfrischt; ich erfrischte mich mit Obst, einem kühlen Getränk □ ***refrescar-se**

er|fül|len ⟨V. 500⟩ **1** etwas erfüllt etwas *füllt etwas ganz aus;* Lärm erfüllte den Saal; die Blumen ~ das Zimmer mit ihrem Duft; ihr Leben war von Arbeit u. Sorge erfüllt □ **preencher; tomar 2** etwas erfüllt **jmdn.** *etwas beschäftigt jmdn. stark, nimmt jmdn. ganz in Anspruch;* seine Arbeit erfüllt ihn ganz; ich bin von der Begegnung, dem Erlebnis noch ganz erfüllt □ **ocupar; tomar 2.1** ⟨550⟩ etwas erfüllt jmdn. **mit etwas** ⟨geh.⟩ *etwas bereitet jmdm. etwas;* seine Tat erfüllt mich mit Abscheu, Bewunderung, Freude, Schrecken; es erfüllt mich mit tiefer Befriedigung, dass ... □ **encher 3** jmd. od. etwas erfüllt eine **Aufgabe, Verpflichtung,** einen **Wunsch** u. Ä. *jmd. od. etwas entspricht (vollkommen) einer A., V., einem W.;* eine Bedingung, ein Versprechen ~; eine Bitte, Forderung ~; das Gerät erfüllt seinen Zweck vollkommen □ **cumprir; satisfazer 4** ⟨Vr 3⟩ sich ~ *wahr werden, Wirklichkeit werden;* seine Prophezeiung, sein Wunsch hat sich erfüllt □ ***cumprir-se; realizar-se**

Er|fül|lung ⟨f.; -, -en⟩ **1** *das Erfüllen, das Erfülltwerden;* die ~ meiner Träume □ **realização 1.1 in** ~ **gehen** *Wirklichkeit werden, sich erfüllen;* sein Wunsch ging in ~ □ ***tornar-se realidade 2** *völlige Befriedigung der (persönlichen) Bedürfnisse, innerliches Erfülltsein,* *Ausgefülltsein;* ihre Aufgabe als Mutter empfand sie nicht als ~; seine ~ im Beruf, in der Arbeit finden □ **satisfação; realização**

er|gän|zen ⟨V. 500⟩ **1** etwas ~ *vervollständigen, einer Sache Fehlendes hinzufügen;* er hat seinen Bericht ergänzt; sie ergänzte seine Aussage; das Lager, Truppen, Vorräte ~; den Wortlaut aus dem Gedächtnis ~ □ **completar;** ich möchte ~d hinzufügen □ ***para completar, eu gostaria de acrescentar... 2** ⟨Vr 4⟩ sich ~ *die Eigenschaften od. Fähigkeiten, die dem anderen fehlen, besitzen, so dass man gut zusammenarbeitet od. gut miteinander auskommt;* Mann und Frau ~ sich; die beiden ~ sich gut □ ***completar-se**

er|gat|tern ⟨V. 500; umg.⟩ etwas ~ *geschickt u. rasch ergreifen, (gerade noch) erringen, sich mit List verschaffen;* ich konnte noch das letzte Stück Kuchen ~; sie hat im Ausverkauf billige Schuhe ergattert; an der Abendkasse die letzten Karten ~ □ **apanhar; conseguir (pegar/obter)**

er|ge|ben[1] ⟨V. 143/500⟩ **1** etwas ergibt **etwas** *liefert etwas als Ergebnis;* 4 mal 3 ergibt 12; die Prüfung, Umfrage hat ~, dass ... **2** ⟨505/Vr 3⟩ **etwas ergibt sich (aus etwas)** *stellt sich als Ergebnis heraus, kommt zustande, entsteht als Folge (aus etwas);* beim Zusammenrechnen ergibt sich eine Summe von 150 Euro; bei der Untersuchung hat sich ~, dass ... □ **dar como resultado;** es ergibt sich die Frage, ob ... □ ***surge a pergunta que...;** daraus können sich Nachteile, unangenehme Folgen ~ □ **resultar 2.1** ⟨510⟩ es hat sich eben so ~ *es ist num einmal so gekommen* □ ***foi assim mesmo que aconteceu 2.2** ⟨550⟩ **aus etwas** ergibt sich, dass ... *folgt, kann man folgern, dass ...;* daraus ergibt sich, dass ...; aus dem eben Gesagten ergibt sich, dass ... □ **resultar; seguir-se 3** ⟨Vr 3⟩ sich ~ *sich fügen, sich unterwerfen;* ich habe mich schließlich doch ~ müssen □ ***submeter-se; resignar-se 3.1 die Waffen strecken,** sich in Gefangenschaft begeben □ **render-se; entregar-se 3.2** ⟨550/Vr 3⟩ sich **in etwas** ~ *sich in etwas fügen, schicken;* sich in sein Schicksal ~ □ ***resignar-se/conformar-se com alguma coisa 3.2.1** er ergab sich drein *er fügte sich (den Forderungen od. in die Umstände)* □ ***ele se resignou 3.3** ⟨530⟩ sich **jmdm.** od. **einer Sache** ~ *sich jmdm. od. einer S. rückhaltlos hingeben, widmen* □ ***dedicar-se a alguém ou alguma coisa 3.3.1** sich einer **Sache** ~ *sich einer S. hemmungslos hingeben u. ihr völlig verfallen;* sich dem Spiel, dem Trunk ~ □ ***entregar-se/abandonar-se a alguma coisa**

er|ge|ben[2] **1** ⟨Part. Perf. von⟩ ergeben[1] **2** ⟨Adj.⟩ **2.1** *fügsam, widerspruchslos, untertänig;* „Ja", sagte er ~; er schwieg ~; ~ ließ er den Zornausbruch über sich ergehen □ **submisso; conformado;** Ihr (Ihnen sehr) ~er X (als veraltete Schlussformel in Briefen) □ ***vosso humilde servo;** es grüßt (Sie) ~st ... (als veraltete Schlussformel in Briefen) □ ***respeitosamente 2.2** *demütig zugetan, hingebungsvoll;* sie ist ihm bedingungslos, treu, völlig ~; er ist sein ~er Freund □ **devoto; dedicado**

Er|geb|nis ⟨n.; -ses, -se⟩ **1** *das, was ein Vorgang ergibt, Erfolg, Resultat;* die Prüfung hat kein ~ gebracht, gehabt; ein befriedigendes, gutes, schlechtes, zufriedenstellendes, unbefriedigendes ~; die Untersuchung wurde mit dem ~ abgeschlossen, dass ...; die Suche ist ohne ~ verlaufen; die Verhandlungen führten zu dem ~, dass ..., zu keinem ~; wir sind zu dem ~ gekommen, dass ...; wir müssen zu einem ~ kommen; ein ~ finden, suchen, zeitigen; das ~ einer Untersuchung, eines Versuchs 1.1 ⟨Math.⟩ *Lösung;* Sy *Resultat(1);* das ~ einer Gleichung, Rechenaufgabe; ein ~ herausbekommen; was für ein ~ hast du heraus?; das ~ von 2 mal 2 ist 4 □ **resultado**

er|ge|hen ⟨V. 145⟩ **1** ⟨405(s.)⟩; geh.⟩ eine **Aufforderung**, ein **Befehl**, **Gesetz** ergeht **(an jmdn.)** *wird amtlich erlassen, offiziell an jmdn. gerichtet;* es erging ein Gebot an alle, dass ...; an ihn erging die Aufforderung, sich am andern Tag dort einzufinden □ **ser enviado/dado/promulgado 1.1** ~ **lassen** *erlassen, ausgeben;* einen Befehl ~ lassen (an) □ ***dar 1.1.1** ⟨510⟩ Gnade für, vor Recht ~ lassen *walten lassen, jmdn. nicht bestrafen, jmdn. begnadigen, jmdn. verzeihen* □ ***usar de indulgência 2** ⟨800(s.)⟩ etwas über sich ~ **lassen** *mit sich geschehen lassen, geduldig ertragen, widerspruchslos hinnehmen;* eine Rede über sich ~ lassen □ ***aguentar/suportar pacientemente alguma coisa 3** ⟨613; unpersönl.(s.)⟩ es ergeht jmdm. **gut, schlecht** *jmd. verlebt eine Zeit auf gute, schlechte Weise;* es wird dir schlecht ~, wenn ... □ ***passar bem/mal 3.1** wie wird es dir dort ~? *was wird mit dir dort geschehen?* □ ***o que vai ser de você lá? 3.2** wie ist es Ihnen in der Zwischenzeit ergangen? *was haben Sie in der Zwischenzeit erlebt?* □ ***como passou nesse meio-tempo? 4** ⟨505/Vr 3⟩ **sich (in, über etwas)** ~ ⟨geh.⟩ *sich mit der Äußerung (von etwas) übermäßig lange aufhalten;* sich in Klagen ~; sie erging sich in Lobeshymnen über ihn, sein Verhalten; sich in Schilderungen ~; sich in Vermutungen ~; sich in Schmähungen gegen jmdn. ~; sich über ein Thema ~ □ **alongar-se; perder-se 5** ⟨500/Vr 3⟩ **sich** ~ ⟨geh.; veraltet⟩ *spazieren gehen;* er erging sich im Park □ ***passear**

er|gie|big ⟨Adj.⟩ **1** *sehr viel ergebend;* das Fett ist sehr ~; das vorhandene Material ist (nicht) sehr ~ für unsere Zwecke □ **abundante; produtivo; rentável 1.1** *ertragreich;* ein ~es Kohlevorkommen; dieser Boden ist sehr ~ □ **fértil 1.2** *nutzbringend;* das Thema, das Gespräch war (nicht) sehr ~ □ **proveitoso 1.3** *lange ausreichend, sich nicht schnell verbrauchend;* diese Wolle ist sehr ~ □ **durável**

er|go ⟨Konj.⟩ *also, demnach, infolgedessen;* er ist nicht gekommen, ~ gehen wir ohne ihn □ **por conseguinte; portanto**

er|göt|zen ⟨V. 500; geh.⟩ **1** jmdn. ~ *erheitern, unterhalten;* er ergötzte alle Anwesenden durch seine drollige Redeweise; jmdn. mit einer Darbietung, mit heiteren Erzählungen ~; zu meinem, zu unser aller Ergötzen ahmte er Tierstimmen nach □ **divertir; entreter 2** ⟨550/Vr 3⟩ **sich an etwas** ~ *an etwas Vergnügen haben;* ich habe mich an diesem Anblick ergötzt; er ergötzte sich an dieser Lektüre □ ***deleitar-se/divertir-se com alguma coisa**

er|grei|fen ⟨V. 158⟩ **1** ⟨500⟩ jmdn. od. etwas ~ *nach jmdm. od. etwas greifen u. festhalten;* er ergriff das Kind und hob es hoch; einen Gegenstand, jmds. Hand ~ □ **pegar; segurar 1.1** jmdn. ~ *festnehmen;* der Dieb konnte sofort ergriffen werden □ **pegar; capturar 1.2** das Feuer ergriff die Gardinen *griff auf die G. über, setzte die G. in Brand* □ **atingir 1.2.1** vom Feuer ergriffen werden *zu brennen beginnen* □ ***começar a pegar fogo 1.3** Entsetzen, Furcht ergriff mich *packte, überfiel mich* □ ***fui tomado pelo terror/pelo medo 1.3.1** von Furcht ergriffen werden *sich plötzlich fürchten, sich zu fürchten beginnen* □ ***ser tomado pelo medo 2** ⟨500⟩ etwas ergreift jmdn. ⟨fig.⟩ *bewegt, erschüttert jmdn.;* das Theaterstück hat mich stark, tief ergriffen; ich bin von Ihrem Vortrag, Ihrem Spiel tief ergriffen □ **comover,** ein ~des Buch, Schicksal, Theaterstück; es war ~d zu hören, zu sehen, wie ... □ **comovente,** der Musik, jmds. Worten ergriffen lauschen □ **comovido 3** ⟨500⟩ etwas ~ *sich für etwas entscheiden, etwas wählen u. das durchführen, (wahr)-nehmen* **3.1** einen Beruf ~ *wählen u. auszuüben beginnen* □ **escolher; abraçar 3.2** ⟨510⟩ von etwas Besitz ~ *etwas in B. nehmen, sich aneignen* □ ***tomar posse/apropriar-se de alguma coisa 3.3** die **Flucht** ~ *fliehen* □ ***fugir 3.4** die **Gelegenheit** (beim Schopf) ~ *die G. wahrnehmen, nützen* □ ***aproveitar a ocasião 3.5** die **Macht** ~ *die M. übernehmen* **3.6 Maßnahmen** ~ *wählen u. anwenden* **3.7** ⟨517⟩ für jmdn. **Partei** ~ *sich für jmdn. einsetzen, jmds. Meinung unterstützen* **3.8** das **Wort** ~ *zu sprechen beginnen, eine Rede beginnen* □ **tomar**

er|grün|den ⟨V. 500/Vr 8⟩ eine **Sache** ~ *einer S. auf den Grund gehen, sie erforschen, auskundschaften, durch Forschen genau feststellen;* ich muss ~, ob ...; ein Geheimnis ~; Ursachen ~ □ **sondar; investigar; descobrir**

Er|guss ⟨m.; -es, -güs|se⟩ **1** *das Sichergießen;* Blut~, Samen~ □ **hematoma; ejaculação 2** *das Ausströmen;* unterseeische Ergüsse □ **efusão 3** ⟨fig.⟩ *Redeschwall, wortreiche Aussage;* ein in leidenschaftlicher, überschwänglicher ~ des Herzens, der Seele (geh.); lyrische, langatmige, pathetische Ergüsse (meist abwertend) □ **desabafo; efusão**

er|ha|ben ⟨Adj.⟩ **1** *erhöht über die Umgebung, plastisch hervortretend;* ein ~es Muster **1.1** ~e Arbeit *Relief* □ **em relevo; saliente 2** ⟨74⟩ **über etwas** ~ **sein** *(geistig) hoch über etwas stehen, von etwas nicht berührt werden können;* über diesen Klatsch bin ich ~; darüber muss man ~ sein; er ist über jeden Tadel, jeden Verdacht ~; seine anständige Gesinnung ist über jeden Zweifel ~ □ ***estar acima de alguma coisa 3** *auf feierliche, erhebende, großartige Weise von Würde u. Größe zeugend;* ein ~er Anblick, Augenblick, Gedanke; ein ~es Schauspiel; ~er Stil □ **elevado; sublime; solene,** der ~e Herrscher, Kaiser □ **ilustre; eminente**

er|hal|ten ⟨V. 160/500⟩ **1** etwas ~ *bekommen, kriegen;* eine Antwort, einen Brief, ein Geschenk ~; Beifall ~; Besuch, Nachricht ~; das Bundesverdienstkreuz ~; einen Schlag, einen Treffer ~; er hat das Buch als

Auszeichnung, als Geschenk ~; wo kann ich eine Bescheinigung darüber ~? □ **receber; conseguir** 1.1 ⟨513⟩ Betrag dankend ~ ⟨auf Quittungen⟩ *mit Dank entgegengenommen* □ *****recebido; pago** 2 jmdn. od. etwas ~ *in seinem Zustand od. Bestand bewahren; das Denkmal soll der Nachwelt ~ bleiben; von den Bauwerken der Stadt ist nur diese Kirche ~ geblieben* □ **conservar; manter** 2.1 Gott erhalte Sie! ⟨geh.⟩ *lasse Sie lange leben* □ *****que Deus lhe dê de vida longa!** 2.2 unser Hund ist uns ~ geblieben *ist am Leben geblieben, nicht gestorben, gesund geblieben* □ **manter-se saudável** 2.3 ⟨513/Vr 7 od. Vr 8⟩ jmdn. am Leben ~ *dafür sorgen, dass jmd. am Leben bleibt* □ *****manter alguém vivo** 2.4 ⟨513/Vr 7 od. Vr 8⟩ jmdn. bei guter Laune ~ *dafür sorgen, dass jmd. guter Laune bleibt* □ *****fazer com que alguém mantenha o bom humor** 2.5 ⟨513/Vr 7 od. Vr 8⟩ jmdn. bei (guter) Gesundheit ~ *für jmds. Gesundheit sorgen, jmdn. helfen, gesund zu bleiben* □ *****manter alguém saudável** 2.6 ⟨Vr 3⟩ **sich** ~ *fortdauern, bestehen bleiben, lebendig bleiben;* dieser Brauch hat sich bis heute ~ 2.6.1 ⟨513/Vr 3⟩ die Äpfel ~ sich sehr lange frisch *bleiben lange frisch* □ *****conservar-se** 2.6.2 das Klavier ist noch gut, ist schlecht ~ *in gutem, schlechtem Zustand* □ *****o piano (ainda) está bem conservado/malconservado** 3 ⟨Vr 7⟩ jmdn. ~ *unterhalten, für den Unterhalt sorgen, ernähren;* sie muss die ganze Familie (allein) ~; er kann sich selbst ~; er kann sich notdürftig davon ~ □ **manter(-se), sustentar(-se)**

er|hält|lich ⟨Adj. 24/70⟩ *zu erhalten, zu bekommen, zu kaufen, lieferbar;* diese Zeitschrift, dieses Buch ist nicht mehr ~; ein nicht mehr ~es Medikament □ **à venda; disponível**

Er|hal|tung ⟨f.; -; unz.⟩ 1 *das Erhalten, Bewahren, Instandhalten, Fortbestehen;* die ~ alter Baudenkmäler; um die ~ der Arbeitsplätze kämpfen □ **preservação; manutenção; conservação** 2 *Unterhalt, Versorgung, Ernährung;* sein Verdienst reicht gerade zur ~ der Familie □ **sustento**

er|hän|gen ⟨V. 500⟩ 1 jmdn. ~ *durch Aufhängen, durch den Strang töten* □ **enforcar**; jmdn. zum Tod durch Erhängen verurteilen □ **enforcamento** 2 ⟨Vr 3⟩ **sich** ~ *durch Sichaufhängen Selbstmord verüben;* sich an einem Baum ~ □ *****enforcar-se**

er|här|ten ⟨V. 1 ⟨500/Vr 7⟩ eine Sache, sich ~ ⟨fig.⟩ *bekräftigen, bestätigen;* eine Behauptung, eine These durch Beweise ~; die Aussage durch einen Eid ~; sein Verdacht erhärtete sich □ **corroborar; confirmar(-se)** 2 ⟨410(s.)⟩ etwas erhärtet *wird hart;* Mörtel erhärtet an der Luft; die Lava ist schnell erhärtet □ **endurecer**

er|he|ben ⟨V. 163⟩ 1 ⟨500⟩ etwas ~ *in die Höhe heben;* sein Glas ~ ⟨um auf jmds. Wohl zu trinken⟩; den Kopf stolz ~ □ **levantar; erguer** 1.1 mit erhobenem Haupt(e), erhobenen Hauptes ⟨fig.⟩ *in freier, stolzer Haltung;* erhobenen Hauptes, mit erhobenem Haupt(e) schritt er einher □ *****de cabeça erguida** 1.2 ⟨517⟩ die Hand gegen jmdn. ~ *jmdn. schlagen (wollen)* □ *****levantar a mão para alguém** 1.3 die Augen, den Blick zu jmdm. ~ *zu jmdm. emporblicken* □ *****levantar os olhos/o olhar para alguém** 2 ⟨500/Vr 3⟩ **sich** ~ 2.1 *aufstehen, sich aufrichten;* er erhob sich ehrerbietig, hastig, höflich; sich vom Stuhl ~; der Kranke erhob sich halb (von den Kissen) □ *****levantar-se; erguer-se** 2.2 ⟨511⟩ sich in die Luft ~ *vom Boden abheben, aufsteigen;* ein Flugzeug, Vogel erhebt sich in die Luft □ *****levantar voo; decolar** 2.3 ⟨500/Vr 3⟩ etwas erhebt **sich** *bildet eine Erhöhung, ragt auf;* in der Mitte des Gartens erhebt sich ein kleiner Hügel; das Gebirge erhebt sich bis zu 2000 m über dem Meeresspiegel □ **elevar-se** 3 ⟨505/Vr 7 od. Vr 3⟩ jmdn. od. etwas (zu etwas) ~ *auf eine höhere Stufe bringen, in einen höheren Rang einsetzen;* jmdn. zum Anführer, Kaiser, zum König ~; jmdn. in den Adelsstand ~; zum Freistaat, zur freien Reichsstadt ~; ich möchte meine Meinung nicht zum Prinzip ~, aber ...; ein Verfahren zum System ~ □ **elevar; promover; erigir** 3.1 ⟨550/Vr 3⟩ **sich** über jmdn. od. etwas ~ ⟨fig.; geh.⟩ *sich über andere, über jmds. Stand stellen, sich für besser halten* □ *****elevar-se/colocar-se acima de alguém** 3.2 sich über einen Schmerz ~ *einen S. überwinden, darüber hinauswachsen* □ *****superar uma dor** 3.3 ⟨500⟩ die Stimme ~ *mit lauter S. weitersprechen;* mit erhobener Stimme fuhr er fort ... □ *****levantar a voz; falar mais alto** 3.4 ⟨510⟩ eine Zahl ins Quadrat ~ *mit zwei potenzieren, mit sich selbst malnehmen* □ *****elevar um número ao quadrado** 4 ⟨500⟩ jmdn. ~ ⟨geh.⟩ *in feierliche Stimmung versetzen;* die Predigt hat mich sehr erhoben □ **elevar o moral; animar;** ich fühlte mich durch die feierliche Anrede sehr erhoben □ **animado;** es war ein ~der Augenblick; er machte ein ~des Gefühl, als ... □ **animador** 5 ⟨500⟩ jmdn. ~ ⟨veraltet; geh.⟩ *loben, lobpreisen, rühmen;* meine Seele erhebet den Herrn (Lukas 1,46) □ **exaltar; engrandecer** 6 ⟨505/Vr 3⟩ **sich** (gegen jmdn.) ~ *empören, auflehnen* □ *****insurgir-se; revoltar-se (contra alguém)** 7 ⟨500⟩ etwas ~ *verlangen, dass etwas gezahlt wird;* Eintrittsgeld, Gebühren, Steuern, Zoll ~ □ **cobrar; arrecadar** 8 ⟨500/Vr 3⟩ etwas erhebt **sich** *etwas kommt auf, entsteht, besteht;* ein Sturm, ein leichter Wind hatte sich erhoben; darüber hat sich ein Streit erhoben; es erhob sich ein lebhafter Disput; es erhebt sich die Frage, ob ...; ~ sich Bedenken dagegen? □ **surgir** 8.1 ⟨550⟩ viele Stimmen erhoben sich dagegen *wurden laut* □ **elevar-se; levantar-se** 9 ⟨500⟩ etwas ~ *beginnen, anstimmen;* Geschrei, Klage ~ □ **soltar; intentar; instaurar;** ein Geheul, Wehklagen ~ □ **soltar;** lauten Protest ~ (gegen) □ **levantar** 9.1 die Stimme ~ *zu reden beginnen;* seine Stimme laut ~ □ *****tomar a palavra** 9.1.1 ⟨550⟩ die Stimme gegen etwas ~ *sich gegen etwas wenden, dagegensprechen* □ *****levantar a voz contra alguma coisa** 10 ⟨505⟩ Einspruch gegen etwas ~ *geltend machen* □ *****protestar contra alguma coisa;* Beschwerde ~; Anklage ~ (gegen) □ *****prestar queixa;* Anspruch auf etwas ~ □ *****reclamar/reivindicar alguma coisa**

er|heb|lich ⟨Adj.⟩ *groß, beträchtlich, durch das Ausmaß bedeutend;* eine ~e Menge; ~er Schaden; ~e Verluste;

Erhebung

er ist ein ~es Stück größer; ein ~er Teil davon; die Verluste sind (nicht) ~; die Sache hat für uns ~e Nachteile, Vorteile; ein Bau von ~em Umfang, von ~er Breite; er ist ~ größer als ...; die Sache ist von ~er Bedeutung, Wichtigkeit □ *considerável; importante*

Er|he|bung ⟨f.; -, -en⟩ **1** Berg, Hügel, Höhe; die Schneekoppe ist die höchste ~ des Riesengebirges; ~ über dem Meeresspiegel □ *elevação* **2** Forderung; die ~ von Gebühren, Steuern □ *cobrança; arrecadação* **3** Ermittlung, Untersuchung, Feststellung; gerichtliche, amtliche, statistische ~en 3.1 ~en machen Erkundigungen einziehen, Ermittlungen, Umfragen anstellen □ *levantamento; pesquisa* **4** ⟨fig.; geh.⟩ Erbauung; zu seiner inneren ~ □ *edificação* **5** das Erhobenwerden; seine ~ in den Adelsstand □ *elevação; nobilitação* **6** ⟨geh.⟩ Aufstand, Aufruhr; eine ~ des Volkes □ *sublevação; insurgência*

er|hei|tern ⟨V. 500⟩ **1** jmdn. ~ belustigen, heiter, fröhlich stimmen, zum Lachen bringen; das Kind erheiterte die ganze Gesellschaft □ *alegrar; divertir* **2** ⟨Vr 3⟩ sich ~ heiter, klarer werden, sich aufhellen; der Himmel erheiterte sich; sein düsteres Gesicht erheiterte sich □ **aclarar-se; iluminar-se*

er|hel|len ⟨V. 500⟩ **1** etwas ~ hellmachen, beleuchten; ein Blitz erhellte die Nacht; die Kerzen ~ den Raum nur schwach □ *clarear; aclarar* 1.1 fröhlich machen, aufheitern; ein Lächeln erhellte ihr Gesicht □ *iluminar* **2** ⟨Vr 3⟩ etwas erhellt sich wird hell; ein Fenster erhellte sich; der Himmel hat sich wieder erhellt □ *aclarar-se* 2.1 fröhlich, freundlich werden; bei dieser Nachricht erhellte sich ihr Gesicht □ *iluminar-se* **3** ⟨505/Vr 3 od. 800⟩ etwas erhellt sich (aus etwas) ⟨fig.; geh.⟩ wird durch etwas klar, deutlich, geht aus etwas hervor, ergibt sich aus etwas; aus dem Gesagten, aus der Tatsache erhellt sich, dass ... □ **do que foi dito/do fato conclui-se/deduz-se que...*); daraus erhellt sich, dass ... □ **disso resulta que...*

er|hit|zen ⟨V. 500⟩ **1** etwas ~ heiß machen; Wasser auf 100° C, bis zum Kochen ~ 1.1 ⟨Vr 3⟩ etwas erhitzt sich wird heiß; das Kugellager hat sich stark erhitzt □ *aquecer(-se)* **2** ⟨Vr 3⟩ jmd. erhitzt sich gerät in Hitze, Schweiß □ *acalorar-se;* du siehst ganz erhitzt aus; mit erhitztem Gesicht □ *acalorado* **3** ⟨Vr 7⟩ jmdn. od. etwas ~ ⟨fig.⟩ erregen; das Gerücht erhitzte die Bürger; der Prozess hat die Gemüter erhitzt □ *acalorar; acirrar;* erhitz dich doch nicht über solche, wegen solcher Kleinigkeiten □ *agastar-se; aborrecer-se*

er|hof|fen ⟨V. 503/Vr 5⟩ **(sich)** etwas ~ *auf etwas hoffen, etwas hoffend erwarten;* er erhofft sich mehr Freizeit; von jmdm. Geschenke ~; der Kranke erhofft Genesung von seinem Leiden; ich erhoffe mir von dem Urlaub gute Erholung; er hat nichts mehr (von mir) zu ~; was erhoffst du dir davon?; die erhoffte Wirkung blieb aus □ *esperar; ter esperança (de)*

er|hö|hen ⟨V. 500⟩ **1** etwas ~ *höher machen;* einen Damm, Wall, eine Mauer ~; ein Haus um zwei Stockwerke ~; das Niveau der Straße ~ □ *elevar; levantar* 1.1 ⟨Mus.⟩ eine **Note** ~ *mit einem Kreuz versehen u. dadurch einen Halbton höher setzen* □ *sustenizar* **2** ⟨Vr 7⟩ etwas ~ *steigern, vermehren;* den Absatz, Gewinn, Preis ~; sein Gehalt hat sich erhöht; das erhöht die Freude, Schuld, Wirkung; die Geschwindigkeit ~; die Arbeitsfreude ~; einen Wettkampf mit erhöhtem Interesse, erhöhter Anteilnahme verfolgen; Steuern um 3% ~; die Zahl der Todesopfer hat sich um 3 auf 57 erhöht □ *aumentar;* 2.1 erhöhte **Temperatur** *leichtes Fieber* ~ **febrícula* **3** ⟨Vr 7 od. Vr 8⟩ jmdn. ~ ⟨geh.⟩ *auf eine höhere Stufe stellen;* jmdn. im Rang ~ □ *promover;* denn wer sich selbst erhöht, der wird erniedrigt (Matth. 23,12) □ *exaltar(-se)*

Er|hö|hung ⟨f.; -, -en⟩ **1** ⟨unz.⟩ *das Erhöhen, das Erhöhtwerden;* die ~ der Beiträge für die Krankenversicherung □ *elevação; aumento* **2** ⟨zählb.⟩ *kleine Erhebung im Gelände, Hügel* □ *elevação*

er|ho|len ⟨V. 500/Vr 3⟩ **1** ⟨505/Vr 3⟩ sich **(von einer Krankheit** od. einer **Anstrengung)** ~ *(nach einer K. od. einer A.) sein körperliches Wohlbefinden wiedererlangen;* wir haben uns sehr gut erholt; er ist ins Gebirge gefahren, um sich zu ~; er hat sich nach seiner Krankheit bald, rasch, nicht, nur schwer wieder erholt; lass ihn sich erst ein wenig ~, ehe du ihn ausfragst □ **convalescer; recuperar-se (de uma doença ou de um esforço)* 1.1 *sich ausruhen;* er muss sich einmal gründlich ~; er muss sich einmal richtig ~ ⟨umg.⟩ □ *descansar; relaxar* 1.1.1 er sieht sehr, nicht sehr, wenig erholt aus *ausgeruht* □ *descansado; relaxado* **2** ⟨505/Vr 3⟩ sich **(von einer seelischen Erschütterung)** ~ *(nach einer seelischen E.) seine Fassung wiedererlangen;* sich von einem Schrecken ~; ich kann mich von der Überraschung gar nicht ~ □ **recuperar-se; refazer-se* **3** sich ~ ⟨Wirtsch.⟩ *(nach einem Rückgang) den früheren Stand wiedererlangen;* die Börsenkurse erholten sich; das Geschäft hat sich erholt □ **recuperar-se; restabelecer-se*

er|hol|sam ⟨Adj.⟩ *der Erholung dienend, Erholung bewirkend;* einen ~en Urlaub verleben; das Wochenende war sehr ~ □ *revigorante; relaxante*

Er|ho|lung ⟨f.; -; unz.⟩ *das Sicherholen, Entspannen, Ausruhen, Kräftigung;* er braucht drei Wochen ~; zur ~ in die Kur fahren □ *recuperação; repouso*

er|hö|ren ⟨V. 500⟩ **1** jmdn. od. jmds. **Bitte, Gebet, Flehen** ~ ⟨geh.⟩ *Erbetenes erfüllen, gewähren;* Gott hat mein Flehen erhört; Gott hat ihn erhört; seine Bitten wurden erhört □ *ouvir; atender* **2** einen **Mann** ~ ⟨geh.; veraltet⟩ *seiner Werbung nachgeben* □ *aceitar*

eri|gie|ren ⟨V. 400(s.)⟩ *anschwellen u. sich dabei aufrichten (von Geschlechtsorganen)* □ *erigir;* ein erigierter Penis □ *ereto*

Eri|ka ⟨f.; -, Eri|ken; Bot.⟩ *einer Gattung der Erikagewächse angehörende immergrüne holzige Pflanze (meist Halbstrauch) mit kleinen, dünnen, nadelförmigen Blättern und gegenständigen od. in Wirteln angeordneten Blüten:* Erica; Sy Heide²(2) □ *erica; urze*

er|in|nern ⟨V.⟩ **1** ⟨504 od. 505/Vr 3⟩ sich **(an etwas** od. jmdn., einer **Sache, jmds.)** ~ *etwas noch wissen, etwas* od. jmdn. noch kennen, noch im Gedächtnis haben, noch nicht vergessen haben; ja, ich erinnere mich; wenn ich mich recht erinnere; ich kann mich noch ~, dass ...; ich kann mich nicht ~, ihn je gesehen zu haben; daran kann ich mich nicht mehr ~; an meinen Großvater kann ich mich nicht mehr ~; ich erinnere mich dessen; ich kann mich dessen noch deutlich, genau, gut ~; ich erinnere mich dessen nur noch dunkel, schwach □ lembrar(-se) 2 ⟨505⟩ jmdn. (an etwas) ~ jmdn. etwas ins Gedächtnis zurückrufen, jmdn. an etwas mahnen; ~ Sie mich bitte daran, damit ich es nicht vergesse; ich vergesse so viel, ich muss mich an alles ~ lassen; jmdn. an ein Versprechen ~ 2.1 daran möchte ich nicht gern erinnert werden das Geschehe ist mir peinlich, unangenehm □ *lembrar alguém (de alguma coisa) 3 ⟨505/Vr 7⟩ (jmdn.) an etwas od. jmds.) Erinnerung an etwas od. jmdn. hervorrufen; in diesem Haus erinnert vieles noch an frühere Zeiten; deine Bemerkung erinnert mich an ein Erlebnis; der junge Mann erinnert mich an meinen verstorbenen Bruder □ *(fazer alguém) lembrar de alguma coisa ou alguém

Er|in|ne|rung ⟨f.; -, -en⟩ 1 ⟨unz.⟩ *Fähigkeit, (sich) frühere Eindrücke wieder bewusstzumachen*; wenn mir meine ~ nicht trügt, war es so; hier verlässt mich die ~, lässt mich die ~ im Stich □ memória 2 ⟨unz.⟩ *das Bewusstmachen früherer Eindrücke*; meiner ~ nach war es so, dass ... □ *pelo que me lembro...*; in der ~ sieht manches ganz anders aus, als es wirklich war □ lembrança; das ist wirklich der ~ (nicht) wert □ *realmente (não) vale a pena recordar* 2.1 bei der ~ an diese Sache muss ich heute noch lachen *wenn ich an diese S. denke, ...* □ *ao me lembrar...* 2.2 *das Erinnern, Mahnung (an frühere Eindrücke)* □ lembrete; advertência 3 ⟨unz.⟩ *Bewusstsein früherer Eindrücke*; jmdm. sein Versprechen wieder in ~ bringen, rufen □ *relembrar alguém de sua promessa*; wir werden ihn stets in dankbarer, ehrender, guter ~ behalten; diesen Tag habe ich in angenehmer, unangenehmer ~ 3.1 *Erhaltung der Verfügbarkeit früherer Eindrücke*; zur ~ an deine Freundin X (als Widmung in Büchern, auf Fotos usw.) □ recordação; lembrança 4 ⟨zählb.⟩ *im Gedächtnis bewahrter Eindruck*; alte ~en auffrischen, ausgraben, austauschen; meine ~en reichen bis in mein zweites Lebensjahr zurück; eine bleibende, liebe, schöne ~; ich habe eine deutliche, dunkle, schwache, gar keine ~ daran; sein Besuch bei uns ist meine letzte ~ an ihn; daran habe ich keine ~ mehr; daran ist mir keine ~ haftengeblieben; im Alter von seinen ~en leben, zehren □ lembrança 4.1 ⟨Pl.⟩ *(als Buchtitel) Aufzeichnung von Eindrücken (aus dem eigenen Leben)*; ~en eines Mannes; ~en aus meinem Leben □ memórias 5 ⟨zählb.⟩ *Gegenstand, der frühere Eindrücke wachhalten soll*; das Foto ist eine hübsche ~ an die Reise; schenk es mir als ~ an dich! □ recordação; lembrança

er|käl|ten ⟨V. 400(s.)⟩ 1 *etwas erkaltet wird kalt*; die Suppe erkaltet; einen Pudding ~ lassen □ esfriar; die erkalteten Hände des Toten □ frio 2 *Gefühle ~* ⟨fig.⟩ *erlöschen, vergehen*; seine Leidenschaft, Liebe für sie war schon längst erkaltet □ esfriar

er|käl|ten ⟨V. 500⟩ 1 ⟨Vr 3⟩ *sich ~ eine Erkältung bekommen*; ich habe mich beim Schwimmen erkältet; ich bin sehr, stark erkältet □ *resfriar-se* 2 ⟨530/Vr 1⟩ *sich einen Körperteil ~ einen K. durch Kälteeinwirkung krank machen*; dabei habe ich mir die Blase erkältet □ *pegar uma infecção em alguma parte do corpo*

Er|käl|tung ⟨f.; -, -en; Med.⟩ *Herabsetzung der Abwehrkraft des Körpers gegen Ansteckung durch Abkühlung des ganzen Körpers od. einzelner Körperteile mit den darauf folgenden Entzündungen (Schnupfen, Katarrhe, Entzündungen der oberen Luftwege u. der Lungen, der Harnorgane u. des Magens)*; sich eine ~ zuziehen; eine leichte, starke ~; eine tüchtige ~ haben ⟨umg.⟩ □ resfriado; infecção

er|kämp|fen ⟨V. 500⟩ 1 *etwas ~ durch Kampf erlangen, erringen*; den Sieg ~ □ alcançar; conquistar 2 ⟨503/Vr 5⟩ *(sich) etwas ~* ⟨fig.⟩ *etwas durch Anstrengung, energisches Vorgehen erreichen*; sich den ersten Platz, Preis ~; sich einen Platz in der vordersten Reihe ~; sein Recht ~ müssen □ conseguir/conquistar (lutando)

er|kenn|bar ⟨Adj. 24/90⟩ *(deutlich) zu erkennen, sichtbar, wahrnehmbar*; ein kaum ~er Unterschied □ reconhecível; perceptível

er|ken|nen ⟨V. 166⟩ 1 ⟨500⟩ *etwas ~ wahrnehmen, sehen, unterscheiden*; es ist zu dunkel, ich kann die Schrift nicht mehr ~; kannst du ~, ob er etwas in der Hand hat?; ich kann von hier aus nicht ~, was es ist; etwas gerade noch, gleich, rechtzeitig, sofort, zu spät ~ □ enxergar; ver; distinguir 2 ⟨500/Vr 7 od. Vr 8⟩ *jmdn. od. etwas ~ merken, wer od. was es ist*; erkennst du mich nicht (mehr)?; ich habe Sie nicht gleich erkannt (und deshalb nicht gegrüßt); ich habe ihn schon von weitem erkannt; ich erkannte ihn am Gang, an der Sprache, Stimme □ reconhecer; eine Krankheit ~ □ diagnosticar 2.1 *ich erkenne es an deinem Gesicht, dass du nicht zufrieden bist ich sehe es dir an* □ ver 2.2 *sich zu ~ geben merken lassen, wer man ist* □ *dar-se a conhecer; revelar-se* 2.3 *etwas zu ~ geben merken, fühlen lassen*; er hat nicht zu ~ gegeben, ob es ihm leidtat; er hat seine Missbilligung, seinen Unwillen deutlich zu ~ gegeben; du musst deine Absichten, Wünsche schon etwas deutlicher zu ~ geben □ *dar a entender; deixar que se perceba* 2.4 *~ lassen zeigen, durchblicken, sich anmerken lassen*; sein Verhalten lässt doch deutlich ~, dass er es nicht ernst meint □ *mostrar; revelar* 3 ⟨500 od. 510/Vr 7 od. Vr 8⟩ *jmdn. od. eine Sache ~ merken, wie etwas od. jmd. ist*; erkenne dich selbst!; ich habe ihn gleich als den anständigen Kerl erkannt, der er ist; ich habe sofort erkannt, dass er ein Schwindler ist; seinen Fehler, seinen Irrtum ~; er erkannte, dass man ihn überlistet hatte; etwas als falsch, richtig ~ □ conhecer; reconhecer; perceber 4 ⟨800⟩ *auf etwas ~ ein Urteil fällen*; der Richter erkannte auf Todesstrafe, auf 10 Jahre Freiheitsstrafe □ *condenar (a uma pena)*

er|kennt|lich ⟨Adj.; nur in den Wendungen⟩ **1** ⟨51⟩ **sich (bei jmdm.) ~ zeigen** *sich zu Gegenleistungen bereit erweisen;* ich werde mich (bei ihm) für seine Hilfe ~ zeigen; er hat sich mit dem Geschenk (bei mir) ~ gezeigt **2** ⟨43⟩ jmdm. **~ sein** *jmdm. dankbar sein* □ **reconhecido; grato**

Er|kennt|nis ⟨f.; -, -se⟩ **1** ⟨unz.⟩ *das Erkennen, Wahrnehmen, Begreifen, Fähigkeit, etwas zu erfassen* □ **compreensão; percepção 2** *Ergebnis des Erkennens, das Erkannte, Einsicht* □ **reconhecimento;** ich bin zu der (traurigen) ~ gelangt, dass ... □ *****(infelizmente) tenho de reconhecer que...** 2.1 (verhüllend) *(inoffizielle) geheim gehaltene Information;* es liegen keine ~se über seine politische Betätigung vor □ **informação**

Er|ker ⟨m.; -s, -⟩ **1** *ein der Fassade od. Ecke eines Gebäudes vorgelegter, überdachter ein- od. mehrgeschossiger Anbau, der nicht vom Erdboden aufsteigt, sondern durch Vorsprünge in der Mauer getragen wird;* eine gotische Burg mit vielen ~n; einen ~ anbauen; im ~ sitzen □ **ressalto; sacada 2** ⟨fig.; umg.; scherzh.⟩ *Nase;* Gesichts~ □ *****nariz; napa**

er|kie|sen ⟨V. 127/503/Vr 5; meist im Prät. u. Part., sonst veraltet; geh.⟩ **sich jmdn. od. etwas ~** *(sich) jmdn. od. etwas erwählen;* sie hatte (sich) ihn zum Ehemann erkoren □ *****escolher/eleger alguém ou alguma coisa**

er|klä|ren ⟨V. 500⟩ **1** etwas ~ *den Zusammenhang, Sachverhalt von etwas klarmachen;* einen Begriff, Vorgang ~; das brauche ich wohl nicht erst zu ~; das lässt sich schwer ~; etwas deutlicher, näher ~; ich will es an einem Beispiel ~ □ **explicar; esclarecer;** einige ~de Worte hinzufügen □ **esclarecedor;** „...", sagte er ~d □ *****explicou; esclareceu** 1.1 ⟨530⟩ jmdm. etwas ~ *deuten, verständlich machen* □ **explicar; tornar compreensível;** sich etwas ~ lassen; ich kann es mir nicht ~; ich kann mir die Sache nur so ~, dass ... □ **entender; interpretar** 1.2 ⟨514/Vr 3⟩ **etwas erklärt sich aus** *etwas findet seine Erklärung, ist begründet in etwas;* das erklärt sich aus der Tatsache, dass ...; der Donner erklärt sich aus der plötzlichen Ausdehnung der vom Blitz erwärmten Luft □ **explicar-se; justificar-se 2** ⟨500 od. 503⟩ eine **Sache ~** *in klarer, verbindlicher Form kundtun;* „...", erklärte er; seinen Austritt (aus der Partei) ~; einem Staat den Krieg ~; seine Unabhängigkeit ~; ich erkläre hiermit an Eides statt; jmdm. seine Liebe ~ □ **comunicar; declarar** 2.1 ⟨513/Vr 3⟩ **sich** bankrott, bereit, einverstanden, schuldig usw. **~** *in klarer, verbindlicher Form kundtun, dass man bankrott, bereit, einverstanden, schuldig usw. ist* 2.1.1 ⟨550/Vr 3⟩ **sich für, gegen jmdn. ~** *für, gegen jmdn. Stellung nehmen, für, gegen ihn Partei ergreifen* 2.1.2 ⟨Vr 3⟩ **sich ~** *seine Liebe gestehen;* er hat sich noch immer nicht erklärt □ **declarar-se** 2.2 ⟨550/Vr 7⟩ jmdn. od. etwas für etwas **~** *mit Bestimmtheit als etwas bezeichnen;* jmdn. für einen Betrüger ~; er erklärte die Geldbörse für sein Eigentum; einen Vermissten für tot ~ lassen; sich für besiegt ~; einen Vertrag für ungültig ~; einen Verbrecher für vogelfrei ~ □ **declarar(-se); dar(-se) por**

Er|klä|rung ⟨f.; -, -en⟩ **1** *Aufschluss über Zusammenhänge, Sachverhalte, Begründung;* das ist keine ~!; das genügt nicht als ~; von jmdm. eine ~ fordern; er findet, hat für alles eine ~ □ **justificativa; explicação 2** *bindende Äußerung, Mitteilung;* eine ~ der Regierung; eine ~ abgeben; eine eidesstattliche ~; eine ~ an Eides statt 2.1 *Geständnis der Liebe;* eine ~ machen □ **declaração**

er|kleck|lich ⟨Adj.; umg.⟩ *beträchtlich, erheblich, ziemlich groß;* eine ~ Anzahl; er hat eine ~e Summe gespart; der Betrag ist um ein Erkleckliches größer als erwartet □ **considerável**

er|klim|men ⟨V. 167/500⟩ **etwas ~ 1** *mit Mühe auf etwas klettern;* wir haben den Gipfel erklommen □ **escalar 2** ⟨fig.⟩ *durch Fleiß, Mühe od. Zähigkeit erreichen, hinaufsteigen;* die Leiter des Ruhms ~; die höchste Stufe des Erfolgs, seiner Laufbahn ~ □ **galgar; alcançar**

er|kran|ken ⟨V. 405(s.)⟩ *krank werden* □ **adoecer;** er ist an Grippe erkrankt; er erkrankte an einer Grippe □ **ficar gripado**

er|küh|nen ⟨V. 580/Vr 3⟩ **sich ~,** etwas zu tun ⟨geh.⟩ *so kühn sein, etwas zu tun, was gefährlich, ungewöhnlich od. nicht ganz korrekt ist;* er hat sich erkühnt, einfach vor den König hinzutreten und die Freilassung des Gefangenen zu fordern □ *****atrever-se; ousar**

er|kun|den ⟨V. 500⟩ **etwas ~** *festzustellen suchen, auskundschaften, erfragen;* ein Gelände ~; die Stellungen des Feindes ~; kannst du ~, ob ... □ **sondar; averiguar**

er|kun|di|gen ⟨V. 505/Vr 3⟩ **sich ~ (nach jmdm. od. etwas)** *fragen (nach), Auskünfte einholen (über);* ich möchte mich ~, ob das bestellte Buch schon da ist; sich bei jmdm. nach etwas ~; hast du dich nach seinem Befinden erkundigt? □ *****informar-se; perguntar**

er|lah|men ⟨V. 400(s.)⟩ **1** *müde werden;* beim Laufen erlahmt er schnell; sein Puls erlahmte □ **cansar(-se); diminuir** 1.1 *ein Körperteil erlahmt* **jmdm.** *jmd. kann einen K. nur schwer bewegen;* vom krampfhaften Schreiben erlahmte mir die Hand □ **entorpecer; adormecer 2** *etwas erlahmt* ⟨fig.⟩ *lässt nach;* das Interesse des Publikums für diese Art Unterhaltung erlahmt immer mehr; sein Eifer, seine Kraft erlahmte; die Aufmerksamkeit der Zuschauer begann zu ~ □ **esmorecer; diminuir**

er|lan|gen ⟨V. 500⟩ **eine Sache ~** *bekommen, erreichen, gewinnen;* die Stadt hat in letzter Zeit die Bedeutung eines Handelsmittelpunktes erlangt; die Fähigkeit ~, etwas zu tun; die Gewissheit ~, dass ... □ **obter; alcançar; conseguir**

Er|lass ⟨m.; -es, -läs|se⟩ **1** *behördliche Verordnung od. Bekanntmachung;* Polizei~; Regierungs~; königlicher, päpstlicher ~ □ **ordem; decreto; édito 2** ⟨unz.⟩ *das Erlassen, Aufhebung;* Straf~; Schuld~ □ **suspensão; perdão**

er|las|sen ⟨V. 175/500⟩ **1** etwas ~ *amtlich verkünden, verordnen, anordnen;* der Staatsanwalt hat einen Haftbefehl ~; die Regierung erließ eine neue Verfügung, ein neues Gesetz □ **decretar; promulgar 2**

⟨530/Vr 6⟩ jmdm. etwas ~ *jmdn. von etwas befreien; erlass es mir, darauf zu antworten; bitte ~ Sie mir die Antwort;* jmdm. eine Arbeit, Schuld, Strafe ~ ◻ **dispensar; remir; perdoar**

er|**lau**|ben ⟨V. 500⟩ **1** ⟨503/Vr 5 od. Vr 6⟩ **(jmdm.) etwas ~** *die Erlaubnis zu etwas geben; nein, das erlaube ich nicht!; ich habe ihm erlaubt, mitzugehen; erlaubst du, dass der Junge mitkommt?; ist es erlaubt, hier zu rauchen?; wer hat dir erlaubt, das wegzunehmen?; der Arzt hat dem Kranken das Aufstehen, Rauchen nicht erlaubt; Eintritt, Durchgang nicht erlaubt (auf Türschildern); sie ~ ihren Kindern, sehr viel, alles; erlaubte Mittel anwenden* **1.1 ~ Sie (ergänze: es, dass ...)?** ⟨Höflichkeitsformel⟩ *darf ich?* ◻ **permitir; autorizar 1.2** ⟨Imperativ⟩ *erlaube mal! wie kommst du dazu, darauf?* ◻ ***tenha dó! 2** ⟨503⟩ **etwas** erlaubt **(jmdm.) etwas** *etwas ermöglicht (jmdm.) etwas; seine finanziellen Verhältnisse ~ ihm ein behagliches Leben* ◻ **permitir; possibilitar 3** ⟨530/Vr 1⟩ **sich etwas ~** *sich die Freiheit nehmen, etwas zu tun (bes. als Höflichkeitsformel); deshalb erlaube ich mir anzufragen, ob ... (in Briefen); ich habe mir erlaubt, mir inzwischen Ihre Bilder anzusehen; wenn ich mir die Bemerkung ~ darf ...; in seiner Stellung kann er es sich ~, eigenmächtig zu handeln* **3.1** *sich etwas herausnehmen; sich Übergriffe ~; wie können Sie sich ~, hier einfach hereinzukommen?; was ~ Sie sich eigentlich?; er erlaubt sich manche Frechheiten* ◻ **permitir-se; tomar a liberdade**

Er|**laub**|nis ⟨f.; -, -se⟩ **1** *Einwilligung, Zustimmung, Billigung; (jmdn.) um ~ bitten; ich habe es mit seiner ~ getan; mit Ihrer ~* ⟨Höflichkeitsformel⟩ **2** *Bestätigung, dass jmd. etwas tun darf; Aufenthalts-, Druck-~; jmdm. die ~ geben, etwas zu tun* ◻ **permissão; autorização**

er|**laucht** ⟨Adj. 60; geh.⟩ *erhaben, hoch(stehend), gnädig; der ~e Kaiser; es war eine ~e Versammlung großer Geister u. berühmter Persönlichkeiten; ich möchte die ~e Versammlung begrüßen* ◻ **ilustre; insigne**

er|**läu**|tern ⟨V. 500⟩ *näher erklären, verständlich machen; eine schwierige Aufgabe, eine Statistik ~; der Lehrer erläuterte das Problem anhand Beispielen* ◻ **esclarecer**, *ein ~der Text; eine ~de Anmerkung* ◻ **esclarecedor**

Er|**le** ⟨f.; -, -n; Bot.⟩ *einer Gattung der Birkengewächse angehörender Strauch od. Baum, bei dem die männlichen Blüten zu langen, hängenden Kätzchen vereinigt sind, während die weiblichen Blüten Fruchtstände bilden, die paarweise angeordnet u. später holzig sind: Alnus; Weiß~, Grau~, Schwarz~, Berg~, Grün~* ◻ **amieiro**

er|**le**|ben ⟨V. 500⟩ **1 etwas ~** *erfahren, kennenlernen, durchmachen* ◻ **viver; vivenciar 1.1 etwas** od. **jmdn. ~** *bei etwas od. jmds. (öffentlichem) Auftritt (unter großer persönlicher Anteilnahme) dabei sein; ein Stück Geschichte ~; so etwas habe ich noch nicht erlebt; wir werden es ja ~; er hat Wehner noch im Bundestag erlebt* ◻ **presenciar; ver 1.1.1** *erlebte Geschichte, erlebtes Leben bewusst erlebte G., bewusst gelebtes L.* ◻ **presenciado; testemunhado 1.1.2** *erlebte Rede nicht eigens als solche gekennzeichnete Wiedergabe von Worten od. Gedanken einer Person, z. B. „er hat immer Recht" für „er sagt immer: ‚ich habe Recht'", ein Stilmittel bes. des modernen Romans* ◻ ***discurso indireto livre 1.2** *durch etwas betroffen u. beeindruckt werden; eine Enttäuschung, Überraschung ~; er hat viel Schweres ~ müssen; er hat an seinen Kindern nur Freude erlebt; er hat von den andern viel Böses erlebt; ich habe etwas sehr Schönes, etwas Schreckliches erlebt* ◻ **passar por; sofrer; ter 1.3** *(an sich) erfahren; das Theaterstück erlebte gestern seine 100. Aufführung; und da habe ich es doch ~ müssen, dass ...* ◻ **ter; passar por 1.3.1** ⟨500 + Modalverb⟩ *wenn du das tust, dann kannst du etwas von mir, dann kannst du was ~!* ⟨umg.⟩ *dann geht es dir schlecht, dann ist dir die Strafe gewiss* ◻ ***(...) você vai ver o que o espera! 1.3.2** *du wirst noch dein blaues Wunder ~! du wirst noch staunen (weil es anders kommen wird, als du denkst)!* ◻ ***você ainda vai ter uma surpresa! 2** *eine Sache ~ zu einer bestimmten Zeit, in der ein Ereignis eintritt, leben; er hat seinen 70. Geburtstag noch erlebt; er erlebte noch die Freude, seine Enkelkinder zu sehen; er durfte es noch ~, dass ...; ich möchte es noch ~, dass ...; du wirst es noch ~, dass sie dir davonläuft, wenn du dich nicht änderst* ◻ **viver; ter; ver 2.1** *das werde ich nicht mehr ~ wenn das geschieht, werde ich schon tot sein* ◻ **viver; vivenciar**

Er|**leb**|nis ⟨n.; -ses, -se⟩ **1** *Geschehnis, bei dem jmd. dabei war u. durch das m stark u. nachhaltig beeindruckt wurde; ~se eines Landpfarrers (als Buch-Untertitel); ein heiteres, lustiges, schönes, schweres, trauriges, unangenehmes ~; ein ~ aus meinem Leben, von meiner Reise; die Aufführung war ein ~* ◻ **experiência; aventura 1.1 ein ~ haben** *bei einem (eindrucksvollen) Geschehnis dabei sein; auf seiner Auslandsreise hatte er einige interessante ~se* ◻ **experiência**

er|**le**|di|gen ⟨V. 500⟩ **1 etwas ~** *besorgen, zu Ende bearbeiten, bringen, führen, aus-, durchführen; einen Auftrag, ein Geschäft ~; eine Besorgung, Bestellung ~; einen Botengang, Brief ~; notwendige Einkäufe ~; die tägliche Post ~; etwas gewissenhaft, pünktlich, rasch, sorgfältig ~; kannst du das für mich ~?; etwas gleich, nachher, sofort, später ~; wird erledigt!* (als Aktenvermerk) ◻ **resolver; concluir; despachar 1.1** *die Sache ist erledigt* (fig.) *sie soll vergessen sein, ist abgetan, wir wollen nicht mehr über sie sprechen* ◻ ***assunto encerrado 1.2** ⟨Vr 3⟩ **etwas erledigt sich** *klärt sich, kommt zum Abschluss; die Angelegenheit hat sich von selbst erledigt* ◻ **resolver-se; solucionar-se 2** ⟨Vr 7 od. Vr 8⟩ **jmdn. ~** *(gesellschaftlich, geschäftlich, beruflich, physisch od. seelisch) zugrunde richten, vernichten* ◻ **arruinar; esgotar; acabar com 2.1** *er ist erledigt* **2.1.1** *er ist gesellschaftlich, beruflich ruiniert* ◻ **arruinado; acabado 2.1.2** *er ist ganz erschöpft* ◻ **esgotado; exausto**

er|**le**|gen ⟨V. 500⟩ **1 ein Tier ~** ⟨geh.⟩ *durch einen Schuss töten; der Jäger erlegte zwei Hasen; das er-*

erleichtern

legte Wild ▫ abater; matar **2** etwas ~ ⟨veraltet; nur noch österr.⟩ *bezahlen, auszahlen;* die fälligen Gebühren ~; das Eintrittsgeld ~; der erlegte Betrag ▫ liquidar; pagar

er|leich|tern ⟨V. 500⟩ **1** etwas ~ *das Gewicht von etwas verringern;* um seinen Koffer zu ~, nahm er die Stiefel wieder heraus ▫ aliviar; deixar mais leve **2** etwas ~ *bequemer, einfacher machen, leichter (zu ertragen) machen;* jmdm. seine Arbeit ~; jmds. Lage, Los ~; einem Kranken seine Schmerzen ~ ▫ facilitar; aliviar **3** ⟨Vr 7⟩ *sich od. sein Inneres ~ von einer seelischen Belastung, von Sorgen befreien;* sich durch Tränen ~; sein Herz ~; sein Gewissen ~; erleichtert sein; erleichtert aufatmen; „....", sagte er erleichtert ▫ aliviar(-se); desabafar **4** ⟨550⟩ jmdn. um etwas ~ ⟨umg.⟩ *jmdm. etwas gegen seinen Willen abnehmen;* er hat dich vorige Woche schon um 50 € erleichtert u. jetzt will er schon wieder Geld ▫ tomar; tirar **4.1** bei dem Zusammenstoß wurde er um seine Brieftasche erleichtert *wurde ihm die B. gestohlen* ▫ levar; furtar

er|lei|den ⟨V. 177/500⟩ **1** etwas ~ ⟨geh.⟩ *(Böses, Schweres) erleben, unter Leiden erfahren, erdulden;* einen Rückfall (nach einer Krankheit) ~; er hat das gleiche Schicksal erlitten wie die andern ▫ sofrer; ter **1.1** den Tod ~ *sterben* ▫ *morrer* **2** etwas ~ *(Schaden) zugefügt bekommen;* Schmerzen, Verluste ~; eine Niederlage ~; der erlittene Schaden beträgt 10.000 € ▫ sofrer

er|ler|nen ⟨V. 500⟩ etwas ~ *sich etwas durch Lernen (Üben, Arbeiten) aneignen;* er hat einen interessanten Beruf erlernt; eine Sprache ~ ▫ aprender

er|le|sen[1] ⟨V. 179/500⟩ **1** ⟨Vr 8 od. 503/Vr 5⟩ (sich) jmdn. od. etwas ~ ⟨veraltet; geh.⟩ *auswählen;* ich habe ihn (mir) zu meinem Freund ~ **2** Linsen, Erbsen ~ ⟨schweiz.⟩ *die guten L., E. heraussuchen* ▫ escolher; selecionar

er|le|sen[2] ⟨Adj.⟩ *ausgesucht, gewählt, sehr fein, von hervorragender Qualität;* ~e Genüsse; ein ~es Publikum; das ist etwas wirklich Erlesenes ▫ selecionado

er|leuch|ten ⟨V. 500⟩ **1** etwas ~ *mit Licht hellmachen, erhellen;* eine Kerze erleuchtet das Zimmer; ein Blitz erleuchtete die Dunkelheit; ein hell, festlich erleuchteter Saal **2** jmdn. od. etwas ~ ⟨fig.; geh.⟩ *mit Klarheit, Erkenntnis (plötzlich) erfüllen;* ein Einfall hatte ihn plötzlich erleuchtet; den Geist, den Verstand ~ ▫ iluminar

er|lie|gen ⟨V. 180/600(s.)⟩ **1** jmdm. od. einer Sache ~ *unterliegen, zum Opfer fallen, besiegt werden;* der feindlichen Übermacht ~; einer Versuchung ~; er erlag dem Gegner ▫ sucumbir **1.1** ⟨Funktionsverb⟩ einer Täuschung, Verlockung ~ *sich täuschen, verlocken lassen* ▫ *cair numa fraude; cair em tentação* **2** einer Krankheit, einem Leiden ~ *an einer K., einem L. sterben;* er erlag einem Herzinfarkt, seinen Verletzungen ▫ *morrer de uma doença* **3** etwas zum Erliegen bringen *zum Stillstand bringen;* der starke Frost brachte die Bauarbeiten zum Erliegen ▫ *interromper* **4** zum Erliegen kommen *zum Stillstand kommen, zusammenbrechen;* durch das Unwetter kam der Verkehr zum Erliegen ▫ *parar*

Er|lös ⟨m.; -es, -e⟩ *das, was man erlöst hat, erlöster Betrag, Gewinn;* der ~ aus dem Verkauf des Hauses; der ~ der Veranstaltung war für Flüchtlingskinder bestimmt ▫ lucro; arrecadação

er|lö|schen ⟨V. 128/400⟩ etwas erlischt **1** *zu brennen, zu leuchten aufhören;* die Flamme, das Licht erlischt; ein Blinkfeuer flammt auf und erlischt in regelmäßigem Wechsel ▫ apagar-se; extinguir-se **1.1** erloschene Vulkane *ganz od. vorübergehend ruhende, nicht tätige V.* ▫ extinto **2** *schwächer, matt werden;* seine Augen waren ganz erloschen ▫ embaciado; apagado; mit ~der Stimme sprechen ▫ *falar com um fio de voz* **2.1** ⟨fig.; geh.⟩ *zu Ende gehen;* sein Leben ist so still erloschen, wie es verlaufen ist ▫ apagar-se **3** *zu bestehen aufhören;* der Anspruch, die Mitgliedschaft erlischt nach einem Jahr ▫ deixar de existir; extinguir-se; die Epidemie, Seuche ist erloschen ▫ erradicar, in seinem Herzen war alle Freude, Liebe, alles Gefühl erloschen ▫ apagar-se **3.1** *aussterben;* mit ihm erlischt das Geschlecht XY ▫ extinguir-se

er|lö|sen ⟨V. 500⟩ **1** ⟨505/Vr 8⟩ jmdn. (von etwas) ~ *befreien, loskaufen;* einen Kranken von seinen Schmerzen ~; jmdn. aus einer unangenehmen Lage, aus großer Not ~; jmdn. von seinen Peinigern ~; der Prinz hat die Prinzessin (aus ihrer Verzauberung) erlöst; jmdn. von einem Zauber ~ (im Märchen); Christus hat (durch seinen Opfertod) die Menschen erlöst; ..., sondern erlöse uns von dem Bösen (Bitte im Vaterunser); er sprach das ~de Wort; sie atmete erlöst auf; sie war wie erlöst **1.1** ⟨550⟩ Gott hat ihn von seinem Leiden erlöst *hat ihn sterben lassen* ▫ livrar; libertar; salvar **2** ⟨516⟩ etwas (aus dem Verkauf von etwas) ~ *(Geld bei etwas) einnehmen;* er hat aus dem Verkauf des Hauses, seiner Waren 50.000 Euro erlöst ▫ receber

Er|lö|sung ⟨f.; -, -en; Pl. selten⟩ **1** *das Erlösen, das Erlöstwerden, Befreiung von körperlichen od. seelischen Schmerzen;* ihr Tod war eine ~ für sie ▫ libertação; alívio **1.1** ⟨christl. Rel.⟩ *Befreiung von Schuld u. Sühne durch Gottes Gnade* ▫ salvação; redenção

er|lü|gen ⟨V. 181/500⟩ **1** etwas ~ *zwecks Täuschung erfinden, vortäuschen;* alles, was er gesagt hat, ist erlogen ▫ mentir; inventar, ein erlogener Bericht, eine erlogene Nachricht ▫ falso; fictício **1.1** das ist erstunken und erlogen ⟨umg.; derb⟩ *das ist eine gemeine Lüge* ▫ *essa é uma mentira deslavada* **2** ⟨530/Vr 1⟩ sich etwas ~ ⟨selten⟩ *durch Lügen erreichen, gewinnen* ▫ *ganhar/conseguir alguma coisa enganando*

er|mäch|ti|gen ⟨V. 550⟩ jmdn. zu etwas ~ *jmdm. die Erlaubnis, Vollmacht geben, etwas zu tun;* ich ermächtige Sie zum Abschließen des Vertrages; dazu bin ich nicht ermächtigt ▫ autorizar

er|mah|nen ⟨V. 505/Vr 8⟩ jmdn. (zu etwas) ~ *auffordern, endlich etwas zu tun, ernst an eine Pflicht erinnern, mahnen;* ich ermahne Sie noch einmal, das zu unterlassen; lass dich nicht immer dreimal ~!; muss ich dich immer erst ~?; ich ermahne dich noch einmal im Guten, aber dann werde ich böse; jmdn. zum Fleiß, zum Nachgeben, zur Vorsicht ~ ☐ avisar; advertir; recomendar

er|man|geln ⟨V.; geh.⟩ **1** ⟨700⟩ einer **Sache** ~ *eine S. nicht haben, eine S. vermissen;* uns ermangelt die Übung; sein Verhalten ermangelte des notwendigen Verständnisses ☐ carecer; não ter **2** ⟨480⟩ nicht ~, etwas zu tun ⟨sehr förmlich; veraltet⟩ *etwas bestimmt tun;* ich werde nicht ~, es zu tun ☐ *não deixar de fazer alguma coisa

er|man|nen ⟨V. 500/Vr 3⟩ sich ~ ⟨geh.⟩ *sich aufraffen, sich Mut machen, sich zusammenreißen;* ermanne dich! ☐ *criar coragem; animar-se

er|mä|ßi|gen ⟨V. 500⟩ etwas ~ *verringern, verkleinern, herabsetzen;* den Preis für die Fahrkarten ~; eine Strafe ~; zu ermäßigtem Preis ☐ diminuir; reduzir

Er|mä|ßi|gung ⟨f.; -, -en⟩ *das Ermäßigen, Ermäßigtwerden, Herabsetzung, Nachlass;* die ~ von Fahrkarten, Eintrittskarten; die Angehörigen des Betriebes erhalten auf alle Waren eine ~ von 50% ☐ redução; desconto

er|mat|ten ⟨V.⟩ **1** ⟨500⟩ etwas ermattet jmdn. *macht jmdn. matt;* die Schwüle hat mich ermattet; die lange Fahrt ermattete den Kranken ☐ extenuar; cansar **2** ⟨400(s.)⟩ *matt, müde werden;* ich bin sehr, ganz ermattet; ermattet niedersinken ☐ cansado; esgotado; der Kranke ermattete schnell ☐ cansar-se **2.1** etwas ermattet ⟨fig.⟩ *lässt nach;* seine Fantasie, sein Interesse ermattet ☐ enfraquecer; arrefecer

er|mes|sen ⟨V. 185/500⟩ etwas ~ ⟨*in seiner Ausdehnung, Bedeutung*⟩ *erfassen, begreifen, sich vorstellen, abschätzen, beurteilen;* ich kann nicht ~, ob sich die Sache lohnen wird; ich kann den Umfang der Arbeit (noch) nicht ~; es lässt sich leicht, schwer ~, ob ..., wie ...; daraus kann man ~, wie wichtig ihm die Sache ist ☐ avaliar; julgar

Er|mes|sen ⟨n.; -s; unz.⟩ **1** *Entscheidung, Urteil, Gutdünken* ☐ critério; decisão; ich stelle es Ihrem ~ anheim ☐ *deixo a seu critério **1.1** etwas in jmds. (freies) ~ **stellen** *etwas jmds. (freier) Entscheidung überlassen* ☐ *colocar (uma decisão) nas mãos de alguém **1.2** nach eigenem (bestem) ~ ⟨handeln⟩ *nach eigener (bester) Entscheidung (handeln)* ☐ *agir de acordo com seu melhor julgamento **1.3** nach menschlichem ~ *müsste es gelingen soweit man es überhaupt beurteilen kann, aller Wahrscheinlichkeit nach* ☐ *pelo que se pode julgar, deveria dar certo **1.4** etwas liegt in jmds. ~ *wird von jmdm. entschieden; das liegt (allein) im ~ des Amtes, Richters* ☐ *estar nas mãos de alguém; caber a alguém

er|mit|teln ⟨V.⟩ **1** ⟨500⟩ jmdn. od. etwas ~ *durch Nachforschen, Suchen Kenntnis von jmdm. od. etwas erlangen;* ich habe die genauen Zahlen nicht ~ können; können Sie ~, ob ...?; es ist nicht (mehr) zu ~; jmds. Aufenthaltsort, Versteck ~; die Polizei hat den Täter ermittelt ☐ verificar; descobrir **1.1** einen (Durchschnitts-)Wert ~ ⟨Math.; Statistik⟩ *errechnen;* die ermittelten Zahlenwerte ☐ calcular **2** ⟨800⟩ gegen jmdn. ~ ⟨Rechtsw.⟩ *die Untersuchung führen;* die Polizei ermittelt gegen den Verdächtigen, Verhafteten; gegen den Angeklagten wird bereits seit vorigem Sommer ermittelt ☐ investigar **3** ⟨410⟩ *nach einem Verbrecher, nach Beweismaterial für ein Verbrechen suchen;* die Polizei hat ein halbes Jahr lang ermittelt; die Polizei ermittelt in Frankfurt ☐ procurar; buscar

Er|mitt|ler ⟨m.; -s, -⟩ **1** *jmd., der in einer Sache ermittelt* **2** *jmd., der nach Beweismitteln für ein Verbrechen sucht* **2.1** verdeckter ~ *verdeckt, unter falschem Namen ermittelnder Polizeibeamter* ☐ investigador

Er|mitt|le|rin ⟨f.; -, -rin|nen⟩ *weibl. Ermittler* ☐ investigadora

Er|mitt|lung ⟨f.; -, -en⟩ *das Ermitteln, Nachforschung, Feststellung;* ~ der Vatterschaft; die ~en sind noch nicht abgeschlossen; ~en nach jmds. Verbleib anstellen ☐ investigação; averiguação

er|mög|li|chen ⟨V. 530/Vr 5 od. Vr 6⟩ **1** jmdm. etwas ~ *möglich machen, Gelegenheit bieten, etwas zu tun;* kannst du es ~, dass ...; er hat es mir ermöglicht, ohne finanzielle Sorgen zu studieren; ein Onkel hat ihm sein Studium ermöglicht; wenn es sich ~ lässt, will ich es gern tun **1.1** etwas ermöglicht etwas *macht etwas möglich;* die sonnige Lage der Hänge ermöglicht den Anbau von Wein ☐ permitir; possibilitar

er|mor|den ⟨V. 500⟩ jmdn. ~ *vorsätzlich töten;* jmdn. heimtückisch, brutal ~; er hat seinen Rivalen ermordet ☐ matar; assassinar; der Ermordete war sein Freund ☐ vítima; morto

er|mü|den ⟨V.⟩ **1** ⟨500⟩ jmdn. ~ *müdemachen;* diese Tätigkeit ermüdet mich sehr; das Sprechen ermüdet den Kranken; jmdn. durch vieles Fragen ~ ☐ cansar; es ist ~d, seinen langweiligen Reden zuzuhören; diese monotone Musik ist ~d; eine ~de Arbeit, Tätigkeit ☐ cansativo **2** ⟨400(s.)⟩ *müde werden;* er ermüdet leicht, rasch, nicht so schnell; von der Arbeit ermüdet ☐ cansar-se; er schloss die ermüdeten Augen ☐ cansado

er|mun|tern ⟨V. 500⟩ **1** jmdn. ~ *jmds. Müdigkeit vertreiben, jmdn. aufwecken;* man kann ihn morgens kaum ~; der Kaffee wird dich wieder ~ **1.1** ⟨Vr 3⟩ sich ~ *munter werden, wach werden;* ich kann mich morgens nur schwer ~ ☐ *despertar; acordar **1.1.1** ⟨fig.⟩ *sich aufraffen;* ich habe mich mit Mühe dazu ermuntert, mit dem Musizieren anzufangen ☐ *criar coragem; animar-se **2** ⟨505⟩ jmdn. zu etwas ~ *freundlich auffordern, ermutigen;* bitte ermuntere ihn nicht noch dazu; jmdn. zum Sprechen ~; jmdn. zum Zugreifen ~ (bei Tisch) ☐ incentivar; animar; das klingt ja ganz ~; einige ~de Worte sagen ☐ animador; jmdm. ~d zureden; jmdn. ~d ansehen ☐ com animação

er|mu|ti|gen ⟨V. 500⟩ jmdn. ~ *jmdm. Mut machen, Mut zusprechen;* ich versuchte, ihn zu ~, aber es war vergeblich; jmdn. zu einer Tat ~ ☐ encorajar; animar; das sind keine ~den Nachrichten; jmdm. einige ~de Worte zurufen; das klingt nicht sehr ~d; das sind ~de Resultate, Signale ☐ encorajador; animador

er|näh|ren ⟨V. 500/Vr 7⟩ jmdn. ~ **1** ⟨regelmäßig⟩ *mit Nahrung versorgen;* die Kinder waren gut, schlecht, unzureichend ernährt; einen Kranken künstlich ~; bei Atrophie werden die Muskeln od. Organe nicht mehr ausreichend ernährt; er ernährt sich nur von Rohkost □ **nutrir; alimentar 2** *(fig.) für jmds. Unterhalt sorgen;* sie muss die ganze Familie allein ~; sie kann sich ganz gut durch, mit Stundengeben ~; sich mit seiner Hände Arbeit ~ □ **sustentar; manter**

Er|näh|rung *(f.; -; unz.)* **1** *das Ernähren, das Ernährtwerden* □ **nutrição 2** *Nahrung; richtige, ausgewogene, gesunde ~* □ **alimentação 3** *(fig.) Unterhalt;* für die ~ der Familie sorgt sie allein □ **sustento**

er|nen|nen *(V. 190/550/Vr 7) jmdn. zu etwas ~ zu etwas bestimmen, jmdn. in ein Amt einsetzen;* Sy *nominieren(2);* jmdn. zum Minister, Botschafter ~; er wurde zum Oberstudienrat ernannt □ **nomear**

er|neu|en *(V. 500/Vr 7)* = *erneuern*

er|neu|ern *(ich erneuere od. erneure; V. 500)* **etwas ~** oV *erneuen* **1** *mit einem neuen Stück ausbessern;* ein Gebäude, Gemälde ~; die Bezüge von Polstermöbeln, ein schadhaft gewordenes Dach, alte Fresken, den Putz eines Hauses, einen beschädigten Zaun ~ □ **restaurar; consertar 2** *durch ein neues Stück ersetzen, gegen ein neues Stück auswechseln;* bei unserem Fernsehgerät musste eine Röhre erneuert werden □ **trocar; substituir 3** *(Vr 7) neu beleben, wieder wirksam machen;* Beziehungen ~; das Andenken an jmdn. od. etwas ~; eine Bekanntschaft, Freundschaft ~ □ **restabelecer; reatar 4** *(Vr 7) wiederholen, ein weiteres Mal für gültig erklären;* ein Gesuch ~; ein Abkommen, Bündnis, einen Vertrag ~ □ **renovar**

er|neut 1 *(Part. Perf. von) erneuen* **2** *(Adj.)* **2.1** *(60) von neuem auftretend, wiederholt, abermalig;* ein ~es Angebot; mit ~er Kraft; ein ~er Versuch □ **renovado; novo; reiterado 2.2** *(50) nochmals, abermals, wieder;* ~ etwas anbieten; auf etwas ~ hinweisen; ~ den Kampf aufnehmen □ **novamente**

er|nied|ri|gen *(V. 500)* **1** *(Vr 7 od. Vr 8) jmdn. ~ moralisch herabsetzen, demütigen, degradieren* □ **humilhar; rebaixar;** er fühlte sich erniedrigt (durch diese Arbeit, diese Worte) □ **humilhado 2** *mit eine Note ~ (Mus.) einen Halbton tiefer setzen* □ **bemolizar**

ernst *(Adj.)* **1** *von Ernst(1) bestimmt, erfüllt, zeugend;* ich lache nicht, ich bin ganz ~; du machst so ein ~es Gesicht; eine ~e Miene machen; ein ~es Fernseh-, Hörspiel, Theaterstück; ein ~er Film, Roman; ~e Musik **2** *eindringlich, gewichtig;* ich musste mir ~e Ermahnungen anhören; ~e Worte mit jmdm. sprechen □ **sério 2.1** *jmdn. od. etwas ~ nehmen für wichtig halten;* ich kann diese Sache nicht (für) ~ nehmen; seine Arbeit, seinen Beruf, seine Pflichten sehr ~ nehmen; ich kann ihn nicht ~ nehmen; er nimmt die Schule nicht ~ genug □ ***levar alguém ou alguma coisa a sério 3** *aufrichtig, wirklich (so gemeint);* mit der ~en Absicht kommen, zu ...; er meint es ~; es ist mir damit wirklich ~ 3.1 ~e Absichten haben (umg.) *eine langfristige (Liebes-)Beziehung suchen, wirklich heiraten wollen* □ **sério 4** *bedenklich, bedrohlich;* ~e geschäftliche Fehlschläge, Verluste erleiden; die internationale Lage ist ~; in eine ~e Situation geraten; es

steht ~ um den Kranken; ist es etwas Ernstes? □ **sério; grave 5** *(Getrennt- u. Zusammenschreibung)* 5.1 ~ gemeint = *ernstgemeint* 5.2 ~ zu nehmen = *ernstzunehmend*

Ernst *(m.; -(e)s; unz.)* **1** *Haltung od. Gesinnung, die durch Sachlichkeit, Überlegung u. Entschiedenheit geprägt ist;* du lässt es dabei an dem nötigen ~ fehlen!; etwas mit ~ betreiben; mit tierischem ~ bei der Sache sein (umg.) □ **seriedade;** aus dem Spiel wurde ~ ***o jogo virou coisa séria 2** *harte Wirklichkeit;* wie leicht kann aus Scherz plötzlich ~ werden!; der ~ des Lebens □ **(dura) realidade** 2.1 ~ machen *nicht mehr spaßen* □ ***levar a sério 3** *aufrichtige Meinung, Überzeugung, wirkliche Absicht;* es ist mein bitterer, blutiger, völliger ~ □ ***estou falando muito sério;** im ~ sprechen □ ***falar sério;** in allem, vollem ~ □ ***com toda a seriedade;** allen ~es etwas behaupten, sagen □ ***afirmar/dizer alguma coisa com toda a seriedade** 3.1 ist das Ihr ~? *scherzen Sie auch nicht?* □ ***está falando sério?** 3.2 das ist nicht Ihr ~! *das kann nur ein Scherz von Ihnen sein!* □ ***não está falando sério!** 3.3 im ~? *wirklich?, ist das kein Scherz?* □ ***sério?** 3.4 im ~! *das stimmt!, ich scherze nicht* □ ***é sério! 4** *Bedrohlichkeit; der ~ der Lage zwingt uns zu dieser Maßnahme* □ **gravidade**

ernst|ge|meint *auch:* ernst ge|meint *(Adj. 24/70) aufrichtig, wirklich so gemeint, ernsthaft, seriös;* ~e Angebote bitte unter...; ein ~er Vorschlag □ **sério**

ernst|haft *(Adj.)* **1** *ernst, ernst gemeint, ernst gesinnt;* er hat ~e Absichten □ **sério 2** *bedrohlich, bedenklich, gefährlich;* er ist ~ krank, verletzt □ **gravemente; seriamente**

ernst|lich *(Adj. 90)* **1** *(90) ernst, nachdrücklich;* der Plan wurde ~ untersagt □ **seriamente; rigorosamente 2** *(60) wirklich, heftig;* wenn du nicht damit aufhörst, werde ich ~ böse □ **realmente; muito 3** *(90) bedenklich, gefährlich;* er ist ~ erkrankt □ **seriamente; gravemente**

ernst|zu|neh|mend *auch:* ernst zu neh|mend *(Adj. 70) ernsthaft, ernstlich;* eine ~e Verletzung □ **sério; grave**

Ern|te *(f.; -, -n)* **1** *Tätigkeit, bei der die reifen Feld- u. Gartenfrüchte eingesammelt u. eingebracht werden;* dem Bauern bei der ~ helfen, zusehen □ **colheita; ceifa;** → a. *Tod(2.2)* **2** *Feld- u. Gartenfrüchte, die eingesammelt und eingebracht werden sollen;* die ~ reift; die ~ einbringen, einfahren □ **colheita; safra** 2.1 mir ist die ganze ~ verhagelt (fig.; umg.) *nur Misserfolg beschieden* □ ***só me dei mal 3** *die eingebrachte Menge (an Feld- u. Gartenfrüchten);* die ~ an Getreide, Obst; eine durchschnittliche, gute, schlechte ~; die diesjährige, vorjährige ~ □ **colheita; ceifa 4** *(fig.) Ertrag der eigenen Arbeit;* die ~ deines Fleißes □ **produto; fruto**

ern|ten *(V.)* **1** *(402)* **Feld- od. Gartenfrüchte ~** *mähen od. sammeln u. einbringen;* Getreide, Kartoffeln, Wein, Obst ~; viel, wenig ~; wir haben in diesem Jahr noch nicht geerntet □ **colher; ceifar 2** *(500)* **eine Sache ~** *(fig.) bekommen, erhalten;* Anerkennung, Dank, Lob,

Undank ~; die Früchte seiner Arbeit, seines Fleißes ~ □ **colher; receber** 2.1 ~, ohne gesät zu haben *den Erfolg anderer für sich ausnutzen* □ ***colher sem semear**

er|nüch|tern ⟨V. 500/Vr 7⟩ jmdn. ~ **1** *nüchtern machen, vom Rausch befreien;* die frische Luft wird ihn schnell ~ □ **curar da bebedeira** **2** ⟨fig.⟩ *von einer Einbildung befreien, jmdm. die Begeisterung, Freude nehmen, jmdn. enttäuschen;* ihre Frage ernüchterte ihn; seine Rede hat mich ernüchtert □ **desencantar; desiludir**

er|obern ⟨V. 500⟩ **1** etwas ~ *mit Gewalt an sich reißen, im Sturm nehmen, erkämpfen;* eine Festung, einen feindlichen Stützpunkt ~; der Gegner hat größere Gebiete erobert □ **conquistar; dominar; tomar** **2** ⟨503/Vr 5⟩ jmdn. od. etwas (sich) ~ ⟨fig.⟩ *für sich (durch Vorzüge, Schmeichelei, mit Hilfe von Neigung, Gegenliebe) gewinnen;* eine Frau ~; er hat die Herzen, die Sympathien aller Zuschauer erobert; die Firma hat (sich) neue Märkte erobert; jmds. Herz im Sturm ~; er hat sich einen guten Platz erobert □ **conquistar; cativar**

er|öff|nen ⟨V. 500⟩ **1** etwas ~ *der Öffentlichkeit zugänglich machen;* ein Geschäft ~; die Ausstellung wurde vom Wirtschaftsminister eröffnet; gestern wurde der neue Musiksaal mit einem Festkonzert eröffnet □ **abrir; inaugurar** **2** ein Testament ~ *förmlich öffnen u. seinen Inhalt den Beteiligten verkünden* □ **abrir** **3** etwas ~ *(etwas, an dem viele teilnehmen) beginnen;* die Sitzung ~; nach dem Vortrag von … wollen wir nun die Diskussion ~; die Saison ~; die neue Spielzeit wurde mit dem „Don Juan" eröffnet; den Tanz mit einem Walzer ~ □ **abrir; iniciar** **3.1** das Feuer ~ ⟨Mil.⟩ *zu schießen beginnen;* das Feuer auf die feindlichen Linien ~ **3.2** ein Konto ~ *neu einrichten;* ein Konto bei einer Bank ~ □ **abrir** **4** ⟨530⟩ jmdm. etwas ~ *förmlich, feierlich od. vertraulich mitteilen, kundtun;* sie hat mir eröffnet, dass sie ein Kind erwartet □ **abrir(-se); confiar** **5** ⟨Vr 3⟩ sich ~ ⟨fig.⟩ *sich zeigen, in Aussicht stellen;* in dieser Stellung ~ sich ihm die besten Aufstiegschancen □ ***abrir-se; apresentar-se**

ero|gen ⟨Adj. 70⟩ **1** *(durch Berührung) geschlechtlich erregbar* **1.1** ~e Zonen *Körperstellen, deren Berührung sexuelle Erregung bewirkt* □ **erógeno**

er|ör|tern ⟨V. 500⟩ etwas ~ *eingehend besprechen, diskutieren;* die neue Gesetzesvorlage wurde im Parlament ausführlich erörtert; das Für und Wider eines Vorschlages ~; eine Frage, ein Problem ~ □ **discutir; debater**

Eros ⟨m.; -, -ro|ten⟩ **1** ⟨unz.⟩ *(sinnliche) Liebe* **2** ⟨unz.; Philos.⟩ *Trieb nach Erkenntnis u. schöpferischer geistiger Tätigkeit* □ **eros** **3** *der Gott der Liebe, dargestellt als geflügeltes Kind* □ **Eros**

Ero|si|on ⟨f.; -, -en⟩ **1** ⟨Geol.⟩ *Auswaschung, Abtragung (von Land durch Wind od. Wasser)* □ **erosão** **2** ⟨Med.⟩ *Abschürfung der Haut od. Schleimhaut* □ **escoriação**

Ero|tik ⟨f.; -; unz.⟩ **1** *sinnlich-körperliche Liebe, Liebesu. Geschlechtsleben* **2** *Sinnlichkeit des Geschlechtslebens* **3** ⟨verhüllend⟩ *Sexualität* □ **erotismo**

ero|tisch ⟨Adj.⟩ **1** *die (körperliche) Liebe betreffend, auf sie bezüglich, auf ihr beruhend* **1.1** *das Liebes- u. Geschlechtsleben betonend od. anreizend* **2** = *sinnlich(2)* **3** ⟨verhüllend⟩ *sexuell;* die ~en Szenen in einem Film □ **erótico**

Er|pel ⟨m.; -s, -⟩ *Männchen der Ente, Enterich* □ **pato**

er|picht ⟨Adj. 74⟩ auf etwas ~ sein ⟨umg.⟩ *auf etwas versessen, begierig sein;* ich bin auf das Ergebnis, Spiel, Essen nicht sonderlich ~; der Reporter war, zeigte sich auf Sensationen, Neuigkeiten ~ □ ***ser louco por alguma coisa; gostar muito de alguma coisa**

er|pres|sen ⟨V. 500/Vr 8⟩ **1** jmdn. ~ *durch Drohungen od. Gewalt zu etwas zwingen;* er erpresste ihn schon lange Zeit; sie versuchte ihn zu ~; sie erpresst ihn durch Drohbriefe □ **pressionar** **2** etwas ~ *durch Drohungen od. Gewalt von jmdm. bekommen;* Lösegeld ~; er hat ihr ein Versprechen, eine Unterschrift erpresst; ein erpresstes Geständnis □ **extorquir**

er|pro|ben ⟨V. 500/Vr 7 od. Vr 8⟩ **1** jmdn. od. etwas ~ *auf die Probe stellen, prüfen;* jmds. Ausdauer, Ehrlichkeit, Geschick, Treue, Zuverlässigkeit ~; ein Gerät praktisch ~; nur erprobte Heilmethoden, Medikamente anwenden □ **testar; experimentar** **1.1** ein erprobter Freund, Kenner, Diener *ein zuverlässiger F., K., D.* □ **de confiança; a toda prova**

er|qui|cken ⟨V. 500/Vr 7; veraltet⟩ jmdn. od. etwas ~ *stärken, erfrischen, beleben;* sich an einem Anblick ~; sich von der Hitze des Tages durch ein kühles Bad ~; sich mit einem kühlen Getränk ~ □ **refrescar; reanimar;** nach dem Gewitter war die Luft ~d; ein ~des Getränk □ **refrescante;** nach dem Schlaf erquickt erwachen □ **refeito; revigorado**

er|ra|ten ⟨V. 195/500⟩ jmdn. od. etwas ~ *durch Raten herausfinden, entdecken, aus versteckten Andeutungen auf jmdn. od. etwas schließen;* du errätst es nicht!; jetzt habe ich ~, was du meinst; jmds. Absichten, Gedanken ~; den Zusammenhang ~; das ist leicht, schwer zu ~; er hat schnell ~, dass … □ **adivinhar**

er|rech|nen ⟨V. 500⟩ **1** etwas ~ *durch Rechnen herausbekommen, ausrechnen* □ **calcular** **2** ⟨530/Vr 1⟩ sich etwas ~ *etwas erwarten, mit etwas rechnen;* diesen Erfolg hatte ich mir nicht errechnet □ ***contar com alguma coisa**

er|re|gen ⟨V. 500⟩ **1** ⟨Vr 7 od. Vr 8⟩ jmdn. ~ *in starke Gefühlsbewegung versetzen;* jmdn. sexuell, sinnlich ~ □ **excitar;** er war vor Empörung, Zorn ganz erregt □ **indignado; irritado;** sich über jmdn. od. etwas, wegen etwas ~ □ ***enervar-se/irritar-se com alguém ou alguma coisa,** wir hatten eine erregte Auseinandersetzung miteinander; nach erregter Debatte wurde über den Vorschlag abgestimmt □ **acalorado** **2** etwas ~ *hervorrufen, bewirken, erzeugen, erwecken;* Anerkennung, Bewunderung, Interesse, Neid ~; das wird Appetit, Durst, Hunger ~; Ärgernis, Aufsehen, Missfallen, Staunen, Verdruss ~; Begierde ~; Besorgnis, Mitleid, Trauer ~; ihre schlagfertige Antwort erregte Gelächter, Heiterkeit; jmds. Sinnlichkeit ~; hiermit kann man elektrischen Strom ~ □ **provocar; despertar; ativar** **2.1** ~des Mo-

Erregung

ment *erster Hinweis auf die kommende Verwicklung im Drama* □ *clímax

Er|re|gung ⟨f.; -, -en⟩ **1** ⟨unz.⟩ *das Erregen, Aufregen* □ **agitação** 1.1 *Reizen, Hervorrufen;* ~ öffentlichen Ärgernisses □ *atentado ao pudor; geschlechtliche ~ □ **excitação 2** ⟨zählb.⟩ *das Erregt-, Aufgeregtsein;* man sah ihm die ~ nicht an □ **agitação; comoção**

er|rei|chen ⟨V. 500⟩ **1** etwas ~ *bis zu etwas reichen (um etwas zu ergreifen);* das Kind kann die Türklinke noch nicht ~; □ **alcançar 2** ⟨Vr 8⟩ *jmdn.* ~ *mit jmdm. in Verbindung treten;* unter welcher Nummer kann ich Sie (telefonisch) ~?; wo sind Sie tagsüber zu ~? □ **encontrar; achar 3** *jmdn. od. etwas ~ bis zu jmdm. od. bis zu einem gewissen Punkt gelangen, kommen;* mein Anruf, Brief, Telegramm erreichte ihn nicht mehr; Briefe, die ihn nicht erreichten; mit dieser Aufführung erreichte das Theater einen künstlerischen Höhepunkt; mit diesem Wagen ~ Sie eine Spitzengeschwindigkeit von 190 Kilometern in der Stunde; der Schüler konnte das Klassenziel nicht ~; der Zug hatte Verspätung, so dass ich meinen Anschluss nicht erreichte; die Berghütte ist nur zu Fuß zu ~; der Schwimmer erreichte das rettende Ufer nur mit Mühe □ **chegar; alcançar; atingir** 3.1 in einer Stunde werden wir München ~ *in M. ankommen* □ **chegar 4** *etwas ~ durchsetzen, seine Wünsche gegen Widerstände verwirklichen;* ohne Fleiß, Geduld, Mühe wirst du nicht viel ~; eine Absicht, einen Zweck (nicht) ~; bei ihr kann man alles, nichts ~; jmds. Entlassung ~; er hat es auch bei mir zu ~ versucht □ **conseguir** 4.1 es ist erreicht! *gelungen!, vollbracht!* □ *deu certo!

er|ret|ten ⟨V. 505⟩ *jmdn. (aus, vor etwas) ~ retten, in Sicherheit bringen, vor etwas bewahren;* er hat ihn aus größter Gefahr errettet; jmdn. vor dem (sicheren) Tod ~ □ **salvar; livrar**

er|rich|ten ⟨V. 500⟩ **1** *etwas ~ aufrichten, aufstellen;* Barrikaden, Tribünen, Zelte ~; auf einer Geraden eine Senkrechte ~ ⟨Math.⟩ 1.1 ein **Gebäude**, Denkmal, einen Turm ~ *bauen* □ **construir; erguer 2** *etwas ~* ⟨fig.⟩ *gründen, bilden, einrichten;* eine Stiftung, Aktiengesellschaft, Fabrik, ein Geschäft ~ □ **fundar; estabelecer 3** ein **Testament** ~ ⟨Rechtsw.⟩ *ein T. urkundlich niederlegen* □ **fazer; redigir**

er|rin|gen ⟨V. 202/503/Vr 1⟩ *etwas ~ (im Kampf od. Wettstreit) durch Mühe, Anstrengung erlangen, gewinnen;* einen Preis, den Sieg ~; er hat bei dem Rennen den zweiten Platz errungen; jmds. Achtung, Vertrauen ~; er errang sich innere Unabhängigkeit, geistige Freiheit □ **conquistar; obter (com esforço)**

er|rö|ten ⟨V. 400(s.)⟩ *rot werden (im Gesicht);* jmdn. ~ machen; tief ~; aus, vor Freude, Verlegenheit ~; über jmdn. oder etwas ~ □ **corar; enrubescer(-se);** ~d gestehen, dass ... □ **enrubescendo**

Er|run|gen|schaft ⟨f.; -, -en⟩ **1** *etwas durch Anstrengung Erreichtes, Erworbenes, wohltätige Neuerung;* soziale, kulturelle ~en; eine ~ der Technik, Zivilisation; die ~en der Forschung praktisch nutzbar machen; einen Haushalt mit neuesten technischen ~en

haben 1.1 das ist meine neueste ~ ⟨umg.; scherzh.⟩ *Anschaffung* □ **aquisição; conquista**

Er|satz ⟨m.; -es, -sät|ze⟩ **1** *Person od. Sache, die anstelle einer nicht mehr vorhandenen od. nicht mehr geeigneten Person od. Sache eingesetzt werden kann;* ~ ist leicht, schwer zu beschaffen; wo finden wir ~?; wo sollen wir ~ hernehmen?; ~ schaffen für; ~ stellen für etwas od. jmdn.; geeigneter, ungenügender, vollwertiger ~ für; er sprang als ~ für den verletzten Spieler ein; als, zum ~ für; für ~ sorgen □ **substituição; substituto; reserva 2** *Entschädigung, Gegenwert, Wiedererstattung;* ~ der Kosten, des Schadens, des Verlustes; ~ beantragen, einklagen, fordern, verlangen für einen Schaden, Verlust; ~ bieten, geben, leisten für □ **compensação; indenização**

Er|satz|teil ⟨n. od. m.; -(e)s, -e⟩ *Gegenstand, der anstelle eines verlorenen od. unbrauchbar gewordenen Stückes eingesetzt wird, Ersatzstück* □ **peça de reposição**

er|sau|fen ⟨V. 205/400(s.); umg.⟩ **1** ⟨derb⟩ *ertrinken;* er ist beim Baden fast ersoffen □ **afogar-se 2** *etwas ersäuft wird überschwemmt;* die Felder, das Getreide, Heu, die Wiesen ~ 2.1 die **Grube**, der Schacht ersäuft ⟨Bgb.⟩ *wird durch eindringendes Wasser unbenutzbar* □ **inundar(-se)** 2.2 das **Mühlrad** ersäuft *es kann nicht umlaufen, weil der Wasserstand zu hoch ist* □ **estar/ficar debaixo d'água** 2.3 der **Motor** ersäuft, säuft ab ⟨Tech.⟩ *der M. bekommt zu viel Kraftstoff u. springt nicht an* □ **afogar**

er|säu|fen ⟨V. 500; umg.⟩ **1** ein **Tier** ~ *ertränken* **2** seinen **Kummer** im Alkohol ~ ⟨fig.⟩ *vergessen machen, betäuben* □ **afogar**

er|schaf|fen ⟨V. 207/500⟩ *etwas ~* ⟨geh.⟩ *schaffen, entstehen lassen;* Gott hat Himmel und Erde ~ □ **criar;** alles von Menschen Erschaffene □ **criação**

er|schal|len ⟨V. 208/400(s.); geh.⟩ *ertönen, erklingen;* plötzlich erscholl lautes Gelächter; ein Lied erschallt □ **ressoar**

er|schau|dern ⟨V. 400(s.); geh.⟩ *schaudern, zusammenschrecken, sich plötzlich schütteln;* vor Grauen, Angst ~; bei diesem Gedanken erschauderte sie □ **tremer; estremecer**

er|schau|en ⟨V. 500⟩ *jmdn. od. etwas ~* ⟨geh.; veraltet⟩ *mit den Augen wahrnehmen, erblicken (meist von etwas Großem, Erhabenem)* □ **ver; olhar**

er|schei|nen ⟨V. 210(s.)⟩ **1** ⟨400⟩ *etwas od. jmd. erscheint wird sichtbar, tritt auf;* der Abendstern, der Mond, die Sonne erschien am Himmel; am Horizont erschienen die ersten Gewitterwolken; als Posten in der Rechnung ~ □ **aparecer; surgir** 1.1 ⟨301; unpersönl.⟩ es erschien die Stunde, der Tag, da ... ⟨geh.⟩ *es kam die S., der T., da ...* □ **chegar** 1.2 ⟨400⟩ *sich sehen lassen, sich einfinden;* die Heldin erschien gegen Ende des ersten Aktes zum ersten Mal auf der Bühne; am Fenster ~; auf einer Versammlung ~; bei einem Fest ~; sie erschien in einem neuen Kleid □ **aparecer; apresentar-se;** bei seinem Erscheinen stockte das Gespräch; um pünktliches Erscheinen wird gebeten (in einer Einladung) □ **chegada;** als Zeuge vor Gericht ~ □ **comparecer;** sein Erscheinen vor Gericht war eine Überraschung □ *comparecimento*; sie erschien gestern zum ersten Mal wieder in Gesellschaft □ *aparecer; apresentar-se* **2** ⟨412⟩ ein **Druckwerk** erscheint *wird herausgegeben, kommt in den Handel;* dieses Buch wird in Kürze ~; eine Neuauflage erscheint demnächst; die Zeitschrift, Zeitung erscheint monatlich, täglich, vierteljährlich, wöchentlich; das Buch ist soeben erschienen □ *ser publicado; sair;* das Buch war schon bald nach Erscheinen vergriffen □ *publicação* **3** ⟨600⟩ jmdm. ~ *sich jmdm. in bestimmter Weise darstellen, jmdm. vorkommen, als ob jmd. od. etwas etwas sei;* seine Darlegungen erschienen mir lückenhaft, unvollständig, zu subjektiv; es erscheint mir bemerkenswert, glaubhaft, merkwürdig, unglaublich, wünschenswert; es erscheint mir günstig, ungünstig, vorteilhaft, dass ...; deine Stellungnahme lässt die Angelegenheit in einem ganz anderen Licht ~ □ *parecer; dar a impressão (de)*

Er|schei|nung ⟨f.; -, -en⟩ **1** *wahrnehmbarer Vorgang;* es ist eine auffallende, eigentümliche, seltene ~; es ist eine bekannte ~, dass ...; das ist eine typische ~ für ... □ *manifestação; fenômeno* 1.1 in ~ treten *sichtbar, wirksam werden* □ **manifestar-se; mostrar-se* **2** *Gestalt;* eine liebliche ~; eine stattliche ~ □ *figura* **3** *Traumbild, Vision;* er hat ~en □ *visão* **4** ⟨Philos.⟩ *alles, was mit den Sinnen wahrgenommen wird* □ *aparência* **5** die ~ **Christi**, des **Herrn** ⟨christl. Kirche⟩ *Fest, urspr. der Geburt, dann der Taufe Christi* □ **epifania*

er|schie|ßen ⟨V. 215/500/Vr 8⟩ **1** jmdn. ~ *durch einen Schuss töten, hinrichten lassen;* jmdn. standrechtlich, auf der Flucht, hinterrücks ~; er erschoss ihn von hinten □ *atirar (em); matar (com arma de fogo)* **1.1** sich ~ *Selbstmord mit einer Schusswaffe begehen* □ **matar-se com um tiro* **2** ich bin völlig erschossen! ⟨fig.; umg.⟩ *abgearbeitet, müde, am Ende meiner Kräfte* □ **estou morto/exausto!*

er|schlaf|fen ⟨V.⟩ **1** ⟨500⟩ etwas erschlafft jmdn. *macht jmdn. schlaff; von ~der Wirkung sein* □ *relaxante* **2** ⟨400⟩ *schlaff, schwach werden, sich entspannen;* die Glieder ~ lassen □ *soltar; relaxar;* nach schwerer Arbeit erschlafft sein □ *estar cansado/moído;* erschlaffte Muskeln □ *flácido; enfraquecido;* sein Widerstand erschlafft ⟨fig.⟩ □ *afrouxar*

er|schla|gen ⟨V. 218/500⟩ **1** ⟨Vr 8⟩ jmdn. od. ein **Tier** ~ *durch einen od. mehrere Schläge töten;* jmdn. mit einem Knüppel, Beil ~ □ *matar a pancada* 1.1 (wie) ~ sein ⟨fig.; umg.⟩ *sehr müde, abgespannt;* nach der langen Reise waren wir ganz ~ □ **estar moído/exausto* **2** etwas erschlägt jmdn. *tötet jmdn. durch Herabstürzen;* er wurde vom Blitz ~; der fallende Baum erschlug einen Waldarbeiter □ *fulminar; atingir* 2.1 jmd. ist ~ ⟨fig.; umg.⟩ *erstaunt, verblüfft, fassungslos;* ich bin ~! □ *pasmo; surpreso*

er|schlei|chen ⟨V. 219/530/Vr 1⟩ sich etwas ~ *unrechtmäßig, durch heimliche Machenschaften erwerben, erreichen, durch Schmeichelei od. Täuschung erlangen;* sich ein Erbe ~; sich jmds. Gunst ~ □ **obter alguma coisa com astúcia ou enganando*

er|schlie|ßen ⟨V. 222/500⟩ **1** etwas ~ *zugänglich, nutzbar machen;* neue Absatzmärkte ~; neues Baugelände ~; zusätzliche Einnahmequellen ~; eine Gegend als Reisegebiet ~; neue Hilfsquellen müssen erschlossen werden; eine Ölquelle ~; das Gebiet ist touristisch noch nicht erschlossen □ *explorar; tornar acessível; viabilizar* **2** ⟨Vr 3⟩ etwas erschließt sich ⟨geh.⟩ *öffnet sich;* die Knospe wird sich bald ~ □ *abrir-se; desabrochar* 2.1 ⟨530⟩ etwas ~ jmdm. ~ *sich jmdm. offenbaren, jmdm. verständlich werden;* er erschloss ihr sein Herz □ *abrir-se;* der Sinn des Textes erschließt sich nur dem aufmerksamen Leser □ *revelar(-se)* **3** ⟨510⟩ etwas aus etwas ~ *durch Schlussfolgerung ermitteln, herleiten;* daraus ist zu ~, dass ... □ *deduzir; inferir* 3.1 ein **Wort**, eine **grammatische Form** ist nur erschlossen ⟨Sprachw.⟩ *nicht schriftlich überliefert, nicht belegt, rekonstruiert* □ *reconstruir*

er|schöp|fen ⟨V. 500⟩ **1** etwas ~ *nutzen, bis es nichts mehr hergibt, bis zum Letzten verbrauchen;* einen Kredit, Vorräte ~; alle Mittel, Möglichkeiten, Reserven ~; meine Geduld ist erschöpft 1.1 ⟨Vr 3⟩ etwas erschöpft sich *wird verbraucht, geht zu Ende;* der Gesprächsstoff erschöpfte sich schnell **1.2** ein **Thema** ~ *vollständig, eingehend behandeln* □ *esgotar(-se); exaurir(-se)* **1.2.1** eine ~de Darstellung eines Themas *eine vollständige, bis in alle Einzelheiten gehende D.* □ *exaustivo* **2** ⟨Vr 7 od. Vr 8⟩ jmdn. ~ *bis zum Ende der Kräfte ermüden;* von den Anstrengungen, der Arbeit, der Hitze erschöpft sein □ *esgotar; exaurir* 2.1 jmd. ist völlig erschöpft *am Ende seiner Kräfte* □ *esgotado; exausto*

Er|schöp|fung ⟨f.; -, -en; Pl. selten⟩ **1** *das Erschöpfen, Ausnutzung, Verbrauch;* die ~ der Bodenschätze □ *esgotamento* **2** *Zustand des Erschöpftseins, Kraftlosigkeit, Müdigkeit;* bis zur völligen ~ arbeiten □ *esgotamento; exaustão*

er|schre|cken ⟨V. 229⟩ **1** ⟨400⟩ *einen Schrecken bekommen, plötzlich in Schrecken geraten;* erschrick nicht!; wir erschraken über sein Aussehen; ich erschrak über seine Worte; sie erschrak vor ihm; alle Vorübergehenden ~ vor dem Hund; zu Tode erschrocken wandte er sich um □ *assustar-se* **2** ⟨500/Vr 7 od. Vr 8⟩ jmdn. ~ *plötzlich in Schrecken versetzen, jmdm. einen Schreck einjagen;* der Hund erschreckt alle Vorübergehenden; er ist leicht zu ~; habe ich dich erschreckt?; der Anblick, das Erlebnis, der Unfall, Vorfall erschreckte sie sehr; man soll kleine Kinder nicht ~ □ *assustar;* sie sah ~d aus; der Verletzte bot einen ~den Anblick; ein ~des Beispiel □ *assustador; terrível*

er|schüt|tern ⟨V. 500⟩ **1** etwas ~ *in heftig zitternde, schwankende Bewegung versetzen;* das Erdbeben erschütterte den Boden; die Explosion erschütterte die nahe gelegenen Gebäude □ *abalar; sacudir* **1.1** ⟨fig.⟩ *die Grundlage von etwas angreifen, infrage stellen;* unser Vertrauen zu dir kann nicht erschüttert werden; seine Gesundheit ist in letzter Zeit stark erschüttert worden □ *abalar* **2** jmdn. ~ *zutiefst bewe-*

Erschütterung

gen; diese Nachricht wird ihn ~; er war erschüttert über diesen Vertrauensbruch, Vorfall; tief erschüttert vom Tode Ihres Vaters ⟨in Beileidsbekundungen⟩; wir sahen erschüttert zu, wie ...; die Trauergemeinde stand erschüttert an seinem Grabe □ **abalar; comover;** es ist ein ~des Buch; es war ein ~des Erlebnis □ **comovente**

Er|schüt|te|rung ⟨f.; -, -en⟩ **1** ⟨zählb.⟩ *das Erschüttern, heftig zitternde, schwankende Bewegung;* ~ des Erdbodens □ **abalo; trepidação** 1.1 ⟨fig.⟩ *das Infragestellen;* ~ einer Freundschaft, einer guten Beziehung □ **abalo 2** ⟨unz.⟩ *tiefes Ergriffensein, tiefe innere Bewegtheit;* seine ~ war ihm deutlich anzusehen □ **abalo; comoção**

er|schwe|ren ⟨V.⟩ **1** ⟨503/Vr 5 od. Vr 6⟩ **(jmdm.)** *etwas* ~ *Sache* ~ *durch Hindernisse schwieriger machen, behindern;* jmdm. seine Arbeit ~; das erschwert mir meine Aufgabe; der Leichtsinn ihres Mannes erschwert ihr das Leben; die Rettung der Bergsteiger wird durch starken Schneefall erschwert; unter erschwerten Bedingungen arbeiten müssen □ **dificultar; complicar** 1.1 ein ~der Umstand ⟨Rechtsw.⟩ *strafverschärfender U.* □ **agravante 2** *Seide* ~ *den durch das Entbasten eingetretenen Gewichtsverlust durch Behandeln mit Salzlösungen ausgleichen* □ **carregar; tratar**

er|schwin|deln ⟨V. 503/Vr 5⟩ **(sich)** *etwas* ~ ⟨umg.⟩ *durch Schwindeln od. Betrug erlangen;* (sich) ein Vermögen, ein Darlehen ~ □ **conseguir (enganando)**

er|schwin|gen ⟨V. 237/500; nur im Inf.; selten⟩ *etwas* ~ *eine (große) Geldsumme für etwas aufbringen, bezahlen;* das Geld für etwas (nicht) ~ können; das ist nicht zu ~ □ **levantar o dinheiro necessário; conseguir pagar**

er|schwing|lich ⟨Adj. 70⟩ *so beschaffen, dass man es erschwingen (bezahlen) kann, bezahlbar;* ein ~es Grundstück □ **acessível; (de valor) razoável**

er|se|hen ⟨V. 239/505⟩ **1** *etwas (aus etwas)* ~ *erkennen, entnehmen, wahrnehmen;* er ersah bald seinen Vorteil; soviel ich aus Ihrem Brief ersehe ...; wie Sie aus den Unterlagen ~ werden ...; daraus ersieht man, dass ... □ **ver; perceber 2** *jmdn. od. etwas* nicht mehr ~ können ⟨regional⟩ *ertragen, leiden, aushalten können* □ **ver; suportar**

er|seh|nen ⟨V. 500/Vr 8⟩ *jmdn. od. etwas* ~ *sehnsüchtig erwarten, herbeisehnen, herbeiwünschen;* etwas heiß ~ □ **ansiar; almejar**; endlich kam der ersehnte Augenblick; das ersehnte Ziel; der ersehnte Brief □ **ansiado; almejado**

er|set|zen ⟨V. 500⟩ **1** *jmdn. od. etwas* ~ *an die Stelle einer Person od. Sache treten u. deren Funktion übernehmen;* automatisierte Produktion ersetzt heute häufig Arbeitskräfte; sie ersetzt ihm die Mutter; Wanderungen in die Umgebung müssen mir in diesem Jahr den Urlaubsreise ~ □ **substituir** 1.1 *an die Stelle einer Person od. Sache setzen u. deren Funktion übernehmen lassen;* ich möchte die schweren, alten Sessel durch eine leichte, moderne Polstergarnitur ~ □ **substituir; trocar 2** *etwas* ~ *erstatten, wiedergeben, ausgleichen;* er kann sich die Auslagen, Kosten von der Firma ~ lassen; die Versicherung wird mir den Verlust ~; der Schaden ist nicht zu ~ □ **reembolsar; indenizar**

er|spä|hen ⟨V. 500/Vr 8⟩ **1** ⟨Vr 8⟩ *jmdn. od. etwas* ~ *durch scharfes Hinschauen erblicken;* ein Wild ~; er hat ein Flugzeug in der Ferne erspäht □ **avistar; divisar 2** *etwas* ~ ⟨fig.⟩ *durch scharfes Aufpassen erkennen;* einen Vorteil ~; sie erspähte eine neue Möglichkeit □ **divisar; perceber**

er|spa|ren ⟨V. 500⟩ **1** *etwas* ~ *durch Sparen zusammenbringen;* sich Geld, 1 000 Euro, eine Rücklage ~; er hat 10.000 Euro erspartes Geld auf der Bank □ **economizar 2** ⟨530⟩ *jmdm. etwas* ~ *jmdn. mit etwas verschonen;* ich will dir die Schilderung der Krankheit ~; ihm bleibt aber auch nichts erspart!; der Anblick soll dir erspart bleiben **3** ⟨530/Vr 1⟩ *sich etwas* ~ *etwas vermeiden, unterlassen;* diesen Ärger, diese Enttäuschung hättest du dir ~ können ~ □ **poupar(-se)**

Er|spar|nis ⟨f.; -, -se od. österr. a. n.; -ses, -se⟩ **1** ⟨meist Pl.⟩ *durch Sparen zusammengebrachte Summe, erspartes Geld;* seine gesamten ~se steckte er in Aktien und Fonds □ **economia(s) 2** ⟨unz.⟩ *Einsparung, Minderverbrauch;* ~ an Zeit, Kraft, Energie □ **economia**

er|sprie|ßen ⟨V. 252/400(s.); geh.⟩ **1** *Blüten, Knospen* ~ *sprießen, wachsen hervor* □ **brotar; germinar** 1.1 ⟨fig.⟩ *hervorbringen* □ **produzir; gerar;** daraus erspross nichts Gutes □ **isso não vai dar coisa boa* **2** *Pflanzen* ~ *gedeihen* □ **vingar**

er|sprieß|lich ⟨Adj.; geh.⟩ *vorteilhaft, günstig, nutzbringend;* eine ~e Beschäftigung; dieser Anblick ist nicht ~; das ist wenig ~! □ **vantajoso; proveitoso; útil**

erst ⟨Adv.⟩ **1** *zuerst, zu Beginn einer zeitlichen Abfolge;* ~ die Arbeit und dann das Vergnügen ⟨Sprichw.⟩; ~ komme ich an die Reihe □ **primeiro** 1.1 *bevor etwas bestimmtes anderes, das sich aus dem Zusammenhang ergibt, geschieht, zuvor;* du musst ihn ~ einmal richtig kennenlernen; du musst ihn ~ einmal spielen hören; das braucht nicht ~ bewiesen zu werden; ich brauche wohl nicht ~ zu betonen, dass ... □ **primeiro; antes 2** *nicht (wie erwartet) früher als ..., nicht zu einem früheren Zeitpunkt, sondern ...;* er kommt ~ am Sonntag; er kam ~, als sein Vater bereits tot war; ich komme ~ dann, wenn ...; ~ jetzt verstehe ich ihn ganz; ich kann ~ morgen kommen; ich erfuhr es ~ spät; ich bin eben ~ zurückgekommen; ~ gestern habe ich ihn getroffen, ihn angerufen; ich habe mich ~ kürzlich dazu entschlossen 2.1 *nicht (wie erwartet) später als ...;* es ist ~ 7 Uhr □ **só 2.2** *nicht (wie erwartet) mehr als ...;* wir haben ~ die Hälfte der Strecke hinter uns; er ist ~ 10 Jahre alt; ich bin ~ eine Stunde hier; wir sind ~ zwei Stunden unterwegs □ **só; não mais do que/de 3** *wenn jmd.* ~ ... *wenn es soweit sein wird, dass jmd. ...;* wenn du ~ einmal in mein Alter kommst ...; wenn er dein Vertrauen missbraucht hat?; wenn er ~ abgereist ist, dann ... □ Ø 3.1 *wenn jmd. nur* ~ ... *wäre! wenn es nur schon so weit wäre, dass jmd. ... wäre;* wär' ich nur ~ wieder zu Hause!; wenn er nur ~ fort wäre! □ **se ao menos...!* **4** ⟨verstärkend⟩ *gar, nun gar, noch in ge-*

steigertem Maße; und ich ~! ⟨zustimmend⟩ ◻ ***e eu mais ainda!** 4.1 nun ging es ~ richtig los *das Vorangegangene war nichts im Vergleich zu dem, was nun folgte* ◻ ***então começou para valer/de verdade** 4.2 und wenn du das ~ hörst! *u. wenn du das gehört haben wirst, wirst du noch mehr beeindruckt sein* ◻ ***quando você ouvir então, aí é que vai cair para trás!** 5 (jmd. tut etwas) jetzt, nun ~ recht *jmd. lässt sich nicht, wie es zu erwarten wäre, von etwas abhalten, sondern tut es den Umständen od. einer Person zum Trotz* ◻ ***com maior razão; agora mais ainda** 5.1 jetzt, nun ~ recht *trotzdem, nun gerade* ◻ ***agora mais ainda; mais do que nunca** 5.2 jetzt, nun ~ recht nicht *nun gerade nicht, dir zum Trotz nicht* ◻ ***agora menos ainda** 5.3 so geht es ~ recht nicht *so geht es noch viel weniger* ◻ ***agora é que não vai dar mesmo**

er|star|ken ⟨V. 400(s.)⟩ *stark werden;* nach der Krankheit erstarkte er, sein Körper; sein Widerstand, seine Freundschaft erstarkte ⟨fig.⟩ ◻ **fortalecer-se; reforçar-se**

er|star|ren ⟨V. 400(s.)⟩ 1 eine Flüssigkeit erstarrt *geht in den festen Aggregatzustand über, wird starr* ◻ **solidificar-se**; der See war zu Eis erstarrt; das Blut erstarrte ihm in den Adern vor Furcht, Grauen ⟨fig.⟩ ◻ **congelar(-se)**, zu Stein ~ ⟨fig.⟩ ◻ ***petrificar-se** 2 ⟨405⟩ etwas erstarrt (zu etwas) ⟨fig.; geh.⟩ *wird zu einer Sache, die nicht mehr mit Leben erfüllt ist;* seine Kunst erstarrt zu reiner Routine ◻ **reduzir-se** 3 (vor Kälte) steif, unbeweglich werden; trotz der Handschuhe sind meine Finger ganz erstarrt ◻ **enregelar(-se)** 4 *plötzlich eine starre Haltung annehmen;* wir erstarrten bei diesem furchtbaren Anblick; vor Entsetzen, Schreck ~; er stand wie erstarrt ◻ **ficar paralisado/petrificado**

er|stat|ten ⟨V. 500⟩ 1 ⟨503/Vr 6⟩ (jmdm.) etwas ~ *zurückgeben, bezahlen, ersetzen, entschädigen;* jmdm. die Auslagen, den Betrag, die Fahrtkosten ~; alle Unkosten werden erstattet ◻ **reembolsar; restituir** 2 ⟨Funktionsverb⟩ etwas ~ *geben, machen;* einen Bericht über etwas ~, eine Anzeige gegen jmdn. ~; Meldung ~; Bericht ~ über ◻ **fazer; apresentar**

er|stau|nen ⟨V.⟩ 1 ⟨500/Vr 8⟩ jmdn. ~ *in Staunen versetzen;* er erstaunte mich durch seine Kenntnisse ◻ **surpreender** 2 ⟨405(s.)⟩ (über etwas) ~ *in Staunen geraten, sich sehr wundern;* ich bin erstaunt über sein Wissen ◻ **ficar surpreso/admirado**

er|staun|lich ⟨Adj.⟩ 1 *Staunen erregend, verwunderlich, merkwürdig, bewundernswert;* ~ viele waren gekommen; eine ~e Leistung; ein ~er Vorfall; Erstaunliches leisten, vollbringen; es ist ~, wie er das geschafft hat; es ist doch recht ~, dass ... ◻ **surprendente; espantoso** 2 *sehr groß;* eine ~e Geschwindigkeit, Höhe ◻ **extraordinário** 2.1 ⟨50; verstärkend⟩ *sehr;* sie sieht ~ jung aus; er ist ~ schlank geworden; er hat ~ lange Beine ◻ **muito; extraordinariamente**

erst|bes|te(r, -s) ⟨Adj. 24/60⟩ *der, die, das erste Beste, das einem zufällig begegnet, in die Hände fällt, sich als Erstes, als Nächstes bietend;* bei der ~n Gelegenheit; das ~ Hemd habe ich gekauft; nimm nicht gleich das Erstbeste! ◻ **primeiro; o primeiro que vier/aparecer**

ers|te(r, -s) ⟨Numerale 24; Zeichen: 1.⟩ 1 ⟨Ordinalzahl von⟩ *eins;* wir wohnen im ~n Stock; das ~ Bild wurde später übermalt; die ~ Fassung (eines Werkes); er war unser ~r Vorsitzender; sein ~r Auftritt im Ausland; der ~ und wichtigste Schritt in dieser Angelegenheit; Wilhelm der Erste (als Titel); der Erste Weltkrieg; das ~ Mal; beim ~n Mal; zum ~n Mal; zum Ersten, Zweiten, Dritten (bei Versteigerungen); in den ~n Tagen des Monats; wir kommen am ~n Juni; der Erste des Monats; zum Ersten (des Monats) kündigen; am Ersten (des Monats) die Miete zahlen; vom nächsten Ersten an die Miete erhöhen; der ~ Mai (Datum), der Erste Mai (Feiertag); der, die, das Erste (in der Reihenfolge); er war der Erste, der mich warnte ◻ **primeiro**; das ist das Erste, was ich höre; das Erste, was ihm einfiel ◻ **a primeira coisa**; ich hörte als Erster davon; als Erster durchs Ziel gehen; als Erstes die Abrechnung machen ◻ **(ser) o primeiro a** 2 *den Anfang einer räumlichen od. zeitlichen Reihenfolge bildend* 2.1 das Erste und das Letzte *Anfang u. Ende* 2.2 du musst den ~n Schritt zur Versöhnung tun *du musst zuerst die Bereitschaft zur V. erkennen lassen* ◻ **primeiro** 2.3 die ~ beste Gelegenheit nutzen *die zunächst sich bietende G.* ◻ ***aproveitar a primeira oportunidade** 2.4 fürs Erste *für den Anfang, zunächst;* fürs Erste soll es genug sein ◻ ***para começar; por ora** 2.5 Erste/erste Hilfe *sofortige behelfsmäßige Maßnahmen bei Unglücksfällen;* Erste/erste Hilfe leisten ◻ ***primeiros socorros** 2.6 die ~n Menschen ⟨AT⟩ *Adam u. Eva* ◻ ***os primeiros seres humanos** 3 *die Spitze eines Ranges bildend;* eine Ware von ~r Güte, Qualität; wir saßen im ~n Rang; die ~n beiden Schüler (einer Klasse), die beiden ~n Schüler (zweier Klassen); der, die Erste (dem Rang nach); lieber der Erste hier als der Zweite in Rom (Plutarch); die Ersten unter Gleichen; die Ersten werden die Letzten sein; er ist der (sie ist die) Erste in unserer Klasse; Erstes Deutsches Fernsehen; der Erste Staatsanwalt; der Erste Geiger; Erster Vorsitzender; erster Klasse fahren ◻ **primeiro** 3.1 in ~r Linie *vor allem* ◻ ***em primeiro lugar** 3.2 die ~ Geige spielen ⟨fig.⟩ *tonangebend sein, viel zu sagen haben* ◻ ***desempenhar o papel principal; dar o tom** 3.3 erster Offizier (Abk.: I. O.) *nach dem Kommandanten ranghöchster Offizier an Bord von Schiffen* ◻ ***imediato** 3.4 das ~ Haus am Platze *das beste Haus (Geschäft, Hotel usw.) hier* ◻ **melhor** 3.5 Erster von hinten ⟨scherzh.⟩ *Letzter* ◻ ***o último** 4 ⟨Getrennt- u. Zusammenschreibung⟩ 4.1 ~ mal = **erstmal**

er|ste|hen ⟨V. 256⟩ 1 ⟨400(s.); geh.⟩ *aufstehen, wieder aufleben, von neuem entstehen;* Christus ist vom Tode, Grabe erstanden ⟨Rel.⟩; ein neues Leben erstand aus den Ruinen ◻ **ressuscitar; renascer** 2 ⟨403 od. 405(s.); geh.⟩ etwas ersteht (jmdm. aus etwas) *etwas entsteht* ◻ ***causar/dar (alguma coisa a alguém)**; daraus werden (uns) nur Schwierigkeiten ~ ◻ ***isso só**

vai (nos) causar dificuldades 3 ⟨500⟩ **etwas** ~ *kaufen, erwerben;* sie hat gute Plätze für die Theatervorstellung erstanden; ich erstand billig ein Paar Schuhe □ **comprar; adquirir**

Ers|te-Hil|fe-Lehr|gang ⟨m.; -s, -gän|ge⟩ *Lehrgang zum Erlernen der ersten Hilfe,* → *erste(r, -s)(2.5)* □ **curso de primeiros socorros**

ers|tens ⟨Adv.⟩ *als Erstes, zum Ersten;* ~ möchte ich sagen ... □ **em primeiro lugar**

ers|te|re(r, -s), ⟨Numerale 24⟩ Ggs *letztere(r, -s)* **1** *der, die, das von zweien zuerst Erwähnte;* in der ~n Bedeutung; der Erstere war mir bekannt; von den beiden Sommerkleidern hat mir Ersteres besser gefallen □ **primeiro 1.1** Ersterer – Letzterer *dieser od. jener, der eine od. der andere* □ **este... aquele...**

er|sti|cken ⟨V.⟩ **1** ⟨400⟩ *durch Luft-, Sauerstoffmangel sterben;* er ist durch Gase erstickt □ **morrer asfixiado/sufocado;** ich bin vor Lachen fast erstickt □ **quase morri de tanto rir;* die Luft im Abteil war zum Ersticken □ **o ar no compartimento estava sufocante;* es ist zum Ersticken heiß □ **está muito abafado;* der Zug war zum Ersticken voll □ **o trem estava lotado* **1.1** ⟨410⟩ er erstickt (bald) im Geld ⟨fig.; umg.⟩ *er ist sehr reich* □ **ele é podre de rico* **1.2** ⟨410⟩ er erstickt noch in der Arbeit ⟨fig.; umg.⟩ *er ist schwer überlastet* □ **ele está atolado de trabalho* **1.3** ⟨fig.⟩ *vergehen, untergehen;* das Gute in ihm erstickt allmählich □ **declinar; perecer 2** ⟨500⟩ **jmdn.** *od.* **etwas** ~ *jmdm. od. etwas Luft, Sauerstoff entziehen u. dadurch töten;* jmdn. durch Erdrosseln, Knebelung ~ □ **estrangular; sufocar 2.1 jmdn.** ~ *am Atmen hindern u. dadurch töten;* jmdn. durch Erdrosseln, Knebelung ~ □ **estrangular; sufocar 2.1.1** Tränen ~ jmds. **Stimme** *beeinträchtigen jmds. S. durch Luftmangel;* die Tränen erstickten seine Stimme; eine von Tränen erstickte Stimme □ **sufocar; embargar 2.2** Feuer ~ *ausmachen, löschen;* ein Zimmerbrand mit Decken ~ □ **apagar; extinguir 2.3 etwas** ~ ⟨fig.⟩ *unterdrücken;* einen Aufruhr, eine Gefahr im Keim ~ □ **cortar uma revolta/um perigo pela raiz;* eine Klage, einen Seufzer ~ □ **reprimir**

erst|klas|sig ⟨Adj.⟩ *von erster Güte, ausgezeichnet;* ~e Verpflegung; ein ~es Hotel; das Kleid ist ~ gearbeitet □ **de primeira qualidade; esplêndido**

erst|mal *auch:* **erst mal** ⟨Adv.; umg.⟩ *zuerst einmal;* am Wochenende werden wir ~ ausschlafen □ **primeiro**

erst|mals ⟨Adv.⟩ *zum ersten Mal* □ **pela primeira vez**

er|stre|ben ⟨V. 500⟩ **etwas** ~ ⟨geh.⟩ *nach etwas streben, etwas zu erlangen, erreichen suchen;* er erstrebt sein Recht, Ziel □ **aspirar; ambicionar**

er|stre|cken ⟨V. 500⟩ **1** ⟨510/Vr 3⟩ **etwas erstreckt sich** *dehnt sich räumlich od. zeitlich aus;* die Untersuchungen ~ sich auf einen Zeitraum von fünf Jahren, über fünf Jahre; das Weideland erstreckt sich bis zum Flussufer, über die Ortsgrenze hinaus □ **estender-se 2** ⟨550/Vr 3⟩ **eine Sache erstreckt sich auf jmdn.** *od.* **etwas** ⟨fig.⟩ *betrifft jmdn. od. etwas;* die Maßnahmen ~ sich auf ...; diese Verordnung erstreckt sich auf Touristen □ **referir-se; dizer respeito a**

er|su|chen ⟨V. 580 *od.* 550⟩ **jmdn. um etwas** ~ *förmlich bitten, auffordern;* ich ersuche Sie dringend, zu ...;

ich ersuche Sie (darum), sich recht bald zu entscheiden; jmdn. um Antwort, eine Auskunft, Geduld, Ruhe ~ □ **solicitar; requerer**

er|tap|pen ⟨V. 505⟩ **1** ⟨Vr 8⟩ **jmdn.** ~ *erwischen, bei heimlichem, unrechtem Tun überraschen;* jmdn. beim Lügen, bei einer Nachlässigkeit, beim Stehlen ~; hat man dich dabei ertappt?; lass dich nicht ~ □ **surpreender; flagrar;** jmdn. auf frischer Tat ~ □ **apanhar alguém em flagrante* **2** ⟨505/Vr 3⟩ **sich (bei etwas)** ~ *plötzlich feststellen, dass man etwas (Unrechtes) tut od. denkt;* ich ertappte mich bei dem Gedanken, Wunsch, bei einer Nachlässigkeit □ **surpreender-se (com alguma coisa)*

er|tei|len ⟨V. 503/Vr 5 *od.* Vr 6⟩ **1 (jmdm.) etwas** ~ *zukommen lassen, zuteilwerden lassen;* der Papst erteilte der Pilgergruppe eine Audienz □ **conceder;** jmdm. einen Auftrag, Anweisungen, einen Befehl, eine Vollmacht ~; (die) Prokura ~ □ **dar; passar;** Unterricht ~ in ... ; Befehl ~, auf Eindringliche zu schießen; die Erlaubnis zum Baden ~ □ **dar;** jmdm. ein Lob, eine Rüge, einen Tadel, Verweis ~ □ **fazer;** eine Auskunft, einen Rat ~ □ **dar;** jmdm. in einer Diskussion das Wort ~ □ **passar 1.1** jmdm. eine Lektion ~ ⟨fig.; umg.⟩ □ **dar uma lição em alguém* **1.1.1** *jmdn. scharf zurechtweisen* □ **repreender; admoestar 1.1.2** *sich an jmdm. rächen* □ **vingar-se**

er|tö|nen ⟨V. 400(s.)⟩ **etwas** ertönt *tönt plötzlich, beginnt zu tönen, erklingt, erschallt;* eine Stimme, Glocke ertönt; plötzlich ertönte laute Musik □ **ressoar; repicar; fazer-se ouvir**

Er|trag ⟨m.; -(e)s, -trä|ge⟩ **1** *Menge der erzeugten Produkte (bes. in der Landwirtschaft);* Boden~, Ernte~, Hektar~, Milch~; die Erträge des Bodens, der Felder; das Feld liefert, bringt geringe, gute, hohe, reiche Erträge □ **produto; rendimento 2** *Gewinn, erzielter finanzieller Nutzen;* der ~ seiner Arbeit, ~ abwerfen, bringen, geben, liefern, erzielen; er hat sein Kapital gut angelegt, so dass es reichen ~ abwirft; er lebt gut vom ~ seiner Bücher □ **lucro; rendimento**

er|tra|gen ⟨V. 265/500/Vr 8⟩ **1** *etwas Unangenehmes* ~ *aushalten, erdulden, erleiden;* das ist kaum zu ~!; man muss viel ~ können; dieser Anblick ist nicht zu ~; sein Leiden, seine Schmerzen geduldig ~; ich kann deine schlechte Laune nicht länger ~ □ **suportar; tolerar 2 jmdn.** ~ *in seiner Nähe dulden, obwohl man unter seinem Verhalten leidet;* dieser Mensch ist schwer zu ~ □ **aguentar**

er|träg|lich ⟨Adj.⟩ **1** *so geartet, dass es sich noch ertragen lässt;* die Schmerzen waren noch ~; die Hitze ist nicht mehr ~ □ **suportável; tolerável 2** *mittelmäßig, nicht besonders gut;* es ging ihm ~; ein ~es Leben □ **razoável; mais ou menos**

er|trän|ken ⟨V. 500⟩ **1** *ein Lebewesen* ~ *dadurch töten, dass man es ins Wasser wirft od. im Wasser untertaucht;* er hat es nicht übers Herz bringen können, die jungen Katzen zu ~ **1.1** ⟨Vr 3⟩ sich ~ *sich durch Ertrinken das Leben nehmen* □ **afogar(-se) 2** seinen Kummer, seine Sorgen **in, im Alkohol** ~ ⟨fig.; umg.⟩ *durch übermäßigen Alkoholgenuss zu vergessen suchen* □ **afogar as mágoas no álcool* er|träu|men ⟨V. 530/Vr 1⟩ sich jmdn. od. etwas ~ in Träumen herbeiwünschen, sehnsüchtig wünschen; das habe ich mir schon seit langem erträumt □ *sonhar com/idealizar alguém ou alguma coisa

er|trin|ken ⟨V. 270/400(s.)⟩ im Wasser (durch Eindringen des Wassers in die Lunge) ums Leben kommen; er ist im Meer ertrunken □ afogar-se; morrer afogado; Tod durch Ertrinken □ afogamento

er|trot|zen ⟨V. 503/Vr 1⟩ (sich) etwas ~ ⟨geh.⟩ durch Trotz, Starrsinn erlangen □ obter por obstinação; sie hat sich die Erlaubnis ertrotzt □ *tanto fez que conseguiu a permissão

er|tüch|ti|gen ⟨V. 500/Vr 7⟩ jmdn., sich ~ körperlich kräftig, leistungsfähig machen □ treinar; preparar(-se)

er|üb|ri|gen ⟨V. 500⟩ 1 etwas ~ ⟨selten⟩ ersparen, durch Sparsamkeit gewinnen; Geld, Vorräte ~ □ economizar; amealhar 1.1 ⟨550⟩ Zeit für jmdn. od. etwas ~ Zeit haben; die Zeit ~, um zu ...; ich kann dafür keine Zeit ~ □ *ter/arranjar tempo para alguém ou alguma coisa 2 ⟨Vr 3⟩ etwas erübrigt sich etwas ist unnötig, überflüssig; das erübrigt sich; jedes weitere Wort erübrigt sich; es erübrigt sich, näher darauf einzugehen □ ser dispensável/desnecessário

Erup|ti|on ⟨f.; -, -en⟩ 1 ⟨Geol., Astron.⟩ Ausbruch; ~ von Magma aus Vulkanen, von Gas auf der Sonne □ erupção 2 ⟨Med.⟩ 2.1 plötzliches Auftreten eines Hautausschlags 2.2 plötzlich auftretender Hautausschlag □ erupção cutânea; exantema 3 Erbrechen □ erupção

er|wa|chen ⟨V. 400(s.)⟩ 1 aufwachen, wach werden, zu Bewusstsein kommen; aus der Narkose, einer Ohnmacht ~; vom Schlaf ~ 1.1 ⟨410⟩ zum Leben ~ sich des Lebens u. seiner Forderungen bewusst werden; er ist noch nicht zum Leben erwacht □ despertar; acordar 2 etwas erwacht ⟨fig.⟩ beginnt sich zu regen; sein Argwohn, Misstrauen erwachte; Erinnerungen erwachten in mir; endlich ist sein Gewissen erwacht; wenn der Morgen, der Tag erwacht ⟨poet.⟩; der Frühling beginnt zu ~ ⟨poet.⟩ □ despertar; despontar

er|wach|sen¹ ⟨[-ks-] V. 277(s.)⟩ 1 ⟨400 od. 405⟩ etwas erwächst (aus etwas) etwas entsteht allmählich aus etwas; daraus kann kein Vorteil ~; ein Gerücht erwächst schnell □ resultar; provir; die daraus ~den Unkosten; daraus ~der Segen □ resultante 2 ⟨650⟩ etwas erwächst jmdm. od. einer Sache aus etwas etwas ergibt sich für jmdn. od. etwas, etwas hat etwas zur Folge; daraus erwuchs ihm großes Leid; es werden uns nur Unannehmlichkeiten daraus ~; dem Staat ~ dadurch hohe Ausgaben □ resultar; provir

er|wach|sen² ⟨[-ks-] Adj.⟩ 1 ⟨Part. Perf. von⟩ erwachsen¹ 2 ⟨Adj. 70⟩ der Kindheit entwachsen, volljährig; ein ~er Mensch; du bist nun ~; er wird allmählich ~ □ adulto

Er|wach|se|ne(r) ⟨[-ks-] f. 2 (m. 1)⟩ erwachsener (volljähriger) Mensch; Kinder u. ~; Eintritt nur für ~ □ adulto

Er|wach|se|nen|bil|dung ⟨[-ks-] f.; -; unz.⟩ Vermittlung von Bildung u. Wissen an Erwachsene (in Abendkursen o. Ä.) □ formação de adultos

er|wä|gen ⟨V. 278/500⟩ etwas ~ überlegen, bedenken, prüfen, gegeneinander abwägen, in Betracht ziehen; das könnte man ~; alle Möglichkeiten, einen Plan reiflich ~ □ ponderar; considerar

Er|wä|gung ⟨f.; -, -en⟩ 1 Überlegung, Prüfung, das Schwanken zwischen den Möglichkeiten; ~en darüber anstellen, ob ...; aus folgenden ~en (heraus) habe ich mich dazu entschlossen, dass ...; nach langer, reiflicher ~ □ ponderação; consideração 1.1 etwas in ~ ziehen etwas erwägen □ *levar alguma coisa em consideração

er|wäh|nen ⟨V. 500/Vr 8⟩ jmdn. od. etwas ~ (in einem größeren Zusammenhang) über jmdn. od. etwas kurz etwas sagen, jmdn. od. etwas beiläufig nennen; davon ist nichts erwähnt worden; habe ich das nicht erwähnt?; er hat es nur nebenbei erwähnt; jmdn. namentlich ~; hat sie es nicht neulich erwähnt?; du wurdest nicht erwähnt; ich vergaß zu ~, dass ...; wie oben erwähnt □ mencionar; citar

er|wär|men ⟨V. 500⟩ 1 ⟨500/Vr 7 od. Vr 8⟩ etwas ~ warmmachen; die Heizung, der Ofen erwärmt das Zimmer; die Sonne erwärmt die Erde, die Luft, das Wasser; ihr Lächeln erwärmte ihm das Herz ⟨fig.⟩ □ aquecer; esquentar 2 ⟨Vr 3⟩ sich ~ warm werden; das Meer erwärmt sich nur langsam; die Luft hat sich allmählich erwärmt □ *aquecer-se 3 ⟨550/Vr 3⟩ sich für jmdn. od. etwas ~ ⟨fig.; umg.⟩ sich für jmdn. od. etwas begeistern, an jmdm. od. einer Sache Gefallen finden; dafür kann ich mich nicht ~; ich kann mich für sie nicht ~; ich kann mich für diesen Gedanken, diese Idee nicht ~ □ *animar-se/entusiasmar-se com alguém ou alguma coisa

er|war|ten ⟨V. 500⟩ 1 ⟨Vr 8⟩ jmdn. od. etwas ~ auf jmds. Kommen od. auf das Eintreffen einer Sache warten; wir ~ dich sehnsüchtig; er erwartete sie am Bahnhof; wir ~ heute Abend Besuch, Gäste; der erwartete Brief kam nicht an 1.1 ein Baby, ein Kind ~ schwanger sein 1.2 etwas ~ können bis zum Eintreffen einer Sache warten, solange warten, abwarten können; ich kann die Ferien, unser Wiedersehen, das Wochenende kaum ~; ich kann es kaum ~, ihn zu sehen; du wirst es wohl noch ~ können! 2 etwas ~ mit etwas rechnen, etwas annehmen; von ihm ist nicht viel Gutes zu ~; von ihm darf man noch viel ~; ich habe es nicht anders erwartet; das habe ich allerdings nicht erwartet! □ esperar; es ist über (alles) Erwarten gutgegangen; wider (alles) Erwarten bestand sie die Prüfung □ expectativa 2.1 ⟨505⟩ (von jmdm.) ~, dass ... damit rechnen, dass (jmd.) ...; ich erwarte von dir, dass du ...; es wird allgemein erwartet, dass ...; es steht zu ~, dass ... □ esperar

Er|war|tung ⟨f.; -, -en⟩ 1 ⟨unz.⟩ das Warten auf jmdn. od. etwas; in ~ eines Ereignisses; erregte, freudige, gespannte ~ □ espera 1.1 Spannung in Bezug auf ein erwartetes Ereignis; alle sind voller ~ 2 ⟨zählb.⟩ vorweggenommene Vorstellung; der ~ entsprechen; die ~en befriedigen, enttäuschen, erfüllen, übertreffen; er hat die auf, in ihn gesetzten ~en enttäuscht; bestimmte ~en an etwas knüpfen; ich sehe mich in meinen ~en getäuscht; zu großen ~en berechtigen □ **expectativa** 2.1 *zuversichtliche Annahme;* wir grüßen Sie in der ~, dass ... (Höflichkeitsfloskel); der ~ Ausdruck geben, verleihen □ **esperança**

er|we|cken ⟨V. 500⟩ **1** jmdn. od. etwas ~ *wachmachen, aufwecken;* jmdn. vom tiefen Schlaf ~ □ **despertar; acordar** 1.1 ⟨Rel.⟩ *beleben, ins Leben zurückrufen;* zum Leben ~; vom Tode ~ □ **despertar; ressuscitar 2** etwas ~ ⟨fig.⟩ *erregen, hervorrufen;* den Anschein ~, als ob ...; Argwohn, Freude, Furcht, Mitleid, Zweifel ~; Erinnerungen in jmdm. ~ □ **despertar; evocar**

er|weh|ren ⟨V. 540⟩ **sich** einer **Sache** od. **jmds.** ~ ⟨geh.⟩ *eine S. od. jmdn. abwehren, fernhalten, sich dagegen zur Wehr setzen;* ich kann mich seiner, der Angreifer nicht ~; ich kann mich der Aufdringlichkeit dieser Person kaum ~ □ **defender-se; precaver-se;** ich kann mich des Eindrucks nicht ~, dass ...; ich konnte mich des Lachens, der Tränen kaum ~ □ **conter; reprimir**

er|wei|chen ⟨V.⟩ **1** ⟨500⟩ etwas ~ *weich machen;* die Sonne hat das Wachs erweicht; ein Fell ~ □ **amolecer; amaciar** 1.1 ~de Mittel ⟨Pharm.⟩ *M., die die Haut aufweichen u. geschmeidig machen sollen;* zu den ~den Mitteln zählen Fette, Glyzerin, Seife, warme Bäder u. Umschläge □ *emolientes 1.2 etwas od. jmdn. ~ ⟨fig.⟩ *milde stimmen, rühren, überreden, nachgiebig machen;* jmds. Herz, Stolz ~; durch Bitten habe ich mich schließlich ~ lassen □ **amolecer; comover 2** ⟨400(s.)⟩ etwas erweicht *wird weich;* dieser Kunststoff erweicht bei steigender Temperatur; Linsen ~ in Wasser □ **amolecer 3** ⟨400(s.); fig.⟩ *milder, nachgiebiger werden;* durch ihre Tränen erweichte er □ **amolecer; ceder**

er|wei|sen ⟨V. 282⟩ **1** ⟨500⟩ etwas ~ ⟨geh.⟩ *den Beweis für etwas liefern, nachweisen;* es ist erwiesen □ **provar; demonstrar 2** ⟨518/Vr 3⟩ sich (**als** etwas od. **jmd.**) ~ *sich (als etwas od. jmd.) zeigen, herausstellen;* es hat sich erwiesen, dass ...; es erwies sich als ein Fehler, Irrtum; sie hat sich als eine zuverlässige Freundin, tüchtige Hilfe erwiesen; er hat sich mir gegenüber stets dankbar erwiesen; die Nachricht hat sich als falsch, wahr erwiesen; sich als nützlich, richtig, unbegründet, vergeblich ~ □ **mostrar-se; dar provas de 3** ⟨530⟩ **jmdm.** etwas ~ *zuteilwerden lassen;* jmdm. einen Dienst, eine Gunst, Gutes, Wohltaten ~; jmdm. eine Gnade ~; bitte, ~ Sie mir den Gefallen, das Vergnügen, zu ...; für die erwiesene Anteilnahme danken □ **prestar; fazer**

er|wei|tern ⟨V. 500⟩ **1** etwas ~ *in seinem Umfang, seiner Ausdehnung vergrößern, weiter machen;* Koffein erweitert die Blutgefäße □ **dilatar;** das Hauptgebäude wurde noch bis zur Straße erweitert; jmds. Befugnisse, Geschäftsbereich ~; das Programm wurde noch erweitert □ **ampliar;** ein Wort im erweiterten Sinn gebrauchen □ **amplo** 1.1 seinen Horizont ~ ⟨fig.⟩ *sein geistiges Blickfeld, sein Wissen vergrößern* □ **ampliar** 1.2 einen Bruch ~ ⟨Math.⟩ *Zähler u. Nenner eines Bruches mit derselben Zahl multiplizieren* □ *multiplicar os termos de uma fração pelo mesmo número* 1.3 erweiterter **Satz** ⟨Gramm.⟩ *außer Subjekt u. Prädikat noch weitere Satzteile enthaltender S.* □ *predicativo; complemento 1.4 erweiterte **Oberschule** ⟨DDR⟩ *mit dem Abitur nach der 12. Klasse abschließende Oberschule* □ *extensão do ensino médio superior 2 ⟨Vr 3⟩ etwas erweitert sich *wird weiter, dehnt sich aus* □ **dilatar-se; ampliar-se;** erweiterte Pupillen □ **dilatado**

er|wer|ben ⟨V. 284/500⟩ **1** etwas ~ *in seinen Besitz bringen, für sich gewinnen, erlangen;* ein Haus käuflich ~ □ **adquirir; comprar** 1.1 (durch Arbeit) *verdienen;* seinen Lebensunterhalt durch Klavierunterricht ~ □ **ganhar** 1.2 *durch Verhandlungen, Kauf erlangen;* die Filmgesellschaft erwarb die Rechte zur Verfilmung dieses Romans □ **adquirir; comprar 2** ⟨503/Vr 1⟩ (**sich**) etwas ~ 2.1 *durch Bemühung, Erfüllung der Voraussetzungen erlangen;* sich die Achtung, Anerkennung, das Vertrauen seines Vorgesetzten ~ 2.2 *durch Lernen aneignen;* er hat sich große Fertigkeiten auf diesem Gebiet erworben □ **conquistar**

er|werbs|los ⟨Adj. 24⟩ = *arbeitslos*

er|wi|dern ⟨V.⟩ **1** ⟨402⟩ etwas ~ *antworten, entgegnen;* „Ja", erwiderte er; er erwiderte, dass ...; auf seine Frage erwiderte sie ausführlich, ausweichend, freundlich, höflich, kurz, heftig, ungeduldig, dass ...; was soll man darauf ~? □ **responder; replicar 2** ⟨500⟩ etwas ~ *auf etwas in gleicher Weise reagieren;* einen Besuch, eine Gefälligkeit, jmds. Gefühle, Grüße, Wohltaten ~; ihre Liebe wurde nicht erwidert □ **retribuir; corresponder** 2.1 das Feuer ~ ⟨Mil.⟩ *zurückschießen* □ **responder** 2.2 ⟨516⟩ etwas mit etwas ~ *vergelten;* Böses mit Gutem ~ □ **pagar; retribuir**

er|wir|ken ⟨V. 500⟩ etwas ~ *erreichen, durch Bemühung, Bitten, Bitten, Fürsprache erlangen, veranlassen;* einen Aufschub, die Erlaubnis, eine Zahlung ~; jmds. Entlassung, Bestrafung ~ □ **obter; conseguir**

er|wi|schen ⟨V. 500; umg.⟩ **1** jmdn. ~ *bei heimlichem od. verbotenem Tun überraschen, ertappen;* du darfst dich nicht ~ lassen!; die Kinder beim Lügen, Naschen ~ □ **flagrar; pegar 2** ⟨511⟩ jmdn. od. etwas ~ *gerade noch zu fassen bekommen, gerade noch ergreifen können;* ich erwischte ihn, als er gerade über den Zaun klettern wollte; jmdn. noch am Kragen, Rockzipfel ~; den Hund am Schwanz ~ 2.1 *(gerade noch) erreichen;* den Bus, Zug gerade noch ~ □ **apanhar; pegar** 2.2 ⟨fig.⟩ *durch Zufall bekommen, erlangen;* im Ausverkauf konnte ich einige preiswerte Stoffe ~ □ **conseguir 3** ⟨unpersönl.⟩ ihn hat's erwischt ⟨umg.⟩ *er ist verletzt, tot, vernichtet, ruiniert, ihm ist etwas Unangenehmes passiert* □ *ele está acabado/arruinado* 3.1 *er ist verrückt geworden* □ *ele ficou louco* 3.2 *er hat sich verliebt* □ *ele está de quatro (por alguém)*

er|wünscht ⟨Adj.⟩ *willkommen, angenehm;* Ihr Anerbieten ist, kommt mir sehr ~ □ *sua oferta me vem bem a calhar;* sein Besuch ist mir nicht ~ □ **bem-vindo, desejável;** jetzt bietet sich mir die ~e Gelegenheit □ **oportuno**

er|wür|gen ⟨V. 500⟩ jmdn. ~ *durch Zuschnüren der Kehle töten, erdrosseln;* er hat seine Frau aus Eifersucht erwürgt □ **estrangular; esganar**

Erz ⟨n.; -es, -e⟩ **1** *Metall enthaltendes Mineral;* ~e aufbereiten, brechen, gewinnen, gießen, läutern, schmelzen, verhütten, waschen ☐ **minério** 1.1 *gediegene ~e Erze, die Metall in nahezu reiner Form enthalten* ☐ ***minério puro 2** ⟨unz.; poet.⟩ *Kupfer, Eisen u. ihre Legierungen* ☐ **bronze; metal** 2.1 *wie aus ~ gegossen dastehen* ⟨fig.⟩ *unbeweglich* ☐ ***ficar parado como estátua**

Erz..., erz... ⟨in Zus.⟩ *sehr groß, besonders;* erzdumm, erzkonservativ, Erzgauner, Erzfeind

er|zäh|len ⟨V. 500⟩ **1** *ein Geschenis, etwas* **Erfundenes** *~ ausführlich, auf unterhaltsame Weise in Worten weitergeben;* ein Erlebnis, Geschichten, Märchen, einen Traum ~; den Hergang, Verlauf von etwas ~; ich habe mir ~ lassen, dass ...; sie kann anschaulich, gut, spannend ~; kannst du mir etwas über ihn ~?; erzähl mir, was du gesehen hast, wie das gekommen ist ☐ **contar; narrar** 1.1 ⟨510⟩ davon kann ich etwas ~ ⟨fig.; umg.⟩ *ich weiß Bescheid, die Sache kenne ich* ☐ **contar; falar** 1.2 ⟨510⟩ er kann von seiner Reise etwas ~ *er hat viel dabei erlebt* ☐ **contar; relatar** 1.3 ⟨530/Vr 6; unpersönl.⟩ man erzählt sich, dass ... *es geht das Gerücht, dass ...* ☐ **contar; dizer** 1.4 *~de* **Dichtung** *D., die in Versen od. Prosa eine abgeschlossene Begebenheit schildert, z. B. Roman, Novelle, Fabel, Märchen;* Sy *epische Dichtung,* → **Dichtung**¹(1) ☐ **narrativo** 1.5 ⟨530⟩ jmdm. etwas ~ ⟨umg.⟩ *weismachen, vortäuschen;* das kannst du anderen ~!; das kannst du deiner Großmutter ~!; erzähl mir doch keine Märchen! ☐ **contar, falar** 1.5.1 mir kannst du nichts, viel ~ ! *ich glaube dir nicht!* ☐ **invente outra!**

Er|zäh|lung ⟨f.; -, -en⟩ **1** ⟨i. w. S.⟩ *Bericht, Beschreibung, Schilderung von wirklichen od. erdachten Begebenheiten;* jmds. ~ mit Interesse zuhören; die ~ ist frei erfunden ☐ **relato; história 2** ⟨i. e. S.⟩ *Form der erzählenden Dichtung, vom Roman durch Begrenzung des Stoffes, von der Novelle durch weniger straffen Aufbau, vom Märchen durch ihre Wirklichkeitsnähe unterscheidet;* die ~ ist gut, schlecht gebaut; eine historische, naturalistische, romantische ~; eine interessante, langweilige, spannende, rührende, unterhaltsame ~ ☐ **conto; narrativa**

Erz|bi|schof ⟨m.; -(e)s, -schö|fe; kath. Kirche⟩ **1** *regierender Bischof einer Kirchenprovinz (Erzdiözese)* **2** *(vom Papst) verliehener Titel eines verdienten regierenden Bischofs* ☐ **arcebispo**

er|zei|gen ⟨V. 500, geh.⟩ **1** ⟨530⟩ jmdm. etwas ~ *erweisen;* jmdm. Gutes, Gerechtigkeit, Vertrauen ~ ☐ **mostrar; dar provas de 2** ⟨513/Vr 3⟩ sich dankbar ~ zeigen ☐ ***mostrar-se grato**

er|zeu|gen ⟨V. 500⟩ **1** etwas ~ *hervorbringen, herstellen, produzieren (bes. landwirtschaftliche Produkte);* mehr Milch, Fleisch, Eier ~ als im Vorjahr; Waren, Maschinen ~; elektrischen Strom, Gas ~ ☐ **produzir; gerar 2** eine Sache ~ ⟨fig.⟩ *entstehen lassen, verursachen, hervorrufen;* die Sonne erzeugt Wärme; Kraft ~; der Roman hat bei den Lesern Langeweile erzeugt; in jmdm. Angst, Misstrauen ~ ☐ **produzir; provocar**

Er|zeug|nis ⟨n.; -ses, -se⟩ **1** *das, was erzeugt worden ist, Ergebnis einer Tätigkeit, Ware;* Sy *Produkt(1);* ein landwirtschaftliches, technisches ~; dieses Gerät ist ein ausländisches ~ ☐ **produto; mercadoria 2** ⟨fig.⟩ *Ergebnis der Arbeit;* ein künstlerisches ~ ☐ **resultado; produto**

er|zie|hen ⟨V. 293/500⟩ **1** ⟨Vr 7 od. Vr 8⟩ jmdn. ~ *geistig, charakterlich u. körperlich formen u. in seiner Entwicklung fördern;* ein Kind gut, schlecht, gar nicht ~; durch Güte, Strenge, gutes Vorbild ~ ☐ **criar, educar**, ein gut, schlecht erzogenes Kind ☐ ***uma criança bem-educada/mal-educada** 1.1 ⟨515⟩ jmdn. zu etwas ~ *jmds. Entwicklung zu etwas fördern;* jmdn. zu einem tatkräftigen Menschen ~ ☐ **criar; educar**

Er|zie|her ⟨m.; -s, -; Berufsbez.⟩ **1** ⟨i. w. S.⟩ *jmd., der einen anderen Menschen erzieht* **2** ⟨i. w. S.⟩ *Lehrer, Pädagoge* 2.1 *ausgebildeter Betreuer von Kindern in Kindergärten, Horten u. Ä.;* Ausbildung zum ~; ein energischer, netter, freundlicher ~ ☐ **educador; professor**

Er|zie|he|rin ⟨f.; -, -rin|nen⟩ *weibl. Erzieher* ☐ **educadora; professora**

Er|zie|hung ⟨f.; -; unz.⟩ **1** *planmäßige u. zielvolle Einwirkung auf junge Menschen, um sie mit all ihren Fähigkeiten und Kräften geistig, charakterlich u. körperlich zu formen u. ihr Verhalten mit den Forderungen der Gesellschaft in Einklang zu bringen;* jmdm. eine gute ~ angedeihen lassen, geben, zuteilwerden lassen; sie vernachlässigt die ~ ihrer Kinder; eine gute, mangelhafte, schlechte, strenge ~ genießen, haben, erhalten; autoritäre, antiautoritäre ~ 1.1 *Förderung von jmds. Entwicklung zu etwas;* ~ zur Höflichkeit, zur Rücksicht auf andere **2** *den Forderungen der Gesellschaft entsprechendes Verhalten, (gutes) Benehmen;* ihm fehlt jede ~; ihm fehlt es an der nötigen ~ 2.1 seine gute ~ vergessen ⟨scherzh.⟩ *sich schlecht benehmen* 2.2 sich auf seine gute ~ besinnen ⟨scherzh.⟩ *sich zu gutem Benehmen aufraffen* ☐ **educação**

er|zie|len ⟨V. 500⟩ **1** etwas ~ *erlangen, erreichen;* er hat große Erfolge, gute Ergebnisse erzielt; das neue Produkt konnte einen guten Preis, einen hohen Gewinn ~; der Zug erzielte eine Höchstgeschwindigkeit von 300 km pro Stunde; eine Einigung über eine strittige Frage ~ ☐ **obter; alcançar** 1.1 ein Tor ~ ⟨Sp.⟩ *(bei einem Schuss auf das Tor) treffen* ☐ ***marcar um gol**

er|zür|nen ⟨V. 500⟩ **1** jmdn. ~ *zornig machen, reizen;* er hat ihn mit seinen Forderungen erzürnt; der erzürnte Vater 1.1 ⟨550/Vr 3⟩ sich über jmdn. od. etwas ~ *zornig werden;* ich habe mich über sein Benehmen erzürnt ☐ **irritar(-se); zangar(-se)**

er|zwin|gen ⟨V. 294/505⟩ etwas (von jmdm.) ~ *durch Zwang, Beharrlichkeit, Drohung, Gewalt erreichen;* er hat die Entscheidung, Einwilligung erzwungen; Liebe lässt sich nicht ~ ☐ **forçar; obrigar**

es¹ ⟨Personalpron.; 3. Person Sg. n.; Gen. sein(er), Dat. ihm, Akk. es⟩ **1** ⟨persönl.⟩ 1.1 ⟨für ein Wort; Pl. sie²⟩; ~ (das Kind) spielt; ich erinnere mich seiner;

ich gab ihm einen Ball; ich sehe ~; ~ (das Tor) ist geschlossen ◻ **ele; ela; o; a** 1.2 ⟨für einen Satzinhalt⟩; er brachte mir die Nachricht, dass der Streit beigelegt sei, doch ~ war mir nicht neu; erzähl doch, was vorgefallen ist! Ja, ~ war so: ...; so war ~ nicht!; schade, dass er nicht gekommen ist, er wird ~ noch bereuen 1.3 ⟨Ersatz für ein Prädikativ⟩; ist Michael dein Freund? Ja, er ist ~ (er ist's/ists) 2 ist er reich? Er ist ~; du bist gesund, ich bin ~ nicht; ist er da? Er ist ~; wer ist ~? Ich bin ~ (Ich bin's/bins) ◻ ⌀1.4 ⟨selten mit Präp.⟩; bringst du das Kind mit? Nein, ich komme ohne ~ ◻ **ele; ela** 1.4.1 an ~ = *daran* 1.4.2 auf ~ = *darauf* 1.4.3 durch ~ = *dadurch* 1.4.4 für ~ = *dafür* 1.4.5 gegen ~ = *dagegen* 1.4.6 um ~ = *darum* 1.5 ich bin ~ (bin's/bins) leid, müde, satt, überdrüssig, zufrieden 2 ⟨unpersönl.⟩ 2.1 ⟨als unbestimmter Satzteil⟩; ~ drängt mich, Ihnen mitzuteilen ...; ~ grünt u. blüht bereits überall; ~ klopft, klingelt, knistert, raschelt; ~ ist dunkel, hell, kalt, warm; jetzt wird ~ mir (wird's/wirds mir) zu bunt!; ~ kratzt mir im Hals; mit dir nehme ich ~ noch auf!; ich halte ~ nicht mehr aus!; du wirst ~ noch so weit bringen, dass ...; er wird ~ gut bei ihr haben; sie meint ~ gut mit ihm; ich kann ~ mir nicht vorstellen, dass ... 2.2 ⟨für einen Satzinhalt⟩; ~ ist (nicht) ausgeschlossen, dass ...; ~ entspricht den Tatsachen, dass ...; ~ freut mich, dass ...; ~ scheint, als ob ...; ~ scheint mir, dass ...; ~ sei denn, dass ...; ~ ist (nicht) wahr; ~ kann sein; ~ nimmt mich wunder, dass ...; ~ ist ('s ist) möglich, wahrscheinlich; ~ ist nicht so; ~ ist wirklich so, dass ...; ~ ist (nicht) an dem; ~ ist 8 Tage her, seit ...; ~ ist Zeit (z. B. zu gehen); ~ überrascht mich (nicht), dass ... 2.3 ⟨verstärkend bei nachgestelltem Subjekt⟩; ~ geschah etwas Merkwürdiges; ~ lebe die Republik!; ~ ist genügend Arbeit, zu essen usw. da; ~ ist Tag, Nacht; ~ war einmal ein König ◻ ⌀

es² ⟨n.; -, -; Mus.⟩ 1 ⟨Tonbezeichnung⟩ *Grundton der es-Moll-Tonleiter* 2 ⟨Tonartbezeichnung⟩ *es-Moll* ◻ **mi bemol menor**

Es¹ ⟨n.; -, -; Pl. selten⟩ 1 ⟨Sprachw.⟩ *das Wort „es"; die Bedeutung des ~ in unpersönlichen Wendungen* ◻ **es** 2 ⟨Psych.⟩ *auf Triebbefriedigung zielende untere (unbewusste) Persönlichkeitsebene; das ~, das Ich und das Über-Ich* ◻ **id**

Es² ⟨n.; -, -; Mus.⟩ 1 ⟨Tonbezeichnung⟩ *Grundton der Es-Dur-Tonleiter* 2 ⟨Tonartbezeichnung⟩ *Es-Dur* ◻ **mi bemol maior**

Esche ⟨f.; -, -n; Bot.⟩ *einer Gattung der Ölbaumgewächse angehörender Laub abwerfender Baum, der in den nördlichen gemäßigten Zonen verbreitet ist: Fraxinus* ◻ **freixo**

Esel ⟨m.; -s, -⟩ 1 *grau gefärbter Einhufer mit Quastenschwanz u. langen Ohren: Equus asinus; der ~ wird als Trag- u. Zugtier eingesetzt* 1.1 *Tier, dem Dummheit, Torheit, Störrischkeit zugeschrieben wird; störrisch wie ein ~ sein* 1.1.1 *ein ~ in der Löwenhaut* ⟨Sprichw.⟩ *ein Dummkopf, der sich ein gewichtiges, grimmiges Aussehen geben will* 1.1.2 *er passt dazu wie der ~ zum Lautenschlagen* ⟨Sprichw.⟩ *überhaupt nicht, gar nicht* ◻ **asno; burro** 1.1.3 *ein ~ schimpft den anderen Langohr* ⟨Sprichw.⟩ *einer wirft dem anderen die eigenen Fehler od. Dummheiten vor* ◻ **é o roto falando do rasgado* 1.1.4 *wenn es dem ~ zu wohl wird, geht er aufs Eis (tanzen)* ⟨Sprichw.⟩ *wer dumm ist, wird leicht übermütig, überschätzt sich* ◻ **quanto mais o tolo sobe, tanto mais mostra quem é* 2 ⟨fig.; umg.; Schimpfw.⟩ *dummer, törichter, störrischer Mensch; ich alter ~!* ◻ **que burro/idiota que sou!* 3 *Gestell, Sägebock* ◻ **cavalete; burro**

Esels|brü|cke ⟨f.; -, -n; fig.⟩ *einfache Denkhilfe für schwer merkbare Dinge; ich muss mir eine ~ bauen, sonst vergesse ich das wieder* ◻ **mnemônica**

Esels|ohr ⟨n.; -(e)s, -en; fig.⟩ *umgeknickte Ecke einer Seite in einem Buch od. Heft* ◻ **orelha; dobra (de livro/caderno)**

Es|ka|la|ti|on ⟨f.; -; unz.⟩ *stufenweise Verschärfung, bedrohliche Steigerung, Ausweitung einer Sache; ~ eines politischen Konfliktes* ◻ **escalada**

Es|ka|pa|de ⟨f.; -, -n⟩ 1 ⟨Hohe Schule⟩ *falscher Sprung eines Pferdes* ◻ **desvio; escape** 2 ⟨fig.⟩ *(auf einem plötzlichen Einfall beruhende) abenteuerliche Unternehmung, sprunghaftes, nicht vorhersehbares Handeln u. Verhalten; seine ~n ruinieren die Firma* 2.1 ⟨verhüllend⟩ *Seitensprung, Ehebruch* ◻ **escapada**

Es|ki|mo ⟨m.; - od. -s, - od. -s; z. T. als diskriminierend empfundene Bez. für⟩ *Angehöriger eines in Grönland, Alaska u. im Nordosten Sibiriens beheimateten Mongolenstammes* ◻ **esquimó**

Es|kor|te ⟨f.; -, -n⟩ *Begleit-, Schutztrupp, militärisches Geleit; der Staatspräsident wurde von einer ~ bewacht; Reiter~; Polizei~* ◻ **escolta**

Eso|te|rik ⟨f.; -; unz.⟩ 1 *(mystische, religiöse, philosophische) Geheimlehre, die nur Eingeweihten zugänglich ist* 2 *Lehre von den nicht rational zu erfassenden (z. B. außersinnlichen, okkulten) Phänomenen* 3 *esoterische Geisteshaltung, esoterische Beschaffenheit* ◻ **esoterismo**

eso|te|risch ⟨Adj.⟩ 1 *in der Art der Esoterik, nur Eingeweihten zugänglich* 2 *außersinnlich erfassbar, okkult* ◻ **esotérico**

Es|pe ⟨f.; -, -n; Bot.⟩ *Pappel mit nahezu runden Blättern, die bei Luftzug sehr leicht in Bewegung geraten: Populus tremula; Sy Zitterpappel* ◻ **álamo; choupo**

Es|prit *auch:* **Esp|rit** ⟨[-pri:] m.; -s; unz.⟩ *Witz, Scharfsinn, lebhafter Ideenreichtum, geistreich beschwingte Art; sie besitzt viel ~; ein Politiker mit ~* ◻ **perspicácia; sagacidade**

Es|sai ⟨[ɛsɛ:] m.; -s, -s od. n.; -s, -s; Lit.⟩ = *Essay*

Es|say ⟨[ɛsɛɪ] m.; -s, -s od. n.; -s, -s; Lit.⟩ *literarische Kunstform, Abhandlung in knapper, geistvoller, allgemein verständlicher Form; oV Essai* ◻ **ensaio**

ess|bar ⟨Adj. 24⟩ *so beschaffen, dass man es essen kann, genießbar; dieser Pilz ist nicht ~* ◻ **comestível**

Es|se ⟨f.; -, -n⟩ 1 ⟨bes. ostmitteldt.⟩ *Schornstein, Kamin; die ~n rauchen, qualmen; die ~ reinigen* 2 *Rauchfang über dem Herd* ◻ **chaminé** 2.1 *das kannst du in die ~ schreiben* ⟨fig.; umg.⟩ *als verloren aufgeben* ◻ **pode dar isso por perdido* 3 ⟨umg.; scherzh.⟩ *Zylinderhut* ◻ **chaminé; cartola**

es|sen ⟨V. 129⟩ **1** ⟨500⟩ etwas ~ *als Nahrung zu sich nehmen;* täglich einen Apfel ~; Brot, Kuchen, Obst, Süßigkeiten, Torte ~; ich möchte nur eine Kleinigkeit ~; ein Ei zum Frühstück ~; was wollen wir ~?; was gibt's zu ~?; der Patient darf wieder alles ~; etwas (nicht) gern ~; dem Bettler etwas zu ~ geben □ comer **1.1** es wird nichts so heiß gegessen, wie es gekocht wird (Sprichw.) *es ist nichts so schlimm, wie es anfangs aussieht* □ *o diabo não é tão feio como o pintam* **2** ⟨400⟩ *(feste) Nahrung zu sich nehmen;* unmäßig, viel, wenig ~; ordentlich, tüchtig ~; iss nicht so viel, zu viel!; aus der Schüssel, vom Teller ~; er isst gern und gut; gut ~ und trinken; beim Essen spricht man nicht!; wer ~ will, muss auch arbeiten □ comer; selber ~ macht fett (Sprichw.) □ *o que reparte toma a melhor parte* **2.1** ⟨403⟩ er isst für vier, wie ein Scheunendrescher ⟨umg.⟩ *unmäßig viel* □ *ele come por quatro; ele é uma draga* **2.2** *eine Mahlzeit einnehmen;* dreimal täglich ~; zu Abend, zu Mittag ~; man kann dort gut und preiswert ~; ich esse gerade; ich bin gerade beim Essen; wir sind zum Essen eingeladen **2.2.1** wir ~ mittags warm *eine warme Mahlzeit* **2.2.2** wir ~ abends nur kalt *kalte Speisen* **2.2.3** ~ gehen *zum Essen in eine Gaststätte gehen* **2.2.4** auswärts ~ *in einer Gaststätte, nicht zu Hause* □ comer **3** ⟨513/Vr 7⟩ jmdn. od. etwas ... ~ *durch Essen ... machen;* hast du dich auch satt gegessen? □ *também está satisfeito?*; sich dick und rund ~ □ *empanturrar-se*

Es|sen ⟨n.; -s, -⟩ **1** *die zu einer Mahlzeit zusammengestellten Speisen;* das ~ kochen, machen; das ~ ist angebrannt; das ~ auftragen (auf den Tisch); das ~ bestellen (beim Kellner); das ~ ist hier sehr gut und preiswert; das ~ ist fertig; das ~ steht bereits auf dem Tisch; jmdm. ein gutes, leichtes, nahrhaftes, pikantes, schmackhaftes ~ vorsetzen; das ~ wird kalt; das ~ auf den Tisch bringen, stellen □ comida **2** *Mahlzeit;* ein festliches ~ geben, veranstalten; ein ~ für zwanzig Personen; nach dem ~ lege ich mich ein Stündchen hin; nach dem ~ sollst du ruhn oder tausend Schritte tun (Sprichw.); vor dem ~ einen Aperitif trinken; bleiben Sie bitte zum ~!; zum ~ einladen □ refeição; jantar; almoço **2.1** bitte zum ~! *zu Tisch* □ *por favor, dirija(m)-se à mesa!*

es|sen|ti|ell ⟨[-tsjɛl] Adj. 24⟩ = *essenziell*

Es|senz ⟨f.; -, -en⟩ **1** ⟨unz.⟩ *Wesen, Wesenheit, Hauptbegriff* **2** ⟨zählb.⟩ *konzentrierte Lösung von Geschmacks- od. Duftstoffen zur Aromatisierung von Nahrungs- u. Genussmitteln;* Essig~; Rosen~ □ essência

es|sen|zi|ell ⟨Adj. 24⟩ oV *essentiell* **1** *wesentlich, grundlegend;* das Ergebnis ist von ~er Bedeutung für die Wissenschaft; ~e Fragen, Daten, Probleme □ essencial **1.1** ~e Fettsäuren ⟨Chem.; Biol.⟩ *für den Organismus lebensnotwendige, nur mit der Nahrung aufzunehmende F.* □ *ácidos graxos essenciais*

Es|sig ⟨m.; -s, -e⟩ **1** *im Wesentlichen aus einer verdünnten, wässrigen Lösung von Essigsäure bestehendes, saures Würz- u. Konservierungsmittel;* ~ an eine Speise geben, tun; Früchte, Gurken in ~ einlegen; den Salat mit ~ anmachen; ~ und Öl zur Salatsoße nehmen; der Wein schmeckt sauer wie ~ **1.1** der Wein ist zu ~ geworden *sauer geworden* □ vinagre **2** es ist ~ damit ⟨fig.; umg.⟩ *es ist aus damit, es wird nichts* □ *foi para o vinagre/brejo*

Ess|löf|fel ⟨m.; -s, -⟩ *großer Löffel, der zum Essen von Suppen u. Ä. geeignet ist, Suppenlöffel* □ colher de sopa

Ess|tisch ⟨m.; -(e)s, -e⟩ *Tisch mit hohem Beinen zum Essen;* am ~ sitzen; sich um den ~ versammeln; den ~ decken □ mesa de jantar

Ess|zim|mer ⟨n.; -s, -⟩ **1** *Zimmer zum Einnehmen der Mahlzeiten, Speisezimmer;* im ~ zu Tisch bitten **2** *Möbel für das Esszimmer (1);* wir haben uns ein neues ~ gekauft □ sala de jantar

Es|tab|lish|ment *auch:* **Es|tab|lish|ment** ⟨[ɪstæblɪʃ-] n.; -s; unz.⟩ **1** *Gesamtheit der im Bereich Wirtschaft, Politik u. Kultur einflussreichen Personen einer Gesellschaft, Oberschicht;* zum ~ gehören **1.1** ⟨abwertend⟩ *etablierte Oberschicht, die nur auf den Erhalt ihrer privilegierten Stellung bedacht ist* □ establishment

Es|ter ⟨m.; -s, -; Chem.⟩ *unter Wasserabspaltung entstehende chem. Verbindung aus einem Alkohol u. einer organischen (od. anorganischen) Säure* □ éster

Es|tra|gon *auch:* **Est|ra|gon** ⟨m.; -s; unz.; Bot.⟩ *Korbblütler, der als Gewürzpflanze angebaut wird (u. a. bei der Herstellung von Senf u. Essig verwendet)* □ estragão

Est|rich ⟨m.; -s, -e⟩ **1** *fugenloser Bodenbelag aus einer Masse, die nach dem Auftragen erhärtet (meist 3-4 cm dicker Mörtel, Asphalt od. Lehm)* □ pavimento **2** ⟨schweiz.⟩ *Dachboden* □ sótão

eta|blie|ren *auch:* **etab|lie|ren** ⟨V. 500⟩ **1** *ein Unternehmen ~ gründen, errichten* □ abrir; estabelecer **2** ⟨Vr 3⟩ sich ~ *sich niederlassen;* sich als Geschäftsmann ~ □ *estabelecer-se* **2.1** ⟨Part. Perf.⟩ etabliert *innerhalb einer Gesellschaft eine angesehene (u. einflussreiche) Stellung einnehmend* □ estabelecido

Eta|blis|se|ment *auch:* **Etab|lis|se|ment** ⟨[-blɪs(ə)mã:] n.; -s, -s⟩ **1** *Unternehmen, Betrieb, Einrichtung* **2** *kleines, gepflegtes Restaurant* **3** *Vergnügungsstätte;* ein zweifelhaftes ~ □ estabelecimento **3.1** ⟨verhüllend⟩ *Bordell* □ bordel

Eta|ge ⟨[eta:ʒə] f.; -, -n⟩ **1** *Stockwerk, Obergeschoss* □ piso; andar **2** *große Wohnung in einem Mietshaus* □ apartamento

Etap|pe ⟨f.; -, -n⟩ **1** *Teilstrecke, Abschnitt, Stadium, Stufe* **1.1** das war vielleicht die wichtigste ~ meines Lebens *der wichtigste Lebensabschnitt* □ etapa **2** ⟨Mil.⟩ *besetztes Hinterland, Nachschubgebiet;* Ggs Front(2) □ retaguarda

Etat ⟨[eta:] m.; -s, -s⟩ **1** *Voranschlag, Haushaltsplan, Staatshaushalt;* Haushalts~ **1.1** ⟨umg.⟩ *Summe, mit der man eine bestimmte Zeit auskommen muss;* ich verfüge nur über einen eingeschränkten ~; das überschreitet meinen ~ □ orçamento **2** *Vermögensstand, Bestand;* für das Projekt steht ein ~ von 100.000 € zur Verfügung □ verba **3** ⟨schweiz.⟩ *Verzeichnis der Mitglieder u. Funktionäre (eines Verbandes)* □ relação; lista

ete|pe|te|te ⟨Adj. 11/80; umg.; abwertend⟩ *übertrieben sauber, ordentlich, geziert;* unsere neuen Nachbarn sind aber ~! □ **chato; picuinha; enjoado**

Eter|nit® ⟨m. od. n.; -(e)s; unz.⟩ *in Form von Platten verwendeter feuerfester Asbestzement* □ **fibrocimento**

Ether ⟨m.; -s; unz.; Chem.; fachsprachl.⟩ = *Äther(2)*

Ethik ⟨f.; -; unz.⟩ **1** *(philosophische) Lehre vom sittlichen u. moralischen Verhalten des Menschen, Morallehre* **2** *philosophisches Werk, das die Ethik(1) zum Gegenstand hat* □ **ética**

Eth|no|gra|fie ⟨f.; -, -n⟩ *Teilgebiet der Völkerkunde, das die Kulturmerkmale von Stämmen u. Völkern systematisch beschreibt;* oV *Ethnographie* □ **etnografia**

Eth|no|gra|phie ⟨f.; -, -n⟩ = *Ethnografie*

Ethos ⟨n.; -; unz.⟩ *sittlich-moralisches Gesinnung, ethisches Verhalten;* Standes~; Berufs~ □ **etos**

Ethyl|al|ko|hol ⟨m.; -s, -e; Chem.; fachsprachl.⟩ = *Äthylalkohol*

Eti|kett ⟨n.; -(e)s, -e od. -s⟩ *Warenkennzeichen, Aufschrift, Preiszettel, -schild;* oV *Etikette¹* □ **etiqueta**

Eti|ket|te¹ ⟨f.; -, -n⟩ = *Etikett*

Eti|ket|te² ⟨f.; -, -n⟩ *feine Sitte, gesellschaftliche Umgangsformen* □ **etiqueta**

et|li|che ⟨Indefinitpron. 10; attr. u. substantivisch⟩ **1** *einige, ein paar;* ~ dieser Beispiele; ~ Male; ~ Neue kamen hinzu; mit ~n Neuen; es liegt schon ~ Tage zurück; ~ der Teilnehmer; nach ~n Stunden; ~ stimmten zu; ~ unter, von den Zuschauern □ **alguns** 1.1 ~ zwanzig Euro *ungefähr, rund, etwa. mehr als 20 Euro* □ **cerca de**

Etü|de ⟨f.; -, -n; Mus.⟩ *Musikstück zum Üben technischer Fertigkeiten, bes. der Fingerfertigkeit;* Klavier~ □ **estudo**

Etui ⟨[etvi:] a. [etyi:] n.; -s, -s⟩ *Futteral, Behälter;* Brillen~, Füllhalter~, Zigaretten~ □ **estojo; caixa; cigarreira**

et|wa ⟨Adv.⟩ **1** *ungefähr, annähernd;* es sind jetzt ~ acht Tage, vier Wochen vergangen, seit ...; es dauerte ~ fünf Minuten; es sind ~ 35 Schüler in einer Klasse; ~ um zwölf Uhr □ **cerca de; aproximadamente** 1.1 in ~ *in gewisser Hinsicht;* er stimmt in ~ mit den politischen Ansichten seines Vaters überein □ **em certo sentido* **2** *beispielsweise;* wenn wir ~ sagen wollen □ **por exemplo** 3 *vielleicht, am Ende, womöglich;* Sie denken doch nicht ~, dass ...; hast du das ~ vergessen?; willst du ~ schon gehen? □ **por acaso** 3.1 ~ nicht? *ist es nicht so?* □ **não seria isso/assim?* **4** nicht ~ *durchaus nicht, keinesfalls;* ich habe es nicht ~ vergessen, sondern hatte keine Zeit dazu □ **de modo algum* 4.1 nicht ~, dass du meinst ... *meine nur nicht, dass ...* □ **não vá pensar que...*

et|was ⟨Indefinitpron.⟩ indeklinabel; attr. u. substantivisch⟩ Sy ⟨unbetont; umg.⟩ *was(3)* **1** *eine nicht näher bestimmte Sache;* ~, was unangenehme Folgen haben kann; das ist ~ (ganz) anderes/Anderes!; ~ anderes/Anderes wäre es, wenn ...; ~ Ähnliches habe ich schon einmal gesehen!; ~ Gutes; ~ Haltbares, Neues, Praktisches, Preiswertes; es hat ~ Lächerliches an sich, wenn ...; haben Sie ~ Passendes gefun-

den?; ~ Rechtes lernen; ~ Schönes erleben; wenn ich Ihnen mit ~ dienen, helfen, raten kann ...; weißt du ~ (über diese Angelegenheit)?; dort muss ~ passiert sein; hast du ~ dazu zu sagen?; da gibt es ~ zu sehen; wenn du ~ erfahren solltest; hast du dem Bettler ~ gegeben?; an ~ denken, glauben; sich auf ~ vorbereiten; wir wollen endlich von ~ anderem/Anderem sprechen; ~ zum Lesen 1.1 er hat ~ Professorales an sich *die Art eines Professors* □ **uma/alguma coisa; algo** 1.2 ich will Ihnen einmal ~ sagen ⟨umg.⟩ *meine Meinung* □ **uma coisa** 1.3 so ~ *solches, Derartiges;* so ~ möchte ich haben; so ~ habe ich noch nicht erlebt, gehört, gesehen □ **algo assim; algo desse tipo;* so ~ von Unhöflichkeit! □ **que/quanta descortesia!;* so ~! (Ausdruck des Erstaunens od. der Empörung) □ **que coisa!* 1.3.1 nein, so ~! ⟨umg.⟩ *ist das möglich!* □ **nossa, que coisa!* **2** *eine nicht näher bestimmbare bedeutsame Sache;* aus ihm kann noch ~ werden; daraus kann ~ werden; das wäre ~ für mich; es will schon ~ heißen, wenn ...; er gilt, kann ~; zu ~ taugen; er versteht ~ davon 2.1 das ist doch wenigstens ~! *besser als nichts* □ **alguma coisa;** ~ a. *Etwas* **3** *ein wenig, ein bisschen;* ~ Ausdauer, Geduld, Mut, Pflichtbewusstsein; ~ Brot, Butter, Geld, Salz; ~ Englisch, Französisch, Spanisch sprechen; ich möchte noch ~ warten; zunächst ~ zögern; ~ besser, mehr, schöner, weniger; die Eier sind ~ zu hart, weich gekocht; ich bin ~ müde; das kommt mir plötzlich, ungelegen, überraschend; das Bier ist ~ schal; darf es ~ mehr sein? (Frage des Verkäufers beim Abwiegen); auf ~ mehr od. weniger kommt es nicht an; noch ~!; nur ~; ~ oberhalb, unterhalb davon liegt ...; ~ über 1 000; gib mir ~ davon □ **um pouco; um tanto** 3.1 du musst ~ essen *eine Kleinigkeit* □ **alguma coisa** 3.2 er hat ~ von einem Gelehrten, Künstler an sich *er wirkt wie ein G., K.* □ **algo**

Et|was ⟨n.; -, -⟩ **1** *nicht genau zu beschreibende Sache od. Eigenschaft;* ein seltsames ~ sitzt auf der Treppe; ein winziges ~ □ **coisa** 1.1 sie hat, besitzt **ein gewisses, das gewisse** ~ *sie übt eine (nicht genau bestimmbare) Anziehungskraft, einen nicht beschreibbaren Reiz auf andere (bes. Männer) aus* □ **ela tem um certo quê*

Ety|mo|lo|gie ⟨f.; -, -n; Sprachw.⟩ **1** ⟨unz.⟩ *Lehre von der Herkunft, Entwicklung u. der Bedeutung der Wörter, Wortforschung* **2** ⟨zählb.⟩ *Herkunft, Geschichte u. ursprüngliche Bedeutung eines Wortes* □ **etimologia**

euch (in Briefen Groß- u. Kleinschreibung; Dat. u. Akk. von) *ihr¹* □ **vos/vós; vocês; os; as; lhes;** → a. *sich*

eu|er¹ ⟨Possessivpron. 4; 2. Person Pl.; in Titeln Großschreibung; in Briefen Groß- u. Kleinschreibung⟩ ~ a. *mein¹*(1.1-3.4) **1** ~ Buch (usw.) *ihr habt ein B. (usw.)* 1.1 euch gehörend, aus eurem Eigentum od. Besitz stammend 1.1.1 das Eu(e)re/eu(e)re, das Eurige/eurige *euer Eigentum* 1.2 mit euch verwandt, bekannt, befreundet 1.2.1 die Eu(e)ren/eu(e)ren *euere (engen) Verwandten* 1.3 einen Teil von euch bildend 1.4 von euch ausgehend, bei euch Ursprung habend 1.5 euch zukommend, zustehend **2** *eine Eigenschaft von euch darstellend* 2.1 euch zur Gewohnheit geworden **3** *von* *euch getan* 3.1 *von euch verursacht* 3.2 *von euch vertreten, gerechtfertigt* 3.3 *von euch erwünscht* 3.4 *von euch benutzt* □ **vosso; vossa; seu; sua 4** *es grüßt Euch Euer (Eure)/euch euer (eure) ... (vertrauliche Schlussformel in Briefen)* □ ***lembranças do seu/da sua... 5** ⟨Abk.: Ew.⟩ *Eure Durchlaucht, Exzellenz, Heiligkeit, Hoheit, Magnifizenz, Majestät (Anrede mit Titel)* □ **Vossa**

eu|er² *(in Briefen Groß- u. Kleinschreibung; Gen. von) ihr¹* □ **de vocês/vós**

eu|er|seits ⟨Adv.; in Briefen Groß- u. Kleinschreibung⟩ = *eurerseits*

eu|ers|glei|chen ⟨undeklinierbares Pron.; in Briefen Groß- u. Kleinschreibung⟩ = *euresgleichen*

eu|ert|we|gen ⟨Adv.; in Briefen Groß- u. Kleinschreibung⟩ = *euretwegen*

eu|ert|wil|len ⟨Adv.; in Briefen Groß- u. Kleinschreibung⟩ = *euretwillen*

Eu|ka|lyp|tus ⟨m.; -, - od. –lyp|ten; Bot.⟩ *Angehöriger einer Gattung der Myrtengewächse, hochwachsender Baum, dessen Blätter ein ätherisches Öl enthalten* □ **eucalipto**

Eu|le ⟨f.; -, -n⟩ **1** ⟨Zool.⟩ *einer Familie der Eulenvögel angehörender nächtlich jagender Vogel mit krummem, kurzem Schnabel, weichem Gefieder u. großen Augen, die zum Dämmerungssehen geeignet sind: Striges* □ **coruja** 1.1 *~n nach Athen tragen* (fig.) *etwas Überflüssiges tun* □ ***levar água ao mar** 1.2 *Tier, dem Klugheit, Hässlichkeit u. auch Verdrießlichkeit zugeschrieben wird u. das als Unglücksbringer gilt; klug wie eine ~ sein* 1.3 *sie ist eine alte ~* ⟨abwertend⟩ *hässliche, unfreundliche Frau* □ **coruja 2** ⟨Entomologie⟩ *einer weltweit verbreiteten Familie angehörender Nachtfalter, dessen Flügel dunkel gefärbt sind u. die charakteristische Zeichnung von 3 Binden u. 3 Flecken aufweisen: Noctuidae* □ **noctuídeos 3** (fig.) 3.1 *runder Handfeger aus Federn od. weichen Borsten* □ **escova de limpeza** 3.2 *ein Tonpfeifchen* □ **cachimbo de barro** 3.3 *eine ~ fangen* ⟨Mar.⟩ *plötzlichen Wind von vorne bekommen* □ **vento de proa**

Eu|len|spie|gel ⟨m.; -s, -⟩ *Schelm, zu Streichen aufgelegter Mensch* □ **maroto; brincalhão;** *Till ~* ***Eulenspiegel***

Eu|nuch ⟨m.; -en, -en⟩ **1** ⟨Med.⟩ *durch Kastration zeugungsunfähiger Mann, Kastrat* 1.1 *Kastrat als Haremswächter* □ **eunuco**

Eu|phe|mis|mus ⟨m.; -, -mis|men⟩ *beschönigende Bezeichnung, sprachliche Verhüllung, mildernde Umschreibung* □ **eufemismo**

Eu|pho|rie ⟨f.; -; unz.⟩ **1** *übersteigerte Begeisterung, Hochstimmung* **2** ⟨Med.⟩ *Gefühl gesteigerten Wohlbefindens (nach dem Genuss von Rauschmitteln od. bei Kranken kurz vor dem Tod)* □ **euforia**

eu|rer|seits ⟨Adv.: in Briefen Groß- u. Kleinschreibung⟩ *von eurer Seite; oV euerseits;* *habt ihr ~ noch etwas dazu zu sagen?* □ **de sua/vossa parte**

eu|res|glei|chen ⟨undeklinierbares Pron.; in Briefen Groß- u. Kleinschreibung⟩ *Menschen wie ihr; oV euersgleichen; ihr u. ~* □ **pessoas como vocês/vós; seus/vossos pares**

eu|ret|we|gen ⟨Adv.; in Briefen Groß- u. Kleinschreibung⟩ *für euch, euch zuliebe; oV euertwegen* □ **por vocês/vós, por causa de vocês/vós**

eu|ret|wil|len ⟨Adv.; in Briefen Groß- u. Kleinschreibung⟩ *um ~ für euch, euch zuliebe; oV euertwillen* □ ***por vocês/vós; em atenção a vocês/vós**

Eu|rhyth|mie ⟨f.; -; unz.⟩ **1** ⟨bes. Tanz⟩ *harmonische Ausgeglichenheit von Bewegung u. Ausdruck* **2** ⟨Anthroposophie⟩ *auf der Lehre von Rudolf Steiner basierende Bewegungskunst, die Sprache, Gesang u. Bewegung zu einer Gebärdensprache verbindet; oV Eurythmie* □ **euritmia**

Eu|ro ⟨m. 7; -, -s; Zeichen: €⟩ *europäische Währungseinheit (~cent)* □ **euro**

Eu|ryth|mie ⟨f.; -; unz.⟩ = *Eurhythmie*(2)

Eu|ter ⟨n.; -s, -⟩ *die bei Paarhufern in der Leistengegend der weiblichen Tiere zusammenstehenden zwei od. vier Milchdrüsen* □ **mama; teta**

Eu|tha|na|sie ⟨f.; -; unz.⟩ **1** ⟨urspr. in der griech.-röm. Antike⟩ *schneller, leichter u. schmerzloser Tod (ohne Eingreifen des Menschen)* **2** *Erleichterung des Sterbens durch das Verabreichen von Medikamenten (strafbar, wenn damit eine Verkürzung des Lebens verbunden ist)* **3** ⟨im Nationalsozialismus; verhüllend⟩ *Tötung von unheilbar kranken u. geisteskranken Menschen* □ **eutanásia**

eva|ku|ie|ren ⟨[-va-] V. 500⟩ **1** *einen Raum ~* ⟨Phys.⟩ *leer, luftleer machen, leer pumpen* **2** *ein Gebiet ~ von Bewohnern räumen* **3** *Bewohner ~ dafür sorgen, dass die B. ein gefährdetes Gebiet räumen* □ **evacuar**

evan|ge|lisch ⟨[-vaŋ-] Adj.⟩ **1** *das Evangelium betreffend, auf ihm beruhend* **2** *die durch die Reformation entstandenen Kirchen betreffend, auf ihnen beruhend, protestantisch* 2.1 *~-lutherisch zur lutherischen Reformationskirche gehörend, auf der lutherischen Reformation beruhend* 2.2 *~-reformiert die Reformationskirche Zwinglis u. Calvins betreffend, zu ihr gehörend, auf ihr beruhend* □ **evangélico**

Evan|ge|li|um ⟨[-vaŋ-] n.; -s, -li|en⟩ **1** *die Botschaft Jesu* □ **evangelho 2** *die vier Schriften des NT über das Leben Jesu von Matthäus, Markus, Lukas u. Johannes* 2.1 *eine dieser vier Schriften* □ **Evangelho 3** (fig.) *Wort, Schriftwerk o. Ä., das einem heilig ist, an das man bedingungslos glaubt; dieser Roman ist für ihn das ~* □ **evangelho**

Event ⟨[ivɛnt] m. od. n.; -s, -s⟩ *besonderes Ereignis, Veranstaltung od. Wettkampf* □ **evento**

Even|tu|al|fall ⟨[-vɛn-] m.; -(e)s, -fäl|le⟩ *eventuell, möglicherweise eintretender Fall; Vorbereitungen für den ~ treffen* □ **eventualidade**

even|tu|ell ⟨[-vɛn-] Adj.; Abk.: evtl. (nur adv.)⟩ *möglicherweise (eintretend), gegebenenfalls, vielleicht, unter Umständen* □ **eventual(mente)**

evi|dent ⟨[-vi-] Adj.⟩ **1** *augenscheinlich, offenkundig, offenbar; seine Beteiligung an der Sache ist ~* **2** *einleuchtend; eine ~e Beweisführung* □ **evidente**

Evo|lu|ti|on ⟨[-vo-] f.; -, -en⟩ **1** *allmähliche, stetige Weiterentwicklung* 1.1 ⟨Gesch.⟩ *friedliche Fortentwicklung im Geschichtsverlauf (als Gegensatz zu gewaltsam* *herbeigeführten Veränderungen);* → a. *Revolution* **2** ⟨Biol.⟩ *stammesgeschichtliche Entwicklung der Lebewesen* □ **evolução**

ewig ⟨Adj. 24⟩ **1** *unendlich in der Zeit;* Ggs *endlich(1)* **1.1** *nie endend, endlos;* soll das denn immer und ~ so bleiben? **1.1.1** das ~e Leben *L. über den Tod hinaus* **1.1.2** in den ~en Frieden, in die ~e Ruhe eingehen ⟨poet.⟩ *sterben* **1.1.3** ~er Schlaf ⟨poet.⟩ *Tod* □ **eterno** **1.1.4** es ist ~ schade ⟨umg.⟩ *sehr schade* □ ***é realmente uma pena** **1.2** *unvergänglich, die Zeiten, den Wechsel überdauernd;* jmdm. ~e Liebe, Treue schwören; die Ewige Stadt (Beiname Roms); ~e Jugend; das Ewigweibliche zieht uns hinan („Faust II", Ende) **1.2.1** das ewige Licht, die ~e Lampe *immer brennendes Licht in der katholischen Kirche* □ **eterno** **1.2.2** Ewiger Salat *im Garten wachsendes Blattgemüse, Gartenampfer* □ ***verduras; folhas** **1.2.3** ~er Schnee *nie ganz schmelzender S. im Hochgebirge* □ **eterno** ~e Jagdgründe ⟨iron.; umg.⟩ *Reich der Toten;* der Hund ist in die ~en Jagdgründe eingegangen □ ***reino dos mortos** **2** ⟨90; fig; umg.⟩ *sehr lange, zu lange (dauernd) u. daher lästig;* ich habe diese ~en Klagen satt! □ **eterno; sem fim;** das dauert ja ~! □ ***isso já dura uma eternidade!;** ich warte schon ~ □ ***estou esperando há uma eternidade** **2.1** ~ und drei Tage ⟨scherzh.⟩ *unendlich lange* □ ***uma eternidade**

Ewig|keit ⟨f.; -, -en⟩ **1** ⟨Pl. selten⟩ *das Unvergängliche, Unwandelbare, das Ewige, das jenseits der Zeit u. dieses Lebens liegt;* die ~ des Kosmos, der Naturgesetze □ **eternidade** **1.1** von ~ zu ~ ⟨Bibel⟩ *ewig, immerwährend, in unaufhörlicher Dauer* □ ***eternamente** **1.2** von ~en her *schon immer* □ ***desde sempre** **2** ⟨unz.⟩ *das ewige Leben nach dem Tode;* in die ~ eingehen, abberufen werden **3** ⟨Pl. selten⟩ *zeitliche Unendlichkeit;* die Minuten dehnten sich zu ~en □ **eternidade** **3.1** in (alle) ~ *für immer* □ ***para (todo o) sempre** **4** ⟨Pl. selten; fig.; umg.⟩ *sehr lange Zeit;* das dauert ja eine ~; ich habe schon eine ~ gewartet; ich warte seit einer ~, seit ~en auf dich; ich stehe hier seit einer halben ~ □ **eternidade** **4.1** das tut er in ~ nicht! *das wird er nie tun* □ ***ele nunca fará isso!**

ex..., Ex...[1] ⟨Vorsilbe; in Zus.⟩ *aus, heraus, von ... her*
Ex...[2] ⟨Vorsilbe⟩ *ehemalig;* der Exkanzler, Expräsident; in der Ex-DDR

ex|akt ⟨Adj.⟩ **1** *genau, sorgfältig, pünktlich;* Ggs *inexakt* **2** ⟨24⟩ *streng wissenschaftlich* **2.1** die ~en Wissenschaften *Mathematik u. Naturwissenschaften* □ **exato**

ex|al|tiert ⟨Adj.; abwertend⟩ **1** *überspannt, überdreht, übertrieben begeistert;* eine ~e Schauspielerin **2** *hysterisch erregt, aufgeregt;* er hat sich gestern ~ benommen □ **(de modo) exaltado**

Ex|a|men ⟨n.; -s, - od. –mi|na⟩ *Prüfung (als Abschluss einer Ausbildung, insbes. des Hochschulstudiums);* das ~ bestehen; ~ machen; mündliches, schriftliches ~; sich auf, für das ~ vorbereiten; er ist durchs ~ gefallen; das ~ für das höhere Lehramt; im ~ stehen; ins

~ steigen; er hat das ~ mit (der Note) Eins gemacht □ **exame**

Ex|e|ku|ti|on ⟨f.; -, -en⟩ **1** ~ eines Urteils *Vollstreckung, Vollzug* **2** ~ eines Menschen *Hinrichtung* □ **execução**

Ex|e|ku|ti|ve ⟨f.; -; unz.⟩ *Teil der Staatsgewalt, der den Vollzug der von Judikative u. Legislative aufgestellten Rechtsnormen u. Entscheidungen betrifft;* Sy *ausübende Gewalt,* → *ausüben(2.1); vollziehende Gewalt,* → *vollziehen(1.1)* □ **(poder) exe utivo;** → a. *Legislative, Judikative*

Ex|em|pel ⟨n.; -s, -⟩ **1** *Aufgabe, Rechenaufgabe* □ **problema** **1.1** die Probe aufs ~ machen *die Richtigkeit einer Annahme, Behauptung durch Probieren nachweisen* □ ***comprovar na prática** **2** *Beispiel;* etwas zum ~ nehmen □ **exemplo** **2.1** ein ~ statuieren *jmdn. für etwas bestrafen, um andere zu warnen, Ähnliches zu tun* □ ***fazer exemplo em**

Ex|em|plar *auch:* **Ex|emp|lar** ⟨n.; -s, -e; Abk.: Expl.⟩ *Einzelstück, Muster; Beleg~, Frei~* □ **exemplar; amostra; modelo**

ex|er|zie|ren ⟨V.⟩ **1** ⟨400⟩ *militärische Übungen machen* **2** ⟨500⟩ etwas ~ *immer wieder einüben* □ **exercitar**

Ex|hi|bi|ti|o|nis|mus ⟨m.; -; unz.⟩ **1** ⟨Psych.⟩ *krankhafte Neigung zum Entblößen der eigenen Geschlechtsorgane vor anderen Personen* **2** ⟨geh.; abwertend⟩ *auffälliges Zurschaustellen der Privat- u. Intimsphäre (das von anderen als aufdringlich od. unpassend empfunden wird)* □ **exibicionismo**

ex|hu|mie|ren ⟨V. 500⟩ eine Leiche ~ *zwecks gerichtsmedizinischer Untersuchung wieder ausgraben* □ **exumar**

Exil ⟨n.; -s, -e⟩ **1** *Verbannung* **2** *Ort der Verbannung* **3** *Zufluchtsstätte;* ins ~ gehen □ **exílio**

exis|tent ⟨Adj. 24; geh.⟩ *vorhanden, wirklich existierend;* Ggs *inexistent* □ **existente**

exis|ten|ti|ell ⟨Adj.⟩ = *existenziell*

Exis|tenz ⟨f.; -, -en⟩ **1** ⟨unz.⟩ *wirkliches Vorhandensein, Leben;* Sy *Dasein(2);* die ~ dieser Sache ist nicht zu leugnen □ **existência** **2** ⟨unz.⟩ = *Auskommen(1);* sich eine ~ aufbauen; eine sichere ~ haben □ **meio de subsistência** **3** ⟨zählb.; umg.⟩ *Mensch;* jmd. ist eine dunkle, fragwürdige, gescheiterte ~ □ **sujeito; cara**

exis|ten|zi|ell ⟨Adj.⟩ oV *existentiell* **1** ⟨24; geh.⟩ *die Existenz, das wirkliche Vorhandensein, das Dasein betreffend* **2** *lebenswichtig, lebensnotwendig;* ~e Probleme, Sorgen □ **existencial**

exis|tie|ren ⟨V.⟩ **1** ⟨400⟩ *vorhanden sein, bestehen, leben;* hier existiert nicht einmal ein Krankenhaus □ **existir** **2** ⟨414⟩ von, mit etwas ~ *mit etwas auskommen;* damit, davon kann ja niemand ~ □ ***viver de alguma coisa; sustentar-se com alguma coisa**

Ex|i|tus ⟨m.; -; unz.⟩ *Tod* □ **óbito**

Ex|kla|ve ⟨[-və-] f.; -, -n⟩ *von fremdem Staatsgebiet eingeschlossener Teil eines Staates;* Ggs *Enklave* □ **exclave**

ex|klu|siv ⟨Adj.⟩ **1** *ausschließlich* **2** *(gesellschaftlich) abgeschlossen, abgesondert;* eine ~e Gesellschaft; ein ~er Kreis; ein ~es Restaurant **2.1** *unnahbar* **3** *nicht alltäglich, luxuriös* □ **exclusivo**

ex|klu|si|ve ⟨⟨[-və-] Präp. m. Gen.; folgende Substantive ohne Artikel meist ohne -s des Gen.; Abk.: exkl.⟩ *ausschließlich, mit Ausschluss von ..., ausgenommen;* Ggs *inklusive;* ~ Mehrwertsteuer □ **exclusive**

Ex|kre|ment ⟨n.; -(e)s, -e; meist Pl.⟩ *Ausscheidung (Kot, Harn);* menschliche, tierische ~e □ **excremento**

Ex|kret ⟨n.; -(e)s, -e⟩ *vom Körper nicht weiter verwendbares, ausgeschiedenes Stoffwechselprodukt;* Sy *Ausscheidung(2)* □ **excreção**

Ex|kurs ⟨m.; -es, -e⟩ **1** *Abschweifung vom Ausgangsthema;* ein ~ in die Naturwissenschaften □ **excurso; digressão 2** *Sonderteil einer (wissenschaftlichen) Abhandlung, Anhang* □ **anexo; apêndice**

Ex|kur|si|on ⟨f.; -, -en⟩ *Ausflug (bes. zu Forschungs- od. Bildungszwecken);* eine wissenschaftliche ~ in ein Naturschutzgebiet □ **excursão**

ex|or|bi|tant ⟨Adj., geh.⟩ *außerordentlich, außergewöhnlich, enorm* □ **exorbitante**

Ex|or|zis|mus ⟨m.; -, -zis|men⟩ *Beschwörung u. Austreibung vermeintlich vorhandener böser Geister* □ **exorcismo**

Exo|tik ⟨f.; -; unz.⟩ **1** *exotische, fremdländische Beschaffenheit;* die ~ der Inselbewohner **2** *(Anziehungskraft ausübende) exotische Art, fremdländisches Wesen* □ **exotismo**

exo|tisch ⟨Adj.⟩ **1** *fremd, fremdländisch* **2** *aus den Tropen stammend* □ **exótico**

Ex|pan|si|on ⟨f.; -, -en⟩ **1** *Vergrößerung des Volumens, Ausdehnung* **2** *Ausdehnung des staatlichen Machtbereichs* □ **expansão**

Ex|pe|di|ti|on ⟨f.; -, -en⟩ **1** *Forschungsreise;* eine ~ zum Südpol 1.1 *Gesamtheit der Personen, die an einer Expedition(1) teilnehmen* **2** *Delegation, mit einem bestimmten Auftrag (in fremdes Staatsgebiet) entsendete Personengruppe;* eine ~ entsenden, finanzieren **3** *Versandabteilung (einer Firma);* in der ~ arbeiten 3.1 ⟨unz.; selten⟩ *das Versenden* □ **expedição**

Ex|pe|ri|ment ⟨n.; -(e)s, -e⟩ **1** *wissenschaftlicher Versuch;* chemische, physikalische ~e **2** ⟨fig.⟩ *(gewagtes) Unternehmen;* willst du das ~ wirklich wagen? □ **experiência**

ex|pe|ri|men|tie|ren ⟨V. 400⟩ *Experimente machen, Versuche durchführen;* mit Tieren sollte man nicht ~; heute hat mein Mann in der Küche experimentiert □ **fazer experiências**

Ex|per|te ⟨m.; -n, -n; häufig in Zus.⟩ *Sachverständiger, Fachmann* □ **especialista**

Ex|per|tin ⟨f.; -, -tin|nen⟩ *weibl. Experte* □ **especialista**

ex|plo|die|ren ⟨V. 400(s.)⟩ **1** *ein Gegenstand explodiert, platzt* ; Ggs *implodiert* 1.1 *in der Art einer Explosion(1.1) verlaufen;* → a. *detonieren(1)* **2** jmd. explodiert ⟨fig.; umg.; scherzh.⟩ *bricht in Zorn aus* □ **explodir**

Ex|plo|si|on ⟨f.; -, -en⟩ **1** *das Explodieren;* Ggs *Implosion* 1.1 ~ eines **Sprengstoffes** *sehr schnell verlaufendes Abbrennen;* → a. *Detonation* 1.2 ~ eines Hohlkörpers *Bersten durch Druck von innen* □ **explosão**

Ex|po|nat ⟨n.; -(e)s, -e⟩ *Ausstellungsstück (im Museum,* *in einer Galerie o. Ä.);* die Ausstellung zur Kunst des Expressionismus umfasst über einhundert ~e □ **peça/objeto de exposição**

Ex|port ⟨m.; -(e)s, -e⟩ = *Ausfuhr;* Ggs *Import;* ~ von Waren, Dienstleistungen □ **exportação**

ex|por|tie|ren ⟨V. 500⟩ Ggs *importieren* **1** = *ausführen* **(3) 2** ⟨EDV⟩ **Daten** ~ *in ein Datenformat umwandeln, das von einem anderen Programm gelesen werden kann* □ **exportar**

Ex|po|sé ⟨n.; -s, -s⟩ = *Exposee*

Ex|po|see ⟨n.; -s, -s⟩ oV *Exposé* **1** *schriftliche Darlegung, Erläuterung* □ **exposição; apresentação** 1.1 *Skizze, Entwurf (zu einer schriftlichen, bes. zu einer wissenschaftlichen Arbeit)* □ **rascunho; esboço 2** *(Film, Fernsehen) Handlungsskizze* □ **sinopse**

ex|press ⟨Adj. 24/50⟩ **1** ⟨veraltet⟩ *eilig, mit Eilpost;* eine Ware, Postsendung ~ schicken □ ***enviar como mercadoria/remessa postal expressa 2** ⟨regional⟩ *nachdrücklich, ausdrücklich;* er hat es ~ gesagt □ **expressamente**

Ex|press ⟨m.; -es; unz.⟩ **1** ⟨veraltet; noch österr.⟩ *Fernschnellzug, Expresszug* □ **(trem) expresso 2** ⟨unz.⟩ eine Sendung per ~ schicken *mit Eilpost, durch Eilboten* □ ***enviar como remessa expressa**

ex|pres|siv ⟨Adj., geh.⟩ *ausdrucksstark, mit viel Ausdruck;* ~es Klavierspiel; ein ~es Kunstwerk □ **expressivo**

ex|qui|sit ⟨Adj.⟩ *von auserlesener, vorzüglicher Qualität;* ein ~er Wein □ **excelente**

ex|tern ⟨Adj. 24⟩ Ggs *intern* **1** *draußen, außerhalb, auswärtig;* ~, nicht in der Firma arbeiten; ~e Kosten 1.1 ~er **Schüler** *Schüler, der nicht im Internat wohnt* □ **externo; externamente** 1.2 ~er **Speicher** ⟨EDV⟩ *mit einer EDV-Anlage verbundener Speicher, der auf Abruf Daten an den Arbeitsspeicher weitergeben kann, Außenspeicher* □ ***memória externa**

♦ Die Buchstabenfolge **ex|tr...** kann in Fremdwörtern auch **ext|r...** getrennt werden. Davon ausgenommen sind Zusammensetzungen, in denen die fremdsprachigen bzw. sprachhistorischen Bestandteile deutlich als solche erkennbar sind, z. B. *-trahieren, -trakt* (→ a. *subtrahieren, Kontrakt*).

♦ **ex|tra** ⟨Adj. 11⟩ **1** ⟨umg.⟩ *besondere(r, -s), über das Übliche hinausgehend;* eine ~ Belohnung; das ist ~ **2** ⟨50⟩ 2.1 *besonders;* etwas ~ Feines; ~ mild, stark □ **extra** 2.1.1 es geht mir nicht ~ ⟨regional; umg.⟩ *nicht besonders (gut)* □ **não muito bem** 2.2 *gesondert, getrennt;* legen Sie es ~ ⟨umg.⟩ □ **separado; separadamente** 2.3 *eigens, ausschließlich;* er hat es ~ für dich getan □ **exclusivamente; especialmente** 2.4 ⟨umg.⟩ *absichtlich, um jmdn. zu ärgern;* das macht er immer ~! □ **de propósito**

♦ **ex|tra..., Ex|tra...** ⟨in Zus.⟩ **1** *außer ..., außerhalb* **2** *Sonder ..., außerordentlich*

♦ **ex|tra|fein** ⟨Adj. 24⟩ *außerordentlich, besonders fein* □ **extrafino**

ex|tra|hie|ren ⟨V. 500⟩ **1** ⟨505⟩ etwas aus etwas ~ *herauslösen, ausziehen;* einen Stoff aus einer chem. Verbindung ~ **2** etwas ~ *herausziehen, entfernen;* Zähne ~; einen Fremdkörper aus dem Auge ~ □ **extrair**

Ex|trakt ⟨m.; -(e)s, -e⟩ = *Auszug(6);* ein ~ aus Heilpflanzen □ **extrato**

Ex|trak|ti|on ⟨f.; -, -en⟩ **1** *das Extrahieren, Herauslösen;* ~ eines chem. Stoffes **2** *das Extrahieren, Extrahiertwerden, Herausziehen;* ~ von Zähnen □ **extração**

♦ **ex|tra|va|gant** ⟨[-va-] a. ['----] Adj.⟩ *betont auffällig, vom Üblichen abweichend, ungewöhnlich, ausgefallen;* sich ~ kleiden; er ist, verhält sich sehr ~ □ **(de modo) extravagante**

♦ **ex|tra|ver|tiert** ⟨[-vɛr-] Adj.; Psych.⟩ *nach außen gewandt, äußeren Einflüssen zugänglich;* oV **extrovertiert;** Ggs *introvertiert;* ein ~er Mensch, Typ; sie besitzt ein ~es Wesen □ **extrovertido**

♦ **ex|trem** ⟨Adj.⟩ **1** *äußerst, höchst od. niedrigst* 1.1 ~e Werte *Maximum od. Minimum* **2** *übersteigert, übertrieben;* ~e Ansichten 2.1 ⟨Pol.⟩ *einseitig orientiert;* Sy *radikal(5);* die ~e Linke, Rechte; eine ~e Partei □ **extremo**

♦ **ex|tro|ver|tiert** ⟨[-vɛr-] Adj.⟩ = *extravertiert*

ex|zel|lent ⟨Adj.⟩ *hervorragend, vorzüglich, ausgezeichnet;* er kann ~ Geige spielen □ **perfeitamente; magnificamente;** das ist ein ~er Wein □ **excelente**

Ex|zen|trik *auch:* **Ex|zent|rik** ⟨f.; -; unz.⟩ **1** *auffallendes, überspanntes Verhalten, absonderliche Wesensart, Eigenwilligkeit* **2** *mit übertriebener Komik dargestellte Artistik* □ **excentricidade**

ex|zen|trisch *auch:* **ex|zent|risch** ⟨Adj.⟩ **1** *nicht im Mittelpunkt gelegen* 1.1 ~e Kreise *K. ohne gemeinsamen Mittelpunkt* **2** ⟨fig.⟩ *überspannt, zu merkwürdigen Einfällen neigend;* ein ~er Milliardär □ **excêntrico**

ex|zer|pie|ren ⟨V. 500⟩ etwas (aus Büchern) ~ *Teile des Textes herausschreiben, Auszüge machen* □ **extrair**

Ex|zess ⟨m.; -es, -e⟩ **1** *Ausschreitung, Ausschweifung, Überschreitung gebotener Grenzen* **2** *sphärischer* ~ ⟨Math.⟩ *Überschuss der Winkelsumme eines Kugeldreiecks über 180°* □ **excesso**

Eye|li|ner ⟨[aɪlaɪnə(r)] m.; -s, -⟩ *kosmetischer Stift od. Pinsel zum Ziehen eines Lidstrichs* □ **delineador**

Fackel

Fa|bel ⟨f.; -, -n⟩ **1** lehrhafte, oft witzig-satirische Erzählung, in der die Tiere so wie Menschen handeln u. in der eine allgemeine Wahrheit od. Moral zum Ausdruck gebracht werden soll □ **fábula 2** der einfache Handlungsablauf ohne Nebenhandlungen, Grundplan einer Dichtung □ **trama 3** erdichtete, unglaubliche Geschichte □ **fábula**

fa|bel|haft ⟨Adj.⟩ **1** ⟨umg.⟩ großartig, wunderbar; wie war es auf der Reise? ~!; eine ~e Aufmachung; ein ~er Film, Roman; das ist ja ~!; die Wohnung ist ~ eingerichtet **2** ⟨umg.⟩ überaus groß; ein ~er Reichtum; eine ~e Geschwindigkeit, Höhe □ **fabuloso 3** ⟨24/50; verstärkend⟩ überaus, unglaublich; sie ist ~ reich; er ist ~ geschickt □ **extremamente; incrivelmente**

♦ Die Buchstabenfolge **fa|br...** kann in Fremdwörtern auch **fab|r...** getrennt werden.

♦ **Fa|brik** ⟨a. [-briːk] f.; -, -en⟩ Stätte zur maschinellen Herstellung von Halb- od. Fertigfabrikaten □ **fábrica**
♦ **Fa|bri|kat** ⟨n.; -(e)s, -e⟩ in einer Fabrik hergestelltes Erzeugnis □ **produto manufaturado; artigo**
♦ **fa|bri|zie|ren** ⟨V. 500⟩ **1** Waren, Güter ~ in einer Fabrik herstellen □ **fabricar 2** etwas ~ ⟨fig.; umg.; scherzh.⟩ (laienhaft) herstellen, zurechtbasteln; da hast du ja wieder etwas fabriziert □ **fazer 2.1** Unsinn ~ anstellen □ ***fazer besteira**

fa|bu|lie|ren ⟨V.⟩ **1** ⟨402/405; geh.⟩ fantasievoll erzählen (u. mit Schwärmereien ausschmücken), erdichten, erfinden; er kann sehr gut ~; wir fabulierten von unseren Zukunftsplänen **2** ⟨500⟩ etwas ~ erdichten, erzählen; einen Roman, eine Geschichte ~; diese Kurzgeschichten sind sehr gut fabuliert □ **fabular**

Fa|cet|te ⟨[fasɛtə] f.; -, -n⟩ = *Fassette*

Fach ⟨n.; -(e)s, Fächer⟩ **1** Unterabteilung in einem Raum od. auf einer Fläche; Schrank~, Wäsche~; das mittlere, obere, rechte ~ (im Schrank); etwas in ein ~ legen, stapeln, stellen □ **compartimento; prateleira; divisória 1.1** ⟨Web.⟩ Zwischenraum zwischen den Kettfäden, in den das Schiffchen mit dem Schussfaden eingeführt wird □ **cala 1.2** Mauerstück zwischen dem Balkengefüge □ **espaço preenchido nas paredes em enxaimel**; ~werk □ **enxaimel**; → a. *Dach(1.6)* **1.3** innerhalb des Rahmens liegender Teil; Fenster~, Tür~ □ **almofada 2** Unterabteilung eines Wissens- od. Arbeitsgebietes; Studien~, Lehr~, Bau~; Biologie als drittes ~ haben; welche Fächer hast du studiert?; sich auf ein ~ spezialisieren; er weiß in seinem ~ hervorragend Bescheid □ **matéria; disciplina**; ein Meister seines ~es sein □ ***ser perito em sua especialidade**; das schlägt (nicht) in mein ~ □ ***isso está fora da minha competência 2.1** vom ~ sein *Fachmann sein, etwas von einer Sache verstehen* □ ***ser especialista/perito**

..fach ⟨Adj. 24; in Zus.⟩ vervielfältigend, wiederholend; die dreifache Menge; in zweifacher Ausfertigung; ein zehnfaches Echo; mannigfach, mehrfach, vielfach; das Vierfache; das 4fache/4-Fache

Fach|ar|bei|ter ⟨m.; -s, -⟩ Arbeiter mit abgeschlossener Lehre (in einem anerkannten Lehrberuf); er ist ~ für Maschinenbau □ **técnico; operário especializado**

fä|cheln ⟨V.⟩ **1** ⟨400⟩ eine **Brise**, ein Luftzug fächelt *weht sanft* □ **arejar; ventilar 1.1** Blätter ~ *bewegen sich sanft im Wind* □ **balançar com o vento 2** ⟨500/Vr 7⟩ jmdn. ~ *jmdm. durch einen Luftzug Kühlung verschaffen;* ich habe mich mit dem Taschentuch gefächelt □ **abanar(-se) 3** ⟨500⟩ etwas fächelt jmdn. od. etwas *weht jmdn. od. etwas sanft u. kühlend an*; der Wind fächelte mich, meine Stirn □ **refrescar**

Fä|cher ⟨m.; -s, -⟩ **1** runder od. halbrunder, starrer od. faltbarer, aus Vogelfedern, Stoff, Papier o. Ä. bestehender Wedel, mit dem man sich od. jmdm. Luft zufächelt; den ~ entfalten, aufklappen **2** ⟨Jägerspr.⟩ Schwanzfedern des Auerhahns □ **leque**

Fach|frau ⟨f.; -, -en⟩ Frau, die für ein bestimmtes Fachgebiet zuständig, in ihm erfahren ist; ~ im Bereich Werbung □ **especialista**

fach|lich ⟨Adj. 24⟩ ein bestimmtes Fachgebiet betreffend, zu ihm gehörig; ~e Erfahrung, Kenntnisse □ **profissional; técnico**

Fach|mann ⟨m.; -(e)s, -leu|te⟩ jmd., der für ein bestimmtes Fachgebiet zuständig, in ihm erfahren ist; ein qualifizierter, alter, bewährter ~; er ist ~ auf diesem Gebiet □ **especialista**

fach|män|nisch ⟨Adj.⟩ in der Art eines Fachmanns, sachkundig, fachgerecht; er hat die Waschmaschine ~ repariert □ **com competência; profissionalmente**; jmdm. einen ~en Rat erteilen; ein ~es Gutachten anfordern □ **técnico**

fach|sim|peln ⟨V. 405; umg.⟩ (über etwas) ~ *Fachkenntnisse (über etwas) austauschen, sich über fachliche Angelegenheiten unterhalten;* sie fachsimpelten den ganzen Abend über Homöopathie □ **trocar figurinhas**

Fach|werk ⟨n.; -(e)s; unz.⟩ **1** bes. im 16./17. Jh. beliebte Art des Hausbaues, bei der die Zwischenräume (Fächer) zwischen dem Balkengefüge mit Lehm od. Ziegeln ausgefüllt wurden □ **enxaimel 2** ⟨selten⟩ größeres Fachbuch □ **obra especializada**

Fa|ckel ⟨f.; -, -n⟩ **1** Beleuchtungskörper aus harz-, pech- od. teergetränktem Gewebe, das um ein Ende eines kurzen Stockes gewickelt ist u. angezündet wird; eine flackernde, helle ~; die ~ brennt, geht aus □ **archote; tocha 2** ⟨fig.⟩ etwas, von dem ein erhellender, verzehrender Brand ausgeht; die ~ des Fortschritts, der

Wissenschaft; die ~ des Aufruhrs über das Land tragen □ **facho; chama**

Fa|çon ⟨[fasɔ̃:] f.; -, -s⟩ = *Fasson*

fad ⟨Adj.⟩ oV *fade* **1** *geschmacklos, schal; einen ~en Geschmack im Munde haben; das Bier, die Suppe schmeckt ~* □ **insípido; insosso 2** ⟨fig.; umg.⟩ *reizlos, langweilig, geistlos; ein ~er Kerl, ein ~er Witz; ~es Zeug reden; der Film, das Buch ist ~* □ **sem graça; chato**

fa|de ⟨Adj.⟩ = *fad*

fä|deln ⟨V.⟩ **1** ⟨500⟩ *einen* **Faden** *(durch, in das Nadelöhr) ~ durch das N. ziehen* **2** ⟨500⟩ **Perlen** *(auf eine Schnur, einen Faden) ~ ziehen, reihen* □ **enfiar 3** ⟨400⟩ *ein Stoff fädelt (sehr) verliert, lässt Fäden, franst aus* □ **desfiar**

Fa|den¹ ⟨m.; -s, Fä|den⟩ **1** *langes, dünnes, schmiegsames Gebilde aus zusammengedrehten (textilen) Fasern; Baumwoll~, Seiden~; Bind~; einen Knoten in den ~ machen* □ **fio 1.1** *(k)einen guten ~ miteinander spinnen sich (nicht) gut miteinander vertragen* □ **(não) se darem bem um com o outro* **1.2** *keinen guten ~ an jmdm. od. etwas lassen nur Schlechtes von jmdm. od. etwas sagen* □ **meter o pau em alguém* **2** *Ding, das einem Faden(1) äußerlich ähnlich ist; Gold~* □ **fio 2.1** *etwas zieht Fäden ist zähflüssig; gekochter Käse zieht Fäden* □ **ser viscoso/espesso* **3** ⟨fig.⟩ *dünnes, schwaches, zerreißbares Band* □ **cordel; Gedulds~** □ **paciência 3.1** *etwas hängt an einem ~ ist bedroht, befindet sich in einer kritischen Lage; sein Leben hängt an einem ~; das Unternehmen hing an einem (seidenen) ~* □ □ **estar por um fio* **4** ⟨fig.⟩ *Beziehung, Verbindung, Verbindungslinie; die (zerrissenen) Fäden wieder anknüpfen* □ **reatar as relações (rompidas)* **4.1** ⟨Pl.⟩ *Verbindung, durch die etwas gelenkt wird; die Fäden (eines Unternehmens, der Unterhaltung) in der Hand behalten, haben* □ **conduzir (uma empresa, uma conversa);* *im Betrieb laufen alle Fäden in seiner Hand zusammen* □ **ele é o mandachuva na empresa* **4.2** *gedanklicher Zusammenhang; den ~ des Gesprächs wieder aufnehmen, fortspinnen* **4.2.1** *den ~ verlieren aus dem Konzept kommen* □ **fio da meada;** → a. *rot(1.6, 1.6.1)* **5** ⟨Her.⟩ *dünner, schräger Balken auf dem Wappen, bes. bei unehelich Geborenen; Bastard~* □ **barra; contrabanda**

Fa|den² ⟨m. 7; -s, -⟩ **1** *altes deutsches Längenmaß, bes. zur Angabe von Tiefen u. als Garnmaß, 1,70 –1,80 m* □ **braça 2** *Raummaß für Brennholz, 10 -15 Kubikfuß* □ **Faden**

fa|den|schei|nig ⟨Adj. 24/70⟩ **1** *abgetragen, so weit abgenutzt, dass die einzelnen Fäden zu sehen sind (von Stoffen, Bekleidung)* □ **puído 1.1** ⟨fig.; abwertend⟩ *unglaubwürdig, leicht zu durchschauen, sichtlich unwahr; eine ~e Ausrede; seine Erklärung erschien mir sehr ~* □ **manjado**

Fa|ding ⟨[fɛɪdɪŋ] n.; -s; unz.⟩ **1** ⟨Rundfunktech.⟩ *An- und Abschwellen des Tones* **1.1** *Ausblenden des Tones durch stetige Abnahme der Lautstärke (bes. bei der Wiedergabe von Musikstücken)* **2** ⟨Kfz⟩ *Nachlassen der Bremswirkung bei anhaltender Betätigung der Bremsen aufgrund von Überhitzung* □ *fading*

Fa|gott ⟨n.; -(e)s, -e; Mus.⟩ *tiefstes Holzblasinstrument mit gebogenem Blasrohr u. zweiblättrigem Rohrblatt* □ **fagote**

fä|hig ⟨Adj.⟩ **1** ⟨70⟩ *befähigt, begabt, tüchtig; ich halte ihn für sehr ~; ein ~er Kopf, Mensch* □ **capaz; competente; apto 2** ⟨73 od. 74⟩ *in der Lage, imstande; dazu bin ich nicht mehr ~ (vor Erschöpfung, Müdigkeit usw.); er ist noch nicht einmal ~, die einfachste Aufgabe zu lösen; er ist zu allem ~; ich halte ihn eines Betruges (nicht) für ~; glaubst du, dass er dessen ~ ist?* □ **capaz**

Fä|hig|keit ⟨f.; -, -en⟩ **1** ⟨unz.⟩ *das Imstandesein, das Fähigsein, Vermögen; ~ zur Einsicht, zur Toleranz; Denk~; Leistungs~* □ **capacidade; faculdade 2** ⟨zählb.⟩ *Können, Begabung, Wissen; sie besitzt große ~en; jmds. ~en nutzen, fördern, bilden; ~en auf künstlerischem, wissenschaftlichem Gebiet; bei deinen ~en könntest du es weit bringen* □ **capacidade; competência; aptidão**

fahl ⟨Adj.⟩ **1** *blass, bleich, farblos; das ~e Licht des Mondes; er wurde (vor Schreck usw.) ~ im Gesicht* □ **pálido, descorado 2** ⟨fig.; geh.⟩ *leblos, kraftlos; ein ~es Lächeln* □ **pálido; sem vida**

fahn|den ⟨V. 800⟩ *nach etwas od. jmdm. ~ etwas od. jmdn. zu finden, etwas od. jmds. Aufenthaltsort zu erfahren suchen; nach einem verschollenen Dokument ~; nach einem gestohlenen Gegenstand ~; die Polizei fahndet nach dem Täter, Verbrecher* □ **procurar; ir em busca**

Fah|ne ⟨f.; -, -n⟩ **1** *farbiges, meist rechteckiges, an einer Stange befestigtes Tuch als Hoheitszeichen; National~; die ~ einholen, einziehen, hissen, weihen; die ~n wehen auf halbmast; ~nstange* □ **bandeira 2** *als Kenn- od. Feldzeichen dienendes, an einer Stange befestigtes Stoffstück bes. als Sinnbild der Zusammengehörigkeit; Kirchen~, Kriegs~, Vereins~; den Eid auf die ~ schwören* □ **estandarte; bandeira 2.1** *die ~ nach dem Winde drehen* ⟨fig.⟩ *je nach Bedarf seine Anschauung wechseln* □ **dançar conforme a música* **2.2** *sie hatten die Freiheit auf ihre ~n geschrieben* ⟨fig.⟩ *sie kämpften für die Freiheit* □ **fizeram da liberdade a sua bandeira* **3** ⟨fig.⟩ *Ideal, für das man kämpft* □ **bandeira; lema 3.1** *die ~ der Freiheit vorantragen für die F. kämpfen* □ **levantar a bandeira da liberdade* **3.2** *die ~ hoch halten* ⟨umg.⟩ *unbeirrt bei etwas ausharren* □ **não deixar a peteca cair* **4** *meist dreieckiges, an einer Stange befestigtes Metallstück; Wetter~* □ **grimpa; cata-vento 5** *Wolken- od. Dunststreifen; Nebel~; bruma; Rauch~* □ **rastro de fumo/fumaça 6** ⟨umg.⟩ *nach Alkohol riechender Atem; eine ~ haben* □ **bafo de onça 7** ⟨Typ.⟩ *Korrekturabzug des gesetzten, noch nicht umbrochenen Textes; ~n lesen, korrigieren* □ **prova tipográfica; granel 8** ⟨Bot.⟩ *hinteres Kronblatt des Schmetterlingsblütler, das die beiden seitlichen u. die beiden vorderen Kronblätter umgreift* **9** ⟨Zool.⟩ *die Gesamtheit der am Schaft sitzenden Fasern der Vogelfeder* □ **vexilo 10** ⟨Jägerspr.⟩ *die langen Haare am Schwanz von langhaarigen Jagdhunden u. Eichhörnchen* □ **pêlos longos da cauda**

Fahr|bahn ⟨f.; -, -en⟩ *für Fahrzeuge bestimmter Straßenteil;* die ~ überqueren; eine breite, asphaltierte, betonierte ~ □ **faixa de rodagem; pista**

Fäh|re ⟨f.; -, -n⟩ *Schiff zum Übersetzen über Flüsse u. Seen;* Auto~, Eisenbahn~; die ~ legt an □ **balsa**

fah|ren ⟨V. 130⟩ **1** ⟨400(s.)⟩ ein **Fahrzeug** fährt *bewegt sich mit Hilfe einer antreibenden Kraft fort;* mit Benzin, Diesel ~; die Straßenbahn fährt elektrisch; der Zug fährt nur sonntags □ **andar; rodar;** auf und ab ~; hin und her ~; langsam, schnell ~ □ **dirigir; ir (com meio de transporte);** um die Ecke ~ □ **dobrar a esquina,* Kurve ~ □ **fazer a curva;* gegen einen Baum ~ □ **bater numa árvore;* durch die Stadt, durch einen Tunnel ~ □ **dirigir;** zu Tal ~ □ **ir (com meio de transporte) 1.1** ⟨411⟩ ein **Schiff** fährt auf **Grund** *stößt auf G.* □ **um navio encalha* **2** ⟨400(s.)⟩ *sich mit einem Fahrzeug fortbewegen;* Ggs *gehen(1);* wir wollen lieber ~ (anstatt zu gehen); lieber schlecht gefahren als gut gelaufen; rechts, links ~; ins Gebirge ~; wie lange ~ wir bis Berlin?; wie fahre ich am kürzesten, schnellsten nach ...?; Karussell ~; mit dem Auto, der Bahn, dem Fahrrad, Schiff ~; Rad ~; aufs Land ~; nach Berlin ~ □ **ir/andar (com meio de transporte);** ~ Sie über Frankfurt? □ **vai passar por Frankfurt?;* in die Ferien, in Urlaub ~ □ **sair de férias* □ **ir (com meio de transporte);** sie kann das Fahren nicht gut vertragen □ **andar de carro 2.1** erster **Klasse** ~ *die erste Klasse eines Beförderungsmittels benutzen* □ **ir de primeira classe* **2.2** die **Strecke** kannst du in zwei Stunden ~ *bewältigen* □ **fazer; percorrer 2.3** ⟨500⟩ eine **Rekordzeit** ~ *eine Strecke in einer R. bewältigen* □ **bater um recorde* **2.4** ⟨411⟩ **zur See** ~ ⟨Seemannsspr.⟩ *von Beruf Seemann sein* □ **ser marinheiro* **2.5** ~de **Güter** *bewegliches Eigentum* □ **bens móveis,* Ggs *liegende Güter,* → *liegen(3.1)* **2.6** ⟨501/Vr 3; umg.⟩ es fährt sich ~ *man kann ... fahren;* auf dieser Straße fährt es sich gut □ **essa estrada é boa* **2.7** ⟨500⟩ ein **Fahrzeug** ~ *lenken;* Auto ~; ein Motorrad ~; ~ lernen (mit dem Auto); können Sie ~? (mit dem Auto); vierspännig ~; er fährt ausgezeichnet, gut, schlecht, sicher; 10 Jahre unfallfrei ~ (mit dem Auto) □ **dirigir; conduzir;** den Wagen in die Garage ~ □ **colocar;** sei beim Fahren vorsichtig! □ **cuidado ao dirigir!;* er versteht sich aufs Fahren □ **ele dirige bem* **2.7.1** jmdn. mit dem Auto ~ lassen *es erlauben;* lass mich mal ~! □ **dirigir;** ⟨aber Getrennt- u. Zusammenschreibung⟩ ~ lassen ⟨fig.⟩ = *fahrenlassen* **2.8** ⟨500⟩ jmdn. od. etwas ~ *mit Hilfe eines Fahrzeuges fortbewegen;* jmdn. nach Hause ~; Steine ~ □ **levar; transportar 3** ⟨500⟩ eine **Sendung** ~ (in Funk, Film, Fernsehen) *(nach Plan) ablaufen lassen* □ **passar; transmitir 4** ⟨500⟩ **Apparate, Maschinen** ~ ⟨umg.; Techn.⟩ *in Betrieb setzen und in Betrieb halten, bedienen, steuern;* einen Generator im Probelauf ~ □ **ligar; pôr em movimento 5** ⟨411(s.) od. 800; fig.⟩ *sich plötzlich und sehr schnell in eine bestimmte Richtung bewegen;* in die Höhe ~ □ **ter um sobressalto;* aus dem Bett ~ □ **pular da cama;* in die Kleider ~ □ **enfiar a roupa;* **vestir-se depressa 5.1** ein **Tier** fährt aus ..., in ... (Jägerspr.)

bewegt sich plötzlich u. sehr schnell in eine bestimmte Richtung; der Fuchs fährt aus dem Bau; der Biber fährt ins Wasser; der Hase fährt aus dem Lager □ **sair/entrar correndo 5.2** ⟨613⟩ ein **Gedanke** fuhr mir durch den Kopf *kam mir plötzlich* □ **passar por; ocorrer 5.3** ⟨800⟩ **etwas** fährt **in jmdn.** ⟨fig.⟩ *ergreift plötzlich Besitz von jmdm.;* was ist bloß in ihn gefahren? □ **o que deu nele?;* der Teufel ist in ihn gefahren □ **ele ficou maluco* **5.3.1** der **Schreck** ist mir in die Glieder gefahren *ich bin sehr erschrocken* □ **levei um baita susto* **6** ⟨411(s.); veraltet⟩ *sich aus eigener Kraft fortbewegen* □ **motorizado 6.1** fahr zur Hölle! ⟨fig.; derb⟩ *lass mich in Ruhe!, mach, dass du wegkommst!* □ **vá para o inferno!* **6.2** gen Himmel ~ in den Himmel aufsteigen □ **ascender aos céus* **6.3** ⟨413⟩ fahr wohl (poet.) *leb wohl* □ **adeus* **6.4** (Bergmannsspr.) *sich unter Tage fortbewegen (auch dann, wenn man geht)* □ **descer 7** ⟨411(s.)⟩ **durch, über etwas** ~ *streichen, wischen;* jmdm. durchs Haar ~; jmdm. über das Haar, über den Kopf ~ □ **passar a mão; alisar;** sich mit der Hand über die Augen ~ □ **esfregar os olhos;* mit dem Staubtuch über die Möbel ~ □ **passar o pano nos móveis* **8** ⟨413(s.)⟩ **mit etwas gut (schlecht)** ~ ⟨umg.⟩ *gute (schlechte) Erfahrungen mit etwas machen;* er ist gut (schlecht) dabei gefahren; ich mache es immer so und bin immer gut damit gefahren □ **dar-se bem/mal*

fah|ren|las|sen *auch:* **fah|ren las|sen** ⟨V. 175/500; fig.⟩ **1** etwas ~ *loslassen;* einen Griff, das Seil ~ □ **soltar;** einen Plan, ein Vorhaben ~ □ **deixar de lado 1.1 lasst alle Hoffnung fahren** *(Übersetzung der letzten Worte der Inschrift über dem Höllentor in Dantes „Göttl. Komödie", Inferno, 3,9)* □ **abandonar 1.2** einen, ⟨od.⟩ einen Wind ~ ⟨derb⟩ *einen Wind, eine Blähung abgehen lassen* □ **soltar um peido/pum* **2** eine Sache ~ *auf sie verzichten* **2.1** lass fahren dahin! *verzichte!, entsage!* □ **deixar para lá; esquecer;** → a. *fahren (2.7.1)*

Fah|rer ⟨m.; -s, -⟩ *Führer eines Fahrzeuges;* der ~ eines Autos, Motorrads; er ist ein hektischer, sicherer, zuverlässiger ~ □ **motorista**

Fah|re|rin ⟨f.; -, -rin|nen⟩ *weibl. Fahrer* □ **motorista**

fah|rig ⟨Adj.⟩ **1** *unausgeglichen, heftig;* mit ~en Bewegungen etwas suchen □ **agitado; nervoso 2** ⟨fig.⟩ *zerstreut, zerfahren;* sei nicht so ~! □ **distraído**

Fahr|kar|te ⟨f.; -, -n⟩ **1** *Karte als Ausweis über bezahltes Fahrgeld, die zur Benutzung eines öffentlichen Verkehrsmittels (bes. eines Zuges) berechtigt;* Sy *Fahrschein;* eine (un)gültige ~; eine ~ (nach Hamburg) lösen; eine ~ der ersten, zweiten Klasse □ **passagem; bilhete**

fahr|läs|sig ⟨Adj.⟩ *sorglos, unachtsam, die erforderliche Sorgfalt außer Acht lassend u. dadurch ein Unglück ermöglichend od. Schaden verursachend;* er ist ein ~er Mensch; ~ handeln □ **(de modo) negligente/descuidado;** ~e Brandstiftung; jmdn. ~ töten; jmdn. wegen ~er Tötung verurteilen □ **culposo**

Fahr|plan ⟨m.; -(e)s, -plä|ne⟩ **1** *Zeitplan, der die An- und Abfahrtszeiten öffentlicher Verkehrsmittel (Bus, Bahn) anzeigt;* Sommer~, Winter~; ~änderung;

Fahrrad

Einhaltung des ~s; Ankunft ist laut ~ um 20 Uhr ☐ **horário (dos meios de transporte)** 1.1 *Heft, Broschüre, Verzeichnis, Übersicht über Fahrpläne(1)*; im ~ nachschauen, wann der nächste Zug fährt ☐ **tabela de horários** 2 ⟨fig.; umg.⟩ *Termin-, Zeitplan*; wegen des Besuchs muss ich meinen ganzen ~ umstellen ☐ **horário**

Fahr|rad ⟨n.; -(e)s, -rä|der⟩ *ein einspuriges Fahrzeug mit zwei Rädern, das der Fahrer mit eigener Kraft durch Treten der Pedale fortbewegt*; (auf, mit dem) ~ fahren ☐ **bicicleta**

Fahr|rad|fah|rer ⟨m.; -s, -⟩ = *Radfahrer*

Fahr|rad|fah|re|rin ⟨f.; -, -rin|nen⟩ = *Radfahrerin*

Fahr|rad|weg ⟨m.; -(e)s, -e⟩ *Fahrweg für Fahrradfahrer; auf dem ~ fahren* ☐ **ciclovia**

Fahr|rin|ne ⟨f.; -, -n⟩ *durch Seezeichen abgesteckte u. in Seekarten eingetragene Fahrstraße für Schiffe* ☐ **canal**

Fahr|schein ⟨m.; -(e)s, -e⟩ = *Fahrkarte*

Fahr|schu|le ⟨f.; -, -n⟩ *gewerblicher Betrieb, in dem man das Fahren eines Kraftfahrzeuges erlernen kann* ☐ **autoescola**

Fahr|stuhl ⟨m.; -(e)s, -stüh|le⟩ **1** = *Aufzug(2)* 1.1 *Korb, Kabine eines Aufzuges* ☐ **elevador 2** *Rollstuhl* ☐ **cadeira de rodas**

Fahrt ⟨f.; -, -en⟩ **1** *das Fahren; während der ~ nicht aus dem Fenster lehnen!; nach drei Stunden ~ erreichten wir Hamburg; ~ durch die Stadt; endlose, flotte, kurze, lange, rasche, schnelle ~* ☐ **viagem; passeio; trajeto**; *Vor~*; 1.1 *der Zug hat (keine) freie ~* die Strecke ist (nicht) frei ☐ **passagem 2** *Reise; Auto~, Bahn~, Hin~, Rück~, Rund~; (ich wünsche Ihnen) gute ~!; die (Zug-)~ dreimal unterbrechen; auf der ~ nach Berlin; eine ~ von drei Stunden; einstündige, mehrstündige ~* ☐ **viagem 3** *größerer Ausflug in Gruppen (mit Zelten); auf ~ gehen* **excursão 4** *Geschwindigkeit (des Fahrzeugs); in rasender ~ ging es den Berg hinunter; mit halber ~; in voller ~ ~* ☐ **velocidade** 4.1 *gute, wenig ~ machen (bes. vom Schiff) schnell, langsam fahren* ☐ ***andar/navegar rápido/devagar*** **5** ⟨fig.; umg.⟩ *Bewegung des Gefühls, z. B. Schwung, Eifer, Zorn; jmd. ist, kommt in ~* ☐ ***estar inspirado/furioso***; *jmdn. in ~ bringen* ☐ ***inspirar/irritar alguém*** **6** ⟨Bergmannsspr.⟩ *unter Tage aufgestellte Leiter zum Klettern in senkrechten od. schrägen Grubenbauen* ☐ **escada**

Fähr|te ⟨f.; -, -n⟩ **1** ⟨Jägerspr.⟩ *die Fußabdrücke des Schalenwildes; auf eine ~ stoßen* ☐ **rastro; pegada 2** ⟨fig.⟩ *Reihe von Hinweisen, die zu einer gesuchten Person od. Sache führt; eine ~ verfolgen; jmdn. auf die richtige ~ bringen; auf der falschen, richtigen ~ sein* ☐ **pista**

Fahr|was|ser ⟨n.; -s, -⟩ **1** *alle Gewässerteile (samt der Fahrrinne), die für Wasserfahrzeuge befahrbar sind; das ~ frei halten; das tiefe, flache, breite ~ des Flusses* ☐ **águas navegáveis** 1.1 *(ganz) in seinem, im richtigen ~ sein* ⟨fig.; umg.⟩ *in seinem Element sein, genau Bescheid wissen* ☐ ***estar no seu elemento; estar como peixe na água*** 1.2 *in jmds. ~ geraten, segeln* ⟨fig.; umg.⟩ *unter jmds. Einfluss geraten* ☐ ***ir na onda de alguém***

Fahr|zeug ⟨n.; -(e)s, -e⟩ *Gerät zum Fahren, zum Befördern von Personen od. Lasten, z. B. Wagen, Schiff usw.* ☐ **meio de transporte; veículo**

Fai|ble *auch:* **Faib|le** ⟨[fɛːbl] n.; -s, -s⟩ *Vorliebe, besondere Neigung, Schwäche; sie hat ein ~ für Orchideen* ☐ **fraco; queda**

fair ⟨[fɛːr] Adj.⟩ **1** ⟨Sp.⟩ *die Spielregeln beachtend; ~es Match, Spiel; ~ spielen* ☐ **limpo 2** ⟨fig.⟩ *ehrlich, anständig, einem Gegner eine Chance lassend; jmdn. ~ behandeln* ☐ **honestamente; corretamente**

Fair|ness ⟨[fɛːr-] f.; -; unz.⟩ **1** *Anständigkeit, gerechtes Wesen, ehrliches Verhalten; die Regeln der ~ beachten* 1.1 ⟨Sp.⟩ *faires Verhalten, sportlicher Anstand, Einhaltung der (Wettkampf-) Regeln* ☐ **honestidade; imparcialidade**

Fair|play ⟨[fɛːrpleɪ]⟩ *auch:* **Fair Play** ⟨n.; (-) -; unz.; Sp.⟩ *faires Spielen, Fairness, Anstand; das ist eine Frage des ~* ☐ *fair play*

fä|kal ⟨Adj. 24⟩ *aus Fäkalien (Kot) bestehend, Fäkalien betreffend* ☐ **fecal**

Fä|ka|li|en ⟨Pl.⟩ *von Menschen u. Tieren ausgeschiedener Kot (u. Harn)* ☐ **fezes**

Fa|kir ⟨m.; -s, -ki|re [-kiːrə]⟩ **1** (in islam. Ländern) *Mitglied einer religiös-asketischen Sekte, dessen Körper durch Selbstkasteiung u. Ä. unempfindlich gegen Schmerzen geworden ist* **2** *als Fakir(1) auftretender Gaukler* ☐ **faquir**

Fakt ⟨m. od. n.; -(e)s, -en⟩ *oV* **Faktum 1** *(nicht zu widerlegende) Tatsache, etwas, das erwiesen ist, Geschehnis; ~ ist, dass er sich nicht gemeldet hat; das ist ~!* ☐ **fato** 1.1 ⟨Pl.⟩ *Zahlen, Daten; die ~en sprechen für sich; unter Berücksichtigung der uns vorliegenden harten ~en* ☐ **dados**

fak|tisch ⟨Adj. 24⟩ *tatsächlich, wirklich im Hinblick auf die Fakten, in Wirklichkeit* ☐ **factual; efetivo**; *das bedeutet ~ den Zusammenbruch; es ist ~ unmöglich; das kommt ~ auf dasselbe heraus* ☐ **na realidade; efetivamente**

Fak|tor ⟨m.; -s, -en⟩ **1** *Leiter einer Faktorei* ☐ **feitor 2** *Werkmeister in einer Druckerei od. Setzerei* ☐ **chefe de tipografia 3** *Zahl, die mit einer anderen multipliziert wird* ☐ **fator 4** ⟨fig.⟩ *maßgebender Umstand, Triebfeder, bestimmendes Element* ☐ **fator; motivo**

Fak|tum ⟨n.; -s, Fak|ten od. (veraltet) Fak|ta⟩ = *Fakt*

Fa|kul|tät ⟨f.; -, -en⟩ **1** *Gruppe zusammengehöriger Wissenschaften, z. B. Naturwissenschaften, Philosophie* **2** *eine Gruppe von Wissenschaften umfassende Hochschulabteilung; die ~ wechseln; juristische, medizinische, naturwissenschaftliche, philosophische ~* **3** *das Gebäude, in dem gelehrt wird* ☐ **faculdade 4** ⟨unz.; Math.; Zeichen: !⟩ *n! das Produkt aller natürlichen Zahlen von 1 bis n; 5 ~ = 1·2·3·4·5 = 120* ☐ **fatorial**

fa|kul|ta|tiv ⟨Adj. 24⟩ *freigestellt, nicht Pflicht, wahlfrei; Ggs obligatorisch; ~e Fächer* ☐ **facultativo**

falb ⟨Adj.⟩ *graugelb, gelblich (bes. von Pferden)* ☐ **fulvo; rosilho**

Fal|ke ⟨m.; -n, -n; Zool.⟩ *einer über die ganze Erde verbreiteten Familie der Greifvögel angehörender zierlicher, gewandt fliegender Vogel mit einer zahnartigen*

Spitze an der Seite des Oberschnabels: Falconidae; Baum~, Turm~, Jagd~, Wander- od. Edel~ □ **falcão**
Fall[1] ⟨m.; -(e)s, Fäl|le⟩ **1** ⟨unz.⟩ *das Fallen* □ **queda**; *beim ~ von der Leiter* □ ***ao cair da escada* 1.1** *der freie ~* ⟨Phys.⟩ *die gleichmäßig beschleunigte Bewegung eines Körpers infolge der Anziehungskraft der Erde auf den Erdmittelpunkt zu, d. h. nach unten* □ ***a queda livre* 1.2** *Sturz u. Aufprall; man hörte einen (schweren) ~* □ **queda; baque**; *zu ~ kommen* □ ***cair* 1.2.1** *jmdn. zu ~ bringen* ⟨a. fig.⟩ *zugrunde richten, stürzen, ihm seine Existenz, seine Wirksamkeit nehmen (bes. durch Intrigen)* □ ***derrubar/arruinar alguém* 1.2.2** *ein Vorhaben zu ~ bringen* ⟨fig.⟩ *zunichtemachen, verhindern, vereiteln* □ ***frustrar/inviabilizar um projeto*;** → a. *Knall (2.1)* **1.3** *Niedergang, Untergang; Aufstieg u. ~ einer Familie, eines Geschlechtes* □ **queda; decadência 1.3.1** *der ~ Adams* ⟨bibl.⟩ *Sündenfall* □ **queda; pecado;** → a. *Hochmut (1.1)* **2** *(vielleicht eintretender) Umstand; wenn dieser ~ eintreten sollte, dann ...; für den ~ eines Gewitters; in diesem ~ muss ich leider Nein sagen; im besten, schlimmsten ~* □ **caso; hipótese 2.1** *den ~ setzen als gegeben annehmen; gesetzt den ~, wir hätten das nötige Geld* □ ***supor* 2.2** *für den ~, dass ..., im ~(e), dass ... falls, wenn; für den ~, dass es regnet; im ~e, dass ich nicht kommen kann* □ ***caso...* 2.3** *auf alle Fälle,* **auf jeden ~** *ganz bestimmt, unbedingt, unter allen Umständen* □ ***em todo caso; de todo modo; a todo custo* 2.4** *auf keinen ~ bestimmt nicht* □ ***de modo algum* 2.5** *für alle Fälle vorsichtshalber; nimm für alle Fälle etwas Geld mit* □ ***por precaução* 3** *bestimmte Angelegenheit, Sache; der ~ liegt so: ...; ein einmaliger, heikler, hoffnungsloser, interessanter, schwieriger, trauriger ~; es gibt Fälle, in denen man selbst entscheiden muss; ich habe den folgenden ~ erlebt* □ **situação 3.1** *das muss man von ~ zu ~ entscheiden jede Angelegenheit muss für sich, muss einzeln entschieden werden* □ **caso 3.2** *klarer ~!* ⟨umg.⟩ *selbstverständlich!* □ **claro!; óbvio! 3.3** *das ist (nicht) der ~ das ist (nicht) richtig, das stimmt (nicht), das verhält sich (nicht) so* **3.4** *Rechtssache; der ~ Schulze gegen Müller* □ **caso 3.5** *Vorkommen (einer Krankheit) bei einer einzelnen Person; wir haben sechs Fälle von Masern gehabt* □ **caso; ocorrência 4** ⟨Gramm.⟩ *Form, die ein Substantiv od. Pronomen annehmen kann, um seine Beziehung zu andern Satzteilen usw. auszudrücken; Sy Kasus;* Wer~, Wen~; *die Fälle eines Substantivs bilden; erster, zweiter ~; dieses Substantiv steht im dritten ~* □ **caso**

Fall[2] ⟨n.; -(e)s, -en; Mar.⟩ **1** *Tau zum Setzen u. Herablassen eines Segels* □ **adriça 2** *Neigung (von Schornsteinen u. Masten) gegen die Senkrechte* □ **inclinação; queda**

Fal|le ⟨f.; -, -n⟩ **1** *Vorrichtung zum Fangen von Tieren; ~n aufstellen, bauen; ein Tier in, mit einer ~ fangen; die ~ spannen* □ **armadilha; arapuca;** *Mause~* □ **ratoeira 2** ⟨fig.⟩ *Hinterhalt; jmdn. (mit etwas) in eine ~ locken* □ ***atrair alguém para uma armadilha (com alguma coisa)* 2.1** *jmdn. eine ~ stellen jmdn. in einen Hinterhalt locken, durch geschickte Fragen überlisten* □ ***preparar uma armadilha para alguém* 2.2** *(jmdm.)* **in die ~ gehen** *einem Hinterhalt, einer Intrige zum Opfer fallen* □ ***cair numa armadilha* 2.3** *in der ~* **sitzen** *keinen Ausweg mehr wissen* □ ***ficar preso na armadilha*;** *wenn du darauf eingehst, dann sitzt du wie die Maus in der ~* □ **ratoeira 3** ⟨fig.; umg.; scherzh.⟩ *Bett; in die ~ gehen; er liegt noch in der ~* □ **cama 4** *Riegel des Türschlosses* □ **ferrolho; tranca**

fal|len ⟨V. 131(s.)⟩ **1** ⟨400⟩ *sich durch die eigene Schwere ohne Hilfsmittel nach unten bewegen; langsam, schnell ~; Regen, Schnee fällt; der Nebel fällt; der Vorhang (im Theater) fällt; sich in einen Sessel ~ lassen; einen Gegenstand ~ lassen* □ **cair 1.1** *eine* **Masche ~ lassen** *von der Nadel gleiten lassen* □ ***deixar cair um ponto*;* ⟨aber Getrennt- u. Zusammenschreibung⟩ *~* **lassen** ⟨fig.⟩ *= fallenlassen* **1.2** *stürzen, hinfallen; Vorsicht, fall nicht!* □ **cair; tropeçar**; *er versuchte noch im Fallen, einen Halt zu finden* □ **queda**; *auf den Boden, auf die Erde ~* □ **cair**; *über ein Hindernis ~* □ **tropeçar**; *vom Pferd ~; ich bin vor Schreck fast vom Stuhl gefallen* □ **cair;** → a. *Fuß(1.3), Gewicht*[1]*(2.1), Hand(2.3.5 u. 2.3.6), Herz(9.2), Himmel(1.4), Kopf(4.4.1), Meister(2), Mund(3.9), Nerv(2.2), Rahmen(2.4.1), Rolle(5.1), Rücken(3.4), Schoß*[1]*(1.2), Stein(1.1.1), Stängel(2), Tisch(2.2), Tür(6), Wasser(2.10), Wolke(1.1), Würfel(2.2)* **2** ⟨400⟩ *niedriger werden, sinken; Ggs steigen; der Wasserspiegel fällt; der Fluss ist um einen Meter gefallen; das Barometer, das Fieber, die Temperatur ist gefallen* □ **baixar; diminuir 2.1** *(im Wert) geringer werden; die Aktien ~; die Preise ~; der Kurs fällt* □ **cair; baixar 3** *schräg nach unten verlaufen, abfallen; das Fallen einer Erdschicht* □ **pender; ir em declive 4** ⟨410⟩ *Haar, Stoff fällt hängt herab, legt sich; das Haar fiel ihm bis auf die Schultern; das Kleid fällt gut* □ **cair 5** ⟨400⟩ *zugrunde gehen* **5.1** *jmd.* **fällt** *stirbt im Kampf an der Front* □ **cair; morrer 5.1.1** *die Gefallenen die Soldaten, die im Kampf an der Front gestorben sind* □ ***os mortos em combate* 5.2** *Haarwild fällt* ⟨Jägerspr.⟩ *geht durch Krankheit, Kälte, Hunger ein; im Winter sind drei Rehe gefallen* □ **morrer 5.3** *eine Festung, eine* **Stadt** *fällt wird erobert* □ **ser conquistado 6** ⟨800⟩ **6.1 in einen Zustand ~** *unvermittelt von einem Zustand in einen anderen geraten; in tiefen Schlaf ~; in Ungnade ~ (bei)* □ **cair 6.2** *etwas fällt an, auf jmdn. kommt in jmds. Besitz, entfällt auf jmdn.; das Haus fällt nach ihrem Tod an die Stadt; auf mich fällt ein Drittel des Erbes, der Kosten* □ ***caber a alguém; recair sobre alguém* 6.3** *etwas fällt auf jmdn. od. etwas trifft auf jmdn. od. etwas; sein Blick fiel auf ein Kind* □ **pousar**; *der Verdacht fällt auf ihn; die Wahl fiel auf ihn* □ **recair**; *Heiligabend fällt dieses Jahr auf einen Montag* □ **cair 6.4** *etwas* **fällt in, unter etwas** *gehört zu etwas, wird von etwas betroffen; in jene Zeit fiel ein Ereignis, das ...* □ **ter lugar; acontecer**; *Ostern fällt dieses Jahr in den März* □ **cair**; *das fällt unter dieselbe Kategorie, Rubrik* □ **entrar; fazer parte de 6.5** *jmdm. od. etwas in*

fällen

etwas ~ durch rasches Eingreifen etwas in seinem Lauf aufhalten; jmdm. in den Arm ~ □ cair; jmdm. ins Wort ~ □ *interromper alguém; einem Pferd in die Zügel ~ □ *puxar as rédeas de um cavalo 6.6 zu etwas od. jmdm. werden; jmdm. zur Last ~; einem Mordanschlag zum Opfer ~; jmdm. beschwerlich ~ □ tornar-se 7 ⟨411⟩ irgendwohin gelangt, dringt irgendwohin; ein Sonnenstrahl fällt ins Zimmer □ entrar; penetrar 7.1 ⟨611⟩ etwas fällt jmdm. ins Auge, in die Augen ⟨fig.⟩ etwas wird von jmdm. sofort bemerkt, zieht jmds. Aufmerksamkeit sofort auf sich □ *saltar aos olhos de alguém 8 ⟨411⟩ sich ⟨schnell, heftig⟩ an eine bestimmte Stelle bewegen 8.1 jmdm. zu Füßen ~ vor jmdm. niederfallen □ *cair aos pés de alguém 8.2 jmdm. um den Hals ~ jmdn. rasch, heftig umarmen □ *abraçar alguém 9 ⟨400⟩ etwas fällt erfolgt; die Entscheidung darüber ist (noch nicht) gefallen □ ter lugar; realizar-se 9.1 ein Schuss fällt wird abgefeuert, ertönt □ ser disparado 9.2 Worte ~ werden gesagt; es fielen böse Worte; darüber ist noch kein Wort gefallen □ ser dito

fäl|len ⟨V. 500⟩ **1** einen Baum ~ umschlagen, umhauen; er hat gerade Holz gefällt; er stürzte wie ein gefällter Baum, eine gefällte Eiche ⟨fig.⟩ □ abater; derrubar 1.1 jmdn. ~ ⟨fig.⟩ zu Fall bringen □ derrubar **2** das Bajonett, die Lanze ~ ⟨Mil.⟩ zum Angriff senken □ apontar **3** ⟨Funktionsverb⟩ eine Entscheidung, ein Urteil ~ entscheiden, urteilen □ *tomar uma decisão; pronunciar uma sentença **4** einen Stoff aus einer Lösung ~ ⟨Chem.⟩ in Form eines Niederschlags absondern, ausscheiden □ fazer precipitar **5** das Lot (auf eine Gerade) ~ ⟨Math.⟩ eine senkrechte Linie ziehen □ baixar

fal|len|las|sen auch: **fal|len las|sen** ⟨V. 175/500; fig.⟩ **1** eine Sache ~ aufgeben, nicht weiter verfolgen; eine Absicht, einen Plan, ein Vorhaben ~; ein Thema ~ □ desistir; renunciar **2** jmdn. ~ nicht mehr unterstützen, jmdm. seine Gunst entziehen, sich von jmdm. lossagen □ renunciar; abandonar **3** eine Bemerkung ~ beiläufig äußern □ fazer; → a. fallen (1.1)

fäl|lig ⟨Adj. 24/70⟩ **1** an einem bestimmten Zeitpunkt zu geschehen habend 1.1 etwas ist zahlbar, zu bezahlen; die Zinsen sind am Ende des Monats ~ □ vencer; den ~en Wechsel einlösen □ devido 1.2 etwas ist zu erwarten; der Zug ist in 5 Minuten ~ □ *o trem deve chegar em 5 minutos 1.3 etwas ist zu erledigen, notwendig; die Arbeit ist schon lange ~; bei dir ist wohl wieder einmal eine Strafe ~? □ necessário 1.4 jmd. ist ~ ⟨umg.⟩ ist an der Reihe □ *ser a vez de alguém

Fall-out auch: **Fall|out** ⟨[fɔːlaʊt] m.; -s, -s⟩ **1** radioaktiver Niederschlag (nach einer Atombombenexplosion o. Ä.) □ precipitação radioativa **2** Bewusstseinstrübung (durch häufigen Drogenkonsum) □ entorpecimento mental

falls ⟨Konj.⟩ wenn, für den Fall, dass ...; ~ er kommen sollte; ~ es regnet □ caso

Fall|schirm ⟨m.; -(e)s, -e⟩ Gerät zum Absprung od. Abwurf aus Luftfahrzeugen; ein automatischer ~; den ~ öffnen □ paraquedas

Fall|strick ⟨m.; -(e)s, -e; fig.⟩ **1** Hinterhalt, Hinterlist, Falle 1.1 jmdm. einen ~, ~e legen jmdn. in einen Hinterhalt locken, jmdm. eine Falle stellen □ armadilha; cilada

falsch ⟨Adj.⟩ **1** so, wie es nicht sein soll 1.1 fehlerhaft, mit Mängeln behaftet, inkorrekt □ errado; incorreto; ein Wort ~ schreiben 1.1.1 ~ spielen ⟨Mus.⟩ einen falschen Ton spielen □ incorretamente; ⟨aber⟩ → a. falschspielen 1.2 einer Absicht nicht entsprechend; etwas ~ verstehen □ mal; erroneamente; auf dem ~en Weg(e) sein; in den ~en Zug steigen; in der ~en Richtung fahren, gehen; wie man's macht, macht man's ~ ⟨wenn man es jmdm. nicht recht machen kann⟩ □ errado 1.2.1 ich glaube, wir sind hier ~ ⟨umg.⟩ wir haben uns verirrt □ *acho que estamos no lugar errado 1.2.2 bei jmdm. an den Falschen, die ~e Adresse geraten, kommen bei jmdm. nichts erreichen, abgewiesen werden □ *bater na porta errada 1.2.3 etwas in den ~en Hals, die ~e Kehle bekommen ⟨a. fig.⟩ etwas übelnehmen, obwohl es nicht böse gemeint war; er hat meine Bemerkung in die ~en Hals bekommen □ *levar a mal; ofender-se 1.2.4 ~er Zungenschlag ein Sichversprechen, bei dem man etwas anderes aus dem Ausdruck bringt, als man eigentlich sagen wollte □ *expressão infeliz 1.3 einer Situation nicht angemessen; ~e Bescheidenheit □ falso 1.4 dem tatsächlichen Sachverhalt nicht entsprechend; ~ unterrichtet sein; einen ~en Eindruck gewinnen □ mal; mau 1.5 unwahr, irreführend; ~ schwören; ~e Anzeige, ~e Anschuldigung □ falso; enganoso **2** die wahre Absicht verbergend, unaufrichtig; ~er Freund □ falso; fingido 2.1 ⟨fig.⟩ ein ~es Spiel mit jmdm. treiben jmdn. hintergehen, betrügen □ *enganar/trapacear alguém **3** unecht, nachgeahmt, vorgetäuscht; ein ~er Edelstein □ falso 3.1 ~er/Falscher Hase ⟨Kochk.⟩ zu einem längl. Stück geformter Hackbraten □ *bolo de carne moída 3.2 ~es Geld gefälschtes G. □ falso; falsificado 3.3 ~e Haare, Zähne künstliche H., Z. □ postiço 3.4 ~er Name angenommener N.; unter einem ~en Namen leben □ falso

Falsch ⟨n.; -s, unz.⟩ **1** ohne ~ ehrlich, aufrichtig, geradlinig □ *correto; honesto; sie ist ohne ~ □ *ela é correta/honesta **2** es ist kein ~ an jmdm. jmd. ist ehrlich u. aufrichtig; es ist kein ~ an ihm □ *não há falsidade nele

fäl|schen ⟨V. 500⟩ etwas ~ in betrügerischer Absicht nachmachen, bewusst (etwas Unechtes) für echt ausgeben; Geld ~; eine Unterschrift, ein Dokument ~; einen gefälschten Pass benutzen □ falsificar; adulterar

fälsch|lich ⟨Adj. 24/90⟩ **1** irrtümlich; etwas ~ annehmen; das Bild wurde ~ dem Maler Dürer zugeschrieben □ erroneamente **2** betrügerisch, in betrügerischer Absicht □ enganoso; fraudulento

falsch|spie|len ⟨V. 400⟩ **1** beim Spielen betrügen 1.1 ⟨fig.⟩ betrügerisch handeln, sich aus Berechnung unehrlich verhalten, eine bestimmte Absicht mit unaufrichtigen Mitteln verfolgen □ trapacear; → a. falsch (1.1.1)

Fäl|schung ⟨f.; -, -en⟩ **1** ⟨unz.⟩ das Fälschen, betrügerische Nachahmung; die ~ eines Bildes; die ~ von

Banknoten, Urkunden, Unterschriften ist strafbar □ **falsificação** 1.1 eine ~ **begehen** *etwas fälschen, betrügerisch nachahmen* □ **falsificar; adulterar* **2** *betrügerische Nachahmung;* Sy *Imitation(2); das Bild ist eine ~; die Münzen, Scheine sind grobe ~en* □ **imitação**

Fal|sett ⟨n.; -(e)s, -e; Mus.⟩ *(durch Brustresonanz verstärkte) Kopfstimme der männlichen Gesangsstimme; ~ singen* □ **falsete**

Fal|te ⟨f.; -, -n⟩ **1** *Knick, Bruch (in Papier od. Stoff); ~n glätten, glattstreichen* □ **dobra; prega; vinco;** *Stoff in ~n legen* □ **plissar/preguear um tecido; ~n bügeln* □ **prega; dobra; vinco 2** *übereinandergelegter Stoffteil; die Hose schlägt, wirft ~n* □ *fazer pregas;* **franzir 3** *vertiefte Linie in der Haut* □ **ruga** 3.1 *die Stirn in ~n ziehen runzeln* □ **franzir a testa* **4** ⟨Geol.⟩ *durch seitlichen Druck entstandene, wellenartige Verbiegung von Erdschichten, aus Sattel u. Mulde zusammengesetzt* □ **dobra**

fal|ten ⟨V. 500⟩ **1** *Papier, Stoff ~ in Falten legen, zusammenlegen, -knicken* □ **dobrar; preguear; plissar 2** *die Hände ~ ineinanderlegen, miteinander verschränken* □ **juntar; entrelaçar 3** *die Stirn ~ runzeln* □ **franzir**

Fal|ter ⟨m.; -s, -; Zool.⟩ = *Schmetterling;* Nacht~, Tag~; *ein blauer, weißer ~* □ **borboleta; mariposa**

fal|tig ⟨Adj.⟩ **1** *voller Falten, zerknittert; der Stoff ist ~* □ **franzido; plissado; amarrotado 2** *voller Fältchen, runzlig; ein ~es Gesicht* □ **enrugado**

Falz ⟨m.; -es, -e⟩ **1** ⟨Buchw.⟩ *scharfkantiger Kniff, Bruch, Faltlinie* □ **dobra; vinco 2** ⟨Buchw.⟩ *durch Zusammenpressen des Buchblocks gebildete Vertiefung zwischen Buchrücken u. -deckel* □ **encaixe 3** ⟨Buchw.⟩ *in den Buchrücken eingehefteter Papier- od. Leinwandstreifen, an den Bildtafeln angeklebt werden können* □ **entretela 4** ⟨Tech.⟩ *Verbindung abgebogener, zusammengepresster Blechränder* □ **ranhura; sulco 5** ⟨Bauw.⟩ *ausgesparter Raum od. Vertiefung zum Ineinandergreifen bei Hölzern, Ziegeln, Steinen* □ **ensambladura; encaixe**

fa|mi|li|är ⟨Adj.⟩ **1** ⟨24/60⟩ *die Familie betreffend, von dort herrührend; ~e Sorgen, Probleme; seine ~e Situation ist ungünstig* **2** *vertraut, zwanglos, anheimelnd; die Atmosphäre war ~; ~es Zusammensein* □ **familiar**

Fa|mi|lie ⟨[-ljə] f.; -, -n⟩ **1** ⟨i. e. S.⟩ *Eltern u. Kinder; ~ Schulze; eine ~ ernähren; eine fünfköpfige, große, kleine, kinderreiche ~* 1.1 *(keine) ~ haben (nicht) verheiratet sein u. (keine) Kinder haben* 1.2 *unser Freund gehört (mit) zur ~ geht bei uns ein u. aus, ist ganz vertraut mit uns* 1.3 *die Heilige ~ Maria, Joseph u. das Jesuskind* 1.4 *das kommt in den besten ~n vor* ⟨umg.; scherzh.⟩ *das kann jedem passieren, ist nicht so schlimm* **2** ⟨i. w. S.⟩ *Geschlecht, Sippe, alle Verwandten; der Besitz befindet sich seit Jahrhunderten in der ~, bleibt in der ~* 2.1 *eine Eigenschaft liegt in der ~ kommt häufig vor, vererbt sich weiter; die musikalische Begabung liegt bei ihnen in der ~* **3** ⟨Biol.⟩ *aufgrund von Regeln der Abstammungslehre verwandte Gattungen* □ **família;** → a. *Gattung(3)*

Fa|mi|li|en|an|ge|hö|ri|ge(r) ⟨f. 2 (m. 1)⟩ *Mitglied der Familie* □ **membro da família**

Fa|mi|li|en|na|me ⟨m.; -ns, -n⟩ **1** *die Zugehörigkeit zu einer Familie bezeichnender Name;* Sy *Zuname, Nachname; bitte geben Sie den Vornamen und den ~n an* □ **sobrenome** 1.1 *bei der Eheschließung festgelegter Name (einer der beiden Familiennamen(1) der Ehepartner) für die Familie* □ **nome de casado(a)**

fa|mos ⟨Adj.; umg.⟩ *hervorragend, ausgezeichnet, herrlich; von dieser Stelle hat man eine ~e Aussicht über das Gebirge; das ist ja ~!* □ **incrível; extraordinário;** *das Kind spielt ganz ~ Klavier* □ **incrivelmente; magnificamente**

Fan ⟨[fæn] m.; -s, -s⟩ *begeisterter Anhänger;* Film~, Jazz~, Sport~; *der Sänger wurde von seinen ~s umringt* □ **fã**

Fa|nal ⟨n.; -(e)s, -e⟩ *markantes Ereignis, Tat als Zeichen bzw. Sinnbild für einen bevorstehenden Umbruch od. einen wichtigen Neubeginn; mit seiner Rede setzte er ein ~ für den politischen Umbruch* □ **fanal**

fa|na|tisch ⟨Adj.⟩ *sich mit blinder Leidenschaft einsetzend, unduldsam eifernd u. zu überzeugen suchend; ein ~er Sammler* □ **fanático**

Fan|fa|re ⟨f.; -, -n; Mus.⟩ **1** *Trompetensignal* **2** *kurzes, signalähnliches Musikstück bes. für Trompete od. Horn* □ **fanfarra 3** *helle Trompete ohne Ventil* □ **trompete sem pistão**

Fang ⟨m.; -(e)s, Fän|ge⟩ **1** ⟨unz.⟩ *das Fangen(1); auf ~ ausgehen* □ **captura; caça;** Fisch~ □ **pesca* **2** ⟨Pl. selten⟩ *das Gefangene, Beute; stolz trug er seinen ~ nach Hause* □ **presa; caça** 2.1 *einen guten ~ machen, tun viel fangen, erfolgreich (beim Fangen) sein* □ **captura; caçada 3** ⟨Jägerspr.⟩ *Fangwerkzeug eines Raubtieres* □ **presa** 3.1 ⟨Pl. selten⟩ *Maul von Raubwild u. Hund* □ **focinho** 3.2 ⟨meist Pl.⟩ *Fuß od. Kralle der Greifvögel* □ **garra 4** ⟨unz.; Jägerspr.⟩ *einem Wild den ~ geben den Todesstoß, Fangstoß* □ **golpe de misericórdia 5** ⟨Jagdw.⟩ *Vorrichtung zum Fangen von Wild;* Sau~ □ **armadilha**

fan|gen ⟨V. 132/500⟩ **1** *jmdn., ein Tier ~ seiner Freiheit berauben, in seine Gewalt bekommen; Fische, Fliegen, Vögel ~; die Katze fängt Mäuse* □ **capturar; pegar; caçar** 1.1 *jmdn. ~ fassen, gefangen nehmen; einen Dieb, Verbrecher ~; sich gefangen geben; der Soldat war lange gefangen* □ **prender; capturar** 1.1.1 *Fangen spielen ein Spiel spielen, bei dem einer die davonlaufenden Mitspieler zu greifen versucht* □ **pega-pega** 1.2 *jmdn. ~ durch List überführen; jmdn. durch geschickte Fragen ~* □ **pegar; surpreender** 1.3 *jmdn. ~ in seinen Bann ziehen, fesseln; er war von ihren Reizen gefangen* □ **fascinar; encantar 2** *etwas ~ (einen in Bewegung befindlichen Gegenstand) ergreifen u. festhalten; einen Ball, Bumerang ~* □ **pegar; agarrar 3** ⟨511/Vr 3⟩ *sich in etwas ~ nicht weiterkönnen, an ein Hindernis geraten; der Wind fängt sich im Schornstein* □ **ficar bloqueado/preso em alguma coisa* **4** ⟨Vr 3⟩ *sich ~ sein Gleichgewicht wiederfinden; er stolperte, konnte sich aber noch ~* □ **reequilibrar-se* 4.1 *er hat sich wieder gefangen* ⟨a. fig.⟩

hat sein seelisches Gleichgewicht wiedererlangt □ **recuperar-se 5** *Feuer ~ anbrennen, zu brennen beginnen* □ ***pegar fogo 5.1** ⟨a. fig.⟩ *sich für etwas begeistern* □ ***entusiasmar-se 5.2** ⟨a. fig.⟩ *sich verlieben* □ ***apaixonar-se 6** (sich) *eine* (**Ohrfeige**) *~* ⟨umg.⟩ *eine O. bekommen; du wirst (dir) gleich eine ~!* □ ***levar um tapa**

Fan|go ⟨m.; -s; unz.⟩ *zu Heilzwecken (für Bäder, Packungen, Umschläge) verwendeter Mineralschlamm vulkanischen Ursprungs* □ **lama termal**

Fan|ta|sie ⟨f.; -, -n⟩ oV *Phantasie* **1** ⟨unz.⟩ *Einbildungskraft, schöpferisches Denken, Erfindungsgabe; Erzeugnis, Produkt, Spiel der ~; er, sie hat ~; eine blühende, schmutzige, ungezügelte ~; dichterische ~; er hat viel, wenig, keine ~; in seiner ~ sah er sich schon als berühmten Naturforscher* □ **fantasia; imaginação 2** *Trugbild, Wahngebilde* □ **ilusão; alucinação 2.1** *Träumerei, vorgestelltes Bild* □ **fantasia**

fan|ta|sie|ren ⟨V. 400⟩ oV *phantasieren* **1** *sich den wechselnden Vorstellungen der Fantasie hingeben, wach träumen, sich Fantasien ausmalen u. über sie sprechen* □ **fantasiar; imaginar 1.1** ⟨umg.⟩ *Unsinn reden, verrückte Ideen äußern; er fantasiert von seinem Ruhm als Künstler* □ **delirar; devanear 2** ⟨Med.⟩ *im Fieber wirre Dinge erzählen* □ **delirar 3** ⟨Mus.⟩ *ohne Noten frei Erfundenes spielen, improvisieren* □ **improvisar**

fan|ta|sie|voll ⟨Adj.⟩ *voller Phantasie, schöpferisch, erfinderisch;* oV *phantasievoll; ein ~es Vorhaben* □ **fantasioso; inventivo**

fan|tas|tisch ⟨Adj.⟩ oV *phantastisch* **1** *nur in der Fantasie bestehend, nicht wirklich* □ **fantástico; irreal 2** *verstiegen, überspannt, etwas verrückt; die Preise sind ~* □ **inacreditável; absurdo 3** ⟨fig.⟩ *merkwürdig, seltsam* □ **estranho; peculiar 4** ⟨fig.; umg.⟩ *wunderbar, herrlich; wie war es gestern? ~!; ein ~es Buch, ~er Film; ein ~es Haus* □ **fantástico; extraordinário**

Fa|rad ⟨n.; -(s), -; Zeichen: F⟩ *Maßeinheit der elektrischen Kapazität* □ **farad**

Far|be ⟨f.; -, -n⟩ **1** *Empfindung, die Lichtstrahlen ihrer Wellenlänge entsprechend dem Auge vermitteln; dunkle, grelle, helle, harte, kräftige, lebhafte, leuchtende, matte, satte, schreiende, stumpfe, warme ~; gebrochene, ungebrochene ~; in allen, verschiedenen ~n schillern* □ **cor 1.1** *du redest wie der Blinde von der ~ ohne Sachkenntnis* □ ***você está falando sem conhecimento de causa 1.2** *Schattierung, Tönung; ~n aufeinander abstimmen; die ~n beißen sich* □ **matiz; tonalidade 1.3** *Färbung des Gesichts, der Haut; frische ~ haben; die ~ wechseln* □ **cor 1.3.1 ~ bekommen** *ein gesundes, frisches Aussehen;* die ~ **verlieren** *blass werden* □ ***perder a cor; empalidecer 1.4** *Buntheit, Farbigkeit, im Unterschied zu Schwarz u. Weiß; die Abbildungen sind alle in ~* □ **cor 1.4.1** *einer Sache mehr ~* **geben** ⟨a. fig.⟩ *mehr Ausdruckskraft* □ **cor; expressividade 2** *Farbstoff, Mittel zum Färben, zum Malen; Öl~, Pastell~, Wasser~; die ~ anreiben, mischen; die ~ ist frisch; die ~ blättert vom Bild, von der Wand ab; die ~ hält (nicht); die ~ geht aus; die ~ ist verblichen, verschossen* □ **tinta 2.1** *die ~ dick auftragen* ⟨a. fig.⟩ *(beim Erzählen) übertreiben* □ ***carregar nas tintas 2.2** *eine Sache in den leuchtendsten ~n schildern* ⟨fig.⟩ *sehr günstig* □ ***falar muito bem de alguma coisa 2.3** *etwas in den dunkelsten, krassesten ~n schildern* ⟨fig.⟩ *sehr ungünstig* □ ***falar muito mal de alguma coisa 3** *Farbe(1) als Symbol;* Blau *ist die ~ der Treue; die ~n eines Landes, einer Partei* **3.1** *die ~n einer Studentenverbindung, eines Vereins tragen Abzeichen od. Mütze mit den Farben der S., des V. tragen* □ **cor 3.2** *die ~ wechseln* ⟨a. fig.⟩ *seine Überzeugung wechseln, die Partei wechseln* □ ***mudar de opinião/partido 4** ⟨Kart.⟩ *Spielkartenklasse, z. B. Eichel, Herz; eine ~ spielen, ausspielen; eine ~ bedienen* □ **naipe 4.1** ⟨fig.⟩ *seine Überzeugung, die Wahrheit eingestehen* □ ***abrir o jogo; pôr as cartas na mesa**

fär|ben ⟨V.⟩ **1** ⟨500⟩ *farbig machen, Farbe geben; Stoff, Baumwolle ~; sich das Haar, die Augenbrauen ~* □ **colorir; tingir 1.1** ⟨Vr 3⟩ *etwas färbt* **sich** ⟨geh.⟩ *nimmt eine bestimmte Farbe an; die Blätter ~ sich, das Laub färbt sich* □ **amarelar***; die Kirschen, Pflaumen ~ sich schon* □ **amadurecer 2** ⟨400⟩ *etwas färbt* ⟨umg.⟩ *gibt Farbe ab; das dunkelrote Hemd färbt ziemlich* □ **desbotar 3** ⟨500⟩ *etwas ~* ⟨a. fig.⟩ *in bestimmter Weise verändert, mit einer bestimmten Tendenz darstellen; ein leicht humoristisch, ironisch gefärbter Bericht* □ ***um relato com um leve toque humorístico/irônico**

far|ben|blind ⟨Adj. 24/70⟩ *Farben nur teilweise od. gar nicht unterscheiden könnend; er ist ~; ein ~er Mensch* □ **daltônico**

far|ben|froh ⟨Adj. 24⟩ *bunt, lebhaft in den Farben, farbenfreudig; ein ~es Bild* □ **colorido; de cores vivazes**

far|big ⟨Adj.⟩ **1** *mit einer od. mehreren Farben versehen, bunt, gefärbt; ein ~er Druck; etwas ~ abbilden, fotografieren* □ **colorido 2** ⟨fig.⟩ *lebendig, anschaulich; eine ~e Schilderung* □ **vivo; intenso**

Far|bi|ge(r) ⟨f. 2 (m. 1); umg.; fälschl. für⟩ *Schwarzer(1)* □ **preto; (pessoa) de cor**

farb|los ⟨Adj.⟩ **1** *ohne Farbe, blass; sein Gesicht war völlig ~* □ **pálido; sem cor 1.1** ⟨70⟩ *durchsichtig; ~er Lack* □ **transparente 2** ⟨fig.⟩ *fade, eintönig, ausdruckslos, unanschaulich; er hat eine ~e Stimme; sein Stil, seine Schilderung war ~* □ **monótono; inexpressivo**

Farb|ton ⟨m.; -(e)s, -tö|ne⟩ *Farbabstufung, Farbtönung, Grad der Farbgebung; ein heller, dunkler, gelblicher, rötlicher ~* □ **matiz; tonalidade**

Fär|bung ⟨f.; -, -en⟩ **1** *das Färben* □ **coloração 2** *das Farbigsein, Art, in der etwas gefärbt ist, Farbstufe; die Blätter zeigen schon eine rötliche ~; ihr Gesicht nahm eine bräunliche ~ an* □ **coloração; pigmentação 3** ⟨fig.⟩ *Tendenz, Richtung, Neigung; die politische ~ einer Zeitung* □ **tendência; inclinação**

Far|ce ⟨[faːrs(ə)] f.; -, -n⟩ **1** *Einlage im französischen Mirakelspiel von derber Komik* 1.1 ⟨14./16. Jh.⟩ *selbständiges, kurzes, possenhaftes Spiel in Versen, in dem menschliche Schwächen verspottet wurden;* Sy *Posse* **2**

als wichtig hingestellte, im Grunde aber belanglose Angelegenheit, Lächerlichkeit; die Besprechung war eine ~; der Prozess war die reinste ~ ▢ **farsa 3** ⟨Kochk.⟩ *Füllung für Geflügel, Pasteten usw. aus gehacktem Fleisch, Fisch, Ei, Gemüse, Kräutern u. a.* ▢ **recheio**

Farm ⟨f.; -, -en⟩ *Landgut, bes. mit Tierzucht;* Geflügel~, Pelztier~ ▢ **propriedade rural; fazenda**

Farn ⟨m.; -(e)s, -e; Bot.⟩ *Angehöriger einer Klasse der Farnpflanzen mit gefiederten, gelappten u. ausgezackten Blattwedeln: Pteropsida;* Gemeiner Wurm~, Frauen~, Blasen~, Wald~, Zimmer~ ▢ **feto; samambaia**

Fär|se ⟨f.; -, -n⟩ *junge, geschlechtsreife Kuh, die noch kein Kalb geboren hat* ▢ **bezerra; vitela**

Fa|san ⟨m.; -(e)s, -e od. -en; Zool.⟩ *Angehöriger einer Unterfamilie der Hühnervögel, deren Männchen oft Prachtgefieder aufweisen: Phasianinae;* Jagd- od. Edel~, Königs~, Gold~, Blut~, Pfau~ ▢ **faisão**

fa|schie|ren ⟨V. 500; österr.⟩ Fleisch ~ *durch den Fleischwolf drehen* ▢ **moer**

Fa|schier|te(s) ⟨n. 3; österr.⟩ *Hackfleisch* ▢ **carne moída**

Fa|sching ⟨m.; -s, -e od. -s; bair.-österr.⟩ **1** = *Fastnacht;* der ~ in Bayern, in Tirol; im ~ werden Maskenbälle veranstaltet; eine ~sfeier veranstalten **2** *festliche Veranstaltung während der Fastnacht, die Wohnung für den ~ dekorieren; jmdn. zum ~ einladen* ▢ **carnaval**

Fa|schis|mus ⟨m.; -; unz.; Pol.⟩ **1** ⟨in Italien 1919 bis 1945⟩ *von Mussolini begründete nationalistische Bewegung mit diktatorischen Zielsetzungen* **2** *antikommunistische u. nationalistische ausgerichtete, nach einem starren Führerprinzip aufgebaute politische Ideologie* **2.1** *auf dem Faschismus basierende undemokratische Herrschaftsform, Diktatur* ▢ **fascismo**

fa|schis|tisch ⟨Adj. 24⟩ *in der Art des Faschismus, auf ihm beruhend, zu ihm gehörig* ▢ **fascista**

fa|seln¹ ⟨V. 400⟩ *Zuchtvieh faselt vermehrt sich* ▢ **dar cria**

fa|seln² ⟨V.; umg.⟩ **1** ⟨400⟩ *unbedacht u. zerstreut arbeiten, schreiben od. reden* ▢ **ser negligente/distraído (ao trabalhar/escrever/falar) 2** ⟨500⟩ *etwas ~* ⟨abwertend⟩ *Unsinn reden; was faselst du da?* ▢ **dizer bobagens**

Fa|ser ⟨f.; -, -n⟩ **1** ⟨Biol.⟩ *langgestreckte Zelle od. Zellbündel des pflanzlichen, tierischen u. menschlichen Gewebes;* Pflanzen~, Fleisch~, Muskel~, Nerven~ ▢ **fibra; filamento 2** *feines, dünnes (aus Pflanzengewebe gewonnenes) Gebilde, das zu Fäden versponnen wird;* der Stoff ist aus synthetischen ~n hergestellt ▢ **fibra 3** *etwas mit allen ~n seines Herzens ersehen, wünschen* ⟨fig.⟩ *mit ganzem Herzen* ▢ ***almejar/desejar alguma coisa com todo o coração/com toda a intensidade**

Fass ⟨n. 7; -es, Fäs|ser⟩ **1** *bauchiges (aus Dauben zusammengesetztes, mit Reifen zusammengehaltenes) Gefäß, das an u. unten mit einem kreisrunden Boden versehen ist;* Bier~, Wein~; ein ~ anstechen, anzapfen; der Wein schmeckt nach ~; dick wie ein ~ ▢ **barril; pipa 1.1** *saufen wie ein ~* ⟨fig.; umg.⟩ *sehr viel trinken* ▢ ***beber feito um gambá 1.3** *das schlägt dem ~ den Boden aus!* ⟨fig.⟩ *das ist die Höhe!, das ist deutlich mehr, als man sich gefallen lassen kann* ▢ ***é o fim da picada! 1.4** *voll wie ein ~ sein* ⟨umg.⟩ *völlig betrunken sein* ▢ ***estar totalmente bêbado 1.5** *ein ~ ohne Boden* ⟨fig.⟩ *endloses Bemühen, nutzloses Unterfangen* ▢ ***um saco sem fundo 2** *altes Hohlmaß unterschiedlicher Größe, 10 -1.600 l;* ~ Bier, Wein ▢ **tonel; barril**

Fas|sa|de ⟨f.; -, -n⟩ **1** *Außenansicht, Vorderfront, Schauseite eines Gebäudes* ▢ **fachada 2** *nichts als eine hübsche ~* ⟨fig.; umg.⟩ *ein hübsches Gesicht u. nichts dahinter* ▢ ***é só fachada**

fass|bar ⟨Adj. 24⟩ **1** *so beschaffen, dass man es erfassen kann* ▢ **palpável; tangível 2** *begreiflich, verständlich;* etwas ist leicht, schwer, nicht ~ ▢ **compreensível; inteligível**

fas|sen ⟨V.⟩ **1** ⟨500 od. 550/Vr 8⟩ jmdn. od. etwas ~ *ergreifen u. festhalten;* fass! (Befehl an den Hund); jmdn. am, beim Arm ~; jmdn. an, bei der Hand ~; jmdn. beim Kragen ~; etwas mit beiden Händen, mit der Zange ~; man muss die Gelegenheit beim Schopf ~ ⟨fig.⟩ ▢ **pegar; agarrar 1.1** ⟨513⟩ jmdn. an, bei seiner schwachen Seite ~ ⟨fig.⟩ *jmdn. da angreifen, wo er verletzbar ist* ▢ **pegar 1.2** ⟨513⟩ jmdn. bei seiner Ehre ~ *an jmds. Ehrgefühl appellieren* ▢ ***apelar para a honra de alguém 1.3** *jmdn. od. etwas gerade noch zu ~ kriegen gerade noch erwischen* ▢ ***conseguir pegar/surpreender alguém 1.4** jmdn. ~ *erwischen u. festnehmen;* hat man den Täter schon gefasst?; die Polizei konnte den lange gesuchten Verbrecher ~ ▢ **pegar; capturar 1.5** etwas fasst jmdn. *überkommt, befällt jmdn.;* Angst, Ekel, Entsetzen fasste uns bei diesem Anblick ▢ **tomar; acometer 1.6** ⟨Funktionsverb⟩ **1.6.1** einen **Beschluss** ~ *etwas beschließen* **1.6.2** einen **Entschluss** ~ *sich zu etwas entschließen* ▢ **tomar 1.6.3** einen **Plan** ~ *etwas planen* ▢ ***planejar 1.6.4** einen **Vorsatz** ~ *sich etwas vornehmen* ▢ ***propor-se; pretender;** → a. **Herz**(9.1) **2** ⟨500⟩ etwas od. jmdn. ~ *aufnehmen* ▢ **acolher 2.1** etwas ~ ⟨Soldatenspr.⟩ *als Zuteilung empfangen, entgegennehmen;* Essen, Munition ~ ▢ **receber 2.2** *in sich aufnehmen, enthalten können, Raum geben;* der Saal konnte die Zuhörer kaum ~; das Sportstadion fasst 100 000 Menschen; die Flasche fasst einen Liter ▢ **conter; ter capacidade para 2.3** etwas ~ *(ein Gefühl, einen Gedanken) entwickeln, (einem Gefühl) Raum geben;* Mut, Selbstvertrauen ~; Vertrauen, Zuneigung (zu jmdm.) ~; Abneigung, Haß, Misstrauen ~ gegen jmdn. ▢ **criar; tomar; pegar**; ich kann vor Aufregung keinen klaren Gedanken ~ ▢ **conceber 2.4** etwas ~ *verstehen, begreifen;* ich fasse den Sinn dieses Abschnittes nicht; es ist nicht zu ~! ▢ **pegar; entender 3** ⟨505⟩ etwas (in etwas) ~ *einfassen, einrahmen, eine Fassung geben;* Edelsteine ~; ein Bild (in einen Rahmen) ~; ein besonders schön gefasster Aquamarin ▢ **engastar; emoldurar 3.1** ⟨513⟩ etwas (in Worte) ~ *(in Worten) ausdrücken, formulieren;* etwas schriftlich ~; eine Verordnung bestimmt, klar ~; seine Gedanken in

Fassette

Worte ~; wie soll ich das in Worte ~? □ exprimir; **formular 4** ⟨Vr 3⟩ *sich in einer bestimmten Art u. Weise ~ sich ... ausdrücken* □ exprimir-se; *fasse dich kurz, ich habe keine Zeit* □ *seja breve, não tenho tempo* **5** ⟨500/Vr 3⟩ *sich ~ sich zusammennehmen, beherrschen, sich zur Ruhe zwingen, sich beruhigen; fasse dich!; nachdem der erste große Schmerz vorüber ist, hat sie sich jetzt wieder* gefasst; *er kann sich vor Begeisterung, Überraschung kaum ~* □ *conter--se;* controlar-se **5.1** ⟨513/Vr 3⟩ *sich in Geduld ~ sich gedulden, geduldig abwarten* □ *ter paciência* **6** ⟨400⟩ *etwas* fasst *greift ineinander, findet Halt; das Zahnrad, Gewinde* fasst *nicht* □ encaixar; engrenar

Fas|set|te ⟨f.; -, -n⟩ oV *Facette* **1** *eckig angeschliffene Fläche, vor allem an Edelsteinen, Glas, Metall o. Ä.* **1.1** ⟨fig.⟩ *Aspekt, Gesichtspunkt, Ausdrucksmöglichkeit; die vielen ~n einer multikulturellen Gesellschaft* □ faceta

fass|lich ⟨Adj. 24⟩ *so geartet, dass man es fassen kann, begreiflich; eine leicht ~e Abhandlung; etwas ist (für jmdn.) leicht, schwer, kaum ~* □ compreensível; inteligível

Fas|son ⟨[-sõ:] od. [-son] f.; -, -s, österr. [-so:n] -, -en⟩ oV *Façon* **1** *Form, Gestalt, Art u. Weise; einem Vorhaben ~ geben* □ forma **1.1** *Lebensart, Lebensstil; jeder sollte nach seiner ~ leben* □ modo/estilo de vida **2** *Schnitt, Sitz, Passform, Halt; das Haar hat keine ~ mehr* □ corte; feitio

Fas|sung ⟨f.; -, -en⟩ **1** *Umrahmung, die einem Gegenstand Halt gibt; die ~ der Brillengläser; die ~ eines Edelsteins* □ armação; engaste **1.1** ⟨El.⟩ *Metallzylinder, in den die Glühlampe eingeschraubt od. gesteckt wird* □ soquete **2** *Form, Wortlaut, Gestaltung (bes. von sprachlichen Kunstwerken); von diesem Drama, von dieser Oper sind zwei ~en bekannt; die verschiedenen ~en des Gedichtes miteinander vergleichen; im Alter hat er dem Roman eine andere ~ gegeben; die erste, ursprüngliche ~; die zweite ~ weicht nur wenig, stark von der ersten ab; der Film wurde in der deutschen ~ nicht gekürzt; der Film läuft in französischer ~* □ versão **3** ⟨Kunst⟩ *bes. im MA übliche farbige Bemalung von Stein- u. Holzskulpturen* □ pintura **4** ⟨unz.⟩ *Ruhe, Selbstbeherrschung; die ~ bewahren, (nicht) verlieren; mit Mühe die ~ wiedergewinnen; aus der ~ geraten, kommen; nichts kann ihn aus der ~ bringen; er lässt sich nicht so leicht aus der ~ bringen; er ist durch nichts aus der ~ zu bringen; der Vorfall hat ihn völlig aus der ~ gebracht; du musst es mit ~ ertragen* □ calma; autocontrole

fas|sungs|los ⟨Adj.⟩ *aus der Fassung gebracht, außer sich, bestürzt, sprachlos, aufs Höchste erstaunt; er war ~ vor Schrecken; ~ weinen; er machte ein ~es Gesicht; mit ~em Blick* □ perplexo, fora de si; desconcertado

Fas|sungs|ver|mö|gen ⟨n.; -s; unz.⟩ Sy *Kapazität(1)* **1** *bestimmte Menge, die ein Raum fasst, aufnimmt; der Behälter hat ein großes, kleines ~; das ~ dieses Gefäßes beträgt 5 l* □ capacidade **2** ⟨fig.⟩ *Fähigkeit, etwas geistig zu erfassen, etwas zu begreifen; das Kind hat ein ausgezeichnetes ~; das übersteigt sein ~* □ capacidade; inteligência

fast ⟨Adv.⟩ *beinahe, nicht ganz; wir hatten die Hoffnung ~ aufgegeben, als ...; ich habe ~ geglaubt, ...; wir waren ~ am Ziel, als ...; ~ wäre er gestürzt; hätte ich den Fehler übersehen; das Werk ist ~ vollendet; in ~ allen Fällen hat sich gezeigt, dass ...; ich konnte ~ nichts davon sehen* □ quase

fas|ten ⟨V. 400⟩ *sich aller od. bestimmter Speisen enthalten (in der kath. Kirche als Mittel zur Buße u. inneren Einkehr); er hat jetzt 2 Tage gefastet* □ jejuar

Fast|food ⟨[fa:stfu:d]⟩ *auch:* Fast Food ⟨n.; (-) -s; unz.⟩ **1** *schnell zubereitete Gerichte, z. B. Bratwürstchen, Hamburger u. Ä.* □ fast-food

Fast|nacht ⟨f.; -; unz.⟩ **1** *mit bestimmten spaßigen Bräuchen verbundene Tage vor Beginn der Fastenzeit;* Sy *Fasching(1), Karneval(1)* □ carnaval **1.1** (i. e. S.) *Abend u. Nacht vor Aschermittwoch; die ~ feiern* □ **Terça-Feira Gorda**

Fas|zi|na|ti|on ⟨f.; -, -en⟩ *Bezauberung, fesselnde Begeisterung, Gebanntsein; das übt große ~ auf ihn aus* □ fascinação

fas|zi|nie|ren ⟨V. 500/Vr 8⟩ *jmdn. ~ bezaubern, (ver)blenden, fesseln; das faszinierte ihn* □ fascinar; *ein ~des Schauspiel*

fa|tal ⟨Adj.⟩ **1** *verhängnisvoll, widrig; ~e Folgen haben; auf ~e Weise* □ fatal **2** *unangenehm, peinlich; das Wiedersehen war ~* □ desagradável; penoso

Fa|ta Mor|ga|na ⟨f.; -, - -s od. - -ga|nen⟩ **1** *in der Wüste durch Luftspiegelung hervorgerufenes Bild* □ miragem **1.1** ⟨fig.⟩ *Sinnestäuschung, Trugbild, Traumbild; eine ~ sehen, erkennen* □ alucinação; ilusão

fau|chen ⟨V.⟩ **1** ⟨400⟩ *im gereizten Zustand die Luft zischend ausstoßen, schnauben, prusten; die Katze, der Tiger faucht (wütend); ~d verteidigte der Dachs seinen Bau gegen den Fuchs; die Lokomotive faucht bei der Steigung* ⟨fig.⟩ □ bufar **2** ⟨500⟩ *etwas ~* ⟨fig.; umg.⟩ *wütend herausplatzen, beißend schimpfen; „raus hier!", fauchte er* □ esbravejar

faul ⟨Adj.⟩ **1** *durch Fäulnis verdorben; ~e Eier, ~er Fisch, ~es Laub, Obst; ~es Holz, Wasser; ein ~er Geruch; ~ riechen, schmecken; ~e Eier auf die Bühne werfen (als Zeichen des Missfallens)* □ podre **2** *~es Gestein* ⟨Bgb.⟩ *weiches, brüchiges, zersetztes G.* □ friável; Sy *feiges Gestein,* → *feige(3)* **3** ⟨fig.; umg.⟩ *bedenklich, verdächtig, nicht vertrauenswürdig, fragwürdig; ~e Geschäfte machen; an der Sache ist etwas ~; etwas ist ~ daran* **3.1** *ein ~er Friede ein F., dem man nicht trauen kann* □ suspeito; duvidoso **3.2** *ein ~er Kunde ein verdächtiger Kerl* □ *um cara suspeito* **3.3** *unglaubwürdig; das sind ~e Ausreden!* □ *isso é desculpa esfarrapada!* **3.3.1** *alles nur ~er Zauber! Schwindel* □ *tudo balela!* **3.4** *ein ~er Witz ein schlechter W.* □ infame **3.5** *ein ~er Kompromiss ein zweifelhafter, schlechter K.* □ duvidoso; desonesto **4** ⟨fig.⟩ *träge, arbeitsunlustig;* Ggs *fleißig(1);* *ein ~er Schüler* □ preguiçoso; folgado; *stinkend ~ sein* □ *ser muito preguiçoso/folgado* **4.1** *auf der ~en Haut liegen* ⟨umg.⟩ *faulenzen; er liegt ständig auf der ~en Haut liegen* □ *ficar de papo para o ar* **4.2** *nicht ~ flink, ohne zu zögern, schnell reagierend;*

er, nicht ~, erwiderte schlagfertig ... □ *sem hesitar 4.3 ein ~er **Schuldner** ⟨Kaufmannsspr.⟩ *ein säumiger S.* □ **moroso**

fau|len ⟨V. 400(s. od. h.)⟩ *etwas fault wird faul, modrig, geht in Verwesung über, zersetzt sich; das Obst fault; das Fleisch begann zu* ~ □ **apodrecer; decompor-se**; *~de Knochen, Kartoffeln* □ **podre**; *ein ~der Zahn* □ **cariado**

fau|len|zen ⟨V. 400⟩ *faul sein, nichts tun, müßiggehen; während des Urlaubs möchte ich nicht nur* ~; *er faulenzt, statt* ... □ **ficar sem fazer nada**

Faul|heit ⟨f.; -; unz.⟩ **1** *faule Wesensart, Trägheit, Müßiggang; seine* ~ *ist durch nichts zu erschüttern* □ **preguiça; indolência 2** *er stinkt vor* ~ ⟨umg.; abwertend⟩ *er ist sehr, außerordentlich faul* □ ***ele é folgado/preguiçoso demais**

Fäul|nis ⟨f.; -; unz.⟩ **1** *Zersetzung organischer Stoffe durch Fäulnisbakterien, das Faulsein; die Pilze waren schon in* ~ *übergegangen; das Obst ist von* ~ *befallen* □ **putrefação; decomposição 2** ⟨fig.⟩ *moralische Zersetzung, sittliche Verderbnis* □ **depravação; podridão**

Fau|na ⟨f.; -, Fau|nen⟩ **1** *Tierreich;* → *a. Flora* **2** *Gesamtheit der Tiere eines bestimmten Gebietes od. Lebensbereiches; die Süßwasser~; die Flora u.* ~ *Afrikas* **3** *systematische Beschreibung der Fauna(1)* □ **fauna**

Faust ⟨f.; -, Fäus|te⟩ **1** *geballte Hand; die Hand zur* ~ *ballen, schließen; die* ~ *ballen, öffnen; mit geballten Fäusten auf jmdn. losgehen, einschlagen; mit dem Messer, Schwert in der* ~ □ **mão; punho**; *jmdn. mit der* ~ *ins Gesicht schlagen* □ ***dar um soco na cara de alguém 1.1** *das passt wie die* ~ *aufs Auge* ⟨umg.⟩ **1.1.1** *passt überhaupt nicht zueinander* □ ***não tem nada a ver 1.1.2** ⟨scherzh.; beim Zusammentreffen zweier negativer Ereignisse⟩ *passt sehr gut zueinander* □ ***tem tudo a ver; cai como uma luva 1.2** *auf eigene* ~ *handeln, etwas tun, unternehmen* ⟨fig.⟩ *selbständig, eigenmächtig, auf eigene Verantwortung* □ ***agir por conta própria 1.3** *etwas mit eiserner* ~ *durchsetzen* ⟨fig.⟩ *mit aller Gewalt* □ ***executar com mão de ferro 1.4** *mit der* ~ *auf den Tisch schlagen* ⟨fig.; umg.⟩ *deutlich reden, zornig werden, energisch vorgehen* □ ***bater com a mão na mesa 2** *die Faust(1) als Drohung; jmdm. eine* ~ *machen; jmdm. die* ~ *zeigen; jmdm. die* ~ *unter die Nase halten* □ ***ameaçar alguém com o punho cerrado 2.1** *mit geballten Fäusten dabeistehen, zusehen müssen* *notgedrungen untätig* □ ***ficar de mãos atadas 2.2** *die* ~ *in der Tasche ballen seinen Zorn verbergen, insgeheim grollen* □ ***engolir a raiva**

faust|dick ⟨Adj. 24⟩ **1** *dick wie eine Faust, sehr dick; ein ~er Stein, eine ~e Beule* □ **do tamanho de um punho 2** *eine ~e Lüge, Beleidigung* ⟨fig.; umg.⟩ *sehr große L., B., unglaubliche L., B.* □ **grande 3** (bei einer Schilderung) ~ *auftragen* ⟨fig.; umg.⟩ *sehr übertreiben* □ ***exagerar; carregar a mão 4** *jmd. hat es* ~ *hinter den Ohren* ⟨fig.; umg.⟩ *ist pfiffig, durchtrieben* □ ***ser uma raposa**

Fäust|ling ⟨m.; -s, -e⟩ **1** *Fausthandschuh* □ **mitene 2** ⟨Bgb.⟩ *faustgroßer Stein* □ **pedra do tamanho de um punho**

Faust|re|gel ⟨f.; -, -n⟩ *allgemeingültige, einfache, grobe Grundregel; das gilt als* ~ □ **regra geral**

Fau|teuil ⟨[fotø:j] m.; -s, -s; österr.; schweiz.⟩ *gepolsterter Sessel mit Armlehnen, Polstersessel* □ **poltrona**

Faux|pas ⟨[fopa:] m.; -, - [-pa:s]⟩ *Taktlosigkeit, Unhöflichkeit, gesellschaftlicher Fehltritt, Verstoß gegen die allgemeinen Sitten; einen* ~ *begehen* □ **gafe**

Fa|vo|rit ⟨[-vo-] m.; -en, -en⟩ **1** *Günstling, Liebling* □ **favorito; preferido 2** ⟨Sp.⟩ *voraussichtlicher Sieger im Wettkampf* □ **favorito**

Fax ⟨n.; -, - od. -e; kurz für⟩ *Telefax* □ **fax**

Fa|xen ⟨Pl.; umg.⟩ ~n **1** *Späße, Grimassen; ~n machen, schneiden, ziehen* □ **palhaçada; macaquice 2** *Ausflüchte, Umstände; mach keine ~n!* □ ***não faça manha!; não venha com história! 3** *die* ~ *dicke haben* ⟨umg.⟩ *etwas satthaben, genug von etwas haben* □ ***estar por aqui com alguma coisa**

Fa|zit ⟨n.; -s, -e od. -s⟩ *Endsumme, Ergebnis; das* ~ *ziehen* □ **resultado; total**

FCKW ⟨Abk. für⟩ *Fluorchlorkohlenwasserstoffe* □ **CFC**

Fea|ture ⟨[fi:tʃə(r)] n.; -s, -s od. f.; -, -s⟩ **1** ⟨Radio, TV⟩ *Bericht, Reportage aus aktuellem Anlass; ein* ~ *über den Regierungswechsel in Polen* □ **reportagem 1.1** *Dokumentarsendung, -spiel, -bericht* □ **documentário 2** ⟨Zeitungswesen⟩ *besonders hervorgehobener, auffällig gestalteter Text- od. Bildbeitrag* □ **matéria especial**

Fe|bru|ar *auch:* **Feb|ru|ar** ⟨m.; -s od. -, -e; Abk.: Febr.⟩ *der zweite Monat des Jahres* □ **fevereiro**

fech|ten ⟨V. 133⟩ **1** ⟨402⟩ *mit Stoß- od. Hiebwaffe kämpfen; einen Gang* ~; *auf Hieb, Stoß* ~; *gegen jmdn.* ~; *mit jmdn.* ~; *er ficht mit dem Degen, Säbel* ~; *du fichst mir mit dem Stock vor meinen Augen* □ **lutar; esgrimir 2** ⟨400 od. 530/Vr 1⟩ *(als wandernder Handwerksbursche) betteln; sich ein paar Zigaretten* ~ □ **mendigar; pedir**

Fe|der ⟨f.; -, -n⟩ **1** *in großer Zahl die Haut der Vögel bedeckendes leichtes Gebilde aus Horn; der Vogel sträubt seine ~n; sie ist leicht wie eine* ~ □ **pena; pluma 1.1** *~n lassen* ⟨a. fig.; umg.⟩ *Nachteil, Schaden erleiden* □ ***sair perdendo 1.2** *sich mit fremden ~n schmücken* ⟨fig.⟩ *Gedanken od. Verdienste eines anderen als seine eigenen ausgeben* □ ***enfeitar-se com penas de pavão 1.3** ⟨nur Pl.; umg.⟩ *das Bett; er liegt, steckt noch in den ~n; ich musste sie erst aus den* ~ *holen; sie kroch in* □ **cama 2** *kleines, spitz zulaufendes Metallstück zum Schreiben mit Tinte; Schreib~, Stahl~, Füll~; die* ~ *aus Stahl hat den Gänsekiel ersetzt; etwas in die* ~ *diktieren* □ **caneta 2.1** *ein Werk aus seiner* ~ *von ihm geschrieben* □ **lavra; autoria 2.2** *einen Roman unter der* ~ *haben an einem R. arbeiten* □ ***estar escrevendo um romance 2.3** *einer* ~ *freien Lauf lassen* ⟨fig.⟩ *seinen Gedanken schriftlich freien Lauf lassen* □ ***escrever ao correr da pena 2.4** *er weiß die* ~ *zu führen* ⟨fig.⟩ *er kann sich gut schriftlich ausdrücken* □ ***ele sabe escrever bem 2.5** *eine sehr kluge* ~ *führen* ⟨fig.⟩ *klug schreiben* □ ***escrever com inteligência/perspicácia 2.6** *eine scharfe, spitze* ~ *führen* ⟨fig.⟩ *aggressiv u. kritisch schreiben* □ ***ter um texto agressivo/crítico 2.7** *ein Mann der* ~ *Schriftsteller,*

Federball

Journalist, schreibgewandter Mensch □ ***um escritor/jornalista** 2.8 *von der ~ leben* ⟨fig., geh.⟩ *vom Verdienst als Schriftsteller* □ ***viver de escrever** 2.9 *zur ~ greifen* ⟨a. fig.⟩ *zu schreiben beginnen, eine schriftstellerische Arbeit beginnen* □ ***começar a escrever** 3 ⟨Tech.⟩ *Maschinenteil aus einem elastisch geraden, gebogenen od. gedrehten Metalldraht od. -streifen;* Sprung~, Spiral~, Uhr~; *die ~ aufziehen, entspannen, spannen, zusammenpressen; die ~ ist gebrochen, gesprungen* □ **mola; corda** 4 ⟨Tischlerei, Zimmerei⟩ *an ein Brett angearbeitete Leiste, die in die Nut eines anderen passt* 4.1 *Hartholzleiste, die in Nuten zweier benachbarter Bretter eingeschoben wird* □ **lingueta; macho** 5 (meist Pl.; Jägerspr.) 5.1 *Rückenborsten des Schwarzwildes* □ **crina** 5.2 *Rippen des Rotwildes* □ **costelas**

Fe|der|ball ⟨m.; -(e)s, -bäl|le⟩ 1 *kleiner, gefiederter Spielball* □ **peteca** 2 ⟨unz.; kurz für⟩ *Federballspiel* □ **peteca; badminton**

Fe|der|ball|spiel ⟨n.; -(e)s, -e⟩ *Spiel mit dem Federball, der mit einem kleinen Schläger zwischen den Spielern hin- u. zurückgeschlagen wird* □ **peteca, badminton**

Fe|der|fuch|ser ⟨[-ks-] m.; -s, -; umg.; abwertend⟩ 1 *kleinlicher, am Buchstaben hängender Mensch; er ist ein ~* 2 *Schreiber, Schreiberling* 3 *schlechter Schriftsteller* □ **escrevinhador**

fe|der|füh|rend ⟨Adj. 24⟩ *verantwortlich, zuständig; der ~e Ausschuss; der Direktor ist in dieser Frage ~* □ **responsável; competente**

Fe|der|le|sen ⟨n.; nur noch in bestimmten, verneinenden Wendungen⟩ 1 ⟨urspr.⟩ *das Ablesen angeflogener Federchen vom Anzug* □ **tirar pêlos/fios da roupa** 2 ⟨heute in den Wendungen⟩ 2.1 *nicht viel ~s* (mit jmdm. od. etwas) *machen* ⟨umg.⟩ *keine Umstände machen* □ ***não fazer cerimônia** 2.2 *ohne viel ~(s) jmdm. die Meinung sagen* ⟨umg.⟩ *ohne Umstände, ohne Umschweife* □ ***dizer a própria opinião sem rodeios**

fe|dern ⟨V.⟩ 1 ⟨400⟩ *bei Druck nachgeben u. dann in die alte Lage zurückschnellen, wippen; die Polster, die Sitze ~* (gut, schlecht) □ **ter elasticidade/flexibilidade**; *ein ~des Bett, Auto* □ **macio, flexível**; *in den Knien ~* □ ***dobrar os joelhos** 1.1 *einen ~den Gang haben einen, elastischen G.* □ **elástico; flexível** 2 ⟨500⟩ *etwas ~ mit Federn versehen; ein Auto, Sofa, eine Matratze ~; das Bett ist zu hart gefedert* □ **prover de molas/suspensão** 3 ⟨500/Vr 3⟩ *ein Vogel federt sich lässt Federn* □ **perder as penas** 3.1 ⟨500⟩ *jmdn.* (teeren und) *~ in Teer u. Federn wälzen* (als Strafe) □ **cobrir de penas**

Fe|der|strich ⟨m.; -(e)s, -e⟩ 1 *Strich mit der Feder, bes. durch Geschriebenes; mit ein paar ~en einen Plan, eine Skizze entwerfen* □ **traço** 1.1 *mit einem ~ kurz u. bündig, ohne lange Überlegen; mit einem ~ etwas auslöschen, rückgängig machen, zunichtemachen; das kann man nicht mit einem ~ aus der Welt schaffen* □ ***num traço** 1.2 *keinen ~ tun nicht arbeiten* (geistig) □ ***não mover uma palha**

Fee ⟨f.; -, -n⟩ *zarte, anmutige, schöne od. düstere weibliche Märchengestalt; die böse u. die gute ~* □ **fada**

Feed-back *auch:* **Feed|back** ⟨[fiːdbæk] n.; -s, -s;⟩ 1 = *Rückkoppelung* 2 ⟨fig.⟩ *Rückwirkung, Rückmeldung* (im menschlichen Kommunikationsprozess) 2.1 ⟨Psych.⟩ *Reaktion (der anderen auf das eigene Verhalten); ein, kein ~ erhalten* □ **feedback**

Fee|ling ⟨[fiː-] n.; -s, -s⟩ 1 *erhebendes, wohltuendes Gefühl; ich hatte ein starkes ~* □ **feeling** 2 *Einfühlungsvermögen, Gespür; er hat kein ~ für klassische Musik* □ **sensibilidade** 2.1 *Vorliebe, Begabung; sie hat ein ~ für das Erkennen junger Talente* □ **feeling; dom** 3 *Stimmung, Wirkung, Atmosphäre; das ~ dieser Theateraufführung wirkte noch lange in uns nach* □ **efeito; atmosfera**

Fe|ge|feu|er ⟨n.; -s; unz.; kath. Lehre⟩ *Läuterungsort der „armen Seelen" vor dem Eintritt in den Himmel; im ~ schmoren* □ **purgatório**

fe|gen ⟨V.⟩ 1 ⟨500⟩ *etwas ~ mit dem Besen säubern; das Zimmer, den Schornstein, die Straße ~; die Treppe täglich ~* 1.1 ⟨511⟩ *mit dem Besen entfernen; den Schmutz aus dem Zimmer ~* □ **varrer** 2 ⟨500⟩ *Metallenes ~* ⟨veraltet⟩ *putzen, blankmachen; ein Schwert, Stahl ~* □ **limpar; polir** 3 ⟨400; Jägerspr.⟩ *das Geweih an Bäumen u. Sträuchern scheuern, um den Bast abzureiben; die Hirsche ~ gerade* □ **roçar; esfregar** 4 ⟨511⟩ *etwas von etwas ~ in einer heftigen Bewegung entfernen; der Wind fegte die Blätter von Bäumen u. Sträuchern* 5 ⟨411(s.)⟩ *heftig wehen; der Wind fegt durch die Felder, Straßen; der Sturm fegt über das Land* 5.1 *sich äußerst rasch bewegen; sie ~ aus dem Zimmer, über die Straße* □ **correr; voar**

Feh|de ⟨f.; -, -n⟩ 1 (im MA) *rechtlich zulässige Selbsthilfe gegen Straftaten in Form einer Feindseligkeit od. eines Privatkrieges zwischen zwei Freien od. ihren Sippen; gegen jmdn. ~ führen* □ **faida; direito de vingança** 2 ⟨geh.⟩ *Streit, Feindseligkeit, Feindschaft; eine literarische ~ ausfechten; in ~ liegen mit jmdm.* □ **contenda; rixa**

fehl ⟨Adj. 24/41⟩ *~ am Platz(e) sein falsch, erfolglos, unangebracht; übertriebene Strenge ist hier ~ am Platz* □ ***ser despropositado; descabido**

Fehl ⟨m.; nur noch in der Wendung⟩ *ohne ~* (u. Tadel) *makelloses, einwandfrei, untadelig; sein Verhalten war ohne ~ u. Tadel* □ ***irrepreensível; impecável**

Fehl|an|zei|ge ⟨f.; -, -n⟩ 1 *falsche, irrtümlich aufgegebene Anzeige* □ **informação errada; alarme falso** 2 ⟨umg.⟩ *Meldung, dass etwas nicht vorhanden od. nicht geschehen ist, dass etwas nicht zutrifft, negativer Bescheid* □ **(resultado) negativo**

feh|len ⟨V.⟩ 1 ⟨400⟩ *abwesend sein, nicht da sein; auf einem Fest ~; bei einem Wettkampf ~; in der Schule ~; es ~ noch einige Gäste* □ **faltar; estar ausente**; *jmdn. als ~d melden* □ **ausente**; *der Schüler hat zwei Tage unentschuldigt gefehlt; in dem Buch fehlen zwei Seiten* 2 ⟨401 od. 400⟩ *es fehlt etwas od. etwas fehlt; es mangelt an etwas, etwas ist nicht ausreichend, zu wenig vorhanden; mir fehlt noch vieles; es ~ noch fünf Minuten bis zur vollen Stunde; es fehlt ihm an Ausdauer, Mut, Unternehmungsgeist, Zielstrebigkeit; es fehlt am Notwendigsten; wir wollen es an nichts ~ lassen; es fehlte nicht an warnenden Stim-*

men; es soll ihm bei uns an nichts ~; daran soll es nicht ~ □ faltar 2.1 ⟨800⟩ an mir soll es nicht ~ *ich will tun, was in meinen Kräften steht* □ *farei todo o possível* 2.2 es fehlte nicht viel, und er wäre abgestürzt *fast wäre er abgestürzt* □ *faltou pouco para ele cair* 2.3 ⟨600⟩ jmdm. fehlt jmd. od. etwas *jmd. vermisst jmdn. od. etwas;* du hast mir sehr gefehlt; mir fehlt seit Tagen mein Regenschirm □ *sentir falta de alguém ou alguma coisa* 2.3.1 fehlt dir etwas? *vermisst du etwas?, brauchst du etwas?* □ *precisa de alguma coisa?* 2.4 ⟨610⟩ das, der hat uns gerade noch gefehlt! ⟨umg.; iron.⟩ *das, den können wir jetzt gar nicht gebrauchen, kommt uns jetzt sehr ungelegen* □ *só faltava essa!* 3 ⟨600⟩ jmdm. fehlt etwas ⟨umg.⟩ *jmd. ist krank, hat Kummer;* fehlt dir etwas? □ *algum problema?;* mir fehlt nichts □ *está tudo bem comigo* 4 ⟨400 od. 500⟩ *etwas Unrechtes tun, sündigen;* gegen das Gesetz, jmdn. ~; er muss sein Leben lang dafür büßen, dass er einmal im Leben gefehlt hat; alles, was er einst gefehlt hat, büßt er jetzt □ faltar; errar 5 ⟨500⟩ etwas ~ ⟨veraltet⟩ *nicht treffen, verfehlen;* den Hasen, das Wild, den Weg, das Ziel ~ □ não encontrar; perder 5.1 weit gefehlt! ⟨fig.; geh.⟩ *das ist ein großer Irrtum!* □ *você está muito enganado!*

Feh|ler ⟨m.; -s, -⟩ 1 *Abweichung von der richtigen Form, schlechte Eigenschaft, Mangel;* ein ~ im Material war schuld, dass ...; ein angeborener, organischer ~ ⟨Med.⟩ □ defeito; falha 1.1 *schlechte charakterliche Eigenschaft;* seine ~ ablegen, bekämpfen, kennen, einsehen, wiedergutmachen; jeder hat seine ~; sie hat viele ~; er hat nur einen ~; du hast einen liebenswerten kleinen ~ an dir; kein Mensch ist ohne ~ □ defeito; vício 2 *falsches Verhalten;* in einen ~ verfallen; jmdn. bei einem ~ ertappen □ falta; erro 2.1 das ist nicht mein ~ *daran bin ich nicht schuld* □ erro; culpa 3 *Verstoß gegen die Regeln einer Wissenschaft, einer Kunst, einer Technik;* ein grammatischer, orthografischer, syntaktischer ~; ein grober, kleiner, leichter, schwerer, verhängnisvoller ~; ihr unterlief ein ~; du machst immer wieder denselben ~; einen ~ im Satz finden, korrigieren, stehenlassen, übersehen, verbessern; in die Rechnung hat sich ein ~ eingeschlichen □ erro

Fehl|ge|burt ⟨f.; -, -en⟩ *Geburt einer unreifen, nicht lebensfähigen Leibesfrucht;* Sy Abort² □ aborto

fehl|ge|hen ⟨V. 145/400(s.)⟩ 1 *in falscher Richtung gehen, sich verlaufen;* der Schuss ging fehl; auf diesem Weg kannst du nicht ~ □ ir na direção errada; errar o caminho 2 ⟨410, fig.⟩ *sich irren;* ich gehe wohl nicht fehl in der Annahme, dass ... □ errar; enganar-se

Fehl|griff ⟨m.; -(e)s, -e⟩ 1 *falscher Griff, Griff daneben, vorbei* 2 ⟨fig.⟩ *falsche Maßnahme, Auswahl;* einen ~ machen, begehen, vermeiden □ erro; equívoco

fehl|schla|gen ⟨V. 218/400⟩ 1 *vorbei-, danebenschlagen* □ falhar; dar errado 2 ⟨(s.); fig.⟩ *misslingen;* das Unternehmen, der Plan ist fehlgeschlagen □ fracassar; malograr

Fehl|tritt ⟨m.; -(e)s, -e⟩ 1 *falscher Tritt, Tritt vorbei, daneben* □ passo em falso 2 ⟨fig.; geh.⟩ *Vergehen, Verfehlung, Verstoß gegen sittliche Gebote;* ein schwerer ~; einen ~ begehen, tun □ deslize; mau passo

Fehl|zün|dung ⟨f.; -, -en; beim Verbrennungsmotor⟩ 1 ⟨Verbrennungsmotor⟩ *Zündung am falschen Ort (im Auspuffrohr statt im Zylinder)* □ falha de ignição 2 ⟨fig.⟩ *unangebrachte Reaktion, Missverständnis* □ reação descabida; equívoco

Fei|er ⟨f.; -, -n⟩ *festliche Begehung eines Gedenktages, Ereignisses usw., festliche Veranstaltung;* Geburtstags~, Jubiläums~, Weihnachts~; eine ~ veranstalten; eine ernste, würdige ~; an einer ~ teilnehmen; auf einer ~ die Festansprache halten; bei einer ~ dabei sein; in, mit einer ~ ausgezeichnet, geehrt werden; zu einer ~ einladen, eingeladen sein, gehen □ festa; comemoração; celebração 1.1 zur ~ des Tages ⟨scherzh⟩ *ausnahmsweise* □ para celebrar a ocasião 2 *Fete, Fest;* eine ausgelassene ~ □ festa

Fei|er|abend ⟨m.; -(e)s, -e⟩ 1 *Arbeits- od. Dienstschluss* □ fim do expediente 1.1 um 20 Uhr ist in den Geschäften ~ □ *as lojas fecham às 20h;* nach ~ kommt er zu uns □ expediente 1.1 ~ machen, haben ⟨umg.⟩ *mit der Arbeit aufhören* □ *terminar o expediente* 1.2 (nun), jetzt ist aber ~! ⟨fig.; umg.⟩ *jetzt aber Schluss damit!, meine Geduld ist erschöpft* □ *agora chega!* 2 *Zeit nach Arbeits- od. Dienstschluss;* jmdm. einen schönen ~ wünschen; er genießt seinen wohlverdienten ~ □ descanso

fei|er|lich ⟨Adj.⟩ 1 *festlich, würde-, weihevoll;* es war ein ~er Augenblick; ~e Stille breitete sich aus; in ~er Stimmung; mit ~en Worten; ein Ereignis, einen Tag ~ begehen; der ~ geschmückte Saal □ festivo; solene 1.1 das ist schon nicht mehr ~! ⟨umg.⟩ *das ist unerträglich* □ *isso já é demais!* 2 *ernst;* ~ etwas geloben, versprechen □ solenemente

fei|ern ⟨V.⟩ 1 ⟨V. 500⟩ etwas ~ *festlich begehen;* einen Geburtstag, ein Jubiläum ~ □ comemorar; celebrar 2 ⟨500/Vr 8⟩ jmdn. ~ *bejubeln, auszeichnen, (durch ein Fest) ehren;* einen Gast, das Geburtstagskind, eine hohe Persönlichkeit ~; eine gefeierte Sängerin, Schauspielerin ~ □ festejar; homenagear 3 ⟨400; umg.⟩ *(gezwungenermaßen) ausruhen, die Arbeit ruhen lassen, wegen schlechter Geschäftslage nicht arbeiten* 3.1 die Hälfte der Belegschaft musste eine Woche ~ □ parar de trabalhar

Fei|er|tag ⟨m.; -(e)s, -e⟩ *Festtag, arbeitsfreier Tag;* Ggs Werktag; gesetzlicher, kirchlicher, staatlicher ~; die ~e beobachten, halten; (jmdm.) frohe, vergnügte ~e (wünschen); dieser Zug verkehrt nur an Sonn- und ~en □ feriado

fei|er|tags ⟨Adv.⟩ *an Feiertagen;* dieser Zug verkehrt nicht ~; sonn- u. ~ □ aos feriados

feig ⟨Adj.⟩ = feige

fei|ge ⟨Adj.; abwertend⟩ oV feig 1 *ängstlich, furchtsam, kleinmütig bei Gefahr;* sich ~ verstecken, verkriechen; ein ~r Kerl, Mensch □ covarde(mente) 2 *hinterhältig, gemein;* ein ~r Mord □ baixo; infame; jmdn. ~ ermorden □ covardemente 3 ⟨70⟩ ~s Gestein ⟨Bgb.⟩ *= faules Gestein,* → faul(2)

Fei|ge ⟨f.; -, -n⟩ **1** ⟨kurz für⟩ *Feigenbaum* □ **figueira 2** *Frucht des Feigenbaumes* □ **figo**

Fei|gen|baum ⟨m.; -(e)s, -bäu|me; Bot.⟩ *Angehöriger einer im Mittelmeergebiet u. in den Tropen verbreiteten Gattung der Maulbeergewächse: Ficus* □ **figueira**

Feig|ling ⟨m.; -s, -e⟩ *feiger Mensch; du bist ein ~!* □ **covarde**

feil‖bie|ten ⟨V. 110/500; geh.⟩ **Waren ~** *zum Verkauf (ausstellen u.) anbieten; Obst, Gemüse auf dem Markt ~; er bot seine Ware zu einem überhöhten Preis feil* □ **pôr à venda**

Fei|le ⟨f.; -, -n⟩ **1** *Stahlwerkzeug mit vielen kleinen Zähnen zur spanabhebenden Oberflächenbearbeitung (Glätten) von Metall, Holz, Kunststoff; eine dreikantige, scharfe, stumpfe ~* □ **lima 2** *die letzte ~ an etwas legen* ⟨fig.⟩ *zum letzten Mal überarbeiten, den letzten Schliff geben* □ ***dar o último retoque em alguma coisa**

fei|len ⟨V.⟩ **1** ⟨500 od. 800⟩ **(an) etwas ~** *mit der Feile bearbeiten, glätten; ein Werkstück ~; an einem Werkstück ~* □ ***limar/polir alguma coisa 2** ⟨800⟩ **an etwas ~** ⟨fig.⟩ *noch vorhandene Unregelmäßigkeiten beheben, noch feiner, genauer ausarbeiten; du musst an deinem Aufsatz noch ~* □ ***aprimorar/retocar alguma coisa**

feil|schen ⟨V. 405; abwertend⟩ *um den Preis handeln, den Preis herabzusetzen suchen; um den Preis ~; er feilscht gerne* □ **regatear; pechinchar**

fein ⟨Adj.⟩ **1** *sehr dünn, zart;* Ggs *grob(1);* ~e *Scheiben Wurst schneiden;* ~e *Linien ziehen;* ~es *Garn, Gewebe, Papier;* ~e *Fäden, Handarbeiten, Stoffe;* ~es *Glas* **1.1** *mit sehr kleinen Zwischenräumen versehen; ein* ~er *Kamm; ein* ~es *Sieb* **1.2** *aus sehr kleinen Teilen bestehend; ein* ~er *Regen;* ~er *Sand* □ **fino 1.3** *zart, zierlich; ein Mädchen mit* ~en *Gliedern* □ **delicado 1.4** *sehr klein, geringfügig;* ~e *Unterschiede erkennen* □ **sutil 2** *die kleinsten Unterschiede wahrnehmend, etwas sehr genau erfassend* **2.1** *genau, scharf, empfindlich; das Fernsehgerät ~ einstellen* □ **com precisão;** *ich habe ein* ~es *Empfinden, Gefühl dafür; er hat ein* ~es *Gehör; sie entwickelte einen* ~en *Geschmack* □ **apurado; refinado 2.1.1** *eine* ~e *Nase für etwas haben* ⟨fig.; umg.⟩ *etwas leicht, schnell merken, ahnen* □ ***ter faro para alguma coisa 2.2** *schlau, geschickt, listig; ein* ~er *Plan; das habt ihr euch ~ ausgedacht* □ **inteligente; bem pensado 3** *gut, hohe Qualität aufweisend; eine besonders* ~e *Ware; die* ~ste *Sorte Mehl; die* ~ste *Sorte Mehl; bei dieser Stickerei handelt es sich um eine besonders* ~e *Arbeit* □ **fino; de boa qualidade; selecionado 3.1** *es ist das Feinste vom Feinen* ⟨fig.⟩ *das Beste, Schönste, Erlesenste* □ ***é a fina flor 3.2** ⟨Met.⟩ *rein, lauter, frei von unedlen Zusätzen, wertvoll;* ~es *Gold, Silber* □ **puro 3.3** *sehr gut, erlesen, vorzüglich;* ~e *Speisen, Weine; er liebt die* ~e *Küche* □ **requintado 3.4** *prächtig, anständig; ein* ~er *Bursche, Kerl* □ **decente 3.5** ⟨umg.⟩ *elegant, gepflegt; ein* ~es *Kleid; sich zum Ausgehen ~ anziehen* □ **chique; elegante; com elegância 3.6** ⟨umg.⟩ *sehr schön, erfreulich; ~!, wie ~!* (Ausruf der Freude); *das ist aber ~* □ **legal 3.6.1** *das*

hast du ~ gemacht (zu einem Kind) *sehr gut gemacht* □ ***muito bem!;** ⟨aber Getrennt- u. Zusammenschreibung⟩ **~ machen** = *feinmachen* **3.6.2** *er ist jetzt ~ heraus er hat es geschafft, es geht ihm gut* □ ***agora ele está bem 4** *vornehm; eine wirklich* ~e *Dame; ein* ~er *Herr;* ~e *Leute; die* ~e *Gesellschaft; eine* ~e *Familie* □ **distinto; fino;** ~e *Manieren, Sitten* □ ***boas maneiras; bons costumes 5** ⟨50; umg.⟩ *ganz, sehr; ihr Kinder müsst bei Tisch ~ still sein* **5.1** *sei du mal ~ still* ⟨fig.⟩ *du hast gar keinen Grund, dich zu beklagen, dich darüber aufzuregen* □ **bem 6** ⟨Getrennt- u. Zusammenschreibung⟩ **6.1 ~ mahlen =** *feinmahlen* **6.2 ~ schneiden =** *feinschneiden* **6.3 ~ gemahlen =** *feingemahlen* **6.4 ~ geschnitten =** *feingeschnitten*

feind ⟨Adj. 11/24/43⟩ *abgeneigt, feindlich gesinnt; jmdm. od. einer Sache ~ sein, bleiben, werden* □ **hostil**

Feind ⟨m.; -(e)s, -e⟩ **1** *jmd., der einen anderen mit bösen Absichten verfolgt, Widersacher, Gegner, Gegenspieler;* Ggs *Freund(1); er ist mein ärgster, geringster, größter, schlimmster ~; er hat keine, viele ~e; der ins Land einfallende ~; sich jmdn. zum ~ machen; ein ~ des Militarismus, der Schönfärberei usw.* □ **inimigo; adversário;** → a. *böse(2.2), Freund(1.7)* **2** *Tiergattung, die eine andere als Nahrung dient; der Fuchs hat keine natürlichen ~e mehr; Löwen sind die ~e der Zebras* □ **predador**

Fein|din ⟨f.; -, -din|nen⟩ *weibl. Feind* □ **inimiga; adversária; predadora**

feind|lich ⟨Adj.⟩ **1** ⟨60⟩ *dem militärischen Gegner gehörend, gegnerisch; das ~ Heer;* ~e *Truppen; ein ~er Angriff* □ **inimigo 2** *böse, nicht freundlich gesinnt; ich kenne seine* ~e *Einstellung gegen mich; sie standen sich ~ gegenüber; er ist mir ~ gesinnt* □ **hostil 2.1 ~e Brüder** ⟨fig.⟩ *einander nahe, aber miteinander im Wettstreit liegende Disziplinen o. Ä.; Politik u. Wissenschaft sind* ~e *Brüder* □ ***adversários**

Feind|schaft ⟨f.; -, -en⟩ *Gegnerschaft, böse Gesinnung, Hass;* Ggs *Freundschaft; wir wollen keine ~ aufkommen lassen; zwischen ihnen besteht, herrscht ~; durch dein Verhalten hast du dir seine ~ zugezogen; eine alte, längst begrabene, erbitterte, unversöhnliche ~; ~ auf Leben und Tod; mit jmdm. in ~ leben, liegen* □ **inimizade; hostilidade**

feind|se|lig ⟨Adj.⟩ *feindlich gesinnt, böse, gehässig; sich* ~e *Blicke zuwerfen, eine* ~e *Haltung einnehmen* □ **hostil**

Feind|se|lig|keit ⟨f.; -, -en⟩ **1** ⟨unz.⟩ *feindliche Gesinnung, Haltung, Bosheit, Gehässigkeit; ihre Haltung war voller ~* **2** (meist Pl.) *Streitigkeit (im Krieg), kriegerische Handlung* **2.1** *die ~en einstellen die Kampfhandlungen beenden* **2.2** *die ~en eröffnen den Krieg beginnen* □ **hostilidade**

fein|füh|lig ⟨Adj.⟩ **1** *mit feinem Gefühl, mit Fingerspitzengefühl, taktvoll, mit Gespür für die Gefühle anderer; ein ~es Vorgehen* □ **delicado; diplomático 2** *empfindsam, sensibel; sie ist sehr ~* □ **sensível**

fein|ge|mah|len auch: **fein ge|mah|len** ⟨Adj. 24/60⟩ *bis zu großer Feinheit gemahlen; ~es Mehl* □ **moído fino**

fein|ge|schnit|ten *auch:* **fein ge|schnit|ten** ⟨Adj. 24/60⟩ **1** *von feinem Schnitt;* ein ~es Gesicht □ **fino 2** *bis zu großer Feinheit geschnitten;* ~es Gemüse □ **cortado fino**

Fein|heit ⟨f.; -, -en⟩ **1** ⟨unz.⟩ *zarte, feine Beschaffenheit;* die ~ eines Stoffes, des Mehles, eines Siebes; die ~ der Hände, der Haut □ **finura; fineza 1.1** *Sorgfalt, Schönheit;* die ~ einer Arbeit, eines Baustils □ **delicadeza 2** *feinster Unterschied, Nuance, Schattierung;* die ~en beachten, herausarbeiten, hervorheben □ **sutileza; nuança 2.1** *kluge Andeutung;* das Gedicht, die Rede ist voller ~en □ **sutileza 3** ⟨unz.⟩ *Vornehmheit, Untadeligkeit;* vor lauter ~ aß und trank sie nichts □ **educação; fineza**

Fein|kost ⟨f.; -; unz.⟩ *die feineren Lebensmittel, Genussmittel* □ **especialidades gastronômicas**

fein|ma|chen *auch:* **fein ma|chen** ⟨V. 500/Vr 3⟩ jmdn. od. sich ~ *sich feine Kleidung anziehen, sich zurechtmachen* □ **vestir(-se) bem;** → a. *fein (3.6.1)*

fein|mah|len *auch:* **fein mah|len** ⟨V. 182/500⟩ Mehl ~ *sehr klein od. pulverförmig zerkleinern, zerreiben* □ **moer fino; triturar**

fein|schnei|den *auch:* **fein schnei|den** ⟨V. 227/500⟩ etwas ~ *sehr klein schneiden* □ **cortar fino**

fein|sin|nig ⟨Adj.⟩ **1** *feinfühlig, fein empfindend (bes. künstlerisch);* ein ~er Dichter, Maler □ **sensível 2** *fein empfunden, gedacht, gestaltet;* ein ~es Kunstwerk □ **sutil; sensível**

Fein|staub ⟨m.; -(e)s; unz.⟩ *feine Staubpartikel, die als Immission von Schadstoffen gesundheitsschädlich sind u. die Atemwege stark belasten;* neue Grenzwerte für ~ festlegen □ **partículas de poeira**

feist ⟨Adj. 70; meist abwertend⟩ *dick u. dabei fest, prall, wohlgenährt;* ein ~es Gesicht; ein ~er Kerl □ **robusto; corpulento**

fei|xen ⟨V. 400; du feixt; umg.⟩ *breit, höhnisch lachen, schadenfroh grinsen;* was feixt du so? □ **rir com ironia/escárnio**

Feld ⟨n.; -(e)s, -er⟩ **1** *nicht bebautes, weites Gelände;* auf freiem ~e schlafen, übernachten, zelten; durch Wald und ~ □ **campo 2** *abgegrenztes Stück Ackerland;* das ~ bebauen, bestellen, düngen, pflügen; ein ~ mit Getreide, Kartoffeln, Rüben; die Früchte des ~es ernten; zur Ernte aufs ~ gehen, fahren; quer übers ~ gehen □ **terreno (cultivável) 2.1** ein ~ steht sehr gut ⟨umg.⟩ *das Getreide steht gut, die Ernteaussichten sind gut* □ **campo; plantação 2.2** Feld-, Wald- und Wiesen-... ⟨umg.⟩ *etwas Durchschnittliches, allgemein Übliches* **2.2.1** Feld-, Wald- und Wiesen-Doktor *durchschnittlich begabter, nicht besonders tüchtiger Arzt* □ *mediano; nada de especial* **3** *umgrenzter, abgegrenzter Teil einer Fläche;* die ~er einer Kassettendecke □ **painel;** Zahlen in die ~er eines Vordrucks eintragen □ **campo;** die ~er des Schachbrettes; auf den weißen ~ern (des Spielbrettes) vorrücken □ **casa 3.1** *Spielfläche;* er schoss den Ball weit übers ~ hinaus **3.2** ⟨Her.⟩ *Hintergrund eines Wappenbildes;* die Stadt hat im Wappen einen Adler im blauen ~ □ **campo 4** ⟨unz.; Mil.; veraltet⟩ *Kriegsschauplatz, Front;* ins ~ rücken; jmdn. ins ~ schicken; im ~e sein, stehen □ **campo de batalha; linha de frente 4.1** ⟨meist fig.⟩ *Schauplatz, Ort einer Auseinandersetzung* □ **palco 4.1.1** das ~ behaupten ⟨a. fig.⟩ *seine Stellung mit Erfolg verteidigen* □ ***afirmar-se; sair vitorioso* 4.1.2** das ~ räumen ⟨a. fig.⟩ *abziehen, Platz machen* □ ***bater em retirada* 4.1.3** jmdn. aus dem ~(e) schlagen ⟨a. fig.⟩ *besiegen* □ ***pôr alguém fora de combate* 4.1.4** gegen jmdn. od. etwas zu ~e ziehen ⟨a. fig.; geh.⟩ *jmdn. od. etwas bekämpfen* □ ***partir em campanha contra alguém ou alguma coisa* 4.1.5** etwas ins ~ führen ⟨fig.⟩ *als Argument anführen, vorbringen;* hast du etwas zu deiner Verteidigung ins ~ zu führen?; Gründe ins ~ führen □ ***trazer à baila* 5** *Bereich, Gebiet menschlicher Tätigkeit;* sein eigentliches ~ ist die Mathematik; das ist noch ein weites ~ für Entdeckungen; ein weites ~ liegt noch vor uns **5.1** das ist ein weites ~! *das ist ein schwer überschaubarer Bereich, in dem es keine einfachen Lösungen gibt* □ **campo/área (de atuação) 6** ein ~ *elektrische, magnetisches* ~ ⟨Phys.⟩ *Raum, in dem elektrische, magnetische Kräfte wirken;* Kraft~ □ **campo 7** ⟨Bgb.⟩ *in der horizontalen u. vertikalen Ausdehnung festgelegter Bereich eines Bergwerkes;* ein ~ abbauen □ **terreno 8** ein sprachliches ~ ⟨Sprachw.⟩ *Gruppierung sinnverwandter Wörter* □ **campo 9** ⟨Sp.⟩ *geschlossene Gruppe, Zusammenballung von Teilnehmern eines Wettkampfes, z. B. beim Langlauf, Radrennen;* der Rennfahrer konnte sich vom ~ lösen und übernahm mit Abstand die Führung; nach fünf Runden war das ~ der Läufer weit auseinander gerissen **9.1** das **rote** ~ ⟨Jägerspr.⟩ *die Reiter im roten Jagdrock bei der Hetzjagd* □ **pelotão 10** der **Vorstehhund** steht im ersten (zweiten, dritten) ~ ⟨Jägerspr.⟩ *er hat das erste (zweite, dritte) Lebensjahr vollendet* □ **ano de vida**

feld|aus ⟨Adv.; nur in der Wendung⟩ ~, feldein *durch das ganze Land, kreuz u. quer, überall* □ **campo afora**

feld|ein ⟨Adv.⟩ *ins Land hinein, feldeinwärts* □ **campo adentro;** → a. *feldaus*

Feld|spat ⟨m.; -(e)s, -e od. –spä|te; Min.; Sammelname für⟩ *das am weitesten verbreitete gesteinsbildende Mineral von heller Färbung, chem. wasserfreie Alkali- od. Tonerdesilikate* □ **feldspato**

Feld|ste|cher ⟨m.; -s, -⟩ *kleines, handliches Doppelfernrohr;* etwas mit dem ~ beobachten; durch den ~ schauen □ **binóculo**

Feld|we|bel ⟨m.; -s, -⟩ **1** ⟨Mil.⟩ *höchster Dienstgrad der Unteroffiziere* □ **sargento 2** ⟨fig.; umg.⟩ *grober, barscher Mensch* □ **grosseirão**

Feld|zug ⟨m.; -(e)s, -zü|ge⟩ **1** *die militärischen Bewegungen u. Kampfhandlungen auf einem Kriegsschauplatz in einem bestimmten Zeitabschnitt* **2** ⟨fig.⟩ *Unternehmung; Kampagne;* ein ~ gegen das Böse in der Welt, gegen die Mafia; Rache~, Werbe~ □ **campanha**

Fel|ge ⟨f.; -, -n⟩ **1** *der äußere kreisförmige Teil des Holzrades bei Fuhrwerken* **2** *bei Fahrrädern, Krafträdern u. Kraftwagen der Radkranz, der die Bereifung auf-*

Fell

nimmt u. ihr Halt gibt; Aluminium~ □ **jante; aro** **3** Turnübung am Reck, Barren od. an den Ringen, Schwung aus dem Stütz in den Stütz, Felgumschwung □ **giro (em aparelho)**

Fell ⟨n.; -(e)s, -e⟩ **1** behaarte Tierhaut; ein glänzendes, glattes, kurzhaariges, langhaariges, struppiges, zottiges ~; der Katze das ~ kraulen, streicheln; dem Hasen das ~ abziehen □ **pelo; pelagem** 1.1 das ~ des Bären verkaufen, verteilen, ehe man ihn hat ⟨fig.⟩ voreilig handeln □ *pôr a carroça na frente dos bois 1.2 gegerbte Tierhaut; für einen Pelzmantel werden viele ~e verarbeitet □ **pele** 1.2.1 seine ~e fortschwimmen, wegschwimmen sehen ⟨fig., umg.⟩ seine Hoffnungen zerrinnen sehen □ *ficar a ver navios **2** ⟨fig., umg.⟩ Haut (des Menschen); dasitzen und sich die Sonne aufs ~ brennen lassen □ **pele**; → a. dick(4.1)

Fels ⟨m.; -en, -en⟩ **1** zusammenhängende Masse harten Gesteins; an manchen Stellen war das Erdreich bis auf den ~ abgetragen □ **rocha; rochedo** **2** ⟨geh.⟩ = Felsen; er stand wie ein ~ inmitten der erregten Menge ~ □ **rocha**

Fel|sen ⟨m.; -s, -⟩ großer Block aus hartem Gestein; oV Fels(2) ⟨geh.⟩; der Weg verlor sich zwischen den ~ □ **rocha; rochedo**

fel|sen|fest ⟨Adj. 24⟩ **1** fest, hart wie ein Fels □ **firme como uma rocha** **2** ⟨fig.⟩ unerschütterlich; er glaubt ~ daran; sie ist ~ davon überzeugt □ **firmemente**

Fe|me ⟨f.; -, -n⟩ **1** ⟨im MA⟩ Landgericht in Westfalen **2** ⟨vom 14. bis ins 18. Jh. a. im übrigen Dtschl.⟩ heimliches Gericht, zu dessen Sitzungen nur Eingeweihte Zutritt hatten □ **Santa Veme** **3** ⟨heute noch⟩ geheime Zusammenkunft (bes. einer illegalen Vereinigung), in der Gericht gehalten wird über das Vorgehen gegenüber Verrätern aus den eigenen Reihen od. politischen Gegnern □ **organização clandestina**; ~mord □ **assassinato cometido por organização clandestina**

fe|mi|nin ⟨a. [--ˈ-] Adj.⟩ **1** ⟨24⟩ weiblich, den weiblichen Charakter, die weiblichen Eigenschaften einer Frau betreffend; Zartheit, Geduldigkeit u. Einfühlsamkeit betrachten viele Männer als ~e Eigenschaften **2** das Weibliche einer Frau betonend, hervorhebend; ~e Mode; sie spielte ihre ~en Reize aus; diese Frisur wirkt ausgesprochen ~ **3** ⟨meist abwertend⟩ weibisch, unmännlich (von einem Mann); ein ~er Typ, Mann; er sieht sehr ~ aus **4** ⟨24; Gramm.⟩ das Femininum betreffend, zu ihm gehörig, wie ein Femininum; ein ~es Substantiv; die ~e Deklination der Substantive u. Adjektive □ **feminino**

Fe|mi|ni|num ⟨a. [--ˈ--] n.; -s, -ni|na; Gramm.; Abk.: f.⟩ **1** ⟨unz.⟩ das weibliche grammatische Geschlecht, weibliches Genus; bei diesem Wort handelt es sich um ein **2** ⟨zählb.⟩ Wort (Substantiv, Pronomen), das im Femininum(1) steht; die Deklination (Beugung) der Feminina □ **feminino**

Fe|mi|nis|mus ⟨m.; -, -nis|men⟩ **1** ⟨unz.⟩ Frauenbewegung, die für eine Aufhebung der traditionellen geschlechtsspezifischen Rollenverteilung u. die Gleichberechtigung der Frauen in allen gesellschaftlichen Bereichen eintritt **2** ⟨zählb.; Med.; Zool.⟩ Vorhandensein weiblicher Geschlechtsmerkmale bei einem Mann od. einem männlichen Tier, Verweiblichung □ **feminismo**

Fe|mi|nis|tin ⟨f.; -, -tin|nen⟩ Vertreterin, Anhängerin des Feminismus(1) □ **feminista**

fe|mi|nis|tisch ⟨Adj. 24⟩ **1** den Feminismus(1) betreffend, auf ihm beruhend, seine Ziele vertretend; ~e Literatur, Sprache; der ~en Bewegung angehören □ **feminista** **2** ⟨Med.; Zool.⟩ den Feminismus(2) betreffend □ **feminóide**

Fen|chel ⟨m.; -s; unz.; Bot.⟩ einer Gattung der Doldengewächse angehörende Pflanze, deren Kraut u. Früchte als Gemüse, Gewürz od. Heilmittel genutzt werden: Foeniculum; ~gemüse, ~tee □ **funcho**

Fens|ter ⟨n.; -s, -⟩ **1** Öffnung in der Wand eines Gebäudes, Wagens usw., um Luft u. Licht ins Innere zu lassen; Keller~, Zimmer~; die ~ liegen auf der Straßenseite; die ~ des Zimmers gehen auf die Straße; aus dem ~ blicken, schauen, sehen; sich zum ~ hinauslehnen; der Dieb drang durch ein ~ in die Wohnung ein; sie beging Selbstmord, indem sie sich aus dem ~ des sechsten Stocks stürzte; Blumenkästen vor dem ~ anbringen □ **janela** 1.1 jmd. ist weg vom ~ ⟨fig.; umg.⟩ hat seine bevorzugte Stellung verloren, besitzt keinen Einfluss mehr □ *ser carta fora do baralho; → a. Geld(2.3) **2** Schaufenster; ich habe ein sehr preiswertes Kleid im ~ gesehen; Blumen ins ~ stellen □ **vitrine** **3** gerahmte Glasscheibe in der Fensteröffnung; ein einflügeliges, hohes, rundes, vergittertes, zweiflügeliges, zerbrochenes ~; das ~ öffnen, schließen, zuschlagen; wir müssen die ~ putzen; Jungen haben mit einem Stein das ~ eingeschlagen, eingeworfen □ **vidro; vidraça** **4** (viereckige) Öffnung, durchsichtiger Teil bes. eines Briefumschlags, durch den die Adresse zu sehen ist; ein Briefumschlag mit ~ **5** ⟨EDV⟩ separater Bereich auf dem Bildschirm, der bei gleichzeitiger Nutzung mehrerer Anwenderprogramme einem Programm zugeordnet ist □ **janela**

Fens|ter|schei|be ⟨f.; -, -n⟩ Glas des Fensters; die ~ ist zerbrochen, eingeschlagen; eine vereiste, matte ~ □ **vidro; vidraça**

fe|ri|al ⟨Adj. 24; österr.⟩ zu den Ferien gehörend, ungezwungen, unbeschwert; eine ~e Stimmung, Laune verbreiten □ **despreocupado; tranquilo**

Fe|ri|en ⟨nur Pl.⟩ **1** mehrtägige od. -wöchige Arbeitspause, Urlaub; Semester~, Schul~; ~ bekommen, erhalten, haben, machen, nehmen; die ~ an der See verbringen; die ~ in den Bergen verleben 1.1 die großen ~ Sommerferien in der Schule □ **férias** 1.2 ~ vom Ich machen vom Alltag völlig ausspannen □ *sair da rotina **2** in die ~ fahren an den Ort, an dem man die Ferien(1) verbringt □ *sair de férias

Fer|kel ⟨n.; -s, -⟩ **1** junges Schwein; ein rosiges ~; ~ aufziehen □ **leitão** **2** ⟨fig.; umg.; Schimpfwort⟩ unreinlicher Mensch, Schmutzfink; du bist ein ~! □ **porco; porcalhão**

fern ⟨Adj.⟩ Ggs nahe **1** räumlich weit weg, weit entfernt, abgelegen; ~e Gegenden, Länder; die ~ere Umgebung; ~ von hier, von den Übrigen, von uns, vom Dorf; aus, von nah und ~ waren Zuschauer herbeigeströmt ☐ **longe; distante** 1.1 der Ferne Osten *Ostasien* ☐ ***o Extremo Oriente**; Ggs *der Nahe Osten*, → *nah* 1.2 **von** ~ *aus der Entfernung*; etwas von ~ beobachten, miterleben, sehen; von ~ zuschauen ☐ ***de longe** 1.2.1 von ~ betrachtet, sieht die Angelegenheit längst nicht so bedrohlich aus ⟨fig.⟩ *mit Abstand, nüchterner Überlegung betrachtet* ☐ ***pensando bem...** 1.3 das sei ~(e) von mir! ⟨geh.⟩ *ich denke nicht daran!, das liegt mir fern!* ☐ ***longe de mim!** 1.4 jmdm. ~ sein ⟨a. fig.; geh.⟩ *geistig nicht verwandt, fremd*; sie waren sich sehr ~ ☐ ***não ter a ver com alguém** 2 *zeitlich weit weg, entfernt* 2.1 weit zurückliegend, lange vergangen; aus ~en Tagen, Zeiten; in ~er Vergangenheit ☐ **remoto; distante** 2.2 *weit voraus in der Zukunft (liegend);* das liegt noch in ~er Zukunft; der Tag, die Zeit ist nicht mehr ~; in nicht mehr (ganz so) ~er Zeit ☐ **distante** 3 ⟨Präp. mit Dat.; geh.⟩ *weit weg von;* ~ der Großstadt; ~ dem hastigen Treiben des Alltags ☐ **longe**

fern‖blei‖ben ⟨V. 114/411 od. 600(s.)⟩ einer **Sache** ~ *zu etwas nicht erscheinen, an etwas nicht teilnehmen;* der Arbeit, der Schule, dem Unterricht, einer Veranstaltung ~; entschuldigt, unentschuldigt ~; aus Zeitmangel, wegen Krankheit ~ ☐ **faltar; não comparecer;** das Fernbleiben der Gäste erstaunte ihn ☐ **ausência; falta**

Fer|ne ⟨f.; -, -n⟩ Ggs *Nähe* 1 *große räumliche Entfernung, Weite* ☐ **distância;** in der ~ sieht man ...; in weiter ~ erkennt man ... ☐ ***à distância/ao longe se vê/reconhece...;** aus der ~ beobachten, betrachten, miterleben ☐ ***observar/presenciar de longe;** in die ~ blicken ☐ ***olhar ao longe** 2 *große zeitliche Entfernung* ☐ **distância** 2.1 *weit zurückliegende Vergangenheit;* dieses Ereignis rückt immer mehr in die ~ ☐ **passado distante** 2.2 *weit entfernte Zukunft;* dadurch ist unser Plan weit in die ~ gerückt; der Plan liegt noch in weiter ~ ☐ **futuro distante**

fer|ner 1 ⟨Konj.⟩ *außerdem, weiter und noch (in der Aufzählung fortfahrend);* ich will heute Wäsche waschen, bügeln, stopfen, ~ Kuchen backen und das Mittagessen für morgen vorbereiten; ~ gehören dazu ...; ~ hat er noch zu mir gesagt, dass ... ☐ **além disso** 1.1 er war unter ~ liefen (im Wettkampf) *nicht erwähnenswert, kaum von Bedeutung* ☐ **ele estava entre os últimos (na competição)** 2 ⟨Adv.⟩ *fernerhin, länger, noch längere Zeit;* möget ihr auch ~ glücklich sein ☐ **por mais tempo** 3 ⟨Adj.; Komparativ von⟩ *fern;* die ~e Umgebung, Zukunft ☐ **mais longe**

Fern‖ge‖spräch ⟨n.; -(e)s, -e⟩ *Telefongespräch mit einer Person außerhalb eines Ortsnetzes;* Ggs *Ortsgespräch(2);* ein ~ führen ☐ **(telefonema) interurbano**

Fern|glas ⟨n.; -es, -gläser⟩ *ein lichtstarkes Fernrohr mit mehrfacher Vergrößerung in der Form eines Doppelrohres zur Beobachtung weit entfernter Objekte, z. B. Opernglas, Nachtglas* ☐ **binóculo**

fern‖hal|ten ⟨V. 160/500⟩ 1 jmdn. od. etwas ~ *nicht herankommen lassen* 1.1 ⟨Vr 3⟩ sich ~ *fernbleiben* ☐ **manter(-se) afastado**

fern‖lie|gen ⟨V. 180⟩ 1 ⟨400 od. 411⟩ *in weiter Entfernung liegen;* ein ~des Gut ☐ **distante; afastado** 2

⟨600⟩ etwas liegt jmdm. fern ⟨fig.⟩ *etwas kommt jmdm. nicht in den Sinn, jmd. beabsichtigt etwas nicht;* es lag mir völlig fern, dich zu beleidigen; nichts liegt uns ferner als ... ☐ **não passar pela cabeça de alguém; não ter a intenção de;** ein ~der Gedanke ☐ **distante**

Fern|mel|de|we|sen ⟨n.; -s; unz.⟩ *alle Einrichtungen u. Maßnahmen, die die Übermittlung von Nachrichten betreffen* ☐ **telecomunicações**

Fern|rohr ⟨n.; -(e)s, -e⟩ *optisches Gerät, mit dem man entfernte Gegenstände unter einem größeren Gesichtswinkel als mit dem bloßen Auge u. dadurch scheinbar näher sieht;* Sy *Teleskop;* ein astronomisches ~ ☐ **telescópio**

Fern|seh|ap|pa|rat ⟨m.; -(e)s, -e⟩ = *Fernsehgerät*

fern‖se|hen ⟨V. 239/400⟩ *eine Fernsehsendung anschauen;* wir wollen heute Abend ~; er sieht gerade fern ☐ **assistir à televisão**

Fern|se|hen ⟨n.; -s; unz.⟩ *funktechnische Übertragung bewegter Bilder;* heute Abend wird im ~ eine Reportage gezeigt; für das ~ Aufnahmen machen, etwas aufnehmen (mit der Fernsehkamera); was bringt das ~ heute Abend?; was gibt es heute Abend im ~? ☐ **televisão**

Fern|se|her ⟨m.; -s, -; umg.⟩ = *Fernsehgerät*

Fern|seh|ge|rät ⟨n.; -(e)s, -e⟩ *Gerät zum Empfang von Fernsehsendungen;* Sy *Fernsehapparat,* ⟨umg.⟩ *Fernseher* ☐ **televisão; televisor**

Fern|sicht ⟨f.; -; unz.⟩ Sy *Weitsicht(1)* 1 *weiter Blick, weite Aussicht, weiter Ausblick;* von einem Aussichtspunkt aus eine gute ~ haben ☐ **panorama; vista** 2 *klare (nicht dunstige) Sicht ins Weite;* heute hat man keine ~ ☐ **visibilidade**

Fern|spre|cher ⟨m.; -s, -⟩ = *Telefon*

Fern|ver|kehr ⟨m.; -s; unz.⟩ *Eisenbahn- od. Fahrzeugverkehr zwischen weit voneinander entfernten Orten* ☐ **tráfego de longas distâncias**

Fern|wir|kung ⟨f.; -, -en⟩ 1 ⟨Phys.⟩ *Übertragung von Kraftwirkungen zeitlos u. ohne Vermittlung des dazwischenliegenden Raumes* ☐ **efeito/ação à distância** 2 ⟨fig.⟩ *Einwirkung auf einen anderen Menschen ohne persönlichen Kontakt, Gedankenübertragung* ☐ **telepatia; transmissão de pensamento**

Fer|se ⟨f.; -, -n⟩ 1 *hinterer Teil des Fußes;* ich habe mir beim Wandern die ~n wundgelaufen ☐ **calcanhar** 1.1 die ~n zeigen ⟨fig.; umg.⟩ *fliehen* ☐ ***dar no pé** 1.2 sich an jmds. ~n heften ⟨fig.; geh.⟩ *jmdm. (dicht hinter ihm) folgen* 1.3 ⟨610⟩ (dicht) auf den ~n ⟨fig.⟩ *dicht hinter jmdm.;* jmdm. (hart) auf den ~n bleiben, folgen, sein ☐ ***ir ao encalço de alguém; estar no encalço de alguém** 2 *hinterer Teil eines Strumpfes;* die Socke hat ein Loch an der ~ ☐ **calcanhar**

Fer|sen|geld ⟨n.; -(e)s; unz.; nur noch in der Wendung⟩ ~ geben ⟨fig.; umg.⟩ *fliehen, davonlaufen* ☐ ***dar no pé**

fer|tig ⟨Adj. 24⟩ 1 *abgeschlossen, vollendet, beendet, zu Ende gebracht;* ich fürchte, das wird nie ~; die Geburtstagstorten bringt der Konditor uns ~ ⟨umg.⟩ ☐ **pronto** 1.1 *praktisch erfahren, ausgereift, erwachsen;* er ist bereits ein ~er Künstler, Mensch ☐ **feito; for-**

fertigbekommen

mado 2 *zu Ende, am Ende;* iss erst ~, dann kannst du spielen!; ich bin ~ (mit meiner Arbeit); ich bin ~ (mit dem, was ich sagen wollte); und damit wären wir ~!; bist du schon (damit) ~? ☐ **terminar; acabar** 2.1 bist du mit dem Buch noch nicht ~? ⟨umg.⟩ *hast du das B. noch nicht ausgelesen?* ☐ **terminar (de ler)** 2.2 ich bin mit meinem Glas ~ ⟨umg.⟩ *habe das G. ausgetrunken* ☐ **terminar (de beber)** 2.3 ich bin mit den Nerven ~ ⟨fig.; umg.⟩ *nervlich überbeansprucht* ☐ *estou com os nervos à flor da pele 2.4 mit jmdm. ~ sein ⟨fig.; umg.⟩ *nichts mehr zu tun haben wollen;* ich bin mit ihr ~ ☐ **terminar com alguém; não querer saber de alguém** 3 *bereit (zu);* ich bin ~ (zum Ausgehen); er ist schon fix und ~ (zum Weggehen, zur Abfahrt) ⟨umg.⟩; Achtung, ~, los!, auf die Plätze, ~, los! (Startkommando) ⟨Sp.⟩ ☐ **pronto** 4 ⟨fig.; umg.⟩ *abgearbeitet, erschöpft, sehr müde;* die Frau sank völlig auf einen Stuhl; ich bin (vollkommen) ~; ich bin fix und ~ ☐ **exausto; acabado** 5 ⟨Getrennt- u. Zusammenschreibung⟩ 5.1 ~ **bekommen** = *fertigbekommen (I)* 5.2 ~ **bringen** = *fertigbringen (I)* 5.3 ~ **machen** = *fertigmachen (I)* 5.4 ~ **stellen** = *fertigstellen* 5.5 ~ **werden** = *fertigwerden*

fer|tig|be|kom|men *auch:* **fer|tig be|kom|men** ⟨V. 170/500; hat; umg.⟩ **I** ⟨Zusammen- u. Getrenntschreibung⟩ = *fertigbringen (I)* **II** ⟨nur Zusammenschreibung⟩ = *fertigbringen (II)*

fer|tig|brin|gen *auch:* **fer|tig brin|gen** ⟨V. 118/500⟩ **I** ⟨Getrennt- u. Zusammenschreibung⟩ *etwas ~ in fertigen Zustand versetzen;* Sy *fertigbekommen (I);* er hat die Abrechnung noch rechtzeitig fertiggebracht/fertig gebracht ☐ **terminar; aprontar** **II** ⟨nur Zusammenschreibung⟩ Sy *fertigbekommen (II)* 1 etwas ~ *zustande bringen, leisten;* er hat es fertiggebracht, die Stelle zu bekommen ☐ **conseguir** 2 etwas ~ ⟨fig.⟩ *übers Herz bringen;* es ihm jetzt zu sagen, kann ich einfach nicht fertigbringen ☐ **ter coragem**

fer|ti|gen ⟨V. 500⟩ etwas ~ *herstellen, erzeugen, fabrizieren;* mit der Hand gefertigt; sie hat das Kleid selbst gefertigt ☐ **produzir; fazer**

Fer|tig|keit ⟨f.; -, -en⟩ *durch Übung erworbene Gewandtheit, Geschicklichkeit beim Ausführen bestimmter Arbeiten;* hierzu sind keine besonderen ~en erforderlich; gewisse ~en in dieser Arbeit sind Voraussetzung; große ~en in Fremdsprachen, im Geigenspiel, im Zeichnen; durch lange Übung eine erstaunliche ~ erlangen in ... ☐ **habilidade; fluência**

fer|tig|ma|chen *auch:* **fer|tig ma|chen** ⟨V. 500⟩ **I** ⟨Getrennt- u. Zusammenschreibung⟩ 1 etwas ~ ⟨umg.⟩ *zu Ende bearbeiten, beenden;* sie muss ihre Schularbeiten noch ~ ☐ **terminar** 2 ⟨Vr 7⟩ jmdn. od. etwas od. sich ~ ⟨umg.⟩ *bereitmachen, zurechtmachen, vorbereiten;* die Kinder zum Schlafen, Spaziergang ~; wir machten uns zur Abreise fertig 2.1 ⟨Mil.⟩ *sich bereitmachen, in Stellung gehen* 2.2 ⟨Sp.⟩ *in Ausgangsstellung gehen* 2.3 eine Druckform ~ ⟨Typ.⟩ *zum Druck vorbereiten* ☐ **preparar(-se)** **II** ⟨nur Zusammenschreibung⟩ 1 jmdn. fertigmachen ⟨fig.; umg.⟩ *jmdn. aufs Schärfste zurechtweisen* ☐ *passar um sabão em alguém 2 ⟨Vr 7 od. Vr 8⟩ jmdn. fertigmachen ⟨fig.; umg.⟩ *sehr erschöpfen, ermüden, körperlich od. psychisch peinigen, quälen, zermürben* 2.1 *umbringen, physisch erledigen* ☐ *acabar com alguém

fer|tig|stel|len *auch:* **fer|tig stel|len** ⟨V. 500⟩ etwas ~ *beenden, abschließen, fertig machen;* die Arbeit soll bis morgen fertiggestellt/fertig gestellt werden ☐ **terminar; concluir**

fer|tig|wer|den *auch:* **fer|tig wer|den** ⟨V. 285/800(s.)⟩ 1 *etwas zum Abschluss bringen;* sie kann nie pünktlich, rechtzeitig, zur rechten Zeit ~ ☐ **acabar; terminar** 2 ⟨umg.⟩ **mit** jmdm. od. etwas ~ *mit jmdm. od etwas umgehen können;* ich kann allein damit ~ ☐ **lidar**

Fes ⟨m.; - od. -es, - od. -e⟩ *aus rotem Filz gefertigte Kappe, die in arabischen Ländern als Kopfbedeckung getragen wird;* oV *Fez[1]* ☐ **fez**

fesch ⟨[fɛʃ], österr. [feːʃ] Adj.⟩ 1 *flott, chic, hübsch, adrett;* ein ~es Kleid; du siehst ~ aus ☐ **chique; elegante** 2 ⟨österr. a.⟩ *nett, brav;* geh, sei ~! ☐ *vamos, seja bonzinho!

Fes|sel[1] ⟨f.; -, -n⟩ 1 *Kette od. Strick um Hände od. Füße, um jmdn. gefangen zu halten;* dem Gefangenen die ~n abnehmen, abstreifen, lösen; einem Gefangenen ~n anlegen; einen Gefangenen in ~n legen, schlagen ⟨poet.⟩; den Gefangenen von seinen ~n befreien, lösen ☐ **algema; corrente; grilhão** 2 ⟨fig.; meist geh.⟩ *Zwang, Einschränkung, Bande, Bindung;* die ~ des Berufs; ~n der Dankbarkeit, Liebe; die ~ der Ehe, der Freundschaft; seine ~n ablegen, abstreifen, abwerfen, sprengen; geistige ~n; eine Verpflichtung als lästige ~ empfinden; sich von jmds. ~n befreien, lösen ☐ **grilhão; obrigação**

Fes|sel[2] ⟨f.; -, -n⟩ 1 *die Zehe vom Huf bis zum Mittelfußknochen (bei Huftieren)* ☐ **quartela** 2 *Abschnitt des Unterschenkels über dem Knöchel (beim Menschen);* er hat schlanke ~ ☐ **tornozelo; artelho**

fes|seln ⟨V. 500; ich fessele od. fessle⟩ 1 jmdn. ~ *mit Ketten od. Stricken Hände, Füße zusammenbinden, binden, anketten, in Ketten legen;* beim Spielen fesselten ihn die Kinder an einen Baum; jmdn. an Händen und Füßen ~; den Gefangenen mit Handschellen, Ketten ~ ☐ **prender; atar; amarrar; acorrentar** 1.1 an etwas gefesselt sein ⟨a. fig.⟩ *gebunden sein, in etwas festgehalten sein;* er ist schon seit Wochen ans Bett gefesselt; durch die kleinen Kinder ist sie sehr ans Haus gefesselt ☐ *estar preso a/em alguma coisa 2 jmdn. ~ ⟨fig.⟩ *jmdn. in Bann ziehen, seine lebhafte u. anhaltende Aufmerksamkeit erregen;* jmds. Aufmerksamkeit ~; der Roman hat mich sehr gefesselt; er versteht es, seine Zuhörer zu ~; sie fesselte ihn durch ihre erhabene Schönheit; er war von ihr gefesselt ihn mit ihren Reizen; sie ist eine ~de Erscheinung; er kann äußerst ~d erzählen ☐ (de modo) **fascinante/empolgante**

fest ⟨Adj.⟩ 1 *so beschaffen, dass es einen starken Zusammenhalt hat u. Änderungen der Form Widerstand ent-*

gegensetzt; Ggs *flüssig(1)*; ~e Körper; ~er Aggregatzustand; der Patient kann keine ~e Nahrung zu sich nehmen; der Pudding wird ~ □ **sólido** 1.1 ⟨fig.⟩ *greifbar, konkret*; allmählich nehmen meine Vorstellungen ~e Gestalt an □ **paupável; concreto** 2 *stabil, haltbar, dauerhaft, widerstandsfähig*; ~es Holz, Tuch; ein ~er Strick; für die Gartenmöbel brauche ich einen ~en Bezugsstoff; wir können noch nicht Schlittschuh laufen, denn das Eis ist noch nicht ~; die Leiter steht ~ □ **durável; resistente; firme** 2.1 ~er **Platz** *befestigter Ort, Festung* 2.2 eine ~e Stellung beziehen ⟨Mil.⟩ *eine gut befestigte S.* □ **fortificado** 2.3 einen ~en **Schlaf** haben *einen tiefen S.* □ ***ter um sono pesado/profundo** 3 *unverrückbar, schwer zu lösen, zu entfernen*; Ggs *locker*; die Schraube ist nicht ~; diese Bräuche sind ~ verankert; du musst die Schnürsenkel ~ (noch ~er) binden □ **apertado; firme** 3.1 die Tür war ~ verschlossen *dicht* □ **bem** 4 *kräftig, tüchtig, alle Kraft anwendend*; ein ~er Schlag; mit einem ~en Griff zupacken; er kann aber ~ zupacken; eine Schnur ganz ~ binden; den Griff ganz ~ halten □ **forte; firme; com força/firmeza** 4.1 *bestimmt, energisch*; mit ~em Schritt, ~en Schrittes einherkommen; mit ~er Stimme □ **firme; decidido** 4.1.1 er gehört unter eine ~e Hand, er muss eine ~e Hand fühlen, spüren *feste, strenge Führung haben* □ **firme** 4.1.2 die Vorbereitungen ~ in der Hand haben ⟨fig.⟩ *die V. energisch leiten* □ ***conduzir os preparativos com pulso firme**; → a. *steif(1.5)* 5 *sicher, unerschütterlich*; ~es Vertrauen; ein ~er Charakter; er hat ~e Grundsätze; der ~en Ansicht, Meinung, Überzeugung sein; ich glaube ~ daran; Sie können sich ~ darauf verlassen; lasst uns ~ zusammenhalten!; sie bleibt ~ bei ihrer Behauptung; er ist ~ entschlossen dazu; die Jahreszahlen sitzt jetzt ~ (im Gedächtnis) □ **inabalável; firme** 5.1 (noch nicht) ~ im Sattel sitzen ⟨a. fig.; umg.⟩ *in einer Stellung (noch nicht) sicher sein* □ ***(ainda não) estar firme (na posição/no emprego)** 5.2 *bindend*; ~e Vereinbarungen □ **firmado**; er hat mir ~ versprochen □ **solenemente**; wir haben uns ~ vorgenommen zu ... □ ***tomamos a firme decisão de...** 5.2.1 eine ~e Bestellung aufgeben ⟨Kaufmannsspr.⟩ *eine verbindliche B.* □ ***fechar um pedido** 6 *ständig, dauernd*; ein ~es Wohnsitz; ein ~es Einkommen; eine ~e Gewohnheit; er hat endlich wieder eine ~e Stellung □ **fixo; permanente** 6.1 etwas ist in ~en Händen *ist unverkäuflich* □ ***ser invendável** 6.2 jmd. ist in ~en Händen ⟨fig.; umg.⟩ *hat ein auf Dauer angelegtes Verhältnis* □ ***estar namorando firme** 6.3 ~en Fuß fassen ⟨fig.⟩ *heimisch werden*; es gelang ihm schnell, hier ~en Fuß zu fassen □ **estabelecer-se; fixar-se** 6.4 ~es **Geld**, ~e Gelder *Bankeinlagen mit längerer Laufzeit* □ ***aplicação a prazo fixo** 6.5 *gleichbleibend*; ~e Preise anstreben; eine ~e Arbeitszeit 6.5.1 ein Laden mit ~er **Kundschaft** *Stammkundschaft* □ **fixo** 7 ⟨Getrennt- u. Zusammenschreibung⟩ 7.1 ~ stehend = *feststehend (I)*

Fest ⟨n.; -(e)s, -e⟩ 1 *Feier, gesellschaftliche Veranstaltung*; Geburtstags~; das war der Höhepunkt des ~es; als Krönung des ~es wurde ...; ein ~ abhalten, begehen, feiern, geben, veranstalten; ein fröhliches, prächtiges, rauschendes ~; an einem ~ teilnehmen; sich bei einem ~ amüsieren; zu einem ~ (ein)geladen sein; eine Einladung zu einem ~ erhalten; zu einem ~ gehen 2 *jährlich wiederkehrender kirchlicher Feiertag bzw. zwei od. mehrere Feiertage nacheinander*; Oster~, Weihnachts~; frohes ~! ⟨Wunschformel⟩; Weihnachten ist ein unbewegliches ~; die drei hohen ~e (Weihnachten, Ostern, Pfingsten); nach dem ~ □ **festa(s)** 3 es war mir ein ~ ⟨umg.⟩ *ein Vergnügen, eine Freude* □ ***foi uma festa/alegria!**

fest|an|ge|stellt auch: **fest an|ge|stellt** ⟨Adj. 24/60⟩ *mit einem festen Gehalt angestellt*; die ~en Mitarbeiter □ **empregado fixo**

fest∥bin|den ⟨V. 111/500⟩ etwas od. jmdn. ~ *anbinden*; ein Schiff am Kai ~; ein Pferd ~ □ **amarrar**; ⟨aber Getrenntschreibung⟩ fẹst bịnden → *fest(3)*

fest∥fah|ren ⟨V. 130⟩ 1 ⟨400(s.) od. 500/Vr 3(h.)⟩ (sich) ~ *stecken bleiben, nicht vorwärts- u. nicht rückwärtsfahren können*; das Fahrzeug hat sich im weichen Schlamm festgefahren; das Fahrzeug ist festgefahren □ ***atolar(-se)** 1.1 ⟨500/Vr 3⟩ jmd. hat sich festgefahren ⟨fig.⟩ *ist gedanklich in eine Sackgasse geraten, weiß nicht weiter*; er hat sich mit seinen Plänen gründlich festgefahren □ **não saber o que fazer; não conseguir avançar** 1.2 ⟨400(s.)⟩ eine **Sache**, Unternehmung ist festgefahren ⟨fig.⟩ *kommt nicht weiter, macht keine Fortschritte mehr* □ **estar parado**

fest∥hal|ten ⟨V. 160/500⟩ 1 ⟨Vr 8⟩ jmdn. od. etwas ~ *mit der Hand halten*; Ggs *loslassen*; den Stock, die Tasche ~; Passanten konnten den Dieb ~; jmdn. am Ärmel, Rockzipfel ~ □ **segurar** 1.1 jmdn. ~ ⟨fig.⟩ *zurückhalten, nicht weitergehen lassen*; er wurde an der Grenze festgehalten □ **deter** 1.2 sein **Geld** ~ *nicht weggeben, nicht ausgeben* □ **guardar** 2 ⟨Vr 7 od. Vr 8⟩ jmdn. od. etwas ... ~ *(in bestimmter Weise) abbilden, aufzeichnen*; ein Ereignis in Wort u. Bild ~; eine Szene mit der Kamera ~; eine Vereinbarung schriftlich ~ □ **registrar; retratar** 3 ⟨Vr 3⟩ sich (an etwas) ~ *sich (an etwas) halten, um nicht zu fallen*; in der Kurve ~! (erg.: sich); halte dich am Geländer fest! □ ***segurar-se (em alguma coisa)** 4 ⟨800⟩ an etwas ~ ⟨fig.⟩ *bei etwas bleiben, auf etwas beharren, nicht von etwas abgehen*; an einem Glauben, einer Meinung, Überzeugung ~ □ ***persistir em alguma coisa**; ⟨aber Getrenntschreibung⟩ fẹst hạlten → a. *fest(4)*

fes|ti|gen ⟨V. 500⟩ 1 etwas ~ *fest, beständig, widerstandsfähig machen, stärken*; er hat seine Position so gefestigt, dass ...; das festigt die Freundschaft, die Beziehungen, die Gesundheit 2 ⟨Vr 3⟩ etwas festigt sich *wird fest, stark, kräftig sich*; immer mehr festigte sich in ihm der Glaube, die Überzeugung, dass ...; seine Gesundheit hat sich durch den Aufenthalt in den Bergen gefestigt □ **fortalecer(-se); consolidar(-se)**

Fes|tig|keit ⟨f.; -; unz.⟩ 1 *das Festsein, Dichte, Härte* □ **solidez; firmeza** 2 ⟨Tech.⟩ *die Widerstandskraft, die*

Festival

feste Stoffe einer Trennung od. Verformung entgegensetzen; Dauer~, Zeit~; Schlag~, Zug~, Druck~, Biege~, Verdreh~, Stand~; ein Stoff von großer, hoher ~ □ **resistência** 3 ⟨fig.⟩ Standhaftigkeit, Beharrungsvermögen, Widerstandskraft; der ~ seines Glaubens, Charakters □ **persistência; tenacidade**

Fes|ti|val ⟨[-vəl] od. [-val] n.; -s, -s⟩ große kulturelle Festveranstaltung, Festspiele; Musik~, Rock~, Film~ □ **festival**

Fest|land ⟨n.; -(e)s; unz.⟩ **1** der feste Teil der Erdoberfläche; Ggs Meer; sich aufs ~ retten; das ~ kommt langsam in Sicht; das ~ betreten □ **terra firme 2** Erdteil, größere Landmasse; Sy Kontinent(1); Ggs Insel; das asiatische, europäische ~ □ **continente**

fest∥le|gen ⟨V. 500⟩ **1** etwas ~ verbindlich, endgültig bestimmen; sie legten den Beginn auf 7 Uhr fest; den Ablauf einer Veranstaltung ~; die Reihenfolge, die Tagesordnung ~; die politische Linie ~ □ **marcar; fixar 2** Geld(er) ~ ⟨Kaufmannsspr.⟩ langfristig anlegen □ **aplicar 3** ⟨Vr 3⟩ sich ~ sich binden, sich endgültig äußern, etwas bestimmen, versprechen; ich kann, möchte mich noch nicht ~; ich habe mich durch meine Absage bereits festgelegt; er legt sich nicht gern fest □ ***comprometer-se**

fest|lich ⟨Adj.⟩ einem Fest gemäß, feierlich, gehoben, glanzvoll; die Kerzen verbreiten eine ~e Stimmung; ein ~es Abendessen □ **festivo; solene**; sich ~ anziehen □ **formalmente**

fest∥lie|gen ⟨V. 180/400⟩ **1** etwas liegt fest ist bestimmt, festgesetzt; der Termin der Abreise liegt schon fest; eine festliegende Tatsache □ **estar marcado/determinado 2** das Kapital liegt fest ist nicht verfügbar □ **estar aplicado 3** ein Schiff liegt fest ist fest-, auf Grund gefahren □ **estar encalhado**

fest∥ma|chen ⟨V.⟩ **1** ⟨511/Vr 7 od. Vr 8⟩ etwas an etwas ~ ⟨umg.⟩ befestigen; das Bild an der Wand ~; das Boot am Ufer ~ □ **pregar; amarrar 2** ⟨500⟩ eine Sache ~ ⟨fig.; umg.⟩ festlegen, bindend vereinbaren; wollen wir's gleich ~?; den Termin beim Zahnarzt ~ □ **marcar; combinar 3** ⟨400; Mar.⟩ anlegen; der Frachter hat soeben im Hafen festgemacht □ **atracar 4** ⟨500⟩ einen Marder, Iltis ~ ⟨Jägerspr.⟩ aufspüren □ **seguir o rasto de 5** ⟨500⟩ Schwarzwild ~ ⟨Jägerspr.⟩ durch Hunde stellen □ **cercar (com cães)**

fest∥na|geln ⟨V. 500⟩ **1** etwas ~ mit Nägeln befestigen, annageln; Bretter ~ □ **pregar** 1.1 er sitzt da wie festgenagelt ⟨umg.⟩ starr, unbeweglich □ **pregado (no assento/na cadeira) 2** ⟨550⟩ jmdn. auf etwas ~ ⟨fig.; umg.⟩ festlegen; er sich bei der Unterredung nicht auf eine Zusage ~ □ ***comprometer alguém com alguma coisa 3** jmdn. ~ ⟨fig.; umg.⟩ jmdn. gegen seinen Willen aufhalten; er hat mich festgenagelt □ **reter; segurar**

fest∥neh|men ⟨V. 189/500⟩ jmdn. ~ gefangen nehmen, verhaften; die Polizei nahm den Betrüger fest □ **prender**

Fest|plat|te ⟨f.; -, -n⟩ EDV Speichermedium für große Datenmengen, bei dem mehrere magnetisch beschichtete Platten fest installiert sind ⟨~nspeicher⟩ □ **disco rígido**

fest∥set|zen ⟨V. 500⟩ **1** etwas ~ verbindlich bestimmen, anordnen, festlegen; eine Frist, ein Gehalt, einen Termin ~; die Versicherungssumme auf 5.000 € ~; ein behördlich festgesetzter Preis; zur festgesetzten Zeit □ **fixar; determinar 2** jmdn. ~ einsperren, in eine Straf- od. Haftanstalt bringen □ **prender; encarcerar 3** ⟨Vr 3⟩ sich ~ ⟨a. fig.⟩ sich einnisten, ansetzen, ankleben; an den Rändern der Badewanne hat sich Schmutz festgesetzt; in den Ritzen setzt sich leicht Staub fest; diese Idee hat sich bei ihm festgesetzt □ ***depositar-se; fixar-se** 3.1 ⟨umg.⟩ sich niederlassen; ich habe mich an diesem Ort festgesetzt □ **estabelecer-se; instalar-se** 3.2 ⟨Mil.⟩ verschanzen; die Soldaten haben sich in den Bergen festgesetzt □ **entrincheirar-se**

fest∥sit|zen ⟨V. 246/400 od. 411⟩ **1** fest an etwas haften, kleben; der Schmutz sitzt am Fenster fest; der Nagel saß endlich fest □ **estar depositado/fixo/preso 2** ein Schiff (auf einer Sandbank), ein Kraftwagen (im Schnee) sitzt fest ist stecken geblieben, ist festgefahren □ **estar encalhado/atolado** 2.1 sie werden irgendwo ~ eine Panne haben, nicht weiterfahren können □ **ficar parado (por causa de avaria)**

Fest|spiel ⟨n.; -(e)s, -e⟩ **1** zu einem festlichen Anlass verfasstes Theaterstück □ **apresentação de gala 2** ⟨nur Pl.⟩ ~e periodisch wiederkehrende Aufführungen von Bühnenstücken od. Filmen in festlichem Rahmen; Film~e; Salzburger ~e □ **festival**

fest∥ste|hen ⟨V. 256/400⟩ **1** etwas steht fest ist bestimmt, festgelegt, ausgearbeitet; unser Programm, Entschluss stand schon fest, als er ...; steht der Tag der Premiere schon fest? □ **estar marcado/determinado** 1.1 gewiss, sicher sein; da es feststeht, dass ... □ **estabelecido; certo**; so viel, eines steht fest □ ***uma coisa é certa...**; fest steht, dass ... □ ***certo é que...** 1.2 ⟨Part. Präs.⟩ ~d unumstößlich; ein ~der Brauch; eine ~de Redensart □ **enraizado; fixo**; ⟨aber Getrenntschreibung⟩ fest stehen → fest(2)

fest|ste|hend auch: **fest ste|hend** ⟨Adj. 24/60⟩ **1** ⟨Zusammen- u. Getrenntschreibung⟩ sicher, stabil stehend; eine ~e Säule □ **fixo; estável** II ⟨nur Zusammenschreibung; fig.⟩ unumstößlich; ein feststehender Brauch; eine feststehende Redensart □ **enraizado; fixo**

fest∥stel|len ⟨V. 500⟩ **1** etwas ~ ermitteln, erforschen; das muss ich erst noch ~; kannst du das ~?; das wird sich ~ lassen!; die Höhe des Schadens ~; jmds. Personalien, Schuld, Unschuld ~; einen Tatbestand ~; es wurden Fälle von Typhus festgestellt □ **verificar; constatar** 1.1 es wurde festgestellt, dass ... es hat sich erwiesen, herausgestellt □ ***constatou-se/verificou-se que... 2** etwas ~ wahrnehmen, bemerken; leider musste ich ~, dass ich inzwischen einen Strafzettel bekommen hatte □ **constatar 3** eine Sache ~ mit Entschiedenheit sagen; ich möchte ~, dass ich damit nicht einverstanden bin □ **deixar claro; declarar**

Fes|tung ⟨f.; -, -en⟩ **1** eine ständige, stark befestigte größere Anlage, die Angriffen längeren Widerstand leisten kann; eine ~ belagern, erstürmen, einnehmen; eine ~

☐ **fortaleza; forte 2** ⟨früher⟩ *Ort zur Verbüßung nicht entehrender Freiheitsstrafen* ☐ **fortaleza** 2.1 ⟨kurz für⟩ *in einer Festung(1) zu verbüßende Strafe;* er bekam drei Jahre ~ ☐ **prisão**

Fe|te ⟨f.; -, -n; umg.⟩ *Fest, Feier;* ich lade dich zu meiner ~ ein ☐ **festa**

Fe|tisch ⟨m.; -(e)s, -e⟩ **1** ⟨Völkerk.⟩ *Gegenstand religiöser Verehrung, dem übernatürliche Kräfte zugeschrieben werden;* einen ~ anbeten **2** ⟨allg.; geh.⟩ *Kultobjekt, Gegenstand od. Begriff, dem (bes. in der Konsumgesellschaft) eine übermäßige Bedeutung beigemessen wird;* etwas zum ~ erheben; der ~ Macht bestimmt die Politik ☐ **fetiche**

fett ⟨Adj.⟩ **1** *fetthaltig, fettreich;* ~e Speisen; ~e Brühe, Kost; ~es Essen, Fleisch ☐ **gorduroso** **1.1** *einen ~en Bissen, Braten, Brocken, Happen erwischen,* etwas einen ~en Brocken schnappen ⟨fig.; umg.⟩ *ein lohnendes Geschäft machen, großen Gewinn erzielen* ☐ **fazer um bom negócio;* → a. **Kohl¹** (1.1.2) **1.2** ⟨60⟩ *~e Öle chemisch den Fetten entsprechende, flüssige Substanzen* **2** *dick* **2.1** *beleibt, gut ernährt;* eine ~e Ente, Gans; (dick und) ~ sein, werden ☐ **gordo;** er frisst sich bei ihr dick und ~ ⟨derb⟩ ☐ **ele se empanturra na casa dela* **2.2** ⟨Typ.⟩ *auffällig breit u. stark;* die Überschriften ~ drucken ☐ **negrito** **2.3** *üppig, kräftig;* ~er Klee, Weizen ☐ **rico; abundante** **2.3.1** *Fette Henne, Fetthenne* ⟨Bot.⟩ *einer Gattung der Dickblattgewächse angehörende kleine Pflanze mit fleischigen Blättern: Sedum* ☐ **erva-pinheira** **3** ⟨60⟩ *ergiebig, fruchtbar;* ein ~er Boden; eine ~e Weide ☐ **rico; fértil** **3.1** *einträglich, lohnend, Gewinn bringend;* ~e Pfründe; ~e Beute ☐ **rendoso; lucrativo** **4** ⟨Getrennt-u. Zusammenschreibung⟩ **4.1** *~gedruckt = fettgedruckt*

Fett ⟨n.; -(e)s, -e⟩ **1** *bei der Ernährung u. als Schmiermittel verwendeter fester od. halbfester Stoff, der aus tierischen od. pflanzlichen Zellen gewonnen od. synthetisch hergestellt wird u. chemisch hauptsächlich aus Estern des Glyzerins u. Fettsäuren besteht;* Pflanzen-~, Tier-~; Schweine-~; Schmier-~; einen Braten mit ~ begießen; das auf der Suppe od. Soße schwimmende ~ abschöpfen ☐ **gordura;** Maschinenteile mit ~ schmieren ☐ **lubrificante; graxa** **1.1** *das ~ abschöpfen* ⟨a. fig.⟩ *sich das Beste auswählen, seinen Vorteil suchen* ☐ **ficar com a melhor parte* **1.2** *jmdm. sein ~ geben* ⟨fig.; umg.⟩ *jmdn. schelten, rügen* ☐ **passar uma carraspana em alguém* **1.3** *sein ~ ~ kriegen,* (weg)haben ⟨fig.; umg.⟩ *die verdiente Schelte od. Strafe erhalten* ☐ **receber o troco/o que merece* **1.4** *im ~ schwimmen, sitzen* ⟨fig.; umg.⟩ *im Überfluss, in sehr guten Verhältnissen leben* ☐ **nadar em dinheiro; estar numa boa* **2** ⟨unz.⟩ *im Körper von Menschen u. Tieren vorkommendes weiches Gewebe;* ~ ansetzen; die heute gezüchteten Schweine haben nicht mehr viel ~ ☐ **gordura; lipídio**

fet|ten ⟨V.⟩ **1** ⟨500/Vr 7⟩ *etwas ~ mit Fett einreiben, bestreichen;* er fettete die Türangel; das Getriebe einer Maschine ~; ein gefettetes Backblech ☐ **untar; lubrificar 2** ⟨400⟩ *Fett absondern, Fettflecke machen;* die Salbe fettet; eine fettende Creme ☐ **ser/ficar gorduroso**

fett|ge|druckt *auch:* **fett ge|druckt** ⟨Adj. 24/70; Typ.⟩ *mit breiten, dicken Buchstaben gedruckt;* ein ~es Wort; du liest ja immer nur das Fettgedruckte! ☐ **(impresso em) negrito**

fet|tig ⟨Adj.⟩ **1** *Fett enthaltend;* eine ~e Salbe, Creme **2** *mit Fett beschmutzt, bestrichen, eingerieben, ölig, schmierig;* ~es Papier; er hat ganz ~e Hände; das Haar ist ~ ☐ **gorduroso; oleoso**

Fett|näpf|chen ⟨n.; -s, -; nur in der Wendung⟩ *(bei jmdm.) ins ~ treten* ⟨fig.; umg.⟩ *Anstoß erregen, etwas sagen od. tun, was von den andern als peinlich empfunden wird* ☐ **cometer uma gafe (com alguém); dar um fora*

Fe|tus ⟨m.; -ses, -se od. **Fe|ten**⟩ *Leibesfrucht ab dem dritten Schwangerschaftsmonat;* oV *Fötus* ☐ **feto**

Fet|zen ⟨m.; -s, -⟩ **1** *unregelmäßig (ab)gerissenes Stück (bes. von Papier od. Stoff);* etwas in ~ reißen; das Kleid hing der Verunglückten in ~ am Leibe; das alte Hemd ist nur noch ein ~; in ~ gekleidet gehen ☐ **pedaço; trapo; farrapo 1.1** *sie prügelten sich, dass die ~ flogen* ⟨fig.⟩ *heftig, rücksichtslos* ☐ **saíram na pancadaria; brigaram para valer*

feucht ⟨Adj.⟩ **1** *leicht nass;* das vom Tau ~e Gras; wir haben eine ~e Wand im Wohnzimmer; die vom Regen ~en Schuhe trocknen; bei diesem ~en Wetter erkältet man sich leicht ☐ **úmido 1.1** sie hat ~e Augen vor Rührung *vor R. kamen ihr die Tränen* ☐ **marejado 1.2** *eine ~e Aussprache haben* ⟨fig.; umg.⟩ *beim Sprechen Speichel versprühen* ☐ **cuspir ao falar* **1.3** *ein ~er Abend* ⟨fig.; umg.⟩ *A., an dem viel getrunken wird* ☐ **uma noite regada à bebida* **1.4** *ein ~es Grab finden* ⟨geh.⟩ *ertrinken* ☐ **morrer afogado* **1.5** *das geht dich einen ~en Dreck (Kehricht) an* ⟨derb⟩ *das geht dich nichts an* ☐ **isso não é da sua conta* **1.6** *mit Wasserdampf durchsetzt;* ~e Luft ☐ **úmido**

feucht|fröh|lich ⟨Adj. 24; umg.⟩ *aufgrund des Trinkens größerer Mengen Alkohols fröhlich u. ausgelassen;* es war ein ~er Abend ☐ **alegre**

Feuch|tig|keit ⟨f.; -; unz.⟩ **1** *das Feuchtsein, feuchte Beschaffenheit* **1.1** *Gehalt an Wasser od. Wasserdampf (bes. in der Luft);* 80 % Luft~ **2** *feuchte Nässe, feuchte Witterung* ☐ **umidade**

feucht|kalt ⟨24/70⟩ *feucht u. kalt zugleich;* ~es Wetter ☐ **úmido e frio**

feu|dal ⟨Adj.⟩ **1** *lehnsrechtlich, auf dem Lehnsrecht beruhend* ☐ **feudal 2** ⟨fig.; umg.⟩ *reich (ausgestattet), prunkvoll, vornehm;* ein ~es Haus ☐ **suntuoso; faustoso**

Feu|er ⟨n.; -s, -⟩ **1** *sichtbare Erscheinung der Verbrennung, bei der sich Flammen entwickeln u. Licht u. Wärme abgegeben werden;* ~ anbrennen, anfachen, anzünden, entfachen; ~ anlegen; das ~ ist ausgegangen, erloschen; das ~ auslöschen, ausmachen, ersticken, löschen; die Gardinen haben ~ gefangen; unter der Asche glimmt, schwelt noch ~; ~ schlagen; das ~ schüren; das ~ unterhalten; loderndes ~ ☐ **fogo 1.1** *wie ~ und Wasser sein* ⟨fig.⟩ *völlig anders, gegensätzlich* ☐ **ser como água e vinho* **1.2** *für jmdn. durchs ~ gehen* ⟨fig.⟩ *alles, auch das Schwerste für*

Feuerbestattung

jmdn. tun □ **fazer de tudo por alguém* 1.3 ~ hinter etwas machen ⟨a. fig.⟩ *etwas beschleunigen* □ **apressar/acelerar alguma coisa* 1.4 mit dem ~ spielen ⟨a. fig.⟩ *leichtsinnig handeln;* → a. *Hand(2.7.4), brennen(6.2), Öl(1.1)* 1.5 etwas zum Anzünden einer Zigarette, Zigarre od. Pfeife; ~ erbitten; um ~ bitten; darf ich um ~ bitten?; jmdn. ~ geben 1.6 ⟨früher⟩ *Wärmequelle (bes. zum Heizen u. Kochen);* etwas zum Trocknen ans ~ stellen; die Pfanne, den Topf aufs ~ stellen; auf, über offenem ~ kochen; etwas bei schwachem, starkem ~ kochen □ **fogo** 1.6.1 ~ machen ⟨umg.⟩ *den Ofen anheizen* □ **acender o fogo/ fogão;* → a. *Eisen(1.1), Kastanie(2.1)* 1.7 *Brand;* in einem Kaufhaus ist (ein) ~ ausgebrochen; das Haus wurde durch ~ beschädigt, zerstört □ **fogo; incêndio** 1.7.1 ~ (an ein Gebäude) legen *ein G. in Brand stecken* □ **incendiar; pôr fogo** 1.7.2 ~! *(Hilferuf bei Ausbruch eines Brandes) es brennt!; „~!"* rufen □ **fogo** 2 ⟨Mar.⟩ *Leuchtfeuer;* das ~ der Küste □ **farol;** **fogo** 3 ⟨unz.; Mil.⟩ *Schießen (mit Feuerwaffen);* ~! (Befehl zum Schießen); ~ frei! (Erlaubnis zum Schießen); das ~ eröffnen (auf jmdn. od. etwas) □ **fogo** 3.1 ~ geben *schießen* □ ***atirar, disparar** 3.2 *Gesamtheit der von einem Truppenteil abgegebenen Schüsse;* das ~ der Geschütze □ **fogo; tiro** 3.3 *Beschuss;* heftiges, konzentriertes, schweres ~; ins ~ kommen; im, unter feindlichem ~ liegen; in, unter ~ stehen □ **fogo; bombardeio** 4 ⟨unz.⟩ *Glanz, Funkeln, Leuchten;* das ~ ihrer Augen bezauberte ihn; das ~ des Diamanten □ **fogo; brilho** 5 ⟨unz.; fig.; meist poet.⟩ *Heftigkeit (der Gefühle), Temperament, Glut, Begeisterung, ungestümes Wesen;* das ~ der Begeisterung, des Hasses, der Leidenschaft, der Liebe, des Zorns; das ~ eines Reitpferdes; etwas mit ~ vortragen; das ~ der Liebe entfachen; das ~ schüren □ **fogo; ardor; impetuosidade** 5.1 ~ fangen ⟨a. fig.⟩ *plötzlich von Begeisterung, Verliebtheit erfasst werden;* er fängt leicht ~ □ ***inflamar-se; entusiasmar-se** 5.2 (ganz) ~ und Flamme sein *hellauf begeistert sein* □ ***estar todo entusiasmado** 6 ⟨Getrennt- u. Zusammenschreibung⟩ 6.1 ~ speiend = *feuerspeiend*

Feu|er|be|stat|tung ⟨f.; -, -en⟩ *Totenbestattung durch Verbrennen der Leiche* □ **cremação; incineração**

feu|er|fest ⟨Adj. 24⟩ *gegen Feuer u. Hitze unempfindlich;* ~es Geschirr; dieser Tresor ist ~ □ **à prova de fogo; incombustível**

feu|ern ⟨V.⟩ 1 ⟨416⟩ *Feuer machen, heizen;* mit Holz, Koks, Öl ~ □ **fazer fogo; aquecer** 2 ⟨410 od. 800; Mil.⟩ *auf jmd. od. etwas schießen;* die Artillerie feuerte auf die feindlichen Stellungen; blind, scharf ~; er feuerte in die Luft □ **atirar; disparar** 3 ⟨511⟩ *etwas irgendwohin* ~ ⟨fig.; umg.⟩ *schleudern;* sie hat die Tasche wütend in die Ecke gefeuert □ **lançar; arremessar** 4 ⟨500⟩ jmdn. ~ ⟨fig.; umg.⟩ *hinauswerfen, entlassen;* man hat ihn nach dem Spendenskandal gefeuert □ **despedir; expulsar**

Feu|er|pro|be ⟨f.; -, -n⟩ 1 ⟨Met.⟩ *Prüfung von Metallen durch Feuereinwirkung* 2 *Feueralarm zum Zwecke der Übung* 3 ⟨im MA⟩ *ein Gottesurteil, bei dem dem Angeschuldigten entweder ein Stück glühendes Eisen auf die Handflächen gelegt wurde od. er mit bloßen Füßen über einen glühenden Rost schreiten musste, blieb er dabei unverletzt, galt er sodann als unschuldig* 3.1 ⟨heute nur in der Wendung⟩ die ~ **bestehen** ⟨fig.⟩ *sich bewähren* □ **prova de fogo**

Feu|ers|brunst ⟨f.; -, -brüns|te⟩ *großer Brand;* eine verheerende, wütende ~; eine ~ brach aus □ **incêndio**

feu|er|spei|end auch: **Feu|er spei|end** ⟨Adj. 24/60⟩ *Feuer ausspuckend, auswerfend;* ein ~er Drache, ~es Ungeheuer □ **ignívomo; que cospe fogo**

Feu|er|stein ⟨m.; -(e)s, -e⟩ 1 ⟨Min.⟩ *knolliges bis plattiges Gemenge aus Kieselsäure, die gemeine Form des amorphen Quarzes, die sehr hart u. zu Klingen spaltbar ist* 1.1 *oft für Waffen u. Werkzeuge verwendetes Material des vorgeschichtlichen Menschen* □ **sílex** 2 *Cer-Eisen-Legierung für Feuerzeuge* □ **pedra de isqueiro**

Feu|e|rung ⟨f.; -, -en⟩ 1 ⟨unz.⟩ *das Feuern, Heizung, Beheizen;* langsame ~ □ **calefação; aquecimento** 2 ⟨unz.⟩ *Brennstoffe, Brennmaterial;* die ~ ist knapp; die ~ besorgen □ **combustível** 3 *Einrichtung zum Verbrennen fester, staubförmiger, flüssiger u. gasförmiger Brennstoffe;* mechanische ~; eine Anlage mit modernster ~ □ **lareira; fornalha**

Feu|er|waf|fe ⟨f.; -, -n⟩ *Schusswaffe, bei der ein Geschoss durch die Kraft sich ausdehnender Gase durch ein Rohr befördert wird* □ **arma de fogo**

Feu|er|wan|ze ⟨f.; -, -n; Zool.⟩ 1 ⟨i. w. S.⟩ *Angehörige einer hauptsächlich in den Tropen lebenden Familie der Pflanzenwanzen mit meist schwarzer od. roter Zeichnung: Pyrrhocoridae* 1.1 ⟨i. e. S.⟩ *in Dtschld. heimische flügellose Feuerwanze(1), die ein Pflanzensauger u. Aasfresser ist: Pyrrhocoris apterus, Sy General(3), Soldat(4)* □ **percevejo**

Feu|er|wehr ⟨f.; -, -en⟩ 1 *Mannschaften u. Geräte zur Brandbekämpfung;* die freiwillige ~; die ~ alarmieren; ihr Mann ist bei der ~ □ **corpo de bombeiros** 1.1 er braust heran, kommt wie die ~ ⟨fig.; umg.⟩ *sehr schnell, eiligst* □ ***ele veio correndo/voando**

Feu|er|werk ⟨n.; -(e)s, -e⟩ 1 *Erzeugung von farbigen Lichtfunken u. Knall durch Abbrennen leicht entzündlicher Stoffe;* ein buntes ~; ein ~ abbrennen 2 ⟨fig.⟩ *sprühende Rede;* er brannte ein ~ geistreicher Einfälle, Gedanken ab □ **fogo de artifício**

Feuil|le|ton ⟨[fœjətɔ̃:] n.; -s, -s⟩ 1 ⟨urspr.⟩ *Zeitungsbeilage* □ **suplemento** 2 ⟨heute⟩ *der kulturelle Teil der Zeitung (enthält Aufsätze, Buchbesprechungen, Kritiken von Kunst-, Musik-, Theaterveranstaltungen u. Ä.)* □ **suplemento cultural** 2.1 *Beitrag für das Feuilleton(2);* ein gutes, schlechtes, polemisches ~ schreiben □ **artigo (do suplemento cultural)**

Fez[1] ⟨[fɛːs] m.; - od. -es, - od. -e⟩ = *Fes*

Fez[2] ⟨m.; -(e)s; unz.; mitteldt. u. schweiz.⟩ *Ulk, Unsinn, Spaß;* ~ machen □ **brincadeira; gracejo**

Fi|as|ko ⟨n.; -s, -s⟩ 1 ⟨Theat.⟩ *Durchfallen eines Theaterstückes od. eines Künstlers* 2 *Misserfolg, Zusammenbruch;* ein ~ erleben, erleiden; die Verhandlungen endeten mit einem ~ □ **fiasco**

Fi|bel¹ ⟨f.; -, -n⟩ **1** *Lehrbuch für Anfänger, das auf leicht verständliche Weise die Elementarkenntnisse für ein bestimmtes Gebiet vermittelt; eine ~ für Fahrschüler, Kleingärtner* □ **manual; guia 2** *bebildertes Lesebuch für Schulanfänger; eine bunte ~* □ **cartilha**

Fi|bel² ⟨f.; -, -n⟩ *von den Germanen an der Kleidung getragene verzierte Nadel; Sy Spange(2)* □ **fíbula**

Fi|ber ⟨f.; -, -n⟩ **1** ⟨Anat.; Bot.⟩ *Muskelfaser, Pflanzenfaser* 1.1 *mit jeder ~ ihres Herzens hing sie an ihrem Ehemann* ⟨fig.; poet.⟩ *innig, voller Liebe, Zuneigung* □ **fibra 2** *Kunstfaser* □ **fibra sintética**

Fiche ⟨[fiːʃ] m.; -s, -s; EDV⟩ *Datenträger in Form eines Filmblattes, das mit einem Lesegerät abgelesen werden kann* □ **microfilme**

Fich|te ⟨f.; -, -n; Bot.⟩ *einer Gattung der Kieferngewächse angehörender Nadelbaum mit vierkantigen, allseits wenigen spitzen Nadeln u. hängenden Zapfen, die als Ganzes abfallen; Picea;* Mantel~, Säulen~, Stech- od. Blau~ □ **abeto vermelho**

fi|del ⟨Adj.⟩ *vergnügt, fröhlich, lustig, heiter;* ein ~es Fest; ein ~er Kerl; eine ~e Gesellschaft; immer ~ sein □ **alegre; divertido**

Fi|del ⟨f.; -, -n; Mus.⟩ *kleines Streichinstrument im MA, in der Renaissance u. im Barock, Vorform der Geige* □ **rabeca;** → a. *Fiedel*

Fie|ber ⟨n.; -s, -⟩ **1** *krankhaft erhöhte Eigenwärme des Körpers;* 39° C ~; ~ bekommen, haben; das ~ fällt, hält an, steigt; anhaltendes, hitziges, hohes, niedriges, schwaches ~; im ~ fantasieren, sprechen, träumen; vom ~ ergriffen, gepackt, geschüttelt werden □ **febre 2** ⟨fig.⟩ *Eifer, Betriebsamkeit, geistiger Rausch;* Arbeits~; das ~ des Ehrgeizes, der Leidenschaft, der Liebe, der Spielleidenschaft □ **febre; ardor**

fie|ber|haft ⟨Adj. 90⟩ **1** *mit Fieber einhergehend; eine ~e Erkrankung, Erkältung* □ **febril 2** ⟨fig.⟩ *angespannt, übertrieben eifrig;* ~e *Betriebsamkeit* □ **febril; exaltado**

fie|be|rig ⟨Adj.⟩ oV *fiebrig* **1** *fieberhaft, fiebernd, fieberkrank; eine ~e Erkältung; sich ~ fühlen; er hat ~ Augen* □ **febril 2** ⟨fig.⟩ *aufgeregt, erregt, gespannt; eine ~e Nervosität; ~ vor Erwartung* □ **febril; agitado**

fie|bern ⟨V.⟩ **1** ⟨410⟩ *Fieber haben, bekommen; der Patient fieberte heftig, längere Zeit, stark* □ **ter febre; estar com febre 2** ⟨405⟩ **(vor etwas)** ~ ⟨fig.⟩ *erregt, gespannt sein;* er fieberte vor Aufregung, Erwartung, Spannung □ **estar agitado/ansioso 3** ⟨800⟩ *nach etwas od. jmdm. ~* ⟨fig.⟩ *heftig nach etwas od. jmdm. verlangen;* er fiebert danach, sie kennenlernen □ **ansiar/desejar ardentemente alguém ou alguma coisa*

fieb|rig ⟨Adj.⟩ = *fieberig*

Fie|del ⟨f.; -, -n; volkstüml.⟩ *Geige;* die ~ stimmen □ **violino;** → a. *Fidel*

fie|deln ⟨V. 400 od. 410⟩ **1** ⟨scherzh.⟩ *geigen* □ **tocar violino 2** ⟨abwertend⟩ *schlecht geigen* □ **tocar mal violino**

fie|pen ⟨V. 400; umg.⟩ *winseln, hohe, pfeifende Töne von sich geben* (von Tieren); *der junge Hund fiepte vor Angst* □ **ganir**

fies ⟨Adj.; umg.; abwertend⟩ *ekelhaft, widerlich, gemein;* ein ~er Kerl; ein ~er Charakter; ~ aussehen □ **repugnante; asqueroso**

Fi|es|ta ⟨[fi̯ɛs-] f.; -, -s⟩ *Volksfest* □ **festa popular**

Fight ⟨[faɪt] m.; -s, -s⟩ **1** *hart, verbissen geführter Kampf, Auseinandersetzung;* um die Aufführungsrechte des nachgelassenen Werkes gab es einen harten ~ □ **luta; disputa** 1.1 *Boxkampf;* die Gegner lieferten sich einen harten ~ □ **luta de boxe**

Fi|gur ⟨f.; -, -en⟩ **1** *Form des menschlichen Körpers; eine gute, hübsche, schlanke, ebenmäßige, zierliche ~* 1.1 *menschen- od. tierähnliche Nachbildung, Gestalt; eine ~ aus Holz, Stein, Metall; gegossene, gemeißelte, geschnitzte ~en* □ **figura** 1.2 *~ in einem* **Spiel** *geformtes Stück Holz, Metall usw. als zu bewegende Einheit; welche ~ ist jetzt am Zug?* □ **figura; peça** 1.3 ⟨umg.⟩ *Person, Mensch; diese ~ ist für mich erledigt; er ist nur eine komische ~* □ **cara; sujeito 2** ⟨Abk.: Fig.⟩ *gezeichnete Abbildung, Darstellung* 2.1 ⟨Geom.⟩ *Gebilde aus Linien u. Flächen* □ **figura 3** *eine gute, schlechte, lächerliche ~* **machen**, *abgeben* ⟨fig.⟩ *einen guten (usw.) Eindruck machen* □ **fazer boa/má figura;* **fazer papel de ridículo 4** *~ im* **Tanz**, *Eiskunstlauf aus mehreren Elementen zusammengesetzter Ablauf einer Bewegung* **5** ⟨Mus.⟩ *kurze Folge von Tönen, die melodisch u. (od.) rhythmisch zusammengehören* **6** ⟨Rhet.⟩ *durch besondere Formen- od. Gedankenverbindungen gekennzeichnetes Mittel des literarischen Stils* □ **figura**

Fik|ti|on ⟨f.; -, -en⟩ **1** *Erdichtung* **2** *Annahme, Unterstellung (eines nicht wirklichen Falles, um daraus Erkenntnisse abzuleiten)* **3** ⟨Rechtsw.⟩ *Annahme eines Sachverhaltes, der in Wirklichkeit nicht besteht (um die Anwendung eines sonst nicht zutreffenden Gesetzes zu ermöglichen)* □ **ficção**

File ⟨[faɪl] n.; -s, -s; EDV⟩ *Datei* □ **arquivo**

Fi|let ⟨[file:] n.; -s, -s⟩ **1** ⟨Kochk.⟩ 1.1 *~ von* **Schlachtvieh u. Wild** *Lendenstück* 1.2 *~ vom* **Fisch** *entgrätetes Fischfleisch* 1.3 *~ vom* **Geflügel** *abgelöstes Bruststück* **2** ⟨Textilw.⟩ *durchbrochene Kettenwirkware* 2.1 *bei Spitzen auf quadratischem od. schrägem Netzgrund aufgestickte u. -gestopfte Musterung* □ **filé**

Fi|li|a|le ⟨f.; -, -n⟩ *Zweigstelle, -niederlassung, -geschäft* □ **filial**

fi|li|gran auch: **fi|li|gran** ⟨Adj. 24⟩ *ein Filigran darstellend, in der Art eines Filigrans gearbeitet, feingliedrig (bes. von Kunstwerken); eine ~e Arbeit; die Brosche ist ~ gearbeitet* □ **filigranado**

Fi|li|gran auch: **Fi|li|gran** ⟨n.; -s, -e⟩ *kunstvolles Geflecht aus Silber- od. Golddrähten (bes. Schmuckstück)* □ **filigrana**

Fi|li|us ⟨m.; -, -lii; Pl. umg. a. -us|se; scherzh.⟩ *Sohn; was macht dein ~?* □ **filho**

Film ⟨m.; -(e)s, -e⟩ **1** *dünnes Häutchen, sehr dünne Schicht;* Öl~ □ **película 2** ⟨Fot.⟩ *mit einer lichtempfindlichen Schicht überzogener durchsichtiger Streifen für fotografische Zwecke;* Schwarzweiß~, Farb~, Negativ~, Positiv~, Umkehr~; den ~ aus der Kassette nehmen, aufrollen, entwickeln; ein ~ von 200 ASA

filmen

Empfindlichkeit; der ~ ist gerissen, über-, unterbelichtet ☐ **filme** 2.1 mir ist der ~ gerissen ⟨a. fig.⟩ *ich habe den Zusammenhang verloren* ☐ ***me deu branco** 3 *zur Vorführung im Kino bestimmter Streifen mit Bildern;* Kino~, Farb~, Stumm~, Ton~; einen ~ drehen, abdrehen, vorführen; dieser ~ läuft jetzt im Kino ☐ **filme** 3.1 der ~ rollt ab ⟨a. fig.; umg.⟩ *das Geschehen nimmt seinen Lauf (wie vorbereitet)* ☐ ***as coisas estão caminhando** 4 *gefilmte Folge von Bildern, die einen Vorgang od. eine Handlung wiedergibt;* die Handlung des ~s spielt in Rom; Hauptdarsteller, Regisseur, Produzent eines ~es; einen ~ inszenieren, produzieren, spielen; ein interessanter, lehrreicher, schlechter, spannender ~; das Drehbuch zu einem ~ ☐ **filme** 5 *Gesamtheit der Einrichtungen u. Personen, die mit der Herstellung von Filmen(3-4) zu tun haben;* er ist beim ~ ☐ **filme; produção cinematográfica**; sie will zum ~ ☐ ***ela quer fazer cinema**

fil|men ⟨V.⟩ 1 ⟨500/Vr 8⟩ *jmdn. od. etwas ~ von jmdm. od. etwas Filmaufnahmen machen, mit der Filmkamera aufnehmen;* er filmte seine Kinder beim Spielen; er hat seinen Urlaub am Meer, einen Stierkampf gefilmt 1.1 ⟨400⟩ *einen Film aufnehmen;* er filmt gerne, viel, im Urlaub, bunt, in Farbe, schwarzweiß 2 ⟨400⟩ *bei einem Film mitwirken;* er filmt zurzeit im Ausland; wegen seiner Krankheit hat er schon lange nicht gefilmt ☐ **filmar**

Film|star ⟨m.; -s, -s⟩ *berühmter Filmschauspieler, berühmte Filmschauspielerin;* sie war schon mit 15 Jahren ein ~ ☐ **estrela de cinema**

Fi|lou ⟨[filuː] m.; -s, -s⟩ *Spitzbube, Gauner, pfiffiger, gerissener Mensch;* du bist vielleicht ein ~! ☐ **malandro; gatuno**

Fil|ter ⟨m.; -s, -⟩ 1 *Vorrichtung zum Trennen fester Stoffe von Flüssigkeiten* 2 ⟨Fot.⟩ *Glasscheibe zum Aufsetzen auf das Objektiv, mit der bestimmte Farben zurückgehalten, Reflexionen vermieden od. verschiedene Effekte erzielt werden können;* UV-~, Polarisations-~ 3 ⟨Phys.⟩ *Material od. Gerät zur Veränderung der Intensität od. Zusammensetzung einer (elektromagnetischen od. korpuskularen) Strahlung* ☐ **filtro**

Filz ⟨m.; -es, -e⟩ 1 ⟨Textilw.⟩ *Stoff aus gepressten, verschlungenen, nicht gewebten, meist tierischen Fasern (Haaren);* eine Unterlage aus ~ unter die Schreibmaschine; ein Hut, eine Mütze aus ~ ☐ **feltro** 1.1 ⟨umg.⟩ *(alter) Filzhut* ☐ **(chapéu de) feltro** 1.2 *filzartiges Geflecht, etwas filzartig Verwobenes;* ein ~ aus Wollfäden ☐ **feltro** 2 *filzartiger Belag, Überzug an Pflanzen od. Steinen;* die Blätter sind mit weißem ~ bedeckt ☐ **pubescência** 3 ⟨österr.⟩ *unausgeschmolzenes Fett;* Speck~ ☐ **gordura** 4 ⟨umg.; abwertend⟩ *sich gegenseitig Vergünstigungen verschaffender u. mit Machtbefugnissen ausgestatteter Personenkreis;* ~ bei der Verteilung öffentlicher Ämter; ~ im städtischen Bauamt ☐ **toma lá da cá**

fil|zen ⟨V.⟩ 1 ⟨500⟩ *etwas ~ zu Filz verarbeiten* ☐ **(en)feltrar** 2 ⟨500⟩ *jmdn. od. etwas ~* ⟨umg.; abwertend⟩ *auf verbotene od. versteckte Gegenstände, Waren durchsuchen;* die Zollfahnder haben ihn, sein Gepäck gefilzt; einen Häftling, eine Zelle ~ ☐ **revistar** 3 ⟨500⟩ *etwas ~* ⟨umg.⟩ *stehlen;* er hat dir deine Uhr gefilzt; er filzte, was ihm unter die Finger kam ☐ **afanar** 4 ⟨400⟩ *filzig werden;* Sachen aus Wolle ~ beim Waschen ☐ **ficar felpudo**

Fim|mel ⟨m.; -s, -⟩ 1 ⟨Bgb.⟩ *Spaltkeil, schwerer Eisenhammer* ☐ **cunha de aço usada por mineiros** 2 ⟨umg.; scherzh. od. abwertend⟩ *kleine Verrücktheit, Verschrobenheit, Schrulle, Spleen, leidenschaftliche Besessenheit für etwas;* Kino~, Theater~, Mode~; er hat einen ~ ☐ **mania; paixão**

fi|nal ⟨Adj. 24⟩ 1 ⟨60⟩ *das Finale, den Schlussteil betreffend, abschließend, beendend, letzte(r, -s);* ~e Phase einer Ausbildung, einer Krankheit, einer Prüfung ☐ **final** 1.1 ~er **Rettungsschuss** ⟨Polizeiwesen⟩ *zur Rettung einer (von Geiselnehmern o. Ä.) bedrohten Person abgegebener Todesschuss* ☐ ***tiro fatal dado pela polícia** 2 ⟨Sprachw.; Philos.⟩ *zweckbestimmt, zweckmäßig;* „damit" ist eine ~e Konjunktion ☐ **final** 2.1 **Finalbestimmung** ⟨Sprachw.⟩ *Adverbialbestimmung, die den Zweck oder das Ziel eines Geschehens bezeichnet* ☐ **oração subordinada adverbial final**

Fi|na|le ⟨n.; -s, -⟩ 1 *Schlussteil* ☐ **final** 2 ⟨Mus.⟩ *Schlusssatz, Schlussteil;* ~ einer Sinfonie, Oper ☐ **finale** 3 ⟨Sp.⟩ *Schlussrunde, Endkampf* ☐ **final**

Fi|nan|ci|er ⟨[finãsjeː] m.; -s, -s; veraltet; noch österr.⟩ = *Finanzier*

Fi|nan|zen ⟨nur Pl.⟩ 1 *öffentliches Geldwesen, Staatsgelder, Staatshaushalt* 2 *Vermögen, Vermögenslage* ☐ **finanças**

fi|nan|zi|ell ⟨Adj. 24/90⟩ *die Finanzen, das Vermögen betreffend;* Sy *geldlich* ☐ **financeiro**

Fi|nan|zi|er ⟨[-tsjeː] m.; -s, -s⟩ *Geldgeber, jmd., der etwas finanziert;* oV ⟨veraltet; noch österr.⟩ *Financier*, wer ist der ~ dieses Projektes? ☐ **financiador; patrocinador**

fi|nan|zie|ren ⟨V. 500⟩ *jmdn. od. ein Unternehmen ~ mit Geldmitteln ausstatten* ☐ **financiar**

Fi|nan|zie|rung ⟨f.; -, -en⟩ 1 *das Finanzieren, Finanziertwerden* 2 *Gesamtheit der Maßnahmen zur Beschaffung von Geldmitteln bzw. Kapital* (Eigen~, Fremd~, Zwischen~); die ~ eines Autokaufs, Hauskaufs 2.1 *Gewährung eines Kredits;* ~ durch die Sparkasse ☐ **financiamento**

Fin|del|kind ⟨n.; -(e)s, -er⟩ *von unbekannten Eltern ausgesetztes Kind;* Sy *Findling(2)* ☐ **enjeitado**

fin|den ⟨V. 134⟩ 1 ⟨500⟩ *jmdn. od. etwas ~ durch Suchen entdecken, erlangen;* ich finde meine Brille nicht; am Tatort wurden zahlreiche Fingerabdrücke gefunden; hast du inzwischen gefunden, was du suchtest?; wir konnten keinen Platz mehr ~; suchet, so werdet ihr ~; ich kann das Richtige nicht ~; dieses Motiv ~ wir in Mozarts Oper „Così fan tutte" ☐ **achar; encontrar** 1.1 das ist ein gefundenes Fressen für jmdn. *das kommt jmdm. gerade recht, das ist jmdm. sehr erwünscht, ein unerwarteter Genuss* ☐ ***vir bem a calhar para alguém** 1.2 *gelangen;* er fand schon in jungen Jahren zur Musik ☐ ***ele começou jovem na**

música 1.2.1 ⟨411⟩ er kann (morgens) nicht aus dem Bett ~ *ihm fällt das Aufstehen schwer* ☐ ***ele não consegue sair da cama de manhã** 1.3 ⟨Vr 3⟩ **sich ~** *aufgefunden werden, (wieder) zum Vorschein kommen; das Verlorene hat sich gefunden; der Schlüssel wird sich schon ~* ☐ ***ser encontrado** 1.4 ⟨passivisches Funktionsverb⟩ 1.4.1 **Absatz ~** *abgesetzt, verkauft werden* ☐ ***vender bem; ter boa saída** 1.4.2 gute **Aufnahme ~** *gut aufgenommen werden* ☐ ***ser bem recebido; ter boa aceitação** 1.4.3 keine **Beachtung ~** *nicht beachtet werden* ☐ ***não suscitar interesse** 1.4.4 **Gehör ~** *gehört werden* ☐ ***ser ouvido** 1.4.5 (keinen) **Glauben ~** *(nicht) geglaubt werden* ☐ ***(não) ser acreditado; (não) ser levado a sério** 1.4.6 ⟨505⟩ den **Tod ~** *(auf dem Schlachtfeld, bei einem Unfall, in den Wellen) (geh.) getötet werden* ☐ ***encontrar a morte** 1.4.7 **Trost ~** *getröstet werden; er versuchte, Trost in der Kunst zu ~* ☐ ***encontrar consolo** 1.4.8 **Verwendung ~** *verwendet werden; kannst du dafür noch Verwendung ~?* ☐ ***encontrar aplicação/uso;** → a. **Anklang(2), Beifall(1), Gnade(2.1) 2** ⟨500 od. 505⟩ **jmdn. ~** *durch Suchen od. durch Zufall auf jmdn. stoßen; ich kann ihn nirgends ~; sie hat den Richtigen gefunden; er hat seinen Meister in ihm gefunden; in ihm habe ich einen zuverlässigen Freund gefunden* 2.1 ⟨Vr 4⟩ **sich ~** *sich treffen; da haben sich zwei gefunden!* ☐ **encontrar(-se)** 2.1.1 *sie haben sich gesucht und gefunden* ⟨umg.⟩ *sie passen gut zueinander* ☐ ***foram feitos um para o outro 3** ⟨500⟩ **jmdn. od. etwas ~** *zufällig auf etwas stoßen; ich finde in der Zeitung die Nachricht, ...; man findet immer wieder Leute, die ...* ☐ **encontrar; deparar** 3.1 ⟨513⟩ **jmdn. od. etwas in** einem bestimmten **Zustand ~** *antreffen, vorfinden; er fand ihn krank, leidend* ☐ **encontrar** 3.2 ⟨unpersönl./Vr 3⟩ **sich ~** *sich herausstellen* ☐ ***verificar-se; provar-se** 3.2.1 *vorkommen; es findet sich häufig, dass ...* ☐ **ocorrer** 3.2.2 *sich ergeben, sich regeln; das Übrige findet sich schon* ☐ ***o restante se arranja**; *das wird sich (alles) ~* ☐ ***tudo irá se resolver 4** ⟨500⟩ **etwas ~** *durch Nachdenken etwas entdecken, auf etwas kommen; wir müssen einen Ausweg, Mittel und Wege ~, damit ...; ich habe die Lösung gefunden* 4.1 ⟨514⟩ *er konnte vor Überraschung keine Worte ~ er war sprachlos* ☐ **encontrar** 4.2 *heureka, ich hab's gefunden!* ⟨umg.⟩ *endlich komme ich darauf, fällt es mir ein* ☐ ***heureca, descobri!** 4.3 ⟨Vr 3⟩ **sich ~** *zur Selbstbesinnung kommen; er hat sich (wieder) gefunden* ☐ ***encontrar-se** 4.4 ⟨550/Vr 3⟩ **sich in etwas ~** *sich in etwas fügen, sich damit abfinden; du musst dich in das Unabänderliche ~; er kann sich nicht in sein Los, Schicksal ~* ☐ ***conformar-se/resignar-se com alguma coisa 5** ⟨513⟩ **jmdn. od. etwas ~** *für etwas halten, erachten; etwas falsch, gut, praktisch, richtig, schön, unpassend ~; ich fände es nicht ratsam, wenn wir ...; ich finde das nicht in Ordnung* ☐ **achar; considerar** 5.1 ⟨513⟩ *ich finde nichts Schlimmes dabei ich halte das nicht für schlimm, verwerflich, schadvoll* ☐ ***não vejo nada de mau/condenável/prejudicial nisso** 5.2 *für richtig*

halten, meinen; ich finde, dass ...; das finde ich auch; ~ Sie nicht auch, dass ...? ☐ **achar** 5.2.1 *wie ~ Sie das? was meinen Sie dazu?* ☐ ***o que acha disso?** 5.3 *für gut halten, gefallen* ☐ **achar bom; gostar** 5.3.1 ⟨513⟩ *ich finde nichts daran es gefällt mir nicht, es reizt mich nicht* ☐ ***não vejo nada de especial nisso** 5.3.2 *wie ~ Sie das Kleid?* ⟨umg.⟩ *wie gefällt Ihnen das K.?* ☐ ***o que acha do vestido?**

fin|dig ⟨Adj.⟩ **1** *klug, schlau, pfiffig, einfallsreich; ein ~er Kopf!; das Kind ist sehr ~* ☐ **inteligente; esperto 2** ⟨Bgb.⟩ = *fündig*

Find|ling ⟨m.; -s, -e⟩ **1** ⟨Geol.⟩ *erratischer Block, von Eiszeitgletschern verschleppter Felsbrocken; ein ~ aus Granit; ein gewaltiger ~* ☐ **bloco errático 2** = *Findelkind*

Fi|nes|se ⟨f.; -, -n⟩ **1** *Feinheit, Raffinesse; ein Fotoapparat mit allen ~n* ☐ **refinamento 2** *Schlauheit, Raffiniertheit, Durchtriebenheit; mit pädagogischer, diplomatischer, politischer ~ vorgehen* ☐ **fineza; sagacidade**

Fin|ger ⟨m.; -s, -⟩ **1** *eines der fünf beweglichen einzelnen Endglieder der Hand, die den fünf Mittelhandknochen aufsitzen; Mittel~, Ring~, Zeige~; einen bösen, schlimmen ~ haben* ⟨umg.⟩; *dicke, kurze, lange, schlanke, zarte ~; einen Ring am ~ tragen; etwas an den ~n abzählen* ☐ **dedo** 1.1 *sich etwas an den (fünf) ~n abzählen können* ⟨fig.; umg.⟩ *etwas leicht begreifen können* ☐ ***estar na cara; ser evidente** 1.2 *etwas an den ~n herzählen etwas genau wissen u. geläufig aufsagen können* ☐ ***saber alguma coisa na ponta da língua** 1.3 *an jedem ~ eine(n), zehn haben* ⟨fig.; umg.⟩ *sehr viele Freundinnen (Verehrer) haben* ☐ ***ter uma mulher para cada dia da semana** 1.4 *jmdn. durch die ~ sehen* ⟨fig.; umg.⟩ *Nachsicht mit jmdn. üben* ☐ ***fechar os olhos (para os erros de alguém)** 1.5 *sich die ~ nach etwas lecken* ⟨fig.; umg.⟩ *begierig auf etwas sein* ☐ ***estar louco/babando por alguma coisa** 1.6 *sich etwas aus den ~n saugen* ⟨fig.; umg.⟩ *sich etwas ausdenken, etwas erfinden; das hat er sich aus den ~n gesogen* ☐ ***inventar/bolar alguma coisa** 1.7 *sich an, bei etwas die ~ verbrennen* ⟨fig.; umg.⟩ *bei etwas selbstverschuldet zu Schaden kommen; an dieser Sache kannst du dir leicht die ~ verbrennen* ☐ ***dar-se mal; estrepar-se** 1.8 *sich in den ~ schneiden* ⟨a. fig.; umg.⟩ *sich selbst schaden, sich verrechnen; da hat er sich aber in den ~ geschnitten* ☐ ***estar redondamente enganado** 1.9 *keinen ~ krummmachen, rühren* ⟨fig.; umg.⟩ *untätig sein, sich nicht die geringste Mühe machen; er rührt keinen ~ für seinen kranken alten Vater* ☐ ***não mover um dedo/uma palha** 1.10 *etwas mit spitzen ~n anfassen* ⟨fig.; umg.⟩ *vorsichtig, um es möglichst wenig zu berühren (weil man sich davor ekelt)* ☐ ***pegar com a ponta dos dedos** 1.11 *sich die ~ wundschreiben* ⟨fig.; umg.⟩ *fleißig schreiben* ☐ ***ficar com calo nos dedos de tanto escrever** 1.12 *krumme, lange ~ machen, klebrige ~ haben* ⟨fig.; umg.⟩ *stehlen* ☐ ***ser mão-leve** 1.13 *jmdn. auf die ~ sehen* ⟨fig.; umg.⟩ *jmdn. scharf beaufsichtigen* ☐ ***observar/vigiar alguém de perto** 1.14 *jmdn. auf die ~ klopfen, eins auf die ~ geben* ⟨fig.; umg.⟩ *jmdn. warnend strafen, zurechtweisen* ☐ ***puxar as orelhas**

de alguém 2 der kleine ~ □ *o dedo auricular/mínimo 2.1 mein kleiner ~ hat es mir gesagt ⟨fig., umg.⟩ *ich weiß es aus geheimer Quelle* □ *um passarinho me contou* 2.2 er hat im kleinen ~ mehr, als andere im ganzen Kopf ⟨fig.; umg.⟩ *er weiß viel mehr, ist viel begabter als andere* □ *ele sabe/conhece muito mais do que os outros* 2.3 etwas im kleinen ~ haben ⟨fig.; umg.⟩ *über etwas genau Bescheid wissen; das muss man im kleinen ~ haben!* □ *saber/conhecer alguma coisa de trás para frente* 2.4 jmdn. um den (kleinen) ~ wickeln (können) ⟨fig.; umg.⟩ *jmdn. sehr leicht beeinflussen, völlig beherrschen (können); man kann ihn um den (kleinen) ~ wickeln* □ *(poder) fazer gato e sapato de alguém* 2.5 jmd. braucht nur den kleinen ~ auszustrecken ⟨fig.⟩ *für jmdn. ist es leicht, etwas zu erreichen* □ *só precisar esticar o dedo mindinho (para conseguir o que quer)* 3 Zeigefinger; den ~ auf den Mund legen (zum Zeichen des Schweigens) □ dedo indicador; jmdm. mit dem ~ drohen □ *apontar o dedo para alguém, ameaçar alguém* 3.1 den ~ auf eine (offene) Wunde legen ⟨fig.⟩ *auf eine peinliche, üble Sache deutlich hinweisen* □ *botar o dedo na ferida* 3.2 mit (den) ~n, dem ~ auf jmdn. weisen, zeigen ⟨fig.; umg.⟩ *jmdn. öffentlich bloßstellen; die Leute werden noch mit ~n auf uns zeigen* □ *apontar para alguém* 4 ⟨Pl.; umg.⟩ Hand □ mão 4.1 etwas nicht aus den ~n lassen ⟨fig.; umg.⟩ *nicht hergeben; er lässt das Buch nicht aus den ~n* □ *não passar adiante; não se desfazer de alguma coisa* 4.2 jmdm. zerrinnt das Geld unter den ~n *jmd. kann nicht sparsam leben* □ *o dinheiro não para na sua mão* 4.3 bei etwas seine, die ~ im Spiel haben ⟨fig.; umg.⟩ *hinter etwas stecken, heimlich an etwas beteiligt sein; er hat dabei die ~ im Spiel* □ *ter seu dedo em alguma coisa; estar metido em alguma coisa* 4.4 er hat überall seine ~ dazwischen ⟨fig.; umg.⟩ *er ist überall beteiligt* □ *tem dedo dele em toda parte* 4.5 die ~ von etwas lassen ⟨fig.; umg.⟩ *sich auf etwas nicht einlassen; lass die ~ davon!* □ *não meter o nariz/bedelho em alguma coisas* 5 ⟨Getrennt-u. Zusammenschreibung⟩ 5.1 ~ breit = Fingerbreit

fin|ger|breit ⟨Adj. 24⟩ 1 *so breit wie ein Finger;* das Brot ~ schneiden; eine ~e Wunde □ *da largura de um dedo*

Fin|ger|breit *auch:* **Fin|ger breit** ⟨m.; (-) -, (-) -⟩ 1 *Breite von einem Finger;* drei ~ □ **dedo** 1.1 um keinen ~ von etwas abgehen ⟨fig.⟩ *unverändert, ohne Wanken bei etwas bleiben* □ *não se afastar nem um centímetro de alguma coisa*

fin|ger|fer|tig ⟨Adj.⟩ *geläufig, geschickt, flink mit den Fingern;* der Zauberer war sehr ~; ~es Klavierspiel □ **ágil/rápido com os dedos**

Fin|ger|hut ⟨m.; -(e)s, -hü|te⟩ 1 *Metall- od. Plastikkappe zum Schutz des Mittelfingers beim Nähen;* den ~ aufsetzen □ **dedal** 2 *eine ~ voll* ⟨fig.⟩ *eine geringe Menge* □ *um dedinho* 3 ⟨Bot.⟩ *giftiger Angehöriger einer Gattung der Rachenblütler: Digitalis* □ **dedaleira**

fin|gern ⟨V.⟩ 1 ⟨411⟩ *an etwas ~ mit den Fingern berühren, ohne Sinn u. Zweck anfassen u. daran arbeiten;* sie fingert immer an ihrem Kragen herum; musst du immer daran ~! □ **mexer; pôr a mão** 2 ⟨500⟩ *eine Sache ~* ⟨fig.; umg.⟩ *geschickt zuwege bringen;* wir werden die Sache schon ~! □ **arranjar; conseguir**

Fin|ger|na|gel ⟨m.; -s, -nä|gel⟩ *Hornplättchen am Ende des menschlichen Fingers;* gepflegte, schmutzige Fingernägel □ **unha**

Fin|ger|spit|ze ⟨f.; -, -n⟩ 1 *Kuppe, Ende des Fingers;* etwas bis in die ~n hinein fühlen; die ~n ins warme Wasser tauchen; etwas mit den ~n berühren, verreiben □ **ponta do dedo** 1.1 das muss man in den ~n haben ⟨fig.⟩ *dafür muss man schon das richtige Gefühl haben* □ *é preciso ter sensibilidade para isso* 1.2 jmdm. **kribbelt** es (ordentlich) in den ~n ⟨fig.; umg.⟩ *jmd. ist sehr ungeduldig* □ *estar que não se aguenta de ansiedade* 1.3 jmd. ist musikalisch, misstrauisch, konsequent bis in die ~n ⟨fig.; umg.⟩ *sehr, ganz außerordentlich* □ *ser musical/desconfiado/perseverante ao extremo*

Fin|ger|spit|zen|ge|fühl ⟨n.; -(e)s; unz.; fig.⟩ *feines Gefühl, Verständnis, Einfühlungsvermögen;* hierfür braucht man ~; zu dieser Tätigkeit gehört ~; dafür fehlt ihm das nötige ~; eine Angelegenheit mit ~ behandeln □ **sensibilidade; tato**

Fin|ger|zeig ⟨m.; -(e)s, -e; fig.⟩ *Wink, Hinweis;* ein ~ Gottes ⟨geh.⟩; einen ~ erhalten, geben; das mag ihm als ~ dienen □ **sinal; aviso**

fin|gie|ren ⟨V. 500⟩ *eine Sache ~ vortäuschen, erdichten, unterstellen;* einen Überfall ~; eine fingierte Rechnung ausstellen □ **fingir; simular**

Fi|nish ⟨[-nɪʃ] n.; -s, -s⟩ 1 *letzter Schliff, Vollendung* 1.1 ⟨Tech.⟩ *letztes Produktionsstadium;* wir legen Wert auf ein perfektes ~ □ **acabamento; último retoque** 2 ⟨Sp.⟩ *Endspurt, Endkampf;* der als Außenseiter gestartete Vollblüter siegte überraschend im ~; ein packendes ~ □ **embalo final; sprint**

fi|nit ⟨Adj. 24; Gramm.⟩ 1 *bestimmt;* Ggs *infinit* 1.1 ~e **Verbform** *(nach Person u. Numerus) abgewandelte Form des Verbs* □ **finito**

Fink ⟨m.; -en, -en; Zool.⟩ *Angehöriger einer Unterfamilie der Singvögel, starengroß, mit kräftigem Schnabel: Fringillidae;* Buch-~, Edel-~, Berg-~, Grün-~ □ **tentilhão**

Fin|ne[1] ⟨m.; -n, -n⟩ 1 *Einwohner von Finnland* 2 *jmd., der aus Finnland stammt* □ **finlandês**

Fin|ne[2] ⟨f.; -, -n⟩ *Jugendform des Bandwurms* □ **cisticerco**

Fin|nin ⟨f.; -, -nin|nen⟩ *weibl. Finne*[1] □ **finlandesa**

fin|nisch ⟨Adj. 24⟩ 1 *Finnland u. seine Einwohner betreffend, zu ihm gehörig, von ihm stammend* 1.1 ~e **Sprache** *zu den finnisch-ugrischen Sprachen gehörende Sprache, die in Finnland gesprochen wird* □ **finlandês**

fins|ter ⟨Adj.; fins|te|rer od. fins|trer, fins|ters|te⟩ 1 *dunkel, lichtlos;* eine ~e Nacht; es wird jetzt früh, zeitig ~ □ **escuro; sombrio** 1.1 im Finster(e)n *im Dunkeln, in der Dunkelheit;* im Finstern tappend, stieß er den Krug um □ *no escuro* 1.2 im **Finstern** tappen ⟨a. fig.⟩ *nicht Bescheid wissen, im Ungewissen sein* □ *tatear no escuro* 1.3 das ~e **Mittelalter** *das unaufgeklärte M.* □ *a idade das trevas* 1.4 die Angelegenheit sieht ~ für uns aus ⟨fig.; umg.⟩ *ungünstig* □ **desfavorável 2** *unfreundlich, düster, feindselig;* ein ~es Gesicht; jmdn. mit ~en Augen ansehen; jmdm. ~e Blicke zuwerfen; ~e Gedanken gegen jmdn. hegen □ **sombrio; hostil; carrancudo 3** ⟨70⟩ *zweifelhaft, verdächtig, anrüchig;* das scheint mir eine ~e Angelegenheit zu sein; ein ~er Bursche, Geselle, Kerl; eine ~e Kneipe, ein ~es Lokal □ **suspeito; mal-afamado;** ~e Wege gehen □ ***ir por maus caminhos**

Fins|ter|nis ⟨f.; -, -se⟩ **1** *tiefe Dunkelheit;* eine tiefe, nächtliche, schwarze ~ □ **escuridão 2** ⟨Astron.⟩ *Verdeckung eines Himmelskörpers durch einen andern, von der Erde aus gesehen;* Sonnen~, Mond~ □ **eclipse**

Fin|te ⟨f.; -, -n⟩ **1** *Scheinangriff* □ **ataque simulado 2** *Täuschung* □ **finta; logro 3** ⟨fig.⟩ *Vorwand, Ausflucht, List* □ **pretexto; subterfúgio**

Fir|le|fanz ⟨m.; -es, -e; umg.⟩ **1** *wertloses Zeug, unnütze Kleinigkeiten;* diesen ~ kannst du weglassen □ **berloque; badulaque 2** *Unsinn, Albernheit, übertriebener Aufwand;* lass doch diesen ~; dieser ~ interessiert mich nicht □ **bobagem; tolice**

firm ⟨Adj. 11/40⟩ *fest, sicher, bewandert, beschlagen;* in einem Fachgebiet ~ sein □ ***ser versado numa área; conhecer a fundo uma área**

Fir|ma ⟨f.; -, Fir|men; Abk.: Fa.⟩ **1** *Geschäft, Betrieb* **2** *Geschäfts-, Handelsname* □ **firma**

Fir|ma|ment ⟨n.; -(e)s; unz.⟩ *Himmel, Himmelsgewölbe* □ **firmamento**

fir|men ⟨V. 500; kath. Kirche⟩ **jmdn.** ~ *jmdm. die Firmung erteilen* □ **crismar; confirmar**

Fir|men ⟨Pl. von⟩ *Firma* □ **firmas**

Fir|mung ⟨f.; -, -en; kath. Kirche⟩ *vom Bischof durch Salbung u. Handauflegen vollzogenes katholisches Sakrament, das der Kräftigung im Glauben dienen u. Standhaftigkeit verleihen soll* □ **crisma; confirmação**

Firn ⟨m.; -s, -e⟩ **1** *durch mehrfaches Tauen u. Schmelzen zu körnigem Eis gewordener Altschnee im Hochgebirge* □ **(neve) firn 2** ⟨schweiz.; österr.⟩ *mit Firn(1) bedeckter Berggipfel, Gletscher* □ **geleira**

Fir|nis ⟨m.; -ses, -se⟩ **1** *rasch trocknende Flüssigkeit, die eine feine durchsichtige Schicht ergibt u. die darunter liegende Fläche, z. B. ein Gemälde, widerstandsfähig macht;* der ~ bewahrt das Bild vor Verschmutzung; den ~ auftragen **2** ⟨fig.; abwertend⟩ *äußerliche Hülle, äußerer Schein;* seine Bildung ist nur ~; der dünne ~ der Zivilisation □ **verniz**

First ⟨m.; -(e)s, -e⟩ **1** *oberste Kante des Daches;* Dach~; der ~ des Hauses □ **cumeeira 2** ⟨Bgb.⟩ *Decke eines Grubenbaues* □ **teto 3** ⟨poet.⟩ *Berggipfel, -kamm* □ **cumeada**

Fisch ⟨m.; -(e)s, -e⟩ **1** *im Wasser lebendes, durch Kiemen atmendes Wirbeltier mit paarig angeordneten Brust- u. Bauchflossen, unpaarigen Rücken- u. Schwanzflossen u. mit Schuppen bedeckter Haut;* Pisces; ein fliegender ~; ~e angeln, fangen; ~e mit der Angel, dem Netz, der Reuse fangen; sich wohlfühlen, gesund und munter sein wie ein ~ im Wasser ⟨fig.; umg.⟩; der Kleine kann wie ein ~ schwimmen (so gut); sie ist kalt wie ein ~ ⟨fig.; umg.⟩; er war stumm wie ein ~ ⟨fig.; umg.⟩ □ **peixe 1.1** **faule** ~e ⟨fig.; umg.⟩ *dumme Ausreden, Lügen* □ ***conversa fiada 1.2** das sind **kleine** ~e! ⟨fig.; umg.⟩ *das ist eine Kleinigkeit, leicht zu bewältigen, zu bewerkstelligen!* □ ***isso é café pequeno!** **1.3 die ~e füttern** ⟨a. fig.; umg.⟩ *sich auf einem Schiff übergeben müssen, weil man seekrank ist* □ ***vomitar; chamar o Hugo 1.4** *Fischgericht;* gern ~ essen; freitags gibt es bei uns ~ (zu essen); gebratener, gekochter, gepökelter, marinierter, panierter, überbackener ~; ~ mit brauner Butter, Dill, Senfsoße □ **peixe 1.4.1** (der) ~ **will schwimmen** ⟨fig.; umg.⟩ *zum Fischessen gehört Wein* □ ***(o) peixe pede vinho 1.4.2** *das ist weder ~ noch Fleisch* ⟨fig.; umg.⟩ *nichts Rechtes, Entschiedenes, nur eine halbe Sache* □ ***não ser peixe nem carne 2** ⟨Pl.; Astron.⟩ ~e ⟨Astron.⟩ *Sternbild der Äquatorzone u. zwölftes Tierkreiszeichen* □ **Peixes**

fi|schen ⟨V.⟩ **1** ⟨400 od. 500⟩ *(Fische) fangen;* er fischt mit der Angel; er fischt (Heringe) mit dem Netz; er hat Forellen gefischt □ **pescar 1.1** ⟨403⟩ im **Trüben** ~ ⟨fig.⟩ *aus unklarer, verworrener Lage Vorteil ziehen, Gewinne aus unsauberen Geschäften ziehen* □ ***pescar em águas turvas 1.2** ⟨400⟩ *fischfressendes Wild fischt* ⟨Jägerspr.⟩ *geht auf Fischfang aus* □ ***caça que come peixe sai para pescar 2** ⟨402⟩ *(etwas od. jmdn. aus etwas) ~* ⟨fig.; umg.⟩ *herausziehen;* der Junge fischte eine Murmel aus der Tasche □ **tirar 2.1** ⟨530/Vr 1⟩ er fischt sich die besten Brocken, Stücke (aus der Suppe) ⟨fig.; umg.⟩ *nimmt sich selbst das Beste* □ **pegar 2.2** *dabei ist nichts zu ~* ⟨fig.; umg.⟩ *zu gewinnen* □ ***não se ganha nada com isso 3** ⟨800⟩ *nach etwas ~* ⟨fig.; umg.⟩ *suchen, auf etwas aus sein;* sie fischte in ihrer Handtasche nach dem Hausschlüssel □ ***procurar por alguma coisa 3.1** *nach Komplimenten ~* ⟨fig.; umg.⟩ *auf Komplimente aus sein, K. herausfordern* □ ***querer elogios**

Fi|scher ⟨m.; -s, -⟩ **1** *jmd., der Fische fängt, Angler; Sport~* **2** *Handwerker der See-, Hochsee-, Küsten-, Binnenfischerei, einschließlich Teichwirtschaft u. Fischzucht* □ **pescador**

Fi|sche|rei ⟨f.; -; unz.⟩ *gewerblich betriebener Fang von Nutzfischen, Weich- u. Krebstieren, auch Gewinnung von Naturperlen, Bernstein u. a.* □ **pesca**

Fi|si|ma|ten|ten ⟨nur Pl.; umg.⟩ *Ausflüchte, Unerlaubtes, Streiche;* mach bloß keine ~! □ **desculpa; pretexto; história**

Fis|kus ⟨m.; -; unz.⟩ **1** *Staatsvermögen* **2** *der Staat als Eigentümer von Vermögen* **3** *Finanzverwaltungsabteilung;* Steuer~ □ **fisco**

Fi|so|le ⟨f.; -, -n; österr.⟩ *Bohne* □ **feijão**

fis|peln ⟨V. 400; umg.⟩ *unruhig, aufgeregt, zitterig arbeiten* □ **fazer as coisas correndo**

Fis|sur ⟨f.; -, -en⟩ **1** *Knochenriss* **2** *kleiner Hautriss, oberflächliche Hautverletzung* □ **fissura 3** *Furche, Einschnitt* □ **sulco**

Fis|tel ⟨f.; -, -n⟩ *eine abnorme, natürliche od. künstliche kanalartige Verbindung zwischen zwei Hohlorganen od. zwischen Hohlorganen u. der Körperoberfläche* □ **fistula**

Fis|tel|stim|me ⟨f.; -, -n⟩ **1** *die hauchige, nicht durch Brustresonanz verstärkte Kopfstimme des Mannes* **2**

fit ⟨umg.⟩ *sehr hohe, feine Stimme;* mit einer ~ reden □ **falsete**

fit ⟨Adj.; fit|ter, am fit|tes|ten⟩ *in guter körperlicher Verfassung, gesund u. leistungsfähig, gut trainiert;* sie hält sich durch tägliches Fahrradfahren ~; ein ~ter Sportler; ~ durch gesunde Ernährung □ **em forma**

Fit|ness ⟨f.; -; unz.; Sp.⟩ *das Fitsein, körperliches u. geistiges Wohlbefinden, (sportliche) Leistungsfähigkeit* □ **boa forma**; ~center, ~studio, ~training □ **academia de ginástica; treinamento esportivo**

Fit|tich ⟨m.; -(e)s, -e⟩ **1** ⟨poet.⟩ *Flügel, Schwinge;* die ~e des Adlers; die ~e ausbreiten; die ~e der Nacht bedeckten ... ⟨fig.⟩ □ **asa 2** *jmdn.* unter seine ~e nehmen ⟨fig.; umg.⟩ *beschützen, in Obhut, unter wohlwollende Aufsicht nehmen* □ ***colocar alguém debaixo das próprias asas**

fix¹ ⟨Adj. 24⟩ **1** ⟨60⟩ *fest, feststehend, unverändert;* ~ Kosten; der Vertreter erhält ein ~es Gehalt u. Provision 1.1 ~e Idee *Wahnvorstellung* □ **fixo 2** ⟨40⟩ ~ und fertig *ganz fertig;* die Arbeit ist schon ~ und fertig □ ***pronto 2.1** jmd. ist ~ und fertig ⟨umg.⟩ *erschöpft, abgearbeitet* □ ***estar exausto/acabado**

fix² ⟨Adj.; umg.⟩ *flink, behände, schnell, rasch;* (mach) ~! □ ***depressa!;** ein ~er Bursche, Junge, Geselle; ich ziehe mich noch ~ um □ **rápido; ágil**

fi|xen ⟨V. 400; umg.⟩ **1** *sich ein Rauschmittel spritzen;* er fixt Heroin □ **drogar-se; picar-se 2** ⟨Börse⟩ *Leerverkäufe vornehmen* □ **vender a descoberto**

fi|xie|ren ⟨V. 500⟩ **1** die Frisur ~ *so behandeln, dass sie die Form behält* **2** Zeichnungen ~ *gegen Verwischen durch Einpudern od. Einsprühen schützen* **3** *entwickelte* Bilder ~ ⟨Fot.⟩ *durch chemische Behandlung ein Verfärben der B. verhindern* **4** einen Zeitpunkt ~ *festlegen, bestimmen* **5** Bestimmungen ~ *schriftlich od. mündlich in eindeutige Worte fassen* **6** jmdn. ~ *starr ansehen, anstarren* □ **fixar**

Fix|stern ⟨m.; -(e)s, -e; Astron.⟩ *sehr weit entfernter, selbstleuchtender Himmelskörper, der scheinbar fest steht, in Wirklichkeit aber seinen Ort sehr langsam ändert* □ **estrela fixa**

Fjord ⟨m.; -(e)s, -e⟩ *(an steilen Felsküsten) weit ins Festland eingeschnittener, zum Teil verzweigter, schmaler Meeresarm (z. B. in Norwegen)* □ **fiorde**

flach ⟨Adj.⟩ **1** *ziemlich eben, ohne größere Erhebungen u. Tiefen;* ein ~es Gelände; ~es Land □ **plano 1.1** *das* ~e Land *Gebiet außerhalb der Stadt;* er wohnt auf dem ~en Lande □ ***campo 1.2** die ~e Hand *die mit der Innenfläche nach oben ausgestreckte H.* □ **palma 1.3** mit der ~en Klinge *mit der Breitseite der K.* □ **folha; lâmina 2** *niedrig, nicht sehr hoch;* Schuhe mit ~en Absätzen □ **baixo 2.1** ein ~es Dach *ein wenig geneigtes D.* □ **plano 2.2** eine ~e Nase *eine platte N.* □ **achatado 2.3** eine ~e Stirn *eine kaum gewölbte S.* □ **chato; achatado 3** *nicht sehr tief;* Ggs tief(5); ein ~es Gewässer; eine ~e Stelle im Fluss; ~e Teller □ **raso 4** ⟨fig.⟩ *platt, uninteressant, oberflächlich, geistlos;* ein ~es Buch, Gespräch, Urteil; ~e Gedanken; eine ~e Unterhaltung führen □ **superficial; sem graça 5** ⟨Getrennt- u. Zusammenschreibung⟩ **5.1** ~ drücken = **flachdrücken**

Flach|bild|schirm ⟨m.; -(e)s, -e⟩ *Bildschirm mit einer geringen Tiefe, der mit einer speziellen Technik (z. B. Plasmatechnik) betrieben wird;* ein PC, Fernseher □ **tela plana**

flach||drü|cken *auch:* **flach drü|cken** ⟨V. 500⟩ *etwas ~ drücken, bis es flach ist;* Teigbällchen ~ □ **achatar; amassar**

Flä|che ⟨f.; -, -n⟩ **1** ⟨Math.⟩ *zweidimensionales Gebilde; eine geometrische, algebraische, abwickelbare ~* □ **plano; superfície 2** *Begrenzung des Körpers;* Grund-~, Ober-, Seiten~, Schnitt~; Klebe-~, Gleit-~; Sitz~, Trag~ □ **superfície 3** ⟨allg.⟩ *größere freie Strecke, Ebene, Gebiet, Platz;* eine breite, kahle, spiegelglatte, grüne ~ □ **área; superfície**

Flachs ⟨[-ks] m.; -es; unz.⟩ **1** *blaublühende einjährige Kulturpflanze, aus deren Samen man das Leinöl gewinnt u. die eine wertvolle Textilfaser liefert:* Linum usitatissimum; Sy Lein; ~ anbauen, raufen, brechen, rösten, schwingen **2** *Stängelfaser dieser Pflanze;* ~ hecheln, spinnen; Haar gelb wie ~ □ **linho 3** ⟨fig.; umg.⟩ *Neckerei, Spaß, Scherz;* ~ machen; hör mir mit dem ~!; (jetzt mal) ohne ~ □ **brincadeira**

fla|ckern ⟨V. 400⟩ *etwas flackert* **1** *unruhig, zuckend brennen, leuchten;* das Feuer, das Licht flackert im Wind; die Kerze hat gespenstisch geflackert **2** ⟨fig.; geh.⟩ *sich unruhig bewegen, zucken;* seine Augen flackerten, sein Blick flackert; mit flackernden Augen □ **cintilar; tremeluzir**

Fla|den ⟨m.; -s, -⟩ **1** *dünne, flache, in der Pfanne gebackene Süßspeise;* Eier~; Mehl~; einen warmen ~ backen □ **panqueca; crepe 2** *flacher, runder Haufen* Kuhmist; Kuh~; in einen ~ treten □ **bosta (de boi/vaca)**

Flag|ge ⟨f.; -, -n⟩ *meist mit einer Stange od. einem Stab verbundene, fest stehende od. an einem Fahrzeug befestigte, als Hoheits- od. Erkennungszeichen (auch für Winksignale) dienende Fahne* □ **bandeira**

flag|gen ⟨V. 400⟩ *eine Flagge, Fahne aufziehen* □ **hastear bandeira**

fla|grant *auch:* **flag|rant** ⟨Adj. 24/70⟩ **1** *offenkundig, schlagend* **2** *brennend* □ **flagrante 3** in ~i ertappen *auf frischer Tat ertappen* □ ***apanhar em flagrante**

Flair ⟨[flɛːr] n. od. m.; -s; unz.⟩ *Hauch, Ausstrahlung, Atmosphäre;* ein besonderes, exotisches ~; sie strahlte ein ~ außergewöhnlicher Schönheit aus; ein ~ von Großstadt □ **atmosfera; ar**

Fla|kon ⟨[flakõː] n. od. m.; -s, -s⟩ *dekoratives Glasfläschchen zum Aufbewahren u. Versprühen von Parfüm* □ **frasco**

flam|bie|ren ⟨V. 500⟩ *eine* Speise ~ *mit hochprozentigem Alkohol übergießen u. entzünden* □ **flambar**

Fla|me ⟨m.; -n, -n⟩ **1** *Einwohner von Flandern* **2** *flämisch sprechender Einwohner von Belgien* □ **flamengo**

Fla|men|co ⟨m.; -s, -s; Mus.⟩ *andalusisches Tanzlied;* einen ~ spielen, tanzen □ *flamenco*

Fla|min ⟨f.; -, -min|nen⟩ = Flämin

Flä|min ⟨f.; -, -min|nen⟩ *weibl. Flame;* oV Flamin □ **flamenga**

Fla|min|go ⟨m.; -s, -s; Zool.⟩ *Angehöriger einer Gattung der Regenpfeifervögel mit sehr langen Beinen, langem Hals, nach unten gebogenem Schnabel u. rosafarbenem od. rotem Gefieder: Phoenicopteri* □ **flamingo**

flä|misch ⟨Adj. 24⟩ **1** *zu den Flamen gehörend, sie betreffend, von ihnen stammend* 1.1 *~e* **Sprache** *zu den westgermanischen Sprachen zählende Form der niederländischen Sprache* □ **flamengo**

Flam|me ⟨f.; -, -n⟩ **1** *leuchtende Verbrennungserscheinung, hochschlagendes Feuer; die ~n flackern, lodern, züngeln; ~n speien (Drache im Märchen); eine bläuliche, gelbe, helle ~; die ~n der Hölle* □ **chama** 1.1 *in ~n geraten zu brennen beginnen* □ ***começar a queimar** 1.2 *ein Haus in ~n setzen einen Brand anlegen* □ ***incendiar uma casa** 1.3 *in ~n stehen lichterloh brennen* □ ***estar em chamas** 1.4 *in ~n aufgehen, ein Raub der ~n werden* ⟨geh.⟩ *verbrennen* □ ***ser consumido pelas chamas** 1.5 *einen Toten den ~n übergeben* ⟨geh.⟩ *einäschern* □ ***cremar um morto** **2** ⟨fig.; geh.⟩ *heftige Erregung, starker Antrieb; die ~ der Begeisterung, des Zorns* 2.1 *dichterische ~ schöpferischer Antrieb* □ **chama**; → a. **Feuer**(5.2) **3** ⟨fig.; umg.⟩ *Freundin, Geliebte, Angebetete* 3.1 *meine alte ~* ⟨fig.; umg.⟩ *frühere Geliebte, Jugendliebe* □ **amada 4** ⟨Pl.; Jägerspr.⟩ *rote Augenhaut der Auer- u. Birkhähne* □ **olhos vermelhos do tetraz**

flam|mend ⟨Adj.; fig.⟩ *leidenschaftlich, zündend; eine ~e Rede halten; mit ~en Worten* □ **ardente; flamejante**

Flam|men|meer ⟨n.; -(e)s, -e⟩ *riesige brennende Fläche; die Stadt war ein einziges ~* □ **mar de chamas**

Fla|nell ⟨m.; -(e)s, -e; Textilw.⟩ *weiches, beidseitig gerautes Gewebe aus Baumwolle, Zellwolle od. Wolle* □ **flanela**

fla|nie|ren ⟨V. 405(h. od. s.); geh.⟩ *müßig auf u. ab gehen, bummeln, spazieren gehen; durch die Straßen ~; sie flanierten am Ufer entlang* □ **flanar**

Flan|ke ⟨f.; -, -n⟩ **1** *Seite; von der ~ kommen; die ~ des Gegners* ⟨Mil.⟩ 1.1 *dem Feind in die ~ fallen* ⟨Mil.⟩ *von der Seite her angreifen* □ **flanco** 1.2 ⟨Ballspiele⟩ *Zuspielen des Balles quer über das Spielfeld; der Linksaußen gab eine ~ herein* □ **cruzamento** 1.3 ⟨Turnen⟩ *seitlicher Sprung über ein Gerät mit Aufstützen der Hand; eine ~ über Barren, Kasten, Pferd, Reck machen* □ **salto lateral 2** *an der Seite gelegenes Teil* □ **lateral** 2.1 ⟨Zool.⟩ *seitliche Weichstelle am Rumpf; die ~n des Pferdes zitterten* □ **flanco** 2.2 ⟨Tech.⟩ *die Seite eines Zahnes von einem Zahnrad* □ **flanco de dente**

flan|kie|ren ⟨V. 500⟩ **1** *jmdn. ~ an jmds. Seite stehen, gehen* □ **flanquear; ladear** 1.1 *~de Maßnahmen unterstützende M.* □ ***medidas de apoio 2** *jmdn. od. etwas* ⟨Mil.⟩ *von der Seite decken* □ **flanquear 3** *Figuren* ⟨Schach⟩ *seitlich postieren od. entwickeln* □ ***flanquear peças**

Fla|sche ⟨f.; -, -n⟩ **1** *Gefäß mit Hals zum Aufbewahren von Flüssigkeiten u. Gasen; eine ~ entkorken, leeren, öffnen; diese ~ fasst zwei Liter; eine große, kleine, bauchige ~; Bier, Wein auf ~n füllen, ziehen; er trinkt gleich aus der ~; Weine in ~n; Kakao, Milch in ~n verkaufen; eine mit Milch, Sauerstoff, Sekt,* Wasser, Wein gefüllte *~* □ **garrafa**; *dem Säugling die ~ geben; ein Kind, ein Tier mit der ~ großziehen* □ **mamadeira** 1.1 *oft zur ~ greifen sich dem Trunk ergeben* □ ***ser dado à bebida 2** ⟨Techn.⟩ *Verbindung mehrerer neben- od. hintereinanderliegender Rollen beim Flaschenzug* □ **cadernal; moitão 3** ⟨fig.; umg.⟩ *untauglicher, unsportlicher Mensch, Versager; so eine ~!* □ **zero à esquerda**

Fla|schen|hals ⟨m.; -es, -häl|se⟩ **1** *schmaler Teil der Flasche zwischen Öffnung u. Bauch; den ~ abbrechen* **2** ⟨fig.⟩ *Engpass* □ **gargalo**

Fla|schen|zug ⟨m.; -(e)s, -zü|ge⟩ *Vorrichtung zum Heben schwerer Lasten bei geringem Kraftaufwand mittels eines Seiles, das über Rollen läuft* □ **talha**

flat|tern ⟨V. 400 od. 410⟩ *etwas flattert* **1** ⟨(s.)⟩ *mit schnellen Bewegungen der Flügel fliegen; die Vögel flatterten aus dem Busch; ein Schmetterling flatterte von Blüte zu Blüte* □ **esvoaçar; adejar** 1.1 *die Flügel rasch bewegen; der Kanarienvogel flatterte unruhig im Käfig* □ **voejar 2** *rasch im Winde hin u. her bewegt werden, wehen; die Wäsche flattert auf der Leine; die Fahnen, die Segel im Winde ~ lassen; mit ~dem Haar* □ **esvoaçar** 2.1 ⟨(s.)⟩ *ein Brief flatterte mir heute auf den Tisch* ⟨fig.; umg.⟩ *kam unerwartet, plötzlich* □ **chegar inesperadamente 3** ⟨fig.⟩ *sich unruhig bewegen, zittern; sein Blick, Puls, Herz flatterte* □ **agitar-se 4** *ein Rad flattert* ⟨umg.⟩ *bewegt sich um eine Achse senkrecht zur Laufrichtung hin u. her, führt unerwünschte Schwingungen aus* □ **oscilar**

flau ⟨Adj.⟩ **1** *schwach, matt, ohne Kraft, kraftlos; ~e Farben* □ **fraco; apagado** 1.1 *das Negativ ist ~ unterbelichtet, ohne Kontraste* □ **subexposto** 1.2 *der Wind wird ~er der W. lässt nach* □ ***o vento irá abrandar-se/amainar-se** 1.3 ⟨umg.⟩ *schwach, leicht übel (vor Hunger); mir ist, wird ~* □ ***estou morrendo de fome** 1.4 *abgestanden, fade; die Suppe hat einen ~en Geschmack* □ **insosso; insípido 2** ⟨Kaufmannsspr.⟩ *durch geringe Nachfrage od. fallenden Preis gekennzeichnet, lustlos; die Geschäfte gehen ~; ~er Markt* □ **mal; fraco** 2.1 *~e Börse B. mit geringer Umsatztätigkeit* □ **em baixa**

Flaum[1] ⟨m.; -s; unz.⟩ *Bauch- u. Nierenfett des Schweins* □ **gordura; banha**

Flaum[2] ⟨m.; -s; unz.⟩ **1** *zarte, feine Federn der Vögel unter dem äußeren Gefieder; ~federn* □ **penugem 2** *erster Bartwuchs; der erste ~ auf der Oberlippe sprießt schon* **3** *feines Haar; ein Säugling mit zartem, blondem ~ auf dem Kopf* □ **penugem; lanugem 4** *feinhaariger, pelziger Überzug auf der Oberfläche von verschiedenen Früchten, Pflanzen u. Stoffen; der ~ des Pfirsichs, Edelweiß* □ **pubescência**

Flausch ⟨m.; -(e)s, -e⟩ *weicher, haariger Stoff aus Wolle od. Mischgewebe* □ **ratina**

flau|schig ⟨Adj.⟩ *weich wie Flausch (von Stoff, Wolle o. Ä.); ein ~er Teddy; dieser Stoff ist ~* □ **ratinado**

Flau|se ⟨f.; -, -n; meist Pl.; umg.⟩ **1** *dummes Gerede, Unsinn, dumme Gedanken; ich werde dir die ~n schon austreiben!; sie hat nur ~n im Kopf!; setz ihr* keine ~n in den Kopf! □ **bobagem; tolice 2** *Ausflüchte, Flunkereien;* das sind nur ~n!; mach keine ~n! □ **desculpa esfarrapada; mentira**

Flau|te ⟨f.; -, -n⟩ **1** ⟨Seemannsspr.⟩ *Windstille;* das Segelboot geriet in eine ~ □ **calmaria 2** ⟨fig.; Kaufmannsspr.⟩ *Zeit, in der die Wirtschaft keinen od. geringen Absatz hat, Geschäftsstille;* in der Textilindustrie herrscht eine allgemeine ~ □ **estagnação 3** ⟨fig.; allg.⟩ *niedergedrückte Stimmung, momentane Leistungsschwäche* □ **desânimo**

Flech|te ⟨f.; -, -n⟩ **1** ⟨geh.; veraltet⟩ *geflochtenes Haar, Zopf;* sie hat dicke, lange, schwarze ~n □ **trança 2** ⟨Bot.⟩ *Organismus, der in Symbiose miteinander lebenden Algen u. Pilzen gebildet wird; Lichen;* der Felsen war von ~n überwachsen □ **líquen 3** ⟨Med.⟩ *schuppiger Hautausschlag;* Borken~, Schuppen~; eine juckende, nässende, trockene ~ □ **dermatose; líquen**

flech|ten ⟨V. 135/500⟩ **1** *etwas ~ mehrere Stränge aus biegsamem Material durch regelmäßiges Verschränken verknüpfen;* Blumen (zu Kränzen) ~; das lange Haar (zu Zöpfen, in Zöpfe) ~; warum flichst du dir ein Band ins Haar?; → a. *Rad(2.3)* **2** *etwas ~ durch Flechten herstellen;* Körbe, Rohrstühle, Matten ~; das Mädchen hat einen Kranz geflochten □ **entrançar; entrelaçar 3** ⟨550⟩ *Bemerkungen, Zitate in eine Rede, ein Gespräch ~* ⟨fig.⟩ *einstreuen, einfließen lassen* □ **entremear**

Fleck ⟨m.; -(e)s od. -en, -e od. -en⟩ **1** ⟨umg.⟩ *bestimmte Stelle, bestimmter Punkt, Platz;* es steht immer noch auf dem alten ~; wir mussten 2 Stunden auf einem ~ stehen □ **ponto; lugar;** rühren Sie sich nicht vom ~! □ ***não se mexa!* 1.1** *nicht vom ~ kommen* ⟨fig.; umg.⟩ *nicht vorankommen;* er kommt mit seiner Arbeit nicht vom ~ □ ***não sair do lugar; não fazer progressos* 1.2** *vom ~ weg* ⟨fig.; umg.⟩ *auf der Stelle, umgehend, sofort;* er hat sie vom ~ weg geheiratet □ ***imediatamente; sem demora* 1.3** *kleinere Fläche, Stück Land(schaft);* das ist ein schöner ~ □ **lugar; pedaço de terra 2** *verschmutzte, verdorbene, verletzte, trübe, andersfarbige Stelle;* oV *Flecken(2);* deine Schürze hat schon wieder viele ~e bekommen; ~e entfernen (aus einem Kleidungsstück); der Spiegel hat einen trüben ~; nimm die Serviette, sonst wirst du ~e aufs Kleid bekommen; pass auf, dass du keine ~e in die neue Bluse bekommst □ **mancha; nódoa;** ich habe mich an der Tischkante gestoßen u. gleich davon einen blauen ~ bekommen □ ***bati na quina da mesa e fiquei com um hematoma;* → a. *blind(1.1), gelb(1.2), Herz (6.3), weiß[1] (4.1)* 2.1** ⟨fig.⟩ *Makel;* einen ~ auf der Ehre haben □ **mácula 2.1.1** er hat einen ~ auf seiner weißen Weste ⟨umg.⟩ *sein Ruf ist nicht makellos* □ ***ele tem uma mancha/mácula em sua reputação* 3** *Flicken;* ich muss einen grossen ~ auf das Loch in deiner Hose aufsetzen □ **remendo 4** ⟨nur Pl.; Kochk.⟩ *zerschnittene Kaldaunen;* saure ~e □ **miúdos; tripas**

fle|cken ⟨V.⟩ **1** ⟨400⟩ *etwas fleckt nimmt leicht Flecke an* □ **manchar 2** ⟨400⟩ *Arbeit fleckt* ⟨fig.; regional⟩ *geht rasch voran, von der Hand;* heute fleckt die Arbeit (nicht) □ **render; avançar 3** ⟨500⟩ *etwas ~* ⟨oberdt.⟩ *flicken, ausbessern;* Schuhe ~ □ **remendar**

Fle|cken ⟨m.; -s, -⟩ **1** *größeres Dorf mit einzelnen städtischen Rechten, z. B. Marktrecht;* Markt~ □ **povoado; vilarejo 2** = *Fleck(2)*

fle|cken|los ⟨Adj.⟩ **1** *keine Flecke (mehr) aufweisend, sauber;* ~e Wäsche, eine ~e Tischdecke □ **imaculado; sem manchas 2** ⟨fig.⟩ *tadellos, einwandfrei;* ~e Ehre; ein ~er Lebenswandel □ **imacul do; irrepreensível**

fle|ckig ⟨Adj.⟩ **1** *voller Flecken, mit Flecken versehen, verschmutzt;* die Hose ist ~; ein ~es Tischtuch auswechseln □ **manchado 2** *gesprenkelt, gescheckt;* ein ~es Tierfell □ **malhado**

fled|dern ⟨V. 500; Gaunerspr.⟩ *Leichen ~ ausrauben, plündern* □ **roubar; pilhar**

Fle|der|maus ⟨f.; -, -mäu|se; Zool.⟩ *Angehörige einer Ordnung überwiegend nachtaktiver Säugetiere, bei der zwischen den stark verlängerten Fingern u. den Hintergliedmaßen eine Flughaut ausgespannt ist: Chiroptera* □ **morcego**

Fle|gel ⟨m.; -s, -⟩ **1** *Werkzeug zum Dreschen;* Dresch~ □ **malho; mangual 2** ⟨fig.; abwertend⟩ *grober, unerzogener Mensch, Lümmel;* er ist ein unverschämter, richtiger ~ □ **grosseirão; malcriado**

fle|hen ⟨V. 800; geh.⟩ **1** *um etwas ~ eindringlich u. demütig bitten;* um Hilfe ~; die Gefangenen flehten um Gnade, um ihr Leben □ ***implorar/suplicar alguma coisa;* Gott erhörte sein Flehen □ **súplica;** ein ~der Blick; ~d bat sie ihn ... □ **suplicante 2** *zu jmdm. od. etwas ~ beten;* zu Gott ~; er flehte zum Himmel um ... □ ***implorar/suplicar a alguém ou alguma coisa***

fle|hent|lich ⟨Adj.; geh.⟩ *inständig flehend, eindringlich;* jmdn. ~ bitten □ **suplicante**

Fleisch ⟨n.; -(e)s; unz.⟩ **1** *Muskelgewebe des menschlichen u. tierischen Körpers* □ **carne;** bloßliegendes ~ einer Wunde □ ***ferida em carne viva* 1.1** *fest, straff im ~e sein einen festen, straffen, gesunden Körper haben* □ ***estar em forma* 1.2** *vom ~(e) fallen abmagern, sehr dünn werden* □ **emagrecer 1.3** *sich ins eigene ~ schneiden* ⟨fig.⟩ *sich selbst schaden* □ ***dar-se mal* 1.4** *er ist ~ von meinem ~e* ⟨geh.⟩ *er ist mit mir blutsverwandt, er ist mein Sohn* □ ***ele é sangue do meu sangue* 1.5** *sein eigen ~ und Blut* ⟨geh.⟩ *sein Blutsverwandter, sein leibliches Kind* □ ***seu parente consanguíneo* 1.6** *Menschen aus, von ~ und Blut lebendige, lebensechte M.;* die Gestalten dieses Romans, Dramas sind Menschen aus, von ~ und Blut □ ***gente de carne e osso* 1.7** *etwas geht jmdm. in ~ u. Blut über wird jmdm. selbstverständlich, zur Gewohnheit;* dieser Handgriff muss dir in ~ u. Blut übergehen □ ***estar no sangue; tornar-se habitual;* → a. *Pfahl(3)* 1.8** auf den Bildern von Rubens ist viel ~ zu sehen ⟨umg.⟩ *viel nackter Körper* □ **nudez** ⟨fig.⟩ *der menschliche Körper, im Hinblick auf seine Ohnmacht u. Vergänglichkeit im Unterschied zu Geist u. Seele;* der Geist ist willig, aber das ~ ist schwach (Matth. 26, 41) □ **carne 2.1** *~ werden* ⟨geh.⟩ *menschliche Gestalt annehmen, Mensch werden;* Gott, Christus ist ~ geworden □ *encarnar 3 *essbare Teile des tierischen Körpers;* Koch~, Rind~, Schweine~; gebratenes, gehacktes, gekochtes, gepökeltes, geschabtes, fettes, mageres, rohes, zartes, zähes ~; ~ zum Kochen, zur Suppe □ carne; → a. *Fisch(1.4.2)* **4** *weiches, saftreiches Zellgewebe der Früchte;* Frucht~ □ carne; polpa **5** ⟨Typ.⟩ *Teil der Drucktype, der über das Schriftbild hinausragt u. durch den der Zwischenraum zwischen den Buchstaben zustande kommt* □ rebarba; talude **6** ⟨Getrennt- u. Zusammenschreibung⟩ 6.1 ~ fressend = *fleischfressend*

Fleisch|brü|he ⟨f.; -, -n⟩ *durch Auskochen von Fleisch od. Knochen entstandene Brühe;* Sy Bouillon □ caldo de carne

Flei|scher ⟨m.; -s, -⟩ *Handwerker, der Vieh schlachtet u. für die menschliche Ernährung verarbeitet;* Sy Fleischhacker, Fleischhauer, Metzger, Schlächter(1), Schlachter □ açougueiro

Flei|sche|rei ⟨f.; -, -en⟩ *Ladengeschäft, in dem Fleisch u. Wurst verkauft wird;* Sy Metzgerei □ açougue

Flei|sche|rin ⟨f.; -; -rin|nen⟩ *weibl. Fleischer* □ açougueira

Flei|sches|lust ⟨f.; -, -lüs|te⟩ *Sinnengenuss, Sinnenfreude, bes. geschlechtlicher Art* □ desejo sexual; concupiscência

fleisch|fres|send auch: Fleisch fres|send ⟨Adj. 24; Biol.⟩ *sich von Fleisch ernährend;* ~e Pflanzen, Tiere □ carnívoro

Fleisch|ha|cker ⟨m.; -s, -; österr.⟩ = *Fleischer*

Fleisch|hau|er ⟨m.; -s, -; österr.⟩ = *Fleischer*

flei|schig ⟨Adj. 24/70⟩ **1** *viel Fleisch enthaltend, üppig, dick;* ein ~es Gesicht; sie hat eine ~e Nase; ihre Hände sind ~ □ rechonchudo; gorducho **2** *reich an Fruchtfleisch;* die Pfirsiche sind sehr ~ □ carnudo; carnoso

fleisch|lich ⟨Adj.⟩ **1** *leiblich, aus Fleisch bestehend* □ cárneo; carnal **2** ⟨fig.⟩ *sinnlich (bes. hinsichtlich des Geschlechtstriebes);* ~e Begierden, Genüsse □ carnal; sensual

Fleisch|wolf ⟨m.; -(e)s, -wöl|fe⟩ *Maschine zum Zerkleinern von Fleisch;* Sy *Wolf(4)* □ moedor de carne

Fleiß ⟨m.; -es; unz.⟩ **1** *tatkräftiges Streben nach einem Ziel, Eifer u. Sorgfalt;* eiserner, emsiger, unermüdlicher ~; ~ auf etwas verwenden □ esforço; dedicação 1.1 ohne ~ kein Preis (Sprichw.) *jedes Ziel muss erarbeitet werden* □ *não há ganho sem trabalho* 1.2 etwas mit ~ tun ⟨veraltet⟩ *mit Absicht* □ *fazer alguma coisa de propósito*

flei|ßig ⟨Adj.⟩ **1** *arbeitsam, strebsam, eifrig, seine Zeit nutzend;* Ggs *faul(4)*; ~ arbeiten, studieren □ com esforço/aplicação; er ist sehr ~; ein ~er Junge, Arbeiter; ~e Bienen; ~e Hände □ esforçado; aplicado; trabalhador **2** ⟨90; umg.⟩ *regelmäßig, oft, häufig;* Museen, Vorlesungen ~ besuchen; ~ trinken, spazieren gehen □ regularmente; com assiduidade **3** *Fleiß beweisend;* eine ~e Arbeit □ com diligência/aplicação **4** Fleißiges Lieschen ⟨Bot.⟩ *fast ununterbrochen blühende krautige Zierpflanze mit roten Blüten: Impatiens sultani* □ *maria-sem-vergonha; beijo-de-frade*

flek|tie|ren ⟨V. 500⟩ **1** ein Wort ~ ⟨Gramm.⟩ *durch Flexion verändern;* Sy *beugen(6)* 1.1 *konjugieren* (von Verben) 1.2 *deklinieren* (von Nomen) □ flexionar **2** ~de Sprachen *S., die die grammatische Beziehung im Satz durch Flexion ausdrücken (im Gegensatz zu agglutinierenden u. isolierenden Sprachen)* □ flexivo

flet|schen ⟨V. 500; nur in der Wendung⟩ die Zähne ~ *entblößen, blecken, zeigen;* der Wolf, Hund hat die Zähne gefletscht □ arreganhar; mostrar

fle|xi|bel ⟨Adj.⟩ **1** ein Gegenstand ist ~ *biegsam, nachgiebig, elastisch;* flexible Bucheinbände **2** jmd. ist ~ *an veränderte Umstände anpassungsfähig* □ flexível **3** Wörter sind ~ ⟨Gramm.⟩ *flektierbar* □ flexionável

Fle|xi|on ⟨f.; -, -en⟩ **1** ⟨Gramm.⟩ *Veränderung der Wortform nach Kasus, Genus, Numerus, Person u. Tempus;* Sy Beugung 1.1 ~ von Nomen *Deklination* 1.2 ~ von Verben *Konjugation* □ flexão

fli|cken ⟨V. 500⟩ **1** etwas ~ *ausbessern;* Fahrradreifen, Kleidung, Strümpfe, Wäsche ~ □ remendar; → a. *Zeug(2.1.1)*

Fli|cken ⟨m.; -s, -⟩ *kleines Stück Stoff, Leder u. ä. zum Ausbessern;* einen ~ aufsetzen, einsetzen; seine Hose hatte ~ □ remendo

Flie|der ⟨m.; -s; umz.; Bot.⟩ **1** *einer Gattung südosteuropäisch-asiatischer Ölbaumgewächse angehörender Strauch mit großen, stark duftenden Blütenrispen: Syringa* 1.1 der Gemeine ~ *Strauch mit herzförmigen Blättern u. veilchenblauen, violetten od. weißen (oft gefüllten) Blüten: Syringa vulgaris; im Garten steht, duftet ~ a blühende Zweige von diesem Strauch; ein Strauß ~* □ lilás **3** ⟨regional⟩ = *Schwarzer Holunder*, → a. *schwarz(2.14)*

Flie|ge ⟨f.; -, -n⟩ **1** ⟨Zool.⟩ *Angehörige einer in zahllosen Arten über die ganze Erde verbreiteten Unterordnung der Zweiflügler, gedrungene Insekten mit meist kurzen, dreigliedrigen Fühlern: Brachycera* 1.1 sie starben wie die ~n ⟨umg.⟩ *massenweise* 1.2 sie fielen wie die ~n um ⟨umg.⟩ *sie wurden massenweise ohnmächtig* 1.3 er tut keiner ~ etwas zuleide ⟨fig.⟩ *er ist ein gutmütiger Mensch* □ mosca 1.4 sich über die ~ an der Wand ärgern ⟨fig.⟩ *sich über vollkommen unbedeutende Kleinigkeiten ärgern* □ *irritar-se por qualquer coisa* 1.5 zwei ~n mit einer Klappe schlagen, auf einen, mit einem Schlag treffen (a. fig.) *durch eine Bemühung gleich zwei Ziele erreichen* □ *matar dois coelhos com uma só cajadada* **2** *Ding, das wie eine Fliege(1) aussieht;* künstliche ~ (als Köder an der Angel) □ isca 2.1 *zur quer stehenden Schleife gebundene schmale, steife Krawatte* □ gravata-borboleta 2.2 *kleines Bärtchen am Kinn od. auf der Oberlippe* □ barbicha; bigode ralo 2.3 ⟨Schneiderei⟩ *mit Knopflochseide gesticktes Dreieck als Abschluss von Falten u. Nähten* □ mosca

flie|gen ⟨V. 136⟩ **1** ⟨400(s.)⟩ *etwas fliegt bewegt sich durch eigene Kraft in der Luft fort;* diese Maschine fliegt nach Barcelona; das Flugzeug ist in einer Höhe von 10 000 Metern geflogen; die Schwalben sind nach Süden geflogen; das Fliegen lernen □ voar; beim Fliegen abstürzen; im Fliegen □ voo **2** ⟨400 od. 410⟩ *mit dem Flugzeug reisen;* bis Berlin

fliegend

fliegt man etwa zwei Stunden; nach Rom ~ □ **voar; ir de avião 3** ⟨500⟩ ein **Flugzeug** ~ *führen, lenken* □ **pilotar 4** ⟨500⟩ jmdn. od. etwas ~ *mit dem Flugzeug befördern;* Passagiere nach Rom ~; die Verwundeten wurden vom Feldlazarett in die Heimat geflogen □ **levar de avião 5** ⟨411⟩ etwas fliegt *wird geschleudert;* ein Stein flog durchs Fenster □ **voar;** die Türe flog ins Schloss □ ***a porta bateu;** in die Höhe ~ □ ***elevar-se; levantar voo 5.1** in die Luft ~ ⟨fig.; umg.⟩ *explodieren* □ ***ir pelos ares; explodir 6** ⟨400(s.)⟩ *sich rasch bewegen;* ich komme schon, ich fliege!; sein Blick flog rasch über die Anwesenden □ **voar; correr 6.1** ⟨611⟩ jmdm. um den **Hals** ~ *jmdn. rasch, heftig umarmen* □ ***lançar-se ao pescoço de alguém 6.2** mit ~der Feder *eilig, eifrig* **6.3** in ~der Eile, Hast *sehr eilig, hastig* □ ***voando; correndo 7** ⟨400(s.)⟩ etwas fliegt *bewegt sich hin u. her, flattert;* ihre Haare flogen im Wind □ **esvoaçar 7.1** mit ~den Rockschößen eilte er davon ⟨fig.⟩ *sehr schnell* □ ***ele saiu correndo 7.2** mit ~den Fahnen zu etwas od. jmdm. *übergehen* ⟨umg.; fig.⟩ *plötzlich seinen Standpunkt wechseln, sich einer anderen Meinung anschließen* □ ***virar a casaca 7.3** ⟨fig.⟩ *unruhig, unstet bewegt sein;* ihr Puls fliegt □ ***sua pulsação está acelerada;** sie flog am ganzen Körper □ ***seu corpo todo tremia;** mit ~den Händen □ ***com mãos trêmulas;** ~der Puls □ ***pulsação acelerada 8** ⟨411(s.); fig.; umg.⟩ *hinausgeworfen, fristlos entlassen werden;* aus seiner Stellung ~; von der Schule ~ □ **ser mandado embora; ser expulso 9** ⟨410(s.); umg.⟩ *fallen;* sie ist gestern von der Leiter geflogen; in Stücke ~ □ **cair 9.1** ⟨800⟩ durchs Examen ~ ⟨fig.⟩ *durchfallen, das E. nicht bestehen* □ ***ser reprovado no exame 10** ⟨800(s.)⟩ *auf* jmdn. od. etwas ~ ⟨fig.; umg.⟩ *von jmdm. od. etwas stark angezogen werden;* auf ihn ~ alle Mädchen □ ***ser louco por alguém ou alguma coisa**

fliegend 1 ⟨Part. Präs. von⟩ *fliegen* **2** ⟨Adj. 24/60⟩ **2.1** *zum Fliegen befähigt* □ **voador 2.1.1** Fliegender **Drache** *baumbewohnende Echse in Südostasien, die mit aufstellbaren Hautfalten an den Körperseiten Gleitflüge machen kann: Draco volans* □ ***dragão-voador 2.1.2** Fliegende **Fische** *Gruppe von Fischen mit verbreiterten Brust- u. Bauchflossen, die bei Verfolgung durch Raubfische aus dem Wasser schnellen: Exocoëtidae* □ ***peixes-voadores 2.1.3** Fliegender **Hund** *Angehöriger einer Gruppe der Fledermäuse mit verlängerter Schnauze: Pteropus vampyrus* □ ***raposa-voadora 2.1.4** ~e **Untertassen** *angeblich gesichtete Flugkörper von einem anderen Planeten* □ ***discos voadores 2.1.5** ~es **Personal** *P. an Bord eines Flugzeuges* □ ***tripulação 2.2** ~e **Blätter** *lose, einzelne B.;* das Schulbuch besteht nur noch aus ~en Blättern □ ***folhas soltas/avulsas 2.3** ~er **Händler** *H. ohne festen Stand, H. auf Messen u. Märkten* □ ***vendedor ambulante 2.4** ~e **Hitze** *plötzlich auftretende Hitzewelle im Körper* □ ***fogacho; onda de calor 2.5** ~er **Sommer** = *Altweibersommer* **2.6** Fliegender **Holländer** *mit einem gespenstischen Schiff umherfahrender Seemann (Sagengestalt);* Der Fliegende Holländer (Oper von Richard Wagner) □ ***navio fantasma 2.7** ~er **Start** *S. mit Anlauf* □ ***partida lançada**

Flie|ger ⟨m.; -s, -⟩ **1** *Tier, das fliegen kann;* die Möwen sind im Unterschied zu den Fasanen gute ~ □ **pássaro voador 2** *Führer eines Flugzeugs;* Sy *Pilot;* er wollte gerne ~ werden □ **piloto; aviador 3** ⟨umg.⟩ *Angehöriger der Luftwaffe;* zu den ~n eingezogen werden □ **(militar) da aeronáutica 3.1** ⟨Mil.⟩ *Soldat der Luftwaffe mit dem niedrigsten Dienstgrad;* ~ Schmidt hat sich krank gemeldet □ **soldado-recruta 4** ⟨umg.⟩ *Flugzeug;* am Himmel waren ~ zu sehen □ **avião 5** ⟨Radsp.⟩ *Rennfahrer für kurze Strecken ohne Schrittmacher;* Ggs *Steher(1)* **6** *Rennpferd für kurze Strecken;* Ggs *Steher(2)* □ **sprinter 7** *kleinstes, vorderstes Vormastsegel* □ **velacho**

flie|hen ⟨V. 137⟩ **1** ⟨400(s.)⟩ *sich aus Furcht od. Freiheitsdrang rasch u. heimlich entfernen, die Flucht ergreifen, entweichen, ausreißen, davonlaufen;* der Gefangene ist geflohen; er ist ins Ausland geflohen; vor etwas od. jmdm. ~ □ **fugir 1.1** ⟨411⟩ *zu* jmdm. ~ *bei* jmdm. *Schutz suchen* □ **refugiar-se junto a alguém 1.2** die **Zeit** flieht ⟨fig.⟩ *vergeht rasch* □ ***o tempo voa 2** ⟨500⟩ jmdn. od. eine **Sache** ~ ⟨geh.⟩ *meiden, sich von jmdm. od. einer Sache fernhalten, jmdm. od. einer Sache ausweichen;* die Gesellschaft anderer ~ □ **evitar**

Flie|se ⟨f.; -, -n⟩ *Wand- od. Fußbodenplatte aus Stein, Steingut, Porzellan, Kunststoff;* ~n legen; einen Raum mit ~n auslegen □ **laje; azulejo**

Fließ|band ⟨n.; -(e)s, -bän|der⟩ *langsam laufendes Band, auf dem Werkstücke von einem Arbeitsgang zum andern befördert werden;* Sy *laufendes Band,* → *laufend(2.2.1);* am ~ arbeiten; Autos rollen vom ~; den ganzen Tag am ~ stehen □ **esteira rolante; linha de montagem**

flie|ßen ⟨V. 138/400(s.)⟩ etwas fließt **1** *sich gleichmäßig u. ohne Stocken fortbewegen;* der Bach fließt langsam, rasch, träge; der Fluss fließt durch mehrere Länder □ **fluir; correr;** der Fluss fließt ins Meer □ **desaguar;** aus der Wunde floss Blut; bei dem Aufstand ist sehr viel Blut geflossen; der Schweiß floss mir übers Gesicht; die Tränen flossen ihr über die Wangen □ **fluir; (es)correr 1.1** Zimmer mit ~dem **Wasser** *mit Anschluss an die Wasserleitung* □ **corrente 1.2** ~der **Verkehr** *Straßenverkehr, bei dem sich Fahrzeuge in Bewegung befinden* □ **fluente;** Ggs *ruhender Verkehr,* → *ruhen (1.3.7)* **1.3** ~de **Fertigung** *Herstellung am Fließband* □ ***produção em linha de montagem 2** ⟨413; fig.⟩ *ohne Stocken, rasch zusammenkommen, hervorkommen;* die Spenden flossen reichlich; sein Redestrom floss unaufhörlich **2.1** ⟨613⟩ die Worte flossen mir leicht aus der Feder *es machte mir keine Mühe, meine Gedanken schriftlich zu formulieren* □ **fluir 2.2** eine **Sprache** ~d sprechen *geläufig, leicht, flüssig* □ **fluentemente 3** ⟨geh.⟩ *(in weichen Linien) fallen;* das Haar floss ihr in weichen Wellen über die Schultern □ **cair;** ein ~des Gewand; ~de Seide □ **com bom caimento**

Flim|mer ⟨m.; -s, -⟩ **1** ⟨unz.⟩ *zitternder Lichtschein* □ **cintilação; vislumbre 2** ⟨fig.⟩ *wertloser Glanz, Schein-*

glanz □ ouropel **3** ⟨Geol.⟩ *Flimmerstein* □ mica **4** ⟨nur Pl.⟩ *zarter Zellenfortsatz an einzelligen Tieren* □ cílio

flim|mern ⟨V.⟩ **1** ⟨400⟩ *unruhig glänzen, funkeln, glitzern;* die Sterne ~; das Wasser flimmert in den Sonnenstrahlen; es flimmert mir vor den Augen □ cintilar; tremeluzir; *ein Flimmern vor den Augen haben* □ cintilação 1.1 ⟨400⟩ *sich immer wieder aufleuchtend, zitternd bewegen;* die Luft flimmert (vor Hitze); der Film flimmert □ tremular; tremer **2** ⟨500⟩ *etwas ~* ⟨regional⟩ *blankputzen;* den Fußboden, die Wohnung ~ □ limpar; deixar brilhando

flink ⟨Adj.⟩ **1** *rasch, schnell* □ rápido; ligeiro; ~ arbeiten 1.1 *ein bisschen ~!* ⟨umg.⟩ *schnell!, beeil dich!* □ depressa; rápico 1.2 *sie ist immer ~ bei der Hand greift rasch zu, ist hilfsbereit* □ *ela está sempre pronta para ajudar **2** *geschickt, gewandt, behände;* ein ~er Junge, ~es Mädchen; ~e Hände haben □ despachado; ágil; *eine ~e Zunge, ein ~es Mundwerk haben* □ *ter resposta para tudo; não ter papas na língua; *etwas mit ~en Händen tun* □ *fazer alguma coisa com agilidade

Flin|te ⟨f.; -, -n⟩ **1** ⟨urspr.⟩ *Gewehr mit Feuersteinschloss, das Mitte des 16. Jh. in Frankreich aufkam* □ mosquete **2** *Jagdgewehr mit glattem Lauf zum Schießen mit Schrot;* Jagd~; die ~ laden, reinigen □ espingarda **3** *die ~ ins Korn werfen* ⟨fig.⟩ *etwas aufgeben, den Mut verlieren* □ *jogar a toalha

Flip ⟨m.; -s, -s⟩ **1** *alkoholisches Mischgetränk mit Zucker u. Ei* **2** ⟨Sp.⟩ *Sprung im Eiskunstlauf;* einen Doppel~ springen □ *flip*

Flip|per ⟨m.; -s, -⟩ *Spielautomat, bei dem eine Metallkugel in ein leicht abschüssiges Spielfeld geschleudert u. dort zwecks Erreichen einer hohen Punktzahl möglichst lange hin- u. hergeschossen wird* □ fliperama

flir|ren ⟨V. 400⟩ *etwas flirrt* **1** *flimmert, glänzt;* ein Glühwürmchen flirrte in der Nacht □ cintilar; brilhar **2** *schwirrt, surrt;* die Lieder flirrten durch die Luft zu uns herüber □ vibrar

Flirt ⟨a. [flœːt], eindeutschend [flɪrt] m.; -s, -s⟩ **1** *das Flirten, das Necken u. Spaßen (mit dem anderen Geschlecht), Bekunden erotischer Zuneigung* **2** *kurze Liebschaft, unverbindliches Liebesabenteuer;* aus dem Urlaubs~ entstand eine langjährige Beziehung □ flerte

flir|ten ⟨a. [flœːtən], eindeutschend [flɪrtən] V. 405⟩ *(mit jmdm.) ~ (dem anderen Geschlecht gegenüber) mit Worten u. Blicken sein Interesse spielerisch zu erkennen geben, seine erotische Zuneigung (zu jmdm.) bekunden* □ flertar

Flitt|chen ⟨n.; -s, -; abwertend⟩ *Frau (od. junges Mädchen), der häufig wechselnde intime Beziehungen zu Männern nachgesagt werden;* er hat sich die ganze Nacht mit diesem ~ herumgetrieben □ vaca; galinha

Flit|ter ⟨m.; -s, -⟩ **1** *kleine, glänzende Metallstückchen (zum Aufnähen auf Kleider), Glitzerschmuck;* ein Kleid mit glänzendem, aufgenähtem ~ billige ~ funkelten □ lantejoula **2** ⟨unz.; fig.⟩ *Unechtes, Tand, Scheinglanz, unechter Glanz;* das ist alles nur ~ □ ouropel; brilho falso

Flit|ter|wo|chen ⟨Pl.⟩ *die ersten Wochen der Ehe;* die ~ am Meer verbringen □ lua de mel

flit|zen ⟨V. 410 od. 411; umg.⟩ *sehr schnell laufen od. fahren, rennen, sausen;* die Kinder ~ über die Straße; die Eidechsen flitzten hin und her; er ist mit seinem Motorboot über den See geflitzt; Autos ~ über die Autobahn □ correr; passar como uma flecha

Flo|cke ⟨f.; -, -n⟩ **1** *lockere kleine Masse aus Eiskristallen;* Schnee~; die ~n fallen, wirbeln; der Schnee fällt in dichten ~n □ floco *kleines Büschel aus Fasern od. Schaum;* ~n von Baumwolle, Schafwolle, Watte □ floco; tufo **3** ⟨meist Pl.⟩ *Hafer, Kartoffel u. a. in Blättchenform;* Hafer~n, Kartoffel~n **4** *lockerer Bodensatz* □ floco **5** *heller od. dunkler Fleck im Fell von Haustieren, bes. am Kopf, auch an den Füßen* □ mancha; estrela

Floh ⟨m.; -(e)s, Flöhe⟩ **1** *flügelloses, bis 3 mm langes, seitlich abgeplattetes Insekt mit kräftigen Sprungbeinen u. stechend-saugenden Mundwerkzeugen, lebt als zeitweiliger Außenparasit blutsaugend auf Vögeln u. Säugetieren:* Aphaniptera, Siphonaptera; Flöhe fangen, knacken (töten) □ pulga; *lieber einen Sack Flöhe hüten als das (tun)!* □ *tudo menos isso! 1.1 *die Flöhe husten hören* ⟨fig.; umg.⟩ *überklug, spitzfindig sein* □ *julgar-se muito esperto 1.2 *jmdm. einen ~ ins Ohr setzen* ⟨fig.; umg.⟩ *jmdm. etwas sagen, was dem Betreffenden keine Ruhe mehr lässt* □ *botar caraminhola na cabeça de alguém **2** ⟨nur Pl.; umg.⟩ *Flöhe* ⟨umg.⟩ *Geld* □ grana; tutu

flö|hen ⟨V. 500⟩ **1** ⟨Vr 8⟩ *ein Tier ~ einem T. Flöhe ablesen;* die Affen haben sich geflöht; er flöhte einen Hund □ *catar pulga num animal **2** *jmdn. ~* ⟨fig.; umg.⟩ *um Geld betrügen* □ enganar; levar na conversa (para tirar dinheiro)

Floh|markt ⟨m.; -(e)s, -märk|te⟩ *Markt, auf dem Altwaren (Kleider, Möbel, Geschirr, Bücher u. Ä.) zum Verkauf angeboten werden, Trödelmarkt* □ mercado das pulgas

Flop ⟨m.; -s, -s; umg.⟩ *Misserfolg, Reinfall, Fehlschlag;* diese Unternehmung, Investition war ein ~ □ fracasso; fiasco

Flor¹ ⟨m.; -s, -⟩ **1** *alle Blüten einer Pflanze, Blumenfülle* □ florescência; flor **2** ⟨fig.⟩ *Zierde, Schmuck, Gedeihen* □ prosperidade; florescimento 2.1 *in ~ in voller Blüte* □ *no auge

Flor² ⟨m.; -s, -⟩ **1** *dünner Seidenstoff* □ crepe **2** *Schleier* □ véu **3** *haarige, wollige Oberschicht von Teppichen, Plüsch u. Samt* □ felpa **4** *schwarzer Seidenstreifen um den Ärmel od. am Rockaufschlag als Zeichen der Trauer;* Trauer~ □ braçadeira; crepe

Flo|ra ⟨f.; -, Flo|ren⟩ **1** *Pflanzenreich* → a. Fauna **2** *systematische Beschreibung der Pflanzenwelt* **3** *Buch zum Bestimmen von Pflanzen* □ flora

Flo|rett ⟨n.; -(e)s, -e; Sp.⟩ **1** *lange Stoß- u. Stichwaffe* 1.1 ⟨Sportfechten⟩ *Stoßwaffe mit langer Klinge für Damen u. Herren* □ florete

flo|rie|ren ⟨V. 400⟩ **1** *Pflanzen ~ blühen, gedeihen* □ florescer **2** ⟨fig.⟩ *Unternehmen, Geschäfte ~ entwickeln sich gut, bringen Gewinn* □ prosperar

Flos|kel ⟨f.; -, -n⟩ *leere Redensart, Formel* □ floreio; flor de retórica; Höflichkeits~ □ fórmula de cortesia

Floß ⟨n.; -es, Flö|ße⟩ *flaches Wasserfahrzeug aus zusammengebundenen Baumstämmen od. ä. Schwimmkörpern;* ein ~ bauen; auf, mit dem ~ fahren □ **jangada**

Flos|se ⟨f.; -, -n⟩ **1** *abgeplattetes, breites Bewegungs- u. Steuerorgan der Fische u. im Wasser lebender Säugetiere, z. B. Wale u. Robben;* paarige ~n; die ~n des Seehundes □ **nadadeira; barbatana 2** *ein dem Gänsefuß ähnelnder Gummischuh, der mit einem Fersenband am Fuß gehalten wird u. die eine schnellere, mit geringerem Kraftaufwand verbundene Fortbewegung im u. unter Wasser ermöglicht* □ **pé de pato 3** *fest stehender Steuerungsteil bei Flugzeugen, Torpedos u. a.* □ **leme; estabilizador 4** ⟨fig.; umg.; scherzh.⟩ *Hand;* ~n weg! □ **mão; pata 5** ⟨fig.; umg.; scherzh.⟩ *Fuß* □ **pé; pata**

Flö|te ⟨f.; -, -n⟩ **1** *Blasinstrument aus Holz od. einer Silberlegierung mit einem Rohr od. mehreren nebeneinanderliegenden Rohren, längs od. seitlich angeblasen;* Block~, Hirten~, Pan~, Piccolo~, Quer~; ~ spielen □ **flauta 2** *Orgelstimme* □ **tubo do órgão 3** *schmales, hohes Trinkglas;* Sekt~ □ **taça de champanhe**

flö|ten ⟨V. 402⟩ **1** *Flöte blasen;* die Schülerinnen flöteten zwei Musikstücke; sie hat heute nicht geflötet □ **tocar flauta 2** *pfeifen, in hohen Tönen flötenähnlich singen;* der Wasserkessel flötet; die Vögel ~ im Wald □ **assobiar; cantar 3** ⟨fig.; häufig abwertend⟩ *in hohen Tönen einschmeichelnd sprechen;* ihre ~de Stimme erklang aus dem Flur □ **aflautado 4** ~ **gehen 4.1** *verlorengehen, abhandenkommen;* seine guten Vorsätze sind ~ **gegangen** □ **ir para o brejo 4.2** *entzweigehen, zerbrechen;* bei der Feier sind drei Gläser ~ **gegangen** □ **quebrar**

Flö|ten|ton ⟨m.; -(e)s, -tö|ne; Mus.⟩ **1** *auf der Flöte geblasener Ton;* ein heller ~ □ **som da flauta 2** jmdm. die Flötentöne beibringen ⟨fig.; umg.; scherzh.⟩ *jmdn. zurechtweisen, Höflichkeit lehren* □ **passar um sabão em alguém*

flott ⟨Adj.⟩ **1** ⟨umg.⟩ *flink, rasch, ohne Unterbrechung;* ~er Absatz einer Ware; ~ arbeiten, bedienen, lesen, marschieren, spielen; mach ein bisschen ~!; aber bitte etwas ~! □ **rápido; ligeiro;** das Musikstück geht (nach einigem Üben) jetzt recht ~ □ **evoluir/fluir bem 1.1** ~ **gehen** *schnell gehen* □ **ir/caminhar depressa;** ⟨aber Getrennt- u. Zusammenschreibung⟩ ~ **gehen** = *flottgehen* 1.2 *schwungvoll;* ein ~er Dialog (im Theaterstück) □ **enfático 2** ⟨umg.⟩ *schick, elegant;* ein ~er Hut, ~es Kleid □ **chique; elegante 3** ⟨umg.⟩ *leichtlebig, unbekümmert, verschwenderisch;* ein ~es Leben führen; ~ leben; ein ~er Bursche, Kerl □ **despreocupado; cuca fresca 4** ⟨40; Seemannsspr.⟩ *frei schwimmend u. fahrbereit;* das Schiff ist wieder ~ □ **desencalhado; alestado 5** ⟨Getrennt- u. Zusammenschreibung⟩ 5.1 ~ **geschrieben** = *flottgeschrieben*

Flot|te ⟨f.; -, -n⟩ **1** *alle Schiffe eines Staates;* Handels~, Kriegs~; die deutsche, spanische ~ □ **frota; esquadra 2** *größerer Verband von Schiffen;* Mittelmeer~, Schwarzmeer~ □ **esquadra; armada 3** *Flüssigkeit zur Behandlung von Textilien;* Bleich~, Färbe~, Wasch~ □ **banho**

Flot|ten|ver|band ⟨m.; -(e)s, -bän|de; Mil.⟩ *gemeinsam operierende Gruppe von Kriegsschiffen* □ **formação naval**

flott||ge|hen *auch:* **flott ge|hen** ⟨V. 145/500⟩ *gut verlaufen, gelingen;* das Geschäft wird in diesem Jahr wieder ~ □ **recuperar-se;** das Musikstück geht (nach einigem Üben) jetzt recht flott □ **evoluir/fluir bem;** → a. *flott (1.1)*

flott|ge|schrie|ben *auch:* **flott ge|schrie|ben** ⟨Adj.⟩ *gut geschrieben;* der Aufsatz ist ~ □ **bem escrito**

Flot|til|le ⟨a. [-'tɪljə] f.; -, -n; Mil.⟩ *Verband kleiner Kriegsschiffe* □ **flotilha**

flott||ma|chen ⟨V. 500⟩ **1** *ein Schiff (nach dem Auflaufen) ~* ⟨Seemannsspr.⟩ *wieder schwimmfähig machen* □ **desencalhar; alestar 2** *etwas ~* ⟨fig.⟩ *wieder in Gang bringen;* er hat den Betrieb wieder flottgemacht □ **pôr para funcionar novamente;** ⟨aber Getrenntschreibung⟩ flott machen, → *flott(1)*

Flöz ⟨n.; -es, -e⟩ *Schicht abbaufähiger Mineralien od. Gesteine* □ **estrato; camada**

Fluch ⟨m.; -(e)s, Flü|che⟩ **1** *im Zorn gesprochenes Kraftwort;* einen ~ aussprechen, unterdrücken; ein böser, derber, entsetzlicher, wilder ~ □ **imprecação; blasfêmia 2** ⟨unz.⟩ *folgenschwere Verwünschung, Wunsch für Unheil* □ **praga;** ~ über dich! □ **que caia uma praga sobre você!* **3** ⟨unz.⟩ *Unheil, Verderben als Strafe Gottes;* das eben ist der ~ der bösen Tat, dass sie fortzeugend immer Böses muss gebären (Schiller, „Die Piccolomini" 5,1); ein ~ lastete auf der Familie □ **maldição**

flu|chen ⟨V.⟩ **1** ⟨400⟩ *einen Fluch od. Flüche ausstoßen;* er fluchte entsetzlich, derb; wie ein Kesselflicker ~ ⟨umg.⟩ □ **praguejar; blasfemar 2** ⟨800⟩ **auf, über** *jmdn. od. etwas ~ derb, unflätig schimpfen;* er fluchte auf seine Familie; oft hat er über das schlechte Essen geflucht □ **praguejar (contra) alguém ou alguma coisa* **3** ⟨600/Vr 6⟩ *jmdm. ~* ⟨veraltet; geh.⟩ *jmdn. verwünschen;* er flucht diesem unseligen Augenblick □ **amaldiçoar**

Flucht[1] ⟨f.; -, -en⟩ **1** ⟨unz.⟩ *das Fliehen, rasches Davonlaufen, Entweichen (vor dem Feind);* die ~ ergreifen; der Verbrecher wurde auf der ~ erschossen; auf der ~ sein; sich der Bestrafung durch die ~ entziehen; der Feind jagte, stürmte in wilder ~ davon; jmdn. in die ~ jagen, schlagen; die ~ nach Ägypten ⟨bibl.⟩ □ **fuga; evasão 1.1** die ~ nach vorn antreten ⟨fig.⟩ *statt einer erwarteten Verteidigung einen Angriff führen* □ **atacar* **2** ⟨Jägerspr.⟩ *weiter Sprung (des Schalenwildes);* in hohen, langen ~en abspringen □ **correr saltando/dando longos saltos*

Flucht[2] ⟨f.; -, -en⟩ **1** *durchgehende gerade Linie, in der gleichartige Gebäude od. Teile davon aneinandergereiht sind;* Häuser~; die Häuser stehen in einer ~; die Zimmer liegen in einer ~ hintereinander □ **alinhamento 2** *gerade Reihe, Aufeinanderfolge (von Zimmern);* Zimmer~, eine ~ von vier Zimmern □ **sequência; série 3** *Schar fliegender Vögel* □ **bando**

flüch|ten ⟨V.⟩ **1** ⟨400(s.)⟩ *fliehen, vor einer drohenden Gefahr die Flucht¹ ergreifen; er musste eilig, plötzlich, Hals über Kopf ~; er ist in die Wälder, zu seinem Sohn, ins Ausland geflüchtet* ☐ **fugir 2** ⟨511/Vr 3⟩ *sich in, an* einen Ort ~ *sich durch Flucht¹ retten, Schutz, Zuflucht suchen; die Katze flüchtete sich auf einen Baum; das Kind flüchtet sich in die Arme der Mutter; ich habe mich vor dem Unwetter in ein Haus geflüchtet* ☐ **refugiar-se/abrigar-sé em um lugar*

flüch|tig ⟨Adj.⟩ **1** ⟨70⟩ *auf der Flucht befindlich, entflohen;* einen ~en Verbrecher wieder einfangen; der Gefangene ist ~ ☐ **fugitivo; foragido 1.1** *Haarwild ist ~* ⟨Jägerspr.⟩ *flieht schnell* ☐ **a caça foge/escapa com rapidez* **2** *eilig, schnell;* jmdm. einen ~en Besuch abstatten; jmdm. einen ~en Kuss geben ☐ **rápido, apressado 2.1** *oberflächlich, ungenau;* ein ~er Bericht; eine ~e Arbeit; eine ~e Bekanntschaft; jmdn. od. etwas nur ~ kennen; einen ~en Blick auf etwas werfen; einen ~en Eindruck von einem Menschen, einer Stadt usw. bekommen; nach ~er Prüfung; sich eine Sache ~ ansehen; ~ arbeiten, schreiben, lesen ☐ **superficial(mente); por cima 3** ⟨60; geh.⟩ *rasch, vorübergehend, vergänglich;* der ~ Augenblick; für ein paar ~e Stunden bei jmdm. (zu Besuch) sein ☐ **fugaz; passageiro 4** ⟨Chem.⟩ *leicht verdunstend;* ~e Fettsäuren ☐ **volátil 5** ⟨Bgb.⟩ *brüchig* ☐ **quebradiço; frágil**

Flücht|ling ⟨m.; -s, -e⟩ *jmd., der flieht, flüchtet od. geflohen, geflüchtet ist;* politischer ~ ☐ **fugitivo; refugiado**

Flug ⟨m.; -(e)s, Flü|ge⟩ **1** *das Fliegen, Fortbewegung in der Luft;* zum ~ ansetzen ☐ **voo 1.1** ⟨fig.⟩ *Aufschwung;* Gedanken~; der hohe ~ der Gedanken, des Geistes ☐ **voo; arroubo 1.2** *im ~(e) in der Luft;* im ~(e) etwas auffangen, erhaschen; einen Vogel im ~(e) schießen, treffen ☐ **no ar; em pleno voo* **1.2.1** *im ~(e)* ⟨fig.⟩ *in großer Eile, sehr schnell; die Zeit verging (wie) im ~(e)* ☐ **voando* **2** *Fortbewegung im Flugzeug, Reise im Flugzeug;* hast du einen guten ~ gehabt?; ein ruhiger, unruhiger, stürmischer ~; auf dem ~ nach Rom sein; der ~ von Berlin nach Rom ☐ **viagem aérea; voo 3** ⟨Jägerspr.⟩ *mehrere Ketten von Flugwild* ☐ **revoada**

Flug|blatt ⟨n.; -(e)s, -blät|ter⟩ *meist sehr kurzfristig herausgegebene Druckschrift im Umfang von ein, zwei Seiten, die entweder der politischen u. sozialen Propaganda od. Wirtschaftswerbung dient u. sehr große Verbreitung hat;* Sy *Flugschrift;* ein ~ bekommen, finden, verfassen; Flugblätter verteilen, drucken ☐ **volante; panfleto**

Flü|gel ⟨m.; -s, -⟩ **1** *zum Fliegen dienender Körperteil der Vögel, Insekten u. a. Tiere;* einem Vogel die ~ beschneiden, stutzen; mit den ~n schlagen; auf den ~n des Geistes, der Fantasie, der Poesie, des Traumes ⟨fig.⟩ ☐ **asa 1.1** *jmdm. die ~ beschneiden* ⟨fig.⟩ *jmds. Freiheit einschränken, jmdm. den Schwung nehmen* ☐ **cortar as asas de alguém* **1.2** *die ~ hängen lassen* ⟨fig.⟩ *mutlos sein* ☐ **ficar de asa caída;* **ficar desanimado 1.3** *er hat sich die ~ verbrannt* ⟨fig.⟩ *ist an seinem zu kühnen Plan gescheitert, hat sich dabei selbst geschadet* ☐ **dar-se mal* **1.4** *der Gedanke verleiht mir ~* ⟨fig.⟩ *gibt mir Mut u. Schwung* **2** ⟨umg.⟩ *stromlinienförmig gestaltete Tragfläche des Flugzeugs* ☐ **asa 3** *treibende Fläche des Windrades, Treibrades, der Flügelschraube u. Ä.* ☐ **palheta; aleta 3.1** ⟨Bot.⟩ *häutiger Frucht- u. Samenanhang zur Verbreitung durch den Wind* ☐ **membrana 4** *seitlicher Teil eines mehrteiligen Gegenstandes;* Altar~ ☐ **aba do retábulo;** Fenster~, Tür~ ☐ **batente; folha;** Lungen~ ☐ **pulmão 4.1** *länglicher Anbau, Seitenbau eines Gebäudes;* der rechte, linke ~ des Schlosses ☐ **ala; asa 4.2** ⟨Bot.⟩ *eines der beiden seitlichen Blumenblätter der Schmetterlingsblüte* **5** ⟨Mil.; Sp.⟩ *außen aufgestellte Einheit einer Truppe od. Mannschaft* ☐ **ala 6** *in Form eines Vogelflügels gebautes Klavier mit waagerecht liegenden Saiten;* Konzert~; die Sängerin wurde am ~ begleitet ☐ **piano de cauda**

flü|gel|lahm ⟨Adj.⟩ **1** *infolge eines gebrochenen od. angeschossenen Flügels flugunfähig;* eine ~e Ente ☐ **de asa quebrada; que não pode voar 2** ⟨fig.⟩ *schwunglos, mutlos;* er ist ~ geworden ☐ **desanimado**

Flü|gel|schlag ⟨m.; -(e)s, -schlä|ge⟩ **1** *Bewegung mit dem Flügel;* kurze, langsame, schnelle Flügelschläge ☐ **bater de asas**

flüg|ge ⟨Adj. 24⟩ **1** *flugfähig (von jungen Vögeln);* die Storchenjungen sind ~ ☐ **capaz de voar 2** ⟨fig.; umg.⟩ *selbständig, nicht mehr (so eng) ans Elternhaus gebunden;* die Kinder sind heute früher ~ als vor zwanzig Jahren ☐ **independente**

Flug|ha|fen ⟨m.; -s, -hä|fen⟩ *größere Anlage für den öffentlichen Luftverkehr, die zum Starten, Landen u. Unterbringen von Flugzeugen sowie zum Abfertigen von Personen, Fracht u. Post genutzt wird;* ziviler, militärischer, internationaler ~; einen ~ anfliegen; sie traf auf dem Frankfurter ~ ein ☐ **aeroporto**

Flug|platz ⟨m.; -es, -plät|ze⟩ *nicht dem öffentlichen Luftverkehr dienender kleinerer Flughafen;* der ~ liegt 20 km von der Stadt entfernt; ein ~ für Segelflugzeuge ☐ **aeródromo**

flugs ⟨Adv.; veraltet⟩ *eilends, schnell;* sie öffnete ~ den Koffer ☐ **rapidamente; com pressa**

Flug|schrift ⟨f.; -, -en⟩ = *Flugblatt*

Flug|zeug ⟨n.; -(e)s, -e⟩ *Luftfahrzeug, das schwerer ist als die Luft, die von ihm verdrängt wird, u. das sich daher nur durch dynamischen Auftrieb in die Luft erheben kann* ☐ **avião**

Flu|i|dum ⟨n.; -s, -i|da⟩ *von etwas od. jmdm. ausgehende besondere Wirkung, Ausstrahlung, Anziehungskraft;* von ihr geht ein eigenartiges ~ aus; er verbreitet ein ~ der Weisheit ☐ **aura; magnetismo**

Fluk|tu|a|ti|on ⟨f.; -, -en⟩ **1** *das Fluktuieren* **1.1** ⟨Astron.⟩ *unregelmäßige Schwankungen der Erdrotation, die dazu führen, dass die „Erduhr" gegenüber einer vollkommen gleichmäßig laufenden Uhr bis zu rund einer halben Minute nachgehen od. vorgehen kann* **1.2** *Wechsel von Arbeitsplätzen innerhalb einer Volkswirtschaft* ☐ **flutuação**

fluk|tu|ie|ren ⟨V. 400⟩ *hin u. her fließen, schwanken, schnell wechseln* ☐ **flutuar**

Flun|der ⟨f.; -, -n; Zool.⟩ *Angehöriger einer weit verbreiteten Art der Plattfische* ☐ solha; linguado

flun|kern ⟨V. 400; umg.⟩ *schwindeln, aufschneiden, übertreiben, Lügengeschichten erzählen;* er flunkert gern ☐ contar histórias/mentiras

Flunsch ⟨m.; -(e)s, -e; umg.⟩ *verdrießliches, enttäuschtes Gesicht, weinerliche Grimasse, Schmollmund* ☐ amuado; de cara amarrada; einen ~ ziehen ☐ *amarrar a cara

Flu|or 1 ⟨n.; -s; unz.; Chem.; Zeichen: F⟩ *nur in Verbindungen vorkommendes, zu den Halogenen gehörendes, gasförmiges Element von grünlich gelber Farbe u. stechendem Geruch, Ordnungszahl 9* ☐ flúor **2** ⟨m.; -; unz.; Med.⟩ *Ausfluss* ☐ fluor; corrimento

Flu|or|chlor|koh|len|was|ser|stof|fe ⟨[-klo:r-] Pl.; Abk.: FCKW⟩ *Kohlenwasserstoffe, die die Halogene Fluor u. Chlor im Molekül enthalten (ihre Verwendung als Treibgase wird zunehmend eingeschränkt, da sie wesentlich zum Abbau der Ozonschicht beitragen)* ☐ clorofluorcarboneto (CFC)

Flu|o|rid ⟨n.; -(e)s, -e; Chem.⟩ *Salz der Flusssäure (Fluorwasserstoffsäure)* ☐ fluoreto

Flu|o|rit ⟨m.; -(e)s, -e⟩ *Flussspat (ein gelb, grün, blau od. violett gefärbtes Mineral)* ☐ fluorita

Flur¹ ⟨m.; -(e)s, -e⟩ **1** *langer, meist schmaler Vorraum in einem Haus od. einer Wohnung;* Sy Korridor(1); Haus~; ein breiter, dunkler ~; er wartet im ~ ☐ corredor **2** *Fußboden* ☐ chão; pavimento

Flur² ⟨f.; -, -en⟩ *die zu einem Ort gehörige landwirtschaftliche Nutzfläche (Äcker u. Wiesen); Feld und ~, Wald und ~; die ~en bereinigen, besichtigen* ☐ campo; prado

Flu|se ⟨f.; -, -n⟩ *Fussel, Fadenrest* ☐ resto de linha; fio

Fluss ⟨m.; -es, Flüs|se⟩ **1** *größerer Wasserlauf;* einen ~ regulieren; ein breiter, schmaler, großer, kleiner, reißender, tiefer ~; den ~ abwärts-, aufwärtsfahren ☐ rio; curso de água **2** *das Fließen, das fließende Bewegtsein, Lauf, Strömung;* Rede~; ~ der Rede, des Gesprächs 2.1 *eine Sache in ~ bringen* in Bewegung setzen, in Gang bringen 2.2 *in ~ kommen* in Bewegung kommen 2.3 *die Sache ist im ~ die S. läuft, entwickelt sich* ☐ andamento; curso **3** ⟨Tech.⟩ *durch Schmelzen hervorgerufener flüssiger Zustand;* das Blei ist in ~ ☐ fusão 3.1 *Schmelzmasse;* Glas~ ☐ pasta; fluxo 3.2 *Schmelzzusatz* ☐ massa fundida; fundente

fluss|ab ⟨Adv.⟩ = *flussabwärts*

fluss|ab|wärts ⟨Adv.⟩ *mit der Strömung, in Richtung auf die Mündung;* Sy flussab, Ggs flussaufwärts ☐ a jusante; rio abaixo

fluss|auf ⟨Adv.⟩ = *flussaufwärts*

fluss|auf|wärts ⟨Adv.⟩ *gegen die Strömung, in Richtung auf die Quelle;* Sy flussauf, Ggs flussabwärts ☐ a montante; rio acima

flüs|sig ⟨Adj. 24⟩ **1** ⟨70⟩ *so beschaffen, dass es geringen Zusammenhalt hat u. keine bestimmte Form aufweist, sondern sich dem jeweiligen Gefäß anpasst;* Ggs fest; ~e Körper; ~e Nahrung ☐ líquido; fluido 1.1 ~e Kristalle *organische Verbindungen, die in der festen (kristallisierten) Phase einen bestimmten Schmelzpunkt besitzen, bei dem sie in eine doppelbrechende Flüssigkeit* (wie sonst nur bei festen Kristallen) *übergehen* ☐ líquido **2** *geläufig, glatt;* eine ~e Rede; ~er Schreibstil; ~ lesen, schreiben; das Sachbuch liest sich sehr ~; das Buch ist ~ geschrieben ☐ fluente(mente) **3** ⟨70⟩ ~e.Gelder *verfügbare G., Bargeld* ☐ *dinheiro líquido/disponível 3.1 *kein Geld ~ haben* kein Bargeld haben ☐ *estar sem dinheiro (vivo)

Flüs|sig|keit ⟨f.; -, -en⟩ **1** *flüssiger Körper, Stoff in flüssigem Zustand* ☐ líquido; fluido **2** ⟨unz.; fig.⟩ *das Flüssigsein, flüssige Beschaffenheit, Gewandtheit, Ausdrucksglätte* ☐ fluência

flüs|sig|ma|chen auch: **flüs|sig ma|chen** ⟨V. 500⟩ **I** ⟨Zusammen- u. Getrenntschreibung⟩ *etwas ~ in einen flüssigen Zustand überführen;* Wachs flüssigmachen/ flüssig machen **II** *nur Zusammenschreibung* ☐ liquefazer; fundir **1** *Geld ~ bereitstellen, zur Verfügung stellen, aufbringen* **2** *Kapital, Sachwerte ~ in Bargeld umwandeln;* für den Barkauf muss ich mein Kapital erstmal flüssigmachen ☐ converter em dinheiro; realizar capital

Fluss|pferd ⟨n.; -(e)s, -e; Zool.⟩ **1** *Angehöriges einer Flüsse bewohnenden Familie plumper, fast unbehaarter Paarhufer; Hippopotamidae* ☐ hipopótamo

Fluss|schiff|fahrt ⟨f.; -; unz.⟩ *Schifffahrt auf Flüssen* ☐ navegação fluvial

flüs|tern ⟨V.⟩ **1** ⟨400⟩ *leise, ohne Stimme, ohne Ton reden;* er flüsterte ihr ins Ohr; sie haben miteinander die ganze Zeit geflüstert ☐ cochichar; sussurrar; sich ~d unterhalten ☐ *conversar cochichando/em voz baixa; mit ~der Stimme ☐ *em voz baixa; sein Flüstern wurde immer eindringlicher ☐ cochicho; sussurro 1.1 *etwas flüstert* ⟨fig.; poet.⟩ *rauscht leise, säuselt;* der Wind flüstert; die Blätter ~ im Wind ☐ murmurar; sussurrar **2** ⟨503/Vr 6⟩ *(jmdm.) etwas (ins Ohr) ~ leise sagen;* sie flüsterte ihm ihren Namen, ihre Antwort ins Ohr ☐ cochichar; sussurrar 2.1 ⟨530⟩ *jmdm. etwas ~* ⟨fig.; umg.⟩ *tüchtig die Meinung sagen* ☐ *dizer poucas e boas a alguém;* dem werde ich etwas ~! ☐ *ele há de se haver comigo! 2.2 *das kann ich dir ~!* ⟨fig.; umg.⟩ *das kann ich dir sagen, darauf kannst du dich verlassen!* ☐ *isso eu lhe garanto!

Flut ⟨f.; -, -en⟩ **1** *Steigen, Hochstand des Meerwassers im Gezeitenwechsel;* Ggs Ebbe(1); es ist ~ (im Gezeitenwechsel) ☐ maré alta; cheia **2** *bewegte Wassermasse;* die ~en des Meeres; der Fluss wälzt seine trägen ~en durch das Land; ein Bad in den kühlen ~en (des Flusses, Meeres, Sees) ☐ onda; vaga **3** ⟨fig.⟩ *große, strömende, fließende Menge;* die ~ ihres Haares; eine ~ von Briefen, Lichtern, Protesten; eine ~ von Schimpfwörtern stürzte auf ihn nieder, ergoss sich über ihn ☐ volume; torrente; enxurrada

flu|ten ⟨V.⟩ **1** ⟨400 od. 410(s.)⟩ *etwas flutet* ⟨a. fig.; geh.⟩ *fließt, strömt heftig;* das Wasser flutete über die Ufer, die Deiche; ein Strom von Licht flutete aus dem Fenster ☐ transbordar; inundar 1.1 ⟨unpersönl.⟩ *es flutet die Flut(1) kommt* ☐ *a maré está subindo 1.2 ⟨fig.⟩ *in starker Bewegung sein;* die Menge flutete

folgerichtig

in den Saal; auf der Straße flutete der Verkehr ☐ **afluir** 2 ⟨500⟩ etwas ~ *unter Wasser setzen, in etwas schnell Wasser einströmen lassen;* ein Dock, eine Schleusenkammer ~; U-Boot ~! (Kommando auf dem U-Boot zum Tauchen) ☐ **mergulhar; imergir**

Fock ⟨f.; -, -en⟩ 1 *unterstes Segel des Vordermastes (auf alten mehrmastigen Segelschiffen)* ☐ **vela do traquete** 2 ⟨Sportsegeln⟩ *erstes Vorsegel auf Segelbooten* ☐ **bujarrona** 3 *hinterstes Vorsegel auf Jachten* ☐ **vela da mezena**

fö|de|ral ⟨Adj. 24⟩ = *föderativ*

Fö|de|ra|ti|on ⟨f.; -, -en⟩ *Bündnis, Staatenbund, Bundesstaat* ☐ **federação**

fö|de|ra|tiv ⟨Adj. 24⟩ *die Föderation betreffend, auf ihr beruhend, mit ihrer Hilfe;* Sy *föderal* ☐ **federativo; federal**

fö|de|rie|ren ⟨V. 500/Vr 4⟩ sich ~ *sich verbinden, sich zu einer Föderation zusammenschließen* ☐ **federar-se*

Fo|gosch ⟨m.; -(e)s, -e; österr.⟩ = *Zander*

Foh|len ⟨n.; -s, -⟩ *junges Pferd od. Esel bis zu einem Alter von 2 Jahren;* Sy *Füllen* ☐ **potro; poldro**

Föhn¹ ⟨m.; -s, -e⟩ *warmer, trockener Fallwind, bes. nördlich der Alpen;* bei ~ hat er immer Kopfschmerzen ☐ **Föhn**

Föhn² ⟨m.; -s, -e⟩ *elektrisches Gerät zum Trocknen der Haare, das einen heißen Luftstrom erzeugt;* → a. *Fön®;* die nassen Haare mit dem ~ trocknen ☐ **secador de cabelos**

föh|nen ⟨V. 500⟩ Haar ~ *mit Hilfe eines Föhns trocknen* ☐ **secar com secador**

Föh|re ⟨f.; -, -n; Bot.⟩ = *(Gemeine) Kiefer: Pinus sylvestris;* eine mächtige, hohe ~ ☐ **pinheiro silvestre**

Fo|kus ⟨m.; -, -se; Opt.⟩ 1 ⟨Opt.⟩ *Brennpunkt (von Spiegeln, Linsen)* 1.1 ⟨fig.⟩ *Blickpunkt, Mittelpunkt (des allgemeinen Interesses)* 2 ⟨Med.⟩ *Herd, Sitz von Krankheitserregern* ☐ **foco**

Fol|ge ⟨f.; -, -n⟩ 1 *Auswirkung (einer Handlung, eines Geschehens);* die ~n eines Unfalls; die ~ (davon) ist, dass ...; du musst die ~n (deiner Handlungsweise) selbst tragen; böse, schlimme, üble, unangenehme, unerwartete ~n; die Sache wird ihre ~n, böse ~n nach sich ziehen 1.1 *das Verhältnis mit ihm, ihre Liebe blieb nicht ohne* ~n *sie erwartete, bekam danach ein Kind* 1.2 *zur ~ haben bewirken, veranlassen;* dein Verhalten wird zur ~ haben, dass du deine Stellung verlierst; dein Leichtsinn wird eine Verschlimmerung deiner Krankheit zur ~ haben ☐ **consequência; efeito** 2 *Reihe, Aufeinanderfolge;* in bunter ~; in rascher, schneller ~; in ununterbrochener ~ 2.1 *Reihe zusammengehöriger Dinge;* eine ~ von Tönen ☐ **sequência; sucessão; série** 2.2 *Fortsetzung (einer Arbeit, eines Romans);* neue ~ (als Untertitel einer Broschüren-, Zeitschriften-, Aufsatzreihe); in der nächsten ~ bringen wir ... ☐ **sequência; continuação; fascículo** 2.3 ⟨Math.⟩ *Aneinanderreihung von Elementen einer Menge, z. B. Zahlen, Punkte, Funktionen* ☐ **série; sequência** 3 *Gefolge (beim Leichenzug)* ☐ **séquito; cortejo** 4 ⟨Jägerspr.⟩ *Weiterverfolgung eines Wildes über die Jagdgrenze hinaus;* Jagd~ ☐ **perseguição** 5 ⟨unz.⟩ *einem Ereignis folgende Zeit,* Zukunft; in der ~ werden wir noch sehen, dass ..., wie ...; in der ~ wird sich zeigen, dass ..., ob ... ☐ **sequência** 6 *einer Aufforderung ~ leisten* ⟨geh.⟩ *einer A. nachkommen* ☐ **atender a uma solicitação;* einem Befehl ~ leisten ☐ **obedecer a uma ordem;* einer Einladung ~ leisten ☐ **aceitar um convite*

fol|gen ⟨V.⟩ 1 ⟨600(s.)⟩ jmdm. od. einer Sache ~ *nachgehen, hinter jmdm. od. etwas hergehen;* ~ Sie mir!; jmds. Spuren ~; jmdm. heimlich, unauffällig ~; jmdm. auf dem Fuße ~; er folgte ihr bis vor die Haustür 1.1 ⟨616⟩ jmdm. mit den Augen, Blicken ~ *nachblicken* ☐ **seguir; acompanhar** 1.2 *der Straße auf der Landkarte mit dem Finger ~ die Straße mit dem Finger nachfahren* ☐ **seguir; percorrer** 1.3 ⟨611⟩ jmdm. in den Tod ~ *bald nach jmdm. sterben* 1.4 *mit Verständnis zuhören;* kannst du mir ~?; jmds. Ausführungen, jmds. Rede (nicht) ~ können ☐ **seguir; acompanhar** 2 ⟨600 od. 800(s.)⟩ jmdm. od. einer Sache od. auf jmdn. od. etwas ~ *zeitlich nach jmdm. od. etwas kommen;* auf Friedrich Wilhelm I. folgte Friedrich II.; Friedrich folgte seinem Vater auf den, auf dem Thron ☐ **suceder**; Fortsetzung folgt (am Ende eines Romanabschnitts in der Zeitung oder einer Serienfolge) ☐ **continua;* der Rest folgt baldigst; dem ersten Schuss folgten noch drei weitere; nach der Eröffnungsrede folgte ein Musikstück ☐ **seguir-se;** auf Regen folgt Sonnenschein ⟨Sprichw.⟩ ☐ **depois da tempestade vem a bonança;* am ~den Tag; im ~den Monat 2.1 *Folgendes das, was anschließend ausgeführt wird;* ich möchte dazu Folgendes sagen; Folgendes hat sich zugetragen; er berichtete ihm das Folgende; die ~den Ereignisse; er sprach die ~den Worte ☐ **seguinte** 2.2 *im Folgenden in den sich anschließenden Ausführungen;* im Folgenden wird erklärt werden, wie ... ☐ **no que segue* 2.3 *... wie folgt ... wie anschließend ausgeführt wird* ☐ **como segue* 3 ⟨414(s.)⟩ *etwas folgt aus etwas geht aus etwas hervor, ergibt sich logisch aus etwas;* daraus folgt, dass ... ☐ **resultar** 4 ⟨403⟩ (jmdm.) ~ *folgsam sein, gehorchen;* du musst ~!; die Kinder ~ gut, schlecht, nicht ☐ **obedecer** 5 ⟨600(s.)⟩ *einer Sache ~ sich nach einer S. richten;* jmds. Beispiel ~; seinem gesunden Menschenverstand ~; der Mode ~; jmds. Rat(schlägen) ~; einer inneren Stimme ~ ☐ **seguir**

fol|gen|der|ma|ßen ⟨a. ['-----] Adv.⟩ *auf folgende Weise, wie es jetzt folgt;* die Sache hat sich ~ zugetragen ☐ **do seguinte modo; como segue**

fol|gen|los ⟨Adj. 24⟩ *ohne Folgen, ohne Auswirkungen;* ihre Initiative blieb ~ ☐ **sem consequências/efeito**

fol|gen|schwer ⟨Adj. 70⟩ *mit schweren Folgen, von großer (meist verhängnisvoller) Wirkung;* eine ~e Entscheidung; hier liegt ein ~er Irrtum vor ☐ **com graves/sérias consequências**

fol|ge|rich|tig ⟨Adj.⟩ *so wie es die gegebenen Tatsachen vorschreiben od. nahelegen, die richtige Schlussfolgerung ziehend (u. sich danach verhaltend), planmäßig, konsequent, logisch;* Sy *konsequent(1);* Ggs *folgewidrig;* ~es Denken; eine ~e Entscheidung ☐ **lógico; coerente;** ~ denken, handeln ☐ **com lógica/coerência**

fol|gern ⟨V. 405⟩ etwas (aus etwas) ~ *eine Schlussfolgerung aus etwas ziehen, etwas schließen, herleiten;* daraus können wir ~, dass; er hat etwas Falsches daraus gefolgert; richtig, verkehrt ~ □ **inferir; concluir; deduzir**

Fol|ge|rung ⟨f.; -, -en⟩ *Resultat des Folgerns, Denkergebnis, Ableitung, Schluss(folgerung);* ich bin zu der ~ gekommen, dass ...; er hat die ~en gezogen □ **inferência; conclusão; dedução**

fol|ge|wid|rig ⟨Adj. 24⟩ *nicht folgerichtig, den gegebenen Tatsachen nicht entsprechend, nicht planmäßig, inkonsequent, unlogisch;* Ggs *folgerichtig;* ein ~er Schluss □ **incoerente; ilógico**

folg|lich ⟨Adv.⟩ *demzufolge, daher, infolgedessen;* ich habe ihn nicht angetroffen, ~ konnte ich den Gruß nicht ausrichten; er ist verreist, ~ konnte er nicht kommen □ **consequentemente**

folg|sam ⟨Adj.⟩ *gut folgend, gehorsam, fügsam, gefügig;* ein ~es Kind; ~ einen Befehl ausführen; der Hund ist nicht immer ~ □ **obediente**

Fo|li|ant ⟨m.; -en, -en; Buchw.⟩ **1** ⟨allg.⟩ *dickes, großes (altes) Buch* **1.1** ⟨Buchw.⟩ *Buch im Folioformat* □ **in-fólio**

Fo|lie¹ ⟨[-ljə] f.; -, -n⟩ **1** *dünnes Blättchen, dünne Haut aus Metall od. Kunststoffen;* Metall~, Plastik~ □ **folha; lâmina; película 1.1** *(auf einen Bucheinband) aufgeprägte Farbschicht* □ **camada de cor 2** ⟨fig.⟩ *Hintergrund (von dem sich etwas abhebt od. abheben soll)* **2.1** *einer Sache als* ~ *dienen sie besonders deutlich od. wirkungsvoll hervortreten, sich abheben lassen* □ **pano de fundo; base de comparação**

Fo|lie² ⟨f.; -, -n; veraltet⟩ *Narrheit, Torheit* □ **loucura, demência**

Fo|lio ⟨n.; -s, -s⟩ *Folioformat* □ **in-fólio**

Fo|lio|for|mat ⟨n.; -(e)s; unz.; Abk.: Fol.; Zeichen: 2°⟩ *Buchformat (Höhe zwischen 35 u. 45 cm), bei dem der Buchbogen nur einmal gefaltet ist* □ **in-fólio**

Folk ⟨[foʊk] m.; -s; unz.; Mus.⟩ *Folklore(2)* □ **folk**

Folk|lo|re *auch:* **Fol|klo|re** ⟨f.; -; unz.⟩ **1** *in Form von Kunst, Musik, Tanz, Dichtung, Kleidung u. a. überliefertes u. bewahrtes kulturelles Brauchtum eines Volkes od. einer Volksgruppe;* bayerische, österreichische ~ **1.1** *Volkstümlichkeit* □ **folclore 2** ⟨Mus.⟩ *traditionelle, volkstümliche Musik;* Sy *Folk;* die Komposition enthält Elemente der spanischen ~ □ **folk**

Fol|ter ⟨f.; -, -n⟩ **1** ⟨unz.⟩ *das Foltern, Peinigung, Misshandlung zum Erzwingen von Geständnissen, Marter;* Sy *Tortur(1);* die ~ anwenden; jmdn. der ~ unterwerfen □ **tortura 2** *Gerät zum Foltern;* jmdn. auf die ~ spannen □ **instrumento de tortura 2.1** jmdn. auf die ~ spannen ⟨fig.; umg.⟩ *jmdn. auf etwas gespannt machen, jmds. Neugierde absichtlich nicht befriedigen* □ ***torturar/afligir alguém 3** ⟨fig.; geh.⟩ *körperliche u. seelische Qual;* es war eine wahre ~ für mich □ **tortura; tormento**

fol|tern ⟨V. 500/Vr 7 od. Vr 8⟩ jmdn. ~ ⟨a. fig.⟩ *quälen, peinigen, misshandeln (auch seelisch), martern, um Geständnisse zu erzwingen;* jmdn. zu Tode ~ □ **torturar**

Fon ⟨n.; -s, -; Zeichen: phon⟩ *Maßeinheit des Lautstärkepegels;* oV *Phon* □ **fon**

Fön ⟨alte Schreibung für⟩ *Föhn*² □ **secador de cabelos**

Fön® ⟨m.; -s, -e⟩ *Föhn, elektrischer Haartrockner* □ **secador de cabelos**

Fond ⟨[fɔ̃] m.; -s, -s [fɔ̃:s]⟩ **1** ⟨allg.⟩ *Grundlage, Basis* □ **fundamento; base 2** *Hintergrund (eines Gemäldes, einer Bühne)* □ **pano de fundo; segundo plano 3** *Untergrund (eines Stoffmusters)* □ **fundo; base 4** *Rücksitz (im Auto)* □ **banco traseiro 5** ⟨Kochk.⟩ *als Soßengrundlage verwendete Flüssigkeit, die beim Braten, Dünsten od. Schmoren von Fleisch od. Fisch zurückbleibt* □ **base**

Fonds ⟨[fɔ̃] m.; -, - [fɔ̃:s]⟩ *Geldmittel, Geldvorrat (für einen bestimmten Zweck); Mittel aus einem öffentlichen* ~ □ **fundos**

Fon|due ⟨[fɔ̃dy:] n.; -s, -s⟩ **1** *Käse~ aus geschmolzenem Käse, Weißwein u. Gewürzen zubereitetes Gericht, das kochend über einem Spiritusbrenner serviert wird u. in das Weißbrotstücke getaucht werden* **2** *Fleisch~ Fleischstückchen, die auf einem Spirituskocher in heißem Öl od. in Brühe gegart u. mit verschiedenen Soßen gegessen werden* □ **fondue**

Fo|ne|tik ⟨f.; -, unz.; Phon.; Sprachw.⟩ = *Phonetik*

fo|no..., Fo|no... ⟨in Zus.⟩ *schall..., Schall..., laut..., Laut..., ton..., Ton...;* oV *phono..., Phono...;* fonometrisch; Fonogerät

Fo|no|lo|gie ⟨f.; -, unz; Sprachw.⟩ = *Phonologie*

Fon|tä|ne ⟨f.; -, -n⟩ **1** *großer Springbrunnen mit einem starken, senkrecht nach oben aufsteigenden Wasserstrahl* □ **chafariz; fonte 2** *senkrecht nach oben aufsteigender großer Wasserstrahl;* über dem See stand eine meterhohe ~ □ **jato de água; jorro**

fop|pen ⟨V. 500/Vr 8; umg.⟩ **1** jmdn. ~ *necken, zum Narren halten;* er hat ihn ein wenig gefoppt □ ***zombar de alguém 2** *Foppen und Fangen ein Fangspiel, bei dem sich zwei Reihen von Spielern im Abstand von 20 bis 30 m gegenüberstehen u. durch gegenseitiges Herausfordern u. Nachlaufen möglichst viele Gefangene zu machen versuchen* □ **barra-manteiga**

for|cie|ren ⟨[fɔrsi:-] V. 500⟩ **1** etwas ~ *erzwingen, gewaltsam durchsetzen* □ **forçar; impor 1.1** ⟨Part. Perf.⟩ *forciert gezwungen, gewaltsam, verkrampft, unnatürlich* □ **forçado; artificial 2** *eine Sache* ~ ⟨fig.⟩ *heftig vorantreiben, steigern, auf die Spitze treiben* □ **forçar; empurrar**

För|de ⟨f.; -, -n; norddt.⟩ *tief ins Land greifende schmale Bucht an flachen Meeresküsten* □ **angra; enseada**

for|dern ⟨V. 500⟩ **1** etwas ~ *verlangen;* unbedingten Gehorsam ~ □ **exigir;** der Krieg, der Unfall forderte viele Opfer □ **fazer;** einen (hohen) Preis ~ □ ***cobrar (caro);** Rechenschaft (von jmdm.) ~ □ ***pedir satisfação a alguém 2** jmdn. ~ *herausfordern* □ **desafiar 2.1** ⟨513⟩ jmdn. **auf** Pistolen ~ ⟨früher⟩ *zum Zweikampf mit P. herausfordern* □ ***desafiar alguém para um duelo com pistola 2.2** jmdn. **vor** Gericht ~ *jmds. Erscheinen vor Gericht verlangen* □ ***intimar alguém a comparecer perante o tribunal 2.3** eine Sache fordert

förmig

jmdm. *verlangt viel von jmdm., strengt jmdm. an;* diese Aufgabe fordert mich sehr ☐ *exigir muito de alguém*
för|dern ⟨V. 500⟩ **1** jmdn. od. etwas ~ *unterstützen, begünstigen, vorwärtsbringen;* eine Angelegenheit, Entwicklung ~; jmds. Bestrebungen ~; den Handel, die Künste ~ ☐ *fomentar; estimular;* die Verdauung ~des Mittel ☐ *estimulante* **2** Bodenschätze ~ ⟨Bgb.⟩ *emporheben, ans Tageslicht bringen;* Erze, Kohlen ~ ☐ *extrair; explorar* **3** ⟨513⟩ etwas zutage/zu Tage ~ *ans Licht bringen, hervorbringen, entdecken, enthüllen, klar machen* ☐ *revelar; trazer à luz*
För|de|rung ⟨f.; -, -en⟩ **1** *Verlangen, ausdrücklicher, strenger Wunsch;* Lohn~, Rück~, Maximal~; eine ungerechte, ultimative ~; eine moralische, nationale ~; eine ~ anerkennen, anmelden, zurückweisen; hohe ~(en) an jmdn. stellen; übertriebene ~en; an uns ist die ~ ergangen, uns an dem Werk zu beteiligen; die ~ zu helfen ☐ *exigência; pretensão* **1.1** ~ vor Gericht *Aufforderung zum Erscheinen vor G.* ☐ *intimação* **2** ⟨Kaufmannsspr.⟩ *finanzieller Anspruch eines Gläubigers;* unsere ~ an ihn beträgt 5.000 €; ~en abtreten; ~en an jmdn. haben, stellen ☐ *crédito* **2.1** ~en eintreiben, einziehen *Außenstände eintreiben* ☐ **cobrar créditos* **3** ⟨unz.⟩ *Herausforderung zum Zweikampf;* eine ~ überbringen, überreichen ☐ *desafio*
För|de|rung ⟨f.; -, -en⟩ **1** *Unterstützung, Hilfe;* Jugend~, Nachwuchs~, Talent~; eine intensive, gezielte, geistige ~; Gesellschaft zur ~ der Wissenschaft; ~ erfahren ☐ *apoio; incentivo* **2** ⟨Bgb.⟩ *das Fördern(2);* Öl~, Kohle~; die ~ der Kohle; die tägliche, monatliche ~ von Erz steigt, sinkt ☐ *extração; exploração*
Fo|rel|le ⟨f.; -, -n; Zool.⟩ *mit den Lachsen verwandter schlanker u. sehr schmackhafter Raubfisch;* Zucht~; Bach~; Meer~ ☐ *truta*
Fo|ren ⟨Pl. von⟩ Forum ☐ *fóruns*
For|ke ⟨f.; -, -n⟩ *Heu- od. Mistgabel* ☐ *forcado; forquilha*
Form ⟨f.; -, -en⟩ **1** *Werkzeug od. Gehäuse zur Gestaltgebung;* Guss~, Kuchen~ ☐ *forma; molde* **2** *Gestalt, Umriss, Äußeres;* Blatt~, Gesichts~, Kopf~, Vasen~; ~ annehmen; einem Gegenstand eine andere, die richtige ~ geben; der Hut hat allmählich die ~ verloren; der Plan nimmt allmählich eine feste ~ an; eine schöne, hässliche, moderne, altmodische, plumpe, zierliche ~; weibliche ~en; etwas aus der ~ bringen; etwas in die richtige ~ bringen ☐ *forma; silhueta; feitio;* meine Frisur ist ganz aus der ~ geraten ☐ *forma; corte;* mehrere Handtaschen, in ~ und Farbe verschieden ☐ *modelo* **3** *Art, Erscheinungsweise;* die Sache nimmt beunruhigende ~en an; die ~en eines Substantivs, Verbs; ein kleiner Dank in ~ eines Blumenstraußes; die Krankheit tritt in verschiedenen ~en auf; eine Medizin in ~ von Tabletten ☐ *forma* **3.1** *Lösung, Möglichkeit;* wir müssen eine ~ finden, wie wir ihm das schonend beibringen ☐ *forma; jeito* **4** *Benehmen, Manieren, guter Ton, Anstand, Umgangsformen;* er hat keine ~en; die gesellschaftlichen ~en verletzen; die äußere ~ wahren; gegen die ~(en) verstoßen; sich über alle ~en (des Anstands) hinwegsetzen ☐ *modos; boas maneiras* **4.1** der ~ halber, wegen *weil es üblich ist, um der Umgangsform Genüge zu tun;* ich habe den Besuch nur der ~ halber gemacht ☐ **por mera formalidade* **4.2 in aller ~** *wie es sich gehört, förmlich, feierlich;* jmdn. in aller ~ um Entschuldigung bitten; etwas in aller ~ verkünden ☐ **formalmente; solenemente* **5** ⟨unz.; umg.⟩ *(gute) körperliche u. geistige Verfassung;* durch ständiges Training in ~ kommen, sein, bleiben; glänzend, gut, schlecht in ~ sein; ich bin heute nicht (ganz) in ~ ☐ *forma*
for|mal ⟨Adj.⟩ **1** *die Form betreffend, auf einer Form beruhend;* die beiden Wörter sind ~ verschieden, bedeuten aber das Gleiche ☐ *quanto à forma* **1.1** ~e Logik *nach den Regeln der Mathematik in Formeln ausdrückbare L.* **2** ⟨Philos.⟩ *die Form einer Gegebenheit betonend* ☐ *formal*
For|mat ⟨n.; -(e)s, -e⟩ **1** *Gestalt, Größe, Maß, Ausmaß, Normgröße;* Papier~, Buch~, Bild~ ☐ *formato* **2** ⟨fig.⟩ *überdurchschnittlich hohes Niveau, große Bedeutung;* der Roman hat (internationales) ~ ☐ *importância; envergadura* **3** *Charakterfestigkeit;* er hat kein ~; eine Frau, ein Mann von ~ ☐ *integridade; caráter* **4** ⟨EDV⟩ **4.1** *Text- u. Zeichendarstellung (z. B. fett, kursiv)* **4.2** *die von einem Programm erzeugte Form, in der ein Datensatz, eine Datei, ein Verzeichnis aufgebaut ist;* Text~ **5** ⟨TV; Rundfunk⟩ *auf bestimmte Inhalte, Zielgruppen od. gesellschaftliche Grundsituationen hin entwickelte Sendeform;* Reality~ ☐ *formato*
For|ma|ti|on ⟨f.; -, -en⟩ **1** *Gestaltung, Bildung* **2** ⟨Mil.⟩ *Aufstellung, Formierung, Gliederung;* in geschlossener ~ marschieren **3** ⟨Geol.⟩ *größerer Abschnitt der Erdgeschichte zwischen Zeitalter u. Abteilung* **4** ⟨Bot.⟩ *Zusammenfassung von Pflanzen gleicher Wuchsformen ohne Rücksicht auf die Verwandtschaft nach Arten, z. B. sommergrüner Laubwald;* Pflanzen~, Vegetations~ ☐ *formação*
For|mel ⟨f.; -, -n⟩ **1** *feststehender Ausdruck, Redensart;* Gruß~, Zauber~ **2** *kurze, treffende Begriffsbestimmung* **3** *chem. Zeichen für Stoffe, die aus mehreren Atomen bestehen;* chemische ~ **4** *Rechensatz, Buchstabengleichung;* mathematische ~ ☐ *fórmula*
for|mell ⟨Adj.⟩ **1** *förmlich, die äußeren Formen, die Umgangsformen (genau) beachtend;* jmdm. einen ~en Besuch abstatten; den Empfang ~ bestätigen **2** *ausdrücklich* **3** *zum Schein* ☐ *formal(mente)*
for|men ⟨V. 500⟩ **1** etwas ~ *Form, Gestalt geben, bilden, gestalten;* ein Modell in, aus Gips, Ton ~; der Krug ist mit der Hand geformt; Teig zu Brot ~; sie hat schön geformte Hände; Laute, Sätze, Wörter ~; Ton, Wachs zu Figuren ~; ein schön geformter Gegenstand ☐ *formar; modelar; fazer* **2** jmdn. od. etwas ~ ⟨fig.⟩ *(nach eigener Vorstellung) bilden, innerlich prägen;* jmds. Wesen, Leben ~; die Ereignisse haben seinen Charakter geformt ☐ *formar; moldar* **3** ⟨Vr 3⟩ etwas formt **sich** *bekommt Gestalt;* neue Pläne ~ sich; das Wachs formt sich leicht ☐ *formar-se; moldar-se*

...för|mig ⟨Adj.; in Zus.⟩ *mit einer bestimmten Form versehen;* kugelförmig, säulenförmig, herzförmig, gleichförmig, unförmig

377

förm|lich ⟨Adj.⟩ **1** *in festgelegter Form bindend, formal, formell;* eine ~e Einladung überbringen; ~ protestieren; eine ~e Kündigung, Abmachung **2** *steif, ungewandt, in äußeren Formen erstarrt;* er benimmt sich sehr ~; er verneigte sich ~ und sagte ...; sie ist sehr ~ ☐ **formal(mente) 3** *(90) buchstäblich, (fast) im wörtlichen Sinne, geradezu;* es kam ~ zu einer Saalschlacht; er hat sie ~ auf Knien darum gebeten; ich habe ihn ~ hinauswerfen müssen ⟨umg.⟩ ☐ **literalmente; realmente**

form|los ⟨Adj.⟩ **1** *ohne Form;* eine ~e Masse ☐ **amorfo 2** ⟨fig.⟩ *sehr zwanglos, sehr ungezwungen, auf alle Umgangsformen verzichtend, ungeschliffen;* es geht dort sehr ~ zu ☐ **informal; sem cerimônia** 2.1 ein ~er Antrag *ein frei formulierter A.* ☐ **informal**

form|schön ⟨Adj.⟩ *von schöner Form, von schönem Äußeren;* eine ~e Skulptur, Vase ☐ **belo; proporcionado**

For|mu|lar ⟨n.; -s, -e⟩ *gedrucktes Formblatt, gedruckter Fragebogen, Vordruck;* Anmelde~ ☐ **formulário**

for|mu|lie|ren ⟨V. 500⟩ **1** *einen Begriff, eine Vorstellung* ~ *in eine endgültige sprachliche Form bringen, in Worte fassen* **2** *ein Schriftstück* ~ *abfassen* ☐ **formular**

forsch ⟨Adj.; umg.⟩ *wagemutig, selbstbewusst, energisch, frisch u. lebhaft;* ein ~er Kerl ☐ **dedicido; resoluto**; eine Sache ~ anpacken; ~ auftreten ☐ **com decisão; energicamente**

for|schen ⟨V. 400⟩ **1** *sich systematisch um (wissenschaftliche) Erkenntnis bemühen, etwas festzustellen suchen;* ernst, unermüdlich ~; er forschte in alten Aufzeichnungen, Büchern Handschriften, Quellen; er forschte in seinem Gewissen ⟨fig.⟩ ☐ **pesquisar; examinar 2** ⟨800⟩ *nach etwas od. jmdm.* ~ *suchen; nach Wahrheit* ~; wir haben nach den Ursachen des Unglücks geforscht ☐ **investigar; sondar 3** ⟨Part. Präs.⟩ forschend *kritisch musternd, prüfend;* ein ~der Blick; jmdn. ~d anblicken ☐ **inquisidor** 3.1 ~der Geist *Entdeckergeist* ☐ **investigativo**

For|scher ⟨m.; -s, -⟩ *jmd., der etwas erforscht, nach etwas forscht;* Natur~; Meeres~; Tier~ ☐ **pesquisador**

For|sche|rin ⟨f.; -, -rin|nen⟩ *weibl. Forscher* ☐ **pesquisadora**

For|schung ⟨f.; -, -en⟩ **1** *das Forschen(1), wissenschaftliche Erkenntnissuche, Untersuchen (anhand bestimmter Methoden);* anhand der vorliegenden ~en können wir feststellen, dass ... ☐ **pesquisa 2** ⟨unz.⟩ *Gesamtheit der Untersuchungsmethoden, Untersuchungen u. Erkenntnisse in einem Wissenschaftsgebiet sowie die dazugehörenden Institutionen;* Sprach~; Krebs~; Umwelt~ ☐ **estudo; pesquisa 3** *das Forschen(2), Suche, Nachforschung;* unsere ~en nach seinem Schicksal blieben ergebnislos ☐ **investigação**

Forst ⟨m.; -(e)s, -e⟩ **1** ⟨urspr.⟩ *königlicher, der allgemeinen Benutzung entzogener Wald* **2** ⟨später⟩ *Wald, dessen Nutzrecht einer bestimmten Person vorbehalten war* **3** ⟨heute⟩ *abgegrenzter, bewirtschafteter Wald;* Gemeinde~, Stadt~ ☐ **floresta; bosque**

Förs|ter ⟨m.; -s, -⟩ **1** *Forstbeamter nach Lehrzeit, Fachschul- u. praktischer Ausbildung* ☐ **guarda-florestal** 1.1 ~ ohne Revier *Förster nach der Revierförsterprüfung, aber noch ohne eigenes Revier* ☐ **guarda-florestal sem distrito*

Förs|te|rin ⟨f.; -, -rin|nen⟩ *weibl. Förster* ☐ **guarda-florestal**

For|sy|thie ⟨[-tsjə] f.; -, -n; Bot.⟩ **1** ⟨Bot.⟩ *Angehörige einer Gattung der Ölbaumgewächse, im Frühjahr gelbblühender Zierstrauch, bei der die Blüten vor dem Laub erscheinen: Forsythia; Sy Goldflieder* **2** *blühende Zweige der Forsythie(1);* ~n für den Osterstrauß schneiden ☐ **forsítia**

fort ⟨Adv.⟩ **1** *abwesend, nicht da, nicht hier;* ~ sein; sind sie ~; sind Sie schon lange von zu Hause ~? ☐ **fora; ausente** 1.1 *verschwunden, beseitigt;* meine Brieftasche ist ~ ☐ **minha carteira sumiu;* der Fleck ist ~ ☐ **a mancha desapareceu* **2** *weg, weg von, entfernt von;* als ich heimkam, war er schon ~ ☐ **fora; longe**; er will ~ (von uns) ☐ **ele quer distância (de nós);* weit ~ ☐ **bem longe;* nur ~ (von hier)! ☐ **saia (daqui)!;* fora (daqui)! 2.1 ~ mit dir! geh, ich will dich nicht mehr sehen! ☐ **vá embora!; rua!* **3** *vorwärts, weiter;* schnell ~! ☐ **rápido, vamos!;* nur immer so ~! ☐ **continue assim!* 3.1 und so ~ ⟨Abk.: usf.⟩ *und so weiter* ☐ **e assim por diante* 3.2 so geht das in einem ~ *immerzu* ☐ **não para; é sempre assim*

Fort ⟨[foːr] n.; -s, -s⟩ *kleine Festung, Teil einer zur Verteidigung errichteten Festungsanlage* ☐ **fortim**

fort‖be|ste|hen ⟨V. 256/400⟩ *etwas besteht fort besteht weiter, dauert an;* sein Werk wird weiter ~ ☐ **perdurar; subsistir**

fort‖be|we|gen ⟨V. 500⟩ **1** *etwas* ~ *etwas wegbringen, wegbewegen, an eine andere Stelle bringen;* ein schweres Möbelstück ~ ☐ **empurrar; impulsionar 2** ⟨Vr 3⟩ *sich* ~ *(durch Gehen, Laufen, Fahren) vorwärtskommen;* das gefangene Tier versuchte vergeblich, sich fortzubewegen; wir konnten uns nicht weiter ~ ☐ **mover-se; avançar*

Fort|be|we|gung ⟨f.; -; unz.⟩ *das Fortbewegen, das Sichfortbewegen, das Vorwärtskommen* ☐ **locomoção; deslocamento**

fort‖bil|den ⟨V. 500/Vr 7⟩ *jmdn.* ~ *weiterbilden, jmds. Bildung vervollkommnen;* ich habe mich in einem Abendkurs fortgebildet; die Mechaniker wurden durch den Betrieb fortgebildet ☐ **aperfeiçoar(-se); continuar os estudos**

fort‖brin|gen ⟨V. 118⟩ **1** *jmdn. od. etwas* ~ *an einen anderen Ort bringen, wegschaffen;* hast du das geliehene Buch schon fortgebracht?; einen Kranken, Verletzten ~ ☐ **levar; transportar 2** *etwas od. jmdn.* ~ *von der Stelle bringen;* diese Last brachte er nicht fort; er war von dem Schaufenster nicht fortzubringen 2.1 **Pflanzen, Tiere** ~ ⟨fig.⟩ *durch Pflege am Leben erhalten, zum Gedeihen bringen* ☐ **cultivar; criar**

fort‖dau|ern ⟨V. 400⟩ *weiterbestehen, anhalten, unverändert dauern;* das schöne Wetter dauert fort ☐ **perdurar; continuar**

for|te ⟨Adv.⟩ **1** ⟨Mus.; Abk.: f⟩ *laut, stark (zu spielen)* **2** ⟨Pharm.⟩ *stark (wirkend)* ☐ **forte**

fort‖fah|ren ⟨V. 130⟩ **1** ⟨400(s.)⟩ *im Fahrzeug wegfahren;* er ist heute Vormittag fortgefahren □ **sair; partir (em veículo) 2** ⟨500⟩ jmdn. od. etwas ~ *im Fahrzeug wegbringen, wegschaffen;* die Reisegesellschaft wurde fortgefahren; er hat den alten Kühlschrank fortgefahren □ **levar; transportar (em veículo) 3** ⟨480 od. 580⟩ ~, etwas zu tun ⟨geh.⟩ *etwas weiterhin tun, wieder damit beginnen;* fahren Sie fort zu lesen, zu reden; ~ zu schreiben □ **continuar; prosseguir**

fort‖füh|ren ⟨V. 500⟩ **1** jmdn. od. etwas ~ *wegführen, wegbringen;* er führte sie behutsam, schnell, unauffällig fort □ **levar embora 2** etwas ~ *fortsetzen, weiterführen;* eine Arbeit, eine Unterhaltung ~; ein Geschäft unter einem anderen Namen ~ □ **continuar; prosseguir**

Fort|gang ⟨m.; -(e)s; unz.⟩ **1** ⟨geh.⟩ *das Fortgehen, Weggang;* bei seinem ~; sein ~ hinterließ eine schmerzliche Lücke □ **saída; partida 2** *Fortschreiten, Fortdauer, Fortsetzung, Entwicklung;* der ununterbrochene, schleppende ~ einer Arbeit □ **curso; evolução 2.1** etwas nimmt seinen ~ *geht weiter, wird fortgesetzt;* die Verhandlungen, die Kämpfe nahmen ihren ~ □ ***seguir seu caminho/curso**

fort‖ge|hen ⟨V. 145/400(s.)⟩ **1** *weggehen, sich entfernen;* geh (nicht) fort!; er ging ohne Gruß fort; von jmdn. ~ □ **ir embora; partir; afastar-se 2** etwas geht fort ⟨fig.⟩ *etwas geht weiter, dauert an;* so kann es nicht ~ □ **continuar**

Fort‖ge|schrit|te|ne(r) ⟨f. 2 (m. 1)⟩ *jmd., der in einem Fach schon Fortschritte gemacht hat, kein Anfänger mehr ist;* Französisch für ~ □ **aluno avançado/adiantado**

fort‖ge|setzt 1 ⟨Part. Perf. von⟩ *fortsetzen* **2** ⟨Adj. 24/90⟩ **2.1** *unaufhörlich, dauernd;* ~e Bemühungen □ **contínuo; ininterrupto 2.2** ⟨50⟩ *immerzu;* jmdn. ~ belästigen □ **continuamente; ininterruptamente**

fort‖kom|men ⟨V. 170/400(s.)⟩ **1** *vorwärts-, weiterkommen;* jmdn. am Fortkommen hindern □ **avanço 1.1** sein Fortkommen finden *seinen Lebensunterhalt verdienen* □ **meio de subsistência; sustento 1.2** ⟨fig.⟩ *Fortschritte machen;* in der Schule gut, nicht recht ~; mit seiner Arbeit, gut, nicht, schlecht ~ □ **avançar; progredir 1.3** *gedeihen,* die Pflanzen kommen gut fort □ **vingar 2** ⟨umg.⟩ *weggehen;* mach, dass du fortkommst; wir müssen sehen, dass wir hier ~, ehe uns jemand erwischt; ich muss machen, schauen, dass ich fortkomme □ **cair fora; mandar-se 3** *abhandenkommen;* mir sind meine Handschuhe fortgekommen □ **perder**

fort‖lau|fen ⟨V. 176/400(s.)⟩ **1** *von einem Ort weglaufen, ausreißen;* lauf mir nicht fort!; der Hund ist (uns) fortgelaufen; ohne Abschied, kopflos, eilig ~ □ **escapar; sair correndo 1.1** er ist ihr fortgelaufen *er hat sie verlassen* □ **deixar; abandonar 2** etwas läuft fort *geht weiter;* die Straße läuft am anderen Ufer fort □ **continuar 2.1** ⟨Part. Präs.⟩ ~d *aufeinanderfolgend;* die Anzeigen erscheinen ~d in jeder Nummer der Zeitschrift; die Seiten sind ~d nummeriert □ **sucessivamente; consecutivamente**

fort‖pflan|zen ⟨V. 500⟩ **1** etwas ~ *für das Weiterleben durch Zeugung sorgen;* die eigene Art ~; sein Geschlecht ~ □ **reproduzir; gerar 2** ⟨Vr 3⟩ sich ~ *Nachkommen erzeugen, sich vermehren;* manche Tiere pflanzen sich in der Gefangenschaft nicht fort; sich geschlechtlich, ungeschlechtlich ~; sich durch Knollen, Samen ~ □ ***reproduzir-se; procriar 3** ⟨Vr 3⟩ etwas pflanzt sich fort *etwas breitet sich aus;* das Licht, der Schall pflanzt sich schnell fort □ **propagar-se; difundir-se 3.1** *weiterleben, sich übertragen;* ein Gedanke, dieser Glaube pflanzt sich fort □ **perdurar; transmitir-se**

fort‖rei|ßen ⟨V. 198/500⟩ **1** jmdn. od. etwas ~ *wegreißen, heftig, schnell wegnehmen, wegbringen;* die Strömung (des Flusses) riss ihn (mit sich) fort; ich riss dem Angreifer das Messer fort; ich riss sie (bei der Flucht) mit sich fort; ich riss das Kind von dem Hund, vom Abgrund fort □ **arrancar; arrastar; tirar 2** jmdn. ~ ⟨fig.⟩ *mitreißen, in leidenschaftliche Anteilnahme versetzen;* die Spannung riss mich fort, ich konnte nicht aufhören zu lesen □ **arrebatar 2.1** sich ~ lassen *sich hinreißen lassen, die Beherrschung verlieren, sich von leidenschaftlichen Gefühlen überwältigen lassen* □ ***perder a cabeça**

Fort|satz ⟨m.; -es, -sät|ze⟩ *Verlängerungsstück* □ **prolongamento;** Knochen~ □ ***apófise;** ein wurmförmiger ~ □ **prolongamento; apêndice**

fort‖schlep|pen ⟨V. 500; umg.⟩ **1** jmdn. od. etwas ~ *von einem Ort wegschleppen, -ziehen, mit Gewalt mitnehmen;* Pakete, Kisten ~; die Katze hat ihre Jungen fortgeschleppt □ **arrastar; puxar 2** ⟨Vr 3⟩ sich ~ *langsam, mühsam weggehen;* er schleppte sich am Stock fort □ ***arrastar-se 2.1** eine Sache schleppt sich fort ⟨fig.⟩ *zieht sich träge hin;* die langweilige Unterhaltung schleppte sich schon seit einer Stunde fort □ **arrastar-se; prolongar-se**

fort‖schrei|ten ⟨V. 232/400(s.)⟩ **1** *Fortschritte machen, vorangehen;* die Arbeit, der Bau des Hauses schreitet langsam, gut fort **1.1** *nicht mehr Anfänger sein;* er ist im Französischen, im Tennis schon weit fortgeschritten □ **avançar; progredir 1.2** die Zeit schreitet fort ⟨fig.; geh.⟩ *vergeht* □ **passar 1.3** ⟨fig.⟩ *weitergehen, zunehmen;* die Ausbreitung der Epidemie schreitet fort □ **aumentar, crescer;** bei ~der Abkühlung, Verschmutzung; ~der Verfall des Körpers □ **crescente; progressivo 1.4** fortgeschrittenes Alter *hohes A.* □ ***idade avançada**

Fort|schritt ⟨m.; -(e)s, -e⟩ Ggs *Rückschritt* **1** *Entwicklung vom Niederen zum Höheren, vom Einfachen zum Komplizierten;* ~ der Entwicklung, der Kultur, der Wissenschaften; ein bedeutungsvoller, gewaltiger, großer, überraschender, überwältigender, umwälzender ~; ~e auf vielen Gebieten; ~e in der Arbeit, Forschung, Medizin **1.1** ~e machen *vorankommen, seine Kenntnisse erweitern;* in der Schule ~e machen; seine Arbeit macht gute ~e; seine Genesung macht ~e □ **progresso**

fort‖schritt|lich ⟨Adj.⟩ **1** *an den Fortschritt glaubend, ihn unterstützend, modern denkend;* ein ~er Künstler □ **moderno;** ~ denken □ ***ter ideias avançadas 1.1** *die neuesten Errungenschaften nutzend;* ein ~er Lehrer; ~e Methoden anwenden □ **atualizado; moderno**

fort|set|zen ⟨V. 500⟩ **1** etwas ~ mit etwas fortfahren, weitermachen; die Arbeit, die Reise, das Spiel ~ ☐ continuar; prosseguir **2** ⟨Vr 3⟩ etwas setzt sich fort geht weiter, zieht sich hin; das freie Gelände setzt sich nach Osten fort ☐ continuar; estender-se

Fort|set|zung ⟨f.; -, -en⟩ **1** Weiterführung nach einer Unterbrechung; die ~ eines Gesprächs, einer Reise, eines Romans ☐ continuação; desenrolar **2** jeweils in einer Ausgabe veröffentlichter Abschnitt eines Romans in einer Zeitung od. Zeitschrift; ~ folgt (am Ende eines Comic-, Romanabschnitts) ☐ *continua

fort‖trei|ben ⟨V. 267⟩ **1** ⟨500 od. 511⟩ jmdn. od. etwas ~ von einem Ort weg-, vertreiben, weg-, verjagen; man hat ihn aus seinem Haus fortgetrieben; die Strömung trieb das Boot fort; der Hirt trieb die Schafe von dem Kornfeld fort ☐ expulsar; arrastar; enxotar **2** ⟨500⟩ eine Sache ~ ⟨fig.⟩ weitermachen; ich werde dafür sorgen, dass er es nicht länger so forttreibt; die Gruppe trieb ihr Unwesen fort ☐ continuar; levar adiante **3** ⟨400⟩ etwas treibt fort treibt dahin, wird weggetrieben (z. B. vom Wind); das Boot treibt auf den Wellen fort ☐ ser arrastado/levado; ir à deriva

For|tu|na ⟨f.; -; unz.⟩ **1** ⟨röm. Mythologie⟩ Göttin des Glücks ☐ Fortuna **2** ⟨allg.; geh.⟩ Glück ☐ sorte **2.1** ~ war ihm hold er hatte Glück ☐ *ele teve sorte

fort|wäh|rend ⟨Adj. 24/90⟩ dauernd, anhaltend, ununterbrochen, immerzu; seine ~e Unruhe machte mich auch ganz nervös ☐ contínuo; ininterrupto; es regnete ~; ~ reden ☐ continuamente; sem parar

fort‖zie|hen ⟨V. 293⟩ **1** ⟨500⟩ jmdn. od. etwas ~ von einem Ort ziehend fortbewegen, weg-, weiterziehen; den Hund mit sich ~; jmdm. etwas unter den Händen ~ ☐ puxar; levar; arrastar **2** ⟨400(s.)⟩ weg-, weiterwandern, -fahren; die Zugvögel ziehen fort ☐ partir; migrar **2.1** umziehen, den Wohnort wechseln; wir wollen von hier ~ ☐ mudar(-se)

Fo|rum ⟨n.; -s, Fo|ren od. Fo|ra⟩ **1** Markt- u. Gerichtsplatz im alten Rom; ~ Romanum **2** die Öffentlichkeit, Personenkreis, vor dem etwas vorgetragen, erörtert wird; das ~ der Öffentlichkeit **3** Ort eines Geschehens, das zum Anlass genommen wird, um ein bestimmtes Thema anzusprechen od. zu erörtern; die Tageszeitung als ~ für politische Auseinandersetzungen; die Weltmeisterschaften wurden als ~ zur Gründung eines internationalen Komitees benutzt; Internet~ ☐ fórum

fos|sil ⟨Adj. 24/70⟩ **1** urweltlich, versteinert **1.1** ~e Brennstoffe Kohle **2** ⟨fig.⟩ völlig veraltet, überholt ☐ fóssil

Fo|to¹ ⟨n.; -s, -s; schweiz. f.; -, -s; umg.; kurz für⟩ Fotografie(2) ☐ fotografia **2** ⟨m.; -s, -s; kurz für⟩ Fotoapparat ☐ máquina fotográfica

fo|to..., Fo|to... ⟨in Zus.⟩ licht..., Licht...; oV photo..., Photo...

Fo|to|ap|pa|rat ⟨m.; -(e)s, -e⟩ Apparat, mit dem man fotografieren, Lichtbilder herstellen kann ☐ máquina fotográfica

fo|to|gen ⟨Adj.⟩ auf Fotografien gut aussehend, gut wirkend, zum Fotografieren besonders geeignet; oV photogen; sie ist sehr ~; ein ~es Kind, Gesicht, Kleid ☐ fotogênico

Fo|to|graf ⟨m.; -en, -en⟩ jmd., der gewerbsmäßig fotografiert; oV Photograph ☐ fotógrafo

Fo|to|gra|fie ⟨f.; -, -n⟩ oV Photographie **1** ⟨unz.⟩ Verfahren zur Herstellung dauerhafter Bilder durch elektromagnetische Strahlen od. Licht **2** mit dem Verfahren der Fotografie(1) erzeugtes Bild; Sy ⟨veraltet⟩ Lichtbild ☐ fotografia

fo|to|gra|fie|ren ⟨V. 402⟩ (etwas od. jmdn.) ~ mit Hilfe eines Fotoapparates Fotografien(2) (von etwas od. jmdm.) herstellen; Menschen, Gesichter, Landschaften, Baudenkmäler ~ ☐ fotografar

Fo|to|gra|fin ⟨f.; -, -fin|nen⟩ weibl. Fotograf; oV Photographin ☐ fotógrafa

fo|to|gra|fisch ⟨Adj. 24⟩ die Fotografie betreffend, zu ihr gehörig, auf ihr beruhend, mit ihrer Hilfe; oV photographisch; ~e Ausrüstung; ~es Zubehör ☐ fotográfico; ein Ereignis ~ dokumentieren ☐ com fotografias

Fo|to|stu|dio ⟨n.; -s, -s⟩ Studio für fotografische Aufnahmen ☐ estúdio fotográfico

Fo|to|syn|the|se ⟨f.; -; unz.; Biol.⟩ Ausnutzung von Licht durch die grüne Pflanze für die Umwandlung von Kohlendioxid in Kohlenhydrate; oV Photosynthese ☐ fotossíntese

Fö|tus ⟨m.; -ses, -se od. Fö|ten; Med.⟩ = Fetus

foul ⟨[faʊl] Adj. 24; Sp.⟩ gegen die Regeln, unfair ☐ que comete faltas; er spielt häufig ~ ☐ *ele costuma cometer faltas no jogo

fou|len ⟨[ˈfaʊlən] V. 402; Sp.⟩ **(**jmdn.**)** ~ gegen die Regeln, unfair spielen; einen Gegenspieler ~; er wurde zweimal gefoult ☐ cometer faltas (no jogo)

Fox ⟨m.; -es, -e; Kurzwort für⟩ **1** Foxterrier **2** Foxtrott ☐ fox

Fox|ter|ri|er ⟨m.; -s, -; Kurzwort: Fox⟩ Angehöriger einer kleinen englischen (früher zur Dachs- u. Fuchsjagd verwendeten) Hunderasse mit langem Schädel, Hängeohren u. glattem od. drahthaarigem Fell ☐ fox terrier

Fox|trott ⟨m.; -(e)s, -e od. -s; Mus.; Kurzwort: Fox⟩ aus Nordamerika stammender Gesellschaftstanz im 4/4 –Takt ☐ foxtrote

Fo|yer auch: **Foy|er** ⟨[foaˈjeː] n.; -s, -s⟩ (festlicher) Saal, Wandelhalle, -gang in Festspielhäusern, Theatern, Kinos u. a.; wir treffen uns in der Pause im ~ ☐ foyer

Fracht ⟨f.; -, -en⟩ **1** Ladung, zu befördernde Ware, Frachtgut; die ~ einladen, löschen ☐ mercadoria; carga **1.1** Warenbeförderung; Eil~ ☐ *expedição urgente; frete expresso **2** Vergütung, Preis für Beförderung; die ~ beträgt 100 €; die ~ bezahlen ☐ frete

Fracht|er ⟨m.; -s, -⟩ Frachtschiff; der ~ befindet sich auf dem Wege nach Hamburg ☐ cargueiro

Frack ⟨m.; -(e)s, Fräc|ke od. ⟨umg.⟩ -s⟩ festliches, meist schwarzes Herrenjackett, das vorne kurz u. hinten mit knielangen Rockschößen versehen ist; ein Konzert im ~ dirigieren; die schwersten Dressurprüfungen werden im ~ geritten ☐ fraque

Fra|ge ⟨f.; -, -n⟩ **1** *Äußerung, die Antwort od. Klärung verlangt, Aufforderung zur Antwort;* er versuchte meiner ~ auszuweichen; eine ~ beantworten, stellen, vorlegen; eine ~ bejahen, verneinen; das war eine dumme, peinliche, verfängliche, vorwitzige ~; eine ~ an jmdn. richten; ich verlange ein klares Ja oder Nein auf meine ~; er hat ~n über ~n gestellt; in Form von ~ und Antwort □ *pergunta;* wie die ~, so die Antwort □ **quem pergunta o que quer ouve o que não quer* 1.1 was soll diese ~! *das ist doch selbstverständlich* □ **mas que pergunta!; é óbvio* **2** *Angelegenheit (die besprochen, geklärt, entschieden werden muss), Problem;* das ist nur eine ~ der Geschicklichkeit; es ist nur eine ~ der Zeit; eine ~ anschneiden, aufrollen, aufwerfen; es erhebt sich die ~, ob ...; diese ~ muss heute noch geklärt werden; das eben ist die ~; es ist noch die ~, ob ...; das ist eine andere ~; die entscheidende ~ ist ...; eine gesellschaftliche, politische, wirtschaftliche ~; schwebende ~n erledigen; um diese ~ kommst du nicht herum; eine ~ von großer, allgemeiner Bedeutung □ *questão; problema* **3** ⟨umg.⟩ *Zweifel;* kommst du mit? ohne ~! □ **você vem! claro?* 3.1 das ist ohne ~ richtig *zweifellos* □ *sem dúvida;* obviamente 3.2 das ist gar keine ~ *es ist gewiss* □ **é claro; sem dúvida* 3.3 das steht außer ~/außerfrage *ist gewiss* □ **isso está fora de questão* 3.4 in ~/infrage stellen *bezweifeln* □ **questionar;* pôr em dúvida **4** in ~/infrage kommen *in Betracht kommen;* das könnte vielleicht in ~/infrage kommen □ **ser levado em consideração; interessar* 4.1 das kommt nicht in ~/infrage! *ausgeschlossen!, auf keinen Fall!* □ **isso está fora de questão!; nem pensar!*

fra|gen ⟨V.; du fragst, mundartl. a. frägst; er fragt, mundartl. a. frägt; du fragtest, mundartl. a. frugst; du fragtest, mundartl. a. frügest; gefragt; frag, frage!⟩ **1** ⟨400⟩ *eine Frage(1) stellen;* er fragte: „Kommst du mit?"; „Kommst du mit?", fragte er; er fragte, ob ich mitkäme; er hat mich angelegentlich, neugierig, wiederholt gefragt ...; frag nicht so dumm!; durch Fragen zum Ziel kommen; du solltest dich entschließen, ohne erst lange zu ~; wie kann man nur so ~! □ *perguntar; fazer perguntas;* ~d sah er mich an; ich warf ihm einen ~den Blick zu; in ~dem Ton wandte er sich an mich □ *interrogador* 1.1 „Hat es dir gefallen?" „Frag lieber nicht!" ⟨umg.⟩ *es war so unerfreulich, dass ich lieber nicht darüber sprechen möchte* 1.2 da fragst du noch? *das ist doch selbstverständlich!* 1.3 Fragen kostet nichts ⟨Sprichw.⟩ *es ist einfacher, vorher zu fragen* □ *perguntar* 1.4 mit Fragen kommt man durch die Welt ⟨Sprichw.⟩ *das F. hilft einem viel weiter* □ **quem tem boca vai a Roma* 1.5 wer viel fragt, geht viel irre ⟨Sprichw.⟩ *zu vieles Fragen verwirrt nur* □ *perguntar;* → a. *Loch(5.5)* **2** ⟨500⟩ *jmdn. od. etwas ~ um Antwort, Auskunft, Erlaubnis, Rat usw. bitten;* du musst dein Gewissen ~; ich kann nicht zusagen, ohne ihn vorher zu ~; ich muss dich wegen des Urlaubs ~ □ *interrogar; questionar* 2.1 ⟨520⟩ das frage ich **dich**! *ich dachte, du wüsstest das!* 2.2 (513) da fragst du mich zu viel *das weiß ich auch nicht!* □ *perguntar* 2.3 ⟨550⟩ *jmdn. od. etwas um etwas ~ bitten;* frag ihn um Rat; ich habe das Wörterbuch um Rat gefragt (fig.) □ *pedir* 2.4 ⟨800⟩ **nach jmdm. od. etwas** ~ *sich nach jmdm. od. etwas erkundigen;* hat jmd. nach mir gefragt?; ich habe vergeblich nach ihm gefragt (um ihn zu sprechen); jmdn. nach seinem Befinden, dem Preis, seinem Namen, dem Weg, der Zeit ~; ich habe ihn nach seiner Meinung gefragt; in einem Geschäft nach einem Produkt ~ 2.5 ⟨800/verneinend⟩ **(nicht) nach jmdm. od. etwas** ~ *sich nicht um jmdn. od. etwas kümmern;* danach frage ich nicht; kein Mensch fragt nach der Kranken; was frage ich nach ihm?; wer fragt heute schon danach? □ **(não) perguntar por/sobre alguém ou alguma coisa* **3** ⟨520/Vr 3⟩ **sich** ~ *überlegen;* ich frage mich, ob ...; das habe ich mich auch schon oft gefragt!; man fragt sich, wie das noch enden soll □ **perguntar-se* 3.1 das fragt sich noch ⟨umg.⟩ *das ist noch nicht sicher* □ **isso ainda é questionável* **4** ⟨500⟩ gefragt **sein, werden** ⟨Kaufmannspr.⟩ *begehrt sein, verlangt werden;* es handelt sich um einen sehr gefragten Artikel □ **ser solicitado/procurado*

Fra|ge|satz ⟨n.; -(e)s, -sät|ze; Gramm.⟩ *Haupt- od. Nebensatz in Form einer Frage, z. B.* Kannst du morgen zu mir kommen? □ *oração interrogativa*

Fra|ge|wort ⟨m.; -(e)s, -wör|ter; Gramm.⟩ *Wort, Pronomen, das der Einleitung einer Frage dient, z. B.* wer?, was?, wohin?; Sy *Interrogativpronomen* □ *pronome interrogativo*

Fra|ge|zei|chen ⟨n.; -s, -; Zeichen: ?⟩ **1** ⟨Gramm.; Zeichen: ?⟩ *Satzzeichen nach direkten Fragesätzen;* ein ~ setzen **2** diese Behauptung muss man mit einem dicken, großen ~ versehen ⟨fig.⟩ *sie ist unglaubwürdig, sie muss erst überprüft werden* □ *ponto de interrogação* **3** sitz, steh doch nicht da wie ein ~! ⟨fig.; umg.⟩ *in so schlechter Körperhaltung* □ *curvado*

fra|gil ⟨Adj.; geh.⟩ *leicht zerbrechlich, zart, empfindlich;* ein ~es Gebilde; er besitzt eine ~e Gesundheit □ *frágil*

frag|lich ⟨Adj.⟩ **1** ⟨70⟩ *zweifelhaft, ungewiss, unsicher;* es ist noch ~, ob sie mitkommt; ein sehr ~er Umstand □ *incerto* 1.1 *strittig, umstritten;* ein ~es Problem □ *contestável; discutível* **2** ⟨60⟩ *betreffend, erwähnt;* die ~e Angelegenheit; zur ~en Zeit war er nicht zu Hause □ *em questão; mencionado*

Frag|ment ⟨n.; -(e)s, -e⟩ **1** *übrig gebliebener Teil eines nicht mehr vorhandenen Ganzen;* Sy *Bruchstück(2);* ein Gedicht ist als ~ überliefert **2** *unvollendetes literarisches od. musikalisches Werk;* Sy *Bruchstück(2)* □ *fragmento* **3** ⟨Bildhauerei⟩ = *Torso*

frag|wür|dig ⟨Adj.⟩ **1** *zweifelhaft, bedenklich;* eine ~e Sache, Hilfe; dieses Vergnügen kam ihm sehr ~ vor □ *duvidoso; incerto* **2** *verdächtig, anrüchig;* ein ~es Lokal □ *suspeito*

Frak|ti|on ⟨f.; -, -en⟩ **1** *die Vertreter einer Partei innerhalb der Volks- od. Gemeindevertretung* 1.1 *Gruppe innerhalb einer Partei;* die linke, rechte ~ der Partei □ *grupo (político); fração* **2** ⟨Chem.⟩ *ein Teil eines*

Fraktur

Stoffgemisches, der durch eine physikalische od. chemische Methode davon abgetrennt wurde u. sich hinsichtlich der angewandten Trennungsmethode, also z. B. im Siedepunkt, der Kristallisationstemperatur, der Löslichkeit in einem Lösungsmittel, der Korngröße (bei festen Stoffen) od. dgl., einheitlicher verhält als das Ausgangsgemisch □ fração

Frak|tur ⟨f.; -, -en⟩ **1** ⟨Typ.⟩ *deutsche, sogenannte „gotische" Schrift mit „gebrochenen" Linien* **2** ⟨Med.⟩ *Knochenbruch* □ fratura **3** *mit jmdm. ~ reden* ⟨fig.; umg.⟩ *ihm deutlich die Meinung sagen* □ *ser franco/direto com alguém*

frank ⟨Adj. 24/70; nur in der Wendung⟩ *~ und frei etwas aussprechen, erklären frei, offen, aufrichtig* □ *dizer/esclarecer alguma coisa abertamente/com franqueza*

fran|kie|ren ⟨V. 500⟩ *Postsendungen ~ freimachen, mit einer Briefmarke bekleben od. mit der Frankiermaschine stempeln* □ franquear; selar

Fran|se ⟨f.; -, -n⟩ *frei herabhängender Faden od. eine Strähne aus Fäden als Ziersaum an Tüchern, Decken, Teppichen o. Ä.; Gardinen, Vorhänge mit ~n; ein mit ~n besetztes Tuch* □ franja

fran|zö|sisch ⟨Adj. 24⟩ **1** ⟨70⟩ *zu Frankreich gehörig, es betreffend, von dort stammend; die ~e Hauptstadt; ~e Kultur, Geschichte* **1.1** *die Französische* **Revolution** ⟨1789-1799⟩ *Epoche, in der in Frankreich die Monarchie gestürzt u. die gesellschaftlichen Verhältnisse umfassend verändert wurden* □ francês **1.2** *~es Bett Bett für eine od. zwei Personen, das größer als ein Einzelbett, aber kleiner als ein Doppelbett* □ *cama de viúva* **2** *für Frankreich u. seine Bevölkerung charakteristisch, ihr eigentümlich; ~e Küche; ein typisch ~es Gericht* **3** *in der Sprache der Einwohner Frankreichs; ~ sprechen; etwas auf* Französisch *sagen; ich spreche kein Französisch; das Buch ist in* Französisch *geschrieben* **3.1** *die ~e* **Sprache** *eine der auf dem Lateinischen beruhenden romanischen Sprachen* □ francês

frap|pant ⟨Adj.; geh.⟩ *verblüffend, auffällig, überraschend; eine ~e Übereinstimmung; ihre Ähnlichkeit ist ~* □ surpreendente; espantoso

Frap|pé ⟨[frape:] n.; -s, -s⟩ = *Frappee*

Frap|pee oV *Frappé* **1** ⟨m.; -s, -s; Textilw.⟩ *Stoff mit eingepresstem Muster* **2** ⟨n.; -s, -s⟩ **2.1** ⟨österr.⟩ *Milchgetränk mit Früchten* **2.2** *eisgekühltes Getränk, häufig mit Alkohol* □ frapê

frap|pie|ren ⟨V. 500⟩ **1** *etwas frappiert jmdn. macht jmdn. stutzig, überrascht jmdn.* □ surpreender; impressionar **2** *Speisen, Getränke ~ stark kühlen* □ resfriar

Frä|se ⟨f.; -, -n⟩ **1** *Werkzeug, Maschine, mit der Werkstoffe spanabhebend bearbeitet u. geformt werden können, Fräsmaschine* □ fresadora; fresa **2** *Maschine zur Bodenbearbeitung mit rotierenden spaten-, schaufelod. hackenförmigen Werkzeugen* □ cultivador

Fraß ⟨m.; -es; unz.⟩ **1** *Futter für Tiere, bes. Raubtiere; den Tigern als ~ vorwerfen* □ ração **1.1** *jmdm. etwas zum ~ vorwerfen* ⟨fig.; abwertend⟩ *etwas preisgeben, opfern* □ *jogar alguma coisa como pasto a alguém* **2** ⟨umg.; abwertend⟩ *verdorbenes od. nicht gut zubereitetes Essen; so ein ~!; ich ließ den ~ stehen* □ goroboba **3** *Vorgang des (Ab)fressens von Pflanzen, besonders durch Insekten u. Nagetiere; die Fichten sind durch ~ eingegangen; den Schaden, den die Ratten durch ihren ~ anrichten ...* □ devoração

Frat|ze ⟨f.; -, -n⟩ ⟨umg.; abwertend⟩ *verzerrtes, hässliches, abstoßendes Gesicht; eine scheußliche, widerliche, brutale ~* □ cara; carranca **1.1** *Gesicht; ich kann seine ~ nicht mehr sehen* □ cara **2** *Gesichtsmaske* □ máscara **3** ⟨umg.⟩ = *Grimasse*; ⟨jmdm.⟩ *~en schneiden, ziehen; er verzog das Gesicht zu einer ~* □ careta

Frau ⟨f.; -, -en; Abk.: Fr.⟩ **1** *erwachsener weiblicher Mensch; die Gleichberechtigung der ~; eine alte, ältere, ehrwürdige, junge, jüngere ~; die berufstätige, moderne, praktische ~* □ mulher; *gnädige ~* ⟨veraltet⟩ *(höfliche Anrede)* □ *(minha) senhora* **2** *Ehefrau; er hat noch keine ~ bekommen, gefunden, gekriegt, keine ~ haben; eine ~ nehmen; er sucht eine ~; meine ~; darf ich Sie mit meiner ~ bekanntmachen?; Mann und ~; ~ und Mutter; jmdm. zu seiner ~ machen; er hat eine geborene Lehmann zur ~; eine langjährige Schulfreundin zur ~ nehmen* □ mulher; esposa **3** *(Anrede für verheiratete u. unverheiratete Frauen vor dem Namen od. Titel); ~ Doktor, Professor; ~ Müller, geb. Hoffmann; in ~ Müllers Wohnung; liebe, sehr geehrte, verehrte ~ X (Anrede in Briefen)* **3.1** ⟨geh.⟩ *(vor Verwandtschaftsbezeichnungen); Ihre ~ Gemahlin; Ihre ~ Mutter* □ senhora **4** *Hausherrin, Dame; die ~ des Hauses* □ dona **4.1** *Unsere Liebe ~ Maria, die Mutter Gottes* □ *Nossa Senhora*

Frau|en|arzt ⟨m.; -es, -ärz|te⟩ *Facharzt für Frauenkrankheiten u. Geburtshilfe, Gynäkologe* □ ginecologista

Fräu|lein ⟨n.; -s, - od. umg. a.: -s, -s, österr. a.: f.; -, -; Abk.: Frl.; veraltet⟩ **1** *unverheiratete Frau(1); ein älteres ~* □ moça; *gnädiges ~* ⟨höfliche Anrede⟩ □ *senhorita* **2** ⟨meist scherzh.⟩ *weibliches Dienstpersonal (als Anrede); ~, bitte einen Eiskaffee! (Anrede an die Kellnerin)* □ moça; garçonete; atendente; vendedora **2.1** *das ~ vom Amt* ⟨umg⟩ *Angestellte im Fernmeldeamt, die Telefongespräche vermittelte* □ *telefonista* **3** *früher Anrede für unverheiratete, jüngere Frauen vor dem Namen od. Titel, heute durch die Bezeichnung „Frau" ersetzt; ~ Doktor; ~ Maier; hochverehrtes, liebes, sehr geehrtes, verehrtes ~ Lehmann! (Anrede bes. in Briefen)* **3.1** ⟨geh.⟩ *(vor Verwandtschaftsbezeichnungen); Ihr ~ Schwester, Tochter* □ senhorita

frau|lich ⟨Adj.⟩ **1** *in der Art einer (reiferen) Frau; sie kleidet sich betont ~; ein ~es Kleid, Kostüm* □ *de/como senhora; feminino* **2** *weiblich-mütterlich; sie ist ein ~er Typ* □ maternal

Freak ⟨[fri:k] m.; -s, -s; umg.⟩ **1** *unangepasster, leicht verrückter Mensch; auf dem Fest waren zu viele ~s* □ esquisitão **2** *jmd., der eine Sache mit großer Leidenschaft, mit Fanatismus betreibt; Computer~; Musik~; Motorrad~* □ fanático; louco (por) **3** *(Drogenszene)*

jmd., der in maßloser u. gefährlicher Weise Drogen zu sich nimmt □ **drogado; viciado**

frech ⟨Adj.⟩ **1** *dreist, vorlaut, unverschämt, anmaßend, ohne Respekt; er war ~ zu ihm; etwas ~ leugnen, sagen; jmdn. ~ anlügen; ein ~er Bursche, Kerl* ⟨umg.⟩ □ **atrevido; insolente; descaradamente** 1.1 *er ist ~ wie Oskar, wie ein Rohrspatz* ⟨fig.; umg.⟩ *sehr frech* □ ***ele é muito descarado/cara de pau** 1.2 *etwas mit ~er Stirn behaupten* ⟨fig.; geh.⟩ □ ***mentir com a maior desfaçatez** 1.3 *jmdm. ~ kommen* ⟨umg.⟩ *ungehörig entgegentreten* □ ***ser inconveniente/impertinente com alguém** 1.4 *schamlos, zynisch; jmdm. ~ ins Gesicht lachen, sagen* □ **descaradamente;** *~e Äußerungen* □ **descarado; atrevido 2** *übermütig, keck; eine ~e Zeichnung, Melodie, Nase, Frisur* □ **ousado**

Frech|dachs ⟨[-ks] m.; -es, -e; fig.⟩ *übermütiger, verschmitzt-vorlauter (junger) Mensch; so ein ~!; sie ist ein richtiger ~* □ **atrevido; descarado**

Frech|heit ⟨f.; -, -en⟩ **1** ⟨unz.⟩ *das Frechsein, freches Benehmen; er treibt es mit seiner ~ zu weit; die ~ auf die Spitze treiben* **2** ⟨zählb.⟩ *freche Handlung od. Äußerung, Unverschämtheit, Dreistigkeit, Anmaßung; diese ~ lasse ich mir nicht gefallen; das ist eine unerhörte, unglaubliche ~!* □ **atrevimento; insolência**

Free|sie ⟨[-zjə] f.; -, -n; Bot.⟩ *Angehörige einer südafrikanischen Gattung der Schwertliliengewächse, beliebte Schnittblume mit meist weißen, gelben od. lilafarbenen, stark duftenden Blüten: Freesia* □ **frésia**

Fre|gat|te ⟨f.; -, -n⟩ **1** *(früher) schnelles, dreimastiges Kriegssegelschiff* **2** *(heute) schwer bewaffnetes Kriegsschiff* □ **fragata 3** ⟨umg.; abwertend⟩ *ältere, nicht mehr attraktive, korpulente Frau; was will denn die abgetakelte ~ hier?* □ **canhão; bruxa**

frei ⟨Adj.⟩ **1** *unabhängig; er sein soll ~er Herr* □ ***ele é senhor de si;** *Freie und Hansestadt Hamburg; die Freien Reichsstädte; Freie Deutsche Jugend* ⟨DDR; Abk.: FDJ⟩ □ **livre;** *Freie Demokratische Partei* ⟨Abk.: F.D.P.⟩*; die* sieben freien *Künste im MA die eines freien Mannes würdigen Kenntnisse (Grammatik, Dialektik, Rhetorik, Arithmetik, Geometrie, Astronomie, Musik)* □ **liberal** 1.1 *nicht angestellt; ~er Journalist, Schriftsteller; er ist ~er Mitarbeiter* □ **autônomo** 1.1.1 *~e* **Berufe** *nicht an eine feste Anstellung gebundene (bes. wissenschaftliche u. künstlerische) B.* □ **liberal** 1.2 *nicht an ein Gesetz, eine Vorschrift, eine Regel gebunden* □ **livre** 1.2.1 *Freie* **Bühne** *1889 gegründeter Theaterverein mit dem Ziel, das zeitnahe (naturalistische) Theater unter Umgehung der Zensur zu spielen* □ ***Freie Bühne** 1.2.2 *~e* **Kunst** *vom praktischen Verwertbarkeit bestimmte K.; Ggs angewandte Kunst,* → *anwenden(2.1)* □ **liberal** 1.2.3 *~e* **Liebe** *an kein Gesetz gebundene, zügellose L.* 1.2.4 *~e* **Rhythmen** *nicht durch Reim gebundene, rhythmisch stark bewegte Verse* □ **livre** 1.2.5 *~e* **Spitzen** ⟨DDR⟩ *der über die vom Staat festgesetzte Abgabenmenge hinaus produzierte Ertrag* □ ***rendimento além da quota racionada** 1.2.6 *ungezwungen, die Regeln des Anstandes nicht achtend; sie hat sehr ~e Ansichten* □ **liberal;** *das Freie Ihres Benehmens* □ **liberdade;** *sie führt ein sehr ~es Leben* □ **independente;** *das Buch, der Film, das Theaterstück ist sehr ~* □ **liberal** 1.2.7 *ich bin so ~ (Höflichkeitsformel beim Annehmen von etwas, was einem angeboten worden ist)* □ ***com licença, se me permite** 1.3 *nicht wörtlich, ungenau; eine ~e Übersetzung, Übertragung aus dem Englischen; ein Film ~ nach einer Novelle von Th. Storm* □ **livre** 1.4 *ohne Hilfsmittel, ohne Stütze; aus ~er Hand (fotografieren, schießen, zeichnen)* □ ***à mão livre;** *das Kind kann schon ~ stehen, schwimmen* □ **sozinho** 1.4.1 *ohne Vorlage, ohne abzulesen; er hat eine Stunde lang völlig ~ gesprochen; einen Vortrag ~ halten; er kann keine ~e Rede halten* □ **de improviso** 1.4.2 *das ist alles bloß ~ erfunden hat keine Vorlage, entbehrt der Grundlage* □ ***tudo isso é simplesmente inventado** 1.5 ⟨Chem.; Phys.⟩ *nicht gebunden; ~er Sauerstoff; hierbei wird Wärme, werden Dämpfe ~* **2** *unbehindert; ~e Fahrt; ~er Fall* ⟨Phys.⟩*; der Weg ist ~! (von Hindernissen); der Weg ist ~ für unseren Plan; der Linksaußen steht ~* ⟨Fußb.⟩ 2.1 *uneingeschränkt, nicht gelenkt, unbeeinflusst; jmdm. ~en Spielraum geben, gewähren; er hat seinen Dienstwagen zur ~en Verfügung; ~e Wahl haben; ~e Arztwahl haben; kann man sich dort ~ bewegen?; den Dingen ~en Lauf lassen; du darfst deinen Gefühlen nicht zu sehr ~en Lauf lassen; es war mein ~er Wille; jetzt hat er ~es Spiel* □ **livre(mente)** 2.1.1 *aus ~em Antrieb, aus ~en Stücken freiwillig, von selbst, unaufgefordert* □ ***voluntariamente; espontaneamente** 2.1.2 *in dieser Angelegenheit musst du mir ~e Hand lassen mich unbeeinflusst entscheiden u. handeln lassen* □ ***você precisa me dar carta branca nessa questão** 2.1.3 *im Krieg konnte man nur wenige Waren ~ haben ohne Marken od. Bezugschein* □ **livremente; sem racionamento** 2.2 *nicht gefangen, in Freiheit; der Häftling ist seit gestern ~* □ **livre; solto** 2.2.1 *auf ~em Fuß sein in Freiheit sein* □ ***estar em liberdade** 2.2.2 *jmdn. auf ~en Fuß setzen aus der Haft entlassen* □ ***pôr alguém em liberdade** 2.3 *~ von ganz ohne; ~ von Abgaben, Lasten, Schulden, Steuern, Verpflichtungen; ~ von Beschwerden, Erkältungen, Fieber, Krankheiten, Schmerzen; ~ von Dünkel, Hass, Irrtümern, Kummer, Leidenschaften, Schuld, Sünde, Übertreibungen, Verdacht, Vorurteilen* □ **livre; isento 3** ⟨70⟩ *verfügbar; die Stelle des Personalchefs ist ~; die Wohnung wird nächstes Jahr ~* 3.1 *nicht besetzt, zur Verfügung stehend; ich konnte keinen ~en Platz mehr finden; einen Stuhl ~ lassen; haben Sie noch ein Zimmer ~?; Zimmer ~! (an Pensionen angebrachtes Schild)* □ **livre; disponível** 3.2 *nicht mit Arbeit od. Pflichten belastet; arbeits~, dienst~* □ **de folga;** *ich hatte gestern keinen ~en Augenblick, keine ~e Minute; ich habe heute einen ~en Tag; ihm bleibt nicht viel ~e Zeit; in meiner ~en Zeit lese ich; seid ihr heute Abend ~?* □ **livre** 3.3 *sie ist noch ~ ungebunden, hat noch keinen festen*

Freund □ livre; sozinho 3.4 *urheberrechtlich nicht mehr geschützt;* seit Wilhelm Busch ~ ist, gibt es viele Ausgaben seiner Werke □ de domínio público 4 *freimütig, offen;* bei ihnen herrscht ein sehr ~er Ton □ franco; aberto; können wir hier ~ reden?; etwas frank und ~ aussprechen, erklären □ francamente; abertamente; sprich ~ von der Leber weg! □ *fale francamente/sem rodeios! 5 *offen (daliegend), weit, unbegrenzt, ungeschützt;* hier hat man ~e Aussicht über ...; ~er Durchgang (Aufschrift); auf ~em Feld; eine ~e Gegend, Landschaft; die Tiere legen sich ~ auf das Feld □ aberto; livre(mente); unter ~em Himmel schlafen, übernachten □ *passar a noite ao relento;* viel an der ~en Luft sein; ein ~er Platz (z. B. Marktplatz); der Zug hielt auf ~er Strecke; Tiere in ~er Wildbahn; ~ im Weltraum schweben □ livre(mente); aberto; unser Haus steht ziemlich ~ □ sem vizinhos 5.1 *im Freien in der Natur, Landschaft, Luft;* sich gern im Freien aufhalten; im Freien schlafen; ins Freie gehen □ ao ar livre 5.2 *unbedeckt, unbekleidet;* mit ~em Oberkörper □ nu 6 *kostenlos, unentgeltlich;* ~er Eintritt!, Eintritt ~!; ~ em Eintritt □ franco; gratuito; ~e Kost und Logis □ *ter casa e comida de graça;* jeder hat ~en Zutritt; ich habe ~en Zutritt zur Ausstellung □ livre; alles ~ haben, bekommen □ de graça 6.1 *(Kaufmannsspr.) Beförderung bezahlt (bis);* ~ (auf freigemachten, frankierten Postsendungen); ~ Bahnhof, Grenze, Hafen, Haus, Schiff; ~ Hafen und versichert; ~ (bis) Hamburg; Lieferung ~ Haus □ porte pago; frete gratuito 6.2 ~ ausgehen *straflos;* diesmal wird er nicht ~ ausgehen □ *sair livre 7 (Getrennt- u. Zusammenschreibung)* 7.1 bekommen = *freibekommen* 7.2 ~ geben = *freigeben (I)* 7.3 ~ haben = *freihaben* 7.4 ~ halten = *freihalten (I)* 7.5 ~ lassen = *freilassen* 7.6 ~ legen = *freilegen* 7.7 ~ machen = *freimachen (I)* 7.8 ~ laufend = *freilaufend* 7.9 ~ lebend = *freilebend* 7.10 ~ stehen = *freistehend*

Frei|bad (n.; -(e)s, -bä|der) *Schwimmbad unter freiem Himmel;* Ggs *Hallenbad;* bei gutem Wetter gehen wir ins ~ □ piscina ao ar livre

frei|be|kom|men *auch:* **frei be|kom|men** (V. 170) 1 (500) jmdn. ~ *durch Fürsprache, Geld o. Ä. befreien;* er konnte viele Gefangene ~ □ libertar 2 (400) (eine Zeit) ~ *arbeitsfreie Zeit gewährt bekommen, Urlaub, dienstfrei, schulfrei bekommen;* kann ich heute eine Stunde ~? □ tirar folga; (aber nur Getrenntschreibung) frei bekommen → *frei(6)*

Frei|beu|ter (m.; -s, -) 1 (früher) *privates bewaffnetes Schiff, das einen Kaperbrief Handelsschiffe erbeutete;* Ggs *Kaper[2]* □ corsário 1.1 *Seemann, der auf einem Freibeuter(1) fuhr;* Sy *Seeräuber* □ pirata 2 (fig.; abwertend) *jmd., der ohne Rücksicht auf Sitte u. Gesetz seinen Vorteil wahrnimmt* □ flibusteiro; explorador

Frei|brief (m.; -(e)s, -e) 1 (im MA) *königliches od. fürstliches Privileg, durch das einzelnen Personen od. Körperschaften Vorrechte gewährt wurden* □ carta de privilégio 2 (im MA) *Urkunde für die Freilassung*

von Hörigen, für freies Geleit □ salvo-conduto 3 (fig.) *angemaßtes Recht für etwas sonst Unerlaubtes;* etwas als ~ für etwas ansehen, betrachten □ permissão; autorização 3.1 jmdm. einen ~ für etwas ausstellen, geben *jmdm. volle Freiheit geben, etwas zu tun* □ *dar carta branca a alguém* 3.2 *etwas ist (k)ein ~ für etwas etwas gibt (k)eine Rechtfertigung für etwas* □ justificativa

Frei|den|ker (m.; -s, -) *jmd., der sich keiner Weltanschauung unterwirft;* Sy *Freigeist* □ livre-pensador

frei|en (V.; veraltet) 1 (500) ein Mädchen ~ *heiraten* □ desposar; *jung gefreit, hat nie gereut* (Sprichw.) □ *quem cedo se casa nunca se arrepende 2* (800) *um ein Mädchen ~* (veraltet) *werben;* er hat um sie gefreit □ *pedir a mão de uma moça em casamento*

Frei|e(r)[1] (f. 2 (m. 1)) *freier Mensch, Bürger, (bzw.) freie Bürgerin* □ cidadão/cidadã livre

Frei|er[2] (m.; -s, -) 1 (veraltet) *Werber (um eine junge Frau), Verehrer;* sie hat viele ~ □ pretendente 2 (verhüllend) *Kunde einer Prostituierten* □ cliente (de prostituta)

frei|ge|ben *auch:* **frei ge|ben** (V. 143) I (Zusammen- u. Getrenntschreibung) 1 (500) jmdn. ~ *jmdm. seine Freiheit zurückgeben;* einen Sklaven ~ □ libertar 1.1 *aus einer Bindung entlassen;* er wollte sich aus der Firma zurückziehen, aber der Vorstand hat ihn nicht freigegeben/frei gegeben □ liberar 1.2 etwas ~ *zugänglich machen, wieder öffnen;* die neue Brücke, die gesperrte Straße (wieder) für den Verkehr ~ □ liberar; abrir 2 (600) jmdn. ~ *Urlaub geben;* ich habe mir heute von meinem Chef eine Stunde ~ lassen □ dar folga II (500; nur Zusammenschreibung) *etwas freigeben die Beschränkung, Sperre von etwas aufheben;* ein beschlagnahmtes Vermögen freigeben; gesperrte Guthaben freigeben; der Film wurde für Jugendliche nicht freigegeben; zum Druck freigeben (nach Durchsicht); ein neues Arzneimittel zum Verkauf freigeben □ liberar

frei|ge|big (Adj.) *gern u. viel gebend, schenkfreudig, großzügig;* ~ sein gegenüber jmdm.; ~ sein mit Geld, Lob usw. □ generoso; liberal

Frei|geist (m.; -(e)s, -er) = *Freidenker*

frei|ha|ben *auch:* **frei ha|ben** (V. 159/400; umg.) 1 *Ferien, Urlaub, arbeitsfreie Zeit haben;* ich möchte morgen gern ~; die Kinder hatten gestern freigehabt □ ter folga/tempo livre; (aber nur Getrenntschreibung) frei haben → *frei(2.1.3, 6)*

frei|hal|ten *auch:* **frei hal|ten** (V. 160/500) I (Zusammen- u. Getrenntschreibung) 1 (503/Vr 6) (jmdm.) etwas ~ *unbesetzt, bereithalten, nicht betreten, nicht versperren;* kannst du mir bitte einen Platz, Stuhl ~? □ deixar livre; reservar 2 (550) jmdn. od. etwas von etwas ~ *vor etwas behüten, schützen;* von Krankheiten, Schnee ~; einen Raum von Schmutz ~ □ proteger; manter livre II (nur Zusammenschreibung) jmdn. freihalten *für jmdn. bezahlen;* er hielt uns den ganzen Abend frei; er hat die ganze Gesellschaft freigehalten □ convidar; pagar para alguém; (aber nur Getrenntschreibung) frei halten → *frei(1.4.1)*

frei|hän|dig ⟨Adj. 24/90⟩ *ohne sich mit den Händen festzuhalten od. die Arme aufzustützen;* ~ *Rad fahren, schießen, zeichnen;* ~e *Grätsche* (Turnübung) □ sem as mãos; à mão livre

Frei|heit ⟨f.; -, -en⟩ **1** (unz.) *Unabhängigkeit von Zwang od. Bevormundung;* → a. *Gleichheit;* die ~ *des Gewissens, Handelns, der Presse, Rede;* ~, *Gleichheit, Brüderlichkeit* (frz. Liberté, Egalité, Fraternité; Schlagwort für die Ziele der Französischen Revolution); *jmdm. der* ~ *berauben* (geh.); *seine* ~ *erlangen, wiedererlangen, verlieren; jmdm. die* ~ *geben, schenken; jmdm. volle* ~ *lassen; für, um die* ~ *kämpfen; der Weg in die* ~ (fig.); *jmdn. od. ein Tier in* ~ *setzen; nach* ~ *streben* **1.1** *du hast volle* ~ *in dieser Angelegenheit* (fig.) *du kannst ganz nach eigenem Ermessen entscheiden* **1.2** *ich nehme mir die* ~, *Ihnen das mitzuteilen* ⟨Höflichkeitsfloskel⟩ *ich erlaube mir* **1.3** *mit großer* ~ *reden sehr offen* **2** ⟨Pl.⟩ *Vorrechte, Privilegien; er nimmt sich zu viele* ~en **2.1** *Verstöße gegen Sitte od. Konvention; er erlaubt sich zu viele* ~en **3** ~ *der Meere freie Benutzbarkeit der M.* □ liberdade

frei|heit|lich ⟨Adj.⟩ *nach Freiheit strebend, die Freiheit liebend;* die ~ *demokratische Grundordnung bestärken;* ~es *Denken* □ liberal

Frei|heits|stra|fe ⟨f.; -, -n⟩ *Bestrafung durch Entzug der persönlichen Freiheit in Strafanstalten; eine niedrige, hohe* ~ □ pena de prisão

frei|her|aus *auch:* **frei|he|raus** ⟨Adv.⟩ *offen, ohne Umschweife;* ~ *sprechen; etwas* ~ *sagen* □ abertamente; sem rodeios

Frei|land ⟨n.; -(e)s, -län|der⟩ *freies Garten- bzw. Weideland;* Blumen ins ~ *säen* □ campo; terreno

frei|las|sen *auch:* **frei las|sen** ⟨V. 175/500⟩ **1** *jmdn.* ~ *auf freien Fuß setzen, aus der Haft, Gefangenschaft, Sklaverei usw. entlassen; man hat den Verbrecher gegen eine Kaution wieder freigelassen/frei gelassen* **1.1** *ein Tier* ~ *einem T. die Freiheit*(1) *wiedergeben* □ libertar; soltar; ⟨aber nur Getrenntschreibung⟩ *frei lassen → frei*(3.1)

frei|lau|fend *auch:* **frei lau|fend** ⟨Adj. 24⟩ ~e *Hühner in einem Auslauf gehaltene H.* □ solto

frei|le|bend *auch:* **frei le|bend** ⟨Adj. 24⟩ ~e *Tiere T., die in freier Wildbahn leben* □ livre; solto

frei|le|gen *auch:* **frei le|gen** ⟨V. 500⟩ *etwas* ~ *bloßlegen, von Hüllen od. deckenden Schichten befreien; bei den Ausgrabungen wurde ein Amphitheater freigelegt/frei gelegt; bei einer Operation ein Organ* ~; *ein Rohr* ~ □ expor; pôr a descoberto; ⟨aber nur Getrenntschreibung⟩ *frei legen → frei*(5)

frei|lich ⟨Adv.⟩ **1** *allerdings, wie zugegeben werden muss;* ~ *muss ich einschränken, feststellen, mitteilen, sagen ...; er hat* ~ *Recht!; es scheint* ~ (nicht) *einfach, leicht, schwierig zu sein* □ todavia; no entanto **2** ⟨eine Bejahung verstärkend⟩ *selbstverständlich, gewiss, ja; aber* ~!, *ja* ~!, ~!; ~ *hat er Recht* □ sem dúvida; evidentemente

frei|ma|chen *auch:* **frei ma|chen** ⟨V. 500⟩ **I** ⟨Zusammen- u. Getrenntschreibung⟩ **1** ⟨Vr 3⟩ *sich* ~ *sich (dienst)freie Zeit nehmen; kannst du dich morgen für zwei Stunden freimachen/frei machen?* □ *liberar--se; tirar folga* **2** ⟨Vr 7⟩ **2.1** *etwas od. sich* ~ *die Kleidung ablegen* (zur ärztl. Untersuchung); *sich den Oberkörper freimachen/frei machen* **2.2** *befreien; sich von seinen Vorurteilen freimachen/frei machen* □ despir(-se) **II** ⟨nur Zusammenschreibung⟩ *eine Postsendung* ~ *frankieren, mit Briefmarken bekleben, für eine P. Porto, Gebühr bezahlen; er hat den Brief, die Postkarte freigemacht* □ franquear; selar

Frei|mau|re|rei ⟨f.; -; unz.⟩ *weltweite Humanitätsbewegung mit dem Ziel, ihre Anhänger auf der Grundlage einer natürlichen Ethik zu dem Ideal edlen Menschentums hinzuführen* □ maçonaria

Frei|mut ⟨m.; -(e)s; unz.⟩ (*mutige*) *Offenheit, Aufrichtigkeit; etwas mit großem* ~ *bekennen* □ franquez; sinceridade

frei|mü|tig ⟨Adj.⟩ *arglos-offen, unbekümmert-frei, mutig-aufrichtig* □ franco; sincero; *etwas* ~ *bekennen, gestehen* □ com franqueza/sinceridade

Frei|sinn ⟨m.; -(e)s; unz.⟩ **1** (veraltet) *freiheitliche, fortschrittliche Gesinnung* **2** (in Dtschld. u. der Schweiz) *eine politische Richtung, die seit der Mitte des 19. Jh. liberale Grundsätze im Staats- u. Wirtschaftsleben vertrat u. später auch sozialreformerische Ideen aufnahm* □ liberalismo

frei|spre|chen ⟨V. 251/505/Vr 7 od. Vr 8⟩ **1** *jmdn.* ~ *von einer Anklage, Schuld lossprechen; er wurde mangels Beweises freigesprochen; das Gericht sprach den Angeklagten frei* □ absolver **1.1** *von Überheblichkeit, Eitelkeit muss man ihn* (kann man ihn nicht) ~ (fig.) *er ist* (nicht) *überheblich, eitel* □ *não se pode dizer que* (não) *seja arrogante/vaidoso* **2** *einen Lehrling* ~ *einem L. den Gesellenbrief überreichen* □ aprovar; conferir o diploma; ⟨aber Getrenntschreibung⟩ *frei sprechen → frei*(1.4.1)

frei|ste|hen ⟨V. 256/601⟩ **1** *es steht jmdm. frei, etwas zu tun etwas ist jmds. Entscheidung überlassen, etwas ist jmdm. erlaubt, gestattet; es sollte jedem* ~, *zu ...; das steht Ihnen völlig frei* □ *cabe a alguém decidir fazer alguma coisa; ter a liberdade de fazer alguma coisa;* ⟨aber Getrenntschreibung⟩ *frei stehen → frei*(1.4)

frei|ste|hend *auch:* **frei ste|hend** ⟨Adj. 24/70⟩ **1** *unbewohnt; ein freistehendes/frei stehendes Zimmer* □ vago **2** *für sich, ungestützt, ohne Stütze stehend; ein freistehender/frei stehender Turm* □ isolado

frei|stel|len ⟨V. 500⟩ **1** ⟨530⟩ *jmdm. etwas* ~ *anheimstellen, zur Wahl stellen, die Entscheidung überlassen; es wurde ihnen freigestellt, daran teilzunehmen* □ *deixar a alguém a escolha/alternativa de alguma coisa* **2** ⟨550⟩ *jmdn. von etwas* ~ *jmdn. für eine bestimmte Zeit von seinen* (bes. militärischen) *Pflichten befreien; er wurde vom Militär, Wehrdienst freigestellt* □ *dispensar alguém de alguma coisa;* ⟨aber Getrenntschreibung⟩ *frei stellen → frei*(1.4)

Frei|tag ⟨m.; -(e)s, -e; Abk.: Fr⟩ **1** *der fünfte Tag der Woche* → a. *Dienstag; gestern war* ~, *der 20. Juni; am nächsten* ~ □ sexta-feira **1.1** *Stiller* ~ ⟨Rel.⟩ = *Karfreitag*

Frei|tag|abend ⟨m.; -(e)s, -e⟩ *der Abend des Freitags* → a. *Dienstagabend;* am Freitagabend hatte sie hohes Fieber; am Freitagabend haben wir Gäste eingeladen □ **sexta-feira à noite**

frei|tags ⟨Adv.⟩ *an jedem Freitag* → a. *dienstags;* ~ gehen wir immer in die Stadt □ **às sextas-feiras**

Frei|tod ⟨m.; -(e)s; unz.⟩ = *Selbstmord(1);* den ~ wählen □ **suicídio**

Frei|übung ⟨f.; -, -en; Sp.⟩ *Turnübung ohne Geräte od.* (seltener) *mit Handgeräten;* ~en machen □ **exercício físico; ginástica**

Frei|wild ⟨n.; -(e)s; unz.; fig.⟩ *schutzloser, vogelfreier Mensch;* jmd. ist ~ □ ***pessoa desprotegida/entregue à própria sorte**

frei|wil|lig ⟨Adj. 24⟩ **1** *ungezwungen, von selbst, aus eigenem Antrieb;* ~e Spenden; ~es Geständnis; sein ~er Tod; ~e Feuerwehr □ **voluntário; espontâneo;** etwas ~ tun; ~ verzichten, abtreten; er ist ~ mitgekommen; er hat sich ~ gemeldet (zum Kriegsdienst) □ **voluntariamente; espontaneamente 2** ~e *Gerichtsbarkeit* ⟨Rechtsw.⟩ *Mitwirkung von Gerichten in Fällen, in denen es um Rechtspflege, nicht um Streitsachen geht* □ ***jurisdição graciosa/voluntária;** Ggs *streitige Gerichtsbarkeit,* → *streitig(3.1)*

Frei|zeit ⟨f.; -, -en⟩ **1** ⟨unz.⟩ *arbeitsfreie Zeit;* in meiner ~ gehe ich viel spazieren □ **tempo livre; lazer 2** *(meist von einer öffentlichen Institution organisierte) mehrtägige Zusammenkunft, Reise einer Gruppe;* an einer ~ teilnehmen; Ski~; Schüler~ □ **excursão**

frei|zü|gig ⟨Adj.⟩ **1** *den Wohnort frei wählend, ihn nach Belieben wechselnd, nicht ortsgebunden* □ **que tem liberdade para escolher a própria residência 2** ⟨fig.⟩ *großzügig;* ~ mit Geld umgehen □ **generoso 2.1** *mit viel Freiheit;* ~ aufwachsen; ~e Erziehung □ **livre(mente)**

fremd ⟨Adj.⟩ **1** *aus einem anderen Land, einer anderen Stadt, aus einem anderen Volk, einer anderen Familie stammend;* ~e Kost, Länder, Sitten, Sprachen; ~e Menschen, Pflanzen, Tiere □ **estrangeiro; exótico 2** *einem anderen gehörend, einen anderen betreffend;* ~ a. *eigen(1);* misch dich nicht in ~e Angelegenheiten; er hat sich an ~em Eigentum vergriffen; eine Unterschrift von ~er Hand; der Besitz ist in ~e Hände übergegangen □ **alheio 2.1** das war nicht für ~e Ohren bestimmt *das sollte niemand sonst hören* □ ***não era para ninguém mais ouvir 2.2** unter ~em Namen *unter angenommenem N.;* unter ~em Namen leben, reisen, sich vorstellen □ ***com outro nome 2.3** für ~e Rechnung ⟨Kaufmannsspr.⟩ *auf R. eines Dritten* □ ***por conta de terceiros 3** *unbekannt, ungewohnt, unvertraut;* seine Art, sein Wesen ist mir völlig ~; das ist alles so ~ □ **estranho; incomum 3.1** ich bin hier ~ *ich weiß hier nicht Bescheid* □ ***não sou daqui 3.2** sich ~ stellen, ~ tun *betont zurückhaltend sein* □ ***conter-se; manter-se reservado 3.3** *andersartig, fremdartig, seltsam;* dieser Ausdruck, dieser Begriff, dieses Wort kommt mir ~ vor □ **estranho; esquisito**

fremd|ar|tig ⟨Adj. 24⟩ *fremd, anders, ungewohnt;* das klingt alles sehr ~ □ **estranho; insólito**

Frem|de ⟨f.; -; unz.⟩ *unbekanntes, unheimisches Land, Ausland;* in der ~ sich aufhalten, leben, umkommen; in die ~ ziehen □ **exterior; país estrangeiro**

Frem|de(r) ⟨f. 2 (m. 1)⟩ Sy *Fremdling* **1** *jmd., der aus einem anderen Ort, einer anderen Gegend, einem anderen Land stammt;* Orts~; ein ~r fragte nach dem Weg □ **estrangeiro; forasteiro 2** *Unbekannte(r);* ~n gegenüber ist ist das Kind sehr schüchtern □ **estranhos; desconhecidos**

Frem|den|ver|kehr ⟨m.; -s; unz.⟩ *der Reiseverkehr mit vorübergehendem Aufenthalt von Personen an fremden Orten, die nicht ihre ständigen Wohngemeinden sind, zum Zwecke der Erholung, Bildung, geschäftlichen Betätigung usw., Tourismus;* der moderne ~ benötigt bessere Verkehrsverbindungen; der ~ muss gefördert werden; vom ~ leben □ **turismo**

Fremd|kör|per ⟨m.; -s, -⟩ **1** ⟨Med.⟩ *ein Gegenstand, der von außen her in die Gewebe od. Hohlorgane eines Körpers gelangt ist;* einen ~ aus seinem Auge entfernen; der verschluckte ~ musste operativ entfernt werden □ **corpo estranho 2** ⟨fig.⟩, *jmd., der nicht in seine Umgebung, in eine Gesellschaft passt;* jmdn. als ~ betrachten; er wirkte wie ein ~ in der eingespielten Mannschaft □ **estranho no ninho; peixe fora d'água**

Fremd|ling ⟨m.; -s, -e⟩ = *Fremde(r)*

Fremd|spra|che ⟨f.; -, -n⟩ *Sprache, die nicht die Muttersprache ist;* eine ~ erlernen; mehrere ~n sprechen, beherrschen □ **língua estrangeira**

Fremd|wort ⟨n.; -(e)s, -wör|ter⟩ *aus einer anderen Sprache in die eigene Sprache mehr od. weniger unverändert übernommenes Wort* (~schreibung) □ **palavra estrangeira; estrangeirismo**

fre|ne|tisch ⟨Adj.⟩ *heftig, begeistert, stürmisch, rasend;* der Pianist erhielt ~en Beifall □ **frenético**

fre|quen|tie|ren ⟨V. 500⟩ jmdn. od. einen Ort ~ *häufig besuchen, häufig bei jmd. od. an einem O. verkehren* □ **frequentar**

Fre|quenz ⟨f.; -, -en⟩ **1** *Häufigkeit* **1.1** *Besucherzahl* □ **frequência 2** *Verkehr, Verkehrsdichte* □ **volume de tráfego; trânsito 3** ⟨Phys.⟩ *Anzahl der Schwingungen pro Zeiteinheit (bei Schwingungs- od. Wellenvorgängen)* □ **frequência**

Fres|ke ⟨f.; -, -n; selten⟩ = *Fresko*

Fres|ko ⟨n.; -s, Fres|ken⟩ *auf den frischen Putz einer Wand gemaltes Bild, Wandgemälde;* oV *Freske* □ **afresco**

fres|sen ⟨V. 139⟩ **1** ⟨400⟩ ein Tier frisst *nimmt Nahrung auf;* gierig, hastig ~; dem Hund etwas zu ~ geben □ **comer 1.1** ⟨511⟩ ein Loch in etwas ~ *durch Fressen(1) ein Loch erzeugen;* die Motten haben Löcher in den Polsterbezug gefressen □ **abrir (comendo) 2** ⟨402⟩ (etwas) ~ ⟨derb⟩ *essen;* wir hatten nichts zu ~ □ **comer; rangar;** sich dick und rund ~ ~ ***empanturrar-se 2.1** ⟨400⟩ *unmäßig, gierig u. unfein essen, schlingen;* er frisst den ganzen Kartoffelsalat auf!; wie eine neunköpfige Raupe, wie ein Wolf ~ □ **tragar; devorar 2.1.1** ⟨513⟩ jmdn. arm ~ ⟨fig.; umg.⟩ *durch unmäßiges Essen arm machen* □ ***levar alguém à falência de tanto comer 2.2** ⟨500⟩ jmdn. ~ ⟨fig., umg.⟩ *jmdm. (vor lauter Liebe od. Zorn) etwas antun;* friss mich nur nicht gleich!; er kann mich doch, wird mich schon nicht ~; er sah mich an, als wollte er mich ~ □ **comer (vivo);** *ich lass mich ~, wenn das so ist* □ ***corto o pescoço se isso for verdade** 2.2.1 ⟨500⟩ *jmdn. gefressen haben* ⟨fig.; umg.⟩ *nicht leiden können* □ ***não suportar alguém** 2.2.2 ⟨513⟩ *jmdn. zum Fressen gern haben* ⟨fig.; umg.⟩ *sehr gern* □ ***ser louco por alguém** 2.2.3 *das Baby ist zum Fressen* ⟨fig.; umg.⟩ *sehr niedlich* □ ***o bebê é uma graça** 2.3 ⟨500⟩ *etwas gefressen haben* ⟨fig.; umg.⟩ *begriffen haben;* → a. *Weisheit(2.2); jetzt habe ich es endlich gefressen!* □ **entender; pescar** 3 ⟨500⟩ **etwas** frisst **etwas** ⟨fig.; umg.⟩ *erfordert, verbraucht, verschlingt etwas;* dieser Wagen frisst *viel Benzin* □ **consumir; beber;** *diese veraltete Heizung* frisst *viel Öl; sein Hobby* frisst *Zeit u. Geld; das* frisst *viel Zinsen* □ **consumir** 3.1 *dieses alte, reparaturbedürftige Haus ist nur noch ein ~des Kapital* ⟨umg.⟩ *bringt nichts mehr ein, man setzt Geld dabei zu* □ ***essa casa velha [...] consome muito dinheiro/é um saco sem fundo** 4 ⟨411⟩ *etwas* frisst *breitet sich zerstörend, zersetzend aus; der Rost* frisst *am Eisen; das Geschwür, der Kerbs* frisst *weiter um sich; der Gram* frisst *an ihr* □ **atacar; corroer** 4.1 *~de Flechte* ⟨Med.⟩ *eine Hauttuberkulose, deren knötchenartige, gelbbraunrote Herde sich ausdehnen u. geschwürig zerfallen können: Lupus* □ ***lúpus**

Fress|napf ⟨m.; -(e)s, -näp|fe⟩ *kleines Gefäß für Tierfutter* □ **comedouro; tigela**

Frett|chen ⟨n., -s, -; Zool.⟩ *zur Kaninchenjagd abgerichtete Albinoform einer Iltisart* □ **furão**

fret|ten ⟨V. 500/Vr 3; süddt.; österr.⟩ **sich ~ 1** *sich abmühen, abplagen* □ ***esforçar-se; esfalfar-se 2** *sich mühselig durchbringen* □ **ganhar a vida com dificuldade; virar-se**

Freu|de ⟨f.; -, -n⟩ *Beglückung, (innere) Befriedigung, Gefühl der Hochstimmung;* Ggs *Leid; das Kind ist ~ seines Alters; die ~n der Jugend, der Liebe; jmdm. eine ~ bereiten, machen; ist das eine ~!; er lernt, dass es nur so eine ~ ist ...; es ist eine ~ zu beobachten, hören, sehen ...; jmdm. die ~ nehmen, rauben; jmds. ~, jmdm. die ~ stören, trüben, verderben; ~ spenden (durch, mit etwas); jmdm. die ~ versalzen; es ist mir eine besondere ~, zu ...* (Höflichkeitsfloskel); *seine einzige ~; geteilte ~ ist doppelte ~* ⟨Sprichw.⟩; *eine große, riesige, unerwartete ~; sein Beruf macht ihm keine, wenig ~; die kleinen ~n des Daseins; laute, stille ~; das ist nicht die wahre ~; seine ~ haben an; er hat an seinen Kindern viel ~; herrlich und in ~n leben; mit ~n!* (freudige Zusage); *mit tausend ~n!* ⟨veraltet⟩ (betont freudige Zusage); *jmds. in Freud und Leid zur Seite stehen; Freud und Leid mit jmdm. teilen; er kann sich vor ~ kaum, nicht fassen, halten; er ist außer sich vor ~; ich könnte vor ~ an die Decke springen; zu meiner ~ ...; welche ~!* □ **alegria; prazer; satisfação**

Freu|den|haus ⟨n.; -es, -häu|ser⟩ = *Bordell*

Freu|den|mäd|chen ⟨n.; -s, -; veraltet⟩ = *Prostituierte*

Freund

Freu|den|tau|mel ⟨m.; -s, -⟩ *große Freude, die durch Rufe u. heftige Bewegungen geäußert wird;* in einen ~ geraten □ **êxtase**

freu|de|strah|lend ⟨Adj. 24/90⟩ *strahlend vor Freude, glücklich aussehend;* ~ *nahm sie den ersten Preis entgegen* □ **radiante**

freu|dig ⟨Adj.⟩ **1** *froh, wohlgemut, fröhlich, heiter gestimmt;* ein ~es Gesicht machen; ~ an die Arbeit gehen □ **alegre; contente 1.1** *bereitwillig, gern; ~ zusagen; eine Einladung ~ annehmen* □ **com prazer/gosto 2** ⟨70⟩ *freude-, glückbringend, beglückend; eine ~e Nachricht erhalten* □ **feliz; bom 2.1** *ein ~es Ereignis Geburt eines Kindes; bei Familie Müller wird ein ~es Ereignis erwartet, ist ein ~es Ereignis eingetreten* □ **feliz**

freu|en ⟨V. 500⟩ **1** ⟨505/Vr 3⟩ **sich (an jmdm. od. etwas) ~** *Freude, Glück empfinden; sich ~ an seinen Kindern; an einem Geschenk ~; sich ~ auf, über jmdn. od. etwas; sich einer Sache ~* ⟨geh.⟩; *sich über eine Sache ~* □ ***ficar feliz/satisfeito (com alguém ou alguma coisa);** *er freut sich seines Lebens* □ ***ele aproveita a vida;** *wie ~ wir uns, Sie (wieder) zu sehen!* □ ***que bom (re)vê-lo!;** *ich freue mich, dass du schon kommst; sie freut sich am Glück anderer* □ **ficar feliz; alegrar-se;** *wir ~ uns schon auf die Ferien* □ ***não vemos a hora que cheguem as férias;** *ich habe mich sehr über seinen Besuch gefreut* □ ***fiquei muito feliz com sua visita 1.1** *sie freut sich wie ein Schneekönig* ⟨umg.⟩ *sehr* □ □ ***ela não cabe em si de tanta alegria 1.2** *sie kann sich so nett ~ sie kann ihrer Freude so nett, so gut Ausdruck geben* □ ***ela está feliz que só vendo! 2** *etwas freut* **jmdn.** *bereitet jmdm. Freude, macht jmdn. froh; dein Besuch freut es freut mich, ihn, sie; es hat mich sehr gefreut!* (erg.: Sie kennenzulernen; Höflichkeitsfloskel beim Abschied); *es würde, sollte mich ~, wenn ...; es freut mich sehr, dass ...; es freut mich zu beobachten, hören, sehen ...; es freut mich, Sie hier zu treffen* □ **deixar feliz; ser um prazer (para alguém)**

freund ⟨Adj. 11/24/43⟩ **jmdm. ~ sein** (bleiben, werden) *freundlich gesinnt, wohlgesinnt, zugeneigt (bleiben, werden);* er bleibt, wird ihm ~ □ ***ser/ficar/tornar-se amigo de alguém**

Freund ⟨m.; -(e)s, -e⟩ **1** *jmd., der einem anderen in herzlicher, kameradschaftlicher Zuneigung verbunden ist;* Ggs *Feind; keine, viele, wenige ~e besitzen, finden, gewinnen, haben; jmds. ~ bleiben, sein, werden; er ist nicht mehr unser ~; wir bleiben die alten ~e; ein bewährter, falscher, guter, treuer, uneigennütziger, väterlicher ~; als ~ möchte ich dir sagen ...; jmdn. als, zum ~ gewinnen; er ist ein guter ~ von mir; jmdn. zum ~ haben* □ **amigo;** *sich jmdn. zum ~ machen* □ ***fazer amizade com alguém 1.1** *mein ~ war er nie ich konnte ihn nie leiden* □ ***nunca simpatizei com ele 1.2** *er ist mein allerbester ~* ⟨iron.⟩ *ich kann ihn nicht leiden* □ ***ele é amicíssimo meu 1.3** *gut ~ werden mit sich anfreunden mit* □ ***tornar-se amigo de 1.4** *wieder gut ~ werden sich wieder vertragen, versöhnen* □ ***fazer as pazes 1.5** *das ist ja ein fei-*

ner, schöner ~! ⟨umg.; iron.⟩ *alles andere als ein F.* □ *mui amigo!; amigo da onça! 1.6 ~e in der Not gehen tausend auf ein Lot ⟨Sprichw.⟩ *erst in Notzeiten erkennt man, wie wenig wahre Freunde man hat* □ *no aperto e no perigo é que se conhece o amigo 1.7 ~ und Feind *jedermann, alle;* der General ist, wird von ~ und Feind geachtet □ *todo o mundo 1.8 *(guter, freundschaftlich verbundener) Kamerad, Genosse, Partner;* Geschäfts~, Schul~, Sport~, Studien~ □ colega 1.8.1 *unter ~en unter uns, (beim Handeln) billig* □ *entre amigos 2 ⟨umg.⟩ *männliche Person, mit der eine Frau od. ein Mädchen eng befreundet ist, Liebhaber;* hat sie schon einen ~?; ist das ihr neuer ~? □ namorado 3 *jmd., der etwas besonders schätzt;* ein ~ der Kunst, Musik, Wissenschaften; ein ~ des Spiels, Tanzens, Trinkens □ apreciador 3.1 er ist kein ~ von Redensarten, großen Worten *er liebt es nicht, große Worte zu machen* 3.2 er ist kein ~ vom Sport, vom Wandern *er hält nicht viel vom S., vom W.* □ *ele não é amigo de/chegado em... 4 ⟨abgegriffen als Anrede⟩ *(mein) Lieber, (mein) Junge;* wie geht's, alter ~?; lieber ~! (Anrede im Brief); mein lieber ~! (als warnende od. besorgte Anrede); mein lieber ~, so geht das nicht! ⟨umg.⟩ □ amigo; chapa; camarada 4.1 ~ Hein (verhüllend) *der Tod* □ *a Morte

Freun|din ⟨f.; -, -din|nen⟩ *weibl. Freund* □ amiga; namorada; colega; apreciadora

freund|lich ⟨Adj.⟩ 1 *liebenswürdig, wohlwollend;* jmdm. eine ~e Aufnahme bereiten □ caloroso; für jmds. ~e Dienste, Hilfe, Unterstützung danken □ atencioso; gentil; ein ~es Gesicht □ amigável; simpático; jmdm. ~e Grüße senden, überbringen, übermitteln □ *mandar lembranças a alguém; jmdm. seine ~e Vermittlung anbieten; sie hat ein ~es Wesen; Ihre ~en Worte □ amigável; afável; etwas ~ aufnehmen; jmdn. ~ aufnehmen, empfangen □ bem; calorosamente; einem Plan ~ gegenüberstehen □ *apoiar um plano; ser favorável a um plano; ~ sein gegen jmdn. ⟨veraltet⟩ □ *ser afável/gentil com alguém; die Freundliche in seinem Wesen □ *seu jeito amigável/gentil de ser; bitte, recht ~! (Aufforderung des Fotografen) □ *por favor, sorriam! ; sehr ~!, vielen Dank!; das ist sehr ~ von Ihnen; wie ~ von Ihnen!; besonders, sehr ~ zu jmdm. sein □ gentil; amável; seien Sie so ~, zu ... □ *tenha a bondade de... 2 *heiter, licht, ansprechend, heimelig;* ~e Farben wählen; eine ~e Gegend, Landschaft, Stadt, Umgebung, Wohnung; ~es Klima, Wetter □ alegre; agradável

Freund|schaft ⟨f.; -, -en⟩ *auf Zuneigung, Kameradschaft, Vertrauen, Treue gegründetes Verhältnis;* Ggs *Feindschaft;* Beweise der ~ geben; die ~ der Staaten, Völker; beim Geld, in Geldsachen hört die ~ auf □ amizade; die ~ aufstecken, kündigen ⟨umg.⟩ □ *ficar de mal; romper a amizade ; ~ halten, schließen □ *ficar amigo; travar amizade ; das nennt sich nun ~! ⟨umg.; iron.⟩ □ *isso é que é amizade! ; enge, herzliche, innige, langjährige, unverbrüchliche, wahre ~; ~ auf Leben und Tod; etwas aus ~ tun; in ~ verbunden sein □ amizade

freund|schaft|lich ⟨Adj.⟩ *auf Freundschaft beruhend, in Freundschaft, Herzlichkeit verbunden;* ein ~es Verhältnis □ amigável; jmdm. ~ verbunden sein □ por amizade; ~e Gefühle für jmdn. hegen □ de amizade; jmdm. einen ~en Rat geben □ *dar um conselho de amigo a alguém

Fre|vel ⟨m.; -s, -⟩ 1 *Entheiligung, Versündigung gegen göttliche od. menschliche Gesetze* □ sacrilégio 1.1 ⟨poet.⟩ *Verbrechen, Missetat;* ein kühner, unerhörter ~; einen ~ begehen, rächen □ delito 2 ⟨veraltet; Forstw.⟩ *Übertretung der Feld-, Forst- u. Jagdrechts;* Baum~, Forst~, Wild~ □ infração

fre|veln ⟨V. 413; geh.; veraltet⟩ 1 (an jmdm. od. etwas) ~ *einen Frevel begehen, sündigen, sich strafbar machen;* er hat schwer gefrevelt □ cometer uma delito/sacrilégio; atentar contra (alguma coisa/alguém) 1.1 gegen die Gesetze ~ *den G. zuwiderhandeln, die G. übertreten* □ *transgredir/violar as leis

Frie|de ⟨m.; -ns, -n; älter für⟩ *Frieden*

Frie|den ⟨m.; -s, -⟩ 1 ⟨unz.⟩ *politisch u. rechtlich geordneter Zustand innerhalb eines Staates, Stammes od. Gemeinwesens bzw. zwischen mehreren Staaten usw.;* Ggs *Krieg;* den ~ aufrechterhalten, erhalten, ersehnen, sichern; den ~ brechen, gefährden, stören; ~ bringen, schließen; ein dauerhafter, jahrzehntelanger, ungestörter ~; für den ~ eintreten, kämpfen; den Gegner um ~ bitten; ~ und Freiheit; Krieg und ~; ~ zwischen den Völkern □ paz 2 *Friedensschluss, -vertrag;* Westfälischer ~ (1648); wegen des ~s unterhandeln □ tratado de paz 3 ⟨unz.⟩ *Zustand ungestörter Ordnung u. Harmonie* 3.1 *Eintracht;* Ggs *Streit;* es herrscht (kein) ~; ~ stiften; er hat den ~ innerhalb unserer Familie gestört; häuslicher ~ □ paz; harmonia 3.1.1 mit jmdm. ~ halten *in Eintracht leben* □ *viver em paz com alguém 3.1.2 um des lieben ~s willen will ich es tun ⟨umg.⟩ *um Streit zu vermeiden* □ *quero fazê-lo para (poder) ter paz 3.1.3 seinen ~ mit Gott machen *sich in Gottes Willen fügen* □ *fazer as pazes com Deus 3.1.4 mit sich selber ~ machen *das innere Gleichgewicht wiederfinden* □ *fazer as pazes consigo mesmo 3.2 *Ruhe;* ~ einer Landschaft, der Natur; er kann keinen ~ finden □ paz; tranquilidade; das Kind gab keinen ~, bis es seinen Kopf durchgesetzt hatte □ sossego; lass mich in ~!; sie hat keinen ~ vor ihm; ~ seiner Asche (Grabspruch); er ruhe in ~! (Grabinschrift) □ paz 3.2.1 dem ~ nicht recht trauen ⟨umg.⟩ *der scheinbaren Ruhe* □ *ficar com a pulga atrás da orelha 3.2.2 der ewige ~ *Ruhe nach dem Tode;* zum ewigen ~ ein-, heimgegangen sein □ paz

Frie|dens|schluss ⟨m.; -es, -schlüs|se⟩ *Abschluss des Friedensvertrages* □ tratado de paz

fried|fer|tig ⟨Adj.⟩ *friedenswillig, verträglich, umgänglich;* er ist ein ~er Mensch □ de paz; tranquilo

Fried|hof ⟨m.; -(e)s, -hö|fe⟩ *(bes. christlicher) Begräbnisplatz, Ort, an dem Tote bestattet werden;* Wald~; der alte, neue, ein abgelegener ~; auf den ~ gehen □ cemitério

fried|lich ⟨Adj.⟩ 1 *krieglos, dem Frieden dienend;* eine ~e Nation; eine ~e Lösung anstreben; einen Konflikt auf ~em Wege bereinigen 1.1 ~e Nutzung der Kernenergie *nicht militärische Nutzung von K.* 1.2 *gewaltlos, streitlos;* einen Streit ~ beilegen; eine ~e Demonstration □ **pacífico 2** *von Frieden erfüllt, friedfertig, verträglich;* ein ~er Charakter, Mensch; eine ~e Atmosphäre; ~en Zeiten entgegensehen; ~ aussehen; ~e Leute, Zeiten □ **pacífico; tranquilo** 2.1 *(wohl tuend) ruhig, still, harmonisch;* eine ~e Landschaft, Gegend □ **tranquilo; sossegado;** ~ leben, sein □ **viver em paz; ser de paz;** nun sei doch endlich ~! ⟨umg.⟩ □ ***sossegue!***

frie|ren ⟨V. 140⟩ **1** ⟨400 od. 501⟩ *kalt sein, sich kalt fühlen, Kälte empfinden;* ich friere; es friert mich; mich friert; ich friere, mich friert an den Füßen, Händen □ **sentir frio;** mir ~ die Füße, Hände □ ***estou com os pés/as mãos gelado(a)s*** 1.1 ⟨413⟩ wie ein junger Hund, wie ein Schneider ~ ⟨umg.⟩ *sehr* ~ ***morrer de frio* 2** ⟨400⟩ **etwas** frieren *gefriert;* das Blut fror ihm in den Adern vor Entsetzen ⟨fig.⟩ □ **gelar** 2.1 das Fenster ist gefroren *mit einer dünnen Eisschicht bedeckt* □ **ficar coberto de gelo 3** ⟨401⟩ es friert *herrscht Frost;* es hat heute Nacht gefroren □ **gear** 3.1 ⟨401⟩ es friert heute Stein und Bein ⟨umg.⟩ *es herrscht strenger Frost* □ ***está um frio de rachar***

Fries ⟨m.; -es, -e⟩ **1** *flauschähnliches, geraues Wollgewebe* □ **frisa 2** ⟨Arch.⟩ *waagerechter ornamentaler od. figürlicher Zierstreifen zur Gliederung od. zum Schmuck einer Wand* □ **friso**

Frie|sel ⟨m. od. n.; -s, -n; meist Pl.; umg.⟩ *mit wässriger Flüssigkeit gefülltes Bläschen eines bei großer Hitze u. fieberhaften Erkrankungen auftretenden Hautausschlags, bes. an Stellen, wo stark geschwitzt wird* □ **pústula**

fri|gid ⟨Adj.; Med.⟩ *geschlechtlich nicht erregbar (von Frauen);* oV **frigide** □ **frígido**

Fri|gi|daire® ⟨[friʒidɛːr] od. [frigidɛːr] od. österr. [fridʒidɛːr] m.; -s, - od. m.; -s, -s⟩ **1** *Frigidär, Kühlschrank* □ **geladeira**

Fri|gi|där ⟨m.; -s, - od. m.; -s, -s⟩ *Kühlschrank;* → a. *Frigidaire®* □ **geladeira**

fri|gi|de ⟨Adj.⟩ = *frigid*

Fri|ka|del|le ⟨f.; -, -n⟩ *gebratenes Fleischklößchen;* Sy *Bulette* □ **almôndega**

Fri|kas|see ⟨n.; -s, -s; Kochk.⟩ *kleingeschnittenes helles Fleisch in heller Soße;* Hühner~, Kalbs~ □ **fricassê**

frisch ⟨Adj.⟩ **1** *neu;* der Anblick des ~en Grüns tut den Augen gut □ **fresco;** ~en Mut fassen □ ***encherse novamente de coragem;*** auf zu ~en Taten! □ ***mãos à obra!;*** das Haus ~ verputzen lassen □ **novamente** 1.1 ~en Datums *aus letzter Zeit* □ **recente** 1.2 von ~em/Frischem beginnen *von neuem, erneut* □ ***recomeçar*** 1.3 *gerade, eben erst (gemacht, getan, entstanden);* eine ~e Fährte, Spur finden □ **fresco, recente;** jmdn. auf ~er Tat ertappen □ ***pegar alguém em flagrante;*** die Wunde ist ganz ~ □ **recente;** Milch, ~ von der Kuh □ **fresco;** Bier, ~ vom Fass □ ***chope tirado na hora*** 1.4 *nicht verwischt, deutlich, gut erhalten;* die Farben sind noch ganz ~ □ **vivo;** ihr Schmerz ist noch ganz ~ □ **intenso;** es steht mir noch ~ in der Erinnerung; etwas ~ im Gedächtnis haben □ **fresco; vivo;** noch unter dem ~en Eindruck des Geschehenen stehen □ **vivo; nítido** 1.5 *nicht abgelagert, nicht abgestanden;* ~es Brot verträgt nicht jeder; ~e Brötchen, Eier; ~es Gemüse, Obst □ **fresco** 1.6 *sauber, rein, unbenutzt;* die Betten ~ beziehen; einen ~en Verband anlegen; ein ~es Hemd anziehen; ~e Wäsche □ **limpo** 1.7 *unverbraucht;* ~e Luft schöpfen □ **fresco; puro;** mit ~en Kräften; ~e Truppen an die Front werfen □ **renovado; novo;** ~es Wetter ⟨Bgb.⟩ □ **arejado 2** *munter, lebhaft, gesund;* ein ~es Aussehen haben □ **saudável;** ~ und munter sein □ ***estar bem disposto;*** ~ (und gesund) aussehen □ ***ter aparência saudável;*** ~, fromm, fröhlich (froh), frei (alter Turnerspruch) □ **fresco; bem disposto;** ~ auf! (ermunternder Zuruf; veraltet) □ ***vamos!; força!;*** ~ von der Leber weg (reden) □ ***falar abertamente/sem rodeios 3*** ⟨70⟩ *kühl;* das Wetter ist seit gestern reichlich ~; es ist ~ draußen; ein ~er Wind kommt auf □ **fresco 4** ⟨Getrennt- u. Zusammenschreibung⟩ 4.1 ~ gebacken = *frischgebacken* (I) 4.2 ~ gefallen = *frischgefallen* 4.3 ~ gestrichen = *frischgestrichen* 4.4 ~ gewaschen = *frischgewaschen*

Fri|sche ⟨f.; -; unz.⟩ **1** *Munterkeit, Lebhaftigkeit, Rüstigkeit;* seine alte ~ wiedererlangen; wir treffen uns am Montag in alter ~; körperliche u. geistige ~; sie beging ihren 90. Geburtstag in erstaunlicher ~ □ **vitalidade; vigor; animação 2** *erfrischende Kälte, Kühle;* herbe, belebende ~; die ~ der Nacht, des Waldes □ **frescor 3** *der Zustand des Frischseins;* ein Gesicht voll natürlicher, jugendlicher ~ □ **frescor; vitalidade**

fri|schen ⟨V.⟩ **1** ⟨500/Vr 7⟩ jmdn. od. etwas ~ ⟨poet.⟩ *erfrischen* □ **refrescar; reanimar 2** ⟨500⟩ Eisen ~ ⟨Met.⟩ *unedle Bestandteile durch Oxidation aus einer Eisenlegierung entfernen* □ **afinar; purificar 3** ⟨400⟩ eine Wildsau frischt ⟨Jägerspr.⟩ *bringt Frischlinge zur Welt* □ **dar cria 4** ⟨500/Vr 3⟩ das Schalenwild, der Hund frischt sich ⟨Jägerspr.⟩ *trinkt* □ **refrescar-se; beber**

frisch|ge|ba|cken auch: **frisch ge|ba|cken** ⟨Adj. 24⟩ **I** ⟨Zusammen- u. Getrenntschreibung⟩ *gerade erst gebacken;* ein ~es Brot □ **fresco II** ⟨nur Zusammenschreibung; fig.⟩ *gerade erst geworden;* ein frischgebackener Ehemann □ **recém-casado;** frischgebackener Handwerksmeister □ **recém-formado**

frisch|ge|fal|len auch: **frisch ge|fal|len** ⟨Adj. 24⟩ *soeben gefallen;* ~er Schnee □ **recém-caído; recente**

frisch|ge|stri|chen auch: **frisch ge|stri|chen** ⟨Adj. 24⟩ *soeben gestrichen;* eine ~e Wand □ **recém-pintado;** Vorsicht, ~! (Warnungsschild) □ **tinta fresca**

frisch|ge|wa|schen auch: **frisch ge|wa|schen** ⟨Adj. 24⟩ *soeben, vor kurzer Zeit gewaschen;* ~e Wäsche □ **recém-lavado**

Frisch|ling ⟨m.; -s, -e⟩ *junges Wildschwein im 1. Jahr* □ **filhote de javali**

frisch|weg ⟨['--] Adv.; umg.⟩ *offen, munter, ohne Scheu;* ~ reden, antworten □ **sem rodeios**

Fri|seur ⟨[-zøːr] m.; -s, -e⟩ = *Frisör*

Friseurin

Fri|seu|rin ⟨[-zøː-] f.; -, -rin|nen⟩ = Frisörin
Fri|seu|se ⟨[-zøːzə] f.; -, -n⟩ = Frisöse
fri|sie|ren ⟨V.⟩ **1** ⟨503/Vr 7 od. Vr 8 bzw. Vr 5 od. Vr 6⟩ jmdn. ~, jmdm. das Haar ~ jmdm. das Haar kämmen, formen □ pentear; arrumar **2** ⟨500⟩ etwas ~ ⟨fig.⟩ so ändern, dass es die gewünschte Wirkung erzielt **2.1** beschönigend überarbeiten; einen Bericht usw. ~ □ melhorar; maquiar **2.2** einen Motor ~ so umarbeiten, dass eine höhere Leistung erzielt wird □ turbinar; envenenar
Fri|sör ⟨m.; -s, -e; eindeutschend⟩ jmd., der beruflich anderen das Haar (männlichen Kunden auch den Bart) schneidet, pflegt u. in Form bringt, Haarschneider, -pfleger, -künstler; oV Friseur; Damen~, Herren~; zum ~ gehen □ cabeleireiro; barbeiro
Fri|sö|rin ⟨[-zøː-] f.; -, -rin|nen⟩ weibl. Frisör; oV Friseurin; Sy Frisöse □ cabeleireira
Fri|sö|se ⟨f.; -, -n; eindeutschend⟩ = Frisörin; oV Friseuse
Frist ⟨f.; -, -en⟩ **1** festgesetzter Zeitraum, Wartezeit; die ~ läuft heute ab; eine ~ bewilligen, geben, gewähren; nur noch wenige Tage ~ haben; eine ~ um zwei Tage verlängern; eine längere ~ verweigern; eine dreitägige, kurze, längere ~; die gesetzliche ~; etwas auf kurze ~ leihen; das Geliehene in kürzester ~ zurückgeben; eine ~ von drei Jahren, Monaten, Tagen, Wochen **2** festgesetzter Zeitpunkt, Termin; eine ~ bestimmen, festsetzen; die ~ einhalten, versäumen, verstreichen lassen; zu dieser ~ muss ich den Wechsel einlösen □ prazo
fris|ten ⟨V. 500⟩ **1** sein Leben, Dasein ~ mühsam hinbringen, erhalten □ *ir levando a vida com dificuldade **2** einen Wechsel ~ hinausschieben, aufhalten □ prorrogar; protelar
Fri|sur ⟨f.; -, -n⟩ Haartracht; Damen~ □ penteado
Fri|teu|se ⟨alte Schreibung für⟩ Fritteuse
fri|tie|ren ⟨alte Schreibung für⟩ frittieren
Frit|ta|te ⟨f.; -, -n; Kochk.⟩ (als Suppeneinlage in Streifen geschnittene) Eierkuchen, Omeletten; ~nsuppe □ fritada
frit|ten ⟨V. 500⟩ **1** pulverförmige od. körnige Materialien ~ schmelzen, damit sie aneinanderhaften □ fritar; fundir **2** ⟨regional⟩ fritieren □ fritar
Frit|teu|se ⟨[-tøːzə] f.; -, -n⟩ Topf, Gerät zum Frittieren □ frigideira
frit|tie|ren ⟨V. 500⟩ etwas ~ in heißem, schwimmendem Fett braten; Kroketten ~ □ fritar
Frit|tü|re ⟨f.; -, -n⟩ **1** heißes Fettbad zum Frittieren von Speisen **2** in heißem Fett gebratene Speise □ fritura
fri|vol ⟨[-voːl] Adj.⟩ **1** leichtfertig; sie ist eine ~e Person □ frívolo **2** zweideutig; eine ~e Bemerkung □ indecente; obsceno
froh ⟨Adj.⟩ **1** von Freude erfüllt, heiter, glücklich; ~e Feiertage, Ferien verleben □ bom; ~es Fest! (Glückwunsch zu Feiertagen) □ *boas festas! **1.1** ~en Mutes sein heiter gestimmt sein; er ist stets ~en Mutes □ *estar de bom humor **2** erleichtert, erfreut, beglückt; ich bin sehr ~, dass es so gekommen ist; darüber sind wir alle ~; ich bin über diese Lösung ~ □ feliz;

contente 1.3 ⟨m. Gen.⟩ glücklich (über den Besitz); er kann seines Lebens nicht ~ werden □ *ele não consegue aproveitar a vida **2** ⟨60⟩ erfreulich, Freude bereitend; ein ~es Ereignis feiern; eine ~e Kunde, Nachricht erhalten □ feliz; bom **2.1** ⟨60⟩ die ~e Botschaft das Evangelium □ *a boa notícia **3** ⟨Getrennt- u. Zusammenschreibung⟩ 3.1 ~ gelaunt = frohgelaunt
froh|ge|launt auch: **froh ge|launt** ⟨Adj. 24⟩ in froher Laune; ~e Menschen □ alegre; animado
fröh|lich ⟨Adj.⟩ heiter, unbeschwert, von Freude erfüllt, vergnügt; ein ~er Mensch; eine ~e Miene zeigen; in ~er Runde □ alegre; animado
froh|lo|cken ⟨V.; geh.⟩ **1** ⟨400⟩ jubeln, sich freuen; sie frohlockte, als sie ihn sah; sie haben zu früh frohlockt □ regozijar-se; exultar **1.1** ⟨600⟩ jmdm. ~ lobsingen, lobpreisen; frohlocket dem Herrn! □ louvar **1.2** ⟨800⟩ über jmds. Missgeschick, Niederlage ~ schadenfroh triumphieren □ triunfar; vangloriar-se
fromm ⟨Adj. 23⟩ **1** gottesfürchtig, gläubig; ein ~er Mensch, Christ □ devoto; temente a Deus **2** sanft, leicht lenkbar, gehorsam; ein ~er Gaul □ obediente; dócil **3** ⟨60⟩ in guter Absicht geschehend; ein ~er Betrug, eine ~e Lüge □ inofensivo; inocente **3.1** ein ~er Wunsch ein wohlmeinender, aber aussichtsloser W. □ *um castelo de vento **4** ⟨veraltet⟩ tüchtig, brav; ein ~er Bürger □ de bem
fröm|meln ⟨V. 400; abwertend⟩ übertrieben fromm tun, Frömmigkeit zur Schau stellen □ fazer-se beato; fingir devoção
Fron ⟨f.; -, -en⟩ **1** dem Lehnsherrn zu leistende Arbeit, Arbeit des Leibeigenen; in der ~ sein **2** ⟨fig.⟩ unbeliebte, erzwungene, harte, mühsame Arbeit □ corveia; trabalho forçado
frö|nen ⟨V. 600⟩ einem Laster, einer Leidenschaft ~ ⟨geh.⟩ sich ihm, ihr rückhaltlos hingeben; er hat dem Alkohol gefrönt □ entregar-se; render-se
Fron|leich|nam ⟨m.; -s; unz.⟩ Festtag zur Feier der Wandlung von Brot u. Wein in Leib u. Blut Christi am Donnerstag nach Trinitatis □ Corpus Christi
Front ⟨f.; -, -en⟩ **1** Vorderseite, Stirnseite; die ~ eines Hauses, einer angetretenen Truppe; die ~ (einer Ehrenkompanie) abschreiten; vor der ~ einer Truppe stehen **1.1** der Sprinter lag bald in ~ an der Spitze **1.2** ~ machen sich jmdm. zuwenden u. Haltung annehmen (als Ehrenbezeigung) □ *pôr-se em sentido **1.3** gegen jmdn. od. etwas ~ machen sich wehren gegen, sich widersetzen □ *fazer frente contra alguém ou alguma coisa **2** Ggs Etappe **2.1** die dem Feind zugekehrte Seite einer Truppenaufstellung, Kampfgebiet; die Soldaten an der ~; jmdn. hinter die ~ abkommandieren; Krieg nach zwei ~en führen □ frente **2.2** die kämpfende Truppe □ (linha de) frente; linha de combate **3** Einheit einer Gruppe von Personen; einer geschlossenen ~ gegenüberstehen; die ~ der Arbeiter u. Bauern **3.1** politischer Block; Arbeiter~, Eiserne ~, Rote ~ **4** ⟨Meteor.⟩ Grenzfläche von Luftmassen; Kalt~, Warm~ □ frente
fron|tal ⟨Adj. 24⟩ **1** an der Stirnseite befindlich **2** von der Stirnseite kommend, von vorn □ frontal **2.1** ~ er

Zusammenstoß *Zusammenstoß von zwei aus entgegengesetzten Richtungen kommenden Fahrzeugen* □ *batida de frente

Frosch ⟨m.; -(e)s, Frö|sche⟩ **1** *glatthäutiger, langbeiniger, springender Froschlurch;* die Frösche quakten □ **rã** **1.1** *du wirst Frösche in den Bauch kriegen* ⟨umg.; scherzh.⟩ *du trinkst zu viel Wasser* □ *você vai se afogar de tanto beber água* **1.2** *bläst sich auf wie ein ~* ⟨umg.⟩ *spreizt sich, prahlt* □ *ele fica se vangloriando/pavoneando* **1.3** *sei kein ~!* ⟨umg.⟩ *kein Spielverderber, zier dich nicht u. mach mit!* □ *deixe de ser desmancha-prazeres!* **1.4** *einen ~ im Hals haben* ⟨fig.; umg.⟩ *heiser sein* □ *estar rouco/com pigarro* **1.5** *Echter ~* ⟨Zool.⟩ *Angehöriger einer Familie der Froschlurche, zu der die Braun- u. Wasserfrösche zählen: Ranidae* □ *ranídeos* **2** *Ding, dessen äußere Form an einen Frosch(1) erinnert* □ *objeto ranino; forma ranina* **2.1** *in Hüpfbewegungen abbrennender, mehrmals knallender Feuerwerkskörper;* Knall~ □ *petardo* **2.2** ⟨Arch.⟩ *Stütze für einen Balken* □ *suporte; apoio* **2.3** ⟨Bgb.; früher⟩ *Öllampe der Bergleute* □ *lampião* **2.4** ⟨Textilw.⟩ *Endsteg am Webstuhl* □ *guarda do pente* **2.5** ⟨Mus.⟩ *verstellbare Platte am Griffende des Bogens der Streichinstrumente* □ *forqueta* **2.6** *über den Fassboden hinausragender Teil der Dauben* □ *saliência; ressalto* **2.7** *Explosionsstampfer,* Ramme □ *bate-estacas de explosão* **2.8** ⟨Typ.⟩ *Vorrichtung zum Einstellen der Zeilenlänge am Winkelhaken* □ *suporte de matriz*

Frosch|per|spek|ti|ve auch: **Frosch|pers|pek|ti|ve** ⟨f.; -; unz.⟩ **1** *Ansicht von einem tief gelegenen Blickpunkt aus, von unten her; etwas aus der ~ fotografieren* **1.1** *etwas aus der ~ betrachten von einem untergeordneten Standpunkt aus* □ *perspectiva inferior; visão de baixo para cima*

Frost ⟨m.; -(e)s, Frös|te⟩ **1** *Temperatur unter dem Gefrierpunkt sowie die dabei auftretenden Vorgänge, z. B. Frostschäden;* Nacht~, Herbst~, Boden~, ~gare; *die Pflanzen haben ~ abbekommen, bekommen; der erste ~ in diesem Jahr; anhaltender, heftiger, klirrender, strenger ~; die Pflanzen haben durch den ~ gelitten; der ~ steckt noch im Boden* □ **geada**; *vor ~ zittern* □ *tremer de frio* **2** ⟨fig.⟩ *Empfindung heftiger Kälte;* Schüttel~; *der Kranke wurde von ~ geschüttelt* □ *calafrio; arrepio*

frost|be|stän|dig ⟨Adj. 24⟩ *vom Frost geschädigt werdend;* ~ *e Pflanzen, Bäume* □ *resistente à geada*

frös|teln ⟨V.⟩ **1** ⟨500; unpersönl.⟩ **jmdn.** *fröstelt (es) jmd. friert leicht; mich fröstelt (es); bei diesem Gedanken hat (es) ihn gefröstelt* ⟨fig.⟩ □ *ter calafrio/arrepio* **2** ⟨400⟩ *vor Kälte zittern; sie fröstelte in ihrem dünnen Kleid* □ *tremer de frio;* ich fröstele am ganzen Körper, vor Müdigkeit, Angst □ *tremer;* ficar arrepiado; *~d stand sie im Regen* □ *tremendo*; *ein leichtes Frösteln* □ *arrepio; calafrio*

fros|ten ⟨V.⟩ **1** ⟨500⟩ *etwas ~ zum Gefrieren bringen, zur Konservierung einfrieren; Gemüse, Obst ~* □ *congelar* **2** ⟨401⟩ *es frostet* ⟨selten⟩ *es friert* □ *gear*

fros|tig ⟨Adj.⟩ **1** ⟨70⟩ *kalt, zu Frost neigend; ~es Wetter; eine ~e Nacht, Luft* □ *gelado; muito frio* **2** ⟨fig.⟩ *betont zurückhaltend, kühl, unfreundlich; ein ~er Blick, Empfang* □ *frio*; *jmdn. ~ grüßen; jmdm. ~ begegnen* □ *friamente*

Frot|té ⟨a. [-teː] n.; -s, -s od. m.; -s, -s; schweiz.; Textilw.⟩ *Frottee* □ *pano turco*

Frot|tee ⟨a. [-teː] n.; -s, -s od. m.; -s, -s; Textilw.⟩ *Gewebe mit gekräuselter Oberfläche;* oV ⟨schweiz.; österr.⟩ *Frotté* □ *pano turco*

frot|tie|ren ⟨V. 500⟩ **jmdn.** (od. einen **Körperteil**) *~ (mit einem Handtuch) reibend trocknen, abtrocknen; die Beine, den Rücken ~* □ *esfregar; secar*

frot|zeln ⟨V. 400; umg.⟩ *spotten, necken, spöttischscherzhafte Bemerkungen machen; sie frotzelten den ganzen Abend über seine neue Freundin* □ *zombar; tirar sarro*

Frucht ⟨f.; -, Früch|te⟩ **1** *aus Samen u. dessen Hülle bestehendes pflanzliches Produkt; die Früchte des Feldes, unseres Gartens, des Landes; Früchte einfrieren, einkochen, einmachen, einwecken, entsaften, konservieren; eine große, saftige, reife, süße, wohlschmeckende ~; Früchte aus dem eigenen Garten* □ *fruto; fruta* **1.1** *reiche ~ tragen sehr ergiebig sein; die Bäume, Sträucher tragen reiche ~* □ *ser fértil; dar muitos frutos* **1.2** *eine ~ der Liebe* ⟨fig.; geh.⟩ *ein Kind* □ *fruto* **1.3** *verbotene Früchte* ⟨fig.; geh.⟩ *unerlaubte Genüsse* □ *prazeres proibidos* **1.4** ⟨Bot.⟩ *das nach der Befruchtung aus dem Fruchtknoten der bedecktsamigen Pflanzen gebildete Organ, das die (od. den) Samen bis zur Reife umschließt u. dann ihrer Verbreitung dient* □ *fruto; fruta* **2** ⟨unz.⟩ *Getreide; die ~ steht (dieses Jahr, in diesem Jahr) gut* □ *grão; cereal* **3** *in der Gebärmutter heranwachsender Keim;* Leibes~ □ *embrião; feto* **4** ⟨geh.⟩ *Ertrag, Ergebnis; die Früchte der Arbeit, des Fleißes, des Leichtsinns, der Mühe, des Studiums ernten; als ~ langer Verhandlungen kam der Vertrag zustande* □ *fruto; resultado*

frucht|bar ⟨Adj.⟩ **1** ⟨70⟩ *reiche Frucht bringend, ertragreich;* ~*er Boden;* ~*e Erde; dieses Land ist sehr ~* □ *fértil; frutífero* **2** *fähig, Frucht zu tragen, zahlreiche Nachkommenschaft zur Welt zu bringen; Kaninchen sind sehr ~* □ *fértil; fecundo* **3** ⟨fig.⟩ *erfolgreich, nützlich; eine ~e Arbeit; dieser Gedanke ist ~* □ *útil; proveitoso*

fruch|ten ⟨V. 402⟩ **1** *nützen, helfen, bewirken; es fruchtet nichts; alle Mahnungen haben nichts gefruchtet; etwas fruchtet (wenig, nicht) bei jmdm.* □ *ajudar; adiantar; produzir efeito* **2** *eine Pflanze fruchtet* ⟨Bot.⟩ *trägt Früchte* □ *frutificar; dar frutos*

Frucht|fleisch ⟨n.; -(e)s; unz.⟩ *der den Samen umgebende essbare Teil einer Frucht; das wohlschmeckende, saftige ~ eines Pfirsichs* □ *polpa*

fruch|tig ⟨Adj.⟩ **1** *stark nach der Frucht schmeckend* **1.1** *aromatisch schmeckend; herb~, voll~; ein ~er Wein* □ *frutado*

Frucht|kno|ten ⟨m.; -s, -; Bot.⟩ *Blütenorgan der Bedecktsamer, das die Samenanlage(n) enthält* □ *ovário*

frucht|los ⟨Adj.⟩ **1** *keine Frucht bringend, unfruchtbar* □ *infrutífero; infecundo* **2** ⟨fig.⟩ *nutzlos, keinen Erfolg bringend;* ~*e Anstrengung, Bemühung; etwas ~ versuchen; seine Bitten blieben ~* □ *inútil; vão*

Fruc|to|se ⟨f.; -; unz.; fachsprachl.⟩ = *Fruktose*

fru|gal ⟨Adj.; geh.⟩ *einfach, bescheiden, genügsam;* eine ~e Mahlzeit ☐ frugal

früh ⟨Adj.⟩ **1** *am Beginn eines Zeitabschnitts liegend, zeitig;* Ggs *spät;* der ~e Morgen ☐ cedo; dieses Drama ist ein ~es Werk des Dichters ☐ *esse drama é uma das primeiras obras do escritor;* am ~en Morgen ☐ *de manhã cedo; de madrugada;* im ~en, ~esten Altertum ☐ *nos primórdios da Antiguidade;* in ~er, ~ester Jugend; seit ~ester Jugend; von ~ Jugend, Kindheit an; das kenne ich von ~er her ☐ desde pequeno/criança; es ist noch ~ am Tage; es ist noch sehr ~; ~ aufstehen; ich habe es schon ~ erfahren; wir kommen noch ~ genug; möglichst ~ (kommen, gehen, wegfahren); so ~ wie möglich; zu ~ kommen; es ist noch zu ~; er ist viel ~er gekommen, als ich dachte; je ~er, desto besser, desto lieber ☐ cedo; ~ im Jahr ☐ *no começo do ano;* zu ~er Stunde ☐ *nas primeiras horas* **1.1** meine ~esten Erinnerungen *meine ersten E.* ☐ primeiro **1.2** da musst du ~er aufstehen! ⟨umg.⟩ *da musst du besser aufpassen, schneller sein* ☐ *você tem de ficar esperto!* **1.3** von ~ an *von Jugend an;* ich habe es von ~ an gelernt ☐ *desde pequeno* **1.4** ~er oder später *einmal jedenfalls;* ~er oder später muss ich es doch tun ☐ *mais cedo ou mais tarde* **2** *vorzeitig, zeitiger als erwartet (stattfindend, eintretend);* ~es Alter; ein ~er Bote des Frühlings; ~es Obst; ~e Reife; ein ~er Tod; ~ sterben ☐ precoce(mente) **2.1** ein ~es Grab finden ⟨geh.⟩ *jung sterben* **2.2** ihm war ein ~es Grab bereitet ⟨poet.⟩ *er starb in jungen Jahren* ☐ *encontrar a morte antes da hora; morrer jovem* **3** ⟨50⟩ *am Morgen, morgens;* um vier Uhr ~; gestern ~/Früh; heute ~/Früh; morgen ~/ Früh; am Montag ~ ☐ de manhã **3.1** von ~ bis spät *den ganzen Tag;* er arbeitet von ~ bis spät ☐ *o dia inteiro; desde cedo* **4** (Getrennt- u. Zusammenschreibung) **4.1** ~ verstorben = *frühverstorben*

früh|auf ⟨Adv.⟩ von ~ *von der Kinderzeit, von der Jugendzeit an;* von ~ hatte sie eine enge Beziehung zu ihrer Großmutter ☐ desde cedo; desde criança

Frü|he ⟨f.; -; unz.⟩ **1** *Beginn eines Zeitabschnitts, Frühzeit* **1.1** *früher Morgen, Tagesanbruch;* wir brachen in aller ~ auf; das erledige ich in der ~ ☐ de madrugada; de manhã cedo

frü|her ⟨Adj.⟩ **1** ⟨Komparativ von⟩ *früh* ☐ antes; mais cedo **2** *zurückliegend, vergangen;* in ~en Fällen, in ~en Zeiten ☐ anterior; passado **2.1** *ehemalig, einstig;* ein ~er Freund von mir ☐ velho; antigo; der ~e Kaiser, Minister ☐ ex ⟨50⟩ *damals, ehemals, einst;* ~ besaß er mehrere Häuser; ich war ~ oft dort; das habe ich schon ~ immer getan; wir kennen uns von ~ (her); es ist alles noch wie ~ ☐ antigamente; antes

frü|hes|tens ⟨Adv.⟩ *nicht eher als;* ~ morgen; ~ in einer Woche ☐ não antes de; só

Früh|ge|burt ⟨f.; -, -en⟩ **1** *vorzeitige Geburt eines lebensfähigen Kindes (vor Ablauf der neun Monate dauernden Schwangerschaft)* ☐ parto prematuro **2** *das (zu) früh geborene Kind selbst* ☐ prematuro

Früh|jahr ⟨n.; -(e)s; unz.⟩ = *Frühling(1)*

Früh|ling ⟨m.; -s, -e⟩ **1** *Jahreszeit (des Wachstums) vom 21. März bis 21. Juni (auf der nördlichen Halbkugel);* Sy *Frühjahr;* ein warmer, kalter, nasser ~; es ist bald ~; der ~ beginnt **2** ⟨fig.⟩ *Zeit der Jugend, des Sprossens u. Wachsens, Aufschwung;* die Kunst, die Wirtschaft erlebten einen neuen ~; er steht im ~ seiner Jahre, des Lebens ☐ primavera

Früh|stück ⟨n.; -s, -e⟩ **1** *Mahlzeit, die man am Morgen zu sich nimmt* ☐ café da manhã **1.1** *erstes ~ erste Mahlzeit am Tag* ☐ *café da manhã* **1.2** *zweites ~ Zwischenmahlzeit am Vormittag zwischen erstem Frühstück u. Mittagessen* ☐ *lanche

früh|stü|cken ⟨V. 400⟩ *das Frühstück einnehmen;* wir ~ gerade; hast du schon gefrühstückt? ☐ tomar o café da manhã

früh|ver|stor|ben *auch:* **früh ver|stor|ben** ⟨Adj. 24/60⟩ *zu einem frühen Zeitpunkt, in jungen Jahren gestorben;* seine ~en Eltern ☐ que morreu cedo/jovem

früh|zei|tig ⟨Adj.⟩ **1** *früh, zu einem frühen Zeitpunkt, rechtzeitig;* du musst ~ am Bahnhof sein, damit du dir noch eine Fahrkarte kaufen kannst ☐ cedo; com antecedência **2** *vorzeitig;* er hat ~ graue Haare bekommen; sie ist ~ gebrechlich geworden ☐ precocemente

Fruk|to|se ⟨f.; unz.⟩ *Fruchtzucker;* oV *Fructose* ☐ frutose

Frus|tra|ti|on ⟨f.; -, -en⟩ *(durch Misserfolg od. Nichtbefriedigung von Bedürfnissen od. Erwartungen hervorgerufene) Enttäuschung;* seine langjährige Arbeitslosigkeit hat bei ihm zu großer ~en geführt ☐ frustração

frus|trie|ren *auch:* **frust|rie|ren** ⟨V. 500⟩ **1** jmdn. ~ **1.1** ⟨Psych.⟩ *jmdm. die Befriedigung eines Bedürfnisses versagen, jmdn. enttäuschen;* das Verhalten seiner Mitschüler hat ihn frustriert ☐ frustrar **1.2** *frustriert sein* ⟨umg.⟩ *enttäuscht, mutlos sein;* er ist sehr frustriert, weil ihn seine Freundin verlassen hat ☐ sentir-se frustrado

Fuchs ⟨[-ks] m.; -es, Füch|se⟩ **1** *Angehöriger einer Gruppe fast über die ganze Erde verbreiteter, hundeartiger Raubtiere, die kleinere bis mittlere Wirbeltiere, Insekten, Früchte u. auch Aas fressen: Vulpinae* ☐ raposa **1.1** wo die Füchse (od.: Fuchs u. Hase) sich gute Nacht sagen ⟨fig.⟩ *an einsamem, weit entferntem Ort* ☐ *onde Judas perdeu as botas* **1.2** ~ im eigenen Bau ⟨a. fig.; umg.⟩ *Hausherr* ☐ *no seu meio; em casa* **1.3** *das Fell eines Fuchses(1)* **2** ⟨fig.⟩ *schlauer, listiger Mensch;* er ist ein (alter) ~; ein schlauer ~ ☐ raposa **3** *einer Verbindung angehörender Student im ersten u. zweiten Semester* ☐ calouro **4** *Pferd mit (rot)braunem Fell, Schweif u. Mähnenhaar* ☐ alazão **5** *Tagfalter aus der Gruppe der Zackenfalter mit rötlich gefleckten Flügeln* **5.1** *Kleiner ~: Vanessa urticae* **5.2** *Großer ~: Nymphalis polychloros* ☐ borboleta com asas avermelhadas **6** ⟨Astron.⟩ *Sternbild des nördlichen Himmels* ☐ Raposa **7** ⟨Tech.⟩ *schwach ansteigender Kanal zwischen Feuerung u. Schornstein* ☐ cano condutor de fumo

fuch|sen ⟨[-ks-] V. 500⟩ etwas fuchst jmdn. ⟨umg.⟩ etwas ärgert jmdn., lässt jmdn. keine Ruhe □ **irritar; aborrecer**

Fuch|sie ⟨[fʊksjə] f.; -, -si|en; Bot.⟩ Angehörige einer Gattung strauchartiger Nachtkerzengewächse in Zentral- u. Südamerika, beliebte Zierpflanze mit mehrfarbigen (roten, rosa, weißen od. violetten) hängenden Blüten □ **fúcsia**

Fuchs|jagd ⟨[-ks-] f.; -, -en⟩ **1** Jagd auf Füchse mit Hundemeute u. meist zu Pferde **2** ⟨fig.⟩ bei Reitern, Skifahrern u. Waldläufern beliebte Veranstaltung, bei der ein Teilnehmer, der „Fuchs", der mit einem gewissen Vorsprung aufbricht, von den übrigen, der „Meute", verfolgt wird □ **caça à raposa**

Fuchs|schwanz ⟨[-ks-] m.; -es, -schwän|ze⟩ **1** ⟨Jägerspr.⟩ Schwanz des Fuchses; bei der Reitjagd um den ~ reiten □ **cauda da raposa 2** ⟨Tech.⟩ kurze, einseitig an einem Handgriff befestigte Säge □ **serrote de mão 3** ⟨Bot.⟩ Angehöriger einer Gattung der Süßgräser mit mehr od. weniger zusammengewachsenen Spelzen: Alopecurus □ **alopecuro 4** ⟨Bot.⟩ Angehöriger einer Gattung der Fuchsschwanzgewächse, deren winzige, aber sehr zahlreiche Blüten in Ähren od. Rispen herabhängen: Amaranthus □ **amaranto**

Fuch|tel ⟨f.; -, -n⟩ **1** Degen mit einer breiten Klinge zum flachen Schlagen □ **adaga; espada 2** ⟨unz.; nur in den Wendungen⟩ **2.1** jmdn. unter der ~ haben, halten ⟨fig.; umg.⟩ jmdn. beherrschen □ ***ter alguém na palma da mão 2.2** unter jmds. ~ stehen, leben, sein ⟨fig.; umg.⟩ unter jmds. strenger Aufsicht □ ***estar nas mãos de alguém**

fuch|teln ⟨V. 416⟩ mit den Armen od. einem Gegenstand ~ ⟨umg.⟩ die Arme od. einen Gegenstand heftig in der Luft herumbewegen; er fuchtelte wie wild mit dem Stock □ **agitar; brandir**

Fu|der ⟨n.; -s, -⟩ **1** altes Raummaß, entspricht etwa der Ladung eines zweispännigen Wagens, Fuhre; vier ~ Heu einfahren □ **carrada 1.1** ⟨fig.; umg.⟩ große Menge; du hast ja ein ~ Dreck auf dem Kopf □ **monte 2** altes Flüssigkeitsmaß (zwischen 750-1.950 l), bes. für Wein; ein ~ Wein beträgt am Rhein 1.200 l, an der Mosel 1.000 l □ **tonel 3** altes Festkörpermaß, bes. für Erz □ **Fuder**

Fug ⟨m.; veraltet⟩ mit ~ und Recht mit voller Berechtigung; etwas mit ~ und Recht behaupten □ ***com toda a razão**

Fu|ge¹ ⟨f.; -, -n⟩ **1** ⟨Bauw.⟩ ein hohler od. mit einem Binde- od. Dichtungsmittel gefüllter Raum zwischen zwei aneinanderliegenden Elementen gleichen od. verschiedenen Materials, z. B. Mauersteinen, Holzbalken usw.; eine breite, schmale ~; die waagerechte ~ im Mauerwerk heißt Lager~, die senkrechte ~ heißt Stoß~ □ **junta; fenda 1.1** aus den ~n gehen, geraten ⟨a. fig.⟩ auseinandergehen, entzweigehen (von Teilen, die zusammengehören) □ ***desunir-se; sair dos eixos 1.1.1** die Welt ist aus den ~n ist entsetzt, durcheinander □ ***o mundo está de pernas para o ar 1.2** in allen ~n krachen ⟨fig.; umg.⟩ starke Auflösungserscheinungen zeigen □ ***desmantelar(-se) de todos os lados**

Fu|ge² ⟨f.; -, -n; Mus.⟩ nach strengen Regeln aufgebautes Musikstück, bei dem ein Thema nacheinander durch alle Stimmen geführt wird, meist im Quart- od. Quintabstand □ **fuga**

fu|gen ⟨V. 500⟩ Bauteile ~ ⟨Bauw.⟩ zusammenfügen, -schließen, miteinander verbinden, fest aneinandersetzen; er hat die Balken, Bretter gefugt □ **juntar; unir**

fü|gen ⟨V. 500⟩ **1** etwas ~ zusammensetzen; diesen Satz muss ich etwas anders ~ □ **dispor; compor 1.1** ⟨511⟩ etwas an, auf etwas ~ aneinander- od. aufeinanderpassen, passend aneinander- od. aufeinandersetzen; ein Wort an ein anderes ~; einen Balken, Stein auf einen anderen ~ □ **encaixar; ajustar 2** etwas ~ ⟨geh.⟩ verhängen, geschehen machen, bewirken; das Schicksal hat es so gefügt; der Zufall fügte es, dass ich ihn auf dem Bahnhof traf □ ***quis o destino/acaso... 2.1** ⟨Vr 3⟩ es fügt sich es geschieht (zufällig od. beabsichtigt); es fügte sich, dass ...; es hat sich so gefügt □ **ocorrer; acontecer 3** ⟨Vr 3⟩ sich ~ ⟨geh.⟩ tun, was verlangt wird, nachgeben, gehorchen; sich jmdm. ~; sich jmds. Anordnungen, jmds. Willen ~ □ ***submeter-se; sujeitar-se 3.1** ⟨550⟩ sich in etwas ~ etwas hinnehmen, sich dareinschicken; sich ins Unvermeidliche ~ □ ***conformar-se com alguma coisa; aceitar alguma coisa**

füg|sam ⟨Adj.⟩ gefügig, sich leicht fügend, gehorsam, anpassungsfähig; ein ~es Kind; er ist ~; jmdn. ~ machen □ **dócil; flexível; obediente**

Fü|gung ⟨f.; -, -en⟩ **1** das Sichfügen □ **junção 2** Gunst des Schicksals; eine ~ des Schicksals; durch eine glückliche ~ trafen wir uns wieder; durch eine gnädige ~ entging er dem Tode □ **acaso; coincidência 3** ⟨Gramm.⟩ zusammengehörige, als Einheit empfundene Wortgruppe; eine präpositionale, syntaktische ~ □ **construção**

füh|len ⟨V.⟩ **1** ⟨500⟩ etwas ~ körperlich (mit dem Tastsinn) wahrnehmen; eine Berührung ~; Hunger, Durst ~; Kälte, Hitze ~; einen bohrenden Schmerz, einen Stich, einen Schlag ~; ich fühlte die kalte Mauer durch die Kleider hindurch □ **sentir 1.1** tastend prüfen; jmdm. den Puls ~ □ **tirar; tomar 1.2** ⟨411⟩ nach etwas ~ tasten; er fühlte nach dem Geld in seiner Tasche □ ***procurar alguma coisa tateando 2** ⟨500⟩ etwas ~ seelisch empfinden; Schmerz, Freude ~; ich fühle, dass er mir nicht vertraut; fühlst du nicht den Unterschied? □ **sentir; perceber**; er ließ es dich ~, dass er sich über dich geärgert hat; sie ließ ihn ihre Enttäuschung, ihren Ärger ~ □ **dar a entender**; Liebe, Hass für jmdn. ~; die Berufung zum Arzt in sich ~ □ **sentir**; ich fühle (deinen Schmerz) mit dir □ **compartilhar 3** ⟨400⟩ körperliches Empfinden, seelische Regungen haben; jedes Lebewesen fühlt □ **ter sentimentos**; ein ~des Herz haben □ **sensível 4** ⟨513/Vr 3⟩ sich ... ~ sich in einem bestimmten seelischen Zustand befinden, sich für etwas halten; sich angesprochen, getroffen ~; sich beleidigt, verletzt ~; sich angenehm, unangenehm berührt ~; sich besser, schlechter ~; sich fremd (in einer neuen Umgebung) ~; sich glücklich ~; sich heimisch ~; sich krank ~; sich schuldig, unschuldig ~; sich stark

Fühler

genug ~, etwas zu tun; sich verpflichtet ~, etwas zu tun; sich für etwas, für jmdn. verantwortlich ~; wie ~ Sie sich?; sich wie zu Hause ~ 4.1 ⟨500/Vr 3 + Part. Perf.⟩ sich zum Künstler, Dichter usw. berufen ~ *glauben, dass man dafür geboren ist*, K., D. zu werden □ *sentir-se 4.2 ⟨500; umg.; häufig abwertend⟩ *stolz sein, sich wichtig vorkommen;* er fühlt sich □ *achar-se (importante)

Füh|ler ⟨Pl.; Zool.⟩ 1 ⟨Zool.⟩ *paarige Kopfanhänge von Gliederfüßern, Würmern u. Schnecken, die mit Sinnesorganen des Tast-, Geruchs- u. Geschmackssinnes besetzt sind* □ antena 2 *seine, die ~ ausstrecken* ⟨fig.⟩ *etwas vorsichtig, ohne Aufsehen erkunden, zu erfahren suchen* □ *ficar de antena ligada

Füh|lung ⟨f.; -; unz.⟩ *Berührung, Verbindung; Tuch~; mit jmdm. ~ aufnehmen, behalten, die ~ (nicht) verlieren (mit jmdm.); mit jmdm. in ~ bleiben* □ contato

Fuh|re ⟨f.; -, -n⟩ 1 *Wagen, Auto, Fuhrwerk mit Ladung;* eine ~ Heu, Kartoffeln, Holz, Kohlen □ carro; carrada 2 *Ladung, Wagenlast; der Wagen hat eine ~ Sand geladen; wir haben zwei ~n Heu bekommen* □ carga; carregamento 2.1 *eine lustige ~ ein Wagen voller lustiger Leute* □ *um carro animado 3 *Fahrt, Transport von jmdm. od. etwas mit dem Wagen; die erste ~ Kinder wird jetzt nach Hause gefahren* □ viagem/transporte (de carro)

füh|ren ⟨V.⟩ 1 ⟨500⟩ **jmdn. ~** *leiten, lenken* 1.1 *jmdn. den Weg zeigen, indem man ihn begleitet;* einen Besucher, Fremden durch die Stadt, durch ein Museum ~ □ conduzir; guiar 1.2 ⟨413 od. 510⟩ (**jmdn. od. ein Tier**) ~ *veranlassen mitzugehen;* jmdn. am Arm, an der Hand ~; eine Dame zu Tisch ~; jmdn. ins Café ~; er führt gut, sicher (erg.: seine Partnerin, Tänzerin; beim Tanzen); Vieh auf die Weide ~ □ conduzir; acompanhar; jmdn. ins Verderben ~ □ *levar alguém à ruína 1.2.1 ⟨510⟩ jmdn. in Versuchung ~ *zu etwas zu verleiten suchen* □ *tentar/instigar alguém 1.2.2 ⟨511⟩ *was führt dich zu mir? was veranlasst dich, zu mir zu kommen?* □ *o que o traz aqui? 2 ⟨513/Vr 3⟩ **sich gut (schlecht) ~** *sich benehmen, sich betragen;* er hat sich tadellos geführt □ *comportar-se bem/mal 3 ⟨500⟩ **etwas ~** *befehligen, verantwortlich leiten;* eine Armee, ein Regiment ~; ein Geschäft ~; eine Verhandlung ~ □ conduzir; comandar 3.1 ~d *leitend, maßgebend;* eine ~de Persönlichkeit; eine ~de Rolle (in der Öffentlichkeit, in einem Unternehmen) spielen; ein ~der deutscher Schriftsteller; die ~de Stelle einnehmen; eine ~de Zeitung □ dirigente; eminente 4 ⟨400⟩ *der Erste sein, an der Spitze stehen, liegen;* er will immer ~; beim Rennen ~ □ ser o primeiro; estar na frente 5 ⟨500⟩ **etwas ~** *lenken, in eine bestimmte Richtung bewegen, an ein Ziel bringen;* die Hand, zwei Finger an den Hut, an die Mütze ~ (beim Gruß); den Löffel zum Mund ~ □ levar; einem Kind (beim Malen, Schreiben) die Hand ~ □ guiar; conduzir; einen Hieb, Stoß (gegen jmdn.) ~ □ dar; ein Unternehmen zum Erfolg ~; eine Arbeit zu Ende ~ □ levar 5.1 ⟨511⟩ *in seinem Verlauf festlegen, errichten;* ein Gebäude in die Höhe ~; eine Mauer um den Garten ~ □ erguer; erigir 5.2 *ein Fahrzeug, Flugzeug ~ lenken, steuern;* ein Schiff ~ □ conduzir; pilotar 5.3 *ein Werkzeug ~ handhaben, gebrauchen;* den Bogen weich, sicher ~ (beim Spielen eines Streichinstruments) □ manejar 6 ⟨410 od. 411⟩ **etwas führt in eine bestimmte Richtung** ⟨a. fig.⟩ *verläuft in einer bestimmten R., ist wohin gerichtet;* über den Bach führt ein schmaler Steg; dieser Weg führt (nicht) zum Ziel; wohin führt dieser Weg?; die Tür führt auf den Hof, auf die Straße □ levar; dar para 6.1 *das würde zu weit ~ das würde uns zu weit vom Thema abbringen* □ *isso nos desviaria muito (do tema) 6.2 *wohin soll das ~? was soll daraus werden?* □ *aonde isso vai dar? 6.3 ⟨800⟩ *etwas führt zu etwas bringt etwas hervor, hat ein bestimmtes Ergebnis;* das führt zu nichts □ levar 7 ⟨505⟩ *etwas ~* (**bei od. mit sich**) ~ *(bei sich) haben, (bei sich) tragen;* das Schiff führt Kohle, Öl (als Ladung mit sich); das Schiff führt Passagiere u. Fracht □ levar; transportar; der Zug führt Speise- u. Schlafwagen (mit sich) □ ter; possuir; einen Ausweis bei sich ~; ~ Sie zu verzollende Waren bei, mit sich? □ trazer; der Fluss führt Geröll, Schlamm mit sich □ levar; carregar 7.1 ⟨500⟩ **eine Sache ~** *als Kennzeichen tragen, dauernd haben;* als Schriftsteller einen anderen Namen ~; er führte den Titel „Kommerzienrat"; sie führten einen Adler im Wappen □ trazer; usar 7.2 ⟨500⟩ *eine Ware ~ ständig zum Verkauf haben;* diesen Artikel wir nicht □ ter para vender 8 ⟨500⟩ *etwas ~ (eine Sammlung von Aufzeichnungen) anlegen u. laufend ergänzen;* Tagebuch ~; eine Kartei, Listen ~; registrar; jmdm. die Bücher ~ □ *fazer a contabilidade de alguém 9 ⟨500; Funktionsverb⟩ 9.1 ⟨517⟩ *mit jmdm. einen Briefwechsel ~ korrespondieren* □ *corresponder-se com alguém 9.2 ⟨517⟩ *ein Gespräch, eine Unterhaltung mit jmdm. ~ mit jmdm. sprechen, sich mit jmdm. unterhalten* □ *conversar com alguém 9.3 ⟨505⟩ *Klage ~* (gegen jmdn., über etwas) *sich beklagen* □ *prestar queixa contra alguém; queixar-se de alguma coisa 9.4 *ein solides, unsolides, ausschweifendes, zurückgezogenes Leben ~ solide usw. leben* □ levar 9.5 *Protokoll ~ das P. schreiben* □ redigir 9.6 *einen Prozess ~ prozessieren* □ mover 9.7 *Regie ~* ⟨Theat.⟩ *die R. haben* □ *dirigir 9.8 *eine unverschämte Sprache ~* ⟨geh.⟩ *unverschämt sprechen* □ *usar um linguajar insolente 9.9 ⟨517⟩ *eine Verhandlung mit jmdm. ~ mit jmdm. verhandeln* □ *tratar/negociar com alguém

Füh|rer ⟨m.; -s, -⟩ 1 *jmd., der einer Unternehmung, einer Gruppe von Personen, einer (politischen) Bewegung o. Ä. vorsteht, sie führt, Anführer, Leiter;* ~ einer Bergwanderung, einer Expedition; er ist ~ in einem Schloss; Fremden~; Partei~; Oppositions~; Geschäfts~ □ líder; dirigente; chefe 1.1 *Buch, in dem Informationen über Sehenswürdigkeiten, Restaurants, Unterkünfte u. Ä. eines Landes, einer Region od. einer Stadt gegeben werden;* Reise~; Stadt~ □ guia 2 *der* ~ (Selbstbezeichnung Hitlers) □ *Führer*

Füh|rer|aus|weis ⟨m.; -es, -e; schweiz.⟩ = Führerschein

Füh|re|rin ⟨f.; -, -rin|nen⟩ *weibl. Führer(1)* □ **líder; dirigente; chefe**
Füh|rer|schein ⟨m.; -(e)s, -e⟩ *Ausweis, der zum Führen eines Kraftfahrzeugs berechtigt;* Sy ⟨schweiz.⟩ *Führerschein;* den ~ machen ⟨umg.⟩ □ **carteira de motorista**
Füh|rung ⟨f.; -, -en⟩ **1** *das Führen(1 u. 3), Leitung;* die ~ eines Geschäftes, Unternehmens; die ~ haben; die ~ übernehmen; jmdm. die ~ überlassen, übertragen; unter (der) ~ von ... □ **condução; direção 2** *Gesamtheit der leitenden Personen;* die ~ hat beschlossen, dass ... □ **direção 3** in ~ *an erster Stelle, in führender Position;* in ~ gehen; in ~ liegen □ **no comando; na liderança* **4** *Betragen, Verhalten;* gute, schlechte ~; einen Häftling wegen guter ~ vorzeitig entlassen □ **comportamento 5** *Besichtigung (einer Sehenswürdigkeit) mit erklärendem Führer;* sich einer ~ anschließen; eine ~ durch ein Museum, ein altes Schloss mitmachen □ **visita guiada 6** ⟨Tech.⟩ *Maschinenteil, das anderen Teilen ihre Bewegungen vorschreibt* □ **guia**
Fuhr|werk ⟨n.; -(e)s, -e⟩ *von einem od. mehreren Zugtieren gezogener Wagen* □ **carroça**
Fül|le ⟨f.; -, -n⟩ **1** ⟨unz.⟩ *das Vollsein* □ **plenitude 2** ⟨unz.⟩ *große Menge;* eine ~ von Modellen, Darbietungen, Anregungen, Material □ **abundância; profusão;** → a. *Hülle(1.2)* **3** ⟨unz.⟩ *das Dicksein, großer Leibesumfang;* zur ~ neigen; die körperliche ~ □ **corpulência 4** ⟨regional; Kochk.⟩ = *Füllung(2.1)*
fül|len ⟨V.⟩ **1** ⟨500⟩ etwas ~ *vollmachen, etwas hineintun, bis nichts mehr hineingeht;* einen Becher, ein Glas, einen Krug, eine Flasche, Tasse ~; ein Gefäß bis an den Rand ~; eine Flüssigkeit in ein Gefäß ~; ein Gefäß mit etwas ~ □ **encher;** eine Dose, gefüllt mit Pralinen □ **cheio;** (mit Fleischsalat o. Ä.) gefüllte Tomaten □ **recheado 1.1** eine (gut) gefüllte Brieftasche haben *(viel) Geld haben* □ **cheio; recheado 1.2** ⟨530/Vr 1⟩ sich den Magen ~ (mit) *viel essen (von)* □ **empanturrar-se (de)* **1.3** ⟨516/Vr 1 od. Vr 2⟩ sich den Teller mit Gemüse ~ *G. auf den T. häufen* □ **encher 1.4** Geflügel ~ *mit Füllung(2.1) versehen* □ **rechear 1.5** einen Zahn ~ *mit einer (Kunststoff-, Keramik-)Füllung ausbessern* □ **obturar 2** ⟨511⟩ etwas in etwas ~ *in etwas schütten, einfüllen* □ **encher alguma coisa de; colocar alguma coisa em;* Wein in Flaschen ~ □ **engarrafar o vinho* **3** ⟨505/Vr 3⟩ etwas füllt **sich** (mit etwas) *wird voll;* der Saal füllte sich mit Gästen; ihre Augen füllten sich mit Tränen; das Loch füllte sich mit Wasser □ **encher-se 4** ⟨500⟩ etwas füllt etwas *füllt etwas aus, nimmt den Raum von etwas in Anspruch;* der Brief füllte fünf große Seiten □ **tomar; preencher**
Fül|len ⟨n.; -s, -; poet.⟩ = *Fohlen*
Füll|horn ⟨n.; -(e)s, -hör|ner⟩ **1** (in der Antike) *mit Blumen u. Früchten gefülltes Horn* **2** ⟨geh.⟩ *Sinnbild des Reichtums, des Überflusses (materiell u. geistig)* □ **cornucópia**
fül|lig ⟨Adj. 70⟩ *zur Fülle neigend, dicklich;* sie ist ~ geworden; eine ~e Dame □ **cheinho; gorducho**

Füll|sel ⟨n.; -s, -⟩ *etwas, das nur zum Füllen dient u. keine besondere Funktion hat, Nebensächlichkeit* □ **recheio; enchimento**
Fül|lung ⟨f.; -, -en⟩ **1** ⟨unz.⟩ *das Füllen;* die ~ durch den Trichter war nicht einfach □ **enchimento; alimentação 2** *Stoff, mit dem etwas gefüllt ist od. wird* □ **enchimento 2.1** ⟨Kochk.⟩ *Masse, mit der bestimmte Lebens- od. Genussmittel gefüllt sind, um ihnen einen besonderen Geschmack zu verleihen;* oV *Fülle(4);* Fleisch-~, Nuss-~; die ~ einer Torte, der Schokolade; eine schmackhafte ~ □ **recheio 2.2** ⟨Bot.⟩ *Vermehrung der Blumenkronblätter über den Normalzustand* □ **profusão 2.3** ⟨Med.⟩ *Material, mit dem zerstörte Zahnsubstanz ersetzt wird;* Sy *Plombe(2);* Amalgam-, Gold-~, Kunststoff-~ □ **obturação 2.4** ⟨Bauw.⟩ *Bretter, die z. B. bei einer Tür den Rahmen ausfüllen;* Tür-~ □ **painel; almofada 2.5** ⟨Verslehre⟩ *die Senkungen zwischen den Hebungen eines Verses;* feste, freie ~ □ **tese**
Fum|mel ⟨m.; -s, -; umg.; meist abwertend⟩ *billiges Kleidungsstück, leichtes (geschmackloses) Kleid;* was hast du denn heute für einen ~ an? □ **roupa barata/de carregação**
fum|meln ⟨V. 402 od. 800; umg.⟩ **1** an, in, mit etwas ~ *sich an etwas tastend zu schaffen machen, an, mit etwas herumbasteln;* er fummelte in seiner Schreibtischschublade, an dem Radioapparat; sie fummelte das Geld aus ihrem Portmonee □ **procurar tateando; remexer 1.1** an jmdm. ~ *jmdn. berühren, streicheln, liebkosen (als Ausdruck sexuellen Interesses);* er fummelte den ganzen Abend an seiner neuen Freundin □ **acariciar 2** ⟨Fußb.⟩ *zögernd spielen u. mit dem Ball hin u. her rennen, ihn nicht abgeben* □ **driblar; segurar a bola**
Fund ⟨m.; -(e)s, -e⟩ **1** *das Finden, Entdecken von etwas Verlorenem;* den ~ bei den Behörden melden; der ~ von Erzen, eines Schatzes □ **achado; descoberta 1.1** ⟨Archäol.⟩ *Entdeckung bei Ausgrabungen;* einen ~ machen □ **descoberta 2** *Fundsache, gefundener Gegenstand, der einem nicht gehört;* den ~ abliefern **2.1** ⟨Archäol.⟩ *bei Ausgrabungen entdeckter Gegenstand;* aus zahlreichen ~en geht hervor, dass ...; historische ~e; dies ist ein sehr kostbarer ~ □ **objeto encontrado/descoberto**
Fun|da|ment ⟨n.; -(e)s, -e⟩ **1** *Grundmauer* **1.1** *Platte, Sockel, worauf eine Maschine befestigt ist* □ **alicerce; base 2** *Grundlage für die weitere Entwicklung;* eine Lehre im Handwerk ist ein gutes ~ für ein technisches Studium □ **fundamento**
Fund|bü|ro ⟨n.; -s, -s⟩ *Büro, in dem Fundsachen abgeliefert werden sollen u. abgeholt werden können;* im ~ nachfragen □ **seção de achados e perdidos**
Fund|gru|be ⟨f.; -, -n⟩ **1** *fündiger Grubenbau* □ **mina de extração 2** ⟨fig.⟩ *etwas, das einem Reichtum bietet, für ein bestimmtes Fachgebiet von großer Bedeutung ist;* dieses Buch ist eine ~ für Kulturhistoriker □ **mina de ouro; negócio da China 3** ⟨Titel für⟩ *Verkaufsort günstiger Sonderangebote (in Warenhäusern o. Ä.);* einen Pullover in der ~ erstehen □ **seção de ofertas especiais**
fun|die|ren ⟨V. 500⟩ etwas ~ **1** *gründen, begründen* □ **fundar; instituir 1.1** fundiertes Wissen *fest, sicher be-*

fündig

gründetes W. □ *conhecimento consolidado **2** *mit Geldmitteln versehen, finanziell sicherstellen* □ **consolidar** 2.1 fundierte **Schuld** *sichergestellte S. (z. B. durch Grundbesitz)* □ *dívida consolidada

fün|dig ⟨Adj. 24⟩ **1** ⟨Bgb.; Geol.⟩ *erfolgreich beim Aufsuchen von Lagerstätten, bei denen der Abbau lohnt* □ **explorável** 1.1 ~ **werden** *nach längerem Forschen, Suchen, Bemühen finden; bei unserer Haussuche sind wir nach zwei Jahren endlich ~ geworden* □ *conseguir encontrar

Fun|dus ⟨m.; -, - [-du:s]⟩ **1** ⟨Theat.⟩ *Bestand an Kostümen, Requisiten u. a. Ausstattungsstücken eines Theaters; diese Kostüme stammen aus dem ~* □ **figurino e adereços 2** ⟨fig.; geh.⟩ *Grundlage, Grundstock, auf den man jederzeit zurückgreifen kann; er besitzt einen großen ~ an technischem Wissen* □ **base 3** ⟨Med.⟩ *Grund, Boden (eines Organs)* □ **fundo**

fünf ⟨Numerale 11; in Ziffern: 5; röm. Zahlzeichen: V⟩ → a. *acht, vier* **1** *eine Primzahl;* ~ *Finger; die ~ Sinne; die ~ Bücher Mose* □ **cinco** 1.1 *seine ~ Sinne (nicht) beisammen, beieinanderhaben* ⟨fig.; umg.⟩ *(nicht) bei Verstand sein* □ *não bater com da cabeça 1.2 ~ gerade sein lassen* ⟨fig.; umg.⟩ *etwas nicht allzu genau nehmen* □ *fechar os olhos para alguma coisa;* **deixar passar** 1.3 *sich etwas an den ~ Fingern abzählen können* ⟨fig.; umg.⟩ *sich selbst ausrechnen können, etwas selbst sehen* □ *ser evidente/lógico

Fünf ⟨f.; -, -en⟩ **1** *die Ziffer 5* □ **cinco** 1.1 ⟨umg.⟩ *die Straßenbahn- od. Buslinie Nr. 5; in die ~ (um)steigen; mit der ~ fahren* □ **linha cinco 2** *mangelhaft (als Schulnote, Zensur); er hat eine ~ bekommen* □ **cinco (nota equivalente a 3 ou 4 no Brasil); insuficiente**

Fünf|kampf ⟨m.; -(e)s; unz.; Sp.⟩ *Wettkampf, der aus fünf Einzeldisziplinen besteht* □ **pentatlo**

fünf|te(r, -s) ⟨Zahladj. 24/70; Zeichen 5.⟩ *Ordinalzahl zu fünf; nur jeder Fünfte hat die Prüfung bestanden; der ~e Versuch ist geglückt* □ **quinto**

fünf|tel ⟨Zahladj. 24; in Ziffern: /5⟩ *der fünfte Teil;* ein ~ *Liter Milch;* ein ~ *Kilogramm Zucker* □ **quinto**

Fünf|tel ⟨n., (schweiz.) m.; -s, -⟩ *der fünfte Teil;* ein ~ *des Preises, der Länge* □ **quinto**

fünf|zig ⟨Numerale 11⟩ *die Zahl 50* □ **cinquenta;** → a. **achtzig**

fun|gie|ren ⟨V. 400⟩ *in einer bestimmten Funktion tätig sein, eine bestimmte Aufgabe haben; er fungiert als stellvertretender Parteivorsitzender; die Truhe fungierte als Sitzgelegenheit u. Versteck* □ **atuar**

Fun|gi|zid ⟨n.; -(e)s, -e⟩ *Mittel zur Bekämpfung von Pilzbefall (im Pflanzenbau verwendet)* □ **fungicida**

Funk ⟨m.; -s; unz.⟩ **1** *drahtlose Übermittlung von Informationen durch elektromagnetische Wellen hoher Frequenz; Rund~; ~verkehr; ~technik* □ **radiodifusão 2** *Einrichtung, Gerät für den Funk(1); eine Meldung durch ~ übermitteln, weitergeben; eine Nachricht über ~ erhalten* **3** *Einrichtung zur drahtlosen Übermittlung; alle Schiffe, Streifenwagen der Polizei sind mit ~ ausgerüstet* □ **rádio**

Fun|ke ⟨m.; -n, -n⟩ oV **Funken 1** *glühendes Teilchen;* ~n *sprühen; er sprengte davon, dass die ~n stoben;* ~n *aus dem Stein schlagen (zum Feuermachen)* 1.1 *kleine ~n, großes Feuer kleine Dinge erzeugen große Ereignisse* 1.2 *das war der ~, der das Pulverfass zum Explodieren brachte* ⟨fig.⟩ *der Anlass für die folgenden Geschehnisse* □ **faísca; fagulha 2** *kleine, kurz aufleuchtende Lichterscheinung; die Sonnenstrahlen blitzten auf dem Wasser in tausend ~n* □ **lampejo; cintilação 3** ⟨fig.⟩ *Eingebung, plötzlich aufkommender außerordentlicher Gedanke, auslösendes Moment; göttlicher, zündender ~; da blitzte ein ~(n) des Verständnisses in ihm auf* □ **inspiração; lampejo** 3.1 *zwischen beiden sprang ein ~ über begann plötzlich eine innere Beziehung* □ **atração 4** *(k)ein ~ (k)ein bisschen; er hat keinen ~n Anstandsgefühl, Ehrgefühl; keinen ~n Hoffnung mehr haben; es war kein ~(n) Leben mehr in ihm; keinen ~n Liebe fühlen; wenn er nur einen ~n Verstand hätte, würde er das bleibenlassen* □ **(nem) um mínimo**

fun|keln ⟨V. 400⟩ *etwas funkelt* **1** *leuchtet sehr rasch im Wechsel auf u. verlischt fast, sendet Licht in Funken aus od. wirft es zurück; Brillengläser, Fensterscheiben, Sterne ~; die Sonne funkelt auf dem Wasser; der Wein funkelt im Glas* □ **cintilar; faiscar 2** ⟨a. fig.⟩ *leuchtet, glitzert unruhig; ihre Augen funkelten (vor Zorn)* □ **faiscar**

fun|ken ⟨V.⟩ **1** ⟨500⟩ *etwas ~ durch Funk übermitteln, drahtlos senden; eine Nachricht, einen Code ~; das Schiff hat seine Position gefunkt* □ **transmitir/comunicar por rádio 2** ⟨400⟩ *etwas funkt gibt Funken von sich; der Lichtschalter funkt beim Knipsen; der Stahl funkte beim Schleifen* □ **faiscar; soltar faísca 3** ⟨400⟩ *als Funker tätig sein* □ **transmitir/comunicar por rádio 4** ⟨400⟩ *etwas funkt (nicht)* ⟨fig.; umg.⟩ *funktioniert, klappt (nicht); es funkt heute nicht* □ **funcionar; dar certo** 4.1 ⟨411; unpersönl.⟩ *bei jmdm. hat es (endlich) gefunkt jmd. hat (endlich) verstanden, begriffen* □ **entender; captar 5** ⟨401⟩ *es hat gefunkt* ⟨fig.; umg.⟩ 5.1 *es kam zu einer (tätlichen) Auseinandersetzung* □ *saiu faísca 5.2 *bei den beiden, zwischen den beiden hat es gefunkt die beiden haben sich ineinander verliebt, sie haben eine Liebesbeziehung begonnen* □ *estão namorando

Fun|ken ⟨m.; -s, -⟩ = **Funke**

Fun|ker ⟨m.; -s, -⟩ **1** *jmd., der für drahtlose Übermittlung von Nachrichten ausgebildet ist; Bord~; der ~ gibt einen Text durch* □ **radiotelegrafista; operador de rádio 2** ⟨Mil.⟩ *Mannschaftsdienstgrad der Fernmeldetruppe; er ist bei den ~n* ⟨umg.⟩ □ **radiotelegrafista**

Funk|spruch ⟨m.; -(e)s, -sprü|che⟩ *durch Funk übermittelte Nachricht;* einen ~ *durchgeben* □ **radiograma**

Funk|ti|on ⟨f.; -, -en⟩ **1** *Tätigkeit, Wirksamkeit; die ~ des Herzens, der Schilddrüse* 1.1 in ~ **treten** *zu arbeiten beginnen, tätig werden* **2** *jmd. hat eine ~ Amt, Aufgabe (innerhalb einer Gemeinschaft)* **3** *etwas, ein Maschinenteil hat eine ~ Zweck* **4** ⟨Math.; Logik⟩ *gesetzmäßige u. eindeutige Zuordnung der Elemente zweier verschiedener Mengen zueinander* 4.1 ~ eines

Zeichens ⟨Zeichentheorie⟩ *Zuordnung einer Bedeutung zu einer in Lautzeichen, Buchstaben od. Symbolen dargestellten Form* 4.2 ⟨Kyb.⟩ *aus der Beziehung zwischen Eingabe u. Ausgabe eines dynamischen Systems zu erschließendes Verhalten des Systems* □ *função*

Funk|ti|o|när ⟨m.; -s, -e⟩ *Beauftragter;* ~ *eines Vereins, Verbandes, einer Partei od. Gewerkschaft* □ *funcionário*

Funk|ti|o|nä|rin ⟨f.; -, -rin|nen⟩ *weibl. Funktionär* □ *funcionária*

funk|ti|o|nie|ren ⟨V. 400⟩ *ordnungsgemäß, richtig arbeiten, einer bestimmten Funktion entsprechend wirksam sein, eine bestimmte Funktion erfüllen; die Maschine funktioniert gut, schlecht, nicht, nicht richtig, wieder* □ *funcionar*

Fun|sel ⟨f.; -, -n; umg.⟩ = *Funzel*

Fun|zel ⟨f.; -, -n; umg.⟩ *schlecht brennende, wenig Licht gebende Lampe;* oV *Funsel; eine traurige, trübe* ~ □ *lâmpada/luz fraca*

für ⟨Präp. mit Akk.⟩ **1** *anstelle, statt;* ~ *jmdn. einspringen, eintreten;* ~ *meinen erkrankten Freund* □ *no lugar de;* ich gab ihm ~ *seine verlorene Mütze eine andere* □ *por; em troca de; sag mir ein anderes Wort* ~ „springen"! □ *para; jede Figur, jeder Stein gilt* ~ *einen Mitspieler* □ *por* 1.1 *als Gegenwert, Bezahlung;* er bekam fünf Euro ~ *seine Arbeit; was, wie viel verlangt er* ~ *das Grundstück?;* ~ *diesen Preis nehme ich das Stück nicht; ich habe* ~ *das Kleid 100 Euro bezahlt; er wird* ~ *seine Mühe reichlich entschädigt; Sie können das Bild* ~ *zehn Euro haben; ich gebe Ihnen das Buch* ~ *den halben Preis* □ *por* 1.1.1 ~ *nichts u. wieder nichts ganz umsonst, ohne eine Gegenleistung* □ *totalmente de graça* 1.1.2. er isst ~ *drei so viel wie drei Personen* □ *por* 1.2 *als Zuteilung, ausreichend; ich habe nicht genug Schokolade* ~ *alle; es gibt* ~ *jeden ein Stück Kuchen; die Menge reicht* ~ *vier Personen* □ *para* **2** *zugunsten (von), (jmdm.) zuliebe; sein Leben* ~ *jmdn. opfern; das ist* ~ *mich (bestimmt); ihre Zuneigung* ~ *ihn; Bücher* ~ *die Jugend; ein Geschenk* ~ *die Mutter;* ~ *seine Familie arbeiten; sich* ~ *etwas od. jmdn. entscheiden; er schwärmt* ~ *Musik; das ist gut* ~ *den Magen; alles dies spricht* ~ *ihn;* ~ *einen Kandidaten stimmen; kann ich noch etwas* ~ *Sie tun?* □ *por; para* 2.1 *die Sache hat etwas* ~ *sich sie hat manche Vorteile, günstige Seiten* □ *a questão tem suas vantagens/seu lado bom* 2.2 *ein Mittel* ~ *den Husten gegen den H.* □ *para* 2.3 *das Für und Wider einer Sache erwägen die Gründe u. Gegengründe* □ *considerar os prós e os contras de alguma coisa* **3** ⟨vor Adj. od. Partizip⟩ *als; ich nehme es* ~ *gegeben an* □ *como; etwas* ~ *gut, richtig befinden, erachten; ich halte es* ~ *besser, noch zu warten; etwas* ~ *gut, richtig halten; ich halte ihn* ~ *klug* □ ∅ **4** *wenn man betrachtet, in Anbetracht des ..., der ...; er ist sehr groß* ~ *sein Alter;* ~ *die Geringfügigkeit des Vergehens ist die Strafe sehr hoch;* ~ *seine zehn Jahre ist er sehr vernünftig, vorlaut; der Korb ist* ~ *das Kind viel zu schwer* □ *para* 4.1 *das ist nichts* ~ *mich das mag* ich nicht, das schätze, liebe ich nicht, das interessiert mich nicht □ *isso não é para mim; isso não é do meu interesse* **5** *zu einem bestimmten, künftigen Zeitpunkt (gedacht); wir wollen* ~ *mehrere Wochen hier bleiben; er hat das Haus* ~ *zehn Jahre gemietet; er hat* ~ *alle Zeit(en) genug; genug* ~ *heute!; hast du* ~ *heute Nachmittag schon etwas vor?; ich bereite heute schon das Essen* ~ *morgen vor; immer; ich sage es dir ein* ~ *allemal* □ *por; para* 5.1 ~s **Erste** *zunächst* □ *em primeiro lugar* 5.2 ~ *und* ~ ⟨poet.⟩ *immer, andauernd, künftig* □ *continuamente; incessantemente* 5.3 *den Bund* ~s **Leben** *schließen heiraten* □ *unir-se para a vida toda* **6** ~ *den Fall, dass ... wenn es möglich ist* □ *caso...;* ~ *alle Fälle* □ *em todo caso* **7** ⟨mit Reflexivpron.⟩ ~ **sich** *jede(r), jedes (allein betrachtet, gesondert); das ist eine Sache* ~ *sich; wenn man die Sache* ~ *sich betrachtet* □ *em si; er lebt ganz* ~ *sich (allein)* □ *ele vive totalmente sozinho; er ist gern* ~ *sich allein* □ *ele está bem sozinho; an und* ~ *sich habe ich nichts dagegen einzuwenden, aber die Form gefällt mir nicht* □ *em princípio não tenho nada contra, mas...; ich ging im Walde so* ~ *mich hin* ⟨Goethe⟩ □ *ando tão sozinho na floresta* 7.1 ~ *sich* ⟨Theat.⟩ *leise, zu sich selbst gesprochen (Regieanweisung)* □ *para si; consigo mesmo* **8** *was ... betrifft; ich* ~ *meine Person* □ *quanto a mim...; ich* ~ *meinen Teil glaube, dass er es tut* □ *de minha parte acredito...* **9** *... ~ ... eines nach dem anderen; Wort* ~ *Wort übersetzen; Tag* ~ *Tag; Stück* ~ *Stück abzählen, untersuchen* □ *por, sich Schritt* ~ *Schritt vorwärtstasten; sie zogen Mann* ~ *Mann vorbei* □ *a* **10** *was* ~ *ein, was* ~ *welche von welcher Art; was* ~ *ein Haus hat er sich gekauft?; was ist er* ~ *ein Mensch?; was* ~ *einen Stoff möchten Sie haben?; was ist das* ~ *ein Tier?* □ *que tipo de...; was* ~ *eine Überraschung!* ⟨als Ausruf⟩ □ *que bela surpresa!* 10.1 *hast du Schmerzen? Und was* ~ *welche! sehr starke* □ *está doendo? e como!* 10.2 *sie besitzt eine Menge Kleider, aber was* ~ *welche!* ⟨iron.⟩ *aber nur hässliche, altmodische, abgetragene o. Ä.* □ *ela tem uma porção de vestidos, mas só coisa feia!*

für|bass ⟨Adv.; veraltet; poet.⟩ *weiter, fort u. fort, vorwärts; fröhlich* ~ *schreiten, gehen, wandern* □ *mais além; adiante*

Für|bit|te ⟨f.; -, -n⟩ *Gebet od. Bitte für andere* □ *intercessão*

Fur|che ⟨f.; -, -n⟩ **1** *lange, schmale Vertiefung, Rinne, die im Acker durch Pflügen entsteht; Saat-~, Wasser-~; auf dem Feld ~n ziehen; eine breite, flache, gerade* ~ □ *rego; sulco* **2** ⟨fig.⟩ *Vertiefung, die im Wasser nach einem fahrenden Schiff entsteht; Boote ziehen ~n im Wasser* □ *esteira; sulco* **3** ⟨fig.⟩ *Falte, Runzel im Gesicht, auf der Stirn; sein Gesicht, seine Stirn ist von (tiefen) ~n durchzogen; er hat eine tiefe* ~ *über der Nase* □ *ruga; sulco*

Furcht ⟨f.; -; unz.⟩ **1** *Gefühl des Bedrohtseins durch etwas Bestimmtes, verbunden mit dem Wunsch, es abzuwehren od. zu fliehen; jmdm.* ~ *einjagen;* ~ *empfinden, haben;* ~ *ergriff mich; aus* ~ *vor Strafe lügen*

furchtbar

☐ **medo; temor**; jmdn. in ~ versetzen ☐ ***assustar/atemorizar alguém**; ohne ~ sein ☐ ***não ter/sentir medo**; ~ (u. Schrecken) um sich verbreiten; von ~ ergriffen, gepackt werden; ~ vor dem Tode; vor ~ erbleichen, beben, zittern ☐ **medo** 1.1 Ritter ohne ~ und Tadel *dem mittelalterlichen Ideal entsprechender R.* ☐ ***cavaleiro destemido e irrepreensível** 2 die ~ Gottes, des Herrn *Ehrfurcht vor Gott, vor dem Herrn* ☐ **temor** 3 ⟨Getrennt- u. Zusammenschreibung⟩ 3.1 ~ erregend = *furchterregend*

furcht|bar ⟨Adj.⟩ 1 *so beschaffen, dass man sich davor fürchten muss, Furcht erregend, grauenvoll*; es war ein ~er Anblick; ein ~es Unglück, Verbrechen; er (es) sieht ~ aus; das ist ja ~!; die Seuche wütete ~; es ist etwas Furchtbares geschehen; er sah ~ elend aus; ~ hässlich ☐ **assustador; terrível; terrivelmente** 2 *unangenehm (groß, stark)*; es war eine ~e Arbeit; ~es Geschrei; ~en Hunger haben; ein ~er Krach; der Koffer ist ~ schwer ☐ **enorme; terrível; terrivelmente** 3 ⟨50⟩ *sehr*; wir haben ~ lachen müssen; das ist ~ nett von dir! ☐ **muito**

fürch|ten ⟨V.⟩ 1 ⟨500/Vr 3⟩ sich ~ *Furcht haben*; ich fürchte mich!; ich fürchte mich, allein zu gehen; das Kind fürchtet sich im Dunkeln; er fürchtet sich vor dem Hund; er fürchtet sich vor nichts ☐ ***ter medo** 2 ⟨500⟩ jmdn. od. etwas ~ *vor jmdm. od. etwas Furcht haben*; er fürchtete ihn nicht; er fürchtet weder Gefahr noch Tod ☐ ***ter medo de alguém ou alguma coisa** 2.1 fürchte nichts! *hab keine Furcht!* ☐ ***não tenha medo!** 2.2 ⟨580⟩ ~, etwas zu tun *sich scheuen, etwas zu tun, etwas aus Furcht nicht tun wollen*; ich fürchte, es anzufassen; ich fürchte zu stören; ich fürchte, ihn zu wecken 2.3 etwas ~ *befürchten*; ich fürchte weitere Indiskretionen; ich fürchte, er kommt nicht mehr, er wird nicht mehr kommen ☐ **recear; temer** 3 ⟨800⟩ für jmdn. od. etwas ~ *um jmdn. od. etwas Furcht haben, besorgt sein*; ich fürchte für ihn; ich fürchte für das Gelingen des Abends; wir ~ für sein Leben ☐ ***temer por alguém ou alguma coisa** 4 ⟨500⟩ Gott ~ *Ehrfurcht haben vor G.* ☐ **temer**

fürch|ter|lich ⟨Adj.⟩ 1 *Furcht erregend, furchtbar, entsetzlich, schrecklich*; ein ~er Anblick ☐ **assustador** 2 ⟨umg.⟩ *abstoßend, unangenehm, die guten Sitten missachtend, ohne Benehmen u. Anstand*; er ist ein ~er Kerl ☐ **horrível; desagradável** 3 ⟨umg.⟩ *sehr, heftig, außerordentlich stark*; sie weint ~ ☐ **copiosamente**; es war eine ~e Hitze ☐ **terrível**

furcht|er|re|gend *auch:* **Furcht er|re|gend** ⟨Adj.⟩ *Angst einflößend aufgrund des äußeren Erscheinungsbildes*; ⟨bei Steigerung od. Erweiterung der gesamten Fügung zur Zusammenschreibung⟩ in diesem Kostüm sah er noch furchterregender aus; der Löwe ließ ein sehr furchterregendes Gebrüll hören; ⟨bei Erweiterung des Erstbestandteils nur Getrenntschreibung⟩ große Furcht erregend ☐ **assustador**

furcht|sam ⟨Adj.⟩ *oft, leicht Furcht empfindend, ängstlich, zaghaft*; ein ~es Kind; ~ blickte sie sich um ☐ **assustado; receoso**

für|ein|an|der *auch:* **für|ei|nan|der** ⟨Adv.⟩ *einer für den andern, zum gegenseitigen Guten, Nutzen, Vorteil*; ~ da sein; ~ arbeiten ☐ **um para o outro**

Fu|rie ⟨[-riə] f.; -, -n; griech. Myth.⟩ 1 ⟨röm. Myth.⟩ *Rachegöttin*; wie eine ~; er floh wie von (den) ~n gehetzt ☐ **Fúria** 2 ⟨abwertend⟩ *böse, streitsüchtige Frau* ☐ **fúria**

fu|ri|os ⟨Adj.; geh.⟩ 1 *hitzig, leidenschaftlich-erregt*; eine ~e Rede ☐ **furioso; colérico** 2 *begeisternd, voll mitreißender Leidenschaft, stürmisch, temperamentvoll*; der ~e Schlusssatz einer Sinfonie; ein ~es Finale ☐ **arrebatado; impetuoso**

für|lieb|neh|men ⟨V. 189/417; veraltet⟩ = *vorliebnehmen*

Fur|nier ⟨n.; -s, -e⟩ *dünnes Deckblatt aus edlem Holz, das auf Holz von schlechterer Qualität aufgeleimt wird*; Nussbaum~ ☐ **folha/lâmina de madeira nobre**

Fu|ro|re ⟨n.; - od. -s; unz. od. f.; -; unz.; meist in der Wendung⟩ 1 *Aufsehen* ☐ **furor** 1.1 ~ machen *Aufsehen erregen, großen Erfolg haben* ☐ ***fazer furor; causar sensação**

Für|sor|ge ⟨f.; -; unz.⟩ 1 *(private) organisierte Hilfstätigkeit für Bedürftige*; Alters~, Kranken~; der alte Mann wurde der ~ übergeben ☐ **assistência** 2 ⟨allg.⟩ *Sorge für das Wohl des anderen*; jmdn. od. etwas der ~ einer Person anvertrauen ☐ **cuidado; atenção**

für|sorg|lich ⟨Adj.⟩ *für andere sorgend, pfleglich u. liebevoll*; sie ist sehr ~ zu ihren Kindern ☐ **cuidadoso; atencioso**

Für|spra|che ⟨f.; -, -n⟩ *Rede zugunsten eines anderen, Empfehlung, Fürbitte* ☐ **intercessão**; bei jmdm. für jmdn. ~ einlegen ☐ ***interceder por alguém junto a alguém**; jmdn. um seine ~ bitten ☐ **recomendação; intercessão**

Fürst ⟨m.; -en, -en⟩ 1 ⟨bis zum 16. Jh.⟩ *Titel für einen Angehörigen des hohen Adels nach dem Kaiser*; Reichs~; weltlicher ~; die deutschen ~en; am Hof eines regierenden ~en leben 2 ⟨später⟩ *Titel der Herzöge, Mark-, Land- u. Burggrafen, Erzbischöfe, Bischöfe u. Äbte*; Kur~, Landes~, Kirchen~; → a. *geistlich(2.1)* 3 ⟨nach dem 15./16. Jh.⟩ *Titel des Landesherrn zwischen Herzog u. Graf* 4 *der ~ der Finsternis, der ~ dieser Welt* ⟨bibl.⟩ *der Teufel* 5 wie ein ~ leben ⟨fig.; umg.⟩ *aufwändig, üppig leben* ☐ **príncipe**

Fürs|tin ⟨f.; -, -tin|nen⟩ *weibl. Fürst od. Ehefrau eines Fürsten* ☐ **princesa**

fürst|lich ⟨Adj.⟩ 1 ⟨70⟩ *den Fürsten betreffend, zu ihm gehörig, ihm zustehend*; die ~e Familie; ~es Schloss ☐ **principesco** 2 ⟨fig.⟩ *üppig, sehr reichlich, verschwenderisch*; ein ~es Gehalt; ~es Mittagessen, Trinkgeld ☐ **farto; opulento**; jmdn. ~ bewirten ☐ **com fartura/opulência**

Furt ⟨f.; -, -en⟩ *flache, seichte Stelle in einem Fluss, an der man zum anderen Ufer durchwaten, durchreiten od. durchfahren kann*; eine ~ durchqueren ☐ **vau**

Fu|run|kel ⟨m. od. n.; -s, -; Med.⟩ *durch Bakterien hervorgerufene eitrige Entzündung eines Haarbalgs u. seiner Talgdrüse* ☐ **furúnculo**

Für|wort ⟨n.; -(e)s, -wör|ter; Gramm.⟩ = *Pronomen*

Fu|sel ⟨m.; -s, -⟩ *schlechter Branntwein* ☐ **cachaça de má qualidade**

Fu|si|on ⟨f.; -, -en⟩ *Verschmelzung, Vereinigung;* ~ von zwei od. mehreren Firmen; ~ von Zellen od. Chromosomen; ~ zweier mit beiden Augen wahrgenommener Bilder zu einem; ~ von mehreren Atomkernen ☐ **fusão**

Fuß ⟨m.; -es, Füße⟩ **1** *unterster Teil des Beines vom Knöchel bis zu den Zehen bei Mensch u. Wirbeltier;* sich den ~ brechen, verstauchen; mein ~ ist eingeschlafen; laufen, so schnell, so weit die Füße tragen; sich die Füße wundlaufen; trockenen ~es heimkommen; mit dem ~ aufstampfen (vor Zorn) ☐ **pé**; mit bloßen Füßen ☐ **descalço;* er stolpert über seine eigenen Füße; ich setze den ~ nicht mehr über seine Schwelle; ich habe heute noch keinen ~ vor die Tür gesetzt; zu ~ gehen, kommen; der Hund lag schlafend zu seinen Füßen; sich jmdm. zu Füßen werfen, jmdm. zu Füßen fallen ☐ **pé;** (bei) ~! (Kommando für den Hund, dicht bei der Person zu bleiben, zu der er gehört) ☐ **(fique) aqui!* 1.1 auf dem ~e *sofort, unmittelbar* ☐ **imediatamente;* jmdm. auf den ~e folgen ☐ **seguir alguém de perto* 1.2 gut, schlecht zu ~ sein *gut, schlecht gehen können* ☐ **conseguir caminhar bem/mal* 1.3 auf die Füße fallen ⟨fig.⟩ *ohne Schaden davonkommen* ☐ **sair-se bem* 1.4 jmdn. wieder auf die Füße helfen ⟨a. fig.⟩ *jmdn. helfen, neu anzufangen* ☐ **ajudar alguém a se reerguer* 1.5 jmdn. auf die Füße treten ⟨fig.⟩ *jmdn. verletzen, beleidigen* ☐ **pisar no calo de alguém; ofender alguém* 1.6 jmdm. den ~ auf den Nacken setzen *jmdm. seine Macht fühlen lassen* ☐ **subjugar/oprimir alguém* 1.7 jmdn. od. etwas mit Füßen treten ⟨fig.⟩ *verächtlich behandeln* ☐ **pisar em alguém; desprezar alguém* 1.8 mit einem ~ im Grabe stehen *dem Tode nahe sein* ☐ **estar com o pé na cova* 1.9 die Füße unter anderer Leute Tisch stecken ⟨fig.⟩ *sich von anderen Leuten ernähren lassen, keinen eigenen Haushalt führen* ☐ **viver à custa de outras pessoas* 1.10 jmdm. etwas vor die Füße werfen *nichts mehr damit zu tun haben wollen, es jmdm. verächtlich od. wütend zurückgeben* ☐ **desistir; chutar o balde* 1.11 jmdm. etwas zu Füßen legen *bedingungslos zur Verfügung stellen* ☐ **colocar algo à disposição/aos pés de alguém* 1.12 jmdm. zu Füßen liegen *jmdn. bedingungslos verehren, alles für jmdn. tun* ☐ **colocar-se aos pés de alguém;* → a. Hand(1.8), Kopf(2.3 u. 7.1) **2** ⟨fig.⟩ *Grundlage (der menschlichen Beziehungen, Lebenshaltung)* 2.1 mit jmdm. auf gespanntem ~(e) stehen *sich mit jmdm. nicht gut vertragen* ☐ **viver em pé de guerra com alguém* 2.2 mit jmdm. auf gutem, schlechtem, vertrautem ~(e) stehen *zu jmdm. in einem guten, schlechten, vertrauten Verhältnis stehen* ☐ **ter um bom/mau relacionamento com alguém; ter um relacionamento de confiança com alguém* 2.3 auf großem ~(e) leben ⟨fig.⟩ *verschwenderisch, aufwändig leben* ☐ **viver à larga* 2.4 wieder ~ fassen *(nach einer Lebenskrise) wieder Halt gewinnen, gesellschaftlich integriert sein* ☐ **recuperar-se; voltar a firmar-se* **3** *unterer, tragender Teil (eines Dinges);* der ~ einer Säule ☐ **pé; base** 3.1 am ~ des Berges *unten am B.* ~ ☐ **no sopé da montanha* 3.2 am ~ des Bettes *am unteren Ende des B.* ☐ **ao pé da cama* **4** *Hebung, betonte Silbe im Vers;* Vers~; ein Jambus mit fünf Füßen **5** *Teil des Strumpfes, der den Fuß bedeckt* **6** ⟨m. 7⟩ *altes Längenmaß, 25 bis 40 cm;* Sy Schuh(3); drei ~ lang, hoch ☐ **pé 7** ⟨Getrennt- u. Zusammenschreibung⟩ 7.1 ~ breit = Fußbreit

Fuß|an|gel ⟨f.; -, -n⟩ **1** *mit Spitzen versehener Eisenkörper zum Ungangbarmachen von Wegen od. Furten, zum Schutz gegen Betreten von Grundstücken usw.* ☐ **armadilha** 1.1 jmdm. ~n legen ⟨fig.⟩ *jmdm. eine Falle stellen, Hindernisse in den Weg legen* ☐ **preparar uma armadilha para alguém*

Fuß|ball ⟨m.; -(e)s, -bäl|le⟩ **1** ⟨unz.⟩ *Kampfspiel zwischen zwei Mannschaften zu je 11 Spielern mit einem Ball von etwa 70 cm Umfang, der nur mit dem Fuß od. Kopf berührt werden darf u. ins gegnerische Tor getrieben werden muss* ☐ **futebol 2** *Ball, der beim gleichnamigen Spiel gebraucht wird* ☐ **bola de futebol**

Fuß|ball|spiel ⟨n.; -(e)s, -e; Sp.⟩ *(aus zwei Halbzeiten von je 45 Minuten bestehendes) Spiel im Fußball(1) zwischen zwei Mannschaften* ☐ **jogo/partida de futebol**

Fuß|ball|welt|meis|ter|schaft ⟨f.; -, -en; Sp.; Abk.: Fußball-WM⟩ *Weltmeisterschaft im Fußball(1)* ☐ **copa do mundo de futebol**

Fuß|bank ⟨f.; -, -bän|ke⟩ *Stütze für die Füße beim Sitzen, Schemel* ☐ **banquinho; escabelo**

Fuß|bo|den ⟨m.; -s, -bö|den⟩ *untere, begehbare Fläche eines Raumes;* Parkett~, Stein~; den ~ wischen ☐ **chão; pavimento**

Fuß|breit *auch:* **Fuß breit** ⟨m.; (-), -(e)s; unz.⟩ **1** *kleines Stück, Maß von der Breite eines Fußes* ☐ **largura de um pé**; um jeden ~ Land kämpfen ☐ **palmo** 1.1 keinen ~ zurückweichen ⟨fig.⟩ *nicht zurückweichen, nicht nachgeben* ☐ **passo; milímetro**

Fus|sel ⟨f.; -, -n⟩ *Faser, kleines, leichtes Gebilde, bes. aus Wolle od. Baumwolle;* oV ⟨österr.⟩ Fuzel; eine ~ am Rock haben ☐ **fio; pelo; fiapo**

fu|ßen ⟨V.⟩ **1** ⟨800⟩ *etwas fußt auf etwas etwas stützt sich, beruht auf etwas;* diese Theorie fußte auf dem Ergebnis zahlreicher Untersuchungen ☐ **apoiar-se; basear-se 2** ⟨400⟩ *ein Vogel fußt (Jägerspr.) sitzt od. setzt sich auf etwas* ☐ **pousar**

Fuß|gän|ger ⟨m.; -s, -⟩ *jmd., der zu Fuß geht;* neben der Straße ist ein Weg für ~ ☐ **pedestre**

Fuß|gän|ge|rin ⟨f.; -, -rin|nen⟩ *weibl. Fußgänger* ☐ **pedestre**

Fuß|gän|ger|über|weg ⟨m.; (e)s-, -e⟩ *durch parallele weiße od. gelbe Streifen („Zebrastreifen") gekennzeichneter Weg über die Fahrstraße, auf den die Fußgänger Vortritt vor dem Kraftverkehr haben, Fußgängerstreifen* ☐ **faixa de pedestres**

Fuß|gän|ger|zo|ne ⟨f.; -, -n⟩ *autofreies Gebiet im Stadtzentrum (mit Kaufhäusern, Geschäften usw.)* ☐ **calçadão; zona de pedestres**

Fuß|no|te ⟨f.; -, -n⟩ *Anmerkung zum Text am Ende (Fuß) der Seite* ☐ **nota de rodapé**

Fuß|stap|fen ⟨m.; -s, -⟩ **1** *Fußabdruck in weichem Boden, bes. im Schnee* □ pegada **1.1 in jmds. ~ treten** ⟨fig.⟩ *jmdm. genau folgen, nacheifern* □ *seguir as pegadas de alguém

futsch ⟨Adj. 40; umg.⟩ **1** *kaputt, entzwei, zerstört;* die Vase ist ~; nach dem Streit waren zwei Fensterscheiben ~ □ quebrado **2** *verloren, vorbei;* all mein Geld ist ~; die Uhr ist ~ □ perdido; danificado

Fut|ter¹ ⟨n.; -s; unz.⟩ **1** *Nahrung der Tiere, bes. der Haustiere;* Grün~, Mast~, Vogel~; dem Vieh ~ geben; ~ schneiden; den Vögeln ~ streuen □ ração; forragem **2** ⟨umg.⟩ *Essen, Speise* □ rango **2.1** Studenten~ *Mischung aus Nüssen, Mandeln u. Rosinen* □ *frutas secas

Fut|ter² ⟨n.; -s, -⟩ **1** *dünne Stoffeinlage, innere Stoffschicht in Kleidungsstücken u. Taschen;* Halb~; Mantel~, Seiden~, Pelz~; seidenes, wollenes, einfarbiges ~; das ~ einnähen, einsetzen **1.1** *dünnes Leder od. Lammfell zur Auskleidung von Schuhen;* Leder~ **1.2** *dünnes Papier zur Auskleidung von Briefumschlägen* □ revestimento; forro **2** ⟨Tech.⟩ *innere Schicht, Auskleidung eines Behälters, eines Schmelzofens usw.* □ revestimento **3** ⟨Bauw.⟩ *Füllung (bei Fenstern u. Türen)* □ painel; almofada **4** ⟨Tech.⟩ *Vorrichtung zum Einspannen, Festhalten von Werkstücken in Maschinen;* Spann~ □ *mandril de aperto

Fut|te|ral ⟨n.; -s, -e⟩ *dem aufzunehmenden Gegenstand in der Form angepasstes Behältnis aus Leder od. Kunststoff, Hülle, Etui;* Brillen~; den Schirm aus dem ~ herausnehmen □ estojo; caixa

füt|tern¹ ⟨V. 500⟩ **1** ein **Tier** ~ *einem T. zu fressen geben, Futter geben;* Vögel ~; Füttern verboten! (als Verbotsschild im Zoo) □ alimentar **2** *jmdn. ~ jmdm. (der nicht allein essen kann) Nahrung eingeben;* einen Kranken, ein Kind ~; das Kind muss noch gefüttert werden □ *dar de comer a alguém

füt|tern² ⟨V. 500⟩ ein **Kleidungsstück** ~ *Stoff in ein K. einlegen;* ein Kleid mit Seide, einen Mantel mit Pelz, mit Watte ~ □ forrar; ein gefütterter Mantel □ forrado

Fu|tur ⟨n.; -s, -e; Gramm.⟩ = *Zukunft*(3)

Fu|zel ⟨m.; -s, -n; österr.⟩ = *Fussel*

Ga|bar|di|ne ⟨[-din(ə)] m.; -s; -⟩ Textilw.⟩ *festes Kammgarngewebe (bes. für Mäntel, Anzüge u. Kostüme verwendet)* □ **gabardine**

Ga|be ⟨f.; -, -n⟩ **1** *etwas, was gegeben wird; Opfer~* □ ***oferenda**; *um eine milde ~ bitten* □ **donativo** 1.1 *Geschenk;* Weihnachts~ □ **presente** 1.2 *eine bestimmte Menge (eines Arzneimittels); die tägliche ~ von Vitamin C stärkt die Abwehrkräfte* □ **dose 2** ⟨fig.⟩ *Fähigkeit, die auf Begabung, Anlage, Veranlagung beruht; er hat (nicht) die ~, sich beliebt zu machen; die ~ der Dichtung, des Gesanges, der Rede; reiche, große ~n haben; bei deinen ~n könntest du viel mehr leisten* □ **dom; talento; aptidão**

gä|be → *gang*

Ga|bel ⟨f.; -, -n⟩ **1** *Gerät, das an einem Stiel zwei od. mehrere Zinken hat* □ **garfo; forquilha** 1.1 *Teil des Essbestecks, mit dem man feste Speisen anspießt u. aufnimmt;* Fleisch~, Küchen~, Vorlege~; *mit Messer u. ~ essen* □ **garfo** 1.1.1 *mit der fünfzinkigen ~ essen* ⟨umg.; scherzh.⟩ *mit den Fingern essen* □ ***comer com as mãos** 1.2 *landwirtschaftliches Gerät zum Heben von Heu, Mist u. Ä.;* Heu~, Mist~ □ **forcado 2** *Gebilde, das sich in zwei Richtungen teilt* □ **bifurcação** 2.1 *Teil eines Baumes, von dem zwei Äste ausgehen;* Ast~ □ ***forqueta; forquilha** 2.2 *(bei älteren Telefonapparaten) zweiarmiger Teil des Telefonapparates, auf der der Hörer ruht; den Hörer auf die ~ legen* □ **gancho** 2.3 *zweiarmiger Teil des Rahmens eines Fahrrades od. Motorrades, in das das Rad eingehängt ist* □ **garfo** 2.4 ⟨Jägerspr.⟩ *Gehörn od. Geweih, das in zwei Enden ausläuft;* ~bock, ~hirsch □ **bifurcação da armação 3** ⟨Schach⟩ *Angriff einer Figur auf zwei gegnerische Figuren* □ **garfo**

ga|beln ⟨V.⟩ **1** ⟨500⟩ *etwas ~* ⟨regional⟩ *etwas mit der Gabel verrichten* □ **garfar** 1.1 *mit der Gabel essen* □ **comer com o garfo** 1.2 *etwas mit der Gabel aufspießen; ein Stück Fleisch aus der Suppe ~* □ **garfar** 1.3 *etwas mit der Gabel auf- od. abladen;* Heu, Stroh ~ □ **garfar; revolver com o forcado** ⟨415⟩ *nach etwas ~ mit einer Gabel od. einem Stock (nach etwas) langen* □ ***garfar alguma coisa* 3** ⟨500/Vr 3⟩ *etwas gabelt sich zweigt ab, verzweigt sich, spaltet sich in zwei Arme; der Ast, Weg gabelt sich* □ **bifurcar-se**

ga|ckern ⟨V. 400⟩ **1** *das* **Huhn** *gackert* ⟨lautmalend⟩ *gibt Laut* **2** ⟨fig.; umg.⟩ *über etwas klatschen u. kichern* □ **cacarejar**

gaf|fen ⟨V. 400; abwertend⟩ *neugierig, staunend, bes. mit offenem Mund schauen, starren; alle Leute standen u. gafften auf die Unfallstelle; blöd, neugierig ~* □ **olhar boquiaberto/embasbacado**

Gag ⟨[gæg] m.; -s, -s; salopp⟩ **1** ⟨bes. Theat.; Film; TV⟩ *witziger, effektvoller, von den Zuschauern nicht erwarteter Einfall, Pointe; ein Stück mit vielen ~s* □ *gag* **2** *(komische) Besonderheit, Knalleffekt, witziger Höhepunkt; der ~ bei der Party war die Kostümierung der Gäste* □ **auge; ponto alto**

Ga|ge ⟨[-ʒə] f.; -, -n⟩ *Bezahlung von Künstlern für geleistete Arbeit* □ **cachê**

gäh|nen ⟨V. 400⟩ **1** *vor Müdigkeit od. Langeweile langsam u. tief durch den weit offenen Mund einatmen; herzhaft, laut ~* □ **bocejar**; *ein Gähnen unterdrücken* □ **bocejo 2** *etwas gähnt* ⟨vor jmdm.⟩ ⟨fig.; geh.⟩ *öffnet sich tief (vor jmdm.), steht Gefahr drohend offen, klafft; vor uns gähnte eine tiefe Schlucht, ein Abgrund* □ **escancarar-se** 2.1 *es war, herrschte ~de Leere im Saal, Zuschauerraum* ⟨umg.⟩ *es kamen kaum Besucher* □ ***a sala/plateia estava às moscas**

Ga|la ⟨f.; -, -s⟩ **1** ⟨unz.⟩ *Festkleidung, Festuniform;* in ~ *gekleidet* □ **gala 2** ⟨kurz für⟩ *Galavorstellung;* Einladung zu einer ~ □ **espetáculo de gala**

ga|lak|tisch ⟨Adj. 24/60; Astron.⟩ *zur Galaxis, zu Galaxien gehörig, sie betreffend* □ **galáctico**

ga|lant ⟨Adj.⟩ *höflich, ritterlich, rücksichtsvoll, zuvorkommend; er ist ~ gegen Damen* □ **galante**

Ga|la|vor|stel|lung ⟨f.; -, -en; Theat.⟩ *Vorstellung, Aufführung (einer Oper, eines Theaterstückes) mit herausragenden Künstlern in besonders festlichem Rahmen* □ **espetáculo de gala**

Ga|la|xie ⟨f.; -, -n; Astron.⟩ oV *Galaxis* **1** ⟨unz.⟩ *die Milchstraße* □ **Via Láctea 2** ⟨zählb.⟩ *Sternensystem außerhalb der Milchstraße; die Erforschung der ~n* □ **galáxia**

Ga|la|xis ⟨f.; -, -xi|en; Astron.⟩ = *Galaxie*

Ga|lee|re ⟨f.; -, -n⟩ **1** ⟨im MA⟩ *langes Ruderkriegsschiff mit mehreren Ruderbänken, das von Sklaven gerudert wurde* □ **galera; galé 2** ⟨kurz für⟩ *Galeerenstrafe, Arbeit auf der Galeere(1); zu einem Jahr ~ verurteilt werden* □ **trabalhos forçados; galé**

Ga|le|rie ⟨f.; -, -n⟩ **1** ~ *in großen* **Gebäuden** *langer, an einer Seite offener od. verglaster Gang* 1.1 *~ an Festungen Laufgang mit Schießscharten* 1.2 ⟨Theat.⟩ *oberster Rang* **2** ~ *am Heck von* **Kriegsschiffen** *balkonartiger Aufbau* **3** *Sammlung von Kunstwerken;* Bilder~, Gemälde~ 3.1 *Gebäude, in dem eine Galerie(3) untergebracht ist* **4** *an einer Längsseite mit Öffnungen versehener Tunnel* □ **galeria**

Gal|gen ⟨m.; -s, -⟩ **1** *Gerüst aus einem od. mehreren senkrechten Balken u. einem Querbalken zur Hinrichtung durch den Strang; er wird noch einmal am ~ enden* 1.1 *jmdn. an den ~ bringen jmdn. anzeigen od. verklagen u. veranlassen, dass er gehenkt wird* □ **cadafalso; patíbulo 2** ⟨Tech.⟩ *Vorrichtung zum Aufhängen von Lasten* □ **girafa** 2.1 ⟨Film⟩ = *Giraffe(2)*

Gal|gen|frist ⟨f.; -, -en⟩ **1** ⟨urspr.⟩ *Zeitraum, der dem Verurteilten bis zum Tod am Galgen bleibt* □ **período antes da execução 2** ⟨fig.; umg.⟩ *Zeitraum bis zu einem bestimmten (unangenehmen) Geschehen; bis zu*

Galle

meiner Prüfung bleibt mir noch eine ~ von drei Wochen ☐ **prazo (impretrível)**

Gal|le¹ ⟨f.; -, -n⟩ **1** ⟨unz.; Physiol.⟩ *schleimige Flüssigkeit bei Wirbeltieren, die als Verdauungssaft von den Leberzellen abgesondert wird; das schmeckt bitter wie ~!* ☐ **bile; fel 2** ⟨unz.; fig.⟩ *Sinnbild für Ärger, schlechte Laune, Bosheit* 2.1 **Gift** *und ~ speien, spucken* ⟨umg.⟩ *seine Wut, Bosheit austoben* ☐ **cuspir fogo; ficar fulo da vida* 2.2 *jmdm.* **läuft** *die ~ über* ⟨umg.⟩ *jmd. wird zornig* ☐ **espumar de raiva; ficar fulo da vida* 2.3 *seine ~* **verspritzen** ⟨umg.; scherzh.⟩ *seiner Wut freien Lauf lassen* ☐ **descarregar a própria raiva* **3** *schwarze ~* ⟨mittelalterl. Med.⟩ *Färbung der Gallenflüssigkeit, die die Melancholie hervorruft* ☐ **bile negra*

Gal|le² ⟨f.; -, -n⟩ **1** ⟨Vet.⟩ *Flüssigkeitsansammlung in den Sehnenscheiden der Gliedmaßen von Tieren infolge Entzündung der Schleimbeutel* ☐ **artrite 2** ⟨Bot.⟩ *Anomalie im Wachstum u. in der Gestalt von Pflanzen, die von tierischen (seltener pflanzlichen) Parasiten verursacht wird; Blatt~, Wurzel~, Blüten~* ☐ **galha; cecídio**

Gal|len|bla|se ⟨f.; -, -n; Anat.⟩ *dünnwandige Blase an der Leber zur Aufnahme der Gallenflüssigkeit* ☐ **vesícula biliar**

Gal|lert ⟨a. ['-' -] n.; -(e)s, -e⟩ *zähe, durchsichtige Masse, die entweder aus Gelatine od. durch Auskochen u. anschließendes starkes Einkochen von Fleischsaft bzw. Knochenbrühe gewonnen wird u. beim Erkalten erstarrt;* oV *Gallerte; Knochen~; das ~ der Sülze* ☐ **gelatina**

Gal|ler|te ⟨a. ['---] f.; -, -n⟩ = *Gallert*

Ga|lopp ⟨m.; -s, -e od. -s⟩ **1** *Gangart des Pferdes, Lauf in Sprüngen; ~ reiten; in gestrecktem ~; kurzer* **2** ⟨a. fig.⟩ *rascher Lauf, Geschwindigkeit, Schnelligkeit* ☐ **galope** 2.1 *im ~ sehr schnell* ☐ **a galope*

ga|lop|pie|ren ⟨V. 400(s.)⟩ **1** *im Galopp laufen* ⟨von Pferden⟩; *das Pferd galoppiert versammelt unter dem Reiter; ein Pferd an der Longe ~ lassen* **2** *im Galopp reiten; wir sind über die Wiese, über den Acker galoppiert* ☐ **galopar** 2.1 *~de* **Schwindsucht** ⟨veraltet⟩ *letztes, schnell zum Tode führendes Stadium der Schwindsucht (Tuberkulose)* ☐ **galopante**

Ga|ma|sche ⟨f.; -, -n⟩ **1** ⟨Mode⟩ *unterhalb des Knies getragene (knöpfbare) Beinbekleidung ohne Fußling, die durch einen Steg unter dem Schuh gehalten wird; Leder~; Wickel~; Trachtenanzug mit ~n* ☐ **polaina 2** *Beinschutz für Pferde; ~n für Springpferde; einem Pferd ~n umlegen* ☐ **caneleira**

Gam|be ⟨f.; -, -n; Mus.; 16.-18. Jh.⟩ *Streichinstrument des 16.-18. Jahrhunderts (Vorläufer des Cellos), das zwischen den Knien gehalten wird* Sy *Viola²(2.3)* ☐ **viola de gamba**

gam|meln ⟨V. 400⟩ **1** ⟨umg., abwertend⟩ *ein liederliches Leben führen, nichts arbeiten, faul sein; er hat den ganzen Tag bloß gegammelt* ☐ **vadiar; vagabundear 2** *etwas gammelt* ⟨norddt.⟩ *wird alt, faul, schlecht; das Fleisch, Obst beginnt schon zu ~* ☐ **apodrecer**

Gamm|ler ⟨m.; -s, -; umg.; abwertend⟩ *(junger) Mensch mit verwahrloster Kleidung u. ungepflegtem od. auffäl-*

ligem Äußeren, der keiner regelmäßigen Arbeit nachgeht ☐ **vagabundo; beatnik**

Gams ⟨f.; -, -en; oberdt.⟩ = *Gämse*

Gäm|se ⟨f.; -, -n; Zool.⟩ *zu den Antilopen gehörendes Horntier von etwa 75 cm Schulterhöhe u. ziegenähnlicher Gestalt in den höheren Lagen der Alpen, Pyrenäen, Abruzzen, des Kaukasus u. Kleinasiens: Rupicapra rupicapra* ☐ **camurça**

gang ⟨Adj. 40; nur in der Wendung⟩ *das ist ~ und gäbe das ist so üblich* ☐ **isso é usual/comum*

Gang¹ ⟨m.; -(e)s, Gän|ge⟩ **1** ⟨unz.⟩ *die Art zu gehen* ⟨von Menschen u. Tieren⟩; *Pass~, Watschel~; einen anmutigen, aufrechten, leichten, schönen, schweren, schwerfälligen, trippelnden ~ haben; jmdn. am ~, an seinem ~ erkennen* ☐ **passo; andar 2** ⟨unz.⟩ *Bewegung (von etwas); der Motor hat einen gleichmäßigen, lauten, leisen, ruhigen ~; einen Motor in ~ bringen, setzen; die Maschine, der Motor ist in ~; in ~ kommen; die Sache ist in vollem ~e; ein Gespräch in ~ bringen; der Prozess, die Vorstellung ist im ~(e)* ☐ **funcionamento; movimento; andamento** 2.1 *hier ist etwas im ~(e) hier geht etwas vor* ☐ **tem caroço nesse angu* **3** ⟨unz.⟩ *Verlauf, Ablauf; Ausbildungs~, Entwicklungs~, Geschäfts~; die Sache geht ihren ~; der ~ der Ereignisse; alles geht seinen gewohnten ~* ☐ **evolução; andamento; curso 4** *Weg zu einem bestimmten Zweck; Bitt~* ☐ **procissão, Boten~* ☐ **mensagem; recado; einen ~ in die Stadt machen* ☐ **passeio**; *ich habe noch einen (wichtigen) ~ vor; mein erster ~ nach meiner Ankunft war (der) zu dir; ich muss noch einen ~ tun; ich muss einen schweren ~ tun* ☐ **coisa; incumbência 5** *Stufe einer Übersetzung bei einem Wechselgetriebe, z. B. in Kraftfahrzeugen; Vorwärts~, Rückwärts~; den ersten, zweiten ~ einlegen (im Auto); der Wagen hat fünf Gänge* ☐ **marcha 6** *in sich abgeschlossener Teil einer geregelten Folge* ☐ **etapa** 6.1 *Windung, Umdrehung eines Gewindes* ☐ **volta; giro** 6.2 *Teil einer Speisenfolge;* Haupt~; *die Mahlzeit hatte vier Gänge; erster, zweiter ~; als ersten ~ gab es eine Suppe, Vorspeise* ☐ **prato** 6.3 *Abschnitt im Arbeitsablauf;* Arbeits~ ☐ **fase; etapa** 6.4 *Abschnitt im Zweikampf;* Fecht~; *drei Gänge fechten* ☐ **estocada 7** *schmaler, überdachter od. umschlossener Weg;* Dach~, Verbindungs~, Wandel~; *ein enger, langer, schmaler, unterirdischer ~; aus dem Zugabteil in den ~ hinaustreten* ☐ **passagem; galeria** 7.1 *schmaler Flur; den Schrank können wir in den ~ stellen* ☐ **corredor** 7.2 *länglicher Hohlraum als Verbindung zwischen Organen;* Gehör~ ☐ **canal; conduto** 7.3 *Spalte im Gestein, die mit Erz od. anderem Gestein gefüllt ist* ☐ **veio; filão**

Gang² ⟨[gæŋ] f.; -, -s⟩ **1** *organisierte Bande (von Verbrechern), Vereinigung von Gangstern* **2** *Bande von verwahrlosten, randalierenden Jugendlichen; er gehört zu einer ~* ☐ **gangue**

Gang|art ⟨f.; -, -en⟩ **1** *Art u. Weise sich fortzubewegen (bes. beim Pferd); das Pferd besitzt drei ~en: Schritt, Trab u. Galopp* ☐ **andadura; passo** 1.1 ⟨fig.; bes. Sp.⟩ *Vorgehensweise, Maßnahme* 1.1.1 *eine andere ~ ein-*

schlagen *forscher fordernder, rücksichtsloser handeln;* raue ~ □ **modo de proceder; estilo 2** ⟨Geol.⟩ *taube, wertlose Gesteinsschichten in Erzlagerstätten* □ **ganga**

gän|geln ⟨V. 500; abwertend⟩ jmdn. ~ *jmdn. ständig bevormunden;* sie wird von ihrem Mann gegängelt; er gängelt seine Kinder zu sehr □ **superproteger**

gän|gig ⟨Adj. 90⟩ **1** *gebräuchlich, üblich, verbreitet; eine* ~e *Meinung, Definition;* ein ~es *Wort* □ **usual; comum 2** *gern gekauft, gut gehend;* ~e *Ware, Stoffe, Artikel* □ **procurado; que tem boa saída 3** *benutzbar, funktionstüchtig;* ein Schloss wieder ~ machen □ **utilizável; aproveitável 4** *gültig, in Umlauf befindlich;* ~e *Münze* □ **corrente; em circulação**

Gangs|ter ⟨[gæŋs-] m.; -s, -⟩ *Mitglied einer Bande (von organisierten Verbrechern)* □ **gângster**

Gang|way ⟨[gæŋweɪ] f.; -, -s⟩ *Laufsteg zum Schiff od. Flugzeug* □ **portaló;** *finger;* **passarela de acesso**

Ga|no|ve ⟨[-və] m.; -n, -n⟩ *Dieb, Gauner, Spitzbube, Verbrecher* □ **bandido**

Gans ⟨f.; -, Gän|se⟩ **1** (i. w. S.) *einer Unterfamilie der Gänsevögel angehörender, gut schwimmender u. tauchender Wasservogel mit kräftigem, fast waagerecht getragenem Leib, kurzen u. breit gestellten Beinen mit Schwimmhäuten, langem, schmalem Hals u. flachem, breitem Schnabel, Pflanzenfresser: Anserinae* **1.1** (i. e. S.) *Angehörige zweier Gattungen dieser Vögel, die auch schon in vorgeschichtlicher Zeit domestiziert worden ist: Anser, Branta;* Grau~, Bläss~, Saat~, Schnee~; Ringel~, Nonnen~, Wild~; Haus~; eine ~ ausnehmen, braten, rupfen, schlachten; die Gänse hüten □ **ganso 2** ⟨fig.; umg.; Schimpfwort⟩ *dummes weibliches Wesen;* (so eine) dumme ~! □ ***que tonta!**

Gän|se|füß|chen ⟨Pl.; umg.⟩ *Anführungszeichen;* ein Wort in ~ setzen □ **aspas**

Gän|se|haut ⟨f.; -; unz.; fig.⟩ *Hervortreten der Talgdrüsen in der Haut durch Kälte od. Angst;* eine ~ bekommen; eine ~ überlief ihn □ **arrepio**

Gän|se|marsch ⟨m.; -(e)s, -mär|sche; meist in der Wendung⟩ im ~ gehen ⟨umg.⟩ *einer hinter dem anderen* □ ***andar em fila indiana**

Gän|se|rich ⟨m.; -(e)s, -e⟩ **1** *männl. Gans* □ **ganso (macho) 2** ⟨Bot.⟩ *Gänsefingerkraut* □ **potentila; argentina**

Gan|ter ⟨m.; -s, -; nddt.⟩ = *Gänserich(1)*

ganz ⟨Adj. 24⟩ **1** ⟨70; umg.⟩ Ggs *entzwei;* ich besitze keine ~en Strümpfe mehr; das Glas, der Schuh ist noch ~ □ **inteiro 2** ⟨70⟩ *gesamt, ungeteilt;* die ~e Zeit (über); während der ~en Zeit sagte er kein Wort; ein ~es Jahr; den ~en Tag; die ~e Welt; ~ Berlin; der ~e Platz war voller Menschen; ein ~es Brot; ich habe mein ~es Geld ausgegeben; sie haben ihr ~es Vermögen verloren; das Kind ist seine ~e Freude; mit ~er Kraft; ich hoffe, wünsche es von ~em Herzen □ **todo; inteiro 2.1** etwas in ~en kaufen, verkaufen *in größeren Mengen* □ ***comprar/vender por atacado 2.2** im (Großen) und ~en *im Allgemeinen, alles in allem, insgesamt;* im ~en genommen, betrachtet □ ***de modo geral 2.3** auf der ~en Linie überall, völlig; er hat auf der ~en Linie versagt □ ***totalmente; inteiramente 2.4** ~e *Zahl Z. ohne Bruch, z.*

B. 1, 2, 3, 4 □ **inteiro 3** ⟨90⟩ *voll, völlig, vollständig;* die ~e Wahrheit sagen; ich habe ~e zwei Stunden warten müssen □ **todo; inteiro 3.1** ~e *Note* ⟨Mus.⟩ *voller Notenwert* □ ***semibreve 3.2** ein ~er **Mann** *ein tüchtiger M.* □ **competente 3.3** er ist der ~e *Vater,* der ~e *Vater dem V. sehr ähnlich* □ ***ele é a cara do pai 3.4** eine ~e **Menge** *eine große M.* □ **grande 3.5** eine ~e *Reihe* ⟨umg.⟩ *ziemlich viele* □ ***um sem-número 4** ⟨60; umg.⟩ *nur, nicht mehr als;* ich besitze noch ~ drei Euro; die Reparatur hat ~e zwei Minuten gedauert □ **só 5** ⟨50⟩ *gänzlich, völlig;* es ist ~ dasselbe; das ist etwas ~ anderes! □ **totalmente; completamente;** ~ gewiss!; ~ recht! □ ***claro!; perfeitamente!;** du hast ~ Recht □ ***você tem toda razão;** ~ richtig! □ ***exatamente!; muito bem!;** er hat den Kuchen ~ aufgegessen □ **todo; inteiro;** er hat ~ den Anschein, als ob ... □ ***parece mesmo que...;** das ist mir ~ gleich □ ***para mim tanto faz;** geht es dir wieder ~ gut? □ ***você se recuperou?;** er steht ~ auf meiner Seite □ **totalmente;** er war ~ mit Blut besudelt □ **todo;** bist du fertig? (Noch) nicht ~!; ich bin nicht ~ zufrieden □ **totalmente;** ich verstehe es nicht ~ □ ***não entendo muito bem 5.1** er ist ~ der Mann dazu (etwas zu tun) *sehr geeignet, in der Lage, imstande, man kann es ihm zutrauen* □ **perfeito; ideal 5.2** ~ Ohr sein *sehr aufmerksam zuhören;* erzähle, ich bin ~ Ohr! □ ***ser todo ouvidos 5.3** ~ und gar *völlig* □ ***totalmente; inteiramente 5.4** ~ und gar nicht ⟨verstärkend⟩ *überhaupt nicht* □ ***de modo algum;** → a. **voll**(2.6) **6** ⟨50⟩ *sehr;* ein ~ armer Mann; ~ begeistert, erstaunt, verblüfft sein; er sah ~ blass aus; ~ allein; ein ~ klein wenig; das gefällt mir ~ besonders gut **7** ⟨50⟩ *ziemlich, einigermaßen, leidlich;* danke, es geht mir ~ gut; das ist ~ schön □ **muito;** da hat er dich aber ~ schön betrogen! □ ***ele o enganou direitinho! 8** ⟨Getrennt- u. Zusammenschreibung⟩ **8.1** ~ machen = *ganzmachen*

Gạnz|ze(s) ⟨n. 3; unz.⟩ **1** *Einheit, Gesamtheit, alles zusammen;* sie bilden ein einheitliches ~(s); ein großes ~(s); das große ~ betrachten, im Auge haben; etwas als (ein) ~(s) darstellen □ **todo; conjunto;** das ist nichts ~(s) und nichts Halbes □ ***isso não dá nem para a saída 1.1** ⟨n. 7⟩ eine ~ bestellen *ein ganzes Maß, ein großes Glas Bier* □ ***pedir um copo/uma caneca de cerveja 1.2** das ~ gefällt mir nicht *es gefällt mir alles nicht* □ ***não gosto nada/nem um pouco disso 1.3** aufs ~ **gehen** ⟨umg.⟩ *energisch vorgehen, eine Entscheidung erzwingen* □ ***ir com tudo; mandar brasa 1.4** jetzt geht es ums ~ *um alles, jetzt muss die Entscheidung fallen* □ ***agora é tudo ou nada**

Gạnz|heit ⟨f.; -; unz.⟩ *das Ganzsein, Unversehrtheit, Vollständigkeit, Geschlossenheit, umfassende Einheit;* eine Erscheinung nicht in ihren Einzelerscheinungen, einzelnen Elementen, sondern in ihrer ~ betrachten □ **totalidade**

ganz|lei|nen ⟨Adj. 24⟩ **1** *ganz aus Leinen bestehend* (Bucheinband) □ **(encadernação) em linho 2** ⟨Textilw.⟩ *aus reinem Leinen bestehend, reinleinen* (Stoff) □ **de puro linho**

gänz|lich ⟨Adj. 50⟩ *ganz, vollständig, völlig;* unser Vorrat ist ~ verbraucht; ich habe es ~ vergessen □ **totalmente**

ganz||ma|chen *auch:* **ganz ma|chen** ⟨V. 500⟩ *reparieren, wieder in Ordnung bringen;* einen beschädigten Gegenstand wieder ~ □ **consertar; arrumar**

gar[1] ⟨Adj. 24⟩ **1** ⟨70⟩ *fertig (gekocht od. gebraten);* ~es Fleisch, ~e Kartoffeln; das Gemüse ist noch nicht ~ □ **cozido; pronto 2** *fertig zubereitet* (Leder, Metall) □ **curtido; afinado; purificado 3** ⟨Getrennt- u. Zusammenschreibung⟩ **3.1** ~ **kochen** = **garkochen**

gar[2] ⟨Adv.⟩ **1** *sogar, darüber hinaus;* er beschimpfte ihn und bedrohte ihn ~; die freundschaftlichen Beziehungen sollen nicht gestört oder ~ zerstört werden □ **até (mesmo);** der Vorfall war mir peinlich genug, und nun ~ noch vor allen Leuten! □ **ainda por cima 2** *überhaupt, durchaus;* ~ nicht; ~ nicht übel!; ~ nichts □ **absolutamente 3** *etwa, vielleicht, am Ende;* bist du ~ selbst schon dort gewesen?; hast du es ~ vergessen?; du wirst es doch nicht ~ vergessen haben? □ **por acaso; porventura;** warum nicht ~! (iron. gemeinter Ausdruck des Ärgers) □ ***não faltava mais nada! 4** ⟨verstärkend; bes. süddt.⟩ *so (sehr), recht, ziemlich;* ~ oft; ~ sehr; ~ viel; ~ wenig; ~ manches Mal; es war ein ~ liebliches Kind (poet.) □ **realmente; de fato 5** ~ **zu** *viel zu;* ich habe es ~ zu gern; es ist ~ zu schön; du isst ~ zu wenig □ ***demais**

Ga|ra|ge ⟨[-ʒə] f.; -, -n⟩ *Raum zum Einstellen von Kraftwagen* □ **garagem**

Ga|ran|tie ⟨f.; -, -n⟩ **1** *Gewähr, Haftung, Bürgschaft;* dafür kann ich keine ~ übernehmen; dafür übernehme ich die volle ~ **2** *zwei Jahre* **auf ein Gerät** *Gewähr, dass ein G. zwei Jahre lang funktioniert, andernfalls wird es innerhalb dieser Frist von der Herstellerfirma kostenlos repariert* □ **garantia**

ga|ran|tie|ren ⟨V. 503 od. 505⟩ **(jmdm.) (für)** *etwas* ~ **1** *etwas gewährleisten;* die Firma garantiert (für) die unbedingte Haltbarkeit, Zuverlässigkeit **2** *bürgen, haften, fest versprechen;* ich garantiere dir, dass so etwas nicht mehr vorkommt; dafür kann ich nicht ~ □ **garantir**

Gar|aus *auch:* **Ga|raus** ⟨m.; -; unz.; nur noch in den Wendungen⟩ **1** jmdm. den ~ **machen** ⟨umg.⟩ *jmdn. töten, vernichten* □ ***apagar alguém; dar cabo de alguém 2** einer Sache den ~ **machen** ⟨umg.⟩ *einer S. ein Ende bereiten* □ ***parar/encerrar/acabar com alguma coisa**

Gar|be ⟨f.; -, -n⟩ **1** *Bündel, bes. von Getreide, Stroh;* Getreide~; Getreide in, zu ~n binden; ~n aufstellen **2** *kegelförmiges Bündel von Lichtstrahlen;* Licht~ □ **feixe 3** *kegelförmige Streuung schnell aufeinander folgender Geschosse aus einer Schnellfeuerwaffe;* eine ~ aus dem Maschinengewehr □ **rajada 4** ⟨Bot.⟩ = *Schafgarbe*

Gar|de ⟨f.; -, -n⟩ **1** ⟨urspr.⟩ *Leibwache* □ **guarda 2** ⟨dann⟩ *Elitetruppe, meist mit prächtiger Uniform* □ **tropa de elite 3** die alte ~ *Gemeinschaft langjähriger Freunde od. Kameraden, langjähriger bekannter Mitglieder eines Betriebes, Kreises o. Ä.* □ **guarda**

Gar|de|ro|be ⟨f.; -, -n⟩ **1** *jmds. gesamte Kleidung* **1.1** *Vorrat an Kleidung* □ **guarda-roupa 2** *Umkleideraum;* die ~ der Schauspieler □ **camarim; vestiário 2.1** *Vorraum mit Kleiderablage* □ **bengaleiro 2.2** *Möbelstück, das der Kleiderablage dient;* Flur~ □ ***cabideiro**

Gar|di|ne ⟨f.; -, -n⟩ **1** ⟨früher⟩ *Bettvorhang* □ **cortinado 2** *leichter Vorhang für Fenster;* die ~n abnehmen, aufhängen, aufmachen, spannen; die ~n auf-, zuziehen; ~n für ein, zwei Fenster nähen □ **cortina**

ga|ren 1 ⟨V. 400⟩ *etwas* gart *wird, kocht gar* **2** ⟨V. 500⟩ *etwas* ~ *kochen, bis es gar ist, gar werden lassen;* Fleisch, Gemüse ~ □ **cozinhar**

gä|ren ⟨V. 141⟩ **1** ⟨400(s.)⟩ *organische Stoffe* ~ ⟨Chem.⟩ *o. S. werden durch Abbau von Kohlenhydraten mittels Enzymen zersetzt;* der Most, die Milch, das Bier gärt; der Teig ist in der Wärme gegoren; der Wein ist zu Essig gegoren; gegorener Frucht-, Obstsaft □ **fermentar; levedar; azedar 2** ⟨410; nur schwach⟩ *etwas* gärt **in jmdm. od.** *etwas* ⟨fig.⟩ *etwas nimmt bedrohliche Ausmaße an;* der Hass, Zorn gärte in ihm □ **fermentar,** gärende Konflikte □ **crescente 2.1** ⟨411; unpersönl.⟩ **es gärt in, unter jmdm. od. etwas** *es herrscht bedrohliche Unruhe, Unzufriedenheit;* es gärt im Volk; unter der Bevölkerung hat es schon lange gegärt □ **fermentar**

gar|ko|chen *auch:* **gar ko|chen** ⟨V. 500⟩ *etwas* ~ *kochen lassen, bis es gar, fertig ist* □ **cozinhar**

Garn ⟨n.; -(e)s, -e⟩ **1** *aus Fasern gesponnener Faden, Zwirn;* Baumwoll~, Näh~; ~ spinnen, wickeln, färben □ **fio 1.1** ein ~ **spinnen** ⟨fig.; umg.⟩ *eine erfundene, fantasievoll ausgeschmückte Geschichte erzählen* □ ***inventar histórias;** Seemanns~ □ ***história de pescador 2** ⟨Jägerspr.⟩ *Netz zum Vogelfang u. zum Fischen;* das Wild ins ~ jagen, treiben; einen Vogel, Fisch ins ~ locken □ **rede 2.1** jmdn. ins ~ **gehen** ⟨fig.⟩ *sich von jmdm. überlisten lassen* □ ***cair na conversa de alguém**

Gar|ne|le ⟨f.; -, -n; Zool.⟩ *Angehörige einer als „Krabbe" in den Handel gebrachten Unterordnung der Zehnfußkrebse: Natantia* □ **camarão**

gar|nie|ren ⟨V. 505⟩ *Kleider, Speisen* (mit etwas) ~ *verzieren, schmücken;* einen Hut mit Blumen ~; eine Gemüseplatte ~; Torte mit Schlagsahne, belegte Brötchen mit Petersilie ~ □ **decorar; guarnecer**

Gar|ni|son ⟨f.; -, -en⟩ **1** *Standort, Quartier einer (Besatzungs-)Truppe* □ **quartel;** in ~ liegen, sein □ ***estar aquartelado 2** *Gesamtheit der Besatzung einer Garnison(1), die Truppe selbst* □ **guarnição**

Gar|ni|tur ⟨f.; -, -en⟩ **1** *Besatz, Verzierung* □ **guarnição; adorno 2** *zusammenpassende Kleidungsstücke, Satz;* ~ **conjunto 2.1** *Unterhemd u. Unterhose, die zusammengehören;* zwei ~en Unterwäsche □ **conjunto de roupa íntima 2.2** ⟨Mil.⟩ *Ausrüstung, Kleidung für einen bestimmten Zweck;* Ausgeh~, Dienst~ □ **farda; equipamento 3** *Reihe, Anzahl zusammengehöriger Gegenstände, Satz (von Geschirr u. Ä.)* □ **serviço; aparelho**

gars|tig ⟨Adj.⟩ **1** *hässlich, abstoßend;* ein ~es Wesen, Gesicht; ~ aussehen; ein ~er Geruch **1.1** ein ~es

Tier *ekelhaftes T.* □ feio; repugnante **2** *böse, ungezogen; ein ~es Kind; sich ~ benehmen; sei nicht so ~ (zu mir)!* □ malcriado; mau

Gar|ten ⟨m.; -s, Gär|ten⟩ *abgegrenztes Gelände zum Kleinanbau von Nutz- od. Zierpflanzen; Gemüse~, Lust~, Obst~, Zier~; einen ~ anlegen, einzäunen; den ~ gießen, sprengen, umgraben; ein gepflegter, verwilderter ~; einen großen, kleinen, schönen ~ haben; ein ~ hinter dem Haus; im ~ arbeiten, frühstücken* □ jardim; pomar; horta

Gar|ten|bau ⟨m.; -(e)s; unz.⟩ *(gewerbsmäßiger) Anbau u. Pflege von Pflanzen (Gemüse, Obst, Blumen usw.); im ~ tätig sein; ~ betreiben* □ jardinagem; horticultura

Gärt|ner ⟨m.; -s, -⟩ **1** *jmd., der beruflich die in einem Garten anfallenden Arbeiten (Gartenbau u. -pflege) verrichtet; Landschafts~; Hobby~* **2** *Lehrberuf mit dreijähriger Lehrzeit* □ jardineiro; horticultor

Gärt|ne|rei ⟨f.; -, -en⟩ **1** ⟨unz.⟩ *Gartenbau* □ jardinagem; horticultura **2** *Betrieb, in dem gewerbsmäßig Pflanzen angebaut u. verkauft werden* □ loja de jardinagem/horticultura

Gärt|ne|rin ⟨f.; -, -rin|nen⟩ *weibl. Gärtner* □ jardineira; horticultora

Gas ⟨n.; -es, -e⟩ **1** (i. w. S.) *Aggregatzustand der Materie, in dem sie infolge freier Beweglichkeit der Moleküle keine bestimmte Gestalt hat, sondern jeden Raum, in den sie gebracht wird, völlig ausfüllt* **2** *Materie in diesem Zustand, z. B. Sauerstoff* **2.1** *gasförmiger Brennstoff; Stadt~, Erd~, Heiz~* □ gás **2.1.1** *Flamme von diesem Brennstoff; ~herd; die Kartoffeln aufs ~ setzen; vom ~ wegnehmen* □ chama; fogo **2.2** *Gemisch aus Luft u. Kraftstoff* □ gás **2.3** *~ geben (wegnehmen) ⟨Kfz⟩ die Zufuhr von Treibstoff verstärken (verringern) u. die Geschwindigkeit erhöhen (vermindern)* □ *acelerar (desacelerar) **3** *jmdm. das ~ abdrehen* ⟨a. fig.⟩ *ihn wirtschaftlich zugrunde richten, ihn seiner Existenzgrundlage berauben* □ *arruinar alguém

Gäss|chen ⟨n.; -s, -⟩ *kleine, schmale Gasse* □ ruela; beco

Gas|se ⟨f.; -, -n⟩ **1** *kleine, enge Straße zwischen Häusern; eine winklige, finstere, malerische ~* □ ruela; beco **1.1** ⟨oberdt.⟩ *Stadtstraße* □ rua **2** *schmaler Durchgang* □ passagem estreita **2.1** *eine ~ bilden etwas zur Seite treten, so dass (in einer Menschenmenge) ein schmaler Raum zum Durchgehen entsteht* □ *abrir alas/caminho **2.2** *hohle ~ Hohlweg* □ *desfiladeiro

Gast[1] ⟨m.; -es, Gäs|te⟩ **1** *jmd., der vorübergehend anwesend ist; ein gerngesehener, häufiger, lieber, ständiger ~; ein ungebetener ~* □ hóspede; visitante; frequentador; *Vorstellung für geladene Gäste, vor geladenen Gästen* ⟨Theat.⟩ □ espectador; ouvinte **1.1** *jmd., der eingeladen ist; Sie sind heute mein ~; die Gäste begrüßen; wir haben Gäste* □ convidado; conviva **1.1.1** *bei jmdm. zu ~ sein eingeladen sein* □ *ser convidado de alguém **1.1.2** *jmdn. zu ~(e) bitten, laden einladen* □ *convidar alguém **1.2** *auf fremder Bühne spielender Schauspieler; die Rolle des Tristan singt N. N. als ~* □ ator convidado **1.3** *jmd., der ein Restaurant* *besucht, in einem Hotel absteigt; Hotel~, Stamm~* □ cliente; freguês; hóspede

Gast[2] ⟨m.; -es, -en; Mar.⟩ *für einen bestimmten Dienst an Bord vorgesehener Matrose; Signal~* □ *sinaleiro

Gast|ar|bei|ter ⟨m.; -s, -⟩ *ausländischer, nicht eingebürgerter Arbeiter; die Zahl der ~ ist gesunken* □ trabalhador estrangeiro

Gast|ar|bei|te|rin ⟨f.; -, -rin|nen⟩ *weibl. Gastarbeiter* □ trabalhadora estrangeira

gast|freund|lich ⟨Adj.⟩ *gerne Gäste habend, jederzeit bereit, Gäste aufzunehmen; eine ~e Familie, Bevölkerung; er ist sehr ~* □ hospitaleiro

Gast|freund|schaft ⟨f.; -; unz.⟩ *Bereitschaft, Sitte, einem Fremden Unterkunft u. Essen bereitzustellen* □ hospitalidade

Gast|ge|ber ⟨m.; -s, -⟩ *jmd., der einen anderen als Gast einlädt; ein aufmerksamer ~* □ anfitrião

Gast|ge|be|rin ⟨f.; -, -rin|nen⟩ *weibl. Gastgeber* □ anfitriã

Gast|haus ⟨n.; -es, -häu|ser⟩ **1** *Haus, in dem gewerbsmäßig Fremde gegen Entgelt Unterkunft u. Verpflegung haben können; in einem ~ übernachten, wohnen* □ hospedaria; pousada **1.1** *Wirtshaus, Gaststätte* □ bar; restaurante

Gast|hof ⟨m.; -(e)s, -hö|fe⟩ *einfaches Gasthaus, meist auf dem Lande* □ hospedaria; restaurante

gas|tie|ren ⟨V. 411⟩ *als Gast auf einer fremden Bühne spielen; er gastiert hier nur* □ *ser ator convidado

gast|lich ⟨Adj.⟩ *gastfreundlich; eine ~e Familie* □ hospitaleiro; acolhedor; *man hat uns ~ aufgenommen* □ com hospitalidade

Gas|tri|tis *auch:* **Gast|ri|tis** ⟨f.; -, -ti|den; Med.⟩ *Entzündung der Magenschleimhaut* □ gastrite

Gas|tro|no|mie *auch:* **Gast|ro|no|mie** ⟨f.; -; unz.⟩ **1** *Gaststättengewerbe; er ist in der ~ tätig* **2** *feine Kochkunst, Feinschmeckerei* □ gastronomia

Gast|spiel ⟨n.; -(e)s, -e⟩ **1** *Auftreten auf einer fremden Bühne; ein ~ des Staatstheaters Wiesbaden; ~ eines berühmten Tenors* □ apresentação de um grupo (teatral, musical) em turnê **1.1** *ein kurzes ~ geben nur kurz erscheinen, selten anwesend sein* □ *ficar pouco tempo; estar de passagem* **2** ⟨Sp.⟩ *Spiel auf fremdem Platz, Auswärtsspiel; Ggs Heimspiel* □ jogo fora de casa

Gast|stät|te ⟨f.; -, -n⟩ *Haus, in dem man gegen Entgelt Mahlzeiten einnehmen kann; Sy Gastwirtschaft, Restaurant, Lokal(2); vegetarische ~; in einer ~ zu Mittag essen* □ bar; restaurante

Gast|wirt ⟨m.; -(e)s, -e⟩ *Besitzer od. Pächter einer Gaststätte* □ dono/locatário de bar/restaurante

Gast|wirt|schaft ⟨f.; -, -en⟩ = *Gaststätte*

Gat|te ⟨m.; -n, -n; geh.⟩ *nicht als Bez. für den eigenen Ehemann verwendet⟩ Ehemann; grüßen Sie Ihren ~n von mir* □ marido

Gat|ter ⟨n.; -s, -⟩ **1** *Gitter; Eisen~, Holz~* □ grade **2** *Zaun, Tor od. Tür aus breiten Latten; ein Grundstück, Gehege, eine Wiese durch ein ~ abschließen* □ grade; paliçada **3** ⟨Web.⟩ *Spulengestell an Spinnmaschinen* □ suporte de bobina **4** ⟨Tech.⟩ *durch einen*

Kurbeltrieb bewegter Rahmen, in den ein od. mehrere Sägeblätter einer Gattersäge eingespannt sind □ **quadro de serras 5** ⟨Tech.⟩ *Holzbearbeitungsmaschine, in der Baumstämme durch hin- u. hergehende Sägeblätter in Bretter u. Balken zerlegt werden* □ **serra alternativa 6** ⟨Elektronik⟩ *Glied eines elektrischen Schaltkreises, das mehrere im Eingang aufgenommene Signale verknüpft u. ein binäres Ausgangssignal liefert* □ **circuito de conexão**

Gat|tin ⟨f.; -, -tin|nen; nicht als Bez. für die eigene Ehefrau verwendet⟩ *Ehefrau; er kam zusammen mit seiner ~* □ **mulher; esposa**

Gat|tung ⟨f.; -, -en⟩ **1** ⟨allg.⟩ *Gesamtheit von Dingen, die in wesentlichen Eigenschaften übereinstimmen, in unwesentlichen Eigenschaften voneinander abweichen* □ **gênero; tipo 2** ⟨Log.⟩ *der Inbegriff des Gemeinsamen mehrerer Arten; Dreieck und Viereck gehören zur ~ Vieleck* □ **classe 3** ⟨Biol.⟩ *Gesamtheit nächstverwandter Arten; Pflanzen~, Tier~; ein Tier nach Art u. ~ bestimmen; die ~ ist die in der biologischen Systematik obligatorische Kategorienstufe zwischen Art (Spezies) u. Familie* **4** *die drei* **literarischen** *~en* ⟨Lit.⟩ *Lyrik, Epik, Dramatik; Roman, Novelle, Kurzgeschichte gehören zur ~ der Epik, der epischen Dichtung* □ **gênero**

Gau ⟨m.; -(e)s, -e⟩ **1** ⟨urspr.⟩ *wald- u. wasserreiches Gebiet* □ **região de florestas e águas 2** ⟨später⟩ *Siedlungsgebiet der Untergruppe eines germanischen Stammes; Breis~, Rhein~* □ **região de colonização 3** ⟨19./20. Jh.⟩ *landschaftlich zusammengefasste Gruppe eines Verbandes, einer Partei; Reichs~ (1933-45)* □ **distrito administrativo 4** ⟨allg.⟩ *Bezirk, Landschaft, zusammengehöriges Gebiet* □ **distrito; região**

GAU ⟨m.; -s, -s; Abk. für⟩ *größter anzunehmender Unfall (in einem Kernreaktor)* □ **AMP (acidente máximo postulado)**

Gau|be ⟨f.; -, -n⟩ = *Gaupe*

Gau|cho ⟨[-tʃo] m.; -s, -s⟩ *berittener Rinderhirt in Südamerika* □ **gaúcho**

Gau|di ⟨n.; -s od. f.; -; unz.; süddt.⟩ *Spaß, (diebische) Freude, Vergnügen* □ **divertimento**; *das war eine ~!* □ ***foi um barato!**

gau|keln ⟨V. 400 od. 410⟩ **1** *schwankend fliegen, flattern; Schmetterlinge ~ von Blume zu Blume* □ **esvoaçar; voejar 2** *auf spielerische Art täuschen, etwas vortäuschen, Gaukelei treiben* □ **fazer prestidigitação**

Gauk|ler ⟨m.; -s, -⟩ **1** *Jahrmarktskünstler (Seiltänzer, Akrobat); eine Truppe von ~n* □ **saltimbanco; malabarista 2** *Zauberkünstler* □ **prestidigitador 3** ⟨Zool.⟩ *Greifvogel des mittleren u. südlichen Afrikas: Helotarsus ecaudatus* □ **hoombe**

Gaul ⟨m.; -(e)s, Gäu|le; abwertend⟩ **1** ⟨abwertend⟩ *wertloses, altes Pferd; Acker~* □ **sendeiro 2** *einem geschenkten ~ schaut man nicht ins Maul (Sprichw.) Geschenke muss man hinnehmen, ohne zu fragen, was sie wert sind* □ ***a cavalo dado não se olham os dentes 3** ⟨umg.⟩ *Pferd; die Gäule einspannen* □ **cavalo**

Gau|men ⟨m.; -s, -⟩ **1** *Scheidewand zwischen Mund- u. Nasenhöhle beim Menschen u. bei den Wirbeltieren;* *mir klebt (vor Durst) die Zunge am ~* □ **palato 2** ⟨fig.⟩ *Geschmack, Sinn für gutes Essen u. Trinken; das kitzelt den ~; einen feinen ~ haben* □ **paladar**

Gau|men|se|gel ⟨n.; -s, -; Anat.⟩ *weicher Gaumen, hinterer Teil des Gaumens, der ins Zäpfchen ausläuft* □ **palato mole**

Gau|ner ⟨m.; -s, -⟩ **1** *Betrüger, Dieb, Landstreicher; ein ~ hat ihn betrogen; so ein ~!* □ **vigarista; larápio 2** *gerissener Mensch, schlauer, pfiffiger Kerl* □ **malandro; espertalhão 2.1** *Spitzbube, Schelm; so ein kleiner ~!* □ ***mas que ladrão barato/malandro!**

Gau|ne|rin ⟨f.; -, -rin|nen⟩ *weibl. Gauner* □ **vigarista; larápia; malandra**

Gau|pe ⟨f.; -, -n⟩ *eckiger Dachvorsprung mit eingebautem Fenster, Giebelfenster; oV Gaube; Dach~* □ ***lucarna**

Ga|vot|te ⟨[-vɔt(ə)] f.; -, -n; Mus.; 17./18. Jh.⟩ **1** *heiterer, mittelschneller Tanz in einem geraden (2/2- oder 4/4-) Takt* **2** ⟨Mus.⟩ *Satz in der Suite(1)* □ **gavota**

Ga|ze ⟨[-zə] f.; -; unz.; Textilw.⟩ *durchsichtiger, schleierartiger Stoff mit weitem Abstand der Kett- u. Schussfäden, aus verschiedenen Stoffen (Seide, Baumwolle, Leinen) od. Metalldrähten (für Fliegennetze)* □ **gaze; retícula**

Ga|zel|le ⟨f.; -, -n; Zool.⟩ *Angehörige einer Gattung kleiner bis mittelgroßer Antilopen, die in den Steppengebieten Afrikas u. Asiens leben: Gazella* □ **gazela**

Ge|bäck ⟨n; -(e)s, -e; Pl. selten⟩ *(Kuchen u.) kleines Backwerk* □ **biscoito; bolinho**

Ge|bälk ⟨n.; -(e)s, -e; Pl. selten⟩ **1** ⟨Arch.⟩ *Gesamtheit der Balken einer Decken- od. Dachkonstruktion, Balkenwerk* □ **vigamento; travejamento 1.1** ⟨antike Arch.⟩ *Verbindung zwischen Säulen u. Dach, bes. im griechischen Tempel* □ **entablamento 2** *es knistert, kracht im ~* ⟨fig.; umg.⟩ *die bestehende Ordnung beginnt sich aufzulösen* □ ***a casa vai cair**

Ge|bär|de ⟨f.; -, -n⟩ *Bewegung, die ein seelisches Geschehen ausdrückt u. damit das Sprechen ergänzt u. akzentuiert, teilweise auch als Sprachersatz dienend; eine ausdrucksvolle, drohende, heftige ~; sich durch ~n verständlich machen; seine Worte mit ~n begleiten, unterstreichen, unterstützen* □ **gesto**

ge|bär|den ⟨V. 513/Vr 2⟩ *sich in bestimmter Weise ~ benehmen, verhalten; sich wie ein Verrückter, wie toll ~, auffällig, außergewöhnlich ~* □ **comportar-se**

Ge|ba|ren ⟨n.; -s; unz.⟩ *Benehmen, Betragen, Verhalten; sein bisheriges ~ lässt darauf schließen, dass ...; Geschäfts~* □ **comportamento**

ge|bä|ren ⟨V. 142/500⟩ **1** *ein Kind ~ zur Welt bringen; sie hat einen Knaben geboren* □ **dar à luz 1.1** *geboren (sein) zur Welt gekommen (sein); Karen Müller, geboren am 17.6.1967; ich kenne die Stadt gut, ich bin dort geboren; in diesem Haus bin ich geboren (worden); wo sind Sie geboren?; ein blind geborenes Kind* □ **nascer 1.1.1** *unter einem glücklichen, unglücklichen Stern geboren sein von Kindheit an viel Glück, Unglück im Leben gehabt haben* □ ***nascer sob uma boa/má estrela 2** *eine Sache ~* ⟨fig.⟩ *hervorbringen, erschaffen, erzeugen; etwas Neues ~* □ **produzir; criar**

Ge|bär|mut|ter ⟨f.; -, -müt|ter; Biol.; Med.⟩ *weibliches Hohlorgan der Säugetiere u. des Menschen, in dem sich das befruchtete Ei entwickelt: Uterus* □ útero

Ge|bäu|de ⟨n.; -s, -⟩ **1** *größeres Bauwerk, Haus;* Fabrik~, Schul~, Wohn~; *ein öffentliches, privates* ~ □ edifício; construção **2** ⟨fig.⟩ *kunstvoll zusammengefügtes Ganzes;* Gedanken~, Lehr~, Lügen~; *das* ~ *einer Wissenschaft* □ sistema; estrutura **3** ⟨Bgb.⟩ *Grubenanlage* □ instalação de mina **4** ⟨Jägerspr.⟩ *~ eines Hundes,* **Pferdes** *(Otters, Bibers) Körperbau; gutes ~* □ compleição

Ge|bein ⟨n.; -(e)s, -e; veraltet⟩ **1** ⟨veraltet⟩ *sämtliche Glieder, Körper des lebenden Menschen;* der Schreck fuhr mir durchs, ins ~ □ corpo **2** ⟨nur Pl.⟩ *~e Knochen, Skelett eines Toten;* seine ~ *fand man erst nach Jahren* □ ossada; restos mortais

ge|ben ⟨V. 143⟩ **1** ⟨530/Vr 6⟩ **jmdm. etwas** ~ *etwas in jmds. Besitz gelangen lassen* 1.1 *schenken;* unser täglich Brot gib uns heute; der Herr hat's gegeben, der Herr hat's genommen (Hiob 1,21); Geben ist seliger denn Nehmen (Apostelgeschichte 20,35); bittet, so wird euch gegeben (Matth. 7,7) □ dar; *wer rasch gibt, gibt doppelt* □ *quem dá depressa dá duas vezes;* er gibt nicht gern □ doar; presentear 1.1.1 *jmdm. ist etwas gegeben jmd. hat die Gabe, jmdm. liegt etwas;* es ist ihm nicht gegeben, seine Gefühle zu zeigen □ ter dom/aptidão 1.1.2 *etwas für gegeben nehmen so tun, als habe man es bekommen;* ich habe vergessen, Ihnen Blumen mitzubringen! – Das macht nichts, ich nehm's, nehme sie für gegeben □ *dar alguma coisa por recebida 1.2 überlassen, verkaufen;* ich kann Ihnen die Ware nicht billiger ~ □ vender 1.3 ⟨550⟩ *etwas* **für, um etwas** ~ *eintauschen;* was gibst du mir dafür? □ *dar alguma coisa em troca de outra 1.3.1 bezahlen;* was hast du für den Mantel gegeben? □ dar; pagar 1.3.2 ich gäbe etwas darum, wenn ich wüsste ... *ich wüsste zu gern,* ... □ *daria tudo para saber se...* **2** ⟨530/Vr 6⟩ **jmdm. etwas** ~ *reichen, hinreichen;* jmdm. die Hand ~ (zum Gruß); einem Kind die Flasche ~; bitte gib mir das Salz!; sich die Speisekarte ~ lassen; jmdm. zu essen ~ □ dar; passar 2.1 ⟨500⟩ *zum Essen anbieten;* ich habe heute Gäste, ich gebe Kaffee und Kuchen, eine kalte Platte usw. □ oferecer; servir 2.2 *was gibt es heute zu Mittag?* □ *o que há/tem para almoçar hoje?* 2.2 ⟨402⟩ *Karten ~ K. austeilen;* wer gibt? □ dar; distribuir 2.3 ⟨402; Tennis⟩ *den Ball ins Spiel bringen, aufschlagen, angeben* □ servir 2.4 ⟨530⟩ jmdm. einen **Ton** ~ ⟨Mus.⟩ *angeben (um die Instrumente zu stimmen);* gib mir bitte das A! □ dar **3** ⟨530⟩ **jmdm. etwas** od. **jmdn.** ~ *zu einem bestimmten Zweck überlassen, übergeben* □ mandar; enviar; ein Brief, ein Paket zur Post ~ 3.1 ⟨511⟩ *ein Manuskript in Satz, Druck ~ setzen, drucken lassen* □ mandar compor/imprimir 3.2 ⟨511⟩ einen Jungen in die Lehre ~ *in einer Lehre ausbilden lassen* □ *pôr um jovem para aprender uma profissão* 3.3 ⟨611⟩ jmdm. etwas in Verwahrung ~ *jmdn. etwas verwahren lassen* □ *entregar alguma coisa aos cuidados de alguém* **4** ⟨530/Vr 6⟩ jmdm. od. einer **Sache etwas** ~ *zukommen lassen* □ dar; entregar 4.1 *erteilen;* jmdm. Stunden ~; Unterricht ~; Auskunft ~; jmdm. einen Auftrag ~ □ dar 4.1.1 ⟨500⟩ der Lehrer gibt Biologie und Chemie *unterrichtet in B. u. Ch.* □ lecionar 4.2 *zuteilwerden lassen;* jmdm. beim Geräteturnen Hilfe ~ □ *ajudar alguém nos aparelhos de ginástica;* jmdm. einen Wink ~; jmdm. ein Zeichen ~ □ *fazer um sinal para alguém* 4.2.1 *jmdm. die Schuld (an etwas), jmdm. recht/Recht, unrecht/Unrecht* ~ *behaupten, dass jmd. Schuld, Recht, Unrecht hat* □ *culpar alguém; (não) dar razão a alguém* 4.3 *vermitteln;* jmdm. Aufklärung ~ (über etwas); jmdm. Nachricht ~ □ dar; transmitir 4.4 ⟨480⟩ *zu denken, zu verstehen, zu erkennen ~ veranlassen, dass jmd. etwas denkt, versteht, erkennt;* der Vorfall gibt mir zu denken; jmdm. etwas zu verstehen ~ □ *levar a pensar; dar a entender; levar a reconhecer* 4.4.1 ⟨580/Vr 3 od. Vr 4⟩ **sich (jmdm.) zu erkennen** ~ *sagen, wer man ist* □ *apresentar-se (a alguém)* 4.5 *gewähren;* jmdm. Bedenkzeit ~; ich gebe Ihnen eine Frist von zwei Tagen; seine Einwilligung (zu) etwas ~; jmdm. seinen Segen ~ □ dar 4.5.1 Gott geb's!, Gott gebe, dass ... *hoffentlich!,* mit Gottes Hilfe möge ... □ *tomara!; Deus queira que...* 4.6 *bieten;* gib mir Gelegenheit, mein Unrecht wiedergutzumachen □ dar; conceder 4.7 *verleihen;* einer Sache ein anderes Aussehen ~; du musst deinen Worten mehr Nachdruck ~ □ dar; conferir 4.8 *versetzen,* jmdm. etwas spüren lassen; jmdm. eine Ohrfeige ~; jmdm. einen Stoß, einen Tritt ~ □ dar 4.8.1 es jmdm. (tüchtig) ~ ⟨umg.⟩ *jmdm. (gründlich) die Meinung sagen, jmdn. (gehörig) verprügeln;* gib's ihm! □ *dizer umas verdades a alguém; dar uma surra em alguém* 4.8.2 *(das ist) gut gegeben! gut gesagt, schlagfertig geantwortet* □ *boa resposta!* 4.8.3 dem Pferd die Sporen ~ *das Pferd mit den S. antreiben* □ *esporear o cavalo* 4.9 ⟨500; Funktionsverb⟩ 4.9.1 (keine) **Antwort** ~ *(nicht) antworten* □ dar 4.9.2 einem Gedanken **Ausdruck** ~ *einen Gedanken ausdrücken* □ *exprimir um pensamento* 4.9.3 ⟨530⟩ jmdm. das **Versprechen**, sein **Wort** ~ *versprechen* □ *prometer a alguém; dar a própria palavra a alguém* 4.9.4 ⟨530⟩ jmdm. einen **Kuss** ~ *jmdn. küssen* □ dar 4.9.5 ⟨530/Vr 1⟩ sich **Mühe** ~ *sich bemühen* □ *esforçar-se* 4.9.6 **Ruhe** ~ *ruhig sein* □ *dar sossego; ficar quieto* **5** ⟨500⟩ etwas **gibt** etwas *bringt etwas hervor;* die Lampe gibt gutes Licht; die Kuh gibt täglich ... Liter Milch □ dar; produzir 5.1 das gibt Spaß *macht S.* □ *isso é divertido* 5.2 *ergeben, zum Ergebnis haben;* 12 geteilt durch 3 gibt 4; ein Wort gab das andere; was wird das ~ □ dar **6** ⟨500⟩ eine **gesellige Veranstaltung** ~ *stattfinden lassen;* ein Bankett, ein Essen ~; eine Gesellschaft ~; ein Gastspiel, eine Vorstellung ~; ein Konzert ~ □ dar; oferecer; realizar 6.1 ein **Theaterstück** ~ *aufführen;* gestern wurde im Theater „Hamlet" gegeben □ apresentar; was gibt es heute Abend im Theater? □ haver **7** ⟨511⟩ *etwas irgendwohin* ~ ⟨regional⟩ *tun;*

Gebet

den Teig in eine Form ~ □ colocar 8 ⟨510⟩ etwas von sich ~ äußern; keinen Laut, Ton von sich ~ □ *não dar um pio; kein Lebenszeichen von sich ~ □ *não dar sinal de vida; eine Meinung von sich ~ □ *dar uma opinião 9 ⟨511⟩ etwas von sich ~ sich erbrechen; Speisen wieder von sich ~ □ *vomitar 10 ⟨550⟩ etwas auf etwas od. jmdn. ~ Wert auf etwas od. jmdn. legen, einer Sache od. jmdn. Bedeutung beimessen; viel, wenig auf etwas ~; auf seine Worte kann man nicht viel ~; etwas auf sich ~ □ *dar valor/importância a alguma coisa ou a alguém 11 ⟨513/Vr 3⟩ sich ~ sich verhalten, sich benehmen; sie gibt sich ganz unbefangen □ *comportar-se 12 ⟨500/Vr 3⟩ etwas gibt sich hört auf, lässt nach; das wird sich schon ~; die Schmerzen haben sich mit der Zeit gegeben □ passar 13 ⟨501⟩ es gibt jmdn. od. etwas jmd. od. etwas ist vorhanden; gibt es jmdn., der mir helfen kann?; es gibt einen Gott; hier gibt es keine Wölfe mehr; gibt es denn heute so etwas noch? □ haver; existir 13.1 das gibt es nicht! das kommt nicht in Frage! □ *nem pensar! 13.2 das gibt es doch nicht! das ist doch unmöglich! □ *isso não existe!; isso é impossível! 13.3 das hast du fein gemacht, da gibt's nichts! ⟨umg.⟩ dagegen ist nichts einzuwenden □ *você fez bem, ninguém poderá dizer nada contra! 14 ⟨501⟩ es gibt etwas etwas geschieht, kommt vor; es gibt Fälle, in denen man anders handeln muss □ haver; existir; es wird heute noch Regen ~ □ *hoje ainda vai chover; gleich gibt es eine Ohrfeige! □ *não vai demorar para isso acabar em bofetada!; wenn du das tust, wird es ein Unglück ~ □ acontecer; gleich gibt's was! □ *isso ainda vai acabar mal; was gibt es Neues? □ *o que há de novo? 14.1 was gibt's? was ist los? □ *o que está acontecendo?

Ge|bet ⟨n.; -(e)s, -e⟩ 1 ⟨Rel.⟩ eine Bitte od. Dank beinhaltende Äußerung, die an Gott gerichtet ist u. die sich entweder fester Formen bedient od. spontan dem Gefühl entspringt; Abend~, Morgen~, Stunden~, Stoß~, Buß~, Dank~; ein ~ sprechen, verrichten, zum Himmel schicken □ oração; prece 1.1 das ~ des Herrn das Vaterunser □ *o padre-nosso 2 jmdn. ins ~ nehmen ⟨fig.⟩ jmdn. ins Gewissen reden □ *tirar satisfação com alguém; dar uma prensa em alguém

Ge|biet ⟨n.; -(e)s, -e⟩ 1 Teil einer Landschaft; Ruhr~; große ~e des Landes sind noch nicht bebaut; ein fruchtbares, waldreiches, weites ~ □ região; área 2 Hoheits-, Herrschaftsbereich (eines Staates); einem anderen Staat ein ~, ~e abtreten □ domínio; território 3 ⟨fig.⟩ Sachbereich, Fach; das ~ der Naturwissenschaften; ein ~ beherrschen; auf diesem ~ bin ich nicht bewandert; er weiß auf seinem ~ hervorragend Bescheid; auf politischem ~ verhält es sich anders □ área; campo

ge|bie|ten ⟨V. 110; geh.⟩ 1 ⟨503⟩ (jmdm.) etwas ~ befehlen; jmdm. Einhalt ~; Ruhe, Schweigen ~ □ ordenar; impor 2 ⟨800⟩ über etwas ~ herrschen, bestimmen; über ein Land, ein Heer ~ □ *dominar/comandar alguma coisa 3 ⟨500⟩ etwas gebietet etwas verlangt, erfordert etwas; der Ernst der Lage gebietet, dass wir ...

□ exigir 3.1 ⟨Part. Perf.⟩ geboten ratsam, notwendig, angebracht, zweckmäßig; es erscheint geboten, sich zu beeilen; hier ist Vorsicht geboten; es ist dringend geboten, ... zu tun; es für geboten erachten, halten, etwas zu tun □ aconselhável; conveniente

ge|bie|te|risch ⟨Adj.⟩ in der Art eines Gebieters, befehlend, herrisch, keinen Widerspruch duldend; etwas ~ verlangen; in ~em Ton sprechen □ (de modo) autoritário/imperioso

Ge|bil|de ⟨n.; -s, -⟩ Gegenstand von unbestimmter, nicht näher zu bezeichnender Form, etwas Gestaltetes; ein merkwürdiges, seltsames ~; eine Flocke ist ein ~ aus Eiskristallen, Fasern usw. □ figura; estrutura; formação

ge|bil|det 1 ⟨Part. Perf. von⟩ bilden 2 ⟨Adj.⟩ kenntnisreich u. wohlerzogen, kultiviert; die ~ Klasse; ein ~er Mensch; er ist sehr ~ □ culto; instruído

Ge|bin|de ⟨n.; -s, -⟩ 1 etwas Zusammengebundenes □ feixe; molho 2 Zweige od. Blumen, die zu einem Kranz od. Strauß zusammengebunden sind; ein ~ von Rosen, Nelken; ein hübsches ~ zusammenstellen □ ramalhete; coroa 3 ⟨Landw.⟩ die Menge Getreide, die in eine Garbe gebunden wird; ein ~ von Ähren □ gavela 4 ⟨Textilw.⟩ eine bestimmte, in verschiedenen Ländern wechselnde Anzahl von Fäden eines Garnes, Teil einer Strähne □ madeixa 4.1 Garnmaß, 80 Windungen von 1,5 Yard Umfang □ meada 5 ⟨Bauw.⟩ die einzelne Rippe eines Dachstuhls □ asna 6 ⟨Bauw.⟩ eine zusammenhängende Reihe eingedeckter Dachschiefer □ amarração das telhas de ardósia 7 (bes. österr.) (größeres) Fass, Behälter zur Aufnahme von Flüssigkeiten; Bier, Wein in ~n verkaufen □ tonel; barril 8 (ostnorddt.) Eingeweide der Fische, bes. Rogen des Karpfens □ vísceras; tripa

Ge|bir|ge ⟨n.; -s, -⟩ 1 zusammenhängende Gruppe von Bergen u. Tälern; Hoch~, Mittel~; ins ~ fahren, reisen; den Urlaub im ~ verbringen □ cordilheira; (cadeia de) montanhas 2 ⟨fig.⟩ aufgeschichtete, aufgetürmte Menge von Dingen; ein kunstvolles ~ aus Schlagsahne und Eis □ monte; porção 3 ⟨Bgb.⟩ Geol.⟩ größere, der Form u. Entstehung nach zusammengehörige Gesteinsmassive □ rocha; maciço rochoso

Ge|biss ⟨n.; -es, -e⟩ 1 Gesamtheit der Zähne bei Menschen u. Wirbeltieren; ein gesundes, prächtiges ~ haben; der Hund fletschte das ~ □ dentes 2 Zahnprothese, künstliche Zahnreihe; ein ~ haben, anfertigen lassen □ dentadura 3 Mundstück am Pferdezaum; Trensen~, Kandaren~ □ freio

Ge|blä|se ⟨n.; -s, -⟩ ⟨Tech.⟩ Maschine zum Verdichten u. Fördern von Gasen einschließlich Luft; Niederdruck~, Hochdruck~, Mitteldruck~; Turbo~, Dampfstrahl~, Schleuder~ □ compressor 1.1 ⟨Landw.⟩ ortsfeste od. bewegliche Maschine, die durch Luftstrom Halm- u. Schüttgut befördert; Förder~, Heu~, Spreu~; mit dem ~ Korn in die Scheune befördern □ distribuidor; espalhador 1.2 Maschine zur Kalt- bzw. Warmluftförderung in Belüftungsanlagen, Klimatisierungs- u. Trocknungsanlagen; Kühl~, Wind~ □ ventilador; ventoinha 1.3 Gerät aus zwei durch einen Le-

derbalg verbundenen Platten zum Erzeugen eines Luftstroms □ fole
ge|blümt ⟨Adj. 24⟩ *mit Blumenmuster verziert;* ein ~es Kleid, Porzellan; bunter, ~er Stoff □ florido
ge|bo|ren 1 ⟨Part. Perf. von⟩ *gebären* 2 ⟨Adj. 24/60⟩ 2.1 *gebürtig;* ~er Deutscher; ~er Hamburger □ nascido (em); natural de 2.2 ⟨Abk.: geb.⟩ *(zur Angabe des Mädchennamens bei verheirateten Frauen)* □ nome de solteira 2.2.1 sie ist eine ~e Schulze *ihr Mädchenname ist S.* □ *seu nome de solteira é Schulze 2.2.2 Frau Müller(,) geb. Schulze *mit Mädchennamen S.* □ nome de solteira 2.3 *von Natur aus begabt;* er ist der ~e Erzähler □ nato
ge|bor|gen 1 ⟨Part. Perf. von⟩ *bergen* 2 ⟨Adj.⟩ *sicher, gut aufgehoben;* sich ~ fühlen, wissen □ protegido; seguro
Ge|bot ⟨n.; -(e)s, -e⟩ 1 *(moralisches) Grundgesetz;* es ist ein ~ der Höflichkeit, Menschlichkeit, Nächstenliebe, dies zu tun; ein göttliches, sittliches ~; die Zehn ~e ⟨bibl.⟩ □ mandamento; → a. *Not(1.3.1)* 2 *Befehl;* es begab sich aber zu der Zeit, dass ein ~ von dem Kaiser Augustus ausging (Lukas 2,1); ein ~ beachten, missachten, übertreten □ decreto; ordem 2.1 *Erfordernis;* das ~ der Stunde □ necessidade 3 jmdm. zu ~e stehen *zur Verfügung stehen;* ihm stand ein großer Stab von Mitarbeitern zu ~e; ihm steht die Kunst der Rede zu ~e; wir haben keinen anderen □ *estar à disposição de alguém 4 *Angebot bei Versteigerungen;* ein geringes, hohes, höheres ~ □ lance; oferta
Ge|brauch ⟨m.; -(e)s, -bräu|che⟩ 1 ⟨unz.⟩ *Benutzung, Anwendung, Verwendung;* für den eigenen ~ □ uso; vor ~ schütteln! (Aufschrift auf Flaschen mit Arznei, Putzmitteln usw.) □ *agite antes de usar!; Papiertaschentücher werden nach ~ weggeworfen; die Flasche nach ~ gut verschließen □ uso 1.1 in ~ nehmen *zu verwenden beginnen* □ *começar a usar/utilizar 1.2 in, im ~ haben *verwenden;* einen Gegenstand lange, noch nicht lange in ~ haben □ *usar; utilizar 1.3 in ~ kommen *üblich werden* □ *tornar(-se) usual 1.4 außer ~ kommen *nicht mehr üblich sein* □ *cair em desuso 1.5 in, im ~ sein *benutzt werden, üblich sein* □ *estar em uso 1.6 außer ~ sein *nicht benutzt werden;* die Maschine ist außer ~ □ *estar fora de uso 1.7 von etwas ~ machen *etwas benutzen, anwenden, ausnutzen;* bitte, machen Sie keinen ~ davon (von dem, was ich eben gesagt habe) □ *fazer uso de alguma coisa 2 ⟨nur Pl.⟩ *Gebräuche, Sitten, Gewohnheiten;* Sitten und Gebräuche; die alten Gebräuche eines Volkes □ usos; costumes
ge|brau|chen ⟨V. 500⟩ jmdn. od. etwas ~ 1 *benutzen, verwenden;* das kann ich gut, nicht ~; das ist nicht zu ~; Kraftausdrücke ~ □ usar; empregar 1.1 du bist auch zu nichts zu ~! *zu nichts nütze!* □ *você também não presta para nada! 2 ⟨Part. Perf.⟩ gebraucht *schon benutzt, nicht mehr neu;* gebrauchte Bücher; gebrauchte Kleidung □ usado
ge|bräuch|lich ⟨Adj. 70⟩ *üblich, allgemeine Anwendung findend;* dieses Wort ist wenig ~; eine ~ Redensart, Vorgehensweise □ usual; comum

Ge|brauchs|an|lei|tung ⟨f.; -, -en⟩ = *Gebrauchsanweisung*
Ge|brauchs|an|wei|sung ⟨f.; -, -en⟩ *Anweisung für den Gebrauch (einer Arznei, eines Gerätes);* Sy *Gebrauchsanleitung* □ indicação de uso
ge|bre|chen ⟨V. 116/650⟩ es gebricht jmdm. an etwas ⟨geh.⟩ *jmdm. fehlt etwas, jmdm. mangelt es an etwas;* es gebricht ihm an Mut; dem Unternehmen gebricht es an einer straffen Führung □ faltar
Ge|bre|chen ⟨n.; -s, -⟩ *körperlicher Fehler, Schaden;* ein ~ haben; mit einem ~ behaftet sein □ deficiência; enfermidade
ge|brech|lich ⟨Adj. 70⟩ 1 *hinfällig, altersschwach, kränklich;* alt u. ~ sein □ fraco; doente 2 ⟨fig.⟩ *unvollkommen, mangelhaft, labil;* ein ~es Vorhaben □ incompleto; insuficiente
Ge|bühr ⟨f.; -, -en⟩ 1 *(öffentliche) Abgabe für die Inanspruchnahme bestimmter (öffentlicher) Einrichtungen;* Post~, Telefon~; eine ~ entrichten, bezahlen; jmdm. die ~(en) erlassen □ taxa 2 *Entgelt für geleistete Dienste;* Anwalts~; die ~ für eine notarielle, amtliche Bestätigung; eine ~ von zwei Euro □ honorários; tarifa 3 ⟨unz.⟩ *Angemessenheit, Billigkeit, Schuldigkeit;* jmdn. nach ~ bestrafen, belohnen □ *punir/recompensar alguém devidamente/como convém; jmdn. über ~ beanspruchen □ *exigir demais/excessivamente de alguém
ge|büh|ren ⟨V. 600⟩ 1 etwas gebührt jmdm. *steht jmdm. (nach Recht od. Verdienst) zu;* ihm gebührt höchste Ehre, hohes Lob; dem Alter gebührt Respekt, Rücksicht; es gebührt mir nicht, ihm Vorschriften zu machen □ caber; ser devido 1.1 ⟨Part. Präs.⟩ ~d *angemessen (nach Sitte od. Verdienst), verdient;* jmdm. die ~de Achtung, den ~den Respekt entgegenbringen □ devido; merecido; wir haben ihre neue Wohnung ~d bewundert; jmdn. ~d ehren; das Geburtstagskind, der Jubilar wurde ~d gefeiert; jmds. Verdienste ~d hervorheben, würdigen □ devidamente; adequadamente 2 ⟨Vr 1; unpersönl.⟩ es gebührt sich *es gehört sich;* es gebührt sich, alten Leuten einen Sitzplatz anzubieten; wie es sich gebührt □ *convém; deve-se
ge|büh|ren|pflich|tig ⟨Adj. 24⟩ *zur Zahlung einer Gebühr verpflichtend, Gebühren erhebend, einfordernd;* dieser Parkplatz ist ~; eine ~e Verwarnung □ sujeito a taxa/pagamento
Ge|burt ⟨f.; -, -en⟩ 1 *Ausstoßung der lebensfähigen Leibesfrucht aus dem Mutterleib, Entbindung;* eine leichte, schwere ~; die ~ eines Kindes; während der ~ traten Komplikationen ein; seine Mutter starb bei seiner ~ □ parto 1.1 *das Geborenwerden;* die glückliche ~ einer Tochter zeigen an ...; von ~ an blind sein; die ~ Christi; im Jahre 200 vor Christi ~; im Jahr 800 nach Christi ~ 1.2 *geborenes Kind;* die Zahl der ~en 2 ⟨fig.⟩ *das Hervorbringen, Erzeugung, Entstehung;* die ~ einer Idee; „Miß Sara Sampson" von Lessing bezeichnet die ~ des bürgerlichen Trauerspiels □ nascimento 2.1 das war eine schwere ~ ⟨fig.; umg.⟩ *eine harte Arbeit, eine große Anstrengung, Mühe*

□ **parto 3** *Herkunft, Abstammung;* von hoher, niedriger ~; er ist von ~ Deutscher □ **estirpe; origem**

ge|bür|tig ⟨Adj. 70⟩ **1** *geboren in;* er ist ~er Berliner 1.1 ⟨41⟩ ich bin aus Hamburg ~ *bin in H. geboren, stamme aus H.* □ **nascido (em); natural de**

Ge|burts|jahr ⟨n.; -(e)s, -e⟩ *Jahr, in dem jmd. geboren ist* □ **ano de nascimento**

Ge|burts|ort ⟨m.; -(e)s, -e⟩ *Ort, in dem jmd. geboren worden ist, Heimatort;* auf einem Formular den ~ angeben □ **local de nascimento**

Ge|burts|tag ⟨m.; -(e)s, -e⟩ *Jahrestag der Geburt;* er hat seinen 90. ~ noch, nicht mehr erlebt; er feiert heute ~; zur Feier meines ~es; alles Gute, herzlichen Glückwunsch zum ~!; etwas zum ~ (geschenkt) bekommen; jmdm. zum ~ gratulieren; sich etwas zum ~ wünschen □ **dia do nascimento; aniversário**

Ge|büsch ⟨n.; -(e)s; unz.⟩ *mehrere dicht zusammenstehende Büsche, Buschwerk, Dickicht;* sich im ~ verstecken; dichtes, dorniges ~ □ **matagal; silveira**

Geck ⟨m.; -en, -en⟩ **1** ⟨abwertend⟩ *jmd., der übertriebenen Wert auf modische Kleidung legt, Modenarr, eitler Mann;* ein eitler, aufgeblasener ~ □ **vaidoso; janota 2** ⟨rhein.⟩ *Fastnachtsnarr, Spaßmacher* □ **folião; brincalhão 3** ⟨Seemannsspr.⟩ *Schornsteinhaube* □ **chapéu da chaminé 4** *Pumpenstange, an der der Schwengel befestigt ist* □ **biela da bomba 5** ⟨nordwestdt.⟩ *Abstellbank* □ **banco (de sentar) 6** *Giebelverzierung am Bauernhaus* □ **decoração do frontão**

Ge|cko ⟨m.; -s, -s od. -cko|nen; Zool.⟩ *Angehöriger einer Familie kleiner, gedrungener Echsen, die in warmen Regionen verbreitet sind, Haftzeher: Gekkonidae* □ **lagartixa**

Ge|dächt|nis ⟨n.; -ses, -se⟩ **1** *Fähigkeit, sich Gesehenes, Gehörtes, Gelesenes, Erlebtes zu merken u. sich später daran zu erinnern;* ein gutes, schlechtes, kurzes ~ haben; ein gutes, schlechtes, kein ~ für etwas (Bestimmtes) haben; ich habe ein gutes, kein ~ für Gesichter, Namen, Zahlen; wenn mich mein ~ nicht trügt **2** *verfügbarer Besitz an Eindrücken, Speicher der aufgenommenen Eindrücke;* jmdn. od. etwas im ~ behalten; sich jmdn. od. etwas ins ~ zurückrufen; ich will mein ~ nicht mit diesen Kleinigkeiten belasten □ **memória** 2.1 ich habe ein ~ wie ein Sieb *ein (sehr) schlechtes Gedächtnis* □ ***tenho memória de galinha** 2.2 jmdn. od. etwas aus seinem ~ löschen *vergessen wollen* □ **memória** 2.3 jmdn. od. etwas aus seinem ~ verlieren *vergessen* □ ***esquecer alguém ou alguma coisa** 2.4 ein Gedicht aus dem ~ hersagen *auswendig* □ ***declamar um poema de memória/de cor 3** *Andenken, Gedenken;* zu seinem ~ □ **memória**

Ge|dan|ke ⟨m.; -ns, -n⟩ **1** *Vorgang, Inhalt od. Ergebnis des Denkens;* ihre ~n schweiften ab; ein ~ blitzte in ihm auf; einen ~n aufgreifen; mit jmdm. ~n austauschen; du bringst mich auf einen ~n; ich kann bei dem Krach keinen klaren ~n fassen; ein ~ fuhr, schoss mir durch den Kopf; kannst du ~n lesen?; einem ~n nachgehen; seinen ~n nachhängen; seine ~n auf ein Thema, einen Plan richten; meine ~n sind immer bei euch; mich verfolgte der ~ (bis in den Schlaf), dass ...; ein kluger, neuer, vernünftiger, verrückter ~; quälende, schwere ~n plagten ihn □ **pensamento; ideia**; auf den ~n kommen, etwas zu tun □ ***pensar em fazer alguma coisa**; auf den ~n wäre ich nie gekommen □ ***eu nunca pensaria numa coisa dessas**; in (tiefe) ~n versunken sein; in ~n vertieft; sich mit einem ~n befreunden; denk an uns mit guten ~n! □ **pensamento**; sich über etwas ~n machen □ ***inquietar-se/preocupar-se com alguma coisa** 1.1 die ~n sind frei ⟨Sprichw.⟩ *jeder kann denken, was er will* □ **pensamento** 1.2 jmdn. auf den ~n bringen, etwas zu tun *jmdm. etwas nahelegen, es ihm empfehlen vorschlagen* □ ***sugerir a alguém fazer alguma coisa** 1.3 jmdn. auf andere ~n bringen *jmdn. ablenken, zerstreuen* □ ***distrair alguém** 1.4 ins Kino gehen, um auf andere ~n zu kommen *um sich zu zerstreuen, abzulenken* □ ***ir ao cinema para distrair-se** 1.5 seine ~n sammeln, zusammennehmen *aufpassen* □ ***prestar atenção** 1.6 er hat seine ~n nie beisammen, seine ~n sind, er hat seine ~n immer woanders *er ist nie bei der Sache, er ist immer zerstreut, unaufmerksam* □ ***ele está sempre distraído/desatento** 1.7 ich war ganz in ~n *war unaufmerksam, habe nicht aufgepasst* □ ***eu estava distraído** 1.8 ich habe es ganz in ~n getan *aus Zerstreutheit, unbeabsichtigt* □ ***fiz por total distração** 1.9 kein ~ (daran)! ⟨umg.⟩ *aber nein!, nicht im mindesten!* □ ***nem pensar! 2** ⟨Pl.⟩ *Meinung, Ansicht;* eigene ~n haben, entwickeln; darüber habe ich meine eigenen ~n □ **opinião 3** *Vorstellung;* allein schon der ~ daran lässt mich schaudern; bei den ~n wird mir angst □ ***só de pensar/ imaginar...** 3.1 ich bin in ~n den Weg zurückgegangen *im Geist* □ ***refiz o caminho mentalmente 4** *Einfall;* da kam mir ein ~; da kam mir ein rettender ~; das ist ein (guter) ~!; er hat zuweilen merkwürdige, seltsame, wunderliche ~n; komischer ~! ⟨umg.⟩ □ **ideia** 4.1 hoffentlich kommt er nicht auf dumme ~n *hoffentlich macht er keinen Unsinn* □ ***tomara que ele não venha com ideias tolas** 4.2 auf den ~n verfallen *einen (abwegigen) Einfall haben* □ ***passar pela cabeça (de alguém) 5** *Plan, Absicht;* er kam mit dem ~n, uns zu helfen; mit dem ~n spielen, umgehen, etwas zu tun; sich mit einem ~n tragen □ **intenção** 5.1 *Begriff, Idee;* der ~ der Emanzipation □ **conceito; ideia 6** ⟨Pl.⟩ ~n *Sorgen;* sich (über etwas) ~n machen □ ***preocupar-se (com alguma coisa)**; mach dir nicht so viele (unnötige) ~n! □ ***não se preocupe tanto (com coisas desnecessárias)!**

Ge|dan|ken ⟨m.; -s, -; selten für⟩ *Gedanke*

ge|dan|ken|los ⟨Adj.⟩ **1** *unüberlegt, unbedacht;* eine ~e Antwort; ~ handeln □ **irrefletido; irrefletidamente 2** *zerstreut, unaufmerksam;* ~ in einem Buch blättern; ~ etwas sagen, tun □ **distraído; distraidamente**

Ge|dan|ken|strich ⟨m.; -(e)s, -e; Zeichen: –; Gramm.⟩ *Satzzeichen für Unterbrechung, Pause, auch anstelle der Klammern zur Einschaltung eines Gedankens;* einen ~ setzen, machen ⟨umg.⟩ □ **travessão**

ge|dank|lich ⟨Adj. 24/90⟩ **1** *das Denken betreffend, auf ihm beruhend;* eine ~e Leistung □ **mental; intelectual 2** *begrifflich, unwirklich, nur vorgestellt, nur in Gedanken existierend;* etwas ~ verarbeiten, erschaffen □ **mentalmente; de modo abstrato**

Ge|deck ⟨n.; -(e)s, -e⟩ **1** *Eßbesteck, Serviette u. Ä. für die Mahlzeit einer Person;* Sy *Kuvert(2);* ein ~ für 3 Personen; ein weiteres ~ auflegen □ **couvert 2** *feste Speisenfolge (im Gasthaus, für eine Person);* ein festliches ~; ein ~ bestellen □ **menu; cardápio**

Ge|deih ⟨m.; -s; unz.⟩ auf ~ u. Verderb *unter allen (guten u. schlechten) Umständen, bedingungslos* □ **aconteça o que acontecer;* jmdm. auf ~ u. Verderb ausgeliefert sein □ **estar totalmente à mercê de alguém*

ge|dei|hen ⟨V. 144/400(s.)⟩ **1** *Pflanzen ~ entwickeln sich gut, wachsen u. knospen;* die Pflanze will nicht recht ~ □ **vingar; crescer 2** *ein Lebewesen gedeiht wächst u. nimmt zu;* das Kind ist prächtig gediehen; ohne Wasser können Pflanzen, Tiere nicht ~ □ **crescer; desenvolver-se 3** ⟨413⟩ *vorwärtsgehen, vorankommen, fortschreiten;* die Sache ist so weit gediehen, dass ...; das neue Haus ist schon weit gediehen; wie weit ist er mit seinem Studium gediehen? □ **progredir; avançar 4** ⟨800; unpersönl.⟩ es gedeiht nichts Gutes daraus ⟨fig.⟩ *es erwächst nichts G. daraus* □ **isso não vai dar coisa boa*

ge|den|ken ⟨V. 119⟩ **1** ⟨700⟩ jmds. od. einer Sache ~ ⟨geh.⟩ *an jmdn. od. etwas denken, sich an jmdn. od. etwas erinnern;* wir gedachten seiner in Sorge; jmds. herzlich, dankbar, mit einigen Worten ~; der Gefallenen ~; wir haben ein glücklicher Zeiten gedacht □ **pensar; lembrar-se 2** ⟨480⟩ , etwas zu tun *etwas vorhaben, beabsichtigen;* ich gedenke morgen abzureisen; wir gedenken, zu euch zu kommen □ **pensar em fazer alguma coisa; ter a intenção de fazer alguma coisa*

Ge|dicht ⟨n.; -(e)s, -e⟩ **1** *Sprachkunstwerk in Versen;* ein Band ~e; ein ~ aufsagen, lernen, vortragen; mit dramatisches, episches, lyrisches ~; ein ~ in Reimen, in acht Strophen; ein ~ von Goethe □ **poesia; poema 2** ⟨umg.⟩ *etwas besonders Schönes, etwas besonders Gutes;* das Kleid, der Kuchen ist ein ~! □ **poema**

ge|die|gen ⟨Adj.⟩ **1** *gut u. sorgfältig gearbeitet u. dabei haltbar, dauerhaft;* ~e Möbel, Arbeit; die Wohnung war ~ eingerichtet; sie trägt immer ~en Schmuck □ **sólido; bem-feito; caprichado 2** ⟨fig.⟩ *zuverlässig, solide, rechtschaffen;* ein ~er Charakter, Mensch □ **sólido; íntegro 3** *fundiert, stichhaltig;* eine ~e Ausbildung haben; ~e Kenntnisse; er besitzt ein ~es Wissen □ **sólido; profundo 4** ~e Mineralien, Metalle ⟨Bgb.⟩ *M., M., die ein chemisches Element in freiem, nicht gebundenen Zustand enthalten, rein, unvermischt;* ~es Silber, Gold; ~er Schwefel; Erz kommt hier ~ vor □ **puro 5** ⟨40; umg.⟩ *wunderlich, putzig, drollig-merkwürdig;* das ist ja ~! □ **estranho; curioso**

Ge|drän|ge ⟨n.; -s; unz.⟩ **1** *Drängen, Gedrängtwerden;* es herrschte ein großes, furchtbares ~; wir wollen uns beeilen, damit wir nicht ins ~ kommen □ **aglomeração; aperto 1.1** ins ~ kommen ⟨a. fig.⟩ *in Schwierigkeiten geraten, in Druck kommen* □ **entrar numa fria* **1.1.1** mit der Zeit ins ~ kommen *in Zeitnot geraten* □ **estar sem tempo* **2** *sich drängende Menschenmenge;* im ~ ist mir mein Schirm abhandengekommen; jmdn. im ~ aus den Augen verlieren □ **multidão 3** ⟨Rugby⟩ *nach bestimmten Verstößen gegen die Regeln von beiden Parteien gebildete Gruppe von Spielern, die sich in gebückter Haltung eng zusammenschließen u. umfassen* □ **scrum**

ge|drückt 1 ⟨Part. Perf. von⟩ drücken **2** ⟨Adj.⟩ *niedergeschlagen, bedrückt;* sie sah ~ aus; ~ umhergehen; ~e Stimmung □ **abatido; deprimido**

ge|drun|gen 1 ⟨Part. Perf. von⟩ dringen **2** ⟨Adj. 70⟩ *untersetzt, klein u. stämmig;* er ist ~ gewachsen; ein Mensch von ~er Gestalt □ **baixo**

Ge|duld ⟨f.; -; unz.⟩ **1** *Fähigkeit zu warten, Ausdauer;* mir geht die ~ aus; die ~ verlieren; jmds. ~ auf eine harte Probe stellen; eine Krankheit, ein Leiden mit ~ ertragen; nur ~!; dazu gehört viel ~; dazu habe ich keine ~ □ **paciência 1.1** sich in ~ fassen, üben *geduldig sein, geduldig abwarten* **1.2** jetzt reißt mir aber die ~! *jetzt werde ich ungeduldig!* □ **agora minha paciência esgotou!* **1.3** mit ~ und Spucke ⟨fig.; umg.⟩ *mit viel Ausdauer* □ **com paciência/perseverança* **1.4** *Bereitschaft zu warten, zu ertragen, Langmut, Nachsicht;* himmlische, unermüdliche ~; viel, wenig, keine ~ haben; nach langem, mit großer ~ ertragenem Leiden (in Todesanzeigen); mit der ~ am Ende sein; sich mit ~ wappnen; bitte haben Sie noch etwas ~!; mit jmdm. ~ haben; jmdn. um (noch etwas) ~ bitten □ **paciência**

ge|dul|den ⟨V. 500/Vr 3⟩ sich ~ *Geduld haben, ruhig (ab)warten;* sich noch ein paar Tage ~; können Sie sich noch etwas ~? □ **esperar*

ge|dul|dig ⟨Adj.⟩ **1** *Geduld habend, ausdauernd, gleichbleibend ruhig u. nachsichtig;* Krankheit, Leid usw. ~ ertragen; ~ warten; ~ etwas über sich ergehen lassen; ~ wie ein Lamm □ **paciente(mente) 2** ⟨40⟩ Papier ist ~ ⟨fig.; umg.⟩ **2.1** *vieles von dem, was (auf Papier) geschrieben wird, ist nicht wahr* **2.2** *viele Vereinbarungen werden erst spät oder gar nicht umgesetzt* □ **o papel aceita tudo*

Ge|dulds|fa|den ⟨m.; -s, -fäden; nur in den Wendungen⟩ **1** jmdm. reißt der ~ ⟨fig.; umg.⟩ *jmd. verliert die Geduld* □ **perder a paciência* **2** einen langen ~ haben ⟨fig.; umg.⟩ *lange Zeit Geduld haben (können)* □ **ter uma paciência de Jó*

ge|dun|sen ⟨Adj. 70⟩ *aufgedunsen, aufgequollen, schwammig;* ein vom Wasser ~er Körper □ **inchado**

ge|eig|net 1 ⟨Part. Perf. von⟩ eignen **2** ⟨Adj.⟩ *passend, infrage kommend, verwertbar;* ~e Maßnahmen ergreifen; für etwas gut, schlecht, nicht ~ sein □ **apropriado; adequado**; er ist für diese Arbeit, diesen Posten nicht ~ □ **adequado; indicado**; er ist zum Schauspieler vorzüglich ~ □ **apto**

Geest ⟨f.; -, -en; Geogr.⟩ *höher gelegenes, sandiges (u. dadurch wenig fruchtbares) nordwestdeutsches Küstengebiet* □ **terreno alto e arenoso**; → a. *Marsch²*

Ge|fahr ⟨f.; -, -en⟩ **1** *drohender Schaden, drohendes Unheil;* eine ~ abwehren, abwenden, bekämpfen, heraufbeschwören, herausfordern; jmdn. od. sich einer ~ aussetzen; einer ~ entgehen; er scheut keine ~(en); einer ~ trotzen; die augenblickliche ~ war vorüber; drohende, große, schreckliche ~; der Verbrecher bedeutet eine öffentliche ~; der Kranke ist außer ~ □ perigo; risco; Betätigung der Notbremse nur bei ~ (als Aufschrift) □ *acionar o freio apenas em caso de emergência; ~ ist im Anzug, im Verzug □ *o perigo é iminente; einer ~ ins Auge sehen; einander in Not u. ~ beistehen; er rettete sie unter ~ des eigenen Lebens □ perigo; risco 1.1 ~ laufen sich drohendem Schaden, Unheil aussetzen; du läufst ~ einzubrechen, wenn du auf die wacklige Brücke gehst □ *correr perigo 1.2 es hat keine ~ man braucht nichts zu befürchten, es ist ungefährlich □ *não há/tem perigo 1.3 Möglichkeit, dass ein Schaden od. ein Unheil eintritt; es besteht die ~, dass ...; ihm droht keine ~; ohne jede ~ □ perigo; risco 1.3.1 auf die ~ hin auch wenn; ich muss noch einmal umkehren, auf die ~ hin, dass wir zu spät kommen □ *com o risco de; mesmo que 1.4 Situation, in der Schaden od. Unheil droht; in ~ schweben, sein; sich in ~en stürzen □ *estar em perigo 1.4.1 wer sich in ~ begibt, kommt darin um ⟨Sprichw.⟩ wer sein Leben leichtsinnig aufs Spiel setzt, wird es verlieren □ *quem arrisca a própria vida está sujeito a perdê-la 1.5 auf eigene ~ Verantwortung 1.5.1 Benutzung der Seilbahn auf eigene ~ (als Hinweis) bei einem Unfall muss der Schaden selbst getragen werden 1.5.2 Lieferung auf eigene Rechnung und ~ der Käufer haftet für mögliche Schäden □ *por conta e risco próprios 2 ⟨Getrennt- u. Zusammenschreibung⟩ 2.1 ~d bringend = gefahrbringend

ge|fahr|brin|gend auch: **Ge|fahr brin|gend** ⟨Adj. 24/70⟩ so geartet, dass es Gefahr bringt; eine ~e Maßnahme □ perigoso; arriscado

ge|fähr|den ⟨V. 500/Vr 7 od. Vr 8⟩ 1 jmdn. od. etwas ~ in Gefahr bringen, aufs Spiel setzen; sein Leben ~; er gefährdete durch sein Verhalten sich u. die anderen Verkehrsteilnehmer □ arriscar; pôr em perigo 2 gefährdet sein bedroht sein (bes. sittlich); seine Position ist dadurch gefährdet; ein Heim für gefährdete Jugendliche □ *ser ameaçado; estar em perigo

ge|fähr|lich ⟨Adj.⟩ 1 Gefahr bringend, gefahrvoll; ein ~er Gegner; die Straße ist ~ glatt; das Messer ist ~ scharf, spitz; das ist nicht, sehr, ziemlich ~; reize ihn nicht, er kann (dir) ~ werden □ perigoso; perigosamente 1.1 das ist nicht so ~ ⟨umg.⟩ das ist nicht so schlimm, das macht nichts □ ruim; grave 1.2 das Leben bedrohend; eine ~e Krankheit, Wunde, Waffe □ grave; perigoso 2 Gefahr in sich schließend, gewagt, bedenklich; ein ~es Abenteuer, Unternehmen; das ist mir zu ~ □ perigoso; arriscado 2.1 ein ~es Alter ein A., in dem man (für bestimmte Sachen) besonders gefährdet, anfällig ist □ perigoso; crítico

Ge|fähr|lich|keit ⟨f.; -⟩ unz.⟩ das Gefährlichsein, gefährliche Beschaffenheit; die ~ eines Unternehmens unterschätzen □ periculosidade

Ge|fährt ⟨n.; -(e)s, -e; geh.⟩ Fuhrwerk, (von Menschen- od. Tierkraft betriebener) Wagen; ein leichtes, zweirädriges, offenes ~; sich in ein ~ setzen □ veículo

Ge|fähr|te ⟨m.; -n, -n⟩ 1 jmd., mit dem man viel zusammen ist; Spiel~, Wander~ □ colega; parceiro 2 jmd., mit dem man einen Teil seines Lebens gemeinsam verbringt; Jugend~; Lebens~ □ companheiro

Ge|fähr|tin ⟨f.; -, -tin|nen⟩ weibl. Gefährte □ colega; parceira; companheira

Ge|fäl|le ⟨n.; -s; unz.⟩ 1 der Höhenunterschied zweier Punkte im Verhältnis zu ihrer waagerechten Entfernung; das Gelände hat ein leichtes, starkes, natürliches ~ □ declive; inclinação; desnível 1.1 die Straße hat ein ~ von 3% von 3 m innerhalb von 100 m □ gradiente 2 qualitativer od. quantitativer Unterschied zwischen einem hohen u. einem niedrigen Wert; Leistungs~ □ diferença; desigualdade 3 ⟨nur Pl.; veraltet⟩ an Grund u. Boden gebundene Abgabe, Grundlast □ encargos imobiliários

ge|fal|len[1] ⟨V. 131/600⟩ 1 jmdm. ~ angenehm sein, zusagen, anziehend erscheinen; das Theaterstück, der Schauspieler hat ~ (erg.: den Zuschauern); er, sie, es gefällt mir; hier gefällt es mir; er will allen ~, und das ist unmöglich; das gefällt mir ausgezeichnet, besser, gut, nicht; mir gefällt an ihm sein Frohsinn; ich gefalle mir in dem neuen Kleid; was gefällt dir am besten? □ agradar; gostar; es hat Gott ~, unseren Vater zu sich zu rufen (in Todesanzeigen) □ *quis Deus chamar nosso pai para junto de si; wie gefällt dir das Bild? □ *o que acha do quadro? 1.1 sein Aussehen gefällt mir nicht er sieht schlecht aus u. das macht mir Sorgen □ agradar; gostar 2 ⟨650/Vr 1⟩ sich in etwas ~ gerne etwas herauskehren 2.1 sie gefällt sich in boshaften Bemerkungen sie macht gern böse B. (u. hält sie für geistreich) □ *gostar de (fazer) alguma coisa 3 sich etwas ~ lassen etwas geduldig ertragen, etwas widerspruchslos hinnehmen; das lasse ich mir nicht ~!; das brauchst du dir nicht ~ zu lassen; das kann man sich doch nicht ~ lassen; wir mussten uns von ihr einiges ~ lassen; er lässt sich alles ~; er lässt sich nichts ~ □ *tolerar/aceitar/engolir alguma coisa 3.1 das lasse ich mir ~ ⟨umg.⟩ etwas Besseres konnte nicht geschehen, konntest du, konnte er, sie nicht tun □ *muito bom!; não podia ser melhor!

ge|fal|len[2] 1 ⟨Part. Perf. von⟩ fallen 2 ⟨Adj. 24/60⟩ der Würde, des Ansehens, des Rufs verlustig gegangen; ein ~er Engel □ caído; eine ~e Größe □ em decadência; decadente; ein ~es Mädchen □ desonrado

Ge|fal|len[1] ⟨n.; -s; unz.⟩ 1 Freude, Wohlgefallen, Vergnügen; ~ erregen; an etwas ~ finden, haben; ich kann am Golfspielen keinen ~ finden □ prazer; deleite 1.1 jmdm. zu ~ jmdm. zuliebe; jmdm. etwas zu ~ tun □ *fazer alguma coisa por alguém/para agradar alguém 1.1.1 jmdm. zu ~ reden ⟨umg.⟩ schmeichlerisch so reden, wie jmd. es gern hören will □ *dizer alguma coisa para agradar alguém

Ge|fal|len[2] ⟨m.; -s, -⟩ Gefälligkeit, Freundschaftsdienst; jmdm. einen ~ tun; bitte, tu mir den ~ und bring den Brief zur Post; du würdest mir einen großen ~ tun, wenn du ... □ favor

ge|fäl|lig ⟨Adj.⟩ 1 gern eine Gefälligkeit erweisend, zuvorkommend, hilfsbereit, stets bereit, anderen einen Ge-

fallen zu tun; sich jmdm. ~ *erweisen, zeigen;* jmdm. ~ *sein;* sie ist immer sehr ~ □ *prestativo; solícito* **2** *angenehm, ansprechend, erfreulich;* so sieht es doch ~er aus; eine ~e Form haben; ~e Musik □ *agradável* **2.1** Ihr ~es Schreiben vom ... ⟨Amtsdt.; veraltet⟩ *Ihr Schreiben vom ...* □ **sua cordial carta de...* **2.2** *erwünscht;* (ist) etwas zu trinken ~? □ **gostaria de beber alguma coisa?* **2.2.1** ist noch etwas ~? **2.2.2** *wünschen Sie noch etwas?* □ **deseja mais alguma coisa?* **2.2.2** was ist ~? *was wird gewünscht, was darf es sein?* (Frage des Verkäufers) □ **o que deseja?*

ge|fäl|ligst ⟨Adv.⟩ **1** *ich bitte dringend u. energisch darum* (Ausdruck des Unwillens); benimm dich ~ anständig □ **faça o favor de se comportar direito;* hör ~ zu, wenn ich mit dir rede □ **faça o favor de ouvir quando falo com você* **2** ⟨veraltet⟩ *freundlicher-, gefälligerweise;* wollen Sie ~ zur Kenntnis nehmen □ **por gentileza/obséquio**

ge|fan|gen 1 (Part. Perf. von) *fangen* **2** jmdn. ~ nehmen **2.1** *festnehmen, verhaften* □ *prender; capturar* **2.2** ⟨Mil.⟩ *besiegen, in Gewahrsam nehmen u. entwaffnen;* einen Soldaten ~ nehmen □ *capturar; fazer prisioneiro;* ⟨aber⟩ → a. *gefangennehmen* **3** jmdn. ~ setzen *gefangen nehmen u. einsperren* □ **prender alguém*

Ge|fan|ge|ne(r) ⟨f. 2 (m.)1)⟩ **1** *jmd., der im Krieg gefangen genommen worden ist;* Kriegs~; die Gefangenen austauschen □ *prisioneiro* **2** *der Verurteilte, an dem eine Freiheitsstrafe vollzogen wird od. der in der Untersuchungshaft befindliche Beschuldigte,* Sträfling, Häftling; Straf~, Untersuchungs~ □ *presidiário; detento*

ge|fan|gen|neh|men ⟨V. 189/50; fig.⟩ **1** jmdn. ~ *tief beeindrucken, in seinen Bann ziehen;* das Buch, die Musik nimmt mich ganz gefangen; mit ihrer freundlichen Art hatte sie alle Anwesenden gefangengenommen □ *cativar; atrair*

Ge|fan|gen|schaft ⟨f.; -⟩ ⟨unz.⟩ **1** *Zustand der äußeren Unfreiheit, Haft;* Kriegs~, Straf~; in ~, während der ~; in ~ geraten ⟨Mil.⟩ □ *prisão* **1.1** *das Gefangensein von Tieren;* manche Tiere kann man in der ~ schlecht züchten; der Löwe wurde in der ~ geboren □ *cativeiro*

Ge|fäng|nis ⟨n.; -ses, -se⟩ **1** *Strafanstalt für Häftlinge;* jmdn. ins ~ bringen; ins ~ kommen; im ~ sitzen □ *presídio; cadeia* **2** *Freiheitsstrafe;* fünf Jahre ~ bekommen; darauf steht ~ bis zu zehn Jahren □ *prisão; detenção*

Ge|fäß ⟨n.; -es, -e⟩ **1** *Behälter zum Aufbewahren* (bes. von Flüssigkeiten od. körnigem Material); ein ~ aus Glas, Metall, Holz, Kunststoff; Blumen in ein ~ mit Wasser stellen □ *vaso; recipiente* **2** ⟨Anat.⟩ *bei Menschen u. Tieren Blut od. Lymphe führender, den Körper durchziehender Kanal;* Blut~, Haar~, Lymph~, Kapillar~; die ~ erweitern, verengen **3** ⟨Bot.⟩ *bei höheren Pflanzen der aus toten Zellen gebildete Strang von Wasserleitungen, der im Holz Wasser mit gelösten Mineralsalzen von der Wurzel bis in die Blätter leitet* □ **vaso 4** ⟨Waffenkunde⟩ *Handschutz (Korb) an Degen u. Säbel* □ *copo da espada*

Gefolge

Ge|fecht ⟨n.; -(e)s, -e; Mil.⟩ **1** *Kampf kleiner feindlicher Truppen, meist mit räumlich u. zeitlich begrenzter Wirkung;* Feuer~; ein schweres, blutiges, kurzes ~; ins ~ gehen □ *combate* **1.1** *klar zum ~ !* ⟨Mar.⟩ *kampfbereit sein* (Kommando der Seestreitkräfte) □ **pronto para o combate!; ao combate!* **1.2** jmdn. od. etwas außer ~ setzen *kampfunfähig od. unwirksam machen;* den Gegner, Feind außer ~ setzen **1.3** jmdn. außer ~ setzen *jmdn. handlungsunfähig, jmds. Widerspruch unwirksam machen* □ **pôr alguém (ou alguma coisa) fora de combate* **2** *etwas ins ~ führen* ⟨fig.⟩ *im Disput anführen, vorbringen;* ein Argument, einen Beweis, Grund ins ~ führen □ **alegar/apresentar alguma coisa* **3** *in der Hitze, im Eifer des ~s* ⟨fig.; umg.⟩ *im Übereifer, in der Erregung* □ **no calor da discussão* **4** ⟨Fechten⟩ *Wettkampf;* ein ~ gewinnen □ *combate*

ge|feit ⟨Adj. 46; nur in der Wendung⟩ gegen etwas ~ sein *vor etwas geschützt, fest bewahrt, sicher sein* (nach altem Volksglauben durch Zauber); gegen eine Versuchung ~ sein; durch die Impfung ist sie gegen die Krankheit ~ □ **estar imune a alguma coisa*

Ge|fie|der ⟨n.; -s; unz.⟩ *Federkleid des Vogels;* ein Vogel mit buntem, dichtem ~ □ *plumagem*

Ge|fil|de ⟨n.; -s, -; poet.⟩ **1** *Land, Landschaft;* sich den heimatlichen ~n nähern □ *paisagem; região* **1.1** die ~ der Seligen (griech. Myth.) *Himmel, Paradies* □ *paraíso*

ge|fin|kelt ⟨Adj.; österr.⟩ *schlau, durchtrieben, listig;* der ~e Ober hofierte die Damen □ *esperto; astuto*

Ge|flecht ⟨n.; -(e)s, -e⟩ **1** *Flechtwerk aus biegsamem Material;* Draht~, Haar~, Korb~; ein ~ aus Stroh, Bast, Rohr anfertigen □ *entrelaçado, entrançamento* **1.1** ⟨Textilw.⟩ *Flächengebilde aus zwei Gruppen diagonal laufender, sich kreuzender Fäden;* flaches, rundes, durchbrochenes, abgepasstes ~ □ *rede; tecido* **2** ⟨Anat.⟩ *die netzartige Vereinigung von Blutod. Lymphgefäßen sowie von Nerven;* Plexus □ *plexo*

ge|flis|sent|lich ⟨Adj. 90⟩ **1** *beiläufig (u. dabei absichtlich);* jmdn. ~ übersehen; er blätterte ~ in seinen Büchern □ **intencionalmente; deliberadamente 2** ⟨Amtsdt.; veraltet⟩ *freundlich;* zur ~en Kenntnisnahme □ **para sua informação*

Ge|flü|gel ⟨n.; -s; unz.⟩ **1** *alle Vögel, die von dem Menschen domestiziert wurden u. ihm als Nutzvieh dienen;* Mast~, Schlacht~; ~ halten, verkaufen, schlachten, rupfen, ausnehmen **2** *Fleisch von diesen Vögeln;* isst du gern ~? □ *aves*

ge|flü|gelt ⟨Adj. 70⟩ **1** *mit Flügeln versehen;* ~e Insekten **2** ⟨Bot.⟩ *mit flügelähnlichen Auswüchsen versehen;* ~e Früchte, Samen □ *alado* **3** ⟨Jägerspr.⟩ *mit zerschossenen Flügeln, flügellahm geschossen* □ *de asa ferida* **4** ~es Wort ⟨fig.⟩ *weit verbreiteter Ausspruch eines Dichters od. einer bekannten Persönlichkeit, Zitat* □ **dito; máxima; sentença*

Ge|fol|ge ⟨n.; -s, -⟩ **1** *Begleitung (einer hohen Persönlichkeit);* zu jmds. ~ gehören; der König trat mit einem großen ~ auf □ *comitiva; séquito* **2** *etwas hat etwas im ~* ⟨fig.⟩ *etwas hat etwas zur Folge, zieht*

413

gefräßig

etwas nach sich, bringt etwas mit sich; Kriege haben oft Hungersnot im ~ □ *ter como consequência; resultar*

ge|frä|ßig ⟨Adj.; umg.; abwertend⟩ *im Essen unmäßig;* er ist ein ~er Mensch; ~e Heuschrecken □ *voraz; glutão; insaciável*

Ge|frei|te(r) ⟨m. 1⟩ *erster Beförderungsgrad bei den Mannschaften;* er ist zum Gefreiten befördert worden □ *cabo*

ge|frie|ren ⟨V. 140/400(s.)⟩ *einfrieren, zu Eis erstarren, vom flüssigen in den festen Aggregatzustand übergehen;* Wasser gefriert bei 0° Celsius; es hat heute Nacht gefroren □ *congelar; gelar*

Ge|frier|punkt ⟨m.; -(e)s, -e⟩ **1** *Temperatur, bei der ein Stoff (bes. Wasser) vom flüssigen in den festen Zustand übergeht;* den ~ erreichen 1.1 das Thermometer steht auf dem ~ *zeigt 0° C an* □ *ponto de congelamento*

Ge|fü|ge ⟨n.; -s, -⟩ **1** *sinnvoller Aufbau aus vielen Einzelteilen, innere Ordnung;* Sy Struktur(1); Lohn~, Preis~, Satz~, Wirtschafts~; das ~ eines Staates; ein kunstvolles, sinnreiches ~; ein ~ aus Balken □ *estrutura* **2** *die Art u. Weise, wie die Körner eines Metalles beim Erstarren zusammenwachsen;* Kristall~ □ *estrutura; textura*

ge|fü|gig ⟨Adj.⟩ **1** *sich (leicht) fügend, nachgiebig, gehorsam, lenksam;* ein ~er Mensch; sie war (ihm) ein ~es Werkzeug; ~ ließ er sich alles gefallen □ *dócil; afável; flexível* **1.1** *sich jmdn. ~ machen* jmdn. *dazu bringen, dass er sich willig fügt* □ **dobrar alguém; fazer alguém acatar suas vontades*

Ge|fühl ⟨n.; -(e)s, -e⟩ **1** *Wahrnehmung durch den Tastsinn;* ich habe in den Füßen gar kein ~ mehr □ *sensibilidade* **2** *innere Regung, seelische Empfindung;* ein ~ der Freude, des Hasses, der Reue, der Scham; jmdm. freundschaftliche ~e entgegenbringen; jmds. ~e (nicht) erwidern; hast du denn kein ~?; seinen ~en freien Lauf lassen; ein ~ der Angst überkam mich; seine ~e unterdrücken, verbergen, verraten; jmds. ~e verletzen; er kann seine ~e nicht zeigen; ein aufsteigendes ~ der Abneigung usw.; ein heißes, warmes ~ der Dankbarkeit; inniges, tiefes ~; zärtliche ~e (für jmdn.) hegen; mit ~ singen; ein Mensch ohne ~; sich von seinen ~en hinreißen, übermannen lassen □ *sentimento* **2.1** *das ist das höchste der ~e* ⟨umg.⟩ *das ist das Äußerste* □ *isso é o máximo* **2.2** *etwas mit gemischten ~en betrachten nicht nur mit Freude* □ **considerar alguma coisa com sentimentos mistos* **2.3** *~ für jmdn.* Zuneigung; meine ~e für ihn □ *simpatia* **2.4** *(für etwas)* Sinn, Aufgeschlossenheit, Gespür, Verständnis; ein feines ~ haben für etwas; er hat kein ~ für den Wert des Geldes; das richtige ~ für etwas haben; ein sicheres ~ für guten Stil haben; er hat viel musikalisches ~ □ *sensibilidade* **3** *Ahnung, ungenaues Wissen;* ein ~ haben, als ob ...; ich habe das dunkle ~, dass das nicht gutgeht □ *sensação* **3.1** *etwas im ~ haben etwas instinktiv wissen;* das habe ich so im ~ □ **ter a sensação/o pressentimento de alguma coisa*

ge|fühl|los ⟨Adj.⟩ **1** *ohne Gefühl, ohne Sinnesempfindung;* meine Arme, Hände, Füße sind ~ **2** *ohne Mitleid, ohne innere Regung, hartherzig;* er ist sehr ~ gegenüber seinen Eltern; ein ~es Vorgehen □ *insensível*

ge|fühl|voll ⟨Adj.⟩ *voller Gefühl, voll seelischer Empfindung, sehr empfindsam;* ein ~er Mensch □ *sensível; sentimental;* ~ singen, spielen □ *com sentimento*

ge|ge|ben 1 ⟨Part. Perf. von⟩ *geben* **2** ⟨Adj. 24⟩ *vorhanden, feststehend, bekannt;* im ~en Fall; etwas als ~ ansehen □ *dado; conhecido; estabelecido* **3** ⟨Adj. 24⟩ *geeignet, passend;* zur ~en Zeit, zu ~er Zeit; es ist das Gegebene □ *oportuno; devido*

ge|ge|be|nen|falls ⟨Adv.; Abk.: ggf.⟩ *wenn es passt, wenn es sich so ergibt, möglicherweise, eventuell* □ *eventualmente*

Ge|ge|ben|heit ⟨f.; -, -en⟩ *Tatsache, feststehender Sachverhalt, vorhandener Zustand;* mit diesen ~en müssen wir zurechtkommen □ *dado; elemento*

ge|gen ⟨Präp. m. Akk.⟩ **1** ~ jmdn. od. etwas *jmdm. od. einer Sache feindlich, entgegengesetzt, ihn od. sie verletzend, bekämpfend;* Sy ⟨geh. u. poet.⟩ wider; bist du für od. ~ XY?; alle sind ~ mich; drei ~ einen; ~ eine feindliche Übermacht kämpfen; ~ den Sturm, die Wellen, den Tod ankämpfen; ~ meinen Willen; ~ jmds. Befehl handeln; das ist ~ die Abrede, ~ die Abmachung; ~ diesen Missstand kann man wenig tun; das Mittel ist gut ~ Husten; der Kampf ~ die Tuberkulose; das ist ~ die Natur, ~ alle Regel; etwas ~ das Licht ansehen, halten; ~ den Wind segeln 1.1 ~ den Strom schwimmen *stromaufwärts;* → a. Strich(9.6), Strom(1.1 u. 5.3) 1.2 ~ **jmdn.** sein, etwas ~ **jmdn.** haben *jmdm. feindlich gesinnt, jmdm. böse sein, anderer Meinung sein als jmd.* 1.3 ~ etwas sein *etwas anderes tun wollen, einer Sache nicht zustimmen* 1.4 ~ ihn kann ich gar nichts **machen** *ihm kann ich nicht entgegentreten, ihn kann ich nicht beeinflussen* □ *contra* **2** *in Richtung auf, hin zu;* ~ die Berge (hin) wird der Himmel klarer; ~ Osten, Süden; ~ die Stadt (zu) marschieren; □ *na direção de* 2.1 mit dem Gesicht ~ die Wand stehen *zur W.* □ **estar com o rosto virado para a parede* 2.2 die Möbel ~ die Wand stellen *an die W.* □ *contra; junto a* **3** *in Beziehung auf, zu, in der Haltung zu, gegenüber;* seine Abneigung ~ mich; aufmerksam, gütig, grausam, hart, herzlich, höflich, zuvorkommend ~ jmdn. sein; er ist sehr freundlich ~ mich; er blieb gleichgültig, taub ~ meine Bitten; ~ solche Unverschämtheit bin ich machtlos □ *em relação a; (para) com* **4** ~ jmdn. od. etwas *verglichen mit jmdm. od. einer Sache;* ~ dich bin ich noch ein Anfänger; ~ ihn erscheint er klein □ *em comparação com* **5** *im Austausch für;* ich wette 10 ~ 1, dass ...; ~ Bezahlung arbeiten; gegen eine Sache ~ Quittung aushändigen; Lieferung nur ~ bar □ *contra; por; mediante* **6** *(ungefähre Zeit-, Maß- und Ortsbestimmung) annähernd, beinahe, fast, kurz vorher od. nachher, auf ... hin, auf ... zu;* ~ Abend, Mittag, Morgen; ~ Ende der Aufführung; es ist wohl ~ Ostern gewesen, dass ...; ~ fünfzehn Personen; ~ zwanzig Stück; ~ drei Uhr □ **por volta de; cerca de**

ge|gen..., Ge|gen... ⟨Vors.; in Zus.⟩ **1** *bekämpfend, entkräftend, feindlich, Antwort, Wirkung auf;* gegeneinander, Gegengift, Gegenleistung **2** *doppelt, bestätigend;* gegenzeichnen

Ge|gend ⟨f.; -, -en⟩ **1** *nicht näher begrenztes Gebiet;* in welcher ~ liegt der Ort?; Schmerzen in der ~ des Magens, der Galle haben; ungefähr in dieser ~ muss sein Haus stehen; in der ~ von Berlin **1.1** wir wollen nur etwas durch die ~ laufen *ohne Ziel spazieren gehen* □ **região 1.2** etwas in die ~ werfen, spritzen ⟨umg.⟩ *ziellos umherwerfen, -spritzen* □ **a esmo 1.3** *Landschaft;* eine einsame, freundliche, hübsche, bekannte, unbekannte ~ □ **paisagem 1.4** *Umgebung, Nähe;* kommst du nicht einmal in unsere ~?; in unserer ~ gibt es viele hübsche Geschäfte □ **lados; arredores**

ge|gen|ein|an|der *auch:* **ge|gen|ei|nan|der** ⟨Adv.⟩ *einer gegen den anderen* □ **um contra o outro; reciprocamente**

ge|gen|ein|an|der|sto|ßen *auch:* **ge|gen|ei|nan|der|s-to|ßen** ⟨V. 262⟩ **1** ⟨500⟩ etwas, jmdn. ~ *eines gegen das andere stoßen, einen gegen den anderen stoßen; die Gläser* ~ □ **bater um contra o outro; chocar-se 2** ⟨400(s.)⟩ etwas stößt gegeneinander, Lebewesen stoßen gegeneinander *stoßen, prallen zusammen* □ **colidir; entrechocar-se**

Ge|gen|ge|wicht ⟨n.; -(e)s, -e⟩ **1** ⟨Tech.⟩ *gegen ein anderes Gewicht als Ausgleich wirkendes Gewicht* □ **contrapeso 2** ⟨fig.⟩ *Ausgleich;* ein geistiges ~ schaffen □ **equilíbrio 3** ⟨Funktechnik⟩ *Drahtnetz od. größeres Metallstück als Ersatz für die Erdung von Funkensendern od. -empfängern* □ **compensação**

Ge|gen|leis|tung ⟨f.; -, -en⟩ *Gegendienst, Leistung als Ausgleich od. Dank für eine andere Leistung;* darf ich das als ~ für Ihre Hilfe tun? □ **retribuição; compensação**

ge|gen|le|sen ⟨V. 179/500⟩ etwas Geschriebenes, einen Text ~ *zur Prüfung, Durchsicht auf Fehler nochmals lesen (nachdem es bereits von einer anderen Person gelesen wurde)* □ **revisar; rever**

Ge|gen|lie|be ⟨f.; -; unz.⟩ **1** *wechselseitige Liebe;* Liebe erweckt ~ □ **amor recíproco 2** ⟨fig.⟩ *Anklang, Anerkennung, freudige An- od. Aufnahme;* bei jmdn. (keine od. wenig) ~ finden; ~ (mit etwas) finden; der Plan, Vorschlag fand keine ~, stieß auf keine ~ □ **apoio; aprovação**

Ge|gen|satz ⟨m.; -es, -sät|ze⟩ **1** ⟨Log.⟩ *das Verhältnis sich ausschließender od. entgegenwirkender Begriffe od. Aussagen zueinander;* polarer, konträrer, kontradiktorischer ~ □ *oposição; antítese; contradição **1.1** *der einem Begriff entgegengesetzte, ihn ausschließende Begriff;* "schwarz" ist der ~ von "weiß"; bilde den ~ zu "schön", "frei", "gut"! □ **contrário; antônimo 2** *das einer Aussage, Kraft usw. Entgegengesetzte, Gegenteil, Kontrast;* Gegensätze ziehen einander, sich an; hier berühren sich die Gegensätze □ **oposto;** zwischen dem einen und dem anderen Begriff besteht ein (scharfer) ~ □ **contraste;** im ~ zu dem temperamentvollen Bruder ist sie sehr still; im ~ dazu ist sein Verhalten wirklich anständig □ *ao contrário de...; à diferença de...;** er bildet den (genauen) ~ zu seinem Bruder □ **oposto 2.1 im, in** ~ zu jmdm. stehen, sich befinden *entgegengesetzter Meinung sein, jmds. (geistiger) Gegner sein* □ *ser de opinião contrária a alguém **2.2** *Widerspruch;* etwas steht in einem auffallenden, krassen, scharfen ~ zu etwas □ **contraste 2.3** ⟨fig.⟩ *Feindseligkeit, Feindschaft;* ein unüberbrückbarer, unversöhnlicher ~ □ **antagonismo; oposição**

ge|gen|sätz|lich ⟨Adj. 24/90⟩ *einen Gegensatz bildend, unvereinbar, konträr, gegenteilig;* wir sind ~er Meinung; die Diskussion ~er Begriffe □ **contrário; oposto;** ~ veranlagt sein □ *ter aptidões contraditórias*

Ge|gen|sei|te ⟨f.; -, -n⟩ **1** *entgegengesetzte Seite, gegenüberliegende Seite* □ **lado oposto 1.1** *Rückseite* □ **reverso; avesso 2** *Gegenpartei* □ **partido da oposição; partido adversário**

ge|gen|sei|tig ⟨Adj. 24⟩ *wechselseitig* □ **recíproco; mútuo;** *beiderseitig;* ~e Abmachungen, Vereinbarungen; ~e Abhängigkeit; im ~en Einvernehmen □ **bilateral; mútuo;** sich ~ helfen □ **reciprocamente**

Ge|gen|stand ⟨m.; -(e)s, -stän|de⟩ **1** *körperliche Sache, Ding;* Gebrauchs~; großer, kleiner, harter, weicher, leichter, schwerer ~ **2** *Ziel des Denkens, Handelns, Fühlens;* der ~ seiner Begeisterung, Liebe, seines Hasses, Zorns; sich zum ~ des allgemeinen Gespötts machen □ **objeto 2.1** *Thema, Stoff;* ~ einer Erörterung, Abhandlung, Dichtung; der ~ unseres Gesprächs; das Buch hat die Französische Revolution zum ~; der Vorfall wurde zum ~ heftiger Diskussionen □ **tema; matéria**

ge|gen|ständ|lich ⟨Adj. 24⟩ *wie ein Gegenstand, einen Gegenstand darstellend, auf ihn bezüglich, dinglich, sachlich;* ~e Malerei □ **objetivo; concreto**

Ge|gen|stim|me ⟨f.; -, -n⟩ **1** *Äußerung einer gegenteiligen Meinung;* der Vorschlag wurde mit 6 ~n, ohne ~ angenommen □ **voto contrário 2** ⟨Mus.⟩ *Stimme, die einer anderen entgegengesetzt verläuft* □ **contraparte**

Ge|gen|stück ⟨n.; -(e)s, -e⟩ **1** *zu einem Gegenstand den Gegensatz bildendes Stück, Gegensatz* □ **contrapartida 2** *zu einem Gegenstand passendes, ähnliches Stück;* Sy *Pendant(1);* dieses Bild, diese Figur ist, bildet das ~ zu jenem, jener □ **equivalente; correspondente**

Ge|gen|teil ⟨n.; -(e)s, -e⟩ **1** *Person od. Sache, die den Gegensatz zu einer anderen Person od. Sache darstellt;* er ist das (genaue) ~ seines Vaters; diese Maßnahme würde gerade das ~ bewirken; mit dieser übertriebenen Strenge erreichst du nur das ~; eine Aussage, Behauptung ins ~ verkehren; sich vom ~ überzeugen □ **oposto; contrário 1.1** sein Besuch störte mich gar nicht, er hat mich im ~ sogar sehr gefreut ⟨umg.⟩ *in Umkehrung des vorher Gesagten* **1.2** im ~! ⟨umg.⟩ *ganz u. gar nicht!* □ **ao/pelo contrário!**

ge|gen|tei|lig ⟨Adj. 24⟩ entgegengesetzt, das Gegenteil von etwas darstellend; ~er Meinung sein □ oposto; contrário

ge|gen|über ⟨Präp. m. Dat.⟩ **1** auf der anderen Seite; er wohnt mir ~; das Haus ~; die Leute von ~ ⟨umg.⟩ □ em/na frente **2** jmdm. od. einer Sache ~ im Hinblick auf, zu, in Bezug auf jmdn. od. etwas; das darfst du nicht tun, das wäre ihm ~ nicht recht gehandelt; ihr ~ hat er sich stets gut betragen □ em relação a **3** im Vergleich zu; ~ seinem Wissen ist deines größer □ em comparação com

Ge|gen|über ⟨n.; -s, -⟩ **1** Haus auf der anderen Straßenseite; wir haben kein ~ □ casa/edifício em frente **1.1** jmd., der dort wohnt □ vizinho da frente **2** jmd., der mit dem Gesicht zum Gesicht eines anderen sitzt; mein ~ am Tisch, in der Straßenbahn □ a pessoa que está sentada na frente

ge|gen|über||lie|gen ⟨V. 180/403⟩ auf der anderen Seite liegen; unser Garten liegt dem euren genau gegenüber □ localizar-se/ficar na frente de; das ~de Haus □ oposto; da frente

ge|gen|über||ste|hen ⟨V. 256/600⟩ **1** jmdm. od. etwas ~ zugewandt auf der anderen Seite stehen; unser Haus steht dem Park gegenüber; bei diesem Tanz stehen sich die Partner gegenüber □ dar para; estar/ficar frente a frente **2** ⟨Vr 2⟩ sich ~ ⟨fig.⟩ als Gegensatz aufeinandertreffen; hier stehen einander, sich zwei Auffassungen gegenüber □ *estar em oposição; contrastar **3** ⟨613⟩ jmdm. od. einer Sache in einer bestimmten Art u. Weise ~ eine bestimmte Einstellung in Bezug auf jmdn. od. eine S. haben; einander feindlich, freundlich, gleichgültig ~ □ *comportar-se/ser de determinado modo em relação ao outro; ich stehe dem Plan noch etwas skeptisch gegenüber □ *ainda estou um pouco cético quanto ao plano

ge|gen|über||stel|len ⟨V. 530/Vr 5 od. Vr 6⟩ **1** jmdn. jmdm. ~ von Angesicht zu Angesicht stellen; Sy konfrontieren; dem Angeklagten einen Zeugen ~ □ confrontar; acarear **2** einem Ding etwas ~ etwas einem Ding zugewandt auf die andere Seite stellen □ contrapor **3** jmdm. jmdn. od. einer Sache etwas ~ jmdn. mit jmdm. od. etwas mit etwas vergleichen □ confrontar; comparar

ge|gen|über||tre|ten ⟨V. 268/600(s.)⟩ **1** jmdm. ~ vor jmdn. hintreten; ich weiß nicht, wie ich ihm nach diesem peinlichen Vorfall ~ soll **2** einer Sache ~ sich näher mit einer S. befassen □ encarar

Ge|gen|wart ⟨f.; -; unz.⟩ **1** Zeit, in der man gerade lebt □ presente; atualidade; → a. Vergangenheit, Zukunft; die Kunst und die Literatur der ~ □ arte e literatura contemporâneas **1.1** ⟨Gramm.⟩ = Präsens **2** Anwesenheit, Dabeisein; seine ~ wirkte beruhigend auf sie; die Feier fand in ~ des Bundespräsidenten statt; bitte sprich in seiner ~ nicht davon □ presença

ge|gen|wär|tig ⟨a. [--'--] Adj. 24⟩ **1** in der Gegenwart lebend, stattfindend, jetzig, derzeitig, augenblicklich; der ~e Präsident; in seiner ~en Verfassung; ich bin ~ sehr beschäftigt; wir sind ~ nicht in der Lage ... □ atual(mente) **2** ⟨geh.⟩ bewusst, im Bewusstsein, in der (augenblicklichen) Erinnerung vorhanden □ presente; em mente **2.1** das ist mir nicht, ich habe es nicht ~ ich kann mich im Augenblick nicht daran erinnern □ *não tenho em mente; não me lembro **2.2** sich etwas ~ halten sich etwas vor Augen halten, an etwas denken □ *não perder de vista; ter em mente

Ge|gen|wert ⟨m.; -(e)s, -e⟩ einem anderen Wert entsprechender Wert, Ausgleich □ valor equivalente; contrapartida

Ge|gen|zug ⟨m.; -(e)s, -zü|ge⟩ **1** ⟨Eisenb.⟩ etwa zur gleichen Zeit mit einem andern Zug aus entgegengesetzter Richtung ankommender Zug; den ~ abwarten, vorüberlassen □ trem na direção contrária **2** (Brettspiel) Zug als Erwiderung auf einen Zug des Gegners □ contrajogada; contralance **2.1** ⟨fig.⟩ Versuch, die gegnerische Absicht zu vereiteln □ contra-ataque **2.1.1** im ~ als Ausgleich, als Gegenleistung; im ~ wurden alle politischen Gefangenen begnadigt □ *em contrapartida/compensação

Geg|ner ⟨m.; -s, -⟩ **1** jmd. mit entgegengesetzten Absichten u. Bestrebungen; ebenbürtiger, gefährlicher, politischer ~ **1.1** jmd., der jmdm. im Kampf gegenübersteht, Feind; den ~ angreifen, besiegen, vernichtend schlagen **1.2** gegnerischer Spieler, gegnerische Mannschaft (od. einer Vertreter derselben); beide ~ zeigten ein faires Spiel; gleich zu Beginn der zweiten Halbzeit erzielte der ~ ein Tor **1.3** Vertreter einer anderen Meinung; ein entschiedener ~ der Todesstrafe sein □ adversário; oponente

Geg|ne|rin ⟨f.; -, -rin|nen⟩ weibl. Gegner □ adversária; oponente

geg|ne|risch ⟨Adj. 24/60⟩ den Gegner betreffend, vom ihm stammend, zu ihm gehörig; das ~e Tor; die ~e Meinung □ adversário

Ge|ha|be ⟨n.; -s; unz.⟩ Getue, Ziererei, gespreiztes Benehmen □ afetação; melindre

Ge|halt[1] ⟨m.; -(e)s, -e⟩ **1** stofflicher u. geistiger Inhalt (eines Kunstwerkes), im Unterschied zur Form; moralischer, religiöser, sittlicher ~ einer Dichtung, Lehre usw. □ conteúdo **2** Anteil (eines Stoffes in einer Mischung); Alkohol~, Feuchtigkeits~; der ~ an Alkohol, an Fett □ teor

Ge|halt[2] ⟨n.; -(e)s, -häl|ter⟩ Arbeitsvergütung für Beamte u. Angestellte; Monats~; Gehälter auszahlen; ~ beziehen; jmds. ~ erhöhen; festes ~ bekommen; ein ~ von 2.000 Eurok; wie hoch ist Ihr ~? □ salário; ordenado

ge|hal|ten ⟨Adj. 11/40⟩ ~ sein ⟨geh.⟩ (stillschweigend) verpflichtet sein, es wird von jmdm. erwartet, dass ...; Sie sind ~, mir von Zeit zu Zeit darüber Bericht zu erstatten □ *ser obrigado a; ter de

ge|har|nischt ⟨Adj. 24/70⟩ **1** ⟨veraltet⟩ mit einem Harnisch gerüstet, gepanzert □ couraçado; blindado **2** ⟨fig.⟩ energisch, sehr deutlich, unmissverständlich; jmdm. eine ~e Abfuhr erteilen; ~e Antwort □ enérgico; categórico

ge|häs|sig ⟨Adj.⟩ hasserfüllt, feindselig, schadenfroh, bösartig □ cheio de ódio; malevolente

Ge|häu|se ⟨n.; -s, -⟩ **1** (meist am Inhalt befestigte) feste, nicht biegsame Umkleidung; Blech~, Holz~, Orgel~,

Uhr~ □ caixa 2 *Kernhaus des Apfels u. der Birne;* Kern~ □ *coração

Ge|he|ge ⟨n.; -s, -⟩ **1** *Jagdrevier, in dem Wild waidgerecht gehegt wird* □ reserva de caça **2** *eingezäuntes Stück Land od. Wald zum Halten u. Züchten von Tieren, bes. einer bestimmten Wildart* □ recinto; reserva **3** jmdm. ins ~ kommen ⟨fig.⟩ *sich in eine Angelegenheit mischen, die jmd. allein erledigen will* □ *invadir o espaço de alguém; meter-se no caminho de alguém*

ge|heim ⟨Adj.⟩ **1** *nicht für Außenstehende bestimmt;* ~er Befehl, ~e Botschaft; ~es Fach; ~e Sitzung; ~e Zusammenkunft; streng ~! (als Aufschrift auf Schriftstücken); *etwas Geheimes ausplaudern* □ secreto; confidencial **1.1** im Geheimen *von anderen unbemerkt;* jmdm. etwas im Geheimen mitteilen □ *em segredo **1.2** *anderen nicht mitgeteilt;* einen ~en Kummer haben □ secreto; particular **1.2.1** ~er Vorbehalt ⟨Rechtsw.⟩ *heimliche Absicht, das in einer Willenserklärung Gesagte nicht einzuhalten* □ *reserva mental **2** *nicht öffentlich bekannt, der Kontrolle der Öffentlichkeit entzogen* □ privado **2.1** Geheimer Rat □ *Conselho Privado **2.1.1** ⟨urspr.⟩ *Angehöriger eines dem Landesherrn unmittelbar unterstehenden Ratskollegiums sowie das Kollegium selbst* □ (membro do) Conselho Privado **2.1.2** *(seit dem 17. Jh.)* Angehöriger eines Ministeriums* □ membro de um ministério **2.1.3** *(bis 1918) Titel für höchste Beamte* □ conselheiro **2.2** Geheime Staatspolizei **2.2.1** ⟨i. w. S.⟩ *politische Polizei zum Schutz der Einrichtungen u. leitenden Persönlichkeiten eines (bes. autoritär regierten) Staates* □ polícia secreta do Estado **2.2.2** ⟨i. e. S.; Abk.: Gestapo⟩ *die politische Polizei in Dtschld. 1934-1945 mit fast unbeschränkter Macht u. berüchtigten terroristischen Methoden* □ Gestapo; polícia secreta do Estado **3** ~e Wahl *W. ohne Namensnennung, durch Abgabe verdeckter u. anonymer Stimmzettel* □ *eleição por voto secreto **4** etwas ~ halten *verschweigen, verstecken, verbergen* □ *calar/ocultar alguma coisa

Ge|heim|nis ⟨n.; -ses, -se⟩ **1** *etwas, das nicht über einen bestimmten Personenkreis hinaus bekanntwerden soll;* Amts~, Arzt~, Beicht~, Berufs~, Post~; jmdm. ein ~ anvertrauen; ein ~ ausplaudern, haben, kennen, verraten, wissen; militärische ~se; in ein ~ eingeweiht sein; ein ~ mit jmdm. haben, teilen; ein ~ vor jmdm. haben □ segredo; sigilo **1.1** er macht gar kein ~ daraus, dass er ... *er spricht offen darüber, dass er ...* □ segredo **2** *etwas, was nicht erkennbar u. nicht erklärbar ist;* Sy Mysterium(1); *dahinter steckt ein ~; in ein ~ eindringen* □ mistério

ge|heim|nis|voll ⟨Adj.⟩ **1** *rätselhaft, unerklärlich, mysteriös;* das ~e Verschwinden der Diamanten **2** *mysteriös* **2** *Geheimnis andeutend, (wichtigtuerisch) als Geheimnis darstellend;* ~ flüstern, sprechen; mit einem ~en Augenzwinkern schloss er das Buch □ cheio de mistério; misterioso

Ge|heim|tipp ⟨m.; -s, -s⟩ **1** *nur unter Eingeweihten weitergegebener Tipp, Hinweis;* jmdm. einen ~ geben □ dica; informação (pessoal) **1.1** *Empfehlung der besonderen Qualität, Eignung von jmdm. od. etwas;* jmdn. als ~ handeln □ achado; descoberta

Ge|heiß ⟨n.; -es; unz.⟩ *(mündliche) Anweisung, Anordnung, Befehl;* auf jmds. ~ handeln □ ordem

ge|hen ⟨V. 145/400 od. 410(s.)⟩ **1** Lebewesen, Personen ~ *bewegen sich aus eigener Kraft (zu Fuß) fort, laufen;* Ggs fahren(2); *langsam, leise, schnell, vorsichtig ~; geradeaus, links, rechts, reihum ~; am Stock, an Krücken ~; barfuß ~; sicher ~; durch die Straßen ~; hinter, neben, vor jmdm. ~; in Halbschuhen, in Strümpfen ~; in den Wald ~; über eine Brücke, einen Platz, eine Straße ~; das Gehen fällt ihm schwer; im Schritt ~; in, im Trab ~; wo er geht und steht, wird er gegrüßt; wie weit ist es bis dahin zu ~?; man hat zwei Stunden zu ~; wie lange geht man bis dorthin?; einen Kilometer (weit) ~; einen Weg ~; zu Fuß ~* □ andar; ir **1.1** ⟨553/Vr 3; unpersönl.⟩ *es geht sich gut in diesen Schuhen diese S. sind bequem* □ andar; caminhar **1.2** *an einen* Ort, *zu einem Ort ~ sich bewegen, begeben;* zum Arzt, zum Bäcker, zum Friseur ~; aufs Land ~; ins Ausland ~; in die Stadt ~ (zum Einkaufen); nach Amerika ~; auf Reisen ~; in Urlaub ~; bitte geh einstweilen ins Zimmer, ich komme gleich!; ins, zu Bett ~; baden, schlafen, schwimmen, spielen, tanzen ~; wohin gehst du?; wie geht man dorthin?; an Bord, an Land ~; wo geht es hierhin? ⟨umg.⟩ **1.2.1** ⟨417⟩ mit jmdm. ~ *jmdn. begleiten* □ ir **1.2.2** bei jmdm. aus und ein ~ *bei jmdm. oft zu Gast sein, jmdn. häufig besuchen* □ *frequentar a casa de alguém **1.2.3** *(lebhaftes)* Kommen *und* Gehen *lebhafter Betrieb* □ *(intenso) vaivém **1.3** *(von einem Ort od. jmdm.) ~ weggehen, sich entfernen, abreisen;* ich möchte jetzt ~; ich muss ~; wann ist er gegangen?; er wollte sie nicht ~ lassen; er ist ohne Abschied von ihr gegangen; aus dem Haus ~; geh mir aus dem Licht!; du kannst ihn doch nicht so ohne Abschied ~ lassen □ ir embora; sair ⟨aber Getrennt- u. Zusammenschreibung⟩ ~ lassen = gehenlassen **1.3.1** er ist von uns gegangen *er ist gestorben* □ partir; morrer **1.4** ⟨700⟩ **1.4.1** seiner Wege ~ *weggehen, ohne sich um die Zurückbleibenden zu kümmern* □ *seguir o próprio caminho **1.4.2** ⟨700⟩ *ruhig seines* Weges ~ *sich nicht beirren lassen* □ *não vacilar; manter-se firme **1.5** *aus dem Amt, dem Dienst scheiden;* er ist Ende letzten Jahres gegangen □ ir embora; demitir-se **1.5.1** er ist gegangen worden ⟨umg.⟩ *man hat ihm nahegelegt zu gehen, zu kündigen, er ist entlassen worden* □ *ele foi mandado embora **1.6** *in einem Zustand sein, sich befinden; gut gekleidet ~; in Samt und Seide ~; in Schwarz ~* □ estar; andar (de); vestir-se de **2** jmd. geht **2.1** *zum Ort der* Berufstätigkeit *od. der* Ausbildung, *den O. (regelmäßig) aufsuchen, um eine Tätigkeit auszuführen;* zur, auf die Arbeit ~; in den Kindergarten ~; zur, in die Schule ~; aufs Gymnasium ~; in die fünfte Klasse ~; in die Lehre ~; zur See ~; ans Theater ~; zur Bundeswehr ~ □ ir; dirigir-se **2.2** unter die Menschen ~ *Verkehr, Umgang mit anderen M. haben* □ *relacionar-se com as pessoas **2.3** nach jmdm. od. etwas ~ *jmdn. od. etwas holen wollen;* nach dem Arzt, nach Brot ~ □ *ir bus-

gehen

car alguém ou alguma coisa 2.4 an eine **Tätigkeit** ~ *eine T. beginnen;* an die Arbeit ~ □ *começar uma atividade* 2.5 ⟨417⟩ mit jmdm. (ständig, fest) ~ *jmdn. zum Freund, zur Freundin haben* □ *sair com alguém* 2.6 jmd. od. etwas geht ins 20. Jahr *wird bald 20 Jahre alt* □ *ter quase 20 anos* 2.7 nach einem **Merkmal** ~ *aufgrund eines M. urteilen;* man soll nicht nur nach dem Äußeren ~; danach kann man nicht ~ □ *julgar por uma característica* 2.8 sich zuwenden, ausrichten nach 2.8.1 mit der **Zeit** ~ *moderne Ansichten haben, die Zeit verstehen* □ *seguir as tendências da época* 2.8.2 ins Detail, Einzelne ~ *Einzelheiten erörtern, eine Sache genau erläutern* □ *entrar em detalhes* 2.8.3 zugrunde/zu Grunde ~ *umkommen, langsam sterben* □ *perecer; morrer* 2.8.4 in sich ~ *über seine Handlungsweise nachdenken, sie bereuen* □ *refletir* 2.9 ⟨610⟩ jmdm. zur (an die) Hand ~ *helfen* □ *ajudar/assistir alguém* **3** ⟨Imperativ⟩ (ach,) geh! 3.1 *(Ausdruck des Erstaunens)* wirklich? ist das wahr? □ *jura?* 3.2 *(Ausdruck der Ungeduld)* lass mich in Ruhe! □ *vá embora!* 3.3 *(Ausdruck der Ablehnung, des Unmuts)* das kommt nicht in Frage, das ist zu viel! □ *nem pensar!* 3.4 geh zum **Teufel**! *(Fluch)* □ *vá para o inferno!* **4** etwas geht *ist in Bewegung;* die See geht hoch □ *o mar está agitado;* ich habe die Tür ~ hören □ *ouvi mexerem na porta;* es geht ein starker Wind □ *está ventando forte* 4.1 **Maschinen** ~ *sind in Ordnung;* die Uhr geht falsch, richtig; die Klingel geht nicht, geht wieder □ *funcionar* 4.2 Teig geht *wird aufgetrieben, vergrößert das Volumen;* der Teig geht in die Höhe □ *crescer* 4.3 ein **Verkehrsmittel** geht *fährt ab, verkehrt;* das Schiff, Flugzeug, der Zug, Bus, die Bahn geht 19.35 Uhr □ *partir; sair;* der Zug geht über Frankfurt □ *passar;* wann geht der nächste Zug nach …? □ *sair; partir;* die Post geht über Berlin □ *passar* 4.4 eine **Nachricht** geht *verbreitet sich;* es geht das Gerücht, dass … □ *correr* **5** ⟨411 od. 800⟩ etwas geht … 5.1 ~ **bis (an)** *reichen;* das Wasser ging ihm bis an den Gürtel; der Rock geht bis an die Knie; der Wald geht bis an die Stadt □ *chegar até; bater em* 5.2 **durch** etwas ~ *durchschlagen, sich hindurchbewegen;* die Kugel ging durch die Schulter □ *atravessar alguma coisa* 5.2.1 **durch** jmds. Hände ~ ⟨fig.⟩ *zu sehen bekommen, zur Beurteilung vorgelegt werden;* alles geht durch seine Hände 5.3 ⟨511⟩ **von** dem **einen** zu dem **anderen** ~ *weitergegeben werden;* von Hand zu Hand ~; von Tisch zu Tisch ~; von Mund zu Mund ~ □ *passar* 5.4 die **Öffnung** geht auf … *ist auf … gerichtet;* das Fenster geht auf den Garten, die Tür auf den Hof □ *dar para* 5.5 ⟨411⟩ **Personen** od. **Sachen** ~ **in** einen **Raum** *der R. kann … P. od. S. aufnehmen;* in diesen Saal ~ 500 Menschen 5.5.1 ⟨813⟩ eine **Zahl** geht **in** eine andere …mal *ist …mal enthalten;* 6 geht in 12 zweimal □ *caber* 5.5.2 … **Dinge** ~ **auf** … (ein **Maß**) *ergeben, messen;* 6 Äpfel ~ auf 1 kg □ *dar* 5.5.3 etwas geht in … Teile *wird in … T. geteilt;* das Erbe geht in drei Teile □ *ser dividido (em tantas partes)* **6** etwas geht … 6.1

kann … erledigt werden; das geht einfach, leicht, schwer □ *isso é simples/fácil/difícil* 6.2 *verläuft, entwickelt sich;* der Schmerz geht tief □ *a dor está ficando aguda;* die Sache geht ihren Gang □ *a questão segue seu curso;* alles geht nach Wunsch □ *está tudo indo/correndo como o desejado;* wie geht das Geschäft? □ *como vão os negócios?* 6.2.1 das **Gedicht** geht so *das G. hat folgenden Wortlaut* □ *o poema diz o seguinte* 6.2.2 das geht zu **weit** *das ist zu viel* □ *isso está indo longe demais* 6.3 **vor sich** ~ *geschehen;* und wie soll das vor sich ~? □ *acontecer* 6.4 einer Sache **verlustig** ~ *eine S. verlieren* □ *perder uma coisa* **7** ⟨800⟩ etwas geht auf jmdn. od. etwas *jmd. od. etwas ist gemeint* □ *dizer respeito a alguém ou a alguma coisa* 7.1 das geht auf dich! *damit bist du gemeint, das zielt auf dich!* □ *isso diz respeito a você!* 7.2 die **Uhr** geht **auf** acht (umg.) *es ist bald acht Uhr* □ *são quase oito horas;* es geht auf Mittag □ *é quase meio-dia* 7.3 das **Lied** geht **nach** der **Melodie** … *wird nach der folgenden M. gesungen* □ *seguir; acompanhar* 7.4 **zu Ende** ~ *verbraucht werden;* der Vorrat geht zu Ende, zur Neige □ *estar no fim* 7.5 das geht **über** meine **Kräfte** *es ist zu viel, zu schwer für mich* □ *isso ultrapassa minhas forças* 7.6 das geht **gegen** meine **Überzeugung** *ich bin dagegen, ich kann nicht zustimmen* □ *isso vai contra minha convicção* 7.7 **in** die Tausende, Millionen ~ *eine (so erstaunliche) Höhe erreichen;* die Gewinne ~ in die Millionen □ *bater na casa dos milhares/milhões* 7.8 **in Erfüllung** ~ *erfüllt werden;* mein Wunsch ist in Erfüllung gegangen □ *ser satisfeito/realizado* 7.9 **in die Brüche** ~, **in Stücke** ~ *zerbrechen* □ *quebrar(-se); partir(-se)* **8** ⟨610⟩ *Einfluss ausüben* 8.1 etwas geht jmdm. **über** ein anderes *jmd. bevorzugt etwas vor einem anderen* 8.1.1 mir geht nichts über Beethoven *B.s Musik ist für mich die schönste* □ *superar* 8.2 ⟨613⟩ etwas geht jmdm. **durch** und **durch** *erregt, erschreckt jmdn. bis ins Innerste;* der Schrei ging mir durch und durch □ *cortar o coração* 8.3 etwas geht jmdm. **über alles** *jmd. bevorzugt etwas vor allem anderen;* seine Arbeit geht ihm über alles; Pferde ~ ihr über alles □ *estar acima de tudo; vir em primeiro lugar* **9** ⟨unpersönl.⟩ 9.1 ⟨400⟩ es geht 9.1.1 *ist möglich, kann getan, gemacht werden;* es mag ~, wie es will, wir müssen eine Lösung finden □ *pode ser…;* es wird schon ~ □ *vai dar certo;* am Dienstag geht es nicht □ *na terça-feira não vai dar;* es ist anders gegangen, als er dachte □ *não saiu como ele imaginava* 9.1.2 *es geht! nicht besonders, mittelmäßig;* wie hat dir der Film gefallen? Es geht! □ *razoável.* 9.2 ⟨413⟩ so geht es … *das ist nicht zu ändern;* so geht es in der Welt □ *é assim que as coisas são;* wie geht es Ihnen?; wie geht's?; wie geht's, wie steht's? (vertraulich) □ *como vai?;* mir ist es ebenso gegangen □ *comigo aconteceu o mesmo;* geht es dir wieder besser? □ *está melhor?* 9.3 ⟨813⟩ *ablaufen* 9.3.1 es geht mit jmdm. zu Ende *jmd. wird bald sterben* □ *estar nas últimas* 9.3.2 ⟨801⟩ es geht nach jmdm. od. etwas *man richtet* *sich nach jmdm. od. etwas, jmd. od. etwas bestimmt, was geschehen soll* ☐ *depender de alguém ou de alguma coisa; *wenn es nach mir ginge, ...* ☐ *se fosse por mim; *es geht nach seinem Plan* ☐ *depende do seu plano 9.3.3 ⟨801⟩ *es geht* **um** *jmdn. od.* **etwas** *jmd. od. etwas ist Ziel eines Geschehens; es geht ihm (dabei) nur ums Geld; es geht um seinen Kopf; hier geht es ums Ganze* ☐ *estar em jogo

Ge|hen ⟨n.; -s; unz.⟩ **1** *das Gehen* ☐ andar; caminhar **2** ⟨Sp.⟩ *Sportart, bei der während des schnellen Gehens immer ein Fuß Kontakt mit dem Boden haben muss* ☐ marcha atlética

ge|hen|las|sen *auch:* **ge|hen las|sen** ⟨V. 175/500⟩ **1** ⟨Vr 8⟩ *jmdn. ~ in Ruhe lassen* ☐ *deixar alguém em paz **2** ⟨Vr 3⟩ *sich ~ sich nicht beherrschen, sich sehr lässig benehmen* ☐ *descontrolar-se; comportar-se mal; → a. *gehen (1.3)*

ge|heu|er ⟨Adj. 24/40; nur verneinend gebraucht⟩ **1** *nicht ~ unheimlich; mir ist das nicht ~* ☐ *suspeito **1.1** *es ist hier nicht ~ hier spukt es* ☐ *aí tem coisa; tem caroço nesse angu

Ge|hil|fe ⟨m.; -n, -n⟩ *jmd., der einem andern (bei der Berufsarbeit) hilft, Mitarbeiter, Helfer;* Handlungs~ ☐ assistente; ajudante

Ge|hil|fin ⟨f.; -, -fin|nen⟩ *weibl. Gehilfe* ☐ assistente; ajudante

Ge|hirn ⟨n.; -(e)s, -e; Anat.⟩ *das Vorderende des Zentralnervensystems höher entwickelter Tiere, bes. der Wirbeltiere, in dem die Sinneszentren u. übergeordneten Schaltzentren (Koordinations- u. Assoziationszentren) zusammengefasst sind u. das in bestimmten Teilen für die Ausbildung komplizierter Instinkthandlungen, für die Fähigkeit des Gedächtnisses u. - im höchsten Falle - der Intelligenz verantwortlich ist: Cerebrum, Encephalon;* oV Hirn ☐ cérebro

Ge|hirn|er|schüt|te|rung ⟨f.; -, -en; Med.⟩ *durch stärkere Gewalteinwirkungen auf den Schädel entstandene Störung der Gehirntätigkeit, die meist mit Bewusstlosigkeit, Erinnerungsschwund für die Zeit des Unfalls u. vorher, sowie mit Erbrechen verbunden ist: Commotio cerebri* ☐ comoção cerebral

Ge|hirn|wä|sche ⟨f.; -, -n; fig.⟩ *Brechung des menschlichen Willens u. Zerstörung der Persönlichkeit durch physische u. psychische Foltern* ☐ lavagem cerebral

ge|ho|ben **1** ⟨Part. Perf. von⟩ heben **2** ⟨Adj.⟩ **2.1** *im Rang (u. Verdienst) höherstehend;* ~e *Beamtenlaufbahn;* ~er *Dienst* ☐ elevado **2.2** *heiter, fröhlich, zuversichtlich; in* ~er *Stimmung sein* ☐ alegre; entusiasmado **2.3** *gewählt, gepflegt, sich über das Alltägliche erhebend; in* ~er *Sprache* ☐ elevado; sublime **2.4** *erlesen, anspruchsvoll, luxuriös; eine Wohnung, ein Hotel mit* ~er *Ausstattung* ☐ luxuoso; primoroso

Ge|höft ⟨n.; -(e)s, -e⟩ *Gesamtheit der zu einem landwirtschaftlichen Betrieb gehörenden Gebäude* ☐ fazenda; granja

Ge|hör ⟨n.; -(e)s, -e⟩ **1** ⟨unz.⟩ *Sinn für die Wahrnehmung von Schall, Fähigkeit zu hören; sein ~ hat im Alter nachgelassen; ein gutes, schlechtes ~ haben* ☐ audição **1.1** ⟨Mus.⟩ *Empfinden für Tonstufen; kein (musikalisches) ~ haben* ☐ ouvido **1.1.1** *nach dem* *singen, spielen, lernen ohne Noten od. Text* ☐ *cantar/tocar/aprender de ouvido **2** ⟨unz.; fig.⟩ *Aufmerksamkeit, Beachtung; darf ich um ~ bitten!; sich ~ verschaffen* ☐ atenção **2.1** *(kein) ~ finden (nicht) angehört werden* ☐ *(não) ser ouvido **2.2** *jmdm. ~ schenken jmdm. anhören* ☐ *ouvir alguém (com atenção) **2.3** *ein Musikstück zu ~ bringen Hörern vortragen* ☐ *apresentar uma composição musical **3** ⟨nur Pl.⟩ ~e ⟨Jägerspr.⟩ *Ohren vom Raubwild, seltener vom Schwarzwild* ☐ orelha

ge|hor|chen ⟨V.⟩ **1** ⟨400 od. 600⟩ *fremden Willensäußerungen entsprechen; das Kind muss ~ lernen* **2** ⟨400⟩ *etwas gehorcht lässt sich lenken;* Sy ⟨umg.⟩ *parieren (2); die Bremse gehorcht dem leisesten Druck* ☐ obedecer

ge|hö|ren ⟨V.⟩ **1** ⟨600⟩ *etwas gehört jmdm. ist jmds. Eigentum; das Buch gehört mir; dem Kind gehört ihre ganze Liebe* **1.1** *seine freien Stunden ~ seiner Familie sind seiner F. gewidmet, vorbehalten* ☐ pertencer; ser de **2** ⟨800⟩ *zu jmdm. od. etwas ~ Teil eines Ganzen sein; er gehört mit zur Familie; er gehört zu meinen Freunden; der Wald gehört zu unserem Grundstück; die Gartenarbeit gehört zu meinen Pflichten; das gehört nicht zur Sache; dieses Bild gehört zu seinen besten Werken* ☐ *ser/fazer parte de alguém ou alguma coisa **3** ⟨410⟩ *passen, den richtigen Platz haben; zu diesem Kleid ~ weiße Schuhe* ☐ *esse vestido pede sapatos brancos; *die beiden Stücke ~ zusammen* ☐ *ambas as peças são complementares; *dies gehört nicht hierher* ☐ *o lugar disso não é aqui; não é esse o caso aqui; *wohin gehört dieses Buch?* ☐ *onde se deve guardar este livro? **3.1** *der Kranke gehört ins Bett muss od. müsste unbedingt ins Bett* ☐ *o doente precisa ficar na cama **3.2** ⟨600⟩ *jmdm. gehört etwas* ⟨süddt.⟩ *gebührt etwas; für deine Frechheit gehört dir eine ordentliche Strafe* ☐ *você merece um belo castigo pelo seu atrevimento **4** ⟨800⟩ *etwas gehört zu etwas ist für etwas erforderlich; dazu gehört viel Mut* ☐ *para isso é preciso ter muita coragem **5** ⟨600/Vr 3⟩ *etwas gehört sich (nicht) schickt sich, ziemt sich (nicht); wie es sich gehört; ein solcher Anruf gehört sich nicht!* ☐ *(não) ser conveniente

ge|hö|rig ⟨Adj 24⟩ **1** ⟨60⟩ *jmdm., zu etwas ~ gehörend; die ihm* ~en *Häuser; die zu einem Hof* ~en *Felder* ☐ *pertencente a; próprio de **2** ⟨90⟩ *gebührend, verdient; die Arbeit mit der* ~en *Sorgfalt erledigen; jmdm. mit der* ~en *Achtung begegnen* ☐ devido **3** ⟨90; umg.⟩ *tüchtig, gründlich, energisch; jmdm. eine* ~e *Tracht Prügel verabreichen; jmdm. ~ die Meinung sagen; jmdn. ~ zurechtweisen* ☐ para valer; como se deve; belo

Ge|hörn ⟨n.; -(e)s, -e⟩ **1** ⟨Zool.⟩ *Hörner des Rehwildes, die sich nicht erneuern;* Ggs *Geweih* ☐ chifres; cornos **2** ⟨Jägerspr.⟩ *Geweih des Rehbocks* ☐ galhada

ge|hor|sam ⟨Adj.⟩ *willig gehorchend, folgsam, fügsam;* *den Eltern ~ sein* ☐ obediente; *(Ihr)* ~ster *Diener!* *(als Briefschluss u. Grußformel)* ⟨veraltet⟩ ☐ *seu fiel servidor!; *ich bitte* ~st ⟨veraltet⟩ ☐ *peço encarecidamente

Geh|steig ⟨m.; -(e)s, -e⟩ = *Gehweg*
Geh|weg ⟨m.; -(e)s, -e⟩ *der für die Fußgänger bestimmte, im Vergleich zur Fahrbahn etwas erhöhte Teil der Straße*; Sy *Gehsteig* ☐ calçada
Gei|er ⟨m.; -s, -⟩ **1** ⟨Zool.⟩ *großer, sich von Aas ernährender adlerartiger Greifvogel mit meist langem, wenig gefiedertem Hals; Aas~; Gänse~* **1.1** ⟨fig.; umg.⟩ *habgieriger Mensch; er ist wie ein ~ hinter dem Geld her* ☐ abutre **1.2** *weiß der ~! das weiß ich nicht; weiß der ~, wann er endlich kommt!* ☐ *sei lá!; vai saber! **1.3** *hol's der ~ — hol's der Teufel (ich möchte damit nichts mehr zu tun haben)* ☐ *que se dane!
Gei|fer ⟨m.; -s; unz.⟩ **1** *über die Lippen fließender Speichel (bes. bei Tieren u. wütenden od. tobsüchtigen Menschen)* ☐ baba **2** ⟨fig.⟩ *Zorn, Bosheit u. Wut* ☐ cólera; ira
Gei|ge ⟨f.; -, -n; Mus.⟩ **1** *viersaitiges Streichinstrument;* Sy *Violine;* *erste, zweite ~ spielen (im Orchester)* ☐ violino; → a. *erste(r, -s)(3.2)*
gei|gen ⟨V.⟩ **1** ⟨400⟩ *Geige spielen* ☐ tocar violino **2** ⟨530⟩ *jmdm. die Meinung ~* ⟨fig.; umg.⟩ *deutlich die Meinung sagen* ☐ *dizer a própria opinião na cara de alguém*
geil ⟨Adj.⟩ **1** ⟨70⟩ *kräftig, fett, üppig (wuchernd); ~e Schösslinge* ☐ rico; fértil; exuberante **2** ⟨häufig abwertend⟩ *lüstern, triebhaft, geschlechtserregt, ständig auf die Befriedigung sexueller Wünsche abzielend; ein ~er Kerl* ☐ libidinoso; lascivo **2.1** ⟨umg.⟩ *begierlich verlangend, versessen; er ist ~ auf Geld; sie ist karriere~, geld~* ☐ obcecado **3** ⟨umg.⟩ *toll, prima, sehr gut, großartig; dieser Film, diese Musik ist echt ~!; der Typ sieht echt ~ aus* ☐ legal; da hora
Gei|sel ⟨f.; -, -n; früher a. m.; -s, -⟩ *Gefangener, der als Bürge für bestimmte Forderungen mit seinem Leben einstehen muss; eine ~ nehmen; jmdn. als ~ nehmen* ☐ refém
Gei|ser ⟨m.; -s, -; eindeutschende Schreibung von⟩ = *Geysir*
Gei|sha ⟨[ge:ʃa] f.; -, -s; in jap. Teehäusern⟩ *in Tanz u. Musik ausgebildete Frau, die die Gäste in Teehäusern o. Ä. unterhält* ☐ gueixa
Geiß ⟨f.; -, -en⟩ **1** *weibliche Ziege* ☐ cabra **2** *Weibchen von Gäms-, Stein- u. Rehwild* ☐ corça; cabra montesa; fêmea da camurça
Gei|ßel ⟨f.; -, -n⟩ **1** ⟨urspr.⟩ *Stab mit einem od. mehreren Riemen zum Züchtigen od. Selbstkasteien* **2** ⟨oberdt.⟩ *Peitsche* ☐ açoite; chicote **3** ⟨Biol.⟩ *fadenförmiger Zellfortsatz, Wimper; Flagellum* ☐ flagelo **4** ⟨fig.⟩ *Heimsuchung, Plage, Strafe; eine ~ Gottes; die Pest war eine ~ der Menschheit* ☐ flagelo; calamidade
gei|ßeln ⟨V. 500⟩ **1** *jmdn. ~ mit der Geißel(1,2) schlagen, peitschen, züchtigen* ☐ açoitar; chicotear **2** *eine Sache ~* ⟨fig.⟩ *scharf tadeln, anprangern; Übelstände ~* ☐ fustigar; estigmatizar
Geist[1] ⟨m.; -(e)s, -er⟩ **1** ⟨unz.; urspr.⟩ *Hauch, Atem (als Träger des Lebens)* **1.1** *seinen ~ aufgeben, aushauchen sterben* ☐ sopro; alento **2** ⟨unz.⟩ *das denkende, erkennende Bewusstsein des Menschen; der ~ ist willig, aber das Fleisch ist schwach (Matth. 26,41); seinen ~ anstrengen* ☐ espírito **2.1** *Scharfsinn, liebenswürdige Witzigkeit; ein Mensch mit (viel) ~, ohne (jeden) ~; (viel, wenig) ~ haben; ein Mann von ~; seinen ~ sprühen lassen* ☐ perspicácia; espirituosidade **2.2** *im ~(e) in der Vorstellung; im ~(e) etwas od. jmdn. vor sich sehen* ☐ imaginação **3** ⟨unz.⟩ *Art, Beschaffenheit, Wollen, Streben, Gesamtheit aller nicht materiellen Eigenschaften; der ~ eines Volkes, einer Dichtung, einer Epoche; der ~ Schillers; der ~ der Goethezeit; der ~ der Zeit* ☐ espírito; natureza; essência **3.1** *wir werden bald sehen, wes ~es Kind er ist* **3.1.1** *wie seine Gesinnung ist* ☐ *logo veremos que tipo de pessoa ele é* **3.1.2** *auf welchem geistigen Niveau er steht* ☐ *logo veremos em que nível ele está* **3.2** *in jmds. ~(e) in jmds. Sinne, so wie es jmd. auch gemacht hätte, nach denselben Prinzipien vorgehend; sie führt das Werk ihres Vaters in seinem ~(e) weiter* ☐ *segundo as intenções/os princípios de alguém* **4** *Mensch im Hinblick auf seine geistigen Fähigkeiten, sein inneres Wesen; ein edler, führender, großer, überlegener ~; solche kleinen ~er* ☐ pessoa; *er ist ein unruhiger ~* ⟨umg.; scherzh.⟩ ☐ sujeito; cara **5** *überirdisches Wesen; der Heilige ~* ☐ *o Espírito Santo* **5.1** *der ~ der Finsternis der Teufel* ☐ *o espírito das trevas* **5.2** *menschenähnliches Naturwesen, Elf, Kobold; Erd~, Luft~, Wasser~; böse, gute ~er; von ~ern besessen sein; sie ist der gute ~ unseres Hauses* ⟨fig.⟩ ☐ gênio **5.2.1** *du bist wohl von allen guten ~ern verlassen? du bist wohl nicht gescheit?, was denkst du dir eigentlich?* ☐ *você ficou louco?* **6** *scheinbar wiederkehrender Verstorbener, abgeschiedene Seele, Gespenst; die Stunde der ~er; bist du's wirklich, oder ist es dein ~?; ~er beschwören; hier gehen ~er um* ☐ alma; espírito; fantasma
Geist[2] ⟨m.; -(e)s, -e⟩ *Alkohol; Himbeer~, Wein~* ☐ espírito; álcool
geis|tern ⟨V. 410⟩ **1** *wie ein Geist umgehen, spuken; ein Irrlicht geisterte über das Moor* ☐ assombrar **2** ⟨(s.); umg.⟩ *huschen; wer geistert hier durch das Haus?* ☐ passar furtivamente; esgueirar-se
Geis|tes|blitz ⟨m.; -es, -e⟩ *plötzlicher (geistreicher) Einfall* ☐ lampejo; ideia repentina
Geis|tes|ge|gen|wart ⟨f.; -; unz.⟩ *Fähigkeit, rasch u. doch besonnen zu handeln, schnelles Reaktionsvermögen; aufgrund der ~ der Angestellten konnte der Einbrecher gefasst werden* ☐ presença de espírito
geis|tes|ge|stört ⟨Adj. 24⟩ *geistig-seelisch verwirrt, an einer Geisteskrankheit leidend, geisteskrank; ein ~ junger Mensch; die Frau ist ~* ☐ perturbado; *que sofre de distúrbios mentais*
geis|tig[1] ⟨Adj. 24⟩ **1** *den Geist*[1] *betreffend, zu ihm gehörig, auf ihm beruhend;* Ggs *körperlich, sinnlich; ~e Fähigkeiten; er ist nicht mehr, noch im vollen Besitz seiner ~en Kräfte; ~ beschränkt; ~ umnachtet, zurückgeblieben sein; in ~e Umnachtung verfallen; ~e Anstrengung; ~e Nahrung; Kampf mit ~en Waffen; das Bild stand deutlich vor meinem ~en Auge* ☐ mental(mente); intelectual(mente) **1.1** ⟨60⟩ *~es Eigentum urheberrechtlich geschütztes Erzeugnis ge-*

danklicher Arbeit □ **intelectual 2** ⟨fig.⟩ *klug, gebildet, an allem Kulturellen interessiert, intellektuell;* ein sehr ~er Mensch □ **inteligente**

geis|tig² ⟨Adj. 60⟩ ~e **Getränke** *alkoholische G.* □ **alcoólico**

geist|lich ⟨Adj. 24⟩ Ggs *weltlich* **1** *auf die Gottesverehrung bezüglich, religiös, fromm, erbaulich;* ein ~es Buch, Lied; ~e Gesänge □ **religioso; sacro 2** *zur Kirche gehörig;* ~er Herr □ **religioso; eclesiástico 2.1** ⟨60⟩ die ~en Fürsten *die dem Reich unmittelbar unterstellten Äbte u. Bischöfe, die die gleiche Macht wie die weltlichen Fürsten ausübten* □ **eclesiástico 2.2** ⟨60⟩ ~er **Orden** *Mönchsbzw. Nonnenorden mit gemeinschaftlicher Ordensregel* □ **religioso 2.3** ⟨60⟩ ~er **Stand** *S. des Klerus, der Geistlichen* □ ***clero 2.4** ⟨60⟩ ~er **Vater** *Seelsorger, seelsorglicher Führer, Lehrer* □ ***pastor; pai espiritual**

Geist|li|che(r) ⟨m. 1⟩ *Theologe, Priester, Pfarrer* □ **sacerdote; pastor; teólogo**

geist|reich ⟨Adj.⟩ *mit Geist ausgestattet, klug, einfallsreich, klug-witzig;* ~er Mensch; ~e Bemerkung; das war sehr ~! ⟨iron.⟩ □ **espirituoso; inteligente; engenhoso**

Geiz ⟨m.; -es, -e⟩ **1** ⟨unz.; abwertend⟩ *abstoßend übertriebene Sparsamkeit* □ **avareza; mesquinharia 2** *Seiten-, Blattachseltrieb* □ **ladroeiro; broto secundário**

Geiz|hals ⟨m.; -es, -häl|se; umg.⟩ *geiziger Mensch;* Sy *Geizkragen* □ **avarento; unha de fome**

gei|zig ⟨Adj.; abwertend⟩ *übertrieben sparsam, knauserig;* er ist sehr ~; ein ~er Mensch □ **avarento**

Geiz|kra|gen ⟨m.; -s, -; umg.⟩ = *Geizhals*

ge|konnt 1 ⟨Part. Perf. von⟩ *können* **2** ⟨Adj.⟩ *gelungen, sehr gut, mit großem Können;* ein Theaterstück, eine Szene ~ inszenieren; das war ~!; eine ~e Ansage □ **ótimo; brilhante(mente); com maestria**

Ge|krö|se ⟨n.; -s, -⟩ *Gesamtheit der Falten des Bauchfelles, die die inneren Organe umhüllen u. sie dadurch in ihrer Lage festhalten* □ **mesentério**

ge|künstelt ⟨Adj.; abwertend⟩ *unnatürlich, unecht, aufgesetzt (wirkend);* ein ~es Lächeln □ **artificial; forçado**

Ge|läch|ter ⟨n.; -s, -⟩ *lautes Lachen, Heiterkeitsausbruch; herzliches, schallendes ~;* etwas od. ⟨jmdn.⟩ dem ~ der anderen preisgeben □ **risada; gargalhada**

Ge|la|ge ⟨n.; -s, -⟩ *üppiges, ausgedehntes Gastmahl, Schwelgen in Essen u. Trinken* □ **banquete; festim;** Sauf~ ⟨umg.⟩; Zech~ □ ***bebedeira**

Ge|län|de ⟨n.; -s, -⟩ **1** *Stück Land, Landstrich im Hinblick auf seine Benutzbarkeit für bestimmte Zwecke; das ~ erkunden; ebenes, freies, hügeliges, offenes, übersichtliches, unübersichtliches ~* □ **terreno 2** *für bestimmte Zwecke benutzter Platz;* Bau~, Sport~, Übungs~ □ **campo; área**

Ge|län|der ⟨n.; -s, -⟩ *niedriger Zaun od. Stange zum Festhalten u. als Schutz an Treppen, Balkonen usw.:* Brücken~, Treppen~ □ **balaustrada; corrimão**

Ge|län|de|wa|gen ⟨m.; -s, -; Kfz⟩ *in unebenem Gelände benutzbarer, geländegängiger Wagen (mit Allradantrieb), Geländefahrzeug* □ **veículo) fora de estrada**

ge|lan|gen ⟨V.(s.)⟩ **1** ⟨411⟩ *an ein Ziel ~ (ein Ziel) erreichen, bis zu (einem Ziel) kommen;* (bis) ans andere Ufer ~; der Brief gelangte erst gestern in meine Hände; die Nachricht ist nicht bis zu uns gelangt; zum Ziele ~ □ **atingir; alcançar; chegar 2** ⟨800⟩ *zu etwas ~ kommen, etwas erlangen, erwerben* □ **chegar;** *zu der Überzeugung ~, dass ...* □ ***convencer-se de que...;** *zu Reichtum ~* □ ***enriquecer 3** ⟨410⟩ **3.1** *zum* **Abschluss** *~ abgeschlossen werden* □ ***chegar ao fim 3.2** *zur* **Ausführung** *~ ausgeführt werden* □ ***ser executado/realizado 3.3** *das Haus ist in seinen* **Besitz** *gelangt ist sein B. geworden* □ ***a casa passou a ser dele 4** ⟨800⟩ *an jmdn. ~* ⟨schweiz.⟩ *bei jmdm. anfragen* □ ***perguntar a alguém; interpelar alguém 4.1** *an das Obergericht, an den Bundesrat ~ appellieren* □ **apelar; recorrer**

Ge|lass ⟨m.; -es, -e; veraltet⟩ *kleines, enges, dunkles Zimmer* □ **quarto pequeno**

ge|las|sen 1 ⟨Part. Perf. von⟩ *lassen* **2** ⟨Adj.⟩ *beherrscht, gefasst, ruhig, unerschüttert, leidenschaftslos, gleichmütig;* eine Nachricht ~ aufnehmen; du sprichst ein großes Wort ~ aus (Goethe, "Iphigenie", 1,3); „...", bemerkte er ~; (ruhig und) ~ bleiben, sein □ **(de modo) sereno/imperturbável/impassível**

Ge|la|ti|ne ⟨[ʒe-] f.; -; unz.⟩ *aus tierischen Knochen u. Häuten gewonnener Eiweißstoff (Collagen), der zur Herstellung von Geleespeisen, Sülzen usw. verwendet wird* □ **gelatina**

ge|läu|fig ⟨Adj.⟩ **1** ⟨70⟩ *wohlbekannt, vertraut, üblich; das ist eine ~e Redensart; dieses Wort ist mir (nicht) ~* □ **corrente; familiar 2** ⟨selten⟩ *ohne Stockungen, fließend;* ein Musikstück ~ spielen; eine Fremdsprache ~ sprechen □ **fluente(mente)**

ge|launt ⟨Adj. 24/70⟩ *gestimmt, aufgelegt;* froh, gut, schlecht ~ sein □ **disposto; humorado**

gelb ⟨Adj.⟩ **1** *zwischen orange u. grün (gefärbt);* ~ wie ein Eidotter, eine Zitrone; die Bäume haben ~e Blätter **1.1** ⟨60⟩ ~es **Fieber** = *Gelbfieber* **1.2** ⟨60⟩ ~er **Fleck** ⟨Anat.⟩ *Stelle des schärfsten Sehens, eine gelblich erscheinende Stelle der Netzhaut des Auges: Macula lutea* **1.3** ~es **Gold** *mit Silber und Kupfer zu gleichen Teilen legiertes G.* **1.4** ⟨60⟩ **Gelbe Rübe** ⟨süddt.⟩ = *Möhre* **1.5** ⟨60⟩ ~es/**Gelbes Trikot** *Symbol des Spitzenreiters in der Gesamtwertung bei der Tour de France* **1.6** ⟨60⟩ ~e/**Gelbe Karte** ⟨Fußb., Handb.⟩ *K. von gelber Farbe, die der Schiedsrichter einem Spieler deutlich sichtbar zum Zeichen der Verwarnung zeigt* □ **amarelo 2** *von blasser, heller Gesichtsfarbe;* er war ganz ~ im Gesicht **2.1** sie war ~ **vor Neid** ⟨fig.⟩ *sehr neidisch, furchtbar eifersüchtig* □ **amarelo; pálido 3** *das* **Gelbe vom Ei 3.1** *Eidotter* □ ***o amarelo do ovo; a gema 3.2** *das ist ja auch nicht* **das Gelbe vom Ei!** ⟨fig.; umg.⟩ *das ist nicht gerade günstig, verspricht keinen Erfolg, das ist nicht sehr vorteilhaft* □ ***não é nenhuma oitava maravilha!**

Gelb|fie|ber ⟨n.; -s; unz.; Med.⟩ *mit Gelbsucht, Leber- und Nierenschädigung, Erbrechen u. hohem Fieber einhergehende schwere Infektionskrankheit der warmen Länder, bes. Mittel- u. Südamerikas u. Westafrikas, deren Erreger (Charon evagatus) durch Stechfliegen (Aedes aegypti) übertragen wird: Febris flava* □ **febre amarela;** Sy *gelbes Fieber,* → *gelb(1.1)*

gelb|grün ⟨Adj. 24⟩ *von gelblich grünem Farbton, zwischen gelb u. grün (farbig);* ein ~es Kleid □ **amarelo--esverdeado**

gelb|lich ⟨Adj. 24⟩ *von leicht gelbem Farbton, fast gelb;* gelblich grün □ **amarelado**

Gelb|sucht ⟨f.; -; unz.; Med.⟩ *Gelbfärbung der Haut, der Schleimhäute, des Harns und anderer Körperflüssigkeiten durch Übertreten von Gallenfarbstoff in das Blut: Icterus;* □ **icterícia**

Geld ⟨n.; -(e)s, -er⟩ **1** ⟨unz.⟩ *allgemeines gesetzliches Zahlungsmittel in Form von Münzen u. Banknoten;* Hart~; Papier~; falsches ~; 5.000 Euro in barem ~; ~ wechseln (gegen kleinere Münzen od. Scheine od. gegen eine andere Währung) □ **dinheiro 1.1** *kleines ~ Kleingeld, Münzen* □ ***troco; trocado 1.2** großes ~ Banknoten, Scheine* □ ***cédula 1.3** Rechnungseinheit, mit deren Hilfe jedem Gut ein genauer Wert zugeordnet werden kann, Preis;* der Mantel ist wirklich sein ~ wert □ ***o sobretudo realmente vale o que custa 1.4** Mittel, das den indirekten Austausch von Gütern u. Leistungen ermöglicht;* ~ (vom Konto) abheben; ~ kassieren; jmdm. ~ auszahlen; ich habe kein ~ bei mir; um ~ spielen; eine Menge ~; ein schönes Stück ~; etwas für teures ~ kaufen; sich etwas viel ~ kosten lassen; schade ums ~!; das ist hinausgeworfenes ~; ~ verdienen; zu ~ kommen **1.4.1** ~ machen ⟨umg.⟩ *(leicht) erwerben* □ **dinheiro 1.4.2** *Besitz zu ~ machen* ⟨umg.⟩ *verkaufen* □ ***vender uma propriedade 1.4.3** das ist nicht mit ~ zu bezahlen, das ist nicht für ~ zu haben das ist so kostbar, dass man es nicht kaufen kann* □ ***isso é inestimável; não há dinheiro que pague isso 1.4.4** hier liegt das ~ auf der Straße* ⟨fig.; umg.⟩ *hier kann man leicht u. gut verdienen* □ ***aqui é fácil ganhar dinheiro; aqui o dinheiro dá em árvore 1.4.5** etwas geht, läuft ins ~* ⟨fig.⟩ *wird auf die Dauer (zu) teuer* □ **sair caro 1.4.6** *nicht für ~ und gute Worte um keinen Preis* □ ***nem por todo o dinheiro do mundo 1.4.7** ~ und Gut der gesamte Besitz* □ ***património; capital 1.5** Mittel zur zeitlichen Übertragung der Kaufkraft, Ersparnisse;* ~ zurücklegen, sparen; ~ in Papieren, Schmuck usw. anlegen; vom ~, von seinem ~ leben; ~ auf der Bank (liegen) haben **1.5.1** mit ~ gut, nicht, schlecht umgehen können *gut, nicht, schlecht sparen können* **1.6** *Mittel zur (zeitweiligen) Übertragung der Kaufkraft von einer Person auf eine andere;* jmdm. mit ~ aushelfen; ~ borgen, leihen, pumpen; sein ~ arbeiten lassen; ~ in einem Unternehmen stecken **1.6.1** ich muss sehen, wie ich wieder zu ~ komme *wie ich meine Außenstände eintreibe* □ **dinheiro 1.7** (Börsenwesen; Abk.: G) *Kurswert von gesuchten Aktien* □ **câmbio; cotação 2** ⟨unz.; fig.⟩ *Reichtum;* ~ regiert die Welt; ~ macht nicht glücklich, aber es beruhigt (die Nerven) ⟨umg.; scherzh.⟩ **2.1** in ~ schwimmen ⟨umg.⟩ *sehr reich sein* □ **dinheiro 2.2** ~ wie Heu haben ⟨umg.⟩ *sehr reich sein* □ ***ser podre de rico 2.3** das ~, sein ~ zum Fenster hinauswerfen vergeuden, leichtsinnig ausgeben* □ **dinheiro 3** ⟨Pl.⟩ ~er *(zweckgebundene) größere Geldsumme;* flüssige ~er; öffentliche, staatliche ~er □ **fundos**

Geld|beu|tel ⟨m.; -s, -⟩ **1** *Behältnis zum Aufbewahren von Geld, Portemonnaie;* Sy Geldbörse □ **carteira; porta-moedas 1.1** *tief in den ~ greifen* ⟨fig.; umg.⟩ *viel Geld ausgeben* □ ***gastar um dinheirão**

Geld|bör|se ⟨f.; -, -n⟩ = *Geldbeutel*

geld|gie|rig ⟨Adj.; abwertend⟩ *gierig nach Geld, versessen auf den Besitz von Geld;* er ist sehr ~ □ **ávido por dinheiro; ambicioso**

geld|lich ⟨Adj.⟩ = *finanziell;* ~e Schwierigkeiten, Sorgen haben; es geht ihm ~ nicht gut □ **financeiro; financeiramente**

Geld|schein ⟨m.; -(e)s, -e⟩ *einzelnes Stück Papiergeld, Banknote* □ **nota; cédula**

Ge|lee [ʒə-] m. od. n.; -s, -s⟩ **1** *mit Zucker eingekochter Fruchtsaft;* Erdbeer~ □ **geleia 2** = *Gallert* **3** *farblose, halbfeste kosmetische Substanz* □ **gel**

ge|le|gen 1 ⟨Part. Perf. von⟩ *liegen* **2** ⟨Adj. 70⟩ *passend, angenehm;* Ihr Angebot kommt mir sehr ~; zu ~er Zeit □ **oportuno; apropriado**

Ge|le|gen|heit ⟨f.; -, -en⟩ **1** *Zusammentreffen günstiger Umstände, die die Durchführung eines Vorhabens ermöglichen;* das ist, wäre eine ~, es zu tun; es hat sich noch keine ~ dazu geboten, ergeben; wenn sich eine ~ bietet, ergibt, werde ich ihn fragen; ich habe noch keine ~ gehabt, ihn zu fragen; jmdm. ~ geben, etwas zu tun; ich habe ~, mit dem Auto nach Berlin zu fahren; er versucht bei jeder ~, einen Vorteil für sich herauszuschlagen □ **oportunidade; ocasião 1.1** *die ~ beim Schopfe fassen* ⟨fig.⟩ *sie nutzen, wahrnehmen* □ ***aproveitar a ocasião/oportunidade 1.2** ~ macht Diebe* ⟨Sprichw.⟩ *man darf Dieben das Stehlen nicht leichtmachen, indem man Wertsachen unbeobachtet liegen lässt* □ ***a ocasião faz o ladrão 1.3** (günstiger) Zeitpunkt, geeigneter Augenblick;* eine günstige, gute, passende, verpasste ~; eine ~ abwarten; eine bessere ~ abwarten; eine ~ verpassen, versäumen; bei erster (bester), bei der ersten (besten) ~; bei passender ~ werde ich ...; bei dieser ~ kannst du ihn sprechen □ **oportunidade; ocasião 1.2.1** bei ~ *gelegentlich;* ich werde es bei ~ tun □ ***ocasionalmente; eventualmente 2** Anlass;* eine feierliche, festliche ~; bei früheren ~en hat er immer eine Rede gehalten; ein Anzug, Kleid für alle ~en □ **ocasião 2.1** bei ~ einer Zusammenkunft ⟨förml.⟩ *wenn wir einmal zusammenkommen* □ ***quando nos encontrarmos**

ge|le|gent|lich 1 ⟨Adj. 24/90⟩ *bei Gelegenheit, wenn sich eine Gelegenheit bietet;* ein ~es Wiedersehen; kommen Sie doch ~ einmal bei uns vorbei; lassen Sie ~ etwas von sich hören! **2** ⟨Adj. 50⟩ *manchmal, ab u. zu;* wir sehen uns (nur) ~; es kommt ~ vor, dass ... □ **ocasional(mente); de vez em quando 3** ⟨Präp. m. Gen.; Amtsdt.⟩ ~ einer **Sache** *anlässlich einer S., bei einer S.;* ~ einer Reise □ **por ocasião de**

ge|leh|rig ⟨Adj.⟩ *leicht lernend, lernwillig;* ein ~er Hund; ein ~er Schüler; er ist sehr ~ □ **inteligente; que aprende com facilidade**

ge|lehrt 1 ⟨Part. Perf. von⟩ *lehren* **2** ⟨Adj.⟩ **2.1** *gründlich wissenschaftlich gebildet;* ein ~er Mensch □ **instruído; culto 2.1.1** ein ~es Haus ⟨fig.; umg.; scherzh.⟩

Mensch mit großem Wissen □ **uma enciclopédia; um poço de cultura* **2.2** *auf gründlicher wissenschaftlicher Bildung beruhend;* eine ~e Abhandlung □ **erudito**

Ge|lehr|te(r) ⟨ f. 2 (m. 1)⟩ **1** *jmd., der gelehrt ist, Wissenschaftler(in), Forscher(in);* die ~n der Philosophie; zu einem Thema die ~n befragen **1.1** *darüber sind sich die ~n noch nicht einig, darüber streiten sich noch die ~n darüber wird in der Wissenschaft noch geforscht, das ist wissenschaftlich noch nicht geklärt* □ **estudioso; cientista**

Ge|lei|se ⟨n.; -s, -⟩ = **Gleis**

Ge|leit ⟨n.; -(e)s, -e⟩ **1** ⟨unz.; geh.⟩ *das Geleiten* □ **acompanhamento 1.1** *jmdm. das ~ geben jmdn. geleiten;* jmdm. bis vor die Stadt das ~ geben □ ***acompanhar/escoltar alguém 1.2** ⟨fig.⟩ *Einführung;* zum ~ (als Titel eines Vorwortes) □ ***introdução 2** *Gesamtheit der begleitenden Personen;* der hohe Gast traf mit einem großen ~ vor dem Rathaus ein □ **séquito; comitiva; escolta 3** *freies ~* ⟨Rechtsw.⟩ *Bewegungsfreiheit u. Unverletzlichkeit der Person;* jmdm. freies ~ zusichern □ ***salvo-conduto**

Ge|lei|ten ⟨V. 500/Vr 8⟩ *jmdn. ~ begleiten, um ihn zu ehren u., od. zu schützen;* jmdn. sicher über die Straße ~ □ **acompanhar; escoltar**

Ge|lenk ⟨n.; -(e)s, -e⟩ **1** ⟨Anat.⟩ *bewegliche Verbindung zwischen Skelettteilen, z. B. Knochen der Wirbeltiere od. feste organische Häutchen von Gliederfüßern;* Fuß-~, Hand-~ □ **articulação; junta 1.1** *falsches ~* ⟨Med.⟩ *nach schlecht verheilten Knochenbrüchen entstehendes Gelenk: Pseudoarthrose* □ ***pseudoartrose 2** ⟨Bot.⟩ *polsterförmige Verdickungen an Blattstielen od. Stängeln, die aus zartwandigen Parenchymzellen bestehen u. Bewegungen ausführen können* □ **articulação 3** ⟨Tech.⟩ *Bauteil zur Verbindung zweier gegeneinander beweglicher Teile einer Maschine;* Ketten-~ □ **articulação; elo**

ge|len|kig ⟨Adj.⟩ **1** *durch Gelenke beweglich, biegsam, leicht beweglich;* ~ (miteinander) verbundene Knochen □ **articulado; flexível 2** *behände, gewandt;* einen ~en Körper haben; sehr ~ sein; durch Gymnastik wieder ~ werden □ **flexível; maleável**

Ge|lieb|te ⟨f. 2⟩ **1** *Frau, mit der jmd. ein intimes Liebesverhältnis unterhält;* eine ~ haben; sich eine ~ halten; jmds. ~ werden □ **amante 2** ⟨Anrede⟩ *geliebte Frau;* meine ~! □ **querida**

Ge|lieb|te(r) ⟨m. 1⟩ **1** *Liebhaber;* einen Geliebten haben □ **amante 2** ⟨Anrede⟩ *geliebter Mann;* mein ~r! □ **querido**

ge|lin|de ⟨Adj.⟩ **1** *sanft, milde;* ein ~r Wind; die Luft war ~; der Frost war diesen Winter ~ □ **suave; brando; ameno 2** *vorsichtig, schonend;* das ist, ~ gesagt, unhöflich □ ***para dizer o mínimo, isso não é cortês 3** ⟨60; umg.⟩ *heftig;* mich packte eine ~ Wut □ ***fiquei fulo da vida**

ge|lin|gen ⟨V. 146/403⟩ *etwas gelingt* **(jmdm.)** *jmd. hat den gewünschten Erfolg bei etwas;* es will mir nicht ~; ihm gelingt alles, was er anfängt; es ist mir gelungen, ihn davon zu überzeugen; das Bild ist mir gut, nicht, schlecht gelungen □ **conseguir; sair-se bem; ter êxito;** *eine gelungene Arbeit, Überraschung* □ **bem-sucedido;** *auf gutes Gelingen (eines Planes)* anstoßen, trinken □ **sucesso; êxito**

gel|len ⟨V. 400⟩ *durchdringend tönen;* ein Schrei gellte durch die Stille; er schreit, dass mir die Ohren ~, (eigentlich) dass es mir in den Ohren gellt □ **ressoar; atordoar;** *ein ~der Hilferuf, Schrei* □ **agudo; estridente;** *~d schreien* □ ***soltar um grito agudo/estridente**

ge|lo|ben ⟨V. 503/Vr 6⟩ **1** *eine Sache ~ feierlich versprechen, ein Gelübde ablegen, etwas zu tun;* jmdm. Schweigen, Treue ~; ich habe gelobt, es nie zu verraten □ **prometer; jurar 1.1** *das Gelobte Land* ⟨bibl.⟩ *Palästina, das Land der Verheißung* □ ***a Terra Prometida**

Gel|se ⟨f.; -, -n⟩ österr.⟩ *Stechmücke* □ **mosquito**

gel|ten ⟨V. 147⟩ **1** ⟨403⟩ **(jmdm.)** *gilt etwas ist etwas wert;* ein gilt seine Freiheit mehr als Reichtum; sein Rat gilt viel bei seinen Vorgesetzten; seine Meinung gilt mir viel □ **valer; contar 1.1** ⟨411⟩ *bei jmdm. etwas ~ auf jmdn. Einfluss haben, bei jmdm. in Ansehen stehen* □ ***ter certa influência sobre alguém 1.2** *was gilt's?, was gilt die Wette? um was wollen wir wetten?* □ ***quer apostar?; quanto quer apostar? 2** ⟨400⟩ *etwas gilt ist gültig;* der Ausweis gilt nicht mehr; diese Bestimmung gilt für alle; diese Regel gilt auch für ähnliche Fälle □ **valer; ser válido. 2.1** ⟨410⟩ *das Gleiche gilt von ihm das Gleiche ist über ihn zu sagen* □ ***o mesmo vale para ele; o mesmo se pode dizer dele. 2.2** ⟨410⟩ *da gilt keine Ausrede, Entschuldigung da wird keine A., E. anerkannt* □ ***não tem desculpa 2.3** *die ~de Meinung die herrschende M.* □ **geral; dominante 2.4** ⟨401⟩ *es gilt! abgemacht!* □ ***combinado! 2.5** *in Geltung, in Kraft sein;* die ~den Gesetze; nach ~dem Recht □ **em vigor 2.6** *erlaubt sein, den Spielregeln entsprechen;* das gilt (nicht)! (beim Spiel) □ **valer 2.7 ~ lassen** *anerkennen;* das lasse ich ~!; ich will es (ausnahmsweise) ~ lassen; die Meinung des andern ~ lassen □ ***concordar; aceitar 2.8** ⟨613⟩ *etwas gilt jmdm. gleich* ⟨veraltet⟩ *ist jmdm. gleichgültig* □ **ser indiferente;** das gilt mir gleich □ ***para mim tanto faz 3** ⟨418⟩ **als** od. **für etwas ~** *angesehen werden;* als dumm, klug ~; er gilt als der Klügste der Schule; das gilt als erlaubt □ ***ser tido como alguma coisa; ser considerado alguma coisa 4** ⟨600⟩ *etwas gilt jmdm. ist an jmdn. gerichtet;* galt diese Bemerkung, dieser Vorwurf mir?; das gilt dir! □ **valer 5** ⟨501⟩ *es gilt etwas es gilt etwas, es kommt auf etwas an;* es gilt das Leben!; hier gilt es, Mut zu zeigen □ **tratar-se de; ser questão de 6** ⟨Part. Präs.; in den Wendungen⟩ **6.1** *etwas ~d machen vorbringen, zum Tragen kommen, wirksam werden;* Unterhaltsforderungen für das Kind ~d machen; der Bundespräsident machte seinen Einfluss ~d □ ***fazer valer alguma coisa 6.2** *sich ~d machen zeigt sich, zeigt seine Wirkung, macht sich bemerkbar;* die Steuererhöhung wird sich bald als eine verhängnisvolle Maßnahme ~d machen □ **fazer-se valer; entrar em vigor**

Gel|tung ⟨f.; -; unz.⟩ **1** *Gültigkeit, Einfluss, Wert(schätzung), Beachtung, Ansehen;* Welt~; ~ haben; einer Sache, sich ~ verschaffen; nicht in ~ sein □ **prestígio; influência; autoridade 2** *zur* ~ *Wirkung;* diese Frisur bringt ihr schönes Haar (vorteilhaft) zur ~; das Bild kommt hier besser zur ~ □ *realçar; sobressair

Ge|lüb|de ⟨n.; -s, -⟩ *feierliches Versprechen an Gott; Sy Votum(1);* das ~ der Armut, des Gehorsams; ein ~ ablegen, erfüllen □ **voto; promessa**

Ge|lüst ⟨n.; -(e)s, -e⟩ *plötzlicher Wunsch, Verlangen, (bes. nach Speisen);* ich habe ein ~ auf, nach Erdbeeren, Spargel □ **desejo (repentino)**

ge|lüs|ten ⟨V. 505; unpersönl.; geh.⟩ *es gelüstet* **jmdn.** *(nach etwas) jmd. hat ein Gelüst (auf etwas);* gelüstet es dich nicht, davon zu kosten?; es gelüstet mich nach Pralinen □ **ter vontade de**

ge|mach ⟨Adv.⟩ *langsam, ruhig, nicht eilig;* nur ~! □ **devagar; com calma**

Ge|mach¹ ⟨n.; -(e)s; unz.⟩ *veraltet; nur in der Wendung* **mit** ~ *Behaglichkeit, Ruhe, Bequemlichkeit; Ggs Ungemach;* mit ~ kommt man auch weit □ ***devagar; com calma**

Ge|mach² ⟨n.; -(e)s, -mä|cher; poet.⟩ *Zimmer, Raum; Schlaf~, Wohn~;* sich in seine Gemächer zurückziehen ⟨a. scherzh.⟩ □ **cômodo; aposento**

ge|mäch|lich ⟨Adj.⟩ *1 langsam, ruhig;* ~ daherkommen; ~ seines Weges gehen □ **devagar; lentamente 2** *behaglich, gemütlich, bequem, friedlich;* ein ~es Leben führen; ein ~er alter Mann □ **tranquilo; sereno**

Ge|mahl ⟨m.; -(e)s, -e; nicht als Bez. für den eigenen Ehemann verwendet⟩ *Ehemann;* grüßen Sie bitte Ihren Herrn ~ ⟨förml.⟩ □ **esposo**

Ge|mah|lin ⟨f.; -, -lin|nen; nicht als Bez. für die eigene Ehefrau verwendet⟩ *Ehefrau;* ihre Frau ~ ⟨förml.⟩ □ **esposa**

Ge|mäl|de ⟨n.; -s, -⟩ **1** *gemaltes Bild;* ein ~ restaurieren □ **pintura; quadro 2** ⟨fig.⟩ *lebhafte Darstellung, packende Schilderung;* das Buch ist ein ~ des Lebens im 18. Jahrhundert □ **ilustração; retrato**

Ge|mar|kung ⟨f.; -, -en⟩ *1 Grenze* □ **fronteira; limite 2** *Gemeindeflur, Gemeindebezirk* □ **distrito municipal**

ge|mäß ⟨Präp. mit Dat.⟩ *angemessen, entsprechend, angepasst, würdig, in Übereinstimmung mit;* Ihren Anordnungen, Ihrem Befehl, Wunsch ~; seinem Stande ~ □ **de acordo com; conforme;** ein solches Verhalten wäre ihm nicht ~ □ **adequado; apropriado**

...ge|mäß ⟨in Zus.; zur Bildung von Adj.⟩ *etwas, einer Sache entsprechend;* wunschgemäß, standesgemäß, sachgemäß, erwartungsgemäß

ge|mä|ßigt 1 ⟨Part. Perf. von⟩ *mäßigen* **2** ⟨Adj.⟩ *maßvoll, ausgeglichen* □ **moderado; temperado** 2.1 ~e *Kleinschreibung K. aller Wörter mit Ausnahme der Eigennamen u. der Wörter am Anfang eines Satzes* □ ***uso moderado das minúsculas**

ge|mein ⟨Adj.⟩ **1** ⟨70⟩ *gewöhnlich, allgemein verbreitet* 1.1 ~er *Wert üblicher W., im Unterschied zum Liebhaberwert* □ **corrente; comum 2** ⟨60⟩ *einfach, normal;* der ~e Mann □ ***homem comum/do povo;** das ~e Volk □ ***o povão; a massa** 2.1 ⟨60⟩ ~er *Soldat S. ohne Dienstgrad* □ ***soldado raso** 2.2 ⟨60⟩ ~es **Jahr** *normales J. von 365 Tagen* □ **normal 3** ⟨60⟩ *allgemein;* der ~e *Nutzen;* das ~e *Wohl* □ **geral 4** *gemeinsam; Eigenschaften, Interessen mit jmdm.* ~ *haben;* wir haben nichts miteinander ~ □ **em comum** 4.1 *nichts mit jmdm.* ~ *haben wollen nichts mit jmdm. zu tun haben wollen* □ ***não querer ter nada com alguém; não querer ter nenhuma relação com alguém 5** ⟨fig.⟩ *niedrig (gesinnt), unfein;* so ein ~er *Kerl!;* ~er *Verbrecher* 5.1 ⟨40⟩ du bist ~! ⟨umg.⟩ *niederträchtig* □ **baixo; ordinário; desprezível**

Ge|mein|de ⟨f.; -, -n⟩ **1** *dem Staat untergeordneter, öffentlich-rechtlicher Verband, kleinster Verwaltungsbezirk; Sy Gemeinwesen(1);* Land~, Stadt~; kleine, große ~; eine ~ von 300 Einwohnern; diese Häuser gehören noch, nicht mehr zu unserer ~ 1.1 *Einwohnerschaft einer Gemeinde(1);* Mitteilungen für die ~ □ **municipalidade; comunidade 2** *Angehörige eines kirchlichen Bezirks;* Pfarr~ □ **paróquia; freguesia** 2.1 *Gesamtheit der in der Kirche versammelten Gläubigen;* die andächtig lauschende ~ □ **paroquianos 3** *Gemeinschaft, Gruppe von Menschen, die sich unter einer Idee od. mit bestimmten Interessen zusammengefunden haben;* Sing~, Theater~ □ **grupo** 3.1 *Anhängerschaft;* der Künstler hat allmählich eine ~ um sich gesammelt; zur ~ eines Dichters, Sängers gehören □ **comunidade; fã-clube**

ge|mein|ge|fähr|lich ⟨Adj.⟩ *gefährlich für die Allgemeinheit;* ein ~er *Verbrecher* □ **perigoso para a sociedade**

ge|mein|hin ⟨Adv.⟩ *gewöhnlich, im Allgemeinen, meistens* □ **geralmente; habitualmente**

ge|mein|ma|chen ⟨V. 517/Vr 7 od. Vr8⟩ *sich mit jmdm.* ~ *auf die gleiche (niedrigere) Stufe stellen* □ ***igualar-se a alguém; rebaixar-se ao nível de alguém**

ge|mein|nüt|zig ⟨Adj.⟩ *zum Wohl der Allgemeinheit, dem Nutzen der Allgemeinheit dienend;* eine ~e *Einrichtung, Stiftung;* für ~e *Zwecke* □ **de utilidade pública; de interesse geral**

Ge|mein|platz ⟨m.; -es, -plät|ze⟩ *allgemein bekannte u. daher nichtssagende Redensart, Phrase(2), z. B. „das Leben ist ein Kampf";* jmdn. mit Gemeinplätzen abspeisen *(anstatt ihm zu helfen)* □ **lugar-comum**

ge|mein|sam ⟨Adj. 24⟩ **1** *gemeinschaftlich, mehreren gehörend, mehreren zu eigen;* ~er *Besitz;* unser ~er *Freund;* ~e *Interessen haben* □ **comum** 1.1 ⟨60⟩ *eine Sache mit jmdm. machen sich mit jmdm. verbünden (für einen unguten Zweck)* □ ***mancomunar-se com alguém** 1.2 *eine Sache auf einen ~en Nenner bringen so zusammenfassen, dass alle zu ihrem Recht kommen* □ ***reduzir ao mesmo denominador comum 2** ⟨50⟩ *zusammen, miteinander, zur gleichen Zeit;* ein Haus ~ bewohnen; ~ gehen, handeln, kommen, vorgehen; ~ lesen, singen, sprechen □ **junto; ao mesmo tempo**

Ge|mein|schaft ⟨f.; -, -en⟩ **1** *durch etwas Gemeinsames (Denken, Ziele, Beruf usw.) verbundene Menschengruppe;* Arbeits~, Christen~, Familien~; eine ~ bilden; in einer ~ leben □ **comunidade** 1.1 *der Gläu-*

bigen *alle durch den christlichen Glauben miteinander Verbundenen* 1.2 *die ~ der* **Heiligen** *(apostol. Glaubensbekenntnis)* 1.2.1 *Gesamtheit aller Heiligen der christlichen Kirche* □ **comunidade; comunhão** 1.2.2 ⟨*nach anderer Auslegung*⟩ *Gesamtheit der Gläubigen der christlichen Kirche* □ ***a cristandade** 2 *Verbindung, Zusammensein, Beziehungen;* enge, feste, innige ~; eheliche ~; mit jmdm. in (enger) ~ leben; ~ haben mit jmdm. □ **relação; ligação** 2.1 mit jmdm. keine ~ machen (wollen) *nichts mit jmdm. zu tun haben (wollen)* □ ***não (querer) ter nenhuma relação/ligação com alguém** 2.2 in ~ mit *gemeinsam, zusammen;* in ~ mit jmdm. eine Arbeit ausführen □ ***em conjunto com; junto com**

ge|mein|schaft|lich 1 ⟨Adj. 24/60⟩ *gemeinsam, eine Gemeinschaft betreffend;* ein ~er Vertrag, ~es Abkommen; ~es Testament □ **comum; conjunto** 2 ⟨Adv.⟩ *zusammen, gemeinsam, in der Gemeinschaft;* etwas ~ unternehmen; eine Firma ~ führen □ **em conjunto; juntamente**

Ge|mein|spra|che ⟨f.; -, -n⟩ *allgemeine Sprache, Umgangssprache* □ **língua comum**

Ge|mein|we|sen ⟨n.; -s, -⟩ 1 = Gemeinde(1) 2 *öffentlich-rechtlicher Verband aus mehreren Gemeinden* □ **comunidade; coletividade**

Ge|men|ge ⟨n.; -s, -⟩ 1 *lockere Mischung;* ein ~ aus Sand u. Steinen □ **mistura** 1.1 ⟨Landw.⟩ *gleichzeitiger Anbau verschiedener Kulturpflanzen auf einem Acker* □ **cultivo consorciado; policultura** 1.2 ⟨Chem.⟩ *Gemisch von Stoffen, das durch physikalische Methoden in seine Bestandteile zerlegt werden kann* □ **mistura** 2 ⟨*tätliche*⟩ *Auseinandersetzung;* Hand~; mit jmdm. ins ~ kommen, geraten □ **briga; pancadaria**

ge|mes|sen 1 ⟨Part. Perf. von⟩ messen 2 ⟨Adj.⟩ *langsam, ruhig, bedächtig, maßvoll, würdig, gelassen;* ~en Schrittes daherkommen; in ~er Haltung; in ~en Worten □ **comedido; ponderado**

Ge|met|zel ⟨n.; -s, -⟩ *grausame Massentötung, mörderischer Kampf, Blutbad* □ **chacina, carnificina**

Ge|misch ⟨n.; -(e)s, -e⟩ 1 *aus mehreren Bestandteilen bestehende Mischung, Gemenge* 1.1 ⟨Kfz-Tech.⟩ 1.1.1 *zündfähige Mischung aus Kraftstoff u. Luft* 1.1.2 *Mischung aus Benzin u. Öl* □ **mistura**

ge|mischt 1 ⟨Part. Perf. von⟩ mischen 2 ⟨Adj. 24⟩ *aus verschiedenartigen Bestandteilen zusammengesetzt;* ~e Gruppe, Kost 2.1 ~er Chor ⟨fig.⟩ *Chor aus Männer- u. Frauenstimmen* 2.2 eine ~e Zahl *ganze Z. mit einem Bruch, z. B. 2 3/4* 2.3 einer Sache mit ~en Gefühlen entgegensehen ⟨umg.⟩ *unbehaglich* □ **misto** 2.4 ⟨fig.; umg.; abwertend⟩ *nicht sehr anständig, unfein;* eine ~e Gesellschaft □ ***gente grosseira/sem classe;** jetzt wird's ~ □ ***agora o nível vai cair**

Gem|se ⟨alte Schreibung für⟩ **Gämse** □ **camurça**

Ge|mü|se ⟨n.; -s, -⟩ 1 *verschiedene essbare Pflanzen;* ~(an)bauen; ~ dünsten, kochen, putzen, raspeln, schneiden; frisches, getrocknetes, grünes, junges, rohes ~ 2 *Gericht aus Gemüse(1);* gemischtes ~; Butter an das ~ tun □ **verduras; legumes** 3 ⟨fig.; umg.; scherzh.⟩ *Kinder, Jugendliche* □ **criançada; garotada**

3.1 kleines ~ *Kinder* □ ***criançada** 3.2 junges ~ *unreife junge Leute, Halbwüchsige* □ ***garotada**

Ge|müt ⟨n.; -(e)s, -er⟩ 1 ⟨unz.⟩ *geistiges u. sinnliches Gefühlsleben;* ein fröhliches, kindliches, liebevolles ~ □ **espírito; temperamento** 1.1 *anteilnehmende Gefühle;* ~ haben; er hat kein ~ □ **coração** 1.1.1 ein ~ wie ein Fleischerhund ⟨umg.; scherzh.⟩ *herzlos* □ ***um coração de pedra** 1.2 *das ist etwas fürs ~* ⟨umg.⟩ *etwas für das Gefühlsleben (nicht für die Bildung od. den Intellekt)* 2 *Mensch in Hinblick auf sein Seelen- u. Gefühlsleben;* sie ist ein ängstliches ~ □ **alma;** die erregten ~er beruhigen; der Vorfall erregte die ~er □ **ânimo** 3 *sich etwas zu ~e führen* ⟨umg.⟩ *etwas genussvoll essen od. trinken;* sich ein Stück Kuchen zu ~e führen □ ***comer/beber com gosto; regalar-se**

ge|müt|lich ⟨Adj.⟩ 1 *behaglich, anheimelnd;* ein ~er Raum, Sessel; hier ist es ~ □ **confortável; aconchegante;** mach es dir ~! □ ***fique à vontade!** 2 *zwanglos, heiter, familiär;* ein ~es Zusammensein; einen ~en Abend verbringen; jmdn. zu einem ~en Abendessen einladen; wollen Sie schon gehen? Jetzt wird es doch erst richtig ~!; einen Nachmittag ~ verplaudern □ **agradável; alegre** 3 *umgänglich, leutselig, ungezwungen, freundschaftlich, herzlich u. ein wenig bieder;* ein ~er alter Herr; er lachte ~; „Schon gut", sagte er ~ □ **simpático; afável**

Gen ⟨n.; -s, -e⟩ *eigentlicher Träger der Erbanlagen, befindet sich in einer bestimmten Anordnung in den Chromosomen des Zellkerns u. beeinflusst entscheidend das körperliche u. geistige Erscheinungsbild der Organismen,* Erbfaktor □ **gene;** ~technik □ ***técnica genética;** ~forschung □ ***pesquisa genética**

ge|nau 1 ⟨Adj.⟩ *einem Vorbild od. Muster entsprechend, übereinstimmend, getreu;* ein ~es Messgerät; eine ~e Nachbildung, Wiedergabe; ~e Angaben machen können; die ~e Bedeutung des Wortes □ **preciso; exato;** meine Uhr geht (auf die Minute) ~ □ ***meu relógio está certo;** der Schlüssel passt ~ □ ***a chave entra certinho/direitinho;** beide Stücke sind (sich) ~ gleich; ~ nach Maß □ **exatamente;** ein Kennzeichen ~ angeben; einen Vorfall ~ erzählen □ **em detalhes;** ~ übereinstimmen; etwas ~ wissen; etwas od. jmdn. ~ erkennen □ **perfeitamente;** ich weiß über den Unfall nichts Genaues □ ***nada sei de muito preciso sobre o acidente** 1.1 *sorgfältig abgemessen;* es sind ~ zwei Meter; etwas ~ abwiegen □ **exatamente, com precisão** 1.1.1 mit ~er Not entkommen ⟨veraltet⟩ *gerade noch, ganz knapp* □ ***escapar por um triz/por pouco** 1.2 *pünktlich;* ~ (um) ein Uhr; wie ist die ~e Zeit?; der Zug kam ~ auf die Minute; ~ zur festgesetzten Zeit □ **pontualmente; em ponto** 1.3 etwas aufs ~este/Genaueste prüfen *etwas in allen Einzelheiten, sehr gründlich prüfen* □ ***examinar alguma coisa com minúcia/em todos os detalhes** 1.4 etwas des Genaueren betrachten ⟨geh.⟩ *etwas sehr gründlich, äußerst sorgfältig betrachten* □ ***observar alguma coisa a fundo/cuidadosamente** 2 *ausführlich, in allen Einzelheiten, gewissenhaft, sorgfältig, streng;*

genaugenommen

~ aufpassen □ *prestar muita/bastante atenção; etwas ~ bestimmen □ com exatidão; etwas ~ prüfen □ cuidadosamente; er ist sehr ~, was seine Arbeit betrifft □ minucioso; rigoroso; peinlich ~ □ meticuloso; sich ~ an die Bestimmungen halten □ rigorosamente 2.1 etwas (nicht) sehr ~ nehmen *(nicht) sehr korrekt u. gründlich sein*; er nimmt es mit dem Eigentum nicht sehr ~ □ *(não) levar muito a sério 2.1.1 man darf nicht alles so ~ nehmen *man darf Gründlichkeit nicht übertreiben* □ *não se deve levar tudo a ferro e fogo 2.1.2 ~ genommen ⟨nur Adv.⟩ ~ genommen(,) verhält es sich anders *wenn man es genau nimmt* □ *no fundo; na verdade; ⟨aber attr. Getrennt- u. Zusammenschreibung⟩ ~ genommen = genaugenommen 3 ⟨Partikel⟩ *eben, gerade*; ~ das Gegenteil; ~ sieben Stunden; ~ im Augenblick, als ... *in diesem A., gerade als ...* □ exatamente; justamente 3.1 Erwartest du ihn? ~! ⟨umg.⟩ *ja, jawohl, richtig, gewiss!* □ sim; isso mesmo

ge|nau|ge|nom|men auch: **ge|nau ge|nom|men** ⟨Adj. 24/60⟩ *wörtlich verstanden, exakt befolgt, genau betrachtet*; eine ~ Anweisung □ literal; preciso; → a. *genau (2.1.2)*

ge|nau|so ⟨Adv.⟩ *ebenso, geradeso*; er macht es (ganz) ~ □ do mesmo modo; das eine ist, passt ~ gut wie das andere; der blaue Rock ist ~ lang wie der grüne; dieses Bild ist ~ schön wie das andere □ tão ... quanto; er hat ~ viel wie du bekommen □ tanto ... quanto

Gen|darm ([ʒã-] od. [ʒan-] m.; -en, -en) *(ländlicher) Polizist* □ policial

Ge|ne|a|lo|gie ⟨f.; -, -n⟩ 1 ⟨unz.⟩ *Lehre von der Abstammung, Verwandtschaft u. Herkunft der Geschlechter (bes. bestimmter Adels- u. Herrscherfamilien), Ahnenforschung* 2 ⟨zählb.⟩ *Darstellung der Abstammung, Verwandtschaft u. Herkunft eines Geschlechts od. einer Person* □ genealogia

ge|nehm ⟨Adj. 24/72; geh.⟩ *angenehm, willkommen*; ist Ihnen die Einladung für morgen ~? □ conveniente; adequado; wenn es Ihnen (so) ~ ist □ *se isso/assim lhe convém/agrada

ge|neh|mi|gen ⟨V. 503/Vr 5 od. Vr 6⟩ 1 *etwas ~ erlauben, bewilligen, einwilligen in etwas*; eine Bitte, ein Gesuch (nicht) ~; genehmigt (als Aktennotiz unter einem Gesuch); der Vorschlag muss erst vom Gemeinderat genehmigt werden □ autorizar; permitir; deferir 1.1 ⟨530/Vr 1⟩ sich einen ~ ⟨fig.; umg.⟩ *scherzh.) einen Schnaps trinken* □ *tomar um trago; molhar a garganta

Ge|neh|mi|gung ⟨f.; -, -en⟩ 1 *Erlaubnis, Bewilligung*; eine Bau~ erhalten; Start-, Lande~ für Flugzeuge; ~ zur Einreise in ein Land 2 *das Genehmigen, das Genehmigtwerden*; die behördliche ~ des Bauvorhabens steht noch aus 3 *Schriftstück, das eine Genehmigung(1) enthält* □ permissão; autorização; licença

ge|neigt 1 ⟨Part. Perf. von⟩ *neigen* 2 ⟨Adj. 70; fig.⟩ *günstig gesinnt, wohlwollend, freundlich*; ~er Leser! (Anrede des Autors an den Leser im Buch od. Vorwort) □ gentil; amigo 2.1 jmdm. ein ~es Ohr schenken *wohlwollend zuhören* □ *ouvir alguém com atenção 2.2 jmdm. ~ sein *jmdm. zugetan sein, jmdm. in Sympathie verbunden sein* □ *simpatizar com alguém 2.3 ~ sein, etwas zu tun *bereit sein, etwas beabsichtigen*; Ggs abgeneigt □ *estar disposto a fazer alguma coisa 2.4 jmdn. (für etwas) ~ machen *günstig stimmen*; sich die Götter ~ machen (poet.) □ *fazer de modo que alguém seja favorável (a alguma coisa)

Ge|ne|ral ⟨m.; -s, -ra̱le od. -räle⟩ 1 *höchste Offiziersrangklasse* 1.1 *Offizier in dieser Rangklasse* □ general 2 *oberster Vorsteher eines katholischen geistlichen Ordens od. einer Kongregation* □ geral 2.1 *der internationale Leiter der Heilsarmee* □ general 3 ⟨Zool.⟩ = *Feuerwanze*

ge|ne|ral..., **Ge|ne|ral...** ⟨in Zus.⟩ *allgemein..., Allgemein..., haupt..., Haupt...*; generalüberholen, generalerneuern, Generalangriff, Generalvollmacht

Ge|ne|ral|pro|be ⟨f.; -, -n⟩ *letzte Probe vor einer Aufführung, Hauptprobe* □ ensaio geral

Ge|ne|ra|ti|on ⟨f.; -, -en⟩ 1 *Menschenalter; eine Entwicklung durch ~en hindurch* 2 *einzelne Stufe der Geschlechterfolge* 3 *Gesamtheit der zur Generation(1) gehörenden Personen*; Sy *Geschlecht(4)*; die ~ unserer Eltern; meine, deine, unsere ~; etwas von einer ~ auf die andere vererben 3.1 *die ältere ~ die Eltern* 3.2 *die junge ~ die Kinder od. Enkel* 4 ⟨Tech.⟩ *durch eine besondere Art der Konstruktion gekennzeichneter Zeitabschnitt in der Entwicklung von Geräten*; Computer der dritten ~ □ geração

Ge|ne|ra|tor ⟨m.; -s, -en; Pl.: -to̱ren⟩ 1 ⟨El.⟩ *rotierende Maschine, die mechanische in elektrische Energie umwandelt* 1.1 ⟨fig.⟩ *antreibende Kraft* □ gerador 1.1.1 er ist der ~ des Unternehmens *derjenige, der das Unternehmen vorantreibt* □ motor 2 ⟨Tech.⟩ *Apparat, Anlage zur Erzeugung von brennbaren Gasen aus festen Stoffen (z. B. Kohle)*; Gas~ □ gerador 3 ⟨EDV⟩ *Programmierhilfe zur automatischen Erzeugung eines Verarbeitungsprogramms* □ programa gerador

ge|ne|rell ⟨Adj.⟩ *allgemein(gültig), im Allgemeinen*; Ggs *speziell(1)* □ geral

ge|ne|rie|ren ⟨V. 500⟩ 1 *etwas ~ erzeugen* 2 *einen Satz, eine Äußerung ~* ⟨Sprachw.⟩ *in Übereinstimmung mit den Regeln der Grammatik bilden, hervorbringen* □ gerar

ge|ne|rös ⟨Adj.; geh.⟩ *freigebig, spendabel, großzügig*; er ist sehr ~; ein ~es Verhalten □ generoso

Ge|ne|se ⟨f.; unz.⟩ *Entstehung, Entwicklung, Bildung (des Lebens)*; die ~ menschlichen Lebens; die ~ eines Friedensprozesses □ gênese

ge|ne|sen ⟨V. 148(s.)⟩ 1 ⟨400⟩ *einen guten Gesundheitszustand wiedererlangen; von einer Krankheit noch nicht ganz, völlig, wieder ~ sein* □ convalescer; curar-se 2 ⟨700⟩ *eines Kindes ~* ⟨veraltet⟩ *ein Kind gebären*; sie genas eines gesunden Knaben □ dar à luz

Ge|ne|tik ⟨f.; -; unz.⟩ *Wissenschaft, die sich mit den Gesetzmäßigkeiten der Vererbung von Merkmalen beschäftigt, Vererbungslehre*; Molekular~ □ genética

ge|ne|tisch ⟨Adj. 24⟩ **1** *die Genetik betreffend, auf ihr beruhend, erblich bedingt, entstehungsgeschichtlich* 1.1 ~er **Fingerabdruck** *durch molekulartechnische Analyse der DNA gewonnenes genetisches Profil einer Person, das z. B. bei einer polizeilichen Fahndung von Bedeutung sein kann* 1.2 ~er **Kode** *in Form besonderer Strukturen der Eiweißmoleküle festgelegter Bau der Gene* □ **genético**

ge|ni|al ⟨Adj.⟩ *im höchsten Maße begabt u. dabei schöpferisch* **2** *großartig, überragend* □ **genial**

Ge|nick ⟨n.; -(e)s, -e⟩ **1** = *Nacken* 1.1 jmdm. das ~ brechen ⟨fig.; umg.⟩ *jmdn. scheitern lassen, ruinieren;* dieses Vorhaben hat ihm das ~ gebrochen □ **arruinar alguém*

Ge|nie ⟨[ʒə-] n.; -s, -s⟩ **1** ⟨unz.⟩ *höchste schöpferische Begabung* □ **genialidade 2** ⟨unz.; schweiz.⟩ *militärisches Ingenieurwesen, technische Truppe;* ~korps; ~offizier □ **engenharia 3** *Mensch von höchster schöpferischer Begabung;* ein musikalisches ~ □ **gênio**

ge|nie|ren ⟨[ʒə-] V. 500⟩ **1** ⟨veraltet⟩ jmdn. ~ *stören, belästigen, etwas geniert jmdn. ist jmdm. peinlich;* geniert es Sie, wenn ich meine Jacke ausziehe? □ **incomodar 2** ⟨Vr 3⟩ sich ~ *sich schämen, sich vor den anderen Leuten unsicher fühlen, schüchtern, gehemmt sein* □ **envergonhar-se; acanhar-se* 2.1 ~ Sie sich nicht! ⟨bei Tisch⟩ *keine Hemmungen!, greifen Sie ungehemmt zu!* □ **não faça cerimônia!*

ge|nieß|bar ⟨Adj. 24/70; häufig verneint⟩ **1** *essbar, trinkbar, verzehrbar;* dieser Rotwein ist nicht ~ 1.1 diese Mahlzeit ist nicht ~ *schmeckt schlecht, ist schlecht zubereitet, ungenießbar* □ **bom; gostoso 2** jmd. ist nicht ~ ⟨fig.; umg.⟩ *jmd. ist gut (schlecht) gelaunt, (nicht) umgänglich* □ *de bom/mau humor*

ge|nie|ßen ⟨V. 149/500⟩ etwas ~ **1** *essen, trinken;* einen guten Wein ~? □ **saborear; degustar** 1.1 das Essen ist nicht zu ~ *ist sehr schlecht* □ **a comida está intragável* **2** *auskosten, Freude haben an etwas;* etwas Schönes in vollen Zügen ~; er genoss die wunderbare Musik; ich habe meinen Urlaub sehr genossen □ **apreciar; aproveitar** 2.1 du bist ja heute nicht zu ~! ⟨fig.; umg.; scherzh.⟩ *deine schlechte Laune macht dich unausstehlich* □ **hoje você está insuportável/intragável!* **3** *erhalten;* eine gute Ausbildung, Erziehung genossen haben □ **receber**

ge|nie|ße|risch ⟨Adj.⟩ *voller Genuss, genussvoll, schlemmerhaft genießend;* er zündete sich ~ eine Zigarre an □ **com prazer/gosto;** er musterte die Speisen mit einem ~en Blick □ **de prazer/deleite**

Ge|ni|tal ⟨n.; -s, -li|en; Anat.⟩ *Geschlechtsteil, Geschlechtsorgan;* oV Genitale □ **genitais**

Ge|ni|ta|le ⟨n.; -s, -li|en; Anat.⟩ = *Genital*

Ge|ni|tiv ⟨m.; -(e)s, -e; Gramm.⟩ **1** ⟨unz.; Abk.: Gen.⟩ *zweiter Fall der Deklination, der auf die Frage* wessen *steht (für das substantivische Attribut sowie als Genitivobjekt verwendet u. von einigen Präpositionen gefordert);* Sy *Wesfall*; die Präposition „wegen" kann neben dem ~ heute auch mit Dativ verwendet werden **2** *Wort, das im Genitiv(1) steht;* „(des) Hauses", „(des) Fingers", „(der) Mutter" sind ~e □ **genitivo**

Ge|ni|us ⟨m.; -, -ni|en⟩ **1** ⟨geh.⟩ 1.1 ⟨unz.⟩ *schöpferischer Geist, schöpferische Geisteskraft, hohe Begabung;* der ~ eines Künstlers, Wissenschaftlers; mein ~ sagt mir, dass ... ⟨scherzh.⟩; der ~ Beethovens, Mozarts 1.2 ⟨zählb.⟩ *jmd., der schöpferisch veranlagt (u. tätig) ist, hochbegabter Mensch, Genie;* für viele Germanisten ist Goethe ein ~ **2** ⟨röm. Mythologie⟩ *vor Unheil bewahrender Geist eines Menschen, eines Hauses, eines Ortes* 2.1 ⟨meist Pl.; Kunst⟩ *Darstellung des Genius(2) als geflügelte Gottheit* □ **gênio** 2.2 ⟨heute allg.; geh.⟩ *Schutzgeist, Schutzengel;* sein guter ~ hat ihn vor dieser Torheit bewahrt □ **anjo da guarda**

Ge|nos|se ⟨m.; -n, -n⟩ **1** *Gefährte, Kamerad;* Jugend-~, Kampf-~, Arbeits-~ □ **colega; companheiro 2** *Parteifreund, bes. Mitglied einer sozialistischen od. kommunistischen Partei* 2.1 *Anrede der sozialistischen od. kommunistischen Parteimitglieder untereinander* □ **camarada 3** *Mitglied einer Genossenschaft* □ **membro de uma corporação/cooperativa**

Ge|nos|sen|schaft ⟨f.; -, -en⟩ *Zusammenschluss mehrerer Personen zur Förderung gleicher wirtschaftlicher Interessen mittels gemeinschaftlichen Geschäftsbetriebes;* Berufs-~, Einkaufs-~, Winzer-~; landwirtschaftliche ~ □ **corporação; cooperativa**

Ge|nos|sin ⟨f.; -, -sin|nen⟩ *weibl. Genosse* □ **colega; companheira; camarada; membro de uma corporação/cooperativa**

Gen|tech|nik ⟨f.; -; unz.⟩ *Technik zur Manipulation u. Übertragung von Genen, Gentechnologie* □ **tecnologia genética**

Gen|tle|man *auch:* **Gent|le|man** ⟨[dʒɛntlmæn] m.; -s, -men [-mən]⟩ *höflicher, gebildeter, vornehmer Mann, der stets die Regeln des Anstandes wahrt;* er benimmt sich wie ein echter ~ □ **cavalheiro**

ge|nug ⟨Adv. 24⟩ **1** *ausreichend, genügend* □ **suficiente; bastante** 1.1 er ist sich selbst ~ *er weiß sich selbst zu beschäftigen, er braucht keine Anregung von anderen* □ **ele é autossuficiente* 1.2 *in ausreichender Menge;* ~ Brot, Geld; hast du ~ Platz?; (nicht) ~ zu essen haben; er hat ~ gegessen; ~ haben; er hat nie ~; er kann nie ~ bekommen; danke, es ist ~! (beim Austeilen, Einschenken) 1.3 *in ausreichendem Grade;* das ist (nicht) groß, schön ~; mach ihm nicht auch noch Vorwürfe, es ist (schon) schlimm ~, dass er sich verletzt hat 1.3.1 das Beste ist für ihn gerade gut ~ *er will immer nur das Beste haben, das Beste scheint ihm für sich ganz selbstverständlich* 1.3.2 das ist für ihn (gerade) gut ~ *etwas Besseres ist für ihn nicht nötig* □ **suficiente; bastante 2** ⟨90⟩ *die Grenze eines bestimmten Maßes erreichend od. überschreitend;* ~ der vielen Worte, es muss gehandelt werden □ **chega de conversa, é preciso agir* 2.1 jetzt ist's aber ~! *jetzt aber Schluss!, jetzt reißt mir die Geduld!* □ **agora chega!* 2.2 ~ davon! *Schluss jetzt!, reden wir von etwas anderem!* □ **chega!; basta!* 2.3 ~ und übergenug *viel zu viel* □ **mais do que o necessário* 2.4 ich habe davon mehr als ~ *schon zu viel* □ **tenho mais do que o necessário/até demais* 2.5 von etwas ~ haben ⟨fig.⟩ *es satthaben;* ich habe ~ davon; ich habe ~ von ihren

Genüge

ewigen Klagen ☐ *estar farto de alguma coisa 2.6 das ist wenig ~ ziemlich wenig ☐ *é muito pouco

Ge|nü|ge ⟨f.; -; unz.⟩ **1** einer **Sache** ~ leisten, tun *eine S. erfüllen;* Forderungen, Ansprüchen ~ leisten, tun ☐ *satisfazer uma coisa **2** zur ~ *in ausreichendem Maße;* mir ist sein Leichtsinn zur ~ bekannt ☐ *o suficiente

ge|nü|gen ⟨V.⟩ **1** ⟨400⟩ etwas genügt *reicht aus;* danke, das genügt (mir); mir genügt, für mich genügt die Hälfte ☐ ser suficiente; bastar 1.1 ⟨Part. Präs.⟩ ~d *ausreichend, genug, in der erforderlichen Menge;* wir haben ~d Vorräte; er hat ~d Geld, um uns ins Restaurant einzuladen 1.2 ⟨veraltet⟩ *(die Note) ausreichend, noch bestanden;* er hat im Zeugnis in drei Fächern die Note ~d ☐ suficiente 1.3 ⟨580; unpersönl.⟩ es genügt, es zu sehen *man braucht nichts weiter davon zu wissen* ☐ ser suficiente; bastar 1.4 sein Genügen an etwas finden, sich an etwas ~ lassen ⟨veraltet⟩ *sich mit etwas begnügen, zufrieden damit sein, nicht mehr, nichts anderes wollen* ☐ *encontrar satisfação em alguma coisa; contentar-se com alguma coisa* **2** ⟨600⟩ einer **Sache** ~ *gerecht werden;* Ansprüchen, Anforderungen ~ ☐ satisfazer

ge|nüg|sam ⟨Adj.⟩ *leicht befriedigt, bescheiden, anspruchslos;* ~ im Essen u. Trinken sein; Vögel sind ~e Haustiere ☐ modesto; pouco exigente

Ge|nug|tu|ung ⟨f.; -; unz.⟩ **1** *Befriedigung;* ich höre mit ~, dass ... ☐ satisfação **2** *Wiedergutmachung, Buße;* ~ fordern, geben, leisten; sich ~ verschaffen (für eine Beleidigung o. Ä.) ☐ reparação; indenização

ge|nu|in ⟨Adj.; geh.⟩ **1** *angeboren, echt, natürlich, unverfälscht;* die ~en Lebensformen von Naturvölkern ☐ genuíno 1.1 ~e **Krankheiten** ⟨Med.⟩ *angeborene (nicht erworbene) K.* ☐ congênito; de nascença

Ge|nus ⟨n.; -, Ge|ne|ra⟩ **1** ⟨geh.; veraltet⟩ *Art, Gattung* **2** ⟨Gramm.⟩ *grammatisches Geschlecht (der Substantive u. Pronomen);* Sy *Geschlecht (6);* im Deutschen gibt es drei Genera: Maskulinum, Femininum u. Neutrum ☐ gênero 2.1 ~ **commune** *gemeinsames Geschlecht der Substantive (u. Pronomen);* im Niederländischen bilden Maskulinum u. Femininum ein ~ commune ☐ *gênero comum 2.2 ~ **Verbi** *Ausdrucksform des Verbs, die das syntaktische Verhältnis des Subjekts zum Geschehen bezeichnet (Aktiv, Passiv), Handlungsrichtung* ☐ *voz

Ge|nuss ⟨m.; -es, -nüs|se⟩ **1** ⟨unz.⟩ *das Genießen, Zusichnehmen (von Speisen, Getränken);* der ~ eines Glases Wein; an, nach dem ~ von verdorbenen Eiern erkranken; beim ~ von Rauschmitteln; der ~ von Alkohol, von Tabak ☐ ingestão; consumo **2** *bewusstes Vergnügen, Behagen, tiefe Befriedigung, beglückendes Erlebnis;* die Genüsse des Lebens; es war mir ein ~!; es ist ein ~, sie singen, spielen zu hören; sich einen ~ versagen; ästhetischer, geistiger ~; ausgiebiger, erlesener, großer, hoher, seltener ~; sein Vortrag war ein zweifelhafter ~; etwas mit ~ betrachten, hören, lesen, sehen ☐ prazer; alegria **3** in den ~ von etwas kommen *(den Nutzen, die Nutznießung von etwas) erhalten, bekommen;* in den ~ einer kostenlosen Reise, eines Stipendiums kommen ☐ *aproveitar/desfrutar (de) alguma coisa

ge|nüss|lich ⟨Adj.⟩ *genießend, genießerisch, voller Genuss;* sich das Essen ~ auf der Zunge zergehen lassen; sie erzählte ~ von ihrem Erfolg ☐ com prazer/gosto

Ge|nuss|mit|tel ⟨n.; -s, -⟩ *Lebensmittel von anregender Wirkung od. von besonderem Geschmack, aber wenig Nährwert;* Industrie für Nahrungs- u. ~ ☐ gênero alimentício supérfluo

Geo|gra|fie ⟨f.; -; unz.⟩ *Lehre von der Erde, der Erdoberfläche, den Ländern, Meeren, Flüssen usw., Erdkunde, Erdbeschreibung;* oV *Geographie* ☐ geografia

geo|gra|fisch ⟨Adj. 24⟩ oV *geographisch* **1** *zur Geographie gehörend, auf ihr beruhend, erdkundlich* 1.1 ~e **Koordinaten** *die K. (Länge u. Breite) im Gradnetz der Erde* 1.1.1 ~e **Breite** *in Grad gemessener Winkelabstand eines Punktes der Erdoberfläche vom Äquator* 1.1.2 ~e **Länge** *in Grad gemessener Winkelabstand eines Punktes der Erdoberfläche vom Nullmeridian* 1.2 ~e **Lage** *L. eines Ortes nach geographischen Koordinaten im Gradnetz* 1.3 ~e **Ortsbestimmung** *Bestimmung von Punkten auf der Erdoberfläche durch ihre geographische Lage od. durch Vermessung* 1.4 ~e **Karte** *K. im Maßstab kleiner als 1:200 000, die vorwiegend Forschungs- u. Beobachtungsergebnisse der Geographie enthält* ☐ geográfico

Geo|gra|phie ⟨f.; -; unz.⟩ = Geografie
geo|gra|phisch ⟨Adj. 24⟩ = geografisch
Geo|lo|gie ⟨f.; -; unz.⟩ *Lehre vom Aufbau u. von der Entwicklung der Erde* ☐ geologia

Geo|me|trie *auch:* **Geo|met|rie** ⟨f.; -; unz.; Math.⟩ *Gebiet der Mathematik, behandelt die gestaltlichen Gesetzmäßigkeiten und Größenbeziehungen an u. zwischen Linien, Flächen u. Körpern* ☐ geometria

geo|me|trisch *auch:* **geo|met|risch** ⟨Adj. 24/90⟩ **1** *die Geometrie betreffend, auf ihr beruhend, mit ihren Mitteln;* ~e **Figuren**, Muster zeichnen 1.1 ~es **Mittel** *die n-te Wurzel aus dem Produkt von Zahlen $a_1, a_2, ..., a_n$* 1.2 ~e **Optik** *Gebiet der Optik, das sich mit Lichtstrahlen beschäftigt* 1.3 ~er **Ort** *Linien u. Flächen, auf denen alle Punkte liegen, die gegebenen Bedingungen genügen* 1.4 ~e **Reihe** *eine Reihe, bei der der Quotient zweier aufeinanderfolgender Glieder konstant ist, z. B.* $2 + 4 + 8 + 16$ 1.5 ~er **Stil** *Stil (bes. der altgriechischen Vasenmalerei), der Ornamente, Tier- u. Pflanzenmotive in den linearen Formen der geometrischen Figuren bevorzugt* ☐ geométrico

Geo|phy|sik ⟨f.; -; unz.⟩ *Lehre von den natürlichen physikalischen Erscheinungen u. Vorgängen in u. auf der Erde* ☐ geofísica

Ge|päck ⟨n.; -(e)s; unz.⟩ **1** *verpackte Ausrüstung für eine Reise od. eine Wanderung;* Hand-, Reise-~; kleines, großes ~; 3 Stück ~; sein ~ aufgeben **2** *verpackte Ausrüstung für einen militärischen Einsatz;* Sturm-, Marsch-~ ☐ bagagem

Ge|pard ⟨m.; -(e)s, -e; Zool.⟩ *katzenartiges Raubtier mit bräunlich rotem, schwarz geflecktem Fell, schnellstes*

Landsäugetier: Acinonyx jubatus, Jagdleopard □ guepardo

Ge|pflo|gen|heit ⟨f.; -, -en⟩ *Gewohnheit, Brauch, Sitte; entgegen der sonstigen ~; nach den hiesigen ~en* □ uso; costume

Ge|plän|kel ⟨n.; -s, -⟩ **1** *leichtes Gefecht, Schießerei hin u. her* □ contenda; tiroteio **2** ⟨fig.⟩ *leichtes, heiteres Wortgefecht* □ discussão; escaramuça

Ge|prä|ge ⟨n.; -s; unz.⟩ **1** *Prägung (auf Münzen u. Medaillen)* □ cunho; cunhagem **2** ⟨fig.⟩ *besondere Note, Eigenart; Goethe hat seiner Zeit das ~ gegeben; einer Sache ein besonderes ~ geben; die dunklen Zypressen verleihen der Landschaft ein eigenes ~* □ característica; estilo

Ge|prän|ge ⟨n.; -s; unz.⟩ *Pracht, Pomp, Prunk, großer Aufwand* □ ostentação; fausto; pompa

ge|ra|de¹ ⟨Adj.⟩ oV grade ⟨umg.⟩ **1** *in gleicher Richtung weiterverlaufend, ohne Krümmung, ohne Ecken verlaufend; eine ~ Linie, Strecke; ein ~r Weg; in ~r Richtung; auf ~r Straße* □ reto; retilíneo **1.1** *aufrecht; Ggs krumm, ~ Haltung; ~ Glieder haben; ~ gewachsen sein; ~ gehen; ~ sitzen; ~ stehen; steh doch mal ~!* □ reto; ereto; direito; ⟨aber⟩ → a. *geradestehen* **1.2** *unmittelbar, ohne Umweg; in ~r Linie von jmdm. abstammen* □ direto **2** ⟨fig.⟩ *freimütig, aufrichtig, offen; jmdm. ~ in die Augen sehen* □ diretamente; *ein ~r Charakter, Mensch; eine ~ Gesinnung* □ honesto; sincero **3** ⟨50⟩ *genau, direkt; ~ entgegengesetzt; so ist es ~ richtig!; es ist, verhält sich ~ umgekehrt; der Stein traf ihn ~ am Kopf; ~ gegenüber; das ~ Gegenteil* ⟨umg.⟩ □ exatamente; justamente **4** *soeben, vor einem Augenblick, in diesem Augenblick; es war ~ 2 Uhr, als ...* □ exatamente; *er ist ~ angekommen, weggegangen* □ *ele acabou de chegar/sair; ich wollte ~ ausgehen* □ imediatamente; *ich bin ~ beim Lesen, Schreiben* □ estou lendo/escrevendo; *da fällt mir ~ ein* □ *acabo de lembrar* **4.1** *zufällig; du stehst ~, mach bitte die Tür zu!* □ já que está de pé, feche a porta, por favor; **5** ⟨50⟩ *knapp, mit Mühe u. Not, eben noch; er kam ~ (noch) zur rechten Zeit* □ *ele chegou em cima da hora* **6** ⟨50; umg.⟩ *erst recht; nun ~ (nicht)!* □ *especialmente agora!*; agora é que não!; **7** ⟨50⟩ *eben (als Verstärkung); das ist es ja ~!* □ *é exatamente isso!; das kommt mir ~ recht* □ *isso vem bem a calhar; ~ weil er sie gern hat, müsste er es tun* □ justamente; *~ darum; ~ deshalb* □ *por isso mesmo; ~ darauf hatte ich mich so gefreut!; ~ damals hätte ich deine Hilfe gebraucht; ~ heute habe ich leider schon etwas vor* □ justamente; *~ jetzt* □ *agora mesmo; ~ in dem Augenblick, als ...* □ justamente; *agora mesmo; ~ das fehlte ~ noch! (zu allem Übel); darauf habe ich ~ noch gewartet* □ *só (me) faltava mais essa!* **8** ⟨50⟩ *ausgerechnet, niemand bzw. nichts anderes als; warum ~ ich?; muss es denn ~ dieses Buch sein?* □ justamente **9** ⟨50⟩ *nicht* ⟨umg.⟩ *nicht besonders; das ist mir nicht ~ angenehm* □ *isso não me agrada muito*

ge|ra|de² ⟨Adj. 24⟩ oV grade ⟨umg.⟩; Ggs *ungerade(1)* **1** *durch 2 ohne Rest teilbar; eine ~ Zahl* □ par **1.1** Gerade und Ungerade *altes Glücksspiel, bei dem die gerade od. ungerade Zahl einer Münze o. Ä. in der geschlossenen Hand geraten werden muss* □ *par ou ímpar,* → a. *fünf(1.2)* **2** ⟨Jägerspr.⟩ *an beiden Stangen (des Geweihs) die gleiche Zahl von Enden aufweisend; ein ~s Geweih; ein ~r Zwölfender, Zwölfer* □ com pares iguais de pontas nos galhos

Ge|ra|de ⟨f.; -, -n od. f. 2⟩ **1** *gerade Linie* **2** ⟨Geom.⟩ *eine Linie, die durch unbegrenzte Verlängerung der Verbindungsstrecke zweier Punkte nach beiden Seiten entsteht* **3** ⟨Sp.⟩ *gerade Teilstrecke einer Rennbahn; in die ~ einbiegen* □ reta **4** *eine (rechte) ~ gerade vorschnellender Boxhieb der (rechten) Faust* □ direto

ge|ra|de|aus ⟨Adv.⟩ *in gerader Linie, gerader Richtung; ~ gehen, fahren; wie komme ich bitte zum Deutschen Museum? Immer ~!* □ reto; em frente

ge|ra|de|her|aus auch: **ge|ra|de|he|raus** ⟨Adv.⟩ *offen, ohne Umschweife, freiheraus; sprich ~* □ francamente; sem rodeios

ge|ra|de|sit|zen ⟨alte Schreibung für⟩ *gerade sitzen* □ sentar-se direito

ge|ra|de|so ⟨Adv.⟩ *ebenso, genauso; das hättest du ~ gut gestern erledigen können* □ do mesmo modo; igualmente

ge|ra|de|ste|hen ⟨V. 256/800⟩ *für jmdn., für eine Sache* ⟨fig.⟩ *einstehen, die Verantwortung übernehmen* □ *responsabilizar-se por alguém ou alguma coisa,* → a. *gerade (1.1)*

ge|ra|de|wegs ⟨Adv.⟩ **1** *ohne Umwege, auf direktem Weg; er ging ~ auf das offene Tor zu* □ diretamente **2** *offen, ehrlich, ohne Umschweife, geradezu; jmdn. ~ zur Rede stellen* □ diretamente; sem rodeios

ge|ra|de|zu ⟨Adv.⟩ **1** *ohne Umschweife, offen, ehrlich, derb u. freimütig; er ist sehr ~* □ franco; direto; sincero **2** ⟨a. [-'---]⟩ *durchaus, beinahe, man könnte fast sagen ...; es ist ~ ein Wunder; ~ erstaunlich* □ praticamente; absolutamente

Ge|rad|heit ⟨f.; -; unz.⟩ **1** *das Geradesein, Fehlen von Krümmungen* **2** ⟨fig.⟩ *gerades Wesen, gerader Charakter, Aufrichtigkeit, Freimut, Ehrlichkeit, Rechtschaffenheit* □ retidão

Ge|ra|nie ⟨[-njə] f.; -, -n; Bot.⟩ *(als Balkonpflanze beliebte) Angehörige einer Gattung der Storchschnabelgewächse mit rundlichen, gekerbten Blättern u. großen doldenartigen Blüten: Pelargonium; Sy Pelargonie* □ gerânio

Ge|rant ⟨[ʒə-] m.; -en, -en; noch schweiz.; sonst veraltet⟩ *Geschäftsführer (eines Gaststättenbetriebes)* □ gerente

Ge|rät ⟨n.; -(e)s, -e⟩ **1** *(künstlich hergestellter) Gegenstand, mit dessen Hilfe eine Hand- od. mechanische Arbeit ausgeführt werden kann; Affen sind recht geschickt im Gebrauch von ~en* □ instrumento; ferramenta **2** *Maschine, Apparat; Radio~; ein elektrisches, mechanisches, kompliziertes, praktisches ~* □ aparelho; equipamento **3** *Gesamtheit der Hilfsmittel, die zur Durchführung einer bestimmten Tätigkeit nötig sind; Acker~, Handwerks~, Haus~, Küchen~, Schreib~* □ utensílio; apetrecho **4** *Vorrichtung, die zu* *bestimmten Turnübungen gebraucht wird;* Turn~ ☐ **aparelho; equipamento**

ge|ra|ten[1] ⟨V. 195(s.)⟩ **1** ⟨403⟩ *gelingen, gut werden;* ihm gerät alles, was er anfängt ☐ **conseguir; ter êxito;** nach diesem Rezept gerät der Kuchen immer; die Torte ist ausgezeichnet, gut, nicht ~ ☐ **(não) dar certo; (não) ficar bom** 1.1 ⟨400⟩ *gedeihen;* das Getreide ist gut ~ ☐ **crescer; prosperar** 1.2 ⟨413⟩ *sich charakterlich od. äußerlich entwickeln;* seine Kinder sind gut, nicht recht ~ ☐ **crescer; desenvolver-se** 1.2.1 ⟨413⟩ **nach jmdm.** ~ *jmdm. ähnlich werden;* der Junge ist ganz nach seinem Vater ~ ☐ **sair a; puxar a 2** ⟨411⟩ **an einen Ort** ~ *zufällig, unvermutet (an einen Ort od. zu jmdm.) gelangen, kommen* ☐ **chegar; ir parar;** auf Abwege ~ ☐ ***afastar-se do bom caminho;** auf einen falschen Weg ~ ☐ ***seguir por um mau caminho;** mit dem Finger in die Maschine ~ ☐ ***ficar com os dedos presos à máquina;** wohin bin ich hier ~? ☐ ***onde vim parar?;** auf meiner Suche nach dem zuständigen Bearbeiter geriet ich an den Chef ☐ **chegar;** an den Falschen, den Unrechten ~ ☐ ***enganar-se (em relação a alguém)** 2.1 er geriet auf den Gedanken *plötzlich kam ihm der Gedanke* ☐ ***ele teve a ideia repentina** 2.2 unter die Räuber ~ *Räubern in die Hände fallen* ☐ ***cair nas mãos de assaltantes* 3** ⟨800⟩ *Funktionsverb in nominalen Umschreibungen* in einen (misslichen) **Zustand** ~ *ohne eigenes Zutun in einen Z. gelangen* ☐ **ver-se/encontrar-se num estado (precário);** in Armut ~ ☐ ***cair na pobreza;** in Gefangenschaft ~ ☐ ***ser preso;** ins Hintertreffen ~ ☐ ***ficar para trás; levar a pior;** in schlechten Ruf ~ ☐ ***ganhar má fama;** in Schulden ~ ☐ ***endividar-se;** in Verlust ~ ☐ ***perder-se;** extraviar-se;** in Verwirrung ~ ☐ ***atrapalhar-se; confundir-se;** (mit der Zahlung usw.) in Verzug ~ ☐ ***atrasar-se; demorar-se** 3.1 ⟨413⟩ **außer sich** ~ *die Selbstbeherrschung verlieren* ☐ ***perder o autocontrole;** außer sich ~ vor Freude, Zorn ☐ ***explodir de alegria/raiva** 3.2 **in eine Angelegenheit** ~ *ungewollt in eine A. verwickelt werden* ☐ ***ver-se/encontrar-se numa situação;** in Schwierigkeiten ~ ☐ ***ver-se/encontrar-se em dificuldades** 3.3 **in eine Stimmung** ~ *in eine S. kommen* ☐ ***ver-se com determinada disposição;** in Angst, Furcht ~ ☐ ***ficar com medo; temer;** in Wut ~ ☐ ***ficar com raiva** 3.4 **in etwas** ~ *beginnen, etwas zu tun* ☐ ***começar (a fazer alguma coisa)** 3.4.1 in Bewegung ~ *sich zu bewegen beginnen* ☐ ***começar a se movimentar** 3.4.2 in Brand ~ *zu brennen beginnen* ☐ ***começar a queimar/pegar fogo** 3.4.3 ins Schwitzen ~ *zu schwitzen beginnen* ☐ ***começar a suar** 3.4.4 ins Stocken ~ *steckenbleiben, nicht weiterkönnen* ☐ ***empacar; hesitar** 3.4.5 miteinander in Streit ~ *miteinander zu streiten beginnen* ☐ ***começar a brigar um com o outro** 3.4.6 in Vergessenheit ~ *allmählich vergessen werden* ☐ ***cair no esquecimento**

ge|ra|ten[2] ⟨Part. Perf. von⟩ **raten 2** ⟨Adj. 50⟩ *ratsam;* ich halte es (nicht) für ~ hierzubleiben; es scheint mir ~, das sofort zu tun ☐ **aconselhável**

Ge|ra|te|wohl ⟨n.; nur in der Wendung⟩ aufs ~ *auf gut Glück, ohne zu überlegen, ohne es genau zu wissen;* aufs ~ einen Weg einschlagen, abreisen ☐ ***ao acaso; sem pensar**

ge|raum ⟨Adj. 60; nur in den Wendungen⟩ ~e Weile, ~e Zeit *eine längere W., längere Z.;* es dauerte eine ~e Weile, bis er zurückkam; seit ~er Zeit; vor ~er Zeit ☐ ***certo tempo; algum tempo**

ge|räu|mig ⟨Adj.⟩ *viel Raum bietend, so groß, dass man viel unterbringen kann;* ein ~es Zimmer, eine ~e Wohnung ☐ **espaçoso; amplo**

Ge|räusch[1] ⟨n.; -(e)s, -e⟩ **1** *als unbestimmt u. unharmonisch wahrgenommener Schall;* die ~e des Verkehrs; ein ~ machen, verursachen; ein dumpfes, leichtes, leises, starkes, verdächtiges ~; ein knisterndes, rasselndes, scharrendes ~; ein ~ von leisen Schritten; ein ~ wie von zerbrechendem Glas ☐ **barulho 2** ⟨Akustik⟩ *durch unperiodische Schwingungsvorgänge hervorgerufene, in Stärke u. Höhe rasch wechselnde Schallwellen* ☐ **ruído**

Ge|räusch[2] ⟨n.; -(e)s; unz.; Jägerspr.⟩ *Lunge, Herz, Leber u. Nieren des Schalenwildes* ☐ **vísceras (dos cervídeos e javalis)**

ger|ben ⟨V. 500⟩ **1** Häute ~ *zu Leder verarbeiten* ☐ **curtir 2** ⟨530⟩ jmdm. das Fell ~ ⟨fig.; umg.⟩ *jmdn. verprügeln* ☐ ***dar uma surra em alguém**

Ger|be|ra ⟨f.; -, -; Bot.⟩ *(als Schnittblume beliebte) margeritenähnliche Angehörige einer Gattung der Korbblütler mit langstieligen Blüten* ☐ **gérbera**

ge|recht ⟨Adj.⟩ **1** *nach dem Recht od. Rechtsempfinden urteilend, handelnd;* ein ~er Richter; es gibt einen ~en Gott; er ist sehr ~; gegen jmdn. ~ sein ☐ **justo; imparcial;** ~er Gott!, ~er Himmel! (Ausruf des Erstaunens, Schreckens) ☐ ***santo Deus!; Deus do céu!;** Gott der Gerechte; der Gerechte muss viel leiden (Psalm 34,20) ☐ **justo;** (er) lässt regnen über Gerechte und Ungerechte (Matth. 5,45) ☐ **bom** 1.1 den Schlaf des Gerechten schlafen *ein reines Gewissen haben u. deshalb gut schlafen* **2 dem Recht od. Rechtsempfinden entsprechend, angemessen;* ein ~er Lohn; eine ~e Strafe; ein ~es Urteil; jmdm. einen ~en Preis machen ☐ **justo;** ~ urteilen ☐ **com justiça 3** *den Regeln entsprechend; form-* ~ ☐ **formal(mente),** weid~ ☐ **segundo as normas de caça;** ein ~er Jäger ☐ ***um caçador que segue as normas de caça* 4** ⟨70⟩ jmdm. od. einer **Sache** ~ **werden** *jmdn. od. eine S. angemessen beurteilen; die Kritik wird dem Regisseur, dem Film nicht* ~ ☐ ***fazer justiça a alguém ou a alguma coisa** 4.1 ⟨70⟩ einer **Sache** ~ **werden** *eine S. richtig handhaben;* seiner Aufgabe ~ werden ☐ ***realizar/cumprir corretamente alguma coisa;** → a. Sattel(1.1) **5** *berechtigt, begründet, zu Recht bestehend:* für eine ~e Sache kämpfen; mich packte ein ~er Zorn ☐ **justo; legítimo**

Ge|rech|tig|keit ⟨f.; -; unz.⟩ **1** *gerechte(2) Beschaffenheit;* die ~ eines Urteils ☐ **justiça; equidade 2** *gerechte(2) Gesinnung, gerechtes Verhalten;* die ~ Gottes; ~ pflegen; es an ~ fehlen lassen ☐ **justiça** 2.1 jmdm., einer Sache ~ widerfahren lassen *gerecht beurteilen, behandeln* ☐ ***fazer justiça a alguém/alguma coisa* 3** ⟨fig.⟩ *Gericht*[2]*(1);* jmdn. der ~ ausliefern; strafende ~;

der ~ in den Arm fallen □ **justiça 4** *Vorrecht, Nutzungsrecht, Berechtigung, ein Gewerbe auszuüben; Brau~, Schank~, Schürf~* □ **autorização; licença**

Ge|re|de ⟨n.; -s; unz.⟩ **1** *nichtssagendes, lästiges Reden, Geschwätz; sich nicht um das ~ der Leute kümmern; das ist alles nur ~; das ist dummes, leeres ~* □ **falatório; palavreado 1.1** *es wird viel ~ darum gemacht es wird viel Aufhebens davon gemacht, viel davon gesprochen* □ ***vai dar muito o que falar 2** *Halbwahrheiten, Nachrede, Klatsch; Anlass zu ~ geben* □ **mexerico; fofoca 2.1** *jmdn. ins ~ bringen Ursache zu Klatsch über jmdn. geben* □ ***fazer mexerico/fofoca de alguém 2.2** *ins ~ kommen Klatsch über sich verursachen* □ ***dar o que falar; cair na boca do povo**

ge|rei|chen ⟨V. 650⟩ *etwas gereicht jmdm. zu* **etwas** ⟨geh.⟩ *bringt jmdm. etwas ein; es gereicht uns zur besonderen Ehre, den Herrn Bundespräsidenten unter uns zu sehen* □ ***é uma honra ver o presidente da república entre nós**; *möge es ihm zum Guten ~* □ ***que isso lhe traga coisas boas**; *seine Unzuverlässigkeit gereicht ihm zum Nachteil, zum Schaden* □ ***sua falta de seriedade o prejudica**

ge|reizt 1 ⟨Part. Perf. von⟩ *reizen* **2** ⟨Adj.⟩ *empfindlich, erregt, nervlich angespannt; heute herrscht hier eine ~e Stimmung; in ~em Ton antworten, sprechen* □ **nervoso; irritado**

ge|reu|en ⟨V. 500⟩ *etwas gereut jmdn.* ⟨geh.⟩ *ruft bei jmdm. Reue, Bedauern hervor; es gereut mich, dass ...; lass es dich nicht ~!* □ **arrepender-se; lamentar**

Ge|richt¹ ⟨n.; -(e)s, -e⟩ *angerichtete Speise; Fleisch~; ein chinesisches, griechisches, texanisches ~; ein ~ auftragen, bestellen, zubereiten; ein ausgezeichnetes, erlesenes, gutes, leckeres, schmackhaftes ~; ein ~ auf den Tisch bringen; ein ~ aus frischem Gemüse* □ **prato; comida**

Ge|richt² ⟨n.; -(e)s, -e⟩ **1** *rechtsprechende Behörde; Amts~, Bundes~, Landes~; das Oberste ~; sich dem ~ stellen; jmdn. bei ~ verklagen* **2** *Gerichtsgebäude; Vater ist noch auf dem ~* **2.1** *Gerichtssaal; jmdn. vor die Schranken des ~s fordern* ⟨geh.; veraltet⟩ □ **tribunal; fórum; corte 3** *Gesamtheit der mit der Entscheidung einer Rechtsstreitigkeit befassten Richter; hohes ~! (Anrede)* □ ***meritíssimo!**; *das ~ zieht sich zur Beratung zurück; vor ~ aussagen, vor ~ etwas bezeugen; vor ~ stehen; vor ~ erscheinen; eine Sache vors ~ bringen* □ **tribunal**; *jmdn. vor ~ fordern* □ ***citar/intimar alguém* **4** *Vorgang, der zur Entscheidung einer Rechtsstreitigkeit führt, Verhandlung* □ **debate; audiência 4.1** *~ halten eine Gerichtsverhandlung abhalten* □ ***conduzir uma audiência* **4.2** *zu ~ sitzen (über jmdn.) Recht sprechen, bei Gericht verhandeln (über jmdn.)* □ ***julgar alguém**; → a. *jüngst(4.2)* **5** *richtende Tätigkeit* **5.1** *über jmdn. ~ halten über jmdn. Recht sprechen* □ ***julgar alguém* **5.2** *mit jmdm. hart, scharf, streng ins ~ gehen* ⟨fig.; umg.⟩ *jmdm. ernste Vorhaltungen machen, ihn scharf zurechtweisen, hart bestrafen* □ ***censurar/repreender alguém severamente* **6** *Ur-*

teilsspruch, Richterspruch; sich dem ~, jmds. ~ unterwerfen □ **sentença; veredito**

ge|richt|lich ⟨Adj. 24⟩ *das Gericht² betreffend, zu ihm gehörig, von ihm ausgehend; eine ~e Anordnung, Klage, Verfügung; etwas ~ bewirken* □ **legal(mente); judicial(mente)**

Ge|richts|hof ⟨m.; -(e)s, -hö|fe; Rechtsw.⟩ *aus mehreren Mitgliedern bestehendes Gericht* □ **tribunal; corte**; → a. *oberste(r, -s) (1.1)*

Ge|richts|stand ⟨m.; -(e)s, -stän|de; Rechtsw.⟩ *Ort, dessen Gericht bei einer Rechtssache zuständig ist od. sein soll, meist der Wohnort des Beklagten od. der Tatort; ~ ist Frankfurt/M.; vertraglich vereinbarter ~* □ **fórum/tribunal competente**

Ge|richts|voll|zie|her ⟨m.; -s, -; Rechtsw.⟩ *Beamter des Gerichts, der Vorladungen zustellt, Pfändungen vornimmt u. Ä.* □ **oficial de justiça**

ge|ring ⟨Adj.⟩ **1** *eher klein als groß; ~e Begabung; in ~er Entfernung; ~es Gewicht* □ **pouco**; *von ~em Alkoholgehalt* □ **pouco; baixo**; *~e Aussichten (auf Erfolg) haben; die Anforderungen, die hier an jeden gestellt werden, sind (nicht) ~* □ **pouco**; *das Geschäft war heute ~* □ **fraco**; *seine Leistung um ein Geringes steigern* □ **pouco 2** ⟨Einschränkung⟩ *klein wenig; die Abweichungen sind nur ~* □ **pequeno; limitado**; *dazu verspüre ich nur ~e Neigung; das ist nur von ~em Wert; darauf lege ich nur ~en Wert* □ **pouco**; *sein Bleiben war nur von ~er Dauer* □ **curto**; *sie muss sich auf ein Geringes beschränken* □ **mínimo 2.1** *er befand sich in nicht ~er Verlegenheit in ziemlich großer V.* □ ***ele ficou bastante constrangido 2.2** *er hat das Haus um ein Geringes erworben* ⟨geh.⟩ *für wenig Geld* □ ***ele comprou a casa por uma ninharia/bagatela* **3** ⟨Komparativ⟩ *~er kleiner, weniger; unsere Vorräte werden immer ~er; der Wert dieses Bildes ist ~er als der des anderen* □ **menor 3.1** *nichts Geringeres* **als** *nichts weniger als; es handelt sich um nichts Geringeres als den Bau einer neuen Fabrik* □ ***nada menos que* **3.2** *niemand Geringerer* **als** *niemand anders als; kein Geringerer als Goethe hat gesagt ...* □ ***ninguém menos que* **4** ⟨Superlativ⟩ *~st kleinst; er erschrak beim ~sten Geräusch; er achtet auf die ~sten Kleinigkeiten; das ist der ~ste Kummer, viel schlimmer ist die andere Sache; das ist meine ~ste Sorge* □ **menor**; *ihr entgeht nicht das* Geringste; *das geht ihn nicht das* Geringste *an* □ **(absolutamente) nada 4.1** *das macht ihm nicht die ~sten Schwierigkeiten gar keine* □ **nenhum 4.2** *nicht im* Geringsten *ganz u. gar nicht, überhaupt nicht; das interessiert mich nicht im* Geringsten; *er ließ sich nicht im* Geringsten *stören* □ ***nem um pouco* **5** *wenig gut, nicht sehr gut; von jmdm. eine ~e Meinung haben* □ **não muito bom 6** *sozial niedrig gestellt; von ~er Herkunft sein; der Geringste unter ihnen* □ **humilde 7** ⟨90⟩ *ein ~er Hirsch* ⟨Jägerspr.⟩ *junger, kleiner, magerer H.* □ **pequeno; filhote 8** ⟨Getrennt- u. Zusammenschreibung⟩ **8.1** *~ achten = geringachten* **8.2** *~ schätzen = geringschätzen*

ge|ring|ach|ten auch: **ge|ring ach|ten** ⟨V. 500⟩ = geringschätzen

ge|ring|fü|gig ⟨Adj.⟩ unbedeutend, unwesentlich; ~e Unterschiede ☐ insignificante

ge|ring|schät|zen auch: **ge|ring schät|zen** ⟨V. 500⟩ jmdn. od. etwas ~ wenig schätzen, nicht sehr achten, nichts od. wenig von jmdm. od. etwas halten; Sy geringachten ☐ menosprezar; subestimar

ge|ring|schät|zig ⟨Adj.⟩ abwertend, abfällig, missachtend; ~e Bemerkungen über jmdn. machen ☐ desdenhoso; depreciativo

ge|rin|nen ⟨V. 203/400(s.)⟩ etwas gerinnt bildet Gerinnsel od. Flocken, wird flockig, klumpig, ballt sich zusammen; Blut, Milch gerinnt; Blut zum Gerinnen bringen ☐ coagular; coalhar

Ge|rinn|sel ⟨n.; -s, -⟩ **1** kleine Menge festgewordener Flüssigkeit, Klümpchen; Blut~ ☐ coágulo **2** Rinnsal ☐ regato; arroio

Ge|rip|pe ⟨n.; -s, -⟩ **1** = Skelett(1) **1.1** zum ~ abmagern bis auf Haut u. Knochen, sehr mager werden ☐ *ficar pele e osso **2** Gestell, Gerüst von Flugzeugen, Schirmen, Gebäuden; Stahl~ ☐ esqueleto; estrutura **3** ⟨fig.⟩ Grundplan, Grundzüge, Konzeption (einer Abhandlung); das ~ meines Vortrags ist schon fertig, steht fest ☐ esqueleto; esboço; esquema

ge|ris|sen 1 ⟨Part. Perf. von⟩ reißen **2** ⟨Adj.; fig.; umg.⟩ schlau, durchtrieben, übermäßig geschäftstüchtig, nur auf den eigenen Vorteil bedacht, ein ~er Geschäftsmann; er ist ein ~er Kerl ⟨umg.⟩; ~er Hund ⟨fig.⟩ ☐ esperto; vivo

Germ ⟨m.; -s; unz. od. österr. a. f.; -; unz.; bair.-österr.⟩ Backhefe ☐ fermento; levedura; ~knödel ☐ bolinho com geleia de ameixa

Ger|ma|ne ⟨m.; -n, -n⟩ Angehöriger einer indogermanischen Völkergruppe, seit ca. 750 v. Chr. an der Nord- u. Ostseeküste u. in Skandinavien angesiedelt ☐ germano

ger|ma|nisch ⟨Adj. 24⟩ **1** die Germanen betreffend, zu ihnen gehörig, von ihnen stammend **1.1** ~e **Sprachen** zur indogermanischen Sprachfamilie gehörende, seit 500 ~ v. Chr. entstandene Sprachengruppe ☐ germânico **1.2** ~e (od. erste) **Lautverschiebung** (von Jacob Grimm beschriebene) gesetzmäßige Veränderung von Lauten um 500 v. Chr., durch die sich die germanischen Sprachen von den übrigen indogermanischen Sprachen lösten ☐ *primeira mutação consonântica

Ger|ma|nis|tik ⟨f.; -; unz.⟩ **1** ⟨i. w. S.⟩ Wissenschaft von den germanischen Sprachen **2** ⟨i. e. S.⟩ Wissenschaft von der deutschen Sprache u. Literatur ☐ germanística

gern ⟨Adv.⟩ oV gerne **1** mit Vergnügen, freudig, mit Vorliebe; ~ lesen, singen, tanzen ☐ *gostar de ler/cantar/dançar; ich nehme Ihr Angebot ~ an ☐ com prazer; etwas (nicht) ~ tun ☐ *(não) gostar de fazer alguma coisa; ich bin ~ dort; von Herzen ~!; herzlich ~! (als Antwort auf eine Bitte); aber ~!, sehr ~!, ~!, ja, ~! (als Antwort auf eine Bitte); das tue ich schrecklich ~ ⟨umg.⟩ ☐ com muito/o maior prazer **1.1** ich möchte zu ~ mitkommen ich wünsche mir sehr mitzukommen ☐ *gostaria muito de ir junto **1.2** ich möchte ~ wissen ... es reizt mich sehr zu wissen ...

☐ *gostaria muito de saber... **1.3** ich hätte ~ Herrn X gesprochen ich möchte bitte Herrn X sprechen ☐ *gostaria de falar com o senhor X **1.4** bereitwillig; das glaube ich ~ ☐ ∅; bitte, ~ geschehen! ☐ *não há de quê!, bitte, das habe ich sehr ~ getan! (als Antwort auf Dank) ☐ de bom grado; com prazer **2** er ist bei uns (nicht) ~(e) gesehen (nicht) willkommen ☐ bem-visto; (aber Getrennt- u. Zusammenschreibung) ~ gesehen = gerngesehen **3** es ~ sehen, wenn ... es mögen, wenn ...; ich sehe es ~, wenn... ☐ *ficar feliz; gostar **4** ⟨umg.⟩ vorzugsweise, gewöhnlich; diese Blumen wachsen ~ in feuchtem Boden ☐ *essas flores gostam de solo úmido

ger|ne ⟨Adv.⟩ = gern

gern|ge|se|hen auch: **gern ge|se|hen** ⟨Adj. 24/60⟩ beliebt, sehr willkommen; ein ~er Gast, Besucher ☐ bem-vindo; → a. gern (2)

gern|ha|ben ⟨V. 159/500⟩ **1** jmdn. ~ jmdn. gut leiden können, jmdm. Sympathie entgegenbringen ☐ *gostar de alguém; simpatizar com alguém **1.1** du kannst mich ~ ⟨umg.; iron.⟩ ich will nichts von dir wissen, du bist mir gleichgültig, lass mich (damit) in Ruhe ☐ *vá para o inferno!

Ge|röll ⟨n.; -(e)s, -e⟩ durch Wasser abgerundete Bruchstücke von Gestein u. Mineralien ☐ seixo; calhau

Gers|te ⟨f.; -; unz.; Bot.⟩ **1** ⟨i. w. S.⟩ Gattung der Süßgräser mit Wild- u. Kulturformen, seit ältester Zeit bekannt, gilt als Brotfrucht der Trockenzonen u. Steppengebiete: Hordeum **1.1** ⟨i. e. S.⟩ Kulturform der Gerste, Saatgerste: Hordeum vulgare, Hordeum distichum ☐ cevada

Gers|ten|korn ⟨n.; -(e)s, -kör|ner⟩ **1** Frucht der Gerste ☐ grão de cevada **2** ⟨fig.⟩ eitrige Entzündung einer Talgdrüse am Augenlid ☐ terçol

Ger|te ⟨f.; -, -n⟩ **1** Rute, biegsamer, entblätterter Zweig; sie ist schlank wie eine ~ ☐ vara **1.1** (zum Antreiben der Pferde) beim Reiten verwendeter dünner, biegsamer Stock; Spring~; Dressur~ ☐ chicote

Ge|ruch ⟨m.; -(e)s, rü|che⟩ **1** Art, wie etwas riecht; ein beißender, durchdringender, feiner, guter, herber, herrlicher, kräftiger, lieblicher, scharfer, schlechter, schwacher, starker, strenger, süßer, übler, würziger ~; ein ~ von Kaffee; der ~ des frischen Kuchens stieg ihm in die Nase; einen ~ beseitigen ☐ cheiro; odor **2** ⟨unz.⟩ Geruchssinn; der Hund besitzt einen feinen ~ ☐ olfato **3** ⟨unz.; fig.; geh.⟩ Ruf; im ~ der Heiligkeit stehen ☐ *estar em odor/cheiro de santidade; im ~ eines Lebemannes stehen ☐ reputação

Ge|rücht ⟨n.; -(e)s, -e⟩ umlaufende unverbürgte Nachricht, weit verbreitetes Gerede; es geht das ~; ~e in Umlauf setzen ☐ boato; rumor

ge|ru|hen ⟨V. 408⟩ sich huldvoll (zu etwas) herablassen; ~ Eure Majestät, den Botschafter zu empfangen?; er geruhte, sich von seinem Platz zu erheben ⟨iron.⟩ ☐ dignar-se a; fazer o obséquio de

ge|ruh|sam ⟨Adj.⟩ ruhig, behaglich, ohne Eile, ohne Aufregungen; ein ~es Leben führen; ich wünsche eine ~e Nacht! ☐ tranquilo; sossegado; ~ frühstücken, spazieren gehen ☐ tranquilamente; com calma

Ge|rüm|pel ⟨n.; -s; unz.; umg.⟩ *alter Kram, abgenutzte Gegenstände (bes. Möbel u. Hausgerät)* □ tralha

Ge|rüst ⟨n.; -(e)s, -e⟩ **1** *Gefüge aus Holz, Metall, Knochen als Tragwerk, Stützgestell, Hilfskonstruktion* □ andaime; Bretter~, Knochen~ □ andaime; esqueleto **2** ⟨fig.⟩ *Grundplan, Entwurf;* das ~ meines Vortrags ist fertig, es fehlt noch die Ausarbeitung □ esboço

ge|rüt|telt 1 ⟨Part. Perf. von⟩ *rütteln* **2** ⟨Adj. 24/90⟩ *bis zum Rande, bis oben hin;* ein ~es Maß; der Sack ist ~ voll □ totalmente cheio; lotado

ge|sal|zen 1 ⟨Part. Perf. von⟩ *salzen* **2** ⟨Adj.; fig.; umg.⟩ *scharf, kräftig;* eine ~e Ohrfeige □ *uma bela bofetada **2.1** *derb;* ein ~er Witz □ sujo; obsceno **2.2** *sehr hoch;* ein ~er Preis, eine ~e Rechnung □ salgado

ge|samt ⟨Adj. 24/60⟩ **1** *ganz, völlig, vollständig, alle(s) zusammen;* die ~e Bevölkerung, Familie; die ~en Räume; sein ~es Vermögen □ completo; todo **1.1** *im Gesamten* ⟨veraltet⟩ *insgesamt, alles zusammen;* im Gesamten habe ich 500 € für Weihnachtsgeschenke ausgegeben □ *no total

Ge|samt|bild ⟨n.; -(e)s, -er⟩ **1** *umfassendes Bild, Bild des ganzen Gegenstandes* **2** ⟨fig.⟩ *umfassender Überblick, zusammengefasster Eindruck* **2.1** *~ einer Krankheit Gesamtheit aller Anzeichen, aller Krankheitszeichen* □ quadro completo; visão geral

Ge|samt|heit ⟨f.; -; unz.⟩ **1** *das Ganze, alles zusammen, Einheit* □ totalidade **2** *die ganze Gemeinschaft* □ coletividade **3** *die ~ alle, das Volk als Einheit* □ totalidade

Ge|sand|te(r) ⟨m. 1⟩ *diplomatischer Vertreter eines Staates bei einem anderen Staat (vier Rangklassen – Botschafter u. Nuntius, Gesandter i. e. S., Resident, Geschäftsträger);* der deutsche ~ am belgischen Hof □ enviado

Ge|sang ⟨m.; -(e)s, -sän|ge⟩ **1** ⟨unz.⟩ *das Singen;* der ~ der Nachtigall **1.1** *Singen als Lehr- u. Unterrichtsfach;* ~ studieren; Unterricht in ~ geben, haben, nehmen; er hat in ~ eine Drei **1.2** *Vortrag eines Liedes* **1.3** ⟨poet.⟩ *das Tönen, Klingen;* der ~ der Geige □ canto **2** *vertonte Dichtung, Lied;* Helden~, Lob~, Preis~; die Gesänge der Schwarzen; geistliche Gesänge □ cântico; hino **3** *Abschnitt, Kapitel eines (Vers-)Epos;* erster, zweiter ~ der Ilias □ canto **4** ⟨unz.; poet.⟩ *Dichtkunst, Gabe zu dichten;* singe, wem ~ gegeben (Uhland) □ poesia; arte poética

Ge|säß ⟨n.; -es, -e; Anat.⟩ *die untere Fortsetzung des Rückens, wo auf den Sitzbeinen des Beckens die paarigen Wülste des kleinen Gesäßmuskels aufsitzen, Sitzfläche des Menschen;* Sy *Hinterer,* ⟨umg.⟩ *Hintern, Popo* □ nádegas; assento

Ge|schäft ⟨n.; -(e)s, -e⟩ **1** *zweckgebundene Tätigkeit, Aufgabe;* seinen ~en nachgehen; was für ein ~ führt dich her?; ich komme in ~en; jmdm. ein ~ übertragen; mit ~en überlastet sein □ trabalho; tarefa **1.1** ⟨fig.; umg.⟩ *Notdurft, Entleerung des Leibes;* ein ~ verrichten; ein großes, kleines ~ □ necessidade **2** *kaufmännische, auf Gewinn gerichtete Tätigkeit, Unternehmung, Transaktion* □ negócio; Geld~ □ operação financeira, Tausch~ □ câmbio; permuta; ein einträgliches ~; unsaubere, zweifelhafte ~e machen; ein ~ abschließen, abwickeln, betreiben; die ~e für jmdn. führen; ein ~ mit jmdm. machen □ negócio **2.1** *mit jmdm. ins ~ kommen mit jmdm. in geschäftliche Verhandlungen eintreten* □ *fazer negócio com alguém **2.2** *~ ist ~ wenn man verdienen will, sollten private Erwägungen od. Gefühle aus dem Spiel bleiben* □ *amigos, amigos, negócios à parte **3** *Gewinn aus einer kaufmännischen Unternehmung;* ein ~ machen; gute, schlechte ~e machen; aus der Not der andern ein ~ machen □ negócio **4** *kaufmännisches od. gewerbliches Unternehmen;* das ~ geht gut, schlecht; wie geht das ~?; ein ~ aufgeben, auflösen; er ist am ~ des Vaters beteiligt; das ~ blüht; ein ~ eröffnen, gründen, übernehmen; er hat ein ~ für Computerzubehör; ein bekanntes, solides ~ □ negócio; empresa; comércio **4.1** ⟨umg.⟩ *Firma, in der man angestellt ist;* morgens ins ~ gehen; abends aus dem ~ kommen □ empresa **5** *Laden;* die ~e schließen um 20 Uhr □ loja

ge|schäf|tig ⟨Adj.⟩ *betriebsam, eifrig, emsig, unentwegt tätig;* ~ die Kunden bedienen □ com diligência/presteza; in der Stadt herrschte ein ~es Treiben □ ativo; atarefado

ge|schäft|lich ⟨Adj. 24⟩ **1** *das Geschäft, die Geschäfte betreffend, zu ihnen gehörig, beruflich, dienstlich (nicht privat);* ein ~er Anruf; er ist ~ unterwegs; eine Angelegenheit ~er Natur □ comercial; de negócios **2** *förmlich, unpersönlich, distanziert;* nach diesen Ausführungen wurde er wieder ~; etwas in einem ~en Ton sagen □ formal; impessoal

ge|schäfts|fä|hig ⟨Adj. 24⟩ *fähig, Rechtsgeschäfte vorzunehmen,* Ggs *geschäftsunfähig* □ capaz; que tem capacidade civil

ge|schäfts|mä|ßig ⟨Adj. 24⟩ *den Geschäften, den kaufmännischen Gepflogenheiten entsprechend* □ (segundo o uso) comercial

ge|scheckt ⟨Adj. 70⟩ *gefleckt, scheckig;* ein ~es Pony; das Fell des Geparden ist ~ □ malhado

ge|sche|hen ⟨V. 150(s.)⟩ **1** ⟨400⟩ *etwas geschieht ereignet sich;* im Unglück ist ~; was auch ~ mag; es mag ~, was will; was ist ~?; es kann ~, dass ...; es ist nun einmal ~ □ acontecer; das Geschehene kann man nicht ungeschehen machen □ *o que está feito está feito **2** *etwas soll ~ getan werden;* es muss doch etwas ~!; was soll jetzt ~?; was soll mit den Essensresten ~?; dein Wille geschehe! (Vaterunser) □ fazer **3** ⟨600⟩ *etwas geschieht jmdm. stößt jmdm. zu, widerfährt jmdm.;* es wird dir nichts ~; ihm ist ein Unglück ~; ihm ist Unrecht ~; ich wusste nicht, wie mir geschah □ acontecer **3.1** ⟨610⟩ *das geschieht ihm recht* ⟨umg.⟩ *das hat er verdient* □ *ele mereceu; bem feito para ele **4** ⟨400⟩ *etwas ~ lassen etwas zulassen;* wie konntest du das ~ lassen? □ *permitir/deixar que alguma coisa aconteça **5** ⟨800; unpersönl.⟩ *es ist um jmdn. od. etwas ~ jmd. od. etwas ist verloren* □ *estar perdido/arruinado; jetzt war es um seine Ruhe ~ □ *sua paz/tranquilidade acabou

Ge|sche|hen ⟨n.; -s, -⟩ **1** *Ablauf von Geschehnissen, das, was geschieht;* Welt~ **2** *Ereignis, Vorfall;* das damalige, gegenwärtige ~ □ acontecimento

Gescheide

Ge|schei|de ⟨n.; -s, -; Jägerspr.⟩ *Magen u. Gedärme (vom Wild)* ☐ **vísceras; entranhas (de animal)**

ge|scheit ⟨Adj.⟩ **1** *klug, urteilsfähig, verständig, intelligent;* er ist sehr ~ ☐ **inteligente; sensato**; ~er Einfall ☐ ****uma boa ideia***; er ist ein ~er Kopf ☐ ****ele é brilhante/inteligente*** 1.1 ich werde daraus nicht ~ *ich verstehe es nicht* ☐ ****não estou entendendo*** 1.2 du bist wohl nicht ~? *was fällt dir ein, was denkst du dir eigentlich?* ☐ ****você perdeu o juízo?*** 1.3 etwas ~ anfangen, machen *geschickt* ☐ **com inteligência/habilidade** 1.4 sei ~! *sei vernünftig!* ☐ ****seja razoável!*** **2** ⟨oberdt.⟩ *tüchtig, kräftig, ordentlich;* gib mir eine ~e Portion! ☐ ****dê-me uma boa porção!***; das ist doch nichts Gescheites ☐ ****isso não é nada razoável***

Ge|schenk ⟨n.; -(e)s, -e⟩ **1** *mit keiner Gegenleistung verbundene Gabe, die Freude bereiten soll;* Geburtstags~, Weihnachts~; ein großes, kleines, nützliches, praktisches, schönes, wertvolles ~; ein ~ (von) meiner Mutter; das Buch war als ~ gedacht; jmdm. ein ~ mitbringen; kleine ~e erhalten die Freundschaft ⟨Sprichw.⟩ ☐ **presente** 1.1 jmdm. ein ~, etwas zum ~ machen *jmdm. etwas schenken* ☐ ****presentear alguém*** **2** ⟨fig.⟩ *unerwartete Gabe, die Freude bereitet;* dieser schöne Tag war ein ~ (des Himmels) ☐ **dádiva** **3** *Gabe, mit der möglicherweise die Absicht der Bestechung verbunden wird;* Wahl~; keine ~e annehmen ☐ **oferta; presente**

Ge|schich|te ⟨f.; -, -n⟩ **1** ⟨unz.⟩ *Vorgang der Entwicklung in Natur u. Gesellschaft;* Erd~, Kunst~; die deutsche, englische usw. ~; ~ der Technik, des Theaters; in der ~ ist es immer wieder vorgekommen, dass ...; die ~ lehrt uns, dass ... ☐ **história** 1.1 man kann das Rad der ~ nicht zurückdrehen ⟨fig.⟩ *nichts ungeschehen machen* ☐ ****não dá para voltar atrás; não dá para recuperar o passado*** 1.2 ~ machen *für die geschichtliche Entwicklung Entscheidendes leisten;* dieser Bundeskanzler wird ~ machen ☐ **história** **2** ⟨unz.⟩ *alles Geschehene, die Vergangenheit* 2.1 im Buch der ~ blättern, lesen ⟨fig.⟩ *die Vergangenheit betrachten* ☐ **passado** **3** ⟨unz.⟩ *Wissenschaft, die sich mit dem Ablauf der politischen u. gesellschaftlichen Entwicklung befasst;* ~ des Altertums, des Mittelalters, der Neuzeit; Alte, Mittlere, Neuere, Neueste ~ 3.1 *Geschichte(3) als Lehr- u. Unterrichtsfach;* er gibt ~ und Deutsch; wir haben dreimal in der Woche ~; ~ studieren (an der Universität); er hat in ~ eine Eins; ~ unterrichten ☐ **história** **4** *Erzählung, Schilderung;* der Held dieser ~; eine ~ erzählen, schreiben, vorlesen; Großmutter kann wunderbar ~n erzählen; Kinder hören gern ~n; eine aufregende, langweilige, schöne, spannende, traurige ~; die biblischen ~n; die ~ von König Barbarossa ☐ **história; narrativa** 4.1 ⟨umg.⟩ *Lüge, Rederei;* das sind doch alles nur ~n! ☐ **história; conversa fiada** **5** ⟨zählb.⟩ *Angelegenheit, Sache;* das ist eine böse, dumme ~; die ~ ist für mich erledigt ☐ **história; questão**; was kostet die ganze ~? ☐ ****quanto custa tudo isso?*** 5.1 *Abenteuer, Erlebnis;* mir ist neulich eine ~ passiert, die ich dir erzählen muss ☐ **história; aventura** 5.2 *Liebesangelegenheit;* der X hatte doch die ~ mit der Schauspielerin ☐ **história; caso** 5.3 *(unangenehme) Überraschung;* da haben wir die ~! ☐ ****estamos bem arranjados!***; das ist eine peinliche, unangenehme ~ ☐ **história**; das ist eine schöne ~! ⟨iron.⟩; das sind ja nette ~n! ⟨iron.⟩ ☐ ****mas que bonito/simpático!*** 5.3.1 mach keine ~n! *benimm dich ordentlich!, mach keine Umstände, mach keine Dummheiten!* ☐ ****deixe de bobagem!***

ge|schicht|lich ⟨Adj. 24⟩ **1** (90) *die Geschichte betreffend, zu ihr gehörig, auf ihr beruhend;* eine ~e Entwicklung beschreiben ☐ **histórico** **2** *nach, aufgrund von Geschichtsquellen bezeugt, schriftlich überliefert;* ~ bedeutende Tatsachen ☐ **do ponto de vista histórico** **3** *für die Zukunft bedeutungsvoll;* die Einführung des Euro war ein ~es Ereignis ☐ **histórico**

Ge|schick ⟨n.; -(e)s, -e⟩ **1** *Schicksal, Fügung;* ein böses, gutes ~; ein grausames ~ hat ihn uns entrissen; ein gütiges ~ bewahrte ihn vor dem Tode 1.1 *Gestaltung der Lebensumstände;* sein ~ selbst in die Hand nehmen ☐ **destino; sorte** **2** ⟨unz.⟩ *Eignung, besondere Fähigkeit, etwas Bestimmtes zu tun;* er hat das nötige ~ für den Umgang mit Menschen; kein ~ zum Basteln haben; er hat ein besonderes ~, die Leute vor den Kopf zu stoßen (iron.) 2.1 *Fähigkeit, eine Sache richtig anzufassen u. durchzuführen, Geschicklichkeit;* er zeigt (dabei) viel ~ ☐ **habilidade; destreza** **3** *Ordnung;* eine Sache wieder ins ~ bringen ☐ **ordem**

Ge|schick|lich|keit ⟨f.; -; unz.⟩ *Geschick(2), (handwerkliche) Begabung, Gewandtheit, Geübtheit;* er fuhr mit großer ~ zwischen den Hindernissen hindurch; bei einer Sache ~ beweisen ☐ **habilidade; destreza**

ge|schickt 1 ⟨Part. Perf. von⟩ *schicken* **2** ⟨Adj.⟩ 2.1 *geübt und flink;* ein ~er Arbeiter, Handwerker; er ist in allen handwerklichen Arbeiten sehr ~; sich (bei einer Tätigkeit) ~ anstellen; ~e Finger, Hände haben; ein Schloss mit ~en Griffen öffnen ☐ **habilidoso; jeitoso** 2.2 ⟨fig.⟩ *umsichtig, wendig;* ein ~er Lehrer, Verhandlungsleiter; etwas durch ~e Fragen herausbekommen ☐ **competente; hábil**; wir müssen ~ vorgehen; eine Sache ~ anfassen ☐ **com competência/habilidade**

Ge|schirr ⟨n.; -(e)s, -e⟩ **1** *Gefäße, in denen Speisen u. Getränke zubereitet u., od. aufgetragen werden;* Ess~, Kaffee~, Küchen~, Tee~, Porzellan~, Steingut~; das ~ abräumen; ~ abtrocknen, spülen; ~ zerschlagen; altes, kostbares ~; feuerfestes, unzerbrechliches ~; das gute ~ nehmen; sauberes, schmutziges ~ ☐ **louça; serviço** **2** *Geräte, Maschinen u. Vorrichtungen, die für eine bestimmte Arbeit zusammengestellt sind;* Anker~, Lade~, Bohr~ ☐ **equipamento; aparelhagem** **3** *Seil- od. Riemenwerk zum Anspannen von Zugtieren;* den Pferden das ~ abnehmen, anlegen; das Pferd geht gut im ~ ☐ **arreios** 3.1 sich ordentlich ins ~ legen ⟨fig.⟩ *kräftig arbeiten, sich anstrengen* ☐ ****trabalhar com afinco*** 3.2 *Wagen u. Zugtier(e)* ☐ **carroça e animais de tração** **4** ⟨Weberei⟩ *die Schäfte eines Webstuhls mit ihrer Aufhängung* ☐ **jogo de liços**

Ge|schirr|rei|ni|gung ⟨f.; -; unz.⟩ *das Reinigen, Abspülen von Geschirr* ☐ **lavagem de louça**

Ge|schlecht ⟨n.; -(e)s, -er⟩ **1** *eine der zwei verschiedenen Formen, weiblich u. männlich, in denen beim Menschen, den meisten Tieren u. vielen Pflanzen die Einzelwesen vorkommen;* Menschen beiderlei ~s; das andere ~ □ **sexo 2** ⟨unz.⟩ *Geschlechtsteil* □ **sexo; órgão genital 3** *Art, Gattung;* Menschen~; das menschliche ~ □ **gênero; espécie 4** = *Generation(3);* die kommenden ~er; von ~ zu ~ □ **geração 5** *Familie;* Adels~, Bauern~; das ~ der Hohenzollern; ein altes, alteingesessenes, weit verbreitetes ~; aus altem, edlem ~ stammen □ **família; linhagem; estirpe 5.1** ⟨schweiz.⟩ *Familienname;* ich habe das ~ vergessen, Herr ... □ **sobrenome 6** ⟨Gramm.⟩ = *Genus (2);* männliches, weibliches, sächliches ~ □ **gênero**

ge|schlecht|lich ⟨Adj. 24⟩ **1** *männliches u. weibliches Geschlecht (u. ihre Merkmale) betreffend, zu ihnen gehörig;* ~e Entwicklung; ~e Fortpflanzung **2** *das Geschlechtsleben, das sexuelle Verhalten betreffend, auf ihm beruhend, sexuell* □ **sexual 2.1** mit jmdm. ~ verkehren *mit jmdm. Geschlechtsverkehr haben* □ ***ter relações sexuais com alguém**

Ge|schlechts|akt ⟨m.; -(e)s, -e⟩ *geschlechtliche Vereinigung von Mann u. Frau, von männlichem u. weiblichem Tier;* Sy *Coitus, Koitus, Geschlechtsverkehr* □ **relação sexual; coito**

Ge|schlechts|krank|heit ⟨f.; -, -en; Med.⟩ *durch den Geschlechtsverkehr übertragene Infektionskrankheit* □ **doença venérea**

ge|schlechts|reif ⟨Adj. 24/70; Biol.⟩ *reif, fähig zur geschlechtlichen Fortpflanzung* □ **púbere**

Ge|schlechts|ver|kehr ⟨m.; -s; unz.⟩ = *Geschlechtsakt*

Ge|schlos|sen|heit ⟨f.; -; unz.; fig.⟩ *abgerundete Form, erschöpfende Behandlung;* eine Arbeit, ein Musikwerk von großer ~ □ **uniformidade; coesão**

Ge|schmack ⟨m.; -(e)s, -schmạ̈cke od. ⟨umg.⟩ – schmạ̈cker; Pl. selten⟩ **1** *Fähigkeit zu schmecken, Geschmackssinn;* für meinen ~ ist die Suppe zu stark gesalzen □ **paladar 2** *beim Schmecken feststellbare Eigenart eines Stoffes;* bitterer, erdiger, herber, kräftiger, saurer, süßer ~; einen faden, schalen ~ im Munde haben; die Suppe hat einen ~ nach Pilzen; die Birne hat einen guten ~ □ **gosto; sabor 3** ⟨fig.⟩ *Urteilsfähigkeit in ästhetischen Fragen, Sinn für Schönes, für Kultur, auch für Vornehmheit, Anstand;* das ist der ~ unserer Zeit; seinen ~ bilden, entwickeln; (keinen) haben; einen guten, schlechten ~ haben; für meinen ~ ist das Haus zu protzig; sich mit ~ kleiden; nach heutigem, neuestem ~; sein Verhalten zeugt von gutem, schlechtem ~ □ **gosto**; über ~ lässt sich (nicht) streiten ⟨Sprichw.⟩ **3.1** ⟨nur Pl.⟩ *die Geschmäcker sind verschieden man soll anderen nicht den eigenen Geschmack(3) aufzwingen* □ ***gosto não se discute 4** ⟨fig.⟩ *Gefallen, Interesse, Vorliebe;* an etwas ~ finden, gewinnen; einer Sache ~ abgewinnen □ ***tomar gosto por alguma coisa 4.1** auf den ~ kommen *das Angenehme an einer Sache entdecken* □ ***passar a gostar de 4.2** je nach ~ *nach Belieben* □ **à vontade; conforme se desejar 4.3** das ist (nicht) nach meinem ~ *das gefällt mir (nicht)* □ ***isso (não) faz meu gênero**

ge|schmack|los ⟨Adj.⟩ **1** *ohne Geschmack(2); das Medikament ist völlig* ~ □ **insípido 1.1** ⟨veraltet⟩ *schal, fade;* die Suppe ist etwas ~ □ **insosso 2** ⟨fig.⟩ *hässlich, kitschig;* Ggs *geschmackvoll;* ein ~es Gebäude, Kleid; ~er Schmuck; sich ~ kleiden □ **feio; cafona; de mau gosto 3** *taktlos, ohne Anstand, unvornehm;* ich finde diesen Witz ~ □ **de mau gosto**

Ge|schmack(s)|sa|che ⟨f.; -; unz.⟩ *Angelegenheit, bei der nur der Geschmack(4) entscheidet;* das ist ~ □ **questão de gosto**

ge|schmack|voll ⟨Adj.⟩ *schön, stilvoll, passend, harmonisch, mit Geschmack;* Ggs *geschmacklos;* das Zimmer ist ~ eingerichtet; ein ~es Kunstwerk □ **com/de bom gosto; elegante**

Ge|schmei|de ⟨n.; -s, -; geh.⟩ *Goldschmiedearbeit, kostbarer (bes. Hals-)Schmuck* □ **joia**

ge|schmei|dig ⟨Adj.⟩ **1** *weich, schmiegsam;* ~es Leder; einen Stoff ~ machen □ **macio; flexível 2** *gewandt, gelenkig;* sich ~ durch eine Zaunlücke winden; einem Schlag ~ ausweichen □ **com habilidade/agilidade 3** ⟨fig.⟩ *diplomatisch, schlau, geschickt;* mit ~en, überredenden Worten □ **hábil; diplomático**; unbequemen Fragen ~ ausweichen □ **com habilidade/diplomacia**

Ge|schöpf ⟨n.; -(e)s, -e⟩ **1** *(von Gott geschaffenes) Lebewesen, Mensch, Tier, Pflanze;* Sy *Kreatur;* alle ~e Gottes **2** ⟨geh.⟩ *Mensch, Person;* so ein albernes, undankbares ~!; das arme ~!; sie ist ein reizendes kleines ~ **2.1** ⟨abwertend⟩ *von einem anderen bevorzugter, aber auch abhängiger Mensch;* Sy *Kreatur;* sie ist sein ~ □ **criatura 3** *etwas Geschaffenes, materielles od. geistiges Erzeugnis;* ein ~ seiner Fantasie □ **produto**

Ge|schoss[1] ⟨n.; -es, -e⟩ **1** *(mit Hilfe einer Waffe) geschleuderter Körper;* oV ⟨österr.⟩ *Geschoß*[1]; Sy *Projektil;* Gewehr~, Artillerie~ □ **projétil**

Ge|schoß[1] ⟨n.; -es, -e; in Österreich alleinige Schreibung für⟩ *Geschoss*[1] □ **projétil**

Ge|schoss[2] ⟨n.; -es, -e⟩ *Stockwerk;* oV ⟨österr.⟩ *Geschoß*[2]; Dach~, Erd~, Ober~, Zwischen~; im ersten ~ wohnen □ **andar**

Ge|schoß[2] ⟨n.; -es, -e; in Österreich alleinige Schreibung für⟩ *Geschoss*[2] □ **andar**

ge|schraubt 1 ⟨Part. Perf. von⟩ *schrauben* **2** ⟨Adj.; fig.⟩ *geziert, unnatürlich, gekünstelt;* ~er Stil, ~e Sprache; sie drückt sich oft etwas ~ aus; ein ~es Benehmen □ **artificial; afetado; empolado**

Ge|schrei ⟨n.; -s; unz.⟩ **1** *anhaltendes Schreien;* Jammer~, Kinder~, Weh~ □ **gritaria 2** ⟨fig.⟩ *Aufhebens, Getue;* viel ~ um etwas machen □ ***fazer muito barulho por alguma coisa 2.1** ein großes ~ erheben ⟨fig.⟩ *sich heftig entrüsten, viel Aufhebens machen* □ ***fazer um grande estardalhaço 2.2** viel ~ und wenig Wolle ⟨Sprichw.⟩ *viel Lärm um nichts, viel Gerede u. wenig dahinter* □ ***muito barulho por nada**

Ge|schütz ⟨n.; -es, -e⟩ **1** ⟨urspr.⟩ *Waffen des Schützen* □ **arco e flecha 2** ⟨heute⟩ *Gerät zum Abfeuern von großen Geschossen;* ein ~ auffahren, bedienen, laden; leichtes, schweres ~; ein ~ in Stellung bringen □ **canhão;**

Ge|schwa|der ⟨n.; -s, -; Mil.⟩ **1** ⟨früher⟩ *Reiterformation von 600 bis 700 Mann* □ **(esquadrão de) cavalaria 2** ⟨heute⟩ *Verband gleichartiger Kriegsschiffe od. Kampfflugzeuge;* Jagd~, Kampf~ □ **esquadra; frota 2.1** *Verband von 2 bis 3 Staffeln mit je 18 Flugzeugen, entsprechend dem Regiment* □ **esquadrilha**

Ge|schwätz ⟨n.; -es; unz.; umg.⟩ *dummes Gerede, anhaltendes Schwätzen, Tratsch; ich kann dieses leere ~ nicht mehr hören* □ **falatório; mexerico**

ge|schwät|zig ⟨Adj.⟩ **1** *gern u. viel redend, schwatzhaft* **2** *alles ausplaudernd;* Ggs *verschwiegen* □ **tagarela; linguarudo**

ge|schwei|ge ⟨Konj.; meist in der Wendung⟩ *~ denn noch viel weniger; er hat nicht einmal das Geld für eine Wohnung, ~ (denn) für ein ganzes Haus* □ ***menos ainda**

ge|schwind ⟨Adj.; regional⟩ *schnell, flink, rasch; das geht ganz ~, nicht so ~; mach ~!; ich will nur ~ noch zum Bäcker laufen* □ **rápido; depressa**

Ge|schwin|dig|keit ⟨f.; -, -en⟩ **1** ⟨Phys.; Tech.⟩ *das Verhältnis von zurückgelegtem Weg zu der dazu gebrauchten Zeit* **2** *Schnelligkeit; die ~ drosseln, steigern, verringern; mit großer, hoher, rasender ~; er fuhr mit einer ~ von 60 Kilometern in der Stunde* □ **velocidade 2.1** *zu große ~ draufhaben* ⟨umg.⟩ *zu schnell fahren* □ ***voar; pisar fundo* **2.2** *~ ist keine Hexerei* ⟨umg.⟩ *jeder kann sich beeilen* □ ***não custa nada se apressar* **2.3** *mit affenartiger ~* ⟨umg.; scherzh.⟩ *sehr schnell, überraschend schnell* □ ***a toda velocidade**

Ge|schwin|dig|keits|be|schrän|kung ⟨f.; -, -en⟩ *vorgeschriebene Begrenzung der Höchstgeschwindigkeit (von Kraftfahrzeugen) auf bestimmten Straßen; Geschwindigkeitsbegrenzung;* Sy *Tempolimit; ~ auf Bundesstraßen, Autobahnen* □ **limite de velocidade**

Ge|schwis|ter ⟨n.; -s, -; Biol.; Statistik; poet.⟩ **1** ⟨unz.; poet.; Biol.; Statistik⟩ *ein Geschwisterkind (Bruder od. Schwester)* □ **irmão; irmã 2** ⟨nur Pl.⟩ *Bruder u. Schwester, Brüder u. Schwestern; meine ~ und ich; ich habe noch drei ~; wir sind zu Hause fünf ~* □ **irmãos**

Ge|schwo|re|ne(r) ⟨f. 2 (m.1); bis 1972 amtl. Bez.⟩ = *Schöffe(1)*

Ge|schwulst ⟨f.; -, -schwüls|te; Med.⟩ **1** *Neubildung von körpereigenem Gewebe, das durch sein Wachstum anderes Körpergewebe verdrängt u. zerstört;* Sy *Tumor* □ **tumor**, → a. *gutartig(1.1), bösartig(2.1)*

Ge|schwür ⟨n.; -(e)s, -e⟩ **1** *mehr od. weniger tiefgreifender Substanzverlust an Haut od. Schleimhäuten infolge Verletzung, Durchblutungsstörung, Entzündung oder Gewebszerstörung bei Eiterung; Ulcus* **2** ⟨fig.⟩ *anhaltender Missstand* □ **úlcera**

Ge|sel|le ⟨m.; -n, -n⟩ **1** ⟨Handwerk⟩ *Gehilfe nach Abschluss der Lehrzeit u. abgelegter Gesellenprüfung* □ **assistente; auxiliar 2** ⟨allg.⟩ *junger Mensch, Gefährte; ein fröhlicher, lustiger, roher, wüster ~* □ **companheiro; colega**

ge|sel|len ⟨V. 550/Vr 3⟩ **1** *sich zu jmdm. ~ sich jmdm. anschließen, mit ihm gehen* □ ***juntar-se a alguém; andar com alguém;* → a. *gleich(2.2)*

Ge|sel|len|stück ⟨n.; -(e)s, -e⟩ *Gegenstand, den der Lehrling bei der Gesellenprüfung herzustellen hat* □ **trabalho prático de aprendizagem**

ge|sel|lig ⟨Adj.⟩ **1** *~ lebende* **Tiere** *im Rudel, in der Herde lebende T.* □ ***animais que vivem em bando* **2** *Gesellschaft liebend, suchend, sich gern unter Menschen aufhaltend; er ist nicht sehr ~* □ **sociável; comunicativo 3** *in zwangloser Gesellschaft stattfindend, unterhaltsam; ein ~er Abend; ein ~es Leben führen; jmdn. zu einem ~en Beisammensein einladen* □ **divertido; agradável**

Ge|sel|lig|keit ⟨f.; -, -en⟩ **1** ⟨unz.⟩ *geselliges Wesen* □ **sociabilidade 2** ⟨unz.⟩ *zwangloser, außerberuflicher Verkehr mit anderen Menschen; die ~ lieben, pflegen* □ **vida social 3** *unterhaltsame Veranstaltung, geselliges Beisammensein; jmdn. zu einer kleinen ~ einladen* □ **reunião/encontro (entre amigos)**

Ge|sel|lin ⟨f.; -, -lin|nen⟩ *weibl. Geselle* □ **assistente; auxiliar; colega; companheira**

Ge|sell|schaft ⟨f.; -, -en⟩ **1** *zweckgebundene, aus Nützlichkeitserwägungen entstandene, meist in sich gegliederte Gruppe von Menschen, die zusammen leben und arbeiten;* Klassen~, Ur~; *die bürgerliche ~; die menschliche ~; die primitiven ~en;* → a. *offen(1.11.5)* **2** *die im gesellschaftlichen Verkehr maßgebende, führende Schicht eines Landes od. einer Stadt; die feine, gute, vornehme ~; in die ~ eingeführt werden; sich in ~ benehmen, bewegen können* □ **sociedade 3** *größeres geselliges Beisammensein;* Abend~; *~en besuchen; eine ~ geben; viel in ~en gehen; jmdn. auf einer ~ treffen* □ **reunião; festa; recepção 4** *geselliger Kreis;* Damen~, Herren~; Reise~ □ **grupo; sociedade;** *ihr seid aber eine langweilige ~!* ⟨umg.⟩; *benimm dich, du befindest dich hier in guter ~!* ⟨umg.; iron.⟩ □ **companhia 4.1** *die ganze ~ alle miteinander* □ ***todo o mundo* **4.2** *Umgang;* **in schlechte** *~ geraten;* **in schlechte** *~ verkehren* **5** *Begleitung; ich bin gern in deiner ~* **5.1** *da kommt ~! jmd. zur Begleitung* **5.2** *hier bringe ich dir deine Puppe, da hast du ~! da bist du nicht allein* □ **companhia 5.3** *jmdm. ~ leisten jmdn. unterhalten, ihm die Zeit vertreiben* □ ***fazer companhia a alguém* **6** *Vereinigung mehrerer Personen zu bestimmtem Zweck und mit bestimmten Satzungen;* Handels~; *einer ~ beitreten; in eine ~ eintreten; eine ~ gründen; gelehrte ~; literarische ~* □ **sociedade 6.1** *die ~ Jesu der Jesuitenorden* □ ***a Companhia de Jesus* **6.2** *~ mit beschränkter Haftung* ⟨Abk.: GmbH⟩ *Kapitalgesellschaft, bei der Gesellschafter nur mit dem Kapital ihrer Einlage haften* □ ***sociedade de responsabilidade limitada**

Ge|sell|schaf|ter ⟨m.; -s, -⟩ **1** *anregender, unterhaltsamer Mensch, Begleiter; er ist ein guter ~* □ **companhia 2** *Teilhaber einer Handelsgesellschaft* □ **sócio**, → a. *still(6.3)*

Ge|sell|schaf|te|rin ⟨f.; -, -rin|nen⟩ **1** *weibl. Gesellschafter* □ **companhia; sócia 2** ⟨früher⟩ *Angestellte* *(von Damen od. für junge Mädchen) zur Reisebegleitung, Unterhaltung, Gesellschaftsdame* □ **acompanhante; dama de companhia**

ge|sell|schaft|lich ⟨Adj. 24⟩ **1** *die Gesellschaft betreffend, zu ihr gehörig, ihr entsprechend, ihr dienend;* der ~e Nutzen einer gesetzlichen Maßnahme; der ~en Oberschicht angehören □ **social 2** *den in der (höheren, guten) Gesellschaft(2) üblichen Sitten u. Umgangsformen entsprechend, ihnen gemäß;* er macht sich durch sein Benehmen ~ unmöglich □ **socialmente**

Ge|sell|schafts|ord|nung ⟨f.; -, -en⟩ *die Art, in der eine Gesellschaft aufgebaut ist, Struktur einer Gesellschaft* □ **ordem social**

Ge|setz ⟨n.; -es, -e⟩ **1** *rechtlich bindende Vorschrift;* Straf~; das ~ Mose; ein ~ abschaffen, aufheben, befolgen, brechen, verletzen; ein ~ auslegen; ein ~ erlassen; das ~ tritt am 1. 4. in Kraft; das ~ übertreten; auf dem Boden des ~es stehen; das ist gegen alles Recht und ~; sich gegen das ~ vergehen; gegen ein ~ verstoßen; eine Lücke im ~ finden, durch die man schlüpfen kann; im Namen des ~es erkläre ich Sie für verhaftet; mit dem ~ in Konflikt geraten; durch die Maschen des ~es schlüpfen ⟨fig.⟩ **2** *Ordnungsregel, aufgrund deren etwas geschieht;* Natur~; das ~ des freien Falles; die Mendel'schen ~e □ **lei 3** *Regel, Richtschnur, Grundsatz;* die ~e der Dichtkunst; ein ästhetisches, ethisches, moralisches ~; harte, strenge ~e; ein ungeschriebenes ~; ... nach dem ~, wonach du angetreten (Goethe, „Urworte"); sich etwas zum ~ machen □ **lei; regra; norma**

ge|setz|ge|bend ⟨Adj. 24/60⟩ *Gesetze beratend, vorschlagend u. erlassend;* die ~e Versammlung □ **legislativo**

ge|setz|lich ⟨Adj. 24⟩ **1** *das Gesetz betreffend, ihm entsprechend, ihm gemäß, auf den Gesetzen beruhend;* Ggs *ungesetzlich;* er versucht, auf ~em Wege zu seinem Recht zu kommen; die ~en Bestimmungen, Vorschriften nicht beachten **1.1** ~er **Vertreter** eines Kindes *Elternteil od. Vormund eines Kindes (bis zum 18. Lebensjahr)* □ **legal**

ge|setzt 1 ⟨Part. Perf. von⟩ **setzen 2** ⟨Adj.⟩ *ernst u. ruhig, besonnen, gemessen, würdevoll* □ **sério; ponderado**

ge|setz|ten|falls ⟨Adv.⟩ *angenommen, dass ...* □ **supondo que; na hipótese de (que)...**

Ge|sicht[1] ⟨n.; -(e)s, -er⟩ **1** *vordere Fläche des Kopfes mit Nase, Mund u. Augen;* das ~ abwenden; sich ein ~ fest einprägen; das ~ verzerren; jmdm. das ~ zuwenden; ein altes, faltiges, junges, pockennarbiges, runzliges ~ haben; ein apartes, feines, hässliches, hübsches, schönes ~ haben; ein blasses, bleiches, blühendes, frisches, gesundes, kränkliches ~; ein breites, langes, ovales, schmales ~; ein interessantes, markantes ~; ein gut, scharf geschnittenes ~ haben; jmdm. frech ins ~ lachen □ **rosto; cara;** jmdm. nicht (mehr gerade, offen) ins ~ schauen können (weil man ein schlechtes Gewissen hat); jmdm. fest, voll ins ~ sehen □ **olhos; cara;** die Sonne scheint mir ins ~; jmdm. ins ~ schlagen; jmdm. ins ~ spucken □ **rosto; cara;** das Blut stieg ihr ins ~ (vor Scham, Zorn) □ **cabeça;** ich hätte ihm vor Wut ins ~ springen mögen □ **pescoço;** das ~ in den Händen verbergen; mit dem ~ nach vorn, nach hinten □ **rosto; cara 1.1** jmdm. wie aus dem ~ geschnitten sein *jmdm. sehr ähnlich sehen;* er ist seiner Mutter wie aus dem ~ geschnitten □ **ser a cara de alguém* **1.2** jmdm. etwas ins ~ sagen *jmdm. ohne Scheu etwas Unangenehmes sagen* □ **cara 1.3** etwas steht jmdm. zu ~ *etwas passt zu jmdm.;* die Farbe, der Hut steht ihr gut zu ~ □ **alguma coisa combina com alguém* **1.4** einer Gefahr, einer neuen Situation ~ sehen *sich mit ihr auseinandersetzen, ihr nicht ausweichen* □ **enfrentar um perigo/uma nova situação* **2** *Gesichtsausdruck, Miene;* ein (un)freundliches ~ aufsetzen, machen; mach ein fröhliches ~!; er zeigt immer ein heiteres ~; ein amtliches, offizielles ~ aufsetzen, machen; mach nicht so ein böses, dummes ~!; ein erschrockenes, erstauntes, fröhliches, grimmiges, heiteres, mürrisches, strenges, trauriges, trotziges, wütendes ~ machen; das sieht man dir am ~ an; ich konnte ihm seine Gedanken vom ~ ablesen; das ~ zum Weinen verziehen □ **cara; expressão 2.1** ein ~ wie 14 Tage Regenwetter machen *mürrisch aussehen* □ **estar de cara amarrada* **2.2** etwas steht jmdm. im ~ geschrieben *etwas ist an jmds. Gesichtsausdruck deutlich zu erkennen;* die Lüge stand ihm ins ~ geschrieben □ **alguma coisa está escrita na cara/testa de alguém* **2.3** *Fratze, Grimasse;* was machst du denn für ein ~? □ **cara;** ~er schneiden □ **fazer caretas* **2.3.1** ein ~ ziehen *enttäuscht, beleidigt dreinschauen* □ **ficar decepcionado/ofendido* **3** *Person, Mensch;* wir gehen gern aus, um einmal andere ~er zu sehen; ich habe dort viele bekannte ~er gesehen; er läuft jedem hübschen ~ nach □ **cara; gente 4** ⟨fig.⟩ *(charakteristisches) Aussehen;* das ~ einer Stadt; einer Sache das richtige ~ geben; große Politiker prägen das ~ ihrer Zeit; das gibt der Sache ein anderes ~ **4.1** sein wahres ~ zeigen *zeigen, wie man wirklich ist, sich nicht mehr verstellen* □ **cara 4.2** *Ansehen;* das ~ wahren, retten □ **aparências;** das ~ verlieren □ **queimar-se; perder o prestígio* **5** ⟨veraltet⟩ *Sehvermögen;* das ~ verlieren □ **visão 5.1** jmdn. od. etwas zu ~ bekommen *sehen;* ich habe es noch nicht zu ~ bekommen □ **ver alguém ou alguma coisa* **5.2** jmdm. zu ~ kommen *von jmdm. gesehen werden* □ **ser visto por alguém* **6** ⟨fig.; umg.⟩ *bevorzugte Seite* **6.1** das belegte Brötchen ist aufs ~ gefallen ⟨scherzh.⟩ *mit der belegten Seite nach unten auf den Boden gefallen* □ **melhor parte**

Ge|sicht[2] ⟨n.; -(e)s, -e⟩ *Erscheinung, Vision;* im Traum ein ~ haben □ **visão; aparição**

Ge|sichts|feld ⟨n.; -(e)s, -er⟩ **1** *bei unbewegtem Auge überschaubarer Raum* **2** *mit der Optik erfassbarer Raum, Bildausschnitt, Abbildungsbereich* □ **campo de visão**

Ge|sichts|kreis ⟨m.; -es, -e⟩ = *Horizont(1-2);* seinen ~ erweitern; einen großen, kleinen, weiten, begrenzten ~ haben □ **horizonte**

Ge|sichts|punkt ⟨m.; -(e)s, -e; fig.⟩ **1** *(Möglichkeit der) Betrachtungsweise, Blickwinkel;* ein neuer, wesentlicher ~; von diesem ~ aus betrachtet ... **2** *Gedanke,*

Gesichtswinkel

wesentliche Einzelheit; noch einige ~e hinzufügen □ **ponto de vista**

Ge|sichts|win|kel ⟨m.; -s, -⟩ **1** *der Winkel, den die von den äußersten Punkten eines Gegenstandes zum Auge ziehenden Linien (Richtungsstrahlen) bilden* □ **ângulo visual 2** *unter diesem ~* ⟨fig.⟩ *von dieser Seite, bei dieser Betrachtungsweise; unter diesem ~ betrachtet, sieht die Sache anders aus* □ **aspecto; ponto de vista**

Ge|sichts|zug ⟨m.; -(e)s, -züge; meist Pl.⟩ *Schnitt, Ausprägung des Gesichts, durch den Ausdruck geprägte Gestalt des Gesichts;* edle, feine, grausame, harte, strenge, weiche Gesichtszüge □ **traços; feições**

Ge|sims ⟨n.; -es, -e⟩ *waagerecht vorspringender Streifen einer Mauer, eines Pfeilers* □ **cornija**

Ge|sin|de ⟨n.; -s; unz.; früher⟩ *Gesamtheit der Knechte u. Mägde, bes. eines Bauernhofes* □ **criadagem**

Ge|sin|del ⟨n.; -s; unz.; abwertend⟩ *betrügerische, verbrecherische od. arbeitsscheue Menschen;* lichtscheues, zwielichtiges ~ □ **corja; gentalha**

ge|sinnt ⟨Adj. 24/70⟩ *eingestellt, eine bestimmte Gesinnung habend;* (jmdm.) feindlich, freundlich, gut, böse, übel ~ sein □ ***ser hostil/simpático/bom/ruim/mal-intencionado (com alguém);*** wie ist er politisch ~? □ ***qual sua inclinação política?***

Ge|sin|nung ⟨f.; -, -en⟩ *sittliche Haltung eines Menschen, Einstellung, Meinung, Denkart;* seine ~ wechseln; anständige, aufrichtige, ehrliche, gemeine, gute, liberale, niedrige ~; politische ~; seine wahre ~ zeigen □ **opinião; convicção; modo de pensar**

ge|sit|tet ⟨Adj.⟩ *wie es Sitte u. Anstand entspricht;* ~es Benehmen; ~ neben den Eltern hergehen □ **bem-educado; comportado; civilizado**

ge|son|nen 1 ⟨Part. Perf. von⟩ *sinnen* **2** ⟨Adj. 24/40⟩ ~ *sein, etwas zu tun etwas zu tun beabsichtigen* □ ***estar disposto a fazer alguma coisa; ter a intenção de fazer alguma coisa***

Ge|spann ⟨n.; -(e)s, -e⟩ **1** *zusammengespannte Zugtiere* □ **parelha; junta 2** *Zugtier(e) u. Wagen;* Ochsen~, Pferde~ □ **carroça 3** ⟨fig.; umg.⟩ *zwei zusammengehörige od. zusammen arbeitende Personen;* ein seltsames ~!; die beiden geben ein gutes ~ ab □ **par; casal**

ge|spannt 1 ⟨Part. Perf. von⟩ *spannen* **2** ⟨Adj.⟩ **2.1** *voller Aufregung, erwartungsvoll, neugierig;* ich bin schon ~, wie das neue Auto aussehen wird; jmdn. in ~er Erwartung, Neugier empfangen □ **tenso; ansioso 2.1.1** ich bin ~ wie ein Flitzebogen ⟨umg.; scherzh.⟩ *sehr aufgeregt, äußerst neugierig* □ ***não aguento de curiosidade/ansiedade* 2.2** *interessiert, gefesselt;* die Kinder hörten ~ zu □ **interessado; atento 2.3** *gereizt, misstönend, Uneinigkeit ausstrahlend;* zwischen ihnen herrscht ein ~es Verhältnis; die Stimmung, das Klima war sehr ~ □ **tenso 2.4** *kritisch, angespannt, mit Konflikten belastet;* zwischen beiden Ländern herrsche eine ~e politische Lage □ **crítico; tenso**

Ge|spenst ⟨n.; -(e)s, -er⟩ **1** *erschreckende Erscheinung (eines Geistes), Trugbild;* das ~ der Hungersnot, des Krieges **1.1** du siehst ~er! *du bist zu pessimistisch* **1.2** aussehen wie ein ~ *bleich, abgemagert* □ **fantasma**

ge|spens|tig ⟨Adj.⟩ = *gespenstisch*

ge|spens|tisch ⟨Adj.⟩ *wie ein Gespenst, einem Gespenst ähnlich, unheimlich, Furcht erregend;* oV *gespenstig;* er sieht ~ aus; eine ~e Erscheinung haben; es herrschte ~e Stille □ **fantasmagórico; assustador**

Ge|spinst ⟨n.; -(e)s, -e⟩ **1** *etwas Gesponnenes, zartes Gewebe aus gesponnenen Fäden* □ **tecido 2** ⟨Textilw.⟩ *gedrehtes Garn aus Fasern endlicher Länge* □ **fiado; fio 3** ⟨fig.⟩ *etwas ineinander Verflochtenes, verwobenes Gebilde, Netzwerk;* Hirn~ □ **fantasia; elucubração;** Gedanken~ □ **emaranhado de pensamentos/ideias**

Ge|spött ⟨n.; -(e)s; unz.⟩ **1** *das Spotten* □ **chacota, escárnio 2** *Gegenstand des Spottes;* jmdn. od. sich zum ~ der Leute machen □ **alvo de chacota**

Ge|spräch ⟨n.; -(e)s, -e⟩ **1** *mehrmaliger od. längerer Wechsel von Rede und Gegenrede, Unterhaltung, Dialog;* Zwie~; den Faden des ~s wiederaufnehmen; Gegenstand unseres ~s war der neue Film; das ~ abbrechen; das ~ wiederaufnehmen; ein ~ belauschen; ein ~ führen (mit jmdm.); ein ~ unterbrechen; ein dienstliches, fachliches, freundschaftliches, politisches ~; ein ernstes, heiteres, interessantes, zwangloses ~; ein kurzes, langes ~; sich in ein ~ einlassen; mit jmdm. ins ~ kommen; ins ~ vertieft sein; ein ~ mit jmdm. anknüpfen; ~ unter vier Augen; ein ~ zwischen Lehrer und Schülern **1.1** das ~ auf etwas bringen *zu einem bestimmten Thema hinlenken* □ **conversa 1.2** *einmalige telefonische Zwiesprache;* Fern-~, Orts~; ein ~ abhören; ein ~ (nach Berlin) führen; das ~ (nach Berlin) kostete nicht mehr als ein Orts~; ein ~ vermitteln; ein dringendes ~; in wenigen Minuten **1.2.1** ein ~ abnehmen *sich am Telefon melden* □ **telefonema; chamada 2** *öffentlich Besprochenes, Gegenstand des öffentlichen Geredes;* Stadt~, Tages~; der Vorfall von gestern ist das ~ des Tages; zum öffentlichen ~ werden □ **assunto 2.1** im ~ sein *(öffentlich) besprochen werden, Gegenstand der Diskussion sein;* die Ganztagesschule ist wieder im ~ □ **pauta**

ge|sprä|chig ⟨Adj.⟩ *gerne redend, mitteilsam;* du bist heute nicht sehr ~! □ **conversador; loquaz**

Ge|sprächs|stoff ⟨m.; -(e)s, -e⟩ *etwas, worüber man ein Gespräch führen kann, Themen;* den beiden war der ~ ausgegangen □ **assunto; tema (de conversa)**

ge|sprächs|wei|se ⟨Adv.⟩ *in einem Gespräch;* eine Sache ~ erwähnen □ **em conversa**

Ge|sta|de ⟨n.; -s, -; poet.⟩ *Rand eines Gewässers* □ **costa; margem**

Ge|stalt ⟨f.; -, -en⟩ **1** *die äußere Erscheinung eines Menschen, Wuchs, Körperbeschaffenheit;* große, hagere, kräftige, schöne, untersetzte, zierliche ~; jmdn. an seiner ~ erkennen; hübsch, hässlich von ~; von schlanker ~; der Ritter von der traurigen ~ □ **figura 2** *nur in Umrissen, undeutlich wahrgenommener Mensch;* eine dunkle ~ näherte sich uns □ **vulto; figura 3** *Persönlichkeit;* so etwas könnte man nur von einer ~ wie z. B. Goethe sagen □ **personalidade 4** *von der (dichterischen) Fantasie geschaffene Person;* die ~ des Ritters in Lortzings „Undine" □ **personagem 5** *äußere Form, Erscheinung, die Umrisse, Aussehen;*

eine andere ~ annehmen (im Märchen); der Zauberer nahm die ~ einer Schlange an; sich in seiner wahren ~ zeigen; das Abendmahl in beiderlei ~; das Unheil nahte in ~ eines Polizisten; Hilfe in ~ von Geld und Sachwerten 5.1 der Plan nimmt allmählich (feste) ~ an, gewinnt langsam ~ *formt sich, entwickelt sich* □ **forma** 5.2 einer Sache ~ geben *eine S. formen* □ ***dar forma a uma coisa** 5.3 einem Gedanken ~ geben *eine G. formulieren, in Worte fassen* □ ***formular um pensamento**

ge|stal|ten ⟨V. 500⟩ **1** eine **Sache** ~ *einer S. eine bestimmte Form geben;* einen Romanstoff schöpferisch ~ □ **dar forma**; einen Abend, eine Feier ~ □ **organizar**; eine geschichtliche Begebenheit zu einem Drama ~; ein Zusammensein zu einem kleinen Fest ~ □ **transformar 2** ⟨510/Vr 3⟩ sich ~ *werden, sich entwickeln, eine bestimmte Form annehmen;* die Sache hat sich ganz anders gestaltet, als wir dachten; sich günstig, ungünstig ~; sich zu einem Erfolg ~ □ ***desenvolver-se; transformar-se**

Ge|stal|tung ⟨f.; -, -en⟩ **1** *das Gestalten, Gestaltetwerden;* Freizeit~; Lebens~; die ~ des Abends übernahm XY □ **organização** 1.1 *(künstlerische) Formgebung, schöpferisches Erschaffen;* ~ eines Raumes, Gartens, Kunstwerks □ **arranjo; disposição; criação**

ge|stän|dig ⟨Adj. 24/70⟩ **1** *ein Geständnis ablegend, seine Schuld eingestehend;* ein ~er Mörder □ **confesso** 1.1 der Angeklagte ist ~ *hat (die Tat) gestanden* □ ***o acusado confessou**

Ge|ständ|nis ⟨n.; -ses, -se⟩ **1** *das Gestehen, Mitteilen einer Schuld, Neigung u. Ä.;* das ~ des Gefangenen; das ~ seiner Liebe □ **confissão** 1.1 ein ~ ablegen *etwas eingestehen, etwas bekennen* □ **confessar** 1.2 jmdm. ein ~ machen *etwas gestehen* □ **confissão**

Ge|stank ⟨m.; -(e)s; unz.⟩ *übler, schlechter Geruch;* wo kommt denn dieser ~ her? □ **fedor; mau cheiro**

ge|stat|ten ⟨V. 500⟩ **1** ⟨503/Vr 5 od. 6⟩ (jmdm.) etwas ~ *erlauben, bewilligen;* ~ Sie, dass ich die Zeitung nehme?; ich werde mir ~, morgen einmal anzurufen; ~ Sie eine Frage; ist es gestattet einzutreten? □ **permitir; autorizar** 1.1 ~ Sie? *(Höflichkeitsformel)* bitte lassen Sie mich durch!, darf ich vorbei?, darf ich mir nehmen?, darf ich es sehen? u. Ä. □ ***com licença?**

Ges|te ⟨a. [ɡeːs-] f.; -, -n⟩ **1** *konventionelle Bewegung, die etwas ausdrücken soll* **2** *unverbindliche Höflichkeitsformel, regelhafte Verhaltensweise* □ **gesto**

ge|ste|hen ⟨V. 256/503/Vr 6⟩ etwas ~ *(eine Tat, Schuld, Neigung o. Ä.) mitteilen, zugeben, bekennen;* hat der Verbrecher gestanden?; er hat mir gestanden, dass ...; jmdm. seine Liebe ~; ein Verbrechen ~; die (volle) Wahrheit ~; ich muss mit Beschämung ~, dass ... □ **confessar; admitir**; offen gestanden, ist es mir lieber, wenn ... □ ***para ser franco/dizer a verdade, prefiro...**

Ge|stein ⟨n.; -(e)s, -e⟩ **1** *aus mehreren Mineralien bestehender Bestandteil der festen Erdkruste* **2** *Masse von fest verbundenen od. losen Steinen, Fels* □ **rocha**

Ge|stell ⟨n.; -(e)s, -e⟩ **1** *Gefüge aus Brettern od. Stangen zum Stützen od. Tragen, Rahmen, an dem andere Teile befestigt od. auf den andere Teile gelegt werden,* Unterbau □ **estrutura; armação**; Bett~ □ **(armação da) cama**, Bücher~ □ **estante**, Brillen~ □ **armação 2** ⟨Tech.⟩ *unterer Teil des Hochofens* □ **cadinho 3** ⟨Jägerspr.⟩ *Schneise* □ **picada; atalho 4** ⟨fig.; umg.; scherzh.⟩ *langer, dürrer Mensch* □ **tábua**

Ge|stell|lung ⟨f.; -, -en; Eisenbahn⟩ **1** ⟨Eisenbahn⟩ *Zur-Verfügung-Stellen;* ~ von zusätzlichen Wagen □ **disponibilização 2** *Antritt zum Militärdienst* □ **alistamento militar**

ges|tern ⟨Adv.⟩ **1** *von heute aus einen Tag zurück, am Tag vor dem heutigen;* ist es erst ~ gewesen, dass ...?; ~ war ich bei ihm; ~ Abend, ~ Morgen, ~ Nachmittag; wir haben bis ~ noch nicht gewusst, ob ...; ~ vor acht Tagen 1.1 das Brötchen ist von ~ *altbacken* □ **ontem** 1.2 er ist von ~ *übrig geblieben* ⟨umg.; scherzh.⟩ *er hat die Nacht durch bis zum Morgen gezecht* □ ***passou a noite enchendo a cara 2** ⟨fig.⟩ *früher* □ **passado** 2.1 das Gestern und das Heute *Vergangenheit und Gegenwart* □ ***o ontem e o hoje** 2.2 Ansichten von ~ haben *altmodische, unmoderne A.* □ ***opiniões ultrapassadas** 2.3 nicht von ~ sein ⟨umg.⟩ *nicht unerfahren, dumm sein, Bescheid wissen* □ ***não ter nascido ontem**

ge|stie|felt ⟨Adj. 24⟩ **1** *mit Stiefeln versehen* □ **de botas** 1.1 ⟨40⟩ ~ und gespornt ⟨fig.; umg.⟩ *fix u. fertig angezogen, abmarschbereit* □ ***pronto para sair** 1.2 ⟨60⟩ der Gestiefelte Kater *eine Märchenfigur* □ ***o gato de botas**

Ges|tik ⟨a. [ɡeːs] f.; -; unz.⟩ **1** *Gesamtheit der Gesten, Gebärdenspiel* **2** *Zeichensprache, Verständigung durch Gesten* □ **gestualidade**

ges|ti|ku|lie|ren ⟨V. 400⟩ **1** *Gesten, Gebärden machen* **2** *durch Bewegungen Zeichen geben, sich verständlich machen* □ **gesticular**

Ge|stirn ⟨n.; -(e)s, -e; poet.⟩ **1** = *Himmelskörper;* der Lauf der ~e □ **astro; corpo celeste** 1.1 *einzelner Himmelskörper, Sonne, Mond, Stern(bild);* das ~ der Nacht □ **astro; constelação**

Ge|stö|ber ⟨n.; -s, -⟩ *mit Wind einhergehender Niederschlag (meist Schnee);* Schnee~ □ **tempestade; nevasca**

ge|sto|chen **1** ⟨Part. Perf. von⟩ *stechen* **2** ⟨Adj. 24⟩ *äußerst genau, exakt, sehr deutlich;* er schreibt wie ~ □ ***ele escreve com a máxima precisão**; ~e Schriftzeichen □ **preciso; claro**; die Fotos sind ~ scharf □ ***as fotos estão bem nítidas**

Ge|sträuch ⟨n.; -(e)s, -e⟩ *mehrere dicht zusammenstehende Sträucher* □ **arbustos; moita**

ge|streift **1** ⟨Part. Perf. von⟩ *streifen* **2** ⟨Adj. 24/70⟩ *mit Streifen versehen;* ein ~er Pullover; ein ~es Fell; der Vorhang ist ~ □ **listrado**

ges|trig ⟨Adj. 24/60⟩ *von gestern, gestern gewesen;* das ewig Gestrige, was immer war und immer wiederkehrt und morgen gilt, weil's heute hat gegolten (Schiller, „Wallensteins Tod", I, 4); unsere ~e Vereinbarung; am ~en Tage □ **de ontem**

Ge|strüpp ⟨n.; -(e)s, -e⟩ *dichtes, schwer zu durchdringendes Buschwerk* □ **matagal; brenha**

Ge|stühl ⟨n.; -(e)s, -e⟩ **1** *Gesamtheit der Stühle (eines Raumes)* □ **assentos; cadeiras 2** *Reihen zusammenhängender Stühle;* Chor~ □ **cadeiral**

Ge|stüt ⟨n.; -(e)s, -e⟩ **1** *Pferdezuchtbetrieb* □ **haras 2** *alle Pferde eines Gestüts(1)* □ **cavalos de um haras**

Ge|such ⟨n.; -(e)s, -e⟩ *schriftliche Bitte, Eingabe (bes. an eine Behörde);* ein ~ einreichen, stellen; ein ~ ablehnen, befürworten, bewilligen □ **requerimento; petição**

ge|sund ⟨Adj. 22⟩ **1** *frei von Krankheit, leistungsfähig, kräftig;* ein ~er Mensch, ein ~es Organ; ~e Glieder haben; ein ~es Herz, eine ~e Lunge haben; wir freuen uns über die Geburt eines ~en Jungen (in Geburtsanzeigen) □ **saudável; sadio;** bleiben Sie ~! □ ***cuide-se!;** sich ~ fühlen □ **bem; saudável;** ~ bleiben, sein □ ***cuidar-se; estar bem de saúde;** jmdn. für ~ erklären □ **saudável; com boa saúde;** er ist nicht ganz ~ □ **bem (de saúde);** frisch und ~ sein; ~ und munter □ ***estar bem-disposto/com ótimo aspecto;** jmdn. als ~ aus dem Krankenhaus entlassen □ ***dar alta a alguém;** ~ an Leib und Seele sein □ ***estar bem de corpo e alma** 1.1 *aber sonst bist du ~?* ⟨umg., iron.⟩ *du bist wohl nicht ganz gescheit?* □ ***você enlouqueceu?* 1.2 in ~en Tagen ⟨fig.; umg.⟩ *wenn, solange man gesund(1) ist* □ ***enquanto se tiver saúde* 1.3 ein ~es Unternehmen ⟨fig.⟩ *ein wirtschaftlich gut fundiertes U.* □ **estável; bem estabelecido 2** *von Gesundheit zeugend;* einen ~en Appetit haben; ~er Schlaf □ **bom; saudável** 2.1 *wohl, blühend, frisch;* ~es Aussehen; ~e Gesichtsfarbe; ~ aussehen □ **bom; bem-disposto 3** *richtig, natürlich, normal, vernünftig;* dies ist keine ~e Entwicklung □ **normal; natural** 3.1 *der ~e Menschenverstand Vernunft, Wirklichkeitssinn, vernünftiges, reales Denken* □ ***o bom senso* 3.2 ein ~es Urteil haben *Fähigkeit, richtig u. maßvoll zu urteilen* □ **sensato; ponderado 4** *der Gesundheit zuträglich, Gesundheit bringend od. erhaltend;* ~es Klima; ~e Nahrungsmittel; ~e Luft; Obst ist ~ □ **saudável 5** *heilsam, förderlich* □ **salutar; benéfico** 5.1 das ist ganz ~ für dich! ⟨fig.; umg.⟩ *das wird dir eine Lehre sein!* □ ***bem feito para você!* 6** ⟨Getrennt- u. Zusammenschreibung⟩ 6.1 ~ machen = **gesundmachen**

ge|sund|be|ten ⟨V. 500⟩ **1** jmdn. ~ *die Gesundung von jmdm. durch das Sprechen von Gebeten (u. mit Hilfe religiöser od. heilkräftiger Handlungen) zu erreichen suchen* □ **tentar curar por meio de orações** 1.1 eine Sache ~ ⟨fig.⟩ *durch vieles Reden zu kurieren suchen;* der Finanzminister versucht vergeblich, die miserable Wirtschaftslage gesundzubeten □ **tentar remediar/consertar**

ge|sun|den ⟨V. 400(s.); geh.⟩ *gesund werden, sich wieder erholen;* er wird bald ~; die Wirtschaft soll durch diese Maßnahme ~ □ **curar-se; restabelecer-se**

Ge|sund|heit ⟨f.; -; unz.⟩ **1** ⟨unz.⟩ *Zustand des Gesundseins, Wohlbefindens, der Leistungsfähigkeit;* ~! (Zuruf, wenn jmd. niest); seine ~ ist angegriffen, erschüttert, zerrüttet; er hat seinem Beruf seine ~ geopfert; das schadet der ~; eine eiserne, robuste ~ haben; körperliche, geistige, seelische ~; die öffentliche ~; auf Ihre ~! (beim Zutrinken); auf jmds. ~ trinken; bei guter ~ sein; mit seiner ~ Raubbau treiben; vor ~ strotzen; das ist der ~ nicht zuträglich; wie geht, steht es mit Ihrer ~?; ~ der Wirtschaft, der Industriebetriebe, eines Unternehmens □ **saúde 2** ⟨veraltet⟩ *Trinkspruch auf jmds. Wohl;* auf jmdn. die ~, eine ~ ausbringen □ ***beber à saúde de alguém**

ge|sund|heits|schäd|lich ⟨Adj.⟩ *schädlich für die Gesundheit;* ~e Stoffe; Rauchen ist ~ □ **nocivo à saúde**

ge|sund||ma|chen auch: **ge|sund ma|chen** ⟨V. 500⟩ jmdn. ~ *jmdn. von einer Krankheit befreien* □ **curar**

ge|sund|schrei|ben ⟨V. 500⟩ jmdn. ~ *schriftlich bescheinigen, dass jmd. (nach einer Krankheit) wieder gesund u. arbeitsfähig ist;* der Arzt hat ihn wieder gesundgeschrieben; ich schreibe Sie wieder gesund □ **dar atestado de boa saúde**

Ge|tö|se ⟨n.; -s; unz.; umg.⟩ *anhaltender Lärm, anhaltender klirrender Krach;* das Regal kippte mit lautem ~ um □ **estrondo**

ge|tra|gen 1 ⟨Part. Perf. von⟩ *tragen* **2** ⟨Adj. 70⟩ *gemessen, langsam, ruhig u. ernst;* eine ~e Melodie; ~es Tempo □ **solene; majestoso**

Ge|tränk ⟨n.; -(e)s, -e⟩ *Flüssigkeit zum Trinken;* ein alkoholfreies, erfrischendes, heißes, kaltes, warmes ~; ein starkes ~ □ **bebida** 1.1 geistige ~e *Spirituosen* □ **bebidas alcoólicas**

ge|trau|en ⟨V. 520/Vr 3⟩ sich etwas ~ *etwas wagen, sich zutrauen;* das getraue ich mich, (od. seltener) mir nicht; das getraue ich mich (od. seltener) mir ohne weiteres; getraust du dich (od. seltener) dir, hier hinunterzuspringen? □ **ousar; ter coragem**

Ge|trei|de ⟨n.; -s; unz.; Sammelbez. für⟩ *Kulturpflanzen, die auf Halmen wachsen u. in Ähren od. Rispen angeordnete, mehlreiche u. trockene Körner tragen* □ **cereais**

ge|trennt ⟨Part. Perf. von⟩ *trennen*

ge|trennt|le|bend auch: **ge|trennt le|bend** ⟨Adj. 24/60⟩ *in Trennung lebend, nicht im gleichen Haushalt lebend;* ~e Paare □ **que vive separadamente**

Ge|trennt|schrei|bung ⟨f.; -; unz.⟩ *getrennte Schreibung;* ~ gilt für Zusammensetzungen mit „sein" □ **escrita separada**

ge|treu ⟨Adj.⟩ **1** *treu, zuverlässig;* ein ~er Diener; seinem Grundsatz ~, tat er es nicht; dein ~er X (als Briefschluss); sich selbst ~ bleiben, sein; sei ~ bis an den Tod (Offenbarung 2,10) □ **fiel; de confiança** 1.1 *(der Wirklichkeit) genau entsprechend;* ein ~es Abbild; ~e Wiedergabe □ **fiel 2** ⟨Präp. m. Dat.⟩ *entsprechend, gemäß;* der Wahrheit ~ berichten; ~ dem Motto... □ **fielmente**

Ge|trie|be ⟨n.; -s, -⟩ **1** *Gefüge von Maschinenteilen zur Übertragung od. Veränderung von (meist rotierenden) Bewegungen* □ **engrenagem 2** ⟨Bgb.⟩ *vorläufige Abstützung eines Stollens* □ **escoramento 3** *lebhafte Bewegung einer Menge, lebhaftes Kommen u. Gehen;* aus dem ~ der Stadt herauskommen; im ~ der Welt □ **agitação; vaivém**

ge|trost ⟨Adj. 24⟩ *vertrauend, zuversichtlich, guten Mutes, ohne Sorge;* man kann ~ sagen, dass ...; ~ sterben; sich ~ auf den Weg machen □ **confiante; sem receio**

Get|to ⟨n.; -s, -s⟩ oV *Ghetto* **1** ⟨früher⟩ *abgeschlossenes Stadtviertel, bes. für Juden* **2** ⟨abwertend⟩ *Wohnviertel (unter)privilegierter Gruppen* **3** ⟨fig.; abwertend⟩ *die geistige Beweglichkeit einschränkender Rahmen, isolierende Abgeschlossenheit; das ~ der Familie verlassen; das ~ einer Spezialwissenschaft* □ **gueto**

Ge|tue ⟨n.; -s; unz.; umg.⟩ **1** *unnatürlich wirkendes Verhalten; was soll denn das alberne ~?* □ **afetação 2** *zweckloses Herumhantieren* □ **trejeito**

Ge|tüm|mel ⟨n.; -s; unz.⟩ *lärmende, sich (anscheinend) ohne Ordnung bewegende Menge von Menschen; Kampf~, Schlacht~; es herrschte ein wildes ~; sich ins ~ stürzen* □ **tumulto; alvoroço**

Ge|vat|ter ⟨m.; -s od. -n, -n; veraltet⟩ **1** *Pate* 1.1 *zu ~ bitten die Patenschaft anbieten* 1.2 *~ stehen (bei) die Patenschaft übernehmen (für)* □ **padrinho 2** ⟨fig.⟩ *Freund, Verwandter, Nachbar (bes. als Anrede)* □ **amigo; camarada;* ~ Tod* □ ***comadre morte**

Ge|wächs ⟨[-ks] ⟨n.; -es, -e⟩ **1** *Pflanze;* Garten~, Zier~, Laubholz~ □ **planta; vegetal 2** ⟨Med.⟩ *Geschwulst, unnatürlicher Auswuchs von Gewebe od. Organen* □ **excrescência; tumor**

ge|wagt 1 ⟨Part. Perf. von⟩ *wagen* **2** ⟨Adj.⟩ *kühn, bedenklich, gefährlich; ein ~es Unternehmen* □ **ousado;** *eine ~e Prognose* □ **arriscado**

ge|wählt 1 ⟨Part. Perf. von⟩ *wählen* **2** ⟨Adj.⟩ *ausgesucht, besonders passend* □ **seleto; selecionado** 2.1 *ein ~es Deutsch sprechen ein grammatisch richtiges u. stilistisch schönes D.* □ **correto; elegante** 2.2 *~e Kleidung elegante u. geschmackvolle K.* □ **elegante; de bom gosto;** *sich ~ kleiden* □ **com elegância**

ge|wahr ⟨Adj. 24/42 od. 44; nur in der Wendung⟩ *jmdn. od. etwas, jmds. od. einer Sache ~ werden jmdn. od. etwas entdecken, erblicken, bemerken, gewahren; dessen, es ~ werden; plötzlich wurden wir seiner, ihn ~; wir wurden der, die Gefahr zu spät ~* □ **notar; perceber**

Ge|währ ⟨f.; -; unz.⟩ **1** *Sicherheit, Garantie; die Angabe der Lottozahlen erfolgt wie immer ohne ~* □ **garantia 2** *~ leisten (in Verbindung m. der Präp. für) bürgen, garantieren;* ⟨aber⟩ → a. **gewährleisten;** *für jmdn. ~; ich leiste Gewähr für die Qualität der gelieferten Waren* □ ***garantir; dar garantia (por)**

ge|wah|ren ⟨V. 500/Vr 8⟩ *jmdn. od. etwas* ⟨geh.⟩ *bemerken, erblicken, entdecken* □ **notar; perceber**

ge|wäh|ren ⟨V. 530⟩ **1** *jmdm. etwas ~ bewilligen, zugestehen, erlauben;* Aufschub, Frist, einen Kredit, Preisnachlass ~; *Hilfe, Obdach, Schutz, Unterhalt, Unterstützung ~; der Vertrag gewährt ihm gewisse Vergünstigungen, Vorteile* □ **conceder; outorgar** 1.1 *jmdm. ein* **Anliegen,** *eine Bitte, ein Gesuch, einen Wunsch ~* ⟨geh.⟩ *erfüllen* □ **satisfazer 2** *jmdn. ~ lassen jmdn. tun lassen, was er will, ihn nicht daran hindern;* lassen Sie ihn ruhig ~ □ ***deixar alguém fazer/tentar (alguma coisa)**

ge|währ|leis|ten ⟨V. 500⟩ *verbürgen, sichern, garantieren; etwas ~; der Erfolg, Verkauf ist gewährleistet; durch diese Gesetzesänderung soll die innere Pressefreiheit gewährleistet werden* □ **garantir**

Ge|wahr|sam¹ ⟨m.; -s, -e⟩ *Obhut, Haft, Verwahrung, Verfügungsgewalt über eine Sache; etwas in ~ bringen, geben; etwas in ~ haben, halten, nehmen; der Verbrecher befindet sich in polizeilichem ~* □ **custódia**

Ge|wahr|sam² ⟨n.; -s, -e⟩ *Haft-, Strafanstalt; er wurde in ein sicheres ~ gebracht* □ **prisão; presídio**

Ge|walt ⟨f.; -, -en⟩ **1** *Macht, Befugnis, über jmdn. od. etwas zu bestimmen, Kontrolle, Herrschaft; die ~ ausüben, besitzen, erteilen, haben; die ausübende, gesetzgebende, öffentliche, richterliche, staatliche, vollziehende ~; die elterliche, väterliche* ⟨⟩ *geistliche und weltliche ~* □ **poder; autoridade;** *etwas in seine ~ bekommen* □ ***ter alguma coisa em seu poder; dominar alguma coisa;* *in, unter jmds. ~ geraten, sein, stehen* □ ***cair/estar em poder de alguém;** *jmdn., etwas in seiner ~ haben* □ ***ter alguém/alguma coisa em seu poder; das steht nicht in meiner ~; unumschränkte ~ über etwas haben* □ **poder; autoridade;** *er verlor die ~ über seinen Wagen* □ **controle;** *seine Stimme nicht in der ~ haben* □ ***não controlar a própria voz;* → a. **hoch(3.2) 2** ⟨unz.⟩ *Zwang, (rohe) Kraft, unrechtmäßiges Vorgehen; ~ anwenden, brauchen, üben; ~ leiden müssen; ich weiche nur der ~; jmdn. mit sanfter ~ zum Gehen bewegen; rohe ~ anwenden; mit ~ eindringen, etwas erzwingen; ~ wirst du nichts erreichen; die Tür ließ sich nur mit ~ öffnen* □ **força; violência;** *~ geht vor Recht* ⟨Sprichw.⟩ □ ***onde há força, direito se perde** 2.1 *jmdm. ~ antun jmdm. gewalttätig behandeln* □ ***tratar alguém com violência** 2.2 *einer Frau, einem Mädchen ~ antun eine F., ein M. vergewaltigen* □ ***violentar uma mulher/uma moça* 2.3 *sich das Leben nehmen* □ ***suicidar-se** 2.4 *seinen Gefühlen ~ antun sie mit Mühe beherrschen* □ ***controlar os próprios sentimentos** **3** *Heftigkeit, Wucht, Ungestüm; die ~ der Explosion, des Sturmes, der Wellen, des Zusammenpralls; die ~ der Leidenschaft, des Schicksals; das Unwetter brach mit elementarer ~ herein; der Frühling naht mit ~* □ **força; violência; fúria** 3.1 *mit aller ~ um jeden Preis* □ ***a todo custo**

ge|wal|tig ⟨Adj.⟩ **1** *eindrucksvoll, mächtig, heftig, riesig, groß; eine Naturkatastrophe ~en Ausmaßes; es hinterließ einen ~en Eindruck; mit ~er Kraft; ~e Felsen umsäumten die Schlucht; ~e Vorräte lagern* □ **violento; gigantesco 2** ⟨50; umg.⟩ *sehr; da musst du ~ aufpassen; sich ~ irren* □ **muito; redondamente**

ge|walt|sam ⟨Adj.⟩ **1** *unter Anwendung von Gewalt, mit Gewalt (erzwungen); jmdn. ~ entführen; sich ~ Zutritt in eine Wohnung verschaffen* □ **com violência** 1.1 *eines ~en* **Todes sterben** *eines unnatürlichen Todes sterben, ermordet werden* □ **violento**

ge|walt|tä|tig ⟨Adj.⟩ *mit (rücksichtsloser) Gewalt vorgehend, jmdm. od. etwas Schaden zufügend, brutal; er ist ein ~er Mensch; nach dem Streit wurde er ~* □ **violento; brutal**

Ge|wand ⟨n.; -(e)s, -wän|der; poet. a. n.; -(e)s, -e⟩ **1** ⟨veraltet⟩ *Tuch* □ **pano 2** *Kleid, Festkleid, Ornat* □ **veste; paramentos;** Mess~ □ **casula 3** ⟨fig.⟩ *Äußeres, äußere Erscheinungsform, Maske; im ~ des Bieder-*

gewandt

mannes; unsere Zeitschrift erscheint in neuem ~ ☐ aparência; roupagem

ge|wandt 1 ⟨Part. Perf. von⟩ *wenden* **2** ⟨Adj.⟩ *sicher u. geschickt;* ein ~es Auftreten, Benehmen, ~e Umgangsformen haben; er ist ein ~er Gesellschafter, Redner, Tänzer, Unterhalter ☐ *hábil;* einen ~en Stil schreiben ☐ *fluente; natural;* in vielen Dingen ~ sein ☐ *despachado; desenvolto*

ge|wär|tig ⟨Adj. 24/44; nur in der Wendung⟩ einer Sache ~ sein *eine S. erwarten, auf eine S. gefasst sein;* du musst ~ sein, dass ...; er ist sich dessen nicht ~; des Todes ~ ☐ **estar preparado para alguma coisa*

Ge|wäs|ser ⟨n.; -s, -⟩ *natürliche Ansammlung von Wasser;* Binnen~; dieses ~ ist fischreich ☐ *águas*

Ge|we|be ⟨n.; -s, -⟩ **1** ⟨Web.⟩ *Verbindung von sich kreuzenden Fäden, der daraus bestehende Stoff;* baumwollenes, kunstseidenes, reinseidenes, synthetisches, wollenes ~; bedrucktes, buntes, einfarbiges, gemustertes ~; dichtes, dünnes, grobes, leichtes, lockeres, weiches ~ ☐ *tecido* **2** ⟨fig.⟩ *verflochtenes, schwer zu entwirrendes Gefüge;* Lügen~; ich werde das ~ seiner Lügen zerreißen; er hat sich im ~ seiner Lügen verstrickt; von einem ~ aus Ablehnung und Misstrauen umgeben sein ☐ *rede; trama* **3** ⟨Biol.⟩ *Gefüge gleichartiger Zellen;* Zell~; ~ der Drüsen, Knochen, Muskeln, Nerven; ~ verpflanzen; das krankhafte ~ wuchert weiter; embryonales, krankes, organisches, totes ~ ☐ *tecido*

Ge|wehr ⟨n.; -(e)s, -e⟩ **1** *Handfeuerwaffe mit langem Lauf;* das ~ anlegen, entsichern, laden, präsentieren, schultern; mit gesenktem ~ (als Trauerbezeigung) ☐ *espingarda; fuzil; arma;* ~ ab! ☐ **descansar armas!,* Achtung – präsentiert das ~! ☐ **atenção, apresentar armas!,* das ~ über! ☐ **ombro armas!,* setzt die ~e zusammen! ☐ **ensarilhar armas!,* ~ zur Hand! (militärische Kommandos) ☐ **armas à mão!* **1.1** ~ bei Fuß stehen ⟨fig.⟩ *angriffsbereit sein* ☐ **estar pronto para o ataque* **1.2** ran an die ~e ⟨fig.; umg.⟩ *ohne Zaudern zugepackt!, zögert nicht länger!* ☐ **mãos à obra!* **2** ~ des Keilers ⟨Jägerspr.⟩ *aus dem Unterkiefer hervorragende Eckzähne* ☐ *presa*

Ge|weih ⟨n., -(e)s, -e⟩ *von den Knochenzapfen der Stirnbeine entspringende Knochenauswüchse des Rot-, Dam-, Elch- u. Rehwildes, die sich jährlich erneuern;* Ggs *Gehörn(1);* das ~ abwerfen ☐ *galhada*

Ge|wer|be ⟨n.; -s, -⟩ **1** *auf Erwerb gerichtete Berufstätigkeit;* ein ~ ausüben, betreiben, erlernen, treiben; ein dunkles, ehrliches, mühsames, schmutziges, unsauberes ~; in einem ~ tätig sein; Handel und ~ ☐ *ocupação; profissão* **1.1** das ist ein undankbares ~! ⟨umg.⟩ *die Sache lohnt sich nicht* ☐ ☐ **é um trabalho ingrato!* **1.2** aus allem ein ~ machen ⟨umg.⟩ *aus allem einen Vorteil ziehen* ☐ **tirar proveito de tudo; ver o lado útil das coisas;* → a. *horizontal(2)* **1.3** *die berufsmäßige Tätigkeit der Rohstoffverarbeitung u. -bearbeitung* ☐ *indústria* **2** ⟨schweiz.⟩ *Bauernhof, Gutsbetrieb;* Bauern~ ☐ *propriedade rural*

Ge|werk|schaft ⟨f.; -, -en⟩ **1** *Vereinigung von Arbeitnehmern, um ihre Interessen zu wahren;* Mitglied einer ~ sein; einer ~ angehören, beitreten; die ~en fordern eine weitere Verkürzung der Arbeitszeit ☐ *sindicato* **2** ⟨Bgb.; veraltet⟩ *Zusammenschluss mehrerer Bergwerksunternehmen, wobei die Mitglieder je nach ihren Anteilen Gewinn u. Verlust tragen* ☐ *cooperativa de mineradores*

Ge|werk|schaf|ter ⟨m.; -s, -⟩ *Mitglied einer Gewerkschaft;* oV *Gewerkschaftler* ☐ *sindicalista*

Ge|werk|schaf|te|rin ⟨f.; -, -rin|nen⟩ *weibl. Mitglied einer Gewerkschaft;* oV *Gewerkschaftlerin* ☐ *sindicalista*

Ge|werk|schaft|ler ⟨m.; -s, -⟩ = *Gewerkschafter*

Ge|werk|schaft|le|rin ⟨f.; -, -rin|nen⟩ = *Gewerkschafterin*

ge|werk|schaft|lich ⟨Adj. 24⟩ *zur Gewerkschaft gehörend, in, mittels einer Gewerkschaft;* ~ organisiert sein ☐ *sindical, sindicalista*

Ge|wicht[1] ⟨n.; -(e)s, -e⟩ **1** *Schwere, Kraft, Druck eines Körpers auf seine Unterlage;* ein Päckchen darf bis zu 2 Kilo ~ haben; das hat aber ein ~!; leichtes, schweres, spezifisches, das zulässige ~; etwas nach ~ verkaufen ☐ *peso;* → a. *tot(6.3)* **1.2** ⟨Pferderennsp.⟩ *Gesamtgewicht von Reiter, Sattelzeug u. Decke* ☐ *peso total* **2** ⟨fig.⟩ *Wichtigkeit, Bedeutung, Einfluss;* einer Sache kein, viel, wenig ~ beilegen, beimessen, geben; ein Argument, eine Frage, eine Meinung, ein Urteil von ~ ☐ *peso; importância* **2.1** dieser Umstand fällt nicht ins ~ ⟨fig.⟩ *hat keine Bedeutung, ist unwesentlich* ☐ **essa circunstância não é importante* **2.2** sein ganzes ~ in die Waagschale werfen *allen Einfluss geltend machen* ☐ **lançar mão de toda a sua influência* **2.3** ⟨Statistik⟩ *Konstante, mit der einzelne Werte eines Tests gemäß ihrer Bedeutung für die zu messende Größe multipliziert werden* **3** *Körper von genau bestimmter Masse* **3.1** *Maßeinheit zum Wiegen eines anderen Körpers;* Kilo~, 100-Gramm-~ **3.2** *schweres, an einer Kette hängendes Metallstück als Triebkraft des Uhrwerks bei Pendeluhren od. zum Erhalten des Gleichgewichts bei Zuglampen* ☐ *peso*

Ge|wicht[2] ⟨n.; -(e)s, -er; Jägerspr.⟩ *Gehörn (des Rehbocks)* ☐ *chifre (do corço)*

ge|wich|tig ⟨Adj.⟩ **1** *volles Gewicht aufweisend;* eine ~e Münze ☐ *pesado* **2** ⟨fig.⟩ *bedeutend, maßgebend, schwer wiegend;* eine ~e Entscheidung; ein ~er Entschluss; ~e Gründe ☐ *importante; de peso* **3** *einflussreich;* eine ~e Persönlichkeit ☐ *influente; de peso*

ge|wieft ⟨Adj.⟩ *gerissen, schlau, durchtrieben;* sie ist sehr ~; ein ~er Geschäftsmann ☐ *esperto; vivo*

ge|willt ⟨Adj. 24/40; in der Wendung⟩ (nicht) ~ sein, etwas zu tun *(nicht) willens sein, (nicht) bereit sein, etwas zu tun;* ich bin nicht ~, eine so kostspielige Reise zu bezahlen ☐ **(não) estar disposto a fazer alguma coisa*

Ge|win|de ⟨n.; -s, -⟩ **1** *Geflecht, Kranz (aus Blumen, Zweigen)* ☐ *guirlanda; coroa* **2** ⟨Tech.⟩ *Rille um einen zylindrischen Mantel od. im Inneren eines zylindrischen Hohlraumes;* ein ~ schneiden ☐ *rosca; filete*

Ge|winn ⟨m.; -(e)s, -e⟩ **1** *materieller Nutzen, Ertrag, Überschuss des Ertrags über die Herstellungskosten;* (keinen) ~ abwerfen, bringen, einbringen, erzielen;

gewiss

den ~ berechnen, schätzen, überschlagen; ich habe dabei, davon keinen ~; aus etwas seinen ~ schlagen, ziehen; er sucht bei allem seinen ~; er konnte sein Haus mit ~ verkaufen; ~ und Verlust; den ~ einheimsen, einstreichen ⟨umg.⟩ □ **ganho; lucro 2** *etwas, was bei einem Spiel od. bei einer Wette gewonnen wird, Treffer, Preis;* Lotto~; ein ~ in der Lotterie, im Zahlenlotto; er ist mit einem großen ~ in Lotto herausgekommen ⟨umg.⟩ □ **prêmio 3** ⟨fig.⟩ *praktischer Nutzen, Bereicherung;* diese Bekanntschaft war kein ~ für uns; ich habe dieses Buch mit großem ~ gelesen □ **proveito; vantagem 4** ⟨Getrennt- u. Zusammenschreibung⟩ 4.1 ~ bringend = gewinnbringend

ge|wịnn|brin|gend *auch:* **Ge|wịnn brin|gend** ⟨Adj. 90⟩ *einträglich, ertragreich;* ein ~es Vorhaben; ⟨bei Steigerung od. Erweiterung der gesamten Verbindung nur Zusammenschreibung⟩ die neue Investition ist ⟨viel⟩ gewinnbringender; die Beschäftigung mit den griechischen Sagen ist sehr, äußerst gewinnbringend; ⟨bei Steigerung des ersten Bestandteils nur Getrenntschreibung⟩ einen großen Gewinn bringendes Produkt □ **lucrativo; proveitoso**

ge|wịn|nen ⟨V. 151⟩ **1** ⟨500⟩ *etwas* ~ **Wettkampf** *als Sieger aus etwas* W. *hervorgehen;* einen Kampf, den Krieg, eine Schlacht ~; einen Prozess, eine Wette ~; ein Spiel, einen Wettbewerb ~; die Mannschaft gewann das Endspiel mit 3 : 2; mit großem Punktvorsprung ~ □ **ganhar; vencer** 1.1 bei jmdm. gewonnenes Spiel haben ⟨fig.⟩ *von vorneherein wissen, dass man sein Ziel bei jmdm. erreichen wird* □ ***poder cantar vitória com alguém 2** ⟨402⟩ ⟨etwas⟩ ~ ⟨beim Spiel⟩ *durch Glück erlangen, erhalten;* bei einem Preisausschreiben ~; in der Lotterie, im Spiel, in der Tombola, im Zahlenlotto ~ □ **ganhar** 2.1 mit dieser Stellung hat er das große Los gewonnen ⟨fig.; umg.; veraltet⟩ *er konnte keine bessere Wahl treffen* □ ***com essa posição ele tirou a sorte grande** 2.2 ⟨400⟩ ein Los gewinnt *bringt einen Gewinn;* jedes zweite Los gewinnt □ ***um bilhete foi premiado 3** ⟨500⟩ *etwas* ~ *durch eigene Anstrengung erlangen, erreichen, erwerben;* dabei kannst du nichts, nicht viel ~; Ansehen, Ehre, Macht, Ruhm ~; jmds. Aufmerksamkeit, Freundschaft, Gunst, Interesse, Liebe, Wohlwollen ~; ich konnte keinen Einfluss auf seine Entscheidung ~; sie hat großen Einfluss auf ihn gewonnen; die Herrschaft, Oberhand, das Übergewicht ~ über jmdn. od. etwas; einen Vorsprung, Vorteil ~; ich muss Zeit ~; wir konnten am Verkauf des Hauses wenig ~; damit ist nichts, viel, wenig gewonnen □ **ganhar; conseguir; obter;** wie gewonnen, so zerronnen ⟨Sprichw.⟩ □ ***o que a água dá, a água o leva** 3.1 *durch Sieg erringen;* den Pokal ~ □ **ganhar; conquistar** 3.2 einen **Ort** ~ ⟨geh.⟩ *(mit Mühe) erreichen;* das Land, das rettende Ufer zu ~ suchen □ **chegar a; alcançar;** das Freie, Weite zu ~ suchen □ ***tentar escapar/fugir** 3.3 ⟨530⟩ *etwas* gewinnt **jmdm.** *etwas verschafft jmdm. etwas, bringt jmdm. etwas ein;* seine Uneigennützigkeit gewann ihm viele Sympathien □ **render** 3.4 *bekommen;* die Angelegenheit gewinnt

durch seine Schilderung ein ganz anderes Gesicht; ich habe die Überzeugung gewonnen, dass ...; ich konnte einen Einblick in die dortigen Verhältnisse ~ □ **adquirir; passar a ter;** es gewinnt den Anschein, als ob ... □ ***parece que... 4** ⟨500⟩ **jmdn.** ~ *jmds. Teilnahme, Mitarbeit erlangen;* jmdn. zum Freund, Helfer, Verbündeten ~; jmdn. als Abonnenten, Kunden, Mitglied, Mitarbeiter ~; unsere Konzertdirektion konnte die Künstlerin für ein Gastspiel ~ □ **ganhar; ter como** 4.1 *für sich einnehmen, sich geneigt machen;* sie gewann die Herzen des Publikums im Sturm; jmdn. für sich ~ (z. B. durch Freundlichkeit, Hilfsbereitschaft, Versprechungen) □ **cativar; conquistar;** jmdn. für eine Idee, Partei, einen Plan, einen Verein ~ □ **atrair; angariar 5** ⟨800⟩ **an etwas** ~ *zunehmen,* auch durch seine Aussage gewinnt die Sache nicht an Klarheit □ ***ganhar em alguma coisa** 5.1 *erfreulicher, angenehmer, wirkungsvoller werden;* sie gewinnt an Reiz, je besser man sie kennen lernt; er gewinnt bei längerer Bekanntschaft; sie gewinnt durch ihre neue Frisur; das Drama hat in der Fernsehbearbeitung noch gewonnen; sie würde noch ~, wenn ... □ **ficar melhor; sair ganhando** 5.1.1 sie hat sehr gewonnen *sich zu ihrem Vorteil verändert* □ ***ela melhorou muito 6** ⟨500⟩ **etwas** ~ *fördern, erzeugen;* Erz, Gold, Kohle ~ □ **produzir; extrair** 6.1 *etwas* **aus** *etwas* ~ *herstellen;* aus diesen Trauben wird ein guter Wein gewonnen □ **obter 7** ⟨550⟩ **es über sich** ~ ⟨geh.⟩ *übers Herz bringen, sich überwinden;* ich kann es nicht über mich ~, ihr die schreckliche Nachricht mitzuteilen □ ***ser capaz de**

ge|wịn|nend 1 ⟨Part. Präs. von⟩ *gewinnen* **2** ⟨Adj.⟩ *einnehmend, ansprechend;* sie hat ein ~es Lächeln, Wesen; er hat ~e Umgangsformen □ **cativante**

Ge|wịr|ke ⟨n.; -s, -; Textilw.⟩ *Stoff aus fortlaufenden, zu Maschen verschlungenen Fäden* □ **tecido de malha**

Ge|wịrr ⟨n.; -(e)s; unz.⟩ oV *Gewirre* **1** *verwirrtes Knäuel (z. B. von Fäden)* □ **emaranhado; novelo 2** ⟨fig.⟩ *schwer durchschaubares Durcheinander, unregelmäßige Anlage;* Straßen~, Häuser~ □ **emaranhado; confusão**

Ge|wịr|re ⟨n.; -s, -; selten⟩ = *Gewirr*

ge|wịss ⟨Adj.⟩ **1** *sicher, fest, bestimmt, unbezweifelbar, unbestreitbar;* seines Erfolges, Sieges ~; so viel ist ~, dass ...; du kannst meiner Hilfe, Unterstützung, Zustimmung ~ sein; ist das schon ~?; etwas als ~ annehmen, behaupten, hinstellen; etwas für ~ halten; seiner Begabung, Fähigkeiten, Leistungen ~ sein □ **certo;** sich einer Sache ~ sein □ ***estar certo de uma coisa; ter certeza de uma coisa;** ich weiß es ganz ~ □ ***tenho absoluta certeza disso;** ich weiß nichts Gewisses □ ***não tenho certeza absoluta de nada;** ich werde ~ zur Feier kommen; du wirst jetzt ~ annehmen, denken, glauben, vermuten, ... □ **certamente 2** ⟨60⟩ *nicht genau ausdrückbar od. feststellbar, schwer beschreibbar, aus Schicklichkeitsgründen nicht aussprechbar;* ein ~er anderer; in ~er Beziehung, Hinsicht muss ich dir Recht geben; ein ~er Herr Schmidt möchte dich sprechen; in ~em Maße trage ich die Verantwor-

443

Gewissen

tung dafür; eine ~e Ähnlichkeit ist unverkennbar; sie ist in einem ~en Alter, in den ~en Jahren; einen ~en Anteil muss man ihm zusichern; über ~e Dinge spricht man nicht gern; ein ~es Verständnis darf ich wohl voraussetzen □ **certo**; ein ~er Jemand □ ***uma certa pessoa; um fulano** 2.1 jmd. hat ein ~es Etwas, das ~e Etwas *eine Anziehungskraft, die man nicht näher beschreiben kann* □ ***alguém tem um não sei quê** 2.2 einen ~en Ort aufsuchen ⟨umg.⟩ *die Toilette* □ ***procurar um banheiro** 3 ⟨50⟩ *(als Antwort) jawohl, zweifellos, bestimmt*; ~! □ **claro!; com certeza!**; ~ nicht! □ ***claro que não!; certamente que não!**; aber ~! □ ***mas claro!**

Ge|wis|sen ⟨n.; -s; unz.⟩ 1 *das Bewusstsein des Menschen von Gut u. Böse im eigenen Verhalten, das Vermögen, sich moralisch selbst zu beurteilen*; auf die Stimme des ~s hören; jmds. ~ beruhigen, einschläfern, zum Schweigen bringen; sein ~ erleichtern; um mein ~ zu entlasten, bekenne ich, dass ...; sein ~ lässt ihm keine Ruhe; sein ~ plagt, quält ihn, regt sich; du musst dein ~ prüfen; jmds. ~ wachrütteln; sein ärztliches ~ lässt das nicht zu; ein böses, gutes, reines, ruhiges, schlechtes ~ haben; hast du denn gar kein ~!; damit hat er viel Schuld auf sein ~ geladen; mit gutem ~ antworten; das musst du vor deinem ~ verantworten; gegen Recht und ~ handeln □ **consciência** 1.1 ein gutes ~ ist ein sanftes Ruhekissen ⟨Sprichw.⟩ *wer nichts Unrechtes tut, kann ruhig schlafen* □ ***quem não deve não teme** 1.2 jmdm. schlägt das ~ *jmd. hat Gewissensbisse* □ ***estar com a consciência pesada** 1.3 sage es mir auf dein ~ *der Wahrheit entsprechend* □ ***diga-me com toda a sinceridade** 1.4 etwas auf dem ~ haben *schuld an etwas sein* □ ***ser culpado/responsável por alguma coisa** 1.4.1 er hat einen Mord auf dem ~ *er hat einen M. begangen* □ ***ele tem um homicídio nas costas** 1.5 jmdn. auf dem ~ haben *an jmds. Unglück ist. Tod schuld sein* □ ***ser culpado/responsável pela desgraça de alguém** 1.6 sich kein ~ aus etwas machen *keine Gewissensbisse haben (obwohl man Grund dazu hätte)*; er macht sich kein ~ daraus □ ***não ter escrúpulos** 1.7 jmdm. ins ~ reden *jmdn. ernst u. eindringlich etwas vorhalten* □ ***apelar para a consciência de alguém** 1.8 etwas auf sein ~ nehmen *die Verantwortung für etwas übernehmen*; ich nehme es auf mein ~ □ ***assumir a responsabilidade de alguma coisa*; → *a. Ehre(2.1), Wissen(1.4)*

ge|wis|sen|haft ⟨Adj.⟩ *sorgfältig, genau, zuverlässig*; ein ~er Arbeiter, Beamter, Mensch □ **consciencioso; escrupuloso**; wir werden die Angelegenheit ~ prüfen □ **com consciência/escrúpulo**

Ge|wis|sens|biss ⟨m.; -es, -e; meist Pl.⟩ *Gewissensbisse schlechtes Gewissen, Bewusstsein unrechten Handelns, Schuldgefühl*; Gewissensbisse bekommen, fühlen, haben; sich (keine) Gewissensbisse machen □ **consciência pesada; remorso**

ge|wis|ser|ma|ßen ⟨a. [---'--] Adv.⟩ *sozusagen, man könnte fast sagen, gleichsam, beinahe* □ **de certo modo; por assim dizer**

Ge|wiss|heit ⟨f.; -, -en⟩ 1 ⟨unz.⟩ *Sicherheit, dass etwas wahr od. richtig ist, Bestimmtheit, Bewusstsein der Wahrheit*; sich über etwas ~ verschaffen □ ***certificar-se de alguma coisa**; man kann mit ~ annehmen, dass die Geschichte nur erfunden ist □ **certeza** 1.1 etwas wird zur ~ *etwas stellt sich als richtig heraus* □ ***mostrar-se como certo** 2 *etwas, wodurch man Gewissheit (1) über etwas erhält*; der Mangel an ~en verunsichert die Menschen □ **certeza**

Ge|wit|ter ⟨n.; -s, -⟩ 1 *mit Blitz, Donner u. Niederschlägen verbundene luftelektrische Entladung*; ein ~ droht, kommt näher, naht, zieht herauf, zieht sich zusammen; ein ~ entlädt sich, geht nieder; ein ~ ist im Anzug; das ~ zieht vorüber; ein ~ steht am Himmel gerade über uns; ein drohendes, heftiges, leichtes, nächtliches, schweres ~ □ **temporal; trovoada** 2 ⟨fig.; umg.⟩ *heftige Auseinandersetzung, Zornesausbruch*; das eheliche ~ reinigte die häusliche Atmosphäre □ **briga; trovoada**

ge|wit|zigt ⟨Adj.⟩ *durch Erfahrung, Schaden klug, vorsichtig geworden* □ **calejado; escaldado**

ge|witzt ⟨Adj.⟩ *schlau, geschickt, pfiffig*; er ist ein ~es Junge ~ **esperto; vivo**

ge|wo|gen 1 ⟨Part. Perf. von⟩ *wägen, wiegen* 2 ⟨Adj.; fig.⟩ *zugetan, freundlich, wohlwollend gesinnt*; jmdm. od. einer Sache ~ bleiben, sein □ **favorável; amistoso**

ge|wöh|nen ⟨V. 550⟩ 1 jmdn. an jmdn. od. etwas ~ *jmdm. etwas zur Gewohnheit machen, jmdn. mit jmdm. od. etwas vertraut machen*; Kinder an Ordnung, Pünktlichkeit ~; wir mussten den Hund erst an Sauberkeit ~ 1.1 ⟨Vr 3⟩ sich an jmdn. od. etwas ~ *vertraut werden mit jmdm. od. etwas, nicht mehr fremd sein*; man gewöhnt sich an alles; ich habe mich so an ihn gewöhnt; allmählich gewöhne ich mich an seine Eigenarten; ich konnte mich noch nicht an dieses Klima ~ □ **habituar(-se); acostumar(-se)**

Ge|wohn|heit ⟨f.; -, -en⟩ 1 ⟨unz.⟩ *durch dauernde Wiederholung zustande gekommene Selbstverständlichkeit eines Tuns od. Verhaltens*; die Macht der ~; etwas aus (bloßer, reiner) ~ tun □ **hábito; costume** 1.1 ~ tut alles *man gewöhnt sich an alles* □ ***acostuma-se/habitua-se a tudo** 2 *Handlung od. Eigenheit, die durch dauernde Wiederholung selbstverständlich ist*; eine ~ ablegen, abstreifen; eine ~ annehmen; die ~ haben, zu ...; das geht ist, ist ganz gegen meine ~en; eine böse, gute, schlechte, üble ~; der tägliche Spaziergang ist ihm zur lieben ~ geworden □ **hábito; costume**

ge|wöhn|lich ⟨Adj.⟩ 1 *alltäglich, nicht hervorstechend, landläufig, gebräuchlich, üblich*; im ~en Leben ist das unwahrscheinlich □ **habitual; costumeiro; frequente** 2 *gemein, unfein, ordinär*; ~e Ausdrücke, Manieren, Redensarten; sein ~es Benehmen, Betragen stößt jeden ab □ **vulgar; deselegante** 3 ⟨50⟩ *im Allgemeinen, in der Regel, meist*; ~ kommt er zu spät; er kam wie ~ zu spät □ **geralmente; como sempre** 3.1 für ~ *meist*; ich halte für ~ eine kurze Mittagsruhe □ ***geralmente**

ge|wohnt ⟨Adj. 24⟩ 1 ⟨70⟩ *durch zufällige Gewohnheit vertraut, zur Gewohnheit geworden, üblich, herkömm-*

lich; wir mussten heute unseren ~en Abendspaziergang ausfallen lassen; die Dinge gehen ihren ~en Gang; eine Angelegenheit, die aus dem ~en Rahmen fällt; morgens zur ~en Stunde aufwachen; das ist mein ~er Weg zur Arbeit; etwas in ~er Weise, in der ~en Weise erledigen □ **habitual; costumeiro; de sempre** 2 ⟨42⟩ etwas ~ **sein** *durch lange Übung mit etwas vertraut sein;* ich bin es ~, viel allein zu sein; er ist harte Arbeit von Kindheit an ~; er ist das kalte Wasser nicht ~ □ ***estar acostumado/habituado a alguma coisa**

Ge|wöl|be ⟨n.; -s, -⟩ 1 *gekrümmte Steindecke eines Raumes;* Tonnen~, Kreuz~ □ **abóbada** 2 *Raum mit gewölbter Decke;* Keller~ □ ***porão abobadado** 3 ⟨fig.⟩ *rundliche Überdachung;* Himmels~, Schädel~ □ **abóbada** 4 ⟨oberdt.⟩ *Warenlager, Kramladen (ursprünglich mit gewölbter Decke)* □ **depósito; loja de secos e molhados**

Ge|wöl|le ⟨n.; -s, -⟩ *von Eulen u. Greifvögeln durch den Schnabel ausgeschiedener Ballen unverdaulicher Nahrungsreste* □ **pelota**

Ge|wühl ⟨n.; -(e)s; unz.⟩ *eine sich auf engem Raum in verschiedenste Richtungen bewegende Menge;* Menschen~, Verkehrs~ □ **turba; multidão**

Ge|würz ⟨n.; -es, -e⟩ *Zutat zum Schmackhaftmachen von Speisen, z. B. Muskat, Pfeffer;* ~ an die Speisen geben, tun; das ~ vergessen; mildes, pikantes, scharfes ~ □ **especiaria; condimento; tempero**

Gey|sir ⟨m.; -s, -e⟩ *heiße Quelle auf vulkanischem Boden, die regelmäßig Wasserfontänen ausstößt (bes. in Island, USA u. Neuseeland);* oV Geiser □ **gêiser**

ge|zeich|net 1 ⟨Part. Perf. von⟩ *zeichnen* 2 ⟨Adj. 24/70⟩ *eine Zeichnung(2) aufweisend, gemustert;* das Blatt, Fell, Gefieder ist schön ~ □ **marcado; assinalado**

Ge|zei|ten ⟨nur Pl.⟩ *regelmäßiges Steigen u. Fallen des Meeresspiegels, Wechsel von Ebbe u. Flut* □ **marés**

ge|zie|men ⟨V. 600; geh.⟩ 1 ⟨Vr 1⟩ *etwas geziemt sich etwas gehört sich, ist angebracht;* dieses Benehmen geziemt sich nicht; es geziemt sich nicht für ein junges Mädchen, dieses Lokal zu besuchen; du solltest allmählich gelernt haben, was sich geziemt; ganz so, wie es sich geziemt □ **ser conveniente/apropriado** 2 jmdm. geziemt etwas *jmdm. gebührt etwas, kommt etwas zu;* ihm geziemt Nachsicht; du scheinst nicht zu wissen, was dir geziemt □ **convir**

ge|zwun|gen 1 ⟨Part. Perf. von⟩ *zwingen* 2 ⟨Adj.⟩ *gekünstelt, unnatürlich, unfrei, unecht, steif;* ~es Benehmen, ~er Stil; seine Fröhlichkeit war ~; ~ lachen □ **forçado; artificial**

Ghet|to ⟨n.; -s, -s⟩ = *Getto*

Ghost|wri|ter ⟨[ɡoʊstraɪtə(r)] m.; -s, -⟩ *namentlich nicht genannter Verfasser von Reden, Aufsätzen, Büchern u. a., meistens für eine bekannte Persönlichkeit (bes. aus der Politik)* □ *ghost-writer*

Gicht¹ ⟨f.; -; unz.⟩ 1 ⟨Med.⟩ *Stoffwechselstörung mit vermehrter Harnsäurebildung u. verminderter Harnsäureausscheidung: Arthritis urica* □ **gota** 2 ⟨Bot.⟩ *seltene, durch den Nematoden Anguina tritici verursachte Krankheit des Weizens, bei der sich in den befallenen Ähren harte, dunkel gefärbte Körner bilden* □ **galha; cecídio**

Gicht² ⟨f.; -, -en⟩ *die obere Mündung des Hochofens* □ **boca de carregamento do alto-forno**

Gie|bel¹ ⟨m.; -s, -; Zool.⟩ *mit der Karausche verwandter Fisch: Carassius gibelio* □ **carpa Gibel**

Gie|bel² ⟨m.; -s, -⟩ 1 *die dreieckige Abschlusswand des Satteldachs an den Schmalseiten, a. als Aufsatz von Türen od. Fenstern;* Fenster~, Tür~, Fachwerk~ □ **empena; frontão** 2 ⟨umg.; scherzh.⟩ *Nase* □ **napa; narigão**

Gier ⟨f.; -; unz.⟩ *Begierde, maßloses Begehren, heftiges Verlangen;* seine ~ kaum noch unterdrücken können; ~ nach Macht, Reichtum, bestimmten Speisen usw.; von einer ~ nach etwas befallen sein, werden; eine heftige, wahre ~ auf, nach etwas empfinden, haben □ **avidez; cobiça; voracidade**

gie|rig ⟨Adj.⟩ *voll heftiger Begierde, voller Verlangen, maßlos, ungezügelt;* er stürzte sich ~ auf das Essen; den Kuchen ~ verschlingen; er verfolgte sie mit ~en Blicken □ **ávido; voraz**

gie|ßen ⟨V. 152⟩ 1 ⟨511⟩ *eine Flüssigkeit auf, in, über etwas* ~ *eine F. durch Neigen des Gefäßes auf, in, über etwas laufen lassen;* Kaffee in die Tassen ~; er goss sich Bier, Wein in das Glas; den Kaffee versehentlich übers Kleid ~ □ **verter; derramar** 2 ⟨500⟩ *etwas* ~ *mit Wasser begießen, tränken;* Beete, Blumen, die Pflanzen auf dem Grab ~ □ **regar** 3 ⟨500⟩ *etwas* ~ *schmelzen u. in Formen füllen;* Metall, Wachs ~; Blei ~ (als Silvesterbrauch); Eisen, Zinn in eine Form ~; Glocken ~ □ **derreter; fundir** 3.1 *gegossenes Eisen durch Guss geformtes E.* □ ***ferro fundido** 3.2 *wie wie Erz gegossen dastehen völlig unbeweglich* □ ***ficar parado feito estátua** 4 ⟨401⟩ *es gießt (in Strömen)* ⟨umg.⟩ *es regnet stark;* es goss wie aus Kübeln □ ***chovia a cântaros**

Gift¹ ⟨n.; -(e)s, -e⟩ 1 *Leben zerstörender od. gesundheitsschädlicher Stoff;* betäubende ~e *wirken auf das Gehirn und seine Zentren;* ein chemisches, mineralisches, pflanzliches, tierisches ~; erregende und reizende ~e *steigern die Tätigkeit der Nerven und des Kreislaufs;* gefährliche, schleichende, schnell wirkende, tödliche ~e; durch ~ sterben, getötet werden 1.1 jmdm. ~ **geben** *jmdn. vergiften* 1.2 ~ **nehmen** *sich vergiften* □ **veneno** 1.3 *darauf kannst du* ~ *nehmen* ⟨fig.; umg.⟩ *das ist ganz sicher* □ ***pode ter certeza; pode apostar** 1.4 etwas ist ~ für jmdn. od. etwas *ist sehr schädlich für jmdn. od. etwas;* dieses Buch ist ~ für ihn; → a. *blond(1.2)* 2 ⟨fig.⟩ *Bosheit, Hass* □ **veneno** 2.1 er hat wieder einmal sein ~ versprizt ⟨fig.; umg.⟩ *boshafte Bemerkungen gemacht* □ ***ele voltou a destilar seu veneno** 2.2 seitdem spuckt er auf sie ~ und Galle ⟨fig.; umg.⟩ *ist wütend über sie* □ ***desde então está furioso/cuspindo fogo com ela** 2.3 ~ und Galle speien ⟨fig.; umg.⟩ *seiner Wut freien Lauf lassen* □ ***ficar furioso; cuspir fogo**

Gift² ⟨m.; -(e)s; unz.; mundartl.⟩ *Ärger, Zorn;* einen ~ auf jmdn. haben □ ***estar com raiva de alguém**

gif|tig ⟨Adj.⟩ 1 *Gifte enthaltend;* ~e Beeren, Pflanzen, Pilze; ~e Chemikalien, Dämpfe, Gase, Mineralien;

Giftmischer

~e Insekten, Kröten, Schlangen, Spinnen □ **venenoso** 2 ⟨fig.⟩ *boshaft, missgünstig, böse, wütend, hasserfüllt;* mit dieser ~en Alten kann niemand gut auskommen; eine ~e Antwort geben; eine ~e Bemerkung machen; ~ antworten, etwas bemerken, sagen; als er das hörte, wurde er sehr ~ 2.1 eine ~e Zunge haben *häufig boshafte Bemerkungen machen* □ **venenoso; mordaz** 3 ⟨70⟩ eine ~e Farbe ⟨fig.⟩ *eine aufdringliche, grelle F.;* ein ~es Grün □ **berrante; chamativo**

Gift|mi|scher ⟨m.; -s, -⟩ 1 *jmd., der einem anderen vorsätzlich Gift beibringt* □ **envenenador** 2 ⟨fig.⟩ *jmd., der einem anderen durch Intrigen zu schaden sucht* □ **envenenador; intriguista** 3 ⟨scherzh.⟩ *jmd., der beruflich mit Giften zu tun hat (z. B. Apotheker)* □ **farmacêutico; químico**

Gi|ga|me|ter ⟨m.; -s, - od. n.; -s, -; Zeichen: Gm⟩ *1 Milliarde m, 10⁹ m* □ **gigâmetro**

Gi|gant ⟨m.; -en, -en⟩ 1 *Riese* 2 ⟨fig.⟩ *jmd., der außergewöhnliche Fähigkeiten besitzt od. enorme Leistungen vollbracht hat;* dieser Mensch ist ein ~; die ~en des Boxsports 2.1 *etwas außergewöhnlich Großes, etwas, dem Gewaltigkeit od. Macht innewohnt;* die ~en am Himmel; dieser Konzern ist ein ~ □ **gigante**

gi|gan|tisch ⟨Adj.⟩ 1 *riesenhaft, gewaltig* 2 *außerordentlich* □ **gigantesco**

Gi|go|lo ⟨[ʒiː-] m.; -s, -s⟩ *Frauenheld, Geck* □ **gigolô**

Gil|de ⟨f.; -, -n⟩ 1 (i.e.S.) *Vereinigung zur Beförderung gemeinsamer beruflicher (religiöser od. wohltätiger) Interessen u. zum gegenseitigen Schutz der Mitglieder;* Brand~; Handwerks~ □ **guilda; corporação** 2 *Interessengemeinschaft von Berufsgenossen;* die ~ der Karnevalisten, der Berufspolitiker, der Diplomaten □ **associação; grêmio**

Gi|let ⟨[ʒile:] n.; -s, -s; österr. u. schweiz.⟩ *Weste* □ **colete**

Gim|pel ⟨m.; -s, -; Zool.⟩ 1 *einheimischer kräftiger, schwarz-grauer, im männlichen Geschlecht rotbäuchiger Singvogel: Pyrrhula pyrrhula* □ **pisco-chilreiro; dom-fafe** 2 ⟨fig.⟩ *törichter, einfältiger Mensch* □ **tolo; simplório**

Gin ⟨[dʒɪn] m.; -s, -s⟩ *Wacholderbranntwein* □ **gim**

Gink|go ⟨[gɪŋko] m.; -s, -s; Bot.⟩ = *Ginko*

Gin|ko ⟨m.; -s, -s; Bot.; nicht fachsprachl.⟩ *(in Parkanlagen beliebter) bis 30 m hoher Baum mit gelb- od. graugrünen Blättern u. gelben, pflaumenähnlichen Früchten, deren äußere Schale giftig ist: Ginkgo biloba;* oV *Ginkgo* □ **ginkgo**

Gin|seng ⟨m.; -s, -s; Bot.⟩ *Efeugewächs, dessen Wurzel in China als universelles Heilmittel verwendet wird: Panax ginseng* □ **ginseng**

Gins|ter ⟨m.; -s, -; Bot.⟩ *Angehöriger einer Gattung der Schmetterlingsblütler, meist gelbblühender Halbstrauch: Genista* □ **giesta**

Gip|fel¹ ⟨m.; -s, -⟩ 1 *höchste Spitze (eines Berges od. Baumes);* den ~ eines Berges bezwingen, ersteigen □ **cume; cimo; topo** 2 ⟨fig.⟩ *Höhepunkt;* den ~ des Glückes, der Macht, des Ruhms (noch nicht) erreicht haben □ **auge; ápice** 2.1 *das Äußerste;* der ~ der Geschmacklosigkeit □ **cúmulo** 2.1.1 das ist der ~! ⟨fig.; umg.⟩ *eine Unverschämtheit* □ **é o fim da picada!* 3 = *Gipfelkonferenz*

Gip|fel² ⟨n.; -s, -⟩ *längliches, an den Enden spitz zulaufendes Gebäck* □ **croissant**

Gip|fel|kon|fe|renz ⟨f.; -, -en; fig.⟩ *Konferenz führender Staatsmänner;* Sy *Gipfel¹ (3)* □ **conferência de cúpula**

Gips ⟨m.; -es, -e⟩ 1 *wasserhaltiger, schwefelsaurer Kalk;* ~ mit Wasser anrühren; ein Loch in der Wand mit ~ ausfüllen, zustreichen 1.1 eine Statue in ~ abgießen *einen Gipsabguss herstellen* □ **gesso** 1.2 den gebrochenen Arm, das Bein in ~ legen *einen Gipsverband anbringen* □ **engessar o braço/a perna* 1.3 er lag mit einer Wirbelverletzung drei Monate in ~ *im Gipsbett* □ **colete de gesso** 1.4 gebrannter ~ *G., der durch Erhitzen sein Kristallwasser verloren hat u. beim Anmachen mit Wasser rasch wieder fest wird* □ **gesso calcinado*

Gi|raf|fe ⟨schweiz. ['---] f.; -, -n⟩ 1 *zu den Paarhufern gehörendes pflanzenfressendes Herdentier mit außerordentlich langem Hals: Giraffa camelopardalis* 2 ⟨scherzh.; Film⟩ *Gerät mit langem, schwenkbarem Arm, an dem z. B. ein Mikrofon über die Szene, doch nicht sichtbar, gehängt werden kann;* Sy *Galgen(2.1)* □ **girafa**

Gir|lan|de ⟨f.; -, -n⟩ 1 *dekoratives Geflecht aus Blumen, Blättern od. Tannengrün* □ **guirlanda; festão** 2 *bunte Papierkette (zur festlichen Dekoration von Räumen)* □ **festão de papel**

Gi|ro ⟨[ʒiː-] n.; -s, -s od. (österr.) Gi|ri; Bankw.⟩ 1 *bargeldloser Zahlungsverkehr durch Verrechnung von einem Konto auf ein anderes* □ **giro;** ~konto □ **conta-corrente** 2 *Vermerk zur Übertragung der Rechte an einem Wechsel* □ **endosso**

gir|ren ⟨V. 400⟩ 1 *in hoher Tonlage (wie eine Taube) gurren* □ **arrulhar** 2 ⟨fig.; veraltet⟩ *kokett lachen u. sprechen* □ **jogar charme; coquetear**

Gischt ⟨m.; -(e)s, -e od. f.; -, -e; Pl. selten⟩ 1 *Schaum der Wellen* □ **espuma das ondas do mar** 2 *aufsprühendes Wasser* □ **borrifo; chuvisco**

Gi|tar|re ⟨f.; -, -n; Mus.⟩ *sechssaitiges Zupfinstrument mit einem Klangkörper in der Form einer Acht;* Akustik~; E-~ □ **violão**

Git|ter ⟨n.; -s, -⟩ 1 *Zaun, Absperrung aus gekreuzten Stäben;* Draht~, Eisen~, Fenster~ □ **grade** 2 *feines Netz aus sich kreuzenden Linien* □ **rede** 3 ⟨Elektronik⟩ *zum Zwecke der Steuerung von Elektronenströmen in Elektronenröhren zwischen Anode u. Kathode liegende Elektrode* □ **grade**

Glace ⟨[glaːs] f.; -, -s [glaːs]⟩ 1 *Zuckerglasur* □ **glacê** 2 *eingedickte Fleischbrühe, Gallert* □ **caldo espesso de carne** 3 ⟨schweiz.⟩ *Speiseeis, Gefrorenes* □ **sorvete**

Gla|cé ⟨[-seː] m. od. -s, -s⟩ = *Glacee*

Gla|cee ⟨[-seː] m.; - od. -s, -s; Textilw.⟩ oV *Glacé* 1 *glänzendes Gewebe, hochglänzender Futterstoff* □ **raiom** 2 ⟨Pl.; kurz für ⟩ *Glaceehandschuhe* □ **luvas de pelica**

Gla|cee|hand|schuh ⟨[-seː-] m.; -(e)s, -e⟩ oV *Glacé-handschuh* 1 *Handschuh aus Glaceeleder* □ **luva de pe-**

lica 1.1 jmdn. mit ~en anfassen ⟨fig.⟩ *sehr vorsichtig, behutsam mit jmdm. umgehen* □ *tratar alguém com luvas de pelica

Gla|cee|le|der ⟨[-se:-] n.; -s; unz.⟩ *sehr weiches Leder aus Ziegen- od. Lammfell;* oV *Glacéleder* □ pelica

Gla|cé|hand|schuh ⟨[-se:-] m.; -(e)s, -e⟩ = *Glaceehandschuh*

Gla|cé|le|der ⟨[-se:-] n.; -s; unz.⟩ = *Glaceeleder*

gla|cie|ren ⟨[-si:-] V. 500⟩ *etwas* ~ **1** *überglänzen* (von Speisen) □ dourar; glaçar; → a. *glasieren* **2** (veraltet) *zum Gefrieren bringen* □ congelar

Gla|di|a|tor ⟨m.; -s, -to|ren; im alten Rom⟩ *Schwertfechter bei Kampfspielen* □ gladiador

Gla|di|o|le ⟨f.; -, -n; Bot.⟩ *(bes. als Schnittblume beliebte) Zwiebelpflanze, Angehörige einer Gattung der Schwertliliengewächse: Gladiolus* □ gladíolo

Gla|mour ⟨[glæmə(r)] m.; -s; unz.⟩ *betörende Aufmachung, blendender Glanz u. Glitter* □ glamour

Glanz ⟨m.; -es; unz.⟩ **1** *Eigenschaft glatter Oberfläche von Körpern od. Geweben, Licht zu spiegeln, das Glänzen, Leuchten, Strahlen;* Fett~, Metall~, Seiden~, Sonnen~; *der ~ des Goldes, der Kerzen, des Schmuckes, der Sterne; blendender, heller, leuchtender, matter, schimmernder, seidiger, strahlender ~; die Schuhe auf ~ polieren* □ brilho **2** ⟨fig.⟩ *Pracht, Gepränge, Herrlichkeit; der ~ der Jugend, des Reichtums, des Ruhmes, der Schönheit; eine Sache ihres ~es berauben; aller ~ erlosch; ~ geben, nehmen, verbreiten; den ~ einbüßen, verlieren; im höchsten ~ erstrahlen (lassen); in neuem ~ erscheinen; ein Fest mit großem ~ feiern; vom trügerischen ~ des Reichtums geblendet; welcher ~ kommt da in meine Hütte!* (scherzh. zur Begrüßung eines unerwarteten Besuchers; frei nach Schillers „Jungfrau von Orleans", Prolog, 2. Auftritt); *sie zeigt sich heute in vollem ~(e)* □ brilho; esplendor; magnificência **2.1** *mit ~ und Gloria seinen Einzug halten* ⟨fig.; umg.⟩ *mit großem Aufwand* □ *fazer uma entrada triunfal/em grande estilo* **3** *mit ~* ⟨fig.; umg.⟩ *ausgezeichnet; eine Prüfung mit ~ bestehen; er verstand es, sich mit ~ aus der Affäre zu ziehen* □ louvor; distinção

glän|zen ⟨V.⟩ **1** ⟨400⟩ *etwas glänzt strahlt Glanz aus; die Sonne glänzt, die Sterne ~; sein Gesicht glänzt vor Freude; am Abend glänzt die Stadt von Lichtern; die Wasseroberfläche glänzt im Mondschein* □ brilhar; *mit den Augen betrachteten die Kinder den Weihnachtsbaum* □ brilhante; radiante **2** ⟨400, fig.⟩ *Bewunderung, Aufsehen erregen, auffallen, hervorragen, hervorstechen, sich auszeichnen; seine Fähigkeiten, seinen Geist, sein Wissen ~ lassen; sie glänzte schon wieder mit einem neuen Kleid* □ sobressair; distinguir-se **2.1** *durch Abwesenheit ~* ⟨umg.⟩ *nicht da sein* □ brilhar **3** ⟨500⟩ **Papier** ~ *Glanz geben, glänzend machen, mit glänzender Schicht überziehen* □ acetinar

glän|zend 1 ⟨Part. Präs. von⟩ *glänzen; das Kleid war ~ schwarz* □ brilhante; cintilante **2** ⟨Adj.⟩ *ausgezeichnet, hervorragend; ~!* (als Antwort); *eine ~e Bega-*

bung auf dem Gebiet der ...; *er ist ein ~er Redner, Sänger, Schauspieler; das ist eine ~e Idee!; eine ~e Zukunft liegt vor ihm* □ brilhante, excelente; *der Klimawechsel ist uns ~ bekommen; ich fühle mich heute ~ in Form; es geht ihm ~; die Überraschung ist ~ gelungen; er macht seine Sache ~; das trifft sich ~; er kann ~ mit Menschen umgehen; die beiden verstehen sich ~* □ brilhante; excelente; muito bem

Glanz|leis|tung ⟨f.; -, -en⟩ *hervorragende Leistung; das war nicht gerade eine ~ von ihm!* □ proeza; façanha

Glanz|licht ⟨n.; -(e)s, -er; meist Pl.⟩ **1** *Lichtreflex auf blanken Körpern* □ reflexo luminoso **2** ⟨Mal.⟩ *kleiner Lichteffekt* □ efeito luminoso **3** ⟨fig.⟩ *bes. hervorgehobene, wirkungsvolle Stelle (in einem Kunstwerk); noch ein paar ~er aufsetzen* □ realce; destaque

glanz|voll ⟨Adj. 90⟩ **1** *hervorragend; eine ~e Leistung vollbringen* □ excelente; esplêndido **2** *festlich, prunkvoll; sein Geburtstag wurde ~ gefeiert* □ magnificamente; suntuosamente

Glanz|zeit ⟨f.; -, -en⟩ *Zeit der Höchstleistungen; das war noch in seiner ~* □ época áurea; apogeu

Glas[1] ⟨n.7; -es, Glä|ser⟩ **1** ⟨unz.⟩ *harter, meist durchsichtiger, zerbrechlicher Stoff aus Kali- u. Natronverbindungen* □ vidro; *~!, Vorsicht, ~!* (Aufschrift auf Kisten für den Transport von Glas u. a. zerbrechlichen Gütern) □ *cuidado, frágil!*; *buntes, farbiges, gefärbtes, milchiges, trübes ~; dickes, dünnes, feines, gepresstes, geschliffenes, gesponnenes, splitterfreies ~; ~ ätzen, blasen, brennen, gießen, pressen, schleifen, ziehen; ein Teeservice aus ~; Glück und ~, wie leicht bricht das* (Sprichw.). **1.1** *ins Bild unter ~ hinter einer schützenden Glasscheibe* □ vidro **1.2** *die Kunstgegenstände waren unter ~ ausgestellt in Vitrinen* □ vitrine **1.3** *geh weg, du bist doch nicht aus ~* ⟨umg.; fig.⟩ *versperr mir die Aussicht nicht!* □ *saia da frente que você não é transparente!* **1.4** ⟨zählb.; Min., Tech.⟩ *erkaltetes od. erstarrtes, nicht merklich kristallisiertes Schmelzprodukt* □ vidro **2** *Gefäß aus Glas(1); Konserven~, Trink~, Wein~; ein leeres, halb gefülltes, volles ~; ein ~ austrinken, füllen, leeren; sein ~ in einem Zug leeren; aus einem ~(e) trinken; ein ~ mit, voll Milch* □ vidro; copo; taça **2.1** *er hat ein bisschen zu tief ins ~ geguckt* ⟨umg.⟩ *er ist leicht betrunken* □ *ele bebeu umas a mais* **2.2** *Inhalt eines Glases(2); ich möchte bitte ein ~ Bier, Orangensaft, Wein; ein ~ Kompott aus dem Keller holen; zwei Gläser Marmelade kaufen; dem Gast ein ~ Bier, Wein eingießen, einschenken* □ vidro; copo; taça **2.2.1** *er hat ein ~ über den Durst getrunken* ⟨umg.⟩ *er ist leicht beschwipst* □ *ele bebeu umas a mais* **2.2.2** *er trank zwei ~ Bier so viel, wie in zwei Gläser geht* □ copo **3** *optisches Gerät; Augen~* **3.1** *Brille(ngläser); du trägst scharfe Gläser* □ óculos **3.2** *Fern- od. Opernglas; durchs ~ sehen* □ binóculo

Glas[2] ⟨n.; -es, -en; Mar.⟩ **1** *halbe Stunde* □ meia hora **1.1** *es schlägt drei ~en 9 Uhr 30* (Zählbeginn morgens 8 Uhr) □ *são 9h30* **1.2** *es schlägt acht ~en das Ende der alten, zum Beginn der neuen (vierstündigen) Wache* □ *é hora de mudar o turno (de vigilância)*

Gla|ser ⟨m.; -s, -⟩ **1** *Handwerker, der Glasscheiben schneidet u. einsetzt u. Ä.* 1.1 dein Vater ist wohl ~? ⟨umg.⟩ *geh weg, versperr mir die Aussicht nicht!* □ **vidraceiro**

glä|sern ⟨Adj. 24/70⟩ **1** *aus Glas bestehend, durchsichtig;* ein ~es Auge, Gerät, Gefäß □ **de vidro** 1.1 der ~e Minister ⟨fig.⟩ *M., der alle Einnahmen offenlegt* □ **transparente 2** *fein, zerbrechlich wie Glas;* das klingt ~ □ **frágil**

Glas|haus ⟨n.; -es, -häu|ser⟩ **1** *Gewächs-, Treibhaus* □ **estufa** 1.1 wer im ~ sitzt, soll nicht mit Steinen werfen ⟨Sprichw.⟩ *man soll anderen nicht etwas vorwerfen, wenn man selbst nicht ganz schuldlos ist* □ **quem tem telhado de vidro não atira pedra no do vizinho*

Glas|hüt|te ⟨f.; -, -n⟩ *Betrieb, in dem Glas hergestellt u. verarbeitet wird* □ **fábrica de vidro; vidraçaria**

gla|sie|ren ⟨V. 500⟩ etwas ~ *mit einer Glasur versehen;* einen Kuchen ~; Keramiken, Tonvasen, Ziegel ~ □ **glaçar; envernizar;** → a. **glacieren**

gla|sig ⟨Adj.⟩ **1** *wie aus Glas bestehend aussehend;* ~e Kartoffeln □ **vitrificado** 1.1 -e **Getreidekörner** *viel Kleber enthaltende G.* □ **que contém muito glúten 2** ⟨fig.⟩ *leblos, starr;* ein ~er Blick; er starrte sein Gegenüber ~ an; sein Blick wurde ~; er hatte ~e Augen □ **vítreo**

Glas|nost ⟨f.; -; unz.; in der Sowjetunion⟩ *Politik der Offenheit, der Öffentlichkeit* □ **glasnost**

Gla|sur ⟨f.; -, -en⟩ **1** *durchsichtiger, glasähnlicher Überzug aus Kieselsäure mit Flussmitteln auf Töpferwaren, Ziegeln u. Ä.* □ **verniz; esmalte 2** *glänzender Überzug auf Gebäck, Zuckerguss* □ **glacê**

glatt ⟨Adj.; glạt|ter, glạt|tes|te od. ⟨umg.⟩ glặt|ter, glặttes|te⟩ **1** *frei von Unebenheiten;* ~e Oberflächen, Straßen, Wände, Wege □ **liso; plano;** der Badeanzug soll ~ anliegen □ **o maiô não pode fazer pregas* 1.1 eine ~e **Fassade** *ohne Verzierungen* 1.2 ein ~er **Gewehrlauf** *G. ohne Züge* 1.3 ~es **Haar** *H. ohne Locken;* sie trägt ihr Haar ~ 1.4 eine ~e **Haut** *H. ohne Falten* □ **liso** 1.5 ~er **Satz** ⟨Typ.⟩ *S. ohne Auszeichnung* □ **uniforme; sem destaques** 1.6 ~er **Stoff** *S. ohne Muster* □ **liso; sem estampa** 1.7 ~es **Vieh** *wohlgenährtes V.* □ **bem alimentado** 1.8 cinc ~e **Wasseroberfläche** *W. ohne Wellen* □ **liso; plano** 1.9 dieser Pullover ist nur ~ gestrickt *in rechten Maschen g.* □ **em ponto meia** 1.10 die Rechnung ist ~ *aufgegangen ohne Rest* □ **redondo** 1.11 ich bin mit ihm wieder ~ ⟨umg.⟩ *ich habe alle schwebenden Angelegenheiten zwischen uns bereinigt* □ **voltei a me acertar/entender com ele* **2** *schlüpfrig, nicht haftend, gleitend;* auf der ~en Eisbahn vergnügen sich die Kinder; das Parkett ist sehr ~; Vorsicht, hier ist es sehr ~! 2.1 er ist ~ wie ein Aal ⟨fig.⟩ *so geschickt, dass man ihn nicht fassen, festlegen kann* □ **liso; escorregadio** 2.2 ⟨fig.⟩ *allzu gewandt, allzu verbindlich, einschmeichelnd;* seine ~e Art, sein ~es Benehmen gefällt mir nicht; mit ~en Worten wurden wir beschwichtigt □ **melífluo; adulador 3** *ohne Hindernisse, Zwischenfälle, mühe-, reibungslos;* wir hatten eine ~e Fahrt, Landung, Reise; wir hatten einen ~en Flug □ **fácil; tranquilo;** die Arbeit ging ~ vonstatten; die Geschäfte wurden ~ abgewickelt □ **com facilidade/ tranquilidade 4** ⟨90⟩ *offenkundig, offensichtlich, ohne weiteres;* das ist ~er Betrug! □ **puro;** das ist ein ~er Beweis für seine Schuld □ **concreto;** das ist eine ~e Lüge! □ **deslavado;** das ist ~ erfunden; es liegt ~ auf der Hand, dass ...; sie ist ihm ~ überlegen □ **claramente;** das habe ich ~ vergessen! □ **completamente** 4.1 *rundheraus, ohne Umschweife, Hemmungen;* ich erhielt eine ~e Absage; er hat mir meine Bitte ~ abgeschlagen; er hat es ~ abgelehnt; ich habe es ihm ~ ins Gesicht gesagt □ **direto; na cara; sem rodeios** 4.2 ⟨umg.⟩ *tatsächlich, sage u. schreibe;* das kostet ~ 5.000 Euro! □ **isso custa uns bons 5.000 euros!* **5** ⟨Getrennt- u. Zusammenschreibung⟩ 5.1 ~ hobeln = **glatthobeln**

Glät|te ⟨f.; -; unz.⟩ **1** *glatte Beschaffenheit, Struktur, Glattheit* □ **lisura;** Straßen ~ □ **rua escorregadia* 1.1 ⟨fig.⟩ *Gewandtheit (des Stils, des Benehmens), Geschliffenheit* □ **polidez; delicadeza**

Glatt|eis ⟨n.; -es; unz.⟩ **1** *gefrorene Niederschläge auf festen Körpern;* Vorsicht, ~! (Straßenschild) □ **gelo;** heute Nacht gibt es ~ □ **geada** 1.1 jmdn. aufs ~ führen ⟨fig.; umg.⟩ *jmdn. überlisten;* da hast du dich aber aufs ~ führen lassen! □ **levar alguém no bico*

glät|ten ⟨V. 500⟩ **1** *etwas ~ von Unebenheiten befreien;* Papier ~; Bretter mit dem Hobel ~ □ **alisar; aplanar; nivelar** 1.1 ⟨mundartl.⟩ *bügeln;* die Nähte ~ □ **passar (a ferro)** 1.2 eine **Sache** ~ *die (stilistischen) Unregelmäßigkeiten einer S. beseitigen;* das Manuskript musste noch geglättet werden □ **corrigir; melhorar 2 Unebenheiten** ~ *entfernen;* Falten ~ □ **tirar** 2.1 ⟨Vr 7; fig.⟩ *ausgleichen, beruhigen;* die Wogen der Empörung, des Zorns ~ □ **apaziguar; aplacar**

glatt||ge|hen ⟨V. 145/400(s.)⟩ *eine Sache geht glatt läuft ohne Hindernisse ab, verläuft reibungslos;* es ist alles glattgegangen □ **dar certo; correr bem**

glatt||ho|beln *auch:* **glatt ho|beln** ⟨V. 500⟩ **Holz** ~ *mit dem Hobel glätten* □ **aplainar; acepilhar**

glatt||ma|chen ⟨V. 500⟩ etwas ~ **1** ⟨Kaufmannsspr.⟩ *ausgleichen* □ **liquidar; saldar 2** ⟨umg.⟩ *bezahlen;* mach deine Schulden endlich glatt! □ **pagar**

glatt|weg ⟨Adv.⟩ *ohne weiteres;* das hat er mir ~ abgeschlagen □ **categoricamente; sem rodeios**

Glạt|ze ⟨f.; -, -n⟩ *kahle Stelle der Kopfhaut,* Sy ⟨umg.⟩ *Platte(3)* □ **careca,** eine ~ bekommen, haben □ **ficar/ser careca*

Glau|be ⟨m.; -ns; unz.⟩ oV *Glauben* **1** *innere Gewissheit, die von Beweisen unabhängig ist, gefühlsmäßige Überzeugung, unerschütterliches Vertrauen, Zuversicht;* den ~n (an etwas) behalten, haben, verlieren; jmdm. den ~n nehmen, rauben, zerstören; er ließ sich ~n nicht nehmen; ich kann ihm, dieser Nachricht keinen rechten ~n schenken; der ~ an jmds. Aufrichtigkeit, Treue, Vertrauenswürdigkeit, Zuverlässigkeit; sein ~ an das Gute im Menschen war unerschütterlich; der ~ an jmds. Fähigkeiten □ **crença;**

convicção; confiança; im ~n, dass ... □ *acreditando que... 1.1 ich kann bei ihm keinen ~n finden *er glaubt mir nicht* □ *ele não acredita em mim* 1.2 *er lebte, war des ~ns, dass ... er glaubte, dass ...* □ *ele acreditava que...*; → a. *Treue(4)* **2** ⟨Rel.⟩ *aufgrund fremder Mitteilungen, geoffenbarter Wahrheiten od. eigener innerer Erfahrung die innere Gewissheit über das persönliche Verhältnis zu Gott;* der ~ der Massen, des Menschen, einer Sekte; ~, Liebe, Hoffnung (die drei göttlichen Tugenden); fester, starker, tiefer, unerschütterlicher ~; der ~ an Gott; an seinem ~n festhalten; jmdm. im ~n wankend machen; vom ~n abfallen 2.1 für seinen ~n sterben *den Märtyrertod erleiden* 2.2 *Bekenntnis, Heilslehre;* seinen ~n wechseln; der christliche, evangelische, jüdische, katholische, lutherische ~; sie konvertierte zum katholischen ~n □ crença; fé

glau|ben ⟨V.⟩ **1** ⟨500⟩ etwas ~ *annehmen, vermuten, meinen;* ich glaube, ja (nein)! (als Antwort); ist er schon verreist? ich glaube nicht; ich glaubte ihn zu kennen, und doch ...; ich glaube nicht, dass er schon verreist ist; ich glaube, ich muss mich mehr um sie kümmern; ich habe immer geglaubt, er sei mit ihr verlobt; ich glaubte, das schöne Wetter würde noch anhalten; ich hatte geglaubt, noch Aufschub zu bekommen; ich möchte fast ~; ich glaube gar, er hat ...; wie ich glaube, will er ... 1.1 ⟨510/Vr 7⟩ jmdn. od. etwas ... ~ *wähnen, annehmen, dass jmd. od. etwas ... ist;* ich glaubte mich verraten; ich glaubte mich im Recht, als ...; ich glaubte ihn schon im Urlaub □ achar; acreditar; crer **2** ⟨500⟩ etwas ~ *für zutreffend, wahr halten, davon überzeugt sein;* das glaube ich wohl!, das will ich ~! (als Antwort, verstärkend); ~ Sie ja nicht, was er Ihnen erzählt hat; ich kann es nicht ~; etwas blindlings, fest, unverbrüchlich ~; das ist ja kaum, nicht zu ~! (überraschter Ausruf); es ist nicht zu ~; es ist kaum zu ~, dass ...; sie glaubt sofort, was man ihr erzählt; wer hätte das (je) geglaubt! □ acreditar; das glaubst du doch selbst nicht! □ *você não pode estar falando sério!*; erst sehen, dann ~ □ *é ver para crer* 2.1 wer's glaubt, wird selig! ⟨umg.⟩ *das ist völlig unwahrscheinlich, ich glaube das nicht* □ *quem quiser que acredite!*; *nessa eu não caio!* 2.2 ⟨550⟩ etwas von jmdm. ~ *jmdm. etwas zutrauen;* das glaube ich nicht von ihr □ *acreditar que alguém seja capaz de alguma coisa* 2.3 ⟨530⟩ jmdm. etwas ~ *als wahr abnehmen;* ich glaube es ihm (nicht) □ *acreditar em alguém* 2.4 ⟨530⟩ jmdm. etwas ~ machen *jmdm. etwas vorspiegeln, einreden;* er will mich ~ machen, dass ... □ *fazer alguém acreditar em alguma coisa* **3** ⟨600⟩ jmdm. od. einer Sache ~ *zuversichtlich vertrauen, Glauben schenken;* ich glaube ihm (nicht); wie kannst du dem Gerede der Leute ~; du kannst seinen Worten ~; ich glaube dir aufs Wort □ *acreditar em alguém ou alguma coisa* **4** ⟨800⟩ **an jmdn.** od. etwas ~ *sich auf jmdn. od. etwas verlassen, auf jmdn. od. etwas vertrauen, von jmds. od. dessen Wirksamkeit überzeugt sein;* an jmds. Fähigkeiten ~; an jmds. Aufrichtigkeit, Ehrlichkeit, Treue, Vertrauenswürdigkeit, Zuverlässigkeit ~; an Gerechtigkeit, das Gute im Menschen, Liebe, Wahrheit ~; an das Gelingen einer Sache ~; du wirst doch nicht an Gespenster ~; an Gott ~; man möchte an Zeichen und Wunder ~, wenn man das hört; ich glaube (nicht) daran □ *confiar/acreditar em alguém ou alguma coisa* 4.1 ⟨800 m. Modalverb⟩ d(a)ran ~ müssen ⟨umg.⟩ 4.1.1 *die unvermeidlichen Folgen tragen müssen;* in dieser Angelegenheit wirst du noch daran ~ müssen □ *arcar com as consequências* 4.1.2 *sterben;* jeder muss einmal daran ~ □ *morrer*

Glau|ben ⟨m.; -s; unz.⟩ = *Glaube*

Glau|bens|be|kennt|nis ⟨n.; -ses, -se⟩ **1** *Zusammenfassung der Glaubensartikel;* Sy *Konfession(1), Religion(3)* □ confissão **2** ⟨fig.⟩ *das öffentliche Bekenntnis zu einem bestimmten Glauben, die Erklärung einer (a. politischen) Überzeugung;* sein politisches ~ ablegen; das (christliche) ~ sprechen □ profissão de fé; credo

gläu|big ⟨Adj.⟩ **1** *von der Wahrheit einer Glaubenslehre überzeugt, an Gott glaubend, fromm;* ein ~er Christ, Mensch □ fiel; crente; pio **2** *vertrauensvoll;* jmdn. ~ ansehen; ~ alles hinnehmen □ crédulo; com credulidade

Gläu|bi|ge(r)[1] ⟨f. 2; (m. 1)⟩ *glaubiger Mensch, Anhänger(in) einer Glaubenslehre;* die ~n versammelten sich in der Kirche □ fiel

Gläu|bi|ger[2] ⟨m.; -s, -⟩ *jmd., der eine Schuldforderung an jmdn. hat* □ credor

glaub|wür|dig ⟨Adj.⟩ *so geartet, dass man es glauben kann;* er machte einen durchaus ~en Eindruck; eine ~e Aussage □ fidedigno

gla|zi|al ⟨Adj.; Geol.⟩ **1** *eiszeitlich, die Eiszeit betreffend, während der Eiszeit entstanden;* ~e Ablagerungen **2** *das Eis (von Gletschern) betreffend, vom Eis, Gletscher geschaffen* □ glacial

gleich ⟨Adj. 24⟩ **1** ⟨70⟩ *in allen Merkmalen übereinstimmend, ebenso beschaffen, identisch;* der, die, das Gleiche; das kommt, läuft auf das Gleiche hinaus; der ~e Hut; wir haben den ~en Wagen; im ~en Augenblick; im ~en Alter; zur ~en Zeit; mit ~er Post erhalten Sie ...; von ~er Art, Beschaffenheit, Farbe, Größe, Wirkung; auf die ~e Weise versuchte er auch mich zu täuschen; er verfolgt die ~en Absichten, Ziele, Zwecke; ich verlange die ~en Rechte, die ~en Pflichten habe ich schon; zunächst müssen ~e Voraussetzungen geschaffen werden; unter ~en Bedingungen arbeiten wie ...; von mir kann ich Gleiches berichten; ein Gleiches tun; jederzeit kann uns ein Gleiches begegnen; unfervehren ~ igual; mesmo 1.1 im ~en Boot sitzen ⟨fig.⟩ *sich zusammen in derselben (unangenehmen) Situation befinden* □ *estar no mesmo barco* 1.2 am ~en Strang ziehen ⟨fig.⟩ *dasselbe Ziel erstreben* □ *somar esforços* **2** *gleichwertig, gleichrangig, gleichmäßig;* zu ~en Teilen; ~ viel bedeuten, gelten, davon halten, wissen; ihr bekommt, habt, erfahrt alle ~ viel; ~ breit, groß, lang, schwer, gut, viel, tief, weit, langsam, schnell; ~ weit entfernt liegen, sein □ igual(mente); na mesma proporção

gleichberechtigt

2.1 ~e Brüder, ~e Kappen ⟨Sprichw.⟩ *gleiche Rechte u. Pflichten bei Angehörigen eines Standes od. einer Gruppe* □ **irmãos iguais, responsabilidades iguais* 2.2 ~ und ~/Gleich und Gleich *gesellt sich gern* ⟨Sprichw.; meist abwertend⟩ *diejenigen, die zusammenpassen, finden sich auch zusammen* □ **cada ovelha busca sua parelha* 2.3 *jmdm. etwas mit ~er Münze heimzahlen jmdm. etwas vergelten* □ **pagar alguém na mesma moeda* 2.4 *Gleiches mit Gleichem vergelten Böses mit Bösem, Gutes mit Gutem usw.* □ **pagar na mesma moeda* 2.5 ⟨Math.⟩ *im Wert genau übereinstimmend, identisch;* zwei ~ e *Körper* □ *igual; idêntico* 2.5.1 ~ *sein denselben Wert haben;* eins und eins ist ~ zwei; zwei mal zwei ist ~ vier; seine Fortschritte sind ~ null; Gleiches zu Gleichem (hinzugefügt) ergibt Gleiches □ *igual* 2.6 *etwas od. jmdn. auf die ~e Stufe stellen mit ... auf dieselbe Art betrachten, behandeln wie* □ *mesmo* 3 *etwas wieder ins* Gleiche *bringen* ⟨umg.⟩ *in Ordnung, ins Gleichgewicht* □ **recolocar alguma coisa em ordem* 4 ⟨72⟩ 4.1 *jmdm. od. einer* Sache ~ *sein jmdm. od. einer S. ähneln, so aussehen wie jmd. od. eine S.* □ **ser igual/semelhante a alguém/alguma coisa* 4.2 *wie;* ~ *einer Lawine brach das Unglück über sie herein* □ *como* 4.3 *auf derselben Höhe liegend wie;* dem Erdboden, dem Meeresspiegel ~ (sein, werden) □ **(estar/ficar) no nível do solo/mar* 4.4 *gleichgültig;* das ist mir ganz, völlig ~; das kann dir doch ~ sein □ *igual; indiferente* 5 ⟨50⟩ *sofort, unverzüglich, auf der Stelle;* ~ anfangen, beginnen, gehen, kommen; ich werde es dir ~ beweisen, erklären, sagen; ~ beginnt die Vorstellung; wollen wir uns ~ setzen?; die Angelegenheit muss ~ erledigt werden; er wird ~ gehen; kannst du bitte ~ kommen?; an der Steigung musst du ~ schalten; ich komme ~ wieder; es muss nicht ~ sein; ich bin ~ wieder da; willst du ~ tun, was ich dir sage!; ~ nach Bekanntgabe der Nachricht, Eintreffen der Gäste; ~ nachdem ich davon erfuhr; ~! (als Antwort); mein Kollege kommt ~! (Vertröstung des Gastes durch einen Kellner) □ *imediatamente; logo; já*; das kannst du ~ hier machen □ *mesmo* 5.1 *schon, bereits;* ~ heute werde ich zu ihr gehen □ *mesmo;* ~ anfangs, danach, daraufhin, nachher □ *logo;* das habe ich (doch) ~ gesagt! □ **(mas) foi o que acabei de dizer!* 5.2 ⟨als Füllwort; umg.⟩ *nur;* wie hieß doch ~ das Theaterstück, der Roman? □ **como é mesmo que se chamava a peça/o romance?*; wo habe ich ihn doch ~ das letzte Mal gesehen? □ **onde mesmo foi que o vi da última vez?* 5.3 ⟨mit Konj.⟩ *wenn ...* ~ ⟨veraltet u. poet.⟩ *wenngleich, obgleich;* der wird leben, ob er ~ stürbe (Luther) □ **embora* 6 ⟨Getrennt- u. Zusammenschreibung⟩ 6.1 ~ *machen* = gleichmachen (I) 6.2 ~ *lautend* = gleichlautend

gleich|be|rech|tigt ⟨Adj. 32⟩ *gleiche Rechte besitzend, mit gleichen Rechten ausgestattet;* Frauen u. Männer sind ~ □ **homens e mulheres têm os mesmos direitos;* ~e Partner □ *com os mesmos direitos*

Gleich|be|rech|ti|gung ⟨f.; -; unz.⟩ *Ausstattung mit gleichen Rechten;* die ~ der Geschlechter, Konfessionen, der Völker; für die ~ eintreten, kämpfen; der Kampf um die ~ □ *igualdade de direitos*

glei|chen ⟨V. 153/600⟩ 1 ⟨Vr 6⟩ *jmdm. od. etwas* ~ *sehr ähnlich sein;* jmdm. in Gestalt, Größe, Wuchs ~; jmdm. im Aussehen, Wesen ~ 1.1 *in allen Stücken* ~ *völlig übereinstimmen* □ *assemelhar-se; parecer-se* 1.2 sie ~ einander aufs Haar, wie ein Ei dem anderen *sind sich zum Verwechseln ähnlich* □ **são como duas gotas d'água* 1.3 ⟨Vr 2⟩ sie ~ sich wie Tag und Nacht *sind sich gar nicht ähnlich* □ **são como água e vinho*

glei|cher|ma|ßen ⟨a. [--'--] Adv.⟩ *auch, ebenso, genauso, in gleicher Weise;* von dem neuen Gesetz sind alle kinderreichen Familien ~ betroffen □ *igualmente; do mesmo modo*

gleich|falls ⟨Adv.⟩ *ebenfalls, auch;* danke, ~! (Antwort auf gute Wünsche) □ *igualmente; do mesmo modo*

gleich|för|mig ⟨Adj. 24⟩ 1 *die gleiche Form, Gestalt besitzend, gleich gestaltet, ähnlich;* ~e Werkstücke □ *uniforme; regular* 2 *unveränderlich, eintönig;* ein ~er Rhythmus; ein ~er Tagesablauf □ *invariável; monótono*

Gleich|ge|wicht ⟨n.; -(e)s; unz.⟩ 1 *Zustand, in dem sich zwei oder mehr einander entgegengesetzt gerichtete Wirkungen (Kräfte) aufheben, Balance;* stabiles, labiles, indifferentes ~; das ~ der Kräfte; das ~ finden, halten, stören, verlieren; etwas aus dem ~ bringen, im ~ halten 2 *Zustand, in dem die politischen Machtverhältnisse ausgeglichen sind* 3 *innere Harmonie, seelische Ruhe, Ausgeglichenheit;* (sich) bei alledem sein ~ wahren, wiederfinden, halten, verlieren; das innere, seelische ~; sich (nicht) leicht aus dem ~ bringen lassen; diese Nachricht hat sie aus dem ~ gebracht; aus dem ~ geraten □ *equilíbrio*

gleich|gül|tig ⟨Adj.⟩ 1 *teilnahmslos, uninteressiert;* er blieb ~ gegen alle Vorschläge; ein (gegen alles) ~er Mensch 2 ⟨80⟩ *bedeutungslos, unwesentlich;* er ist ihr (völlig) ~; es ist mir ~; es ist mir nicht ganz ~, ob ... □ *indiferente*

Gleich|heit ⟨f.; -; unz.⟩ *völlige Übereinstimmung, Unterschiedslosigkeit;* → a. Freiheit(1); die ~ aller vor dem Gesetz □ *igualdade*

Gleich|klang ⟨m.; -(e)s, -klän|ge⟩ 1 *gleicher Klang, Übereinstimmung von Tönen, Vokalen usw. im Klang* □ *consonância; uníssono* 2 ⟨fig.⟩ *Übereinstimmung;* im ~ der Bewegung (bei Freiübungen einer Gruppe) □ *consonância; harmonia*

glei|chen||kom|men ⟨V. 170/600(s.)⟩ 1 *etwas* kommt einer Sache gleich *ähnelt, gleicht, entspricht einer Sache;* die Gehaltserhöhung kommt einer Beförderung gleich □ *corresponder; equivaler* 2 *jmdm. od. einer Sache* ~ *gleichen, ähneln, jmdm. od. einer Sache gleichwertig sein* □ *igualar-se;* ⟨aber Getrenntschreibung⟩ gleich kommen → gleich(5)

gleich|lau|tend *auch:* gleich lau|tend ⟨Adj. 24/70⟩ 1 *im Wortlaut übereinstimmend;* ~e Informationen □ *de igual teor; idêntico* 2 ⟨Sprachw.⟩ *aus den gleichen Lauten gebildet;* ~e Wörter □ *homônimo; homófono*

gleich||ma|chen *auch:* gleich ma|chen ⟨V.⟩ 1 ⟨500; Zusammen- u. Getrenntschreibung⟩ *jmdm. od. etwas* *bewirken, dass sich jmd. od. etwas von jmd. od. etwas anderem nicht mehr unterscheidet, angleichen;* soziale Unterschiede ~ wollen □ **igualar; eliminar as diferenças 2** ⟨530; nur Zusammenschreibung⟩ *ein Gebäude, eine* **Ortschaft** *dem* **Erdboden** *~ völlig zerstören, einebnen;* Troja wurde von den Griechen dem Erdboden gleichgemacht □ **arrasar; nivelar;** ⟨aber nur Getrenntschreibung⟩ gleich machen → *gleich(5)*

gleich|mä|ßig ⟨Adj.⟩ **1** *unverändert bleibend;* in ~em Tempo □ **uniforme; constante 2** *zu gleichen Teilen;* etwas ~ unter die Anwesenden verteilen □ **igualmente; em partes iguais**

Gleich|mut ⟨m.; -(e)s; unz.⟩ *Gelassenheit, Beherrschtheit, Leidenschaftslosigkeit, Unerschütterlichkeit;* etwas mit (stoischem) ~ ertragen, hinnehmen, über sich ergehen lassen □ **impassibilidade; sangue-frio**

Gleich|nis ⟨n.; -ses, -se⟩ = *Allegorie;* durch ein ~ anschaulich machen, deutlich machen, erklären, darstellen □ **alegoria; parábola**

gleich|sam ⟨Adv.; geh.⟩ *wie, sozusagen, beinahe* □ **por assim dizer; de certo modo**

gleich∥schal|ten ⟨V. 500⟩ **1** *etwas ~ auf gleiche Stromart schalten, in gleichen Arbeitsrhythmus bringen* □ **coordenar; sincronizar 2** jmdn. ~ ⟨fig.; umg.⟩ *der herrschenden Denkweise anpassen, politisch, wirtschaftlich u. kulturell vereinheitlichen;* dem Diktator gelang es nicht, die Massen gleichzuschalten □ **uniformizar 3** ⟨aber Getrenntschreibung⟩ gleich schalten → *gleich(5)*

gleich|schen|ke|lig ⟨Adj. 24⟩ = *gleichschenklig*

gleich|schenk|lig ⟨Adj. 24⟩ *mit zwei gleich langen Seiten versehen;* oV gleichschenkelig; ein ~es Dreieck □ **isósceles**

Gleich|schritt ⟨m.; -(e)s; unz.⟩ *Marsch mit gleicher Schrittlänge u. gleichzeitigem Aufheben u. Niedersetzen des gleichen Fußes;* im ~ marschieren □ **passo cadenciado**

gleich∥set|zen ⟨V. 503⟩ **1** *zwei* **Dinge** *~ od.* jmdn. od. etwas ~ (mit) jmdm. od. etwas ~ *als gleich betrachten, auf die gleiche Stufe stellen, als identisch behandeln;* er setzt Eigennutz mit Hilfsbereitschaft gleich; das Wunderkind wurde mit Mozart gleichgesetzt □ **equiparar; comparar 2** ⟨aber Getrenntschreibung⟩ gleich setzen → *gleich(5)*

gleich∥stel|len ⟨V. 530⟩ jmdn. od. eine **Sache** jmdm. od. einer **Sache** *~ auf gleiche Stufe mit jmdm. od. einer S. stellen* □ **equiparar; colocar no mesmo nível**

Gleich|strom ⟨m.; -(e)s; unz.; El.⟩ *elektrischer Strom, dessen Polarität unverändert bleibt;* Ggs Wechselstrom □ **corrente contínua**

Glei|chung ⟨f.; -, -e; Math.⟩ *die durch das Gleichheitszeichen (=) symbolisierte Beziehung (Relation) der Gleichheit zwischen mathematischen Größen;* → a. *Grad(3.1);* eine ~ auflösen, aufstellen □ **equação**

gleich|viel ⟨a. ['--] Adv.; geh.⟩ **1** *gleichgültig, einerlei, wie dem auch sei;* ~, du wirst es bald erfahren □ **tanto faz; pouco importa;** ⟨aber Getrenntschreibung⟩ gleich viel erfahren → *gleich(2)*

gleich|wer|tig ⟨Adj. 24⟩ **1** *von gleichem Wert, sich im Wert entsprechend, ebenso viel wert;* die Geschenke sind ~; die beiden Mannschaften sind ~e Gegner **2** ⟨Chem.⟩ *von gleicher Wertigkeit* □ **equivalente; de igual valor**

gleich|wohl 1 ⟨a. ['--] Konj.⟩ *doch, dennoch, aber auch, trotzdem;* er hatte hohes Fieber, ~ fühlte er sich noch recht gut □ **não obstante; apesar disso;** ⟨aber Getrenntschreibung⟩ sich gleich wohl befinden → *gleich(2)*

gleich|zei|tig ⟨Adj.⟩ *zur gleichen Zeit erfolgend, stattfindend;* mehrere Wettkämpfe finden ~ statt □ **simultâneo; simultaneamente**

Gleis ⟨n.; -es, -e⟩ oV Geleise **1** *stählerne Fahrbahn der Eisen- u. Straßenbahn* □ **trilho; via férrea 2** ⟨fig.⟩ *Bahn, (durch die tägliche Gewohnheit bestimmte) Ordnung;* jmdn. aus dem ~ bringen; aus dem ~ geraten; eine Sache wieder ins ~ bringen □ **trilho; eixo;** → a. *ausfahren(2.4, 2.4.1), tot(5.2, 5.2.1)*

glei|ßen ⟨V. 154/400⟩ **1** *etwas gleißt* ⟨geh.; poet.⟩ *schimmert, glänzt;* der See gleißt im Sonnenlicht □ **cintilar; reluzir 1.1** *~de Sonne grelle, blendende S.* □ **ofuscante**

glei|ten ⟨V. 155/400(s.)⟩ **1** *sich leicht u. mühelos (fort)bewegen;* sie glitt aus dem Zimmer □ **esgueirar-se; sair de fininho;** durch die Luft ~ (Segelflugzeug, Vogel) □ **planar;** mit Schlittschuhen übers Eis ~; leichtfüßig glitten die Tänzer übers Parkett; übers Wasser ~ □ **deslizar;** er ließ die Augen über die Felder ~ □ **passar;** zu Boden, zur Erde ~ □ **escorregar;** etwas zu Boden, zur Erde ~ lassen □ **cair; escapar 1.1** *~der Lohn entsprechend den Schwankungen des allgemeinen Preisniveaus regulierter L.* □ **salário móvel* **1.2** *~de* **Arbeitszeit** *A., deren Beginn u. Ende (bei unveränderter Gesamtdauer) von den Arbeitnehmern bis zu einer festgesetzten Grenze selbst bestimmt werden kann* □ **flexível 2** *~der* **Reim** *R., bei dem sich drei od. mehr Silben reimen, z. B. klingende – singende* □ **esdrúxula;** Sy reicher Reim, → *reich(3.1)*

Glęt|scher ⟨m.; -s, -⟩ *sich sehr langsam bewegender Eisstrom im Hochgebirge* □ **geleira**

Glied ⟨n.; -(e)s, -er⟩ **1** *einzelner Teil eines Ganzen, einer Kette, einer Reihe, einer Gemeinschaft;* Mit~; die ~er einer Familie □ **membros;** ~er der Finger, einer Kette, eines Satzes □ **falanges; elos; membros;** ein ~ fehlt noch in der Kette der Beweise ⟨fig.⟩ □ **elo 2** *(beweglicher) Teil des menschlichen od. tierischen Körpers;* Arme und Beine sind ~er; gelenkige, geschmeidige, schlanke, steife, wohlgeformte ~er □ **membro;** die ~er recken, strecken (beim Aufstehen) □ **espreguiçar-se; esticar braços e pernas;* sie konnte vor Müdigkeit, Schmerzen, Schreck kein ~ rühren □ **dedo;** sie zitterte an allen ~ern □ **seu corpo todo tremia;* der Schreck fuhr mir in alle ~er □ **fiquei paralisado de medo;* der Schreck saß mir noch in den ~ern □ **eu ainda estava tremendo de medo;* das Wetter, der Wetterumschwung liegt, steckt mir in allen ~ern □ **o tempo/a mudança do tempo me pegou de cheio;* mit gesunden ~ern aus dem Skiurlaub heimkommen □ **voltar inteiro das*

gliedern

férias na estação de esqui 2.1 das (männliche) ~ *Penis* □ **membro** 3 ⟨Sp., Mil.⟩ *Reihe, Linie nebeneinanderstehender Personen;* aus dem ~ treten; in Linie zu zwei ~ern antreten; in Reih und ~ antreten, marschieren, stehen □ **fila** 4 ⟨geh., veraltet⟩ *Geschlechterfolge, Generation;* bis ins dritte und vierte □ **geração**

glie|dern ⟨V. 500⟩ etwas ~ *einteilen, unterteilen, ordnen;* einen Aufsatz ~; die Arbeit ist gegliedert in ... □ **(sub)dividir; estruturar**

Glie|de|rung ⟨f.; -, -en⟩ *Einteilung, Unterteilung, Ordnung, Aufbau, Plan, Disposition;* ~ eines Aufsatzes; ~ in einzelne Fächer, Gebiete, Teile, Zweige □ **(sub)divisão; arranjo; disposição**

Glied|ma|ßen ⟨Pl.⟩ *bewegliche, aus mehreren Teilen (Gliedern) bestehende Körperanhänge von Mensch u. Tier* □ **membros**

glim|men ⟨V. 156/400⟩ etwas glimmt *brennt ohne Flamme, glüht schwach;* die Kohlen ~ unter der Asche; im Dunkeln sah man seine Zigarette ~; in seinen Augen glomm leidenschaftlicher Hass ⟨fig.⟩ □ **arder (sem chama); estar em brasa**

Glim|mer ⟨m.; -s, -⟩ 1 *Schimmer, dezenter, sanfter Glanz* □ **vislumbre; reflexo** 2 ⟨Min.⟩ *Gruppe monokliner Minerale, chem. Kalium-Aluminium-Silikate* □ **mica**

glimpf|lich ⟨Adj.⟩ 1 *schonend, nachsichtig, mild;* eine ~e Strafe; die Strafe, das Urteil ist ~ ausgefallen □ **brando; leve**; jmdn. ~ behandeln; mit jmdm. ~ umgehen, verfahren □ **com indulgência/tolerância** 2 *ohne besonderen Schaden, ohne schlimme Folgen;* das ist noch einmal ~ abgegangen, abgelaufen, verlaufen; wir sind noch ~ davongekommen □ **sem danos/prejuízos**

glit|schen ⟨V. 400(s.); umg.⟩ *rutschen, ausgleiten* □ **escorregar**

glit|schig ⟨Adj. 70⟩ *feucht u. glatt;* der Boden ist ~ □ **escorregadio**

Glit|ter ⟨m.; -s, -⟩ *Flitter, billiger, glitzernder Schmuck, Tand;* da war alles nur Glanz u. ~ □ **lantejoula; ouropel**

glit|zern ⟨V. 400⟩ etwas glitzert *glänzt zitternd;* die Sterne ~ am Himmel □ **cintilar; tremeluzir**

glo|bal ⟨Adj.⟩ 1 *weltweit, welt-, erdumfassend* 2 *gesamt;* einen ~en Überblick geben □ **global**

glo|ba|li|sie|ren ⟨V. 500⟩ etwas ~ 1 *im Ganzen, umfassend betrachten, pauschalisieren, allgemein u. nicht differenzierend beurteilen* 2 *weltweit, weltumfassend beurteilen, verbreiten* 2.1 ⟨Wirtsch.⟩ *ein Unternehmen ~ auf internationale Märkte ausrichten, um Kosten- u. Standortvorteile verschiedener Länder auszunutzen u. die Wettbewerbschancen zu erhöhen* □ **globalizar**

Glo|ba|li|sie|rung ⟨f.; -, -en⟩ *weltweites Verbreiten, weltweite Verflechtung;* die ~ führt zu einem Zusammenwachsen internationaler Finanzmärkte □ **globalização**

Glo|be|trot|ter ⟨engl. [gloʊb-] m.; -s, -⟩ *Weltenbummler* □ **globe-trotter**

Glo|bus ⟨m.; - od. (eingedeutscht) -ses, Glo|ben od. (eingedeutscht) -se⟩ *(Nachbildung der) Erdkugel od. (der) Himmelskugel* □ **globo**

Glo|cke ⟨f.; -, -n⟩ 1 *kegelähnlicher, geschweifter, unten offener u. nach außen aufgebogener Schallkörper mit einem Klöppel im Inneren, dessen Anschlag an der Wandung einen Ton verursacht;* eine ~ aus Bronze; eine ~ gießen; die ~ klingt, läutet, schlägt an, schwingt, tönt; die ~n der Kirche läuten den Sonntag ein; die ~ schlägt 12 Uhr; die Glock' hat elf, zwölf geschlagen (früher der Ruf des Nachtwächters) □ **sino** 1.1 die ~ läuten hören, aber nicht wissen, wo sie hängt ⟨fig.; umg.⟩ *ohne genaue Kenntnisse gescheit daherreden* □ **bancar o entendido no assunto* 1.2 *wissen, was die ~ geschlagen hat* ⟨fig.; umg.⟩ *sich des Ernstes der Lage bewusst sein* □ **saber em que pé as coisas estão* 1.3 *er wird dir schon sagen, was die ~ geschlagen hat* ⟨fig.; umg.⟩ *er wird dir den Ernst der Lage begreiflich machen* □ **ele já vai lhe dizer em que pé as coisas estão* 1.4 *eine Sache an die große ~ hängen* ⟨fig.⟩ *Aufhebens davon machen, etwas überall erzählen* □ **anunciar alguma coisa aos quatro ventos* 1.5 *diese Sache sollte nicht an die große ~ kommen* ⟨fig.; umg.⟩ *sie sollte nicht bekanntwerden* □ **esse assunto não deveria vazar/se espalhar* 1.6 *Klingel;* die ~ ziehen □ **tocar a campainha* 1.7 *Glock' 12 Uhr mit dem Glockenschlag 12* □ **às 12 horas** 2 *etwas, was in der Form einer Glocke(1) ähnlich ist, z. B. gläserner Lampenschirm, Schutzdeckel über Butter, Käse u. Uhren, Handschutz am Florett, Bergform, Rockform, Hutform, Blütenform, Schutzhülle für Taucher u. a.* □ **campânula**; ~rock □ **saia godê/evasê**; Taucher~ □ **sino de mergulhador**; Käse~ □ **queijeira**; eine ~ aus Glas, Porzellan, als ~ fällt dieser Rockstoff am schönsten; die ~ über die Butter stülpen □ **campânula; redoma** 2.1 ⟨Bgb.⟩ *gewölbte Kammer* □ **abóbada** 3 *~ und Hammer altes Gesellschaftsspiel mit fünf Spielkarten u. acht Würfeln* □ **Glocke und Hammer*

Glo|cken|spiel ⟨n.; -(e)s, -e⟩ 1 *in Türmen angebrachtes Instrument aus einer Anzahl von abgestimmten Glocken, die durch eine Klaviatur od. durch Hämmer angeschlagen werden* 2 *in verkleinerter Form an Ladentüren, durch das Öffnen u. Schließen ausgelöst* 3 *im modernen Orchester ein Musikinstrument aus abgestimmten Metallstäben od. -platten, die durch Hämmer angeschlagen werden* □ **carrilhão**

glo|ckig ⟨Adj.⟩ *wie eine Glocke sich nach unten erweiternd;* **campanulado**; ein ~er Rock □ **godê; evasê**

Glo|ria ⟨n.; -s, -s⟩ 1 ⟨unz.⟩ *Glanz, Ruhm, Pracht;* eine Hochzeit mit Glanz u. ~ □ **glória** 2 ⟨zählb.⟩ *Lobgesang (als Teil der katholischen Messe)* □ **Glória**

glo|ri|os ⟨Adj.⟩ = *glorreich*

glor|reich ⟨Adj.⟩ Sy *glorios* 1 *herrlich, ruhmreich, glanzvoll* □ **glorioso** 2 ⟨umg.; scherzh.⟩ *herrlich, großartig;* eine ~e Idee □ **brilhante; incrível**

Glos|sar ⟨n.; -s, -e od. –ri|en⟩ 1 *Wörterverzeichnis mit Erläuterungen (als Anhang);* ein ~ wichtiger Fachbegriffe 2 *Sammlung von Glossen(1,2)* □ **glossário**

Glos|se ⟨f.; -, -n⟩ 1 ⟨urspr.⟩ *schwieriges, unverständliches Wort* 2 ⟨seit dem MA⟩ *Übersetzung od. Erklärung eines schwierigen Wortes am Rand od. zwischen den Zeilen des Textes* □ **glosa** 3 ⟨umg.⟩ *spöttische Randbe-*

merkung; ~n machen über jmdn. od. etwas □ co‑
mentário irônico
Glot|ze ⟨f.; -, -n; umg.; abwertend⟩ *Fernsehgerät;* die ~
anmachen; in die ~ gucken; er sitzt ständig vor dem ~
□ **televisão; televisor**
glot|zen ⟨V. 400; umg.; abwertend⟩ **1** *starr u. erstaunt
blicken, erstaunt starren;* glotz nicht so! □ **olhar es‑
pantado/boquiaberto 2** *fernsehen* □ **ver televisão**
Glück ⟨n.; -(e)s; unz.⟩ **1** *günstige Fügung, günstiger Zu‑
fall, Begünstigung durch besondere Zufälle;* Ggs *Pech,
Unglück;* ~ muss man haben!; sein ~ probieren, ver‑
suchen (z. B. in der Lotterie); es war ein, sein ~, dass
...; ein launisches, unzuverlässiges, wechselhaftes ~;
es ist ein wahres ~, dass ...; er sollte sich nicht nur
auf sein ~ verlassen; ~ bei einer Unternehmung; ~
im Leben, in der Liebe, im Spiel; mit etwas ~
müsste er es schaffen; er kann von ~ reden, dass er
so glimpflich davongekommen ist; vom ~ begüns‑
tigt; welch ein ~!; er hat mehr ~ als Verstand ⟨umg.⟩
□ **sorte;** viel ~!; ~ ab! (Fliegergruß) ; ~ auf! (Berg‑
mannsgruß) □ *****boa sorte!;** jmdm. ~ wünschen (zum
Geburtstag) □ **felicidade** 1.1 **auf gut** ~ *ohne Gewiss‑
heit eines günstigen Ausgangs, Erfolges;* ich habe es
auf gut ~ versucht □ *****à sorte; ao acaso** 1.2 **zum** ~
glücklicherweise; zum ~ kam sofort Hilfe; zu seinem
~ hat es niemand gesehen □ *****felizmente; por sorte**
1.3 *Personifizierung des Glückes(1);* das ~ kehrte ihm
den Rücken; ihm lacht das ~; das ~ war ihm hold,
wohlgesinnt; das ~ lächelte ihr zu 1.3.1 **er ist ein
Kind des** ~**es** *ihm fällt alles mühelos zu* □ **sorte** 1.3.2
das Rad des ~**s dreht sich schnell** *Glück ist selten von
Dauer, das Schicksal ist meist wechselvoll* □ **fortuna 2**
*Gemütszustand innerer Befriedigung u. Hochstim‑
mung (bes. nach Erfüllung ersehnter Wünsche), stete
Freude;* der Talisman soll ~ bringen; ein anhalten‑
des, ruhiges, stetes, wohlverdientes ~; das Kind ist
ihr ganzes ~; ein großes, überwältigendes, unver‑
hofftes ~; alles war eitel ~ und Seligkeit; in ~ und
Unglück zusammenhalten, zusammenstehen; sie
kann sich vor ~ nicht fassen; zu jmds. ~ beitragen;
die Jagd nach dem ~ □ **felicidade** ~ **und Glas, wie
leicht bricht das!** ⟨Sprichw.⟩ □ *****vento e ventura
pouco duram** 2.1 **man kann niemanden zu seinem** ~
zwingen ⟨umg.⟩ *jeder muss selbst wissen u. tun, was
ihn glücklich macht* □ *****cada qual conforme seu natu‑
ral** 2.2 **jeder ist seines** ~**es Schmied** ⟨Sprichw.⟩ *jeder
muss das Beste aus seinem Leben machen* □ *****cada um é
obreiro da própria fortuna** 2.3 **Hans im** ~ *(Märchen‑
gestalt, einfältiges Glückskind) jmd., der sich auch bei
ständigen Misserfolgen glücklich fühlt* □ *****João Sor‑
tudo** 2.4 *Erfolg* □ **êxito; sorte** 2.4.1 **mit etwas** ~ **
machen** *Erfolg haben* □ *****ter êxito com alguma coisa**
2.4.2 **sein** ~ **verscherzen** *den Erfolg leichtsinnig preis‑
geben* □ *****desperdiçar a sorte** 2.4.3 **bei jmdm. mit
etwas** ~ **haben** *Erfolg haben, etwas erreichen;* damit
hast du bei mir kein ~ □ *****conseguir alguma coisa
com alguém** 2.4.4 **jmds.** ~ **im Wege stehen** *jmdn.
daran hindern, das zu tun, was er für Erfolg verspre‑
chend hält* □ *****impedir o sucesso de alguém**

Glu|cke ⟨f.; -, -n⟩ **1** *brütende od. Küken führende Henne*
□ **galinha chocadeira** 1.1 ⟨fig.; umg.; abwertend⟩ *Mut‑
ter, die ihre Kinder übermäßig behütet u. bewacht* □ **su‑
permãe 2** ⟨Bot.⟩ *am Grunde alter Eichenstämme
wachsender, bis 10 kg schwerer, badeschwammähnlicher
Keulenpilz: Polyporus frondosus* □ **cogumelo Maitake
3** ⟨i. e. S., Zool.⟩ *Angehörige einer Familie der Spin‑
ner, mittelgroßer bis großer, plumper Falter, gelb bis
violettbraun, Raupen mit 16 Beinen, sehr stark be‑
haart: Lasiocampidae* □ **lasiocampídeos**
glu|cken ⟨V. 400⟩ **1** *die Henne gluckt* 1.1 *lockt mit tie‑
fem Kehllaut* □ **cacarejar** 1.2 *will brüten;* die Henne
gluckt schon □ **chocar 2** ⟨fig.; umg.⟩ *untätig, stumpf‑
sinnig herumsitzen;* er gluckt nur zu Hause □ **passar
o dia de papo para o ar** 2.1 *sie gluckt über ihren Kin‑
dern* ⟨abwertend⟩ *sie behütet u. bewacht ihre Kinder
übermäßig* □ **superproteger**
glü|cken ⟨V. 400(s.)⟩ *etwas* **gluckt** *gelingt, geschieht,
verläuft nach Wunsch;* das Kunststück ist (nicht) ge‑
glückt; es glückte ihm, noch einen Platz zu bekom‑
men □ **dar certo; ter êxito**
glu|ckern ⟨V.⟩ **1** ⟨400⟩ *Wasser, eine Flüssigkeit* glu‑
ckert *erzeugt in Bewegung perlende, leicht rauschende
Laute,* Sy *glucksen (1);* die Limonade gluckerte ins
Glas □ **gorgolejar**
glück|lich ⟨Adj.⟩ **1** *vom Glück begünstigt, erfolgreich,
ohne Störung, ohne Schaden verlaufend;* ~e Jahre,
Tage, Wochen; heute war ein ~er Tag für mich;
mögt ihr einer ~en Zukunft entgegensehen ⟨geh.⟩;
trotz verschiedener Zwischenfälle ist er ~ heimge‑
kehrt; wir sind noch einmal ~ davongekommen; der
Film, die Geschichte, das Theaterstück endet ~; die
~e Geburt eines Kindes anzeigen □ **feliz; bem; com
êxito;** ~e Reise! □ *****boa viagem!** 1.1 **eine** ~**e Hand
beweisen, haben** *viel Geschick haben, erfolgreich in
einer Unternehmung sein;* er hat in solchen Dingen
eine ~e Hand □ *****ter a mão feliz; ter sorte** 1.2 **ein** ~**er
Wurf** ⟨fig.⟩ *eine geschickte Tat, die Erfolg hatte* □ *****uma
boa jogada 2** *günstig, vorteilhaft, gedeihlich, erfreu‑
lich;* diese Auswahl, Zusammenstellung ist nicht ~;
das war (k)ein ~er Einfall, Gedanke; es war ein ~er
Zufall, dass wir uns trafen; da hast du nicht ~ ge‑
wählt **3** *froh, innerlich befriedigt, hochgestimmt;* eine
~e Familie, Frau; ein ~es Kind, Land, Paar; jmdn. ~
machen, wissen; ~ sein über etwas; man muss den ~
preisen, der ...; wir würden uns ~ schätzen, wenn ...
(Höflichkeitsfloskel) □ **feliz 4** ⟨50; umg.⟩ *zu guter
Letzt, endlich;* hast du ihn ~ doch noch dazu ge‑
bracht?; sind die Gäste ~ fort? □ **afinal**
glück|li|cher|wei|se ⟨Adv.⟩ *zum Glück, durch glückliche
Umstände;* ~ war gerade ein Arzt zur Stelle, als das
Unglück geschah □ **felizmente; por sorte**
glu|cksen ⟨V. 400⟩ **1** = *gluckern* **2** *(unterdrückt) dumpf
u. kehlig lachen;* das Kind gluckste vor Vergnügen □
rir à socapa
Glücks|fall ⟨m.; -(e)s, -fäl|le⟩ **1** *glücklicher Zufall;* ein
seltener ~ □ **sorte; feliz acaso/coincidência 2** *im
Falle des Eintretens glücklicher Umstände;* im ~
können wir ... □ *****caso dê certo/caso tenhamos sorte,
podemos...**

Glücks|rad ⟨n.; -(e)s, -rä|der⟩ **1** *Rad zu Verlosungen auf Jahrmärkten* **2** ⟨fig.⟩ *(wechselndes) Glück* **2.1** *das ~ hatte sich gedreht* ⟨poet.⟩ *das Glück verließ ihn* □ **roda da fortuna**

Glücks|sa|che ⟨f.; -; unz.⟩ *eine Angelegenheit, die nicht durch vernünftiges Denken od. Handeln, sondern nur vom glücklichen Zufall entschieden werden kann; das ist (reine) ~* □ **questão de sorte**

Glücks|spiel ⟨n.; -(e)s, -e⟩ *Spiel (gegen Einsatz von Geld), bei dem der Erfolg wesentlich vom Glück, weniger vom Können des Spielers abhängt; Lotto, Poker u. Roulette gehören zu den ~n; die Veranstaltung von ~en muss behördlich genehmigt werden* □ **jogo de azar**

Glück|wunsch ⟨m.; -(e)s, -wün|sche⟩ **1** *Ausdruck der Anerkennung od. Mitfreude; Glückwünsche zum freudigen, glücklichen Ereignis; Glückwünsche zum Geburtstag, zum neuen Jahr, Jubiläum, neuen Lebensjahr; Glückwünsche zur Geburt eines Kindes, Hochzeit, Verlobung, Vermählung; Glückwünsche zur bestandenen Prüfung, zur Verleihung einer Würde* □ **felicitações; congratulações; parabéns 2** *Wunsch für eine glückliche Zukunft; Glückwünsche der Freunde, Kollegen, Verwandten; seinen ~ abstatten, ausdrücken, aussprechen, darbringen, senden, übermitteln; herzliche Glückwünsche!; Blumen, ein Geschenk mit herzlichen Glückwünschen überreichen* □ **votos**

Glu|co|se ⟨f.; -; unz.; fachsprachl.⟩ = *Glukose*

Glüh|bir|ne ⟨f.; -, -n⟩ = *Glühlampe*

glü|hen ⟨V.⟩ **1** ⟨400⟩ *etwas glüht leuchtet infolge des Ausstrahlens elektromagnetischer Schwingungen bei erhitzten Körpern (von etwa 500° C an), leuchtet rot vor Hitze; die Spirale des Heizgerätes glüht; das Feuer, die Kohle, die Kochplatte glüht* □ **arder (sem chama); incandescer 1.1** *wie auf ~den Kohlen sitzen* ⟨fig.⟩ *sich in einer peinlichen Lage befinden, sehr ungeduldig sein* □ ***pisar em brasas 1.2** *~de Kohlen auf jmds. Haupt sammeln* ⟨fig.⟩ *jmdm. Böses mit Gutem vergelten, um ihn zu beschämen* □ ***amontoar brasas ardentes sobre a cabeça de alguém 1.3** *rot, rötlich leuchten; in der Ferne glüht ein Licht; die Gipfel der Berge glühten in der Abendsonne* **1.4** *sehr heiß (u. rot) sein; ihr Gesicht, ihr Körper glühte im, vor Fieber* □ **arder**; *mit (vor Begeisterung) ~den Wangen zuhören, zuschauen* □ **vermelho 1.4.1** *bei ~der Hitze wandern bei übergroßer H.* □ **escaldante 1.4.2** *es war mittags ~d heiß übermäßig heiß* □ ***ao meio-dia estava um calor de matar 2** ⟨400; fig.⟩ *erregt, innerlich entflammt sein; in Leidenschaft, Liebe ~; ~ vor Begeisterung, Verlangen* □ **arder**; *er ist ein ~der Anhänger dieser Idee; er verfolgt sie mit ~den Blicken; ~der Hass entstellte sein Gesicht; er ist ein ~der Verehrer ihrer Kunst* □ **ardente; fervoroso**; *für eine Idee ~* □ ***entusiasmar-se por uma ideia 2.1* ⟨800⟩ *er glüht danach, sich zu rächen er verlangt heftig danach* □ ***ele está louco para se vingar 3** ⟨500⟩ *etwas ~ glühend machen u. bei hohen Wärmegraden bearbeiten; Metalle, Werkstoffe ~* □ **incandescer; calcinar; recozer**

Glüh|lam|pe ⟨f.; -, -n⟩ *Lichtquelle, bei der in einem Hohlkörper aus Glas ein elektrisch leitender Faden od. ein Stäbchen durch den hindurchfließenden Strom zum Glühen gebracht wird; Sy Glühbirne* □ **lâmpada incandescente**

Glu|ko|se ⟨f.; -; unz.; Biochem.⟩ = *Traubenzucker*; oV *Glucose* □ **glicose**

Glut ⟨f.; -, -en⟩ **1** *Feuer ohne Flamme, glühender Brennstoff; die ~ anblasen, anfachen, löschen, schüren; ist noch ~ im Ofen?* □ **brasa 2** ⟨geh.⟩ *Röte; die ~ des Abendhimmels bewundern; die ~ der Scham färbte ihre Wangen* ⟨poet.⟩ □ **rubor 3** *sengende Hitze; die ~ der Hundstage, des Sommers, der Sonne; in der Mansarde ist es im Sommer vor ~ kaum auszuhalten* □ **calorão; canícula 4** ⟨fig.; geh.⟩ *sehr starkes Gefühl; sie wich der ~ seiner Blicke aus; die ~ des Hasses, der Leidenschaft, der Liebe, des Verlangens* □ **intensidade; fervor; veemência**

Glut|a|mat *auch:* **Glu|ta|mat** ⟨n; -(e)s; unz.; Biochem.⟩ *(Speisen als würzender Geschmacksverstärker zugefügter) Ester od. Salz der Glutaminsäure* □ **glutamato**

Glut|hauch ⟨m.; -(e)s; unz.; poet.⟩ **1** *sengend heißer Wind* □ **vento quente 2** ⟨fig.⟩ *glühender Atem, Feuer, fanatisches Gefühl; vom ~ seiner Leidenschaft berührt* □ **fogo; fervor**

Glut|hit|ze ⟨f.; -; unz.⟩ **1** *zum Glühen benötigte Hitze, von etwa 500° C an* □ **calor/temperatura de incandescência 2** ⟨fig.⟩ *sengende Hitze; in der ~ des Sommers* □ **calorão; canícula**

Gly|ce|rin ⟨n.; -s; unz.; fachsprachl.⟩ = *Glyzerin*

Gly|ze|rin ⟨n.; -s; unz.; Chem.⟩ *dreiwertiger aliphatischer Alkohol, aus der Luft Wasser anziehende, farblose Flüssigkeit von süßem Geschmack*; oV *Glycerin* □ **glicerina**

Gna|de ⟨f.; -, -n; Pl. selten⟩ **1** *verzeihende Güte, Barmherzigkeit Gottes, Sündenvergebung; durch die ~ Gottes* **1.1** *von Gottes ~n durch die besondere Güte, mit dem besonderen Segen Gottes; ein Fürst von Gottes ~n* **1.2** ⟨im Christentum⟩ *das Heil ohne Rücksicht auf Verdienst* □ **graça 2** ⟨allg.⟩ *herablassende Gunst, Wohlwollen; jmdn. in ~ entlassen; von jmds. ~ abhängen* □ **favor; benevolência 2.1** *er, es hat vor seinen Augen keine ~ gefunden er ist nicht mit ihm, damit einverstanden* □ ***ele não caiu nas suas graças* **2.2** *Gnadenbezeigung, -beweis, unverdiente Gunst; den Himmel um eine ~ bitten; eine ~ erbitten, erweisen, erzeigen; sich als ~ ausbitten, dass ...* □ **misericórdia 2.2.1** *halten, haltet zu ~n!* ⟨veraltet⟩ *entschuldigen Sie nur!* □ ***perdão!* **2.3** *Euer ~n* ⟨veraltet⟩ *Anrede an Höherstehende* □ ***Vossa Mercê 3** ⟨unz.⟩ *Barmherzigkeit, Mitleid, Milde, Nachsicht, Schonung, Verzeihung, Straf-, Sündenerlass; ~!; er hat keine ~ verdient* □ **piedade; perdão**; *aus ~ und Barmherzigkeit jmdn. aufnehmen* □ **misericórdia; compaixão**; *um ~ bitten, flehen* □ **perdão 3.1** *~ für Recht, von Recht ergehen lassen Nachsicht statt gerechter, verdienter Strafe walten lassen* □ ***mostrar clemência; deixar passar* **3.2** *sich auf ~ oder Ungnade ergeben bedingungslos* □ ***render-se incondicionalmente***

Gna|den|brot ⟨n.; -(e)s; unz.; fig.⟩ *Versorgung (bes. von Tieren) im Alter aus Dankbarkeit für geleistete Dienste;* einem Tier das ~ geben □ **cuidar de um animal na velhice;* das ~ bei jmdm. essen □ **viver da caridade de alguém*

Gna|den|frist ⟨f.; -, -en⟩ *letzte Frist;* noch eine ~ bekommen, geben □ *prorrogação; último prazo*

gnä|dig ⟨Adj.⟩ **1** ⟨60⟩ *Gnade übend, verzeihend, barmherzig;* der ~e Gott □ *misericordioso;* Gott sei uns ~! □ **que Deus tenha piedade de nós!* **2** *gütig, freundlich, wohlgesinnt, günstig, nachsichtig, mild, sanft* □ *tolerante; indulgente;* ~e Frau, ~es Fräulein, ~er Herr! (höfl. Anrede) □ ∅; eine ~e Strafe □ *indulgente* **2.1** wir wollen es ~ machen *Nachsicht üben* □ **queremos ser tolerantes/indulgentes* **2.2** *herablassend, wohlwollend, leutselig;* er winkte ~ mit der Hand ⟨umg.⟩ □ *condescendente;* ~st geruhen, etwas zu tun ⟨umg.; iron.⟩ □ **dignar-se a fazer alguma coisa* **2.3** ⟨umg.⟩ *kaum geschädigt, glimpflich;* ~ davonkommen □ **escapar ileso*

Gneis ⟨m.; -es, -e; Min.⟩ *Gestein aus Feldspat, Quarz u. Glimmer, gehört zur Gruppe der kristallinen Schiefer* □ *gnaisse*

Gnom ⟨m.; -en, -en⟩ *kleiner Erdgeist, Zwerg, Kobold* □ *gnomo*

Gnu ⟨n.; -s, -s; Zool.⟩ *Angehöriges einer Gattung etwa hirschgroßer Kuhantilopen: Conachaetes* □ *gnu*

Go ⟨n.; -; unz.⟩ *japanisches Brettspiel* □ *go*

Go|be|lin [gɔbəlɛ̃ː] ⟨m.; -s, -s⟩ *kunstvoll gewirkter od. gestickter Wandbildteppich* □ *gobelino*

Go|ckel ⟨m.; -s, -; bes. süddt.⟩ **1** *Hahn* □ *galo* **2** ⟨umg.; scherzh.⟩ *eitler, eingebildeter Mann, der sich besonders männlich gibt; von dem aufgeplusterten ~ will sie nichts wissen* □ *pavão*

Go-in ⟨n.; -s, -s⟩ *unbefugtes Eindringen in eine offizielle Veranstaltung, um eine Diskussion über ein bestimmtes Thema zu erzwingen* □ *invasão*

Gold ⟨n.; -(e)s; unz.; chem. Zeichen: Au⟩ **1** ⟨Zeichen: Au⟩ *gelbes, glänzendes Edelmetall, chem. Element, Ordnungszahl 79;* dieser Fluss führt ~; ~ mit Kupfer, Silber u. a. legieren; feines, gediegenes, legiertes, reines, 24-karätiges ~; Ketten, Ringe, Schmuck aus, von ~; einen Edelstein in ~ fassen; teuer wie ~; treu wie ~ sein; diese Nachricht ist ~es wert! ⟨fig.⟩ **1.1** es ist nicht alles ~, was glänzt ⟨Sprichw.⟩ *oft täuscht der Schein;* → a. *gelb(1.3), grau(1.3), rot(1.3), weiß¹(2.6)* **1.2** das ~ ihrer Locken ⟨fig.⟩ *der goldene Glanz ihrer L.* **2** *Gegenstand aus Gold(1)* **2.1** *Münze aus Gold, Geld;* das ist nicht mit ~ zu bezahlen! □ *ouro* **2.1.1** seine Romane werden ihm mit ~ aufgewogen *sehr gut bezahlt* □ **seus romances vão lhe render uma fortuna* **2.2** *Schmuck aus Gold;* sie hat sich mit ~ und Juwelen behängt **3** ⟨fig.⟩ *Reichtum, etwas Kostbares;* vom Glanz des ~es geblendet □ *ouro* **3.1** im ~ schwimmen ⟨umg.⟩ *sehr reich sein* □ **nadar em dinheiro* **3.2** ~ in der Kehle haben *eine herrliche Stimme haben (u. viel Geld damit verdienen)* □ **ter uma voz de ouro;* → a. *Morgenstunde(2)*

gol|den ⟨Adj. 24⟩ **1** ⟨60⟩ *aus Gold bestehend;* ein ~er Anhänger, Becher, Ring; ein ~es Armband, Etui, Schmuckstück; eine ~e Brosche, Kette, Puderdose, Uhr; im Sport eine ~e Medaille gewinnen □ *de ouro* **1.1** ⟨60⟩ ~e Berge versprechen *übergroßen Lohn versprechen* □ **prometer mundos e fundos* **1.2** ⟨60⟩ Goldene **Bulle** *mit Goldsiegel versehene Urkunde, bes. das Reichsgrundgesetz Kaiser Karls IV.* □ **bula de ouro* **1.3** ⟨60⟩ das Goldene **Kalb** *israelitisches Kultbild, Sinnbild für Geld, Reichtum (nach 2. Buch Mose, Kap. 32)* □ **bezerro de ouro* **1.3.1** das Goldene Kalb anbeten ⟨fig.; umg.⟩ *das Geld zu sehr schätzen* □ **adorar o bezerro de ouro* **1.4** ⟨60⟩ Goldene **Rose** *aus Gold gefertigte, mit Diamanten besetzte R., eine päpstliche Auszeichnung, Tugendrose* □ **rosa de ouro* **1.5** ⟨60⟩ ~e **Schallplatte** *ab einer bestimmten (international verschiedenen) Auflagenhöhe verliehene Auszeichnung an die bei der betreffenden Platte beteiligten Künstler* □ **disco de ouro* **1.6** ⟨60⟩ die Goldene **Stadt** *Prag* □ **cidade de ouro* **1.7** ⟨60⟩ das Goldene **Vlies** ⟨griech. Myth.⟩ *heilbringendes Fell eines goldenen Widders* □ **o velo de ouro* **1.7.1** Orden vom Goldenen Vlies *1429 gestifteter, ursprünglich burgundischer, später österreichischer (bis 1918) u. spanischer (bis 1831) hoher O.* □ **Ordem do Tosão de Ouro* **1.8** Goldene **Horde 1.8.1** ⟨i. e. S.⟩ *Lager, Residenz des Herrschers (Chans) der Mongolen* **1.8.2** ⟨i. w. S.; bes. im späten MA⟩ *das bis nach Russland ausgedehnte Reich der Mongolen* □ **Horda de Ouro* **2** *von der Farbe des Goldes, glänzend wie Gold, vergoldet;* ~es Haar; ~e Locken; ~er Sonnenschein glänzte auf dem Wasser; im Glas funkelte ~er Wein; die ~e Pforte (des Freiburger Doms) □ *dourado; louro* **2.1** ⟨60⟩ Goldene **Acht** *der Familie der Weißlinge angehörender Tagschmetterling mit achtförmigem gelbem Fleck unter den Hinterflügeln: Colias hyale* □ *borboleta amarelo-nebulosa* **2.2** ⟨60⟩ Goldenes **Buch** der Stadt *Gästebuch* □ **livro de ouro da cidade* **2.4** ⟨60⟩ das Goldene **Horn** *Meerbusen von Istanbul* □ **Chifre de Ouro* **2.5** im ~en Käfig sitzen ⟨fig.; umg.⟩ *durch Reichtum gebunden sein* □ **estar numa gaiola de ouro* **3** *Geld betreffend* **3.1** ⟨60⟩ Goldener **Plan** *1960 von der Deutschen Olympischen Gesellschaft veröffentlichte Vorschläge zur Finanzierung des Baues sportlicher Übungsstätten* □ *Goldener Plan* **4** ⟨70; fig.⟩ *besonders gut, wertvoll* □ *de ouro* **4.1** jmdm. ~e Brücken, eine ~e Brücke bauen *jmdm. die Verständigung, ein Geständnis u. Ä. erleichtern* □ **dar uma colher de chá para alguém* **4.2** ein ~es Gemüt, Herz haben *gutmütig, hilfsbereit, zuverlässig sein* □ **ter um coração de ouro* **4.3** einen ~en Humor besitzen *einen nie versiegenden H. haben* □ **estar sempre de bom humor* **4.4** die Mutter gab ihm ~e Worte mit auf den Weg *gute Ratschläge, Ermahnungen* □ **sua mãe lhe deu uns bons conselhos pelo caminho* **4.5** *von herausragender Bedeutung* **4.5.1** das ~e Doktorjubiläum feiern *die 50. Wiederkehr des Tages der Verleihung der Doktorwürde* □ **comemorar o jubileu de um doutoramento* **4.5.2** ~e Hochzeit feiern *den 50. Jahrestag der H.* □ **comemorar as bodas de ouro* **4.5.3** der Goldene Sonntag *S. vor Weihnachten* □ **domingo antes do Natal* **4.6** *herrlich,* *schön, paradiesisch;* die ~e Jugendzeit; ~en Zeiten entgegengehen ◻ **áureo** 4.6.1 **das Goldene/goldene Zeitalter** ⟨Myth.⟩ *sagenhaftes, erstes paradiesisches Z. in der Geschichte der Menschheit* ◻ ***a Idade do Ouro** 4.7 *einem Ideal entsprechend* 4.7.1 **die ~e Mitte, den ~en Mittelweg wählen** *das rechte Maß halten* ◻ ***escolher o meio-termo ideal** 4.7.2 **die ~e Regel** *volkstümliche Lebensweisheit, die in dem Spruch „Was du nicht willst, dass man dir tu, das füg auch keinem andern zu" ihren Ausdruck findet* ◻ ***a regra de ouro** 4.7.3 **der Goldene/goldene Schnitt** ⟨Math.⟩ *Teilungsverhältnis von Strecken, bei dem sich die ganze Strecke zur größeren Teilstrecke ebenso verhält wie die größere Teilstrecke zur kleineren, wichtig a. in künstlerischen Darstellungen* ◻ ***a seção áurea** 4.7.4 **die ~e Zahl** *eine astronomische Hilfszahl, die angibt, das wievielte Jahr im 19-jährigen Mondzyklus ein Jahr ist* ◻ ***o número áureo**

Gold|fisch ⟨m.; -(e)s, -e⟩ ⟨Zool.⟩ *in vielen Zuchtrassen gehaltener Zierfisch: Carassius auratus* ◻ **peixe dourado** 2 ⟨scherzh.; umg.⟩ *reiches Mädchen;* sich einen ~ angeln ◻ **moça rica**

Gold|flie|der ⟨m.; -s, -⟩ = Forsythie

Gold|gru|be ⟨f.; -, -n⟩ 1 *Goldlagerstätte, Goldbergwerk* 2 ⟨fig.; umg.⟩ *finanziell sehr ergiebiges Geschäft;* sein Laden ist eine ~ ◻ **mina de ouro**

gol|dig ⟨Adj.⟩ 1 *wie Gold glänzend* ◻ **dourado** 2 ⟨fig.; umg.⟩ *reizend, lieb, niedlich;* ~e Kinder ◻ **de ouro; encantador**

Go|lem ⟨m.; -s; unz.; jüd. Myth.⟩ *aus Ton od. Lehm künstlich geschaffenes, stummes menschenähnliches Wesen, dem große Kräfte nachgesagt werden* ◻ **Golem**

Golf[1] ⟨m.; -(e)s, -e⟩ *Einschnitt des Meeres ins Festland* ◻ **golfo**

Golf[2] ⟨n.; unz.; Sp.⟩ *Rasenspiel, bei dem ein Hartgummiball mit möglichst wenig Schlägen mit Hilfe verschieden geformter Schläger in ein Loch getrieben wird* ◻ **golfe**

Go|li|ath ⟨m.; -s, -s; fig.; umg.⟩ *riesenhafter, starker Mensch;* der Kampf zwischen David u. ~ ◻ **Golias**

Göl|ler ⟨m.; -s, -; schweiz.⟩ *Schulterkragen, Schulterpasse* ◻ **pala**

Gon|del ⟨f.; -, -n⟩ 1 *leichtes, langes, schmales venezianisches Boot mit schnabelartigem Bug u. Heck, das im Stehen gerudert wird* ◻ **gôndola** 2 *Korb am Freiballon* ◻ **cesta** 3 *Raum für Motoren u. Personen am Luftschiff* ◻ **nacela**

gon|deln ⟨V. 400⟩ 1 *mit der Gondel(1) fahren* ◻ **andar de gôndola** 2 ⟨scherzh.⟩ *(mit unbestimmtem Ziel) gemächlich reisen, fahren;* durch die Gegend, durch Spanien ~; er ist zwei Jahre um die Welt gegondelt ◻ **viajar; passear**

Gong ⟨m.; -s, -s; Mus.⟩ *runde Metallscheibe, die mit einem Klöppel angeschlagen wird;* zum Mittagessen den ~ anschlagen; der ~ ertönte um zwölf Uhr ◻ **gongo**

gön|nen ⟨V. 530/Vr 5 od. Vr 6⟩ *jmdm. etwas ~* 1 *gerne sehen, dass jmd. etwas bekommt, hat;* diese Enttäuschung gönne ich ihm!; ich gönne ihm sein Glück von Herzen; ich gönne ihr alles Gute ◻ ***ficar contente por alguém; desejar alguma coisa a alguém** 2 *jmdm. etwas zukommen lassen;* er gönnt sich selten eine Ruhepause; er gönnt ihr kaum ein gutes Wort ◻ **conceder(-se)**

Gön|ner ⟨m.; -s, -⟩ *freundlicher Förderer;* einen reichen ~ finden (für einen armen Künstler) ◻ **patrocinador; mecenas**

Gön|ne|rin ⟨f.; -, -rin|nen⟩ *weibl. Gönner* ◻ **patrocinadora, mecenas**

Go|nor|rhö ⟨f.; -, -en; Med.⟩ = Tripper

Good|will ⟨[gudwɪl] m.; -; unz.⟩ 1 *Ansehen, Prestige, Ruf, Wohlwollen;* ein Zeichen des ~s; ~-Reise, ~-Tour ◻ **prestígio; reputação** 2 ⟨Wirtsch.⟩ *Firmen-, Geschäftswert* ◻ **valor comercial**

Gör ⟨n.; -(e)s, -en; norddt.⟩ *kleines vorlautes Kind (bes. Mädchen);* oV Göre ◻ **criança/menina sapeca**

gor|disch ⟨Adj. 24/60⟩ 1 *ein ~er Knoten eine unlösbar scheinende Aufgabe, große Schwierigkeit* ◻ **górdio** 1.1 den ~en Knoten durchhauen ⟨fig.⟩ *eine schwierige Aufgabe mit einer energischen Maßnahme lösen* ◻ ***cortar o nó górdio**

Gö|re ⟨f.; -, -n⟩ = Gör

Go|ril|la ⟨m.; -s, -s; Zool.⟩ 1 ⟨Zool.⟩ *bis 2 m großer Menschenaffe mit schwarzem Fell, der in Familien od. Herden lebt: Gorilla gorilla* 2 ⟨umg.⟩ *kampferfahrener wirkender, kräftiger Leibwächter;* er ging mitsamt seinen ~s zu dem Galaessen ◻ **gorila**

Gos|pel|song ⟨m.; -s, -s; Mus.⟩ *christlich-religiöses Lied der nordamerikanischen Schwarzen, moderne Form des Spirituals* ◻ **gospel**

Gos|se ⟨f.; -, -n⟩ 1 *am Rand des Fußweges verlaufende Rinne mit Abfluss in den Kanal für Regen- u. Abwasser;* das Regenwasser fließt, läuft durch die ~ ab; ~ ist verstopft ◻ **sarjeta; valeta** 1.1 jmdn. aus der ~ auflesen, holen, ziehen ⟨fig.; umg.⟩ *aus der Verkommenheit herausholen* ◻ ***tirar alguém da sarjeta** 1.2 jmdn. durch die ~ ziehen ⟨fig.; umg.⟩ *der öffentlichen üblen Nachrede preisgeben, hässlich bloßstellen* ◻ ***jogar o nome de alguém na lama** 1.3 er wird noch in der ~ enden ⟨fig.; umg.⟩ *völlig verkommen* ◻ ***ele ainda vai acabar na sarjeta** 1.4 sich in der ~ wälzen ⟨fig.; umg.⟩ *in der Verkommenheit wohlfühlen* ◻ ***chafurdar na lama**

go|tisch ⟨Adj. 24⟩ 1 *die Gotik betreffend, aus der Gotik stammend* 1.1 ~e **Schrift** *im 11./12. Jh. aus der karolingischen Minuskel entstandene Schrift mit gebrochenen Schäften, Vorläuferin der Fraktur, erste Druckschrift* 2 *die Goten betreffend, von den Goten stammend* 2.1 ~e **Sprache** *zur ostgermanischen Sprachgruppe gehörende Sprache der Goten, 3. bis 5. Jh. n. Chr., Vorstufe der althochdeutschen Sprache* ◻ **gótico**

Gott ⟨m.; -es, Göt|ter⟩ 1 ⟨Myth.⟩ *übermenschliches, meist unsterbliches, kultisch verehrtes Wesen, Gegenstand des religiösen Glaubens;* Donner-~, Schutz-~; die griechischen, heidnischen, römischen Götter ◻ **deus** 1.1 das wissen die Götter! ⟨umg.⟩ *niemand weiß es* ◻ ***só Deus sabe!** 1.2 es war ein Anblick, Bild für die Götter! ⟨umg.⟩ *es sah sehr komisch aus* ◻ ***foi uma**

cena impagável! 2 ⟨unz.; meist ohne Artikel⟩ *erstes, höchstes Wesen im Christentum;* o ~!, mein ~! (Ausrufe des Erstaunens, Erschreckens); ~ der Allmächtige; es liegt, steht in ~es Hand, ob ...; wir sind alle in ~es Hand; ~ der Herr; Kind ~es! (Ausruf des Erschreckens); im Namen ~es! (Segensformel); ~es Sohn; ~ (der) Vater; ~es Wort hören; ~ anbeten, anrufen, fürchten, lieben, loben, preisen □ Deus; ~ befohlen! (Abschiedsgruß) □ *adeus!; es sei ~ befohlen □ *que Deus proteja; ~ behüte, beschütze euch! (Abschiedswunsch) □ *vão com Deus!; que Deus os proteja; man muss ~ für alles danken □ Deus; ~ gebe es! (inniger Wunsch) □ *Deus permita/queira!; wie es ~ gefällt (und nicht nach unserem Willen) □ *seja como/o que Deus quiser; geh mit ~! (Abschiedsgruß) □ *vá com Deus; grüß ~! ~ grüße dich! (Grußformeln) □ *bom dia!; olá!; helf ~! (beim Niesen) □ *saúde!; so wahr mir ~ helfe! (Eidesformel) □ *juro!; Deus é testemunha!; gelobt sei ~ □ *Deus seja louvado; hier ruht in ~ ... (Inschrift auf Grabmälern); ~ segne dich!; ~ ist mein Zeuge, dass ...; hier hat ~ gesprochen, gerichtet; ~ strafe mich, wenn ... (als Beteuerung); ~ sich's und bei □ Deus; ~ verdamm' mich! (derber Fluch) □ *droga!; vergelt's ~!, ~ vergelte es dir! (Dankesformel) □ *Deus lhe pague!; sich ganz von ~ und der Welt verlassen fühlen; das weiß ~ allein; und ~ weiß, was noch alles fehlt; so ~ will, sehen wir uns bald wieder; wie ~ will (und nicht wie wir Menschen); wollte ~, es wäre so!; ~ hat es so gewollt!; was ~ zusammengefügt hat, das soll der Mensch nicht scheiden (Matthäus 19,6) □ *Deus; der liebe ~; ach du lieber ~! (Ausruf der Bestürzung) □ *ai, meu Deus!; santo Deus!; an ~ glauben; auf ~ bauen, vertrauen, bei ~! (als Bekräftigung); das liegt allein bei ~; bei ~ schwören; ~ ist kein Ding unmöglich (Lukas 1,37); mit ~es Beistand, Hilfe, Unterstützung; mit ~!, ~ mit dir! (Abschiedswunsch); ~ mit uns! (Wahlspruch der preußischen Könige); seinen Frieden mit ~ machen □ Deus; um ~es willen! (erschreckter Ausruf) □ *pelo amor de Deus!; santo Deus!; von ~es und Rechts wegen; vor ~ und den Menschen seine Pflicht tun; zu ~ beten; ~ zum Zeugen anrufen □ Deus; an ~es Segen ist alles gelegen ⟨Sprichw.⟩ □ *a quem Deus quer ajudar, o vento lhe apanha a lenha; ~ lässt sinken, aber nicht ertrinken ⟨Sprichw.⟩ □ *Deus dá o frio conforme o cobertor; was ~ tut, das ist wohl getan ⟨Sprichw., nach einem geistl. Lied⟩ □ *Deus sabe o que faz; wer ~ vertraut, hat recht gebaut ⟨Sprichw.⟩ □ *quem em Deus confia não se angustia; allmächtiger, großer ~! (erschreckter Ausruf) ⟨umg.⟩ □ *meu Deus!; du bist wohl ganz und gar von ~ verlassen! (Ausruf des Unwillens) ⟨umg.⟩ □ *você só pode ter perdido o juízo? 2.1 bei ~ sein *tot sein* □ *estar junto de Deus 2.2 seine Seele ist bei ~ *er ist tot* □ *sua alma está com Deus 2.3 in ~ entschlafen, verscheiden *sterben* □ *adormecer/repousar no Senhor 2.4 ~ hab ihn selig *er sei selig bei Gott* (Wunsch für einen Verstorbenen) □ *que Deus o tenha

2.5 ~es Mühlen mahlen langsam ⟨Sprichw.⟩ *das Wirken Gottes erkennt der Mensch erst spät* □ *Deus tarda mas não falha 2.6 der Mensch denkt, ~ lenkt ⟨Sprichw.⟩ *der Mensch vermag nichts gegen den Willen Gottes* □ *o homem põe e Deus dispõe 2.7 in ~es Namen! (tu es) ⟨umg.⟩ *meinetwegen, mir ist es gleich* □ *que seja!; por mim, tudo bem! 2.8 ~ behüte! ⟨umg.⟩ *aber nein, keinesfalls!* □ *Deus me livre! 2.9 ~ sei's geklagt! ⟨fig.⟩ *leider!* 2.10 leider ~es ⟨umg.⟩ *leider, bedauerlicherweise;* leider ~es mussten wir absagen □ *infelizmente 2.11 ~ sei Dank! ⟨umg.⟩ *glücklicherweise* □ *graças a Deus! 2.12 da sei ~ vor! ⟨umg.⟩ *das möge G. verhüten, das darf nicht geschehen* □ *Deus queria que não! 2.13 weiß ~ ⟨umg.⟩ *gewiss, wahrhaftig;* das habe ich weiß ~ nicht gewollt □ *Deus sabe (que...) 2.14 bei ~ nicht *wirklich nicht;* ich weiß es bei ~ nicht □ *por Deus que não

Go̱t|te ⟨f.; -, -n; schweiz.⟩ *Patin* □ madrinha

Gö̱t|ter|spei|se ⟨f.; -, -n⟩ 1 ⟨Myth.⟩ *Speise der Götter, die ihnen Unsterblichkeit verlieh* □ manjar dos deuses; ambrosia 2 *Süßspeise mit Gelatine;* Sy Wackelpeter □ gelatina

Gö̱t|ter|trank ⟨m.; -(e)s; unz.; umg.⟩ 1 ⟨Myth.⟩ *Trank der Götter* 2 ⟨fig.; umg.⟩ *köstliches Getränk* □ néctar

Go̱t|tes|acker ⟨m.; -s, -; poet.⟩ *Friedhof* □ cemitério

Go̱t|tes|dienst ⟨m.; -(e)s, -e⟩ 1 *gemeinsame Verehrung Gottes durch die Gemeinde;* ~ abhalten, verrichten □ missa; ofício divino 2 *Anbetung Gottes* □ culto

Go̱t|tes|lohn ⟨m.; -(e)s; unz.⟩ 1 *Belohnung durch Gott* □ graça divina 1.1 etwas um einen ~ tun *unentgeltlich* □ *fazer alguma coisa de graça

Go̱tt|heit ⟨f.; -, -en⟩ 1 ⟨unz.⟩ *Göttlichkeit, die göttliche Natur eines Wesens* 2 *Gott, ein göttliches Einzelwesen* □ divindade

Gö̱t|ti ⟨m.; -s, -; schweiz.⟩ *Pate* □ padrinho

Gö̱t|tin ⟨f.; -, -tin|nen⟩ *weibliche Gottheit(2)* □ deusa; divindade

gö̱tt|lich ⟨Adj.⟩ 1 *Gott betreffend, zu ihm gehörig, auf ihn bezüglich, von ihm rührend, gottgleich, gottähnlich;* ~e Gnade, Vorsehung, Weisheit 2 ⟨fig.; umg.⟩ *herrlich, wunderbar:* das ~e Spiel eines Künstlers □ divino

go̱tt|los ⟨Adj. 70⟩ 1 *verächtlich, verrucht, verwerflich;* ein ~es Verhalten □ condenável; infame 2 *Gott verleugnend, missachtend;* ~es Gerede □ ateu; ímpio

Gö̱t|ze ⟨m.; -s, -n; abwertend⟩ 1 *bildliche Darstellung einer fremden Gottheit;* Sy Idol(1) 1.1 *Götze(1) als Gegenstand religiöser Verehrung;* Sy Idol(1.1) □ ídolo 2 *materieller Wert anstelle moralischer od. religiöser Werte;* das Geld ist sein ~ □ objeto de veneração

Gour|mand ⟨[gurmã:] m.; -s, -s⟩ *Vielesser, Schlemmer* □ gourmand

Gour|met ⟨[gurme:] m.; -s, -s⟩ *Feinschmecker (bes. Weinkenner)* □ gourmet

gou|tie|ren ⟨[gu-] V. 500; geh.⟩ 1 *Speisen, Getränke ~ kosten, probieren;* Sy ⟨österr.⟩ *gustieren* □ provar; saborear 2 *etwas ~ Gefallen an etwas finden* □ apreciar

Gou|ver|neur ⟨[guvɐrnøːr] m.; -s, -e⟩ 1 *höchster Exekutivbeamter eines Gliedstaates (bes. in den USA), einer*

Grab

Provinz od. einer Kolonie; der ~ von Kalifornien □ **governador** 2 ⟨Mil.⟩ *oberster Befehlshaber einer Garnison od. einer Festung* □ **comandante**

Grab ⟨n.; -(e)s, Gräl|ber⟩ **1** *letzte Ruhestätte für Tote;* Einzel~, Familien~; *die Gräber der Angehörigen;* ein ~ *ausheben, bepflanzen, schmücken, zuschaufeln, zuschütten;* ein ~ *besuchen;* ein *frisches, noch leeres* ~; *ein gepflegtes, geschmücktes, vergessenes, verwildertes* ~; *Blumen auf ein* ~ *legen, pflanzen;* ins ~ *betten, legen;* im ~ *liegen, ruhen* □ **túmulo; sepultura 1.1** er hat ein ~ in fremder Erde bekommen *er wurde fern der Heimat beerdigt* □ **foi enterrado em terra estrangeira* **1.2** ein ~ in den Wellen finden *ertrinken* □ **encontrar a morte nas ondas* **1.3** still, verschwiegen wie ein ~ sein *nichts weitererzählen* □ **ser um túmulo* **1.4** ins ~ sinken ⟨poet.⟩ *sterben* □ **descer ao túmulo/à sepultura* **1.5** jmdn. zu ~e tragen *beerdigen* □ **enterrar/sepultar alguém* **1.6** seine Hoffnung zu ~e tragen ⟨fig.⟩ *aufgeben, darauf verzichten* □ **enterrar/sepultar suas esperanças* **1.7** sich selbst sein ~ graben ⟨fig.; umg.⟩ *selbst seinen Untergang herbeiführen;* du gräbst dir noch dein eigenes ~!; er hat sich selbst sein ~ gegraben □ **cavar a própria sepultura* **1.8** jmdn. ins ~ bringen ⟨fig.; umg.⟩ *an jmds. Tod schuld sein;* er hat sie ins ~ gebracht; das bringt mich noch ins ~; du bringst mich zehn Jahre früher ins ~ □ **levar alguém à sepultura* **1.9** etwas mit ins ~ nehmen ⟨fig.; umg.⟩ *ein Geheimnis niemals preisgeben* □ **levar alguma coisa para a sepultura* **1.10** jmd. würde sich im ~ (her)umdrehen, wenn er das wüsste *es würde jmdm. Kummer, Schmerz, Ärger bereiten, jmd. wäre nicht damit einverstanden* □ **alguém se viraria no túmulo se soubesse disso* **1.11** am Rand des ~es stehen, mit einem Bein, Fuß im ~ stehen ⟨fig.; umg.⟩ *dem Tode nahe sein* □ **estar com o pé na cova* **2** ⟨fig.⟩ *Tod, Untergang, Ende;* das war das ~ seines Erfolges, seiner Karriere, seinen Ruhms; Liebe, Treue bis ans ~; Dankbarkeit, Treue bis übers ~ hinaus □ **fim; morte**

gra|ben ⟨V. 157⟩ **1** ⟨400⟩ *eine Vertiefung machen, ausheben;* (mit dem Spaten) ~ **1.1** ⟨500⟩ *eine* **Vertiefung** *~ ausheben;* einen Brunnen, ein Grab, eine Grube, einen Schacht ~; ein Loch (in die Erde) ~; der Dachs gräbt sich einen Bau □ **cavar 2** ⟨411⟩ *nach etwas ~ schürfen, unter der Erde suchen;* nach Erz, Gold, Kohle ~; *nach verborgenen Schätzen* ~ □ **escavar 2.1** ⟨500⟩ *etwas ~ aus der Erde gewinnen;* Erz, Gold, Kohle ~ □ **extrair da terra; desenterrar 3** ⟨511⟩ *etwas in etwas* ~ *einkerben, einmeißeln, gravieren;* in Kupfer ~; Namen, Zeichen in die Rinde eines Baumes ~; eine Inschrift in Stein ~; die Krankheit hat ihre Spuren in sein Gesicht gegraben ⟨fig.⟩ **3.1** ⟨531/Vr 1⟩ ich habe es mir tief ins Gedächtnis gegraben ⟨fig.⟩ *eingeprägt* □ **gravar 4** ⟨511/Vr 3⟩ **sich in etwas** ~ *bohrend in etwas eindringen, sich in etwas einwühlen;* das abgestürzte Flugzeug grub sich tief in die Erde; seine Fingernägel gruben sich tief ins Fleisch; die Räder gruben sich tief in den Schlamm □ **afundar/cravar-se em alguma coisa*

Gra|ben ⟨m.; -s, Grä|ben⟩ **1** *langer künstlicher Einschnitt im Boden, als Wasserrinne;* Straßen~; *ein ausgetrockneter, mit Wasser gefüllter* ~; *ein breiter, flacher, langer, schmaler, tiefer* ~; der Wagen fuhr in den ~; in einen ~ fallen, stürzen; über einen ~ springen □ **vala; valeta; rego 1.1** einen ~ nehmen *springend überqueren* □ **saltar uma vala* **1.2** er landete im ~ ⟨umg.⟩ *stürzte hinein* □ **ele caiu na vala* **2** *ausgehobene Befestigungsanlage, die zum Schutz u. zur Deckung dient;* Festungs~, Schützen~ **2.1** einen ~ nehmen ⟨Mil.⟩ *durch Angriff besetzen* **2.2** im ~ liegen ⟨Mil.⟩ *an der vordersten Front (im Stellungskrieg)* □ **fosso, trincheira 3** ⟨Geol.⟩ *zwischen zwei stehen gebliebenen Schollen eingesunkenes Stück der Erdkruste* □ **falha**

Gracht ⟨f.; -, -en; in ndrl. Städten⟩ *schiffbarer Kanal;* auf den ~en von Amsterdam fahren □ **canal (navegável)**

Grad ⟨m. 7; -(e)s, -e; Zeichen: °⟩ **1** *Abstufung, Stufe, Stärke, Maß;* Wirkungs~; Erfrierungen, Verbrennungen dritten ~es; eine nur einige ~e dunklere (hellere) Farbe; ~ der Konzentration einer chem. Lösung; bis zu einem gewissen ~(e) kam man uns entgegen; er beteiligte sich nur in geringem ~ □ **grau**; in gewissem ~(e) hat er Recht □ **de certo modo ele tem razão* **1.1** das ist im höchsten ~(e) ärgerlich *sehr, außerordentlich* □ **isso é extremamente desagradável* **1.2** *die Enge, Nähe der Verwandtschaft;* Kusine, Vetter zweiten ~es **2** *Stufe in einer Rangordnung* **2.1** *militärischer Rang, Rangstufe;* Dienst~ **2.2** *akademische Würde, Titel;* er erwarb den ~ eines Doktors; einen akademischen ~ erlangen, erwerben **3** *eine Gleichung n-ten ~es* ⟨Math.⟩ *G., in der eine od. mehrere Unbekannte bis zur n-ten Potenz vorkommen* **3.1** *eine Gleichung* **zweiten** *~es G., in der eine od. mehrere Unbekannte in der zweiten Potenz vorkommen* □ **grau 4** ⟨Typ.⟩ *Schriftgrad;* diese Schrift ist um zwei ~ größer als jene □ **ponto 5** ⟨Geom.; Zeichen: °⟩ *Maßeinheit für Winkel, der 360. Teil eines Kreises;* ein Winkel von 90° **6** ⟨Zeichen: °⟩ *Maßeinheit von Winkeln od. Skalen auf physikalischen Messgeräten;* in ~e einteilen **6.1** ~ **Breite** *Breitengrad;* 34 ~ nördlicher, südlicher Breite **6.2** ~ **Länge** *Längengrad;* 20 ~ westlicher, östlicher Länge **6.3** *Maßeinheit der Temperatur;* -20 °C (Celsius), + 10 °F (Fahrenheit), 90 °R (Reaumur); das Thermometer zeigt 5 ~ minus; das Wasser ist 24 ~ warm □ **grau**

gra|de ⟨Adj.; umg.⟩ = *gerade*

gra|du|ell ⟨Adj. 24⟩ **1** *nur den Grad(1) betreffend, gering;* hier bestehen nur ~e Unterschiede **2** *abgestuft, stufenweise, allmählich;* ein ~er Übergang von der Diskussion zum Streit □ **gradual**

Grae|cum ⟨[grɛːkum] n.; -s, -s⟩ *Prüfung, Nachweis über Kenntnisse in der altgriechischen Sprache u. Literatur* □ **exame de língua e literatura grega antiga**

Graf¹ ⟨m.; -en, -en⟩ **1** ⟨urspr.⟩ *Verwaltungsbeamter des Königs;* Burg~, Pfalz~ □ **conde 2** *Vorsteher einer Berufsgenossenschaft;* Salz~, Deich~ □ **presidente; diretor 3** *Adelstitel zwischen Fürst u. Freiherr* **3.1** *Träger dieses Titel* □ **conde**

Graf² ⟨m.; -en, -en; Math.⟩ *abstrahierende Darstellung von Größen u. den zwischen ihnen bestehenden Relationen als (wissenschaftl.) Hilfsmittel;* oV *Graph* ▫ *gráfico*

Graf|fi|to ⟨m. od. n.; -s, -s od. -fi|ti⟩ **1** *in Stein eingeritzte Inschrift od. figürliche Darstellung* **2** *mit Ornamenten verzierte Marmorfliese* ▫ *grafito* **3** ⟨meist Pl.⟩ *mit Farbspray auf eine Wand aufgespritzte (gesellschaftskritische, witzige, unsinnige) Parole od. Figur* ▫ *grafite*

Gra|fie ⟨f.; -, -n; Sprachw.⟩ *Schreibung, Schreibweise, Schriftcharakteristika eines Textes;* oV *Graphie* ▫ *grafia*

...gra|fie ⟨in Zus.; zur Bildung von Subst.; f.; -, -n; ⟩ *...schrift, ...beschreibung,* z. B. Telegrafie, Fotografie; oV *...graphie*

Gra|fik ⟨f.; -, -en⟩ oV *Graphik* **1** ⟨unz.⟩ *Vervielfältigung von Schrift u. Druck* ▫ *reprodução gráfica* **2** ⟨unz.⟩ *die Kunst des Zeichnens, des Kupfer- u. Stahlstichs, des Holzstichs u. -schnitts* ▫ *artes gráficas* **3** ⟨zählb.⟩ *das einzelne Blatt mit einer Darstellung aus einer dieser Künste* ▫ *gravura*

gra|fisch ⟨Adj. 24/90⟩ oV *graphisch* **1** *die Grafik betreffend, auf ihr beruhend,* 1.1 ~e **Darstellung** *zeichnerische schematisierende D.* **2** ⟨Sprachw.⟩ *die Schriftzeichen (u. ihre Form) betreffend, zu ihnen gehörig* ▫ *gráfico*

Gra|fit ⟨m.; -(e)s, -e; Min.⟩ *kristalliner reiner Kohlenstoff;* oV *Graphit* ▫ *grafite*

Gra|fo|lo|gie ⟨f.; -; unz.⟩ *Lehre, aus der Handschrift eines Menschen seinen Charakter zu deuten, Handschriftenkunde;* oV *Graphologie* ▫ *grafologia*

Gral ⟨m.; -s; unz.; in der mittelalterl. Dichtung⟩ *geheimnisvoller, wundertätiger sakraler Gegenstand (Stein, Schale od. Kelch), der nur einem reinen Menschen erreichbar ist; die symbolische Bedeutung des ~s in Richard Wagners Oper „Parsifal"* ▫ *graal*

gram ⟨Adj. 24/43; geh.⟩ *jmdm. ~ sein jmdm. grollen, zürnen; man kann ihr deshalb, trotzdem nicht ~ sein* ▫ ***estar/ficar zangado/bravo com alguém**

Gram ⟨m.; -(e)s; unz.; geh.⟩ *nagender Kummer, tiefe Traurigkeit; der ~ frisst, nagt, zehrt an ihm; sich seinem ~ hingeben; seinem ~ (zu sehr) nachhängen; sie überlässt sich ganz ihrem ~; stiller, tiefer, verzehrender ~; aus ~ über ...; von ~ erfüllt, gebeugt, niedergedrückt sein; sich vor ~ verzehren* ▫ *tristeza; sofrimento*

grä|men ⟨V. 500; geh.⟩ **1** ⟨Vr 3⟩ *sich ~ sich bittere Gedanken machen, sich bitterlich sorgen; sie grämt sich über ihn; sie wird sich noch zu Tode ~* **2** *etwas grämt jmdn. bereitet jmdm. Kummer; es grämt mich sehr; das grämt ihn wenig* ▫ *afligir(-se)*

gräm|lich ⟨Adj.⟩ *verdrießlich, mürrisch, weinerlich; ein ~er Alter; ~ dreinschauen* ▫ *rabugento; amofinado*

Gramm ⟨n. 7; -s, -; Zeichen: g⟩ *Maßeinheit der Masse, (allg. gleichgesetzt mit) des Gewichts;* 1 000 g = 1 kg; 500 g = 1 Pfund; *der Brief wiegt 20 g; es dürfen ein paar ~ mehr sein* ▫ *grama*

Gram|ma|tik ⟨f.; -, -en⟩ **1** *Lehre vom Bau u. von den Regeln einer Sprache* **2** *Lehrbuch der Grammatik(1)* ▫ *gramática*

Gram|mo|fon ⟨n. (schweiz. a.) m.; -s, -e⟩ *altertümlicher mechanischer Plattenspieler (mit einem Schalltrichter);* oV *Grammophon*® ▫ *gramofone*

Gram|mo|phon® ⟨n. (schweiz. a.) m.; -s, -e⟩ = *Grammofon*

Gra|nat¹ ⟨m.; -(e)s, od. (österr.) -en -e od. (österr.) -en; Min.⟩ *kubisches, gesteinsbildendes, schwer verwitterndes Mineral, ein Tonerdesilikat, Edelstein* ▫ *granada*

Gra|nat² ⟨m.; -(e)s, -e; norddt.⟩ *Nordseegarnele* ▫ *camarão-mouro*

Gra|na|te ⟨f.; -, -n; Mil.⟩ *mit Sprengladung gefülltes Geschoss* ▫ *granada*

Gran|dez|za ⟨f.; -; unz.⟩ *Würde, Anmut, hoheitsvolles Benehmen, würdevolles Auftreten; mit der ~ eines Staatsoberhauptes auftreten* ▫ *grandeza*

gran|di|os ⟨Adj.⟩ *großartig, überwältigend, unglaublich; das war ein ~er Auftritt* ▫ *grandioso*

Grand Prix ⟨[grã: pri:] m.; - -, - - [grã: pri:]⟩ **1** *Großer Preis* 1.1 ⟨Reitsp.⟩ *internationale Dressuraufgabe der Klasse S (schwer)* 1.2 ~ **du disque** ⟨[dy dɪsk]⟩ *Großer Schallplattenpreis, wird jährlich in Paris verliehen* ▫ *Grand Prix*

Grand|sei|gneur *auch:* **Grand|seig|neur** ⟨[grãsɛnjœ:r] m.; -s, -s od. -e; geh.⟩ *vornehmer, welterfahrener (älterer) Mann* ▫ *homem distinto/nobre*

Grand Slam ⟨[grænd slæm] m.; - -, - od. - -s, - -s; Sp.; Tennis⟩ *Sieg eines Spielers in den australischen, französischen, englischen u. US-amerikanischen Meisterschaften innerhalb eines Jahres; der Spieler verpasste den ~* ▫ *Grand Slam*

Gra|nit ⟨a. [-nɪt] m.; -(e)s, -e; Min.⟩ **1** *Tiefengestein aus fein- bis grobkörnigen Teilen von Feldspat, Quarz u. Glimmer* ▫ *granito* 1.1 **auf ~ beißen** ⟨fig.; umg.⟩ *auf energischen Widerstand stoßen, nicht durchdringen können* ▫ ***dar com os burros n'água**

Gran|ne ⟨f.; -, -n⟩ **1** *steife, widerhaarige Borste an Gräserblüten* ▫ *arista; pragana* **2** *im oberen Drittel verdicktes Haar im Haarkleid von Pelztieren* ▫ *pelo setiforme*

gran|tig ⟨Adj.; süddt.; österr.⟩ *unfreundlich, unwirsch, verdrießlich, übellaunig; warum bist du heute so ~?; er machte ein ~es Gesicht* ▫ *mau humorado; irritado*

Gra|nu|lat ⟨n.; -(e)s, -e⟩ *gekörnte Substanz* ▫ *granulado*

Grape|fruit ⟨[greɪpfru:t] f.; -, -s; Bot.⟩ *Angehörige einer den Pampelmusen ähnlichen Art der Zitrusgewächse, die vitaminreiche, gelblich runde Früchte tragen* ▫ *grapefruit; toranja*

Graph ⟨m.; -en, -en; Math.⟩ = *Graf*

Gra|phie ⟨f.; -, -n; Sprachw.⟩ = *Grafie*

...gra|phie ⟨in Zus.; zur Bildung von Subst.; f.; -, -n; ⟩ = *...grafie*

Gra|phik ⟨f.; -, -en⟩ = *Grafik*

gra|phisch ⟨Adj. 24/90⟩ *grafisch*
Gra|phit ⟨m.; -(e)s, -e⟩ = *Grafit*
Gra|pho|lo|gie ⟨f.; -; unz.⟩ = *Grafologie*
Gras ⟨n.; -es, Grä|ser; Bot.⟩ **1** ⟨Bot.⟩ *weltweit verbreitete Familie einkeimblättriger, meist krautiger Pflanzen, Süßgräser: Gramineae, Poaceae* □ **gramíneas 2** ⟨allg.⟩ *schlankes grünes Gewächs auf Wiesen usw. mit unscheinbaren Blüten;* ~ *säen;* ~ *verfüttert; dürres, hohes, niedriges, saftiges, verdorrtes, welkes* ~ □ **grama 2.1** *er meint auch, er könne das* ~ *wachsen hören* ⟨fig.; umg.⟩ *er hält sich für ganz besonders klug* □ ***ele se acha muito esperto 2.2** *wo er hinhaut, -schlägt, -tritt, da wächst kein* ~ *mehr* ⟨fig.; umg.⟩ *er schlägt kräftig zu, ist zu derb* □ ***por onde ele passa não fica pedra sobre pedra 2.3** ⟨umg.⟩ *getrocknete Blüten des Indischen Hanfs (Haschisch, Marihuana) als Rauschmittel* □ **erva 3** *Rasen, Wiese; das* ~ *muss gemäht werden; sich ins* ~ *legen; im* ~ *liegen; über das* ~ *laufen; mit* ~ *bewachsen; von* ~ *überwuchert* □ **grama; relva 3.1** *wir wollen über diese Sache* ~ *wachsen lassen* ⟨fig.⟩ *sie in Vergessenheit geraten, Zeit darüber vergehen lassen* □ ***queremos colocar uma pedra nesse assunto 3.2** *darüber ist längst* ~ *gewachsen* ⟨fig.⟩ *es ist längst vergessen, daran denkt niemand mehr* □ ***isso já é passado 3.3** *ins* ~ *beißen* ⟨fig.; umg.; derb⟩ *sterben* □ ***bater as botas; esticar as canelas**
gra|sen ⟨V. 400⟩ *ein* **Tier** *grast frisst Gras, weidet* □ **pastar**
gras|sie|ren ⟨V. 400⟩ *eine* **Seuche** *grassiert greift um sich, tritt gehäuft auf, wütet* □ **grassar**
gräss|lich ⟨Adj.⟩ **1** *entsetzlich, fürchterlich, schauderhaft, Grauen erregend; ein* ~er *Anblick, Unfall, Vorfall; die Leiche des Verunglückten war* ~ *entstellt, zugerichtet* □ **terrível; assustador 2** ⟨umg.⟩ *sehr unangenehm; ich bin in einer* ~en *Situation; ein* ~es *Wetter* □ **horrível 2.1** ⟨50⟩ *sehr, in unangenehmem Maße; ich bin* ~ *müde* □ **terrivelmente**
Grat ⟨m.; -(e)s, -e⟩ **1** *scharfe Kante* □ **aresta; quina 2** *Bergkamm, Felsspitze* □ **crista; cumeada 3** ⟨Met.⟩ *beim Gießen, Stanzen, Feilen usw. entstehender scharfer Rand des Werkstücks* □ **rebarba 4** ⟨Arch.⟩ *Schnittlinie zweier Dach- od. Gewölbeflächen* □ **cumeeira 5** *in eine Rinne passende Leiste* □ **friso; ourela**
Grä|te ⟨f.; -, -n⟩ *Verknöcherung zwischen den Muskeln der Fische* □ **espinha**
Gra|ti|fi|ka|ti|on ⟨f.; -, -en⟩ *Sonderzuwendung, zusätzliche Vergütung;* **Weihnachts-** □ **gratificação**
gra|tis ⟨Adj. 11/80⟩ **1** *kostenlos, unentgeltlich, frei* **1.1** ~ *und* **franko** *unentgeltlich u. portofrei* □ ***grátis**
Grät|sche ⟨f.; -, -n; Turnen⟩ **1** *Sprung mit zur Seite gespreizten Beinen (über Bock, Pferd, Kasten); eine* ~ *machen* □ **salto com as pernas afastadas 2** *die in der Grätsche(1) eingenommene Haltung; in die* ~ *gehen* □ ***afastar as pernas**
grät|schen ⟨V.; Turnen⟩ **1** ⟨411(s.)⟩ *über den* **Bock,** *das* **Pferd,** *den* **Kasten** ~ *mit gespreizten Beinen darüberspringen, einen Grätschsprung ausführen* □ **saltar com as pernas afastadas 2** ⟨500⟩ *die* **Beine** ~ *zur Grätsche spreizen* □ ***afastar as pernas**

Gra|tu|lant ⟨m.; -en, -en⟩ *jmd., der einer anderen Person gratuliert* □ **congratulador**
Gra|tu|lan|tin ⟨f.; -, -tin|nen⟩ *weibl. Gratulant* □ **congratuladora**
Gra|tu|la|ti|on ⟨f.; -, -en⟩ **1** ⟨unz.⟩ *das Gratulieren; sich zur* ~ *anmelden* **2** *Glückwunsch, Beglückwünschung; zu seinem 60. Geburtstag erhielt er unzählige* ~en □ **congratulação**
gra|tu|lie|ren ⟨V. 605/Vr 5 od. Vr 6⟩ **1** *jmdm. (zu etwas)* ~ = *beglückwünschen* □ **congratular; felicitar; dar os parabéns;** *ich gratuliere!* □ ***parabéns!;** *jmdm. mündlich, schriftlich, telefonisch, per Fax* ~; *darf man schon* ~? *(z. B. zur Geburt eines Kindes); jmdm. zum bestandenen Examen, zum Geburtstag, zum neuen Jahr, zur Verlobung, Vermählung* ~ □ **congratular; felicitar; dar os parabéns 2** ⟨Vr 1⟩ *sich* ~ *können* ⟨fig.; umg.⟩ *froh sein können; du kannst dir* ~, *dass es so glimpflich abging* □ ***poder ficar feliz**
grau ⟨Adj.⟩ **1** *farbig aus einer Mischung zwischen schwarz u. weiß; ein* ~er *Pullover, Mantel, Rock* **1.1** *der Himmel ist heute ganz* ~ *mit dunklen Wolken bedeckt, regenverhangen* □ **cinza 1.2** ⟨60⟩ ~es **Brot** *Graubrot* □ **pão misto de trigo e centeio 1.3** ⟨60⟩ ~es **Gold** *mit Silber legiertes G.* □ ***ouro branco 1.4** ⟨60⟩ ~er **Körper** *ein K., dessen Absorptionsvermögen für alle Wellenlängen des Lichts gleich groß ist* □ ***corpo cinzento 1.5** ⟨60⟩ *die Grauen* **Panther** *für ihre Rechte kämpfende Gruppe, Partei älterer Bürger* □ ***os Panteras Cinzentas 1.6** ⟨60⟩ ~er **Papagei** *Graupapagei* □ ***papagaio-cinzento 1.7** ⟨60⟩ *die Grauen* **Schwestern** *Mitglieder einer 1842 gegründeten Kongregation* □ ***as Irmãs Cinzentas (Congregação das Irmãs de Santa Isabel) 1.8** ⟨60⟩ ~e **Salbe** *eine Quecksilbersalbe gegen Hautparasiten* □ ***pomada mercurial 1.9** ⟨60⟩ ~er **Star** ⟨Med.⟩ *Trübung der sonst glasklaren Augenlinse: Cataracta;* **Sy** *Katarakt²* □ ***catarata 1.10** ⟨60⟩ ~e **Substanz** *die wegen ihres Reichtums an Nervenzellen grau erscheinenden Teile des Gehirns u. des Rückenmarks;* **Ggs** *weiße Substanz,* → *weiß¹(2.10)* □ ***massa cinzenta 2** *farblos* □ **sem cor 2.1** ~ *werden alt werden (u. dabei die Haarfarbe verlieren); alt und* ~ *werden; im Dienste* ~ *geworden; in Ehren* ~ *werden* □ ***envelhecer 2.2** ~es **Haar** *mit zunehmendem Alter verblichenes H.; ich bekomme* ~es *Haar; seine Schläfen werden* ~ □ **grisalho 2.2.1** *Achtung vor jmds.* ~en *Haaren, einen Haupt haben A. vor einem älteren Menschen haben* □ ***respeitar os cabelos brancos de alguém 2.2.2** *sich über, wegen etwas keine* ~en *Haare wachsen lassen sich wegen etwas keine Sorgen machen; darüber lasse ich mir keine* ~en *Haare wachsen; deshalb brauchst du dir keine* ~en *Haare wachsen zu lassen* □ ***não esquentar a cabeça por causa de alguma coisa 2.3** ~er **Haut** *schlecht durchblutete H.; deine Haut sieht* ~ *aus* □ **pálido 3** *trostlos, öde, eintönig; der* ~e *Alltag; das* ~e *Einerlei des Alltags* □ ***a rotina/o ramerrão do dia a dia;** ~, *teurer Freund, ist alle Theorie (Goethe, „Faust" I, Studierzimmer); ihr Leben erscheint ihr* ~ *und farblos; es sieht* ~ *in* ~ *aus* □ **desolador; monótono 3.1** *alles*

in ~ malen ⟨fig.⟩ *sich pessimistisch äußern* □ *mostrar-se pessimista* **3.2** das ~e Elend hat ihn überfallen *er ist pessimistischer Stimmung* □ *ele está baixo-astral* **4** ⟨60⟩ *unbestimmt*; ich habe nur eine ~e Vorstellung davon □ *tenho apenas uma ideia vaga a respeito*; unser Wiedersehen liegt in ~er Ferne □ *nosso reencontro será num futuro distante* **4.1** ⟨60⟩ *weit zurückliegend*; in ~er Vorzeit; vor ~en Zeiten □ *remoto* **4.2** ⟨60⟩ ~e/Graue Eminenz ⟨fig.⟩ *der eigentlich leitende Mann hinter den Kulissen* □ *eminência parda*

grau|blau ⟨Adj. 24⟩ *blau mit leicht grauem Farbton*; ein ~es Kleid □ *azul-acinzentado*

Gräu|el ⟨m.; -s, -⟩ **1** *Abscheu, Grausen*; er hat einen ~ vor solchen Menschen **2** *Gegenstand des Abscheus, Ärgernis*; das, es, er ist mir ein ~ **3** *schreckliche, abscheuliche Tat*; die ~ des Krieges, der Verwüstung, Zerstörung; ~ begehen, verüben, sich zuschulden kommen lassen □ horror

grau|en¹ ⟨V. 400⟩ *etwas graut* **1** *der Morgen, Tag graut dämmert*; der Tag fängt an zu ~; beim ersten Grauen des Tages □ romper; alvorecer **2** ⟨schweiz.⟩ *schimmlig werden* □ embolorar

grau|en² ⟨V.⟩ **1** ⟨650 od. (selten) 550; unpersönl.⟩ *jmdm. (jmdn.) graut (es) vor jmdm. od. etwas jmd. empfindet Furcht, Entsetzen vor jmdm. od. etwas*; mir graut vor dieser Aussprache, Entscheidung, Trennung **2** ⟨550/Vr 3⟩ *sich vor jmdm. od. etwas ~ Furcht, Entsetzen empfinden vor jmdm. od. etwas*; ich habe mich schon lange davor gegraut □ *ter medo de/horror a alguém ou alguma coisa*

Grau|en ⟨n.; -s; unz.⟩ **1** *Furcht, Schauder, Entsetzen*; das ~ des Krieges, der Vernichtung, der Zerstörung; mich erfasste, ergriff, überkam, überlief ein ⟨kaltes⟩ ~; ihn kam ein ~ an, als er ...; mit ~ etwas erkennen, kommen sehen, voraussehen □ medo; horror **2** ⟨Getrennt- u. Zusammenschreibung⟩ **2.1** ~ erregend = *grauenerregend*

grau|en|er|re|gend *auch:* **Grau|en er|re|gend** ⟨Adj.⟩ *heftiges Grauen hervorrufend*; ein ~er Vorfall; ⟨bei Steigerung od. Erweiterung der gesamten Fügung nur Zusammenschreibung⟩ das habe ich mir ⟨viel⟩ grauenerregender vorgestellt, ein äußerst grauenerregender Anblick; ⟨bei Erweiterung des Erstbestandteils nur Getrenntschreibung⟩ ein großes Grauen erregender Unfall □ horrível; atroz

grau|en|haft ⟨Adj.⟩ **1** *fürchterlich, entsetzlich, schrecklich, Grauen hervorrufend*; Sy *grauenvoll*; ein ~es Verbrechen; er war ~ entstellt **2** *unangenehm (schlecht), schwer zu ertragen*; Sy *grauenvoll*; das Wetter, das Essen war ~ □ horrível; horrivelmente **3** ⟨50; verstärkend⟩ *äußerst, sehr*; es war ~ kalt □ *extremamente; terrivelmente*

grau|en|voll ⟨Adj.⟩ = *grauenhaft*(1,2)

grau|len ⟨V. 650 od. (selten) 550; umg.⟩ **1** ⟨unpersönl.⟩ *es grault jmdm. (jmdn.) vor jmdm. od. etwas jmd. fürchtet, ekelt sich vor jmdm. od. etwas* **2** ⟨Vr 3⟩ *sich vor jmdm. od. etwas ~ sich ekeln, Furcht empfinden*; sie grault sich vor Spinnen □ *ter medo de/horror a alguém ou alguma coisa*

grau|lich ⟨Adj. 24⟩ = *gräulich¹*

gräu|lich¹ ⟨Adj. 24⟩ *leicht grau, ins Graue spielend* □ acinzentado

gräu|lich² ⟨Adj.⟩ *Grauen erregend, grässlich, abscheulich, ekelhaft* □ terrível; horrível; repugnante

Grau|pe ⟨f.; -, -n; meist Pl.⟩ **1** *enthülstes Gersten- od. Weizenkorn, zu Suppeneinlagen u. als Brei gekocht verwendet* □ cevadinha **2** ⟨veraltet⟩ *Körner u. Kristalle des Zinnsteins* □ grãos e cristais de cassiterita **3** ⟨Met.⟩ *bei der Erzaufbereitung gewonnenes Erz von 3 bis 25 mm Korngröße* □ grão de minério **4** ~n im Kopfe haben ⟨fig.; umg.⟩ *hochfliegende Pläne haben* □ *voar alto; fazer grandes projetos*

Grau|pel ⟨f.; -, -n; meist Pl.⟩ *kleines Hagelkorn*; ~schauer □ granizo

Graus ⟨m.; -es; unz.⟩ *Furcht, Entsetzen, Ekel, Widerwille*; das war vielen Menschen ein ~; o ~!; diese Pflicht ist für mich ein ~ □ horror

grau|sam ⟨Adj.⟩ **1** *unmenschlich, roh, andere quälend*; ein ~er Feind, Mensch, Verbrecher; eine ~e Handlung, Tat, Züchtigung; ein ~es Spiel mit jmdm. treiben; jmdn. ~ behandeln, quälen; ~ gegen jmdn. sein, sich verhalten, vorgehen □ cruel(mente); desumano **2** *sehr schlimm, unangenehm stark*; ein ~er Frost; eine ~e Kälte; ein ~er Winter □ horrível; terrível **2.1** ⟨50; umg.⟩ *sehr (in unangenehmer Weise)*; sie ist ~ gescheit, intelligent, klug ⟨scherzh.⟩ □ muito; pra burro

grau|sen ⟨V.⟩ **1** ⟨650 od. (selten) 550; unpersönl.⟩ *jmdm. (jmdn.) graust es vor jmdm. od. etwas jmd. empfindet Furcht, Entsetzen vor jmdm. od. etwas*; (es) graust mir, mich davor **2** ⟨550/Vr 3⟩ *sich ~ vor jmdm. od. etwas Furcht, Entsetzen empfinden vor jmdm. od. etwas*; ich habe mich schon lange davor gegraust **2.1** ⟨Vr 3; schweiz.⟩ *sich ekeln vor jmdm. od. etwas*; sie graust sich vor Spinnen □ *ter horror a/pavor de alguém ou alguma coisa*

Grau|sen ⟨n.; -s; unz.⟩ *Entsetzen, lähmende Furcht*; da packte mich das kalte ~ □ horror; pavor

grau|sig ⟨Adj.⟩ *Grausen hervorrufend, entsetzlich, fürchterlich, grauenvoll*; die Unfallstelle bot einen ~en Anblick; die Fahrt fand ein ~es Ende; die Polizei machte eine ~e Entdeckung; er erlitt einen ~en Tod □ horrível; pavoroso

gra|vie|ren¹ ⟨[-vi:-] V. 500⟩ *Metall, Stein, Glas ~ Verzierungen, Schrift od. Zeichen anbringen in M., S., G.* □ gravar

gra|vie|ren² ⟨[-vi:-] V. 500⟩ *etwas ~* ⟨veraltet⟩ *belasten, beschweren* □ agravar

gra|vie|rend ⟨[-vi:-]⟩ **1** ⟨Part. Präs. von⟩ *gravieren* **2** ⟨Adj.⟩ *belastend, erschwerend*; ein ~er Fehler; dabei fällt ~ ins Gewicht, dass ... □ agravante

Gra|vis ⟨[-vɪs] m.; -, -; Zeichen: `; frz.: accent grave⟩ *Zeichen über einem Vokal, im Italienischen zur Betonung der Silbe, im Französischen zur offenen Aussprache des Vokals*, z.B. frère [frɛːr] □ acento grave

Gra|vi|ta|ti|on ⟨[-vi-] f.; -; unz.⟩ *Eigenschaft von Massen, sich gegenseitig anzuziehen*, z. B. die Erdanziehung □ gravitação

gra|vi|tä|tisch ⟨[-vi-] Adj.⟩ *würdevoll, ernst u. gemessen, steif;* mit ~en Schritten besichtigte er sein neues Heim □ **solene; grave**

gra|zil ⟨Adj.⟩ *zierlich, feingliedrig, schlank u. anmutig;* eine ~e Person; sie ist klein u. ~ □ **grácil; airoso**

gra|zi|ös ⟨Adj.⟩ *anmutig, zierlich, geschmeidig, gewandt;* sie bewegt sich sehr ~; eine ~e Haltung einnehmen □ **gracioso; com graça**

Green|horn ⟨[gri:n-] n.; -s, -s⟩ *jmd., der noch unerfahren ist, Grünschnabel, Neuling* □ **principiante; novato**

greif|bar ⟨Adj.⟩ **1** *mit der Hand erreichbar, in der Nähe befindlich* □ **acessível; tangível 1.1** ⟨Kaufmannsspr.⟩ *auf Lager, vorrätig, sofort lieferbar;* die Ware ist sofort, im Moment nicht ~ □ **disponível 2** ⟨fig.⟩ *offenkundig, handgreiflich;* ein ~er Beweis seiner Schuld; es liegen noch keine ~en Ergebnisse vor; der Plan nimmt allmählich ~e Formen, Gestalt an; ~e Vorteile bieten □ **palpável; evidente**

grei|fen ⟨V. 158⟩ **1** ⟨500⟩ *etwas ~ mit der Hand od. mit einem Greifwerkzeug nehmen, fassen, erfassen, packen;* etwas mit der Hand, einer Zange ~; etwas ist zum Greifen nahe □ **pegar; agarrar 1.1** ⟨511/Vr 7⟩ *an eine bestimmte Stelle ~ fassen;* sich an den Kopf, an die Stirn ~ (weil man das nicht fassen kann) □ **pôr a mão; tocar 1.1.1** ⟨610⟩ *jmdm. an die Ehre ~* ⟨geh.⟩ *versuchen, jmds. E. anzutasten* □ **atentar contra a honra de alguém* **1.1.2** *seine Hände griffen ins Leere, in die Luft er fand keinen Halt* □ **pegar; agarrar 1.1.3** *in die Saiten ~* ⟨geh.⟩ *zu spielen beginnen (auf einem Saiteninstrument)* □ **dedilhar* **1.1.4** *in die Tasten ~* ⟨geh.⟩ *Klavier spielen* □ **tocar (piano) 1.2** ⟨411⟩ *nach etwas ~ nach etwas langen, etwas mit der Hand zu erreichen suchen;* nach der Waffe ~ □ **tentar pegar/estender a mão para pegar alguma coisa* **1.3** ⟨411⟩ *zu etwas ~ etwas in die Hand nehmen, um damit eine Tätigkeit zu beginnen* □ **pegar alguma coisa* **1.3.1** er greift gern zu einem guten Buch *er liest es gern* □ **ele gosta de ler um bom livro* **1.3.2** er greift gern zu einer guten Zigarre *er raucht sie gern* □ **ele gosta de fumar um bom charuto* **1.3.3** *zu den Waffen ~ zu kämpfen beginnen* □ **pegar em armas* **1.3.4** *zum Wanderstab ~ auf Wanderschaft gehen* □ **pegar a estrada* **2** ⟨500⟩ *jmdn. ~ fangen, gefangen nehmen;* die Polizei hat den Dieb schon gegriffen □ **prender; capturar 2.1** Greifen spielen *sich gegenseitig fangen (als Kinderspiel)* **2.2** ⟨530/Vr 1⟩ *ich werde ihn mir schon ~!* ⟨umg.⟩ *gründlich zurechtweisen* □ **ele há de se haver comigo!* **3** ⟨500⟩ *etwas ~ anschlagen, erklingen lassen;* einen Akkord ~ □ **tocar 3.1** ich kann keine Oktave ~ ⟨Mus.⟩ *umspannen* □ **alcançar; tocar 4** ⟨800⟩ *zu etwas ~* ⟨fig.⟩ *etwas anwenden, gebrauchen;* ich musste zum Äußersten ~; schließlich musste ich zu einer List ~; wir müssen zu strengeren Maßnahmen ~; ich musste zu einem anderen Mittel ~, um ... □ **recorrer 5** ⟨400⟩ *etwas greift hat die gewünschte Reibung;* der Bagger, der Pflug, die Zange greift nicht □ **agarrar; pegar;** die Räder des Wagens ~ nicht (bei Glatteis) □ **as rodas do carro derrapam (no gelo)* **5.1** *etwas greift* ⟨fig.⟩ *zeigt Wirkung;* die Maßnahmen, Reformen beginnen zu ~ □ **pegar 6** ⟨411⟩ *etwas greift um sich, greift Platz etwas breitet sich aus;* das Feuer, die Infektionskrankheit, die Seuche griff rasch um sich; diese Ansicht hat allgemein Platz gegriffen □ **alastrar-se; propagar-se 7** ⟨510⟩ *etwas ist zu hoch, niedrig gegriffen zu hoch, niedrig geschätzt;* das ist zu hoch gegriffen; mit dieser Zahl hast du zu niedrig gegriffen □ **superestimar; subestimar**

Greis ⟨m.; -es, -e⟩ *alter, gebrechlicher Mann* □ **homem idoso; ancião**

Grei|sin ⟨f.; -, -sin|nen⟩ *alte, gebrechliche Frau* □ **mulher idosa; anciã**

Greiß|ler ⟨m.; -s, -; österr.⟩ *Krämer, Lebensmittelhändler* □ **dono de mercearia**

grell ⟨Adj.⟩ **1** *die Sinne heftig berührend* □ **vivo; intenso 1.1** *scharf, durchdringend, schrill, aufdringlich;* ~e Töne; eine ~e Stimme □ **agudo; estridente;** ein ~es Benehmen □ **inoportuno; inconveniente 1.2** *auffallend kräftig;* ~e Farben; sie trug ein Kleid in einem ~en Rot □ **forte; vivo; berrante 1.3** *blendend hell;* ~es Licht; im ~en Scheinwerferlicht, Sonnenlicht; ~ beleuchtet □ **(de modo) ofuscante/intenso 1.4** *auffallend scharf, krass (im Gegensatz zu etwas anderem);* das steht in ~em Widerspruch zu seiner gestrigen Aussage □ **patente; evidente**

Gre|mi|um ⟨n.; -s, -mi|en⟩ *Ausschuss, zu einem bestimmten Zweck gebildete Körperschaft* □ **grêmio**

Gre|na|dier ⟨m.; -s, -e; Mil.⟩ **1** ⟨urspr.⟩ *mit Handgranaten bewaffneter Soldat* **2** ⟨heute⟩ *Soldat der Infanterie* □ **granadeiro**

Gren|ze ⟨f.; -, -n⟩ **1** *Linie, die zwei Grundstücke, Staaten, Länder od. Bereiche (z. B. Klimazonen) voneinander trennt;* Grundstücks~, Hoheits~, Landes~, Stadt~; die ~n Frankreichs, der Schweiz; eine ~ abstecken, anerkennen, berichtigen, festsetzen, ziehen; die ~ passieren, überschreiten; die ~n schließen; die ~ verläuft quer durch diesen Wald; eine befestigte, berichtigte, deutlich markierte, umstrittene, unübersichtliche ~; Flüsse, Gebirge können natürliche ~n sein; an der ~ wohnen; diesseits, jenseits der ~; nahe der ~ wohnen; jmdn. über die ~ abschieben; über die ~ gehen; die ~ zwischen Frankreich und Spanien □ **fronteira; limite;** → a. *grün(1.9.1)* **2** ⟨fig.⟩ *Schranke, Beschränkung, Rahmen;* die ~n des Erlaubten überschreiten; du hast bald die ~n meiner Geduld erreicht; die ~n des guten Geschmacks verletzen; die ~n des Möglichen erkennen; alles hat seine ~(n); sein Eifer kennt keine ~n; auch seiner Macht sind ~n gesetzt; die Darbietung liegt hart an der ~ des guten Geschmacks; alles muss sich in ~n halten; meine Geduld ist nicht ohne ~n! **2.1** man muss dem Treiben ~n setzen ⟨fig.⟩ *es einschränken, begrenzen* **2.2** das überschreitet alle ~ ⟨fig.⟩ *ist empörend* **2.3** mit diesem Projekt hat er seine ~ überschritten ⟨fig.⟩ *sich zu viel zugemutet* **2.4** bis zur äußersten ~ gehen ⟨fig.⟩ *bis zum Äußersten* **2.5** ich musste diesen vorlauten Burschen in seine ~n verweisen ⟨fig.⟩ *zurechtweisen* **2.6** man muss seine ~n kennen, wahren

⟨fig.⟩ *Zurückhaltung wahren* 2.7 bleib innerhalb deiner ~n ⟨fig.⟩ *halte Maß, übe Zurückhaltung* 2.8 die ~n einhalten, sich in den ~n halten ⟨fig.⟩ *maßhalten, sich beherrschen* □ **limite**

gren|zen ⟨V. 800⟩ 1 etwas grenzt **an etwas** *stößt mit den Grenzen an etwas, ist benachbart;* mein Zimmer grenzt an seines □ **confinar com; ser contíguo a** 2 eine **Sache** grenzt **an eine Sache** ⟨fig.⟩ *kommt einer Sache sehr nahe;* das grenzt ans Unmögliche, Unglaubliche; das grenzt an Unverschämtheit, Wahnsinn; ein an Frechheit ~des Benehmen □ **beirar**

gren|zen|los ⟨Adj. 24⟩ 1 *ohne Grenzen, endlos, unüberschaubar;* eine ~e Einöde 1.1 *unbegrenzt, unbeschränkt;* meine Geduld ist nicht ~; etwas steigert sich ins Grenzenlose □ **ilimitado; sem limites** 2 ⟨50⟩ *sehr, überaus, äußerst;* sie war ~ unglücklich □ **extremamente**

Grenz|gän|ger ⟨m.; -s, -⟩ 1 *im Grenzgebiet wohnender Arbeiter od. Angestellter, der seine Arbeitsstätte im Nachbarland hat* □ **trabalhador fronteiriço** 2 *Grenzbewohner, der andere heimlich über die Grenze bringt* □ **indivíduo que atravessa ilegalmente pessoas por uma fronteira; coiote** 3 *Schmuggler* □ **contrabandista**

Grenz|ver|kehr ⟨m.; -(e)s; unz.⟩ 1 (i. w. S.) *jeder Verkehr über die Grenze* □ **tráfego fronteiriço** 1.1 (i. e. S.) *der Warenverkehr zwischen Grenzbezirk u. Ausland* □ **tráfego fronteiriço (de mercadorias)**; → a. *klein(1.2.2)*

Greu|el ⟨alte Schreibund für⟩ *Gräuel*
greu|lich ⟨alte Schreibung für⟩ *gräulich*²
Grie|be ⟨f.; -, -n⟩ 1 *Rückstand beim Ausschmelzen von Speck* □ **torresmo** 2 *Fettstückchen in der Wurst* □ **pedaços de gordura na linguiça**

Gries|gram ⟨m.; -(e)s, -e⟩ *mürrischer, grämlicher, übellauniger Mensch* □ **indivíduo mau humorado/rabugento**

gries|grä|mig ⟨Adj.⟩ *mürrisch, übellaunig, verdrießlich;* oV *griesgrämisch* □ **mau humorado; rabugento**

gries|grä|misch ⟨Adj.⟩ = *griesgrämig*

Grieß ⟨m.; -es, (selten) -e⟩ 1 *geschälte, geschrotete Getreidekörner* □ **sêmola** 2 *körnige Masse;* Kohlen~ □ **carvão miúdo* 2 *körniger Niederschlag (z. B. im Urin);* Harn~ □ **cálculo urinário*

grie|ßeln ⟨V. 400⟩ 1 etwas grießelt *wird körnig* □ **ficar granulado** 2 ⟨401⟩ es grießelt *Niederschlag fällt in kleinen Körnern* □ **está caindo granizo*

Griff ⟨m.; -(e)s, -e⟩ 1 *das Greifen(1-3);* mit einem einzigen ~ hatte er ihn am Boden; nur noch ein paar ~e, dann bin ich fertig; ich muss mir nur noch schnell mit ein paar ~en das Haar ordnen, zurechtmachen □ **golpe; ajeitada; toque** 1.1 das ist mit einem ~ getan *schnell, leicht fertig zu machen* □ **piscar de olhos** 1.2 einen ~ in die Ladenkasse tun ⟨fig.⟩ *Geld aus der Kasse stehlen* □ **limpar o caixa da loja* 1.3 einen guten ~ tun ⟨fig.⟩ *eine gute Wahl treffen* □ **fazer uma boa escolha* 1.4 *Art des Greifens;* er hat einen derben, energischen, harten, fest zupackenden ~ □ **pegada; modo de pegar** 1.4.1 man muss alle Kniffe und ~e kennen ⟨umg.⟩ *Geschicklichkeit u. List anwenden* □ **é preciso conhecer todos os macetes* 1.4.2 etwas im ~ haben ⟨fig.⟩ *etwas geschickt, geübt handhaben, die Lage beherrschen* □ **pegar o jeito de alguma coisa* 1.5 ⟨Mil.⟩ *bestimmte Bewegung der Hände zum Handhaben von Geräten;* ~e üben □ **manejo** 1.6 ⟨Mus.⟩ *das Greifen(3), Anschlagen von Akkorden, Tönen (bei Musikinstrumenten);* ein paar ~e machen (auf dem Klavier, auf der Gitarre); auf einem Musikinstrument ~e üben; das war ein falscher ~ □ **execução; modo de tocar** 2 *Vorrichtung zum Anfassen, z. B. Stiel, Kurbel, Henkel, Klinke, Knopf, Heft, Knauf, Hals der Geige, Gitarre;* Koffer~; Tür~; Messer~; Degen~; der ~ des Löffels, des Spazierstocks usw.; ~e an der Kommode erneuern; sich am ~ festhalten; beim Aussteigen am ~ festhalten (Warnschild); der ~ zum Festhalten in der Straßenbahn □ **cabo; punho; alça; puxador; maçaneta** 3 ⟨nur Pl.⟩ ~e ⟨Jägerspr.⟩ *Klaue, Krallen der Greifvögel* □ **garra** 4 ⟨Web.⟩ *die Struktur von Gewebe beim Anfühlen;* harter, weicher ~ (z. B. Leinen bzw. Seide) □ **toque**

griff|be|reit ⟨Adj.⟩ *bereitgelegt, fertig zum raschen Greifen, zum in die Hand nehmen, zum Mitnehmen;* der Stift liegt ~ neben dem Telefon; das Reisegepäck steht ~ im Hotelzimmer □ **ao alcance da mão; à mão**

Grif|fel ⟨m.; -s, -⟩ 1 (früher) *Schreibstift aus Schiefer (für Schiefertafeln)* □ **lápis de ardósia** 2 ⟨Bot.⟩ *fadenförmiges Gebilde des Fruchtknotens, in das die Pollenschläuche einwachsen* □ **estilete**

grif|fig ⟨Adj.⟩ 1 *so beschaffen, dass es gut zu greifen ist;* ~es Gewebe □ **maleável; com bom toque** 1.1 ⟨fig.; umg.; salopp⟩ *treffend, einprägsam, wirkungsvoll;* eine ~e Formulierung □ **maneiro; joia** 2 *so beschaffen, dass es gut greift;* ~es Reifenprofil 2.1 *so beschaffen, dass etwas darauf gut greifen kann;* ein ~er Fahrbahnbelag □ **antiderrapante**

Grill ⟨m.; -s, -s⟩ 1 *Ofen zum Grillen* 2 *Bratrost, Gerät zum Grillen;* das Fleisch auf den ~ legen □ **grelha**

Gril|le ⟨f.; -, -n⟩ 1 ⟨Zool.⟩ *Angehörige einer Familie der Heuschrecken (Saltatoria), den Laubheuschrecken ähnlich, meist in selbst gegrabenen Gängen lebend: Gryllidae;* ich höre eine ~ zirpen □ **grilo** 2 ⟨fig.⟩ *Laune, Schrulle, wunderlicher Einfall, törichte Sorgen;* das ist so eine ~ von ihm □ **extravagância; capricho**; ~n im Kopf haben; sich ~n in den Kopf setzen □ **grilo** 2.1 ~n fangen ⟨fig.; umg.⟩ *launisch sein, trübe Stimmung haben, verdrießlich sein, grübeln* □ **estar triste/para baixo* 2.2 jmdm. die ~n verjagen ⟨fig.; umg.⟩ *jmdn. fröhlich stimmen* □ **levantar o astral de alguém*

gril|len ⟨V. 500⟩ Fleisch, Fisch, Gemüse ~ ⟨Kochk.⟩ oV ⟨schweiz.⟩ *grillieren* 1 *am Spieß über offenem Feuer braten* 2 *auf dem Grill(2) od. im Grill(1) braten* □ **grelhar**

grill|lie|ren ⟨[-li̯-] od. [-ji̯-] V. 500; schweiz.⟩ = *grillen*
Gri|mas|se ⟨f.; -, -n⟩ *Verzerrung des Gesichts auf spaßige od. abstoßende Weise;* Sy *Fratze(3);* ~n schneiden, ziehen; das Gesicht zu einer ~ verziehen; eine absto-

ßende, fürchterliche, grauenerregende, spaßige, ulkige ~ □ careta

Grimm ⟨m.; -s; unz.; veraltet⟩ *unterdrückter Zorn, heftige Wut, Empörung;* er war voller ~ □ cólera; indignação

Grim|men ⟨n.; -s; unz.; veraltet⟩ *Bauch-, Leibschmerzen;* ein ~ im Leib verspüren; Bauchgrimmen □ cólica; dor de barriga

grim|mig ⟨Adj.⟩ **1** *wütend, zornig, wild, empört;* eine ~e Antwort geben; er sieht ~ aus □ encolerizado; indignado **2** *schrecklich, übermäßig;* ~e Schmerzen haben □ terrível; es ist ~ kalt □ *está um frio terrível/de rachar

Grind ⟨m.; -(e)s, -e⟩ **1** *Kruste auf der Haut aus geronnenem Blut u. abgestorbener Haut* □ crosta; escara 1.1 *Hautausschlag mit Krusten- u. Borkenbildung* □ tinha 1.2 *schorfige Flechten mit Pusteln bei Haustieren* □ sarna **2** ⟨Bot.⟩ *Pilzkrankheit beim Weinstock* □ galha da videira **3** ⟨Jägerspr.⟩ *Kopf (bei allen Hirscharten u. beim Gamswild)* □ cabeça

grin|sen ⟨V. 400⟩ *breit lächeln;* der Junge grinste schadenfroh □ dar um sorriso largo

Grip|pe ⟨f.; -, -n; Med.⟩ **1** *akute Viruskrankheit, die sich im Frühjahr u. Herbst oft epidemieartig verbreitet, regelmäßig mit Fieber* **2** *leichtere akute Infektion, die vor allem zu katarrhalischen Erscheinungen an den oberen Luftwegen führt u. als Erkältungskrankheit auftritt* □ gripe

Gris|li|bär ⟨m.; -en, -en; Zool.⟩ *mit 2,3 m eine der größten Unterarten der Braunbären, lebt in Nordamerika: Ursus horribilis;* oV Grizzlybär □ urso-pardo; urso Grizzly

Grizz|ly|bär ⟨[grɪzli-] m.; -en, -en⟩ = *Grislibär*

grob ⟨Adj.⟩ **1** *stark, dick, derb;* Ggs *fein(1);* ~es Tuch; ~e Fäden, Papiere, Säcke, Stoffe; sie hat von der schweren Arbeit ~e Hände bekommen; ~es Schuhwerk zum Wandern 1.1 *~es Sieb* 1.2 *aus größeren Teilen bestehend, wenig zerkleinert;* ~es Mehl; ~es Brot □ grosso 1.3 *plump;* ~e Gesichtszüge □ tosco; rude 1.4 *rau;* er hat eine unangenehm ~e Stimme □ rouco 1.5 *schwer, beschwerlich, mit Schmutz verbunden;* für die ~en Arbeiten im Haushalt hat sie eine Hilfe □ pesado 1.5.1 jmd. fürs Grobe sein ⟨fig.⟩ *für die unangenehmen, beschwerlichen Arbeiten zuständig sein* □ *ser pau para toda obra* **2** *ungenau, ungefähr, ohne Einzelheiten;* dazu kann ich nur ~e Angaben machen; einen Plan in ~en Linien, Umrissen festlegen □ geral; der Saal ist aufs gröbste/Gröbste gereinigt □ *a sala foi limpa por cima/superficialmente;* aus dem Groben arbeiten □ *desbastar* **3** ⟨60⟩ *stark, schlimm;* das ist ~er Betrug; damit hat er einen ~en Fehler, Schnitzer begangen; es handelt sich um einen ~en Irrtum; das ist ein ~er Missbrauch meines Vertrauens; hier liegt ein ~es Versehen vor; durch ~es Verschulden ... □ grosseiro; grave 3.1 aus dem Gröbsten heraus sein ⟨umg.⟩ *das Schwierigste überwunden haben;* er ist endlich aus dem Gröbsten heraus; die Kinder sind aus dem Gröbsten heraus □ *superar o pior* 3.2 ~er Unfug ⟨Rechtsw.⟩ *strafbare Störung od. Gefährdung der äußeren öffentlichen Ordnung durch Belästigung, Beunruhigung od. Gefährdung der Allgemeinheit* □ *desordem pública* **4** *unhöflich, unwirsch, ungebildet;* ~e Ausdrücke, Reden, Worte gebrauchen; sein ~es Benehmen, Betragen stößt viele ab; in ~em Ton herrschte er mich an; jmdn. ~ anfahren, behandeln; ~ sein, werden gegen jmdn.; ein ~er Kerl, Klotz ⟨umg.⟩ □ grosseiro; indelicado 4.1 jmdm. ~ kommen ⟨umg.⟩ *unhöflich werden gegen jmdn.* □ *ser grosseiro com alguém* 4.2 auf einen ~en Klotz gehört ein ~er Keil *auf eine Grobheit muss man mit einer anderen antworten* □ *grosseria se responde com grosseria* **5** ~e See ⟨Seemannsspr.⟩ *stark bewegte S.* □ *mar agitado* **6** ~e Sauen ⟨Jägerspr.⟩ *starke Wildschweine* □ *javalis* **7** ⟨Getrennt- u. Zusammenschreibung⟩ 7.1 ~ fahrlässig = *grobfahrlässig* 7.2 ~ gehackt = *grobgehackt* 7.3 ~ gemahlen = *grobgemahlen*

grob|fahr|läs|sig *auch:* **grob fahr|läs|sig** ⟨Adj. 24/70⟩ *in schwerer und offensichtlicher Weise fahrlässig* □ imprudente; inconsequente

grob|ge|hackt *auch:* **grob ge|hackt** ⟨Adj. 24/60⟩ *in größere Stücke gehackt;* ~e Mandeln, Nüsse □ picado em pedaços maiores

grob|ge|mah|len *auch:* **grob ge|mah|len** ⟨Adj. 24/60⟩ *nicht fein gemahlen;* ~es Mehl □ em moagem grossa

Grob|heit ⟨f.; -, -en⟩ **1** *grobe(1) Beschaffenheit;* die ~ des Leinens gibt der Decke eine rustikale Note □ aspereza **2** ⟨fig.⟩ *unfreundliches, unhöfliches Wesen* □ grosseria; indelicadeza **3** *Beschimpfung, Schimpfwort;* einander ~en an den Kopf werfen □ grosseria; palavrão

grob|schläch|tig ⟨Adj.; abwertend⟩ *derb, ungeschlacht, plump;* ein ~er Mensch; ~ gebaut sein □ grosseiro; rude

Grog ⟨m.; -s, -s⟩ *stark alkoholhaltiges Getränk aus Rum od. Weinbrand, heißem Wasser u. Zucker* □ grogue

grog|gy ⟨[grɔgi] Adj. 24/80⟩ **1** ⟨Boxen⟩ *hart angeschlagen, halb betäubt;* den Gegner ~ schlagen **2** ⟨umg.⟩ *erschöpft, abgekämpft, matt;* ich bin ganz ~ **3** ⟨Drogenszene⟩ *ausgelaugt infolge häufigen Drogenkonsums* □ grogue

grö|len ⟨V. 400; umg.; abwertend⟩ *(in betrunkenem Zustand) unflätig lärmen, ohne Rücksicht auf andere schreien, singen, laut reden;* die Fußballfans grölten in den Zugabteilen □ berrar; vociferar

Groll ⟨m.; -(e)s; unz.⟩ *unterdrückter Zorn, Ärger;* gegen jmdn. ~ hegen; ohne ~ an etwas, jmdn. denken; voller ~ sein □ rancor; ressentimento

grol|len ⟨V. 400⟩ **1** *etwas grollt dröhnt dumpf;* in der Ferne hörte man das Grollen des Donners □ retumbar; ribombar **2** ⟨403⟩ (jmdm.) ~ ⟨fig.⟩ *einen Groll (gegen jmdn.) hegen, (mit jmdn.) ärgerlich sein;* wir wussten nicht, warum sie (ihm) grollte; sie grollte schon seit Tagen mit ihm □ estar ressentido/aborrecido com alguém

Gros[1] ⟨[gro:] n.; , [gro:] od. [gro:s]⟩ *Hauptmenge, Hauptanteil, der überwiegende Teil einer größeren Menge;* das ~ der Mitglieder begrüßte den Vorschlag; das ~ der Spenden geht an afrikanische Länder □ **grosso**

Gros[2] ⟨[gros] n.; -, -; Abk.: Gr.⟩ *altes Zählmaß, 12 Dutzend* □ **grosa**

Gro|schen ⟨m.; -s, -⟩ **1** (bis 2002; österr.; Abk.: g) *kleinste Münze, 1/100 Schilling* **2** (früher) *alte frz. u. dt. Silbermünze, 3 Kreuzer* □ **Groschen 3** (früher; umg.) *Zehnpfennigstück* □ **moeda de dez** *Pfennig* 3.1 endlich ist der ~ bei ihm gefallen ⟨fig.; umg.⟩ (wie im Automaten) *endlich hat er es begriffen* □ ***finalmente sua ficha caiu** 3.2 bei ihm fällt der ~ pfennigweise ⟨fig.; umg.⟩ *er ist schwerfällig im Begreifen* □ ***sua ficha demora para cair 4** ein paar ~ ⟨umg.; veraltet⟩ *ein paar Euro, etwas Geld, kleine Ersparnisse;* sie verdient sich ein paar ~ nebenbei; ich muss meine paar ~ zusammenhalten □ ***um dinheirinho**

groß ⟨Adj.⟩ **1** *(räumlich) ausgedehnt, ein (verhältnismäßig) beträchtliches Ausmaß aufweisend;* Ggs klein; ein ~es Geschäft, ein ~es Grundstück; ein ~es Glas Bier; der größere Teil; ein ~es Haus besitzen; bitte eine Nummer größer! (Konfektionsgröße); die ~e Zehe, größer als ~, die ~e Trommel (Mus.); das ~e Einmaleins (Math.) □ **grande** 1.1 der Große Bär, Wagen *Sternbild am nördlichen Himmel* □ ***a Ursa Maior** 1.2 der Große Hund *Sternbild des südlichen Himmels* □ **o Cão Maior** 1.3 ~er Hahn (Jägerspr.) = Auerhahn 1.4 ~ machen ⟨umg.; bes. Kinderspr.⟩ *den Darm entleeren* □ ***fazer cocô** 1.5 der Große Teich ⟨fig.; umg.⟩ *der Atlantische Ozean;* über den Großen Teich fliegen □ **o Oceano Atlântico** 1.6 ausgedehnt *in der Höhe;* wie ~ ist er jetzt? □ ***qual sua altura agora?**; du bist ~ geworden, seit ich dich zum letzten Mal gesehen habe □ ***você cresceu desde a última vez que o vi**; die Brüder sind gleich ~ □ ***os irmãos têm a mesma altura**; er ist ~ und breit; es ist ein ~es Kind für sein Alter; er ist so ~ wie du □ **alto**; größer werden □ ***crescer; ficar maior**; es steht ~ und breit dort geschrieben □ ***está escrito em letras garrafais** 1.6.1 *in hervorgehobener Form geschrieben, gedruckt;* ein Wort mit ~em Anfangsbuchstaben schreiben □ ***escrever uma palavra em letras maiúsculas** 1.6.2 ~ schreiben *in großer Schrift schreiben* □ ***escrever em letras maiúsculas**; ⟨aber⟩ → a. *großschreiben* 1.7 ausgedehnt *in der Länge* □ **alto; comprido** 1.7.1 auf ~er Fahrt sein *auf einer Überseefahrt* □ ***estar fazendo uma longa viagem** 1.7.2 die Große Mauer *Grenzmauer im alten chinesischen Reich* 1.8 ausgedehnt *im Umfang, weit;* die Schuhe sind ihm zu ~ □ **grande** 1.8.1 ~e Augen machen *die Augen weit öffnen (vor Staunen)* □ ***arregalar os olhos** 1.8.2 jmdn. ~ anblicken, anschauen, ansehen *mit weit geöffneten Augen (vor Staunen)* □ ***olhar alguém com espanto** 1.8.3 die ~ Klappe, den ~en Mund haben ⟨fig.; umg.⟩ *vorlaut u. prahlerisch daherreden* □ ***ser garganta; contar vantagem 2** ⟨3⟩ *zeitlich ausge-*

groß

dehnt; die ~en Ferien; die ~e Pause (Schule, Theater); eine ~e Wanderung machen; die ~e Sekunde, Septime, Sexte, Terz ⟨Mus.⟩ □ **longo 3** *zahlenmäßig, mengenmäßig ein beträchtliches Ausmaß aufweisend;* wir wollen eine ~e Familie; eine ~e Auswahl an Waren anbieten; ein größerer Betrag; eine ~e Vermögen erwerben; ~e Vorräte anhäufen □ **grande; numeroso** 3.1 die ~e Masse ⟨fig.⟩ *das Volk* 3.2 der Große Rat *Gesetzgebungsorgan schweizerischer Kantone ohne Landsgemeinde* 3.3 ein ~er Teil *viele, vieles* □ **grande** 3.4 zum ~en Teil *meistens* □ ***geralmente; na maioria das vezes** 3.5 im Großen *in Mengen;* im Großen einkaufen; eine Ware nur im Großen abgeben, verkaufen □ ***ao atacado** 3.6 *von hohem, höherem Wert;* in ~en Scheinen zahlen □ ***pagar em notas altas**; ich habe nur ~es Geld bei mir □ ***só estou com notas altas** 3.6.1 ~e Stücke auf jmdn. halten *viel von jmdm. halten, jmdn. sehr schätzen* □ ***ter alguém em alta conta 4** *stark, heftig, in hohem Grade;* ~en Hunger haben □ ***estar com muita fome**; ~er Beifall, Jubel, Lärm; ~e Hitze, Kälte, Trockenheit □ **forte; intenso**; jmdm. einen ~en Schrecken einjagen □ ***dar um grande/belo susto em alguém**; etwas mit ~er Ausdauer, Energie, Kraft betreiben; nur mit ~er Mühe hat er es geschafft; ~e Achtung vor jmdm. haben □ **muito; grande**; da hast du eine ~e Dummheit begangen, gemacht □ **grande**; ich habe keine ~e Lust hinzugehen; darauf legt er ~en Wert □ **muito** 4.1 das ist jetzt ganz ~e Mode! ⟨umg.⟩ *sehr modisch* □ ***isso está muito na moda agora** 4.2 das Schiff macht ~e Fahrt (Seemannsspr.) *fährt schnell* □ ***o navio navega a grande velocidade 5** ⟨70⟩ *erwachsen, älter;* mein ~er Bruder, meine größeren Geschwister, meine ~e Schwester; wenn du einmal ~ bist; unsere Kinder sind alle schon ~; die Kleinen eifern den Großen nach □ **mais velho; crescido** 5.1 unsere Große studiert jetzt ⟨umg.⟩ *unsere älteste Tochter* □ ***nossa filha mais velha está na faculdade** 5.2 die Großen und die Kleinen *Erwachsene u. Kinder* □ ***os adultos e as crianças** 5.3 Groß und Klein *Alt u. Jung, jedermann* □ ***velhos e jovens** 5.4 jmd. ist ein ~es Kind *als Erwachsener noch kindlich, naiv* □ ***ser um criança/uma criançona 6** ⟨70; fig.⟩ *bedeutend;* dieses ~e Werk der Bildhauerei, Dichtkunst, Malerei; das Große an ihm; der Hang, Zug zum Großen 6.1 *berühmt;* ein ~er Denker, Dichter, Künstler, Maler, Politiker; Alexander der Große 6.1.1 die Große Armee *Napoleons I. Heer gegen Russland, das im Winter 1812/13 untergegangen ist* 6.1.2 der Große Kurfürst *Friedrich Wilhelm von Brandenburg (1620–1688)* □ **grande** 6.1.3 mit seinem Namen machen *durch bedeutende Leistungen berühmt werden* □ ***fazer um grande nome; ficar famoso** 6.1.4 der ~e Unbekannte *der gesuchte Täter* 6.2 *einflussreich, gesellschaftlich hochstehend;* einmal eine ~e Dame sein wollen; die Großen der Welt □ **grande** 6.2.1 den ~en Herrn spielen *wichtigtun, prahlen, über seine Verhältnisse leben* □ ***bancar o grande senhor; fazer-se de importante** 6.2.2 er ist ein ~es Tier geworden ⟨umg.; scherzh.⟩

großartig

eine einflussreiche Persönlichkeit □ **ele virou peixe grande* 6.2.3 *die ~e Welt gesellschaftlich hochstehende Kreise* □ **a alta sociedade* 6.3 *wichtig, bemerkenswert; der ~e Augenblick ist gekommen; heute hat er seinen ~en Tag* □ *grande* 6.3.1 *sich um ein Großes verändern sehr* □ **mudar muito* 6.4 *hervorragend, ausgezeichnet; er hat Großes geleistet; im Prahlen, Rechnen, Zeichnen usw. ist er ~; als Unterhalter ist er ganz ~; seine Buchillustrationen sind ganz ~e Klasse* □ *excelente; ótimo; ganz ~!* ⟨umg.⟩ □ **beleza!; maravilha!* 6.5 *auf Wirkung berechnet; mit ~er Geste etwas tun* □ *grande* 6.5.1 *~e Töne reden, spucken* ⟨umg.⟩ *angeben, sich wichtigtun, prahlen* □ **contar vantagem* 6.5.2 *er liebt es, ~e Worte zu machen ~ liebt es, sich pathetisch auszudrücken, spricht hochtrabend* □ *grande; enfático* 6.6 *großzügig, verschwenderisch* □ *esbanjador* 6.6.1 *auf ~em Fuße leben verschwenderisch* □ **viver à larga* 6.6.2 *sie führen ein ~es Haus haben viele gesellschaftliche Verpflichtungen* □ **eles têm muitos compromissos sociais* 7 ⟨60⟩ *vornehm, edel; ein ~er Geist, Mensch; ein ~es Herz haben* □ *grande; nobre* 7.1 *von jmdm. ~ denken eine hohe Meinung von ihm haben* □ **ter alguém em alta conta* 8 ⟨60⟩ *wesentlich, hauptsächlich, allgemein; du darfst das ~e Ganze nicht aus den Augen verlieren* □ **você não deve perder o todo/essencial de vista; etwas in ~en Zügen darlegen, schildern* □ **apresentar/descrever alguma coisa a traços largos; im Großen und Ganzen betrachtet, gesehen, könnte man sagen, dass ...; im großen Ganzen ist daran nichts auszusetzen (im Einzelnen hingegen ...)* □ **no geral...; vom Kleinen auf das Große schließen* ⟨fig.⟩ □ **concluir partindo das pequenas para as grandes coisas; das ist im Kleinen wie im Großen so* ⟨fig.⟩ □ **isso é assim nas pequenas e nas grandes coisas* 8.1 *die große Los* Hauptgewinn, Treffer □ **a sorte grande* 8.1.1 *das große Los ziehen* ⟨fig.⟩ *großes Glück haben* □ **tirar a sorte grande* 8.2 *die ~e Nummer im Zirkus die Hauptattraktion* □ **o grande número/a grande atração no circo* 9 ⟨50; umg.⟩ *besonders, sonderlich, viel* □ *muito; particularmente* 9.1 *er kümmert sich nicht ~ darum nicht sonderlich* □ **ele não se preocupa muito com isso* 9.2 *ich bin ja dabei schon ~ zu tun!* ⟨umg.⟩ *viel* □ **quanta coisa já há para fazer!* 9.3 *was wird ~ los sein? ich erwarte nicht viel* □ **o que de tão importante vai acontecer?* 9.4 *es lohnt nicht ~* ⟨umg.⟩ *es ist nicht allzu lohnend* □ **não vale muito a pena* 9.5 *da gibt es doch nichts ~ zu beraten kaum etwas* □ **não há muito o que discutir nesse caso* 9.6 *was kann es ~ kosten schon* □ **quanto isso (não) pode custar?* 9.7 *was soll ich hier schon ~ kennen* ⟨umg.⟩ *ich kenne doch hier kaum jmdn.* □ **quem (mais) posso conhecer aqui?* 9.8 *wer soll das schon ~ wissen* ⟨umg.⟩ *das kann kaum jmd. wissen* □ **quem (mais) deve saber disso?* 10 ⟨Getrennt- u. Zusammenschreibung⟩ 10.1 *~ gewachsen = großgewachsen*

groß|ar|tig ⟨Adj.⟩ 1 *herrlich, prachtvoll; das Gebirge bildete eine ~e Kulisse* □ *grandioso; imponente* 2 *eindrucksvoll, bedeutend; mit einer ~en Geste lehnte er das Angebot ab; das Großartige an der Sache ist ...* □ *grandioso; surpreendente*

Grö|ße ⟨f.; -, -n⟩ 1 *messbare Ausdehnung (einer Fläche, eines Körpers); die ~ eines Grundstücks, eines Hauses, einer Stadt* □ *área; extensão; dimensão; sie sind von gleicher ~; sie ist von mittlerer ~; nach der ~ aufstellen* □ *tamanho; medida; ein Stern erster* ⟨Astron.⟩ □ *grandeza* 1.1 *Norm bei Kleidungsstücken; wir haben diesen Schuh in jeder (gewünschten) ~ vorrätig; ich brauche Handschuhe in einer kleinen ~* □ *tamanho* 2 ⟨Math.⟩ *Wert, Zahl; imaginäre, konstante ~* □ *grandeza; unbekannte ~* □ **incógnita* 3 ⟨fig.⟩ *Ausmaß, Tragweite, Bedeutung, Wichtigkeit; die ~ des Augenblicks, der Stunde, der Zeit* 4 *Erhabenheit, sittlicher Wert; die wahre ~ eines Menschen erkennen; ihm fehlt es an innerer ~; ~ besitzen, haben* □ *grandeza* 5 ⟨umg.⟩ *jmd., der Großes leistet, bedeutende, anerkannte Persönlichkeit; er ist eine ~ auf seinem Gebiet, in seinem Fach* □ *celebridade*

Groß|el|tern ⟨nur Pl.⟩ *die Eltern von Vater od. Mutter, Großvater u. Großmutter* □ *avós*

Grö|ßen|wahn ⟨m.; -(e)s; unz.⟩ 1 *krankhafte Überschätzung der eigenen Persönlichkeit* 2 ⟨umg.⟩ *übersteigertes Selbstbewusstsein* □ *megalomania; mania de grandeza*

groß|ge|wach|sen *auch:* **groß gewach|sen** ⟨Adj. 24/70⟩ *von großem Wuchs; ein ~er Junge* □ *alto*

Groß|han|del ⟨m.; -s; unz.⟩ 1 *Handelszweig zwischen Herstellung und Einzelhandel* 1.1 *Verkauf von Waren zur Weiterverarbeitung* 1.2 *Verkauf von Waren an Wiederverkäufer* 2 *Gesamtheit der Großhandel(1) betreibenden Unternehmen* □ *comércio por atacado* 3 ⟨regional⟩ *großer Supermarkt; im ~ einkaufen* □ *hipermercado*

groß|her|zig ⟨Adj.; geh.⟩ *edel, edelmütig, freigebig; er ist ~; eine ~e Spende* □ *magnânimo; generoso*

Gros|sist ⟨m.; -en, -en⟩ *im Großhandel tätiger Händler, Großhändler* □ *atacadista*

groß|jäh|rig ⟨Adj. 24/70; veraltet⟩ *= mündig*

Groß|macht ⟨f.; -, -mäch|te⟩ *Staat von entscheidendem Einfluss auf die internationale Politik* □ *superpotência*

Groß|manns|sucht ⟨f.; -; unz.; abwertend⟩ *übersteigertes Streben nach Einfluss u. Bedeutung* □ *megalomania*

Groß|mut ⟨f.; -; unz.⟩ *Edelmut, Großzügigkeit* □ *generosidade; magnanimidade*

Groß|mut|ter ⟨f.; -, -müt|ter⟩ 1 *Mutter von Vater od. Mutter; das Rotkäppchen sollte seine ~ besuchen* 1.1 *das kannst du deiner ~ erzählen!* ⟨umg.⟩ *das glaube ich dir nicht; erzähl das deiner ~!* □ *avó*

groß|räu|mig ⟨Adj.⟩ 1 *aus großen Räumen bestehend; eine ~e Wohnung* □ *espaçoso* 2 *weit ausgedehnt, sich über einen weiten Bereich erstreckend; eine ~ angelegte Suchaktion* □ *extenso*

groß|schrei|ben ⟨V.230/ 500⟩ 1 *ein Wort großschreiben mit großem Anfangsbuchstaben schreiben* □ *escrever com letra maiúscula* 2 *eine Sache ~* ⟨fig.⟩ *sie besonders schätzen, ihr große Bedeutung beimessen;* Pünktlichkeit wird bei ihnen großgeschrieben □ **valorizar; apreciar;** → a. *groß(1.6.2)*

Groß|spre|cher 〈m.; -s, -〉 *Prahler, Wichtigtuer* □ **fanfarrão; garganta**

groß|spu|rig 〈Adj.〉 *anmaßend, überheblich, selbstzufrieden;* ~e *Reden führen;* ~ *auftreten* □ **arrogante; presunçoso**

Groß|stadt 〈f.; -, -städ|te〉 **1** *Stadt mit mehr als 100 000 Einwohnern* □ **cidade grande**

groß|städ|tisch 〈Adj.〉 **1** *zu einer Großstadt gehörig, einer Großstadt eigentümlich;* ~er *Verkehr* □ **de cidade grande**

groß|tun 〈V. 272〉 **1** 〈400〉 *wichtig tun, prahlen, sich aufspielen* □ **gabar-se; vangloriar-se 2** 〈550/Vr 3〉 *sich mit etwas* ~ *sich mit etwas wichtigmachen* □ ***bancar o importante em relação a alguma coisa***

Groß|va|ter 〈m.; -s, -vä|ter〉 **1** *Vater von Mutter od. Vater* □ **avô 1.1** *als der* ~ *die Großmutter nahm zur Zeit der Großeltern, in der guten alten Zeit* □ ***nos bons u. velhos tempos**

groß|zie|hen 〈V. 293/500〉 *Kinder, Tiere* ~ *aufziehen, pflegen u. ernähren bis zur Selbständigkeit* □ **criar**

groß|zü|gig 〈Adj.〉 **1** *großmütig, sich über Kleinigkeiten hinwegsetzend, nachsichtig* □ **generoso; tolerante 2** *freigebig, Kosten nicht scheuend* □ **generoso; liberal 3** *weit tragend, großen Umfang habend;* ~e *Hilfe, Pläne; ein* ~er *Bau* □ **extenso; abrangente**

gro|tesk 〈Adj.〉 *unwahrscheinlich, übertrieben (überspannt), wunderlich (u. zugleich komisch od. lächerlich)* □ **grotesco**

Grot|te 〈f.; -, -n〉 *Felsenhöhle von geringer Tiefe, auch künstlich nachgebildet in Gärten* □ **gruta**

Gru|be 〈f.; -, -n〉 **1** *Vertiefung, großes Loch in der Erde; eine* ~ *ausheben, graben* □ **cova; concavidade 1.1** *künstlich angelegte u. ausgebaute Vertiefung in der Erde für Abfall, Dung u. Ä.;* Jauche~, Sicker~ □ **escavação; fossa 1.2** *Falle für Tiere* □ **armadilha 1.2.1** *jmdm. eine* ~ *graben* 〈fig.〉 *eine Falle stellen* □ ***preparar uma armadilha para alguém;** *wer andern eine* ~ *gräbt, fällt selbst hinein* 〈Sprichw.〉 □ ***o feitiço volta contra o feiticeiro 1.3** *Höhle, Bau von Tieren* □ **toca; covil 2** 〈Bgb.〉 *Bergwerk, (unterirdische) Abbauanlage; in die* ~ *fahren, einfahren* □ **mina; galeria subterrânea 3** 〈veraltet, noch poet.〉 *Gruft, Grab* □ **sepultura 3.1** *in die* ~ *fahren sterben* □ ***descer à cova; morrer 4** 〈Anat.〉 *Höhlung oberhalb mancher Organe;* Herz~, Magen~ □ ***epigástrio**

grü|beln 〈V. 400〉 *lange u. genau über etwas nachdenken, sich mit quälenden Gedanken herumschlagen; über eine Sache* ~; *immer wieder grübelt er darüber; er grübelt zu viel* □ **ruminar; remoer;** *du solltest deine Zeit nicht mit zwecklosem Grübeln vertun* □ **reflexão**

Gruft 〈f.; -, Grüf|te〉 **1** *Grabgewölbe, Familiengrabstätte* □ **jazigo; cripta 2** 〈poet.〉 *Grab* □ **túmulo; sepultura**

Grum|met 〈n.; -(e)s; unz.〉 *mit dem zweiten od. dritten Schnitt gewonnenes Heu;* oV *Grumt* □ **feno da segunda ou terceira colheita**

Grumt 〈n.; -(e)s; unz.〉 = *Grummet*

grün 〈Adj.〉 **1** *wie frische Pflanzen gefärbt, farbig zwischen gelb u. blau* □ **verde;** ~e *Bohnen (im Unterschied zu gelben u. weißen Bohnen)* □ ***feijão-verde;** ~er *Salat; einen Zaun* ~ *anstreichen; in der Natur wird alles wieder* ~; *ihre Kleidung ist* ~ *in* ~ *gehalten* □ **verde;** *ach du* ~e *Neune! (Ausruf der Überraschung)* 〈umg.〉 □ ***não me diga!; minha nossa!* 1.1** ~ *und gelb werden vor Ärger, Neid, sich* ~ *und gelb ärgern* 〈fig.; umg.〉 *sich heftig ärgern* □ ***ficar verde de raiva/inveja 1.2** *mir wurde* ~ *und gelb vor den Augen mir wurde schwindlig* □ ***fiquei tonto 1.3** *er wurde* ~ *und blau geschlagen* 〈umg.〉 *heftig* □ ***ele apanhou para valer 1.4** *er hat sie über den* ~en *Klee gelobt* 〈fig.; umg.〉 *ganz außerordentlich* □ ***ele teceu altos elogios a ela 1.5** ~es *Licht haben (an Verkehrsampeln) freie Durchfahrt* □ ***sinal verde 1.5.1** ~es *Licht für Pläne, Vorhaben u. Ä.* 〈fig.; umg.〉 *Handlungsfreiheit dafür* □ ***sinal verde para planos, projetos etc. 1.6** *die Entscheidung fiel am* ~en/Grünen *Tisch ganz aus der Theorie, ohne die praktischen Gegebenheiten zu berücksichtigen* □ ***a decisão ficou na teoria 1.7** *er kommt auf keinen* ~en *Zweig* 〈fig.〉 *seine Lage verbessert sich nicht, er bringt es zu nichts* □ ***ele não progride; ele não vai para a frente 1.8** 〈60〉 ~e/Grüne *Lunge Grünfläche, Parkanlage (die schadstoffbelastete Luft in Städten durch die Verringerung des Kohlendioxidgehaltes verbessert)* **1.9** 〈60〉 *die* ~e/Grüne *Grenze wegeloser Grenzstreifen außerhalb der bewachten Grenzwege* □ **verde 1.9.1** *über die* ~e/Grüne *Grenze gehen* 〈umg.〉 *heimlich die Grenze überschreiten* □ ***atravessar a fronteira clandestinamente 1.10** 〈60〉 ~e *Hochzeit Tag der Eheschließung* □ ***dia do casamento 1.11** 〈60〉 *die Grüne Insel Irland* □ ***Ilha Verde; Irlanda 1.12** 〈60〉 ~er *Star* 〈Pathol.〉 *krankhafte Erhöhung des Binnendruckes eines od. beider Augen:* Glaucoma □ ***glaucoma 1.13** 〈60〉 ~er *Strahl smaragdgrünes Aufleuchten des letzten bzw. ersten Sonnenstrahls bei Sonnenuntergang od. -aufgang* **1.14** 〈60〉 ~es/Grünes *Trikot Symbol des in der Sprintwertung führenden Fahres bei der Tour de France* □ **verde 1.15** 〈60〉 ~e *Weihnachten W. ohne Schnee* □ ***Natal sem neve;** Ggs *weiße Weihnachten,* → *weiß¹(2.12)* **1.16** 〈60〉 ~e *Welle zentrale Regelung des Verkehrs auf die Weise, dass Autofahrer an mehreren Verkehrsampeln hintereinander grünes Licht vorfinden u. so ohne Halten durchfahren können* □ ***onda verde; semáforos sincronizados no verde;** Ggs *rote Welle,* → *rot(1.8)* **1.17** 〈60〉 *die Grüne Woche jährlich in Berlin stattfindende landwirtschaftliche Ausstellung* □ ***a semana verde/da agricultura 2** 〈70〉 *frisch, jung, unreif; die Äpfel, Birnen, Johannisbeeren, Pflaumen sind noch zu* ~ *zum Essen;* ~es *Gemüse, Obst;* ~es *Holz lässt sich schlecht verarbeiten;* ~e *Heringe* □ **verde; fresco 2.1** 〈60〉 ~e *Klöße K. von rohen Kartoffeln* □ ***bolinho de batata crua 2.2** 〈60〉 ~er *Pfeffer unreife Früchte des Pfefferstrauches* □ ***pimenta verde 3** 〈fig.〉 *unerfahren; dazu bist du noch viel zu* ~; *er ist noch ein* ~er *Junge* □ **verde; inexperiente 4** 〈43〉 *wohlgesonnen, günstig, gewogen; er ist mir nicht* ~ □

*não vou com a cara dele 4.1 ⟨60⟩ komm an meine ~e Seite ⟨umg.⟩ an die linke S., wo das Herz ist □ esquerdo

Grün ⟨n.; -s, -s⟩ **1** grüne Farbe; ein dunkles, grelles, helles, mattes, sattes, tiefes ~ □ **verde** 1.1 das ist dasselbe in ~ ⟨fig.; umg.⟩ das Gleiche, nur äußerlich ein wenig abgewandelt □ *isso dá no mesmo 1.2 grüne Kleidung; ~ macht mich blass; ~ steht mir (nicht); sie trägt gern ~; eine Dame in ~ 1.3 Farbe im deutschen Kartenspiel; ~ an-, aus-, nachspielen **2** junge Triebe, frischer Rasen; das erste ~; das frische, junge ~ der Bäume, Hänge, Matten, Wiesen, Sträucher 2.1 grünende Natur □ **verde** 2.1.1 bei Mutter ~ schlafen ⟨umg.⟩ unter freiem Himmel, in der Natur □ *dormir ao relento **3** ⟨Golf⟩ mit Rasen bedeckter Teil der Spielbahn, in dem sich das Loch befindet □ **green 4** jmd. hat ~ die Verkehrsampel gibt jmdm. grünes Licht, so dass er weitergehen od. -fahren darf □ *ter sinal verde

Grün|an|la|ge ⟨f.; -, -n⟩ Rasenstück mit Blumenbeeten, bes. in Städten; eine Großstadt braucht viele ~n □ **área verde; jardim**

grün|blau ⟨Adj. 24⟩ blau mit grünem Farbton; ein ~es Sofa □ **azul-esverdeado**

Grund ⟨m.; -(e)s, Grün|de⟩ **1** ⟨unz.⟩ Boden 1.1 Erdboden; feuchter, nasser, trockener ~; auf ebenem, festem, felsigem ~ bauen □ **solo** 1.1.1 er hat das Gut in ~ und Boden gewirtschaftet völlig heruntergewirtschaftet □ *ele arruinou a propriedade 1.1.2 sich in ~ und Boden schämen sehr □ *ficar muito envergonhado 1.1.3 etwas in ~ und Boden verdammen nichts Gutes daran lassen, es völlig ablehnen □ *reprovar/desqualificar totalmente alguma coisa 1.2 Grundbesitz; er hat sich auf eigenem ~ ein Haus gebaut □ **terreno**; auf eigenem ~ und Boden stehen □ *morar em casa própria **2** Senkung, Talsohle; Wald~, Wiesen~, Tal~; das Gebirge hat viele Gründe und Schluchten; in einem kühlen ~e ⟨Anfang eines Volksliedes⟩ □ **fundo de vale; talvegue 3** das Unterste, der Boden von etwas □ **fundo** 3.1 Boden eines Gewässers; Taucher suchten den ~ des Sees ab; ein Schiff gerät, stößt auf ~; ein Schiff auf ~ setzen; bis auf den ~ tauchen □ **leito; fundo** 3.1.1 ein Schiff in den ~ bohren versenken □ *afundar um navio 3.1.2 ~ haben (im Wasser) noch stehen können □ *dar/ter pé (na água) 3.1.3 den ~ unter den Füßen verlieren (im Wasser) 3.1.3.1 nicht mehr stehen können □ *não dar/ter pé (na água) 3.1.3.2 ⟨fig.⟩ keinen Halt mehr besitzen, die Lebensgrundlage, Sicherheit verlieren □ *perder tudo; não ter do que viver 3.2 Boden eines Gefäßes; der Kaffeesatz hat sich auf dem ~ der Kanne, Tasse abgesetzt; ein Glas bis auf den ~ leeren **4** der Teil einer Fläche, von dem sich etwas abhebt, Hintergrund, Untergrund; Gold~; der Stoff, die Tapete zeigt rote Rosen auf weißem ~; das helle Muster hebt sich gut vom dunklen ~ ab □ **fundo 5** ⟨unz.⟩ Grundlage □ **base** 5.1 Fundament; den ~ zu einem Bau legen; der im Krieg zerstörte Stadtkern wurde von ~ auf neu gebaut □ **fundação; alicerce** 5.1.1 etwas bis auf den ~, bis in den ~ hinein zerstören völlig; die Festung wurde bis in den ~ hinein zerstört □ *arrasar 5.2 ⟨fig.⟩ Anfang, Ursprung, letzte Tiefe; etwas aus dem ~e seines Wesens heraus bejahen, erstreben, sagen wollen; im ~e meines Herzens bin ich froh, dass es so gekommen ist □ **fundo**; ein von ~ auf anständiger Mensch □ *uma pessoa integralmente honesta; eine Heilung von ~ aus □ *uma recuperação total; 5.2.1 einer Sache auf den ~ gehen sie genau erforschen □ *investigar/examinar uma coisa a fundo 5.2.2 im ~e (genommen) letztlich, schließlich, eigentlich □ *no fundo **6** Voraussetzung eines Gedankens, einer Aussage od. Handlung, Beweggrund, Veranlassung, Ursache; ohne Angabe des ~es; aus Gründen der Klugheit, der Moral, der Sparsamkeit, der Vorsicht; Gründe und Gegengründe; das hat schon seine Gründe (aber ich möchte nicht darüber sprechen); ich habe meine Gründe dafür; ich habe berechtigten ~ anzunehmen, zu glauben, dass ...; du hast keinen ~ zum Klagen; dieser ~ überzeugt mich nicht; einleuchtende, schwerwiegende, stichhaltige, triftige, zwingende Gründe; zwingende Gründe hielten mich davon ab; aus diesem ~(e) ist es mir leider nicht möglich; aus guten Gründen habe ich abgelehnt; aus welchem ~ tut er das?; der ~ für diese Maßnahme wurde nicht angegeben; Gründe für etwas anführen, geltend machen; es gibt genug Gründe für und wider; ohne jeden ~ sagte er plötzlich ab; er wird nicht ohne ~ behaupten, dass ...; das hat er doch nicht ohne ~ getan!; das ist ein ~ zum Feiern, Fröhlichsein □ **razão; motivo 7** ⟨Getrennt- u. Zusammenschreibung⟩ 7.1 auf ~ = aufgrund 7.2 zu Grunde = zugrunde

grund|an|stän|dig ⟨Adj. 24⟩ von Grund auf, sehr anständig □ **totalmente honesto**

Grund|be|griff ⟨m.; -(e)s, -e⟩ Voraussetzung zum Denken, einfachster, erster Begriff; er kennt noch nicht einmal die ~e dieser Sprache □ **conceito fundamental; noção básica**

Grund|be|sitz ⟨m.; -es; unz.; umg.; nicht jurist. Bez. für⟩ jmds. Eigentum an Land, Boden, Grundstücken (u. Gebäuden); den ~ des Vaters erben □ **propriedade; imóvel**

Grund|buch ⟨n.; -(e)s, -bü|cher⟩ amtliches Verzeichnis über alle Grundstücke, ihre Eigentümer u. Belastungen □ **registro/cadastro de imóveis**; ins ~ eintragen (lassen) □ *cadastrar; registrar

Grund|ein|heit ⟨f.; -, -en⟩ Maßeinheit, auf die sich alle weiteren aufbauen □ **unidade absoluta/fundamental**

grün|deln ⟨V. 400⟩ Enten ~ suchen unter Wasser nach Nahrung u. stellen sich dabei auf den Kopf □ **mergulhar**

grün|den ⟨V. 500⟩ **1** etwas ~ die Grundlage für etwas schaffen □ **fundar; estabelecer** 1.1 den Grundstein von etwas legen, den Unterbau von etwas errichten; der Dom, die Stadt wurde um 1200 gegründet □ **fundar** 1.2 ins Leben rufen, schaffen; Anstalten, Unternehmungen, Vereine ~; (sich) ein Heim, eine Familie ~; eine neue Partei ~; Firma Schmidt & Söhne, gegründet 1885 ⟨Abk.: gegr.⟩ □ **fundar; criar** 1.3 ⟨Malerei⟩ = *grundieren* **2** ⟨550/Vr 7⟩ **etwas auf etwas ~** ⟨a. fig.⟩ *etwas als Grundlage für etwas benutzen;* er gründete seine Hoffnungen auf ihr Versprechen □ **depositar;** seine Vermutungen gründen sich auf nichts □ **basear** 2.1 **etwas gründet sich auf etwas** *stützt sich auf etwas, hat etwas als Grundlage;* mein Verdacht gründet sich auf eigene Beobachtungen; darauf ~ sich seine Ansprüche, Forderungen □ **basear-se; apoiar-se**

gr̰und|falsch ⟨Adj. 24⟩ *von Grund auf falsch, vollkommen falsch;* sein Vorgehen in dieser Sache halte ich für ~ □ **absolutamente errado**

Gr̰und|fes|te ⟨f.; -, -n⟩ **1** *fester, tragender Unterbau, Grundmauern* □ **fundação; alicerce** 1.1 in seinen ~n erschüttert sein ⟨fig.⟩; in seinen tiefsten Überzeugungen, seinem inneren Halt □ ***ter suas convicções abaladas**

Gr̰und|flä|che ⟨f.; -, -n⟩ *unterste ebene Fläche eines Körpers, auf der er ruht* □ **base; superfície**

Gr̰und|form ⟨f.; -, -en⟩ **1** *ursprüngliche Form* **2** *Ausgangsform, aus der sich weitere ableiten lassen* □ **forma original/primitiva**

Gr̰und|ge|dan|ke ⟨m.; -ns, -n⟩ *ursprünglicher Gedanke, von dem etwas ausging, Leitgedanke* □ **ideia fundamental**

Gr̰und|ge|setz ⟨n.; -es, -e⟩ **1** *Statut, Gesetz, das die Grundlage aller übrigen Gesetze ist* □ **lei básica** 1.1 *~ für die Bundesrepublik Deutschland vom 23. Mai 1949* ⟨Abk.: GG⟩ *Verfassung der BRD* □ **constituição** **2** *entscheidendes, wichtigstes Gesetz;* es ist ein ~ in der Natur, dass ... □ **lei básica; princípio**

grun|die|ren ⟨V. 500⟩ **etwas ~** *mit einer Farb- od. Lackgrundlage versehen, die Grundfarbe auftragen auf etwas;* oV *gründen(1.3)* □ **dar a primeira demão/camada**

Gr̰und|la|ge ⟨f.; -, -n⟩ *die unterste Lage, auf der sich etwas anderes aufbaut, Basis, Unterlage;* die ~ einer Lehre, einer Wissenschaft; dafür müssen erst einmal die ~n geschaffen werden; diese Behauptung, Verdächtigung entbehrt jeder ~; Ihre Erfahrungen dienen uns als ~ für einen neuen Plan; wir müssen unsere Werbung auf eine völlig neue ~ stellen □ **base; fundamento**

gr̰und|le|gend ⟨Adj.⟩ **1** *als Grundlage, Voraussetzung dienend;* ein ~es Buch, Werk □ **básico; basilar 2** ⟨60⟩ *entscheidend wichtig;* ein ~er Unterschied □ **essencial**

gr̰ünd|lich ⟨Adj.⟩ **1** *den Dingen auf den Grund gehend, sorgfältig, gewissenhaft, sehr genau;* eine ~e Bildung, ~e Kenntnisse □ **profundo; sólido;** ein ~er Arbeiter; er ist (nicht) sehr ~ □ **cuidadoso; consciencioso;** eine ~ ausgeführte Arbeit □ **com cuidado;** etwas ~ bearbeiten, kennen, lernen; die Wohnung wurde ~ untersucht; ich habe mich ~ vorbereitet □ **a fundo; em detalhes;** wir müssen ~ vorgehen, wenn wir Erfolg haben wollen □ **com cuidado; minuciosamente** 1.1 ⟨50; umg.⟩ *sehr, tüchtig;* damit hat er sich ~ blamiert; wir haben uns in ihm ~ getäuscht; jmdm. ~ die Meinung sagen □ **para valer; redondamente** 1.1.1 er hat es ihm ~ gegeben ⟨umg.⟩ *ihm deutlich die Meinung gesagt* □ ***ele lhe disse umas verdades**

Grundstein

gr̰und|los ⟨Adj.⟩ **1** ⟨70⟩ *(scheinbar) ohne Grund, Boden, unendlich tief;* die ~e Tiefe; ~es Moor □ **sem fundo** 1.1 *keinen festen Untergrund besitzend, schlammig, sumpfig, aufgeweicht;* nach dem heftigen Regen sind die Waldwege ~ geworden □ **intransitável 2** *keine Ursache habend, unbegründet;* ein ~er Verdacht; sein Argwohn, seine Eifersucht, sein Misstrauen ist völlig ~; das kann er doch nicht ~ abgelehnt haben; jmdn. ~ beschuldigen, schelten, verdächtigen □ **infundado; sem fundamento/razão**

Gr̰und|pfei|ler ⟨m.; -s, -⟩ **1** ⟨Arch.⟩ *tragender, stützender Pfeiler* □ **pilar de fundação 2** ⟨fig.⟩ *starke Stütze, Unterstützung;* ein ~ des Staatswesens, der Wissenschaften □ **pilar; base**

Gr̰und|riss ⟨m.; -es, -e⟩ **1** ⟨Math.⟩ *die senkrechte Projektion eines Gegenstandes auf eine waagerechte Ebene* □ **projeção horizontal 2** *maßstabgerechte Darstellung der Grundfläche eines od. mehrerer Gebäude, mit Angabe der Anordnung der Räume u. ihrer Abmessungen;* der Architekt entwirft den ~ zum Haus; das Haus hat einen klaren, übersichtlichen ~ □ **planta 3** *kurz gefasstes Lehrbuch, das eine Übersicht über ein bestimmtes Gebiet vermittelt;* ~ der französischen Grammatik (Buchtitel); die finnische Literatur im ~; ein knapper, leicht fasslicher ~ der Harmonielehre □ **compêndio**

Gr̰und|satz ⟨m.; -es, -sät|ze⟩ **1** *feste Regel, Richtlinie des Handelns;* Grundsätze befolgen, haben, vertreten; ich habe meine Grundsätze; mein ~ heißt: ...; das ist mein ~; bestimmte, feste, starre, strenge Grundsätze; ethische, moralische Grundsätze; das habe ich mir als ~ aufgestellt: ...; an seinen Grundsätzen festhalten; bei seinen Grundsätzen bleiben; ein Mensch mit, von Grundsätzen; nach bestimmten Grundsätzen handeln; von seinen Grundsätzen nicht abgehen, abweichen □ **princípio 2** *unbestreitbare Wahrheit od. Tatsache als Grundlage der Betrachtung, Erörterung;* von einem bestimmten ~ ausgehen □ **axioma**

gr̰und|sätz|lich ⟨Adj.⟩ **1** *einen Grundsatz betreffend, von ihm abgeleitet, auf ihm beruhend;* es handelt sich um eine Frage von ~er Bedeutung; es handelt sich um eine ~e Frage □ **fundamental;** ~ muss ich dazu bemerken, feststellen, sagen; etwas ~ feststellen, verbieten □ **em princípio;** ich rauche ~ nicht □ **por uma questão de princípio;** ich bin ~ dafür, dagegen; das ist ~ etwas anderes; das ist etwas ~ anderes □ **em princípio; fundamentalmente 2** ⟨50⟩ *als Regel gedacht, Ausnahmen zulassend;* ~ bin ich damit einverstanden, aber ...; ~ bin ich dafür, dagegen, aber ... □ **em princípio**

Gr̰und|schu|le ⟨f.; -, -n⟩ **1** *die vier ersten Klassen umfassende Schule, die von allen schulpflichtigen Kindern (ab dem vollendeten 6. Lebensjahr) besucht wird;* Sy ⟨schweiz.⟩ *Primarschule* **2** ⟨DDR⟩ *die achtklassige Volksschule* □ **escola primária; ensino fundamental**

Gr̰und|stein ⟨m.; -(e)s, -e⟩ **1** *erster Stein beim Beginn eines Baues, oft feierlich gelegt;* den ~ legen zum größten Hochhaus der Stadt 1.1 damit wurde der ~ für

Grundstock

eine neue Forschung gelegt ⟨fig.⟩ *eine neue F. eingeleitet* □ **pedra fundamental; primeira pedra**

Grund|stock ⟨m.; -(e)s, -stö|cke⟩ *Grundlage, Anfangsbestand;* ein bestimmter Betrag als ~ für eine Anschaffung □ **base; começo**

Grund|stoff ⟨m.; -(e)s, -e⟩ **1** *Ausgangsstoff, Rohstoff* □ **matéria-prima 2** ⟨Chem.⟩ *chemisches Element* □ **elemento**

Grund|stück ⟨n.; -(e)s, -e⟩ *abgegrenztes, in jmds. Eigentum befindliches Stück Boden;* Bau~; städtisches ~ □ **terreno**

Grün|dung¹ ⟨m.; -(e)s; unz.⟩ *aus Grünpflanzen bestehender Dung* □ **adubo vegetal**

Grün|dung² ⟨f.; -, -en⟩ **1** *Verbindung eines Bauwerkes mit dem tragfähigen Baugrund* □ **fundação 2** *Errichtung, Schaffung;* die ~ eines Unternehmens, einer Familie □ **criação; fundação**

Grund|was|ser ⟨n.; -s; unz.⟩ *Wasseransammlung im Boden;* beim Bohren auf ~ stoßen □ **lençol freático**

Grund|wort|schatz ⟨m.; -es, -schät|ze; Sprachw.⟩ *zur Verständigung notwendiger, grundlegender Wortschatz (einer Sprache)* □ **vocabulário básico**

Grund|zahl ⟨f.; -, -en⟩ *ganze Zahl, z. B. eins, zwei;* Ggs *Ordnungszahl;* Sy *Kardinalzahl* □ **numeral cardinal**

Grund|zug ⟨m.; -(e)s, -zü|ge⟩ *kennzeichnendes, wesentliches Merkmal, Hauptmerkmal;* das ist ein ~ seines Charakters, Wesens □ **traço/característica principal**; die Grundzüge einer Lehre, Wissenschaft □ ***os elementos de uma teoria/ciência**

grü|nen ⟨V. 400⟩ **1** *etwas grünt wird grün, zeigt grüne Triebe;* wie alles grünt u. blüht □ **verdejar**; ~de Bäume, Sträucher □ **verdejante 1.1** *auch im Alter kann die Liebe wieder* ~ ⟨fig.⟩ *wieder erwachen, sich wieder jugendlich beleben* □ **despertar; florescer**

Grün|fink ⟨m.; -en, -en; Zool.⟩ *einheimischer olivgrüner, körnerfressender Singvogel: Carduelis chloris;* Sy *Grünling(1)* □ **verdelhão**

Grün|ling ⟨m.; -s, -e⟩ **1** = *Grünfink* **2** *schmackhafter, olivbrauner Blätterpilz: Tricholoma flavovirens* □ **míscaro-amarelo 3** ⟨fig.; abwertend⟩ *unerfahrener, unreifer Mensch* □ **indivíduo inexperiente/imaturo**

Grün|span ⟨m.; -(e)s; unz.⟩ *giftiges Gemisch basischer Kupferazetate, das sich auf Gegenständen aus Kupfer u. Messing bildet;* ~ ansetzen □ **azinhavre; verdete**

grun|zen ⟨V. 400; du grunzt od. ⟨geh.⟩ grunzest⟩ *raue Kehllaute ausstoßen (wie das Schwein)* □ **grunhir**

Grup|pe ⟨f.; -, -n⟩ **1** *kleine, zwanglose Anzahl von Menschen od. Dingen gleicher Art;* Baum~; Wort~; eine ~ Kinder, Politiker, Studenten; ~n bilden, zusammenstellen; in ~n beisammenstehen, lernen, reisen, spazieren gehen, wandern; in einer ~ zusammenstehen; eine ~ von Beispielen, Motiven, Themen; eine ~ von Schauspielern, Studenten, Touristen **2** *kleine, als Einheit zusammengehörige Schar von Menschen, die ein gemeinsames Interesse verbindet;* in einer ~ mitarbeiten **2.1** ~ *47 eine 1947 gegründete Interessengemeinschaft von Schriftstellern* □ **grupo 3** ⟨Mil.⟩ **3.1** *kleinster Verband der Infanterie;* der Führer unseres ~ **3.2** *Verband der Artillerie aus drei Batterien* **3.3** *Verband der Luftwaffe aus drei Staffeln* □ **pelotão 4** ⟨Math.⟩ *ein System von Elementen (z. B. Zahlen, Funktionen), die durch bestimmte vorgeschriebene Verknüpfungen (z. B. Addition, Permutation) wieder in ein Element des Systems übergeführt werden* □ **grupo**

grup|pie|ren ⟨V. 500⟩ **1** *jmdn. od. etwas* ~ *nach, in Gruppen ordnen, wirkungsvoll zusammenstellen* **2** ⟨Vr 3⟩ *sich* ~ *sammeln, aufstellen* □ **agrupar(-se)**

gru|seln ⟨V.⟩ **1** ⟨501 od. 601⟩ *es gruselt jmdm., jmdn. jmdm. ist unheimlich zumute;* mir, mich gruselt es, gruselt's **2** ⟨500/Vr 3⟩ *sich* ~ *etwas unheimlich finden, vor Furcht leicht schaudern;* ich grusele, grusle mich; hier kann man das Gruseln lernen □ ***arrepiar-se (de medo); horrorizar-se**

Gruß ⟨m.; -es, Grü|ße⟩ **1** *Worte od. Gebärden bei Begegnung od. Abschied als Höflichkeitsbezeigung;* jmdm. einen ~ zurufen, zuwinken; ein ehrerbietiger, förmlicher, höflicher, kalter, militärischer, stummer ~; jmdm. die Hand zum ~ bieten, entgegenstrecken, hinhalten, reichen; den Hut zum ~ ziehen; jmdm. zum ~ zunicken □ **cumprimento; saudação 2** *Wort od. Zeichen des Gedenkens;* noch einen ~ anfügen, dazuschreiben, hinzufügen; darf ich dir Grüße auftragen?; einen ~ ausrichten, bestellen, sagen, schicken, schreiben, übermitteln; einen ~ an Ihre Gattin!; einen ~ an jmdn. schreiben; ein ~ aus Paris, aus dem Urlaub; einen ~ für unsere Freunde; einen ~ nach Berlin schicken; einen ~ unter einen Brief schreiben; ich soll dir Grüße von einem alten Freund bestellen; einen ~ von der Nordsee schicken □ **lembranças; cumprimentos**; → a. *süß(1.2)* **2.1** *Formel am Schluss von Briefen;* ~ und Kuss! □ ***beijos!**; mit freundlichen, herzlichen, verbindlichen, vielen Grüßen ...; mit besten Grüßen ... □ ***atenciosamente; cordialmente**

grü|ßen ⟨V.⟩ **1** ⟨402/Vr 8⟩ **(jmdn.)** ~ *(jmdn.) einen Gruß(1) entbieten* □ **cumprimentar**; sei (mir) gegrüßt! □ ***salve!; bom dia!; boa tarde!**; einander, jmdn. (nicht) ~ □ **cumprimentar**; grüß Gott! (Grußformel); Gott grüße dich! □ ***olá!; bom dia!; boa tarde!**; gegrüßt seist du, Maria (kath. Gebet) □ ***ave Maria**; kannst du nicht ~? (bes. als Mahnung an Kinder); ehrfürchtig, freundlich, höflich, militärisch, zurückhaltend ~; mit einem Lächeln, Kopfnicken ~ □ **cumprimentar 2** ⟨500⟩ *jmdn.* ~ *jmdm. einen Gruß(2) übermitteln;* grüß deine Eltern (von mir)!; er lässt herzlich, vielmals ~; ~ Sie Ihre Frau von mir!; ich soll dich von ihm ~ **2.1** *jmdn.* ~ *lassen jmdm. Grüße übermitteln* □ ***mandar lembranças a alguém 3** ⟨400⟩ *etwas grüßt* ⟨poet.⟩ *etwas ist od. wird sichtbar;* von weitem ~ schon die schneebedeckten Berge; das Meer grüßt aus der Ferne □ **ser visível**

gruß|los ⟨Adj. 24/90⟩ *ohne zu grüßen;* ~ davongehen □ **sem cumprimentar**

Gruß|wort 1 ⟨n.; -(e)s, -wör|ter⟩ *Wort, mit dem man jmdn. begrüßt od. sich von jmdm. verabschiedet, z. B. hallo, tschüss* **2** ⟨n.; -(e)s, -e⟩ *begrüßende, einleitende Ansprache;* der Vorsitzende sprach die ~e zu Beginn der Tagung □ **saudação; cumprimento**

Grüt|ze¹ ⟨f.; -, -n⟩ **1** *grob gemahlene, geschälte Getreidekörner (bes. Hafer, Gerste, Hirse, Buchweizen)* □ **sêmola 2** *Brei od. erstarrte Süßspeise aus diesen Körnern sowie aus Sago, Kartoffelmehl u. Ä. mit Fruchtsaft; rote ~ als Nachspeise* □ ***compota de frutas vermelhas de sobremesa**; ~ *aus Gerste, Hafer* □ **pudim; mingau**

Grüt|ze² ⟨f.; -; unz.; fig.; umg.⟩ *Verstand;* (keine, wenig) ~ *im Kopf haben* □ ***não ter/ter pouco juízo**

Gu|a|no ⟨m.; -s; unz.⟩, *als organischer Dünger verwendete Kotablagerung von Seevögeln* □ **guano**

gu|cken ⟨V.⟩ oV *kucken* **1** ⟨410⟩ *schauen, blicken;* guck (ein)mal!; *aus dem Fenster ~; durch ein Fernglas ~; in den Kochtopf ~* (um festzustellen, was es zu essen gibt); *jmdm. über die Schulter ~* □ **olhar 1.1** ⟨530/Vr 1⟩ *sich die Augen aus dem Kopf ~* ⟨umg.⟩ *angestrengt Ausschau halten* □ ***olhar atentamente/por toda parte 1.2** ⟨410⟩ *in den Eimer, den Mond, die Röhre ~* ⟨fig.; umg.⟩ *das Nachsehen haben* □ ***ficar a ver navios 1.3** ⟨610/Vr 1 od. Vr 2⟩ *sich nicht in die Karten ~ lassen* ⟨fig.⟩ *niemanden in seine Pläne einweihen* □ ***esconder o jogo;** → a. *Glas¹(2.1)* **2** ⟨400⟩ *etwas guckt sieht hervor, ist sichtbar;* guck mit dem Rock unter dem Mantel (hervor)? □ **aparecer 2.1** ⟨611⟩ *der Schelm guckt ihm aus den Augen man sieht ihm an, dass er ein Schelm ist* □ ***está na cara que ele é malandro**

Gue|ril|la ⟨[gɛrɪlja]⟩ **1** ⟨f.; -, -s⟩ *im Untergrund (mit Sabotageakten u. mit unerwarteten Angriffen) kämpfende Gruppe, Verband von Partisanen* ⟨kurz für⟩ *Guerillakrieg, von einer Guerilla(1) geführter Kampf od. Krieg* □ **guerrilha 2** ⟨m.; -s, -s⟩ *Mitglied einer Guerilla(1), in einer Guerilla(1) kämpfender Partisan* □ **guerrilheiro**

Gu|gel|hupf ⟨m.; -(e)s, -e; oberdt.⟩ *in einer ringförmigen Kuchenform gebackener Hefe- od. Rührteigkuchen, Napfkuchen* □ **bolo (assado em forma redonda com furo central)**

Guil|lo|ti|ne ⟨[gɪ(l)jɔti:n(ə)] f.; -, -n; in der Französ. Revolution⟩ **1** *Maschine zum Hinrichten, bei der mit einem herabfallenden Beil der Kopf vom Rumpf getrennt wurde, Fallbeil; Tod durch die ~* **2** *Hinrichtungsstätte mit einer Guillotine(1); jmdn. zur ~ führen* □ **guilhotina**

Gu|lasch ⟨a. [guː-] m.; -(e)s, -e od. (österr. nur so:) n.; -(e)s, -e⟩ *aus Ungarn stammendes Gericht aus Rindfleisch- od. anderen Fleischwürfeln mit würziger Soße;* oV *Gulyás* ⟨österr.⟩ □ **gulache**

Gul|den ⟨m.; -s, -⟩ **1** ⟨14.-19. Jh.⟩ *Gold-, später auch Silbermünze* **2** ⟨heute; Abk.: hfl.⟩ *Währungseinheit in den Niederlanden, 100 Cents* □ **florim**

Gül|le ⟨f.; -, -n⟩ *aus tierischen Ausscheidungen bestehender flüssiger Stalldünger, Jauche; ~ auf die Felder ausbringen* □ **chorume**

Gul|ly ⟨m. od. n.; -s, -s⟩ *Einlaufschacht für Straßenabwässer* □ **boca de lobo; bueiro**

gül|tig ⟨Adj. 24⟩ *geltend, in Kraft, in (allgemeinem) Gebrauch befindlich, amtlich anerkannt, wirksam; eine ~e Bestimmung, Eintrittskarte, Fahrkarte; ein ~er Geldschein, Pass; ein ~es Gesetz; dieser Ausweis ist nicht mehr ~; ~ werden* □ **válido; vigente; em vigor**

Gül|tig|keit ⟨f.; -; unz.⟩ **1** *Rechtskraft, amtliche Anerkennung, Wirksamkeit;* die ~ *der Wählerstimmen überprüfen* **1.1** *keine ~ mehr haben nicht mehr gelten* **2** *allgemeine od. wissenschaftlich fundierte Anerkennung (zur Erhebung von Merkmalen, Thesen u. Ä.); eine Forschungsmethode von internationaler, anerkannter ~* □ **validade; vigência**

Gu|lyás ⟨[guːlaʃ] n.; -, -; österr.⟩ = *Gulasch*

Gum|mi ⟨n. od. m.; -s, - od. -s⟩ **1** ⟨unz.; nicht fachsprachl.⟩ = *Kautschuk* **2** *Gegenstand aus Kautschuk; Radier~, ~ring* **3** ⟨nur n.⟩ *in Pflanzensäften enthaltener, in Wasser quellfähiger, nicht kristallinischer Stoff; Pflanzen~* □ **borracha**

Gum|mi|ara|bi|kum ⟨n.; -s; unz.⟩ *als Klebstoff u. Bindemittel für Arzneistoffe verwendetes Gummi(3) aus Akazien- u. Mimosenarten* □ **goma-arábica**

Gum|mi|zug ⟨m.; -(e)s, -zü|ge⟩ *dehnbares, eingesetztes Stoffstück mit Gummifäden (z. B. am oberen Rand der Strümpfe, Stiefel u. a. Kleidungsstücke)* □ **elástico**

Gunst ⟨f.; -; unz.⟩ **1** *Wohlwollen; seine ~ bezeigen* □ **boa vontade;** *jmdm. seine ~ entziehen* □ **benevolência;** *sich jmds. ~ erfreuen* □ ***cair nas graças de alguém;** *jmds. ~ erlangen, erwerben, genießen* □ ***ganhar/gozar (d)as boas graças de alguém;** *sich jmds. ~ rühmen* □ ***vangloriar-se dos favores de alguém;** *jmds. ~ verlieren* □ ***perder os favores de alguém;** *sich bei jmdm. in ~ setzen* ⟨veraltet⟩ □ ***cair nas graças de alguém;** *sich um jmds. ~ bemühen, bewerben* □ ***esforçar-se/lutar para cair nas graças de alguém* **2** ⟨geh.⟩ *Zeichen des Wohlwollens; jmdm. eine ~ erweisen, gewähren, versagen; einer ~ teilhaftig sein, werden* □ **favor 3** *Vorteil;* die ~ *des Augenblicks nutzen* □ **vantagem;** *er hat sich zu meinen ~en verrechnet* □ **favor; proveito 4 mit jmds. ~** ⟨veraltet⟩ *Erlaubnis, Genehmigung* □ **permissão; autorização 5** ⟨Getrennt- u. Zusammenschreibung⟩ 5.1 <mark>zu Gunsten</mark> = *zugunsten*

güns|tig ⟨Adj.⟩ **1** *wohlwollend; er hat ein ~es Urteil über dich abgegeben* □ **favorável;** *ich hoffe, er wird meine Vorschläge ~ aufnehmen* □ **favoravelmente;** *jmdm. ~ gesinnt sein* □ ***favorecer alguém* **2** *vorteilhaft; ich konnte den Vertrag unter ~en Bedingungen abschließen; dafür will ich eine ~e Gelegenheit abwarten; ein ~er Krankheitsverlauf; dieses Licht ist zum Arbeiten (nicht) ~; wir hatten im Urlaub ~e Schneeverhältnisse; die Angelegenheit hat eine ~e Wendung für uns genommen; auf ~en Wind warten (zum Segeln); bei ~er Witterung Tanz im Freien; er hat dabei ~ abgeschnitten; die Angelegenheit hat sich ~ für dich entwickelt; der Augenblick, die Zeit erscheint mir dafür ~; es steht ~ für dich* □ **propício; favorável; adequado 2.1** *im ~sten Licht erscheinen* ⟨fig.⟩ *den besten Eindruck machen* □ ***causar a melhor das impressões* **2.2** *er hat sich im ~sten Licht gezeigt* ⟨fig.⟩ *den besten Eindruck gemacht* □ ***ele causou a melhor das impressões* **2.3** *du musst versuchen, dich in ein ~es Licht zu setzen* ⟨fig.⟩ *einen guten Eindruck zu machen* □ ***você precisa tentar causar uma boa impressão**

Gup|py ⟨m.; -s, -s; Zool.⟩ zu den Zahnkarpfen gehörender, bis 6 cm langer südamerikanischer Aquarienfisch: *Lebistes reticulatus* □ *guppy; barriguidinho; lebistes*

Gur|gel ⟨f.; -, -n⟩ **1** = *Kehle(1);* jmdm. die ~ abdrücken, abschnüren, zudrücken, zuschnüren (damit er erstickt) □ **estrangular alguém;* jmdm. bei der ~ fassen, packen □ **agarrar alguém pelo pescoço* **1.1** jmdm. an die ~ fahren, springen *jmdn. erwürgen wollen* □ **pular/voar no pescoço de alguém* **1.2** die ~ spülen ⟨fig.; scherzh.⟩ *Alkohol trinken* □ **molhar a garganta/goela* **1.3** sein Geld durch die ~ jagen ⟨fig.⟩ *vertrinken* □ **gastar seu dinheiro em bebida* **1.4** die Konkurrenz hat ihm die ~ abgedrückt, abgeschnürt, zugedrückt, zugeschnürt ⟨fig.⟩ *ihn geschäftlich ruiniert* □ **a concorrência o levou à falência*

gur|geln ⟨V. 400⟩ **1** Wasser gurgelt *sprudelt mit dumpfem Geräusch, gluckert;* Strudel, Wirbel ~ □ **gorgolejar 2** Atmungsluft durch einen Schluck Flüssigkeit, der sich im oberen Rachenraum befindet, durchblasen, den Hals ausspülen (bei Erkältungen); morgens und abends, zweimal täglich ~ □ **fazer gargarejo**

Gur|ke ⟨f.; -, -n⟩ **1** *Salat- u. Gemüsepflanze mit warzigen od. glatten, länglichen Früchten: Cucumis sativus;* grüne, eingelegte, saure ~n; ~n in Essig einlegen □ **pepino 2** er hat eine ~ im Gesicht ⟨fig.; umg.; abwertend⟩ *eine hässliche große Nase* □ **narigão; napa**

gur|ren ⟨V. 400⟩ **1** wie die Taube rufen **2** ⟨fig.⟩ *lockend, kokett lachen, sprechen, schmeicheln* □ **arrulhar**

Gurt ⟨m.; -(e)s, -e⟩ oV *Gurte* **1** *festes, breites Band aus Stoff od. Leder zum Halten, Tragen, Ziehen* □ **cinto; correia;** Degen-, Sattel~ □ **cinturão; cilha 1.1** ⟨Mil.⟩ *Band mit Fächern für Patronen (beim Maschinengewehr), Ladestreifen;* Patronen~ □ **cartucheira; patrona 2** *(von Männern getragener) breiter Gürtel* □ **cinturão 3** ⟨Arch.⟩ **3.1** *die waagerechte, bandartige Unterteilung der Fassade* □ **faixa 3.2** *die äußeren Stäbe einer Fachwerkkonstruktion bei Brücken u. Dachbindern* □ **banzo 3.3** *die flach liegenden, durch das senkrecht stehende Stegblech verbundenen oberen u. unteren Teile eines Blechträgers* □ **longarina**

Gur|te ⟨f.; -, -n; mundartl. u. fachsprachl.⟩ = *Gurt*

Gür|tel ⟨m.; -s, -⟩ **1** *breites Band aus Stoff od. Leder zum Festhalten der Kleidung;* Kleider~, Leder~; den ~ ablegen, abnehmen, lockern, lösen, schließen; den ~ fester binden; den ~ umbinden, umlegen, umschnallen; ein breiter, gebundener, lederner, schmaler ~ □ **cinto 1.1** den ~ (ein Loch) enger schnallen ⟨a. fig.⟩ *sich einschränken, vor allem am Essen sparen* □ **apertar o cinto* **2** *streifenartige Zone, die etwas, bes. die Erdkugel, umgibt;* Tropen~, Grün~, Festungs~; ein ~ von Anlagen, Parkplätzen umschließt den Stadtkern □ **cinturão; zona**

gür|ten ⟨V. 500/Vr 7; veraltet⟩ **1** ⟨500/Vr 7 od. Vr 8⟩ jmdn. od. etwas ~ *einen Gürtel um jmdn. od. etwas legen, schnallen* **2** ⟨516/Vr 7 od. Vr 8⟩ *sich mit dem Schwert ~ sich den Gurt mit dem S. anlegen* □ **cingir(-se)**

Gu|ru ⟨m.; -s, -s⟩ **1** *(im Hinduismus) geistlicher Lehrer, der als Verkörperung der Göttlichkeit verehrt wird* **2** ⟨salopp; scherzh.⟩ *als Vorbild, als Anführer (einer bestimmten Bewegung, eines Trends) verehrte männliche Person;* der ~ der Modewelt; er ist der ~ unter den Regisseuren □ **guru**

Guss ⟨m.; -es, Güs|se⟩ **1** *das Gießen von flüssigem Metall in Formen, in denen es dann erhärtet;* der ~ einer Büste, eines Denkmals, einer Glocke; dieser ~ muss gelingen □ **fundição 2** *das in Formen gegossene, erstarrte Material;* ein ~ aus Bronze, Eisen **2.1** der ~ springt *bekommt Risse* □ **fundição; material fundido 3** *Flüssigkeitsmenge, die gegossen wird;* ein ~ aus der Brause, Gießkanne, Flasche □ **jato; esguichada 4** *kurzer, heftiger Regen;* Regen~; ich bin in einen ~ gekommen; von einem ~ überrascht werden □ **aguaceiro 5** ⟨Kochk.⟩ *glänzender Überzug über Kuchen, Kleingebäck;* Schokoladen~, Zucker~; den Kuchen mit einem ~ aus Puderzucker, Schokolade überziehen □ **cobertura 6** (wie) aus einem ~ ⟨fig.⟩ *einheitlich gestaltet, vollständig, ohne Fugen, Riss, Bruch, ohne störende Elemente;* diese Arbeit, das Gedicht, der Roman, das Theaterstück ist aus einem ~ □ **homogêneo; perfeito* **7** ⟨kurz für⟩ *Ausguss, Trichter zum Einschütten des Mahlguts (in der Mühle)* □ **calha**

gus|tie|ren ⟨V. 500; österr.⟩ = *goutieren(1)*

Gus|to ⟨m.; -s; unz.⟩ **1** *Geschmack, Neigung, Belieben;* das ist nicht nach meinem ~ □ **gosto 2** ⟨veraltet⟩ *Appetit, Verlangen;* einen ~ auf etwas haben; ~ nach mehr haben □ **vontade; apetite**

gut ⟨Adj., bęs|ser, am bęs|ten⟩ **1** *besonderen Ansprüchen genügend, von einwandfreier Qualität, vortrefflich, tadellos;* Ggs *schlecht(1);* dies ist eine ~e Sorte; ein ~es Buch lesen; ein ~er Film; ~e Musik hören; ein ~er Witz; der Kuchen ist ~ geraten; das hast du ~ gemacht; die beiden verstehen sich sehr ~; etwas für (nicht) ~ halten; so ~ er kann; so ~ wie möglich; der (das) eine ist so ~ wie der (das) andere; ~e Arbeit leisten, tun; er spielt ~ Geige, Klavier; das Geschäft geht ~ □ **bom; bem 1.1** da ist ~er Rat teuer *da weiß man nicht, was man tun soll* □ **aí é que está o problema* **1.2** ~e Ware hält sich ⟨fig.; umg.; scherzh.⟩ *ein gesunder u. innerlich jung gebliebener Mensch ist auch im Alter noch rüstig und frisch* □ **quem se cuida vai longe* **1.3** ~e Ware lobt sich selbst ⟨fig.⟩ *Qualität braucht keine Reklame* □ **mercadoria boa fala por si* **1.4** die ~e alte Zeit ⟨umg.⟩ *früher (als angeblich alles besser war)* □ **os bons e velhos tempos* **1.5** *zuverlässig, sicher;* das Geld ist bei ihm ~ aufgehoben; etwas, jmdn. ~ kennen □ **bem 1.6** *richtig, ordentlich;* halt dich ~ fest!; deck dich ~ zu; das Kind, der Hund, der Wagen ist ~ gehalten; ein ~er Christ sein; wir essen nur ~e u. gesunde Nahrungsmittel □ **bem; bom;** → *Note(2.2)* **1.7** ⟨60⟩ ~er Durchschnitt ⟨umg.⟩ *etwas über dem D. liegend* **1.8** *tüchtig, fähig;* ein ~er Arzt, Schüler; ein ~er Mathematiker sein □ **bom 1.9** *eine zugedachte Aufgabe tadellos erfüllend; das ist ~ genug;* diese Hose ist noch ~ (genug) zur Gartenarbeit; er eignet sich ~ zum, als Lehrer; ~ sehen, hören, laufen können □ **bem; bom 1.9.1** er kann ~ schreiben *gut lesbar, verständlich schreiben* □ **bem; direito 1.9.2** er

gut

hat sich ~ gehalten *er war tapfer, standhaft, ausdauernd* □ **bem; firme** 1.10 *heil, gesund, leistungsfähig, ohne Schaden;* ~e Augen haben; ein ~es Herz haben; für diese Tätigkeit muss man eine ~e Lunge haben □ **bom; saudável;** etwas ~ überstehen; wir sind ~ angekommen (am Ziel) □ **bem** 1.10.1 *bei ~er Gesundheit sein gesund, wohlauf sein* □ *****estar bem de saúde** 1.11 *passend, geeignet;* wer weiß, wozu es ~ ist ⟨was geschehen ist⟩ □ *****vai-se saber para que isso serve!**; das hast du ~ gesagt 1.11.1 ~ gebrüllt, Löwe! *treffend geantwortet* (n. Shakespeare, „Sommernachtstraum", V. 1⟩ □ **bem** 1.11.2 das ist ~! ⟨umg.; iron.⟩ *merkwürdig* □ *****que ótimo!; que maravilha!** 1.11.3 du bist ~! ⟨umg.⟩ *was du dir so denkst;* □ *****você não tem jeito mesmo!** 1.12 *nützlich, vorteilhaft;* an diesem Platz hast du (kein) ~ Licht zum Lesen; es ist ~, dass du kommst; du hast ~ daran getan, sofort zu kommen; wie ~, dass ich noch daran gedacht habe! □ **bom; bem** 1.13 *wirksam, heilsam;* eine ~e Medizin; das war eine ~e Lehre für dich! □ **bom** 2 *von umfangreicher Quantität, reichlich, genug, viel;* es ist ~ (so) □ **bom; suficiente;** → a. *kurz(4.7)* 2.1 *ertragreich, Ertrag versprechend;* ein ~es Jahr, Geschäft; eine ~e Ernte □ **bom; rendoso** 2.2 *reichlich gerechnet, bemessen (bei Maß-, Mengen-, Zeitangaben);* ein ~es Stück Weg; wir sind zwei ~e Stunden gegangen; ein ~er Teil; es wird noch eine ~e Weile dauern; es hat noch ~e Weile bis dahin; ich habe ~ zwei Stunden warten müssen; ~ 20 Meter; ~ 200 Euro □ **bom** 2.2.1 ~ und **gern** *bestimmt so viel, wenn nicht mehr, mindestens;* ~ und gern fünftausend Euro; dazu braucht man ~ und gern zwei Stunden □ *****bom; pelo menos** 2.4 so ~ **wie** *so viel wie, fast, beinahe;* das ist so ~ wie sicher □ *****quase** 3 *günstig, erfreulich, angenehm, schön;* → a. *stehen(2.13.1–2.13.2, 4, 13);* es ist noch einmal ~ abgelaufen □ **bem;** ich ahne nichts Gutes □ *****não estou pressentindo coisa boa;** was bringen Sie Gutes? □ *****que bons ventos o trazem?**; es hat alles sein Gutes □ *****tudo tem seu lado bom;** es ist nur ~, dass nichts Ernsteres passiert ist; es wäre ~, wenn wir das täten □ **bom;** pass auf, es wird alles noch ~ werden □ *****preste atenção, tudo vai dar certo/tudo vai ficar bem;** das Gute an der Sache ist, dass wir es rechtzeitig erfahren haben; das bedeutet nichts Gutes; das führt zu nichts Gutem; es ist ~es Wetter □ **bom; coisa boa;** es wird sich noch alles zum Guten wenden □ *****vai dar tudo certo;** du sollst es ~ ⟨bei uns⟩ haben □ *****você vai ficar bem (conosco);** ~ aussehen □ *****ter boa aparência; estar bonito;** ~ riechen □ *****cheirar bem; ter cheiro bom;** ~ schmecken □ *****estar gostoso;** sitzt du ~? □ *****está confortável (em seu assento)?**; das Kleid passt, sitzt ~; der Hut steht dir ~, kleidet dich ~ □ **bem;** heute Mittag gibt es etwas Gutes (zu essen) □ *****hoje tem comida boa no almoço;** alles Gute (zum Geburtstag, für die Zukunft usw.) □ *****tudo de bom; felicidades;** jmdm. alles Gute wünschen □ *****desejar tudo de bom/felicidades a alguém;** mach's ~! ⟨als Abschiedsgruß⟩ ⟨umg.⟩ □ *****fique bem!; boa sorte!;** das ist zu viel des Guten! ⟨meist iron.⟩ □ *****isso já é demais!** 3.1 des Guten zu viel tun *übertreiben* □ *****exagerar** 3.2 das kann ja ~ werden! ⟨umg.; iron.⟩ *unangenehm* □ *****isso não vai prestar!** 3.3 na, dann ~e Luft! ⟨fig.; umg.; veraltet⟩ *da haben wir ja etwas Unangenehmes zu erwarten!, das kann ja schlimm werden!* □ *****estamos bem arranjados!** 3.4 ⟨als Bestandteil von Grußformeln⟩; ~en/Guten Abend, Morgen, Tag, ~e/Gute Nacht sagen; ~e Fahrt!; ~e Reise! □ **bom;** ich wünsche ~e Besserung! □ *****estimo as suas melhoras!;** Gut Holz! (Keglergruß) □ *****bom jogo!** 3.5 *fröhlich, zuversichtlich;* ~e Stimmung, Laune; ~en Mutes sein □ **bom** 3.5.1 ⟨60⟩ ~er Dinge sein *fröhlicher Laune* □ *****estar bem disposto/de bom humor** 3.5.2 ⟨60⟩ ~er Hoffnung sein ⟨fig.⟩ *ein Kind erwarten, schwanger sein* □ *****estar grávida** 3.5.3 ⟨60⟩ ~e Miene zum bösen Spiel machen ⟨fig.⟩ *gegen den eigenen Willen bei etwas mitmachen od. andere gewähren lassen, kein Spielverderber sein* □ *****fazer das tripas coração** 4 *anständig, vornehm, fein, angesehen;* Ggs *schlecht(6);* die ~e Gesellschaft; aus ~em Hause, aus ~er Familie stammen □ **bom** 4.1 dafür bin ich mir zu ~! *das ist unter meiner Würde, das tue ich nicht* □ *****não me presto a isso!** 4.2 *wohlerzogen;* ~es Benehmen; sich ~ benehmen □ **bom; bem** 4.2.1 der ~e **Ton** *Anstand;* es gehört zum ~en Ton, dass ... □ **bom** 5 *sittlich einwandfrei, edel, hilfreich, liebevoll, selbstlos;* Ggs *böse, schlecht(5);* ein ~er Mensch, eine ~e Tat; ein ~es Herz haben; Gutes tun; sich für eine ~e Sache einsetzen; Gut und Böse □ **bom; bem** 5.1 das ist jenseits von Gut und Böse *jegliche Grenzen (des Anstands, der Kosten) überschreitend, völlig realitätsfern* □ *****isso está totalmente fora da realidade** 5.2 *gutmütig;* der Gute!; er ist ein ~er Kerl □ **bom; legal** 5.2.1 er ist viel zu ~ *man nutzt ihn aus* □ **bom; bondoso** 5.3 *brav, folgsam;* ein ~es Kind; ein ~er Hund; der ~e Peter! □ **bom; obediente** 5.4 ⟨60⟩ ~er **Glaube** ⟨Rechtsw.⟩ *schuldlose Unkenntnis eines rechtlichen Mangels im Bestand od. beim Erwerb eines Rechtes:* **bona fides** □ *****boa-fé** 5.4.1 in ~em Glauben handeln *im Glauben handeln, dass es richtig ist* □ *****agir de boa-fé** 6 ⟨60⟩ *festtäglich, für Festtage bestimmt;* der ~e Anzug, das ~e Kleid, die ~e Stube □ **de festa** 7 *wohlgesinnt, freundschaftlich;* Ggs *schlecht(7);* ein ~er Freund; eine ~e Freundschaft; sie schieden in ~em Einvernehmen; ein ~er Kamerad sein □ **bom; amigável;** es ~ (mit jmdm.) meinen □ *****querer bem (a alguém);** jmdm. ~ zureden □ *****persuadir alguém** 7.1 seien Sie so ~ und warten Sie *so freundlich, liebenswürdig* □ *****queira ter a gentileza/bondade de aguardar** 7.2 im Guten *freundschaftlich, ohne Streit;* im Guten auseinandergehen; jmdm. etwas im Guten sagen □ *****amigavelmente;** im Guten wie im Bösen □ *****de todo o jeito; por bem ou por mal** 7.3 ⟨40⟩ jmdm. ⟨von Herzen⟩ ~ sein *ihn gernhaben, liebhaben* □ *****gostar de alguém** 7.3.1 sei (mir) wieder ~! *sei (mir) nicht mehr böse!* □ *****não fique bravo (comigo)!** 7.4 ⟨60⟩ ~e **Worte** *wohlmeinende, freundliche W.* □ **bom; gentil** 7.4.1 ein ~es Wort für jmdn. einlegen *sich für jmdn. einsetzen* □ *****interceder em favor de alguém** 7.4.2 jmdm. ~e Worte geben ⟨veraltet⟩ *jmdn. bitten* □ *****apelar para alguém;** → a. *Geld(1.4.6)* **8** ⟨50⟩ *leicht,*

Gut

mühelos; Ggs *schlecht(8);* er kommt mit seinem Geld (nicht) ~ aus; das kann ich mir ~ denken; in diesen Schuhen kann ich ~ gut gehen; Lebensmittel halten sich ~ im Kühlschrank □ **bem**; das kann ich ~! □ ***isso eu consigo!; isso eu sei!;*** er kann von seinem Geld ~ leben; das kann man sich ~ merken; sie haben ~ reden; das kann ich ~ verstehen; das kann ich mir (sehr) ~ vorstellen; er kommt ~ vorwärtskommen □ **bem 8.1** das ist ~, sehr ~ möglich *wohl möglich* □ **bem; bastante 8.2** das ist nicht ~ möglich *kaum, schwer, nicht möglich* □ ⌀ **9** ⟨40⟩ *recht, in Ordnung;* das ist längst wieder ~; das ja alles (ganz) ~ und schön, aber ... □ ***tudo isso é muito bonito, mas...* 9.1** ~! *abgemacht, einverstanden!;* also ~!; denn!; ja~!; nun ~! □ ***combinado!* 9.2** schon ~! (als Antwort auf Dank oder Entschuldigung) *es ist nicht der Rede wert* □ ***tudo bem!* 9.3** lass ~ sein! *sprich nicht mehr davon!* □ ***deixe para lá!* 10** ⟨Getrennt- u. Zusammenschreibung⟩ 10.1 ~ gehen = *gutgehen* 10.2 ~ besucht = *gutbesucht* 10.3 ~ gelaunt = *gutgelaunt* 10.4 ~ gemeint = *gutgemeint*

Gut ⟨n.; -(e)s, Gü|ter⟩ **1** *Besitz, Eigentum, Sachen, Habseligkeiten;* Geld und ~; sich an fremdem ~ vergreifen; fremdes, gestohlenes ~ □ **bem; posse; propriedade;** sein Hab und ~ verlieren □ ***perder seus bens;*** unrecht ~ gedeiht nicht ⟨Sprichw.⟩ □ ***bens mal adquiridos vão como vieram;*** → a. *beweglich(1), liegen(3.1)* **1.1** *Schatz, Kostbarkeit, wertvoller Gegenstand;* das Leben ist der Güter höchstes nicht (Schiller, „Die Braut von Messina", IV, 7); mein höchstes ~ auf Erden; mit allen (Glücks)gütern gesegnet sein □ **bem 1.1.1** das höchste ~ *die Glückseligkeit* □ ***o bem supremo* 2** *großer landwirtschaftlicher Betrieb;* Erb~, Land, Wein~ □ **patrimônio; propriedade rural; vinhedo 3** *versandfertige Ware;* Eil~, Stück~; Güter aufgeben, befördern, verzollen □ **mercadoria 4** ⟨veraltet⟩ *Material;* Stein~ □ ***faiança;*** → a. *laufen(5.2)*

gut|ach|ten ⟨V. 400⟩ *ein Gutachten verfassen, erstellen;* wer hat in dieser Angelegenheit gegutachtet? □ ***dar um parecer***

Gut|ach|ten ⟨n.; -s, -⟩ *fachmännisches Urteil;* ärztliches, sachverständiges, schriftliches ~; ein ~ abgeben (über); (von jmdm.) ein ~ einholen □ **parecer; relatório técnico**

gut|ar|tig ⟨Adj.⟩ **1** *ungefährlich, nicht lebensbedrohlich* □ **inócuo 1.1** ~**e Geschwulst** *langsam wachsende, ungefährliche Neubildung von Gewebe, z. B. Warze* □ **benigno 2** *lenkbar, anständig;* ein ~es Kind □ **de boa índole; dócil**

gut|be|sucht *auch:* **gut be|sucht** ⟨Adj. 24⟩ *viel Publikum aufweisend;* eine ~e Veranstaltung □ **muito frequentado/visitado**

Gut|dün|ken ⟨a. [-'--] n.; -s; unz.⟩ *Belieben, Ermessen;* nach ~ □ ***à vontade; a seu bel-prazer;*** nach eigenem, nach Ihrem ~ □ ***segundo seu critério; como lhe parecer melhor***

Gü|te ⟨f.; -; unz.⟩ **1** *edle, hilfreiche, großherzige, leicht verzeihende Gesinnung;* Herzens~; in seiner grenzenlosen ~ □ **bondade;** du liebe ~, meine ~! (Ausruf des Erstaunens; „Güte" verhüllend für „Gott") □ ***meu Deus!; minha nossa!* 1.1 in** ~ *ohne Streit;* sich in ~ einigen; etwas in ~ abmachen; jmdm. etwas in (aller) ~ sagen □ ***amigavelmente* 2** *Freundlichkeit, Gefälligkeit, Hilfsbereitschaft;* würden Sie die ~ haben, mir meinen Koffer herunterzugeben?; ich danke Ihnen für Ihre ~ □ **gentileza 2.1 durch** ~ (auf Briefen) ⟨veraltet⟩ *durch private Vermittlung, nicht durch die Post, durch Boten* □ ***em mãos* 3** *Wert, Beschaffenheit, Qualität (einer Ware);* eine Ware erster, zweiter, letzter ~ □ **qualidade; categoria**

gut|ge|hen *auch:* **gut ge|hen** ⟨V. 145(s.)⟩ **1** ⟨400⟩ *gut verlaufen;* es ist noch einmal gutgegangen/gut gegangen □ **dar certo; correr bem 2** ⟨601⟩ *es geht jmdm. gut. jmd. befindet sich gut, ist gesund, wohlhabend;* sie sagte, dass es ihr gutgeht/gut geht; sich's gutgehen/gut gehen lassen □ **estar/passar bem 3** ⟨400⟩ *guten Gewinn bringen;* wir hoffen, dass die Geschäfte gutgehen/gut gehen □ **dar certo; dar lucro;** ⟨aber nur Getrenntschreibung⟩ gut gehen → *gut (8)*

gut|ge|launt *auch:* **gut ge|launt** ⟨Adj. 24⟩ *in guter Stimmung;* ein ~er Gast □ **bem-humorado**

gut|ge|meint *auch:* **gut ge|meint** ⟨Adj. 24/60⟩ *in guter Absicht, freundlich, wohlwollend;* ein ~er Rat □ **bem--intencionado**

gut|gläu|big ⟨Adj.⟩ *nichts Böses vermutend, in gutem Glauben handelnd, vertrauensvoll, vertrauensselig* □ **crédulo; de boa-fé**

Gut|ha|ben ⟨n.; -s, -⟩ **1** *Schuld, die man von jmdm. zu fordern hat* □ **crédito 2** *Überschuss der Gutschriften über die Belastungen eines Kontos;* ein ~ auf der Bank besitzen, haben; Sie haben ein ~ von 100 € bei uns □ **saldo; crédito**

gut|hei|ßen ⟨V. 164/500⟩ *etwas* ~ *billigen, genehmigen, für richtig halten, für gut befinden;* sein Verhalten kann ich nicht ~ □ **aprovar; sancionar**

gü|tig ⟨Adj.⟩ **1** *hilfreich u. liebreich, edel, aus Edelmut leicht verzeihend;* ein ~es Herz haben; ein ~er Mensch □ **bom; bondoso 2** ⟨veraltet⟩ *freundlich, gefällig;* er hat sich mir immer sehr ~ gezeigt □ **simpático; atencioso;** erlauben Sie ~st, dass ich ... □ ***permita--me...;*** Sie sind sehr ~ (als Antwort auf eine Hilfeleistung) □ **gentil; amável;** würden Sie so ~ sein, mir zu helfen?; mit Ihrer ~en Erlaubnis ⟨förml.⟩ □ **gentil 2.1** zu ~! vielen Dank!, *das war doch nicht nötig!* □ ***que gentil!; quanta gentileza!***

güt|lich ⟨Adj.⟩ **1** ⟨90⟩ *ohne Streit, friedlich, ohne gerichtliches Urteil;* eine ~e Einigung; eine Sache ~ beilegen; sich ~ einigen; auf ~em Wege □ **(de modo) amigável/amistoso 2** *sich an etwas* ~ *tun etwas genießen, sich mit Genuss an etwas satt essen;* er tat sich an den reifen Himbeeren ~ □ ***deliciar-se/regalar--se com alguma coisa***

gut|ma|chen ⟨V. 500⟩ **1** *etwas* ~ *etwas tun, um für Unrecht od. Schaden Ersatz zu schaffen (durch Leistung od. Entschuldigung);* wie kann ich mein Unrecht ~?; das ist nicht wieder gutzumachen □ **compensar; re-**

parar 2 Geld ~ Gewinn erzielen □ **conseguir; ganhar** 3 Boden ~ einen Rückstand teilweise aufholen; auf jmdn. Boden ~ □ *****ganhar terreno**; ⟨aber Getrenntschreibung⟩ gut machen → *gut(1)*

gut|mü|tig ⟨Adj.⟩ gutherzig, leicht nachgebend, andern gern gefällig, nicht leicht böse; ein ~er Mensch, ein ~es Tier; ein ~er Kerl □ **bom; bondoso**

Gut|schein ⟨m.; -(e)s, -e⟩ Dokument, das einen Anspruch auf Geld od. Ware bescheinigt □ **vale; bônus**

gut∥schrei|ben ⟨V. 230/530⟩ **1** (jmdm.) einen Betrag ~ als Guthaben anrechnen; bei Umtausch wird der Betrag gutgeschrieben; eine Geldsumme einem Konto ~ □ **creditar 2** ⟨aber Getrenntschreibung⟩ gut schreiben → *gut(1.9.1)*

gut∥tun ⟨V. 272/400⟩ **1** ⟨403⟩ etwas tut (jmdm.) gut hat eine gute, angenehme Wirkung (auf jmdn.); das tut gut; die frische Luft wird dir ~ □ **fazer bem 2** ⟨süddt.⟩ sich gut entwickeln, ordentlich u. anständig leben u. arbeiten; er hat in der Schule nicht gutgetan □ **ir bem; ter êxito**

gut|wil|lig ⟨Adj.⟩ **1** im Guten, freiwillig; ~ mitkommen, mitgehen □ **espontaneamente; de bom grado 2** gehorsam, sich Mühe gebend, voll guten Willens; er ist ~, aber unbegabt □ **esforçado; que tem boa vontade**

Gym|na|si|um ⟨n.; -s, -si|en⟩ **1** ⟨im Altertum⟩ Raum für athletische Schulung □ **ginásio 2** ⟨später⟩ höhere Schule mit Latein- u. Griechischunterricht □ **(curso) clássico 3** ⟨heute⟩ höhere Schule mit Abitur als Abschluss; altsprachliches, neusprachliches, naturwissenschaftliches ~; Wirtschafts~ □ **ensino médio; escola secundária**

Gym|nas|tik ⟨f.; -; unz.⟩ Übung, Schulung des menschlichen Körpers durch rhythmische Bewegungen, auch zur Heilung gewisser Körperschäden □ **ginástica**; Heil~, Kranken~ □ *****fisioterapia; ginástica corretiva**

Gy|nä|ko|lo|gie ⟨f.; -; unz.⟩ Lehre von den Frauenkrankheiten u. der Geburtshilfe □ **ginecologia**

Gy|ros ⟨n.; -, -; griech. Kochk.⟩ griechisches Gericht mit am Drehspieß gegrilltem Fleisch, das in kleinen Stücken abgeschnitten wird □ **churrasco grego**

Haar ⟨n.; -(e)s, -e⟩ **1** *fadenförmiges Gebilde der Außenhaut von Tieren u. Menschen, bes. charakteristisch für Säugetiere, bei denen es aus Hornsubstanz besteht, auch als Borsten der Insekten;* Körper~; blonde, graue ~e (besser:) blondes, graues ~; jmdn. an den ~en reißen; viele ~e auf den Beinen, auf der Brust haben; sich die ~e unter den Armen ausrasieren; die ~e fallen ihm aus; er hat mehr Schulden als ~e auf dem Kopf □ **pelo; cabelo** 1.1 ⟨Pl.; umg.⟩ = *Haar(2)* **2** ⟨unz.⟩ *Gesamtheit der Kopfhaare;* Haupt~, Kopf~, Bart~; kurzes, langes ~; das ~ lang, kurz(geschnitten) tragen; das ~ links, rechts, in der Mitte gescheitelt tragen; ein Band, einen Kranz im ~ tragen; sie trägt das ~, ihr ~ jetzt anders als früher; blondes, dunkles, graues, helles, rotes, schwarzes, weißes ~ haben; dichtes, dünnes, fettiges, glänzendes, glattes, krauses, lockeres, lockiges, schönes, schütteres, seidiges, starkes ~; verstrubbeltes, wirres, zerzaustes ~; strähniges, welliges, widerspenstiges ~; sich das ~ aus der, in die Stirn kämmen, streichen; sich das ~ bürsten, (mit Lockenwicklern) eindrehen, fönen, kämmen, waschen, trocknen; sich das ~ in Wellen legen; sich das ~ in Zöpfe flechten; das ~ fiel ihr bis auf die Schultern; das ~ hing ihr unordentlich in die Stirn; mit aufgelöstem, flatterndem ~ ankommen, dastehen; jmdm. (leicht, zärtlich) übers ~ streichen; sich das ~ bleichen, färben, schneiden, tönen lassen □ **cabelo** 2.1 sich das ~ **machen** *sich kämmen, sich frisieren* □ **pentear-se; arrumar o cabelo* 2.2 falsches, künstliches ~ *Perücke* □ **peruca;* → a. *Haut(8.6)* **3** ⟨a. fig.⟩ 3.1 die ~e stehen einem zu Berge *man ist entsetzt* □ **ficar de cabelo em pé* 3.2 die ~e sträubten sich ihm (vor Schreck, vor Entsetzen) *er erschrak sehr, entsetzte sich sehr* □ **ele ficou de cabelo em pé* 3.3 sich in den ~en liegen *sich streiten* □ **viver em pé de guerra* 3.4 sich in die ~e geraten *sich streiten* □ **pegar-se;* **engalfinhar-se** 3.5 man möchte, könnte sich die ~e **raufen** *man ist verzweifelt, ärgert sich sehr* □ **é de arrancar os cabelos* 3.6 ein ~ **in der Suppe** finden *etwas an einer Sache entdecken, das einem nicht passt* □ **achar pelo em ovo* 3.7 an einem ~ **hängen** *von einer Kleinigkeit abhängen, wenig Aussichten auf ein günstiges Ende haben* □ **estar por um fio/triz* 3.8 ~e lassen müssen *(gegen seinen Willen) ein Opfer bringen müssen;* er hat ~e lassen müssen □ **sair perdendo* **4** ~ **auf den Zähnen** haben ⟨fig.⟩ *sich zu wehren wissen (mit Worten), hartnäckig seinen Standpunkt verteidigen;* sie hat ~e auf den Zähnen □ **ter cabelo nas ventas* 4.1 um ein ~ *es hat sehr wenig gefehlt, dass ...,* *beinahe;* das Kind wäre um ein ~ überfahren worden □ **por um triz/fio* 4.1.1 um kein ~ besser als *in keiner Weise, durchaus nicht;* der eine ist um kein ~ besser als der andere □ **não ser nem um pouco melhor do que* 4.2 kein gutes ~ an jmdm. lassen *über jmdn. sehr schlecht sprechen* □ **dizer cobras e lagartos de alguém* 4.3 jmdm. kein ~ krümmen können *jmdm. nicht das Geringste zuleide tun können* □ **não poder tocar num fio de cabelo de alguém* 4.4 ~e spalten ⟨fig.⟩ *sich über unwesentliche Kleinigkeiten streiten;* wir wollen hier keine ~e spalten □ **ficar com picuinha* 4.5 aufs ~ **gleichen** *ganz gleich aussehen wie;* sie gleichen einander aufs ~ □ **ser exatamente igual; ser a cara um do outro* 4.6 dieser Vergleich ist sehr, etwas an den ~en herbeigezogen *gezwungen, gewaltsam herbeigezogen, angeführt* □ **essa comparação é muito/um pouco forçada* **5** ⟨Jagdw.⟩ *Fell der jagdbaren Säugetiere* □ **pelo; pelagem 6** ⟨Getrennnt- u. Zusammenschreibung⟩ 6.1 ~ breit = *Haarbreit*

Haar|breit *auch:* Haar breit ⟨n.; (-) -; unz.⟩ *ganz wenig;* um kein ~ zurückweichen □ **não ceder/recuar um milímetro*

Haa|res|brei|te ⟨f.; -; unz.⟩ um ~ *ganz wenig, um eine winzige Kleinigkeit, Spur* □ **por pouco; por um triz;* **minimamente;** nicht um ~ zurückweichen □ **não ceder/recuar um milímetro*

haa|rig ⟨Adj.⟩ **1** ⟨24/70⟩ *voller Haare od. feiner Härchen, mit Haaren od. Härchen bewachsen, dicht behaart;* sie hat ~e Beine; ein ~er Mann □ **cabeludo; peludo;** der Hund hat den Teppich ~ gemacht □ **cachorro deixou o tapete cheio de pelos;* blond~, braun~, schwarz~, rot~; dünn~, fein~, kraus~, kurz~, lang~ □ *(de cabelo) louro/castanho/preto etc.* **2** ⟨24/70⟩ *wie mit Haaren besetzt, faserig;* Stiel und Blätter der Brennnessel sind ~ □ **piloso 3** ⟨fig.; umg.⟩ *gefährlich, peinlich;* eine ~e Angelegenheit, Geschichte, Situation □ **cabeludo; complicado**

Haar|na|del ⟨f.; -, -n⟩ *hakenähnlich gebogenes Drahtstück zum Feststecken der Haare bei Hochfrisuren* □ **grampo de cabelo**

haar|scharf ⟨Adj. 90⟩ **1** *sehr scharf, sehr genau;* etwas ~ beobachten, erkennen □ **com a máxima precisão/exatidão 2** ⟨umg.⟩ *ganz nahe;* das Auto fuhr ~ an mir vorbei □ **muito perto; rente**

Haar|schnitt ⟨m.; -(e)s, -e⟩ **1** *das Schneiden des Haares* □ **corte de cabelo 2** *Art u. Weise, in der das Haar geschnitten ist, Frisur* □ **penteado**

Haar|spal|te|rei ⟨f.; -, -en; fig.⟩ **1** *Streit mit Worten, die nur um des Streites willen gebraucht werden, Streit um unwesentliche Kleinigkeiten* □ **picuinha 2** *Streben nach allzu genauer, für die Sache nicht wesentliche Erklärung;* ~ treiben □ **ater-se a pormenores*

haar|sträu|bend ⟨Adj.; umg.⟩ *so, dass sich einem die Haare sträuben (vor Entsetzen), grauenhaft, schrecklich, unglaublich;* es war ~ Skandal; es war ~, was ... □ **horripilante; de arrepiar os cabelos**

Hab ⟨n.; in der Wendung⟩ ~ **und Gut** ⟨geh.⟩ *(Gesamtheit an) Besitz, Vermögen, Habe;* ~ und Gut aufs Spiel setzen □ **bens; posses*

476

Ha|be ⟨f.; -; unz.; geh.⟩ *(Gesamtheit an) Besitz, Vermögen;* seine gesamte ~ verlieren □ **patrimônio**

ha|ben ⟨V. 159/500⟩ **1** *jmdn.* od. *etwas* ~ *jmd.* od. *etwas befindet sich in einem Verhältnis der Zugehörigkeit zu* **1.1** *besitzen, verfügen über, in Beziehung stehen zu;* eine Fähigkeit, Geld, ein Kind, Mut ~; Ware (vorrätig) ~; sie ~ alle beide nichts □ **ter; possuir;** wir ~ ihn! (gefunden, gefangen) □ ***nós o pegamos!;** (nicht) genug zu essen ~ □ **ter;** kann ich einen Apfel ~ □ **pegar;** woher hast du das? □ ***de onde você tirou isso?** 1.1.1 **wir** ~'s **ja!** ⟨umg.; scherzh.⟩ *wir können es uns ja leisten* □ ***podemos nos dar esse luxo!* 1.1.2 ⟨511⟩ einen Gegenstand **in der Hand** ~ *halten* □ ***segurar um objeto; ter um objeto em mãos* 1.2 *jmd.* od. *etwas* hat *etwas etwas bildet einen Teil von jmdm.* od. *etwas;* das Haus hat ein Dach; Menschen ~ Arme **1.2.1** *zu einer Gemeinschaft gehören;* jmd. hat (eine, keine) Familie **1.3** *mitarbeiten bei;* er hat einen Betrieb, in dem er arbeitet □ **ter 1.4** *benutzen;* einen Bleistift ~ □ **ter; utilizar 1.5** *in einem Zustand sein;* eine Krankheit, Fieber, Kopfschmerzen ~ □ **ter; estar com;** Trauer ~ □ ***estar de luto* **1.5.1 was** hast du? *was fehlt dir?* □ ***o que você tem?; qual o problema?;** du hast doch etwas! □ ***alguma coisa/preocupação você tem!* **1.5.2** *verspüren;* Angst, Durst, Hunger ~ □ **ter; sentir; estar com 1.5.3** recht/**Recht,** unrecht/**Unrecht** ~ *im Recht, Unrecht sein* □ ***(não) ter razão* **1.5.4 habt acht/Acht!** ⟨militär. Kommando, österr.⟩ *stillgestanden!* □ ***sentido!* **1.5.5 ein Anliegen** ~ (an) *ein A. vorbringen, sagen wollen* □ ***ter um pedido a fazer* **1.5.6 hab vielen Dank!** *ich danke dir* □ ***muito obrigado!* **1.6 Arbeit** ~ *A. erledigen müssen;* wann hast du wieder Schule, Unterricht?; wir ~ heute keine Schule □ **ter 1.7 Zeit** ~ *(etwas) nicht sofort erledigen müssen;* die Sache hat Zeit; damit hat es noch gute Weile □ ***levar tempo* **1.7.1 Eile** ~ *(etwas) sofort erledigen müssen, rasch geschehen müssen;* es hat keine Eile □ ***ter pressa; ser urgente* **1.7.2** wir ~ das **Datum** *es ist …;* wir haben heute den 10. Mai; wir ~ Ferien; wir ~ jetzt Frühling □ ***estamos em…* **1.8** ich hab's! ⟨a. fig.⟩ *ich weiß es!* □ ***agora entendi!* **1.8.1** da ~ wir's, da hast du's! *so weit ist es gekommen, glaubst du es jetzt endlich?* □ ***aí está!; só faltava essa!* **1.8.2 wie** gehabt *ebenso (wie das letzte Mal)* □ ***como antes* **1.9** ⟨501⟩ hier hat' viel Schnee (oberdt.) *hier gibt es, hier liegt viel S.* □ ***há muita neve aqui* **1.9.1** was hast du, was kannst du, haste was kannste (davonlaufen) ⟨umg.⟩ *eilig, überstürzt, so schnell wie möglich* □ ***rápido; correndo* **1.9.2** es hat ihn (erwischt) ⟨umg.⟩ *er hat sich verliebt* □ ***ele está apaixonado* **2** ⟨510⟩ **2.1** ⟨513⟩ **2.1.1** etwas **fertig** ~ *zu Ende gebracht, gemacht haben* □ ***terminar alguma coisa* **2.1.2** er hat es **gut, schlecht** *es geht ihm gut, schlecht* □ ***ele está bem/mal* **2.1.3** er hat es nicht **leicht** mit ihr *sie macht ihm das Leben schwer* □ ***ela não lhe dá sossego* **2.2** ⟨512⟩ es ist **eilig** ~ *in Eile sein* □ ***estar com pressa* **2.3** ⟨511⟩ wir ~ es noch **weit** *unser Weg ist weit;* wie weit ~ wir noch bis nach Hause? □ ***ainda temos chão pela frente* **3** ⟨Vr 3⟩ **sich** ~ ⟨umg.⟩ *sich wichtig tun, sich zieren;* hab dich doch nicht so! □ ***vir com frescura* **3.1** ⟨501/Vr 3⟩ es hat **sich** *weiter ist davon nichts zu berichten, das ist der Schluss* □ ***fim da história; isso é tudo* **3.1.1** hat **sich was!** *keine Spur, kein Gedanke daran!, es ist ganz und gar nicht so!* □ ***nem pensar!* **4** ⟨511⟩ etwas **bei sich** ~ *führen, tragen;* ich habe kein Geld bei mir; jmdn. (als Begleitung) bei sich ~ □ **levar/trazer consigo; estar com 4.1** er hat seinen Bruder bei sich wohnen ⟨umg.⟩ *sein Bruder wohnt bei ihm* □ ***o irmão mora com ele* **4.2** ich habe etwas **im Hals** *mir ist ein Krümchen im H. stecken geblieben* □ **ter; estar com 4.3** ich habe es im Hals *mein Hals ist krank* □ ***estou com dor de garganta* **4.4** er hat es **auf der Brust** *er ist lungenkrank* □ ***ele sofre dos pulmões* **4.5** er hat es **mit der Galle** *er ist gallenkrank* □ ***ele sofre da vesícula* **4.6** etwas im **Unterricht** ~ *besprechen, behandeln* □ ***discutir alguma coisa; tratar de alguma coisa* **4.7** *geerbt haben;* die musikalische Begabung hat er von seinem Vater □ **herdar 4.8** ich habe es **von** ihm ⟨a. fig.⟩ *er hat es mir mitgeteilt* □ ***fui informado por ele* **5 zu** ~ **sein 5.1** etwas ist zu ~ *verfügbar, man kann es kaufen, bekommen* □ ***estar disponível/à venda* **5.2** jmd. ist noch zu ~ ⟨umg.⟩ *ist noch ledig, ungebunden;* die Frau ist noch zu ~ □ ***ainda ser solteira;* estar livre **5.2.1** er ist gut (schlecht) **zu** ~ ⟨umg.; schweiz.⟩ *zu erziehen* □ ***ele é fácil (difícil) de lidar* **5.3** jmd. ist **für** etwas zu ~ *jmd. macht bei etwas gern mit, es gefällt ihm;* dafür bin ich sehr (nicht) zu ~ □ ***gostar de alguma coisa* **6** ⟨550⟩ **6.1** was will er **dafür** ~? *welchen Gegenwert verlangt er?* □ ***o que ele quer em troca?* **6.2** etwas **gegen** jmdn. od. etwas ~ *nicht leiden, ausstehen können* □ ***ter algo contra alguém ou alguma coisa* **6.3** etwas **mit** jmdm. ~ *durch besondere Beziehungen verbunden sein mit jmdm.* □ ***ter um relacionamento/caso com alguém* **6.3.1** die beiden ~ etwas **miteinander** *sind durch ein Liebesverhältnis verbunden* □ ***ambos têm um caso* **6.4** etwas **von** einer **Sache** ~ **6.4.1** *die Folgen einer S. zu spüren bekommen;* das hat er von seiner Leichtsinn! □ ***isso é o que acontece com quem é descuidado!* **6.4.2** *die Vorteile einer S. genießen* □ ***colher os frutos de alguma coisa* **6.5** ⟨mit Reflexivpron. als Präpositionalobjekt⟩ **6.5.1** eine Abteilung, ein Sachgebiet **unter sich** ~ *für eine A., ein S. verantwortlich sein* □ ***ser responsável por uma seção/área* **6.5.2** jmdn. **über sich** ~ *jmdn. (einem Vorgesetzten) unterstellt sein* □ ***estar subordinado a alguém* **6.5.3** jmdn. od. etwas **vor sich** ~ □ ***ter alguém/alguma coisa à sua frente* **6.5.3.1** *einer Sache* od. *jmdn. gegenübersitzen, -stehen* □ ***estar frente a frente com alguém ou alguma coisa* **6.5.3.2** *hinter einer Sache* od. *jmdn. sitzen, stehen* □ ***ter alguém/alguma coisa à sua frente* **6.5.4** etwas (noch) **vor sich** ~ *erwarten, noch nicht erlebt haben* □ ***(ainda) ter alguma coisa pela frente* **6.5.5** er hat es so **an sich** *es ist seine Gewohnheit* □ ***é seu hábito; é do seu feitio* **6.5.6** es **in sich** ~ *schwerer, schwieriger sein, als es scheint;* diese Arbeit hat es in sich; dieser Wein hat es in sich □ ***ser mais complicado/pesado do que parece* **6.5.7**

damit hat es nichts auf sich *das bedeutet nichts Besonderes* □ **isso não significa nada em especial* **7** ⟨580⟩ *etwas* **zu tun** ~ *etwas tun müssen;* ich habe noch zu arbeiten; was hast du hier zu suchen?; du hast zu schweigen! □ **ter que fazer alguma coisa* **7.1** ich habe mit dieser Sache nichts zu tun *die S. geht mich nichts an* □ **não tenho nada a ver com isso* **8** ⟨Hilfsverb zur Bildung des Perfekts von Verben⟩; ich habe gegessen, gelesen, geschrieben; hast du mich nicht gesehen?; er will ihn gesehen ~; ich hatte kaum die Tür zugemacht, als ...; er hat es schon getan; er behauptet, ihn gesehen zu ~; danke, davon habe ich schon gehabt; das hättest du gleich sagen können □∅

Ha|ben ⟨n.; -s; unz.; Buchführung⟩ **1** *Gesamtheit der Einnahmen, Guthaben;* → a. *Soll(1.1)* **2** *rechte Seite, Kredit-, Passivseite eines Kontos im System der doppelten Buchführung* □ *ativo; receita bruta*

Ha|ber ⟨m.; -s; unz.; oberdt.⟩ = *Hafer*

Hab|gier ⟨f.; -; unz.⟩ *Gier, rücksichtsloses Streben nach Geld u. Besitz;* seine ~ wurde immer größer □ *cobiça; avidez; ganância*

hab|gie|rig ⟨Adj.; abwertend⟩ *voller Habgier, gierig nach Geld u. Besitz strebend;* ein ~er Mensch; sein Vater ist sehr ~ □ *ávido; ganancioso*

hab|haft ⟨Adj. 44⟩ **1** einer **Person** ~ werden *eine P. erwischen, festnehmen;* die Polizei konnte des Diebes nicht ~ werden □ **capturar/prender uma pessoa* **2** einer **Sache** ~ werden *sie in seinen Besitz bringen, (mit Mühe) bekommen;* erst nach einer Schlägerei konnte er der Kasse ~ werden □ *apoderar-se; tomar posse*

Ha|bicht ⟨m.; -(e)s, -e; Zool.⟩ *großer einheimischer Greifvogel, erjagt Beute bis zur Größe von Hühnern u. Hasen* □ *açor*

Ha|bi|li|tand ⟨m.; -en, -en⟩ *jmd., der im Begriff ist, sich an einer Universität zu habilitieren* □ *professor que se candidata à habilitação para lecionar em universidades; habilitando*

Ha|bi|li|tan|din ⟨f.; -, -din|nen⟩ *weibl. Habilitand* □ *professora que se candidata à habilitação para lecionar em universidades; habilitanda*

Ha|bi|li|ta|ti|on ⟨f.; -, -en⟩ *Berechtigung zum Lehren an Universitäten und Hochschulen durch Abfassen einer schriftlichen Arbeit und anschließendem Ablegen einer mündlichen Prüfung* □ *habilitação para lecionar em universidades (não se aplica ao sistema educacional brasileiro)*

ha|bi|li|tie|ren ⟨V. 500⟩ **1** jmdn. ~ *jmdm. die Berechtigung zur Lehre an Universitäten u. Hochschulen erteilen* □ *conceder habilitação* **2** ⟨Vr 3⟩ sich ~ *die Berechtigung zur Lehre an Universitäten und Hochschulen erlangen* □ **obter habilitação*

Ha|bi|tus ⟨m.; -; unz.⟩ **1** *äußere Erscheinung einer Person* **1.1** *Art u. Weise der Körperhaltung u. -bewegung* **1.2** *innere Einstellung, Grundhaltung* **1.3** *Benehmen, Gebaren* □ *habitus* **2** ⟨Zool.⟩ *Gesamtheit aller für ein Tier, eine Pflanze od. ein Mineral charakteristischen, äußerlich erkennbaren Merkmale* □ *hábito* **3** ⟨Med.⟩ *Besonderheiten des äußeren Erscheinungsbildes, die auf bestimmte Krankheitsanlagen hinweisen* □ *habitus*

Hab|se|lig|keit ⟨f.; -, -en; meist Pl.⟩ ~en *Besitz (der nicht viel wert ist);* sie suchte, packte ihre ~en zusammen □ *pertences; objetos pessoais*

Hach|se ⟨[-ks-] f.; -, -n⟩ oV *Haxe* **1** *Sprunggelenk (bei Schlachttieren);* Kalbs~, Schweins~ □ *jarrete* **2** ⟨umg.; regional⟩ *Bein des Menschen;* er hat sich beim Skifahren die ~n gebrochen □ *perna*

Hack|brett ⟨n.; -(e)s, -er⟩ **1** *Brett als Unterlage zum Fleischhacken* □ *tábua para cortar carne* **2** ⟨Mus.⟩ *mittelalterliches trapezförmiges od. dreieckiges Saiteninstrument, das mit kleinen Holzhämmern geschlagen wird; Sy Psalter(2);* ~ spielen □ *saltério*

Hacke¹ ⟨f.; -, -n⟩ *Werkzeug mit schmalem, drei- od. viereckigem, senkrecht zum Stiel stehendem Blatt zum Lockern von harter Erde;* Breit~, Kreuz~, Spitz~; den Boden mit ~ und Spaten bearbeiten □ *enxada; sacho*

Hacke² ⟨f.; -, -n⟩ oV *Hacken* **1** *Ferse;* ich habe mir an der rechten ~ eine Blase gelaufen; jmdm. auf die ~n treten □ *calcanhar* **1.1** jmdm. (dicht) **auf den** ~n **sitzen**, sein ⟨umg.⟩ *dicht hinter jmdm. sein* □ **estar nos calcanhares de alguém* **2** *Teil des Strumpfes u. Schuhes, der die Ferse bedeckt;* der Strumpf hat ein Loch in der ~ □ *calcanhar* **3** ⟨Soldatenspr.; regional⟩ *Absatz am Schuh;* abgetretene, schiefe ~n haben; die ~n zusammenschlagen (bei der Verbeugung, beim militärischen Gruß) □ *tacão* **3.1** sich die ~n nach etwas **ablaufen** ⟨umg.⟩ *viele Wege gehen, sich viel Mühe machen, um etwas zu bekommen* □ **gastar sola de sapato atrás de alguma coisa*

ha|cken ⟨V.⟩ **1** ⟨500⟩ etwas ~ *mit einem spitzen, scharfen Werkzeug heftig stechen od. schneidend schlagen u. dadurch in kleine Teile zerlegen;* Holz ~; er hackte den alten Schrank in Stücke, zu Feuerholz □ *cortar; rachar* **1.1** *fein zerkleinern;* Zwiebeln, Kräuter ~ □ *picar;* gehacktes Fleisch; das Gehackte □ *carne moída;* → a. *Holz(1 u. 5.5)* **1.2** *aufschlagen;* ein Loch ins Eis ~ □ *abrir* **1.3** ⟨411⟩ **aufs Klavier** ~ ⟨fig.; umg.⟩ *mit zu hartem Anschlag spielen* □ **martelar as teclas do piano* **2** ⟨500⟩ etwas ~ *mit der Hacke lockern, zerkleinern, spalten;* Erde, Beete ~; er hackt gerade im Garten □ *sachar* **3** ⟨511/Vr 7 od. 611/Vr 5⟩ jmdn. od. jmdm. **in etwas** ~ *jmdn. mit einem Beil, einer Hacke od. einem ähnlichen Gegenstand verletzen;* ich habe mich, mir in den Finger gehackt; ich hackte ihm ins Bein □ *cortar* **4** ⟨411⟩ *mit dem Schnabel heftig picken;* der Vogel hackte nach mir; der Hahn hat mir, mich in die Hand gehackt □ *bicar; espicaçar*

Hacken ⟨m.; -s, -⟩ = *Hacke²*

Hacke|pe|ter ⟨m.; -s; unz.; umg.⟩ **1** *Hackfleisch* □ *carne moída* **2** ⟨Kochk.⟩ *Gericht aus rohem, gewürztem, mit Essig, Öl u. Zwiebeln vermischtem Hackfleisch, von Rind od. Schwein* □ **carne moída temperada (servida crua)*

Hack|fleisch ⟨n.; -(e)s; unz.⟩ **1** *rohes, kleingehacktes Fleisch* □ *carne moída* **1.1** aus jmdm. ~ machen (als Drohung) ⟨fig.⟩ *jmdn. gehörig verprügeln, energisch zurechtweisen* □ **fazer picadinho de alguém*

Hack|frucht ⟨f.; -, -früch|te; Landw.⟩ *Ackerfrucht, die zur Pflege behackt werden muss, z. B. Kartoffeln, Rüben, Mais, Gemüse* □ **plantas que precisam ser sachadas**

Häck|sel ⟨m. od. n.; -s; unz.⟩ *kleingehacktes Stroh, Heu od. Grünfutter (als Viehfutter od. Streu)* □ **palhiço**

häck|seln ⟨V. 500⟩ *Stroh ~ (mit Hilfe einer Maschine) zerkleinern, kleinhacken* □ **cortar; picar**

ha|dern ⟨V. 417; geh.⟩ **1** *mit jmdm. ~ streiten, rechten, jmdn. anklagen;* mit Gott ~; er hat mit seinen Kindern gehadert □ **brigar com alguém; acusar alguém 2** *mit etwas ~ sehr unzufrieden sein, etwas beklagen;* mit seinem Schicksal ~ □ ***estar descontente com alguma coisa**

Ha|des ⟨m.; -; unz; griech. Myth.⟩ *(nach dem Gott der Toten benanntes) Totenreich, Unterwelt* □ **Hades**

Ha|fen¹ ⟨m.; -s, Hä|fen⟩ **1** *geschützter, oft in einer Bucht gelegener Ort, wo die Schiffe anlegen;* Binnen~, Fluss~, See~, Handels~, Kriegs~; künstlicher, natürlicher ~; fremder, heimatlicher, sicherer ~; einen ~ anlaufen; in einen ~ einlaufen; aus dem ~ auslaufen □ **porto 2** ⟨unz.; a. fig.⟩ *Geborgenheit, geborgener Ort, Ziel, Ende eines Weges;* im sicheren ~ gelandet sein; der ~ der Ehe ⟨fig.; scherzh.⟩ □ **porto; refúgio 2.1** in den ~ der Ehe einlaufen *heiraten* □ ***casar(-se)**

Ha|fen² ⟨m.; -s, Hä|fen⟩ oberdt.⟩ *(bes. irdenes) Gefäß, Topf* □ **pote; vasilha; jarro**

Ha|fer ⟨m.; -s; unz.; Bot.⟩ **1** ⟨i. w. S.⟩ *Angehöriger einer Gattung der Süßgräser: Avena* □ **aveia 1.1** ⟨i. e. S.⟩ *Gemeiner ~ Getreidepflanze mit abstehenden Rispen u. gleichseitig angeordneten, zweiblütigen Ähren: Avena sativa;* oV **Haber;** Rispen~, Saat~, Zucht~ □ ***aveia-comum 2** jmdn. sticht der ~ ⟨fig.⟩ *jmd. ist übermütig* □ ***estar com o rei na barriga**

Ha|fer|flo|cken ⟨Pl.⟩ *in Blättchenform gepresste, von Spelzen gereinigte Haferkörner* □ **flocos de aveia**

Ha|ferl ⟨n.; -s, -n; österr.⟩ *größere Tasse (für Kaffee, Tee o. Ä.)* □ **caneca**

Haff ⟨n.; -s, -s⟩ *durch einen Landstreifen vom offenen Meer getrennter Küstensee* □ **laguna**

Haft ⟨f.; -; unz.⟩ **1** *Zustand des Verhaftetseins, polizeilicher Gewahrsam;* jmdn. aus der ~ entlassen; sich in ~ befinden; jmdn. (noch) in ~ behalten; in ~ sein; jmdn. in ~ nehmen; in ~ genommen werden □ **prisão; detenção 2** ⟨bis 1969⟩ *leichte Freiheitsstrafe, bei der der Gefangene einzeln od. mit anderen zusammen untergebracht sein kann;* Straf~; Einzel~, Gemeinschafts~, Schutz~, Untersuchungs~, Zivil~; ~anstalt; ~aussetzung; milde, strenge ~ □ **pena de detenção**

...haft ⟨Adj.; in Zus.⟩ *...artig, ...ähnlich, wie ein ...;* romanhaft, schalkhaft

Haft|an|stalt ⟨f.; -, -en⟩ *Gefängnis* □ **prisão; cadeia**

haft|bar ⟨Adj. 24/70; nur in den Wendungen⟩ **1** *für etwas ~ sein für etwas haften, bürgen, verantwortlich sein;* für einen Schaden ~ sein □ ***ser responsável por alguma coisa 2** jmdn. *für etwas ~ machen jmdn. für etwas verantwortlich machen;* der Leser wird für den Verlust des Buches ~ gemacht □ ***responsabilizar alguém por alguma coisa**

Haft|be|fehl ⟨m.; -(e)s, -e⟩ *schriftliche, richterliche Anordnung, jmdn. in Haft zu nehmen;* einen ~ erlassen □ **mandado de prisão**

haf|ten ⟨V.⟩ **1** ⟨400⟩ *etwas haftet hängt, sitzt fest, klebt;* das Pflaster haftet gut, schlecht, nicht; das Pflaster haftet an der Haut; an den Schuhen haftet Schmutz, Teer □ **aderir; colar; grudar 1.1** ⟨411⟩ *im Gedächtnis ~ eingeprägt bleiben* □ ***ficar gravado na memória 1.2 ~ bleiben** *hängen bleiben, kleben bleiben;* das Bonbon ist an den Zähnen ~ geblieben □ ***ficar grudado;** ⟨aber Getrennt- u. Zusammenschreibung⟩ ~ bleiben = haftenbleiben **2** ⟨800⟩ *für etwas od. jmdn. ~ bürgen, verantwortlich sein, bei Verlust dafür aufkommen;* Sie ~ mir dafür, dass nichts passiert; für einen Betrag, eine Summe ~ □ ***garantir alguma coisa; responder por alguma coisa ou alguém 2.1** *~der Gesellschafter G., der für Schulden mit seinem Vermögen aufkommt* □ ***sócio comanditado 2.1.1** *beschränkt ~der Gesellschafter G., der für Schulden nur in Höhe seines Anteils aufzukommen hat* □ ***sócio comanditário**

haf|ten|blei|ben *auch:* **haf|ten blei|ben** ⟨V. 114/411 (s.); fig.⟩ *eingeprägt bleiben (im Gedächtnis)* □ ***ficar gravado (na memória);** → a. **haften**

Häft|ling ⟨m.; -s, -e⟩ *jmd., der sich in Haft befindet; politische ~e;* die Flucht eines ~s □ **prisioneiro**

Häft|pflicht ⟨f.; -; unz.⟩ *Pflicht, für bestimmte Schulden od. Schäden aufzukommen;* eine ~versicherung abschließen □ **responsabilidade civil**

Haf|tung ⟨f.; -; unz.⟩ **1** *das Haften, Verpflichtung, für etwas zu haften;* (keine) ~ für etwas übernehmen; für abhandengekommene Garderobe wird keine ~ übernommen (Aufschrift auf Schildern in Gaststätten, Wartezimmern usw.) □ **responsabilidade;** → a. *Gesellschaft(6.2)*

Hag ⟨m.; -(e)s, -e od. schweiz. Hä|ge; veraltet.; geh.⟩ **1** *eingehegtes Grundstück* □ **cercado; tapada 1.1** *umgrenztes Waldgrundstück* □ **bosque 2** *Hain, kleiner Wald, Gesträuch, Buschwerk;* Rosen~ □ **bosquete; sebe**

Ha|ge|but|te ⟨f.; -, -n; Bot.⟩ *rötliche Scheinfrucht verschiedener (wilder) Rosen (das getrocknete Fruchtfleisch wird u. a. als Tee verwendet)* □ **baga da roseira-brava**

Ha|gel ⟨m.; -s; unz.⟩ **1** *Niederschlag in Form von Eisstückchen, die größer sind als Graupeln;* ~ vernichtete die Ernte; der ~ prasselte, trommelte an die Scheiben □ **granizo; saraiva 2** ⟨veraltet; Jägerspr.⟩ *Schrot* **escumilha 3** ⟨fig.⟩ *dichte Menge von niederprasselnden, harten Gegenständen, Flut;* Granat~, Bomben~, Stein~; ein ~ von Geschossen, Schimpfwörtern, Steinen □ **saraivada; torrente**

ha|geln ⟨V.⟩ **1** ⟨401⟩ *es hagelt Hagel fällt, Niederschlag fällt in Form von Hagel* □ ***está caindo granizo 1.1** *es hagelte Taubeneier* ⟨fig.⟩ *der herabfallende Hagel war so groß wie T.* □ ***caiu granizo do tamanho de um ovo 2** ⟨501 od. 400⟩ *es hagelt etwas od. etwas hagelt* ⟨fig.; umg.⟩ *etwas fällt dicht u. in großer Menge herab;* es hagelte Steine □ ***cair uma avalanche (de alguma coisa) 2.1** *etwas folgt in großer Menge auf- od. hintereinan-*

Hagelschlag

der; es hagelte Fragen, Proteste, Flüche; die Vorwürfe hagelten von allen Seiten ▫ **chover; saraivar**

Ha|gel|schlag ⟨m.; -(e)s, -schlä|ge⟩ *Hagel, Fallen von Hagel, heftiger Hagelschauer* ▫ **queda de granizo; saraivada**

ha|ger ⟨Adj.⟩ *groß od. lang u. mager, dürr, abgezehrt, schmal u. knochig;* ein ~es Gesicht; ein ~er Mensch; eine ~e Gestalt ▫ **magro; seco**

Ha|ge|stolz ⟨m.; -es, -e⟩ *älterer, etwas wunderlicher Junggeselle* ▫ **celibatário; solteirão**

Hä|her ⟨m.; -s, -⟩ *Bez. für verschiedene waldbewohnende Gattungen der Rabenvögel mit meist buntem Gefieder;* Eichel~; Unglücks~; Tannen~ ▫ **gaio**

Hahn ⟨m.; -(e)s, Häh|ne⟩ **1** ⟨Zool.⟩ *das männliche Tier vieler Arten u. Gattungen von Vögeln;* Auer~, Birk~, Finken~ **1.1** (i. e. S.) *männliches Tier der Haushühner,* → *Huhn(1.1)* ▫ **galo;** herumstolzieren wie ein ~ auf dem Mist ▫ ***fazer-se de entendido; dar uma de importante;** früh, wenn die Hähne krähen ▫ ***de manhã cedo, com o cantar do galo* **1.1.1** danach kräht kein ~ ⟨fig.⟩ *niemand kümmert sich darum, interessiert sich dafür* ▫ ***ninguém dá bola para isso* **1.2** ~ im Korbe sein ⟨fig.⟩ *der einzige Mann unter Frauen in einer Gesellschaft* ▫ ***ser o centro das atenções; estar num harém* **1.3** *Wetterfahne in Gestalt eines Hahnes(1.1);* Turm~; Wetter~ ▫ **galo de cata-vento/grimpa 2** ⟨Tech.⟩ *Vorrichtung zum Sperren u. Öffnen von Rohrleitungen;* Gas~, Wasser~; den ~ aufdrehen, öffnen, schließen, zudrehen; die Hähne putzen ▫ **torneira 3** *Hebel an Handfeuerwaffen zum Auslösen des Schusses;* Gewehr~ ▫ **gatilho 3.1** den ~ spannen *das Gewehr schussbereit machen* ▫ ***engatilhar**

Häh|nchen ⟨n.; -s, -⟩ **1** *junger Hahn* **1.1** *geschlachtetes Hähnchen (1), das als Speise zubereitet wird* (~filet, ~schenkel; Grill~); ein ~ braten, rupfen, essen ▫ **frango**

Hah|nen|fuß ⟨m.; -es; unz.; Bot.⟩ *einer Gattung der Hahnenfußgewächse angehörendes Kraut od. kleine Staude mit gelben od. weißen Blüten: Ranunculus;* Flutender ~; Knolliger ~; Kriechender ~; Scharfer ~; Brennender ~ ▫ **ranúnculo**

Hai ⟨m.; -(e)s, -e; Zool.⟩ *Angehöriger einer Ordnung der Knorpelfische, dessen Körper mit Schuppen bedeckt ist, die den Zähnen der höheren Wirbeltiere ähnlich u. in der Mundgegend vergrößert sind u. hier eine Fangu. Fressfunktion besitzen: Selachii;* Blau~, Tiger~, Menschen~ ▫ **tubarão**

Hain ⟨m.; -(e)s, -e⟩ **1** *kleiner lichter Wald;* Buchen~, Fichten~ ▫ **bosquete 2** ⟨Antike⟩ *einer Gottheit heiliger Wald, meist mit deren Tempel* ▫ **bosque sagrado**

Häk|chen ⟨n.; -s, -⟩ **1** *kleiner Haken;* das Bild hängt an einem ~ ▫ **ganchinho; colchete 2** ⟨Gramm.⟩ *Schriftzeichen in Form des Häkchens(1)* ▫ **sinal diacrítico 3** früh krümmt sich, was ein ~ werden will ⟨Sprichw.⟩ *die Charakteranlage zeigt sich früh* ▫ ***é de pequenino que se torce o pepino**

hä|keln ⟨V.⟩ **1** ⟨402⟩ (etwas) ~ *mit der Häkelnadel einen Faden zu Maschen verschlingen, die in Reihen aneinandergefügt werden;* eine Decke, einen Topf-lappen ~ ▫ **fazer crochê 2** ⟨417/Vr 3 od. Vr 4⟩ sich (mit jmdm.) ~ ⟨fig.; umg.⟩ *sich halb scherzhaft streiten* ▫ ***provocar alguém; gracejar com alguém**

ha|ken ⟨V.⟩ **1** ⟨511⟩ etwas in, an etwas ~ *mit einem Haken anhängen, befestigen, mit einem Haken fassen;* sie hat den Haken in die Öse gehakt; die Bergsteiger hakten die Seile an die Gürtel ▫ **enganchar; prender 2** ⟨411⟩ an etwas ~ ⟨umg.⟩ *wie an einem Haken festhängen, verklemmt sein;* der Schlüssel hakt an einer Stelle; die Angelschnur hat irgendwo gehakt ▫ ***estar/ficar enganchado/preso em alguma coisa**

Ha|ken ⟨m.; -s, -⟩ **1** *Holz- od. Metallstück mit gebogenem Ende, das dazu dient, einen Gegenstand aufzuhängen, zu ergreifen, festzuhalten, heran- od. wegzuziehen;* Bilder~, Kleider~ ▫ **gancho; escápula,** Karabiner~ ▫ **mosquetão;** Schnur~ ▫ **gancho;** Angel~ ▫ **anzol;** ein Bild hängt am ~; den Hut, Mantel an den ~ hängen; einen ~ ans Kleid nähen; die Jacke wird mit einem ~ geschlossen; den Hut, Mantel vom ~ nehmen ▫ **gancho; escápula 1.1** ~ und Öse *Verschluss für Kleider* ▫ ***colchetes (macho e fêmea)* **2** ⟨fig.⟩ *Schwierigkeit, Fehler, verborgenes Problem;* da steckt der ~! ▫ ***aí é que está o problema!;** die Sache hat einen ~ ▫ **dificuldade; complicação 3** ⟨fig.⟩ *Winkel, Ecke* ▫ **canto 3.1** einen ~ schlagen *plötzlich die Richtung ändern, bes. auf der Flucht, um Vorsprung zu gewinnen (Hase, a. von Personen)* ▫ ***mudar de direção* **4** *Schnörkel;* einen ~ an einen Buchstaben machen ▫ **rubrica; tique 5** *Schriftzeichen od. Teil davon;* U-~ ▫ **sinal; símbolo 6** ⟨Boxsp.⟩ *Schlag, bei dem die Armhaltung an die Form eines Hakens(1) erinnert;* Kinn-~; linker, rechter ~ ▫ **gancho 7** ⟨Jägerspr.⟩ **7.1** *Eckzahn im Oberkiefer des Rotwilds;* Hirsch-~ ▫ **dente canino superior 7.2** *Eckzahn der Wildsau im Ober- u. Unterkiefer* ▫ **presa 7.3** *Horn der Gämse* ▫ **chifre**

halb ⟨Adj. 24/90⟩ **1** *in zwei gleiche Teile geteilt, nur einen von zwei gleichen Teilen eines Ganzen umfassend, die Hälfte von;* ein ~es Kilo; ein ~es Brot; eine ~e Kartoffel; ein ~er Meter; die ~e Stadt; Kinder zahlen den ~en Preis; ein ~es Jahr; eine und eine ~e Stunde ▫ **meio; metade 1.1** alle ~en Stunden *in Abständen von 30 Minuten* ▫ ***de meia em meia hora* **1.2** die Uhr hat ~ geschlagen *die halbe Stunde, 30 Minuten nach der vollen Stunde* ▫ **meia hora 1.3** es ist ~ drei (Uhr) *die Hälfte der dritten Stunde ist vorbei* ▫ ***são duas e meia* **1.3.1** es ist fünf Minuten vor ~ (drei) *in fünf Minuten ist die Hälfte der (dritten) Stunde vorbei* ▫ ***são duas e vinte e cinco* **1.4** nur ~e Tage arbeiten *nur vier Stunden täglich* ▫ ***trabalhar apenas meio período* **1.5** auf ~em Wege, auf ~er Höhe *etwa in der Mitte des Weges, der Höhe* ▫ ***a meio caminho;* a meia altura 1.6** die ~e Stadt ist auf den Beinen ⟨fig.⟩ *viele (eigtl. die Hälfte) der Einwohner* ▫ **metade 1.7** eine Halbe *ein halbes Maß (Bier)* ▫ ***meio litro de cerveja* **1.8** ~ ~e machen ⟨umg.⟩ *(den Gewinn) zu zweit teilen* ▫ ***dividir meio a meio* **2** *zur Hälfte;* das Treffen war ~ amtlich, ~ privat ▫ **metade; meio 2.1** er war sein ~es Leben lang auf Reisen *während der Hälfte seines Lebens* ▫ **metade 3** ~ und ~

von beiden gleich viel, zu zwei gleichen Teilen; wie viel von beiden Flüssigkeiten soll ich nehmen? ~ und ~!; ein Pfund Gehacktes ~ Rind, ~ Schwein; ~ Wein, ~ Wasser □ **metade (de um) e metade (de outro)* **4** ~ ..., ~ ... *teils ... teils ...;* ~ hatte ich Angst, ~ trieb mich die Neugierde vorwärts □ **em parte..., em parte...** **4.1** bist du zufrieden? (Nur) ~ und ~ 〈umg.〉 *nicht sehr* □ **(só) mais ou menos* **4.2** ~ lachend, ~ ärgerlich *zugleich lachend und ärgerlich, zwischen beidem schwankend* □ **meio..., meio...**, **5** *nur einen Teil von etwas ausmachend;* mit ~er Kraft □ **parte de** 5.1 mit ~er Stimme sprechen *gedämpft reden* □ **falar a meia voz* 5.2 wenn du es so machst, hast du nur die ~e Arbeit *viel weniger A.* □ **metade** 5.3 mit ~er Geschwindigkeit *sehr langsam* □ **a meia velocidade* 5.4 nicht ~ so ... wie *in bedeutendem Maße weniger ... als;* ich kann nicht ~ so viel von dem, was du mir aufgegeben hast, essen; er ist (nicht) ~ so fleißig, groß wie du □ **nem metade daquilo que...* **6** 〈fig.〉 *fast, beinahe;* die Frist ist schon ~ vorbei, ~ um 〈umg.〉; der Lärm macht mich ~ krank 〈umg.〉; sich ~ totlachen 〈fig.; umg.; scherzh.〉 □ **quase;* frisch gewagt, ist ~ gewonnen 〈Sprichw.〉 □ **quem não arrisca não petisca* 6.1 er schlief noch ~ 〈umg.〉 *er war noch nicht richtig munter* □ **ele ainda não acordou direito* 6.2 er ist ja noch ein ~es Kind *noch nicht erwachsen* □ ⌀ 6.3 der Junge ist schon ein ~er Elektriker *versteht schon eine Menge von der Elektrizität* □ **o rapaz já é quase um eletricista* 6.4 ein ~er **Ton** *kleinste Tonstufe der diatonischen Tonleiter* □ **um semitom* **7** 〈fig.; umg.〉 *nicht ganz, nicht richtig, nicht ordentlich, nicht gründlich;* ~ angezogen; du hast wieder nur ~ aufgegessen; er hat die Sache nur ~ verstanden; er macht alles nur ~; nur ~ zuhören □ **pela metade** 7.1 diese Arbeit ist nichts Halbes und nichts Ganzes *nicht ordentlich, nicht gründlich gemacht* □ **esse trabalho é insuficiente* 7.2 nur mit ~em Ohr zuhören *nicht richtig, nicht aufmerksam* □ **ouvir pela metade* 7.3 eine ~e Maßnahme *eine ungenügende M.* □ **insuficiente;** pela metade 7.4 wenn er sein Auto, seinen Computer nicht hat, ist er nur ein ~er Mensch 〈umg.; scherzh.〉 *ist er nicht zufrieden, fühlt er sich nicht wohl, fehlt ihm Wesentliches* □ **incomplete 8** 〈Getrennt- u. Zusammenschreibung〉 8.1 ~ **blind** = halbblind 8.2 ~ **reif** = halbreif 8.3 ~ **roh** = halbroh 8.4 ~ **tot** = halbtot 8.5 ~ **voll** = halbvoll

halb... 〈in Zus.〉 **1** *zur Hälfte* **2** 〈umg.〉 *nicht ganz, zum Teil*

halb|amt|lich 〈Adj. 24〉 **1** *nicht amtlich, jedoch unter Mitwirkung von amtlichen Mitarbeitern verbreitet, noch nicht ganz offiziell;* ~e Informationen, Verlautbarungen □ **oficioso; semioficial;** 〈aber Getrenntschreibung〉 halb amtlich → a. *halb(2)*

halb|blind auch: **halb blind** 〈Adj. 24〉 *fast erblindet, schlecht sehend* □ **meio cego**

hal|ber 〈Präp. mit Gen.〉 *wegen, um ... willen;* der Bequemlichkeit ~; wichtiger Geschäfte ~ □ **por causa de; devido a**

Halb|heit 〈f.; -, -en〉 *etwas Halbes, Unvollkommenes, Unzulängliches, Mangelhaftes;* sich nicht mit ~en zufriedengeben □ **imperfeição; insuficiência**

hal|bie|ren 〈V. 500〉 *etwas* ~ *in gleiche Hälften teilen;* einen Apfel, Kuchen ~ □ **partir; dividir ao meio**

halb|leer auch: **halb leer** 〈Adj. 24/60〉 *nur zur Hälfte geleert;* ein ~es Glas; die Flasche, das Glas, der Eimer ist ~ □ **metade vazio**

halb|mast 〈Adv.〉 *(als Zeichen der Trauer) nur bis auf halbe Höhe des Fahnenmastes hochgezogen* (Fahne); (auf) ~ flaggen; die Flaggen (auf) ~ setzen □ **a meio pau**

halb|reif auch: **halb reif** 〈Adj. 24/70〉 *nicht ganz reif;* ~e Äpfel; die Äpfel sind erst ~ □ **não totalmente maduro; meio verde**

halb|roh auch: **halb roh** 〈Adj. 24/70〉 *noch nicht gar, nur halb gekocht;* ~es Fleisch □ **meio cru; malpassado**

halb|tot auch: **halb tot** 〈Adj. 24〉 **1** *fast tot, zu Tode erschöpft, unfähig, sich zu bewegen;* ein ~es Tier; er war schon ~ □ **esgotado; exausto;** ich war ~ vor Angst □ **quase morri de medo*

halb|voll auch: **halb voll** 〈Adj. 24/70〉 *nur zur Hälfte gefüllt;* ein ~er Teller; das Glas ist ~ □ **metade cheio**

halb|wegs 〈Adv.; fig.; umg.〉 *ungefähr, einigermaßen;* ~ gutes, schönes Wetter; etwas ~ ordentlich machen □ **mais ou menos; razoavelmente**

Halb|welt 〈f.; -; unz.〉 *elegante, aber anrüchige, zwielichtige Gesellschaftsschicht* □ **demi-monde; gente de reputação duvidosa**

halb|wüch|sig 〈[-ks-] Adj. 24/70〉 *noch nicht erwachsen;* ein ~er Bursche, ~es Mädchen □ **adolescente**

Halb|wüch|si|ge(r) 〈[-ks-] f. 2 (m. 1)〉 *junger Mensch, der nicht mehr Kind, aber auch noch nicht erwachsen ist;* die Probleme der ~n; randalierende ~ zerstörten die Absperrung □ **adolescente**

Halb|zeit 〈f.; -, -en; Sp.〉 *halbe Spielzeit (bei sportlichen Wettkämpfen, bes. bei Mannschaftsspielen);* erste, zweite ~ □ **meio-tempo**

Hal|de 〈f.; -, -n〉 **1** 〈geh.〉 *abfallende Seite eines Berges, Abhang;* eine steile, steinige ~ □ **encosta; vertente 2** *Hügel aus Schutt od. Schlacken, taubem Gestein;* Schutt~, Kohlen~, Trümmer~; Gestein auf die ~ fahren, kippen □ **entulho; escória**

Hälf|te 〈f.; -, -n〉 **1** *einer von zwei gleichen Teilen eines Ganzen;* die eine und die andere ~; einen Apfel in zwei ~n teilen; die ~ der Wand wird von einem Schrank verdeckt; er hat den Apfel zur ~ gegessen; ich habe nur die ~ von dem gehört, verstanden, was er gesagt hat □ **metade 1.1** um die ~ **kleiner** *halb so groß* □ **metade do tamanho* 1.2 um die ~ **größer** *einundeinhalb Mal so groß* □ **uma vez e meia maior* 1.3 zur ~ *halb* □ **pela metade* 1.4 die kleinere ~ 〈umg.〉 *etwas weniger als die H.* □ **menos da metade* 1.5 die größere ~ 〈umg.〉 *etwas mehr als die H.* □ **mais da metade* 1.6 meine bessere ~ 〈fig.; umg.; scherzh.〉 *meine Frau (bzw.) mein Mann* □ **minha cara-metade* **2** 〈umg.〉 die ~ einer **Strecke, Fläche** *die Mitte;* bis zur ~ des Weges gehen; auf der ~ des

Halfter

Weges umkehren; einen Bogen Papier genau in der ~ durchschneiden ◻ **metade; meio**

Half|ter¹ ⟨m. od. n.; -s, - od. (veraltet) f.; -, -n⟩ *Zaum ohne Gebiß;* ein Pferd am ~ führen ◻ **cabresto**

Half|ter² ⟨n.; -s, - od. f.; -, -n⟩ *Satteltasche für Pistolen; Pistolen~* ◻ **coldre**

Hall ⟨m.; -(e)s; unz.⟩ **1** ⟨geh.⟩ *das Hallen, dröhnender Ton od. Klang, Schall;* Donner~; der ~ der Posaunen ◻ **ressonância; estrondo 2** *Widerhall, Echo, Nachhall;* der ~ seiner Stimme ◻ **reverberação; eco**

Hal|le ⟨f.; -, -n⟩ **1** *großer, hoher Raum, Saal* ◻ **salão**; Ausstellungs~◻ ***pavilhão de exposições**, Bahnhofs~ ◻ ***átrio da estação**, Fabrik~ ◻ ***fábrica**, Flugzeug~ ◻ ***hangar**, Lager~ ◻ **entreposto**, Markt~ ◻ ***mercado**, Turn~ ◻ ***ginásio desportivo**; Verkaufs~ ◻ ***estande; loja**, Werk~ ◻ ***oficina**; die Maschinen sind in der ersten ~ aufgestellt ◻ **galpão; barracão 2** *großer Empfangsraum in Geschäftshäusern;* jmdn. in der ~ empfangen ◻ **saguão; hall 3** *Empfangs- und Aufenthaltsraum in Hotels;* bitte warten Sie in der ~ ◻ **saguão; lobby 4** *weiträumiger Säulengang;* Säulen~; in diesen heiligen ~n ⟨poet.⟩ ◻ **pórtico; peristilo**

hal|le|lu|ja! ⟨Int.⟩ *lobet den Herrn! (Ruf in Kirchenliedern, Psalmen u. Ä.)* ◻ **aleluia**

hal|len ⟨V. 400⟩ *dröhnend od. hohl tönen, schallen, klingen;* seine Stimme hallte in dem Gewölbe; seine Schritte hallten durch die Nacht ◻ **ressoar; ecoar**; ~des Gelächter, Getöse; die ~den Räume eines Schlosses ◻ **retumbante; reverberante**

Hal|len|bad ⟨n.; -(e)s, -bä(der)⟩ *Badeanstalt in einem Gebäude;* Ggs *Freibad* ◻ **piscina coberta**

Hal|lo ⟨n.; -s, -s⟩ *Lärm, Aufregung, freudiges od. überraschtes Durcheinander, Stimmengewirr;* es gab ein großes ~, als er kam; er wurde mit lautem ~ begrüßt ◻ **algazarra; alvoroço**

hal|lo! ⟨Int.⟩ **1** ⟨a. [-'-]⟩ *Ausruf der Begrüßung, der freudigen Überraschung (beim unerwarteten Aufeinandertreffen);* ~! Wie geht's?; ~! Du hier?; ~! Was machst du denn hier? ◻ **olá; oi 2** *Ruf, um jmdn. auf sich aufmerksam zu machen, dessen Namen man nicht weiß;* ~, Sie! ⟨umg.⟩ ◻ **ei 3** *Ruf od. Frage am Telefon, wenn man sich meldet, zum Zeichen der Anwesenheit od. wenn man wissen will, ob der andere Teilnehmer (noch) hört;* ~, hören Sie mich noch? ◻ **alô 4** *Ruf, um Aufmerksamkeit zu erregen, wenn niemand in der Nähe ist, im Wald, beim Eintritt in einen leeren Raum usw.;* ~? Ist jemand dort? ◻ **oi; alô**

Hal|lu|zi|na|ti|on ⟨f.; -, -en⟩ *trügerische, als real empfundene Wahrnehmung, Sinnestäuschung (z. B. nach der Einnahme von Drogen);* an, unter ~en leiden ◻ **alucinação**

Halm ⟨m.; -(e)s, -e⟩ *hohler, durch quer gestellte Scheidewände gegliederter Stängel von Gräsern u. Getreide;* lange, geknickte ~e ◻ **talo; caule 1.1** die **Ernte auf dem ~ (ver)kaufen** *Getreide kaufen od. verkaufen, ehe es geerntet ist* ◻ ***comprar/vender a colheita no pé**

Ha|lo|gen ⟨n.; -s, -e; Chem.⟩ *Element aus der 7. Hauptgruppe des Periodensystems der Elemente (Fluor, Jod, Chlor, Brom, Astat)* ◻ **halógeno**

Ha|lo|gen|lam|pe ⟨f.; -, -n⟩ *sehr leistungsfähige Glühlampe mit kleinem Glühkolben, das Füllgas ist mit einem Zusatz von Halogen (Brom od. Jod) versehen* ◻ **lâmpada halógena**

Hals ⟨m.; -es, Häl|se⟩ **1** (i. w. S.) *sich verjüngender Teil des Körpers od. der Organe, die meist die Verbindung zu anderen Teilen bilden: Cervix* ◻ **pescoço; cerviz 2** ⟨i. e. S.⟩ *schmales Verbindungsstück von Rumpf u. Kopf bei Mensch u. Tier;* mir tut der ~ (beim Schlucken) weh; das Herz schlug mir bis zum ~ (herauf); der Bissen, die Gräte blieb ihm im ~e stecken ◻ **garganta**; → a. *haben(4.3)* **2.1** ~- und **Beinbruch!** *alles Gute* ◻ ***boa sorte! 2.2 ~ über Kopf** *überstürzt, zu eilig* ◻ ***precipitadamente; à toda 2.3** jmdm. um den ~ **fallen** *jmdn. umarmen* ◻ ***abraçar alguém 2.4** jmdm. weinend **am ~ hängen** *jmdn. weinend umarmen* ◻ ***depedurar-se chorando no pescoço de alguém 2.5** jmd. bricht jmdm. den ~ *tötet jmdn.* ◻ ***quebrar o pescoço de alguém 2.5.1** jmd. bricht sich den ~ *stirbt, bricht sich das Genick* ◻ ***fraturar o pescoço 2.5.2** einem Vogel den ~ **umdrehen** *den V. Töten* ◻ ***torcer o pescoço de uma ave 2.6** sich nach etwas od. jmdm. den ~ **verrenken** *angestrengt od. neugierig nach etwas od. jmdm. Ausschauen* ◻ ***esticar o pescoço para ver alguma coisa 2.7** sich einem Mann an den ~ **werfen** ⟨umg.⟩ *ihm nachlaufen, sich ihm aufdrängen (Mädchen)* ◻ ***correr atrás de um homem; ficar no pé de um homem 3** *Kehle;* der ~ schmerzt mich, ist entzündet ◻ **garganta 3.1** er kann den ~ nicht voll genug kriegen ⟨umg.⟩ *er kann nicht genug kriegen, ist unersättlich* ◻ ***ele nunca está satisfeito 4** ⟨fig.⟩ *enger, schmaler, oberer Teil an Flaschen, Musikinstrumenten, Säulen u. a.;* Flaschen~ ◻ **gargalo; braço; astrágalo 5** ⟨fig.⟩ **5.1** jmdm. mit etwas **vom ~e gehen, bleiben** ⟨umg.⟩ *jmdn. mit etwas in Ruhe lassen, verschonen;* bleib mir (damit) vom ~e ◻ ***deixar alguém em paz 5.2** sich etwas od. jmdn. **vom ~e schaffen** *sorgen, dass man etwas od. jmdn. loswird* ◻ ***livrar-se/desvencilhar-se de alguma coisa ou alguém 5.3** sich etwas **auf den ~ laden** ⟨umg.⟩ *etwas Belastendes übernehmen* ◻ ***sobrecarregar-se com alguma coisa 5.4** jmdn. **auf dem ~(e) haben** ⟨umg.⟩ *jmdn. zu Besuch haben od. für jmdn. sorgen müssen, der einem lästig ist* ◻ ***ter visita em casa; ter de cuidar de alguém 5.5** jmdm. jmdn. **auf den ~ hetzen** *zu jmdm. jmdn. schicken, der dort unerwünscht ist* ◻ ***mandar um chato importunar alguém 5.6** es hängt, wächst mir zum ~(e) **heraus** ⟨umg.⟩ *ich habe es satt* ◻ ***estou farto disso 5.7** bis an den ~ **ganz und gar** ◻ ***até o pescoço 5.7.1** das Wasser reicht ihm bis an den ~ ⟨a. fig.⟩ *er hat große (bes. finanzielle) Schwierigkeiten* ◻ ***ele está com a corda no pescoço 5.7.2** etwas bis an den ~ satt haben *ganz u. gar satt haben* ◻ ***estar farto de alguma coisa 5.7.3** bis an den ~ in Schulden stecken *überschuldet sein, große S. haben* ◻ ***estar com dívidas até o pescoço 6** ⟨Jägerspr.⟩ *Gebell (des Hundes)* ◻ **latido 6.1** ~ **geben** ⟨Jägerspr.⟩ *bellen, anschlagen (vom Hund)* ◻ ***ladrar; latir**

Hals|ab|schnei|der ⟨m.; -s, -; umg.⟩ *Wucherer;* ein gerissener ~ ◻ **usurário; agiota**

hals|bre|che|risch ⟨Adj.⟩ *so beschaffen, dass man sich den Hals dabei brechen kann, tollkühn, lebensgefährlich;* eine ~(e) Klettertour, Geschwindigkeit □ **arriscado; perigoso**

Hals|schmer|zen ⟨Pl.⟩ *durch eine Entzündung (häufig der Rachenmandeln) entstandene Schmerzen im Hals;* aufgrund von ~ nicht schlucken können □ **dor de garganta**

hals|star|rig ⟨Adj.; abwertend⟩ *eigensinnig, dickköpfig;* ein ~er Mensch; ~ sein, bleiben □ **teimoso; cabeça-dura**

halt¹ ⟨Adv.; Partikel; süddt.⟩ *einfach, eben, nun einmal;* ich möchte es ~ gar zu gern!; wenn es nicht geht, musst du es ~ seinlassen; wir müssen es ~ versuchen □ **simplesmente**

halt² **1** ⟨Imperativ von⟩ *halten;* laut halt/Halt rufen; ~!, wer da? (Ruf u. Frage des Postens) □ **pare**; Abteilung ~! ⟨militär. Kommando⟩ □ **alto**; → a. *Halt (1)* **2** ⟨Int.⟩ ~! *still!, genug!, aufhören!* □ **alto lá!; pare!**

Halt¹ ⟨m.; -(e)s; Pl. selten⟩ **1** *das Anhalten, Stillstand;* jmdm. ~ gebieten □ ***mandar alguém parar;*** ein lautes ~ rufen □ ***gritar para (alguém) parar*** **2** *Stütze;* (mit den Händen od. Füßen beim Klettern) keinen ~ finden; er suchte ~ am Geländer □ **apoio; sustentação** **3** *fester Stand, Standfestigkeit;* den ~ verlieren; einem Baum durch einen Pfahl ~ geben; das Regal hat so keinen od. zu wenig ~ □ **firmeza; estabilidade** **4** ⟨fig.⟩ *(Person, die jmdm.) Stütze od. Rückhalt (ist);* er ist ihr einziger ~ (im Leben) gewesen; innerer ~; moralischer ~; einen (inneren) ~ an jmdm. haben; ein Mensch ohne inneren, ohne jeden ~; den ~ verlieren; bei jmdm. ~ suchen, finden □ **amparo; equilíbrio** **5** ⟨Getrennt- u. Zusammenschreibung⟩ 5.1 ~ machen = *haltmachen*

Halt² ⟨m.; -(e)s; unz.; schweiz.⟩ *Umfang, Größe (von Landbesitz);* eine Parzelle im ~ von 2500 m² □ **área; extensão**

halt|bar ⟨Adj.⟩ **1** *so beschaffen, dass es lange hält, dauerhaft, fest, stark, widerstandsfähig;* etwas ~ verpacken □ ***fazer um pacote resistente;*** Lebensmittel ~ machen □ ***conservar alimentos;*** ~e Lebensmittel □ **não perecível 2** ⟨40⟩ *eine Sache ist nicht ~ ist nicht aufrechtzuerhalten;* diese Behauptung, These ist nicht ~ □ **sustentável**

hal|ten ⟨V.160⟩ **1** ⟨500⟩ 1.1 ein **Lebewesen** oder etwas ~ *mit den Händen erfassen u. veranlassen, dass jmd. od. etwas den Ort nicht verändert;* ein Kind ~; den Korb ~; ein Möbelstück (beim Umräumen) ~; das Steuer richtig ~; das Messer am Griff ~; das Kind im Arm ~; einen Gefangenen in der Hand ~; hal-tet den Dieb! □ ***pega ladrão!;*** ich kann den Hund, das Pferd nicht mehr ~ □ **segurar; deter** 1.2 ⟨511⟩ 1.2.1 jmdn. od. einen Gegenstand **an** einem **Ort** ~ *veranlassen, dass er einen O. nicht verlässt* □ **segurar; deter** 1.2.2 jmdn. an einem Körperteil ~ *anfassen und nicht wieder loslassen (um jmdn. zu stützen od. zu führen);* das Kind an (bei) der Hand ~ 1.3 **Harn, Wasser** nicht mehr ~ können *urinieren müssen* □ **segurar** 1.4 ⟨511⟩ etwas in Richtung von etwas ~ *etwas in R.*

von etwas, in eine bestimmte Lage bringen; etwas in die Höhe ~; ein Stück Papier gegen das Licht ~; die Hand vor den Mund, vor die Augen ~ □ **manter; segurar** 1.5 jmd. ist nicht zu ~ ⟨fig.⟩ *ist ungeduldig, aufgeregt, kann nicht länger warten* □ ***ninguém o segura;*** es gab kein Halten mehr □ ***já não dava para segurar*** **2** ⟨500⟩ *erfüllen, einhalten, sich richten nach* 2.1 den **Kurs**, die **Richtung** ~ *nicht verändern, beibehalten* □ **seguir; manter** 2.1.1 der Jagdhund hält die **Fährte** *verfolgt die F. unbeirrt* □ **seguir** 2.2 jmd. hält einen **Rekord** *hat die höchste beobachtete Leistung erzielt* □ **manter** 2.3 die **Wärme** ~ *bewahren;* die Glut im Ofen ~ □ **conservar** 2.4 den **Ton**, den **Takt** ~ ⟨Mus.⟩ *die richtige Tonlänge, den richtigen Takt einhalten* □ **manter; seguir** 2.5 sein **Wort, Versprechen** ~ *tun, was man versprochen hat* □ **manter; cumprir** 2.6 *haben, bewahren, machen;* Ordnung ~ □ **manter;** Rast, Ruhe ~ □ ***descansar; manter a calma;*** Mittagsschlaf ~ □ ***fazer a sesta;*** Wache ~ □ ***montar guarda*** 2.6.1 **Hochzeit** ~ *feiern* □ **celebrar** 2.6.2 eine **Rede** ~ *eine R. Vortragen;* einen Vortrag, eine Predigt ~ □ **fazer; proferir** 2.6.3 **Unterricht** ~ *unterrichten* □ ***dar aula*** 2.6.4 **Gebote** ~ *erfüllen, einhalten, sich nach den G. richten* □ **seguir; obedecer;** Diät ~, Festtage ~ □ **fazer; observar** 2.6.5 kein **Maß** ~ *unmäßig sein* □ ***não ter medida;*** ⟨aber⟩ → a. *maßhalten* 2.6.6 **Frieden** mit jmdm. ~ *den F. bewahren, in F. mit jmdm. Leben* □ ***viver em paz com alguém*** 2.6.7 ⟨500/Vr 7⟩ die **Soldaten** ~ eine **Stellung** *behaupten, verteidigen eine S. mit Erfolg;* die Truppen halten sich, die Stadt, den Berg □ **manter** 2.7 ⟨503⟩ (jmdm.) die **Treue** ~ *treu bleiben* □ ***permanecer fiel a (alguém)*** 2.8 ⟨503 od. 505⟩ **(mit jmdm. Freundschaft)** ~, (jmdm.) die Freundschaft ~ *mit jmdm. freundschaftlich verbunden bleiben* □ **manter** 2.9 ⟨505⟩ **Gericht** (über jmdn.) ~ *zu G. sitzen und Recht sprechen, verhandeln (über jmdn.), jmdn. vernehmen, verhören* □ ***julgar (alguém)*** **3** ⟨503/Vr 5⟩ 3.1 (sich) **Tiere** ~ *aufziehen, pflegen, als Haustiere haben;* sie ~ (sich) Kaninchen, Hühner, Pferde □ **criar** 3.2 ⟨530/Vr 1⟩ **sich** jmdn. ~ *gegen Bezahlung für sich arbeiten lassen, unterhalten;* sich Angestellte, einen Chauffeur ~; er hält sich eine Geliebte □ **empregar/manter alguém** **4** ⟨500/Vr 3⟩ 4.1 **Lebensmittel, Pflanzen** ~ *sich bleiben frisch, verderben nicht;* die Rosen ~ sich lange □ **conservar-se** 4.2 jmd. hält sich (auf einem Posten) *lässt sich nicht verdrängen* □ **manter-se** 4.2.1 ⟨511/Vr 3⟩ sich **rechts, links** ~ *immer nach rechts, links gehen, fahren* □ ***pegar sempre a direita/esquerda*** 4.2.2 ⟨511/Vr 3⟩ sich **rechts, links** ~ *immer auf der rechten, linken Seite gehen* □ ***manter-se à direita/esquerda*** 4.3 ein **Zustand** hält sich *ein Z. bleibt, verändert sich nicht;* das gute Wetter wird sich ~ 4.4 ⟨513/Vr 3⟩ **sich** in einer bestimmten Weise ~ *in einem bestimmten Zustand bleiben;* sich aufrecht ~ □ **manter-se** 4.4.1 die Truppe hat sich gut, tapfer gehalten *die T. hat sich g., t. verteidigt* □ **resistir** 4.5 ⟨550/Vr 3⟩ **sich an** jmdn. ~ 4.5.1 sich an jmdn. wenden, jmdn. fragen □ ***dirigir-se a alguém***

Halter

4.5.2 *in jmds. Nähe bleiben* □ *manter-se perto de alguém 4.5.3 ⟨fig.⟩ *jmdn. verantwortlich, haftbar machen* □ *responsabilizar alguém 5 ⟨518⟩ **jmdn.** od. **etwas für jmdn.** od. **etwas** ~ *annehmen, dass es um eine bestimmte Sache oder Person geht; ich habe dich immer für meinen Freund gehalten; ich halte das Bild für eine Radierung; für wen ~ Sie mich?;* □ **considerar; julgar; tomar por** 5.1 ⟨513⟩ **jmdn.** od. **etwas für ...** ~ *meinen, denken, dass jmd. od. etwas eine bestimmte Eigenschaft hat; ich halte es für gefährlich; er möchte nicht für unzuverlässig gehalten werden; etwas für falsch, richtig, gut, schlecht ~; für wie alt ~ Sie mich?; ich halte dafür, dass wir jetzt gehen* □ **considerar; achar; julgar** 5.2 ⟨550⟩ **etwas von** einer **Sache** ~ *eine Meinung über eine S. haben; davon halte ich nicht viel* □ **pensar; achar** 5.3 ⟨550/Vr 3⟩ **sich an** eine **Regel** ~ *eine R. beachten, einhalten; sie ~ sich an die Gesetze, Vorschriften* □ *observar uma regra; ater-se a uma regra 6 ⟨unpersönl.⟩ 6.1 ⟨517⟩ **jmd.** hält es **mit jmdm.** *hat jmdn. gern, verkehrt viel mit jmdm.; er hält es mit den Mädchen* □ *entender-se bem com alguém 6.2 ⟨553⟩ **jmd.** hält es mit einer **Sache** ... *verhält sich in einer Angelegenheit ...* □ *lidar com alguma coisa; agir em relação a alguma coisa; ~ *Sie es damit, wie Sie wollen* □ *faça como bem entender 6.3 ⟨513⟩ es immer **so** ~ (dass ...) *es so zu machen pflegen, es immer so machen (, dass ...); wir haben es immer so gehalten, dass die Kinder zuerst gehen* □ *sempre fazer com que...; sempre deixar... 7 ⟨513⟩ etwas **in** einem **Zustand** ~ *veranlassen, dass sich der Z. nicht ändert; die Fenster geschlossen ~; das Essen warm, Getränke kalt ~* □ **manter; conservar;** ⟨abg.⟩ → a. *warmhalten* 7.1 **etwas** ~ , *wie man will tun, machen* □ **fazer** 7.2 **jmdn.** streng ~ *behandeln* □ *ser rígido com alguém 7.3 einen **Gegenstand** in bestimmten **Farben** ~ *nur bestimmte F. für einen G. verwenden; der Raum ist ganz in Gelb gehalten* □ *decorar um objeto com determinada cor 8 ⟨400⟩ 8.1 ein **Fahrzeug** od. jmd. hält *bleibt stehen, fährt nicht weiter; der Zug hält auf freier Strecke; an der Kreuzung ~; den Fahrer ~ lassen; einen Augenblick ~; den Wagen, Zug zum Halten bringen; es gab kein Halten mehr, alle liefen weg* □ **parar** 8.2 **etwas** hält *ist dauerhaft, widerstandsfähig, hat Bestand; die Brücke, der Knoten, das Seil, der Tisch, Stuhl hält; das Eis hält nicht; das wird jetzt ~; diese Freundschaft hält* □ **durar; resistir** 8.3 ⟨800⟩ 8.3.1 **an sich** ~ *sich beherrschen, ruhig bleiben; er konnte nicht mehr an sich ~, er musste dazwischenfahren* □ **conter-se; dominar-se** 8.3.2 **auf jmdn.** od. **etwas** ~ *den Wert einer Person od. Sache erkennen u. sie schätzen u. (od.) sorglich behandeln; auf Ordnung, auf gute Kleidung ~; viel, große Stücke auf jmdn. ~* □ *dar valor/importância a alguém ou alguma coisa 8.3.3 **auf sich** ~ 8.3.3.1 *sich pflegen, gut kleiden, gesund leben* □ *cuidar-se 8.3.3.2 *auf seinen Ruf achten* □ *cuidar da própria reputação 8.4 **zu jmdm.** ~ *jmdm. beistehen, jmds. Partei ergreifen* □ *estar/ficar do lado de alguém; tomar partido de alguém

Hal|ter ⟨m.; -s, -⟩ **1** *Teil eines Gegenstandes, an dem man diesen anfassen u. festhalten kann, Griff, Stiel; das Gerät hat einen ~ aus Holz* □ **cabo; punho; asa 2** *Vorrichtung, die etwas festhält; Feder~* □ *caneta, *Strumpf~* □ *liga, *Werkzeug~; den Feuerlöschapparat an einem ~ anbringen* □ **suporte 3** *Besitzer, Verfügungsberechtigter (von Kraftfahrzeugen, Haustieren); Fahrzeug~, Hunde~, Pferde~, Vieh~; für den Schaden ist der ~ des Wagens verantwortlich* □ **proprietário**

Hal|te|rin ⟨f.; -, -rin|nen⟩ *weibl. Halter(3)* □ **proprietária**

Hal|te|stel|le ⟨f.; -, -n⟩ *Stelle zum Ein- u. Aussteigen, Station (Bus-, Straßenbahn~)* □ **parada; ponto**

...hal|tig ⟨in Zus.; zur Bildung von Adj.⟩ **1** *etwas, einen bestimmten Stoff enthaltend, z. B. eisen~, kohlensäure~* **2** *etwas in einer bestimmten Menge enthaltend, z. B. reich~*

halt|los ⟨Adj.⟩ **1** *ohne inneren, unbeständig, wankelmütig; ein ~er Mensch; sie ist ~* □ **inconstante; volúvel 2** ⟨70⟩ *ohne feste Grundlage od. Begründung, unhaltbar; eine ~e Behauptung; dieses Gerücht ist völlig ~* □ **infundado; inconsistente**

halt|ma|chen auch: **Halt ma|chen 1** ⟨V. 400⟩ *anhalten, stehen bleiben, Rast machen; vor der Schule ~; wir machten auf halber Strecke halt/Halt* □ **parar; deter-se 2** ⟨V. 800⟩ **vor jmdm.** od. **einer Sache** ~ ⟨fig.⟩ *zurückschrecken, innehalten, zögern; er macht vor nichts halt/Halt* □ **recuar; hesitar**

Hal|tung ⟨f.; -, -en⟩ **1** ⟨unz.⟩ ~ **von Tieren** *das Halten(3.1); Vieh~; Pferde~* □ **criação 2** ⟨Pl. selten⟩ *Körperstellung im Sitzen, Stehen, Gehen, bei Bewegung; bequeme, lässige, stramme ~; eine aufrechte, gute, schlechte, krumme ~ haben; in gebückter ~* □ **posição; postura** 2.1 ~ *annehmen, einnehmen sich geraderichten, strammstehen; militärische ~ einnehmen* □ *tomar a posição de sentido **3** ⟨Pl. selten; fig.⟩ *Benehmen, Verhalten; vornehme ~; feste, sichere ~* □ **conduta; comportamento 4** ⟨unz.⟩ *Selbstbeherrschung, Fassung, die sich im Verhalten kundtut; die ~ verlieren; seine ~ bewahren* □ **autocontrole; compostura 5** ⟨Pl. selten⟩ *Einstellung(4), Gesinnung; geistige, sittliche ~; anständige, klare, reservierte, vernünftige, undurchsichtige, vorbildliche ~* □ **posição; opinião**

Ha|lun|ke ⟨m.; -n, -n; abwertend⟩ **1** ⟨abwertend⟩ *Schurke, Betrüger, Gauner; dieser ~ hat meine Geldbörse gestohlen; überall Gauner und ~* □ **malandro; vigarista 2** ⟨scherzh.; umg.⟩ *Schlingel, frecher Kerl; welcher ~ hat mir die Wurst vom Brot geklaut?* □ **malandro; atrevido**

Hä|ma|tom ⟨n.; -s, -e; Med.⟩ *Bluterguss* □ **hematoma**

Ham|bur|ger ⟨m.; -s, -⟩ **1** *Einwohner der Stadt Hamburg* □ **hamburguês 2** ⟨engl. [hæmbœːgə(r)]⟩ *gebratener Hackfleischklops zwischen zwei Brötchenhälften* □ **hambúrguer**

Hä|me ⟨f.; -; unz.⟩ *Gehässigkeit, Missgunst, Bosheit; seinem Gegner stand die ~ ins Gesicht geschrieben* □ **maldade; malícia**

hä|misch ⟨Adj.⟩ *hinterhältig, schadenfroh, bösartig u. gleichzeitig triumphierend;* ~ *grinsen, lachen;* ~e *Bemerkungen über jmdn. od. etwas machen* □ **(de modo) maldoso/malicioso**

Ham|mel ⟨m.; -s, -⟩ **1** *kastrierter Schafbock* □ **carneiro castrado 1.1** *Fleisch vom Hammel(1); heute gab es* ~ □ **carne de carneiro 2** *du* ~! ⟨Schimpfwort⟩ *Dummkopf* □ **imbecil; idiota**

Ham|mel|sprung ⟨m.; -(e)s, -sprün|ge; Pol.⟩ *Abstimmung im Parlament, indem alle Abstimmenden den Saal verlassen u. ihn in zwei bzw. drei Gruppen (nach Ja- u. Neinstimmen und Stimmenthaltungen) getrennt wieder betreten* □ **votação por grupos**

Ham|mer ⟨m.; -s, Häm|mer⟩ **1** *Schlagwerkzeug (urspr. aus Stahl) mit quer zum Stiel (Helm) stehendem Kopf mit flacher Bahn, die gegen ein Werkzeug geführt wird; Holz-~, Gummi-~; Vorschlag~; Maschinen~, Pressluft~; mit Hilfe eines ~s einen Nagel einschlagen* □ **martelo 1.1** *Schmiede mit mechanisch betriebenem Hammer(1)* □ **forja 1.2** *du musst steigen od. sinken ..., Amboss oder* ~ *sein* (Goethe, „Kophtisches Lied") *entweder du bist selbst schaffend und verändernd tätig od. du musst die Schläge der andern ertragen* □ **ser martelo ou bigorna* **2** ⟨fig.⟩ **2.1** *zwischen* ~ *und Amboss geraten in Schwierigkeiten geraten* □ **estar entre o martelo e a bigorna* **2.2** *unter dem (den)* ~ *sein (kommen) versteigert werden* □ **ser leiloado; ein Haus, eine Firma unter den* ~ *bringen* □ **levar uma casa/empresa a leilão* **3** ⟨Sp.⟩ *Wurfgerät, eiserne Kugel mit Draht und Griff zum Schleudern* **4** ⟨Anat.⟩ *das äußere, am Trommelfell angreifende Gehörknöchelchen der Säuger und Menschen* □ **martelo**

häm|mern ⟨V.⟩ **1** ⟨400⟩ *mit dem Hammer klopfen, schlagen; den ganzen Tag hat er im Keller gehämmert* □ **martelar 2** ⟨400; fig.⟩ *(rasch) wie mit einem Hammer klopfen, Geräusche wie mit einem Hammer verursachen; oben im Baum hämmerte ein Specht; (mit den Fäusten) an die Tür* ~; *auf die Tasten (des Klaviers)* ~; *das Blut hämmert ihm in den Adern, Schläfen; mein Herz hämmerte zum Zerspringen* □ **martelar; bater 3** ⟨531/Vr 5 od. Vr 6⟩ *jmdm. etwas in etwas* ~ ⟨umg.⟩ *fest, tief einprägen; er hat ihm seine Pflichten ins Bewusstsein, Gewissen gehämmert* □ **martelar; incutir 4** ⟨500⟩ *etwas* ~ *mit dem Hammer bearbeiten; Metall* ~; *gehämmertes Silber, Gold, Messing* □ **martelar; forjar**

Hä|mor|rho|i|de ⟨f.; -, -n; meist Pl.; Med.⟩ *Krampfadern, die als knotenförmige Erweiterungen der unteren Mastdarmvenen auftreten;* oV Hämorride □ **hemorroida**

Hä|mor|ri|de ⟨f.; -, -n; meist Pl.; Med.⟩ = *Hämorrhoide*

ham|peln ⟨V. 400; umg.⟩ *sich unruhig hin und her bewegen, zappeln, Faxen machen; hampel doch nicht so herum!* □ **agitar-se; não parar quieto**

Hams|ter ⟨m.; -s, -; Zool.⟩ *einer Unterfamilie der Mäuse angehörendes Nagetier mit großen Backentaschen zum Transport der Nahrungsvorräte: Cricetidae* □ **hamster**

hams|tern ⟨V. 402⟩ **(etwas)** ~ ⟨umg.⟩ *ähnlich dem Hamster Vorräte aufhäufen, speichern* □ **amontoar; acumular**

Hand ⟨f.; -, Hän|de⟩ **1** *das mit dem Vorderarm verbundene Greif- und Tastglied von Menschen u. Affen; heiße, warme, kalte, feuchte Hände; breite, schmale, große, kleine, kräftige, zarte, schöne, harte, weiche Hände; behaarte, edel geformte, gepflegte Hände haben; jmdm. die* ~ *geben, reichen; jmdm. die* ~ *(zur Versöhnung) bieten; die Hände falten; sich die Hände waschen, bürsten; sich die Hände reiben (vor Kälte, vor Vergnügen od. Schadenfreude); jmdm. die Waffe aus der* ~ *schlagen; bittend die Hände heben; einem Kind die* ~ *führen (beim Schreiben); jmdn. bei der* ~ *fassen; Wasser aus der hohlen* ~ *trinken; auf den Händen stehen oder laufen können; meine* ~ *zittert; jmdm. die* ~ *od. die Hände auflegen (um ihn zu segnen od. um ihn durch innere Kräfte zu heilen suchen); jmdm. die* ~ *drücken, schütteln (zur Begrüßung, zum Abschied, zum Beglückwünschen); einen heißen Topf mit bloßen Händen angreifen; die* ~ *voll Beeren haben; jmdm. die* ~ *zum Kuss reichen; einer Dame die* ~ *küssen; (ich) küss' die* ~ *(österr. Grußformel gegenüber Frauen); die Augen mit der* ~ *gegen die Sonne schützen; einen Brief mit der* ~ *schreiben (nicht am Computer); Götz von Berlichingen mit der eisernen* ~ *(Titel eines Schauspiels von Goethe); Hände hoch! (Aufforderung an den Gegner, damit man vor Angriff sicher ist); jmdm. die Mittel an die* ~ *geben, etwas zu erreichen, zu tun; das Geheimdokument ist in die falschen Hände gelangt, geraten; einen Gegenstand in die* ~ *nehmen; ein Kind an die* ~ *nehmen; jmdn. an der* ~ *führen; in die Hände klatschen; den Kopf in die* ~ *stützen; in die Hände spucken (um zupacken zu können); von* ~ *(gearbeitet); die Hände ringen (vor Verzweiflung); die Hände überm Kopf zusammenschlagen (vor Überraschung, Erstaunen, Entsetzen); einen Gegenstand aus der* ~ *legen; wenn man ihm den kleinen Finger gibt, will er gleich die ganze* ~ ⟨Sprichw.⟩ □ **mão 1.1** *jmdm. ein Geldstück o. a. in die* ~ *drücken* ⟨a. fig.⟩ *jmdn. mit Geld abfinden* □ **colocar dinheiro na mão de alguém* **1.2** *jmdm. eine* **Summe Geldes** *auf die* **(flache)** ~ *zahlen* ⟨a. fig.⟩ *bar, sofort u. ohne Abzug* □ **pagar uma quantia à vista* **1.3** *man sieht die* ~ *nicht vor den Augen es ist so dichter Nebel (od.) so dunkel, dass man nichts sehen kann* □ **não dá para enxergar um palmo à frente do nariz* **1.4** *etwas ist* **mit** *Händen zu* **greifen,** *kann man mit Händen greifen* ⟨a. fig.⟩ *ist deutlich erkennbar, offensichtlich* □ **ser claro/evidente* **1.5** *aus der* ~ *fressen* ⟨a. fig.⟩ *sehr fügsam sein (von Menschen)* □ **comer na mão de alguém* **1.6** *jmdn.* **auf Händen tragen** ⟨a. fig.⟩ *für jmdn. mit großer Zuvorkommenheit u. Liebe sorgen* □ **tratar alguém na palma da mão* **1.7** **mit** *den Händen reden seine Worte mit lebhaften Handbewegungen unterstreichen, gestikulieren* □ **falar com as mãos* **1.8** *sich (gegen etwas)* **mit** *Händen und* **Füßen** *sträuben,* wehren ⟨a. fig.⟩ *sich energisch sträuben, wehren* □ ***defender-se com unhas e dentes 2** ⟨Funktionen⟩ 2.1 *Organ des Besitzes, Genusses;* in andere Hände übergehen; etwas in Händen haben □ **mão** 2.1.1 **etwas aus der ~ geben** *weggeben* □ ***abrir mão de alguma coisa** 2.1.2 jmdm. einen Gegenstand in die Hände spielen *veranlassen, dass jmd. unbemerkt in den Besitz eines G. kommt* □ ***fazer alguma coisa chegar às mãos de alguém** 2.1.3 jmdm. in die Hände arbeiten *veranlassen, dass jmd. in den Genuss eines (unberechtigten) Vorteils kommt* □ ***fazer o jogo de alguém** 2.1.4 die ~ **auf etwas legen** *Besitz von etwas ergreifen, etwas beschlagnahmen* □ ***colocar as mãos em alguma coisa** 2.1.5 die ~ **auf der Tasche haben** ⟨a. fig.⟩ *geizig sein* □ ***ser mão de vaca** 2.2 ⟨a. fig.⟩ *Organ der Verfügung, Gewalt;* jmdm. in die Hände fallen, geraten; er ist Verbrechern in die Hände gefallen; er ist in die Hände von Verbrechern gefallen □ ***cair nas mãos de alguém**; er hat es in der ~, ob ... □ ***ele tem autoridade para decidir se ...**; sich in der ~ haben □ ***controlar-se**; die Führung liegt in seinen Händen □ ***a direção está nas suas mãos**; Firma X, zu Händen des (od.) von Herrn Y (in Adressen) □ ***firma X, aos cuidados do sr. Y**; zu Händen des Vorsitzenden □ ***aos cuidados do presidente** 2.2.1 er ist mit einer Ausrede **rasch bei der** ~ *er hat immer eine Ausrede bereit* □ ***ele tem sempre uma desculpa à mão** 2.2.2 etwas (nicht) **bei** der ~ **haben** *nicht in greifbarer Nähe*; bitte gib mir das Buch, wenn du es gerade bei der ~ hast □ ***(não) ter alguma coisa ao alcance da mão** 2.2.3 etwas **an** der ~ **haben** *zum Verkauf, zum Gebrauch, zur Verfügung haben* □ ***ter alguma coisa à mão/à disposição** 2.2.4 etwas **zur** ~ **haben** *griffbereit haben* □ ***ter alguma coisa à mão/ao alcance da mão** 2.2.5 eine **Sache** in der ~ **haben** *ihren Verlauf bestimmen können* □ ***ter alguma coisa sob cotrole** 2.2.6 alle Fäden laufen in seiner ~ zusammen *er hat die Leitung, er überblickt das Ganze* □ ***ele é quem manda** 2.2.7 eine **Sache (selbst)** in die ~ **nehmen** *(selbst) für die (rasche) Erledigung sorgen* □ ***tomar alguma coisa nas mãos** 2.2.8 um die ~ eines Mädchens anhalten ⟨veraltet⟩ *die Eltern des M. bitten, es heiraten zu dürfen* □ ***pedir a mão de uma moça** 2.2.9 jmdm. die ~ **fürs Leben** reichen ⟨geh.⟩ *jmdn. heiraten* □ ***casar-se com alguém** 2.3 *Organ der Gewaltanwendung* □ **mão** 2.3.1 ~ **an sich legen** *Selbstmord begehen* □ ***dar cabo da própria vida** 2.3.2 die ~ **an jmdn.** legen *jmdn. tätlich angreifen* □ ***colocar as mãos em alguém** 2.3.3 mir ist die ~ ausgerutscht ⟨umg.⟩ *ich habe ihm, ihr eine Ohrfeige gegeben* □ ***dei-lhe uma bofetada** 2.3.4 die ~ **gegen** jmdn. erheben *tätlich werden, jmdn. schlagen (wollen)* □ ***levantar a mão para alguém** 2.3.5 jmdm. in die Hände **fallen** *in jmds. Gewalt gelangen* □ ***cair nas mãos de alguém** 2.3.6 jmdm. in die Hände die Arm **fallen** *jmdn. an einer Tat (Schlag, Mord usw.) hindern* □ ***impedir alguém de fazer alguma coisa** 2.4 *Organ der Versorgung, Betreuung, Verwahrung* 2.4.1 ein **Lebewesen** ist **in guten Händen** *wird gut versorgt, betreut*; einen Hund in gute Hände geben 2.4.2 **Geld, Wertsachen, Dokumente** sind in **guten** Händen *werden treulich verwahrt*; das Geld ist bei ihm in guten Händen □ **mão** 2.4.3 etwas in jmds. Hände geben *jmdm. etwas anvertrauen, übertragen* □ ***confiar alguma coisa a alguém** 2.4.4 er ist dem Arzt unter den Händen gestorben *während der A. ihn behandelte, operierte od. Ähnliches* □ ***ele morreu nas mãos do médico** 2.5 ⟨a. fig.⟩ *Organ des Schutzes* □ **mão** 2.5.1 die Hände über jmdn. od. etwas halten *jmdn. od. etwas beschützen, gut hüten* □ ***proteger/amparar alguém** 2.5.2 seine (schützende) ~ von jmdm. od. etwas abziehen *nicht mehr für jmdn. od. etwas sorgen* □ ***deixar de proteger/amparar alguém** 2.6 *Organ der Arbeit, Tätigkeit, Mitwirkung, Mitarbeit;* jmdm. eine hilfreiche ~ bieten, leihen; rasch bei der ~ sein □ **mão** 2.6.1 jmdm. **zur** ~ **gehen** *helfen* 2.6.2 jmdm. an die ~ **gehen** ⟨fig.⟩ *helfen* □ ***dar uma mão a alguém** 2.6.3 **mit jmdm.** ~ **in** ~ arbeiten *mit jmdm. zusammenarbeiten* □ ***colaborar com alguém**; das ~-in-~-Arbeiten ist in unserer Firma unerlässlich □ ***em nossa empresa a colaboração é indispensável** 2.6.4 von seiner Hände Arbeit leben *sich selbst erhalten, ohne fremde Hilfe* □ ***viver do próprio trabalho** 2.6.5 etwas zur ~ nehmen *ergreifen, um etwas zu tun* □ ***pegar alguma coisa** 2.6.6 davon möchte ich lieber die Hände lassen *damit möchte ich nichts zu tun haben* □ ***prefiro não me meter nisso** 2.6.7 die ~ **im Spiel** haben (bei etwas) ⟨fig.⟩ *beteiligt sein, bes. bei unlauteren Vorgängen* □ ***estar metido em (alguma coisa)** 2.6.8 etwas **unter** der ~ **haben** *gerade an etwas arbeiten* □ ***estar trabalhando com alguma coisa** 2.6.9 die Briefe gehen alle **durch** seine Hände *er prüft sie alle u. leitet sie weiter* □ ***todas as cartas passam por suas mãos** 2.6.10 die **Arbeit** geht ihr gut, **leicht von** der ~ *sie macht die A. schnell und gut* □ ***ela faz o trabalho com facilidade** 2.6.11 (mit) ~ **anlegen** (bei) *(mit)helfen (bei)* □ ***ajudar** 2.6.12 die **letzte** ~ an etwas legen, die letzte ~ anlegen *etwas völlig fertig machen, die letzten Kleinigkeiten an etwas anbringen* □ ***dar os últimos retoques em alguma coisa** 2.6.13 mir sind die Hände gebunden ⟨fig.⟩ *ich kann in dieser Sache nichts tun* □ ***estou de mãos atadas** 2.6.14 die Hände in den Schoß legen *müßig sein, untätig sein* □ ***cruzar os braços** 2.6.15 alle Hände **voll** zu tun haben *sehr viel* □ ***não ter mãos a medir; estar cheio de serviço** 2.6.16 ich habe gerade die Hände **voll** *viel zu tragen* □ ***já estou com as mãos ocupadas** 2.6.17 keine ~ frei haben *viel Gepäck tragen* □ ***estar com ambas as mãos ocupadas** 2.6.18 die Hände in die Taschen stecken ⟨fig.⟩ *nichts arbeiten, nichts tun* □ ***não fazer nada na vida** 2.7 ⟨a. fig.⟩ *Versprechen, Verlässlichkeit, Vernunft* 2.7.1 jmdm. etwas in die ~ versprechen *fest, mit Handschlag versprechen* □ ***prometer solenemente** 2.7.2 ~ **aufs Herz!** *gib es ehrlich zu, sei ehrlich* □ ***diga francamente!; seja honesto!** 2.7.3 jmdm. die ~ **auf etwas** geben *jmdm. etwas versprechen*; gib mir die ~ darauf! □ ***prometer; dar sua palavra de honra** 2.7.4 für ihn lege ich die ~ **ins Feuer** *für ihn stehe ich* *ein, von seiner Anständigkeit bin ich überzeugt* □ **por ele ponho a mão no fogo* 2.7.5 die Sache od. alles, was er sagt, hat *~ und Fuß ist vernünftig, richtig, korrekt* □ **o que ele diz faz sentido* 2.7.6 die Sache hat weder ~ noch Fuß *hat keinen rechten Sinn, keine Grundlage* □ **essa questão não tem pé nem cabeça* 2.8 ~ in ~ *zusammenwirkend* □ **em colaboração* 2.8.1 mit etwas ~ in ~ *gehen zusammenfallen mit etwas, zur gleichen Zeit geschehen* □ **caminhar de mãos dadas* 2.8.2 mit jmdm. ~ in ~ *gehen* (fig.) *derselben Meinung sein* □ **ter a mesma opinião de alguém* 2.8.3 ~ in ~ (mit) *zusammen* (mit) □ **em conjunto* (com) 2.9 von ~ zu ~ *von einem zum andern* □ **de mão em mão* 2.9.1 ein Gegenstand *geht von ~ zu ~ wurde von einem zum andern weitergereicht, weitergegeben* □ **um objeto passa de mão em mão* 3 (fig.) 3.1 etwas unter der ~ *verkaufen heimlich, ohne Aufhebens* □ **vender alguma coisa por baixo do pano* 3.1.1 eine frei gewordene Stelle unter der ~ besetzen *ohne öffentliche Ausschreibung* □ **ocupar um cargo sem passar por concurso* 3.2 von der ~ in den Mund leben *sofort verbrauchen, was man verdient, sich nichts sparen* □ **viver da mão para a boca* 3.3 das ist nicht von der ~ zu weisen *das ist wohl möglich, denkbar, nicht ausgeschlossen* □ **isso não está descartado* 3.4 das liegt auf der ~ *das ist klar erkennbar* □ **é evidente* 3.5 sich die Hände in Unschuld waschen *mit etwas nichts zu tun haben wollen* □ **lavar as mãos* 3.6 eine ~ wäscht die andere *man hilft sich gegenseitig, ist einander gefällig* □ **uma mão lava a outra* 3.7 die ~ in den Taschen anderer haben *andere ausnutzen, ausbeuten* □ **explorar alguém;* → a. *Auge*(4.2), *eigen*(1.2), *fest*(4.1.1), *flach*(1.2), *frei*(2.1.2), *glücklich*(1.1), *hart*(6.2), *Herz*(3.1), *lang*(4.5), *leer*(1.3), *leicht*(4.1), *linke*(r, -s)(1.1, 3.2, 3.3), *offen*(1.3), *öffentlich*(2.1), *rechte*(r, -s)(1.1, 1.2), *rein*¹(2.3), *ruhig*(2.1.1), *sauber*(1.1), *schmutzig*(1.2), *schwer*(4.4), *stark*(1.3), *treu*(3.1), *voll*(1.3, 1.9.1, 1.9.2), *zweite*(1.6, 1.9.1) 4 Fuß, *hinterer Körperteil* (*bei manchen Tieren, z. B. Pferden*) Hinter~ □ *pata* 5 *Handschrift;* eine gute, klare, saubere, schöne ~ (schrift) schreiben □ caligrafia 6 (Getrennt- u. Zusammenschreibung) 6.1 ~ breit = Handbreit 6.2 ~ voll = Handvoll

Hand|ab|zug ⟨m.; -(e)s, -zü|ge⟩ *Abzug eines Drucksatzes auf der Handpresse* □ **prova tirada à mão**

Hand|ar|beit ⟨f.; -, -en⟩ 1 ⟨unz.⟩ *Arbeit mit der Hand, besonders die Handanfertigung von Gebrauchs- od. Kunstgegenständen;* Ggs Maschinenarbeit; ~ leisten □ **trabalho manual** 2 *mit der Hand gearbeiteter Gegenstand, besonders Nadelarbeit;* eine wertvolle, feine ~ □ **costura; bordado**

Hand|ball ⟨m.; -(e)s; unz.; Sp.⟩ 1 ⟨unz.⟩ *Ballspiel zwischen zwei Mannschaften, bei dem ein Ball durch Zuwerfen ins gegnerische Tor gebracht werden muss* □ **handebol** 2 *beim Handball*(1) *verwendeter Ball* □ **bola de handebol**

Hand|breit *auch:* **Hand breit** ⟨f.; (-) -, (-) -⟩ *Spanne, Abstand der Breite einer Hand;* zwei ~ über dem Tisch □ **palmo**

Hand|buch ⟨n.; -(e)s, -bü|cher⟩ *handliches, aber umfassendes Lehrbuch über ein Wissensgebiet;* ein medizinisches, juristisches ~; ein kurzes ~ der Chemie, Physik □ **manual**

Hand|druck ⟨m.; -(e)s, -e⟩ 1 ⟨unz.⟩ *Stoffdruck ohne Maschine* □ **estampagem manual** 2 *vom Künstler selbst, ohne Presse hergestellter Druck* □ **impressão manual**

Han|del¹ ⟨m.; -s; unz.⟩ 1 *gewerbsmäßiger Ein- u. Verkauf von Waren;* Groß~, Klein~; blühender, lebhafter ~; internationaler, privater ~; ~ mit Südfrüchten; ~ mit den benachbarten Staaten; (einen schwunghaften) ~ treiben; der ~ liegt darnieder □ **comércio** 2 *Vertrag über Ein- od. Verkauf, Geschäft;* einen ~ abschließen, rückgängig machen □ **negócio; transação comercial** 3 *Angelegenheit;* ein böser, guter ~ □ **negócio** 4 (Getrennt- u. Zusammenschreibung) ~ treibend = *handeltreibend*

Han|del² ⟨m.; -s, Hän|del; meist Pl.⟩ 1 *Streit, Rechtsstreitigkeit;* Rechts~; einen ~ vor Gericht austragen □ **litígio** 2 *Rauferei, Schlägerei;* Händel anfangen, beginnen, haben, stiften, suchen; in Händel geraten mit jmdm.; Händel mit jmdm. haben, suchen; sich in Händel mit jmdm. einlassen; in Händel verwickelt werden □ **briga**

Hän|del ⟨Pl. von⟩ *Handel*²

han|deln ⟨V.⟩ 1 ⟨400⟩ *etwas tun, vorgehen, verfahren, einen Entschluss ausführen;* als Freund ~; an jmdm. gut, schlecht ~; genau nach Anweisung ~; jetzt ist es Zeit zu ~, zum Handeln; eigenmächtig, großzügig, töricht, überlegen, vermessen, weitschauend ~ □ **agir;** auf eigene Faust ~ □ **agir por conta própria* 1.1 die ~den Personen (*eines Dramas*) *die auftretenden, mitwirkenden P.* □ **os personagens* 2 ⟨400⟩ *Handel treiben, Waren ein- u. verkaufen;* mit Getreide, Lebensmitteln, Lederwaren usw. ~; an der Börse werden Wertpapiere gehandelt; er handelt in ... ⟨Kaufmannsspr.⟩ □ **negociar; comerciar** 2.1 im Großen, im Kleinen ~ *Groß-, Kleinhandel treiben* □ **comerciar por atacado/a varejo** 2.2 *feilschen, über den Preis verhandeln;* ich handle (nicht) gern; um den Preis, um eine Ware ~ □ **regatear; pechinchar;** er lässt mit sich ~ □ **ele está aberto a negociações* 2.3 er lässt nicht mit sich ~ *geht nicht von seiner Forderung ab* □ **com ele não tem conversa* 3 ⟨800⟩ über jmdn. od. etwas ~ (*in einem Buch, Vortrag*) *über jmdn. etwas sprechen* □ **tratar de alguém ou alguma coisa;* versar sobre alguém ou alguma coisa 3.1 von etwas ~ *etwas zum Gegenstand haben, behandeln, berichten von etwas* □ **tratar/falar de alguma coisa* 3.1.1 jmd. handelt von jmdm. od. einer Sache *jmd. schreibt von, über jmdn. etwas* 3.1.2 etwas handelt von jmdm. od. einer Sache *etwas hat jmdn. od. etwas zum Gegenstand, behandelt, berichtet von jmdm. oder einer Sache;* das Buch, das Fernsehspiel, der Film, das Theaterstück handelt von Napoleon □ **tratar de alguém ou alguma coisa* 3.2 ⟨550/Vr 3; unpersönl.⟩ es handelt sich um, *es ist die Rede von, es steht in Frage, ob ...;* worum handelt es sich?; es handelt sich um meine

Arbeit, um das Kind; es handelt sich darum, ob es auch lohnt; darum handelt es sich ja gar nicht □ *trata-se de

Han|dels|bi|lanz ⟨f.; -, -en⟩ **1** *Abrechnung eines Kaufmanns nach handelsrechtlichen Vorschriften* □ **balanço comercial 2** *Gegenüberstellung von Warenein- u. -ausfuhr eines Landes* **2.1** *aktive ~ überwiegende Ausfuhr* **2.2** *passive ~ überwiegende Einfuhr* □ **balança comercial**

Han|dels|re|gis|ter ⟨n.; -s, -⟩ *amtliches Verzeichnis aller Einzelkaufleute u. Handelsbetriebe u. ihrer rechtlichen Verhältnisse;* ins *~ eintragen lassen* □ **registro comercial**

Han|dels|span|ne ⟨f.; -, -n⟩ *Spanne zwischen Herstellungs- od. Einkaufs- u. Verkaufspreis; eine überhöhte, unzureichende ~* □ **margem de lucro**

han|del|trei|bend *auch:* **Han|del trei|bend** ⟨Adj. 24/60⟩ *im Handel¹ tätig, vom Handel¹ lebend; die ~e Bevölkerung* □ **comercial; mercantil**

hän|de|rin|gend ⟨Adj. 24/90⟩ *flehentlich, verzweifelt;* jmdn. *~ um etwas bitten, anflehen* □ **desesperado; suplicante; desesperadamente**

hand|fest ⟨Adj.⟩ **1** *kräftig, derb, hart;* ein *~er Knüppel* □ **sólido; robusto 2** ⟨fig.⟩ *offensichtlich, deutlich; ~e Beweise haben; eine ~e Lüge* □ **concreto; convincente**

Hand|geld ⟨n.; -(e)s, -er⟩ **1** *Geld, das zur Bekräftigung eines Vertrages gegeben wird;* ~ *nehmen* □ **sinal 2** *Vermittlungsgebühr, Provision, Draufgeld* □ **comissão; porcentagem 3** ⟨Mil.; früher⟩ *Zahlung vor der ersten Löhnung (beim Anwerben von Soldaten)* □ **adiantamento**

Hand|ge|lenk ⟨n.; -(e)s, -e; Anat.⟩ **1** *Gelenk, das die Hand mit dem Unterarm verbindet; ich habe mir das ~ gebrochen, verstaucht; ein kräftiges, schmales ~* □ **pulso 2** *etwas aus dem ~ machen, schütteln, tun* ⟨fig.⟩ *mit spielerischer Leichtigkeit, mühelos zustande bringen; so einfach aus dem ~ geht das nicht, kann ich das nicht machen* □ ***fazer alguma coisa com o pé nas costas**

Hand|ge|men|ge ⟨n.; -s, -⟩ *Schlägerei, Rauferei;* ins *~ (miteinander) kommen* □ **briga; pancadaria**

hand|greif|lich ⟨Adj.⟩ **1** ⟨fig.⟩ *greifbar, sehr deutlich, einleuchtend, überzeugend; ein ~er Beweis* □ **evidente; palpável;** jmdm. etwas *~ erklären* □ **claramente 2** ⟨24/40⟩ *~ werden tätlich* □ ***sair no braço; ir às vias de fato**

Hand|griff ⟨m.; -(e)s, -e⟩ **1** *an einem Gegenstand befindlicher hervorragender Teil, der zum Anfassen, zum Festhalten od. zum Bewegen dieses Gegenstandes dient; der Koffer, die Tasche hat keinen ~ mehr; du musst am ~ anfassen* □ **alça; cabo; puxador 2** *Griff, der für einen Arbeitsgang notwendig ist, Handreichung* □ **ajuda;** *er macht so manchen ~ für mich* □ ***ele me quebra tantos galhos; die nötigen, richtigen ~e lernen* □ **truque; jeito 3** ⟨a. fig.⟩ **3.1** *er darf vorläufig keinen ~ mehr machen darf nicht arbeiten, muss sich schonen* □ ***ele deve ficar temporariamente em repouso* **3.2** *etwas mit einem ~ machen schnell und ge-*

schickt; er hat es mit einem ~ erledigt, geschafft □ ***fazer alguma coisa num piscar de olhos* **3.3** *es war, ist nur ein ~ (für mich) eine kleine Mühe, nicht der Rede wert* □ ***foi/é sopa**

Hand|ha|be ⟨f.; -, -n; fig.⟩ *Veranlassung, Möglichkeit, Beweis, Argument; ich besitze keine ~, einschreiten zu können; damit bietet, gibt er mir eine ~ einzugreifen; das wird mir als ~ dienen für ...* □ **motivo; pretexto; ensejo**

hand|ha|ben ⟨V. 500; du handhabst; du handhabtest, gehandhabt; zu handhaben⟩ **1** *etwas ~ mit der Hand richtig gebrauchen, verwenden; ein Gerät, Werkzeug zu ~ verstehen, wissen; das Gerät ist bequem, einfach, leicht zu ~; ein Gerät (nicht) richtig ~; etwas mit großer Geschicklichkeit ~* □ **manejar; manusear 2** *eine Sache ~* ⟨fig.⟩ *zweckentsprechend anwenden; wir wollen die Angelegenheit so ~, dass ...; Gesetze, Vorschriften ohne Ansehen der Person ~* □ **servir-se de; aplicar**

Han|di|cap ⟨[hændɪkæp] n.; -s, -s⟩ = **Handikap**
Han|di|kap ⟨[hændɪkæp] n.; -s, -s; Sp.⟩ oV **Handicap 1** *Nachteil, Beeinträchtigung, Hemmnis; ihre schwache Sehkraft ist ein ~ für viele Berufe* □ **impedimento; obstáculo 2** ⟨Sp.⟩ *als Vorgabe (an Punkten, Gewicht, Distanz o. Ä.) für leistungsschwächere Teilnehmer entstandener Ausgleich* □ **handicap**

Hand|lan|ger ⟨m.; -s, -⟩ **1** *ungelernter Arbeiter, bes. zur Verrichtung von Hilfsarbeiten; ein ~ in einer Fabrik* □ **ajudante; servente 2** ⟨fig.; abwertend⟩ *willfähriger, untergeordneter Helfer; als ~ benutzt werden* □ **criado; servical**

Händ|ler ⟨m.; -s, -⟩ **1** *jmd., der gewerbsmäßig Waren ein- und verkauft, Kaufmann* □ **comerciante 1.1** *fliegender ~ jmd., der seine Waren nicht im Geschäft, sondern an einem Stand (auf Märkten, Plätzen o. Ä.) verkauft* □ ***vendedor ambulante**

Händ|le|rin ⟨f.; -, -rin|nen⟩ *weibl. Händler* □ **comerciante; vendedora ambulante**

hand|lich ⟨Adj.⟩ **1** *leicht, gut, bequem zu handhaben, für den Handgebrauch besonders geeignet; ein ~es Buch; dieser Schirm ist sehr ~; Lebensmittel in ~en Packungen* □ **prático; de fácil manuseio 2** ⟨schweiz.⟩ *behände* □ **ágil; hábil 3** *leicht greifbar, gleich bei der Hand;* in *~er Nähe* □ ***à mão; ao alcance da mão**

Hand|lung ⟨f.; -, -en⟩ **1** *Tat, Tun; welches sind die Beweggründe für seine ~?; eine ~ ausführen; bewusste, gute, schlechte, unbewusste ~en; eine edle, feierliche, religiöse ~* □ **ato; ação;** *die heilige ~ (einer Messe, Taufe)* □ ***rito religioso* **2** *Vorgang, Geschehen (a. in einer Dichtung); die ~ des Dramas, Romans; Ort und Zeit der ~ (in einem Theaterstück)* □ **ação; enredo 3** *Geschäft, Laden, kaufmännisches Unternehmen; Buch-, Lebensmittel~; eine zoologische ~* □ **comércio; loja**

Hand-out *auch:* **Hand|out** ⟨[hændaʊt] n.; -s, -s⟩ *Arbeitspapier (bei Vorträgen, Konferenzen o. Ä.); ein ~ verteilen* □ **folheto**

Hand|pup|pe ⟨f.; -, -n⟩ *Puppe, die nur aus hohlem Kopf u. Kleid besteht zur Vorführung von Puppenspielen* wobei das Kleid über die Hand des Spielers gezogen wird ◻ fantoche

Hand|riss ⟨m.; -es, -e⟩ bei Erdvermessungen angefertigte Zeichnung, in die Grenzen, Grundstückseigentümer, Kulturarten u. Ä. eingetragen werden ◻ **planta; croqui**

Hand|rü|cken ⟨m.; -s, -⟩ Außen-, Oberseite der Hand; sich mit dem ~ die Stirn abwischen ◻ **dorso da mão**

Hand|schlag ⟨m.; -(e)s, -schlä|ge⟩ 1 Händedruck, Händeschütteln (bes. als alter Brauch zwischen Partnern von Geschäftsabschlüssen); ein Versprechen durch ~ bekräftigen; jmdn. mit ~ begrüßen, verabschieden; einen Geschäftsabschluss mit einem ~ besiegeln; jmdm. etwas mit ~ versprechen ◻ **aperto de mão** 1.1 jmdn. durch ~ verpflichten sich etwas geloben lassen ◻ ***fazer alguém se comprometer com um aperto de mão** 2 keinen ~ tun ⟨fig.; umg.⟩ nichts tun ◻ ***não mover uma palha**

Hand|schrift ⟨f.; -, -en⟩ 1 die Schriftzüge eines Schreibenden, Art dieser Schriftzüge; ich kann deine ~ kaum lesen; eine ausgeschriebene, gute, deutliche, schlechte, schöne, unleserliche, zügige ~ haben, schreiben ◻ **letra; caligrafia** 2 = Manuskript(2) 3 ⟨Abk.: Hs., Pl. Hss.⟩ handgeschriebenes, häufig verziertes Buch des MA; Heidelberger Lieder~; die Bibliothek besitzt auch einige ~en des MA; Sy Manuskript (1) ◻ **manuscrito**

Hand|schuh ⟨m.; -(e)s, -e⟩ 1 Kleidungsstück für die Hand; ein Paar ~e; gefütterte, gestrickte ~e; ~e aus Gummi, Leder, Stoff, Wolle, Pelz; die ~e anziehen; die ~e passen, sitzen (nicht) ◻ **luva** 2 ⟨fig.⟩ 2.1 jmdn. mit Glacé~en od. seidenen ~en anfassen ⟨fig.; umg.⟩ sehr vorsichtig behandeln ◻ ***tratar alguém com luvas de pelica** 2.2 jmdn. den (Fehde-) ~ hinwerfen, ins Gesicht werfen jmdn. herausfordern, jmdn. den Kampf ansagen ◻ ***atirar a luva** 2.3 den (Fehde-) ~ aufnehmen den Kampf aufnehmen, die Herausforderung annehmen ◻ ***levantar a luva**

Hand|stand ⟨m.; -(e)s, -stän|de; Sp.⟩ das Stehen auf den Händen, mit dem Kopf nach unten, auf dem Boden od. auf Turngeräten; den ~ machen; im ~ ◻ **parada de mão**

Hand|streich ⟨m.; -(e)s, -e; bes. Mil.⟩ geschickter Überfall mit wenigen Leuten; er kam durch einen ~ an die Macht; eine Festung durch ~ erobern ◻ **golpe de mão**

Hand|ta|sche ⟨f.; -, -n⟩ über der Schulter od. am Arm zu tragende kleinere Tasche (für Damen); Leder~, Stoff~ ◻ **bolsa**

Hand|tuch ⟨n.; -(e)s, -tü|cher⟩ 1 Tuch zum Abtrocknen des Körpers nach dem Waschen 1.1 das ~ werfen ⟨Boxspr.; a. fig.⟩ das Zeichen zur Aufgabe des Kampfes geben ◻ **toalha**

Hand|um|dre|hen ⟨n.; nur in der Wendung⟩ im ~ sehr schnell, sofort, unmittelbar darauf; das kann man nicht im ~ erledigen, machen; im ~ hatte er die Aufgabe gelöst; er war im ~ zurück ◻ ***num instante**

Hand|voll auch: **Hand voll** ⟨f.; (-) -, (-) -⟩ 1 kleine Menge, so viel, wie man in eine hohle Hand nehmen kann; eine, einige, etliche, ein paar, zwei ~ Körner streuen; eine ~ Kirschen essen 2 ⟨fig.; einige, wenige;

⟨aber Getrenntschreibung⟩ Hand voll → Hand (2.6.16), voll(1.9.1)⟩

Hand|werk ⟨n.; -(e)s, -e⟩ 1 (selbständige) gewerbliche Tätigkeit zur individuellen Bearbeitung von Werkstoffen, auch auf dem Gebiet der Reparaturen u. Dienstleistungen, urspr. im Wesentlichen mit der Hand u. mittels einfacher Werkzeuge; ein ~ ausüben, betreiben, erlernen ◻ **ofício** 1.1 jmdm. ins ~ pfuschen 1.1.1 ⟨fig.⟩ sich ungefragt u. ungeschickt in fremdes Tätigkeitsfeld einmischen ◻ ***(querer) ensinar o padre-nosso ao vigário** 1.1.2 ⟨veraltet; urspr.⟩ ohne Nachweis der Befähigung ein Handwerk(1) ausüben ◻ ***praticar um ofício sem licença** 1.2 ~ hat goldenen Boden ⟨Sprichw.⟩ H. ist eine rechtschaffene Sache, die auch etwas einbringt ◻ ***quem tem ofício não morre de fome** 1.3 jmdm. das ~ legen 1.3.1 ⟨fig.⟩ jmdn. an schädlichem Treiben hindern ◻ ***acabar com a festa de alguém; não deixar alguém prosseguir com seus intentos** 1.3.2 ⟨urspr.; veraltet⟩ jmdn., der ein Handwerk(1) ohne Nachweis der Befähigung betreibt, zwingen, es aufzugeben ◻ ***impedir o trabalho de quem não tem licença** 2 handwerkliches, berufliches Können ◻ **profissão; artesanato** 2.1 er versteht sein ~ er leistet etwas in seinem Beruf ◻ ***ele conhece seu ofício** 3 Stand, Zunft der Handwerker; Gott grüße das ehrbare, ehrsame ~! (früher Gruß des auf der Wanderschaft befindlichen Gesellen bei der Einkehr bei Zunftgenossen) ◻ **corporação de artesãos**

Hand|wer|ker ⟨m.; -s, -⟩ 1 jmd., der beruflich ein Handwerk betreibt; er ist selbständiger ~; einen ~ bestellen; die ~ im Haus haben ◻ **artesão** 2 ein guter ~ sein ⟨fig.⟩ technisch einwandfrei, aber unschöpferisch arbeiten ◻ **técnico**

Hand|wur|zel ⟨f.; -, -n; Anat.⟩ zwischen Unterarm u. Mittelhand befindlicher Teil des Körpers: Carpus ◻ **carpo**

Han|dy ⟨[hɛndi] n.; -s, -s⟩ kleines, tragbares drahtloses Telefon, Mobiltelefon ◻ **telefone celular**

Hand|zei|chen ⟨n.; -s, -⟩ 1 Zeichen mit der Hand; das ~ geben ◻ **sinal com a mão; gesto** 1.1 Erheben der Hand als Zeichen der Zustimmung (bei einer Abstimmung); ich bitte um das ~! ◻ **votação (com mãos levantadas)** 2 Zeichen (meist drei Kreuze) als Unterschrift von Analphabeten ◻ **cruz** 3 = Hausmarke(1)

ha|ne|bü|chen ⟨Adj.⟩ unglaublich, unerhört, empörend, dreist; das ist ja ein ~er Unsinn ◻ **inacreditável; espantoso**

Hanf ⟨m.; -(e)s; unz.; Bot.⟩ einjährige, krautige Pflanze aus der Familie der Hanfgewächse (Cannaboideae), die 2–3 m hoch werden kann, liefert Fasern für Seilerwaren u. gröberes Geflecht: Cannabis sativa; ~ brechen, hecheln, raufen, rösten, schwingen, spinnen ◻ **cânhamo; maconha**

Hang ⟨m.; -(e)s, Hän|ge⟩ 1 geneigte Fläche, Abhang, Berg~; den ~ hinaufsteigen, hinunterrollen; das Haus liegt am ~ ◻ **encosta; declive** 2 ⟨unz.⟩ hängende Stellung u. die dafür nötigen Griffe am Turngerät; Knie~; aus dem ~ vom Reck abspringen ◻ **sus-**

pensão 3 ⟨fig.⟩ *Neigung, Vorliebe (zu etwas);* einen ~ zum Bösen, Spiel, zur Übertreibung haben ◻ **inclinação; tendência**

Han|gar ⟨[haŋga:r] od. [-'-] m.; -s, -s⟩ *große Halle zur Unterstellung, Reparatur und Wartung von Flugzeugen u. Luftschiffen* ◻ **hangar**

Hän|ge|mat|te ⟨f.; -, -n⟩ *aus Schnüren geknüpftes, rechteckiges Netz, zwischen zwei Bäume od. Pfosten gespannt als Schlafgelegenheit, auf Schiffen häufig aus Segeltuch* ◻ **rede**

han|gen ⟨V. 161; schweiz; sonst veraltet⟩ = *hängen*[1]

hän|gen[1] ⟨V. 161⟩ oV ⟨schweiz.⟩ *hangen* **1** ⟨411⟩ *an seinem oben befindlichen Teil befestigt sein u. nicht den Boden berühren;* hoch oben in der Zirkuskuppel hing der Artist am Trapez; bisher hat das Bild über dem Tisch gehangen; dein Mantel hängt im Schrank; die Beere hängt am Strauch; dichte Regenwolken ~ über den Bergen; es hing an einem Faden, Haar ◻ **estar (de)pendurado/suspenso 1.1** der Verbrecher sollte ~ (am Galgen) *durch den Strang getötet, hingerichtet werden* ◻ **ser enforcado 1.2** ~ bleiben *festgehalten werden und sich nicht entfernen können;* er ist mit der Hose an einem Ast, Haken, Nagel ~ **geblieben**; die Fliegen sollen an Fliegenfänger ~ **bleiben**; gib Acht, dass du nicht mit dem Absatz in diesem Gitter ~ **bleibst** ◻ ***ficar preso/enganchado**; ⟨aber Getrennt- u. Zusammenschreibung⟩ ~ **bleiben** ⟨fig.; umg.⟩ = *hängenbleiben* **1.3** ~ lassen *etwas Hängendes nicht abnehmen;* du kannst die Wäsche noch ~ **lassen** ◻ ***deixar (de)pendurado**; den Kopf, die Ohren ~ **lassen** ⟨fig.⟩ *den Mut verlieren;* der Hund ließ die Ohren ~ ; der Vogel lässt die Flügel ~ ◻ ***deixar cair; desanimar**; ⟨aber Getrennt- u. Zusammenschreibung⟩ ~ **lassen** ⟨fig.⟩ = *hängenlassen* **1.4** sie hängt wieder stundenlang am Telefon ⟨fig.; umg.⟩ *sie telefoniert wieder sehr lange* ◻ **estar/ficar (de)pendurado ao telefone 1.5** die Zuhörer hingen an seinen Lippen ⟨fig.⟩ *hörten mit großer Aufmerksamkeit zu* ◻ ***os ouvintes nem piscavam 1.6** das Kind hängt wie eine Klette an ihr ⟨umg.⟩ *weicht nicht von ihrer Seite* ◻ ***a criança fica (de)pendurada na barra de sua saia; a criança não larga dela 1.7** mit allem, was drum und dran hängt ⟨fig.⟩ *mit allem, was dazugehört* ◻ ***com tudo o que isso implica 1.8** nach meiner Krankheit ~ mir die Kleider nur so am Leib ⟨fig.; umg.⟩ *ich habe so stark abgenommen, dass die K. mir zu weit geworden sind* ◻ ***(...) as roupas estão sobrando/dançando em mim 1.9** ⟨413⟩ der Baum hängt **voller** Früchte *ist voll mit Früchten* ◻ ***a árvore está carregada de frutos 2** ⟨400⟩ *schräg abfallen, geneigt sein, sich neigen;* die Wand hängt nach der Seite hin ◻ **inclinar(-se); pender 2.1** *nach unten gerichtet sein;* eine Blume mit ~den Blättern ◻ **pendente 2.2** mit ~den **Ohren** ⟨a. fig.⟩ *bedrückt, kleinlaut* ◻ ***de orelhas murchas 2.3** die Hängenden Gärten *die terrassenförmigen Gartenanlagen von Babylon, nach der Sage von Semiramis erbaut, eines der sieben Weltwunder* ◻ ***os Jardins Suspensos 3** ⟨800⟩ **3.1 an jmdm. od. einer Sache** ~ *jmdm. od. einer Sache zugetan sein,* sich herzlich verbunden fühlen, jmdn. od. etwas nicht missen wollen; er hängt sehr an den Kindern, an einem ungebundenen Leben, an dieser Stadt; sie hat sehr an ihrer Schwester gehangen ◻ ***ser afeiçoado/apegado a alguém ou alguma coisa 3.2 an etwas** ~ *etwas sehr, sehnsüchtig lieben;* sein Herz hängt an dieser Sammlung ◻ ***gostar muito de alguma coisa 3.3 bei jmdm.** ~ ⟨umg.⟩ *Schulden haben;* ich hänge bei ihm mit 100 Euro ◻ ***estar em dívida com alguém 4** ⟨400⟩ *an der Bewegung gehindert sein;* wir ~ hier (fest) ◻ **estar preso/imobilizado 4.1** *nicht vorwärtskommen, noch unentschieden sein;* unser Prozess hängt immer noch ◻ **estar pendente/em suspenso 4.2** ⟨410⟩ woran hängt's denn noch? ⟨umg.⟩ *was für einen Hinderungsgrund gibt es noch?* ◻ ***o que está faltando? 4.3** ⟨410⟩ er hängt in Latein und Mathematik ⟨umg.⟩ *zeigt in den Schulfächern L. u. M. schlechte Leistungen* ◻ **estar pendurado 4.4** mit Hängen und Würgen ⟨umg.⟩ *mit großer Mühe, nur mit knapper Not* ◻ ***a muito custo**

hän|gen[2] ⟨V. 500⟩ **1** ⟨511⟩ *etwas* ~ *mit dem oberen Teil so befestigen, dass es den Boden nicht berührt;* ein Bild an die Wand ~; die Wäsche ist geschleudert, sie kann auf die Leine gehängt werden ◻ **(de)pendurar 1.1** ⟨531/Vr 1⟩ sie hängt sich all ihr Geld auf den Leib ⟨fig.; umg.⟩ *verwendet all ihr Geld für ihre Garderobe* ◻ ***ela gasta todo o seu dinheiro em roupas**; → a. *Glocke(1.4), Himmel(1.3, 2.5), Mantel(1.1.1), Nagel(1.4)* **2** *jmdn.* ~ *durch den Strang töten, hinrichten;* der Mörder, Verbrecher wurde gehängt **2.1** ⟨Vr 3⟩ *sich* ~ *durch Erhängen Selbstmord begehen* ◻ **enforcar(-se) 2.2** die kleinen Diebe hängt man, die großen lässt man laufen ⟨Sprichw.⟩ *kleine Vergehen werden strenger bestraft als große Verbrechen* ◻ ***ladrão endinheirado nunca morre enforcado 2.3** ... und wenn sich mich ~! ⟨umg.⟩ *(Beteuerungsformel) unter allen Umständen* ◻ ***nem morto!;** lieber lasse ich mich ~, als dass ... ⟨umg.⟩ ◻ ***prefiro ser enforcado a... 3** ⟨550/Vr 3⟩ **3.1 sich an etwas** ~ *nicht ablassen von etwas, sich ganz auf etwas konzentrieren* ◻ ***agarrar-se a alguma coisa 3.1.1 sich ans Telefon** ~ *telefonieren* ◻ ***pendurar-se ao telefone 4** ⟨550/Vr 3⟩ **sich an jmdn.** ~ *jmdm. nicht von der Seite weichen, sich jmdm. aufdringlich anschließen;* sie sollte sich nicht zu sehr an ihn ~ ◻ ***grudar em alguém**

hän|gen|blei|ben *auch:* **hän|gen blei|ben** ⟨V. 114/400; fig.; umg.⟩ **1 an einem Ort, bei jmd.** ~ ⟨fig.; umg.⟩ *zu lange an einem O., bei jmd. bleiben und von dort nicht wegkommen, fortkönnen;* ich blieb gestern Abend bei ihnen, in der Kneipe hängen ◻ ***ficar um bom tempo em um lugar/na casa de alguém 2** *etwas bleibt* (im Gedächtnis) *hängen* ⟨fig.; umg.⟩ *prägt sich ins Gedächtnis ein;* von diesem Vortrag ist bei mir wenig hängengeblieben/hängen geblieben ◻ **ficar gravado na memória 3** *etwas bleibt immer (an einem) hängen* ⟨Sprichw.⟩ *wer verleumdet wurde, erhält nie mehr seinen guten Ruf zurück* ◻ ***a má fama fica para sempre 4** (in der **Schule**) ~ ⟨fig.; umg.⟩

nicht versetzt werden; wenn er so faul bleibt, wird er wohl dieses Jahr ~ ☐ **bombar; ser reprovado**; → a. **hängen**¹ *(1.2)*

hän|gen||las|sen *auch:* **hän|gen las|sen** ⟨V. 175/500; fig.⟩ **1** jmdn. ~ *jmdn. im Stich lassen* ☐ **abandonar; deixar em apuros 2** *etwas* ~ *vergessen mitzunehmen;* er hat seine neue Jacke im Kindergarten ~ ☐ **esquecer** ⟨aber Getrenntschreibung⟩ *einen Verbrecher hängen lassen* → *hängen*² *(2.3);* → a. *hängen*¹ *(1.3)*

hän|seln ⟨V. 500/Vr 8⟩ jmdn. ~ *necken, verspotten, ärgern, hochnehmen;* er wird von allen in der Klasse gehänselt ☐ **provocar; zombar de**

Hans|wurst ⟨m.; -(e)s, -e; Pl. umg. scherzh. a.: -würste⟩ **1** ⟨urspr.⟩ *dummer u. dabei pfiffiger Diener als Figur im dt. Fastnachtsspiel* **2** ⟨im 17./18. Jh.⟩ *lustige Person im dt. Schauspiel* → **Hanswurst**; **João Salsicha 3** ⟨danach⟩ *etwas einfältiger, Possen treibender Mensch, Spaßmacher, Narr, Tollpatsch;* er ist ein rechter ~; für andere den ~ machen, spielen ☐ **bufão; palhaço**

Han|tel ⟨f.; -, -n; Sp.⟩ **1** ⟨Turnen⟩ *Handturngerät, das aus zwei mit einer Stange verbundenen schweren Kugeln od. Scheiben besteht* **2** ⟨Gewichtheben⟩ *Eisenstange, an deren beiden Enden (auswechselbare) scheibenförmige Gewichte angebracht sind* ☐ **haltere**

han|tie|ren ⟨V. 410⟩ **1** *geschäftig sein, wirtschaften;* in der Küche ~ ☐ **estar ocupado** ⟨416⟩ *mit etwas ~ etwas handhaben, damit arbeiten, beschäftigt sein, damit umgehen;* damit kann ich nicht ~; mit Schaufel und Hacke ~ ☐ ***manejar alguma coisa; trabalhar com alguma coisa**

han|tig ⟨Adj.; bair.; österr.⟩ **1** *bitter, herb;* der Kaffee ist ~ ☐ **amargo 2** *unfreundlich, zänkisch;* sie ist heute recht ~ ☐ **hostil; rude**

ha|pern ⟨V. 801⟩ **1** *es hapert an etwas es fehlt, mangelt an etwas;* am Geld hapert es bei ihm stets; woran hapert es?; es haperte an Lebensmitteln ☐ ***faltar alguma coisa** **2** *es* hapert mit, in *etwas es geht nicht weiter, vonstatten, es steht schlecht in od. mit etwas;* es hapert mit dem Nachschub, mit der Versorgung ☐ ***há um problema com/em alguma coisa** 2.1 *im Rechnen, in vielen Fächern hapert es bei ihm er zeigt schwache Leistungen* ☐ ***ir mal/ser fraco em alguma coisa**

Hap|pen ⟨m.; -s, -; umg.⟩ **1** *Bissen, Kleinigkeit;* ich kann nur schnell einen ~ essen ☐ **pedaço; bocado;** ich habe noch keinen ~ gegessen **1.1** ***ainda não comi nada** **1.1** *kleines belegtes (pikantes) Brötchen* ☐ **petisco; antepasto;** → a. **fett** *(1.1)*

Hap|pe|ning ⟨[hæpə-] n.; -s, -s⟩ *künstlerische Veranstaltung, oft grotesker Art;* an einem ~ teilnehmen ☐ **acontecimento; evento**

hap|py ⟨[hæpi] Adj. 11; umg.⟩ *glücklich, zufrieden;* die Nachricht macht mich ~; du siehst ~ aus ☐ **feliz; satisfeito**

Hap|py|end ⟨[hæpiɛnd]⟩ *auch:* **Hap|py End** ⟨n.; (-) -s, (-) -s⟩ *glückliches Ende, guter Ausgang (einer Roman-, Film- od. Bühnenhandlung);* der Film hat ein ~; schließlich gab es doch noch ein ~ ☐ **final feliz**

Ha|ra|ki|ri ⟨n.; - od. -s, -s⟩ **1** ⟨beim altjapan. Adel⟩ *rituelle Selbsttötung durch Bauchaufschlitzen;* ~ verüben

1.1 ⟨fig.⟩ *Selbstzerstörung, Herbeiführen des eigenen Untergangs;* politisches, wirtschaftliches ~ begehen ☐ **haraquiri**

Ha|rass ⟨m.; -es, -e⟩ *Kiste aus Holzlatten zum Verpacken u. Transportieren von zerbrechlichen Gütern (Glas, Porzellan u. Ä.);* oV ⟨schweiz.⟩ *Harasse* ☐ **engradado; caixote**

Ha|ras|se ⟨f.; -, -n⟩ = *Harass*

Här|chen ⟨n.; -s, -⟩ Sy ⟨poet.⟩ *Härlein* **1** *kleines Haar* ☐ **pelinho; fio de cabelo 1.1** jmdm. kein ~ krümmen ⟨fig.; umg.⟩ *jmdm. nichts zuleide tun* ☐ ***não tocar num fio de cabelo de alguém**

Hard|co|ver ⟨[ha:dkʌvə(r)] n.; -s, -⟩ *Buch mit festem Einband;* Ggs *Paperback, Taschenbuch;* Bücher mit ~einband ☐ **capa dura**

Hard|li|ner ⟨[ha:dlamə(r)] m.; -s, -⟩ *Politiker, der einen harten Kurs verfolgt* ☐ **político linha-dura**

Hard|rock ⟨[ha:d-]⟩ *auch:* **Hard Rock** ⟨m.; (-) - od. (-) -s; unz.⟩ *Stilrichtung der Rockmusik, für die extreme Lautstärke u. starke Betonung des gleichbleibenden Rhythmus charakteristisch sind* ☐ **rock pesado**

Hard|ware ⟨[ha:dwɛ:r] f.; -; unz.; EDV⟩ *die technischen Bestandteile einer EDV-Anlage;* Ggs *Software* ☐ **hardware**

Ha|rem ⟨m.; -s, -s⟩ **1** *die streng abgeschlossenen Räume für die Frauen in einem islamischen Haus* **2** *die darin wohnenden Frauen* **3** *die Gesamtheit der Ehefrauen eines Moslems* ☐ **harém**

Hä|re|sie ⟨f.; -, -n⟩ **1** ⟨kath. Kirche⟩ *vom kirchlichen Dogma abweichende Lehre* **2** ⟨geh.; abwertend⟩ *Abweichung von der herrschenden Meinung, Ketzerei, Irrglaube* ☐ **heresia**

Har|fe ⟨f.; -, -n; Mus.⟩ **1** *großes Zupfinstrument in etwa Dreiecksform;* die ~ spielen, zupfen ☐ **harpa 2** *Gerüst zum Trocknen von Gras u. Feldfrüchten* ☐ **secador; desidratador 3** *Getreidesieb* ☐ **peneira**

Har|ke ⟨f.; -, -n⟩ **1** ⟨norddt.⟩ *Gerät für Landwirtschaft u. Garten mit langem Stiel, an dem an einem Ende eine Querleiste mit hölzernen od. eisernen Zähnen befestigt ist u. mit dem man die Erde zerkrümelt od. glättet, Heu, Stroh wendet od. sammelt usw.;* Sy ⟨süddt.⟩ *Rechen(1);* mit der ~ arbeiten; Heu mit der ~ vom Rasen entfernen ☐ **ancinho 2** jmdm. zeigen, was eine ~ ist ⟨fig.; umg.⟩ *ich werde ihm energisch meinen Standpunkt klarmachen* ☐ ***mostrar a alguém com quantos paus se faz uma canoa**

har|ken ⟨V. 500⟩ *etwas* ~ ⟨bes. norddt.⟩ *mit einer Harke bearbeiten;* Sy *rechen;* ich habe das Beet geharkt; er harkte die Blätter vom Rasen ☐ **ancinhar**

Här|lein ⟨n.; -s, -; poet.⟩ = *Härchen*

Har|le|kin ⟨m.; -(e)s, -e⟩ **1** *von der Commedia dell'Arte beeinflusste Abart des Hanswursts mit einem bunten, aus Stofffetzen zusammengeflickten Kostüm* **2** ⟨fig.⟩ *Spaßmacher, Narr, Witzbold;* er spielt hier den ~ ☐ **arlequim**

harm|los ⟨Adj.⟩ **1** *arglos, unschuldig, naiv, friedlich, nichts Böses sinnend;* sie ist nicht so ~, wie sie aussieht; er ist ein ~er Mensch, der niemandem etwas zuleide tut ☐ **inofensivo; inocente 2** *unschädlich, un-*

Harmonie

gefährlich, unbedenklich □ *inofensivo;* dieses Schlafmittel ist ~ □ *inócuo;* dieses Tier ist (nicht) ~ □ *manso;* die Krankheit verläuft ~ □ ****a doença evoluiu de maneira benigna*** **3** *ohne böse Absicht, moralisch nicht schlecht;* es war nur ein ~er Scherz; er versuchte, die Sache als ~ darzustellen; ~ fragen, lächeln □ **sem malícia/maldade**

Har|mo|nie ⟨f.; -, -n⟩ **1** *angenehme Übereinstimmung der Teile eines Ganzen;* Klang~, Farben~, ~ zwischen Leib u. Seele; die ~ ihres Wesens, ihrer Bewegungen **1.1** *regelmäßiger, gesetzmäßiger Aufbau der Töne eines Musikstückes u. ihr Zusammenklingen* **2** *friedliches Zusammenleben, gegenseitiges Verstehen, Eintracht;* die ~ des Familienlebens; in ~ miteinander leben □ **harmonia**

Har|mo|ni|ka ⟨f.; -, -s od. –ni|ken⟩ **1** ⟨urspr.⟩ *Glasharfe* □ **harmônica de vidro 2** *Musikinstrument, bei dem ein Luftstrom Metallzungen in Schwingungen versetzt;* Hand~, Zieh~ □ ****acordeão***, Mund~ □ ****gaita de boca*** **3** *in Falten gelegter, der Ziehharmonika ähnlicher Balg, z. B. zwischen Eisenbahnwagen* □ **sanfona**

har|mo|nisch ⟨Adj.⟩ **1** *angenehm übereinstimmend;* ~e Klänge, Farben, Bewegungen **1.1** ⟨Mus.⟩ *regelmäßig im Sinne der Harmonielehre* **1.2** ~e **Molltonleiter** *M., bei der nur die 7. Stufe erhöht ist;* Ggs *melodische Molltonleiter,* → *melodisch(1.2)* **1.3** ~e **Reihe** ⟨Mus.⟩ *R. der Obertöne* **2** ⟨Math.⟩ **2.1** ~e **Teilung** *T. einer Strecke AB so, dass ein neuer Teilpunkt C u. ein außerhalb ihrer liegender Punkt D das Verhältnis AC : CB = AD : DB ergeben* **2.2** ~er **Punkt** *P. einer harmonischen Teilung* **2.3** ~e **Reihe** *unendliche R. der Form 1 + 1/2 + 1/3 + 1/4 ...* **2.4** ~es **Mittel** *Mittelwert, den man erhält, wenn man das doppelte Produkt zweier Zahlen durch ihre Summe teilt* **3** ⟨Phys.⟩ ~e **Bewegung, Schwingung** *B., S., die von einer Kreisbewegung abgeleitet gedacht (u. in einer Sinusfunktion beschrieben) werden kann* **3.1** ~e **Analyse** *Zurückführung komplizierter zusammengesetzter (sich überlagernder) Schwingungen auf harmonische Schwingungen* □ **harmônico**

Harn ⟨m.; -(e)s, (selten) -e⟩ *flüssiges Ausscheidungsprodukt des Körpers;* Sy *Urin* □ **urina;** ~ lassen, ausscheiden □ ****urinar***

Har|nisch ⟨m.; -(e)s, -e⟩ **1** *Rüstung, Panzer, Brustpanzer;* dem Ritter den ~ anlegen, anschnallen □ **armadura; couraça 2** in ~ ⟨fig.; geh.⟩ *wütend, zornig* □ ****furioso; irritado***; jmdn. in ~ bringen □ ****enfurecer/irritar alguém;*** über eine Sache in ~ geraten, kommen □ ****irritar-se/enfurecer-se com alguma coisa*** **3** ⟨Geol.⟩ *glatte od. geschrammte Gesteinsfläche, die durch Verwerfen od. Verschieben entstanden ist* □ **espelho de falha 4** ⟨Web.⟩ *Gesamtheit der Schnüre, die beim automatischen Weben von Mustern die gebogenen Nadeln, welche die Fäden der Kette führen, bewegen* □ **corpo de liços**

Har|pu|ne ⟨f.; -, -n⟩ *speerartiges, eisernes Wurfgeschoss mit Widerhaken an der Spitze u. Fangleine, bes. für den Walfang* □ **arpão**

har|ren ⟨V. 700⟩ jmds. od. einer **Sache** ~ ⟨geh.⟩ **1** *geduldig, sehnsüchtig warten;* wir ~ seiner; er harrte der Dinge, die da kommen sollten □ ****esperar com ansiedade/impaciência*** **1.1** *diese Aufgabe harrt noch ihrer Lösung muss noch gelöst werden* □ **aguardar;** → a. *hoffen(1.1)*

harsch ⟨Adj.⟩ **1** *rau, eisig, vereist;* ein ~er Wind, Regen; ~er Schnee □ **gelado 2** ⟨fig.⟩ *barsch, hart, unfreundlich;* eine ~e Stimme; jmdm. ~ entgegnen □ **duro; rude(mente)**

Harsch ⟨m.; -(e)s; unz.⟩ *mit einer Eiskruste überzogener Schnee;* ~schnee □ **crosta de neve**

hart ⟨Adj.⟩ **1** ein **Gegenstand** ist ~ *hat eine (verhältnismäßig) feste Beschaffenheit, lässt Fremdkörper nicht eindringen u. ist schlecht zu formen (u. zu zerkleinern);* Ggs *weich(1);* ~ wie ein Diamant, wie ein Stein; ein ~es Ei; ~es Brot, Holz, Leder **1.1** ein ~er Bleistift *B., der schwach schreibt wegen hohem Gehalt an Ton* **1.2** ~er (od. knöcherner) **Gaumen** *vorderer, hinter den Oberzähnen gelegener Teil des G.* **2** *intensiv, gehaltreich* **2.1** *kontrastreich, Kontraste aufweisend;* ein ~es Negativ; die Farben sind zu ~ **2.2** ⟨70⟩ ~e **Strahlen** *durchdringende S.* **2.3** ⟨70⟩ ~es **Wasser** *stark kalkhaltiges W.* □ **duro 2.4** ⟨60⟩ ~e **Getränke** ⟨umg.⟩ *stark alkoholische G.* □ ****bebidas com alto teor alcoólico*** **2.4.1** einen Harten trinken ⟨umg.⟩ *Schnaps* □ ****tomar uma cachaça*** **2.5** ⟨60⟩ ein ~er **Winter** *langer und kalter W.;* der Winter hat ~ zugeschlagen □ **rigoroso 2.6** ⟨70⟩ ~e **Währung** ⟨umg.⟩ *sichere, stabile W.* □ **forte; estável 3** *rau, unmelodisch;* eine ~e Aussprache; ~e Verse □ **duro; carregado 3.1** ~e **Konsonanten** ⟨Phon.⟩ **3.1.1** *stimmlose K.* **3.1.2** ⟨in den slaw. Sprachen⟩ *nicht nach dem j hin gesprochene K.* □ **duro 4** *kummervoll, mühevoll, anstrengend;* es war ~ für ihn, dass ...; sie hat ein ~es Los, Schicksal gehabt, zu tragen; es war ein ~er (Schicksals-)Schlag, Verlust für sie; sie wurden von einem ~en Schicksal betroffen; ~e Zeiten; eine ~e Arbeit; ein ~er Kampf **4.1** es ist ein ~es **Muss** *eine unumgängliche Pflicht* □ **duro; difícil 4.2** ein ~es **Brot** für jmdn. ⟨fig.; umg.⟩ *schwer für jmdn* □ ****um trabalho duro/uma vida dura para alguém*** **4.3** ⟨60⟩ eine ~e **Nuss** ⟨a. fig.; umg.⟩ *schwierige Aufgabe;* ich habe da eine ~e Nuss zu knacken **4.4** ⟨60⟩ ein ~er **Brocken** *eine schwierige Sache, Aufgabe;* das ist ein ~er Brocken! □ ****um abacaxi (para descascar)*** **4.4.1** da hat er an einem ~en Brocken zu kauen *er muss eine schwierige Aufgabe lösen* □ ****ele tem um abacaxi pela frente*** **4.5** einen ~en **Stand** haben ⟨fig.⟩ *sich nur schwer durchsetzen können;* ihm gegenüber hat sie einen ~en Stand □ ****estar numa situação difícil*** **4.6** eine **Sache** kommt jmdn. ~ an ⟨selten⟩ *fällt jmdn. schwer, macht jmdm. Mühe;* das Landleben kommt mich ~ an, wird mich ~ ankommen □ ****ser difícil/duro para alguém*** **5** *schonungslos;* entschuldigen Sie das ~e Wort!; jmdn. mit ~en Worten empfangen; ~e Maßnahmen ergreifen; die Strafe, das Urteil war ~ □ **duro; severo,** ~ bestraft werden □ **duramente; severamente;** es ging ~ auf ~ □ ****chegou-se ao limite/momento crítico*** **6** jmd. ist ~ *rücksichtslos, gefühllos* □ **frio; sem consideração;** jmdm. ~ zusetzen □ ****pressionar alguém;*** du darfst ihn nicht zu ~ anfassen; er ist zu ~ gegen seinen Sohn □ **duro; severo** 6.1 die Mannschaft spielte zu ~ *sie setzte sich körperlich zu stark ein u. verwendete unsportliche Methoden* □ **o time jogou pesado demais* 6.2 mit ~er Hand ⟨fig.⟩ *energisch Ordnung schaffend, Missstände beseitigend* □ **com mão de ferro; com mão firme* 6.3 ~ im Nehmen sein ⟨a. fig.; Boxsp.⟩ *viele Schläge hinnehmen können* □ **ser duro na queda* 6.4 jmd. hat ein ~es **Herz** *nimmt keine Rücksicht auf andere u. ihre Gefühle* □ **duro** 6.5 ⟨70⟩ einen ~en Kopf, Schädel haben ⟨fig.⟩ *eigensinnig, dickköpfig sein* □ **ser cabeça-dura* 7 ⟨50; verstärkend⟩ *sehr, stark;* der Tod seines Vaters hat ihn ~ mitgenommen; es trifft mich ~; die verschiedenen Meinungen prallten ~ aufeinander □ **duramente; brutalmente** 8 ⟨50⟩ 8.1 ~ **an**, bei *dicht, knapp;* ~ an etwas vorbei; das grenzt ~ an Betrug; er fuhr ~ an mir vorbei; ~ an der Grenze wohnen □ **perto de; pegado a; junto de* 8.1.1 ~ an der **Grenze** des Erträglichen *kaum noch erträglich, kaum zumutbar* □ **no limite do tolerável* 8.2 jmdm. ~ auf den Fersen sein *jmdn. verfolgen und fast eingeholt haben* □ **estar no encalço de alguém* 9 ⟨Getrennt- u. Zusammenschreibung⟩ 9.1 ~ **gefroren** = *hartgefroren* 9.2 ~ **gekocht** = *hartgekocht*

Här|te ⟨f.; -, -n⟩ 1 ⟨meist unz.⟩ *harte Beschaffenheit* □ **dureza; rigidez;** → *hart(1-6)* 1.1 die ~ eines Gegenstandes *(verhältnismäßig) harte Beschaffenheit, Festigkeit, Widerstand;* die ~ des Diamanten, des Eisens, des Stahls 1.2 die ~ des **Wassers** *Gehalt an Kalzium- u. Magnesiumverbindungen* □ **dureza** 1.3 ⟨fig.⟩ *Strenge, Unbeugsamkeit, Unnachgiebigkeit;* die ~ des Gesetzes zu spüren bekommen; die ~ des rücksichtsloser ~ durch □ **rigor; severidade** 1.4 *Anstrengung, Mühe, schonungsloser körperlicher Einsatz;* eine Fußballmannschaft, die für ihre ~ bekannt ist; von der ~ des Kampfes erschöpft □ **esforço;** empenho 1.5 *Kontrastreichtum, Unvereinbarkeit;* die ~ der Gegensätze wurde in der Diskussion deutlich □ **contraste** 2 *Ungerechtigkeit;* wir wollen (unnötige) ~n vermeiden; soziale ~ □ **injustiça; diferença**

här|ten ⟨V.⟩ 1 ⟨400⟩ etwas härtet *wird hart, fest;* die Gipsmasse härtet in kurzer Zeit 2 ⟨500⟩ etwas ~ ⟨bes. Tech.⟩ *hart, fest, widerstandsfähig machen;* Öle, Fette ~ □ **endurecer;** Stahl ~ □ **temperar**

hart|ge|fro|ren *auch:* **hart ge|fro|ren** ⟨Adj. 24/70⟩ ~er Boden *durch anhaltenden Frost hartgewordener Boden* □ **congelado**

hart|ge|kocht *auch:* **hart ge|kocht** ⟨Adj. 24/60⟩ *so lange gekocht, bis das Dotter hart ist;* ein ~es Ei □ **cozido**

Hart|geld ⟨n.; -(e)s; unz.⟩ *Münze, Geldstücke;* Ggs *Papiergeld* □ **moeda(s)**

hart|ge|sot|ten ⟨Adj.⟩ 1 *hartherzig;* ein ~er Geschäftsmann □ **insensível; sem coração** 2 *verstockt, unbelehrbar* □ **inveterado**

hart|her|zig ⟨Adj.⟩ *unbarmherzig, mitleidlos, gefühllos;* ein ~er Mensch □ **insensível; sem coração**

hart|nä|ckig ⟨Adj.⟩ 1 *beharrlich, eigensinnig;* ~ hielt sich das Gerücht, dass ...; es ist ein ~es Übel; er bestand ~ darauf; er leugnete ~; ~ widersetzte er sich dieser Anordnung □ **persistente; teimoso; com persistência** 1.1 ~e **Krankheit** *trotz Behandlung lang anhaltende K.* □ **renitente**

Harz ⟨n.; -es, -e⟩ 1 *Ausscheidungsprodukt des pflanzlichen Stoffwechsels, bes. der Nadelhölzer, mit charakteristischem Geruch;* Fichten-~, Tannen-~, Kiefern-~ □ **resina** 2 *kompliziertes Gemisch von organischen Stoffen mit glasartigen, amorphen od. zähflüssigen Eigenschaften;* Kunst-~ □ **resina sintética*

Ha|schee ⟨n.; -s, -s⟩ 1 *in kleine Stücke geschnittenes Fleisch (bes. Innereien)* □ **carne picada ou moída** 2 *daraus zubereitetes Gericht;* Lungen-~ □ **picadinho**

ha|schen¹ ⟨V.⟩ 1 ⟨500/Vr 8⟩ jmdn. od. etwas ~ *schnell fangen, blitzschnell zu fangen, ergreifen suchen;* das Glück lässt sich nicht ~ ⟨fig.⟩ **apanhar; agarrar** 2 ⟨411⟩ nach etwas ~ 2.1 *nach etwas greifen, etwas zu fassen suchen;* nach einer Feder, die in der Luft fliegt, ~ □ **tentar apanhar alguma coisa* 2.2 ⟨fig.⟩ *etwas zu erlangen suchen, nach etwas streben;* nach Anerkennung, Ansehen, Beifall, Erfolg, Ruhm, Zustimmung ~; nach jmds. Lächeln ~ □ **ambicionar; aspirar**

ha|schen² ⟨V. 400; umg.⟩ *Haschisch rauchen* □ **fumar haxixe**

Hä|scher ⟨m.; -s, -; veraltet u. poet.⟩ 1 ⟨veraltet⟩ *Gerichtsdiener* □ **esbirro; beleguim** 2 *Verfolger* □ **perseguidor**

Ha|schisch ⟨n. od. m.; - od. -s; unz.⟩ *aus einer indischen Hanfart (Cannabis indica) gewonnenes Rauschmittel;* ~ anbauen, rauchen □ **haxixe**

Ha|se ⟨m.; -n, -n⟩ 1 ⟨Zool.⟩ *Angehöriger einer Familie der Nagetiere mit gestrecktem Körper, großen Ohren, kurzem Schwanz u. gespaltenen Lippen: Leporidae;* einen ~n abziehen, braten, essen, spicken; der ~ hoppelt, schlägt Haken; rammelt; einen ~n erlegen, hetzen, jagen, schießen; furchtsam wie ein ~ sein; viele Hunde sind des ~n Tod ⟨Sprichw.⟩ □ **lebre** 2 ⟨fig.⟩ 2.1 dort, wo sich die ~n und die Füchse Gute Nacht sagen ⟨umg.⟩ *an einem abgelegenen Ort auf dem Lande* □ **onde Judas perdeu as botas* 2.2 er ist ein furchtsamer ~ *er ist ein furchtsamer Mensch* □ **ele é um medroso* 2.3 da liegt der ~ im Pfeffer ⟨umg.⟩ *darin liegt die Schwierigkeit* □ **aí é que está o problema/a dificuldade* 2.4 so läuft der ~! ⟨fig.; umg.⟩ *so funktioniert das!* □ **é assim que funciona!* 2.5 wissen, wie der ~ läuft ⟨umg.⟩ *Bescheid wissen* □ **entender do riscado* 2.6 *Sinnbild der Ängstlichkeit;* ~nfuß, ~nherz, Angst-~ □ **covarde;** → a. *Name(1.2)*

Ha|sel|nuss ⟨f.; -, -nüs|se; Bot.⟩ 1 *zu den Birkengewächsen gehörender, in Europa heimischer Strauch, der vor der Entfaltung der Blätter blüht, mit einer ölhaltigen Nuss als Frucht: Corylus avellana* □ **aveleira** 2 *Frucht dieses Strauches* □ **avelã**

Ha|sen|schar|te ⟨f.; -, -n; Med.; umg.⟩ *ein- od. beidseitige angeborene Spaltbildung der Oberlippe: Labium leporinum* □ **lábio leporino**

Hass ⟨m.; -es; unz.⟩ 1 *feindliche Gesinnung, heftige, leidenschaftliche Abneigung, Rachsucht;* Ggs *Liebe(3);* mit dieser Bosheit wird er ~ ernten; er versuchte, ~

zu erwecken, zu säen; du sollst keinen ~ im Herzen nähren, tragen; du musst deinen ~ unterdrücken, zügeln; bitterer, blinder, ohnmächtiger, tödlicher, unversöhnlicher ~; das hat er nur aus ~ gegen mich getan; ~ gegen jmdn. empfinden, haben, hegen; jmdn. mit blindem ~ verfolgen; ich möchte mir nicht seinen ~ zuziehen □ **ódio**; Fremden ~ □ **xenofobia 1.1** in ~ entbrennen gegen jmdn. *beginnen, gegen jmdn. eine große Abneigung zu haben* □ ***pegar ódio de alguém 1.2** (seinen) ~ auf jmdn. werfen *seine Rachsucht auf jmdn. richten* □ ***lançar seu ódio sobre alguém 1.3** ~ auf jmdn. haben *Abneigung gegen jmdn. empfinden* □ ***ter ódio de alguém**

has|sen ⟨V. 500⟩ **1** ⟨Vr 7 od. Vr 8⟩ *jmdn. ~ gegen jmdn. Hass empfinden; jmdn. blind, ohnmächtig, unversöhnlich ~* □ **odiar 1.1** ⟨510/Vr 8⟩ *jmdn. bis auf, in den Tod ~ gegen jmdn. sehr starken Hass empfinden; sie hassten einander, sich tödlich ~* □ ***ter ódio mortal de alguém 2** *etwas ~ gegen etwas starke Abneigung, starken Widerwillen empfinden; laute Musik ~* □ **odiar; detestar**

häss|lich ⟨Adj.⟩ **1** *unschön, abstoßend, entstellt, missgestaltet; ein ~es Bild, Gesicht, Wetter; ~e Ausdrücke, Angewohnheiten, Gedanken, Träume, Worte* □ **feio; ruim 2** *unangenehm, widrig; eine ~e Angelegenheit, Geschichte, Sache* □ **desagradável; adverso 3** ⟨fig.⟩ *garstig, sehr unfreundlich, gemein; man soll nicht ~ über andere sprechen* □ **mal**; *sie ist sehr ~ zu ihrer Mutter* □ **malcriado**; *er hat sich von seiner ~sten Seite gezeigt* □ **pior**; *er hat sich ihr gegenüber ~ verhalten* □ **mal 4** *armselig, verängstigt, kläglich, kleinlaut, gefügig* □ **submisso; intimidado**; → a. *klein(5.1-5.2)*

Hast ⟨f.; -; unz.⟩ *überstürzte Eile; in großer, wilder ~; sich ohne ~ auf den Weg begeben* □ **pressa; precipitação**

has|ten ⟨V. 411(s.)⟩ *hastig laufen, arbeiten, hantieren, sich überstürzen; zum Bahnhof ~* □ **apressar-se; precipitar-se; correr**

has|tig ⟨Adj.⟩ *sehr eilig, überstürzt; er brach ~ auf; sie machte ein paar ~e Gesten* □ **(de modo) apressado/precipitado**

hät|scheln ⟨V. 500; umg.⟩ **1** *ein Kind ~ liebkosen, streicheln, verwöhnen (u. vor anderen bevorzugen); er hätschelt die jüngste Tochter zu sehr* □ **afagar; mimar 2** *jmdn. ~* ⟨meist abwertend⟩ *umwerben, umschmeicheln, hofieren; der Innenminister hätschelt den Parteivorsitzenden* □ **cortejar; bajular**

hat|schen ⟨V. 400(s.); bair.; österr.; umg.⟩ **1** *schleppend, schlurfend gehen, schlendern; er hatschte die Flur entlang* □ **perambular arrastando os pés 2** *hinken* □ **coxear; mancar**

Hat|trick ⟨[hæt-] m.; -s, -s; Sp.⟩ **1** ⟨Sp.⟩ *dreimaliger Sieg (in einer Meisterschaft) hintereinander durch denselben Sportler* **2** ⟨Fußb.⟩ *dreimaliges Erzielen eines Tores hintereinander durch denselben Spieler innerhalb einer Halbzeit; ihm gelang ein sensationeller ~* □ **hat trick**

Hatz ⟨f.; -, -en⟩ **1** ⟨Jägerspr.⟩ *Hetzjagd mit Hunden, bes. auf Sauen; eine ~ veranstalten* □ **caça (com cães) 2** ⟨fig.; umg.⟩ *das Rennen, die Hast; das war wieder eine ~ auf die Sitzplätze!* □ **correria**

Hau|be ⟨f.; -, -n⟩ **1** *Kopfbedeckung aus Stoff für Frauen* **1.1** ⟨früher⟩ *in den vielfältigsten Formen, meist von verheirateten Frauen getragene Kopfbedeckung; die ~ abnehmen, aufsetzen, feststecken (im Haar), umbinden* □ **touca 1.2** *Haube(1) als Teil einer bestimmten Tracht; Nonnen~, Schwestern~* □ **véu**; *zu dieser Tracht gehört auch eine kleidsame bunte ~* □ **touca; capuz 2** *einer Haube(1) äußerlich ähnlicher Gegenstand, der etwas bedeckt, umhüllt und diese Weise schützt od. warm hält; Kaffee~* □ ***abafador (do bule)**, *Kühler~, Motor~* □ ***capô**, *Trocken~* □ ***secador de coluna**; *beim Friseur habe ich lange unter der ~ gesessen (zum Haartrocknen)* □ **secador**; *die Kaffee-, Teekanne unter die ~ stellen (zum Warmhalten)* □ **abafador 3** (i. w. S.) *Kappe, Mütze; Bade~* □ ***touca de banho 3.1** *eine Form des Helms* □ **gorro; touca 4** *eine Frau ist unter der ~* ⟨fig.; umg.⟩ *verheiratet* □ ***uma mulher casada 4.1** *unter die ~ bringen* ⟨fig.; umg.⟩ *verheiraten; er will seine Töchter gern unter die ~ bringen* □ ***casar (alguém) 4.2** *unter die ~ kommen* ⟨fig.; umg.⟩ *heiraten* □ ***casar-se; juntar os trapos 5** ⟨Jagdw.⟩ **5.1** *Kappe aus Leder, die man dem zur Beize abgerichteten Greifvögeln aufsetzt, wenn sie ungebärdig sind, um sie zu blenden* □ **caparão 5.2** *rundes Netz, das vor den Dachs-, Fuchs- od. Kaninchenbau gelegt wird u. das zum Fangen dieser Tiere dient; Dachs~* □ **rede 6** ⟨Zool.⟩ *Federbüschel auf dem Kopf von Vögeln, Schopf* □ **penacho; crista 7** ⟨Anat.⟩ *Netzmagen der Wiederkäuer* □ **barrete; retículo 8** ⟨Math.⟩ *durch einen Kreis begrenzter Teil der Kugeloberfläche* □ **calota esférica**

Hau|bit|ze ⟨f.; -, -n; Mil.⟩ **1** ⟨Mil.⟩ *Geschütz mit kurzem Rohr* □ **obus; morteiro 1.1** *voll wie eine (Strand)~* ⟨fig.; umg.⟩ *völlig betrunken* □ ***bêbado como um gambá**

Hauch ⟨m.; -(e)s, -e⟩ **1** ⟨geh.⟩ *Atemstrom beim Ausstoßen der Luft; jmds. ~ verspüren* □ **respiração**; *der letzte ~ eines Sterbenden* □ **suspiro**; *man kann den ~ vor dem Mund sehen (so kalt ist es)* □ **respiração; bafo 1.1** *den letzten ~ von sich geben* ⟨geh.⟩ *sterben* □ ***exalar o último suspiro 2** ⟨geh.⟩ *feiner Luftzug, leichtes Wehen; Luft~, Wind~; ein frischer ~* □ **brisa; aragem 3** ⟨geh.⟩ *leichter Duft; der ~ ihres Parfüms streifte ihn; ein ~ von Rosen lag über dem Garten* □ **leve odor; exalação 4** *feiner Dunst, Schleier, feuchter Niederschlag; Nebel~; durch einen ~ von Nebel wurde das Haus sichtbar* □ **névoa 5** ⟨fig.⟩ *Spur, Andeutung, Anflug; einen ~ dunkler, heller tönen, gefärbt sein* □ ***dar/ter um tom mais escuro/claro**; *nur einen ~ Puder auftragen; ein ~ von Schwermut umgibt sie* □ **véu**; *nur einen ~ von Farbe auftragen* □ **fina camada 6** ⟨fig.; geh.⟩ *leise geistige od. seelische Berührung; einen ~ von jmds. Geist, Genie verspüren* □ **sopro**

hauch|dünn ⟨Adj. 24⟩ *sehr dünn, äußerst gering; mit einem ~en Vorsprung gewinnen* □ **finíssimo; ínfimo**

hau|chen ⟨V.⟩ **1** ⟨411⟩ *irgendwohin ~ Atem hör- od. sichtbar ausstoßen; an die gefrorenen Fensterschei-*

ben, auf den Spiegel, in die frosterstarrten Hände, in die kalte Winterluft ~ ☐ **bafejar 2** ⟨500⟩ etwas ~ ⟨Phon.⟩ *mit einem od. wie einen Hauchlaut aussprechen* ☐ **aspirar 3** *etwas ~* ⟨geh.⟩ *ohne Stimme sagen, leise, schmachtend od. angstvoll flüstern;* „Ja", hauchte sie; sie hauchte ihm ein Wort ins Ohr ☐ **sussurar; cochichar**

hau|en ⟨V. 162⟩ **1** ⟨500/Vr 8⟩ *etwas, jmdn. od. sich ~ schlagen, einen od. mehrere Schläge versetzen* ☐ **bater; golpear** 1.1 ⟨530⟩ *jmdm. eins* **hinter die Ohren ~** ⟨umg.⟩ *eine Ohrfeige geben* ☐ ***dar uma bofetada em alguém** 1.2 *jmdn. ~* ⟨umg.⟩ *prügeln, verhauen; jmdn. zum Krüppel ~; die beiden haben einander, sich grün und blau gehauen* ☐ ***dar uma sova em alguém; partir para a briga** 1.3 ⟨500⟩ *etwas ~* ⟨umg.⟩ *zerschlagen; alles kurz und klein ~; etwas in Stücke ~* ☐ ***fazer picadinho (de); destroçar** 1.4 ⟨511⟩ *Eier in die Pfanne ~* ⟨umg.⟩ *in die Pfanne schlagen und braten* ☐ ***estrelar/fritar um ovo** 1.5 ⟨411 od. 511 od. 611⟩; *haute, geh. hieb*⟩ **(jmdm., jmdn.) auf etwas, mit etwas ~** *auf etwas, mit etwas schlagen; mit dem Säbel wild un sich ~; jmdm.* (jmdn.) *auf die Finger, ins Gesicht ~* ☐ **bater; golpear** 1.5.1 *kräftig in die Tasten ~ die T. (auf dem Klavier) kräftig anschlagen* ☐ **martelar 2** ⟨fig.⟩ 2.1 ⟨511⟩ *etwas haut einen fast vom Stuhl* ⟨fig.; umg.⟩ *überrascht einen sehr; das hat mich fast vom Stuhl gehauen* ☐ ***quase caí da cadeira** 2.2 *hierbei weiß man nicht, was gehauen und gestochen ist* ⟨fig.; umg.⟩ *hierbei ist alles unklar* ☐ ***nesse caso não dá para saber aonde se quer chegar** 2.3 *auf Hauen und Stechen mit jmdm. stehen* ⟨fig.; umg.⟩ *verfeindet sein* ☐ ***andar às turras com alguém**; → a. *Ohr*(1.1.3 u. 1.1.9), *Pauke*(1.1), *Pfanne*(2), *Sack*(1.4), *Schnur*[1](1.1), *Strang*(4.1) **3** ⟨500⟩ **Bäume ~ B.** *schlagen, fällen* 3.1 *Holz ~ Bäume fällen* ☐ **abater; derrubar** 3.2 ⟨511/Vr 3⟩ *sich aufs, ins Bett ~* ⟨umg.⟩ *werfen* ☐ ***cair na cama** 4 ⟨511⟩ *etwas, jmdn. auf, in etwas ~* ⟨umg.⟩ *etwas, jmdn. krachend, heftig, mit Schwung schleudern; die Spielkarten auf den Tisch ~* ☐ **arremessar; lançar 5** ⟨510⟩ *etwas in etwas, aus etwas ~ mit Hilfe von Werkzeugen herausarbeiten* 5.1 *als Künstler eine Form, Figur aus einer harten Materie herausarbeiten; eine Büste in Marmor ~* 5.2 *einen Stein in die gewünschte Form bringen, so bearbeiten, dass er die gewünschte Form erhält* 5.3 *in einer harten Materie, im Gestein einen freien Raum, ein Stück herausarbeiten; in den Felsen gehauene Stufen* ☐ **entalhar; esculpir; cinzelar 6** ⟨500; Präteritum regional: *haute*⟩ *Gras ~ mähen; die Wiese ~* ☐ **ceifar; segar 7** ⟨500⟩ *etwas ~ zerhacken; Holz, Fleisch ~* ☐ **rachar; picar 8** ⟨500⟩ *Feilen ~ herstellen* ☐ **picar 9** ⟨500⟩ *Erz ~* ⟨Bgb.⟩ *loshacken, -brechen* ☐ **extrair 10** ⟨Fechten⟩ *mit der breiten Klinge schlagen* ☐ **tocar**

Hau|er ⟨m.; -s, -⟩ **1** ⟨Jägerspr.⟩ *unterer Eckzahn des Keilers* ☐ **presa 2** ⟨Bgb.⟩ *vor Ort arbeitender Bergmann;* oV *Häuer* ☐ **minerador 3** ⟨süddt.; österr.⟩ *Winzer* ☐ **viticultor**

Häu|er ⟨m.; -s, -⟩ = *Hauer*(2)

Hau|fe ⟨m.; -ns, -n; veraltet; noch poet.⟩ *Haufen*

häu|feln ⟨V. 500⟩ **1** *Nutzpflanzen ~* ⟨Landw.⟩ *kleine Haufen lockerer Erde um die N. bilden, um sie dadurch zu stützen; Kartoffeln, Rüben ~* ☐ **amontoar; fazer amontoa de 2** *Heu ~* ⟨regional⟩ *zu kleinen Haufen aufschichten* ☐ **empilhar; amontoar**

Hau|fen ⟨m.; -s, -⟩ **1** *Menge von neben-, übereinanderliegenden od. aufgeschichteten Dingen, Masse von etwas, die der Form eines Berges ähnelt; ein ~ Blätter, Getreide, Papier, Steine; etwas auf einen ~ fegen, kehren, legen, werfen, schichten; Heu in ~ setzen* ☐ **pilha; monte 2** ⟨fig.⟩ 2.1 *es liegt alles an einem ~* ⟨schweiz.⟩ *zusammen, dicht gedrängt* ☐ ***está tudo amontoado** 2.2 *einen Plan, ein Vorhaben über den ~ werfen, stoßen von Grund auf ändern, umstürzen, zunichtemachen; er wird seinen Plan, sein Vorhaben wohl wieder über den ~ stoßen, werfen; das wirft alle Bemühungen, Berechnungen über den ~* ☐ ***destruir um plano/projeto; fazer um plano/projeto ir por água abaixo** 2.3 *über den ~ rennen* ⟨umg.⟩ *vor Eile (fast) umstoßen* ☐ ***(quase) atropelar/derrubar** 2.4 *jmdn. über den ~ schießen* ⟨umg.; derb⟩ *erschießen* ☐ ***matar alguém a tiros; fuzilar alguém** **3** *Menge, viel, viele, vieles; in dichten, hellen ~ kamen Neugierige herbeigeströmt; wir haben in diesem Monat einen ~ Geld ausgegeben* ⟨umg.⟩*; ein ~ Kinder, Menschen versammelte sich* ⟨umg.⟩*; er hat einen ~ Schulden gemacht* ⟨umg.⟩*; es wurde wieder ein ~ dummes Zeug geredet* ⟨umg.⟩*; sie hat einen ~ Sachen mit auf die Reise genommen* ⟨umg.⟩ ☐ **monte; montão; bando 4** *Trupp, Gruppe von Soldaten; Heer~* ☐ **tropa**

häu|fen ⟨V. 500⟩ **1** *etwas ~ in Haufen, Mengen sammeln, aufstapeln; Getreide, Reichtum, Schätze ~; Kartoffeln auf einen Teller ~* ☐ **amontoar; juntar 1.1** ⟨fig.⟩ *sammeln, ansammeln; Schuld auf Schuld ~* ☐ **acumular** 1.2 *übervoll machen; zwei gehäufte Teelöffel Zucker; einen gehäuften Löffel voll* ☐ **cheio 2** ⟨Vr 3⟩ *etwas häuft sich türmt sich zum Haufen auf; die Spenden häuften sich zu Bergen; die schmutzige Wäsche häuft sich in der Wäschetruhe* ☐ **acumular-se; amontoar-se** 2.1 ⟨fig.⟩ *zunehmen, mehr werden; in letzter Zeit häuften sich die Beschwerden, Klagen über ...; die Fälle ~ sich, in denen ...* ☐ **aumentar; crescer**

häu|fig ⟨Adj.⟩ *oft vorkommend, sich oft wiederholend, zahlreich, vielfach; ~e Auseinandersetzungen, Besuche, Reisen; jmdn. ~ besuchen, sehen; das ist ~ der Fall* ☐ **frequente; com frequência**

Häu|fig|keit ⟨f.; -; unz.⟩ **1** *häufiges Vorkommen, Frequenz* 1.1 ⟨Stat.⟩ *Zahl der Fälle, in denen ein bestimmtes Merkmal vorkommt; absolute, relative ~* ☐ **frequência**

Haupt ⟨n.; -(e)s, Häup|ter; geh.⟩ **1** *Kopf; das ~ neigen, sinken lassen; missbilligend, verzweifelt sein ~ schütteln* ☐ **cabeça** 1.1 *zu Häupten jmds. od. von etwas in der Nähe seines Kopfes, an der Kopfseite; zu Häupten der Bahre, des Bettes, des Liegenden* ☐ ***na cabeceira de alguém ou alguma coisa 2** ⟨fig.; geh.⟩

Haupt

Mensch □ pessoa; graues, greises ~; vor einem grauen ~e sollst du aufstehen und die Alten ehren (3. Mose 19,32) □ *cãs; ein gekröntes ~ □ **cabeça** 3 ⟨fig.⟩ *Führer, Leiter;* das ~ der Familie, des Staates, einer Verschwörung 3.1 das ~ der kath. Christenheit *der Papst* □ **chefe; líder** 4 ⟨fig.⟩ *wichtigster Teil von etwas* □ **parte principal** 4.1 wie das ~, so die Glieder ⟨Sprichw.⟩ *gute Führung, Leitung ist entscheidend für alles, wie der Chef, so seine Angestellten* □ ***o exemplo vem de cima** 4.2 Reform an ~ und Gliedern *durchgreifende Änderung* □ ***reforma radical** 4.3 jmdn. aufs ~ **schlagen** *jmdm. eine Niederlage beibringen* □ ***derrotar alguém** 4.4 eins aufs ~ **kriegen**, bekommen ⟨umg.⟩ *gerügt werden, gescholten werden;* ich habe eins aufs ~ bekommen □ ***levar uma bronca** 5 ⟨poet.⟩ *Gipfel (1);* von ferne sah man die Häupter der Berge □ **cume; pico**

Haupt... ⟨in Zus.⟩ *der, die, das führende, größte, umfassendste, wichtigste ...;* Sy *zentral(2);* Ggs *Neben...;* Hauptarbeit, Haupteingang, Hauptvertreter, Hauptwerk (eines Künstlers)

Haupt|bahn|hof ⟨m.; -(e)s, -hö|fe; Abk.: Hbf⟩ *größer, wichtigster Bahnhof einer Stadt;* der Zug hält, endet in Frankfurt ~ □ **estação principal/central**

Häup|tel ⟨n.; -s, - od. -n; süddt.; österr.⟩ *Kopf einer Gemüsepflanze;* ein ~ Kraut; ~salat □ **pé**

Häupt|ling ⟨m.; -s, -e⟩ 1 (bei Naturvölkern) *Anführer eines Dorfes od. Stammes;* Indianer~, Stammes~ □ **chefe; cacique** 2 ⟨umg.; scherzh.⟩ *Anführer* □ **cacique; mandachuva**

Haupt|mann ⟨m.; -(e)s, -leu|te⟩ 1 ⟨Mil.⟩ *Offiziersrang (3. Stufe) zwischen Oberleutnant u. Major* □ **capitão** 2 ⟨allg.; veraltet⟩ *Anführer einer Bande;* Räuber~ □ **chefe; líder**

Haupt|quar|tier ⟨n.; -s, -e⟩ 1 *Sitz des Befehlshabers einer Armee od. eines selbständigen Armeekorps im Kriege;* das ~ aufschlagen, verlegen 1.1 ⟨fig.⟩ *Sitz, Aufenthaltsort;* das ~ einer Studentengruppe 2 *die Gesamtheit der im Hauptquartier(1) beschäftigten Personen* □ **quartel-general**

Haupt|rol|le ⟨f.; -, -n⟩ 1 *wichtigste Rolle in einem Schauspiel, Film usw.;* in der ~ sahen Sie: XY □ **papel principal** 2 die ~ in, bei etwas spielen ⟨fig.⟩ *innerhalb eines Kreises, bei einem Fest usw. führend sein* □ ***ser a atração (num evento)**

Haupt|sa|che ⟨f.; -, -n⟩ 1 *das Wichtigste;* die ~ dabei ist, dass ...; und nun zur ~! □ **essencial; principal** 1.1 in der ~ *im Allgemeinen, im Wesentlichen* □ **de modo geral; essencialmente**

haupt|säch|lich ⟨a. [-'--]⟩ 1 ⟨Adv.⟩ *vor allem, besonders, in erster Linie;* er beklagte ~ das schlechte Essen □ **principalmente; sobretudo** 2 ⟨Adj. 60⟩ *wichtigste(r, -s), wesentlich;* der ~e Unterschied besteht in ... 2.1 das ~ste Ereignis ⟨umg.⟩ *das wichtigste E.* □ **principal; essencial**

Haupt|satz ⟨m.; -es, -sät|ze; Gramm.⟩ *selbständiger Satz, der unabhängig von anderen Sätzen sinnvoll bestehen kann;* Ggs *Nebensatz* □ **oração principal**

Haupt|stadt ⟨f.; -, -städ|te⟩ *Stadt mit dem Sitz der Regierung (eines Landes);* Sy *Metropole(1);* Rom ist die ~ Italiens □ **capital**

Haupt|wort ⟨n.; -(e)s, -wör|ter; Gramm.⟩ = *Substantiv*

Haus ⟨n.; -es, Häu|ser⟩ 1 *als Unterkunft od. Arbeitsstätte dienendes Gebäude mittlerer Größe;* in einem alten, neuen ~ wohnen; ein altes, baufälliges, reparaturbedürftiges, verwahrlostes ~; ein dreistöckiges, ein-, mehrstöckiges ~; ein ~ abbrechen, abreißen, aufstocken, bauen, errichten, modernisieren, renovieren, umbauen, verputzen; ein ~ besitzen, beziehen, erben, kaufen, mieten, verkaufen, vermieten, verwalten; ein eigenes ~ besitzen, bewohnen; bei diesem Regen bringt mich niemand aus dem ~; der Hund hat sich noch nicht ans ~ gewöhnt; nach ~e/nachhause begleiten, bringen, geleiten; nach ~e/nachhause eilen, fahren, gehen, kommen; können Sie mir die Ware ins ~ schicken?; ich habe heute noch keinen Schritt vor das ~ getan; von ~ zu ~ gehen; das väterliche ~ erben □ **casa; residência** 1.1 jmdm. das ~ **verbieten** *jmdm. den Zutritt verbieten* □ ***proibir alguém de entrar** 1.2 das ~ des Herrn ⟨poet.⟩ *die Kirche* □ **casa** 1.3 ~ **an** ~ wohnen mit ... *im Nachbarhaus von ... wohnen* □ ***morar na casa ao lado/vizinha (de alguém)** 1.4 wir essen heute außer ~ *außerhalb, in einer Gastwirtschaft* □ ***hoje vamos comer fora (de casa)** 1.5 auf ein od. etwas Häuser bauen ⟨fig.⟩ *sich auf jmdn. od. etwas fest verlassen, jmdm., einer Sache fest vertrauen* □ ***confiar cegamente em alguém ou alguma coisa** 1.6 ~ und **Hof** *der gesamte Besitz;* er hatte ~ und Hof verloren □ ***todos os bens** 2 zu ~e/zuhause 2.1 *dort, wo man (ständig) wohnt;* in den Ferien zu ~e/zuhause bleiben □ ***em casa** 2.2 *beheimatet;* er ist nirgends zu ~e/zuhause; sie ist in Berlin zu ~e/zuhause □ **domiciliado em; natural de** 2.3 *heimisch* □ **à vontade; em casa** 2.3.1 tu, als ob du zu ~e/zuhause wärst *mach es dir hier bei uns so bequem wie daheim, leg dir keinerlei Zwang auf* 2.3.2 ich habe mich bei ihm wie zu ~e/zuhause gefühlt *ich habe mich bei ihm so wohlgefühlt wie in meiner eigenen Wohnung* □ **em casa; à vontade** 2.3.3 in einem Fach, auf einem Gebiet zu ~e/zuhause sein ⟨fig.⟩ *bewandert sein, gut Bescheid wissen, sich auskennen* □ ***ser versado numa área** 2.4 *daheim;* es ist niemand zu ~e/zuhause; hier bin ich zu ~e/zuhause □ **em casa** 2.4.1 ich bin heute für niemanden zu ~e/zuhause *zu sprechen* □ ***hoje não estou para ninguém** 2.5 ⟨fig.⟩ *üblich;* dieser Brauch ist dort noch zu ~e/zuhause □ **usual; comum** 3 von zu ~e/zuhause *von daheim;* von zu ~e/zuhause kommen; wenn wir pünktlich bei ihm sein wollen, müssen wir um 8 Uhr von zu ~e/zuhause weggehen □ ***de casa** 4 von ~e aus ⟨fig.⟩ *ursprünglich* 4.1 er ist von ~e aus Tischler *hat ursprünglich das Tischlerhandwerk gelernt* □ **originariamente** 5 nach ~e/nachhause *dahin, wo man wohnt, heim;* kommen Sie gut nach ~e/nachhause! □ ***para casa** 6 ⟨fig.⟩ *Heim* 6.1 ~ und Herd lieben, haben ⟨poet.⟩ *sein (eigenes) Heim* □ ***ter/amar o próprio lar** 7 ⟨fig.⟩ *Insassen eines Gebäu-*

des, Bewohner einer Wohnung ☐ **moradores; residentes 8** *Familie; aus gutem, reichem, vornehmem ~e stammen; die Dame, der Herr, der Sohn, die Tochter da ~es; zum ~e gehören; er ist ein Freund des ~es* **8.1** *nach ~e/nachhause schreiben an die Familie* ☐ **casa; família 9** *Fürstengeschlecht, Dynastie; das ~ Habsburg, Hohenzollern* ☐ **casa; dinastia 10** *Haushalt* ☐ **casa; família 10.1** *das ~ führen den Haushalt besorgen* ☐ ***cuidar da casa** **10.2** *sein ~ bestellen* ⟨fig., geh.⟩ *seine familiären Angelegenheiten in Ordnung bringen (vor einer langen Reise)* **10.2.1** *sein Testament machen* ☐ ***preparar o próprio testamento; preparar sua sucessão* **11** ⟨fig.⟩ *das gesellige Leben einer Familie* ☐ **vida social 11.1** *ein glänzendes, großes ~ führen großzügige Gesellgkeit pflegen* ☐ ***ter uma vida social agitada* **11.2** *ein offenes ~ haben gastfreundlich sein* ☐ ***ter a casa aberta (para os amigos)* **12** ⟨Kaufmannsspr.⟩ *Unternehmen, Firma; Handels~; ein alteingeführtes, gut geführtes* ☐ **estabelecimento comercial 12.1** *das erste ~ am Platze* ⟨fig.⟩ *das beste, größte Café, Geschäft, Hotel u. Ä. dieser Stadt* ☐ **a melhor casa (comercial) da região 12.2** *sämtliche Angestellten eines Unternehmens* ☐ **casa 13** *Parlament, das Gebäude sowie die Parlamentsmitglieder* ☐ **parlamento**; *Hohes ~!* (*Anrede der Abgeordneten im Parlament*) ☐ ***membros da casa!; parlamentares!* **13.1** *die beiden Häuser (des Parlamentes) die beiden Kammern Oberhaus und Unterhaus* ☐ **câmara 14** ⟨Theat.⟩ *Theater-, Konzertsaal; vor ausverkauftem, leerem, vollem ~ spielen; dieses Stück hat immer volle Häuser* ☐ **casa 14.1** *alle im Haus(14) anwesenden Zuschauer, Zuhörer; das ~ spendete lebhaften Beifall* ☐ **plateia 15** ⟨umg.; scherzh.; veraltet⟩ *Mensch; er ist ein fideles, ein gelehrtes, frommes, gescheites, kluges ~* ☐ **tipo; sujeito 15.1** *hallo, altes ~! alter Freund!* ☐ **mano 16** ⟨Zool.⟩ *Gehäuse, Schale; Schnecken~* ☐ **concha 17** ⟨Astrol.⟩ *einer der 12 Teile der Himmelskugel* ☐ **casa 18** (*Getrennt- u. Zusammenschreibung*) *~ halten = haushalten*

Haus|ar|beit ⟨f.; -, -en⟩ **1** *die in einem Haushalt anfallende Arbeit; die laufenden ~en erledigen* ☐ **trabalho doméstico 2** *schriftliche, vom Schüler zu Hause herzustellende größere Arbeit; die ~en abgeben* ☐ **trabalho escolar 2.1** ⟨fig.⟩ *Arbeit, die ein Arbeitnehmer nach Dienstschluss zu Hause erledigt* ☐ **trabalho para ser feito em casa**

Haus|auf|ga|be ⟨f.; -, -n; meist Pl.⟩ *regelmäßig zu Hause zu erledigende Arbeit (für die Schule)* ☐ **lição de casa**

haus|ba|cken ⟨Adj.⟩ **1** ⟨veraltet⟩ *zu Hause, selbst, nicht vom Bäcker gebacken; ~es Brot* ☐ **caseiro 2** ⟨fig.; abwertend⟩ *häuslich, alltäglich, bieder, nüchtern, langweilig, ohne Schwung; sie ist eigentlich ganz nett, aber mir wäre sie zu ~* ☐ **trivial; prosaico**

hau|sen ⟨V. 400⟩ **1** ⟨411⟩ *in ärmlichen Verhältnissen, unter menschenunwürdigen Bedingungen wohnen; sie müssen in einer Baracke ~; er hauste ein Jahr in dem halbverfallenen Haus* **1.1** *abgesondert in Wäldern, Bergen usw. leben; hier hausten vor vielen Jahren die* Räuber ☐ **alojar-se; morar 2** ⟨413; fig.; umg.; abwertend⟩ *Unordnung schaffen, Zerstörung anrichten, wüten; der Hagel, Sturm, das Unwetter hat schlimm gehaust; die Truppen haben in der Stadt abscheulich gehaust* ☐ **causar estragos; devastar 3** ⟨schweiz.⟩ *sparen* ☐ **economizar; poupar**

Häu|ser|flucht ⟨f.; -, -en⟩ *Reihe von Häusern* ☐ **casario**
Häu|ser|meer ⟨n.; -(e)s, -e; fig.⟩ *riesige Menge von dicht beieinanderstehenden Häusern; das ~ einer Großstadt* ☐ **mar de casas**

Haus|frau ⟨f.; -, -en⟩ **1** *den Haushalt (einer Familie) führende Ehefrau; ~ und Mutter; das Dasein als ~ gefällt ihr nicht mehr* ☐ **dona de casa 2** *Gastgeberin, Frau des Hauses* ☐ **anfitriã 3** ⟨süddt.; österr.⟩ *Vermieterin* ☐ **senhoria; proprietária**

Haus|halt ⟨m.; -(e)s, -e⟩ **1** *die Wirtschaftsführung einer zusammenwohnenden Familie od. Lebensgemeinschaft sowie alle dabei nötigen Arbeiten (Kochen usw.); seinen eigenen ~ einrichten, führen, gründen; jmdm. den ~ führen* ☐ **governo da casa; trabalho doméstico 2** *alle Mitglieder einer solchen Familie od. Gemeinschaft* ☐ **família 3** *alle Einnahmen u. Ausgaben eines Staates od. einer Körperschaft; der öffentliche, staatliche ~; über den ~ beraten* ☐ **orçamento**

haus|hal|ten *auch:* **Haus hal|ten** ⟨V. 160/400⟩ **1** ⟨veraltet⟩ *einen eigenen Haushalt führen* ☐ **administrar a casa 2** *sparsam wirtschaften, sparen, einteilen; sie kann nicht ~; gut, schlecht ~; du musst mit deinem Geld besser ~* ☐ **economizar**; *mit vielem hält man Haus, mit wenigem kommt man aus* ⟨Sprichw.⟩ ☐ ***a quem não gasta o pouco basta* **3** *ich muss mit meinen Kräften jetzt ~ sie schonen, Anstrengungen vermeiden* ☐ **poupar**

Haus|herr ⟨m.; -en, -en⟩ **1** *Familienoberhaupt, männlicher Vorstand eines Haushalts* ☐ **chefe da casa; chefe de família 2** *Gastgeber, Herr des Hauses* ☐ **anfitrião; dono da casa**

haus|hoch ⟨Adj. 24⟩ **1** *so hoch wie ein Haus; haushohe Flammen, Wellen; einen Ball ~ werfen* ☐ **da altura de uma casa 2** ⟨fig.⟩ *sehr hoch; jmdm. ~ überlegen sein* ☐ ***ser muito superior a alguém*; *seinen Gegner ~ schlagen; er hat ~ gewonnen* ☐ **de longe; com folga**

hau|sie|ren ⟨V. 405⟩ (*mit etwas*) *~* **1** *Waren von Haus zu Haus feilbieten; mit Postkarten, Schnürsenkeln u. a. ~ (gehen); Betteln und Hausieren verboten!* (*früher Aufschrift an Türen*) ☐ **vender de porta em porta 2** *immer wieder mit einer Sache ~ gehen* ⟨fig.; abwertend⟩ *eine S. überall aufdringlich anbieten* ☐ ***contar a todos a mesma história**

häus|lich ⟨Adj.⟩ **1** ⟨60⟩ *das Haus betreffend, im Haus, zu Hause geschehend, zur Hauswirtschaft gehörend; ~e Arbeiten verrichten* ☐ **doméstico 1.1** *am ~en Herd daheim, zu Hause, in der Geborgenheit des eigenen Heimes* ☐ ***em casa* **2** ⟨70⟩ *wirtschaftlich, in der Hauswirtschaft tüchtig* ☐ **caseiro 2.1** *eine ~ e Frau eine F. mit hausfraulichen Tugenden* ☐ ***uma boa dona de casa* **3** ⟨70⟩ *das Heim, die Familie betreffend, sich im Heim(1), in der Familie wohlfühlend; ~e Sorgen* haben; er ist ein ~er Typ 3.1 ein sehr ~es Leben führen *durch Zurückgezogenheit od. ausgesprochenes Familienleben gekennzeichnetes L.* □ **caseiro 4** ⟨50⟩ *sich ~ bei jmdm. niederlassen, einrichten* ⟨umg.⟩ *an einem Ort (bei jmdm.) für längere Zeit bleiben (ohne dass man dazu aufgefordert worden ist)* □ ***instalar-se na casa de alguém**

Haus|mann ⟨m.; -(e)s, -män|ner⟩ *den Haushalt (einer Familie) führender Mann;* seit Anfang des Jahres ist er ~; er betätigt sich gern als ~ □ **dono de casa**

Haus|mar|ke ⟨f.; -, -n⟩ **1** *eingeschnittenes od. -gebranntes Eigentumszeichen (bes. an beweglichen Sachen);* Sy *Handzeichen(3)* □ **marca 2** *Markenfabrikat einer Einzelhandelsfirma* □ **selo próprio; marca própria**

Haus|meis|ter ⟨m.; -s, -⟩ *jmd., der (als Angestellter des Hauseigentümers, der Hausgemeinschaft o. Ä.) für die Instandhaltung, Ordnung u. Sauberkeit eines Gebäudes zu sorgen hat;* ~ in einer Schule sein □ **zelador; caseiro**

Haus|rat ⟨m.; -(e)s; unz.⟩ *Gesamtheit der in einem Haus od. in einer Wohnung befindlichen Gegenstände;* ~versicherung □ **utensílios domésticos; mobília**

Haus|tier ⟨n.; -(e)s, -e⟩ *vom Menschen zum Nutzen od. aus Liebhaberei in Haus od. Hof gehaltenes Tier;* Hunde und Katzen sind beliebte ~e □ **animal doméstico**

Haus|tür ⟨f.; -, -en⟩ *Eingangstür eines Hauses;* hast du die ~ zugeschlossen? □ **porta de entrada/casa**

Haut ⟨f.; -, Häu|te⟩ **1** ⟨unz.⟩ *bei Mensch und vielzelligen Tieren die gesamte Körperoberfläche überziehendes (aus ein bis drei Schichten bestehendes) Organ, das den Körper gegen die Umwelt abschließt und schützt, ihn gleichzeitig aber auch mit dieser verbindet;* Gesichts~, Ober~; die ~ eincremen, frottieren, massieren, pflegen, reinigen, straffen; die ~ brennt, rötet sich, schält sich (von der vielen Sonne); er war bis auf die ~ durchnässt; die ~ springt auf (vor Kälte); alternde, gut (schlecht) durchblutete, empfindliche, fettige, jugendliche, rissige, runzlige, samtweiche, straffe, trockene, welke, zarte ~; blasse, braune, fleckige, gebräunte, gelbe, gerötete, rosige, schwarze, sommersprossige ~ 1.1 er ist nur noch ~ und **Knochen** ⟨fig.; umg.⟩ *(bis zum Skelett) abgemagert* **2** *Tieren abgezogene Haut(1) als Rohstoff für Leder;* Häute gerben; die ~ abziehen (z. B. einem Hasen) □ **pele 3** ⟨Bot.⟩ *die weicheren Teile höherer Pflanzen überziehendes, meist einschichtiges Gewebe* □ **tegumento; túnica 4** *dünne Schicht, die Oberfläche (bes. von Flüssigkeiten) bedeckt;* Milch~ □ ***nata**; auf der abgekochten Milch hat sich eine ~ gebildet □ **película 5** ⟨unz.⟩ *Hülle, Umschließung von Hohlräumen, bes. äußere Verkleidung des Schiffes;* Schiffs~ □ **revestimento 6** ⟨umg.⟩ *dünnes, wasserdichtes, schützendes Kleidungsstück, bes. Mantel;* Regen~ □ ***capa de chuva 7** ⟨unz.; fig.; umg.⟩ *Mensch;* er ist eine anständige, brave, ehrliche, gute, gutmütige, lustige, redliche, treue ~ □ **cara; sujeito 8** ⟨unz.; fig.⟩ **8.1** *Situation, Sachlage, körperliche und geistige Verfassung* □ **situação 8.1.1** mir ist **nicht wohl** in meiner ~ ⟨umg.⟩ *ich fühle mich unbehaglich,*

befürchte etwas für mich □ ***não me sinto à vontade 8.1.2** ich möchte nicht in seiner ~ **stecken** ⟨umg.⟩ *nicht mit ihm tauschen* □ ***eu não queria estar na pele dele 8.1.3** nicht aus seiner ~ **herauskönnen** *seinen Charakter nicht ändern können* □ ***não mudar; não conseguir ser diferente 8.1.4** in keiner gesunden ~ **stecken** ⟨umg.⟩ *kränklich sein* □ ***não ter (boa) saúde 8.2** sich seiner ~ **wehren** ⟨fig.⟩ *sich energisch verteidigen* □ ***defender-se energicamente 8.3** jmdm. bei einem Geschäft die ~ **abziehen** *jmdn. gründlich übervorteilen* □ ***esfolar alguém; tirar o couro de alguém 8.4** jmdm. die ~ **gerben** ⟨derb⟩ *jmdn. verprügeln* □ ***dar uma sova em alguém 8.5** seine ~ zu **Markte tragen** *etwas riskieren;* für ihn werde ich nicht meine ~ zu Markte tragen □ ***arriscar a própria pele 8.6** mit ~ und **Haar**(en) ⟨fig.; umg.⟩ *ganz und gar, völlig, bedingungslos; sich jmdm. mit ~ und Haaren verschreiben; jmdn. mit ~ und Haaren (vor Liebe, Zorn) auffressen wollen* □ ***completamente 8.7** aus der ~ **fahren** ⟨fig.; umg.⟩ *ungeduldig, zornig werden* □ ***perder as estribeiras 8.7.1** es ist, um aus der ~ zu fahren *diese Situation macht einen sehr nervös, sehr ungeduldig* □ ***é de tirar do sério 8.8** etwas geht unter die ~ ⟨fig.; umg.⟩ *berührt einen im Innersten;* dieses Buch, dieser Film, dieses Stück, dieses Thema geht unter die ~ □ ***tocar fundo; comover**

häu|ten ⟨V. 500⟩ **1** ein Tier ~ *einem T. die Haut, das Fell abziehen* □ **tirar a pele; despelar 2** ⟨Vr 3⟩ sich ~ *die Haut abstreifen, abstoßen;* Schlangen ~ sich; nach dem Sonnenbrand habe ich mich gehäutet ⟨scherzh.⟩ □ **trocar de pele; descascar**

haut|eng ⟨Adj. 24⟩ *sehr eng am Körper anliegend;* ein ~es Kleid; diese Hose ist ~ □ **justo; colado**

Haute|vo|lee [o:tvol̯e:] ⟨f.; -; unz.⟩ *die vornehme, oberste Gesellschaftsschicht;* bei dem Empfang war die ganze ~ der Stadt anwesend □ **alta sociedade; nata**

Ha|va|rie ⟨[-va-] f.; -, -n⟩ **1** *Unfall, Bruch (eines Schiffes od. Flugzeugs)* **1.1** *Gesamtheit der an einem Schiff od. Flugzeug entstandenen Schäden bzw. der Verlust an Ladung* **2** *Unfall, Schaden an einem Kraftwerk, Kernreaktor o. Ä.* **3** ⟨österr.⟩ *Unfall, Schaden bei einem Kraftfahrzeug* □ **avaria**

Ha|xe ⟨f.; -, -n; bair.; österr.⟩ = *Hachse*

Head|hun|ter ⟨[hɛdhʌntɐ(r)] m.; -s, -⟩ *Personalberater, der im Auftrag von Unternehmen Führungskräfte vermittelt* □ **headhunter**

Head|line ⟨[hɛdlaɪn] f.; -, -s⟩ *Schlagzeile (in Zeitungen)* □ **manchete**

Hea|ring ⟨[hiːrɪŋ] n.; -s, -s⟩ = *Anhörung*

Heb|am|me ⟨f.; -, -n⟩ *ausgebildete, geprüfte Geburtshelferin* □ **parteira**

He|bel ⟨m.; -s, -⟩ **1** ⟨Phys.⟩ *zu den einfachen Maschinen gehörender, um eine feste od. bewegliche Achse drehbarer Körper, meist in der Form einer geraden od. gewinkelten Stange, mit dessen Hilfe man bei kleinem Kraftaufwand Lasten heben od. verschieben kann;* ein ein-, zweiarmiger ~ □ **alavanca 2** *Griff zum Einschalten od. Steuern einer Maschine;* Schalt~; auf einen ~ drücken; einen ~ betätigen □ **manete 3** ⟨fig.; umg.⟩ **3.1**

den ~ ansetzen *die Sache anpacken, beginnen* □ ***pôr mãos à obra* 3.2 alle ~ in Bewegung setzen *alles aufbieten, mit allen Mitteln versuchen, etwas zu erreichen* □ ***mover céus e terras* 3.3 am längeren ~ sitzen *einflussreicher u. mächtiger sein als der Gegner* □ ***estar em posição de vantagem**

he|ben ⟨V. 163/500⟩ 1 etwas od. jmdn. ~ *von unten nach oben befördern, bewegen;* ein Gewicht, eine Last, schwere Säcke ~; er hob das Glas u. ließ den Jubilar hochleben; den Arm, die Hand ~ (um sich zu Wort zu melden, bei Abstimmungen); Schüler ~ die Hand, den Zeigefinger, wenn sie eine Antwort wissen; die Hand zum Schwur ~; den Kopf ~ (voller Interesse); die Spieler der siegreichen Mannschaft wurden von begeisterten Zuschauern auf die Schultern gehoben 1.1 die Augen ~ *aufblicken, nach oben blicken* □ **levantar; erguer** 1.2 ein gesunkenes Schiff ~ *wieder an die Wasseroberfläche bringen (u. bergen)* □ **içar** 1.3 verborgene Schätze ~ *zutage fördern* □ **descobrir; desenterrar** 1.4 einen ~ ⟨umg.⟩ *alkoholische Getränke trinken;* er will noch einen ~ (gehen) □ ***tomar umas e outras** 1.5 ein Kind ~ ⟨veraltet⟩ *bei der Geburt eines K. helfen* □ ***ajudar no parto de uma criança** 1.6 ein Haus ~ *aufbauen, hochführen, aufrichten* □ **erguer** 1.7 ⟨Vr 3⟩ sich ~ *steigen (Wasserspiegel, Stimmung;)* ihre Brust hob und senkte sich (nach einer Anstrengung, vor Erregung) □ **subir; elevar-se** 1.7.1 ⟨501⟩ es hebt mich ⟨umg.⟩ *ich bekomme Brechreiz* □ ***isso me dá enjoo/ânsia;* → a. *Angel(1.1), Himmel(2.4), Sattel(1.3-1.4)* 2 ⟨530/Vr 1⟩ sich einen Bruch ~ ⟨umg.⟩ *sich bei schwerem Heben(1) einen Bruch zuziehen* □ ***pegar uma hérnia (por carregar peso excessivo)** 3 einen Gegenstand ~ ⟨oberdt.⟩ *halten, festhalten;* heb's bitte einen Augenblick □ **segurar; pegar** 3.1 Gelder, Steuern ~ ⟨oberdt.⟩ *erheben* □ **cobrar; arrecadar** 4 eine Zahl ~ ⟨Rechnen⟩ *mit einer Z. kürzen;* in dem Bruch 5/25 ~ wir 5 und erhalten 1/5 □ **reduzir; simplificar** 5 die Stimme ~ ⟨fig.⟩ *die S. erheben, lauter sprechen* □ **erguer; elevar** 6 ⟨fig.⟩ 6.1 *vergrößern, vermehren, verbessern;* den Ertrag, Fremdenverkehr, Umsatz ~; jmds. Mut, Selbstvertrauen, Stimmung ~; den Lebensstandard, das geistige Niveau, den allgemeinen Wohlstand ~ □ **elevar; melhorar** 6.2 ⟨Vr 3⟩ sich ~ *sich beleben, aufblühen, besser werden;* Handel und Verkehr ~ sich □ ***prosperar; melhorar** 6.3 ⟨Part. Perf.⟩ gehoben *im Rang höher stehend als andere(s);* er ist in einer gehobenen Position, Stellung □ **elevado** 6.3.1 in gehobener Stimmung *fröhlich, ausgelassen* □ ***animado; entusiasmado** 6.3.2 ⟨Rhet., Stilistik⟩ *feierlich, nicht alltäglich;* in gehobener Rede, Sprache, in gehobenem Stil □ **elevado**

He|bung ⟨f.; -, -en⟩ 1 *das Zutagefördern;* ~ eines Schatzes, eines gesunkenen Schiffes □ **descoberta; içamento** 2 ⟨Geol.⟩ *Erhöhung der Erdkruste;* Ggs *Senkung(1)* □ **elevação** 3 ⟨fig.⟩ *Erhöhung, Steigerung, Verbesserung, Förderung, Belebung, Wachstum;* ~ der Leistung, Stimmung, des Fremdenverkehrs usw. □

aumento; melhora 4 ⟨Verslehre⟩ *betonte Silbe im Vers;* Ggs *Senkung(4)* □ **sílaba tônica; ársis**

he|cheln¹ ⟨V.⟩ 1 ⟨400⟩ *mit heraushängender Zunge rasch u. heftig atmen (von Hunden)* □ **ofegar** 1.1 ⟨Med.⟩ *in kurzen Abständen oberflächlich atmen (als Atemtechnik während des Gebärens)* □ **soprar**

he|cheln² ⟨V.⟩ 1 ⟨500⟩ Flachs, Hanf ~ *Flachs-, Hanffasern mit einer Maschine spalten* □ **cardar; rastelar** 2 ⟨400; umg.; abwertend⟩ *spöttisch u. boshaft über andere Menschen reden, tratschen* □ **falar mal; fofocar**

Hecht ⟨m.; -(e)s, -e⟩ 1 ⟨Zool.⟩ *einer Familie der Knochenfische angehörender Raubfisch mit entenschnabelartig vorgezogener Schnauze u. langgestrecktem, torpedoförmigem Körper: Esocidae* □ **lúcio** 2 ⟨fig.; umg.; scherzh.⟩ *Mann, der beeindruckende Leistungen erbringt u. von anderen bewundert wird;* ein toller ~! □ ***um cara legal!** 2.1 der ~ im Karpfenteich sein ⟨fig.; umg.⟩ *die führende Rolle spielen, bes. unter trägen, langweiligen Leuten* □ ***ser o centro das atenções; agitador** 3 ⟨kurz für⟩ *Hechtsprung;* ein ~ vom 3-Meter-Brett □ **salto; mergulho**

Heck ⟨n.; -(e)s, -e od. -s⟩ 1 *hinterer Teil des Schiffes, Autos od. Flugzeugs;* hinten am ~ stehen □ **popa; traseira; cauda**

He|cke¹ ⟨f.; -, -n⟩ 1 *Umzäunung aus Büschen u. Sträuchern;* Buchsbaum~, Taxus~, Garten~; die ~ beschneiden; um den Garten eine ~ anlegen □ **sebe** 2 *dichtes Gestrüpp;* Dornen~ □ **silva; arbusto**

He|cke² ⟨f.; -, -n⟩ 1 *Brut von Vögeln* □ **incubação; choco** 2 *die Jungen kleiner Säugetiere* □ **ninhada** 3 *Brutzeit* □ **período de incubação** 4 *Raum, der Vögeln od. kleinen Säugetieren zur Brutpflege geboten wird* □ **ninho**

Hecken|schüt|ze ⟨m.; -n, -n⟩ *Schütze, der aus dem Hinterhalt schießt* □ **franco-atirador**

Heer ⟨n.; -(e)s, -e⟩ 1 *bewaffnete Streitkräfte* □ **exército** 1.1 *Gesamtheit der Streitkräfte eines Landes;* Sy *Armee(1.1);* stehendes ~ □ ***exército permanente** 1.2 *Gesamtheit der Landstreitkräfte* □ **exército** 2 ⟨fig.⟩ *Unmenge, große Zahl;* ein ~ von Angestellten, Arbeitern, Beamten □ **exército; multidão**

He|fe ⟨f.; -, -n⟩ 1 *Gärung erregende einzellige Organismen, die sich durch Zellsprossung vermehren;* Kuchen, Stollen mit ~ backen □ **fermento** 2 *fester Stoff, der sich nach Hauptgärung des Bieres od. Weines absetzt od. an die Oberfläche steigt;* Bier~, Wein~ □ **levedura; lia**

Heft¹ ⟨n.; -(e)s, -e⟩ 1 *gefaltete, geheftete, meist mit dünnem Umschlag versehene Papierbogen od. -blätter;* Schreib~, Noten~, ein ~ für Aufsätze, Rechenarbeiten; etwas in ein ~ schreiben, eintragen; ein Schüler teilte die ~e aus □ **caderno; caderneta; brochura** 1.1 ⟨Abk.: H.⟩ *Folge einer Zeitschrift;* das letzte ~ dieser Zeitschrift brachte u. a. ...; ~ 12 des 5. Jahrgangs der (Zeitschrift) „Muttersprache" □ **edição; exemplar; número** 1.2 *Lieferung;* das Buch, Werk erscheint in einzelnen ~en □ **fascículo** 2 ⟨n. Zr⟩ *Zählmaß für Papier;* ein ~ Papier umfasst 10 Bogen □ **caderno**

Heft² ⟨n.; -(e)s, -e⟩ 1 *Griff, Handgriff (an Werkzeugen u. Waffen);* das ~ des Degens, der Feile □ **cabo; punho** 2 ⟨fig.⟩ *Leitung, Führung* □ **rédea** 2.1 das ~

heften

(fest) in der **Hand haben, behalten** *Herr sein, bestimmen* □ *ter as rédeas nas mãos 2.2 das ~ (nicht) aus der **Hand geben** *die Leitung (nicht) abgeben* □ *(não) soltar as rédeas 2.3 jmdm. das ~ aus der **Hand nehmen** *jmdn. aus der Führung verdrängen, in seinem Tun behindern* □ *tomar as rédeas de alguém

hef|ten ⟨V.⟩ **1** ⟨511⟩ etwas ~ an, auf etwas *mit Klebstoff, Nadeln, Reißnägeln (an etwas) befestigen, ankleben, anstecken;* ein Plakat an die Wand ~; jmdm. einen Orden an die Brust ~ □ **prender; pregar 2** ⟨500⟩ 2.1 zugeschnittene **Teile** eines **Kleidungsstücks** ~ ⟨Schneiderei⟩ *mit großen Stichen od. Nadeln lose befestigen;* Sy *reihen²;* die Nähte erst ~, dann nähen; das für die Anprobe geheftete Kleid □ **alinhavar 2.2** einzelne Blätter od. Bogen ~ ⟨Buchbinderei⟩ *mit Faden od. Draht so zusammenfügen, dass sie in einem nächsten Arbeitsgang mit dem Buchdeckel verbunden werden können;* Akten, ein Buch ~ □ **costurar 3** ⟨fig.⟩ 3.1 ⟨511⟩ die **Augen,** den **Blick auf** jmdn. od. etwas ~ *unverwandt zu jmdn. od. etwas hinsehen* □ *fixar os olhos/o olhar em alguém ou alguma coisa 3.2 ⟨511 od. 531/Vr 3⟩ sich ~ an jmds. (jmdm. an die) **Fersen, Sohlen** ~ *nicht von jmdm. weichen;* er heftete sich an ihre (ihr an die) Fersen, Sohlen □ *estar nos calcanhares de alguém

hef|tig ⟨Adj.⟩ **1** *stark, gewaltig;* ~e Schmerzen verspüren; ein ~es Gewitter, Unwetter tobte über der Stadt; ~er Regen, Sturm, Wind □ **forte; violento 2** *wild, ungestüm, leidenschaftlich;* von einer ~en Leidenschaft, Liebe ergriffen; ~er Ärger, Groll, Hass, Zorn packte ihn □ **impetuoso; veemente; acalorado**; ~ debattieren, fluchen, schimpfen, toben, widersprechen; du hast wieder viel zu ~ reagiert □ **com veemência; impetuosamente 3** *aufbrausend, jähzornig, ungeduldig, hitzig;* jmdm. mit ~en Worten zurechtweisen □ **áspero; ríspido;** jmdm. ~ anfahren, beschimpfen, zurechtweisen □ **com violência/aspereza;** er wird leicht ~; ein viel zu ~er Mensch; sei doch nicht gleich so ~ □ **colérico; irascível**

Hef|tig|keit ⟨f.; -, -en⟩ **1** ⟨unz.⟩ *Wucht, große Stärke;* die ~ eines Aufpralls □ **violência; intensidade 2** ⟨unz.⟩ *Ungestüm, aufbrausende Ungeduld;* er redete mit großer ~ auf mich ein □ **veemência; arrebatamento 2.1** ⟨zählb.⟩ *heftige, aufbrausende Äußerung;* sie warfen sich gegenseitig ~en an den Kopf □ **agressividade; grosseria**

He|ge|mo|nie ⟨f.; -, -n⟩ *Vorherrschaft, Vormachtstellung, Dominanz (bes. eines Staates gegenüber anderen Staaten);* wirtschaftliche, politische ~; ~streben einer Nation □ **hegemonia**

he|gen ⟨V. 500⟩ **1** jmdn. od. etwas ~ *schützen, behüten u. pflegen; umsorgen;* den Forst, Wald, das Wild ~; er hat den Garten, die neu angelegte Baumkultur gehegt □ *cuidar de alguém ou alguma coisa; zelar por alguém ou alguma coisa 1.1 jmdn. ~ und pflegen *mit liebevoller Fürsorge umgeben* □ *cercar alguém de cuidados **2** ⟨505⟩ **Gefühle** (für, gegen jmdn.) ~ *in sich bewahren, tragen, haben;* eine Schwäche für etwas ~; eine tiefe Abneigung gegen jmdn. od. etwas ~; er hegte freundschaftliche Gefühle, tiefe Zuneigung für ihn □ **nutrir; ter 3** ⟨Funktionsverb; 505; die stilistisch gewichtigere Wendung mit Substantiven kann häufig durch ein einfaches Verb ersetzt werden⟩ 3.1 die **Absicht** ~ *beabsichtigen* □ *ter a intenção (de) 3.2 **Achtung** für jmdn. od. etwas ~ *jmdn. od. etwas achten* □ *ter consideração por alguém ou alguma coisa 3.3 **Argwohn** ~ *argwöhnen* □ *nutrir suspeitas 3.4 **Bewunderung** für jmdn. od. etwas ~ *jmdn. od. etwas bewundern* □ *sentir admiração por alguém ou alguma coisa 3.5 **Ekel** ~ *sich ekeln* □ *sentir repulsa/asco 3.6 **Erwartung** ~ *erwarten* □ *nutrir expectativas/esperanças 3.7 **Furcht** ~ *fürchten* □ *temer; recear 3.8 **Hass** ~ *hassen* □ *sentir ódio 3.9 **Hoffnung** ~ *hoffen* □ *nutrir/acalentar esperanças 3.10 die **Meinung** ~ *meinen* □ *achar; pensar 3.11 **Misstrauen** ~ *misstrauen* □ *desconfiar 3.12 den **Plan** ~ *planen* □ *planejar 3.13 **Verdacht** gegen jmdn. od. etwas ~ *jmdn. verdächtigen* □ *nutrir suspeitas em relação a alguém ou alguma coisa 3.14 die **Vermutung** ~ *etwas vermuten* □ *suspeitar; conjecturar 3.15 den **Wunsch** ~ *wünschen* □ *ter o desejo (de) 3.16 **Zweifel** ~ *zweifeln* □ *ter dúvidas; duvidar **4** ⟨500⟩ **Gericht** ~ ⟨veraltet⟩ *abhalten* □ *submeter a julgamento

Hehl ⟨m. od. n.; nur in bestimmten Wendungen erhalten⟩ **kein(en)** ~ aus einer **Sache** machen *eine Sache nicht verbergen, nicht verheimlichen;* er macht kein(en) ~ aus seiner politischen Überzeugung □ *não fazer segredo de alguma coisa

heh|len ⟨V. 500; veraltet⟩ **1** etwas ~ *verheimlichen, verbergen;* Diebesgut ~; Hehlen ist schlimmer als Stehlen ⟨Sprichw.⟩ □ **ocultar 2** eine **Sache** ~ *begünstigen;* ein Verbrechen ~ □ **encobrir; favorecer**

hehr ⟨Adj. 70; geh.⟩ *erhaben, göttlich, Ehrfurcht gebietend* □ **sublime; augusto**

Hei|de¹ ⟨m.; -n, -n⟩ **1** *Nichtchrist, Nichtjude, Nichtmoslem;* die ~n zum Christentum bekehren **2** *Ungläubiger* **3** *Anhänger einer polytheistischen Religion* □ **pagão; gentio**

Hei|de² ⟨f.; -, -n; Bot.⟩ **1** *flache, baumlose, sandige, mit Gräsern u. kleinen Sträuchern bewachsene Landschaft;* die blühende, grüne, unfruchtbare ~; im Wald und auf der ~ ⟨Liedanfang⟩ □ **charneca; landa 2** ⟨Bot.⟩ = *Erika*

Hei|del|bee|re ⟨f.; -, -n; Bot.⟩ **1** ⟨i. w. S.⟩ *Angehörige einer Gattung der Heidekrautgewächse, die in Deutschland durch vier wildwachsende Arten vertreten ist: Vaccinium* □ **vacínio** 1.1 ⟨i. e. S.⟩ *Halbstrauch mit meist blauschwarzen, wohlschmeckenden Beeren, die verschiedene medizinische Eigenschaften haben: Vaccinium myrtillus* □ **mirtilo; arando**

Hei|den|tum ⟨n.; -s; unz.; Sammelbez. für⟩ **1** *die nichtchristliche Welt, Gesamtheit der Heiden* **2** *unchristliche Geisteshaltung* □ **paganismo**

Hei|din ⟨f.; -, -din|nen⟩ *weibl. Heide¹* □ **pagã**

heid|nisch ⟨Adj. 24⟩ *die Heiden (u. ihren Kult) betreffend, zu ihnen gehörig, von ihnen stammend;* ~e Bräuche □ **pagão; gentio**

Heid|schnu|cke ⟨f.; -, -n; Zool.⟩ *Angehörige einer genügsamen, anspruchslosen Rasse von Landschafen, die in der Lüneburger Heide verbreitet ist* □ **ovelha de charneca**

hei|kel ⟨Adj. 70⟩ **1** *schwierig, peinlich, unangenehm; eine heikle Angelegenheit, Frage, Sache, Situation; das Thema ist äußerst ~* □ **delicado; espinhoso 2** *wählerisch, schwer zufriedenzustellen; er ist im Essen, in Bezug auf das Essen sehr ~* □ **exigente**

heil ⟨Adj. 24⟩ **1** *gesund, unverletzt;* noch seine *~en Glieder besitzen, haben; mein Finger ist wieder ~* □ **saudável; curado; ileso 1.1** mit *~er* **Haut davonkommen** *ohne Schaden* □ ***escapar sem um arranhão 2** ⟨70⟩ *unbeschädigt, ganz, nicht entzwei; die Tasse, der Teller ist noch ~ geblieben; ~e Hemden, Hosen* □ **inteiro; intacto**

Heil ⟨n.; -(e)s; unz.⟩ **1** ⟨geh.⟩ *Glück, Wohlergehen, Segen; das ~ der Welt; ~ und Segen wünschen; sein ~ suchen, finden in etwas; du kannst dein ~ versuchen* □ **felicidade; prosperidade; sorte 1.1** sein *~* bei jmdm. suchen *versuchen, ob man bei jmdm. Glück, Erfolg hat* □ ***tentar a sorte com alguém 1.2** sein *~ von jmdm.* od. *einer Sache erhoffen, erwarten Nutzen, Hilfe, Besserung* □ ***esperar que alguém ou alguma coisa seja sua salvação 2** *(in Grußformeln); ~ dir, Cäsar!; Ski ~!* (Grußformel der Skiläufer) □ **viva; salve 3** ⟨Rel.⟩ *die Glückseligkeit* od. *Erlösung, Gnade, Gnadengeschenk Gottes; Seelen~; das ewige ~* □ **salvação; graça 3.1** im **Jahre** des *~*s 1720 *im Jahr 1720 nach Christi Geburt* □ ***no ano da graça de 1720 4** ⟨Getrennt- u. Zusammenschreibung⟩ **4.1 ~ bringend** = heilbringend

Hei|land ⟨m.; -(e)s, -e⟩ **1** ⟨unz.⟩ *Jesus Christus als Erlöser* □ **Salvador; Redentor 1.1** ⟨geh.⟩ *Erlöser, Retter, Befreier, Heilbringer; sich als ~ ausgeben* □ **salvador**

heil|brin|gend *auch:* **Heil brin|gend** ⟨Adj. 24/60⟩ **1** *ewiges, göttliches Heil bringend* □ **salvador; redentor 2** *zur Heilung, Genesung führend; ~e Medikamente* **2.1** ⟨fig.⟩ *Besserung bewirkend; ~e Maßnahmen* □ **salutar**

Heil|butt ⟨m.; -(e)s, -e; Zool.⟩ *bis 300 kg schwerer u. bis über 4 m langer Plattfisch der nördlichen Meere: Hippoglossus hippoglossus* □ **halibute**

hei|len ⟨V.⟩ ⟨505⟩ jmdn. *~* (von einer **Krankheit**) *gesundmachen; Sy* kurieren*; jmdn. durch eine Kur ~; jmdn. mit einem neuen Medikament ~* □ **curar**, *das Quellwasser hat ~de Wirkung bei ...* □ **medicinal; terapêutico**; *sie ist als geheilt aus dem Krankenhaus entlassen worden* □ **curado 1.1** jmdn. (von falschen **Vorstellungen**) *~* ⟨fig.⟩ *befreien; jmdn. von seiner Angst, seiner Einbildung, einer fixen Idee, einem Irrtum, seinem Wahn ~* □ **livrar 1.1.1** *jetzt bin ich für immer geheilt durch Schaden klug geworden (u. werde einen bestimmten Fehler nicht mehr machen)* □ ***nessa não caio nunca mais 2** ⟨500⟩ *eine* **Krankheit** *~ durch Behandlung beseitigen; eine Krankheit, eine Wunde ~* □ **tratar 2.1** *einen* **Schaden** *~* ⟨fig.⟩ *wiedergutmachen, in Ordnung bringen, beheben, beseitigen; die Zeit heilt alle Wunden* ⟨Sprichw.⟩ □ **curar; remediar 3** ⟨400⟩ *eine* **Krankheit**, *Verletzung heilt verschwindet* □ **sarar; cicatrizar**

hei|lig ⟨Adj.; Abk.: hl., Pl. hll.⟩ **1** ⟨60⟩ *Verehrung als göttliches* od. *höchstes Wesen genießend, göttlich, selig* □ **santo; sagrado 1.1** ⟨christl. Kirchen⟩ *Gott u. seine Wirkung betreffend, von Gott stammend;* der **Heilige Geist** □ ***o Espírito Santo 1.1.1** die **Heilige Dreifaltigkeit** *Gott Vater, Sohn und Heiliger Geist* □ ***a Santíssima Trindade 1.1.2** die **Heilige Familie** *Maria, Joseph u. das Jesuskind* □ ***a Sagrada Família 1.1.3** die **Heilige Jungfrau** *Maria, Mutter Jesu* □ ***a Santa Virgem 1.1.4** die **Heiligen Drei Könige** *Kaspar, Melchior und Balthasar, die das Jesuskind in Bethlehem anbeteten* □ ***os Três Reis Magos 1.2** ⟨Rel. allg.⟩ *ein höchstes göttliches Wesen und seine Wirkung betreffend, von ihm stammend* □ **santo 1.2.1** *in diesen ~en Hallen geweihten Stätten* □ **santo; sagrado 2** ⟨60⟩ jmd. ist *~* ⟨kath. Kirche⟩ *genießt besondere Verehrung aufgrund religiöser Weihen;* der *~*e *Elisabeth;* der *~*e *Antonius; ein ~er Mann* □ **santo 2.1** der **Heilige Vater** *der Papst* □ ***o Santo Padre 2.2** der **Heilige Stuhl** *Thron des Papstes, päpstliche Regierung* □ ***a Santa Sé 3** *etwas ist ~ steht in engem Zusammenhang mit religiöser Offenbarung und Lehre* □ **sagrado 3.1** ⟨60⟩ die *~*en **Stätten** *die durch die Anwesenheit Christi geheiligten Orte in Palästina,* ⟨allg.⟩ *alle Orte religiösen Kultes* □ ***o santuários; os lugares santos**; *das* **Heilige Grab** *(Jesu in Jerusalem)* □ ***o Santo Sepulcro 3.1.1** *das* **Heilige Land** *(bibl. Bezeichnung für) Palästina* □ ***a Terra Santa 3.1.2** die **Heilige Stadt** *Jerusalem* □ ***a Cidade Santa 3.2** *~*e **Festtage** *F., die den religiösen Bräuchen, der religiösen Verehrung gewidmet sind; das ~e Oster-, Pfingstfest* □ ***dias santos 3.2.1** der **Heilige Abend** *der Abend vor dem ersten Weihnachtsfeiertag, der 24. Dezember, Heiligabend* □ ***a véspera de Natal 3.2.2** die **Heilige Nacht** *die Nacht zum ersten Weihnachtsfeiertag* □ ***a noite de Natal 3.2.3** die *~*e **Woche** *Karwoche* □ ***a Semana Santa 3.3** *~*e **Gegenstände** *G. religiöser Verehrung* od. *religiösen Kultes* □ ***objetos sagrados 3.3.1** der **Heilige Rock** *das unter dem Kreuz von den Soldaten verloste Gewand Jesu* □ ***a Sagrada Túnica 3.3.2** die **Heilige Schrift** *die Bibel* □ ***as Sagradas Escrituras 3.4** *~*e **Handlungen** *Ausführung religiöser Bräuche* □ ***sacramentos**; *das ~e Abendmahl; die ~e Taufe; die ~e Messe (der kath. Kirche)* □ **santo 3.4.1** die **heilige**/**Heilige Krieg** *K. der Muslime zur Ausbreitung des Islams* □ ***a Guerra Santa 3.5** ⟨in feststehenden Benennungen⟩ **3.5.1** das **Heilige Römische Reich (Deutscher Nation)** ⟨seit dem 9./10. Jh.⟩ *die Mittel- u. Südeuropa beherrschende Zentralgewalt, deren Kaiser vom Papst gekrönt wurden* □ ***o Sacro Império Romano-Germânico 3.5.2** die **Heilige Allianz** *zwischen den Monarchen von Russland, Österreich und Preußen 1815 geschlossener Bund* □ ***a Santa Aliança 4** *hohen sittlichen (moralischen) Ansprüchen genügend; er hat ein ~es Leben geführt; er war ein ~er Mann* □ **santo 4.1** *auf Ehrfurcht beruhend, E. verlangend, E. habend; das ist mir ~* □ ***isso é sagrado para mim**; *bei allem, was mir ~ ist!* (Ausruf der Bekräftigung) □ ***por tudo o que me é sagrado!**; *ihm ist nichts ~* □ ***ele não respeita nada**;

heilighalten

ein ~er Eifer, Zorn packte ihn; eine ~e Scheu hielt ihn davon ab □ **enorme**; es ist mir eine ~e Pflicht □ **sagrado** 4.1.1 (drei) ~e Eide schwören (umg.) *eindringlich versichern* □ ***jurar por tudo o que é mais sagrado** 4.1.2 das ist mein ~er Ernst *es ist mir ernst u. nichts kann mich davon abbringen* □ ***estou falando muito sério** 4.2 *feierlich;* eine ~e Stille breitete sich aus □ **solene**; → a. *hoch(7.2)* 5 ⟨60; fig.; umg.⟩ *(Ausruf der Bestürzung, der Ungeduld, der Verwunderung, des Zorns);* ~er Bimbam! □ ***ai, meu Deus!**

hei|lig|hal|ten ⟨V. 160/500⟩ jmdn. od. etwas ~ *in Ehren halten, verehren, unverletzlich halten;* ein Andenken, Geschenk ~ □ **venerar; adorar**

hei|lig|spre|chen ⟨V. 251/500⟩ jmdn. ~ *zum Heiligen erklären* □ **canonizar**

heil|kräf|tig ⟨Adj.⟩ *heilende Wirkung besitzend, gesundheitsstärkend, krankheitslindernd, belebend;* ~e Quellen □ **curativo; medicinal**

heil|los ⟨Adj. 90⟩ **1** ⟨veraltet⟩ *nichtswürdig, ruchlos;* ein ~er Mensch □ ***ímpio; infame** **2** *sehr groß, sehr schlimm, ungeheuer;* in seinem Zimmer herrschte eine ~e Unordnung, ~es Durcheinander; er ist ~ verschuldet; eine ~e Angst, Verwirrung □ **enorme; terrível; terrivelmente**

Heil|mit|tel ⟨n.; -s, -⟩ **1** *heilendes, gesundheitsförderndes Mittel od. Maßnahme* **2** ⟨fig.⟩ *Gegenmittel, Gegenmaßnahme;* ein ~ gegen Langeweile □ ***remédio**

heil|sam ⟨Adj.⟩ **1** ⟨veraltet⟩ *heilend;* dieser Tee ist sehr ~ □ **salutar; benéfico** **2** ⟨fig.⟩ *nützlich;* eine ~e Lehre; diese Erfahrung war für mich ~ □ **proveitoso; vantajoso**

heim ⟨Adv.⟩ *nach Hause;* gehst du schon ~? □ **para casa**

Heim ⟨n.; -(e)s, -e⟩ **1** ⟨geh.⟩ *Wohnung mit Haushalt (zu der die Bewohner eine gefühlsmäßige Bindung haben);* ein eigenes, gemütliches, geschmackvoll eingerichtetes ~ besitzen; in ein neues ~ einziehen □ **casa** 1.1 ~ und **Herd** (poet.) *die (ursprünglich unverletzliche) Wohnung einer Familie als Ort der Geborgenheit* □ ***lar** **2** *gemeinschaftliche Wohnstätte eines bestimmten Personenkreis;* Alters~ □ ***asilo**; Kinder~ □ ***orfanato**, Obdachlosen~ □ ***albergue**; in ein ~ kommen, eingewiesen werden; aus einem ~ entlassen werden □ **internato** **3** *Haus mit Räumen für Zusammenkünfte u. Veranstaltungen (einer bestimmten Gruppe);* Vereins~ □ **sede**

Hei|mat ⟨f.; -; unz.⟩ **1** (i. e. S.) *Ort, an dem jmd. zu Hause ist, Wohnort;* die alte ~ wieder einmal besuchen; diese Stadt ist meine zweite ~ geworden **2** (i. w. S.) *Land, wo jmd. herkommt, Land, zu dem jmd. eine enge Beziehung hat;* keine ~ mehr haben; in meiner ~ ist es so Brauch □ **pátria; terra natal** **3** *Ort, woher jmd. stammt;* die ~ dieser Pflanze, dieses Tieres ist Südamerika □ **habitat**

hei|mat|lich ⟨Adj. 24⟩ *die Heimat betreffend, von ihr stammend, zu ihr gehörig, an die Heimat erinnernd;* etwas mutet jmdn. ~ an; ~e Gefühle □ **pátrio; natal**

heim|brin|gen ⟨V. 118/500⟩ jmdn. ~ *jmdn. nach Hause bringen, nach Hause begleiten* □ ***acompanhar/levar alguém até sua casa**

heim|füh|ren ⟨V. 500⟩ **1** jmdn. ~ *nach Hause führen* □ ***levar alguém para casa** **2** ein Mädchen (als Frau) ~ ⟨fig.; geh.⟩ *heiraten* □ **desposar**

Heim|gang ⟨m.; -(e)s; unz.; fig.⟩ *Tod;* nach dem ~ unseres lieben ... □ **falecimento**

heim|ge|hen ⟨V. 145/400(s.)⟩ **1** *nach Hause gehen;* es war schon Mitternacht, als er heimging □ **ir para casa** **2** ⟨fig.; geh.⟩ *sterben;* nach schwerer Krankheit ist er vergangene Nacht heimgegangen □ **falecer**

heim|ho|len ⟨V. 500⟩ jmdn. ~ **1** *zurück nach Hause, in die Heimat holen;* die entlaufene Katze ~ □ ***ir buscar alguém para levá-lo para casa** **2** ⟨fig.; geh.⟩ *ins Jenseits holen* □ **levar para a eternidade**; Gott hat ihn heimgeholt □ ***Deus o chamou**

hei|misch ⟨Adj.⟩ **1** ⟨60⟩ *heimatlich, zur Heimat gehörend, inländisch;* die ~e Industrie fördern; die ~e Pflanzen- u. Tierwelt □ **local; nativo** **2** ⟨80⟩ *wie zu Hause;* ich habe mich hier schnell ~ gefühlt; ich bin in dieser Stadt schnell ~ geworden; ich bin in meiner Arbeit, in der neuen Stellung noch nicht ganz ~ □ **à vontade; familiarizado**

Heim|kehr ⟨f.; -; unz.⟩ *Rückkehr nach Hause* □ **volta para casa; retorno ao lar**

heim|keh|ren ⟨V. 400(s.)⟩ *(zurück) nach Hause kommen;* er kehrte von der Reise heim □ **voltar para casa**

heim|lich ⟨Adj.⟩ **1** ⟨90⟩ *so beschaffen, dass die anderen nichts davon sehen, bemerken, erfahren, unauffällig, verborgen, versteckt, (ins)geheim;* ein ~es Flüstern, Lächeln, Lachen, Zeichen; ~en Kummer haben; ~e Liebe □ **secreto; furtivo**; er hat sich still u. ~ davongeschlichen, aus dem Staube gemacht; ~ gehen, kommen; sich ~ treffen, verabreden □ **discretamente; furtivamente**; ~e Wege □ ***fazer alguma coisa clandestinamente/na surdina** 1.2 das ~e **Gericht** *Feme* □ ***o tribunal secreto** 1.3 etwas ~ tun *im Geheimen* □ **às escondidas**, ⟨aber⟩ → a. **heimlichtun** **2** ⟨österr.⟩ *ein Gefühl der Geborgenheit vermittelnd* □ **íntimo; familiar**

heim|lich|tun ⟨V. 272/400; abwertend⟩ *geheimnisvoll tun (u. sich dadurch wichtigmachen)* □ **fazer grande mistério**

Heim|spiel ⟨n.; -(e)s, -e; Sp.⟩ *Spiel auf dem eigenen Platz;* Ggs *Gastspiel* □ **jogo/partida em casa**

Heim|stät|te ⟨f.; -, -n; geh.⟩ **1** (i. w. S.) *Stätte, wo jmd. od. etwas heimisch, zu Hause ist* □ **casa; lar** **2** (i. e. S.) *früher: kleiner Grundbesitz, über den der Eigentümer nur beschränkt verfügen konnte, bes. Einfamilienhaus mit Nutzgarten* □ **pequena propriedade inalienável**

heim|su|chen ⟨V. 500⟩ **1** etwas sucht jmdn. od. etwas heim *etwas trifft unerwartet jmdn. od. etwas (als Unglück, Unheil od. Unerwünschtes);* die Stadt wurde von einer Seuche heimgesucht; ein Krieg suchte das Land heim; ein schweres Erdbeben hat die südlichen Provinzen heimgesucht □ **atingir; castigar** 1.1 *jmdn. befallen;* er wurde von einer schweren Krankheit, bösen Vorahnungen, Träumen heimgesucht □ **acometer; tomar** **2** jmdn. ~ ⟨umg.; scherzh.⟩ *besu-*

chen, aufsuchen, bes. auf lästige Art; heute wollen wir unseren Onkel ~ □ **fazer uma visitinha a alguém*

Heim|tü|cke ⟨f.; -, -n⟩ *Hinterhältigkeit, Arglist, Hinterlist, Bosheit* □ **perfídia; malícia**

heim|tü|ckisch ⟨Adj.⟩ **1** *hinterlistig, arglistig, boshaft;* ein ~er Mensch; auf ~e Art seine Ziele verfolgen □ **pérfido; malicioso 2** *gefährlich, bösartig, unberechenbar;* eine ~e Krankheit □ **insidioso; traiçoeiro**

heim|wärts ⟨Adv.⟩ *nach Hause, in Richtung zur Heimat;* wir gingen gerade ~ □ **para casa**

Heim|weh ⟨n.; -s; unz.⟩ *Sehnsucht nach daheim, nach der Heimat;* ~ ergriff mich; krank vor ~; von ~ befallen werden □ **saudade da terra natal**

heim|zah|len ⟨V. 530; fig.⟩ **jmdm. etwas ~** *jmdm. etwas vergelten, sich an jmdm. rächen;* er hat es ihr heimgezahlt; das werde ich ihm ~!; jmdm. etwas mit gleicher Münze ~ □ **pagar alguém na mesma moeda**

Hei|rat ⟨f.; -, -en⟩ *Eheschließung, Vermählung* □ **casamento; matrimônio**

hei|ra|ten ⟨V.⟩ **1** ⟨400⟩ *die Ehe schließen, sich vermählen;* früh, jung, spät ~; aus Liebe, aus steuerlichen Gründen ~; zum zweiten Mal ~ **2** ⟨500⟩ **jmdn.** *ehelichen, zum Ehepartner nehmen;* sie hat ihn aus Liebe, Dankbarkeit, gegen den Willen der Eltern geheiratet; er heiratete die Schwester seines Freundes □ **casar(-se)**

hei|schen ⟨V. 500⟩ *etwas ~* ⟨veraltet; geh.⟩ **1** *(eindringlich, gebieterisch) fordern, verlangen;* er heischte eine Erklärung von ihm; Achtung, Respekt, Einlass ~ □ **exigir 2** *erbitten, erbetteln;* Almosen, Hilfe (von jmdm.) ~ □ **pedir**

hei|ser ⟨Adj.⟩ **1** *rau, klanglos;* mit ~er Stimme sprechen; ein ~er Ton **1.1** *jmd. ist ~ hat (durch Erkältung, Überanstrengung) eine raue Stimme;* heute bin ich ~ □ **rouco 1.2** *sich ~ reden, schreien so lange reden, schreien, bis man keine klare Stimme mehr hat* □ ***falar/gritar até ficar rouco**

heiß ⟨Adj.⟩ **1** *eine sehr hohe Temperatur aufweisend;* ein ~er Juli, Sommer, Tag, Wind; ein ~es Bad nehmen; ~e Luft, Sonne; eine ~e Stirn; der Kurort hat mehrere ~e Quellen; ~es Wasser für Kaffee, Tee bereiten **1.1** *(sehr) warm;* es ist sehr ~ heute; du hast ganz ~e Hände; Vorsicht, das Bügeleisen, der Ofen, der Topf ist ~ □ **quente;** ich bin, mir ist ~ □ ***estou com calor;** mir wird ganz ~ □ ***estou ficando febril 1.2** *~e* **Zone** *Klimazone beiderseits des Äquators innerhalb der beiden Wendekreise* □ **tórrido 1.3** *es wird nichts so ~ gegessen, wie es gekocht wird* ⟨Sprichw.⟩ *es ist nicht so schlimm, wie es zunächst erscheint* □ ***o diabo não é tão feio quanto o pintam 1.4** *doch hat daben sie wohl zu ~ gebadet?* ⟨fig.; umg.⟩ *das ist unmöglich, was du da forderst, sagst, willst, du kannst nicht recht bei Verstande sein* □ ***você perdeu o juízo?;** → a. **Hölle**(2.3), **Tropfen**(5) **2** ⟨fig.⟩ *heftig, leidenschaftlich, hitzig;* ein ~er Kampf; eine ~ Diskussion; es ging ~ her; im ~en Bemühen, Wunsch vereint; etwas ~ ersehnen, herbeiwünschen; sich ~ nach etwas sehnen; in ~er Liebe entbrannt (poet.) □ **ardente; acalorado; ardentemente 2.1** *~es Blut haben* ⟨geh.⟩ *ein leiden-*

schaftliches Temperament besitzen □ **quente 2.2** *etwas mit ~em Herzen verfolgen* ⟨geh.⟩ *mit leidenschaftlicher Anteilnahme* □ ***seguir alguma coisa com grande entusiasmo 2.3** *~en Dank!* ⟨umg.⟩ *herzlichen Dank!* □ ***muito obrigado. 2.4** *~e* **Tränen** *vergießen* ⟨geh.⟩ *aus großem Schmerz weinen* □ ***chorar lágrimas de sangue 3** ⟨40; fig.⟩ *leidenschaftlich machend, (sexuell) erregend;* ~e Musik □ **excitante 3.1** *~e* **Höschen** ⟨fig.; umg.⟩ *sehr kurze u. knappsitzende Damenshorts* □ ***hot pants 4** ⟨60⟩ *ein ~es Eisen* ⟨fig.; umg.⟩ *schwieriges, heikles, höchst aktuelles Problem, an dessen Lösung sich keiner heranwagt, um sich nicht Unannehmlichkeiten zuzuziehen;* da hat er ein ~es Eisen angefasst, aufgegriffen □ ***uma batata quente 4.1** *~er* **Draht** *Telefonleitung zwischen den Regierungen zweier Staaten zur raschen Verständigung in Krisenzeiten* □ ***linha direta; telefone vermelho 4.2** *~er* **Tipp** *vielversprechender, interessanter T.* □ ***dica quente 5** ⟨60⟩ *~e* **Ware,** *~es* **Geld** ⟨fig.; umg.⟩ *W., G., deren Besitz illegal od. gefährlich ist;* ~e Ware ankaufen, weiterverkaufen □ **ilegal; sujo 6** ⟨umg.⟩ **6.1** *verwunderlich, seltsam, exotisch, aufreizend;* du siehst ja ~ aus! □ **estranho 7** ⟨Getrennt- u. Zusammenschreibung⟩ *7.1 ~ ersehnt = heißersehnt*

heiß|blü|tig ⟨Adj. 70; fig.⟩ *leicht erregbar, leicht in Zorn geratend, leidenschaftlich;* ein ~er Liebhaber □ **de sangue quente; esquentado**

hei|ßen¹ ⟨V. 164⟩ **1** ⟨300⟩ *sich nennen, den Namen haben, genannt werden;* ich heiße Jan, Leonie, Müller; wie ~ Sie?; wie heißt diese Straße? □ **chamar-se 1.1** ⟨313⟩ *lauten, den Wortlaut haben;* wie heißt dieses Wort auf Französisch?; wie heißt die Stelle, der Text, der Titel, der genaue Wortlaut?; in dem Gesetz heißt es, dass ...; bei Schiller heißt es: ...; der Ausdruck war nicht korrekt, richtig heißt es „...."; es heißt dort folgendermaßen ...; in dem Abkommen heißt es ausdrücklich ... □ **ser; dizer 1.2** *ausdrücken, bedeuten, besagen, einen Sinn haben;* das will schon etwas ~, wenn ...; was soll das ~?; das will nicht viel, nichts ~; das will viel, wenig ~ □ **significar; querer dizer;** ... *das heißt* ⟨Abk.: d. h.⟩ □ ***isto é 1.2.1** *jmdn. willkommen ~ jmdn. freundlich begrüßen* □ ***dar as boas-vindas a alguém 1.3** ⟨300 m. Modalverb⟩ *das soll was ~* ⟨umg.⟩ *bedeutet viel* □ ***isso já quer dizer muita coisa 1.4** ⟨unpersönl.⟩ *hier heißt es aufpassen, schnell handeln, klug, vorsichtig sein hier muss man aufpassen, sich entscheiden usw.* □ ***aqui é preciso...;** da heißt es „entweder – oder" □ ***é preciso escolher uma coisa ou outra 1.5** ⟨unpersönl.⟩ *es heißt es wird behauptet, man sagt;* die Steuersenkung steht unmittelbar bevor, heißt es; das ist nicht nur meine Meinung, es heißt allgemein so; es heißt, dass er in den Ruhestand treten will □ ***dizem (que); consta (que) 2** ⟨513⟩ *jmdn. od. etwas ... ~* ⟨geh.⟩ *als ... bezeichnen;* er hieß ihn einen Betrüger, Dummkopf, Esel, Lügner; er hat mich seinen Freund geheißen □ ***chamar alguém ou alguma coisa de... 2.1** *bewerten als;* das heiße ich Humor, Lebensklugheit, Mut; das heiße ich aufmerksam, fleißig, ordentlich sein; das heiße ich singen, spielen, tanzen! (anerkennend) ☐ **chamar de 3** ⟨570⟩ 3.1 *jmdn. etwas tun* ~ ⟨veraltet⟩ *jmdm. etwas zu tun befehlen, jmdn. zu etwas auffordern;* ich hieß ihn antworten, eintreten, schweigen; wer hat dich kommen, das tun ~?; wer hat dich geheißen, heute zu kommen, das zu tun? ☐ *****mandar alguém fazer alguma coisa**

hei|ßen² ⟨V. 500; du heißt od. heißest; du heißtest; geheißt; heiß!⟩ *hissen;* heißt Flagge! ☐ **içar; hastear**

heiß|er|sehnt *auch:* **heiß er|sehnt** ⟨Adj. 24/60⟩ *innig erwartet, ungeduldig ersehnt;* sein ~er Wunsch ging in Erfüllung ☐ **ardentemente desejado**

Heiß|hun|ger ⟨m.; -s; unz.⟩ *plötzlich auftretender, starker, unbezwinglicher Hunger;* ~ auf saure Gurken ☐ **fome canina**

heiß||ma|chen ⟨V. 500; fig.⟩ *jmdn.* ~ *motivieren, erregen* ☐ **preocupar;** was ich nicht weiß, macht mich nicht heiß ⟨Sprich.⟩ *über etwas, wovon ich nichts weiß, kann ich mich nicht aufregen* ☐ *****o que os olhos não veem o coração não sente**

...heit ⟨Nachsilbe; zur Bildung von Subst. aus Adj.⟩ *(zur Bezeichnung der Art u. Weise, der Wesensart, des Charakters, der Beschaffenheit von etwas);* z. B: Schönheit, Besonnenheit, Strukturiertheit

hei|ter ⟨Adj.⟩ **1** ⟨70⟩ ~es Wetter *hell, klar, sonnig, unbewölkt, nicht trübe;* ein ~er Himmel, Tag ☐ **claro; limpo 2** *gut gelaunt, vergnügt, ausgelassen, fröhlich;* ein ~es Gesicht machen; ein ~es Gemüt haben; die Sache stimmt mich ~ ☐ **alegre; animado** 2.1 *Vergnügen bereitend;* ein ~er Film, Roman ☐ **divertido** 2.2 ⟨verhüllend⟩ *ganz leicht betrunken, angeheitert;* er kam sehr spät und recht ~ nach Hause ☐ **alegre 3** ⟨umg.; iron.⟩ *unangenehm;* das ist ja eine ~e Angelegenheit, Geschichte! ☐ *****a ocasião/essa história promete!;** das kann ja ~ werden ☐ *****vamos ter belas surpresas!**

Hei|ter|keit ⟨f.; -; unz.⟩ **1** *stete Fröhlichkeit, Zufriedenheit, Ausgeglichenheit;* jmd. ist von einer strahlenden, naiven, unbekümmerten ~ ☐ **alegria; jovialidade 2** *Gelächter;* der Witz löste große, allgemeine ~ aus ☐ **hilaridade**

hei|zen ⟨V.; du heizt od. (veraltet) heizest⟩ **1** ⟨400⟩ 1.1 *warm machen;* mit Gas, Kohle, Öl ~; vom Keller aus ~; das Zimmer lässt sich gut, schwer ~; in der Küche (nicht) ~; es ist heute gut, schlecht, zu schwach geheizt; wir haben jmdm. zum Heizen; vom 1. Oktober an wird geheizt 1.2 *Wärme spenden, Hitze ausstrahlen;* der Ofen heizt gut **2** ⟨500⟩ 2.1 *einen Raum* ~ *mit Wärme versorgen;* die ganze Wohnung, nur zwei Zimmer ~ ☐ **aquecer** 2.2 *den Herd, Ofen* ~ *im H., O. Feuer machen u. unterhalten* ☐ **acender**

Heiz|kör|per ⟨m.; -s, -⟩ **1** *der die Wärme in den Raum abgebende Teil einer Warmwasser- od. Dampfheizung* ☐ **aquecedor 2** *der Teil eines Heizgerätes, in dem die Wärme erzeugt wird* ☐ **radiador**

Hei|zung ⟨f.; -, -en⟩ **1** *Anlage zum Beheizen von Räumen* 1.1 (kurz für) *Heizkörper;* die ~ ist kalt ☐ **aquecedor 2** ⟨unz.⟩ *das Heizen, Erwärmen von Räumen* ☐ **aquecimento**

Hekt|ar *auch:* **Hek|tar** ⟨a. ['--] n.; -s, -; Zeichen: ha⟩ *Flächenmaß,* 100 Ar, 10 000 m²; oV ⟨schweiz.⟩ *Hektare* ☐ **hectare**

Hekt|a|re *auch:* **Hek|ta|re** ⟨f.; -, -n; schweiz.⟩ = *Hektar*

Hek|tik ⟨f.; -; unz.⟩ *nervöse Unruhe, fieberhafte Betriebsamkeit, übertriebene Geschäftigkeit;* er verbreitet überall ~ ☐ **frenesi**

hek|tisch ⟨Adj.⟩ **1** *Unruhe verbreitend, eilig-nervös, übertrieben geschäftig;* ~e Betriebsamkeit; sei doch nicht so ~! ☐ **frenético; febril**

Hek|to... ⟨Zeichen: h, vor Maßeinheiten⟩ *das Hundertfache der Grundeinheit,* z. B. 1 hl = 100 Liter; ~gramm, ~liter

Held ⟨m.; -en, -en⟩ **1** *mutiger, tapferer Krieger;* ein ~ der Sage, der Vorzeit ☐ **herói 2** ⟨fig.⟩ *jmd., der Hervorragendes, Erstaunliches leistet od. leisten kann;* im Rechnen ist er kein ~ ⟨umg.; iron.⟩ ☐ **ás** 2.1 der ~ des **Tages** *wichtigste Person bei einer Begebenheit* ☐ **herói** 2.2 den ~en **spielen, sich als** ~ **aufspielen** ⟨umg.⟩ *sich brüsten* ☐ *****bancar o herói** 2.3 du bist mir ein netter, rechter, schöner ~! ⟨umg.; iron.⟩ *ein Feigling* ☐ *****que belo herói você me saiu!* **3** *Hauptgestalt (einer Dichtung);* der Roman hat keinen ~ ☐ **herói; protagonista** 3.1 ⟨Theat.⟩ *bestimmte Art von Rollen, Rollenfach zur Darstellung von Helden(3);* er ist als jugendlicher ~ engagiert ☐ **herói**

Hel|din ⟨f.; -, -din|nen⟩ *weibl. Held* ☐ **heroína**

hel|fen ⟨V. 165⟩ **1** ⟨403/Vr 5 od. Vr 6⟩ **(jmdm.) (bei** *etwas)* ~ *behilflich sein, eine Hilfe sein, beistehen;* sie hilft, wo immer sie kann; sie half ihm, sich zu verstecken; jmdm. beim Abwaschen, bei der Arbeit ~; beim Aus- u. Einsteigen ~; hierbei hat mir niemand geholfen; die Geschwister ~ sich beim Waschen; jmdm. suchen, tragen ~ ☐ **ajudar; auxiliar;** so wahr mir Gott helfe! (Schwurformel) ☐ *****Deus é testemunha!;** hilf dir selbst, so hilft dir Gott ⟨Sprichw.⟩ ☐ *****Deus ajuda quem se ajuda** 1.1 ⟨611⟩ jmdm. in den Mantel, in den Wagen ~ *beim Anziehen des Mantels, beim Einsteigen in den W. behilflich sein* ☐ *****ajudar alguém a vestir o casaco/a entrar no carro** 1.2 jmdm. ist **nicht zu** ~ *bei jmdm. ist alle Hilfe zwecklos, jmd. ist vollkommen uneinsichtig;* ihm ist nicht zu ~ ☐ *****não ter remédio; ser um caso perdido;** wem nicht zu raten ist, dem ist nicht zu ~ ⟨Sprichw.⟩ ☐ *****o que não tem remédio remediado está** 1.3 ⟨611⟩ jmdm. auf **die Spur, Fährte** ~ *bewirken, dass jmd. die S., F. findet;* dieser Hinweis half der Polizei auf die Fährte (Spur) der Verbrecher ☐ *****ajudar alguém a seguir uma pista** 1.4 jmdm. auf **die Beine** ~ 1.4.1 *jmdm. beim Aufstehen behilflich sein* ☐ *****ajudar alguém a se levantar** 1.4.2 *jmdn. in einer Notlage unterstützen, so dass er keiner Hilfe mehr bedarf* ☐ *****socorrer alguém; ajudar alguém a se reerguer** 1.4.3 *einem Unternehmen auf die Beine* ~ *ein U. durch Arbeit od. Geld unterstützen, so dass es in Gang kommt* ☐ *****reerguer/re-

Helm

cuperar uma empresa 1.5 ⟨650⟩ jmdm. **aus der Not, Verlegenheit** ~ *jmdm. behilflich sein, aus der N., V. herauszukommen;* jmdm. aus der Patsche ~ ⟨umg.⟩ □ *ajudar alguém a sair de um apuro **2** ⟨600/Vr 1⟩ 2.1 sich zu ~ wissen *einen Rat, Ausweg wissen;* ich wusste mir nicht mehr, nicht anders zu ~ □ *saber o que fazer 2.2 ⟨600 m. Modalverb⟩ ich kann mir nicht ~ *es ist mir nicht möglich, mich anders zu verhalten* □ *não posso evitar; ich kann mir nicht ~, aber da bin ich misstrauisch □ *não posso deixar de ficar desconfiado **3** ⟨Imp.⟩ ich werde dir ~! ⟨iron.; drohend⟩ *ich verbiete dir, es zu tun;* □ *espere só para ver uma coisa! **4** ⟨403; unpersönl.⟩ es, das hilft (nicht od. nichts) *nützt (nichts)* □ *isso (não) ajuda/adianta (nada); was kann das schon ~? □ *de que adianta?; es wird dir nichts(s) ~ □ *isso não vai ajudá-lo (em nada); da hilft alles nicht(s) mehr □ *isso já não me serve (para nada) 4.1 ⟨401⟩ es hilft nicht(s), du musst ... *du musst dich damit abfinden, dass ...* □ *não há outro remédio, você tem que... **5** ⟨403 od. 405⟩ ein **Mittel** hilft (jmdm. gegen etwas) *erzielt eine gewünschte Wirkung;* hier hilft kein Bitten und kein Flehen □ ajudar; adiantar 5.1 ⟨405⟩ ein **Medikament, eine Kur** hilft (**gegen eine Krankheit**) *hat eine heilende Wirkung;* die Arznei, Kur hat ihm (gar nicht) geholfen □ ajudar; ser bom para

Hel|fer ⟨m.; -s, -⟩ *jmd., der anderen hilft, bei einer Sache Unterstützung bringt;* ich brauche einen kräftigen ~; ~ in der Not □ ajudante; assistente

Hel|fe|rin ⟨f.; -, -rin|nen⟩ *weibl. Helfer* □ ajudante; assistente

Hel|fers|hel|fer ⟨m.; -s, -⟩ *Helfer bei einer Straftat, Mitschuldiger;* Sy *Spießgeselle(2)* □ cúmplice

He|li|kop|ter auch: **He|li|kop|ter** ⟨m.; -s, -⟩ *Hubschrauber* □ helicóptero

He|li|um ⟨n.; -s; unz.; chem. Zeichen: He⟩ *zu den Edelgasen gehörendes chem. Element mit der Ordnungszahl 2* □ hélio

hell ⟨Adj.⟩ **1** *reich an Licht, leuchtend;* Ggs *dunkel(1);* die Flamme brennt ~; wach auf, es wird, ist schon ~; der Mond scheint ~; ~ leuchten die Sterne; diese Lampe gibt ein ~es Licht; das Feuer brannte leuchtend ~ □ claro 1.1 ⟨60⟩ es geschah am ~en Tage *vor aller Augen* □ *aconteceu em plena luz do dia 1.1.1 ins Helle treten *ins helle Licht* □ *aparecer à luz 1.2 ~e **Gegenstände** *G., die viel Licht zurückstrahlen;* ~e Möbel, ~e Augen, ~es Haar 1.2.1 ~es **Bier** *B. mit gelblicher Färbung* **2** ~e **Farben** *dem Weiß angenäherte, schwach gefärbte F.;* Ggs *dunkel(2);* ein Kleid in ~em Blau, Grün, Rot □ claro **3** ~e **Geräusche** *reine, hohe, klare G.;* Ggs *dunkel(3);* ~ klingen, tönen; ein ~er Klang, Ton; sie hat eine sehr ~e Stimme; ~ auflachen □ claro; nítido **4** ⟨70⟩ jmd. ist ~(e) ⟨fig.⟩ *gescheit, aufgeweckt;* in einem ~en Augenblick erkannte der Kranke ihn □ *num momento de lucidez...; sie hat einen ~en Verstand □ claro; lúcido; ein ~er Kopf, ein ~es Köpfchen ⟨umg.⟩ □ *uma mente brilhante; sie ist recht ~e ⟨umg.⟩ □ esperto; inteligente **5** ⟨90; fig.⟩ *echt, rein, ungetrübt;* in ~e Begeis-

terung, ~en Jubel ausbrechen □ verdadeiro; er hat seine ~e Freude daran □ *ele adora isso; ele fica muito feliz com isso **6** ⟨60; verstärkend; fig.⟩ *groß;* er hat es in ~er Verzweiflung getan □ grande; sie kamen in ~en Haufen, Scharen □ *vieram aos montes/em grande número; das ist ja ~er Wahnsinn! □ *isso é loucura total! **7** ⟨60⟩ eine Sache im ~sten Licht erscheinen lassen ⟨fig.⟩ *die Vorteile einer S. zur Geltung bringen od. übertreiben* □ *expor alguma coisa sob sua luz mais favorável

hell|auf ⟨Adv.⟩ **1** *laut, kurz u. hell;* ~ lachen □ *rir às gargalhadas; ⟨aber Getrenntschreibung⟩ hell auflachen → hell(3)

hell|blau ⟨Adj. 24⟩ *von zartem Blau, blassblau;* ein ~er Stoff □ azul-claro

Hel|le|bar|de ⟨f.; -, -n; im MA⟩ *Hieb- u. Stoßwaffe mit langem Stiel, an dessen Spitze ein eisernes Beil mit Haken angebracht ist* □ alabarda

Hel|ler ⟨m.; -s, -⟩ **1** ⟨urspr.⟩ *Silbermünze* □ moeda de prata **2** ⟨seit dem 19. Jh.⟩ *Kupfermünze* □ moeda de cobre **3** ⟨österr.-ungar. Monarchie u. Österreich bis 1924⟩ *1/100 der Krone* □ *Heller* **4** *(heute in der Tschechischen Republik, der Slowakischen Republik u. in Ungarn) kleinste Scheidemünze, 1/100 der Krone, 1/100 des Forints* □ Haleru **5** ⟨fig.; umg.⟩ *die kleinste Geldmenge* □ tostão; vintém 5.1 keinen, nicht einen (roten, lumpigen) ~ *gar nichts;* er hat, besitzt keinen ~ mehr; er bekommt nicht einen roten ~ von mir; das ist keinen lumpigen ~ wert; dafür gebe, bezahle ich keinen ~! □ *nem um tostão/vintém 5.2 etwas bis **auf den letzten** ~, auf ~ und **Pfennig** bezahlen *ganz genau* □ *pagar até o último centavo

hell|hö|rig ⟨Adj. 70⟩ **1** *mit scharfem Gehör ausgestattet* □ de ouvido apurado **2** *schalldurchlässig;* Neubauwohnungen sind oft sehr ~; ~e Wände, Türen □ acusticamente mal isolado **3** ⟨fig.⟩ *mit scharfem, durchdringendem Verstand begabt, aufmerksam;* für bestimmte Vorgänge ~ sein, werden; als er das sagte, wurde ich ~ □ atento; de orelha em pé

hell|licht ⟨alte Schreibung für⟩ *helllicht*

Hel|lig|keit ⟨f.; -; unz.⟩ *Zustand des Hellseins, helles Licht, Lichtfülle* □ claridade; luminosidade

helllicht ⟨Adj. 24/60⟩ *hell u. licht, ganz hell* □ claro; luminoso; am ~en Tage □ *em plena luz do dia

hell|se|hen ⟨V. 400; nur im Inf. gebräuchl.⟩ *räumlich u. zeitlich entfernte Vorgänge (angeblich) ohne Vermittlung von Sinnesorganen wahrnehmen;* er kann ~; ich kann doch nicht ~! □ adivinhar; antever

hell|wach ⟨Adj. 24⟩ **1** *ganz, vollkommen wach, munter* □ completamente desperto 1.1 ⟨fig.⟩ *aufgeweckt, geistig rege, begabt;* ein ~er Bursche □ alerta; esperto

Helm[1] ⟨m.; -(e)s, -e⟩ *Stiel von Werkzeugen (Axt, Beil usw.)* □ cabo

Helm[2] ⟨m.; -(e)s, -e⟩ **1** *schützende Kopfbedeckung aus Leder, Metall, Kork;* Schutz~, Stahl~, Sturz~, Tropen~; der Ritter nahm den ~ ab; die Römer trugen ursprünglich ~e aus Leder; die Polizisten, Feuerwehrmänner setzten die ~e auf □ capacete; elmo **2**

Hemd

⟨Heraldik⟩ *neben dem Schild¹(2) wichtigster Bestandteil eines Familienwappens* □ **elmo 3** ⟨Arch.⟩ *das kegel-, zelt- od. pyramidenförmige spitze Dach eines Turmes;* Turm~, Kegel~, Dach~ □ **zimbório; cúpula 4** *Aufsatz auf Schornsteinen* □ **chapéu**

Hemd ⟨n.; -(e)s, -en⟩ **1** *geradegeschnittenes, fast den ganzen Körper bedeckendes Kleidungsstück, das über den Kopf gezogen werden muss;* Chor~; *die ~en der Hirten* □ **túnica 2** *auf dem bloßen Leib getragenes Wäschestück;* Nacht~, Unter~; *ein ~ aus Baumwolle; das ~ wechseln* □ **camiseta 3** *leichtes, den Oberkörper bedeckendes Kleidungsstück für Herren;* Ober~; *ein bügelfreies ~; ein gestärktes, gestreiftes, kurz-, langärmeliges, pastellfarbenes, weißes ~; ein frisches ~ anziehen; ~en ausbessern, stärken, waschen* **4** ⟨fig.⟩ **4.1** *seine Meinung wie ein ~ wechseln seine Gesinnung oft ändern* □ **camisa 4.2** *er würde sein letztes ~ verschenken er ist völlig selbstlos, sehr gutmütig* □ ***ele seria capaz de dar a própria roupa do corpo 4.3** *kein (ganzes) ~ mehr am, auf dem Leibe haben völlig heruntergekommen sein* □ ***já não ter camisa para vestir; estar na miséria 4.4** *das ~ ist mir näher als der Rock* ⟨Sprichw.⟩ *der eigene Vorteil ist mir wichtiger als der eines anderen* □ ***a boa caridade começa em casa 4.5** *jmdn.* **bis aufs** *~ ausplündern, ausziehen völlig* □ ***deixar alguém na mais completa miséria**

He|mi|sphä|re ⟨f.; -, -n⟩ **1** *Erdhalbkugel, Erdhälfte; die westliche, östliche, südliche, nördliche ~* **2** ⟨Med.⟩ *Großhirnhälfte* □ **hemisfério**

hem|men ⟨V. 500⟩ **1** *etwas ~ die Bewegung, den Fortgang von etwas verlangsamen, bremsen, zum Stillstand bringen; ein Rad am Fahren, einen Wagen, Wasserlauf ~; ich hatte meinen Schritt gehemmt* □ **frear; travar; deter 2** ⟨Vr 7 od. Vr 8⟩ **jmdn.** *od. eine* **Sache** *~* ⟨fig.⟩ *in seinem Ablauf, seiner Entwicklung aufhalten, jmdn. od. etwas durch Schwierigkeiten u. Ä. behindern; die Entwicklung, den Fortschritt ~* □ **impedir; coibir;** ~*d auf die Produktion, Verhandlungen einwirken; ~de Wirkung* □ **(de modo) coibitivo/inibidor,** *durch Schüchternheit gehemmt sein* □ ***ficar inibido 2.1* ⟨Part. Perf.⟩ *gehemmt unfrei, voller Hemmungen; sie fühlt sich, ist vor Fremden sehr gehemmt* □ **inibido**

Hemm|schuh ⟨m.; -(e)s, -e⟩ **1** *keilförmige Platte, die vor das Hinterrad gelegt wird zum Abbremsen von Straßenfahrzeugen* **2** *Vorrichtung zum Abbremsen frei laufender Eisenbahnwagen beim Verschieben, von der Räder auf die Schiene gelegt* □ **sapata de freio 3** ⟨fig.⟩ *Hemmnis, Hindernis;* jmdm. einen ~ in den Weg legen □ **obstáculo; impedimento**

Hem|mung ⟨f.; -, -en⟩ **1** ⟨Med.⟩ *Zustand des Organismus, in welchem eine Funktion od. bestimmte Bedingung die Manifestation einer anderen Funktion, Handlung od. Ausdrucksweise verhindert;* Willens~, Wachstums~, Entwicklungs~ **1.1** *innere Scheu, Unfähigkeit, frei u. ungezwungen zu handeln* □ **inibição;** *nur keine ~en!* □ ***não faça cerimônia!;** *er hat ~en; seine ~en überwinden; gesellschaftliche, moralische,*

seelische ~en; *er leidet an ~en* □ **inibição; escrúpulo 2** *Störung, Hindernis;* Lade~ □ ***emperramento; travamento 3** ⟨Tech.⟩ *Vorrichtung an Uhren, die den Gang des Räderwerks in bestimmten Abständen unterbricht;* Haken~, Pendel~; *magnetische* □ **escapo 4** ⟨Rechtsw.⟩ *Ruhen des Ablaufs einer Frist* □ **suspensão**

Hendl ⟨n.; -s, -n; oberdt.⟩ *junges Huhn, Hähnchen* (Brat~, Back~) □ **frango**

Hengst ⟨m.; -es, -e⟩ *männlicher Einhufer, bes. männl. Pferd;* Kamel~, Esel~; Zucht~; *ein dreijähriger ~; einen ~ zur Zucht halten* □ **garanhão; macho**

Hen|kel ⟨m.; -s, -⟩ *Griff, gebogene Handhabe zum Anfassen an Körben, Töpfen usw.; eine Tasche mit zwei ~n; der ~ des Kruges ist abgebrochen* □ **asa; alça**

hen|ken ⟨V. 500; veraltet⟩ = *aufhängen(1.2); der Mörder wurde gehenkt* □ **enforcar**

Hen|ker ⟨m.; -s, -⟩ **1** *Person, die die Todesstrafe vollstreckt;* jmdn. dem ~ überantworten, überliefern □ **carrasco; verdugo 2** ⟨fig.⟩ **2.1** *ich schere mich den ~ drum* ⟨umg.⟩ *ich kümmere mich überhaupt nicht darum* □ ***não estou nem um pouco preocupado com isso 2.2** *das weiß der ~!* ⟨umg.⟩ *ich habe keine Ahnung* □ ***sabe-se lá! 3** (in *Ausrufen, Flüchen u. Verwünschungen*); *hol dich der ~!* □ ***vá se danar!;** *hol's der ~!* (Fluch) □ ***que se dane!;** *zum ~!* □ ***diabos!;** *geh zum ~!; scher dich zum ~!* □ ***vá para o inferno!**

Hen|kers|mahl|zeit ⟨f.; -, -en⟩ **1** *letzte Mahlzeit vor der Hinrichtung* □ **última refeição de um condenado 2** ⟨fig.; umg.; scherzh.⟩ *letzte Mahlzeit vor der Abreise* □ **refeição de despedida**

Hen|na ⟨f.; -; unz. od. n.; - od. -s; unz.⟩ **1** ⟨Bot.⟩ (in *Asien u. Afrika kultivierter) Strauch aus der Familie der Weiderichgewächse, der einen rotgelben Farbstoff u. ein wohlriechendes Öl liefert: Lawsonia inermis* **2** *der aus dieser Pflanze gewonnene rotgelbe Farbstoff (zum Haarfärben verwendet)* □ **hena**

Hen|ne ⟨f.; -, -n; Zool.⟩ *weibliches Tier bei Hühnern u. verschiedenen anderen Vogelarten; Sy Huhn(3); die ~ brütet, gackert* □ **galinha;** Fasanen~, Trut~, Birk~ □ **fêmea**

He|pa|ti|tis ⟨f.; -, -ti|ti|den; Med.⟩ *Leberentzündung* □ **hepatite**

her ⟨Adv.⟩ **1** *von einem* Ort *~ mit dem O. als Ausgangspunkt (, -richtung) nach hier gerichtet, bewegend;* Ggs (wenn die Situation eindeutig ist, werden hin u. her häufig, bes. in Zus. wahlweise (umg.) gebraucht) hin; *von den Bergen, der Ferne ~; von Süden ~ ; von ihm ~; vom Fenster, von der Tür ~ zieht es; von der Fabrik ~ dringt die schlechte Luft bis in unsere Gegend vor; von Norden ~ weht ein kalter Wind; vom Himmel ~; von weit ~ hörte man ...; von außen, von dort ~* □ ***de um lugar para cá 1.1** *~ (mit) ...!* ⟨umg.⟩ *hierher, an diese Stelle!;* □ **aqui; para cá;** *~ mit dem Geld, Schmuck!* (grobe Aufforderung) □ ***passa a grana/a joia!;** *~ zu mir!* □ ***para mim!;** (nur schnell) *~ damit!* (grobe Aufforderung) □ ***me dê (logo) isto aí! 1.1.1** *er soll sofort ~!* ⟨umg.⟩ *herkommen;* □ ***ele precisa vir imediatamente! 1.2* **wo hat** *der Junge das ~?* **1.2.1** *erhalten, bekommen?* □ ***de onde o rapaz**

tirou isso? 1.2.2 *gehört, erfahren?* □ **como o rapaz ficou sabendo disso?* 1.2.3 *von wem hat er diese Veranlagung?* □ **de quem o rapaz herdou isso?* **2** *in der Umgebung von* **2.1** ⟨rings⟩ **um** jmdn. od. etwas ~ *überall umgebend* □ **em volta de alguém ou alguma coisa* **2.2 vor** jmdm. od. etwas ~ *davor* □ **diante de/em frente de alguém ou alguma coisa* **2.3 hinter** jmdm. od. einer Sache ~ sein *jmdn. od. etwas verfolgen, jmdm. od. einer Sache nachfolgen;* die Polizei ist hinter ihr ~ □ **estar atrás/no encalço de alguém ou alguma coisa* **2.3.1** hinter einer Sache ~ sein *etwas gern haben wollen* □ **estar atrás de alguma coisa; tentar obter alguma coisa* **2.3.2** hinter einem Mädchen (Jungen) ~ sein *in ein M. (einen J.) verliebt sein* □ **estar interessado em uma moça/um rapaz* **3** eine Zeit ~ *vergangen (seit), zurückliegend;* *há um tempo **3.1** es ist schon eine Ewigkeit, ein halbes Jahr, lange Zeit ~, dass wir uns nicht gesehen haben *seit einer E., seit einem halben J., seit langer Z.* □ **já não nos vemos há uma eternidade/seis meses /muito tempo* **3.2** *von einer Zeit* ~ *seit der Z. bestehend, bekannt* □ **de um tempo para cá;* das ist mir schon von früher, von meiner Jugend ~ bekannt *□ desde;* von alters ~ □ ***desde sempre;** → a. *jeher* **4** von einem Sachverhalt ~ *einen S. betreffend;* von der Aufmachung ~ ist diese Zeitschrift langweilig □ **do ponto de vista de uma circunstância* **5** mit einer Sache od. jmdn. ist es **nicht weit** ~ ⟨fig.; umg.⟩ *etwas od. jmd. genügt nicht den an sie gestellten Ansprüchen;* mit ihm (mit seiner Arbeit, seinen Kenntnissen, seinem Wissen) ist es nicht weit ~; es ist nicht weit ~ damit □ **não ir muito longe com alguma coisa ou alguém;* → a. *hin(5-5.2)*

her... ⟨Vorsilbe⟩ **1** ⟨in Zus. mit Verben betont u. trennbar⟩ **1.1** *von einem Ort, aus einer Richtung zum Sprecher kommend;* herkommen, hergehen; er ist hergekommen; komme bitte her! **1.2** ⟨a. abwertend⟩ *eintönig sprechend, gedankenlos wiederholend;* herbeten, herleiern, herplappern **2** ⟨stets unbetont u. nicht trennbar⟩ **2.1** *die Richtung auf den Sprecher zu bezeichnend;* herab, herauf, herbei, herum, herunter **2.2** *in der Zeit danach;* hernach

• Die Buchstabenfolge **her|ab...** kann auch **he|rab...** getrennt werden.

• **her|ab** ⟨Adv.⟩ **1** *von (dort) oben nach (hier) unten;* vom Dache tropfte es auf uns ~; hinauf und ~ □ **para baixo 2** von oben ~ ⟨umg.⟩ *hochmütig, herablassend;* jmdn. von oben ~ behandeln □ **de cima para baixo; com ar de superioridade*

• **her|ab|fal|len** ⟨V. 131/400(s.)⟩ = *herunterfallen*

• **her|ab|las|sen** ⟨V. 175/500/Vr 7⟩ **1** jmdn. od. etwas ~ *von (dort) oben nach (hier) unten sinken lassen;* man hat schon den Bühnenvorhang, die Rollläden herabgelassen; einen Eimer, Korb (an einer Kette, einem Strick) ~; er brach aus dem Gefängnis aus, indem er sich an einem Seil (aus dem Fenster) herabließ □ **baixar; descer 2** ⟨550/Vr 3⟩ sich zu etwas ~ ⟨fig.⟩ *sich zu etwas bereitfinden, bequemen* □ **dignar-se a fazer alguma coisa; consentir em fazer alguma coisa* **3** ⟨550/Vr 3⟩ sich zu jmdm. ~ ⟨fig.⟩ *leutselig, gönnerhaft sein* □ **condescender com alguém;* er war, sein Benehmen war sehr ~d gegen, zu uns; jmdn. ~d grüßen, behandeln □ **(de modo) condescendente**

• **her|ab|set|zen** ⟨V. 500⟩ **1** etwas ~ *heruntersetzen, niedriger machen, vermindern* = *herabwürdigen(1);* man soll die Preise ~; er hat die Geschwindigkeit vor der Kurve herabgesetzt; Verkauf zu herabgesetzten Preisen □ **reduzir; baixar 2** jmdn. od. etwas ~ *verächtlich, geringschätzig, kränkend behandeln, den Wert, die Bedeutung von jmdm. od. etwas schmälern;* er hat ihn in den Augen der anderen herabgesetzt; jmds. Leistungen, Fähigkeiten ~ □ **depreciar; menosprezar;** in ~der Weise von jmdm. Sprechen □ **depreciativo**

• **her|ab|wür|di|gen** ⟨V. 500; fig.⟩ **1** jmdn. od. etwas ~ *geringschätzig, kränkend behandeln;* Sy *herabsetzen(2);* jmdn. in aller Öffentlichkeit ~; er hat seinen Namen, sein Tun, seine Verdienste herabgewürdigt □ **avitar, rebaixar;** jmdn. ~d behandeln □ **com menosprezo 2** ⟨Vr 3⟩ sich ~ *sich erniedrigen;* ich kann mich nicht so ~, dass ... □ ***rebaixar-se; humilhar-se**

He|ral|dik ⟨f.; -; unz.⟩ *Wappenkunde* □ **heráldica**

• Die Buchstabenfolge **her|an...** kann auch **he|ran...** getrennt werden.

• **her|an** ⟨Adv.⟩ *hierher, auf den Sprechenden zu, in die Nähe von, herbei;* oV *ran* □ ***para cá; para junto de;** näher ~; nur ~!; zu mir ~! □ ***aproxime(m)-se!; chegue(m) mais perto!; venha(m) cá!**

• **her|an...** ⟨Vorsilbe; in Zus. mit Verben betont u. trennbar⟩ **1** *von einem Ort, aus einer Richtung zum Sprecher kommend;* heranbrausen; heranbringen, heranfahren, heranlassen, heranlocken, sich heranschleichen, heranwinken **2** *die Aufwärtsentwicklung bezeichnend;* heranwachsen, heranzüchten

• **her|an|bil|den** ⟨V. 500⟩ jmdn. ~ *zu einem bestimmten Zweck, auf ein bestimmtes Ziel zu ausbilden;* junge Ärzte, wissenschaftlichen Nachwuchs, qualifizierte Techniker ~ □ **formar**

• **her|an|brin|gen** ⟨V. 118/500⟩ **1** etwas ~ *her-, näher bringen;* der Hund hat das Rebhuhn im Maul herangebracht □ **trazer 2** ⟨550⟩ jmdn. an etwas ~ ⟨fig.⟩ *jmdn. mit etwas vertraut machen;* Kinder, Studenten an ein Problem, eine Arbeit ~ □ ***familiarizar alguém com alguma coisa; introduzir alguém em alguma coisa**

• **her|an|fah|ren** ⟨V. 130/400(s.)⟩ *nahe, dicht an etwas fahren, sich fahrend nähern;* kannst du noch dichter ~? □ **aproximar-se**

• **her|an|ge|hen** ⟨V. 145(s.)⟩ **an etwas ~ 1** ⟨411⟩ *näher kommen, sich nähern;* er ging an den Zaun heran und beobachtete die Pferde; gehe nicht so nah an das Geländer heran! □ ***aproximar-se de alguma coisa 2**

⟨800; fig.⟩ *beginnen, anpacken;* mit Eifer an eine Sache, ein Problem, eine Arbeit ~ ☐ *começar/atacar alguma coisa*
- **her|an||kom|men** ⟨V. 170(s.)⟩ **1** ⟨400⟩ *sich nähern, näher kommen;* lass ihn erst ~!; der Hund kam ganz nahe an mich heran 1.1 ⟨fig.⟩ *sich zeitlich nähern;* der Urlaub kam langsam heran ☐ *aproximar-se; chegar(-se)* **2** ⟨800⟩ **an jmdn. od. etwas ~** *jmdn. od. etwas erreichen, etwas in seinen Besitz bringen;* ich konnte vor Menschen nicht an die Kasse ~; ich komme ohne Leiter nicht an die Äpfel heran ☐ *alcançar alguém ou alguma coisa; chegar a alguém ou alguma coisa* 2.1 **an jmdn. ist nicht, nur schwer heranzukommen** ⟨fig.⟩ *jmd. ist sehr unzugänglich;* an den Chef ist nur schwer heranzukommen ☐ *não dar para ter acesso a alguém; ser difícil ter acesso a alguém* 2.2 **etwas an sich ~ lassen** ⟨fig.; umg.⟩ *abwarten u. nichts (in der Sache) unternehmen* ☐ *ficar na expectativa (em relação a alguma coisa)*
- **her|an||rei|chen** ⟨V. 800⟩ **1 an etwas ~** *bis an etwas reichen;* das Kind kann noch nicht an die Türklinke ~ **2 an jmdn. ~** *jmdm. gleichkommen;* du reichst noch längst nicht an ihn heran ☐ *alcançar alguma coisa/alguém* **3 etwas reicht an etwas heran** *grenzt an etwas;* das reicht schon ans Verbrecherische heran ☐ **beirar**
- **her|an||tra|gen** ⟨V. 265/500⟩ **1 jmdn. od. etwas ~** *näher tragen, herbeitragen;* die Arbeiter trugen Steine, Holz heran ☐ **trazer 2** ⟨511⟩ **etwas an jmdn. od. etwas ~** ⟨fig.⟩ *bei jmdm. od. etwas vorbringen, zum Ausdruck bringen;* wir müssen die Sache einmal an den Vorsitzenden ~; an die Betriebsleitung wurde der Wunsch herangetragen, ... ☐ **apresentar; expor**
- **her|an||tre|ten** ⟨V. 268/800(s.)⟩ **1 an jmdn. od. etwas ~** ⟨a. fig.⟩ *sich jmdm. od. einer Sache nähern, nah an jmdn. od. etwas treten;* bitte, treten Sie näher heran!; er war dicht an die Brüstung herangetreten ☐ *aproximar-se de alguém ou alguma coisa* **2** ⟨850⟩ **mit etwas an jmdn. ~** ⟨fig.⟩ *sich an jmdn. wenden;* er ist mit seinem Vorschlag, Angebot an sie herangetreten; an jmdn. mit einer Bitte, Frage ~ ☐ *dirigir-se a alguém com alguma coisa; abordar alguém com alguma coisa* 2.1 an ihn trat die Aufgabe, Pflicht heran ... *er sah sich vor die Aufgabe gestellt* ☐ *ele se viu diante da tarefa/obrigação de...*
- **her|an||wa|gen** ⟨V. 511/Vr 3⟩ **1 sich an jmdn. od. etwas ~** *sich jmdm. od. einer Sache zu nähern wagen;* er wagte sich nicht an das brennende Autowrack heran ☐ *ousar aproximar-se de alguém ou alguma coisa* **2 sich an etwas ~** ⟨fig.⟩ *sich eine Tätigkeit zutrauen;* ich wage mich an dieses Problem, Unternehmen nicht heran ☐ *tomar coragem para abordar alguma coisa*
- **her|an||zie|hen** ⟨V. 293⟩ **1** ⟨500⟩ **jmdn. od. etwas ~** *näher zu sich ziehen;* die Fußbank zu sich ~; ich hatte das Boot zu mir herangezogen ☐ **puxar para si 2** ⟨400(s.)⟩ *sich nähern;* das Unwetter zog schnell heran ☐ **aproximar-se 3** ⟨500⟩ **Pflanzen, junge Tiere ~** *großziehen, aufziehen, zum Gedeihen bringen, pflegen* ☐ **cultivar; criar 4** ⟨500⟩ **jmdn. ~** ⟨fig.⟩ *ausbilden, heranbilden;* du musst dir rechtzeitig einen Nachfolger ~ ☐ **instruir; preparar 5** ⟨550⟩ **jmdn. zu einer Leistung ~** ⟨fig.⟩ *jmdn. veranlassen, sich am Erbringen einer L. zu beteiligen;* zu bestimmten Arbeiten hat der Betrieb externe Fachleute herangezogen ☐ **recrutar; contratar** 5.1 **jmdn. zur Deckung der Kosten ~** *einen Teil der K. von jmdm. zahlen lassen* ☐ *chamar/convocar alguém para cobrir as despesas* **6** ⟨550⟩ **etwas zum Vergleich ~** ⟨fig.⟩ *sich einer Sache bedienen, um einen V. anstellen zu können* ☐ *recorrer a alguma coisa a título de comparação*

- Die Buchstabenfolge **her|auf...** kann auch **he|rauf...** getrennt werden.

- **her|auf** ⟨Adv.⟩ **1** oV ⟨umg.⟩ *rauf* 1.1 ~ *von (dort) unten nach (hier) oben;* ~ und herunter; hier ~!; da ~!; von dort ~! ☐ **para cima** 1.2 ⟨umg.⟩ *hinauf;* wir kommen zu euch ~ ☐ *vamos subir até aí*

- **her|auf...** ⟨Vorsilbe; in Zus. mit Verben trennbar⟩ *von unten nach oben, aufwärts zum Sprecher hin;* sich heraufarbeiten, heraufklettern, heraufholen, heraufrufen

- **her|auf||be|schwö|ren** ⟨V. 238/500⟩ **1 etwas ~** *durch (unüberlegte, unachtsame) Handlung etwas Unangenehmes, ein Unglück verursachen, bewirken;* einen Streit ~; er hat diese Situation, die gespannte Atmosphäre heraufbeschworen; einen Krieg, bewaffneten Konflikt ~ ☐ **provocar 2 etwas ~** *sich etwas Vergangenes vorstellen, in Erinnerung rufen;* die schönen Erlebnisse der Vergangenheit, Kindheit ~ ☐ **evocar 3 einen Geist, Toten ~** *durch Beschwörung veranlassen zu erscheinen* ☐ **evocar; invocar**

- **her|auf||ge|hen** ⟨V. 145/400(s.)⟩ *von (dort) unten nach (hier) oben gehen;* er ist zu uns heraufgegangen ☐ **subir**

- **her|auf||zie|hen** ⟨V. 293⟩ **1** ⟨500/Vr 7 od. Vr 8⟩ **jmdn. od. etwas ~** *von (dort) unten nach (hier) oben ziehen;* ihr müsst das Boot noch weiter auf den Strand ~ ☐ **içar; alçar 2** ⟨400(s.)⟩ **etwas zieht herauf** ⟨geh.⟩ *etwas kündigt sich an, kommt näher;* ein Gewitter zieht herauf ☐ **aproximar-se**

- Die Buchstabenfolge **her|aus...** kann auch **he|raus...** getrennt werden.

- **her|aus** ⟨Adv.⟩ oV ⟨umg.⟩ *raus(1)* **1** *von (dort) innen, drinnen nach (hier) außen, draußen (zum Sprecher hin);* aus dem Wald endlich ~ sein ☐ **fora**; nur ~ an die frische Luft 1.1 ~ **aus dem Bett, den Federn!** ⟨umg.⟩ *aufstehen!* ☐ *levante-se!* 1.2 ~ **mit der Sprache!** *nur Mut, sprich!* ☐ *desembuche!* 1.3 ~ **mit dem Geld!** ⟨umg.⟩ *geben Sie das G. her! (bei einem Überfall)* ☐ *passe a grana!* 1.4 **von innen ~** ⟨a. fig.⟩ *aus dem Inneren;* die Früchte sind von innen ~ verfault; von innen ~ spürte er eine Zuneigung für sie ☐ *de dentro para fora; do fundo do* coração **2** aus dem **Gröbsten, Ärgsten** ~ sein ⟨fig.⟩ *das Schlimmste, Schwerste, Anstrengendste hinter sich haben* □ ***estar livre do pior 2.1** die **Kinder** sind jetzt aus dem Gröbsten – *die K. sind jetzt dem für die Eltern anstrengenden Babyalter entwachsen, sind schon selbständiger geworden* □ ***as crianças já saíram da fase mais difícil 2.2** jmd. ist **fein** ~ ⟨umg.⟩ *jmd. ist (trotz schlechter Voraussetzungen) in einer glücklichen Lage* □ ***ser um felizardo; ter sorte 3** etwas **ist** ~ ⟨fig.; umg.⟩ *etwas ist veröffentlicht worden; das neue Gesetz, der neue Fahrplan ist* ~ □ **publicado; promulgado; lançado 4** jmd. hat etwas ~ ⟨fig.; umg.⟩ *hat etwas begriffen; er hat den Trick, Dreh schon* ~ □ ***pegar o jeito de (fazer) alguma coisa 5** jmd. hat etwas od. jmdn. ~ ⟨fig.; umg.⟩ *hat etwas od. jmdn. festgestellt; die Polizei hatte den Täter bald* ~; *endlich hatte ich die Lösung* ~ □ **descobrir 6** aus einer **Notlage**, aus bestimmten **Erwägungen** ~ ⟨fig.⟩ *aufgrund einer N., bestimmter E. handeln* □ ***devido a uma situação de emergência/certas deliberações 6.1** aus sich ~ *unaufgefordert, von sich; er hat aus sich geholfen* □ ***espontaneamente**

◆ **her|aus...** ⟨Vorsilbe; in Zus. mit Verben trennbar⟩ **1** *von einem Ort, aus einer Richtung zum Sprecher kommend*; herausfallen, herausfließen, herauskriechen, herausrennen, herausrollen, herausrupfen, heraussagen, herausschießen, sich herauswagen, sich herauswinden **2** *die Beförderung von etwas od. jmdm. nach draußen bezeichnend*; herausbohren, herausbuddeln, herausdrehen, herausklingeln, herauspumpen, herausschicken, herausschrauben, herauswerfen, herauszerren **3** *das Gewinnen bestimmter Eindrücke, Erkenntnisse bezeichnend*; herausdeuten, herausfühlen, herausschmecken, herausspüren

◆ **her|aus|ar|bei|ten** ⟨V.⟩ **1** ⟨500⟩ etwas ~ *einzelne Teile innerhalb eines größeren Ganzen formen, gestalten, hervortreten lassen;* die Adern, Muskeln an einer Plastik deutlich ~ □ **esculpir; modelar 1.1** *innerhalb eines größeren Zusammenhangs hervortreten lassen, betonen, deutlich machen;* eine Idee, ein Problem, einen Konflikt (in einer Dichtung) ~ □ **destacar; realçar 2** ⟨500⟩ einen Tag ~ ⟨umg.⟩ *an mehreren Tagen länger arbeiten, um an einem Tag dienstfrei zu haben;* ***fazer hora extra para tirar um dia de folga 3** ⟨511/Vr 3⟩ sich aus etwas ~ *sich ohne fremde Mithilfe aus einer drohenden, schwierigen Lage befreien;* er konnte sich aus dem Gestrüpp, aus dem Schlamm, Sumpf ~; er hat sich endlich aus diesem armseligen Leben herausgearbeitet ⟨fig.⟩ □ ***safar-se/livrar-se de alguma coisa**

◆ **her|aus|be|kom|men** ⟨V. 170/500⟩ **1** ⟨511⟩ etwas aus etwas ~ *etwas aus etwas entfernen, lösen können;* ich bekomme den Schlüssel nicht aus dem Schloss heraus; ich habe den Fleck nicht aus der Bluse herausbekommen □ **conseguir tirar 2** ⟨511⟩ jmdn. aus etwas (Gefängnis, Notlage) ~ *bewirken, dass jmd. den Ort, an dem er sich gegen seinen Willen aufhält, verlassen kann, aus einer Notlage befreit ist;* ich habe ihn nur aufgrund meiner großen Überredungskünste so schnell aus dieser Anstalt ~ □ ***tirar/livrar alguém de (prisão, situação difícil) 3** eine **Sache** ~ *erfahren, (mit Mühe) in Erfahrung bringen, ergründen, erforschen;* ich konnte nicht ~, ob er wirklich dort gewesen ist; ein Geheimnis ~ □ **ficar sabendo; descobrir 3.1** Rätsel, Rechenaufgaben ~ *lösen* □ **desvendar; resolver 3.2** eine **Inschrift** ~ *entziffern* □ **decifrar 4** Wechselgeld ~ *zurückbekommen;* ich bekomme noch etwas heraus; ich bekomme noch eine Euro heraus □ **receber de troco**

◆ **her|aus|brin|gen** ⟨V. 118/500⟩ **1** jmdn. od. etwas ~ *von (dort) drinnen nach (hier) draußen bringen;* bring uns bitte Tisch und Stühle heraus!; sie wurde ohnmächtig herausgebracht □ **levar/trazer para fora 2** etwas ~ *etwas entwickeln u. an die Öffentlichkeit, auf den Markt bringen;* die Firma hat ein neues Automodell, neue Muster herausgebracht □ **lançar (no mercado) 2.1** ein **Buch** ~ *veröffentlichen* □ **publicar 2.2** jmdn. ~ ⟨fig.⟩ *mit viel Aufwand u. gezielter Reklame der Öffentlichkeit vorstellen;* einen neuen Sänger groß ~ □ **promover 3** ⟨511⟩ etwas aus etwas ~ ⟨umg.⟩ *etwas entfernen;* den Korken nicht (aus der Flasche) ~; ich versuchte, den Fleck mit einem Reinigungsmittel (aus dem Rock) herauszubringen □ **tirar; remover 4** ⟨550⟩ etwas aus jmdm. ~ ⟨fig.; umg.⟩ *herausbekommen, etwas von jmdm. erfahren;* es ist nichts aus ihm herauszubringen □ **arrancar 5** etwas ~ ⟨fig.; umg.⟩ *sagen, sich äußern;* er brachte (vor Angst, Schreck, Erschöpfung) kein Wort heraus □ **dizer; proferir**

◆ **her|aus|fah|ren** ⟨V. 130⟩ **1** ⟨500⟩ etwas ~ *fahrend aus etwas bewegen;* er fuhr das Auto, den Traktor aus der Garage, dem Hof heraus □ **tirar 2** ⟨411(s.)⟩ *fahrend aus etwas herauskommen;* er ist mit dem Fahrrad aus dem Wald herausgefahren; er kam aus dem Hof, der Garage herausgefahren □ **sair 3** ⟨411(s.)⟩ aus etwas ~ *etwas eilig verlassen* □ **sair apressadamente;** aus dem Bett ~ □ ***pular da cama 4** ⟨600(s.)⟩ etwas fährt jmdm. heraus ⟨fig.; umg.⟩ *jmd. sagt etwas, was er eigentlich nicht sagen wollte;* es fuhr mir so heraus, es war nicht böse gemeint □ **sair sem querer**

◆ **her|aus|fin|den** ⟨V. 134/500⟩ **1** jmdn. od. etwas ~ *in einer Menge finden, ausfindig machen;* sie hat das Buch schon herausgefunden; sie fand ihr Kind unter den anderen sofort heraus □ **encontrar; achar 1.1** *entdecken;* einen Fehler nicht ~; sie konnte den Sinn seiner Worte nicht ~ □ **descobrir 2** ⟨505/Vr 3⟩ sich ~ *den Weg von (dort) drinnen nach (hier) draußen finden;* er hat (sich) aus dem Wald nicht ~ können □ ***encontrar a saída; conseguir sair 2.1** ⟨fig.⟩ *den Ausweg aus Schwierigkeiten, einer Notlage finden;* er findet sich nicht aus dieser Angelegenheit heraus □ ***encontrar uma saída (para alguma coisa)**

◆ **her|aus|for|dern** ⟨V. 500/Vr 8⟩ **1** jmdn. ~ ⟨a. Boxsp., Schachspiel⟩ *jmdn. auffordern zu kämpfen;* jmdn. zum Angriff, Zweikampf ~ □ **desafiar 2** jmdn. od. etwas ~ *absichtlich reizen, provozieren;* eine Gefahr

herausgeben

mutwillig, leichtsinnig ~ □ **provocar** 2.1 ⟨Part. Präs.⟩ ~d *aufreizend, anmaßend, angriffslustig;* jmdm. einen ~den Blick zuwerfen; jmdn. ~d ansehen; ~de Worte, Bemerkungen □ **(de modo) provocador**

* **her|aus||ge|ben** ⟨V. 143/500⟩ **1** einen **Gegenstand** ~ *von (dort) drinnen nach (hier) draußen geben, von einem anderen Raum in diesen Raum geben;* gib mir den Koffer (durchs Fenster) heraus!; die Speisen von der Küche in den Speisesaal ~ □ **dar; passar; levar 2** etwas ~ *zurückgeben, (wieder) aushändigen;* gestohlenes Gut ~; zur Aufbewahrung übergebene Gegenstände ~; die Garderobe, den Schlüssel, die Wäsche ~ (im Hotel, Restaurant) □ **devolver; restituir 3** Gefangene ~ *ausliefern* □ **entregar 4** ⟨402⟩ (Wechselgeld) ~ *zurückgeben, wiedergeben;* haben Sie das Geld nicht passend, ich kann nicht ~; geben Sie mir bitte zwei Euro heraus, das Übrige ist für Sie □ **dar de troco** 4.1 können Sie ~? *haben Sie passendes Wechselgeld?* □ ***o/a senhor(a) tem troco? 5** ⟨500⟩ **Bücher, Zeitschriften** ~ *für die Veröffentlichung von B., Z. verantwortlich zeichnen;* dieser Professor gab während vieler Jahre eine wissenschaftliche Zeitschrift heraus; Goethes Werke, herausgegeben von X ⟨Abk.: hrsg., hg.⟩ □ **editar; publicar 6** ⟨403⟩ jmdm. ~ *jmdm. die Antwort nicht schuldigbleiben, gut antworten (können)* □ **retrucar; replicar**

* **Her|aus|ge|ber** ⟨m.; -s, -; Abk.: Hrsg., Hg.⟩ *jmd., der etwas (Buch, Zeitschrift) herausgibt, veröffentlicht* □ **editor**

* **Her|aus|ge|be|rin** ⟨f.; -, -rin|nen⟩ *weibl. Herausgeber* □ **editora**

* **her|aus||ge|hen** ⟨V. 145/400(s.)⟩ **1** *von dort (drinnen) nach (hier) draußen gehen;* ich sah ihn eben aus dem Haus ~ **2** ⟨411⟩ etwas geht (aus etwas) heraus *etwas lässt sich beseitigen, entfernen;* die Flecken gehen schwer (aus dem Stoff) heraus □ **sair 3** ⟨500⟩ **aus sich** ~ ⟨fig.⟩ *seine Schüchternheit überwinden, lustig werden* □ **soltar-se; perder a timidez**

* **her|aus||ha|ben** ⟨V. 159/500; umg.⟩ **1** jmdn. od. etwas ~ *aus etwas entfernt haben;* den Korken aus der Flasche ~; den Mieter aus dem Haus ~ □ **ter tirado 2** etwas ~ *herausbekommen haben, ergründen;* hast du schon die Lösung, das Rätsel, Geheimnis heraus? □ **ter descoberto/desvendado** 2.1 es (gut, fein) ~, den Bogen ~ ⟨fig.; umg.⟩ *wissen, was zum Erfolg nötig ist, auf geschickte Weise ein Ziel erreichen; ob er das wirklich kann?* O ja, das hat er (fein) heraus, er hat den Bogen heraus! □ ***saber como fazer/resolver**

* **her|aus||hal|ten** ⟨V. 160/500⟩ **1** etwas ~ *von (dort) drinnen nach (hier) draußen halten;* er hielt die Fahne aus dem Fenster heraus □ **manter do lado de fora 2** ⟨505/Vr 7⟩ jmdn. od. etwas (aus etwas) ~ *von etwas fernhalten, verhindern, dass jmd. od. etwas mit einer Sache zu tun hat;* ich möchte mich (aus dieser Angelegenheit) möglichst ~ □ ***manter alguém ou alguma coisa fora (de alguma coisa)**

* **her|aus||hän|gen**[1] ⟨V. 500⟩ **1** etwas ~ *nach außen hängen;* ich habe die Wäsche herausgehängt; an öffentlichen Gebäuden hat man die Fahnen herausgehängt □ **pendurar/estender/hastear (do lado de fora) 2** etwas (lang) ~ lassen ⟨fig.; umg.; abwertend⟩ *mit etwas protzen, etwas allzu deutlich zeigen;* er lässt überall ~, dass er teure Markenkleidung trägt □ ***ficar exibindo/ostentando alguma coisa**

* **her|aus||hän|gen**[2] ⟨V. 161/403⟩ **1** etwas hängt (jmdm.) heraus *von (dort) drinnen nach (hier) draußen hängen, von außen zu sehen sein;* hier hängt überall aus dem Fenster die Wäsche heraus □ **pender/ficar pendurado (do lado de fora);** der Hund saß mit ~der Zunge da □ ***o cachorro estava sentado com a língua de fora;* → a. *Hals(5.6)*

* **her|aus||he|ben** ⟨V. 163/500⟩ **1** jmdn. od. etwas ~ *aus etwas heben, ergreifen u. herausnehmen;* ein Kind aus dem Bad, Wasser ~ □ **tirar; levantar 2** ⟨fig.⟩ *hervorheben, betonen;* die Beispiele wurden durch Unterstreichung herausgehoben **3** ⟨Vr 7⟩ jmdn. od. etwas ~ *abheben, zur Geltung, Wirkung kommen lassen;* die Farben, Muster heben sich gut (aus der Umgebung) heraus □ **destacar; realçar**

* **her|aus||ho|len** ⟨V. 500⟩ **1** jmdn. od. etwas ~ *von (dort) drinnen nach (hier) draußen holen;* bitte hol mir doch meinen Mantel (aus dem Haus, Schrank) heraus; bitte hol doch Tisch und Stühle in den Garten heraus!; den Arzt nachts aus dem Bett ~ müssen □ **pegar; tirar; trazer** 1.1 *befreien, retten;* wir müssen versuchen, ihn da herauszuholen; die Feuerwehr holte die Menschen aus dem brennenden Haus heraus □ **tirar; libertar 2** etwas ~ ⟨fig.; umg.⟩ *verdienen, einen Vorteil erreichen, einen Gewinn erzielen;* wir können bei dem Handel noch mehr ~; Geld aus jmdm. od. etwas ~; er versucht stets so viel wie möglich für sich herauszuholen □ **ganhar; lucrar 3** etwas ~ ⟨fig.; umg.⟩ *mühsam erfragen;* man muss jede Antwort aus ihm ~ □ **arrancar 4** etwas ~ ⟨fig.; umg.⟩ *etwas abgewinnen, abfordern;* in der letzten Runde holte er aus seinem Motor das Letzte heraus; ich habe alles aus mir herausgeholt □ ***exigir/tirar o máximo de alguma coisa** 4.1 *erlangen, erreichen; bei einem Wettkampf ein gutes Ergebnis, einen Sieg ~;* der Lehrer will aus seinen Schülern die höchste Leistung ~ □ **conseguir; obter**

* **her|aus||keh|ren** ⟨V. 500⟩ **1** etwas ~ *von (dort) drinnen nach (hier) draußen kehren;* die Leute kehren einfach allen Schmutz auf die Straße heraus □ **varrer (para fora) 2** jmdn. od. etwas ~ ⟨fig.; abwertend⟩ *hervortun, betonen, herausstellen;* seine Bildung ~ □ **colocar em evidência; exibir** 2.1 den reichen Mann ~ *mit seinem Reichtum protzen* □ ***vangloriar-se de sua riqueza* 2.2 er kehrt immer den **Schulmeister** heraus *er ist, benimmt sich oft schulmeisterlich* □ ***ele sempre banca o sabe-tudo**

* **her|aus||kom|men** ⟨V. 170(s.)⟩ **1** ⟨400⟩ *von (dort) drinnen nach (hier) draußen kommen, hervorkommen, erscheinen, sichtbar werden;* wir wollen sehen, machen, dass wir hier möglichst schnell ~; ich habe ihn (aus dem Haus) ~ sehen □ **sair;** die Blumen kommen aus der Erde heraus □ **nascer; despontar** 1.1 ich

komme gleich 'raus, komm 'raus! ⟨umg.; eigtl.⟩ *hinaus* □ **sair** 1.2 ⟨Kart.⟩ *die erste Karte aufdecken;* du kommst heraus □ *****você abre/começa o jogo** 2 ⟨411⟩ *aus einem* **Raum, Bereich** ~ ⟨a. fig.⟩ *den R., B. verlassen können;* Sy *hinauskommen(2);* er ist noch nie aus seiner Heimatstadt herausgekommen □ **sair; deixar** 2.1 du kommst viel zu wenig heraus *du gehst zu wenig aus, kommst zu wenig an die Luft od. unter Menschen* □ *****você sai muito pouco** 2.2 aus dem Fragen, dem Erzählen nicht ~ *kein Ende mit F., E. finden* □ **ver-se livre** 3 ⟨400⟩ *etwas kommt heraus wird entwickelt u. auf den Markt gebracht;* ein Modell, Fabrikat kommt heraus □ **ser lançado no mercado** 3.1 ein **Buch** kommt heraus *erscheint, wird veröffentlicht* □ **ser publicado** 3.2 ein **Theaterstück**, ein **Film** kommt heraus *hat Premiere* □ **estrear** 4 ⟨416⟩ mit **etwas** ~ 4.1 *etwas herausbringen, entwickeln u. auf den Markt bringen;* alle Autofirmen kommen dieses Jahr mit einem verbrauchsarmen Modell heraus □ *****lançar alguma coisa** 4.2 mit einem **Buch** ~ *ein B. veröffentlichen;* der Verlag ist mit einem neuen Werk von XY herausgekommen □ *****publicar um livro** 4.3 mit dem **Einsatz** ~ *(bei der Lotterie) gerade so viel gewinnen, wie der eigene Anteil betragen hat* □ *****ganhar o que apostou (na loteria)** 4.4 mit einem **Anliegen** ~ ⟨fig.; umg.⟩ *ein A. zur Sprache bringen* □ *****revelar/manifestar um desejo** 4.5 mit einem **Vorschlag, Geständnis** ~ *gegen seinen ursprünglichen Willen äußern, gestehen* □ *****acabar sugerindo/confessando;* nach vielem Bitten kam er doch damit heraus □ *****depois de muitos pedidos ele acabou falando** 5 ⟨400⟩ *deutlich werden, den beabsichtigten Effekt erzielen;* das Anliegen des Autors kam nicht heraus □ **ficar claro** 5.1 **Töne** kommen heraus *sind deutlich hörbar;* die tiefen Töne kommen bei diesem Gerät nicht gut heraus □ **ser audível** 6 ⟨413⟩ **groß** ~ ⟨umg.⟩ *im Beruf, in der Gesellschaft, im öffentlichen Leben sehr erfolgreich sein;* dieser junge Schauspieler wird einmal groß ~ □ *****ter sucesso; fazer carreira** 7 ⟨400⟩ eine **Sache**, ein **Geheimnis**, **Verbrechen**, eine **Tat** kommt heraus *wird entdeckt, ruchbar, bekannt;* wenn das herauskommt, wird es dir schlecht gehen; es ist bis jetzt nicht herausgekommen, wer der Täter war □ **vir à luz; ser descoberto** 8 ⟨405⟩ *etwas* kommt (**bei** einer **Sache**) heraus *zeitigt ein Ergebnis, Resultat, ergibt sich als Lösung;* was kommt bei der Rechenaufgabe heraus?; ich zweifle, ob bei deiner Arbeit etwas herauskommt; was ist eigentlich bei der Sache noch herausgekommen? □ **resultar; dar (como) resultado;** das kommt dabei heraus, wenn man … ⟨fig.; umg.⟩ □ *****é nisso que dá quando…;** dabei kommt nichts heraus ⟨fig.⟩ □ *****isso não vai dar em nada** 8.1 ⟨413⟩ das kommt **auf dasselbe**, **auf eins** heraus ⟨umg.⟩ *das macht keinen Unterschied, das ist das Gleiche, es ist gleich, wie man es macht* □ *****dá no mesmo;** → a. *Einsatz(3.1)* 9 ⟨410; umg.⟩ *aus dem Rhythmus, aus dem Takt kommen;* ich komme beim Tanzen, beim Spielen immer wieder, sehr schnell heraus □ **sair do ritmo/compasso**

- **her|aus|ma|chen** ⟨V. 500; umg.⟩ 1 etwas ~ *aus etwas entfernen, beseitigen;* einen Knoten ~ □ **tirar; remover; desfazer** 2 ⟨Vr 3⟩ **sich** ~ *hübscher werden, wachsen, gut gedeihen, sich gut entwickeln;* der Junge hat sich aber herausgemacht!; er hat sich prächtig herausgemacht □ *****crescer; ficar bonito**
- **her|aus|neh|men** ⟨V. 189/500⟩ 1 etwas ~ *aus einem Behälter o. Ä. nehmen, entfernen;* ein Buch (aus dem Schrank) ~; das Geld (aus der Tasche) ~; ich nahm eine Gurke aus dem Glas heraus □ **tirar** 1.1 ⟨530⟩ jmdm. ein **Organ** ~ *operativ entfernen;* jmdm. die Mandeln ~; er musste sich den Blinddarm, eine Niere ~ lassen □ **extrair; extirpar** 2 ⟨511⟩ jmdn. od. etwas ~ ⟨fig.⟩ *aus seiner bisherigen Umgebung, einer Institution o. Ä. entfernen;* wir wollen den Jungen aus der Schule ~ □ **tirar** 3 ⟨530/Vr 1⟩ **sich etwas** ~ ⟨fig.⟩ *sich etwas anmaßen, Freiheiten missbrauchen, Rechte überschreiten;* sich (große) Freiheiten ~ □ *****tomar (muitas) liberdades;** sich das Recht ~, etwas zu tun □ *****dar-se o direito de fazer alguma coisa;** sich (zu) viel ~ □ *****ir longe demais**
- **her|aus|rei|ßen** ⟨V. 198/500⟩ 1 etwas ~ *etwas aus etwas reißen, heftig herausziehen, gewaltsam entfernen;* Unkraut ~; der Zahnarzt riss mir einen Backenzahn heraus; Blumen aus der Erde ~ 2 ⟨511⟩ etwas reißt jmdn. **aus** etwas heraus ⟨fig.⟩ *ändert jäh den Zustand, in dem sich jmd. befindet;* durch den Umzug wurde das Kind aus seiner vertrauten Umgebung herausgerissen □ **arrancar** 3 jmdn. ~ ⟨fig.; umg.⟩ *jmdn. (aus einer unangenehmen Lage) befreien;* du musst dich durch Fleiß wieder ~ ⟨umg.⟩ □ **livrar; salvar** 4 etwas reißt jmdn. heraus ⟨fig.⟩ *verändert jmds. Lage in positiver Hinsicht, schafft den Ausgleich, wiegt eine Sache auf;* in der ersten Prüfung hatte er nicht gut abgeschnitten, aber eine Eins in der zweiten riss ihn wieder heraus □ **compensar; recuperar**
- **her|aus|rü|cken** ⟨V.⟩ 1 ⟨500⟩ einen **Gegenstand** ~ *aus einer Reihe, einem Raum nach (hier) draußen rücken;* können Sie bitte Ihren Stuhl etwas (weiter) ~? □ **mover; deslocar** 2 ⟨500⟩ **Besitz**, **Eigentum** ~ ⟨fig.; umg.⟩ *hergeben, herausgeben;* Geld ~ □ **dar; entregar** 3 ⟨800(s.)⟩ **mit** einer **Mitteilung** ~ ⟨fig.; umg.⟩ *gegen anfänglichen, inneren Widerstand etwas sagen, zählen, die Wahrheit eingestehen, eine Neuigkeit mitteilen;* (nicht) mit der Sprache ~ □ *****decidir (não) falar;** mit einer Neuigkeit, mit der Wahrheit ~ (wollen) □ *****confessar/revelar uma novidade/a verdade**
- **her|aus|rut|schen** ⟨V. 400(s.)⟩ 1 *von (dort) drinnen nach (hier) draußen rutschen;* das Hemd ist ihm aus der Hose herausgerutscht □ **sair** 2 ⟨600⟩ eine **Äußerung** rutscht jmdm. heraus ⟨fig.; umg.⟩ *wird ungewollt ausgesprochen;* das Wort ist mir so herausgerutscht □ **escapar**
- **her|aus|schie|ßen** ⟨V. 215⟩ 1 ⟨500⟩ etwas ~ *durch Schießen entfernen;* in der Schießbude eine Figur aus einer ganzen Reihe ~ □ **derrubar (com um tiro)** 1.1 er hat einen schönen Preis herausgeschossen ⟨schweiz.⟩ *beim Wettschießen gewonnen* □ **ganhar (na competição de tiro)** 2 ⟨400⟩ *von (dort) drinnen nach (hier)*

herausschlagen

draußen schießen; er hat aus dem Fenster hier auf die Straße herausgeschossen □ **atirar** 3 ⟨400(s.)⟩ *etwas schießt heraus* ⟨fig.⟩ *quillt heftig hervor;* aus der Wunde schoss ein Strahl Blut heraus □ **jorrar**

• **her|aus||schla|gen** ⟨V. 218⟩ **1** ⟨500⟩ *etwas ~ durch Schlagen herausbringen, entfernen;* Staub aus den Büchern, dem Teppich ~ □ **tirar (batendo) 2** ⟨550⟩ *etwas bei einer Sache ~* ⟨fig.; umg.⟩ *gewinnen;* er versucht, bei allem etwas für sich herauszuschlagen; er hat bei dem Geschäft eine große Summe für sich herausgeschlagen; wir wollen sehen, wie wir dabei noch etwas Zeit für uns ~ können □ **ganhar** 3 ⟨400(s.)⟩ *Flammen schlagen aus den Fenstern heraus dringen nach draußen* □ **sair**

• **her|au||ßen** ⟨Adv.; süddt.; österr.⟩ *(hier) draußen;* die Gäste stehen noch ~ □ **(aqui) fora**

• **her|aus||sprin|gen** ⟨V. 253(s.)⟩ **1** ⟨400⟩ *von (dort) drinnen nach (hier) draußen springen, springend herauskommen;* die Kinder kamen aus dem Haus herausgesprungen; der Pilot ist aus dem brennenden Flugzeug herausgesprungen □ **saltar para fora 1.1** *aus den Schienen ~ entgleisen* □ ***descarrilar 2** ⟨411⟩ *etwas springt bei etwas heraus* ⟨fig.; umg.⟩ *bringt einen Vorteil, lohnt sich;* bei dem Geschäft muss auch etwas für mich ~; bei der Sache springt (für mich) eine Menge, gar nichts heraus □ **trazer vantagem; valer a pena**

• **her|aus||stel|len** ⟨V. 500⟩ **1** *etwas ~ von (dort) drinnen nach (hier) draußen stellen;* stell die Blumen hier auf den Balkon heraus; jetzt kann man schon die Gartenmöbel ~ □ ***colocar alguma coisa do lado de fora 2** ⟨Vr 7⟩ *jmdn. od. etwas ~* ⟨fig.⟩ *betonen, hervorheben, in den Mittelpunkt der Aufmerksamkeit stellen;* besondere Merkmale einer Person, Dichtung ~; in einem Vortrag bestimmte Probleme ~; der Politiker wurde als Mann der Zukunft herausgestellt □ **destacar; enfatizar 3** ⟨Vr 3⟩ *sich ~ sich ergeben, sich zeigen, sich erweisen als;* es hat sich herausgestellt, dass ...; er hat sich als Betrüger herausgestellt; es hat sich als falsch herausgestellt □ ***revelar-se; provar-se**

• **her|aus||strei|chen** ⟨V. 263/500⟩ **1** *etwas ~ streichen, ausmerzen, durch Streichen entfernen;* bestimmte Stellen aus einem Text ~ □ **riscar; suprimir 2** ⟨Vr 7 od. Vr 8⟩ *jmdn. od. etwas ~* ⟨umg.; fig.⟩ *hervorheben, übertrieben loben, sehr rühmen;* jmds. Verdienste ~ □ **elogiar; exaltar**

• **her|aus||wach|sen** ⟨[-ks-] V. 277/400(s.)⟩ **1** *etwas wächst heraus wächst aus der Erde, wächst aus einem Behälter nach draußen, schießt empor, kommt hervor;* die Wurzeln sind schon alle unten aus dem Topf herausgewachsen □ **crescer (para fora)** → a. *Hals*(5.6) **2** ⟨411⟩ *er ist aus dem Anzug herausgewachsen* ⟨fig.; umg.⟩ *der Anzug ist ihm zu klein geworden, er passt ihm nicht mehr* □ ***o terno já está pequeno para ele**

• **her|aus||zie|hen** ⟨V. 293/500/Vr 7 od. Vr 8⟩ **1** *jmdn. od. etwas ~ nach draußen ziehen;* einen Verletzten aus dem Auto ~; Zucker zieht den Saft aus den Früchten heraus □ **tirar; extrair 2** *etwas ~* ⟨fig.⟩ *herausschreiben, als Auszug entnehmen;* → a. *exzerpieren;* aus einem Drama alle Zitate ~ □ **extrair**

herb ⟨Adj.⟩ **1** *kräftig (im Geschmack, Geruch), leicht bitter, leicht säuerlich, nicht süß* □ **forte;** ~er Wein □ **seco;** ~ *riechen, schmecken;* dieses Parfüm ist etwas zu ~ □ **forte 2** *schwer zu ertragen, schmerzlich;* eine ~e Enttäuschung; ~e enttäuscht werden; der Verlust war ~ □ **amargo; doloroso 2.1** *unfreundlich, scharf;* ~e Worte, Kritik □ **áspero; ríspido 3** ⟨fig.⟩ *verschlossen, abweisend;* ein ~er Mensch, Typ; er hat eine etwas ~e Art □ **austero 3.1** *eine ~e Frau spröde, wenig gefühlvolle Frau* □ **reservado; frio**

Her|ba|ri|um ⟨n.; -s, -ri|en⟩ *Sammlung gepresster u. getrockneter Pflanzen* □ **herbário**

her|bei ⟨Adv.⟩ *von einem Punkt, Ort auf den Sprechenden zu, hierher, herzu;* ~ (zu mir)!; alles ~! □ **aqui, para cá**

her|bei... ⟨Vorsilbe; in Zus. mit Verben betont u. trennbar⟩ *von einem Ort, aus einer Richtung zum Sprecher kommend;* herbeieilen, herbeibringen, herbeiholen, herbeitragen

her|bei||ei|len ⟨V. 400(s.)⟩ *schnell, eilig herkommen;* der Arzt eilte herbei □ **acorrer; acudir**

Her|ber|ge ⟨f.; -, -n⟩ **1** ⟨veraltet⟩ *einfaches Wirtshaus, Gasthaus, in dem man übernachten kann;* eine ~ suchen □ **pousada; hospedaria 2** *Heim als Unterkunft für die Jugend;* Jugend~ □ **albergue**

Her|bi|zid ⟨n.; -(e)s, -e⟩ *chem. Mittel zur Unkrautbekämpfung* □ **herbicida**

Herbst ⟨m.; -(e)s, -e⟩ **1** *Jahreszeit zwischen Sommer und Winter (vom 22./23. 9. bis 21./22. 12. auf der nördlichen Halbkugel);* den ~ im Süden verbringen; ein früher, später, kalter, warmer, schöner ~; im ~ dieses, nächsten, vorigen Jahres **2** ⟨fig.; geh.⟩ *Zeit des Alterns* **2.1** *des Lebens das (beginnende) Alter* □ **outono**

Herbst|zeit|lo|se ⟨f.; -, -n; Bot.⟩ *von August bis Oktober blühendes, giftiges Liliengewächs mit hell lilafarbenen Blüten: Colchicum autumnale* □ **cólquico**

Herd ⟨m.; -(e)s, -e⟩ **1** *Feuerstelle, Vorrichtung, auf der gekocht wird;* Elektro~, Gas~, Küchen~; elektrischer, zwei-, dreiflammiger ~; das Essen, einen Topf auf den ~ stellen; das Essen, einen Topf vom ~ nehmen □ **fogão 2** ⟨fig.⟩ *Mittelpunkt eines Hausstandes* □ **lar;** eigener ~ ist Goldes wert ⟨Sprichw.⟩ □ ***a própria morada a ninguém desagrada;* → a. *Haus*(6.1) **3** ⟨fig.⟩ *Mittelpunkt, Ausgangsstelle, Zentrum;* ~ eines Erdbebens; eine Feuersbrunst auf ihren ~ beschränken, eindämmen **3.1** ⟨Med.⟩ *Ausgangspunkt für Krankheiten;* Ansteckungs~, Krankheits~ □ **foco 4** ⟨Techn.⟩ *Aufbereitungsmaschine mit geneigter Platte, über die mit einem Wasserstrom ein zu trennendes Gemisch von nutzbaren Mineralien und Bergen(4) läuft* □ **jigue**

Her|de ⟨f.; -, -n⟩ **1** *Verband von Haustieren od. wilden Tieren der gleichen Art;* Elefanten~, Schaf~, Rinder~; eine ~ Kühe, Schafe, Ziegen hüten; wie eine ~ Schafe laufen ⟨umg.⟩ □ **rebanho; manada; boiada 2** ⟨poet.⟩ *Menge von Schutzbefohlenen, (kirchliche) Gemeinde* □ **rebanho 3** ⟨fig.⟩ *Masse, Schar von Men-*

schen, bes. solcher, die sich willenlos führen od. treiben lassen; eine ~ von Kindern, Touristen □ **rebanho; manada** 3.1 mit der ~ **laufen,** der ~ **folgen** ⟨umg.; abwertend⟩ *sich gedankenlos den anderen anschließen* □ ***seguir o rebanho/a manada**

◆ Die Buchstabenfolge **her|ein...** kann auch **he|rein...** getrennt werden.

◆ **her|ein** ⟨Adv.⟩ oV ⟨umg.⟩ *rein*² **1** *von (dort) draußen nach (hier) drinnen;* von draußen ~ □ **para dentro;** → a. **hinein(1) 2** ~**!** *(Aufforderung zum Eintreten ins Zimmer) (bitte) eintreten, hereinkommen!* □ **entre!;** nur ~**!;** immer ~**!** □ ***pode entrar!;** ~, ohne anzuklopfen (Aufschrift auf Türschildern in Ämtern, Behörden usw.) □ ***entre sem bater**

◆ **her|ein...** ⟨Vorsilbe; in Zus. mit Verben betont u. trennbar⟩ *von (dort) draußen nach (hier) drinnen (zum Sprecher hin)* ⟨umg.⟩; hereinbitten, hereinholen, hereinlassen, hereinregnen, hereintreten

◆ **her|ein|bre|chen** ⟨V. 116⟩ **1** ⟨400(s.)⟩ etwas bricht herein *bricht ab u. fällt, stürzt nach innen;* Gestein brach über den Bergleuten herein □ **desmoronar; desabar** 1.1 Wasser brach mit großer Wucht (über die Felsen) herein *ergoss sich* □ **irromper; rebentar 2** ⟨400(s.)⟩ **etwas bricht herein** ⟨geh.⟩ *beginnt plötzlich, bricht schnell an;* die Dunkelheit, Nacht brach herein □ **cair;** in diesem Jahr brach der Winter schon früh herein □ **começar 3** ⟨800(s.)⟩ **etwas bricht über jmdn. od. etwas herein** ⟨fig.⟩ *etwas Unerwünschtes, Unangenehmes, ein Unglück überrascht jmdn. od. etwas, geschieht unerwartet, sucht jmdn. od. etwas heim;* die Katastrophe brach über die Bewohner herein; der Krieg ist über das Land hereingebrochen; ein Gewitter brach über uns herein □ **sobrevir; abater-se**

◆ **her|ein|fal|len** ⟨V. 131(s.)⟩ oV ⟨umg.⟩ *reinfallen, hereinstürzen* **1** ⟨400⟩ etwas fällt herein *fällt von (dort) draußen nach (hier) drinnen;* das Licht fiel durch einen Spalt (in der Tür) herein; der erste Sonnenstrahl fiel gerade herein □ **cair (dentro); entrar 2** ⟨405; fig.; umg.⟩ **(bei, mit einer Sache)** ~ *betrogen, enttäuscht werden;* da bin ich schön hereingefallen!; mit dem Kauf des billigen Fernsehers bin ich hereingefallen □ **cair; ser levado na conversa** 2.1 ⟨800⟩ **auf jmdn. od. etwas** ~ *sich von jmdm. od. etwas täuschen lassen;* er fällt auf alles herein, was man ihm sagt; sie ist auf einen Betrüger hereingefallen □ ***cair na conversa de alguém; deixar-se enganar por alguma coisa**

◆ **her|ein|ge|ben** ⟨V. 143/500⟩ *etwas* ~ *von (dort) draußen od. von einem anderen Raum nach (hier) drinnen geben;* Sy *hereinreichen(1)*; gib mir die Blumen zum Fenster herein! □ **passar para dentro**

◆ **her|ein|ho|len** ⟨V. 500⟩ **1** jmdn. od. etwas ~ *von (dort) draußen nach (hier) drinnen holen;* kannst du die Kinder ~? □ **trazer para dentro; fazer entrar;** re-

colher **2** ⟨fig.; umg.⟩ *Verluste, Versäumtes wieder* ~ *aufholen, ausgleichen, nachholen* □ **recuperar**

◆ **her|ein|le|gen** ⟨V. 500⟩ **1** *etwas* ~ *von (dort) draußen od. von einem anderen Raum nach (hier) drinnen od. in diesen Raum legen;* bitte legen Sie mir die Akten über den Fall X herein □ **colocar dentro 2** ⟨Vr 7 od. Vr 8⟩ jmdn. ~ ⟨fig.; umg.⟩ *jmdn. anführen, jmdm. einen Streich spielen;* Sy *hineinlegen(2);* man hat ihn gründlich hereingelegt; der hat dich schön hereingelegt! □ ***enganar alguém; pregar uma peça em alguém**

◆ **her|ein|plat|zen** ⟨V. 400(s.); umg.⟩ *plötzlich herein-, hinzukommen, unerwartet (bei jmdn. od. in einer Gesellschaft) erscheinen;* wir saßen gerade beim Essen, da platzten er mit der Nachricht herein, dass ... □ **aparecer de repente; irromper**

◆ **her|ein|rei|chen** ⟨V.⟩ **1** ⟨500⟩ = *hereingeben* **2** ⟨411⟩ *eine Länge haben bis hier herein;* die Zweige des Baumes reichen bis in unser Zimmer herein □ **chegar; alcançar**

◆ **her|ein|schau|en** ⟨V. 400⟩ **1** *von (dort) draußen nach (hier) drinnen schauen;* mach das Fenster zu, es kann sonst jeder ~; er schaute zu uns (zur Tür) herein **2** ⟨410; fig.⟩ *einen kurzen Besuch machen;* schauen Sie doch bitte nächste Woche noch einmal herein; er hat heute bei uns hereingeschaut, ist aber gleich wieder gegangen □ **dar uma passada; fazer uma visitinha**

◆ **her|ein|schnei|en** ⟨V.⟩ **1** ⟨401⟩ es schneit (zum Fenster) herein *der Schnee dringt (durchs Fenster) ein* □ **nevar (aqui) dentro 2** ⟨410(s.); fig.; umg.⟩ *unerwartet zu Besuch kommen;* gestern kam X (zu uns) hereingeschneit □ **aparecer sem avisar**

◆ **her|ein|strö|men** ⟨V. 400(s.)⟩ **1** Wasser strömt herein *fließt in Massen herein* **2** Menschen, Tiere strömen herein ⟨fig.⟩ *kommen scharenweise herein* □ **afluir**

◆ **her|ein|zie|hen** ⟨V. 293⟩ **1** ⟨500⟩ jmdn. od. etwas ~ *von (dort) draußen nach (hier) drinnen ziehen;* ich zog ihn zu mir (ins Zimmer) herein □ **puxar para dentro 2** ⟨401⟩ es zieht herein! *der Wind weht ins Zimmer, es ist Gegenzug* □ ***há corrente de ar aqui!* 3** ⟨400(s.); umg.⟩ *eine Wohnung in einem Haus beziehen;* sie sind mit in unser Haus hereingezogen □ **instalar-se**

her||fal|len ⟨V. 131/800(s.)⟩ **1** über jmdn. ~ *jmdn. brutal u. überraschend überfallen, angreifen;* die Banditen fielen über die Kaufleute her □ ***lançar-se sobre alguém; atacar alguém** 1.1 ⟨fig.; umg.⟩ *jmdn. schlechtmachen, kritisieren, über jmdn. Ungünstiges reden;* alle Zeitungen fielen über den Politiker her □ ***cair de pau em alguém; falar mal de alguém* 2** über etwas ~ *gierig von etwas Besitz ergreifen, an sich raffen, etwas gierig zu essen beginnen;* über die Vorräte, das Frühstück ~ □ ***lançar-se sobre alguma coisa; atacar alguma coisa**

Her||gang ⟨m.; -(e)s, -gän|ge; Pl. selten⟩ *Verlauf, Ablauf (eines Ereignisses);* den ~ eines Unglücks schildern □ **desenrolar; andamento**

her||ge|ben ⟨V. 143⟩ **1** ⟨500⟩ 1.1 etwas ~ *(heraus-, zurück-)geben;* gib das Buch bitte her!; die gestohlenen Sachen wieder ~ □ **devolver; restituir** 1.1.1 gib her!

hergebracht

(Aufforderung, etwas zu geben, herzureichen) □ *me dê (isso) aqui!* **1.2** Besitz, Eigentum ~ *verschenken, weggeben;* er gibt nichts her; alles ~ □ **dar; passar para frente;** sein Letztes, das Letzte ~ □ *dar até a roupa do corpo* **1.3** (fig.) *zum Einsatz bringen;* alles ~ ; sein Letztes, das Letzte ~ □ *fazer de tudo (para); empregar seu último recurso (para)* **1.4** eine Sache gibt **nichts** (wenig) her *bringt keinen (nur geringen) Gewinn, Ertrag;* das Buch gibt wenig her; die Farm gibt nichts her □ **render; acrescentar 2** ⟨515/Vr 7⟩ jmd. gibt **sich** zu einer (zweifelhaften) Sache *stellt sich für eine (zweifelhafte) S. zur Verfügung, findet sich bereit, sie zu unterstützen;* dazu gebe ich mich (meinen Namen) nicht her □ *prestar-se a alguma coisa*

her|ge|bracht ⟨Adj. 24/70⟩ *herkömmlich, seit jeher üblich, von der Tradition überliefert;* in ~er Weise; am Hergebrachten hängen □ **tradicional**

her|ge|hen ⟨V. 145(s.)⟩ **1** ⟨411⟩ *vor, hinter, neben jmdm. od. etwas ~ längere Zeit vor, hinter, neben jmdm. od. etwas gehen, einhergehen, jmdm. od. einer Sache folgen;* die Reisegruppe ging hinter dem Reiseleiter her □ **seguir; acompanhar; ir 2** ⟨400; süddt.⟩ *hierhergehen, herkommen;* geh her! □ *venha cá!* **2.1** ich habe mir so viel Mühe damit gegeben, aber er geht her und räumt alles achtlos beiseite *räumt einfach alles beiseite* **2.2** ich habe lange an dem Radio herumgebastelt, aber er geht her und bringt es in fünf Minuten in Ordnung *bringt es mühelos in Ordnung* □ **vir; chegar 3** ⟨801⟩ *über jmdn. ~* ⟨umg.⟩ *jmdn. scharf kritisieren, über jmdn. hässlich sprechen;* gestern ging es scharf über ihn her □ *falar mal de alguém; descer a lenha em alguém* **4** ⟨801⟩ *über etwas ~* ⟨umg.⟩ *von etwas viel verbrauchen;* über meinen Wein ist es mächtig, sehr hergegangen □ *consumir alguma coisa* **5** ⟨413⟩ *geschehen, zugehen, vor sich gehen* □ **haver; acontecer; estar;** hier geht es lustig her □ *está divertido aqui;* → a. *hoch(7.8)*

her|hal|ten ⟨V. 160⟩ **1** ⟨500⟩ *etwas ~ in Richtung auf den Sprecher zu halten;* halte bitte den Becher her! □ **estender; passar 2** ⟨418 od. 415⟩ *als, für etwas ~ müssen* ⟨fig.; umg.⟩ *dienen müssen, etwas spielen müssen;* als Sündenbock ~ müssen; als Zielscheibe des Spottes ~ müssen **2.1** *büßen, einstehen;* ich musste für ihn (mit) ~ □ **pagar; responder**

He|ring ⟨m.; -s, -e⟩ **1** ⟨Zool.⟩ *Angehöriger einer Familie der Heringsfische mit rund 200 Arten, mit vielen örtlichen Abarten u. Rassen, die z. T. nur zum Laichen in Küstennähe kommen, z. T. dauernd dort bleiben: Clupeidae* **2** *wichtiger Speisefisch von ungefähr 30 cm Länge, mit schlankem, seitlich zusammengedrücktem Körper, vorspringendem Unterkiefer u. kleinen Bauchu. Brustflossen, der in großen Schwärmen entlang den Küsten der nördlichen Halbkugel wandert: Clupea harengus;* Brat~, Lachs~, Matjes~, Salz~; geräucherter, grüner, marinierter ~ □ **arenque 2.1** *wie die ~e zusammengepresst sitzen, -stehen* ⟨umg.; scherzh.⟩ *sehr dicht beieinandersitzen, -stehen* □ *ficar apertado como sardinha em lata* **3** *Pflock zum Befestigen der Zeltbahnen im Boden* □ **estaca**

her|in|nen *auch:* **he|rin|nen** ⟨Adv.; süddt.; österr.⟩ *(hier) drinnen;* die Besucher sind schon ~ □ **(aqui) dentro**

her|kom|men ⟨V. 170(s.)⟩ **1** ⟨400⟩ *an den Ort des Sprechers kommen, hierher kommen;* komm (einmal) her (zu mir)!; er ist zu Besuch hergekommen □ **vir 2** ⟨414⟩ *von etwas od. jmdn. ~ herrühren, abgeleitet werden, durch etwas od. jmdn. verursacht werden;* das kommt von etwas anderem her □ **proceder; derivar 3** ⟨411⟩ *wo kommt jmd. od. etwas her?* ⟨fig.; umg.⟩ *woher stammt jmd. od. etwas?;* wo kommen Sie her?; wo kommen diese Apfelsinen her?; wo soll es (das Geld o. Ä.) denn auch ~? □ **vir**

her|kömm|lich ⟨Adj. 70⟩ **1** *dem Herkommen gemäß, gebräuchlich, überliefert;* ~e Verfahrensweisen □ **tradicional 1.1** *das ist ~ das wurde schon immer so gemacht* □ **usual**

Her|kunft ⟨f.; -, -künf|te; Pl. selten⟩ *Ursprung, Abstammung, Herkommen, Geburt;* deutscher, afrikanischer, amerikanischer ~ sein; von adliger, bäuerlicher ~; von niedriger, vornehmer ~ □ **origem; ascendência**

her|lei|ten ⟨V.⟩ **1** ⟨500⟩ *etwas ~ ableiten* □ *derivar/deduzir alguma coisa* **2** ⟨511/Vr 3⟩ *sich von etwas ~ herrühren von, abstammen von;* das Wort „Fenster" leitet sich vom latein. „fenestra" her □ *derivar/vir de alguma coisa*

her|ma|chen ⟨V. 500; umg.⟩ **1** ⟨550/Vr 3⟩ *sich über etwas ~ über etwas herfallen, etwas in Angriff nehmen;* er machte sich über die Arbeit her □ *lançar-se sobre alguma coisa* **1.1** *sich über etwas Essbares ~ etwas gierig zu essen beginnen* □ *atacar uma comida* **1.2** *sich über ein Buch ~ ein B. sofort zu lesen beginnen* □ *começar a devorar um livro* **1.3** *sich über die Wohnung ~ die W. zu reinigen beginnen* □ *meter-se a fazer faxina na casa* **2** ⟨550/Vr 3⟩ *sich über jmdn. ~* ⟨fig.⟩ *jmdn. schlechtmachen, kritisieren, über jmdn. Ungünstiges reden;* die Kritiker, Zeitungen machten sich über den Politiker her □ *cair de pau em alguém; atacar alguém* **3** *etwas ~ eine bestimmte (meist ansprechende, vorteilhafte) Wirkung haben;* das Geschenk macht etwas her; eure Wohnung macht schon etwas her; in diesem Kleid macht sie nicht genug her □ **causar boa impressão**

Her|me|lin 1 ⟨n.; -s, -e⟩ *großes Wiesel* **2** ⟨m.; -s, -e⟩ *Pelz des Hermelins(1)* □ **arminho**

her|me|tisch ⟨Adj. 24⟩ **1** *luft- und wasserdicht (verschlossen);* ~e Kabine □ **hermético 1.1** ⟨fig.⟩ *dicht verschlossen, undurchdringlich;* ein Gebäude ~ verriegeln □ **hermeticamente 2** ⟨geh.⟩ *geheimnisvoll, dunkel, magisch, okkult* **2.1** ~e Literatur *philosophisch-okkultes Schrifttum aus dem 3. Jh. n. Chr., das Hermes Trismegistos zugeschrieben wird (beeinflusste u. a. die Alchimie, Astrologie u. Literatur im 16.-18. Jh.)* □ **hermético**

her|nach ⟨Adv.; regional⟩ *nachher, hinterher, später* □ **posteriormente; mais tarde**

her|nie|der ⟨Adv.; geh.; meist poet.⟩ *von (dort) oben nach (hier) unten, herab, herunter* □ **(aqui) para baixo**

her|nie|der|ge|hen ⟨V. 145/400(s.); geh.⟩ *von (dort) oben nach (hier) unten gehen, herunter-, herabgehen;* eine Lawine ging hernieder □ **descer; cair**

her|o|ben auch: **he|ro|ben** ⟨Adv.; bair.; österr.⟩ *(hier) oben* □ **(aqui) em cima**

He|roe ⟨[-roːə] m.; -n, -n⟩ = *Heros*

He|ro|in[1] ⟨f.; -, -in|nen⟩ *Heldin* □ **heroína**

He|ro|in[2] ⟨n.; -s; unz.⟩ *aus Morphin hergestelltes, sehr starkes Rauschmittel* □ **heroína**

He|rold ⟨m.; -(e)s, -e⟩ **1** ⟨im MA⟩ *Wappenkundiger* 1.1 *Ausrufer, Bote eines Fürsten* **2** ⟨heute; geh.⟩ *Verkünder (einer wichtigen Nachricht)* □ **arauto**

He|ros ⟨m.; -, -ro|en⟩ Sy *Heroe* **1** ⟨griech. Myth.⟩ *Halbgott, der außergewöhnliche Fähigkeiten besitzt (u. große Heldentaten vollbracht hat)* **2** ⟨geh.⟩ *Held, heldenhafter Mensch* □ **herói**

Her|pes ⟨f. od. m.; -; unz.; Med.⟩ *zu Rückfällen neigende Viruserkrankung, die einen Bläschenausschlag auf der Haut od. den Schleimhäuten hervorruft* □ **herpes**

Herr ⟨m.; -(e)n, -en⟩ **1** *Person, die anderen zu befehlen hat, die über jmdn. od. etwas Gewalt hat;* ein guter, schlechter ~ sein; der ~ des Hauses; ~ im Hause sein; ~ über Leben und Tod □ **senhor; patrão**; wie der ~, so der Knecht; wie der ~, so's Gescherr ⟨Sprichw.; umg.⟩ □ ***tal amo, tal criado*** 1.1 niemand kann zwei (zween) ~en dienen (Matthäus 6,24) *man muss sich für eine Sache entscheiden* □ **senhor** 1.2 ~ (über etwas), seiner selbst sein *(etwas, sich) beherrschen, (über etwas, sich selbst) verfügen, Gewalt haben;* ~ der Lage sein; ~ über seine Zeit sein; ~ über seine Gefühle, Leidenschaften sein; er war nicht mehr ~ seiner selbst □ ***ser senhor/dono de alguma coisa/de si*** 1.3 einer Sache ~ werden *etwas in seine Gewalt bekommen, unter Kontrolle bringen* □ ***tornar-se senhor de alguma coisa*** 1.4 sich zum ~n machen *(über etwas od. jmdn.) sich die Befehlsgewalt anmaßen (über etwas od. jmdn.)* □ ***fazer-se senhor de (alguém ou alguma coisa); assumir o comando de (alguém ou alguma coisa)*** 1.5 ⟨Gott als⟩ *oberster Gebieter;* der ~; Gott, der ~; ~ (Gott), du hast befohlen; der ~ Jesus □ **Senhor** 1.5.1 im ~n entschlafen (sein) ⟨geh.⟩ *gottesfürchtig gestorben (sein)* □ ***descansar na paz do Senhor*** 1.6 ⟨feudaler Standestitel für⟩ *Adlige nach Fürsten und Grafen* □ **senhor** 1.6.1 aus aller ~en Ländern *aus allen Teilen der Erde* □ ***de todo o mundo; de todos os cantos*** 1.7 *Besitzer, Eigentümer;* der ~ des Hauses □ **dono; proprietário**; → a. **Auge**(4.8) 1.8 *vornehmer Mann;* den großen ~n spielen □ ***dar-se ares de grande senhor*** **2** *(höfliche Anrede für Männer);* ein ~ möchte Sie sprechen, wartet draußen; ein vornehmer ~; ein alter, älterer ~; darf ich den ~n hier hereinbitten?; mein ~!; ja, ~!; meine ~en! (Ausruf des Schreckens, des Erstaunens); meine (sehr verehrten) Damen und ~en (Anrede an eine Versammlung); ~en (Aufschrift an der Herrentoilette) □ **senhor; cavalheiro** 2.1 die ~en der Schöpfung ⟨umg.; scherzh.⟩ *die Männer* 2.2 *(Teil der höflichen Anrede für Männer vor Namen od. Titeln);* sehr geehrter ~ X! (förmliche Anrede im Brief); lieber ~ X! (vertraute Anrede im Brief); ~ Meier; ~ Doktor, ~ Professor; Ihr ~ Vater ⟨geh.⟩ □ **senhor**

her|ren|los ⟨Adj. 24⟩ *niemandem gehörend, ohne Besitzer;* ein ~er Hund; ~es Gepäck; dieser Besitz ist ~ geworden □ **sem dono; vago**

Her|ren|mensch ⟨m.; -en, -en⟩ *Mensch, der andere, bes. seine Umgebung, beherrschen will, machthungriger Mensch* □ **pessoa que se considera superior às outras**

Her|rin ⟨f.; -, -rin|nen⟩ *Gebieterin, Besitzerin* □ **senhora; patroa**

her|risch ⟨Adj.⟩ *gebieterisch, tyrannisch, rechthaberisch, barsch, schroff;* ~ sein; in ~em Ton sprechen; sich ~ benehmen □ **(de modo) autoritário**

herr|lich ⟨Adj.⟩ **1** *wunderschön, wunderbar, vortrefflich, großartig;* ~e Musik; ein ~er Anblick; heute ist ~es Wetter; hier ist es ~; und wie wir's dann zuletzt so ~ weit gebracht ... (Goethe, „Faust" I, Nacht, Vers 573) □ **magnífico; esplêndido** 1.1 es gab ~e Sachen zu essen *es gab köstliche S.* □ **delicioso** 1.2 ~ und in Freuden leben *sorglos und üppig leben* □ ***viver à larga***

Herr|schaft ⟨f.; -, -en⟩ **1** ⟨unz.⟩ 1.1 *Befehlsgewalt, Regierungsgewalt, Macht;* die (unbestrittene) ~ ausüben; die ~ antreten; unter deutscher ~; die ~ an sich reißen □ **domínio; poder** 1.1.1 unter seiner ~ *während seiner Regierungszeit* □ **reinado; governo** 1.2 ⟨fig.⟩ *Beherrschung, Gewalt;* die ~ über eine Maschine, über seine Nerven verlieren □ **domínio; controle** **2** ~! ⟨umg.; süddt.; veraltend⟩ *(Ausruf des Unwillens);* ~, ist das schwer!; ~, das habe ich ganz vergessen! □ **arre! 3** ⟨veraltet⟩ *der Dienst-, Gutsherr und seine Familie;* sind die ~en zu Hause?; sie hatte immer eine gute ~ □ **senhores; patrões 4** ⟨nur Pl.⟩ ~en ⟨Anrede⟩ *Herr(en) u. Dame(n) in Gesellschaft;* wünschen die ~en etwas zu trinken?; meine ~en!; hier, meine ~en, sehen Sie ein Bild des ... 4.1 *scherzhaft ermahnende Anrede an Untergebene od. Halbwüchsige;* ~en, so geht das nicht weiter! □ **senhoras e senhores 5** ⟨veraltet⟩ *Landgut* □ **domínio; propriedade**

herr|schen ⟨V.⟩ **1** ⟨405⟩ (über etwas od. jmdn.) ~ *gebieten, die Herrschaft ausüben;* Sy *regieren(1);* unumschränkt ~; über ein Volk ~; die ~de Macht im Staat □ **governar; reinar** 1.1 nach der ~den Meinung *nach der allgemein verbreiteten M.* □ **dominante; reinante** 1.2 das ~de Gesetz *das G., nach dem sich alle zu richten, das alle zu befolgen haben* □ ***a lei em vigor*** **2** ⟨410⟩ etwas herrscht *ist deutlich fühlbar, vorhanden;* eine Seuche herrscht in der Stadt; es herrschte heute eine drückende Schwüle; hier herrscht (Zucht und) Ordnung; es herrschte allgemein Jubel und Freude; es herrschte rege Tätigkeit; es herrschte tiefes Schweigen, Totenstille □ **reinar; prevalecer**

Herr|scher ⟨m.; -s, -⟩ *jmd., der über andere gebietet, ein Land, ein Volk regiert, Monarch;* unumschränkter, gütiger, gerechter ~ □ **regente; soberano**

Herr|sche|rin ⟨f.; -, -rin|nen⟩ *weibl. Herrscher* □ **regente; soberana**

her|rüh|ren ⟨V. 411⟩ von jmdm. od. etwas ~ *herstammen, sich von jmdm. od. etwas herleiten, seine Ursache in jmdm. od. etwas haben;* das alles rührt nur von deinem Leichtsinn her; seine Nervosität rührt noch von dem Schock her, den er erlitten hat □ **provir; derivar**

her|stel|len ⟨V. 500⟩ **1 Waren** ~ *(gewerbsmäßig) anfertigen, produzieren;* Geräte, Autos, Fertighäuser, Kühlschränke ~ ▫ **produzir; fabricar 1.1 Beziehungen** ~ *zustande bringen;* eine Verbindung zwischen verschiedenen Personen od. Dingen, zu jmdm. od. etwas ~ **2** eine **Sache** ~ *ermöglichen, schaffen;* Ruhe u. Ordnung wieder ~ ▫ **estabelecer 2.1** ⟨Vr 3⟩ eine **Sache** stellt sich her *wird erreicht, entsteht, gelingt;* eine genaue Übereinkunft wird sich nicht ~ ▫ **estabelecer-se; instaurar-se 3** ⟨Vr 7⟩ einen **Gegenstand** od. **jmdn.** ~ ⟨umg.⟩ *hier an diesen Platz stellen, hierher stellen;* stell die Blumen nur her! ▫ **pôr/colocar aqui 3.1** ⟨Vr 3⟩ **sich** ~ *untätig dastehen;* ich kann mich nicht länger ~ und warten; stell dich nicht her u. schau zu, sondern hilf mir lieber! ▫ ***ficar parado à toa**

Her|stel|lung ⟨f.; -; unz.⟩ **1** *das Herstellen, Fertigen, Produzieren* ▫ **produção; fabricação 1.1** *Abteilung eines Verlages, die für die typografische Gestaltung, die Kalkulation u. die Überwachung der Druck- u. Bindearbeiten von Büchern zuständig ist;* Druckdaten an die ~ *weiterleiten* ▫ **produção gráfica 2** *Schaffung, Zustandekommen, Ermöglichung;* die ~ des Friedens ▫ **estabelecimento; realização**

Hertz ⟨n.; -, -; Phys.; Zeichen: Hz⟩ *Maßeinheit der Frequenz, Schwingung pro Sekunde* ▫ **hertz**

◆ Die Buchstabenfolge **her|ü|ber...** kann auch **he|rü|ber...** getrennt werden.

◆ **her|ü|ber** ⟨Adv.⟩ *von der anderen Seite (drüben) auf diese Seite;* oV *rüber;* ~ und hinüber; den Weg ~ habe ich gefunden, aber ob ich den Rückweg finde, weiß ich nicht ▫ **para este lado; para cá**

◆ **her|ü|ber...** ⟨Vorsilbe; in Zus. mit Verben betont u. trennbar⟩ *von dort (drüben) nach dieser Seite zum Sprecher hin;* herüberblicken, herüberfahren, herübergeben, herüberkommen, herüberrufen, herüberwerfen

◆ **her|ü|ber|rei|chen** ⟨V.⟩ **1** ⟨400⟩ *auf diese Seite, bis hierher zum Sprecher reichen, greifen können;* kannst du bis zu mir ~? ▫ **alcançar 2** ⟨400⟩ *eine Länge haben bis (hier) herüber;* die Schnur reicht (nicht) bis zu mir herüber ▫ **chegar 3** ⟨503⟩ **(jmdm.) etwas** ~ *etwas von der anderen Seite auf diese Seite reichen;* würden Sie mir bitte das Brot (über den Tisch) ~? ▫ **passar**

◆ **her|ü|ber|zie|hen** ⟨V. 293⟩ **1** ⟨500/Vr 8⟩ **jmdn.** od. **etwas** ~ *von der anderen Seite auf diese Seite zum Sprecher ziehen;* jmdn., die Leiter über die Mauer ~ ▫ **puxar para seu lado 1.1** ⟨511⟩ **jmdn. zu sich** ~ ⟨fig.⟩ *auf seine Seite bringen, zum Überlaufen bewegen* ▫ ***puxar alguém ou alguma coisa para si 2** ⟨400(s.)⟩ *auf uns zukommen;* das Gewitter zieht über ein Gebirge zu uns herüber ▫ **aproximar-se; vir**

◆ Die Buchstabenfolge **her|um...** kann auch **he|rum...** getrennt werden.

◆ **her|um** ⟨Adv.⟩ oV ⟨umg.⟩ *rum* **1 um einen Ort** ~ *rund um, rings um einen O.;* die Gegend um Berlin ~; um den ganzen Garten ~ ▫ ***ao redor/em volta de um lugar 1.1 dort** ~ ⟨umg.⟩ *etwa dort, in jener Gegend;* dort ~ muss das Haus liegen ▫ ***por ali 1.2 in einer Gegend** ~ ⟨umg.⟩ *umher* ▫ ***por uma região;** er fährt immer in der Weltgeschichte ~ ▫ ***ele está sempre viajando pelo mundo 1.3 um jmdn.** ~ **sein** *in jmds. Nähe, Umkreis, Umgebung* ▫ ***estar perto/ao redor de alguém 1.4 immer um jmdn.** ~ **sein 1.4.1** *immer mit jmdm. zusammen sein, um jmdn. sehr bemüht sein, jmdn. betreuen* ▫ ***estar sempre perto de alguém 1.4.2** *jmdn. durch seine ständige Anwesenheit lästigfallen* ▫ ***estar sempre grudado em alguém 1.5 an einer Seite** ~ *nach einer S. einen Bogen machend, ausweichend;* es geht hier, dort (da) ~ ▫ ***contornar; fazer uma curva ao redor de;** → a. *hinterherum* **2 die Reihe** ~ *von einem zum anderen;* die Flasche wurde die Reihe ~ ausgetrunken ▫ ***(passar) de um em um 3 um eine Zeit** ~ *etwa, nicht genau;* um 1930 ~; es war um Ostern ~ ▫ **por volta de; perto de**

◆ **her|um...** ⟨Vorsilbe; in Zus. mit Verben betont u. trennbar⟩ **1** *um einen Mittelpunkt sich bewegend, befindlich;* herumgeben, herumwickeln, herumbiegen, sich herumdrehen **2** ⟨umg.; oft nur verstärkend⟩ *ständig, längere Zeit (u. sinnlos) etwas tun;* herumbummeln, herumflattern, herumreisen, herumlaufen; sich herumbalgen, sich mit jmdm. herumärgern, herumstehen

◆ **her|um|dok|tern** ⟨V. 800; umg.; abwertend⟩ **1 an jmdm.** ~ *jmdn. vergeblich (mit laienhaften od. falschen Methoden) zu heilen versuchen;* die Ärzte doktern schon zwei Jahre an ihm herum ▫ ***tentar vários tratamentos em alguém 2 an etwas** ~ *(vergeblich) versuchen, etwas zu reparieren, instand zu setzen od. zu heilen;* an einem defekten Gerät ~; er hat vergeblich an der Warze herumgedoktert ▫ ***tentar consertar alguma coisa; tentar dar um jeito em alguma coisa**

◆ **her|um|dre|hen** ⟨V.⟩ **1** ⟨500/Vr 7⟩ **etwas** od. **jmdn.** ~ *auf die andere Seite drehen;* die Kissen, Matratzen ~; du hast dich im Schlaf herumgedreht; das Baby im Kinderwagen ~ ▫ **virar 1.1** ⟨511/Vr 3⟩ **sich auf dem Absatz, auf der Stelle** ~ ⟨a. fig.⟩ *sich sofort zum Umkehren entschließen* ▫ ***dar meia-volta;** → a. *Grab*(1.10), *Herz*(8.9), *Magen*(1.6), *Wort*(3.4) **2** ⟨500/Vr 7⟩ **jmdn.** od. **einen Gegenstand** ~ *einmal um die eigene Achse drehen;* sich im Kreise ~; sich ganz, halb ~; den Schlüssel im Schloss mehrmals ~ ▫ **girar**

◆ **her|um|drü|cken** ⟨V. 500⟩ **1 etwas** ~ *auf die andere Seite drücken;* den Hebel ~ ▫ **virar; girar 2** ⟨Vr 3⟩ **sich** ~ ⟨umg.⟩ *sich herumtreiben, müßig herumgehen, -laufen, -sitzen;* wo hast du dich wieder herumgedrückt?; sich im Hause ~ ▫ **perambular; andar 3** ⟨550/Vr 3⟩ **sich um eine Sache** ~ ⟨fig.; umg.⟩ *einer Sache geschickt ausweichen;* er drückt sich um eine offene Aussprache, ein Problem herum ▫ ***esquivar-se de alguma coisa; fugir de alguma coisa**

* **her|um‖fah|ren** ⟨V. 130⟩ **1** ⟨411(s.)⟩ *um etwas ~ rundherum fahren, im Kreis um etwas fahren;* Sie müssen um die Stadt ~ □ **contornar alguma coisa; girar ao redor de alguma coisa* **2** ⟨400(s.) od. 500(h.)⟩ (jmdn. od. etwas) ~ *planlos, ziellos (jmdn.) umherfahren, spazieren fahren;* wir sind ein wenig in der Stadt herumgefahren; er fuhr mit seinem neuen Auto in der Gegend herum; wir haben ihn in der Stadt herumgefahren □ (levar para) *dar uma volta;* (levar para) *passar* **3** ⟨416(s.)⟩ *mit den* **Händen** *in der Luft ~* ⟨umg.⟩ *gestikulieren, ziellose Bewegungen machen* □ **gesticular* **3.1** *sich mit den Händen im Gesicht ~ ziellos übers G. wischen* □ **esfregar o rosto; passar as mãos pelo rosto* **4** ⟨400(s.); umg.⟩ *sich jäh nach jmdm. od. etwas umdrehen;* als sie hereinkam, fuhr er vor Schreck herum □ *virar-se rapidamente*
* **her|um‖füh|ren** ⟨V.; umg.⟩ **1** ⟨500⟩ *jmdn. ~ führend, erklärend begleiten;* jmdn. im Haus, Museum ~; einen Gast in der Stadt ~ □ *guiar; conduzir;* → a. *Nase(1.9)* **2** ⟨511⟩ *jmdn. um etwas ~ ringsum, rundherum führen, begleiten;* jmdn. um einen Platz, ein Gebäude ~ □ **conduzir/acompanhar alguém pelos arredores de (algum lugar)* **3** ⟨511⟩ *etwas um etwas ~ etwas mit etwas umgeben, umschließen;* eine Mauer, einen Zaun um ein Grundstück ~ □ *cercar* **4** ⟨411⟩ *etwas führt um etwas herum verläuft um etwas, umgeht etwas;* der Weg führt um den Wald, See herum □ *contornar*
* **her|um‖ge|hen** ⟨V. 145(s.)⟩ **1** ⟨411⟩ **1.1** *um jmdn. od. einen Gegenstand ~ im Kreise gehen;* um den See ~; abends um das Haus ~; mit dem Architekten um das Grundstück ~ □ **andar ao redor de alguém ou alguma coisa* **1.2** *innerhalb eines Ortes od. Raumes ~ sich gehend hin und her bewegen;* ein wenig in der Stadt ~; überall im Haus ~ □ **circular/ir e vir em um lugar ou espaço* **1.3** *innerhalb einer Gruppe von Personen ~ vom einen zum andern gehen;* mit dem Hut ~ und Geld einsammeln □ **passar de um em um em um grupo de pessoas* **2** ⟨400⟩ *Gegenstände gehen herum werden vom einen zum anderen gereicht;* die Liste soll bei allen ~; bitte lassen Sie die Bilder ~ □ *circular; passar* **3** ⟨400⟩ *die Zeit geht herum vergeht, verstreicht;* die Ferien sind schnell herumgegangen □ *passar; transcorrer*
* **her|um‖kom|men** ⟨V. 170(s.)⟩ **1** ⟨400⟩ (um etwas) ~ *an einem Hindernis vorbeikommen, einen Bogen um etwas beschreiben;* gleich wird der Radfahrer um die Ecke ~ □ *contornar; dar a volta; dobrar* **2** ⟨410; umg.⟩ *reisen, etwas von der Welt sehen, etwas erleben;* er ist viel, weit, wenig, kaum herumgekommen; als Reporter kommt man viel (in der Welt) herum □ *viajar; correr o mundo* **3** ⟨800⟩ *um etwas ~* ⟨a. fig.; umg.⟩ *etwas vermeiden können, sich um etwas drücken können, etwas nicht zu tun brauchen;* glücklicherweise bin ich um die Prüfung herumgekommen; wir kommen nicht darum herum, das zu tun □ *safar-se; escapar*
* **her|um‖krie|gen** ⟨V. 500; umg.⟩ **1** *einen Gegenstand ~ mit Mühe umdrehen können* □ *conseguir girar* **2** *jmdn. ~* ⟨fig.⟩ *umstimmen, überreden (zu etwas), zu einem anderen Entschluss bringen;* ich habe ihn nach langem Zureden herumgekriegt, dass er mitkommt □ *convencer; persuadir*
* **her|um‖lau|fen** ⟨V. 176/400(s.)⟩ **1** *hin- u. herlaufen, in der Gegend umherlaufen, dahin u. dorthin laufen* □ *correr de um lado para o outro* **1.1** *frei ~ sich frei bewegen können* □ **andar livremente* **1.1.1** *umherlaufen, ohne an der Leine geführt zu werden* (Hund); Hunde dürfen im Park nicht frei ~ □ **correr livremente; andar solto* **1.1.2** *nicht gefasst, nicht inhaftiert sein* (Straftäter); der Täter läuft frei herum □ **estar em liberdade* **2** ⟨umg.⟩ *aussehen, angezogen sein;* wie läufst du denn herum? □ **como é que você sai na rua vestido desse jeito?;* so kannst du nicht ~! □ **você não pode sair vestido assim!*
* **her|um‖rei|ten** ⟨V. 199; umg.⟩ **1** ⟨400(s.)⟩ *ohne festes Ziel reiten, umherreiten;* sie sind den ganzen Tag im Gelände herumgeritten □ *cavalgar a esmo* **2** ⟨411(s.)⟩ *um etwas ~ im Kreis um etwas reiten, etwas reitend umgehen;* er ritt um den Wald herum □ **cavalgar ao redor de alguma coisa* **3** ⟨800(s.)⟩ *auf etwas ~* ⟨fig.⟩ *auf einem (unangenehmen) Thema beharren, eine Sache ständig wiederholen;* er ist die ganze Zeit auf der Frage herumgeritten, ob ... □ **repisar um assunto; bater na mesma tecla* **4** ⟨800(s. od. h.)⟩ *auf jmdm. ~* ⟨fig.⟩ *jmdn. ständig tadeln, kritisieren;* der Meister reitet ständig auf diesem Auszubildenden herum □ **implicar com alguém*
* **her|um‖schla|gen** ⟨V. 218⟩ **1** ⟨500⟩ *etwas (um etwas od. jmdn.) ~ etwas od. jmdn. einhüllen, etwas um jmdn. od. etwas legen;* eine Decke um den Kranken ~; ich schlug ein Tuch um mich herum □ *enrolar* **2** ⟨517/Vr 3⟩ *sich mit jmdm. ~ sich mit jmdm. schlagen;* mit wem hat er sich wieder herumgeschlagen? □ **pegar-se/brigar com alguém* **3** ⟨517/Vr 3⟩ *sich mit jmdm. od. etwas ~* ⟨fig.; umg.⟩ *mit jmdm. od. etwas Ärger, Schwierigkeiten haben;* er musste sich dauernd mit seinem Chef ~; er schlägt sich mit vielen Problemen herum □ **estar às voltas com alguém ou alguma coisa*
* **her|um‖schlep|pen** ⟨V. 500; umg.⟩ **1** *etwas (mit sich) ~ mühsam mit sich tragen, auf vielen Wegen bei sich tragen;* er schleppt das ganze Geld immer mit sich herum; ich habe die Bücher überall mit mir herumgeschleppt □ *carregar* **2** *jmdn. ~* ⟨fig.⟩ *(gegen dessen Willen) auf vielerlei Wegen mitnehmen;* er hat mich in der ganzen Stadt herumgeschleppt □ *arrastar; levar* **3** *einen Kummer mit sich ~* ⟨fig.⟩ *schwer an einem K. tragen* □ **carregar uma preocupação* **4** ⟨517⟩ *eine Krankheit mit sich ~* ⟨fig.⟩ *fühlen, dass man eine K. in sich hat, die noch nicht zum Ausbruch gekommen ist* □ **estar chocando/incubando uma doença*
* **her|um‖spre|chen** ⟨V. 251/500/Vr 3; umg.⟩ *eine Sache spricht sich herum verbreitet sich, wird von einem zum anderen weitergesagt;* es dürfte sich inzwischen herumgesprochen haben, dass ...; etwas spricht sich schnell (überall) herum □ *espalhar-se*

- **her|um||ste|hen** ⟨V. 256; umg.⟩ **1** ⟨400⟩ *müßig dastehen;* steh nicht so herum, sondern hilf mir lieber! ▫ **ficar parado à toa 2** ⟨400⟩ *Gegenstände stehen herum stehen umher, stehen ungeordnet da;* es standen überall eine Menge Grünpflanzen herum; der Stuhl steht hier so herum, wo gehört er hin? ▫ **estar (por aí) largado/espalhado 3** ⟨411⟩ *um jmdn. od. etwas ~ ringsum, im Kreis um etwas od. jmdn. stehen;* im Kreis um jmdn., um den Tisch ~; um das Beet stehen kleine Büsche herum ▫ **estar em volta de alguém ou alguma coisa*
- **her|um||sto|ßen** ⟨V. 262/500; fig.⟩ **1** *jmdn. ~ von einem zum anderen schicken, weil niemand ihn haben will* ▫ **empurrar/mandar alguém de um lado para o outro* **1.1** *herumgestoßen werden einmal hier, einmal da leben u. versorgt werden, kein Zuhause haben;* er ist als Kind nur herumgestoßen worden ▫ **ser empurrado/mandado de um lado para o outro*
- **her|um||trei|ben** ⟨V. 267/500/Vr 3; abwertend⟩ *sich ~* **1** *ziellos umhergehen;* sich nachts ~; sich im Wald u. auf den Feldern ~ ▫ **perambular; vagar* **2** *bummeln, müßig herumlaufen, -sitzen, vagabundieren;* wo hast du dich wieder herumgetrieben?; sich in Lokalen, Kneipen, fremden Betten ~ ▫ **vagabundear; zanzar; andar por* **2.1** ⟨511/Vr 3⟩ *sich in der Welt ~ von einem Land zum andern reisen, fremde Länder durchstreifen* ▫ **perambular pelo mundo* **3** ⟨511/Vr 3⟩ *sich bei anderen Leuten ~ andere Leute ständig besuchen* ▫ **frequentar (a casa) de outras pessoas* **4** ⟨fig.⟩ *ein unsolides Leben führen;* er treibt sich nur herum ▫ **vadiar*
- **her|um||wer|fen** ⟨V. 286/500⟩ **1** ⟨Vr 7⟩ *etwas od. sich ~ jäh in eine andere Richtung bringen, umdrehen;* den Kopf ~; das Steuer ~ ⟨a. fig.⟩ ▫ **girar(-se)/virar(-se) bruscamente 1.1** *das Pferd ~ mit raschem Schwung zur Seite drehen, lenken* ▫ **virar/mudar bruscamente de direção 1.2** ⟨Vr 3⟩ *sich ~ sich im Liegen heftig umdrehen;* sich ruhelos im Bett ~ ▫ **revirar-se* **2** *Gegenstände ~ hierhin u. dahin, in eine nicht festgelegte Richtung werfen* ▫ **jogar; lançar 2.1** seine Sachen, Kleidungsstücke ~ *unordentlich hinlegen* ▫ **espalhar; esparramar**
- **her|um||zie|hen** ⟨V. 293⟩ **1** ⟨411(s.)⟩ **1.1** *um einen Ort ~ (rund) um einen O. marschieren, wandern, gehen* ▫ **rodar por um lugar;* **dar uma volta em/por um lugar 1.2** *in einer Gegend ~ umherziehen, von Ort zu Ort wandern, marschieren, gehen;* ruhelos in der Welt ~ ▫ **vagar por; andar por 1.3** ⟨417⟩ *jmd. zieht mit jmdm. herum* ⟨abwertend⟩ *ist immer mit jmdm. zusammen zu sehen* ▫ **andar com alguém para cima e para baixo* **2** ⟨511⟩ **2.1** *Gegenstände ~ in verschiedene Richtungen ziehend, schleifend bewegen;* die Spielsachen auf dem Fußboden ~; die Hacke auf der Erde ~ ▫ **arrastar 2.2** *Bindfaden um ein Paket ~ ein P. mit B. zubinden* ▫ **amarrar; atar 2.3** ⟨Vr 3⟩ *sich um einen Ort ~ einen O. umgeben, ihn einschließen;* die Hecke zieht sich um den Garten herum ▫ **cercar/rodear um lugar*

- **her|un|ten** *auch:* **he|run|ten** ⟨Adv.; bair.; österr.⟩ *(hier) unten* ▫ **(aqui) embaixo**

Die Buchstabenfolge **her|un|ter...** kann auch **he|run|ter...** getrennt werden.

- **her|un|ter** ⟨Adv.⟩ oV ⟨umg.⟩ *runter* **1** *von (dort) oben nach (hier) unten zum Sprecher hin;* ~ mit ihm!; ~ von dem Sessel! ▫ **para baixo; abaixo 1.1** *~ sein* **1.1.1** *gesundheitlich geschwächt, elend, abgespannt sein;* er ist durch viele Arbeit, seine schwere Krankheit sehr ~ ▫ **estar abatido/esgotado**; mit den Nerven ziemlich ~ ▫ **estar com os nervos em frangalhos* **1.1.2** *heruntergegangen, gefallen sein;* das Fieber ist schon herunter ▫ **baixar; cair 1.1.3** *nicht mehr mit Gewinn arbeiten, heruntergewirtschaftet sein, an Ansehen verloren haben;* das Geschäft ist sehr ~ ▫ **estar arruinado; andar mal**

- **her|un|ter...** ⟨Vorsilbe; in Zus. mit Verben trennbar⟩ **1** *von (dort) oben nach (hier) unten zum Sprecher kommend;* heruntergehen, herunterkommen, herunterfallen, herunterwerfen **2** *die hängende Lage eines Gegenstands bezeichnend;* herunterhängen, herunterbaumeln **3** *das Entfernen einer Oberfläche bezeichnend;* herunterkratzen, herunternehmen **4** ⟨abwertend⟩ *eine monotone u. gedankenlose Tätigkeit bezeichnend;* herunterspielen, heruntersingen

- **her|un|ter||brin|gen** ⟨V. 118/500⟩ *jmdn. od. etwas ~* **1** *von oben holen u. nach unten bringen;* bitte bring mir doch meinen Mantel herunter ▫ **trazer para baixo 2** ⟨fig.; umg.⟩ *zugrunde richten, ernstlich schädigen, ruinieren;* einen Betrieb, eine Firma ~; die Krankheit hat ihn sehr heruntergebracht ▫ **arruinar; acabar com**

- **her|un|ter||fal|len** ⟨V. 131/400(s.)⟩ *von (dort) oben nach (hier) unten fallen;* Sy *herabfallen;* die Äpfel sind vom Baum heruntergefallen; pass auf, dass du nicht von der Leiter herunterfällst! ▫ **cair**

- **her|un|ter||ho|len** ⟨V. 500⟩ **1** *jmdn. od. etwas ~ nach unten holen, nehmen u. nach unten bringen;* kannst du mir bitte mein Gepäck (von oben) ~?; die Nüsse vom Baum ~ ▫ **ir buscar e trazer para baixo; descer 1.1** ⟨umg.⟩ *abschießen;* Tauben aus der Luft ~ ▫ **derrubar; abater**

- **her|un|ter||kom|men** ⟨V. 170/400(s.)⟩ **1** *von (dort) oben nach (hier) unten kommen;* er kam die Treppe herunter; sag ihm, er soll schleunigst ~! ▫ **descer; vir para baixo 2** ⟨fig.; umg.⟩ *(wirtschaftlich) sinken, nicht mehr gut arbeiten, keinen od. weniger Gewinn bringen;* der Betrieb, die Firma ist völlig heruntergekommen ▫ **decair 3** ⟨fig.; umg.⟩ *(äußerlich) verwahrlosen, (gesundheitlich) schwach, elend werden;* er ist durch seine schwere Krankheit sehr heruntergekommen ▫ **ficar abatido**; er machte einen heruntergekommenen Eindruck ▫ **descuidado; desleixado**

- **her|un|ter||rei|ßen** ⟨V. 198/500⟩ *etwas ~* **1** *von oben abreißen;* ein Plakat, die Tapete von der Wand ~ ▫

arrancar; puxar para baixo 1.1 *heftig umstoßen, herabstoßen;* mit einer unvorsichtigen Handbewegung riss er die Vase vom Tisch herunter □ **derrubar**, → a. *Maske(4.3)* **2** ⟨fig.; umg.⟩ *schnell abtragen, abwetzen, zerreißen;* die Kinder reißen die Sachen, die Hosen schnell herunter; die Kinder reißen viel herunter □ **rasgar; estragar 3** ⟨fig.; umg.⟩ *herabsetzen, grob tadeln, nichts Gutes an etwas lassen;* die Kritik hat das Buch heruntergerissen □ **criticar; malhar**
♦ **her|un|ter|ren|nen** ⟨V. 200//400(s.)⟩ *von (dort) oben nach (hier) unten rennen;* der Junge ist den Berg heruntergerannt □ **descer correndo**
♦ **her|un|ter|schrau|ben** ⟨V. 500⟩ **1** *etwas ~ tiefer schrauben;* den Docht einer Lampe ~ **2** *seine Ansprüche, Erwartungen* ~ ⟨fig.⟩ *verringern* □ **reduzir; diminuir**
♦ **her|un|ter|sein** ⟨alte Schreibung für⟩ *herunter sein*
♦ **her|un|ter|zie|hen** ⟨V. 293/500⟩ *jmdn. od. etwas* ~ **1** *von (dort) oben nach (hier) unten ziehen;* die Jalousien ~; das Kind hat die Tischdecke heruntergezogen □ **puxar para baixo 2** ⟨fig.; umg.⟩ *schlecht, hässlich über etwas od. jmdn. sprechen;* er hat ihn ziemlich heruntergezogen □ **falar mal de; meter o pau em**
her|vor ⟨Adv.⟩ **1** *von (dort) unten od. drinnen nach (hier) oben od. draußen* □ **para fora;** aus dem Wald kommt ein Reiter ~ □ **da floresta saiu um cavaleiro* **2** *von (dort) hinten nach (hier) vorn* □ **para a frente;** ~ aus eurem Versteck! □ **saiam do esconderijo!*

her|vor… ⟨Vorsilbe; in Zus. m. Verben betont u. trennbar⟩ **1** *die Richtung von (dort) hinten nach (hier) vorn bezeichnend;* hervorstrecken, hervorlocken, hervorstürzen **2** *plötzlich sichtbar od. deutlich werdend;* hervorkeimen, hervorscheinen, hervorschimmern, hervorwachsen, sich hervorwagen

her|vor|bre|chen ⟨V. 116/400(s.)⟩ *herausbrechen, plötzlich hervorkommen;* plötzlich brach der angestaute Unwille, Zorn aus ihm hervor; die Reiter, Soldaten brachen aus dem Gebüsch, ihrem Versteck hervor; die Sonne brach aus den Wolken hervor □ **irromper**
her|vor|brin|gen ⟨V. 118/500⟩ **1** *etwas* ~ ⟨umg.⟩ *zum Vorschein bringen;* eine Schachtel Pralinen aus der Tasche ~ □ **tirar (de um lugar para mostrar) 2** *etwas od. jmdn.* ~ *erzeugen, entstehen lassen, schaffen, produzieren;* diese Stadt hat schon viele bekannte Schriftsteller hervorgebracht; die Erde bringt Früchte, Pflanzen hervor; der Komponist brachte bedeutende Werke hervor □ **produzir; gerar** 2.1 ein Wort ~ *(mühsam, stockend) sprechen;* „Ja!", brachte sie mühsam hervor; er brachte vor Schreck kein Wort hervor □ **proferir; articular** 2.2 einen **Ton** ~ *ertönen lassen, verursachen;* mit einem Instrument Töne ~ □ **soar; tocar**
her|vor|ge|hen ⟨V. 145/800(s.)⟩ **1** *aus etwas* ~ *das Ergebnis, die Folge von etwas sein;* aus der Ehe gingen drei Kinder hervor; er ging als Sieger aus dem Kampf hervor □ **resultar; sair** 1.1 ⟨813⟩ *etwas in einer bestimmten Art u. Weise überstehen;* ohne Schaden, siegreich aus etwas ~ □ **sair 2** *etwas geht aus etwas hervor etwas lässt sich aus etwas entnehmen;* daraus geht (klar, eindeutig) hervor, dass ... □ **resultar**
her|vor|he|ben ⟨V. 163/500/Vr 7⟩ *etwas* ~ *herausheben, betonen;* der Redner hob besonders die Verdienste des XY hervor; ich möchte ~, dass …; Buchstaben oder Wörter durch eine andere Schrift ~ □ **enfatizar; ressaltar; realçar**
her|vor|keh|ren ⟨V. 500⟩ *etwas* ~ *hervorheben, in auffallender Weise betonen;* er kehrt seine Bildung hervor; er kehrte gern den Chef hervor □ **salientar; dar grande importância a**
her|vor|ra|gen ⟨V. 405⟩ **1** *von (dort) unten, drinnen nach (hier) oben, draußen ragen, herausragen, länger sein als, hervorstehen, hervortreten;* aus dem Wasser ragte ein Ast hervor □ **emergir; projetar-se 2** ⟨fig.⟩ *auffallen, sich vor anderen auszeichnen;* er ragt vor allem durch seinen Fleiß hervor □ **sobressair(-se); distinguir-se**
her|vor|ra|gend 1 ⟨Part. Präs. von⟩ *hervorragen* **2** ⟨Adj.⟩ *ausgezeichnet, bedeutend, außerordentlich;* ein ~er Arzt, Schauspieler; eine ~e Leistung; von ~er Qualität □ **excelente;** er hat ~ gespielt, gesprochen □ **muito bem**
her|vor|ru|fen ⟨V. 204/500⟩ **1** *jmdn.* ~ *rufen, damit er hervorkommt;* das Kind aus seinem Versteck ~ □ **chamar** 1.1 *Beifall spenden, damit die Künstler heraus od. vor den Vorhang kommen;* einen Sänger immer wieder ~ □ **chamar (aplaudindo) 2** *etwas* ~ ⟨fig.⟩ *verursachen, ins Leben rufen;* seine Bemerkung rief große Heiterkeit hervor; solche Forderungen rufen nur Widerspruch hervor □ **provocar; causar**
her|vor|schie|ßen ⟨V. 215/400⟩ **1** *von (dort) unten, drinnen nach (hier) oben, draußen schießen;* er schoss hinter der Mauer hervor □ **lançar-se; precipitar-se 2** ⟨(s.); fig.⟩ *hervorsprießen, rasch, plötzlich zum Vorschein kommen;* die Frühlingsblumen schossen aus der Erde hervor; aus dem Rohr, Schlauch schoss ein Wasserstrahl hervor □ **brotar; jorrar**
her|vor|spru|deln ⟨V. 400(s.)⟩ **1** *von (dort) unten, drinnen nach (hier) oben, draußen sprudeln, sprudelnd herausquellen;* aus dem Felsen sprudelte eine Quelle hervor □ **brotar; jorrar 2** ⟨500⟩ die **Worte** (schnell) ~ ⟨fig.⟩ *hastig, eilig, ungeduldig sprechen* □ **lançar; dizer rapidamente**
her|vor|ste|hen ⟨V. 256/400⟩ *hervorragen, herausragen* □ **sobressair; projetar-se;** ein ~der Gebäudeteil; ~de Zähne □ **saliente**
her|vor|tre|ten ⟨V. 268(s.)⟩ **1** ⟨400⟩ *(aus etwas)* ~ *aus etwas, einer Reihe nach vorn heraus treten;* er trat aus seinem Versteck, dem Dunkel hervor □ **adiantar--se; sair 2** ⟨400⟩ *etwas tritt (aus etwas) hervor* ⟨fig.⟩ *etwas erscheint, wird deutlich, sichtbar;* die Bilder treten auf der Wand nicht genügend hervor; die Umrisse des Gebäudes traten allmählich stärker aus dem Dunkel hervor; die Sonne trat aus den Wolken hervor; seine Wangenknochen treten hervor □ **sobressair; distinguir-se 3** ⟨800⟩ *mit etwas* ~ *mit*

hervortun

etwas an die Öffentlichkeit treten; er ist kürzlich mit einem neuen Roman, einer Erfindung hervorgetreten □ destacar-se

her|vor||tun ⟨V. 272/505/Vr 3⟩ sich ~ ⟨umg.⟩ **1** *sich auszeichnen;* sich sehr, nicht sonderlich ~; er hat sich als Chirurg besonders hervorgetan □ *distinguir-se; destacar-se **2** sich wichtigtun, sich hervordrängen;* er tut sich sehr mit seinem Wissen hervor □ *fazer-se de importante; pavonear-se

her|vor||zau|bern ⟨V. 500⟩ **1** etwas ~ *durch Zaubertrick erscheinen lassen;* er zauberte Kaninchen aus dem Hut hervor **2** etwas ~ ⟨fig.⟩ *unerwartet zum Vorschein bringen;* sie zauberte noch etwas Essbares hervor □ fazer aparecer como por mágica

her|wärts ⟨Adv.⟩ *auf dem Weg hierher, auf dem Herweg, auf uns zu;* auf der Hinreise bekam ich einen Sitzplatz, aber ~ musste ich stehen □ na vinda/volta

Her|weg ⟨m.; -(e)s, -e⟩ *Weg hierher;* auf dem ~ habe ich den Schlüssel verloren □ caminho para cá, vinda; volta

Herz ⟨n.; -ens, -en⟩ **1** *beim Menschen u. bei verschiedenen Tieren das zentrale Organ, das durch abwechselndes Zusammenziehen u. Ausdehnen den Blutkreislauf in Bewegung hält: Cor;* ein gesundes, kräftiges, schwaches, nervöses ~ haben; das ~ hämmert, klopft, pocht, schlägt □ coração 1.1 mit dem ~en zu tun haben *ein krankes Herz haben, herzkrank sein* □ *ser cardíaco 1.2 jmdn. auf ~ und Nieren prüfen ⟨a. fig.⟩ sehr gründlich prüfen* □ *pôr alguém à prova; submeter alguém a um exame rigoroso 1.3 Organ des Menschen, das unmittelbar auf Gefühlsregungen reagiert;* mir stand beinahe das ~ still (vor Schreck); ihr ~ schlug höher (vor Erwartung); das ~ schlug ihm bis zum Halse; mein ~ schlug zum Zerspringen; das ~ krampft, schnürt sich einem zusammen, wird ...; das ~ im Leib will mir zerspringen ⟨poet.⟩ □ coração 1.4 *linke Brustseite, unter der das Herz(1) liegt* □ peito 1.4.1 jmdn. ans ~ drücken *jmdn. an die Brust drücken* □ *apertar alguém junto ao peito 1.4.2 ein Kind unter dem ~en tragen ⟨poet.⟩ schwanger sein* □ *trazer uma criança no ventre 2 ⟨fig.⟩ gedachtes Zentrum der Gefühle, Sitz der Seele 2.1 ein reines ~ haben *ohne Schuld sein* □ *ter um coração puro 2.2 ich muss meinem ~en Luft machen *ich muss darüber sprechen, mich aussprechen* □ *preciso desabafar 2.3 sein ~ ausschütten *sich aussprechen (über seine Gefühle, über Kummer usw.)* □ *abrir seu coração; desabafar 2.4 wes das ~ voll ist, des geht der Mund über (nach Matth. 12,34) *wer viel Freude (od. auch Kummer) empfindet, muss es anderen mitteilen* □ *a boca fala do que lhe transborda o coração 2.5 im tiefsten ~en *ganz im Geheimen* □ *no fundo do coração 2.6 alles, was das ~ begehrt *was man sich nur wünscht* □ *tudo o que se deseja 2.7 ich muss mir das alles einmal vom ~en reden *ich muss mich darüber einmal aussprechen* □ *preciso desabafar; preciso abrir meu coração 2.8 er hat etwas auf dem ~en *er möchte etwas äußern, sagen* □ *ele está angustiado/preocupado 2.9 das ~ auf der Zunge haben, tragen *seine Gefühle gleich aussprechen* □ *ter o coração perto da goela 2.10 sprechen Sie, wie es Ihnen ums ~ ist *sagen Sie offen, was Sie fühlen* □ *abra seu coração; diga o que está sentindo 2.11 das geht mir (sehr) zu ~en *das geht mir nahe, es bewegt mich stark* □ *isso me deixa muito emocionado;* er sprach einige zu ~en gehende Worte □ *ele disse algumas palavras comoventes 2.12 sie sind ein ~ und eine Seele *sie sind unzertrennlich, verstehen sich sehr gut, vollkommen* □ *eles são unha e carne 2.13 es liegt mir sehr am ~en *mir ist viel daran gelegen, es ist mir sehr wichtig* □ *isso significa muito para mim 2.14 ich lege es Ihnen ans ~ *ich bitte Sie dringend, darauf zu achten, daran zu denken o. Ä.* □ *peço-lhe/recomendo-lhe encarecidamente 2.15 sich jmds. Worte, Vorwürfe usw. zu ~en nehmen *über jmds. W., V. usw. nachdenken u. sich nach ihnen richten* □ *levar a sério/em consideração as palavras/críticas de alguém 3 Ehrlichkeit, Überzeugung 3.1 Hand aufs ~! *sei, seien wir ehrlich!* □ *vamos ser francos! 3.2 ich habe es schweren ~ens getan *sehr kummervoll, obwohl ich es nicht wollte, gegen die innere Überzeugung, widerwillig* □ *fiz isso a muito custo/contra minha vontade 3.3 seinem ~en einen Stoß geben *sich überwinden, etwas zu tun, nicht länger zögern* □ *tomar uma decisão; resolver 4 Gefühl;* sein ~ sprechen lassen □ *fazer o que o coração manda; deixar-se guiar pelo coração; → a. Stein(1.1.1 u. 1.3.2) 4.1 ~ Jesu Sinnbild der Liebe des Gottessohnes* □ *Sagrado Coração de Jesus 5 Liebe, Zuneigung (für);* jmds. ~ erobern; seinem Kind gehört sein ganzes ~; jmdm. sein ~ schenken; dein ist mein ~; sein ~ für etwas od. jmdn. entdecken 5.1 sie hat ihm sein ~ gestohlen *er hat sich in sie verliebt* □ coração 5.2 jmdn. in sein ~ geschlossen haben *jmdn. liebgewonnen haben* □ *ter conquistado a afeição/amizade de alguém 5.3 sein ~ an jmdn. hängen *sich in jmdn. verlieben* □ *estar apaixonado por alguém 5.4 sein ~ hängt nun einmal daran *er hat es nun einmal so gern, liebt es so* □ *ele gosta muito disso; ele adora isso 5.5 sie stand seinem ~en nahe *sie liebten sich (heimlich)* □ *ele gostava muito dela 5.6 mit allen Fasern seines ~ens an etwas od. jmdm. hängen *etwas od. jmdn. sehr lieben* □ *ser louco por alguma coisa ou alguém 5.7 jmd. ist jmdm. ans ~ gewachsen *jmd. hat jmdn. sehr gern, sehr liebgewonnen* □ *ocupar um lugar especial no coração de alguém 6 Mitgefühl, Güte;* sie hat ~; kein ~ haben; ein ~ haben für andere □ bondade; compaixão; coração 6.1 jmds. ~ rühren *jmds. Mitleid erregen* □ *falar ao coração de alguém; sensibilizar alguém 6.2 ein gutes, warmes, weiches ~ haben *gut, hilfsbereit, mitleidig sein* □ *ter bom coração; ter coração mole 6.3 das ~ auf dem rechten Fleck haben *sich zwischen Gefühl u. Vernunft richtig entscheiden, sich menschlich entscheiden* □ *ter juízo; ser sensato 6.4 ich kann es nicht übers ~ bringen, das zu tun *ich kann mich nicht überwinden, bringe es nicht fertig (aus Mitleid)* □ *não tenho coragem de fazer isso 6.5 etwas greift ans ~ *erweckt Rührung;* das Lied greift ans ~ □ *tocar; emocionar 7 Freude 7.1 da lacht einem das ~ im Leibe *da freut man sich, da frohlockt man* □ *°o coração pula de alegria* 7.2 das ~ hüpfte ihm vor Freude *er freute sich* □ *°seu coração pulou de alegria* 7.3 jetzt war ihm wieder **leicht ums** ~ *er war erleichtert* □ *°ele voltou a ficar aliviado* **8** *Kummer* 8.1 sein Undank, sein Tod hat ihr das ~ gebrochen *hat sie seelisch zugrunde gerichtet* □ *°sua ingratidão/sua morte partiu o coração dela* 8.2 an gebrochenem ~en sterben *vor Kummer, Gram sterben* □ *°morrer de desgosto* 8.3 jmdm. das ~ schwer machen *jmdm. Kummer bereiten* □ *°afligir alguém; causar grande tristeza a alguém* 8.4 das ~ war ihm schwer *er war traurig, bekümmert* □ *°ele estava com o coração apertado* 8.5 der Kummer drückt mir das ~ ab *bedrückt mich sehr* □ *°estou com o coração apertado de preocupação* 8.6 es zerreißt mir das ~, wenn ich sehe, wie ... *es tut mir unendlich weh* □ *°fico com o coração partido quando vejo...* 8.7 das ~ blutet einem, wenn man das sieht *es tut einem weh* □ *°é de cortar o coração quando se vê isso* 8.8 das gibt mir einen **Stich ins** ~ *das tut mir weh* □ *°isso me corta o coração* 8.9 etwas **dreht** jmdm., einem (ja) das ~ **im Leibe herum** *erweckt ein quälendes Mitgefühl* □ *°alguma coisa corta o coração de alguém* **9** *Mut;* ich habe nicht das ~, es ihm zu sagen □ *coragem;* mir ist bang ums ~ □ *°estou com medo* 9.1 sich ein ~ **fassen** *seinen Mut zusammennehmen* □ *°tomar coragem* 9.2 ihm fiel das ~ in die **Hose** *der Mut verließ ihn* □ *°ele ficou com o coração na mão* 9.3 sein ~ in beide **Hände** nehmen *seinen Mut zusammennehmen* □ *°encher-se de coragem* **10** *Aufrichtigkeit* 10.1 (etwas kommt) **von** ~en (ist) *aufrichtig (gemeint);* ich bedaure es von ~en □ *°do fundo do coração;* von ~en gern □ *°com muito prazer;* jmdm. von ~en gut sein □ *°gostar muito de alguém;* ich wünsche es dir von (ganzem) ~en □ *°é o que lhe desejo de (todo o) coração;* seine Freude, sein Glückwunsch kommt von ~en □ *°sua alegria/felicitação é sincera;* → a. *Mördergrube(2)* **11** *Mensch, zu dem eine starke gefühlsmäßige Bindung besteht;* mein ~! (Kosewort); ein getreues ~e wissen (Anfang eines Liedes von Paul Fleming) □ *querido; amor* 11.1 er hat schon viele ~en **gebrochen** *er hat schon viele Frauen unglücklich gemacht* □ *°ele já partiu muitos corações* **12** *Gegenstand von der Form eines Herzens;* Lebkuchen~ □ *°pão de mel em forma de coração;* Tränendes ~ ⟨Bot.⟩ □ *°coração-sangrento* **13** *Farbe Rot der deutschen Spielkarte, Coeur;* ~ ist Trumpf □ *copas* **14** *Innerstes, Mittelpunkt;* im ~en Deutschlands □ *coração; centro* 14.1 ~ des **Salats** *innerstes, zartestes Stück des S.* □ *coração; miolo*

her|al|ler|liebst ⟨Adj. 24/70; veraltet⟩ *ganz lieb, allerliebst, entzückend;* mein ~es Kind □ **encantador; adorável**

her|zen ⟨V. 500/Vr 8⟩ *jmdn. od. ein Tier ~ liebkosen, umarmen, streicheln u. küssen* □ **afagar; abraçar**

her|zer|grei|fend ⟨Adj.⟩ *sehr ergreifend, bewegend, rührend;* eine ~e Szene □ **comovente**

herz|haft ⟨Adj.⟩ **1** *kräftig, tüchtig, ordentlich;* jmdm. einen ~en Kuss geben; ein ~er Schluck; ~ lachen; ~ zulangen, zugreifen (beim Essen); jmdm. ~ auf die Schulter schlagen; ~ in einen Apfel, ein Brot beißen □ **belo; a valer; com vontade 2** eine ~e Speise *eine S. mit kräftigem Geschmack (die gut den Hunger stillt);* etwas Herzhaftes essen wollen □ **substancioso; saboroso**

her|zie|hen ⟨V. 293⟩ **1** ⟨500⟩ etwas ~ *aus der Entfernung zum Sprechenden ziehen, hierher-, heranziehen, herzuziehen* □ **puxar para si; atrair 2** ⟨511⟩ etwas od. jmdn. **hinter sich** ~ *mit sich ziehen, nachziehen* □ **arrastar 3** ⟨400(s.)⟩ *eine Wohnung am Ort des Sprechenden beziehen* □ **mudar-se para cá 4** ⟨800⟩ **über** etwas od. jmdn. ~ ⟨fig.; abwertend⟩ *ungünstig, hässlich sprechen, klatschen* □ *°falar mal de alguma coisa ou alguém;* **difamar alguma coisa ou alguém**

Herz|kam|mer ⟨f.; -, -n; Anat.⟩ *zusammenziehbarer Hohlraum im Herzen* □ **ventrículo cardíaco**

Herz|klap|pe ⟨f.; -, -n; Anat.⟩ *klappenartige, wie Ventile wirkende Häute am Herzen, die den Blutkreislauf steuern* □ **válvula cardíaca**

herz|lich ⟨Adj.⟩ **1** *innig, liebreich, freundlich, liebevoll, von innigem, freundlichem Gefühl erfüllt;* jmdm. einen ~en Kuss geben; in ~em Einvernehmen leben, stehen (mit jmdm.); für jmdn. ~e Freundschaft, Liebe empfinden; ich grüße dich in ~er Freundschaft, Verbundenheit; zwischen uns besteht ein sehr ~es Verhältnis □ **afetuoso; cordial;** jmdm. die Hand drücken; jmdn. ~ umarmen □ **calorosamente; afetuosamente** 1.1 ⟨33⟩ jmdm. ~ gut sein *jmdm. sehr wohlwollend gesinnt sein* □ *°querer bem a alguém* **2** *von Herzen kommend, aufrichtig;* ~en Dank, ~e Grüße, Wünsche □ *°muito obrigado;* **cordialmente; com os melhores votos;** ~e Grüße an Ihre Frau! □ *°lembranças à sua esposa!;* ~e Glückwünsche zum Geburtstag! □ *°parabéns pelo seu aniversário!;* mein ~stes Beileid! □ *°meus sinceros sentimentos!;* ein paar ~e Worte sprechen; ~e Worte des Dankes finden (für) □ **cordial; sincero;** jmdn. auf das ~ste/Herzlichste empfangen □ *°receber alguém calorosamente/afetuosamente* **3** ⟨33 od. 50⟩ *von ganzem Herzen, sehr;* ich habe mich ~ gefreut, sie wiederzusehen; ~ willkommen □ **muito;** er lässt dich ~(st) grüßen □ *°ele lhe manda lembranças;* ich möchte Sie ~ bitten, mir zu helfen □ **encarecidamente;** das tut mir ~ leid □ *°sinto muitíssimo;* jmdn. ~ begrüßen, empfangen, willkommen heißen □ **calorosamente, afetuosamente;** ~ lachen; ~ gern □ **com gosto; com prazer;** ich gratuliere (recht) ~! □ **de todo o coração 4** ⟨50⟩ *ziemlich, sehr;* ich habe es ~ satt; es geht mir ~ schlecht; es war ~ langweilig; ich kann damit ~ wenig anfangen; das ist mir ~ gleichgültig □ **muito; totalmente**

Herz|lich|keit ⟨f.; -; unz.⟩ *herzliches Wesen, herzliche Beschaffenheit, von Herzen kommende Freundlichkeit;* jmdn. mit großer ~ begrüßen □ **cordialidade; afabilidade**

herz|los ⟨Adj.; fig.; abwertend⟩ *gefühllos, erbarmungslos, grausam;* ein ~er Mensch □ **sem coração; insensível**

Herzog

Her|zog ⟨m.; -(e)s, -zö|ge od. -e⟩ **1** *germanischer Heerführer* **2** *dem König verantwortlicher fränkischer u. langobardischer Beamter mit den Rechten eines Grafen, aber größerem Amtsbereich* **3** *Adliger an der Spitze eines Herzogtums (Rang zwischen König u. Fürst)* □ **duque**

Herz|schlag ⟨m.; -(e)s, -schlä|ge⟩ **1** *Zusammenziehung des Herzens: Systole;* einen Augenblick setzte (vor Schreck) mein ~ aus; der ~ stockte mir vor Schreck □ **pulsação; batimento cardíaco** 1.1 einen ~ lang *einen Augenblick lang* □ ***por um momento 2** ⟨Pathol.⟩ *das schlagartige Aufhören der Herztätigkeit, Herzstillstand, Tod durch Herzlähmung;* er erlitt einen ~ □ **infarto; ataque do coração**

her|zu ⟨Adv.⟩ **1** *her, hierher* □ **aqui; para cá 2** *herbei* □ **para cá**

her|zu... ⟨Vorsilbe; in Zus. mit Verben betont u. trennbar⟩ → **heran..., herbei...**

her|zu||kom|men ⟨V. 170/400(s.); geh.⟩ *heran-, herbeikommen* □ **chegar; aproximar-se**

herz|zer|rei|ßend ⟨Adj.⟩ *jammervoll, heftiges, tiefstes Mitleid erregend;* es war ein ~er Anblick □ **de cortar o coração;** das Kind weinte ~ □ **de modo pungente/doloroso**

He|tä|re ⟨f.; -, -n⟩ **1** *(im antiken Griechenland) (gebildete, einflussreiche) Freundin eines bedeutenden Mannes* □ **hetera 2** ⟨geh.⟩ *Prostituierte* □ **prostituta de luxo; cortesã**

he|te|ro|gen ⟨Adj.⟩ **1** *ungleichartig, verschiedenartig, andersartig* **2** *nicht gleichartig zusammengesetzt;* Ggs *homogen* 2.1 ~e Systeme ⟨Chem.⟩ *durch sichtbare Grenzflächen voneinander getrennte Bestandteile eines Gemisches* □ **heterogêneo**

he|te|ro|se|xu|ell ⟨Adj. 24⟩ *andersgeschlechtlich, sexuell für das andere Geschlecht empfindend;* Ggs *homosexuell* □ **heterossexual**

He|te|ro|sphä|re ⟨f.; -; unz.⟩ *oberer Teil der Atmosphäre (in ca. 120 km Höhe beginnend)* □ **heterosfera**

Het|ze ⟨f.; -, -n⟩ **1** *Verunglimpfung, Verbreitung von u. Aufreizung zum Hass;* Zeitungs- □ **campanha difamatória 2** ⟨fig.⟩ *große Eile, Hast;* das war eine ~, bis wir glücklich hierhergekommen sind!; ich möchte nicht wieder in einer solchen ~ ins Theater kommen □ **correria; pressa 3** ⟨Jägerspr.⟩ *Jagd mit Hetzhunden, Hetzjagd, Hatz* □ **caçada; perseguição**

het|zen ⟨V.⟩ **1** ⟨500⟩ *Lebewesen ~ mit für die Hetze abgerichteten Hunden jagen, treiben;* jmdn. oder ein Wild zu Tode ~; Füchse, Hirsche, Rehe, Wildschweine ~ □ **perseguir; caçar** 1.1 ⟨413; fig.⟩ *eine Redensart, ein Beispiel zu Tode ~ viel zu oft anwenden* □ ***usar e abusar de uma expressão/um exemplo** 1.2 ⟨550⟩ *den Hund auf od. gegen jmdn. ~ zur Verfolgung antreiben* □ **açular; atiçar;** → a. *Hals(5.5)* **2** ⟨511⟩ **jmdn. an einen Ort ~** *dazu drängen, etwas sofort zu tun, sich sofort an einen Ort zu begeben;* sie hetzte ihn zum Briefkasten ***apressar alguém para ir a um lugar 3** ⟨400(s.)⟩ *sich sehr beeilen;* wir mussten ~, um den Zug noch zu erreichen □ **apressar-se; correr 4** ⟨500/Vr 3 od. Vr 4⟩ **sich ~** *sich sehr beeilen, sich abhetzen, sich durch zu große Hast ermüden;* sie muss sich immer ~ □ ***apressar-se 5** ⟨fig.⟩ 5.1 ⟨400⟩ *aufreizend reden;* du sollst nicht immer ~! □ **provocar** 5.2 ⟨800⟩ **5.2.1 zu etwas ~** *zu etwas aufwiegeln;* zum Kriege ~ □ ***incitar à alguma coisa** 5.2.2 **gegen jmdn. od. eine Sache ~** *andere zum Hass, zur Unzufriedenheit gegen jmdn. od. eine S. anstacheln;* gegen die Regierung ~ □ ***instilar/insuflar ódio/insatisfação contra alguém ou alguma coisa** 5.2.3 **gegen jmdn. ~** ⟨fig.⟩ *Böses über jmdn. reden, ihn schmähen;* gegen den Chef ~ □ ***insultar/difamar alguém**

Heu ⟨n.; -(e)s; unz.⟩ **1** *getrocknetes Wiesengras des ersten Schnittes;* im ~ schlafen 1.1 ~ **machen** *Gras zum Trocknen mähen* 1.2 ~ **wenden** *ausgebreitetes Heu mit dem Rechen od. einer Maschine umwenden, damit es schneller trocknet* □ **feno** 1.3 **Geld wie ~ haben** ⟨fig.; umg.⟩ *sehr viel G. besitzen* □ ***ser podre de rico; nadar em dinheiro**

heu|cheln ⟨V.⟩ **1** ⟨400⟩ *sich verstellen;* er heuchelt nur **2** ⟨500⟩ *etwas ~ (nicht vorhandene Gefühle od. gute Eigenschaften) vortäuschen;* Liebe, Mitleid, Verständnis ~; sein Zorn war nur geheuchelt □ **dissimular; fingir**

heu|er ⟨Adv.; süddt.; österr.; schweiz.⟩ *in diesem Jahr;* ~ fahren wir an die See □ **este ano**

Heu|er ⟨f.; -, -n⟩ **1** *Lohn der Seeleute* □ **soldo/ salário de marinheiro 2** *Anstellung eines Seemanns auf einem Schiff* □ **emprego de marinheiro**

Heu|ga|bel ⟨f.; -, -n⟩ *dreizinkiges, gabelförmiges Gerät zum Aufheben von Heu, Stroh, Silage u. Ä.* □ **forcado**

heu|len ⟨V. 400⟩ **1** *durchdringende u. langgezogene Töne hervorbringen* □ **gritar; berrar** 1.1 Hunde ~ *stoßen laute Töne aus, die sich wie Klagelaute anhören* □ **ganir** 1.2 Sirenen ~ *pfeifen* □ **soar 2** ⟨umg.⟩ *weinen, schluchzen;* hör auf zu ~, mit Heulen! □ **chorar** 2.1 **es ist zum Heulen** *es ist sehr traurig, zum Verzweifeln* □ ***é de amargar** 2.2 **das ~de Elend kriegen, haben** *äußerste Verzweiflung* □ ***entrar em desespero** 2.3 **wie das ~de Elend aussehen** *verheult, sehr bekümmert, verzweifelt* □ ***parecer desesperado/angustiado** 2.4 Heulen und Zähneklappern ⟨fig.⟩ *Ausdruck großer Angst, Furcht* □ ***choro e ranger de dentes;** → a. *Wolf(1.2)* **3** ⟨400⟩ *der Wind heult* **(um, durch etwas)** *weht hörbar;* der Sturm heulte ums Haus, durch die Baumwipfel □ **uivar; assobiar**

heu|rig ⟨Adj. 24/60; süddt.; österr.; schweiz.⟩ *diesjährig;* ~er Wein □ **novo; deste ano**

Heu|schreck ⟨m.; -(e)s, -e; österr.⟩ = *Heuschrecke*

Heu|schre|cke ⟨f.; -, -n; Zool.⟩ *eine Ordnung der Geradflügler angehörendes, meist mittelgroßes Insekt, dessen Hinterbeine mit verdickten Schenkeln als Sprungbeine entwickelt sind: Saltatoria* □ **gafanhoto**

heu|te ⟨Adv.⟩ **1** *an diesem Tage;* ~ ist Donnerstag; welches Datum ist, haben wir ~?; ~ ist der 10. Mai; unser täglich Brot gib uns ~ (Bitte des Vaterunsers); was hast du ~ vor?; ich werde es gleich ~ tun; ~ Abend ~; früh/Früh; ~ Morgen; ~ Nachmittag; die Zeitung von ~; von ~ an; bis ~; ich werde es noch ~

tun; Schluss für ~!; etwas von ~ auf morgen verschieben ☐ **hoje** 1.1 = **vor acht Tagen** *acht Tage, eine Woche vor diesem Tage* ☐ ***há oito dias** 1.2 = **in, (über) vier Wochen** *von diesem Tage an vier Wochen später;* ~ in acht Tagen, über acht Tage ☐ **de hoje a quatro semanas** 1.3 **von** ~ **auf morgen** ⟨a. fig.⟩ *ganz plötzlich, unerwartet;* in acht Tagen, über acht Tage ☐ ***de um dia para o outro** 1.4 ~ mir, morgen dir ⟨umg.⟩ *einmal wird der eine, ein andermal der andere von einem (un)glücklichen Zufall betroffen* ☐ ***hoje é o meu dia, amanhã será o seu** 2 *in der Gegenwart;* ~ ist das alles ja ganz anders; das ist noch ~ so; ein Mensch von ~ 2.1 *das Heute und das Morgen Gegenwart und Zukunft* ☐ **hoje** 2.2 **nicht ~ und nicht morgen** *nicht sofort, erst in einiger Zeit;* das passiert nicht ~ und nicht morgen ☐ ***não de imediato** 2.3 **lieber ~ als morgen** ⟨fig.⟩ *so bald wie möglich, möglichst gleich, am liebsten sofort* ☐ ***quanto antes, melhor** 2.4 **kommst du ~ nicht, (dann) kommst du morgen** ⟨a. fig.⟩ *man hat viel Zeit, beeilt sich nicht* ☐ **hoje**

heu|tig ⟨Adj. 24/60⟩ **1** *an diesem Tage, von diesem Tage, heute stattfindend;* die ~e Zeitung; der ~e Tag; unsere ~e Zusammenkunft ☐ **de hoje** 1.1 **am ~en Tage** *heute* ☐ ***(no dia de) hoje** 1.2 **unter dem ~en Datum** ⟨Kaufmannsspr.⟩ *heute* ☐ ***(na data de) hoje** 1.3 **bis auf den ~en Tag** *bis heute* ☐ **até hoje** 2 *gegenwärtig;* aus ~er Sicht; in der ~en Zeit ☐ **atual** 2.1 **wir Heutigen** *wir Menschen von heute, wir modernen Menschen* ☐ ***nós, modernos**

heut|zu|ta|ge ⟨Adv.⟩ *heute, in der Gegenwart, in unserer Zeit* ☐ **hoje em dia**

He|xe ⟨f.; -, -n⟩ **1** ⟨im Märchen⟩ *bösegesinnte, hässliche u. alte Zauberin* 1.1 ⟨im Volksglauben⟩ *Frau, die über Zauberkräfte u. übernatürliche Heilkräfte verfügt* **2** ⟨14.-18. Jh.⟩ *Frau, die bes. von der kath. Kirche angeklagt wurde, im Bund mit dem Teufel zu stehen u. deshalb verfolgt u. (zum Tode) verurteilt wurde;* eine ~ auf den Scheiterhaufen verbrennen; ~nverfolgung, ~njagd **3** ⟨fig.; umg.; abwertend⟩ *böses Frau* ☐ **bruxa** 3.1 *Frau, die sich mittels ihrer Schönheit ihre Mitmenschen gefügig macht* ☐ **feiticeira**

he|xen ⟨V.⟩ **1** ⟨400⟩ *zaubern* ☐ **fazer bruxarias** 1.1 ich kann doch nicht ~!; ⟨umg.⟩ *lass mir doch etwas Zeit!, so schnell kann ich das nicht!* ☐ ***não posso fazer milagres!** 1.2 es geht wie gehext ⟨umg.⟩ *sehr schnell* ☐ ***vai a toda** **2** ⟨500⟩ *etwas* ~ *durch Hexerei, auf übernatürliche Weise bewirken, hervorrufen;* ein Gewitter, Regen ~ ☐ **fazer aparecer (por meio de bruxaria)**

He|xen|kes|sel ⟨m.; -s, -⟩ **1** *Kessel, in dem eine Hexe Zaubertränke braut* ☐ **caldeirão de bruxa** **2** ⟨fig.; umg.⟩ *lärmende Zusammenkunft, tosendes Durcheinander;* das Stadion war ein einziger ~ ☐ **pandemônio**

He|xen|schuss ⟨m.; -es; unz.⟩ *plötzlicher, die Bewegung einschränkender od. aufhebender Schmerz in der Lendengegend: Lumbago* ☐ **lumbago**

Hi|bis|kus ⟨m.; -, -bis|ken; Bot.⟩ *als Zimmer- u. Kübelpflanze kultiviertes Ziergewächs, dessen rote, rosa od. gelbe Blüten nur für kurze Zeit blühen: Hibiscus rosa-sinensis;* Sy *Stundenblume* ☐ **hibisco**

Hieb ⟨m.; -(e)s, -e⟩ **1** *Schlag;* Peitschen-~, Säbel-~, Stock-~ ; einen ~ abwehren, auffangen, parieren; ein ~ mit der Peitsche, Rute, mit dem Säbel, Stock; jmdm. einen ~ zurückgeben ☐ **chicotada; golpe; paulada;** *der* ~ *hat gesessen* ⟨a. fig.⟩ ☐ ***o golpe foi certeiro;** jmdm. einen ~ versetzen ⟨a. fig.⟩ ☐ ***dar/ aplicar um golpe em alguém** **2** ⟨nur Pl.⟩ ~e *Prügel;* ~e bekommen, beziehen; wenn du nicht folgst, setzt es ~e ☐ **surra; sova** 2.1 *durch einen Hieb(1) entstandene Verletzung; der* ~ *war noch sichtbar* ☐ **(marca de) pancada** **3** ⟨fig.⟩ 3.1 *es ist mir auf den ersten* ~ *gelungen beim ersten Mal, sofort* ☐ ***consegui logo de cara** 3.2 *auf einen* ~ *fällt kein Baum man muss etwas Geduld haben, man darf sich nicht gleich entmutigen lassen* ☐ ***o mundo não foi feito em um dia** **4** ⟨fig.⟩ *Stichelei, boshafte Anspielung;* ~e austeilen; jmdm. einen ~ zurückgeben; jmdm. einen ~ versetzen; der ~ hat gesessen; der ~ geht auf dich ☐ **alfinetada; indireta** **5** *Einschnitt an der Feile;* Feilen-~ ☐ ***picado da lima**

hieb|fest ⟨Adj.⟩ **1** *unverwundbar* ☐ **invulnerável** **2 hieb- und stichfest** ⟨fig.⟩ *unwiderlegbar, stichhaltig;* ein hieb- und stichfester Beweis ☐ ***irrefutável**

hier ⟨Adv.⟩ **1** *an diesem Ort, an dieser Stelle;* Ggs *dort(1.1);* ~ bin ich!; ~ auf Erden; ~ in der Nähe; ~ draußen, drinnen; ~ ist XY (bei Telefongesprächen); du ~?; ~ ist Goethe geboren; ~ kann ich nicht bleiben; ~ bin ich und ~ bleibe ich; was ist denn ~ los?; ~ ist es (nicht) schön; ich warte (solange) ~; ~ in München; ~ oben, ~ unten; von ~ sind es noch zwei Stunden, zwei Meter; bitte, wo ist ~ die Post?; es ist nicht weit von ~; nur schnell fort von ~!; ~ entlang; ~ ist gut sein, ~ lasst uns Hütten bauen (nach Matthäus 17,4); ~ stehe ich, ich kann nicht anders (angeblicher Ausspruch Luthers auf dem Reichstag zu Worms); ~ bin ich Mensch, ~ darf ich's sein (Goethe, „Faust" I, Vor dem Tor) ☐ **aqui; cá** 1.1 ~! (bei Namensaufruf) *ich bin da, zur Stelle!* ☐ **aqui** 1.2 kommen Sie einmal **nach** ~? *hierher, in unsere Stadt* ☐ **cá** 1.3 ich bin nicht **von** ~ *ich bin kein Einheimischer* 1.4 du hast ~ nichts zu befehlen, zu sagen *in diesem Kreise* ☐ **aqui** 1.5 ⟨örtl.⟩ ~ an manchen Orten, Stellen ☐ ***aqui e ali** 2 (beim Geben od. Zeigen) *dieses, da!;* ~, nimm!; geben Sie mir dieses ~; ~ ist das Buch; d(ies)er Mann ~; ~ hast du das Geld ☐ **aqui** **3** *eine Angelegenheit betreffend;* ~ muss ich dir Recht geben ☐ **aqui; neste ponto** **4** ⟨zeitl.⟩ ~ und da manchmal, ab und zu ☐ ***às vezes** 4.1 *in diesem Augenblick* ☐ **agora** **5** *gleichzeitig;* ~ machte er eine abwehrende Handbewegung ☐ **nesse momento** **6** ⟨Getrennt- u. Zusammenschreibung⟩ 6.1 ~ zu Lande = *hierzulande*

hier|an auch: **hie|ran** ⟨Adv.⟩ *an diese(r) Sache, daran;* ~ knüpfte er die Bemerkung … ☐ **a isso**

Hi|er|ar|chie auch: **Hi|e|rar|chie** ⟨[-çi:] f.; -, -n⟩ *Rangfolge, Stufenfolge;* die ~ der kath. Kirche ☐ **hierarquia**

hier|auf auch: **hie|rauf** ⟨Adv.⟩ *sodann, danach, darauf;* ~ folgte ein Tusch ☐ **em seguida**

hier|aus auch: **hie|raus** ⟨Adv.⟩ **1** aus dieser Tatsache, daraus; ~ folgt, dass ... □ disso

hier|bei ⟨Adv.⟩ **1** bei dieser Gelegenheit, gleichzeitig; ~ kam zur Sprache ... □ nessa ocasião; ao mesmo tempo **2** was das eben Erwähnte angeht; nicht zu verachten ist ~ der Komfort □ quanto a isso; a esse respeito

hier|blei|ben ⟨V. 114/400(s.)⟩ an diesem Ort bleiben, nicht fortgehen; ich möchte noch eine Stunde ~ □ ficar aqui

hier|durch ⟨Adv.⟩ **1** auf diese Weise, hiermit; ~ teilen wir Ihnen mit ... □ desse modo

hier|für ⟨Adv.⟩ **1** zu diesem Zweck; dieses Gerät ist ~ nicht zu gebrauchen □ para isso **2** was diese Angelegenheit betrifft; ~ kann ich kein Verständnis aufbringen □ a esse respeito **3** als Gegenwert; was kannst du ~ bezahlen? □ em troca; em compensação

hier|ge|gen ⟨a. [---] Adv.⟩ **1** dagegen, gegen diese Tatsache, Meinung u. Ä.; ~ habe ich nichts einzuwenden, aber die andere Sache gefällt mir nicht; ~ kann ich folgende Gründe anführen □ contra isso

hier|her ⟨a. [-'-] Adv.⟩ von dort nach hier, an diesen Ort, an diese Stelle (und nicht dorthin); ~! (Ruf an den Hund) □ aqui!; para cá!; bis ~ und nicht weiter □ *só até aqui; bis ~ ist alles gutgegangen □ *até aqui correu tudo bem

hier|her||ge|hö|ren ⟨V. 400⟩ **1** an diese Stelle, in diesen Zusammenhang gehören □ pertencer a isso; ter a ver com isso **1.1** das gehört nicht hierher das ist eine andere Sache □ *isso não tem nada ver com o assunto; não é esse o caso aqui **1.2** jmd. gehört hierher in diese Familie, dieses Land □ *ser daqui

hier|her|um auch: **hier|he|rum** ⟨Adv.⟩ nach dieser Seite (herum); der Weg führt ~; es geht ~ □ por aqui; aqui em volta

hier|hin ⟨Adv.⟩ an diese Stelle □ aqui; para cá; ~ und dorthin □ *para cá e para lá

hier|hin|auf auch: **hier|hi|nauf** ⟨Adv.⟩ von hier an jene Stelle hinauf, diesen Weg hinauf □ subindo por aqui

hier|hin|aus auch: **hier|hi|naus** ⟨Adv.⟩ **1** an jener Stelle, durch diesen Ausgang, dort hinaus; es geht ~, durch dieses Tor □ saindo por aqui **2** diesen Weg hinaus, in dieser Richtung hinaus; ~ führt die Straße nach Straßburg □ partindo daqui

hier|in auch: **hie|rin** ⟨Adv.⟩ in dieser Sache, Hinsicht; ~ muss ich dir Recht geben □ nisso; quanto a isso

hier|mit ⟨Adv.⟩ auf diesem Wege, auf diese Weise, hierdurch □ com isso; desse modo; ~ bestätige ich, dass ... □ *pela presente (carta), afirmo que...

hier|nach ⟨Adv.⟩ nach dieser Sache, danach, sodann; ~ war er völlig außer Atem □ depois disso; em seguida

Hi|e|ro|gly|phe ⟨f.; -, -n⟩ **1** Zeichen der altägyptischen Bilderschrift **2** (nur. Pl.; scherzh.) unleserliche Schrift; ich kann deine ~n nicht entziffern □ hieróglifo

hier|ü|ber auch: **hie|rü|ber** ⟨Adv.⟩ über diese Angelegenheit; ~ sprechen wir noch □ sobre isso; a esse respeito

hier|un|ter auch: **hie|run|ter** ⟨Adv.⟩ **1** darunter, unter diese(r) Rubrik; ~ fallen auch folgende Beispiele □ entre esses

hier|von ⟨Adv.⟩ **1** davon, von dieser Sache; ~ nehme man einen Teil weg **2** was diese Angelegenheit anbetrifft; ~ verstehe ich nichts, aber über die anderen Dinge weiß ich Bescheid □ disso **3** dadurch; es war sehr laut dort und ~ bekam ich Kopfschmerzen □ por isso

hier|zu ⟨Adv.⟩ **1** für diesen Zweck, dieses Vorhaben; ~ brauchen wir Mehl und ein paar Eier □ para isso **2** was diese Angelegenheit anbetrifft; ~ möchte ich bemerken, dass ... □ a esse respeito **3** zu dieser Sache, Gruppe, Eigenschaft; ~ könnte man auch die Insekten zählen; ~ möchte ich nicht gehören □ entre esses; a esses

hier|zu|lan|de auch: **hier zu Lan|de** ⟨Adv.⟩ in diesem Lande, hier bei uns; ~ ist das nicht, ist das so üblich □ neste país; entre nós; aqui

hie|sig ⟨Adj. 24/60⟩ **1** von hier, aus diesem Ort, Lande (stammend), einheimisch; dies ist ein ~es Gewächs, ein ~er Wein; die ~en Verhältnisse □ daqui; local **1.1** er ist kein Hiesiger kein Einheimischer □ *ele não é nativo/daqui

hie|ven ⟨V. 500⟩ **1** etwas ~ ⟨Seemannsspr.⟩ nach oben ziehen, hochziehen, heben; den Anker ~ **2** ⟨505⟩ jmdn. (auf etwas) ~ ⟨umg.⟩ (mit großem Kraftaufwand) hochheben, hochbefördern; einen Betrunkenen auf ein Sofa ~ □ içar; levantar

high ⟨[haɪ] Adj. 24/40; umg.⟩ **1** ~ sein sich in einem Rauschzustand befinden (nach der Einnahme von Drogen) □ ligadão; baratinado **1.1** ⟨allg.; salopp⟩ beglückt, begeistert, in Hochstimmung sein; diese Nachricht macht mich ~; ich bin ganz ~ □ eufórico; doido

High|tech ⟨[haɪtɛk] n.; - od. -s; unz. od. f.; -; unz.; Kurzw. für⟩ Hochtechnologie, modernste, anspruchsvollste Technik □ tecnologia de ponta

Hil|fe ⟨f.; -, -n⟩ **1** Beistand, Unterstützung □ ajuda; socorro; (zu) ~! (Ruf in der Not) □ *socorro!; mit Gottes ~; darf ich Ihnen meine ~ anbieten?; ich brauche deine ~; die ~ ist mir schon eine große ~ □ ajuda; auxílio; ärztliche ~ □ assistência; gegenseitige ~; das war ~ in der Not; seine ~ verweigern; dein Buch war mir eine gute ~ (bei meiner Arbeit); jmdn. um ~ bitten; bei jmdm. ~ suchen; um ~ rufen, schreien □ ajuda; auxílio; socorro **1.1** mit fremder ~ nicht allein; der Kranke kann jetzt ohne fremde ~ gehen □ *com ajuda de outra pessoa **1.2** jmdm. zu ~ eilen, kommen jmdn. in der Not raschen Beistand leisten □ *acudir alguém; ir/vir em auxílio de alguém **1.2.1** jmds. Gedächtnis zu ~ kommen jmds. Gedächtnis nachhelfen □ *refrescar a memória de alguém **1.3** jmdn. zu ~ rufen jmdn. um schnellen Beistand bitten □ *pedir socorro a alguém **2** mit ~/mithilfe von etwas unter Verwendung von; mit ~/mithilfe einer Schnur usw.; mit ~/mithilfe von Lehrbuchern □ *com a ajuda/o auxílio de alguma coisa **3** etwas zu ~ nehmen etwas als Hilfsmittel gebrauchen; einen Stock usw. zu ~ nehmen □ *fazer uso de alguma coisa; recorrer a alguma coisa **4** Mitwirkung, Förderung; finanzielle, materielle ~ **5** jmd., der hilft, Hilfskraft; Haushalts-;

□ ajuda; auxílio **6** ~n geben ⟨Sp.⟩ *Kommandos des Reiters od. Fahrers an das Pferd* □ **dar comandos* **7** ⟨Getrennt- u. Zusammenschreibung.⟩ **7.1** ~ suchende = *hilfesuchend*

Hil|fe|stel|lung ⟨f.; -, unz.⟩ **1** *fachgerechte Unterstützung bei Turnübungen am Gerät* □ *apoio* **2** ⟨fig.⟩ *Hilfe* □ *ajuda* **2.1** jmdm. ~ *geben, leisten* jmdm. *(bes. für andere unmerklich) helfen* □ **ajudar; dar apoio*

hil|fe|su|chend *auch:* **Hil|fe su|chend** ⟨Adj. 24/90⟩ *nach Hilfe suchend, ausschauend* □ *que procura ajuda/auxílio;* ~ *irrte er umher* □ *procurando ajuda/auxílio*

hilf|los ⟨Adj.⟩ **1** *ohne Hilfe, sich nicht zu helfen wissend;* er lag ~ *mit gebrochenem Bein im Wald* □ *desamparado* **1.1** *ratlos, unbeholfen;* ein ~ *er Blick;* sie sah ihn ~ *an;* sie zuckte ~ *die Achseln* □ *desorientado; desnorteado* **1.2** ⟨60⟩ *unselbständig;* er hat drei ~e Kinder, Waisen hinterlassen □ *dependente* **1.3** *schutzlos;* ein ~es Geschöpf □ *indefeso; desprotegido*

hilf|reich ⟨Adj.⟩ **1** *(in größerem Umfang) hilfsbereit, gern u. viel helfend, wohltätig;* sich jmds. ~ *annehmen* □ *prestativo; útil* **1.1** jmdm. eine ~ **Hand** *bieten helfen, Hilfe anbieten* □ **prestar auxílio a alguém*

hilfs|be|reit ⟨Adj.⟩ *rasch u. gern helfend, Hilfe anbietend;* sie ist sehr ~ □ *solícito; prestativo*

Hilfs|kraft ⟨f.; -, -kräf|te⟩ *Person zur Unterstützung, Mithilfe bei einer Arbeit, Assistent(in);* weitere *Hilfskräfte anfordern, einstellen; wissenschaftliche* ~ □ *auxiliar; assistente*

Hilfs|mit|tel ⟨n.; -s, -⟩ **1** *zur Erreichung eines Ziels dienliches Mittel* □ *recurso; expediente* **1.1** *Werkzeug, Gerät* □ *ferramenta; utensílio* **1.2** *Geld zur Unterstützung, Zuschuss* □ *subvenção; subsídio* **1.3** *Einrichtung zur Arbeitserleichterung* □ *recurso; expediente*

Him|bee|re ⟨f.; -, -n; Bot.⟩ **1** *zu den Rosengewächsen gehörender Halbstrauch mit stacheligen Zweigen, hellgrün gefiederten Blättern u. weißen Blüten, aus denen rote Beeren hervorgehen: Rubus idaeus* □ *framboeseira* **2** *Frucht der Himbeere(1)* □ *framboesa*

Him|mel ⟨m.; -s, -⟩ **1** *das scheinbare Gewölbe mit Himmelskörpern, das sich über der Erde erhebt, Himmelsgewölbe, Firmament;* bewölkter, heiterer, klarer, strahlend blauer, wolkenloser ~; unter nördlichem, südlichem ~; *der Vogel, das Flugzeug stieg zum* ~ *empor;* der ~ bewölkt, bezieht sich □ *céu, firmamento;* die *Nachricht kam wie ein Blitz aus heiterem* ~ □ **a notícia caiu como um raio/uma bomba* **1.1** *unter freiem* ~ *nächtigen im Freien, ohne Dach über dem Kopf* □ **passar a noite ao relento* **1.2** *der* ~ *öffnete seine Schleusen es begann heftig zu regnen* □ **chove a cântaros;* o céu está desabando **1.3** *zwischen* ~ *und Erde schweben, hängen in der Luft, an einem unsicheren Halt* □ **estar suspenso no ar* **1.4** *wie vom* ~ *gefallen ganz plötzlich, auf einmal* □ **como caído do céu* **2** *in vielen Religionen gedachter Sitz (od. Sitze) der Gottheit(en), der sich über der Erde befinden soll, auch Aufenthaltsort für die Seligen und die Verstorbenen, Paradies, Jenseits;* am Anfang schuf Gott ~ und Erde *(die ersten Worte der Bibel);* der ~ sei mein Zeuge, dass ich die Wahrheit sage; sich wie im ~ fühlen; Dein Wille geschehe wie im ~ also auch auf Erden *(Bitte des Vaterunsers)* □ *céu* **2.1** den **auf Erden** haben *vollkommen glücklich sein, sehr gut u. ohne Sorgen leben* □ **viver o paraíso na terra* **2.2** Opa ist nun im ~ *ist gestorben* □ *céu* **2.3** in den ~ kommen *die ewige Seligkeit erlangen* □ **ir para o céu* **2.4** jmdn. od. etwas in den ~ heben ⟨fig.; umg.⟩ *jmds. Vorzüge sehr preisen, etwas überschwänglich loben* □ **pôr alguém ou alguma coisa nas nuvens* **2.5** jmdm. hängt der ~ voller Geigen *jmd. ist sehr glücklich u. dadurch etwas übermütig, er schaut freudig, zuversichtlich, optimistisch in die Zukunft* □ **estar no sétimo céu* **2.6** ~ und **Hölle** *in Bewegung setzen* ⟨fig.⟩ *alles nur Erdenkliche versuchen* □ **mover céus e terras* **2.7** ~ und Hölle *Kinderspiel, bei dem auf einem Bein durch eine aufgezeichnete Figur aus Vierecken u. einem Halbkreis gehüpft werden muss* □ **amarelinha* **3** ⟨fig.⟩ *Wille der Gottheit, Vorsehung, Schicksal;* es war eine Fügung des ~s □ **foi a vontade de Deus;* der ~ bewahre mich davor □ **Deus me livre disso;* das möge der ~ verhüten □ **Deus queira que não* **3.1** gebe es der ~! *möge es so werden, so kommen!* □ **queira Deus!* **4** *in einem Raum über einem Bett od. einem Thron angebrachtes Dach aus Stoff o. a. Material;* Bett-~, Thron-~ □ *dossel; baldaquino* **5** *Ausruf des Erstaunens, Erschreckens, der Beteuerung, auch Fluch;* ~, ich habe meinen Ausweis vergessen! □ *essa não!;* ~ und Hölle! *(Fluch)* □ **maldição; inferno!* **5.1** um *(des)* ~s willen! ⟨umg.⟩ *(Ausruf des Erschreckens)* □ **pelo amor de Deus!* **5.2** Gott im ~! ⟨umg.⟩ *(Ausruf des Erstaunens, des Schreckens)* □ **Deus do céu!* **5.3** du lieber ~! ⟨umg.⟩ *(Ausruf des Erstaunens, des Schreckens)* □ **santo Deus!* **5.4** dem ~ sei Dank! *(Ausruf der Erleichterung)* □ **graças a Deus!* **5.5** gerechter ~! *(Ausruf des Erstaunens, der Empörung)* □ **santo Deus!* **5.6** *(das)* weiß der *(liebe)* ~! ⟨umg.⟩ *ich habe keine Ahnung* □ **só Deus sabe!*

Him|mel|fahrt ⟨f.; -; unz.⟩ **1** Christi ~ ⟨nach bibl. Überlieferung⟩ *die Auffahrt Christi gen Himmel* **1.1** *Festtag am 40. Tag nach Ostern* □ *Ascensão* **2** Mariä ~ ⟨nach kath. Glauben⟩ *Auffahrt Mariä gen Himmel* **2.1** *Festtag am 15. August* □ *Assunção*

him|mel|schrei|end ⟨Adj. 70⟩ *empörend, unerhört;* ein ~es Elend; eine ~e Ungerechtigkeit □ *revoltante; inaudito*

Him|mels|kör|per ⟨m.; -s, -; Astron.⟩ *Körper, der von der Erde am Himmel zu beobachten ist;* Sy ⟨geh.⟩ *Gestirn* □ *corpo celeste*

Him|mels|rich|tung ⟨f.; -, -en⟩ *Teil des Horizontes (Osten, Süden, Westen, Norden)* □ *ponto cardeal*

himm|lisch ⟨Adj.⟩ **1** ⟨60⟩ *vom Himmel kommend, stammend;* der Wind, der Wind, das ~e Kind **1.1** das ~e Licht *(poet.) das L. der Sonne* □ *do céu;* celeste **2** ⟨60⟩ *zum Himmel gehörig, göttlich* □ *divino;* celeste **2.1** die Himmlischen *die Götter, Engel* □ **os deuses; os anjos* **2.2** die ~en Heerscharen *die Engel Gottes* **2.3** das ~e Reich *das Reich Gottes* **2.4** unser ~er Vater Gott □ *celestial* **3** ⟨fig.⟩ *wunderbar, köstlich, herrlich;*

hin

es war (einfach) ~!; eine ~e Musik **4** □ **divino** ⟨fig.; umg.⟩ *sehr groß*; eine ~e Geduld haben □ **infinito; santo**

hin ⟨Adv.⟩ *in Richtung zu etwas od. jmdm.* **1** ~ nach einem Ort od. zu jmdm. *einen O. od. jmdn. als Ziel nehmend, habend;* Ggs *her*; → *her(1)*; bis zu den Bergen ~; weit in die Ferne ~; nach Süden ~ □ Ø; wir sind ~ und zurück gelaufen □ **para lá; até lá**; wo willst du ~? (erg.: gehen) □ ***aonde você quer ir?**; Fahrt ~ und zurück □ ***viagem de ida e volta 1.1** an etwas ~ *entlang*; der Weg läuft am Fluss, Wald ~ □ ***ao longo de alguma coisa 2** ⟨zeitl.⟩ eine Weile ~ ⟨verstärkend⟩ *noch eine W.* □ ***mais um tempo**; es ist noch eine Weile ~ □ ***ainda falta um tempo**; ein paar Monate ~, und niemand denkt mehr daran □ ***mais alguns meses e ninguém pensa mais nisso**; es ist noch lange ~ □ ***ainda falta muito; ainda está longe 2.1** ~ und **wieder** *ab und zu, manchmal* □ ***de vez em quando; às vezes 3** vor sich ~ sprechen *so, dass es niemand hören soll*; leise vor sich ~ lachen, reden, weinen □ ***falar com seus botões 4** auf etwas ~ **4.1** *selbst wenn*; auf die Gefahr ~, alles zu verlieren □ ***com risco de perder tudo 4.2** *aufgrund;* ich habe es auf seinen Rat ~ getan □ ***agi seguindo seu conselho 5** ~ und **her** *in eine Richtung und anschließend in die entgegengesetzte Richtung*; ~ und her (laufen, gehen); einen Gegenstand, sich ~ und her bewegen □ ***de um lado para o outro 5.1** das Hin und Her *mit Unruhe verbundenes Kommen und Gehen* □ ***o vaivém 5.2** ~ und her (reden) *dafür u. dagegen (ohne Einigung der Meinungen)*; (etwas) ~ und her überlegen; ~ und her raten □ ***(discutir) os prós e os contras 5.2.1** das hättest du als Sohn nicht tun dürfen! Sohn ~, Sohn her, ich kann mich einfach nicht mehr beherrschen! ⟨fig.; umg.⟩ *wenn ich auch sein Sohn bin* □ ***mesmo sendo filho... 5.3** etwas ist ~ wie her *das kommt auf dasselbe heraus, ist gleich, bleibt sich gleich* □ ***dá no mesmo 6** ~ sein **6.1** etwas ist hin *verloren, kaputt*; das Auto ist ~ □ ***estar quebrado/estragado/perdido 6.1.1** ~ ist = *was verloren od. entzwei ist, ist nicht mehr zu ersetzen* □ ***o que está feito está feito 6.2** *tot sein* □ **estar morto 6.2.1** ganz ~ sein *völlig erschöpft sein* □ ***estar morto/exausto 6.3** *hingerissen, begeistert sein*; er ist ganz ~ von der Musik □ ***estar entusiasmado/fascinado 6.3.1** ⟨800⟩ von jmdm. ~ sein *sehr verliebt sein* □ ***estar louco por alguém**

hin... ⟨Vorsilbe⟩ **1** (in Zus. mit Verben betont u. trennbar) **1.1** *zu einem Ort, vom Sprecher weg auf ein Ziel zukommend*; sich hinbegeben, hinfahren; er kommt dort niemals hin **1.2** *sich andauernd in unbestimmter Richtung bewegend*; hinfließen, hintreiben; hinfliegend wie ein Vogel **1.3** *sich in eine bestimmte Position begebend*; (sich) hinstrecken; hinpflanzen; legte sich gleich hin **1.4** *eintönig andauernd*; hinsterben; hinvegetieren **1.5** *ohne Gefühlsregung zu Tode bringend*; hinmorden; er wurde hingemetzelt **1.6** *ohne Überlegung hervorbringend*; hinschmieren; er

hatte nur so hingeredet **2** ⟨stets unbetont u. nicht trennbar⟩ **2.1** *die Richtung vom Sprecher weg bezeichnend*; hinab; hinauf; hinaus **2.2** *während der Zeit;* hinfort

hin|ab *auch:* **hi|nạb** ⟨Adv.⟩ *von (hier) oben nach (dort) unten, hinunter* □ **(lá) para baixo**

hin|ab|ge|hen *auch:* **hi|nạb|ge|hen** ⟨V. 145/400(s.)⟩ *von (hier) oben nach (dort) unten gehen, hinuntergehen* □ **descer**

hin|an *auch:* **hi|nạn** ⟨Adv.; poet.⟩ *hinauf* □ **para cima**

hin||ar|bei|ten ⟨V. 800⟩ auf etwas ~ *auf ein Ziel zuarbeiten, durch Arbeit etwas anstreben* □ **trabalhar visando a um fim**

♦ Die Buchstabenfolge **hin|auf...** kann auch **hi|nauf...** getrennt werden.

♦ **hin|auf** ⟨Adv.⟩ *von (hier) unten nach (dort) oben;* ~ und hinunter □ **para cima**

♦ **hin|auf...** ⟨Vorsilbe; in Zus. mit Verben trennbar⟩ *sich (vom Sprecher weg) zu einem höher gelegenen Ort bewegend;* hinaufgehen; hinaufeilen; hinaufblicken; er kommt nicht hinauf

♦ **hin|auf|ar|bei|ten** ⟨V. 500/Vr 3⟩ sich ~ *durch Fleiß u. Tüchtigkeit eine höhere Stellung erringen;* er hat sich schnell zum Abteilungsleiter hinaufgearbeitet □ ***fazer carreira; progredir na vida**

♦ **hin|auf|set|zen** ⟨V. 500⟩ **1** jmdn. od. etwas ~ *höher setzen, nach oben setzen* □ **levantar; erguer 1.1** eine Ware im Preis ~ *den P. erhöhen* □ ***aumentar o preço de uma mercadoria**

♦ **hin|auf|trei|ben** ⟨V. 267/500⟩ **1** Vieh ~ *von (hier) unten nach (dort) oben treiben;* Kühe (auf die Alm) ~ □ **fazer subir; empurrar para cima 2** etwas ~ ⟨fig.⟩ *steigern, Erhöhung veranlassen von etwas*; er trieb mit seinen Angeboten den Preis des Teppichs sprunghaft hinauf □ **forçar a alta de; fazer subir**

♦ Die Buchstabenfolge **hin|aus...** kann auch **hi|naus...** getrennt werden.

♦ **hin|aus** ⟨Adv.⟩ **1** *von (hier) innen nach (dort) draußen* □ **para fora 1.1** ⟨räuml.⟩ über etwas ~ *etwas überschreitend, weiter als etwas* □ **(para) além de 1.2** ~ (mit Ihnen)! *verlassen Sie sofort den Raum!* □ **fora!; rua! 2** auf, über Jahre ~ *länger dauernd als mehrere J.*; wir sind auf Wochen ~ ausverkauft □ ***durante anos 3** über etwas ~ sein **3.1** *einen bestimmten Zeitpunkt, Zeitraum überschritten haben* □ **ter ultrapassado 3.1.1** über die sechzig ~ sein *älter als sechzig Jahre sein* □ ***ter passado dos 60 anos; estar acima dos 60 anos 3.2** *eine Entwicklungsstufe hinter sich gelassen haben* □ **ter superado 3.2.1** über solche Kindereien bin ich hinaus *solche K. interessieren mich nicht mehr* □ **ter passado da fase de**

◆ **hin|aus...** ⟨Vorsilbe; in Zus. mit Verben trennbar⟩ **1** *von (hier) innen nach (dort) draußen;* hinauswerfen; hinaussehen; er fand nicht hinaus **2** *in die Ferne dringend;* er lief weit hinaus **3** *einen gewissen Zeitraum überschreitend;* er konnte die Entscheidung nicht mehr hinauszögern

◆ **hin|aus‖ge|hen** ⟨V. 145(s.)⟩ **1** ⟨400⟩ *von (hier) drinnen nach (dort) draußen gehen, ein Zimmer, ein Gebäude u. Ä. verlassen;* geh hinaus! 1.1 **aus** einem Raum ~ *den R. verlassen* □ **sair; deixar 2** ⟨411⟩ *ein* Wohnung, ein Fenster, ein Zimmer geht **nach, auf** etwas hinaus *ist in Richtung auf etwas gelegen;* unsere Wohnung geht auf den Hof hinaus 2.1 alle Fenster gehen nach Süden hinaus ⟨umg.⟩ *liegen an der Südseite des Hauses* **3** ⟨400; umg.⟩ *den Weg nach draußen öffnen;* diese Tür geht in den Garten hinaus □ **dar para 4** ⟨800⟩ 4.1 eine **Menge,** Anzahl geht über etwas hinaus *ist größer als erwartet;* seine Forderung geht weit über das hinaus, was wir tun oder geben können □ **ultrapassar; exceder** 4.2 jmds. **Fähigkeiten** gehen über die anderer Personen hinaus *sind größer als die F. der anderen* □ **superar**

◆ **hin|aus‖kom|men** ⟨V. 170(s.)⟩ **1** ⟨400⟩ *von (hier) drinnen nach (dort) draußen kommen;* Sie brauchen nicht mit hinauszukommen, ich finde den Weg allein □ **sair 2** ⟨400⟩ = *herauskommen(2)* 2.1 ich bin heute den ganzen Tag nicht hinausgekommen *nicht an die Luft gekommen, ich habe das Haus nicht verlassen* □ **sair (de casa) 3** ⟨805⟩ = *herauskommen(8.1);* das kommt auf dasselbe hinaus □ ***dá no mesmo**

◆ **hin|aus‖lau|fen** ⟨V. 176(s.)⟩ **1** ⟨400⟩ *von (hier) drinnen nach (dort) draußen laufen, hinauseilen;* die Kinder liefen zum Spielen hinaus; sie lief noch einmal hinaus, um das Vergessene zu holen; in den Garten ~ □ **sair correndo 2** ⟨800⟩ *etwas* läuft **auf** etwas hinaus □ **resultar em; acabar em 2.1** *führt zu einem Punkt hin, endet mit;* das Ganze wird darauf ~, dass wir das Essen selbst bezahlen müssen □ ***no final, vamos ter de arcar com a alimentação sozinhos** 2.2 ein **Plan** läuft **auf** etwas hinaus *strebt ein Ziel an, bezweckt etwas;* der Plan läuft darauf hinaus, Obdachlosen ein Heim zu geben □ **visar; ter como objetivo**

◆ **hin|aus‖schie|ben** ⟨V. 214/500⟩ **1** jmdn. od. etwas ~ *von (hier) drinnen nach (dort) draußen schieben;* einen Balken zum Fenster ~ □ **empurrar para fora 2** eine Sache ~ ⟨fig.⟩ *auf später verschieben;* Termine, Vorhaben ~; seinen Urlaub um eine Woche ~ □ **adiar; protelar**

hin|aus‖sein ⟨alte Schreibung für⟩ *hinaus sein*

◆ **hin|aus‖wach|sen** ⟨[-ks-] V. 277/800(s.)⟩ über jmdn. od. etwas ~ **1** *größer, höher werden als jmd. od. etwas;* der Junge ist über seine Schwester hinausgewachsen; die Bäume wachsen über das Dach hinaus □ ***(ultra)passar alguém ou alguma coisa 2** ⟨fig.⟩ *jmdn. od. einer Sache überlegen werden, jmdn. od. etwas übertreffen;* über diese Spiele ist er längst hinausgewachsen □ **superar; estar acima de 2.1** über sich (selbst) ~ *sich in ungewöhnlichem Maße steigern, sich selbst übertreffen* □ ***superar-se**

◆ **hin|aus‖wer|fen** ⟨V. 286/500⟩ **1** jmdn. ~ *jmdn. des Hauses verweisen, zum Gehen zwingen* □ **expulsar; pôr para fora** 1.1 *jmdn. entlassen, jmdm. kündigen;* der Chef hat ihn hinausgeworfen □ **pôr na rua; demitir** 1.2 *jmdn. zum Wohnungswechsel zwingen* □ **despejar; desalojar 2** etwas ~ *von (hier) drinnen nach (dort) draußen werfen;* er hat vor Wut einen Blumentopf hinausgeworfen □ **lançar/atirar para fora**

◆ **hin|aus‖wol|len** ⟨V. 290; umg.⟩ **1** ⟨400⟩ *hinausgehen wollen;* ich will hinaus □ **querer sair 2** ⟨413⟩ **hoch** ~ *eine glänzende Karriere machen wollen, eine hohe Stellung anstreben, ein hohes Ziel verfolgen* □ ***ter grandes ambições 3** ⟨800⟩ **auf** etwas ~ *etwas meinen, beabsichtigen;* ich weiß, worauf du hinauswillst □ ***pretender alguma coisa; ter alguma coisa em mente**

◆ **hin|aus‖zie|hen** ⟨V. 293⟩ **1** ⟨500⟩ jmdn. od. etwas ~ *von (hier) drinnen nach (dort) draußen ziehen;* sie zog ihn mit sich hinaus □ **puxar para fora 2** ⟨500⟩ etwas ~ ⟨fig.⟩ *in die Länge ziehen, zeitlich verlängern;* seinen Urlaub noch etwas ~ 2.1 ⟨Vr 3⟩ etwas zieht **sich** hinaus *zieht sich in die Länge* □ **prolongar(-se) 3** ⟨500⟩ etwas ~ *verzögern, hinausschieben;* einen Termin ~ □ **adiar; prorrogar 3.1** ⟨Vr 3⟩ etwas zieht **sich** hinaus *verzögert sich* □ **demorar-se 4** ⟨400(s.)⟩ *hinausgehen, -wandern, -marschieren;* in die Wälder ~ □ **sair (caminhando/marchando) 5** ⟨400⟩ **(aufs Land)** ~ *eine Wohnung auf dem L. nehmen;* vor die Stadt ~ □ ***mudar-se para o campo; sair da cidade**

Hin|blick ⟨m.; nur in der Wendung⟩ **im** ~ **auf,** ⟨selten⟩ **in** ~ **auf** *unter Berücksichtigung des, der, von ..., unter dem Gesichtspunkt des, der ... betrachtet;* im ~ auf seinen Gesundheitszustand □ ***tendo em vista; considerando**

hin‖brin|gen ⟨V. 118/500⟩ **1** jmdn. od. etwas ~ *hinbegleiten, an einen bestimmten Ort bringen, tragen, hinschaffen;* würdest du mich mit dem Auto ~? □ **levar; acompanhar 2** etwas ~ ⟨umg.⟩ *fertig bringen;* ich weiß noch nicht, ob ich das hinbringe □ **fazer; realizar 3** eine Zeit ~ *verbringen;* seine freie Zeit mit Schlafen ~ 3.1 ⟨513⟩ die Zeit mit Lesen ~ *sich die Zeit mit Lesen vertreiben* □ **passar** 3.2 sein Leben kümmerlich ~ *fristen* □ ***viver com dificuldade**

hin|der|lich ⟨Adj.⟩ *störend, hemmend, behindernd;* es ist ~, wenn du auf dem Fußboden sitzt, während ich fegen möchte □ **embaraçoso; incômodo**

hin|dern ⟨V. 505/Vr 7 od. Vr 8⟩ jmdn. od. etwas an etwas ~ *bei etwas stören, hemmen, behindern, es ihm unmöglich machen;* jmdn. am Sehen, Schreiben ~ □ **impedir; estorvar**

Hin|der|nis ⟨n.; -ses, -se⟩ **1** *Sperre* □ **barreira**; Draht~ □ **arame farpado**; ein ~ beseitigen □ **obstáculo** 1.1 ⟨Sp.⟩ *Hürde* □ **obstáculo; barreira 2** ⟨fig.⟩ *Behinderung, Hemmung, Störung, Schwierigkeit;* alle ~se überwinden; ein unüberwindliches ~; auf ein (unvermutetes) ~ stoßen; seine (gegensätzliche) Meinung ist für mich, meinen Plan kein ~; jmdm. ~se in den Weg legen; es war eine Fahrt mit ~sen; sich über alle ~se hinwegsetzen □ **obstáculo; empecilho**

hin|deu|ten ⟨V. 411⟩ **1** auf etwas od. jmdn. od. in eine bestimmte Richtung ~ *zeigen, hinweisen* **2** etwas deutet **auf jmdn. od. etwas hin** ⟨fig.⟩ *kündigt jmdn. od. etwas an, spricht für jmdn. od. etwas;* diese Anzeichen deuten schon auf die kommende Entwicklung hin; alle Spuren deuten darauf hin, dass ... □ *indicar; apontar (para)*

Hin|du|is|mus ⟨m.; -; unz.⟩ *indische Religionsform* □ *hinduísmo*

hin|durch ⟨Adv.⟩ **1** durch einen Raum ~ *völlig, quer, mitten durch;* durch den Wald ~ □ *através de* **2** eine Zeit ~ *einen Zeitraum völlig in Anspruch nehmend;* Jahre ~; den ganzen Tag ~ □ *durante; ao longo de; por*

hin|durch||zwän|gen ⟨V. 500⟩ **1** etwas (durch etwas) ~ *mit Mühe durch etwas zwängen;* er versuchte, seinen Arm durch den engen Spalt hindurchzuzwängen □ *forçar a passagem de; passar alguma coisa com dificuldade (por/através de)* **2** ⟨Vr 3⟩ **sich (durch etwas) ~** *mit Mühe (durch etwas) durchschlüpfen, -kriechen* □ **passar com dificuldade (através de alguma coisa)*

♦ Die Buchstabenfolge **hin|ein...** kann auch **hi|nein...** getrennt werden.

♦ **hin|ein** ⟨Adv.⟩ **1** *von (hier) draußen nach (dort) drinnen, ins Innere* □ *(para) dentro de;* → a. *herein(1);* mitten ~ □ **bem no meio (de)* **1.1** in ... ~ ⟨a. fig.; verstärkend⟩ *in ... eindringend;* er erschrak bis ins Mark ~ □ **ele levou um belo de um susto;* ich will bis in alle Einzelheiten ~ Bescheid wissen □ **quero saber com todos os detalhes* **1.2** **ins Blaue ~** ⟨umg.⟩ *ohne Plan u. bestimmte Absicht;* ins Blaue ~ fahren, reden, träumen □ *à toa; sem pensar* **2** **in ... ~** ⟨zeitl.; verstärkend⟩ *lange in ... reichend, dauernd;* bis in die Nacht, den Tag ~; bis in unsere Tage ~ □ *adentro*

♦ **hin|ein...** ⟨Vorsilbe; in Zus. mit Verben trennbar⟩ **1** *von (hier) draußen nach (dort) drinnen, ins Innere kommend;* (sich) hineinbegeben; in einen Apfel hineinbeißen; er ging hinein **2** *von (hier) draußen nach (dort) drinnen, ins Innere bringend;* jmdn. ins Wasser hineinstoßen; in das Heft hineinschreiben

♦ **hin|ein||den|ken** ⟨V. 119/550/Vr 3⟩ **sich in jmdn. od. etwas ~** *sich an jmds. Stelle versetzen, jmdn. etwas nachfühlen, sich in etwas denken;* ich kann mich jetzt in ihn, in seine Lage ~; das liegt schon so lange zurück, ich muss mich erst wieder ~ □ **colocar-se no lugar de alguém; imaginar-se em alguma situação*

♦ **hin|ein||ge|ra|ten** ⟨V. 195(s.)⟩ **1** ⟨411⟩ *ohne es zu wollen, irgendwohin gelangen;* er versuchte, aus dem Sumpf herauszukommen, aber er geriet nur immer tiefer hinein □ *cair em* **2** ⟨800; fig.⟩ *unfreiwillig in eine (unangenehme) Lage geraten;* ich weiß selbst nicht, wie ich hier ~ bin □ *cair em; ir parar em*

♦ **hin|ein||le|gen** ⟨V. 500⟩ **1** jmdn. od. etwas ~ *von (hier) draußen nach (dort) drinnen legen;* wenn du dir etwas aus dem Fach nimmst, dann leg es auch bitte wieder hinein □ *colocar em* **2** jmdn. ~ ⟨fig.⟩ = *hereinlegen(2)*

♦ **hin|ein||leuch|ten** ⟨V.⟩ **1** ⟨400⟩ *von (hier) draußen nach (dort) drinnen leuchten;* in eine Höhle, einen Raum ~ **2** ⟨800⟩ **in etwas ~** ⟨fig.⟩ *Licht, Klarheit (in etwas) hineinbringen, etwas aufklären;* in eine dunkle Angelegenheit ~ □ **iluminar alguma coisa*

♦ **hin|ein||re|den** ⟨V.⟩ **1** ⟨400⟩ *unbefugt dazwischenreden, sich ins Gespräch mischen;* redet nicht hinein, wenn wir uns unterhalten □ *interromper* **2** ⟨600⟩ jmdm. ~ ⟨fig.⟩ *sich in jmds. Angelegenheiten einmischen;* ich lasse mir (in meine Angelegenheiten, Pläne) nicht ~ □ **intrometer-se/meter-se (na vida/nos assuntos) de alguém* **3** ⟨800⟩ **in jmdn. ~** *auf jmdn. einreden, jmdm. heftig zureden, jmdn. zu beeinflussen suchen;* er redete in sie hinein, aber sie gab nicht nach □ **tentar persuadir/influenciar alguém* **4** ⟨550/Vr 3⟩ **sich in etwas ~** *reden u. dabei immer erregter werden;* sich in Wut ~ □ **ficar cada vez mais irritado ao falar*

♦ **hin|ein||stei|gern** ⟨V. 550/Vr 3⟩ **sich in etwas ~** *einen Gedanken od. ein Gefühl so übertreiben od. übertrieben ernst nehmen, dass man nicht mehr davon loskommt;* sie hat sich in den Gedanken, aus dem Kind etwas Großes zu machen, so hineingesteigert, dass ...; du darfst dich in deinen Schmerz, deine Reue, deinen Zorn nicht so ~ □ **deixar-se levar/influenciar por alguma coisa*

♦ **hin|ein||stür|zen** ⟨V.⟩ **1** ⟨400(s.)⟩ *von (hier) draußen nach (dort) drinnen stürzen;* er sah die Grube nicht und stürzte kopfüber hinein □ *cair; despencar* **1.1** ⟨500⟩ jmdn. (in etwas) ~ *jmdn. so stoßen, dass er (in etwas) hineinfällt;* er wollte ihn in den Schacht ~ □ *empurrar; jogar* **1.2** ⟨500/Vr 3⟩ **sich (in etwas) ~** *(in etwas) hineinspringen;* er lief zum See und stürzte sich kopfüber hinein □ **atirar-se; precipitar-se* **2** ⟨400(s.); fig.⟩ *überstürzt hineinlaufen, -eilen;* als aus dem Zimmer Geschrei ertönte, stürzte die Mutter sofort hinein □ *irromper; precipitar-se* **3** ⟨550/Vr 3⟩ **sich (in etwas) ~** *sich mit Eifer, Begeisterung in etwas begeben (um teilzunehmen);* er schaute sich das Faschingstreiben eine Weile an, dann stürzte er sich mit hinein □ **lançar-se em; arrojar-se*

♦ **hin|ein||ver|set|zen** ⟨V. 550/Vr 3⟩ **sich in jmdn. od. etwas ~** *sich in jmdn. od. etwas hineindenken, sich gedanklich in jmds. Lage od. in eine bestimmte Situation versetzen* □ **colocar-se no lugar de alguém; imaginar-se em alguma situação*

♦ **hin|ein||wach|sen** ⟨[-ks-] V. 277(s.)⟩ **1** ⟨400⟩ *durch Wachsen allmählich in etwas hineinpassen;* die Hosen sind ihm jetzt noch zu groß, er muss erst ~ □ *crescer (para vestir melhor uma roupa)* **2** ⟨411⟩ in eine Sache ~ *allmählich mit einer S. vertraut werden, sie liebgewinnen;* er hat seinen Beruf, seine neue Tätigkeit zuerst nicht gemocht, ist aber mit der Zeit (gut) hineingewachsen □ **acostumar-se/familiarizar-se com alguma coisa*

♦ **hin|ein||zie|hen** ⟨V. 293⟩ **1** ⟨500⟩ jmdn. od. etwas ~ *von (hier) draußen nach (dort) drinnen ziehen;* sie zog ihn mit sich (ins Haus, Zimmer) hinein □ **puxar/arrastar para dentro** **2** ⟨500⟩ **jmdn. (in etwas)** ~ ⟨fig.; umg.⟩ *jmdn. mit in eine Angelegenheit verwickeln, ihn zwingen, sich mit einer A. zu befassen;* ich möchte mich keinesfalls in die Sache ~ lassen □ **envolver; comprometer** **3** ⟨400(s.)⟩ *nach dort drinnen mit einer Wagenkolonne o. Ä. feierlich anziehen;* der Zirkus zog in die Stadt hinein □ **entrar** **4** ⟨400⟩ *Wohnung nehmen;* in dieses Haus will ich nicht ~ 4.1 in die Stadt ~ *vom Land in die Stadt umziehen* □ **mudar-se para; ir viver em**

hin‖fah‖ren ⟨V. 130⟩ **1** ⟨400(s.)⟩ *an einen bestimmten Ort, zu einem Ziel fahren;* wir wollen mit dem Auto, Zug ~; ich bin sofort zu ihm hingefahren □ **ir (com meio de transporte)** **2** ⟨500⟩ **jmdn. od. etwas** ~ *mit einem Fahrzeug hinbringen;* kannst du mich nicht ~? □ **levar (em meio de transporte)** **3** ⟨800⟩ **über etwas** ~ *(mit der Hand) über etwas streichen;* zärtlich fuhr sie ihm über das Haar hin □ **passar a mão por/em alguma coisa* **4** ⟨400(s.); fig.; veraltet⟩ *sterben* □ **morrer; falecer**

Hin|fahrt ⟨f.; -, -en⟩ *Fahrt an einen bestimmten Ort, an ein bestimmtes Ziel, Hinreise;* Hin- und Rückfahrt □ **(viagem de) ida**

hin‖fal‖len ⟨V. 131/400(s.)⟩ *zu Boden fallen, stürzen;* der Länge nach ~ □ **cair**

hin|fäl|lig ⟨Adj. 70⟩ **1** *gebrechlich, kraftlos, altersschwach;* ein ~er alter Mann; er ist seit seiner Krankheit sehr ~ geworden □ **fraco; debilitado** **2** *gegenstandslos, ungültig;* unsere Verabredung ist durch dein Benehmen, deinen Brief ~ geworden □ **inválido; nulo**

hin|fort ⟨Adv.⟩ *von nun an, in Zukunft, fortan* □ **a partir de agora; doravante**

Hin|ga|be ⟨f.; -; unz.⟩ **1** *Opferfreudigkeit, Opferbereitschaft, Selbstaufopferung;* einen Kranken mit ~ pflegen □ **dedicação; abnegação** **1.1** mit ~ Klavier spielen, üben ⟨scherzh.⟩ *ausdauernd u. gefühlvoll* □ **dedicação; paixão**

hin‖ge‖ben ⟨V. 143/500⟩ **1** ⟨503⟩ **(jmdm.) etwas** ~ *reichen, übergeben;* er gibt ihm die Tüte hin □ **passar; entregar** **2** *etwas* ~ *weggeben, verschenken, opfern;* er gibt sein letztes Geld für andere hin □ **dar** **3** ⟨530/Vr 3⟩ **sich einer Sache** ~ *sich für eine Sache aufopfern, sich ihr ausschließlich widmen, nur mit ihr beschäftigt sein;* sich einem Genuss (ganz) ~ □ **dedicar-se/entregar-se a alguma coisa* **3.1** sich einer Hoffnung ~ *fest auf etwas hoffen* □ **alimentar uma esperança* **3.2** darüber gebe ich mich keinen Illusionen hin *darüber mache ich mir keine I.* □ **não tenho ilusões a esse respeito* **3.3** gib doch darüber keiner Täuschung hin *täusche dich darüber nicht* □ **não se iluda* **4** ⟨530/Vr 3⟩ sich einem **Mann** ~ ⟨geh.⟩ *intime Beziehungen mit einem M. Haben* □ **dar-se/entregar-se a um homem* **5** ⟨Part. Präs.⟩ ~d *aufopfernd, selbstlos;* ~d für jmdn. sorgen □ **com dedicação/abnegação;** jmdm. mit ~der Liebe pflegen □ **dedicado; abnegado**

hin|ge|gen ⟨Konj.⟩ *dagegen, allerdings, jedoch;* er ist wirklich sehr sparsam, seine Schwester ~ gibt gern Geld aus □ **ao contrário; por outro lado**

hin‖ge|hen ⟨V. 145/400(s.)⟩ **1** ⟨400⟩ *an einen bestimmten Ort, an ein Ziel gehen;* ich habe gar keine Lust hinzugehen; lässt du die Kinder allein ~?; wo gehst du hin?; wo du hingehst, da will ich auch ~ (Buch Ruth, 1,16); gehet hin und lehret alle Völker (Matth. 28,19) □ **ir** 1.1 wo geht es hier hin? *wohin führt dieser Weg?* □ **aonde se chega por aqui?* **2** ⟨400⟩ *zu jmdm.* ~ *jmdn. besuchen, jmdn. aufsuchen;* wir wollen zu ihm ~ □ **ir ver; visitar** **3** ⟨411⟩ der **Blick** geht über etwas hin ⟨geh.⟩ *gleitet über etwas;* sein Blick ging über die Felder hin □ **o olhar passa por/percorre alguma coisa* **4** die **Zeit** geht hin *vergeht, verstreicht;* das Jahr ging hin, ohne dass etwas geschah □ **passar; transcorrer** **5** ⟨jmdm.⟩ **etwas** ~ **lassen** ⟨fig.; veraltet⟩ *etwas unbeachtet lassen, etwas dulden, absichtlich übersehen, durchgehen lassen;* ich will es noch einmal ~ lassen □ **deixar passar alguma coisa* 5.1 diesmal mag es ~ *diesmal will ich nichts dazu sagen (aber es darf nicht wieder vorkommen!)* □ **desta vez vou deixar passar* **5.2** etwas geht hin ⟨umg.; regional⟩ *ist an der Grenze des Tragbaren* □ **estar no limite do suportável**

hin‖hal‖ten ⟨V. 160/500⟩ **1** ⟨503⟩ **(jmdm.) etwas** ~ *etwas entgegenstrecken, -halten, anbieten, so halten, dass jmd. es nehmen kann;* jmdm. die Hand ~; jmdm. eine Schachtel Konfekt ~; nimm es doch, ich halte es dir doch die ganze Zeit hin!; einem Tier ein Stück Zucker ~ □ **estender; oferecer** 1.1 → a. *Kopf(2.8)* **2** *jmdn.* ~ *jmdn. absichtlich mehrmals vertrösten, warten lassen;* sie haben ihn wochenlang, immer wieder hingehalten □ **fazer esperar;** jmdn. mit Versprechungen ~ □ **entreter alguém com promessas*

hin‖hän|gen ⟨V. 161/500⟩ **1** *etwas* ~ *an eine bestimmte Stelle hängen;* du kannst deinen Mantel hier ~ □ **pendurar**

hin‖hau|en ⟨V.; schwach konjugiert⟩ **1** ⟨411⟩ *auf eine bestimmte Stelle hauen, schlagen* □ **bater; golpear;** wo du hinhaust, wächst kein Gras mehr ⟨umg.; scherzh.⟩ □ **por onde você passa não sobra pedra sobre pedra* **2** ⟨500⟩ *etwas* ~ ⟨umg.⟩ *etwas von sich, an einen bestimmten Ort werfen* □ **atirar; largar** 2.1 ⟨fig.⟩ *etwas aufgeben;* seine Arbeit ~ □ **largar; abandonar** **3** ⟨500; umg.⟩ *zu Boden werfen* □ **lançar ao chão; derrubar** 3.1 etwas ~ *niederwerfen, zu Boden werfen;* hau den Teller nicht hin! □ **derrubar; deixar cair** 3.2 *jmdn.* ~ *niederwerfen;* beim Ringen den Gegner ~ □ **derrubar** 3.3 das haut mich nicht hin! ⟨fig.; umg.⟩ *(Ausruf der Verblüffung, des Erstaunens, der Entrüstung)* □ **é de deixar qualquer um passado/atordoado!* **4** ⟨500⟩ *etwas* ~ ⟨umg.⟩ *schnell und flüchtig zu Papier bringen;* er hat dieses Referat in letzter Minute hingehauen □ **escrever às pressas/de qualquer jeito** **5** ⟨400(s.)⟩ *hinfallen, stürzen;* der Länge nach ~ □ **estatelar(-se)* **6** ⟨Imperativ; umg.⟩ *sich beeilen, schnell machen;* hau hin! □ **rápido!* **7** ⟨510/Vr 3⟩ **sich** ~ ⟨umg.⟩ *sich zum Schlafen, Ausruhen hinlegen, sich langlegen;* sich aufs Bett ~ □ **ir dormir;* **deitar-se 8** ⟨400⟩ das haut hin ⟨umg.⟩ **8.1** *das geht (gut) so, ist in Ordnung, das funktioniert;* das haut nicht hin □ **dar certo; funcionar** **8.2** *das hat einen großen Effekt* □ **dar bom resultado; ter êxito**

hin|ken ⟨V. 400⟩ **1** *einen Fuß beim Gehen nachziehen, lahmen; auf dem, mit dem rechten Fuß ~ 1.1* ⟨⟨s.⟩⟩ *sich in hinkender(1) Weise vorwärtsbewegen;* er hinkte über die Straße, so schnell er konnte ☐ **mancar; coxear 2** *der* **Vergleich** *hinkt* ⟨fig.⟩ *beide Vergleichspunkte stimmen nicht zusammen, der V. stimmt nicht* ☐ ***a comparação é capenga***

hin|kom|men ⟨V. 170/400(s.)⟩ **1** *an einen bestimmten Ort kommen;* als ich hinkam, war er schon fort ☐ **chegar 2** wo sollen wir ~, wenn ... ⟨fig.⟩ *wohin führte es, wenn ...;* wo kämen wir hin, wenn niemand mehr arbeiten wollte ☐ ***onde iremos parar se... 3** wo ist mein Hut hingekommen?* ⟨fig.; umg.⟩ *wo befindet sich, ist mein H.?* ☐ ***onde foi parar meu chapéu? 4*** ⟨unpersönl.⟩ *es wird schon* ~ ⟨fig.; umg.⟩ *es wird schon gehen, richtig werden* ☐ ***vai dar (tudo) certo 5*** ⟨405⟩ **(mit etwas)** ~ ⟨umg.⟩ *auskommen, (aus)reichen;* ich komme (mit meinem Geld, dieser Summe) gut hin, nicht hin ☐ **arranjar-se; virar-se**

hin|läng|lich ⟨Adv.⟩ *genügend, ausreichend;* die Termine dürften ~ bekannt sein ☐ **bastante; suficientemente**

hin|le|gen ⟨V. 500⟩ **1** *etwas* ~ *an eine bestimmte Stelle legen;* ich habe ihm einen Zettel hingelegt, damit er weiß, wo ich bin ☐ **deixar 1.1** ich lege das Kind abends um sieben Uhr hin *bringe es zu Bett* ☐ **pôr na cama 2** ⟨Vr 7⟩ *sich, sein* **Haupt** ~ *sich langlegen (zum Ausruhen, zum Schlafen), sich auf einem Lager ausstrecken;* er hat sich eine Stunde, eine Weile hingelegt ☐ ***deitar-se; deitar a cabeça 2.1*** ⟨511⟩ *er wusste nicht, wo er sein Haupt ~ sollte wo er (heute) schlafen sollte, er hatte keine Unterkunft* ☐ ***ele não sabia onde dormir/passar a noite 3** etwas* ~ *weglegen, aus der Hand legen;* leg das Messer sofort hin! (Aufforderung an ein Kind) ☐ **largar; soltar 4** *eine Sache* ~ ⟨umg.⟩ *eine gekonnte Vorführung, Darstellung bieten;* er hat den Wallenstein großartig hingelegt ☐ ***arrasar em alguma coisa***

hin|neh|men ⟨V. 189/500⟩ **1** *etwas* ~ *an sich nehmen, annehmen;* er nahm das Geld hin, als sei es selbstverständlich ☐ **tomar; aceitar 2** ⟨Vr 8⟩ **jmdn.** *od.* **etwas** ~ ⟨fig.⟩ *dulden, ertragen, sich gefallen lassen;* eine Beleidigung ~; wie kannst du das nur so ruhig ~?; man kann dagegen nichts machen, man muss es eben ~; wir müssen es als unabänderlich ~ ☐ **suportar; engolir**

hin|nei|gen ⟨V.⟩ **1** ⟨800⟩ *zu etwas* ~ ⟨fig.⟩ *eine Vorliebe für etwas haben, zu etwas neigen* ☐ **inclinar-se; pender 2** ⟨511/Vr 2⟩ *sich zu etwas od. jmdm.* ~ *sich einer Sache od. jmdm. zuwenden, sich zu einer Sache od. jmdm. niederbeugen* ☐ **inclinar-se; curvar-se**

hin|nen ⟨Adv.; geh.; veraltet.⟩ *von* ~ *von hier fort;* von ~ gehen, fahren usw. ☐ ***daqui***

hin|rei|chen ⟨V.⟩ **1** ⟨503/Vr 6⟩ **(jmdm.)** *etwas* ~ *reichen, geben, hinübergeben, -reichen, hinhalten;* bitte wollen Sie ihm das Brot ~ ☐ **passar; dar 2** ⟨400⟩ *genügen, ausreichen, langen;* sein Verdienst reicht gerade hin, ihn und seine Familie notdürftig zu erhalten; das Geld reicht nicht mehr hin ☐ **bastar; ser o suficiente**

hin|rei|ßen ⟨V. 198/500⟩ **1** *jmdn.* ~ *entzücken, begeistern;* seine Rede riss alle Zuhörer hin ☐ **arrebatar; entusiasmar;** er hat ~d gespielt, gesungen ☐ **de modo arrebatador/encantador 2** *sich* ~ **lassen** *sich von seinen (negativen) Gefühlen überwältigen lassen;* ich habe mich leider ~ lassen, ihn zu kritisieren; er ließ sich zu Tätlichkeiten ~ ☐ ***deixar-se levar***

hin|rich|ten ⟨V. 500⟩ **1** *jmdn.* ~ *die Todesstrafe an jmdm. vollstrecken;* einen Verbrecher ~; jmdn. durch den Strang ~ ☐ **executar 2** ⟨530⟩ *jmdm. etwas* ~ ⟨umg.⟩ *zurechtlegen, herrichten, bereitlegen, -stellen;* ich habe ihm das Frühstück, seine Sachen hingerichtet ☐ **preparar; arrumar**

hin|schla|gen ⟨V. 218/400⟩ **1** *auf eine bestimmte Stelle schlagen;* ich habe nur einmal hingeschlagen ☐ **bater; dar pancadas 2** ⟨⟨s.⟩⟩ *stürzen, hinfallen;* der Länge lang, nach ~ ☐ **desabar; estatelar-se**

hin|schlep|pen ⟨V. 500⟩ **1** *jmdn. od. etwas* ~ ⟨umg.⟩ *an einen bestimmten Ort, zu einem Ziel schleppen;* soll ich das alles allein ~? **2** ⟨Vr 3⟩ *sich* ~ *sich mühsam fortbewegen (vor Müdigkeit, Schwäche)* **3** ⟨Vr 3⟩ *etwas* schleppt sich hin ⟨fig.⟩ *verzögert sich lange, verläuft langsam;* der Prozess schleppte sich über Monate hin ☐ **arrastar(-se)**

hin|sein ⟨alte Schreibung für⟩ hin sein

hin|set|zen ⟨V. 500⟩ **1** *jmdn. od. etwas* ~ *an eine bestimmte Stelle setzen;* das Kind auf den Stuhl ~; die Pflanze auf die Fensterbank ~; das Gepäck auf den Boden ~ ☐ **sentar; colocar 2** ⟨500/Vr 3⟩ *sich* ~ *Platz nehmen;* sie setzen sich das Sofa hin ☐ ***sentar-se no***

Hin|sicht ⟨f.; -; unz.⟩ *Beziehung, Berücksichtigung;* in dieser ~ habe ich gar keine Sorgen ☐ ***a esse respeito/nesse sentido, não tenho preocupações;*** in gewisser, mancher ~ hat er ja Recht, aber ... ☐ ***em certo sentido/em muitos aspectos, ele tem razão, mas...;*** es war in jeder ~ richtig, falsch, was du getan hast ☐ ***em todos os sentidos foi correto/errado o que você fez;*** in ~ auf das bevorstehende Ereignis ☐ ***em relação ao acontecimento iminente***

hin|sicht|lich ⟨Präp. m. Gen.⟩ *was ... betrifft;* ~ seiner Forderung, Voraussage muss ich allerdings bemerken, dass ...; ich habe ~ seines Gesundheitszustandes doch einige Bedenken ☐ **a respeito de; no tocante a**

hin|stel|len ⟨V. 500/Vr 7⟩ **1** *jmdn. od. etwas* ~ *an einen bestimmten Platz stellen, niederstellen;* sich vor jmdn. od. etwas ~; ich stell' mich doch nicht zwei Stunden hin und warte!; hier möchte ich den Tisch und dort den Sessel ~; sich gerade ~ ☐ **pôr(-se); colocar(-se) 2** ⟨518⟩ *etwas od.* **jmdn.** ~ **als** ⟨fig.⟩ *bezeichnen, bewerten als, so schildern, als ob ...;* jmdn. als Betrüger ~; jmdn. als Muster, Vorbild ~; jmdn. als dumm, faul ~; er hat die Sache so hingestellt, als sei er allein für alles verantwortlich ☐ **apresentar; considerar**

hin|steu|ern ⟨V. 400⟩ **1** ⟨(h. od. s.)⟩ *auf ein Ziel zusteuern;* wo steuert das Schiff hin? ☐ **dirigir(-se); rumar 1.1** ⟨a. fig.⟩ *auf ein Ziel zugehen;* zielstrebig steuerte er zum Kiosk hin ☐ **encaminhar-se; trilhar o ca-**

minho de **2** ⟨411⟩ *auf etwas ~* ⟨fig.⟩ *eine bestimmte Absicht verfolgen;* ich weiß nicht, auf was er hinsteuert □ *visar a alguma coisa

hin‖stre|cken ⟨V. 500⟩ **1** ⟨500⟩ etwas ~ *entgegenstrecken, hinhalten, -reichen;* jmdm. die Hand ~ □ **estender 2** ⟨Vr 7⟩ sich ~ *lang ausstrecken, hinlegen;* er streckte sich auf der Bank zum Schlafen hin □ ***estirar-se; deitar-se 3** jmdm. ~ ⟨poet.⟩ *töten* □ **matar;** seine Feinde lagen hingestreckt am Boden □ **morto 3.1** Wild ~ *zur Strecke bringen* □ **abater; matar**

hint|an... ⟨Adv.; in Zus.⟩ **1** *an letzter Stelle, hinten anschließend an;* hintanbleiben **2** ⟨fig.⟩ *unberücksichtigt;* hintansetzen

hint|an|set|zen ⟨V. 500/Vr 7⟩ jmdn. od. etwas ~ ⟨fig.⟩ **1** *vernachlässigen, zurücksetzen* □ **pôr de lado; negligenciar 2** *unbeachtet, unberücksichtigt lassen* □ **não fazer caso de**

hin|ten ⟨Adv.⟩ **1** *auf der Rückseite, am Ende, an letzter Stelle;* ganz ~ sitzen, stehen; ein Register befindet sich (ganz) ~ im Buch; ganz ~ im Korridor, in einer Ecke; ich habe ~ keine Augen!; ich kann doch ~ nichts sehen! (Verteidigung bei einem Zusammenstoß, beim Vorwurf der Unachtsamkeit) □ **atrás; no fundo; no fim 1.1** ~ bleiben *am Ende bleiben, zurückbleiben* □ ***ficar para trás 1.2** sich ~ anschließen, anstellen (vor Schaltern usw.) *am Ende der Reihe Wartender anstellen* □ ***ir para o fim da fila 1.3** ~ im Auto sitzen *auf dem Rücksitz* □ ***sentar no banco de trás do carro 1.4** ~ runterfallen ⟨fig.; umg.⟩ *benachteiligt werden, den Kürzeren ziehen* □ ***ficar para trás; levar a pior 1.5** jmdm. ~ hineinkriechen, reinkriechen ⟨fig.; derb⟩ *jmdm. plump schmeicheln* □ ***puxar o saco de alguém 2** nach ~ **2.1** *zurück, ans Ende;* bitte gehen Sie (doch) nach ~! □ ***para trás; para o fundo 2.2** rückwärts; mit dem Stuhl nach ~ überkippen □ ***para trás 2.3** von ~ *von der Rückseite, vom Ende her;* ein Schlag, Schuss von ~; jmdn. von ~ überfallen; von ~ nach vorn (zur Bühne usw.) kommen □ **de/por trás 2.3.1** ein Stich von ~ ⟨a. fig.⟩ *eine boshafte, hinterhältige Bemerkung, Anspielung* □ ***uma punhalada pelas costas 3** von vorn bis ~ *durchaus, gründlich;* ich habe die Zeitung von vorn bis ~ gelesen □ ***de cabo a rabo 4** von vorn und ~ *von allen Seiten;* etwas von vorn und ~ betrachten □ ***de todos os ângulos/lados 4.1** sich ~ und vorn bedienen lassen ⟨umg.⟩ *sich von allen, sich sehr viel bedienen lassen, nichts selbst tun* □ ***ser tratado como um paxá 4.2** es stimmt ~ und vorn nicht ⟨umg.⟩ *es stimmt überall nicht, stimmt nirgends* □ ***isso é uma grande mentira**

hin|ten|an ⟨Adv.⟩ *ans Ende, an letzter Stelle* □ **em último lugar; no fim**

hin|ten|dre|in ⟨Adv.⟩ = *hinterdrein*

hin|ten|her|um *auch:* **hin|ten|he|rum** ⟨Adv.⟩ **1** *um die hintere Seite, an der hinteren Seite vorbei;* der Rock spannt ~ □ **atrás; na parte de trás 1.1** ⟨umg.⟩ *durch die Hintertür;* wenn die vordere Tür geschlossen ist, gehen Sie doch bitte ~ □ **por trás 2** ⟨fig.; umg.⟩ *heimlich, auf versteckte Weise, auf Umwegen;* etwas ~ erledigen □ **pelas costas; secretamente 2.1** Waren ~ bekommen *über das Kontingent hinaus, heimlich u. illegal, im Schwarzhandel* □ **clandestinamente**

hin|ten|über ⟨Adv.⟩ *nach hinten, rückwärts* □ **para trás**

hin|ten|über|fal|len ⟨V. 131/400(s.)⟩ *nach hinten umfallen;* er ist hintenübergefallen □ **cair para trás**

hin|ter ⟨Präp. m. Dat. auf die Frage wo?, m. Akk. auf die Frage wohin?⟩ **1** *auf der, auf die Rückseite von;* Ggs *vor¹;* ~ dir, mir; vor und ~ uns war niemand zu sehen; sich ~ einem Baum verstecken; ~ dem Haus liegt eine Wiese □ **atrás 1.1** er steht ~ ihm ⟨a. fig.⟩ *er unterstützt ihn* □ **por trás 1.2** einer ~ dem anderen *hintereinander, einer nach dem anderen, der Reihe nach* □ ***um atrás do outro 1.3** ~ seinem Gerede steckt nicht viel *sein G. hat nicht viel zu bedeuten* □ **por trás;** → a. *Licht(3.5), Ohr(1.1.4 -1.1.6), Rücken(1.8)* **2** ~ sich *erledigt, überwunden, zu Ende;* die Arbeit ~ sich bringen □ ***ter terminado um trabalho 2.1** einen Weg ~ sich haben *zurückgelegt haben;* zwei Kilometer ~ sich haben □ ***ter percorrido um caminho 2.1.1** den Wald ~ sich haben *durchquert haben* □ ***ter atravessado a floresta 2.2** eine Zeit ~ sich haben *überstanden, vollendet haben;* ich habe ein paar anstrengende Tage ~ mir; er hat ein Jahr Ausbildung ~ sich □ ***ter passado/superado um período 2.3** jmdn. ~ sich lassen **2.3.1** *jmdn. überholen* □ ***ultrapassar alguém;** deixar alguém para trás **2.3.2** ⟨a. fig.⟩ *jmds. Leistungen übertreffen* □ ***superar alguém 3** ~ ... her **3.1** ~ jmdm. her sein *jmdn. verfolgen;* ~ einem Verbrecher her sein □ ***perseguir alguém; estar atrás de alguém 3.1.1** ~ einer Frau her sein ⟨a. fig.⟩ *eine F. heftig umschmeicheln* □ ***cortejar uma mulher 3.2** er ist sehr ~ seinen Sachen her ⟨a. fig.⟩ *er achtet sehr auf seine S., hält sie gut instand, in Ordnung* □ ***ele é muito cuidadoso com suas coisas**

Hin|ter|bein ⟨n.; -(e)s, -e⟩ **1** *hinteres Bein (von Vierfüßern);* sich auf den ~en aufrichten, sich auf die ~e stellen □ **pata traseira 1.1** sich auf die ~e stellen ⟨fig.⟩ *Widerstand leisten, sich widersetzen, bei seiner Meinung bleiben* □ ***fincar o pé; não dar o braço a torcer**

Hin|ter|blie|be|ne(r) ⟨f. 2 (m. 1)⟩ *Angehörige(r) eines Verstorbenen, Leidtragende(r)* □ **família de um falecido; sobrevivente(s)**

hin|ter|brin|gen ⟨V. 118/530⟩ jmdm. etwas ~ *heimlich mitteilen, zutragen* □ **denunciar; contar**

hin|ter|drein ⟨Adv.⟩ *hinterher;* oV *hintendrein* □ **depois; em seguida**

hin|te|re(r, -s) ⟨Adj. 24/60⟩ *hinten, am Ende, auf der Rückseite befindlich;* das ~ Zimmer; die hinterste Reihe; die ~n Reihen □ **do fundo; posterior; último**

hin|ter|ein|an|der *auch:* **hin|ter|ei|nan|der** ⟨Adv.⟩ **1** *einer hinter dem anderen, nacheinander, der Reihe nach;* sich ~ aufstellen □ **um atrás do outro 1.1** ~ hergehen *einer hinter dem anderen gehen* □ ***andar em fila indiana 1.2** ⟨zeitl.⟩ *in unmittelbarer Folge aufeinander;* vierzehn Tage ~ □ **um após o outro; seguidos**

hin|ter|ein|an|der|schrei|ben *auch:* **hin|ter|ei|nan|der||schrei|ben** ⟨V. 230/500⟩ Wörter ~ Wort an Wort schreiben, ein Wort hinter das andere schreiben □ **encadear as palavras*

Hin|ter|ge|dan|ke ⟨m.; -ns, -n⟩ **1** *heimlicher Gedanke in bestimmter Absicht;* als er das sagte, hatte er einen boshaften ~n **1.1** ohne ~n *rückhaltlos, ganz offen* □ *segunda intenção*

hin|ter|ge|hen[1] ⟨V. 145/400(s.); umg.⟩ *nach hinten gehen* □ *ir para a parte de trás; ir para o fundo*

hin|ter|ge|hen[2] ⟨V. 145/500/Vr 8⟩ jmdn. ~ *betrügen, täuschen;* er hat sie schon lange hintergangen □ *enganar; iludir*

Hin|ter|grund ⟨m.; -(e)s, -grün|de⟩ **1** *der am weitesten entfernte Teil dessen, was man z. B. von der Wirklichkeit, auf der Bühne, auf einem Bild sieht;* im ~ werden Türme sichtbar □ *fundo; segundo plano* **1.1** ⟨Mal.⟩ *mit Hilfe der Perspektive von den Gegenständen des Vorder- u. Mittelgrundes abgeteilter Raum eines Bildes;* im ~ des Bildes sieht man ... □ *segundo plano* **1.2** ⟨Theat.⟩ *hinterer Bühnenteil, den Bühnenraum nach hinten abschließende Dekoration, Prospekt* □ *pano de fundo* **2** ⟨fig.⟩ *Raum, Gebiet, Sphäre von geringer Bedeutung* □ *segundo plano* **2.1** in den ~ treten *an Bedeutung verlieren, verblassen, abnehmen, schwinden* □ **passar para segundo plano* **2.2** im ~ stehen *unbeachtet, wenig beachtet sein* □ **estar/ficar em segundo plano* **2.3** sich im ~ halten *sich nicht bemerkbar machen, nicht in Erscheinung treten* □ **manter-se em segundo plano/à sombra* **2.4** etwas in den ~ drängen *der allgemeinen Beachtung entziehen* □ **ofuscar alguma coisa; relegar alguma coisa ao segundo plano* **3** ⟨fig.⟩ *verborgener od. wenig hervortretender Zusammenhang, Ursache;* die Angelegenheit hat politische Hintergründe, einen politischen ~; der Roman hat einen historischen ~; der Roman spielt vor dem ~ der Bauernkriege □ *contexto; cenário; pano de fundo* **3.1** noch etwas im ~ haben *eine geheime Absicht, einen Plan haben, noch eine Überraschung haben* □ **ainda ter uma carta na manga*

hin|ter|grün|dig ⟨Adj.⟩ *schwer durchschaubar;* ~e Absichten; ein ~er Mensch; ein ~es Schweigen; ~ lächeln □ *recôndito; enigmático; misterioso*

Hin|ter|halt ⟨m.; -(e)s, -e⟩ **1** *Versteck, um jmdn. zu überfallen;* aus dem ~ hervorbrechen, -stürzen; sich in den ~ legen; im ~ liegen **2** *Versteck, von dem aus jmd. unerwartet überfallen wird, Falle für den Gegner;* in einen ~ fallen, geraten □ *emboscada; cilada*

hin|ter|häl|tig ⟨Adj.⟩ *tückisch, lauernd, hinterlistig* □ *pérfido; traiçoeiro*

hin|ter|her ⟨a. ['---] Adv.⟩ *danach, später, nachträglich;* Sy *hinterdrein;* jmdm. ~ (noch) Vorwürfe machen; und ~ bereust du es; ~ ist es leicht, Mut zu zeigen; sieht alles oft ganz anders aus □ *depois; em seguida* **2** ~ sein **2.1** *zurück(geblieben) sein;* sie ist mit ihren Aufgaben, Leistungen weit ~ □ **estar atrasado* **2.2** ⟨umg.⟩ *auf etwas sorgsam bedacht sein, achten;* ich bin sehr hinterher, dass das Kind rechtzeitig schlafen geht □ **ficar atento; cuidar (para que...)*

hin|ter|her|hin|ken ⟨V. 403(s.)⟩ (jmdm. od. etwas) ~ **1** *hinkend nachkommen, hinkend folgen* □ **seguir mancando atrás de alguém ou alguma coisa* **2** ⟨fig.; umg.⟩ *zurückbleiben, nicht mitkommen;* er hinkt in der Schule hinterher □ *ficar para trás; não conseguir acompanhar*

hin|ter|her||sein (alte Schreibung für) hinterher sein

Hin|ter|land ⟨n.; -(e)s; unz.⟩ **1** *Region im (wirtschaftlichen) Einzugsbereich eines Zentrums (Stadt, Hafen usw.)* □ *hinterlândia* **2** *Gebiet hinter einer militärischen Front* □ *retaguarda*

hin|ter|las|sen ⟨V. 175/500⟩ **1** jmdn. od. etwas ~ *(einem anderen) zurücklassen;* sie hinterließ drei Kinder; eine Bestellung, einen Auftrag, Schulden ~; er hat bei seinem Weggang ein großes Durcheinander ~; so unordentlich kannst du doch das Zimmer nicht ~! □ *deixar (para trás)* **1.1** ⟨530⟩ jmdm. testamentarisch etwas ~ *vererben* □ *deixar; legar* **1.2** ~e Werke *erst nach dem Tode des Verfassers veröffentlichte W.* □ **obras póstumas* **2** etwas ~ *als Folge der Anwesenheit von jmdm. od. etwas (unbeabsichtigt) verursachen;* sein Wagen hinterließ tiefe Reifenspuren **2.1** ⟨fig.⟩ *(als zurückbleibenden Eindruck) bewirken;* sein Auftreten hinterließ einen tiefen Eindruck □ *deixar*

hin|ter|le|gen ⟨V. 500⟩ etwas ~ **1** *sicherstellen, verwahren lassen;* Handgepäck, Schmuck ~ □ *depositar; consignar* **2** *als Pfand zurücklassen;* Geld, eine bestimmte Summe ~ □ *depositar em caução*

hin|ter|lis|tig ⟨Adj.⟩ *tückisch, falsch, unaufrichtig, hinterhältig, lauernd* □ *pérfido; insidioso*

Hin|ter|mann ⟨m.; -(e)s, -män|ner⟩ **1** *jmd., der hinter einem sitzt od. steht;* Ggs *Vordermann;* mein ~ in einer Reihe, einer Anordnung □ *pessoa que está atrás de outra* **2** *späterer Wechselinhaber* □ *endossante posterior* **3** ⟨fig.⟩ *geheimer Ratgeber, jmd., der einen anderen heimlich unterstützt, lenkt* □ *mandante; instigador* **4** ⟨fig.⟩ *heimlicher Gewährsmann* □ *fonte; informante*

Hin|tern ⟨m.; -s, -; umg.⟩ **1** = *Gesäß;* Sy *Steiß*(1) **1.1** jmdm. den ~ versohlen *jmdn. verhauen* □ **dar palmadas no traseiro de alguém* **1.2** du bekommst den ~ voll, wenn du nicht gehorchst *du bekommst Schläge* □ **você vai apanhar no traseiro se não obedecer* **1.3** ein paar auf den ~ bekommen *Schläge bekommen* □ **levar umas palmadas no traseiro* **1.4** sich auf den ~ setzen *hinfallen* □ **cair de bunda* **1.5** ich könnt' mich in den ~ beißen, weil ich das (nicht) getan habe *ich ärgere mich sehr, bereue es heftig* □ **não me conformo por (não) ter feito isso*

hin|ter|rücks ⟨Adv.⟩ **1** *von hinten;* jmdn. ~ erstechen **2** *arglistig, heimtückisch;* jmdn. ~ überfallen □ *por trás; pelas costas*

Hin|ter|tref|fen ⟨n.; -s; unz.; nur in den Wendungen⟩ **1** ins ~ geraten, kommen *Nachteile haben* □ **perder terreno; levar a pior* **2** jmdn. od. eine Sache ins ~ bringen *in eine ungünstige Lage* □ **desfavorecer alguém ou alguma coisa*

hin|ter|trei|ben ⟨V. 267/500⟩ eine Sache ~ *vereiteln, verhindern;* Pläne, Vorhaben ~ □ *impedir; frustrar*

Hin|ter|tür ⟨f.; -, -en⟩ **1** *hintere Eingangstür, Tür an der Rückseite des Hauses, Notausgang* ◻ **porta dos fundos; saída de emergência 2** ⟨fig.⟩ *Ausweg, Umweg; er findet immer noch ein ~chen, durch das er entschlüpfen kann* ◻ **saída; escapatória 2.1** *sich eine ~ offen halten eine Ausflucht, Ausrede bereithalten; sich eine Möglichkeit zum Rückzug offenhalten* ◻ ***deixar uma porta aberta; manter uma escapatória* 2.2** *durch eine ~ hereinkommen auf Umwegen hereinkommen, etwas auf U. erreichen* ◻ ***conseguir alguma coisa indiretamente**

Hin|ter|wäld|ler ⟨m.; -s, -; abwertend⟩ *ungeschliffener, bäurischer, weltfremder, einfältiger Mensch* ◻ **caipira; provinciano; matuto**

hin|ter|wärts ⟨Adv.⟩ *nach hinten, rückwärts* ◻ **para trás; para o fundo**

hin|ter|zie|hen¹ ⟨V. 293/500⟩ *jmdn. od. etwas ~* ⟨umg.⟩ *nach hinten ziehen* ◻ **puxar para trás**

hin|ter|zie|hen² ⟨V. 293/500⟩ *etwas ~ unterschlagen, nicht angeben, nicht melden; Steuern ~* ◻ **sonegar**

♦ Die Buchstabenfolge **hin|ü|ber...** kann auch **hi|nü|ber...** getrennt werden.

♦ **hin|ü|ber** ⟨Adv.⟩ **1** *von hier nach drüben, von dieser Seite auf die andere Seite, von diesem Raum in den anderen Raum* ◻ **para o outro lado; do outro lado;** *~ und herüber* ◻ ***de um lado para outro* 2** *ein Lebewesen ist ~ tot* ◻ **morto 3** *etwas ist ~ kaputt, verbraucht, unbrauchbar geworden* ◻ **quebrado; estragado**

♦ **hin|ü|ber...** ⟨in Zus. mit Verben trennbar⟩ *von hier nach drüben; hinüberfahren; er kommt nicht hinüber*

♦ **hin|ü|ber|ge|hen** ⟨V. 145/400(s.)⟩ **1** *auf die andere Seite, in den anderen Raum gehen; bitte geh doch einmal hinüber und sieh nach, was die Kinder machen* ◻ **ir para o outro lado; atravessar 1.1** ⟨411⟩ *über eine Straße, einen Platz ~ eine S., einen P. überqueren* ◻ **cruzar; atravessar 2** ⟨umg.; verhüllend⟩ *sterben; Großvater ist gestern Abend hinübergegangen* ◻ **passar desta para melhor**

♦ **hin|ü|ber|set|zen** ⟨V.⟩ **1** ⟨400⟩ *hinüberspringen, hinüberfahren; er setzte mit einem großen Sprung hinüber* ◻ **passar para o outro lado 1.1** *über einen Fluss ~ einen F. mit dem Boot überqueren* ◻ **cruzar; atravessar 2** ⟨500⟩ *jmdn., ein Fahrzeug ~ auf die andere Seite, ans gegenüberliegende Ufer bringen, übersetzen; jmdn. über den Fluss ~* ◻ **transportar/levar para o outro lado**

♦ Die Buchstabenfolge **hin|un|ter...** kann auch **hi|nun|ter...** getrennt werden.

♦ **hin|un|ter** ⟨Adv.⟩ *von (hier) oben nach (dort) unten, hinab; hinauf und ~* ◻ **para baixo; abaixo**

♦ **hin|un|ter|schlu|cken** ⟨V. 500⟩ **1** *etwas ~ in den Magen befördern, schlucken; einen Bissen, eine Pille ~* **2** *eine Gefühlsregung ~* ⟨fig.⟩ *überwinden, für sich*

behalten, nicht merken lassen; Ärger ~ **3** *etwas Unangenehmes ~* ⟨fig.⟩ *überhören, widerspruchslos hinnehmen; eine Beleidigung ~* ◻ **engolir**

♦ **hin|un|ter|stür|zen** ⟨V.⟩ **1** ⟨400(s.)⟩ *von (hier) oben nach (dort) unten stürzen; die Treppe ~; er ist von diesem Fenster (auf die Straße) hinuntergestürzt* ◻ **cair; despencar 1.1** ⟨fig.⟩ *in Eile nach unten laufen; er stürzte von Abhang hinunter, um den Freund noch zu erreichen* ◻ **descer correndo 2** ⟨500⟩ *jmdn. od. etwas ~ so stoßen, dass er od. es in die Tiefe stürzt* ◻ **derrubar; precipitar 2.1** ⟨Vr 3⟩ *sich ~ hinunterspringen (um Selbstmord zu begehen)* ◻ **atirar-se; precipitar-se 2.2** *ein Getränk ~ rasch, hastig trinken* ◻ **beber apressadamente; tragar 2.2.1** *ein Glas ~ in einem Zug leeren* ◻ **virar; beber de um só gole**

hin|wärts ⟨Adv.⟩ *auf dem Hinweg* ◻ **para lá; na ida**

hin|weg ⟨Adv.⟩ *weg, fort von hier* ◻ **(para) longe; fora**

hin|weg|ge|hen ⟨V. 145/800(s.)⟩ *über jmdn. od. etwas ~* ⟨fig.⟩ *jmdn. od. etwas nicht beachten, absichtlich überhören od. übersehen; sie ging schweigend über seine Bemerkung hinweg; er ging mit einer Handbewegung über den Einwand hinweg* ◻ ***ignorar alguém ou alguma coisa; não fazer caso de alguém ou alguma coisa**

hin|weg|se|hen ⟨V. 239/800⟩ *über jmdn. od. etwas ~* **1** *über jmdn. od. etwas sehen, schauen; er konnte über die ganze Stadt ~* ◻ ***olhar por cima de alguém ou alguma coisa* 2** ⟨fig.⟩ *jmdn. od. etwas absichtlich nicht beachten, kein Wort darüber verlieren; dass er mich nicht begrüßt hat, darüber will ich noch ~, aber ...* ◻ ***fazer vista grossa para alguém ou alguma coisa; fechar os olhos para alguém ou alguma coisa**

hin|weg|set|zen ⟨V. 550⟩ **1** ⟨411⟩ *über etwas ~ springen; er setzte mit einem Satz über den Zaun hinweg* ◻ ***saltar por cima de alguma coisa* 2** ⟨500/Vr 3⟩ *sich über etwas ~* ⟨fig.⟩ *etwas übergehen, bewusst außer Acht lassen; er hat sich über die Vorschrift, Anordnung einfach hinweggesetzt* ◻ ***desconsiderar alguma coisa; não fazer caso de alguma coisa**

hin|weg|täu|schen ⟨V. 550/Vr 7 od. Vr 8⟩ **1** *jmdn. über etwas ~ jmdm. etwas vorspiegeln, um ihn über eine Sache besser hinwegkommen zu lassen; versuche nicht, ihn über seine schwierige Lage hinwegzutäuschen* ◻ ***enganar alguém acerca de alguma coisa* 1.1** *sich über etwas ~ etwas übersehen, sich über etwas täuschen lassen, um darüber besser hinwegzukommen; du darfst dich nicht darüber ~, dass er ja noch lange kein Geld verdienen wird* ◻ ***deixar-se enganar por alguma coisa**

Hin|weis ⟨m.; -es, -e⟩ *kurze Information, Andeutung, Angabe; könnten Sie mir einen ~ geben, an wen ich mich wenden kann, was ich tun soll?; ein brauchbarer, guter, wertvoller ~* ◻ **indicação; referência**

hin|wei|sen ⟨V. 282/800⟩ **1** *auf jmdn. od. etwas ~ zeigen* ◻ ***apontar/indicar alguém ou alguma coisa* 2** *jmdn. auf etwas ~* ⟨fig.⟩ *auf etwas anspielen, verweisen, etwas zu verstehen geben, bemerken; es wird immer wieder auf die Gefahren hingewiesen, die ...; es besteht Veranlassung, darauf hinzuweisen, dass*

...; ich möchte nachdrücklich darauf ~, dass ... □ *indicar alguma coisa a alguém; chamar a atenção de alguém para alguma coisa 2.1 ~des **Fürwort** ⟨Gramm.⟩ *F., das für etwas in der Situation der Rede Bekanntes steht, Demonstrativpronomen, z. B. dieser, jener* □ *pronome demonstrativo

hin|wer|fen ⟨V. 286/500⟩ **1** ⟨Vr 7⟩ *etwas od.* **sich** ~ *fallen lassen, zu Boden werfen;* pass auf, wirf die Vase nicht hin! □ **derrubar; atirar(-se) no chão** 1.1 ⟨umg.⟩ *nicht aufräumen;* er wirft seine Kleider einfach hin □ **jogar no chão** 1.2 ⟨505/Vr 3 od. 511/Vr 3⟩ **sich vor** jmdm. ~ ⟨a. fig.⟩ *flehend vor jmdm. auf die Knie fallen* □ *jogar-se aos pés de alguém **2** ⟨530⟩ *jmdm. od. einem* **Tier** *etwas ~ an einen bestimmten Platz werfen, zuwerfen;* den Vögeln Brotkrumen ~; er warf ihr den Ball hin □ **atirar; jogar 3** *Gedanken,* **Worte** ~ □ **lançar 3.1** *beiläufig äußern* □ **dizer casualmente 3.2** *flüchtig, provisorisch zu Papier bringen;* ein paar Zeilen ~ □ **rascunhar; rabiscar 4** eine **Arbeit** ~ *vorzeitig beenden, gelangweilt od. verärgert damit aufhören* □ **abandonar; largar**

hin|zie|hen ⟨V. 293⟩ **1** ⟨411(s.)⟩ *an einen Ort, in eine Richtung* ~ ⟨poet.⟩ *sich an einen Ort begeben, in eine Richtung bewegen* □ **ir-se 2** ⟨400(s.)⟩ *(an einen* **Ort**) ~ *einen neuen Wohnsitz an einem Ort nehmen;* X wohnt jetzt in Berlin, er ist vor zwei Monaten hingezogen □ **mudar-se 3** ⟨400(s.)⟩ *Wolken, Vogelschwärme ziehen hin bewegen sich fort* □ **mover-se; passar 4** ⟨511⟩ *etwas zieht jmdn. zu jmdm. od. etwas hin jmd. wird von jmdm. od. etwas angezogen;* es zieht mich immer wieder zu dem Platz, zu dem alten Haus hin □ **atrair 5** ⟨500/Vr 3⟩ *etwas zieht* **sich hin** *erstreckt sich lang hin;* das Grundstück zieht sich bis zum Wald hin **6** ⟨500/Vr 3⟩ *etwas zieht* **sich hin** *dauert (lange), dauert länger als geplant;* der Prozess hat sich noch wochenlang, lange hingezogen; die Versammlung zog sich endlos hin; seine Krankheit hat sich noch bis Weihnachten hingezogen □ **estender-se 7** ⟨500⟩ *etwas* ~ *verzögern, in die Länge ziehen;* wir wollen das Zusammensein nicht so lange ~ □ **prolongar**

hin|zu ⟨Adv.⟩ *(noch) dazu, obendrein* □ **além disso; de mais a mais**

hin|zu... ⟨Vorsilbe; in Zus. mit Verben trennbar⟩ **1** *zusätzlich zum Erwähnten;* hinzubekommen, hinzuschreiben **2** *zu einem Ort, Geschehnis kommend;* hinzulaufen, hinzuspringen

hin|zu|den|ken ⟨V. 119/500⟩ *etwas ~ in Gedanken hinzufügen* □ **imaginar; acrescentar mentalmente**

hin|zu|fü|gen ⟨V. 500⟩ *etwas* ~ **1** *ergänzend beifügen, beimischen;* großzügig fügte er noch etwas Taschengeld hinzu; bei diesem Rezept sind noch zwei Eier hinzuzufügen **2** *ergänzend dazu bemerken, dazusagen;* „...", fügte er hinzu; etwas erklärend ~ □ **acrescentar**

hin|zu|kom|men ⟨V. 170/400(s.)⟩ **1** *dazu-, herankommen, zu den andern kommen;* ich kam gerade hinzu, als ... □ **aproximar-se 2** *zusätzlich zu berücksichtigen sein, außerdem vorhanden sein, erwähnt werden müssen;* hinzu kommt noch, dass er ja gar keinen Führerschein hat; es kommen auch noch die vielen Obdachlosen hinzu, die in unseren Listen gar nicht erfasst sind; ein Umstand kommt noch erschwerend hinzu □ **acrescentar-se; somar-se**

hin|zu|zie|hen ⟨V. 293/500⟩ *jmdn.* ~ *(zusätzlich) zurate ziehen, konsultieren;* einen Lehrer, Fachmann zu den Beratungen ~; der Arzt zog einen Kollegen hinzu, um kein Risiko einzugehen □ *aconselhar-se com alguém; consultar alguém

Hi|obs|bot|schaft ⟨f.; -, -en⟩ *schlechte, erschreckende Neuigkeit, Schreckensnachricht;* ~en verkünden □ **má notícia**

Hirn ⟨n.; -(e)s, -e⟩ **1** = *Gehirn;* gebackenes (Kalbs-) ~ □ **cérebro; miolo 2** ⟨fig.; umg.⟩ *Verstand, Kopf;* sein ~ anstrengen □ **cabeça; inteligência; mente 2.1** sich sein ~ zermartern *scharf nachdenken, grübeln* □ *quebrar a cabeça **2.2** er hat kein, wenig ~ *er ist (ziemlich) dumm* □ *ele é (meio) desmiolado

Hirn|ge|spinst ⟨n.; -(e)s, -e⟩ *verrückter Einfall, absurde Vorstellung, Fantasiegebilde;* in ~en reden □ **ideia extravagante/maluca**

hirn|ver|brannt ⟨Adj.; fig.; umg.; abwertend⟩ *verrückt, unsinnig;* eine ~e Idee □ **maluco; absurdo**

Hirsch ⟨m.; -(e)s, -e; Zool.⟩ *Angehöriger einer wiederkäuenden Familie der Paarhufer, deren Männchen meist Geweih tragen: Cervidae;* der ~ schreit, röhrt; ein schwacher, starker ~; wie der ~ schreit nach frischem Wasser, so schreit meine Seele, Gott, zu dir (Psalm 42, 2) □ **veado; cervo**

Hir|se ⟨f.; -, -n⟩ *zur Familie der Gräser gehörige, kleine, runde Körner bildende, einjährige Getreideart, ausgezeichnet durch hohe Dürrefestigkeit: Panicum;* Echte ~; Gemeine ~ □ **milho-miúdo; painço**

Hirt ⟨m.; -en, -en⟩ oV **Hirte 1** *Hüter einer Tierherde;* Rinder-~, Schaf-~, Schweine-~, Ziegen-~ **1.1** wie der ~, so die Herde ⟨Sprichw.⟩ *ein guter (schlechter) Vorgesetzter hat auch gute (schlechte) Angestellte* **1.2** ⟨fig.⟩ *Geistlicher (als Betreuer u. Beschützer seiner Gemeinde)* □ **pastor**

Hir|te ⟨m.; -n, -n⟩ = *Hirt*

his|sen ⟨V. 500⟩ *hochziehen (Flagge, Segel);* er hat das Segel gehisst □ **içar; hastear**

His|to|rie ⟨[-riə] f.; -, -n⟩ **1** *Geschichte* **2** *Bericht, Kunde* □ **história**

his|to|risch ⟨Adj. 24⟩ **1** *die Geschichte betreffend, von ihr stammend, zu ihr gehörig* **1.1** ~e **Stätten** *S., an denen überlieferte Ereignisse stattgefunden haben;* ~e Landschaften **1.2** ~e **Dichtung** *D., der ein überliefertes Ereignis zugrunde liegt;* ein ~es Drama, ~er Roman **1.3** ~es **Verständnis** *V. für die Geschichte, für die Geschichtswissenschaft* **1.4** ~e **Tat** *eine für die geschichtliche Entwicklung bedeutungsvolle T.* **1.5** ~e **Hilfswissenschaften** *für die Erforschung der Geschichte wichtige Wissenschaften wie Urkundenlehre, Wappen-, Siegel-, Münzkunde, Genealogie* **1.6** ~er und dialektischer **Materialismus** ⟨Philos.⟩ *die der kom-*

munistischen Weltanschauung zugrundeliegende Lehre, wonach die geschichtliche Entwicklung auf der Entwicklung der Produktivkräfte einer Gesellschaft beruht □ histórico

Hit ⟨m.; -s, -s; umg.⟩ **1** *Erfolg, erfolgreiche Sache;* diese Erfindung ist ein ~; damit hast du einen ~ gelandet □ sucesso **2** *erfolgreiches Musikstück;* die ~s des Jahres □ hit

Hit|ze ⟨f.; -; unz.⟩ **1** *hohe Temperatur, (große) Wärme;* ist hier, heute eine ~!; drückende, glühende, tropische ~ □ calor; bei schwacher, starker ~ 30 Minuten backen (in Kochrezepten) □ fogo; → a. *fliegend(2.4)* **2** ⟨fig.⟩ *Leidenschaft, starke, (bes.) zornige Erregung, Heftigkeit* □ furor; arrebatamento 2.1 in der ersten ~ *in der ersten Gefühlsaufwallung, in der ersten Erregung* □ *no primeiro impulso/ímpeto* 2.2 in ~ geraten *sich erregen, sich aufregen, zornig, wütend werden* □ *inflamar-se, encolerizar-se* 2.3 in der ~ des **Gefechts** *in der Erregung* □ *no calor da discussão* **3** ⟨Getrennnt- u. Zusammenschreibung⟩ 3.1 ~ abweisend = *hitzeabweisend*

hit|ze|ab|wei|send *auch:* **Hit|ze ab|wei|send** ⟨Adj. 24/70⟩ *so beschaffen, dass es Hitze abweist;* eine ~e Beschichtung □ refratário ao calor

hit|ze|be|stän|dig ⟨Adj. 70⟩ *große Hitze (im Backofen) vertragend;* ~es Glas, Geschirr □ resistente ao calor

Hit|ze|wel|le ⟨f.; -, -n⟩ **1** *mehrere Tage od. Wochen anhaltendes sehr heißes Wetter* **2** *plötzlicher, mit Hitzegefühl verbundener Blutandrang zum Kopf, z. B. bei Frauen in den Wechseljahren* □ onda de calor

hit|zig ⟨Adj.; fig.⟩ *leidenschaftlich, ungestüm, heftig, jähzornig, aufbrausend;* ~e Auseinandersetzung; ~er Streit; er wird schnell ~; nur nicht so ~! □ acalorado; inflamado

Hitz|kopf ⟨m.; -(e)s, -köp|fe⟩ *rasch aufbrausender, unbesonnener, ungestümer Mensch* □ pessoa esquentada/explosiva

Hitz|schlag ⟨m.; -(e)s, -schlä|ge⟩ *Übelkeit, Kopfschmerzen, Störungen von Atmung u. Kreislauf, Erbrechen, Reizerscheinungen im Gehirn, die sich bis zu Krämpfen steigern können, infolge großer Hitzeeinwirkung auf den menschlichen Körper* □ insolação

HIV ⟨[ha:ifaʊ] m. od. n.; - od. -s; unz.; Abk. für engl.⟩ *human immunodeficiency virus (menschliches Immunschwächevirus), Erreger von Aids* □ HIV

HIV-po|si|tiv ⟨[ha:ifaʊ] Adj.⟩ *mit dem HIV-Erreger infiziert* □ portador do HIV; soropositivo

Hob|by ⟨n.; -s, -s⟩ *Liebhaberei, Lieblingsbeschäftigung;* Sy *Steckenpferd* □ hobby

Ho|bel ⟨m.; -s, -⟩ **1** *spanabhebendes Werkzeug mit einem Schneidmesser zum Glätten von Holzflächen, Metall, Steinen, Kunststoffen* □ cepilho; plaina **2** *Küchengerät zum Kleinschneiden, bes. von Kohl u. Gurken* □ cortador; fatiador

hoch ⟨Adj.; ho|he(r, -s); hö|her, höchs|te(r, -s)⟩ **1** *ein Gegenstand ist ~;* Ggs *niedrig(1)* 1.1 *erstreckt sich verhältnismäßig weit von unten nach oben;* ein hoher Baum, Berg; dieser Tisch ist (nicht) so ~ wie der andere; dieses Haus ist höher als jenes; ist dir der Stuhl ~ genug?; Schuhe mit hohen Absätzen; der Schnee liegt ~; es liegt hoher Schnee; die Hohe Tatra, die Hohen Tauern □ alto; das Haus ist zehn Meter ~ □ *a casa tem dez metros de altura;* wie ~ ist das Haus? □ *quanto a casa/o prédio tem de altura?*; das Haus ist fünf Stockwerke ~ □ *o prédio tem cinco andares* 1.1.1 hohe **Schuhe** 1.1.1.1 *S., die mindestens die Knöchel bedecken* □ *sapatos de cano alto* 1.1.1.2 *S. mit hohen Absätzen* □ *sapatos de salto alto* 1.1.2 in hohem **Bogen** *schwungvoll, heftig;* er warf das Buch in hohem Bogen aus dem Fenster □ *com força/ímpeto* 1.1.3 wer ~ steigt, fällt tief ⟨Sprichw.⟩ *wer viel erreicht, kann auch viel verlieren* □ *quanto mais alto o coqueiro, maior é o tombo* 1.2 *in relativ großer Höhe über dem Erdboden befindlich;* die Sonne steht ~ (im Mittag, am Himmel) □ *o sol está a pino;* ~ oben am Himmel, in den Bergen; das Flugzeug fliegt sehr ~; das Schloss liegt ~ über der Stadt □ alto; drei Treppen ~ □ *no terceiro andar* 1.2.1 hohe **See** *bewegtes, aufgewühltes Meer;* die See geht ~ □ *mar agitado* 1.2.2 ~ zu **Ross** ⟨bes. scherzh.⟩ *auf dem Pferd, beritten* □ *montado; a cavalo* 1.2.3 wie ~ steht das Thermometer? *wie viel Grad zeigt das T.?* □ *qual é a temperatura?* 1.2.4 im hohen **Norden** *sehr weit im N. der Erdkugel* □ *no extremo Norte* 1.2.5 in höheren **Sphären** schweben ⟨umg.; scherzh.⟩ *keinen Wirklichkeitssinn haben* □ *viver no mundo da lua* 1.2.6 *eine Sache von der hohen* **Warte** *aus betrachten von einem überlegenen Standpunkt aus* □ *observar alguma coisa de cima* 1.3 ⟨60⟩ *etwas auf die hohe* **Kante** *legen sparen* □ *economizar;* → a. *Hand(1)* 1.4 die Fahne ~ **halten** 1.4.1 *in einer bestimmten Höhe halten* □ *manter a bandeira no alto* 1.4.2 ⟨fig.⟩ *die Ziele einer Gemeinschaft nicht aufgeben, einer G. (in Not, Gefahr) treu bleiben* □ *não deixar a peteca cair;* ⟨aber⟩ → a. **hochhalten** 1.5 *die Nase ~ tragen eingebildet sein* □ *ser nariz em pé;* ⟨aber⟩ → a. **hochtragen** 1.6 *das Seil ist (zu) ~ gespannt in zu großer Höhe gespannt* □ *a corda está esticada (muito) no alto;* ⟨aber Getrennt- u. Zusammenschreibung⟩ ~ gespannt = **hochgespannt** **2** ⟨60⟩ *eine hohe Persönlichkeit in der gesellschaftlichen Hierarchie weit oben stehend* □ *uma pessoa importante; uma celebridade* 2.1 die hohe **Frau** *die Fürstin* ~ □ *princesa* 2.2 der hohe **Herr** 2.2.1 *der Fürst* □ *o príncipe* 2.2.2 ⟨scherzh.⟩ *jmd., vor dem man Respekt haben muss, sehr anspruchsvoller Mensch* □ *a autoridade* 2.3 die hohen **Herrschaften** *der Fürst, König, Gutsherr usw. und seine Familie* □ *os soberanos* 2.4 höhere **Tochter** ⟨umg.; veraltet⟩ *wohlerzogene T. aus gutem Hause* □ *moça de família* **3** ⟨60⟩ *das höhere* **Wesen** *Person od. Gewalt, die die Welt beherrscht* □ *ser superior* 3.1 *ein Höherer, der Höchste* **Gott**; *ein Höherer hat unser Schicksal in der Hand* □ *um ser superior; o Ser Supremo* 3.2 *höhere* **Gewalt** *Geschehen, das man nicht verhindern od. beeinflussen kann* □ *força maior* 3.3 *das höhere* **Wesen** 3.3.1 *das die Welt beherrschende (geistige Wesen), Prinzip* 3.3.2 *Gott* □ *o ser superior* 3.4 *der höchste* **Richter** *Gott* □ *o Juiz*

hoch

Supremo **4** ⟨60⟩ die höheren **Klassen** *die oberen gesellschaftlichen Schichten;* Ggs *niedrig(3)* □ **as classes altas/dominantes* 4.1 der hohe **Adel** *die obersten Adelsklassen* □ **a alta nobreza* 4.2 Hoch *und* Niedrig *die Angehörigen der oberen Stände und das Volk, jedermann* □ **ricos e pobres* **5** ⟨60⟩ *von vorgesetzter Stelle, von der Regierung ausgehend, die Regierung selbst ausmachend;* auf höheren Befehl (hin) handeln □ **agir por ordem superior* 5.1 das Hohe **Haus** *das Parlament* □ **o Parlamento* 5.2 hoher **Beamter** *B. der gehobenen Dienstlaufbahn* □ **alto funcionário* 5.3 höhere **Gerichtsbarkeit** *G. einer Instanz, die sich mit Berufungen beschäftigt* □ **jurisdição superior* **6** ⟨60⟩ *das Ende, den letzten Teil der Ausbildung vermittelnd* 6.1 höhere **Schule** *Schule, auf der man das Abitur ablegen kann* □ **escola de ensino médio* 6.2 die höheren **Klassen** *die fortgeschrittenen, oberen K. der Schule* □ **as classes avançadas* 6.3 die Hohe/hohe **Schule** ⟨Reitsp.⟩ *bestimmte Art der Dressur des Reitpferdes* □ **a Alta Escola* 6.4 die hohe **Schule** ⟨fig.⟩ *der Weg zur Kunstfertigkeit, zur vollkommenen Beherrschung einer Kunst* □ **liceu de artes e oficios* **7** *groß, beträchtlich, dem Maximum zugehend;* es ist eine hohe Ehre; dort werden hohe Anforderungen gestellt; eine hohe Strafe erhalten; in hohem Grade; der Handel stand um diese Zeit in hoher Blüte; er hat hohes Fieber, hohe Temperatur □ *grande; alto; elevado* 7.1 Karfreitag ist ein hoher **Feiertag** *ein für die christliche Gemeinde sehr wichtiger F.* □ *importante; solene* 7.2 ⟨50⟩ ~ und **heilig** versprechen *ganz fest versprechen* □ **prometer solenemente* 7.3 eine hohe **Stirn** *eine ausgeprägte S.* □ **uma testa alta* 7.4 ⟨50⟩ jmdm. etwas ~ **anrechnen** *jmds. Verhalten zu schätzen wissen* □ **ter alguém em alta conta por causa de alguma coisa* 7.5 es ist hohe **Zeit** *es ist unbedingt an der Zeit, wir müssen uns beeilen* □ **está na hora; é chegada a hora* 7.6 bei jmdm. ~ **im Kurs** stehen *angesehen sein* □ **ser bem-visto/bem cotado por alguém* 7.7 wenn es ~ **kommt** ⟨umg.⟩ *wenn es viel wird, im besten Fall;* wenn es ~ kommt, haben wir noch 20 Mark in der Kasse □ **quando muito; na melhor das hipóteses* 7.8 ~ **hergehen** *sehr lustig und lebhaft zugehen;* heute geht es bei uns ~ her □ **haver grande animação* 7.9 ⟨80; Superlativ⟩ *äußerst, wichtigste(r, -s), am wichtigsten;* das Leben ist der Güter höchstes sind (Schiller, „Die Braut von Messina", 4,7) □ **maior**; **supremo**; er hat den Auftrag zu meiner höchsten Zufriedenheit ausgeführt □ **grande**; in höchstem Grade; Hilfe in der höchsten Not □ **máximo**; ich bin aufs höchste/Höchste überrascht; Ihr Vorschlag ist mir höchst willkommen; ich war höchst erstaunt, erfreut, überrascht □ **muito**; extremamente 7.10 das höchste der **Gefühle** *die oberste Grenze der G.* □ **o máximo; o que há de melhor* 7.11 es ist höchste **Zeit** *(etwas zu tun, für ...) es ist dringend an der Zeit, die Zeit drängt* □ **está mais do que na hora (de fazer alguma coisa...)* 7.12 an höchster **Stelle** vorsprechen *bei der obersten, verantwortl. Behörde* □ **apresentar-se à autoridade máxima* 7.13 jmdm. in den höchsten **Tönen** loben ⟨fig.⟩ *überschwänglich loben* □ **fazer os mais altos elogios a alguém* **8** hohe **Zahl** (von etwas) *verhältnismäßig viele;* eine hohe Zahl von Besuchern □ **número elevado; grande número* 8.1 zwei, drei, vier **Mann** ~ ⟨scherzh.⟩ *insgesamt zwei, drei, vier Mann, zu zweit, zu dritt, zu viert, zwei, drei, vier an der Zahl* □ **em (número de) dois/três/quatro* 8.2 hohe **Geschwindigkeit** *große G.* □ **alta velocidade* 8.3 hohes **Alter** *fortgeschrittenes A.* □ **idade avançada* 8.4 zu ~ greifen *zu viel annehmen* □ **exagerar* 8.4.1 600 dürften nicht zu ~ gegriffen sein *es sind wohl nicht weniger als 600* □ **não é exagero dizer que são 600* **9** hoher **Preis** *P., den zu (be)zahlen viel Geld erfordert;* er muss hohe Zinsen zahlen □ **alto**; elevado 9.1 wie ~ ist der Preis? *welcher Preis ist zu zahlen? was kostet es?* □ **quanto custa?* 9.2 wie ~ stehen die Aktien? *zu welchem Preis kann man A. kaufen bzw. verkaufen?* □ **qual a cotação das ações?* 9.3 ⟨60⟩ hohes **Spiel** *gewagtes S., S. mit großem Einsatz* □ **jogo alto* 9.4 ~ **spielen** *mit großem Einsatz spielen* □ **jogar alto* 9.5 ⟨50⟩ höher **bieten** *(auf Versteigerungen) das letzte Angebot überbieten, mehr bieten* □ **dar lance maior* **10** hoher **Rang**, hohe **Stellung** *eine mit vielen Ehren und Pflichten verbundener R., eine mit vielen Ehren und Pflichten verbundene Stellung;* eine hohe Stellung bekleiden, einnehmen; von hohem Rang sein; einen hohen Rang bekleiden □ **alto posto/grau; alta posição** 10.1 ein hohes **Tier** ⟨fig.; umg.⟩ *jmd., der eine mit vielen Ehren u. Pflichten verbundene Stellung, einen mit vielen Ehren u. Pflichten verbundenen Rang innehat* □ **figurão; peixe grande* 10.2 ~ hinaus wollen *ein großes Ziel* *großes* □ **ter grandes ambições; querer abraçar céu e terra* 10.3 ~! (Preis-, Heilruf); ~ soll er leben! □ **viva!* **11** ⟨60⟩ hohe **Jagd** ⟨Jagdw.⟩ 11.1 *Jagd auf Hochwild*; Ggs *niedere Jagd* → *nieder(2.1)* 11.2 *das jagdbare Hochwild* □ **caça grossa* **12** ⟨60⟩ höhere **Mathematik** *M., die schwierige Rechenoperationen (z. B. Differential- u. Integralrechnung) einschließt* □ **superior** **13** ⟨60⟩ hohe **Meinung** *weit über dem Durchschnitt stehende Bewertung, Beurteilung* □ **alta conta* 13.1 eine hohe **Meinung** von etwas od. jmdm. haben *von etwas od. jmdm. viel halten* □ **ter alguma coisa ou alguém em alta conta* 13.2 ⟨43⟩ etwas ist jmdm. zu ~ ⟨fig.; umg.⟩ *jmd. versteht etwas nicht, seine Kenntnisse reichen dazu nicht aus* □ **difícil**; **complicado** **14** hoher **Ton** ⟨Mus.⟩ *T. von hoher Schwingungszahl;* Ggs *tief(9);* eine hohe Stimme haben □ **agudo** 14.1 ⟨50⟩ ein Instrument höher **stimmen** *die Tonhöhe steigern* □ **subir a altura de um instrumento* 14.2 ⟨60; Mus.⟩ das hohe **C** *das C der zweigestrichenen Oktave* □ **dó de peito* **15** ⟨Math.⟩ *zur Potenz erhoben* 15.1 2 ~ 4 (2^4) *zur 4. Potenz erhoben, die 2 viermal als Faktor genommen,* $2 \times 2 \times 2 \times 2$ □ **elevar 2 à quarta potência;* → a. *Gefühl(2.1)* **16** ⟨Getrennt- u. Zusammenschreibung⟩ 16.1 Hohe **Lied** = *Hohelied* 16.2 Hohe **Priester** = *Hohepriester* 16.3 ~ **achten** = *hochachten* 16.4 ~ **schätzen** = *hochschätzen* 16.5 ~ **begabt** = *hochbegabt*

16.6 ~ dosiert = hochdosiert 16.7 ~ kompliziert = hochkompliziert

Hoch ⟨n.; -s, -s⟩ **1** *Hochruf*; ein dreifaches ~ auf jmdn. ausbringen □ *saudar alguém com três vivas* **2** ⟨Meteor.⟩ *Hochdruckgebiet*; barometrisches ~ □ **anticiclone; zona de alta pressão**

hoch... ⟨in Zus.⟩ **1** ⟨mit Adj.; fig.⟩ *sehr* **2** ⟨mit Verben⟩ *empor..., hinauf...*

hoch‖ach|ten *auch:* **hoch ach|ten** ⟨V. 500⟩ *jmdn. ~ jmdn. sehr schätzen, ihm große Achtung entgegenbringen* □ **estimar; ter em alta conta**

Hoch|bau ⟨m.; -(e)s; unz.⟩ *Zweig der Bautechnik, in dem Bauten über der Erde, bes. vielgeschossige Häuser, ausgeführt werden;* Ggs *Tiefbau* □ **construção de superfície; superestrutura**

hoch|be|gabt *auch:* **hoch be|gabt** ⟨Adj.⟩ *sehr begabt* □ **muito talentoso**

hoch|brin|gen ⟨V. 118/500⟩ *jmdn. od. etwas ~ (wieder) gesund u. leistungsfähig machen;* einen Kranken wieder ~; ein Unternehmen ~ □ **curar; fazer prosperar**

Hoch|burg ⟨f.; -, -en⟩ **1** *Bollwerk* □ **baluarte; bastião 2** ⟨fig.⟩ *Mittelpunkt, Brennpunkt von Bestrebungen* □ **centro; foco**

hoch|deutsch ⟨Adj. 24⟩ **1** *ober- u. mitteldeutsch;* alt~, mittel~, neu~ 1.1 ~e **Sprache** *die ober- u. mitteldeutschen Mundarten, die sich durch eine Lautverschiebung von den niederdeutschen trennten* □ **alto-alemão 2** *auf der Sprache der sächs. Kanzleien beruhende deutsche Schriftsprache, im Unterschied zu den Mundarten;* ~ sprechen; auf Hochdeutsch □ **alemão padrão**

hoch|do|siert *auch:* **hoch do|siert** ⟨Adj.⟩ *in hoher Dosierung* □ **em alta dose**

Hoch|druck ⟨m.; -(e)s; unz.⟩ **1** *hoher Luftdruck* **2** ⟨Tech.⟩ *Druck von Gasen u. Dämpfen über 100 bar* □ **alta pressão 3** ⟨Typ.⟩ *Druck(verfahren) mit erhabenen Lettern;* Ggs *Tiefdruck* □ **impressão em relevo 4** ⟨fig.; umg.⟩ *große Eile, Anspannung, Anstrengung aller Kräfte;* wir haben augenblicklich ~ (im Betrieb) □ **pressão; tensão;** mit ~ arbeiten □ *trabalhar sob pressão

hoch|fah|rend ⟨Adj. 60⟩ *anmaßend, stolz u. aufbrausend* □ **arrogante; presunçoso**

hoch|flie|gend ⟨Adj. 60⟩ *ehrgeizig, nach hohen Zielen strebend;* ~e Pläne □ **ambicioso**

Hoch|ge|bir|ge ⟨n.; -s, -⟩ *Gebirge von großer Höhe (über 1500 m)* □ **montanha alta**

Hoch|ge|fühl ⟨n.; -(e)s; unz.⟩ *umfassendes Stolz- u. Glücksgefühl* □ **euforia; exaltação**

hoch|ge|hen ⟨V. 145/400(s.)⟩ **1** ⟨400; umg.; niederdt.; mitteldt.⟩ *nach oben, in die Höhe gehen;* ich gehe schon (in mein Zimmer) hoch **2** *etwas geht hoch schwebt in die Höhe, steigt auf;* der Ballon ging hoch □ **subir 3** *ein Sprengkörper geht hoch explodiert;* die Mine ging hoch □ **explodir 4** ⟨400; fig.; umg.⟩ *aufgehren, auffahren, seinem Zorn, Ärger laut Ausdruck verleihen, wütend werden;* als ich es ihm sagte, ging er hoch □ **ficar louco da vida 5** ⟨fig.; Gaunerspr.⟩ *von der Polizei entdeckt werden;* er ist hochgegangen 5.1 eine **Sache** *geht hoch ein Schwindel wird aufgedeckt, ein Betrug wird entdeckt* □ **ser descoberto**

hoch|ge|mut ⟨Adj. 24; geh.⟩ *froh u. zuversichtlich, froh u. festl. gestimmt, froh-, wohlgemut* □ **bem-disposto; animado**

hoch|ge|spannt *auch:* **hoch ge|spannt** ⟨Adj. 24/70⟩ **I** ⟨Zusammen- u. Getrenntschreibung⟩ *sehr gespannt;* ~e Erwartungen □ **grande II** ⟨nur Zusammenschreibung⟩ **1** ⟨El.⟩ *unter Hochspannung stehend, mit Hochspannung arbeitend* **2** *unter hohem Druck stehend;* hochgespannter Dampf □ **de alta pressão;** → a. *hoch (1.6)*

hoch|ge|stellt ⟨Adj.⟩ **1** *nach oben gestellt, eine halbe Zeile höher gesetzt;* ein ~er Buchstabe; eine ~e Zahl □ **sobrescrito 2** ⟨70; fig.⟩ *von hohem Rang, von hohem Ansehen, bedeutend, wichtig;* ~e Persönlichkeit □ **ilustre**

hoch|ge|stimmt ⟨Adj. 24; geh.⟩ *frohgestimmt, froh u. zufrieden, froh u. erwartungsvoll* □ **alegre; empolgado**

hoch|ge|sto|chen ⟨Adj.; umg.⟩ **1** *geistig übertrieben anspruchsvoll;* eine Gesellschaft, ein Buch, eine Zeitschrift ist ~ □ **pretensioso 2** *hochtrabend, geschraubt, eingebildet;* sie spricht ziemlich ~ □ **(de modo) rebuscado/empolado**

hoch|gra|dig ⟨Adj. 90⟩ *in hohem Grade, sehr, stark, heftig, besonders;* ~ geistesgestört; ~ nervös □ **forte; intenso; altamente; intensamente**

hoch‖hal|ten ⟨V. 160/500⟩ **1** *etwas ~ in die Höhe, nach oben halten;* er hielt das Bild hoch, damit alle es sehen konnten □ **levantar; segurar no alto 2** *jmdn. od. etwas ~* ⟨fig.⟩ *in Ehren halten, achten;* jmds. Andenken ~ □ **estimar; respeitar** → a. *hoch (1.4)*

hoch|her|zig ⟨Adj.; geh.⟩ *großmütig, edel* □ **generoso; magnânimo**

hoch|kant ⟨Adv. 24/50⟩ *auf die, auf der Schmalseite;* eine Kiste ~ stellen; der Balken liegt ~ □ **com o lado mais comprido em posição vertical**

hoch‖kom|men ⟨V. 170/400 (s.)⟩ **1** *hinauf, herauf, nach oben kommen;* deine Mutter hat gerufen, du sollst ~! □ **subir 2** *aus einer Flüssigkeit auftauchen;* nach dem Sprung ins Wasser kam er schnell wieder hoch □ **subir; emergir 3** ⟨400⟩ *(in der sozialen Hierarchie) nach oben kommen, nach oben gelangen;* er versucht verzweifelt hochzukommen 3.1 er lässt niemanden (neben sich) ~ *er lässt niemanden sich heraufarbeiten, duldet niemanden neben sich* □ **subir na vida; prosperar 4** ⟨410; fig.; mitteldt., niederdt.⟩ *(in physischer od. psychischer Beziehung) gesund werden;* er ist nach seiner Krankheit einfach nicht mehr hochgekommen □ **restabelecer-se; recuperar-se 5** ⟨fig.⟩ 5.1 ⟨400⟩ *sich aufraffen, sich moralisch aufrichten, Not überwinden;* er kommt immer wieder schnell hoch □ **levantar-se; reerguer-se 5.2** ⟨601⟩ *es kommt jmdm. hoch* ⟨a. fig.⟩ *es wird jmdm. übel;* es kommt einem, mir hoch; es kommt mir hoch, wenn ich so etwas sehe, höre □ **ficar enjoado; ter náusea**

hochkompliziert

hoch|kom|pli|ziert *auch:* **hoch kom|pli|ziert** ⟨Adj.⟩ *sehr, äußerst kompliziert* □ extremamente complicado

hoch||le|ben ⟨V. 400⟩ **1** *durch Hochrufe gefeiert werden* □ dar vivas; *er lebe hoch!* □ *viva!* **1.1** *jmdn. ~ lassen durch Hochrufe feiern* □ *dar vivas a alguém

Hoch|mut ⟨m.; -(e)s; unz.⟩ **1** *übertriebener od. unberechtigter Stolz, Überheblichkeit* □ arrogância; soberba **1.1** *~ kommt vor dem Fall* ⟨Sprichw.⟩ *wer hochmütig ist, wird auch einmal gedemütigt* □ *o orgulho precede a queda

hoch|mü|tig ⟨Adj.; abwertend⟩ *übertrieben stolz, eingebildet, überheblich; jmdn. ~ anblicken* □ com arrogância/soberba; *ein ~es Benehmen* □ arrogante; orgulhoso

hoch||neh|men ⟨V. 189/500⟩ **1** ⟨nord- u. mitteldt.⟩ *auf den Arm nehmen; ein Kind ~* □ levantar; pegar (do chão) **2** ⟨fig.; umg.⟩ *jmdn. ~* **2.1** *ausbeuten, übervorteilen* □ explorar; lesar **2.2** ⟨Vr 8⟩ *aufziehen, necken* □ *fazer troça de alguém **2.3** ⟨umg.⟩ *verhaften* □ prender; deter

Hoch|ofen ⟨m.; -s, -öfen⟩ *15-27 m hoher Schachtofen zur Gewinnung von Roheisen* □ alto-forno

Hoch|sai|son ⟨[-zɛzɔ̃] *od.* [-zɛzɔŋ] f.; -, -s *od.* österr. [-zɛzo:n] f.; -, -en⟩ *Hauptsaison, Jahreszeit des meisten Betriebes, Jahreszeit mit dem meisten Fremdenverkehr* □ alta estação

hoch||schät|zen *auch:* **hoch schät|zen** ⟨V. 500/Vr 8⟩ *jmdn. od. etwas ~ sehr schätzen; ich schätze ihn sehr hoch* □ *ter grande estima por alguém ou alguma coisa

hoch||schla|gen ⟨V. 218/500⟩ *den* **Kragen, das Revers** *~ nach oben umschlagen* □ levantar

Hoch|schu|le ⟨f.; -, -n⟩ *wissenschaftliche Lehr- u. Forschungsanstalt mit Abitur als Voraussetzung u. Möglichkeit zur Promotion;* → *a.* Universität(1); *landwirtschaftliche ~; technische ~; ~ für Musik* □ escola superior; universidade

Hoch|see ⟨f.; -; unz.⟩ *jenseits des Kontinentalsockels liegender Teil des Ozeans* □ alto-mar

Hoch|span|nung ⟨f.; -; unz.⟩ **1** *elektr. Spannung über 250 V gegen Erde bzw. über 1000 V Transformatorspannung; Vorsicht ~! (Aufschrift auf Warnschildern)* □ alta tensão **2** ⟨fig.⟩ *große Spannung, gespannte Erwartung; wochenlang in ~ leben* **2.1** *sich in ~ befinden kurz vor einem heftigen Gefühlsausbruch stehen* □ tensão; ansiedade

hoch||spie|len ⟨V. 500/Vr 7⟩ **1** *jmdn. od. eine* **Sache** *~ durch geschicktes Verhalten in den Vordergrund, an die Öffentlichkeit bringen; eine Angelegenheit (künstlich) ~* □ *exaltar (as qualidades de) alguém ou alguma coisa;* ⟨aber Getrenntschreibung⟩ *hoch spielen* → *hoch(9.4)*

Hoch|spra|che ⟨f.; -; unz.⟩ *mundartfreie Sprache* □ língua culta; língua padrão

Hoch|sprung ⟨m.; -(e)s, -sprün|ge; Sp.⟩ *Sprung über eine auf zwei Ständern ruhende Latte aus dem Stand od. mit Anlauf von vorn od. schräg von der Seite* □ salto em altura

höchst 1 ⟨Adj.; Superl. von⟩ *hoch; das ~e Haus, der ~e Baumwipfel* □ o mais alto **1.1** *in ~em Grade ganz besonders, sehr* □ *no mais alto grau **1.2** *es ist ~e Zeit die Zeit drängt* □ *não há tempo a perder; está na hora **1.3** *ich bin aufs ~e/Höchste überrascht sehr, außerordentlich überrascht* □ *estou extremamente surpreso **1.4** *jmdn. in den ~en Tönen loben jmdn. sehr loben* □ *fazer altos elogios a alguém **1.5** *etwas zu jmds. ~er Zufriedenheit ausführen sehr zufriedenstellend* □ *fazer alguma coisa para grande satisfação de alguém **1.6** *der Höchste Gott* □ *o Altíssimo **2** ⟨Adv.⟩ *sehr, äußerst; so etwas kommt ~ selten vor* □ extremamente; muito

Hoch|stap|ler ⟨m.; -s, -⟩ *jmd., der durch das Vortäuschen einer gehobenen gesellschaftlichen Stellung Betrügereien begeht* □ vigarista; impostor

hoch||ste|hen ⟨V. 256/400⟩ *etwas steht hoch steht nach oben aufgerichtet; morgens stehen seine Haare immer hoch* □ ficar de pé; ficar levantado

hoch|ste|hend ⟨Adj.⟩ **1** *eine hohe gesellschaftliche od. berufliche Stellung innehabend, bedeutend, wichtig; eine ~e Persönlichkeit* □ de alta posição; graúdo **1.1** *geistig ~ gebildet, kenntnisreich u. geistig anspruchsvoll* □ *altamente intelectualizado; de elevado nível cultural

höchs|tens ⟨Adv.⟩ **1** *nicht mehr als, nicht länger, weiter als; ~ zehn Minuten; es waren ~ 20 Zuschauer* □ no máximo; quando muito **2** *im äußersten Falle; ich kann dich ~ noch einmal anrufen, zu einem Besuch fehlt mir die Zeit* □ em último caso

Hoch|stim|mung ⟨f.; -, -en; Pl. selten⟩ *frohe, festliche Stimmung, frohe, zuversichtliche Stimmung; in ~ sein* □ bom humor

höchst|wahr|schein|lich ⟨Adv.⟩ *sehr wahrscheinlich; ~ werde ich nicht kommen* □ muito provavelmente

hoch|tra|bend ⟨Adj.⟩ *übertrieben, zu großartig, schwülstig; ~e Redensarten* □ pomposo; empolado

hoch||tra|gen ⟨V. 265/500; nord-, mitteldt.⟩ *jmdn. od. etwas ~ jmdn. od. etwas nach oben tragen, hinauftragen* □ levar/trazer para cima; → *a. hoch (1.5)*

Hoch|ver|rat ⟨m.; -(e)s; unz.⟩ *Angriff auf Staatsverfassung, Staatsoberhaupt od. die innere Ordnung eines Staates* □ alta traição

Hoch|wald ⟨m.; -(e)s, -wäl|der⟩ *aus Samen od. Setzlingen erwachsener Wald, der mindestens 80 Jahre alt ist* □ floresta alta

Hoch|was|ser ⟨n.; -s, -⟩ **1** *Hochflut, höchster Wasserstand eines Flusses od. Sees* □ maré alta; cheia **2** *Überschwemmung* □ inundação

Hoch|wild ⟨n.; -(e)s; unz.⟩ *Elch-, Rot-, Dam-, Stein-, Gams-, Schwarz-, Auerwild, Bär, Luchs, Wolf, Adler, Falke, Schwan* □ caça grossa

Hoch|zeit ⟨f.; -, -en⟩ **1** ⟨['hɔx-]⟩ *Eheschließung, Heirat* □ casamento **1.1** *~ feiern, halten, machen heiraten* □ *casar-se **1.2** *diamantene ~ 60. Jahrestag der H.* **1.3** *eiserne ~ 65. Jahrestag der H.* **1.4** *goldene ~ 50. Jahrestag der H.* □ bodas **1.5** *grüne ~ Tag der Eheschließung* □ *dia do casamento **1.6** *hölzerne ~ 10. Jahrestag der H.* **1.7** *kupferne ~ 7. Jahrestag der H.* **1.8** *sil-*

berne ~ *25. Jahrestag der H.* □ **bodas 2** ⟨[hɔx-] Typ.⟩ *versehentlich doppelt gesetztes Wort* □ **repetição; duplicação 3** ⟨[hoːx-]⟩ *Glanzzeit, Höhepunkt (einer Entwicklung);* eine ~ *des Opernschaffens* □ **auge; apogeu**

Ho|cke ⟨f.; -, -n⟩ **1** *kauernde Stellung in tiefer Kniebeuge* □ **cócoras;** *in die ~ gehen* □ ***agachar-se; acocorar-se 2** *Sprung mit angezogenen Beinen über ein Turngerät (Bock, Pferd, Kasten)* □ **salto frontal grupado**

ho|cken ⟨V.⟩ **1** ⟨411⟩ *Stellung in tiefer Kniebeuge einnehmen, bei der die Füße den Boden entweder nur mit dem Ballen od. aber mit der ganzen Sohle berühren;* er hockte am Boden □ **estar agachado/acocorado 2** ⟨411⟩ *sich klein machend, (unglücklich) zusammengesunken dasitzen;* die Hühner hockten nebeneinander auf der Stange □ **acocorar-se; encolher-se 3** ⟨402/Vr 3⟩ **(sich)** ~ ⟨umg.⟩ *in nachlässiger Haltung dasitzen;* er hockte am Tisch □ **sentar-se de qualquer jeito; largar-se 4** ⟨511/Vr 3⟩ **sich** ~ *Stellung des Hockens(1) einnehmen, sich kauern;* er hockte sich vor den Ofen **4.1** *sich auf den Boden ~ am B. kauern* □ ***agachar-se; acocorar-se 5** ⟨411⟩ *lange untätig sitzen (bleiben), sich längere Zeit untätig an einem Ort aufhalten;* er hockt immer noch auf demselben Platz; er hockt immer nur bei anderen Leuten, in seinem Zimmer □ **ficar sentado (sem fazer nada) 5.1** *(immer) zu Hause ~* ⟨umg.⟩ *viel zu Hause sein, wenig außer Haus kommen* □ **ficar (sempre) enfiado em casa; ser muito caseiro**

Ho|cker ⟨m.; -s, -⟩ *Stuhl ohne Lehne;* Bar~ □ **banquinho; tamborete**

Hö|cker ⟨m.; -s, -⟩ **1** *knöcherner Auswuchs* □ **corcunda; protuberância 2** *Rückgratverkrümmung, Buckel* □ **corcunda 3** *hohes Fettpolster auf dem Rücken von Kamel u. Dromedar* □ **corcova; bossa**

Ho|ckey ⟨[hɔke:] engl. [hɔki] n.; -s; unz.. Sp.⟩ *Kampfspiel zwischen zwei Mannschaften zu je elf Spielern, die einen kleinen Ball mit langen Holzschlägern ins gegnerische Tor zu treiben versuchen* □ **hóquei**

Ho|de ⟨m.; -n, -n od. f.; -, -n; fast nur Pl.⟩ = **Hoden**

Ho|den ⟨m.; -s, -; Anat.⟩ *die männliche Keimdrüse, Bildungsstätte männlicher Keimzellen: Testis, Orchis;* oV *Hode* □ **testículos**

Hof ⟨m.; -(e)s, Hö|fe⟩ **1** *zum Haus gehörender, umschlossener Platz;* Hinter~, Kasernen~, Schloss~, Schul~; *auf dem ~ spielen* □ **pátio; quintal 2** *landwirtschaftlicher Betrieb, meist Wohnhaus mit Ställen u. Feldern;* Bauern~; Pacht~; *einen ~ bewirtschaften* □ **propriedade rural; sítio;** → a. *Haus(1.6)* **3** *Gebäude mit dazugehörigem Betriebsgelände* □ **estabelecimento; estação;** Bahn~, Schlacht~ □ **estação ferroviária; matadouro 4** *fürstlicher Wohnsitz, fürstlicher Haushalt; am ~ des Königs Ludwig* **4.1** *~ halten sich mit seinem Gefolge aufhalten, residieren (von Fürsten);* ein Fürst hält Hof □ ***ter sua corte 4.2** *bei ~e in einem fürstlichen Haushalt; das ist bei ~e so üblich; jmdn. bei ~e vorstellen, einführen* □ ***na corte 5** *fürstliches Gefolge, Hofstaat;* Königs~, Kaiser~; *der König erschien mit seinem ganzen ~* □ **corte 5.1** *einem Mädchen den ~ machen sich um ein M. bemühen, bewerben, mit ihm flirten* □ ***fazer a corte a uma moça 6** *oft Name von Hotels u. Gasthöfen (mit Ortsbezeichnung verbunden);* Bayerischer ~, Thüringer ~ □ **hotel; hospedaria; pousada 7** ⟨Meteor.⟩ *durch Brechung u. Spiegelung an Eiskristallen in der oberen Atmosphäre entstehender, leicht farbiger Ring um Sonne od. Mond;* der Mond hat heute einen ~ □ **halo 8** *Feld in der Ecke des Halmabrettes* □ **base; ponta da estrela**

hof|fä|hig ⟨Adj. 24⟩ **1** *berechtigt, bei Hofe zu erscheinen* □ **admissível na corte 2** ⟨allg.⟩ *fähig, sich in der Öffentlichkeit gut zu benehmen;* er ist (nicht) ~ □ **apresentável**

hof|fen ⟨V.⟩ **1** ⟨500 od. 510⟩ *etwas ~ für die Zukunft wünschen, zuversichtlich annehmen;* ~ wir das Beste!; er hofft, schon bald abreisen zu können; das ist ja besser, mehr, als ich zu ~ gewagt hätte!; ich hoffe, dass er morgen kommen wird; ich wage es nicht zu ~, dass ... □ **esperar;** *alles Hoffen war vergebens* □ **esperança 1.1** *es steht zu ~, dass ... wir hoffen, dass ...* □ ***espera-se que... 2** ⟨800⟩ *auf etwas ~ die Verwirklichung von etwas wünschen;* wir ~ auf baldige Besserung □ ***esperar (por) alguma coisa 3** ⟨800⟩ *auf jmdn. ~ von jmds. Kommen, jmds. Hilfe viel erwarten* □ ***esperar (por) alguém; contar com alguém 4** ⟨500⟩ *etwas ~ (wollen) annehmen, voraussetzen* □ **esperar;** ich will es ~! □ ***assim espero!;** ich will nicht ~, dass ... □ ***espero que (...) não (...)**

hof|fent|lich ⟨Adv.⟩ *es ist zu hoffen, dass ..., ich hoffe, wünsche, dass ...;* ob morgen wohl schönes Wetter wird? ~!; ob der Zug wohl Verspätung hat? ~ nicht; ~ hast du dich nicht erkältet; ~ kommt sie bald; ~ ist es so □ **tomara; queira Deus**

Hoff|nung ⟨f.; -, -en⟩ **1** *Wunsch für die Zukunft, Wunsch, dass in der Zukunft etwas geschehen möge;* die ~ hegen, dass ...; der Ausgang der Sache hat alle unsere ~en noch übertroffen; das ist eine törichte ~; meine ~ hat sich (nicht) erfüllt; ihre ~(en) wurde(n) enttäuscht; eine ~ begraben; ich möchte der ~ Ausdruck geben, verleihen, dass ... ⟨geh.⟩ **2** *Glauben an die Erfüllbarkeit des Gewünschten;* falsche ~en hegen; wir hegen, haben begründete ~, dass ...; ~ auf Genesung; jmdm. (neue) ~ einflößen, machen; er hat die ganze Zeit in der ~ gelebt, dass ...; sie lebt nur noch von der ~, dass ...; seine Bemerkung bestärkt mich in der ~, dass ...; (neue) ~ schöpfen; sich der ~ hingeben, dass ...; sie klammert sich noch an die ~, dass ...; jmdm. jede ~ nehmen; wir haben jede ~ aufgegeben; lasst alle ~ fahren, ihr, die ihr eintretet (Übersetzung der Inschrift über der Tür zur Hölle in Dantes „Göttlicher Komödie", 3,9); die ~ (im Busen) nähren (poet.) □ **esperança 2.1** *er knüpfte seine ~ an den Erfolg seines Konzerts versprach sich etwas (Bestimmtes) vom E. seines Konzerts* □ ***depositou suas esperanças no sucesso de seu concerto 2.2** *jmdm. ~ (auf etwas) machen jmdn. (fälschlicherweise) an die Erfüllbarkeit des Gewünschten glauben machen;* einem Mann ~en machen; sich vergebliche ~ machen □ ***alimentar as esperanças de alguém (a**

respeito de alguma coisa) **3** *(zuversichtliche) Erwartung;* seine ~ auf jmdn. od. etwas setzen ▢ **esperança** 3.1 guter ~ sein ⟨fig.; veraltet⟩ *schwanger sein, in Erwartung sein* ▢ ***estar esperando um bebê** **4** *Möglichkeit, dass der gewünschte Erfolg eintritt;* es besteht noch eine schwache ~, dass ...; es besteht keine ~ mehr, dass ... ▢ **esperança 5** *nicht gerechtfertigte, falsche Vorstellung von der Wirklichkeit, Illusion;* bitte machen Sie sich keine ~en, dass ... **6** *jmd., von dem man glaubt, dass er zum gewünschten Erfolg verhelfen kann* 6.1 er ist meine letzte ~ *er allein kann vielleicht noch helfen* ▢ **esperança**

hof∥hal∣ten ⟨alte Schreibung für⟩ *Hof halten*

ho∣fie∣ren ⟨V. 500/Vr 8⟩ jmdn. ~ *jmdm. Schmeicheleien sagen, Komplimente machen, sich um seine Gunst bewerben* ▢ **bajular**

höf∣lich ⟨Adj.⟩ *wohlerzogen, verbindlich, takt-, rücksichtsvoll, zuvorkommend;* jmdm. ~ seinen Platz anbieten; wir bitten Sie ~(st) (Briefstil); in ~em Ton etwas sagen ▢ **gentil(mente); (de modo) cortês**

Höf∣lich∣keits∣for∣mel ⟨f.; -, -n⟩ *aus Höflichkeit gebrauchte, nichts sagende Redensart, Floskel* ▢ **fórmula de cortesia**

Hof∣staat ⟨m.; -(e)s; unz.⟩ *fürstliches Gefolge, fürstlicher Haushalt* ▢ **corte; casa real**

Hö∣he ⟨f.; -, -n⟩ **1** *Bodenerhebung, Hügel, Anhöhe, Berg;* bewaldete ~n; oben auf der ~ steht eine Kirche; die ~n des Taunus ▢ **monte; colina 2** *Ausdehnung, Erhebung, Erstreckung, Abmessung nach oben, Abstand nach unten;* die ~ eines Berges, Hauses, Turmes, Wasserspiegels; die ~ eines Gegenstandes messen; die ~ dieses Turmes beträgt 100 Meter; an ~ gewinnen ▢ **altura 2.1 in die** ~ *nach oben;* einen Ball in die ~ werfen; Preise in die ~ treiben; etwas in die ~ heben ▢ ***para o alto; para cima** 2.1.1 in der ~ *im Himmel;* Ehre sei Gott in der ~ ▢ ***nas alturas 2.2 in die ~ fahren* ⟨fig.⟩ *aufspringen, sich schnell aufrichten* ▢ ***levantar-se num pulo** 2.3 in die ~ gehen ⟨a. fig.⟩ *sich erregen, zornig werden* ▢ ***enfurecer-se; irritar-se** 2.4 der Teig ist in die ~ gegangen *(auf)gegangen* ▢ ***a massa cresceu** **3** ~ ⟨über Normalnull⟩ *Höhe(2) über dem Meeresspiegel;* die Stadt liegt in 300 m (NN) ~; die Straße erreicht hier eine ~ von 1000 m (NN) ▢ **altitude 4** *Abstand von einem festen Punkt;* zwei Gegenstände, Linien o. Ä. auf gleiche ~ bringen ▢ **altura; nível** 4.1 die beiden Läufer lagen auf gleicher ~ *liefen nebeneinander* ▢ ***os corredores estavam lado a lado** 4.2 *geografische Breite;* Oslo liegt ungefähr auf der gleichen ~ wie Leningrad ▢ **latitude 5** ⟨fig.⟩ *Ausmaß, Größe einer Summe, eines Betrages;* die ~ eines Betrages, Preises, einer Summe ▢ **montante; importância;** die ~ des Schadens ist noch nicht festgestellt ▢ **tamanho; extensão;** einen Beitrag in voller ~ bezahlen, ersetzen; ein Geschenk in ~ von zwanzig Euro ▢ **valor; montante;** die ~ der Temperatur ▢ **elevação 6** *Höhepunkt, höchste Stufe (der Entwicklung);* in diesen Jahren stand er auf der ~ seines Ruhmes ▢ **ponto alto; auge** 6.1 ich bin heute nicht ganz, wieder auf der ~ *ich fühle mich gesundheitlich nicht ganz, wieder wohl* ▢ **plena forma** 6.2 jmdn. in die ~ bringen *jmdn. wieder gesundmachen* ▢ ***curar alguém** 6.3 ein Geschäft, ein Unternehmen (wieder) in die ~ bringen *(wieder) leistungsfähig, gewinnbringend machen* ▢ ***recuperar um negócio/uma empresa** 6.4 das ist doch, ja die ~! *der Gipfel der Unverschämtheit* ▢ ***isso é o cúmulo!* **7** ⟨Math.⟩ *senkrechter Abstand eines Eckpunktes von der gegenüberliegenden Seite;* (auf einer Linie) die ~ errichten **8** ~ eines **Tones** ⟨Phys.⟩ *Schwingungszahl in einer Sekunde;* Ton- **9** ⟨Astron.⟩ *Winkel zwischen dem Horizont und einem Gestirn, gemessen auf dessen Vertikalkreis* ▢ **altura**

Ho∣heit ⟨f.; -, -en⟩ **1** ⟨unz.⟩ *Erhabenheit, Vornehmheit, Würde;* die ~ seiner Erscheinung ▢ **grandeza; nobreza 2** ⟨unz.⟩ *oberste Staatsgewalt u. ihre Rechte; Finanz-, Gerichts-, Landes-* ▢ **soberania 3** ⟨Titel für⟩ *fürstliche Person;* die ~en begaben sich zu Tisch; Eure ~; Kaiserliche ~ (Titel für den dt. Kronprinzen u. die österr. Erzherzöge); Königliche ~ (Titel für Angehörige eines regierenden od. großherzoglichen Hauses) ▢ **Alteza**

Ho∣he∣lied *auch:* **Ho∣he Lied** ⟨n.; Gen.: Ho∣he∣lie∣des od. Ho∣hen Lie∣des; unz.; Beugung des adj. Bestandteils nur bei Getrenntschreibung⟩ **1** *auf Salomo zurückgeführte Sammlung altjüd. Liebes- u. Hochzeitslieder im AT* ▢ **Cântico dos Cânticos 2** ⟨fig.⟩ *Loblied, Preislied;* das ~ der Liebe ⟨fig.⟩; ein ~ der Treue singen ⟨fig.⟩ *die Treue preisen* ▢ **cântico de louvor**

Ho∣he∣pries∣ter *auch:* **Ho∣he Pries∣ter** ⟨n.; Gen.: Ho∣he∣pries∣ters od. Ho∣hen Pries∣ters; unz.; ein Ho∣he∣pries∣ter od. Ho∣her Pries∣ter; Beugung des adj. Bestandteils nur bei Getrenntschreibung, Rel.⟩ *altjüd. Oberpriester* ▢ **sumo sacerdote**

Hö∣he∣punkt ⟨m.; -(e)s, -e⟩ Ggs **Tiefpunkt 1** *wichtigster, bedeutendster, bester Teil einer Entwicklung, eines Vorgangs;* der ~ einer Entwicklung; den ~ des Spiels, des Wettkampfes erreichen, überschreiten 1.1 *schönster Augenblick;* der ~ des Abends war ein Feuerwerk ▢ **auge; apogeu**

hohl ⟨Adj.⟩ **1** *innen leer, ausgehöhlt;* eine ~e Nuss; ein ~er Baum; ein ~er Zahn ▢ **vazio; oco 2** *muldenförmig vertieft* ▢ **côncavo 2.1** ein ~es **Kreuz**, ein ~er **Rücken** *übermäßige, starke Krümmung der Wirbelsäule nach vorn* ▢ **curvado; côncavo 2.2** ~e **Gasse** *Hohlweg* ▢ ***desfiladeiro** 2.3 die ~e **Hand** 2.3.1 *gekrümmte Handfläche* ▢ ***a mão em concha** 2.3.2 *(Sinnbild der Bestechlichkeit u. Neigung, überall Geld zu fordern);* ***mão de pedinte** 2.4 *konkav, nach innen gekrümmt;* eine ~e Linse ▢ **côncavo 2.5** *eingefallen;* ~e Wangen ▢ **encovado 3** *dumpf;* ~er Husten; ~e Stimme; ~ klingen ▢ **cavo; cavernoso 4** ⟨fig.⟩ ~er **Zahn** ⟨umg.⟩ *zu wenig, um satt zu werden* ▢ ***não dar nem para encher o buraco do dente* **5** ⟨fig.⟩ *inhaltsleer, ohne inneren Gehalt;* ~e Phrasen ▢ **vazio** 5.1 ein ~er Kopf ⟨abwertend⟩ *geistloser, dummer Mensch* ▢ ***cabeça oca**

Höh∣le ⟨f.; -, -n⟩ **1** *natürlicher Hohlraum in Gestein od. Baum mit verhältnismäßig kleinem Zugang;* sich in einer ~ verstecken □ caverna, gruta 1.1 sich in die ~ des Löwen begeben ⟨fig.⟩ *sich mutig zu jmdm., der einem nicht wohlwill od. gefährlich werden kann, begeben* □ **entrar na toca do leão* 2 *Behausung wilder Tiere unter der Erde, Bau;* der Fuchs kroch aus seiner ~ □ covil; toca 3 *Loch;* Felsen-~, Mund-~ □ cavidade 4 ⟨kurz für⟩ *Augenhöhle* □ órbita 5 ⟨fig.; umg.⟩ *elende, dürftige Behausung, schlechte Wohnung;* die Familie hausten in ärmlichen -~n □ buraco; antro; toca 6 ⟨veraltet; Bgb.⟩ *Fördertrog u. -maß von 16 Zentnern* □ medida de peso equivalente a 16 quintais

Hohl|maß ⟨n.; -es, -e⟩ *Maß zur Bestimmung von Rauminhalt od. Flüssigkeitsmengen, z. B. Kubikmeter, Liter* □ medida de capacidade

Hohl|spie|gel ⟨m.; -s, -; Opt.⟩ *Spiegel mit einer nach innen gewölbter Fläche, der das Spiegelbild vergrößert* □ espelho côncavo

Hohl|tier ⟨n.; -(e)s, -e; meist Pl.; Zool.⟩ *Angehöriges einer Unterabteilung niedrig organisierter Meerestiere, deren Körper aus einem Hohlraum besteht, der zur Verdauung dient: Coelenterata* □ celenterados

Hohl|weg ⟨m.; -(e)s, -e⟩ *Weg durch einen Geländeeinschnitt, z. B. Schlucht* □ desfiladeiro; garganta

Hohn ⟨m.; -(e)s; unz.⟩ 1 *scharfer, böser Spott;* beißender, bitterer ~; nichts als, nur ~ und Spott ernten □ escárnio; sarcasmo 1.1 es ist der reinste ~ *es widerspricht jedem Gefühl für Takt, Rücksicht, Achtung* □ **é o fim da picada* 1.2 jmdm. etwas zum ~e tun *gegen seinen Willen, um ihn zu ärgern* □ **fazer alguma coisa para provocar/escarnecer alguém* 2 ⟨Getrennt- u. Zusammenschreibung⟩ 2.1 ~ lachen = hohnlachen 2.2 ~ sprechen = hohnsprechen

höh|nen ⟨V.⟩ 1 ⟨402⟩ (etwas) ~ *höhnisch sagen;* „...!", höhnte er □ ironizar 2 ⟨500⟩ jmdn. od. etwas ~ *verhöhnen, böse verspotten* □ **zombar/escarnecer de alguém ou alguma coisa*

höh|nisch ⟨Adj.⟩ *voller Hohn, spöttisch, böse u. schadenfroh;* jmdn. ~ anschauen; ein ~er Blick □ irônico; sarcástico; com ironia/sarcasmo

hohn||la|chen auch: **Hohn la|chen** ⟨V. 400⟩ 1 *höhnisch, böse u. schadenfroh lachen;* er lachte Hohn/hohnlachte □ rir com ironia/escárnio 2 ⟨fig.; geh.⟩ *entgegenstehen, zuwiderlaufen;* diese Entscheidung hohnlacht jeglicher Vernunft □ contradizer; contrariar

hohn||spre|chen auch: **Hohn spre|chen** ⟨V. 251/600 od. 700⟩ einer **Sache** ~ *eine S. in beleidigender Weise missachten, zu einer S. in verletzendem Widerspruch stehen;* das spricht jeglicher Menschlichkeit Hohn □ escarnecer de; ultrajar

Ho|kus|po|kus ⟨m.; -; unz.⟩ 1 *(Formel beim Vorführen von Zauberkunststücken)* □ abracadabra 1.1 *Zaubertrick* □ prestidigitação; ilusionismo 2 ⟨fig.⟩ *Zauberei, Vortäuschung, Blendwerk;* was soll dieser ganze ~? □ tapeação; embromação

hold ⟨Adj. 43; geh.; veraltet⟩ 1 *günstig gesinnt, gewogen, zugetan;* jmdm. ~ sein; er ist mir nicht ~ (gestimmt) □ afeiçoado 1.1 das Glück ist jmdm. ~ *jmd. hat G.* □ **a sorte sorri para alguém* 2 *lieblich, bezau-* *bernd, anmutig u. zierlich;* ihr ~es Antlitz; ein ~es Mädchen, Wesen □ amável; encantador

hold|se|lig ⟨Adj.; veraltet⟩ *reizend, lieblich, überirdisch schön;* ein ~es Antlitz, Lächeln □ gracioso; encantador

ho|len ⟨V. 500⟩ 1 etwas ~ *hingehen u. etwas herbringen, herbeischaffen, heranbringen;* morgens die Post, Brötchen ~ □ ⟨ir⟩ buscar 1.1 ⟨516⟩ ein **Kind** ~ *(bei der Geburt) mit der Zange* ~ *bei der G. mit der Z. nachhelfen* □ **(durante o parto) retirar o bebê a fórceps* 1.2 **Atem, Luft** ~ *einatmen* □ **tomar fôlego; inspirar* 1.2.1 ⟨513⟩ tief Luft ~ *tief einatmen* □ **respirar fundo* 2 jmdn. ~ *veranlassen, bitten zu kommen;* den Arzt, Notdienst ~; eine Freundin zum Spielen ~ □ chamar;→ a. *Teufel(5.3)* 3 ⟨530/Vr 1⟩ sich etwas ~ *sich etwas zuziehen, etwas bekommen;* sich einen Schnupfen ~ □ **apanhar/pegar alguma coisa* 3.1 sich eine **Abfuhr** ~ *(barsch, kurz) abgewiesen werden* □ **levar um não na cara* 3.2 sich (bei jmdm.) **Rat** ~ *sich von jmdm. beraten lassen* □ pedir 4 hier, dabei, in dieser Angelegenheit ist nichts zu ~ ⟨umg.⟩ *nichts zu gewinnen* □ ganhar

hol|la! ⟨Int.⟩ 1 *(Anruf)* ~, wer kommt denn da angelaufen? □ oi; olá; ei 2 *(Ausruf, mit dem eine Einschränkung, ein leichtes Erschrecken od. Erstaunen od. der Wunsch, mit etwas aufzuhören, ausgedrückt wird);* ~, das hätte ich mir aber nicht von ihm gedacht!; ~, fast wäre ich hingefallen! □ ei; opa

Höl|le ⟨f.; -, -n; Pl. selten⟩ 1 *in vielen Religionen gedachter Ort der Qual u. Pein für Sünder;* Angst vor der ~ haben □ inferno 1.1 der Fürst der ~ *der Teufel* □ **o Príncipe das Trevas* 1.2 *Ausgeburt der ~ schreckliches, furchteinflößendes Wesen* □ **o ovo do coisa ruim* 1.3 der Weg zur ~ ist mit guten Vorsätzen gepflastert ⟨Sprichw.⟩ *was nützen alle guten Vorsätze, wenn man sich nicht daran hält* □ **de boas intenções o inferno está cheio;* → a. *Himmel(2.6, 2.7)* 2 ⟨fig.⟩ *Ort großer Qual* □ inferno 2.1 fahr, scher dich zur ~! ⟨umg.⟩ *mach, dass du fortkommst!* □ **vá para o inferno!* 2.2 jmdn. zur ~ wünschen *jmdn. verwünschen* □ **amaldiçoar alguém; mandar alguém para o inferno* 2.3 jmdm. die ~ heiß machen *jmdn. einschüchtern, jmdm. eindringlich ins Gewissen reden* □ **infernizar a vida de alguém* 3 ⟨fig.⟩ *Qual;* das Leben dort ist eine ~; jmdm. das Leben zur ~ machen ~ □ inferno 3.1 dort ist die ~ los *dort tobt ein heftiges Unwetter, sind gefährliche Unruhen, ist ein lärmendes Durcheinander u. Ä.* □ **o diabo está à solta por ali* 4 ⟨veraltet; süddt.⟩ *Raum zwischen Ofen u. Wand* □ espaço entre o forno/a lareira e a parede

höl|lisch ⟨Adj.⟩ 1 ⟨60; Rel.⟩ *zur Hölle gehörig;* im ~en Feuer brennen □ infernal; do inferno 1.1 *teuflisch;* ~e Zauberei, ~e Künste betreiben □ diabólico 2 ⟨fig.; umg.⟩ *schrecklich, qualvoll, grausam;* ~e Schmerzen; die Wunde brennt ~; es tut ~ weh □ infernal; terrivelmente 3 ⟨90; fig.; umg.⟩ *sehr groß, sehr stark;* eine ~e Hitze □ infernal; ich muss ~ aufpassen, dass ... □ muito

Holm

Holm¹ ⟨m.; -(e)s, -e⟩ **1** *jede der beiden Längsstangen an Leiter u. Barren* □ **banzo 2** ⟨Flugw.⟩ *im Tragflügel vom Rumpf nach außen führender Träger* □ **longarina 3** *Axtstiel* □ **cabo do machado 4** *Schaft, Griff des Ruders* □ **cabo do remo 5** ⟨Bauw.⟩ *mit Pfählen verzapfter, quer liegender Balken* □ **travessa**

Holm² ⟨m.; -(e)s, -e⟩ **1** *Flussinsel, kleine Insel od. Halbinsel* □ **ilhota; ilha fluvial 2** ⟨nddt.⟩ *Schiffswerft* □ **estaleiro**

Ho|lo|caust ⟨m.; - od. -s, -s; engl.-amerik. Bez. für⟩ **1** ⟨i. e. S.⟩ *die Judenvernichtung während der Zeit des Nationalsozialismus;* wir gedenken der Opfer des ~s □ **Holocausto 2** ⟨i. w. S.⟩ *massenhafte Vernichtung menschlichen Lebens, Ausrottung eines Volkes, Völkermord* □ **holocausto**

Ho|lo|zän ⟨n.; -s; unz.⟩ *jüngste Abteilung des Quartärs (mit Abnahme der Vereisung)* □ **holoceno**

hol|pe|rig ⟨Adj.⟩ oV holprig **1** *uneben, voller Löcher u. Steine, grob gepflastert;* ein ~er Weg, eine ~e Straße □ **acidentado; irregular 2** ⟨fig.⟩ *ungeschliffen, ungewandt;* ein ~er Stil; der Aufsatz ist ~ geschrieben □ **(de modo) tosco**

hol|pern ⟨V. 400⟩ **1** ⟨(s.)⟩ *ein* **Wagen** *holpert fährt rüttelnd auf unebenem Weg* □ **dar solavancos 2** *Sätze ~ sind ungeschickt gebaut, nicht flüssig geschrieben* □ ***as frases não são fluentes 3** *beim Lesen ~ nur stockend lesen* □ ***ler com dificuldade/aos tropeços**

hol|prig ⟨Adj.⟩ = holperig

Ho|lun|der ⟨m.; -s, -; Bot.⟩ **1** *einer Gattung der Geißblattgewächse angehörendes Holzgewächs mit dickem Mark, gefiederten Blättern u. schirm- od. straußförmigen weißen Blütenständen: Sambucus;* ~beeren, ~blüten; □ **sabugueiro**; → a. *schwarz(2.14)*

Holz ⟨n.; -es, Höl|zer⟩ **1** *hauptsächlicher Bestandteil der Wurzeln, des Stammes und der Äste der Bäume u. Sträucher;* dürres, grünes, hartes, trockenes, weiches ~; ~ hacken, sägen, spalten □ **madeira 1.1** = **fällen**, hauen *Bäume fällen* □ ***cortar/derrubar árvores 1.2** *der Baum ins ~ geschossen hat viele Äste u. Zweige, aber wenig Früchte* □ ***a árvore deu mais galhos do que frutos 1.3** *Brennstoff aus Holz(1);* einen Ofen mit ~ heizen; ~ auflegen, nachlegen □ **lenha 1.4** *Bau-, Werkstoff aus Holz(1);* ein Gegenstand aus ~; ein auf ~ gemaltes Bild; edles, gemasertes, helles, dunkles, poliertes ~; eine Wand, ein Zimmer mit ~ verkleiden **2** ⟨unz.; Biol.⟩ *von Bäumen u. Sträuchern nach innen abgeschiedenes Zellgewebe, das zur Leitung von Wasser, zur Erhöhung der Festigkeit u. zur Speicherung organischer Substanzen dient* □ **madeira 3** ⟨unz.; Jägerspr.; regional⟩ *Wald;* ins ~ gehen, fahren; das Wild zieht zu ~ □ **bosque; floresta 4** *Gegenstand aus Holz(1)* □ **objeto de madeira 4.1** *länglich runder, aus Holz gearbeiteter Gegenstand;* Nudel~, Schlag~ □ **rolo/taco/bastão de madeira 4.2** ⟨umg.⟩ *Gesamtheit der Holzblasinstrumente im Orchester;* das ~ war zu laut, zu leise, zu stark, zu schwach □ **madeiras 4.3** *Kegel;* gut ~! (Gruß der Kegler) □ ***bom jogo! 4.4** ⟨nur Pl.⟩ *Hölzer zum Bauen od. für andere Zwecke präparierte Stämme* □ **madeiramento 5** ⟨unz.;

fig.⟩ **5.1** *steifes, stummes, unempfindliches Wesen* □ **pessoa séria/insensível 5.1.1** dasitzen wie ein Stück ~ *steif u. stumm* □ ***ficar sentado feito uma estátua 5.1.2** ich bin doch nicht aus ~! *unempfindlich gegen sinnliche Reize* □ ***não sou de ferro! 5.2** *aus anderem, feinem, grobem ~ geschnitzt von anderer, feiner, grober Wesensart* □ ***ser de outra cepa; ser fino/grosseiro 5.3** ~ in den Wald tragen *etwas Überflüssiges tun* □ ***ensinar o padre-nosso ao vigário;* → a. *Dummheit(1.2)* **5.4** ~ sägen ⟨umg.; scherzh.⟩ *schnarchen* □ ***roncar 5.5** ~ auf sich hacken lassen *sich alles gefallen lassen* □ ***condescender com tudo; deixar-se levar**

Holz|blas|in|stru|ment auch: **Holz|blas|ins|tru|ment** auch: **Holz|blas|inst|ru|ment** ⟨n.; -(e)s, -e; Mus.⟩ *Blasinstrument aus Holz (Flöte, Oboe, Klarinette, Fagott)* □ **madeiras**

hol|zen ⟨V. 400⟩ **1** ⟨500⟩ Wald ~ *Bäume des W. schlagen;* den Wald ~ □ ***cortar árvores da floresta 2** ⟨fig.; umg.⟩ *ohne Sorgfalt arbeiten* □ **trabalhar de qualquer jeito 3** ⟨umg.; Sp.⟩ *roh od. regelwidrig spielen (bes. Fußball)* □ **jogar duro; cometer faltas 4** ⟨Mus.⟩ *oft falsch spielen* □ **tocar mal 5** Raubwild holzt ⟨Jägerspr.⟩ *klettert auf Bäume* □ **subir nas árvores 6** Flugwild, Marder ~ ⟨Jägerspr.⟩ *bewegen sich von Baum zu Baum fort* □ **pular de árvore em árvore**

höl|zern ⟨Adj. 24⟩ **1** *aus Holz;* ~es Spielzeug; eine ~e Brücke □ **de madeira 2** ⟨fig.⟩ *trocken, steif, langweilig, linkisch, unbeholfen;* ein ~er Mensch, ~e Manieren, ein ~er Stil □ **seco; desajeitado; acanhado**

Holz|ham|mer ⟨m.; -s, -häm|mer⟩ **1** *hölzerner Hammer* □ **maço de madeira 1.1** jmdm. etwas mit dem ~ beibringen ⟨fig.; umg.⟩ *grob, schonungslos* □ ***trazer/levar alguém na rédea curta**

Holz|koh|le ⟨f.; -, -n⟩ *durch Holzverkohlung gewonnene Kohle* □ **carvão vegetal**

Holz|schnitt ⟨m.; -(e)s, -e⟩ **1** ⟨unz.⟩ *Holzschneidekunst, die Kunst, mit dem Messer aus einer Holzplatte (weiches Holz, entlang der Faser) eine bildliche Darstellung herauszuschneiden, so dass sie erhaben stehen bleibt, eingefärbt u. auf Papier abgedruckt werden kann* **2** *der Abzug von dem Holzschnitt(1)* □ **gravura em madeira; xilogravura**

Holz|stich ⟨m.; -(e)s, -e⟩ **1** ⟨unz.⟩ *dem Holzschnitt ähnliche Kunst, mit dem Stichel aus einer Holzplatte (hartes Holz, quer zur Faser) eine bildliche Darstellung herauszuarbeiten* **2** ⟨zählb.⟩ *der Abzug von dem Holzstich(1)* □ **xilogravura de topo**

Holz|weg ⟨m.; -(e)s, -e⟩ **1** ⟨urspr.⟩ *nur der Waldwirtschaft dienender Weg, der keine Orte miteinander verbindet* □ **atalho; picada 2** ⟨fig.⟩ *falsche Fährte* □ **caminho errado 2.1** da bist du auf dem ~ *da irrst du dich, da bist du im falschen Glauben* □ ***aí é que você se engana**

Ho|mo¹ ⟨m.; -s od. Ho|mi|nis, Ho|mi|nes⟩ **1** *abstammungsmäßige Vorform des Menschen od. der Mensch selbst* **1.1** ~ Faber *der Mensch als ein Wesen, das sich Werkzeuge u. andere technische Geräte herstellen kann* **1.2** ~ ludens *der spielende, schöpferische Mensch* **1.3** ~ sapiens *Angehöriger einer Gattung des Homo(1), die dem heutigen Menschen entspricht* □ **homo**

Ho|mo² ⟨m.; -s, -s; abwertend; umg.; kurz für⟩ *Homosexueller* □ **homossexual**

ho|mo|fon ⟨Adj.⟩ oV *homophon* **1** ⟨Sprachw.⟩ *gleich lautend, lautlich identisch; "Seite" und "Saite" sind ~e Wörter* **2** ⟨Mus.⟩ *die Melodiestimme durch Akkorde unterstützend u. hervorhebend, in der Art eines harmonischen Gleichklangs;* Ggs *polyphon* □ **homófono**

ho|mo|gen ⟨Adj.⟩ *gleichartig, gleichmäßig zusammengesetzt, übereinstimmend;* Ggs *heterogen* □ **homogêneo**

Ho|möo|pa|thie ⟨f.; -; unz.⟩ *Heilverfahren, bei dem der Kranke mit kleinsten Dosen von Mitteln behandelt wird, die höher dosiert beim Gesunden die gleichen Krankheitserscheinungen hervorrufen würden, nach dem Grundsatz: Ähnliches durch Ähnliches heilen* □ **homeopatia**

ho|mo|phon ⟨Adj.⟩ = *homofon*

ho|mo|se|xu|ell ⟨Adj. 24⟩ *zum gleichen Geschlecht hinneigend;* Ggs *heterosexuell* □ **homossexual**

Ho|mo|se|xu|el|le(r) ⟨f. 2 (m. 1)⟩ *jmd., der homosexuell veranlagt ist* □ **homossexual**

Ho|nig ⟨m.; -s; unz.⟩ **1** *als Nährstoff u. Heilmittel dienender brauner bis gelblicher, meist dünner bis zähflüssiger süßer Stoff, der von den Arbeitsbienen als Nektar aufgesogen, verarbeitet u. in den Waben im Stock gespeichert wird; ein Brot mit ~; Gebäck mit ~; ~ kaufen;* → *Milch(1.1.2)* **2** ⟨fig.; umg.⟩ *schöne Worte; sie redet süß wie ~* □ **mel** **2.1** *jmdm. ~ um den Bart, ums Maul, um den Mund schmieren, streichen* ⟨fig.; umg.⟩ *jmdm. schmeicheln* □ **bajular/adular alguém; jogar confete em alguém*

ho|nig|süß ⟨Adj.⟩ **1** *süß wie Honig, sehr süß* **2** ⟨fig.⟩ *übertrieben freundlich, aber falsch; ein ~es Lächeln, ~e Worte* □ **melífluo; meloso**

Hon|neurs ⟨[ɔnœːrs] nur Pl.; veraltet⟩ *Ehrenbezeigungen; die ~ machen* □ **honras**

Ho|no|rar ⟨n.; -s, -e; bei freien Berufen⟩ *Vergütung von Leistungen freier Berufe; Autoren-~, Stunden-~* □ **honorários**

Ho|no|ra|tio|ren ⟨nur Pl.; heute meist scherz.⟩ *die angesehenen, bedeutenden Bürger (bes. einer Kleinstadt); die ~ der Stadt waren versammelt* □ **notabilidades; personalidades**

ho|no|rie|ren ⟨V. 500⟩ **1** *etwas ~ dankerfüllt anerkennen* □ **recompensar** **2** *freiberufliche Arbeit ~ bezahlen, vergüten* □ **remunerar; pagar** **3** *Wechsel ~ einlösen* □ **honrar; pagar**

Hoo|li|gan ⟨[huːlɪɡən] m.; -s, -s⟩ *gewalttätiger, randalierender Fußballfan, Rowdy* □ **hooligan**

Hop|fen ⟨m.; -s; unz.; Bot.⟩ **1** *einer Gattung der Hanfgewächse angehörende zweihäusige Schlingpflanze: Humulus* **2** *Fruchtstände des Hopfens(1), die als Rohstoff bei der Bierbereitung verwendet werden* □ **lúpulo** **2.1** *bei ihm ist ~ und Malz verloren* ⟨fig.; umg.⟩ *ihm ist nicht zu helfen, er ist nicht mehr erziehbar* □ **ele não tem remédio; ele é um caso perdido*

hopp! ⟨Int.⟩ **1** ⟨*Aufforderung zum raschen Aufstehen, zum Beeilen, zum Springen*⟩ *1 ~! los!; ~, steh auf!* □ **vamos!** **1.2** *bei ihm muss alles ~ ~ gehen sehr schnell,* *zu schnell u. daher flüchtig* □ **com ele tem de ser tudo às pressas* **1.3** *aber nun ein bisschen ~!* ⟨umg.⟩ *ein bisschen schnell* □ **um pouco mais rápido!*

hop|peln ⟨V. 400⟩ *ungleichmäßig hüpfen; drei Hasen hoppelten über den Weg* □ **saltitar**

hopp||neh|men ⟨V. 189/500; umg.⟩ *jmdn. ~ verhaften; die Täter wurden von den Polizisten hoppgenommen* □ **pegar; prender**

hop|sen ⟨V. 400(s.); umg.⟩ **1** *hüpfen; die Kinder hopsten auf dem Bett* □ **saltar; pular** **2** ⟨fig.⟩ *schlecht tanzen, mehr hüpfen als tanzen* □ **dançar pulando**

hör|bar ⟨Adj. 24⟩ *so beschaffen, dass man es hören kann; ~ atmen; das Geräusch ist kaum ~* □ *(de modo) audível/perceptível*

Hör|buch ⟨n.; -(e)s, -bü|cher⟩ *CD (od. Kassette), die mit Text bespielt ist, der (von einem od. mehreren Sprechern) aus einem Buch vorgelesen wird* □ **audiolivro**

hor|chen ⟨V. 400⟩ **1** *etwas zu hören versuchen, auf ein Geräusch warten; ich horche schon die ganze Zeit, ob ich nicht seine Schritte höre; auf die Atemzüge eines Kranken ~* □ **escutar; aguçar os ouvidos** **2** ⟨umg.⟩ *lauschen, heimlich mithören; an der Tür ~* □ **escutar às escondidas**

Hor|de¹ ⟨f.; -, -n⟩ *Lattengestell, ein- od. mehrstöckiger Rost zum längeren Aufbewahren von Obst od. Kartoffeln;* oV *Hürde(4)* □ **fruteira; caixa**

Hor|de² ⟨f.; -, -n⟩ **1** *wilde Menge, ungeordnete Schar; eine ~ von Kindern, Soldaten* **2** ⟨bei Naturvölkern⟩ *eine kleine Gruppe miteinander verwandter, gleichgestellter, nicht dauernd zusammenwohnender Familien in einem fest umgrenzten Gebiet* □ **horda**

hö|ren ⟨V.⟩ **1** ⟨410⟩ *mit den Gehörorganen wahrnehmen; gut, schlecht, nicht(s), schwer ~; nur auf einem Ohr ~;* → *a. Ohr(1.2.5)* **1.1** ⟨500⟩ *(auf beiden Ohren) nichts ~ taub sein* □ **ouvir** **1.2** *ihm verging Hören und Sehen er konnte vor Schreck od. Aufregung nichts mehr wahrnehmen* □ **ele ficou atordoado* **2** ⟨507⟩ *etwas od. ein Lebewesen (kommen) ~ mit den Gehörorganen wahrnehmen; ein Geräusch, einen Ton, Schrei, Knall ~; man hörte die Schlangen im Gras rascheln; ich habe gehört, dass, ob, wie jmd. od. etwas kommt; jmdn. lachen, singen sprechen ~* **2.1** ⟨513/Vr 3⟩ *er hört sich gern (sprechen) er meint, was er sagt, sei sehr wichtig* **2.2** *jmdn. od. etwas ~ anhören* **2.2.1** *wir müssen auch ihn ~ ihn seine Meinung sagen lassen* **2.2.2** *ich kann das ewige Klagen nicht mehr ~ nicht mehr ertragen* **3** *an einer Veranstaltung teilnehmen; eine Oper, ein Konzert, einen Vortrag ~; das Hören von (guter) Musik* **3.1** *ein Kolleg, eine Vorlesung ~ besuchen, (regelmäßig) daran teilnehmen; bei Professor X ~; neuere Geschichte ~* **3.2** *die Beichte ~ die B. abnehmen* **3.3** *die Messe ~ an der M. teilnehmen* □ **ouvir** **4** ⟨400; Imperativ⟩ *höre und staune! (Ausruf der Verwunderung)* □ **escute só essa!* **4.1** *hör einmal!* ⟨umg.⟩ *pass auf, was ich dir sagen will!* □ **ouça!; preste atenção!* **4.2** *hört! hört! (Ausruf des Missfallens)* □ **pode (uma coisa dessas)?* **4.3** *aber hör (doch) mal!, na, ~ Sie mal!* ⟨umg.⟩ *(Einwand)* □ **escute aqui!* **4.4** *lass ~!* ⟨umg.⟩ *(Aufforderung, über*

Hörensagen

etwas zu sprechen od. zu berichten) □ ***vamos, conte/fale! 5 sich ~ lassen** 5.1 sich vor einem Publikum ~ lassen *etwas vortragen, vorspielen, vorsingen* □ ***apresentar-se/falar perante um público** 5.2 *das lässt sich ~ das ist ein vernünftiger Vorschlag, damit bin ich einverstanden* □ ***parece uma boa ideia 6** ⟨500⟩ eine **Nachricht** ~ *vernehmen, in Erfahrung bringen; wie ich gestern hörte; ich habe von ihm* (über ihn) *nicht viel Gutes gehört; ich habe gehört, dass ...; hast du schon gehört, der X soll verhaftet worden sein; ich habe davon gehört; von dir hört man ja schöne Sachen* ⟨iron.⟩ □ **ouvir dizer; ficar sabendo** 6.1 ⟨570⟩ *von jmdm. od. etwas nichts ~ wollen nichts zu tun haben wollen mit; ich will von ihm, davon nichts ~* □ ***não querer saber de alguém ou de alguma coisa** 6.2 ⟨800⟩ *Nachricht geben, bekommen; Sie werden wieder von mir ~; lass mal etwas von dir ~; lassen Sie bald von sich ~* □ **dar/ter notícias** 6.3 ⟨470⟩ *ich habe* **sagen** ~ *erfahren* □ ***fiquei sabendo; ouvi dizer;** → a. *Hörensagen* 6.4 ⟨514⟩ *ich höre* **an** *seiner Stimme, dass er ärgerlich ist erkenne es an seiner S.* □ **notar; perceber** 7 ⟨405⟩ (**auf jmdn.** od. **etwas**) ~ *(jmdm. od. etwas) folgen, gehorchen; ich kann sagen, was ich will, der Junge hört nicht; auf einen Rat ~; der Hund hört auf den Namen Bello; alles hört auf mein Kommando!* ⟨Mil.⟩ □ **ouvir; obedecer** 7.1 ⟨400 + Modalverb⟩ *wer nicht ~ will, muss fühlen* ⟨Sprichw.⟩ □ ***quem brinca com fogo acaba por se queimar**

Hö|ren|sa|gen ⟨n.; unz.; nur in der Wendung⟩ *etwas nur vom ~ kennen, wissen gerüchtweise, nur von andern, vom Erzählen, nicht aus eigener Erfahrung u. Anschauung* □ **ouvir dizer**

Hö|rer ⟨m.; -s, -⟩ **1** *jmd., der etwas anhört, einer Sache zuhört, Zuhörer; verehrte ~innen und ~!* □ **ouvinte 2** *Teilnehmer eines Kollegs, einer Vorlesung; viele, wenig ~ haben* (Hochschullehrer); *eine Vorlesung für ~ aller Fakultäten; sich als ~* (an der Universität, für eine Vorlesung) *einschreiben* □ **aluno; ouvinte 3** *bei nicht tragbaren Telefonen, der Teil des Telefons, der die Schallwellen überträgt;* **Telefon~;** *den (Telefon)~ abnehmen, auflegen* □ **fone**

Hö|re|rin ⟨f.; -, -rin|nen⟩ *weibl. Hörer(1,2)* □ **ouvinte; aluna**

Hör|funk ⟨m.; -s; unz.⟩ *Rundfunk im Unterschied zum Fernsehen* □ **rádio; radiodifusão**

hö|rig ⟨Adj. 70⟩ **1** ⟨24; früher⟩ *an den vom Grundherrn verliehenen Grund u. Boden gebunden u. zu Abgaben u. Frondienst verpflichtet* □ **servo; escravo 2** ⟨fig.⟩ *einem Menschen bis zur Selbstaufgabe innerlich gebunden, bes. durch sexuellen Reiz; jmdm.* (sexuell) ~ *sein* □ ***ser escravo (sexual) de alguém**

Ho|ri|zont ⟨m.; -(e)s, -e⟩ **1** *waagerechte (scheinbare) Trennungslinie zwischen Himmel u. Erde; Sy Gesichtskreis; die Sonne berührte den ~, versank unter den ~* **2** *jmd. hat einen ... ~ Umfang der geistigen Interessen u. der Bildung; Sy Gesichtskreis; geistiger ~; weiter, enger, beschränkter ~; das geht über seinen*

3 ⟨Geol.; Archäol.⟩ *waagerechte Fläche od. Schicht in der Erde mit besonderen Merkmalen* □ **horizonte 4** ≠ *Prospekt(1)*

ho|ri|zon|tal ⟨Adj. 24⟩ **1** *waagerecht;* Ggs *vertikal* □ **horizontal 2** *~es Gewerbe* ⟨derb⟩ *Prostitution* □ ***prostituição**

Hor|mon ⟨n.; -s, -e⟩ *vom Körper gebildeter Wirkstoff, eine bestimmte Körperfunktion reguliert* □ **hormônio**

Horn¹ ⟨n.; -(e)s, Hör|ner⟩ **1** *bei vielen Säugetieren auf der Stirn befindlicher spitzer Auswuchs zur Zierde od. als Waffe; der Stier nahm den Mann mit die Hörner* □ **corno; chifre** 1.1 *den Stier bei den Hörnern nehmen, packen eine unangenehme Angelegenheit energisch, ohne zu zögern angreifen* □ ***pegar o touro à unha** 2 *etwas, das entweder ursprünglich die Form eines Horns(1) hatte od. immer noch daran erinnert* □ **corno; chifre** 2.1 *Zacke am Amboss* □ **chifre** 2.2 *Bergspitze, Felsspitze usw.* □ **pico; cume** 2.3 *altes Trinkgefäß;* **Trink~** □ **guampa 3** ⟨umg.⟩ *Beule (am Kopf, an der Stirn); sich ein ~ stoßen, rennen* □ **galo 4** ⟨fig.⟩ 4.1 *sich die Hörner ablaufen, abstoßen Jugendtorheiten begehen und überwinden, Erfahrungen machen, sammeln* □ ***dar suas cabeçadas; cometer os excessos da juventude** 4.2 *in jmds. ~ blasen, tuten, in dasselbe ~ blasen, tuten wie jmd. der gleichen Meinung sein, jmdn. in seiner Meinung unterstützen* □ ***rezar pela cartilha de alguém 5** ⟨Mus.⟩ *ursprünglich aus Tierhorn od. Tierzahn gefertigtes, mehrmals kreisförmig gewundenes Blechblasinstrument mit drei Ventilen;* **Wald~; Ventil~;** *ins ~ stoßen* □ **trompa; corneta** 5.1 *ins ~ stoßen das Horn(5) blasen* □ ***tocar a trompa/corneta 6** *einem Ehemann Hörner aufsetzen* ⟨fig.; veraltet⟩ *einen E. durch Ehebruch betrügen* □ ***chifrar o marido**

Horn² ⟨n.; -(e)s; unz.⟩ *in den Epidermiszellen vieler Wirbeltiere gebildete, harte od. elastische Substanz, aus der auch Horn¹(1) besteht; Haare, Nägel bestehen aus ~* □ **queratina**

Hörn|chen ⟨n.; -s, -⟩ **1** *kleines Horn* □ **pequeno chifre 2** *hornartig gebogenes, leicht süßes Gebäck; ein frisches ~* □ **croissant 3** *der Familie der Nagetiere angehörender Sohlengänger, meist mit langem, behaartem Schwanz; Sciuridae;* **Eich~, Flug~** □ **esquilo**

Horn|haut ⟨f.; -, -häu|te⟩ **1** *Schwiele, verhornte Hautstelle* □ **calo; calosidade 2** *im Auge der Wirbeltiere der durchsichtige, uhrglasförmige Teil der Lederhaut im Vorderteil des Augapfels; Cornea* □ **córnea**

Hor|nis|se ⟨f. [----]⟩ *f.; -, -n; Zool.⟩ größte mitteleuropäische Wespe: Vespa crabro* □ **vespão; marimbondo**

Ho|ro|skop *auch:* **Ho|ros|kop** ⟨n.; -s, -e⟩ *Aufzeichnung der Gestirnkonstellation als Grundlage zur Charakter- u. Schicksalsdeutung; jmdm. das ~ stellen* □ **horóscopo**

Hör|rohr ⟨n.; -(e)s, -e⟩ *ärztliches Untersuchungsgerät zum Abhören von Herz u. Lunge* □ **estetoscópio**

Hor|ror ⟨m.; -s; unz.⟩ *Grauen, Entsetzen, Abscheu; ich habe jetzt schon einen ~ vor der Mathearbeit;* **~film; ~trip** □ **horror**

Hör|saal ⟨m.; -(e)s, -sä|le; in Universitäten⟩ **1** *großer Unterrichtsraum, häufig mit ansteigenden Sitzreihen* *(in Universitäten)* **2** ⟨umg.⟩ *die im Hörsaal(1) versammelten Zuhörer* □ **auditório**

Hör|spiel ⟨n.; -(e)s, -e; Rundfunk⟩ *für u. durch den Rundfunk entwickelte dramatische Literaturgattung, die nur auf das Hören zugeschnitten u. durch intimen Charakter, starke Konzentration der Handlung u. geringe Personenzahl gekennzeichnet ist* □ **peça radiofônica**

Horst ⟨m.; -(e)s, -e⟩ **1** ⟨Forstw.⟩ *Gehölz, Baumgruppe* □ **bosque; mata 2** *großes von Greifvögeln gebautes Nest aus Reisig;* Adler~ □ **ninho (de aves de rapina) 3** ⟨Geol.⟩ *Scholle, die über die Umgebung nach oben gehoben worden ist* □ **horst; muralha**

Hort ⟨m.; -(e)s, -e⟩ **1** ⟨poet.⟩ *Schatz;* Nibelungen~ □ **tesouro 2** *Schutz, Zuflucht; ein sicherer ~* □ **abrigo; refúgio 3** *Tagesstätte für Kinder; Kinder~; ein Kind in den ~ geben* □ **creche 4** ⟨geh.⟩ *Schützer; Herr, mein ~ und mein Erlöser (Psalm 19,15)* □ **rocha**

hor|ten ⟨V. 500⟩ *etwas ~ aufspeichern, ansammeln, anhäufen;* Gold ~ □ **acumular; armazenar**

Hor|ten|sie ⟨[-sjə] f.; -, -n; Bot.⟩ *einer Gattung der Steinbrechgewächse angehörender, bis 2 m hoher Strauch mit kugeligen Blütenständen in vielen Farben: Hydrangea* □ **hortênsia**

Hör|wei|te ⟨f.; -; unz.⟩ *Bereich, in dem ein Schall zu hören ist; er ist mittlerweile außer ~; Kinder, bitte bleibt in ~* □ **alcance do ouvido**

Ho|se ⟨f.; -, -n; oft Pl. statt des Sing. gebraucht⟩ **1** *Bekleidung für den unteren Teil des Rumpfes u. die Beine od. einen Teil der Beine; kurze, lange, enge, weite ~n; in die ~n machen (Kind) 1.1 ein Paar ~n eine Hose* □ **calças 2** ⟨fig.⟩ **2.1** *die ~n (gestrichen) voll haben* ⟨derb⟩ *große Angst haben* □ ***borrar-se de medo* 2.2** *sie hat die ~n an* ⟨umg.⟩ *sie gibt in der Beziehung den Ton an, sie bestimmt alles* □ ***é ela quem usa calças; é ela quem manda* 3** ⟨Zool.⟩ *die Muskulatur an Ober- u. Unterschenkeln von Pferden* □ **musculatura coxofemoral 4** ⟨Zool.⟩ *starkes Gefieder an den Beinen mancher Greifvögel* □ **calças 5** ⟨Bot.⟩ *von der Honigbiene eingetragener Pollen, der an ihren Hinterschenkeln klebt* □ **cestos de pólen; corbículas**

Ho|sen|bo|den ⟨m.; -s, -bö|den⟩ **1** ⟨umg.⟩ *Sitzfläche der Hose* □ **fundilhos 1.1** *den ~ vollkriegen Schläge, eine Tracht Prügel bekommen* □ ***levar umas palmadas/ uma sova* 1.2** *sich auf den ~ setzen* ⟨fig.; umg.⟩ *fleißig lernen* □ ***estudar para valer; ralar***

Hos|pi|tal ⟨n.; -s, -e od. -tä|ler⟩ **1** *Krankenhaus* □ **hospital 1.1** ⟨i. e. S.⟩ *Anstalt zur längeren od. dauernden Aufnahme chronisch Kranker* □ **sanatório; clínica**

Hos|pi|tant ⟨m.; -en, -en⟩ **1** *jmd., der als Gast dem Schulunterricht beiwohnt* **2** *Gasthörer (an der Universität)* □ **ouvinte**

Hos|pi|tan|tin ⟨f.; -, -tin|nen⟩ *weibl. Hospitant* □ **ouvinte**

hos|pi|tie|ren ⟨V. 400⟩ **1** *als Gast teilnehmen; beim Unterricht ~ (bes. als Studienreferendar)* **2** *als Gast Vorlesungen hören* □ **assistir a um curso como aluno ouvinte**

Hos|piz ⟨n.; -es, -e⟩ **1** *von Mönchen errichtetes Übernachtungsheim* **2** *christliches Fremdenheim; christliches ~* □ **hospedaria religiosa 3** *Sterbeklinik* □ **hospício**

Hos|tess ⟨ a. [-'-] f.; -, -en⟩ **1** *Betreuerin von Gästen, Besuchern, Reisenden (vor allem. auf Flughäfen od. im Flugzeug), Reisebegleiterin* □ **acompanhante 2** ⟨verhüllend⟩ *Prostituierte* □ **prostituta**

Hos|tie ⟨[-tjə] f.; -, -n⟩ *das beim Abendmahl in Form einer kleinen Oblate gereichte ungesäuerte Brot; Sy Leib des Herrn* ⟨geh.⟩ → *Leib(1.2)* □ **hóstia**

Ho|tel ⟨n.; -s, -s⟩ **1** *Betrieb für Unterkunft u. Verpflegung für gehobene Ansprüche* **1.1** *~* **garni** *Hotel(1), das nur Unterkunft und Frühstück gewährt* □ **pousada; bed and breakfast**

Ho|te|li|er ⟨[-lje:] m.; -s, -s⟩ *Besitzer od. Pächter eines Hotels* □ **hoteleiro**

Ho|tel|le|rie ⟨f.; -; unz.; schweiz.⟩ **1** *Hotelgewerbe* **2** *Gesamtheit der Hotels (einer Stadt od. Region)* □ **hotelaria**

Hub ⟨m.; -(e)s, Hü|be⟩ **1** *Heben, Hebebewegung, Hin- od. Herbewegung eines Maschinenteils zwischen zwei toten Punkten;* Kolben~ □ **elevação; curso 2** *= Hubraum* **3** ⟨Med.⟩ *Dosis für die Inhalation eines Arzneimittels* □ **dose de inalação**

hü|ben ⟨Adv.⟩ **1** *auf dieser Seite* □ **deste lado 1.1** *~ und drüben auf beiden Seiten* □ ***de ambos os lados; aqui e ali***

Hub|raum ⟨m.; -(e)s, -räu|me⟩ *derjenige Teil des Zylinders von Verbrennungskraftmaschinen, der vom Hin- u. Hergehen des Kolbens ausgefüllt wird; Sy Hub(2)* □ **cilindrada**

hübsch ⟨Adj.⟩ **1** *angenehm, nett (zum Ansehen, anzusehen); ~ aussehen; wie ~!; ein ~es Kind, Kleid, Mädchen; das ist aber ~!* ⟨bonito⟩; *sich ~ machen* □ ***enfeitar-se; embelezar-se* 1.1** *sich ~* **anziehen** *sich so anziehen, dass man nett anzusehen ist* □ ***vestir-se com elegância* 2** ⟨70; umg.⟩ **2.1** *das ist ja ~!* ⟨umg.; iron.⟩ *unangenehm; das ist ja eine ~e Angelegenheit!* □ ***que bonito!; que beleza!* 3** ⟨60; umg.⟩ *ziemlich groß, ziemlich viel, ziemlich gut, ordentlich; ein ~es Stück Arbeit, Stück Weg; eine ~e Summe (Geldes)* □ **belo; considerável 3.1** ⟨50⟩ *er spielt schon recht ~ Klavier ganz gut, ganz ordentlich* □ **muito bem 4** ⟨50; verstärkend; umg.⟩ *auf jeden Fall; das wirst du ~ bleiben lassen!* □ ***nem pense!; nem ouse!***

Hub|schrau|ber ⟨m.; -s, -⟩ *Flugzeug, das seinen Auftrieb durch umlaufende Drehflügel erhält* □ **helicóptero**

hu|cke|pack ⟨Adv.⟩ **1** *auf dem od. den Rücken; ein Kind ~ nehmen; ein Kind, eine Last ~ tragen* □ **de cavalinho 1.1** *wir machen ~ ich trage dich auf den Rücken* □ ***te levo de cavalinho***

Huf ⟨m.; -(e)s, -e⟩ *mit Horn überzogenes Zehenende der Huftiere;* ~schmied □ **ferrador,** Pferde~ □ **casco**

Huf|ei|sen ⟨n.; -s, -⟩ **1** *flaches, nach hinten meist offenes, mit Nagellöchern versehenes Eisen, das dem Huf eines Tieres (meist Pferd) angepasst u. angeschlagen wird* **2** *Sinnbild des Glückes u. Wohlergehens* □ **ferradura**

Hüf|te ⟨f.; -, -n; Anat.⟩ **1** *seitliche Partie des Körpers vom oberen Rand des Hüftknochens bis zum Ansatz des Oberschenkels; sich (beim Gehen) in den ~n wiegen*

☐ quadril; anca 1.1 aus der ~ schießen *das Gewehr od. die Pistole an der Hüfte anlegen u. schießen* ☐ *disparar arma de fogo a partir do quadril

Hü|gel ⟨m.; -s,-⟩ 1 *Bodenerhebung, kleiner Berg;* bewaldete, grüne, sanfte ~ ☐ colina; outeiro 1.1 *aufgeschütteter Erdhaufen;* Grab~, Maulwurfs~ ☐ elevação; monte

hüh! ⟨Int.⟩ 1 *(Ruf, der zum Antreiben von Zugtieren dient;* Ggs hott*; mit ~ und hott und Peitschenknall* ☐ arre 1.1 *man kann nicht miteinander arbeiten, wenn der eine ~, der andere hott sagt wenn man entgegengesetzter Meinung ist, wenn einander widersprechende Anweisungen gegeben werden)* ☐ *não dá para trabalhar em conjunto quando cada um diz uma coisa

Huhn ⟨n.; -(e)s, Hüh|ner⟩ 1 ⟨Zool.⟩ *Angehöriges einer in zahlreichen Rassen u. Spielarten vorkommenden, über die ganze Erde verbreiteten Ordnung der Hühnervögel: Galli* 1.1 *von dem Bankivahuhn, aus der Familie der Kammhühner (Phasianidae: Gallinae) abstammendes Haustier: Gallus gallus domesticus;* Haus~; ein ~ gackert, gluckt; ein ~ schlachten, rupfen, ausnehmen; (sich) Hühner halten 2 *Fleisch vom Huhn(1.1);* ~ mit Reis; gebratenes, gefülltes ~ ☐ galinha 3 = Henne 4 *(kurz für jagdbarer Vogel;* Reb~, Feld~ ☐ perdiz 5 ⟨fig.⟩ 5.1 ⟨umg.; abwertend⟩ *(dumme) Person;* ein fideles, lustiges, verrücktes ~; dummes ~ ☐ figura; cara 5.2 *mit den Hühnern aufstehen, zu Bette gehen* ⟨fig.; umg.⟩ *sehr früh aufstehen, schlafen gehen* ☐ *levantar-se/deitar-se com as galinhas 5.3 *da lachen ja die Hühner!* ⟨umg.⟩ *das ist albern, lächerlich, unsinnig!* ☐ *que ridículo!

Hüh|ner|au|ge ⟨n.; -s, -n; Med.⟩ 1 *an Druckstellen des Fußes, meist infolge Tragens unzweckmäßiger Fußbekleidung entstehende, schmerzhafte Hornhautverdickung: Clavus* ☐ calo 2 *jmdm. auf die ~n treten* ⟨fig.; umg.; scherzh.⟩ *jmdm. zu nahe treten, jmdn. verletzen, kränken* ☐ *pisar no calo de alguém

hui! ⟨Int.⟩ 1 *(Ausruf des freudigen Staunens, der Überraschung)* ☐ ui!; → a. oben(3.1) 2 *(Geräusch des Windes)* ☐ uivo 2.1 *in einem Hui so schnell wie der Wind, sehr schnell* ☐ *num piscar de olhos

Huld ⟨f.; -; unz.; geh. od iron.⟩ 1 *herablassendes Wohlwollen;* er gestattete in seiner ~, dass ... ☐ graça; benevolência 2 *Gunst, gnädige Geneigtheit, Gnade; in jmds. ~ stehen* ☐ *estar nas boas graças de alguém

hul|di|gen ⟨V. 600⟩ 1 jmdm. ~ ⟨fig.⟩ *jmdm. seine Verehrung, Ergebenheit ausdrücken;* einer schönen Frau ~; dem König ~ ☐ prestar homenagem; reverenciar 1.1 *einem* Herrscher ~ *jmds. Herrschaft durch Treueid anerkennen, Treue geloben, sich unterwerfen* ☐ jurar lealdade 2 einer Sache ~ ⟨geh.⟩ *für eine S. eintreten;* einer Ansicht, Anschauung ~; dem Fortschritt ~ ☐ apoiar; defender 3 einer Sache ~ ⟨geh.⟩ *einer Sache ergeben sein, sie gern tun, häufig genießen;* dem Spiel, dem Wein ~ ☐ render-se; ser dado a

Hül|le ⟨f.; -, -n⟩ 1 *das, was etwas anderes umhüllt, einhüllt;* eine undurchdringliche ~ *des Schweigens* ⟨fig.⟩ ☐ invólucro; *die ~n abstreifen, fallen lassen* ☐ *despir-se; tirar a roupa;* wärmende ~ ☐ roupas 1.1 irdische, sterbliche ~ *Leib des Toten* ☐ *restos mortais 1.2 *in ~ und Fülle im Überfluss* ☐ *em abundância; em profusão 2 *bei zusammengesetzten Dolden die Gesamtheit der Blätter, in deren Achseln sich die Teile der Blüten entwickeln* ☐ invólucro

hül|len ⟨V. 550/Vr 7⟩ 1 *jmdn. od. etwas in etwas ~ einpacken, rundum mit etwas bedecken, etwas um jmdn. od. etwas herumlegen;* einen Blumenstrauß in Papier ~; sich in seinen Mantel ~ ☐ embrulhar; envolver 1.1 *sich in Schweigen ~* ⟨fig.⟩ *nichts sagen, nichts verraten, schweigen* ☐ *guardar silêncio

Hül|se ⟨f.; -, -n⟩ 1 *steife Hülle, Behälter aus festem Papier, Pappe, Leder, Blech u. Ä., Futteral, Kapsel, Röhre* ☐ estojo; caixa; Geschoss~ ☐ cartucho 2 *Frucht der Hülsenfrüchtler;* Sy Schote[1](2) ☐ vagem 3 *Schale um Samen (z. B. Korn)* ☐ casca

Hül|sen|frucht ⟨f.; -, -früch|te; in der Bot. Nicht übl. Bez. für⟩ *Samen von Erbsen, Bohnen u. Linsen* ☐ leguminosa

hu|man ⟨Adj.⟩ *menschlich, menschenfreundlich, menschenwürdig;* er ist ~ *gegen seine Feinde* ☐ humano

Hum|bug ⟨m.; -s; unz.⟩ 1 *Täuschung, Schwindel* ☐ fraude; embuste 2 *Unsinn, Aufschneiderei;* das ist doch alles ~! ☐ disparate; besteira; absurdo

Hum|mel ⟨f.; -, -n; Zool.⟩ 1 *Angehörige einer Gattung plump geformter Stechimmen mit pelzigem Haarkleid: Bombus* ☐ mamangaba; zangão 1.1 *~n unterm Hintern haben* ⟨umg.⟩ *nicht stillsitzen können, ungeduldig, unruhig sein* ☐ *sentar num formigueiro 2 ~ ~! ⟨veraltet; noch scherz.⟩ *Erkennungsruf der Hamburger* ☐ Hummel

Hum|mer ⟨m.; -s, -; Zool.⟩ *sehr großer, wertvoller Speisekrebs mit stark entwickeltem ersten Scherenpaar aus der Gruppe der Panzerkrebse: Homaridae* ☐ lavagante

Hu|mor ⟨m.; -s; unz.⟩ *Fähigkeit, auch die Schattenseiten des Lebens mit heiterer Gelassenheit u. geistiger Überlegenheit zu betrachten, überlegene Heiterkeit, heitere seelische Grundhaltung;* (keinen) ~ haben; einen goldenen, trockenen, unverwüstlichen ~ haben; (keinen) Sinn für ~ haben; eine Mitteilung mit ~ aufnehmen; sich mit ~ in etwas fügen, schicken ☐ humor

hu|mor|voll ⟨Adj.⟩ *voller Humor, heiter, liebenswürdig scherzend;* er ist ein ~er Mensch ☐ bem-humorado

hum|peln ⟨V. 400(h. od. s.)⟩ *hinken* ☐ coxear; mancar

Hu|mus ⟨m.; -; unz.⟩ *oberste, aus organischen Resten gebildete, sehr fruchtbare bräunliche Schicht des Bodens* ☐ humo

Hund[1] ⟨m.; -(e)s, -e⟩ 1 ⟨Zool.⟩ *Angehöriger einer Familie weltweit verbreiteter, kleiner bis mittelgroßer Raubtiere mit gut ausgebildetem Geruchs- u. Gehörsinn, die in der Gefangenschaft rasch zahm werden: Canidae* 1.1 *gezähmte Form des Hundes(1), der wegen seiner Gelehrigkeit u. Treue als Haustier gehalten od. auf der Jagd od. zur Wache verwendet wird: Canis familiaris;* der ~ heult, kläfft, winselt; der ~ schlägt an, gibt Laut; einen ~ an der Leine führen; ~e an die Leine nehmen! (Aufschrift auf Schildern in Parks); Vorsicht, bissiger ~! (Warnungstafel); ein scharfer, wachsamer ~; er läuft ihr nach wie ein ~ ☐ cão; ca-

chorro 1.1.1 sie leben wie ~ und **Katze** miteinander ohne sich vertragen zu können □ *vivem como cão e gato* 1.1.2 wie ein ~ leben 〈fig.〉 *sehr kärglich, kümmerlich, schlecht* □ *levar uma vida de cão* 1.1.3 jmdn. wie einen ~ behandeln 〈fig.〉 *jmdn. schlecht, menschenunwürdig behandeln* □ *tratar alguém como um cachorro*; → a. **bunt(2.2.1) 2** 〈umg.; abwertend〉 *Kerl, Bursche;* er ist ein gerissener ~; der ~! □ **sujeito; cara 3** 〈fig.〉 3.1 ~e, die bellen, beißen nicht 〈Sprichw.〉 *wer mit etwas droht, tut es sicher nicht* □ *cão que ladra não morte* 3.2 jmdn. auf den ~ bringen 〈umg.〉 *jmdn. zugrunde richten* □ *levar alguém à ruína* 3.3 auf den ~ kommen 〈umg.〉 *gesundheitlich schwach u. elend werden, wirtschaftlich zugrunde gehen* □ *arruinar-se; ficar na pior* 3.4 vor die ~e gehen 〈umg.〉 *zugrunde gehen* □ *arruinar-se; acabar na sarjeta* 3.5 das könnte od. möchte einen ~ erbarmen *es ist ganz jämmerlich, erregt Mitleid* □ *é de cortar o coração* 3.6 da liegt der ~ begraben! *das ist die Quelle des Übels, der Kern der (unangenehmen) Angelegenheit* □ *aí é que está o problema!* 3.7 damit lockt man keinen ~ hinterm Ofen hervor *damit kann man niemanden reizen, verlocken* □ *isso não atrai a atenção de ninguém* 3.8 eine Sache ist ein dicker ~ 〈umg.〉 *ein grober Fehler, eine unangenehme Sache, eine schwierige Angelegenheit* □ *ser demais; ser duro de engolir*

Hund[2] 〈m.; -(e)s, -e; Bgb.〉 *kleiner Förderwagen* □ **vagonete; trole**

hun|de|kalt 〈Adj.; umg.〉 *sehr kalt* □ **frio de rachar; frio do cão**

hun|dert 〈Numerale 11; in Ziffern: 100; lat. Zahlzeichen: C〉 **1** *zehnmal zehn;* von eins bis ~ zählen; ein paar, einige ~/Hundert Menschen; mehrere ~/Hundert Stück bestellen; an die ~ Menschen; in, nach, vor ~ Jahren □ **cem** 1.1 〈mit〉 ~ fahren, ~ Sachen drauf haben 〈umg.〉 *mit einer Geschwindigkeit von 100 km pro Stunde fahren* □ *dirigir/estar a cem quilômetros por hora* 1.2 ich wette ~ gegen eins, dass ... 〈fig.〉 *ich weiß ganz sicher, dass ...* □ *aposto cem contra um que...* **2** an einer Wut ich auf ~ 〈fig.; umg.〉 *sehr wütend, aufgebracht, erbost* □ *fiquei furioso* **3** 〈fig.〉 *sehr viel, ungezählt;* er hat ihm bereits ~ gute Ratschläge gegeben; ~ Einfälle kamen ihm □ **cem;** → a. **Hundert**

Hun|dert 〈n.; -(e)s, -e〉 **1** *eine Menge von 100 Dingen, Stück, Lebewesen;* ein halbes ~; das ~ kostet 20 € □ **centena** 1.1 〈vier, sechs〉 vom ~ 〈Abk.: v. H.; Zeichen: %〉 *Prozent* **2** *por cento* **2** 〈nur Pl.〉 *unbestimmte große Anzahl;* der Schaden geht in die ~e/hunderte (von Euro); unter diesen ~en/hunderten ist nur einer od. nicht einer zu finden, der das kann; ~e/hunderte und Tausende/tausende von Menschen, Tieren; ~e/hunderte (und Aberhunderte/aberhunderte) von Menschen; sie kamen zu ~en/hunderten □ **(às) centenas**; a. **hundert** 2.1 er kam **vom** ~ **ins** Tausendste 〈fig.〉 *er hörte nicht auf mit Erzählen, wusste immer wieder etwas Neues* □ *ele emendava um assunto no outro*

Hun|der|ter 〈m.; -s, -〉 **1** *eine der durch 100 teilbaren Zahlen zwischen 100 u. 900* □ **múltiplo de cem 2** *die drittletzte Ziffer vor dem Komma in einer mehrstelligen Zahl* □ **centena 3** 〈umg.〉 *Hunderteuroschein;* das hat mich einen ~ gekostet □ **(nota de) cem euros**

hun|dert|fach 〈Adj. 24/90; in Ziffern: 100fach/100-fach〉 *hundertmal so viel;* eine ~e Vergrößerung; das Hundertfache einer Summe; um das Hundertfache größer □ **cêntuplo; cem vezes**

Hun|dert|me|ter|lauf auch: **Hun|dert-Me|ter-Lauf** 〈m.; -(e)s, -läu|fe; in Ziffern: 100-Meter-Lauf, 100-m-Lauf; Sp.〉 *Kurzstreckenlauf über 100 m;* ~ der Herren □ **corrida de cem metros rasos**

hun|dert|pro|zen|tig 〈Adj. 24; in Ziffern: 100-prozentig, 100%ig〉 **1** *mit, zu hundert Prozent;* eine ~e Steigerung **2** *völlig, vollständig, ganz u. gar;* das kann ich nicht ~ garantieren □ **cem por cento**

hun|derts|tel 〈Zahladj. 24/60; in Ziffern: /100〉 *Bruchzahl zu hundert, den hundertsten Teil umfassend;* eine ~ Sekunde/Hundertstelsekunde, 100stel-Sekunde □ **centésimo**

Hun|derts|tel 〈n.; -s, -〉 *der hundertste Teil* □ **centésimo**

Hun|derts|tel|se|kun|de 〈f.; -, -n〉 *der hundertste Teil einer Sekunde* □ **centésimo de segundo**

Hün|din 〈f.; -, -din|nen〉 *weibl. Hund* □ **cadela**

Hunds|ta|ge 〈Pl.〉 *die im alten Ägypten vom Sternbild des Großen Hundes beherrschte heißeste Zeit des Jahres, 23. Juli bis 23. August* □ **canícula**

Hü|ne 〈m.; -n, -n〉 **1** *Riese;* ein ~ von Gestalt 1.1 *großer u. starker Mann* □ **gigante**

Hun|ger 〈m.; -s; unz.〉 **1** *Verlangen nach Nahrung;* ~ haben; ~ wie ein Wolf haben □ **fome** 1.1 ~ ist der beste Koch *dem Hungrigen schmeckt jedes Essen* □ *a fome é o melhor tempero* 1.2 seinen ~ stillen *essen* □ *matar a fome* 1.3 **hungers** sterben 〈geh.〉 *verhungern* □ *morrer de fome;* → a. *leiden(4)* **2** *das Entbehren von Nahrung, der Mangel, das Fehlen von Nahrung;* die Bekämpfung des ~s auf der Welt □ **fome 3** 〈fig.; geh.〉 *Begierde, starkes Bedürfnis;* ~ nach frischer Luft, nach Sonne; ~ nach Rache □ **fome; anseio**

Hun|ger|lohn 〈m.; -(e)s, -löh|ne〉 *sehr geringer Lohn, Lohn, mit dem man kaum leben kann;* für einen ~ arbeiten □ **salário de fome**

hun|gern 〈V.〉 **1** 〈400; geh.〉 *Hunger haben, hungrig sein* □ *ter/estar com fome* 1.1 jmdn. od. ein **Tier** ~ lassen *(willentlich) Hunger leiden lassen* □ *deixar alguém/um animal passar fome* 1.2 〈501〉 mich hungert, es hungert **mich** *ich habe Hunger* □ *estou com fome* **2** 〈400〉 〈stets〉 *nicht genügend zu essen haben, Hunger leiden;* viele Menschen in anderen Kontinenten müssen ~ □ *passar fome* **3** 〈400〉 *fasten, keine od. sehr wenig Nahrung zu sich nehmen;* sie hungert, um abzunehmen □ **jejuar; fazer regime 4** 〈800〉 *nach etwas* ~ 〈fig.〉 *sich nach etwas heftig sehnen, verlangen;* nach Liebe, nach einem freundlichen Wort ~ □ *ansiar por; desejar ardentemente*

Hun|ger|streik 〈m.; -(e)s, -s od. -e〉 *Verweigerung der Nahrungsaufnahme, um etwas zu erzwingen (bes. aus politischen Gründen);* in den ~ treten □ **greve de fome**

Hun|ger|tuch ⟨n.; -(e)s, -tü|cher⟩ **1** ⟨bis zum 18. Jh.⟩ *Tuch mit biblischen Szenen, bes. aus der Passion Christi, das in der Fastenzeit vor den Altar od. Chor gehängt wurde* □ **véu da Quaresma 1.1** *am* ~*e nagen* ⟨fig.⟩ *Hunger leiden, nichts zu essen haben* □ ***passar fome**

hung|rig ⟨Adj.⟩ **1** *Hunger verspürend;* ich bin ~ □ **com fome; faminto 2** ⟨fig.⟩ *ein starkes Bedürfnis verspürend;* ~ *nach Sonne, Liebe, Wärme* □ **faminto (de); louco (por)**

Hu|pe ⟨f.; -, -n⟩ *akustisches Warnsignal der Kraftfahrzeuge; Auto~* □ **buzina**

hu|pen ⟨V. 400⟩ *die Hupe betätigen, mit der Hupe ein Warnsignal geben* □ **buzinar**

hüp|fen ⟨V. 400(s.)⟩ **1** *sich in kleinen Sprüngen fortbewegen; das kleine Mädchen hüpft auf einem Bein, hin und her, über die Pfützen; ein Hase ist über den Weg, zum Wald, durch das Gras gehüpft* □ **saltitar; pular 2** ⟨650⟩ *jmdm. hüpft das Herz vor Freude* ⟨fig.⟩ *jmd. ist in freudiger Erregung* □ **pular**

Hür|de ⟨f.; -, -n⟩ **1** *Hindernis (bes. beim Hürdenlauf); eine* ~ *(im Sprung) nehmen* □ **obstáculo; barreira 2** *tragbarer Zaun aus Flechtwerk für Viehweiden* □ **cerca 3** *von Flechtwerk umschlossener Raum, Weideplatz* □ **cercado 4** = **Horde¹**; Obst~

Hu|re ⟨f.; -, -n; abwertend⟩ **1** *weibl. Person, die geschlechtliche Beziehungen ohne innere Bindung zu häufig wechselnden Partnern hat* **2** *Frau, die der Prostitution nachgeht* □ **puta**

hur|ra! ⟨a. ['--] Int.⟩ **1** ⟨Hochruf⟩; ~/Hurra *schreien* **2** ⟨Ruf beim Angriff⟩ **3** ⟨Jagdruf⟩ □ **hurra**

Hur|ri|kan ⟨engl. [hʌrɪkən] m.; -s, -e od. (bei engl. Aussprache) -s⟩ *tropischer Wirbelsturm (über Westindien u. den südwestlichen USA)* □ **furacão**

hur|tig ⟨Adj.⟩ *schnell, geschwind, eifrig u. schnell;* ~, *beeilt euch* □ **rápido; depressa**

Hu|sar ⟨m.; -en, -en⟩ **1** ⟨seit dem 15. Jh.⟩ *berittener ungarischer Soldat* **2** ⟨seit dem 16. Jh. auch in anderen Ländern⟩ *Angehöriger einer leichten Reitertruppe in ungarischer Nationaltracht* □ **hussardo**

Hu|sa|ren|streich ⟨m.; -(e)s, -e⟩ *tollkühner Handstreich, geschickte u. wagemutige Tat* □ **façanha; feito**

husch! ⟨Int.⟩ **1** *(Ruf, um kleine Tiere zu verscheuchen);* ~, *hinaus mit dir!* □ **xô! 2** *(Ruf, um Kinder anzutreiben);* ~, ~, *ins Bett!* □ **vamos!; força! 3** *(Ausdruck der schnellen u. lautlosen Bewegung); und* ~, *weg war er* □ **zum**

hu|schen ⟨V. 411(s.)⟩ *sich schnell u. lautlos fortbewegen; sie huschte durchs Zimmer; eine Libelle huschte übers Wasser; eine Eidechse huschte über den Weg* □ **passar rapidamente; esgueirar-se**

hüs|teln ⟨V. 400⟩ **1** *oft ein wenig husten* □ **tossicar 2** *sich räuspern, leicht husten* □ **tossicar; pigarrear**

hus|ten ⟨V.⟩ **1** ⟨400⟩ *über die Atemwege stoßweise u. geräuschvoll Luft ausstoßen; er hustete während der ganzen Nacht* □ **tossir 1.1** ⟨500⟩ *etwas* ~ *etwas beim Husten auswerfen; Blut* ~ □ **expectorar 2** ⟨400⟩ *der Motor hustet* ⟨fig.; umg.⟩ *arbeitet unregelmäßig, stockt ab u. zu* □ **falhar; engasgar 3** ⟨530⟩ *jmdm. etwas, eins* ~ *absichtlich nicht jmds. Wunsch, Vorstellungen entsprechend handeln* □ ***mandar alguém às favas/esperar sentado 3.1** *ich werde dir was* ~! ⟨fig.; umg.⟩ *das könnte dir so passen!, ich denke nicht daran!* □ ***pode esperar sentado!**

Hus|ten ⟨m.; -s, (selten) -⟩ *durch Reize auf die Atemwege ausgelöste krampfhafte Stöße beim Ausatmen: Tussis;* (den) ~ *haben; ein trockener* ~ □ **tosse; Keuch~** □ **coqueluche**

Hut¹ ⟨m.; -(e)s, Hü|te⟩ **1** *Kopfbedeckung meistens mit Krempe für Männer u. Frauen; Damen~, Filz~, Stroh~, Herren~* □ **chapéu 2** ⟨fig.⟩ **2.1** *unter einen* ~ *bringen in Übereinstimmung, Einklang bringen; mehrere Sachen (Pläne, Vorhaben, Programmpunkte) unter einen* ~ *bringen* □ ***conciliar 2.1.1** *mehrere Leute unter einen* ~ *bringen zu gemeinsamer Ansicht, gemeinsamem Handeln bringen* □ ***conciliar várias pessoas 2.2** *das ist ein alter* ~ *eine längst bekannte Sache, eine alte Geschichte* □ ***essa é velha 2.3** ~ *ab vor ihm, vor dieser Leistung! vor ihm, davor muss man Respekt haben!* □ ***tiro o chapéu para ele/para esse trabalho! 2.4** *da geht einem ja der* ~ *hoch! da verliert man die Geduld, das ist ja empörend* □ ***é o fim da picada! 2.5** *eins auf den* ~ *bekommen* ⟨umg.⟩ *gerügt werden* □ ***levar um puxão de orelha 2.6** *das kannst du dir an den* ~ *stecken! das kannst du behalten, auf die Sache lege ich keinen Wert* □ ***pode ficar com isso! 2.7** *steig mir doch am (= auf den)* ~! ⟨bair.⟩ *lass mich in Frieden!* □ ***deixe-me em paz! 3** *runder, hohler Gegenstand als Deckel* □ **chapéu 4** *Gegenstand in Form eines Kegels od. Kegelstumpfes; Finger~* □ ***dedal; dedaleira;** Zucker~ □ ***pão de açúcar 5** ⟨Bot.⟩ *Oberteil des Pilzes* □ **chapéu**

Hut² ⟨f.; -; unz.⟩ **1** *Obhut, Schutz, Geborgenheit; jmdn. in guter* ~, *in jmds.* ~ *wissen* □ ***saber que alguém está em boas mãos/sob a custódia de alguém;** *in guter, sicherer* ~ *sein* □ ***estar em boas mãos; estar em local seguro 2** *Vorsicht* □ **cuidado; cautela 2.1** *(vor etwas od. jmdm.) auf der* ~ *sein sich in Acht nehmen, vorsichtig u. misstrauisch sein* □ ***ficar de antena ligada; tomar cuidado 3** ⟨mitteldt.⟩ *Weiderecht, Weideland* □ **pasto 4** *gehütetes Vieh* □ **rebanho; gado**

hü|ten ⟨V. 500⟩ **1** *jmdn. od. etwas* ~ *beaufsichtigen, bewachen; Kinder* ~; *Vieh* ~; *etwas wie seinen Augapfel* ~ ⟨geh.⟩ □ **cuidar; guardar; vigiar;** → a. Zunge(4.4.2) **2** *das Bett, das Haus, das Zimmer* ~ *wegen Krankheit im B., zu H., im Z. bleiben müssen, das B., das H., das Z. nicht verlassen können* □ ***estar de cama; não poder sair de casa/do quarto 3** ⟨505/Vr 3⟩ *sich (vor jmdm. od. etwas)* ~ *sich in Acht nehmen (vor jmdm. od. etwas); hüte dich vor ihm!; sich vor Ansteckung, vor Erkältungen* ~; *hüte dich, dass du nicht ...* □ ***ter cautela; tomar cuidado (com alguém ou alguma coisa) 4** ⟨580/Vr 3⟩ *sich* ~, *eine Sache zu tun eine S. mit Bedacht nicht tun, es vermeiden, sie zu tun* □ ***evitar fazer alguma coisa 4.1** ⟨als verneinende Antwort⟩ *ich werde mich* ~, *es zu tun! ich denke nicht daran, es zu tun!; auf keinen Fall!* □ ***Deus me livre fazer uma coisa dessas!**

Hut|sche ⟨f.; -, -n; österr.⟩ *Schaukel* □ **balanço**

Hut|schnur ⟨f.; -, -schnü|re⟩ **1** *Schnur um den Hut* □ **cordão (de chapéu)** 1.1 *das geht mir über die ~!* ⟨fig.; umg.⟩ *das geht zu weit!* □ **isso já é demais!*

Hüt|te ⟨f.; -, -n⟩ **1** *kleines, mit einfachen Mitteln gebautes Haus (mit meist nur einem Raum); Holz~, Lehm~; Raum ist in der kleinsten ~ für ein glücklich liebend Paar (Schiller, „Der Jüngling am Bache")* 1.1 ⟨umg.⟩ *alte baufällige Hütte(1) als ständige Unterkunft für arme Leute dienend;* in einer *~ leben müssen* □ **cabana; choupana; casebre** 1.1.1 *welch Glanz in meiner* (armen) *~!* ⟨scherzh.⟩ *welch vornehmer, seltener Besuch!* □ **que honra em minha (humilde) casa!* 1.2 *im Wald od. in den Bergen liegende Hütte(1) für Sportler u. Bergbauern od. Förster; Silvester auf einer ~ feiern; auf einer ~ übernachten; eine (Ski-)~ im Gebirge haben* □ **chalé 2** ⟨Mar.⟩ *von Bord zu Bord reichender Aufbau auf dem hinteren Deck, der auch Wohnraum enthält* □ **camarote de popa 3** ⟨Tech.⟩ *Hüttenwerk, industrielle Anlage zur Gewinnung u. teilweisen Weiterverarbeitung der nutzbaren Metalle od. zur Herstellung keramischer Produkte* □ **metalúrgica; siderúrgica**

Hy|ä|ne ⟨f.; -, -n⟩ **1** ⟨Zool.⟩ *Angehörige einer Familie der Raubtiere, nächtlich aktiver Aasfresser, die gelegentlich auch lebende Beute schlagen: Hyaenidae* □ **hiena 2** ⟨fig.; abwertend⟩ *hemmungslos gieriger Mensch, Plünderer, Leichenfledderer* □ **indivíduo inescrupuloso; usurpador** 2.1 *außer sich geratene, besinnungslos wütende Frau* □ **mulher histérica**

Hy|a|zin|the ⟨f.; -, -n; Bot.⟩ *einer Gattung der Liliengewächse angehörendes Zwiebelgewächs mit in lockeren od. dichten Trauben stehenden, röhren- od. glockenförmigen Blüten: Hyacinthus* □ **jacinto**

Hy|bris *auch:* **Hyb|ris** ⟨f.; -; unz.⟩ *Selbstüberschätzung, Hochmut* □ **soberba; vaidade**

◆ Die Buchstabenfolge **hy|dr...** kann in Fremdwörtern auch **hyd|r...** getrennt werden.

◆ **Hy|drant** ⟨m.; -en, -en⟩ *Wasserzapfstelle auf der Straße für die Feuerwehr* □ **hidrante**

◆ **Hy|drat** ⟨n.; -(e)s, -e; Chem.⟩ *anorganische od. organische Verbindung, die Wasser chemisch gebunden hält* □ **hidrato**

◆ **hy|drau|lisch** ⟨Adj. 24⟩ **1** *durch Flüssigkeiten betrieben* 1.1 *~e* **Bremse** *B., der mittels einer Flüssigkeit Energie zugeführt wird* 1.2 *~es* **Getriebe**, *~er Antrieb G., A., bei dem eine Flüssigkeit die benötigte Energie überträgt* 1.3 *~e* **Förderung** *F. von Bodenschätzen mittels Wassers* **2** *durch Anlagerung von Wasser entstanden* 2.1 *~e* **Bindemittel** *B., die auch unter Wasser erhärten* □ **hidráulico**

◆ **Hy|dro|ly|se** ⟨f.; -, -n; Chem.⟩ *Spaltung chemischer Verbindungen durch Reaktion mit Wasser* □ **hidrólise**

◆ **Hy|dro|the|ra|pie** ⟨f.; -; unz.; Med.⟩ *Behandlung mit warmem od. kaltem Wasser zu Heilzwecken, Wasserheilverfahren* □ **hidroterapia**

◆ **Hy|dro|xid** ⟨n.; -(e)s, -e; Chem.⟩ *anorganische Verbindung, die eine einwertige OH-Gruppe (Hydroxylgruppe) enthält;* oV *Hydroxyd* □ **hidróxido**

◆ **Hy|dro|xyd** ⟨n.; -(e)s, -e; Chem.⟩ = *Hidroxid*

Hy|gi|e|ne ⟨f.; -; unz.⟩ **1** ⟨Med.⟩ *Lehre von der Gesunderhaltung des Menschen, einschließlich der hierzu erforderlichen Maßnahmen u. Vorkehrungen, vorbeugende Medizin* **2** *Gesamtheit der öffentlichen Maßnahmen u. Vorkehrungen zur Verhütung von Krankheiten u. Gesundheitsschäden* **3** ⟨allg.⟩ *Sauberkeit, Reinlichkeit, Körperpflege; Körper~; eine Erkrankung infolge mangelnder ~* □ **higiene**

hy|gi|e|nisch ⟨Adj.⟩ *die Hygiene betreffend, auf ihr beruhend, sie beachtend* □ **higiênico**

Hy|gro|skop *auch:* **Hyg|ros|kop** ⟨n.; -s, -e; Meteor.⟩ *Apparatur zum (ungefähren) Messen der Luftfeuchtigkeit* □ **higroscópio**

Hy|m|ne ⟨f.; -, -n⟩ *Lobgesang, feierlich, erhebendes Gedicht od. Gesangsstück weltlichen Inhalts* □ **hino**

Hy|per|bel ⟨f.; -, -n⟩ **1** ⟨Geom.⟩ *unendliche ebene Kurve aus zwei getrennten Ästen, die aus allen den Punkten besteht, deren Abstände von zwei bestimmten Punkten eine konstante Differenz haben* **2** *sprachliche, dichterische Übertreibung, z. B. der „Balken im Auge", oft um eine komische Wirkung zu erzielen* □ **hipérbole**

hy|per|kri|tisch ⟨Adj. 24⟩ *in übertriebener Weise kritisch* □ **hipercrítico**

Hyp|no|se ⟨f.; -, -n⟩ *durch Suggestion herbeigeführter Schlaf, in dem der Schlafende auf Befehl des Hypnotiseurs Handlungen ausführen kann* □ **hipnose**

hyp|no|tisch ⟨Adj. 24⟩ *in der Art der Hypnose, auf Hypnose beruhend, mit ihrer Hilfe* □ **hipnótico**

Hy|po|chon|der ⟨[-xɔn-] m.; -s, -⟩ *jmd., der sich einbildet, krank zu sein, krankhaft schwermütiger Mensch* □ **hipocondríaco**

Hy|po|te|nu|se ⟨f.; -, -n; Geom.⟩ *die dem rechten Winkel gegenüberliegende Seite eines Dreiecks;* → a. *Kathete* □ **hipotenusa**

Hy|po|thek ⟨f.; -, -en⟩ *im Grundbuch eingetragenes, durch eine Zahlung erworbenes Recht an einem Grundstück in Form einer Forderung auf regelmäßige Zinszahlungen; wir haben eine ~ auf unser Haus aufgenommen* □ **hipoteca**

Hy|po|the|se ⟨f.; -, -n⟩ **1** *unbewiesene Voraussetzung, Unterstellung* **2** *noch unbewiesene Annahme als Hilfsmittel für wissenschaftliche Erkenntnisse;* Sy *Theorie(2)* □ **hipótese**

Hys|te|rie ⟨f.; -, -n; Med.; Psych.⟩ **1** ⟨Med.; Psych.⟩ *Zustand, in dem sich seelische Erregung durch körperliche Veränderungen od. Funktionsstörungen äußert* **2** *übertriebene Erregbarkeit, überhöhte Nervosität* □ **histeria**

hys|te|risch ⟨Adj.⟩ **1** *auf Hysterie(1) beruhend, an Hysterie(1) leidend* **2** *übertrieben leicht erregbar, übernervös* □ **histérico**

lia|hen ⟨V. 400⟩ der **Esel** iaht schreit iah □ **zurrar**

ibe|ro|ame|ri|ka|nisch ⟨Adj. 24⟩ Spanien u. Portugal einerseits u. Amerika andererseits betreffend □ **ibero--americano**

ich ⟨Personalpron., 1. Person Sg.; Gen. mein(er), Dat. mir, Akk. mich⟩ **1** (meine Person, der Sprecher selbst); ich Unglückliche!; ~ komme; ~ bin es; hier bin ~! (als Antwort auf Ruf); ~ weiß nicht; ~ nicht!; sie erinnern sich meiner ⟨geh.⟩; er gab es mir; sie liebt mich nicht; das geht mich nichts an; lass mich in Ruhe!; für, ohne mich; vergiss mein nicht ⟨poet.⟩ **2** immer ~! immer gibt man mir die Schuld, immer soll ich es tun □ **eu 3** mir brauchen Sie das nicht zu sagen! ich weiß doch Bescheid □ ***o senhor não precisa me dizer isso!** **4 mir** ⟨als freies Satzglied, ohne von einem Verb formal gefordert zu sein⟩ nach meiner Meinung, Ansicht, nach meinem Gefühl, Urteil □ **para mim; na minha opinião 4.1** du bist mir der Rechte (dafür)! ⟨umg.; iron.⟩ □ ***você está me saindo melhor do que a encomenda! 4.2** er trödelt mir zu sehr für meine Zwecke, nach meiner Meinung □ ***na minha opinião, ele é muito devagar 4.3** und das (ausgerechnet) mir! ⟨umg.⟩ ich kann es nicht begreifen, dass mir so etwas passieren konnte □ ***tinha de acontecer (justamente) comigo! 4.4** dass du mir auch rechtzeitig heimkommst! ⟨umg.⟩ ich wünsche es □ ***trate de voltar a tempo para casa! 5** mit mir kann er das nicht machen ich lasse mir so etwas nicht gefallen □ ***ele não pode fazer isso comigo 6** mir nichts, dir nichts ⟨fig.⟩ ohne weiteres, ohne Umstände, plötzlich, unversehens □ ***sem mais nem menos 7** von mir aus ⟨umg.⟩ meinetwegen, ich habe nichts dagegen □ ***por mim, tudo bem 8** wie du mir, so ~ dir ⟨Sprichw.⟩ wie du zu mir bist, so bin ich zu dir, was du mir getan hast, tu ich dir auch □ ***olho por olho, dente por dente 9** von mir ⟨Ersatz für Gen.⟩ mein; sie ist eine gute Freundin von mir □ ***meu**

Ich ⟨n.; -s, -s⟩ **1** die eigene Person, das eigene Wesen, das eigene Innere u. Äußere; sein eigenes ~ erforschen; mein ganzes ~; das liebe ~; er stellt immer sein wertes ~ in den Mittelpunkt ⟨iron.⟩ □ **eu 1.1** ⟨Psych.⟩ die grundlegende Struktur einer Person, die jmd. als mit sich identisch u. als Ursache des eigenen Handelns, Fühlens, Wollens empfindet □ **eu; ego 2** mein **anderes, besseres, zweites** ~ das Gewissen □ **eu 2.1** ⟨Psych.⟩ die psychische Instanz, die zwischen der Außenwelt, den Trieben mit ihren Affekten u. dem Über-Ich (Gewissen) vermittelt □ **eu; ego**

Ich|form auch: **Ich-Form** ⟨f.; -; unz.; Lit.⟩ Erzählform in der 1. Person; einen Roman, eine Erzählung in der ~ schreiben □ **primeira pessoa**

Ich|laut auch: **Ich-Laut** ⟨m.; -(e)s, -e; Sprachw.⟩ der Laut ch, wie er im Deutschen am vorderen (harten) Gaumen nach e und i gesprochen wird, z. B. in „ich", „rechnen" usw. □ **fonema velar fricativo surdo**

ide|al ⟨Adj.⟩ **1** ⟨24⟩ nur gedacht, nur in der Vorstellung existierend; oV **ideell**; ~es Denken **2** vollkommen, mustergültig; ~e Ehe; ein ~er Reisegefährte; dieser Apparat ist einfach ~ **3** ⟨umg.⟩ überaus schön, herrlich, wunderbar; der See ist ~ zum Baden; ~es Wetter zum Wandern **3.1** eine ~e **Landschaft** ⟨Mal.⟩ Darstellung einer harmonischen, meist bewaldeten sommerlichen L. □ **ideal**

Ide|al ⟨n.; -s, -e⟩ **1** Inbegriff höchster Vollkommenheit, Mustergültiges, Leitgedanke; einem ~ nachstreben **2** erstrebenswertes Vorbild, Wunschbild; ein ~ von einem Lehrer □ **ideal**

Ide|a|lis|mus ⟨m.; -; unz.⟩ Ggs Materialismus **1** durch sittliche, nicht materielle Ziele bestimmte Anschauung u. Verhaltensweise, Glaube an Ideale, nach Idealen ausgerichtete Lebensführung **2** ⟨Philos.⟩ Auffassung, dass es die Wirklichkeit nur als rein geistiges Sein gibt u. die Materie dessen Erscheinungsform ist **3** ⟨fig.⟩ opferfreudige Begeisterung □ **idealismo**

Idee ⟨f.; -, -n⟩ **1** reiner Begriff; die Lehre Platos von den ~n **2** vorbildliche Urform; die ~ einer Dichtung **3** leitender Gedanke, Vorstellung; politische ~n; für eine ~ eintreten, kämpfen, auf eine ~ verfallen; → a. **fix**^{1}(1.1) **4** Einfall, Gedanke, Ahnung; ich habe eine ~; hast du eine ~, wie man …; du machst dir keine ~ davon, …; das ist eine ~!; glänzende, komische, gute, verrückte ~n; das ist gar keine schlechte ~; ein Plan nach seiner ~ □ **ideia 4.1** keine ~! keineswegs □ ***nem pensar! 5** eine ~ Salz, Pfeffer zugeben ganz wenig, eine Kleinigkeit, Spur □ ***acrescentar uma pitada de sal/pimenta**

ide|ell ⟨Adj. 24⟩ = ideal(1); Ggs materiell; der ~e Gehalt eines Werkes (im Unterschied zum sachlichen, stofflichen Gehalt) □ **ideal**

iden|ti|fi|zie|ren ⟨V. 500⟩ **1** jmdn. od. etwas ~ feststellen, ob jmd. eine bestimmte Person od. etwas ein bestimmter Gegenstand ist **2** Sachen ~ als ein u. dieselben betrachten, einander gleichsetzen **3** ⟨517/Vr 3⟩ sich mit jmdm. od. etwas ~ jmds. Anliegen od. etwas zu seiner Sache machen □ **identificar(-se)**

iden|tisch ⟨Adj. 24⟩ übereinstimmend, völlig gleich, ein u. dasselbe; es stellte sich heraus, dass X Y und N Z ~ sind □ **idêntico**

Iden|ti|tät ⟨f.; -, -en⟩ **1** Echtheit einer Person od. Sache, wirkliche Existenz, Unverwechselbarkeit von jmdm. od. etwas; jmds. ~ feststellen **2** ⟨Psych.⟩ innere Einheit einer Person, bewusst wahrgenommene Übereinstimmung mit dem eigenen Selbst; seine wahre ~ finden, suchen **3** Übereinstimmung, Gleichheit, Wesenseinheit; die ~ philosophischer, wissenschaftlicher Lehrsätze □ **identidade**

Ideo|lo|gie ⟨f.; -, -n⟩ **1** die Gesamtheit der Anschauungen u. des Denkens einer bestimmten gesellschaftlichen

Schicht **2** *politische Theorie, Anschauung;* die ~ des Bürgertums, des Kapitalismus, des Kommunismus □ **ideologia**

Idi|om ⟨n.; -s, -e; Sprachw.⟩ **1** *Spracheigentümlichkeit eines Menschen, einer Sprechergruppe od. einer Sprache; ein unverständliches ~* □ **idioma 2** *feststehende Wortprägung od. Redewendung, deren Bedeutung nicht aus den einzelnen Bestandteilen zu verstehen ist, z. B.* Duckmäuser □ **idiomatismo**

Idi|ot ⟨m.; -en, -en⟩ **1** ⟨Med.⟩ *an Idiotie leidende Person* **2** ⟨fig.; umg.; abwertend⟩ *Dummkopf* □ **idiota**

Idio|tie ⟨f.; -, -n⟩ ⟨Med.⟩ *schwerste Form der angeborenen od. früh erworbenen Intelligenzminderung* □ **idiotia 2** ⟨fig.; umg.; abwertend⟩ *Dummheit, Unsinn, unsinniger Einfall; dieses Verhalten grenzt an ~* □ **idiotice**

idio|tisch ⟨Adj.⟩ **1** *an Idiotie(1) leidend* **2** ⟨fig.; umg.; abwertend⟩ *unsinnig, sehr dumm; da ist ein ~er Plan; wer ist auf diese ~e Idee gekommen?* □ **idiota**

Idol ⟨n.; -s, -e⟩ **1** = *Götze (1)* 1.1 = *Götze (1.1)* **2** ⟨fig.⟩ *innig geliebtes Wesen; seine Frau ist sein ~* 2.1 *in der Art einer Gottheit verehrte Person od. Sache; sein ~ ist* Uwe Seeler □ **ídolo**

Idyll ⟨n.; -s, -e⟩ **1** *Bild, Zustand eines beschaulichen, einfachen Lebens (meist auf dem Lande bzw. in der Natur);* oV *Idylle(2)* □ **idílio**

Idyl|le ⟨f.; -, -n⟩ **1** ⟨Lit.⟩ *dichterische Darstellung beschaulichen Lebens einfacher, naturverbundener Menschen, Hirten-, Schäferdichtung* □ **idílio 2** = *Idyll*

idyl|lisch ⟨Adj.⟩ **1** *ländlich-friedlich, beschaulich u. beglückend* **2** ⟨Lit.⟩ *das natürliche Leben einfacher Menschen schildernd, z. B. in der Hirtendichtung* □ **idílico**

Igel ⟨m.; -s, -⟩ **1** ⟨Zool.⟩ *ein kleines insektenfressendes Säugetier mit gedrungenem Körper u. auf dem Rücken aufrichtbaren Stacheln:* Erinaceus europaeus □ **porco--espinho** 1.1 *das passt wie der ~ zum Handtuch,* Taschentuch ⟨veraltet⟩ *überhaupt nicht* □ ***isso não tem nada a ver/não combina 2** ⟨Mil.⟩ *kreisförmige Verteidigungsstellung im modernen Bewegungskrieg* □ **defesa circular 3** *Furchenegge zum Beseitigen von Unkraut* □ **rastelo 4** ⟨fig.⟩ *mit Schokoladenguss überzogener u. Mandelsplittern besteckter Kuchen* □ **Igel 5** ⟨fig.; abwertend⟩ *kratzbürstiger, unfreundlicher Mensch* □ **indivíduo rabugento**

Ig|no|ranz ⟨f.; -; unz.⟩ *Unwissenheit, Nichtbeachtung aus Gründen der Überheblichkeit od. geistigen Beschränktheit* □ **ignorância**

ig|no|rie|ren ⟨V. 500⟩ *jmdn. od. etwas ~ absichtlich übersehen, unbeachtet lassen, keine Kenntnis nehmen von jmdm. od. etwas* □ **ignorar**

ihm ⟨Dat. von⟩ **1** *er* □ **lhe; a ele 2** *es¹* □ **lhe; a ele/ela/isso**

ihn ⟨Akk. von⟩ *er* □ **o**

ih|nen ⟨Dat. von⟩ *sie²* □ **lhes; a eles/elas**

Ih|nen ⟨Dat. von⟩ *Sie¹* □ **lhe(s); ao(s) senhor(es); à(s) senhora(s)**

ihr¹ ⟨Personalpron., 2. Person Pl.; Gen. euer, Dat. u. Akk. euch; in Briefen Groß- u. Kleinschreibung; Pl. von⟩ *du(1); habt ~ mich gesehen?* □ **vocês; vós**

ihr² ⟨Dat. von⟩ *sie¹* □ **lhe; a ela**

ihr³ ⟨Possessivpron. 3. Person Sg. f. 4⟩ → a. *mein¹ (1.1-3.4)* **1** *~ Buch (usw.) sie hat ein B. (usw.)* 1.1 *ihr gehörend, aus ihrem Eigentum od. Besitz stammend* 1.1.1 *das Ihre/ihre, das Ihrige/ihrige ihr Eigentum* 1.2 *mit ihr verwandt, bekannt, befreundet* 1.2.1 *die Ihren/ihren ihre (engen) Verwandten* 1.3 *einen Teil von ihr bildend* 1.4 *von ihr ausgehend, bei ihr Ursprung habend* 1.5 *ihr zukommend* **2** *eine Eigenschaft von ihr darstellend* 2.1 *ihr zur Gewohnheit geworden* **3** *von ihr getan* 3.1 *von ihr verursacht* 3.2 *von ihr vertreten, gerechtfertigt* 3.3 *von ihr erwünscht* 3.4 *von ihr benutzt* □ **seu; sua; dela 4** *Ihre Durchlaucht, Hoheit, Magnifizenz, Majestät (Teil des Titels von weiblichen Adligen u. a. Würdenträgerinnen)* □ ***Sua Alteza/ Magnificência/Majestade**

ihr⁴ ⟨Possessivpron. 3. Person Pl. 4⟩ → a. *mein¹ (1.1-3.4)* **1** *~ Buch (usw.) sie haben ein B. (usw.)* 1.1 *ihnen gehörend, aus ihrem Eigentum od. Besitz stammend* 1.1.1 *das Ihre/ihre ihr Eigentum* 1.2 *mit ihnen verwandt, bekannt, befreundet* 1.2.1 *die Ihren/ihren ihre (engen) Verwandten* 1.3 *einen Teil von ihnen bildend* 1.4 *von ihnen ausgehend, bei ihnen Ursprung habend* 1.5 *ihnen zukommend* **2** *eine Eigenschaft von ihnen darstellend* 2.1 *von ihnen zur Gewohnheit geworden* **3** *von ihnen getan* 3.1 *von ihnen verursacht* 3.2 *von ihnen vertreten, gerechtfertigt* 3.3 *von ihnen erwünscht* 3.4 *von ihnen benutzt* □ **seu; sua; deles; delas**

Ihr ⟨Possessivpron. 3. Person Pl. 4⟩ *(für die Anrede einer od. mehrerer nicht verwandter u. nicht befreundeter erwachsener Personen);* → a. *mein¹ (1.1-3.4)* **1** *~ Auto (usw.) Sie haben ein A. (usw.)* 1.1 *Ihnen gehörend, aus Ihrem Eigentum od. Besitz stammend* 1.1.1 *das ~e Ihr Eigentum* 1.2 *mit Ihnen verwandt, bekannt, befreundet* 1.2.1 *die ~en Ihre (engen) Verwandten* 1.3 *einen Teil von Ihnen bildend* 1.4 *von Ihnen ausgehend, bei Ihnen Ursprung habend* 1.5 *Ihnen zukommend* **2** *eine Eigenschaft von Ihnen darstellend* 2.1 *Ihnen zur Gewohnheit geworden* **3** *von Ihnen getan* 3.1 *von Ihnen verursacht* 3.2 *von Ihnen vertreten, gerechtfertigt* 3.3 *von Ihnen erwünscht* 3.4 *von Ihnen benutzt* □ **seu; sua; do(s) senhor(es); da(s) senhora(s) 4** *mit den besten Grüßen ~(e) ... (Schlussformel in Briefen, weniger vertraulich als euer(4))* □ **seu; sua**

ih|rer ⟨Gen. von⟩ **1** *sie¹* □ **seu; sua; dela 2** *sie²* □ **seu; sua; deles; delas**

Ih|rer ⟨Gen. von⟩ *Sie¹* □ **seu; sua; do(s) senhor(es); da(s) senhora(s)**

ih|rer|seits ⟨Adv.⟩ **1** *von ihr aus; sie machte ~ den Vorschlag ...* □ **da parte dela; de sua parte 2** *von ihnen aus; sie bestanden ~ darauf, dass ...* □ **da parte deles/delas; de sua parte**

Ih|rer|seits ⟨Adv.⟩ *von Ihnen aus; wenn ~ keine Bedenken gegen das Vorhaben bestehen ...* □ **da parte do senhor/da senhora**

ih|res|glei|chen ⟨undeklinierbares Pron.⟩ **1** *eine Frau, eine Angelegenheit wie diese, Leute (Dinge) wie diese* □ **uma mulher como ela/essa; uma situação como essa;**

Ihresgleichen

pessoas/coisas como essas **1.1** *das ist eine Unverschämtheit, die ~ sucht die man mit nichts vergleichen kann, die einmalig ist* □ *isso é um descaramento/uma insolência sem igual **1.2** *sie bleibt lieber unter ~ unter Frauen ihres Standes, ihres Gesellschafts- od. Berufskreises* □ *ela prefere ficar entre mulheres como ela

Ih|res|glei|chen ⟨undeklinierbares Pron.⟩ *Leute wie Sie; ~ findet man heute selten; Sie u. ~* □ **pessoas como o(s) senhor(es)/a(s) senhora(s)**

ih|ret|hal|ben ⟨Pronominaladv.⟩ *= ihretwegen*

ih|ret|we|gen ⟨Pronominaladv.⟩ *um ihretwillen, ihr od. ihnen zuliebe; Sy ihrethalben; ich habe es nur ~ getan* □ **por ela(s)/eles; por causa dela(s)/deles**

Ike|ba|na ⟨n.; - od. -s; unz.⟩ *japanische Kunst des Blumensteckens* □ **ikebana**

Iko|ne ⟨f.; -, -n⟩ *Heiligenbild der orthodoxen Kirche; der Verkauf von russischen ~n* □ **ícone**

il|le|gal ⟨Adj. 24⟩ *gesetzwidrig, ungesetzlich; Ggs legal; ~e Handlungen, Organisationen; der Verkauf von Marihuana ist ~* □ **ilegal**

Il|lu|mi|na|ti|on ⟨f.; -, -en⟩ **1** *festliche Erleuchtung (bes. im Freien); ~ mit Lampions* **2** *Buchmalerei* □ **iluminação**

il|lu|mi|nie|ren ⟨V. 500⟩ **1** *Räume, Bauwerke festlich erleuchten* **2** *Stiche,* **Drucke** *~ ausmalen* **3** *Manuskripte ~ mit Buchmalereien verzieren* □ **iluminar**

Il|lu|si|on ⟨f.; -, -en⟩ **1** *trügerische Hoffnung, Selbsttäuschung, idealisierte, falsche Vorstellung von der Wirklichkeit; jmdm. die ~en rauben; seine ~en verlieren; sich ~en über jmdn. oder eine Sache hingeben; darüber mache ich mir keine ~en* **2** *Vortäuschung von räumlicher Tiefe auf Bildern, im Theater od. Film mit den Mitteln der Perspektive; Raum~, Tiefen~* **3** *Täuschung durch ein Zauberkunststück* **4** *ein auf Täuschung(3) beruhendes Zauberkunststück* □ **ilusão**

♦ Die Buchstabenfolge **il|lus|tr...** kann in Fremdwörtern auch **il|lust|r...** getrennt werden.

♦ **Il|lus|tra|ti|on** ⟨f.; -, -en⟩ **1** *Abbildung zu einem Text* **2** ⟨unz.⟩ *das Illustrieren, Illustrierung* **3** ⟨unz.⟩ *Veranschaulichung* □ **ilustração**

♦ **il|lus|trie|ren** ⟨V. 500⟩ **1** *Texte ~ mit Illustrationen versehen, bebildern; ein Buch ~; illustrierte Zeitschrift* **2 Sachverhalte** *~ veranschaulichen, erläutern; etwas durch Beispiele ~* □ **ilustrar**

♦ **Il|lus|trier|te** ⟨f. 2⟩ *illustrierte Zeitschrift* □ **revista ilustrada**

Il|tis ⟨m.; -ses, -se; Zool.⟩ *meist dunkel gefärbter Marder von 40 cm Körperlänge: Mustela putorius; Sy Ratz* □ **tourão**

im ⟨Präp. u. Art.⟩ *= in dem*

Ima|gi|na|ti|on ⟨f.; -, -en⟩ **1** *Einbildung* **2** *Einbildungskraft, Vorstellungsvermögen* □ **imaginação**

Imam ⟨m.; -s, -s od. -e; islam. Rel.⟩ **1** *Vorbeter in der Moschee* **1.1** ⟨unz.⟩ *(Ehrentitel für islamische Gelehrte)* **2** *geistliches, auf Mohammed zurückgeführtes Oberhaupt der Schiiten* □ **imame**

Im|biss ⟨m.; -es, -e⟩ **1** *kleine, schnell zubereitete Mahlzeit; darf ich Ihnen einen ~ anbieten?* □ **lanche 2** *Verkaufsraum, Verkaufsstand dafür; an einem ~ Rast machen; ~bude* □ **lanchonete**

Imi|ta|ti|on ⟨f.; -, -en⟩ **1** *Nachahmung* **2** *= Fälschung(2)* **3** ⟨Mus.⟩ *Wiederholung eines Themas in gleicher (Kanon) od. anderer (Fuge) Tonhöhe* □ **imitação**

imi|tie|ren ⟨V. 500⟩ **1** *jmdn. od. etwas ~* **1.1** *nachahmen; der Schüler imitierte den Klassenlehrer* □ **imitar 1.2** *fälschen, nachbilden; imitiertes Leder* □ ***imitação de couro 2** ⟨Mus.⟩ *wiederholen (Thema)* □ **imitar**

Im|ker ⟨m.; -s, -⟩ *Bienenzüchter* □ **apicultor**

Im|ke|rin ⟨f.; -, -rin|nen⟩ *weibl. Imker* □ **apicultora**

im|ma|nent ⟨Adj. 24⟩ **1** ⟨geh.⟩ *innewohnend, enthalten in; die einem Vorhaben ~en Probleme* **2** ⟨Philos.⟩ *innerhalb der Erkenntnis, der Erfahrung liegend; Ggs transzendent(1)* □ **imanente**

im|ma|tri|ku|lie|ren *auch.* **im|mat|ri|ku|lie|ren** ⟨V. 500⟩ *jmdn. od. sich ~ in die Matrikel, in das Studentenverzeichnis aufnehmen; Sy inskribieren* ⟨österr.⟩; *sich an einer Universität ~* □ **matricular-se**

Im|me ⟨f.; -, -n; poet.⟩ *Biene; sie ist immer fleißig wie eine ~* □ **abelha**

im|mens ⟨Adj.⟩ *außerordentlich groß, unermesslich; er hat ~e Schulden; sein Wissen ist ~* □ **imenso; enorme**

im|mer ⟨Adv. 24⟩ **1** *ständig, stets, jederzeit; es ist ~ (wieder) dasselbe; ~ ich (soll es gewesen sein, soll alles tun)!; sie ist ~ fröhlich, vergnügt; hast du ~ so viel zu tun?; nein, nicht ~!; er erwähnt das ~ wieder* □ **sempre 1.1** *~ mit der Ruhe! nur ruhig* □ ***calma!; devagar! 1.1.1** *nur ~ zu! frisch ans Werk!* □ ***vamos lá!; ao trabalho! 1.2** *~ langsam! nicht so schnell!* □ ***devagar! 2** *(mit Adj. im Komparativ) in zunehmendem Maße; ~ mehr, weniger; ~ besser, schlechter, höher, tiefer; es wurde ~ kälter; eines ist ~ schöner als das andere* □ ***cada vez mais/menos/melhor/pior... 3** *jedes Mal; ~ zwei auf einmal, zusammen; das sagst du ~, und dann tust du es doch nicht* □ **sempre; seine Leistungen werden ~ besser** □ **cada vez; ~, wenn ...** □ ***sempre que...; er fängt ~ an** *(Streit usw.)* □ **sempre 3.1** *er kommt ~ montags jeden Montag* □ ***ele vem todas as segundas-feiras 3.2** *~ noch, noch ~ bis jetzt, bisher ohne Unterbrechung* □ ***ainda 4** ⟨veraltet⟩ *inzwischen; fangen Sie ~ an!* □ **enquanto isso 5** *für, auf ~ ständig, endgültig; sie mussten sich für ~, auf ~ damit abfinden, dass ...* □ ***para sempre 5.1** *die Augen für ~ schließen (fig.) sterben* □ ***fechar os olhos; morrer 6** ⟨mit Pron.⟩ **6.1** *wer ~ jeder(mann), der ...; es ist uns jeder willkommen, wer ~ es auch sein mag; lass niemanden herein, wer (auch) ~ es sein mag* □ ***quem quer que (seja); seja quem for 6.2** *was ~ alles, was ...; was ~ er auch sagen mag, es ist erlogen* □ ***o que quer que; seja o que for 7** ⟨mit Adv.⟩ **7.1** *wo ~ überall, wo ...* **7.1.1** *er denkt an sie, wo ~ er auch ist wo er auch ist, überall* □ ***onde quer que 7.2** *wann ~ jederzeit, wenn ...; du kannst kommen, wann ~ du willst* □ ***sempre**

que 7.3 wie ~ *auf jede Art und Weise, die ...; ich halte zu dir, wie ~ es auch gehen mag* □ **seja como for* 7.3.1 **wie ~** *wie üblich, wie gehabt, wie sonst* □ **como sempre; como de hábito* **8** ⟨Getrennt- u. Zusammenschreibung⟩ 8.1 **~ während** = *immerwährend*

im|mer|dar ⟨Adv.; geh.; poet.⟩ *für immer, für ewig* □ **para sempre**

im|mer|fort ⟨Adv.⟩ *immerzu, ununterbrochen* □ **ininterruptamente; sem cessar**

im|mer|hin ⟨Adv.⟩ **1** *wenigstens, jedenfalls;* ~ *hat er doch einmal angerufen; es ist doch ~ ein Versuch* 1.1 *~! besser als nichts* □ **pelo menos**

im|mer|wäh|rend *auch:* **im|mer wäh|rend** ⟨Adj. 24⟩ *ununterbrochen, fortwährend, dauernd, ständig;* ~*er Kalender* □ **contínuo; permanente; perene**

im|mer|zu ⟨a. ['—-] Adv.; umg.⟩ *immerfort, dauernd, ständig* □ **continuadamente; sempre**

Im|mi|grant *auch:* **Im|mig|rant** ⟨m.; -en, -en⟩ *jmd., der in ein Land einwandert, Einwanderer;* Ggs *Emigrant* □ **imigrante**

Im|mi|gran|tin *auch:* **Im|mig|ran|tin** ⟨f.; -, -tin|nen⟩ *weibl. Immigrant;* Ggs *Emigrantin* □ **imigrante**

im|mi|grie|ren *auch:* **im|mig|rie|ren** ⟨V. 400(s.)⟩ *(in ein Land) einwandern;* Ggs *emigrieren* □ **imigrar**

Im|mis|si|on ⟨f.; -, -en⟩ *Einwirken von Schadstoffen auf die Umwelt* □ **(efeitos da) poluição ambiental**

Im|mo|bi|lie ⟨[-jə] f.; -, -n; meist Pl.⟩ *unbeweglicher Besitz, Grundbesitz;* im Besitz von ~n sein; ~*nmakler* □ **imóvel**

im|mun ⟨Adj.⟩ **1** *Diplomaten u. Parlamentsmitglieder sind* ~ *genießen gesetzlichen Schutz vor Strafverfolgung* **2** ⟨86⟩ *jmd. ist* ~ *gegen unempfänglich für;* ~ *gegen Krankheitserreger, ungünstige Einflüsse* 2.1 *dagegen bin ich* ~ ⟨fig.⟩ *das berührt, beeindruckt mich nicht, das kann mich nicht beeinflussen* □ **imune**

Im|pe|ra|tiv ⟨m.; -s, -e⟩ **1** ⟨Gramm.⟩ *Form des Verbs, die einen Befehl ausdrückt, z. B. komm!, bleib hier!* 1.1 *kategorischer* ~ ⟨nach dem Philosophen I. Kant⟩ *unbedingt gültiges Gebot der Pflicht, unausweichliche sittliche od. moralische Forderung* □ **imperativo**

Im|per|fekt ⟨n.; -s, -e⟩ **1** ⟨Gramm.⟩ *Zeitform des Verbs, erste od. unvollendete Vergangenheit* □ **imperfeito 2** ⟨dt. Gramm.⟩ = *Präteritum*

Im|pe|ri|um ⟨n.; -s, -ri|en⟩ *Weltmacht, Weltreich, bes. das römische Weltreich* □ **império**

im|per|ti|nent ⟨Adj.⟩ *in aufdringlicher Weise frech, unverschämt;* ein ~er Mensch; er war sehr ~ □ **impertinente**

Im|per|ti|nenz ⟨f.; -; unz.⟩ *impertinentes Verhalten, bodenlose Frechheit, Unverschämtheit; er trat mit einer ungeheuerlichen ~ auf* □ **impertinência**

imp|fen ⟨V. 500⟩ **1** *jmdn. od. ein Tier ~ bei jmdm. od. einem T. eine Impfung(1) vornehmen* □ **vacinar 2** *eine Pflanze ~* ⟨Bot.⟩ *veredeln, pfropfen* □ **enxertar**

Impf|pass ⟨m.; -es, -päs|se⟩ *Ausweis, in dem alle bereits getätigten Impfungen des Inhabers eingetragen u. bescheinigt sind, Impfausweis; internationaler ~* □ **certificado de vacinação**

Imp|fung ⟨f.; -, -en⟩ **1** ⟨Med.⟩ *das Einbringen von Impfstoff in den Körper eines Menschen oder Tieres, um Immunität gegen eine od. mehrere Krankheiten zu erzielen;* Schutz~ □ **vacinação 2** ⟨Biol.⟩ *Aufbringen von Mikroben od. Material, in dem man Mikroben vermutet, auf einen Nährboden od. auf einen lebenden Organismus zum Zwecke des Nachweises od. der Weiterzüchtung* □ **inoculação 3** ⟨Landw.⟩ *Einbringen von Stickstoff erzeugenden Bakterien in den Boden;* Boden~ □ ***inoculação do solo**

Im|plan|ta|ti|on ⟨f.; -, -en⟩ **1** ⟨Med.⟩ *Einpflanzung künstlicher Teile od. Stoffe in den menschlichen Körper* 1.1 ⟨Zahnmed.⟩ *das Einpflanzen von künstlichen Zähnen in leere Zahnhohlräume* □ **implante 2** ⟨Physiol.⟩ *Einnisten des befruchteten Eies in die Gebärmutterschleimhaut* □ **implantação; nidação**

Im|pli|ka|ti|on ⟨f.; -; unz.⟩ **1** ⟨geh.⟩ *das Implizieren, Einbeziehen, Einschließen einer Sache in eine andere* **2** ⟨Philos.; Logik⟩ *Beziehung zwischen zwei Sachverhalten (Aussagen od. Prädikaten), von denen der eine den anderen in sich schließt oder schließen soll, „wenn ... dann"-Beziehung* □ **implicação**

im|pli|zie|ren ⟨V. 500; geh.⟩ *etwas ~ mit einschließen, einbeziehen, einbegreifen* □ **implicar**

im|plo|die|ren ⟨V. 400⟩ *durch Druck von außen eingedrückt werden;* Ggs *explodieren(1)* □ **implodir**

Im|plo|si|on ⟨f.; -, -en⟩ *Zerstörung eines Hohlkörpers, in dem verringerter Luftdruck herrscht, durch Druck von außen;* Ggs *Explosion(1)* □ **implosão**

im|po|nie|ren ⟨V. 600⟩ *jmdm. ~ großen Eindruck machen, Achtung od. Bewunderung einflößen* □ **impressionar**

Im|port ⟨m.; -(e)s, -e⟩ = *Einfuhr;* Ggs *Export* ~ *von Waren, Dienstleistungen* □ **importação**

im|por|tie|ren ⟨V. 500⟩ Ggs *exportieren* **1** = *einführen* (2) **2** ⟨EDV⟩ 2.1 *Bilder, Grafiken, Musikstücke ~ einlesen, in ein Computerprogramm überführen* 2.2 *Daten ~ aus einem anderen Programm in ein bestimmtes Programm umwandeln* □ **importar**

im|po|sant ⟨Adj.⟩ *(aufgrund der Größe, Stattlichkeit, Bedeutsamkeit) beeindruckend;* ein ~es Bauwerk, Gemälde; ein ~er Schauspieler □ **imponente; grandioso**

im|po|tent ⟨Adj. 70⟩ Ggs *potent* **1** *an Impotenz(1) leidend* □ **impotente 2** ⟨fig.⟩ *unfähig, nicht schöpferisch, ausdruckslos;* ein ~er Künstler □ **incapaz; improdutivo**

Im|po|tenz ⟨f.; -; unz.⟩ Ggs *Potenz(1)* **1** ~ *des Mannes* 1.1 *Unfähigkeit zum Geschlechtsverkehr: Impotentia coeundi* 1.2 *Unfruchtbarkeit des Mannes: Impotentia generandi* **2** ⟨fig.⟩ *Unvermögen, Schwäche* □ **impotência**

im|präg|nie|ren *auch:* **im|präg|nie|ren** ⟨V. 505⟩ *Stoffe, Werkstoffe ~ (gegen) mit Chemikalien als Schutzmittel tränken, um sie gegen äußere Einflüsse widerstandsfähig zu machen; Holz gegen Fäulnis ~; Gewebe ~, um sie wasserundurchlässig zu machen; imprägnierter Mantel* □ **impregnar**

Im|pre|sa|rio ⟨m.; -s, -s od. –sa|ri⟩ *Theater- u. Konzertunternehmer, der für einen Künstler Konzerte, Gastspiele usw. arrangiert* □ **empresário**

Im|pres|si|on ⟨f.; -, -en⟩ *Eindruck, Empfindung, Wahrnehmung* □ **impressão**

Im|pres|sum ⟨n.; -s, -pres|sen⟩ **1** ⟨in Zeitungen u. Zeitschriften⟩ *presserechtlich vorgeschriebener Vermerk mit Angabe des verantwortlichen Herausgebers, der Redakteure u. der Druckerei sowie der Erscheinungsweise, des Verlagsortes usw.* □ **cabeçalho 2** ⟨in Büchern⟩ *presserechtlich vorgeschriebener Vermerk mit dem Copyright, Verlagsort u. meist Erscheinungsjahr, Auflagenhöhe u. Name der Druckerei* □ **página de crédito**

Im|pri|ma|tur ⟨n.; -s; unz.⟩ *Druckerlaubnis; der Autor hat das ~ erteilt* □ **imprimátur**

Im|pro|vi|sa|ti|on ⟨[-vi-] f.; -, -en⟩ **1** ⟨unz.⟩ *das Improvisieren; er muss vorher alles genau planen, ~ liegt ihm nicht* **2** ⟨zählb.⟩ *unvorbereitete Handlung, unvorbereitet (aus dem Stegreif) Dargebotenes; eine ~ des Märchens „Hänsel und Gretel"* □ **improvisação**

im|pro|vi|sie|ren ⟨[-vi-] V.⟩ **1** ⟨500⟩ **Handlungen ~** *ohne Vorbereitung tun; ein Essen für unerwarteten Besuch ~* **1.1 literarische Darbietungen ~** *aus dem Stegreif vortragen* **2** ⟨400; Theat.⟩ *etwas sprechen, einfügen, was nicht in der Rolle steht* □ **improvisar**

Im|puls ⟨m.; -es, -e⟩ **1** *Anstoß, plötzlicher Antrieb, Augenblicksentschluss; dieser Kurs vermittelt neue ~e für den Wiedereinstieg ins Berufsleben; einem plötzlichen ~ folgen; etwas aus einem ~ heraus tun* **2** ⟨Phys.⟩ *Bewegungsgröße eines Körpers, Produkt aus Masse u. Geschwindigkeit* **3** *kurzer elektrischer Spannungs- od. Stromstoß* □ **impulso**

im|stan|de *auch:* **im Stan|de** ⟨Adv.⟩ **1 ~ sein,** *etwas zu tun fähig sein; etwas zu tun vermögen, können; er ist nicht ~, diese einfache Aufgabe zu lösen; dazu sehe ich mich nicht ~* □ ***estar em condições/ser capaz de fazer alguma coisa 1.1 er ist ~ und erzählt es allen weiter** *er hat (wie zu fürchten ist) keine Hemmungen* □ ***ele é bem capaz de contar isso a todos**

in¹ ⟨Präp. mit Dat. auf die Frage „wo"?, mit Akk. auf die Frage „wohin"?⟩ **1** ⟨örtlich⟩ *an einer bestimmten Stelle, in Richtung auf; ~ Berlin; ~ diesem Buche; ~ Deutschland; im Wald; im Wasser* □ **em;** *~ der Ferne* □ ***ao longe;** *~ der Nähe* □ ***nas proximidades;** *~ eurer Mitte* □ ***entre vocês;** *~s Theater gehen; ~s Zimmer kommen* □ **a; para 2** ⟨modal⟩ **2.1** *auf bestimmte Weise; ~ Gold bezahlen* □ **em;** *~ aller Eile* □ ***às pressas;** *jmdm. ~ aller Güte etwas sagen; ~ Liebe Deine X (als Briefschluss)* □ **com;** *im Mantel* □ ***de sobretudo;** *im Schritt, Trab* □ ***a passo; a trote;** *~ tiefer Trauer, Verzweiflung* □ ***com profundo pesar; em desespero* **2.2** *in bestimmtem Zustand, bei bestimmtem Verhalten;* im Begriff stehen zu □ ***estar para; estar a ponto de;** *im Fluge* □ ***em voo; voando;** *~ Panik geraten* □ ***entrar em pânico;** *~ Schweiß geraten* □ ***começar a suar;** *im Traum; tief ~ der Arbeit stecken* □ **em;** *das Leben besteht nicht ~ Genuss* □ ***a vida não é feita de prazer;** *~ Wahnsinn verfallen* □ ***enlouquecer; perder a razão;** *~ Erwägung ziehen* □ ***levar em consideração;** *im Großen und Ganzen* □ ***de modo geral; grosso modo* **2.3** *~ einem* **Fach** *ein F. betreffend;* **Nachhilfestunden ~** *Mathematik* □ **em 3** ⟨zeitlich⟩ *während eines Zeitraums, auf einen Zeitraum zu; ~ den Ferien; im Frühling; im Jahre 1962; ~s sechzigste Jahr gehen; im vorigen Jahr* □ **em;** *~ der Nacht, bis ~ die Nacht* □ ***à noite; até a noite;** *~ zwei Stunden; ~ acht Tagen* □ **em; daqui a;** *~ kurzer Zeit* □ **em;** *bis ~ den Sommer hinein* □ ***verão adentro* **4** ⟨Identität⟩ **4.1** *~ ihm haben wir viel gewonnen dass wir ihn haben, ist ein Gewinn für uns* □ **com 4.2** *du wirst ~ dem Buch einen guten Ratgeber finden das Buch wird dir ein R. sein* **4.3** *Vertrauen ~ jmdn. setzen jmdm. Vertrauen entgegenbringen* □ **em 5** ⟨in festen präpositionalen Wendungen⟩ **5.1 in Bezug auf** *bezüglich, betreffend, hinsichtlich* **5.2 ~ Betreff** *Ihres Schreibens* ⟨Amtsdt.⟩ *betreffs, hinsichtlich Ihres S.* □ ***em relação a; com referência a (sua carta);** → a. *Anbetracht, Hinsicht, Hand*(2.6.3, 2.8–2.8.3), *Frage*(3.4, 4, 4.1), *Wort*(1, 2, 6.5, 8.1) **6** ⟨Getrennnt- u. Zusammenschreibung⟩ **6.1** *~* **Frage** *= infrage* **6.2 ~ Stand** *= instand* **6.3 im Stande** *= imstande*

in² ⟨Adv.; umg.⟩ *~ sein modern, gefragt, aktuell sein;* Ggs *out*(2); *dieser Schauspieler ist ~; kurze Röcke sind wieder ~* □ ***ser in; estar na moda**

in|ad|äquat ⟨Adj.⟩ *unpassend, unangemessen, nicht entsprechend;* Ggs *adäquat* □ **inadequado**

in|ak|tiv ⟨Adj.⟩ **1** *nicht aktiv, untätig, unwirksam* **2** *im Ruhestand; ~er Offizier* **3** ⟨24/70⟩ *nicht zur Teilnahme an den Veranstaltungen eines Vereins verpflichtet; ~es Mitglied* □ **inativo**

In|be|griff ⟨m.; -(e)s; unz.⟩ **1** *das Höchste, Musterfall; sie ist der ~ des Schönen für mich* □ **exemplo perfeito; encarnação 2** *Summe, Abstraktion der unter einen Begriff gefassten Einzelheiten; der ~ der Weisheit* □ **essência; síntese**

in|be|grif|fen ⟨Adj. 24/40⟩ *eingeschlossen, mitgerechnet, mitgezählt; alles ~; Bedienung, Trinkgeld ist ~; Nebenkosten sind nicht ~* □ **incluído**

In|brunst ⟨f.; -; unz.⟩ *innere Leidenschaft, alle Seelenkraft, leidenschaftlicher Eifer; mit ~ arbeiten, beten, flehen, Theater spielen* □ **fervor; paixão**

in|dem ⟨unterordnende Konj.⟩ **1** ⟨instrumental⟩ *dadurch, dass; du kannst ihm eine Freude bereiten, ~ du ihn einmal besuchst* □ ***você pode dar-lhe uma alegria indo visitá-lo* **2** ⟨temporal⟩ *während; ~ er dies sagte, klingelte es* □ ***quando ele disse isso, a campainha tocou* **3** *(oft fälschlich für) indessen(1)*

in|des ⟨Konj.; veraltet⟩ *= indessen(2)*

in|des|sen ⟨Konj.⟩ **1** ⟨unterordnend, temporal⟩ *während, unterdessen, inzwischen; ~ hatten sich alle erhoben; ich habe noch einiges zu erledigen, du kannst ~ schon das Essen vorbereiten* □ **enquanto isso; nesse meio-tempo 2** ⟨nebenordnend, adversativ⟩ *immerhin, allerdings, aber, doch;* Sy *indes; wir hatten wenig erwartet, ~, wir wurden beschämt; sein Engagement muss man ihm ~ zugutehalten* □ **contudo; no entanto**

In|dex ⟨m.; - od. -es, -e od. –di|zes od. -di|ces⟩ **1** *Namen-, Sach-, Stichwortverzeichnis, Register;* ein Wort im ~ nachschlagen □ **índice** 1.1 ⟨kurz für⟩ ~ **librorum prohibitorum** ⟨bis 1967⟩ *Verzeichnis der von der kath. Kirche verbotenen Schriften;* ein Buch auf den ~ setzen □ **índex** **2** *hoch- oder tiefgestellte Ziffer verschiedener Funktion, z. B.* L_2*,* K^3*,* 2^x **3** *zur Verbesserung der Übersichtlichkeit von Statistiken meist mit 100 gleichgesetzte Zahl, auf die die übrigen Werte einer Reihe bezogen werden* □ **índice**

In|di|a|ner ⟨m.; -s, -⟩ *Ureinwohner von Amerika (außer den Eskimos)* □ **índio**

In|di|a|ne|rin ⟨f.; -, -rin|nen⟩ *weibl. Indianer* □ **índia**

in|di|gniert *auch:* **in|dig|niert** ⟨Adj.; geh.⟩ *unwillig, entrüstet, peinlich berührt* □ **indignado**

In|di|go ⟨n. od. m.; -s; unz.⟩ *ältester, blauer, wasserlöslicher u. lichtechter Farbstoff, der in verschiedenen tropischen Pflanzen vorkommt* □ **indigo**

In|di|ka|ti|on ⟨f.; -, -en⟩ **1** *Anzeichen, Merkmal, aus der Diagnose sich ergebende Veranlassung zur Anwendung eines bestimmten Heilverfahrens* □ **indicação** 1.1 *gesetzlich anerkannter Grund zur Durchführung eines Schwangerschaftsabbruches;* soziale ~ □ **motivação juridicamente aceita para a interrupção da gravidez**

In|di|ka|tiv ⟨m.; -s, -e; Gramm.; Abk.: Ind.⟩ *Modus des Verbs, der eine Handlung, einen Vorgang od. ein Ereignis als gegeben bezeichnet, z. B. „ich singe", „sie hüpft", Wirklichkeitsform* □ **indicativo;** → a. Konjunktiv

in|di|rekt ⟨Adj. 24⟩ Ggs *direkt(3)* **1** *auf Umwegen* **2** *mittelbar, abhängig* 2.1 ~e **Beleuchtung** *B. mit unsichtbarer (verdeckter) Lichtquelle* 2.2 ~er **Druck** ⟨Typ.⟩ *D. von einer Form mit seitenrichtigem Bild auf einen Gummizylinder, der das seitenverkehrte Motiv seitenrichtig auf den Druckträger überträgt* 2.3 ~e **Rede** ⟨Gramm.⟩ *nicht wörtliche R.* 2.4 ~e **Steuer** *vom Staat erhobener Aufschlag auf bestimmte Waren, z. B. Getränke-, Tabak-, Umsatz-, Vergnügungssteuer, Zölle* 2.5 ~e **Wahl** *W. des Abgeordneten durch Mittelspersonen* 2.6 ~er **Beweis** ⟨Logik⟩ *Widerlegung des Gegenteils eines Urteils, um dieses zu bestätigen* □ **indireto**

in|di|vi|du|ell ⟨[-vi-] Adj.⟩ **1** *das Individuum betreffend, zu ihm gehörig* **2** *eigentümlich, der Eigenart des Einzelnen entsprechend, persönlich;* ~e Bedienung, Behandlung, □ **individual;** das ist ~ verschieden □ **isso varia de indivíduo para indivíduo*

In|di|vi|du|um ⟨[-vi:-] n.; -s, -du|en⟩ **1** *das Einzelwesen in seiner Besonderheit, im Verhältnis zur Gemeinschaft* **2** ⟨umg.; abwertend⟩ *unbekannte Person, Kerl;* ein verdächtiges ~ □ **indivíduo**

In|diz ⟨n.; -es, -zi|en⟩ **1** *eine Tatsache, die auf das Vorhandensein einer anderen schließen lässt; die Wolkenbildung ist ein* ~ *für herannahendes Gewitter* 1.1 ⟨Rechtsw.⟩ *Tatsache, die eine Straftat nicht unmittelbar nachweist, aber auf diese schließen lässt* □ **indício**

In|do|eu|ro|pä|er ⟨m.; -s, -⟩ *= Indogermane*

in|do|eu|ro|pä|isch ⟨Adj. 24⟩ **1** *von den Indoeuropäern stammend, zu ihnen gehörig* 1.1 ~e *Sprachen indogermanische Sprachen* □ **indo-europeu**

In|do|ger|ma|ne ⟨m.; -n, -n⟩ *Angehöriger der Völker, deren Sprachen zur indogermanischen Sprachfamilie gehören;* Sy *Indoeuropäer* □ **indo-germânico**

in|do|ger|ma|nisch ⟨Adj. 24; Abk.: idg.⟩ **1** *zu den Indogermanen gehörend, von ihnen stammend* 1.1 ~e *Sprachen aus einer angenommenen, nicht überlieferten Ursprache entstandene, von Indien über Westasien bis Europa verbreitete Sprachfamilie* □ **indo-germânico**

In|do|ger|ma|nis|tik ⟨f.; -; unz.⟩ *sprachvergleichende Wissenschaft von den indogermanischen Sprachen* □ **indo-germanística**

in|dok|tri|nie|ren *auch:* **in|dokt|ri|nie|ren** ⟨V. 500; abwertend⟩ jmdn. ~ *ideologisch beeinflussen, in eine bestimmte politische Richtung drängen* □ **doutrinar**

In|dus|trie *auch:* **In|dust|rie** ⟨f.; -, -n⟩ **1** *Herstellung großer Mengen gleichartiger Waren mit technischen Mitteln u. aufgrund von Arbeitsteilung in Großbetrieben od. in Heimarbeit;* Fabrik~; Heim~ **2** *die Gesamtheit der Fabrikbetriebe;* Metall~, Textil~; chemische, einheimische, keramische, weiterverarbeitende ~ □ **indústria**

in|dus|tri|ell *auch:* **in|dust|ri|ell** ⟨Adj.⟩ *die Industrie betreffend, zu ihr gehörig, mit Hilfe der Industrie (hergestellt);* ~e Fertigung □ **industrial**

in|ef|fi|zi|ent ⟨a. [----'-] Adj.; geh.⟩ Ggs *effizient* **1** *nicht wirksam, wirkungslos* □ **ineficiente; inócuo** **2** *nicht wirtschaftlich* □ **ineficiente; improdutivo**

in|ein|an|der *auch:* **in|ei|nan|der** ⟨Adv.⟩ **1** *eins in das andere (hinein); die Kanäle fließen ~; sie sind ~ verliebt* □ **um no/pelo outro** **2** *eins in dem anderen;* ~ aufgehen □ **um ao/no outro**

in|ein|an|der|grei|fen *auch:* **in|ei|nan|der|grei|fen** ⟨V. 158/400⟩ *einpassen, einfügen; die Zahnräder greifen ineinander* □ **engrenar; endentar;** ~de Veranstaltungen ⟨fig.⟩ □ **encadeado**

in|exis|tent ⟨Adj. 24⟩ *nicht vorhanden, nicht existierend;* Ggs *existent* □ **inexistente**

in|fam ⟨Adj.⟩ *ungeheuerlich, abscheulich, niederträchtig;* das ist eine ~e Lüge □ **infame**

In|fan|te|rie ⟨umg. a. ['----] f.; -, -n; Abk.: Inf.; Mil.⟩ *zu Fuß kämpfende Truppe, die den größten Teil eines Heeres ausmacht* □ **infantaria**

in|fan|til ⟨Adj.⟩ **1** *kindisch* **2** *zurückgeblieben, unentwickelt* □ **infantil**

In|farkt ⟨m.; -(e)s, -e; Med.⟩ *durch Unterbrechung der Blutversorgung abgestorbenes Gewebe eines begrenzten Organteils;* Herz~ □ **infarto**

In|fek|ti|on ⟨f.; -, -en; Med.⟩ *Ansteckung, Übertragung von Krankheitserregern* □ **infecção**

In|fer|no ⟨n.; -s; unz.⟩ **1** *Hölle, Unterwelt* **2** ⟨fig.⟩ *Ort eines furchtbaren Geschehens, grauenvolles Ereignis;* er hat das ~ des Krieges überlebt □ **inferno**

in|fi|nit ⟨Adj. 24; Gramm.⟩ **1** *unbestimmt;* Ggs *finit* □ **infinito** 1.1 ~es *Verb nicht konjugiertes Verb* □ **verbo no infinitivo*

In|fi|ni|tiv ⟨m.; -s, -e; Gramm.⟩ *nicht näher bestimmte Grundform des Verbs, Nennform* □ **infinitivo**

in|fi|zie|ren ⟨V. 500/Vr 7 od. Vr 8⟩ jmdn. ~ *eine Infektion verursachen bei jmdm.;* Sy *anstecken(4, 4.1);* er

Inflation

hat sich in der Schule mit Windpocken infiziert; jmdn. mit der Cholera ~ □ **infectar; contaminar**

In|fla|ti|on ⟨f.; -, -en; Wirtsch.⟩ *starke Ausweitung des Geldumlaufs ohne entsprechende Erhöhung der Produktion, verbunden mit Geldentwertung;* Ggs *Deflation* □ **inflação**

in|fol|ge ⟨Präp. m. Gen.⟩ **1** ~ eines **Geschehens, Zustandes** *als Wirkung, Folge, Folgerung;* ~ eines Unfalls war die Straße gesperrt; ~ von Straßenglätte 1.1 ⟨bei stark gebeugten Subst. ohne Artikel im Sg. schwindet das Gen.-s häufig⟩; ~ Vertragsabschluss(es) □ **em consequência de; devido a; por causa de**

in|fol|ge|des|sen ⟨nebenordnende konsekutive Konj.⟩ *als Folge davon, daher, deshalb;* die Straße war wegen eines Unfalls gesperrt; ~ mussten wir einen Umweg machen □ **por conseguinte; por isso**

In|for|mand ⟨m.; -en, -en⟩ *jmd., der von einer anderen Person zu informieren ist* □ **pessoa que recebe informação**

In|for|mant ⟨m.; -en, -en⟩ *jmd., der eine andere Person informiert* □ **informante**

In|for|ma|tik ⟨f.; -; unz.⟩ *Wissenschaft von der Übermittlung, Speicherung u. dem Empfang von Informationen mit Hilfe der elektronischen Datenverarbeitung* □ **informática**

In|for|ma|ti|on ⟨f.; -, -en⟩ **1** *Auskunft, Nachricht, Aufklärung, Belehrung;* ~en ausgeben, austeilen, erteilen, weitergeben; ~en einholen, empfangen; ~en erhalten, sammeln; jmdm. eine ~ ⟨über jmdn. od. etwas⟩ geben **2** ⟨Kyb.⟩ *Einwirkung eines dynamischen Systems auf ein anderes, mit dem es gekoppelt ist, wobei Nachrichten über Zustände u. Vorgänge ausgetauscht werden;* genetische ~ □ **informação**

in|for|ma|tiv ⟨Adj.⟩ *Informationen, Auskunft gebend, neue Tatsachen, Aspekte vermittelnd;* das Gespräch war sehr ~ □ **informativo**

in|for|mell ⟨a. [--'-] Adj. 24⟩ **1** *nicht formell, ohne Formalitäten, nicht offiziell;* ein ~es Treffen; eine ~e Auskunft erteilen 1.1 ~e **Malerei** *frei von geometrischen u. kompositorischen Regeln arbeitende Richtung der Malerei* □ **informal**

in|for|mie|ren ⟨V. 500⟩ **1** ⟨505/Vr 7⟩ jmdn. (über etwas) ~ *jmdm. Auskunft erteilen, jmdn. belehren, aufklären (über etwas);* er wurde über die Nebenwirkungen des Medikamentes informiert; er hat sich über seine Berufschancen informiert **2** jmdn. ~ in Kenntnis setzen, benachrichtigen; bitte ~ Sie die Anwesenden über das Abstimmungsergebnis □ **informar**

in|fra|ge *auch:* **in Fra|ge** ⟨Adv.; in den Wendungen⟩ **1** ~ kommen *in Betracht kommen;* bei der Aufgabe kommen mehrere Lösungswege ~ □ ***ser considerado; ser levado em conta** **2** ~ stehen *nicht gesichert sein;* unsere Zukunft wird noch lange ~ stehen □ ***ser incerto** **3** ~ stellen *Zweifel an jmdm. od. etwas anmelden;* nach diesem Gespräch wird ihre Fähigkeiten nicht mehr ~ stellen □ ***questionar; pôr em dúvida**

In|fra|rot *auch:* **In|fra|rot** ⟨n.; -s; unz.; Phys.⟩ *die nicht sichtbaren Wärmestrahlen unterhalb des Bereiches der roten Strahlen im Spektrum* □ **infravermelho**

In|fra|struk|tur *auch:* **In|fra|struk|tur** ⟨f.; -, -en⟩ *Gesamtheit der für die Wirtschaft eines Landes od. einer Region notwendigen Einrichtungen u. Anlagen, die nur mittelbar der Produktion dienen, z. B. Straßen, Elektrizitätswerke, Kanalisation, soziale Institutionen* □ **infraestrutura**

In|fu|si|on ⟨f.; -, -en; Med.⟩ *das Einführen von Flüssigkeiten in den Körper (bes. in eine Ader) mithilfe von Hohlnadeln* □ **fleboclise**

In|ge|ni|eur ⟨[ɪnʒənjø:r] m.; -s, -e; Abk.: Ing.⟩ *Techniker mit Ausbildung an einer Hochschule od. Fachschule;* Diplom-~ ⟨Abk.: Dipl.-Ing.⟩; graduierter ~ ⟨Abk.: Ing. grad.⟩ □ **engenheiro**

In|ge|ni|eu|rin ⟨[ɪnʒənjø:-] f.; -, -rin|nen⟩ *weibl. Ingenieur* □ **engenheira**

Ing|wer ⟨m.; -s; unz.⟩ **1** ⟨Bot.⟩ *Angehöriger einer südasiatischen Gattung der Ingwergewächse: Zingiber* **2** *die als Gewürz verwendete Wurzel des Ingwers(1)* □ **gengibre**

In|ha|ber ⟨m.; -s, -; Abk.: Inh.⟩ *jmd., der die Gewalt über eine Sache hat, der über etwas verfügt, etwas besitzt;* der ~ einer Auszeichnung, eines Ordens, eines Rekordes; Geschäfts~ □ **proprietário; detentor; titular**

In|ha|be|rin ⟨f.; -, -rin|nen⟩ *weibl. Inhaber* □ **proprietária; detentora; titular**

in|ha|lie|ren ⟨V. 500⟩ **Dämpfe, Gase** ~ *(zu Heilzwecken) einatmen* □ **inalar**

In|halt ⟨m.; -(e)s, -e⟩ **1** *das in etwas Enthaltene, Befindliche;* der ~ einer Ladung, einer Sendung 1.1 ~: *leicht verderbliche Lebensmittel enthält leicht verderbliche L.* 1.2 *der ~ eines* **Behälters** *das, was sich in einem B. befindet;* den ~ ausgießen, ausschütten, herausnehmen, wegwerfen; ~ eines Glases, Kastens, Paketes; der ~ einer Flasche, Konservendose, Tasche □ **conteúdo** 1.3 *der ~ beträgt fünf Liter (etwas) enthält fünf L.* □ **capacidade** **2** ⟨fig.⟩ *Wesen und Bedeutung einer Sache, das Mitgeteilte, Dargebotene, Dargestellte;* den ~ eines Buches, eines Films, eines Theaterstückes erzählen; der ~ eines Begriffs, Briefes, Vortrags □ **conteúdo; teor** **3** *Sinn;* ein Leben ohne ~ □ **sentido** **4** ⟨Math.⟩ *in Flächen- od. Raummaßen ausgedrückte Größe;* den ~ eines Gefäßes, Körpers berechnen □ **área; volume**

in|halt|lich ⟨Adj. 24⟩ *den Inhalt betreffend;* der Aufsatz war ~ gut, aber in einem schlechten Stil geschrieben □ **quanto ao conteúdo**

in|hä|rent ⟨Adj. 24/70; geh.⟩ *(einer Sache) innewohnend, anhaftend* □ **inerente**

In|i|ti|a|le ⟨[-tsja:lə] f.; -, -n⟩ *großer Anfangsbuchstabe (in mittelalterlichen Büchern hervorgehoben u. stark verziert)* □ **inicial**

In|i|ti|a|ti|ve ⟨[-tsja-] f.; -, -n⟩ **1** ⟨unz.⟩ *der erste Schritt zu einer Handlung;* die ~ ergreifen; auf jmds. ~ **2** ⟨unz.⟩ *Entschlusskraft, Unternehmungsgeist;* jmd. hat ~; durch jmds. ~ 2.1 *Fähigkeit, aus eigenem Antrieb zu handeln;* aus eigener ~ handeln **3** *lockere Vereinigung von Personen zur Durchsetzung bestimmter Forderun-*

innere

gen; Schüler~; Eltern~; Bürger~ ☐ **iniciativa 4** ⟨schweiz.⟩ *Volksbegehren* ☐ **pedido de referendo**

in|i|ti|ie|ren ⟨[-tsiɪ̯-] V. 500⟩ **1** *etwas ~ begründen, den Anstoß geben zu, in die Wege leiten;* eine neue Vorgehensweise ~ **2** *jmdn. ~* ⟨geh.⟩ *(mit einem Ritual) in ein Amt einsetzen, in eine Gemeinschaft aufnehmen, einweihen* ☐ **iniciar**

In|jek|ti|on ⟨f.; -, -en⟩ **1** ⟨Med.⟩ *Einspritzung einer Flüssigkeit* **2** ⟨Bauw.⟩ *Einspritzen von flüssigem Beton unter hohem Druck zum Ausbessern von Rissen im Bauwerk od. zum Verfestigen des Baugrundes bei Bausenkungen* **3** ⟨Geol.⟩ *Einschub von Magma in Spalten u. Hohlräume der Erdkruste* ☐ **injeção**

in|ji|zie|ren ⟨V. 500⟩ *etwas ~ einspritzen* ☐ **injetar**

In|kas|so ⟨n.; -s, -s od. ⟨österr.⟩ -kas|si⟩ *Einziehen von Außenständen, Beitreiben fälliger Forderungen* ☐ **cobrança; recebimento**

in|klu|si|ve ⟨[-və] Präp. mit Gen.; folgende Substantive ohne Artikel meist ohne -s des Gen.; Abk.: inkl.⟩ *einschließlich, eingeschlossen;* Ggs *exklusive;* ~ des Bearbeitungshonorars; ~ Trinkgeld ☐ **incluído; incluso**

in|ko|gni|to auch: **in|kog|ni|to** ⟨Adv.⟩ *unerkannt, ohne Nennen des richtigen Namens;* ~ reisen ☐ **incógnito**

In|ku|ba|ti|on ⟨f.; -, -en⟩ **1** ⟨Med.⟩ *Zeit von der Ansteckung mit Krankheitserregern bis zum Ausbruch einer Infektionskrankheit, Inkubationszeit;* diese Krankheit hat eine ~ von zwei Wochen **2** ⟨Mikrobiol.⟩ *das Brüten von Mikroorganismen im Brutschrank* **3** ⟨Zool.⟩ *Brutzeit der Vögel* **4** ⟨Antike⟩ *Schlaf an heiligen Stätten, um göttliche Offenbarungen od. Heilung von Krankheiten zu erlangen* ☐ **incubação**

In|land ⟨n.; -(e)s; unz.⟩ *das Innere eines Landes, Staatsgebiet innerhalb der Grenzen;* Ggs *Ausland* ☐ **interior (de um país)**

In|lay ⟨[-leɪ] n.; -s, -s; Zahnmed.⟩ *Zahnfüllung aus Metall od. Porzellan* ☐ **inlay**

In|lett ⟨n.; -(e)s, -s od. -e⟩ *Bezugsstoff für Schlafdecken u. -kissen (Federbetten, Daunendecken, Schurwollfüllungen u. Ä.)* ☐ **inlett**

in|mit|ten ⟨Präp. mit Gen.⟩ *mitten in, in der Mitte von;* ~ dieses Gebietes; ~ von Blumen ☐ **no meio; entre**

in|ne ⟨veraltet; mit Gen.; nur in der Wendung⟩ einer Sache ~ sein *sich eine S. vor Augen halten, sich ihrer bewusst sein, darüber im Klaren sein;* ... so dass wir dessen bald ~ waren ☐ ***conscientizar-se de alguma coisa**

in|ne‖ha|ben ⟨V. 159/500; geh.⟩ *ein Amt, eine Stellung ~ bekleiden;* er hat das Amt des Bürgermeisters inne, innegehabt ☐ **ocupar**

in|ne‖hal|ten ⟨V. 160/400; ich halte inne, innegehalten, innezuhalten⟩ *aufhören, stocken, etwas unterbrechen;* er hielt im Sprechen inne ☐ **parar; fazer uma pausa; interromper**

in|nen ⟨Adv.⟩ *in einem Raum, drinnen;* Ggs *außen;* die Nuss war ~ faul, hohl; ~ und außen; nach ~ (hinein od. zu); von ~ her(aus) ☐ **dentro**

In|nen|le|ben ⟨n.; -s, unz.⟩ *das geistige u. seelische Leben des Menschen, seine Gedanken u. Gefühle, seelische Re-* *gungen, Seelenleben;* ein bizarres, reiches ~ besitzen, haben ☐ **vida interior/emocional**

In|nen|po|li|tik ⟨f.; -; unz.⟩ *Politik, die die Verhältnisse u. Angelegenheiten innerhalb eines Staates, Bundeslandes o. Ä. regelt* ☐ **política interna**

In|nen|sei|te ⟨f.; -, -n⟩ *innere Seite, der Mitte, der Achse zugewandte Seite (eines Körpers, Gefäßes);* du hast die ~ deines Hemdes nach außen gekehrt; auf der ~ eines Buches ☐ **parte interna; lado interno**

In|nen|stadt ⟨f.; -; unz.⟩ *Stadtzentrum, Stadtkern (mit den größten Geschäftsstraßen)* ☐ **centro da cidade**

In|nen|welt ⟨f.; -; unz.⟩ *die geistige, seelische Welt des Menschen, die Gesamtheit all seiner Gedanken u. Gefühle* ☐ **mundo interior**

in|ne|re(r, -s) ⟨Adj. 70⟩ **1** *im Innern von etwas befindlich, innen stattfindend;* Ggs *äußere(r, -s)(1);* auf, in der ~n Spur fahren; die ~n Äste eines Baumes ☐ **interno 1.1** die ~ **Stadt** *das Zentrum der S.* ☐ ***o centro da cidade 1.2** die ~n **Angelegenheiten** *eines Staates A., die nur die Bürger eines S., aber nicht andere S. betreffen* ☐ **interno 2** *geistig, seelisch, im (eigenen) Wesen begründet;* es fehlt ihm an ~m Halt; einen ~n Konflikt, Zwiespalt haben; seiner innersten Überzeugung entsprechend ☐ **interior; íntimo 2.1** im innersten **Herzen** *hoffen mit der ganzen Kraft des Gemütes, zutiefst* ☐ ***esperar/torcer no fundo do coração 2.2** eine ~ **Stimme** *warnte mich* ⟨fig.⟩ *mein Instinkt* ☐ **interior 2.3** ~ **Reserven** *haben* ⟨fig.⟩ *seelisch widerstandsfähig sein* ☐ ***ter suas reservas 2.4** vor meinem ~n **Auge** *stand ...* ⟨fig.⟩ *im Geiste sah ich* ☐ ***eu visualizava/formava uma imagem mental... 3** ⟨60; fig.⟩ **3.1** für den ~n **Menschen** *etwas tun* ⟨umg.; scherzh.⟩ *für das leibliche Wohl* ☐ ***cuidar do próprio bem-estar 3.2** ~ **Kolonisation** *Maßnahmen zur Erschließung des eigenen Landes, die im Ausbau existierender bäuerlicher Siedlungen bestehen (die Urbarmachung, das Roden etc.)* ☐ **interno 3.3** ~r **Monolog** ⟨Lit.⟩ *moderne Technik der Erzählung u. des Romans, die die bewussten und unbewussten Gedanken so wiedergibt, wie sie die handelnden Personen im Augenblick erleben und die damit die Identifikation von Leser und Romanheld zu erreichen sucht* ☐ **interior 3.4** Innere **Mission** (Abk.: I. M.) *evangelische Vereinstätigkeit zur Hilfe von Bedürftigen aller Art u. Festigung der Gemeinden* **4** ~ **Krankheiten** ⟨Med.⟩ *alle Erkrankungen, die den ganzen Organismus in Mitleidenschaft ziehen u. deren Behandlung im Allgemeinen nicht chirurgisch ist* **4.1** die ~ **Medizin** *Erkennung u. Behandlung der inneren Krankheiten* **4.2** die ~ **Abteilung** *Station, Abteilung eines Krankenhauses zur Behandlung innerer Krankheiten* **4.3** ~ **Atmung** *die Stoffwechselvorgänge, bei denen Stoffe unter Verwendung von Sauerstoff, der mit dem roten Blutfarbstoff herangebracht wurde, durch Oxidation abgebaut werden* **4.4** die ~n **Organe** *Eingeweide* **4.4.1** ⟨i. w. S.⟩ *alle Organe, die nicht der Stützung u. Fortbewegung des Körpers dienen* **4.4.2** ⟨i. e. S.⟩ *Eingeweide, die in den großen Körperhöhlen liegenden Organe* **4.5** ~ **Sekretion** *Absonderung von Stoffen (Hormonen) durch Drüsen*

innerhalb

ins Innere des Körpers, direkt ins Blut □ **interno 5** ⟨Mil.⟩ 5.1 *auf der ~n Linie operieren die kürzesten Verbindungen nutzen* □ ***agir na frente interna** 5.2 *die ~ Führung* (in der Bundeswehr) *Gesamtheit der Maßnahmen, die zur Menschen- und Truppenführung angewandt werden* □ ***innere Führung; liderança interior 6** *~* **Spannung** ⟨Phys.⟩ *S. innerhalb eines festen Körpers ohne äußere Beanspruchung* □ **interno**

in|ner|halb ⟨Präp. mit Gen., wenn dieser formal erkennbar ist⟩ **1** *~ eines* **Raumes** *im Inneren eines R.; ~ des Gartens, des Hauses* **2** *~ eines* **Zeitraumes** *von Anfang u. Ende eines Z. begrenzt* 2.1 ⟨häufig wird der Dat. Pl. verwendet, wenn der Gen. Pl. undeutlich ist; das ist bei stark deklinierten Subst. der Fall, bei denen kein Attribut den Gen. Pl. kennzeichnet⟩; *~ zehn Jahren* 2.2 ⟨aber, mit gebeugtem Attr.⟩; *~ dreier Jahre; ~ von drei Jahren* **3** *~ einer* **Gegebenheit** *soweit es eine G. zulässt; ~ eines Wissensgebietes; ~ des Möglichen* □ **dentro de**

in|ner|lich ⟨Adj. 24⟩ **1** *im Inneren befindlich, innen, ins Innere gelangend; Ggs äußerlich; ~e Anwendung* (einer Arznei); *die Arznei ist ~ anzuwenden* □ **interno; internamente** 1.1 *~ betroffen, erregt sein im Innersten, zutiefst* □ **no íntimo** 1.2 *er lachte ~ heimlich, für sich* □ **por dentro; internamente 2** ⟨fig.⟩ *nach innen gerichtet, mit reichem Seelenleben, tief veranlagt; sie ist ein sehr ~er Mensch* □ **introspectivo**

in|ner|orts ⟨Adv.; schweiz.; österr.⟩ *innerhalb der geschlossenen Ortschaft, innerhalb des Ortes; die Geschwindigkeitsbegrenzung gilt ~* □ **dentro da localidade; internamente**

In|ners|te(s) ⟨n. 3⟩ **1** *der ganz innen gelegene Teil; im ~n des Berges* □ **interior** 1.1 ⟨fig.⟩ *das tiefste Wesen; er war im ~n gekränkt, verletzt* □ **íntimo; âmago**

in|nert ⟨Präp. mit Gen.; schweiz.⟩ *innerhalb, binnen* □ **dentro de**

in|ne||sein ⟨alte Schreibung für⟩ inne sein

in|ne||wer|den ⟨V. 285/700(s.)⟩ *einer* **Sache** *~ gewahr werden, begreifen* □ **perceber; compreender**

in|nig ⟨Adj.⟩ **1** *herzlich, voller Zuneigung, liebreich, liebevoll, tief empfunden; ~e Anteilnahme, Freude, Freundschaft, Liebe, Verehrung; mein ~es Beileid* □ **profundo; sincero**; *eine ~e Freundschaft* □ **íntimo**; *~sten Dank sagen; ~e Grüße!* □ **cordial; sincero**; *es ist sein ~er Wunsch* □ **intenso; fervoroso 2** ⟨40 od. 60⟩ *eng, unlösbar, verbunden; ~ befreundet sein* □ **íntimo 3** ⟨50⟩ *von Herzen, sehr;* jmdm. *~ zugetan sein; etwas aufs ~ste/*Innigste *erhoffen, wünschen* 3.1 *gerührt sein sehr gerührt sein* □ **profundamente; muito**

In|no|va|ti|on ⟨[-va-] f.; -, -en⟩ *Neuerung, Erneuerung; der Firmenleiter gab verschiedene ~en bekannt; eine ~ in der Heizungstechnik* □ **inovação**

In|nung ⟨f.; -, -en⟩ **1** *freiwillige Vereinigung selbständiger Handwerker; Tischler-* □ **corporação; associação** 1.1 *du blamierst die ganze ~!* ⟨umg.⟩ *uns alle, die dazugehören* □ ***você envergonha a todos nós!**

In|put ⟨m. od. -n.; -s, -s⟩ Ggs **Output 1** ⟨Wirtsch.⟩ *Rohstoffe od. Produkte, die ein Betrieb von außen zur weiteren Verarbeitung erhält* □ **input; insumo 2** ⟨EDV⟩ *Daten, die in eine elektron. Datenverarbeitungsanlage hineingegeben werden, Eingabe* □ **input; entrada**

In|qui|si|ti|on ⟨f.; -, -en⟩ **1** ⟨12.-18. Jh.⟩ *strenges Gericht der katholischen Kirche gegen Abtrünnige* (bes. in Spanien) □ **Inquisição** 1.1 ⟨fig.⟩ *strenge Untersuchung* □ **inquisição**

ins ⟨Präp. u. Artikel⟩ = *in das*

In|sas|se ⟨m.; -n, -n⟩ *Bewohner, jeder, der sich mit anderen gemeinsam in einem Gebäude, Verkehrsmittel u. Ä. aufhält; die ~n eines Altersheims, eines Schiffes, Flugzeugs, eines Gefängnisses, eines Mietshauses, eines Autobusses* □ **morador; ocupante; passageiro; prisioneiro**

In|sas|sin ⟨f.; -, -sin|nen; selten⟩ *weibl. Insasse* □ **moradora; ocupante; passageira; prisioneira**

in|be|son|de|re ⟨Adv.⟩ *ganz besonders, vor allem; dieses Verfahren ist ~ dann anzuwenden …* □ **especialmente; principalmente**

In|schrift ⟨f.; -, -en⟩ **1** *in Stein, Metall od. Holz gegrabene, eingeritzte od. aus diesen herausgearbeitete Schrift; ~en auf Denkmälern, Grabsteinen, über Haustüren, auf Münzen* **2** *Aufschrift; eine ~ auf dem Bild* □ **inscrição**

In|sekt ⟨n.; -(e)s, -en; Zool.⟩ *Angehöriges einer Klasse der Gliederfüßer mit Tracheen u. meist scharfen Einkerbungen zwischen Kopf, Brust u. Hinterleib:* Insecta, Hexapoda □ **inseto 2** ⟨Getrennt- u. Zusammenschreibung⟩ 2.1 *~n fressend = insektenfressend*

in|sek|ten|fres|send *auch:* **In|sek|ten fres|send** ⟨Adj. 24/70; Biol.⟩ *sich überwiegend von Insekten ernährend; ~e Tiere* □ **insetívoro**

In|sel ⟨f.; -, -n⟩ **1** *von Wasser umgebenes Landstück, das kleiner als ein Kontinent ist; auf eine ~ verschlagen werden; auf einer ~ landen;* → a. *grün(1.11)* **2** *Fläche, Raum innerhalb einer Umgebung von andersartiger Beschaffenheit* 2.1 *kleiner Platz für Fußgänger auf der Fahrbahn; Verkehrs-~* □ **ilha** 2.2 *die ~ der* **Seligen** *das Elysium, das Paradies* □ ***a Ilha dos Bem-Aventurados 3** ⟨fig.⟩ *abgegrenzter Bezirk; eine ~ der Ruhe inmitten allgemeinen Lärms od. überhasteten Lebens* □ **ilha 4** *geografischer Raum, dessen Bewohner eine andere Sprache sprechen als die der umgebenden Landschaft;* Sprach-~ □ ***ilha linguística**

In|se|rat ⟨n.; -(e)s, -e⟩ = *Anzeige(1)*

ins|ge|heim ⟨a. ['---] Adv.⟩ *im Geheimen, heimlich; ~ hatte sie mit dieser Erbschaft gerechnet* □ **em segredo; secretamente**

ins|ge|samt ⟨a. ['---] Adv.⟩ *alle(s) zusammen, im Ganzen* □ **ao todo; no total**

In|si|der ⟨[-sai-] m.; -s, -⟩ *jmd., der einen Bereich od. bestimmte Verhältnisse aus eigener Erfahrung od. Mitwirkung gut kennt, Eingeweihter; Ggs Outsider; diesen Tipp hat mir ein ~ gegeben* □ **insider; iniciado**

In|si|gni|en *auch:* **In|sig|ni|en** ⟨nur Pl.⟩ *(Macht u. Würde symbolisierende) Kennzeichen eines Herrschers od. hohen Würdenträgers, z. B. Zepter, Krone usw.* □ **insígnias**

in|skri|bie|ren ⟨V. 400; österr.⟩ **1** = *immatrikulieren* **2** *sich als Hörer (eines Studiengangs, einer Vorlesung) in eine Liste eintragen* ☐ **inscrever(-se)**

in|so|fern ⟨Konj.⟩ Sy *insoweit* **1** ⟨nebenordnend, restriktiv, d. h. einschränkend⟩ *was dies betrifft, bis zu diesem Punkt; ~ hat er recht; ~ kannst du dich auf ihn verlassen* ☐ **nesse ponto; quanto a isso 2** ⟨[--'-] unterordnend⟩ *wenn, soweit¹(3); er wird kommen, ~ es seine Zeit erlaubt; er hat Recht, ~ er die Lage beurteilen kann* ☐ **contanto que; desde que 3** ⟨[-'--] als Korrelat zu „als" im Vergleichssatz⟩ *in dem Maß, Umfang; er hat nur ~ Recht, als er die Lage beurteilen kann* ☐ **na medida em que**

in|so|weit ⟨a. [-'--] im hinweisenden Sinn; restriktive, d. h. einschränkende Konj.⟩ = *insofern*

♦ Die Buchstabenfolge **in|sp...** kann in Fremdwörtern auch **ins|p...** getrennt werden.

♦ **In|spek|ti|on** ⟨f.; -, -en⟩ **1** *prüfende Besichtigung* **2** *Aufsicht, Überwachung* ☐ **inspeção 3** *Prüf-, Aufsichtsstelle* **4** *Verwaltung, Behörde* ☐ **inspetoria**

♦ **In|spi|ra|ti|on** ⟨f.; -, -en⟩ **1** *Eingebung, schöpferischer Einfall, Anregung, plötzliche Erkenntnis* **2** ⟨Med.; unz.⟩ *Einatmung* ☐ **inspiração**

♦ **in|spi|zie|ren** ⟨V. 500⟩ **1** *etwas ~ prüfen, prüfend besichtigen* **2** *jmdn. ~ überwachen, beaufsichtigen* ☐ **inspecionar**

♦ Die Buchstabenfolge **in|sta...** kann in Fremdwörtern auch **ins|ta...** getrennt werden. Davon ausgenommen sind Zusammensetzungen, in denen die fremdsprachigen bzw. sprachhistorischen Bestandteile deutlich als solche erkennbar sind, z. B. *-stand*.

♦ **In|stal|la|teur** ⟨[-tø:r] m.; -s, -e; Berufsbez.⟩ *Handwerker für Installationen* ☐ **instalador**

♦ **In|stal|la|teu|rin** ⟨[-tø:] f.; -, -rin|nen⟩ *weibl. Installateur* ☐ **instaladora**

♦ **In|stal|la|ti|on¹** ⟨f.; -, -en⟩ **1** ⟨Tech.⟩ *das Einrichten von techn. Anlagen in Gebäuden (Wasser, Heizung, Gas, Elektrizität, Lüftung usw.)* **2** ⟨EDV⟩ *das Einrichten eines Programms auf der Festplatte eines Computers* **3** ⟨bildende Kunst⟩ *Anordnung von Gegenständen als Kunstwerk (im Raum eines Museums)* ☐ **instalação**

♦ **In|stal|la|ti|on²** ⟨f.; -, -en⟩ *Einweisung (von Geistlichen) in ein Amt* ☐ **investidura; posse**

in|stal|lie|ren ⟨V. 500⟩ **1** *Anlagen ~* ⟨Tech.⟩ *einrichten, einbauen* 1.1 *ein* **Computerprogramm** *~* ⟨EDV⟩ *auf die Festplatte eines computers kopieren u. dort einrichten* ☐ **instalar 2** ⟨Kirchenrecht⟩ *einen Geistlichen ~ in ein kirchl. Amt einweisen* ☐ **instalar; investir; empossar**

in|stand *auch:* **in Stand** ⟨Adv.; nur in den Wendungen⟩ **1** *~* **halten** *in gutem Zustand erhalten, pflegen; Gebäude, Geräte, Grundstücke ~ halten; sie muss ihre Kleidung selbst ~ halten; sie hat ihre Kleidung schlecht ~ gehalten* ☐ **conservar; cuidar* **2** *etwas ~ setzen ausbessern, wiederherstellen; er muss die Wohnung auf eigene Kosten ~ setzen lassen* ☐ **reparar; restaurar 3** *jmdn. ~ setzen, zu ... in die Lage versetzen, ausrüsten, damit ...; der Gewinn hat ihn ~ gesetzt, seine Schulden zu begleichen* ☐ **permitir/ possibilitar a alguém fazer alguma coisa*

in|stän|dig ⟨Adj.⟩ *eindringlich, flehentlich; auf sein ~es Bitten hin; jmdn. ~ um etwas bitten* ☐ **insistente(mente)**

♦ **In|stant...** ⟨a. [ˌɪnstənt] in Zus.⟩ *pulverisiert u. sofort gebrauchsfertig; ~kaffee* ☐ **instantâneo**

♦ **In|stanz** ⟨f.; -, -en; Abk.: Inst.⟩ **1** *zuständige Behörde* **2** ⟨Rechtsw.⟩ *zuständige Stufe des gerichtlichen Verfahrens; eine Sache in erster, zweiter ~ entscheiden, verhandeln* ☐ **instância**

♦ Die Buchstabenfolge **in|sti...** kann in Fremdwörtern auch **ins|ti...** getrennt werden.

♦ **In|stinkt** ⟨m.; -(e)s, -e⟩ **1** *Naturtrieb, der Menschen u. Tiere auf bestimmte Umweltreize ohne Überlegung handeln lässt; seinem ~ folgen, gehorchen; den ~ verlieren; etwas aus ~ tun* **2** *unbewusster Antrieb; ihr ~ bewahrte sie davor; damit werden die niedersten ~e wachgerufen, geweckt; mit mütterlichem, weiblichem ~ fühlte sie es; einen sicheren, untrüglichen, zuverlässigen ~ besitzen; diese Art Lektüre wendet sich an die niedersten ~e; sich auf seinen ~ verlassen können* **3** *sicheres Gefühl, Ahnungsvermögen; mit feinem ~ das Richtige treffen; sich von seinem ~ leiten lassen* ☐ **instinto**

♦ **In|sti|tut** ⟨n.; -(e)s, -e⟩ *Anstalt, Einrichtung, die bes. der Ausbildung, Erziehung, Forschung u. wissenschaftlichen Arbeit dient; medizinisches, historisches ~* ☐ **instituto**

♦ **In|sti|tu|ti|on** ⟨f.; -, -en⟩ **1** *einem bestimmten (gemeinnützigen) Zweck dienende Einrichtung (Parlament, Schulen)* 1.1 ⟨fig.⟩ *bestimmte (gesellschaftliche) Normen entscheidende u. festigende Einrichtung od. Person; ~ Familie; als Bürgermeister war er eine ~ in dieser Stadt* ☐ **instituição**

♦ Die Buchstabenfolge **in|stru...** kann in Fremdwörtern auch **ins|tru...**, **inst|ru** getrennt werden.

♦ **in|stru|ie|ren** ⟨V. 500⟩ *jmdn. ~ jmdm. Anweisungen erteilen, in Kenntnis setzen; er musste die Lehrlinge jeden Morgen erneut ~* ☐ **instruir**

♦ **In|struk|ti|on** ⟨f.; -, -en⟩ **1** *Anweisung, Verhaltensmaßregel* **2** ⟨Mil.⟩ *Unterricht, Unterweisung* ☐ **instrução**

♦ **In|stru|ment** ⟨n.; -(e)s, -e⟩ **1** *Gerät, Werkzeug (bes. für wissenschaftliche Untersuchungen); Mess~; chirurgische ~e* 1.1 ⟨fig.⟩ *Mittel; ein ~ der Macht* **2** *Musikinstrument; ein ~ beherrschen, erlernen, spielen* ☐ **instrumento**

In|su|la|ner ⟨m.; -s, -⟩ *Bewohner einer Insel* ☐ **insulano**

In|su|lin ⟨n.; -s; unz.⟩ *vom Inselorgan der Bauchspeicheldrüse gebildetes Hormon, das den Blutzuckerspiegel senkt* ☐ **insulina**

in|sze|nie|ren ⟨V. 500⟩ **1** ein dramatisches Werk ~ ⟨Theat., Film, Fernsehen, Funk⟩ *in Szene setzen, die Aufführung technisch u. künstlerisch vorbereiten u. leiten* □ encenar **2** einen Skandal ~ ⟨fig.⟩ *ins Werk setzen, hervorrufen* □ armar; provocar

in|takt ⟨Adj. 24⟩ *unbeschädigt, unversehrt, unberührt;* ~ bleiben □ intacto

In|tar|sie ⟨[-sjə] f.; -, -si|en; meist Pl.⟩ *Einlegearbeit in Holzgegenstände durch andersfarbiges Holz, Perlmutt, Elfenbein u. Ä.* □ marchetaria

in|te|ger ⟨Adj.⟩ *unbescholten, rechtschaffen, moralisch einwandfrei, redlich;* ein integrer Politiker □ íntegro

in|te|gral *auch:* **in|teg|ral** ⟨Adj. 24/70; geh.⟩ **1** *ein Ganzes ausmachend, für sich bestehend, vollständig;* ~e Herrschaft □ integral **1.1** ein ~er **Bestandteil** *ein unabdingbarer, wesentlicher, unbedingt zu berücksichtigender B.* □ integrante

In|te|gra|ti|on *auch:* **In|teg|ra|ti|on** ⟨f.; -, -en⟩ **1** *Herstellung eines Ganzen, Zusammenschluss, Vereinigung* **2** ⟨Math.⟩ *Berechnung des Integrals* **3** ⟨Wirtsch.⟩ *Zusammenschluss zu einer übernationalen Wirtschaftseinheit* **4** ⟨Politik⟩ *Abstimmung der Ziele (z. B. in der EU, in der NATO) aufeinander* **4.1** *europäische ~ Zusammenarbeit europäischer Staaten durch Bildung übernationaler Organe* **5** ⟨Sprachw.⟩ *Verschmelzung verschiedener Sprachen od. Mundarten zu einer gemeinsamen Schriftsprache* **6** *Eingliederung in die Gesellschaft;* Maßnahmen zur ~ von Migranten □ integração

In|tel|lekt ⟨m.; -(e)s; unz.⟩ *Verstand, Denkvermögen* □ intelecto

in|tel|lek|tu|ell ⟨Adj.⟩ **1** *den Intellekt betreffend, auf ihm beruhend* **2** *den Verstand, das Verstandesmäßige betonend, betont geistig* □ intelectual

in|tel|li|gent ⟨Adj.⟩ **1** *einsichtsvoll* **2** *schnell auffassend, klug, geistig begabt* □ inteligente

In|tel|li|genz ⟨f.; -, unz.⟩ **1** *Einsicht* **2** *rasche Auffassungsgabe, Klugheit, geistige Begabung, Verstandeskraft* □ inteligência **3** ⟨unz.⟩ *Gesamtheit der geistig Schaffenden* □ intelligentsia

In|ten|dant ⟨m.; -en, -en⟩ **1** *Leiter eines Theaters, eines Rundfunk- od. Fernsehsenders* □ diretor **2** ⟨veraltet⟩ *militärischer Verwaltungsbeamter, Vorsteher einer Intendantur* □ intendente

In|ten|dan|tin ⟨f.; -, -tin|nen⟩ *weibl. Intendant* □ intendente; diretora

in|ten|die|ren ⟨V. 500⟩ eine Sache ~ *beabsichtigen, im Sinn haben, erstreben* □ ter a intenção de; planejar

In|ten|si|on ⟨f.; -, -en⟩ *Anspannung der inneren Kräfte, erhöhte innere Wirksamkeit* □ tensão; intensidade; → a. *Intention*

In|ten|si|tät ⟨f.; -; unz.⟩ **1** ⟨unz.⟩ *innere Anspannung, gesteigerte Kraft, Eindringlichkeit;* etwas mit großer ~ vortragen **2** *Ausmaß, Wirkungsstärke, Ausdruckskraft;* die ~ des Lichtes, der Farben **3** ⟨Phys.⟩ *Maß für die pro Zeiteinheit auf eine Fläche eingestrahlte Energie* **4** ⟨Landw.⟩ *Maß für die Steigerung des Bodenertrags durch hohen Einsatz von Kapital od. Arbeit* □ intensidade

in|ten|siv ⟨Adj.⟩ **1** *stark, gewaltig, angespannt, angestrengt;* ~ arbeiten □ intensamente; intensivamente **2** *stark, kräftig;* ~e Wirkung □ intenso **3** ~e Landwirtschaft *L. mit hoher Bodennutzung, hohem Aufwand u. Ertrag;* Ggs *extensive Landwirtschaft* □ intensivo **4** *tief, leuchtkräftig;* ~e Farben □ intenso

In|ten|ti|on ⟨f.; -, -en⟩ *Absicht, Ziel, Vorhaben;* welche ~en verfolgst du mit deinem Plan, deinem Vorgehen? □ intenção; → a. *Intension*

In|ter..., In|ter... ⟨in Zus.⟩ *zwischen..., Zwischen...*

In|ter|ci|ty® ⟨[-sɪ-] m.; -s, -s; Abk.: IC®; kurz für⟩ *zwischen bestimmten (Groß-)Städten verkehrender Schnellzug* □ Intercity

♦ Die Buchstabenfolge **in|ter|e...** kann in Fremdwörtern auch **in|te|re** getrennt werden.

♦ **in|ter|es|sant** ⟨Adj.⟩ **1** *jmds. Interesse weckend od. fordernd* **1.1** *beachtenswert, bedeutend, anregend;* ein ~er Mensch, Kopf **2** *aufschlussreich;* das ist mir ja sehr ~!; der Hinweis, ihre Mitteilung war sehr ~ **3** *fesselnd, spannend, unterhaltend;* ein ~es Buch, Theaterstück, Fernseh-, Hörspiel; ~ erzählen, plaudern; jetzt wird's erst ~ □ interessante **4** *außergewöhnlich, eigenartig, auffällig;* sich ~ machen □ *chamar a atenção para si **5** ⟨Kaufmannsspr.⟩ *vorteilhaft;* ein ~es Angebot; das Angebot ist für mich nicht ~ □ interessante

♦ **In|ter|es|se** ⟨n.; -s, -n⟩ **1** ⟨unz.⟩ *Aufmerksamkeit, Beachtung;* außerordentliches, großes, geringes, lebhaftes, offenkundiges, reges, wachsendes ~ **2** ⟨unz.⟩ *Anteilnahme, Wissbegierde;* ~ beweisen, erregen, erwecken, gewinnen, zeigen; ihr besonderes ~ gilt der modernen Malerei; ich habe kein ~ an diesem Konzert; etwas mit großem ~ verfolgen **3** *Wunsch, etwas zu tun, Neigung;* jmds. ~n entsprechen, förderlich sein; ich habe das ~ daran verloren; geistige, literarische, naturwissenschaftliche, sportliche ~n; etwas aus ~ tun; bei ihr überwiegt das ~ für EU-Recht **4** *Vorteil, Nutzen;* das ~ der Allgemeinheit, der breiten Masse, des Volkes, des Wählers; im ~ des Konsumenten, Kunden, des Verbrauchers; sollten unsere ~n in diesem Punkt auseinandergehen, so ...; wir wollen versuchen, die gegenseitigen ~n auszugleichen, zusammenzuführen; unsere ~n berühren sich, laufen parallel; jmds. ~n vernachlässigen; jmds. ~n vertreten, wahren, wahrnehmen; gegensätzliche ~n; er denkt nur an sein eigenes ~; er hat gegen das ~ seiner Firma gehandelt; in jmds. ~ handeln; es liegt in unser aller ~; es ist auch in deinem ~, dass du ... **5** *Sache, für die man eintritt, Belang, Wichtigkeit;* wir haben viele gemeinsame ~n; ich habe nicht das geringste, leiseste ~ daran; es geht hier um persönliche ~n; im ~ der Sache sollten wir weitermachen; das ist für mich nicht von ~ **6** ⟨unz.; Kaufmannsspr.⟩ *Nachfrage;* für diesen Artikel besteht kein, starkes, wenig ~; haben Sie ~ an einem neuen Fernsehgerät? □ interesse **7** ⟨nur Pl.; veraltet; Kaufmannsspr.⟩ *Zinsen* □ juros

intim

♦ **In|ter|es|sent** ⟨m.; -en, -en⟩ **1** *jmd., der Interesse an etwas hat, Bewerber;* ~en für die Arbeitsstelle werden gebeten... **2** *jmd., der an einem Kauf interessiert ist;* ein ~ für die Wohnung; es haben sich bereits drei ~en gemeldet □ **interessado**

♦ **In|ter|es|sen|tin** ⟨f.; -, -tin|nen⟩ *weibl. Interessent* □ **interessada**

♦ **in|ter|es|sie|ren** ⟨V.⟩ **1** ⟨505/Vr 3⟩ sich (für jmdn. od. etwas) ~ *(für jmdn. od. etwas) Interesse zeigen, sich mit jmdm. od. etwas geistig beschäftigen, regen Anteil an jmdm. od. etwas nehmen;* sich für ein Buch, Theaterstück ~ 1.1 sich für alles ~ *wissbegierig u. allem gegenüber aufgeschlossen sein* □ **interessar-se** 1.2 ein interessierter Student *ein geistig aufgeschlossener S.* □ **interessado** 1.3 ⟨Part. Perf.⟩ interessiert ⟨veraltet.⟩ *auf seinen Vorteil bedacht, eigennützig* □ **interesseiro 2** ⟨550⟩ jmdn. an einer, für eine Sache ~ *jmds. Interesse auf eine S. lenken* □ ***despertar o interesse de alguém por alguma coisa** 2.1 interessiert sein an jmdm. od. etwas *Interesse für jmdn. od. etwas haben;* daran bin ich nicht interessiert □ ***estar interessado em alguém ou alguma coisa** 3 ⟨500⟩ jmdn. ~ *jmds. Interesse erregen, jmds. Anteilnahme wecken;* so etwas interessiert ihn nicht; das würde ihn auf jeden Fall, bestimmt, lebhaft, sicherlich ~ □ ***interessar a alguém**

In|te|ri|eur ⟨[ɛterjøːr] n.; -s, -s od. -e⟩ **1** *Innere(s), Innenraum;* das ~ eines Fahrzeugs 1.1 *Innenausstattung (eines Raumes);* von dem ~ war nach dem Brand nicht mehr viel zu erkennen **2** ⟨Mal.⟩ *bildliche Darstellung eines Innenraums* □ **interior**

In|te|rim ⟨n.; -s, -s⟩ **1** *Zwischenzeit;* ein ~ von zwei Jahren □ **ínterim; intervalo 2** *vorläufige, vorübergehend in Kraft gesetzte Regelung, Übergangsregelung;* ~slösung □ ***solução interina/provisória**

In|ter|jek|ti|on ⟨f.; -, -en⟩ Gramm.⟩ *(Freude, Schmerz, Erstaunen usw. zum Ausdruck bringender) Ausruf, z. B. ach!, au!, Ausrufewort* □ **interjeição**

In|ter|mez|zo ⟨n.; -s, -s od. -mez|zi⟩ **1** ⟨im 17./18. Jh.⟩ *heiteres Zwischenspiel in Dramen u. Opern* 1.1 *kurzes, stimmungsvolles Musikstück* □ **intermezzo 2** *heiterer Zwischenfall* □ **incidente; episódio 3** = *Zwischenspiel (4)*

in|tern ⟨Adj. 24⟩ Ggs *extern* **1** *im Innern befindlich, innerlich* 1.1 *Angelegenheiten innerhalb einer Gemeinschaft betreffend, nicht für Außenstehende bestimmt, vertraulich;* ~e Angelegenheit, Besprechung □ **interno; particular** 1.2 *in einer Anstalt, einem Internat wohnend;* ~er Schüler □ **interno**

In|ter|nat ⟨n.; -(e)s, -e⟩ *meist höhere Lehranstalt, deren Schüler(innen) in einem zur Schule gehörenden Heim wohnen u. verpflegt werden;* Sy ⟨veraltet⟩ *Pensionat* □ **internato**

in|ter|na|ti|o|nal ⟨Adj.⟩ *zwischen-, überstaatlich, nicht national begrenzt, mehrere Staaten bzw. Völker od. ihre Beziehungen zueinander betreffend;* Internationales Olympisches Komitee ⟨Abk.: IOK⟩ 1.1 Internationale **Einheit** ⟨Abk.: I. E.⟩ *durch internationale Vereinbarungen festgelegte Mengeneinheit für solche Arzneistoffe, die auf natürlichem Wege aus Pflanzen, Orga-* *nen usw. gewonnen werden (manche Antibiotika, Hormone usw.)* □ **internacional**

In|ter|net ⟨n.; -s; unz.; EDV⟩ *weltweit verbreitetes Computernetzwerk;* ins ~ gehen; ~adresse; ~anbieter; ~zugang; Daten aus dem ~ herunterladen 1.1 im ~ surfen *gezielt od. wahllos durch das Anklicken von Links u. Aufrufen von Webseiten nach Informationen suchen* □ **internet**

in|ter|nie|ren ⟨V. 500⟩ **1** *Angehörige einer kriegführenden Macht im gegnerischen Land* ~ *in Haft, staatlichen Gewahrsam nehmen* □ **prender 2** *einen Kranken* ~ ⟨Med.⟩ *wegen starker Ansteckungsgefahr isolieren, in eine geschlossene Krankenanstalt einweisen* □ **internar**

In|ter|nist ⟨m.; -en, -en; Med.⟩ *Facharzt für innere Krankheiten* □ **médico especialista em doenças internas**

In|ter|pre|ta|ti|on ⟨f.; -, -en⟩ **1** *Deutung, Auslegung, Erklärung;* die ~ eines Gedichtes von Goethe; ~ einer Vertragsklausel 1.1 *künstlerische Wiedergabe u. Gestaltung (eines Musikstückes)* □ **interpretação**

in|ter|pre|tie|ren ⟨V. 500⟩ **1** *einen Text* ~ *erklären, auslegen, deuten;* etwas sprachlich, sachlich, künstlerisch ~ **2** *ein Musikstück* ~ *künstlerisch wiedergeben u. dabei inhaltlich deuten* □ **interpretar**

In|ter|punk|ti|on ⟨f.; -, -en; Gramm.⟩ *Anwendung von Satzzeichen nach bestimmten Regeln, Zeichensetzung* □ **pontuação**

in|ter|ro|ga|tiv ⟨Adj. 24; Gramm.⟩ *fragend, eine Frage ausdrückend;* „wer" ist ein ~es Pronomen □ **interrogativo**

In|ter|ro|ga|tiv|pro|no|men ⟨n.; -s, - od. -no|mi|na; Gramm.⟩ = *Fragewort*

In|ter|vall ⟨[-val] n.; -s, -e⟩ **1** *Zwischenraum, Zwischenzeit, Abstand, Pause* **2** ⟨Mus.⟩ *Höhenunterschied zwischen zwei Tönen, die gleichzeitig od. nacheinander klingen* □ **intervalo**

in|ter|ve|nie|ren ⟨[-ve-] V. 400⟩ **1** *dazwischentreten, einschreiten, sich einmischen, vermittelnd eingreifen;* bei einem Streit, bei einer Auseinandersetzung ~ **2** bei ⟨Pol.⟩ 2.1 *(auf diplomatischem Wege) Protest einlegen* 2.2 *sich in die Angelegenheiten eines fremden Staates einmischen* □ **intervir**

In|ter|ven|ti|on ⟨[-vɛn-] f.; -, -en⟩ **1** *Eingreifen, Dazwischentreten, Einschreiten* **2** ⟨Pol.⟩ 2.1 *Bekundung von Protest* 2.2 *Einmischung in fremde Staatsangelegenheiten* □ **intervenção**

In|ter|view ⟨[-vjuː] od. [′---] n.; -s, -s⟩ *Befragung (meist bekannter Persönlichkeiten) durch Berichterstatter von Presse, Rundfunk od. Fernsehen;* der Tennisstar gibt keine ~s □ **entrevista**

in|ter|view|en *auch:* **in|ter|vie|wen** ⟨[-vjuːən] V. 500⟩ jmdn. ~ *ein Interview mit jmdm. führen, jmdn. befragen* □ **entrevistar**

in|tim ⟨Adj.⟩ **1** *vertraut, eng verbunden, befreundet;* ein ~er Freundeskreis 1.1 *vertraulich;* ~e Mitteilungen **2** *gemütlich, mit privatem Charakter;* ein ~es Lokal, Eckchen; ~e Beleuchtung **3** *den Sexualbereich betref-*

561

fend 3.1 mit jmdm. ~ sein, werden *geschlechtlich verkehren* □ **íntimo**

In|to|na|ti|on ⟨f.; -; unz.⟩ **1** ⟨Mus.⟩ *Art der Tonbildung, Tonansatz beim Gesang od. Spielen eines Musikinstrumentes* 1.1 *das Einstimmen der Orgelpfeifen* 1.1.1 *kurzes Präludieren der Orgel, um den Sängern den Ton anzugeben* 1.2 *das Tongeben zum Stimmen der Instrumente* **2** ⟨im gregorianischen Gesang⟩ *das Vorsingen der ersten Worte des liturgischen Gesangs durch den Priester* □ **entoação 3** ⟨Sprachw.⟩ *Satzmelodie einer Sprache, Veränderung der Tonhöhe u. -stärke beim Sprechen* □ **entonação; inflexão**

• Die Buchstabenfolge **in|tr...** kann in Fremdwörtern auch **intr...** getrennt werden. Davon ausgenommen sind Zusammensetzungen, in denen die fremdsprachigen bzw. sprachhistorischen Bestandteile deutlich als solche erkennbar sind, z. B. *-transigent, -transitiv.*

• **In|tra|da** ⟨f.; -, -tra|den; Mus.⟩ *Eröffnungs-, Einleitungsstück;* oV *Intrade* □ **entrada**
• **In|tra|de** ⟨f.; -, -n; in der Barockmusik⟩ = *Intrada*
• **In|tri|gant** ⟨m.; -en, -en⟩ *jmd., der häufig Intrigen schmiedet* □ **intrigante; intriguista**
• **In|tri|ge** ⟨f.; -, -n⟩ *hinterlistige Handlung, Machenschaft* □ **intriga**
• **In|tro|duk|ti|on** ⟨f.; -, -en⟩ **1** ⟨geh.⟩ *Einführung, Einleitung* **2** ⟨Mus.⟩ *Vorspiel, Einleitungssatz (eines Musikstücks)* □ **introdução**
• **in|tro|ver|tiert** ⟨[-vɛr-] Adj.; Psych.⟩ *nach innen gekehrt, auf das eigene Seelenleben konzentriert;* Ggs *extravertiert; ein ~er Mensch, Typus; sie ist ausgesprochen ~* □ **introvertido**

In|tu|i|ti|on ⟨f.; -, -en⟩ **1** *Eingebung, unmittelbare Anschauung ohne wissenschaftliche Erkenntnis* **2** *Fähigkeit, verwickelte Vorgänge sofort richtig zu erfassen, zu erkennen* □ **intuição**

in|tu|i|tiv ⟨Adj.⟩ *auf Intuition beruhend, durch Intuition erfasst* □ **intuitivo**

in|tus ⟨Adj. 24; umg.; nur in den Wendungen⟩ **1** *etwas ~ haben* 1.1 *etwas gegessen od. getrunken haben* □ ***ter comido/bebido alguma coisa** 1.2 *etwas verstanden, begriffen haben; die Lateinvokabeln habe ich jetzt ~* □ **pescar; entender 2** *einen ~ haben beschwipst, leicht betrunken sein* □ ***ter bebido umas a mais**

in|va|lid ⟨[-va-] Adj. 24⟩ = *invalide*
in|va|li|de ⟨[-va-] Adj. 24⟩ *durch Krankheit, Unfall im Beruf od. Verwundung im Krieg arbeitsunfähig od. -behindert* □ **inválido**
In|va|li|de ⟨[-va-] m.; -n, -n⟩ *durch Krankheit, Unfall od. Kriegsverletzung arbeitsunfähig gewordener od. bei der Ausübung seines Berufes behinderter Mensch; Kriegs~* □ **inválido**
In|va|si|on ⟨[-va-] f.; -, -en⟩ **1** *Einfall in fremdes Staatsgebiet* □ **invasão 2** ⟨Med.⟩ *das Eindringen von Krankheitserregern* □ **infecção; contaminação**
In|ven|tar ⟨[-vɛn-] n.; -s, -e⟩ **1** *Verzeichnis der zu einem Raum, Haus, Grundstück gehörenden Gegenstände od.* *zu einem Betrieb, einer Vermögensmasse (z. B. Erbe) gehörenden Gegenstände, Vermögenswerte u. Schulden* **2** *die im Inventar(1) verzeichneten Gegenstände* □ **inventário 3** *Einrichtung, Bestand* □ **mobiliário;** → a. *leben(1.8), tot(2.2)*

in|ves|tie|ren ⟨[-vɛs-] V. 500⟩ **1** ⟨V. 500 od. 410⟩ *Kapital ~ K. langfristig anlegen, festlegen; er hat sein Geld sehr gewinnbringend investiert* **2** ⟨V. 505⟩ *etwas (in jmdn. od. etwas) ~* ⟨fig.⟩ *sich für jmdn. od. etwas einsetzen, sich um jmdn. od. etwas sehr bemühen* **3** ⟨500⟩ *jmdn. ~* ⟨geh.⟩ *feierlich in ein Amt einführen* □ **investir**

In|ves|ti|ti|on ⟨[-vɛs-] f.; -, -en⟩ *Anlage von Kapital* □ **investimento**
In|vest|ment ⟨[-vɛst-] n.; -s, -s⟩ *Investition; ~bank; ~firma; ~geschäft* □ **investimento**
in|vol|vie|ren ⟨[-vɔlviː-] V. 500; geh.⟩ **1** ⟨V. 500⟩ *etwas involviert etwas schließt etwas ein, enthält etwas; diese Aussage involviert eine Veränderung der bisherigen Strategie* □ **envolver 2** ⟨V. 410⟩ *in etwas involviert sein in etwas verwickelt, einbezogen sein; er ist in illegale Geschäfte involviert* □ ***estar envolvido em alguma coisa**

in|wen|dig ⟨Adj.⟩ Ggs *auswendig¹* **1** *im Innern, an der Innenseite befindlich* □ **interior** 1.1 *der ~e Mensch* ⟨Bibelspr.⟩ *der innere M.* □ ***o homem interior** 1.2 *~ weiß er es, aber auswendig nicht* ⟨umg.; scherzh.⟩ *er weiß es nicht* □ ***no fundo ele sabe, mas não a fundo** 1.3 *etwas in- und auswendig kennen* ⟨umg.⟩ *sehr gründlich* □ ***conhecer alguma coisa profundamente/como a palma da mão**

in|wie|fern ⟨unterordnende restriktive, d. h. einschränkende Konj.⟩ *in welcher Weise, wieso; ich kann wirklich nicht sagen, ~ das eine besser sein soll als das andere* □ **até que ponto; em que medida**
in|wie|weit ⟨unterordnende restriktive, d. h. einschränkende Konj.⟩ *in welchem Maße; ich weiß nicht, ~ er Recht hat* □ **até que ponto; em que medida**

In|zest ⟨m.; -(e)s, -e⟩ **1** *Geschlechtsverkehr zwischen Blutsverwandten* □ **incesto 2** ⟨Zool.⟩ *Paarung eng verwandter Tiere, Inzucht* □ **cruzamento consanguíneo**
In|zucht ⟨f.; -; unz.⟩ *Fortpflanzung unter nahe verwandten Lebewesen od. Pflanzen* □ **cruzamento consanguíneo**
in|zwi|schen ⟨Adv.⟩ *mittlerweile, unterdessen; ~ war Folgendes geschehen ...* □ **nesse meio-tempo; nesse ínterim**

Ion ⟨n.; -(e)s, -en; Phys.; Chem.⟩ *elektrisch geladenes Atom, Atomgruppe od. Molekül* □ **íon**
i-Punkt ⟨m.; -(e)s, -e⟩ **1** *der Punkt auf dem i* □ **ponto sobre o "i"** 1.1 *etwas bis auf den ~ vorbereiten* ⟨fig.⟩ *sehr sorgfältig, mit äußerster Genauigkeit vorbereiten* □ ***preparar alguma coisa nos mínimos detalhes**

ir|den ⟨Adj. 24/70⟩ *aus gebrannter Erde, gebranntem Ton bestehend, hergestellt; ~es Geschirr* □ **de barro**
ir|disch ⟨Adj. 24⟩ **1** *die Erde betreffend, zu ihr gehörig, auf ihr lebend, von ihr stammend; ~e Gesteine, Lebewesen* □ **terrestre; terreno 2** ⟨fig.⟩ *zeitlich, weltlich,*

von dieser Welt seiend, diesseitig; die ~en Dinge, Freuden; das ~e Dasein, Leben ☐ **temporal; mundano** 2.1 *der ~en Gerechtigkeit überantworten der weltlichen Gerichtsbarkeit (im Gegensatz zur göttlichen)* ☐ ***entregar à justiça dos homens** 2.2 *den Weg alles Irdischen gehen* ⟨fig.⟩, *sterben, vergehen* ☐ ***seguir o caminho dos mortais** 3 *sterblich;* die ~e Hülle des Verstorbenen ☐ **mortal**

ir|gend¹ ⟨Pron.; indeklinabel; nur attr.⟩ *eine Person od. Sache betreffend, die nicht weiter bezeichnet ist* ☐ **alguém; alguma coisa; algum;** ~ *so ein Kerl* ⟨umg.⟩ ☐ ***um cara (qualquer);** → a. *irgend...*

ir|gend² ⟨Adv.⟩ *auf eine nicht näher zu bezeichnende Weise, überhaupt;* wenn ich ~ kann, dann werde ich dir helfen; bitte komm, wenn du dir ~ möglich sein sollte ☐ **de algum modo**

ir|gend... 1 ⟨in Zus. zur Bildung unbestimmter Pron.⟩; irgendein, irgendeine, irgendeiner; irgendetwas; irgendjemand; irgendwelcher, irgendwelche, irgendwelches; aus irgendwelcher inneren, innerer Ursache; irgendwas; irgendwer 2 ⟨in Zus. zur Bildung unbestimmter Adv.⟩ irgendeinmal; irgendwann; irgendwie; irgendwo; irgendwoher; irgendwohin; irgendworan

Iris ⟨f.; -, -⟩ 1 ⟨Med.⟩ *Regenbogenhaut des Auges* 2 ⟨Bot.⟩ *Schwertlilie* ☐ **íris**

Iro|nie ⟨f.; -, -n; Pl. selten⟩ 1 *hinter Ernst versteckter Spott, mit dem man das Gegenteil von dem ausdrückt, was man meint, seine wirkliche Meinung aber durchblicken lässt;* ~ fühlen; jmdn. ~ spüren lassen; beißende, überlegene ~; seine Rede steckte voller ~; jmdn. od. etwas mit ~ abfertigen, behandeln; → a. *romantisch(2.1)* 2 ~ *des Schicksals* ⟨fig.⟩ *zufälliges Ereignis, das dem erwarteten Verlauf überraschend widerspricht* ☐ **ironia**

iro|nisch ⟨Adj.⟩ *voller Ironie, leicht spöttisch;* eine ~e Bemerkung machen ☐ **irônico**

irr ⟨Adj.⟩ = *irre*

ir|ra|tio|nal ⟨Adj.⟩ Ggs *rational* 1 *mit dem Verstand nicht erfassbar* 2 *vernunftwidrig* 3 *unberechenbar* 4 ⟨24⟩ ~e Zahl ⟨Math.⟩ *Z., die weder eine ganze Zahl noch ein Quotient zweier ganzer Zahlen ist, z. B. Wurzel aus 2* ☐ **irracional**

ir|re ⟨Adj.⟩ oV *irr* 1 *irrsinnig, geistesgestört;* ~ sein; er ist ~ (im Kopf); ich werde noch ~ vor Angst; ein ~r Blick traf mich; ~r Mut ⟨poet.⟩ ☐ **louco; desvairado** 1.1 mit ~r Geschwindigkeit fahren ⟨umg.⟩ *unvernünftig schnell* ☐ ***correr como um louco** 2 *unsicher, zweifelnd, verwirrt* ☐ **confuso; desorientado; perdido**

ir|re ⟨f.; -; unz.⟩ *Weglosigkeit, falscher Weg, falsche Richtung;* in die ~ fahren, führen, gehen ☐ **desvio; caminho errado**

Ir|re(r) ⟨f. 2 (m. 1)⟩ 1 *Geisteskranke(r);* diese(r) ~ ist gemeingefährlich 1.1 du armer ~r! ⟨umg.⟩ *(Beschimpfung)* 1.2 wie ein ~r fahren, laufen ⟨umg.⟩ *übermäßig schnell* ☐ **louco; maluco**

ir|re|al ⟨Adj. 24/70⟩ *nicht real, unwirklich, realitätsfern, nicht der Wirklichkeit entsprechend;* er besitzt ~e Vorstellungen vom Berufsleben ☐ **irreal**

ir|re||füh|ren ⟨V. 500⟩ jmdn. ~ 1 *in die Irre führen, vom Ziel, vom Weg abbringen;* ihr Begleiter hatte sie irregeführt ☐ **induzir em erro** 2 ⟨Vr 8⟩ ⟨fig.⟩ *täuschen;* dein Verhalten führt ihn irre; durch einen Trick des Kriminalschriftstellers werden die Leser irregeführt; sie ließ sich leicht ~ ☐ **enganar; iludir;** eine ~de Angabe, Auskunft, Darstellung der Ereignisse ☐ **enganoso; ilusório**

ir|re||ge|hen ⟨V. 145/400(s.)⟩ 1 *in die Irre gehen, vom Weg, vom Ziel abkommen, sich verlaufen;* er ist irregegangen, obwohl ich ihm den Weg genau beschrieben habe ☐ **errar o caminho** 2 ⟨fig.⟩ *sich täuschen;* ihr geht irre in der Annahme, dass ... ☐ **enganar-se**

Ir|re|gu|la|ri|tät ⟨f.; -, -en; geh.⟩ *Unregelmäßigkeit, Regelwidrigkeit, Ungesetzlichkeit;* Ggs *Regularität* ☐ **irregularidade**

ir|re|le|vant ⟨[-vant-] Adj. 24⟩ *unerheblich, unbedeutend;* Ggs *relevant;* seine Einwände sind ~ ☐ **irrelevante**

Ir|re|le|vanz ⟨[-vants-] f-; -; unz.⟩ *Unerheblichkeit, Bedeutungslosigkeit;* Ggs *Relevanz* ☐ **irrelevância**

ir|re||ma|chen ⟨V. 500/Vr 8⟩ 1 jmdn. ~ *beirren, verwirren, ablenken, aus der Fassung, aus dem Konzept bringen;* du hast mich völlig irregemacht ☐ **confundir** 1.1 das macht mich an ihm irre *das lässt mich an ihm zweifeln* ☐ ***isso me leva a desconfiar dele**

ir|ren ⟨V.⟩ 1 ⟨411⟩ *umherirren, umherschweifen, ohne Kenntnis der Richtung umherlaufen, -fahren;* durch den Wald ~; von einem Ort zum andern ~ ☐ **errar; vaguear** 2 ⟨400; fig.⟩ *falscher Meinung sein, von der rechten Überzeugung abkommen;* du irrst; Irren ist menschlich ⟨Sprichw.⟩ 2.1 *auf dem falschen Weg sein, einen Irrtum begehen;* es irrt der Mensch, solang er strebt (Goethe, „Faust", Prolog im Himmel) ☐ **errar** 3 ⟨500/Vr 3⟩ sich ~ *sich täuschen, falscher Meinung sein;* sich im Datum, in der Zeit ~; wenn ich mich nicht irre, so kennen wir uns bereits; ich habe mich in der Hausnummer, Telefonnummer geirrt; ich kann mich auch ~; du musst dich ~ ☐ ***enganar-se** 3.1 ⟨550⟩ sich in der Person ~ *die P. falsch einschätzen, beurteilen* ☐ ***enganar-se a respeito de uma pessoa**

ir|re|ver|si|bel ⟨[-vɛr-] a. [---'--] Adj. 24⟩ Ggs *reversibel* 1 *nicht umkehrbar, nicht rückgängig zu machen, nur in eine Richtung verlaufend* 2 ⟨Med.⟩ *unheilbar;* eine irreversible Erkrankung ☐ **irreversível**

ir|re||wer|den ⟨V. 285/500(s.)⟩ 1 an jmdm. ~ *an jmdm. zweifeln, verzweifeln* ☐ ***perder a confiança em alguém** 1.1 mitten in der Rede wurde ein der Redner wurde irre *kam aus dem Konzept, verlor den Faden* ☐ ***o orador se perdeu** 2 *den Verstand verlieren, in geistige Umnachtung verfallen* ☐ **enlouquecer; perder o juízo**

Irr|gar|ten ⟨m.; -s, -gär|ten⟩ *Garten od. große Höhle mit verschlungenen, unübersichtlichen Wegen;* Sy *Labyrinth;* sich im ~ verlaufen ☐ **labirinto**

ir|rig ⟨Adj. 24/70⟩ *auf einem Irrtum beruhend, falsch;* er ist der ~en Ansicht, dass ... ☐ **equivocado; errado**

Irritation

Ir|ri|ta|ti|on ⟨f.; -, -en⟩ **1** *Reizung, Reiz;* ~en ausgesetzt sein □ **irritação 2** *Verunsicherung, Verwirrung* □ **confusão; perturbação** **2.1** *Verärgerung;* in der Beziehung der beiden Staaten sind ~en entstanden □ **irritação; exasperação**

ir|ri|tie|ren ⟨V. 500⟩ *jmdn. od. ein Tier ~* **1** *reizen, erregen* □ **irritar; provocar 2** *ärgern, erzürnen* □ **irritar; exasperar 3** *stören* □ **irritar; perturbar 4** ⟨umg.⟩ *irremachen, verwirren, ablenken, beunruhigen;* sein Verhalten irritiert mich □ **confundir; perturbar**

Irr|sinn ⟨m.; -s; unz.⟩ **1** *Wahnsinn, Ausdruck der Geistesgestörtheit* □ **loucura 2** ⟨umg.⟩ *Verrücktheit, Unvernunft;* das ist der reinste ~ □ **loucura; maluquice**

irr|sin|nig ⟨Adj.⟩ **1** *wahnsinnig, geistesgestört* □ **louco 2** ⟨umg.⟩ *verrückt, unvernünftig;* das ist eine ~e Idee, ein ~es Vorhaben □ **louco; maluco**

Irr|tum ⟨m.; -s, -tü|mer⟩ **1** *falsche, fehlerhafte Beurteilung einer Sache, Sachlage;* das muss auf einem ~ beruhen; diesen ~ musste er teuer bezahlen; das Ganze lief auf einen ~ hinaus **1.1** einen ~ einsehen, herausfinden, richtigstellen *einsehen, herausfinden, richtigstellen, dass es sich um eine falsche Beurteilung der Sache handelt* **1.2** ein großer, kleiner, schwerer, verhängnisvoller, verzeihlicher ~ *eine falsche Beurteilung einer Sache, die große usw. Konsequenzen hat, verzeihlich ist* □ **erro; engano 1.3** einem ~ unterliegen *eine Sache falsch beurteilen* □ **errar; enganar-se* **1.4** *Verhalten od. Resultat, das sich aufgrund der falschen Beurteilung ergibt, Täuschung, Versehen;* es war ein ~ von mir; ~ vorbehalten! (Aufdruck auf Rechnungen) (Kaufmannsspr.) □ **erro 1.4.1** einen ~ begehen *sich aufgrund einer falschen Beurteilung falsch verhalten* □ **cometer um erro/engano* **1.4.2** da sind Sie im ~! *da täuschen Sie sich!* □ **o senhor está enganado!* **1.4.3** im ~ sein, sich im ~ befinden *sich täuschen;* Sie befinden sich im ~, wenn Sie annehmen ... □ **enganar-se*

irr|tüm|lich ⟨Adj. 24⟩ *auf einem Irrtum beruhend, versehentlich;* ich habe ~ eine falsche Telefonnummer gewählt □ **por engano**

Is|chi|as ⟨[ɪ]ias] od. [ɪsças] m. od. n.; fachsprachl.: f.; -; unz.; Med.⟩ *anhaltende od. vorübergehende Schmerzhaftigkeit in der Lendengegend aufgrund einer Reizung des Ischiasnervs* □ **ciática**

Ise|grim ⟨m.; -s, -e⟩ **1** ⟨in der Tierfabel⟩ *Wolf* □ **lobo 1.1** ⟨fig.; abwertend⟩ *mürrischer, unfreundlicher Mensch* □ **indivíduo rabugento/resmungão**

Is|lam ⟨a. ['--] m.; - od. -s; unz.⟩ *von Mohammed Anfang des 7. Jh. begründete monotheistische Religion, die im Koran niedergelegt ist u. eine uneingeschränkte Befolgung des Willens von Allah (des einen Gottes) verlangt* □ **islã**

Iso|la|ti|on ⟨f.; -, -en⟩ **1** *das Isolieren(1);* ~ von Geisteskranken, Häftlingen **1.1** *Vereinzelung, Vereinsamung* **2** *das Isolieren(2);* ~ gegen elektrischen Strom **2.1** *Gegenstand, Vorrichtung zum Isolieren(2)* □ **isolamento**

Iso|la|tor ⟨m.; -s, -en⟩ **1** *Stoff, Gegenstand zum Isolieren(1)* **1.1** *elektrisch nichtleitender Stoff, Gegenstand* □ **isolador; isolante**

iso|lie|ren ⟨V.⟩ **1** ⟨500⟩ *jmdn.* ~ = *absondern(1);* Kranke, Häftlinge ~; jmd. ist in seinem Heimatland politisch isoliert **2** ⟨505⟩ **Gegenstände (gegen** Feuchtigkeit, Luft, Wärme, Kälte od. Elektrizität) ~ *abdichten, undurchlässig machen* □ **isolar 3** ⟨400⟩ *~e Sprachen S., die endungslose Wörter verwenden, keine Formenbildung kennen u. die Beziehungen der Wörter zueinander im Satz nur durch die Wortstellung ausdrücken, z. B. das Chinesische;* Sy *amorphe Sprachen → amorph(2)* □ **isolante**

Iso|top ⟨n.; -s, -e⟩ *chemisches Element, das dieselbe Ordnungszahl im periodischen System hat wie ein anderes Element u. sich von diesem nur durch die Anzahl seiner Neutronen unterscheidet* □ **isótopo**

iso|trop ⟨Adj. 24/70⟩ *nach allen Richtungen gleiche physikalische Eigenschaften aufweisend;* ~e Stoffe, Materialien □ **isotrópico**

isst → *essen*

ist → *sein³*

Ist|be|stand *auch:* **Ist-Be|stand** ⟨m.; -(e)s, -stän|de⟩ **1** *tatsächlicher Kassenbestand* □ **dinheiro em caixa 2** *greifbarer Bestand (von Waren)* □ **estoque efetivo**

IT ⟨Abk. für⟩ *Informationstechnologie* □ **tecnologia da informação (TI)**

i-Tüp|fel|chen ⟨n.; -s, -⟩ **1** *Tüpfelchen auf dem i* □ **pingo no "i" 2** ⟨fig.⟩ *Vollendung, Perfektion* □ **toque final; acabamento 2.1** etwas bis aufs ~ planen ⟨fig.⟩ *bis ins kleinste Detail, haargenau, sehr genau planen* □ **planejar alguma coisa nos mínimos detalhes*

ja¹ ⟨Partikel der Affirmation⟩ Ggs *nein* **1** *(zustimmende Antwort);* gefällt dir das? ~!; ich glaube, ~!; er sagt „vielleicht" und meint doch „~"; sag doch ~!; ach ~!; ~ doch!; ~ freilich!; warst du dabei? ~ oder nein!; er nicht, ich ~! □ **sim**; o ~!; aber ~! □ **mas claro!* **2** – /**Ja** sagen *zustimmen;* dazu kann ich nur ~ /**Ja** sagen □ **dizer que sim; concordar* **2.1** zu allem ~ und amen/**Ja** und **Amen** sagen *immer zustimmen, sich mit allem einverstanden erklären* □ **dizer amém a tudo* **3** – **und nein!** *es stimmt u. stimmt auch nicht, wie man's nimmt* □ **sim e não!*

ja² ⟨Adv.⟩ **1** ⟨betont⟩ **1.1** *unbedingt, auf jeden Fall;* besuchen Sie mich ~, wenn Sie wieder hier sind; damit es nur ~ alle sehen; sei ~ still! (als Drohung); seien Sie ~ vorsichtig! **1.1.1** tu das ~ nicht! *keinesfalls* □ ∅ **1.2** *sogar, geradezu;* er hat sie sehr geschätzt, ~ bewundert; ~, es gibt sogar Leute, die ...; ~ sogar der König; das ist schwer, ~ unmöglich □ *até (mesmo)* **1.2.1** **nun ~** *einschränkend* *es zu sagen ...;* nun ~, es ist eben nicht zu ändern! □ **bem, então* **2** ⟨unbetont⟩ *aber, doch;* ~, hör mal! □ *mas;* ~, wenn ich das gewusst hätte! □ *pois é;* ich habe ~ gar nichts gesagt!; das ist ~ gar nicht wahr!; das ist ~ nicht schlimm; das ist ~ schrecklich!; das ist ~ großartig! □ *mas*; da ist er ~! □ *sim*; du weißt ~, dass ... □ **você sabe muito bem que...* **2.1** ~ **so!** *ach so!, so ist das!* □ **mas claro!* **2.2** ich sag's ~! *also doch!, ich wusste es doch!* □ *é o que estou dizendo!* **2.3** na ~! *meinetwegen!, ich will nichts dagegen sagen!;* ist das nicht herrlich? Na ~, so besonders gefällt es mir eigentlich nicht! □ **bem; bom*

Ja ⟨n.; -s (Gen. selten); unz.⟩ *bejahende, zustimmende Antwort;* ein einstimmiges, lautes, leises ~ war die Antwort; nur mit ~ oder Nein antworten; mit ~ stimmen; eine Frage mit ~ beantworten; (bei der Trauung) das ~ sprechen □ **sim**

Jacht ⟨f.; -, -en⟩ *leichtes, schnelles Schiff (bes. Segelschiff) für Sport- u. Vergnügungszwecke;* oV *Yacht* □ **iate**

Ja|cke ⟨f.; -, -n⟩ **1** *bis zur Hüfte reichendes, vorne zu öffnendes Oberbekleidungsstück für Männer u. Frauen;* Kostüm~; Strick~; Woll~ □ **casaco; jaqueta 1.1** jmdm. die ~ **vollhauen** ⟨fig.; umg.⟩ *jmdn. verprügeln* □ **dar uma surra em alguém* **1.2** jmdm. die ~ **vollllügen** ⟨fig.; umg.⟩ *jmdn. frech belügen* □ **mentir descaradamente para alguém* **1.3** das ist ~ **wie Hose** ⟨umg.⟩ *das ist ganz gleich, das kommt auf dasselbe heraus* □ **tanto faz*

Ja|ckett ⟨[ʒakɛt] n.; -s, -s⟩ *Jacke zum Herrenanzug* □ **jaquetão; casaco**

Jack|pot ⟨[dʒækpɔt] m.; -s, -s⟩ **1** *gemeinsamer Spieleinsatz beim Poker* □ **pote 2** ⟨Toto; Lotto⟩ *hohe Gewinnsumme, die aus mehreren Spielrunden ohne Hauptgewinner entstanden ist;* den ~ knacken, gewinnen □ **bolada; sorte grande**

Ja|de ⟨m. od. f.; -; unz.; Sammelbez. für⟩ *meist hell- bis dunkelgrüner Schmuckstein* □ **jade**

Jagd ⟨f.; -, -en⟩ **1** *Erlegen von Wild nach dem Jagdrecht u. -brauch;* Hetz~, Hoch~, Nieder~, Treib~; auf die ~ gehen **2** *Veranstaltung zum Zweck des Jagens;* die ~ geht auf **3** *Wildbestand eines Jagdreviers* □ **caça 4** ⟨kurz für⟩ *Jagdrevier;* eine ~ pachten □ **reserva de caça 5** ⟨fig.⟩ *Verfolgung, Hetze;* Verbrecher~ □ **caça; perseguição 5.1** auf jmdn. ~ machen *jmdn. verfolgen* □ **caçar/perseguir alguém* **6** *heftiges Bemühen, etwas zu erlangen;* die ~ nach dem Glück; eine wilde ~ nach dem besten Platz □ **busca 6.1** auf etwas ~ machen ⟨fig.⟩ *etwas mit allen Mitteln zu erlangen suchen, heftig erstreben* □ **fazer de tudo para conseguir alguma coisa; correr atrás de alguma coisa*

ja|gen ⟨V.⟩ **1** ⟨500/Vr 8⟩ *ein Lebewesen ~ schnell verfolgen, treiben, hetzen, zu fangen od. zu erlegen versuchen;* die Kinder, Hunde ~ einander; sich; Hasen, Enten, Rebhühner ~; jmdn. in die Flucht ~; jmdn. od. ein Tier zu Tode ~; wie gejagt davonrennen □ **caçar; perseguir; correr atrás de 1.1** ⟨511⟩ **jmdn. od. ein Lebewesen aus etwas ~** *aus etwas vertreiben;* jmdn. aus dem Hause ~; er hat seine Tochter aus dem Hause gejagt □ **expulsar; enxotar 1.2** ⟨511⟩ jmdn. **in etwas ~ treiben ~** □ **impelir/levar alguém a alguma coisa* **1.2.1** jmdn. **in den Tod ~** *an jmds. Tod schuldig sein* □ **levar alguém à morte* **1.3** ⟨516 m. Modalverb⟩ damit kannst du mich ~! *das tue, esse ich nicht gerne* □ **nem morto!; nem pensar!* **2** *ein Ereignis jagt das andere* ⟨fig.⟩ *die Ereignisse folgen in kurzen Abständen aufeinander;* ein Unglück jagte das andere □ **suceder 3** ⟨400(s.); fig.⟩ *sich rasch bewegen, gehetzt laufen;* die Wolken jagten am Himmel ⟨poet.⟩ □ **correr 3.1** ~der Puls *stark beschleunigter P.* □ **pulso acelerado* **4** ⟨511 od. 531/Vr 1⟩ **(sich) etwas durch, in den Körper ~** *etwas rasch od. wiederholt durch, in den Körper stoßen, in den Körper dringen lassen* □ **passar; enfiar**; jmdm. den Degen durch den Leib ~ □ **passar a espada no corpo de alguém*; sich eine Kugel durch den Kopf ~ □ **meter uma bala na cabeça* **4.1** sein Geld durch die Gurgel, Kehle ~ ⟨fig.⟩ *vertrinken* □ **gastar seu dinheiro em bebida* **5** ⟨400⟩ *auf die Jagd gehen, Jagd betreiben, auf der Jagd sein;* in gewissen Gegenden darf man nicht während des ganzen Jahres ~ □ **caçar 6** ⟨800⟩ **nach etwas ~** ⟨fig.⟩ *etwas unbedingt zu erlangen suchen;* nach Geld, Genuss, Orden, Ruhm ~ □ **tentar obter alguma coisa a todo custo; correr atrás de alguma coisa*

Jä|ger ⟨m.; -s, -⟩ **1** *jmd., der auf die Jagd geht* **2** ⟨Mil.⟩ *als Scharfschütze ausgebildeter Infanteriesoldat, Angehöriger einer Kampftruppe des Heeres* □ **caçador 3** ⟨Mil.⟩ *Jagdflugzeug* □ **caça 3.1** *Pilot eines Jagdflugzeugs* □ **piloto de caça**

Ja|gu|ar ⟨m.; -s, -e; Zool.⟩ *größte Raubkatze Amerikas, von 2 m Körperlänge u. 80 cm Schulterhöhe, gelbbraun mit schwarzen Ringen u. Flecken* □ **jaguar**

jäh ⟨Adj.⟩ **1** *hastig, plötzlich, überraschend, unerwartet, schnell u. heftig;* eine ~e Bewegung; ein ~er Schmerz, Schrecken, Tod; ein ~er Sprung, Sturz □ **repentino; brusco;** ~ aufspringen, davonstürzen; ~ überfiel mich die Angst, Furcht, Müdigkeit, Reue □ **repentinamente; inesperadamente 2** ⟨90⟩ *steil, abschüssig;* ein ~er Abgrund □ **íngreme; abrupto**

Jäh|heit ⟨f.; -; unz.⟩ *jähe Beschaffenheit* □ **precipitação; declive**

Jahr ⟨n.; -(e)s, -e⟩ **1** *Zeitraum eines Umlaufs der Erde um die Sonne, Zeitraum von 365 Tagen;* Kalender~, Sonnen~; Geschäfts~; Studien~; Kirchen~; die ~e gehen, fliegen dahin; dieses, nächstes, voriges ~; das ~ neigte sich seinem Ende zu; seit drei ~en; wir sind mehrere ~e lang nicht im Urlaub gewesen; ein halbes ~; jmdm. ein gesundes, glückliches, gutes neues ~ wünschen; ein dürres, fruchtbares, gutes, nasses, schlechtes, sonnen- od. regenreiches, trockenes ~; noch nach ~en, vor ~en; einmal im ~ □ **ano 1.1** ~ **für** ~ *alljährlich;* wir fahren ~ für ~ im Sommer an die See □ ***todos os anos; ano após ano 1.2** ~ **und Tag** *sehr langer Zeitraum;* seit ~ und Tag, vor ~ und Tag □ ***há (muitos) anos; há muito tempo 2** *Zeitraum vom 1. Januar bis 31. Dezember;* im ~(e) 1600; das ~ 1975 □ **ano 2.1** in den Achtzigerjahren (80er-Jahren) des 20. Jahrhunderts *zwischen 1980 und 1989* □ ***nos anos 80 do século XIX 3** *Anzahl der Jahre(1) von der Geburt an gerechnet, Lebensjahre;* 40 ~e alt sein; er ist noch jung an ~en; ein Kind von zehn ~en; Kinder unter 14 ~en zahlen die Hälfte; er hat 80 ~e auf dem Buckel ⟨fig.; umg.⟩ □ **ano 3.1** er hat noch nicht die ~e dazu *er ist noch nicht alt genug dazu* **3.2** ein Mann in seinen ~en *in seinem Alter* □ **idade 3.3** in die ~e **kommen** *allmählich alt werden, ein fortgeschrittenes Alter erreichen;* er kommt nun in die ~e □ ***envelhecer 3.4** schon **bei** ~en **sein** *nicht mehr jung sein, schon in fortgeschrittenem Alter sein* □ ***já ter idade**

Jahr|buch ⟨n.; -(e)s, -bü|cher⟩ **1** *von Gesellschaften, Bibliotheken, Instituten u. Ä. herausgegebenes, meist (ganz)jährlich erscheinendes Buch mit Aufsätzen, Forschungsberichten, Bibliografien usw. über ein Wissensgebiet;* Goethe-~, musikalisches ~ **1.1** *statistischer Kalender* □ **anuário**

jah|re|lang ⟨Adj. 24/90⟩ **1** *mehrere Jahre dauernd, während eines Zeitraums von mehreren Jahren;* ⟨aber Getrenntschreibung⟩ mehrere Jahre lang □ **de/durante anos** → *Jahr(1)*

jäh|ren ⟨V. 500/Vr 3⟩ **1** *ein Ereignis jährt* **sich** *ist vor einem Jahr geschehen* **1.1** (510) sich zum fünften Male ~ *vor genau fünf Jahren geschehen sein* **2** *der Tag eines Ereignisses jährt sich* **hat jährliche Wiederkehr;** der Unglückstag jährt sich jetzt bald □ **fazer anos**

Jah|res|frist ⟨f.; -; unz.⟩ *Ablauf eines ganzen Jahres* □ **prazo de um ano;** binnen ~ □ ***dentro de um ano;** nach ~ □ ***após um ano**

Jah|res|tag ⟨m.; -(e)s, -e⟩ *jährlich wiederkehrender Gedenktag* □ **aniversário**

Jah|res|zahl ⟨f.; -, -en⟩ *Nummer des Jahres in der Zeitrechnung, bes. eines Jahres mit histor. Ereignissen;* sich ~en gut, schlecht merken können □ **data; ano**

Jah|res|zeit ⟨f.; -, -en⟩ *jeder der vier Zeitabschnitte des Jahres (Frühling, Sommer, Herbst u. Winter);* die kalte, warme ~; im Wechsel der ~en □ **estação do ano**

Jahr|gang ⟨m.; -(e)s, -gän|ge; Abk.: Jg.⟩ **1** *alles im gleichen Jahr Hervorgebrachte, Erschienene, Geerntete;* zehn Jahrgänge einer Zeitschrift; der ~ 1999 einer Zeitschrift □ **ano;** ein guter, schlechter ~ (von Weinen) □ *vintage;* **ano 1.1** *alle im gleichen Jahr Geborenen;* wir sind beide ~ 1972 □ **ano;** jetzt macht der ~ 1990 Abitur □ **classe**

Jahr|hun|dert ⟨n.; -(e)s, -e; Abk.: Jh.⟩ **1** *Zeitraum von 100 Jahren;* zwei, drei ~e 1.1 er ist der **Mann** des ~s *der bedeutendste M. der letzten hundert Jahre, eine epochemachende Persönlichkeit* **1.2** 20. ~ *Zeitraum von 1900 bis 1999* **1.3** nach ~en *mehrere hundert Jahre später* □ **século**

...jäh|rig ⟨Adj. 24⟩ *eine bestimmte Zahl von Jahren alt od. dauernd;* dreijährig

jähr|lich ⟨Adj. 24/90⟩ **1** *jedes Jahr (sich wiederholend), im Abstand von jeweils einem Jahr;* die Tagung findet ~ statt; ~e Kosten; ~er Urlaub; in dieser Buchreihe kommen ~ drei neue Bände heraus; einmal, zweimal ~ □ **anual(mente); por ano 2** *für den Zeitraum eines Jahres bestimmt, nötig;* ein ~er Beitrag □ **anual**

Jahr|markt ⟨m.; -(e)s, -märk|te⟩ *(zu bestimmten Zeiten) jährlich stattfindender Markt mit Karussells, Schaustellungen usw.;* Sy *Messe¹(3.1);* etwas auf dem ~ kaufen □ **feira anual**

Jahr|zehnt ⟨n.; -(e)s, -e⟩ *Zeitraum von zehn Jahren* □ **década; decênio**

Jäh|zorn ⟨m.; -(e)s; unz.⟩ *plötzlicher, sehr heftiger Wutanfall;* ein Ausbruch von ~ □ **cólera; fúria**

jäh|zor|nig ⟨Adj.⟩ *zu Jähzorn neigend;* ein ~er Mensch □ **colérico; furioso**

Jak ⟨m.; -s, -s; Zool.⟩ *langhaariges Rind der zentralasiatischen Hochländer,* oV *Yak* □ **iaque**

Ja|lou|sie ⟨[ʒaluziː] f.; -, -n⟩ *verstell- u. hochziehbarer Vorhang aus übereinandergreifenden Querleisten zum Schutz vor Sonneneinstrahlung od. zum Verdunkeln von Fenstern od. Türen* □ **persiana**

Jam|mer ⟨m.; -s; unz.⟩ **1** *laute Klage;* lauter ~ erfüllte das Dorf □ **lamento 2** *schmerzlicher, bedauerlicher Zustand, Elend, Unglück;* er bot ein Bild des ~s □ **miséria; desgraça;** es ist ein ~ zu sehen, wie ... □ **lástima 2.1** es wäre ein ~, wenn du das nicht tätest *sehr schade* □ **pena; pecado 3** *Kummer, Verzweiflung;* es herrschte großer ~ □ **aflição; desespero**

jäm|mer|lich ⟨Adj.⟩ **1** *elend, erbärmlich, abgemagert, zerlumpt;* eine ~e Person, Gestalt □ **miseráve; lamentável 2** *kläglich;* ein ~es Geschrei, Weinen; ~ schreien □ **lastimoso; plangente 3** *beklagenswert;* er musste einen ~en Tod erleiden □ **lastimável; lamentável** 3.1 jmdn. ~ verprügeln *sehr* □ **muito** 4 *kümmerlich, sehr arm;* ein ~es Leben; eine ~e Behausung □ **miserável** 5 *verächtlich, feige;* er legte ein ~es Verhalten an den Tag □ **desprezível; covarde**

jam|mern ⟨V.⟩ **1** ⟨414⟩ (über, wegen etwas) ~ 1.1 *laut klagen, wehklagen, kläglich schreien* □ **lamentar; planger;** es erhob sich ein großes Jammern □ **lamento** 1.2 *sich laut, anhaltend od. übertrieben über etwas beklagen;* sie muss immer ~ □ **queixar-se; lamentar-se** **2** ⟨800⟩ *nach etwas od. jmdm. ~ kläglich verlangen;* das Kind jammerte nach der Mutter □ **choramingar; pedir com voz lacrimosa** **3** ⟨800⟩ *um etwas ~ den Verlust von etwas laut, anhaltend, übertrieben betrauern;* er jammerte um seinen entlaufenen Hund □ ***lamentar alguma coisa; chorar por alguma coisa** **4** ⟨500⟩ *jmdn.* ~ ⟨veraltet⟩ *jmds. Mitleid, Erbarmen erregen;* er jammert mich □ ***provocar compaixão em alguém** 4.1 ⟨501⟩ es kann einen ~, es jammert einen, wenn man sieht, wie ... *man fühlt Mitleid, Erbarmen* □ ***é de dar pena quando se vê como...**

jam|mer|scha|de ⟨Adv.⟩ *sehr schade, sehr bedauerlich* □ **é realmente uma pena**

Jam|ses|sion [ˈdʒæmsɛʃn] ⟨f.; -, -s; Mus.⟩ *Zusammenkunft von Jazzmusikern zum gemeinsamen (improvisierten) Musizieren* □ **jam session**

Jams|wur|zel ⟨f.; -, -n⟩ *Wurzel einer Gattung der Nutzpflanzen, die in den Tropen als Nahrungsmittel dient: Dioscorea;* oV *Yamswurzel* □ **inhame**

Jan|ker ⟨m.; -s, -⟩ *wollenes Trachtenjackett* □ **jaqueta/casaco de lã**

Jän|ner ⟨m.; -s, -; österr.⟩ *Januar* □ **janeiro**

Ja|nu|ar ⟨m.; - od. -s, -e; Abk. Jan.⟩ *der 1. Monat im Jahr* □ **janeiro**

Jar|gon ⟨[ʒarˈgõː] m.; -s, -s⟩ *(oft derbe) Ausdrucksweise bestimmter sozialer od. beruflicher Gesellschaftskreise innerhalb einer Sprache;* Schüler~ □ **jargão; gíria**

Jas|min ⟨m.; -s, -e; Bot.⟩ *Angehöriger einer Gattung der Ölbaumgewächse, Strauch od. Liane mit gelben, rosa od. weißen, meist wohlriechenden Blüten: Jasminum* □ **jasmim**

Jas|pis ⟨m.; - od. -ses, -se; Min.⟩ *als Schmuckstein verwendetes undurchsichtiges, verschiedenartig gefärbtes Quarzmineral* □ **jaspe**

Jass ⟨m.; -es; unz.⟩ *bes. in der dt. Schweiz verbreitetes Kartenspiel mit 36 Karten für zwei bis vier Spieler* □ **jass**

jä|ten ⟨V. 500⟩ *Unkraut ~ mit der Hand herausziehen, entfernen* □ **carpir; arrancar**

Jau|che ⟨f.; -, -n⟩ **1** *flüssiger Dünger aus vergorenen menschlichen od. tierischen Ausscheidungen;* ~ *auf das Feld fahren* □ **chorume** **2** *flüssige, faulige Absonderung aus Geschwüren;* eitrige ~ □ **icor; sânie; pus** **3** ⟨umg.⟩ *schmutziges, übelriechendes Wasser* □ **água pútrida/choca**

jauch|zen ⟨V. 400⟩ oV *juchzen* **1** *jubeln, einen Jubelruf ausstoßen;* vor Freude, Begeisterung ~ □ **regozijar-se; exultar** **2** *fröhlich, hell schreien;* er hielt den ~den Sohn im Arm □ **alegre; exultante**

jau|len ⟨V. 400⟩ *laut winseln, heulen, klagen* (von Hunden); ~d lag der Hund an der Kette □ **ganir; uivar**

Jau|se ⟨f.; -, -n; österr.⟩ **1** *Zwischenmahlzeit, Imbiss, Nachmittagskaffee;* jmdn. zur ~ einladen; ~ halten **2** *Jausenbrot;* er hatte sich selbst eine ~ mitgebracht □ **lanche**

jau|sen ⟨V. 400; österr.⟩ = *jausnen*

jaus|nen ⟨V. 400; österr.⟩ oV *jausen* **1** *eine Jause einnehmen, Kaffee trinken;* habt ihr schon gejausnet? **2** *(etwas) zur Jause essen od. trinken* □ **lanchar**

ja|wohl ⟨Adv.; verstärkend⟩ *ja* □ **sim, senhor(a); sim, exatamente**

Ja|wort ⟨n.; -(e)s, -e⟩ *Zustimmung zur Heirat (von der Frau);* einem Mann das ~ geben; von einer Frau das ~ erhalten □ **sim; consentimento**

Jazz ⟨a. [dʒæs] m.; -; unz.; Mus.⟩ *aus geistlichen Gesängen, Arbeits- u. Tanzliedern der nordamerikanischen Schwarzen hervorgegangener Musikstil, gekennzeichnet durch starke Synkopierung u. Improvisation;* Free ~; Modern ~ □ *jazz*

je¹ ⟨Adv.⟩ **1** *jemals, irgendwann (einmal);* wer hätte das ~ gedacht!; hast du ~ davon gehört, dass ...; dies ist die schönste Stadt, die ich ~ gesehen habe; mehr als ~ zuvor; es ist schlimmer denn ~ □ **alguma vez; jamais;** nunca 1.1 *seit* **eh und** ~ *seit sehr langer Zeit* □ ***desde sempre** 1.2 ~ **und** ⟨geh.; veraltet⟩ 1.2.1 *immer* □ ***sempre** 1.2.2 *von Zeit zu Zeit, bisweilen* □ ***às vezes** **2** ~ **nach** ... *entsprechend, gemessen an* ...; ~ nach Größe; ~ nach den Umständen □ ***de acordo com; dependendo de** 2.1 ~ **nachdem!** (als Antwort) *das kommt darauf an;* wann kommst du? ~ nachdem, wann ich fertig bin □ ***depende**

je² ⟨Indefinitpron.; indeklinabel; zur Bez. von Distributivzahlen⟩ **1** ⟨vor Zahlen⟩ 1.1 *jedes Mal, zugleich;* ~ einer; ~ zwei, drei 1.2 *für jede(n, -s);* er gab ihnen ~ fünf Euro; ein Jahreseinkommen von 25.000 Euro ~ Kopf der Bevölkerung; ~ Person zehn Stück □ **cada; por**

je³ ⟨Konj. vor Komparativ⟩ *im selben Maße wie ...;* ~ eher, desto, umso besser; ~ älter er wird, umso vernünftiger wird er auch; man weiß das Geld umso mehr zu schätzen, ~ weniger man davon hat □ **quanto (mais/menos)**

je⁴ ⟨Adv.⟩ ~ **nun** ⟨veraltet⟩ *ja, also;* ~ nun, dann wollen wir's eben versuchen! ⟨abschwächend⟩; ~ nun, so einfach ist das nicht ⟨einschränkend, ablehnend⟩ □ ***pois então; bem**

je⁵ ⟨Int.⟩ **1** *ach* ~!, *o* ~! *(Ausruf des Bedauerns)* **2** *o* ~! *(Ausruf des Schreckens)* □ ***ai, meu Deus!**

Jeans ⟨[dʒiːnz] Pl. od. a. Sg.; f.; -, -⟩ *eng geschnittene lange Hose aus widerstandsfähigem (dunkelblauem) Baumwollstoff,* Sy *Bluejeans* □ *jeans*

je|de(r, -s) ⟨Indefinitpron.; attr. u. substantivisch⟩ **1** *der (die, das) Einzelne aus einer Menge in ihrer Gesamtheit;* Ggs *kein, niemand;* ~r, der kommt; ~ der Frauen; ~s der Kinder hat sein eigenes Zimmer; ich habe ~n gefragt, der vorbeiging; hier darf ~r herein; das kann ~r machen, wie er will; ein ~r; ~r für sich; ~r von uns; er gab ~m von ihnen fünf Euro; ~r Feh-

jedenfalls

ler kann hier gefährlich werden; ~r Mann, ~e Frau, ~s Kind; ~n Sonntag; ~r Zweite, Dritt; □ cada (um/uma); todo(s); toda(s); ~r Beliebige □ *qualquer um; in ~r Hinsicht □ *em todos os aspectos 1.1 ~s Mal 1.1.1 *jedes einzelne Mal, bei jedem Mal;* er war ~s Mal verreist, wenn ich kam □ todas as vezes 1.1.2 ⟨umg.⟩ *immer;* es ist ~s Mal dasselbe □ sempre 2 alles und ~s ⟨verstärkend⟩ *alles* □ tudo 2.1 ich komme auf ~n Fall *unter allen Umständen* □ *virei de todo modo 2.2 er kann ~n Augenblick kommen ⟨umg.⟩ *im nächsten A., gleich* □ *ele pode chegar a qualquer momento 2.3 er kommt ~n Monat, ~ Woche ⟨umg.⟩ *einmal im Monat, in der Woche* □ *ele vem todo mês/toda semana 2.4 zu ~r Zeit *immer;* du kannst zu ~r Zeit hier anrufen □ *a qualquer hora; sempre;* a. → *jederzeit* 2.5 ohne ~ Anstrengung ⟨umg.⟩ *ohne die geringste A.* □ *sem nenhum esforço 2.6 ~m das Seine *ein Mensch bekommt das, was ihm gebührt* □ *a cada um o seu

je|den|falls ⟨Adv.⟩ 1 *also, wie erwähnt, wie vereinbart;* ich rufe ~ morgen an, dann besprechen wir das Weitere 2 ⟨anknüpfend⟩ *wie dem auch sei;* das weiß ich nicht, ~ hat er nichts davon gesagt; ob er nun kommt oder nicht, ich bleibe ~ zu Hause □ em todo caso; de qualquer forma

je|der|mann ⟨Indefinitpron.⟩ 1 *jeder* □ qualquer um; todos 1.1 ⟨umg.⟩ *alle Leute;* man kann nicht ~s Freund sein; er ist höflich gegen ~ □ todo o mundo

je|der|zeit ⟨Adv.⟩ 1 *immer, zu jedem Zeitpunkt;* du bist bei uns ~ willkommen □ a qualquer hora; sempre; (aber Getrenntschreibung) *zu jeder Zeit* → *jede(r, -s) (2.4)*

je|des|mal ⟨alte Schreibung für⟩ *jedes Mal*

je|doch ⟨Konj.⟩ *doch, aber, indessen;* wir wären gerne in den Skiurlaub gefahren, es fehlte ~ der Schnee; er ist kein guter Sportler, in den Sprachen ist er ~ allen anderen voraus; ich habe ihm zweimal geschrieben, er hat ~ nicht geantwortet □ no entanto; contudo

Jeep ⟨[dʒiːp] m.; -s, -s; Kfz⟩ *(urspr. als Militärfahrzeug verwendeter) kleiner US-amerikanischer Geländekraftwagen* □ jipe

jeg|li|che(r, -s) ⟨Indefinitpron.⟩ = *jede(r, -s)*

je|her ⟨Adv.⟩ *von ~ schon immer* □ *desde sempre

je|mals ⟨Adv.⟩ *irgendwann;* ob ich das ~ erreichen werde, weiß ich nicht; hast du ~ so etwas gesehen? □ alguma vez; algum dia

je|mand ⟨Indefinitpron.; nur substantivisch⟩ *eine nicht näher bestimmte Person;* wenn ich ~es Freund sein will, muss ich auch für ihn eintreten; ist ~ gekommen?; ~ anders, ~ anderer; wenn Sie weggehen wollen, sagen Sie es bitte ~em aus Ihrer Abteilung; ist sonst noch ~ hier, der …; hast du ~en gesehen?; es ist ~ draußen; er ist (so) ~, der sich nur schwer anderen anschließt □ alguém

je|ne(r, -s) ⟨Demonstrativpron. 6⟩ 1 ⟨substantivisch⟩ *der vorher, zuerst Erwähnte …, der weiter abseits Befindliche;* → a. *diese(r, -s);* er war mit seiner Frau und seiner Tochter gekommen … während diese sich sofort mit den andern unterhielt, blieb ~ sehr zurückhaltend; bald dieser, bald ~r; dieses hier und ~s dort □ aquele; aquela; aquilo 1.1 dies und ~s *alles Mögliche, Verschiedenes, einiges;* wir haben von diesem und ~m gesprochen □ *isto e aquilo 1.2 dieser und ~r *einige, etliche, hin u. wieder einer* □ *este e aquele 2 ⟨attr.⟩ *der zuerst, vorher Erwähnte …, der weiter abseits Befindliche …; das sind ~ Leute, die es immer schon vorher gewusst haben wollen □ aquele; aquela; aquilo 2.1 an ~m Tage *damals an dem T. (von dem wir eben sprachen)* □ *naquele dia 2.2 ⟨oft nur zur stärkeren Hervorhebung⟩ *der, die, das;* ich möchte diesen Strauß Astern, und was kosten ~ Dahlien dort? □ aquele; aquela 2.3 diese und ~ Welt *Diesseits und Jenseits* □ *este e o outro mundo

…je|ni|ge ⟨Grundwort zur Erweiterung des Demonstrativpronomens⟩ → *derjenige*

jen|sei|tig ⟨a. [jɛn-] Adj. 24⟩ Ggs *diesseitig* 1 *auf der anderen Seite gelegen, gegenüberliegend;* auf das ~e Ufer □ do outro lado; oposto 2 *das Jenseits betreffend* □ do além; do outro mundo

jen|seits ⟨a. [jɛn-] Präp. mit Gen.⟩ *auf der anderen Seite;* ~ des Flusses; ~ der Grenze □ do outro lado de; além de

Jen|seits ⟨a. [jɛn-] n.; -; unz.⟩ 1 ⟨Rel.⟩ *überirdisches Reich, Reich der Toten, Himmel(reich);* Ggs *Diesseits* □ além 1.1 jmdn. ins ~ befördern ⟨umg.⟩ *töten* □ *mandar alguém desta para melhor

Je|rez ⟨[xeˈreθ] m.; -s, -⟩ = *Sherry*

Jer|sey ⟨[ˈdʒœːsɪ] m.; -s, - od. -s⟩ *fein gewirkter od. gestrickter Kleiderstoff aus Baumwolle, Wolle od. Kunstfasern;* Baumwoll~ □ jérsei

Jet ⟨[dʒɛt] m.; -s, -s⟩ *Düsenflugzeug* □ (avião a) jato

Je|ton ⟨[ʒɔtɔ̃ː] m.; -s, -s⟩ 1 *(bei Glücksspielen verwendete) Spielmarke, Spielmünze* □ jetom; ficha; tento 2 *Münzersatz für Automaten, Telefone u. Ä.* □ ficha

Jet|set ⟨[dʒɛt-] m.; -s, -s⟩ *Angehörige reicher Gesellschaftsschichten, die häufig in der Welt herumreisen;* er gehört zum ~ □ *jet set*

jet|ten ⟨[dʒɛtən] V.; umg.; salopp⟩ 1 ⟨400(s.)⟩ *mit einem Jet fliegen, (kurz entschlossen) mit dem Flugzeug wegfliegen;* sie sind nach Mallorca gejettet □ ir de jato 2 ⟨511⟩ jmdn. irgendwohin ~ *jmdn. mit einem Jet (schnell) irgendwohin fliegen* □ levar de avião a jato

jet|zig ⟨Adj. 24/60⟩ *zum gegenwärtigen Zeitpunkt (vorhanden), derzeitig, augenblicklich;* seine ~e Situation ist unangenehm □ atual; momentâneo

jetzt ⟨Adv.⟩ *in diesem Augenblick, zum gegenwärtigen Zeitpunkt;* ich habe ~ keine Zeit; ~ hebt er die Hand und …; ~ kommt gleich die Stelle, an der …; wo habe ich denn ~ wieder meine Brille hingetan?; ich muss ~ gehen; ~ ist es aber genug!; was ist denn ~ schon wieder los?; das ist ~ ja alles ganz anders als früher; eben ~; erst ~ ist mir klargeworden, dass …; gerade ~ musste das passieren; komm doch gleich ~; bis ~; ~ oder nie!; von ~ an; noch ~ muss ich lachen, wenn ich daran denke □ agora

je|wei|lig ⟨Adj. 24/90⟩ *zurzeit vorkommend, vorhanden, augenblicklich amtierend;* die Gestaltung der jährlichen Schulfeier ist immer Aufgabe der ~en obersten Klasse □ **corrente; respectivo; atual**

je|weils ⟨Adv.⟩ *jedes Mal in einem bestimmten Fall, zu einem bestimmten Zeitpunkt;* die Zeitschrift erscheint am Ersten jedes Monats, wir werden Ihnen ~ ein Exemplar zuschicken; es gehen immer ~ zwei zusammen; dafür werden immer die ~ Besten der Klasse ausgesucht □ **respectivamente; sempre; a cada vez**

Jin und Jang ⟨n.; - - -; unz.⟩ *die beiden Weltprinzipien der altchinesischen Naturphilosophie, das dunkle weibliche u. das helle männliche;* oV *Yin und Yang* □ **yin-yang**

Jiu-Jit|su ⟨[dʒiːudʒɪtsu] n.; - od. -s; unz.; Sp.⟩ *altjapanische Kunst des Ringens, waffenlose Art der Selbstverteidigung* □ **jiu-jítsu**

Job ⟨[dʒɔb] m.; -s, -s; umg.⟩ **1** *(vorübergehende) Beschäftigung, Stellung, Gelegenheit zum Geldverdienen;* Schüler für Ferien~ gesucht □ **trabalho (temporário) 2** *Arbeitsplatz, Arbeitsstelle;* er hat einen neuen ~ gefunden, bekommen □ **emprego 2.1** *Beruf;* in meinem ~ gibt es keine 38-Stunden-Woche □ **profissão**

job|ben ⟨[dʒɔbən] V. 400; umg.; salopp⟩ *Gelegenheitsarbeiten verrichten, (vorübergehend) arbeiten;* in den Ferien ~; sie jobbt in einem Café □ **trabalhar (temporariamente)**

Job|sha|ring ⟨[dʒɔbʃɛːrɪŋ] n.; -s; unz.⟩ *Aufteilung eines Arbeitsplatzes für eine Ganztageskraft auf mehrere Teilzeitkräfte* □ **compartilhamento do local de trabalho**

Joch ⟨n.7; -(e)s, -e⟩ **1** *Teil des Geschirrs für Zugtiere, der über der Stirn od. dem Nacken liegt;* die Pferde gehen im ~; Ochsen ins ~ spannen **2** ⟨fig.⟩ *schwere Last, Zustand drückender, schwerer Arbeit, Zustand der Unfreiheit, der Unterdrückung;* das ~ (der Sklaverei o. Ä.) abschütteln; unter dem ~ (der Fremdherrschaft o. Ä.) stöhnen; das ~ der Ehe ⟨scherzh.⟩ □ **jugo 2.1** *etwas spannt jmdn. in ein ~* ⟨geh.⟩ *bürdet jmdm. eine große Last auf* □ **colocar alguém sob um jugo* **2.2** *im ~ gehen eine mühsame Arbeit, demütigende Handlung verrichten* □ **estar sob o jugo* **2.3** *sich unter jmds. ~ beugen sich demütigen, sich jmdm. unterwerfen* □ **submeter-se ao jugo de alguém* **3** *ein Gespann (Ochsen);* zwei ~ Ochsen □ **junta; jugo 4** *altes Feldmaß, so viel Land, wie man an einem Tage mit einem Joch(3) Ochsen umpflügen kann* □ **jugada; jeira 5** *Schultertrage für Eimer* □ **vara de sustentação 6** ⟨Geogr.⟩ *Sattel eines Berges* □ **sela 7** ⟨Baukunst⟩ *durch vier Pfeiler od. Säulen begrenzter, überwölbter Teil eines Kirchenraumes, durch eine hohe Wölbung bestimmte Raumabschnitt* □ **tramo 8** ⟨Bauw.⟩ *Konstruktion zum Stützen* **8.1** *schmales Gerüst, das zur Unterstützung von Brücken während des Bauens dient* **8.2** *Hilfskonstruktion aus hölzernen Rahmen, die zum Ausbau von Schächten u. Stollen im Berg- und Tunnelbau dient* □ **escora; cimbre 8.3** *Teil der Brücke von einem Pfeiler zum andern;* Brücken- □ **olhal; vão 8.4** *hölzerne Stütze mit Querbalken, Tragbalken;* Glocken-~ □ **suporte**

Jo|ckei ⟨[dʒɔkɪ] m.; -s, -s; Sp.⟩ = *Jockey*

Jo|ckey ⟨[dʒɔkɪ] m.; -s, -s; Sp.⟩ *berufsmäßiger Rennreiter;* oV *Jockei* □ **jóquei**

Jod ⟨n.; -s; unz.; chem. Zeichen: I (+ J)⟩ *dunkelgraues, fast blauschwarzes, metallisch glänzendes chem. Element, Ordnungszahl 53, geht beim Erwärmen ohne zu schmelzen in einen violetten Dampf über* □ **iodo**

jo|deln ⟨V. 400; Schweiz, Tirol, Oberbayern⟩ *mit schnellem Wechsel zwischen Kopf- u. Bruststimme ohne Worte singen* □ **cantar à tirolesa**

Jo|ga ⟨m. od. n.; -s; unz.⟩ oV *Yoga* **1** *(in der altind. Philosophie u. im Buddhismus) Meditation u. Askese zur Schulung der geistigen Konzentration, der Körperbeherrschung u. zur Steigerung der übersinnlichen Erkenntnis* **2** *danach entwickeltes Verfahren der körperlichen Übung u. geistigen Entspannung* □ **ioga**

jog|gen ⟨[dʒɔɡən] V. 400(h./s.)⟩ *Jogging betreiben* □ **praticar** *jogging*

Jog|ging ⟨[dʒɔɡɪn] n.; -s; unz.⟩ *sportliches Laufen im mäßigen Tempo (als Fitnesstraining)* □ *jogging*

Jo|ghurt ⟨m.; -s, -s od. n.; -s, -s⟩ *unter Einwirkung von Bakterien hergestelltes, sauermilchartiges Nahrungsmittel;* oV *Jogurt* □ **iogurte**

Jo|gurt ⟨m. od. n.; -s, -s⟩ = *Joghurt*

Jo|han|nis|bee|re ⟨f.; -, -n; Bot.⟩ **1** *Angehörige einer Gattung der Steinbrechgewächse, zu der wichtige Beerenfrüchte gehören:* Ribes → a. *rot(1.13); schwarz(2.15)* **2** *Frucht der Johannisbeere(1)* □ **groselha**

Jo|han|nis|nacht ⟨f.; -, -näch|te; Volksk.⟩ *mit Festlichkeiten u. Volksbräuchen verbrachte Nacht zum Johannistag* □ **noite de São João**

Jo|han|nis|tag ⟨m.; -(e)s, -e⟩ *Johannes dem Täufer gewidmeter Tag, Sonnenwende (24. Juni)* □ **dia de São João**

joh|len ⟨V. 400⟩ *laut u. unartikuliert rufen, ungezügelt schreien;* ~de Kinder □ **berrar; gritar**

Joint ⟨[dʒɔɪnt] m.; -s, -s⟩ *mit Haschisch od. Marihuana versetzte Zigarette* □ **baseado**

Joint Ven|ture ⟨[dʒɔɪnt vɛntʃə(r)] n.; -s, -s⟩ *auf ein bestimmtes Projekt ausgerichtete Arbeitsgemeinschaft mehrerer Unternehmen mit gemeinsamer Verantwortung* □ *joint venture*

Jo-Jo ⟨n.; -s, -s⟩ *Geschicklichkeitsspiel mit einer Spule, die an einem langen Faden durch eine Schwungbewegung der Hand ab- u. aufgerollt wird, indem sich der Faden ab- und aufrollt;* oV *Yo-Yo* □ **ioiô**

Jo|ker ⟨[dʒoː-] od. [joː-] m.; -s, -⟩ *(in manchen Kartenspielen) Spielkarte mit Narrenbild, die für jede beliebige Karte eingesetzt werden kann* □ **curinga**

Jol|le ⟨f.; -, -n⟩ **1** *leichtes Segelboot* □ **iole 2** *(als Beiboot verwendetes) kleines Ruderboot* □ **bote**

Jon|gleur auch: **Jong|leur** ⟨[ʒɔŋløːr] od. [ʒɔŋlø:r] m.; -s, -e⟩ *Artist, der Kunststücke mit mehreren Gegenständen (meist abwechselnd in die Luft geworfene u. wieder aufgefangene Bälle od. auf einem Stab balancierte Teller) vorführt;* im Zirkus trat ein ~ auf □ **malabarista; equilibrista**

jon|glie|ren *auch:* **jong|lie|ren** ⟨[ʒɔ-] *od.* [ʒɔŋ-] V.⟩ **1** ⟨400⟩ *mit artistischem Geschick Bälle, Teller o. Ä. abwechselnd hochwerfen u. auffangen od. balancieren, Geschicklichkeitsspiele vorführen;* er jonglierte mit sechs Bällen **2** ⟨800⟩ **mit einer Sache ~** ⟨fig.⟩ *eine Sache mit großem Geschick behandeln, mit einer Sache vorsichtig u. gewandt umgehen;* mit Zahlen, Daten, Fakten ~ □ fazer malabarismo

Jop|pe ⟨f.; -, -n⟩ *schlichte Herrenjacke* □ casaco masculino

Joule ⟨[dʒaul] *od.* [ʒuːl] n.; -s, -; Zeichen: J⟩ *Maßeinheit, SI-Einheit der Energie, Arbeit u. Wärmemenge;* 1 ~ entspricht 0,239 cal (Kalorie) □ joule

Jour|nal ⟨[ʒur-] n.; -s, -e⟩ **1** *Buch, in das Rechnungen eingetragen werden* **2** = *Tagebuch;* Schiffs~ □ diário **3** *bebilderte Zeitschrift, Illustrierte;* Mode~ □ revista **3.1** ⟨TV⟩ *bestimmtes informatives Sendeformat;* Fernseh~ □ jornal

Jour|na|list ⟨[ʒur-] m.; -en, -en⟩ *für die Medien (bes. Presse) tätiger Autor* □ jornalista

Jour|na|lis|tin ⟨[ʒur-] f.; -, -tin|nen⟩ *weibl. Journalist* □ jornalista

jo|vi|al ⟨[-vi-] Adj.⟩ **1** *leutselig, wohlwollend;* er gibt sich sehr ~ **2** *gutmütig herablassend;* jmdm. ~ auf die Schulter klopfen □ (de modo) afável/cordial

Joy|stick ⟨[dʒɔɪ-] m.; -s, -s; EDV⟩ *griffähnliches Gerät mit einer od. mehreren Tasten zur Übermittlung von Steuerbefehlen für Computerspiele* □ joystick

Ju|bel ⟨m.; -s; unz.⟩ *lauter Freudenausbruch, laute Freude* □ júbilo

Ju|bel|jahr ⟨n.; -(e)s, -e⟩ **1** *Jahr, in dem ein Jubiläum gefeiert wird* **2** ⟨jüd. Glaube⟩ *jedes 50. Jahr* **3** ⟨kath. Kirche⟩ *Jahr, in dem die Kirchenstrafen erlassen werden (jedes 25. Jahr)* □ jubileu **3.1** *das kommt alle ~e (einmal) vor* ⟨umg.⟩ *sehr selten* □ *isso acontece uma vez na vida e outra na morte

ju|beln ⟨V. 400⟩ *seiner Freude laut Ausdruck verleihen;* „...!", jubelte sie; wir wollen nicht zu früh ~ □ jubilar; exultar; die Menge begrüßte ihn ~d; sie liefen ihm ~d entgegen □ exultante

Ju|bi|lä|um ⟨n.; -s, -lä|en⟩ *mit einer Feier begangener Jahrestag, bes. nach einer runden Zahl von Jahren;* 10., 25., 50., 100. ~ □ jubileu

ju|bi|lie|ren ⟨V. 400⟩ **1** *singen, trillern;* Vögel ~ □ cantar; trinar **2** ⟨fig.; poet.⟩ *jubeln* □ jubilar; exultar **3** *ein Jubiläum feiern* □ festejar um jubileu

juch|zen ⟨V. 400⟩ = *jauchzen*

ju|cken ⟨V.⟩ **1** ⟨402⟩ *etwas juckt* (**jmdn.**) *verursacht eine brennende, prickelnde Empfindung, einen Reiz od. Schmerz auf der Haut;* eine ~de Flechte; der Pullover, die Wolle juckt mich; die Nase, der Rücken juckt mich, mir **1.1** ⟨501⟩ *es juckt jmdn. jmd. spürt ein Kribbeln, ein kribbelndes Brennen auf der Haut;* es juckt mich, mir am Rücken, in der Nase □ coçar; picar **1.2** ⟨500/Vr 3⟩ **sich ~** *sich kratzen;* juck dich nicht ständig! □ *coçar-se **2** ⟨580/Vr 7⟩ **2.1** *es juckt jmdn., etwas Bestimmtes zu tun* ⟨fig.⟩ *jmd. möchte etwas B. (zu) gern tun* □ *sentir uma comichão para fazer determinada coisa **2.1.1** ⟨umg.⟩ *reizt, interes-* siert *jmdn.;* das juckt mich überhaupt nicht □ interessar; importar **2.2** ⟨500⟩ *wen's juckt, der kratze sich wer sich getroffen fühlt (von einer Anspielung), der soll sich wehren* □ *a quem servir a carapuça que a vista **2.3** ⟨500⟩ *dich juckt wohl das Fell* ⟨fig.; umg.⟩ *du bist wohl übermütig?* □ *você está pedindo para levar uma coça **3** ⟨611; unpersönl.⟩ **3.1** *jmdn. juckt es in den Fingern* ⟨umg.⟩ *jmd. möchte etwas zu gern tun* □ *estar louco para fazer alguma coisa

Ju|de ⟨m.; -n, -n⟩ **1** *Angehöriger eines über die ganze Welt verstreuten semitischen Volkes* **2** *Anhänger des Judaismus* □ judeu

Ju|den|tum ⟨n.; -s; unz.⟩ **1** *Religion der Juden, Judaismus* **2** *Gesamtheit der Juden* **3** *Art u. Wesen, Bräuche der Juden* □ judaísmo

Ju|di|ka|ti|ve ⟨[-və] f.; -, -n⟩ *Teil der Staatsgewalt, der die Rechtsprechung betrifft* □ judiciário; → a. Exekutive, Legislative

jü|din ⟨f.; -, -din|nen⟩ *weibl. Jude* □ judia

Jü|disch ⟨Adj 24⟩ *die Juden betreffend, zu ihnen gehörig, von ihnen stammend* □ judaico; judeu

Ju|do ⟨n.; - *od.* -s; unz.⟩ *Jiu-Jitsu als sportlicher Wettkampfübung* □ judô

Ju|gend ⟨f.; -; unz.⟩ **1** (i. w. S.) *Zeit des Jungseins, Lebenszeit des jungen Menschen zwischen Kindheit u. Erwachsensein;* Ggs *Alter²(2);* eine schöne, sorglose, schwere ~ gehabt haben; Kindheit und ~ **2** (i. e. S.) *Wachstums- und Entwicklungsphase des Menschen, die die Pubertät und die darauf folgende Zeit der Ausbildung der geistigen, seelischen, beruflichen und sozialen Reife umfasst;* ich habe meine ~ in England verbracht; von ~ an, auf; in früher ~; er starb in blühender ~ □ juventude; adolescência **3** *jugendliches Wesen, Jugendlichkeit;* ihre ~ bezauberte alle **4** *junge Leute;* Ggs *Alter²(3);* wir haben viel, wir sehen gern ~ um uns; ~ will unter sich sein; die ~ von heute; die studierende ~ □ juventude

ju|gend|lich ⟨Adj.⟩ **1** *zur Jugend gehörig, ihr entsprechend;* eine ~e Schönheit; im ~en Alter von elf Jahren; ~e Begeisterung; ~e Randalierer; ~er Übermut; sich zu ~ kleiden □ juvenil **1.1** *jung;* sie ist, wirkt sehr ~ □ jovem

Ju|gend|li|che(r) ⟨f. 2 (m. 1)⟩ *junger Mensch in der Entwicklungsphase zwischen Kindheit u. Erwachsensein* □ jovem; adolescente

Ju|gend|stil ⟨m.; -(e)s; unz.⟩ *Kunstrichtung um 1900, bes. in Kunstgewerbe, Buchgestaltung u. auch Malerei, gekennzeichnet u. a. durch stilisierte pflanzliche Ornamente* □ Jugendstil

Ju|lei ⟨m.; - *od.* -s, -s; verdeutlichende Sprechform von⟩ *Juli* □ julho

Ju|li ⟨m.; - *od.* -s, -s⟩ *der 7. Monat im Jahr* □ julho

Jum|bo ⟨m.; -s, -s; kurz für⟩ *Jumbojet*

Jum|bo|jet ⟨[-dʒɛt] m.; -s, -s⟩ *Großraumflugzeug* □ jumbo jet

jung ⟨Adj.⟩ **1** *jmd. ist ~* **1.1** *befindet sich im Jugendalter, ist im Jugendalter befindlich;* die Jungen und die Alten; ein ~er Dichter; ~e Leute; ein ~es Mädchen; ein ~er Mann; er ist nicht mehr ganz ~; ~ heiraten

1.1.1 Ggs *alt(1.1)* □ jovem **1.1.2** von ~ auf *von Kindheit an* □ **desde a infância* **1.1.3** in ~en Jahren *in der Jugend* □ **na juventude* **1.1.4** ~es Volk ⟨meist scherzh.⟩ *Jugendliche u. Leute bis etwa 25 Jahre* □ **jovens; juventude* **1.1.5** der ~e Schiller *S. in seinen jüngeren Jahren, etwa zwischen 20 u. 30* □ *jovem* **1.1.6** ~ gefreit hat nie(mand) gereut ⟨Sprichw.⟩ *es hat noch nie jmd. bereut, in jugendlichem Alter geheiratet zu haben* □ **quem casa cedo não se arrepende* **1.1.7** ~ gewohnt, alt getan ⟨Sprichw.⟩ *man handelt im Alter so, wie man in der Jugend handelte, wie man es früh gelernt hat* □ **é de pequenino que se torce o pepino* **1.1.8** Jung und Alt *alle, jedermann* □ **jovens e velhos* **1.2** *zählt wenig Lebensjahre im Verhältnis zu anderen; die ~e Generation* □ *novo* **1.2.1** er ist noch ~ an Jahren *zählt wenig J.* □ **ele ainda é jovem/novo* **1.2.2** die ~e Frau *die F. des Sohnes bzw. die verheiratete Tochter (im Unterschied zur Mutter)* □ **a jovem senhora* **1.2.3** die ~en Leute *Jugend(liche), das junge Ehepaar (im Unterschied zu den Eltern)* □ **o jovem casal* **1.2.4** der ~e Schmidt ⟨umg.⟩ *der (erwachsene) Sohn von Herrn S.* □ **o filho de Schmidt; Schmidt filho* **1.2.5** der ~e Herr ⟨veraltet⟩ *Sohn des Hausherrn* □ **o filho do patrão; o patrãozinho* **1.2.6** das ~e Paar *erst kurze Zeit verheiratetes P.* □ **os recém-casados* **1.3** *hat ein Verhalten, wie eine Person, die jung(1) ist, ist frisch, fühlt mit der Jugend; er ist ~ geblieben; er ist mit seinen Enkeln wieder ~ geworden; sich ein ~es Herz erhalten, bewahren* ⟨fig.⟩ □ *jovem* **1.3.1** ~ mit der Jugend sein *sich als älterer Mensch mit jungen Leuten gut verstehen* □ **dar-se bem com os jovens* **2** etwas ist ~ ⟨fig.⟩ *ist erst vor kurzem entstanden, existiert erst seit kurzem, ist neu, frisch;* ~e Aktien; ~es Grün, Laub □ *novo; fresco; recente* **2.1** ~er Wein *diesjähriger W.* □ *novo* **2.2** der ~e Tag ⟨poet.⟩ *die Morgenfrühe* □ **a madrugada; o alvorecer* **3** ⟨60; in feststehenden Benennungen⟩ **3.1** das Junge Deutschland *revolutionäre Dichtergruppe nach 1830* □ **a Jovem Alemanha* **3.2** Junge Union *Organisation der CDU u. CSU für Mitglieder von 16 bis 35 Jahren* □ *Junge Union*; União Jovem **3.3** Junge Kirche *aus der Mission hervorgangene evangelische Kirche* □ **Igreja Jovem* **4** ~e Dienste ⟨Arch.⟩ *Dienst(7) geringen Durchmessers* □ **fuste delgado*

Jung|brun|nen ⟨m.; -s, -⟩ **1** ⟨Myth.⟩ *Wunderquelle für ständige Jugend* **2** ⟨fig.⟩ *Kraftquelle, etwas, woraus man neuen Lebensmut u. Schwung gewinnt* □ *fonte da juventude*

Jun|ge ⟨m.; -n, -n⟩ **1** *Kind männlichen Geschlechts, Knabe;* Schmidts haben einen ~n bekommen; ein artiger, unartiger, ungezogener ~; dummer ~; ein großer, kleiner, hübscher, kräftiger ~; als ~ war ich oft dort; armer ~! □ *menino; garoto* **2** ~, ~! *(Ausruf des Staunens, der Überraschung, des leichten Schreckens)* □ *rapaz!* **2.1** *(junger) Mann* □ *rapaz; moço* **2.1.1** ⟨umg.⟩ *(vertrauliche, freundschaftliche Anrede);* (mein) lieber ~!; alter ~! □ **meu camarada!; meu chapa!* **2.2** schwerer Junge ⟨umg.⟩ *Schwerverbrecher, Gewaltverbrecher* □ **sujeito da pesada* **3** ⟨meist in Zus.; veraltet⟩ *Gehilfe, Lehrling;* Bäcker~, Lauf~, Schiffs~ □ *ajudante; aprendiz* **4** ⟨Kart.⟩ = *Unter;* er hielt alle vier ~n in der Hand □ *valete*

jün|ger ⟨Adj.; Komparativ von⟩ **1** *jung* **1.1** *weniger Jahre zählend, später geboren;* lauf und hol meine Tasche, du hast ~e Beine; mein ~er Bruder; er ist um ein Jahr ~ als ich; ich bin elf Jahre ~ als er; er sieht ~ aus, als er ist □ *mais jovem/novo;* Hans Holbein der Jüngere □ **Hans Holbein, o Jovem* **1.1.1** in ~en Jahren *in J., als jmd. noch jünger war* □ **na juventude* **1.2** *später, der Gegenwart näher liegend;* die ~e Steinzeit □ *recente; novo*

Jün|ger ⟨m.; -s, -⟩ **1** *jeder der zwölf Apostel Christi* **2** *Schüler* **3** *Anhänger, geistiger Gefolgsmann* □ *discípulo*

Jung|fer ⟨f.; -, -n⟩ **1** ⟨veraltet⟩ *Jungfrau* □ *virgem* **2** ⟨veraltet⟩ *Mädchen;* Kammer~, Kammer~ □ *camareira; criada de quarto* **2.1** *(heute noch in der abwertenden Wendung)* alte ~ *alte, altmodische (unverheiratete) Frau* □ **solteirona; moça velha* **3** ~ im Busch, im Grünen ⟨Bot.⟩ = *Braut(4)* in Haaren □ **nigela* **4** ⟨Kart.⟩ *Spieler, der beim Ramsch²(1) keinen Stich bekommen hat u. infolgedessen gewinnt* □ *Jungfer*

Jung|fern|fahrt ⟨f.; -, -en⟩ *erste Fahrt (meist eines Schiffes)* □ *viagem inaugural*

Jung|frau ⟨f.; -, -en⟩ **1** *unberührtes Mädchen, Frau, die noch keinen Geschlechtsverkehr gehabt hat;* sie ist noch ~ **2** die (heilige) ~ *Maria, Mutter Jesu* **3** *Sinnbild der Reinheit* **4** *Sternbild* □ *virgem*

jung|fräu|lich ⟨Adj.⟩ **1** *sexuell unberührt, unverletzt, rein;* ihr ~er Körper **2** ⟨fig.⟩ *unberührt, unangetastet;* ~er Wald; ~e Landschaft □ *virgem*

Jung|ge|sel|le ⟨m.; -n, -n⟩ *unverheirateter Mann* □ *solteiro; celibatário*

Jung|ge|sel|lin ⟨f.; -, -lin|nen; selten⟩ *unverheiratete Frau* □ *solteira*

Jüng|ling ⟨m.; -s, -e⟩ **1** ⟨poet.⟩ *junger Mann* □ *jovem; rapaz* **2** ⟨abwertend⟩ *unreifer junger Mann, Jugendlicher* □ *fedelho*

jüngst ⟨Adj.⟩ **1** ⟨Superlativ von⟩ *jung(1.2);* der Jüngste (in der Familie); er ist mein Jüngster; er ist der Jüngste von uns □ *o mais jovem/novo* **1.1** er ist nicht mehr der Jüngste *er ist schon in mittlerem Alter* □ **ele já não é criança* **2** ⟨70⟩ ~e Zeit *eben erst vergangene Z.; die ~e Vergangenheit* □ *recente* **3** ⟨90⟩ *eben erst entstanden, neu, letzte(r, -s);* sein ~es Werk ist unter den ~en Ereignissen, Nachrichten □ *último; recente* **4** ⟨60⟩ *(sich auf die Zukunft beziehend)* letzte(r, -s) □ *último* **4.1** der Jüngste Tag ⟨Rel.⟩ *der letzte Tag der Welt* □ **o Dia do Juízo Final* **4.2** das Jüngste Gericht ⟨Rel.⟩ *Weltgericht am Jüngsten Tag* □ **o Juízo Final* **5** ⟨50; poet.⟩ *vor kurzem, vor kurzer Zeit, neulich;* als ich ~ dort spazieren ging □ *recentemente*

Ju|ni ⟨m.; - od. -s, -s⟩ *der 6. Monat im Jahr* □ *junho*

Ju|ni|or ⟨m.; -s, -o|ren⟩ Ggs *Senior* **1** *der Jüngere, der Sohn* □ *júnior; filho* **2** ⟨Sp.⟩ *Jugendlicher* □ *júnior*

Ju|ni|o|rin ⟨f.; -, -rin|nen⟩ *weibl. Junior;* Ggs *Seniorin* □ *júnior; filha*

Jun|ker ⟨m.; -s, -; früher⟩ **1** *adliger Gutsbesitzer* **2** *junger Adliger* □ *junker*
Jun|kie ⟨[dʒʌŋki] m.; -s, -s⟩ *Rauschgiftsüchtiger, Drogenabhängiger* □ *junkie*
Junk|tim ⟨n.; -s, -s⟩ *Verknüpfung mehrerer Gesetzesvorlagen, die nur entweder insgesamt angenommen od. abgelehnt werden können* □ **vinculação obrigatória (de projetos de lei, condições contratuais)**
Jun|ta ⟨[xʊn-] od. [jʊn-] f.; -; Jʊn|ten; in Spanien u. Lateinamerika⟩ **1** *(Machthaber einer) Militärdiktatur;* Militär~ **2** *Regierungsausschuss mit zeitlich begrenzter Gewalt* □ **junta**
Jupe ⟨[ʒyːp] m. od. n.; -s, -s; schweiz.⟩ *Frauenrock* □ **saia**
Ju|ra[1] ⟨Pl.; Sing.: Jus⟩ *Rechtswissenschaft (als Studienfach);* ~ studieren □ **direito**
Ju|ra[2] ⟨m.; -s; unz.⟩ **1** *Name mehrerer Gebirge* □ **Jura 2** *Formation des Erdmittelalters* □ **Jurássico**
ju|ri|disch ⟨Adj. 24; österr.⟩ = *juristisch*
Ju|rist ⟨m.; -en, -en⟩ *Kenner, Lehrer, Student der Rechtswissenschaft, Rechtskundiger, Rechtsgelehrter* □ **jurista; estudante de direito**
Ju|ris|tin ⟨f.; -, -tin|nen⟩ *weibl. Jurist* □ **jurista; estudante de direito**
ju|ris|tisch ⟨Adj. 24⟩ Sy *juridisch ⟨österr.⟩* **1** ⟨60⟩ *zur Rechtswissenschaft gehörig, auf ihr beruhend, mit ihrer Hilfe;* ~e Fakultät, Abteilung □ ***faculdade de direito; departamento jurídico* 2** *rechtlich, rechtswissenschaftlich, vom gesetzlichen Standpunkt aus;* den Streit um ein Erbe ~ klären lassen; ~e Auskunft erteilen; dieser Punkt ist ~ unklar □ **jurídico; juridicamente**
Ju|ror ⟨m.; -s, -en⟩ *Mitglied einer Jury* □ **jurado**
Ju|ro|rin ⟨f.; -, -rin|nen⟩ *weibl. Juror* □ **jurada**
Ju|ry ⟨[ʒyːri] od. [ʒyːri] f.; -, -s⟩ *Ausschuss von Sachverständigen als Preisrichter bei Kunstausstellungen, Sportveranstaltungen u. Ä.;* eine internationale ~ □ **júri**

Jus ⟨n.; -, Ju|ra; bes. oberdt., schweiz.⟩ *Recht;* er hat vier Semester ~ studiert □ **direito**
jus|tie|ren ⟨V. 500⟩ **1** *techn. Geräte, Messgeräte ~ genau einstellen, eichen;* eine Waage neu ~ □ **ajustar; regular 2** *Münzen ~ das gesetzlich vorgegebene Münzgewicht überprüfen* □ **pesar 3** ⟨Typ.⟩ **3.1** *den Satz ~ beim Umbruch den in zwei od. mehr Spalten gesetzten Satz auf gleiche Seitenhöhe bringen* **3.2** *Druckstöcke ~ genau auf Schrifthöhe bringen* □ **justificar; alinhar**
Jus|ti|ti|ar ⟨m.; -s, -e⟩ = *Justiziar*
jus|ti|ti|ell ⟨Adj. 24⟩ = *justiziell*
Jus|tiz ⟨f.; -; unz.⟩ *Rechtswesen, Rechtspflege* □ **justiça**
Jus|ti|zi|ar ⟨m.; -s, -e⟩ *Rechtsbeistand eines Unternehmens, einer Institution od. einer Behörde;* oV Justitiar □ **conselheiro jurídico**
jus|ti|zi|ell ⟨Adj. 24⟩ *die Justiz betreffend, zu ihr gehörend, mit ihrer Hilfe;* oV *justitiell;* ~en Beistand benötigen □ **judicial; judiciário**
Ju|te ⟨f.; -; unz.⟩ *die Bastfaser mehrerer indischer Arten des zur Familie der Lindengewächse gehörenden Corchorus, insbes. der Art Corchorus capsularis, die zur Herstellung von Säcken, Beuteln, Teppichen u. a. verwendet wird* □ **juta**
Ju|wel ⟨n. od. m.; -s, -en⟩ **1** *Kleinod, Schmuckstück, geschliffener Edelstein* **2** ⟨fig.; umg.; scherzh.⟩ *wertvoller Mensch, Mensch, der alle Arbeiten hervorragend erledigt;* du bist ein ~! □ **joia**
Ju|we|lier ⟨m.; -s, -e⟩ **1** *Goldschmied* □ **ourives 2** *Schmuckhändler* □ **joalheiro**
Jux ⟨m.; -es, -e; Pl. selten; umg.⟩ **1** *Spaß, Scherz, Neckerei;* jmd. hat sich einen ~ mit uns gemacht; das war doch alles nur ~!; etwas aus ~ machen □ **brincadeira 1.1** *aus (lauter) ~ und Tollerei aus lauter Übermut* □ ***por/de (pura) brincadeira**

Ka|ba|rett ⟨a. [ka̱-] n.; -s, -e od. -s⟩ **1** oV *Cabaret* 1.1 *kurze, meist humoristische Darbietung auf einer Bühne; literarisches, politisches ~* □ **teatro de revista; variedades** 1.1 *Raum, Gebäude, Bühne für ein Kabarett(1)* □ **cabaré** **2** *drehbare Speiseplatte* □ **petisqueira giratória**

kab|beln ⟨V. 500/Vr 3; umg.; bes. norddt.⟩ *sich (mit jmdm.) ~ sich auf harmlose Weise streiten, miteinander raufen* □ **discutir; bater boca**

Ka|bel ⟨n.; -s, -⟩ **1** ⟨Mar.⟩ *starkes Tau* □ **amarra; cabo; calabre** **2** ⟨El.⟩ *mehrere zusammengefasste u. isolierte Leitungsdrähte* □ **cabo elétrico**

Ka|bel|jau ⟨m.; -s, -s od. –e; Zool.⟩ *1,5 m langer u. bis 50 kg schwerer Raubfisch: Gadus morrhua* □ **bacalhau**

Ka|bi|ne ⟨f.; -, -n⟩ **1** *kleiner, abgeschlossener Raum* □ **cabine**; *Bade~, Umkleide~* □ **boxe; provador; cabine** **2** *Wohn- u. Schlafraum an Bord* □ **cabine; camarote** **3** *Gondel einer Seilbahn* □ **cabine**

Ka|bi|nett ⟨n.; -s, -e⟩ **1** *kleines Zimmer, Nebenraum* 1.1 *Arbeits- u. Beratungszimmer eines Fürsten* **2** *Raum zur Aufbewahrung von Kunstsammlungen; Kunst~, Kupferstich~* **3** ⟨16./17. Jh.⟩ *Schrank mit vielen Fächern u. Schubladen zur Aufbewahrung von Kunstsammlungen* **4** ⟨fig.⟩ *die persönlichen Berater eines Staatsoberhauptes* **5** *Ministerrat, Gesamtministerium; ein ~ bilden, stürzen, umbilden* □ **gabinete**

Ka|bi|nett|stück ⟨n.; -(e)s, -e⟩ **1** ⟨urspr.⟩ *bes. wertvoller Gegenstand der Kunst od. Wissenschaft, der nicht in einer allg. Sammlung, sondern im Kabinett untergebracht ist* **2** ⟨danach⟩ *bes. schöner, wertvoller Gegenstand* □ **obra-prima** **3** ⟨fig.⟩ *bes. geschicktes, kluges Vorgehen od. Verhalten, Meisterstück* □ **golpe de mestre**

Ka|brio *auch:* **Kab|rio** ⟨n.; -s, -s; kurz für⟩ *Kabriolett* □ **cabriolé**

Ka|bri|o|lett *auch:* **Kab|ri|o|lett** ⟨a. [-le̱:] n.; -s, -s⟩ oV *Cabriolet* **1** *Personenkraftwagen mit einem Verdeck, das geöffnet werden kann;* Ggs *Limousine* **2** ⟨urspr.⟩ *einspännig gefahrene, zweirädrige Kutsche* □ **cabriolé**

Ka|chel ⟨f.; -, -n⟩ *gebrannte, meist glasierte, oft bemalte Tonplatte für Öfen, als Wandverkleidung u. Untersetzer; ~n legen* □ **azulejo; ladrilho**

ka|cheln ⟨V. 500⟩ *eine Wand, einen Raum ~ mit Kacheln belegen, verkleiden* □ **azulejar; ladrilhar**

Ka|da|ver ⟨[-vər] m.; -s, -⟩ *toter Körper, Leiche eines Tieres;* Sy *Aas¹(1)* □ **cadáver; carniça**

Ka|denz ⟨f.; -, -en⟩ **1** ⟨Mus.⟩ *zum Abschluss eines Musikstückes führende Folge von Akkorden* 1.1 *virtuose solistische Improvisation (bes. bei Instrumentalkonzerten)* **2** ⟨Metrik⟩ *Art des Versausgangs* **3** ⟨Sprachw.⟩ *(steigender od. fallender) Verlauf der Tonhöhe beim Sprechen* □ **cadência**

Ka|der ⟨m. od. ⟨schweiz.⟩ n.; -s, -⟩ **1** ⟨Mil.⟩ *Kerntruppe, Stammtruppe eines Heeres* □ **quadro** **2** ⟨Sp.⟩ *Kernmannschaft, bes. zur Teilnahme an Wettkämpfen; Schwimm~; Dressur~* □ **quadro; equipe** **3** ⟨schweiz.⟩ *Vorgesetztengruppe* □ **direção; diretoria** **4** *systematisch herangebildete Gruppe von Arbeits-, Fachkräften u. Funktionären (bes. in kommunistischen od. sozialistischen Parteiorganisationen); Führungs~; Reise~* □ **quadro**

Ka|dett¹ ⟨m.; -en, -en⟩ **1** ⟨bis 1918⟩ *Zögling einer militärischen Erziehungsanstalt, der die Offizierslaufbahn ergreifen will* □ **cadete** **2** ⟨umg.; scherzh.; veraltet⟩ *Bursche, Kerl* □ **camarada; rapaz**

Ka|dett² ⟨m.; -en, -en⟩ *Angehöriger einer 1905 gegründeten, liberal-monarchistischen russischen Partei* □ **cadete**

Kad|mi|um ⟨n.; -s; unz.; chem. Zeichen: Cd⟩ *silberweißes Metall, chem. Element, Ordnungszahl 48;* oV ⟨fachsprachl.⟩ *Cadmium* □ **cádmio**

Kä|fer ⟨m.; -s, -⟩ **1** ⟨Zool.⟩ *Angehöriger einer rd. 300 000 bekannte Arten umfassenden, formenreichen Ordnung der Insekten, deren vorderes Flügelpaar durch Chitineinlagerung meist zu harten Deckflügeln geworden ist: Coleoptera* □ **besouro** **2** ⟨umg.; scherzh.; veraltet⟩ *junges Mädchen* □ **gatinha; broto** **3** ⟨umg.⟩ *Bezeichnung für das erste, in Deutschland bis 1978 produzierte Automodell der Volkswagenwerke* □ **Fusca**

Kaff ⟨n.; -s, -s; umg.⟩ *abgelegener, trostloser Ort, langweiliges Dorf* □ **buraco; lugarejo**

Kaf|fee ⟨Betonung a. [-'-] m.7; -s; unz.⟩ **1** *Angehöriger einer aus Afrika stammenden Gattung der Rötegewächse, deren Samen Koffein enthalten: Coffea* **2** *Samen von Kaffee(1); 1/2 kg ~; gebrannter, gemahlener, gerösteter, grüner ~* 2.1 *Sorte von Kaffee(2)* **3** *Getränk aus geröstetem Kaffee(2);* oV *Café(2); eine Tasse, ein Kännchen (eine Portion) ~, es gibt drei (Tassen) ~!; schwarzer, starker, dünner ~; ~ kochen, aufbrühen, filtern; einen ~ trinken; ~ mit Milch, Sahne, Zucker; ~ u. Kuchen; jmdn. zu einem ~ einladen (ins Café)* □ **café** 3.1 *~ verkehrt mit mehr Milch als Kaffee* □ ***leite pingado** 3.2 *dir haben sie wohl etwas in den ~ getan?* ⟨umg.⟩ *du bist wohl verrückt* □ ***você ficou louco?*; → a. *kalt(3.2)* **4** *kleine Mahlzeit am Morgen od. Nachmittag, bei der Kaffee(3) getrunken wird; jmdn. zum ~ (zu sich) einladen* □ **café da manhã**

Kaf|fee|er|satz *auch:* **Kaf|fee-Er|satz** ⟨m.; -es; unz.⟩ *aus gerösteten Pflanzenbestandteilen (Gerste, Roggen) hergestelltes Pulver, das einen kaffeeähnlichen Geschmack hat* □ **sucedâneo do café**

Kaf|fee|haus ⟨n.; -es, -häu|ser⟩ *Gaststätte mit Kaffee-, Teeausschank u. Konditorei* □ **café; cafeteria**

Kaf|fee|satz ⟨m.; -es; unz.⟩ **1** *nach dem Aufbrühen od. Filtern von Kaffee zurückbleibender Bodensatz* □ **borra de café** 1.1 *aus dem ~ wahrsagen* ⟨abwertend⟩

Käfig

plumpe Wahrsagerei treiben □ *ler a sorte na borra de café*

Kä|fig ⟨m.; -s, -e⟩ **1** *von Gitter umschlossener Raum für Tiere; Affen~, Vogel~; ein Tier in einen ~ sperren* □ **gaiola; jaula;** → *a. golden(2.5)* **2** ⟨Tech.⟩ *Kugellager* □ **rolamento de esferas**

Kaf|tan ⟨m.; -s, -e⟩ *langes, mantelartiges, orientalisches Obergewand* □ **cafetã**

kahl ⟨Adj.⟩ **1** *ein Lebewesen ist ~ ohne Fell, ohne Haar; ~e Stelle* □ **calvo; careca; pelado 1.1** *jmd. ist ~ ohne Haare auf dem Kopf, glatzköpfig; er ist schon völlig ~* □ **careca 2** *~e Wände, Mauern, Räume leer, entblößt, schmucklos; die ~en Wände machten einen traurigen Eindruck auf ihn* □ **nu; vazio 3** ⟨70⟩ *~e Berge, Felsen baumlos, ohne Pflanzenwuchs, nackt; ringsum erhoben sich ~e Berge* □ **calvo; árido 4** ⟨70⟩ *Bäume, Stängel, Äste sind ~ haben keine Blätter; noch sind die Bäume ~* □ **nu; desfolhado 5** ⟨Getrennt- u. Zusammenschreibung⟩ **5.1** *~ fressen = kahlfressen* **5.2** *~ scheren = kahlscheren* **5.3** *~ geschoren = kahlgeschoren*

kahl∥fres|sen *auch:* **kahl fres|sen** ⟨V. 139/500⟩ *Pflanzen ~ alle Blätter abfressen; die Schädlinge haben die Bäume kahlgefressen/kahl gefressen* □ **devorar as folhas/a folhagem**

kahl|ge|scho|ren *auch:* **kahl ge|scho|ren** ⟨Adj. 24⟩ *ein ~er Kopf Kopf, von dem die Haare abgeschoren wurden* □ **raspado**

kahl∥sche|ren *auch:* **kahl sche|ren** ⟨V. 213/500⟩ *jmdn. od. ein Tier ~ die Haare od. das Fell bis auf die Haarwurzel abschneiden od. scheren* □ **raspar; tosar**

Kahn ⟨m.; -(e)s, Käh|ne⟩ **1** *kleines Boot; ~ fahren* □ **barco a remo; canoa 2** *Lastschiff auf Flüssen; Elb-, Schlepp~* □ **chata; batelão 3** ⟨abwertend⟩ *Schiff; ein alter ~* □ **navio 4** ⟨fig.; umg.⟩ *Pantoffel, großer Schuh* □ **lancha 5** ⟨fig.; umg.⟩ *Bett; im ~ liegen; in den ~ steigen* □ **cama 6** ⟨fig.; umg.⟩ *Haftanstalt, Gefängnis* □ **cana; xilindró**

Kai ⟨m.; -s, -e od. -s⟩ oV *Quai; Sy Bollwerk(3)* **1** *befestigte Anlegestelle für Schiffe am Ufer* **2** *befestigtes Ufer an Meer, Fluss oder See* □ **cais; molhe**

Kai|ser ⟨m.; -s, -⟩ **1** ⟨ursprl.⟩ *(Beiname des Alleinherrschers im antiken Rom)* □ **imperador 2** ⟨danach⟩ *höchster Herrscher; so gebt dem ~, was des ~s ist, und Gott, was Gottes ist (Matth. 22,21)* □ **César;** *der deutsche ~, der ~ von Österreich* □ **cáiser 2.1** *wo nichts ist, hat (auch) der ~ sein Recht verloren wo nichts ist, kann auch kein Recht gesprochen werden* □ **onde nada há, até o rei perde seus direitos;* → *a. Bart(1.1.5)* **3** *ein Kind ist ~* ⟨veraltet; scherzh.⟩ *ist zuerst mit dem Essen fertig* □ **terminar primeiro de comer;** *ich bin ~!* □ **terminei primeiro!*

Kai|se|rin ⟨f.; -, -rin|nen⟩ *weibl. Kaiser* □ **imperatriz**

Kai|ser|schnitt ⟨m.; -(e)s, -e; Med.⟩ *geburtshilfliche Operation, bei der die Gebärmutter zur Geburt des Kindes aufgeschnitten wird; Sectio caesarea* □ **cesariana**

Ka|jak ⟨m. od. (selten) n.; -s, -s⟩ **1** *schmales, einsitziges, bis auf den Fahrersitz geschlossenes Paddelboot der Eskimos* **2** *einsitziges Sportpaddelboot* □ **caiaque**

Ka|jü|te ⟨f.; -, -n⟩ *Wohnraum auf dem Schiff* □ **cabine; camarote**

Ka|ka|du ⟨m.; -s, -s; Zool.⟩ *Angehöriger einer Untergattung großer Papageienvögel mit aufrichtbarem Federschopf: Cacatuinae* □ **cacatua**

Ka|kao ⟨a. [-kaʊ] m.; -s; unz.⟩ **1** *einer Gattung der Sterkuliengewächse angehörender tropischer Baum, dessen Samen ein wertvolles Nahrungsmittel liefert: Theobroma* □ **cacau; cacaueiro 2** *Samen von Kakao(1)* **3** *Pulver aus Kakao(2)* **3.1** *Sorte von Kakao(2)* □ **cacau 4** *Getränk aus Kakao(3) mit Milch u. Zucker; eine Tasse ~; ~ kochen, trinken* □ **chocolate 4.1** *jmdn. durch den ~ ziehen* ⟨fig.⟩ *boshaft über jmdn. reden, jmdn. sehr veralbern, lächerlich machen* □ **tirar onda com a cara de alguém; debochar de alguém*

Ka|ker|lak ⟨m.; -s od. -en, -en⟩ *schwarzbraune Schabe mit verkürzten Flügeln, Küchenschabe* □ **barata**

Ka|ki ⟨n.; -s; unz.⟩ = *Khaki*

Kak|tee ⟨[-teːə] f.; -, -n⟩ = *Kaktus*

Kak|tus ⟨m.; -, -te|en; Bot.⟩ *Angehöriger der einzigen Familie der Kaktuspflanzen mit säulenförmigem, kugeligem od. blattförmigem Stamm u. Dornen statt Blättern, vorwiegend in Wüsten u. Halbwüsten Amerikas: Cactaceae; Sy Kaktee* □ **cacto**

Ka|lasch|ni|kow ⟨f.; -, -s⟩ *ursprl. sowjetisches, noch immer gebräuchliches Maschinengewehr* □ **kalachnicov**

Ka|lau|er ⟨m.; -s, -⟩ *wenig geistreiches Wortspiel, simpler Witz; ~ erzählen* □ **calembur; trocadilho**

Kalb ⟨n.; -(e)s, Käl|ber⟩ **1** *junges Rind* □ **novilho; vitelo 1.1** *Augen wie ein ~ haben, machen dumm u. dabei erstaunt aussehen* □ **ficar olhando com cara de bobo;* → *a. golden(1.3)* **2** *Junges vom Rot-, Elch- u. Damwild* □ **filhote de veado/alce/gamo**

Kal|dau|nen ⟨Pl.⟩ *essbare Eingeweide, Darmzotten vom Rind; Sy Kuttel;* → *a. Fleck(4)* □ **tripas; miúdos**

Ka|le|bas|se ⟨f.; -, -n⟩ *aus einem Flaschenkürbis hergestelltes bauchiges Trinkgefäß* □ **cabaça; cuia**

Ka|lei|do|skop *auch:* **Ka|lei|dos|kop** ⟨n.; -s, -e⟩ **1** *Guckkasten in Form eines Fernrohrs, der mit bunten Glasstücken gefüllt ist, die sich beim Bewegen durch Spiegelung zu immer neuen Mustern und Formen zusammensetzen* **1.1** ⟨fig.⟩ *bunte Folge von unterschiedlichen Dingen; ein ~ von Farben, Eindrücken, Stimmen* □ **caleidoscópio**

Ka|len|der ⟨m.; -s, -⟩ **1** *Verzeichnis der Tage, Wochen u. Monate des Jahres in zeitlicher Folge mit Angaben über Sonnen- u. Mondaufgänge u. -untergänge usw.; Abreiß~, Taschen~* **2** *Zeitrechnung; gregorianischer ~; julianischer ~; hundertjähriger ~* (Gattungsbez.) *; (aber) der Hundertjährige ~ (als Werktitel)* **3** *einen Tag im ~ rot anstreichen sich besonders merken* □ **calendário**

Ka|li ⟨n.; -s, -s; Sammelbez. für⟩ *Kaliumverbindungen* □ **potassa**

Ka|li|ber ⟨n.; -s, -⟩ **1** *lichte Weite von Röhren u. Bohrungen* **2** *Durchmesser von Geschossen* **3** ⟨Tech.⟩ *Abstand der Walzen im Walzgerüst eines Walzwerkes* **4** ⟨attr.; fig.; umg.⟩ *Art, Sorte, Größenordnung; ein Wissenschaftler größten (kleinen) ~s* □ **calibre**

Ka|lif ⟨m.; -en, -en⟩ *Titel für den gewählten Nachfolger Mohammeds als islamischer Herrscher, Oberhaupt der Sunniten* □ **califa**

Ka|li|um ⟨n.; -s; unz.; chem. Zeichen: K⟩ *chem. Grundstoff, Alkalimetall, Ordnungszahl 19* □ **potássio**

Kalk ⟨m.; -(e)s, -e⟩ **1** *durch Brennen von Kalkstein hergestelltes Kalziumoxid, das zur Herstellung von Zement u. a. verwendet wird;* ~ brennen; ~ löschen; gebrannter, gelöschter ~ □ **cal** 1.1 *bei ihm rieselt schon der ~* ⟨fig.; umg.; scherzh.⟩ *er ist schon alt u. vergesslich* □ ***ele já está caducando/ficando gagá**

kal|kig ⟨Adj. 24⟩ **1** *kalkhaltig;* ~es Wasser **2** *voller Kalk* □ **calcário; cálcico 3** *wie Kalk, kalkweiß;* ~e Blässe; ~ grau □ **lívido; pálido**

Kal|kül ⟨m. od. n.; -s, -e⟩ **1** *Berechnung, auf ein bestimmtes Ziel gerichtete Überlegung* **2** ⟨nur m.; Math.⟩ *System von Regeln u. Zeichen für mathematische Berechnungen u. logische Ableitungen* □ **cálculo**

Kal|ku|la|ti|on ⟨f.; -, -en⟩ *das Kalkulieren, Berechnung, Ermittlung;* ~ von Kosten □ **cálculo**

kal|ku|lie|ren ⟨V. 500⟩ *etwas ~* **1** *berechnen, ermitteln, veranschlagen;* Preise für die Herstellung eines Fabrikats ~ **2** ⟨fig.⟩ *überlegen, erwägen* □ **calcular**

Kal|li|gra|fie ⟨f.; -⟩ unz.⟩ *Schönschreibekunst;* oV *Kalligraphie*

Kal|li|gra|phie ⟨f.; -; unz.⟩ = *Kalligrafie*

Ka|lo|rie ⟨f. 7; -, -n; Zeichen: cal⟩ **1** ⟨veraltet⟩ *Maßeinheit für die Wärmemenge, die 1 g Wasser von 14,5 °C auf 15,5 °C erwärmt (ersetzt durch Joule);* 15-Grad-~ **2** ⟨veraltet⟩ *Maßeinheit für den Energiewert der Nahrungsmittel (ersetzt durch Joule)* □ **caloria**

kalt ⟨Adj. 22⟩ **1** ⟨70⟩ *keine od. wenig Wärme enthaltend, ausstrahlend, von tiefer Temperatur;* ~es Wasser; ein ~er Wind; ~e u. warme Umschläge; auf ~ u. warm reagieren (Zähne); das Essen wird, ist; ~ wie Marmor ⟨fig.⟩ □ **frio** 1.1 *~e Getränke gekühlte G.* □ **gelado** 1.2 *~e Gliedmaßen haben an den G. zu wenig Körperwärme haben* □ ***ter mãos e pés frios** 1.3 *mir ist ~ ich friere* □ ***estou com frio** 1.4 ⟨60⟩ *die ~e Jahreszeit der Winter* □ **frio** 1.5 ⟨70⟩ *es ist, wird ~ draußen die Lufttemperatur ist niedrig, fällt* □ ***está frio/esfriando lá fora** 1.5.1 *~ schlafen im ungeheizten Zimmer* □ ***dormir em um quarto sem aquecimento** 1.6 *~ baden, duschen in kaltem Wasser* □ ***tomar banho frio** 1.7 *~e* **Kalte Ente** *Getränk aus Weißwein, Sekt u. Zitrone u. evtl. Selterswasser* □ ***kalte Ente** 1.8 ⟨60⟩ *~er Schweiß Angstschweiß* □ **frio** 1.9 *etwas auf dem ~en Weg produzieren, herstellen ohne Erhitzung* □ ***produzir alguma coisa a frio** 1.9.1 *~ biegen, schneiden ohne zu erhitzen* □ **a frio** 1.9.2 *~es Licht L., das ohne gleichzeitige Wärmeentwicklung entsteht, z.B. in Leuchtstoffröhren, bei Glühwürmchen* □ **frio** 1.9.3 *~er Blitz,* **Schlag** *beim Einschlagen nicht zündender Blitz* □ **fraco 2** ⟨90⟩ *~e Küche, Speisen abgekühlte, nicht mehr warme od. nicht gekochte S.* □ ***pratos frios;** ~er Braten □ ***frios;** ~ essen □ **pratos frios** 2.1 *~e* **Platte** *Platte mit Wurst, Schinken u. kaltem Braten* □ ***tábua de frios 3** ⟨fig.⟩ 3.1 *gefühllos, gefühlsarm, gleichgültig, frostig;* gefühls-, gemüts-; ein ~es Herz haben; er ist eine ~e Natur; ~ wie eine Hundeschnauze sein □ **frio; insensível;** „...", sagte er ~ □ **friamente** 3.1.1 *~es* **Blut** *bewahren sich nicht aufregen, gelassen, ruhig bleiben* □ ***manter o sangue-frio** 3.1.2 *auf ~em* **Wege** *ohne Erregung, ohne Kampf, Streit* □ **friamente** 3.1.3 *jmdm. die ~e* **Schulter** *zeigen jmdn. gleichgültig behandeln, nicht beachten* □ ***não dar a menor pelota para alguém** 3.1.4 *weder ~ noch warm sein gleichgültig, lau sein, keine eigene Meinung haben* □ ***ser indiferente** 3.2 *das ist ja ~er* **Kaffee** ⟨umg.⟩ *völlig uninteressant, eine längst bekannte Sache* □ ***essa é velha!** 3.3 ⟨60⟩ *~e* **Füße** *bekommen* ⟨umg.⟩ *Angst bekommen* □ ***ficar com medo** 3.4 ⟨60⟩ *eine ~e* **Dusche** *eine Ernüchterung, ein Dämpfer* 3.5 ⟨60⟩ *~e* **Farben** *F. mit bläulichem od. weißlichem Schimmer* □ **frio** 3.6 ⟨60⟩ *~e* **Miete** *ohne Heizung u. Nebenkosten berechnete M.* □ ***aluguel sem taxas de aquecimento e serviços públicos** 3.7 ⟨60⟩ *~er* **Krieg** *zwischen Ländern herrschender Zustand der Feindseligkeit ohne Anwendung der Waffengewalt* 3.7.1 *der* **Kalte** *Krieg Zustand der Feindseligkeit zwischen den ost- u. westeuropäischen Ländern bzw. zwischen Sowjetunion u. USA nach dem Zweiten Weltkrieg (bis ca. 1990)* □ **frio 4** ⟨60⟩ *~e* **Fährte, Spur** ⟨Jägerspr.⟩ *F., S., die mehr als zwei Stunden alt ist* □ **seco 5** ⟨Getrennt- u. Zusammenschreibung⟩ 5.1 *~ stellen =* **kaltstellen (I)** 5.2 *~ gepresst =* **kaltgepresst**

kalt|blü|tig ⟨Adj.⟩ **1** ⟨Zool.⟩ *die Körpertemperatur entsprechend der Temperatur der Umgebung wechselnd* □ **de sangue frio 2** ⟨fig.⟩ *nicht leicht erregbar; ~ bleiben, sein* 2.1 *ruhig, unerschrocken, gelassen; ~ der Gefahr ins Auge blicken* □ **(com) sangue-frio 3** ⟨fig.⟩; abwertend⟩ *skrupellos, brutal; jmdn. ~ ermorden, umbringen* □ **a sangue-frio**

Käl|te ⟨f.; -; unz.⟩ **1** *das Kaltsein, Mangel an, Fehlen von Wärme, geringe Wärme; beißende, schneidende ~; bittere, eisige, grimmige, strenge ~; vor ~ zittern* 1.1 *Temperatur unter 0 °C; zwei, drei Grad ~ (–2 °C, –3 °C)* □ **abaixo de zero; negativo 2** ⟨fig.⟩ *Gleichgültigkeit, Gefühlsarmut, Empfindungslosigkeit; Gefühls-, Gemüts-, Herzens-; ihre ~ überraschte alle* □ **frieza; indiferença**

kalt|ge|presst *auch:* **kalt ge|presst** ⟨Adj. 24⟩ *kalt aus dem Fruchtfleisch gepresst; ~es Olivenöl* □ **extraído a frio**

kalt|her|zig ⟨Adj.⟩ *gefühllos, hartherzig; ein ~er Mensch* □ **frio; insensível**

kalt|las|sen ⟨V. 175/500⟩ *etwas* **lässt** *jmdn. kalt interessiert jmdn. nicht, berührt jmdn. nicht gefühlsmäßig; sein Gejammer ließ sie kalt; der Film hat mich kaltgelassen; das* **lässt** *mich kalt* □ **não impressionar; deixar indiferente**

Kalt|mie|te ⟨f.; -, -n⟩ *Mietpreis ohne Nebenkosten für Heizung, Wasser, Strom;* Ggs *Warmmiete* □ **aluguel sem aquecimento, água e energia incluídos**

kalt|schnäu|zig ⟨Adj.; umg.; abwertend⟩ *gefühllos, mitleidlos, ungerührt, dreist; ein ~er Mensch; eine ~e Antwort* □ **frio; insensível**

kalt|stel|len *auch:* **kalt stel|len** ⟨V. 500⟩ **I** ⟨Zusammen- u. Getrenntschreibung⟩ *die Getränke* **kaltstellen**/kalt stellen *an einen Ort stellen, wo eine Tem-*

peratur wie im Kühlschrank herrscht □ **colocar para gelar** II ⟨nur Zusammenschreibung⟩ **jmdm. kaltstellen** ⟨fig.⟩ *jmdm. die Wirkungsmöglichkeit nehmen, jmdn. sines Einflusses berauben* □ **neutralizar**

Kal|vi|nis|mus ⟨[-vi-] m.; -; unz.⟩ *Lehre des Schweizer Reformators Johann Calvin (1509-1564), gekennzeichnet durch den Glauben an die Prädestination u. die von Luther abweichende Abendmahlslehre, 1549 mit der Lehre Zwinglis zur reformierten Kirche vereinigt;* oV *Calvinismus* □ **calvinismo**

Kal|zi|um ⟨n.; -s; unz.; chem. Zeichen: Ca⟩ *chem. Element, Erdalkalimetall, Ordnungszahl 20;* oV *Calcium* □ **cálcio**

Kam|bri|um *auch:* **Kamb|ri|um** ⟨n.; -s; unz.; Geol.⟩ *Erdzeitalter, ältestes System des Paläozoikums* □ **Cambriano**

Ka|mel ⟨n.; -s, -e⟩ **1** *Angehöriges einer Gattung paarhufiger Wiederkäuer trockener Klimate mit Fetthöcker auf dem Rücken: Camelidae* □ **camelo** **1.1** *als Lasttier in Afrika u. Vorderasien gehaltenes Kamel(1) mit einem Höcker: Camelus dromedarius* □ **dromedário** **1.2** *als Lasttier in Mittel- u. Ostasien gehaltenes Kamel(1) mit zwei Höckern: Camelus bactrianus* **2** ⟨fig.; Schimpfw.⟩ *Dummkopf, Trottel* □ **camelo**

Ka|me|lie ⟨[-ljə] f.; -, -n; Bot.⟩ *einer Gattung der Teegewächse angehörende Zierpflanze mit dunkelgrünen, lederigen Blättern u. großen, meist gefüllten Blüten: Camellia* □ **camélia**

Ka|me|ra ⟨f.; -, -s⟩ *Apparat zur Aufnahme fotografischer Bilder u. Filme;* Digital~, Film~, Kleinbild~, Spiegelreflex~ □ **câmera**

Ka|me|rad ⟨m.; -en, -en⟩ **1** *jmd., der die gleiche Tätigkeit ausübt, der einen Teil des Lebens, des Tages mit einem verbringt* **1.1** *Gefährte, Genosse, bes. innerhalb einer Gemeinschaft;* Berufs~, Kriegs~, Lebens~, Schul~, Spiel~, Wander~; *ein guter, schlechter, treuer ~ sein; sie sind immer gute ~en gewesen* **2** *jmd., mit dem er eng verbunden ist, Gefährte; er war ein echter ~* □ **camarada**

Ka|me|ra|din ⟨f.; -, -din|nen⟩ *weibl. Kamerad* □ **camarada**

Ka|me|rad|schaft ⟨f.; -; unz.⟩ **1** *Freundschaft, Verbundenheit zwischen Kameraden* **2** *Wesen, Verhaltensweise eines Kameraden* □ **camaradagem**

Ka|mi|ka|ze ⟨m.; -, -; im 2. Weltkrieg⟩ *japanischer Flieger, der sich beim Bombenangriff unter Opferung seines Lebens mit einem Flugzeug auf das feindliche Ziel stürzte* □ **camicase**

Ka|mil|le ⟨f.; -, -n; Bot.⟩ *Angehöriger einer Gattung der Korbblütler, deren Blütenstand in der Mitte eine gelbe Scheibe bildet, die von weißen, zungenförmigen Blüten umgeben ist: Matricaria* □ **camomila**

Ka|min ⟨m. od. (schweiz.) n.; -s, -e⟩ **1** *Schornstein, Esse* **2** *offene Feuerstelle mit Rauchfang im Zimmer; traulich am, vor dem ~ sitzen* **3** ⟨Bergsp.⟩ *schmaler, steiler Felsspalt* □ **chaminé**

Kamm ⟨m.; -(e)s, Käm|me⟩ **1** *mit Zähnen versehenes Gerät zum Ordnen, Reinigen od. Halten des Haares, oft als Schmuck;* Zier~; Staub~; *ein enger, feiner, gro-*

ber, weiter ~ □ **pente** **2** *Bergrücken, wenig unterbrochener, gerader Gebirgszug;* Berg~, Gebirgs~; *der bewaldete ~ des Gebirges* □ **cumeada** **3** *oberster Teil einer Welle, eines Deiches, Schaumkrone;* Wellen~; *der weiße ~ der Wellen sah entzückend aus* □ **crista** **4** *Nackenstück des Schlachtviehs; ich möchte ein Stück vom ~!* (beim Fleischer) □ **cachaço; pescoço** **5** *oberer Rand des Pferdehalses, auf dem die Mähne sitzt* □ **crista** **6** ⟨Jägerspr.⟩ *Nacken und Vorderrücken des Schwarzwildes mit den Borsten* □ **cernelha; cerviz** **7** ⟨Zool.⟩ *häutiger Anhang auf dem Kopf od. Schnabel von Hühnervögeln;* Hahnen~ **8** ⟨Zool.⟩ *Hautstück auf dem Rücken von Molchen u. Eidechsen* □ **crista** **9** ⟨Tech.⟩ *Art des Holzverbandes, Verbindung zweier rechtwinklig zueinanderstehender Holzteile;* Kreuz~ □ ***encaixe em cruz** **10** *die Zähne eines hölzernen Zahnrades* □ **dentes** **11** *Gerät zum Entfernen kurzer Woll-, Flachs- od. Baumwollfasern aus der Rohfaser, Flachsriffel;* Weber~ □ **carda; pente** **12** ⟨Anat.⟩ *vorspringende Leiste an einem Knochen: Crista* □ **crista** **13** ⟨Bot.⟩ *Stielchen der Beere an der Traube* □ **pedúnculo; pedicelo** **14** ⟨fig.⟩ **14.1** *man kann nicht alles über einen ~ scheren man kann nicht verschiedenartige Dinge in derselben Weise behandeln* □ ***não se pode colocar tudo/todos no mesmo saco** **14.2** *ihm schwillt der ~* **14.2.1** *er wird übermütig, überheblich* □ ***ele está se achando** **14.2.2** *er wird zornig, braust auf, wird wild* □ ***ele está de cabeça quente** **14.3** *in jmds. Wohnung, bei jmdm. liegt der ~ neben der Butter* ⟨umg.⟩ *herrscht eine unglaubliche Unordnung* □ ***sua casa é uma bagunça/zona**

käm|men ⟨V. 500⟩ **1** ⟨Vr 7 od. Vr 8⟩ **jmdn. ~** *jmdm. mit dem Kamm das Haar ordnen; das kleine Mädchen hatte sich schon alleine gekämmt* **2** ⟨503/Vr 5⟩ **(jmdm.) das Haar ~** *mit dem Kamm ordnen, glätten, frisieren; jmdm., sich das Haar ~* □ **pentear** **3** *Baumwolle, Flachs, Wolle ~ die kurzen Fasern (aus Rohwolle, Baumwolle u. Flachs) entfernen* □ **cardar**

Kam|mer ⟨f.; -, -n⟩ **1** *kleiner, gewöhnlich nicht heizbarer Raum als Schlafstelle od. zum Aufbewahren von Gebrauchsgegenständen, Kleidern u. Ä.;* Kleider~, Schlaf~, Abstell~, Vorrats~; *eine Wohnung mit Stube, ~ und Küche* □ **câmara; aposento** **2** *Behörde (früher auch Personal) für den fürstlichen Haushalt;* Hof~, Rent~; *die fürstlichen ~n* □ ***câmara de finanças da corte/do principado** **3** *Gerichtshof;* Straf~, Zivil~; *der Fall kam vor die dritte ~* **3.1** ~ *für Handelssachen Gerichtshof für H.,* Handelsgericht **4** *Volksvertretung im Parlament;* Abgeordneten~, Deputierten~; *die beiden ~n stimmten dem Gesetzesvorschlag zu* □ **câmara** **4.1** *Erste ~ Oberhaus, Senat* □ ***Câmara Alta** **4.2** *Zweite ~ Unterhaus* □ ***Câmara Baixa** **5** ⟨oft in Zus.⟩ *Vereinigung von Vertretern bestimmter Berufe od. Interessengruppen;* Handels~, Anwalts~, Ärzte~, Handwerks~ □ **câmara; associação** **6** ⟨Mil.⟩ *Raum zum Aufbewahren der Kleidung u. Ausrüstungsgegenstände; sich auf der ~ einkleiden lassen* □ **depósito; vestiário** **7** ⟨Mil.⟩ *an alten Gewehren Teil der Feuerwaffe, Laderaum für das Pulver* **8** *bei den heutigen Handfeuerwaffen Teil des Schlosses, bei*

Minen Raum für die Sprengladung □ **câmara 9** ⟨Anat.⟩ *Hohlraum im Herzen; Herz~* □ **ventrículo 10** ⟨Jagdw.⟩ *bei Treibjagden der mit dem Jagdzeug abgesperrte Raum* □ **cerco 11** ⟨Jägerspr.⟩ *im Fuchs-, Dachs-, Kaninchenbau erweiterter Raum hinter der Eingangsröhre* □ **câmara**

Käm|me|rei[1] ⟨f.; -, -en⟩ *Verwaltung der Einkünfte einer Stadtgemeinde durch den Kämmerer* □ **departamento de finanças do município; Tesouro Público**

Käm|me|rei[2] ⟨f.; -, -en⟩ *Abteilung einer Spinnerei, in der das Garn gekämmt wird; Woll~* □ **cardagem**

Käm|me|rer ⟨m.; -s, -⟩ **1** *Vorsteher der städtischen Kämmerei* **2** *Aufseher über eine Schatz- od. Kunstkammer* □ **tesoureiro 3** ⟨bair. u. österr. Hof⟩ *Hofbeamter für den Ehrendienst beim Fürsten* □ **camareiro**

Kam|mer|jä|ger ⟨m.; -s, -⟩ **1** ⟨früher⟩ *Leibjäger eines Fürsten* □ **guarda-caça 2** *jmd., der beruflich Ungeziefer vernichtet, Desinfektor* □ **desinsetizador; dedetizador**

Kam|mer|mu|sik ⟨f.; -; unz.; Mus.⟩ **1** ⟨urspr.⟩ *Musik zur Darbietung in kleinem Raum, d. h. nicht in Kirche, Oper od. Konzert* **2** ⟨heute⟩ *Musik für wenige Instrumente, Duos, Trios, Quartette, Quintette bis zu kleinen Orchesterstücken* □ **música de câmara**

Kamm|garn ⟨n.; -s, -e; Textilw.⟩ *Garn aus reiner gekämmter Wolle od. reinen Chemiefasern von kämmfähiger Länge od. Mischungen dieser Materialien untereinander od. mit anderen gekämmten Spinnstoffen* □ **estambre; fio de lã penteada**

Kam|pa|gne *auch:* **Kam|pag|ne** ⟨[-panjə] f.; -, -n⟩ oV *Campagne* **1** *Betriebszeit in saisonbedingten Unternehmen;* Zucker~ □ **trabalho sazonal 1.1** ⟨rheinisch⟩ *Fastnachtszeit mit Umzügen, Büttenreden, Bällen usw.;* Fastnachts~ □ **carnaval 2** ⟨fig.⟩ *Unternehmungen zu einem bestimmten Zweck, Feldzug;* Wahl~, Presse~ □ **campanha**

Kampf ⟨n.; -(e)s, Kämp|fe⟩ **1** *auf Selbsterhaltung, Erhaltung od. Gewinn von Gütern od. Macht ausgerichtetes Verhaltensmuster von Tier u. Mensch, unerbittliche Auseinandersetzung, Streitigkeit;* der ~ um die Macht; ~ ums Dasein (Grundsatz des Darwinismus) **1.1** ~ auf Leben und Tod *Auseinandersetzung, bei der die Existenz des Betroffenen auf dem Spiel steht* **1.2** *Wettkampf zu zweit, Mann gegen Mann, unerbittliche Auseinandersetzung;* Box~, Ring~; ein blutiger, erbitterter, harter, heißer, wilder ~; den ~ aufnehmen, aufgeben; ~ mit dem Tode; ~ bis aufs Messer □ **luta; combate 1.3** *Schlacht;* Straßen~; der ~ um Troja; der ~ tobte □ **batalha**

kämp|fen ⟨V.⟩ **1** ⟨402⟩ *(einen Kampf) ~ einen Kampf führen, sich schlagen, sich verteidigen;* einen aussichtslosen, ehrlichen, guten, schweren Kampf ~; wie ein Löwe ~; an der vordersten Front ~; auf verlorenem Posten ~ □ **lutar 1.1** ⟨417⟩ mit jmdm. ~ *sich mit jmdm. an Kraft u. Geschicklichkeit messen;* er kämpfte gerne mit den Mitschülern □ ***disputar com alguém 1.2** ⟨417⟩ mit sich (selbst) ~ *eine Begierde od. Neigung zu unterdrücken, einen Entschluss zu fassen suchen, um eine Entscheidung ringen;* sie kämpfte lange mit sich □ ***ficar indeciso 1.3** ⟨417⟩ mit etwas ~ *sich gegen etwas zu behaupten suchen, etwas zu überwinden suchen;* mit dem Tode ~; mit den Fluten, Wellen ~ □ ***lutar contra alguma coisa 1.3.1** mit den Tränen ~ *die T. zu unterdrücken suchen* □ ***tentar conter as lágrimas 1.4** ⟨800⟩ *um etwas od. jmdn. ~ etwas od. jmdn. zu gewinnen, zu erringen suchen, zu schützen suchen;* um den Sieg ~; um sein Leben, seine Freiheit ~; um sein Kind ~ □ ***lutar/brigar por alguma coisa ou alguém 1.5** ⟨417⟩ *gegen etwas od. jmdn. ~ jmdn. od. etwas zu besiegen od. zu vernichten suchen, sich gegen etwas od. jmdn. zur Wehr setzen;* gegen einen Feind, gegen Unterdrückung ~ □ ***lutar contra alguma coisa ou alguém 1.5.1** gegen, mit Schwierigkeiten ~ *S. zu überwinden suchen* □ ***enfrentar as dificuldades 1.6** ⟨415⟩ *für etwas od. jmdn. ~ sich für etwas od. jmdn. mit ganzer Kraft einsetzen;* für seine Überzeugung ~ □ ***lutar/brigar por alguma coisa ou alguém**

Kampf|er ⟨m.; -s; unz.; Chem.⟩ *ursprünglich aus dem Kampfbaum, auch durch Dampfdestillation des Holzes, synthetisch aus Terpentinöl hergestellte kristalline, grauweiße Masse von stechendem Geruch, chem. Formel $C_{10}H_{16}O$, als Desinfektionsmittel u. in der chem. Industrie verwendet:* Camphora; oV *Campher* □ **cânfora**

Kämp|fer ⟨m.; -s, -⟩ **1** *jmd., der kämpft;* Freiheits~, Front~ □ **lutador; combatente;** → *a.* **alt(2.2) 1.1** *Sportler in einem Wettkampf Mann gegen Mann;* Box~, Ring~, Zehn~ □ **lutador 2** *oberste vorspringende Platte einer Säule od. eines Pfeilers, Träger des Bogens od. Gewölbes* □ **imposta**

Kämp|fe|rin ⟨f.; -, -rin|nen⟩ *weibl. Kämpfer(1)* □ **lutadora; combatente**

kam|pie|ren ⟨V. 400⟩ **1** *im Freien nächtigen* **2** ⟨umg.⟩ *in einer behelfsmäßigen Unterkunft, in einem Lager wohnen;* die Flüchtlinge kampierten dort in Zelten **2.1** *auf einer behelfsmäßigen Schlafstätte übernachten;* wir mussten in der Küche ~ □ **acampar**

Ka|nail|le ⟨[-naljə] f.; -, -n; abwertend⟩ **1** *Lump, Schuft* **2** ⟨unz.⟩ *Pöbel, Pack, Gesindel* □ **canalha**

Ka|nal ⟨m.; -s, -nä|le⟩ **1** *künstlicher Wasserlauf als Schifffahrtsweg od. zur Be- u. Entwässerung sowie für Abwässer;* zwei Flüsse durch einen ~ verbinden **2** *Wasserstreifen zwischen zwei Kontinenten od. Ländern;* Ärmel~; Panama~; den (Ärmel)~ durchschwimmen □ **canal 3** *Rohr, Leitung* □ **cano 4** ⟨Funk⟩ *Frequenzband bestimmter Breite* □ **canal 5** ⟨Anat.⟩ *Verdauungsweg;* Magen-Darm-~ □ **tubo digestivo 6** ⟨fig.⟩ *geheime od. unbekannte Verbindung od. Verbindungslinie;* die Gelder fließen ihm durch dunkle Kanäle zu; das Geheimnis ist durch unkontrollierbare Kanäle an die Öffentlichkeit gelangt □ **canal 7** den ~ vollhaben ⟨fig.; derb⟩ *es satthaben, genug davon haben* □ ***estar de saco cheio**

Ka|na|li|sa|ti|on ⟨f.; -, -en⟩ **1** *das Kanalisieren* **2** *System von unterirdischen Rohren zum Ableiten der Abwässer;* städtische ~ **3** *Schiffbarmachen von Flüssen* □ **canalização**

Ka|na|pee ⟨n.; -s, -s⟩ oV *Canapé* **1** ⟨veraltet⟩ *Sofa* **2** *reichlich belegte u. appetitlich garnierte kleine Scheibe Weißbrot* □ **canapé**

Kanarienvogel

Ka|na|ri|en|vo|gel ⟨m.; -s, -vö|gel; Zool.⟩ *Angehöriger der Zuchtrasse des Girlitzes, der in zahlreichen Arten nach Farbe, Größe, Gefieder u. Gesang gezüchtet wird: Serinus canaria* □ canário

Kan|da|re ⟨f.; -, -n⟩ **1** *(für Dressurpferde verwendete) Art des Zaumzeugs, das aus einer Gebissstange mit Kinnkette u. einer dünnen Unterlegtrense sowie Genick-, Stirn-, Nasen-, Kehlriemen u. Zügel besteht* □ freio **1.1** *jmdn. an die ~ nehmen* ⟨fig.⟩ *mit jmdm. energischer, strenger umgehen* □ *puxar as rédeas de alguém

Kan|de|la|ber ⟨m.; -s, -⟩ *mehrarmiger Kerzenständer* □ candelabro

Kan|di|dat ⟨m.; -en, -en⟩ **1** *jmd., der sich um ein Amt bewirbt* **2** *jmd., der sich darum bewirbt, gewählt zu werden;* Wahl~; *jmdn. als ~en aufstellen* **3** *jmd., der sich einer Universitätsprüfung unterzieht od. darauf vorbereitet;* Prüfungs~ □ candidato

Kan|di|da|tin ⟨f.; -, -tin|nen⟩ *weibl. Kandidat* □ candidata

kan|di|die|ren ⟨V. 415⟩ *sich als Kandidat bewerben;* für ein Amt ~; gegen einen anderen Bewerber ~ □ candidatar-se

kan|die|ren ⟨V. 500⟩ **1** *Früchte ~ mit Zucker überziehen u. dadurch haltbar machen* □ cristalizar **2** *Zucker ~ durch Erhitzen bräunen* □ caramelizar

Kan|dis ⟨m.; -; unz.; kurz für⟩ *Kandiszucker; Zuckerkristalle, die aus konzentrierten Lösungen an Zwirnsfäden auskristallisieren* □ cande

Kan|di|ten ⟨Pl.; österr.⟩ **1** *kandierte Früchte* □ frutas cristalizadas **2** *Süßigkeiten, Naschereien* □ doces; guloseimas

Kän|gu|ru ⟨n.; -s, -s; Zool.⟩ *Angehöriges einer Unterfamilie der Springbeutler, mit kleinen Vorderbeinen u. stark verlängerten Hinterbeinen, deren Junge sich rd. 7 Monate lang in einem Brutbeutel entwickeln: Macropodidae* □ canguru

Ka|nin|chen ⟨n.; -s, -; Zool.⟩ *gesellig lebendes, zur Familie der Hasen gehörendes Nagetier: Oryctolagus cuniculus;* Europäisches Wild~; Haus~ □ coelho

Ka|nis|ter ⟨m.; -s, -⟩ *tragbarer, meist viereckiger Behälter aus Metall od. Kunststoff für Flüssigkeiten;* Benzin~, Blech~, Öl~ □ bidão

Kann|be|stim|mung *auch:* **Kann-Be|stim|mung** ⟨f.; -, -en⟩ *Bestimmung, die nicht verbindlich ist, sondern nach Ermessen befolgt werden kann, Kannvorschrift; die Kommasetzung bei mit „und" verbundenen Hauptsätzen ist eine ~* □ disposição facultativa

Kan|ne ⟨f.; -, -n⟩ **1** *Gefäß für Flüssigkeiten* □ jarra; vasilha **1.1** *bauchiges Gefäß mit röhrenförmigem Ausguss u. Henkel zum Ausschenken von Flüssigkeiten;* Kaffee~, Tee~; *eine ~ aus Porzellan* □ bule **1.2** *großes zylinderförmiges Gefäß mit verengtem Hals zum Transportieren von Flüssigkeiten;* Milch~ □ *leiteira **2** *altes Flüssigkeitsmaß, etwa 1 l* □ canada **3** *es regnet sehr stark* ~n ⟨fig.⟩ *es regnet sehr stark* □ *chove a cântaros **4** (in student. Verbindungen) **4.1** *in die ~! Kommando zum allgemeinen Trinken in studentischen Verbindungen* □ *vira, vira, vira, virou! **4.2** *jmdn. in die ~ stei-*

gen lassen ⟨fig.⟩ *jmdn. zum Trinken veranlassen* □ *levar alguém a beber

Kan|ni|ba|le ⟨m.; -n, -n⟩ **1** *Angehöriger eines Naturvolkes, das rituell Teile des getöteten Feindes verzehrt, Menschenfresser* **2** ⟨fig.⟩ *roher, brutaler Mensch* □ canibal

Ka|non ⟨m.; -s, -s⟩ **1** *Regel, Richtschnur, Leitfaden* **2** *Gesamtheit der für ein Gebiet geltenden Regeln od. Vorschriften* **3** *stilles Gebet bei der Messe* **4** ⟨kath. Kirche⟩ *Verzeichnis der Heiligen der kath. Kirche* **5** *mehrstimmiges Musikstück, in dem die Stimmen in Abständen nacheinander mit der gleichen Melodie einsetzen* **6** ⟨bildende Kunst⟩ *Gesetz, das die Proportionen des menschlichen Körpers festlegt u. eine ästhetisch befriedigende Darstellung ermöglicht* □ cânone **7** ⟨Pl. Ka|no|nes⟩ *einzelne (kirchliche) Rechtsvorschrift* □ Cânones **8** ⟨unz.⟩ *die als echt anerkannten Bücher der Bibel* **8.1** *Liste mit Werken klassischer Autoren, die von Philologen als Vorbilder angesehen wurden* **9** *Schriftgrad, 36 Punkt* **10** ⟨Astron.⟩ *Zeittafel für Ereignisse am Himmel, z. B. für Sonnen- u. Mondfinsternisse* **11** ⟨Mus.⟩ *altgriechisches Zupfinstrument zum Messen von Intervallen* □ cânone

Ka|no|ne ⟨f.; -, -n⟩ **1** ⟨früher⟩ *Geschütz* □ canhão **1.1** *mit ~n auf Spatzen schießen* ⟨fig.; umg.⟩ *viel Aufhebens um Kleinigkeiten machen* □ *fazer tempestade em copo d'água **2** ⟨heute⟩ *Flachfeuergeschütz mit großer Reichweite* □ canhão **3** ⟨fig.; umg.⟩ *Könner, fähiger Mensch; er ist auf seinem Gebiet, in seinem Fach eine ~* □ ás; fera **4** *das ist unter aller ~* ⟨fig.⟩ *unter aller Kritik, sehr schlecht* □ *não poderia ser pior

Ka|no|nen|fut|ter ⟨n.; -s; unz.; fig.⟩ *Truppen, die in einer kriegerischen Auseinandersetzung sinnlos geopfert werden* □ carne/bucha de canhão

Ka|nos|sa|gang ⟨m.; -(e)s, -gän|ge⟩ *demütigender Bußgang;* oV *Canossagang* □ ida a Canossa; penitência; *einen ~ antreten* □ *humilhar-se

Kan|ta|te¹ ⟨f.; -, -n; Mus.⟩ *mehrsätziges Gesangsstück für Solo u. (od.) Chor mit Instrumentalbegleitung* □ cantata

Kan|ta|te² ⟨ohne Artikel⟩ **4.** *Sonntag nach Ostern* □ quarto domingo depois da Páscoa

Kan|te ⟨f.; -, -n⟩ **1** *scharf abgesetztes Ende, Rand an (harten) Körpern;* Tisch~, Stuhl~; *sich an der ~ eines harten Gegenstands stoßen* □ canto; quina; → a. *Ecke(4.2), hoch(1.3)* **2** *an verarbeiteten Stoffen befindlicher Besatz, Borte; ~ abtrennen* □ orla; *eine Fläche od. ein Muster abschließender Streifen; eine weiße ~ am Ärmel* □ bordadura; ourela **4** ⟨Math.⟩ *Strecke im Raum, längs deren ebene Flächenstücke, die einen Körper begrenzen, zusammenstoßen; die ~n des Würfels* **5** ⟨Theorie der Graphen⟩ *Verbindungslinie zwischen zwei Knoten, die eine Relation (Beziehung, Veränderung) darstellt* □ aresta

kan|ten ⟨V. 500⟩ **1** *etwas ~ auf die Kante stellen* □ inclinar; virar **1.1** *nicht ~! nicht auf die Kante stellen! (Aufschrift auf Kisten)* □ *este lado para cima **2** *Baumstämme ~ mit einer Kante(1) versehen* □ esquadriar **3** *die Skier ~ beim Fahren auf die Innenkanten drehen (z. B. beim Pflug)* □ enviesar

Kan|ten ⟨m.; -s, -⟩ *Anschnitt od. letztes Stück des Brotlaibs;* (Brot~) □ **ponta do pão**

kan|tig ⟨Adj.⟩ **1** *mit Kanten od. einer Kante versehen* □ **angulado; angular 2** ~es Gesicht ⟨fig.⟩ *eckiges G.* □ **anguloso**

Kan|ti|ne ⟨f.; -, -n⟩ *Küche u. Speiseraum in Betrieben, Kasernen u. Ä., in dem oft auch Lebensmittel verkauft werden* □ **cantina**

Kan|ton ⟨m.; -s, -e⟩ **1** *Bundesland in der Schweiz* **2** *Verwaltungsbezirk in Frankreich u. Belgien* **3** ⟨seit 1733; veraltet⟩ *Wehrverwaltungsbezirk in Preußen* □ **cantão**

Kan|tor ⟨m.; -s, -en⟩ **1** ⟨urspr.⟩ *Vorsänger im kath. Gottesdienst, Leiter des Gemeindegesangs* □ **chantre 2** ⟨seit dem 15. Jh.⟩ *Gehilfe des Schulmeisters u. Gesanglehrer* □ **professor de canto 3** ⟨heute⟩ *Leiter des Kirchenchores u. Organist* □ **chantre; organista**

Ka|nu ⟨n.; -s, -s⟩ **1** ⟨bei Naturvölkern⟩ 1.1 = *Einbaum* 1.2 *mit Rinde od. Fell bespanntes Boot* □ **canoa 2** ⟨heute⟩ *Paddelboot* □ **caiaque**

Ka|nü|le ⟨f.; -, -n; Med.⟩ **1** *Hohlnadel an einer Injektionsspritze* □ **agulha 2** *Röhrchen zum Zu- od. Ableiten von Luft od. Flüssigkeiten (z. B. nach einem Luftröhrenschnitt)* □ **cânula**

Kan|zel ⟨f.; -, -n⟩ **1** *erhöhter Stand für den Prediger in der Kirche; eine mit Schnitzereien verzierte* ~ □ **púlpito 2** ⟨fig.; veraltet⟩ *Lehrstuhl an einer Hochschule; Lehr~* □ **cátedra 3** ⟨Flugw.⟩ *verglaste Kabine im Flugzeug für den größten Teil der Besatzung* □ **cockpit 4** = *Anstand^2*

kan|ze|ro|gen ⟨Adj. 24; Med.⟩ *die Bildung von Krebs^2(1) verursachend;* ~e *Stoffe* □ **cancerígeno**

Kanz|lei ⟨f.; -, -en⟩ **1** *Büro, Dienststelle, Schreibstube, Ausfertigungsbehörde; Notariats~, Rechtsanwalts~* □ ***cartório; tabelionato; escritório de advocacia* 2** *dem Staatsoberhaupt unmittelbar unterstehende Verwaltungsbehörde; Bundes~, Reichs~, Staats~* □ **chancelaria**

Kanz|ler ⟨m.; -s, -⟩ **1** ⟨im MA⟩ *Beamter bei Hofe, meist Geistlicher, der die Staatsurkunden anfertigte* **2** ⟨seit dem 15. Jh.⟩ *Präsident des obersten Gerichtshofes* □ **chanceler 3** ⟨1747–1807⟩ *Justizminister in Preußen; Groß~* □ ***grão-chanceler* 4** ⟨später⟩ *Titel des Vorstehers der Kanzlei eines diplomat. Vertreters od. eines Konsuls* □ **chanceler 5** ⟨heute⟩ *Kurator einer Universität* □ **reitor 6** ⟨heute⟩ *Regierungschef; Bundes~, Reichs~* □ **chanceler**

Kanz|le|rin ⟨f.; -, -rin|nen⟩ *weibl. Kanzler* (Bundes~) □ **chanceler; reitora**

Kap ⟨n.; -s, -s⟩ *vorspringender Teil einer Felsenküste* □ **cabo; promontório**

Ka|pa|zi|tät ⟨f.; -, -en⟩ **1** = *Fassungsvermögen; die* ~ *einer Talsperre; die* ~ *des Kernspeichers in einem Elektronenrechner; jmd. mit geringer geistiger* ~ 1.1 *Messgröße für die Aufnahmefähigkeit eines Kondensators* **2** ~ *eines Betriebes, Werkes, einer Maschine Leistungsfähigkeit; alle* ~en *auslasten; ein Kraftwerk mit einer* ~ *von 10 Mio. kW* □ **capacidade 3** *hervorragender Könner;* → a. *Koryphäe; eine wissenschaftliche* ~*; es waren nur* ~en *anwesend* □ **capacidade; sumidade**

Ka|pel|le^1 ⟨f.; -, -n⟩ **1** *kleines Gotteshaus; Schloss~, Wallfahrts~* **2** *abgeteilter Raum für gottesdienstl. Handlungen; Grab~, Tauf~* □ **capela**

Ka|pel|le^2 ⟨f.; -, -n; Mus.⟩ **1** ⟨urspr.⟩ *Kirchenchor* □ **capela 2** ⟨heute⟩ *Gruppe von Musikern, kleines Orchester; Musik~, Tanz~* □ **banda**

Ka|pel|le^3 ⟨f.; -, -n⟩ **1** *geschlossener Raum mit Abzug zum Untersuchen gesundheitsschädlicher Stoffe* □ **capela 2** *Tiegel aus Knochenasche zum Untersuchen von silberhaltigem Blei* □ **copela**

Ka|per^1 ⟨f.; -, -n⟩ *in Essig eingelegte Blütenknospe des Kapernstrauches als Gewürz* □ **alcaparra**

Ka|per^2 ⟨m.; -s, -⟩ *privates bewaffnetes Schiff im Handelskrieg, das aufgrund eines Kaperbriefes feindl. Handelsschiffe erbeuten konnte;* Ggs *Freibeuter(1)* □ **corsário**

ka|pern ⟨V. 500⟩ **1** *ein Schiff* ~ ⟨fig.⟩ *auf dem Meer erbeuten* □ **capturar; apresar 2** ⟨Vr 5; umg.⟩ *sich jmdn. od. etwas* ~ *sich aneignen, für sich gewinnen; er hat sich eine junge Frau gekapert* □ **tomar para si; pegar**

ka|pie|ren ⟨V. 500; umg.⟩ *eine Sache* ~ *begreifen, erfassen, verstehen; hast du endlich kapiert, worum es geht?* □ **entender; pescar**

ka|pi|tal ⟨Adj. 24/60⟩ **1** *besonders, hauptsächlich, gewaltig* □ **capital; fundamental** 1.1 *ein* ~er *Irrtum grundlegender I.* □ **crucial 2** ⟨Jägerspr.⟩ *stark, groß, mit besonders schönem Geweih versehen; ein* ~er *Bock, Hirsch* □ **majestoso**

Ka|pi|tal ⟨n.; -s, -li|en od. -e⟩ **1** *Geldbetrag zu Investitionszwecken; fixes, bewegliches, flüssiges, totes, verfügbares* ~; ~ *gut, schlecht, gewinnbringend anlegen; das* ~ *erhöhen;* ~ *in ein Unternehmen stecken; über kein* ~ *verfügen* **2** *Besitz an Bargeld u. Wertpapieren; das* ~ *bringt jährlich 10.000 €, 12 % Zinsen, Rendite* **3** ⟨fig.⟩ *großer Wert, Wertgegenstand; an seiner Stimme besitzt er ein großes* ~; *seine Arbeitskraft ist sein* ~ □ **capital** 3.1 *aus einer Sache* ~ *schlagen Nutzen ziehen* □ ***tirar partido/proveito de alguma coisa***

Ka|pi|tän ⟨m.; -s, -e⟩ **1** *Befehlshaber eines Schiffes* **2** *Pilot als Leiter eines zivilen Flugzeugs* □ **comandante 3** *Anführer einer Sportmannschaft* **4** ⟨in einigen Staaten Bez. für⟩ *Hauptmann* □ **capitão** 4.1 ~ *zur See Seeoffizier im Range eines Obersten* □ ***capitão***

Ka|pi|tel ⟨n.; -s, -; Abk.: Kap.⟩ **1** *(durch Zahl od. Überschrift gekennzeichneter) Abschnitt eines Schriftwerkes* **2** *Körperschaft der zu einer Dom- od. Stiftskirche gehörenden Geistlichen; Dom~, Stifts~* 2.1 *Versammlung der Geistlichen eines Kapitels(2)* **3** ⟨fig.⟩ *Angelegenheit, Sache; ein* ~ *abschließen, als erledigt betrachten; das ist ein schwieriges* ~ □ **capítulo** 3.1 *ein* ~ **für sich** *eine besondere Sache, die man genauer erklären muss* □ ***um capítulo à parte***

Ka|pi|tell ⟨n.; -s, -e⟩ *oberster, verschieden geformter Teil einer Säule od. eines Pfeilers;* Sy *Knauf(2); Blatt~, Knospen~, Würfel~* □ **capitel**

Ka|pi|tu|la|ti|on ⟨f.; -, -en⟩ **1** ⟨früher⟩ *Vertrag über die Dienstverlängerung eines Soldaten (Kapitulanten)* **2** ⟨allg.⟩ *Vertrag, durch den sich ein Staat, eine Stadt od.*

kapitulieren

Festung dem siegreichen Feind unterwirft **3** ⟨fig.⟩ *das Nach-, Aufgeben in einer strittigen Angelegenheit* ◻ **capitulação; rendição**

ka|pi|tu|lie|ren ⟨V. 400⟩ **1** ⟨früher⟩ *eine Kapitulation(1) abschließen* **2** *eine Kapitulation(2) vereinbaren, sich ergeben* **3** ⟨fig.⟩ *zu streiten, zu argumentieren aufhören, aufgeben; vor etwas od. jmdm.* ~ ◻ **capitular; render-se**

Ka|plan *auch:* **Kap|lan** ⟨m.; -s, -plä|ne⟩ **1** *kath. Hilfsgeistlicher* ◻ **vigário; coadjutor 2** *kath. Geistlicher mit besonderen Aufgaben der Seelsorge* **3** ⟨früher⟩ *Kleriker bei der Kapelle des fränkischen Königshofs* ◻ **capelão**

Kap|pe ⟨f.; -, -n⟩ **1** *eng anliegende Kopfbedeckung aus weichem Material mit od. ohne Schild* ◻ **gorro; boné; capuz; barrete 2** *fest aufsitzender, über den Rand des zu bedeckenden Gefäßes reichender Deckel* ◻ **tampa 3** *Teilstück des Kreuzgewölbes* ◻ **aresta 4** ⟨Bgb.⟩ *beim Grubenausbau der unter dem Hangenden liegende Holzbalken od. Stahlträger* ◻ **armação do teto 5** *Versteifung an Ferse u. Spitze des Schuhs* ◻ **contraforte; biqueira 6** ⟨fig.⟩ **6.1** *etwas geht auf jmds.* ~ *jmd. hat für etwas zu bezahlen, ist für etwas verantwortlich* ◻ ***ter de pagar/responsabilizar-se por alguma coisa* 6.2** *etwas auf seine (eigene)* ~ *nehmen für etwas die Verantwortung übernehmen, für die nachteiligen Folgen einer Handlung aufkommen* ◻ ***assumir a responsabilidade de alguma coisa;* → a. *gleich(2.1), Narr(2.1)*

kap|pen ⟨V. 500⟩ **1** *etwas* ~ *das Ende od. einen Teil von etwas abschneiden, abhauen, etwas um ein Stück verkürzen;* Taue, Masten, Zweige ~ ◻ **cortar; podar 2** *der Hahn kappt die Henne er begattet sie* ◻ **acasalar**

♦ Die Buchstabenfolge **ka|pr...** kann in Fremdwörtern auch **kap|r...** getrennt werden.

♦ **Ka|pri|ce** ⟨[-sə] f.; -, -n; veraltet⟩ *spaßiger Einfall, Laune, Eigensinn;* oV ⟨österr.⟩ *Kaprize* ◻ **capricho**

♦ **Ka|pri|o|le** ⟨f.; -, -n⟩ **1** *Luftsprung* ◻ **cabriola; cambalhota 2** *tolles Stückchen, verrückter Streich* ◻ **travessura; peça 3** ⟨Reitkunst, hohe Schule⟩ *Sprung des Pferdes auf der Stelle mit angezogenen Vorder- u. nach hinten ausgestreckten Hinterbeinen* ◻ **cabriola**

♦ **Ka|pri|ze** ⟨f.; -, -n; österr.⟩ = *Kaprice*

♦ **ka|pri|zi|ös** ⟨Adj.; geh.⟩ *eigensinnig, launisch* ◻ **caprichoso**

Kap|sel ⟨f.; -, -n⟩ **1** *runder od. ovaler Behälter aus dünnem, aber festem Material* **2** ⟨Bot.⟩ *aus mindestens zwei Fruchtblättern zusammengewachsene Streufrucht* **3** ⟨Anat.⟩ *Umhüllung von Organen u. Funktionseinheiten od. Krankheitsherden* **4** ⟨Pharm.⟩ *aus Stärke od. Gelatine hergestellte Umhüllung für Medikamente, die sich erst im Magen od. im Darm auflöst* ◻ **cápsula**

ka|putt ⟨Adj. 24⟩ **1** *zerbrochen, zerstört, entzwei* ◻ **quebrado; partido 2** ⟨70; umg.⟩ **2.1** *müde, erschöpft, erledigt* ◻ **quebrado; esgotado 2.2** *bankrott* ◻ **quebrado; falido 3** ⟨Getrennt- u. Zusammenschreibung⟩ **3.1** ~ *machen* = *kaputtmachen*

ka|putt||ma|chen *auch:* **ka|putt ma|chen** ⟨V. 500⟩ **I** ⟨Zusammen- u. Getrenntschreibung⟩ *etwas* ~ *zerstören, entzweibrechen* ◻ **quebrar II** ⟨nur Zusammenschreibung; fig.; umg.⟩ *jmdn. kaputtmachen erschöpfen, sehr anstrengen; die viele Arbeit wird dich noch kaputtmachen* ◻ ***acabar com alguém; esgotar/arrebentar alguém**

Ka|pu|ze ⟨f.; -, -n⟩ *an Mantel, Kleid od. Bluse befestigte, meist spitze Kopfbedeckung* ◻ **capuz**

Kar ⟨n.; -(e)s, -e; Geogr.⟩ *durch Gletscherwirkung entstandene Mulde an Steilhängen in (ehemals) vergletschertem Gebirge* ◻ **circo**

Ka|ra|bi|ner ⟨m.; -s, -⟩ *Gewehr mit kurzem Lauf u. geringer Schussweite, früher bes. zur Bewaffnung der Kavallerie* ◻ **carabina**

Ka|ra|bi|ner|ha|ken ⟨m.; -s, -⟩ *Haken mit federndem Verschluss, z. B. an Rucksäcken, Hundeleinen* ◻ **mosquetão**

Ka|raf|fe ⟨f.; -, -n⟩ *bauchige, meist geschliffene Glasflasche mit Stöpsel;* Wasser~; Wein~ ◻ **garrafa; decanter**

Ka|ram|bo|la|ge ⟨[-ʒə] f.; -, -n⟩ **1** ⟨Billard⟩ *Treffer, Anstoßen des Spielballes an die beiden anderen Bälle* ◻ **carambola 2** ⟨Sp.⟩ *Zusammenstoß mehrerer Spieler bei Wettkämpfen* ◻ **choque 3** ⟨allg.⟩ *Zusammenstoß (von Fahrzeugen);* Auto~ ◻ **colisão; batida**

ka|ram|bo|lie|ren ⟨V. 400⟩ **1** ⟨Billard⟩ *eine Karambolage(1) machen* ◻ **carambolar 2** ⟨fig.⟩ *zusammenstoßen* ◻ **colidir; bater**

ka|ra|mell ⟨Adj. 11/40⟩ *bräunlich gelb, beigefarben; das Hemd ist* ~; *ein* ~*farbenes Kleid* ◻ **caramelo**

Ka|ra|mell ⟨m.; -s; unz.⟩ *dunkelbrauner, etwas bitter schmeckender Stoff, der bei Erhitzen von Trauben- od. Rohrzucker entsteht, zum Färben von Likör, Rum, Bier, Bonbons, Essig verwendet* (~*bonbon*) ◻ **caramelo**

Ka|ra|mel|le ⟨f.; -, -n⟩ *Bonbon aus karamellisiertem Zucker u. Milch, Karamellbonbon* ◻ **(bala de) caramelo**

Ka|rat ⟨n. 7; -(e)s, -e⟩ **1** *getrockneter Samen des Johannisbrotbaumes* ◻ **semente desidratada de alfarrobeira 2** ⟨Zeichen: k od. Kt.⟩ *Gewichtsmaß für Edelsteine u. Perlen = 0,200 g* **3** *Angabe der Qualität von Goldlegierungen in Vierundzwanzigstel reinen Goldes* ◻ **quilate**

Ka|ra|te ⟨n.; - od. -s; unz.⟩ *aus Ostasien stammender, harter, waffenloser Nahkampf u. Sport zur Selbstverteidigung, bei dem fast alle Gliedmaßen des Körpers als natürliche Waffen eingesetzt werden* ◻ **caratê**

Ka|ra|wa|ne ⟨f.; -, -n⟩ *Zug von Kaufleuten od. Pilgern u. Ä., die zur Reise zusammengeschlossen haben (bes. mit Kamelen durch Wüstengebiete)* ◻ **caravana**

Kar|bol ⟨n.; -s; unz.⟩ = *Phenol*

Kar|bon ⟨n.; -s; unz.⟩ *Geol.⟩ zwischen Devon u. Perm liegendes Zeitalter der Erdgeschichte, Steinkohlenzeit* ◻ **Carbonífero**

Kar|bo|na|de ⟨f.; -, -n⟩ **1** *in Scheiben geschnittenes Rippenstück vom Schwein, Kalb od. Hammel* ◻ **costeleta 2** ⟨regional⟩ = *Kotelett*

Kar|bun|kel ⟨m.; -s, -; Med.⟩ *mehrere dicht beieinanderstehende u. ein gemeinsames Entzündungsgebiet bildende Furunkel* ◻ **carbúnculo**

Kar|dät|sche ⟨f.; -, -n⟩ **1** *ovale Bürste zum Striegeln von Haustieren* ◻ **almofaça; brossa 2** ⟨Weberei⟩ *Bürste zum Aufrauen* ◻ **carda 3** ⟨Bauw.⟩ *zum Auftragen u. Verteilen des Putzes verwendetes Brett mit Handgriff* ◻ **desempenadeira**

Kar|de ⟨f.; -, -n⟩ **1** ⟨Bot.⟩ *einer Gattung der Kardengewächse angehörendes Kraut mit stechenden Blättern an den Blüten, dessen Blütenköpfe zum Aufrauen wollener Tuche verwendet wurden: Dipsacus* □ **cardo-penteador 2** ⟨Textilw.⟩ *Maschine in der Spinnerei zum Auflösen des Fasergutes bis zur Einzelfaser, zum Ausrichten der Fasern u. Ausscheiden von kurzen Fasern u. Verunreinigungen, Krempel* □ **carda**

Kar|di|nal ⟨m.; -s, -nä|le⟩ **1** ⟨kath. Kirche⟩ *höchster Würdenträger nach dem Papst, mit dem Recht, den Papst zu wählen u. zum Papst gewählt zu werden* **2** ⟨Zool.⟩ *Angehöriger verschiedener Gruppen kernbeißerartiger Finkenvögel aus Amerika, oft Stubenvögel: Pyrrhuloxia cardinalis, Cardinalinae, Richmondinae* □ **cardeal 3** *Getränk aus Weißwein mit Zucker u. Pomeranzen* □ **Kardinal**

Kar|di|nal|zahl ⟨f.; -, -en; Math.⟩ *ganze Zahl, Grundzahl, z. B. eins, zwanzig;* Sy *Grundzahl;* Ggs *Ordinalzahl* □ **numeral cardinal**

Ka|renz ⟨f.; -, -en⟩ **1** ⟨bes. Versicherungsw.⟩ *Wartezeit, Sperrzeit* □ **carência 2** ⟨Med.⟩ *Entbehrung, Verzicht* □ **abstinência**

Kar|fi|ol ⟨m.; -s; unz.; österr.⟩ = *Blumenkohl*

Kar|frei|tag ⟨m.; -(e)s, -e⟩ *Tag der Kreuzigung Christi, Freitag vor Ostern;* Sy *Stiller Freitag* □ **Sexta-Feira Santa** → *still(4.1)*

Kar|fun|kel ⟨m.; -s, -; volkstümlich für⟩ **1** ⟨kurz für⟩ *Karfunkelstein* **2** ⟨volkstümlich für⟩ *Karbunkel* □ **carbúnculo**

Kar|fun|kel|stein ⟨m.; -(e)s, -e⟩ **1** ⟨Antike⟩ *roter Granat* □ **carbúnculo; granada almandina 2** ⟨später⟩ *Rubin* □ **rubi 3** *fabelhafter, feuerroter, wie Gold glänzender, im Dunkeln hell leuchtender Stein* □ **pedra preciosa vermelha**

karg ⟨Adj. 23⟩ **1** *spärlich, kümmerlich;* ~er Lohn, ~e Freizeit, eine ~e Mahlzeit □ **escasso; parco; frugal 2** *ärmlich, armselig;* eine ~e Unterkunft haben □ **pobre; miserável 3** ~ an ... *wenig von ..., arm an* ... □ ***pobre em...** ⟨46⟩ ~ mit Worten sein *wenig Worte machen, schweigsam sein* □ ***ser econômico/parcimonioso com as palavras**

kärg|lich ⟨Adj.⟩ *karg, kümmerlich, knapp bemessen* □ **pobre; escasso; mísero;** ~ leben □ ***viver com dificuldade**

Kar|go ⟨m.; -s, -s⟩ *Fracht, Ladung von Schiffen u. Flugzeugen* □ **carregamento; frete**

ka|riert ⟨Adj.⟩ **1** ⟨24⟩ *mit Quadraten, Karos, Rhomben od. in diesen Formen sich kreuzenden Streifen versehen;* ~es Kleid, ~er Stoff □ **quadriculado; xadrez 2** ⟨50⟩ *sinnlos, dumm, verständnislos;* ~ denken □ ***pensar (em) bobagem 2.1** *schau, guck nicht so* ~! ⟨umg.⟩ *so dumm erstaunt* □ ***não faça essa cara de espanto!**

Ka|ri|es ⟨[-εs] f.; -; unz.; Zahnmed.⟩ *Entkalkung des Zahnschmelzes, bei weiterem Fortschreiten Verfall der harten Zahnsubstanz* □ **cárie**

Ka|ri|ka|tur ⟨f.; -, -en⟩ *bildliche Darstellung, die eine Eigenschaft od. ein Merkmal stark übertreibt u. dadurch lächerlich macht;* Sy *Zerrbild, Spottbild* □ **caricatura**

Ka|ri|tas ⟨f.; -; unz.⟩ **1** *christliche, tätige Nächstenliebe, Wohltätigkeit* □ **caridade;** oV *Caritas*

ka|ri|ta|tiv ⟨Adj. 24⟩ *im Sinne der Karitas(1), wohltätig;* eine ~e Organisation; ~ tätig sein □ **caridoso; beneficente**

Kar|me|sin ⟨n.; -s; unz.⟩ = *Karmin*

kar|me|sin|rot ⟨Adj. 24⟩ = *karminrot*

Kar|min ⟨n.; -s; unz.⟩ Sy *Karmesin* **1** *(aus Koschenilleschildläusen gewonnener) leuchtend roter Farbstoff* **2** *Farbe des Karmins(1)* □ **carmim**

kar|min|rot ⟨Adj. 24⟩ *rot wie Karmin, von kräftig roter Farbe, leuchtend rot;* Sy *karmesinrot* □ **carmim**

Kar|ne|ol ⟨m.; -s, -e; Min.⟩ *gelblicher bis blutroter Schmuckstein* □ **cornalina**

Kar|ner ⟨m.; -s, -⟩ **1** ⟨Arch.⟩ *(Friedhofskapelle mit) Beinhaus, in dem beim Anlegen neuer Gräber die alten Gebeine gesammelt u. aufbewahrt wurden* □ **ossário 2** *Fleisch-, Räucherkammer* □ **defumadouro**

Kar|ne|val ⟨[-val] m.; -s, -e od. -s⟩ **1** = *Fastnacht* **2** *gesellige Veranstaltung während der Fastnacht* □ **carnaval**

Kar|ni|ckel ⟨n.; -s, -⟩ **1** = *Kaninchen* **2** ⟨fig.⟩ *Sündenbock, Dummkopf, Einfaltspinsel* □ **bode expiatório; palerma**

Ka|ro ⟨n.; -s, -s⟩ **1** *Viereck, Rhombus, Quadrat* □ **quadrado; losango 2** *viereckiges, rhomb. od. quadrat. Muster* □ **xadrez 3** *Farbe französischer Spielkarten mit rotem Rhombus;* Sy ⟨eindeutschend⟩ *Eckstein(5)* □ **ouros**

Ka|ros|se ⟨f.; -, -n⟩ **1** *prunkvolle Kutsche, die häufig als Staatskutsche verwendet wurde* □ **carruagem 2** ⟨meist scherzh.⟩ *großer, luxuriöser Personenkraftwagen; Staats-~* □ **limusine**

Ka|ros|se|rie ⟨f.; -, -n⟩ *Oberteil eines Kraftfahrzeuges (über dem Fahrgestell); bei dem Unfall wurde die ~ beschädigt* □ **carroceria**

Ka|ro|tin ⟨n.; -s; unz.; Biochem.⟩ *natürlicher roter od. gelber Farbstoff, wichtige Vorstufe des Vitamins A;* oV ⟨fachsprachl.⟩ *Carotin* □ **caroteno**

Ka|rot|te ⟨f.; -, -n; Bot.⟩ = *Möhre*

Karp|fen ⟨m.; -s, -; Zool.⟩ *Süßwasserfisch mit weichen Flossen u. zahnlosen Kiefern mit zahlreichen, durch Züchtung entstandenen Unterarten u. Rassen: Cyprinus carpio;* Schleim-~, Spiegel-~; ~ blau; ~ polnisch □ **carpa**

Kar|re ⟨f.; -, -n⟩ **1** = *Karren¹(1);* Schub-~ □ **carriola; carrinho de mão 2** ⟨umg.⟩ *altes, klappriges Auto od. Fahrrad* □ **lata-velha 3** ⟨fig.⟩ *Angelegenheit* **3.1** die ~ laufen lassen *einer Angelegenheit ihren Lauf lassen, ohne einzugreifen od. eingreifen zu können* □ ***deixar o barco correr 3.2** jmdm. aus der ~ *aus dem Dreck ziehen jmdm. aus einer schwierigen Lage helfen, in die er sich selbst gebracht hat* □ ***tirar alguém de uma enrascada 3.3** die ~ steckt im Dreck *die Angelegenheit ist verfahren, geht nicht mehr voran* □ ***as coisas estão emperradas**

Kar|ree ⟨n.; -s, -s⟩ **1** *Viereck, Rhombus, Quadrat* □ **quadrado; losango 2** ⟨Kochk.⟩ *Rippenstück vom Kalb, Schwein od. Hammel* □ **carré**

Kar|ren¹ ⟨m.; -s, -⟩ **1** *ein- od. zweirädriges, kleines Gefährt zur Beförderung von Lasten, das an zwei Griffen geschoben wird;* Schieb-~, Schub-~ □ **carriola; car-**

Karren

rinho de mão **2** *solide gebautes, einfaches zwei–, drei– od. vierrädriges Gefährt, Wagen;* Ochsen~ ☐ **carroça 3** = *Karre(2)* **4** *jmdm. an den ~ fahren* ⟨fig.⟩ *jmdm. zu nahe treten, jmdn. grob beleidigen* ☐ ***ofender alguém; pegar pesado com alguém 5** mehrere Leute vor den gleichen ~ spannen* ⟨fig.⟩ *sie an der gleichen Sache arbeiten lassen* ☐ ***atrelar várias pessoas à sua carroça**

Kar|ren² ⟨Pl.; Geol.⟩ *durch Erosion mittels Schmelzwassers entstandene Rinnen u. Schluchten in Kalkstein* ☐ **lápies**

Kar|ri|e|re ⟨f.; -, -n⟩ *(rascher) Aufstieg im Leben u. Beruf, (glänzende) Laufbahn;* eine glänzende ~ *vor sich haben* ☐ **carreira**

Karst¹ ⟨m.; -(e)s, -e; Geol.⟩ *Gebirge aus durchlässigen, wasserlöslichen Gesteinen (Kalk, Gips), die durch Oberflächen- u. Grundwasser ausgelaugt werden* ☐ ***karst;* carste**

Karst² ⟨m.; -(e)s, -e⟩ *Breithacke, Hacke mit platten Zinken* ☐ **enxada**

Kar|te ⟨f.; -, -n⟩ **1** *steifes Blatt Papier in verschiedenen Größen u. zu verschiedenen Zwecken* **1.1** *steifes Blatt Papier (bes. im Format 14,8 × 10,5 cm) für Mitteilungen durch die Post;* Ansichts~, Post~, Brief~; *eine ~ bekommen; zur Hochzeit ~n verschicken; jmdm. eine ~ schreiben* **1.2** *steifes Blatt Papier in kleinem Format* ☐ **cartão 1.2.1** *Bescheinigung für bezahlte Gebühr;* Fahr~, Eintritts~, Kino~, Theater~; *sich eine ~ (für ein Konzert) besorgen; ich habe* (fürs Theater heute Abend) *keine ~n mehr bekommen* ☐ **passagem; bilhete; ingresso 1.2.2** *mit aufgedrucktem Namen des Besitzers;* Besuchs~, Visiten~; *seine ~ abgeben* ☐ **cartão de visitas 1.3** *Liste von Speisen u. Getränken in Gasthäusern, Restaurants;* Speise~, Wein~; Herr Ober, bitte die ~! ☐ **cardápio; carta de vinhos 1.3.1** *nach der ~* (à la carte) *essen sich ein Gericht auf der Speisekarte aussuchen* ☐ ***comer à la carte* 1.4** ⟨Kart.⟩ *steifes Blatt Papier mit aufgedruckten Zahlen u. Bildern;* Spiel~; ~n spielen; *eine gute, schlechte ~ haben,* (od.) *gute, schlechte ~n haben; die ~n mischen; eine ~ ausspielen; eine ~ abwerfen* ☐ **carta 1.4.1** *ein Spiel ~n alle zu einem Spiel gehörige Karten(1.4)* ☐ ***um baralho* 1.4.2** *~n legen Spielkarten auflegen u. daraus (angeblich) Charakter u. Zukunft deuten* ☐ ***pôr/ler as cartas* 1.4.3** *alles auf eine ~ setzen* ⟨a. fig.⟩ *ein großes Risiko eingehen, sämtliche Reserven für eine Sache einsetzen* ☐ ***apostar todas as fichas em alguma coisa* 1.4.4** *sich (nicht) in die ~n gucken lassen* ⟨a. fig.⟩ *seine Pläne (nicht) preisgeben* ☐ ***(não) esconder o jogo* 1.4.5** *seine ~n aufdecken* ⟨a. fig.⟩ *die wahre Sachlage bekannt geben* ☐ ***pôr as cartas na mesa* 1.5** *steifes Blatt Papier für Vermerke, Notizen, Namen in bestimmter Ordnung;* Kartei~ ☐ **ficha 2** *zeichnerische Darstellung eines Teils der von oben betrachteten Erdoberfläche;* Land~, See~; *die aufschlagen; historische, physikalische, politische ~; eine ~ von Deutschland* ☐ **mapa**

Kar|tei ⟨f.; -, -en⟩ *alphabetisch od. nach bestimmten Gesichtspunkten geordnete Sammlung von Aufzeichnungen auf Zetteln od. Karten gleichen Formats;* Kranken~ ☐ **fichário**

Kar|tell ⟨n.; -s, -e⟩ **1** *Zusammenschluss von Firmen des gleichen Wirtschaftszweiges, die jedoch selbständig unter ihrem Namen weiterbestehen* ☐ **cartel 2** *(zeitlich begrenztes) Bündnis mehrerer Parteien* ☐ **coalizão 3** *loser Zusammenschluss von studentischen Verbindungen* ☐ **união de estudantes**

Kar|ten|haus ⟨n.; -es, -häu|ser⟩ **1** *Raum (auf dem Schiff), in dem die Seekarten aufbewahrt werden* ☐ **camarim de navegação 2** *aus Spielkarten erbautes hausähnliches Gebilde* ☐ **castelo de cartas**

Kar|tof|fel ⟨f.; -, -n⟩ **1** ⟨Bot.⟩ *zu den Nachtschattengewächsen gehörende Gemüsepflanze, deren Wurzelknollen als Nahrung dienen: Solanum tuberosum* **2** *die Wurzelknolle der Kartoffel(1);* gebratene, gekochte, rohe ~n; neue ~n; ~n braten, dämpfen, kochen ☐ **batata 3** ⟨fig.; umg.; scherzh.⟩ *plumpe, dicke Nase* ☐ **nariz de batata 4** ⟨fig.; umg.; scherzh.⟩ *Loch (im Strumpf)* ☐ **furo (em meias)**

Kar|tof|fel|puf|fer ⟨m.; -s, -⟩ *in der Pfanne in Fett gebackener Fladen aus geriebenen, rohen Kartoffeln* ☐ **fritada de batata**

Kar|to|gra|fie ⟨f.; -; unz.⟩ *Wissenschaft, die sich mit der Anfertigung von Landkarten u. Plänen beschäftigt;* oV Kartographie ☐ **cartografia**

Kar|to|gra|phie ⟨f.; -; unz.⟩ = *Kartografie*

Kar|ton ⟨[-tɔŋ] m.; -s, -s od. süddt.; österr. [-toːn] m.; -s, -s od. -e⟩ **1** *dünne Pappe, steifes, dickes Papier* ☐ **cartão; papelão 2** *Schachtel, Kiste aus Pappe* ☐ **caixa de papelão 2.1** *bei jmdm. rappelt es im ~* ⟨umg.⟩ *jmd. ist verrückt, nicht recht bei Verstand* ☐ ***não estar bom da cabeça/não estar em seu juízo perfeito* 3** *Skizze zu einem Wandgemälde in gleicher Größe* **4** *Ersatzblatt in einem Buch für ein fehlerhaftes Blatt od. zur Ergänzung* ☐ **cartão**

Kar|tu|sche ⟨f.; -, -n⟩ **1** ⟨Mil.⟩ *Metallhülse eines Artilleriegeschosses, in der sich die Pulverladung befindet* **2** ⟨Kunst; Arch.; bes. im Barock⟩ *von einem verzierten Rahmen umgebenes rechteckiges od. ovales Ornament (für Inschriften, Wappen u. Ä.)* ☐ **cartucho**

Ka|rus|sell ⟨n.; -s, -s od. -e⟩ **1** *eine sich im Kreis drehende Rundfläche mit Reit- od. Fahrsitzen auf Jahrmärkten;* Kinder~ ☐ **carrossel 1.1** *mit jmdm. ~ fahren* ⟨umg.⟩ *jmdn. energisch herannehmen, ihn laufen, springen lassen* ☐ ***dar uma bronca em alguém**

Kar|wo|che ⟨f.; -, -n⟩ *Woche vor dem Osterfest* ☐ **Semana Santa**

Kar|zer ⟨m.; -s, -; früher in Schulen u. Hochschulen⟩ **1** *Raum zum Absitzen von Arreststrafen* ☐ **cárcere universitário 2** ⟨unz.⟩ *Arreststrafe, scharfer Arrest;* zwei Stunden ~ bekommen ☐ **detenção; prisão**

Ka|schem|me ⟨f.; -, -n⟩ *schlechte Kneipe, anrüchige Gastwirtschaft* ☐ **boteco; birosca**

ka|schen ⟨V. 500; umg.⟩ **1** *jmdn. ~ fangen, festnehmen, inhaftieren;* die Diebe wurden noch am Tatort gekascht ☐ **capturar; pegar 2** ⟨Vr 5⟩ *(sich) etwas ~ widerrechtlich aneignen, stehlen;* er hat sich ein Fahrrad gekascht u. ist geflüchtet ☐ ***passar a mão em alguma coisa; pegar alguma coisa**

Kä|scher ⟨m.; -s, -⟩ = *Kescher*

ka|schie|ren ⟨V. 500⟩ **1** etwas ~ *bemänteln, verheimlichen, verhüllen, verdecken, verbergen;* eine schlechte Figur geschickt ~ □ **ocultar; disfarçar 2** einen Einband ~ *mit buntem Papier bekleben* □ **forrar; revestir 3** Gegenstände ~ *mit einer Masse aus dem gleichen od. einem anderen Material überkleben, zusammenkleben;* plastische Bühnenbildteile, Architekturformen, Pflanzen aus Holz, Pappe, Draht ~ □ **reproduzir (como material cenográfico) 4** Textilien ~ *(zwei übereinandergelegte Gewebebahnen) mittels Klebemittels, z. B. Gummi verbinden* □ **coenizar**

Kasch|mir ⟨m.; -s, -e; Textilw.⟩ **1** *aus dem feinen Haar der Kaschmirziege gewonnene Wolle;* ~schal, ~pullover **2** *aus Kaschmir(1) hergestelltes festes Kammgarngewebe* □ **caxemira**

Kä|se ⟨m.; -s, -⟩ **1** *als Nahrungsmittel dienender, aus der Milch durch Zusatz von Lab od. Milchsäurebakterien ausgeschiedener u. weiterbehandelter Eiweißstoff mit Gehalt an Fett u. Mineralstoffen;* Schweizer ~; ~ zum Frühstück essen □ **queijo 2** ⟨fig.; umg.⟩ *Unsinn, dummes Zeug, dummes Gerede;* das ist doch alles ~, was du erzählst; ... und lauter solcher ~ □ **abobrinha; bobagem 3** ⟨Bot.⟩ *der fleischige Fruchtboden der Artischocke* □ **fundo de alcachofra 4** ⟨Bot.⟩ *der unreife Blütenstand des Blumenkohls in dem Zustand, in dem er gegessen wird* □ **couve-flor**

Ka|sel ⟨f.; -, -n⟩ *während der Messe getragenes festliches Obergewand der kath. Priester, Messgewand* □ **casula**

Ka|se|mạt|te ⟨f.; -, -n⟩ **1** *dick ummauerter, schusssicherer Raum in Befestigungswerken* **2** *gepanzerter Geschützraum auf Kriegsschiffen* □ **casamata**

Ka|sẹr|ne ⟨f.; -, -n; Mil.⟩ *Gebäude(komplex) zur dauernden Unterbringung von Truppen* □ **caserna**

Ka|si|no ⟨n.; -s, -s⟩ **1** *Gesellschaftshaus, Clubraum, Unterhaltungsstätte* **2** *Speiseraum für Offiziere;* Offiziers~ **3** *öffentlicher Betrieb für Glücksspiele;* Spiel~ □ **cassino**

Kas|ka|de ⟨f.; -, -n⟩ **1** *künstlicher, stufenförmiger Wasserfall* **2** *wasserfallähnliches Feuerwerk* □ **cascata 3** *wagemutiger Sprung des Artisten* □ **salto acrobático**

Kas|ko ⟨m., -s, -s⟩ **1** *Schiff, Schiffsrumpf (ohne Ladung)* □ **(casco do) navio 1.1** *Fahrzeug als Transportmittel (ohne Ladung)* □ **veículo; embarcação 2** ⟨Kart.⟩ *Spielart des Lombers* □ **Kasko**

Kas|ko|ver|si|che|rung ⟨f.; -, -en⟩ **1** *Versicherung von Transportmitteln* □ **seguro de veículos 1.1** *Versicherung gegen die vom Halter od. Fahrer an seinem Kraftfahrzeug verursachten Schäden;* Voll~ □ **seguro total;** Teil~ □ **seguro parcial**

Kạs|per ⟨m.; -, -⟩ **1** *österr. Sonderform des Hanswursts im Volksstück* **2** *lustige Gestalt im Puppenspiel,* Kasperl, Kasperle □ **Kasper 3** ⟨fig.; umg.⟩ *sich albern benehmende, alberne Reden führende Person* □ **palhaço; bufão**

Kạs|sa ⟨f.; -, Kạs|sen; süddt.; österr. für⟩ = *Kasse*

Kạs|se ⟨f.; -, -n⟩ oV ⟨österr.⟩ *Kassa* **1** *Kasten für Geld;* Laden~, Wechselgeld in der ~ haben □ **caixa 1.1** einen **Griff in** die ~ tun ⟨umg.; verhüllend⟩ *Geld stehlen* □ ***limpar o caixa* 2** *Vorrat an Geld;* die ~ ist voll, leer □ **caixa;** gut, schlecht, nicht bei ~ sein □ ***estar bem/mal de dinheiro; estar sem dinheiro* 2.1** die ~ führen *für die Abrechnung verantwortlich sein* □ ***cuidar do caixa* 2.2** ~ **machen** *abrechnen, kassieren* □ ***fechar o caixa* 2.3** getrennte ~ (machen, führen) *jeder bezahlt für sich* □ ***dividir a conta* 2.4** volle ~n machen *viel Geld einnehmen;* der Film, das Theaterstück bringt volle ~n □ ***ser um sucesso de bilheteria* 3** *Raum, Schalter des Kassierers;* Kino~, Theater~, Abend~, Tages~; sich an der ~ anstellen □ **bilheteria; caixa 4** per ~ *bar bezahlen* □ ***(pagar)* em dinheiro 4.1** netto ~ *bar ohne Abzug* □ ***pagamento líquido* 5** *Krankenkasse;* die Operation bezahlt die ~ □ **seguro-saúde 5.1** alle ~n *Mitglieder aller Krankenkassen werden behandelt* □ ***todos os segurados* 5.2** ~ machen ⟨umg.⟩ *(krank sein u.) Krankengeld beziehen* □ ***receber auxílio-doença* 6** *Sparkasse;* Geld zur ~ bringen □ **poupança**

Kạs|sen|sturz ⟨m.; -es; unz.⟩ ~ **machen** *den Kassenbestand feststellen (eigentlich, indem man die Kasse umstürzt)* □ ***fazer o controle de caixa***

Kas|se|rol|le ⟨f.; -, -n⟩ *ein runder od. länglicher Topf mit Stiel u. Deckel zum Kochen u. Schmoren* □ **caçarola**

Kas|sẹt|te ⟨f.; -, -n⟩ **1** *Holz- od. Metallkasten für Geld od. Wertgegenstände;* Geld~, Schmuck~ □ **cofre; porta-joias 2** ⟨Arch.⟩ *kastenförmig vertieftes Feld in der Decke eines Raumes;* Decken~ □ **caixotão 3** *flacher Behälter aus Kunststoff für Magnetbänder;* Video~; Musik~; ~nrekorder □ **cassete 4** *mehrere zusammengehörige Bücher in gemeinsamem, die Rücken sichtbar lassendem Karton; Gesamtausgabe eines Autors in ~* **4.1** *mehrere zusammengehörige Schallplatten, CDs o. Ä. in einem Karton od. Kasten* □ **estojo; caixa**

Kas|sẹt|ten|re|kor|der ⟨m.; -s, -⟩ *Tonbandgerät zur Aufnahme u. Wiedergabe von Kassetten* □ **gravador**

Kas|sier ⟨m.; -s, -e; süddt.⟩ = *Kassierer*

kas|sie|ren[1] ⟨V. 500⟩ **1** Geld ~ *annehmen, einnehmen;* einen Beitrag ~ □ **cobrar; receber 2** etwas ~ *sich aneignen, entwenden* □ **apropriar-se; embolsar 3** jmdn. ~ ⟨fig.; umg.⟩ *festnehmen, gefangen nehmen, verhaften* □ **prender**

kas|sie|ren[2] ⟨V. 500⟩ **1** ein Urteil ~ *für ungültig erklären* □ **revogar; anular 2** eine (Plan-) Stelle ~ *streichen* □ **cancelar 3** Beamte, Soldaten ~ ⟨veraltet⟩ *entlassen* □ **exonerar; demitir**

Kas|sie|rer ⟨m.; -s, -⟩ *Angestellter, der Zahlungen annimmt u. Geld auszahlt u. der die Kasse führt;* oV ⟨österr., a. süddt.⟩ *Kassier* □ **caixa; tesoureiro**

Kas|ta|gnẹt|te *auch:* **Kas|tag|nẹt|te** ⟨[-njɛtə] f.; -, -n⟩ *spanisches Handklapperinstrument aus zwei miteinander verbundenen, beweglichen, am Daumen befestigten Hartholzschalen, die mit den Fingern gegeneinandergeschlagen werden* □ **castanhola**

Kas|ta|nie ⟨[-njə] f.; -, -n⟩ **1** ⟨Bot.⟩ *einer Gattung der Buchengewächse angehörender Laubbaum:* Castanea □ **castanheiro 1.1** ⟨i. e. S.⟩ *subtropische Art der Kastanie(1) mit essbaren Früchten u. hartem, festem Holz:* Castanea sativa □ **castanheiro-da-europa 2** *Frucht der Kastanie(1.1) od. der Rosskastanie* □ **castanha 2.1** für jmdn. **die ~n aus dem Feuer holen** ⟨fig.⟩ *für jmd. anderen etwas Unangenehmes od. Gefährliches tun* *tirar as castanhas do fogo para alguém; arriscar-se por alguém 3 *Hornschwiele an der Innenseite des Beins bei Pferden* □ castanha

Kas|te ⟨f.; -, -n⟩ *von anderen Ständen abgeschlossener gesellschaftlicher Stand mit strengen gesellschaftlichen, religiösen u. wirtschaftlichen Normen, bes. im Hinduismus;* Krieger~, Priester~ □ casta

kas|tei|en ⟨V. 500/Vr 3 od. Vr 4⟩ **1** sich ~ *sich (aus religiöser Überzeugung) körperliche Züchtigungen, Entbehrungen od. Bußübungen auferlegen;* manche Mönche ~ sich □ *flagelar-se **2** sich ~ *streng, enthaltsam leben;* während einer Woche kasteite er sich und trank keinen Schluck Alkohol □ *privar-se; abster-se

Kas|tell ⟨n.; -s, -e⟩ *wehrhafte Burg, Festung, bes. altrömische Befestigungsanlage* □ castro

Kas|ten ⟨m.; -s, Käs|ten⟩ **1** *rechtwinkeliger Behälter mit od. ohne Deckel, Kiste, Truhe;* Brief~ □ *caixa do correio, Geld~ □ *caixa de dinheiro, Kohlen~ □ *caixa para guardar carvão, Schmuck~ □ *porta-joia, Schub~ □ *gaveta; ein tiefer ~ □ caixa; alle Kisten und Kästen □ *todos os cantos **1.1** einen Brief in den ~ werfen, zum ~ bringen *Briefkasten* □ caixa de correio **2** *Kommode* □ cômoda **3** ⟨süddt., österr., schweiz.⟩ *Schrank* □ armário **4** ⟨fig.; umg.; abwertend⟩ *Dinge, die äußerlich an einen Kasten erinnern* **4.1** ⟨großes⟩ *Gebäude od. Raum mit wenigen, kleinen Fenstern* □ caixa **4.1.1** *Schule* □ escola **4.1.2** *Strafanstalt* □ cadeia **4.1.3** eine Woche ~ bekommen ⟨Mil.⟩ *Arrest* □ prisão **4.1.4** *alter ~ altes Haus, alter Wagen, altes Schiff* □ *casa velha; pardieiro; lata-velha; carcaça* **5** er hat nichts, viel, etwas auf dem ~ ⟨fig.; umg.⟩ *er ist (nicht) klug, weiß (nicht) viel* □ *ele não tem nada na cachola; ele não é bom da cachola* **6** *Teil des Wagens über dem Fahrgestell* □ carroceria **7** ⟨Turnen⟩ *Turngerät aus einem Rahmen von 150 cm Länge, 50 cm Breite u. verstellbarer Höhe (etwa 1 m) mit Lederpolster* □ plinto

Kas|tra|ti|on *auch:* **Kast|ra|ti|on** ⟨f.; -, -en⟩ *das Kastrieren, Sterilisation* □ castração

kas|trie|ren *auch:* **kast|rie|ren** ⟨V. 500⟩ **1** *Lebewesen die Keimdrüsen entfernen, entmannen;* Sy *verschneiden(3);* → a. *sterilisieren(2);* einen Mann ~; ein Tier ~ **2** eine Pflanze ~ *die Staubgefäße entfernen, bevor die Narbe reif ist* □ castrar

Ka|su|is|tik ⟨f.; -; unz.⟩ **1** ⟨Ethik⟩ *Lehre von bestimmten Einzelfällen innerhalb der Morallehre u. dem dafür richtigen Verhalten* **2** ⟨Rechtsw.⟩ *Methode, Regeln für die Anwendung des Rechts aus Einzelfällen zu bilden od. in die Gesetze viele Einzelfälle aufzunehmen* **3** ⟨fig.⟩ *Haarspalterei, Wortklauberei* □ casuística

Ka|sus ⟨m.; -, -; Gramm.⟩ *Fall*[1] *(4)*

Ka|ta|falk ⟨m.; -s, -e⟩ *schwarz verhängtes Gestell für die Aufstellung des Sarges während der Trauerfeier (bes. bei hohen Persönlichkeiten)* □ catafalco

Ka|ta|kom|be ⟨f.; -, -n⟩ *altchristliche unterirdische Grabanlage* □ catacumba

Ka|ta|log ⟨m.; -(e)s, -e⟩ = *Verzeichnis;* ~ von Büchern, Waren, Gegenständen einer Ausstellung u. a. □ catálogo

Ka|ta|ma|ran ⟨m. od. n.; -s, -e⟩ *aus zwei durch einen Deckaufbau miteinander verbundenen Schwimmkörpern bestehendes schnelles Segelschiff* □ catamarã

Ka|ta|pult ⟨n. od. m.; -(e)s, -e⟩ **1** ⟨Altertum⟩ *armbrustähnl. Wurf-, Schleudermaschine* **2** *Schleuder zum Starten von Flugzeugen* □ catapulta

Ka|ta|rakt[1] ⟨m.; -(e)s, -e⟩ *Stromschnelle, niedriger Wasserfall* □ catarata

Ka|ta|rakt[2] ⟨f.; -, -e; Med.⟩ *Augenkrankheit, Linsentrübung, grauer Star* □ catarata

Ka|tarr ⟨m.; -s, -e; Med.⟩ oV *Katarrh* **1** *entzündl. Reizung der Schleimhäute mit vermehrter Flüssigkeitsabsonderung* □ catarro; Blasen~, Magen-Darm-~ □ *cistite; gastrenterite **2** ⟨umg.⟩ *Schnupfen, Erkältung* □ resfriado

Ka|tarrh ⟨m.; -s, -e; Med.⟩ = *Katarr*

Ka|tas|ter ⟨m. od. n.; -s, -⟩ **1** ⟨früher⟩ *amtliches Verzeichnis der steuerpflichtigen Personen* **2** ⟨heute⟩ *amtliches Verzeichnis der Steuerobjekte, bes. der Grundstücke* □ cadastro

ka|ta|stro|phal *auch:* **ka|tas|tro|phal** *auch:* **ka|tast|ro|phal** ⟨Adj.⟩ *einer Katastrophe gleichkommend, in der Art einer Katastrophe, verhängnisvoll, verheerend, entsetzlich;* sein Vorgehen hatte ~e Folgen □ catastrófico

Ka|ta|stro|phe *auch:* **Ka|tas|tro|phe** *auch:* **Ka|tast|ro|phe** ⟨f.; -, -n⟩ **1** *unvorhergesehenes Geschehen mit verheerenden Folgen;* Natur~ **2** ⟨Drama⟩ *entscheidende Wendung, die den Untergang des Helden u. die Lösung des Konflikts herbeiführt* □ catástrofe

Ka|te ⟨f.; -, -n; norddt.⟩ *kleines Haus, Hütte (bes. Fischerhütte);* oV *Katen* □ cabana

Ka|te|chis|mus ⟨[-çıs-] m.; -, -chıs|men; Rel.⟩ *kurzes Lehrbuch (bes. für den Religionsunterricht) in Frage u. Antwort* □ catecismo

Ka|te|go|rie ⟨f.; -, -n⟩ **1** ⟨urspr.⟩ *Aussage (über einen Gegenstand)* **2** ⟨Logik⟩ *Grundbegriff, von dem andere Begriffe abgeleitet werden können* **3** ⟨allg.⟩ *Begriffsklasse, Begriffsart, Begriffsgattung, Sorte, Art* □ categoria

Ka|ten ⟨m.; -s, -; norddt.⟩ = *Kate*

Ka|ter[1] ⟨m.; -s, -⟩ **1** *männliche Hauskatze;* der gestiefelte ~ *(Märchengestalt);* Hokuspokus fidibus, dreimal schwarzer ~ *(scherzh. Zauberformel)* □ gato; verliebt wie ein ~ sein ⟨umg.; scherzh.⟩ □ *estar de quatro por alguém **2** ⟨Jagdw.⟩ *Männchen von Wildkatze u. Luchs* □ gato

Ka|ter[2] ⟨m.; -s; unz.⟩ *schlechtes Befinden, Unwohlsein nach zu viel Alkoholgenuss* □ ressaca

Ka|the|der ⟨n. od. m.; -s, -⟩ **1** *Podium, Lehrpult* **2** *Lehrstuhl (an einer Hochschule)* □ cátedra

Ka|the|dra|le *auch:* **Ka|thed|ra|le** ⟨f.; -, -n; bes. in Frankreich, Spanien, England⟩ *bischöfliche od. erzbischöfliche Hauptkirche* □ catedral

Ka|the|te ⟨f.; -, -n; Geom.; im rechtwinkligen Dreieck⟩ *jede der beiden die Schenkel des rechten Winkels bildenden Seiten in einem rechtwinkligen Dreieck* □ cateto; → a. *Hypotenuse*

Ka|the|ter ⟨m.; -s, -; Med.⟩ *Röhrchen zum Einführen in Körperhöhlen, bes. in die Harnblase* □ cateter

Ka|tho|de ⟨f.; -, -n⟩ *negative Elektrode;* oV *Katode;* Ggs *Anode* □ cátodo

Ka|tho|lik ⟨m.; -e, -en⟩ *Angehöriger der (römisch-)katholischen Kirche* □ católico

Ka|tho|li|kin ⟨f.; -, -kin|nen⟩ *weibl. Katholik* □ católica

ka|tho|lisch ⟨Adj. 24⟩ **1** ⟨urspr.⟩ *allgemein, die ganze Erde umfassend;* die ~e christl. Kirche **2** ⟨allg.⟩ *zur (röm.-)kath. Kirche gehörend* 2.1 ~e Kirche, (seit der Reformation auch) römisch-~e Kirche *die dem Papst unterstehende christl. Kirche* □ católico

Ka|to|de ⟨f.; -, -n; El.; Phys.⟩ = *Kathode*

Kat|tun ⟨m.; -s, -e; Textilw.⟩ *bedruckter, dünner Baumwollstoff in Leinwandbindung* □ chita

Kätz|chen ⟨n.; -s, -⟩ **1** *kleine, junge Katze* □ gatinho **2** *Ähren od. ährenähnliche Blütenstände der Birke, Erle, Haselnuss, Walnuss, Weide u. a.* □ amento; amentilho

Kat|ze ⟨f.; -, -n; Zool.⟩ **1** *Angehörige einer Familie der fleischfressenden Raubtiere mit scharfen Eckzähnen: Felidae* □ felino 1.1 ⟨i. e. S.⟩ *Zuchtform einer im Altertum gezähmten nordafrikanischen Katze mit einer mitteleuropäischen Wildkatze: Felis catus;* die ~ macht einen Buckel; die ~ faucht, miaut, schnurrt, spinnt; sie schmeichelt wie eine ~ □ gato; → a. *Hund(1.1.1)* **2** wie die ~ um den heißen Brei herumgehen, schleichen *sich nicht an eine heikle Sache wagen* □ *usar de rodeios; ser evasivo **3** ⟨fig.⟩ 3.1 der ~ die Schelle anhängen *ein Geheimnis, eine Sache öffentlich ausplaudern* □ *pôr o guizo no gato 3.2 die ~ lässt das Mausen nicht ⟨Sprichw.⟩ *eine angeborene Eigenschaft kann man sich nicht abgewöhnen* □ *o lobo perde os dentes mas não o costume 3.3 ~ und Maus mit jmdm. spielen *jmdm. wiederholt etwas versprechen u. es nie halten, jmdn. absichtlich hinhalten, um ihm dann doch nur einen abschlägigen Bescheid zu geben* □ *embromar/enrolar alguém 3.4 das ist für die Katz ⟨umg.⟩ *umsonst, vergeblich* □ *isso é em vão; isso não adianta nada 3.5 die ~ im Sack kaufen *etwas kaufen, ohne es vorher gesehen od. geprüft zu haben* □ *comprar às cegas 3.6 die ~ aus dem Sack lassen *eine bisher verheimlichte Absicht od. Sache aussprechen, verraten* □ *abrir o jogo; revelar as verdadeiras intenções 3.7 wenn die ~ aus dem Hause ist, tanzen die Mäuse ⟨Sprichw.⟩ *ohne Aufsicht wird Verbotenes getan* □ *quando o gato sai, os ratos fazem a festa 3.8 das klingt ja, wie wenn man einer ~ auf den Schwanz tritt ⟨umg.; scherzh.⟩ *misstönend* □ *parece um coro de gatos 3.9 das hat wohl die ~ gefressen? ⟨umg.⟩ *das ist auf unerklärliche Art u. Weise verschwunden* □ *foi o gato que comeu? 3.10 da beißt sich die ~ in den Schwanz *die Lösung eines Problems verursacht ein neues, beginnt wieder von vorne* □ *é um círculo vicioso; → a. *Nacht(2.3)* **4** ⟨früher⟩ *am Gürtel getragener Geldbeutel* □ pochette

Kat|zen|au|ge ⟨n.; -s, -n⟩ **1** *Mineral, das Licht in hellen Streifen reflektiert, z. B. Korund, Quarz* **2** *auffallendes, lichtreflektierendes Stück Kunststoff, das an einem Fahrzeug (bes. Fahrrad), Schulranzen o. Ä. angebracht ist* □ olho de gato

Kat|zen|sprung ⟨m.; -(e)s, -sprün|ge; umg.⟩ *kurzer Weg, geringe Entfernung;* es ist nur ein ~ bis dorthin □ bem perto; dois passos

Kau|der|welsch ⟨n.; - od. -s; unz.⟩ **1** *aus unverständlichen Lauten od. Worten bestehende Sprache ohne Sinnzusammenhang;* das ~ eines kleinen Kindes, eines Träumenden **2** *aus mehreren Sprachen gemischte Ausdrucksweise* **3** *fehlerhafte Sprache;* dieses Kind redet immer noch ein furchtbares ~ □ algaravia; charabiá

kau|en ⟨V.⟩ **1** ⟨402⟩ (etwas) ~ *mit den Zähnen zerkleinern;* Tabak ~; Speisen gut, gründlich, schlecht ~ □ mastigar; mascar; gut gekaut ist halb verdaut ⟨Sprichw.⟩ □ *uma boa mastigação vale metade da digestão 1.1 ⟨500⟩ Nägel ~ *die Fingernägel abbeißen (als Angewohnheit)* 1.1.1 ⟨411⟩ an den Nägeln ~ *die Nägel abbeißen (vor Langerweile, Spannung o. Ä.)* □ roer 1.2 ⟨500⟩ Worte, Silben ~ *schwerfällig aussprechen* □ mastigar; mascar 1.3 ⟨411⟩ an etwas ~ *an etwas nagen, es mühselig zu zerbeißen suchen* □ *roer alguma coisa **2** ⟨fig.⟩ 2.1 ⟨800⟩ an etwas ~ *sich mit etwas abplagen, eine Aufgabe mühsam zu lösen suchen, mit einem Kummer nicht fertigwerden* □ *remoer-se por alguma coisa

kau|ern ⟨V.⟩ **1** ⟨411⟩ *auf den Fersen sitzen, in tiefer Kniebeuge hocken;* auf dem Boden ~ □ estar de cócoras **2** ⟨500/Vr 3⟩ sich ~ *sich niederhocken, in tiefe Kniebeuge geben, sich auf die Fersen setzen* □ *agachar-se; acocorar-se

Kauf ⟨m.; -(e)s, Käu|fe⟩ **1** *Erwerb einer Sache gegen Bezahlung;* etwas zum ~ anbieten; ~ und Verkauf; einen ~ abschließen; ~ auf Kredit, auf Teilzahlung, in Raten 1.1 einen guten, schlechten (teuren) ~ machen, (od.) tun *etwas zu günstigem od. ungünstigem Preis bzw. in besonders guter od. schlechter Qualität kaufen* □ compra; aquisição **2** ⟨fig.⟩ *etwas, wofür man viel bezahlen, opfern, auf sich nehmen muss* 2.1 leichten ~es davonkommen *ohne viel Schaden zu erleiden, ohne Strafe* □ *escapar de boa 2.2 etwas in ~ nehmen *sich mit etwas abfinden* □ *aceitar/engolir alguma coisa

kau|fen ⟨V. 500⟩ **1** etwas ~ *gegen Geld oder Geldeswert erwerben;* sich od. jmdm. ein Auto ~; ~ und verkaufen; dieser Stoff wird gern gekauft; etwas auf Raten, Pump, Kredit ~; etwas für teures Geld ~ ⟨umg.⟩ □ comprar 1.1 *in Raten bezahlen* □ comprar a prazo 1.2 ⟨400⟩ bei wem ~ Sie? *in welchem Geschäft sind Sie Kunde?* □ *onde o senhor faz suas compras? **2** jmdn. ~ *bestechen;* ein gekaufter Zeuge □ comprar; subornar **3** ⟨530; fig.; umg.⟩ 3.1 ⟨Vr 1⟩ sich jmdn. ~ *jmdn. zur Rechenschaft ziehen, jmdm. gründlich die Meinung sagen* □ *tomar satisfação de alguém; den Kerl werde ich mir ~! □ *esse cara vai me pagar! 3.2 ⟨Vr 1⟩ sich einen Affen ~ *sich einen Rausch antrinken* □ *tomar uma bebedeira/um porre 3.3 ⟨530/Vr 1 m. Modalverb⟩ dafür kann ich mir auch nichts ~ *das hat für mich keinen Wert, keinen Zweck* □ *isso não me serve de nada **4** eine Karte ~ ⟨Kart.⟩ *vom Stoß, vom Rest der Karten nehmen* □ comprar

Kauf|frau ⟨f.; -, -en⟩ *weibliche Person, die eine kaufmännische Lehre abgeschlossen hat* □ comerciante

Kauf|haus ⟨n.; -es, -häu|ser⟩ **1** ⟨urspr.⟩ *großes Geschäft für Einzelhandelswaren bestimmter Arten;* Textil~ □ **loja 2** ⟨heute⟩ *Geschäft für Einzelhandelswaren aller Art,* Warenhaus □ **loja de departamentos**

käuf|lich ⟨Adj. 24⟩ **1** *für Geld zu erwerben;* dieses Schmuckstück ist nicht ~ □ **à venda; comprável** 1.1 ~e Liebe *Prostitution* □ ***prostituição 2** *bestechlich;* jmd. ist ~; ein ~er Politiker, Beamter □ **venal; subornável**

Kauf|mann ⟨m.; -(e)s, -leu|te⟩ **1** *jmd., der beruflich Kauf u. Verkauf betreibt, der Handel betreibt;* ein guter, schlechter ~ sein □ **comerciante; negociante 2** *jmd., der die kaufmännische Lehre abgeschlossen hat;* gelernter ~ ⟨umg.⟩ □ **comerciante 3** ⟨mitteldt.⟩ *Lebensmittelhändler;* bitte, lauf schnell zum ~ und hol Kartoffeln □ **merceeiro**

Kau|gum|mi ⟨m. od. n; -s, -s⟩ *kaubares, aber unlösliches Erzeugnis mit erfrischender Wirkung aus natürlichem Kautschuk, Gutta od. künstlichem Polyvinylazetat mit Zusätzen von Zucker od. Zuckeraustauschstoffen, Aromastoffen u. Weichmachern* □ **chiclete**

Kaul|quap|pe ⟨f.; -, -n; Zool.⟩ *im Wasser lebende, schwarze, kugelige Larve des Froschlurches;* ~n fangen, fischen □ **girino**

kaum 1 ⟨Adv.⟩ 1.1 *nur mit Mühe, fast nicht;* er kann es ~ erwarten, dass, (od.) bis ...; ich kann ~ gehen; es ist ~ zu glauben; er hat ~ etwas gegessen □ **mal; quase não** 1.1.1 *schwerlich, sicher nicht;* er wird ~ noch kommen; ob sie heute noch kommt? Wohl ~! □ **dificilmente** 1.1.2 ⟨bei Maß- und Zeitangaben⟩ *soeben, fast, noch nicht ganz, etwas weniger als;* ~ zwei Meter hoch; er ist ~ größer als ich; es dauerte ~ drei Stunden □ **mal; pouco** 1.2 ~ ..., als ... *sehr bald, nachdem ...;* er war ~ angekommen, als er auch schon wieder weggerufen wurde; ~ hatte ich mich hingelegt, schon klingelte das Handy □ ***mal..., quando... 3** ⟨Konj.⟩ ~ dass *fast ohne dass, fast ... nicht;* er war sehr beschäftigt, ~ dass er Zeit hatte, etwas zu essen □ ***que mal...; que quase não...**

kau|sal ⟨Adj. 24⟩ **1** *ursächlich, auf dem Verhältnis zwischen Ursache u. Wirkung beruhend, mit der Ursache verbunden* **2** *begründend* 2.1 ~e Konjunktion *K. des Grundes, z. B. weil* □ **causal**

kau|sa|tiv ⟨a. [-tiːf] Adj. 24⟩ **1** ~e Formen ⟨Gramm.⟩ *F., die einen Grund, eine Ursache bezeichnen* **2** *Veranlassung angebend, verursachend, bewirkend, begründend* □ **causativo**

Kau|ti|on ⟨f.; -, -en⟩ **1** *Bürgschaft* □ **fiança 2** *Sicherheit(sleistung) durch Hinterlegung einer Geldsumme od. von Wertpapieren* □ **caução; depósito**

Kau|tschuk *auch:* **Kaut|schuk** ⟨m.; -s, -e⟩ **1** *geronnener Milchsaft einiger tropischer Pflanzenfamilien;* Roh~ □ **látex; leite (da seringueira) 2** *durch Vulkanisation daraus gewonnene feste, zähe, elastische Masse;* Sy ⟨nicht fachsprachl.⟩ *Gummi (1)* □ **borracha**

Kauz ⟨m.; -es, Käu|ze⟩ **1** ⟨Zool.⟩ *zur Ordnung der Eulen gehörender, kräftiger, gedrungener Vogel* □ **coruja 2** ⟨fig.⟩ *schnurriger, wunderlicher Mensch, Sonderling;* er ist ein ~; er ist ein komischer ~ □ **pessoa esquisita/excêntrica**

Käuz|chen ⟨n.; -s, -⟩ *kleiner Kauz(1)* □ **corujinha**

kau|zig ⟨Adj.⟩ *wunderlich, verschroben, sonderbar;* er ist mitunter etwas ~ □ **esquisito; excêntrico**

Ka|va|lier ⟨[-va-] m.; -s, -e⟩ **1** ⟨früher⟩ *Reiter, Ritter* □ **cavaleiro 2** ⟨heute⟩ *(bes. gegenüber Frauen) aufmerksamer, höflicher, zuvorkommender Mann* □ **cavalheiro** 2.1 ein ~ der alten Schule *vollkommener Kavalier(2)* □ ***um cavalheiro à moda antiga; um perfeito cavalheiro** 2.2 ⟨scherzh.; veraltet⟩ *Freund, Begleiter, Liebhaber;* wann triffst du dich denn wieder mit deinem ~? □ **admirador**

Ka|val|le|rie ⟨[-va-] f.; -, -n; Mil.⟩ *Reiterei, Reitertruppe* □ **cavalaria**

Ka|vi|ar ⟨[-vi-] m.; -s, -e⟩ *mit Salz konservierter Rogen (Eier) einiger Arten der Störe (als Delikatesse);* echter russischer ~ □ **caviar**

Ke|bab ⟨m.; - od. -s, - od. -s; Kochk.⟩ *am Spieß gebratenes, in kleinen Stückchen abgeschnittenes, scharf gewürztes Hammel- od. Lammfleisch;* oV *Kebap* □ **kebab**

Ke|bap ⟨m.; - od. -s, - od. -s; Kochk.⟩ = *Kebab*

keck ⟨Adj.⟩ **1** *munter, unbefangen, frisch;* eine ~e Antwort, Frage □ **atrevido; irreverente;** er trat ~ vor und sagte ... □ **com desenvoltura/vivacidade 2** *dreist, vorwitzig, verwegen;* ein ~er Bursche; sie trug ein ~es Hütchen auf dem Kopf □ **impertinente; atrevido**

ke|ckern ⟨V. 400; Jägerspr.⟩ *der Fuchs, Iltis, Marder keckert stößt (vor Erregung) kurze, abgehackte Laute aus* □ **regougar; guinchar; grunhir**

Kee|per ⟨[kiː-] m.; -s, -; Sp.; Fußb.⟩ *Torwart, Torhüter* □ **goleiro**

Keep|smi|ling ⟨[kiːpsmaɪlɪŋ] n.; - od. -s; unz.⟩ *heitere, positive Lebenseinstellung* □ **otimismo; atitude positiva**

Kees ⟨n.; -es, -e; bair.-österr.⟩ *Gletscher* □ **geleira**

Ke|fe ⟨f.; -, -n; schweiz.⟩ = *Zuckererbse; junge* ~n □ **ervilha doce**

Ke|fir ⟨m.; -s; unz.⟩ *Sauermilchgetränk, das durch Zusatz von Bakterien u. Hefe aus Kuh-, Schaf- od. Ziegenmilch hergestellt wird* □ **quefir**

Ke|gel ⟨m.; -s, -⟩ **1** *spitz zulaufender Körper mit runder od. ovaler Grundfläche, Konus; gerader, schiefer, stumpfer* ~ □ **cone 2** *Holzfigur im Kegelspiel;* die ~ aufstellen (zum Spiel) □ **pino;** ~ spielen □ **boliche** 2.1 ~ schieben *das Kegelspiel spielen* □ ***jogar boliche 3** *kegelförmiges Gebilde;* Berg~, Vulkan ~ □ **cume; pico 4** ⟨veraltet⟩ *uneheliches Kind* □ **filho ilegítimo;** → a. *Kind(5.1)* **5** ⟨Typ.⟩ *Stärke einer Schrifttype in der Höhenrichtung des Schriftbildes* □ **corpo tipográfico 6** ⟨Jägerspr.⟩ *aufrechte Haltung bei Hase, Kaninchen u. Wiesel, wenn sie auf den Hinterläufen sitzen u. mit den Vorderläufen den Boden nicht berühren, „Männchen";* einen ~ machen □ ***ficar sentado nas patas traseiras**

ke|geln ⟨V. 400⟩ *Kegel spielen, Kegel schieben;* wir gehen heute ~ □ **jogar boliche**

ke|gel|schie|ben ⟨alte Schreibung für⟩ *Kegel schieben* □ **jogar boliche**

Ke|gel|schnitt ⟨m.; -(e)s, -e; Geom.⟩ *Kurve, die sich als Schnitt einer Ebene mit einem geraden Kreiskegel ergibt* □ **seção cônica**

Ke|gel|spiel ⟨n.; -(e)s, -e⟩ *Spiel, bei dem man mit einem einzigen Schwung eine Holzkugel über eine glatte Bahn rollt u. versucht, dadurch die am Ende aufgestellten neun (od. zehn) Kegel umzuwerfen* ☐ **boliche**

Keh|le ⟨f.; -, -n⟩ **1** *vorderer Teil des Halses mit dem Kehlkopf;* Sy *Gurgel;* eine trockene ~ haben (vor Durst); jmdn. an od. bei der ~ packen; ein Bissen, eine Gräte blieb ihm in der ~ stecken ☐ **garganta; goela** 1.1 jmdm. die ~ durchschneiden ⟨umg.⟩ *jmdn. töten, ermorden* ☐ ***degolar alguém** 1.2 jmdm. die ~ springen *jmdn. tätlich angreifen* ☐ ***pular no pescoço de alguém** 1.3 sich (fast) die ~ aus dem Hals schreien *sehr laut schreien* ☐ ***gritar a plenos pulmões** 1.4 jmdm. ist die ~ (wie) zugeschnürt ⟨fig.⟩ *jmd. kann nicht sprechen* ☐ ***estar/ficar com um nó na garganta** 1.4.1 der Schreck schnürte mir die ~ zu ⟨fig.⟩ *ich konnte vor S. kein Wort sprechen* ☐ ***o susto me deu um nó na garganta** 1.5 jmdm. das Messer an die ~ setzen ⟨fig.⟩ *jmdm. mit etwas drohen* ☐ ***colocar uma faca no pescoço de alguém;* → a. *falsch(1.2.3)* **2** ⟨kurz für⟩ *Hohlkehle, langgestreckte gerundete Vertiefung zur Gliederung einer Fläche* ☐ **canelura; garganta 3** *Rückseite einer Befestigungsanlage* ☐ **parte posterior de uma fortificação**

Kehl|kopf ⟨m.; -(e)s, -köp|fe; Anat.⟩ *knorpeliges Eingangsteil der Luftröhre u. Organ der Stimmbildung* ☐ **laringe**

Kehr|aus ⟨m.; -, -⟩ **1** *der letzte Tanz am Ende eines Festes;* den ~ tanzen ☐ **saideira; última dança 2** den ~ machen *Schluss machen, aufräumen* ☐ ***encerrar a festa**

Keh|re ⟨f.; -, -n⟩ **1** *scharfe Biegung (des Weges), scharfe Kurve* ☐ **curva fechada 2** ⟨Sp.⟩ 2.1 *Wendung am Turngerät* ☐ **giro; volteio** 2.2 *Absprung mit dem Rücken zum Gerät* ☐ **volteio dorsal**

keh|ren¹ ⟨V. 402⟩ **(etwas) ~ 1** *fegen, mit dem Besen saubermachen;* den Ofen, Schornstein ~; den Hof, die Straße, Treppe, das Zimmer ~; den Schnee vom Dach, vom Fenstersims ~ ☐ **varrer** 1.1 jeder kehre vor seiner Tür! ⟨fig.⟩ *jeder kümmere sich um seine eigenen Angelegenheiten* ☐ ***cada um que cuide da própria vida!;* → a. *neu(1.2)*

keh|ren² ⟨V.⟩ **1** ⟨511⟩ etwas, einen Körperteil zu od. nach einem Gegenstand ~ *etwas drehen, wenden, richten auf od. zu etwas (hin);* die Augen zum Himmel ~; die Innenseite nach außen ~ ☐ **virar** 1.1 ⟨530⟩ jmdm. den Rücken ~ *zuwenden* ☐ ***virar as costas a alguém** 1.2 ⟨511⟩ das Unterste zuoberst ~ *alles durcheinanderbringen* ☐ ***revirar/revolver tudo** 1.3 ⟨400⟩ der Wind hat gekehrt ⟨schweiz.⟩ *kommt jetzt aus einer anderen Richtung* ☐ ***o vento virou** **2** ⟨500/Vr 3⟩ sich ~ *eine halbe Drehung ausführen* ☐ **virar-se;** ganze Abteilung kehrt! (erg.: euch!) ⟨militärisches Kommando⟩ ☐ ***meia-volta volver!* **3** ⟨550/Vr 3⟩ **sich nicht an etwas ~** *nichts von etwas kümmern, etwas nicht beachten;* sie kehrte sich nicht an seinen Zorn, seine Ermahnungen ☐ ***não fazer caso de alguma coisa* **4** ⟨511, nur im Part. Perf.⟩ in sich gekehrt ⟨fig.⟩ *still, nicht geneigt, sich mitzuteilen; verschlossen* ☐ ***introvertido**

Keh|richt ⟨m. od. n; -s; unz.⟩ *zusammengekehrter Unrat, Abfall, Müll;* ~abfuhr; ~beseitigung ☐ **lixo; sujeira**

Kehr|sei|te ⟨f.; -, -n⟩ **1** *die Rückseite;* die ~ eines Bildes ☐ **verso; reverso 2** ⟨fig.; umg.; scherzh.⟩ *hintere Seite einer Person, Rücken, Gesäß;* jmdm. seine ~ zuwenden ☐ **traseiro 3** ⟨fig.⟩ *die ungünstige Seite (einer Sache)* ☐ **revés** 3.1 die ~ der Medaille ⟨fig.⟩ *die negative Seite einer Angelegenheit* ☐ **reverso**

kehrt|ma|chen ⟨V. 400; umg.⟩ **1** *eine halbe Drehung vollführen, sich umdrehen;* sie machte auf dem Absatz kehrt u. verschwand ☐ **dar meia-volta 2** *umkehren, zurückgehen, zurückfahren;* wir mussten kehrtmachen, da wir unsere Reisepässe vergessen hatten ☐ **voltar**

Kehr|wert ⟨m.; -(e)s; -e⟩ = *reziproker Wert* → *reziprok(1.1)*

kei|fen ⟨V. 400; abwertend⟩ *lautstark in hoher Tonlage zanken, schimpfen, streiten;* sie keiften den ganzen Tag; jetzt hast du lange genug gekeift ☐ **ralhar; vociferar**

Keil ⟨m.; -(e)s, -e⟩ **1** *zum Spalten od. als Hemmvorrichtung dienender prismatischer Körper, von dem zwei Seiten spitzwinklig in einer Kante zusammenstoßen;* einen ~ in einen Spalt treiben; einen ~ unter die Räder legen ☐ **cunha; calço** 1.1 ~ und Gegenkeil *zwei Keile, die nacheinander mehrmals so ins Holz getrieben werden, dass der eine den anderen lockert u. das Holz schließlich gespalten wird* ☐ ***chaveta e contra-chaveta* **2** ⟨fig.⟩ 2.1 einen ~ zwischen zwei Menschen treiben *die gute Einvernehmen zwischen zwei M. zu stören suchen, Zwietracht säen* ☐ ***semear a discórdia entre duas pessoas** 2.2 ein ~ treibt den anderen *auf eine Zwangsmaßnahme muss eine weitere folgen* ☐ ***um cravo com outro se tira* → a. *grob(4.2)* **3** *dreieckiger, spitzwinkliger Stoffteil in Kleidungsstücken* ☐ **nesga**

Kei|le ⟨nur Pl.; umg.⟩ *Schläge, Prügel;* ~ kriegen ☐ **surra; pancada**

Kei|ler ⟨m.; -s, -⟩ *männliches Wildschwein, Wildeber* ☐ **javali (macho)**

Kei|le|rei ⟨f.; -, -en; umg.⟩ *Schlägerei, Prügelei, Handgemenge* ☐ **pancadaria; briga**

Keim ⟨m.; -(e)s, -e⟩ **1** *einfaches Ausgangsgebilde eines Lebewesens, Embryo;* der junge, zarte ~ (einer Pflanze u. a.) ☐ **germe; embrião 2** *Krankheitserreger;* Krankheits~; ~ der Ansteckung; die ~e beim Kochen abtöten ☐ **germe 3** ⟨fig.; geh.⟩ *Anfang, Beginn, Ausgangspunkt;* der ~ der Liebe, des Hasses 3.1 dieses Erlebnis hat den ~ für seine spätere Entwicklung, Handlungsweise gelegt *stellte den Ausgangspunkt dar* ☐ **germe; semente** 3.2 einen Aufstand im ~ ersticken *vor dem Ausbruch, im Entstehen* ☐ ***sufocar uma revolta antes que ela estoure* 3.3 die Absicht war damals schon im ~ vorhanden *im Ansatz* ☐ **fase inicial**

kei|men ⟨V. 400⟩ **1** *aus einem Keim zu wachsen beginnen, Triebe hervorbringen* ☐ **germinar; brotar** 1.1 ~des Leben ⟨geh.⟩ *werdendes (menschliches) Leben,*

Keimzelle

Kind im Mutterleib □ *a semente de uma nova vida **2** eine **Sache** keimt *beginnt sich zu entwickeln; in ihrem Herzen keimte eine schüchterne Liebe* □ germinar

Keim|zel|le 〈f.; -, -n〉 *Zelle der Vielzeller, die nur der Fortpflanzung dient, Geschlechtszelle* □ célula germinativa; célula embrionária

kein 〈Indefinitpron.〉 **1** *nicht einer (eine Person), nicht ein (eine Sache);* Ggs *jede(r, -s);* ~ Kind, ~es der Kinder □ nenhum; ~ einziges Mal □ *nem uma única vez; *er ist* ~ *Deutscher; ich habe* ~ *Geld; ich habe* ~*e Lust; ich habe (gar)* ~*e Zeit; nur* ~*e Angst!; Sie machen sich* ~*e Vorstellung, wie herrlich es war* □ não; ~*er von ihnen, von uns, von beiden;* ~ *anderer war es* □ nenhum 1.1 ~*er,* ~ **Mensch** 〈umg.〉 *niemand; und wenn man dann fragt, will es weder* ~ *er gewesen sein; das weiß* ~*er;* ~ *Mensch war da* □ *ninguém **2** 〈Wendungen〉 2.1 ~ *bisschen überhaupt nicht(s)* 2.2 ~*e* **Spur!** *ganz und gar nicht, wirklich nicht* □ *nem um pouco 2.3 ~*e* **Ahnung!** *ich weiß es nicht* □ *não faço ideia! 2.4 *an* ~*er* **Stelle** *nirgends, nirgendwo* □ *em nenhum lugar 2.5 *in* ~*er* **Weise** *überhaupt nicht, gar nicht* □ *de maneira alguma 2.6 *auf* ~*en* **Fall** *ganz bestimmt nicht* □ *de forma alguma 2.7 ~ **Ursache!** *bitte, gern geschehen (als Antwort auf Dank)* □ *de nada!; não tem de quê

kei|ner|lei 〈Adj. 24/60〉 *nicht das Geringste, nicht der Geringsten, nicht die Geringsten, von keiner Art; er hat auf sie* ~ *Einfluss; ich mache mir darüber* ~ *Gedanken; auf* ~ *Weise* □ nenhum; de nenhuma espécie

kei|nes|falls 〈Adv.〉 *auf keinen Fall; ich komme* ~; *er darf mich* ~ *hier sehen* □ de forma alguma

kei|nes|wegs 〈a. [--'-] Adv.〉 *durchaus nicht, ganz u. gar nicht; möchtest du gern mitkommen?* ~!; *er ist* ~ *so klug, wie er scheint* □ de modo algum; absolutamente

kein|mal *auch:* **kein Mal** 〈Adv.〉 *nicht ein einziges Mal; er hat* ~ *aus dem Urlaub angerufen* □ nem uma (única) vez

Keks[1] 〈m. od. n.; - od. -es, - od. -e〉 *kleines, trockenes Gebäckstück* □ biscoito; bolacha

Keks[2] 〈m; -es, -e; salopp〉 **1** *Kopf* □ cuca; cachola 1.1 *du gehst mir auf den* ~! *du gehst mir auf die Nerven, bist mir lästig* □ *você me dá nos nervos! 1.2 *du hast wohl einen weichen* ~! *du bist wohl nicht recht bei Verstand!* □ *você deve estar de miolo mole!

Kelch 〈m.; -(e)s, -e〉 **1** *(meist kostbares, geschliffenes) Trinkglas mit Fuß, bes. das Gefäß für den Wein beim Abendmahl; der Priester trinkt aus dem* ~ □ cálice; taça **2** 〈fig.〉 *schweres Schicksal; der* ~ *des Leidens* □ cálice; provação 2.1 *bitterer* ~ *schwer zu bewältigendes Schicksal, bitteres Erlebnis* □ *cálice da amargura 2.2 *den* (bitteren) ~ *bis zur Neige leeren etwas Schweres bis zu Ende tragen, keine Widerwärtigkeit erspart bekommen* □ *beber do cálice da amargura até o fim 2.3 *möge dieser* ~ *an mir vorübergehen* (fig.) *möge mir dieses Schwere erspart bleiben (nach dem Ausspruch Christi, Matth. 26,39)* □ *afasta de mim este cálice **3** 〈Bot.〉 *meist grüner, oft verwachsener äußerer Teil einer doppelten Blütenhülle* □ cálice

Kel|le 〈f.; -, -n〉 **1** *Gerät aus dreieckiger Platte u. geschwungenem Griff zum Anwerfen des Putzes an die Mauer;* Maurer~ □ *colher de pedreiro **2** *runder, tiefer Löffel zum Schöpfen;* Schöpf~; Suppen~ □ concha **3** 〈Eisenb.〉 *Stab, mit dem das Abfahrtszeichen gegeben wird* □ sinal de disco; palmatória de sinais **4** 〈Jägerspr.〉 *Schwanz des Bibers* □ cauda do castor

Kel|ler 〈m.; -s, -〉 **1** *Geschoss des Hauses unter der Höhe der Straße; im* ~ *befindet sich noch ein Bastelraum* □ porão **2** *unterirdischer Aufbewahrungsraum;* Kartoffel~, Wein~; *Wein, Bier aus dem* ~ *holen* □ adega; despensa 2.1 *auftischen, was Küche und* ~ *zu bieten haben* (fig.) *reichlich Speise und Trank auftischen* □ *oferecer tudo o que se tem em casa **3** *(urspr. im Keller liegende) Bierwirtschaft, Gaststätte (hervorgegangen aus den Bierkellern der Brauereien, die dort oft auch einen kleinen Ausschank betrieben, bzw. aus der Gaststätte im Rathaus);* Löwenbräu~, Rats~ □ cervejaria; restaurante

Kell|ner 〈m.; -s, -〉 *Angestellter in einer Gaststätte zum Bedienen der Gäste* □ garçom

Kell|ne|rin 〈f.; -, -rin|nen〉 *weibl. Kellner* □ garçonete

Kel|ter 〈f.; -, -n〉 *Fruchtpresse, bes. für Trauben* □ lagar

Ke|me|na|te 〈f.; -, -n〉 **1** 〈urspr.〉 *beheizbares Wohngemach (in Burgen)* □ aposento aquecido por lareira 1.1 〈später〉 *Frauengemach* □ aposento reservado às mulheres; sala das senhoras **2** 〈heute; meist scherzh.〉 *kleines, gemütliches (Wohn-, Studier-)Zimmer; er hat sich in seine* ~ *zurückgezogen* □ canto

ken|nen 〈V. 166/500〉 **1** 〈Vr 7 od. Vr 8〉 *jmdn. od. etwas* ~ *über das Wesen von jmdm. od. etwas Bescheid wissen; jmdn. (nur) vom Sehen* ~; *ich kenne ihn von früher; jmdn. flüchtig, etwas, gut, schon lange* ~ □ conhecer 1.1 〈513〉 *jmdn. (nur) dem Namen nach* ~ *über das Wesen von jmdm. nicht aus eigener Erfahrung Bescheid wissen* □ *conhecer alguém (apenas) de nome 1.2 〈513〉 *jmdn. (persönlich)* ~ *sich aufgrund einer od. wiederholter Begegnungen im Bild von einer Person machen können, sich mit ihrer Eigenheit vertraut gemacht haben, Erfahrungen mit ihr gemacht haben;* ~ *Sie Herrn X?* (als einleitende Frage bei der Vorstellung); *ich habe Ihren (verstorbenen) Vater gut gekannt; da kennst du mich aber schlecht (wenn du so etwas von mir denkst)!; ich kenne ihn nur als anständig und bescheiden* □ conhecer 1.3 *kennst du mich (überhaupt) noch? erinnerst du dich noch an mich?* □ *você ainda se lembra de mim? 1.4 *er kennt mich nicht mehr er beachtet mich nicht, verleugnet unsere Bekanntschaft* □ *ele faz de conta que não me conhece **2** *etwas* ~ *von etwas wissen, Bescheid wissen über etwas, bewandert sein in etwas; ich kenne das Lied auswendig; kennst du hier ein gutes Gemüsegeschäft?; diese Blumen kennt man hier nicht* □ saber; conhecer 2.1 *eine Stadt, ein Land* ~ (schon) *in einer Stadt, in einem Land gewesen sein* **3** *ein literarisches* **Werk**, *musikalisches Werk* ~ (schon einmal) *gesehen, gelesen, gehört haben; ich kenne von Mozart nur die „Zauberflöte"; kennst du etwas (ein Werk) von Hemingway?* □ conhecer **4** 〈fig.〉 4.1 *er kennt* nichts anderes als seine Arbeit *er beschäftigt sich nur mit seiner A.* ☐ **ele só sabe trabalhar* **4.2** die Begeisterung, der Jubel kannte keine Grenzen *die B., der J., war unbeschreiblich groß* ☐ **foi um entusiasmo/uma alegria sem limites* **4.3** ⟨514⟩ er kennt sich nicht vor Wut *er ist vor Wut außer sich* ☐ **ele está fora de si de tanta raiva* **4.4** ⟨510⟩ da kenne ich nichts! *da ist mir alles gleichgültig, ich tue es doch!* ☐ **não dou a mínima!; estou me lixando!* **4.5** ja, das kenne ich! ⟨umg.⟩ *das habe ich schon oft gehört od. erlebt u. will davon nichts mehr wissen, hör mir damit auf!* ☐ **sei bem o que é isso!; conheço essa história!* **4.6** ich kenne meine Leute ⟨umg.⟩ *mir kann keiner etwas vormachen, ich durchschaue sie alle* ☐ **conheço o meu eleitorado* **5** ⟨Getrennt- u. Zusammenschreibung⟩ **5.1** ~ *lernen = kennenlernen*

ken|nen||ler|nen *auch:* **ken|nen ler|nen** ⟨V. 500⟩ **1** jmdn. ~ *jmdn. zum ersten Mal treffen, jmds. Bekanntschaft machen* **1.1** es war nett, Sie kennenzulernen/kennen zu lernen *(Formel beim Verabschieden einer Person, die man zum ersten Mal getroffen hat)* ☐ **conhecer 1.2** der wird mich ~! ⟨umg.⟩ *dem werde ich noch die Meinung sagen!* ☐ **ele vai ver só!; ele vai ver com quem se meteu!* **2** etwas ~ *etwas zum ersten Mal sehen, hören, lesen;* ein neues Buch ~; er hat eine gegensätzliche, eine andere Meinung kennengelernt/kennen gelernt; ein fremdes Land, eine andere Kultur ~ ☐ **conhecer; ficar conhecendo**

Ken|ner ⟨m.; -s, -⟩ *erfahrener Fachmann auf einem Gebiet, jmd., der sehr gut über etwas Bescheid weiß;* Wein~; er ist ein ausgezeichneter ~ der altgriechischen Literatur, orientalischer Teppiche usw. ☐ **conhecedor**

Ken|ne|rin ⟨f.; -, -rin|nen⟩ *weibl. Kenner* ☐ **conhecedora**

Kenn|num|mer ⟨f.; -, -n⟩ *jmdn. od. etwas kennzeichnende Nummer* ☐ **número de identificação**

kennt|lich ⟨Adj. 80⟩ **1** etwas ist (an etwas) ~ *ist (an gewissen Anzeichen) zu erkennen, wahrnehmbar;* das Vogelmännchen ist im Unterschied zum Weibchen an seinem bunteren Gefieder ~ ☐ **reconhecível; identificável 2** etwas (als etwas) ~ machen *ein Zeichen anbringen, um etwas als etwas Bestimmtes erkennbar zu machen;* eine Flüssigkeit durch ein rotes Etikett auf der Flasche als Gift ~ machen ☐ **marcar/identificar alguma coisa*

Kennt|nis ⟨f.; -, -se⟩ **1** *Wissen (von), Erfahrung;* Fach~, Sach~; seine ~se reichen dazu nicht aus; ohne ~ der Umstände; ausgezeichnete, hervorragende, große, reiche, umfassende ~se haben **1.1** in einer Sprache (gute) ~se besitzen *eine Sprache schon (gut), bis zu einem gewissen Grade beherrschen* ☐ **conhecimento 1.2** das entzieht sich meiner ~ *das weiß ich nicht* ☐ **não tenho conhecimento disso* **2** jmdm. etwas zur ~ bringen, geben *mitteilen, informieren* ☐ **levar alguma coisa ao conhecimento de alguém* **2.1** jmdn. davon in ~ setzen *jmdm. mitteilen, dass ..., jmdn. davon unterrichten, dass ...* ☐ **informar alguém de alguma coisa* **2.2** etwas zur ~ nehmen ⟨geschäftl. Briefstil⟩ *die Mitteilung von etwas bestätigen* ☐ **tomar nota de alguma coisa; registrar alguma coisa* **2.3** ich habe es zur ~ genommen *ich habe es mir angehört, (od.) angesehen u. kenne es nun, aber ich will nicht darüber urteilen* ☐ **tomei conhecimento/fiquei sabendo disso*

Kennum|mer ⟨alte Schreibung für⟩ *Kennnummer* ☐ **número de identificação**

Kenn|zei|chen ⟨n.; -s, -n⟩ **1** *typisches Zeichen, charakteristisches Merkmal, das eine Person od. eine Sache von anderen unterscheidet;* ein ~ des Verbrechers ist eine Tätowierung am Unterarm ☐ **sinal; marca; característica 1.1** *für den Straßenverkehr angemeldeten Fahrzeugen amtlich zugeteiltes Zeichen mit Buchstaben u./od. Ziffern;* Kraftfahrzeug~; ein Wagen mit dem ~ ... ☐ **placa**

kenn|zeich|nen ⟨V. 500⟩ **1** jmd. kennzeichnet etwas (durch etwas) *bringt an etwas ein Zeichen an;* einen Weg (durch Steine, Zweige usw.) ~; eine Flasche durch ein Etikett, eine Kiste durch eine Aufschrift ~; Namen in einer Liste durch Kreuze ~ ☐ **identificar; marcar 2** ⟨Vr 7⟩ ein **Verhalten** kennzeichnet jmdn. *ein V. lässt jmds. Eigenart, Wesen, Charakter deutlich werden, erkennen;* diese Tat kennzeichnet seinen Mut, seine Anständigkeit; sein Verhalten kennzeichnet ihn als gut erzogenen Menschen ☐ **caracterizar**

Ken|taur ⟨m.; -en, -en⟩ = *Zentaur*

ken|tern ⟨V. 400⟩ ein Boot kentert *schlägt um, kippt um* ☐ **soçobrar; virar**

kep|peln ⟨V. 400; österr.; umg.; abwertend⟩ *anhaltend schimpfen;* sie hat den ganzen Tag gekeppelt ☐ **ralhar; implicar**

Ke|ra|mik ⟨f.; -, -en⟩ **1** ⟨unz.⟩ *Technik zur Herstellung von Gegenständen aus gebranntem Ton;* einen Kurs für ~ belegen **2** ⟨zählb.⟩ *Gesamtheit der Erzeugnisse aus gebranntem Ton* **2.1** *Produkt des Töpferhandwerks* **3** ⟨unz.⟩ *Industrie, die Gegenstände aus gebranntem Ton herstellt;* in der ~ tätig sein ☐ **cerâmica**

Ker|be ⟨f.; -, -n⟩ **1** *scharfkantiger Einschnitt, Vertiefung, Scharte (bes. in Holz);* ~n in einen Baumstamm ritzen ☐ **entalhe; mossa 1.1** in die gleiche ~ hauen ⟨fig.; umg.⟩ *das Erreichen eines Zieles, einer Absicht unterstützen, jmds. Ansicht stützen, untermauern* ☐ **ler/rezar pela mesma cartilha*

Ker|bel ⟨m.; -s; unz. Bot.⟩ *(als Suppenkraut u. Gewürz verwendeter) Angehöriger einer Gattung der Doldengewächse: Anthriscus* ☐ **cerefólio**

Kerb|holz ⟨n.; -es, -höl|zer; MA⟩ **1** ⟨im MA⟩ *längs gespaltener Stock, von dem jeder der beiden Geschäftspartner eine Hälfte bekam, in die Kerben als Merkzeichen für Zahlungen usw. geschnitten wurden* ☐ **talha 1.1** etwas auf dem ~ haben **1.1.1** ⟨urspr.⟩ *etwas schuldig sein* ☐ **ter uma dívida; dever alguma coisa* **1.1.2** ⟨heute⟩ *etwas Unrechtes getan haben* ☐ **ter culpa no cartório*

Ker|ker ⟨m.; -s, -; veraltet⟩ **1** *(unterirdisches) Gefängnis* ☐ **calabouço; cárcere 2** ⟨veraltet⟩ *schwere Form der Freiheitsstrafe;* zehn Jahre schweren ~ bekommen; im ~ schmachten ☐ **(pena de) reclusão; prisão**

Kerl ⟨m.; -s, -e od. -s; umg.⟩ **1** *Mensch, Mann, Bursche, Junge;* er ist ein anständiger, feiner, gutmütiger, lieber ~; großer, junger, kräftiger, strammer ~; braver, ganzer (= tüchtiger), tapferer ~; gemeiner, schlechter ~ □ **sujeito; cara**; der arme ~! □ *****coitado!**; kleiner ~ (meist liebevoll von kleinem Jungen) □ *****garoto; jovem** 1.1 sie hat einen ~ ⟨derb⟩ *einen Freund, Geliebten* □ **amante; caso** 2 *sympathischer Mensch;* sie ist ein hübscher, netter ~ □ *****ela é pessoa simpática/legal** 2.1 *herausragendes (bes. großes) Exemplar;* wir haben solche ~e von Fischen geangelt □ **exemplar**; → a. *lang(1.1.6)* 3 ⟨abwertend für⟩ *Mensch, Mann, Bursche, Junge;* wenn doch der ~ endlich ginge!; ich kann den ~ nicht leiden; dummer, blöder, grober ~; er ist ein komischer ~ □ **sujeito**

Kẹrn ⟨m.; -(e)s, -e⟩ 1 *innerer, mittlerer Teil von etwas, Mittelpunkt, Zentrum;* Stadt~ □ **centro; núcleo** 1.1 *harter innerer Teil einer Frucht;* Apfel~, Apfelsinen~ □ **núcleo; miolo** 1.2 *Stein des Steinobstes;* Kirsch~; vor dem Einmachen die ~e entfernen □ **caroço** 2 ⟨fig.⟩ *das Innerste* □ **cerne**; âmago 2.1 *das Wesen, der Charakter einer Person* □ **essência** 2.1.1 sie hat einen guten ~ *im Grunde einen guten Charakter, wenn es nach außen hin auch nicht so scheint* □ **coração** 2.2 *das Wesen einer Sache, das einer Sache zugrunde liegende, Wesentliche;* zum ~ der Frage, Sache vorstoßen; damit hast du in der Tat den ~ des Problems getroffen □ **âmago; cerne**; → a. *Pudel(2)* 3 ⟨Biol.⟩ *Zellkern* □ **núcleo celular** 4 ⟨Biol.⟩ *Ausgangs- od. Endteil der Hirn- u. Rückenmarksnerven in der grauen Substanz* □ **núcleo** 5 ⟨Phys.⟩ *Atomkern* □ **núcleo atômico** 6 ⟨Met.⟩ *in eine Gießform eingebrachtes Formteil, das einen Hohlraum in dem fertigen Gussstück aussparen soll* □ **macho** 7 ⟨Chem.⟩ *Ausgangspunkt einer Kristallbildung* □ **núcleo** 8 ⟨Astron.⟩ *Kernschatten* □ **umbra; sombra total**

Kẹrn|ener|gie ⟨f.; -; unz.⟩ *durch Spaltung von Atomkernen gewonnene Energie,* Sy *Atomenergie* □ **energia nuclear**

kẹr|nig ⟨Adj.⟩ *kräftig u. gesund, fest u. stark, kraftvoll, markig, urwüchsig;* ~er Ausspruch; ~er Mann □ **vigoroso; robusto**

Kẹrn|kraft|werk ⟨n.; -(e)s, -e; Abk.: KKW⟩ *Kraftwerk, in dem die kontrollierte Spaltung von Atomkernen zur Energiegewinnung genutzt wird,* Sy *Atomkraftwerk* □ **central/usina nuclear**

Kẹrn|obst ⟨n.; -es; unz.⟩ *Obstgattungen der zur Familie der Rosengewächse gehörenden Unterfamilie der Pomoidae, deren Frucht aus dem Kernhaus mit den Kernen als Samen besteht und zu denen z. B. Apfel, Birne, Eberesche u. Weißdorn gehören* □ **fruta de caroço**

Kẹrn|re|ak|tor ⟨m.; -s, -en⟩ *Anlage, in der Spaltungen von Atomkernen in einer kontrollierten Kettenreaktion ablaufen u. Energie frei wird,* Sy *Atomreaktor* □ **reator nuclear**

Ke|ro|sin ⟨n.; -s; unz.⟩ *als Treibstoff für Flugzeuge verwendetes Petroleum* □ **querosene**

Kẹr|ze ⟨f.; -, -n⟩ 1 *zylindrischer Beleuchtungskörper aus Stearin, Wachs, Talg, Paraffin mit einem Docht aus geflochtener Baumwolle;* Altar~, Stearin~, Wachs~, Weihnachts~; ~n gießen, ziehen; die ~n anzünden, auslöschen, ausbrennen lassen; für einen Altar, einen Heiligen, die Muttergottes eine ~ stiften; gegossene, gezogene ~; sein Leben verlosch so still wie eine ~ ⟨poet.⟩ □ **vela; círio** 2 ⟨fig.⟩ *kerzenähnliches Gebilde* □ **vela** 2.1 *kerzenähnliche Pflanzenblüten;* Kastanien~ □ *****castanheiro-da-índia** 3 = *Zündkerze;* die ~n auswechseln; die ~n reinigen □ **vela de ignição** 4 ⟨Turnen⟩ *Nackenstand, Turnübung, bei der Beine u. Rumpf aus der Rückenlage gerade nach oben gestreckt werden, so dass nur noch Kopf, Nacken, Schultern u. Arme den Boden berühren;* die ~ machen □ **(posição de) vela** 5 ⟨Fußb.⟩ *steiler Schuss* □ **chutão; bico** 6 ⟨veraltet; Phys.⟩ *Maßeinheit der Lichtstärke* □ **vela**

Kẹ|scher ⟨m.; -s, -⟩ *an einem Stab befestigtes Fangnetz zum Fischen;* oV *Käscher* □ **puçá**

kẹss ⟨Adj.; umg.⟩ 1 jmd. ist ~ *ist auf harmlose Weise frech, dreist od. vorlaut;* ein ~er Bursche □ **atrevido; impertinente** 2 jmd. ist ~ *flott, schneidig* □ **elegante; chique** 3 ein Kleidungsstück ist ~ *ist modisch u. dabei herausfordernd;* ein ~es Hütchen □ **ousado; arrojado**

Kẹs|sel ⟨m.; -s, -⟩ 1 *größeres, bauchiges Metallgefäß zum Erhitzen od. Verdampfen von Flüssigkeiten;* Dampf~, Heiz~, Wasser~; den ~ aufs Feuer setzen, vom Feuer nehmen; früher wurde Wäsche im ~ gekocht □ **caldeira** 1.1 *weites, gerundetes Tal;* Tal~ □ **bacia; vale** 2 ⟨Mil.⟩ *umstelltes, umzingeltes, kreisförmiges Stück Land, in dem sich der Feind, Flüchtling o. Ä. befindet; die feindlichen Truppen in einem ~ einschließen* □ **cerco** 3 ⟨Jägerspr.⟩ 3.1 *Lager mehrerer Wildschweine* □ **malhada** 3.2 *kreisförmiges Stück Feld, in dem das Wild (bes. Hasen) bei der Kesseljagd zusammengetrieben wird* □ **cerco** 3.3 *der kreisförmig erweiterte Wohnraum nach der Eingangsröhre im Dachs- und Fuchsbau* □ **toca**

Kẹs|sel|trei|ben ⟨n.; -s, -⟩ 1 ⟨Jagdw.⟩ *Treibjagd (bes. auf Hasen), bei der die Treiber, von einem Punkt nach zwei Seiten ausgehend, einen Ring bilden, in dem das Wild wie in einem Kessel eingeschlossen ist u. auf den Mittelpunkt zugetrieben wird* □ **batida; montaria** 2 *ein ~ gegen jmdn. veranstalten* ⟨fig.⟩ □ *****promover a perseguição de alguém** 2.1 *ihn einkreisen, um ihn zu vernichten* □ *****cercar/encurralar alguém** 2.2 *gegen ihn von allen Seiten hetzen, um ihn mundtot zu machen* □ *****acossar/tentar calar alguém**

Ketch|up *auch:* **Ket|chup** ⟨[kɛtʃʌp], [kɛtʃəp] od. [kɛtʃup] m. od. n.; - od. -s, -s⟩ = *Ketschup*

Ketsch|up *auch:* **Ket|schup** ⟨[kɛtʃʌp], [kɛtʃəp] od. [kɛtʃup] m. od. n.; - od. -s, -s⟩ *dickflüssige, pikant gewürzte (Tomaten-)Soße;* oV *Ketchup* □ **ketchup**

Kẹt|te[1] ⟨f.; -, -n⟩ 1 *Band aus (meist metallenen) Gliedern, die ineinandergreifen od. durch Gelenke miteinander verbunden sind;* Glieder~, Gelenk~, Panzer~ □ **corrente; cadeia; correia** 1.1 *Kette(1) für Zug u. Antrieb;* Anker~, Fahrrad~; die ~ ölen □ **correia; corrente** 1.2 *Band(1) als Schmuck od. zum Befestigen eines Anhängers;* Ordens~, Uhr~; Bernstein~, Perlen~, Hals~; goldene, silberne ~; eine ~ um den Hals tragen 1.3 *Kette(1) zum Anbinden, Festhalten;*

die ~ (an der Tür) vorlegen; einen Hund an die ~ legen □ **corrente 2** *eine Reihe nahe beieinanderliegender od. miteinander verbundener Gegenstände*; Berg~ □ ***cordilheira**, Blumen~ □ ***guirlanda/coroa de flores**, Seen~ □ ***cadeia/complexo de lagos 3** zu einem bestimmten Zweck aufgestellte Reihe von Personen*; Menschen~; eine ~ bilden (um Bausteine, Bücher o. Ä. weiterzureichen) □ **corrente 4** 〈nur Pl.〉 *Eisenfesseln; die Gefangenen wurden früher mit ~n aneinandergeschmiedet; einen Gefangenen in ~n legen; zwei Gefan|gene mit ~n aneinanderschmieden* □ **corrente; grilhão 4.1** *seine ~n abwerfen, zerreißen* 〈a. fig.〉 *ein Joch, eine Fremdherrschaft abschütteln, sich mit Gewalt befreien* □ ***libertar-se dos grilhões; romper as amarras 5** 〈fig.〉 **5.1** *Folge von Vorgängen, Ereignissen od. Handlungen; Gedanken~; eine ~ von Ereignissen, Unglücksfällen* □ **série; sucessão 5.2** *ein Glied in einer ~ sein zu einer Gemeinschaft gehören, die jedes Mitglied braucht* □ ***ser um elo em uma corrente 5.3** 〈Wirtsch.〉 *eine Reihe von gleichartigen Dienstleistungsbetrieben, die zu demselben Unternehmen gehören u. an verschiedenen Orten tätig sind*; Laden~; Hotel~ □ **rede; cadeia 6** 〈Textilw.〉 *Gesamtheit der Kettfäden, der Längsfäden eines Gewebes*; Ggs *Schuss*(7) □ **urdidura**
Ket|te² 〈f.; -, -n〉 **1** 〈Jägerspr.〉 *Familie jagdbarer Hühnervögel* □ **bando de perdizes 2** 〈Mil.〉 *drei gemeinsam fliegende Flugzeuge* □ **esquadrilha**
Kett|fa|den 〈m.; -s, -fä|den〉 *Garn für die Kette*(6) *eines Webstuhls* □ **fio de urdidura**
Ket|zer 〈m.; -s, -〉 **1** 〈Rel.〉 *jmd., der eine von einem kirchlichen Dogma abweichende Lehre vertritt* **2** *jmd., der offen von der allgemein herrschenden Meinung abweicht, sich offen gegen die allgemein herrschende Meinung stellt* □ **herege**
Ket|ze|rin 〈f.; -, -rin|nen〉 *weibl. Ketzer* □ **herege**
keu|chen 〈V. 400〉 *mit geöffnetem Mund hörbar u. mit Mühe atmen, schnaufen*; „...!", *keuchte er; unter einer schweren Last ~; vom schnellen Laufen ~; ~d die Worte hervorstoßen; die Dampflok keuchte den Berg hinauf* 〈fig.〉 □ **arfar; ofegar**
Keu|le 〈f.; -, -n〉 **1** *nach unten dicker werdender, starker Stock als Schlag- u. Wurfgerät, Turngerät od. ähnlicher Form zum Schwingen* □ **clava; maça 2** *Oberschenkel des Schlachtviehs u. Haarwildes*; Hammel-, Kalbs-, Reh~ □ **perna; coxa; pernil**
keusch 〈Adj.〉 **1** *rein, unberührt, jungfräulich* **2** *sexuell enthaltsam; ein ~es Leben führen; ~ leben* □ **(de modo) casto/puro 3** *zurückhaltend, schamhaft, züchtig; die Augen ~ niederschlagen* □ **com recato; ~ und züchtig** □ **pudico; recatado 3.1** *ein ~er Joseph* 〈umg.; scherzh.〉 *ein sehr zurückhaltender Mann* □ ***um puritano**
Key|board 〈[kiːbɔːd] n.; -s, -s; Mus.〉 *elektronisch verstärktes Tasteninstrument; ~ spielen* □ **teclado**
Kfz 〈Abk. für〉 *Kraftfahrzeug* □ **automóvel**
Kfz-Me|cha|ni|ker 〈[--'-----] m.; -s, -; Berufsbez.〉 *jmd., der Kraftfahrzeuge repariert u. instand hält* □ **mecânico de automóveis**

kg 〈Abk. für〉 *Kilogramm* □ **kg**
Kha|ki 〈n.; -s; unz.〉 *ins Gelbliche übergehende erdbraune Farbe*; oV *Kaki* □ **cáqui**
Kib|buz 〈m.; -, -bu|zim od. -e〉 *landwirtschaftliches Kollektiv in Israel* □ **kibutz**
ki|chern 〈V. 400〉 *leise in kurzen Tönen u. mit hoher Stimme lachen* □ **rir à socapa**
Kick 〈m.; - od. -s, -s〉 **1** 〈bes. Fußb.〉 *Schuss, Stoß, Tritt* □ **chute; pontapé 2** 〈salopp〉 *Vergnügen, Kitzel, Schwung; das gibt den richtigen ~* □ **excitação; ímpeto 2.1** *durch die Einnahme von Drogen hervorgerufenes Hochgefühl, euphorischer Zustand* □ **excitação; euforia**
Kick-down *auch:* **Kick|down** 〈[-daʊn] n. od. m.; -s, -s; bei automat. Getrieben von Kraftfahrzeugen〉 *plötzliches Durchtreten des Gaspedals (zur schnelleren Beschleunigung)* □ **kick-down**
ki|cken 〈V.; umg.〉 **1** 〈400〉 *Fußball spielen* □ **jogar futebol 2** *einen Ball ~ mit dem Fuß anstoßen* □ **chutar**
Kick-off *auch:* **Kick|off** 〈m.; -s, -s; schweiz.; Fußb.〉 *Anstoß* □ **pontapé inicial**
Kid 〈n.; -s, -s〉 **1** *Fell einer jungen Ziege* □ **pelica 2** 〈salopp〉 *Kind, Jugendlicher; Kleidung für ~s u. Teens* □ **criança**
kid|nap|pen 〈[-næpən] V. 500〉 *jmdn. ~ entführen, rauben* □ **sequestrar**
Kid|nap|per 〈[-næpər] m.; -s, -〉 *Entführer, Menschen-, Kindesräuber* □ **sequestrador**
kie|big 〈Adj.; bes. norddt.〉 *zänkisch, schnippisch, wütend; eine ~e Antwort bekommen* □ **impertinente; irreverente**
Kie|bitz¹ 〈m.; -es, -e; Zool.〉 *mittelgroßer, schwarzweißer Watvogel aus der Familie der Regenpfeifer mit aufrichtbarem Federschopf am Hinterkopf*: *Vanellus vanellus* □ **abibe; galispo**
Kie|bitz² 〈m.; -es, -e〉 *Zuschauer beim Kartenspiel, bes. Skat, der oft lästige Ratschläge gibt* □ **mirão**
Kie|fer¹ 〈m.; -s, -; Anat.〉 *einer von zwei starken, meist gegeneinander beweglichen, Zähne tragenden Knochen vieler Tiere u. des Menschen zum Erfassen u. Zerkleinern der Nahrung*; Ober~, Unter~ □ **maxilar**
Kie|fer² 〈f.; -, -n; Bot.〉 *Gattung der Nadelhölzer mit zwei bis fünf Nadeln an einem kurzen Trieb*: *Pinus* □ **pinheiro**
Kiel¹ 〈m.; -(e)s, -e〉 *harter Teil der Vogelfeder, der früher als Schreibgerät diente*; Feder~, Gänse~ □ **cálamo; pena**
Kiel² 〈m.; -(e)s, -e〉 **1** *unterster, von vorn der Länge nach bis hinten durchgehender, mittlerer Teil (aus Holz od. Stahl) mancher Schiffe* □ **quilha 1.1** *ein Schiff auf ~ legen zu bauen beginnen* □ ***assentar a quilha de um navio**
kiel|oben 〈Adv.〉 *mit dem Kiel nach oben; das Boot trieb ~ im Wasser* □ **com a quilha para cima**
Kie|me 〈f.; -, -n; Zool.〉 *dünnhäutiges Atmungsorgan im Wasser lebender Tiere, durch dessen Wand der Gasaustausch stattfindet, indem von außen das zum Atmen aufgenommene Wasser, von innen die Körperflüssigkeit daran herantritt*: *Branchia* □ **brânquia; guelra**

Kien ⟨m.; -(e)s, -e⟩ *harziges Kiefernholz;* ~span □ *madeira resinosa*

Kies ⟨m.; -es; Pl. selten⟩ **1** *lose Anhäufung von zerkleinerten, durch Wassereinwirkung abgerundeten Gesteinsstücken bis rd. 3 cm Durchmesser* □ *cascalho* **2** ⟨Min.⟩ *Schwefel-, Arsen- od. Antimonerz von metallischem Aussehen;* Arsen~, Schwefel~ □ *pirita* **3** ⟨unz.; umg.⟩ *Geld* □ *grana*

Kie|sel ⟨m.; -s, -⟩ *Kieselstein, kleiner, durch strömendes Wasser rundgeschliffener Stein* □ *seixo; calhau*

Kiez ⟨m.; -es, -e; bes. berlin.⟩ **1** *(alter) Orts-, Stadtteil* □ *área; distrito* **2** *Stadtviertel, in dem Prostitution betrieben wird;* auf dem ~ gehen; auf dem ~ arbeiten □ *zona de prostituição*

kil|len¹ ⟨V. 500; umg.⟩ *jmdn. ~ töten* □ *matar; assassinar*

kil|len² ⟨V. 400⟩ *das Segel killt flattert im Wind* □ *tremular; esvoaçar*

Ki|lo ⟨n.7; -s, - od. -s; Kurzw. für⟩ *Kilogramm* □ *quilo*

ki|lo..., Ki|lo... ⟨in Zus.; Abk.: k⟩ *tausendfach, Tausend ...*

Ki|lo|gramm ⟨a. ['---] n. 7; -s, -; Zeichen: kg⟩ *1 000 Gramm* □ *quilograma*

Ki|lo|joule ⟨a. [-dʒaʊl] od. [-dʒuːl] n. 7; - od. -s, -; Zeichen: kJ⟩ *1000 Joule* □ *quilojoule*

Ki|lo|ka|lo|rie ⟨a. [----'-] f. 7; -, -n; Zeichen: kcal⟩ *1 000 Kalorien, nicht mehr zulässige Maßeinheit, zu ersetzen durch die Einheit Kilojoule; 1 kcal = 4,185 kJ* □ *quilocaloria*

Ki|lo|me|ter ⟨m. 7; -s, -; Zeichen: km⟩ *1 000 Meter* □ *quilômetro*

Ki|lo|watt ⟨a. ['---] n. 7; -s, -; Zeichen: kW⟩ *1000 Watt* □ *quilowatt*

Kilt ⟨m.; -s, -s⟩ *(von Männern getragener) knielanger, karierter Schottenrock* □ *kilt*

Kim|me ⟨f.; -, -n⟩ **1** *Einschnitt am Visier der Handfeuerwaffen, der mit dem Korn beim Zielen eine Linie bilden muss;* ~ und Korn □ *alça de mira* **2** *in der Daube befindlicher Einschnitt, in dem der Fassboden gehalten wird* □ *jaibro*

Ki|mo|no ⟨a. ['---] m.; -s, -s⟩ **1** *weit, mit einem Gürtel geschlossenes japanisches Gewand* **2** *im Judo getragene Jacke* □ *quimono*

Kind ⟨n.; -(e)s, -er⟩ **1** *Mensch von der Geburt bis zum Eintritt der Geschlechtsreife; sie ist bei der Geburt des ~es gestorben; ein ~ stillen, pflegen, erziehen; sein leibliches ~; neugeborenes ~; uneheliches ~; ein ~ in Pflege geben, haben; artiges, braves, gutes, kluges, liebes, schwieriges, ungezogenes, verwöhntes ~; hübsches, niedliches, reizendes ~; das hat er schon als (kleines) ~ getan; ein ~ bekommen, kriegen, empfangen, gebären, zeugen; ~er unter 14 Jahren haben keinen Zutritt; als ~ war ich oft dort; er ist doch noch ein ~!; bitte benimm dich, du bist kein (kleines) ~ mehr!; Weib und ~ haben, verlassen* ⟨poet.⟩; *~er und Narren sagen die Wahrheit* ⟨Sprichw.⟩; *kleine ~er, kleine Sorgen − große ~er,* *große Sorgen* ⟨Sprichw.⟩ □ *criança; filho* **1.1** *mit einem ~e gehen* ⟨veraltet⟩ *schwanger sein* **1.2** *ein ~ unter dem Herzen tragen* ⟨poet.⟩ *schwanger sein* □ **estar grávida* **1.3** *ein ~ erwarten schwanger sein* **1.4** *einer Frau ein ~ machen* ⟨derb⟩ *eine F. schwängern* **1.5** *ein ~ der Liebe* ⟨veraltet⟩ *uneheliches Kind* □ *filho* **1.6** *aus ~ern werden Leute* ⟨Sprichw.⟩ *die Zeit geht hin, man wird alt* □ **as crianças crescem muito depressa* **1.7** *von ~ an od. auf von den ersten Lebensjahren an* □ **desde pequeno/criança* **1.8** *ich bin bei ihnen wie (das) ~ im Hause ganz vertraut, ganz heimisch* □ **sou como um filho para eles; sou como da família* **2** ⟨nur Pl.; Sammelbez. für⟩ *~er Junge u. Mädchen, Sohn u. Tochter;* hat er ~er?; unsere ~er haben fünf ~er; sie haben schon große, erwachsene ~er □ *filhos* **3** *(liebevolle Anrede vor allem für Kinder und Jugendliche);* mein (liebes) ~!; ~er, hört mal zu!; aber ~! (das geht doch nicht) □ *criança; filho* **4** ⟨fig.⟩ *Abkömmling, jmd., der (noch) von seiner Herkunft, Abstammung, seinem Schicksal geprägt ist* □ *filho* **4.1** *er ist ein Berliner, Münchner ~ er stammt aus B., M.* □ **ele é de Berlim/Munique* **4.2** *die ~er Gottes* ⟨poet.⟩ *die Menschen* **4.3** *er ist ein ~ seiner Zeit er ist durch seine Zeit geprägt worden* □ *filho* **4.4** *da sieht man, wes Geistes ~ er ist was für eine Bildung,* ⟨od.⟩ *Gesinnung er hat* □ **nota-se que tipo de pessoa ele é* **4.5** *er ist ein ~ des Todes* ⟨fig.⟩ *er wird sterben* □ **ele está condenado* **5** ⟨fig.⟩ **5.1** *mit ~ und Kegel mit der ganzen Familie* □ **com toda a família* **5.2** *an ~es statt annehmen adoptieren* □ **adotar* **5.3** *wie sag' ich's meinem ~e? wie bringe ich ihm (auch einem Erwachsenen) die Sache schonend bei?* □ **como é que vou lhe dar esta notícia?* **5.4** *das weiß jedes ~ jeder* □ **até uma criança sabe disso* **5.5** *das ~ beim (richtigen) Namen nennen* ⟨fig.⟩ *etwas ohne Umschweife aussprechen* □ **dar nome aos bois* **5.6** *wir werden das ~ schon schaukeln die Sache zuwege bringen, die Angelegenheit richtig, gut erledigen* □ **vamos dar um jeito/sair dessa* **5.7** *das ~ muss doch einen Namen haben* ⟨fig.⟩ *die Sache muss irgendwie bezeichnet werden, braucht eine Begründung* □ **é preciso batizar a criança* **5.8** *das ~ mit dem Bade ausschütten zu schnell, zu radikal u. unüberlegt handeln* □ **jogar fora o bebê com a água do banho;* → a. *Brunnen(1.1)*

Kind|bett ⟨n.; -(e)s; unz.⟩ **1** *Wochenbett* □ *puerpério* **1.1** *ins ~ kommen ein Kind bekommen, gebären* □ **dar à luz* **1.2** *im ~ sterben an den Folgen einer Geburt sterben* □ *puerpério*

Kin|der|gar|ten ⟨m.; -s, -gär|ten⟩ *Einrichtung zur Betreuung u. Erziehung drei- bis sechsjähriger, noch nicht schulpflichtiger Kinder;* → a. *Hort(3);* kirchlicher, privater, städtischer ~ □ *jardim de infância*

Kin|der|gärt|ne|rin ⟨f.; -, -rin|nen⟩ *= Erzieherin*

Kin|der|schuh ⟨m.; -(e)s, -e⟩ **1** *Schuh für Kinder* □ *sapato infantil* **2** ⟨nur Pl.; fig.⟩ *Beginn, Anfangsstadium einer Entwicklung, Jugend* □ *início; fase inicial* **2.1** *die ~e ausziehen, ausgetreten haben erwachsen geworden sein, die Kindheit, Jugend hinter sich haben* □ **deixar os cueiros* **2.2** *jmd. steckt noch in den ~en ist* noch nicht erwachsen □ *ainda cheirar a cueiros 2.3 eine **Entwicklung**, ein Verfahren steckt noch in den ~en *steht noch am Beginn, ist noch in Entwicklung begriffen;* die Herzchirurgie steckte damals noch in den ~en □ *engatinhar; dar os primeiros passos

Kin|der|spiel ⟨n.; -(e)s, -e⟩ **1** *Spiel für Kinder* □ **jogo infantil; brinquedo 2** ⟨fig.⟩ *etwas sehr Leichtes, sehr Einfaches, etwas, das einem sehr leicht fällt;* das ist ein ~ für ihn □ **brincadeira de criança**

Kin|der|stu|be ⟨f.; -, -n; veraltet⟩ **1** *Zimmer für die Kinder* □ **quarto de criança 2** ⟨fig.⟩ *Erziehung im Elternhaus, Umgangsformen* □ **educação; criação 3** *eine gute, schlechte ~ haben eine gute, schlechte Erziehung genossen haben, gute, schlechte Umgangsformen haben* □ *ser bem-educado/mal-educado; (não) ter bons modos* **3.1** seine gute ~ verleugnen *sich (trotz guter Erziehung) schlecht benehmen* □ *comportar-se mal; abandonar os bons modos*

Kin|der|wa|gen ⟨m.; -s, -⟩ *Wagen zum Spazierenfahren von Babys u. Kleinkindern* □ **carrinho de bebê**

Kind|heit ⟨f.; -; unz.⟩ *Lebensjahre des Menschen von der Geburt bis zur Geschlechtsreife;* eine glückliche, schöne, sorglose ~ haben, verbringen; ich habe meine ~ in England verbracht; in früher ~; von ~ an □ **infância**

kin|disch ⟨Adj.⟩ **1** *ein Erwachsener ist ~ verhält sich wie ein Kind;* alte Leute werden oft ~ □ **infantil; pueril 2** *jmd. verhält sich ~ albern, lächerlich;* sich ~ benehmen □ *comportar-se como criança;* sei nicht so ~! □ *não seja infantil!*

kind|lich ⟨Adj.⟩ **1** *einem Kinde gemäß, entsprechend, in der Art eines Kindes, unschuldig, naiv;* eine ~e Freude an etwas haben □ **infantil; inocente 1.1** er, sie ist ein ~es Gemüt *ein wenig einfältig* □ **ingênuo; inocente**; ~e Liebe; ~er Gehorsam □ **filial**; ~e Spiele; sein Gesicht war noch weich und ~ □ **infantil; de criança**

Kinn ⟨n.; -(e)s, -e⟩ *rundlicher Vorsprung am unteren Ende des Unterkieferknochens des Menschen: Mentum;* sich (bedächtig, nachdenklich) das ~ reiben, streichen; energisches, fliehendes, kräftiges, rundes, spitzes, vorspringendes ~; das ~ in die Hand stützen; jmdm. unters ~ fassen (um sein Gesicht hochzuheben) □ **queixo**

Ki|no ⟨n.; -s, -s⟩ *Raum od. Gebäude zur Vorführung von Filmen;* ins ~ gehen □ **cinema**

Ki|osk ⟨a. [-'-] m.; -(e)s, -e⟩ *frei stehendes Verkaufshäuschen, kleiner Verkaufsraum od. Stand für Zeitungen, Zigaretten, Süßigkeiten u. Getränke usw.;* Zeitungs~ □ **quiosque; banca**

Kip|fel ⟨n.; -s, - od. -n⟩ = *Kipferl*

Kip|ferl ⟨n.; -s, - od. -n; österr.⟩ *längliches, an den Enden spitz zulaufendes Weizengebäck, Hörnchen;* oV *Kipfel* □ **croissant**

Kip|pe¹ ⟨f.; -, -n⟩ **1** ⟨Turnen⟩ *Turnübung, bei welcher der am Gerät Hängende die Beine gerade nach vorn hebt u. sich dann mit den Hüften einen Schwung nach rückwärts gibt, so dass er im Stütz landet* □ *kippe* **2** auf der ~ stehen ⟨fig.⟩ *unsicher, wackelig sein;* das Unternehmen steht auf der ~; es stand auf der ~, ob wir unseren Ausflug machen konnten; er steht im Rechnen auf der ~ *zwischen 1 u. 2* □ *estar na corda bamba; ser incerto; não haver certeza* **3** ⟨Bgb.⟩ **3.1** *Stelle, an der aus einem Bergwerk geförderter Abraum gelagert wird* □ **depósito de entulho 3.2** *der so gelagerte Abraum* □ **resíduos descartados; entulho**

Kip|pe² ⟨f.; -, -n; mittel-, nddt.⟩ *Zigarettenstummel* □ **ponta de cigarro; bituca**

kip|peln ⟨V. 400⟩ **1** *ein Gegenstand kippelt wackelt, steht nicht fest;* der Schrank, Stuhl kippelt □ **balançar; estar bambo 2** *sich mit dem Stuhl nach hinten beugen u. auf den beiden hinteren Stuhlbeinen schaukeln* □ **balançar-se (com a cadeira)**

kip|pen ⟨V.⟩ **1** ⟨400⟩ jmd. od. ein **Gegenstand** kippt *droht umzustürzen, fällt (fast) um;* der Schrank kippt; vom Stuhl ~ □ **perder o equilíbrio; (quase) cair 2** ⟨500⟩ **2.1** einen **Behälter** ~ *aus einer stabilen in eine labile Lage bringen (u. umwerfen);* eine Kiste ~ □ **inclinar; virar 3** Flüssigkeiten (Gefäße) ~ *F. (aus Gefäßen) ausschütten, ausgießen;* (einen Eimer) Wasser vor die Tür ~ □ **entornar; derramar 4** ⟨500⟩ einen ~ ⟨fig.⟩ *ein Glas Schnaps trinken* □ *tomar um trago* **5** ⟨500⟩ eine **Zigarette** ~ *zur Hälfte geraucht ausdrücken* □ *apagar um cigarro na metade* **6** ⟨500⟩ Münzen ~ und wippen **6.1** ⟨17./18. Jh.⟩ *etwas von ihnen abschneiden und sie heftig in die Waagschale werfen (damit sie sinkt)* **6.2** *Münzen verschlechtern u. einschmelzen* □ *desvalorizar as moedas (alterando seu peso na balança ou refundindo-as)* **7** ⟨500⟩ jmdn. od. etwas ~ ⟨fig.⟩ *scheitern lassen* **7.1** jmdn. ~ *absetzen, entlassen* □ **demitir; mandar embora 7.2** ein Gesetzentwurf, ein Vorhaben ~ *verhindern* □ **anular; revogar**

Kir|che ⟨f.; -, -n⟩ **1** ⟨bes. christliche⟩ *institutionalisierte Glaubensgemeinschaft;* die christliche, evangelische, katholische, lutherische, reformierte ~; aus der ~ austreten; zu einer ~ gehören; → a. *sichtbar(1.1)* **2** *christliches Gotteshaus;* gotische, romanische, moderne ~ □ **igreja 2.1** mit der ~ ums Dorf fahren, laufen, mit der ~ ums Kreuz gehen ⟨fig.; österr.⟩ *einen unnötigen Umweg machen* □ *dar uma volta desnecessária* **2.2** wir wollen die ~ im Dorf lassen ⟨fig.⟩ *wir wollen die Sache nicht übertreiben* □ *não vamos exagerar* **3** *Gottesdienst;* die ~ ist aus; heute ist (keine) ~; zur ~ läuten; aus der ~ kommen; in die ~ gehen; zur ~ gehen; das ist so gewiss, so sicher wie das Amen in der ~ ⟨Sprichw.⟩ □ **missa**

Kir|chen|maus ⟨f.; nur in der Wendung⟩ arm wie eine ~ sein *sehr arm (da es in der Kirche keine Nahrung für Mäuse gibt)* □ **pé-rapado**

kirch|lich ⟨Adj. 24⟩ **1** *zur Kirche gehörend, von ihr ausgehend, ihr gemäß, ihr zukommend;* ~er Feiertag; ~er Würdenträger □ **eclesiástico; religioso 1.1** ~e Gerichtsbarkeit *Recht u. Rechtsausübung der Kirche über ihre Mitglieder* □ *jurisdição eclesiástica* **1.2** ~e Trauung *T. durch einen Geistlichen in der Kirche* □ *casamento religioso/na igreja* **2** jmd. denkt, handelt ~ *denkt, handelt, verhält sich im Sinne der Kirche;* ~ gesinnt □ **religiosamente**

Kirch|spiel ⟨n.; -(e)s, -e⟩ *Pfarrbezirk* □ **paróquia**

Kirchweih

Kirch|weih ⟨f.; -, -en⟩ *Jahresfeier der Einweihung der Kirche mit Jahrmarkt u. Vergnügungen;* Sy *Kirmes* □ **quermesse anual que celebra a consagração de uma igreja**

Kir|mes ⟨f.; -, -sen⟩ = *Kirchweih*

kir|re ⟨Adj. 80; umg.⟩ **1** *nervös, unruhig;* ~ *werden* □ **nervoso; inquieto 2** *gezähmt, gefügig* □ **dócil; manso**; *jmdn.* ~ *kriegen* □ *amansar alguém* **3** ⟨Getrennt- u. Zusammenschreibung⟩ 3.1 ~ *machen* = *kirremachen*

kir|re|ma|chen *auch:* **kir|re ma|chen** ⟨V. 500⟩ *jmdn.* ~ *jmdn. nervös machen, in Aufregung versetzen; du machst mich kirre* □ **deixar alguém nervoso*

Kir|sche ⟨f.; -, -n⟩ **1** ⟨Bot.⟩ *einer Gattung der Steinobstgewächse angehörender Obstbaum: Prunus avium; Süß-, Sauer~* □ **cerejeira 2** *Frucht der Kirsche(1)* □ **cereja** 2.1 *mit jmdm. ist nicht gut* ~ *essen* ⟨fig.⟩ *mit jmdm. kann man nicht gut auskommen* □ **ele não é flor que se cheire*

Kis|sen ⟨n.; -s, -⟩ **1** *weiches Polster, viereckiger od. runder Beutel mit weicher Füllung; Kopf~, Nadel~, Sitz~, Sofa~; jmdm. ein* ~ *unter den Kopf legen* □ **almofada; travesseiro 2** ⟨nur Pl.⟩ *Bett, Bettzeug; einem Kranken die* ~ *aufschütteln; sich in den* ~ *aufrichten; in die* ~ *zurücksinken* □ **cama; travesseiro**

Kis|te ⟨f.; -, -n⟩ **1** *rechtwinkliger Holz- od. Metallbehälter, Truhe; Blech~, Holz~, Bücher~, Porzellan~, Zigarren~; eine* ~ *Wein, Zigarren* □ **caixa; caixote** 1.1 *(alle)* ~*n und Kästen durchsuchen alle Behälter* □ **procurar por todo lado/em todos os cantos* **2** ⟨fig.; umg.⟩ *Sache, Angelegenheit* 2.1 *und fertig ist die* ~*! Sache, Arbeit* □ **prontinho!; die ganze* ~ *kostet nur zehn Euro* □ **tudo sai por apenas dez euros* 2.2 *eine faule* ~ *eine bedenkliche, anrüchige Angelegenheit* □ **um negócio suspeito* **3** ⟨fig.; umg.⟩ *alter Kraftwagen, altes Schiff* 3.1 *eine alte* ~ *altes Fahrzeug* □ **lata-velha; carcaça* **4** ⟨scherzh.; Fußb.⟩ *Tor* □ **gol 5** ⟨Fliegerspr.⟩ *Flugzeug; in die* ~ *steigen* □ **avião**

Kitsch ⟨m.; -(e)s; unz.; abwertend⟩ *süßliche, sentimentale Scheinkunst* □ **kitsch**

kit|schig ⟨Adj.⟩ *in der Art des Kitschs, süßlich-sentimental; ein* ~*es Buch; der Film war* ~ □ **kitsch**; **água com açúcar**

Kitt ⟨m.; -(e)s, -e⟩ **1** *flüssiger od. plastischer Stoff, der an der Luft hart wird u. zum Kleben u. Dichten von Gegenständen od. zum Ausfüllen von Fugen dient; Glaser~, Holz~, Porzellan~, Stein~* □ **betume; mástique** 1.1 *der ganze* ~ ⟨fig.; umg.⟩ *das ganze Zeug, die ganze Sache* □ **toda a parafernália*

Kit|tel ⟨m.; -s, -⟩ **1** *hemdartiges Obergewand, hemdartige, über Rock od. Hose getragene Bluse* □ **blusa; bata 2** *Arbeitsmantel; Arbeits~, Arzt~, Maler~* □ **avental; jaleco**

kit|ten ⟨V. 500⟩ **1** *Glas* ~ *mit Kitt zusammenfügen; eine Fensterscheibe in den Rahmen* ~ □ **fixar/unir com mástique; betumar 2** *etwas* ~ *leimen, wieder verbinden;* *einen zerbrochenen Krug* ~ □ **colar 3** *eine Sache* ~ ⟨fig.⟩ *reparieren, wieder in ihren heilen Zustand überführen; dieser Bruch, ihre Ehe, ihre Freundschaft lässt sich nicht wieder* ~ □ **consertar; reparar**

Kitz ⟨n.; -es, -e⟩ *Junges von Ziege, Gams-, Stein- u. Rehwild;* oV *Kitze;* Reh~ □ **cabrito; filhote de camurça/corça**

Kit|ze ⟨f.; -, -n⟩ = *Kitz*

Kit|zel ⟨m.; -s; unz.⟩ **1** *durch Berühren od. leichtes Zwicken des Körpers verursachter Juckreiz, der oft Lachen hervorruft* □ **cócega 2** ⟨fig.⟩ *Erregung, Spannung; Nerven~* □ **agitação; tensão 3** ⟨fig.⟩ *Lust, Reiz, Antrieb, etwas zu tun, was man eigentlich nicht tun sollte; einen* ~ *(nach etwas) verspüren* □ **desejo; comichão**

kit|ze|lig ⟨Adj.⟩ = *kitzlig*

kit|zeln ⟨V. 500⟩ **1** ⟨402⟩ **(jmdn.)** ~ *durch streichelndes Berühren od. leichtes Zwicken mit krampfhaftem Lachen verbundenen Juckreiz erregen; hör auf, das kitzelt!* ⟨erg.: *mich*⟩; *die Wolle des Pullovers kitzelt mich; jmdn. an den Fußsohlen, unterm Kinn* ~; *jmdn. mit einem Grashalm* ~ □ **fazer cócegas; pinicar 2** ⟨fig.⟩ 2.1 ⟨580; unpersönl.⟩ *es kitzelt mich, etwas zu tun* ⟨fig.⟩ *ich möchte zu gern ..., obwohl ich es nicht tun sollte; es kitzelt mich, ihn zu ärgern; es kitzelt mich, das einmal zu probieren* □ **estou louco para...* 2.2 *den Gaumen* ~ *den G. reizen, den Appetit anregen* □ **aguçar o apetite; dar água na boca* 2.3 *jmds. Eitelkeit* ~ *jmdm. schmeicheln* □ **afagar a vaidade de alguém* 2.4 *jmds. Ehre* ~ *etwas zu jmdm. sagen, was sein Ehrgefühl weckt (um sein Denken od. Handeln in einer bestimmten Angelegenheit zu beeinflussen)* □ **meter alguém em brios*

Kitz|ler ⟨m.; -s, -; Anat.⟩ *aufrichtbarer, dem Penis entsprechender Teil der weiblichen Geschlechtsorgane am oberen Zusammenstoß der kleinen Schamlippen: Clitoris;* oV *Klitoris* □ **clitóris**

kitz|lig ⟨Adj.⟩ oV *kitzelig* **1** *jmd. ist* ~ *empfindlich gegen das Kitzeln;* (sehr, nicht) ~ *sein* □ **coceguento 2** *eine Angelegenheit, ein Problem ist* ~ *peinlich, heikel, schwer zu lösen* □ **difícil; penoso**

Ki|wi ⟨f.; -, -s⟩ **1** *bes. in Neuseeland kultivierte Pflanze, die in Lianen wächst* **2** *grünliche, behaarte Frucht der Kiwi (1) mit saftigem, säuerlichem Fruchtfleisch, das reich an Vitamin C ist* □ **kiwi**

Kla|bau|ter|mann ⟨m.; -(e)s, -män|ner; im Aberglauben der Seeleute⟩ *Kobold als Begleiter von Schiffen, dessen Erscheinen den Seeleuten Gefahr anzeigt* □ **espírito protetor do navio**

kla|cken ⟨V. 400(s.)⟩ **1** *einen harten, metallisch pochenden Ton von sich geben; sie klackte mit ihren Stöckelschuhen über das Parkett; die Tür klackte ins Schloss* □ **bater 2** *klatschend zu Boden fallen od. tropfen* □ **estatelar; pingar**

Klacks ⟨m.; -es, -e⟩ **1** *klatschendes, klackendes Geräusch* □ **estalo; batida 2** ⟨umg.⟩ *kleine Menge von etwas Breiigem od. Dickflüssigem; ein* ~ *Senf* □ **pitada 3** ⟨fig.⟩ *leicht zu erledigende Angelegenheit, Kleinigkeit; das ist doch ein* ~ *für ihn* □ **sopa; barbada**

Klad|de ⟨f.; -, -n⟩ *Schreibheft für Notizen u. Ä., Hausaufgabenheft, Schmierheft; den Entwurf für einen Aufsatz in der* ~ *vorschreiben* □ **caderno; rascunho**

klaf|fen ⟨V. 400⟩ **1** *etwas klafft bildet einen tiefen Spalt, ist, liegt weit offen; ein Abgrund klaffte vor ihnen* □

abrir-se; fender-se; eine ~de Lücke; ein ~der Riss, Spalt; eine ~de Wunde □ **aberto** **2** hier klafft ein (tiefer) **Widerspruch** herrscht ein großer W., wird ein großer W. deutlich □ **evidenciar-se; ser flagrante**

kläf|fen ⟨V. 400⟩ **1** ein **Hund** klafft hell, schrill **2** ⟨fig.; umg.⟩ hässlich schimpfen □ **latir; ladrar**

Klaf|ter ⟨n. 7; -s, -⟩ **1** altes Längenmaß, Spannweite der seitwärtsgestreckten Arme □ **braça** **2** altes Raummaß für Holz bei jeweils verschiedener Länge der Scheite, etwa 3 m³ □ **estéreo; estere**

Kla|ge ⟨f.; -, -n⟩ **1** Äußerung von Schmerz od. Trauer, Jammern, Gezeter; laute ~n anstimmen (über); bittere, laute ~n; in laute ~n ausbrechen □ **lamento; gemido** **2** Äußerung der Unzufriedenheit (über jmdn. od. etwas), Beschwerde (über jmdn. od. etwas); sich in (ständigen) ~n ergehen (über); sein Verhalten gibt (keinen) Anlass zur ~; (keinen) Grund zur ~ haben; es ist die ~ laut geworden, dass ...; dass mir keine ~n kommen (ermahnende Abschiedsworte, bes. an Kinder) □ **queixa; reclamação** **3** ⟨Rechtsw.⟩ Geltendmachung eines Anspruchs vor Gericht, gerichtliches Vorgehen; eine ~ einreichen abweisen, zurückziehen; ~ erheben, führen (über jmdn. od. etwas); eine ~ anhängig machen □ **demanda; queixa; ação;** → a. *öffentlich(3.2)*

kla|gen ⟨V.⟩ **1** ⟨405⟩ jmd. klagt (über etwas) äußert Trauer od. Schmerz; „....!", klagte sie; weinen und ~ □ **queixar-se; lamentar-se;** „....!", rief sie ~d aus; mit ~der Stimme; über Schmerzen (im Leib usw.) ~ □ **queixoso; plangente** **2** ⟨400⟩ **Wild** klagt ⟨Jägerspr.⟩ schreit aus Angst od. Schmerz □ **ganir** **3** ⟨400 od. 503⟩ (jmdm. etwas) ~ Teilnahme, Mitleid heischend darstellen, erzählen; jmdm. seine Not, sein Leid ~; sie ist ein Mensch, der immer klagt, immer ~ muss □ **queixar-se 4** ⟨800⟩ um jmdn. od. etwas ~ **den Verlust von** jmdn., etwas beklagen; um die einzige Tochter ~ □ *lamentar a perda de alguém ou alguma coisa **5** ⟨800⟩ (über jmdn., jmds. Verhalten.) ~ bemängeln, tadeln; dein Lehrer hat (sehr) über dich geklagt; Sie sollen, werden nichts zu ~ haben □ **queixar-se; reclamar** **6** ⟨400; Rechtsw.⟩ Klage erheben, einen Anspruch geltend machen (vor Gericht) □ **mover uma ação; processar;** der ~de Teil, die ~de Partei (im Prozess) □ **reclamante; querelante;** auf Entschädigung, Schadenersatz ~ □ *ajuizar/propor ação por indenização

kläg|lich ⟨Adj.⟩ **1** klagend, jammernd, Mitleid erregend; sich in einem ~en Zustand befinden □ **lamentável** 1.1 ~es Geschrei, Weinen, Wimmern jämmerliches G., W., W.; ~ miauen, schreien, weinen □ **lastimoso; lamentoso** **2** enttäuschend, geringwertig, dürftig, verächtlich; eine ~e Rolle (bei einer Sache) spielen; ein ~es Verhalten an den Tag legen, der Ausflug nahm ein ~es Ende □ **triste; lamentável** **3** ⟨50; verstärkend⟩ völlig; der Plan, Versuch ist ~ misslungen; er hat ~ versagt □ **totalmente; por completo**

Kla|mauk ⟨m.; -s; unz.; umg.⟩ Geschrei, Krach, Lärm, lärmende Veranstaltung, Aufregung, Aufsehen, Skandal; wenn das herauskommt, wird es einen großen ~ geben □ **rebuliço; alvoroço; barulheira** **2** lebhafte, hektische Komik, herumblödelndes Treiben □ **palhaçada**

klamm ⟨Adj.⟩ **1** feuchtkalt; ~e Bettwäsche □ **frio e úmido** **2** steif, erstarrt vor Kälte; meine Finger sind ganz ~ □ **congelado** **3** ⟨40; umg.⟩ knapp an (Geld, Material); er ist ~ □ **duro**

Klamm ⟨f.; -, -en⟩ tiefe Felsschlucht mit Gebirgsbach □ **garganta; desfiladeiro**

Klam|mer ⟨f.; -, -n⟩ **1** kleines Gerät aus Draht, Eisen, Plastik od. Holz in verschiedenen Formen zum Zusammenhalten; Büro~ □ *clipe, Wäsche~ □ **pregador de roupa**, Wund~; eine Wunde mit ~n verschließen □ **grampo para sutura** **2** Schriftzeichen zum Kennzeichnen eines eingeschalteten Wortes od. Satzes; ~ auf, ~ zu (Angabe beim Diktieren); einen Satz, ein Satzteil, ein Wort in ~(n) setzen □ **parêntese;** eckige ~ ⟨Zeichen: [ ]⟩ □ *colchete; runde ~ ⟨Zeichen: ( )⟩ □ *parêntese; spitze ~ ⟨Zeichen: ⟨ ⟩⟩ □ *parêntese angular **3** ⟨Sp.⟩ Griff beim Ringen; den Gegner in die ~ nehmen □ *clinch; **corpo a corpo**

klam|mern ⟨V. 500⟩ **1** eine Wunde ~ mit Klammern verschließen, zusammenhalten □ **fechar com grampo para sutura** **2** ⟨511⟩ einen Gegenstand an etwas ~ mit Klammern an etwas befestigen □ **prender com clipe** **3** ⟨511/Vr 3⟩ 3.1 sich an etwas od. jmdn. ~ sich so fest wie möglich an etwas od. jmdm. festhalten; sich an ein Geländer ~; sich an jmds. Arm ~ □ **agarrar-se; segurar-se** 3.2 sich an etwas od. jmdn. ~ ⟨fig.⟩ all seine Hoffnung auf jmdn., etwas setzen, Hilfe bei jmdm. suchen 3.2.1 sich an eine Hoffnung ~ eine H. nicht aufgeben □ **agarrar-se; aferrar-se;** → a. *Strohhalm(1.1)*

Kla|mot|te ⟨f.; -, -n⟩ **1** ⟨Pl.; salopp⟩ Kleidung; sie kauft sich ständig neue ~n □ **roupa** **2** ⟨meist Pl.⟩ wertloser Hausrat, altes Zeug, alter Kram □ **cacareco; tralha** **3** ⟨abwertend⟩ primitiver, geistloser Film, anspruchsloses Theaterstück, bes. Lustspiel □ **chanchada** **4** ⟨urspr.⟩ Stück von einem zertrümmerten Ziegel- od. Baustein □ **tijolo quebrado; pedra quebrada**

Klamp|fe ⟨f.; -, -n; umg.⟩ Gitarre □ **violão**

Klan ⟨m.; -s, -s⟩ oV *Clan* **1** alter schottischer u. irischer Sippenverband **2** ⟨Völkerkunde⟩ Stammesgruppe **3** ⟨umg.⟩ große Familie, Freundeskreis; er hat seinen ganzen ~ mitgebracht □ **clã**

Klang ⟨m.; -(e)s, Klän|ge⟩ **1** mit dem Ohr wahrnehmbare Erscheinung, die durch einen einzelnen Ton od. mehrere gleichzeitig od. einander folgende Töne von regelmäßigen Schwingungen gekennzeichnet ist, das Klingen, der Schall; der ~ der Gläser, Schwerter; der ~ von Glocken, Geigen, Hörnern, Trompeten; beim ~ der bekannten Stimme horchte er auf; seine Stimme hat einen metallischen ~; ein dumpfer, hoher, klarer, reiner, tiefer, voller ~; beim ~ der Musik □ **som; tom; timbre** 1.1 das Instrument hat einen guten ~ klingt gut □ **som** 1.2 der Name hat einen guten ~ ⟨fig.⟩ man hat im Zusammenhang mit dem N. schon manches Gute gehört (ohne Genaueres zu wissen) □ **reputação;** → a. *Sang(1.1)* **2** ⟨nur Pl.⟩ Klänge *Musik* 2.1 unter, zu den Klängen des Hochzeitsmarsches bei der Musik des H. □ **som; música**

Klang|far|be ⟨f.; -, -n; Mus.⟩ *durch Grund- u. Obertöne des jeweiligen Instrumentes bestimmte Charakteristik eines Klanges* □ timbre; tonalidade

Klap|pe ⟨f.; -, -n⟩ **1** *an einer Seite befestigter, dreh-, aufklappbarer oder sonst leicht zu öffnender Verschluss od. Deckel; Herz~* □ *válvula cardíaca; *Ofen~* □ *porta do forno; *Ventil~* □ *chapeleta de válvula; *die ~ am Briefkasten* □ *a portinhola da caixa de correio; *an der Jacken-, Manteltasche* □ aba; → a. *Fliege(1.5)* **2** *beweglich verschließbares Luftloch; Luft~* □ *válvula de ventilação **3** ⟨fig.⟩ **3.1** ⟨umg.; derb⟩ *Mund* □ bico **3.1.1** *die ~* **halten** *schweigen; halt endlich deine, die ~!* □ *fechar o bico; calar a boca **3.1.2** *eine große ~ haben gern prahlen, großsprecherisch reden, viel u. laut reden* **3.1.3** *die große ~* **schwingen** *großsprecherisch daherreden* **3.1.4** *die ~* **aufreißen** *prahlen* □ *ser bom de bico; ser fanfarrão **3.2** ⟨umg.⟩ *Bett; in die ~ gehen, kriechen, steigen* □ cama **4** *(bei Blasinstrumenten) durch einen Hebel mit dem Finger niederdrückbares, selbsttätig zurückspringendes Plättchen über einem Loch* □ chave

klap|pen ⟨V.⟩ **1** ⟨511; meist in Zus.⟩ *etwas ~ (um)schlagen, (um)drehen; auf-~, hoch-~, auseinander ~, zusammen-~; den Deckel in die Höhe ~* □ dobrar; levantar **2** ⟨400⟩ *etwas klappt gibt einen leisen Knall, macht ein leichtes, hartes Geräusch; seine Schritte klappten auf dem Flur* □ ecoar; ressoar **2.1** *die Tür klappte schloss sich mit leise knallendem Geräusch, fiel ins Schloss* □ fechar **3** ⟨400; umg.⟩ *eine* **Sache** *klappt gelingt, geht gut, wird erledigt od. in Ordnung sein, funktioniert reibungslos; hat es geklappt?; ich habe versucht, ihn zu treffen, aber es hat leider nicht geklappt; wenn es heute nicht geht, dann klappt es eben ein anderes Mal; die Sache klappt nicht recht; es hat nichts geklappt!; es hat alles gut geklappt* □ dar certo; funcionar **3.1** *die Sache zum Klappen bringen zum guten Schluss führen, zur günstigen Entscheidung bringen* □ *solucionar/resolver alguma coisa **3.2** *der Laden klappt die Angelegenheit läuft, funktioniert* □ *a situação está caminhando **3.3** ⟨410⟩ *es klappt alles wie am Schnürchen es geht ausgezeichnet (voran)* □ *está tudo indo às mil maravilhas

Klap|per ⟨f.; -, -n⟩ *Instrument, das durch Aneinanderschlagen von zwei od. mehreren Teilen Lärm verursacht, z. B. als Kinderspielzeug, Jagdgerät u. Ä.* □ chocalho; matraca; guizo

klap|pe|rig ⟨Adj.⟩ oV *klapprig* **1** *ein Gegenstand ist ~ alt u. leicht zerbrechlich; ein ~es Auto* □ arrebentado; caindo aos pedaços **2** *ein Lebewesen ist ~ alt u. schwächlich; ein alter, ~er Gaul; er ist schon etwas ~* □ frágil; decrépito

klap|pern ⟨V. 400⟩ **1** *durch rasches, häufiges Aneinanderschlagen zweier harter Gegenstände ein Geräusch machen; ein Fensterladen, eine Tür klappert; mit dem Gebiss klappern; die Schreibmaschine klappert; die Zähne klapperten ihm (vor Kälte, Angst); der Storch klappert (mit dem Schnabel); es klappert die Mühle am rauschenden Bach (Kinderlied); ihre Holzschuhe ~ auf dem Pflaster; die Hufe der Pferde ~ auf der Straße; auf der Tastatur ~; mit dem Geschirr, den Tellern (in der Küche) ~* □ bater; fazer barulho **1.1** ⟨411⟩ *der Wagen klapperte durch die Straßen fuhr mit klapperndem Geräusch* □ mover-se ruidosamente **1.2** ⟨416⟩ *mit den Zähnen ~ die Z. aufeinanderschlagen (vor Kälte, Aufregung)* **1.2.1** ⟨400; fig.⟩ *große Angst haben* □ *bater os dentes **1.3** ⟨416⟩ *mit den Augen ~* ⟨umg.; scherzh.⟩ *flirten, kokettieren* □ *piscar **1.4** *Klappern gehört zum Handwerk man muss sein Können auch ein wenig anpreisen* □ *propaganda é a alma do negócio

Klap|per|storch ⟨m.; -(e)s, -stör|che⟩ **1** *Storch, von dem man früher den Kindern erzählte, dass er die kleinen Kinder bringe* **1.1** *zu Müllers ist der ~ gekommen (verhüllend für) Müllers haben ein Baby bekommen* □ cegonha

klapp|rig ⟨Adj.⟩ = klapperig

Klaps ⟨m.; -es, -e⟩ **1** *leichter Schlag, leichte Ohrfeige; einem Kind, Hund einen ~ geben* □ tapa; palmada **2** ⟨fig.⟩ *kleine Verrücktheit, Schrulle; er hat einen ~* □ *ele tem um parafuso a menos; *du hast wohl einen ~?* □ *você perdeu o juízo?

klar ⟨Adj.⟩ **1** *durchsichtig, ungetrübt, rein; ~e Sicht haben; durch diese Brille kann ich nicht ~ sehen; die Flüssigkeit wird wieder ~; ~e Luft; ~es Wasser; das Fenster ist wieder ~; ~e Augen haben* **1.1** *~er* **Himmel** *wolkenloser H.* □ claro; limpo; claramente **1.2** *~e* **Farben** *F., die frei von Grau sind* □ claro **1.3** *das Foto ist nicht ganz ~ nicht ganz scharf* □ nítido **1.4** *~er* **Zucker** *fein gemahlener Z.* □ refinado **1.5** *ein Klarer* ⟨norddt.⟩ *klarer Branntwein, klarer Schnaps* □ *uma branquinha; uma cachaça **2** *eine* **Aussage, Stimme** *ist ~ ist deutlich, verständlich, unmissverständlich; ich möchte eine ~e Antwort haben; sich ein ~es Bild von etwas machen; mit ~er Stimme sprechen; eine ~e Vorstellung von etwas haben; es ist (ganz) ~, dass ...; etwas mit ~en Worten sagen* □ claro; compreensível; inequívoco; *ich habe es ihm ~ und deutlich gesagt; etwas ~ und offen sagen; jmdm. etwas kurz und ~ mitteilen* □ claramente; explicitamente **2.1** *das ist mir (noch nicht ganz) ~ das habe ich (noch nicht ganz) verstanden* □ claro **2.2** *das ist doch ~ wie Kloßbrühe, wie dicke Tinte!* ⟨umg.; scherzh.⟩ □ *está claro como a noite! **2.2.1** *ganz deutlich, ganz einfach zu verstehen* □ *está claro como a luz do dia **2.2.2** *ganz sicher, selbstverständlich* □ *tão certo como dois e dois são quatro **2.3** *~er* **Fall!** ⟨umg.⟩ *selbstverständlich, ganz richtig, ohne Zweifel!* □ *claro!; sem dúvida! **2.4** *eine ~e* **Schrift** *leicht lesbare S.* □ legível **2.5** *~e* **Verhältnisse** *leicht durchschaubare, geordnete V.* □ claro; transparente **3** *jmd.* **hat einen ~en Kopf, Geist** ⟨fig.⟩ *ist nüchtern od. vernünftig denkend, scharfsinnig* □ *ter ideias claras; ter uma mente lúcida; *~ denken (können)* □ claramente; com lucidez **3.1** *einen ~en* **Blick** *haben* **3.1.1** *nüchtern denken, sich nicht täuschen lassen* □ *pensar/ver as coisas com clareza **3.1.2** *einen offenen B.* □ *ter um olhar franco; inspirar confiança **3.2** *~en* **Kopf** *behalten sein nüchternes, vernünftiges Denkvermögen behalten, sich nicht* *verwirren lassen* □ **não perder a cabeça; manter a calma* 3.3 er ist nicht ganz ~ im Kopf *er kann nicht vernünftig denken* □ **ele não consegue pensar com clareza* 4 *bei Bewusstsein sein;* der Kranke hatte heute ein paar ~e Augenblicke, war bei ~em Bewusstsein □ *lúcido* 5 ⟨fig.⟩ 5.1 sich über etwas im Klaren sein *etwas eingesehen haben, etwas genau wissen;* man muss sich darüber im Klaren sein, dass ... □ **estar ciente de alguma coisa* 5.2 mit einer Sache ins Klare kommen *eine S. verstehen u. sie richtig erledigen können* □ **esclarecer uma situação* 6 ⟨40⟩ *etwas ist ~ ist sicher, gewiss, natürlich, selbstverständlich;* ~!; ~, ich helfe dir!; na ~! □ *claro* 6.1 das ist doch ~! *selbstverständlich* □ **claro!; sem dúvida!* 7 ein Geschütz, Schiff ist ~ ⟨Mar.; Mil.⟩ *bereit, fertig;* ~ zum Einsatz, zum Gefecht, zum Start; ~ Deck! ⟨Mar.⟩ □ *pronto; preparado*

klä|ren ⟨V. 500⟩ 1 *eine Flüssigkeit ~ klar, durchsichtig machen* □ *clarificar* 2 *eine Sache ~ durch Diskussion, Nachforschung usw. die Unklarheiten über eine S. ausräumen;* Fragen ~; die Schuldfrage ~ 3 ⟨Vr 3⟩ *eine Sache klärt sich wird klar;* die Frage hat sich geklärt □ *esclarecer(-se)*

Klar|heit ⟨f.; -; unz.⟩ 1 *klare Beschaffenheit;* ~ des Wassers; ~ von Tönen, Farben □ *clareza; nitidez* 2 *Eindeutigkeit, Deutlichkeit, Verständlichkeit, Gewissheit* □ *clareza;* sich ~ über etwas verschaffen □ **ter clareza sobre alguma coisa;* ~ des Geistes □ *clareza; lucidez* 2.1 darüber herrscht jetzt ~ *das ist eindeutig entschieden, steht fest* □ **quanto a isso já não há dúvida* 2.2 sind damit alle ~en beseitigt? ⟨scherzh.⟩ *(nach einer längeren schwierigen Erörterung eines Sachverhalts) sind jetzt alle Probleme geklärt, haben alle verstanden?* □ **está claro?; entendido?*

Kla|ri|nẹt|te ⟨f.; -, -n; Mus.⟩ *Holzblasinstrument mit einfachem Rohrblatt am Mundstück* □ *clarinete*

klar|le|gen ⟨V. 500⟩ *etwas ~ verständlich, deutlich machen, erklären;* eine Angelegenheit ~ □ *esclarecer; explicar*

klar|ma|chen ⟨V. 500⟩ 1 ⟨530/Vr 5⟩ (jmdm.) *etwas ~ die Zusammenhänge von etwas verdeutlichen, erklären, darlegen, erläutern;* ich habe ihm die Folgen seines Handelns klargemacht □ *esclarecer; explicar* 2 ⟨505⟩ *ein Schiff, Geschütz* (für etwas) ~ *fertig für den Einsatz machen, bereitmachen* □ *aprontar; preparar* 3 ⟨umg.⟩ *eine Sache ~ erledigen, sich darum kümmern, abklären;* ich mach das schon klar □ **eu cuido disso;* einen Termin, eine Verabredung ~ □ *marcar*

klar|stel|len ⟨V. 500⟩ *etwas ~ einen Irrtum, Trugschluss über etwas beseitigen, eine falsche Vorstellung von etwas berichtigen, etwas deutlich machen;* ich muss hier noch etwas ~ □ *esclarecer*

klạs|se ⟨Adj. 11; umg.⟩ *großartig, hervorragend, herrlich;* das ist ein ~ Auto; sie sieht ~ aus; das ist ~! □ *legal; de primeira*

Klạs|se ⟨f.; -, -n⟩ 1 ⟨a. Logik⟩ *Gruppe von Lebewesen, Dingen, Begriffen mit gleichen Merkmalen;* Lebewesen, Dinge in ~n einteilen; Begriffs~, Alters~, Rang~ 1.1 *Gruppe von Dingen od. Leistungen mit demselben Wert;* Güte~, Handels~; Abteil, Fahrkarte erster, zweiter ~, erster ~ reisen □ *classe* 1.1.1 *ein Lokal dritter ~ ein schlechtes L.* □ *categoria* 1.2 *einzelne Ziehung einer Klassenlotterie* □ *sorteio; extração* 1.3 *Gewinne desselben Wertes;* Gewinn~ □ **categoria de ganhadores* 1.4 ⟨Biol.⟩ *mehrere Ordnungen umfassende obligatorische Kategorie;* die ~ der Insekten, Säugetiere 1.5 *durch gemeinsame wirtschaftliche Interessen gekennzeichnete Gruppe von Menschen;* die oberen, unteren, besitzenden, besitzlosen ~n; die Arbeiter~, Gesellschafts~ □ *classe* 1.6 *Gruppe etwa gleichaltriger Kinder, die gemeinsam unterrichtet werden;* in unserer ~ sind 25 Schüler; eine gute, schlechte, unruhige ~; unsere ~ fährt ins Gebirge; in die dritte ~ gehen □ *classe; turma* 1.7 *Raum, in dem eine Schulklasse unterrichtet wird;* Sy *Klassenzimmer, Schulzimmer* □ *classe; sala de aula* 1.8 *Leistungsfähigkeit;* ein Künstler erster, zweiter, dritter ~ □ *classe; categoria* 1.9 ⟨Sp.⟩ *Gewichtsklasse* □ *categoria* 2 *das ist ~! großartig, ganz hervorragend* □ *formidável; legal*

Klạs|se|ment ⟨[klas(ə)mã:] n.; - -s od. schweiz. [mɛ̃nt] n.; -s, -e⟩ 1 *Einteilung, Einreihung* 2 *Ordnung, Gruppierung* 3 ⟨Sp.⟩ *Rangliste, Tabelle* □ *classificação*

Klạs|sen|ar|beit ⟨f.; -, -en⟩ *Arbeit, die in der Schule geschrieben wird;* Sy ⟨österr.⟩ *Schularbeit (2)* □ *trabalho de classe*

Klạs|sen|leh|rer ⟨m.; -s, -⟩ *Lehrer, der eine Schulklasse in mindestens einem der (Haupt-)Fächer unterrichtet u. die Klasse hauptsächlich betreut* □ *coordenador de classe*

Klạs|sik ⟨f.; -; unz.⟩ 1 ⟨i. w. S.⟩ *Zeitabschnitt (bes. künstlerisch) bedeutender Leistungen eines Volkes* □ *período clássico* 2 ⟨i. e. S.⟩ = *klassisches Altertum,* → *klassisch(3.3)* 3 *deutsche literarische Bewegung von etwa 1786 (Goethes italienischer Reise) bis 1805 (Schillers Tod), die durch harmonische Ausgewogenheit, Maß u. Reife sowie durch die Orientierung an der Antike gekennzeichnet ist* 4 ⟨Mus.⟩ *Zeitabschnitt von etwa 1770 bis 1825 mit dem von Haydn, Mozart u. Beethoven geschaffenen einfachen, natürlichen Stil, der die Sonatenform bevorzugte u. zur Vollendung führte;* Wiener ~ □ *classicismo*

klạs|sisch ⟨Adj. 24⟩ 1 *die Klassik betreffend, zu ihr gehörig, von ihr stammend* 2 *in der Art der Klassik, nach dem Vorbild der K. strebend* 3 *mustergültig,* ~es Beispiel 3.1 *von dauerndem Wert* 3.2 *vorbildlich ausgewogen, ausgereift, maßvoll;* ein ~er Beweis; ein Werk von ~er Schönheit 3.3 *das ~e Altertum Blütezeit der altgriechischen u. altrömischen Kultur;* Sy *Klassik(2), Antike(1)* 3.4 ~e Philologie *Wissenschaft von den Sprachen des klass. Altertums (Altgriechisch, Latein)* 3.5 ~e Logik *Logik mit den Mitteln der natürlichen Sprachen formulierter L.* 3.6 *die ~en Sprachen Altgriechisch u. Latein* □ *clássico*

Klạtsch ⟨m.; -(e)s, -e⟩ 1 *Geräusch beim Fallen in eine Flüssigkeit, beim Fallen eines nassen od. breiigen Gegenstandes auf den Boden od. beim Schlag mit der flachen Hand od. mit einem flachen Gegenstand;* es gab einen großen ~, als er ins Wasser fiel; mit einem ~

klatschen

herunterfallen □ **baque; pancada** 2 ⟨unz.⟩ *Geschwätz, Gerede, üble Nachrede, Neuigkeiten über persönliche Angelegenheiten anderer, meist negativer Art;* Stadt~; sie wusste allerlei neuen ~ zu erzählen □ **fofoca; mexerico**

klat|schen ⟨V.⟩ 1 ⟨511⟩ jmd. klatscht etwas an, auf, gegen etwas 1.1 *wirft etwas so an, auf, gegen etwas, dass beim Auftreffen ein helles, kurzes Geräusch entsteht;* die Karten beim Spielen auf den Tisch ~ 1.2 *etwas heftig, wütend, an, auf, gegen etwas werfen;* das Heft mit der schlechten Prüfungsarbeit auf den Tisch ~ □ **jogar; atirar** 2 ⟨411⟩ jmd. klatscht (in die Hände) *erzeugt (mit den Händen) ein helles, kurzes Geräusch;* in die Hände ~ 2.1 *die Hände zusammenschlagen als Beifallsbekundung* □ ***bater palmas** 2.1.1 ⟨530⟩ jmdm. Beifall ~ *jmdm. Beifall bezeigen* □ ***aplaudir alguém** 2.2 ⟨530⟩ jmdm. eine ~ *eine Ohrfeige geben* □ ***dar uma bofetada em alguém** 2.3 ⟨411⟩ nimm dich in Acht, sonst klatscht's! *sonst gibt's Ohrfeigen, Prügel* □ ***fique esperto ou você apanha!** 3 ⟨411⟩ etwas klatscht an, auf, gegen etwas *fällt mit einem hellen kurzen Geräusch auf etwas, prallt, schlägt an, gegen etwas;* der Regen klatscht gegen die Fenster; die Eier klatschten zu Boden □ **bater; estalar** 4 ⟨400, fig.; umg.⟩ *von Abwesenden sensationelle Neuigkeiten od. Negatives erzählen;* über andere ~ □ **fofocar; mexericar** 5 ⟨400 od. 503⟩ (jmdm. etwas) ~ *ausplaudern, verraten, hinterbringen, petzen;* er hat alles dem Lehrer geklatscht; wehe, wenn du (erg.: es) klatschst! □ **denunciar; contar; dedurar**

klatsch|nass ⟨Adj. 24⟩ *sehr nass, völlig durchnässt, tropfnass;* wir wurden von einem Gewitter überrascht u. sind ~ geworden □ **ensopado; encharcado**

klau|ben ⟨V. 500⟩ Dinge ~ *einzeln zusammensuchen, Stück für Stück einsammeln, aufheben;* Obst, Holz ~ □ **escolher; separar**

Klaue ⟨f.; -, -n⟩ 1 *Teil des Fußes verschiedener Tiere* 1.1 *Teil des Fußes der Greifvögel, der die Klauen trägt;* die ~n der Adler 1.2 *Nagel der jagdbaren Raubtiere* □ **garra** 1.3 *verhornte Zehe der Wiederkäuer u. Schweine* □ **casco** 1.4 *an der ~ erkennt man den Löwen* ⟨Sprichw.⟩ *man erkennt jeden an seiner charakteristischen Eigenschaft* □ ***pelas garras se conhece o leão** 2 *Werkzeug in Form einer Gabel, eines Hakens* □ **garra; gancho** 3 *Holzverbindung, bei der das untere Holz in eine Kerbe des oberen greift* □ **ensambladura** 4 ⟨fig.⟩ *gierige Hand, die jmdn. od. etwas festhalten will;* jmdn. den ~n des Todes entreißen; etwas od. jmdn. in seinen ~n haben □ **garra** 5 ⟨fig.; umg.⟩ *Handschrift* □ **garrancho** 5.1 *eine (fürchterliche) ~ haben eine schlechte Handschrift schreiben* □ ***ter letra de médico; fazer garranchos**

klau|en ⟨V. 500; umg.⟩ etwas ~ *stehlen;* der Junge hat zwei Bücher geklaut □ **passar a mão; afanar**

Klau|se ⟨f.; -, -n⟩ 1 *Zelle eines Mönches, Einsiedelei; Einsiedler~* □ **cela; eremitério** 2 ⟨fig.⟩ *Zimmer, Heim, kleine Wohnung;* er hat eine gemütliche ~; in meiner stillen ~ □ **cantinho** 3 *Talenge, Engpass, Schlucht* □ **desfiladeiro** 4 ⟨Bot.⟩ *einsamige Teilfrucht der Röhrenblütler (Tubiflorae)* □ **núcula**

Klau|sel ⟨f.; -, -n⟩ 1 ~ *in Verträgen Vorbehalt, beschränkende od. erweiternde Nebenbestimmung* 2 ⟨antike Rhetorik⟩ *rhythmisierter Schluss eines Satzes od. Satzabschnittes* 3 ⟨mittelalterl. Musik⟩ *Schlussformel einer Melodie od. eines Abschnittes einer Melodie* □ **cláusula**

Klau|sur ⟨f.; -, -en⟩ 1 ⟨unz.⟩ *Abgeschlossenheit, Einsamkeit (laut Ordensregel eines Klosters)* □ **clausura** 1.1 ~tagung (bes. Pol.) *Tagung unter Ausschluss der Öffentlichkeit* □ ***reunião a portas fechadas** 2 *Räumlichkeiten (bes. in einem Kloster), die für die Klausur(1) bestimmt sind* □ **clausura** 3 *in einem dafür bestimmten Raum unter Aufsicht anzufertigende schriftliche Prüfungsarbeit;* morgen schreiben wir zwei ~en □ **exame; prova**

Kla|vier ⟨[-viːr] n.; -s, -e; Mus.⟩ 1 *Tasteninstrument, bei dem die Saiten durch Filzhämmerchen angeschlagen werden;* Sy Piano(1); ~ spielen, üben; das ~ stimmen; jmdn. (zu seinem Gesang, Geigenspiel o. Ä.) auf dem ~ begleiten □ **piano** 2 ⟨veraltet⟩ *wo steht das ~?* ⟨scherzh. Frage, wenn man um eine kleine Hilfeleistung gebeten wird⟩ □ ***onde é o incêndio?**

kle|ben ⟨V.⟩ 1 ⟨511⟩ etwas an, auf (usw.) etwas ~ *(mittels Klebstoff u. (od.) Anfeuchten) haften machen;* Plakate, Zettel an eine Mauer ~; eine Marke auf einen Brief ~; Fotos in ein Album ~ □ **colar; grudar** 2 ⟨400; umg.; früher⟩ *Beitragsmarken für die Altersversicherung kaufen u. in einem Heft kleben, d. h. Versicherungsbeiträge bezahlen* 2.1 er hat schon zwanzig Jahre lang geklebt *er hat schon zwanzig Jahre lang Versicherungsmarken geklebt* □ **contribuir para a a previdência social** 3 ⟨400⟩ *fest haften;* die Briefmarke klebt gut, schlecht, nicht 3.1 ⟨411⟩ Kleider, Haare ~ an etwas *haften an etwas (infolge Feuchtigkeit);* das Hemd klebte ihm am Körper; die Haare klebten ihm an der Stirn □ **colar; grudar;** das Pflaster ist nicht ~ geblieben □ **colado; grudado;** ⟨aber Getrennt- u. Zusammenschreibung⟩ ~ bleiben = *klebenbleiben* 4 ⟨400, fig.⟩ 4.1 Vorsicht, ich klebe ⟨umg.⟩ *meine Hände sind klebrig* □ ***cuidado, minhas mãos estão grudentas/meladas** 4.2 ⟨414⟩ das Kleidungsstück klebt vor Dreck ⟨umg.⟩ *ist sehr dreckig* □ ***a roupa está imunda** 4.3 ⟨411⟩ die Zunge klebt mir am Gaumen *ich bin sehr durstig* □ ***estou com a boca seca; estou morrendo de sede** 4.4 ⟨400⟩ ich klebe! ⟨umg.⟩ *ich schwitze u. bin schmutzig* □ ***estou todo suado/melado** 4.5 ⟨411⟩ er klebt an der Felswand ⟨fig.⟩ *er kann nicht vorwärts od. rückwärts* □ ***ele não ata nem desata** 4.6 ⟨800⟩ er klebt zu sehr am Alten *er hängt zu sehr am Alten, kann sich davon nicht lösen* □ ***ele é muito apegado às coisas antigas** 4.7 ⟨530⟩ jmdm. eine ~ *eine Ohrfeige geben* □ ***dar uma bofetada em alguém;** → a. *Blut(2.4)*

kle|ben|blei|ben *auch:* **kle|ben blei|ben** ⟨V. 114/400(s.); umg.⟩ *nicht in die nächsthöhere Schulklasse versetzt werden;* er ist während seiner Schulzeit zweimal klebengeblieben/kleben geblieben □ **levar bomba; repetir de ano**

kle|be|rig ⟨Adj.⟩ = *klebrig*

kleb|rig ⟨Adj.⟩ *voller Klebstoff, mit Klebstoff versehen, klebend, haften bleibend, mit etwas Zähflüssigem od.*

klein

Feuchtem u. Schmutzigem behaftet; oV *klebrig;* meine Hände, Finger sind ~ *(vom Honig, von Marmelade, von Schweiß)* □ **melado; grudento**

kle̩|ckern ⟨V.⟩ **1** ⟨405⟩ *(auf etwas) ~ (mit etwas Flüssigem od. Breiigem) Flecken (auf etwas) machen; pass auf, dass du nicht kleckerst! (bei Tisch); aufs Tischtuch, auf die Schürze ~* □ **manchar(-se); sujar(-se) 2** ⟨511⟩ *eine* **Flüssigkeit (auf etwas)** *~ tropfenweise auf etwas schütten, etwas mit Flüssigem tropfenweise beschmutzen;* Farbe auf den Boden ~; Suppe, Soße aufs Kleid ~ □ **derramar; deixar pingar 3** ⟨400⟩ **3.1** *eine* **Angelegenheit** kleckert ⟨fig.⟩ *geht langsam, mühsam voran, wird nur mit geringen Mitteln betrieben* □ **arrastar-se 3.2** *nicht ~ (sondern klotzen)* ⟨fig.⟩ *mit großem (finanziellem) Aufwand, in großem Stil betreiben;* bei diesem Fest wurde nicht gekleckert (sondern geklotzt) □ ***não ser de meias medidas; não se preocupar com as despesas**

Kle̩cks ⟨m.; -es, -e⟩ *Fleck;* Tinten~, Farb~ □ **mancha; nódoa; borrão**

kle̩ck|sen ⟨V. 400⟩ **1** *Kleckse machen; pass auf, dass du nicht kleckst!; die Feder kleckst* □ **manchar(-se); sujar(-se) 2** ⟨402; fig.; umg.⟩ *(ein* **Bild**) *~ schlecht malen* □ **borrar; pintar mal**

Klee ⟨m.; -s; unz.; Bot.⟩ **1** *einer Gattung der Schmetterlingsblütler angehörendes aufrechtes od. niederliegendes, häufig kriechendes Kraut mit gefingerten Blättern: Trifolium* □ **trevo 1.1** *jmdn. über den grünen ~ loben* ⟨fig.⟩ *jmdn. sehr, auf übertriebene Weise loben* □ ***cobrir alguém de elogios**

Kleid ⟨n.; -(e)s, -er⟩ **1** ⟨i. w. S.⟩ = *Kleidung* **1.1** *~er machen Leute* ⟨Sprichw.⟩ *der Mensch wird aufgrund seiner Kleidung eingeschätzt* □ ***o hábito faz o monge 2** ⟨i. e. S.⟩ *Oberbekleidungsstück für Frauen;* Seiden~, Woll~, Sommer~, Winter~, Abend~, Hochzeits~; ein ~ bügeln, nähen, zuschneiden; sich ein ~ machen lassen; altes, altmodisches, modernes, neues ~; ausgeschnittenes, kurz-, langärmeliges, hochgeschlossenes ~; buntes, helles, dunkles ~; einfaches, festliches, praktisches ~; kurzes, langes ~; zweiteiliges ~; ein ~ auf den Bügel hängen; ein ~ in den Schrank hängen; ein hübsches, neues ~ anhaben □ **vestido 3** ⟨nur Pl.⟩ *Gesamtheit der auf dem Körper getragenen Kleidungsstücke;* die ~er ablegen, abstreifen, ausziehen □ **roupas 3.1** *ich bin zwei Tage fast nicht aus den ~ern gekommen ich habe zwei Tage fast nicht geschlafen, bin zwei T. kaum ins Bett gekommen, da ich so viel zu tun hatte* □ ***não durmo há dois dias 4** ⟨unz.⟩ *Uniform, Tracht;* Ordens~, Schwestern~ □ **uniforme; hábito 5** ⟨poet.⟩ *Hülle, Bedeckung, äußerliche Veränderung, Verschönerung von etwas;* der Winter hat der Erde ein weißes ~ angezogen; die Berghänge im ~ des bunten Herbstlaubes □ **vestimenta; vestidura; manto 6** ⟨Jägerspr.⟩ *Gefieder der Vögel;* Feder-, Hochzeits~ □ **plumagem 7** ⟨Jägerspr.⟩ *Fell des Hasen u. Hermelins* □ **pelo; pele**

klei̩|den ⟨V. 500⟩ **1** *jmdn. ~ mit Kleidung versehen, für (jmds.) Bekleidung sorgen;* sie kleidet ihre Kinder immer sauber und ordentlich; jmdn. nähren und ~ □ **vestir 2** *eine* **Sache** *kleidet jmdn. steht jmdm. gut, sieht gut aus bei jmdm., passt jmdm.;* der Mantel, die Bluse, die Hose, der Hut kleidet dich (gut), kleidet dich nicht □ **cair bem 3** ⟨513/Vr 3⟩ *sich (...) ~ (eine bestimmte Art von) Kleidung tragen;* sich auffallend, elegant, geschmackvoll, gut, jugendlich, schlicht ~; (ganz) in Rot, Schwarz gekleidet sein; sich nach der neuesten Mode ~; er ist, geht immer anständig, gut gekleidet; hell, dunkel, leicht, schwarz, weiß gekleidet; warm gekleidet □ ***vestir-se 3.1** *sich in Samt und Seide ~* ⟨poet.⟩ *sich teuer und elegant anziehen* □ ***cobrir-se de veludo e seda 4** *ein* **Modeschöpfer** *kleidet jmdn. lässt jmdn. (eine bestimmte Art von) Kleidung tragen* □ **vestir 5** ⟨513; fig.⟩ **5.1** *eine* **Jahreszeit** *kleidet die* **Erde**, Landschaft o. Ä. *in eine* **Farbe** *hüllt die E.,* L. *in eine F.;* der Frühling kleidet die Erde in junges Grün ⟨poet.⟩ **5.1.1** *eine* **Landschaft** *kleidet sich in eine* **Farbe** *hüllt sich in eine F.* □ **cobrir(-se); vestir(-se) 5.2** *Gedanken, Empfindungen in* **Worte** *~* ⟨fig.⟩ *in Worten ausdrücken* □ **exprimir 5.3** *eine Sache in eine* **Form** *~ einer S. eine bestimmte Form geben, sie auf eine bestimmte Weise ausdrücken* □ ***dar forma a alguma coisa**

Klei̩|dung ⟨f.; -, -en; Pl. selten⟩ *alles, was man auf dem Körper trägt, um sich zu bedecken u. ihn zu schützen;* Sy *Kleid(1);* seine ~ ablegen; leichte, warme ~; für jmds. Nahrung u. ~ sorgen □ **roupa; vestuário**

Klei̩|dungs|stück ⟨n.; -(e)s, -e⟩ *einzelner Teil der Kleidung, z. B. Hose, Rock, Mantel, Jacke;* zwei ~e in die Reinigung geben □ **peça de roupa**

Kleie ⟨f.; -, -n⟩ *beim Mahlen abfallende Schalen u. Hüllen des Getreides, die als ballaststoffreiche Nahrungsergänzung od. als Viehfutter verwendet werden* □ **farelo**

klein ⟨Adj.⟩ **1** *von geringem Ausmaß* **1.1** *von geringem Ausmaß in Bezug auf die* **Größe**; Ggs *groß;* ~e Anzeigen (in der Zeitung); ich brauche die Schuhe eine Nummer ~er; ~ von Wuchs, Gestalt; winzig, sehr ~ □ **pequeno; baixo 1.1.1** *im* **Kleinen** *in verkleinertem Maßstab* □ ***em pequena escala 1.1.2** *der ~e* **Finger** *der fünfte, kleinste Finger* □ ***o dedo mínimo; o mindinho 1.1.3** *~ schreiben eine kleine Schrift haben* □ ***ter letra miúda;* ⟨aber⟩ → a. *kleinschreiben* **1.2** *von geringem Ausmaß in Bezug auf den zeitlichen Ablauf, kurz;* ein ~er Ausflug, eine ~e Weile □ **curto; breve 1.2.1** *über ein* **Kleines** *nach kurzer Zeit* □ ***pouco tempo depois* **1.2.2** *~er* **Grenzverkehr** **1.2.2.1** *kurzfristiger Übertritt über die Grenze mit einem Grenzschein* **1.2.2.2** *erleichterter Warenverkehr für Bedarfsgüter im Grenzgebiet* □ ***tráfego fronteiriço local 1.3** *von geringer Intensität* **1.3.1** *das ~ste Geräusch ließ ihn zusammenfahren das geringste G.* □ **menor; mínimo 1.3.2** *das* **Gas**, den elektrischen **Herd** (auf) *~ stellen, drehen auf geringe Stärke einstellen* □ ***diminuir o gás; abaixar o fogo* **1.3.3** *~e* **Fahrt** *erste F. eines Schiffes mit geringer Geschwindigkeit* □ ***viagem em baixa velocidade* **1.3.4** *~e* **Fahrt** *Schifffahrt in begrenztem Seegebiet* □ ***viagem curta* **1.4** *ein* **Lebewesen**, *eine* **Pflanze** *ist ~ von geringem Alter, jung;* ein ~es Kind; ein ~er Schelm □ **pequeno 1.4.1** *mein ~er*

kleindenkend

Bruder *mein jüngerer B.* □ **menor; mais novo** 1.4.2 ~e Leute ⟨scherzh.⟩ *Kinder* □ ***crianças** 1.4.3 *das ~e Volk die Kinder* □ ***os pequenos; a criançada** 1.4.4 *von ~ an, auf von Kindheit an* □ ***desde pequeno** 1.4.5 Groß *und* Klein *jedermann, alle* □ ***todo o mundo** **2** *etwas ist ~ ist von geringer Zahl, von geringem Preis, Wert, Gewinn* □ **pouco, barato** 2.1 *~es Geld Hartgeld, Münzen* □ **moeda** 2.2 *Waren in* Kleinen *verkaufen in geringen Mengen, einzeln* □ ***vender mercadorias no varejo** 2.3 *bis ins* Kleinste *bis in jede Einzelheit* □ ***até nos mínimos detalhes 3** *etwas ist ~ ist von geringem Grade, unbedeutend, geringfügig; das ~ere Übel (von beiden Übeln); jmdm. eine ~e Freude machen; das ist eine ~e Mühe* □ **insignificante; pequeno; menor** 3.1 *ein ~ bisschen, ein ~ wenig ein bisschen, sehr wenig* □ ***um pouquinho** 3.2 *es wäre ihm ein Kleines, (das zu tun) es wäre keine Mühe für ihn, es fiele ihm nicht schwer* □ ***não lhe custaria nada fazer isso 4** *ein Geist ist ~, Verhältnisse sind ~ bescheiden, beschränkt, eng; ein ~er Geist* □ **limitado** 4.1 *~e Leute arme Leute der niederen Gesellschaftsklasse* □ ***pessoas simples/humildes** 4.2 *die ~en Leute einfache Menschen* □ ***as pessoas simples/comuns** 4.3 *~ anfangen (im Beruf) auf der untersten Stufe, mit wenig Geld* □ ***começar de baixo** 4.4 *der ~e Mann der einfache Mensch, der M. aus dem Volk* □ ***o homem do povo 5** *kleinlaut* 5.1 *er war, wurde (ganz) ~ und hässlich* ⟨umg.; scherzh.⟩ *kleinlaut, verlegen* □ ***ele estava/ficou todo sem graça** 5.2 *jmd. ist, wird ~ (und hässlich)* ⟨umg.; scherzh.⟩ *kleinlaut werden, den Mund halten, nichts mehr sagen, weil man Unrecht hat* □ ***perder o rebolado; ficar sem graça** 5.3 *~ beigeben sich fügen, nachgeben, die Überlegenheit des anderen anerkennen* □ ***dar a mão à palmatória; ceder 6** ⟨60; Jägerspr.⟩ *~er Hahn Birkhahn* □ ***tetraz 7** ⟨Getrennt- u. Zusammenschreibung⟩ 7.1 *~ machen = **kleinmachen*** 7.2 *~ gedruckt = kleingedruckt* 7.3 *~ kariert = kleinkariert (1)*

klein|den|kend ⟨Adj. 24/70⟩ *kleinlich, unedel denkend, pedantisch* □ **tacanho; de ideias limitadas**

Klei|ne(r, -s) ⟨f. 2 (m. 1), n. 3⟩ **1** *(kleines) Kind, Baby (auch als Kosewort u. Anrede); der ~ kann noch nicht laufen; hallo, du, ~r! (Anrede für einen Jungen, dessen Namen man nicht weiß); die ~ schreit; na, ~r? (kokette Anrede einer Frau für einen Mann); meine ~!, mein ~r!, mein ~s!* ⟨Kosewörter⟩ □ **criança; garoto; menino** 1.1 *der ~ von Müllers* ⟨umg.⟩ *der kleine Sohn* □ **filhinho** 1.2 *Frau Müller erwartet was ~s* ⟨umg.⟩ *ein Kind* □ **bebê 2** *die ~n die Kinder; wie geht's den ~n?* □ ***as crianças**

klein|ge|druckt *auch:* **klein ge|druckt** ⟨Adj. 24/60⟩ *in kleiner Schrift gedruckt; auch das Kleingedruckte lesen* □ **(o que está) escrito em letra miúda; escrito em caracteres pequenos**

Klein|geld ⟨n.; -(e)s; unz.⟩ *Wechselgeld, Münzen; für dieses Vorhaben fehlt mir das nötige ~* ⟨fig.; scherzh.⟩ □ **dinheiro miúdo; troco**

Klein|heit ⟨f.; -; unz.⟩ *das Kleinsein, kleine Beschaffenheit, geringe Größe; ~ des Geistes* ⟨abwertend⟩ □ **pequenez**

Klei|nig|keit ⟨f.; -, -en⟩ **1** *Sache von geringer Bedeutung, geringem Wert, die geringe Anstrengung erfordert; allerhand (hübsche) ~en kaufen* □ **bugiganga**; *ich kann mich nicht bei ~en aufhalten; sich nicht mit ~en abgeben* □ **detalhe**; *das ist für ihn eine ~* □ **insignificância; ninharia** 1.1 *jmdm. eine ~ mitbringen ein kleines Geschenk* □ **presentinho; lembrança** 1.2 *sich an ~en stoßen Unwesentliches übelnehmen od. als störend empfinden* □ ***escandalizar-se com bobagens** 1.3 *er braust bei jeder ~ auf beim geringsten Anlass* □ ***ele se irrita por qualquer coisinha** 1.4 *das ist keine ~!* ⟨umg.⟩ 1.4.1 *das ist wichtig* □ ***não é bobagem!** 1.4.2 *das ist nicht so einfach* □ ***não é tão simples 2** *geringe Menge, Summe, wenig von etwas; die ~ von 16.000 €* ⟨iron.⟩ 2.1 *es kostet (aber) eine ~!* ⟨umg.; iron.⟩ *ziemlich viel* □ **bagatela** 2.2 *eine ~ essen eine Zwischenmahlzeit, kleine Mahlzeit zu sich nehmen* □ ***beliscar; lambiscar** 2.3 *den Schrank (um) eine ~ nach vorn rücken einige Zentimeter* □ **pouquinho**

klein|ka|riert *auch:* **klein ka|riert** ⟨Adj. 24⟩ **I** ⟨Zusammen- u. Getrenntschreibung⟩ *mit kleinen Karos versehen (Stoff); eine ~e Hose* □ **quadriculado pequeno; axadrezado pequeno II** ⟨nur Zusammenschreibung; abwertend⟩ *geistig beschränkt, provinziell; seine Denkweise ist kleinkariert; kleinkarierte Ansichten* □ **tacanho; de ideias limitadas**

Klein|kram ⟨m.; -s; unz.⟩ *kleine, unwichtige Dinge, Kleinigkeiten, Nichtigkeiten; dieser ~ interessiert ihn nicht* □ **bugigangas; quinquilharias; banalidades**

klein∥krie|gen ⟨V. 500⟩ **1** *jmdn. ~ jmdn. unterkriegen, seinen Willen brechen, seinen Widerstand überwinden; sie wollen den Chef ~* □ **domar; dobrar 2** *etwas ~* ⟨scherzh.⟩ *kaputt machen; hast du den Apparat endlich kleingekriegt?* □ **quebrar** 2.1 *Geld, Vermögen ~* ⟨scherzh.⟩ *aufbrauchen, ausgeben* □ **gastar; consumir**

klein|laut ⟨Adj.⟩ *zurückhaltend, verlegen, (nachdem man vorher prahlte od. vorlaut war); ~ werden* □ **desconcertado; sem graça**

klein|lich ⟨Adj.⟩ **1** *engherzig, zu genau, Kleinigkeiten überbewertend, pedantisch* □ **meticuloso; pedante 2** *jeden Cent übertrieben genau berechnend, knauserig* □ **mesquinho; sovina**

klein∥ma|chen *auch:* **klein ma|chen** ⟨V. 500/Vr 3⟩ *sich ~* **1** *sich bücken* □ ***curvar-se; abaixar-se 2** ⟨fig.⟩ *sich demütigen, seine Fähigkeiten herabsetzen* □ ***diminuir-se; depreciar-se**

Klein|od ⟨n.; -(e)s, -e od. -di|en⟩ **1** *kostbares Schmuckstück, Juwel* □ **joia 2** ⟨fig.⟩ *etwas sehr Wertvolles, Kostbarkeit; etwas hüten, bewahren wie ein ~* □ **preciosidade**

klein∥schrei|ben ⟨V. 230/500⟩ **1** *ein Wort kleinschreiben mit kleinem Anfangsbuchstaben schreiben* □ **escrever com inicial minúscula 2** ⟨fig.⟩ *eine Sache ~ ihr wenig Bedeutung beimessen, sie kaum berücksichtigen* □ ***dar pouca importância a alguma coisa**; → *a. klein (1.1.2)*

Klein|stadt ⟨f.; -, -städ|te⟩ *Stadt, die zwischen 5000 und 20 000 Einwohnern hat* □ **cidade pequena**

klein|städ|tisch ⟨Adj. 24⟩ **1** *eine Kleinstadt (u. ihre Einwohner) betreffend, zu ihr gehörend, von ihr stam-*

Kleis|ter ⟨m.; -s, -⟩ **1** *Klebstoff aus Stärke od. Mehl u. Wasser; Mehl~; Holz~; Tapeten~* □ **cola; grude 2** ⟨fig.⟩ *dicker, zäher Brei* □ **papa**

Klem|me ⟨f.; -, -n⟩ **1** *kleines Gerät mit zwei bewegl. od. federnden Armen zum Zusammendrücken, Befestigen; Nasen~, Haar~* □ **grampo; prendedor 2** ⟨Med.⟩ *kleine, sterile Metallklammer zum raschen Schließen einer stark blutenden Wunde, bes. einer verletzten Arterie* □ **grampo (para sutura) 3** ⟨fig.; umg.⟩ *Verlegenheit, Notlage; jmdm. aus der ~ helfen; in der ~ sitzen* □ **aperto; apuro**

klem|men ⟨V.⟩ **1** ⟨511/Vr 5⟩ *etwas an eine Stelle ~ etwas befestigen od. durch Druck so festhalten, dass ein Herausrutschen od. Verrücken nicht mehr möglich ist, einzwängen; ein Stück Holz in einen Spalt ~; sich ein Buch unter den Arm ~* ⟨umg.⟩ □ **apertar; enfiar 2** ⟨400⟩ *etwas klemmt ist so befestigt, dass es nicht verrückt werden kann* **2.1** *die Tür klemmt hängt fest, geht nicht auf* □ **emperrar 3** ⟨530/Vr 1⟩ *sich einen Körperteil ~ mit einem K. zwischen zwei aufeinanderschlagenden Gegenständen stecken bleiben, sich einen K. quetschen; sich den Finger ~* □ ***prender uma parte do corpo 4** ⟨550/Vr 3⟩ *sich hinter jmdn. ~* ⟨fig.; umg.⟩ *bei jmdm. etwas zu erreichen suchen; ich werde mich mal hinter ihn ~* □ ***ir atrás de alguém para conseguir alguma coisa 5** ⟨550/Vr 3⟩ *sich hinter etwas ~* ⟨fig.; umg.⟩ *sich daranmachen, eifrig betreiben; sich hinter eine Arbeit ~* □ ***batalhar por alguma coisa 6** ⟨503⟩ *(jmdm.) etwas ~* ⟨umg.⟩ *stehlen; er hat ihm die Ausweise geklemmt* □ **afanar**

Klemp|ner ⟨m.; -s, -⟩ *Handwerker, der Blech-, Kupfer- u. Aluminiumgegenstände herstellt u. repariert sowie Gas- u. Wasserinstallationen ausführt* □ **funileiro; encanador; canalizador**

Klep|to|ma|nie ⟨f.; -; unz.⟩ *krankhafter Trieb zu stehlen* □ **cleptomania**

Kle|ri|ker ⟨m.; -s, -⟩ *Angehöriger des Klerus, katholischer Geistlicher* □ **clérigo**

Kle|rus ⟨m.; -; unz.⟩ *Gesamtheit der katholischen Geistlichen, Geistlichkeit* □ **clero**

Klet|te ⟨f.; -, -n⟩ **1** ⟨Bot.⟩ *Angehörige einer durch hakenförmige, mit Grannen versehene Hüllblätter ausgezeichneten Gattung der Korbblütler: Arctium, A. Lappa* **2** *Blütenkopf dieser Pflanze* □ **árctio; bardana 3** ⟨fig.; umg.⟩ *übermäßig anhänglicher Mensch (der dadurch sehr lästig wird)* □ **grude**; *sich wie eine ~ an jmdn. hängen* □ ***grudar em alguém**; *sie halten zusammen wie die ~n* □ ***são unha e carne* **3.1** *in der Schulzeit hingen wir wie die ~n zusammen waren wir sehr eng befreundet* □ ***nos tempos de escola andávamos grudados**

klet|tern ⟨V. 400(s.)⟩ **1** ⟨400⟩ *mit Hilfe der Hände hinauf-, hinab-, hinaussteigen; auf einen Baum, Berg, eine Leiter ~* □ **subir; escalar**; *aus dem Bett, dem Wagen ~* □ **sair; descer**; *über einen Zaun ~; er kann ~ wie ein Affe* □ **pular; trepar 1.1** *es ist, um auf die Bäume zu ~! (fig.) zum Verzweifeln* □ ***isso é de enlouquecer!* **2** ⟨400⟩ *hohe, schwierig zu erreichende Berggipfel besteigen, bergsteigen; gestern sind wir vier Stunden lang geklettert* **2.1** ⟨Sp.⟩ *eine (Fels-) Wand (im Freien od. in einer Halle) hinaufsteigen (als sportl. Herausforderung)* □ **escalar 3** ⟨400⟩ *Preise, Barometer, Thermometer ~ in die Höhe* ⟨fig.⟩ *steigen in die H.* □ **disparar**

Klet|ter|pflan|ze ⟨f.; -, -n⟩ *Pflanze, die an natürlichen od. künstlichen Stützen emporwächst* □ **trepadeira**

Klet|ze ⟨f.; -, -n; bair./österr.⟩ *getrocknete Birne* □ **pera seca**

kli|cken ⟨V. 400⟩ **1** *etwas klickt erzeugt einen kurzen, hohen, metallischen Ton* □ **fazer clique; estalar 2** ⟨EDV⟩ *die Maustaste kurz betätigen, um eine Funktion zu aktivieren* □ **clicar**

Kli|ent ⟨m.; -en, -en⟩ *Auftraggeber, Kunde (bes. eines Rechtsanwalts); einen ~en vor Gericht vertreten* □ **cliente**

Kli|en|tel ⟨f.; -, -en⟩ *Gesamtheit der Klienten, Kundschaft, Anhängerschaft; seine ~ betreuen, beraten; die ~ unserer Firma stammt überwiegend aus Osteuropa; die ~ eines Autors* □ **clientela**

Kli|en|tin ⟨f.; -, -tin|nen⟩ *weibl. Klient* □ **cliente**

Kliff ⟨n.; -s, -e⟩ *steil abfallender Hang an der Küste, Klippe* □ **penhasco; falésia**

Kli|ma ⟨n.; -s, -s od. -ma|ta od. -ma|te⟩ **1** *die für ein bestimmtes Gebiet charakteristische durchschnittliche Wetterlage; Meeres~; feuchtes, heißes, kaltes, mildes, raues, trockenes, tropisches ~; maritimes, ozeanisches ~* **2** ⟨fig.⟩ *Atmosphäre; Betriebs~* □ **clima**

Kli|ma|an|la|ge ⟨f.; -, -n⟩ *Anlage zur Regulierung des Raumklimas durch Erwärmung, Kühlung, Be- od. Entlüftung u. Reinigung der Luft* □ **ar-condicionado**

Kli|mak|te|ri|um ⟨n.; -s, -ri|en⟩ = *Wechseljahre*

kli|ma|ti|sie|ren ⟨V. 500⟩ *einen Raum, ein Gebäude ~ mit Hilfe einer Anlage zur Regulierung des Raumklimas (Erwärmung, Kühlung, Be- u. Entlüftung sowie Reinigung der Luft) ausstatten* □ **climatizar**

Kli|ma|wan|del ⟨m.; -s; unz.⟩ *Wandel, Veränderung des Klimas, Klimaveränderung; die Produktion von Treibhausgasen führt langfristig zu einem weltweiten ~* □ **mudança/alteração do clima**

Kli|max ⟨f.; -, -e⟩ **1** ⟨geh.⟩ *Höhepunkt, Steigerung* **2** ⟨Rhet.⟩ *sich steigernder Ausdruck, Stilmittel der Steigerung (in Sätzen)* □ **clímax 3** ⟨Med.⟩ = *Wechseljahre*

klim|men ⟨V. 167/400(s.)⟩ *empor-, hinaufsteigen, hochklettern; empor- , er~* □ **subir; escalar**

klim|pern ⟨V. 400⟩ **1** *schlecht od. gedankenlos, spielerisch auf einem Tasten- od. Zupfinstrument spielen; auf dem Klavier, auf der Gitarre ~* □ **dedilhar; arranhar 2** *ein metallisches Geräusch erklingen lassen, metallische Gegenstände wiederholt rasch aneinanderschlagen lassen* □ **tilintar 2.1** *mit den Wimpern ~* ⟨fig.; meist scherzh.⟩ *kokett blinzeln* □ ***piscar (para paquerar/jogar charme)**

Klin|ge ⟨f.; -, -n⟩ **1** *der schneidende, stechende Teil eines Werkzeugs, einer Waffe; Degen~, Messer~, Rasier~; jmdn. mit der flachen ~ schlagen* □ **lâmina 1.1** *eine gute ~ führen, schlagen gut fechten* □ ***ser um bom esgrimista* **1.2** *jmdn. über die ~ springen lassen* ⟨fig.⟩ *töten, vernichten, ruinieren* □ ***dar cabo de alguém;*

Klingel

acabar com alguém 2 *die Waffe selbst, Degen, Säbel, Schwert* □ espada 2.1 *jmdn. vor die ~ fordern zum Fechtkampf fordern* □ *desafiar alguém para um duelo 2.2 *die ~n (miteinander) kreuzen* 2.2.1 *einen Zweikampf mit blanker Waffe austragen* □ *duelar 2.2.2 ⟨fig.⟩ *ein Wortgefecht führen* □ *duelar (verbalmente)

Klin|gel ⟨f.; -, -n⟩ *Gerät, Knopf zum Läuten, klingeln; Fahrrad~, Tür~* □ campanhia

klin|geln ⟨V.⟩ 1 ⟨400⟩ *die Klingel in Bewegung setzen, läuten, schellen; es hat geklingelt; es klingelt zum Unterricht, zur Pause, zum Beginn der Vorstellung* □ tocar a campanhia/o sinal 2 ⟨600 od. 800⟩ *jmdm., nach jmdm. ~ jmdn. durch Klingeln herbeirufen* □ *chamar alguém (com o toque da campanhia) 3 ⟨550⟩ *jmdn. aus dem Bett, aus dem Schafe ~ durch Klingeln(1) aufwecken und aus dem Bett holen* □ *acordar alguém (com o toque da campanhia)

klin|gen ⟨V. 168/400⟩ 1 ⟨413⟩ *hell tönen, einen reinen wohllautenden Ton, Klang erzeugen, hallen; das Instrument klingt gut, schlecht; dumpf, heiser, hell, schrill ~* □ soar; *der Lärm klang bis zu uns* □ ressoar; *mit ~der Stimme lachen, sprechen, etwas rufen* □ ressoante; → a. *Ohr(1.2.26)* 2 ⟨413⟩ *ein Ton, Lied klingt ...* ⟨fig.⟩ *hört sich auf eine bestimmte Weise an; das Lied klingt schön; der Ton klingt falsch* □ soar 3 ⟨413⟩ *etwas klingt ...* ⟨fig.⟩ *wirkt, erscheint auf eine bestimmte Weise; das klingt ja, als ob du schon dort gewesen wärst; das klingt jetzt schon ganz anders!; das klingt mir fremd; es klingt zwar grob, aber ich muss es doch sagen; gut, hässlich, schlecht, schön ~; sein Lob, seine Worte klang(en) mir lieblich in den Ohren* 3.1 *das klingt ganz nach schlechter Erfahrung als ob er, sie schlechte Erfahrungen gemacht hätte* □ soar; parecer 4 ⟨fig.⟩ 4.1 *die Gläser ~ lassen anstoßen* □ *brindar 4.2 *~der Reim = weiblicher Reim* → weiblich(1.1) 4.3 *mit ~der Münze bezahlen* ⟨poet.⟩ bar □ sonante 4.4 *etwas, eine Saite in jmdm. zum Klingen bringen* ⟨poet.⟩ *ein Gefühl, eine Regung in jmdm. Wecken* □ *despertar um sentimento/uma emoção em alguém

Kli|nik ⟨f.; -, -en⟩ 1 *Anstalt zur Behandlung bettlägriger Patienten, Krankenhaus; Frauen~, Kinder~, Poli~; chirurgische, orthopädische ~* 2 ⟨unz.⟩ *Unterricht der Medizinstudenten am Kranken(bett)* □ clínica

Klin|ke ⟨f.; -, -n⟩ 1 *Griff an der Tür zum Öffnen u. Schließen; Tür~* □ maçaneta; puxador 2 *Sperrhebel, Schaltthebel (einer Maschine)* □ lingueta; alavanca de câmbio

klin|ken ⟨V. 400⟩ *die Klinke betätigen;* an einer verschlossenen Tür einige Male ~ □ girar/mover a maçaneta

Klin|ker ⟨m.; -s, -⟩ *(meist dunkelroter) kleiner, scharf gebrannter, sehr harter Ziegel; ~bau* □ tijolo holandês; clínquer

klipp ⟨Adj. 80; nur in der Wendung⟩ *~ und klar deutlich, eindeutig; jmdm. etwas ~ und klar sagen* □ *claramente; com todas as letras

Klip|pe ⟨f.; -, -n⟩ 1 *steil hervorspringender Felsen im Meer, Riff; gefährliche ~n; auf eine ~ auflaufen* □ recife; escholo 2 ⟨fig.⟩ *Hindernis, gefährliche, heikle Stelle; in einer Prüfung, Unterhaltung alle ~n umschiffen* □ obstáculo; dificuldade

klir|ren ⟨V. 400⟩ *etwas klirrt gibt ein helles, hartes Geräusch (wie von angeschlagenem Metall, Glas, Porzellan) von sich, klingt hell, hart; die Fenster ~; er schlug auf den Tisch, dass die Gläser klirrten; die Gläser fielen ~d auf den Boden; die Ketten, Sporen, Waffen klirrten* □ tinir; vibrar; estalar; *~des Eis, ~der Frost* □ *gelo que estala/crepita (ao ser pisado); *~de Kälte (nach dem Geräusch des Eises unter den Füßen)* □ *frio glacial/de rachar

Kli|schee ⟨n.; -s, -s⟩ 1 ⟨Typ.⟩ = *Druckstock* 2 *Abdruck, genaues Abbild* 3 ⟨fig.; abwertend⟩ *abgegriffenes, schon zu oft gebrauchtes Wort, undifferenzierte Verallgemeinerung* □ clichê

Klis|tier ⟨n.; -s, -e; Med.⟩ *Einbringen einer kleinen Flüssigkeitsmenge durch den After in den Darm (bei Verstopfung usw.);* → a. *Einlauf(5)* □ clister; lavagem intestinal

Kli|to|ris ⟨f.; -, - od. –to|ri|des; Anat.⟩ = *Kitzler*

Klitsch ⟨m.; -(e)s, -e; umg.⟩ 1 *Brei, breiige, klebrige Masse* 2 *nicht aufgegangenes Gebäck; der Kuchen ist ~ geworden* □ papa; massa viscosa 3 *leichter Schlag (bes. auf den nackten Körper); einem Kind einen ~ geben* □ palmada; tapa

klit|tern ⟨V.⟩ 1 ⟨500⟩ *etwas ~ basteln, bosseln(1)* □ montar; modelar 2 ⟨500⟩ *eine Sache ~ zusammenstoppeln, (unschöpferisch) zusammentragen* □ remendar; juntar 3 ⟨400⟩ *schmieren, Kleckse machen* □ borrar; manchar

Klo ⟨n.; -s, -s; umg.; kurz für⟩ *Klosett* □ toalete; banheiro

Klo|a|ke ⟨f.; -, -n⟩ 1 *Schleuse, Abwasserkanal* 2 ⟨Zool.⟩ *gemeinsamer Ausgang von Darm, Harnblase u. Geschlechtsorganen bei manchen Tieren* □ cloaca

klo|big ⟨Adj.⟩ 1 *übermäßig groß, unförmig, massig; ein ~er Schrank* □ maciço; volumoso 2 *plump, unbeholfen, grob; ein ~er Mensch* □ grandalhão; brutamontes

Klon ⟨m.; -s, -e; Genetik⟩ *aus ungeschlechtlicher Fortpflanzung, gentechnisch erzeugte erbgleiche Nachkommenschaft eines Individuums* □ clone

klo|nen ⟨V. 400⟩ ⟨jmdn. od. ein Tier⟩ *~ durch ungeschlechtliche (gentechnisch manipulierte) Fortpflanzung künstlich erzeugen; genetisch identische Lebewesen, Pflanzen* □ clonar

Klo|pa|pier ⟨n.; -s; unz.; umg.⟩ = *Toilettenpapier*

klop|fen ⟨V.⟩ 1 ⟨402 od. 611/Vr 5 od. Vr 6⟩ ⟨jmdn.⟩ od. (etwas) *~, jmdn. auf die Schulter (u. ä.) ~ mehrere Male (leicht) schlagen, pochen; Fleisch, ein Kotelett ~ (damit es weich wird); es klopft (an der Tür); an die Tür ~; mit dem Hammer auf einen Nagel ~; der Specht klopft (mit dem Schnabel an den Baum); jmdm. freundschaftlich auf die Schulter ~; Teppiche ~; Staub aus dem Mantel ~* □ bater; martelar; tocar 1.1 *Steine ~ fest in den Untergrund der Straße schlagen* □ britar 1.2 *der Motor klopft gibt ein pochendes (ungewohntes) Geräusch von sich* □ *o motor está batendo pino* 1.3 *jmdn. aus dem Schlaf ~ an die*

Tür klopfen, damit jmd. wach wird □ *acordar alguém com batidas à porta 1.4 jmdm. **auf die Finger** ~ ⟨a. fig.⟩ *jmdn. tadeln, zurechtweisen* □ *puxar as orelhas de alguém;* → a. *Busch(1.1)* **2** ⟨400⟩ das **Herz**, der **Puls** klopft *schlägt ständig, pocht;* das Herz klopfte ihr zum Zerspringen; das Blut klopfte ihm in den Adern, den Schläfen; mit ~dem Herzen □ **palpitar; pulsar**

Klöp|pel ⟨m.; -s, -⟩ **1** *keulenartiges Gerät zum Anschlagen, z.B. von Trommeln od. Glocken;* Sy *Schwengel(1);* Glocken~ □ **badalo 2** ⟨Textilw.⟩ *Garnspule zum Klöppeln, Verschlingen, Zwirnen u. Flechten von Fäden nach vorgezeichnetem Muster* □ **bilro**

klöp|peln ⟨V. 402⟩ *von Spulen (Klöppeln) ablaufendes Garn um festgesteckte Nadeln nach einem Muster zu Spitzen, Bändern, Litzen, Borten usw. verflechten* □ **fazer renda de bilro**

Klops ⟨m.; -es, -e⟩ *(gebratenes) Fleischklößchen* □ **almôndega**

Klo|sętt ⟨n.; -s, -s od. -e⟩ = *Abort¹*

Kloß ⟨m.; -es, Klö|ße⟩ **1** *ungeformter od. runder, feuchter Klumpen, Masse von etwas;* Erd~; ein ~ Lehm, Erde, Dreck □ **bolo; torrão** 1.1 einen ~ im Halse haben ⟨fig.⟩ *ein würgendes Gefühl bes. von unterdrücktem Weinen* □ **nó 2** *zur Kugel geformte Speise;* Sy *Knödel;* Kartoffel~, Semmel~ □ **bolinho** 2.1 gekochte Klöße *Klöße aus gekochten Kartoffeln* □ *bolinho de batatas cozidas;* → a. *grün(2.1), roh(1.2), seiden(2)*

Klos|ter ⟨n.; -s, Klös|ter⟩ **1** *(von der Außenwelt abgeschlossene) Wohn- und Arbeitsstätte von Mönchen od. Nonnen;* Mönchs~, Nonnen~; ins ~ gehen; jmdn. ins ~ sperren, stecken **2** *die im Kloster(1) lebende religiöse Gemeinschaft* □ **mosteiro; convento**

Klotz ⟨m.; -es, Klöt|ze⟩ **1** *großes Stück Holz, (meist) Teil eines Baumstamms* □ **cepo** 1.1 schlafen wie ein ~ *tief, fest schlafen* □ *dormir como uma pedra* 1.2 sich einen ~ ans Bein binden ⟨fig.; umg.⟩ *sich mit etwas belasten u. dadurch am Vorwärtskommen gehindert werden* □ *arrumar sarna para se coçar* 1.3 *Klotz(1) zum Holz- od. Fleischhacken;* Hack~, Fleisch~ □ **tábua (de carne) 2** ⟨fig.⟩ *ungeschlachter, unbeholfener od. grober Mensch* □ **bronco** 2.1 dastehen wie ein ~ *unbeholfen, steif, hilflos dastehen* □ *ficar parado como um dois de paus;* → a. *grob(4.2)*

klot|zig ⟨Adj.⟩ **1** *wie ein Klotz beschaffen, wuchtig, massig, ungeschlacht;* ein ~es Möbelstück □ **maciço; pesado 2** ⟨50; fig.; umg.⟩ *sehr, ungeheuer;* es ist ~ heiß; der Mantel ist ~ teuer □ **muito; pra burro;** er ist ~ reich □ *ele é podre de rico*

Klub ⟨m.; -s, -s⟩ **1** *geschlossene Vereinigung von Personen zur Pflege bestimmter Interessen;* oV *Club;* → a. *Verein;* Foto~, Kegel~, Sport~ **2** *Raum od. Gebäude für einen Klub(1)* □ **clube**

Kluft¹ ⟨f.; -, Klüf|te⟩ **1** *Spalte, Riss, Einschnitt in Gestein, Gletschern o. Ä.;* Felsen~ □ **fenda; fissura 2** ⟨fig.⟩ *unüberbrückbar scheinender Gegensatz;* eine ~ überbrücken; es bestand eine tiefe ~ zwischen ihnen □ **abismo; diferença**

Kluft² ⟨f.; -, -en; umg.⟩ **1** *Uniform, Dienstkleidung* □ **uniforme 2** *Anzug* □ **traje; roupa**

klug ⟨Adj.⟩ **1** *jmd. ist ~ gescheit, intelligent, aufgeweckt;* sie war ~ genug einzusehen, dass ...; seid ~ wie die Schlangen (Matth. 10,16); der Klügere gibt nach; → a. *Ei(1.1.4)* **2** *ein Tier ist ~ verständig* □ **inteligente; esperto; prudente 3** *eine Ansicht, ein Rat ist ~ vernünftig, weise* □ **sensato; sábio** 3.1 ~ reden *gescheit, vernünftig reden* □ *falar com sensatez;* ⟨aber⟩ → a. *klugreden* **4** *ein Vorgehen, ein Verhalten ist ~ schlau, überlegt, geschickt, diplomatisch;* hier heißt es ~ vorgehen; es wird am klügsten sein abzuwarten; es ist das Klügste, wenn du jetzt gehst □ **prudente; diplomático 5** ⟨50; fig.⟩ 5.1 aus einer Sache nicht ~ werden *etwas nicht begreifen, nicht durchschauen* □ *não conseguir entender alguma coisa* 5.2 ich werde nicht ~ aus ihm *ich erfasse sein Wesen nicht* □ *não consigo entendê-lo* 5.3 jetzt bin ich so ~ wie zuvor *das habe ich nicht verstanden, mit dieser Erklärung weiß ich nichts anzufangen, die Nachforschung hat zu nichts geführt* □ *continuo sem entender nada* 5.4 er ist nicht recht ~ ⟨umg.⟩ *er ist ein bisschen verrückt* □ *ele não está em seu juízo perfeito*

klug‖re|den ⟨V. 400; abwertend⟩ *besserwisserisch reden, sachverständig tun* □ **bancar o entendido/sabichão;** → a. *klug (3.1)*

klụm|pen ⟨V. 400⟩ *Klumpen bilden, zu Klumpen zusammenballen;* die Soße klumpt □ **formar grumos; empelotar**

Klụm|pen ⟨m.; -s, -⟩ **1** *feuchte, zähe, zusammengeballte Masse;* Butter~, Erd~ □ **porção; torrão 2** *großer Brocken;* Gold~ □ *pepita de ouro;* der Brei, die Soße hat ~ □ **grumo; pelota;** zu ~ geballt □ *empelotado; embolado*

Klün|gel ⟨m.; -s, -; abwertend⟩ *Gruppe von Menschen, die sich gegenseitig fördern, die übrigen aber unterdrücken;* Sy *Sippschaft(2)* □ **panelinha; bando**

Klus ⟨f.; -, -en; schweiz.⟩ *Engpass, Schlucht* □ **desfiladeiro**

knạb|bern ⟨V.⟩ **1** ⟨411⟩ an etwas ~ ⟨hörbar⟩ *von etwas abbeißen, an etwas kauen;* die Mäuse haben am Käse, am Speck geknabbert; an einem Apfel ~ □ **mastigar ruidosamente 2** ⟨800⟩ an etwas ~ *in sehr kleinen Bissen von etwas abbeißen;* an einem Stück Brot ~ □ **mordiscar 3** ⟨500⟩ etwas ~ ⟨umg.⟩ *essen, naschen;* Gebäck, Nüsse ~; etwas zum Knabbern (Gebäck, Nüsse u. Ä.) □ **mordiscar; beliscar 4** ⟨800⟩ an einer Sache (noch lange) ~ ⟨a. fig.⟩ *eine S. wird jmdm. noch lange Sorgen od. Schmerzen bereiten;* daran wird er noch lange zu ~ haben □ *alguma coisa (ainda) vai dar trabalho/dor de cabeça*

Kna|be ⟨m.; -n, -n⟩ **1** *Kind männlichen Geschlechts;* Sy *Junge, Bub;* ein älterer, fünfjähriger, kleiner ~; ein hübscher ~ □ **rapaz; menino 2** ⟨umg.⟩ *Bursche, Kerl;* alter ~! (burschikose, freundschaftliche Anrede auch für Jüngere) □ *meu velho!; cara!* 2.1 er ist schon ein alter ~ *alter, älterer Mann* □ *ele já é um senhor*

Knack ⟨m.; -(e)s, -e⟩ *kurzes, knackendes Geräusch;* mit einem ~ hatte er die Schachtel aufgebrochen □ **estalo; estalido**

Knä|cke|brot ⟨n.; -(e)s, -e⟩ *sehr knusprig in dünnen Scheiben gebackenes Brot mit geringem Wasseranteil; eine Packung, Scheibe ~* □ **pão sueco**

knạ|cken ⟨V.⟩ **1** ⟨400⟩ *etwas knackt gibt einen kurzen, hellen Laut von sich wie zerbrechendes Holz; Dielen, alte Möbel ~; Holzscheite ~ im Feuer* □ **estalar; crepitar 2** ⟨500⟩ *Nüsse ~ mit hellem Geräusch aufbrechen* □ **partir; quebrar 3** ⟨500⟩ *Flöhe, Läuse ~ zwischen den Fingernägeln zerquetschen* □ **esmagar 4** ⟨500⟩ *einen Geldschrank ~* ⟨fig.; umg.⟩ *mit Gewalt öffnen (um zu stehlen)* □ **forçar; arrombar 5** ⟨500⟩ *Rätsel ~ lösen* □ **decifrar; resolver 6** ⟨400⟩ *jmd. knackt* ⟨umg.⟩ *schläft* □ **dormir; cochilar**

Knạck|punkt ⟨m.; -(e)s, -e; fig.; umg.⟩ *entscheidender Faktor, wichtigster Gesichtspunkt; das ist der ~ bei der Sache* □ **ponto crucial**

Knạcks ⟨m.; -es, -e; umg.⟩ **1** *einmaliges Knacken* □ **estalo 2** *Riss, Sprung; das Ei, das Glas hat einen ~ (bekommen)* □ **fenda; rachadura 3** ⟨fig.⟩ *(seelischer od. körperlicher) Schaden; durch einen Unfall, ein erschütterndes Erlebnis einen ~ bekommen; einen ~ weghaben* □ **abalo; golpe; dano**

Knạll ⟨m.; -(e)s, -e⟩ **1** *kurzes, scharfes, peitschenschlag- od. schussartiges Geräusch; Peitschen~; der ~ eines Schusses; die Tür fiel mit einem ~ ins Schloss; der Reifen platzte mit einem lauten ~* □ **estampido; estalido; detonação 2** ⟨fig.; umg.⟩ **2.1** *(auf) ~ und Fall, ~ auf Fall plötzlich, von heute auf morgen; (auf) ~ und Fall entlassen werden* □ ***de repente 2.2** *Verrücktheit, Fimmel* □ **doidice; loucura***; du hast (ja) einen ~!* □ ***você está maluco!**

Knạll|ef|fekt ⟨m.; -(e)s, -e⟩ *verblüffender Höhepunkt, verblüffende, große Wirkung* □ **grande surpresa/sensação**

knạl|len ⟨V.⟩ **1** ⟨400⟩ *etwas knallt gibt ein kurzes, scharfes, peitschenschlag- od. schussartiges Geräusch von sich; ein Schuss knallt; den Sektpfropfen ~ lassen* □ **estalar; estourar 1.1** ⟨411(s.)⟩ *sich mit Knall(1) schließen; die Tür knallte ins Schloss* □ **bater (com estrondo) 2** *eine Bewegung machen, bei der ein Geräusch wie bei einem Knall(1) entsteht; mit der Peitsche ~* □ **estalar 2.1** ⟨511⟩ *etwas auf etwas ~ laut, heftig hinwerfen; Bücher auf den Tisch ~; den Hörer auf die Gabel ~* □ **arremessar; bater 2.2** ⟨530⟩ *jmdm. eine ~* ⟨umg.⟩ *eine Ohrfeige geben* □ ***dar uma bofetada em alguém 3** ⟨400⟩ *die Farbe knallt* ⟨fig.; umg.⟩ *ist zu grell, fällt zu sehr auf* □ **berrar; ser chamativo 4** ⟨500⟩ *eine Frau ~* ⟨derb⟩ *mit einer Frau Geschlechtsverkehr haben* □ **comer; trepar com**

knạll|hart ⟨Adj. 24; umg.⟩ *rücksichtslos, brutal, eisern, streng; ein ~er Bursche; ~ durchgreifen* □ **duro; brutal; duramente; com brutalidade**

knạl|lig ⟨Adj.; umg.⟩ **1** *grell, auffallend, aufdringlich, schreiend; ~e Farben; ~e Werbung* □ **berrante; chamativo 2** ⟨50; verstärkend⟩ *sehr, überaus; es war ~ heiß; die Hose ist ~ eng* □ **muito; excessivamente**

Knạll|kopf ⟨m.; -(e)s, -köp|fe; umg.; derb⟩ *dummer, beschränkter Mensch* □ **babaca**

knạpp ⟨Adj.⟩ **1** *gerade noch ausreichend, wenig, gering, beschränkt, dürftig; der Proviant ist ~; die Kohlen sind ~ geworden; die Mahlzeit ist ~; die Lebensmittel sind ~* □ **escasso; raro; limitado 1.1** *~ bei Kasse sein* ⟨umg.⟩ *(augenblicklich) wenig Geld haben* □ ***estar duro/curto de grana 1.2** *es geht bei ihnen etwas ~ zu, her* ⟨umg.⟩ *sie müssen sparen* □ ***eles andam meio apertados (de dinheiro) 1.3** *mit ~er Not (einer Sache) entgehen, entkommen* ⟨fig.⟩ *nur mit Mühe, gerade noch* □ ***escapar/safar-se (de alguma coisa) por pouco 2** *ein Kleidungsstück ist ~ eng, liegt eng an; das Kleid sitzt ~; die Schuhe sind etwas ~* □ **apertado; justo 3** *kurz, eben noch zureichend, nicht ganz (bei Zeit- u. Maßangaben); eine ~e Mehrheit; ~ zwei Meter; die Zeit ist ~; eine ~e Stunde; ~ vier Wochen; meine Zeit ist ~ bemessen; ein ~er Sieg* ⟨Sp.⟩ □ **limitado; apertado; curto 3.1** *und nicht zu ~!* ⟨umg.⟩ *ziemlich viel* □ ***e como! 4** ⟨50⟩ *~ an, vor dicht an, dicht vor, in minimalem Abstand von; das Auto fuhr (ganz) ~ an mir vorbei; er kam ~ vor ihm durchs Ziel* □ ***muito próximo de 5** *die Ausdrucksweise, der Stil ist ~ kurz gefasst, gedrängt, bündig, das Wesentliche umfassend; in ~en Worten* □ **conciso; sucinto**

Knạp|pe ⟨m.; -n, -n⟩ **1** ⟨früher⟩ *junger Edelmann im Dienst eines Ritters; Schild~* □ ***escudeiro 2** ⟨Bgb.; veraltet⟩ *Bergmann mit abgeschlossener Lehre (entspricht heute dem Bergmechaniker); Berg~* □ ***mineiro**

knạr|ren ⟨V. 400⟩ *etwas knarrt gibt einen Laut von sich, wie wenn Holz unter Druck gegeneinanderreibt, erzeugt ein schnarrendes Geräusch; alte Bäume, Dielen, Treppen ~; Holz knarrt; ein Lederriemen, eine Tür, ein alter Wagen knarrt* □ **chiar; ranger***; eine ~de Stimme haben* □ ***ter uma voz chiada**

Knạst ⟨m.; -(e)s, -e od. Knäs|te; umg.⟩ **1** ⟨unz.⟩ *Haftstrafe* □ **pena; condenação 1.1** *~ schieben eine Gefängnisstrafe absitzen* □ ***cumprir pena; estar na cadeia 2** *Haftanstalt; im ~ sitzen* □ **cadeia; xadrez**

knạt|tern ⟨V. 400⟩ *etwas knattert gibt kurze, helle, schnell aufeinanderfolgende knallende Geräusche von sich; ein Maschinengewehr, ein Motorrad knattert, Schüsse ~; eine Fahne knattert im Wind* □ **estalar; crepitar; estrepitar**

Knäu|el ⟨n. od. m.; -s, -⟩ **1** *zu einer Kugel gewickelter Faden; Garn~, Woll~* □ **novelo 2** *Durcheinander von (Gegenständen aus) Stoff, Wolle usw.* □ **emaranhado 3** ⟨fig.⟩ *geballte, formlose Masse von Lebewesen; Menschen~; ein ~ sich balgender Kinder, sich beißender Hunde* □ **multidão; aglomeração***; sich zu einem ~ ballen* □ ***aglomerar-se 4** ⟨Bot.⟩ *Angehöriger einer Gattung der Nelkengewächse: Scleranthus* □ **escleranto; craveiro**

knäu|eln ⟨V. 500⟩ = *knäulen*

Knauf ⟨m.; -(e)s, Knäu|fe⟩ **1** *kugel- od. knopfartiger Griff; Schwert~, Stock~* □ **maça; castão 2** = *Kapitell*; *Säulen~* □ **capitel**

knäu|len ⟨V. 500⟩ oV *knäueln* **1** *etwas ~ zu einem Knäuel zusammenballen* □ **enovelar 2** ⟨Vr 400⟩ *sich ~*

ein unentwirrbares Gefüge bilden □ **aglomerar-se; emaranhar-se**

knau|se|rig ⟨Adj.; umg.⟩ *geizig* □ **pão-duro; mesquinho**

knau|sern ⟨V. 400⟩ *übertrieben sparen, geizen;* mit seinem Geld ~; er knauserte nicht mit Lob und Anerkennung □ **ser avaro; poupar**

knaut|schen ⟨V.; umg.⟩ **1** ⟨500⟩ *etwas ~ zerdrücken, zerknüllen;* bitte knautsch das Kleid nicht zu sehr **2** ⟨400⟩ *etwas knautscht* ⟨umg.⟩ *bildet Druckfalten;* der Stoff knautscht sehr, knautscht nicht □ **amassar; amarrotar**

Kne|bel ⟨m.; -s, -⟩ **1** *Holzstück zum Spannen der Säge* □ **trabelho 2** *(durch den Bindfaden gestecktes) Stückchen Holz zum Tragen von Paketen* □ **arrocho 3** *zusammengeballtes Stück Stoff, das einem Überfallenen in den Mund gesteckt wird, um ihn am Schreien zu hindern; Mund~* □ ***mordaça**

kne|beln ⟨V. 500⟩ **1** *jmdn. ~ jmdm. mit einem Knebel den Mund verstopfen;* jmdn. gefesselt u. geknebelt liegen lassen **2** *jmdn. od. eine* **Sache** *~ in ihrer Entwicklung, Entfaltung gewaltsam behindern;* die Presse wird in einer Diktatur geknebelt □ **amordaçar**

Knecht ⟨m.; -(e)s, -e⟩ **1** *Diener, Dienstmann;* Edel~; ein treuer ~; ein ~ Gottes ⟨fig.⟩ □ **servo; criado 2** *Gehilfe des Bauern;* Stall~; sich als ~ verdingen □ **peão**

knech|tisch ⟨Adj.; abwertend⟩ *von unterwürfigem Benehmen, von kriecherischer Gesinnung* □ **servil; submisso**

knei|fen ⟨V. 169⟩ **1** ⟨500⟩ *etwas ~ zusammendrücken, klemmen* □ **apertar***;* der Hund kniff den Schwanz zwischen die Beine □ ***o cão colocou o rabo entre as pernas** 1.1 ⟨500⟩ *jmdn.* (in einen *Körperteil) ~ das Fleisch od. die Haut von jmdm. zwischen zwei Fingern zusammendrücken (meist so, dass der andere eine unangenehme od. schmerzhafte Empfindung hat);* jmdn. (in den Arm, in die Wange) ~ □ **beliscar 2** ⟨400; fig.⟩ *sich vor etwas drücken, feige zurück-, ausweichen;* Kneifen gibt's nicht!; er hat gekniffen □ ***amarelar; tirar o corpo fora 3** ⟨400; Sp.; Fechten⟩ *(hinter die Mensur) zurückweichen* □ **desviar-se 4** ⟨400; Mar.⟩ *ein Schiff hart an den Wind bringen, dicht beim Wind segeln* □ **orçar; bolinar**

Knei|pe ⟨f.; -, -n⟩ **1** *(einfaches) Gasthaus, Wirtshaus;* Bier~, Hafen~, Wein~; er sitzt jeden Abend in der ~ □ **bar 2** *regelmäßige Zusammenkunft von Korpsstudenten zum Trinken und Singen* □ **noitada; farra**

knei|pen[1] ⟨V. 400⟩ **1** *trinken, zechen* **2** *einen (studentischen) Kneipabend haben* □ **(sair para) beber; farrear**

knei|pen[2] ⟨V. 500/Vr 8; mitteldt.⟩ = *kneifen(1)*

kneip|pen ⟨V. 400; umg.⟩ *eine Kneippkur machen* □ **submeter-se ao tratamento de Kneipp**

Kneipp|kur ⟨f.; -, -en⟩ *Heilverfahren mit Kaltwasserbehandlung, gesunder Ernährung u. Bewegung an der frischen Luft* □ **tratamento de Kneipp; kneippismo**

kne|ten ⟨V. 500⟩ **1** *eine weiche Masse ~ mit den Händen drücken, bearbeiten;* Teig ~ □ **amassar** 1.1 *Ton, Plastilin ~ mit den Händen drückend formen;* aus Ton

usw. Figuren ~ □ **modelar 2** *jmds.* **Körper** *~ massieren* □ **massagear**

Knick ⟨m.; -(e)s, -e od. -s⟩ **1** *scharfe Biegung, Kurve;* die Straße macht hier einen ~ □ **curva fechada 2** *scharf umgebogene Stelle, Falte, Kante, Kniff;* ein ~ in der Buchseite, im Stoff □ **dobra; prega 3** *angeschlagene Stelle, Sprung, Riss;* das Ei hat einen ~ □ **fissura; rachadura 4** (Pl. nur: -s) *mit Büschen bepflanzter Erdwall, Hecke* □ **sebe**

kni|cken ⟨V.⟩ **1** ⟨500⟩ *ein Papier, eine Buchseite ~ scharf umbiegen, falten* □ **dobrar 2** ⟨500⟩ *einen Baum ~ brechen;* der Sturm hat die Bäume geknickt 2.1 *einen Zweig, einen Blumenstängel, ein Streichholz ~ fast komplett abbrechen* □ **vergar 3** *das Bein, Knie beugen* □ **dobrar** 3.1 ⟨411(s.)⟩ *in die Knie ~ in die K. sinken* □ ***cair de joelhos 4** ⟨500⟩ *einen* **Floh***, eine* **Laus** *~* ⟨umg.⟩ *zwischen den Fingernägeln zerquetschen* □ **esmagar 5** ⟨400(s.)⟩ *ein Ei knickt bekommt einen Riss, Sprung* □ **rachar**

kni|cke|rig ⟨Adj.; umg.⟩ *geizig, übertrieben sparsam;* oV *knickrig* □ **pão-duro; mesquinho**

knick|rig ⟨Adj.; umg.⟩ = *knickerig*

Knicks ⟨m.; -es, -e⟩ *Beugung eines Knies als ehrerbietiger Gruß einer Dame od. eines Mädchens;* Hof~; einen (tiefen) ~ machen □ **reverência; mesura**

Knie ⟨n.; -s, - [kniː] od. [kniː]⟩ **1** *Gelenk zwischen Oberschenkelknochen u. Schienbein;* das ~ beugen; die ~ durchdrücken; die ~ schlottern, zittern ihm vor Angst; runde, schmale, spitze ~; ein steifes ~ haben; sich auf ein ~ niederlassen; auf dem ~ des Vaters reiten; sich vor jmdm. auf die ~ werfen; er zog das Kind auf seine ~; in die ~ sinken; die ~ wurden ihm weich (vor Angst) ⟨fig.⟩; vor etwas od. jmdm. auf den ~n liegen ⟨a. fig.⟩; (vor jmdm.) auf die ~ fallen ⟨a. fig.⟩ □ **joelho** 1.1 *jmdn. übers ~ legen verhauen* □ ***dar uma surra em alguém** 1.2 *etwas übers ~ brechen* ⟨a. fig.⟩ *überstürzt handeln, flüchtig erledigen* □ ***fazer alguma coisa a toque de caixa** 1.3 *in die ~ brechen zusammenbrechen, -sinken* □ ***cair de joelhos; desabar 2** ⟨fig.⟩ *Zeichen der Unterwerfung* 2.1 *in die ~ gehen sich (der Gewalt) fügen, (der Gewalt) nachgeben, sich als unterlegen erklären* □ ***dobrar os joelhos; render-se** 2.2 *jmdn. auf die ~n (darum) bitten inständig, flehentlich bitten* □ ***pedir (alguma coisa) de joelhos a alguém** 2.3 *jmdn. in die ~ zwingen besiegen, unterwerfen* □ ***colocar alguém de joelhos** 2.4 *jmdm. auf ~n danken herzlichst danken* □ ***agradecer de joelhos a alguém 3** ⟨fig.⟩ *Biegung, Krümmung, gekrümmte Stelle, gebogenes Teil;* der Fluss macht hier ein ~; ein ~ im Ofenrohr einsetzen □ **curva; cotovelo 4** *Stelle des Knies im Hosenbein;* die Hose hat schon ausgebeulte, abgewetzte ~ □ **joelho 5** ⟨Zool.⟩ *Glied des Beins der Spinnentiere zwischen Schenkel u. Schiene* □ **patela**

Knie|fall ⟨m.; -(e)s, -fäl|le⟩ **1** *das Niederlassen auf die Knie (als Zeichen der Ehrerbietung, Huldigung od. des flehentlichen Bittens)* □ **genuflexão; prosternação 2** *einen ~ (vor jmdm.) tun* ⟨fig.⟩ *sich (vor jmdm.) demütigen (um etwas zu erreichen);* deshalb mache ich

knielang

(noch lange) keinen ~ vor ihm ☐ *colocar-se de joelhos diante de alguém

knie|lang ⟨Adj. 24⟩ *von der Schulter, Taille od. Hüfte her bis zu den Knien reichend;* ein ~er Rock ☐ **até os joelhos; na altura dos joelhos**

knien ⟨[kniːn] od. [kniːən] V. 400⟩ *auf den Knien liegen;* auf dem Boden, auf dem Stuhl ~; vor dem Altar, vor jmdm. ~ ☐ **estar/ficar de joelhos**

Kniff ⟨m.; -(e)s, -e⟩ **1** *das Kneifen;* ein ~ in den Arm ☐ **beliscão 2** *scharfe Falte, umgebogene Stelle;* ein ~ im Papier, in der Buchseite ☐ **prega; dobra 3** ⟨fig.⟩ *Kunstgriff, Trick;* jmdm. die ~e des Zauberns lehren; es ist ein ~ dabei ☐ **truque; jeito**

knif|fe|lig ⟨Adj.⟩ = kniffig

kniff|lig ⟨Adj.⟩ **1** *schwierig, mühselig, kompliziert, Geduld u. Geschicklichkeit erfordernd;* oV kniffelig; eine ~e Aufgabe ☐ **difícil; complicado 2** *heikel, unangenehm, kompliziert;* eine ~e Angelegenheit ☐ **espinhoso; delicado**

knip|sen ⟨V.⟩ **1** ⟨500⟩ einen **Fahrschein** ~ *lochen, um eine nochmalige Benutzung zu verhindern;* der Schaffner hat die Fahrkarte geknipst ☐ **perfurar; picotar 2** ⟨400⟩ *den Auslöser am Fotoapparat betätigen;* hast du schon geknipst? ☐ **bater (fotografia) 3** ⟨402⟩ ⟨**jmdn.** od. **etwas**⟩ ~ *(dilettantisch) fotografieren;* ich habe im Urlaub viel geknipst ☐ **fotografar 4** ⟨416⟩ **mit den Fingern** ~ *einen Laut erzeugen, der dem des Knipsens(1) ähnlich ist* ☐ *estalar os dedos

Knirps ⟨m.; -es, -e⟩ **1** ⟨abwertend⟩ *kleiner Junge* ☐ **pirralho 2** *kleiner Mensch* ☐ **anão; nanico 3** ⟨®⟩ *zusammensteckbarer Schirm, Taschenschirm* ☐ **guarda-chuva dobrável/compacto**

knir|schen ⟨V.⟩ **1** ⟨400⟩ *etwas knirscht gibt ein hartes, reibendes Geräusch von sich;* die Räder knirschten auf dem hartgefrorenen Schnee; der Kies, Sand, Schnee knirschte unter seinen Schritten ☐ **ranger; chiar; crepitar 2** ⟨416⟩ mit den **Zähnen** ~ ⟨a. fig.⟩ *die Zähne (vor Wut) aufeinanderreiben* ☐ **ranger os dentes 3** ⟨500⟩ etwas ~ *wütend zwischen den Zähnen sagen;* „...!", knirschte er ☐ **falar entre os dentes; resmungar**

knis|tern ⟨V. 400⟩ *etwas knistert* **1** *bei Bewegung feine, leise u. hell knackende, raschelnde Laute von sich geben;* Papier knistert; trockene oder brennende Zweige ~; das Feuer knistert im Kamin, Ofen; ~de Seide ☐ **crepitar; estalar; frufrulhar 1.1** man glaubt die Atmosphäre ~ zu hören *die in der Luft liegende Spannung, Erregung spüren* ☐ *o clima está pesado/tenso **1.2** ⟨411 unpersönl.⟩ es knistert im Gebälk ⟨fig.⟩ *Gefahr droht (urspr. wie von Feuer od. nicht mehr tragfähigen Balken)* ☐ *a casa vai cair

knit|tern ⟨V.⟩ **1** ⟨400⟩ Stoff knittert *bildet kleine Druckfalten;* Blusen, Kleider ~ **2** ⟨500⟩ etwas ~ ⟨umg.⟩ *zerknittern, zerdrücken, kleine Fältchen in etwas machen;* pass auf, dass du den Stoff nicht knitterst ☐ **amassar; amarrotar**

kno|beln ⟨V. 400⟩ **1** (um etwas) ~ *durch Würfeln entscheiden, wer von den beiden Beteiligten etwas Bestimmtes tun soll;* ~, wer beginnt ☐ **tirar a sorte (jogando dados) 2** (an einer **Aufgabe**) ~ *durch Probieren nach der Lösung einer A. suchen;* an einem schwierigen Problem lange ~ ☐ *quebrar a cabeça (em uma tarefa)

Knob|lauch ⟨m.; -s; unz.; Bot.⟩ *zu den Liliengewächsen gehörende Pflanze mit einer Zwiebel, die als Gewürz verwendet wird: Allium sativum* ☐ **alho**

Knö|chel ⟨m.; -s, -⟩ **1** *vorspringendes Knochenende der Unterschenkelknochen: Malleolus;* Fuß~; sich den ~ brechen, verstauchen ☐ **maléolo; tornozelo 2** *Fingerknöchel* ☐ **nó 3** ⟨regional⟩ *Würfel* ☐ **dado**

Kno|chen ⟨m.; -s, -⟩ **1** *die feste Stützsubstanz des Skeletts der Wirbeltiere;* sich die ~ brechen; feste, schwere, starke, weiche, zarte ~ haben; die Wunde geht bis auf den ~; der Hund nagt an einem ~; bis auf die ~ abmagern; Fleisch mit, ohne ~ (zum Braten od. Kochen); ~ zur Suppe kaufen; er ist nur noch Haut und ~ ☐ **osso**; der Schreck fuhr mir in die ~ ⟨umg.⟩ ☐ *levei um baita susto; der Schreck liegt, sitzt mir noch in den ~ ⟨umg.⟩ ☐ *ainda não me recuperei do susto; seine müden ~ ausruhen ⟨umg.⟩ ☐ *descansar o esqueleto **1.1** mir tun alle ~ weh ⟨a. fig.⟩ *ich bin zerschlagen, erschöpft* ☐ *estou moído/exausto **1.2** jmdm. die ~ (im Leibe) zusammenschlagen ⟨umg.⟩ *jmdn. heftig verprügeln* ☐ *moer os ossos de alguém **2** ⟨fig.⟩ **2.1** *Mensch* **2.1.1** ein müder ~ ⟨fig.; umg.⟩ *schlapper, energieloser Mensch* ☐ *um molengão/paspalhão **2.1.2** alter ~! *alter Kerl, Bursche* ☐ *meu velho! **2.2** *Innerstes, Sitz des Willens, der Entscheidungskraft u. des Mutes* **2.2.1** er hat keinen Mumm in den ~ *er hat keine Kraft, keinen Mut* ☐ *ele não tem coragem/peito **2.2.2** nimm, reiß deine ~ zusammen! ⟨umg.⟩ *nimm dich zusammen!* ☐ *faça um esforço! **2.2.3** er ist konservativ bis in die ~ ⟨umg.⟩ *sehr, zutiefst, bis ins Innerste konservativ* ☐ *ele é conservador até os ossos **2.3** sich bis auf die ~ blamieren ⟨umg.⟩ *sehr blamieren* ☐ *passar o maior vexame

kno|chig ⟨Adj.⟩ *mit deutlich sichtbaren, stark hervortretenden Knochen versehen;* ein ~er Körper; er hat ein ~es Gesicht ☐ **ossudo; anguloso**

knock-out auch: **knock|out** ⟨[nɔkaʊt] Adj. 24/80; Abk.: k.o.; Sp.; Boxen⟩ *kampfunfähig, zu Boden geschlagen u. kampfunfähig* ☐ **nocaute;** *einen Gegner ~ schlagen* ☐ *nocautear um adversário

Knock-out auch: **Knock|out** ⟨[nɔkaʊt] m.; -s, -s; Abk. K.o.; Sp.; Boxen⟩ *Niederschlag, Kampfunfähigkeit; der Kampf wurde durch ~ entschieden* ☐ **nocaute**

Knö|del ⟨m.; -s, -; oberdt.⟩ = *Kloß(2)*

Knol|le ⟨f.; -, -n⟩ oV *Knollen* **1** *fleischig verdicktes pflanzliches Organ, das der Speicherung von Nährstoffen u. z. T. auch der vegetativen Vermehrung dient;* Wurzel~, Spross~ ☐ **tubérculo; bulbo 2** *Gebilde, das einer Knolle(1) gleicht* ☐ **bulbo 2.1** *rundliches Stück, Klumpen;* Erd~ ☐ *torrão **2.2** ⟨umg.⟩ *dicke, knollige Nase* ☐ **narigão; nariz de batata 3** ⟨umg.⟩ *Strafzettel;* eine ~ bekommen ☐ **multa**

Knol|len ⟨m.; -s, -⟩ = *Knolle*

knol|lig ⟨Adj.⟩ **1** *mit Knollen versehen* **2** *wie eine Knolle beschaffen* ☐ **bulboso; tubercular**

Knopf ⟨m.; -(e)s, Knöp|fe⟩ **1** *meist rundes, scheiben- od. auch kugelförmiges Verschlussstück an der Kleidung;* Jacken~, Hemd~, Hosen~, Holz~, Perlmutt~; *der ~ ist abgerissen; einen ~ annähen, überziehen, verlieren; die Knöpfe (am Mantel usw.) zuknöpfen* □ **botão**; *es sich an den Knöpfen abzählen (ob man etwas tun soll oder nicht)* □ ***fazer uni-duni-tê (para decidir/escolher alguma coisa)** **2** *Gegenstand, der einem Knopf(1) äußerlich ähnlich ist* **2.1** *Griff, Knauf;* Tür~; *einen neuen ~ an der Tür anbringen* □ **puxador; maçaneta 2.2** *runde Vorrichtung, auf die man drückt, um eine gewünschte Wirkung zu erzielen;* Klingel~, Schalt~; *auf den ~ drücken* □ **botão 2.3** *verdicktes Ende eines Gegenstandes;* Turm~ □ ***esfera na agulha da torre, contendo a cápsula do tempo** **3** ⟨oberdt.; schweiz.⟩ *Knoten; einen ~ machen* □ **nó 4** ⟨fig.; umg.; scherzh.⟩ *Kerl, Bursche, Mensch;* ein kleiner, ein ulkiger ~ □ **sujeito; cara 5** *Knospe;* die kleinen Knöpfe der Rosen □ **botão 5.1** ⟨fig.⟩ *Verständnis, Verstand* **5.1.1** *den ~ auftun* ⟨umg.; schweiz.⟩ *plötzlich Sinn für das Wesentliche bekommen, nun die Zusammenhänge erfassen können; das Kind tut den ~ auf, hat den ~ aufgetan* □ **entender; pescar; sacar 6** ⟨umg.; scherzh.⟩ *Kind, kleines Kind;* sie haben einen hübschen ~ □ **pimpolho 7** ⟨Jägerspr.⟩ *sehr kleine, bis zu 2 cm hohe Geweihstange (beim jungen Hirsch, Elch od. Rehbock)* □ **botão**

knöp|fen ⟨V. 500⟩ *etwas ~ mit Knöpfen schließen;* die Jacke wird vorne geknöpft □ **abotoar**

Knopf|loch ⟨n.; -(e)s, -lö|cher⟩ *(an Kleidungsstücken) Loch zum Verschließen mit Knöpfen;* eine Nelke im ~ tragen □ **casa de botão**

Knor|pel ⟨m.; -s, -; Anat.⟩ *bes. festes, aber im Gegensatz zum Knochen schneidbares und elastisches, als Stützsubstanz dienendes Bindegewebe, in das Chondrin (Knorpelleim) eingelagert ist: Cartilago* □ **cartilagem**

knor|rig ⟨Adj.⟩ **1** *astreich; ~es Holz* □ **nodoso 2** *voller Auswüchse u. krumm gewachsen;* ein ~er Ast, Baum □ **retorcido 3** ⟨fig.⟩ *mürrisch, rau, wenig umgänglich;* ein ~er Charakter □ **ríspido; grosseiro**

Knos|pe ⟨f.; -, -n; Bot.⟩ *jugendlicher Pflanzenspross mit Anlage eines Blattes od. einer Blüte;* Blüten~, Blatt~; ~n ansetzen, treiben; die zarte ~ ihrer Liebe ⟨fig.; poet.⟩ □ **botão**

kno|ten ⟨V. 500⟩ *etwas ~ zu einem Knoten binden, mit einem Knoten versehen, verknüpfen;* Bänder, Schleifen, Stricke ~ □ **atar; fazer um nó**

Kno|ten ⟨m.; -s, -⟩ **1** *Verdickung, die durch fest verschlungene Fäden, Stricke od. Taue gebildet wird;* einen ~ aufknüpfen, lösen; sich einen ~ ins Taschentuch machen (als Merkzeichen, Gedächtnisstütze); den ~ schürzen, auflösen ⟨a. fig.⟩ **1.1** *Schlinge der Krawatte;* ein fester, lockerer ~; einen ~ machen □ **nó 2** *Anschwellung, Verdickung (an lebenden Organismen entstehend);* ein ~ am Holz □ **nodosidade; nó 2.1** ⟨Anat.⟩ *Verdickung an Kreuzungs- u. Verzweigungsstellen;* Nerven~; Rheuma~ □ **nódulo; gânglio 2.2** ⟨Bot.⟩ *die oft verdickte Stelle eines Sprosses, an der das Blatt angesetzt ist: Nodus* □ **nó 3** *aufgestecktes Haar;* Haar~; das Haar zu einem ~ aufstecken; einen ~ (im Nacken) tragen □ **coque 4** ⟨fig.⟩ **4.1** *Verwicklung, Konflikt (im Drama, Roman)* □ **enredo; trama 4.2** *Schwierigkeit;* da steckt der ~ □ **nó**; → a. *gordisch(1, 1.1)* **4.3** *bei ihm ist der ~ noch nicht geplatzt er hat die Forderungen des Lebens noch nicht begriffen* □ ***ele ainda não amadureceu** **5** ⟨Mar.; Abk.: kn⟩ *Maß für die Geschwindigkeit eines Schiffes, 1 kn = eine Seemeile pro Stunde (nach den als Knoten in die Logleine eingeknüpften Marken);* mit 18 ~ fahren □ **nó 6** ⟨Phys.⟩ *Ruhepunkt einer stehenden Welle* □ **nó; nodo 7** ⟨Astron.⟩ *Schnittpunkt einer Gestirnbahn mit einer Grundebene* □ **nodo 8** ⟨Theorie der Graphen⟩ *als Kästchen, Punkt o. Ä. dargestellte Einheit (Begriff, Zeichen, Ergebnis), die mit anderen Einheiten durch Kanten verbunden ist* □ **nó**

Kno|ten|punkt ⟨m.; -(e)s, -e⟩ **1** *Ort, an dem mehrere wichtige Verkehrswege (od. Leitungen) zusammentreffen;* der Frankfurter Flughafen ist ~ für den internationalen Flugverkehr; Eisenbahn~; Autobahn~ □ **entroncamento; ponto de confluência 2** ⟨Opt.⟩ *Vereinigung mehrerer Linien od. Strahlen in einem Punkt* **3** *die ~e einer Handlung* ⟨fig.⟩ *die wichtigsten Stellen od. Ereignisse einer H.* □ **ponto nodal**

Knö|te|rich ⟨m.; -s, -e; Bot.⟩ *Angehöriger einer Gattung der Knöterichgewächse, deren Arten z. T. zu den am weitesten verbreiteten Unkräutern gehören: Polygonum* □ **polígono**

Know-how *auch:* **Know|how** ⟨[noːhau̯] n.; - od. -s; unz.⟩ *Wissen, wie etwas gemacht, realisiert wird;* technisches ~; Vermittlung von ~ □ *know-how*

Knuff ⟨m.; -(e)s, Knüf|fe; umg.⟩ *leichter Schlag, Stoß mit der Faust od. mit dem Arm;* jmdm. einen ~ versetzen □ **empurrão; soco**

knuf|fen ⟨V. 500; umg.⟩ **jmdn. ~** *jmdm. einen Knuff versetzen, jmdn. mit der Faust od. mit dem Arm anstoßen* □ **empurrar; dar um soco**

knül|len ⟨V.⟩ **1** ⟨400⟩ *etwas knüllt knittert, bildet Druckfalten;* der Stoff knüllt leicht, nicht **2** ⟨500⟩ *etwas ~ zusammendrücken, zerknüllen, zerknittern;* knüll das Papier, den Stoff nicht so! □ **amassar; amarrotar**

Knül|ler ⟨m.; -s, -; umg.⟩ *eine Sache, die einschlägt, Aufsehen erregt, Schlager, Erfolg;* das Lied, der Film, die Ware ist ein ~ □ **sensação; sucesso**

knüp|fen ⟨V. 500⟩ **1** *etwas ~ die Enden von etwas zu einem Knoten verschlingen, zu einer Schlinge, Schleife binden;* ein Tuch im Nacken ~ **1.1** ⟨511⟩ **etwas an etwas anderes ~** *durch Knoten an etwas befestigen* □ **atar; amarrar 2** *Teppiche ~ Fäden miteinander verschlingen, bes. zu kunstvollen Mustern, u. daraus T. herstellen* □ **tecer 3** ⟨511⟩ *eine Sache an eine andere Sache ~* ⟨fig.⟩ *anschließen; er knüpfte daran die Bedingung, dass ...; eine Frage an ein Gespräch ~* □ **vincular; ligar 4** ⟨511⟩ **an etwas knüpft sich etwas** *mit etwas verbindet sich etwas (anderes), etwas schließt an etwas an;* an die alte Stadt ~ sich für mich viele Erinnerungen □ **associar-se; vincular-se 5** *Bande ~* ⟨fig.⟩ *eine enge Verbindung, einen engen Zusammen-*

hang herstellen; Bande der Freundschaft ~ □ **travar/estabelecer vínculos de amizade;* die Bande enger ~ □ **estreitar os vínculos*

Knüp|pel ⟨m.; -s, -⟩ **1** *kurzer, aus hartem Material bestehender Gegenstand mit meist abgerundeten Enden, Prügel;* dem Hund einen ~ zuwerfen □ **pau; bastão** 1.1 *Stock, der zum Schlagen dient;* Gummi~ □ **cacete; porrete** 1.2 *armlang geschnittenes, rohes od. bearbeitetes Holz mit natürlichem, rundem Querschnitt;* ~ stapeln, entwenden, bearbeiten □ **pau; bastão 2** *Dinge, die einem Knüppel(1) äußerlich ähnlich sind* 2.1 *der ~ im* **Kraftwagen** ⟨früher⟩ *Gangschalthebel bei Knüppelschaltung* □ **alavanca de câmbio** 2.2 *der ~ im* **Flugzeug** *Steuerhebel* □ **alavanca de comando; manche 3** ⟨fig.⟩ 3.1 *jmdm. einen ~ zwischen die Beine werfen jmdm. Hindernisse in den Weg stellen, Schwierigkeiten machen* □ ***atrapalhar os planos de alguém** 3.2 *der ~ liegt beim Hunde* ⟨Sprichw.⟩ *die Sache hat eine notwendige Folge, die Folgen werden nicht auf sich warten lassen* □ ***uma coisa leva à outra 4** ⟨Met.⟩ *vorgewalzter Stahlblock von 50 bis 350 mm vierkant* □ **palanquilha**

knüp|pel|dick ⟨Adj. 24⟩ **1** *dick wie ein Knüppel* □ **grosso 2** ⟨50⟩ *jetzt, dann kommt's ~ viel, lauter Unerwünschtes kommt jetzt, dann auf einmal; lange Zeit hat man nichts zu tun und dann kommt's plötzlich ~* □ ***agora/depois vem tudo de uma vez 3** *~e voll sein* ⟨fig., umg.⟩ *zum Bersten voll sein* □ ***estar lotado**

knur|ren ⟨V. 400⟩ **1** *ein* **Hund** *knurrt stößt dumpf rollende, drohende Kehllaute aus* □ **rosnar 2** *mürrisch vor sich hin reden, verdrießliche Laute von sich geben* □ **resmungar 3** *der* **Magen** *knurrt gibt kollernde, gluckernde Töne von sich;* ihm knurrte der Magen ⟨fig.⟩ *er hatte Hunger* □ **roncar**

knus|pern ⟨V. 402⟩ (etwas, an etwas) ~ *knabbern, in kleinen Bissen hörbar essen;* an hartem Gebäck ~ □ **mastigar ruidosamente; roer**

knus|prig ⟨Adj.⟩ *mit harter Kruste gebacken, beim Abbeißen knackend* (von Essen); ~e Brötchen; einen Auflauf ~ überbacken; der Gänsebraten ist ~ □ **crocante**

Knu|te ⟨f.; -, -n⟩ **1** *Peitsche aus aufeinandergenähten Lederriemen* □ **chicote;** einem Tier die ~ geben □ ***chicotear um animal;** die ~ zu spüren bekommen □ ***levar chicotadas 2** unter jmds. ~ ⟨fig.⟩ *Gewalt(herrschaft);* jmdm. unter seine ~ bringen □ ***dominar/controlar alguém;** unter jmds. ~ seufzen □ ***lamentar-se da tirania de alguém** 2.1 unter jmds. ~ stehen ⟨fig.⟩ *nichts zu sagen haben, unterdrückt sein* □ ***estar sob o domínio/jugo de alguém**

knut|schen ⟨V. 400; umg.⟩ *sich lange u. heftig küssen;* die beiden ~ schon wieder □ **beijar**

ko..., Ko... ⟨in Zus.⟩ = kon..., Kon...

k.o. ⟨Abk. für⟩ **1** *knock-out* □ **nocaute** 1.1 ich bin ~ ⟨umg.⟩ *ich bin völlig erschöpft* □ ***estou exausto/moído**

K.o. ⟨Abk. für⟩ *Knock-out* □ **nocaute**

Ko|a|la ⟨m.; -s, -s⟩ *australischer Beutelbär* □ **coala**

Ko|a|li|ti|on ⟨f.; -, -en⟩ *Vereinigung, Bündnis, Zusammenschluss, zweckbestimmte Verbindung (von Parteien od. Staaten)* □ **coalizão**

Ko|au|tor ⟨m.; -s, -en⟩ *Mitverfasser, Mitautor* □ **coautor**

Ko|balt ⟨n.; -s; unz.; chem. Zeichen: Co⟩ *Element der Ordnungszahl 27, ein graues, glänzendes, magnetisches Metall;* oV ⟨fachsprachl.⟩ *Cobalt* □ **cobalto**

Ko|bold ⟨m.; -(e)s, -e⟩ *Erdgeist, (guter) Hausgeist, Wichtel* □ **duende**

Ko|bra *auch:* **Kob|ra** ⟨f.; -, -s; Zool.⟩ *in Afrika u. Asien verbreitete Gattung der Giftnattern, bis 1,8 m lange Hutschlange mit Brillenzeichnung auf dem Nacken: Naja naja* □ **naja**

Koch ⟨m.; -(e)s, Kö|che⟩ **1** *jmd., der (berufsmäßig) Speisen zubereitet* **2** *Lehrberuf mit dreijähriger Lehrzeit;* Hotel~ □ **cozinheiro;** Spitzen~ □ ***chef 3** *viele Köche verderben den Brei* ⟨fig.⟩ *wenn allzu viele mit einer Sache zu tun haben, wird nichts Rechtes daraus* □ ***panela que muitos mexem ou sai inssossa ou salgada 4** *Hunger ist der beste ~* ⟨Sprichw.⟩ *dem Hungrigen schmeckt jedes Essen* □ ***a fome é o melhor tempero**

ko|chen ⟨V.⟩ **1** ⟨400⟩ *eine* **Flüssigkeit** *kocht hat die Siedetemperatur erreicht, siedet, wallt;* Milch zum Kochen bringen; den Pudding langsam ~ lassen □ **ferver; cozinhar;** ~des Wasser □ **fervente** 1.1 ~d heiß *sehr, übermäßig warm;* ~d heiße Brühe □ ***pelando; muito quente** 1.2 *Gemüse* kocht *das Wasser, in dem sich das G. befindet, kocht;* die Kartoffeln ~; das Gemüse muss 20 Minuten ~ □ **ferver; cozinhar;** → a. **heiß(1.3) 2** ⟨500⟩ *Speisen* ~ *mit siedendem Wasser zubereiten od. garen;* Fleisch, Gemüse, Kartoffeln, Milch, Suppe ~; gekochtes Obst; Kaffee, Tee ~ □ **fazer; cozinhar; preparar 3** ⟨402⟩ (etwas) ~ *Speisen zubereiten;* ~ können; ~ lernen; gern, gut, schlecht ~; Essen ~ □ **cozinhar 4** *Leim, Farblösungen, Teer ~ durch Erhitzen zum Gebrauch präparieren* □ **aquecer 5** ⟨400⟩ *die* **Brandung,** *das* **Wasser** *kocht* ⟨fig.⟩ *brodelt, schäumt, strudelt;* das Wasser kochte in der Tiefe □ **ferver; borbulhar 6** ⟨400; fig.⟩ *stark erregt sein, wütend sein (ohne es zu zeigen);* sein Blut kochte vor Leidenschaft; in ihm kochte es; er kochte vor Zorn □ **ferver**

Kö|cher ⟨m.; -s, -⟩ *(am Gürtel getragener) Behälter für Pfeile* □ **aljava; carcás**

Kö|chin ⟨f.; -, -chin|nen⟩ *weibl. Koch* □ **cozinheira**

Koch|topf ⟨m.; -(e)s, -töp|fe⟩ *Topf mit Henkeln u. Deckel für das Kochen von Speisen* □ **panela**

Ko|da ⟨m.; -, -s; Mus.⟩ *zusätzlich angefügter, abschließender Teil eines Satzes (in der Sonate), Anhang;* oV *Coda* □ **coda**

Kode ⟨[ko:d] m.; -s, -s⟩ **1** = *Code(2)* **2** oV *Code (1)* 2.1 *Vorschrift für die Zuordnung von Zeichen eines Zeichensystems zu Zeichen eines anderen Systems, so dass der Gehalt an Information unverändert bleibt* 2.1.1 *Schlüssel zum Übertragen von chiffrierten Texten in Klarschrift* 2.2 *Verzeichnis von Kurzwörtern u. Ziffern* 2.3 ⟨Sprachw.⟩ *das Zeichensystem einer Sprache, eines Dialektes od. Soziolektes* □ **código**

Kö|der ⟨m.; -s, -⟩ **1** *Lockspeise zum Fangen von Tieren; Fisch~;* einen ~ auslegen, auswerfen **2** ⟨fig.⟩ *Lockmittel* □ **isca**

kö|dern ⟨V. 500⟩ **1** ein *Tier ~ mit einem Köder locken, anlocken* **2** *jmdn.* **(mit etwas)** *~* ⟨fig.; abwertend⟩ *jmdn. mit einem Lockmittel für eine Sache zu gewinnen suchen;* er versucht, ihn mit Geld auf die neue Stelle zu ~ □ **atrair**

Ko|dex ⟨m.; -es od. -, -e od. -di|zes⟩ **1** *handgeschriebenes Buch aus dem MA;* oV *Codex (1)* □ **códice; códex 2** ⟨Rechtsw.⟩ *Gesetzbuch, Gesetzessammlung;* oV *Codex (2)* **3** *Gesamtheit der Regeln, die in einer Gesellschaft od. Gesellschaftsgruppe maßgebend sind; Sitten~, Ehren~* □ **código**

ko|die|ren ⟨V. 500⟩ **Daten, Informationen, Texte** *~ mit Hilfe eines Kodes verschlüsseln, in ein anderes Zeichensystem übertragen;* oV *codieren* □ **codificar**

Ko|fel ⟨m.; -s, -; oberdt.⟩ = *Kogel*

Kof|fe|in ⟨n.; -s; unz.⟩ *bes. in Kaffee u. Tee enthaltenes, bitter schmeckendes Alkaloid, das eine anregende Wirkung besitzt;* oV *Coffein* □ **cafeína**

Kof|fer ⟨m.; -s, -⟩ **1** *rechteckiger, verschließbarer, tragbarer Behälter für Kleider u. kleine Utensilien, die man auf der Reise braucht* □ **mala**; *Auto~* □ ***porta-malas**, *Hand~* □ ***maleta**, *Muster~* ⟨eines Vertreters⟩ □ ***mostruário**, *Reise~* □ ***mala**, *Schrank~* □ ***baú; mala-armário;* den *~* auspacken; mit drei *~n* reisen □ **mala 1.1** den *~* aufgeben *als Reisegepäck durch die Eisenbahn od. mit dem Flugzeug schicken lassen* □ ***despachar a mala 1.2** den, die *~* packen ⟨a. fig.⟩ *sich auf die Abreise vorbereiten* □ ***fazer a mala 2** ⟨Bauw.⟩ *unter der Decke (einer Straße) befindliches Lager aus Sand u. Steinen* □ **leito (de estrada)**

Kof|fer|raum ⟨m.; -(e)s, räu|me⟩ *Raum für Gepäck in einem Personenkraftfahrzeug* □ **bagageiro; porta-malas**

Kog ⟨m.; -(e)s, Kö|ge⟩ = *Koog*

Ko|gel ⟨m.; -s, -⟩ *kegelförmiger Berggipfel;* oV *Kofel* □ **cume arredondado**

♦ Die Buchstabenfolge **ko|gn...** kann in Fremdwörtern auch **kog|n...** getrennt werden.

♦ **Ko|gnak** ⟨[-njak] m.; -s; -s⟩ *Weinbrand* □ **conhaque**; → a. *Cognac*

♦ **Ko|gni|ti|on** ⟨f.; -, -en⟩ *Erkenntnis, Wahrnehmung* □ **cognição**

♦ **ko|gni|tiv** ⟨Adj. 24⟩ *das Erkennen, Wahrnehmen betreffend, auf Erkenntnis beruhend;* ~e Prozesse □ **cognitivo**

Kohl¹ ⟨m.; -(e)s, -e; Bot.⟩ **1** *Angehöriger einer Gattung der Kreuzblütler mit wichtigen Kulturpflanzen: Brassica* □ **brássica 1.1** ⟨i. e. S.⟩ *Gemüsekohl: B. oleracea;* Blatt~, Blumen~, Grün~, Spitz~, Rosen~, Sauer~, Weiß~, ~rabi □ **couve 1.1.1** seinen *~* pflanzen ⟨fig.⟩ *ein einfaches (bäuerliches) Leben führen* □ ***levar uma vida simples 1.1.2** das macht den *~* auch nicht fett ⟨fig.⟩ *das nützt auch nichts (mehr)* □ ***isso não vai ajudar/refrescar em nada**

Kohl² ⟨m.; -s; unz.⟩ *Geschwätz, dummes Gerede, Unsinn;* so ein *~!*; red nicht solchen *~!*; das ist doch *~!* □ **bobagem; falatório**

Koh|le ⟨f.; -, -n⟩ **1** *Brennstoff, der aus pflanzlichen Resten durch lang andauernde Lagerung unter Luftabschluss u. Druck entstanden ist; Braun~, Glanz~, Stein~;* ~ abbauen, fördern; mit *~n* heizen; *~n* brennen; glühende *~n;* ~n schichten, schippen, trimmen ; → a. *glühen(1.1-1.2)* **2** = *Holzkohle;* zu *~* verbrennen **3** *Holzkohle zum Zeichnen; ~stift, Zeichen~;* mit *~* zeichnen □ **carvão 4** ⟨nur Pl.⟩ *~* ⟨fig.; umg.⟩ *Geld;* keine *~n* mehr haben □ **grana**

Koh|len|di|oxid ⟨n.; -(e)s; unz.; Chem.⟩ *schwach säuerlich schmeckendes, farbloses, nichtbrennbares Gas, chem. Kohlensäureanhydrid* □ **dióxido de carbono; gás carbônico**

Koh|len|hy|drat auch: **Koh|len|hyd|rat** ⟨n.; -(e)s; -e; Biochem.⟩ *organ.-chem. Verbindung, die neben Kohlenstoff noch Wasserstoff u. Sauerstoff enthält* □ **hidrato de carbono; carboidrato**

Koh|len|säu|re ⟨f.; -; unz.; Chem.⟩ *durch Lösen von Kohlendioxid in Wasser entstehende schwache Säure* □ **ácido carbônico**

Koh|len|stoff ⟨m.; -(e)s; unz.; chem. Zeichen: C⟩ *nicht metallisches Element, Ordnungszahl 6* □ **carbono**

Koh|len|was|ser|stoff ⟨m.; -(e)s; unz.; Chem.⟩ *ausschließlich aus Kohlenstoff u. Wasserstoff aufgebaute chemische Verbindung* □ **hidrocarboneto**

Koh|le|pa|pier ⟨n.; -s; unz.⟩ *dünnes, einseitig gefärbtes Papier (für Durchschläge)* □ **papel-carbono**

Köh|ler¹ ⟨m.; -s, -⟩ *Handwerker, der Holz zu Holzkohle verbrennt, Kohlenbrenner* □ **carvoeiro**

Köh|ler² ⟨m.; -s, -; Zool.⟩ *blauschwarzer Meeresfisch, dessen geräuchertes od. gebratenes Fleisch als „Seelachs" gehandelt wird: Gadus virens* □ **bacalhau tipo Saithe**

Kohl|ra|bi ⟨m.; - od. -s, - od. –s; Bot.⟩ *Zuchtform des Gemüsekohls mit Stängelknolle: Brassica oleracea var. gongylodes* □ **couve-rábano**

Kohl|rü|be ⟨f.; -, -n; Bot.⟩ *als Viehfutter od. Kochgemüse verwendete Zuchtform des Kohls: Brassica napus var. napobrassica* □ **nabiça**

Kohl|weiß|ling ⟨m.; -s, -e; Zool.⟩ *Tagfalter, dessen Raupen aus den in Massen an Kohl abgelegten Eiern oft großen Schaden anrichten: Pieris brassicae* □ **borboleta-da-couve**

Ko|i|tus ⟨m.; -, -⟩ = *Geschlechtsakt;* oV *Coitus*

Ko|je ⟨f.; -, -n⟩ **1** ⟨auf Schiffen⟩ *schmales Einbaubett* □ **beliche 1.1** ⟨umg.; meist scherzh.⟩ *Bett;* in die *~* gehen □ **cama 2** ⟨allg.⟩ *nach einer Seite hin offene Nische in einem Zimmer* □ **nicho**

Ko|jo|te ⟨m.; -n, -n; Zool.⟩ *in der Lebensweise dem Wolf ähnelnder Präriehund des westlichen Nordamerikas: Canis latrans, Thos latrans;* oV *Coyote* □ **coiote**

Ko|ka|in ⟨n.; -s; unz.⟩ *in den Blättern des Kokastrauches enthaltenes Alkaloid, das als Betäubungs- u. Rauschmittel verwendet wird* □ **cocaína**

Ko|kar|de ⟨f.; -, -n⟩ **1** *rosettenförmiges Abzeichen an der Uniformmütze* □ **cocar 2** *Hoheitszeichen an Militärflugzeugen* □ **insígnia; emblema**

ko|kett ⟨Adj.⟩ *in einer spielerischen Art darauf bedacht, anderen zu gefallen;* ein ~er Blick, ~es Lächeln; ~e Mädchen; ~ lächeln; sie ist sehr ~ □ **coquete; faceiro**

ko|ket|tie|ren ⟨V.⟩ **1** ⟨400⟩ *sich kokett benehmen, seine Reize spielen lassen* □ **coquetear 2** ⟨800⟩ *mit jmdm. ~ jmds. Gefallen zu erregen suchen, jmdn. erotisch zu reizen suchen* □ **flertar; paquerar 3** ⟨800⟩ *mit einer Möglichkeit ~ eine M. spielerisch erörtern* **3.1** *mit seiner Schwäche ~ eine S. spielerisch betonen, um Widerspruch od. Nachsicht hervorzurufen;* sie kokettiert mit ihrer Unpünktlichkeit, Schreibfaulheit □ **brincar; caçoar**

Ko|kon ⟨[-kɔ̃:] od. [- kɔŋ] m.; -s, -s; Zool.⟩ *von den Larven verschiedener Insekten aus dem erhärteten Sekret der Spinndrüsen bei der Verpuppung angefertigtes Gehäuse* □ **casulo**

Ko|kos|pal|me ⟨f.; -, -n; Bot.⟩ *große, nahrhafte Steinfrüchte (Kokosnüsse) liefernde 20 -30 m hohe Palme mit an der Basis etwas angeschwollenem Stamm u. an der Spitze 4 -5 m langen, steifen Fiederblättern: Cocos nucifera* □ **coqueiro**

Ko|kot|te ⟨f.; -, -n; veraltet⟩ *in der Halbwelt verkehrende Frau, die sich von Männern aushalten lässt* □ **cocote; cortesã**

Koks¹ ⟨m.; -es, -e⟩ *beim Erhitzen unter Luftabschluss von Stein- od. Braunkohle entstehender, fast reiner Kohlenstoff* □ **coque**

Koks² ⟨m.; -es; unz.; umg.⟩ = *Rauschmittel, z. B. Kokain* □ **coca(ína)**

kol..., Kol... ⟨Vorsilbe⟩ *kon..., Kon...*

Ko|lat|sche ⟨f.; -, -n; österr.; Kochk.⟩ *kleiner, gefüllter Hefekuchen* □ **Kolatsche**

Kol|ben ⟨m.; -s, -⟩ **1** *Stab mit verdicktem Ende, Rohrkolben* □ **maça; clava 2** (Waffenk.) *das hintere, breite Ende des Gewehrschaftes;* Gewehr~ □ **coronha 3** ⟨Techn.⟩ *in einem Zylinder hin- u. hergehendes Teil in Kraftmaschinen* □ **pistão; êmbolo 4** (Bot.) *Art des Blüten- od. Fruchtstandes, eine Ähre mit verdickter Hauptachse;* Mais~ □ **espádice; espiga 5** (Chem.) *flaschenförmiges, bauchiges, enghalsiges Glasgefäß;* Destillier~ □ **balão; alambique 6** ⟨Jägerspr.⟩ *beim Gehörn u. Geweih die noch unfertigen Stangen und Enden im Bast* □ **saramátulo**

Kol|chos ⟨[-çɔs] m. od. n.; -, -⟩ = *Kolchose*

Kol|cho|se ⟨[-çoː-] f.; -, -n; UdSSR bzw. Russland⟩ *landwirtschaftlicher Großbetrieb, Produktionsgenossenschaft;* oV *Kolchos* □ **colcoz**

Ko|li|bri auch: **Ko|lib|ri** ⟨m.; -s, -s; Zool.⟩ *Angehöriger einer in Amerika verbreiteten artenreichen Vogelfamilie mit langem, spitzem Schnabel u. meist prächtig schillerndem Gefieder: Trochilidae* □ **colibri**

Ko|lik ⟨a. [-'-] f.; -, -en; Med.; Vet.⟩ *schmerzhafte, krampfartige Zusammenziehung eines inneren Organs;* Darm~, Gallen~, Magen~, Nieren~ □ **cólica**

kol|la|bie|ren ⟨V. 400.(s. od. h.)⟩ *einen Kollaps, Kreislaufzusammenbruch erleiden, zusammenbrechen;* er ist im Büro kollabiert □ **sofrer um colapso**

Kol|la|bo|ra|ti|on ⟨f.; -, -en⟩ *Zusammenarbeit, Kooperation mit dem Gegner od. der Besatzungsmacht (entgegen den Interessen des eigenen Landes)* □ **colaboração**

Kol|laps ⟨a. [-'-] m.; -es, -e; Med.⟩ *durch mangelhafte Durchblutung des Gehirns verursachter, oft auf einen Schock folgender Zusammenbruch des Kreislaufs;* Herz~, Kreislauf~ □ **colapso**

Kol|leg ⟨n.; -s, -s⟩ **1** = *Vorlesung;* ein ~ belegen; ein ~ besuchen, hören; wir haben heute kein ~; ein ~ halten, lesen; dreistündiges ~; ins ~ gehen; ein ~ über Goethes „Faust" □ **aula expositiva; conferência 2** *das Gebäude, in dem ein Kolleg(1) gehalten wird* □ **escola; faculdade 3** *kath. Studienanstalt;* Jesuiten~ □ **seminário**

Kol|le|ge ⟨m.; -n, -n⟩ **1** *jmd., der den gleichen Beruf ausübt wie man selbst* **2** *Mitarbeiter desselben Arbeitgebers* □ **colega**

kol|le|gi|al ⟨Adj.⟩ **1** *wie unter (guten) Kollegen, hilfsbereit, kooperativ* □ **cooperativo; solidário 2** ⟨24⟩ *ein Kollegium betreffend, durch ein Kollegium erfolgend;* eine ~e Entscheidung □ **colegial**

Kol|le|gin ⟨f.; -, -gin|nen⟩ *weibl. Kollege* □ **colega**

Kol|le|gi|um ⟨n.; -s, -gi|en⟩ *Körperschaft, Ausschuss, Gemeinschaft (von Personen gleichen Amtes od. Berufs);* Ärzte~ □ **colégio/corporação de médicos*, Lehrer~ □ **corpo docente*

Kol|lek|ti|on ⟨f.; -, -en⟩ **1** (bes. Textilw.) *Mustersammlung von Waren;* Mode~; Frühjahrs~ **2** *Sammlung, Auswahl;* Briefmarken~, Gemälde~ □ **coleção**

kol|lek|tiv ⟨Adj. 24⟩ **1** *gemeinsam, gemeinschaftlich, geschlossen* **2** ~e Sicherheit S., *die von vielen Staaten garantiert wird* □ **coletivo**

Kol|ler¹ ⟨m.; -s, -⟩ **1** (früher) *lederner Brustharnisch, Wams* □ **gibão de couro 2** *Halskragen* □ **gola; colarinho 3** *Schulterpasse (am Kleid, Mantel)* □ **aba**

Kol|ler² ⟨m.; -s, -⟩ **1** *Tobsuchtsanfall, Wutanfall;* einen ~ bekommen; seinen ~ haben □ **acesso de fúria 2** ⟨Vet.⟩ *durch einen Tumor hervorgerufene Gehirnerkrankung der Pferde;* Dumm~ □ **hidrocefalia*

kol|li|die|ren ⟨V. 405⟩ (mit jmdm. od. etwas) **1** *Vorgänge ~ fallen zusammen, überschneiden sich;* die Vorlesungen ~ (miteinander) □ **coincidir 2** *Fahrzeuge ~ stoßen zusammen;* ein Güterzug kollidierte mit einem Lastwagen □ **colidir; chocar-se 3** *Personen ~ geraten aneinander (im Streit)* **4** *Meinungen ~ geraten in Konflikt, widerstreiten;* unsere Meinungen, Auffassungen kollidieren miteinander □ **colidir; entrar em conflito**

Kol|li|er ⟨[kɔlje:] n.; -s, -s⟩ **1** *wertvoller Halsschmuck für Damen;* Brillant~ □ **colar 2** *schmaler, um den Hals tragender Pelzkragen;* Nerz~ □ **gola (de pele); estola**

Kol|li|si|on ⟨f.; -, -en⟩ **1** *(zeitliche) Überschneidung, Zusammenfallen* □ **coincidência 2** *Zusammenstoß* □ **choque; colisão 3** = *Konflikt(1);* mit jmdm., mit etwas, mit dem Gesetz in ~(en) geraten, kommen □ **choque; conflito**

kol|lo|i|dal ⟨Adj. 24⟩ *fein zerteilt, fein verteilt* □ **coloidal**

Ko|lo|nie ⟨f.; -, -n⟩ **1** *Ansiedlung von Ausländern in einem Staat* **2** *in einem Staat geschlossen siedelnde Kolonie(1)* **3** *ausländischer, meist überseeischer Besitz eines*

kommen

Staates **4** *Ansiedlung von Menschen in einsamen Gegenden;* Verbrecher~; Militär~ **5** Sy *Lager(3.1);* Ferien~, Schüler~ **6** ⟨Biol.⟩ *lockerer Zellverband, in dem die Individuen nach der Teilung durch gemeinsame Gallerten od. durch die gemeinsame Muttermembran verbunden bleiben: Coenobium* **7** ⟨Zool.⟩ *Tierverband, Vereinigung gesellig lebender Tiere* □ **colônia**

Ko|lon|na|de ⟨f.; -, -n⟩ *Säulengang ohne Bögen* □ **colunata**

Ko|lon|ne ⟨f.; -, -n⟩ **1** *geordnete, gegliederte Schar, Zug;* Marsch~; in ~n marschieren □ **coluna; fila 2** *Transporttruppe;* Rettungs~ □ **comboio 3** *Arbeitsgruppe;* Arbeits~ □ **grupo; brigada 4** *Druckspalte, Spalte innerhalb einer Tabelle* **5** ⟨Chem.⟩ *Apparat in Form eines Turms od. einer Säule, in der Dampf aufsteigt u. eine Flüssigkeit (zur fraktionierten Destillation) herunterrieselt* □ **coluna 6** *die* **fünfte** *~* ⟨fig.; abwertend⟩ *im Geheimen wirkende feindliche Gruppe im Innern eines Landes* □ ***a quinta-coluna**

Ko|lo|ra|tur ⟨f.; -, -en; Mus.⟩ *virtuose Verzierung des Gesangs in hoher Tonlage durch Triller u. Läufe (in Arien);* ~ singen; ~sopran □ **coloratura**

Ko|loss ⟨m.; -es, -e⟩ **1** *Gegenstand, Gebilde von gewaltigen Ausmaßen* **1.1** *Riesenstandbild; der ~ von Rhodos* **1.2** ⟨fig.; umg.⟩ *übermäßig großer, kräftiger Mensch;* ein ~ von (einem) Mann □ **colosso**

ko|los|sal ⟨Adj.⟩ **1** *riesig, riesenhaft* **2** *gewaltig* **3** ⟨fig.; umg.⟩ *sehr, ungeheuer* □ **colossal**

kol|por|tie|ren ⟨V. 500⟩ **1** Bücher ~ ⟨früher⟩ *mit Büchern hausieren* □ **vender de porta em porta 2** Nachrichten ~ ⟨fig.⟩ *als Gerücht verbreiten* □ **espalhar; divulgar**

Ko|lum|ne ⟨f.; -, -n⟩ **1** *Druckspalte* **1.1** *von einem Journalist regelmäßig verfasste bestimmte Spalte in einer Zeitung* □ **coluna**

kom..., Kom... ⟨Vorsilbe⟩ = **kon..., Kon...**

Ko|ma ⟨n.; -s, -s od. -ta⟩ *tiefe Bewusstlosigkeit, die auch durch äußere Reize nicht unterbrochen werden kann;* im ~ liegen □ **coma**

Kom|bi ⟨m.; -s, -s; kurz für⟩ *Kombiwagen* □ **Kombi; furgão**

Kom|bi|na|ti|on ⟨f.; -, -en⟩ **1** *Verknüpfung, Zusammenfügung* **2** *Herstellung von Beziehungen, die gedanklich zusammenhängen;* ~ im Schach □ **combinação 3** ⟨Sp.⟩ *planmäßiges Zusammenspiel* □ **jogada ensaiada;** → a. *alpin(1.1), nordisch(1.1)* **4** *aus mehreren, aufeinander abgestimmten Teilen bestehende Kleidung;* sportliche, elegante Herren~ **4.1** *Arbeitsanzug aus einem Stück;* Flieger~ □ **macacão**

kom|bi|nie|ren ⟨V.⟩ **1** ⟨400⟩ *gedankliche Zusammenhänge finden zwischen, Beziehungen herstellen zwischen;* schnell, gut ~ **2** ⟨517⟩ *einen* **Sachverhalt** *mit einem anderen ~* ⟨gedanklich⟩ *verbinden, verknüpfen* □ **combinar**

Kom|bi|wa|gen ⟨m.; -s, -⟩ *kombinierter Personen- u. Transportwagen mit umklappbaren Rücksitzen u. großer Heckklappe* □ **Kombi; furgão**

Ko|met ⟨m.; -en, -en; Astron.⟩ *Himmelskörper, der sich auf einer Ellipsenbahn um die Sonne bewegt u. in deren Nähe einen Schweif besitzt* □ **cometa**

Kom|fort ⟨[-foːr] m.; -s; unz.⟩ **1** *Bequemlichkeit, Behaglichkeit* **2** *bequeme, praktische Einrichtung;* Wohnung, Zimmer mit allem ~ □ **conforto**

Ko|mik ⟨f.; -; unz.⟩ **1** *das Komische;* Sinn für ~ haben □ **cômico 2** *komische, erheiternde Wirkung; eine Szene von unsagbarer, unwiderstehlicher ~* □ **comicidade 3** *die Kunst, etwas erheiternd, belustigend darzustellen* □ **comédia**

ko|misch ⟨Adj.⟩ **1** *Lachen, Heiterkeit erregend, spaßhaft, spaßig;* eine ~e Figur machen **1.1** *drollig, ulkig* □ **cômico; engraçado 1.2** ⟨Theat.⟩ *possenhaft;* die ~e Person, die ~e Alte (als Rollenfach) □ **bufo; burlesco 2** ⟨fig.; umg.⟩ *seltsam, sonderbar, merkwürdig;* ein ~es Gefühl haben; er ist ein ~er Kerl, Kauz; du bist aber ~!; er ist seit einiger Zeit so ~ □ **esquisito; estranho 2.1** das ist doch ~! *erregt Staunen* □ ***que esquisito! 2.2** mir **ist,** wird so ~ *übel, schlecht* □ ***estou me sentindo mal 2.3** das kommt mir ~ vor *verdächtig* □ ***isso me parece estranho**

Ko|mi|tee ⟨n.; -s, -s⟩ *für einen bestimmten Zweck gebildeter Ausschuss;* Fest~ □ **comitê**

Kom|ma ⟨n.; -s, -s od. -ma|ta; Zeichen: ,⟩ **1** ⟨Gramm.; Zeichen:,⟩ *Satzzeichen, das den Satz in Sinnabschnitte teilt;* Sy ⟨veraltet⟩ *Beistrich* **2** ⟨Math.⟩ *Trennungszeichen, das die ganze Zahlen von den Ziffern der Dezimalbrüche trennt;* drei ~ vier (3,4); drei ~ null vier (3,04) □ **vírgula 3** ⟨Mus.⟩ **3.1** *Differenz zwischen zwei fast gleichen Tönen* **3.2** *kleiner senkrechter Strich über der obersten Notenlinie zum Zeichen des Absetzens, neuen Ansetzens* □ **coma**

Kom|man|dant ⟨m.; -en, -en; Mil.⟩ *Befehlshaber eines Kriegsschiffes od. Flugplatzes, einer Festung od. Stadt* □ **comandante**

kom|man|die|ren ⟨V. 500⟩ **1** Personen, Truppen ~ *den Befehl über P., T. führen* □ **comandar 1.1** Soldaten ~ ⟨Mil.⟩ *versetzen;* einen Soldaten zu einer anderen Einheit ~ □ **destacar 2** jmdn. ~ *jmdm.* ⟨wiederholt⟩ *Befehle erteilen;* ich lasse mich nicht von dir ~ □ **comandar; mandar 3** ⟨400⟩ *befehlen, was zu tun ist;* hier kommandiere ich! □ **dar ordens; mandar 3.1 kommandierender General** *Kommandeur eines Korps des Heeres od. einer Gruppe der Luftwaffe* □ ***general comandante 3.2** ⟨umg.⟩ *in barschem Befehlston reden;* ~ Sie nicht so! □ **dar ordens; mandar**

Kom|man|do ⟨n.; -s, -s⟩ **1** *ein vorgeschriebenes Befehlswort für die Ausführung bestimmter Tätigkeiten;* ein ~ geben; einem ~ folgen; auf das „los!"; sich wie auf ~ umdrehen **2** *Befehlsgewalt;* das ~ führen, übernehmen (über eine Truppe); General~, Ober~ **3** *zu bestimmten Zwecken zusammengestellte Truppenabteilungen;* Sonder~, Wach~ □ **comando**

kom|men ⟨V. 170⟩ **1** ⟨400⟩ **1.1** *sich einem Ort nähern, einen Ort erreichen, eintreffen;* ich komme!; ich freue mich, dass Sie ~; gekommen sind); kannst du zu mir ~?; ~ Sie doch zum Essen, zum Kaffee, zum Tee zu uns!; nach Hause ~; gegangen, gefahren ~; ist Post

kommen

(für mich) gekommen?; es ist ein Brief für dich gekommen; warum kommt er (nur) nicht?; gut, dass du kommst!; angelaufen ~; er kam und setzte sich an den Tisch; er ist (bis jetzt) nicht gekommen; wann kommst du?; er kommt erst um fünf Uhr; ich komme am Montag; zu spät ~; rechtzeitig, zur rechten Zeit ~; ich komme gleich, morgen; spät kommt Ihr, doch Ihr kommt (Schiller, „Die Piccolomini", I,1) ▢ *ir; vir; chegar;* ~ und gehen ▢ **ir e vir;* das dauernde Kommen und Gehen der vielen Leute macht mich nervös ▢ **o vaivém constante da multidão me deixa nervoso;* er ist mit dem Flugzeug, mit dem Zug gekommen ▢ *vir; chegar;* sein Kommen (durch einen Pfiff) ankündigen; wir freuen uns auf Ihr Kommen ▢ *chegada; vinda* 1.1.1 ⟨410⟩ die Zeitung kommt zweimal die Woche *wird zweimal in der Woche gebracht* ▢ **o jornal é entregue duas vezes por semana* 1.1.2 er kommt wie gerufen *ich brauche ihn gerade* ▢ **ele vem/chega na hora certa* 1.1.3 kommst du heute nicht, so kommst du morgen (umg.) *jmd. lässt sich immer viel Zeit, jmd. beeilt sich nie* ▢ **você sempre deixa tudo para depois* 1.1.4 (sich) **jmdn.** ~ **lassen** *jmdn. zu sich bitten, nach ihm schicken* ▢ **mandar vir alguém* 1.1.5 (sich) **etwas** ~ **lassen** *bringen, schicken lassen* (Waren) ▢ **mandar vir alguma coisa; encomendar alguma coisa;* → a. *kommenlassen* 1.2 *als Nächste(r, -s) folgen;* Achtung, da vorn kommt eine Kurve!; der Abend, Morgen, die Nacht kam; jetzt ist der Augenblick, die Stunde gekommen, da ...; die Jahre ~ (und gehen) ▢ *vir; aproximar-se; chegar;* am ~den Sonntag; im ~den Jahr ▢ *próximo; que vem;* es kam ein Gewitter; Sie ~ zuerst (an die Reihe) ▢ *vir;* kommt Zeit, kommt Rat! (Sprichw.) ▢ **o tempo é o melhor conselheiro* 1.2.1 er ist der ~de Mann im Skisport *er wird wahrscheinlich große Erfolge im S. haben* ▢ **ele será o próximo grande nome no esqui* 1.2.2 ⟨400 m. Modalverb⟩ das durfte nicht ~! (umg.) *das durfte nicht gesagt werden!* ▢ **não deviam ter dito isso!* 1.2.3 ⟨411⟩ neben jmdn. (zu sitzen) ~ ⟨umg.⟩ *(zufällig) neben jmdn. Platz finden* ▢ **calhar de sentar-se ao lado de alguém* 1.2.4 **erst** kommt ..., **dann** kommt ... *aufeinander folgen;* wenn Sie hier weiterfahren, kommt zuerst ein Sportplatz und dann das Museum 1.3 **(zum Vorschein)** ~ *erscheinen, auftauchen;* da kommt mir ein Gedanke; die Knospen ~ (schon); mach schnell, ehe er kommt!; ich komme, die Bücher abzuholen; ich komme wegen der Reparatur ▢ *vir; aparecer;* eine neue Entwicklung ist im Kommen ▢ **uma nova evolução está a caminho* 1.3.1 ⟨410⟩ **an den Tag** ~, **ans Licht** ~ *bekannt, ruchbar werden* ▢ **vir à luz; tornar-se público* 1.3.2 ⟨410⟩ wir ~ wenig unter Menschen *wir gehen wenig aus, sehen wenig M.* ▢ **saímos pouco (de casa)* 1.4 *geschehen, zur Folge haben;* man muss es nehmen, wie es gerade kommt ▢ **é preciso aceitar as coisas como elas são;* komme, was da wolle ▢ **aconteça o que acontecer;* ich habe es ~ sehen (dass es so geschehen würde) ▢ **eu sabia que isso ia acontecer;* das musste ja (so) ~! ▢ **tinha de acontecer/ser (assim)!;* wie ist das nur gekommen? ▢ **como aconteceu?;* wir dürfen es nicht so weit ~ lassen, dass ... ▢ **não podemos deixar que as coisas cheguem a ponto de...;* ⟨aber⟩ → a. *kommenlassen;* es ist so weit gekommen, dass sie nicht mehr miteinander sprechen ▢ **as coisas chegaram a tal ponto que eles já não se falam* 1.4.1 ⟨410⟩ **wie, woher** kommt etwas? *warum geschieht es, ist es möglich?;* wie kommt denn das?; wie kommt es, dass ...?; woher kommt das? ▢ **como é que se explica isso?; como é que...?; de onde vem isso?* 1.4.2 ⟨410⟩ **wohin** ~ wir? *was würde geschehen?* ▢ **onde vamos parar?* **2** ⟨411⟩ 2.1 **von** einem **Ort** od. **jmdm.** ~ *sich von einem anderen Ort od. jmdm. hierherbewegen;* ich komme gerade von ihm, von dort, von daheim; von der Arbeit ~; aus dem Haus, aus dem Wald ~; woher kommst du jetzt? ▢ **vir de um lugar/da casa de alguém* 2.2 **durch** einen **Ort** ~ *hindurchfahren, -gehen;* durch eine Stadt ~ ▢ **atravessar um lugar; passar por um lugar* 2.3 **an, in, über** einen **Ort**, **zu** einem **Ort** ~ ▢ **ir para um lugar; passar por um lugar* 2.3.1 *dort eintreffen, zu dem O. gelangen;* an einen Fluss, in den Laden, auf den Markt ~ ▢ *chegar; entrar; ir* 2.3.2 *dort hingehören, seinen eigtl. Platz haben;* der Brief kommt in einen Umschlag; das Fahrrad kommt in den Gepäckwagen ▢ *dever vir em; dever ser colocado em;* der Besen kommt vor die Tür ▢ **o lugar da vassoura é na frente da porta* 2.4 **in, auf** die **Schule** ~ *als Lernender in der S. aufgenommen werden;* in die Lehre, Schule ~; auf einen Lehrgang, die Universität ~ ▢ **ir para a escola; frequentar a escola* 2.5 ⟨411⟩ zu einer **Gemeinschaft** ~ *anfangen, zu einer G. zu gehören;* beim Friedensschluss kamen bestimmte Gebiete zu, an Österreich ~ ▢ **entrar para uma comunidade; passar a fazer parte de uma comunidade* 2.6 *gebracht werden* ▢ *ser levado;* ins Gefängnis ~ ▢ **ir para a prisão* 2.6.1 **auf** die **Welt** ~ *geboren werden* ▢ **vir ao mundo* 2.7 (nicht) **aus** dem **Haus** ~ *das Haus (nicht) verlassen (können)* ▢ **(não) (poder) sair de casa* **3** ⟨413⟩ etwas kommt teuer usw. *wird teuer usw. werden* 3.1 ⟨580⟩ das kommt mich teuer zu stehen ⟨a. fig.⟩ *wird mir schaden* ▢ **custar/sair caro* 3.2 ⟨410⟩ etwas kommt **von** *ist zurückzuführen auf, begründet durch;* sein Husten kommt vom vielen Rauchen ▢ **dever-se a; ser resultado de;* das kommt davon! (Ausdruck der Schadenfreude) ▢ **é nisso que dá!;* das kommt davon, wenn man nicht aufpasst ▢ **é nisso que dá não prestar atenção;* → a. *hoch* (7.7) **4** ⟨Imperativ⟩ komm! ⟨a. fig.⟩ *tu, was man von dir erwartet, sei vernünftig!;* nun komm schon!; komm, komm!; komm, sei friedlich!; komm, wir wollen jetzt gehen! ▢ *venha!; vamos!* **5** ⟨600⟩ 5.1 ihr kamen die Tränen *sie begann zu weinen* ▢ **as lágrimas vieram-lhe aos olhos* 5.2 ⟨m. Modalverb⟩ du sollst mir einer ~ und sagen ... ⟨umg.⟩ *soll keiner wagen ...;* komm mir dann aber nicht und sage, ich hätte nicht gewarnt! ▢ **depois não venha me dizer que não avisei!* **6** ⟨613⟩ **jmdm.** ... ~ ⟨umg.⟩ *sich ... zu, gegenüber jmdm. verhalten;* jmdm. dumm, frech, grob

~ □ dar uma de; bancar; fazer-se de 6.1 ⟨m. Modalverb⟩ so darfst du mir nicht ~! *das lasse ich mir nicht gefallen!* □ *não me venha com essa! 6.2 ⟨650⟩ jmdm. mit etwas ~ *jmdm. etwas (Unerwünschtes) vorschlagen, sagen;* komm mir nicht immer wieder mit den alten Geschichten □ *não me venha de novo com essas histórias 6.3 ⟨610⟩ jmdm. zu(r) Hilfe ~ *jmdm. helfen* □ *ir/vir em socorro/auxílio de alguém 6.3.1 ⟨613⟩ etwas kommt jmdm. ... *jmd. beurteilt, empfindet etwas als ...;* dein Vorschlag kommt mir sehr gelegen □ *sua proposta me vem bem a calhar;* die Einladung kommt mir sehr überraschend □ *seu convite me pegou de surpresa 6.4 ⟨611⟩ etwas kommt jmdm. in die Hände, unter die Finger *jmd. erhält, findet etwas zufällig od. ungewollt* □ *alguma coisa cai nas mãos de alguém 6.4.1 jmdm. in den Weg ~ *zufällig begegnen* □ *encontrar alguém por acaso;* topar com alguém 7 ⟨800⟩ 7.1 in einen Zustand ~ *versetzt, umgewandelt werden* □ *entrar num estado (de);* passar para um estado (de) 7.1.1 in Stimmung ~ *in S. geraten, fröhlich werden* □ *ficar animado 7.1.2 er kommt leicht in Zorn *er gerät leicht in Z.* □ *ele se enfurece facilmente 7.1.3 in Gefahr ~ *in G. geraten* □ *correr perigo 7.1.4 in Bewegung ~ *sich in B. setzen* □ *pôr-se em movimento 7.2 aus etwas ~ ⟨fig.⟩ 7.2.1 aus dem Takt ~ *den T. nicht einhalten* □ *sair do compasso 7.2.2 aus der Mode ~ *unmodern werden* □ *sair de moda 7.3 zu etwas ~ ⟨fig.⟩ *etwas erreichen, erlangen, gewinnen;* zu Gelde ~ □ *conseguir; obter;* zu der Überzeugung ~, dass ... □ *convencer-se de que...;* zur Ruhe ~ □ *acalmar-se;* (wieder) zu Kräften ~ □ *recuperar as forças;* er kommt zu nichts □ *ele não consegue nada 7.3.1 zur Sache ~ *sachlich werden, die (eigentliche, wichtige) Sache besprechen* □ *ir ao que interessa; ir direto ao assunto 7.3.2 wieder zu sich ~ *die Besinnung, das Bewusstsein wiedererlangen* □ *recuperar a consciência; voltar a si 7.3.3 zu Schaden ~ *geschädigt, beschädigt werden* □ *ser prejudicado/lesado 7.3.4 ⟨unpersönl.⟩ es kam zu einem Streit, Krieg *ein S. K. begann* □ *começou/estourou uma briga/guerra 7.3.5 ⟨805⟩ (mit etwas) zu Ende ~ *etwas beenden* □ *terminar (alguma coisa) 7.4 ⟨800⟩ dazu ~, (etwas zu tun) 7.4.1 Zeit haben, etwas zu erledigen;* er ist noch nicht dazu gekommen, es zu tun □ *ele ainda não teve/encontrou tempo para fazer isso 7.4.2 Grund, Ursache haben, etwas zu tun, zu erhalten;* wie komme ich dazu, ihm Geld zu geben? □ *por que eu lhe daria dinheiro?;* wie bist du dazu gekommen? □ *por que você vez isso?;* vielen Dank, aber ich weiß wirklich nicht, wie ich dazu komme! (Floskel, wenn man ein sehr unerwartetes Geschenk bekommt) □ *muito obrigado, mas não sei o que fiz para merecer isso! 7.5 etwas kommt zu einem anderen *wird hinzugefügt;* zu diesem Betrag kommt noch die Mehrwertsteuer □ *acrescentar-se 7.6 auf jmdn. kommen ein Anteil *jmd. erhält einen A. od. hat einen A. zu geben;* auf jeden ~ 500 Euro □ *uma parte cabe a alguém 7.7 auf etwas ~ 7.7.1 sich (durch Nachdenken) an etwas erinnern;* ich komme nicht auf seinen Namen; ich komme nicht darauf □ *lembrar-se de alguma coisa 7.7.2 auf einen Gedanken ~ *sich etwas einfallen lassen* □ *ter uma ideia 7.7.3 auf etwas (zu sprechen) ~ *von etwas zu sprechen anfangen* □ *começar a falar de alguma coisa 7.7.4 ⟨611⟩ es kam mir nicht in den Sinn *es fiel mir nicht ein* □ *não me veio à mente; não me ocorreu 7.8 hinter etwas ~ *etwas ergründen, herausbekommen, erfahren;* hinter jmds. Schliche ~; endlich bin ich hinter sein Geheimnis gekommen □ *descobrir alguma coisa 7.9 um etwas ~ *etwas verlieren, auf etwas verzichten müssen;* um ein Vergnügen ~; ich bin um meinen Schlaf, um meine wohlverdiente Ruhe gekommen; er ist um allein Geld gekommen □ *perder alguma coisa; ficar sem alguma coisa 7.9.1 ums Leben ~ *sein L. verlieren, getötet werden* □ *perder a vida; ser morto*

kom|men|las|sen *auch:* **kom|men las|sen** ⟨V. 175/500; fig.⟩ **1** ⟨Kfz⟩ die Kupplung ~ *(nach dem Schalten) den Druck des Fußes auf das Kupplungspedal langsam verringern* □ soltar devagar **2** ⟨Sp.⟩ den Gegner ~ *sich selbst zurückziehen und auf eine Kontergelegenheit warten, während der Gegner angreift* □ deixar chegar/se aproximar **3** auf jmdn. nichts ~ *von jmds. guten Eigenschaften überzeugt sein und sie anderen gegenüber herausstellen* □ *não deixar que falem mal de alguém;* → a. kommen (1.1.4–1.1.5 u. 1.4)

Kom|men|tar ⟨m.; -s, -e⟩ **1** *nähere Erläuterung;* einen ~ zu etwas geben **1.1** ~ überflüssig *dazu braucht man nichts zu sagen, die Sache spricht für sich selbst, ist offensichtlich* **1.2** kein ~! *dazu sage ich nichts* **2** *fortlaufende sachliche u. sprachliche (von einem wissenschaftlichen Standpunkt aus gegebene) Erläuterung des Textes eines literarischen Werkes, Gesetzes u. A.* **3** ⟨Zeitungsw.; TV⟩ *Meinungsbeitrag zu einem öffentl. Ereignis od. Thema* **3.1** ⟨umg.⟩ *als Einmischung empfundene Meinungsäußerung;* deine ~e kannst du dir sparen! □ comentário

kom|men|tie|ren ⟨V. 500⟩ **1** Gesetze ~ *(wissenschaftlich) erläutern* **2** etwas ~ *erklären;* eine kommentierte Ausgabe von Goethes „Faust" **3** ⟨Radio; TV⟩ *eine Sportveranstaltung (live) schildern, darüber berichten;* aus dem Stadion kommentiert jetzt unser Reporter ... □ comentar **4** ⟨umg.⟩ *(ungebeten) seine Meinung äußern;* musst du immer alles ~? □ dar palpite

Kom|merz ⟨m.; -es; unz.⟩ *wirtschaftlicher Gewinn, Profit* □ lucro; ganho; auf ~ aus sein □ *estar interessado no lucro

kom|mer|ziell ⟨Adj. 24⟩ **1** *den Handel betreffend, auf ihm beruhend;* ~ von anderen Unternehmen abhängig sein **2** ⟨häufig abwertend⟩ *kaufmännisch, auf geschäftlichen Nutzen, auf Profit ausgerichtet;* ~es Denken □ comercial(mente)

Kom|mi|li|to|ne ⟨m.; -n, -n⟩ *Mitstudent, Studienkollege* □ colega (de estudos)

Kom|mi|li|to|nin ⟨f.; -, -nin|nen⟩ *weibl. Kommilitone* □ colega de estudos)

Kom|miss ⟨m.; -es; unz.⟩ **1** ⟨urspr.⟩ *die vom Staat gelieferte Ausrüstung u. der Unterhalt des Soldaten* □ munição; provisão 2 ⟨umg.; veraltet⟩ *Militär, Militärdienst* ▢ *exército; serviço militar*

Kom|mis|sar ⟨m.; -s, -e⟩ oV *Kommissär* **1** *im Auftrag des Staates arbeitende, mit bes. Vollmachten ausgerüstete Person; Staats~* **2** *einstweiliger Vertreter eines Beamten* ▢ *comissário* **3** *Dienstrang im Polizeidienst;* Polizei~ ▢ **delegado de polícia,* Kriminal~ ▢ **comissário/agente da polícia criminal*

Kom|mis|sär ⟨m.; -s, -e; oberdt.⟩ = *Kommissar*

Kom|mis|sa|rin ⟨f.; -, -rin|nen⟩ *weibl. Kommissar* ▢ *comissária; delegada; agente*

Kom|mis|si|on ⟨f.; -, -en⟩ **1** ⟨Hdl.⟩ *Auftrag, ein Geschäft im eigenen Namen, aber für fremde Rechnung zu besorgen; eine Ware in ~ geben, in ~ nehmen* ▢ *consignação* **2** *Ausschuss(3) für eine bestimmte Aufgabe;* Ärzte~; *eine ~ bilden, wählen* ▢ *comissão*

kom|mod ⟨Adj.; österr.; umg.⟩ *angenehm, bequem* ▢ *cômodo*

Kom|mo|de ⟨f.; -, -n⟩ *kastenförmiges Möbelstück mit Schubkästen;* Wäsche~; Biedermeier~ ▢ *cômoda*

kom|mu|nal ⟨Adj. 24⟩ *eine Gemeinde od. einen Landkreis betreffend, zu ihnen gehörig, von ihnen ausgehend; ~e Einrichtungen; ~e Selbstverwaltung* ▢ *local; municipal*

Kom|mu|ne ⟨f.; -, -n⟩ **1** *Gemeinde (als unterste Verwaltungseinheit)* ▢ *município; comunidade* **2** ⟨im MA⟩ *Stadtstaat mit republikanischer Verfassung (bes. in Italien)* ▢ *comuna* **3** ⟨abwertend⟩ *(politisch motivierte) Wohngemeinschaft* ▢ *comunidade* **4** Pariser ~ [kɔmyːn] *die Gegenregierungen in Paris während der Französischen Revolution 1792-1794 u. von März bis Mai 1871* ▢ *Comuna*

Kom|mu|ni|ka|ti|on ⟨f.; -, -en⟩ **1** *Umgang, Verständigung (bes. zwischen Menschen) mit Hilfe von Sprache, Zeichen, Geräten u. Ä.; die ~ in der Schule, Familie, am Arbeitsplatz* **1.1** *Verbindung, Zusammenhang, Beziehung; die ~ von Technik und Forschung* ▢ *comunicação*

kom|mu|ni|ka|tiv ⟨Adj.⟩ **1** *die Kommunikation betreffend, zu ihr gehörig, auf ihr beruhend; ~e Prozesse* **1.1** *~e Kompetenz* ⟨Sprachw.⟩ *Sprachfähigkeit eines Sprechers/Hörers* ▢ *de comunicação; comunicativo* **2** *gesprächig, mitteilsam, bereit zur Kommunikation; die Teilnehmer des Kurses waren nicht sehr ~* ▢ *comunicativo*

Kom|mu|ni|kee ⟨n.; -s, -s⟩ *Bekanntmachung, amtliche Mitteilung;* oV *Kommuniqué* ▢ *comunicado*

Kom|mu|ni|qué ([kɔmynikeː] n.; -s, -s) = *Kommunikee*

Kom|mu|nis|mus ⟨m.; -; unz.⟩ **1** *ökonom. u. polit. Lehre, die sich eine Gesellschaft ohne Privateigentum, mit sozialer Gleichstellung der Individuen u. deren Aufgehen in der Gemeinschaft sowie gemeinschaftliche Lebensführung zum Ziel gesetzt hat* **2** *die auf Kommunismus(1) beruhende Wirtschafts- u. Gesellschaftsordnung* **3** *von den kommunist. Parteien vertretene polit. Bewegung, die den Kommunismus(2) anstrebt* ▢ *comunismo*

kom|mu|ni|zie|ren ⟨V. 400⟩ **1** *miteinander umgehen, reden, Kontakt pflegen, sich (mit Hilfe der Sprache,* *Gestik u. a.) verständigen* **1.1** *zusammenhängen, in Verbindung stehen, sich aufeinander beziehen* ▢ *comunicar* **2** ⟨kath. Kirche⟩ *das Abendmahl empfangen* ▢ *comungar* **3** *~de Röhren* ⟨Phys.⟩ *R., die oben offen u. unten miteinander verbunden sind u. in denen eine Flüssigkeit gleich hoch steht* ▢ *comunicante* **4** ⟨500⟩ *etwas ~ einen Sachverhalt mitteilen, verständlich machen, erläutern; die Entscheidung des Vorstands ~* ▢ *comunicar*

Ko|mö|di|ant ⟨m.; -en, -en⟩ **1** *jmd., der Komödien(1) spielt* ▢ *comediante; ator cômico* **2** ⟨fig.⟩ *, der anderen etwas vorspielt, etwas vortäuscht* ▢ *comediante; hipócrita*

Ko|mö|die ([-djə] f.; -, -n⟩ **1** *heiteres Drama, Lustspiel;* Ggs *Tragödie(1); sich eine ~ ansehen; eine ~ aufführen; eine ~ schreiben* **2** *Theater, in dem (nur) Komödien(1) gespielt werden; in die ~ gehen* **3** ⟨fig.⟩ *lustiges, erheiterndes Ereignis* ▢ *comédia* **4** ⟨fig.; umg.⟩ *Täuschung, Verstellung; das war ja alles nur ~; ~ spielen* ▢ *comédia; fingimento* **4.1** *jmdm. eine ~ vorspielen jmdn. durch geschicktes Verhalten zu täuschen suchen* ▢ **fingir para alguém; enganar alguém*

Kom|pa|gnon auch: **Kom|pag|non** ([-njɔ̃ː] a. ['---] m.; -s, -s⟩ **1** *Teilhaber, Mitinhaber (eines Unternehmens)* ▢ *sócio; associado* **2** ⟨meist scherzh.⟩ *Kamerad, Begleiter* ▢ *companheiro; camarada* **2.1** *Mittäter, Spießgeselle* ▢ *cúmplice* **2.2** *Assistent, Helfer* ▢ *assistente; auxiliar*

kom|pakt ⟨Adj.⟩ **1** *dicht, verdichtet, festgefügt; ~e Materialien* **1.1** *konzentriert, auf das Wesentliche reduziert;* Kompaktkurs **1.2** *praktisch, handlich;* Kompaktwagen, Kompaktski ▢ *compacto* **2** *gedrungen, stämmig; ein ~er Körperbau* ▢ *atarracado*

Kom|pa|nie ⟨f.; -, -n⟩ **1** ⟨Abk.: Co., Cie.⟩ *Handelsgesellschaft* **2** ⟨Mil.; Abk.: Komp.⟩ *unterste Gliederungsform der Truppe, 100 bis 250 Mann stark* ▢ *companhia* **2.1** *sie hat belegte Brote hergerichtet wie für eine ganze ~* ⟨umg.; scherzh.⟩ *sehr viele* ▢ *batalhão*

Kom|pass ⟨m.; -es, -e⟩ *Gerät zum Bestimmen der Himmelsrichtung;* Magnet~; Steuer~, Peil~; Marsch~ ▢ *bússola*

Kom|pen|di|um ⟨n.; -s, -di|en⟩ *Handbuch, kurzgefasstes Lehrbuch, Abriss; ein ~ der griechischen Sprache* ▢ *compêndio*

kom|pen|sie|ren ⟨V. 500⟩ **1** *etwas ~ ausgleichen, gutmachen; Komplexe durch beruflichen Erfolg ~; eine Niederlage, einen Fehler ~* **1.1** *zwei gegeneinander wirkende Vorgänge ~* ⟨Phys.; Tech.⟩ *ausgleichen, aufheben; Kräfte, Wirkungen ~* **1.2** *die magnetische Wirkung von Stahlteilen in Schiffen u. Flugzeugen ~ durch Anbringen entgegengesetzt wirkender Magnete in der Nähe des Kompasses aufheben* **2** *Beträge ~* ⟨Bankgeschäft⟩ *vergüten, verrechnen* **3** *Güter, Dienstleistungen ~* ⟨Hdl.⟩ *austauschen; Ware gegen Ware ~* **4** *anatomische od. funktionelle Störungen eines Organes od. Organteiles ~* ⟨Med.⟩ *durch gesteigerte Tätigkeit eines anderen Organes od. Organteiles ausgleichen* ▢ *compensar*

kom|pe|tent ⟨Adj.⟩ Ggs *inkompetent* **1** *zuständig, befugt* **2** *maßgebend, urteilsfähig;* ich bin (in dieser Angelegenheit, Frage) nicht ~ **3** *fähig;* ein ~er Wissenschaftler ☐ **competente**
Kom|pe|tenz ⟨f.; -, -en⟩ **1** *Zuständigkeit, Befugnis;* die ~ eines Beamten, Richters **2** *Urteilsfähigkeit* **3** *Befähigung, Sachverstand;* jmds. ~ anzweifeln; ihre ~ in Sachen Arbeitsrecht ist unbestritten ☐ **competência;** → a. *kommunikativ (1.1)*
kom|plett ⟨Adj. 24⟩ *vollkommen, vollständig, vollzählig;* ein ~es Mittagessen; unsere neue Wohnung ist jetzt ~ ☐ **completo;** du bist ~ verrückt ⟨umg.⟩ ☐ **completamente**
kom|plet|tie|ren ⟨V. 500⟩ eine Sammlung ~ *vervollständigen, ergänzen, auffüllen* ☐ **completar**
kom|plex ⟨Adj.⟩ **1** *zusammengesetzt, verwickelt, vielfältig u. doch einheitlich* **2** ~e **Zahl** ⟨Math.⟩ *eine Summe aus einer reellen u. einer imaginären Zahl, a + bi* ☐ **complexo**
Kom|plex ⟨m.; -es, -e⟩ **1** *Gesamtheit, Gesamtumfang, Inbegriff* **2** *zusammenhängende Gruppe;* Häuser~ ☐ **conjunto** **3** ⟨Psych.⟩ *ins Unterbewusstsein verdrängte Gruppe von Vorstellungen od. nicht verarbeiteten Erlebnissen, die zu dauernder Beunruhigung führen;* an verdrängten ~en leiden ☐ **complexo**
Kom|pli|ka|ti|on ⟨f.; -, -en⟩ **1** *Verwicklung, Schwierigkeit, Erschwernis* **2** ⟨Med.⟩ *Auftreten zusätzlicher Schwierigkeiten bei einer schon bestehenden Krankheit;* es wird, könnte ~en geben; bei der Operation sind ~en eingetreten ☐ **complicação**
Kom|pli|ment ⟨n.; -(e)s, -e⟩ **1** ⟨veraltet⟩ *Höflichkeitsbezeigung, Verbeugung* ☐ **cumprimento;** **reverência** **2** *Artigkeit, Schmeichelei, Huldigung;* jmdm. ein ~, ~e machen ☐ **elogio** 2.1 mein ~! alle Achtung! ☐ ***meus parabéns!** 2.2 nach ~en fischen, angeln ⟨umg.; scherzh.⟩ *durch Betonen eigener Schwächen od. schwacher Seiten Widerspruch herausfordern, der zum Lob des Sprechenden wird* ☐ ***querer elogios**
Kom|pli|ze ⟨m.; -n, -n⟩ *Verbündeter, Mittäter, Mitschuldiger* ☐ **cúmplice**
kom|pli|zie|ren ⟨V. 500⟩ etwas ~ *verwickeln, erschweren;* wir wollen die Sache nicht unnötig ~ ☐ **complicar**
kom|pli|ziert ⟨Adj.⟩ **1** ⟨Part. Perf. von⟩ *komplizieren* **2** *verwickelt, erschwert, schwierig;* eine ~e Frage; diese Rechenaufgabe ist ~ ☐ **complicado**
Kom|pli|zin ⟨f.; -, -zin|nen⟩ *weibl. Komplize* ☐ **cúmplice**
Kom|plott ⟨n. od. ⟨umg.⟩ m.; -(e)s, -e⟩ *Verschwörung, Verabredung zu Straftaten, Anschlägen, heimlichen Handlungen;* ein ~ schmieden (gegen) ☐ **complô**
Kom|po|nen|te ⟨f.; -, -n⟩ *Teil eines Ganzen, einer Kraft, Mischung usw.* ☐ **componente**
kom|po|nie|ren ⟨V. 500⟩ **1** etwas ~ *zusammensetzen, zusammenstellen, kunstvoll anordnen, aufbauen* **2** Kunstwerke ~ *nach bestimmten Formgesetzen aufbauen, zusammenfügen;* ein Bild (geschickt) ~ **3** ein Musikstück ~ *in Töne setzen;* ein Konzert, eine Oper, Symphonie ~ ☐ **compor**

Kom|po|nist ⟨m.; -en, -en⟩ *jmd., der Musikstücke komponiert;* Opern~, Schlager~ ☐ **compositor**
Kom|po|nis|tin ⟨f.; -, -tin|nen⟩ *weibl. Komponist* ☐ **compositora**
Kom|po|si|ti|on ⟨f.; -, -en⟩ **1** ⟨geh.⟩ *Zusammenstellung, künstlerische Anordnung;* ~ einer Ausstellung **2** *Aufbau eines Kunstwerks nach künstlerischen Gesichtspunkten;* Farb~ **3** ⟨Mus.⟩ 3.1 ⟨unz.⟩ *das Komponieren;* die ~ einer Symphonie 3.2 *Musikstück, Tondichtung;* Uraufführung einer ~ ☐ **composição**
Kom|post ⟨m.; -(e)s, -e⟩ **1** *natürlicher Dünger aus Erde, Pflanzenresten u. evtl. Jauche* ☐ **adubo orgânico/composto 2** ⟨kurz für⟩ Komposthaufen ☐ **pilha de compostagem**
Kom|post|hau|fen ⟨m.; -s, -⟩ *Abfallhaufen für Pflanzenreste u. Ä. zur Gewinnung von Kompost(1)* ☐ **pilha de compostagem**
kom|pos|tie|ren ⟨V. 500⟩ **Pflanzenreste** ~ *zu Kompost verarbeiten, (auf den Komposthaufen) zum Verrotten bringen* ☐ **transformar em adubo orgânico/composto**
Kom|pott ⟨n.; -(e)s, -e⟩ *mit Zucker gekochtes Obst (als Nachspeise);* Birnen~ ☐ **compota**
Kom|pres|se ⟨f.; -, -n⟩ **1** *feuchter Umschlag;* kalte, warme ~n auf die Stirn legen **2** *Mullbinde als Unterlage für einen Verband* ☐ **compressa**
kom|pri|mie|ren ⟨V. 500⟩ **1** Stoffe, Materialien ~ *verdichten, zusammenfassen* **2** Gefäße ~ ⟨Med.⟩ *zusammenpressen* ☐ **comprimir 3** Texte, Überlegungen ~ *verkürzen, konzentrieren (u. dadurch verbessern)* ☐ **sintetizar 4** ⟨EDV⟩ *Daten so verdichten, dass sie weniger Speicherplatz benötigen* ☐ **compactar**
Kom|pro|miss ⟨m.; -es, e; selten: n.; -es, -e⟩ **1** *Ausgleich, Übereinkunft durch beiderseitiges Nachgeben, Verständigung (~bereitschaft)* **2** *Zugeständnis;* man muss im Leben Kompromisse machen; einen ~ schließen ☐ **acordo; concessão**
kom|pro|mit|tie|ren ⟨V. 500/Vr 7 od. Vr 8⟩ jmdn. ~ *bloßstellen, in Verlegenheit bringen;* er hat sich mit dem Brief kompromittiert ☐ **comprometer**
Kom|tess ⟨f.; -, -en⟩ *unverheiratete Tochter eines Grafen;* oV Komtesse ☐ **condessa**
Kom|tes|se ⟨f.; -, -n⟩ = *Komtess*

kon..., Kon... ⟨in Zus.; vor b, p, m⟩ kom..., Kom..., ⟨vor l⟩ kol..., Kol..., ⟨vor h u. Vokalen⟩ ko..., Ko... ⟨Vorsilbe⟩ *mit, zusammen mit*

Kon|den|sa|ti|on ⟨f.; -, -en⟩ **1** ⟨Phys.⟩ *Übergang eines Stoffes aus gas- od. dampfförmigem in den flüssigen Zustand, Verdichtung* **2** ⟨Chem.⟩ *Reaktion, bei der sich zwei Moleküle unter Abspaltung eines einfachen Stoffes (z. B. Wasser) zu einem neuen Molekül verbinden od. bei der innerhalb eines Moleküls ein einfacher Stoff abgespalten wird* ☐ **condensação**
Kon|den|sa|tor ⟨m.; -s, -en⟩ **1** *Apparat, in dem der aus Dampfmaschinen austretende Dampf gekühlt u. verflüssigt wird* ☐ **condensador 2** ⟨El.⟩ *eine Anordnung von isolierten Leitern zur Speicherung elektrischer La-*

kondensieren

dung bzw. elektrischer Feldenergie □ **condensador; capacitor**

kon|den|sie|ren ⟨V.⟩ **1** *Gase* ~ 1.1 ⟨400⟩ *gehen vom gasförmigen in den flüssigen Zustand über* 1.2 ⟨500⟩ *Gase* ~ *werden vom gasförmigen in den flüssigen Zustand übergeführt* □ **condensar; liquefazer 2** ⟨500⟩ *Milch* ~ *durch Entzug von Wasser eindicken;* kondensierte Milch □ **condensar; engrossar 3** kondensierte Systeme *chem. Verbindungen, deren Formeln mehrere Benzolringe enthalten, von denen je zwei zwei Kohlenstoffatome gemeinsam haben* □ **condensado**

Kon|di|ti|on ⟨f.; -, -en⟩ **1** ⟨Wirtsch.⟩ *Geschäftsbedingung;* ~en für die Vergabe eines Bankkredites; zu diesen ~en konnte er das Angebot nicht akzeptieren □ **condição 2** ⟨unz.⟩ 2.1 *körperliche Verfassung eines Menschen;* er ist in keiner guten ~ □ **condição física** 2.2 ⟨Sp.⟩ *körperliche Leistungsfähigkeit, Ausdauer;* seine ~ verbessern, halten □ **condicionamento físico**

Kon|di|tor ⟨m.; -s, -to|ren⟩ **1** *Lehrberuf des Handwerks mit dreijähriger Lehrzeit, Gesellen- u. Meisterprüfung* **2** *Handwerker, der feine Backwaren, Eis u. Konfekt herstellt* □ **confeiteiro**

Kon|di|to|rei ⟨f.; -, -en⟩ *Feinbäckerei (meist gleichzeitig als Kaffeehaus geführt);* □ **confeitaria**

Kon|di|to|rin ⟨f.; -, -rin|nen⟩ *weibl. Konditor* □ **confeiteira**

Kon|do|lenz ⟨f.; -, -en; Pl. selten⟩ *Beileid, Beileidsbezeigung;* ~schreiben □ **condolências; pêsames**

kon|do|lie|ren ⟨V. 600⟩ *jmdm.* ~ *sein Beileid aussprechen;* jmdm. zum Tod des Vaters ~ □ ***dar os pêsames/as condolências**

Kon|dom ⟨n.; -(e)s, -e⟩ *dünne Gummihülle für den Penis (beim Geschlechtsverkehr zur Empfängnis- u. Infektionsverhütung verwendet);* Sy Präservativ □ **preservativo; camisinha**

Kon|fekt ⟨n.; -(e)s; unz.⟩ *(feine) Süßigkeiten, Zuckerwerk;* Sy ⟨österr.⟩ *Konfetti*(2) □ **doces; confeitos**

Kon|fek|ti|on ⟨f.; -, -en⟩ **1** *industrielle Herstellung von Kleidung* **2** *industriell hergestellte, serienmäßige Kleidung;* Herren~, Damen~; ~größe **3** *Bekleidungsindustrie* □ **confecção**

Kon|fe|renz ⟨f.; -, -en⟩ *Beratung, Verhandlung, Sitzung;* Lehrer~ **2** *Tagung, Kongress* □ **conferência**

Kon|fes|si|on ⟨f.; -, -en⟩ **1** = *Glaubensbekenntnis;* evangelische, katholische ~ **2** *Bekenntnisschrift;* die Augsburgische ~ 1530 □ **confissão**

Kon|fet|ti ⟨n.; - od. -s; unz.⟩ **1** *runde Blättchen aus buntem Papier;* sich beim Karneval u. an Silvester mit ~ bewerfen □ **confete 2** ⟨österr.⟩ = *Konfekt*

Kon|fir|mand ⟨m.; -en, -en; ev. Kirche⟩ *Jugendlicher, der konfirmiert werden soll u. am Konfirmationsunterricht teilnimmt* □ **crismando**

Kon|fir|man|din ⟨f.; -, -din|nen⟩ *weibl. Konfirmand* □ **crismanda**

Kon|fir|ma|ti|on ⟨f.; -, -en; ev. Kirche⟩ *feierliche Aufnahme der Jugendlichen in die Gemeinde durch den Geistlichen, womit sie zum Empfang des hl. Abendmahls u. zur Übernahme von Patenschaften berechtigt werden* □ **confirmação; crisma**

kon|fir|mie|ren ⟨V. 500; ev. Kirche⟩ *jmdn.* ~ *in die Gemeinde aufnehmen u. damit zum hl. Abendmahl zulassen u. zur Patenschaft berechtigen* □ **confirmar; crismar**

Kon|fi|se|rie ⟨f.; -, -n; schweiz.⟩ oV *Confiserie* **1** *Herstellung von Konfekt u. erlesenen Süßigkeiten* □ **confeitaria** 1.1 *feines Konfekt, Pralinen, erlesene Süßigkeiten* □ **doces finos; confeitos** 1.2 *Geschäft, in dem Konfiserie*(1) *verkauft wird, Konditorei* □ **confeitaria**

kon|fis|zie|ren ⟨V. 500⟩ *Gegenstände, Materialien* ~ *beschlagnahmen;* Waffen, Diebesgut, Kokain ~ □ **confiscar; apreender**

Kon|fi|tü|re ⟨f.; -, -n⟩ **1** ⟨früher⟩ *Marmelade mit ganzen Früchten* □ **compota 2** ⟨seit 1983⟩ *mit Zucker eingedickter Brei aus zerkleinerten Früchten (außer Zitrusfrüchten);* → a. *Marmelade* □ **geleia**

Kon|flikt ⟨m.; -(e)s, -e⟩ **1** *Streit, Widerstreit, Zwiespalt;* Sy *Kollision*(3); bewaffneter, innerer, politischer ~; in einen ~ geraten; mit jmdm. in ~ geraten **2** *mit dem Gesetz in* ~ *geraten das G. übertreten* □ **conflito**

kon|form ⟨Adj. 24⟩ **1** *übereinstimmend, gleichartig, gleich gesinnt;* ~es Verhalten, Denken □ **conforme; concordante 2** ~e Abbildung *mathematisches Abbildungsverfahren, bei dem die Figuren winkelgetreu abgebildet werden* □ **conforme 3** (Getrennt- u. Zusammenschreibung) 3.1 ~ gehen = *konformgehen*

kon|form|ge|hen *auch:* **kon|form ge|hen** ⟨V.145/417(s.); umg.⟩ *mit jmdm.* ~ *mit jmdm. einer Meinung sein, übereinstimmen* □ ***concordar com alguém; estar de acordo com alguém**

Kon|fron|ta|ti|on ⟨f.; -, -en⟩ *das Konfrontieren, Konfrontiertwerden, (unerwartete) Gegenüberstellung;* ~ der Gegner □ **confrontação**

kon|fron|tie|ren ⟨V. 550⟩ **1** *jmdn. mit einem anderen* ~ *jmdn. einem anderen (unerwartet) gegenüberstellen* **2** *jmdn. mit einer Tatsache* ~ *jmdn. vor eine T. stellen (u. warten, wie er darauf reagiert)* □ **confrontar**

kon|fus ⟨Adj.⟩ *verworren, unklar, verwirrt;* ~es Gerede; er hat in seinem Brief nur ~es Zeug geschrieben; du machst mich mit deiner Aufregung ganz ~; ich bin ganz ~ □ **confuso**

Kon|gre|ga|ti|on ⟨f.; -, -en⟩ **1** *Vereinigung, Versammlung* **2** *Verband mehrerer Klöster desselben Ordens* **3** *kath. Vereinigung mit einfachem od. ohne Gelübde* □ **congregação**

Kon|gress ⟨m.; -es, -e⟩ **1** *politische od. fachliche Tagung;* Ärzte~ **2** *beratende u. beschließende Versammlung;* Berliner ~, Wiener ~ **3** ⟨USA⟩ *Volksvertretung im Parlament, bestehend aus Senat u. Repräsentantenhaus* □ **congresso**

kon|gru|ent ⟨Adj. 24⟩ **1** ⟨geh.⟩ *übereinstimmend* **2** ⟨Math.⟩ *deckungsgleich;* ~e Dreiecke □ **congruente**

Kon|gru|enz ⟨f.; -; unz.⟩ **1** ⟨geh.⟩ *Übereinstimmung* **2** ⟨Math.⟩ *Deckungsgleichheit* □ **congruência**

Ko|ni|fe|ren ⟨Pl.⟩ *Nadelhölzer* □ **coníferas**

Kö|nig ⟨m.; -(e)s, -e⟩ **1** *höchster Herrscher eines Staates;* die Heiligen Drei ~e; die preußischen ~e; der ~ von England; einen Fürsten zum ~ krönen, wählen □ **rei** 1.1 des ~s Rock tragen ⟨fig.; veraltet⟩ *Uniform tragen, (auf einen König vereidigter) Soldat sein* □ ***vestir**

können

o uniforme do rei; ser soldado do rei **2** ⟨Kart.⟩ *eine Spielkarte* **3** ⟨Schachspiel⟩ *Hauptfigur; Schach dem ~!* □ **rei 4** ⟨Kegelspiel⟩ *in der Mitte stehender Kegel* □ **pino mestre 5** *Sieger beim Preisschießen; Schützen~* □ ***rei do tiro 6** ⟨fig.⟩ *der Beste schlechthin* 6.1 *er ist der ~ der Athleten* ⟨Sp.⟩ *der beste Zehnkämpfer (der Welt)* 6.2 *der ~ der Tiere, ~ der Wüste der Löwe* 6.3 *der ~ der Lüfte der Adler* □ **rei**

Kö|ni|gin ⟨f.; -, -gin|nen⟩ **1** *weibl. König(1)* **2** *Gemahlin eines Königs(1)* **3** ⟨Schachspiel⟩ = *Dame(4)* **4** *eierlegendes Weibchen eines Bienen- od. Ameisenstaates* **5** ⟨fig.⟩ *die Schönste, Oberste von allen; Ball~; Schönheits~, Wein~* 5.1 *die ~ der Blumen die Rose* □ **rainha**

kö|nig|lich ⟨Adj.⟩ **1** ⟨60⟩ *den König betreffend, zum König gehörig, ihm gehörend, ihm gemäß, ihm zustehend; ~er Beamter, ~er Hofstaat; (Seine) Königliche Hoheit (Anrede für Prinzen u. Prinzessinnen eines königl. Hauses sowie für Großherzöge)* □ **real; régio 2** ⟨fig.⟩ *wie ein König, vornehm, hoheitsvoll; mit ~er Gebärde; von ~er Gestalt* □ **majestoso 3** ⟨fig., umg.⟩ *herrlich, großartig; sich ~ amüsieren* □ ***divertir-se à beça; jmdn. ~ bewirten* □ ***tratar alguém como rei**

ko|nisch ⟨Adj. 24⟩ *in der Form eines Kegels od. Kegelstumpfes* □ **cônico**

Kon|ju|ga|ti|on ⟨f.; -, -en⟩ **1** ⟨Gramm.⟩ *Beugung, Abwandlung, Flexion des Verbs (nach Person, Tempus, Modus u. Aktionsart)* **2** ⟨Biol.⟩ *Form der geschlechtlichen Fortpflanzung bei Bakterien u. Einzellern* □ **conjugação**

kon|ju|gie|ren ⟨V. 500; Gramm.⟩ *ein Verb ~ abwandeln, beugen, flektieren* □ **conjugar**

Kon|junk|ti|on ⟨f.; -, -en⟩ **1** ⟨Gramm.⟩ *Wort, das zwei Sätze od. Satzteile verbindet, z.B. und, weil; disjunktive, koordinierende, subordinierende, einräumende ~* **2** ⟨Logik⟩ *Aussagenverbindung, die nur dann wahr ist, wenn die miteinander verknüpften Aussagen wahr sind* **3** ⟨Astron.⟩ *Stellung der Sonne zwischen Erde u. Planet* □ **conjunção**

Kon|junk|tiv ⟨m.; -s, -e; Gramm.⟩ *Modus des Verbs, der eine Möglichkeit ausdrückt, Möglichkeitsform, z. B. ich sänge, sie hüpfte* □ **subjuntivo**; → a. *Indikativ*

Kon|junk|tur ⟨f.; -, -en; Wirtsch.⟩ **1** *Wirtschaftslage mit bestimmter Entwicklungstendenz; Hoch~; die ~ ausnutzen; fallende, steigende ~* □ **conjuntura** 1.1 *etwas hat (wieder) ~ etwas ist (wieder) populär* □ ***alguma coisa está novamente na moda**

kon|kav ⟨Adj. 24⟩ *nach innen gewölbt (von Linsen); Ggs konvex* □ **côncavo**

Kon|kla|ve ⟨[-və] n.; -s, -n⟩ **1** *streng verschlossener Versammlungsraum, in dem die Kardinäle den Papst wählen* **2** *die Versammlung selbst* □ **conclave**

Kon|kor|dat ⟨n.; -(e)s, -e⟩ *Vertrag zwischen einem Staat u. der päpstlichen Regierung* □ **concordata**

kon|kret ⟨Adj.⟩ *wirklich, gegenständlich, sinnlich wahrnehmbar, anschaulich, sachlich; Ggs abstrakt; ~e Angaben machen; ~e Formen annehmen* □ **concreto**

Kon|kur|rent ⟨m.; -en, -en⟩ *jmd., der mit jmdm. konkurriert, im Wettstreit steht, wirtschaftlicher od. sportlicher Gegner* □ **concorrente**

Kon|kur|ren|tin ⟨f.; -, -tin|nen⟩ *weibl. Konkurrent* □ **concorrente**

Kon|kur|renz ⟨f.; -, -en⟩ **1** *Wettstreit (bes. wirtschaftlicher Wettbewerb)* 1.1 *jmdm. ~ machen mit jmdm. in Wettstreit treten* □ **concorrência** 1.2 *außer ~ laufen (bei Wettrennen) sich (am W.) beteiligen, aber nicht gewertet werden* □ ***correr fora da competição 2** *der (wirtschaftliche) Gegner selbst, Konkurrenzunternehmen; bei der ~ einkaufen; zur ~ gehen, übergehen* □ **concorrência**

kon|kur|rie|ren ⟨V. 405⟩ **(mit jmdm.)** *~ jmdn. Konkurrenz machen, in Wettstreit stehen (mit); mit jmdm., mit niemandem ~ können* □ **concorrer**

Kon|kurs ⟨m.; -es, -e⟩ **1** *Zahlungsunfähigkeit, Zahlungseinstellung* 1.1 *~ machen zahlungsunfähig werden* **2** *Verfahren zur Befriedigung der Gläubiger eines zahlungsunfähigen Schuldners; ~ anmelden; den ~ eröffnen; in ~ gehen* □ **falência**

kön|nen ⟨V. 171⟩ **1** ⟨500⟩ *etwas ~ gelernt haben, verstehen, beherrschen; ich kenne das Lied, aber ich kann es nicht singen; ein Gedicht, Lied auswendig ~; eine Sprache ~; Englisch, Spanisch ~; seine Aufgaben nicht ~; er hat es nicht gekonnt; was ~ Sie?; was du alles kannst* ⟨staunend⟩ □ **saber** 1.1 ⟨413⟩ *ich kann nicht (mehr)! ich habe keine Kraft (mehr)* □ ***não aguento (mais)!* 1.2 ⟨Part. Perf.⟩ *gekonnt* ⟨umg.⟩ *mit großen Fähigkeiten, großer Begabung vollbracht; eine gekonnte Leistung; das Bild ist sehr gekonnt gemalt* □ **com primor/maestria** 1.3 ⟨600⟩ *ihm kann keiner ~ er ist allen überlegen* □ ***contra ele ninguém pode* **2** ⟨Modalverb 470⟩ *etwas tun ~ vermögen, fähig sein, imstande, in der Lage sein (etwas zu tun); ich kann es (doch auch) nicht ändern!; ich kann die Schmerzen nicht mehr aushalten; ich kann mir nicht denken, dass ...; laufen, schwimmen ~; er kann weder lesen noch schreiben; ~ Sie mir bitte sagen, wie ...; Klavier spielen ~; ich kann nichts (dazu) tun; ich könnte mir vorstellen, dass ...; ich will es versuchen, so gut ich kann; er schrie, so laut er konnte; er tat, was er konnte; mir kann keiner! (etwas anhaben)* ⟨umg.⟩; *man kann alles, wenn man (nur) will* ⟨Sprichw.⟩ □ **poder; saber; ser capaz de; conseguir** 2.1 *~ vor Lachen!* ⟨umg.⟩ *wie soll ich das tun, wenn ich es nicht kann, wenn es nicht möglich ist? (als Antwort auf eine Aufforderung, etwas zu tun)* □ ***quem dera!* 2.2 *dürfen, berechtigt sein; man kann annehmen, dass ...; das kann ich nicht erlauben, zulassen; du kannst jetzt kommen!; du kannst mir doch keine Vorschriften machen!; Vorsicht kann nicht, nie schaden; du kannst doch nicht einfach ohne anzuklopfen hineingehen!* 2.3 *das hättest du gleich sagen ~ sollen* □ **poder** 2.4 *du kannst mich mal ...!* ⟨umg.⟩ *du darfst mir keine Vorschriften machen* □ ***vá para o inferno!*; → a. *Arsch(1.1)* 2.5 *Grund haben (etwas zu tun); etwas, jmdn. nicht leiden ~* □ ***não suportar alguma coisa/alguém** 2.5.1 *du kannst mich gern haben!* ⟨umg.⟩ *lass mich in Ruhe!, ich denke nicht daran, zu tun, was du willst (unhöfliche Ablehnung)* □ ***cai fora!* 2.5.2 *so etwas kann mich ärgern* ⟨umg.⟩ *ärgert mich* *jedes Mal, immer wieder* □ **esse tipo de coisa me tira do sério* 2.5.3 *nicht umhin ~ keinen anderen Weg wissen, einsehen;* ich konnte nicht umhin zuzugeben, dass ich mich geirrt hatte □ **não poder deixar de* 2.6 *möglich sein;* es kann sein, dass ...; wer kann das gewesen sein, getan haben?; er kann jeden Augenblick kommen; wie konnte das nur geschehen?; er kann nur gestern gekommen sein □ *poder* 2.7 kann sein! ⟨umg.⟩ *möglich!* □ **pode ser!; é possível!*

Kon|rek|tor ⟨m.; -s, -en⟩ *stellvertretender Rektor einer Schule* □ *vice-diretor*

Kon|rek|to|rin ⟨f.; -, -rin|nen⟩ *weibl. Konrektor* □ *vice--diretora*

kon|se|ku|tiv ⟨a. [---'-] Adj.; Gramm.⟩ *die Folge bezeichnend, als Folge von* □ *consecutivo*

Kon|sens ⟨m.; -es, -e⟩ *Übereinstimmung, Gleichklang (der Meinungen);* Ggs *Dissens;* es konnte kein ~ erzielt werden □ *consenso*

kon|se|quent ⟨Adj.⟩ **1** = *folgerichtig* **2** *beharrlich, beständig, grundsatztreu;* ~ handeln, sein □ *com persistência; persistente*

Kon|se|quenz ⟨f.; -, -en⟩ **1** *Folge, Folgerung, Folgerichtigkeit;* daraus ergibt sich die ~, dass ... 1.1 *die ~en (seiner Handlungsweise) ziehen die Folgen (seiner Handlungsweise) tragen (u. z. B. zurücktreten)* □ *consequência* **2** ⟨unz.⟩ *Beharrlichkeit; Zielstrebigkeit;* mit äußerster ~ seinen Weg gehen, ein Ziel verfolgen; mit eiserner ~ ⟨umg.⟩ □ *persistência; perseverança*

kon|ser|va|tiv ⟨a. [-va-] Adj.⟩ *am Hergebrachten hängend, das Bestehende bejahend, erhaltend, bewahrend;* er ist sehr ~ □ *conservador*

Kon|ser|ve ⟨[-və] f.; -, -n⟩ **1** *in Glas oder Blechdose eingekochtes Obst, Gemüse, Fleisch usw., das sich, luftdicht verschlossen, lange Zeit hält 1.1 (i. w. S.) durch Trocknen od. Gefrieren haltbar gemachte Nahrungsmittel* □ *conserva*

kon|ser|vie|ren ⟨[-vi:-] V. 500⟩ **1** *Nahrungsmittel ~ einkochen, haltbar machen, vor Fäulnis schützen;* Gemüse, Obst, Fleisch ~ **2** *Kunstschätze ~ erhalten, bewahren, pflegen;* Gemälde ~ □ *conservar*

kon|sis|tent ⟨Adj.; geh.⟩ **1** *dicht, fest, stabil, beständig;* ~e Materialien **2** *schlüssig, widerspruchsfrei, logisch;* ~e Gedankengänge □ *consistente*

Kon|so|le ⟨f.; -, -n⟩ **1** *stützender Mauervorsprung, Sims* 1.1 *Wandbrett* **2** ⟨EDV⟩ *Ein- u. Ausgabegerät für elektronische Spiele* □ *console*

kon|so|li|die|ren ⟨V. 500/Vr 3⟩ **1** *etwas ~ festigen, sichern;* die Lage hat sich konsolidiert **2** *(öffentliche) Anleihen ~* ⟨Wirtsch.⟩ *vereinigen, zusammenlegen (mit meist längerer Frist u. besseren Bedingungen)* □ *consolidar*

kon|so|nant ⟨Adj.⟩ *zusammenklingend, -stimmend;* Ggs *dissonant* □ *consonante*

Kon|so|nant ⟨m.; -en, -en; Phon.⟩ *Laut, der dadurch entsteht, dass mit den Organen des Mund- u. des Nasen--Rachen-Raumes Hindernisse für den Luftstrom gebildet u. überwunden werden;* Ggs *Vokal* □ *consoante*

Kon|so|nanz ⟨f.; -, -en⟩ *harmonischer Zusammenklang mehrerer Töne;* Ggs *Dissonanz* □ *consonância*

Kon|sor|ti|um ⟨n.; -s, -ti|en; Wirtsch.⟩ *vorübergehender Zusammenschluss von Unternehmen od. Banken zur Durchführung eines größeren Geschäftsvorhabens;* Banken~; ein ~ bilden □ *consórcio*

Kon|spi|ra|ti|on *auch:* **Kons|pi|ra|ti|on** ⟨f.; -, -en⟩ *Verschwörung* □ *conspiração*

kon|spi|rie|ren *auch:* **kons|pi|rie|ren** ⟨V. 405⟩ (mit jmdm.) ~ *sich verschwören* □ *conspirar*

♦ Die Buchstabenfolge **kon|st...** kann in Fremdwörtern auch **kons|t**... getrennt werden.

♦ **kon|stant** ⟨Adj.⟩ **1** *fest, beständig, unveränderlich;* Ggs *inkonstant, variabel;* die Temperatur, eine Bewegung ~ halten; ~e Größe ⟨Math.⟩ **2** *immer wiederkehrend;* etwas mit ~er Bosheit tun ⟨umg.; scherzh.⟩ □ *constante*

♦ **Kon|stan|te** ⟨f.; -, -n; Math.⟩ *unveränderliche Größe* □ *constante*

♦ **kon|sta|tie|ren** ⟨V. 500; geh.⟩ *etwas ~ feststellen, bemerken* □ *constatar*

♦ **Kon|stel|la|ti|on** ⟨f.; -, -en⟩ **1** *Lage, Zusammentreffen bestimmter Umstände;* politische ~ **2** ⟨Astron.⟩ *Stellung der Gestirne zueinander, zur Sonne u. zur Erde;* günstige, ungünstige ~ □ *constelação*

♦ **kon|ster|nie|ren** ⟨V. 500⟩ **1** jmdn. ~ *bestürzen, verblüffen* □ *consternar* **2** konsterniert sein *betroffen, bestürzt, fassungslos sein* □ **estar consternado*

♦ **kon|sti|tu|ie|ren** ⟨V. 500⟩ **1** eine Vereinigung ~ *bilden, gründen, einrichten, zur festen Einrichtung machen* □ *constituir* **2** ~de Versammlung *verfassunggebende V.* □ *constituinte*

♦ **Kon|sti|tu|ti|on** ⟨f.; -, -en⟩ **1** *Anordnung, Zusammensetzung* **2** ⟨Chem.⟩ *Anordnung der Atome im Molekül od. in einem Kristallgitter* **3** ⟨Anthropologie, Med.⟩ *Summe aller angeborenen körperlichen Eigenschaften;* kräftige, schwache, zarte ~ **4** *Verfassung, Grundgesetz (eines Staates);* sich, einem Staat eine ~ geben □ *constituição*

♦ Die Buchstabenfolge **kon|str...** kann in Fremdwörtern auch **kons|tr...**, **konst|r** getrennt werden.

♦ **kon|stru|ie|ren** ⟨V. 500⟩ **1** *Maschinen ~ entwerfen, bauen, zusammensetzen* **2** *Sätze ~ nach den Regeln der Syntax zusammenfügen* **3** *Figuren, Dreiecke ~* ⟨Math.⟩ *nach gegebenen Größen zeichnen* **4** *etwas ~* ⟨fig.⟩ *künstlich, schematisch darstellen, erfinden;* einen Fall, Vorgang ~; die Handlung des Buches ist allzu konstruiert; ein konstruierter Fall □ *construir*

♦ **Kon|strukt** ⟨n.; -(e)s, -e; geh.⟩ *gedanklich konstruiertes Gebilde, hypothetischer, abstrakter Entwurf;* ein wissenschaftliches ~; ein Begriff als ~ □ *constructo*

♦ **Kon|struk|ti|on** ⟨f.; -, -en⟩ **1** *Entwurf, Gefüge, Bau, Bauart, Aufbau;* ~ eines Gebäudes, einer Maschine, eines Satzes **2** ~ einer geometrischen Figur ⟨Math.⟩ *Zeichnung* □ *construção*

Kon|sul ⟨m.; -s, -n⟩ **1** ⟨im alten Rom u. im napoleon. Frankreich⟩ *höchster Staatsbeamter* **2** ⟨heute⟩ *ständi-*

ger Vertreter eines Staates in einem anderen Staat □ côsnul

Kon|su|lat ⟨n.; -(e)s, -e⟩ *Dienststelle, Amtsgebäude eines Konsuls(2)* □ consulado

Kon|sul|ta|ti|on ⟨f.; -, -en⟩ **1** *Beratung (durch einen Wissenschaftler); ärztliche ~* **2** *Befragung (eines Wissenschaftlers)* **3** *gemeinsame Besprechung, Beratung, Unterredung* □ consulta

kon|sul|tie|ren ⟨V. 500⟩ *einen* **Fachmann** *~ zu Rate ziehen; den Arzt ~* □ consultar

Kon|sum ⟨m.; -s; unz.⟩ **1** *Verbrauch(1)* □ consumo **2** ⟨meist ['--] ostdt.⟩ *genossenschaftliche Vereinigung von Verbrauchern zur Versorgung mit preiswerten Waren des täglichen Bedarfs* **2.1** *Verkaufsstelle des Konsums(2)* □ cooperativa de consumo

Kon|su|ment ⟨m.; -en, -en⟩ = *Verbraucher(2)*

Kon|su|men|tin ⟨f.; -, -tin|nen⟩ *weibl. Konsument* □ consumidora

Kon|takt ⟨m.; -(e)s, -e⟩ **1** *~ zwischen mehreren* **Gegenständen** *Berührung, enge Verbindung* **1.1** *~ in einem* **Stromkreis** ⟨El.⟩ *leitende Verbindung, die es ermöglicht, dass Strom fließt; einen ~ schließen; ~ haben* □ contato **1.2** ⟨El.⟩ *Schalter, der einen Kontakt(1.1) bewirkt* □ interruptor; comutador **2** ⟨Chem.⟩ *fester Katalysator bei techn. Prozessen* □ catalisador **3** *~ zwischen* **Personen** *Beziehung, Fühlungnahme; mit jmdm. ~ aufnehmen; in ~ stehen; keinen ~ mit jmdm. haben; netter, herzlicher, freundschaftlicher ~; keinen ~ mit, zu jmdm. finden* □ contato

kon|tak|tie|ren ⟨V. 500; geh.⟩ *jmdn. ~ zu jmdm. Kontakt aufnehmen, mit jmdm. in Verbindung treten, sich mit jmdm. unterhalten* □ contatar

Kon|ta|mi|na|ti|on ⟨f.; -, -en⟩ **1** ⟨Sprachw.⟩ *Verschmelzung, Vermengung von Wörtern od. Wortteilen zu einem neuen Begriff* **2** ⟨Phys.⟩ *Verunreinigung mit radioaktiven Stoffen* **2.1** *Verseuchung, Verschmutzung mit Schadstoffen* □ contaminação

kon|tem|pla|tiv *auch:* **kon|temp|la|tiv** ⟨Adj. 24; geh.⟩ *nachdenklich betrachtend, in sich gekehrt, versunken, beschaulich, religiös-besinnlich; ein ~es Leben führen* □ contemplativo

Kon|ten ⟨Pl. von⟩ *Konto* □ contas

Kon|ter ⟨m.; -s, -; Sp.⟩ **1** ⟨Sp.⟩ *Gegenangriff, Verteidigungsschlag; ein gelungener ~* □ contra-ataque; contragolpe **2** *scharfe Entgegnung, heftiger Widerspruch* □ contra-ataque; réplica

Kon|ter|ban|de ⟨f.; -; unz.⟩ ⟨Völkerrecht⟩ *kriegswichtige Ware, die neutrale Staaten nicht in kriegführende Staaten einführen dürfen* □ contrabando

Kon|ter|fei ⟨n.; -s, -s od. -e; geh.⟩ *Abbild, Bildnis einer Person* □ retrato

kon|tern ⟨V. 400⟩ **1** ⟨Sp.⟩ *einen Gegenangriff ausführen, überraschend angreifen* □ contra-atacar **2** *heftig widersprechen, scharf entgegnen, dagegenhalten; das war hervorragend gekontert* □ contra-atacar; replicar

Kon|ti|nent ⟨m.; -(e)s, -e⟩ **1** = *Festland(2);* England und der ~ □ continente **2** = *Erdteil*

kon|ti|nen|tal ⟨Adj. 24⟩ *den Kontinent betreffend, zu ihm gehörig, auf ihm vorkommend* □ continental

Kon|tin|gent ⟨n.; -(e)s, -e⟩ **1** *Pflichtbeitrag, Pflichtanteil* **2** *begrenzte, festgesetzte, zugeteilte Menge;* Waren~; Lebensmittel~ □ contingente; cota **3** *größere Einheit von Truppen außerhalb eines Gesamtheeres; ein Staat stellt ein Truppen~* □ contingente; destacamento

kon|ti|nu|ier|lich ⟨Adj.⟩ *beständig fortlaufend, stetig, ununterbrochen, ein Kontinuum bildend; eine ~e Umsatzsteigerung; eine ~e Wirtschaftspolitik* □ contínuo; ininterrupto

Kon|ti|nu|um ⟨n.; -s, -nua⟩ *ohne Unterbrechung Fortlaufendes, lückenlos Zusammenhängendes; ein ~ von Dialekten* □ continuum

Kon|to ⟨n.; -s, -s od. Kon|ten od. Kon|ti⟩ **1** *Zusammenstellung gleichartiger Geschäftsvorgänge (Einnahmen u. Ausgaben) in zeitlicher Reihenfolge;* Personen~, Sach~; *einen Betrag einem ~ gutschreiben; ein ~ eröffnen, löschen, schließen* **2** *Gegenüberstellung von Guthaben u. Schulden* □ conta **3** *Aufzeichnung eines Geldinstitutes über Guthaben u. Forderungen an seine Kunden;* Bank~; *Geld aufs ~ einzahlen, vom ~ abheben; 1.000 Euro auf dem ~ haben; laufendes ~* □ conta (bancária) **3.1** *ein ~ überziehen bei einem Geldinstitut Schulden machen* □ *sacar a descoberto; exceder o saldo de uma conta* **4** *das geht auf mein ~* ⟨fig.; umg.⟩ *das übernehme, zahle ich, daran bin ich schuld* □ *isso é por minha conta*

Kon|tor ⟨n.; -s, -e⟩ **1** *Geschäftsraum eines Kaufmanns* □ escritório **2** *Handelsniederlassung (meist im Ausland)* **3** *Niederlassung einer Reederei im Ausland* □ filial; sucursal

Kon|to|rist ⟨m.; -en, -en⟩ *Angestellter eines kaufmännischen Betriebes* □ empregado de escritório

◆ Die Buchstabenfolge **kon|tr...** kann in Fremdwörtern auch **kont|r...** getrennt werden. Davon ausgenommen sind Zusammensetzungen, in denen die fremdsprachigen bzw. sprachhistorischen Bestandteile deutlich als solche erkennbar sind, z. B. *-trahieren, -tribuiren* (→ a. *subtrahieren, distribuieren*).

◆ **kon|tra** ⟨Präp.⟩ *gegen, wider;* oV *contra;* Ggs *pro* □ contra

◆ **Kon|tra|bass** ⟨m.; -es, -bäs|se⟩ *größtes u. tiefstes Streichinstrument, Bassgeige* □ contrabaixo

Kon|tra|hent ⟨m.; -en, -en⟩ **1** *Gegner, Gegenspieler* □ oponente; adversário **2** ⟨Kaufmannsspr.⟩ *Handels-, Vertragspartner* □ contraente; contratante

Kon|trakt ⟨m.; -(e)s, -e⟩ = *Vertrag;* Miet~; *einen ~ schließen* □ contrato

Kon|trak|ti|on ⟨f.; -, -en⟩ **1** ⟨Med.⟩ *Zusammenziehung, Schrumpfung, z. B. von Muskeln* **2** ⟨Gramm.⟩ *Zusammenziehung zweier Laute zu einem neuen Laut, z. B.* haben *zu* han □ contração

◆ **Kon|trast** ⟨m.; -(e)s, -e⟩ **1** *starker Gegensatz, auffallender Unterschied; ein schreiender ~ zwischen ...* **2** ⟨Fot.⟩ *Helligkeitsunterschied; ein Bild mit starken ~en* □ contraste

- **Kon|trol|le** ⟨f.; -, -n⟩ **1** *Überwachung, Aufsicht;* ~ über eine Arbeit, einen Vorgang, eine Gruppe von Personen; unter jmds. ~ stehen **2** = *Prüfung(3);* Fahrschein~, Pass~, Zoll~ **3** *Probe;* eine Maschine zur ~ laufen lassen **4** *Beherrschung, Gewalt;* die ~ über ein Fahrzeug verlieren □ controle
- **kon|trol|lie|ren** ⟨V. 500⟩ **1** jmdn. od. einen Vorgang ~ = *überwachen* **2** jmdn. od. etwas ~ = *überprüfen* **3** einen **Markt** ~ *beherrschen* □ controlar
- **kon|tro|vers** ⟨[-vɛrs] Adj.; geh.⟩ **1** *gegensätzlich, entgegengesetzt, gegeneinandergerichtet;* ~e Standpunkte einnehmen **2** *strittig, zweifelhaft, umstritten;* eine ~e Behauptung □ controverso;, controvertido
- **Kon|tro|ver|se** ⟨[-vɛr-] f.; -, -n⟩ **1** *Streitfrage* **2** *heftige Meinungsverschiedenheit, Streit* **3** *wissenschaftliche Auseinandersetzung* □ controvérsia
- **Kon|tur** ⟨f.; -, -en od. (in der Kunst) m.; -s, -en⟩ = *Umriss*
- **kon|tu|rie|ren** ⟨V. 500⟩ **1** eine **Figur** ~ ⟨Mal.⟩ *mit einer Kontur umgeben;* Sy *umreißen²(1)* □ delinear; contornar **2** einen **Plan** ~ *in groben Zügen darlegen* □ traçar
- **Ko|nus** ⟨m.; -, -se od. Ko|nen⟩ **1** = *Kegel* 1.1 *Kegel ohne Spitze;* Sy *Kegelstumpf* □ tronco de cone **2** *kegelförmiger Stift, Zapfen (an einem Werkzeug)* □ cone **3** ⟨Typ.⟩ *der leicht konisch verlaufende obere Teil der Type, der das Schriftbild trägt;* Sy *Kopf(8.3)* □ relevo
- **Kon|vent** ⟨[-vɛnt] m.; -(e)s, -e⟩ **1** *Zusammenkunft, Versammlung (bes. von Mitgliedern eines Klosters)* 1.1 *Gesamtheit der Mitglieder eines Klosters* □ convento **2** *aus Dozenten, Studierenden u. nicht-wissenschaftl. Personal bestehendes Organ einer Universität;* Sy *Konzil(2)* □ conselho **3** *Mitgliederversammlung einer Studentenverbindung* □ assembleia **4** (National)~ 4.1 ⟨unz.⟩ *die französische Nationalversammlung 1792-95* □ Convenção Nacional 4.2 ⟨in den USA⟩ *Versammlung von Delegierten einer politischen Partei, die den Kandidaten für die Wahl des Präsidenten nominieren* □ convenção
- **Kon|ven|ti|on** ⟨[-vɛn-] f.; -, -en⟩ **1** *Vereinbarung, Übereinkommen* **2** *mehrseitiger völkerrechtlicher Vertrag (über wirtschaftliche, humanitäre od. kulturelle Angelegenheiten);* die Genfer ~ **3** *Herkommen, gesellschaftlicher Brauch, Förmlichkeit;* sich über die gesellschaftlichen ~ en hinwegsetzen; sich an Regeln und ~ halten □ convenção
- **kon|ven|ti|o|nell** ⟨[-vɛn-] Adj.⟩ **1** *auf Konvention(1) beruhend* **2** *auf Konvention(3) beruhend;* ~es Verhalten, Benehmen **3** ~e **Redensarten** *förmliche, nichts sagende Ausdrücke* 3.1 sich **sehr** ~ **benehmen** *korrekt, kühl, unpersönlich* **4** ~e **Waffen** *herkömmliche Kampfmittel* □ convencional(mente)
- **Kon|ver|sa|ti|on** ⟨[-vɛr-] f.; -, -en⟩ *geselliges, leichtes, etwas förml. Gespräch, gepflegte Unterhaltung* □ conversa; ~ machen *conversar
- **Kon|ver|si|on** ⟨[-vɛr-] f.; -, -en⟩ **1** *Umwandlung* **2** *Umkehrung* **3** *Glaubenswechsel (bes. von einer nicht christlichen zur christlichen Religion od. von der evang. zur kath. Konfession)* **4** *Umwandlung eines Schuldverhältnisses in ein anderes (meist zugunsten des Schuldners)* **5** ⟨Psych.⟩ 5.1 *grundlegende Änderung einer Einstellung od. Meinung* 5.2 *Umwandlung od. Umkehrung von verdrängten Trieben od. Affekten in körperliche Symptome* **6** ⟨Logik⟩ *Veränderung einer Aussage durch Vertauschung von Subjekt u. Prädikat* □ conversão
- **kon|ver|tie|ren** ⟨[-vɛr-] V.⟩ **1** ⟨400(h. od. s.)⟩ *die Religion, Konfession wechseln;* zum Katholizismus ~ **2** ⟨500⟩ etwas ~ *umgestalten, umwandeln* 2.1 **Daten** ~ ⟨EDV⟩ *Daten für andere Programme od. EDV-Anlagen umwandeln, in einen anderen Code überführen* **3** eine **Währung** ~ ⟨Wirtsch.⟩ *in eine andere Währung umtauschen* □ converter
- **kon|vex** ⟨[-vɛks] Adj.⟩ *nach außen gewölbt (von Linsen);* Ggs *konkav* □ convexo
- **Kon|vikt** ⟨[-vɪkt] n.; -(e)s, -e; österr.⟩ *katholisches Internat* □ seminário
- **Kon|voi** ⟨[-vɔi] m.; -s, -s⟩ **1** *Kolonne, Verband von zusammengehörigen, hintereinanderfahrenden Fahrzeugen* **2** *Geleitzug, Kolonne (von Schiffen od. Fahrzeugen), die zum Schutz von anderen Fahrzeugen begleitet werden;* im ~ fahren □ comboio

◆ Die Buchstabenfolge **kon|zen|tr...** kann in Fremdwörtern auch **kon|zent|r...** getrennt werden.

- **Kon|zen|tra|ti|on** ⟨f.; -, -en⟩ **1** *Zusammendrängung um einen Mittelpunkt* **2** *Zusammenfassung, Zusammenballung;* ~ *wirtschaftlicher, militärischer o. ä. Kräfte* **3** ⟨Chem.⟩ *Anreicherung, Gehalt einer Lösung an gelöstem Stoff* **4** ⟨Psych.⟩ *Anspannung, Sammlung (aller Gedanken auf ein Problem, Ziel), angespannte Aufmerksamkeit;* mit äußerster ~ arbeiten, zuhören □ concentração
- **Kon|zen|tra|ti|ons|la|ger** ⟨n.; -s, -; Abk.: KZ; 1933-1945⟩ *(1933-45) Arbeits- u. Massenvernichtungslager für Juden u. Gegner des Nationalsozialismus* □ campo de concentração
- **kon|zen|trie|ren** ⟨V. 500⟩ **1** jmdn. od. etwas ~ *(um einen Mittelpunkt) sammeln, zusammendrängen* **2** **Lösungen** ~ ⟨Chem.⟩ *verstärken, verdichten, anreichern mit, sättigen* **3** *militärische od. wirtschaftliche* **Kräfte** ~ *zusammenziehen, zusammenballen;* Truppen, wirtschaftliche Kräfte in einem Raum, auf eine Aufgabe ~ **4** ⟨Vr 3⟩ **sich** ~ *sich geistig sammeln, alle Aufmerksamkeit auf einen Gedanken, ein Ziel lenken;* ich kann mich gut, schlecht, schwer ~; sich auf seine Arbeit, seine Aufgaben ~ □ concentrar(-se) 4.1 ⟨Part. Perf.⟩ konzentriert *sehr aufmerksam, (geistig) angespannt;* mit konzentrierter Aufmerksamkeit; konzentriert arbeiten, zuhören □ concentrado **5** ⟨550⟩ *etwas auf jmdn. od. etwas* ~ *richten;* alle Gedanken auf ein Problem ~; Strahlen auf einen Punkt ~ □ concentrar
- **kon|zen|trisch** ⟨Adj. 24⟩ **1** *einen gemeinsamen Mittelpunkt habend, nach einem Punkt strebend, auf einen Punkt gerichtet* 1.1 ~es **Feuer** ⟨Mil.⟩ *F. von allen Seiten* 1.2 ~e **Kreise** *K., die den gleichen Mittelpunkt haben* □ concêntrico

Kon|zept ⟨n.; -(e)s, -e⟩ **1** *erste Niederschrift, erste Fassung, Plan, Entwurf;* der Aufsatz ist im ~ fertig □ rascunho **2** *Vorhaben, Plan* □ plano; projeto; *das passt mir nicht in mein ~* □ *isso não está nos meus planos* **3** *aus dem ~* ⟨fig.; umg.⟩ *in Verwirrung;* jmdn. aus dem ~ bringen □ *fazer alguém perder o fio da meada;* aus dem ~ kommen □ *perder o fio da meada*

Kon|zep|ti|on ⟨f.; -, -en⟩ **1** ⟨geh.⟩ *Entwurf, grundlegende Planung, Grundgedanke;* eine ~ entwerfen **2** ⟨Med.⟩ *Empfängnis* □ concepção

Kon|zern ⟨m.; ~s, -e⟩ *unter gemeinsamer Leitung u. Verwaltung stehende Gruppe rechtlich selbständiger Unternehmen;* ~leitung □ grupo industrial; conglomerado

Kon|zert ⟨n.; -(e)s, -e⟩ **1** *öffentliche Aufführung von Musikwerken* **2** *Musikstück für Soloinstrument u. Orchester;* Violin~; ~ für Klavier und Streicher □ concerto **3** ⟨fig.⟩ *aufeinander abgestimmtes Zusammenwirken;* das ~ der Völker □ ação conjunta; colaboração

kon|zer|tant ⟨Adj. 24; Mus.⟩ *in Konzertform, im Konzert (aufgeführt);* ~e Sinfonien; eine ~e Aufführung der Aida □ concertante

Kon|zes|si|on ⟨f.; -, -en⟩ **1** = *Zugeständnis;* im Leben ~en machen; er ist (nicht) zu ~en bereit □ concessão **2** *behördliche Genehmigung, z. B. für ein Gewerbe* □ licença; alvará **3** *(dem Staat vorbehaltenes) Recht, ein Gebiet zu erschließen u. auszubeuten;* Inhaber einer ~ **4** *das Gebiet, für das eine Konzession(3) vergeben ist* □ concessão

Kon|zil ⟨n.; -s, -e od. -li|en ⟩ **1** *(umfassende) Versammlung kirchl. Würdenträger;* Sy Synode(2) □ concílio **2** = *Konvent(2)*

kon|zi|pie|ren ⟨V.⟩ **1** ⟨500⟩ eine Sache ~ *entwerfen, entwickeln, planen, ins Konzept schreiben* **2** ⟨400⟩ ein Kind ~ ⟨Med.⟩ *schwanger sein* □ conceber

Koog ⟨m.; -(e)s, Kö|ge⟩ *eingedeichtes Marschland;* oV *Kog;* Sy Polder □ pôlder

Ko|ope|ra|ti|on ⟨f.; -, -en⟩ *Zusammenarbeit, Zusammenwirken* □ cooperação

ko|ope|ra|tiv ⟨Adj.⟩ *(bereitwillig) zusammenarbeitend, zusammenwirkend;* sie ist sehr ~ □ cooperativo; cooperador

Ko|or|di|na|te ⟨f.; -, -n⟩ *Zahlenangabe zur Festlegung der Lage eines Punktes* □ coordenada

Ko|or|di|na|ti|on ⟨f.; -, -en⟩ **1** *Zuordnung, Beiordnung* **2** *das planvolle Abstimmen verschiedener Dinge, Vorgänge usw. aufeinander* **3** ⟨Physiol.⟩ *Zusammenspiel der Muskeln zu bestimmten, beabsichtigten Bewegungen* **4** ⟨Gramm.⟩ *das Neben-, Beiordnen von Satzgliedern od. Sätzen durch koordinierende Konjunktionen* □ coordenação

Kopf ⟨m.; -(e)s, Köp|fe⟩ **1** *das vom übrigen Körper abgesetzte u. untersuchbare Vorderende vieler Tiere u. des Menschen;* den ~ neigen, senken, wenden; den ~ (zur Tür) hereinstecken; ein großer, kahler, kleiner, runder, schmaler ~; den ~ einziehen; den ~ an jmds. Schulter lehnen; auf dem ~ stehen können; sich ein Loch in den ~ stoßen; mit dem ~ nicken (als Zeichen der Zustimmung); den ~ schütteln (als Verneinung) □ cabeça **1.1** mit bloßem ~ *ohne Hut, Mütze od. Tuch* □ *com a cabeça descoberta* **1.2** ~ weg! ⟨umg.⟩ *Vorsicht!* □ *cuidado com a cabeça!* **1.3** er ist einen ~ größer als ich *so viel, wie ein Kopf hoch ist* □ *ele é um palmo mais alto do que eu* **1.4** mit dem ~ voran, zuerst *kopfüber* □ *de cabeça* **1.5** die Köpfe zusammenstecken *miteinander leise reden, tuscheln* □ *cochichar; ficar de segredinhos* **1.5.1** die Leute standen ~ an ~ *dicht gedrängt* □ *as pessoas estavam ombro a ombro* **1.6** jmdn. beim ~ nehmen ⟨veraltet⟩ *jmds. Kopf ergreifen u. ihn küssen* □ *agarrar a cabeça de alguém (para lhe dar um beijo)* **1.7** einen heißen ~ haben *Fieber haben* □ *estar com febre* **1.8** mir brummt der ~ **1.8.1** *ich habe Kopfschmerzen* □ *minha cabeça está estourando* **1.8.2** ⟨fig.⟩ *ich bin ganz verwirrt (wegen vieler Eindrücke)* □ *estou com a cabeça atordoada* **1.9** einen schweren ~ haben *Kopfschmerzen haben (bes. als Nachwirkung eines Rausches)* □ *sentir a cabeça pesada* **1.10** und wenn du dich auf den ~ stellst, ich gehe doch nicht hin ⟨fig.; umg.⟩ *ganz gleich, was du tust* □ *você pode fazer o que quiser que não vou* **1.10.1** alles auf den ~ stellen ⟨fig.; umg.⟩ *alles durcheinanderbringen;* stell nicht gleich das ganze Haus auf den ~! □ *pôr tudo de pernas para o ar* **1.11** jmdm. eine Beleidigung, Unfreundlichkeit an den ~ werfen ⟨fig.; umg.⟩ *etwas Beleidigendes, Unfreundliches sagen* □ *ofender/insultar alguém* **1.11.1** jmdm. etwas auf den ~ zusagen *etwas mit Sicherheit feststellen, sodass er nicht leugnen kann* □ *dizer alguma coisa na cara de alguém* **1.12** sich die Augen nach etwas od. jmdm. aus dem ~ gucken *angestrengt (mit dem A.) suchen* □ *estar como doido à procura de alguma coisa ou alguém* **2** ⟨fig.⟩ *Sitz des Lebens* **2.1** es geht um seinen ~ *um sein Leben* □ *sua vida está em jogo* **2.1.1** es geht jmdm. an ~ und Kragen *jmd. begibt sich in ernste Gefahr* □ *isso vai custar a pele de alguém* **2.1.2** es geht bei jmdm. um ~ und Kragen *jmds. Leben steht auf dem Spiel* □ *a vida de alguém está em jogo* **2.2** jmdn. (um) einen ~ kürzer machen *jmdn. köpfen, durch das Beil hinrichten* **2.3** jmdm. den ~ vor die Füße legen *jmdn. den Kopf abschlagen* □ *cortar a cabeça de alguém; decapitar alguém* **2.4** sich eine Kugel durch den ~ schießen, jagen *Selbstmord begehen* □ *dar um tiro na própria cabeça* **2.5** es wird nicht gleich den ~ kosten *es wird nicht so schlimm, nicht so gefährlich sein;* er wird dir nicht gleich den ~ abreißen ⟨umg.; scherzh.⟩ □ *isso não vai te matar/tirar pedaço* eine **2.6** Tat mit seinem ~ bezahlen *dafür sterben* □ *pagar por um crime com a própria vida* **2.7** einen Preis auf jmds. ~ aussetzen *einen P. versprechen, wenn man jmdn. (Verbrecher o. Ä.) fängt u. ausliefert* □ *pôr a cabeça de alguém a prêmio* **2.8** den ~ für jmdn. hinhalten *für jmdn. einstehen, dessen Strafe auf sich nehmen* □ *assumir a culpa no lugar de alguém* **3** ⟨fig.⟩ *Organ des Gedächtnisses* **3.1** etwas im ~ behalten *sich etwas merken* □ *memorizar alguma coisa* **3.1.1** was man nicht im ~ hat, das hat man in den Beinen ⟨umg.; scherzh.⟩ *wenn man etwas vergessen hat, muss man noch einmal gehen* □ *quando a cabeça não pensa, o corpo padece* **3.2** aus dem ~ aufsagen (ein Gedicht) *auswendig, aus dem Gedächtnis* ◻ **recitar (um poema) de cabeça/de memória* 3.3 es will mir nicht aus den ~ *ich muss immer daran denken* ◻ **isso não me sai da cabeça* 4 ⟨fig.⟩ *Organ des Verstandes* 4.1 mir ist neulich in den ~ gekommen, dass ... *mir ist eingefallen, der Gedanke kam mir, dass ...* ◻ **recentemente me ocorreu que...* 4.1.1 sich etwas durch den ~ gehen lassen *sich etwas überlegen, über etwas nachdenken* ◻ **refletir sobre alguma coisa* 4.1.2 die Sache geht mir im ~ herum *ich muss immer wieder daran denken* ◻ **essa questão não me sai da cabeça* 4.2 sich den ~ (über etwas) zerbrechen *angestrengt (über etwas) nachdenken, sich mit Mühe (an etwas) zu erinnern suchen* ◻ **quebrar a cabeça (com alguma coisa)* 4.2.1 sich die Köpfe heißreden *leidenschaftl. debattieren* ◻ **discutir alguma coisa acaloradamente/apaixonadamente* 4.3 eine Aufgabe im ~ rechnen *ohne Papier und Bleistift* ◻ **fazer um cálculo de cabeça* 4.4 er ist nicht ganz richtig im ~ *er ist leicht schwachsinnig* ◻ **ele não é muito bom da cabeça* 4.4.1 er ist nicht auf den ~ gefallen *er ist nicht dumm* ◻ **ele não nasceu ontem* 4.4.2 kühlen ~ bewahren *die Besonnenheit bewahren* ◻ **manter a cabeça fria* 4.4.3 Rosinen im ~ haben ⟨umg.⟩ *überschwängliche Pläne schmieden, großartige Ziele verfolgen* ◻ **pensar grande; sonhar alto* 4.4.4 mir raucht der ~ ⟨umg.⟩ *ich habe sehr viel (bes. geistig) gearbeitet* ◻ **estou com a cabeça fervendo* 4.5 den ~ voll haben ⟨umg.⟩ 4.5.1 *viel zu bedenken haben* 4.5.2 Sorgen haben ◻ **estar de cabeça cheia* 4.5.3 ich weiß kaum mehr, wo mir der ~ steht ⟨umg.⟩ *ich weiß vor lauter Arbeit nicht mehr, wo ich anfangen soll* ◻ **já não sei onde estou com a cabeça* 4.5.4 man greift sich an den ~, wenn man das hört, sieht *es ist einem unbegreiflich* ◻ **não dá para entender uma coisa dessas* 4.6 den ~ verlieren *die Geistesgegenwart verlieren, sich verwirren lassen u. unüberlegt handeln* ◻ **perder a cabeça* 4.6.1 ich bin wie vor den ~ geschlagen! *ich kann es nicht fassen* ◻ **estou pasmo/perplexo!* 4.6.2 jmdm. den ~ verdrehen *jmdn. in sich verliebt machen* ◻ **virar a cabeça de alguém; conquistar alguém* 4.6.3 den ~ über etwas oder jmdn. schütteln *etwas od. jmdn. nicht begreifen, über etwas od. jmdn. erstaunt sein* ◻ **ficar surpreso/perplexo com alguma coisa ou alguém* 4.7 den ~ in den Sand stecken *sich gegenüber Gefahren blind stellen, Gefahren nicht sehen wollen* ◻ **enterrar a cabeça na areia* 4.8 das will mir nicht in den ~ ⟨umg.⟩ *das sehe ich nicht ein, das kann ich nicht begreifen* ◻ **isso não entra na minha cabeça* 4.9 jmdm. den ~ waschen ⟨umg.⟩ *jmdn. energisch zurechtweisen* ◻ **dar uma bronca em alguém; passar um sabão em alguém* 4.9.1 jmdm. den ~ zurechtrücken, zurechtsetzen ⟨umg.⟩ *jmdn. energisch die Meinung sagen* 4.9.2 jmdm. den ~ zwischen die Ohren setzen ⟨umg.; scherzh.⟩ *jmdm. die Meinung sagen, ihn zurechtweisen* ◻ **dizer umas verdades a alguém* 5 ⟨fig.⟩ *Organ des Bewusstseins, des Selbstbewusstseins* 5.1 jmdm. vor den ~ stoßen ⟨umg.⟩ *jmdn. verletzen, kränken* ◻ **ser grosso com alguém* 5.1.1 den ~ hoch tragen *stolz sein* ◻ **andar de cabeça erguida* 5.2 einen roten ~ bekommen *erröten* ◻ **enrubescer; ficar vermelho* 5.3 der Alkohol ist ihm zu ~ gestiegen *er ist berauscht* ◻ **o álcool subiu-lhe à cabeça* 5.3.1 der Erfolg ist ihm zu ~ gestiegen *wegen seinem E. kann er nicht mehr beurteilen, wo seine Grenzen liegen* ◻ **o sucesso subiu-lhe à cabeça* 5.4 er ist seinen Eltern über den ~ gewachsen *er lässt sich von den E. nichts mehr sagen* ◻ **os pais já não podem com ele* 5.4.1 die Sache ist ihm über den ~ gewachsen *er ist der S. nicht mehr gewachsen* ◻ **ele não dá conta do recado* 5.5 jmdm. auf den ~ spucken ⟨umg.⟩ *jmdm. überlegen sein, gegen jmdn. dreist, frech sein* ◻ **ser desaforado com alguém* 5.6 wenn der Junge größer ist, trampelt er ihr auf dem ~ herum ⟨umg.⟩ *wird sie nicht mehr mit ihm fertig, gehorcht er ihr nicht mehr* ◻ **quando o garoto crescer, fará dela gato-sapato* 6 ⟨fig.⟩ *Organ des Willens* 6.1 seinen ~ durchsetzen wollen *seinen Willen durchsetzen wollen* ◻ **querer impor a própria vontade* 6.1.1 einen harten ~ haben *eigensinnig sein* ◻ **ser cabeça-dura* 6.1.2 er hat seinen ~ für sich *er ist eigenwillig* ◻ **ele é teimoso/obstinado* 6.1.3 den, einen ~ machen ⟨umg.; schweiz.⟩ *mürrisch sein, widerspenstig sein* ◻ **fazer cara feia; fazer bico* 6.2 den ~ oben behalten *zuversichtlich bleiben* ◻ **manter a cabeça erguida* 6.3 er will immer mit dem ~ durch die Wand ⟨umg.⟩ *er will das, was er sich vorgenommen hat, unbedingt u. sofort durchsetzen, er hört auf keinen Rat* ◻ **ele é teimoso/cabeça-dura* 6.4 sie hat nichts anderes als Vergnügen im ~ ⟨umg.⟩ *sie denkt an nichts anderes als an V.* ◻ **ela só pensa em se divertir* 6.5 sich etwas in den ~ setzen ⟨umg.⟩ *etwas vornehmen u. eigensinnig darauf beharren* ◻ **meter alguma coisa na cabeça* 6.5.1 es muss immer nach seinem ~ gehen ⟨umg.⟩ *es muss immer alles so gemacht werden, wie er es will* ◻ **as coisas têm sempre de ser como ele quer* 6.6 sich ein Vorhaben aus dem ~ schlagen *ein V. aufgeben, auf ein V. verzichten* ◻ **deixar uma ideia/um projeto de lado* 6.7 den ~ hängen lassen *niedergeschlagen, mutlos sein* ◻ **andar cabisbaixo/desanimado* 7 ⟨fig.⟩ *Mensch, Person;* die Besatzung des Schiffes war 100 Köpfe stark; auf den ~ der Bevölkerung entfallen, kommen ...; pro ~ zwei Stück; die besten Köpfe des Landes, der Universität; ein kluger, heller, großer ~ ◻ *cabeça* 7.1 von ~ bis Fuß *von oben bis unten, die ganze Person;* jmdn. von ~ bis Fuß neu einkleiden; jmdn. von ~ bis Fuß mustern ◻ **da cabeça aos pés* 7.2 jmdm. das Haus über dem ~ anzünden ⟨umg.⟩ *Feuer legen, während jmd. darin ist* ◻ **colocar fogo na casa (com alguém dentro)* 7.3 der ~ eines Unternehmens *Anführer, Leiter;* der ~ einer Verschwörung ◻ *cabeça; chefe; líder* 8 ~ eines Gegenstandes ⟨fig.⟩ *oben gelegener, verdickter Teil eines G.* 8.1 kugelförmige, geschlossene Kohl- od. Salatpflanze; Kohl~, Salat~; drei Köpfe Salat ◻ *pé* 8.2 *(meist oberes) verdicktes Ende, Knopf;* Nagel~, Noten~, Stecknadel~ ◻ *cabeça* 8.3 ⟨Typ.⟩ = *Konus(3)* 9 ⟨fig.⟩ *oberer Teil, Anfang, Überschrift;* Brief~ ◻ *cabeçalho* 9.1 *Titel;* ~ einer Zeitung ◻ *título; manchete* 10 das Geld auf den ~ hauen ⟨fig.; umg.⟩ *leichtsinnig ausgeben* ◻ **jogar dinheiro pela janela*

Kopf|be|de|ckung ⟨f.; -, -en⟩ *etwas, das den Kopf bedeckt, Hut, Mütze, Kappe usw.* □ **chapéu; touca; boné; gorro**

köp|fen ⟨V.⟩ 1 ⟨500⟩ *jmdn. ~ jmdm. den Kopf abschlagen, jmdn. enthaupten* □ **decapitar** 2 ⟨500⟩ *etwas ~ das obere Ende von etwas abschlagen, verschneiden, kappen; Blumen, Bäume ~* □ ***podar**; *ein Ei ~* □ ***quebrar a ponta de um ovo** 3 ⟨500⟩ *den Ball ~* ⟨Fußball.⟩ *den B. mit dem Kopf stoßen* □ **cabecear**

Kopf|geld ⟨n.; -(e)s, -er⟩ *Prämie für die Ergreifung von Verbrechern, Deserteuren, Flüchtlingen usw.* □ **recompensa**

kopf|los ⟨Adj.; fig.⟩ *überstürzt, unüberlegt (infolge Schrecks od. Verwirrung); ~ handeln* □ **(de modo) irrefletido/precipitado**

kopf|rech|nen ⟨V. 400; nur im Inf. u. Part.⟩ *(ohne aufzuschreiben) im Kopf rechnen; die Schüler können sehr gut ~* □ **calcular de cabeça**

Kopf|sa|lat ⟨m.; -(e)s; unz.; Bot.⟩ *zu der Familie der Korbblütler gehörende Gemüsepflanze: Lactuca sativa var. capitata* □ **alface-americana; alface-repolhuda**

kopf|schüt|telnd ⟨Adj. 24/90⟩ *erstaunt, verwundert; jmdn. ~ ansehen; etwas ~ zur Kenntnis nehmen; etwas ~ betrachten* □ **supreso; perplexo**

kopf|ste|hen ⟨V. 256; fig.⟩ *durcheinander, aufgeregt u. verwirrt, ratlos sein; die ganze Schule stand kopf; vor Freude haben sie kopfgestanden* □ **agitar-se; ficar em rebuliço**

Kopf|zer|bre|chen ⟨n.; -s; unz.⟩ *angestrengtes Nachdenken; die Sache hat mir viel ~ gemacht, verursacht* □ **preocupação; dor de cabeça**

Ko|pie ⟨österr. [koːpjə] f.; -, -n⟩ 1 = *Abschrift, Zweitschrift* 2 = *Durchschrift* 2.1 = *Durchschlag(1)* 3 *Reproduktion, Vervielfältigung* 3.1 *fotomechanische Vervielfältigung, Fotokopie* 4 *~ eines Kunstwerkes Nachbildung; eine ~ von Michelangelos „David"* □ **cópia**

ko|pie|ren ⟨V. 500⟩ 1 *in Schriftstück ~ eine Abschrift herstellen von einem S.* 2 *reproduzieren, vervielfältigen; eine Datei ~* ⟨EDV⟩ 2.1 *eine Vorlage ~ auf fotomechanischem Wege vervielfältigen, fotokopieren* 3 *einen Menschen ~ nachahmen; jmds. Gang, Sprechweise ~* 4 *ein Kunstwerk ~ nachbilden* □ **copiar**

Ko|pie|rer ⟨m.; -s, -⟩ *Gerät zum electrostatischen Kopieren u. Vervielfältigen, Kopiergerät (Farb~)* □ **copiadora**

Ko|pi|lot ⟨m.; -en, -en⟩ *zweiter Pilot in einem Flugzeug; oV Copilot* □ **copiloto**

Kop|pel[1] ⟨f.; -, -n⟩ 1 *eingezäuntes Stück Land, Weide; das Vieh auf, in die ~ treiben* □ **cercado; pasto** 2 *mehrere Tiere, die durch Leinen, Riemen zusammengebunden sind; eine ~ Jagdhunde* □ **matilha; récua** 3 *Einrichtung an der Orgel zum Mitklingenlassen der Register einer zweiten Reihe von Tasten od. der höheren od. tieferen Oktave eines Tones* □ **acoplamento**

Kop|pel[2] ⟨n.; -s, -⟩ *Leibriemen, -gurt (meist an Uniformen) zum Befestigen der Waffen* □ **cinturão**

kop|peln ⟨V. 500⟩ 1 *Gegenstände, Leitungen ~ (miteinander) verbinden, beweglich vereinigen; das Telefon ist mit dem Faxgerät gekoppelt* □ **acoplar; co-**

nectar 1.1 *Fahrzeuge ~ miteinander verbinden; Raumfähren ~* □ **acoplar; engatar** 1.2 *Tiere ~ mit Riemen aneinanderbinden; Hunde ~* □ **atrelar; arrear** 2 *Wörter ~ mit Bindestrich verbinden* □ **hifenizar** 3 ⟨517⟩ *eine Sache mit einer (anderen) Sache ~ eine S. mit einer andern in enge Verbindung bringen* □ **juntar; unir** 4 ⟨Navigation⟩ *die gefahrenen od. geflogenen Kurse in die Karte eintragen* □ **estimar** 5 *ein Stück Land ~* ⟨niederdt.⟩ *zur Weide einzäunen* □ **cercar**

Ko|ral|le ⟨f.; -, -n⟩ 1 ⟨Zool.⟩ *einer Klasse der Nesseltiere angehörendes, meist in Kolonien lebendes Meerestier, dessen Grundsubstanz aus Kalk besteht: Anthozoa* 2 *Kalkgerüst der Koralle(1)* 3 *Schmuckstein aus Koralle(2)* □ **coral** 4 *kleine Holzkugel mit Eisenstiften an der Innenseite von Halsbändern abzurichtender Hunde* □ **coleira de puas**

Ko|ran ⟨m.; -s, -e⟩ 1 ⟨unz.⟩ *heilige Schrift des Islam in arabischer Sprache (~schule)* 2 ⟨zählb.⟩ *Buch, das den Koran (1) enthält* □ **Alcorão**

Korb ⟨m.; -(e)s, Kör|be⟩ 1 *(meist geflochtenes) oben offenes Behältnis zu verschiedenen Zwecken* 1.1 *zum Tragen von kleineren Gegenständen; ein ~ voll Holz* 1.2 *zum Tragen von Eingekauftem; mit einem vollen ~ heimkehren* 1.3 *zum Sammeln von Früchten u. Pilzen; ein ~ voll Beeren* 1.4 *zum Aufbewahren von kleinen Gegenständen; Näh~; der ~ für das Strickzeug* □ **cesta** 1.5 *zum Fortbewegen von Lasten; Förder~, Trag~; die Briefe werden auf der Post in Körben von einer Stelle zur anderen bewegt* □ **cesto; gaiola** 2 ⟨fig.⟩ *Abweisung, Abfuhr, Absage, bes. Ablehnung eines Heiratsantrages* □ **recusa; rejeição** 2.1 *Körbe austeilen ständig Absagen erteilen* □ ***recusar a torto e a direito** 2.2 *jmdm. einen ~ geben jmdn. abweisen, jmds. Aufforderung ablehnen* □ ***mandar alguém plantar batata** 2.3 *einen ~ bekommen abgelehnt, abgewiesen werden* □ ***levar um fora;** → a. *Hahn(1.2)* 3 ⟨Waffenk.⟩ *Handschutz an Degen u. Säbel; Degen~, Säbel~* □ **guarda-mão**

Korb|blüt|ler ⟨m.; -s, -; Bot.⟩ *artenreiche Familie der Ordnung Synandrae, gekennzeichnet durch kleine korbförmige Blütenstände, die wie einzelne Blüten aussehen: Compositae* □ **compostas**

Kord ⟨m.; -(e)s, -e⟩ oV *Cord* 1 *strapazierfähiges Gewebe mit dichten, schnurartigen Rippen* □ **bombazina; veludo cotelê** 2 *Gewebe, das in Fahrzeugreifen als Zwischenlage dient* □ **lona**

Kor|del ⟨f.; -, -n⟩ *Schnur aus mehreren gedrehten glatten Fäden* □ **cordel; cordão**

Ko|re|fe|rat ⟨a. [---'-] n.; -(e)s, -e; österr.⟩ = *Korreferat*

Ko|re|fe|rent ⟨a. [---'-] m.; -en, -en; österr.⟩ = *Korreferent*

ko|re|fe|rie|ren ⟨a. [---'--] V. 400; österr.⟩ = *korreferieren*

kö|ren ⟨V. 500⟩ *ein männliches Tier ~ für die Zucht auswählen, prämieren; gekörter Hengst* □ **selecionar para criação**

Ko|ri|an|der ⟨m.; -s, -⟩ 1 ⟨Bot.⟩ *Angehöriger einer Gattung der Doldengewächse: Coriandrum* 2 *als Ge-*

würz verwendete Blätter u. Früchte des Korianders(1) ☐ coentro

Ko|rin|the ⟨f.; -, -n⟩ *kleine schwarze Rosine ohne Kern* ☐ corinto

Kork ⟨m.; -(e)s, -e⟩ **1** *die elastische, leichte Rinde der Korkeiche* ☐ cortiça **2** = *Korken*

Kor|ken ⟨m.; -s, -⟩ *Pfropfen aus Kork(1) zum Verschließen von Flaschen;* oV *Kork(2); die Flasche mit einem ~ verschließen* ☐ rolha (de cortiça)

Korn[1] ⟨n.; -(e)s, Kör|ner⟩ **1** ⟨unz.⟩ *Getreide, bes. die als Brotgetreide (in einem Gebiet od. Land) verwendete Getreidesorte; das ~ dreschen, einfahren, mähen, schneiden; das ~ steht gut, steht hoch* ☐ grão; cereal **1.1** *Kornfeld; der Wind streicht über das wogende ~* ☐ seara; campo de cereais; → a. *Flinte(3)* **2** *Samen, kleine Frucht, bes. von Gräsern, Getreide; Gersten~; Samen~; den Hühnern, Vögeln Körner streuen (als Futter)* ☐ grão; semente; → a. *blind(1.2)* **3** *kleines Bröckchen, Stückchen, Krümchen, Teilchen von etwas; Hagel~, Salz~, Sand~, Staub~* **3.1** *kleines Stück reinen Metalles* **3.2** *~ einer* **Münze** *Edelmetallteilchen* ☐ grão; partícula **4** *Narbe, Beschaffenheit der Oberfläche (des Papiers)* ☐ granulação **5** ⟨Pl.: -e; Waffenk.⟩ *der vorn auf dem Lauf von Schusswaffen aufsitzende Teil der Visiereinrichtung* ☐ mira **5.1** *etwas aufs ~ nehmen nach etwas zielen* ☐ *mirar alguma coisa* **5.1.1** ⟨fig.⟩ *etwas mit einer bestimmten Absicht scharf beobachten* ☐ *estar de olho em alguma coisa* **5.2** *jmdn. aufs ~ nehmen* ⟨fig.⟩ **5.2.1** *jmdn. scharf ansehen* ☐ *perscrutar/esquadrinhar alguém* **5.2.2** *jmdn. mit Spott, Witz bedenken, als Zielscheibe des Spottes o. Ä. benutzen* ☐ *pegar no pé de alguém; fazer de alguém alvo de gozação* **6** ⟨Typ.⟩ *druckendes Pünktchen im Raster* **7** ⟨Fot.⟩ *durch die Größe der Silberteilchen bestimmte Struktur einer lichtempfindlichen Schicht* **8** ⟨Met.⟩ *beim Erstarren von Metallen entstehender ungleichförmig ausgebildeter Kristall* ☐ grão

Korn[2] ⟨m.; -(e)s; unz.; umg.⟩ **1** *aus Getreide hergestellter Branntwein* **1.1** *einen ~ trinken ein Glas Korn*[2]*(1)* **5.1.1** *ein doppelter ~ Glas mit dem Inhalt von zwei Glas Korn*[2]*(1)* ☐ destilado de cereais

Korn|blu|me ⟨f.; -, -n; Bot.⟩ *Korbblütler mit azurblauen Blüten, häufig in Getreidefeldern: Centaurea cyanus* ☐ escovinha

kör|nen ⟨V. 500⟩ **1** *etwas ~ zu kleinen Stücken, Körnern zerkleinern* ☐ granular **1.1** *gekörnte* **Brühe** *Fleischextrakt für eine B.* ☐ *caldo granulado ou em pó* **2** *eine Oberfläche ~ anrauen, körnig formen* ☐ granular **3** *ein Werkstück ~ mit gehärtetem, spitzem Stahlstück Vertiefungen in ein W. schlagen* ☐ puncionar **4** *Tiere ~* ⟨Jägerspr.⟩ *mit Körnern ködern, locken* ☐ cevar; iscar (com grãos)

Kor|nett[1] ⟨n.; -(e)s, -e od. -s; Mus.⟩ *kleinstes, höchstes Blechblasinstrument; ~ blasen* ☐ corneta

Kor|nett[2] ⟨m.; -(e)s, -e od. -s; früher⟩ *jüngster Offizier eines Reiterregiments, Fähnrich* ☐ alferes de cavalaria

kör|nig ⟨Adj.⟩ **1** *aus Körnern bestehend* ☐ granulado **1.1** *~er Reis gekochter R., dessen einzelne Körner fest u. trocken sind, nicht aneinanderkleben* ☐ *arroz soltinho*

2 *angeraut, mit rauer Oberflächenstruktur; ~e Tapete* ☐ granuloso; áspero

Ko|ro|na ⟨f.; -, -ro|nen⟩ **1** *Strahlenkranz der Sonne* ☐ corona **2** ⟨umg.; meist scherzh.⟩ *fröhliche Runde, Gruppe von unternehmungslustigen Menschen, Teilnehmerkreis; eine ganze ~ von Schülern* ☐ turma; galera

Kör|per ⟨m.; -s, -⟩ **1** *~ eines* **Lebewesens** *die geformte, materielle (sichtbare, greifbare) Gesamtheit eines L.; seinen ~ abhärten, pflegen, stählen, trainieren; Fieberschauer schüttelten seinen ~; ein gesunder, kräftiger, kranker, schwacher, starker, trainierter ~; er zitterte am ganzen ~ (vor Angst, Kälte)* **1.1** *das speziell Nichtgeistige an einem Menschen od. Tier; den ~ verachten* **2** *materieller, geformter Gegenstand, der einem Körper(1) ähnlich ist; Schiffs~; ein eckiger, runder, harter, weicher ~* ☐ corpo **3** ⟨Math.; Phys.⟩ *von ebenen od. gekrümmten Flächen begrenzter Teil des dreidimensionalen Raumes; ein eckiger, fester, harter, runder, weicher ~* **3.1** *regelmäßiger ~* **Vielflächner** ☐ sólido **4** ⟨meist in Zus.⟩ *Gruppe von Personen, die zu einem bestimmten Zweck zusammenwirken; Lehr~; der gesetzgebende ~* ☐ corpo

Kör|per|bau ⟨m.; -(e)s; unz.⟩ *Bau des (menschlichen od. tierischen) Körpers; athletischer, kräftiger, schwacher, zarter ~* ☐ constituição física

kör|per|lich ⟨Adj. 24/90⟩ **1** *den Körper betreffend, zu ihm gehörig, auf ihm beruhend;* Sy *leiblich, physisch;* Ggs *geistig*[1]*(1), seelisch; ~e Schmerzen; ~es Unbehagen; ~e Vorzüge, Nachteile* ☐ físico; *sich ~ (nicht, sehr) wohlfühlen* ☐ fisicamente **1.1** *~e Vereinigung geschlechtliche V.* ☐ carnal **1.2** *~e Strafe Züchtigung, Hiebe* ☐ físico; corporal **1.2.1** *jmdn. ~ strafen jmdn. züchtigen* ☐ fisicamente **2** *stofflich* ☐ material

Kör|per|schaft ⟨f.; -, -en⟩ **1** *Gemeinschaft, Gruppe* **2** *Vereinigung von Personen zu einem bestimmten Zweck mit den Rechten einer juristischen Person* ☐ corporação; *~ des öffentlichen Rechts* ☐ *pessoa jurídica de direito público* **2.1** *gesetzgebende ~ gesetzgebende Versammlung, Legislative* ☐ *corpo legislativo*

Ko|po|ral ⟨m.; -(e)s, -e od. -rä|le; Mil.⟩ *niedrigster Unteroffiziersgrad (bei Militär u. Polizei)* ☐ cabo

Korps ⟨[koːɐ̯]; n., -, [koːɐ̯s], - [koːɐ̯s]⟩ oV *Corps* **1** *Armeekorps* ☐ corpo **2** *Studentenverbindung* ☐ união/associação de estudantes **3** *Gemeinschaft von Personen gleichen Standes od. Berufes; Offiziers~; diplomatisches ~* ☐ corpo

kor|pu|lent ⟨Adj.⟩ *beleibt, füllig, dick* ☐ corpulento

Kor|pus[1] ⟨m.; -, -se⟩ **1** *Grundkörper eines Möbelstücks* ☐ corpo; estrutura **2** ⟨Med.⟩ *Hauptbestandteil eines Organs od. Körperteils, Körper;* oV *Corpus (1)* ☐ corpo

Kor|pus[2] ⟨n.; -, Kor|po|ra⟩ **1** *Sammlung an Texten, Schriften, Briefen, Äußerungen, Interviews usw., Belegsammlung;* oV *Corpus (2)* **1.1** ⟨Sprachw.⟩ *Sammlung von sprachlichen Äußerungen, die als Grundlage für eine Untersuchung dienen; ein ~ von Interviews* ☐ corpus **2** ⟨Mus.⟩ *Resonanzkörper eines (Saiten-)Instrumentes* ☐ caixa de ressonância; bojo

Kor|pus[3] ⟨f.; -; unz.; Typ.⟩ **1** *ein Schriftgrad* ☐ corpo

Kor|re|fe|rat ⟨a. [---'-] n.; -(e)s, -e⟩ oV ⟨österr.⟩ *Koreferat* **1** *zweites, das Hauptreferat ergänzendes Referat* □ conferência/exposição complementar 1.1 *zweiter, zusätzlicher Bericht;* ein ~ halten □ relatório suplementar

Kor|re|fe|rent ⟨a. [---'-] m.; -en, -en⟩ oV ⟨österr.⟩ *Koreferent* **1** *jmd., der das Korreferat vorträgt* □ segundo-conferencista 1.1 *zusätzlicher Berichterstatter* □ segundo-relator **2** *Zweitgutachter, Mitgutachter (neben dem Hauptgutachter);* ~ einer Examensarbeit □ coexaminador

kor|re|fe|rie|ren ⟨a. [---'--] V. 400⟩ *ein Korreferat halten, vortragen;* oV ⟨österr.⟩ koreferieren □ realizar uma conferência/um relatório complementar

kor|rekt ⟨Adj.⟩ *richtig, fehlerfrei, einwandfrei;* Ggs *inkorrekt;* ~es Betragen, Verhalten, ein Wort ~ aussprechen; sich ~ benehmen; er ist immer sehr ~ □ correto; corretamente

Kor|rek|tor ⟨m.; -s, -en⟩ *Angestellter (einer Druckerei od. eines Verlages), der den Schriftsatz auf Fehler überprüft* □ revisor

Kor|rek|tur ⟨f.; -, -en⟩ **1** *Berichtigung, Verbesserung* □ correção; retificação **2** ⟨Typ.⟩ *Prüfung u. Berichtigung des Schriftsatzes;* Fahnen-, Bogen~; eine ~ anbringen □ revisão de provas 2.1 ~ lesen *den Satz auf Fehler überprüfen* □ *revisar as provas

Kor|re|la|ti|on ⟨f.; -, -en⟩ **1** *(wechselseitige) Beziehung, Verbindung;* etwas in eine ~ mit etwas anderem bringen **2** ⟨Math.⟩ *mit Hilfe der Wahrscheinlichkeitsrechnung zu beschreibender Zusammenhang bzw. Abhängigkeitsverhältnis zwischen mehreren Zufallsgrößen* □ correlação

Kor|re|pe|ti|tor ⟨m.; -s, -en; Berufsbez.⟩ *Musiker, der mit Opernsängern die Gesangsrollen am Klavier einstudiert* □ correpetidor

♦ Die Buchstabenfolge **kor|re|sp...** kann in Fremdwörtern auch **kor|res|p...** getrennt werden.

♦ **Kor|re|spon|dent** ⟨m.; -en, -en⟩ **1** *Teilnehmer an einem Schriftwechsel* 1.1 *Geschäftspartner* **2** *auswärtiger Berichterstatter;* ~ einer Zeitung **3** *die Korrespondenz führender Angestellter;* Fremdsprachen~ □ correspondente

♦ **Kor|re|spon|den|tin** ⟨f.; -, -tin|nen⟩ *weibl. Korrespondent* □ correspondente

♦ **Kor|re|spon|denz** ⟨f.; -, -en⟩ **1** *Briefverkehr, Briefwechsel* **2** *Nachrichten für die Presse* **3** *Übereinstimmung* □ correspondência

♦ **kor|re|spon|die|ren** ⟨V. 417⟩ **1** mit jmdm. ~ *im Briefwechsel stehen* 1.1 *englisch mit jmdm. ~ mit jmdm. einen Briefwechsel in engl. Sprache führen* □ corresponder-se 1.2 ~des *Mitglied* (einer gelehrten Gesellschaft) *auswärtiges M.* □ correspondente **2** mit etwas ~ *übereinstimmen* □ *corresponder a alguma coisa* 2.1 ~der *Winkel Gegenwinkel* □ correspondente

Kor|ri|dor ⟨m.; -s, -e⟩ **1** = *Flur¹(1)* **2** *schmaler Landstreifen* □ corredor

kor|ri|gie|ren ⟨V. 500/Vr 7 od. Vr 8⟩ **1** jmdn. od. einen Text ~ *berichtigen, verbessern;* bitte ~ Sie mich, wenn ich etwas Falsches sage; einen Fehler ~; das lässt sich leicht ~ □ corrigir; retificar; Fahnen, Bogen ~ ⟨Typ.⟩ □ revisar **2** *etwas ~ regeln, ausgleichen; das Gewicht ~;* den Kurs einer Rakete ~; seine Meinung ~ □ corrigir; rever

Kor|ro|si|on ⟨f.; -, -en⟩ **1** *durch Einwirkung von Wasser od. Chemikalien bedingte chem. Veränderung bzw. Zersetzung von Metallen;* ~sschäden **2** ⟨Med.⟩ *Gewebszerstörung* □ corrosão

kor|rum|pie|ren ⟨V. 500⟩ jmdn. ~ ⟨geh.; abwertend⟩ *bestechen, moralisch verderben* □ corromper

kor|rupt ⟨Adj.; abwertend⟩ *andere Menschen bestechend, bestechlich, käuflich, moralisch verdorben;* dieser Politiker ist ~; ~e Geschäftsmethoden □ corrupto

Kor|rup|ti|on ⟨f.; -, -en; abwertend⟩ **1** *Bestechung* **2** *Bestechlichkeit* **3** *moralischer Verfall* □ corrupção

Kor|sar ⟨m.; -en, -en⟩ **1** ⟨früher⟩ *Seeräuberschiff* 1.1 *Seeräuber, Freibeuter* □ corsário **2** ⟨Segeln⟩ *kleine, schnelle Jolle für zwei Mann Besatzung* □ iole para dois ocupantes

Kor|sett ⟨n.; -(e)s, -e od. -s⟩ *die ganze Figur formendes Mieder* □ corpete; espartilho

Kor|so ⟨m.; -s, -s⟩ *festliches Vorbeiziehen geschmückter Wagen, Festumzug;* Blumen~ □ corso

Ko|ry|phäe ⟨m.; -n, -n; im altgrch. Drama⟩ *ausgezeichneter Fachmann, hervorragender Sachkenner (auf wissenschaftlichem Gebiet);* → a. *Kapazität(3);* eine ~ auf seinem Gebiet sein □ corifeu; autoridade

Ko|sak ⟨m.; -en, -en⟩ *Angehöriger der seit dem 15. Jh. im südlichen u. südöstlichen russischen Grenzgebiet lebenden Bauernkrieger* □ cossaco

ko|scher ⟨Adj. 24⟩ **1** *rein (nach den jüdischen Speisevorschriften)* □ kosher **2** ⟨umg.⟩ *sicher, sauber, unbedenklich* □ seguro; limpo; die Sache scheint mir nicht ganz ~ (zu sein) □ *essa história me parece meio suspeita

K.-o.-Schlag ⟨m.; -(e)s, -Schläge; Kurzw. für⟩ *Schlag, der zum Knock-out (K.o.) des Gegners führt* □ golpe de nocaute

ko|sen ⟨V. 405⟩ (mit jmdm.) ~ *Zärtlichkeiten tauschen, ein Gespräch unter Liebenden führen* □ acariciar; tratar com carinho

Kos|me|tik ⟨f.; -; unz.⟩ *Schönheitspflege* □ cosmética

kos|me|tisch ⟨Adj. 24⟩ **1** *mit Hilfe der Kosmetik, zu ihr gehörig, sie betreffend* **2** ⟨fig.⟩ *oberflächlich, vordergründig, nicht das Wesentliche (einer Sache) erfassend* □ cosmético

kos|misch ⟨Adj. 24⟩ **1** *den Kosmos betreffend, zu ihm gehörig, aus ihm stammend* **2** ~e *Geschwindigkeit* ⟨Phys.⟩ 2.1 erste ~e *Geschwindigkeit G., die erforderlich ist, um ein Raumfahrzeug auf eine Kreisbahn um die Erde zu bringen* 2.2 zweite ~e *Geschwindigkeit G., die es gestattet, den Anziehungsbereich der Erde zu verlassen* **3** ~e *Strahlung aus dem Weltraum kommende S.* □ cósmico

Kos|mo|naut ⟨m.; -en, -en; DDR⟩ *Raumfahrer, Astronaut* □ cosmonauta

Kos|mo|nau|tin ⟨f.; -, -tin|nen; DDR⟩ *weibl. Kosmonaut* □ **cosmonauta**

Kos|mo|po|lit ⟨m.; -en, -en⟩ **1** *Weltbürger* **2** *Pflanzenod. Tiergattung, die (fast) auf der ganzen Erde verbreitet ist* □ **cosmopolita**

Kos|mos ⟨m.; -; unz.⟩ = *Weltall*

Kost ⟨f.; -; unz.⟩ **1** *Nahrung, Essen, Ernährung, Beköstigung, Verpflegung;* einfache, gesunde, kräftige, leichte, schwere ~ □ **comida; alimento** 1.1 (freie) ~ **und** Logis *(kostenlose) Verpflegung u. Unterkunft;* er hat bei ihnen freie ~ und Wohnung □ *****alimentação e acomodação (grátis); pensão completa (grátis)** 1.2 jmdn. in ~ nehmen *jmdn. beköstigen, verpflegen, regelmäßig mit Essen versorgen* □ *****receber alguém como hóspede 2** ⟨fig.⟩ *etwas, das jmd. geistig verarbeiten, begreifen kann;* geistige ~ □ *****alimento espiritual**; leichte, schwere ~ □ *****fácil/difícil de entender**; das neue Buch von X ist ziemlich schwere ~ □ *****o novo livro de X é bem difícil**

kost|bar ⟨Adj.⟩ **1** *sehr wertvoll, sehr teuer, hochwertig;* ~er Schmuck, ~e Teppiche; ein ~ eingerichtetes Haus **1.1** meine Zeit ist mir zu ~, um sie mit unnützen Dingen zu vergeuden ⟨fig.⟩ *zu schade* □ **valioso; precioso**

kos|ten[1] ⟨V. 402⟩ **1 (etwas)** ~ *den Geschmack von etwas prüfen, probieren, versuchen;* eine Speise od. ein Getränk ~; koste bitte einmal, ob die Soße scharf genug ist! □ **experimentar; provar 2** *die* **Gefahr** *zu ~ bekommen* ⟨fig.⟩ *eine Ahnung, einen Begriff von der G. bekommen* □ *****provar o gosto do perigo**

kos|ten[2] ⟨V. 500⟩ **1** *etwas kostet einen bestimmten Preis* □ **custar 1.1** wie viel, was kostet es? *wie viel muss ich dafür bezahlen?, wie hoch ist der Preis?* □ *****quanto custa? 1.2** ⟨501⟩ koste es, was es wolle *ganz gleich, was ich dafür aufwenden muss (an Kosten, Mühe u. Ä.)* □ *****custe o que custar** **1.3** das kostet nicht die Welt ⟨fig.; umg.⟩ *ist nicht allzu teuer* □ *****não custa os olhos da cara 2** ⟨500 m. Modalverb⟩ *sich eine Sache etwas ~* **lassen** *bei einer Sache nicht sparen* □ *****não economizar com alguma coisa 3** ⟨520⟩ *etwas kostet jmdn. etwas* **3.1** *verursacht jmdm. Kosten;* das Essen im Restaurant hat mich viel gekostet □ **custar; sair caro 3.2** ⟨fig.⟩ *verlangt etwas von jmdm.* **3.2.1** es kostet mich nur ein **Wort**, um ihn von seinem Vorhaben abzubringen *ich brauche nur ein Wort zu sagen* □ *****só preciso de uma palavra para dissuadi-lo de sua intenção** **3.2.2** es kostet mich einige **Überwindung**, das zu tun *ich muss mich überwinden* **3.3** *bedeutet den Verlust von etwas* **3.3.1** die Arbeit hat mich zwei ganze Tage gekostet *hat mich zwei T. beschäftigt, wegen der A. habe ich zwei T. verloren* **3.3.2** das kostet ihn den **Kopf**, das Leben *er wird seinen Posten, sein L. verlieren* □ **custar**

Kos|ten ⟨nur Pl.⟩ **1** *Gesamtheit des Betrags, der für eine Sache aufgewendet wird, Gebühren, Ausgaben;* Gerichts~; die ~ (für eine Sache) bestreiten; wir werden keine ~ scheuen; die entstehenden ~ übernehme ich; geringe, hohe ~; die Sache ist mit (großen) ~ verbunden □ **gastos; custos; despesas 1.1** die ~ (für etwas) tragen *(etwas) bezahlen* □ *****arcar com as despesas (de alguma coisa)** **1.2** die ~ **decken** *die Ausgaben durch Einnahmen ausgleichen* □ *****cobrir os gastos/as despesas** **1.3** die ~ für etwas (nicht) **aufbringen** können *(nicht) imstande sein, etwas zu bezahlen* □ *****(não) ter condições de pagar alguma coisa** **2** ⟨a. fig.⟩ *Rechnung* □ **conta**; auf eigene ~ □ *****por conta própria** **2.1** das geht auf meine ~ *das bezahle ich* □ *****isso é por minha conta** **2.2** auf ~ anderer leben *andere für seinen Lebensunterhalt bezahlen lassen* □ *****viver às custas de outras pessoas** **2.3** das geht auf ~ deiner Gesundheit *damit schadest du deiner G.* □ *****isso vai custar sua saúde** **2.4** ich bin heute Abend auf meine ~ gekommen ⟨umg.⟩ *ich habe mich sehr amüsiert, es hat mir sehr gut gefallen* □ *****eu me diverti muito esta noite 3** ⟨Getrennt- u. Zusammenschreibung⟩ **3.1** ~ senkend = *kostensenkend*

kos|ten|los ⟨Adj. 24⟩ *ohne Bezahlung, ohne Kosten, unentgeltlich, umsonst;* die Beratung ist ~ □ **gratuito**

kos|ten|sen|kend *auch:* **Kos|ten sen|kend** ⟨Adj. 24⟩ *die Kosten reduzierend, Ausgaben vermindernd* □ **que reduzem os custos**; ~e Maßnahmen ergreifen □ *****tomar medidas de redução de custos**

köst|lich ⟨Adj.⟩ **1** eine Speise, ein Wein ist ~ *hat einen feinen, edlen Geschmack;* heute schmeckt der Nachtisch wieder ~ □ **delicioso 2** *erlesen;* ~e Dinge, Kleinigkeiten □ **requintado 3** *wertvoll u. schön;* ein ~er Genuss; es war eine ~e Zeit □ **inestimável 4** ⟨fig.; umg.⟩ *sehr komisch, erheiternd;* das ist ja ~! □ **impagável** **4.1** sich ~ **amüsieren** *sich sehr amüsieren;* gestern habe ich mich im Kino ~ amüsiert □ *****divertir-se muito**

kost|spie|lig ⟨Adj.⟩ *teuer, mit großen Kosten verbunden;* eine ~e Reise; das ist mir zu ~ □ **caro; dispendioso**

Kos|tüm ⟨n.; -s, -e⟩ **1** *der Mode unterworfene Kleidung für bestimmte Gelegenheiten* **2** *der Mode unterworfene Kleidung in ihrer geschichtlichen Veränderung;* Biedermeier~ □ **traje; indumentária 3** *auf die Art der Darbietung abgestimmte Kleidung von Schauspielern* □ **figurino 4** *Damenbekleidung aus Rock u. Jacke* □ **tailleur**

kos|tü|mie|ren ⟨V. 500/Vr 7⟩ *jmdn. od. sich ~ mit einem historischen Kostüm od. einem Karnevalskostüm verkleiden;* sie hat das Kind als Clown kostümiert; für den Ball müssen wir uns ~ □ **fantasiar(-se)**

Kot ⟨m.; -(e)s; unz.⟩ **1** *Darmausscheidung, Exkrement* □ **excrementos; fezes 2** ⟨veraltet⟩ *Schmutz, aufgeweichte Erde;* Straßen~; mit ~ besprit zen □ **lama; sujeira**

Ko|te|lett ⟨a. [kɔt-] n.; -s, -s⟩ **1** *aus dem Rippenstück von Schwein, Kalb, Hammel geschnittene Scheibe;* Sy ⟨regional⟩ *Karbonade(2)* **2** ⟨nur Pl.⟩ *wie ein Kotelett(1) geformter kleiner, kurzer beidseitiger Backenbart* □ **costeleta**

Kö|ter ⟨m.; -s, -⟩ ⟨abwertend⟩ *Hund* □ **cão sem dono; vira-lata**

Kot|flü|gel ⟨m.; -s, -⟩ *Schutzblech (über den Rädern an Kraftwagen)* □ **para-lama**

kot|zen ⟨V. 400; derb⟩ **1** *sich übergeben, erbrechen* □ **vomitar 2** *es ist zum Kotzen* ⟨fig.; derb⟩ *es ist abscheulich, widerwärtig* □ *****é nojento/repugnante**

Krab|be ⟨f.; -, -n⟩ **1** ⟨Zool.⟩ *zur Ordnung der Zehnfußkrebse (Decapoda) gehöriges Krebstier, dessen Hinterleib stets unter den Kopf-Brust-Abschnitt geklappt u. von oben nicht sichtbar ist: Branchyura* □ **caranguejo 2** ⟨bildende Kunst⟩ *kleines, sich an der Wand emporrankendes Blattornament* □ **cogulho 3** ⟨fig.⟩ umg.⟩ *kleines, niedliches Kind;* eine süße, kleine ~ □ **petiz; criança; guri**

krab|beln ⟨V.⟩ **1** ⟨402⟩ **etwas krabbelt (jmdn.)** ⟨umg.⟩ *kitzelt, juckt (jmdn.);* es krabbelt (mich); der Pullover, die Wolle krabbelt (mich) □ **dar coceira; pinicar 2** ⟨400(h.) od. 411(s.)⟩ *mit raschen Bewegungen kriechen, klettern;* der Käfer krabbelte mir über die Hand □ **arrastar-se; rastejar**, das Kind krabbelte auf den Sessel, durchs Zimmer □ **engatinhar**

Krach ⟨m.; -(e)s, Krä|che⟩ **1** *Lärm;* mach doch nicht solchen ~!; die Maschinen machen einen ohrenbetäubenden ~ □ **barulho; ruído 2** *heftiger, lauter Schlag, lautes Klirren, Knall;* mit einem ~ fiel die Tür ins Schloss □ **estrondo 3** ⟨fig.; umg.⟩ *Zerwürfnis, Zank, Streit;* ich habe mit ihm ~ bekommen, gehabt □ *discuti/briguei com ele; wenn die Eltern das erfahren, gibt's ~ □ *quando os pais ficarem sabendo disso, vai ter briga/confusão **3.1** die beiden haben ~ **miteinander** *haben sich gestritten u. noch nicht versöhnt* □ *os dois estão brigados **3.2** ~ **machen** od. **schlagen** *seine Missbilligung laut äußern* □ *armar um banzé; bater boca **4** ⟨fig.; umg.⟩ *Bankrott, Wirtschaftskrise, wirtschaftlicher Zusammenbruch;* Bank~, Börsen~; der ~ der Dreißigerjahre □ **quebra; falência 5** mit Ach und ~ ⟨fig.; umg.⟩ *mit Mühe u. Not, gerade noch;* er hat mit Ach u. ~ sein Abitur bestanden □ *a duras penas; a muito custo

kra|chen ⟨V. 400⟩ **1** *etwas kracht* *erzeugt ein dunkel klirrendes od. polterndes Geräusch;* das Eis krachte unter seinen Füßen, Schritten □ **estalar; crepitar**; das Haus, die Brücke brach ~d zusammen; der Hund biss den Knochen ~d entzwei □ **estalando 2** *etwas kracht* *macht plötzlich u. kurz lauten Lärm;* der Donner krachte □ **troar; retumbar 2.1** ⟨411⟩ die Tür krachte ins Schloss *fiel mit lautem Krach(2) ins S.* □ **bater 2.2** ein Schuss kracht *knallt* □ **estourar; espocar 3** ⟨500/Vr 3⟩ **sich (mit jmdm.) ~** ⟨fig.; umg.⟩ *sich heftig streiten, sich zanken* □ *explodir/brigar (com alguém) **4** ⟨411⟩ es kracht in der **Wirtschaft**, in einer Institution o. Ä. ⟨fig.; umg.⟩ *erste Anzeichen deuten auf eine kritische Entwicklung in der W. o. Ä. hin* □ *ir/andar mal; passar por dificuldades **5** ⟨(s.)⟩ *etwas kracht* ⟨umg.⟩ *geht kaputt;* der Sessel ist gekracht □ **quebrar; partir-se 6** etwas **tun, dass es** (nur so) **kracht** ⟨fig.; umg.⟩ *sehr angestrengt, mit großer Kraft;* er arbeitet, schuftet, dass es (nur so) kracht □ *fazer alguma coisa intensamente/de corpo e alma

kräch|zen ⟨V. 400⟩ **1** ein **Vogel** krächzt *gibt heisere, raue Töne von sich* □ **grasnar 2** eine **Person** krächzt ⟨fig.⟩ *spricht heiser* □ **rouquejar**

Krad ⟨n.; -(e)s, Krä|der; Kurzw. für⟩ *Kraftrad* □ **motocicleta**

kraft ⟨Präp. m. Gen.; Amtsdt.⟩ *aufgrund von, mittels, durch;* ~ seines Amtes; ~ meiner Vollmachten kann ich ...; ~ seines großen Wissens □ **em virtude de; por causa de**

Kraft ⟨f.; -, Kräf|te⟩ **1** *physische od. geistige Disposition, Fähigkeit zu etwas* □ **força; energia 1.1** Kräfte sparen *sich nicht anstrengen* □ *poupar as próprias forças **1.2** er hat seinen Kräften zu viel zugemutet *er hat sich überanstrengt* □ *ele exigiu demais das próprias forças **1.3** wieder zu Kräften kommen *wieder gesund werden, sich wieder erholen, sich kräftigen* □ *recuperar as forças **1.4** mit seinen Kräften sparsam umgehen, Kräfte sammeln *sich erholen, sich ausruhen* □ *fortalecer-se; reunir forças;* → a. *Saft(4.1)* **1.5** *Verfassung, Konstitution, aufgrund derer man eine große körperliche Leistung vollbringen kann, Stärke;* Muskel~; Körper~; er strotzt vor ~ (und Gesundheit); körperliche ~; mit aller ~ schreien □ **força 1.6** *(geistige) Verfassung, die einen Willensakt, eine (geistige) Leistung möglich macht, Energie;* Tat~; Willens~; Geistes~; geistige, seelische ~; alle ~ darauf verwenden, etwas zu tun □ **força; energia; capacidade 1.6.1** ich werde tun, was in meinen Kräften steht *was mir möglich ist* □ *farei o que estiver ao meu alcance **1.6.2** nach Kräften (helfen o. Ä.) *in dem Maße helfen, in dem es einem möglich ist* □ *na medida do possível **2** die ~ eines **Medikaments** *Wirksamkeit; Heil~;* die heilende ~ einer Arznei □ **eficácia 3** die ~ von **Naturgewalten** *Heftigkeit, Gewalt;* der Sturm blies mit solcher ~, dass ... □ **força; intensidade; violência 4** die ~ eines **Gesetzes**, einer **Verordnung** *Gültigkeit;* Gesetzes~, Rechts~ □ **vigor; vigência 4.1** ein Gesetz, eine Verordnung außer ~ setzen *ungültig machen* □ *revogar/anular uma lei/um decreto **4.2** außer ~ treten *ungültig werden* □ *deixar de vigorar; perder a validade **4.3** in ~ treten *gültig werden;* das Gesetz tritt am 1. 10. in ~ □ *entrar em vigor **4.4** in ~ sein *gültig sein;* das Gesetz ist noch nicht in ~ □ *estar em vigor **5** *Hilfskraft, Mitarbeiter;* Büro~, Lehr~, Schreib~; wir brauchen für unsere Abteilung noch eine ~; wir müssen noch einige Kräfte einstellen; cr, sie ist eine ausgezeichnete ~ □ **funcionário 6** ⟨Phys.⟩ *den Bewegungszustand eines Körpers ändernde Größe;* das Gleichgewicht der Kräfte; das freie Spiel der Kräfte; Parallelogramm der Kräfte □ **força 7** ⟨Getrennt- u. Zusammenschreibung⟩ **7.1** ~ **raubend** = *kraftraubend*

Kraft|fahr|zeug ⟨n.; -(e)s, -e; Abk.: Kfz⟩ *von einem Motor angetriebenes, nicht an Schienen gebundenes Landfahrzeug (z. B. Auto, Autobus, Motorrad, Lastkraftwagen, Traktor)* □ **automóvel; veículo**

kräf|tig ⟨Adj.⟩ **1** jmd. ist ~, hat ~e **Gliedmaßen** *besitzt viel Kraft(1.1), ist stark;* ~er Mensch; ~e Arme; ihnen wurde ein ~er Junge geboren □ **forte; robusto 2** ein **Gegenstand** ist ~ *ist von robuster, widerstandsfähiger Beschaffenheit, solide;* ein ~er Stock □ **forte; resistente 3** ⟨fig.⟩ *heftig, intensiv, tüchtig;* jmdm. eine ~e Ohrfeige geben; ~ Beifall klatschen □ **belo; forte; intenso**; jmdm. ~ die Meinung sagen; jmdm. ~ verprügeln □ energicamente; com força 3.1 ~e Farben intensive, leuchtende, tiefe F. □ forte; vibrante 3.2 ~e Stimme laute S. □ alto 4 ⟨60; fig.⟩ 4.1 eine ~e Mahlzeit gehaltvolle M.; ~es Essen □ nutritivo; substancioso 4.2 ein ~er Witz derber, anstößiger W. □ sujo; pesado

kraft|los ⟨Adj.⟩ ohne Kraft, schwach; ein ~er Stimme sprechen □ sem forças; fraco

Kraft|rad ⟨n.; -(e)s, -rä|der; Kurzwort: Krad⟩ einspuriges Kraftfahrzeug mit zwei Rädern zur Beförderung von Personen u. Sachen; Klein~ □ motocicleta

kraft|rau|bend auch: **Kraft rau|bend** ⟨Adj.⟩ körperlich anstrengend, ermüdend; ein ~es Training □ cansativo

Kraft|stoff ⟨m.; -(e)s, -e⟩ flüssiger, gas- od. staubförmiger Brennstoff für Verbrennungsmotoren; Sy Treibmittel(3) □ combustível

Kraft|ver|kehr ⟨m.; -s; unz.⟩ Verkehr von, mit Kraftwagen □ tráfego; fluxo de veículos

kraft|voll ⟨Adj.⟩ voller Kraft, kräftig; ~ singen □ vigoroso; enérgico; com força

Kraft|wa|gen ⟨m.; -s, -⟩ Kraftfahrzeug mit mehr als zwei Rädern, Auto, Automobil; Personen~, Last~ □ automóvel; veículo

Kraft|werk ⟨n.; -(e)s, -e⟩ Anlage zum Erzeugen, Umwandeln u. Verteilen von Elektrizität; Sy Elektrizitätswerk; Atom~, Wasser~ □ usina

Kra|gen ⟨m.; -s, -⟩ 1 den Hals umschließender Teil der Kleidung; Hemd~, Mantel~, Pelz~, Rock~; den ~ hochschlagen; eckiger, runder ~; steifer, weicher ~ □ gola; colarinho 2 ⟨fig.⟩ 2.1 ⟨umg.⟩ Hals, Leben 2.1.1 es geht jmdm. an den ~ es geht an jmds. Leben, um jmds. Kopf, es wird sehr gefährlich für jmdn. □ *custar a pele de alguém; estar em maus lençóis 2.2 jmdn. am, (od.) beim ~ nehmen handgreiflich zurechtweisen □ *pegar alguém pelo colarinho 2.3 jetzt platzt mir aber der ~! jetzt wird es mir zu viel, jetzt verliere ich die Geduld! □ *vou perder as estribeiras! 2.4 Kopf und ~ riskieren alles aufs Spiel setzen, seine Existenzgrundlage, sein Leben riskieren □ *arriscar o pescoço 3 der ~ der Tiere ⟨Zool.⟩ die Halsfedern, der Halspelz □ colar

Krä|he ⟨f.; -, -n; Zool.⟩ 1 mittelgroßer Rabenvogel, die kleinen Angehörigen verschiedener Arten der Gattung Corvus; Nebel~, Raben~, Saat~ □ gralha 2 eine ~ hackt der anderen kein Auge aus ⟨fig.; umg.⟩ Personen, die in demselben Beruf arbeiten od. dieselben Interessen verfolgen, fügen sich gegenseitig keinen Schaden zu □ *lobo não mata lobo; corvos a corvos não se arrancam os olhos

krä|hen ⟨V. 400⟩ 1 ein Hahn kräht gibt schrille Laute von sich □ cacarejar; cantar; → a. Hahn(1.1) 2 jmd. kräht ⟨fig.⟩ singt, schreit zu laut od. unschön □ cantar mal; grasnar 3 Kinder ~ schreien vergnügt mit heller Stimme □ gritar; fazer algazarra

Kra|ke ⟨f.; -, -n od. m.; -n, -n⟩ 1 im Meer lebendes Weichtier mit mehreren Fangarmen, Kopffüßer □ polvo 2 ⟨Myth.⟩ Meerungeheuer □ Kraken

Kra|keel ⟨m.; -s; unz.⟩ 1 lauter Streit, lärmender Zank; es gibt einen ~, wenn das herauskommt □ briga; gritaria 2 Lärm, Unruhe; macht nicht solchen ~! □ barulho; algazarra

kra|kee|len ⟨V. 400; umg.⟩ 1 lärmen □ fazer barulho 2 laut streiten □ brigar; vociferar

kra|keln ⟨V. 402; umg.⟩ unsicher u. eckig, zitterig schreiben □ rabiscar; escrevinhar

Kral|le ⟨f.; -, -n⟩ 1 scharfer, gebogener Zehennagel von Vögeln sowie manchen Säugetieren u. Kriechtieren; die Katze zieht ihre ~n ein; der Greifvogel hat eine Maus in den ~n; die Katze zeigt ihre ~n ⟨a. fig.⟩ 2 ⟨fig.⟩ 2.1 ⟨nur Pl.⟩ Zeichen des gierigen Festhaltens von etwas 2.1.1 etwas (fest) in seinen ~n haben gierig festhalten □ garras(?) 2.1.2 etwas nicht aus den ~n lassen nicht hergeben □ *não abrir mão de alguma coisa 2.2 Zeichen von Gefährlichkeit 2.2.1 die ~n zeigen zu erkennen geben, dass man gefährlich, böse, boshaft werden kann; warte nur, bis sie die ~n zeigt! □ *mostrar as garras

kral|len ⟨V. 511⟩ 1 ⟨Vr 3⟩ ein Tier krallt sich an etwas hält sich mit den Krallen an etwas fest; die Katze krallte sich am Stamm des Baumes fest □ cravar as unhas; agarrar-se 2 ⟨Vr 3⟩ sich an jmdn. od. etwas ~ sich mit den Fingern krampfhaft an jmdn. od. etwas festhalten; er krallte sich ans Geländer □ *agarrar-se a alguém ou alguma coisa 3 die Finger in, um etwas ~ die F. krampfhaft in etwas bohren (um Halt zu finden) od. fest um etwas schließen; sie krallte die Finger in seinen Ärmel; er krallte vor Schmerz die Finger in den Sand; seine Finger krallten sich um das Seil □ *cravar/fincar os dedos em alguma coisa; agarrar alguma coisa

Kram ⟨m.; -s; unz.⟩ 1 Gegenstände von geringem Wert, Gerümpel, Plunder, unnützes Zeug; ich will den ganzen ~ verkaufen; alter ~; wohin soll ich mit all dem ~, mit dem ganzen ~? □ tralha 2 Habseligkeiten, Sachen; lass deinen ~ nicht überall herumliegen; pack deinen ~ zusammen und komm mit!; seinen ~ in Ordnung halten ⟨a. fig.⟩ 3 ⟨fig.; umg.⟩ (unwichtige) Angelegenheit, Sache; was hast du denn noch zu tun? Ach, nur so ~! □ coisas; trecos 3.1 das passt ihm nicht in den ~ das passt ihm nicht, stört seine Pläne, kommt ihm ungelegen □ *isso não estava nos seus planos 3.2 den (ganzen) ~ hinwerfen, hinschmeißen (wollen) mit einer Arbeit aufhören, von einer Verpflichtung zurücktreten (wollen) □ *(querer) jogar tudo para o alto; (querer) mandar tudo para o inferno 3.3 ich habe den ~ satt ich habe alles, die Sache, die Arbeit, die Angelegenheit satt □ *estou cheio de tudo 4 ⟨fig.⟩ Umstände, Aufhebens; mach nicht so viel ~! ⟨umg.⟩ □ *deixe de história! 5 ~ des Schlachtviehs Eingeweide □ vísceras; tripas

kra|men ⟨V. 410⟩ 1 sich mit etwas zu schaffen machen □ *ocupar-se de alguma coisa 2 ⟨umg.; schweiz.⟩ kleine Einkäufe machen, Kleinigkeiten besorgen □ *fazer umas comprinhas 3 in etwas ~ herumsuchen, stöbern; in alten Papieren, alten Sachen ~ □ *remexer/vasculhar alguma coisa

Krä|mer ⟨m.; -s, -⟩ 1 Kleinhändler, Lebensmittelhändler mit sehr kleinem Laden □ merceeiro; lojista 1.1 jeder

~ lobt seine Ware ⟨fig.; umg.⟩ *auf Eigenlob kann man nichts geben* □ *cada um puxa a brasa para a sua sardinha **2** ⟨fig.; umg.⟩ *kleinlicher, engstirniger Mensch* □ pessoa tacanha/mesquinha

Kram|pe ⟨f.; -, -n⟩ *U-förmig gebogener Haken mit spitzen Enden zum Befestigen von Draht, Ketten usw.;* oV *Krampen* □ grampo; gancho

Kram|pen ⟨m.; -s, -⟩ = *Krampe*

Krampf ⟨m.; -(e)s, Krämp|fe⟩ **1** *unwillkürliche, zuweilen schmerzhafte Zusammenziehung der Muskeln; Magen-~, Muskel-~, Waden-~* □ cãibra; espasmo **2** ⟨unz.; fig.; umg.⟩ *übertriebener Eifer, übertriebenes Getue; so ein ~!; das ist doch alles ~!* □ exagero **3** ⟨umg.; schweiz.⟩ *harte, aufreibende Arbeit, Mühe;* heute haben wir einen ~ gehabt □ *hoje ralamos à beça; hoje demos duro no trabalho

kramp|fen ⟨V.⟩ **1** ⟨500/Vr 3⟩ *sich ~ sich im Krampf zusammenziehen;* sein Magen krampfte sich vor Schmerzen □ crispar-se; contrair-se espasmodicamente **1.1** ⟨511/Vr 7⟩ *etwas in etwas ~ etwas, sich in etwas hineinbohren u. sich daran anklammern;* sie krampfte die Finger in seinen Ärmel □ fincar; cravar **2** ⟨511/Vr 7⟩ *etwas um etwas ~ etwas fest, heftig um etwas schließen u. sich daran festhalten;* die Finger, Hände um etwas ~; er krampfte die Finger, Hände um das Seil, um die Armlehnen seines Stuhls □ apertar **3** ⟨400; umg.; schweiz.⟩ *hart, aufreibend arbeiten* □ trabalhar como um condenado; dar duro

krampf|haft ⟨Adj.⟩ **1** *wie im Krampf befindlich, krampfartig;* ~e Zuckungen □ convulsivo; espasmódico **2** ⟨fig.⟩ *mit großer Mühe, heftig, verbissen, angestrengt;* er bemühte sich ~, ernst zu bleiben; er versuchte ~, sich an dem Ast hochzuziehen; sich ~ an etwas festhalten, klammern □ desesperadamente; freneticamente

krampf|stil|lend ⟨Adj.⟩ *Verkrampfungen, lösend;* ein ~es Mittel □ antiespasmódico

Kram|pus ⟨m.; -ses, -se; bair.; österr.⟩ *Begleiter des hl. Nikolaus, Knecht Ruprecht* □ Krampus

Kran ⟨m.; -(e)s, Krä|ne od. -e⟩ **1** *Maschine zum Heben, Versetzen u. Senken von Lasten;* fahrbarer, schwimmender ~ □ guindaste; grua **2** ⟨norddt.⟩ *Hahn, Zapfen* □ torneira

Kra|nich ⟨m.; -s, -e; Zool.⟩ **1** *einer Familie der Kranichartigen angehörender großer, langbeiniger Vogel, der sich in Sumpfgebieten von Pflanzen ernährt: Gruidae* **1.1** *Grauer ~ einheimische, paarweise lebende Art aus der Familie der Kraniche: Grus grus* □ grou

krank ⟨Adj. 22⟩ **1** *eine organische od. funktionelle Störung der Gesundheit erleidend, in der Gesundheit beeinträchtigt;* geistes-, gemüts-~, herz-~, lungen-~; sich ~ fühlen; gefährlich ~ sein; auf den Tod ~ sein; im Bett liegen □ doente; enfermo **1.1** ~ werden *erkranken* □ *adoecer **1.2** sich ~ stellen *sich zum Schein wie jmd., der in der Gesundheit beeinträchtigt ist, verhalten* □ *fingir-se/fazer-se de doente **1.3** jmdm. zureden wie einem ~en Gaul *lange Zeit (aber vergeblich) zureden* □ *gastar todo o seu latim para convencer alguém de alguma coisa **2** ⟨fig.⟩ *seelisch leidend; heim-*

weh-~ □ *que está morrendo de saudade da própria terra; ~ vor Sehnsucht sein □ doente **3** ⟨70⟩ *~es Wild* ⟨Jägerspr.⟩ *angeschossenes, verwundetes W.* □ ferido

Kran|ke(r) ⟨f. 2 (m. 1)⟩ *jmd., der krank ist* □ doente

krän|keln ⟨V. 400⟩ *häufig od. ständig leicht krank sein, nie völlig gesund sein* □ viver adoentado

kran|ken ⟨V. 800⟩ **1** *an etwas ~ an etwas (für längere Zeit) erkrankt sein, leiden;* sie krankt an Leukämie □ *sofrer de alguma coisa **2** *etwas krankt an etwas der Fehler von etwas liegt an etwas, etwas wird durch etwas beeinträchtigt;* die ganze Arbeit krankt an mangelnder Vorbereitung □ *pecar por alguma coisa

krän|ken ⟨V. 500⟩ **1** ⟨Vr 8⟩ *jmdn. ~ jmdn. demütigen, jmdn. in seiner Ehre, seinem Selbstgefühl verletzen, jmds. Gefühle verletzen;* es kränkt mich, dass du nie zu mir gekommen bist; verzeihen Sie, ich wollte Sie nicht ~! □ ofender; magoar **2** ⟨550/Vr 3⟩ *sich über jmdn. od. etwas ~ Kummer haben, sich härmen, verletzt sein über;* sie kränkt sich über seinen Mangel an Verständnis □ *ficar magoado/chateado com alguma coisa ou alguém

Kran|ken|haus ⟨n.; -es, -häu|ser⟩ *Gebäude zur Aufnahme u. ärztlichen Betreuung von Kranken;* jmdn. ins ~ bringen; im ~ liegen; er muss sofort ins ~ □ hospital

Kran|ken|kas|se ⟨f.; -, -n⟩ *Träger der Krankenversicherung* □ caixa de assistência médica e hospitalar

Kran|ken|pfle|ge ⟨f.; -; unz.⟩ *Pflege u. ärztliche Betreuung kranker Menschen; häusliche, private ~* □ enfermagem; assistência a enfermos

Kran|ken|pfle|ger ⟨m.; -s, -; Berufsbez.⟩ *männliche Person, die beruflich in der Krankenpflege tätig ist* □ enfermeiro

Kran|ken|schwes|ter ⟨f.; -, -n; Berufsbez.⟩ *weibliche Person, die beruflich in der Krankenpflege tätig ist;* Ausbildung zur ~ □ enfermeira

Kran|ken|ver|si|che|rung ⟨f.; -, -en⟩ **1** *Versicherung für den Fall einer Krankheit u. die Kosten für eine ärztliche Behandlung sowie den damit verbundenen Arbeits- u. Einkommensausfall* **2** *Unternehmen, das Krankenversicherungen (1) abschließt;* gesetzliche ~; eine private ~ abschließen □ seguro-saúde

Kran|ken|wa|gen ⟨m.; -s, -⟩ *mit medizinischen Geräten ausgestatteter Kraftwagen für den Transport u. die Versorgung von Kranken;* Sy *Ambulanz (2)* □ ambulância

krank|haft ⟨Adj. 24⟩ **1** *durch Krankheit verursacht;* ~e Vergrößerung eines Organs □ patológico; mórbido **2** ⟨fig.⟩ *übertrieben heftig;* ein ~er Trieb; ~e Eifersucht □ doentio

Krank|heit ⟨f.; -, -en⟩ **1** *organische od. funktionelle Störung der Gesundheit;* Geistes-~; Gemüts-~; Herz-~; ~en des Leibes und der Seele; eine ~ bekämpfen, heilen; eine ~ durchmachen; ansteckende ~; gefährliche, leichte, schwere, tödliche ~; Facharzt für innere ~en; an einer ~ leiden; er ist nach langer ~ gestorben; von einer ~ befallen werden; von einer ~ genesen, gesunden; welche ~en haben Sie als Kind durchgemacht?; eine ~ vortäuschen; ~ vorschützen (um irgendetwas nicht tun zu müssen) □ doença; enfermidade 2 ⟨fig.⟩ *Übel;* eine ~ der Zeit □ mal

krank||la|chen ⟨V. 500/Vr 3; umg.⟩ *sich ~ heftig, ausdauernd lachen;* er hat sich über den Witz (halb) krankgelacht □ *morrer de rir

kränk|lich ⟨Adj.⟩ *ständig leicht krank, kränkelnd* □ adoentado; enfermiço

krank||ma|chen *auch:* **krank ma|chen** ⟨V. 500⟩ **I** ⟨Zusammen- u. Getrenntschreibung⟩ *eine Krankheit verursachen, bewirken, auslösen;* der Lärm wird mich krankmachen/krank machen; das macht mich krank! ⟨fig.; umg.⟩ *das macht mich nervös, verrückt, fickerig* □ deixar doente **II** ⟨nur Zusammenschreibung; umg.⟩ *sich krankmelden u. Krankengeld beziehen, ohne ernstlich krank zu sein;* sie hat gestern krankgemacht □ fazer-se de doente (para receber o dinheiro da previdência)

krank||mel|den ⟨V. 500/ Vr 7⟩ *dem Arbeitgeber per ärztlicher Bescheinigung anzeigen, dass man erkrankt ist u. daher nicht zum Dienst erscheinen kann;* sich für zwei Wochen ~ □ pedir licença médica no trabalho

krank||schrei|ben ⟨V. 230/500⟩ jmdn. ~ *jmds. Kranksein u. seine Arbeitsunfähigkeit schriftlich bescheinigen;* der Arzt hat ihn für eine Woche krankgeschrieben □ conceder licença médica

Krän|kung ⟨f.; -, -en⟩ *das Kränken, Demütigung, Verletzung von jmds. Gefühlen* □ ofensa; humilhação

Kranz ⟨m.; -es, Kränze⟩ **1** *zusammengebundene, -gewundene od. -gefädelte Gegenstände (Pflanzen, meist Blumen, Früchte), die als Schmuck, Auszeichnung od. dem Gedenken Verstorbener dienen;* Blumen~, Lorbeer~, Sieger~; einen ~ binden, winden; ein ~ von Vergissmeinnicht; einen ~ auf dem Kopf tragen; dem Sieger den ~ überreichen; den Hinterbliebenen einen ~ schicken (als Zeichen des Beileids); das Grab, der Sarg war mit vielen Kränzen geschmückt; Wirtshaus „Zum grünen ~(e)" □ coroa; grinalda 1.1 ein ~ Feigen *zu einem Kranz(1) zusammengebundene, getrocknete F.* □ coroa; guirlanda **2** *etwas, das etwas od. jmdn. kranz-, kreis-, ringförmig umgibt;* Strahlen~ □ *auréola; ein ~ junger Mädchen scharte sich um den jungen Hund □ círculo; grupo **3** *etwas, das in der Form an einen Kranz(1) erinnert;* das Haar flechten und zum ~ aufstecken □ coroa 3.1 *trockener Hefekuchen in Form eines Kranzes(1)* □ rosca **4** ⟨fig.⟩ 4.1 das kommt nicht in die Kränze ⟨umg.; schweiz.⟩ *das hat keine Aussicht auf Erfolg bzw. auf eine erfolgreiche Verwirklichung* □ *isso não vai dar certo 4.2 er kommt in die Kränze ⟨umg.; schweiz.⟩ *er kommt in die engere Auswahl, ist unter den Anwärtern auf den Sieg* □ *ele está entre os selecionados 4.3 wenn du das tust, kannst du dir gleich einen ~ schicken lassen! ⟨umg.⟩ *dann setzt du dein Leben aufs Spiel (und andere werden dir einen Trauerkranz schicken)* □ *se você fizer isso, pode encomendar o caixão

Krap|fen ⟨m.; -s, -⟩ *kugelförmiges Schmalzgebäck, Berliner (Pfannkuchen);* oV *Kräppel* ⟨mitteldt.⟩; Fastnachts~ □ sonho

Kräp|pel ⟨m.; -s, -; mitteldt.⟩ = *Krapfen*

krass ⟨Adj.⟩ **1** *sehr stark, überdeutlich, grob;* ein ~er Gegensatz □ crasso; flagrante 1.1 das ist wirklich ~! ⟨umg.⟩ *unerhört, dreist* □ *realmente, é o fim da picada! **2** *schlimm, schrecklich, schwer wiegend;* ein ~e Fall von Eigennutz □ grave **3** *extrem, schonungslos;* eine ~e Ausdrucksweise; einen ~en Standpunkt einnehmen □ extremo **4** ⟨Jugendspr.⟩ *gut* □ demais; legal

Kra|ter ⟨m.; -s, -⟩ *trichterförmige Öffnung eines Vulkans* □ cratera

Kratz|bürs|te ⟨f.; -, -n⟩ **1** *Drahtbürste* □ escova de arame; cartabuxa **2** ⟨fig.; umg.; scherzh.⟩ *widerspenstige, unfreundliche (weibliche) Person* □ pessoa intratável; rabugenta

Krat|ze ⟨f.; -, -n⟩ **1** *Werkzeug zum Kratzen, Kratzeisen* **2** ⟨Bgb.⟩ *an einem Holzstiel befestigtes, dreieckiges Stahlblech zum Wegkratzen von gesprengtem Mineral od. Gestein* □ raspadeira **3** ⟨Spinnerei⟩ *mit Häkchen aus Stahldraht besetzte Leiste* □ carda

Krät|ze¹ ⟨f.; -, -n; süddt.⟩ *Rückenkorb, Traggestell* □ cesto; suporte

Krät|ze² ⟨f.; -; unz.⟩ **1** *durch Milben, die sich in die Haut einbohren, hervorgerufene, juckende Hautkrankheit des Menschen: Scabies* □ sarna **2** ⟨Vet.⟩ = *Räude(1)*

krat|zen ⟨V.⟩ **1** ⟨402⟩ (etwas) ~ *mit rauem, spitzem od. scharfem Gegenstand, Kralle od. Fingernagel reiben, schaben od. ritzen;* sie kratzte und biss, um sich von ihm zu befreien; die Katze hat mich in die Hand gekratzt; die Wolle kratzt auf der Haut; der Hund kratzt im Sand, in der Erde; einen Fleck von der Wand ~; Schmutz von den Schuhen ~; Zeichen in eine Wand ~ □ raspar; arranhar; pinicar 1.1 sich den Bart ~ (lassen) ⟨fig.; umg.; scherzh.⟩ *sich rasieren (lassen)* □ *raspar a barba; barbear-se 1.2 ⟨411⟩ der Rauch kratzt (mich) im Hals *reizt die Schleimhäute* □ *a fumaça irrita minha garganta 1.3 Wolle ~ *kardieren, Faserflocken mit einer mit Stahldrahthäkchen besetzten Leiste in einzelne Fasern auflösen* □ cardar **2** ⟨400⟩ *ein unangenehmes Geräusch verursachen beim Kratzen(1);* der Hund kratzt an der Tür (weil er hereinmöchte); die Schreibfeder kratzt (auf dem Papier) □ arranhar 2.1 ⟨411⟩ auf der Geige ~ ⟨fig.; umg.; scherzh.⟩ *sehr schlecht spielen* □ *arranhar o violino **3** ⟨500/Vr 3⟩ *sich ~ einen Juckreiz (bes. mit den Fingernägeln) befriedigen;* sich hinter den Ohren ~ (als Geste der Verlegenheit od. des Nachdenkens) □ *coçar-se **4** ⟨500/Vr 3⟩ 4.1 wen es juckt, der kratze sich *jeder soll sagen, was ihm fehlt, was er braucht, man muss sich melden, wenn einem etwas nicht passt* □ *quem se sentir incomodado que se mexa

Krat|zer ⟨m.; -s, -⟩ **1** *Kratzwunde, kleine Schürfwunde* **2** *Schramme (in einer glatten Oberfläche);* ~ im Lack □ arranhão

Kratz|fuß ⟨m.; -es, -füße⟩ **1** ⟨urspr.⟩ *tiefe, höfische Verbeugung, bei der ein Fuß von vorn nach hinten gezogen wird* **2** ⟨heute fig.; scherzh.⟩ *höfliche Verbeugung;* einen ~ machen □ reverência; rapapé

krau|len¹ ⟨V. 400⟩ *im Kraulstil schwimmen* □ nadar no estilo *crawl*

krau|len² ⟨V. 500⟩ jmdn. od. ein *Tier* ~ *mit leichten Kratzbewegungen streicheln, massierend streicheln* ☐ **acariciar; afagar**

Kraul|stil ⟨m.; -(e)s; unz.; Sp.⟩ *Schwimmstil, bei dem die Arme abwechselnd über den Kopf u. durch das Wasser gezogen werden* ☐ **crawl**

kraus ⟨Adj.⟩ **1** *~es Haar sehr eng gelocktes, eng geringeltes H.* ☐ **crespo 2** *~e Stirn faltige, runzlige S.* ☐ **franzido 3** *~e Gedanken, Reden* (fig.) *wirre, ungeordnete, anderrliche G., R.* ☐ **confuso; desordenado**

Krau|se ⟨f.; -, -n⟩ **1** *in enge Falten gelegter Kragen; Hals~, Hemd~* ☐ **gola franzida; golilha 2** ⟨unz.; umg.⟩ *Dauerwelle, künstlich krause Beschaffenheit (des Haars)* ☐ **permanente**

kräu|seln ⟨V. 500⟩ **1** *Haar ~ in enge Locken drehen* **1.1** ⟨Vr 3⟩ *Haar kräuselt sich lockt sich eng, ringelt sich* ☐ **encaracolar(-se); frisar(-se) 2** *Stoff ~ fälteln* ☐ **franzir; preguear 3** *die Stirne ~ runzeln* ☐ **franzir; enrugar 4** *der Wind kräuselt das Wasser bewegt es zu kleinen Wellen* ☐ **ondear; encrespar 5** *die Lippen* (zu einem spöttischen Lächeln) *~ verziehen, hochziehen* ☐ **franzir**

krau|sen ⟨V. 500⟩ **1** *etwas ~ krausmachen, kräuseln; Haar* (durch Dauerwelle) *~* ☐ **encrespar; frisar**; *gekrauster Rock* ☐ **encrespado; frisado 2** *die Stirn ~ runzeln* ☐ **franzir; enrugar**

kraus|zie|hen ⟨V. 293/500⟩ *runzeln, zu Falten zusammenziehen; die Stirn ~* ☐ **franzir; enrugar**

Kraut¹ ⟨n.; -(e)s, Kräu|ter⟩ **1** *die nicht der menschlichen Ernährung dienenden oberirdischen Teile mancher Nutzpflanzen; Kartoffel~, Spargel~; das ~ entfernen* ☐ **folhagem; folhas 2** ⟨unz.⟩ *Kohl; Rot~, Sauer~, Weiß~; Bratwürste mit ~* ☐ **couve 3** *sirupartig eingedickter pflanzlicher Saft aus gekochten od. gedämpften u. dann ausgepressten Rüben, Äpfeln, Birnen u. a. Obst; Rüben~* ☐ **xarope 4** (kurz für) *Heilkraut, Würzkraut, Heilmittel; Kräuter sammeln* ☐ **erva medicinal 4.1** *dagegen ist kein ~ gewachsen* (fig.) *dagegen gibt es kein Heilmittel* ☐ *****não há remédio para isso 5** ⟨abwertend; umg.⟩ *Tabak; ein billiges ~ rauchen* ☐ **tabaco 6** *Missbräuche, Unarten schießen ins ~* ⟨fig.⟩ *M., U. wachsen unkontrolliert, entwickeln sich ungehemmt u. zu stark* ☐ *****abusos, falta de educação grassam/fogem ao controle 6.1** *es liegt alles wie ~ und Rüben durcheinander* ⟨umg.⟩ *bunt durcheinander* ☐ *****está tudo uma grande desordem; está tudo de pernas para o ar 7** *einjähriges, mehrjähriges ~* ⟨Bot.⟩ *unverholzte Pflanze, die am Ende der Vegetationsperiode entweder nach einmaliger Blüten- u. Fruchtbildung ganz od. bis auf ihre unterirdischen Teile abstirbt* ☐ **planta 7.1** *die oberirdischen, nie verholzenden Teile von Kräutern u. Halbsträuchern, die am Ende der Vegetationsperiode absterben* ☐ **verdura**

Kraut² ⟨m.; -s; unz.; nddt.; Sammelbez. für⟩ *Krabben, Garnelen* ☐ **crustáceos**

Kra|wall ⟨m.; -s, -e⟩ **1** ⟨umg.⟩ *Aufruhr; die ~e dauern noch an; auf der Straße brachen ~e aus* ☐ **tumulto**;

ar|rua|ça 2 ⟨unz.⟩ *Lärm, Streit, Unruhe; einen ~ machen; der ~ ist unerträglich* ☐ **balbúrdia; algazarra**

Kra|wat|te ⟨f.; -, -n⟩ **1** *unter dem Hemdkragen befestigtes schmückendes Halstuch od. breites Band; Sy Schlips, Binder(3)* ☐ **gravata 2** *schmaler Pelzkragen* ☐ **palatina 3** ⟨Ringen⟩ *am Kinn angesetzter zangenartiger Griff um den Kopf* ☐ **gravata**

Krä|xe ⟨f.; -, -n; bair.; österr.⟩ = *Krätze¹*

krä|xeln ⟨V. 400(s.); umg.; bes. süddt.; österr.⟩ *(mühevoll) bergauf klettern; wir sind auf den Berg gekraxelt* ☐ **escalar**

Kre|a|ti|on ⟨f.; -, -en⟩ **1** *künstlerische Schöpfung, Gestaltung* **1.1** (bes.) *Modeschöpfung, Modell; die neuesten ~en der Frühjahrsmode* ☐ **criação**

kre|a|tiv ⟨Adj.⟩ *(künstlerisch) gestaltend, schaffend, schöpferisch, einfallsreich; ein ~er Mensch* ☐ **criativo**

Kre|a|tur ⟨f.; -, -en⟩ = *Geschöpf(1-2)*

Krebs¹ ⟨m.; -es, -e⟩ **1** *Angehöriger eines Unterstammes u. einer Klasse der Gliederfüßer, vorwiegend im Wasser lebend, mit 2 Paar Kopffühlern, zahlreichen Beinpaaren, Kiemenatmung u. einem Körper, der aus einer unterschiedlichen Anzahl von Körpersegmenten gebildet ist: Crustacea; die Kleinkrebse od. niederen ~e, die Großkrebse od. höheren ~e; ~e im Fluss fischen; von der Sonne rot wie ein ~ sein* ☐ **caranguejo; lagostim 2** (nur Pl.) *Stamm der Gliederfüßer (Arthropoda)* ☐ **crustáceos 3** *Brustharnisch (nach der Ähnlichkeit mit der Krebsschale)* ☐ **caranguejo 4** ⟨Astron.⟩ *Sternbild des nördlichen Himmels: Cancer* ☐ **Câncer**

Krebs² ⟨m.; -es, -e⟩ **1** ⟨Biol.; Med.⟩ *bösartige Geschwulstbildung des menschlichen u. tierischen Gewebes, Karzinom* ☐ **câncer 2** ⟨Bot.⟩ *zahlreiche Fälle pathologischer Gewebewucherungen, die meist parasitäre Ursachen haben* ☐ **cancro 3** (Getrennt- u. Zusammenschreibung) **3.1** ~*erregend = krebserregend*

kreb|sen ⟨V. 400⟩ **1** *Krebse fangen* ☐ **apanhar caranguejos 2** ⟨(s.); fig.; umg.⟩ *mühsam klettern od. kriechen* ☐ **arrastar-se; avançar com dificuldade 3** ⟨fig.⟩ *sich abmühen, anstrengen* ☐ **esforçar-se; esfalfar-se**

krebs|er|re|gend *auch:* **Krebs er|re|gend** ⟨Adj. 24⟩ *eine Erkrankung an Krebs² auslösend, verursachend; ~e Chemikalien, Stoffe, Materialien* ☐ **cancerígeno**

kre|den|zen ⟨V. 500; poet.; scherzh.⟩ *etwas ~ darreichen, anbieten; einen hervorragenden Wein ~* ☐ **oferecer; servir**

Kre|dit¹ ⟨m.; -(e)s, -e⟩ **1** *Geldmittel, die jmdm. vorübergehend überlassen werden, Darlehen eines Kreditinstituts; bei der Bank einen ~ aufnehmen* **1.1** *jmdm. ~ geben ohne sofortige Bezahlung Waren überlassen* ☐ **crédito 1.2** *auf ~ kaufen ohne sofortige Bezahlung* ☐ *****comprar a prazo 2** *Vertrauen, dass jmd. einen Kredit(1) ordnungsgemäß zurückzahlen wird, will* ☐ **crédito 3** *Vertrauenswürdigkeit; seinen ~ aufbrauchen, verspielen (bei jmdm.)* ☐ **crédito; credibilidade**

Kre|dit² ⟨n.; -s, -s; Buchführung⟩ *die rechte Seite des Kontos* ☐ **crédito**

Kre|dit|kar|te ⟨f.; -, -n⟩ *für den bargeldlosen Zahlungsverkehr bestimmte (Kunststoff-)Karte, die den Inhaber*

Kredo

als zahlungsfähig ausweist; mit, per ~ bezahlen □ **cartão de crédito**

Kre|do ⟨n.; -s, -s⟩ oV *Credo* **1** *das Apostolische Glaubensbekenntnis* □ **credo** 1.1 *Teil der kath. Messe, der das Kredo(1) enthält* □ **Credo 2** ⟨allg.; geh.⟩ *Glaubensbekenntnis, grundlegende Überzeugung; gesellschaftspolitische Betätigung ist sein* ~ □ **credo**

Krei|de ⟨f.; -, -n⟩ **1** ⟨unz.⟩ *aus den Schalen fossiler Tiere entstandener, feinerdiger, weißfärbender Kalkstein;* ~ abbauen □ **cré; greda branca 2** *Stift aus Kreide(1), mit dem man auf Schiefertafeln od. auf Stoff schreibt od. zeichnet; etwas mit* ~ *an die Wandtafel schreiben* □ **giz 3** ~ *gefressen haben* ⟨fig.⟩ *sich nach außen hin völlig harmlos geben* □ **fazer-se de bonzinho/inofensivo* **4** *bei jmdm. tief in* der ~ sitzen ⟨fig.⟩ *stark verschuldet sein (weil früher im Gasthaus u. beim Kaufmann die Schulden mit Kreide auf eine Tafel geschrieben, d. h. angekreidet wurden)* □ **estar atolado em dívidas com alguém* **5** ⟨Geol.⟩ *zwischen Jura u. Tertiär liegende jüngste Formation des Erdmittelalters (Mesozoikums)* □ **Cretáceo**

krei|ie|ren ⟨V. 500⟩ *etwas* ~ *(künstlerisch) erzeugen, erschaffen, schöpfen, gestalten; eine neue Mode, einen neuen Stil* ~ □ **criar**

Kreis ⟨m.; -es, -e⟩ **1** *geschlossene ebene Kurve, deren Punkte alle den gleichen Abstand vom Mittelpunkt haben; einen* ~ *ziehen* □ **circunferência 2** *das vom Kreis Eingeschlossene, Kreisfläche; im Innern des ~es befindlich* **3** *(runde) Linie, die sich schließt;* → a. *Ring;* mit den Armen einen ~ beschreiben; einen ~ um jmdn. od. etwas schließen; die Kinder liefen, tanzten im ~ herum; im ~ um jmdn. oder etwas herumgehen, -stehen; sich im ~ um etwas od. jmdn. setzen; sich im ~(e) drehen; die Kinder bildeten einen ~; am Himmel zog ein Raubvogel seine ~e **3.1** wir sind **im** ~ **gegangen** *wieder dort angekommen, wo wir aufgebrochen waren* **4** *durch gemeinsame Interessen od. durch denselben sozialen Status verbundene Gruppe von Personen;* Sy *Zirkel(3);* Freundes~, Arbeits~, Sing~; ein fröhlicher ~ junger Leute; wie aus unterrichteten ~en bekannt wurde ... □ **círculo 4.1** *im* ~ *der* **Freunde** *unter Freunden* □ **na roda de amigos;* **entre amigos 4.2** *im* ~ *der* **Familie** *innerhalb der F.* □ **no seio da família; no círculo familiar* **4.3** *in meinen ~en bei den Menschen, mit denen ich verkehre* □ **no meu meio* **4.4** *in politischen ~en unter Politikern* □ **no círculo/meio político* **5** *Bereich, Bezirk;* Licht~, Wirkungs~ □ **campo; área; círculo 5.1** *störe meine ~e nicht!* ⟨fig.⟩ *angeblicher Ausspruch des Archimedes zu einem römischen Soldaten, der in sein Haus eindrang: „Noli turbare circulos meos!"* □ **círculo 5.2** *Anzahl von Sagen, die denselben Ort, dieselben Personen od. dasselbe Ereignis zum Thema haben;* Sagen~ □ **ciclo 6** *der Gemeinde übergeordnete Verwaltungseinheit;* Land~ □ **distrito; circunscrição;** → a. *Stromkreis*

krei|schen ⟨V. 172/400⟩ **1** *Vögel* ~ *schreien schrill, misstönend;* Papageien, Häher ~ □ **estridular; gralhar 2** *Räder* ~ *quietschen* □ **chiar; ranger 3** jmd. kreischt *schreit wütend, mit sich überschlagender Stimme od. schimpft; „...!",* kreischte sie □ **berrar; vociferar**

Krei|sel ⟨m.; -s, -⟩ **1** *gleichmäßig um eine Achse gebauter u. um diese drehbarer Körper (als technische Vorrichtung od. als Spielzeug)* □ **pião 2** *Verkehrsknoten, in dem sich der Verkehr kreisförmig in einer Richtung bewegt, Kreisverkehr;* den ~ verlassen □ **rotatória**

krei|seln ⟨V. 400⟩ **1** *mit einem Kreisel spielen (indem man ihn mit einer Peitsche schlägt u. in Drehbewegung erhält)* □ **jogar/corrupiar um pião 2** *sich um die eigene Achse drehen* □ **rodopiar; corrupiar**

krei|sen ⟨V. 410⟩ **1** ⟨⟨s.⟩⟩ *sich im Kreise (um etwas) bewegen;* ein Flugzeug kreist über der Stadt; die Erde kreist um die Sonne; die Raubvögel kreisten um das verwundete Tier □ **girar 1.1** *seine Gedanken* ~ *ständig um sie* ⟨fig.⟩ *er denkt ständig an sie* □ **girar; concentrar-se 2** *mit den Armen* ~ *kreisförmige Bewegungen ausführen (bei der Gymnastik)* □ **girar os braços* **3** ⟨⟨s.⟩⟩ *einen* **Gegenstand** ~ *lassen einen Gegenstand in der Runde herumgehen lassen* □ **fazer um objeto circular; fazer um objeto passar de mão em mão*

Kreis|lauf ⟨m.; -(e)s, -läu|fe⟩ **1** *Kreisbewegung, zum Ausgangspunkt zurückkehrende Bewegung; der ewige* ~ *des Lebens, der Natur* ⟨fig.⟩ □ **ciclo 2** ⟨Med.; kurz für⟩ *Blutkreislauf* □ **circulação**

Kreis|lauf|stö|rung ⟨f.; -, -en; Med.⟩ *eine Reihe von Symptomen, wie Herzschwäche, Versagen der Gefäßnerven, Unregelmäßigkeit des Blutdrucks, Ohnmachten, Wallungen u. örtliche Durchblutungsstörungen, die mit Unregelmäßigkeiten im Blutkreislauf verbunden sind* □ **distúrbio circulatório**

krei|ßen ⟨V. 400; Med.⟩ **1** *in Geburtswehen liegen* □ **estar em trabalho de parto;** → a. *Berg(1.6)*

Kreiß|saal ⟨m.; -(e)s, -sä|le; Med.⟩ *Raum zur Entbindung (im Krankenhaus)* □ **sala de parto**

Krem ⟨f.; -, -s⟩ = *Creme*

Kre|ma|to|ri|um ⟨n.; -s, -ri|en⟩ *Anlage zur Feuerbestattung* □ **crematório**

Kre|me ⟨f.; -, -s⟩ = *Creme*

Krem|pe ⟨f.; -, -n⟩ *Hutrand* □ **aba**

Krem|pel¹ ⟨m.; -s; unz.⟩ *Kram, wertloses Zeug, Plunder* □ **tralha; cacareco**

Krem|pel² ⟨f.; -, -n; Spinnerei⟩ *Maschine zum Auflösen des Fasergutes bis zur Einzelfaser, zum Ausrichten der Fasern u. Ausscheiden von kurzen Fasern u. Verunreinigungen* □ **carda**

Kren ⟨m.; -s; unz.; österr.⟩ = *Meerrettich*

Kren|gel ⟨m.; -s, -; regional; Nebenform von⟩ *Kringel* □ **rosca; rosquinha**

kre|pie|ren ⟨V. 400(s.)⟩ **1** *Sprengkörper* ~ *platzen, bersten* □ **rebentar; explodir 2** *Lebewesen* ~ ⟨umg.⟩ *verenden, sterben;* sie haben die Verwundeten einfach ~ ⟨derb⟩ □ **bater as botas; morrer**

Krepp ⟨m.; -s, -s od. -e; Textilw.⟩ *krauses od. genarbtes Gewebe mit rauem Griff;* oV *Crêpe* □ **crepe**

Krepp|pa|pier ⟨n.; -s; unz.⟩ *leicht gekräuseltes, in unregelmäßige Querfalten gelegtes Papier* □ **papel crepom**

Kres|se ⟨f.; -, -n; Bot.⟩ *Gattung der Kreuzblütler mit verschiedenen Salat- u. Gewürzpflanzen: Lepidium;* Kapuziner~, Brunnen~ □ **agrião**

kreuz ⟨Adv.; nur in der Wendung⟩ ~ und quer *planlos hin u. her, durcheinander;* ~ und quer laufen □ **correr em todas as direções;* alles liegt ~ und quer □ **está tudo uma grande bagunça*

Kreuz ⟨n.; -es, -e⟩ **1** *Zeichen od. Gebilde aus zwei sich (rechtwinklig od. schräg) schneidenden Balken od. Strichen;* ein ~ zeichnen, basteln □ **cruz** 1.1 *zwei Gegenstände* **über(s)** ~ **legen** *rechtwinklig od. schräg übereinanderlegen* □ **cruzar dois objetos* 1.2 *mit jmdm.* **über(s)** ~ **sein** *sich mit jmdm. gezankt haben, in gespannter Beziehung mit jmdm. stehen* □ **estar com alguém atravessado na garganta* **2** *etwas, das äußerlich in irgendeiner Weise an ein Kreuz(1) erinnert;* Faden~, Fenster~ □ **cruz** 2.1 ⟨nur zusammen mit Ortsangabe⟩ *Kreuzung zweier Autobahnen;* Autobahn~; Frankfurter, Homburger ~ □ **cruzamento** 2.2 ~ **des Südens** ⟨Astron.⟩ *ein Sternbild des südlichen Himmels* □ **Cruzeiro do Sul* 2.3 **in die** ~ **und (in die) Quer** *ohne Ziel* □ **sem rumo* 2.3.1 **in die** ~ **und die Quere laufen, fahren** *planlos od. aus Unkenntnis hin u. her laufen, fahren* □ **correr/dirigir de um lado para o outro; correr/dirigir sem rumo* **3** *Rücken, unterer Teil des Rückens;* Schmerzen im ~ haben □ **região lombar; costas** 3.1 *jmdn. aufs* ~ **legen** ⟨umg.⟩ 3.1.1 *rücklings umwerfen* □ **fazer alguém cair de costas* 3.1.2 ⟨fig.⟩ *übertölpeln, überlisten, betrügen* □ **passar a perna em alguém* 3.2 **aufs** ~ **fallen** ⟨umg.⟩ *aufs Hinterteil fallen, stürzen* □ **cair de costas* **4** *Kreuz(1) als Zeichen vieler Orden, Auszeichnungen od. Organisationen;* das Bundesverdienst ~; das ~ der Ehrenlegion; → a. *rot(1.9, 1.10)* **5** *Kreuz(1) als religiöses Symbol* **6** *aus Balken gefügtes Kreuz(1), an das Menschen gebunden od. genagelt werden, um sie zu foltern od. hinzurichten* □ **cruz** 6.1 *jmdn.* **ans** ~ **schlagen** *hinrichten, kreuzigen* □ **crucificar alguém* 6.2 **am** ~ **sterben** *gekreuzigt werden* 6.3 *Kreuz(6) als christliches Symbol* □ **cruz;** ein ~ schlagen; das Zeichen des ~es machen □ **fazer o sinal da cruz; benzer-se* 6.3.1 **das** ~ **predigen** ⟨veraltet; fig.⟩ *zum Kreuzzug aufrufen* □ **pregar a cruzada* 6.3.2 **das** ~ **nehmen** ⟨veraltet; fig.⟩ *auf den Kreuzzug gehen* □ **partir em cruzada* 6.3.3 **zu** ~**e kriechen** ⟨a. fig.; umg.⟩ *demütig um Verzeihung bitten* □ **rastejar-se (aos pés de alguém); humilhar-se* **7** ⟨†⟩ *Zeichen für "gestorben" od. "veraltet";* ein ~ hinter jmds. Namen setzen (zum Zeichen, dass er gestorben ist) □ **cruz 8** ⟨fig.⟩ 8.1 *Unglück, Mühsal, Last* 8.1.1 **es ist ein** ~! ⟨umg.⟩ *es ist wirklich eine Last!* 8.2 *Kummer, Leid* 8.2.1 **sein** ~ **tragen** (od.) **auf sich nehmen** *sein Leid tapfer ertragen, auf sich nehmen* □ **cruz** 8.3 *jmdm.* **Geld aus dem** ~ **leiern** ⟨umg.; scherzh.⟩ *jmdm. durch Bitten, Mahnungen usw. Geld abnehmen* □ **arrancar dinheiro de alguém* **9** ⟨Kart.⟩ *durch ein schwarzes stilisiertes Kreuz(1) symbolisierte Spielkartenfarbe;* ~ ist Trumpf □ **paus 10** ⟨Mus.; Zeichen: #⟩ *Notenschriftzeichen für die chromat. Erhöhung eines Tones um einen Halbton* □ **sustenido**

Kreuz|bein ⟨n.; -(e)s, -e; Anat.⟩ *beim Menschen aus fünf Wirbelkörpern verschmolzener Teil der Wirbelsäule, der als einheitlicher Knochen mit den beiden Darmbeinen den Beckengürtel bildet: Os sacrum* □ **osso sacro**

Kreuz|blüt|ler ⟨m.; -s, -; Bot.⟩ *Pflanzenfamilie mit kreuzförmig angelegter Blüte: Cruciferae* □ **crucífera**

kreu|zen ⟨V. 500⟩ **1** *etwas* ~ *über(s) Kreuz legen, kreuzförmig legen;* die Arme ~ □ **cruzar;** *mit gekreuzten Armen dastehen;* mit gekreuzten Beinen sitzen □ **cruzado 2** *eine Straße, einen Weg* ~ *durchschneiden, überqueren* □ **cruzar; atravessar 3** ⟨Vr 4⟩ *Linien, Bahnlinien, Straßen* ~ *sich durchschneiden, überschneiden sich;* die beiden Wege ~ sich hier **4** ⟨Vr 4⟩ *Züge* ~ *sich fahren etwa im rechten Winkel auf verschiedenen Ebenen aneinander vorüber* **5** ⟨fig.⟩ 5.1 ⟨Vr 4⟩ *unsere Briefe haben sich gekreuzt wir haben einander zur gleichen Zeit geschrieben u. den Brief des andern zur gleichen Zeit erhalten* □ **cruzar-se** 5.2 *er hat meinen Weg mehrmals gekreuzt er ist mir im Leben mehrmals begegnet* □ **cruzar** 5.3 ⟨Vr 4⟩ *unsere Ansichten, Meinungen* ~ *sich sind verschieden, entgegengesetzt* □ **nossas opiniões não batem* **6** *Tiere* ~ ⟨Biol.⟩ *zwei Elternteile unterschiedlicher Rasse, Art od. Gattung vereinigen u. Nachkommen hervorbringen lassen* 6.1 ⟨Vr 4⟩ *Tierrassen* ~ *sich vermischen sich* □ **cruzar(-se) 7** ⟨400; Mar.⟩ *(vor dem Wind)* ~ *im Zickzack gegen den W. segeln* □ **bordejar**

Kreu|zer¹ ⟨m.; -s, -; 1300-1900⟩ *Münze mit aufgeprägtem Kreuz von wechselndem Wert, im 17. Jh. in Dtschld. 1/60 Gulden bzw. 1/90 Taler* □ **Kreuzer**

Kreu|zer² ⟨m.; -s, -⟩ *gepanzertes, schnelles Kriegsschiff* □ **cruzador**

kreu|zi|gen ⟨V. 500⟩ *jmdn.* ~ *ans Kreuz schlagen u. dort sterben lassen* □ **crucificar**

Kreuz|spin|ne ⟨f.; -, -n; Zool.⟩ *zu der Familie der Radnetzspinnen gehörende Spinne mit weißer, kreuzartiger Zeichnung auf dem Rücken des Hinterleibs: Araneus diadematus* □ **aranha de cruz**

Kreu|zung ⟨f.; -, -en⟩ **1** *Schnittpunkt zweier od. mehrerer sich kreuzender Verkehrswege;* an der ~ halten, rechts abbiegen **2** ~ **von Tieren** od. **Pflanzen** ⟨Biol.⟩ *das Kreuzen(6) von T. od. P.* **3** *Produkt einer Kreuzung(2)* □ **cruzamento**

kreuz|wei|se ⟨Adv.⟩ **1** *so übereinander, dass ein Kreuz(1) entsteht;* zwei Dinge ~ übereinanderlegen; die Hände ~ über die Brust schlagen □ **em cruz; atravessado** 1.1 **du kannst mich mal** ~! ⟨erg.: am Arsch lecken⟩! ⟨derb⟩ *lass mich in Ruhe, mit dir will ich nichts (mehr) zu tun haben* □ **vá tomar no cu!*

Kreuz|wort|rät|sel ⟨n.; -s, -⟩ *Rätsel, bei dem die zu erratenden Wörter buchstaben- od. silbenweise in senkrecht u. waagerecht sich kreuzende Reihen von Vierecken eingetragen werden müssen;* ein ~ lösen □ **palavras cruzadas**

Kreuz|zug ⟨m.; -(e)s, -zü|ge⟩ **1** ⟨i. w. S.⟩ *jeder von der katholischen Kirche ausgehende Kriegszug gegen Ungläubige u. Ketzer* **2** ⟨nur Pl.; i. e. S.⟩ *Kreuzzüge die kriegerischen Unternehmungen der europäischen Chris-*

ten *(vom Ende des 11. Jh. bis zum Anfang des 13. Jh.),* die offiziell die Eroberung des Heiligen Landes zum Ziel hatten, in der Folge aber der Machtausdehnung der katholischen Kirche u. gewisser europäischer Staaten und materiellen Interessen dienten **3** ⟨fig.⟩ *Unternehmung für eine als gut erachtete Sache;* einen ~ für od. gegen etwas führen □ **cruzada**

krib|beln ⟨V.⟩ **1** ⟨405; unpersönl.⟩ es kribbelt *(von Lebewesen) L. sind in sehr großer Zahl vorhanden u. bewegen sich schnell u. lebhaft, es wimmelt von L.;* es kribbelt nur so von Ameisen □ **formigar; pulular;** es kribbelt u. krabbelt □ ***está fervilhando (de insetos)** **2** ⟨402⟩ etwas od. jmd. kribbelt **(jmdn.)** *verursacht (bei jmdm.) ein Gefühl wie von vielen winzigen Stichen, juckt, kitzelt, kratzt leicht;* die Wolle kribbelt auf der Haut; es kribbelt mir in den Füßen (wenn sie „eingeschlafen" sind) □ **pinicar; formigar 2.1** es kribbelt mir in der Nase *ich muss gleich niesen* □ ***meu nariz está coçando* 3** ⟨611⟩ es kribbelt mir in den Fingern ⟨fig.⟩ *ich verspüre große Lust, etwas zu tun, ich kann mich kaum zurückhalten, etwas nicht zu tun* □ ***estar louco (para fazer alguma coisa)**

Kri|cket ⟨n.; -s, unz.; Sp.⟩ *Ballspiel zwischen zwei Mannschaften, von denen die Werfer den Ball ins gegnerische Tor zu bringen suchen, während die Schläger den Ball abwehren u. mit dem Schlagholz möglichst weit wegschlagen* □ **críquete**

Kri|da ⟨f.; -; unz.; österr.⟩ *vorgetäuschte Zahlungsunfähigkeit, Konkursvergehen* □ **falência fraudulenta**

krie|chen ⟨V. 173 (s.)⟩ **1** ⟨400⟩ ein **Tier** kriecht *bewegt sich (auf dem Bauch) am Boden od. dicht am Boden fort;* die Schlange, Schnecke kriecht über den Boden □ **rastejar; arrastar-se 2** ⟨400⟩ ein **Mensch** kriecht *bewegt sich auf allen vieren, auf Händen u. Füßen bzw. Knien fort; das kleine Kind kriecht durchs Zimmer* □ **engatinhar 3** ⟨fig.⟩ **3.1** ⟨400⟩ *sich sehr langsam fortbewegen;* der Zug kriecht auf den Berg; die Zeit kriecht ⟨fig.⟩ □ **arrastar-se 3.2** *(bezeichnet bestimmte Bewegungsarten)* **3.2.1** ⟨411⟩ *durch die Zaunlücke* ~ *sich hindurchzwängen* □ **passar 3.2.2** *der Vogel kriecht aus dem Ei* **schlüpft aus dem Ei** □ **sair 3.2.3** *ins Bett* ~ ⟨umg.⟩ *ins B. gehen, schlüpfen* □ **enfiar-se;** → a. *Leim*(2) **4** ⟨800⟩ vor jmdm. ~ ⟨fig.⟩ *jmdm. demütig schmeicheln* □ ***rastejar aos pés de alguém* 5** ⟨400⟩ *de* **Pflanzen** *(Bot.) P., die sich dicht am Boden ausbreiten* □ **rasteiro 6** ⟨400; Tech.⟩ *langsam seine Form verändern od. sein Volumen verringern* □ **deformar-se; encolher**

Krie|cher ⟨m.; -s, -⟩ ⟨fig.; abwertend⟩ *jmd., der vor einem anderen kriecht, unterwürfiger Schmeichler* □ **bajulador; puxa-saco 2** *Tier, das sich kriechend fortbewegt* □ **réptil**

krie|che|risch ⟨Adj.; abwertend⟩ *sich wie ein Kriecher(1) verhaltend, unterwürfig u. schmeichlerisch* □ **servil; bajulador**

Krieg ⟨m.; -(e)s, -e⟩ **1** *Zustand der bewaffneten Auseinandersetzung zwischen Staaten, Stämmen od. Volksgruppen;* die Sinnlosigkeit der ~e; der ~ ist ausgebrochen; einen ~ gewinnen, verlieren, vom Zaun brechen; der Siebenjährige ~; aus dem ~ heimkehren; in den ~ ziehen; mit jmdm. ~ führen; ~ auf Leben und Tod; zum ~ hetzen, rüsten **1.1** einem Staat den ~ erklären *offiziell ankündigen, dass man die militärische Auseinandersetzung wünscht* □ **guerra 1.2** im ~(e) fallen *im Kampf getötet werden* □ ***tombar no campo de batalha* 2** ⟨fig.⟩ *ständiger Kampf, dauernde Feindschaft; einer Partei, Bewegung den* ~ ansagen; ~ spielen *(Kinder);* mit jmdm. ~ anfangen □ **guerra;** Klein- □ ***guerrilha* 2.1** häuslicher ~ *dauernder Streit in der Familie* □ **guerra;** → a. *kalt*(3.7) **3** ⟨Getrennt- u. Zusammenschreibung⟩ **3.1** ~ führend = *kriegführend*

krie|gen ⟨V. 500; umg.⟩ **1** jmdn. od. etwas ~ *bekommen, erhalten, empfangen;* Post ~ □ **receber;** Prügel ~ einen Schrecken ~ □ **levar;** Du wirst es (schon) noch zu hören, zu sehen ~ □ ***você ainda vai ouvir falar disso/ver isso;* etwas geschenkt** ~ □ ***receber alguma coisa de presente;* jmdn. zu fassen** ~ □ ***conseguir pôr as mãos em alguém* 1.1** ein *Kind* ~ *ein K. erwarten, bekommen* □ ***esperar um bebê* 1.2** er hat sie doch noch gekriegt *zur Freundin, Frau bekommen* □ ***ele ainda ficou com ela* 2** jmdn. ~ *erwischen, ergreifen, packen;* na warte, wenn ich dich kriege!; ich werde dich schon noch ~ **2.1** die Polizei hat den Täter nicht gekriegt *nicht gefangen* □ **pegar; apanhar 3** ⟨Vr 4⟩ sich ⟨eigtl. **einander**⟩ ~ *ein Paar werden (bes. im Roman, Film usw.);* es ist selten, dass sich die Hauptpersonen eines Romans am Ende nicht ~ □ ***ficar junto* 4** ⟨fig.⟩ **4.1** ⟨515⟩ jmdn. nicht dazu ~ (etwas zu tun) *nicht dazu bringen, nicht von der Notwendigkeit überzeugen können* □ ***não conseguir convencer alguém a fazer alguma coisa* 4.2** das werden wir schon ~! *das werden wir schon in Ordnung bringen, erledigen, darüber werden wir uns schon einigen* □ ***já vamos resolver isso!***

krieg|füh|rend *auch:* Krieg füh|rend ⟨Adj. 24⟩ *an kriegerischen Auseinandersetzungen beteiligt;* die ~en Staaten □ **em guerra; beligerante**

Kriegs|beil ⟨n.; -(e)s, -e; bei traditionellen Völkern Sinnbild für⟩ **1** ⟨fig.⟩ *Krieg* □ **guerra 1.1** das ~ ausgraben *Krieg beginnen* □ ***iniciar uma guerra* 1.2** das ~ begraben **1.2.1** *Frieden schließen* □ ***selar a paz* 1.2.2** *sich versöhnen* □ ***reconciliar-se; fazer as pazes***

Kriegs|fuß ⟨m.; fig.; nur in den Wendungen⟩ **1** mit jmdm. auf ~ stehen *in ständigem leichtem Streit, in ständiger Spannung mit jmdm. leben* **2** mit etwas auf ~ stehen *ständig mit etwas zu kämpfen haben, etwas nicht beherrschen* □ ***estar em pé de guerra com alguém/alguma coisa***

Kri|mi ⟨m.; -s, -s; umg.; Kurzw. für⟩ **1** *Kriminalroman, Roman um ein Verbrechen u. seine Aufdeckung;* sie liest gern ~s □ **romance policial 2** *Kriminalfilm, Film über ein Verbrechen u. seine Aufklärung;* sich im Fernsehen einen ~ ansehen □ **filme policial**

kri|mi|nal ⟨Adj. 24⟩ *Strafrecht, Strafverfahren, Straftat u. Täter betreffend* □ **criminal; criminoso; penal**

Kri|mi|na|li|tät ⟨f.; -; unz.⟩ **1** *Straffälligkeit, das Straffälligwerden* **2** *Ausmaß, in dem Menschen eines Staates* *od. einer bestimmten Gruppe straffällig werden* ☐ **criminalidade**

Kri|mi|nal|kom|mis|sar ⟨m.; -s, -e⟩ *bei der Kriminalpolizei tätiger Kommissar* ☐ **agente de polícia**

Kri|mi|nal|kom|mis|sa|rin ⟨f.; -, -rin|nen⟩ *weibl. Kriminalkomissar* ☐ **agente de polícia**

Kri|mi|nal|po|li|zei ⟨f.; -; unz.⟩ *für die Aufklärung u. Verhinderung von Straftaten zuständiger Zweig der Polizei* ☐ **departamento de investigações criminais**

kri|mi|nell ⟨Adj.⟩ **1** *jmd. ist ~ verbrecherisch, straffällig; er hat sich viel mit Kriminellen eingelassen* **2** *eine* **Tat** *ist ~ strafbar* ☐ **criminoso**

Krims|krams ⟨m.; -; unz.; umg.⟩ *Kram, Plunder, wertlose Kleinigkeiten* ☐ **bugigangas; quinquilharias**

Krin|gel ⟨m.; -s, -⟩ **1** *kleiner Kreis, kleiner Bogen, Schnörkel; ~ auf die Zeitung malen* ☐ **rabisco; arabesco 2** *Krengel, ringförmiges Gebäck, Brezel; Zucker~* ☐ **rosca; rosquinha**

krin|geln ⟨V. 500/Vr 3⟩ **1** *sich ~ sich zu einem Kringel formen, sich ringeln; ihr Haar kringelt sich* ☐ **encaracolar; enrolar 2** ⟨514/Vr 3⟩ *sich ~ vor Lachen* ⟨fig.; umg.⟩ *sehr lachen, herzlich lachen* ☐ ***rolar de rir**

Kri|po ⟨f.; -; unz.; Kurzw. für⟩ *Kriminalpolizei* ☐ **departamento de investigações criminais**

Krip|pe ⟨f.; -, -n⟩ **1** *an der Wand od. auf einem Gestell befestigter, zaunartiger Futtertrog für größere Tiere* ☐ **manjedoura** 1.1 *an der ~ sitzen* ⟨fig.; umg.⟩ *gut leben, keine Sorgen haben* ☐ ***levar uma vida mansa 2** *figürliche Darstellung der Heiligen Familie mit dem Jesuskind in der Krippe; Weihnachts~* ☐ **presépio 3** *Einrichtung zur Unterbringung u. Betreuung von Säuglingen u. Kleinkindern während einiger Stunden am Vormittag od. während des ganzen Tages, Hort; Kinder~* ☐ ***creche 4** *Flechtwerk (als Uferbefestigung)* ☐ **paliçada 5** ⟨Astron.⟩ *Sternhaufen im Sternbild des Krebses* ☐ **Aglomerado do Presépio**

Kri|se ⟨f.; -, -n⟩ **1** ⟨Wirtsch.⟩ *Zustand akuter Schwierigkeiten in der Finanzwirtschaft* 1.1 *oberer Wendepunkt einer Konjunkturphase als Übergang von wirtschaftlichem Aufschwung zu einer Depression* **2** ⟨Psych.⟩ *Abschnitt eines psycholog. Entwicklungsprozesses, in dem sich nach einer Zuspitzung der Situation die weitere Entwicklung entscheidet* **3** = **Krisis 4** ⟨allg.⟩ *schwierige Zeit, Phase der Schwäche; eine (Ehe-)~ durchmachen* ☐ **crise**

Kri|sis ⟨f.; -, -sen; Med.⟩ oV *Krise(3)* **1** *die Genesung einleitender, schneller Abfall des Fiebers bei Infektionskrankheit* **2** *anfallsweises Auftreten von Krankheitszeichen von besonderer Heftigkeit* ☐ **crise**

Kris|tall¹ ⟨m.; -s, -e⟩ *von gleichmäßig angeordneten, ebenen Flächen begrenzter Körper, in dem die Atome, Moleküle od. Ionen raumgitterartig angeordnet sind; ~e bilden; klar, rein wie ein ~* ☐ **cristal**

Kris|tall² ⟨n.; -s; unz.⟩ **1** *sehr reines, geblasenes, geschliffenes Glas, Kristallglas* **2** *Gegenstand aus Kristall² (1)* ☐ **cristal**

kris|tal|li|sie|ren ⟨V. 402/Vr 3⟩ *Stoffe ~ (sich) bilden sich zu Kristallen um; der Zucker kristallisiert (sich)* ☐ **cristalizar(-se)**

Kri|te|ri|um ⟨n.; -s, -ri|en⟩ **1** *Kennzeichen, unterscheidendes Merkmal; ein entscheidendes, wichtiges ~* **2** *Gradmesser, Prüfstein; etwas nach strengen Kriterien beurteilen* ☐ **critério 3** ⟨Radsp.⟩ *Radrennen im Rundkurs; Frühjahrs~* ☐ **circuito 4** ⟨Skisp.⟩ *Wettrennen mit großer Teilnehmerzahl (ohne Wertung für eine Meisterschaft); ~ des ersten Schnees* ☐ **prova; competição**

Kri|tik ⟨a. [-ti:k] f.; -, -en⟩ **1** *wissenschaftliche od. künstlerische Beurteilung; Kunst~, Literatur~, Musik~* **2** *wertende Besprechung; Buch~, Film~; ~ von Büchern, Theaterstücken, Kunstwerken, Konzerten; eine ~ über ein Buch, Stück schreiben; eine ausgezeichnete, gute, schlechte ~; lobende, tadelnde, scharfe ~* **3** *Beanstandung, Tadel, Äußerung des Missfallens; ~ an etwas od. jmdm. üben; ich verbitte mir jede ~!* 3.1 *das Buch ist unter aller ~ sehr schlecht* **4** ⟨unz.⟩ *Urteilsfähigkeit, Unterscheidungsvermögen* **5** ⟨unz.⟩ *Gesamtheit der Kritiker; die ~ war sich darüber einig, dass …* ☐ **crítica**

kri|tisch ⟨Adj.⟩ **1** *gewissenhaft prüfend* 1.1 *~e Ausgabe nach den Methoden der Textkritik bearbeitete A. eines Werkes der Literatur* 1.2 *~er Apparat mit wissenschaftlicher Genauigkeit gegebene Anmerkungen zu einer kritischen Ausgabe od. einem wissenschaftlichen Werk* **2** *streng urteilend; etwas od. jmdn. ~ betrachten; einer Sache ~ gegenüberstehen; er ist sehr ~* **3** *entscheidend, eine Wende ankündigend; ein ~er Punkt; das ~e Stadium einer Krankheit* 3.1 *das ~e* **Alter** 3.1.1 *die Entwicklungsjahre (von Jugendlichen)* 3.1.2 *die Wechseljahre (von Erwachsenen)* ☐ **crítico** 3.1.3 *im Reaktor wird ~* ⟨Kernphysik⟩ *im R. beginnen nukleare Prozesse abzulaufen* ☐ ***um reator entra em estado crítico 4** *bedrohlich, gefährlich; ~er Augenblick; eine ~e Situation* **5** *~e* **Temperatur** *die für jeden Stoff verschiedene T., oberhalb derer sich ein Gas auch bei beliebig hohem Druck nicht mehr verflüssigen lässt* ☐ **crítico**

kri|ti|sie|ren ⟨V.⟩ **1** ⟨500⟩ *ein wissenschaftliches od. künstlerisches* **Werk** *~ beurteilen, werten, begutachten; Buch, Theaterstück ~* 1.1 *jmdn. ~ an jmdm. Kritik üben* **2** ⟨550⟩ *etwas an jmdm. od. etwas ~ beanstanden, tadeln; er hat an seiner Vorgehensweise etwas zu ~* ☐ **criticar**

kr|it|teln ⟨V. 400; umg.; abwertend⟩ *spitzfindig kritisieren, kleinliche Kritik üben* ☐ ***fazer crítica mesquinha; ser cricri**

kr|it|zeln ⟨V. 402⟩ **(etwas) ~ 1** *klein u. schlecht leserlich schreiben* ☐ **fazer garranchos; garatujar 2** *sinnlose Striche u. Schnörkel machen* ☐ **rabiscar**

Kro|cket ⟨a. [-'-] n.; -s; unz.; Sp.⟩ *Rasenspiel, bei dem die Spieler abwechselnd mit Holzhämmern die Holzbälle durch zehn Tore bis zu einem Zielstab schlagen, wobei nach Zusammenstoß mit einem gegnerischen Ball dieser weggeschlagen (krockiert) werden kann* ☐ **croquet**

Kro|kant ⟨m.; -s; unz.⟩ *Karamellzucker mit Mandel- od. Nussstückchen* ☐ **confeito**

Kro|ket|te ⟨f.; -, -n; Kochk.⟩ *in Fett gebackenes Klößchen aus Kartoffelbrei, Fleisch, Fisch o. Ä.* ☐ **croquete**

Kro|ko|dil ⟨n.; -s, -e; Zool.⟩ **1** *Angehöriges der höchstentwickelten Ordnung der Reptilien, großes, räuberisches, im Wasser lebendes Tier mit in Kieferhöhlen sitzenden Zähnen u. seitlich zusammengedrücktem Ruderschwanz: Crocodylia* **2** ⟨i. e. S.⟩ *Angehöriges einer Familie der Krokodile(1) mit einem bei geschlossenem Maul sichtbaren Unterkieferzahn: Crocodylidae* □ **crocodilo**

Kro|ko|dils|trä|nen ⟨Pl.; fig.⟩ *geheuchelte Träne; ~ weinen, vergießen* □ **lágrimas de crocodilo**

Kro|kus ⟨m.; -, - od. -se; Bot.⟩ *Angehöriger einer Gattung der Schwertliliengewächse, deren im Frühling blühende Arten beliebte Zierpflanzen sind: Crocus* □ **croco**

Kro|ne ⟨f.; -, -n⟩ **1** *auf dem Kopf getragener, verzierter Goldreif mit Zacken (als Zeichen der Würde u. Macht des Herrschers);* Grafen~, Kaiser~, Königs~ □ **coroa 1.1** *einem Fürsten die ~ aufsetzen und ihn F. zum Kaiser bzw. König machen, ihm die Herrschaft übergeben* □ ***coroar um príncipe* 1.2** *die ~ niederlegen als Herrscher abdanken* □ ***abdicar; renunciar* 1.3** *dem Verdienste seine ~! (Schiller, "An die Freude")* ⟨fig.⟩ *wer etwas geleistet hat, verdient auch Ruhm* □ **coroa 2** ⟨fig.⟩ *Monarch, monarchistische Regierung, Träger der Krone(1);* die Haltung, Zustimmung der ~ □ **Coroa 3** *hoher, meist reich verzierter Kopfschmuck od. Kranz;* Braut~ □ ***grinalda* 4** *oberer od. oben aufgesetzter Teil von etwas;* Mauer~, Schaum~ □ **crista**, Zahn~ □ **coroa 4.1** *oberster Teil des Baumes, Wipfel:* Baum~ □ **copa 5** ⟨fig.⟩ **5.1** *das Beste, Schönste, der Höhepunkt einer Sache;* die ~ des Ganzen war ... □ **melhor**; *sei getreu bis in den Tod, so will ich dir die ~ des Lebens geben (Offenbarung des Johannes, 2,10)* **5.1.1** *die ~ der Schöpfung* □ **coroa 5.1.1.1** *der Mensch* □ **ser humano 5.1.1.2** ⟨scherzh.⟩ *die Frau* □ **mulher 5.2** *das setzt doch der Sache, allem die ~ auf!* ⟨umg.⟩ *das ist doch unerhört* □ ***é o cúmulo!* 5.3** *das ist ihm in die ~ gestiegen* ⟨umg.⟩ *darauf bildet er sich etwas ein* □ ***isso lhe subiu à cabeça* 5.4** *es wird ihm kein Stein, keine Perle aus der ~ fallen* ⟨umg.⟩ *er wird sich dabei nichts vergeben* □ ***isso não vai lhe custar nenhum sacrifício* 5.5** *einen in der ~ haben* ⟨umg.⟩ *angetrunken sein* □ ***estar de pileque* 5.6** *diese Bemerkung ist ihm in die ~ gefahren* ⟨umg.⟩ *er hat deine B. übel genommen* □ ***sua observação o deixou irritado/aborrecido* 6** *gezahntes Rädchen zum Aufziehen u. Stellen von Taschen- u. Armbanduhren* **7** ⟨Jagdw.⟩ *oberer Teil (mit mindestens drei Enden) des Geweihs vom Rothirsch* **8** ⟨Zool.⟩ *bei bestimmten Säugetieren Ringwulst am Oberrand der Hufe u. Klauen, bildet den Übergang von der behaarten Haut zum Horn der Hufe u. Klauen* **9** *Währungseinheit in verschiedenen europäischen Ländern* **9.1** *(1892 bis 1924) österreich.-ungar. Währungseinheit, 100 Heller* **9.2** *(1871-1924) deutsche Goldmünze, Zehnmarkstück u. Zwanzigmarkstück* **9.3** *heutige Währungseinheit in verschiedenen nordeuropäischen Ländern* **9.3.1** ⟨Abk.: nkr⟩ *norwegische Währungseinheit* **9.3.2** ⟨Abk.: skr⟩ *schwedische Währungseinheit* **9.3.3** ⟨Abk.: dkr⟩ *dänische Währungseinheit* **9.3.4** ⟨Abk.: ikr⟩ *isländische Währungseinheit* **9.4** *Währungseinheit der Tschechischen u. der Slowakischen Republik (100 Heller)* **9.4.1** ⟨Abk.: Kč⟩ *tschechische Währungseinheit* **9.4.2** ⟨Abk.: Sk⟩ *slowakische Währungseinheit* □ **coroa**

krö|nen ⟨V. 500⟩ **1** *jmdn. ~ jmdn. die Krone(1) aufsetzen, um ihn zu ehren;* einen Dichter, Sieger mit dem Lorbeerkranz ~ **2** *jmdn. ~ jmdn. zum Herrscher machen,* jmdn. zum Kaiser, zum König ~ □ **coroar 2.1** *gekröntes* **Haupt** ⟨fig.⟩ *Herrscher* □ **coroado 3** *ein* **Bauwerk**, *eine* **Erhebung** *~ wirkungsvoll nach oben abschließen;* einen Bau, Turm ~; *der Berggipfel wird von einer Kirche, einer Burg gekrönt; eine große Kuppel krönt die Kirche, das Gebäude* **4** *ein* **Werk** *~* ⟨fig.⟩ *erfolgreich beenden, abschließen* **4.1** *seine Bemühungen waren von Erfolg gekrönt* ⟨fig.⟩ *waren erfolgreich* □ **coroar**

Kron|leuch|ter ⟨m.; -s, -⟩ *von der Decke hängender, vielarmiger, festlicher Leuchter, Lüster* □ **lustre**

Kron|zeu|ge ⟨m.; -n, -n⟩ *Mittäter als Hauptzeuge der Anklage, der gegen Zusicherung der Straffreiheit aussagt* □ **testemunha principal**

Kropf ⟨m.; -(e)s, Kröp|fe⟩ **1** *krankhafte Vergrößerung der menschlichen Schilddrüse: Struma* □ **bócio; estruma 2** ⟨Zool.⟩ *bei vielen Vögeln eine Erweiterung od. Ausstülpung der Speiseröhre, die zur vorübergehenden Aufnahme der Nahrung dient: Ingluvies* □ **papo; inglúvio 3** ⟨Bot.⟩ *durch Bakterien od. Pilze verursachte knollige Wucherung, bes. am Wurzelhals* □ **galha; cecídio 4** ⟨in der Orgel⟩ *recht- od. stumpfwinklig geknickte Röhre zwischen Kanälen u. Bälgen* □ **porta-vento**

kross ⟨Adj.; norddt.⟩ *knusprig, knackig;* ~e Brötchen □ **crocante**

Krö|sus ⟨m.; -, -se; fig.⟩ *außerordentlich reicher Mann;* er ist ein ~; ich bin doch kein ~! □ **magnata; ricaço**

Krö|te ⟨f.; -, -n⟩ **1** *jeder warzenbedeckte, kurzbeinige, laufende Froschlurch* □ **sapo 2** ⟨Zool.⟩ *Angehörige einer Familie der Froschlurche von plumper Körpergestalt, mit kurzen Beinen u. oft drüsenreicher, warziger Haut, nützlich als Schädlingsvertilger: Bufonidae* □ **bufonídeos 3** ⟨fig.; umg.⟩ *freches kleines Mädchen;* sie ist so eine kleine, freche ~! □ ***que menininha atrevida!* 4** ⟨nur Pl.; fig.; umg.⟩ *Geld;* meine letzten ~n; behalt deine (paar) ~n nur für dich; auf die paar ~n kommt es nun auch nicht mehr an □ **trocados; tostões**

Krü|cke ⟨f.; -, -n⟩ **1** *Stock für Gehbehinderte mit Gummizwinge am unteren Ende u. Querholz zur Stütze in den Achselhöhlen od. mit Unterarmstützen;* an ~en gehen □ **muleta 2** *Griff (des Stocks od. Schirms)* □ **cabo 3** ⟨umg.; abwertend⟩ *schlecht funktionierendes Gerät;* die ~ von Fernseher ist schon wieder kaputt! □ **lata-velha**

Krug[1] ⟨m.; -(e)s, Krü|ge⟩ **1** *zylindrisches od. bauchiges, kannenartiges Gefäß mit einem od. zwei Henkeln;* ein ~ Milch, Wasser; Blumen in einen ~ stellen □ **caneca; jarro 2** *der ~ geht so lange zum Wasser (zum Brunnen) bis er bricht* ⟨Sprichw.⟩ **2.1** *jede Langmut* nimmt einmal ein Ende, wenn man sie zu sehr ausnutzt 2.2 jedes Unrecht wird schließlich doch bestraft □ *tanto vai o pote à bica que um dia lá fica

Krug² ⟨m.; -(e)s, Krü|ge; norddt.⟩ Schenke, Wirtshaus; Dorf~ □ bar; taberna

Kru|me ⟨f.; -, -n⟩ **1** abgebröckeltes, sehr kleines Stückchen von Gebackenem: Brot~ □ migalha **2** weiches Inneres des Brotes □ miolo de pão **3** oberste Schicht des Bodens; Acker~ □ *solo arável

Krü|mel ⟨m.; -s, -⟩ **1** kleine Krume(1) □ migalhinha **2** in den ~n wühlen ein kleinliches u. pedantisches Verhalten zeigen □ *procurar pelo em ovo

krü|me|lig ⟨Adj.⟩ oV krümlig **1** leicht in Krümel zerfallend; ~es Gebäck; ~e Masse □ esmigalhado; esfarelado; die Erde ist ganz ~ □ friável **2** voller Krümel; ~e Tischdecke □ cheio de migalhas

krü|meln ⟨V.⟩ **1** ⟨400⟩ etwas krümelt zerfällt in Krümel; das Brot, der Kuchen krümelt **2** ⟨500⟩ etwas ~ zu Krümeln zerreiben; bitte krümle mir nicht alles auf den Boden! □ esmigalhar(-se); esfarelar(-se)

krüm|lig ⟨Adj.⟩ = krümelig

krumm ⟨Adj.⟩ **1** von der ursprünglichen Richtung abweichend, bogenförmig, auf unregelmäßige Art verbogen, gekrümmt; Ggs gerade¹(1.1); die Linien, Buchstaben sind alle ~ und schief; eine ~e Nase; ein ~er Nagel; ~e Beine haben; sich ~ halten; ~ sitzen; ein ~ gewachsener Ast, Baum □ torto **1.1** einen ~en Rücken, Buckel machen **1.1.1** sich bücken, sich nicht gerade halten □ *curvar-se; arquear-se **1.1.2** ⟨fig.⟩ unterwürfig sein, sich vor einem Vorgesetzten demütig verbeugen □ *curvar-se; submeter-se **1.2** jmdn. ~ und lahm schlagen ⟨umg.⟩ heftig verprügeln □ *cobrir alguém de pancadas **2** ⟨fig.; umg.⟩ **2.1** unehrlich, unehrenhaft, betrügerisch; ~e Geschäfte, Sachen □ desonesto; escuso; ~er Hund! (Schimpfwort) □ *seu canalha!; seu ordinário! **2.1.1** etwas auf die ~e Tour machen etwas betrügerisch, unehrlich erledigen, erreichen □ *fazer picaretagem **2.1.2** ~e Finger machen etwas entwenden, stehlen □ *surrupiar (alguma coisa); passar a mão em (alguma coisa) **2.1.3** ~e Wege gehen unehrlich, betrügerisch handeln □ *agir de modo desonesto **3** ⟨Getrennt- u. Zusammenschreibung⟩ **3.1** ~ biegen = krummbiegen

krumm|bie|gen auch: **krumm bie|gen** ⟨V. 109/500⟩ so biegen, dass es krumm wird; einen Draht ~ □ entortar

krüm|men ⟨500⟩ **1** etwas ~ krummmachen, -biegen, -wölben; den Rücken ~ □ curvar; dobrar **2** ⟨Vr 3⟩ sich ~ **2.1** jmd. krümmt sich zieht den Leib zusammen, windet sich; sich vor Schmerzen ~ □ *contorcer-se **2.1.1** ⟨514⟩ sich vor Lachen ~ ⟨fig.; umg.⟩ so heftig lachen, dass man dabei nicht mehr gerade sitzen kann □ *torcer-se de rir **2.2** Holz, ein Balken krümmt sich verbiegt sich, wellt sich; die Dachbalken krümmen sich unter der großen Schneelast □ empenar **2.3** ein Fluss, eine Straße krümmt sich macht eine Biegung □ serpentear **3** ⟨Vr 3; fig.⟩ **3.1** sich ~ und winden ⟨umg.⟩ Ausflüchte machen □ *enrolar; embromar; → a. Haar(4.3) **4** gekrümmter Raum ⟨Math.; Phys.⟩ ein R., in dem es keine Geraden gibt, in dem die Linien kürzesten Abstands zwischen Punkten Eigenschaften haben, die Geraden nicht haben □ *espaço curvo

krumm|lie|gen ⟨V. 400; umg.; süddt.; österr.; schweiz.⟩ kein Geld mehr haben □ estar duro; estar sem um tostão

krumm|neh|men ⟨V. 189/503; fig.; umg.⟩ (jmdm.) eine Sache ~ übelnehmen □ *levar a mal alguma coisa

Krüm|mung ⟨f.; -, -en⟩ **1** gekrümmte Linie, Biegung, Kurve; Weg~; ~ der Wirbelsäule **2** ⟨Math.⟩ jede gekrümmte Linie in einer Ebene od. im Raum □ curva; curvatura

krum|peln ⟨V. 402/Vr 7; umg.⟩ Papier, Stoff krumpelt (sich), jmd. krumpelt Stoff, Papier zerknitterte Stellen, Falten bilden, machen, knittern; oV krümpeln; Papier krumpelt leicht □ amarrotar; amassar

krüm|peln ⟨V. 402/Vr 7; umg.⟩ = krumpeln

Krupp ⟨m.; -s; unz.; Med.⟩ (bes. bei Kindern auftretender) entzündlicher Verschluss der Atemwege im Kehlkopfbereich □ crupe

Krup|pe ⟨f.; -, -n⟩ Teil des Rückens zwischen Kreuz u. Schweifansatz beim Pferd (u. Rind) □ garupa

Krüp|pel ⟨m.; -s, -; abwertend⟩ **1** Körperbehinderter infolge missgebildeter od. fehlender Gliedmaßen, in seinen Bewegungsmöglichkeiten od. in der Körperhaltung schwer beeinträchtigter Mensch; zum ~ werden □ aleijado; mutilado **1.1** jmdn. zum ~ schlagen jmdn. so verprügeln, dass er einen bleibenden Schaden behält □ *aleijar alguém

krüp|pe|lig ⟨Adj.⟩ missgestaltet, verwachsen; oV krüpplig; ein ~er Baum □ mutilado; estropiado

krüpp|lig ⟨Adj.⟩ = krüppelig

Krus|te ⟨f.; -, -n⟩ **1** trocken u. hart gewordene Oberfläche, Rinde □ crosta; casca; Brot~ □ côdea **2** harter Überzug über etwas Weichem; Zucker~ □ *glacê

Krux ⟨f.; -; unz.⟩ = Crux

Kru|zi|fix ⟨a. ['---] n.; -es, -e⟩ plastische Darstellung von Christus am Kreuz □ crucifixo

Kry|p|ta ⟨f.; -, Kry.p|ten⟩ unterirdischer Raum in einer Kirche, der als Grabkammer u. zur Aufbewahrung von Reliquien diente □ cripta

Kü|bel ⟨m.; -s, -⟩ **1** größeres, eimerähnliches Gefäß, Bottich; Wasch~; ein ~ (mit, voll) Wasser □ cuba; tina **1.1** es gießt (wie) mit, aus, in ~n ⟨umg.⟩ es regnet sehr stark □ *está chovendo a cântaros **2** Abort in Zellen von Strafanstalten □ latrina

ku|bik ..., Ku|bik ... ⟨in Zus.⟩ dritte Potenz von ..., Raum...

Ku|bik|me|ter ⟨m.; -s, - od. n.; -s, -; Zeichen: m³⟩ Raummaß von je einem Meter Länge, Breite u. Höhe □ metro cúbico

Ku|bik|wur|zel ⟨f.; -, -n; Math.⟩ die dritte Wurzel; ~ aus einer Zahl □ raiz cúbica

Ku|bik|zahl ⟨f.; -, -en; Math.⟩ dritte Potenz (einer Zahl) □ cubo

ku|bisch ⟨Adj. 24⟩ **1** würfelförmig **2** in die dritte Potenz erhoben **3** ~er Ausdehnungskoeffizient ⟨Phys.⟩ rela-

Kubus

tive Volumenänderung von Gasen u. Flüssigkeiten bei Erwärmung um 1 Grad C □ **cúbico**

Ku|bus ⟨m.; -, Ku|ben⟩ **1** = *Würfel(1)* **2** *dritte Potenz* □ **cubo**

Kü|che ⟨f.; -, -n⟩ **1** *Raum zum Zubereiten von Speisen; Wohnung mit zwei Zimmern, Bad und ~;* → *a. Teufel(2.2.3)* **2** *Gesamtheit der Einrichtung für eine Küche(1); eine moderne ~ kaufen* **3** ⟨unz.; zusammen mit Adjektiven⟩ *die Speisen selbst, Nahrung* □ **cozinha 3.1 kalte, warme ~** *Speisen, die man kalt bzw. warm genießt* □ ***pratos frios/quentes* 4** ⟨unz.⟩ *Kochkunst, die Art zu kochen; dieses Hotel ist berühmt für seine feine, gute ~; französische, italienische ~* □ **cozinha 5** ⟨fig.⟩ 5.1 *die ~ besorgen kochen, fürs Essen sorgen* □ ***cozinhar* 5.2** *den ganzen Tag in der ~ stehen* ⟨umg.⟩ *Hausarbeit leisten* □ ***passar o dia na cozinha***

Ku|chen¹ ⟨m.; -s, -⟩ **1** *größeres Gebäck aus Mehl, Fett, Eiern, Zucker u. a.; Hefe~, Obst~; ~ backen; trockener ~* □ **bolo**; → *a. Rosine(2)* **2** *breiartige Masse* □ **massa 2.1** *durch Rückstände beim Pressen von Ölfrüchten, Trauben etc. entstandene Masse* □ **bagaço 2.2** *Erzmasse u. a.* □ **massa de minério**; → *a. Mutterkuchen*

Ku|chen² ⟨m.; -s, -; bair.⟩ *Schlittenkufe* □ **esqui do trenó**

ku|cken ⟨V. 400; umg.; norddt.⟩ = *gucken*

Kü|cken ⟨n.; -s, -; Nebenform von⟩ = *Küken*

Ku|ckuck ⟨m.; -s, -e⟩ **1** ⟨Zool.⟩ *Angehöriger einer weltweit verbreiteten Familie schlanker, langschwänziger Vögel, meist Brutschmarotzer: Cuculidae* **2** ⟨Zool.⟩ *einheimischer Kuckuck(1): Cuculus canorus; Gemeiner ~; der Ruf des Kuckucks kundigt den Frühling an* □ **cuco 3** ⟨fig.; scherzh.⟩ *Siegel des Gerichtsvollziehers (zum Zeichen der Pfändung); bei ihnen klebt der ~ an den Möbeln* □ **lacre judicial 4** ⟨umg. oft verhüllend in Verwünschungen, Äußerungen der Ungeduld od. der Verärgerung⟩ *Teufel; hol dich der ~!* □ ***vá para o inferno!;* zum *~!*** ⟨Ausruf der Ungeduld⟩ □ ***que diabo!;* jmdn. zum *~* wünschen** □ ***mandar alguém para o inferno* 4.1** *weiß der ~, wo mein Schirm geblieben ist* ⟨umg.⟩ *ich habe keine Ahnung, wo ...* □ ***não sei onde diabo ficou meu guarda-chuva***

Ku|ckucks|ei ⟨n.; -(e)s, -er; umg.⟩ **1** *Ei des Kuckucks* □ **ovo do cuco 2** ⟨fig.⟩ *etwas Untergeschobenes, für das ein anderer sorgen soll, zweifelhafte Gabe* □ **problema; abacaxi; batata quente**

Ku|fe¹ ⟨f.; -, -n⟩ **1** *lange, schmale u. vorn aufgebogene Schiene, die das Gleiten ermöglicht; Schlitten~* □ **esqui; lâmina 2** *an Segelflugzeugen od. Motorflugzeugen gebogenes Holzbrett, auf dem S. landen, od. an M., die auf Schnee od. Eis landen* □ **patim/esqui de pouso**

Ku|fe² ⟨f.; -, -n⟩ **1** *Kübel, Bottich* □ **tina; cuba 2** *altes dt. Biermaß, 4 od. 8 Tonnen, 450 -700 l* □ **Kufe**

Kü|fer ⟨m.; -s, -⟩ **1** *jmd., der die Aufsicht über einen Weinkeller hat u. den Wein sachgemäß behandelt* □ **adegueiro 2** *Böttcher* □ **tanoeiro**

Ku|gel ⟨f.; -, -n⟩ **1** *geometrischer Körper, dessen Oberfläche von sämtlichen Punkten gebildet wird, die von einem Mittelpunkt den gleichen Abstand haben; eine ~ aus Messing; die ~ 15 m weit stoßen* ⟨Sp.⟩ □ **esfera; bola 2** *Geschoss der Feuerwaffen (nach der ursprünglichen Kugelform); Gewehr~, Kanonen~; da traf ihn die tödliche ~; er wurde von einer ~ getroffen* □ **bala; projétil 2.1** *sich eine ~ durch den Kopf schießen, jagen* ⟨umg.⟩ *sich erschießen* □ ***meter uma bala na cabeça* 3** *kugelförmiges Gebilde; Erd~* □ **esfera; globo 4** *aus der Keule von Rind, Kalb od. Schwein geschnittenes Fleischstück; Sy Maus (5), Nuss (3); sich Fleisch aus der ~ geben lassen* □ **patinho; coxão mole 5** ⟨Anat.⟩ *runder Gelenkkopf* □ **côndilo**

ku|ge|lig ⟨Adj.⟩ *rund wie eine Kugel, kugelförmig;* oV *kuglig* □ **esférico**

Ku|gel|la|ger ⟨n.; -s, -; Tech.⟩ *Lager von Wellen u. Achsen auf einem Kranz von Stahlkugeln, die die Reibung stark vermindern* □ **rolamento de esferas; rolimã**

ku|geln ⟨V.⟩ **1** ⟨500⟩ *einen Gegenstand ~ so bewegen, dass er sich auf einer Ebene um sich selbst drehend fortbewegt, rollen, wälzen; Murmeln über den Boden, den Tisch ~* **2** ⟨400⟩ *sich auf einer Ebene um sich selbst drehend fortbewegen; der Ball kugelte unter den Schrank* **3** ⟨500/Vr 3⟩ *sich ~ sich rollend od. wälzend fortbewegen; die Kinder ~ sich im Sand, Schnee* □ **rolar 4** ⟨514/Vr 3⟩ *sich vor Lachen ~* ⟨fig.; umg.⟩ *sehr heftig lachen* □ ***rolar de rir* 4.1** *es war zum Kugeln es war zum Totlachen, sehr komisch* □ ***era de rolar de rir***

Ku|gel|schrei|ber ⟨m.; -s, -⟩ *Schreibgerät mit einer kleinen Kugel als Schreibspitze, die aus einem auswechselbaren Röhrchen mit einer (sofort trocknenden) Tintenpaste gespeist wird* □ **caneta esferográfica**

ku|gel|si|cher ⟨Adj. 24⟩ *gesichert gegen Gewehrkugeln; Polizisten mit einer ~en Weste ausstatten* □ **à prova de bala**

kug|lig ⟨Adj.⟩ = *kugelig*

Kuh ⟨f.; -, Kü|he⟩ **1** *das Muttertier von Rind, Büffel, Elch, Elefant, Flusspferd, Hirsch u. Nashorn; die ~ hat gekalbt; eine ~ melken* □ **vaca; búfala; fêmea (de alguns animais)**; *blöde, dumme ~* (Schimpfwort) ⟨derb⟩ ***babaca; imbecil* 1.1** *da stand er nun wie die ~ vorm neuen Tor* ⟨fig.; umg.⟩ *da war er ratlos, wusste er nicht weiter* □ ***ele não sabia o que fazer/para que lado ir***

Kuh|haut ⟨f.; -, -häu|te⟩ **1** *Fell der Kuh* □ **couro de vaca 2** *das geht auf keine ~* ⟨fig.; umg.⟩ *das übersteigt das normale Maß, geht zu weit* □ ***é o fim da picada***

kühl ⟨Adj.⟩ **1** *mäßig kalt, frisch; es ist ~es Wetter; am Abend wird es ~; sich in die ~en Fluten, das ~e Nass stürzen; Speisen ~ aufbewahren* □ **frio, fresco 1.1** ⟨43⟩ *mir wird ~* ⟨umg.⟩ *ich beginne zu frieren* □ ***estou ficando com frio* 2** ⟨fig.⟩ **2.1** *eine Person ist ~ gefühlsarm, unfähig zu echter, warmer Empfindung; ~ bis ans Herz hinan* (Goethe, „Der Fischer") □ **frio; indiferente 2.2** *eine Person verhält sich ~ sehr zurückhaltend, abweisend; jmdn. ~ empfangen* □ **friamente 2.3** *eine ~e Atmosphäre, ein ~er Empfang nicht herzliche A., unpersönlicher, steifer E.* **2.4** *eine ~e Antwort frostige, abweisende A.; „...!", entgegnete er*

~ 2.5 *nur vom Verstand gelenkt, berechnend;* ein ~es Abschätzen der Chancen 2.5.1 ~en **Kopf** behalten, bewahren *in einer schwierigen Situation besonnen bleiben, nüchtern, überlegen* ☐ **frio** 3 ⟨Getrennt- u. Zusammenschreibung⟩ 3.1 ~ stellen = *kühlstellen*

Kuh|le ⟨f.; -, -n; nddt.⟩ *Grube, grubenartige Vertiefung, Mulde;* eine ~ graben ☐ **cova; fosso**

Küh|le ⟨f.; -; unz.⟩ 1 *das Kühlsein, Frische, frische Luft;* Morgen~, Abend~; der Abend brachte etwas ~; die ~ genießen; zum Fenster kam eine erfrischende ~ herein ☐ **frescor** 2 ⟨fig.⟩ *kühles Wesen, Gefühlsarmut, kühles, unpersönliches Benehmen, Steifheit;* jmdm. mit großer ~ empfangen; abwartende ~ ☐ **frieza** 3 *die* ~ *in der* **Brauerei** *Kühlbottich* ☐ ***barril de chope** 4 ⟨Mar.⟩ *leichter bis mittelstarker Wind;* frische, leichte, steife ~ ☐ **brisa**

küh|len ⟨V. 500⟩ 1 ⟨503/Vr 5⟩ **(jmdm.)** *etwas* ~ *kühl machen, kalt machen;* Bier, Prosecco, Sekt, Wein ~; etwas mit Eis, mit Wasser ~; sich die heiße Stirn (im Wind) ~ ☐ **refrigerar; esfriar; refrescar(-se)**; jmdm. einen ~den Umschlag machen ☐ **frio** 1.1 ~de Getränke *erfrischende G.* ☐ **refrescante** 2 ⟨511⟩ sein Mütchen an jmdm. ~ ⟨fig.; umg.⟩ *seinen Zorn an jmdm. auslassen* ☐ ***descarregar sua raiva em alguém**

Küh|ler ⟨m.; -s, -⟩ 1 *Kühleinrichtung an Verbrennungsmotoren* ☐ **radiador** 2 *Gefäß für Eis, um darin Getränke zu kühlen;* Sekt~, Wein~ ☐ **cooler**

Kühl|schrank ⟨m.; -(e)s, -schrän|ke⟩ *mit einer Kältemaschine ausgerüsteter, schrankartiger Behälter (zum Frischhalten von Lebensmitteln)* ☐ **geladeira; refrigerador**

kühl||stel|len *auch:* **kühl stel|len** ⟨V. 500⟩ Speisen, Getränke ~ *an einen kühlen Ort, in den Kühlschrank stellen* ☐ **pôr para gelar/esfriar**

kühn ⟨Adj.⟩ 1 *unwahrscheinlich, gewagt, fantasievoll;* das hätte ich in meinen ~sten Träumen nicht für möglich gehalten; eine ~e Hypothese; der Plan erscheint mir ziemlich ~ ☐ **ousado; improvável** 2 *mutig, verwegen, draufgängerisch, forsch;* ein ~es Abenteuer, Wagnis, ein ~er Plan; ~ vorgehen; ein ~er Sprung; eine ~e Tat ☐ **audacioso; corajoso** 3 *ungewöhnlich;* eine ~ gebogene Nase; ~ geschwungene Linien (eines Bauwerks, einer Zeichnung) ☐ **incomum; insólito**

Kü|ken ⟨n.; -s, -⟩ oV *Kücken* (österr.) 1 *das gerade ausgeschlüpfte Junge vom Hausgeflügel, bes. vom Huhn* ☐ **pinto** 2 ⟨fig.; umg.; abwertend⟩ *junges, unreifes Mädchen;* so ein ~! ☐ **pirralha; franga**

ku|lant ⟨Adj.⟩ *entgegenkommend, großzügig;* im Geschäftsverkehr ~ sein ☐ **condenscendente; complacente**

Ku|lanz ⟨f.; -; unz.⟩ *kulantes Wesen* ☐ **condescendência; complacência**

Ku|li ⟨m.; -s, -s⟩ 1 *ostasiat. Tagelöhner, Lastträger* ☐ **cule** 2 ⟨fig.⟩ *ausgebeuteter Arbeiter* 2.1 arbeiten wie ein ~ *sehr schwer (bes. körperlich) arbeiten* ☐ **escravo** 3 ⟨kurz für⟩ *Kugelschreiber* ☐ **esferográfica**

ku|li|na|risch ⟨Adj. 24⟩ *feine, erlesene Gerichte u. Kochkunst betreffend, auf ihnen beruhend;* ~e Genüsse ☐ **culinário**

Ku|lis|se ⟨f.; -, -n⟩ 1 ⟨urspr.⟩ *verschiebbarer, mit bemalter Leinwand bespannter Rahmen als seitlicher Abschluss der Bühne u. zur Vortäuschung eines Schauplatzes* ☐ **bastidor; coxia** 1.1 ⟨heute⟩ *jedes Dekorationsstück auf der Bühne* ☐ **cenário** 2 ⟨a. fig.⟩ 2.1 hinter den ~n *heimlich, nicht vor der Öffentlichkeit;* einen Blick hinter die ~n werfen 2.2 hinter die ~n blicken *die Hintergründe eines Vorgangs zu durchschauen suchen* ☐ **bastidores** 3 *Steuerungselement an Dampfmaschinen, das sowohl die Füllung des Zylinders verändern als auch Vor- od. Rückwärtsgang bewirken kann* ☐ **corrediça**

kul|lern ⟨V.; umg.⟩ 1 ⟨400(s.)⟩ *sich um die eigene Achse drehend fortbewegen, rollen, sich wälzen;* der Apfel kullerte über den Boden, unter den Tisch 2 ⟨511⟩ etwas ~ *etwas mit Geräusch rollen, wälzen;* Murmeln über den Tisch ~ ☐ **rolar** 3 ⟨416⟩ mit den Augen ~ *mit den A. rollen* ☐ ***revirar os olhos**

kul|mi|nie|ren ⟨V. 411⟩ 1 *den höchsten bzw. tiefsten Punkt erreichen;* ein Gestirn kulminiert im Zenit 2 ⟨fig.⟩ *den Gipfelpunkt erreichen;* die Auseinandersetzung kulminierte in Handgreiflichkeiten ☐ **culminar**

Kult ⟨m.; -(e)s, -e⟩ 1 *durch feste Formen u. Gebräuche geregelter Gottesdienst* ☐ **culto** 2 ⟨fig.⟩ *verehrungsvolle, übertrieben sorgfältige Behandlung;* einen ~ mit etwas treiben ☐ ***idolatrar alguma coisa**

kul|tisch ⟨Adj. 24⟩ *zum Kult gehörig, auf ihm beruhend, beim Kult gebraucht;* ~e Gegenstände; ~e Verehrung (eines Heiligtums) ☐ **cultual**

kul|ti|vie|ren ⟨[-viː-] V. 500⟩ 1 Land, Boden ~ *urbar machen* ☐ **cultivar** 2 ein Volk ~ *menschlicher Gesittung angleichen, annähern* ☐ **civilizar; educar** 3 ein Benehmen, Verhalten ~ *verfeinern, veredeln* ☐ **cultivar**

Kul|tur ⟨f.; -, -en⟩ 1 *das Kultivieren(1), das Urbarmachen des Bodens, Anbau von Pflanzen* ☐ **cultivo** 1.1 *auf besonderen Nährböden gezüchtete Bakterien od. andere Lebewesen;* Bakterien~, Pilz~ 2 *Gesamtheit der geistigen u. künstlerischen Ausdrucksformen eines Volkes;* die antiken, orientalischen ~en; eine hoch entwickelte ~ 3 ⟨unz.⟩ *geistige u. seelische Bildung, verfeinerte Lebensweise, Lebensart;* jmd. hat (keine) ~ ☐ **cultura**

kul|tu|rell ⟨Adj. 24⟩ *die Kultur betreffend, zu ihr gehörig, auf ihr beruhend* ☐ **cultural**

Kul|tus|mi|nis|te|ri|um ⟨n.; -s, -ri|en⟩ *Ministerium eines Bundeslandes, das für alle Angelegenheiten des Bildungs- u. Erziehungswesens zuständig ist* ☐ **Ministério da Educação e Cultura**

Küm|mel ⟨m.; -s; unz.⟩ 1 ⟨Bot.⟩ *zu der Gattung der Doldengewächse gehörende, auf Äckern u. Wiesen wachsende zweijährige Pflanze, deren Früchte, die ätherische Öle enthalten, als Gewürz dienen: Carum carvi* 2 *die Früchte von Kümmel(1)* ☐ **cominho** 3 *mit Kümmel(1) gewürzter Branntwein* ☐ **Kümmel** 4 den ~ aus dem Käse suchen, bohren ⟨fig.; umg.; scherzh.⟩ *übertrieben genau sein, Haarspalterei treiben* ☐ ***procurar pelo em ovo**

Kum|mer ⟨m.; -s; unz.⟩ 1 *Sorge, Gram, Leid, seelischer Schmerz;* jmdm. ~ bereiten; sie hat (irgendeinen) ~; du machst mir ~; einen geheimen ~ haben; aus, vor

kummerlich

~ sterben ☐ **desgosto; contrariedade 2** ⟨fig.⟩ *Problem, Sorge, Unannehmlichkeiten* ☐ **problema; preocupação** 2.1 *das ist mein geringster ~ das macht mir keine Sorgen, geht mich nichts an* ☐ ***este é o menor dos meus problemas** 2.2 *wir sind ~ gewöhnt!* ⟨umg.⟩ *so etwas kommt bei uns öfter vor, das ist nicht so schlimm* ☐ ***já estamos acostumados (a esse tipo de preocupação)!***

küm|mer|lich ⟨Adj.⟩ **1** *armselig, jämmerlich, spärlich, kärglich, dürftig;* ~er *Lohn,* ~es *Gehalt;* ~e *Reste* ☐ **miserável; escasso;** *sich ~ ernähren von ...; ~ leben; sich ~ durchs Leben bringen* ☐ **miseravelmente; com dificuldade 2** *unzulänglich, unbefriedigend, nicht ausreichend; deine Leistungen sind ~* 2.1 *ein ~er Versuch ein schwacher V.* ☐ **insuficiente; fraco**

küm|mern ⟨V.⟩ **1** ⟨550/Vr **1**⟩ **sich um etwas** ~ *sich sorgsam, hilfreich mit etwas beschäftigen, sorgen, dass etwas geschieht; darum kümmere ich mich nicht; kümmere dich um deine eigenen Angelegenheiten!; kümmere dich nicht um Dinge, die dich nichts angehen!; ich muss mich um alles ~!; darum soll er sich selbst ~* ☐ ***preocupar-se com alguma coisa; cuidar de alguma coisa 2** ⟨550/Vr **3**⟩ **sich um jmdn.** ~ *jmdm. helfen, für jmdn. sorgen, jmdn. beaufsichtigen; mach dir keine Sorgen, ich kümmere mich um ihn; bitte kümmere dich (solange) um die Kinder* ☐ ***cuidar de alguém 3** ⟨500⟩ *etwas kümmert* **jmdn.** *etwas geht jmdn. an, jmd. muss für etwas sorgen, sich mit etwas befassen; was kümmert's mich?; das kümmert mich nicht* ☐ ***alguma coisa interessa/importa a alguém 4** ⟨400⟩ *kümmerlich dahinleben, in der Entwicklung zurückbleiben, schlecht gedeihen; Pflanzen, Tiere ~; ein Jugendlicher kümmert* ☐ **murchar; definhar**

Kum|met ⟨n.; -s, -e⟩ *um den Hals liegender Teil des Pferdegeschirrs; einem Pferd das ~ anlegen* ☐ **coleira de cavalo; coelheira**

Kum|pan ⟨m.; -s, -e⟩ **1** *Geselle, Genosse;* Sauf~, Zech~ ☐ **companheiro 2** *Helfershelfer; der Dieb verriet seine ~e nicht* ☐ **cúmplice**

Kum|pel ⟨m.; -s, -s⟩ **1** *Bergmann* ☐ **mineiro 2** *Arbeitskamerad, Kollege* ☐ **colega**

Ku|mu|la|ti|on ⟨f.; -, -en⟩ *Anhäufung, Sammlung, Ansammlung; ~ von Schulden, Ausgaben* ☐ **acumulação**

Ku|mys ⟨m.; -; unz.⟩ = *Kumyss*

Ku|myss ⟨m.; -; unz.⟩ *alkoholhaltiges Getränk aus vergorener Stutenmilch;* oV *Kumys* ☐ *Kumyss*

Kun|de¹ ⟨f.; -, -n; poet.⟩ *Nachricht, Kenntnis; ~ haben (von etwas); gute, schlimme, traurige ~; sichere, zuverlässige ~; jmdm. von etwas ~ geben* ☐ **notícia**

Kun|de² ⟨m.; -n, -n⟩ **1** *Person od. Firma, die in einem Geschäft etwas kauft; ~n anlocken; (neue) ~n werben* 1.1 *Person od. Firma, die häufig od. regelmäßig im selben Geschäft kauft;* Stamm~; *alter, guter, langjähriger, neuer, treuer ~* **2** *Person od. Firma, die eine Dienstleistung in Anspruch nimmt; ~n bedienen* 2.1 *Person od. Firma, die häufig od. regelmäßig von demselben Geschäftsunternehmen Dienstleistungen in Anspruch nimmt;* Stamm~; *einen festen Kreis, Stamm von ~n haben* ☐ **cliente; consumidor; freguês 3** ⟨umg.⟩ *Mensch,*

Kerl; ein gerissener, schlauer, übler ~ ☐ **cara; sujeito 4** ⟨Gaunerspr.⟩ *wandernder Handwerksbursche, Landstreicher* ☐ **vagabundo**

Kun|de³ ⟨f.; -, -n⟩ *Vertiefung an der Reibfläche des Schneidezahns beim Pferd; Abnutzung der ~n* ☐ **corneto dentário**

kün|den ⟨V.⟩ **1** ⟨503; veraltet.; nur noch poet.⟩ (jmdm.) *etwas ~ bekanntgeben, kundgeben, mitteilen, feierl. sagen* ☐ **anunciar; comunicar 2** ⟨800; geh.⟩ *von etwas ~ auf etwas hinweisen, anzeigen* ☐ ***indicar/demonstrar alguma coisa**

kund|ge|ben ⟨V. 143/500⟩ *etwas ~ mitteilen, bekanntmachen, offenbaren;* Sy *kundtun; seine Ansicht, eine Neuigkeit, Gefühle ~* ☐ **manifestar; exprimir**

Kund|ge|bung ⟨f.; -, en⟩ **1** *das Kundgeben* **2** ⟨öffentl.⟩ *Äußerung;* Sympathie~ **3** *öffentl. polit. Versammlung, bes. auf freien Straßen u. Plätzen;* Massen~ ☐ **manifestação**

kun|dig ⟨Adj.⟩ **1** ⟨70⟩ *wissend, erfahren, sachverständig, eine Sache genau kennend;* fach~, sach~ ☐ **conhecedor; perito** 1.1 ⟨44⟩ *einer* **Sache** *~ sein eine Sache gut können, beherrschen* ☐ ***ser especialista/versado em alguma coisa**

kün|di|gen ⟨V.⟩ **1** ⟨503⟩ (jmdm.) *etwas ~ mitteilen, dass man einen Vertrag, ein Verhältnis von einem bestimmten Datum an als nichtig, gelöst betrachten wird* ☐ **cancelar; rescindir;** *jmdm. die Freundschaft ~* ☐ ***romper a amizade com alguém; einem Mieter ~* ☐ ***despejar um inquilino; eine Wohnung ~* ☐ ***avisar da mudança de apartamento; ihm ist zum 1.1. gekündigt* ☐ ***ele foi demitido em 01/01; eine Hypothek ~* ☐ ***exigir o pagamento de uma hipoteca; einem Angestellten ~* ☐ ***demitir um empregado** 1.1 ⟨402⟩ (eine **Stellung**) *~ (an zuständiger Stelle) erklären, dass man die Stellung aufgeben will* ☐ **demitir-se**

Kün|di|gung ⟨f.; -, -en⟩ **1** *das Kündigen, das Gekündigtwerden; jmdm. die ~ aussprechen; fristlose ~; die ~ eines Arbeitsverhältnisses* ☐ **demissão 2** *Schreiben, in dem eine Kündigung ausgesprochen wird,* Kündigungsschreiben; *eine ~ erhalten* ☐ **carta de demissão 3** *Frist für eine Kündigung* (1), Kündigungsfrist; *ein Arbeitsvertrag, Mietvertrag mit dreimonatiger ~* ☐ **aviso prévio; prazo de rescisão 4** *~ aus wichtigem* **Grund** ⟨Rechtsw.⟩ *außerordentliche, fristlose od. kurzfristige Kündigung, wenn dem Kündigenden ein Abwarten der Kündigungsfrist nicht zuzumuten ist* ☐ ***demissão/rescisão do contrato por justa causa**

Kun|din ⟨f.; -, -din|nen⟩ *weibl. Kunde* ☐ **cliente; freguesa**

Kund|schaft¹ ⟨f.; -, -en; veraltet⟩ *Erkundung; jmdn. auf ~ aussenden* ☐ **exploração; reconhecimento; sondagem**

Kund|schaft² ⟨f.; -; unz.⟩ **1** *Gesamtheit der Kunden, mehrere Kunden* ☐ **clientela; freguesia 2** ⟨umg.⟩ *Kunde, Kundin; alte, langjährige ~; es ist ~ im Laden* ☐ **cliente**

kund‖tun ⟨V. 272/503⟩ (jmdm.) *etwas ~* = *kundgeben*

künf|tig ⟨Adj. 24⟩ **1** ⟨60⟩ *in der Zukunft eintretend od. vorhanden, kommend;* ~e *Generationen* ☐ **futuro;**

próximo 2 ⟨50⟩ *in Zukunft, von jetzt an;* ich bitte darum, dass es ~ so gemacht wird; ich werde mich ~ mehr in Acht nehmen □ **futuramente**

Kunst ⟨f.; -, Küns|te⟩ **1** *Gesamtheit der ästhetischen Ausdrucks- u. Darstellungsformen eines Individuums od. einer Gruppe, eines Bereichs od. einer bestimmten Zeit;* Bau~, Dicht~, Volks~, Sinn für ~ haben; sich der ~ widmen; der Zeitgeist manifestiert sich oft zuerst in der ~; Gott grüß dir ~! (alter Gruß der wandernden Buchdrucker) □ **arte** 1.1 *bildende Kunst;* ein Liebhaber der ~ sein □ **artes plásticas;** → a. *anwenden(2.1), bilden(2.1), schön(1.5), sieben²(1.1), schwarz(1.5)* **2** *die Gesamtheit der Erzeugnisse der Kunst(1);* die ~ der Antike, des Barocks, des alten Orients; die antike, mittelalterliche, moderne ~; alte, neuere, neue ~; abstrakte, realistische ~ □ **arte** 3 *Können, Fertigkeit, Geschicklichkeit;* Kletter~, Taschenspieler~ ~ des Schreibens, Singens; er möchte gern seine ~ zeigen; ärztliche ~ □ **habilidade; arte** 3.1 jetzt bin ich mit meiner ~ am Ende ⟨fig.⟩ *jetzt weiß ich nicht mehr weiter* □ **já não sei como continuar* 3.2 *nach allen Regeln der ~ mit aller, großer Geschicklichkeit* □ **com toda a perfeição; primorosamente* 3.3 das ist keine ~ ⟨fig.⟩ *das ist leicht* □ **não é nenhum bicho de sete cabeças* 3.4 was macht die ~? ⟨umg.⟩ *wie geht es?* □ **como estão as coisas?* **4** ⟨Philos.⟩ *das künstlich Geschaffene, im Unterschied zu dem in der Natur Gewachsenen* □ **arte**

Kunst|fa|ser ⟨f.; -, -n⟩ *künstlich hergestellte, synthetische Faser, z. B. Polyester* □ **fibra sintética**

Kunst|ge|wer|be ⟨n.; -s; unz.⟩ *Zweig der bildenden Kunst, in dem künstlerisch gestaltete Gebrauchs- u. Schmuckgegenstände hergestellt werden* □ **artes aplicadas; artesanato**

Künst|ler ⟨m., -s, -⟩ **1** *jmd., der in einem Bereich der Kunst schöpferisch tätig ist;* bildender ~; freischaffender ~ **2** *jmd., der sich in einem Bereich der Kunst als Interpret betätigt,* Sänger, Musiker, Schauspieler usw.; Bühnen~; Film~; in seinem Haus verkehren viele ~ **3** *jmd., der in der Ausführung einer Sache große Fertigkeit erlangt hat;* er ist ein wahrer ~ im Geigenspiel □ **artista**

Künst|le|rin ⟨f.; -, -rin|nen⟩ *weibl. Künstler* □ **artista**

künst|le|risch ⟨Adj.⟩ **1** *die Kunst betreffend, zu ihr gehörig, auf ihr beruhend, nach ihren Regeln;* der ~e Wert eines Buches **2** *einem Künstler gemäß, entsprechend, wie ein Künstler, schöpferisch* □ **artístico**

künst|lich ⟨Adj.⟩ **1** (urspr.) *künstlerisch, kunstvoll* □ **artístico 2** ⟨heute⟩ *von Menschen gemacht, nicht natürlich;* Ggs *natürlich(2.1)* 2.1 ~e Atmung *Anregung der Atmung durch Dritte (bei Erstickungsgefahr) od. durch medizinische Geräte, z. B. die eiserne Lunge* 2.2 ~e Befruchtung *nicht auf natürliche Weise vollzogene Befruchtung* □ **artificial** 2.3 ~e Ernährung *E. durch eine dünne Magensonde über die Speiseröhre od. durch Magen- od. Darmfistel, durch Einlauf vom After aus* □ **enteral; por sonda** 2.3.1 einen Kranken ~ ernähren *durch Magensonde* □ **alimentar um doente por meio de sonda* 2.4 ~e Niere *Apparatur zur Entfernung auszuscheidender Stoffe aus dem Blut, bes. bei akutem Nierenversagen* □ **artificial** 3 ~e Gegenstände *nachgeahmte, unechte G.* □ **artificial; falso; falsificado** 3.1 ~e Blumen *B. aus Papier od. Stoff* □ **artificial** 3.2 ~es Gebiss *Zahnersatz* □ **postiço** 3.3 ~es Licht *elektrisches Licht, Neon, Gaslicht, Kerzenlicht* **4** ~e Sprache *künstlich geschaffene, aus verschiedenen Elementen mehrerer Sprachen zusammengesetzte Sprache, die den Verkehr zwischen den Völkern erleichtern soll, z. B. das Esperanto, Volapük, Kunstsprache, Welthilfssprache* □ **artificial 5** ⟨fig.⟩ *gezwungen, unnatürlich, gewollt;* reg dich nicht ~ auf ⟨umg.; scherzh.⟩ □ **não faça tempestade em copo d'água*

Kunst|stoff ⟨m.; -(e)s, -e⟩ *chem.-organ. Verbindung, die durch Veränderung von Naturstoffen od. aus anorganischen Stoffen meist künstlich hergestellt wird;* Sy *Plastik²* □ **plástico; material sintético**

Kunst|stück ⟨n.; -(e)s, -e⟩ **1** *Leistung, zu der besonderes Können gehört* □ **obra-prima; obra de arte** 1.1 das ist doch kein ~ *das ist einfach* □ **não é nenhum bicho de sete cabeças* **2** *Vorführung, schwierige Darbietung der Akrobaten, Zauberkünstler usw.;* Karten~, Zauber~; ein ~ vormachen, zeigen □ **truque; malabarismo** 3 ~! ⟨fig.; umg.⟩ *das glaub' ich gern, das ist ja auch nicht schwierig* □ **grande coisa!*

Kunst|werk ⟨n.; -(e)s, -e⟩ **1** *schöpferisch gestaltetes Werk der Kunst* **2** *kunst- u. sinnvolles Gebilde, geschickt hergestelltes, kompliziertes (mechanisches) Erzeugnis;* dieses Türschloss, diese Uhr ist (wirklich) ein ~; diese Torte ist ja ein wahres ~! □ **obra de arte**

kun|ter|bunt ⟨Adj.; fig.; umg.⟩ **1** *sehr bunt* □ **multicolorido 2** *sehr ungeordnet, durcheinander;* ~es Durcheinander □ **uma grande confusão;* hier sieht es ja ~ aus! □ **isso aqui está a maior bagunça!;* ~ durcheinander liegen □ **estar uma grande confusão; estar de pernas para o ar* **3** *aus verschiedenartigsten Dingen bestehend;* ein ~es Programm □ **diversificado; variado**

Ku|pee ⟨n.; -s, -s⟩ oV *Coupé* **1** *geschlossener Wagen (Auto od. Kutsche)* 1.1 *sportlicher Personenkraftwagen mit abgeflachtem Dach* □ **cupê**

Kup|fer ⟨n.; -s, -⟩ **1** *hellrotes, zähes, dehnbares, ziemlich weiches, 1-, 2- u. sehr selten 3-wertiges Metall, chem. Element, aus Kupfer(1) gefertigter Gegenstand* □ **cobre 2** *Kupferstich;* Titel~ □ **gravura em cobre; calcografia**

Kup|fer|ste|cher ⟨m.; -s, -⟩ **1** *Künstler, der Kupferstiche herstellt* □ **calcógrafo 2** mein lieber Freund und ~! ⟨fig.; umg.⟩ *(Ausdruck der Warnung od. des leicht erschrockenen Staunens)* □ **olhe aqui, meu amigo!* **3** ⟨Zool.⟩ *Angehöriger der Familie der Borkenkäfer, der meist gemeinsam mit dem Buchdrucker an den dünnrindigen Teilen von Fichten auftritt: Pityogenes chalcographus* □ **caruncho; broca**

Kup|fer|stich ⟨m.; -(e)s, -e⟩ **1** *auf einem Blatt befindlicher Abzug von einer auf einer Kupferplatte eingeritzten Zeichnung, Chalkografie* **2** ⟨unz.⟩ *die Kunst, Kupferstiche(1) herzustellen, Kupferstechkunst* □ **gravura em cobre; calcografia**

ku|pie|ren ⟨V. 500⟩ **1** einen Hund ~ einem H. Schwanz u. (od.) Ohren stutzen □ cortar a cauda/as orelhas de um cão **2** Wein ~ verschneiden □ lotar; misturar **3** eine Krankheit ~ ⟨Med.⟩ in den ersten Anfängen unterdrücken □ cortar; interromper **4** Karten ~ = abheben(1.2)

Ku|pon ⟨[-põː] m.; -s, -s⟩ oV Coupon **1** Abschnitt, Stoffabschnitt □ corte **2** Zinsschein an Wertpapieren □ cupom

Kup|pe ⟨f.; -, -n⟩ **1** abgerundetes, oberes Ende von etwas; Finger~, Nagel~, Stecknadel~ □ cabeça; ponta **1.1** runder Berggipfel; Berg~ □ cimo/cume arredondado

Kup|pel ⟨f.; -, -n⟩ gleichmäßig gewölbtes Dach über einem Raum, bes. Kirchenraum, meist in Form einer Halbkugel □ cúpula

Kup|pe|lei ⟨f.; -; unz.⟩ **1** ⟨abwertend⟩ Begünstigung od. Vermittlung einer geschlechtlichen Beziehung od. Heirat (durch fragwürdige Mittel) □ alcoviteirice **2** ⟨Rechtsw.; veraltet⟩ gewohnheitsmäßige od. eigennützige Begünstigung fremder Unzucht □ lenocínio; proxenetismo

kup|peln ⟨V.⟩ **1** ⟨500⟩ Lebewesen od. Gegenstände ~ vereinigen, miteinander verbinden, zusammenbringen, koppeln □ engatar; ligar; acoplar **1.1** Tiere ~ mit Riemen aneinanderbinden □ atrelar; emparelhar **2** ⟨400⟩ die Kupplung(3.2) betätigen □ embrear **3** ⟨410; veraltet⟩ Kuppelei betreiben □ alcovitar

Kupp|lung ⟨f.; -, -en⟩ **1** ⟨unz.⟩ das Verbinden zweier sich bewegender Teile mittels einer lösbaren Vorrichtung, das Kuppeln □ acoplamento **2** ⟨i. w. S.⟩ Maschinenteil zur Verbindung zweier anderer Teile □ encaixe **3** ⟨i. e. S.⟩ Vorrichtung zum Verbinden eines ziehenden u. eines gezogenen Fahrzeugs □ engate **3.1** Vorrichtung zur trennbaren Verbindung von Rohren u. Schläuchen bes. der Bremsen der Fahrzeuge □ conexão **3.2** Vorrichtung an Kraftfahrzeugen zur Herstellung od. zum Trennen der Verbindung zwischen Motor u. Getriebe; die ~ betätigen □ embreagem **3.2.1** mit schleifender ~ nicht ganz fest geschlossener Kupplung □ *com a embreagem mal engatada

Kur ⟨f.; -, -en⟩ **1** zur Heilung angewendete ärztliche Maßnahme; Kaltwasser~, Trauben~, Trink~, eine ~ anwenden, gebrauchen, machen □ tratamento; cura **2** Aufenthalt in einem Kurort zu Heilzwecken; zur ~ (in ein Bad) fahren; ~arzt, ~klinik □ tratamento em estância termal; tratamento em spa **3** jmdn. in die ~ nehmen ⟨fig.; umg.⟩ zurechtweisen, ihm die Meinung sagen □ *dizer umas verdades a alguém

Kür ⟨f.; -, -en; bei sportl. Wettkämpfen⟩ frei gewähltes bzw. zusammengestelltes Programm von Übungen, das an einem Wettkampf vorgetragen wird; eine ausgezeichnete, erstklassige ~ zeigen; laufen □ exercício livre

Kü|ras|sier ⟨m.; -s, -e⟩ Angehöriger einer Einheit der schweren Reiterei (urspr. in gepanzerter Ausrüstung) □ couraceiro

Ku|ra|tor ⟨m.; -s, -en⟩ **1** ⟨österr.⟩ Vormund, gesetzlicher Vertreter □ curador **2** ⟨selten⟩ Beamter in der Universitätsverwaltung **3** Verwalter, Treuhänder einer Stiftung □ administrador

Ku|ra|to|ri|um ⟨n.; -s, -ri|en⟩ **1** Amt eines Kurators □ curadoria **2** Aufsichtsbehörde von öffentlichen Körperschaften od. privaten Einrichtungen □ conselho administrativo

Kur|bel ⟨f.; -, -n⟩ Hebel zum Drehen einer Welle □ manivela

kur|beln ⟨V. 400⟩ an einer Kurbel drehen □ manivelar; acionar uma manivela

Kür|bis ⟨m.; -ses, -se; Bot.⟩ Angehöriger einer Gattung der Kürbisgewächse mit lappenartigen Blättern, zweiod. mehrspaltigen Ranken u. großen, glockenförmigen Blüten: Cucurbita □ abóbora

Kur|fürst ⟨m.; -en, -en; bis 1806⟩ Fürst, der das Recht hatte, den dt. König mitzuwählen □ príncipe eleitor

Ku|rie ⟨[-riə] f.; -, -n⟩ **1** ⟨im alten Rom⟩ **1.1** einer der insgesamt 30 Familienverbände, Einheit der bürgerschaftlichen Gliederung **1.2** Versammlungsraum des Senats **2** ⟨heute⟩ **2.1** die päpstlichen Behörden **2.2** der Hofstaat des Papstes □ cúria

Ku|rier ⟨m.; -s, -e⟩ Bote, Eilbote; einen Brief durch, mit ~ schicken; ~dienst □ mensageiro

ku|rie|ren ⟨V. 550⟩ **1** jmdn. von einer Krankheit ~ = heilen(1) **2** jmdn. von einer Einstellung, einem Verhalten ~ ⟨fig.⟩ überzeugen, dass er sich nicht richtig verhalten hat; davon bin ich kuriert □ curar

ku|ri|os ⟨Adj.⟩ **1** merkwürdig, sonderbar **2** wunderlich, spaßig, komisch □ curioso; estranho

Ku|ri|o|si|tät ⟨f.; -, -en⟩ **1** ⟨unz.⟩ kuriose Beschaffenheit, Seltsamkeit, Merkwürdigkeit; etwas (nur) der ~ wegen erzählen **2** kurioses Ding, kuriose Sache; ~en sammeln □ curiosidade; singularidade

Kur|ort ⟨m.; -(e)s, -e⟩ Ort mit Heilquelle od. günstigem Klima, der für bestimmte Kuren od. zur Erholung besonders geeignet ist; Höhen~, Klima~, Luft~ □ spa; estância termal/climática

Kur|pfu|scher ⟨m.; -s, -⟩ Sy Quacksalber **1** jmd., der ohne ärztliche Vorbildung u. behördliche Genehmigung Kranke behandelt □ curandeiro **2** ⟨abwertend; umg.⟩ schlechter, unfähiger Arzt □ charlatão

Kurs ⟨m.; -es, -e⟩ **1** = Richtung **1.1** Fahrt-, Flugrichtung; ~ nehmen (auf); vom ~ abkommen; den ~ halten □ curso; rota **1.2** ⟨fig.⟩ Richtung in der Politik, in der Wirtschaft; den ~ ändern; harter, weicher ~; klarer, neuer ~ □ curso; rumo **2** Preis der an der Börse gehandelten Wertpapiere □ cotação **2.1** Handelspreis einer Währung; Wechsel~; die ~e fallen, steigen, ziehen an □ câmbio **2.2** hoch im ~ stehen ⟨fig.⟩ angesehen, beliebt sein □ *ser benquisto **2.3** außer ~ setzen für ungültig erklären □ *tirar de circulação **3** oV Kursus = Lehrgang; Koch~; Sprach~ □ curso

Kurs|buch ⟨n.; -(e)s, -bü|cher⟩ Buch mit den Fahrplänen der Eisenbahn u. regionalen Linienbusse □ guia de horários de trens/ônibus

Kürsch|ner ⟨m.; -s, -⟩ **1** Handwerker, der eine dreijährige Lehrzeit absolviert hat und berufsmäßig Pelzbekleidung herstellt od. Kleidung mit Pelz füttert od. verziert □ peleteiro **2** schwarzer Käfer mit dunkelbrau-

nen Flügeldecken, dessen Larve in Pelzwerk, Teppichen u. Ä. sehr schädlich werden kann, Pelzkäfer □ **besouro do tapete; dermestes**

kur|sie|ren ⟨V. 400⟩ **1** Geld kursiert *ist im Umlauf* **2** Nachrichten ~ *werden von einem zum anderen weitergegeben* □ **circular**

kur|siv ⟨Adj. 24⟩ *schräg nach rechts verlaufend* (Druckschrift); ~e Schrift □ **itálico; cursivo**

Kurs|lei|ter ⟨m.; -s, -⟩ *jmd. der einen Kurs (3), einen Lehrgang leitet* □ **professor; instrutor**

Kur|sus ⟨m.; -, Kur|se⟩ = *Kurs(3)*

Kurs|wa|gen ⟨m.; -s, -; Eisenb.⟩ *durchgehender Wagen, der vom Ausgangs- bis zum Bestimmungsbahnhof von verschiedenen Zügen befördert wird* □ **vagão de correspondência**

Kur|ti|sa|ne ⟨f.; -, -n⟩ *vornehme, elegante Geliebte eines Fürsten od. einer anderen bedeutenden Persönlichkeit* □ **cortesã**

Kur|ve ⟨[-və] od. [-fə] f.; -, -n⟩ **1** ⟨Math.⟩ *gekrümmte Linie* **2** ~ *eines Weges Krümmung, Biegung;* eine enge, scharfe, steile, weite ~; eine ~ fahren, nehmen; in die ~ gehen; *das Fahrzeug wurde aus der ~ getragen, geschleudert* □ **curva 3** die ~ **kratzen** ⟨fig.; umg.⟩ **3.1** *sich schnell u. unauffällig entfernen* □ ***dar no pé 4** die ~ **raushaben, weghaben** ⟨fig.; umg.⟩ *eine Sache begriffen haben u. richtig, geschickt ausführen* □ ***pegar o jeito de alguma coisa**

kur|vig ⟨Adj.⟩ *in der Art einer Kurve, in Kurven (verlaufend), gekrümmt, gebogen;* eine ~e Straße □ **curvo**

kurz ⟨Adj. 22⟩ **1** ⟨räumlich⟩ ein **Gegenstand**, eine **Straße, Strecke** ist ~ *ist von verhältnismäßig geringer Längenausdehnung;* ein Kleid mit ~en Ärmeln; die Ärmel, das Kleid kürzer machen; die Schnur ist zu ~; ~ verliert u. lang gewinnt (beim Losen mit einem kurzen u. einem längeren Hölzchen) □ **curto 1.1** den Kürzeren ziehen ⟨fig.⟩ *benachteiligt werden, nachgeben müssen, verlieren, unterliegen (nach der alten Form des Losens, ber der derjenige verlor, der das kürzere von zwei Hölzchen zog)* □ ***sair perdendo; levar a pior 1.2** ~es Haar haben *H., das höchstens bis zum Nacken reicht* **1.3** der Rock ist dem Mädchen zu ~ geworden *das M. hat den R. ausgewachsen* □ **curto;** → a. *Kopf(2.2)* **2** ⟨zeitl.⟩ **2.1** *eine geringe Zeitspanne dauernd, vorübergehend;* ein ~er Aufenthalt, Besuch; ~e Frist; sein ~es Leben; (eine) ~e Zeit; die Freude war nur von ~er Dauer □ **curto; breve;** er muss noch ~ arbeiten, *dann kommt er aber* □ **um pouco 2.1.1** meine **Zeit** ist ~ *bemessen knapp, ich habe nicht viel Z.* □ ***meu tempo é curto 2.2** ⟨50⟩ *bald, kurze(2.1) Zeit, eine kleine Zeitspanne;* ~ bevor ich kam □ ***pouco antes de eu chegar;** ~ darauf □ ***pouco depois;** ~ nach fünf Uhr □ ***pouco depois das cinco horas;** ~ nach diesem Vorfall □ ***pouco depois dessa ocorrência;** ~ nachdem er gegangen war □ ***pouco depois de ele ter ido;** seit Kurzem □ ***há pouco tempo;** ~ vor seinem Geburtstag □ ***pouco antes do seu aniversário;** ~ vor acht Uhr □ ***pouco antes das oito horas;** vor ~em/Kurzem □ ***faz pouco tempo;** bis vor ~em/Kurzem □ ***até recentemente;** ~ vorher,

zuvor □ ***pouco antes;** nach, vor ~er Zeit □ ***passado pouco tempo; faz pouco tempo 2.2.1** über ~ oder lang *bald od. später* □ ***cedo ou tarde 2.3** *während, innerhalb kurzer Zeit, schnell;* kannst du das Tablett bitte ~ halten? □ **um instante;** ~ entschlossen machte er kehrt □ ***sem hesitar, voltou atrás;** sich ~ entschließen □ **rapidamente 2.3.1** *in kürzester Frist* (od.) *Zeit so schnell wie möglich* □ ***dentro de muito pouco tempo 2.3.2** *etwas auf dem kürzesten Wege erledigen möglichst schnell* □ ***resolver alguma coisa da maneira mais rápida possível 2.3.3** einen ~en **Blick** auf etwas werfen *einen flüchtigen B.* □ ***dar uma espiada em alguma coisa 2.3.4** ~ und **schmerzlos** ⟨fig.; umg.⟩ *ohne viel Umstände;* die Sache verlief ~ und schmerzlos □ ***sem rodeios; sem complicações 3** eine Rede, ein Bericht ist ~ ⟨fig.⟩ *knapp, gedrängt, bündig;* etwas ~ und bündig erklären □ **de modo conciso/sucinto;** etwas in, mit ~en Worten erklären □ **pouco 4** ⟨fig.⟩ **4.1** alles ~ und klein schlagen *entzweimachen, zerstören* □ ***destruir/arrebentar tudo 4.2** zu ~ kommen *weniger bekommen als andere* □ ***levar a pior 4.3** jmdn. ~ abfertigen, *ungeduldig, barsch behandeln u. stehenlassen* □ ***despachar alguém sem maiores cerimônias 4.4** ~ angebunden *barsch, unfreundlich* □ ***de poucas palavras; curto e grosso 4.5** ~ von Verstand *dumm* □ ***limitado; pouco inteligente 4.6** ein ~es **Gedächtnis** haben *ein schlechtes G.* □ **curto 4.7** ~ und gut *um das Gesagte rasch zusammenzufassen, um es rasch zu Ende zu bringen* □ ***em uma palavra; em resumo 4.8** ~en **Atem** haben **4.8.1** *mit Atembeschwerden behaftet, asthmatisch, kurzatmig sein* □ ***ter asma 4.8.2** *nicht viel Ausdauer, Energie haben* □ ***ter pouco fôlego 4.9** ~en **Prozess** machen **4.9.1** *mit einer Sache ~en Prozess machen entschlossen eingreifen der S. ein Ende machen, sie erledigen* □ ***resolver logo alguma coisa; não pensar duas vezes 4.9.2** mit jmdm. ~en Prozess machen *jmdm. energisch erklären, was er zu tun hat, ohne Rücksicht über jmdn. verfügen;* ich habe mit ihm ~en Prozess gemacht □ ***ir direto ao assunto com alguém 5** ~e **Welle** ⟨Physik⟩ *elektromagnetische W. im Bereich 10 - 100 m;* Kurzwelle □ **curto 6** ⟨Getrennt- u. Zusammenschreibung⟩ **6.1** ~ **fassen** = kurzfassen **6.2** ~ machen = kurzmachen **6.3** ~ schneiden = kurzschneiden

Kurz|ar|beit ⟨f.; -; unz.⟩ **1** *verkürzte Arbeitszeit* □ **jornada (de trabalho) reduzida 2** *kürzere, schriftliche Schularbeit* □ **trabalho escolar com poucas páginas**

kurz||ar|bei|ten ⟨V. 400⟩ **1** *Kurzarbeit machen;* in dem Betrieb wird kurzgearbeitet □ **trabalhar em jornada reduzida;** (aber Getrenntschreibung) kurz arbeiten → *kurz(2.1)*

Kür|ze ⟨f.; -, -n; Pl. selten⟩ **1** *räumlich kleine Ausdehnung;* die ~ der Strecke, des Weges □ **curteza; curta extensão 2** *Zeitspanne von geringer Dauer* □ **brevidade 2.1** in ~ *bald* □ ***em breve 3** ⟨fig.⟩ *Bündigkeit, Knappheit;* ~ des Ausdrucks, der Rede, des Stils □ **concisão 3.1** etwas in aller ~ erzählen *schnell, mit wenigen Worten* □ ***contar alguma coisa em poucas palavras/sucintamente 3.2** in der ~ liegt die Würze

Kurzel

⟨Sprichw.⟩ *eine knappe, treffende Darstellung ist besser als eine weitschweifige* □ **nas coisas breves está o essencial*

Kür|zel ⟨n.; -s; -⟩ *Stenografie*) *bestimmtes stark kürzendes Schriftzeichen* □ *abreviatura*

kür|zen ⟨V. 500⟩ **1** *etwas ~ etwas um etwas vermindern* □ *encurtar; reduzir* **1.1** *ein Kleid ~ kürzer(1) machen* □ *encurtar* **1.2** *ein Manuskript, eine Rede ~ an mehreren Stellen etwas aus einem M., einer R. streichen, Teile davon weglassen* □ *resumir* **1.3** *einen Bruch ~* ⟨Math.⟩ *Zähler u. Nenner durch dieselbe Zahl teilen u. dadurch vereinfachen* □ *reduzir; simplificar* **1.4** ⟨530⟩ *jmdm. das Gehalt ~ jmdm. weniger G. bezahlen* □ *reduzir* **1.5** *etwas tun, um sich die Zeit zu ~ um sich zu unterhalten, sich die Langeweile zu vertreiben* □ **fazer alguma coisa para matar o tempo* **1.6** *Wörter ~* ⟨Stenografie⟩ *verkürzen, abkürzen, nur Symbole schreiben* □ *abreviar*

kurz|fas|sen *auch:* **kurz fas|sen** ⟨V. 500⟩ **I** ⟨Zusammen- u. Getrenntschreibung⟩ *einen Text ~ kürzen* □ *encurtar; resumir* **II** ⟨Vr 7; nur Zusammenschreibung⟩ *sich kurzfassen etwas mit wenigen Worten sagen* □ *dizer (alguma coisa) em poucas palavras; ser breve*

kürz|lich ⟨Adj. 50⟩ *neulich, vor kurzer Zeit* □ *recentemente; há pouco*

kurz|ma|chen *auch:* **kurz ma|chen** ⟨V. 500⟩ **1** *etwas ~ schnell abschließen* **1.1** *ich will es ~ es mit wenigen Worten zu Ende, zum Abschluss bringen, abschließen* **1.2** *mach's kurz! rede nicht mehr viel!; sei nicht so umständlich!* □ *resumir; ser breve*

Kurz|schluss ⟨m.; -es, -schlüs|se⟩ *(unerwünschte) leitende Verbindung zweier gegeneinander unter Spannung stehender Leiter ohne dazwischengeschaltete Widerstand; es ist ein ~ in der Leitung* □ *curto-circuito*

kurz|schnei|den *auch:* **kurz schnei|den** ⟨V. 227/503/Vr 5 od. Vr 6⟩ ⟨jmdm.⟩ *etwas ~ durch Schneiden (deutlich) kürzen); sich das Haar ~* □ *cortar curto*

Kurz|schrift ⟨f.; -, -en⟩ *Schrift mit verkürzten Schriftzeichen zur schnellen Niederschrift bes. von Diktaten, Reden usw.; Sy Stenografie* □ *estenografia*

kurz|sich|tig ⟨Adj.⟩ *Ggs weitsichtig* **1** *an Kurzsichtigkeit leidend* **2** ⟨fig.; abwertend⟩ *nicht vorausdenkend, nicht weitblickend, nur ans Nächstliegende denkend* □ *míope*

Kurz|sich|tig|keit ⟨f.; -; unz.⟩ **1** *mangelhafte Funktion des Auges, die auf einer Verlängerung der Augenachse od. zu starker Brechkraft der Linse beruht, wodurch das Sehen auf kurze Entfernung zwar noch möglich ist, das Bild aber auf normale u. weitere Entfernung unklar wird; Ggs Weitsichtigkeit* **2** ⟨fig.; abwertend⟩ *Mangel an Weitblick; Ggs Weitsichtigkeit* □ *miopia*

kurz||tre|ten ⟨V. 268/400(s.)⟩ **1** ⟨fig.; umg.⟩ *sich zurückhalten, bescheiden sein, sparsam sein* □ *economizar; apertar o cinto* **2** ⟨fig.⟩ *mit seinen Kräften haushalten, sich nicht anstrengen; er muss nach seiner Krankheit jetzt etwas ~* ⟨umg.⟩ □ *poupar-se*

kurz|um ⟨Adv.⟩ *um zusammenfassend zu einem Ende zu kommen, um es kurz zu machen* □ *em suma; numa palavra*

Kür|zung ⟨f.; -, -en⟩ *das Kürzen* □ *diminuição; redução; abreviação*

Kurz|wa|ren ⟨Pl.⟩ *kleine Gegenstände für den Nähbedarf, z. B. Knöpfe, Zwirn, Bänder, Schnallen, Nadeln* □ *aviamentos*

Kurz|weil ⟨f.; -; unz.⟩ **1** *leichte Unterhaltung, Zeitvertreib* □ *passatempo; divertimento* **1.1** ⟨allerlei⟩ *~ treiben sich vergnügen* □ **divertir-se*

kusch! ⟨Int.⟩ **1** *leg dich!, still! (Aufforderung an den Hund)* □ *deitado!; quieto!* **2** ⟨derb⟩ *sei still!* □ *(fique) quieto!*

ku|scheln ⟨V. 511/Vr 3⟩ *sich an jmdn. od. in etwas ~ sich behaglich an jmdn. anschmiegen od. in etwas schmiegen; sich in jmds. Arme ~; sich in die Kissen, in einen Sessel ~* □ **aconchegar-se a alguém/em alguma coisa*

ku|schen ⟨V. 402/Vr 3⟩ **1** *ein Hund kuscht sich legt sich nieder* □ *deitar-se* **2** ⟨fig.⟩ *sich fügen, nachgeben, schweigen; vor jmdm. od. etwas ~* □ *ceder; submeter-se*

Ku|si|ne ⟨f.; -, -n⟩ *Tochter des Onkels od. der Tante;* oV *Cousine;* Sy *Base¹(1)* □ *prima*

Kuss ⟨m.; -es, Küs|se⟩ *Aufdrücken der Lippen auf den Körper, bes. Wange, Stirn, Mund od. Hand eines anderen Menschen (als Liebes- od. Ehrfurchtsbezeugung); jmdm. einen ~ geben; Küsse tauschen; ein flüchtiger, glühender, heimlicher, heißer, herzlicher, inniger, langer, scheuer, zärtlicher ~; jmdn. mit einem ~ begrüßen, wecken; er bedeckte ihr Gesicht mit glühenden, leidenschaftlichen, wilden) Küssen; Gruß und ~ Dein X (als Briefschluss); tausend Grüße und Küsse Dein X (als Briefschluss); einem Mädchen einen ~ rauben (poet.)* □ *beijo*

küs|sen ⟨V. 500⟩ **1** ⟨Vr 8⟩ *jmdn. ~ jmdm. einen Kuss od. Küsse geben; es grüßt und küsst Dich Dein X (als Briefschluss); jmdn. herzen und ~; jmdn. heiß, heftig, leidenschaftlich, wild, zärtlich ~; jmdn. auf den Mund, die Wange, die Stirn ~; einer Dame die Hand ~ (bes. als Zeichen der Höflichkeit od. Verehrung)* □ *beijar; Küss die Hand! (österr., bes. wiener. Verabschiedungsformel an Frauen)* □ **meus respeitos!; sie küssten sich (umg.; eigtl.: einander)* □ *beijar-se* **2** *etwas ~ mit den Lippen etwas berühren (als Zeichen großer Ehrfurcht od. Unterwerfung); den Ring, die Füße ~* □ *beijar*

Küs|te ⟨f.; -, -n⟩ *Gestade, Meeresufer, Grenzbereich zwischen Land u. Meer; felsige, flache, steile ~; an der ~ entlangfahren* **2** *Landschaft am Meeresufer; an der ~ wohnen; die deutsche, französische ~* □ *costa*

Küs|ter ⟨m.; -s, -⟩ *Angestellter, der die Kirche u. ihre Einrichtungen beaufsichtigt u. niedere Kirchendienste tut* □ *sacristão*

Ku|ti|ku|la ⟨f.; -, -s od. -ku|len; Biol.⟩ *bei bestimmten Tieren u. Pflanzen ein von den Zellen der Körperoberfläche ausgeschiedenes dünnes Häutchen, das aus organischem Material u. für Wasser u. Gase fast unpassierbar ist* □ *cutícula*

Kut|sche ⟨f.; -, -n⟩ *gefederter, mit einem Verdeck versehener Pferdewagen mit einem od. mehreren Gespannen* *zur Beförderung von Personen;* Post~, Staats~, Hochzeits~ □ **coche; carruagem**

Kut|scher ⟨m.; -s, -⟩ *Lenker eines Pferdewagens* □ **cocheiro**

kut|schie|ren ⟨V.⟩ **1** ⟨400⟩ *eine Kutsche lenken;* ~ *lernen, können* □ **guiar/conduzir um coche 2** ⟨400(s.); umg.⟩ *fahren; durch die Gegend, durchs Land* ~ □ **andar (com algum meio de transporte) 3** ⟨500⟩ *jmdn.* ~ ⟨umg.⟩ *jmdn. mit einem Fahrzeug (bes. Auto) transportieren, chauffieren* □ **levar (de carro); transportar**

Kut|te ⟨f.; -, -n⟩ *bis zu den Füßen reichender, weiter, wollener, mit Strick gegürteter Rock der Mönche, mit Kapuze;* Mönchs~ □ **hábito (de monge)**

Kut|teln ⟨Pl.⟩ = Kaldaunen

Kut|ter ⟨m.; -s, -⟩ **1** *einmastiges, hochseetüchtiges, sehr wendiges Schiff mit mehreren Segeln* □ **cúter;** Fisch~ □ *barco pesqueiro **2** *Küstenfahrzeug mit Motor u. Ä. bis etwa 150 t ohne Segel* □ **lancha 3** *Beiboot auf Kriegsschiffen, zuweilen mit zwei Masten* □ **escaler**

Ku|vert ⟨[-vɛrt] od. [-veːr] n.; -s, -s⟩ ⟨schweiz.⟩ oV *Couvert* **1** *Briefumschlag* □ **envelope 2** ⟨geh.⟩ = *Gedeck(1)*

Ky|ber|ne|tik ⟨f.; -; unz.⟩ *(mathematische) Wissenschaft, die sich mit der Struktur, den Beziehungen u. dem Verhalten verschiedenster natürlicher od. künstlicher Systeme befasst u. insbes. das Prinzip der automatisierten Aufnahme, Verarbeitung u. Übertragung von Information zum Gegenstand hat* □ **cibernética**

Ky|rie ⟨[-riə] n.; -, -s; kurz für⟩ *Kyrieeleison* □ **Kyrie**

Ky|rie|elei|son ⟨[-riə:-] n.; -, -s; kath. Kirche⟩ **1** *der Bittruf „Kyrie eleison!" (Herr, erbarme dich!)* **2** *meist dreimal wiederholter (gesungener) Bittruf „Kyrie eleison" als Teil der Messe bzw. Liturgie* □ **Kyrie eleison**

ky|ril|lisch ⟨Adj. 24⟩ oV *zyrillisch* **1** ~e *Schrift nach dem Slawenapostel Kyrillos benannte Schrift der griechisch-orthodoxen Slawen* **2** *mit den Zeichen der kyrillischen Schrift (geschrieben), die kyrillische Schrift betreffend, zu ihr gehörig* □ **cirílico**

KZ ⟨Abk. für⟩ *Konzentrationslager* □ **campo de concentração**

la|ben ⟨505/Vr 3; geh.⟩ *sich (an etwas)* ~ *genussvoll essen od. trinken, sich stärken;* wir labten uns an reifen Früchten □ **deleitar-se/restaurar-se (com alguma coisa)*

la|bil ⟨Adj.⟩ **1** ~e Lage *zur Veränderung neigende, vorübergehende L.;* Ggs *stabil(1-1.1);* ~e Wetterlage; ~e politische Zustände 1.1 ⟨24⟩ ~es **Gleichgewicht** *G., bei dem ein Körper bei einer kleinen Verschiebung seiner Lage von außen sich von der alten Lage zu entfernen sucht* **2** jmd. ist ~ *leicht zu beeinflussen, von seinen Vorsätzen leicht abzubringen;* ein ~er Mensch, Charakter; sich ~ verhalten **3** eine ~e **Gesundheit** haben *häufig krank werden* □ **instável**

La|bor ⟨schweiz. ['--] n.; -s, -s od. -e⟩ **1** *Forschungsstätte für medizinische, naturwissenschaftliche od. technische Experimente, Untersuchungen u. Arbeiten;* Röntgen-~, Dental-~, Foto-~, Sprach-~ **2** *Arbeitsraum, in dem ein Labor(1) untergebracht ist* □ **laboratório**

La|bo|rant ⟨m.; -en, -en; Berufsbez.⟩ *Fachkraft für Laborarbeiten;* Chemie-~ □ **laboratorista**

La|bo|ran|tin ⟨f.; -, -tin|nen⟩ *weibl. Laborant* □ **laborantorista**

la|bo|rie|ren ⟨V. 800⟩ *an etwas* ~ ⟨fig.; umg.⟩ *längere Zeit mit etwas zu tun haben, sich mit etwas abmühen;* er laboriert schon zwei Monate an seiner Grippe □ **estar com alguma coisa; sofrer com alguma coisa*

La|by|rinth ⟨n.; -(e)s, -e⟩ **1** = Irrgarten **2** ⟨Anat.⟩ *Gleichgewichts- u. Hörorgan der Wirbeltiere u. des Menschen;* Ohr-~ □ **labirinto** 2.2 *Atemorgan eines Fisches* **brânquia; guelra 3** ⟨fig.⟩ *Durcheinander, Wirrwarr* □ **labirinto**

La|che¹ ⟨f.; -, -n⟩ *Stelle an Nadelbäumen, an der die Rinde entfernt wurde, damit dort das Harz austritt u. gewonnen werden kann* □ **incisão**

La|che² ⟨f.; -, -n⟩ **1** *kleine Ansammlung von Flüssigkeit, Pfütze;* Blut-~, Wasser-~ □ **poça 2** *Tümpel* □ **charco; atoleiro**

La|che³ ⟨f.; -, -n (Pl. selten)⟩ ⟨umg.⟩ *eine bestimmte Art zu lachen;* alberne, hässliche, heisere, laute, dreckige ~ □ **risada**

lä|cheln ⟨V.⟩ **1** ⟨400⟩ *lautlos lachen, die Lippen zu einem Lachen verziehen;* freundlich, gütig, herablassend, milde, nachsichtig, spöttisch ~ □ **sorrir**; „...", sagte er ~d □ **sorrindo**; ein Lächeln spielte, huschte um seine Lippen; sie dankte ihm mit einem Lächeln □ **sorriso 2** ⟨800⟩ *über eine* **Sache** ~ ⟨a. fig.⟩ *eine S. nicht ernst nehmen, sie lächerlich finden;* darüber kann ich nur ~; er lächelte über ihre vergeblichen Anstrengungen □ **rir de alguma coisa* 2.1 *mit einem Lächeln über eine Sache hinwegsehen kein großes Aufhebens machen* □ **não fazer caso de alguma coisa*

la|chen ⟨V.⟩ **1** ⟨400⟩ *Freude, Heiterkeit od. Spott äußern durch Verziehen des Gesichts und stoßweises Ausatmen, bei dem Laute produziert werden;* Ggs *weinen;* freundlich, fröhlich, hämisch, herzhaft, herzlich, laut, leise ~; jmdn. zum Lachen bringen; sich das Lachen verbeißen; über das ganze Gesicht ~; ein lautes Lachen war die Antwort; alle stimmten in sein Lachen ein; lauthals ~; aus vollem Halse ~; schallend, dröhnend ~; brüllen, sich zerreißen, umfallen vor Lachen □ **rir; riso; risada**; „....!", sagte er □ **rindo**; *die* ~den **Erben** ⟨umg.; scherzh.⟩ □ **os alegres herdeiros* 1.1 ⟨500⟩ **Tränen** ~ *so lachen, dass die T. kommen* □ **chorar de rir* 1.2 ⟨611⟩ jmdm. ins Gesicht ~ *jmdn. frech anlachen* □ **rir na cara de alguém* 1.3 *eine Sache mit einem* ~*den und einem weinenden Auge betrachten froh und betrübt zugleich* □ **ficar meio feliz e meio triste com alguma coisa* 1.4 mir ist **nicht zum** Lachen *ich fühle mich traurig, bin ernst gestimmt, wenn ihr auch lacht* □ *não acho graça nenhuma* 1.5 da gibt es nichts zu ~ *das ist sehr ernst, unerfreulich* □ **não tem graça; não há do que rir* 1.5.1 er hat bei ihr nichts zu ~ ⟨fig.; umg.⟩ *sie behandelt ihn schlecht od. herrisch* □ **ele está penando na mão dela;* → a. *können(2.1)* **2** *Triumph, Sieg, Erfolg durch Lachen(1) äußern* 2.1 ⟨400 m. Hilfsverb⟩ ja, er kann ~! ⟨umg.⟩ *er hat erreicht, was er will* ~ **rir** 2.2 ⟨530/Vr 1⟩ er lachte sich eins ⟨umg.⟩ *er triumphierte heimlich* □ **ele riu furtivamente/à socapa* 2.2.1 sich (eins) ins Fäustchen ~ *schadenfroh u. heimlich (lachend) triumphieren* □ **rir à socapa* 2.3 *der* ~*de Dritte der, der den Vorteil von einer Angelegenheit zwischen zweien hat* □ **o felizardo* 2.4 *das wäre ja gelacht, wenn wir das nicht könnten!* ⟨umg.⟩ *das wäre eine Schande, wenn ..., aber sicher können wir das!* □ **seria ridículo/uma vergonha se não conseguíssemos fazer isso!;* → a. *Ast(3.1)* **3** ⟨800⟩ *über jmdn. od. etwas* ~ *spotten, sich über jmdn. od. etwas lustig machen;* über eine ungeschickte Handbewegung ~; sie lachte nur über seine Drohungen, Mahnungen □ **rir de alguém ou de alguma coisa* **4** *eine* **Sache** *ist zum Lachen eine S. ist lächerlich, unglaubhaft, unsinnig* □ **é ridículo; é para rir (de alguma coisa)* 4.1 *das ist nicht zum* ~! *das ist ja lächerlich, unglaubhaft, unsinnig* □ **faça-me rir!* **5** ⟨fig.⟩ 5.1 ⟨400⟩ *die* **Sonne** *lacht* ⟨poet.⟩ *scheint hell, strahlt* 5.2 ⟨600⟩ *das* **Glück** *lacht jmdm.* ⟨poet.⟩ *jmd. hat G.* □ **rir; sorrir** 5.3 ⟨400⟩ *da* ~ *ja die Hühner* ⟨umg.⟩ *das ist ja lächerlich* □ **isso é ridículo!* 5.4 *gut haben, können* ⟨umg.⟩ *Grund, Anlass haben, guter Laune zu sein* □ **poder rir; ter motivos para rir* 5.4.1 du hast gut ~! *für dich ist es leicht zu lachen, weil du nicht das zu tun brauchst, was ich tun muss* □ **pimenta no olho dos outros é refresco!* 5.5 *wer zuletzt lacht, lacht am besten* ⟨Sprichw.⟩ *auch für den, der anfangs Pech hat, kann sich noch alles zum Guten wenden* □ **quem ri por último ri melhor*

lä|cher|lich ⟨Adj.⟩ **1** etwas ist ~ *ist so beschaffen, dass man darüber (spöttisch) lachen muss;* das ist ja (einfach) ~! □ **ridículo** 1.1 sich ~ machen *sich so benehmen, dass andere darüber lachen, spotten;* machen Sie sich nicht ~! □ ***ser ridículo; cair no ridículo** 1.2 jmdn. ~ machen *so über jmdn. reden od. sich so jmdm. gegenüber verhalten, dass die anderen über ihn lachen, spotten* □ ***ridicularizar alguém; zombar de alguém** 1.3 eine ~e Figur machen *sich blamieren* □ ***passar vexame; fazer má figura** **2** eine Sache ist ~ *töricht, nicht ernst zu nehmen;* wegen dieser ~en Kleinigkeit brauchst du dich nicht aufzuregen! □ **ridículo; bobo** 2.1 eine ernste Sache ins Lächerliche ziehen *eine ernste S. so behandeln, dass die anderen darüber lachen, den Ernst der Sache nicht mehr begreifen* □ ***fazer piada de coisa séria; levar uma coisa séria na brincadeira** **3** ⟨70⟩ etwas ist ~ *unbedeutend, gering(fügig);* einen ~en Preis für etwas bezahlen; ein ~ niedriger Preis □ **ridículo; insignificante**

Lachs ⟨[-ks] m.; -es, -e; Zool.⟩ *in den nordeuropäischen Meeren heimischer Raubfisch, der zum Laichen flussaufwärts wandert: Salmo salar; Sy Salm¹* □ **salmão**

Lack ⟨m.; -(e)s, -e⟩ *zur Veredelung od. zum Schutz von Oberflächen verwendete Lösung, Suspension(3) von Harzen, Kunstharzen od. Erzeugnissen aus Zellulose, die, mit Farbstoffen versetzt, auf die zu lackierenden Gegenstände aufgebracht wird* □ **laca; verniz**

la|ckie|ren ⟨V. 500⟩ **1** Gegenstände ~ *mit Lack überziehen* □ **laquear; envernizar**

La|de ⟨f.; -, -n⟩ **1** *hölzerner, eckiger, breiter Behälter mit Deckel, Truhe, Kasten* □ **arca; cofre; baú** **2** *(kurz für)* Schublade □ **gaveta** **3** *Sarg* □ **caixão** **4** ⟨AT⟩ *heiliger Schrein der Israeliten bei den Gesetzestafeln des Moses; Bundes~* □ ***Arca da Aliança** **5** *Teil des Webstuhls, der die Weberschiffchen aufnimmt* □ **batente**

La|de|hem|mung ⟨f.; -, -en⟩ **1** *Unfähigkeit einer Feuerwaffe, geladen zu werden od. aber sich selbst zu laden* □ **encravamento** **2** ~ haben ⟨fig.; umg.⟩ *starke Hemmung haben, etwas zu sagen od. zu tun, was man in diesem Augenblick sagen od. tun müsste* □ ***ficar travado/bloqueado**

la|den¹ ⟨V. 174⟩ **1** ⟨500⟩ Waren ~ *aufladen, auf einen Wagen od. ein Schiff (zum Transport) bringen;* Kartoffeln, Kohlen, Sand ~; Fracht, Waren auf einen Wagen ~; Lasten auf Lasttiere ~; der Wagen hat zu schwer geladen **2** ⟨500⟩ eine Waffe ~ *mit Munition versehen, ein od. mehrere Geschosse in eine W. einlegen;* die Waffe ist scharf geladen; ein Gewehr mit Kugeln, mit Schrot ~; Vorsicht, die Pistole ist geladen! □ **carregar** 2.1 geladen sein ⟨fig.; umg.; scherzh.⟩ *wütend sein* □ ***estar possesso** 2.2 auf jmdn. geladen sein ⟨fig.; umg.⟩ *wütend auf jmdn. sein* □ ***estar possesso com alguém** **3** ⟨500⟩ einen Akku ~ *mit einer elektrischen Ladung versehen* □ **carregar** 3.1 er ist mit (neuer) Energie geladen ⟨fig.; umg.⟩ *sehr erholt, gekräftigt, arbeitsfreudig* □ ***ele recarregou suas baterias** 3.2 die Atmosphäre war mit Spannung geladen ⟨fig.⟩ *man spürte die Spannung deutlich* □ ***o ambiente estava tenso/carregado** **4** ⟨550⟩ eine Sache auf sich ~ *eine S. auf sich nehmen, sich einer schwierigen S. unterziehen, sich mit einer S. belasten* □ ***encarregar-se de alguma coisa; assumir alguma coisa;** *die Verantwortung auf sich ~;* eine Schuld auf sich ~ □ ***assumir a responsabilidade/a culpa** 4.1 ein Verbrechen auf sich ~ *ein V. begehen* □ ***cometer um crime** 4.2 jmds. Hass auf sich ~ *sich jmds. Hass zuziehen* □ ***atrair o ódio de alguém** **5** ⟨413⟩ jmd. hat schwer geladen ⟨fig.; umg.; scherzh.⟩ *ist betrunken* □ ***estar de pileque**

la|den² ⟨V. 174/500⟩ **1** jmdn. ~ ⟨geh.⟩ *einladen;* jmdn. zum Essen, zum Kaffee ~; jmdn. zu einer Versammlung ~; Aufführung für geladene Gäste □ **convidar** **2** ⟨510⟩ jmdn. ~ *fordern, dass sich jmd. zu einer bestimmten Stunde an einem bestimmten Ort einfindet;* jmdn. als Zeugen, vor Gericht ~ ⟨Rechtsw.⟩ □ **intimar**

La|den ⟨m.; -s, Läden⟩ **1** *Raum (mit Schaufenster), in dem Waren verkauft werden, Geschäft;* Schreibwaren~; einen ~ eröffnen, aufmachen; der ~ ist von 8 bis 18 Uhr geöffnet; den ~ um acht Uhr schließen 1.1 den ganzen Tag im ~ stehen *Kunden im Geschäft bedienen* □ **loja** **2** *Verschluss des Fensters von außen zum Vorklappen od. zum Hinaufziehen u. Herunterlassen; Fenster~; Rollladen;* ein Haus mit grünen Läden; den ~ herunterlassen □ **veneziana** **3** ⟨unz.; fig.; umg.⟩ *Unternehmen, Angelegenheit* 3.1 der ~ klappt *die Sache ist in Ordnung, läuft* □ ***está tudo correndo bem** 3.2 wir werden den ~ schon schmeißen *die Sache erledigen, zustande bringen* □ ***vamos conseguir tocar o barco** 3.3 wenn es jetzt so weitergeht, dann kann er seinen ~ (bald) zumachen *dann ist er ruiniert, erledigt, am Ende* □ ***se continuar assim, ele ficará arruinado** **4** den ~ wäre am liebsten den ~ hinschmeißen *die Sache aufgeben, sich davon zurückziehen* □ ***ele bem que gostaria de desistir**

La|den|hü|ter ⟨m.; -s, -; fig.; abwertend⟩ *Ware, die eine lange Zeit zum Verkauf ausliegt und nicht verkauft wird* □ **ponta de estoque**

La|den|schluss ⟨m.; -es; unz.⟩ *Zeit, zu der ein Laden geschlossen wird;* kurz vor ~ noch etwas kaufen; Gesetz zur Verlängerung des ~es □ **fechamento das lojas**

lä|die|ren ⟨V. 500⟩ **1** Sachen ~ = *beschädigen(1)* **2** Personen ~ = *verwunden(1)*

La|dung ⟨f.; -, -en⟩ **1** *die geladenen Güter, Fracht;* eine ~ Getreide; die ~ eines Lastwagens, eines Schiffes □ **carga, frete** **2** ⟨umg.⟩ *Menge;* und ich bekam die ganze ~, eine ~ voll Schmutz, Schnee, Wasser ins Gesicht □ **monte** **3** *Füllung, Inhalt eines Hochofens* □ **carga** **4** ⟨Waffenk.⟩ 4.1 *die Menge Pulver, die nötig ist, um ein Geschoss zu treiben;* Treib~ □ ***carga propulsora** 4.2 *Ladungsraum bei Handfeuerwaffen* □ **câmara** **5** ⟨Rechtsw.⟩ *Aufforderung, zu einem bestimmten Zeitpunkt zu erscheinen, Vorladung;* die ~ des Zeugen, Angeklagten □ **intimação** **6** ⟨Phys.⟩ *Elektrizitätsmenge, die auf einem Körper vorhanden ist* □ **carga**

La|dy ⟨[lɛɪdi] f.; -, -s; in Engl.⟩ *Dame* □ **lady**

La|ge ⟨f.; -, -n⟩ **1** *Stellung, Anordnung (eines Körpers), bezogen auf einen Raum od. eine Fläche;* die ~ des

Lager

Hauses, des Grundstücks; eine günstige, ungünstige, schöne ~; Luftkurort in schöner, ruhiger ~; ein Haus in Hang~; in höheren ~n hört der Baumwuchs auf; eine schräge, senkrechte, waagerechte ~; eine bequeme, unbequeme ~ □ **posição; localização** 2 *Zustand, derzeitige Stellung, Position (einer Person od. Sache), bezogen auf politische, gesellschaftliche, wirtschaftliche od. persönliche Verhältnisse;* Sy *Situation;* Lebens~; Wirtschafts~; die ~ hat sich gebessert, gewandelt, verschlechtert; die allgemeine, politische, wirtschaftliche ~; sich in einer bedauernswerten, peinlichen, schlimmen, schwierigen, unangenehmen ~ befinden; die ~ ist ernst, hoffnungslos; er befindet sich in einer glücklichen ~, dass er sich das leisten kann; jmdn. aus einer schwierigen ~ befreien; sich in einer schwierigen ~ befinden; jmdn. in eine schwierige ~ bringen; in eine schwierige ~ geraten; ich möchte nicht in seiner ~ sein; nach ~ der Dinge können wir das nicht tun □ **situação** 2.1 jmdn. in die ~ versetzen, etwas zu tun *jmdm. dazu verhelfen* □ *****ajudar alguém a fazer alguma coisa** 2.2 in der ~ sein, etwas zu tun *imstande, fähig sein, etwas zu tun, etwas tun können;* ich bin heute nicht in der ~ zu kommen □ *****estar em condições de fazer alguma coisa** 2.3 die ~ **peilen** (umg.) *die Situation erkunden, den derzeitigen Zustand ermitteln* □ *****sondar o terreno; examinar a situação** 3 *Schicht;* eine ~ von Steinen; abwechselnd eine ~ Fleisch und eine ~ Kartoffelscheiben; jeweils eine ~ Papier, eine ~ Holz □ **camada; estrato** 4 (umg.) *Bier od. Schnaps für eine kleine Tischgesellschaft, Runde;* eine ~ Bier, Schnaps ausgeben, spendieren □ **rodada** 5 (ostmitteldt.) *Stubendecke* □ **teto** 6 (Buchw.) *bestimmte Anzahl von Papierbogen, meist so viel, wie von Hand bewegt werden können* □ **caderno** 7 (Mus.) *Tonhöhe, Höhe, Umfang der Stimme;* Ton~, Stimm~; hohe, tiefe ~ □ **registro**

La|ger ⟨n.; -s, -⟩ 1 (Pl. umg. a.: Lä|ger) *Raum, in dem Waren aufbewahrt werden;* Waren~, Vorrats~ 1.1 eine Ware (nicht) auf, am ~ haben *vorrätig haben* □ **depósito; estoque** 1.2 das ~ **räumen** (Kaufmannsspr.) *alle Waren verkaufen* □ *****limpar/liquidar o estoque** 1.3 Vorschläge auf ~ haben ⟨fig.⟩ *bereithalten, machen können* □ *****ter sugestões em mente; ter cartas na manga** 2 *Stätte zum Schlafen, Ruhen;* Kranken~; Nacht~; Ruhe~; Stroh~; ein einfaches, hartes, weiches ~; jmdm. ein ~ zurechtmachen □ **cama; leito** 2.1 ~ des Nieder- u. Schwarzwildes (Jägerspr.) *Ruheplatz* □ **toca; covil** 3 *Gelände mit Wohn- u. sanitären Anlagen sowie Küche u. Verwaltungsräumen zum vorübergehenden Unterbringen von Personen;* Ferien~, Flüchtlings~, Gefangenen~, Internierungs~; im ~ arbeiten 3.1 *Lager(3) zur Erholung für Jugendliche;* Sy Kolonie(5); Sommer~ 3.2 *längerer Aufenthalt im Freien;* Ferien~, Zelt~ 3.2.1 *alle zum Lager(3.2) gehörenden Gegenstände;* das ~ abbrechen □ **acampamento; colônia** 4 (Geol.) *Schicht von Gesteinen, Mineralien* □ **jazida** 5 (Bot.) *reich gegliederter Körper von nicht in einzelne Organe gegliederten Pflanzen wie Algen, Pilze, Flechten: Thallus;* ~ pflanzen □ **talo** 6

⟨Tech.⟩ 6.1 *Bauteil, der die Lasten von Tragwerken aufnimmt u. auf einen stützenden Körper überträgt;* Balken~, Wider~ □ **apoio; suporte** 6.2 *Maschinenteil, der drehende od. schwingende Maschinenteile aufnimmt u. sie führt;* Gleit~; Rollen~; Kugel~ □ **mancal; chumaceira** 7 ⟨fig.⟩ *Gruppe von Personen, die in einer Sache eine einheitliche Meinung vertritt;* ins gegnerische ~ überlaufen; die Partei spaltete sich bald nach der Koalitionskrise in mehrere ~ □ **campo**

la|gern ⟨V.⟩ 1 ⟨500⟩ etwas ~ *längere Zeit aufbewahren, speichern;* Nahrungsmittel ~ □ **estocar; armazenar** 2 ⟨400⟩ etwas lagert *liegt längere Zeit auf Lager, wird aufbewahrt;* der Wein muss noch ~ □ **envelhecer;** eine Ware lagert im Keller, Speicher usw. □ **estar estocado/armazenado** 2.1 ~de Post *am Schalter abzuholende Post* □ *****correspondência depositada/acumulada** 3 ⟨500⟩ jmdn. ~ *bequem hinlegen, betten;* den Verunglückten auf eine Bahre ~ □ **deitar;** den Kopf eines Ohnmächtigen hoch, tief ~ □ *****manter levantada/abaixada a cabeça de quem desmaiou;** ein verletztes Glied ruhig ~ □ *****imobilizar um membro machucado** 4 ⟨500/Vr 2⟩ Getreide lagert sich *sinkt durch Nässe od. Sturm um* □ **cair** 5 ⟨500/Vr 3⟩ sich ~ *sich im Freien für einige Zeit niederlassen, im Freien rasten;* sich auf dem Waldboden, sich ins Gras ~ □ *****deitar; repousar** 6 ⟨400⟩ *ein Lager im Freien aufschlagen, im Freien ausruhen, rasten;* ein Teil des Heeres lagerte am Fluss □ **acampar** 6.1 *die Nacht im Freien zubringen* □ **passar a noite ao relento** 7 ⟨Zustandspassiv⟩ **anders** gelagert sein *andersartig, nicht von derselben Beschaffenheit sein* 7.1 dieser Fall ist anders gelagert *liegt anders* □ *****ser de outra natureza**

La|gu|ne ⟨f.; -, -n⟩ *vom offenen Meer durch Landstreifen od. Riffe abgetrennter See* □ **laguna**

lahm ⟨Adj.⟩ 1 jmd. ist ~ *infolge eines körperlichen Schadens bewegungsunfähig, gehbehindert od. unfähig zu gehen;* von Geburt an ~ sein □ **paralítico** 1.1 jmd. geht ~ *hinkt* □ *****mancar;* → a. **krumm**(1.2) 2 ein Tier ist ~ *hinkt* □ **manco; coxo** 3 ein Körperteil od. ein Glied ist ~ *ist kraftlos, gelähmt;* einen ~en Arm, ein ~es Bein haben □ **paralisado; sem força** 4 jmd. od. ein Körperteil von jmdm. ist ~ ⟨fig.⟩ *müde, erschöpft, steif;* mir ist der Rücken (ganz) ~ vom vielen Bücken □ **duro; arrebentado** 5 jmd. ist ~ ⟨fig.⟩ *schwach, schlapp, langweilig, ohne Schwung;* ein ~er Kerl □ **apagado; desanimado** 6 eine Sache ist ~ ⟨fig.⟩ *langweilig;* ein ~er Film □ **monótono; chato** 7 eine ~e Entschuldigung ⟨fig.⟩ *nicht ausreichende E.* □ *****uma desculpa esfarrapada**

läh|men ⟨V. 500⟩ 1 etwas lähmt jmdn. *macht jmdn. lahm, beraubt jmdn. der Fähigkeit, sich zu bewegen* □ **paralisar; imobilizar** 1.1 gelähmt sein *unbeweglich sein, nicht gehen können;* er war wie gelähmt vor Schreck □ *****estar/ficar paralisado** 2 ⟨402⟩ etwas lähmt (jmdn. od. etwas) *beraubt der Tatkraft, macht unwirksam;* die Angst lähmte ihre Entschlusskraft □ *****o medo tolheu sua capacidade de decisão;** ~de Angst, ~des Entsetzen befiel, ergriff sie □ **paralisante**

lahm|le|gen ⟨V. 500⟩ jmdn. od. etwas ~ *die Möglichkeit zu wirken nehmen, an weiterer Tätigkeit hindern;*

die Krankheit hat ihn lange Zeit lahmgelegt; den Verkehr, eine Eisenbahnstrecke ~ □ **paralisar**

Laib ⟨m.; -(e)s, -e⟩ *rund od. oval geformte, feste Masse;* Brot~; *ein ~ Brot, Käse* □ **peça**

Laich ⟨m.; -(e)s, -e; Zool.⟩ *die ins Wasser abgelegten, von einer Schleim- oder Gallerthülle umgebenen Eier der Mollusken, Fische u. Amphibien* □ **ova**

Laie ⟨m.; -n, -n⟩ **1** *jmd., der von einem (bestimmten) Fach nichts versteht, Nichtfachmann* **2** *jmd., der kein Geistlicher ist* □ **leigo**

Lai|en|spiel ⟨n.; -(e)s, -e⟩ *Theateraufführung, Theaterspiel von nicht schauspielerisch ausgebildeten Personen* □ **teatro amador**

La|kai ⟨m.; -en, -en⟩ **1** *fürstlicher od. herrschaftlicher Diener* **2** ⟨fig.⟩ *unterwürfiger, kriecherischer Mensch* □ **lacaio**

La|ke ⟨f.; -, -n⟩ *Salzbrühe zum Einpökeln od. Einsalzen von Lebensmitteln (bes. Fleisch od. Fisch)* □ **salmoura**

La|ken ⟨n.; -s, -⟩ **1** *Betttuch;* Bett~ □ **lençol* **2** *großes Tuch;* Bade~ □ **toalha de banho*

la|ko|nisch ⟨Adj.⟩ **1** *einsilbig, wortkarg, verdrießlich; er gab eine ~e Auskunft* **2** *kurz u. treffend (Stil); eine ~e Bemerkung* □ **lacônico**

La|kritz *auch:* **Lak|ritz** ⟨m. od. n.; -es, -e⟩ = *Lakritze*

La|krit|ze *auch:* **Lak|rit|ze** ⟨f.; -, -n⟩ *schwarze Masse aus dem Saft von Süßholz, aus der z. B. Süßwaren hergestellt werden;* oV *Lakritz* □ **alcaçuz**

lal|len ⟨V. 402⟩ **(etwas)** *~ mit gehemmter Zunge unartikuliert sprechen* □ **balbuciar**

La|ma¹ ⟨n.; -s, -s; Zool.⟩ *Kamelschaf, das in Südamerika als Lasttier u. als Lieferant von Fleisch u. Wolle gehalten wird: Lama glama* □ **lama**

La|ma² ⟨m.; - od. -s, -s⟩ *Priester, Mönch im tibetischen Buddhismus* □ **lama**

La|mé ⟨m.; - od. -s, -s⟩ = *Lamee*

La|mee ⟨n.; - od. -s, -s; Textilw.⟩ *Seidengewebe, das mit Metallfäden durchwirkt ist;* oV *Lamé* □ **lamê**

La|mel|le ⟨f.; -, -n⟩ **1** *dünnes Blättchen, dünne Scheibe* □ **lamela 2** ⟨Tech.⟩ **2.1** *Scheibe aus Metall, Papier, Kunststoff* □ **disco 2.2** *Rippe, Glied eines Heizkörpers* □ **aleta 3** ⟨Bot.⟩ *streifenförmiger Träger des Fruchtkörpers unter dem Hut der Blätterpilze* □ **lamela**

la|men|tie|ren ⟨V. 405⟩ *(über etwas od. jmdn.) ~ wehklagen, jammern* □ **lamentar**

La|men|to ⟨n.; -s, -s od. -ti⟩ **1** ⟨Mus.⟩ *Klagelied (im Madrigal u. in der ital. Oper des 17. u. 18. Jh.)* **2** ⟨allg.⟩ *Wehklage, Klage, Gejammer* □ **lamento**

La|met|ta ⟨n.; -s, unz.; österr. a.: f.; -; unz.⟩ **1** *dünner schmaler Streifen aus Metallfolie (als Christbaumschmuck)* □ **fios metálicos para decoração; festão de árvore de Natal 2** ⟨umg.; scherzh.⟩ *(viele) Orden (an der Brust)* □ **condecorações**

Lamm ⟨n.; -(e)s, Läm|mer⟩ **1** *junges Schaf* **2** *junge Ziege* **3** *Sinnbild der Unschuld u. Geduld; geduldig, unschuldig wie ein ~ sein* **3.1** *das ~ Gottes* ⟨fig.; poet.⟩ *Christus* □ **cordeiro**

Lam|pe¹ ⟨f.; -, -n⟩ **1** *Gerät zum Erzeugen von Licht durch Verbrennung, Erhitzung od. Gasentladung;* Bogen~, Gas~, Glüh~, Öl~, Petroleum~; *die ~ anzünden, ein-, ausschalten* □ **lampião; candeeiro 2** = *Leuchte(1);* Hänge~ □ **lustre;* Taschen~ □ **lanterna;* Steh~ □ **luminária de piso;* Schreibtisch~ □ **luminária de mesa; beim (traulichen) Schein der ~* □ **luminária**

Lam|pe² ⟨m.; -; unz.⟩ **Meister** *~ der Hase (in der Tierfabel)* □ **Comadre Lebre*

Lam|pen|fie|ber ⟨n.; -s; unz.⟩ *Erregung, Angst, Nervosität (des Schauspielers) vor dem öffentlichen Auftreten; ~ haben; an ~ leiden* □ **nervosismo antes de entrar no palco**

Lam|pi|on ⟨[lãpjõː] od. [lampjɔŋ], österr. [-joːn] m. od. n.; -s, -s⟩ *Laterne aus buntem Papier od. bunter Seide mit einer Kerze im Innern* □ **lanterna chinesa**

Land ⟨n.; -(e)s, Län|der⟩ **1** ⟨unz.⟩ *abgegrenztes, bestimmtes Stück Erdboden, Grundstück, Grundbesitz;* Bau~; *50 Hektar ~ besitzen* **1.1** *zur landwirtschaftlichen Nutzung bestimmtes Land(1);* Acker~, Weide~, Wald~; *fruchtbares, unfruchtbares ~* □ **terra; terreno 2** ⟨unz.⟩ *Festland, nicht mit Wasser bedeckter Teil der Erdoberfläche; (wieder) festes ~ unter den Füßen haben; (vom Schiff aus) an ~ gehen od. steigen; an od. ans ~ schwimmen, steigen; Streitkräfte zu Wasser, zu ~e und in der Luft; auf trockenem ~(e); ~ in Sicht* □ **terra 3** ⟨unz.⟩ *Gebiet, Gegend, wo Landwirtschaft betrieben wird;* Ggs *Stadt; Stadt und ~; aufs ~ gehen, reisen, ziehen; auf dem ~(e) leben, wohnen; ein ebenes, flaches, hügeliges, offenes, weites ~* **4** ⟨unz.⟩ *Wald, Wiese u. Feld, freie Gegend, Landschaft; über ~ gehen* □ **campo; interior 5** ⟨Pl. (poet.) -e⟩ *von Grenzen umgebenes Gebiet, Staat; von ~ zu ~ fahren, reisen; ferne, fremde Länder; die Vertreter aller Länder; nördliche, südliche Länder; das ~ meiner Träume, meiner Sehnsucht; andere Länder, andere Sitten; ~ und Leute kennenlernen; in fernen ~en (poet.)* □ **país 5.1** *Menschen aus aller Herren Länder(n) von überallher* □ **pessoas de todos os lugares/cantos* **5.2** *außer ~es gehen einen Staat verlassen* □ **emigrar* **5.3** *jmdn. des ~es verweisen jmdm. den Aufenthalt im Staat verbieten* □ **exilar alguém* **6** ⟨1919-1949⟩ *Gliedstaat des Deutschen Reiches u. der Nachfolgestaaten; ~ Preußen* **6.1** ⟨1949-1952⟩ *Gliedstaat der DDR; ~ Sachsen, Mecklenburg* **6.2** ⟨seit 1949⟩ *Gliedstaat der Bundesrepublik Deutschland; das ~ Hessen* □ **estado 7** ⟨in Zus.⟩ *(geografischer) Landschaftstyp;* Küsten~ □ **litoral,* Binnen~ □ **interior,* Tief~ □ **planície baixa,* Hoch~ □ **planalto,* Flach~ □ **planície* **8** ⟨fig.⟩ **8.1** *eine Unschuld vom ~e* ⟨früher⟩ *naives Bauernmädchen* □ **uma (moça) caipira;* **uma moça simples do campo 8.2** *ich sehe noch kein ~ kein Ende* □ **fim 8.3** *ich habe noch etwas ~* ⟨umg.⟩ *noch etwas Zeit, bis etwas (Unangenehmes) eintritt* □ **tempo 8.4** *zehn Jahre gingen ins ~* ⟨veraltet⟩ *zehn Jahre vergingen* □ **dez anos se passaram*

land|ab ⟨Adv.⟩ → *landauf*

land|auf ⟨Adv.; nur in der Wendung⟩ *~, landab überall, im ganzen Land* □ **no país inteiro*

land|aus ⟨Adv.; nur in der Wendung⟩ ~, **landein 1** *im Inland u. Ausland* □ **dentro e fora do país* **2** *durch viele Länder (hindurch)* □ **em/por vários países**
land|ein ⟨Adv.⟩ → *landaus*
lan|den ⟨V.⟩ **1** ⟨400(s.)⟩ *an seinem Bestimmungsort ankommen; wir sind wieder gut zu Hause gelandet* □ **chegar** 1.1 *am Festland, am Ufer anlegen; ein Schiff landet* 1.2 *auf den Boden niedergehen; Ggs starten(1.2); das Flugzeug landet sicher* □ **aterrissar** 1.3 *an einem Ort od. bei jmdm.* ~ ⟨umg.⟩ *(mehr od. weniger) zufällig an einen Ort od. an jmdn. geraten, an einem Ort od. bei jmdm. ankommen; der Wagen landete an einem Baum, im Straßengraben; schließlich landete ich bei Freunden, im Kino* □ **ir parar 2** ⟨500⟩ *jmdn. od. etwas* (Truppen) ~ *an Land od. auf den Erdboden bringen (vom Schiff od. Flugzeug)* □ **desembarcar 3** ⟨fig.⟩ 3.1 ⟨500⟩ *etwas* ~ ⟨umg.⟩ *anbringen, platzieren; er landete eine kräftige Linke am Kinn des Gegners* ⟨Boxsp.⟩ □ **meter** 3.2 ⟨411(s.)⟩ m. Modalverb: *bei jmdm. nicht* ~ *können* ⟨umg.; scherzh.⟩ *keinen Erfolg haben; er konnte bei ihr nicht* ~ □ **não ter sucesso com alguém*
Land|jä|ger ⟨m.; -s, -⟩ **1** ⟨veraltet⟩ *Polizist auf dem Lande, Gendarm* □ **policial da província 2** *flachgepresste, hartgeräucherte Wurst* □ **Landjäger**
Land|kar|te ⟨f.; -, -n⟩ *Blatt Papier mit der zeichnerischen Darstellung der Erdoberfläche od. eines ihrer Teile* □ **mapa**
Land|kreis ⟨m.; -es, -e⟩ *kleinster staatlicher Verwaltungsbezirk* □ **circunscrição; distrito**
land|läu|fig ⟨Adj. 24/80⟩ **1** *eine* ~e *Meinung gewöhnliche, allgemein bekannte, verbreitete M.* **2** *eine* ~e *Redensart gebräuchliche, übliche R.* □ **corrente; usual**
länd|lich ⟨Adj.⟩ **1** *das (freie) Land betreffend, zu ihm gehörig; Ggs städtisch(1);* ~e *Gegend* □ **rural** 1.1 ~er *Roman R., der auf dem Lande spielt* **2** *einfach, bäuerlich; Ggs städtisch(2);* ~e *Idylle* □ **bucólico 3** *auf dem Lande üblich; Ggs städtisch(4);* ~er *Tanz;* ~e *Tracht* □ **rural; do campo**
Land|schaft ⟨f.; -, -en⟩ **1** *geografisches Gebiet mit bestimmter, von der Natur geprägter Eigenart; bergige, hügelige, waldige* ~ **2** *freies Land, Gegend; herbe, liebliche, öde* ~ **3** ⟨Mal.⟩ *Darstellung einer Landschaft; ideale, mythologische, realistische* ~ □ **paisagem**
Lands|knecht ⟨m.; -(e)s, -e; 15./16. Jh.⟩ *zu Fuß kämpfender Söldner* □ **lansquenê**
Lands|mann ⟨m.; -(e)s, -leu|te⟩ **1** *Einwohner des gleichen Landes od. der gleichen Landschaft; er ist ein* ~ *von mir* □ **conterrâneo; compatriota 2** *Einwohner eines bestimmten Landes; was ist er für ein* ~? □ **de onde ele é?*
Land|stra|ße ⟨f.; -, -n⟩ *Straße mit befestigter Fahrbahn, die über Land führt* □ **estrada vicinal**
Land|strich ⟨m.; -(e)s, -e⟩ *schmaler Teil einer Landschaft, kleines Gebiet* □ **região; área**
Land|sturm ⟨m.; -(e)s; unz.; Mil.; veraltet; Sammelbez. für⟩ **1** ⟨urspr.⟩ *letztes Aufgebot sämtlicher Wehrpflichtigen* □ **Landsturm 2** *die älteren Jahrgänge der Wehrpflichtigen* 2.1 *(in der Schweiz bis 1995) die wehrfähigen Männer vom 43. bis zum 50. Lebensjahr* □ **reserva**
Land|tag ⟨m.; -(e)s, -e; Pol.⟩ **1** ⟨im alten Dt. Reich⟩ *Versammlung der Landstände* □ **assembleia representativa dos estamentos;** *Landtag* **2** ⟨heute⟩ *Volksvertretung der Bundesländer* □ **parlamento estadual;** *Landtag*
Lan|dung ⟨f.; -, -en⟩ *das Landen (von Schiffen, Flugzeugen)* □ **aportamento; aterrissagem**
Land|wirt ⟨m.; -(e)s, -e⟩ **1** *Besitzer od. Pächter eines landwirtschaftlichen Betriebes, Bauer; er ist ein echter* ~ □ **agricultor 2** *jmd., der eine Lehre in einem landwirtschaftlichen Betrieb sowie eine Landwirtschafts- od. Landbauschule bzw. höhere Schule (Abitur) u. landwirtschaftliche Hochschule absolviert hat; die Arbeit des* ~es □ **agrônomo**
Land|wirt|schaft ⟨f.; -, -en⟩ Sy ⟨österr.⟩ *Ökonomie(2)* **1** ⟨unz.⟩ *planmäßiger Betrieb von Ackerbau u. Viehzucht; es ist wichtig, die* ~ *zu erhalten* □ **agricultura 2** ⟨umg.⟩ *kleiner Besitz auf dem Land mit Kleintierhaltung; eine* ~ *besitzen* □ **sítio; propriedade rural**
lang ⟨Adj. 22⟩ **1** ⟨räuml.⟩ *von einer (durch Maßangabe) bestimmten Ausdehnung* □ **longo; comprido**; *wie* ~ *ist das Seil?* □ **qual o comprimento da corda?*; *der Tisch ist fünf Meter* ~ □ **a mesa tem cinco metros de comprimento* 1.1 *von (verhältnismäßig) großer Ausdehnung in einer Richtung; Ggs kurz; eine* ~e *Schnur, Strecke; ein* ~er *Weg* □ **longo; comprido**; *einen Rock länger machen* □ **encompridar uma saia* 1.1.1 ~es *Haar tragen, das Haar* ~ *tragen einen Haarschnitt haben, bei dem die Haare mindestens den Nacken bedecken* 1.1.2 *ein* ~es *Kleid tragen ein bis zu den Füßen reichendes K.* 1.1.3 *jmdm. einen* ~en *Brief schreiben Brief, der mehrere Seiten umfasst* □ **longo; comprido** 1.1.4 *ein Pfahl, Mast ist* ~ *hoch, hochragend* 1.1.5 *ein Mensch, ein Tier ist* ~ *groß und schlank* □ **alto** 1.1.6 *die* ~en *Kerls der vom Friedrich Wilhelm I. von Preußen geschaffene Leibgarde aus besonders großen Soldaten* □ **regimento de gigantes* **2** ⟨zeitl.⟩ *von einer bestimmten Ausdehnung in der Zeit (seiend)* 2.1 *von großer zeitlicher Ausdehnung, Dauer; Ggs kurz; ein* ~es *Leben; eine* ~e *Rede halten* □ **longo; extenso**; → a. *kurz(2.2.1)* 2.2 *eine Zeiteinheit* ~ *(eine bestimmte) Zeit beanspruchend, dauernd, sich über einen bestimmten Zeitraum hin erstreckend* ~ □ **durante/ao longo de um período;* *fünf Jahre* ~ □ **durante cinco anos;* *viele Jahre* ~ □ **por muitos anos;* *nach* ~em *Nachdenken, Überlegen* □ **após longa reflexão;* *einen Sommer* ~ □ **durante/ao longo de um verão* 2.2.1 *er hat sein ganzes Leben* ~ *hart gearbeitet sein ganzes L. (hindurch)* □ **trabalhou duro a vida inteira* 2.3 ~e *Zeit viel Zeit, großer Zeitraum* □ **longo tempo/período;* *seit* ~er *Zeit* □ **há muito tempo* 2.3.1 *auf, für* ~e *Zeit für die Dauer eines großen Zeitraums* □ **por muito tempo* 2.3.2 *vor (noch) nicht* ~er *Zeit vor ziemlich kurzer Z.* □ **há não muito tempo* 2.3.3 *längere Zeit, seit längerem/Längerem ziemlich lange Z. (weniger als „lange" Z.)* □ **durante certo tempo; há certo tempo* 2.3.4 *es hat*

die längste Zeit gedauert ⟨umg.⟩ *es wird bald zu Ende sein* □ ***já durou o bastante** 2.3.5 ⟨40⟩ die Zeit wird mir ~ *es ist mir langweilig* □ ***o tempo não passa** 2.3.6 vor ~en **Jahren** *vor vielen J.* □ ***há muitos anos** 3 = *lange*; ~, ~ ist's her (aus einem Volkslied) □ ***há muito, muito tempo** 4 ⟨fig.⟩ 4.1 dafür kann ich eine ~e **Reihe** von Beispielen nennen *viele, eine große Anzahl* □ **longo** 4.2 ein ~es **Gesicht** machen ⟨umg.⟩ *ein enttäuschtes G.* □ ***ficar decepcionado; ficar de orelha murcha** 4.3 einen ~en **Hals** machen *neugierig etwas sehen wollen* □ ***esticar o pescoço** 4.4 ~e **Soße** ⟨fig.⟩ *dünne S.* □ **ralo** 4.5 ⟨60⟩ **von** ~er **Hand** *vorbereitet lange Zeit vorbereitet* □ ***preparado durante muito tempo; cuidadosamente preparado** 4.6 ⟨50⟩ eine **Sache** ~ und **breit**, des Langen u. Breiten ausführen, darlegen, erzählen, schildern *sehr ausgedehnt, zu ausführlich* □ ***realizar/apresentar/contar/ilustrar uma coisa nos mínimos detalhes** 4.7 ⟨50⟩ eine **Sache** des längeren/Längeren vorbereiten *seit längerer Zeit* □ ***preparar uma coisa há muito tempo** 4.8 ⟨60⟩ ~e **Finger** machen ⟨umg.⟩ *stehlen* □ ***passar a mão; afanar** 4.9 ⟨60⟩ etwas auf die ~e **Bank** schieben *auf-, hinausschieben, verzögern* □ ***empurrar alguma coisa com a barriga** 5 ⟨Getrennt- u. Zusammenschreiben⟩ 5.1 ~ **ziehen** = **langziehen** 5.2 ~ **anhaltend** = *langanhaltend* 5.3 ~ **gestreckt** = **langgestreckt**

lạng|an|hal|tend *auch:* **lạng an|hal|tend** ⟨Adj. 24/60⟩ *lange andauernd, lange unverändert bleibend;* ~er Beifall □ **longo; prolongado**

lạng|at|mig ⟨Adj.⟩ *zu ausführlich, weitschweifig;* ~er Stil □ **prolixo; circunstanciado;** etwas ~ beschreiben, erzählen □ **longamente**

lạn|ge ⟨Adv.⟩ oV ⟨umg.⟩ **lang** 1 *lange Zeit, einen relativ großen Zeitraum (ausmachend);* ~ bevor er kam □ ***bem antes de ele chegar;** das geschah erst ~ danach □ ***isso só aconteceu bem depois;** es ist länger als ein Jahr her □ ***faz mais de um ano;** ich kann nicht länger warten □ ***não posso esperar mais;** ~ schlafen □ ***dormir por um bom tempo;** es wird noch, nicht mehr ~ dauern □ ***ainda vai demorar; não vai demorar mais;** er hat ~ gebraucht, bis... □ ***ele levou um bom tempo até...;** bleib nicht so ~ (aus)! □ ***não fique muito tempo fora/na rua!;** ich kann es nicht länger aushalten, ertragen, mit ansehen □ ***não vou aguentar isso por muito tempo;** er wird noch ~ nicht kommen □ ***ele vai ficar um bom tempo sem vir;** es ist ~ her, seit, dass er mir geschrieben hat □ ***faz tempo que ele me escreveu;** schon ~ vorher □ ***já faz muito tempo;** wie ~ soll ich noch warten? (Ausdruck der Ungeduld) □ ***quanto tempo ainda tenho de esperar?;** was ~ währt, wird endlich gut ⟨Sprichw.⟩ □ ***quem espera sempre alcança** 1.1 **nicht** ~ **darauf** *bald darauf* □ ***pouco depois** 2 *seit geraumer Zeit;* ich habe schon ~ nichts mehr von ihm gehört; das weiß ich schon ~; seit ~m/Langem □ **há tempos** 3 ⟨verstärkend; fig.; umg.⟩ *bei weitem, völlig;* das ist noch ~ nicht genug □ ***isso ainda está longe de ser suficiente;** du hast nun ~ genug gespielt □ ***você já brincou mais do que o suficiente;** dieses Kleid ist ~ nicht so schön wie jenes □ ***este vestido não é nem de longe tão bonito quanto aquele** 4 ⟨fig.⟩ 4.1 da fragt man gar nicht erst ~ ⟨umg.⟩ *viel* □ ***não se perde muito tempo fazendo perguntas** 4.2 er ließ sich ~ bitten *oft* □ ***ele vivia se fazendo de rogado** 4.3 da kann er ~ warten! ⟨umg.⟩ *seine Hoffnung ist vergeblich* □ ***ele pode esperar sentado!**

Län|ge ⟨f.; -, -n⟩ 1 *größte räumliche Ausdehnung (eines Körpers) in einer Richtung, in der Hauptrichtung;* die ~ eines Gegenstandes messen; eine Strecke von drei Meter ~ 1.1 der Tisch misst 2 m in der ~ *ist zwei Meter lang* 1.2 das Pferd war den anderen um einige, mehrere ~ voraus *Pferdelängen* □ **comprimento; extensão** 1.3 er fiel der ~ nach hin *in seiner ganzen Größe* □ ***ele caiu de comprido; ele se estatelou** 2 ⟨unz.⟩ *Längengrad* 2.1 20° westlicher (östlicher) ~ *20° westlich (östlich) des Nullmeridians von Greenwich* □ **longitude** 3 *relativ große zeitliche Ausdehnung, Dauer* □ **extensão; duração** 3.1 die Angelegenheit zieht sich in die ~ *dauert länger als gedacht* □ ***a questão está se prolongando** 3.2 eine Sache in die ~ ziehen ⟨umg.⟩ *verlängern, länger dazu brauchen als nötig od. geplant* □ ***protelar/embromar uma coisa** 4 *langweilige, spannungslose, zu weitschweifig geschilderte Stelle (im Buch, Film, Theaterstück);* der Roman hat ~n □ **trechos longos/prolixos** 5 ⟨Metrik⟩ *lange Silbe* □ ⟨**sílaba**⟩ **longa**

lạn|gen ⟨V.⟩ 1 ⟨400; umg.⟩ *genügen, ausreichen;* langt das?; es langt (gerade) noch; der Stoff wird zu einem Kleid ~ □ **bastar; ser suficiente** 1.1 es langt nicht hinten u. nicht vorn, (od.) nicht hin u. nicht her ⟨umg.⟩ *man kann nicht damit auskommen, es ist nicht genug* □ ***não dá para o gasto** 1.2 ⟨416⟩ mit dem Geld ~ ⟨umg.⟩ *auskommen* □ ***virar-se/arranjar-se com o dinheiro** 2 ⟨411⟩ *die Hand ausstrecken, um etwas zu jmdm. zu ergreifen, festzuhalten;* kannst du bis zu mir ~? □ **esticar/estender a mão** 2.1 **in, nach** etwas ~ *in, nach etwas greifen;* in die Tasche ~ □ ***enfiar a mão no bolso (para pegar alguma coisa);** er langte nach der Zuckerdose □ ***ele esticou a mão para pegar o açucareiro** 3 ⟨fig.⟩ 3.1 ⟨403⟩ (danke), es langt (mir)! *es genügt (mir)* □ ***(obrigado,) estou satisfeito!** 3.2 ⟨403⟩ jetzt langt's (mir) aber! ⟨umg.⟩ *jetzt habe ich genug, jetzt reißt mir die Geduld!* □ ***agora chega!** 3.3 ⟨530⟩ jmdm. eine ~ *jmdm. eine Ohrfeige geben* □ ***dar uma bofetada em alguém**

Län|gen|grad ⟨m.; -(e)s, -e; Geogr.⟩ *in Winkelgrad gemessener, auf den Längenkreis von Greenwich bezogener Längenkreis* □ **longitude**

Län|gen|kreis ⟨m.; -es, -e; Geogr.⟩ *in kürzester Linie vom Nordpol zum Südpol der Erde verlaufende Linie als Teil eines über die Erde gelegten gedachten Netzes;* Sy *Meridian;* Ggs *Breitenkreis* □ **meridiano**

Lan|ge|wei|le ⟨f.; - od. Lan|gen|wei|le; unz.⟩ 1 *Mangel an Abwechslung, Überdruss;* oV *Langweile* □ **monotonia** 1.1 ~ haben *nicht wissen, womit man die Zeit verbringen, sich die Zeit vertreiben soll* □ ***entediar-se;** sich mit Gesellschaftsspielen, mit Lesen die ~ vertreiben; ich tue das nur aus ~ □ **tédio; enfado**

lang|ge|streckt *auch:* **lang ge|streckt** ⟨Adj. 24/70⟩ *lang u. schmal, sich lang hinziehend, sich in die Länge ausdehnend;* ein ~er Badestrand; ~e Häuserreihen □ **longo; extenso**

läng|lich ⟨Adj.⟩ *mehr lang als breit;* eine ~e Auflaufform; eine ~e Frucht □ **oblongo; alongado**

Lang|mut ⟨f.; -; unz.; geh.⟩ *Geduld, geduldige Haltung, Gesinnung, Nachsicht;* ~ üben (gegen jmdn.); jetzt ist seine ~ erschöpft, zu Ende □ **paciência; longanimidade**

längs¹ ⟨Präp. m. Gen.⟩ *entlang;* Ggs *quer zu;* ~ des Flusses, der Straße □ **ao longo de**

längs² ⟨Adv.⟩ **1** *in Richtung der größten Ausdehnung;* den Stiel ~ durchschneiden; einen Stoff ~ nehmen, verarbeiten □ **longitudinalmente 2** ⟨köln.⟩ *vorbei;* komm doch gelegentlich (bei uns) ~ □ *****passe em casa uma hora dessas 3** (Getrennt- u. Zusammenschreibung) 3.1 ~ **gestreift** = *längsgestreift*

lang|sam ⟨Adj.⟩ **1** *eine geraume Zeit brauchend, um etwas auszuführen;* Ggs *schnell;* ~ fahren, gehen, laufen; er ist ausgesprochen ~; ein ~er Esser; ~, aber sicher (Sprichw.) □ **devagar 2** jmd. ist ~ *in der Bewegung träge, schwerfällig;* ~ arbeiten □ **devagar; lerdo 3** *eine Sache geht, macht* ~ *nimmt zögernd ihren Fortgang* □ *****ir devagar; progredir lentamente;** seine Genesung macht nur ~e Fortschritte □ *****sua recuperação está sendo lenta;** die Zeit vergeht ~ 3.1 das geht mir zu ~ *nicht schnell genug* □ **devagar 4** *nicht schnell, gemächlich, gemessenen Schrittes;* ~er Walzer □ **lento;** ~ näher kommen; ganz ~ □ **devagar 4.1** ~! 4.1.1 *nicht so schnell!, vorsichtig!* 4.1.2 *nur Geduld!* □ **devagar!; calma! 5** *allmählich;* es wird ~ Zeit zu gehen; jetzt wird es mir aber ~ zu viel! □ **aos poucos**

längs|ge|streift *auch:* **längs ge|streift** ⟨Adj. 24/70⟩ *der Länge nach gestreift;* ein ~er Pullover □ **com listras longitudinais/verticais**

Längs|schnitt ⟨m.; -(e)s, -e⟩ Ggs *Querschnitt* **1** *Schnitt der Länge nach durch einen Körper* **2** *Zeichnung, die diesen Längsschnitt(1) darstellt* □ **corte longitudinal**

längst ⟨Adv.⟩ **1** *schon lange, (schon) seit langer Zeit;* ich weiß es ~; das ist ja ~ fertig, ~ vorbei; er ist (schon) ~ wieder gesund □ **há muito tempo 2** ~ *nicht bei weitem nicht;* ich habe ~ nicht so viel Beeren gepflückt wie du □ **nem de longe**

längs|tens ⟨Adv.; zeitl.; umg.⟩ **1** *höchstens;* er ist ~ eine halbe Stunde dort gewesen □ **no máximo; quando muito 2** *spätestens;* in ~ zwei Stunden, zwei Wochen □ **o mais tardar**

Lan|gus|te ⟨f.; -, -n; Zool.⟩ *zu den Panzerkrebsen gehörender, großer Speisekrebs ohne Scheren mit stachelbesetztem, rötlich-violettem Panzer, der im Mittelmeer u. an den westeuropäischen Küsten lebt: Palinurus vulgaris* □ **lagosta**

Lang|wei|le ⟨f.; -; unz.⟩ = *Langeweile*

lang|wei|len ⟨V.⟩ **1** ⟨500⟩ jmdn. ~ *jmdm. Langeweile bereiten* **2** ⟨Vr 2⟩ sich ~ *Langeweile, keine Beschäftigung haben, nicht wissen, was man tun soll;* er langweilt sich, wenn sein Bruder in der Schule ist □ **entediar(-se); aborrecer(-se)**

lang|wei|lig ⟨Adj.⟩ **1** *Langeweile bereitend, eintönig, ermüdend, einförmig;* eine ~e Geschichte, Rede; ein ~er Kerl; das ist ja ~!; das lange Warten wird mir (allmählich) ~ □ **enfadonho; monótono; chato 1.1** ein Gericht schmeckt ~ ⟨fig.; umg.⟩ *fade* □ **insosso; insípido 1.2** jmd. ist ~ *weiß nicht viel zu sagen u. zu tun* □ **insosso 1.3** eine Landschaft ist ~ *wenig abwechslungsreich, öde* □ **monótono**

lang|wie|rig ⟨Adj.⟩ *eine ~e Sache lange dauernde u. (meist auch) schwierige S.;* ~e Arbeit □ **moroso; complicado;** ~e Krankheit □ **crônico**

lang|zie|hen *auch:* **lang zie|hen** ⟨V. 293/500⟩ etwas ~ *in die Länge ziehen* □ **esticar; puxar;** jmdm. die Ohren ~ ⟨fig.⟩ □ *****puxar as orelhas de alguém**

Lan|ze ⟨f.; -, -n⟩ **1** *Stichwaffe mit langem Schaft, Speer, Spieß* □ **lança 2** eine ~ für jmdn. brechen ⟨fig.⟩ *es als Erster wagen, für jmdn. einzutreten, für ihn sprechen* □ *****defender alguém; quebrar lanças por alguém**

la|pi|dar ⟨Adj.⟩ **1** *wuchtig, kraftvoll* □ **enérgico; vigoroso 2** *kurz u. bündig* □ **lapidar**

Lap|pa|lie ⟨[-ljə] f.; -, -n⟩ *unwichtige Kleinigkeit, Nichtigkeit;* wegen dieser ~ solltet ihr euch nicht streiten □ **bobagem; insignificância**

Lap|pen ⟨m.; -s, -⟩ **1** *kleines Stück Stoff zum Gebrauch im Haushalt, zum Putzen von Maschinen usw.;* Putz~, Wasch~, Wisch~ □ **pano; trapo 2** ⟨fig.; umg.⟩ *Geldschein von hohem Wert* □ **nota alta 3** ⟨Pl.; Jagdw.⟩ *große Stücke Stoff, mit denen bei Treibjagden ein Stück Wald eingegrenzt wird, um das Wild in eine bestimmte Richtung zu treiben* □ **pano; retalho 3.1** jmdm. durch die ~ gehen ⟨fig.; umg.⟩ *entgehen, entkommen, entweichen, entwischen (urspr. von Wild, das durch die aufgehängten Lappen entkommt)* □ *****escapar de alguém 4** ⟨Jägerspr.⟩ *Haut zwischen den Zehen des Wasserwildes* **5** ⟨Zool.⟩ *Hautlappen an den Zehen der Lappentaucher* □ **membrana interdigital**

läp|pern ⟨V. 500/Vr 3; unpersönl.; umg.⟩ es läppert sich *es sammelt sich nach u. nach eine größere Menge an* □ *****as coisas vão se acumulando**

läp|pisch ⟨Adj.⟩ **1** jmd. benimmt sich ~ *sehr töricht, kindisch; albern;* ~es Benehmen, Verhalten □ **(de modo) infantil/tolo 2** etwas ist ~ *lächerlich, (geschmacklos) u. kleinlich;* es ist ja ~, das als Grund anzuführen □ **ridículo**

Lap|sus ⟨m.; -, -⟩ *Fehler, Ungeschicklichkeit, Peinlichkeit;* einen ~ begehen □ **lapso**

Lap|top ⟨[læptɔp] m.; -s, -s; EDV⟩ *kleiner tragbarer Computer mit flachem Bildschirm* □ **laptop**

Lär|che ⟨f.; -, -n; Bot.⟩ *Angehörige einer Gattung von Nadelhölzern der nördlichen Halbkugel, deren Kurztriebe ihre Nadeln im Herbst abwerfen u. im Frühjahr wieder neue bilden: Larix* □ **lárix**

Lar|go ⟨n.; -s, -s od. Larghi; Mus.⟩ *langsam u. getragen zu spielendes Musikstück* □ **largo**

Lärm ⟨m.; -(e)s; unz.⟩ **1** *sehr lautes Geräusch, Krach, Getöse;* Straßen~; der ~ der Maschinen, der Flugzeuge; macht nicht solchen ~!; die Kinder machen viel ~; ohrenbetäubender ~; ~belastung □ **barulho 2** *Geschrei;* der ~ auf dem Schulhof □ **gritaria; alarido 2.1**

viel ~ um nichts ⟨fig.⟩ *viel Aufhebens von einer geringfügigen Sache machen* □ *muito barulho por nada **3** ~ **schlagen** *Alarm schlagen* □ *soar o alarme

lär|men ⟨V. 400⟩ *Lärm, Krach machen; auf der Straße, im Garten* ~ □ fazer barulho

Lar|ve ⟨[-fə] f.; -, -n⟩ **1** ⟨Zool.⟩ *Jugendform von Tieren mit indirekter Entwicklung (Metamorphose), nach dem Grade der Entwicklung u. durch den Besitz besonderer Organe von den erwachsenen Tieren unterschieden, manchmal auch von völlig anderer Gestalt u. Lebensweise* □ larva **2** *Maske, die einen Teil des Gesichts bedeckt* □ máscara **2.1** *jmdm. die* ~ *vom Gesicht reißen* ⟨fig.⟩ *jmds. wahres Wesen öffentlich zeigen* □ *desmascarar alguém

lasch ⟨Adj.⟩ *schlaff, träge, energielos, disziplinlos; ein* ~*er Händedruck; eine* ~*e Stimme haben* □ frouxo, indolente, mole

La|sche ⟨f.; -, -n⟩ **1** *metallenes Verbindungsstück zweier Teile, z. B. von Eisenbahnschienen* □ cobrejunta; tala de junção **2** *ovales Leder-, Stoff- od. Papierstück, z. B. unter den Schnürsenkeln des Schuhs (Zunge), als Verschluss od. Schmuck an Handtaschen, als Verschlussstück, das durch eine Öffnung gezogen wird, an Hüllen jeglicher Art* □ lingueta

La|ser ⟨[leɪzɐ] od. [le:zɐ] m.; -s, -; Phys.⟩ *Gerät zur Verstärkung elektromagnetischer Wellen, wobei die höchsten bekannten Energiedichten je Flächeneinheit erreicht werden* □ laser

las|sen ⟨V. 175/500⟩ **1** ⟨570⟩ *etwas geschehen* ~, *jmdn. etwas tun* ~ *zulassen, dulden, erlauben, dass etwas geschieht, dass jmd. etwas tut* □ deixar; permitir; *das lasse ich mir nicht bieten, gefallen* □ *não vou admitir/tolerar isso; *lass dich nicht so lange bitten!* □ *não se faça de rogado!; *lass dir ja nicht einfallen, dort hinzugehen!* □ *nem pense em ir até lá!; *jmdn. entkommen, entwischen* ~; *lass dich nur nicht, ja nicht erwischen!; einen Gegenstand fallen* ~; *jmdn. fühlen* ~, *dass ...; lass sie nur kommen* (leicht drohend); *lass mich den Brief lesen; das dürfen wir nicht geschehen* ~; ~ *Sie mich Ihnen helfen!; lass dir doch keine Angst machen!; sich seine Enttäuschung (nicht) anmerken* ~; *jmdn. schlafen* ~; *lass dich nicht unterkriegen!; jmdn. warten* ~; *lass mich gehen* □ deixar; *er lässt mit sich reden, mit sich handeln* □ *ele é acessível/transigente; ~ *Sie sich nicht stören!* □ *não se incomode! **1.1** *lass mich (das) nur machen! ich bringe es schon in Ordnung* □ *deixe que eu cuido disso! **1.2** *lass uns gehen! wir wollen gehen* □ *vamos embora! **1.3** *lass dir das ein für allemal gesagt sein! ich will es dir nicht noch einmal sagen müssen!* □ *ouça de uma vez por todas!; ponha isso na sua cabeça! **1.4** *er lässt sich nichts sagen er duldet keine Zurechtweisung* □ *com ele não se pode falar nada **1.5** *in dem neuen Anzug kann er sich sehen* ~/sehenlassen *braucht er sich nicht zu schämen* □ *ele está apresentável com o novo terno **1.6** *lass dich bald einmal (bei uns) sehen! besuch uns bald einmal* □ *venha nos visitar!; apareça! **1.7** ~ *Sie sich gesagt sein, dass ... ich sage es Ihnen ganz offen u. deutlich,*

dass ... (meist warnend od. ermahnend) □ *que fique bem claro que... **1.8** ⟨511⟩ *jmdn. an einen Ort* ~ *erlauben, dass jmd. an einen O. kommt;* der Hund lässt niemanden in die Wohnung □ *o cão não deixa ninguém entrar na casa; *der Kranke* lässt *niemanden zu sich* ~ □ *o doente não quer saber de visitas **1.9** *jmdn.* ... ~ *bitten, fordern, machen, veranlassen, dass etwas geschieht; sich seine Arbeit gut bezahlen* ~ □ *cobrar bem por seu trabalho; ~ *Sie ihn eintreten!* □ *faça-o entrar!; *er ließ ihn erschießen* □ *ele mandou que atirasse; *er* lässt *dich vielmals grüßen* □ *ele lhe manda muitas lembranças; *jmdn. holen, kommen, rufen* ~ □ *mandar buscar/vir/chamar; *sich ein Kleid machen* ~ □ *encomendar um vestido; *der Dichter* lässt *seinen Helden Folgendes sagen: ...* □ *o autor faz seu herói dizer o seguinte...; *ich werde es dich wissen* ~/wissenlassen, *was daraus geworden ist* □ *depois lhe conto o que aconteceu **1.9.1** *ich lasse bitten! führen Sie den Besucher herein!* □ *mande entrar! **1.9.2** *ich habe mir sagen* ~, *dass ... ich habe erfahren, dass ...* □ *fiquei sabendo que... **1.9.3** lass *hören! sprich!* □ *fale! **1.9.4** lass *bald (etwas)* von dir *hören! schreibe bald, ruf einmal an!* □ *mande notícias logo! **1.9.5** lass (einmal) **sehen!** *zeig (einmal) her!* □ *deixe-me ver! **1.9.6** *das hätte ich mir nicht träu***men** ~ *das hätte ich nie gedacht, nie vermutet* □ *eu nunca ia imaginar uma coisa dessas **2** ⟨510⟩ **2.1** ⟨511⟩ *etwas an einem Ort* ~ *erlauben od. veranlassen, dass etwas bleibt, wo es ist;* den Hut in der Garderobe ~; lass *die Teller im Schrank; wo habe ich nur meinen Schirm gelassen?* □ deixar; *alles stehen und liegen* ~ □ *deixar tudo para trás; abandonar tudo; *bitte* lass *alles so (stehen, liegen), wie es ist* □ *por favor, deixe tudo como está **2.1.1** *die Stadt, den Wald hinter sich* ~ *sich davon entfernen* □ *deixar a cidade/a floresta para trás **2.2** ⟨513⟩ *etwas ...* ~ *erlauben od. veranlassen, dass etwas bleibt, wie es ist;* ~ *wir es gut sein!* □ *vamos parar por aqui; não vale a pena insistir; *sich's wohl sein* ~ □ *aproveitar; regalar-se; *alles beim Alten* ~ □ *deixar tudo na mesma; *jmdn., ein Tier am Leben* ~ □ *deixar alguém/um animal vivo; *jmdn. in Frieden, in Ruhe* ~ □ *deixar alguém em paz; *etwas nicht aus den Augen, aus den Händen* ~ □ *não tirar os olhos de alguma coisa; não largar alguma coisa; *wir wollen es dabei* ~ □ *vamos continuar assim; vamos deixar como está **2.2.1** *die Dinge laufen* ~ *nicht in den Gang der D. eingreifen* □ *deixar que as coisas sigam seu curso **2.2.2** *etwas außer* Acht ~ *nicht beachten* □ *negligenciar alguma coisa; não reparar em alguma coisa **3** *etwas* ~ *unterlassen, bleibenlassen, aufhören mit;* lass *das!;* lass *mich!* □ deixar; lass *doch endlich das Heulen!; das Rauchen* ~ □ parar; *etwas tun oder* ~ □ *fazer ou deixar de fazer alguma coisa; *sein Tun und Lassen* □ *seu procedimento; sua conduta **3.1** ~ *wir das! reden wir nicht davon!* □ *vamos mudar de assunto! **3.2** *tu, was du nicht* ~ *kannst! mach, was du willst (obgleich ich nicht einverstanden bin)* □ *faça o que bem entender! **3.3** *geben, weggeben; sein Leben* ~ □ *dar a própria

lässig

vida 3.3.1 Wasser ~ *urinieren, harnen* □ *urinar* **4** ⟨530⟩ **4.1 jmdm.** einen Gegenstand, eine Ware ~ *geben, verkaufen, überlassen;* ich lasse Ihnen das Bild für 200 Euro; können Sie mir das Buch nicht etwas billiger ~? □ **vender 4.2 jmdm. etwas ~** *nicht wegnehmen, erlauben, dass jmd. etwas behält;* er lässt den Kindern ihre Freiheit; jmdm. seinen Willen ~; lass ihm doch das Vergnügen!; jmdm. seine Ruhe ~ □ **respeitar 4.2.1** das **muss** man ihm ~ *das kann man nicht bestreiten* □ *é preciso concordar com ele (nesse aspecto)* **4.2.2** ~ Sie das nur meine **Sorge** sein!; *kümmern Sie sich nicht darum!* □ *deixe que eu cuido disso!* **4.2.3** jmdm. den **Vortritt** ~ *erlauben od. veranlassen, dass jmd. als Erster geht* □ *ceder a passagem a alguém* **4.2.4** ⟨Vr 5⟩ jmdm. **Zeit** ~ *erlauben, dass jmd. etwas ohne Hast tut* □ *dar tempo a alguém* **4.2.5** ⟨Vr 1; unpersönl.⟩ es sich gut **schmecken** ~ *mit Genuss essen* □ *saborear a comida; comer com gosto* **4.3** ⟨Vr 3⟩ etwas lässt sich **machen** *(es) ist möglich, ausführbar, (dass …)* □ *é possível fazer alguma coisa;* das lässt sich nicht, leicht, schwer beweisen □ *não é possível provar isso; é fácil/difícil provar isso;* das lässt sich denken! □ *dá para imaginar/entender!;* das wird sich einrichten ~ □ *dá-se um jeito;* dagegen lässt sich nichts einwenden, nichts machen □ *não há o que objetar; não há o que fazer contra isso;* das Fenster lässt sich leicht, schwer öffnen □ *a janela é fácil/difícil de abrir;* ich will sehen, was sich tun lässt □ *vou ver o que é possível fazer;* das lässt sich nicht vermeiden □ *é inevitável* **4.3.1** der Wein lässt sich trinken ⟨umg.⟩ *der W. ist gut* □ *o vinho é bom* **4.3.2** das lässt sich hören! *das ist annehmbar, das ist ein guter Gedanke* □ *é plausível; faz sentido* **5 jmdm. ~** ⟨veraltet; nur noch poet.⟩ *verlassen, aufgeben;* ich lasse dich nicht, du segnest mich denn (1. Mose 32,27); ach, wie ist's möglich dann, dass ich dich ~ kann (Volkslied) □ **deixar; abandonar 5.1** ⟨800⟩ **von etwas** od. **jmdm. ~** *etwas od. jmdn. aufgeben, verlassen;* er kann von seiner Spielleidenschaft nicht ~; er kann von ihr nicht ~ □ **deixar; largar**

läs|sig ⟨Adj.⟩ **1** *ungezwungen, zwanglos;* „….?", fragte er ~; ~ den Mantel von den Schultern gleiten lassen; sich ~ in einen Sessel lehnen □ **espontaneamente; com naturalidade 2** *träge und gleichgültig, herablassend;* ~ die Achseln zucken; ~ mit der Hand winken □ **com indiferença 3** *nachlässig, unachtsam,* Sy *lax(2);* eine Beschwerde ~ behandeln □ **de modo negligente; com descuido**

läss|lich ⟨Adj., veraltet⟩ **1** sich ~ **verhalten** *nachlässig* □ **de modo negligente; com descuido 2** eine **Sache** ~ **behandeln** *eine S. unachtsam, in nicht zutreffender Weise behandeln;* ein ~es Urteil □ **(de modo) leviano/descuidado 3** ⟨Rel.⟩ *geringfügig, verzeihlich;* ~e Sünde □ **venial**

Las|so ⟨n. od. m.; -s, -s⟩ *langer Strick mit einer Schlaufe, die (vom Pferderücken aus) einem zu fangenden Tier um den Hals geworfen u. zugezogen wird;* Wildpferde mit dem ~ einfangen □ **laço**

Last ⟨f.; -, -en⟩ **1** *etwas Schweres, das jmdm. od. einem Tier aufgeladen wird, Bürde;* ~en befördern, schleppen, tragen; jmdm. eine ~ abnehmen, aufbürden **1.1** *Gewicht, Gewichtsdruck von Last(1);* er brach unter der ~ zusammen **2** *etwas Schweres, das etwas geladen wird (um an einen andern Ort gebracht zu werden);* eine ~ auflagen, ausladen □ **peso; carga; fardo 2.1** *Fracht, Frachtgut;* eine ~ in Empfang nehmen □ **frete; carregamento 3** *Vorratskammer, Frachtraum unter dem Zwischendeck auf Schiffen;* Ketten-~, Proviant-~, Wasser-~ □ **porão; compartimento de carga 4** ⟨unz.⟩ **4.1** ⟨fig.⟩ *etwas Bedrückendes, Schweres, drückende Sorge;* Sorgen-~; sich eine ~ von der Seele reden; frei von jeder ~; eine ~ auf jmdn. abwälzen; mir fiel eine ~ von der Seele, als ich das hörte **4.2** *Mühsal, Bürde, Belastung;* nach des Tages ~ und Mühe; diese Pflicht ist mir eine schwere ~; der Kranke ist sich, uns anderen eine ~; das Leben wird ihm zur ~ □ **peso; fardo 4.2.1** jmdm. zur ~ **fallen** *lästig werden* □ *tornar-se um peso para alguém* **4.3** *Gewicht¹(2);* die ~ der Beweise □ **peso; importância 4.4** jmdm. etwas zur ~ **legen** *jmdn. einer Sache beschuldigen* □ *culpar/acusar alguém de alguma coisa* **5** ⟨veraltet⟩ *Maßeinheit* **5.1** *Maßeinheit für die Schiffsfracht, in Dtschld. seit 1872 1000 kg* □ **Last; tonelada 5.2** ⟨früher in Norddtschld. u. Nordeuropa⟩ *Maßeinheit für die Tragfähigkeit eines Schiffes, 2500 -3000 kg* **5.3** ⟨in Nordeuropa⟩ *altes Hohlmaß schwankenden Umfangs* □ *Last* **6** ⟨meist Pl.; Wirtsch.⟩ *Verbindlichkeiten, Schulden, Hypotheken, Steuern, Zinsen;* Steuer-~; soziale, steuerliche ~en □ **encargos 7** ⟨Getrennt- u. Zusammenschreibung⟩ **7.1** zu ~en = zulasten

Last|arm ⟨m.; -(e)s, -e⟩ *der Teil des Hebels, der eine Last bewegen soll* □ **braço de carga**

las|ten ⟨V. 411⟩ eine **Sache** lastet **auf jmdm.** od. **etwas** *liegt als Last auf jmdm.; drückt (jmdn.) schwer, bedrückt (jmdn.);* die Schuld, Verantwortung lastet (schwer) auf ihm; alle Arbeit lastet auf ihm, auf seinen Schultern; auf dem Grundstück ~ hohe Schulden; die Stille lastete im Raum □ **pesar;** ~de Schwüle; eine ~de Stille breitete sich im Raum aus □ **pesado**

Las|ter¹ ⟨n.; -s, -⟩ *schlechte Gewohnheit, starke Untugend;* das ~ des Opiumrauchens □ **vício;** → a. *Müßiggang*

Las|ter² ⟨m.; -s, -; umg.; kurz für⟩ *Lastkraftwagen* □ **caminhão**

läs|tern ⟨V.⟩ **1** ⟨402⟩ *fluchen, schmähen;* Gott, den Glauben ~ □ **blasfemar 2** ⟨800⟩ **über jmdn. ~** ⟨umg.⟩ *über jmdn. schlecht od. nachteilig sprechen, über jmdn. klatschen* □ **caluniar; difamar**

läs|tig ⟨Adj.⟩ **1** ⟨70⟩ *Überdruss, Abneigung u. Ungeduld hervorrufend, störend;* eine ~e Pflicht; seine Besuche werden mir allmählich ~ □ **maçante; incômodo 2** jmd. ist ~ *aufdringlich, zudringlich u. dadurch störend;* er ist ~ wie eine Fliege; ein ~er Mensch □ **inoportuno; chato 2.1** jmdm. ~ **sein** *jmdn. stören;* bin ich Ihnen (mit meinen Fragen) ~?; ist Ihnen der Rauch ~? □ *incomodar alguém* **3** ⟨70⟩ *unangenehm, unbe-*

quem, beschwerlich; der Lärm wird mir jetzt recht ~; der warme Mantel wird, ist mir ~ ☐ **desagradável; incômodo 4** ⟨Getrennt- u. Zusammenschreibung⟩ 4.1 ~ fallen = *lästigfallen*

läs|tig|fal|len *auch:* **läs|tig fal|len** ⟨V. 131/400(s.)⟩ *jmdm.* ~ *sich jmdm. aufdrängen u. ihn dadurch stören* ☐ **incomodar; importunar**

Läst|kraft|wa|gen ⟨m.; -s; -; Abk.: Lkw, LKW⟩ *Kraftwagen zur Güterbeförderung;* Ggs *Personenkraftwagen* ☐ **caminhão**

La|sur ⟨f.; -, -en⟩ *durchsichtige Lack- od. Farbschicht* ☐ **camada de verniz**

las|ziv ⟨Adj.; geh.⟩ **1** *sinnliche Begierde erregend, sexuell aufreizend* ☐ **lascivo 2** *(in zweideutiger Weise) anstößig, schlüpfrig* ☐ **indecoroso; indecente**

la|tent ⟨Adj. 24⟩ **1** *verborgen (vorhanden)* **2** ⟨Med.⟩ *vorhanden, aber nicht in Erscheinung tretend;* Ggs *manifest(2)* 2.1 ~e *Krankheit K. ohne typische Merkmale* ☐ **latente**

La|ter|ne ⟨f.; -, -n⟩ **1** *durch Glas- od. Papiergehäuse geschützte Lichtquelle;* Papier~, Stall~, Straßen~ ☐ **lampião; poste de iluminação 2** ⟨Arch.⟩ *mit Fenstern versehenes Türmchen auf dem durchbrochenen Scheitel einer Kuppel* ☐ **lanterna 3** *weißer Stirnfleck verschiedener Haustiere* ☐ **estrela 4** ~ *des Aristoteles* ⟨Zool.⟩ *bei vielen Seeigeln den Vorderarm umgebendes Organ aus Muskeln u. Kalkspangen, das der Bewegung der den Mund umstehenden Zähne dient* ☐ **lanterna-de--aristóteles**

La|tri|ne *auch:* **Lat|ri|ne** ⟨f.; -, -n; veraltet⟩ *(behelfsmäßiger) Abort* ☐ **latrina**

lat|schen ⟨V. 400(s.)⟩; umg.⟩ *schlurfend, unachtsam gehen;* er ist mitten in die Pfütze gelatscht ☐ **arrastar os pés**

Lat|schen ⟨m.; -s, -; meist Pl.; umg.⟩ **1** *alter ausgetretener Schuh, bequemer Pantoffel* ☐ **sapato velho; pantufa** 1.1 *aus den* ~ *kippen* ⟨fig.⟩ 1.1.1 *ohnmächtig werden, einen Kreislaufkollaps erleiden* ☐ ***desmaiar** 1.1.2 *die Beherrschung verlieren, überrascht sein* ☐ ***perder as estribeiras**

Lat|te ⟨f.; -, -n⟩ **1** *schwaches, langes u. dünnes Stück Holz mit kleinem Querschnitt, meist als Baustoff verwendet;* Zaun~ ☐ **ripa; sarrafo 2** ⟨Forstw.⟩ *gerader Schössling* ☐ **broto 3** ⟨fig.; umg.; scherzh.⟩ *langer, dünner Mensch;* eine lange ~ ☐ **tábua; palito 4** *eine lange* ~ *von Wünschen* ⟨fig.; umg.⟩ *viele W., eine lange Liste von W.* ☐ **lista**

Lat|tich ⟨m.; -s, -e; Bot.⟩ *Angehöriger einer Gattung von Korbblütlern mit meist gelb od. blau blühenden Arten: Lactuca* ☐ **alface;** Huf~ ☐ ***tussilagem**

Latz ⟨m.; -es, Lät|ze; österr. m.; -es, -e⟩ **1** *Bruststück an Kleid, Schürze od. Hose;* Brust~ ☐ ***peitilho 2** *herunterklappbarer Vorderteil an Trachtenhosen;* Hosen~ ☐ ***braguilha**

L ätz|chen ⟨n.; -s, -⟩ *kleines Tuch mit Bändern, das Kindern beim Essen um den Hals gebunden wird, um zu verhüten, dass sie sich beschmutzen* ☐ **babador**

lau ⟨Adj.⟩ **1** *von mäßiger Temperatur, ein wenig warm;* das Wasser ist ~ **2** das **Wetter** ist ~ *angenehm warm,* *nicht heiß, mild;* es weht ein ~er Wind ☐ **morno; tépido 3** *jmd. ist* ~ ⟨fig.⟩ *unentschlossen, schwankend, ohne eigene Meinung* ☐ **indeciso; em cima do muro**

Laub ⟨n.; -(e)s; unz.⟩ **1** *Gesamtheit der Blätter von Bäumen u. Sträuchern;* buntes, grünes, herbstliches ~ ☐ **folhagem 2** *abgefallene trockene Blätter;* dürres, raschelndes ~ ☐ **folhas secas 3** ⟨Getrennt- u. Zusammenschreibung⟩ 3.1 ~ *tragend* = *laubtragend*

Laub|baum ⟨m.; -(e)s, -bäu|me; Bot.⟩ *zu den Laubhölzern gehörender Baum* ☐ **árvore caducifólias**

Lau|be¹ ⟨m.; -n, -n; Zool.⟩ *länglicher Karpfenfisch, Ukelei: Alburnus alburnus* ☐ **alburno**

Lau|be² ⟨f.; -, -n⟩ **1** *Gartenhäuschen;* Garten~, Wohn~ ☐ **pérgula; caramanchão 2** ⟨nur Pl.⟩ *offener Vorraum, Bogengang (am Erdgeschoss von Häusern), meist mit Läden* ☐ **pórtico 3** *gedeckter u. seitlich begrenzter Teil des Zuschauerraumes für mehrere Personen, Loge;* Balkon~, Bühnen~ ☐ **camarote 4** *und fertig ist die* ~ ⟨fig.; umg.⟩ *die Sache ist erledigt* ☐ ***pronto!;** *terminado!* **5** ⟨Sp.⟩ *Turnübung, Liegestütz rückwärts* ☐ **flexão dorsal**

Laub|holz ⟨n.; -es, -höl|zer; meist Pl.⟩ **1** (i. w. S.) *Gehölz, das zu den bedecktsamigen Pflanzen gehört* ☐ **bosque de árvores caducifólias 2** (i. e. S.) *zweikeimblättrige Holzpflanze mit meist flächig ausgebildeten Blättern;* Ggs *Nadelholz* ☐ **dicotiledôneas**

Laub|sä|ge ⟨f.; -, -n⟩ *Säge mit dünnem, fein gezahntem Blatt an einem U-förmigen Rahmen mit Griff zum Aussägen von Figuren u. Verzierungen* ☐ **serra tico--tico, serra de arco**

laub|tra|gend *auch:* **Laub tra|gend** ⟨Adj. 24/60⟩ *belaubt, Laubblätter hervorbringend;* ~e Bäume, Sträucher ☐ **frondoso**

Laub|werk ⟨n.; -(e)s, -e⟩ **1** ⟨unz.⟩ *Gesamtheit der Blätter eines Baumes (mit den Zweigen)* ☐ **fronde; folhagem 2** *laubähnliche Verzierungen an Bauteilen (Kapitellen) u. kunstgewerblichen Gegenständen* ☐ **acanto; folhagem**

Lauch ⟨m.; -(e)s, -e; Bot.⟩ *Angehöriger einer Gattung der Liliengewächse, z. B. Zwiebel, Schnittlauch, Knoblauch, Porree: Allium* ☐ **alho-poró**

Lau|er ⟨f.; -; unz.⟩ *das Lauern, Hinterhalt;* auf der ~ liegen; sich auf die ~ legen ☐ ***estar/pôr-se à espreita**

lau|ern ⟨V.⟩ **1** ⟨800⟩ *(auf jmdn. od. etwas)* ~ *auf der Lauer liegen, mit böser Absicht im Versteck (auf jmdn. od. etwas) warten* ☐ **espreitar; emboscar 2** ⟨Part. Präs.⟩ ~d *in böser Absicht abwartend, eine böse Absicht verfolgend;* ein ~der Blick ☐ **à espreita**; „....?", fragte er ~d ☐ **espreitando 3** ⟨411⟩ *Gefahren* ~ *drohen;* in diesem Wald, Gebirge ~ *allenthalben Gefahren* ☐ **espreitar 4** ⟨800⟩ *auf jmdn. od. etwas* ~ ⟨fig.; umg.⟩ *sehnsüchtig, ungeduldig warten, wartend horchen;* ich lauere schon seit einer Stunde auf dich; auf jmds. Schritt ~ ☐ **esperar/aguardar (com impaciência)**

Lauf ⟨m.; -(e)s, Läu|fe⟩ **1** ⟨unz.⟩ *Fortbewegung ohne Hilfsmittel, zu Fuß;* in seinem ~ behindert werden ☐ **marcha; caminhada 2** ⟨unz.⟩ *schnelle Fortbewegung ohne Hilfsmittel, das Laufen, schnelle Gangart;* in schnellem ~; atemlos vom schnellen ~ **3** *sportlich be-*

triebenes *Laufen, bes. im Wettkampf*; Dauer~, Eis~, Ski~, Hindernis~, Kurzstrecken~, Langstrecken~, Querfeldein~, Wald~, Wett~; *zum ~ antreten* □ **corrida 4** ⟨unz.⟩ *der ~ einer Maschine Gang*; *den ~ der Maschine überwachen* □ **funcionar 5** *Bahn, Strecke; Fluss-, Kreis~; der ~ der Gestirne* □ **curso; circulação; evolução 5.1** *der obere, untere ~ eines Flusses Teil eines F.* □ **trecho 6** *Verlauf, Entwicklung, Bewegung* □ **evolução; andamento 6.1** *die Angelegenheit nimmt nun ihren ~ entwickelt sich natürlich* **6.2** *wir müssen den Dingen ihren ~ lassen wir müssen abwarten* **6.3** *einer Sache (ihren) freien ~ lassen sie nicht behindern* **6.4** *das ist der ~ der Dinge, der Welt so ist es, so geht es nun einmal* □ **curso 7** *im ~(e) eines Zeitraumes während der Dauer eines bestimmten Z.; im ~(e) des Jahres; im ~ der Unterhaltung* □ ***no decorrer/ao longo de um período 7.1** *im ~e der Jahre, der Zeit nach u. nach, allmählich* □ ***com o passar dos anos/do tempo 8** ⟨Waffenk.⟩ *Rohr von Handfeuerwaffen; Gewehr~; der ~ wurde heiß* **8.1** *ein Rehbock kam ihm vor den ~ er hatte Gelegenheit, einen R. zu schießen* □ **cano 9** ⟨Jägerspr.⟩ *Bein (vom Hund u. Haarwild außer Bär, Dachs, Marder)* □ **perna 10** ⟨Mus.⟩ *schnelle, ununterbrochene Folge von Tönen; einen ~ blasen, spielen; Läufe üben* □ **passagem**

Lauf|bahn ⟨f.; -, -en⟩ *beruflicher Werdegang; eine glänzende ~ vor sich haben* □ **carreira**

lau|fen ⟨V. 176(s.)⟩ **1** ⟨400⟩ *sich mit schnellen Schritten leicht springend fortbewegen; Menschen, Tiere ~* □ **correr**, *einen neuen Weltrekord ~* □ ***estabelecer um novo recorde mundial na corrida**; *das ist zum Auf- und-davon-Laufen!* □ ***é um horror!; é para sair correndo! 1.1 lauf! mach geschwind!; reiß aus!* □ ***corra! 1.2** *Rollschuh, Schlittschuh, Ski, Stelzen ~ sich mit Hilfe von R., S. usw., die an den Schuhen befestigt sind, fortbewegen* □ **andar 1.3** ⟨mitteldt.⟩ *zu Fuß gehen; eine Strecke (zu Fuß) ~; ich kann in diesen Schuhen gut, schlecht ~; langsam, schnell ~; hin und her ~; ~ lernen (Kind); das Kind läuft schon, (od.) noch nicht; das Kind kann schon ~; ich bin gelaufen (nicht gefahren); man läuft etwa eine Stunde bis dorthin* □ **andar; ir a pé; caminhar 1.4** ⟨800⟩ *nach etwas ~* ⟨umg.⟩ *etwas lange in Geschäften suchen* □ ***correr as lojas atrás de alguma coisa 1.5** ⟨611⟩ *jmdm. in den Weg ~* **1.5.1** *den Weg mit jmdm. kreuzen, ihn dabei an der Fortbewegung hindern* □ ***cruzar o caminho de alguém 1.5.2** ⟨fig.⟩ *jmdn. zufällig treffen* □ ***encontrar alguém por acaso 1.6** ⟨513/Vr 1(h.)⟩ **1.6.1** ⟨513/Vr 3⟩ *sich müde (usw.) ~ durch Laufen(1.3) müde (usw.) werden* □ ***ficar cansado de tanto andar**; *ich habe mir eine Blase gelaufen* □ ***ganhei uma bolha de tanto andar**, *sich die Füße wund ~*/**wundlaufen** □ ***machuquei o pé de tanto andar 1.6.2** ⟨513/Vr 3; unpersönl.⟩ *auf diesem Wege läuft es sich gut, schlecht man kann auf diesem W. gut, schlecht laufen(1.3)* □ ***essa via é boa/ruim para andar/caminhar 1.7** *eine Hündin läuft ist läufig* □ ***uma cadela está no cio 1.8** *~der Hirsch Zielfigur im Schießsport* □ ***alvo móvel 2** ⟨400(s.)⟩ *eine Maschine,*

ein Gerät läuft ist in Gang, arbeitet; der Motor läuft (gut, schlecht); die Uhr läuft wieder □ **funcionar 2.1** *einen Motor ~ lassen nach dem Start in Betrieb lassen* □ ***deixar um motor ligado/em funcionamento**; ⟨aber Getrennt- u. Zusammenschreibung; ~ **lassen** = *laufenlassen* **2.2** ⟨400⟩ *das Schiff ist auf Grund gelaufen durch ein unvermutetes Hindernis stecken geblieben* □ ***o navio encalhou 3** ⟨400⟩ *Flüssigkeiten ~ rinnen, strömen; das Wasser läuft; das Blut lief aus der Wunde; die Tränen liefen ihr über die Wangen; der Schweiß lief ihm übers Gesicht; Eiter lief aus der Wunde* □ **fluir; (es)correr 3.1** *Wasser in die Wanne ~ lassen die Wanne mit Wasser füllen* □ ***deixar a água correr na banheira; encher a banheira**; ⟨aber Getrennt- u. Zusammenschreibung; ~ **lassen** = *laufenlassen* **3.2** *ein Behälter läuft lässt Flüssigkeit entweichen; der Topf, Kessel läuft* **3.2.1** *der Wasserhahn läuft ist undicht* □ **vazar 3.3** *ein Organ läuft sondert Eiter, Sekret ab; die Nase läuft; sein Ohr läuft* □ **escorrer; secretar pus 4** ⟨400⟩ *die Angelegenheit läuft geht weiter, entwickelt sich, hat begonnen; mein Auftrag, meine Bewerbung läuft noch* □ **correr; estar em curso**; *die Vorlesung läuft parallel mit der anderen* □ **ocorrer**, *der Hauptfilm läuft bereits* □ **estar em cartaz**; *im Fernsehen läuft ein neuer Film* □ **passar 4.1** ⟨800⟩ *das läuft ins Geld* ⟨fig.⟩ *das kostet allmählich viel* □ ***isso aumenta os gastos 4.2** ⟨580⟩ *jmd. läuft Gefahr, ... es besteht die Gefahr, dass jmd. ...; jmd. läuft Gefahr, dass er etwas verliert* □ ***correr o risco de 4.3** ⟨400⟩ *gültig sein, gelten; das Zeitungsabonnement läuft noch zwei Monate; der Wechsel läuft auf seinen Namen* □ **valer; ser válido 5** ⟨410⟩ *etwas läuft ... nimmt einen Weg, schlägt eine Richtung ein; die Straße, der Weg läuft hier am Fluss entlang, durch den Wald; die Linien ~ parallel; das Gestirn, der Komet läuft von der Wega zum Bären; das Seil läuft über eine Rolle; ein Flüstern, Murmeln, Raunen lief durch die Menge* □ **correr** □ **correr; passar 5.1** *an meinem Strumpf läuft eine Masche hat sich eine M. gelöst* □ ***minha meia desfiou/está com um fio puxado 5.2** *~des Gut* ⟨Mar.⟩ *bewegliches Tauwerk* □ ***cordame 5.3** ⟨611; unpersönl.⟩ *es läuft jmdm. über den Rücken spürt etwas Unangenehmes od. Ungewohntes; ein Schauer lief mir über den Rücken; es lief mir heiß und kalt über den Rücken, als ...* □ ***sentir um arrepio/frio na espinha**

lau|fend 1 ⟨Part. Präs. von⟩ *laufen* **2** ⟨Adj. 24⟩ **2.1** *dauernd, ständig; ~er Kredit; ~e Unkosten; ~e Ausgaben; die ~en Arbeiten* □ **corrente; em curso**; *~ zu tun haben* ⟨umg.⟩ □ ***ter sempre o que fazer 2.2** *~es Band = Fließband* ⟨veraltet⟩; *am ~en Band* **2.2.1** ⟨60; fig.⟩ *ununterbrochen, ständig, immerzu* □ **continuamente; sempre 2.3** *in einer bestimmten Reihenfolge aufeinanderfolgend* **2.3.1** *~e Nummer* ⟨Abk.: lfd. Nr.⟩ *die Nummer in einer Reihe* □ **de série 2.3.2** *der ~e Monat der jetzige M.* **2.3.3** *das ~e Meter* ⟨Abk.: lfd. m., lfm.⟩ *Maß für eine Ware, die von einem größeren Stück abgeschnitten wird* □ **corrente 2.4** *auf dem Laufenden über den neuesten Stand der Dinge infor-*

miert, Bescheid wissend; auf dem Laufenden sein; jmdn. auf dem Laufenden halten ▫ **a par de; ao corrente de*

lau|fen|las|sen *auch:* **lau|fen las|sen** ⟨V. 175/400; fig.; umg.⟩ **1** jmdn. ~ *jmdn. nicht festnehmen, nicht verhaften (nachdem man ihn bei einem Vergehen erwischt hat)* ▫ *deixar ir; soltar* **2** die Dinge ~ *nicht in den Gang der Dinge eingreifen* ▫ *deixar correr;* → a. *laufen (2.1, 3.1)*

Läu|fer ⟨m.; -s, -⟩ *jmd., der läuft;* ein guter, ausdauernder ~ 1.1 *jmd., der das Laufen sportlich betreibt;* Kurzstrecken~, Langstrecken~, Schlittschuh~, Ski~; ein guter, schneller ~ sein ▫ *corredor* **2** *langer schmaler Teppich;* Treppen~ **3** *lange, schmale Zierdecke auf der Tischdecke;* Tisch~ ▫ *passadeira* **4** *(nicht zoologisch systematische Bezeichnung) flugunfähiger Flachbrustvogel (Strauß, Kiwi, Moa, Kasuar, Emu, Nandu)* ▫ *paleógnatas* **5** *Laufkatze* ▫ *carrinho para talha* **6** *Laufstein, oberer Mühlstein* ▫ *mó superior* **7** ⟨Schach⟩ *Schachfigur, Offizier, der diagonal ziehen u. schlagen kann* ▫ *bispo* **8** ⟨Landw.⟩ *junges Schwein* ▫ *leitão* **9** ⟨Bauw.⟩ *Mauerstein, der mit der längeren Seite nach außen liegt;* Ggs Binder(4.2) ▫ *tijolo de espelho* **10** ⟨Ballsport (im Fußball veraltet)⟩ *im Fußball, Hockey u. a. links bzw. rechts neben od. hinter dem Stürmer kämpfender Spieler* ▫ *meio-campista* **11** ⟨Elektrotech.; Maschinenbau⟩ *beweglicher Maschinenteil, bes. rotierender Teil elektr. Maschinen, Rotor;* Ggs Ständer(3) ▫ *rotor* **12** ⟨Spinnerei⟩ *umlaufende Öse an Ringspinnmaschinen* ▫ *cursor*

Läu|fe|rin ⟨f.; -, -rin|nen⟩ *weibl. Läufer* ▫ *corredora*

Lauf|feu|er ⟨n.; -s, -⟩ **1** *Bodenfeuer, das sich im Gras weiterfrisst* ▫ *queimada* 1.1 *eine Nachricht verbreitet sich wie ein ~ (fig.), sehr schnell* ▫ *rastilho de pólvora*

läu|fig ⟨Adj. 24/70⟩ *eine Hündin ist ~ befindet sich in der Paarungszeit* ▫ **uma cadela está no cio*

Lauf|pass ⟨m.; -es; unz.⟩ **1** ⟨urspr.⟩ *Entlassungsbescheinigung* ▫ *dispensa* **2** ⟨fig.; nur in den Wendungen⟩ 2.1 jmdm. den ~ geben *ein Verhältnis mit jmdm. in nicht sehr korrekter Weise beenden, jmdn. fortschicken;* sie hat ihm den ~ gegeben ▫ **mandar alguém passear* 2.2 den ~ erhalten, bekommen *auf nicht sehr angenehme Weise aus einem Verhältnis entlassen, verlassen werden* ▫ **levar um fora*

Lauf|schritt ⟨m.; -(e)s; unz.⟩ *Lauf, leicht springender Schritt, rasche Gangart;* sich im ~ entfernen, nähern; im ~ marsch, marsch! ⟨militär. Kommando⟩ ▫ *passo acelerado*

Lauf|werk ⟨n.; -(e)s, -⟩ **1** ⟨EDV⟩ *Bestandteile eines Rechners, in denen die auf entsprechenden Datenträgern befindlichen Daten gelesen werden od. in denen Datenträger mit Daten beschrieben werden (DVD-~, CD-ROM-~)* ▫ *leitor* **2** ⟨allg.⟩ *Mechanismus zum Antrieb (einer Maschine)* 2.1 ⟨Eisenb.⟩ *Räder, Achslager u. Tragfedern* ▫ *mecanismo*

Lauf|zeit ⟨f.; -, -en⟩ **1** ⟨Bankw.⟩ ~ einer Anleihe, eines Wechsels, eines Wertpapiers *Zeit bis zur Fälligkeit einer A. usw.* ▫ *prazo de vigência; validade* **2** ⟨Sp.⟩ *Zeit, die für das Durchlaufen einer Strecke gebraucht wird* ▫ *tempo de percurso* **3** ~ einer Hündin *Brunstzeit* ▫ *cio*

Lau|ge ⟨f.; -, -n⟩ **1** (i. w. S.) *scharfe Lösung der verschiedensten Stoffe* **2** (i. e. S.) *wässrige Lösung von Basen²;* Seifen~ ▫ *solução alcalina; lixívia; barrela*

Lau|ne ⟨f.; -, -n⟩ **1** *augenblickliche Gemütsstimmung;* jmdm. die ~ verderben; gute, schlechte ~ haben; jmdn. bei (guter) ~ erhalten; je nach (Lust und) ~; was hat er heute für ~? ▫ *humor* 1.1 ~n haben *Stimmungen unterworfen sein* ▫ **ser de lua* 1.2 guter, glänzender, schlechter, übler ~ sein *sich in guter usw. Gemütsstimmung befinden* 1.3 er ist heute nicht bei ~ ⟨umg.⟩ *er hat heute schlechte Laune* ▫ *humor* **2** *einer augenblicklichen Stimmung entspringender Einfall;* etwas aus einer ~ heraus tun ▫ *inspiração* **3** ⟨nur Pl.⟩ *sonderbare Einfälle, wechselnde Gemütsstimmungen;* jmds. ~n ertragen müssen ▫ *capricho* **4** ⟨nur Pl.⟩ ~n ⟨fig.⟩ *Schwankungen* 4.1 die ~n des Glücks *die guten od. schlechten Fügungen* 4.2 die ~n des Wetters *rascher Wechsel des W.* ▫ *oscilações*

lau|nen|haft ⟨Adj.⟩ *Launen unterworfen, rasch die Stimmung wechselnd, launisch;* er ist in letzter Zeit sehr ~ ▫ *de lua; (de humor) instável*

lau|nig ⟨Adj.⟩ *humorvoll u. witzig, geistreich u. heiter,* ein ~er Einfall; eine ~e Rede halten ▫ *bem-humorado; espirituoso; jovial*

lau|nisch ⟨Adj.⟩ *Launen unterworfen, launenhaft, von unbeständiger Gemütsstimmung, unberechenbar;* er ist sehr ~ ▫ *de lua; (de humor) instável*

Laus ⟨f.; -, Läu|se; Zool.⟩ **1** *Angehörige einer Unterordnung der Tierläuse mit einem in der Ruhelage auf der unteren Seite des Kopfes verborgenen Rüssel zum Stechen u. Saugen: Anoplura, Siphunculata;* Filz~, Kleider~, Kopf~; Läuse haben ▫ *piolho* **2** jmdm. eine ~ in den Pelz setzen ⟨fig.⟩ *jmdm. Schwierigkeiten, Ärger bereiten* ▫ **colocar uma pedra no sapato de alguém* **3** jmdm. ist eine ~ über die Leber gelaufen, gekrochen ⟨fig.; umg.⟩ *jmd. hat schlechte Laune* ▫ **estar de lua; estar de ovo virado*

Laus|bub ⟨m.; -en, -en; oberdt.⟩ *frecher kleiner Junge, Schlingel;* oV *Lausbube;* er ist ein richtiger ~ ▫ *traquinas; pestinha*

Laus|bu|be ⟨m.; -n, -n; oberdt.⟩ = *Lausbub*

lau|schen ⟨V.⟩ **1** ⟨400⟩ *horchen, unbemerkt zuhören;* an der Tür ~ ▫ *ouvir às escondidas* **2** ⟨403⟩ *aufmerksam zuhören;* einem Konzert ~; jmds. Worten ~; andächtig ~ ▫ *ouvir com atenção*

Lau|scher ⟨m.; -s, -⟩ **1** *jmd., der lauscht, heimlicher Zuhörer, Horcher* ▫ *aquele que ouve às escondidas* 1.1 der ~ an der Wand hört seine eigene Schand ⟨Sprichw.⟩ *wer heimlich zuhört, muss es hinnehmen, dass er Ungünstiges über sich hört* ▫ **quem escuta pelas beiras ouve das suas manqueiras* **2** ⟨Jägerspr.⟩ *Ohr (beim Schalenwild)* ▫ *orelha*

lau|schig ⟨Adj.⟩ *einsam u. dabei gemütlich, traulich;* ein ~es Plätzchen ▫ *aconchegante; sossegado*

lau|sen ⟨V. 500/Vr 7 od. Vr 8⟩ **1** jmdn. od. ein Tier ~ *an jmds. Körper od. im Fell eines Tieres Läuse suchen* ▫ *catar piolho* **2** ich denke, mich laust der Affe *ich bin sehr erstaunt, will meinen Augen, Ohren nicht trauen*

(Ausdruck der Überraschung, des Erstaunens) □ *estou pasmo!; não posso acreditar!

Lau|ser ⟨m., -s, -; umg.⟩ *frecher kleiner Junge, Tunichtgut, Lausbub* □ **traquinas; pestinha**

lau|sig ⟨Adj.⟩ **1** *schlecht, arm, armselig;* deine paar ~en Groschen 1.1 *unangenehm, schlecht;* eine ~e Sache; ~e Zeiten □ **miserável 2** ⟨50; umg.; verstärkend⟩ *sehr;* es ist ~ kalt □ **pra caramba**

laut¹ ⟨Adj.⟩ **1** *deutlich vernehmbar, gut od. weithin hörbar, kräftig im Ton;* ein ~er Schrei; ~ aufschreien; er lachte ~ auf; Freude, Schmerz ~ äußern; ~ bellen; ~ lachen, schreien, singen, sprechen, weinen; ~es Gelächter □ **alto; sonoro** 1.1 ~ lesen *vorlesen, den Text beim Lesen mitsprechen* □ **em voz alta 2** *geräuschvoll;* sich ~ die Nase putzen □ **ruidosamente** 2.1 eine ~e Straße *S. mit sehr viel Verkehr* **3** *Lärm erzeugend, machend;* ~ sein; seid nicht so ~! □ **barulhento; rumoroso** 3.1 ein ~es Wesen haben *sich nicht leise, diskret verhalten können* □ *ser espalhafatoso **4** ⟨50; fig.⟩ etwas nicht ~ sagen *nicht öffentlich, nicht zu Außenstehenden;* so etwas darf man nicht ~ sagen □ *não divulgar alguma coisa; não dizer alguma coisa em público **5** ⟨Jägerspr.⟩ *windstill, so dass man Geräusche weithin hören kann;* im Wald ist es ~ □ *a floresta tem seus ruídos **6** ⟨Getrennt- u. Zusammenschreibung⟩ 6.1 ~ werden = *lautwerden*

laut² ⟨Präp. m. Dativ; nachfolgende Substantiva ohne Artikel werden nicht flektiert⟩ *gemäß dem Wortlaut des, der ..., entsprechend, aufgrund von;* ~ Bericht vom 1.6.; ~ dieser Übereinkunft; ~ dem Vertrag; ~ ärztlicher Verordnung □ **segundo; de acordo com**

Laut ⟨m.; -(e)s, -e; Phon.⟩ **1** *Schall, Ton, etwas Hörbares (vor allem von Mensch u. Tier erzeugt);* kein ~ war zu hören; heimatliche ~; unartikulierte ~e ausstoßen; einen ~ der Überraschung, des Schreckens ausstoßen □ **som** 1.1 keinen ~ von sich geben *ganz still sein* □ *não abrir a boca; ficar calado* 1.2 der Hund gibt ~ *schlägt an, bellt kurz* □ *o cão late **2** *durch die Organe in Kehlkopf, Mund u. Nasen-Rachen-Raum hervorgebrachtes Geräusch als kleinste Einheit der menschlichen Sprache;* → a. *Konsonant, Vokal;* einen ~ bilden □ **fonema**

Lau|te ⟨f.; -, -n; Mus.⟩ *Zupfinstrument mit ovalem, an einer Seite spitz zulaufendem, bauchigem Resonanzkörper;* ~ spielen □ **alaúde**

lau|ten ⟨V.⟩ **1** ⟨413⟩ *ein Text lautet hat einen bestimmten wörtlichen Inhalt;* der Brief lautet wörtlich ...; die Verordnung lautet folgendermaßen ... 1.1 die Antwort, Lösung lautet *heißt, ist, sieht folgendermaßen aus;* wie lautet die Lösung der ersten Aufgabe? □ **dizer; rezar** 1.2 ⟨800⟩ etwas lautet **auf** etwas *etwas hat einen bestimmten Inhalt;* das Urteil lautet auf fünf Jahre Gefängnis □ *a sentença determina cinco anos de detenção* 1.3 etwas lautet *hört sich in bestimmter Weise an;* günstig, ungünstig ~ □ **soar**

läu|ten ⟨V.⟩ **1** ⟨400⟩ eine Glocke *läutet klingt, ertönt, gibt Klang* □ **tocar; repicar** 1.1 es läutet *die Glocke läutet zur Kirche* □ *o sino está tocando/repicando **2** ⟨410; oberdt.⟩ *klingeln;* an der Tür, zur Schulpause u. Ä. ~ □ **tocar; soar 2** ⟨600⟩ jmdm. ~ *jmdn. durch Glo-*

cke, Klingel rufen □ *chamar alguém (por sino/campainha) **4** ⟨400⟩ etwas ~ hören ⟨fig.⟩ *etwas als Gerücht hören, vernehmen* □ *ouvir dizer **5** ⟨500⟩ die Glocken ~ *ertönen lassen;* der Küster läutet die Glocken □ **tocar; repicar;** → a. *Glocke(1.1)*

lau|ter ⟨Adj.⟩ **1** etwas ist ~ ⟨a. fig.; geh.⟩ *rein, echt, unvermischt;* ~es Gold; die ~e Wahrheit **2** eine Flüssigkeit ist ~ *unvermischt, ungetrübt* 2.1 **Metalle** sind ~ = *pur(1)* □ **puro 3** jmd. od. eine Sache ist ~ ⟨fig.⟩ *aufrichtig, ehrlich;* ~e Absichten haben; ein ~er Mensch; einen ~en Charakter besitzen □ **honesto; sincero 4** ⟨50⟩ *nichts als, nur;* das sind ~ Lügen □ *é pura mentira* 4.1 vor ~ ... *wegen, aus ...;* vor ~ Angst □ *por puro medo*

läu|tern ⟨V. 500⟩ **1** eine Flüssigkeit ~ *klären, filtern, von Verunreinigung befreien* □ **clarificar; filtrar 2** Metalle, Mineralien ~ *von Schlacken befreien* □ **purificar; refinar 3** jmdn. ~ ⟨fig.⟩ *zum Ablegen von Fehlern veranlassen, bessern;* aus einem Unglück, Unheil geläutert hervorgehen □ **depurar; aprimorar**

laut|hals ⟨Adv.⟩ *laut, aus voller Kehle;* er lachte ~ los; ~ schreien □ **a plenos pulmões**

laut|los ⟨Adj.⟩ *ohne Laut, geräuschlos;* er schlich ~ die Treppe hinauf □ **silencioso; silenciosamente**

Laut|ma|le|rei ⟨f.; -, -en⟩ *Nachahmung von Naturlauten, Geräuschen od. Klängen durch sprachähnliche Sprachlaute, durch Häufung von Vokalen od. Konsonanten, z. B. in knattern, rasseln, zirpen* □ **onomatopeia**

Laut|spre|cher ⟨m.; -s, -⟩ *elektromagnetisches Gerät, das Wechselströme in Schallwellen umsetzt* □ **alto-falante**

Laut|stär|ke ⟨f.; -, -n⟩ *von der Frequenz u. Stärk eines Schalls hervorgerufene (subjektive) Schallempfindung, Lautstärkepegel;* die ~ regeln; den Verstärker auf volle ~ stellen □ **volume/intensidade do som**

laut||wer|den auch: **laut wer|den** ⟨V. 285/500(s.); fig.⟩ **1** *energisch durchgreifen, schimpfen* 1.1 er wurde laut *begann zu schimpfen* □ **vociferar 2** *sich herumsprechen, bekanntwerden;* die Angelegenheit darf nicht ~ 2.1 nichts ~ lassen *etwas verschweigen, nichts bekanntwerden lassen* □ **vir a público** 2.2 lass das ja nicht ~ *sag das ja nicht öffentlich* □ *não deixe ninguém saber disso* 2.3 es wurden Stimmen laut, dass... *es wurde die Meinung geäußert, dass...* □ *dizem que...*

lau|warm ⟨Adj. 24⟩ **1** *mäßig warm, nicht richtig warm, lau;* ihm wurde ~es Essen serviert **2** ⟨fig.⟩ *halbherzig, nicht fest entschlossen;* ~er Beifall; er erhielt eine ~e Zusage □ **morno; tépido**

La|va ⟨f.; [-va] f.; -, La|ven⟩ *bei Vulkanausbrüchen ausgeworfenes geschmolzenes Gestein* □ **lava**

La|ven|del ⟨[-vɛn-] m.; -s; unz.; Bot.⟩ *Angehöriger einer Gattung der Lippenblütler, dessen violette Blüten zur Gewinnung eines (in der Parfümindustrie verwendeten) ätherischen Öles genutzt werden* □ **alfazema**

la|vie|ren¹ ⟨[-vi:-] V. 400⟩ **1** ⟨veraltet⟩ *gegen den Wind kreuzen* □ **bordejar 2** ⟨fig.⟩ *sich geschickt durch Schwierigkeiten hindurchwinden* □ **bordejar; usar de rodeios**

la|vie|ren² ⟨[-vi:-] V. 500⟩ Farben ~ *so auftragen, dass sie sich verwischen, ineinander übergehen;* lavierte Federzeichnung □ **lavar; diluir**

La|wi|ne ⟨f.; -, -n⟩ **1** *herabstürzende Schnee-, Eis- od. Steinmasse im Hochgebirge* **2** ⟨fig.⟩ *durch einen geringfügigen Anstoß in Bewegung geratene Massen;* eine ~ von E-mails **3** ⟨fig.⟩ *Kette von sich überstürzenden Ereignissen* □ **avalanche**

lax ⟨Adj.⟩ **1** ~e *Disziplin lockere, unzureichende D.* **2** = *lässig(3);* ~es *Benehmen* □ **negligente; displicente 3** ~e *Grundsätze wenig gefestigte (moralische) G.* □ **frouxo; lasso**

Lay-out auch: **Lay|out** ⟨[lɛɪaʊt] n.; -s, -s⟩ *Entwurf für die Text- u. Bildgestaltung eines Druckerzeugnisses (Buch-, Zeitungs-, Prospektseite o. Ä.)* □ **layout**

La|za|rett ⟨n.; -(e)s, -e; Mil.⟩ *Krankenhaus für Soldaten* □ **hospital militar**

lea|sen ⟨[li:zən] V. 500⟩ *etwas ~ für einen längeren Zeitraum mieten;* ein Auto, ein Klavier, technisches Gerät ~ □ **fazer um** *leasing*

Lea|sing ⟨[li:-] n.; -s, -s⟩ *Mieten od.Vermieten von Gebrauchs- od. Investitionsgütern mit der Möglichkeit, diese nach Ablauf des Mietvertrages gegen Zahlung einer Restsumme zu erwerben, Mietkauf;* ~rate, ~vertrag □ *leasing*

Le|be|mann ⟨m.; -(e)s, -män|ner⟩ *Mann, der auf großem Fuß lebt u. die sinnlichen Genüsse pflegt* □ **playboy**

le|ben ⟨V.⟩ **1** ⟨400⟩ *am Leben sein;* das Kind hat nur zwei Tage gelebt; als der Arzt kam, lebte sie noch; er lebt nicht mehr □ **viver**; kein ~des *Wesen war zu sehen;* ein noch ~der *Schriftsteller;* bringt ihn mir ~d oder tot; die Lebenden und die Toten □ **vivo** 1.1 das Bild scheint zu ~ *ist beseelt gemalt* □ **estar vivo** 1.2 es gab keine ~de *Seele mehr auf den Straßen kein Mensch war zu sehen* □ **vivo** 1.3 lebst du (auch) noch? ⟨umg.; scherzh.⟩ *(Frage, wenn jmd. nach langer Zeit wieder einmal kommt)* □ **viver** 1.4 leb wohl, ~ Sie wohl! *(Abschiedsgruß)* □ **adeus!* 1.5 so wahr ich lebe! *(Beteuerung der Wahrheit)* □ **verdade verdadeira!* 1.6 nicht (mehr) ~ *tot sein* 1.6.1 er hat nicht mehr lange zu ~ *er ist todkrank, er wird bald sterben* 1.6.2 jmdn. ~ *lassen jmdn. nicht töten* □ **viver** 1.6.3 er weilt nicht mehr unter den Lebenden *er ist tot* □ **ele já não está entre os vivos* 1.7 das ist zum Leben zu wenig und zum Sterben zu viel ⟨fig.; umg.⟩ *das reicht nur soeben, ganz knapp* □ **isso mal dá para viver* 1.8 ~des *Inventar Bestand an Vieh* □ **semoventes;* Ggs *totes Inventar*, → *tot(2.2)* 1.9 ~de **Bilder** *Gesellschaftsspiel, bei dem einige Personen durch Haltung u. Gebärde unbeweglich eine bildliche Szene darstellen, deren Inhalt von den übrigen erraten werden muss* □ **quadros vivos; tableaux vivants* **2** ⟨413⟩ *(das Leben) verbringen, (ein Leben) führen;* bescheiden, kärglich, kümmerlich ~; enthaltsam, gesund, vegetarisch ~; herrlich und in Freuden ~; gut ~; hier lebt es sich gut, angenehm, schön 2.1 sein eigenes Leben ~ *sein Leben so einrichten, wie es jmdm. entspricht* 2.2 ~ **und ~ lassen** *sein eigenes Leben führen, wie es einem gefällt und auch den anderen nicht in ihre Lebensweise hineinreden* □ **viver** 2.3 über seine **Verhältnisse** ~ *mehr Geld ausgeben, als man eigentlich dürfte* □ **levar um padrão de vida acima dos próprios recursos* 2.4 ~ wie Gott in Frankreich ⟨umg.⟩ *sorglos, gut, üppig leben* □ **levar uma vida de nababo* **3** ⟨415 od. 600⟩ **für jmdn. od. etwas ~**, *jmdm. od. einer Sache ~ seine ganze Kraft jmdm. od. einer S. widmen;* er lebt nur für andere, für seinen Beruf; für seine Kinder ~; seiner Arbeit ~; seiner Gesundheit ~ **4** *(nicht) genug zu ~ haben einen (nicht) ausreichenden Lebensunterhalt haben* 4.1 ⟨800⟩ 4.1.1 **von Nahrungsmitteln** ~ *sich davon ernähren;* von Brot, Milch und Eiern ~ 4.1.2 **von Einkünften** ~ *seinen Lebensunterhalt bestreiten;* er lebt (nur) von seiner Rente □ **viver** 4.1.3 **von jmdm.** ~ *von einem anderen für den eigenen Lebensunterhalt sorgen lassen;* er lebt von seinem Sohn □ **viver à custa de alguém* **5** ⟨410⟩ *ständig wohnen;* in Berlin, in Amerika ~; in der Stadt, auf dem Lande ~; im Wasser, auf Bäumen ~ (Tiere); er lebt bei seinen Eltern; allein ~; getrennt ~ (Ehepaar) **6** ⟨fig.⟩ 6.1 *unvergessen sein, dauern;* sein Andenken, sein Name lebt noch immer (unter seinen Freunden) □ **viver** 6.2 jmdn. ~ **lassen** *hochleben lassen, einen Trinkspruch auf jmdn. ausbringen* □ **brindar (a) alguém;* er lebe (hoch)! □ **um brinde a ele!* 6.3 ~de **Sprachen** *S., die noch gesprochen* □ *vivo;* Ggs *tote Sprachen* → *tot* (6.5)

Le|ben ⟨n.; -s, -⟩ **1** *Daseinsform von Menschen, Tieren, Pflanzen vom Entstehen bis zum Tod;* hier möchte ich mein ~ beschließen; du bist hier deines ~s nicht sicher; das ~ nach dem Tode □ *vida;* Gefahr für Leib und ~ □ **risco de vida* 1.1 (noch) am ~ sein, bleiben *noch leben* □ **(ainda) estar vivo* 1.1.1 einem Kind das ~ schenken *ein K. gebären* □ **dar à luz uma criança* 1.1.2 einem Verurteilten das ~ schenken *einen V. begnadigen* □ **indultar/anistiar um condenado* 1.2 sein ~ (für jmdn.) einsetzen *sich in Lebensgefahr begeben* □ **arriscar a vida (por alguém)* 1.2.1 Geld oder ~! *Geld oder ich schieße!* □ **a bolsa ou a vida!* 1.2.2 er ist mit dem ~ davongekommen *nach Todesgefahr am Leben geblieben* □ **ele escapou de morrer; ele sobreviveu* 1.2.3 zwischen ~ und Tod schweben *in Todesgefahr, todkrank sein* □ **estar entre a vida e a morte* 1.2.4 jmdn. wieder ins ~ zurückbringen, (zurück)rufen *ihn aus Bewusstlosigkeit erwecken* □ **reanimar alguém* 1.2.5 und koste es mein ~! *und wenn ich sterben muss* □ **nem que eu tenha de morrer (para isso)!* 1.2.6 sein ~ (für jmdn. od. eine Sache) lassen, hingeben *um jmds. od. einer Sache willen sterben* □ **dar a vida (por alguém ou alguma coisa)* 1.2.7 jmdn. nach dem ~ trachten *jmdn. töten wollen* □ **atentar contra a vida de alguém* 1.3 sich das ~ **nehmen** *Selbstmord begehen* □ **tirar a própria vida* 1.3.1 jmdn. ums ~ **bringen** *jmdn. töten* □ **matar/assassinar alguém* 1.3.2 ums ~ **kommen** *tödlich verunglücken* □ **morrer; falecer* 1.3.3 jmdn. vom ~ zum Tode **bringen** *jmdn. hinrichten* □ **executar alguém* 1.3.4 er ist nicht mehr am ~ *er ist tot* □ **ele já não está entre nós* 1.4 sein ~ teuer verkaufen ⟨fig.⟩ *sich im Kampf heftig wehren* □ **defender-se com unhas e dentes* 1.5 sein ~ hängt an einem (seidenen) Faden *er ist todkrank, er schwebt in Lebensgefahr* □ **sua vida está por um fio* 1.5.1 es geht auf ~ und Tod, ein Kampf auf ~ und Tod *es geht*

lebendgebärend

um das Leben, es ist lebensgefährlich, ein lebensgefährlicher Kampf □ **é caso de vida ou morte; trata-se de um combate mortal* **2** *Lebenskraft, Unternehmungsgeist; in ihm ist noch so viel ~; er steckt (noch) voller ~* **2.1** **in** *eine Gruppe, einen Betrieb* **bringen** *Schwung, Lebendigkeit* □ **vivacidade; vida 2.2** *sich* **seines ~s freuen** *froh u. glücklich sein* □ **estar feliz da vida* **3** *Zeit des Lebens(1), Lebensdauer; jmdm. das ~ schwermachen; er verbrachte den Rest seines ~s in Berlin; wenn ich das tue, werde ich meines ~s nicht mehr froh* □ **vida 3.1 zeit** *seines ~s sein Leben lang, solange er lebte* □ **durante toda a sua vida* **3.2** *das ~* **hinter sich haben** *alt sein* □ **já ter vivido bastante; ter bastante idade* **3.2.1** *das ~* **vor sich haben** *jung sein* □ **ter a vida pela frente* **3.3 ins ~ treten** *sich als junger Mensch selbständig bewähren* □ **afirmar-se* **3.4 sich durchs ~ schlagen** *mit einiger Mühe u. unregelmäßig seinen Lebensunterhalt verdienen* □ **virar-se;* **dar duro (para se sustentar) 3.5 nie im ~! ⟨umg.⟩** *niemals, auf gar keinen Fall* **3.6 Frühling** *des ~s ⟨fig.⟩* **Jugend 3.7 Herbst** *des ~s ⟨fig.⟩ beginnendes Alter* **4** *Wirken, Wirksamkeit; sein ~ einer Idee, einer Sache weihen, widmen; sein ~ mit wissenschaftlichen Studien o. Ä. zubringen; das ~ Goethes, Schillers; ein behagliches, beschauliches, geruhsames, kümmerliches, stilles, zurückgezogenes ~ führen* □ **vida 4.1** *eine Sache ins ~* **rufen** *mit einer S. beginnen, etwas gründen, einrichten; eine Bewegung, Stiftung ins ~ rufen* □ **criar/fundar alguma coisa* **5** *Treiben, Geschäftigkeit; das ~ und Treiben auf den Straßen; das geistige, gesellschaftliche, kulturelle, politische, wirtschaftliche ~ einer Stadt, einer Zeit* **6** *Art zu leben, Lebensweise; das ~ der Insekten; das ~ des Seemanns* **6.1** **ein neues ~ anfangen** *⟨fig.⟩ neue, gute Vorsätze fürs Leben fassen, sein Leben ändern* □ **vida 6.2** *das tue ich* **für mein ~ gern** *sehr gern* □ **faço isso com muito prazer* **7** *Wirklichkeit; der Ernst des ~s; dem ~ nacherzählt (Geschichte); so ist das ~!; der Stoff dieses Romans ist aus dem ~ gegriffen; im (wirklichen) ~ ist es ganz anders (als im Märchen, Roman, Film); die Schule des ~s; nach dem ~ gezeichnet (auf alten Porträts)* □ **vida**

le|bend|ge|bä|rend *auch:* **le|bend ge|bä|rend** ⟨Adj. 24/70⟩ *lebende Junge zur Welt bringend, nicht eierlegend, vivipar* □ **vivíparo**

le|ben|dig ⟨Adj.⟩ **1** *lebend, am Leben befindlich; sie war vor Schreck mehr tot als ~* ⟨umg.; scherzh.⟩ □ **vivo;** *~e Junge gebären* □ **ser vivíparo* **1.1** *bei ~em Leibe verbrennen lebendig, lebend verbrennen* □ **queimar vivo* **2** *eine Person ist ~ lebhaft, munter* □ **vivo;** **animado 3** *ein ~er Geist reger, aufgeschlossener, beweglicher G.; trotz fortgeschrittenen Alters einen ~en Geist bewahrt haben* □ **bem-disposto; ativo 4** *~er Glaube, ~e Erinnerung fortwirkender G., fortwirkende E.* □ **vivo; intenso 5** *etwas ist ~ gestaltet, dargestellt, lebensecht, ausdrucksvoll, nicht gekünstelt; das Buch, der Aufsatz ist sehr ~ geschrieben* □ **com realismo;** *er hat einen sehr ~es Foto von uns gemacht* □ **real; vivo 6** ⟨Schiffsbau⟩ *~es* **Werk** *der bei voller La-* *dung unter Wasser liegende Schiffsteil* □ **obras vivas;* **carena 7 ~e Energie** *in einem bewegten Körper enthaltene Energie* □ **energia cinética;* Ggs *tote Energie,* → *tot(5.5)*

Le|bens|ge|fahr ⟨f.; -; unz.⟩ **1** *Gefahr, das Leben zu verlieren; in ~ schweben* **1.1 etwas mit, unter ~ tun** *unter Einsatz seines Lebens* □ **risco de vida**

le|bens|ge|fähr|lich ⟨Adj.⟩ *das Leben gefährdend, äußerst gefahrvoll, Lebensgefahr hervorrufend; ein ~es Vorhaben* □ **muito perigoso; mortal**

Le|bens|ge|fähr|te ⟨m.; -n, -n⟩ **1** *Ehemann* □ **cônjuge 2** *Mann, der mit einer Frau (od. einem Mann) den Lebensweg gemeinsam geht* □ **companheiro**

Le|bens|geis|ter ⟨Pl.; fig.⟩ **1** *Leben, Lebendigkeit, Munterkeit; meine ~ sind wieder erwacht* □ **ânimo; vivacidade 1.1** *seine ~er auffrischen, wecken sich aufmuntern* □ **animar-se*

Le|bens|ge|mein|schaft ⟨f.; -, -en⟩ **1** *eheliche od. eheähnliche Gemeinschaft (bes. zwischen Mann u. Frau)* □ **vida conjugal; coabitação 1.1** *gesetzlich nicht gültige Ehe* □ **concubinato 2** *= Symbiose*

le|bens|groß ⟨Adj. 24⟩ *in natürlicher Größe; ein ~es Bild; ein Tier ~ abbilden* □ **em tamanho natural**

Le|bens|hal|tung ⟨f.; -; unz.⟩ *wirtschaftliche Gestaltung des Lebens; eine bescheidene, großzügige ~* □ **custo de vida**

Le|bens|lauf ⟨m.; -(e)s, -läu|fe⟩ *kurze Beschreibung des Werde- und Bildungsgangs (bei Bewerbungen)* □ **currículo**

Le|bens|mit|tel ⟨n.; -s, -; meist Pl.⟩ *Nahrungs- u. Genussmittel, Esswaren; ~geschäft; ~ einkaufen* □ **gêneros alimentícios**

Le|bens|stan|dard ⟨m.; -s, -s⟩ *Höhe der Lebenshaltung; ein hoher, niedriger ~* □ **padrão de vida**

Le|bens|un|ter|halt ⟨m.; -(e)s; unz.⟩ *Gesamtheit der Kosten für lebensnotwendige Dinge (Ernährung, Kleidung, Wohnung usw.)* □ **sustento; subsistência**

Le|bens|wan|del ⟨m.; -s; unz.⟩ *Gestaltung des Lebens, besonders in moralischer Hinsicht; einen (nicht) einwandfreien ~ führen; ihr früherer ~* □ **vida; conduta; comportamento**

Le|bens|weg ⟨m.; -(e)s, -e; fig.⟩ **1** *Gang, Verlauf des Lebens; wir wünschen Ihnen Glück für Ihren ferneren, weiteren ~* □ **vida; futuro 1.1** *einen gemeinsamen ~ gehen wollen heiraten wollen* □ **querer passar a vida ao lado de alguém*

Le|bens|wei|se ⟨f.; -, -n⟩ *Art u. Weise zu leben (insbes. in Bezug auf Ernährung u. Gesundheit); gesunde, ungesunde ~* □ **modo de vida**

Le|bens|zei|chen ⟨n.; -s, -⟩ **1** *Anzeichen dafür, dass jmd. noch am Leben ist, z. B. Herzschlag, Atem; kein ~ mehr von sich geben* □ **sinal vital 1.1 ein ~ von jmdm. erhalten** *⟨fig.⟩ einen Brief, Gruß (bes. nach langer Zeit)* □ **sinal de vida**

Le|ber ⟨f.; -, -n⟩ **1** *großes Drüsenorgan in der Bauchhöhle der Wirbeltiere u. des Menschen, das den Eiweiß- u. Zuckerstoffwechsel regelt: Hepar* **2** *Tierleber als Speise; Gänse~, Kalbs~* □ **fígado 3 frei, frisch von der ~ weg sprechen** *⟨fig.⟩ seine Meinung offen sagen, sich keinen*

Zwang auferlegen □ *não ter papas na língua; → a. Laus(3)

Le|ber|fleck ⟨m.; -(e)s, -e⟩ *brauner Pigmentfleck auf der Haut* □ pinta

Le|be|welt ⟨f.; -; unz.⟩ **1** *Gesamtheit des pflanzlichen u. tierischen Lebens* □ biocenose

Le|be|we|sen ⟨n.; -s, -⟩ *Organismus, lebender Körper, lebende Zelle(n)* □ ser vivo

Le|be|wohl ⟨n.; -(e)s, -e od. -s⟩ **1** *Abschiedsgruß;* jmdm. ein ~ zurufen 1.1 jmdm. ~ sagen *Abschied nehmen, sich verabschieden* □ adeus

leb|haft ⟨Adj.⟩ **1** jmd. ist ~ *voller Leben, munter, rege, temperamentvoll;* ein ~es Kind, ~er Mensch □ vivo; animado; irrequieto **2** etwas ist ~ *voller Leben, beweglich, bewegt, belebt;* ~e Augen; ~es Treiben auf dem Wochenmarkt; den Straßen □ vivo; intenso 2.1 das Geschäft geht ~ *läuft gut* □ bem **3** ein Gespräch, eine Diskussion ist ~ *intensiv, anregend* □ animado; acalorado **4** eine Sache ist ~ *ausgeprägt, kräftig, stark, intensiv;* eine ~e Fantasie haben; eine ~e Freude empfinden; ~er Verkehr; ~er Beifall; ~e Farben □ vivo; intenso; forte **5** ⟨verstärkend⟩ *deutlich, sehr genau, ausgesprochen;* das kann ich mir ~ vorstellen! □ muito bem; jmdm. od. etwas in ~er Erinnerung haben □ *ter uma lembrança viva/marcante de alguém ou alguma coisa

Leb|ku|chen ⟨m.; -s, -; bes. süddt. u. westdt.⟩ = *Pfefferkuchen*

leb|los ⟨Adj.⟩ *ohne Anzeichen von Leben, tot (aussehend)* □ sem vida; inanimado

Leb|zei|ten ⟨nur Pl.⟩ zu ~ *während der Zeit, in der jmd. gelebt hat;* zu ~ meiner Mutter □ *quando minha mãe era viva, zu ihren ~ □ *em tela; no seu tempo

lech|zen ⟨V. 800⟩ **1** nach etwas ~ *schmachten, begierig sein auf etwas;* die Erde lechzt nach Regen; nach Wasser ~ □ *ansiar por alguma coisa **2** nach Blut ~ ⟨fig.⟩ *auf Rache sinnen, jmdn. nach dem Leben trachten* □ *estar sedento/ávido de/por sangue

leck ⟨Adj. 24/70⟩ *undicht, wasserdurchlässig, mit einem Loch versehen;* unser ~es Boot sank schnell; das Schiff ist ~ □ furado **2** ⟨Getrennt- u. Zusammenschreibung⟩ 2.1 ~ schlagen = *leckschlagen*

Leck ⟨n.; -(e)s, -s⟩ *undichte Stelle, Loch (an einem Schiff, Kessel, Tank o. Ä.)* □ furo

le|cken¹ ⟨V. 400⟩ *ein Schiff, Gefäß leckt ist leck, ist undicht;* das Boot, der Kessel leckt □ estar furado

le|cken² ⟨V.⟩ **1** ⟨503⟩ (jmdm.) etwas ~ *mit der Zunge über etwas gleiten;* der Hund leckte seinem Herrn die Hand; die Tiermutter leckt ihre Jungen; eine Wunde ~; an etwas ~ □ lamber 1.1 *wie geleckt aussehen* ⟨umg.⟩ *sehr sauber u. (zu) fein zurechtgemacht* □ *estar/andar na estica **2** ⟨511⟩ leck mich (am Arsch)! ⟨umg.; derb⟩ *du bist mir ganz gleichgültig, dein Anliegen interessiert mich überhaupt nicht* □ *vá tomar no cu! **3** ⟨530/Vr 1⟩ sich die Lippen, Finger nach etwas ~ ⟨fig.⟩ *lüstern auf etwas sein, etwas sehr gern haben wollen* □ *lamber os beiços/dedos

le|cker ⟨Adj.⟩ *sehr wohlschmeckend, appetitlich, appetitanregend;* ein ~es Mahl; ~ angerichtete Speisen; das sieht ~ aus □ saboroso; delicioso; gostoso

Le|cke|rei ⟨f.; -; -en⟩ **1** *etwas, das sehr lecker ist* □ delícia 1.1 *etwas Besonderes, Sehr Wohlschmeckendes für Feinschmecker;* jmdm. ~en anbieten, servieren □ petisco; guloseima 1.2 *Süßigkeit* □ doce

leck∥schla|gen *auch:* **leck schla|gen** ⟨V. 218/400(s.)⟩ *ein Schiff schlägt leck bekommt ein Leck;* das Schiff ist auf dem Riff leckgeschlagen □ furar

Le|der ⟨n.; -s, -⟩ **1** *von den Haaren befreite und gegerbte Tierhaut;* Rinds~, Schweins~; in ~ gebundenes Buch; ~ prägen, pressen □ couro **2** *aus Leder gefertigter Gegenstand* □ objeto em couro 2.1 *Lederlappen;* Fenster~; mit dem ~ die Scheibe reinigen □ camurça 2.2 ⟨Sp.⟩ *Fußball* 2.2.1 der Torwart hielt das ~ fest *der T. hielt den Ball fest* □ couro; bola de futebol 2.3 *vorn od. hinten getragener Lederschurz für bestimmte Handwerker, Bergleute* □ avental de couro; Knie~ = *joelheira de couro **3** ⟨fig.⟩ 3.1 vom ~ ziehen 3.1.1 *die Waffe ziehen (eigentlich „aus der Lederscheide")*, jmdn. angreifen □ *atacar alguém 3.1.2 *zu schimpfen beginnen* □ *soltar os cachorros em alguém

le|dern¹ ⟨V. 500⟩ etwas ~ **1** *gerben* □ curtir (o couro) **2** *mit Leder versehen* □ prover de couro

le|dern² ⟨Adj. 24/60⟩ **1** *ein Gegenstand ist ~ aus Leder* □ de couro 1.1 *eine Sache ist ~* ⟨fig.⟩ *langweilig, ohne Spannung, trocken* □ chato; maçante

le|dig ⟨Adj. 24⟩ **1** ⟨70⟩ *frei, ungebunden, befreit;* aller Schulden, Verpflichtungen, Sorgen und Nöte ~ □ livre; isento **2** ⟨70⟩ *unverheiratet;* ~ bleiben, ~ sein 2.1 ⟨60⟩ ~e Mutter *M. eines unehelichen Kindes* □ solteiro **2.2** ⟨60⟩ ~es Kind ⟨süddt.⟩ *uneheliches K.* □ ilegítimo **3** ein Acker ist ~ ⟨mitteldt.⟩ *leer, brach, unbearbeitet* □ inculto; baldio **4** ⟨süddt.⟩ *unbeschäftigt, müßig* □ desocupado; ocioso **5** ⟨60⟩ ~es Gestein *taubes G.* □ estéril **6** ⟨60⟩ ~e Schicht ⟨Bgb.⟩ *Überstunden* □ *hora extra **7** ⟨Mar.⟩ *unbefrachtet* □ sem frete

le|dig|lich ⟨Adv.⟩ *nur, bloß;* ich habe ihm ~ die Tatsachen berichtet; es ist ~ eine Formsache □ simplesmente; apenas

Lee ⟨f.; -; unz.; Mar.⟩ *die dem Wind abgekehrte Seite, Leeseite;* Ggs Luv □ sotavento

leer ⟨Adj.⟩ **1** *nichts enthaltend, entleert;* halb ~/halbleer; ganz ~; die Erde war wüst und ~ (1. Mose 1,2); 1.1 *mit ~em Magen nüchtern, ohne Essen zu sich genommen zu haben* 1.2 das Haus, die Stadt war öd und ~ *nicht belebt, menschenleer* 1.3 mit ~en Händen kommen *ohne Geschenk, ohne Geld* **2** ⟨70⟩ ein ~es Zimmer, eine ~e Wohnung, ein ~er Platz *frei, unbesetzt* 2.1 die Wohnung, das Haus, Zimmer steht ~ 2.1.1 *ist nicht bewohnt* 2.1.2 *unmöbliert* 2.2 ~es Zimmer 2.2.1 *Z., in dem sich niemand befindet* 2.2.2 *Z. ohne Möbel* 2.3 vor einem ~en Haus (14) spielen *vor nur sehr wenigen Zuschauern* **3** ⟨fig.⟩ 3.1 *gehaltlos, inhaltslos, ausdruckslos, nichtig;* ein ~ Blick; das ist nur ~es Gerede!; ein ~es Leben 3.1.1 ~e Drohungen *D., die man nicht wahrmacht* 3.1.2 ~e Versprechungen *V., die nicht eingehalten werden* 3.1.3 ein ~er Kopf *geistloser Mensch, Hohlkopf* □ vazio 3.2 ⟨60⟩ ~es Stroh dreschen *Altbekanntes erzählen, Überflüssiges reden* □ *falar abobrinha/bobagem 3.3 vor ~en Bänken pre-

Leere

digen *Ratschläge erteilen, die keiner befolgt* □ *pregar no deserto 3.3.1 ~ ausgehen *nichts bekommen* □ *sair de mãos abanando 4 (Getrennt- u. Zusammenschreibung) 4.1 ~ essen = leeressen 4.2 ~ machen = leermachen 4.3 ~ gefegt = leergefegt 4.4 ~ stehend = leerstehend

Lee|re (f.; -; unz.) **1** *das Leersein; gähnende* ~ □ vazio **2** *luftleerer Raum, Vakuum, leerer Raum* □ vácuo **3** *ins* ~ *starren vor sich hin starren* □ *fitar o vazio **4** *Sinnlosigkeit, Gehaltlosigkeit; die* ~ *eines Lebens* □ vacuidade

lee|ren (V. 500) **1** *ein Gefäß, einen Behälter* ~ *leermachen, den Inhalt aus einem G., B. herausnehmen, ausschütten; seine Taschen* ~ 1.1 (510) *das Glas auf einen, in einem Zug* ~ (geh.) *austrinken, ohne abzusetzen* 1.2 *eine Flasche Wein (zusammen)* ~ *trinken* 1.3 *den* **Teller** ~ *aufessen, was auf dem T. liegt* **2** (Vr 3) *ein Raum leert sich wird leer; die Vorratskammer leert sich* 2.1 *ein Versammlungsraum leert sich wird von Menschen verlassen; der Saal, das Gebäude, der Hof leert sich* □ esvaziar(-se)

leer|es|sen *auch:* **leer es|sen** (V. 129/500) *den Teller* ~ *alles aufessen, was auf dem T. liegt* □ esvaziar

leer|ge|fegt *auch:* **leer ge|fegt** (Adj. 24) *menschenleer, entvölkert; die Straßen waren wie* ~ □ deserto; desabitado

Leer|lauf (m.; -(e)s; unz.) **1** ~ *eines Motors Lauf (eines M.) ohne Arbeitsleistung* □ ponto morto **2** (fig.) *nutzlose Bemühungen, nutzlose Arbeit* □ trabalho/esforço inútil

leer|lau|fen (V. 176/400(s.)) **1** *laufen, ohne Arbeit zu leisten; der Motor sollte nicht länger leerlaufen* □ trabalhar em ponto morto **2** *völlig auslaufen; das Fass ist völlig leergelaufen* □ esvaziar-se

leer|ma|chen *auch:* **leer ma|chen** (V. 500; umg.) *etwas* ~ *leeren; ein Gefäß, einen Behälter, eine Flasche* ~ □ esvaziar

leer|ste|hend *auch:* **leer ste|hend** (Adj. 24/60) *nicht bewohnt, ungenutzt; ein ~es Haus; eine ~e Wohnung* □ vazio; desocupado

Lef|ze (f.; -, -n) *Lippe (von Hund u. Raubwild)* □ lábio; beiço

le|gal (Adj. 24) *gesetzlich, dem Gesetz entsprechend; Ggs illegal* □ legal

Leg|as|the|nie *auch:* **Le|gas|the|nie** (f.; -, -n) *Schwäche im Erlernen des Schreibens u. Lesens* □ legastenia

Le|ga|ti|on (f.; -, -en) *(päpstliche) Gesandtschaft* □ legação

le|ga|to (musikal. Vortragsbez.; Abk.: leg.) *gebunden (zu spielen)* □ legato; ligado

le|gen (V. 500) **1** (Vr 7) *etwas od. jmdn.* ~ *in liegende Stellung, zum Liegen bringen; du musst die Bücher, Flaschen usw.* ~ *(nicht stellen); das Buch auf den Tisch* ~ □ deitar; colocar deitado 1.1 *der Spieler X wurde gelegt (während des Fußballspiels) vom Gegner regelwidrig zu Fall gebracht* □ derrubar 1.1.1 *jmdn.* ~ *in liegende Stellung bringen, hinlegen, lang ausstrecken; jmdn. ins Grab* ~; *sich aufs Bett, aufs Sofa* ~; *sich auf die Seite, auf den Rücken, Bauch* ~; *sich ins Bett, zu Bett* ~; *sich in die Sonne* ~; *leg dich!* (Aufforderung an den Hund) □ deitar(-se) 1.1.2 (507/Vr 3) *sich* **schlafen** ~ *sich hinlegen, um zu schlafen* □ *deitar-se 1.2 (Vr 3) *jmd. hat sich gelegt, musste sich legen* (umg.) *muss wegen Krankheit das Bett hüten* □ ficar de repouso 1.3 (550/Vr 3) *etwas legt sich über ... breitet sich aus; der Nebel legte sich über das Dorf* □ deitar-se; expandir-se **2** *etwas* ~ *einrichten, installieren; Gas, Kabel, Rohre, Leitung* ~; *Fliesen, Linoleum, Parkett* ~ □ instalar 2.1 *anbringen; Schlingen* ~ *(zum Fangen von Wild)* □ armar 2.2 **Knollen, Wurzeln** ~ *in die Erde bringen* □ deitar; criar 2.3 *Karten* ~ *auflegen* □ dispor; *Patiencen* ~ □ jogar 2.4 *Feuer* ~ *zum Zwecke der Brandstiftung anzünden* □ deitar; pôr **3** (531) *jmdm. die Hand auf die Stirn* ~ *jmdn. mit der H. auf der S. berühren; jmdn. den Kopf an die Schulter* ~; *jmdm. die Hand auf den Kopf, die Schulter* ~; *jmdm. den Arm um die Schultern* ~ □ deitar; pôr **4** (510) 4.1 *jmdn. in Fesseln, in Ketten* ~ *fesseln, anketten* □ *acorrentar alguém 4.2 *einen* **Hund** *an die* **Kette** ~ *an der K. festmachen* □ *prender o cachorro na corrente **5** (500) 5.1 *das* **Fundament, den Grundstein** *(zu etwas)* ~ (a. fig.) *für etwas die Voraussetzungen schaffen* □ deitar; lançar 5.2 **Karten** ~ (a. fig.) *aus K. wahrsagen* □ deitar; pôr 5.3 **Eier** ~ 5.3.1 *Vögel* ~ *Eier stoßen sie aus dem Körper aus; die Hühner* ~ *jetzt gut* □ pôr/botar (ovos) 5.3.2 *Fische* ~ *Eier laichen* □ desovar 5.4 *Bauern* ~ (MA) *ihr Land abkaufen od. wegnehmen* □ *comprar/tirar a terra de um camponês **6** (550) 6.1 **Nachdruck auf** *etwas* ~ *etwas hervorheben, besonders betonen; die Betonung, den Akzent auf ein Wort, eine Silbe* ~ □ *enfatizar/ressaltar alguma coisa **7** (Vr 3) *etwas legt sich lässt nach, wird langsam weniger; Wind, Lärm, die Stimmung legt sich; sein Zorn legte sich schnell* □ *diminuir; abrandar **8** (550/Vr 3) *eine* **Krankheit** *legt sich auf ein Organ greift ein bestimmtes O. an; seine Erkältung hat sich auf die Nieren gelegt* □ atacar; → a. *Hand(2.1.4, 2.3.1–2.3.2, 2.6.14), Handwerk(1.3), Herz(2.14), Last(4.4), Mittel(5), Mund(3.15)*

le|gen|där (Adj.) **1** *legendenhaft, sagenhaft* □ legendário **2** (fig.) *unglaubhaft, unwahrscheinlich* □ lendário

Le|gen|de (f.; -, -n) **1** *Sage von frommen Menschen* □ legenda **2** *lange vergangenes, nicht mehr nachweisbares historisches Ereignis; ein Ereignis ist zur* ~ *geworden* 2.1 *verzerrt dargestellter historischer Vorgang; die Dolchstoß-~ nach dem 1. Weltkrieg* 2.2 *unglaubwürdige Geschichte* □ lenda **3** *Text von Inschriften; ~n von Münzen* 3.1 *erläuternder Text zu Karten, Abbildungen; Bild-~, Karten-~* □ legenda

le|ger ([leʒɛːr] Adj.) *ungezwungen, formlos, lässig, locker; ein ~es Benehmen; die Atmosphäre war* ~; *er kleidet sich* ~ □ (de modo) informal/descontraído

le|gie|ren (V. 500) **1** *Metalle* ~ *zu einer Legierung zusammenschmelzen* □ ligar; fazer uma liga de **2** *eine Soße, Suppe* ~ (Kochk.) *sämig machen* □ ligar; engrossar

Le|gie|rung (f.; -, -en) *durch Zusammenschmelzen mehrerer Metalle (u. Zusätze) entstehendes Metallgemisch* □ liga

Le|gi|on ⟨f.; -, -en⟩ **1** *römische Truppeneinheit* **2** *Name verschiedener Truppen;* Fremden~ **3** *unbestimmt große Anzahl, große Menge;* ihre Zahl war ~ □ **legião**

Le|gi|o|när ⟨m.; -s, -e⟩ **1** *römischer Soldat* **2** *Angehöriger einer Legion (2)* (Fremden~) □ **legionário**

Le|gis|la|ti|ve ⟨[-və] f.; -, -n⟩ **1** *Teil der Staatsgewalt, der die Gesetzgebung betrifft* □ **poder legislativo**; → a. *Exekutive, Judikative* **2** *gesetzgebende Versammlung* □ **assembleia legislativa**

le|gi|tim ⟨Adj.⟩ **1** *rechtmäßig, gesetzlich anerkannt, gesetzlich zulässig* **2** ⟨24; veraltet⟩ *ehelich;* ein ~es Kind □ **legítimo**

Le|gu|an ⟨m.; -s, -e; Zool.⟩ *Angehöriger einer Familie der Echsen mit dicker, kaum gespaltener Zunge, wohlentwickelten Beinen u. langem Schwanz: Iguanidae;* Grüner ~ □ **iguana**

Le|hen ⟨n.; -s, -; früher⟩ **1** ⟨MA bis 19. Jh.⟩ *erbliches Nutzungsrecht an einem Gut (Grundbesitz, Amt, Steueru. Zollrechte usw.), das gegen bestimmte (landschaftlich unterschiedliche) Verpflichtungen (Kriegsdienst, Treue usw.) verliehen wurde* □ **feudo 2** *das verliehene Gut selbst;* jmdm. ein Gut zu ~ geben □ ***dar um bem em feudo a alguém**

Lehm ⟨m.; -(e)s, -e⟩ *sandiger Ton, der durch Brauneisenstein gelb bis braun gefärbt ist u. zur Herstellung keramischer Erzeugnisse verwendet wird* □ **barro; argila**

Leh|ne ⟨f.; -, -n⟩ **1** *Stütze (eines Sitzmöbels) für Rücken od. Arm* □ **encosto**; Arm~ □ ***braço**, Rücken~ □ ***encosto; espaldar** **2** ⟨oberdt.⟩ *Abhang;* Berg~ □ **encosta**

leh|nen ⟨V. 500⟩ **1** ⟨511⟩ *etwas an etwas ~ etwas so hinstellen, dass es sich in einer schrägen Lage befindet und gestützt wird;* eine Leiter an die Wand ~ □ **encostar; apoiar 2** ⟨511/Vr 2⟩ *sich an jmdn. od. etwas ~ sich an jmdn. od. etwas gestützt befinden, an jmdn. od. etwas gestützt stehen;* sich an jmds. Schulter ~; sich an jmdn., an eine Mauer ~ □ ***encostar--se/apoiar-se em alguém ou alguma coisa** 2.1 etwas lehnt an etwas *befindet sich in schräger Lage und wird gestützt von etwas;* die Leiter, der Stock lehnt an der Wand □ **estar encostado/apoiado 3** ⟨510/Vr 3⟩ *sich an, auf, gegen etwas ~ sich mit dem ganzen Körper an, auf, gegen etwas stützen* □ ***encostar-se/apoiar-se em/contra alguma coisa** 3.1 sich in ein Geländer, eine Brüstung ~ *sich hinausbeugen und sich dabei am G., an der B. halten* □ ***debruçar-se sobre uma balaustrada/um parapeito** 3.2 sich (weit) aus dem Fenster ~ *sich aufs Fensterbrett gestützt hinausbeugen;* nicht aus dem Fenster ~! (Aufschrift auf Schildern in der Eisenbahn usw.) □ ***debruçar-se para fora da janela**

Lehns|herr ⟨m.; -en, -en; früher⟩ *Eigentümer eines Lehens, das er an den Lehnsmann vergeben hat* □ **suserano; senhor feudal**

Lehns|mann ⟨m.; -(e)s, -män|ner od.-leu|te; früher⟩ *jmd., der vom Lehnsherrn ein Gut zu Lehen bekommen hat;* Sy *Vasall(2)* □ **vassalo; feudatário**

Lehn|wort ⟨n.; -(e)s, -wör|ter; Sprachw.⟩ *aus einer fremden Sprache entlehntes Wort, das sich (im Unterschied zum Fremdwort) lautlich der einheimischen Sprache angepasst hat, z. B. Fenster aus lat. fenestra* □ **empréstimo**

Lehr|amt ⟨n.; -(e)s, -äm|ter⟩ *Amt des Lehrers;* die Prüfung für das ~ machen □ **magistério; professorado**

Leh|re ⟨f.; -, -n⟩ **1** *Schlussfolgerung, Erfahrung, aus der man lernt;* dieser Vorfall soll mir eine ~ sein; die ~ aus etwas (Ereignis, Unglück, Misserfolg) ziehen; eine bittere, heilsame ~ □ **lição 2** *wissenschaftliches System, Anschauung einer bedeutenden Persönlichkeit od. eines Kreises von Menschen über ein Problem der Wissenschaft od. Kunst;* die ~ Fichtes, Kants, Newtons; die Kopernikanische ~ □ **teoria; doutrina** 2.1 *Lehrsatz;* die ~ von der Erhaltung der Energie □ **teorema 3** *Lehrzeit, Ausbildung in einem (handwerklichen) Beruf;* eine dreijährige ~ machen □ **(período de) formação; estágio 4** ⟨Tech.⟩ *Modell, Schablone zur Herstellung von Profilen* □ **modelo; matriz 5** ⟨Tech.⟩ *Messwerkzeug* □ **calibre; gabarito**; Schieb~ □ ***calibre corrediço**

leh|ren ⟨V.⟩ **1** ⟨400⟩ *einen Lernprozess bei jmdm. auslösen, bewirken* 1.1 ⟨520⟩ **jmdn. etwas ~** *jmdn. in etwas unterrichten, unterweisen;* ein Kind das Lesen und Schreiben ~ 1.2 ⟨520⟩ jmdn. etwas ~ *Kenntnisse über etwas vermitteln;* Philosophie wird nur in den oberen Klassen gelehrt; durch Lehren lernt man □ **ensinar** 1.2.1 *Vorlesungen halten (über);* an der Universität ~; Musiktheorie, deutsche Literatur, Gerichtsmedizin ~ □ **dar aulas (de) 2** ⟨500; fig.⟩ 2.1 ich werde dich ~, so unverschämt zu sein! ⟨umg.⟩ *ich werde dir diese Unverschämtheit austreiben* □ ***vou lhe ensinar a deixar de ser tão descarado!**

Leh|rer ⟨m.; -s, -⟩ *jmd., der beruflich lehrt, unterrichtet, Inhaber eines Lehramtes, Pädagoge;* Grundschul~, Hauptschul~, Gymnasial~, Hochschul~, Berufsschul~, Privat~, Klavier~; ein guter, schlechter, strenger ~; ~ an einer Schule, Universität; ~ für Deutsch, Mathematik □ **professor**

Leh|re|rin ⟨f.; -, -rin|nen⟩ *weibl. Lehrer* □ **professora**

Lehr|gang ⟨m.; -(e)s, -gän|ge⟩ Sy *Kurs(3), Kursus* **1** *zeitlich begrenzte, schulmäßige Ausbildung in einem Fach bzw. in einer Fächergruppe* **2** *systematische Einführung in ein Fach, einen Wissensbereich;* ~ für erste Hilfe □ **curso**

Lehr|geld ⟨n.; -(e)s, -er⟩ **1** ⟨früher⟩ *Entgelt für die Lehre(3)* □ **mensalidade 2** ⟨heute⟩ 2.1 ~ zahlen ⟨fig.⟩ *mit Mühe u. durch Enttäuschungen lernen* □ ***aprender a duras penas** 2.2 lass dir dein ~ zurückgeben! ⟨umg.; scherzh.⟩ *du kannst nichts, weil du schlecht gelernt hast* □ ***você não aprendeu nada!**

lehr|haft ⟨Adj.⟩ **1** *belehrend;* ein ~es Gedicht von Brecht □ **instrutivo; didático 2** *langweilig u. belehrend, schulmeisterlich;* eine ~e Rede halten □ **doutrinário; pedante**

Lehr|ling ⟨m.; -s, -e⟩ *Jugendliche(r) während der Lehrzeit* □ **aprendiz**

Lehr|mit|tel ⟨n.; -s, -; Schulw.⟩ *der Veranschaulichung dienender Gegenstand im Unterricht, Hilfsmittel für*

den Unterricht, z. B. Karte, Modell □ **material didático**
Lehr|satz ⟨m.; -es, -sät|ze⟩ *eine von mehreren nicht im Einzelnen beweisbaren Regeln, die einem wissenschaftlichen, religiösen od. politischen System angehören;* Sy *Doktrin(1)* □ **tese; dogma; teorema**
Lehr|stel|le ⟨f.; -, -n⟩ *Arbeitsplatz für die Ausbildung von Lehrlingen;* eine ~ suchen, anbieten; Mangel an ~n □ **vaga de estágio**
Lehr|stuhl ⟨m.; -(e)s, -stüh|le⟩ *planmäßige Stelle eines Hochschullehrers, Professur;* den ~ für neuere Geschichte innehaben □ **cátedra**
Lehr|zeit ⟨f.; -, -en⟩ *Zeit der Lehre(3), Ausbildungszeit;* dieser Beruf hat eine ~ von drei Jahren □ **período de formação; estágio**
Leib ⟨m.; -(e)s, -er⟩ **1** ⟨i. w. S.⟩ *(menschlicher od. tierischer) Körper;* er zitterte am ganzen ~(e); den Teufel im ~(e) haben □ **corpo 1.1** bleib mir vom ~(e)! *komm mir nicht zu nahe!* □ ***fique longe de mim!* 1.2** der ~ des Herrn ⟨geh.⟩ = Hostie **2** ⟨i. e. S.⟩ *Bauch, Magen, Unterleib;* der ~ schmerzt **2.1** nichts im ~(e) haben *nichts gegessen haben, hungrig sein* □ **barriga; estômago 3** ⟨veraltet; nur noch in formelhaften Verbindungen⟩ ~ und Gut für etwas wagen *Leben und Gut für etwas wagen* □ ***arriscar os bens e a vida por alguma coisa* 3.1** Gefahr für ~ und Leben ⟨fig.⟩ *Lebensgefahr* □ ***risco de vida* 4** keine Ehre im ~ haben *völlig skrupellos sein* □ ***não ter um pingo de respeito/integridade* 4.1** kein Herz im ~ haben ⟨fig.⟩ *kalt u. herzlos, mitleidlos sein* □ ***não ter coração* 4.2** er hat kaum noch ein Hemd auf dem ~ *er ist sehr arm* □ ***ele mal tem o que vestir* 5** ⟨fig.; in festen Wendungen⟩ **5.1** bleib mir nur damit vom ~(e)! *lass mich nur damit in Ruhe* □ ***deixe-me em paz!* 5.2** sich jmdn. vom ~(e) halten *jmdn. fernhalten, Abstand halten gegenüber jmdm.* □ ***manter-se afastado de alguém* 5.3** jmdm. zu ~(e) gehen, rücken *jmdn. angreifen* □ ***atacar alguém* 5.4** jmdm. auf den ~ rücken *jmdn. mit etwas bedrängen* □ ***pressionar alguém; ficar no pé de alguém* 5.5** einer Sache zu ~e gehen *eine S. tatkräftig anpacken* □ ***atacar uma questão* 5.6** gut essen und trinken hält ~ und Seele zusammen *macht einen gesund u. fröhlich* □ ***boa comida e boa bebida fazem bem para o corpo e para a alma* 5.7** mit ~ und Seele *ganz u. gar, vollkommen* □ ***de corpo e alma***
Leib|chen ⟨n.; -s, -⟩ *ärmelloses Hemdchen, bes. im Sport* □ **regata**
leib|ei|gen ⟨Adj. 24/70; im allg. bis zum 18. Jh., in Russland bis zum 19. Jh.⟩ *im Zustand der persönlichen Abhängigkeit vom Grundherrn befindlich, persönlich unfrei* □ **servo**
lei|ben ⟨V. 400; nur noch in der Wendung⟩ wie er leibt u. lebt *ganz so wie er wirklich ist, wie es für ihn typisch ist* □ ***é ele mesmo, sem tirar nem pôr***
Lei|bes|frucht ⟨f.; -, -früch|te⟩ *Kind im Mutterleib* □ **feto**
Leib|ge|richt ⟨n.; -(e)s, -e⟩ *bevorzugtes Gericht, Lieblingsspeise* □ **prato preferido**

leib|haf|tig ⟨a. [-'--] Adj.⟩ **1** *gegenständlich, echt;* wie der ~e Teufel; da stand er ~ vor mir □ **em pessoa 1.1** jmd. ist der ~e Vater *jmd. sieht seinem V. sehr ähnlich* □ ***alguém é a cara do pai* 1.2** der ~e Geiz *der Gestalt gewordene G.* □ **em pessoa; personificado 2** *wirklich u. wahrhaftig;* er ist es ~ □ ***é ele em carne e osso***
leib|lich ⟨Adj. 24⟩ **1** *den Leib betreffend, zu ihm gehörig, körperlich;* ~e Genüsse □ **físico; corporal; carnal 1.1** die ~e Hülle *des Verstorbenen der Körper des V.* □ ***os restos mortais* 2** *blutsverwandt;* ~e Erben □ **consanguíneo 2.1** der ~e Vater *V., der das Kind gezeugt hat* **2.2** die ~e Mutter *M., das Kind geboren hat* **2.3** mein ~es Kind *mein eigenes K. (kein angenommenes)* □ **biológico**
Lei|che ⟨f.; -, -n⟩ **1** *toter menschlicher od. tierischer Körper, Leichnam;* die ~ identifizieren □ **cadáver; corpo 2** ⟨oberdt.⟩ *Beerdigung, Bestattungsfeier, Leichenschmaus* **2.1** zur ~ gehen *zur Beerdigung gehen* □ **enterro 3** ⟨fig.⟩ **3.1** ⟨umg.; scherzh.⟩ *jmd., der stark betrunken ist;* Bier~, Schnaps~ □ **bebum; pinguço 3.2** er ist eine lebende, wandelnde ~ *er sieht sehr bleich u. krank aus* □ ***ele é um morto vivo; ele é um cadáver ambulante* 3.3** er geht über ~n *er ist rücksichtslos, herzlos* □ ***ele não tem escrúpulos* 3.4** nur über meine ~! ⟨umg.⟩ **3.4.1** *nicht, solange ich lebe!* **3.4.2** *ich bin unter keinen Umständen damit einverstanden* □ ***só por cima do meu cadáver!* 3.5** Kartei~ ⟨fig.; scherzh.⟩ *jmd., der nur noch der Form halber Mitglied bei einer Organisation ist, aber nicht mehr aktiv beteiligt* □ **alguém que é apenas um nome no papel; membro inativo 4** ⟨Typ.; fig.⟩ *vom Setzer vergessene Sätze od. Wörter* □ **salto**
Lei|chen|öff|nung ⟨f.; -, -en⟩ = *Obduktion*
Lei|chen|schmaus ⟨m.; -es, -schmäu|se⟩ *gemeinsames Mahl nach der Bestattung* □ **banquete fúnebre**
Leich|nam ⟨m.; -s, -e⟩ = *Leiche(1)*
leicht ⟨Adj.⟩ **1** ein Gegenstand ist ~ *ist von geringem Gewicht; Leichnam;* ein ~er Koffer **1.1** ~e Kleider *sommerliche, luftige, dünne K.* □ **leve 2** *geringfügig, unbedeutend, gering;* eine ~e Krankheit; ein ~er Fehler □ **leve(mente); sem gravidade,** eine ~e Strafe, Wunde; ~er Wind □ **brando; leve 2.1** ein ~es Lächeln *die Andeutung eines Lächelns* □ **leve 2.2** eine Sache ~er machen *das Gewicht einer S. verringern;* jmdm. das Eingeständnis einer Schuld ~er machen □ ***aliviar uma coisa* 2.3** eine ~e Berührung *zarte B.* **2.4** eine ~e Speise, ein ~er Wein *bekömmlich, nicht schwer verdaulich* □ **leve 3** ⟨fig.⟩ *einfach, nicht schwierig; das ist, geht ganz ~* □ **fácil 3.1** nichts ~er als das! *das ist eine Kleinigkeit für mich!* **3.2** das ist mir ein Leichtes *das macht mir keine Mühe, keine Schwierigkeiten* □ ***(isso) não me custa nada* 3.3** das ist so ~ ~ gesagt als getan *so einfach ist das (in Wirklichkeit) nicht* □ **fácil 3.4** *anspruchslos, unterhaltsam* **3.4.1** ~e Lektüre *anspruchslose, unterhaltende L.* □ **leve; despretensioso 3.4.2** ⟨60⟩ die ~e Muse *die unterhaltende Kunst* □ ***a arte popular* 3.4.3** ~e Musik *Unterhaltungsmusik* □ ***música popular* 4** *ohne Schwierigkeiten, mühelos, schnell;* das Schloss geht ~ auf; ~ begreifen; ein Gerät ~

handhaben; eine Arbeit ~ fertig bringen; man findet nicht ~ einen besseren Arbeiter; das ist ~ zu verstehen; und wie ~ ist dann ein Unglück geschehen □ **fácil; com facilidade** 4.1 ⟨60⟩ eine ~e **Hand** haben *eine geschickte H.* □ ***ter mão boa; ter jeito (para alguma coisa)** 4.2 ⟨zusammen mit einem Adjektiv⟩ *etwas besitzt eine Neigung, Tendenz, sich in einer bestimmten Weise zu verhalten; der Stoff wird ~ schmutzig; ~ zerbrechlich; diese Wurst wird ~ schlecht* 4.2.1 er ist ~ **verletzt**, gekränkt, beleidigt *schnell verletzt, gekränkt, beleidigt* □ **logo; com facilidade**; ⟨aber Getrennt- u. Zusammenschreibung⟩ ~ **verletzt** = *leichtverletzt* **5** *oberflächlich, leichtfertig, leichtsinnig;* ~er Lebenswandel □ **leviano; fútil 6** ~en Sinnes *froh, zuversichtlich* □ ***sem se preocupar 7** ⟨zusammen mit einem Adjektiv⟩ *ein wenig, etwas;* das ist ~ übertrieben; ~ verrückt □ **um pouco; meio 8** ⟨zusammen mit einem Verb⟩ *geringfügig, von geringer Intensität;* ~ fallen, stürzen; ~ klopfen □ **levemente; ligeiramente 9** *unbeschwert,* ~en Herzens □ ***despreocupadamente** 9.1 ⟨40⟩ mir ist so ~ ums Herz *unbeschwert, heiter, froh* □ ***estou bem tranquilo/despreocupado** 9.2 ⟨40⟩ jetzt ist mir viel ~er ⟨umg.⟩ *jetzt bin ich sehr erleichtert* □ ***estou bem mais aliviado agora** 9.3 ⟨60⟩ etwas auf die ~e Schulter nehmen ⟨fig.⟩ *nicht ernst nehmen* □ ***não levar alguma coisa a sério 10** ⟨fig.⟩ 10.1 jmdm. um eine Summe **Geldes** ~er machen 10.1.1 *jmdm. mit List eine Summe Geldes abnehmen* □ ***(conseguir) arrancar dinheiro de alguém** 10.1.2 *jmdm. eine Summe Geldes stehlen* □ ***surrupiar/levar o dinheiro de alguém** 10.2 das ist ~ möglich *das ist gut, wohl möglich, das kann schon sein* □ **bem 11** ⟨Getrennt- u. Zusammenschreibung⟩ 11.1 ~ **machen** = *leichtmachen* 11.2 ~ **verdaulich** = *leichtverdaulich*
Leicht|ath|le|tik ⟨f.; -; unz.; Sammelbez. für⟩ *Laufen, Springen, Werfen u. verwandte sportliche Übungen* □ **atletismo**
leicht|fal|len ⟨V. 131/600⟩ etwas fällt jmdm. leicht *macht jmdm. keine Mühe* □ ***ser fácil para alguém (fazer alguma coisa)**; ⟨aber Getrenntschreibung⟩ leicht fallen → *leicht(8)*
leicht|fer|tig ⟨Adj.⟩ *oberflächlich, leichtsinnig;* ~ handeln □ **leviano; levianamente**
leicht|her|zig ⟨Adj.⟩ *unbeschwert, sorglosen Gemütes* □ **despreocupado; despreocupadamente**
leicht|hin ⟨a. [-'-] Adv.⟩ *ohne sich viel Gedanken zu machen;* etwas ~ sagen; etwas ~ glauben □ **irrefletidamente; sem pensar**
leicht|ma|chen *auch:* **leicht ma|chen** ⟨V. 530/Vr 1⟩ es sich ~ *sich wenig Mühe geben;* du machst es dir zu leicht; sich eine Arbeit ~ □ ***facilitar/simplificar (as coisas para si mesmo)**
Leicht|me|tall ⟨n.; -(e)s, -e⟩ *Metall, dessen spezifisches Gewicht unter 5 liegt, z. B. Magnesium u. Aluminium* □ **metal leve**
leicht|neh|men ⟨V. 189/500⟩ eine **Sache** ~ *nicht ernst nehmen;* er hat die Angelegenheit zu leichtgenommen □ ***não levar uma coisa a sério**

Leicht|sinn ⟨m.; -(e)s; unz.⟩ *zu große Sorglosigkeit, Unbekümmertheit, Unvorsichtigkeit;* jugendlicher ~; seinen ~ mit dem Tode büßen □ **leviandade; imprudência**
leicht|sin|nig ⟨Adj.⟩ **1** *zu sorglos, unbekümmert, unvorsichtig;* ein ~er Fahrer **2** *leichtfertig, leichtlebig* □ **leviano; descuidado**
leicht|ver|dau|lich *auch:* **leicht ver|dau|lich** ⟨Adj 24/70⟩ *so beschaffen, dass es leicht verdaut werden kann* (Speisen) □ *de fácil digestão;* **leve**
leicht|ver|letzt *auch:* **leicht ver|letzt** ⟨Adj. 24/70⟩ *wenig verletzt* □ **levemente ferido**; → *a.* **leicht** *(4.2.1)*
leid ⟨Adv.; nur in festen Wendungen⟩ **1** etwas ist jmdm. ~ (geworden) *jmd. ist einer Sache überdrüssig, hat sie satt* **2** jmd. ist eine Sache ~ *hat eine S. satt, ist ihrer überdrüssig;* den ständigen Klatsch ~ sein □ ***estar farto de alguma coisa 3** ⟨schweiz. a. Adj.; in der Wendung⟩ das ist eine ~e Sache, Geschichte *eine hässliche, böse S., G.* □ **horrível; terrível**
Leid ⟨n., -(e)s; unz.⟩ **1** *großer Kummer, seelischer Schmerz; Ggs Freude; Freud und* ~ *miteinander teilen* □ **dor; tristeza;** jmdm. ein ~ antun □ ***fazer mal a alguém;** sie hat in ihrem Leben viel ~ erdulden, ertragen müssen □ **sofrimento;** in Freud und ~ zusammenstehen □ **tristeza;** geteiltes ~ ist halbes ~ ⟨Sprichw.⟩ □ ***dores compartilhadas são menores; tristeza dividida, tristeza aliviada** 1.1 jmdm. sein ~ klagen *von seinem Kummer, Ärger erzählen, sein Herz ausschütten* □ ***desabafar com alguém 2** *Unglück, Übel, Schaden;* bitteres, schweres, tiefes ~; jmdm. in seinem (großen) ~ beistehen □ **dor; sofrimento 3** ⟨schweiz.; veraltet⟩ *alles, was mit der Kundgebung der Trauer zusammenhängt* 3.1 Trauerkleidung 3.1.1 im ~ sein ⟨schweiz.⟩ *in Trauer sein* □ **luto** 3.2 Begräbnis □ **enterro** 3.3 Leichenschmaus □ **banquete fúnebre 4** ⟨Getrennt- u. Zusammenschreibung⟩ 4.1 zu **Leide** = *zuleide*
lei|den ⟨V. 177⟩ **1** ⟨400⟩ *Qualen ausstehen, Leid erdulden, Schmerzliches erleben;* er hat in seinem Leben viel ~ müssen □ **sofrer 2** ⟨414⟩ **an, unter etwas** ~ *etwas ertragen müssen;* er leidet sehr unter der Strenge seines Vaters; er leidet noch immer an den Folgen des Sturzes □ ***sofrer com/por causa de alguma coisa 3** ⟨414⟩ an einer **Krankheit** ~ *eine K. haben;* er leidet an chronischem Asthma □ ***sofrer de uma doença** 3.1 an Schwindel ~ *leicht schwindlig werden* □ ***sofrer de tontura** 3.2 **(durch, unter etwas)** ~ *(durch etwas) beeinträchtigt werden;* unter der Hitze ~; die Bäume haben durch den Frost gelitten; das Haus hat durch die Bomben stark gelitten □ ***sofrer com/por causa de alguma coisa 4** ⟨500⟩ etwas ~ *ertragen, ausstehen müssen;* Hunger, Durst, Not, Schmerzen ~ □ **suportar; aguentar 5** ⟨500/Vr 7 od. Vr 8; mit Modalverb⟩ jmdn. (nicht) ~ können, mögen *jmdm. (nicht) gut gesinnt sein, jmdn. (nicht) gernhaben;* ich kann ihn nicht ~ □ ***(não) suportar alguém** 5.1 ⟨500 m. Modalverb⟩ etwas (nicht) ~ können, mögen *(keinen) Gefallen an etwas finden* □

Leiden

*(não) suportar alguma coisa 6 ⟨510; unpersönl.; veraltet⟩ es leidet mich hier nicht länger *hier kann ich nicht länger bleiben* □ ***não aguento mais ficar aqui 7** ~d ständig krank, kränklich; er ist noch immer ~d; ~d aussehen □ **doente; adoentado 7.1** ein ~des Gesicht machen *ein G., als ob man sehr litte* □ ***fazer cara de dor/sofrimento**

Lei|den ⟨n.; -s, -⟩ **1** *anhaltende Krankheit;* Herz~, Magen~; ein chronisches, unheilbares ~; er starb nach langem, schwerem ~ □ **doença 2** *das, worunter man leidet, Qual, Schmerz;* das ~ Christi □ **Paixão**

Lei|den|schaft ⟨f.; -, -en⟩ Sy *Passion(1)* **1** *heftige Gefühlsregung, starke Zuneigung, Begierde;* ihn erfasste eine heftige, starke, glühende ~ zu ihr; seine ~ für sie **2** *Tätigkeit, die man gerne macht, Sache, die man gern hat;* Spiel~; Kochen ist meine ~ **3** *große Begeisterung;* ~ fürs Autofahren, Skilaufen, für die Musik; etwas mit ~ tun; einer ~ frönen □ **paixão**

lei|den|schaft|lich ⟨Adj.⟩ **1** *von Leidenschaft bewegt, getragen, glühend, heftig, ungezügelt;* ~er Hass, ~e Liebe, ~es Verlangen, ~e Musik □ **passional; ardente; impetuoso 2** ⟨90⟩ *für eine Sache begeistert, eine Sache sehr gern tuend;* ~ gern reiten, schwimmen □ ***adorar cavalgar/nadar**, ein ~er Angler, Jäger, Raucher, Schachspieler sein □ **entusiasta; apaixonado; inveterado**

lei|der ⟨Adv.⟩ *bedauerlicherweise, unglücklicherweise;* ~ Gottes!; ~ kann ich nicht kommen; ist er immer noch krank? Ja, ~!, ~ ja!; ist das Paket gekommen? ~ nicht!, ~ nein! □ **infelizmente**

lei|dig ⟨Adj. 24/60⟩ *lästig, verdrießlich, unangenehm;* ich werde froh sein, wenn ich diese ~e Sache los bin □ **desagradável; maçante**

leid|lich ⟨Adj. 24⟩ *erträglich, annehmbar, halbwegs gut; nicht ganz gut u. nicht ganz schlecht;* eine Sprache (ganz) ~ beherrschen; wie geht's? Danke, ~!; es geht ihm ~ □ **razoável; razoavelmente; mais ou menos**

leid∥tun ⟨V. 272/403⟩ **1** *bedauern* □ **lamentar; sentir muito 1.1** jmd. tut jmdm. leid *jmd. erscheint jmdm. beklagenswert;* der arme Junge tut mir leid!; der arme Kerl kann einem ~ □ **dar/causar pena em alguém; fazer alguém sentir pena 1.2** etwas tut jmdm. leid *jmd. bedauert etwas, bereut etwas (sehr);* tut mit leid, aber ich kann nicht!; das tut mir herzlich leid! □ **sentir muito; lamentar 1.2.1** es tut einem leid zu sehen, wie... *es ist schmerzlich zu sehen, wie...* □ ***dá pena ver como... 1.2.2** es tut einem leid um jmdn. *man bedauert jmdn., beklagt sein Schicksal;* es tut mir leid um ihn □ ***sentir muito por alguém**

Leid|we|sen ⟨n.; -s; unz.⟩ *zu jmds. ~ Bedauern;* zu meinem ~ muss ich absagen □ ***para a tristeza de alguém; lamentavelmente para alguém**

Lei|er ⟨f.; -, -n⟩ **1** *altgriechisches, harfenartiges Zupfinstrument* **2** *primitives Saiteninstrument, bei dem durch eine Kurbel drei unveränderliche Saiten u. eine Saite für die Melodie angestrichen werden* □ **lira 3** es ist (immer) die alte, selbe, gleiche ~ ⟨fig.; umg.⟩ *es ist immer dasselbe, das habe ich schon oft gehört* □ ***é sempre a mesma lenga-lenga**

Lei|er|kas|ten ⟨m.; -s, -käs|ten; Mus.⟩ = *Drehorgel*

lei|ern ⟨V.⟩ **1** ⟨400⟩ *die Drehorgel drehen* □ **tocar o realejo 2** ⟨411⟩ *an einem Gegenstand ~ wiederholt, anhaltend drehen* □ ***girar a manivela de um objeto; dar corda num objeto;** an einer Kurbel ~ □ ***girar uma manivela 3** ⟨400⟩ *eintönig sprechen* □ **falar com voz monótona 4** ⟨500⟩ einen Text ~ *mechanisch und monoton hersagen;* du darfst das Gedicht nicht so ~ □ **salmodiar**

lei|hen ⟨V. 178/530/Vr 6⟩ **1** jmdm. etwas ~ *borgen, vorübergehend zur Verfügung stellen;* das Auto gehört nicht mir, es ist nur geliehen; kannst du mir zehn Euro ~? □ **emprestar 2** ⟨Vr 1⟩ sich etwas (von jmdm.) ~ *sich etwas, das jmd. anderem gehört, zum zeitweiligen Gebrauch erbitten;* ich habe mir von ihm ein Buch geliehen □ ***tomar alguma coisa emprestada de alguém**

leih|wei|se ⟨Adv.⟩ *(nur) zum Leihen, zum momentanen Gebrauch;* können Sie mir das Buch ~ einige Wochen überlassen? □ **emprestado; a título de empréstimo**

Leim ⟨m.; -(e)s, -e⟩ **1** *Klebstoff zum Verbinden von Werkstoffen verschiedener Art;* Papier~, Holz~, Tischler~ □ **cola 1.1** etwas geht aus dem ~ ⟨a. fig.⟩ *geht entzwei* □ ***quebrar-se; partir-se 2** jmdm. auf den ~ gehen, kriechen ⟨fig.; umg.⟩ *sich von jmdm. überlisten lassen* □ ***cair na armadilha**

lei|men ⟨V. 500⟩ **1** etwas ~ *(mit Leim) kleben* □ **colar 2** Vogelruten ~ *mit Leim bestreichen* □ **enviscar 3** jmdn. ~ ⟨fig.; umg.⟩ *anführen, betrügen (bes. im Spiel)* □ ***enganar alguém; passar a perna em alguém**

Lein ⟨m.; -(e)s, -e⟩ = *Flachs(1)*

...lein ⟨Endung zur Bildung der Verkleinerungsform; heute meist nur noch geh.⟩; Männlein, Kindlein, Häslein

Lei|ne ⟨f.; -, -n⟩ **1** *langes, schmales Gebilde aus festem (biegsamem) Material, an dem ein Tier od. ein Gegenstand befestigt wird;* einen Hund an der ~ führen, an die ~ nehmen □ **coleira 2** *dicke Schnur, dünnes Tau;* die Wäsche hängt noch auf der ~ □ **varal 2.1** Ball über die ~ *Spiel zwischen zwei Mannschaften, die sich gegenseitig über eine Schnur in etwa 2 m Höhe einen Ball zuspielen, der Boden u. Schnur nicht berühren darf* □ **corda; cordão**

Lei|nen ⟨n.; -s, -⟩ = *Leinwand(1)*

Lein|öl ⟨n.; -(e)s, -e⟩ *aus den Samen des Flachses gepresstes Öl, Gemisch von verschiedenen Glyzerinestern mit meist ungesättigten Fettsäuren* □ **óleo de linhaça**

Lein|wand ⟨f.; -, -wän|de⟩ **1** ⟨unz.⟩ *Gewebe aus Flachs (a. Baumwolle, Kunstfaser) in Tuchbindung;* Sy *Leinen;* mit Ölfarben auf ~ malen **2** *Bildwand, Fläche, auf die ein Film projiziert wird* **2.1** ein Gesicht von der ~ her kennen *vom Film, aus dem Kino* □ **tela**

leis ⟨Adj.; poet.⟩ *leise*

lei|se ⟨Adj.⟩ **1** *nur schwach, kaum hörbar;* Ggs *laut;* ein ~s Geräusch; ~ lachen, singen, sprechen, weinen □

baixo; baixinho 2 *behutsam, vorsichtig, möglichst wenig Geräusch verursachend;* ~ auftreten; ~! □ **sem fazer barulho** 2.1 ⟨40⟩ sei ~! *mach kein Geräusch, keinen Lärm!* □ ***não faça barulho!** 3 ⟨90⟩ *gering, schwach;* einen ~n Verdacht, Zweifel □ **leve; ligeiro;** ich habe nicht die ~ste Ahnung; eine ~ Hoffnung □ **vago** 3.1 nicht die ~ste Andeutung *nicht die kleinste A.* □ **menor** 4 ⟨90⟩ *von geringer Intensität seiend, leicht, schwach, behutsam, sanft;* eine ~ Berührung; ein ~r Wind ⟨geh.⟩ jmdm. ~ übers Haar streichen; es regnete ~ □ **levemente** 4.1 einen ~n Schlaf haben *schon durch schwache Geräusche störbaren S.* □ ***ter sono leve**

Leise|tre|ter ⟨m.; -s, -; fig.; umg.; abwertend⟩ = *Duckmäuser*

Leis|te ⟨f.; -, -n⟩ 1 *schmale Randeinfassung aus Holz od. Metall* □ **ripa; fasquia; régua;** Fenster~ □ ***esquadria da janela** 2 ⟨Anat.⟩ *Beugeseite des Hüftgelenks, der Übergang zwischen Unterbauch u. Oberschenkel: Regio inguinalis* □ **virilha**

leis|ten ⟨V. 500⟩ 1 etwas ~ *vollbringen, schaffen, bewirken (eine größere schwierige Sache, Arbeit);* (jmdm.) einen Dienst ~; Gewaltiges, Großartiges, Übermenschliches ~; er kann in seinem Alter nicht mehr viel ~; da hast du wirklich etwas geleistet; nichts ~; eine ordentliche Arbeit ~ □ **realizar; fazer** 2 ⟨530/Vr 1⟩ sich etwas ~ *sich etwas gönnen, sich etwas erlauben* □ ***permitir-se alguma coisa** 2.1 *sich eine (unnötige) Ausgabe erlauben;* sich eine Reise nach dem Süden ~; sich eine gute Flasche Wein ~ 2.1.1 das kann ich mir nicht ~ *dazu habe ich nicht genügend Geld* □ ***dar-se ao luxo de** 2.2 ⟨m. Modalverb⟩ das kann ich mir nicht ~ *damit schade ich meinem Ansehen, Ruf* □ ***não posso fazer uma coisa dessas** 2.3 da hast du dir ja etwas Schönes geleistet! ⟨fig.; iron.⟩ *da hast du ja etwas S. angestellt* □ ***olhe o que você foi aprontar!** 3 ⟨503/Vr 6⟩ **(jmdm.)** eine Sache ~ *gewähren, darbringen, bieten* □ **oferecer; proporcionar** 3.1 ⟨530⟩ jmdm. Gesellschaft ~ *jmdn. unterhalten, bei jmdm. sein* □ ***fazer companhia a alguém** 3.2 Widerstand ~ *sich widersetzen* □ ***oferecer resistência** 3.3 ⟨500⟩ einen Eid, Schwur ~ *schwören* □ ***fazer um juramento** 4 ⟨Funktionsverb⟩ 4.1 Abbitte ~ *um Verzeihung bitten* □ ***pedir desculpa** 4.2 ⟨503⟩ jmdm. Beistand, Hilfe ~ *beistehen, helfen* ~ ***prestar assistência/ajuda** 4.3 ⟨550⟩ für jmdn. Bürgschaft ~ *bürgen* □ ***dar/prestar garantia** 4.4 ⟨505⟩ Ersatz ~ *(etwas) ersetzen* □ ***indenizar/ressarcir (de alguma coisa)** 4.5 ⟨530⟩ einer Einladung, einem Befehl Folge ~ *einer E., einem B. folgen* □ ***aceitar um convite; obedecer a uma ordem** 4.6 ⟨505⟩ Verzicht ~ (auf etwas) *(auf etwas) verzichten* □ ***renunciar (a alguma coisa)** 4.7 Zahlungen ~ *zahlen* □ ***efetuar pagamentos**

Leis|ten ⟨m.; -s, -⟩ 1 *Schuhform zum Spannen der Schuhe;* Schuhe auf ~ spannen □ **forma** 1.1 alles über einen ~ schlagen ⟨fig.⟩ *alles gleich behandeln, keine Unterschiede machen* □ ***colocar tudo no mesmo saco;** → a. *Schuster(1.1)*

Leis|tung ⟨f.; -, -en⟩ 1 *das Vollbringen einer Anstrengung, Ausführen einer Arbeit, Aufgabe und das sich daraus ergebende Resultat;* deine ~en müssen noch besser werden; seine ~en steigern; seine ~en haben nachgelassen; seine ~en in der Schule; ausgezeichnete, befriedigende, gute, schlechte, vorzügliche ~en □ **trabalho; produção; rendimento** 1.1 *das Vollbringen einer großen Anstrengung, einer anspruchsvollen körperlichen od. geistigen Arbeit und das sich daraus ergebende, besonders zufriedenstellende Resultat;* eine geistige, künstlerische, sportliche, technische, wissenschaftliche ~; das ist (wirklich) eine ~! □ **obra; feito** 2 *finanzielle Verpflichtung, die jmdm. gegenüber besteht;* die ~en der Krankenkasse, Versicherung □ **benefício** 3 ⟨Phys.⟩ *Arbeit in der Zeiteinheit;* die ~ einer Maschine □ **potência** 4 ⟨Rechtsw.⟩ *das Tun od. Unterlassen, das ein Gläubiger kraft des Schuldverhältnisses von einem Schuldner zu fordern hat* 4.1 ~ in Geld, in Naturalien *Begleichung einer Schuld in G.,* in N. □ **pagamento; prestação**

lei|ten ⟨V. 500⟩ 1 jmdn. od. etwas ~ *führen, lenken* 1.1 jmdn. ~ ⟨geh.⟩ *jmds. Richtung, Weg bestimmen;* der Instinkt leitete ihn richtig □ **conduzir; guiar** 1.2 jmdn. ~ ⟨geh.⟩ *geleiten* □ **acompanhar; escoltar** 1.3 etwas ~ *sich an der Spitze von etwas befinden, den Vorsitz von etwas führen, die Leitung (von etwas) innehaben;* eine Diskussion, Versammlung ~; eine Abteilung, Filiale, Schule ~ *einen Betrieb o. Ä. verantwortlich, selbständig ~* □ **encabeçar; dirigir** 1.4 er braucht noch eine ~de Hand *jmdn., der ihn anleitet, überwacht* □ ***ele ainda precisa de alguém que o conduza/encaminhe** 1.5 eine ~de Stellung *eine S. mit großer Verantwortung;* er hat eine ~de Stellung inne □ ***cargo dirigente** 1.5.1 ~der Angestellter *A. mit der Befugnis, Entscheidungen selbständig u. verantwortlich zu treffen* □ ***diretor; executivo** 1.6 der ~de Gedanke (eines Buches, Vortrags) *der bestimmende, grundlegende G.* □ **ideia principal; diretriz** 2 sich von Überlegungen, Gefühlen ~ lassen *Ü., G. zur Grundlage von Entscheidungen machen;* ich habe mich dabei von folgenden Erwägungen ~ lassen □ ***deixar-se levar/guiar por reflexões/sentimentos** 3 etwas ~ *in eine bestimmte Richtung, an einen bestimmten Ort führen, bringen;* Dampf, Gas, Wasser durch Rohre ~ □ **conduzir** 4 ⟨511⟩ etwas in die Wege ~ ⟨fig.⟩ *einleiten, organisieren, mit etwas beginnen* □ **encaminhar; organizar** 5 Energie, Wärme, Schall ~ ⟨Phys.⟩ *durch einen Stoff weiterführen* 5.1 ein Stoff leitet *lässt Energie, Wärme, Schall durch u. führt sie weiter;* Metall leitet Wärme besser als Holz; gut, schlecht ~ □ **conduzir**

Lei|ter[1] ⟨m.; -s, -⟩ 1 *jmd., der etwas leitet, verantwortlicher Vorgesetzter, Chef;* Bau-~, Betriebs-~, Filial-~, Schul-~, Verlags-~; eine Expedition, eines Unternehmens; kaufmännischer, technischer ~ □ **diretor; chefe** 2 ⟨Phys.⟩ *Stoff, der elektrischen Strom, Wärme, Schall weitergibt;* Wärme-~; elektrischer ~; Metall ist ein guter, Holz, Wolle ein schlechter ~ □ **condutor**

Lei|ter² ⟨f.; -, -n⟩ *Gerät aus zwei durch Sprossen verbundenen Balken (Holmen) zum Hinaufsteigen (auch als Turngerät);* Sy ⟨süddt., österr.⟩ *Staffelei(2);* eine ~ (an einen Baum, eine Mauer) anlegen, aufstellen; die ~ hinauf-, hinuntersteigen od. -klettern; an der ~ turnen; die ~ des Erfolges, des Ruhmes emporsteigen ⟨fig.⟩ ☐ **escada (portátil)**

Lei|te|rin ⟨f.; -, -rin|nen⟩ *weibl. Leiter*¹ *(1)* ☐ **diretora; chefe**

Leit|fa|den ⟨m.; -s, -fä|den; fig.⟩ *systematische Einführung in ein Wissensgebiet, Lehrbuch;* ~ der Botanik, der Gärtnerei ☐ **guia; manual; compêndio**

Leit|ham|mel ⟨m.; -s, -⟩ **1** *die Herde führender Hammel* ☐ **carneiro-guia 2** ⟨fig.; abwertend⟩ *Anführer, dem die Menge gedankenlos folgt* ☐ **cabeça; líder**

Leit|li|nie ⟨[-njə] f.; -, -n⟩ **1** *der Verkehrslenkung dienende, auf die Straße aufgezeichnete, gestrichelte gelbe od. weiße Linie, die überfahren werden darf, wenn der übrige Verkehr nicht gefährdet wird* ☐ **linha da faixa de rodagem 2** ⟨Math.⟩ *senkrecht auf der Hauptachse eines Kegelschnitts stehende Gerade, die zur Definition des Kegelschnitts dienen kann, Direktrix* ☐ **diretriz**

Leit|mo|tiv ⟨n.; -(e)s, -e⟩ **1** *häufig wiederholte, mit einer bestimmten Gestalt, Stimmung o. Ä. verbundene Tonfolge in einem Musikstück (bes. Oper)* **2** *grundlegendes, bedeutungsvolles Motiv in einem (literarischen) Werk* **3** ~ einer **Ausstellung**, eines **Unternehmens** *Gedanke, der einer A., einem U. zugrunde gelegt wird* ☐ *Leitmotiv*

Leit|plan|ke ⟨f.; -, -n⟩ *am Straßenrand od. am Mittelstreifen von Autobahnen angebrachte Stahl- od. Betonplanke, die verhindern soll, dass Fahrzeuge von der Fahrbahn abkommen* ☐ **guard rail; mureta de proteção**

Lei|tung ⟨f.; -, -en⟩ **1** ⟨unz.⟩ *das Leiten;* straffe, nachlässige ~; unter ~ des Dirigenten XY; die ~ eines Betriebes übernehmen **2** *Leiter, Gesamtheit mehrerer Leiter (eines Unternehmens);* Betriebs~, Geschäfts~, Verlags~; ~ eines Betriebes ☐ **direção; gerência 3** *Einrichtung (Kabel, Rohr) zum Weiterleiten von Stoffen, Schall, Energie usw.;* Gas~, Wasser~, Rohr~, Telefon~; elektrische ~; eine ~ legen ☐ **tubulação; encanamento; instalação 3.1** *(kurz für) Telefonleitung;* die ~ ist frei, überlastet, unterbrochen ☐ **linha telefônica 4** *eine lange ~ haben* ⟨fig.; umg.; scherzh.⟩ *einen langsam arbeitenden Verstand haben, nur langsam begreifen* ☐ ***ser tapado; demorar para entender as coisas**

Lei|tungs|was|ser ⟨n.; -s; unz.⟩ *Wasser aus der Wasserleitung* ☐ **água encanada/da torneira**

Leit|werk ⟨n.; -(e)s, -e⟩ **1** *der Steuerung von Flugzeugen dienenden flügelartigen Teile* ☐ **empenagem;** Höhen~, Seiten~ ☐ **leme 2** *Dammbauten, die die Fließrichtung eines Flusses beeinflussen sollen* ☐ **paredão**

Lek|ti|on ⟨f.; -, -en⟩ **1** *Vorlesung, Lehrstunde* ☐ **aula 1.1** ⟨fig.⟩ *Zurechtweisung;* jmdm. eine ~ erteilen **2** *Abschnitt im Lehrbuch* **3** *zu lernende Aufgabe* ☐ **lição**

Lek|tü|re ⟨f.; -, -n⟩ **1** *Lesestoff;* englische, französische, spanische ~; ernste, heitere, leichte, schwere, unterhaltsame ~; geeignete, ungeeignete, passende, unpassende ~; das ist (nicht) die richtige ~ für den; bei der ~ dieses Buches; ~ für den Unterricht, für den Urlaub **2** ⟨Schule⟩ *fremdsprachliche Lesestunde, Leseübung* **3** ⟨unz.⟩ *das Lesen* ☐ **leitura**

Lem|ma ⟨n.; -s, -ma|ta⟩ *Stichwort(eintrag) in einem Nachschlagewerk* ☐ **entrada**

Len|de ⟨f.; -, -n⟩ **1** ⟨Anat.⟩ *aus starker Rückenmuskulatur bestehende Gegend zwischen Rippenbogen, Darmbein u. Wirbelsäule* **2** *Fleisch unterhalb des Rückgrats beim Schlachtvieh;* Rinds~, Schweine~ ☐ **lombo**

len|ken ⟨V. 500⟩ **1** *ein Fahrzeug* ~ *führen, steuern;* ein Auto, Flugzeug ~ ☐ **dirigir; guiar;** einen Wagen nach links, rechts ~ ☐ **virar 1.1** ⟨511⟩ *seine Schritte in eine bestimmte Richtung* ~ *in eine bestimmte Richtung gehen;* seine Schritte heimwärts, ins Tal ~ ☐ ***ir em determinada direção 2** jmdn. ~ ⟨fig.⟩ *jmdm. angeben, wie er sich verhalten soll, jmdn. in seinem Verhalten stark beeinflussen* ☐ **instruir 2.1** *sich* ~ *lassen sich in seinem Verhalten beeinflussen lassen;* sich leicht ~ lassen ☐ ***deixar-se levar/influenciar 3** ⟨550⟩ *eine Sache auf jmdn. od. etwas* ~ *etwas in eine bestimmte Richtung bringen;* ein Gespräch in eine bestimmte Richtung ~; die Aufmerksamkeit auf etwas ~; den Verdacht auf jmdn. ~ ☐ **dirigir; conduzir; voltar;** jmds. Blicke auf sich ~ ☐ ***atrair os olhares de alguém**

Len|k|rad ⟨n.; -(e)s, -rä|der; Kfz, am Bobsleigh⟩ *radähnliche Vorrichtung zum Lenken eines (Kraft-)Fahrzeugs, Steuerrad* ☐ **volante; direção**

Len|kung ⟨f.; -, -en⟩ **1** *das Lenken(1), Führung, Leitung, Steuerung* ☐ **condução; direção 2** *Einrichtung zum Lenken eines Fahrzeugs* ☐ **volante; direção**

Lenz ⟨m.; -es, -e; poet.⟩ **1** *Frühling, Frühjahr* **1.1** ~ des Lebens *Jugend* ☐ **primavera 2** ⟨nur Pl.⟩ ~e ⟨geh.⟩ *Lebensjahre;* er zählt gerade 19 ~e; er mit seinen 17 ~en ☐ **primaveras 3** *sich einen* ~ *machen* ⟨fig.; umg.⟩ *faul sein, geruhsam arbeiten* ☐ ***levar uma vida mansa; não pegar no pesado**

Le|o|pard ⟨m.; -en, -en; Zool.⟩ *Großkatze mit gelbem Fell u. braunschwarzen Punkten: Panthera pardus;* Sy *Panther* ☐ **leopardo**

Le|pra *auch:* **Lep|ra** ⟨f.; -; unz.⟩ *chronisch verlaufende bakterielle Infektionskrankheit, die zu schweren Verunstaltungen des Körpers führt;* Sy *Aussatz* ☐ **lepra**

Ler|che ⟨f.; -, -n; Zool.⟩ *Angehörige einer Familie meist dunkel sandfarbener Singvögel, die am Boden in offenem Gelände leben: Alaudidae* ☐ **cotovia; calhandra**

lern|be|gie|rig ⟨Adj.⟩ *begierig zu lernen, wissbegierig* ☐ **ávido por aprender; estudioso**

ler|nen ⟨V.⟩ **1** ⟨402⟩ (etwas) ~ *Fähigkeiten, Fertigkeiten (zu etwas), Kenntnisse, Wissen (von etwas) erwerben;* du musst ~, vorsichtiger zu sein; das Lernen fällt, wird ihm leicht, schwer; eifrig, fleißig ~; er lernt gut, leicht, schlecht, schwer; so etwas lernt man schon in der Schule; eine Sprache ~; Auto fahren, Rad fahren ~; Schlittschuh laufen, Klavier spielen ~; kochen, laufen, schwimmen, tanzen ~; lesen, schreiben, singen ~; mancher lernt's nie! ⟨umg.; iron.⟩; bei ihm habe ich viel gelernt **1.1** *einen Beruf* ~ *sich Fähigkei-*

ten, Kenntnisse, Wissen für seinen Beruf aneignen 1.2 aus der Erfahrung, aus seinen Fehlern ~ *aufgrund von Erfahrungen, begangenen Fehlern sein Verhalten ändern* □ **aprender** 1.3 gelernt ist gelernt ⟨umg.⟩ *was man richtig gelernt hat, beherrscht man leicht, vergisst man nicht* □ ***o que se aprende não se esquece** 1.4 was Hänschen nicht lernt, lernt Hans nimmermehr ⟨Sprichw.⟩ *was man nicht in der Jugend lernt, lernt man auch im Alter nicht mehr* □ ***papagaio velho não aprende a falar** 1.5 ⟨802⟩ **(etwas) von jmdm.** ~ *etwas beigebracht bekommen;* er hat es von seinem Vater gelernt; er lernt von dir nur Dummheiten ⟨umg.⟩ □ ***aprender (alguma coisa) com alguém** 1.6 *in der Lehre, Ausbildung, Schulausbildung sein;* bei einem Töpfer, Tischler ~ 1.6.1 er lernt noch *ist noch in der Lehre* 1.6.2 er hat Buchhändler gelernt ⟨umg.⟩ *er hat die Buchhändlerlehre durchlaufen* □ **estudar** 1.6.3 **gelernter** Arbeiter *A., der eine Lehre durchlaufen hat* □ ***operário qualificado** 1.7 ein **Schüler** lernt (eine **Sache**) *erwirbt sich Kenntnisse für die Schule, prägt sich etwas ein;* ein Gedicht, Lied ~; Vokabeln ~; Englisch ~ □ **aprender;** auswendig ~ □ ***decorar** 1.7.1 *Hausaufgaben machen;* die Mutter lernt jeden Tag mit ihm □ **estudar; ajudar na lição de casa** 2 ⟨510/Vr 3⟩ **etwas lernt sich** *lässt sich lernen, kann gelernt werden;* dieses Gedicht, Lied lernt sich leicht, schwer □ ***essa poesia/canção é fácil/difícil de aprender** 3 ⟨507/Vr 8⟩ *etwas od. jmdn.* lieben ~ *im Lauf der Zeit, allmählich liebgewinnen* □ ***aprender a amar/gostar de alguma coisa ou alguém**

Lern|mit|tel ⟨n.; -s, -⟩ *Hilfsmittel für den Lernenden, Lehrbücher, Hefte usw.* □ **material didático/escolar**

Les|art ⟨f.; -, -en⟩ **1** *vom ursprünglichen od. überlieferten Text abweichende Fassung* □ **versão; variante 2** *Auslegung, Deutung eines Textes;* die amtliche ~ □ **interpretação**

les|bisch ⟨Adj. 24⟩ *homosexuell (von Frauen);* ~e Beziehung; ~e Liebe □ **lésbico**

Le|se ⟨f.; -, -n⟩ *Ernte, bes. Weinernte* □ **colheita**; Wein~ □ ***vindima**

le|sen ⟨V. 179⟩ **1** ⟨400⟩ *den Sinn von Schriftzeichen erfassen, Schrift in Sprache umsetzen;* falsch, fließend ~; beim Lesen deines Briefes; ~ lernen (von Schülern) 1.1 ⟨500⟩ **etwas (in etwas)** ~ *den Sinn von etwas Geschriebenem od. Gedrucktem erfassen;* einen Brief, ein Buch ~; Zeitung ~; dieses Buch wird gern, viel gelesen; ich habe es heute in der Zeitung gelesen, dass ~ 1.2 ⟨402⟩ **(etwas)** ~ *den Sinn von etwas Gedrucktem od. Geschriebenem laut wiedergeben;* ein Drama mit verteilten Rollen ~ 1.3 ⟨411⟩ *öffentlich vortragen;* XY liest heute aus eigenen Werken □ **ler** 1.4 ⟨513/Vr 3⟩ **etwas Geschriebenes, Gedrucktes liest sich gut, schlecht** ⟨umg.⟩ *kann gut, schlecht gelesen werden;* das Buch liest sich leicht, schwer □ ***alguma coisa (escrita/impressa) é fácil/difícil de ler** 2 ⟨405⟩ ein Hochschullehrer liest (über ein Gebiet) *hält Vorlesungen;* über deutsche Literatur, Philosophie, Biologie ~ □ ***um professor universitário dá um curso (sobre uma área)** 3 ⟨500⟩ 3.1 die Messe ~ *halten,* ze-

lebrieren □ **rezar; celebrar** 3.2 Korrektur ~ *Schriftsatz auf Satzfehler prüfen* □ **rever; revisar** 3.3 eine Gesetzesvorlage ~ (in einem **Parlament**) *beraten* □ **deliberar sobre 4** ⟨500⟩ **etwas ~** *ernten, sammeln;* Beeren, Trauben, Wein ~ □ **colher** 4.1 Ähren ~ *vom abgeernteten Getreidefeld die zurückgebliebenen Ä. sammeln* □ **respigar** 4.2 **Erbsen** ~ *die guten von den schlechten E. trennen* □ **escolher 5** ⟨411⟩ **in jmds. Gesicht, Augen ~** ⟨fig.⟩ *den Ausdruck von jmds. G., A. deuten* □ **ler**

Le|ser ⟨m.; -s, -⟩ *jmd., der etwas liest;* ein Buch für junge ~ □ **leitor**

Le|ser|brief ⟨m.; -(e)s, -e⟩ *Zuschrift eines Lesers an eine Zeitungsredaktion mit Kritik, Anregungen od. einer Stellungnahme zu einem veröffentlichen Artikel;* ~e veröffentlichen □ **carta do leitor**

Le|se|rin ⟨f.; -, -rin|nen⟩ *weibl. Leser* □ **leitora**

le|ser|lich ⟨Adj.⟩ *so beschaffen, dass man es lesen kann;* ~ schreiben □ **legível; legivelmente**

Le|sung ⟨f.; -, -en⟩ **1** *das (laute) Lesen von Texten, bes. im Gottesdienst* □ **leitura (em voz alta) 2** *öffentliche Veranstaltung, auf der aus dichterischen Werken vorgelesen wird;* Dichter~ □ **sarau 3** *Beratung (über eine Gesetzesvorlage);* dritte ~ *eines Gesetzesentwurfs* □ **deliberação**

Le|thar|gie ⟨f.; -; unz.⟩ **1** ⟨Med.⟩ *Schläfrigkeit, Bewusstseinsstörung mit verlangsamter physischer u. psychischer Aktivität* **2** ⟨allg.⟩ *Lustlosigkeit, Trägheit, Teilnahmslosigkeit* □ **letargia**

Let|ter ⟨f.; -, -n; Typ.⟩ = *Type(1)*

Letzt ⟨f.; -; unz.; nur in der Wendung⟩ zu guter ~ *zuletzt, zum Schluss* □ ***por fim**

letz|te(r, -s) ⟨Adj. 24/70⟩ **1** *eine Reihe beschließend;* der ~ Buchstabe; das ~ Mittel; der ~ Versuch □ **último;** zum Dritten und Letzten (bei Auktionen) □ ***dou-lhe uma, dou-lhe duas, dou-lhe três;** die ~n Jahre seines Lebens; der Letzte des Monats 1.1 der Letzte *jmd., der eine Reihenfolge beschließt;* als Letzter ankommen □ **último** 1.2 den Letzten beißen die Hunde *der Letzte muss für alles einstehen* □ ***quem chegar por último é mulher do padre** 1.3 zum letzten Mal *nur noch dieses Mal* □ ***pela última vez** 1.4 ich habe es zum ersten u. auch zum ~n Mal getan *ich habe es einmal getan od. versucht u. werde es nie wieder tun* 1.5 ⟨40⟩ er wäre der Letzte, dem ich es sagen würde *ihm würde es auf keinen Fall sagen* 1.6 ⟨60⟩ bis auf den ~n Mann *alle* □ **último** 1.6.1 jmdn. od. etwas bis ins Letzte kennen *ganz genau kennen* □ ***conhecer alguém ou alguma coisa como a palma da mão** 1.6.2 die Letzte Ölung ⟨kath. Kirche⟩ *das Sterbesakrament, Salbung eines Todkranken mit geweihtem Öl* □ ***a unção dos enfermos** 1.6.3 der Letzte seiner Familie *das einzige lebende Mitglied einer F. ohne Nachkommen;* er ist der Letzte seines Namens □ ***o único da família que ainda está vivo** 1.6.4 im ~n Augenblick *ganz am Schluss, kurz vor dem Ende* □ ***no último instante** 1.7 Letzter/letzter **Wille** = *Testament(1)* 1.8 seine ~ **Stunde** war gekommen *seine Todesstunde* □ ***sua hora havia chegado** 1.8.1 in den ~n

letztere

Zügen liegen *kurz vor dem Tode sein, im Sterben liegen* □ *estar à beira da morte* 1.8.2 den ~n **Seufzer** tun ⟨fig.⟩ *sterben* □ *dar o último suspiro* 1.8.3 den ~n **Gang** tun, den ~n **Weg** gehen ⟨fig.⟩ *begraben werden* □ *ser enterrado; ser conduzido à última morada* 1.8.4 jmdm. die ~ **Ehre** erweisen *jmdn. zu Grabe tragen* □ *prestar as honras fúnebres a alguém; prestar as últimas homenagens a alguém* 1.8.5 jmdn. zur ~ **Ruhe** betten, tragen *jmdn. begraben* □ *enterrar/ sepultar alguém* 1.8.6 jmdn. auf seinem ~n **Weg** begleiten ⟨fig.⟩ *jmds. Beerdigung beiwohnen* □ *acompanhar o enterro de alguém* 1.8.7 er hat das ~ **Wort** ⟨fig.⟩ *die letzte Entscheidung zu treffen* 1.8.8 darüber ist das ~ **Wort** noch nicht gesprochen ⟨fig.⟩ *darüber ist noch nicht endgültig entschieden* **2** Letzte(r, -s) 2.1 *der Letzte der im Rang am niedrigsten Stehende;* die Ersten werden die Letzten sein und die Letzten werden die Ersten sein (Matth. 19,30) □ **último 3** ⟨60⟩ *eben erst vergangen, vorig;* in ~r Zeit, in der ~n Zeit □ *ultimamente; nos últimos tempos;* in der ~n Woche; am ~n Sonntag; ~s Jahr, ~ Woche **4** ⟨60⟩ *neueste(r, -s);* die ~n Nachrichten □ *último* 4.1 der ~ **Schrei** *die neueste (modernste) Errungenschaft, Trend, Mode* □ *a última moda* 4.2 die ~ **Neuheit** *eine eben aufgekommene N.* □ *a última novidade* **5** ⟨60⟩ *äußerste(r, -s)* 5.1 mit ~r **Kraft** *mit der noch übrigen K.* □ *com suas últimas forças* 5.2 ~n **Endes** ⟨umg.⟩ *schließlich, eigentlich* □ *no fim das contas* 5.3 das Letzte *das Äußerste, nicht zu Überbietende, alles Umfassende;* es geht ums Letzte □ *é tudo ou nada;* etwas bis zum Letzten ausnützen □ *usar alguma coisa até o fim* 5.4 sein Letztes hergeben 5.4.1 *seinen ganzen Besitz* □ *dar/entregar tudo o que tem* 5.4.2 ⟨fig.⟩ *tun, soviel man vermag, sich aufs Äußerste anstrengen* □ *dar tudo de si* 5.5 das ist das Letzte ⟨umg.⟩ *das ist unglaublich (schlecht)* □ *é o fim da picada* **6** *endgültig* 6.1 das ~ **Wort** haben *keine Widerrede dulden* 6.2 das ist mein ~s **Wort** *das, was ich jetzt gesagt habe, ist endgültig* □ *último* 6.3 der Weisheit ~r **Schluss** *die höchste W.* □ *a máxima sabedoria*

letz|te|re(r, -s) ⟨Adj. 24/60⟩ *der, die, das zuletzt Erwähnte, Genannte;* Ggs *erstere(r, -s);* der, die, das Letztere; im ~n Falle; von den Genannten hat Letzterer einen außerordentlich schlechten Eindruck hinterlassen □ **último**

letzt|hin ⟨a. [-'-] Adv.⟩ *zu einem Zeitpunkt, der noch nicht lange zurückliegt;* Sy *letztlich(2)* □ *recentemente; há pouco*

letzt|lich ⟨Adv.⟩ **1** *schließlich, im letzten, tiefsten Sinne;* ~ macht es keinen Unterschied, ob □ **no final das contas; em última análise 2** = *letzthin*

letzt|ma|lig ⟨Adj. 24⟩ *zum letzten Mal, beim letzten Mal (vorkommend, stattfindend);* bei unserem ~en Treffen wurde beschlossen, ... □ *último;* an seinem Geburtstag habe ich ihn ~ gesprochen □ *seu aniversário foi a última vez em que falei com ele*

letzt|mals ⟨Adv.⟩ *zum letzten Mal, beim letzten Mal* □ **pela última vez**

Leuch|te ⟨f.; -, -n⟩ **1** *Gerät, das eine Lichtquelle enthält;* Sy *Lampe¹(2)* □ **fonte de luz** 1.1 *Laterne, Fackel* □ **luminária; tocha 2** ⟨fig.; umg.⟩ *kluger Mensch* 2.1 er ist eine ~ der Wissenschaft ⟨fig.⟩ *berühmter Fachmann, bedeutender Gelehrter* 2.2 er ist keine große ~ ⟨fig.⟩ *ein dummer Mensch* □ **sumidade; gênio**

leuch|ten ⟨V.⟩ **1** ⟨400⟩ *mittels einer Lampe, Leuchte o. Ä. einen Lichtstrahl auf jmdn. od. etwas richten;* unter den Tisch ~ (um etwas zu suchen); jmdm. mit der Lampe ins Gesicht ~ 1.1 ⟨600/Vr 5 od. Vr 6⟩ **jmdm.** ~ **den Weg erhellen** □ **iluminar 2** ⟨400⟩ *etwas leuchtet strahlt Licht aus, verbreitet Helligkeit; durch die Finsternis* ~ 2.1 *eine* **Farbe** *leuchtet ist intensiv u. hell* □ **resplandecer; brilhar;** *ein ~des Rot* □ *um vermelho vivo/intenso;* der Himmel ist ~d blau □ *o céu está de um azul radiante;* sie hat ~d blaue Augen □ *seus olhos são de um azul radiante* **3** ⟨400⟩ *etwas leuchtet glänzt, schimmert;* Glühwürmchen ~; Mond u. Sterne ~ □ **brilhar;** mit ~den Augen □ **brilhante** 3.1 jmdm. leuchtet das Glück aus den Augen ⟨fig.⟩ *man sieht an jmds. glänzenden Augen, dass er glücklich ist* □ *seus olhos brilham de felicidade*

Leuch|ter ⟨m.; -s, -⟩ *Gestell für mehrere Kerzen bzw. kerzenförmige Lämpchen;* Kerzen~ □ **candelabro**

Leucht|feu|er ⟨n.; -s, -⟩ *ein Leuchtsignal, das abwechselnd kurz leuchtet u. wieder erlischt u. Gefahrenstellen für den See- u. Luftverkehr kennzeichnet,* Sy *Blinkfeuer* □ **farol; fanal**

leug|nen ⟨V. 500⟩ etwas ~ **1** *(nicht der Wahrheit entsprechend) behaupten, dass es sich mit einer Sache anders verhalte, als bisher angenommen wurde* □ **negar;** sein langes, hartnäckiges Leugnen half ihm nichts □ **negação** 1.1 *die Wahrheit abstreiten;* eine Tat, die Mitwisserschaft an einer Tat ~ □ **negar; desmentir** 1.2 es ist nicht zu ~, dass ... *es steht fest, dass ..., es kann nicht bestritten werden, dass ...* 1.3 etwas nicht ~ können *nicht bestreiten können, etwas zugeben müssen* □ **negar; contestar**

Leuk|ä|mie, auch: **Leu|kä|mie** ⟨f.; -, -n; Med.⟩ *bösartige Erkrankung (übermäßige Produktion) der weißen Blutkörperchen, Blutkrebs* □ **leucemia**

Leu|mund ⟨m.; -(e)s; unz.⟩ **1** *Ruf, Nachrede;* einen guten, üblen ~ haben □ **reputação; fama** 1.1 jmdn. in schlechten ~ bringen *jmdn. in Verruf bringen* □ *difamar alguém*

Leu|te ⟨nur Pl.⟩ **1** *Personen außerhalb des Bekannten- od. Freundeskreises;* ich kümmere mich nicht um die Meinung der ~; er kann gut mit den ~n umgehen □ **pessoas; outros** 1.1 *Publikum, Öffentlichkeit;* liebe ~! (vertrauliche Anrede an eine Gruppe) □ *meus amigos!* 1.2 *Volk, Einwohner, Bewohner;* Land und ~ kennenlernen; arme, reiche ~ □ **povo; habitantes 2** jmds. ~ *Familie, Angehörige, Verwandte;* meine, deine ~ □ **familiares; parentes 3** *Angestellte, Arbeitskräfte, Untergebene;* wir haben nicht genug ~ für die viele Arbeit □ **pessoal; empregados; mão de obra** 3.1 *Soldaten;* der Feldwebel mit seinen ~n □ **soldados 4** *Menschen;* es ist ja nicht wie bei armen ~n; anständige, ehrliche, gute, rechtschaffene ~ □ **pessoas;** die alten ~ □ *os idosos 5 *die anonyme Masse, man; die ~ sagen ...; lass doch die ~ reden!; es ist mir gleich, was die ~ dazu sagen* 5.1 *die ~ reden darüber es wird darüber geklatscht* □ **pessoas 6** ⟨fig.⟩ 6.1 *viel, wenig unter die ~ kommen viel, wenig Gesellschaft pflegen* □ **ser muito/pouco sociável* 6.2 *etwas unter die ~ bringen überall herumerzählen, verbreiten, in Umlauf setzen; ein Gerücht unter die ~ bringen* □ **contar alguma coisa para todo o mundo* 6.3 *sein Geld unter die ~ bringen* ⟨umg.; scherzh.⟩ *ausgeben* □ **gastar o próprio dinheiro;* → a. *Kleid(1.1)*

Leut|nant ⟨m.; -s, -s od. (selten) -e⟩ **1** *unterste Rangstufe des Offiziers* □ **(segundo-)tenente 2** *Offizier auf der untersten Rangstufe; ~ zur See* □ **segundo-tenente*

leut|se|lig ⟨Adj.⟩ *wohlwollend, freundlich u. herablassend, umgänglich; ~ lächeln* □ **(de modo) afável/jovial/benevolente**

Le|vel ⟨[lɛvəl] m.; -s, -s⟩ *Stufe, Ebene, Niveau, Ranghöhe; geistiges ~ einer Unterhaltung; hoher, niedriger ~* □ **nível**

Le|vi|ten ⟨[-viː-] Pl.⟩ *jmdm. die ~ lesen jmdn. scharf zurechtweisen* □ **passar um sermão em alguém*

Le|xi|kon ⟨n.; -s, -xi|ka od. -xi|ken⟩ **1** *alphabetisch geordnetes Nachschlagewerk; Konversations~* **2 Wörterbuch;** *Fremdwörter~* **3** *Bestand einer Sprache an Wörtern* □ **dicionário; léxico; enciclopédia**

Li|ai|son ⟨[liɛzɔ̃ː] f.; -, -s⟩ **1** *Liebesverhältnis, -beziehung, Liebschaft, Verbindung; eine ~ mit jmdm. eingehen* □ **caso 2** ⟨Sprachw.⟩ *Hörbarmachen eines stummen Auslautkonsonanten im Französischen, wenn eine enge Bindung zu dem nachfolgenden Wort besteht u. es mit einem Vokal beginnt, z. B. das s in „les amis"* □ **ligação**

Li|a|ne ⟨f.; -, -n; Bot.⟩ *Schlingpflanze, Klettergewächs* □ **liana; cipó**

Li|bel|le ⟨f.; -, -n; Zool.⟩ *Angehörige einer Ordnung erdgeschichtlich sehr alter, räuberischer, oft farbenprächtiger Insekten mit großen, leistungsfähigen Facettenaugen u. zwei gut entwickelten Flügelpaaren: Odonata* □ **libélula**

li|be|ral ⟨Adj.⟩ **1** *die Freiheit liebend, nach freier Gestaltung des Lebens strebend, freisinnig* **2** *vorurteilsfrei, großzügig* □ **liberal**

Li|bi|do ⟨a. ['---] f.; -; unz.; Psych.⟩ **1** ⟨nach S. Freud⟩ *auf sexuelle Befriedigung gerichtete Energie, Geschlechtstrieb* **2** ⟨nach C. G. Jung⟩ *psychische Energie, Lebenswille, Lebenskraft* □ **libido**

licht ⟨Adj.⟩ **1** *hell; ~es Blau; es war schon ~er Tag* □ **claro 2** *mit Zwischenräumen versehen, weit auseinanderstehend, nicht dicht; eine ~e Stelle im Walde* □ **uma clareira na floresta; ~e Saat; die Bäume stehen hier ~er (als dort); der Wald wurde ~er* □ **esparso; ralo; espaçado 2.1** *einen Edelstein ~ fassen so, dass das Licht von oben durchscheinen kann* □ **colocar uma pedra preciosa contra a luz* 3 ⟨60⟩ *~e Höhe, ~e Weite Abstände zwischen den inneren Begrenzungen einer Öffnung od. eines Raumes* □ **interior 4** ⟨fig.⟩ *un-getrübt, klar* □ **límpido; claro 4.1** *ein* **Kranker** *hat einen ~en Augenblick ist kurze Zeit bei klarem Verstand* □ **um doente tem um momento de lucidez*

Licht ⟨n.; -(e)s, -er⟩ **1** *mit den Augen wahrnehmbare Helligkeit, Strahlung, die von elektromagnetischen Schwingungen produziert wird* □ **luz 1.1** *Beleuchtung, Lichtquelle, Lampe; das ~ ein-, ausschalten, an-, ausdrehen; du hast hier kein (gutes) ~ zum Schreiben; blendendes, gedämpftes, grelles, helles, schwaches, strahlendes ~; elektrisches, künstliches, natürliches ~; gegen das ~ fotografieren; einen Gegenstand gegen das ~ halten* □ **iluminação; luz 1.1.1** *jmdm. im ~(e) stehen zwischen jmdm. u. einer Lichtquelle stehen, jmdm. Helligkeit nehmen* □ **atrapalhar a visão de alguém* **1.1.2** *jmdm. aus dem ~(e) gehen beiseite treten, um jmdm. nicht die Helligkeit beim Lesen od. Schreiben zu nehmen* □ **liberar a visão de alguém* **1.1.3** *~ machen die Beleuchtung einschalten* □ **iluminar; acender a luz* **1.1.4** *bei ~ arbeiten bei künstlichem Licht arbeiten* □ **trabalhar com luz artificial* **1.2** ⟨Pl. a. -e⟩ *Kerze; ein ~ anzünden; ~er (auf den Weihnachtsbaum) aufstecken; das ~ brennt, erlischt, flammt auf, flackert im Wind, geht aus, tropft, verlöscht* □ **vela 1.3** *Licht(1), das als Glanz, Schein erscheint; das ~ der Sonne, des Mondes, der Sterne* □ **luz; brilho 2** *hellste Stelle auf einem Bild; Glanz~* □ **efeito de luz;* **reflexo luminoso 2.1** *~er aufsetzen hellste Bildstellen durch helle Farbtupfen betonen; einem Bild ~er aufsetzen* □ **destacar com efeitos de luz* **3** ⟨fig.⟩ 3.1 *Geist, Wissen* □ **luz; inteligência 3.1.1** *sein ~ leuchten lassen seine Kenntnisse ausbreiten, (wirkungsvoll) zur Geltung bringen* □ **mostrar os próprios conhecimentos* **3.1.2** *jmd. ist kein großes ~* ⟨umg.⟩ *ist nicht sehr intelligent* □ **ele não é nenhum gênio* **3.2** *Klärung, Aufdeckung* □ **elucidação 3.2.1** *das ~ scheuen etwas zu verbergen haben* □ **ter o que esconder; ter medo de revelar a verdade* **3.2.2** *etwas ans ~ bringen etwas entdecken, klären, aufdecken, enträtseln* □ **revelar alguma coisa; trazer à luz alguma coisa* **3.2.3** *~ in eine Sache* **bringen** *Klarheit in eine S. bringen* □ **esclarecer alguma coisa* **3.2.4** *ein Geheimnis ans ~ bringen ein G. lüften, offenbar werden lassen, verraten* □ **revelar um segredo* **3.2.5** *ein Dokument ans ~ bringen veröffentlichen* □ **trazer à luz um documento* **3.2.6** *bei ~(e) besehen, betrachtet genauer betrachtet* □ **examinar de perto* **3.2.7** *jmdn. ein ~ aufstecken* (über jmdn.) *jmdn. aufklären* (über jmdn.) □ **pôr alguém a par da situação (de alguém); dar a alguém um toque (sobre alguém)* **3.3** *sich selbst im ~(e) stehen ungeschickt sein, sich selbst schaden* □ **fazer sombra a si próprio; prejudicar-se* **3.4** *jetzt geht mir ein ~ auf* ⟨umg.⟩ *endlich verstehe ich es* □ **agora entendi/pesquei* **3.5** *jmdn. hinters ~ führen jmdn. betrügen, überlisten, täuschen* □ **passar alguém para trás* **3.6** *jmdm. im ~(e) stehen jmdm. hinderlich sein* □ **fazer sombra a alguém* **3.7** *das ~ der Welt erblicken geboren werden* □ **vir à luz* **3.8** *sein ~ unter den Scheffel stellen zu bescheiden sein, seine Fähigkeiten verbergen; du brauchst dein ~ nicht unter den*

Scheffel zu stellen □ *ser modesto; esconder as próprias capacidades; → a. *ewig(1.2.1), recht(1.3.3)* **4** ~er führen ⟨Seemannsspr.⟩ *Schiffslaternen, Positionslampen brennen haben* □ *acender os faróis* **5** ⟨nur Pl.⟩ ~er ⟨Jägerspr.⟩ *Augen (vom Schalenwild)* □ *olhos*

Licht|bild ⟨n.; -(e)s, -er⟩ **1** ⟨veraltet⟩ = *Fotografie(2)* **2** *Passbild* □ *foto 3x4*

Licht|blick ⟨m.; -(e)s, -e; fig.⟩ *angenehmes Ereignis, das einem bevorsteht, Trost, Hoffnung; das ist endlich mal ein ~!* □ *luz no fim do túnel*

licht|elek|trisch *auch:* **licht|elekt|risch** ⟨Adj. 24; Phys.⟩ **1** *auf der Wechselwirkung zwischen Licht u. Elektrizität beruhend* **1.1** ~er **Effekt** *Erscheinung, dass bei Bestrahlung bestimmter Stoffe die ihnen innewohnenden Elektronen beweglicher werden bzw. nach außen austreten* □ *fotoelétrico*

lich|ten[1] ⟨V. 500⟩ **1** *etwas lichtet etwas* ⟨veraltet⟩ *macht etwas licht, erhellt es, hellt es auf* **1.1** ⟨Vr 3⟩ *etwas lichtet sich* ⟨geh.⟩ *wird heller; das Dunkel lichtet sich* □ *iluminar(-se); aclarar(-se)* **2** *etwas ~ die Anzahl von etwas verringern* □ *diminuir* **2.1** *Wald ~ ausholzen, seinen Baumbestand verringern* □ *desmatar* **2.2** ⟨Vr 3⟩ *etwas lichtet* **sich** *wird dünner, weniger; der Wald lichtet sich; die Bestände ~ sich allmählich; sein Haar lichtet sich (schon)* □ *rarear* **2.2.1** *die Reihen der Soldaten haben sich (stark) gelichtet die S. hatten (starke) Verluste* □ *sofrer baixas* **3** ⟨Vr 3⟩ *eine Sache, jmds. Verstand, Bewusstsein lichtet sich* ⟨fig.⟩ *wird klarer, verständiger* □ *aclarar-se*

lich|ten[2] ⟨V. 500⟩ *etwas ~* ⟨Mar.⟩ **1** *leichter machen, heben* **1.1** *den Anker ~ vom Grund heraufwinden, hochziehen* □ *levantar* **2** *ein Schiff lichtet die Anker fährt aus, fährt weg* □ *um navio levanta âncora; um navio zarpa*

lich|ter|loh ⟨Adv.⟩ **1** *etwas brennt ~ brennt mit heller Flamme; die Scheune brannte bereits ~, als die Feuerwehr ankam* □ *estar em chamas* **1.1** *jmd. brennt ~* ⟨fig.⟩ *ist heftig verliebt* □ *estar apaixonado/de quatro (por alguém)*

Licht|hof ⟨m.; -(e)s, -hö|fe⟩ **1** *großer Lichtschacht, enger, an allen vier Seiten von einem Häuserblock umgebener Hof* □ *claraboia* **2** ⟨Fot.⟩ *überbelichtete Stelle* **3** ⟨Astron.⟩ *Hof, Lichtschein um Sonne od. Mond* □ *halo*

licht|scheu ⟨Adj.⟩ **1** ⟨Med.⟩ *überempfindlich gegen Licht* □ *fotofóbico* **2** ⟨Biol.⟩ *das Licht des Tages meidend;* ~e *Tiere* □ *lucífugo* **3** ⟨fig.; abwertend⟩ *unredlich, unehrlich, verbrecherisch, die Öffentlichkeit fürchtend;* ~es *Gesindel* □ *escuso; suspeito*

Licht|strahl ⟨m.; -(e)s, -en⟩ **1** *Strahl vom Licht* □ *raio de luz* **2** ⟨fig.; geh.⟩ *Lichtblick, Trost* □ *luz no fim do túnel; raio de esperança*

Licht|tung ⟨f.; -, -en⟩ *von Bäumen freier Platz, ausgeholzte Stelle im Walde, Waldblöße* □ *clareira*

Lid ⟨n.; -(e)s, -er⟩ *Hautfalte zum Bedecken des Augapfels;* Ober~*,* Unter~ □ *pálpebra*

Lid|strich ⟨m.; -(e)s, -e⟩ *um das Lid gezogener dunkler Strich zur Betonung der Augen* □ *contorno feito com delineador*

lieb ⟨Adj.⟩ **1** ⟨70⟩ *von jmdm. geliebt od. geschätzt, jmdm. teuer, wert; komm, (mein) Liebes* (zärtliche Anrede) □ *querido;* ~er *Herr X,* ~e *Frau Y!* (Anrede im Brief) □ *prezado; Liebste!* (Anrede); *mein Lieber!* (Anrede; auch warnend); *meine Lieben!; die* ~en *Verwandten* (iron.) □ *querido; caro; dieses Schmuckstück ist mir sehr ~ (und wert)* □ *caro; je länger ich ihn kenne, desto ~er wird er mir* □ *quanto mais o conheço, mais gosto dele; er ist mir der* Liebste *(von allen)* □ *(dentre todos) ele é meu preferido; tu das nicht, wenn dir dein Leben ~ ist!* □ *não faça isso se tiver amor por sua vida* **2** *meine Lieben meine Angehörigen, meine Familie* □ *minha família* **2.1** *die* ~en *Kleinen* (iron.) *die Kinder (die einem manchmal Ärger machen)* □ *a criançada* **3** *liebevoll, fürsorglich; er kann sehr ~ sein* (wenn er will); *er ist sehr ~ mit, zu den Kindern* □ *amoroso; carinhoso; seien Sie so ~ und ...* (umg.) □ *seja gentil e...* **4** *freundlich, Liebe(1) ausdrückend; viele* ~e *Grüße, dein X* (Briefschluss) □ *um grande abraço, seu X* **5** ⟨70⟩ *angenehm, willkommen; ein* ~er *Gast;* ~en *Besuch haben* □ *agradável; das ist mir viel* ~er □ *isso me agrada muito mais; es ist mir sehr ~, dass Sie kommen* □ *fico muito feliz que tenha vindo; das eine ist mir* ~er *als das andere* □ *prefiro este àquele; das* Liebste *wäre mir, wenn ...* □ *o melhor/ideal seria se...; es wäre mir ~, wenn ...; am* ~sten *wäre es mir, wenn ...* □ *eu preferiria se...* **5.1** *jmdm. etwas Liebes tun etwas Erfreuliches, Gutes* □ *agradar alguém;* → a. *eher(1)* **6** *ein Kind ist ~ artig, brav, folgsam* □ *obediente; comportado;* ~e*r Gott* □ *seja bonzinho!; comporte-se!* **7** ⟨60; verstärkend⟩ *der* ~e *Gott* □ *o bom Deus; um des* ~en *Friedens willen* □ *pela santa paz de Deus; du* ~er *Himmel, du* ~e *Zeit!* (Ausruf der Überraschung, Bestürzung) □ *santo Deus!* **7.1** *ich habe meine* ~e *Not damit es macht mir viel Mühe* □ *isso está me dando um trabalho* **7.2** *das weiß der* ~e *Himmel! ich weiß das nicht!, wer kann das wissen?* □ *sabe Deus!* **8** ⟨60; fig.⟩ **8.1** *den* ~en *langen Tag den ganzen Tag hindurch* □ *o dia inteiro* **8.2** *dem* ~en *Gott den Tag stehlen* ⟨umg.⟩ *seine Zeit vertrödeln* □ *ficar de papo para o ar* **8.3** *den* ~en *Gott einen frommen, guten Mann sein lassen* ⟨umg.⟩ *unbekümmert in den Tag hineinleben* □ *não esquentar a cabeça; deixar o barco correr* **9** (Getrennt- u. Zusammenschreibung) **9.1** ~ gewinnen = *liebgewinnen* **9.2** ~ haben = *liebhaben*

lieb|äu|geln ⟨V. 410⟩ **1** ⟨416⟩ *mit etwas ~ mit dem Gedanken an etwas spielen, etwas gern haben, tun wollen* □ *namorar alguma coisa* **2** ⟨417⟩ *mit jmdm. ~* ⟨veraltet⟩ *jmdm. zärtliche Blicke zuwerfen* □ *flertar com alguém*

Lie|be ⟨f.; -, -n⟩ **1** ⟨unz.⟩ *starke Zuneigung, starkes Gefühl des Hingezogenseins, opferbereite Gefühlsbindung;* Menschen~*,* Mutter~*,* Nächsten~*,* Tier~*,* Vaterlands~*; die ~ zu den Eltern, zu den Kindern; ~ für jmdn. empfinden, fühlen; göttliche ~; Glaube, Hoffnung und ~* (nach 1. Korinther 13,13); *auf ein Wort der ~ warten; brüderliche, kindliche, schwesterliche, mütterliche, väterliche ~; etwas aus ~ zu jmdm. tun;*

~ zwischen Eltern und Kindern; die ~ der Eltern, der Kinder **2** ⟨unz.⟩ *enge Beziehung zu etwas, heftiger Drang, heftiges Verlangen, Streben nach etwas;* Freiheits~, Gerechtigkeits~, Wahrheits~; ~ zur Musik, zur Kunst, zur Natur; Lust und ~ zu einer Sache haben **3** ⟨unz.⟩ *eine leidenschaftliche Liebe(1), die meist in eine enge körperliche u. (od.) geistige u. (od.) seelische Bindung zwischen zwei Menschen übergeht;* Ggs *Hass;* ~ zwischen Mann u. Frau; jmdn. aus ~ heiraten; eine heimliche, stille ~; große, heiße, herzliche, innige, leidenschaftliche, treue ~; eheliche, geschlechtliche ~; jmdm. seine ~ gestehen; jmds. ~ (nicht) erwidern; in ~ entbrannt sein; seine ~ war erkaltet, erloschen, gestorben; eine unglückliche ~ 3.1 ein **Kind** ~ ~ 3.1.1 *K. aus einer ganz besonders glücklichen Ehe* 3.1.2 (veraltet) *uneheliches K.* 3.2 (kein) Glück in der ~ haben *seine Liebe(3) (nicht) erwidert bekommen* □ amor 3.3 ~ *macht blind der, der liebt, sieht nicht die Fehler des geliebten Menschen* □ *o amor é cego; → a. *frei(1.2.3)* **4** *Person, für die Liebe(3) empfunden wird od. einmal empfunden wurde, mit der man eine Liebschaft hat od. hatte;* meine erste ~; sie war meine große ~ □ amor; → a. *alt(4.1, 4.1.1), rosten(3)* **5** *Liebschaft, flüchtiges Liebesverhältnis;* alle seine ~n; seine vielen ~n □ amor; caso amoroso **6** ⟨unz.⟩ *Gefälligkeit, Freundlichkeit, opferbereite Handlung;* jmdm. eine ~ tun, erweisen □ favor 6.1 tun Sie mir die ~! ⟨umg.⟩ *ich bitte sehr darum!* □ *por favor!; faça-me o favor! 6.2 **Werke** der ~ tun *der Barmherzigkeit* □ *fazer caridade; praticar boas ações 6.3 etwas mit viel ~ tun *mit viel Geduld u. Mühe* □ amor

Lie|be|die|ner ⟨m.; -s, -⟩ abwertend *Schmeichler (gegenüber Vorgesetzten)* □ puxa-saco

Lie|be|lei ⟨f.; -, -en⟩ *flüchtige, oberflächliche Liebe, Spiel mit der Liebe, Liebschaft, Flirt* □ flerte; namorico

lie|ben ⟨V. 500⟩ **1** ⟨Vr 8⟩ jmdn. ~ *für jmdn. Liebe(1-2) empfinden;* seine Eltern, Kinder, Geschwister, seinen Mann, seine Frau ~; die Menschen, seinen Nächsten ~; sie liebt ihn wie einen Vater; Dein Dich ~der Sohn (Briefschluss); jmdm. heiß, herzlich, innig, leidenschaftlich, zärtlich ~ □ amar 1.1 die Liebenden *das Liebespaar* □ *os amantes **2** ⟨500⟩ *etwas* ~ 2.1 *etwas gernhaben, eine enge Beziehung zu etwas haben;* Blumen, Tiere ~; die Musik, Natur ~ □ gostar muito; adorar 2.1.1 den Alkohol ~ ⟨scherzh.⟩ *gern A. trinken* □ *ser chegado a bebida alcoólica 2.2 *sich um etwas sehr bemühen;* die Gerechtigkeit, Wahrheit ~ □ prezar 2.3 etwas ~d gern tun *sehr gern, besonders gern* □ *adorar fazer alguma coisa 2.4 es nicht ~, wenn ... *jmdm. missfällt es, wenn ...;* ich liebe es nicht, wenn man schreit □ *não gostar quando... **3** jmdn. od. etwas ~ lernen *allmählich gernhaben, im Laufe der Zeit zu lieben beginnen;* sie hat ihn ~ gelernt □ *aprender a amar alguém ou alguma coisa; afeiçoar-se a alguém ou alguma coisa

lie|bens|wür|dig ⟨Adj.⟩ **1** *gewandt u. höflich, sehr freundlich, zuvorkommend* **2** *entgegenkommend, hilfsbereit;* danke, das ist sehr ~ von Ihnen!; würden Sie so ~ sein und ...? □ amável; gentil

lie|ber ⟨Adv.; Komparativ von⟩ gern **1** etwas ~ tun (als ...) *etwas (einer Sache) vorziehen, bevorzugen;* ich gehe ~ zu Fuß; er sieht es ~, wenn man ...; ich trinke ~ Wein als Bier □ *preferir fazer alguma coisa (a...) **2** *besser, vorzugsweise;* tu das ~ nicht □ *é melhor você não fazer isso; ich mag dieses ~ als jenes □ *prefiro este àquele; ~ spät als nie □ *antes tarde do que nunca; das hättest du ~ nicht sagen, tun sollen □ *era melhor você não ter dito/feito isso; komm ~ gleich □ *é melhor você vir logo; wir wollen ~ aufhören □ *preferimos parar; ich möchte, will es ~ gleich tun □ *prefiro fazer isso já

lie|be|voll ⟨Adj.⟩ *voller Liebe, zärtlich, fürsorglich;* einem Kind ~ über den Kopf streichen □ carinhoso; carinhosamente

lieb‖ge|win|nen *auch:* **lieb ge|win|nen** ⟨V. 151/500⟩ jmdn. ~ *allmählich ins Herz schließen, zu lieben beginnen* □ *afeiçoar-se a alguém

lieb‖ha|ben *auch:* **lieb ha|ben** ⟨V. 159/500⟩ jmdn. ~ *jmdn. lieben, sehr gern mögen;* ich habe ihn sehr liebgehabt/lieb gehabt □ *gostar de alguém; querer bem a alguém

Lieb|ha|ber ⟨m.; -s, -⟩ **1** *Verehrer, Geliebter, Bewerber um ein Mädchen* □ admirador **2** = *Amateur* **3** ⟨fig.⟩ *Interessent, Kenner, Sammler (auf künstlerischem Gebiet);* Kunst~, Musik~; das ist nur etwas für ~ □ amante; apreciador 3.1 diese Ware wird viele ~ finden *guten Absatz* □ interessado

lieb|ko|sen ⟨V. 500/Vr 8⟩ jmdn. ~ *streicheln, zärtlich zu jmdm. sein* □ acariciar

lieb|lich ⟨Adj.⟩ **1** *anmutig, liebreizend, hübsch u. zart;* ein ~es Gesicht; ein ~es Kind, Mädchen; ~ aussehen □ gracioso; simpático **2** *heiter, freundlich, hell;* eine ~e Landschaft □ ameno; agradável **3** *zart u. wohlklingend;* ~e Musik □ harmonioso **4** *köstlich, süß, appetitanregend;* ein ~er Duft; diese Blume, dieses Parfüm duftet ~ □ delicioso

Lieb|ling ⟨m.; -s, -e⟩ **1** *jmd., der jmds. besondere Zuneigung hat;* der ~ der Familie; der ~ des Publikums; unter seinen Schülern einen besonderen ~ haben □ preferido; favorito 1.1 ⟨Kosewort⟩ *geliebter Mensch;* mein ~ □ querido; amor

Lieb|lings... (in Zus. zur Bildung von Subst.) *der, die, das Liebste von allen, am liebsten Gemochtes, Bevorzugtes;* Lieblingsgericht, Lieblingsdichter, Lieblingsblume, Lieblingskleid

lieb|los ⟨Adj.⟩ *ohne Liebe (zu zeigen), herzlos, achtlos* □ frio; insensível; sie stellte die Blumen ~ in die Vase □ friamente

Lieb|reiz ⟨m.; -es; unz.; geh.⟩ *Anmut u. reizendes Aussehen* □ encanto; charme

Lieb|schaft ⟨f.; -, -en⟩ *oberflächliches, kurzes Liebesverhältnis;* eine flüchtige ~; zahlreiche ~en haben □ caso (amoroso); namorico

Lied ⟨n.; -(e)s, -er⟩ **1** *zum Singen bestimmtes vertontes Gedicht mit meist gleichgebauten Strophen u. Versen, die meist auf dieselbe Melodie gesungen werden;* Kin-

Lieferant

der~, Kirchen~, Kunst~, Schlaf~, Volks~; ein ~ anstimmen, lernen, singen; ein geistliches, weltliches ~ □ **canção 2** *Melodie, Weise;* Vogel~; das ~ der Nachtigall □ **canto 3** (fig.) 3.1 davon kann ich ein ~ singen ⟨umg.⟩ *davon könnte ich viel erzählen, damit habe ich unangenehme Erfahrungen gemacht* □ ***estou escolado/escaldado nesse assunto** 3.2 es ist immer das alte ~! *es ist immer das Gleiche* □ ***é sempre a mesma cantilena** 3.3 das ist das Ende vom ~ *so endete die Sache* □ ***e assim termina a história** 3.4 und das Ende vom ~ wird sein, dass … ⟨umg.⟩ *und es wird noch so weit kommen, dass …* □ ***e o final da história será...**; → a. Brot(3.3)

Lie|fe|rant ⟨m.; -en, -en⟩ *jmd., der Waren liefert* □ **fornecedor**

Lie|fe|ran|tin ⟨f.; -, -tin|nen⟩ *weibl. Lieferant* □ **fornecedora**

lie|fern ⟨V. 500⟩ **1** etwas ~ *etwas Bestelltes zustellen, schicken, in jmds. Hände geben;* schnell, schlecht, stockend ~; Waren ins Haus, frei Haus ~; in vier Wochen zu ~; sofort ~; wann können Sie mir den Wagen ~? □ **entregar; fornecer 2** etwas liefert etwas *produziert, erzeugt, bietet etwas;* die Bienen ~ den Honig; seine Reiseerlebnisse ~ uns genug Gesprächsstoff □ **produzir; fornecer 3** ⟨503/Vr 6⟩ (**sich, dem Feind**) eine Schlacht ~ *(sich, dem Feind) eine S. anbieten od. einen Angriff erwidern* □ ***dar combate (a si próprio/ao inimigo)** **4** ⟨550⟩ jmdn. ans Messer ~ *zugrunde richten, dem Untergang preisgeben* **5** ⟨Funktionsverb⟩ □ ***entregar/trair alguém** 5.1 den Beweis ~, dass … *beweisen, dass …* □ ***fornecer provas de que...** 5.2 ein hervorragendes Spiel ~ ⟨Sp.⟩ *erstklassig spielen* □ ***jogar muito bem; dar um show em campo* **6** jmd. ist geliefert ⟨fig.; umg.⟩ *ist verloren;* wenn er es erfährt, bin ich geliefert □ ***estar perdido; estar numa enrascada**

Lie|fe|rung ⟨f.; -, -en⟩ **1** *das Liefern, das Geliefertwerden;* ~ frei Haus; monatliche, verspätete ~; die Ware ist bei ~ zu bezahlen; ~ von Waren □ **entrega; fornecimento 2** *Teil eines Buches, das nach u. nach erscheint;* erste, zweite ~; das Buch erscheint in ~en □ **fascículo**

Lie|ge ⟨f.; -, -n⟩ *Möbelstück zum Liegen;* Garten~ □ **espreguiçadeira; chaise longue**

lie|gen ⟨V. 180⟩ **1** ⟨410⟩ jmd. liegt *ist lang ausgestreckt, steht nicht, sitzt nicht;* liegst du bequem?; auf dem Bauch, auf dem Rücken, auf der Seite ~; auf dem Boden, auf dem Sofa ~; ich bleibe morgens gern lange ~; im Bett ~; im Liegen gab er mir die Hand □ **estar/ficar deitado** 1.1 **~ bleiben** 1.1.1 *weiterhin liegen, in waagerechter Lage bleiben, im Bett bleiben;* er ist noch eine Stunde **~ geblieben** □ **ficar/continuar deitado** 1.1.2 *an einem best. Ort verbleiben;* der Ausweis kann auf dem Tisch **~ bleiben** □ **ficar; permanecer**, ⟨aber Getrennt- u. Zusammenschreibung⟩ **~ bleiben** = *liegenbleiben* 1.2 (krank) ~ *krank zu Bett liegen, bettlägerig sein;* er liegt fest (im Bett); ich habe eine Woche gelegen; ich bin eine Woche gelegen ⟨oberdt.⟩ □ **estar/ficar de cama** 1.2.1 **im Sterben ~** *kurz vorm Tode sein* □ ***estar à beira da morte** 1.3 auf den **Knien ~** *knien* □ ***estar ajoelhado/de joelhos** 1.4 ⟨611⟩ jmdm. zu Füßen ~ *ausgestreckt vor einer stehenden od. sitzenden Person sein* □ ***estar deitado aos pés de alguém 2** ⟨410⟩ ein **Gegenstand** liegt *befindet sich auf einer Unterlage (in waagerechter od. schräger Lage);* der Schmutz liegt fingerdick (auf dem Boden); der Teppich liegt gerade, schief, schräg; der Schnee liegt meterhoch; die Wäsche liegt im Fach, im Schrank □ **estar**; auf den Möbeln liegt Staub; es liegt viel, wenig Schnee □ **haver**; dichter Nebel liegt über der Wiese □ **pairar**; bitte ~d aufbewahren! (Aufschrift auf Flaschen o. Ä.) □ ***por favor, manter deitado/na horizontal!**; ich habe 50 Flaschen Wein im Keller ~ □ ∅ 2.1 **~des Kreuz** *K. mit sich schräg schneidenden Balken* □ ***cruz de santo André; cruz em X** 2.2 das Buch auf dem Tisch **~ lassen** *an einem best. Ort belassen* □ **deixar**; lass das ~! □ ***deixe isso aí!** 2.2.1 die Kirche links ~ lassen *rechts an der K. vorbeigehen od. -fahren* □ ***dobre a igreja à direita*; ⟨aber Getrennt- u. Zusammenschreibung⟩ **~ lassen** = *liegenlassen* **3** ⟨410⟩ ein **Gebäude, Ort** liegt … *befindet sich, ist …;* von hier kann man das Haus ~ sehen; das Haus liegt einsam, malerisch, nicht weit vom Wald entfernt, an einem Fluss, am Waldrand; der Ort liegt in den Alpen, 1000 m hoch, an der Elbe; Radebeul liegt nicht weit von Dresden; wo liegt Amsterdam?; das Schiff liegt im Hafen; wie weit liegt der Ort von hier? □ **ficar, encontrar-se; situar-se** 3.1 ~de **Güter, Habe** *Grundbesitz* □ ***bens imóveis*; Ggs *fahrende Güter*, → *fahren(2.5)* 3.2 das Zimmer liegt **nach** dem Garten, der Straße zu *hat die Fenster zum G., zur S.* □ **dar para** 3.3 **vor Anker** verankert sein □ ***estar ancorado** 3.4 der Stoff liegt 1,40 m breit *hat eine Breite von 1,40 m* □ ***o tecido tem 1,40 m de largura** 3.5 ein **Raum** liegt voller Gegenstände *in dem R. sind viele G. verstreut* □ ***um quarto está cheio de objetos espalhados pelo chão*; der Boden lag voller Zeitungen und Bücher □ ***o chão estava cheio de jornais e livros*; alles lag (bunt) durcheinander □ ***estava tudo (completamente) revirado** 3.6 der Wagen liegt gut auf der Straße, in der Kurve *fährt sicher* □ **rodar** 3.7 im **Wettkampf** vorn (hinten) ~ *zu den Gewinnern (Verlierern) gehören*; das Pferd liegt ganz vorn □ ***estar na frente (atrás) na competição** 3.8 das Gesuch liegt noch beim Abteilungsleiter *wird noch vom A. bearbeitet* □ **estar; encontrar-se 4** ⟨410⟩ 4.1 *wahrnehmbar sein;* der Ton liegt auf der vorletzten Silbe □ **recair; incidir**, ein Lächeln lag auf ihrem Gesicht; ein spöttischer Zug lag um ihren Mund □ **estampar-se; imprimir-se**; in diesem Spruch liegt eine tiefe Weisheit verborgen □ **haver; encontrar-se** 4.2 (vor jmdm.) auf den **Knien ~**, jmdm. zu Füßen ~ ⟨a. fig.⟩ *sich vor jmdm. demütigen, sich jmdm. unterwerfen* □ ***ficar de joelhos diante de alguém; ficar aos pés de alguém** 4.3 es liegt **auf der Hand** ⟨a. fig.⟩ *ist klar, deutlich, einleuchtend, selbstverständlich* □ ***é óbvio** 4.4 **wie** die **Dinge** (wirklich) ~ *wie (in Wirklichkeit) alles zusammenhängt;* so wie die Dinge zurzeit ~, können wir nicht anders handeln □ *do jeito que as coisas (realmente) estão 4.5 die **Ursache** liegt woanders *es hat eine andere U.* □ *a causa está em outro ponto 4.6 der **Unterschied** liegt darin, dass ... *der U. ist der, dass ...* □ *a diferença está no fato de que...* 4.7 das liegt ganz **bei** dir *das kannst du machen, wie du willst* □ *depende totalmente de você.* 4.8 es liegt nicht in meiner **Macht**, das zu tun *ich bin dazu außerstande* □ *não está em meu poder fazer isso* 4.9 der **Gedanke** liegt nahe, dass ... *es ist anzunehmen, dass ...* □ *supõe-se que...* **5** ⟨800⟩ etwas liegt **an** etwas anderem od. jmdm. *hat als Ursache etwas anderes od. jmdm.;* woran liegt es?; es liegt (nur) an ihm □ **depender de** 5.1 an mir soll's nicht ~ *ich werde keine Einwände machen* □ *eu é que não vou impedir* 5.2 ⟨650⟩ es liegt mir **viel daran** *ich lege großen Wert darauf* □ *é muito importante para mim;* → a. **Herz**(2.13) **6** ⟨600⟩ diese **Dinge** ~ mir *entsprechen meinen Neigungen, Fähigkeiten, meiner Wesensart, meinem Geschmack* □ *gosto dessas coisas* 6.1 ⟨610⟩ 6.1.1 das Essen liegt mir schwer im **Magen** *das E. wird nicht richtig verdaut, ich fühle es* □ *a comida está pesando em meu estômago* 6.1.2 es liegt mir (schwer) **auf** der **Seele**, dass ... *es bedrückt mich, dass ...* □ *pesa (muito) em minha alma o fato de que...* 6.1.3 der **Schreck** liegt jmdm. noch **in** allen **Gliedern** *er hat sich noch nicht von seinem S. erholt* □ *ainda não ter se recuperado do susto* 6.1.4 die Schauspielerei liegt ihm **im Blut** *er ist für sie geboren, er hat eine starke, natürliche Begabung für die S.* □ *representar está em seu sangue*

lie|gen||blei|ben auch: lie|gen bleiben ⟨V. 114/400(s.)⟩ **1** nicht verkauft werden (von Waren) □ **sobrar**; nicht abgeholt werden; das Paket ist liegengeblieben/liegen geblieben □ **não ser retirado 3** nicht erledigt werden; die Arbeit wird lange ~ □ **ficar parado/interrompido 4** vergessen werden; ein Schlüsselbund kann schnell mal ~ □ **ser esquecido 5** nicht weiterkönnen, steckenbleiben, eine Panne haben; bring das Auto zur Werkstatt, ich will nicht unterwegs (mit einem Motorschaden) ~ □ **ficar parado**; → a. **liegen** (1.1-1.1.2)

lie|gen||las|sen auch: lie|gen las|sen ⟨V. 175/500⟩ **1** etwas ~ vergessen, nicht mitnehmen; ich habe den Mantel liegengelassen/liegen gelassen □ **esquecer; deixar 2** jmdn. (links) ~ *nicht mehr berücksichtigen, vernachlässigen, sich nicht mehr um jmdn. kümmern* □ *virar a cara para alguém; não dar bola para alguém*; → a. **liegen** (2.2-2.2.1)

Life|style ⟨[laɪfstaɪl] m.; -s; unz.⟩ *(moderner) Lebensstil;* diesen exklusiven ~ lehnt er ab □ **estilo de vida**

Lift[1] ⟨m.; -(e)s, -e od. -s⟩ = *Aufzug (2)*

Lift[2] ⟨m. od. n.; -s, -s⟩ *kosmetisch-chirurgisches Verfahren zur Beseitigung von Falten u. zum Straffen erschlafften Gewebes* □ **lifting**

Li|ga ⟨f.; -, Li|gen⟩ **1** *Bund, Bündnis, Vereinigung* **2** ⟨Sp.⟩ *Klasse im Mannschaftssport* □ **liga**

Li|gus|ter ⟨m.; -s, -; Bot.⟩ *Angehöriger einer (meist immergrünen) Gattung der Ölbaumgewächse: Ligustrum;* Gemeiner ~ □ **ligustro**

li|ie|ren ⟨V. 505/Vr 3⟩ **1** sich (mit jmdm.) ~ 1.1 *eine Liebesbeziehung beginnen;* er ist bereits seit zwei Jahren mit ihr liiert □ *namorar alguém; estar com alguém* 1.2 *eine enge Verbindung eingehen, sich zusammentun;* die beiden Unternehmen wollen sich ~ □ *unir-se/associar-se a alguém*

Li|kör ⟨m.; -s, -e⟩ *aus Zucker, Sirup, Fruchtzusätzen, Aromen u. Ä. hergestelltes alkoholisches Getränk;* Kirsch~ □ **licor**

li|la ⟨Adj. 11⟩ *fliederfarben, hellviolett* □ **lilás**

Li|lie ⟨[-ljə] f.; -, -n⟩ **1** ⟨Bot.⟩ *Angehörige einer Gattung der Liliengewächse (Liliaceae) mit großen, trichterförmigen Blüten, die meist einzeln od. zu wenigen in lockeren Trauben od. Dolden aufrecht stehen: Lilium* **2** *Sinnbild der Reinheit u. Unschuld* □ **lírio**

Li|li|pu|ta|ner ⟨m.; -s, -⟩ **1** *Einwohner von Liliput (Märchenland)* **2** *Mensch von zwerghaftem Wuchs* □ **liliputiano**

Li|met|ta ⟨f.; -, -ten⟩ = *Limette*

Li|met|te ⟨f.; -, -n⟩ *(auf den Westindischen Inseln kultivierte) grün bis gelbe, dünnschalige Zitrone: Citrus aurantiifolia;* oV *Limetta;* Sy *Limone* □ **limão**

Li|mit ⟨n.; -s, -s⟩ *(nicht zu überschreitende) Grenze, äußerster Umfang;* jmdm. ein Preis~ setzen; das ~ nicht überschreiten □ **limite**

Li|mo|na|de ⟨f.; -, -n⟩ *erfrischendes Getränk aus Wasser, Obstsaft od. -essenz, Zucker u. evtl. Kohlensäure* □ **limonada**

Li|mo|ne ⟨f.; -, -n⟩ = *Limette*

Li|mou|si|ne ⟨[-mu-] f.; -, -n⟩ *geschlossener Personenkraftwagen;* Ggs *Kabriolett* □ **sedã**

lind ⟨Adj.; geh.⟩ *mild, sanft, weich* □ **suave; brando; ameno**

Lin|de ⟨f.; -, -n; Bot.⟩ *einer Gattung der Lindengewächse (Tiliaceae) angehörender Baum mit meist schief herzförmigen, gesägten Blättern: Tilia* □ **tília**

lin|dern ⟨V. 500⟩ *Unangenehmes ~ mildern, verringern, erleichtern;* Not, Beschwerden, Schmerzen ~ □ **amenizar; aliviar; suavizar**

Lind|wurm ⟨m.; -(e)s, -wür|mer; Myth.⟩ **1** *drachenähnliches Fabeltier* □ **dragão 2** *Festumzug (bes. im Karneval)* □ **cortejo**

Li|ne|al ⟨n.; -s, -e⟩ *schmales, rechteckiges od. keilförmiges Gerät zum Ziehen von Linien* □ **régua**

Lin|gu|is|tik ⟨f.; -; unz.⟩ *Sprachwissenschaft* □ **linguística**

Li|nie ⟨[-njə] f.; -, -n⟩ **1** = *Strich(1);* ~n ziehen, malen 1.1 ⟨Math.⟩ *Gerade, Kurve (bei der Anfang u. Ende beliebig sind)* 1.2 ⟨Sport⟩ *Markierung(sstrich), Abgrenzung im Spielfeld* 1.3 *Folge von Schriftzeichen (auf gleicher Höhe), Druckzeile* 1.4 ⟨Typ.⟩ *gleiche Höhe der Lettern* □ **linha** 1.4.1 *die Buchstaben halten nicht ~ stehen nicht in gleicher Höhe* □ *as letras não estão alinhadas* **2** *Reihe, Reihung, Aufstellung nebeneinander* 2.1 *(früher) aktive Truppenteile, stehendes Heer* **3** *Strecke, auf der ein Massenbeförderungsmittel verkehrt;* eine Bahn~, Straßenbahn~ stilllegen 3.1 *Massenbeförderungsmittel, das auf einer bestimmten Strecke verkehrt;* nehmen Sie die ~ 10!; welche ~ fährt nach Schönbrunn? □ **linha 4** ⟨Geneal.⟩ *Folge von Ab-*

kömmlingen; Haupt~, Seiten~; absteigende, aufsteigende ~ □ **linhagem 5** ⟨unz.; Seemannsspr.⟩ = *Äquator;* die ~ passieren □ **linha do Equador 6** *altes Längenmaß, 1/10 bzw. 1/12 Zoll* **7** ⟨fig.⟩ *eingeschlagene Richtung bei einem bestimmten Vorhaben;* Partei~; *eine bestimmte ~ verfolgen* □ **linha 8** ⟨fig.⟩ *Niveau, wertmäßig bestimmte Stellung; das liegt auf der gleichen ~* 8.1 *auf eine, auf die gleiche ~ stellen mit gleich behandeln* □ **nível, patamar** 8.2 *in erster* = *vor allem, hauptsächlich* □ ***em primeiro lugar** 8.3 *auf der ganzen ~ überall, völlig* □ ***de cabo a rabo 9** ⟨fig.⟩ *Umriss; die zarten ~n ihrer Gestalt, ihres Gesichts* □ **linha; contorno** 9.1 *Figur; auf die ~ achten* □ **linha; forma**

li|ni|en|treu ⟨Adj.⟩ *kritiklos, streng der Ideologie einer Partei folgend* □ **fiel ao partido; ortodoxo**

li|ni|e|ren ⟨V. 500⟩ *etwas ~ mit Linien versehen;* oV *liniieren; ein Blatt Papier ~;* liniertes Papier □ **pautar**

li|ni|ie|ren ⟨V. 500⟩ = *linieren*

lin|ke(r, -s) ⟨Adj. 24/60⟩ **1** *auf der Seite befindlich, auf der das Herz liegt;* Ggs *rechte(r, -s)(1); der ~ Arm, das ~ Bein* 1.1 *~r Hand links* □ **esquerdo 2** *~ Seite Innenseite, verkehrte, untere Seite;* Ggs *rechte Seite,* → *rechte(r, -s)(2);* die *~ Seite eines Stoffes* □ ***avesso 3** ⟨fig.⟩ 3.1 *jmd. ist mit dem ~n Bein, Fuß zuerst aufgestanden ist während des ganzen Tages schlechter Laune; du bist wohl mit dem ~n Fuß zuerst aufgestanden* □ ***estar de mau humor; estar de ovo virado** 3.2 *zwei ~ Hände haben* ⟨umg.⟩ *ungeschickt sein* □ ***ser atrapalhado** 3.3 *etwas mit der ~n Hand machen mühelos* □ ***fazer alguma coisa com o pé nas costas* **4** *~ Masche* ⟨Handarbeit⟩ *M. beim Stricken, bei der der Faden vor der Nadel liegt* □ ***malha em ponto tricô;** Ggs *rechte Masche,* → *rechte(r, -s)(3)*

Lin|ke ⟨f.; -n, -n⟩ **1** *die linke Seite, die linke Hand; jmdm. zur ~n sitzen* 1.1 *sich zur ~n wenden nach links* **2** *Gesamtheit der politischen Gruppierungen, die dem Sozialismus, Kommunismus o. ä. Bewegungen nahe stehen; der ~n angehören* 2.1 ⟨urspr.⟩ *sämtliche Parteien, die in der französischen Nationalversammlung links (vom Vorsitzenden aus gesehen) saßen* □ **esquerda**

lin|kisch ⟨Adj.; abwertend⟩ *unbeholfen, ungeschickt* □ **atrapalhado; desajeitado**

links ⟨Adv.⟩ **1** *die linke Seite, auf der linken (Straßen)seite (befindlich), nach der linken Seite (hin);* Ggs *rechts;* erster Stock, zweite Tür ~; *sich ~ halten; rechts und ~ verwechseln* □ **(à) esquerda;** *von ~ kommen* □ ***vir da esquerda; ~ von jmdm. gehen; ~ fahren, abbiegen; nach ~ gehen* □ **(à, para a) esquerda;** *die Augen ~! (militär. Kommando)* □ ***olhar à esquerda* **2** *~ stehen* ⟨fig.⟩ *einer sozialistischen, kommunistischen, anarchistischen od. liberalen Partei nahestehen* □ ***ser de esquerda* **3** *jmdn. ~ liegenlassen/liegen lassen* ⟨fig.⟩ *nicht beachten, übergehen* □ ***deixar alguém de lado; não dar bola para alguém* **4** *weder ~ noch rechts schauen* ⟨fig.⟩ *gerade auf sein Ziel zugehen, sich nicht ablenken lassen* □ ***ir diretamente ao seu objetivo* **5** *zwei ~, zwei rechts stricken* ⟨Handarbeit⟩ *immer zwei linke u. zwei rechte Maschen im Wechsel als Muster stricken* □ **ponto tricô 6** ⟨Getrennt- u. Zusammenschreibung⟩ 6.1 *~ stehend = linksstehend*

Links|hän|der ⟨m.; -s, -⟩ *jmd., der mit der linken Hand schreibt, mit der linken Hand geschickter ist als mit der rechten;* Ggs *Rechtshänder* □ **canhoto**

Links|hän|de|rin ⟨f.; -, -rin|nen⟩ *weibl. Linkshänder;* Ggs *Rechtshänderin* □ **canhota**

links|ste|hend *auch:* **links ste|hend** ⟨Adj. 24/70⟩ Ggs *rechtsstehend* **1** *auf der linken Seite stehend* □ **que está à esquerda/do lado esquerdo 2** *politisch nach links orientiert, dem linken politischen Flügel zugeneigt; die ~en Parteien* □ **de esquerda; esquerdista**

Li|no|le|um *auch:* **Lin|o|le|um** ⟨n., -s; unz.⟩ *Fußbodenbelag aus einer Mischung von Leinöl mit Füll- u. Trockenstoffen auf einer textilen Unterlage* □ **linóleo**

Li|nol|schnitt ⟨m.; -(e)s, -e⟩ **1** *dem Holzschnitt ähnliche Kunst, um mit dem Messer aus einer Linoleumplatte eine bildliche Darstellung so herauszuarbeiten, dass sie erhaben stehen bleibt* **2** *mit diesem Verfahren gewonnener Abdruck* □ **linoleogravura**

Lin|se ⟨f.; -, -n⟩ **1** ⟨Bot.⟩ *zu den Schmetterlingsblütlern gehörende Kulturpflanze mit flachen, runden, gelben, roten od. schwarzen Samen: Lens* **2** *als Nahrungsmittel verwendeter Same der Linse(1)* □ **lentilha 3** ⟨Optik⟩ *durchsichtiger Körper mit zwei brechenden Flächen, von denen mindestens eine meistens kugelig gekrümmt ist* □ **lente 4** ⟨Anat.⟩ *durchsichtiger, das Licht brechender Teil des Auges* □ **cristalino 5** ⟨Geol.⟩ *linsenförmige Erzlagerstätte mit bis zu mehreren hundert Metern Durchmesser* □ **lentilha**

Lip|pe ⟨f.; -, -n⟩ **1** *bei Menschen u. Tieren Säume u. Falten, die spaltartige Öffnungen begrenzen;* Schamlippen 1.1 *fleischiger Rand des menschlichen Mundes;* Ober~, Unter~; *sich die ~n schminken, anmalen; die ~n zusammenpressen (vor Ärger, Schmerz, Ungeduld); die ~n (schmollend, verächtlich) kräuseln, schürzen, verziehen; aufgesprungene, aufgeworfene, feuchte, rissige, trockene ~n; breite, dünne, rote, schmale, volle ~n; die ~n spitzen (zum Kuss, zum Pfeifen)* **2** ⟨fig.⟩ 2.1 *Organ der Lautbildung* □ **lábio** 2.1.1 *ich kann es nicht über die ~n bringen ich scheue mich, es auszusprechen* □ ***não tenho coragem de dizer** 2.1.2 *kein Wort kam über seine ~n er sagte nichts* □ ***ele não disse (nem) uma palavra** 2.1.3 *an jmds. ~n hängen* ⟨fig.⟩ *jmdm. gespannt, aufmerksam zuhören* □ ***ouvir alguém com atenção** 2.2 *eine ~ riskieren* ⟨fig.; umg.⟩ *einen Widerspruch wagen* □ ***ser atrevido/boca dura** 2.3 *die Worte flossen ihm leicht von den ~n er sprach mühelos, fließend, ohne Hemmungen* □ ***as palavras lhe saíam fáceis/fluentes** 2.4 *sich auf die ~n beißen* 2.4.1 *eine Äußerung unterdrücken (wollen)* □ ***morder a língua** 2.4.2 *um das Lachen zu unterdrücken* □ ***segurar a risada**

Lip|pen|be|kennt|nis ⟨n.; -ses, -se⟩ *ausgesprochenes Bekenntnis, das der inneren Einstellung entspricht* □ ***confissão/declaração da boca para fora**

li|quid ⟨Adj. 70⟩ oV *liquide* **1** ⟨Chem.⟩ *flüssig* □ **líquido 2** ⟨Wirtsch.; fig.⟩ *zahlungsfähig, über Geldmittel verfügend* □ **líquido; disponível**

li|qui|de ⟨Adj. 70⟩ = *liquid*
li|qui|die|ren ⟨V. 500⟩ **1** ein **Geschäft**, einen **Verein** ~ *auflösen* **2** politische **Gegner, Gefangene** ~ *beseitigen, töten* **3 Kosten** ~ *berechnen, fordern für* ☐ **liquidar**
lis|peln ⟨V. 400⟩ **1** *mit der Zunge anstoßen, dies-Laute zwischen den Zähnen aussprechen* ☐ **cecear 2** *tonlos flüstern* ☐ **cochichar; sussurrar 3** ⟨fig.⟩ *ein dem Flüstern ähnliches Geräusch verursachen;* der Wind lispelt in den Palmen; die Blätter ~ im Wind ☐ **ciciar, sibilar**
List ⟨f.; -, -en⟩ **1** ⟨unz.⟩ *menschliche Eigenschaft, die darin besteht, dass zur Verwirklichung von Plänen u. Absichten geschickte inszenierte Täuschung eingesetzt wird* ☐ **astúcia 1.1** *mit* ~ *und Tücke* ⟨umg.; verstärkend⟩ *mit Schlauheit u. Mühe* ☐ ***com muita astúcia; com jeitinho 2** geschickt ausgeklügelter Plan, mit dem durch Täuschung eines anderen ein bestimmtes Ziel erreicht werden soll; eine* ~ *anwenden; zu einer* ~ *greifen* ☐ **estratagema; artimanha**
Lis|te ⟨f.; -, -n⟩ *Verzeichnis, in dem Personen od. Sachen aufgeführt werden, Aufstellung, tabellarische Übersicht;* Namens~, Preis~, Wähler~; eine ~ *anlegen, aufstellen, führen; etwas od. sich in eine* ~ *einschreiben; jmdn. od. etwas von der* ~ *streichen* ☐ **lista**
lis|tig ⟨Adj.⟩ **1** *voller List(1); jmdn.* ~ *zulächeln* ☐ **com astúcia 2** *geschickt täuschend; ein* ~*er Plan* ☐ **astuto; ardiloso**
Li|ta|nei ⟨f.; -, -en⟩ **1** *Wechselgebet zwischen Geistlichem u. Gemeinde* ☐ **litania; ladainha 2** ⟨umg.; abwertend⟩ **2.1** *langatmige, sich wiederholende Ausführungen, eintöniges Gerede* **2.2** *häufig geäußerte Ermahnungen od. Klagen* ☐ **ladainha; lengalenga**
Li|ter ⟨n.; -s, - od. (schweiz. nur so) m.; -s, -; Zeichen: l⟩ *Hohlmaß, 1 Kubikdezimeter (1 dm³); zwei* ~ *Wein* ☐ **litro**
Li|te|ra|tur ⟨f.; -, -en⟩ **1** *Gesamtheit der schriftlichen Äußerungen (eines Volkes od. einer Epoche);* die ~ *des Barocks;* deutsche, englische, französische ~; antike, klassische, romantische, moderne ~ **2** *schöngeistiges Schrifttum, Sprachkunstwerk (auch mündlich überliefertes);* sein neuester Roman ist schlechte ~; belehrende, unterhaltende ~ ☐ **literatura;** → a. *schön(1.6)* **3** *Gesamtheit der über ein Wissensgebiet veröffentlichten Werke;* Fach~; (benutzte) ~ *angeben (bei wissenschaftlichen Arbeiten);* juristische, medizinische ~; über dieses Gebiet gibt es noch keine, wenig ~ ☐ **literatura; bibliografia**
Lit|faß|säu|le ⟨f.; -, -n⟩ *Säule für Plakatwerbung, Anschlagsäule* ☐ **coluna para colar cartazes**
Li|tho|gra|fie ⟨f.; -, -n⟩ oV *Lithographie;* Sy *Steindruck* **1** ⟨unz.⟩ *ältestes Flachdruckverfahren, bei dem die Zeichnung auf einen Kalkstein übertragen u. von diesem abgedruckt wird (heute durch Druck von Zinkplatten ersetzt)* **2** ⟨zählb.⟩ *mit Hilfe dieses Verfahrens hergestelltes Druckwerk* ☐ **litografia**
Li|tho|gra|phie ⟨f.; -, -n⟩ = *Lithografie*
Li|tur|gie ⟨f.; -, -n⟩ *alle ordnungsmäßig bestehenden gottesdienstlichen Handlungen* ☐ **liturgia**
live ⟨[laif] Adv.; Radio, TV⟩ *direkt übertragen, als Direktübertragung;* ein Konzert, ein Fußballspiel ~ *senden* ☐ **ao vivo**

Li|zenz ⟨f.; -, -en⟩ **1** *Befugnis, Genehmigung zur Ausübung eines Gewerbes* ☐ **alvará 2** *Erlaubnis zur Benutzung eines Patentes* **3** *Ermächtigung für eine Buchausgabe* **4** ~ *zahlen Gebühr für eine Lizenz(2,3)* ☐ **licença**
Lkw, LKW ⟨[ɛlkave:]m.; -s, -s; Abk. für⟩ *Lastkraftwagen* (~-Fahrer, ~-Maut) ☐ **caminhão**
Lob ⟨n.; -(e)s, -e; Pl. selten⟩ **1** *Ausdruck der Anerkennung, ausdrücklich günstiges Urteil;* ein ~ *aussprechen, erteilen; jmdm.* ~ *spenden, zollen;* ~ *verdienen;* ihm gebührt großes, hohes ~; er war des ~es voll über ihren Fleiß; er geizte, kargte nicht mit ~ ☐ **elogio**; Gott sei ~ und Dank, dass alles gut gegangen ist ☐ ***Deus seja louvado por tudo ter dado certo* **1.1** *es gereicht ihm zum* ~*e* ⟨geh.⟩ *es ehrt ihn, ist ihm hoch anzurechnen* ☐ ***o mérito é todo dele* **1.2** *über alles, jedes* ~ *erhaben so ausgezeichnet, dass man es nicht mehr loben kann* ☐ ***estar acima de qualquer elogio* **1.3** *zum* ~*e Gottes zu Gottes Ehre* ☐ ***Deus seja louvado***
Lob|by ⟨f.; -, -s⟩ **1** *Vorraum eines Parlamentsgebäudes* **2** *Gesamtheit der Angehörigen eines Interessenverbandes (die in der Lobby(1) versucht, Parlamentsangehörige zu ihren Gunsten zu beeinflussen)* **2.1** *jmdn. od. eine Sache (finanziell od. auf politischem Wege) unterstützende Gemeinschaft;* Kinder haben keine ~ in der Politik ☐ **lobby**
lo|ben ⟨V. 500/Vr 7 od. Vr 8⟩ **1** *jmdn. od. etwas* ~ *über jmdn. od. etwas seine Anerkennung äußern, über jmdn. od. etwas Positives sagen;* jmds. Arbeit ~; sich über etwas od. jmdn. ~d äußern; eine gute Leistung ~; etwas od. jmdn. ~d erwähnen ☐ **elogiar**; → a. *Tag(4.2), Krämer(1.1), Abend(2.1), Klee(1.1)* **2** ⟨fig.⟩ **2.1** *das lob ich mir! das gefällt mir!* ☐ ***que bom!; fico feliz!* **2.2** *da lob ich mir doch ... da ist mir doch ... lieber;* da lob ich mir doch ein ordentliches Schnitzel! ☐ ***prefiro/sou mais um bom escalope!***
lob|hu|deln ⟨V. 500 od. 600; abwertend⟩ *jmdn. od. jmdm.* ~ *jmdn. übermäßig loben, kritiklos preisen;* er hat seinen Vorgesetzten ständig gelobhudelt ☐ ***bajular alguém; puxar o saco de alguém***
löb|lich ⟨Adj.⟩ *lobenswert, anerkennenswert;* die ~e Absicht haben, etwas zu tun ☐ **louvável**
lob|prei|sen ⟨V. 193/500⟩ *jmdn. od. eine Sache* ~ *in den höchsten Tönen loben, preisen, rühmen;* Gott ~; sie haben ihn lobgepriesen ☐ **louvar; enaltecer**
Loch ⟨n.; -(e)s, Lö|cher⟩ **1** *natürlich entstandene od. künstlich geschaffene Öffnung verschiedenster Art u. Form, Lücke, Riss, Spalte, Vertiefung;* ein ~ *bohren, graben, schaufeln;* die Straße ist voller Löcher; ein ~ im Boden, Dach, in der Mauer, im Zaun; ein ~ der Hose, im Strumpf haben; ein ~ stopfen; seinen Gürtel ein ~ enger schnallen ☐ **buraco; furo; orifício**; Knopf~ ☐ ***casa de botão* **2** *Tierhöhle;* Mause~ ☐ **toca 3** ⟨fig.; umg.⟩ *armselige Wohnung, enger Raum;* in einem ~ hausen müssen ☐ **buraco 4** *Wunde, Verletzung;* jmdm. ein ~ in den Kopf schlagen ☐ **machucado; ferida 4.1** *sich ein* ~ *in den Kopf stoßen sich am Kopf verletzen* ☐ ***ferir-se/machucar-se na cabeça* **5** ⟨fig.⟩ **5.1** *etwas reißt (jmdm.) ein* ~ *in den*

lochen

Geldbeutel *kostet (jmdn.) sehr viel, kommt (jmdn.) teuer zu stehen;* der neue Mantel hat mir ein großes ~ in den Geldbeutel gerissen ☐ **ser uma facada; custar uma fortuna* **5.2** ein ~ mit dem anderen zustopfen *neue Schulden machen, um alte zu bezahlen* ☐ **despir um santo para vestir outro* **5.3** wie ein ~ saufen ⟨umg.⟩ *unmäßig viel trinken;* er säuft wie ein ~ ☐ **beber feito uma esponja* **5.4** ein ~, Löcher in die Luft gucken, starren ⟨umg.⟩ *vor sich hin starren, untätig sein* ☐ **olhar no vazio* **5.5** jmdm. ein ~ in den Bauch fragen ⟨umg.⟩ *jmdm. mit vielen Fragen lästig werden;* das Kind fragt mir ein ~ in den Bauch ☐ **encher a paciência de alguém com perguntas*

lo|chen ⟨V. 500⟩ etwas ~ **1** *mit einem Loch versehen, ein Loch in etwas knipsen (zur Kontrolle od. zum Entwerten);* ein Ticket ~ **2** *mit gleichmäßigen Löchern versehen (zum Abheften)* ☐ *furar; perfurar*

Lo|cher ⟨m.; -s, -⟩ *Gerät zum Lochen von Schriftstücken (um sie ab- od. einheften zu können)* ☐ *perfuradora*

lö|chern ⟨V. 500⟩ jmdn. ~ ⟨umg.⟩ *dauernd bitten, ausfragen;* der Junge löchert mich seit Tagen, wann ich endlich mit ihm in den Zirkus gehe ☐ *ficar pedindo*

Loch|zan|ge ⟨f.; -, -n⟩ *Zange zum Lochen, z. B. von Fahrkarten* ☐ *alicate vazador; alicate saca-bocado*

Lo|cke¹ ⟨f.; -, -n⟩ *geringelte Haarsträhne;* jmdm. ~n drehen; blonde, schwarze ~n; natürliche, künstliche ~n; Haar in ~n legen; eine ~ fiel ihr in die Stirn; ihr Haar ringelt sich im Nacken zu ~n ☐ *cacho* **2** *Wollflocke* ☐ *tufo de lã*

Lo|cke² ⟨f.; -, -n⟩ **1** *Pfeife zum Nachahmen der Vogelrufe, Lockpfeife* ☐ *reclamo; apito para atrair pássaros* **2** *lebender Lockvogel* ☐ *chamariz; reclamo*

lo|cken¹ ⟨V. 500⟩ **1** ein Lebewesen ~ *(durch Rufe od. Gebärden, mit etwas) zum Näherkommen zu bewegen suchen;* einen Hund, einen Vogel ~; die Henne lockt ihre Jungen; jmdn. od. ein Tier an sich, zu sich ~; ein Tier mit Futter ~; jmdn. in eine Falle, einen Hinterhalt ~ ☐ *chamar; atrair* **2** *etwas* lockt jmdn. ⟨fig.⟩ *erzeugt Lust, Interesse bei jmdm., führt in Versuchung, reizt (zu etwas);* die Aufgabe lockt mich sehr, nicht, wenig; es lockt mich sehr, es zu versuchen; das schöne Wetter lockte uns ins Freie ☐ *atrair* **3** ⟨Part. Präs.⟩ ~d *verlockend, vielversprechend, angenehm, schön erscheinend;* eine ~de Aufgabe; ein ~des Angebot; die ~de Ferne ☐ *atraente; sedutor*

lo|cken² ⟨V. 500⟩ **1** Haar ~ *zu Locken aufdrehen, kräuseln* ☐ *cachear; encaracolar* **2** ⟨Vr 3⟩ etwas lockt sich *kräuselt, ringelt sich* ☐ *enrolar-se; anelar-se* **2.1** gelocktes Haar *in Locken fallendes, lockiges H.* ☐ *cacheado; encaracolado*

lo|cker ⟨Adj.⟩ **1** ein Gegenstand ist ~ *mangelhaft befestigt, wackelig;* eine ~e Schraube, ein ~es Stuhlbein; der Zahn ist ~ ☐ *solto; frouxo; bambo* **2** *lose, nicht straff;* ein ~es Seil; ~ häkeln, stricken, weben ☐ *solto* **2.1** ein Seil ~ lassen *nicht fest binden, nicht straff anziehen* ☐ **deixar uma corda solta/frouxa;* ⟨aber⟩ → a. *lockerlassen* **3** *etwas ist von ~er* Beschaffenheit *weich, mit Hohlräumen durchsetzt, nicht fest zusammengeballt od. -gezogen, porös;* ~er Boden; ~es Brot; ~es Gewebe; einen ~en Teig herstellen; Erde ~ aufschütten ☐ *fofo; macio; movediço* **4** ⟨fig.⟩ *nicht einwandfrei, leichtfertig;* ~e Sitten; ~e Beziehungen; ~e Moral ☐ *elástico; pouco sério* **4.1** ein ~es Leben führen *ein ungebundenes, sorgloses L.* ☐ **levar uma vida desregrada* **5** ⟨Getrennt- u. Zusammenschreibung⟩ **5.1** ~ machen = *lockermachen*

lo|cker||las|sen ⟨V. 175/400; fig.⟩ *nachgeben;* du darfst nicht ~! ☐ *ceder;* → a. *locker(2.1)*

lo|cker||ma|chen *auch:* **lo|cker ma|chen** ⟨V. 500⟩ **I** ⟨Zusammen- u. Getrenntschreibung⟩ etwas ~ *durch eine Handlung, einen Eingriff lockern;* einen Verband lockermachen/locker machen **II** ⟨550; umg. nur Zusammenschreibung⟩ **1** Geld lockermachen ⟨umg.⟩ *hergeben;* kannst du nicht 100 Euro lockermachen? ☐ **liberar/descolar uma grana (para alguém)* **2** bei jmdm. Geld ~ *jmdn. dazu veranlassen, G. herzugeben;* ich habe bei ihm 100 Euro lockergemacht ☐ **conseguir/descolar uma grana com alguém*

lo|ckern ⟨V. 500⟩ **1** etwas ~ *locker(1), lose machen;* einen Nagel, eine Schraube ~ **2** etwas ~ *locker(2) machen;* seinen Griff ~; den Gürtel ~; die Zügel ~ ☐ *soltar; afrouxar* **3** etwas ~ *locker(3) machen;* den Boden mit der Hacke ~; Erdreich ~ ☐ *afofar; cavar;* revolver **3.1** Glieder, Muskeln ~ *G., M. entspannen,* die Arm- u. Beingelenke (durch Schütteln) ~ ☐ *soltar; relaxar* **4** ⟨Vr 3⟩ **4.1** sich ~ *locker(1) werden, sich zu lösen beginnen;* das Brett, die Schraube hat sich gelockert ☐ *soltar-se; afrouxar-se* **4.2** eine menschliche Bindung lockert sich *löst sich allmählich;* unsere Freundschaft hat sich gelockert ☐ *afrouxar-se; desfazer-se* **5** Vorschriften, Bestimmungen ~ *nicht mehr so streng handhaben* ☐ *afrouxar*

lo|ckig ⟨Adj.⟩ *gelockt, in Locken fallend;* ~es Haar ☐ *cacheado; encaracolado*

Lock|vo|gel ⟨m.; -s, -vögel⟩ **1** *gefangener lebender od. künstlicher Vogel zum Anlocken anderer Vögel* **2** ⟨fig.⟩ *jmd., der zu unredlichen Zwecken andere anlocken soll;* sie diente dem Bande als ~ ☐ *chamariz*

lo|den ⟨Adj. 24⟩ *aus Loden* ☐ *(feito) de loden*

Lo|den ⟨m.; -s, -; Textilw.⟩ *gewalktes Wollgewebe od. Filz mit nach unten weisendem Strich für Mäntel, Jacken u. Ä.* ☐ *loden*

lo|dern ⟨V. 400⟩ **1** Feuer lodert *brennt mit heller, großer Flamme, flammt (empor);* das Feuer loderte (zum Himmel) ☐ *chamejar; arder;* ~de Flammen ☐ *chamejante; ardente* **2** etwas lodert ⟨fig.⟩ *glänzt feurig;* ihre Augen loderten ☐ *faiscar; brilhar* **3** Begeisterung, Leidenschaft, Hass lodert *erfüllt jmdn. mit großer Heftigkeit* ☐ *arder*

Löf|fel ⟨m.; -s, -⟩ **1** *aus einem Stiel und einem muldenförmigen Teil bestehendes Gerät zum Essen u. Schöpfen;* Ess~, Schöpf~, Tee~; zwei ~ voll (als Maßangabe); der Kaffee ist so stark, dass der ~ darin steht ⟨fig.⟩ ☐ *colher* **2** *löffelartiges Gerät für ärztliche u. technische Zwecke;* mit einem ~ etwas aus einer Körperhöhle entfernen ☐ *cureta* **3** ⟨nur Pl.⟩ Ohren **3.1** ⟨umg.⟩ *Ohren des Menschen* ☐ *orelha* **3.1.1** sich etwas hinter die ~ schreiben ⟨fig.; umg.⟩ *es sich einprägen, gut mer-*

ken (eine Maßregel) ☐ *escrever; anotar 3.1.2 jmdm. ein paar hinter die ~ hauen *eine Ohrfeige geben* ☐ *dar uns sopapos em alguém 3.2 ⟨Jägerspr.⟩ *Ohren des Hasen, Kaninchens* ☐ orelha da lebre/do coelho 4 ⟨fig.⟩ mit einem silbernen, großen, goldenen ~ im Mund geboren sein (bes. norddt.) *Glück haben, reich sein* ☐ *nascer em berço de ouro; → a. Weisheit(2.2)

löf|feln ⟨V. 500⟩ **1** etwas ~ *mit einem Löffel schöpfen u. (achtlos) essen;* hastig, gierig, schweigend seine Suppe ~ ☐ comer com a colher

Log|a|rith|mus *auch:* **Lo|ga|rith|mus** ⟨m.; -, -men; Abk.: log; Math.⟩ *diejenige Zahl b, mit der man in der Gleichung $a^b = c$ die Zahl a potenzieren muss, um die Zahl c zu erhalten* ☐ logaritmo

Log|buch ⟨n.; -(e)s, -bü|cher⟩ *Buch, in das alle nautischen Beobachtungen u. Vorkommnisse an Bord eines Schiffes eingetragen werden, Schiffstagebuch* ☐ diário de bordo

Lo|ge ⟨[-ʒə] f.; -, -n⟩ **1** *kleiner, abgeteilter Raum mit 4-6 Sitzplätzen im Zuschauerraum des Theaters;* Bühnen~, Balkon~ ☐ camarote; frisa **2** *Vereinigung von Freimaurern* **3** *Ort ihrer Zusammenkünfte* ☐ loja maçônica

lo|gie|ren ⟨[-ʒiː-] V.⟩ **1** ⟨500⟩ jmdn. ~ *(als Gast) beherbergen* **2** ⟨400⟩ *(als Gast bei jmdm., in einer Unterkunft) wohnen* ☐ hospedar(-se)

Lo|gik ⟨f.; -; unz.⟩ **1** *Lehre von den Formen u. Gesetzen richtigen Denkens* **2** ⟨allg.⟩ *Fähigkeit, folgerichtig zu denken* ☐ lógica

Lo|gis ⟨[-ʒiː] n.; - *od.* [-ʒiːs], - [-ʒiːs]⟩ **1** *Unterkunft, Wohnung;* er arbeitet gegen Kost u. ~ ☐ alojamento; moradia **2** ⟨Seemannsspr.⟩ *Mannschaftsraum* ☐ alojamento; cabine

lo|gisch ⟨Adj.⟩ **1** *die Logik betreffend, zu ihr gehörig, auf ihr beruhend, ihr entsprechend, den Denkgesetzen gemäß, denkrichtig, folgerichtig;* ~ denken, folgern können ☐ de maneira lógica **2** *das ist doch ~! ⟨umg.⟩ ohne weiteres einleuchtend, klar* ☐ lógico

Lo|go|pä|die ⟨f.; -; unz.; Med.; Psych.⟩ *Sprachheilkunde* ☐ logopedia

Lohn ⟨m.; -(e)s, Löh|ne⟩ **1** *das, was für eine geleistete Arbeit bezahlt wird, Vergütung, Entgelt;* Arbeits~; hoher, niedriger, reicher, verdienter ~ 1.1 *tägliches, wöchentliches od. monatliches Entgelt für Arbeitnehmer;* Tage~, Wochen~; für, um höhere Löhne kämpfen; ~ empfangen; den ~ drücken, steigern ☐ salário; remuneração **2** ⟨fig.⟩ 2.1 bei jmdm. in ~ (und Brot) stehen *bei jmdm. in festem Arbeitsverhältnis stehen* ☐ *trabalhar para alguém 2.2 jmdn. um ~ und Brot bringen *arbeitslos, brotlos machen* ☐ *colocar alguém na rua; tirar o ganha-pão de alguém 3 ⟨fig.⟩ *das, was man für eine Tat bekommt, Gegenwert (Belohnung od. Strafe);* als ~ für seine Hilfe, Mühe, Tat; das ist ein schlechter ~ für alle meine Mühe ☐ recompensa 3.1 seinen ~ empfangen *verdiente Bestrafung empfangen* ☐ *receber o (castigo) que merece 3.2 ihm wurde sein gerechter ~ zuteil *seine gerechte Strafe* ☐ *coube-lhe o (castigo) que ele merecia; → a. Undank

loh|nen ⟨V.⟩ **1** ⟨402/Vr 7⟩ etwas lohnt (etwas, sich) *ist die Mühe wert, hat Zweck, Sinn, bringt Gewinn;* die Stadt, das Museum lohnt einen Besuch, lohnt den Besuch nicht; der Erfolg, das Ergebnis lohnt die Mühe, den Aufwand nicht; das Geschäft lohnt sich; es lohnt (sich) nicht hinzugehen; es lohnt sich (nicht), den langen Weg auf sich zu nehmen ☐ valer (a pena); compensar **2** ⟨530/Vr 6; geh.⟩ jmdm. etwas ~ *vergelten, danken;* ich werde es Ihnen reichlich ~; sie hat ihm seine Hilfe schlecht gelohnt ☐ pagar; recompensar **3** ⟨Part. Präs.⟩ ~d *nutzbringend, einträglich, vorteilhaft;* eine ~e Arbeit, Aufgabe; eine ~de Aufführung, Ausstellung ☐ compensador; vantajoso **4** ⟨Part. Präs.⟩ ~d *hörens-, sehenswert;* ein ~der Anblick ☐ que vale a pena

Loi|pe ⟨f.; -, -n; Skisp.⟩ *Spur, Fahrbahn für den Skilanglauf;* ~n ziehen ☐ pista de esqui *cross-country;* pista de esqui de fundo

Lok ⟨f.; -, -s; Kurzw. für⟩ *Lokomotive* ☐ locomotiva

lo|kal ⟨Adj. 24⟩ *örtlich beschränkt;* ein Ereignis von ~er Bedeutung ☐ local

Lo|kal ⟨n.; -(e)s, -e⟩ **1** *Ort, Raum; Wahl~* ☐ local **2** = *Gaststätte;* Speise~, Wein~; ein anrüchiges, anständiges, gutes, gepflegtes, schlechtes ~; im ~ essen ☐ bar; restaurante

lo|ka|li|sie|ren ⟨V.⟩ **1** ⟨500⟩ Schmerzen, einen Krankheitsherd ~ *ihre Lage genau bestimmen* ☐ localizar **2** ⟨511⟩ die Infektion auf den Herd ~ *beschränken, ihre Ausbreitung verhindern* ☐ limitar; restringir

Lo|ko|mo|ti|ve ⟨[-və] f.; -, -n⟩ *Schienenfahrzeug zum Antrieb der Eisenbahn* ☐ locomotiva

Long|drink ⟨[lɔŋdrɪŋk]⟩ *auch:* **Long Drink** ⟨m.; (-) s, (-) -s⟩ *alkoholisches Mischgetränk, das mit Mineralwasser, Fruchtsaft o. Ä. zubereitet wird* ☐ long drink

Long|sel|ler ⟨m.; -s, -⟩ *Buch, das sich lange Zeit sehr gut verkauft* ☐ long-seller

Look ⟨[lʊk] m.; -s, -s; meist in Zus.⟩ *Aussehen, (in einer bestimmten Weise gestaltete) äußere Erscheinung;* Partner~, Disko~, Teenie~ ☐ look; visual

Loo|ping ⟨[luː-] n.; -s, -s⟩ *Überschlag (mit dem Flugzeug od. mit einem Schienenwagen auf der Achterbahn);* einen ~ drehen ☐ looping

Lor|beer ⟨m.; -s, -en⟩ **1** ⟨Bot.⟩ *einer Gattung der Lorbeergewächse angehörende Pflanze der Hartlaubformationen im Mittelmeergebiet, deren Blätter als Gewürz u. deren Früchte arzneilich verwendet werden: Laurus;* die Blätter des ~s zum Kochen verwenden ☐ louro; loureiro **2** *Kranz aus Lorbeer(1), der zur Ehrung von Siegern, Dichtern etc. diente;* einen Dichter, den Sieger mit ~ bekränzen, krönen ☐ (coroa de) louros **3** ⟨fig.⟩ 3.1 ~en ernten ⟨fig.⟩ *gelobt werden, Erfolg haben* ☐ *colher os louros 3.2 sich auf seinen ~en ausruhen ⟨fig.⟩ *nach anfänglichen guten Leistungen od. großen Taten faul werden* ☐ *dormir sobre os louros

Lord ⟨[lɔːd] m.; -s, -s⟩ **1** ⟨unz.⟩ *(engl. Adelstitel)* **2** *Träger dieses Titels* ☐ lorde

Lo|re ⟨f.; -, -n⟩ *offener, auf Schienen laufender Wagen zur Beförderung von Gütern aus Steinbrüchen, Bergwerken u. Ä.* ☐ vagonete; trole

los ⟨Adv.; Getrenntschreibung nur bei „sein") **1** *nicht fest, nicht befestigt, nicht angebunden, frei;* der Hund ist ~; der Knopf ist ~ □ **solto 2** *es ist nicht viel ~ damit, mit ihm es, er taugt nicht viel, ist nicht interessant* □ **não é/vale grande coisa* **3** jmd. ist jmdn. od. eine **Sache** ~ *hat sich von jmdm. od. einer S. befreit;* ich bin froh, dass ich ihn endlich ~ bin; diese Sorge bin ich endlich ~ □ **estar livre de alguém ou alguma coisa* **3.1** einer Sache ~ *und ledig sein von einer S. frei (geworden) sein* □ **estar/ficar livre de alguma coisa* **3.2** meinen Schlüssel bin ich ~ ⟨umg.; scherzh.⟩ *meinen S. habe ich verloren, nicht wiedergefunden* □ **perdi minha chave* **3.3** ich bin mein Geld ~ *ich habe alles Geld ausgegeben* □ **gastei todo o meu dinheiro* **4** *etwas ist ~ etwas geschieht* □ **está acontecendo alguma coisa* **4.1** hier ist etwas ~ **4.1.1** *hier ist etwas geschehen, etwas nicht in Ordnung* □ **aconteceu alguma coisa aqui* **4.1.2** ⟨umg.⟩ *hier ereignet sich viel, herrscht fröhliche Stimmung* □ **sempre acontece alguma coisa por aqui* **4.2** *was ist hier ~? was geht hier vor?* □ **o que está acontecendo* **4.3** *was ist mit dir ~? was fehlt dir?* □ **o que há com você?* **4.3.1** *mit dir ist doch irgendetwas ~ mit dir stimmt doch etwas nicht, ist doch etwas nicht in Ordnung* □ **está acontecendo alguma coisa com você;* → a. **Hölle**(3.1), **Teufel**(2.2.4) **5** *(Aufforderung, aktiv zu werden, sich zu beeilen);* aber nun ~! □ **vamos logo!;* auf die Plätze – fertig – ~! (Kommando beim Wettlaufen u. -schwimmen) □ **em seus lugares, pronto, vai!* **5.1** ~! *vorwärts!, schnell!* □ **vamos!*

Los ⟨n.; -es, -e⟩ **1** *durch Zufall u. unabhängig vom menschlichen Willen herbeigeführte Entscheidung (bes. um jmdn. für eine unangenehme Aufgabe zu bestimmen oder eine schwerwiegende Entscheidung zu fällen)* □ **sorte**; einen Streit durch das ~ entscheiden □ **decidir uma briga tirando a sorte;* jmdn. durch das ~ bestimmen □ **sortear alguém* **1.1** *besonders bezeichneter Gegenstand (bes. Papier od. Hölzchen), der gezogen wird, um Los(1) herbeizuführen* □ **bilhete/palito (para tirar a sorte) 2** *Anteilschein in der Lotterie* □ **bilhete de loteria;** ein ~ spielen □ **fazer um jogo (na loteria);* ein ~ ziehen □ **tirar a sorte* **3** ⟨geh.⟩ *Schicksal, Geschick;* das ~ befragen, werfen; bitteres, hartes, trauriges ~ □ **sorte; destino**

los... (in Zus.) **1** *weg von etwas, ab ...;* losschrauben, loslösen **2** *plötzlich beginnen, bes. nach Überwinden von Hemmungen;* loslaufen, losschreiben **3** *(auf etwas) zu;* auf etwas losmarschieren

...los ⟨Adj.; in Zus.⟩ *Fehlen od. Mangel an einer Sache, ohne;* arbeitslos, hoffnungslos, verantwortungslos

los∥bin∣den ⟨V. 111/500⟩ *etwas od. jmdn. ~ die (mit einer Leine, einem Seil od. einem Strick hergestellte) Befestigung lösen;* einen Gefangenen, ein Pferd, ein Segelboot ~ □ **soltar; desatar**

lö∣schen¹ ⟨V. 500⟩ **1** *Brand, Feuer, Flammen ~ das Weiterbrennen von etwas verhindern, dafür sorgen, dass es nicht mehr brennt;* der Feuerwehr gelang es, den Brand, die Flammen sofort zu ~ □ **apagar; extinguir 2** *Licht ~ ausschalten, ausdrehen* □ **apagar; desligar 3** *eine Flüssigkeit ~ die Feuchtigkeit von etwas aufsaugen, trocknen;* das Papier löscht nicht □ **absorver; secar 4** *etwas ~ tilgen, streichen, aufheben;* eine Schuld, ein Konto ~ **4.1** *eine Firma ~ im Handelsregister streichen* □ **cancelar; anular 4.2** *Schrift ~ auswischen, wegwischen (von der Tafel)* **4.3** *Daten (auf einem Datenträger) ~ die Daten entfernen* □ **apagar 5** *seinen Durst ~ etwas trinken, damit man keinen D. mehr hat* □ **matar 6** *Kalk ~ mit Wasser übergießen* □ **apagar**

lö∣schen² ⟨V. 500⟩ *eine Ladung ~* ⟨Mar.⟩ *ausladen, entladen* □ **descarregar**

Lösch∣zug ⟨m.; -(e)s, -zü∣ge⟩ *zum Feuerlöschen eingesetzte Abteilung der Feuerwehr mit Wagen u. Geräten* □ **departamento de segurança contra incêndio**

los∥drü∣cken ⟨V. 400⟩ *einen Schuss abfeuern* □ **disparar; atirar**

lo∣se ⟨Adj.⟩ **1** *etwas ist ~ locker, nicht ganz fest, nicht straff befestigt, beweglich;* einen Knoten ~ binden; der Strick hängt ~ herab; das Haar ~ tragen; ~ zusammenhängen, verbunden sein □ **solto 2** *etwas ist ~ nicht verpackt, offen;* gibt es das Gebäck auch ~ oder nur in Packungen?; Obst, Pralinen ~ kaufen, verkaufen □ **a granel; avulso 3** *~ Blätter nicht gebundene B.* □ **solto; avulso 4** ⟨fig.⟩ *mutwillig neckend, schelmisch;* ein ~r Streich □ **de brincadeira 4.1** *einen ~n Mund, ein ~s Mundwerk haben gern ein wenig boshafte Reden führen, vorlaut sein* □ **ter a língua solta*

Lö∣se∣geld ⟨n.; -(e)s, -er⟩ *Summe für den Freikauf von Gefangenen* □ **resgate**

lo∣sen ⟨V. 400⟩ *das Los ziehen, werfen, jmdn. durch das Los ermitteln;* wir wollen ~, wer gehen soll □ **sortear**

lö∣sen ⟨V. 500⟩ **1** *etwas ~ etwas, das mit etwas Anderem verbunden ist, von diesem ein wenig od. ganz entfernen* □ **tirar; soltar;** *das Fleisch vom Knochen lösen* □ **desossar a carne* **1.1** *einen Knoten ~ losbinden, aufbinden* □ **desatar;** den Kahn vom Ufer ~ □ **afastar 1.2** *ein Brett ~ lockern* **1.3** ⟨Vr 3⟩ *etwas löst sich geht auf, wird locker, entfernt sich von etwas;* eine Schraube, ein Nagel hat sich gelöst; ein Dachziegel hat sich gelöst; eine Haarlocke hatte sich aus der Frisur gelöst □ **soltar(-se); desprender(-se) 1.3.1** *ein Schuss hatte sich gelöst war (versehentlich) losgegangen* □ **disparar 1.3.2** ⟨500⟩ *einen Schuss ~ abfeuern, abschießen* □ **disparar; atirar 1.4** *ein Blatt, eine Briefmarke ~ abtrennen, abreißen, entfernen von etwas;* ein Blatt aus einem Buch ~; etwas Festgeklebtes von der Unterlage ~ □ **soltar(-se); descolar(-se) 1.5** *einen Verschluss ~ öffnen* □ **abrir 1.6** *Verwickeltes ~ entwirren* □ **desfazer 1.7** ⟨511/Vr 3⟩ *jmd. löst sich aus, von etwas tritt aus etwas heraus, bewegt sich von etwas weg, entfernt sich von etwas;* sie löste sich aus der Gruppe, aus der Reihe; ein Schatten löste sich von der Mauer □ **sair; afastar-se 2** *etwas ~ auflösen, in Flüssigkeit zergehen lassen;* Zucker, ein Medikament in Milch, Wasser ~ **2.1** ⟨Vr 3⟩ *etwas löst sich zerfällt in ganz kleine Partikel, schmilzt, zergeht, wird* *flüssig;* Salz löst sich leicht, Zucker schwer □ **dissolver(-se) 3** ⟨fig.⟩ 3.1 Beziehungen ~ *aufgeben, abbrechen;* ein Verhältnis aufgrund äußerem Drucks ~ □ **desfazer; romper** 3.1.1 ⟨550/Vr 3⟩ **sich von jmdm. od. etwas** ~ *sich lossagen, frei machen, befreien von etwas od. jmdm.;* sich von alten Bindungen, von einer Umgebung ~ □ ***livrar-se de alguém ou alguma coisa** 3.1.1.1 sich nicht vom Elternhaus ~ können *die enge Beziehung zum E. nicht aufgeben können* □ ***não conseguir sair da casa dos pais** 3.2 einen Vertrag, eine **Verpflichtung** ~ *rückgängig machen, aufheben, für nichtig erklären;* es gelingt ihm immer, sich von seinen Verpflichtungen zu ~ □ **anular; cancelar 4** eine **Frage**, eine **Aufgabe**, ein **Problem** ~ *eindeutig klären* 4.1 ein **Rätsel** ~ *enträtseln, erraten;* Kreuzworträtsel ~ 4.2 eine **Rechenaufgabe** ~ *das Ergebnis errechnen* □ **resolver** 4.3 ⟨Vr 3⟩ ein **Problem** löst sich *behebt sich von selbst, klärt sich ohne eigenes Zutun* □ **resolver-se; esclarecer-se 5** einen **Konflikt, Schwierigkeiten** ~ *beseitigen, zu einem guten Ende bringen* □ **resolver; pôr fim a** 5.1 ⟨Vr 3⟩ **Konflikte, Schwierigkeiten** ~ **sich** *kommen zum guten Ende, enden gut;* es hat alles zu unserer Zufriedenheit gelöst; die Schwierigkeit hat (von selbst) gelöst □ **resolver-se, terminar bem 6** ⟨550/Vr 3⟩ eine **Sache** löst **sich in etwas** *endet in etwas;* ihre Spannung löste sich in einem Seufzer, in Tränen □ **terminar em 7** eine **Eintrittskarte, Fahrkarte** ~ *kaufen* □ **comprar 8** jmd. od. jmds. **Körper** ist gelöst *jmd. hat eine gelockerte Körperhaltung, gelockerte Bewegungen, ist entspannt;* gelöste Haltung, Bewegungen; im Schlaf gelöste Glieder □ **relaxado 9** jmd. ist gelöst *hat ein ungezwungenes, freies Benehmen, ist nicht gehemmt;* sie war heute Abend sehr gelöst □ **espontâneo**

los‖ge|hen ⟨V. 145(s.)⟩ **1** ⟨400⟩ *entschlossen, zielstrebig weggehen, aufbrechen;* wir müssen ~, sonst kommen wir zu spät □ **ir embora; partir 2** ⟨411⟩ **auf etwas** ~ *zielstrebig auf etwas zugehen;* auf ein Ziel ~ □ ***ir diretamente a alguma coisa 3** ⟨800⟩ **auf eine Sache** ~ ⟨fig.⟩ *eine Sache energisch anpacken, tatkräftig mit etwas beginnen* □ ***atacar/começar alguma coisa 4** ⟨411⟩ **auf jmdn.** ~ ⟨fig.⟩ *jmdn. in Wort od. Tat angreifen;* mit dem Messer, mit erhobenen Fäusten auf jmdn. ~ □ ***partir para cima de alguém 5** ⟨400⟩ ein **Schuss** geht los *löst sich, wird versehentlich abgefeuert* □ ***um tiro é disparado 6** ⟨400⟩ eine **Veranstaltung** geht los ⟨umg.⟩ *fängt an, beginnt;* nun kann's ~!; wann geht das Theater, Kino, die Vorstellung los?; die Veranstaltung geht um fünf Uhr los □ **começar**

los‖las|sen ⟨V. 175/500⟩ **1** ⟨505⟩ **etwas od. jmdn. (von etwas)** ~ *nicht länger an einem Ort festhalten;* Vorsicht, nicht ~!; lass mich los!; der Hund von der Kette ~ □ **soltar; desprender 2** jmdn. ~ *jmdm. die ursprüngliche Freiheit wiedergeben, jmdn. freilassen, freigeben;* Gefangene ~ □ **soltar; libertar** 2.1 er war wie losgelassen ⟨umg.⟩ *unbändig, übermütig* □ **desenfreado 3** ⟨511 od. 550⟩ die Hunde auf jmdn. ~ *den Hunden befehlen, jmdn. anzugreifen, sie auf jmdn. hetzen* □ ***açular o cão contra alguém 4** eine **Sache** lässt **jmdn. nicht mehr los** *beschäftigt jmdn. stark* □ ***alguma coisa não deixa mais alguém (em paz)* 5** ⟨550⟩ **jmdn. auf etwas od. jmdn.** ~ *jmdn. mit einer Aufgabe betrauen, der er nicht gerecht werden kann;* einen jungen Lehrer auf eine schwierige Klasse ~; und so was, so jmdn. lässt man nun auf die Menschheit los! ⟨umg.⟩ □ **largar; soltar; deixar 6** eine E-Mail, eine Rede ~ ⟨fig.; umg.; scherzh.⟩ *einen E. schreiben, eine R. halten* □ ***escrever um e-mail; fazer um discurso**

Löss ⟨m.; -es, -e⟩ *(durch Eiszeitwinde entstandene) kalkhaltige Ablagerung;* oV **Löß;** ~boden □ **loess**

Löß ⟨m.; -es, -e⟩ = **Löss**

los‖sa|gen ⟨V. 550/Vr 3⟩ **1 sich von etwas** ~ *von etwas zurücktreten, einer Sache, zu der man eine enge Beziehung hatte, fernerhin nicht mehr angehören wollen;* sich von einer Religion, Überzeugung, Meinung, Partei ~ □ ***renunciar a alguma coisa; desistir de alguma coisa 2 sich von jmdm.** ~ *sich von jmdm. trennen, mit dem man längere Zeit verbunden war;* sich von seinen Eltern, ehemaligen Freunden ~ □ ***separar-se/afastar-se de alguém**

los‖schie|ßen ⟨V. 215/400⟩ **1** *plötzlich einen Schuss, Schüsse abfeuern, zu schießen beginnen;* wie ein Verrückter ~ □ **começar a atirar; abrir fogo 2** ⟨(s.); fig.⟩ *plötzlich zu laufen beginnen;* die Kinder schossen los, sobald sie auf der Wiese waren □ **desatar a correr 3** ⟨411(s.)⟩ **auf jmdn.** ~ *plötzlich u. schnell auf jmdn. zulaufen;* sobald er sie aus dem Zug steigen sah, schoss er wie los □ ***correr para alguém 4** *plötzlich, unerschrocken zu sprechen beginnen* □ **desatar a falar** 4.1 schieß los! *fang an!, sprich offen u. frei!* □ **vamos!; desembuche!**

los‖schla|gen ⟨V. 218⟩ **1** ⟨500⟩ etwas ~ *durch Schlagen lösen, entfernen;* einen krummen Nagel ~ □ **tirar a golpes 2** ⟨400⟩ *(ohne Überlegung) zu schlagen anfangen;* der Betrunkene schlug los, als man sich ihm näherte □ **começar a bater 3** ⟨410⟩ *aufeinander* ~ *sich prügeln;* Polizisten u. Demonstranten schlugen aufeinander los □ ***bater um no outro; sair na pancadaria 4** ⟨400; Mil.⟩ *Kampfhandlungen beginnen;* wir wissen nicht, wann der Gegner losschlägt □ ***começar a atacar 5** ⟨500⟩ **Ware** (billig) ~ ⟨fig.⟩ *(billig) verkaufen, um sie nicht behalten zu müssen;* es gelang ihm, im Ausverkauf alle Sommerkleider loszuschlagen □ **liquidar**

los‖spre|chen ⟨V. 251/550⟩ jmdn. **von einer Schuld, Verpflichtung** ~ *sagen, dass jmd. von einer S., V. befreit ist* □ **livrar; absolver**

los‖steu|ern ⟨V. 411⟩ **auf etwas od. jmdn.** ~ ⟨fig.⟩ *gerade, zielbewusst zugehen;* gerade auf sein Ziel ~ □ ***ir diretamente a alguma coisa ou alguém**

Lo|sung[1] ⟨f.; -, -en⟩ **1** *Spruch, der die Grundsätze enthält, nach denen man sich richtet;* die ~ des Tages □ **lema; divisa** 1.1 *für jeden Tag des Jahres ausgeloster Bibelspruch (der Brüdergemeine)* □ **versículo 2** *als Erkennungszeichen vereinbartes Wort* □ **senha**

Lo|sung² ⟨f.; -; unz.; Jägerspr.⟩ *Kot (des Wildes u. des Hundes)* □ **excremento/fezes (de animal)**

Lö|sung ⟨f.; -, -en⟩ **1** *Bewältigung eines Problems, durch Überlegung gewonnenes Ergebnis, Resultat;* eine, keine ~ finden; die beste ~ wäre Folgendes; das ist eine gute ~; eine ~ für etwas finden **2** *durch Überlegung gewonnenes Resultat einer (mathematischen) Aufgabe;* ein Buch mit den ~en besitzen; die ~ eines Rätsels □ **solução 3** *das Lösen, Trennung, Aufhebung;* die ~ einer Ehe, die ~ vom Elternhaus □ **dissolução; saída 4** ⟨Chem.; Phys.⟩ *das Sichauflösen (einer Substanz in einer Flüssigkeit)* □ **dissolução 5** ⟨Chem.; Phys.⟩ *homogene Verteilung eines Stoffes in einem anderen, bes. die homogene Verteilung von Gasen, Flüssigkeiten od. festen Stoffen in Flüssigkeiten (Lösungsmitteln)* □ **solução**

los‖wer|den ⟨V. 285/500(s.)⟩ **1** jmd. wird etwas los *macht sich frei von etwas, wird von etwas Lästigem, Unangenehmem befreit;* ich werde den Gedanken nicht los, dass ...; ich werde den Schnupfen einfach nicht los **2** jmd. wird jmdn. los *wird von der Gesellschaft einer ihm lästigen Person befreit, braucht die Gegenwart einer ihm lästigen Person nicht länger zu ertragen;* ich bin froh, dass ich diesen langweiligen Assistenten losgeworden bin; wenn ich nur wüsste, wie ich ihn ~ kann □ **livrar-se; desembaraçar-se 3** Geld ~ ⟨umg.⟩ *ausgeben, abgenommen bekommen;* er hat beim Glücksspiel all sein Geld losgeworden; in diesem Luxusferienort kannst du viel Geld ~! □ **gastar; torrar 4** Gegenstände, Waren ~ *G., W. verkaufen können, Käufer dafür finden;* ich möchte die Möbel gern verkaufen, aber ich werde sie nicht los □ **vender; encontrar comprador para**

Lot ⟨n.; -(e)s, -e⟩ **1** ⟨n. 7; veraltet⟩ *Gewichtseinheit 1.1 Gewichtseinheit, die etwa 1/30 Pfund entspricht;* ein halbes ~ **2** *altes Gewicht zum Abwiegen von Gold u. Silber für Münzen* □ **Lot** 2.1 von ihnen gehen fünf, hundert auf ein ~ *sie sind nicht viel wert* □ ***não valem grande coisa 3** ⟨veraltet⟩ *Kugel od. Schrot* □ **munição de chumbo 4** ⟨Tech.⟩ *Metalllegierung, die zum Löten benutzt wird* □ **solda 5** ⟨Bauwesen⟩ *mit der Spitze nach unten an einer Schnur hängendes kegelförmiges Metallstück zum Kontrollieren od. Bestimmen einer senkrechten Fläche, Senklot 5.1* ⟨Mar.⟩ *markierte Leine mit einem Bleigewicht zum Messen der Wassertiefe* □ **prumo** 5.2 die **Mauer** steht (nicht) im ~ *(nicht) senkrecht* □ ***o muro (não) está a prumo** 5.3 ⟨fig.⟩ etwas (wieder) ins ~ bringen *in Ordnung bringen* □ ***(re)colocar alguma coisa em ordem** 5.3.2 mit ihr ist etwas nicht im ~ *mit ihr stimmt etwas nicht* □ ***há alguma coisa errada com ela 6** ⟨Math.⟩ *Gerade, die senkrecht auf einer anderen Geraden steht;* das ~ (auf einer Geraden) errichten; das ~ (auf eine Gerade) fällen □ **perpendicular**

lö|ten ⟨V. 500⟩ *metallische Werkstücke ~ unter Verwendung einer Metalllegierung verbinden, deren Schmelztemperatur niedriger ist als die der Werkstücke* □ **soldar**

Lo|ti|on ⟨f.; -, -en; engl. [loʊʃən] f.; -, -s⟩ *kosmetische Lösung zur Reinigung u./od. Pflege der Haut; Gesichts~* □ **loção**

lot|recht ⟨Adj.⟩ *senkrecht, im Winkel von 90° auf einer Geraden od. Fläche stehend* □ **perpendicular**

Lot|se ⟨m.; -n, -n⟩ **1** *geprüfter Seemann mit Sonderausbildung in einem bestimmten Ortsbereich, der Schiffe durch schwierige Gewässer leitet* □ **piloto 2** ⟨fig.⟩ *Person, die Personen, Fahrzeugen od. Flugzeugen den Weg weist* □ **guia**, *Flug~* □ **controlador de voo**

lot|sen ⟨V. 500⟩ **1** ein **Schiff** ~ *als Lotse führen* □ **pilotar 2** ein **Flugzeug** ~ *vom Boden durch den Luftraum (an eine bestimmte Stelle) dirigieren* □ **controlar; orientar 3** ⟨511⟩ jmdn. od. ein **Fahrzeug** ~ *jmdm. den Weg weisen, indem man ihn begleitet, jmdm. helfen, den Weg durch ein unbekanntes od. unwegsames Gebiet zu finden* □ **orientar; conduzir 4** ⟨511⟩ jmdn. irgendwohin ~ ⟨fig.; umg.⟩ *als Lotse führen, mitnehmen, mitschleppen, verführen mitzugehen;* jmdn. mit ins Kino, mit zu Freunden ~ □ **conduzir; acompanhar**

Lot|te|rie ⟨f.; -, -n⟩ *staatliche od. private Auslosung von Gewinnen unter den Personen, die ein Los gekauft haben; Geld~, Waren~* □ **loteria; rifa**

Lot|to ⟨n.; -s, -s⟩ **1** *Gesellschaftsspiel für Kinder, bei dem jeder eine Anzahl von Kärtchen mit Zahlen od. Bildern vor sich hat, die er, wenn sie aufgerufen werden, zudecken kann, u. wer seine Karten zuerst zugedeckt hat, ist Sieger; Zahlen~, Bilder~* □ **jogo da memória 2** *eine Art Lotterie, bei der man mit einem bestimmten Einsatz auf die Zahlen wettet, von denen man glaubt, dass sie bei der Ziehung herauskommen werden* □ **loto**

Lö|we ⟨m.; -n, -n; Zool.⟩ *gelbbraune bis rötlich braune Großkatze, deren Männchen eine Mähne trägt: Panthera leo;* ~n und andere Raubtiere im Zoo bewundern; brüllen wie ein ~; wie ein gereizter ~ auf jmdn. losfahren; in die Höhle des ~n gehen □ **leão**

Lö|wen|an|teil ⟨m.; -(e)s⟩ *Hauptanteil* □ **parte do leão**

Lö|wen|zahn ⟨m.; -(e), -zäh|ne; Pl. nur scherzh.; Bot.⟩ *einer Gattung der Korbblütler angehörende, Milchsaft enthaltende Wiesenblume mit grob gezähnten Blättern u. goldgelbem Blütenkopf, deren Früchte mit einem „Fallschirm" aus Haaren ausgestattet sind: Taraxacum* □ **dente-de-leão**

loy|al auch: **lo|yal** ⟨[loaˈjaːl] Adj.; geh.⟩ **1** *staats-, regierungstreu;* ~e Truppen 1.1 *dem Vorgesetzten gegenüber pflichttreu* □ **leal 2** *rechtschaffen, anständig;* er verhält sich immer ~ gegenüber seiner geschiedenen Frau □ **com lealdade** 2.1 *vertragstreu, Vereinbarungen einhaltend;* ein ~er Geschäftspartner □ **leal**

Loy|a|li|tät auch: **Lo|ya|li|tät** ⟨[loaja-] f.; -; unz.⟩ *loyales Wesen, loyales Verhalten, Treue, Redlichkeit;* auf jmds. ~ vertrauen; zur ~ gegenüber seinem Vorgesetzten verpflichtet sein; dem Präsidenten die ~ erklären, zusichern □ **lealdade**

Luchs ⟨[luks] m.; -es, -e; Zool.⟩ **1** *hochbeinige Raubkatze mit kurzem Schwanz u. Haarpinseln an den Ohren: Lynx* □ **lince** 1.1 Augen wie ein ~ haben *scharfe, gute Augen* □ ***ter olhos de lince** 1.2 aufpassen wie ein ~ *scharf, gut aufpassen* □ ***prestar bastante atenção**

Lü|cke ⟨f.; -, -n⟩ **1** *(infolge eines fehlenden Stücks entstandener) Zwischenraum, Loch, Spalt, Öffnung;* eine ~ ausfüllen, füllen, schließen; hier klafft eine ~; eine

~ im Zaun ☐ **vão; abertura; fenda 2** *in einem System, Ganzen fehlender Teil, Auslassung;* eine ~ (im Text, in der Reihe) lassen **2.1** durch eine ~ des Gesetzes schlüpfen *der Strafe entgehen, da es für diesen Fall kein Gesetz gibt* ☐ **lacuna; brecha 2.2** sein Wissen hat große ~n *sein W. ist mangelhaft, er weiß sehr vieles nicht* ☐ **lacuna; falha 2.3** als er fortging, blieb eine ~ ⟨fig.⟩ *fehlte er den anderen sehr* ☐ **vazio**

Lü|cken|bü|ßer ⟨m.; -s, -⟩ *jmd., der die Stelle eines anderen einnehmen, der aushelfen muss, aber weniger gern gesehen od. weniger geeignet ist;* ich will nicht nur ~ sein; als ~ dienen ☐ **tapa-buraco**

Lu|der ⟨n.; -s, -⟩ **1** *leichtfertiges u. gewissenloses Mädchen od. Frau;* sie ist ein ~! ☐ **doida 1.1** dieses kleine ~! ⟨gemildert⟩ *durchtriebenes Mädchen* ☐ ***essa malandrinha! 2** armes ~ ⟨umg.⟩ *mittelloser Mensch* ☐ ***pobre coitado 3** (Jägerspr.) *Aas, Kadaver, totes Tier (zum Anlocken von Raubwild)* ☐ **carcaça; carniça**

Luft ⟨f.; -, Lüf|te; Pl. oft nur poet.⟩ **1** *Gasgemenge, das die Atmosphäre bildet;* Licht und ~ hereinlassen; die ~ flimmert vor Hitze; das Flugzeug, der Vogel erhob sich in die ~; der Vogel schwang sich in die Lüfte; einen Motor mit ~ kühlen; mit den Händen, Armen in der ~ herumfuchteln (verstärkend); vor Freude in die ~ springen ⟨a. fig.⟩ **2** *das uns unmittelbar umgebende Gasgemenge;* kalte, kühle, laue, milde, raue, warme ~; hier ist schlechte, verbrauchte ~; die ~ ist hier gut, klar, rein, würzig **2.1** (frische) ~ hereinlassen *Fenster od. Tür öffnen* ☐ **ar 2.2** seine Hände griffen in die ~ *fanden keinen Halt* ☐ ***suar mãos agarraram o vazio 2.3** zwischen Wand und Schrank etwas ~ lassen ⟨fig.⟩ *freien Raum, Abstand, Zwischenraum* ☐ **espaço; vão 3** (freie) ~ *das Freie;* du kommst zu wenig an die ~; draußen in freier ~ ☐ ***ar livre 3.1** an die (frische) ~ gehen *ins Freie gehen, spazieren gehen* **3.2** (frische) ~ schöpfen, schnappen *spazieren gehen, ins Freie treten* ☐ ***sair para passear/tomar ar 3.3** Betten, Kleider an die ~ hängen *auslüften* ☐ ***arejar as cobertas/as roupas 4** *leichter Wind, Luftzug;* die lauen Lüfte wehen ⟨poet.⟩ ☐ **vento; brisa 5** *Atem, Atmung;* der Kragen schnürt mir die ~ ab ☐ **ar; respiração**; keine ~ bekommen ☐ ***ficar sem ar**; bitte tief ~ holen! (Aufforderung des Arztes) ☐ ***por favor, respire fundo! 5.1** wieder ~ bekommen *wieder atmen können* ☐ ***voltar a respirar 5.2** nach ~ schnappen *rasch u. mühsam Atem holen* ☐ ***ofegar; arquejar 5.3** mir blieb vor Schreck, vor Überraschung die ~ weg ⟨fig.; umg.⟩ *ich war sprachlos* ☐ ***o susto/a surpresa me deixou sem fôlego 5.4** jmdn. die ~ abschnüren ⟨fig.; umg.⟩ *jmdn. wirtschaftlich ruinieren* ☐ ***arruinar alguém; levar alguém à falência 6** *die im Reifen eines Fahrzeuges befindliche komprimierte Luft(1);* ~ aufpumpen; die ~ aus dem Reifen herauslassen; die ~ nachsehen lassen ⟨umg.⟩ **6.1** der Schlauch hält keine ~ *der S. hat ein Loch, durch das die Luft entweicht* ☐ **ar 7** ⟨fig.⟩ **7.1** seinem Ärger, seinem Herzen ~ machen *über seinen Ä., eine wichtige Angelegenheit sprechen, sich aussprechen* ☐ ***descarregar sua raiva; desabafar; abrir seu coração 7.2** jetzt hab' ich wieder etwas ~ *nicht mehr so viel zu arbeiten* ☐ ***agora posso voltar a respirar; agora estou com mais tempo 7.3** na, jetzt wird ja schon etwas ~! ⟨umg.⟩ *jetzt lichtet sich das Durcheinander, jetzt wird schon etwas Ordnung* ☐ ***agora as coisas estão entrando nos eixos! 7.4** die ~ ist rein *niemand horcht, es ist niemand in der Nähe, der das Vorhaben vereiteln könnte* ☐ **está limpo/tranquilo 7.5** sie leben von ~ u. Liebe *sie brauchen sehr wenig u. sind sehr verliebt* ☐ ***viver de amor e uma cabana 7.6** du kannst schließlich nicht von der ~ leben *du brauchst Geld, einen Beruf, musst dir den Lebensunterhalt verdienen* ☐ ***não dá para você viver de brisa 7.7** jmd. ist für jmdn. ~ *wird von jmdm. überhaupt nicht beachtet, ist für ihn uninteressant* ☐ ***não significar nada para alguém 7.8** das ist aus der ~ gegriffen *erfunden, unwahr* ☐ ***isso é mentira/coisa inventada 7.8.1** der Vorwurf ist (völlig) aus der ~ gegriffen *(völlig) unbegründet* ☐ ***a crítica é (totalmente) infundada 7.9** in die ~ gehen **7.9.1** *explodieren* ☐ **ir para os ares; explodir 7.9.2** ⟨umg.⟩ *zornig, wütend werden, sich sehr aufregen;* das ist zum in die ~ gehen ☐ ***isso é para fazer qualquer um explodir de raiva 7.10** die Sache hängt noch in der ~ *ist noch nicht entschieden, hat noch keine Grundlage* ☐ ***a questão ainda está em suspenso 7.11** ich hänge gerade in der ~ *ich habe augenblicklich keine feste Existenzgrundlage* ☐ ***no momento estou numa situação incerta/provisória 7.12** ich könnte ihn in der ~ zerreißen! ⟨umg.; scherzh.⟩ *ich bin wütend auf ihn* ☐ ***eu seria capaz de arrebentar a cara dele! 7.13** jmdn. an die ~ setzen ⟨umg.⟩ *jmdm. kündigen, jmdn. hinauswerfen* ☐ ***colocar alguém no olho da rua 7.14** es liegt etwas in der ~ *es droht etwas* ☐ ***há algo no ar**

Luft|bal|lon ⟨[-lɔ̃] od. [-lɔŋ] süddt., österr., schweiz. a. [-lo:n] m.; -s, -s (süddt., österr., schweiz. a.) -e⟩ *mit Gas gefüllter Ballon aus dünnem Gummi als Kinderspielzeug oder zur Dekoration* ☐ **bexiga; balão**

Luft|druck ⟨m.; -(e)s; unz.⟩ **1** (Phys.) *Druck der Luft, hervorgerufen durch den Druck, den die atmosphärische Luft mit ihrer Schwerkraft auf die unteren Luftschichten ausübt* **2** *Druck der Luft in einem geschlossenen Behälter (in einem Reifen, Ballon o. Ä.)* **3** *durch eine Explosion entstandene Druckwelle* ☐ **pressão atmosférica**

lüf|ten ⟨V.⟩ **1** ⟨400⟩ *Durchzug schaffen, frische Luft zuführen* **2** ⟨500⟩ etwas ~ *der Luft aussetzen, Luft eindringen lassen in etwas;* Zimmer, Betten, Decken, Kleider ~ ☐ **arejar; ventilar 3** ⟨500⟩ etwas ~ *leicht anheben;* den Topfdeckel ~ ☐ ***levantar um pouco 3.1** ein Geheimnis ~ ⟨fig.⟩ *preisgeben, bekanntmachen* ☐ **espalhar; revelar**

Luft|fahrt ⟨f.; -; unz.⟩ *planmäßige Fortbewegung, Verkehr mit Flugzeugen* ☐ **aviação; aeronáutica**

luf|tig ⟨Adj.⟩ **1** *so beschaffen, dass von allen Seiten Luft u. Wind herankann* ☐ **arejado; ventilado**; in ~er Höhe ☐ ***nas alturas 2** *leicht, dünn, luftdurchlässig;* ein ~es Gewebe, Kleid ☐ **leve; vaporoso**

Luft|post ⟨f.; -; unz.⟩ *Post, die mit einem Flugzeug befördert wird (bes. nach Übersee)* ☐ **correio aéreo;**

Luftraum

~brief ☐ *carta por via aérea; einen Brief mit ~ schicken ☐*mandar uma carta via aérea

Luft|raum ⟨m.; -(e)s, -räu|me⟩ *der über der Erde befindliche, mit Luft erfüllte Raum, der zum Hoheitsgebiet eines Staates zählt* ☐ espaço aéreo

Luft|röh|re ⟨f.; -, -n; Anat.⟩ *Atmungsweg des Menschen u. der lungenatmenden Wirbeltiere vom Kehlkopf abwärts in die Lunge: Trachea* ☐ traqueia

Luft|schloss ⟨n.; -es, -schlös|ser; fig.⟩ **1** *Wunschvorstellung, Gegenstand od. Zustand, den man sich ersehnt, erträumt* **1.1** *Luftschlösser bauen undurchführbare Pläne machen, sich große Hoffnungen machen, die kaum erfüllt werden* ☐ castelo no ar

Lug ⟨m.; -(e)s; unz.⟩ *~ und Trug Lüge, Betrug u. Täuschung; seine Versprechungen waren nur ~ u. Trug* ☐ *pura mentira

Lü|ge ⟨f.; -, -n⟩ **1** *absichtlich falsche Aussage, Aussage zur bewussten Täuschung anderer; jmdn. der ~ beschuldigen, verdächtigen; es ist alles ~ (was er sagt)!; dreiste, freche, plumpe, unverschämte ~; jmdn. bei einer ~ ertappen; sich in ~n verstricken* **1.1** *~n haben kurze Beine* (Sprichw.) *L. werden bald erkannt* **1.2** *die ~ steht dir auf der Stirn geschrieben man sieht dir an, dass du lügst* ☐ mentira **1.3** *jmdn. ~n strafen jmdm. nachweisen, dass er gelogen hat; er behauptet, es gehe ihm gut, aber sein schlechtes Aussehen straft ihn,* (od.) *seine Worte ~n; seine Verlegenheit strafte seine Worte ~n* ☐ *desmentir alguém

lu|gen ⟨V. 410⟩ **1** *vorsichtig, aber aufmerksam, scharf (nach etwas) schauen, sehen; durch die Gardinen ~; über den Zaun ~; um die Hausecke ~* ☐ espreitar; espiar **2** *vorsichtig hervorschauen; die ersten grünen Spitzen ~ schon aus der Erde* ☐ despontar

lü|gen ⟨V. 181/400⟩ **1** *das Gegenteil der Wahrheit sagen, absichtlich Unwahres sagen, um andere zu täuschen; „...!", log sie; ich müsste ~, wenn ich sagen wollte, dass es mir nicht gut, dass es mir schlecht geht; wer einmal lügt, dem glaubt man nicht, und wenn er auch die Wahrheit spricht* (Sprichw.) ☐ mentir **1.1** *das ist gelogen!* (umg.) *das ist nicht wahr!* ☐ *isso é mentira!* **1.2** (413) *er lügt wie gedruckt stark, unverschämt* **1.3** (413) *er lügt, dass sich die Balken biegen* (fig.; scherzh.) *er lügt unverschämt* ☐ *ele mente descaradamente/na maior cara de pau

Lü|gen|bold ⟨m.; -(e)s, -e; veraltet; nur noch scherzh.⟩ *Person, die unverfroren u. häufig lügt* ☐ cara de pau; caradura

Lüg|ner ⟨m.; -s, -⟩ *jmd., der lügt; er ist ein hinterhältiger, gemeiner ~* ☐ mentiroso

Lüg|ne|rin ⟨f.; -, -rin|nen⟩ *weibl. Lügner* ☐ mentirosa

Lu|ke ⟨f.; -, -n⟩ **1** *sehr kleines Fenster;* Boden~, Dach~ ☐ lucarna; trapeira **2** *kleine Öffnung zum Einbringen u. Herausholen von Ladung;* Lade~ ☐ portinhola; escotilha

lu|kra|tiv *auch:* **luk|ra|tiv** ⟨Adj.⟩ *Gewinn bringend, einträglich; ~e Beschäftigung* ☐ lucrativo

lu|kul|lisch ⟨Adj. 24; geh.; meist scherzh.⟩ *sehr schmackhaft u. üppig (von Speisen); ein ~es Mahl* ☐ lucúleo

lul|len ⟨V. 511⟩ *jmdn. in den Schlaf ~ leise, eintönig in den S. singen; ein Kind in (den) Schlaf ~* ☐ ninar; embalar; acalentar

Lüm|mel ⟨m.; -s, -; umg.⟩ *ungezogener, grober, frecher Mensch, Flegel* ☐ malcriado; grosseirão

Lump¹ ⟨m.; -en, -en⟩ **1** *heruntergekommener, unehrenhafter, gesinnungs-, charakterloser Mensch* ☐ mau-caráter; canalha **2** ⟨umg.⟩ *Schlingel, Schelm; du kleiner ~!* ☐ *seu moleque!

Lump² ⟨m.; -en, -en⟩ *ein Meeresfisch* ☐ lumpo

Lum|pen ⟨Pl.⟩ **1** *Fetzen, zerrissene Kleidung; Papier aus ~ herstellen; in ~ gehüllt sein* ☐ farrapo; trapo **2** ⟨oberdt.⟩ *Scheuerlappen* ☐ esfregão

Lum|pen|ge|sin|del ⟨n.; -s; unz.; abwertend⟩ *ehrloses, hergelaufenes Volk, Pack* ☐ canalha; corja; cambada

lum|pig ⟨Adj.⟩ **1** *wie ein Lump, gemein; eine ~e Gesinnung, Tat* ☐ mau; ruim; vil **2** ⟨umg.⟩ *geringfügig, nicht viel wert* ☐ *mísero

lu|nar ⟨Adj. 24/60⟩ *den Mond betreffend, zu ihm gehörig, von ihm ausgehend; ~e Gesteinsbrocken* ☐ lunar

Lun|ge ⟨f.; -, -n; Biol.; Med.⟩ **1** *das Atmungsorgan des Menschen u. der Luft atmenden Wirbeltiere: Pulmo; aus voller ~ schreien* **1.1** *eine gute ~ haben* ⟨fig.⟩ **1.1.1** *laut schreien können* **1.1.2** *lange schnell laufen können* ☐ pulmão **1.2** *jmd. hat es auf, mit der ~* ⟨umg.⟩ *ist lungenkrank* ☐ *sofrer dos pulmões; estar com tuberculose; ~n-Tbc* ☐ *tuberculose **1.3** *auf ~ rauchen den Rauch einatmen, inhalieren* ☐ *inalar/engolir a fumaça do cigarro* **1.4** *sich (nach jmdm.) die ~ aus dem Halse rufen, schreien* ⟨fig.; umg.⟩ *sehr laut schreien, sehr lange nach jmdm. rufen* ☐ *gritar a plenos pulmões;* → a. eisern(1.6), grün(1.8)

lun|gern ⟨V. 411; umg.⟩ *sich müßig herumtreiben, faul herumstehen; vor dem Kino lungert ein Angetrunkener* ☐ vadiar; vagabundear

Lun|te ⟨f.; -, -n⟩ **1** *mit einer Bleioxidlösung getränkte Hanfschnur, die langsam glimmt u. die eine Sprengladung entzünden soll* ☐ rastilho; mecha **1.1** *~ riechen* ⟨fig.; umg.⟩ *merken, was los ist, eine Gefahr spüren, Verdacht schöpfen* ☐ *sentir cheiro de perigo no ar* **2** ⟨Textilw.⟩ *noch nicht fertig gesponnenes (u. gedrehtes) Garn* ☐ mecha **3** ⟨Jägerspr.⟩ *Schwanz (bei Fuchs u. Marder)* ☐ cauda

Lu|pe ⟨f.; -, -n⟩ **1** *Sammellinse für meist 8- bis 25fache Vergrößerung* ☐ lupa **2** *etwas od. jmdn. unter die ~ nehmen* ⟨a. fig.⟩ *genau betrachten od. prüfen* ☐ *examinar alguém ou alguma coisa de perto; escrutar alguém ou alguma coisa*

lup|fen ⟨V. 500; süddt., österr., schweiz.⟩ = lüpfen

lüp|fen ⟨V. 500⟩ *etwas ~ lüften, leicht anheben, ein Hochheben andeuten* ☐ levantar; oV lupfen; den Hut ~ ☐ tirar; ein Geheimnis ~ ⟨fig.⟩ ☐ revelar

Lu|pi|ne ⟨f.; -, -n; Bot.⟩ *Angehörige einer Gattung der Schmetterlingsblütler mit gefingerten Blättern u. mehrfarbigen (meist blauvioletten) traubenartigen Blütenständen, als Futter-, Gründüngungs- od. Zierpflanze angebaut: Lupinus* ☐ lupino

Lurch ⟨m.; -(e)s, -e⟩ *= Amphibie*

Lust ⟨f.; -, Lüs|te⟩ **1** ⟨unz.⟩ *Gefühl des Wohlbehagens, Wohlgefallen, Freude, Genuss, Gefallen (an etwas);* Lebens~; ~ empfinden, verspüren; es ist eine (wahre) ~ zu sehen, wie ... ◻ alegria; prazer; da kann einem ja die, (od.) alle ~ vergehen ◻ *(isso) é de tirar a vontade/o interesse de qualquer um*; etwas mit, ohne ~ und Liebe tun ◻ *fazer alguma coisa com/sem entusiasmo/satisfação* 1.1 ~ und Liebe zu einer Sache haben *eine S. gern tun* ◻ *ter prazer em fazer alguma coisa* **2** ⟨unz.⟩ *Neigung, Verlangen, Bedürfnis nach etwas, das Freude bereitet;* ~ (zu etwas) haben, verspüren; ich habe große, keine, viel, wenig ~ dazu; ~ zu einem Beruf, zu einer Tätigkeit haben ◻ vontade; eine böse ~ überkam ihn (sie zu kränken o. Ä.) ◻ *ele foi tomado pelo desejo/pela tentação (de magoá-la)*; je nach ~ und Laune ◻ *dependendo do humor* 2.1 ich habe ~ auf ein Stück Kuchen ⟨umg.⟩ *Appetit* 2.2 ich habe keine ~! *ich mag nicht, will nicht* ◻ vontade 2.3 das kannst du machen wie du ~ hast *wie du willst* ◻ *você pode fazer isso como quiser* 2.4 er kann warten, solange er ~ hat ⟨umg.⟩ ◻ *ele pode esperar o quanto quiser* **3** *sinnliche, sexuelle Begierde, geschlechtliches Empfinden;* ~ empfinden; seiner ~ nachgeben; er ist ein Sklave seiner Lüste **4** *Erfüllung geschlechtlicher Begierden, Wollust, sexueller Genuss* ◻ desejo; concupiscência

Lüs|ter ⟨m.; -s, -⟩ **1** *Kronleuchter; Kristall~* ◻ lustre **2** *glänzender Überzug auf Keramikwaren* ◻ verniz **3** *glänzendes Halbwollgewebe in Leinwandbindung* ◻ lustrina

lüs|tern ⟨Adj.⟩ **1** *stark sinnlich, geschlechtlich gereizt, sexuell erregt* ◻ lascivo; libidinoso **2** ~ nach etwas sein *großen Appetit auf etwas haben* ◻ *cobiçar alguma coisa*

lus|tig ⟨Adj.⟩ **1** *in fröhlicher Stimmung befindlich, vergnügt, ausgelassen;* eine ~e Gesellschaft; ~e Streiche aushecken; „...!", hier ist es ~; dort geht es ~ her, zu; ein ~es Fest ◻ alegre; divertido **2** ein Mensch ist ~ *ist zum Lachen u. Fröhlichsein geneigt, bringt die Leute immer zum Lachen;* ein ~er Clown ◻ divertido; engraçado 2.1 ⟨60⟩ ~e Person *der Hanswurst (im frühen dt. Theater)* ◻ *personagem cômico*; bufão **3** etwas ist ~ *unterhaltend, heiter, erzeugt eine vergnügte Stimmung;* eine ~e Geschichte; ein ~er Film ◻ divertido 3.1 das kann ja ~ werden! ⟨iron.⟩ *schlimm werden* ◻ *isso vai dar o que falar!* **4** ⟨fig.⟩ 4.1 das ist ~! *komisch, merkwürdig* ◻ engraçado; curioso 4.2 immer ~! *munter los! vorwärts!* ◻ *ânimo!; coragem!* 4.3 ~ drauflos ⟨umg.⟩ *munter, ohne Bedenken drauflos* ◻ *sem pensar; com a cara e a coragem* 4.4 das kannst du machen, solange du ~ bist ⟨umg.; verballhornt aus⟩ *solange du Lust hast* ◻ *você pode fazer isso enquanto tiver vontade* 4.5 ⟨55⟩ sich über etwas od. jmdn. ~ machen *über etwas od. jmdn. spotten, jmdn. auslachen;* er hat sich über mich ~ gemacht ◻ *fazer gozação de alguém; zombar de alguém*

Lust|spiel ⟨n.; -(e)s, -e; Theat.⟩ *heiteres, humorvolles Theaterstück* ◻ comédia; → a. *Komödie*

lust|wan|deln ⟨V. 400 od. 410; poet.⟩ *spazieren gehen* ◻ passear

lut|schen ⟨V.⟩ **1** ⟨500⟩ etwas ~ *im Mund zergehen, schmelzen lassen;* ein Bonbon ~ ◻ *deixar derreter na boca* **2** ⟨411⟩ an etwas ~ *an etwas saugen;* am Daumen ~ ◻ *chupar alguma coisa*

Luv ⟨f.; -; unz; Mar.⟩ *die dem Wind zugewandte Seite, Luvseite;* Ggs *Lee* ◻ barlavento

Lux ⟨n.; -, -; Zeichen: lx; Phys.⟩ *Maßeinheit der Beleuchtungsstärke* ◻ lux

lu|xu|ri|ös ⟨Adj.⟩ *verschwenderisch, prunkhaft, kostspielig, mit großem Luxus (ausgestattet);* ein ~es Hotelzimmer; ~ leben ◻ luxuoso; com luxo

Lu|xus ⟨m.; -; unz.⟩ *kostspieliger, den normalen Lebensstandard überschreitender Aufwand, Verschwendung, Prunk* ◻ luxo

Lu|zer|ne ⟨f.; -, -n; Bot.⟩ *Angehörige einer Gattung der Schmetterlingsblütler, bis 80 cm hohe Futterpflanze mit blauen Blüten, Blaue ~: Alfalfa* ◻ alfafa

lu|zid ⟨Adj.; geh.⟩ *klar, einleuchtend, verständlich;* ~e Erklärungen ◻ lúcido; claro

Lym|phe ⟨f.; -, -n⟩ **1** *Gewebsflüssigkeit* ◻ linfa **2** *der aus der Lymphe(1) von Kuh od. Kalb gewonnene Impfstoff gegen Pocken* ◻ vacina

lyn|chen ⟨V. 500⟩ jmdn. ~ *ungesetzlich richten u. töten* ◻ linchar

Ly|ra ⟨f.; -, Ly|ren; Mus.⟩ **1** *altgriechisches Zupfinstrument* **2** *in Militärkapellen verwendetes Glockenspiel* ◻ lira

Ly|rik ⟨f.; -; unz.; Lit.⟩ *Dichtung(sart) im Rhythmus, oft mit Reim u. in Versen u. Strophen, die Gefühle, Gedanken, inneres od. äußeres Erleben, Stimmung usw. des Dichters selbst ausdrückt* ◻ (poesia) lírica; *Gedanken~* ◻ *poesia filosófica*

ly|risch ⟨Adj.⟩ **1** ⟨24⟩ *die Lyrik betreffend, zu ihr gehörig, auf ihr beruhend;* ~e Dichtung **2** ⟨fig.⟩ *stimmungsvoll, gefühlvoll;* ~e Stimmung; ein ~er Anblick ◻ lírico

Ly|ze|um ⟨n.; -s, -ze|en; veraltet⟩ **1** ⟨früher; allg.⟩ *höhere Mädchenschule* ◻ liceu feminino **2** ⟨heute; schweiz.⟩ *Oberstufe des Gymnasiums* ◻ classes superiores do ensino médio

Maar ⟨n.; -(e)s, -e; Geol.⟩ *mit Wasser gefüllte trichterförmige Vertiefung vulkanischen Ursprungs* □ maar

Maat ⟨m.; -(e)s, -e od. m.; -(e)s, -en; Mar.⟩ *Unteroffizier in der Marine* □ terceiro-sargento

ma|chen ⟨V.⟩ **1** ⟨500⟩ etwas ~ *schaffen, erzeugen, hervorbringen, herstellen;* das macht Appetit, Hunger, Durst □ dar; großes, viel Geschrei ~; Krach, Lärm ~; Musik ~; Schulden ~ □ fazer 1.1 Licht, Feuer ~ *anzünden* □ acender 1.2 Geld ~ ⟨a. fig.; umg.⟩ *viel u. leicht G. verdienen* □ fazer; ganhar 1.3 er hat (sich) damit ein Vermögen gemacht ⟨umg.⟩ *verdient, zusammengebracht* □ fazer; adquirir 1.4 ich weiß nicht, was ich daraus ~ soll ⟨a. fig.; umg.⟩ *ich verstehe es nicht, ich weiß nicht, was ich davon denken soll* □ pensar 1.5 mach dir nichts daraus! *nimm es nicht zu schwer, lass dir die Stimmung dadurch nicht verderben!* □ *não se amofine por isso!; não dê importância a isso! 1.6 ⟨Part. Perf.⟩ gemacht *künstlich hervorgebracht, gespielt, vorgetäuscht;* seine Empörung war nur gemacht; gemachter Ernst, Zorn □ fingido; de mentira 1.7 *zeigen;* er machte ein erstauntes Gesicht □ *ele fez uma cara de espanto; gute Miene zum bösen Spiel ~ ⟨fig.⟩ □ *fazer das tripas coração; sie macht ihm schöne Augen ⟨fig.⟩ □ *ela estava paquerando; ela estava flertando com ele 1.8 etwas ~ lassen *zur Herstellung in Auftrag geben;* jmdm. od. sich ein Kleid ~ lassen □ *mandar fazer alguma coisa; encomendar alguma coisa **2** ⟨500⟩ etwas ~ *tun, mit etwas beschäftigt sein;* ich kann ~, was ich will, ich bringe es nicht fertig; was machst du heute Abend?; was machst du da?; ich weiß nicht, was ich ~ soll □ fazer; einen Schritt ~ □ *dar um passo 2.1 was soll ich denn nur ~? *ich weiß mir keinen Rat* □ fazer 2.2 ⟨410⟩ mach nicht so lange! ⟨umg.⟩ *bleib nicht so lange, lass mich nicht zu lange warten* □ *não demore! 2.3 ⟨512⟩ jmd. od. eine Sache wird es nicht mehr lange ~ ⟨umg.⟩ *jmd. wird bald sterben, eine Sache wird bald nicht mehr funktionieren* □ *alguém ou alguma coisa não vai aguentar muito tempo; alguém ou alguma coisa vai pifar logo 2.4 das macht man doch nicht! ⟨umg.⟩ *das gehört sich nicht!* □ *isso não se faz! 2.5 ⟨517⟩ mit mir könnt ihr's ja ~! ⟨umg.⟩ *ich lasse mir ja allerlei gefallen! (wenn man geneckt wird)* □ *não ligo!; não levo a sério! **3** ⟨500⟩ etwas ~ *ausführen, durchführen, zustande bringen;* einen Ausflug, Spaziergang, eine Wanderung ~; ein Experiment ~; Schularbeiten, Aufgaben ~; wie soll ich's denn nur ~?; zeig ihm, wie er es ~ soll!; etwas gut,

schlecht, falsch, richtig, schön ~; so macht man das! □ fazer; mach's/machs gut! *(Formel beim Verabschieden)* ⟨umg.⟩ □ *fique bem!; tudo de bom! 3.1 wenn es sich ~ lässt *wenn es möglich ist* □ *se for possível; se der 3.2 das wird sich (nicht) ~ lassen *das wird (nicht) möglich sein* □ *(não) vai dar; (não) será possível 3.3 die Sache will gemacht sein *die S. braucht ihre Zeit, sie will erarbeitet sein* □ *a coisa/questão precisa de tempo 3.4 einen guten Kauf ~ *etwas günstig kaufen* □ fazer 3.5 wie man's macht, macht man's falsch! ⟨umg.⟩ *es ist schwer, es ihm, ihr, allen recht zu machen* □ *não dá para agradar gregos e troianos!; é difícil acertar! 3.6 ~ wir! ⟨umg.⟩ *wir erledigen das!* □ *deixe conosco 3.7 lass mich nur ~! ⟨umg.⟩ *ich werde das schon in Ordnung bringen!* □ *deixe comigo! 3.8 ⟨513⟩ nun mach mal halblang! ⟨umg.⟩ *stell dich nicht so an! übertreib nicht so!* □ *não exagere! 3.9 jmdn. ~ ⟨umg.⟩ *jmdn. spielen, als jmd. dienen;* ich mache den Dolmetscher; immer macht er den Hanswurst □ fazer; bancar 3.10 ⟨800⟩ in etwas ~ ⟨umg.; meist abschätzig⟩ *handeln, sich beschäftigen mit etwas;* er macht in Schmuck, Pelzen, in Kunst ~ □ *lidar/trabalhar com alguma coisa 3.10.1 in Aktien ~ *sein Geld in Aktien anlegen* □ *investir em ações 3.11 ein gemachter **Mann** *erfolgreicher, zu Wohlstand gekommener M.* □ *um homem bem-sucedido **4** ⟨500⟩ etwas ~ *bewirken, veranlassen* 4.1 das macht das Wetter *das kommt vom W.* □ provocar; causar 4.2 ⟨513/Vr 7⟩ ⟨jmdn. od. etwas⟩ ... ~ *bewirken, dass jmd. od. etwas ... ist, ... werden lassen;* jmdn. gesund ~/gesundmachen □ *curar alguém; jmdn. ärgerlich, eifersüchtig, froh, glücklich, lächerlich, unglücklich, zornig ~ □ deixar; sich schön ~/schönmachen; fein ~/feinmachen □ *arrumar-se; ficar bonito/elegante; sich bemerkbar, verständlich ~ □ *fazer-se notar; fazer-se compreender; sich (bei jmdm.) beliebt, unbeliebt, verhasst ~ □ *fazer-se amado/malquisto/odiado; ~ Sie sich's bequem □ *fique à vontade; etwas sauber ~/saubermachen, schmutzig ~ □ *limpar/sujar alguma coisa; jmdm. etwas leicht ~/leichtmachen, schwer ~/schwermachen □ *facilitar/dificultar alguma coisa para alguém; das macht die Sache ja nur schlimmer □ *isso só piora as coisas; das viele Herumstehen macht müde □ *ficar muito tempo parado cansa 4.2.1 ich will es kurz ~/kurzmachen *mich kurz fassen* □ *serei breve 4.2.2 ⟨513/Vr 3⟩ mach dich nicht schlechter, besser, als du bist! *erwecke nicht den Anschein, du seist schlechter, besser, als es tatsächlich der Fall ist!* □ *não queria parecer pior/melhor do que você é! 4.3 ⟨570⟩ jmdn. od. etwas ... ~ *bewirken, dass jmd. od. etwas etwas tut;* jmdn. lachen, weinen ~ □ fazer 4.4 ⟨503⟩ ⟨jmdm. od. einer **Sache**⟩ etwas ~ *verursachen, erregen, bewirken, dass jmd. od. etwas etwas hat;* jmdm. Angst, Hoffnung, Mut ~; jmdm. Sorgen, Kummer, Ärger ~; eine solche Steigung macht jedem Auto Schwierigkeiten; das macht viel Arbeit, viel Mühe □ dar; causar; jmdm. Platz ~ □ dar; ceder; einer Sache ein Ende ~ □ dar; jmdm. (viel) zu schaffen ~ □ *dar (muito) trabalho a alguém 4.4.1 das macht nichts *das stört nicht, ist nicht schlimm* □ *não tem problema; não faz mal* 4.5 ⟨550⟩ jmdn. zu etwas ~ *ernennen, ausbilden, erziehen;* jmdn. zum Abteilungsleiter ~; jmdn. zu einem Künstler ~; jmdn. zu einem anständigen Menschen ~ □ *fazer de alguém alguma coisa* 4.6 ⟨550⟩ etwas zu etwas ~ *etwas in etwas umwandeln* 4.6.1 Möbel, Papiere, Grundbesitz zu Geld ~ *verkaufen* □ *transformar alguma coisa em outra* 4.7 *ändern;* da ist nichts zu ~ □ *não há o que fazer nesse caso* 4.7.1 was soll man ~? *man kann es nicht ändern* □ *o que se há de fazer?* 5 ⟨500⟩ etwas ~ *in Ordnung bringen, aufräumen;* er macht sein Bett, Zimmer □ *fazer; arrumar* 5.1 ich lasse den Wagen in der Werkstatt ~ *reparieren* □ *consertar* 5.2 ⟨530/Vr 5 od. Vr 8⟩ jmdn. das Haar ~ *frisieren, ordnen* □ *fazer; ajeitar* 5.3 die Wohnung ~ lassen *vorrichten, tünchen bzw. tapezieren lassen* □ **arrumar; reformar** 6 ⟨500⟩ etwas macht etwas ⟨umg.⟩ *hat etwas als Ergebnis beim Rechnen;* drei mal drei macht neun 7 ⟨500⟩ etwas macht etwas ⟨umg.⟩ *kostet etwas;* was macht es?; das macht im Ganzen, zusammen 15 Euro □ **dar; ser** 8 ⟨411; umg.⟩ *die Harnblase, den Darm entleeren;* ins Bett, in die Hose ~ □ **fazer** 9 ⟨500⟩ den Anfang ~ *der Erste sein* □ *ser o primeiro;* **começar** 9.1 ⟨550⟩ den Anfang mit etwas ~ *anfangen* □ *começar com alguma coisa* 10 ⟨400⟩ sich beeilen, mach doch!, nun mach (aber)!; mach, dass du nach Hause kommst! □ *ir logo; apressar-se* 10.1 mach, dass du fortkommst! *geh!, ich will dich nicht mehr sehen!* □ *vá embora!; saia da minha frente!* 11 ⟨500⟩ was macht jmd. od. etwas? ⟨umg.⟩ *wie befindet sich ...?* 11.1 was macht Ihr Sohn? *wie geht es Ihrem S.?* 11.2 was macht dein Magen? *hast du noch Beschwerden mit dem M.?* □ **estar; ir** 12 ⟨535/Vr 1⟩ sich etwas zu eigen ~ *aneignen* □ *apropriar-se de alguma coisa* 13 ⟨534/Vr 1⟩ sich etwas aus etwas ~ *etwas schätzen, gern haben* 13.1 ich mache mir nicht viel, nichts aus ihm, ihr *ich kann ihn, sie nicht bes. gut leiden* □ **gostar de** 13.2 ich mache mir nichts daraus *ich tue, mag es nicht besonders gern* □ *não sou muito fã disso* 14 ⟨550/Vr 3⟩ sich an etwas ~ *mit etwas beginnen;* sich an die Arbeit ~ □ *começar/pôr-se a trabalhar* 15 ⟨511/Vr 3⟩ sich auf den Weg ~ *weg-, fortgehen (zu einem bestimmten Ziel)* □ *pôr-se a caminho* 16 ⟨513/Vr 3⟩ sich (gut) ~ ⟨umg.⟩ *Fortschritte machen, passen;* er macht sich jetzt (in der Schule) recht gut □ *progredir; ir bem;* wie geht's?, Danke, es macht sich! □ *como vai? obrigada, vou indo;* das Bild macht sich gut an dieser Stelle; die Brosche macht sich hübsch auf dem Kleid □ **ficar bem/bonito** 17 ⟨550⟩ etwas macht sich ~ *sich in ein gutes Licht setzen;* sie versteht leider nicht, etwas aus sich zu ~ □ *valorizar-se*

Ma|chen|schaf|ten ⟨Pl.⟩ *Intrigen, Ränke, geheime Abmachungen;* dunkle, üble ~; sie durchschaute seine ~ nicht □ **intriga; trama**

Ma|cher ⟨m.; -s, -⟩ 1 *Anstifter, Leiter, Drahtzieher;* er war der ~ □ **autor; promotor;** Programm ~ □ *programador* 2 *tatkräftiger, durchsetzungsfähiger Mensch* □ **pessoa decidida/de ação**

Ma|che|te ⟨a. [-tʃɛ-] f.; -, -n⟩ *langes, gebogenes Buschmesser* □ **machete**

Ma|cho ⟨a.[-tʃo:] m.; -s, -s; umg.⟩ *Mann, der seine männlichen Eigenschaften in übertriebener Weise betont;* er benimmt sich wie ein ~ □ **machão**

Macht ⟨f.; -, Mäch|te⟩ 1 ⟨unz.⟩ *Herrschaft, Gewalt, Befehlsgewalt;* über etwas od. jmdn. ~ haben; ~ ausüben; seine ~ missbrauchen; zur ~ gelangen, kommen; an die ~ kommen; die ~ haben, etwas zu tun, anzuordnen, zu verhindern; die ~ der herabstürzenden Wassermassen war so groß, dass ...; die ~ der Krankheit, des Fiebers ist gebrochen 1.1 das steht nicht in meiner ~ *das kann ich nicht tun* 1.2 geistliche ~ *Herrschaft der kath. Kirche* 1.2.1 *kath. Kirche* 1.3 weltliche ~ *Gewalt, Herrschaft des Staates, der Staaten* □ **poder** 2 ⟨unz.⟩ *Kraft, Stärke;* die ~ seiner Persönlichkeit; mit aller ~; die ~ des Geldes, der Liebe; die ~ der Gewohnheit 2.1 die ~ des Schicksals *die Unabwendbarkeit* □ **força** 3 *einflussreicher, politisch u. wirtschaftlich kraftvoller Staat;* Groß~; Welt~; das Zusammenwirken aller verbündeten Mächte □ **potência** 4 ⟨Volksglauben⟩ *außerirdische Kraft, Wesen;* mit bösen Mächten im Bunde stehen; himmlische, höllische Mächte □ **força;** → a. *Wehrmacht*

mäch|tig ⟨Adj.⟩ 1 *große Macht besitzend, kraftvoll, einflussreich;* ein ~er Herrscher □ **poderoso;** eine ~e Stimme □ **potente** 2 ⟨70⟩ einer Sache ~ sein *etwas können, verstehen;* einer Sprache ~ sein 2.1 seiner selbst, seiner Sinne, Kräfte, Sprache ~ sein *sich, seine Sinne, K., S. beherrschen, in der Gewalt haben;* er war seiner Sinne kaum noch ~ □ *dominar alguma coisa* 3 *wuchtig, massig;* ein ~er Bau; eine ~e Gestalt □ **imponente; de vulto** 4 ⟨70; umg.⟩ *sehr groß, gewaltig;* ~es Glück, ~en Dusel haben; ~en Hunger haben; wenn du das tust, gibt es ein ~es Donnerwetter, einen ~en Krach □ **enorme** 5 ⟨50; umg.⟩ *sehr, ungemein;* ich freue mich ~; es hat ~ geschneit; ~ groß, stark, viel; ich bin ~ neugierig, gespannt; ~ wütend sein □ **muito; para valer**

macht|los ⟨Adj.⟩ *ohne Macht, keine Macht besitzend, nicht in der Lage od. befugt zu handeln, schwach, unfähig,* er war völlig ~ in dieser Situation; die Lehrerin war ~ □ **impotente**

Macht|stel|lung ⟨f.; -, -en⟩ 1 *auf Macht beruhende Stellung;* die ~ eines Staates 2 *sehr einflussreiche Stellung;* eine ~ innehaben; seine ~ verteidigen □ **posição de poder**

Mäd|chen ⟨n.; -s, -⟩ 1 *Kind, junge Person weiblichen Geschlechts;* Jungen und ~; ein junges, hübsches ~; ein kleines ~ □ **menina; moça** 2 ⟨veraltet⟩ *Angestellte für Hausarbeit;* Zimmer~; als es klingelte, ging das ~ an die Tür □ **empregada; criada** 2.1 ~ für alles 2.1.1 *Hausangestellte* □ **empregada** 2.1.2 ⟨fig.; scherzh.⟩ *jmd., der alles tun muss und auch alles kann* □ *pau para toda obra* 3 ⟨umg.; veraltet⟩ *Freundin, Geliebte;* er kam mit seinem ~ □ **namorada**

Mäd|chen|na|me ⟨m.; -ns, -n⟩ 1 *Vorname für Mädchen;* Tatjana ist ein russischer ~ □ **nome de menina** 2 *Fa-*

milienname der Frau vor ihrer Ehe; nach der Scheidung hat sie wieder ihren ~n angenommen □ **nome de solteira**

Ma|de ⟨f.; -, -n⟩ **1** *weiße od. fleischfarbige, wurmartige Larve von Insekten, die frei im Wasser od. minierend in lebender od. toter Substanz lebt;* die Himbeeren sind von ~n zerfressen; das Fleisch wimmelte von ~n **2** ⟨Zool.⟩ *Larve ohne Gliedmaßen u. Kopfkapsel, z. B. der Fliegen, Bienen usw.;* Fliegen~ □ **verme; larva**

ma|dig ⟨Adj.⟩ *von Maden od. von einer Made befallen;* ein ~er Apfel; der Käse ist ~ □ **bichado**

ma|dig|ma|chen ⟨V. 500/Vr 7 od. Vr 8⟩ **1** *etwas od. jmdn. ~* ⟨fig.; umg.⟩ *schlechtmachen, herabsetzen* □ ***depreciar/menosprezar alguma coisa ou alguém** 1.1 jmdm. etwas ~ *zu verleiden suchen;* er wollte mir den Besuch ~ □ ***tentar tirar de alguém o prazer com alguma coisa**

Ma|don|na ⟨f.; -, -don|nen⟩ *die Jungfrau Maria, Muttergottes* □ **madona; Nossa Senhora**

Ma|dri|gal *auch:* **Mad|ri|gal** ⟨n.; -s, -e⟩ *lyrisch-musische Form der (italienischen) Schäferdichtung* □ **madrigal**

Ma|es|tro *auch:* **Ma|est|ro** ⟨[-ɛs-] m.; -s, -s od. -ɛs|tri⟩ *großer Meister, bedeutender Künstler* □ **mestre**

Maf|fia ⟨f.; -; unz.⟩ = *Mafia*

Ma|fia ⟨f.; -; unz.⟩ *einflussreiche, erpresserische Geheimorganisation (bes. in Italien)* □ **máfia**

Ma|ga|zin ⟨n.; -s, -e⟩ **1** *Vorratsraum, Vorratshaus, Lagerraum, Lagerhaus* □ **depósito; armazém 2** *Raum zum Aufbewahren der Bücher einer Bibliothek* □ **arquivo; depósito 3** *Kammer bei Mehrlade-Handfeuerwaffen, die die Patronen aufnimmt;* Gewehr~ □ **carregador 4** *meist bebilderte Zeitschrift;* Auto~ □ **revista 5** ⟨Rundfunk, Fernsehen⟩ *Sendung über wichtige Ereignisse od. aktuelle Fragen, geleitet von einem Moderator u. z. T. mit Musik aufgelockert* □ **programa de reportagens**

Magd ⟨f.; -, Mäg|de⟩ **1** *weibliche Arbeitskraft für grobe Arbeiten;* Dienst~, Küchen~ **2** *Landarbeiterin, Arbeiterin beim Bauern;* eine junge, fleißige ~; sie dient als ~ □ **empregada 3** ⟨poet.; veraltet⟩ *Jungfrau;* Maria, die reine ~ □ **virgem**

Ma|gen ⟨m.; -s, Mä|gen od. -; Anat.⟩ **1** *mehr od. weniger erweiterter Teil des Darmkanals der höheren Tiere u. des Menschen, der Verdauungsfunktionen hat: Ventriculus, Gaster* □ **estômago**; die Arznei auf nüchternen ~ einnehmen □ ***tomar o remédio em jejum**; sich den ~ ausheben, auspumpen lassen □ ***fazer uma lavagem estomacal**; sich den ~ verderben □ ***ter uma indigestão**; der Aal liegt mir (schwer) im ~ □ ***a enguia está pesando em meu estômago**; die Sache liegt mir (schwer) im ~ ⟨fig.⟩ □ ***essa questão está atravessada na minha garganta**; jede Aufregung schlägt sich mir auf den ~ □ ***toda inquietação me ataca o estômago**; mir knurrt der ~ ⟨a. fig.⟩ □ ***meu estômago está roncando**; lieber den ~ verrenkt als dem Wirt was geschenkt ⟨umg.; scherzh.⟩ □ ***é melhor se fartar de comer do que deixar comida no prato** 1.1 einen guten ~ haben *alle Speisen vertragen können* 1.2 einen schwachen ~ haben *leicht mit Ma-* genbeschwerden zu tun haben 1.3 nichts im ~ haben *lange nichts gegessen haben, nüchtern sein* □ **estômago** 1.4 und das auf nüchternen ~! ⟨fig.; umg.⟩ *auch das noch!, das fehlte gerade noch!* □ ***só faltava essa!**; → a. *Auge(7.3)* 1.5 Liebe geht durch den ~ ⟨Sprichw.⟩ *man gewinnt (erhält) sich die Liebe von jmdm., wenn man ihm etwas Gutes zu essen kocht* □ ***o amor passa pelo estômago** 1.6 jmdm. dreht sich der ~ (her)um ⟨fig.; umg.⟩ *jmdm. wird es schlecht, jmd. muss erbrechen* □ ***estar com o estômago revirado**

Ma|gen|pfört|ner ⟨m.; -s, -; Anat.⟩ *ringförmiger Muskel am Magenausgang, der die Öffnung zwischen dem oberen Teil des Dünndarms u. dem Magen schließen kann: Pylorus* □ **piloro**

Ma|gen|saft ⟨m.; -(e)s, -säf|te; Med.⟩ *die im Magen ausgeschiedene, zur Verdauung benötigte Flüssigkeit (Salzsäure, Pepsin u. a. Fermente)* □ **suco gástrico**

ma|ger ⟨Adj.⟩ **1** *dünn, dürr, knochig;* eine ~e Person, Gestalt; ein ~es Gesicht; sie hat ~e Hände; er ist ~ geworden; ein ~es Pferd, Schwein 1.1 *arm an Fett;* ~es Fleisch; die Kost ist zu ~ □ **magro 2** ⟨fig.; umg.⟩ *dürftig, kärglich;* eine ~e Ernte, Mahlzeit, Küche; ein ~es Programm; das Ergebnis der Untersuchungen war ~; er lebt immer recht ~ □ **pobre; escasso 3** ⟨70; fig.; geh.⟩ *wenig fruchtbar, von geringem Ertrag;* ~er Boden; die Felder hier sind ~ □ **estéril; árido**

Ma|gie ⟨f.; -; unz.⟩ **1** *Beschwörung von geheimnisvollen Kräften, Zauberkunst, Zauberei* 1.1 schwarze ~ *Beschwörung böser Geister zu unheilvollem Tun* 1.2 weiße ~ *Beschwörung guter Geister zu segensreichem Tun* □ **magia**

Ma|gi|er ⟨m.; -s, -⟩ *jmd., der die Magie beherrscht, Zauberer* □ **mago**

Ma|gi|e|rin ⟨f.; -, -rin|nen⟩ *weibl. Magier* □ **maga**

ma|gisch ⟨Adj. 24⟩ **1** *zur Magie gehörig, auf ihr beruhend, mit ihrer Hilfe* **2** ~es Quadrat *Q., das schachbrettartig in Felder mit Zahlen geteilt ist, deren Summe waagerecht, senkrecht u. diagonal jeweils gleich ist* **3** ~es Auge ⟨Rundfunk; früher⟩ *Abstimmanzeigeröhre* **4** ~e Zahlen ⟨Kernphysik⟩ *die empirisch besonders ausgezeichneten Protonen- bzw. Neutronenzahlen 2, 8, 20, 28, 50, 82, 126 (Atomkerne, die so viele Protonen od. Neutronen enthalten, sind besonders stabil)* □ **mágico 5** *von etwas ~ angezogen werden* ⟨fig.⟩ *sehr stark, unwiderstehlich; mit ~er Gewalt angezogen werden* □ ***ser irresistivelmente atraído por alguma coisa**

Ma|gis|ter ⟨m.; -s, -⟩ **1** *akademischer Grad* □ **bacharelado** 1.1 ~ artium ⟨seit 1960 in der Bundesrepublik Dtschld.; Abk.: M.A.⟩ *Universitätsabschluss in geisteswissenschaftlichen Fächern* □ ***bacharelado em ciências humanas** 1.2 ⟨österr.⟩ *akademischer Grad, entspricht dem dt. Diplom* □ **bacharelado** 1.2.1 *akademischer Grad der Pharmazeuten (als Titel u. Anrede)* □ **bacharel(ado) em farmácia**

Ma|gis|trat¹ *auch:* **Ma|gist|rat¹** ⟨m.; -(e)s, -e⟩ **1** ⟨im antiken Rom⟩ *hoher Beamter* □ **magistrado** 1.1 *öffentliches Amt* □ **cargo público 2** ⟨heute⟩ *Stadtverwaltung* □ **municipalidade**

Ma|gis|trat² auch: **Ma|gist|rat²** 〈m.; -en, -en; schweiz.〉 Mitglied der Regierung, Inhaber eines öffentlichen Amtes □ **membro do governo**

Mag|ma 〈n.; -s, Mag|men〉 glühend heiße vulkanische Masse, die sich auf die Erdoberfläche ergießt u. beim Erkalten zu Gestein wird □ **magma**

♦ Die Buchstabenfolge **ma|gn...** kann in Fremdwörtern auch **mag|n...** getrennt werden.

♦ **Ma|gne|si|um** 〈n.; -s; unz.; chem. Zeichen: Mg〉 chem. Element, ein silberweißes, zweiwertiges Leichtmetall, Ordnungszahl 12 □ **magnésio**

♦ **Ma|gnet** 〈m.; -en, -en〉 **1** natürlicher ferromagnetischer Stoff; Permanent~, Dauer~ **2** stromdurchflossene Spule mit Eisenkern; Elektro~ **3** 〈fig.〉 anziehende Sache od. Person; diese Stadt zieht die Reisenden an wie ein ~ □ **magneto; ímã**

♦ **Ma|gno|lie** 〈[-ljə] f.; -, -n; Bot.〉 (als Ziersträucher u. -bäume beliebte) Angehörige einer Gattung der Magnoliengewächse mit endständigen, oft sehr großen Blüten: Magnolia; Tulpen~~ □ **magnólia**

Mahd¹ 〈f.; -, -en〉 **1** das Mähen **2** das Gemähte □ **ceifa 3** Heuernte □ **fenação; colheita do feno**

Mahd² 〈n.; -(e)s, Mäh|der; österr.; schweiz.〉 Bergwiese □ **prado na montanha**

mä|hen¹ 〈V. 500〉 **1** Gras, Getreide ~ mit Sichel, Sense od. Maschine abschneiden; Roggen, Klee ~ □ **ceifar; segar 1.1** eine Wiese ~ das Gras einer W. schneiden □ ***cortar a grama de um prado**

mä|hen² 〈V. 400〉 das Schaf mäht 〈umg.〉 schreit mäh □ **balar; balir**

Mahl¹ 〈n.; -(e)s, Mäh|ler od. -e〉 Essen, Mahlzeit; Fest~, Gast~, Mittags~; ein bescheidenes, einfaches, reichliches, üppiges ~; beim ~(e) sitzen 〈poet.〉 □ **refeição**

Mahl² 〈n.; -(e)s, -e〉 germanische Gerichtsverhandlung □ **audiência/julgamento no direito germânico**

mah|len 〈V. 182〉 **1** 〈500〉 etwas ~ einen festen Stoff sehr klein od. pulverförmig zerkleinern, zerreiben; Getreide, Kaffee, Pfeffer, Salpeter ~; Mehl fein ~/feinmahlen, grob ~/grobmahlen; er ließ den Weizen in der Mühle ~; die Mühle mahlt langsam; der Müller mahlt nicht mehr □ **moer**; gemahlener Kaffee, gemahlene Muskatnuss □ **moído 1.1** wer zuerst kommt, mahlt zuerst 〈Sprichw.〉 wer zuerst kommt, hat das Vorrecht □ ***quem chegar primeiro leva 2** 〈400〉 die Räder ~ (im Sand, Schlamm) drehen sich, ohne den Wagen vorwärtszubringen, greifen nicht □ **patinhar**

Mahl|zeit 〈f.; -, -en〉 **1** 〈zu bestimmter Zeit eingenommene〉 Speise od. Speisenfolge, Essen, Mahl; eine ~ einnehmen; drei ~en am Tage; eine einfache, reichliche ~; eine Arznei nach, vor der ~ einzunehmen □ **refeição**; (gesegnete) ~! (Wunschformel bei Beginn u. Ende der Mahlzeit) □ ***bom apetite!** **2** prost ~! 〈fig.; umg.〉 das ist ja eine schöne Bescherung!, das kann ja schlimm werden □ ***que maravilha!; estamos bem arranjados!**

Mäh|ne 〈f.; -, -n〉 **1** meist anhaltend wachsender, nicht periodischer Haarwuchs am Kopf, Hals bis Schultern u. Bauch, vorwiegend bei männlichen Säugetieren; die ~ des Löwen; das Pferd hat eine lange ~ □ **juba; crina 2** 〈fig.; umg.〉 langes (ungeordnetes) Haar; er schüttelte beim Tanzen seine ~ □ **cabeleira; juba**

mah|nen 〈V. 500 od. 400〉 **1** (jmdn) ~ mit Nachdruck auffordern; „Beeil dich!", mahnte sie; jmdn. ~, etwas nicht zu vergessen; die Uhr mahnt uns zu gehen; lass dich nicht immer ~! □ **advertir; admoestar**; ein ~der Blick, ~des Wort □ **de advertência**; ~d den Finger heben □ ***admoestar com o dedo em riste 1.1** etwas ~d sagen leicht drängend □ ***dizer alguma coisa em tom de advertência 1.2** jmdn. (wegen etwas) ~ eindringlich daran erinnern, dass etwas fällig ist □ **advertir; notificar**; → a. monieren(2) **1.2.1** jmdn. wegen einer Schuld ~ auffordern, seine S. (endlich) zu zahlen □ **solicitar 1.3** 〈550〉 jmdn. an jmdn. od. etwas ~ 〈geh.〉 erinnern; er mahnt mich an einen alten Freund; jmdn. an eine Pflicht, Schuld, ein Versprechen ~ □ **lembrar**

Mahn|mal 〈n.; -(e)s, -e〉 Denkmal als mahnendes Erinnerungszeichen; ein ~ für die gefallenen Soldaten □ **memorial**

Mah|nung 〈f.; -, -en〉 **1** 〈unz.〉 das Mahnen, Gemahntwerden **2** mahnender Satz, mahnende Äußerung; das war eine dringende ~; eine ~ aussprechen, überhören **3** eindringliche (schriftliche od. mündliche) Erinnerung, etwas Fälliges zu erledigen, Mahnbrief; eine ~ von der Bücherei erhalten **4** mahnende Erinnerung, Gedenken; eine Rede zur ~ an die Folgen des Krieges □ **advertência**

Mäh|re 〈f.; -, -n〉 altes, abgearbeitetes, schlechtes Pferd □ **pangaré**

Mai 〈m.; - od. -(e)s, -e〉 **1** fünfter Monat des Jahres **1.1** Erster ~ Weltfeiertag der Arbeiter □ **maio 2** des Lebens ~ 〈fig.; geh.〉 Zeit der Jugend, der jungen Liebe □ ***a primavera da vida**

Mai|glöck|chen 〈n.; -s, -; Bot.〉 zu der Familie der Liliengewächse gehörende, giftige Pflanze mit zwei einander scheidenartig umfassenden Blättern u. überhängenden, weißen, wohlriechenden u. in nach einer Seite gewendeten Trauben stehenden Blüten: Convallaria majalis; ein Strauß ~ □ **lírio-do-vale**

Mai|kä|fer 〈m.; -s, -; Zool.〉 zu der Gattung der Laubkäfer gehörender Schädling, dessen Larven (Engerlinge) sich im Boden entwickeln u. als Käfer an die Oberfläche kommen: Melolontha; ~ surren durch die Luft □ **besouro**

mai|len 〈[mɛi-] V. 402; EDV〉 jmdm. (etwas) ~ jmdm. eine elektronische Nachricht über das Internet od. ein anderes elektronisches Netzwerk zuschicken; er hat mir seine Zusage bereits gemailt; eine Information an alle Mitarbeiter ~ □ **mandar por e-mail**

Mai|ling 〈[mɛi-] n.; -s, -s; EDV〉 **1** Versand von Werbung durch die Post □ **mala direta**

Mais 〈m.; -es; unz.; Bot.〉 bis 3 m hohe, zu den Süßgräsern gehörende, aus Amerika stammende Getreidepflanze: Zea mays □ **milho**

Ma|jes|tät ⟨f.; -, -en⟩ **1** ⟨unz.⟩ *Hoheit, Erhabenheit* **2** ⟨unz.⟩ *(Titel für) Kaiser, König;* Euer, Eure ~ (Anrede) ⟨Abk.: Ew. M.⟩; Ihre ~ ⟨Abk.: I. M.⟩; Seine ~ ⟨Abk.: S(e). M.⟩ **3** *der Kaiser od. König* 3.1 *die ~en das kaiserliche od. königliche Paar* □ **majestade**

ma|jes|tä|tisch ⟨Adj.⟩ *erhaben, hoheitsvoll, würdevoll, gemessen* □ **majestoso**

Ma|jo|nä|se ⟨f.; -, -n⟩ *pikante, kalte, dickflüssige Soße aus Eigelb, Öl, Essig u. Salz;* oV *Mayonnaise* □ **maionese**

Ma|jor ⟨m.; -s, -e⟩ **1** ⟨unz.⟩ *unterster Dienstgrad der Stabsoffiziere* **2** *Offizier im Rang eines Majors(1)* □ **major**

Ma|jo|ran ⟨a. [´---] m.; -s, -e; Bot.⟩ **1** *als Gewürzpflanze verwendete Gattung der Lippenblütler: Majorana hortensis* □ **manjerona** 1.1 *Wilder ~ = Origano*

Ma|jo|ri|tät ⟨f.; -, -en⟩ *Stimmenmehrheit, Mehrzahl;* Ggs *Minorität;* die ~ *stimmte für den Antrag;* ~sbeschluss □ **maioria**

ma|ka|ber ⟨Adj.⟩ **1** *an den Tod erinnernd, totenähnlich, grausig u. düster;* ein makabrer Anblick **2** *mit dem Tod, dem Schrecklichen, Traurigen spaßend;* ein makabrer Scherz □ **macabro**

Ma|kel ⟨m.; -s, -⟩ **1** *bleibender körperlicher od. moralischer Mangel, Fehler;* etwas ist ohne ~; an ihr ist kein ~ **2** *Schande, Schandfleck;* etwas als ~ empfinden; mit einem ~ behaftet sein □ **mácula**

mä|keln ⟨V. 800; umg.; abwertend⟩ **an etwas od. jmdm. ~** *nörgeln, mit etwas od. jmdm. nicht zufrieden sein (bes. beim Essen);* er hat immer, an allem etwas zu ~; am Wein, am Essen ~ □ **criticar alguma coisa ou alguém;* **achar defeito em alguma coisa ou alguém**

Make-up ⟨[meɪkʌp] n.; -s, -s⟩ **1** *Aufmachung mit kosmetischen Mitteln* **2** *kosmetische Creme zum Tönen u. Glätten der Gesichtshaut;* ein ~ auflegen, auftragen □ **maquiagem**

Mak|ka|ro|ni ⟨Pl.; umg. a. f.; -, -⟩ *lange, röhrenförmige Teigware* □ **macarrão**

Mak|ler ⟨m.; -s, -⟩ **1** *Vermittler für Kauf u. Verkauf von Waren, Effekten, Grundstücken;* Börsen~; Grundstücks~; eine Wohnung durch den ~ kaufen, mieten □ **corretor 2** *ehrlicher ~* ⟨fig.⟩ *jmd., der in einer Sache ohne eigenen Vorteil vermittelt* □ **mediador**

Mak|le|rin ⟨f.; -, -rin|nen⟩ *weibl. Makler* □ **corretora; mediadora**

♦ Die Buchstabenfolge **ma|kr...** kann in Fremdwörtern auch **mak|r...** getrennt werden.

♦ **Ma|kre|le** ⟨f.; -, -n; Zool.⟩ *als Speisefisch beliebter, bis 50 cm langer Meeresfisch mit zahlreichen blauen Querstreifen am Rücken: Scomber scombrus* □ **cavala**

♦ **ma|kro..., Ma|kro...** ⟨in Zus.⟩ *besonders lang, groß, umfangreich;* Ggs *mikro..., Mikro...;* Makroanalyse, Makroaufnahme, makroskopisch

♦ **Ma|kro|ne** ⟨f.; -, -n⟩ *(auf Oblaten gebackenes) rundes Kleingebäck aus Mandeln, Haselnüssen od. Kokosflocken u. Zucker, Eiweiß u. Mehl* □ **Makrone**

Ma|ku|la|tur ⟨f.; -, -en⟩ **1** *schadhafte od. fehlerhafte Druckerzeugnisse* **2** *Altpapier* □ **maculatura 3** ⟨fig.⟩ *etwas, das keine Gültigkeit mehr besitzt, das verworfen wurde;* die Beschlüsse sind schon wieder ~ □ **as resoluções já estão caducas;* **as resoluções já perderam a validade** 3.1 ~ *reden* ⟨umg.⟩ *dummes Zeug* □ **bobagem**

mal 1 ⟨Konj.; Zeichen: x, ·⟩ *vervielfältigt, malgenommen, multipliziert mit;* zwei ~ drei ist sechs □ **vezes 2** ⟨Partikel; umg.⟩ *einmal(2-4);* ~ so, ~ anders □ **ora;** ich bin schon ~ dort gewesen □ **uma vez;** schreib bald ~!; komm ~ her!; es ist nun ~ so! □ **Ø;** er hat sich nicht ~ entschuldigt □ **ele nem se desculpou*

Mal¹ ⟨n.; -(e)s, -e od. Mä|ler⟩ **1** *Fleck;* Mutter~ □ **sinal de nascença;* ein ~ auf der Schulter, Wange haben; ein blaues, feuriges, leuchtendes, rotes ~ □ **marca; sinal 2** *Gedenkstein, Monument;* Denk~; Mahn~ □ **monumento; memorial 3** *Zeichen, Grenzstein, Grenzpfahl* □ **marco; delimitação** 3.1 ⟨Sp.⟩ *besonders gekennzeichneter Punkt (im Schlagballspiel)* □ **base; meta**

Mal² ⟨n.; -(e)s, -e⟩ **1** *ein Zeitpunkt von mehreren, Wiederholung von Ähnlichem zu verschiedenen Zeitpunkten* 1.1 *ich komme ein anderes ~ zu einem anderen Zeitpunkt* □ **vez** 1.2 *es gefällt mir von ~ zu ~ besser, weniger* mit jeder Wiederholung □ **agrada-me cada vez mais/menos* 1.3 *heute blieb er zum ersten ~ ganz allein im Haus er blieb allein im Haus, was zuvor noch nicht geschehen war* 1.4 *das vorige ~ hat unsere Mannschaft die Meisterschaft gewonnen unsere Mannschaft hat die vorige M. gewonnen* □ **vez** 1.5 *mit einem ~(e) plötzlich* □ **de repente* 1.6 *manch liebes ~ oft* □ **com frequência* 1.7 *zu wiederholten ~en mehrmals, oft* □ **várias/repetidas vezes* 1.8 *das eine od. andere ~ manchmal, hin u. wieder* □ **às vezes;* **vez por outra** 1.9 *ein ums, übers andere ~, ein ~ ums andere jedes zweite Mal* □ **a cada duas vezes* 1.10 *ein für alle ~ für immer* □ **de uma vez por todas*

...mal ⟨in Zus.⟩ *eine bestimmte Anzahl von Malen wiederholt;* zweimal, zehnmal ⟨in Ziffern⟩ **2-Mal, 10-Mal**

Ma|lai|se ⟨[-lɛːz(ə)] f.; -, -n; schweiz., österr.: n.; -s, -s⟩ = *Maläse*

Ma|la|ria ⟨f.; -; unz.; Med.⟩ *Infektionskrankheit, die durch im Blut schmarotzende einzellige Lebewesen hervorgerufen wird* □ **malária**

Ma|lä|se ⟨f.; -, -n; schweiz., österr.: n.; -s, -s; geh.⟩ *(moralisches od. politisches) Unbehagen, Übelkeit, Missstand;* oV *Malaise* □ **mal-estar**

ma|len ⟨V. 402/Vr 7 od. Vr 8⟩ **1** *mit Pinsel u. Farbe künstlerisch tätig sein;* er malt, wenn er sich entspannen will; nach der Natur, nach dem Leben ~; auf Glas, Holz, Leinwand, Papier ~; in Öl, Pastell, Wasserfarben ~ □ **pintar; retratar** 1.1 *es war ein Anblick zum Malen köstlicher, komischer A.* □ **foi muito engraçado* 1.2 *ein Bild ~ mit Pinsel u. Farbe hervorbringen, schaffen;* ein Ölgemälde, ein Aquarell ~; das ist wie gemalt □ **pintar** 1.3 *jmdn. od. etwas ~ mit*

Pinsel u. Farbe im Bild darstellen; eine Landschaft, ein Kind ~ ☐ pintar; retratar; → a. Teufel(1.5) 1.4 ⟨513⟩ eine **Sache** ... ~ ⟨fig.⟩ schildern, lebendig, anschaulich beschreiben; eine Landschaft, Stadt in den leuchtendsten Farben ~ **2** etwas ~ mit Farbe bestreichen, anstreichen; eine Tür, Wand ~ ☐ **pintar 3** Buchstaben, Zahlen ~ langsam u. sorgfältig aufzeichnen, schreiben ☐ **desenhar 4** Lippen, Augenbrauen ~ schminken; rot gemalte Lippen ☐ **pintar; maquiar**

Ma|ler ⟨m.; -s, -⟩ **1** jmd., der Bilder malt, Kunstmaler; Hof~, Ikonen~, Porträt~, Landschafts~; ein bekannter, bedeutender, berühmter ~; ein italienischer, deutscher ~ aus dem 16. Jh. **2** Handwerker, der etwas mit Farbe anstreicht; wir hatten heute den ~ im Haus; den ~ bestellen ☐ **pintor**

Ma|le|rei ⟨f.; -, -en⟩ **1** ⟨unz.⟩ die Kunst zu malen, Gemälde hervorzubringen; Aquarell~, Glas~, Tafel~; ~ auf Glas, Holz, Leinwand; ~ in Öl, Pastell, Tempera **2** ⟨unz.⟩ Gesamtheit der Gemälde eines Volkes, einer Zeit; die ~ der Gotik, Renaissance, Romantik; abstrakte, surrealistische ~; alte, moderne ~; deutsche, englische, italienische ~ **3** gemaltes Bild, Gemälde; an den Wänden waren schöne ~en zu sehen ☐ **pintura**

Ma|le|rin ⟨f.; -, -rin|nen⟩ weibl. Maler ☐ **pintora**

ma|le|risch ⟨Adj.⟩ **1** die Malerei betreffend, zu ihr gehörig, auf ihr beruhend ☐ **pictórico 2** die Farbigkeit betonend, aus der Farbe entwickelt, mit weichen, fließenden Übergängen ☐ **colorido 3** so hübsch, reizvoll, dass man es malen möchte, abwechslungs-, nuancenreich; ein ~es Fleckchen Erde; ein Umzug in ~en Kostümen; das Haus, der Ort liegt sehr ~ in Berge u. Wiesen eingebettet ☐ **pitoresco**

Mal|heur ⟨[malø:r] n.; -s, -e od. -s⟩ Unglück, Ungeschick, peinliches Vorkommnis; dem Kind ist ein ~ passiert; es hat ein ~ gegeben ☐ **infortúnio**

...ma|lig ⟨Adj.; in Zus.⟩ eine bestimmte Anzahl von Malen geschehend, wiederholt; dreimalig, mehrmalig

mal|men ⟨V. 400⟩ die Backenzähne langsam aufeinanderreiben, um Futter zu zerkleinern (von Weidetieren); die Kühe standen ~d im Stall ☐ **mastigar; mascar**

mal|neh|men ⟨V. 189/516⟩ eine Zahl mit einer anderen Zahl ~ = multiplizieren; 3 mit 5 ~; 3 mit 5 malgenommen, ergibt 15 ☐ **multiplicar**

mal|trä|tie|ren auch: **malt|rä|tie|ren** ⟨V. 500⟩ jmdn., ein Tier od. etwas ~ misshandeln, quälen; diese Musik maltrātiert meine Ohren ☐ **maltratar**

Ma|lus ⟨m.; - od. -ses, - od. -se⟩ Ggs Bonus **1** ⟨Wirtsch.⟩ zusätzlicher Versicherungsbeitrag bei wiederholt auftretenden Schadensfällen ☐ **prêmio adicional; sobreprêmio de seguro 2** ⟨Schule; Sp.⟩ als Ausgleich vergebener Punktenachteil ☐ **desconto**

Malz ⟨n.; -es; unz.⟩ nur bis zu bestimmtem Grad angekeimtes Getreide (meist Gerste, auch Roggen und Weizen), das beim Malzen erst zum Quellen eingeweicht u. nach einer Zeit des Keimens wieder getrocknet (gedarrt) wird ☐ **malte**; → a. Hopfen(2.1)

Ma|ma ⟨a. ['--] f.; -, -s; umg.⟩ Mutter ☐ **mamãe**

Mam|mut ⟨n.; -s, -s od. -e⟩ fossile eiszeitliche Elefantenart: Mammonteus primigenius ☐ **mamute**

man[1] ⟨Indefinitpron.⟩ **1** die Leute, Menschen, manche Leute; das kann ~ wirklich nicht behaupten, sagen ☐ **se**; ~ sagt (allgemein) ... ☐ *****dizem... 2** jedermann, jeder; ~ muss arbeiten ☐ *****é preciso trabalhar**; von hier kann ~ das Schloss schon sehen ☐ *****daqui já dá para ver o castelo**; ~ nehme: ... (in alten Kochrezepten) ☐ *****pegue-se... 3** (irgend) jemand, einer; still, wenn ~ uns hörte, ...! ☐ *****quieto, se nos ouvirem...!**; wenn ~ hier vorbeigeht, dann sieht ~ ... ☐ *****passando por aqui, é possível ver...**; wenn ~ bedenkt, wie ... ☐ *****quando se pensa como...**; ~ braucht nur daran zu denken, wie ... ☐ *****basta pensar em como... 3.1** ~ kann nie wissen (wozu es gut ist)! niemand, keiner kann wissen ...! ☐ *****nunca dá para saber (para que serve)! 4** jmd., der einem Standard genügen will **4.1** diese Farbe, diesen Schnitt trägt ~ nicht mehr diese F., dieser S. ist nicht mehr modern ☐ *****não se usa mais essa cor/esse corte 4.2** so etwas tut ~ nicht tut ein wohlerzogener Mensch nicht ☐ *****não se faz uma coisa dessas**

man[2] ⟨Adv.; umg.; norddt.⟩ **1** nur; tu das ~ bloß nicht!; der soll ~ ruhig kommen; aber ~ schnell! **2** = mal(2); na, denn ~ los! ☐ ∅

Ma|nage|ment ⟨[mænɪdʒmənt] n.; -s, -s⟩ **1** Unternehmensführung, Leitung eines (Groß-)Unternehmens ☐ **gestão; administração 2** Gesamtheit der Führungskräfte eines Unternehmens ☐ **administração; diretoria**

Ma|na|ger ⟨[mænɪdʒə(r)] m.; -s, -⟩ **1** ~ eines Unternehmens Leiter ☐ **diretor 2** ~ eines Berufssportlers od. Künstlers Betreuer ☐ **empresário 3** jmd., der eine Sache vorbereitet u. durchführt ☐ **organizador; realizador**

manch ⟨Indefinitpron. 10⟩ **1** der, die, das eine od. andere, hier u. da, ab u. zu einer, eine, eines; ~ einer denkt, er könnte ...; ~ böses Wort; ~ guter Vorsatz; ~er glaubt, er könnte ... ☐ **algum(a); um(a) 2** (so) ~ Personen od. etwas in größerer Anzahl ☐ *****um bom número de 2.1** so ~ einer etliche ☐ *****alguns 2.2** so ~es Mal oft ☐ *****várias/muitas vezes 2.3** ich habe so ~es Buch darüber gelesen ziemlich viele Bücher ☐ **muitos 2.4** ich habe Ihnen ~es zu erzählen einiges, mancherlei ☐ **várias coisas 2.5** ~ liebes Mal manchmal, oft ☐ *****várias/muitas vezes 2.6** ⟨Pl.⟩ einige, etliche, leidlich viele; ~e sind doch so vernünftig einzusehen, dass ...; ~e Leute glauben ...; ~e sind schon vorher wieder gegangen; ~e von uns, von ihnen ☐ **alguns; algumas**

man|cher|lei ⟨Indefinitpron.; indeklinabel; attr. od. substantivisch⟩ allerlei, einiges, einige Dinge; ~ Dinge; ich habe noch ~ zu tun ☐ **várias coisas**

manch|mal ⟨Adv.⟩ **1** einige Male, von Zeit zu Zeit, ab u. zu, hin u. wieder; gehst du oft hin? ~!; er kommt ~ zu mir; ~ möchte man glauben, es sei ...; ich habe schon ~ gedacht, man müsste ...; ich bin schon ~ dort gewesen ☐ **às vezes; algumas vezes**

Man|dant ⟨m.; -en, -en⟩ jmd., der ein Mandat erteilt hat, Klient (eines Rechtsanwalts); einen ~en gut,

Mandantin

schlecht vertreten □ **comitente; cliente (de advogado)**

Man|dan|tin ⟨f.; -, -tin|nen⟩ *weibl. Mandant* □ **comitente; cliente (de advogado)**

Man|da|ri|ne ⟨f.; -, -n⟩ **1** *zu den Zitrusgewächsen gehörender Strauch od. kleiner Baum mit kugelförmigen, an den Polen abgeflachten Früchten: Citrus nobilis* □ **tangerina; tangerineira 2** *Frucht der Mandarine(1)* □ **tangerina**

Man|dat ⟨n.; -(e)s, -e⟩ **1** *Auftrag zur Ausführung einer Angelegenheit;* ~ *für einen Rechtsanwalt;* ~ *der Wähler für einen Abgeordneten* □ **mandado 2** *auf Wahl beruhendes Amt;* ~ *eines Abgeordneten* □ **mandato 3** *von einem Staat verwaltetes Gebiet od. verwalteter Staat* □ **território sob mandato**

Man|del[1] ⟨f.; -, -n; veraltet⟩ **1** *altes Mengenmaß, 15 od. 16 Stück; eine* ~ *Eier* **2** *15 od. 16 Getreidegarben* □ **quinzena**

Man|del[2] ⟨f.; -, -n⟩ **1** *Frucht des Mandelbaums; bittere, süße* ~*n; gebrannte* ~*n;* ~*n schälen, hacken, essen* □ **amêndoa 2** ⟨Anat.⟩ *mandelförmiges (paariges) Organ aus Bindegewebe in den Nischen der Gaumenbögen (Gaumenmandel) u. am Dach des Rachens (Rachenmandel): Tonsilla; sich die* ~*n herausnehmen lassen; entzündete, gerötete, geschwollene, eitrige, vereiterte* ~*n; einen Belag auf den* ~*n haben* **3** ⟨Geol.⟩ *blasiger Hohlraum in vulkan. Gesteinen, der mit Mineralien gefüllt ist, die von außen nach innen gewachsen sind* □ **amígdala**

Man|do|li|ne ⟨f.; -, -n; Mus.⟩ *Zupfinstrument mit vier Saiten u. einem mandelförmigen Resonanzkörper* □ **bandolim**

Ma|ne|ge ⟨[-ʒə] f.; -, -n⟩ **1** *Reitbahn in einer Halle* □ **picadeiro; pista 2** *Platz für die Darbietungen im Zirkus; Sy Arena(3)* □ **arena; picadeiro**

Man|gel[1] ⟨f.; -, -n⟩ *Maschine zum Glätten der Wäsche, die dabei durch zwei gefederte Walzen hindurchgepresst od. auf eine Rolle aufgerollt unter einem schweren Kasten hindurchgeführt wird; die Wäsche zur* ~ *bringen* □ **calandra**

Man|gel[2] ⟨m.; -s, Män|gel⟩ **1** ⟨unz.⟩ ~ **(an)** *Knappheit (an), Fehlen (von); ein empfindlicher* ~ *an Niederschlägen bedroht die Ernte;* ~ *an Arbeitskräften, Facharbeitern;* ~ *an Ausdauer, Erfahrung, Erziehung, Mut, Selbstvertrauen, Verständnis;* ~ *an Vitaminen; der Angeklagte wurde aus* ~ *an Beweisen freigesprochen; daran ist kein* ~ □ **falta; insuficiência 1.1** *Armut, Entbehrung, Not;* ~ *empfinden, fühlen, leiden* □ **carência; escassez 2** *Fehler, Unzulänglichkeit; einem* ~ *abhelfen; Mängel aufweisen, beanstanden, beseitigen, feststellen; bauliche Mängel an einem Gebäude feststellen; charakterliche Mängel haben; über kleine Mängel hinwegsehen* □ **defeito; falha**

man|gel|haft ⟨Adj.⟩ **1** *mit Mängeln behaftet, ungenügend; nur* ~*es Deutsch sprechen* □ **insuficiente; imperfeito;** → *Note(2.5)* **2** *unvollständig, unvollkommen;* ~*e Durchblutung* □ **insuficiente; deficiente**

man|geln[1] ⟨V. 500⟩ **Wäsche** ~ *durch Druck (u. Dampf) glätten; die Betttücher müssen noch gemangelt werden* □ **calandrar**

man|geln[2] ⟨V. 403 od. 800 unpersönl.⟩ **etwas** *mangelt* **(jmdm.) od. es mangelt (jmdm.) an etwas** *etwas Notwendiges fehlt (jmdm.), etwas ist nicht genügend vorhanden; ihm mangelt die Einsicht, der Mut, die Vernunft; mangelnde Verantwortung, Aufmerksamkeit; es mangelt am Nötigsten, an Arbeitskräften; er lässt es am guten Willen* ~; *es mangelt ihm an Einsicht, Mut, Vernunft; bei uns mangelt es am Nötigsten; daran hat es mir nie gemangelt* □ **faltar; carecer**

man|gels ⟨Präp. mit. Gen., im Pl. (wenn Gen. nicht erkennbar ist) mit Dat.⟩ *aus Mangel an;* ~ *eines besseren Werkzeugs;* ~ *eines triftigen Grundes;* ~ *Plänen, Vorschlägen;* ~ *notwendiger Mittel;* ~ *Masse* □ **por falta de**

Man|go ⟨f.; -, -s⟩ *eine länglich-runde exotische Frucht mit einer grünen bis rötlich gelben Schale u. süßem, gelbem Fruchtfleisch* □ **manga**

Man|gold ⟨m.; -(e)s, -e; Bot.⟩ *als Gemüsepflanze genutzte Art der Runkelrübe mit fleischigen Blättern: Beta vulgaris* □ **acelga**

Ma|nie ⟨f.; -, -n⟩ **1** *leidenschaftliche Liebhaberei* **2** *Trieb, Sucht; das kann zur* ~ *werden* **3** ⟨Psych.⟩ *krankhafte Veränderung des Gemüts mit Erregung, gehobenem Selbstgefühl, Selbstüberschätzung, Ideenflucht, Beschäftigungsdrang* □ **mania**

Ma|nier ⟨f.; -, -en⟩ **1** ⟨unz.⟩ *Art, Eigenart, Art u. Weise;* ~ *eines Künstlers, einer Kunstrichtung; das ist seine* ~*; die besondere, betonte, gesuchte* ~ *seiner Darstellung; in der* ~ *Cézannes gemalt* □ **maneira; estilo 2** ⟨unz.; abwertend⟩ *Künstelei, rein äußerliche Nachahmung bestimmter Formelemente* □ **artificialidade; amaneiramento 3** ⟨meist Pl.⟩ ~*en Umgangsformen, Benehmen, Sitte, Gewohnheit; jmdm.* ~*en beibringen* ⟨umg.⟩; *er hat keine* ~*en; feine, gute, schlechte* ~*en; ein Mensch mit, von guten* ~*en* □ **maneiras; modos 3.1** *das ist keine* ~! ⟨umg.⟩ *das gehört sich nicht* □ **isto não são modos!*

ma|nier|lich ⟨Adj.⟩ **1** *gute Manieren zeigend, wohlerzogen, ordentlich; das Kind kann schon* ~ *essen* □ **direito; educadamente 2** ⟨umg.⟩ *akzeptabel, recht gut;* ~*e Preise; sie spielt schon* ~ *Klavier* □ **bom; bem; satisfatório**

ma|ni|fest ⟨Adj.; geh.⟩ **1** *deutlich erkennbar, eindeutig feststellbar, klar, offenkundig; sein Versagen wurde bei dieser Auseinandersetzung* ~; *etwas* ~ *machen* **2** ⟨Med.⟩ *anhand von Symptomen zu erkennen (von Krankheiten); Ggs latent* □ **manifesto; evidente**

Ma|ni|fest ⟨n.; -(e)s, -e⟩ **1** *öffentliche Erklärung, Rechtfertigung* **2** *Grundsatzerklärung* **3** *programmatischer Aufruf;* → *a. Programm(3.2)* **4** ⟨Mar.⟩ *Verzeichnis der Ladung eines Schiffes* □ **manifesto**

Ma|ni|kü|re ⟨f.; -, -n⟩ **1** ⟨unz.⟩ *Pflege der Hände, bes. der Fingernägel* □ **cuidado (estético) das mãos e unhas 2** *auf Maniküre(1) spezialisierte Kosmetikerin, Handpflegerin* □ **manicure**

ma|ni|pu|lie|ren ⟨V.⟩ **1** ⟨500⟩ 1.1 jmdn. ~ *jmds. Verhalten steuern, jmdn. beeinflussen, ohne dass er es merkt* 1.2 etwas ~ *(unbemerkt) für einen bestimmten Zweck unrichtig darstellen, verfälschen;* Daten, Statistiken ~ **2** ⟨400/800⟩ *(geschickte) Handgriffe tun* 2.1 *Kunstgriffe anwenden* 2.2 mit **Werkzeugen**, Instrumenten ~ *W., I. handhaben* □ **manipular**

Man|ko ⟨n.; -s, -s⟩ **1** *Nachteil, Mangel, Fehlendes; die schlechte Bezahlung ist das ~ bei diesem Beruf* □ **falha; deficiência 2** ⟨Wirtsch.⟩ *Fehlbetrag* □ **deficit**

Mann¹ ⟨m.; -(e)s, Män|ner; als Zählmaß ungebeugt⟩ **1** *erwachsener Mensch männlichen Geschlechts;* ~ und Frau; *ein alter, älterer, junger, jüngerer ~; ein ~ mittleren Alters; ein großer, hochgewachsener, korpulenter, untersetzter ~; als ~ denkt er darüber anders; ein ~ der Tat; ~ der Wissenschaft; ein ~ von Stand; ein ~ von Welt; ein ~ von Charakter, Einfluss, Geist; er ist kein ~ von großen Worten* □ **homem**; *den feinen ~ mimen, markieren* ⟨umg.⟩ □ **bancar o fino**; *junger ~, können Sie mir sagen, wo ...* (Anrede für Fremde) ⟨umg.⟩ □ ***meu jovem, pode me dizer onde...**; → a. **schwarz**(1.6) 1.1 *der ~ im Mond (aus dem Schatten im M. gedeutete Gestalt des Aberglaubens)* □ ***as sombras na lua que se assemelham à figura humana** 1.2 *einen kleinen ~ im Ohr haben* ⟨umg.⟩ *merkwürdige Einfälle haben* □ ***não bater bem da bola; não regular bem** **2** *betont männlicher(3), tatkräftiger, mutiger Mensch; ein ganzer ~; sich als ~ zeigen; er ertrug es wie ein ~; den starken, wilden ~ markieren* ⟨umg.⟩, *spielen* □ **homem** 2.1 ~s **genug** *sein fähig, stark, mutig genug; du bist nicht ~s genug, um dich dazuzusetzen* □ ***ser homem o bastante (para)** 2.2 *seinen ~ stehen, stellen seine Aufgaben u. Pflichten gut erfüllen* □ ***dar conta do recado** 2.3 *selbst ist der ~!* (Sprichw.) *das kann man selbst tun, dazu braucht man keine Hilfe* □ ***é preciso saber se virar na vida!** 2.4 *ein ~, ein Wort!* (Sprichw.) *das gegebene Versprechen ist unverletzlich* □ ***promessa é dívida** **3** *Ehemann; einen ~ bekommen, finden; mein ~ ist verreist; sie lebt mit ihrem ~ in Scheidung; sie lebt von ihrem ~ getrennt* □ **marido** 3.1 *sie will ihre Schwester an den ~ bringen* ⟨umg.⟩ *verheiraten* □ ***ela quer casar a irmã* **4** ⟨unz.⟩ *Mensch, Person; ein ~ aus dem Volke; er ist der rechte ~ für den Posten; bis auf den letzten* □ **homem**; *der dritte ~* (zum Kartenspielen) □ **jogador**; *den Ball auf den ~ schießen* (bes. Torwart) ⟨Fußb.⟩ □ **jogador; goleiro**; *~ über Bord!* (Notruf, wenn jmd. vom Schiff ins Wasser gefallen ist) ⟨Mar.⟩ □ ***homem ao mar!**; *alle ~ an Deck!* ⟨Mar.⟩ □ ***todos ao convés!** 4.1 *der Hund ist auf den ~ dressiert greift Menschen an* □ ***o cão é treinado para atacar** 4.2 ~ **an** ~ *dicht gedrängt* □ ***lado a lado** 4.3 ~ **für** ~ *jeder einzelne, einer nach dem anderen* □ ***um por um** 4.4 ~ **gegen** ~ *einer gegen den andern (z. B. im Nahkampf)* □ ***um contra o outro** 4.5 *pro* ~ *für jeden;* der Unkostenbeitrag beträgt 2 Euro pro ~ □ ***por cabeça/pessoa** 4.6 **von** ~ **zu** ~ *unter vier Augen, als zwei Ebenbürtige, Gleichberechtigte* □ ***de homem para homem** 4.7 *wie* **ein** ~ *mehrere Personen wie eine einzige* □ ***unidos; todos juntos** 4.8 *können Sie für diese Arbeit einen, drei usw.* ~ *freistellen?* **Arbeitskräfte** 4.9 *ein Leutnant und zehn* ~ *Untergebene, Soldaten* □ **homem** 4.10 *mit* ~ *und Maus untergehen, versinken alle miteinander, ausnahmslos* □ ***naufragar sem deixar sobreviventes** 4.11 *der* ~ **von** *der* **Straße** ⟨a. fig.⟩ *der einfache, durchschnittl. Mensch* □ **homem** 4.12 *jmds.* ~ *sein genau der Richtige für jmdn. sein; Sie sind mein ~!* □ **homem certo; pessoa ideal** 4.12.1 *er hat seinen* ~ *gefunden einen ebenbürtigen Gegner* □ **adversário à altura** 4.13 *der* ~ *dazu, danach die geeignete Person* □ **pessoa ideal/adequada** 4.14 *er weiß seine Ware an den* ~ *zu bringen* ⟨umg.⟩ *gut zu verkaufen* □ ***ele sabe vender sua mercadoria** 4.15 *ein ~ Gottes Heiliger, Mönch, Priester* 4.15.1 ~ *Gottes!* ⟨umg.⟩ *(aufrüttelnder od. erschrockener Aufruf)* □ **homem**; → a. **hoch**(8.1), **Not**(4.4) **5** ⟨umg.⟩ *(Ausruf, Anrede des Erstaunens, der Warnung);* ~, *ist das schwer!* □ ***cara, como é difícil**; *mein lieber* ~! □ ***meu caro!**

Mann² ⟨m.; -es, -en⟩ **1** *(früher) Lehnsmann, ritterlicher Dienstmann, Gefolgsmann; der König mit seinen ~en* □ **vassalo** 1.1 *ein freier* ~ *sein kein Lehnsmann (Leibeigener, Sklave), unabhängig sein* □ **homem 2** (poet. od. iron.) *Diener, treuer Anhänger; der Spielleiter scharte seine ~en um sich* □ **sectário**

Man|na ⟨n.; -s; unz. od. f.; -; unz.⟩ **1** ⟨AT⟩ *himmlisches Brot der Israeliten in der Wüste nach ihrem Auszug aus Ägypten* **2** *zuckerhaltiger, erstarrter Saft der Mannaesche* **3** *süßliche Absonderung der Mannaschildlaus* □ **maná**

Män|chen ⟨n.; -s, - od. Män|ner|chen⟩ **1** *kleiner Mann; ein altes ~* □ **homenzinho 2** ⟨Zool.⟩ *männliches Tier;* Vogel~, Fisch~ □ **macho 3** *der Hase, der Hund macht* ~ *setzt sich aufrecht auf die Hinterbeine* □ ***o coelho/o cão senta-se nas patas traseiras** 3.1 ~ *machen* ⟨fig.; umg.⟩ *liebedienern* □ ***adular; bajular**

Man|ne|quin ⟨[-kɛ̃] Betonung a. [-kɛ̃ː] n.; -s, -s⟩ *junge Frau, die (auf einem Laufsteg) Modellkleider u. Modekollektionen vorführt* □ **modelo; manequim**

mann|haft ⟨Adj.⟩ *tapfer, aufrecht, entschlossen wie ein Mann; ~es Verhalten; sich ~ wehren; er leistete ~en Widerstand* □ **viril; valente; resoluto**

man|nig|fach ⟨Adj. 90⟩ *vielfach, mannigfaltig;* ~e *Probleme, Ursachen* □ **variado; diverso**; *er hat ihm in den letzten Jahren* ~ *geholfen* □ **de vários modos**

man|nig|fal|tig ⟨Adj. 90⟩ *vielfältig, vielgestaltig, vielartig, reich an Formen, abwechslungsreich;* ~e *Erlebnisse, Erfahrungen, Eindrücke* □ **variado; múltiplo; multiforme**

männ|lich ⟨Adj.⟩ **1** *zum zeugenden, befruchtenden Geschlecht gehörig;* ~e *Blüten, Pflanzen, Tiere; die ~e Linie einer Familie, eines Adelsgeschlechtes* 1.1 ~es **Glied** *Penis des Mannes* 1.2 ~er **Reim** ⟨Metrik⟩ *R., bei dem die einzige od. letzte Silbe eines Wortes reimt, z. B. Klang – Sang;* Sy *stumpfer Reim,* → **stumpf**(4); Ggs *weiblicher Reim,* → **weiblich**(1.1) 1.3 ~es Substantiv ⟨Gramm.⟩ *S. mit bestimmten Merkmalen der Beugung, vor denen im Deutschen der Artikel „der"*

Mannschaft

steht, Maskulinum **2** zum Mann, zu Männern gehörig, passend; ~e Arbeiten, Beschäftigungen, Eigenschaften; ~e Vornamen □ **masculino 3** ⟨fig.⟩ tapfer, mutig, unerschrocken, ausharrend; sein ~es Verhalten wurde allgemein anerkannt □ **viril; valente**

Mann|schaft ⟨f.; -, -en⟩ **1** ⟨Mil.⟩ alle Soldaten einer Einheit ohne Offiziere; Begleit~, Bewachungs~; die ~ vor der Kaserne antreten lassen □ **tropa 2** Besatzung eines Schiffes od. Flugzeuges; das Schiff ging unter, die ~ konnte gerettet werden; die ~ ging an Land □ **tripulação 3** Mitarbeiter, Belegschaft; ein dynamisches Unternehmen mit junger ~; der neue Regierungschef mit seiner ~ □ **equipe 4** ⟨Sp.⟩ zusammengehörige Gruppe von Wettkämpfern; Fußball~, Hockey~; Herren~, Olympia~, Spitzen~; eine starke ~ aufstellen, bilden; eine gemischte, siegreiche ~ □ **equipe; time 5** ⟨nur Pl.⟩ ~en ⟨Mil.⟩ die Gesamtheit der Soldaten unterer Dienstgrade; Offiziere und ~en □ **soldados; praças**

Ma|no|me|ter ⟨n.; -s, -⟩ (für Flüssigkeiten u. Gase verwendeter) Druckmesser □ **manômetro**

Ma|nö|ver ⟨[-vər] n.; -s, -⟩ **1** ⟨Mil.⟩ größere Truppenübung; ein ~ abhalten, veranstalten; die Truppen ziehen ins ~ **2** ⟨Mar.⟩ mit einem Schiff ausgeführte Bewegung **3** ⟨fig.⟩ geschicktes Vorgehen; durch ein betrügerisches, geschicktes ~ erreichte er sein Ziel **3.1** Handlung, die einen anderen über jmds. eigentliche Absicht täuschen soll; allerhand ~ anwenden, machen, um etwas zu erreichen □ **manobra 3.2** das ist ein billiges ~! ein billiger Trick □ **truque**

Man|sar|de ⟨f.; -, -n⟩ Zimmer od. Wohnung in einem ausgebauten Dachgeschoss □ **mansarda; água-furtada**

Man|schet|te ⟨f.; -, -n⟩ **1** um das Handgelenk liegender Abschluss eines Ärmels von einem Hemd od. einer Hemdbluse; Hemd~; ~nknöpfe □ **punho 1.1** ⟨Gaunerspr.⟩ Handfessel □ **algema 2** zierende Umhüllung aus Papier für Blumentöpfe od. -sträuße □ **papel para embrulho 2.1** ⟨Tech.⟩ meist runde Dichtung aus elastischem Material an bewegten Maschinenteilen □ **anel de vedação; retentor 3** verbotener Griff am Hals beim Ringen □ **gravata 4** vor jmdm. od. etwas ~n haben ⟨umg.⟩ Respekt, Furcht □ **respeito; temor**

Man|tel ⟨m.; -s, Män|tel⟩ **1** den Rumpf u. einen Teil der Beine bedeckendes Übergewand, Umhang; Krönungs~ □ **manto 1.1** Übergewand zum Schutz gegen Regen, Kälte od. Schmutz; Arbeits~; Regen~; Winter~; den ~ ablegen, ausziehen, aufhängen, über den Bügel hängen; den ~ anziehen, überziehen, umhängen; ein dicker, dünner, flauschiger, imprägnierter, knitterfreier, leichter, schwerer ~; ein abgetragener, eleganter, modischer, sportlicher, warmer ~; Mäntel aus Chemiefasern, Leinen, Pelz, Seide, Wolle; den ~ an der Garderobe abgeben; jmdm. in den ~ halten (zum An- od. Ausziehen); jmdm. aus dem, in den ~ helfen; mit offenem, wehendem Mantel □ **sobretudo; mantô 1.1.1** er dreht, hängt den ~, die Fahne nach dem Wind ⟨fig.; umg.⟩ er passt sich der jeweils herrschenden Meinung an □ *ele é um vira-casaca **1.1.2** mit dem ~ der Vergessenheit einhüllen ganz bewusst

in V. geraten lassen **1.1.3** eine Verfehlung mit dem ~ der Barmherzigkeit, der Nächstenliebe bedecken, verhüllen, zudecken darüber hinwegsehen, nachsichtig darüber schweigen **1.1.4** etwas mit dem ~ christlicher Nächstenliebe bedecken aus Mitgefühl verschweigen, übergehen □ **manto; véu 2** ⟨fig.⟩ schützende od. verbergende Umhüllung, Bedeckung, Decke **2.1** ⟨Tech.⟩ Hülle von Hohlkörpern; Kabel~; Rohr~; der ~ einer Gussform; der ~ der Glocke, des Ofens □ **invólucro; revestimento 2.1.1** Gummireifen zum Schutz des Radschlauchs; Fahrrad~ □ **pneu 2.1.2** blecherne Hülle um den Bleikern eines Geschosses □ **camisa 2.2** ⟨Geom.⟩ nicht zur Grund- u. Deckfläche gehörende Oberflächenteile; der ~ des Kegels, der Walze, des Zylinders □ **superfície convexa 2.3** ⟨Anat.⟩ rückseitiges Dach der Großhirnhälften bei den Wirbeltieren: Pallium □ **pálio; córtex cerebral 2.4** ⟨Anat.⟩ den Körper der Weichtiere seitlich und hinten umgebende Hautfalte: Pallium □ **pálio; manto 2.5** ⟨Forstw.⟩ die außenstehenden Bäume des Waldes □ **árvores da borda da floresta 2.6** ⟨Jägerspr.⟩ das Gefieder von Rücken- u. Flügeldecke (bei allen Vögeln) □ **manto 3** ⟨fig.⟩ rechtliche Form od. Grundlage □ **forma 3.1** ⟨Börse⟩ Urkunde, Hauptteil eines zinstragenden Papiers □ **certificado de ações 3.2** ⟨Rechtsw.⟩ Rechtsform einer Gesellschaft □ **forma jurídica de uma sociedade**

Ma|nu|al ⟨n.; -s, -e⟩ Tastenreihe bei Instrumenten mit mehreren Tastaturen (Orgel, Cembalo, Harmonium) □ **teclado**

ma|nu|ell ⟨Adj. 24/90⟩ mit der Hand (betätigt, betrieben), per Hand; ~e Tätigkeiten; eine ~ gefertigte Tasche; ~e Geschicklichkeit □ **manual**

Ma|nu|fak|tur ⟨f.; -, -en⟩ **1** (in der Frühzeit der Industrialisierung) Großbetrieb, dessen Erzeugnisse bereits arbeitsteilig, aber noch überwiegend in Handarbeit hergestellt wurden **2** ⟨unz.⟩ Herstellung handwerklicher Erzeugnisse □ **manufatura**

Ma|nu|skript ⟨n.; -(e)s, -e; Abk.: Ms., Pl.: Mss. od. (für Sg. u. Pl.) Mskr.⟩ **1** ⟨MA⟩ = Handschrift(3) **2** hand- od. maschinengeschriebene Druckvorlage; Sy Handschrift(2) **2.1** als ~ gedruckt nicht für die breite Öffentlichkeit, sondern nur für einen begrenzten Leserkreis bestimmt □ **manuscrito**

Map|pe ⟨f.; -, -n⟩ **1** größere, flache Tasche; Schul~; Bücher, Hefte in die ~ packen, stecken; die Schüler öffnen ihre ~ **2** zusammenklappbare, steife, meist aus Pappe hergestellte Hülle zum Aufbewahren loser Papierblätter; Brief~, Unterschriften~, Schreib~, Zeichen~; Briefe, Zeugnisse, Fotos, Zeichnungen, Landkarten in die ~ legen □ **pasta**

Ma|ra|thon ⟨m.; -s, -s; Sp.⟩ **1** Langstreckenlauf (42,2 km), der regelmäßig in Großstädten u. bei den Olympischen Spielen ausgetragen wird, Marathonlauf; an einem ~ teilnehmen □ **maratona 2** (Getrennt- u. Zusammenschreibung) **2.1** ~ laufen = *maratonlaufen*

Ma|ra|thon... (in Zus.) **1** mit dem Marathonlauf über 42,2 km verbunden, sich auf diesen beziehend; Marathonläufer, Marathonstrecke □ *maratonista; percurso de maratona **2** ⟨fig.⟩ Ereignis, Vorgang von sehr *langer Zeitdauer, bei dem Ermüdungserscheinungen auftreten;* Marathonsitzung, Marathongespräch □ **longa reunião; longa conversa* **3** ⟨fig.⟩ *Person, die eine Tätigkeit über einen langen Zeitraum ausübt;* Marathonredner □ **bom de prosa; conversador*

ma|ra|thon|lau|fen *auch:* **Ma|ra|thon lau|fen** ⟨V. 176/ 400(s.)⟩ *an einem Marathon teilnehmen;* er ist marathongelaufen/Marathon gelaufen □ **correr a maratona**

Mär|chen ⟨n.; -s, -⟩ **1** *fantasievolle Erzählung ohne räumliche u. zeitliche Bindung, in der die Naturgesetze aufgehoben sind u. das Wunder vorherrscht;* den Kindern ~ erzählen, vorlesen; ein ~ aus alten Zeiten, aus 1001 Nacht; Drachen, Feen, Hexen gibt es nur im ~ □ **conto de fadas 2** ⟨fig.; umg.⟩ *gelogene, erfundene Geschichte;* erzähl mir doch keine ~! 2.1 ich lasse mir doch von dir keine ~ erzählen! mich kannst du nicht belügen □ **história; mentira** 2.2 *es ist wie ein ~! so wunderbar, überraschend für mich* □ **conto de fadas**

mär|chen|haft ⟨Adj.⟩ **1** *in der Art eines Märchens;* eine ~e Erzählung, Geschichte, Oper; ein ~es Theaterstück; seine Dichtungen tragen ~e Züge **2** *wunderbar wie im Märchen;* ~e Gestalten □ **de conto de fadas 3** *zauberhaft schön;* ein ~es Feuerwerk; die Bahnreise ging durch eine ~e Landschaft; der Anblick war geradezu ~ □ **fabuloso; fantástico 4** ⟨umg.⟩ *unglaublich, ungewöhnlich;* mit der Erforschung des Weltraums eröffnen uns die Technik ~e Aussichten; sie hat eine ~e Karriere gemacht; diese Reise war ~ □ **fantástico; extraordinário**

Mar|der ⟨m.; -s, -⟩ **1** ⟨Zool.⟩ *Angehöriger einer Familie der Raubtiere mit lang gestrecktem Körper u. kurzen Beinen u. dichtem, feinem, als Pelzwerk begehrtem Fell: Mustelidae;* Stein~, Haus~ □ **marta 2** ⟨fig.⟩ *Dieb, Einbrecher;* Briefkasten~ □ **ladrão**

Ma|rel|le ⟨f.; -, -n; regional; bes. österr.⟩ = *Aprikose*

Mar|ga|ri|ne ⟨f.; -, -n⟩ *aus pflanzlichen u. tierischen Fetten hergestelltes, der Butter ähnliches Speisefett* □ **margarina**

Mar|ge|ri|te ⟨f.; -, -n; Bot.⟩ *auf Wiesen häufig auftretender Korbblütler mit gelben Röhrenblüten in der Mitte u. weißen Zungenblüten am Rande: Chrysanthemum leucanthemum od. Leucanthemum vulgare* □ **margarida**

Ma|ri|en|kä|fer ⟨m.; -s, -; Zool.⟩ *Angehöriger einer Familie von Käfern, deren schwarze, gelbe oder rote Flügeldecken mit andersfarbigen (meist schwarzen) Punkten bedeckt sind: Coccinella septempunctata* □ **joaninha**

Ma|ri|hu|a|na ⟨n.; -s; unz.⟩ *aus getrockneten Pflanzenteilen einer Hanfart (Indischer Hanf) gewonnenes Rauschmittel* □ **maconha**

Ma|ril|le ⟨f.; -, -n; regional; bes. österr.⟩ = *Aprikose*

Ma|rim|ba ⟨f.; -, -s; Mus.⟩ *xylofonartiges Holzstabspiel afrikanischer Herkunft mit Resonanzkörpern unterhalb der einzelnen Holzstäbe;* ~phon □ **marimba**

Ma|ri|na|de ⟨f.; -, -n⟩ **1** *mit Salz, Essig, Öl, Kräutern u. a. gewürzte Soße zum Einlegen von Fisch od. Fleisch;* eine Essig-Öl-~ zubereiten **2** *Salatsoße* □ **marinada**

Ma|ri|ne ⟨f.; -; unz.; Mil.⟩ **1** *Gesamtheit der Seeschiffe eines Staates u. der dem Seehandel u. Seekrieg dienenden Einrichtungen* **2** *Seestreitkräfte;* bei der ~ sein □ **marinha**

Ma|ri|o|net|te ⟨f.; -, -n⟩ **1** *an Fäden bewegte kleine Gliederpuppe;* ~ntheater **2** ⟨fig.⟩ *willenloser, anderen als Werkzeug dienender Mensch* □ **marionete**

ma|ri|tim ⟨Adj. 24⟩ **1** *das Meer betreffend, zu ihm gehörig;* ~es Klima **2** *die Schifffahrt, das Seewesen betreffend* □ **marítimo**

Mark¹ ⟨f.7; -, - od. (nordostdt. a.) Mär|ker; Abk.: M⟩ **1** ⟨urspr.⟩ *Gewichtseinheit für Edelmetalle u. Silbermünzen* **2** ⟨1871-1924⟩ *Währungseinheit im Deutschen Reich, 100 Pfennig* **3** *Deutsche* ~ ⟨1948-2001; Abk.: DM⟩ *Währungseinheit der Bundesrepublik Deutschland;* 125 DM; 125,00 DM; 125,– DM; ich habe die, meine letzte ~ ausgegeben; der Eintritt, die Fahrt kostet fünf ~; es gibt Karten von vierzehn ~ an 3.1 sie muss jede ~ (erst) umdrehen (ehe sie sie ausgibt), mit jeder ~ rechnen ⟨fig.; umg.⟩ *sie muss sparsam sein* **4** ~ *der Deutschen Demokratischen Republik* ⟨1968-1990; Abk.: M⟩ *Währungseinheit der DDR* 4.1 ~ *der Deutschen Notenbank* ⟨1948-1967; Abk.: MDN⟩ = *Mark¹(4)* □ **marco**

Mark² ⟨f.; -, -en⟩ **1** ⟨urspr.⟩ *Grenze* **2** *umgrenztes Gebiet;* Dorf~; Feld~ 2.1 *Grenzgebiet, Grenzland (unter einem Markgrafen);* die Sächsische Ost~, ~ Brandenburg 2.1.1 ⟨a. kurz für⟩ *Mark Brandenburg* □ **marca; limite 3** ⟨Rugby⟩ *an der Längsseite des eigentlichen Spielfeldes angrenzender Teil* □ **mark**

Mark³ ⟨n.; -(e)s; unz.⟩ **1** *die im Inneren der Röhrenknochen od. bestimmter Organe gelegenen Gewebe (bei Mensch u. Tier);* Nebennieren~; das ~ aus den Knochen lösen; Brühe mit ~ ⟨Kochk.⟩ □ **medula; tutano 2** ⟨fig.⟩ *Kraft* 2.1 *er hat (kein)* ~ *in den Knochen er ist (nicht) sehr kräftig, er ist (k)ein Feigling* □ ***ele (não) tem tutano** 2.2 *den Arbeitern das* ~ *aus den Knochen saugen sie ausnutzen, ausbeuten* □ ***explorar os trabalhadores; tirar o couro dos trabalhadores 3** ~ *(und Bein)* ⟨fig.⟩ *Inneres, das Innerste* □ ***até a medula;** *markerschütternd, markerweichend* □ ***lancinante; pungente;** *der Verlust hat ihn bis ins* ~ *getroffen* □ ***o prejuízo o atingiu em cheio** 3.1 *diese Musik kann einem* ~ *und Bein erweichen* ⟨umg.⟩ *sie ist unerträglich, nicht zum Anhören* □ ***essa música é insuportável** 3.2 *durch* ~ *und Bein* ⟨umg.⟩ *durch und durch;* der Schrei ging mir durch ~ und Bein □ ***aquele grito me cortou o coração 4** *im Zentrum des pflanzlichen Sprosse gelegenes, von den Leitungsbahnen umgebenes Gewebe* □ **medula**

mar|kant ⟨Adj.⟩ **1** *eine* ~e *Person auffallende, hervorstechende P.;* eine ~e *Erscheinung* **2** *scharf ausgeprägt;* ~e *Gesichtszüge;* er schreibt einen ~en Stil □ **marcante**

Mar|ke ⟨f.; -, -n⟩ **1** *Merkzeichen;* Grenz~; Land~; im Weitsprung wurde die alte ~ um fünf Zentimeter verbessert □ **sinal; marca 2** *Zeichen zur Erkennung od. als Ausweis;* Hunde~ □ **placa de identificação 3** *(durch Eintragung in ein Patentregister) geschütztes Zeichen für eine Ware od. einen Hersteller;* Fabrik~;

Handels~; diese ~ ist gesetzlich geschützt **4** *Erzeugnis, Sorte (mit einem Handelszeichen);* welche ~ bevorzugen Sie?; diese ~ führen wir nicht; diese Schokolade, dieser Wein ist eine gute ~; wir haben alle führenden ~n vorrätig; diese ~ ist im Handel führend 4.1 eine bestimmte ~ rauchen *Zigarettensorte* □ **marca 5** *Anrechts-, Wertschein od. -münze;* Essens~; Garderoben~; Lebensmittel~; Spiel~; bitte die ~n für die Garderobe sorgfältig aufbewahren, vorzeigen □ **ficha; senha; tíquete** 5.1 *(kurz für) Briefmarke;* 55-Cent-~; du musst erst noch eine ~ auf den Brief kleben □ **selo 6** eine ~ sein 〈umg.〉 *ein ulkiger Kerl* □ ***ser um cara engraçado**

Mar|ke|ting 〈n.; -s; unz.; Wirtsch.〉 *Gesamtheit aller Maßnahmen wirtschaftlicher Unternehmen in Bezug auf den Absatz von Waren* □ **marketing**

mar|kie|ren 〈V. 500〉 **1** *etwas ~ mit einem Zeichen, einer Marke versehen, bezeichnen, kennzeichnen;* die Fahrrinne ist mit Bojen markiert; den Weg eines Taifuns auf der Landkarte ~; ein markierter Wanderweg □ **marcar** 1.1 eine **Fahrkarte ~** 〈österr.〉 *lochen* □ **furar 2** *etwas ~ betonen, hervorheben;* er sprach langsam und markierte jedes Wort; der Gürtel markiert die Taille □ **marcar 3** eine Rolle ~ 〈Theat.〉 *andeuten, nicht voll ausspielen;* der Schauspieler markierte die Rolle bei der Probe nur □ **marcar; indicar** 3.1 beim Manöver den Feind ~ *die Rolle des Gegners übernehmen* □ **fazer o papel de 4** *jmdn. od. etwas ~ vorgeben, vortäuschen, so tun als ob;* der Heiratsschwindler markierte den harmlosen Witwer mit Kindern; ein Mitgefühl, tiefe Entrüstung ~; den Ahnungslosen, den Dummen, den feinen, starken Mann ~ 〈umg.〉 □ **fingir; bancar 5** 〈402〉 der **Vorstehhund** markiert (das **Wild**) 〈jägerspr.〉 *zeigt das Wild vor sich an* □ **mostrar; indicar 6** *ein Tier markiert sein Revier* 〈Biol.〉 *setzt an den Grenzen seines Reviers Marken (Harn, Kot, Drüsensekrete usw.)* □ **marcar**

mar|kig 〈Adj.〉 *urwüchsig, stark, kernig, kräftig;* ~e Worte sprechen; sein Stil ist ~ □ **vigoroso; enérgico**

Mar|ki|se 〈f.; -, -n〉 *aufrollbares (Stoff-)Dach vor Fenstern od. Türen zum Schutz gegen die Sonne* □ **toldo**

Mark|stein 〈m.; -(e)s, -e〉 **1** 〈veraltet〉 *Stein zur Markierung eines Weges* **2** 〈heute fig.〉 *hervorstechendes Ereignis, entscheidender Punkt, Wendepunkt;* ein ~ der Geschichte □ **marco**

Markt 〈m.; -(e)s, Märk|te〉 **1** *Gesamtheit von Waren- u. Geldverkehr, Bereich, in dem Angebot u. Nachfrage zusammentreffen, Absatzgebiet;* ~bericht; ~lage; Welt~; den ~ beliefern, beschicken; sich den ~ erobern; der ~ ist erschöpft, übersättigt; ein solcher Artikel fehlt auf dem ~; dieser Artikel ist vom ~ verschwunden; einen neuen Artikel auf den ~ bringen, werfen; die Schwellenländer sind für diese Waren der beste ~; wir müssen neue Märkte für diese Waren erobern 1.1 den ~ drücken 〈Kaufmannsspr.〉 *viel zu billig verkaufen* □ **mercado;** → a. **schwarz**(4.3) **2** *öffentlicher Ein- u. Verkauf von Waren (zu bestimmten Zeiten u. an bestimmten Orten);* Getreide~; Jahr~; Vieh~; Wochen~; jeden Mittwoch wird hier ~ abgehalten, findet ~ statt, ist ~; auf den ~ gehen; etwas vom ~ mitbringen □ **feira** 2.1 〈oberdt.〉 *Mitbringsel vom Markt* □ **lembrança; souvenir 3** *Platz, auf dem an Ständen der Ein- u. Verkauf von Waren stattfindet, Marktplatz;* wir wohnen am ~; das Zirkuszelt wurde auf dem ~ aufgeschlagen; über den ~ gehen; die Bauern bringen Obst u. Gemüse zum ~ in die Stadt □ **(praça do) mercado;** → a. **Haut**(8.5) **4** *Ort mit Marktrecht* □ **mercado; feira**

Markt|wirt|schaft 〈f.; -; unz.; Wirtsch.〉 **1** *Wirtschaft, die von Angebot u. Nachfrage auf dem Markt bestimmt wird;* Ggs *Planwirtschaft* 1.1 **soziale ~ M.**, *die im Interesse der sozialen Gerechtigkeit gewissen Beschränkungen unterliegt* □ **economia de mercado**

Mar|me|la|de 〈f.; -, -n〉 **1** *durch Einkochen von Früchten mit Zucker hergestellter eingedickter Fruchtbrei;* Erdbeer~, Aprikosen~; ~ aufs Brot streichen; ein Glas ~ **2** 〈seit 1983 offizielle Bez. für〉 *eingedickter Fruchtbrei aus Zitrusfrüchten;* Orangen~; → a. **Konfitüre** □ **geléia**

Mar|mor 〈m.; -s, -e〉 *Kalkstein, der hauptsächlich das Mineral Kalkspat enthält* □ **mármore**

ma|ro|de 〈Adj.; abwertend〉 *heruntergekommen, (moralisch) verkommen, verdorben, ruiniert;* ~ Wirtschaft; ein ~s Gesellschaftssystem □ **corrompido; arruinado**

Ma|ro|ne 〈f.; -, -n od. -ro|ni〉 **1** *essbare Frucht der Edelkastanie,* oV 〈süddt., schweiz., österr.〉 *Maroni, Marroni* □ **castanha 2** *Speisepilz mit kastanienbraunem Hut u. grüngelben od. grünlichen Röhren: Boletus badius* □ **cogumelo do tipo** *Boletus badius*

Ma|ro|ni 〈f.; -, -〉 = *Marone(1)*

Mar|rot|te 〈f.; -, -n〉 *eigentümliche Neigung, Verschrobenheit, Schrulle;* er hat so seine ~n □ **capricho; mania**

Mar|ro|ni 〈f.; -, -; schweiz.〉 = *Marone(1)*

Marsch[1] 〈m.; -(e)s, Mär|sche〉 **1** *Gehen in regelmäßigem Schritt, Gangart einer Truppe od. Kolonne;* ~ im Gleichschritt; ~ ohne Tritt □ **marcha 2** *langandauerndes Gehen über längere Strecken;* ein anstrengender, beschwerlicher, langer ~; wir haben einen langen ~ hinter uns; wir haben noch einen langen ~ vor uns; ein ~ von 25 Kilometern, von 3 Stunden 2.1 einen ~ **antreten** *beginnen* □ **marcha; caminhada** 2.2 jmdn. od. etwas **in ~ setzen** 〈bes. Mil.〉 *marschieren lassen, in Bewegung setzen* 2.2.1 sich in ~ setzen *zu marschieren beginnen* □ **marcha; movimento** 2.3 auf dem ~ **sein** 〈bes. Mil.〉 *sich (organisiert) fortbewegen;* die Truppe ist auf dem ~ zur Front **3** *Musikstück in geradem Takt (zur Begleitung marschierender Menschengruppen);* die Kapelle spielte einen ~ □ **marcha** 3.1 jmdm. den ~ **blasen** 〈fig.; umg.〉 *jmdn. energisch zur Ordnung rufen, zur Arbeit anhalten* □ ***passar um sermão em alguém; dar uma bronca em alguém**

Marsch[2] 〈f.; -, -en〉 *in Nordwestdtschld. das fruchtbare, bei Flut oft unter dem Meeresspiegel liegende, durch Deiche geschützte Schwemmland längs der Flusstäler u. der Küste;* → a. *Geest;* während der Sturmflut waren die ~en überschwemmt □ região baixa, pantanosa e fértil ao longo da costa do Mar do Norte

marsch! 〈Int.; Kommando zum Ausführen von Marschbewegungen; bes. Mil.〉 *vorwärts!, weg!, los!;* im Gleichschritt ~!; im Laufschritt ~, ~!; kehrt ~!; ~, ins Bett □ marcha

Mar|schall 〈m.; -(e)s, -schäl||e〉 **1** 〈früher〉 *hoher Beamter bei Hofe;* Hof~ **2** 〈seit dem 15.-17. Jh.〉 2.1 〈unz.〉 *hoher militärischer Dienstgrad;* Reichs~ 2.2 *Offizier in diesem Rang* □ marechal

mar|schie|ren 〈V. 400〉 **1** *über längere Strecken gehen;* wir sind heute tüchtig marschiert □ marchar; caminhar 1.1 〈umg.〉 *zielstrebig u. entschlossen gehen;* er ist nach Hause, in die Kneipe marschiert **2** 〈Mil.〉 *sich gleichmäßig in geschlossenen Reihen fortbewegen;* im Gleichschritt ~; in den Krieg, über die Brücke, durch die Stadt ~ □ marchar

Mar|ter 〈f.; -, -n〉 **1** 〈veraltet〉 *Folter;* durch die ~ ein Geständnis erzwingen □ tortura **2** 〈geh.〉 *(absichtliche) Peinigung, Qual;* ~n erdulden, erleiden, ertragen; jmdm. körperliche, seelische ~ zufügen; unter ~n sterben □ tortura; tormento

mar|tern 〈V. 500/Vr 7 od. Vr 8〉 jmdn. ~ **1** *foltern;* jmdn. zu Tode ~ □ torturar **2** 〈geh.〉 *jmdm. seelische Qualen bereiten;* er martert sie mit Vorwürfen, Drohungen; er martert sich mit Selbstvorwürfen, Sorgen, Zweifeln □ torturar(-se); atormentar(-se)

mar|ti|a|lisch 〈[-tsja:-] Adj.〉 **1** *kriegerisch, aggressiv, bedrohlich, wild u. grimmig;* ein ~es Aussehen □ marcial 1.1 *~e Schmerzen sehr starke, unerträgliche S.* □ insuportável; terrível

Mär|ty|rer 〈m.; -s, -〉 **1** *Christ, der für seinen Glauben den Tod erlitten hat;* die ~ der Christenheit **2** *jmd., der sich für seinen Glauben, für eine Idee opfert;* ein ~ seines Glaubens, einer Idee, seiner Überzeugung □ mártir

Mar|ty|ri|um 〈n.; -s, -ri|en〉 **1** 〈geh.〉 *Leiden, Pein, Qual;* ein großes ~ auf sich nehmen, erleiden; das ~ des jüdischen Volkes **2** *Opfertod für den Glauben;* das ~ Christi □ martírio **3** *als Begräbnisstätte für einen Märtyrer(1) errichtete Kirche* □ igreja que abriga o túmulo de um mártir

März 〈m.; - od. -es od. 〈poet.〉 -en, -e〉 *der dritte Monat des Jahres* □ março

Mar|zi|pan 〈a. ['---] n.; -(e)s, -e; (selten) m.; -(e)s, -e〉 *Konfekt aus Mandeln u. Zucker* □ marzipã

Ma|sche¹ 〈f.; -, -n〉 **1** *aus Garn, Draht od. einem Faden gebildete Schlinge* □ malha; ~ndraht □ *rede de arame; ~n abheben, abketten, aufnehmen, aufschlagen, fallen lassen; die ~n des Panzerhemdes □ malha; bei dir läuft eine ~ (am Damenstrumpf) □ *você está com um fio (da meia-calça) puxado 1.1 *durch die ~n des Gesetzes schlüpfen* 〈fig.; umg.〉 *durch die Lücken des G.* □ malha

Ma|sche² 〈f.; -, -n; umg.〉 **1** *Kunstgriff, Lösung* 1.1 *das ist die ~! die Lösung, Erfolg versprechender Vorschlag* □ solução 1.2 *das ist eine neue ~ von ihm ein neuer Trick, eine Ausrede, die er bisher noch nicht hatte* □ truque 1.3 *die sanfte ~ Überredung durch Schmeichelei* □

*jeitinho; cantada **2** *erfolgversprechendes Vorgehen* □ êxito 2.1 *er hat die ~ raus er weiß, wie man zu etwas kommt* □ *ele tem as manhas

Ma|schi|ne 〈f.; -, -n〉 **1** *mechanische, aus beweglichen u. unbeweglichen Teilen zusammengesetzte Vorrichtung, die Kraft überträgt od. Arbeitsgänge selbständig verrichtet bzw. Energie aus einer in eine andere Form umwandelt;* Kraft~, Arbeits~; *das Zeitalter der ~(n); eine ~ konstruieren, bedienen, pflegen, reinigen, reparieren; die ~ ist noch in Betrieb; landwirtschaftliche ~n; der Betrieb ist mit modernsten ~n ausgestattet* □ máquina 1.1 *Lokomotive;* der Zug fährt mit zwei ~n □ locomotiva 1.2 *Motorrad, Rennwagen;* schwere ~n fahren □ máquina 1.3 *Flugzeug;* die ~ hat 20 Minuten Verspätung, landet um 15.30 Uhr; mit der nächsten ~ nach H. fliegen □ avião 1.4 *Schreibmaschine;* sie kann gut ~ schreiben/〈österr.〉 maschinschreiben □ *ela sabe datilografar bem 1.5 *Nähmaschine;* mit der ~ nähen, stopfen □ máquina de costura **2** *jmd. ist eine ~* 2.1 *er will nicht bloß eine ~ sein pausenlos, gedankenlos u. ohne zur Besinnung zu kommen arbeiten; wie eine ~ arbeiten* □ máquina 2.2 *das ist aber eine ~* 〈umg.; derb〉 *ein dicker Mensch* □ elefante

Ma|schi|nen|ge|wehr 〈n.; -s, -e; Abk.: MG, Mg.〉 *kleinkalibrige, automatische Schnellfeuerwaffe* □ metralhadora

Ma|schi|ne|rie 〈f.; -, -n〉 **1** *Gruppe von zusammenarbeitenden Maschinen* □ maquinário; maquinaria **2** 〈Theat.〉 *alle maschinellen Einrichtungen einer Bühne* □ maquinismo **3** 〈fig.〉 *für einen Laien nicht durchschaubares System;* in die ~ der Justiz geraten □ engrenagem

ma|schi|ne|schrei|ben 〈alte Schreibung für〉 Maschine schreiben

ma|schin|schrei|ben 〈V. 230/400; österr.〉 = Maschine schreiben

Ma|ser¹ 〈f.; -, -n〉 *wellenförmige Zeichnung im Holz* □ veio

Ma|ser² 〈[mɛɪze(r)] m.; -s, -〉 *dem Laser ähnliches Gerät, das mit Wellenlängen im Zentimeterbereich arbeitet* □ maser

Ma|sern 〈Pl.; Med.〉 *akute, sehr ansteckende Krankheit mit hohem Fieber, Schleimhautentzündung u. Hautausschlag;* Morbilli □ sarampo

Ma|se|rung 〈f.; -, -en〉 *wellenförmige Zeichnung, Musterung im Holz* □ veio da madeira; beta

Mas|ke 〈f.; -, -n〉 **1** *künstliche hohle Gesichtsform als Zauber- u. Beschwörungsmittel od. zum Kennzeichnen der Rolle eines Schauspielers (bes. in der Antike)* □ máscara 1.1 *das durch Schminke u. Perücke veränderte Gesicht eines Schauspielers;* der Schauspieler muss noch ~ machen □ caracterização; maquiagem 1.2 *Larve vor einem Teil des Gesichts od. vor dem ganzen Gesicht (beim Maskenball);* eine ~ tragen, umbinden, vorbinden; um 24 Uhr die ~n ablegen 1.3 〈Bauplastik〉 *ornamentale, fratzenhafte Maske(1)* □ máscara 1.4 *die mit einer Maske(1.2) verkleidete Person;* die schönste ~ des Balls prämieren □ mascarado **2** *Vor-*

richtung zum Schutz von Kopf u. Gesicht; Draht~ beim Fechten 2.1 *Drahtgeflecht über dem Gesicht eines Patienten, der narkotisiert werden soll* 2.2 *auf dem Gesicht zu tragende Vorrichtung zum Schutz der Atemorgane;* Gas~, Rauch~, Gummi~ 2.3 *Abdruck des Gesichts;* Toten~ 3 ⟨Fot.⟩ *Schablonen, die zum Abdecken bestimmter Teile eines Negativs während des Belichtens od. Kopierens dienen* 4 unter der ~ ⟨fig.⟩ *vortäuschend, heuchelnd;* unter der ~ der Armut, der Bedürftigkeit, der Freundschaft □ **máscara** 4.1 *seine Hilfsbereitschaft ist nur ~ Täuschung* □ **fingimento** 4.2 *die ~ abwerfen* ⟨a. fig.⟩ *seine wahren Absichten offen zeigen, zugeben;* die ~ fallen lassen, ablegen, lüften, von sich werfen □ ***tirar/deixar cair a máscara** 4.3 *jmdm. die ~ herunterreißen* ⟨a. fig.⟩ *seine wahren Absichten aufdecken, unbeschönigt zeigen;* einem Heuchler die ~ vom Gesicht reißen □ ***desmascarar alguém**

mas|kie|ren ⟨V. 500⟩ 1 ⟨Vr 7⟩ *jmdn. ~* 1.1 *mit einem Maskenkostüm verkleiden, eine Larve aufsetzen, vermummen* 1.2 ⟨fig.⟩ *verbergen, verdecken, bemänteln* □ **mascarar** 1.3 ⟨Mil.⟩ *tarnen* □ **camuflar** 2 *eine Speise ~* ⟨Kochk.⟩ *mit Soße, geschlagenem Eiklar o. Ä. bedecken* □ **cobrir (com molho ou clara em neve)**

Mas|kott|chen ⟨n.; -s, -⟩ *als Glücksbringer mitgeführtes Tier od. Gegenstand;* der Anhänger dient ihr als ~; die Mannschaft bringt ihr ~ zu jedem Wettkampf mit □ **mascote**

mas|ku|lin ⟨a. ['---] Adj.⟩ 1 *männlich, männlich aussehend, das Männliche betonend* 1.1 ⟨abwertend⟩ *vermännlicht, unweiblich* (von einer Frau); sie sieht zu ~ aus; eine ~ Mode 2 ⟨24; Gramm.⟩ *die Merkmale eines Maskulinums aufweisend, männlichen Geschlechts;* ~es Substantiv □ **masculino**

Mas|ku|li|num ⟨a. ['----] n.; -s, -na; Gramm.; Abk.: m. od. M.⟩ 1 ⟨unz.⟩ *männliches Genus, männliches Geschlecht* 2 *Nomen od. Pronomen im Maskulinum*(1) □ **masculino**

Ma|so|chis|mus ⟨[-xιs-] m.; -; unz.⟩ *Neigung, die sexuelle Erregung durch das Erleiden von Misshandlungen zu steigern;* Ggs *Sadismus* □ **masoquismo**

Maß ⟨n. 7; -(e)s, -e od. südd. a.: f.; -, -e; bair., österr. u. schweiz.⟩ = *Maß²*

Maß¹ ⟨n.; -es, -e⟩ 1 *Maßstab, Einheit zum Feststellen von Mengen, Größen, Gewichten u. Werten;* Meter~; in der Technik wird nicht immer metrisches ~e verwendet; der Mensch ist das ~ aller Dinge; das ~ ist nicht geeicht □ **medida** 1.1 *etwas in natürlichem, vergrößertem, verkleinertem ~(e) zeichnen in natürlichem usw. Maßstab* □ **tamanho; escala** 1.2 *mit zweierlei ~ messen* ⟨fig.⟩ *ungerecht sein* □ ***usar dois pesos e duas medidas** 1.3 *das ~ ist voll!* ⟨fig.⟩ *meine Geduld ist zu Ende* □ ***estou por aqui!; minha paciência está no limite!** 1.4 *dein ~ ist voll* ⟨fig.⟩ *du hast genug verschuldet* □ ***você já causou problemas demais!** 2 *die durch Messen gefundene Größe od. Zahl;* in eine Tabelle ~e einzeichnen; auf eine Zeichnung die ~e übertragen 2.1 *(auf den Körper bezogene) Messwerte;* die Schneiderin muss zunächst ~ nehmen 2.1.1 *meine ~e haben sich nicht verändert* Ober-,

Taillen- u. Hüftweite 2.1.2 *ein Anzug nach ~ nach der Figur angefertigt* 2.1.3 *sie hat ideale ~e eine vollkommene Figur* □ **medida** 3 *Umfang, Menge, Ausmaß;* das überschreitet das ~ seiner Kräfte □ **limite**; sie hat ihr gerüttelt ~ an Leid zu tragen □ **carga**; das ~ seiner Strafe steht noch nicht fest □ **extensão**; ein gewisses ~ an Mut ist dafür erforderlich □ **quantidade**; in beschränktem ~(e) gilt das auch für dich; in gewissem ~(e) hat er Recht; für Abwechslung ist in reichem ~(e) gesorgt □ **medida**; das ist noch im gleichen, in demselben ~(e) der Fall; jmdm. ein hohes ~ an Vertrauen entgegenbringen; in hohem ~(e), höchstem ~(e) zufrieden sein □ **grau**; er hat sich in einem solchen ~(e) darum bemüht, dass ... □ ***ele se esforçou a tal ponto que...**; er ist in noch stärkerem ~(e) als früher beansprucht □ ***ele é ainda mais solicitado do que antes**; in zunehmendem ~(e) □ ***cada vez mais**; in dem ~(e), wie ... □ ***à medida que...** 4 ⟨fig.⟩ *die (rechte) Mitte zwischen zu viel u. zu wenig, Mäßigung, Zurückhaltung, Selbstbeherrschung;* es ist nicht leicht, stets das rechte, richtige ~ zu halten; ⟨aber Getrennt- u. Zusammenschreibung⟩ ~ halten = maßhalten □ **equilíbrio; moderação**; in seinem Zorn überschreitet er immer jedes ~; das geht über alles ~ (hinaus) □ **limite**; ohne ~ und Ziel □ ***meias medidas**; weder ~ noch Ziel haben, kennen □ ***não saber moderar-se; não conhecer meias medidas** 4.1 *in, mit ~en ohne Übertreibung;* man soll alles in (mit) ~en tun □ ***com moderação** 4.2 *über die ~en überaus;* sie freut sich über die, alle ~en □ **extremamente; além da conta**

Maß² ⟨n.7; -es, -e od. südd. a.: f.; -, -e; bair., österr., schweiz.⟩ oV *Maß* 1 *1 bis 2 Liter (in altem Flüssigkeitsmaß);* ein halbes, volles ~ □ **medida/quantidade (de 1 a 2 litros)** 1.1 *ein ~ (Bier) 1 Liter Bier, Krug mit 1 Liter Bier* □ **caneca (de 1 litro)**

Mas|sa|ge ⟨[-ʒə] f.; -, -n⟩ *Behandlung durch mechanische Beeinflussung der Körpergewebe mit den Händen, mit Instrumenten od. elektrischen Apparaten* □ **massagem**

Mas|sa|ker ⟨n.; -s, -⟩ *grausige Ermordung, Verstümmelung u. Verletzung einer großen Anzahl von Menschen, Blutbad, Gemetzel* □ **massacre**

Mas|se ⟨f.; -, -n⟩ 1 *ungeformter, dickflüssiger Stoff, Brei;* Guss~; Lehm~; eine dickflüssige, klebrige, weiche, zähe ~; die ~ für den Guss; die ~ zum Formen; die ~ rühren, bis sie schaumig wird □ **massa** 2 ⟨umg.⟩ *die große Menge* □ **grande quantidade** 2.1 *die ~ muss es bringen* ⟨umg.⟩ *der große Umsatz* □ ***o lucro só vem com a quantidade** 2.2 *eine ~ ... sehr viel;* sie hat eine ~ Angebote, Glückwünsche, Zuschriften bekommen; es wurde(n) schon eine ~ Karten verkauft; eine ~ Kinder □ ***uma porção**; um monte; er hat eine ~ Geld gewonnen □ ***ele ganhou um bom dinheiro** 2.3 *in ~n in großer Zahl, in großer Menge;* Vorräte in ~n; sie kamen in ~n □ **aos montes; em grande quantidade** 3 *Hauptteil, Mehrheit;* die breite, große ~ des Volkes □ **massa; maioria** 4 *Vielzahl von Menschen, deren Individualität in der Gesamtheit nicht mehr er-*

kennbar ist; die versammelten ~n spendeten tosenden Beifall; der Taschendieb konnte in der ~ untertauchen 4.1 in der ~ untergehen *als Einzelner nicht zur Geltung kommen* 4.2 ⟨meist im Pl.⟩ *breite Schicht der Bevölkerung;* der Kanzlerkandidat hat die ~n hinter sich □ **massa; multidão 5** (Phys.) *Eigenschaft eines Körpers, in einem Schwerefeld ein Gewicht anzunehmen;* ~ und Energie; die ~ der Sonne □ **massa 6** ⟨Rechtsw.⟩ *Vermögen, Vermögensbestand eines Schuldners unter der Zwangsversteigerung;* die ~ der Hinterlassenschaft beträgt ... □ *massa;* Konkurs~ □ ***massa falida 7** *schwerer Hammer für Bildhauerarbeiten* □ **martelo 8** *etwas ist nicht die ~!* ⟨umg.⟩ *nicht viel wert, nicht besonders gut* 8.1 *wie war's gestern Abend? Nicht die ~! es hat mir nicht besonders gut gefallen* □ ***não ser nada de especial/do outro mundo**
Maß|ein|heit ⟨f.; -, -en⟩ *nach wissenschaftlichen Erkenntnissen od. praktischen Erfordernissen festgelegte Einheit zum Messen von Werten (Größen, Mengen, Gewichten), z. B. Meter, Gramm* □ **unidade de medida**

...ma|ßen ⟨Adverbialsuffix⟩ *die Art u. Weise bezeichnend, wie etwas geschieht od. ist;* verdientermaßen

Mas|seur ⟨[-søːr] m.; -s, -e; Berufsbez.⟩ *jmd., der (nach abgeschlossener Ausbildung u. staatlicher Prüfung) Massagen verabreicht* □ **massagista**
Mas|seu|rin ⟨[-søː-] f.; -, -rin|nen⟩ *weibl. Masseur* □ **massagista**
Mas|seu|se ⟨[-søːzə] f.; -, -n⟩ **1** ⟨veraltet⟩ *Masseurin* **2** ⟨verhüllend für⟩ *Prostituierte* □ **massagista**
maß|ge|bend ⟨Adj.⟩ *als Maßstab dienend, entscheidend, bestimmend, richtungweisend, von entscheidendem Einfluss;* ~e Personen; ich habe es von ~er Seite erfahren; ein ~es Urteil; seine Meinung ist mir nicht ~ □ **competente; abalizado;** *an der Entwicklung der Maschine war er ~ beteiligt* □ ***ele teve uma participação decisiva no desenvolvimento da máquina**
maß||hal|ten *auch:* Maß hal|ten ⟨V. 160/400⟩ *sich mäßigen, das richtige Maß einhalten;* er muss beim Essen ~; er hat im Trinken nie maßgehalten/Maß gehalten □ **moderar-se; conter-se;** → a. *Maß¹ (4)*
mas|sie|ren¹ ⟨V. 500⟩ *jmdn. ~ mit Massage behandeln* □ **massagear**
mas|sie|ren² ⟨V. 500⟩ **1** *Truppen ~ an einer Stelle zusammenziehen, aufstellen* □ **concentrar** 1.1 *ein massierter Angriff A. unter Zusammenfassung aller Kräfte* □ **concentrado**
ma|sig ⟨Adj.⟩ **1** *wuchtig, umfangreich, groß u. schwer;* ein ~er Mensch, ein ~es Tier, eine ~e Eiche; der Schrank wirkt ~; ~e Hände □ **maciço; pesado 1.1** *eine ~e Erscheinung ein großer, dicker Mensch* □ ***um grandalhão 2** ⟨50; umg.⟩ *massenhaft, sehr viel;* er hat ~ Geld; er isst, trinkt ~ □ **muito; pra caramba**
mä|ßig ⟨Adj.⟩ **1** *das rechte Maß einhaltend, nicht übertreibend, zurückhaltend;* ~e Ansprüche, Forderungen, Leistungen, Preise; ~ leben; im Essen u. Trinken ~ sein □ **moderado; módico; frugal 2** *nicht besonders groß, angemessen;* ein ~es Tempo □ **moderado 3** *nicht*

sehr gut; er ist nur ein ~er Schüler; die Verpflegung war ~ □ **mediano; medíocre**

...mä|ßig ⟨Adj.; in Zus.⟩ **1** *in der Art, in Form;* regelmäßig, verhältnismäßig, gewohnheitsmäßig, kreditmäßig, saumäßig **2** *entsprechend, gemäß;* Ggs ...widrig; ordnungsmäßig, standesmäßig, vorschriftsmäßig **3** *hinsichtlich, in Bezug auf;* absatzmäßig, arbeitsmäßig, farbmäßig, gefühlsmäßig

mä|ßi|gen ⟨V. 500⟩ **1** *etwas ~ wieder ins richtige Maß bringen, mildern, verringern, dämpfen;* mäßige deine Ansprüche, deine Klagen, deinen Zorn; die Geschwindigkeit, den Schritt, die Tempo ~; er sollte sein Temperament, seine Worte ~ □ **moderar; conter;** diese Pflanze gedeiht nur in einem gemäßigten Klima, in der gemäßigten Zone; die gemäßigte Richtung einer Partei □ **temperado; moderado 1.1** ⟨Vr 3⟩ *etwas mäßigt sich etwas schwächt sich ab, lässt nach;* die Hitze, Kälte hat sich etwas gemäßigt; der Sturm mäßigte sich □ **atenuar-se** ⟨Vr 3⟩ *sich ~ sich beherrschen;* er muss sich in Essen u. Trinken ~, mäßige dich! □ **conter-se; controlar-se**
mas|siv ⟨Adj.⟩ **1** *~er Gegenstand G. ohne Hohl-, Zwischenräume, fest, dicht, geschlossen, schwer, wuchtig;* ~e Figuren aus Schokolade; ~es Gold **2** *~es Bauwerk festes, dichtes, geschlossenes, schweres, wuchtiges B.* **3** *ein ~er Angriff* 3.1 *A. mit starken Truppeneinheiten* 3.2 ⟨fig.⟩ *scharfer, energischer A.* □ **maciço 4** ⟨fig.⟩ *derb, rücksichtslos, grob;* der Redner griff die Gegenpartei ~ an □ **de modo grosseiro/desrespeitoso 5** ⟨Getrennt- u. Zusammenschreibung⟩ 5.1 *~ werden =* massivwerden
mas|siv|wer|den *auch:* **mas|siv wer|den** ⟨V. 280/400(s.); fig.; umg.⟩ *sehr grob werden;* und dann wurde er massiv ~ □ **ficar grosseiro**
maß|los ⟨Adj.⟩ **1** *kein Maß einhaltend, übermäßig (groß, stark, viel);* seine Gier ist ~; er ist ~ eifersüchtig; ~er Ärger, Zorn packte ihn; ~e Erbitterung, Erregung, Wut; er ist ~ in seinen Ansprüchen, Beschuldigungen, Forderungen □ **desmedido; sem limites 2** ⟨50; verstärkend⟩ *sehr;* da hat er wieder einmal ~ übertrieben □ **desmedidamente**
Maß|nah|me ⟨f.; -, -n⟩ *zweckbestimmte Handlung, Vorgehen, Vorkehrung, Schritt, Regelung;* durchgreifende, einschneidende, geeignete, großzügige ~n; organisatorische, politische ~n; vorausschauende, vorläufige, vorsorgliche ~n; diese ~ halte ich für verfehlt; ~n gegen weitere Übergriffe; ~n zum Schutz der Bevölkerung; jmds. ~n durchkreuzen, zuvorkommen; ~n ergreifen, treffen (zu etwas) □ **medida; providência**
maß|re|geln ⟨V. 500⟩ *jmdn. ~ tadeln, zurechtweisen, durch bestimmten Handlungen strafen;* einen Beamten ~ □ **punir; repreender;** *ein gemaßregelter Beamter* □ **punido; repreendido**
Maß|stab ⟨m.; -(e)s, -stä|be⟩ **1** *mit den Einheiten der Längenmaße versehenes Lineal od. Stahlband, Meterstab, Zollstock* □ **metro 1.1** *die beiden Dinge kannst*

Mast

du nicht mit demselben ~ messen ⟨fig.⟩ *du musst sie verschieden beurteilen* □ critério **2** *Größenverhältnis (bes. der Linien auf einer Landkarte zu den wirklichen Strecken);* etwas in vergrößertem, verkleinertem ~ darstellen, nachbilden, zeichnen 2.1 im ~ 1 : 10 000 *1 cm auf der Karte = 10 000 cm bzw. 100 m in Wirklichkeit* □ escala **3** ⟨fig.⟩ *Prüfstein, Richtlinie;* die Maßstäbe seines Handelns; einen sehr strengen ~ anlegen; den ~ für jmdn., etwas abgeben; das kann dir als ~ dienen □ regra; diretiva **3.1** dieser Mensch ist für mich kein ~ nach ihm richte ich mich nicht □ modelo; parâmetro

Mast[1] ⟨m.; -(e)s, -e od. -en⟩ **1** *senkrecht stehendes, einbis dreiteiliges Rundholz od. Metallrohr (auf Schiffen) zur Befestigung der Segel, Antennen u. Ä., Mastbaum;* der ~ des Schiffes, Segelbootes; den ~ aufrichten, kappen, umlegen; die Antenne an einem ~ befestigen □ mastro **2** *senkrechte Stange aus Holz od. Stahl (für Telefon-, einfache elektrische Leitungen, Empfangsantennen od. Fahnen), aus vierkantigem Stahlfachwerk (für Hochspannungsleitungen od. Sendeantennen);* ~en für eine elektrische Leitung aufstellen, setzen; die Flagge am ~ emporziehen □ poste

Mast[2] ⟨f.; -, -en⟩ **1** ⟨früher⟩ *als Mastfutter verwendete Früchte von Eichen u. Buchen* **2** *das Mästen, die reichliche Fütterung (von Schlachtvieh) zur Steigerung des Fleisch- u. Fettansatzes;* die ~ von Gänsen, Hühnern, Schweinen; Körner zur ~ verwenden □ engorda; ceva

Mast|darm ⟨m.; -(e)s, -där|me; Anat.⟩ *letzter Abschnitt des Darmes, der sich an den Dickdarm anschließt u. mit dem After endet: Rectum* □ reto

mäs|ten ⟨V. 500⟩ **1** *Tiere ~ reichlich füttern (zur Steigerung des Fleisch- u. Fettansatzes)* □ cevar **2** *jmdn. ~* ⟨umg.; scherzh.⟩ *jmdm. übermäßig zu essen geben;* willst du mich ~? □ engordar

Mas|tur|ba|ti|on ⟨f.; -, -en⟩ *geschlechtliche Selbstbefriedigung;* Sy *Onanie* □ masturbação

mas|tur|bie|ren ⟨V. 400⟩ *sich geschlechtlich selbst befriedigen;* Sy *onanieren* □ masturbar

Ma|sur|ka ⟨f.; -, -ken⟩ *lebhafter polnischer Nationaltanz im 3/4-Takt;* oV *Mazurka* □ mazurca

Ma|ta|dor ⟨m.; -s -e od. -en, -en⟩ **1** *Stierkämpfer, der dem Stier den Todesstoß versetzt* □ matador **2** ⟨bes. Sp.⟩ *Anführer, Hauptperson, bekannte, siegreiche Person;* Lokal~, Fußball~ □ líder; personalidade

Match ⟨[mætʃ] od. schweiz. [matʃ] n. od. (schweiz. nur so:) m.; -(e)s, -s od. -e; Sp.⟩ *Wettkampf, Wettspiel;* Tennis~, Fußball~ □ partida

Ma|te ⟨m.; -; unz.⟩ *aus den gerösteten Blättern des Matestrauches gewonnenes, leicht koffeinhaltiges teeähnliches Getränk;* ~tee □ mate

Ma|te|ri|al ⟨n.; -s, -a|li|en⟩ **1** *für eine Arbeit benötigter Roh-, Bau-, Werkstoff;* brauchbares, edles, gutes, haltbares, minderwertiges, schlechtes ~; aus verschiedenem ~, verschiedenen ~ien zusammengesetzt; ~ zum Bauen, Heizen **2** *Hilfsmittel, Zutat, Gerät;* das rollende ~ **3** *schriftliche Belege, Unterlagen, Beweismittel;* ~ (für einen Artikel, Bericht, eine Reportage) ordnen, sammeln, sichten, suchen, zusammenstellen; das ~ reicht für die, zur Anklage nicht aus □ material

Ma|te|ri|a|lis|mus ⟨m.; -; unz.; Philos.⟩ *Lehre, dass das Stoffliche das allein Wirkliche in der Welt u. alles Geistige nur als seine Eigenschaft u. Wirkung aufzufassen sei;* Ggs *Idealismus* □ materialismo

Ma|te|rie ⟨[-ria] f.; -, -n⟩ **1** ⟨unz.⟩ = *Urstoff (2);* Geist und ~ **2** *Stoff, Masse, das Gegenständliche;* Sy *Substanz(2)* **3** *Gegenstand, Inhalt, Thema eines Gesprächs, einer Schrift o. Ä.;* die ~ beherrschen; ich muss mich noch mit der ~ vertraut machen □ matéria

ma|te|ri|ell ⟨Adj. 24⟩ **1** *aus Materie bestehend, auf sie bezogend, auf ihr beruhend;* Ggs *spirituell* **2** *stofflich, sachlich, gegenständlich, körperlich;* Ggs *ideell* **3** *geldlich;* keine ~en Sorgen kennen □ material

Ma|the|ma|tik ⟨österr. [--ˈ--] f.; -; unz.⟩ **1** *Lehre von den Zahlen u. Figuren;* angewandte ~; höhere ~ □ matemática **2** das ist ja höhere ~! ⟨fig.; umg.; scherzh.⟩ *sehr, zu schwierig* □ *isso é grego!

Ma|the|ma|ti|ker ⟨m.; -s, -⟩ *Wissenschaftler, Lehrer, Student der Mathematik* □ matemático

Ma|the|ma|ti|ke|rin ⟨f.; -, -rin|nen⟩ *weibl. Mathematiker* □ matemática

ma|the|ma|tisch ⟨Adj. 24⟩ **1** *die Mathematik betreffend, zu ihr gehörend, auf ihr beruhend;* ~e Kenntnisse besitzen; etwas mit ~er Genauigkeit vorausbestimmen **1.1** ~e **Zeichen** *Schreibweise für Ausdrücke der Mathematik, z. B.,* -, :, <, > **1.2** ~e **Logik** *Form der formalen Logik, die bestrebt ist, den Begriff des (mathematischen) Beweises zu präzisieren* □ matemático

Ma|ti|nee ⟨f.; -, -n⟩ *künstlerische Vorstellung od. Veranstaltung am Vormittag, aus besonderem Anlass stattfindende vormittägliche Festveranstaltung;* Ggs *Soiree;* zu einer ~ einladen □ matinê

◆ Die Buchstabenfolge **ma|tr...** kann in Fremdwörtern auch **mat|r...** getrennt werden.

◆ **Ma|trat|ze** ⟨f.; -, -n⟩ **1** *mit Sprungfedern versehener Rahmen in der Form eines Kastens, der in das Gestell eines Bettes gelegt wird;* Sprungfeder~; die ~n quietschen **2** *Polster, das als Auflage auf die Matratze(1) dient u. auf dem man liegt;* Auflege~; eine ~ aus geschäumtem Kunststoff; eine harte, weiche ~ **3** *aufblasbares Liegepolster aus Gummi;* Luft~ □ colchão

◆ **Mä|tres|se** ⟨f.; -, -n⟩ **1** ⟨früher⟩ *(offiziell anerkannte u. einflussreiche) Geliebte eines Fürsten od. einer hochgestellten Persönlichkeit* □ cortesã **2** ⟨geh.; abwertend⟩ *Geliebte eines verheirateten Mannes* □ amante

◆ **Ma|tri|ar|chat** ⟨n.; -(e)s, -e⟩ *Gesellschaftsform, in der die Frau bzw. Mutter eine Vormachtstellung in Staat u. Familie einnimmt, Mutterherrschaft;* Ggs *Patriarchat* □ matriarcado

◆ **Ma|tri|kel** ⟨f.; -, -n⟩ **1** *amtliches Personenverzeichnis* **1.1** *Verzeichnis der an einer Universität od. Hochschule eingeschriebenen Studenten* □ matrícula **2** ⟨österr.⟩ *Personenstandsregister* □ registro civil

◆ **Ma|trix** ⟨f.; -, -tri|zen od. -tri|zes od. -tri|ces⟩ **1** ⟨Anat.⟩ *Muttergewebe* **1.1** *Keimschicht der Haarzwiebel* **1.2**

Keimschicht des Nagelbettes **2** ⟨Biol.⟩ *Hülle der Chromosomen* **3** ⟨Geol.⟩ *Gesteinsmasse, in die Mineralien eingebettet sind* **4** ⟨Math.; Psych.; a. Sprachw.⟩ *System von Zahlen, Größen, Elementen od. Merkmalen, die in einem rechteckigen Schema angeordnet sind u. dadurch zueinander in Beziehung gesetzt werden können* **4.1** ⟨EDV⟩ *rasterförmige Anordnung von Punkten bei der Darstellung von Zeichen und Bildelementen* □ **matriz**

♦ **Ma|tri|ze** ⟨f.; -, -n⟩ **1** ⟨Typ.⟩ **1.1** *Metallform, in die ein Schriftzeichen od. Bild eingeprägt ist* **1.2** *in Wachs, Metall od. Spezialpappe eingeprägtes Abbild eines Schriftsatzes od. Druckbildes zur Herstellung einer Druckplatte* **1.3** *Folie zur Herstellung von Vervielfältigungen* **2** ⟨Tech.⟩ *unterer Teil einer Pressform, in dessen Hohlform ein Werkstoff hineingepresst wird* **2.1** *(zum Pressen verwendete) negative Form einer Schallplatte* □ **matriz**

♦ **Ma|tro|ne** ⟨f.; -, -n; meist abwertend⟩ **1** *ältere, ehrwürdige Frau* **2** ⟨abwertend⟩ *dickliche, behäbige ältere Frau* □ **matrona**

♦ **Ma|tro|se** ⟨m.; -n, -n⟩ **1** ⟨Handelsmarine⟩ *Seemann nach 3-jähriger Lehrzeit* **2** ⟨Mar.⟩ *unterster Dienstgrad* **3** *Soldat im Dienstgrad eines Matrosen(2)* □ **marinheiro; marujo**

Matsch ⟨m.; -(e)s, -e; Pl. selten⟩ *feuchter, breiiger Dreck, Schlamm;* Schnee~; *mit den neuen Schuhen solltest du nicht durch den ~ laufen* □ **lama; lodo**

matt ⟨Adj.⟩ **1** *schwach, erschöpft, kraftlos, lustlos, müde; der Puls ist ~; der Kranke sprach mit ~er Stimme; sie fühlt sich heute ~; müde und ~; ~ von der Anstrengung; ~ vor Hunger; ein ~es Lächeln huschte über ihre Züge* □ **fraco; extenuado 1.1** ⟨Kaufmannsspr.⟩ *flau; der Einzelhandel klagt über ~en Geschäftsgang* □ **fraco; devagar 1.2** ⟨fig.; umg.⟩ *nicht überzeugend; seine Ausrede war matt ~;* das Drama *hat leider einen ~ en Schluss* □ **fraco 1.3** *~e* **Wetter** ⟨Bgb.⟩ *sauerstoffarme, kohlendioxidreiche Luft in einem Grubenbau* □ ***grisu 2** *trübe, ohne Glanz, nicht spiegelnd; ~e Augen, Farben* □ **pálido;** *~es* Glas, Gold, Papier □ **fosco; opaco; mate 2.1** *~es* Glas *undurchsichtiges* G. □ **opaco 3** *gedämpft, nicht leuchtend, stumpf; ~es Licht; ein ~er Farbton* □ **fraco; pálido 4** ⟨24/80; Schach⟩ *besiegt;* Schach *und ~!; der König ist ~* □ **xeque-mate 5** ⟨Getrennt- u. Zusammenschreibung⟩ **5.1** *~ setzen = mattsetzen (I)*

Mat|te¹ ⟨f.; -, -n⟩ **1** *geflochtener od. grob gewebter kleiner Teppich, Unterlage;* Bade~ □ ***tapete de banheiro;** Fuß~ □ ***capacho,** Turn~ □ ***colchão de ginástica;** *sich die Schuhe auf der ~ abtreten; eine ~ vor die Tür legen* ⟨umg.⟩ *im Ringkampf besiegen* □ ***mandar o adversário para a lona 1.2** ⟨fig.; umg.; salopp⟩ *langes Haar; wann lässt du dir endlich deine ~ schneiden?* □ **juba**

Mat|te² ⟨f.; -, -n⟩ *Wiese, Viehweide (in den Hochalpen)* □ **prado; pasto**

matt|set|zen *auch:* **matt set|zen** ⟨V. 500⟩ **I** ⟨Zusammen- u. Getrenntschreibung; Schach⟩ *den* **Gegner** *~ besiegen* **II** ⟨nur Zusammenschreibung; fig.⟩ *jmdn.* **mattsetzen** *handlungsunfähig machen* □ ***pôr o adversário/alguém em xeque-mate**

Ma|tur ⟨n.; -s; unz.; schweiz.⟩ = **Matura**

Ma|tu|ra ⟨f.; -; unz.; schweiz., österr.⟩ *Maturitätsprüfung, Reifeprüfung, Abitur;* oV ⟨schweiz.⟩ **Matur** □ **exame final do ensino médio**

Ma|tu|rand ⟨m.; -en, -en; schweiz.⟩ *jmd., der die Reifeprüfung ablegt od. abgelegt hat,* **Abiturient** □ **estudante que já prestou ou vai prestar o exame final do ensino médio**

Ma|tu|ran|din ⟨f.; -, -din|nen; schweiz.⟩ *weibl. Maturand* □ **estudante que já prestou ou vai prestar o exame final do ensino médio**

Ma|tu|rant ⟨m.; -en, -en; österr.⟩ *jmd., der die Reifeprüfung ablegt od. abgelegt hat,* **Abiturient** □ **estudante que já prestou ou vai prestar o exame final do ensino médio**

Ma|tu|ran|tin ⟨f.; -, -tin|nen; österr.⟩ *weibl. Maturant* □ **estudante que já prestou ou vai prestar o exame final do ensino médio**

Mätz|chen ⟨n.; -s, -; umg.⟩ **1** ⟨Kosewort⟩ *kleines Kind* □ **guri 2** ⟨Pl.⟩ **2.1** *Possen, Unfug, Unsinn; törichte, überflüssige ~; mach keine ~!* □ **brincadeira; gracejo 2.2** *Kniffe, Kunstgriffe, um Wirkung zu erreichen, um sich wichtigzumachen, Ausflüchte; ich habe seine ~ durchschaut* □ **truque; manha**

Mau|er ⟨f.; -, -n⟩ **1** *Wand aus übereinandergreifenden, meist mit Mörtel verbundenen Steinen; eine ~ aufführen, bauen, errichten; eine alte, bröckelige, eingestürzte ~; eine dicke, hohe, massive ~; ein Gelände mit einer ~ umgeben; wir sind durch eine ~ gegen Einsicht von der Straße geschützt; die Chinesische ~* **1.1** *die (Berliner) ~ von der DDR 1961 in Berlin errichtete M., die die Stadt bis 1989 teilte* □ **muro; muralha 1.2 wie eine ~, wie die ~n stehen** *dicht an dicht, ohne zu weichen; die Menschen standen wie die ~n; der Gegner stand wie eine ~* □ ***formar uma barreira 2** *Umgrenzung (bes. einer Stadt), Stadtmauer; der Präsident weilt seit gestern in den ~n unserer Stadt* ⟨geh.⟩ □ **muro; muralha 3** ⟨fig.⟩ *Abgrenzung, Abschirmung, Barriere; du umgibst dich mit einer ~ von Vorurteilen; sein Misstrauen errichtet eine ~ zwischen uns* □ **muro; barreira**

Mau|er|blüm|chen ⟨n.; -s, -; fig.; umg.; abwertend⟩ **1** *Mädchen, das beim Tanz selten aufgefordert wird* □ **moça que toma chá de cadeira 2** *unscheinbare Person od. Sache, bes. Mädchen* □ **pessoa/coisa que passa despercebida**

mau|ern ⟨V. 400⟩ **1** ⟨402⟩ **(etwas) ~** *Steine mit Mörtel zu einer Mauer zusammenfügen; er hat lange an dem Haus gemauert; mit dem neuen Verfahren kann er schneller ~; er mauert eine Terrasse, einen Schornstein, eine Treppe* □ **murar; levantar paredes 2** ⟨Kart.⟩ *Karten zurückhalten, nicht ausspielen, ängstlich spielen, nichts wagen; beim Skat ~* □ **esconder o jogo 3** ⟨Fußb.⟩ *das eigene Tor mit allen Spielern (wie mit einer Mauer) verteidigen;* in den letzten 10 Minuten hat die gegnerische Mannschaft nur gemauert □ **formar barreira**

Maul ⟨n.; -(e)s, Mäu|ler⟩ **1** *Mund (vieler Tiere);* der Esel, Löwe, Hai reißt das ~ auf; → a. *Gaul(2), Ochse(1.2)* □ **boca; focinho 2** ⟨derb⟩ *Mund (des Menschen);* er drohte, er wolle ihm aufs ~ schlagen **2.1** *Mund (in seiner Eigenschaft als Sprechwerkzeug)* **2.1.1** das ~ aufmachen, auftun ⟨a. fig.⟩ *reden, sprechen* □ **boca 2.1.2** das ~ nicht aufkriegen ⟨a. fig.⟩ *nicht reden (wollen)* □ ***não abrir o bico 2.1.3** das ~ aufreißen ⟨a. fig.⟩ *prahlen;* er reißt das ~ gar zu weit auf □ ***contar vantagem 2.1.4** ein großes ~ haben ⟨fig.⟩ *wichtigtuerische Reden führen, vorlaut sein* □ ***ser garganta/presunçoso 2.1.5** das ~ halten ⟨fig.⟩ *schweigen;* halt's ~! □ ***calar a boca 2.1.6** jmdm. das ~ stopfen ⟨fig.⟩ *jmdn. zum Schweigen bringen* □ ***fazer alguém calar a boca 2.1.7** nicht aufs ~ gefallen sein ⟨fig.⟩ *schlagfertig sein* □ ***não ter papas na língua 2.1.8** jmdm. übers ~ fahren ⟨fig.⟩ *jmdn. heftig widersprechen* □ ***cortar a palavra a alguém 2.1.9** jmdm. ums ~ gehen ⟨fig.⟩ *jmdm. das sagen, was er gern hört* □ ***dizer o que alguém quer ouvir; falar ao gosto de alguém 2.1.10** alle Mäuler sind voll davon ⟨fig.⟩ *jedermann spricht darüber* □ ***só se fala nisso 2.1.11** sich das ~ verbrennen ⟨a. fig.⟩ *sich durch unüberlegte Worte schaden* □ ***pagar com a língua 2.1.12** sich das ~, die Mäuler zerreißen ⟨fig.⟩ *böse Nachrede führen, klatschen* □ ***falar mal de; fazer fofoca 2.1.13** die bösen Mäuler (der Leute) ⟨fig.⟩ *die Klatschsucht der Leute* □ ***as más línguas 2.1.14** ein grobes, loses, ungewaschenes, schandbares ~ haben ⟨fig.⟩ *freche od. schmutzige Reden führen* □ ***ser língua suja; ser desbocado 2.2** *Mund (in seiner Eigenschaft als Esswerkzeug)* **2.2.1** hungrige, gierige Mäuler ⟨fig.⟩ *hungrige, gierige Personen* □ **boca;** er hat sechs hungrige Mäuler zu Hause, zu stopfen □ ***ele tem em casa seis bocas para alimentar 2.2.2** jmdm. Honig ums ~ schmieren ⟨fig.⟩ *schmeicheln* □ ***jogar confete em alguém; adoçar a boca de alguém 2.2.3** eine gebratene Taube fliegt keinem ins ~ ⟨Sprichw.⟩ *man muss sich alles erarbeiten, es wird einem nichts geschenkt* □ ***as coisas não caem do céu 2.3** *Mund (in seiner mimischen Ausdrucksfähigkeit), Gesicht* **2.3.1** das ~ hängen lassen ⟨a. fig.⟩ *mürrisch, verdrießlich sein, ein mürrisches Gesicht ziehen* □ ***amuar-se 2.3.2** ein schiefes ~ ziehen ⟨a. fig.⟩ *ein mürrisches, entäuschtes od. unzufriedenes Gesicht machen* □ ***fazer cara de quem comeu e não gostou 3** *maulartige Öffnung von Werkzeugen (Zange, Schraubenschlüssel o. Ä.)* □ **boca**

Maul|esel ⟨m.; -s, -⟩ *Kreuzung von Pferdehengst u. Eselstute;* Sy *Maultier* □ **muar; burro**

Maul|korb ⟨m.; -(e)s, -kör|be⟩ **1** *aus Lederriemchen netzartig geflochtene Haube, die bissigen Hunden, Pferden od. Ochsen übers Maul gebunden wird* □ **focinheira; açaimo 2** *dem Volke einen ~ anlegen* ⟨fig.; umg.⟩ *das Recht zur freien Meinungsäußerung einschränken* □ ***amordaçar o povo**

Maul|tier ⟨n.; -(e)s, -e⟩ *Kreuzung zwischen Eselhengst u. Pferdestute;* Sy *Maulesel* □ **muar; burro**

Maul|wurf ⟨m.; -(e)s, -wür|fe; Zool.⟩ *Angehöriger einer Familie der Insektenfresser mit walzenförmigem Körper,* kurzem, dichtem Pelz, zurückgebildeten Augen u. schaufelförmigen Beinen zum Graben: Talpidae □ **toupeira**

maun|zen ⟨V. 400⟩ *klägliche Laute von sich geben, miauen;* die kleinen Kätzchen maunzten nach ihrer Mutter □ **gemer; miar**

Mau|rer ⟨m.; -s, -; Berufsbez.⟩ **1** *Handwerker, der Mauerwerk herstellt* □ **pedreiro 1.1** *pünktlich wie die ~* ⟨umg.; scherzh.⟩ *überaus pünktlich, auf die Minute genau* □ ***(ser) de uma pontualidade britânica 2** ⟨unz.⟩ *Lehrberuf mit dreijähriger Lehrzeit* □ **pedreiro**

Maus ⟨f.; -, Mäu|se⟩ **1** *kleines, meist graues Nagetier mit spitzer Schnauze, nackten Ohren u. langem Schwanz, Hausmaus: Mus musculus;* Mäuse knabbern, nagen, pfeifen, piepen, rascheln; flink, still wie eine ~ □ **camundongo;** weiße Mäuse sehen (im Delirium) □ ***ver coisas/fantasmas; delirar 1.1** wie eine gebadete ~ *völlig durchnässt* □ ***como um pinto molhado; encharcado 1.2** mit jmdm. spielen wie die Katze mit der ~ *jmdn. auf unfaire Weise über eine Entscheidung im Unklaren lassen* □ ***embromar/enrolar alguém 1.3** da beißt die ~ keinen Faden ab ⟨fig.; umg.⟩ *da hilft nun alles nichts, es muss sein, ist unumgänglich* □ ***não há o que fazer a respeito 1.4** ⟨i. w. S.; Zool.⟩ *Angehörige einer Unterfamilie der Mäuseartigen mit spitzen Schnauzen u. langen Schwänzen, Echte Mäuse: Murinae* □ **muríneos;** → a. *Berg(1.6), Katze(3.3 u. 3.7), Mann[1] (4.10), Speck(2.1)* **2** ⟨Kosewort für⟩ *Kindchen, kleines Mädchen* □ **docinho; bonequinha 3** *die weißen Mäuse* ⟨fig.; scherzh.⟩ *Verkehrspolizisten (wegen ihrer weißen Mäntel), (od. in der Schweiz) die weißen Polizeiautos* □ ***os guardas de trânsito; as viaturas de polícia 4** *Handballen* □ **tênar 5** = *Kugel(4)* **6** ⟨EDV⟩ *kleines, rollbares Eingabegerät, dessen Bewegungen auf einer Arbeitsplatte in Markierungen auf dem Bildschirm umgesetzt werden die ~(taste) betätigen* □ **mouse**

mau|scheln ⟨V. 400⟩ **1** *jiddisch sprechen* □ **falar iídiche 1.1** ⟨fig.⟩ *unverständlich reden* □ **falar de maneira incompreensível 2** ⟨abwertend⟩ *undurchsichtige Geschäfte betreiben* □ **fazer negócios escusos 3** ⟨Kart.⟩ *Mauscheln spielen* □ **jogar** *Mauscheln*

Mäus|chen ⟨n.; -s, -⟩ **1** *kleine Maus* □ **camundongo; ratinho;** still wie ein ~ sein, sich verhalten □ ***ficar quietinho; não dar um pio 1.1** da möchte ich ~ sein, spielen ⟨fig.; umg.⟩ *da möchte ich im Verborgenen dabei sein* □ ***eu queria ser um mosquitinho (para ver/presenciar uma cena) 2** ⟨umg.⟩ **2.1** *freier Gelenkkörper in einem Gelenk* □ **corpo livre 2.2** *sehr schmerzempfindliches unteres Ende des Gelenks am Oberarmknochen* □ **nervo ulnar 3** ⟨Kosewort für⟩ *Kindchen, (kleines) Mädchen* □ **docinho; bonequinha**

mau|sen ⟨V.⟩ **1** ⟨500⟩ *etwas ~* ⟨umg.; mildernd⟩ *stehlen;* er hat Äpfel gemaust □ **afanar; passar a mão em 2** ⟨400⟩ *ein Tier maust* ⟨veraltet⟩ *fängt ein anderes T.* □ **capturar; caçar;** → a. *Katze(3.2)*

Mau|ser ⟨f.; -; unz.⟩ *Federwechsel der Vögel;* Frühjahrs~, Herbst~ □ **muda**

mau|sern ⟨V.⟩ **1** ⟨402/Vr 5⟩ *ein Vogel mausert* **(sich)** *wechselt das Federkleid;* Kraniche mausern (sich) im

Herbst; der Kanarienvogel hat sich gemausert ☐ **fazer a muda 2** ⟨505/Vr 3⟩ **sich (zu etwas) ~** ⟨fig.⟩ *sich zu seinem Vorteil (zu etwas) entwickeln;* der Junge hat sich in den letzten 2 Jahren ganz schön gemausert ☐ **mudar (para melhor); desenvolver-se**

ma|xi|mal ⟨Adj.⟩ *sehr groß, größt..., höchst...;* Ggs *minimal;* ~e *Forderungen, Ansprüche;* die Vorstellung dauert ~ 3 Stunden ☐ **(no) máximo**

Ma|xi|mum ⟨n.; -s, -xi|ma⟩ *größter Wert, Höchstwert;* Ggs *Minimum(1)* ☐ **máximo**

Ma|yon|nai|se ⟨[majonɛ:zə] f.; -, -n⟩ = **Majonäse**

Mä|zen ⟨m.; -s, -e⟩ *Gönner, Förderer von Künstlern* ☐ **mecenas**

Mä|ze|na|tin ⟨f.; -, -tin|nen⟩ *weibl. Mäzen* ☐ **mecenas**

Mä|ze|nin ⟨f.; -, -nin|nen⟩ *weibl. Mäzen* ☐ **mecenas**

Ma|zur|ka ⟨[-zur-] f.; -, -s od. -zur|ken [-zur-]; Mus.⟩ = *Masurka*

Me|cha|nik ⟨f.; -, -en⟩ **1** ⟨unz.⟩ *Lehre von den Kräften, den Bewegungen, die sie hervorrufen, u. ihren Wirkungen auf starre u. deformierbare Körper* **2** *Triebwerk, Getriebe, Mechanismus* ☐ **mecânica**

Me|cha|ni|ker ⟨m.; -s, -⟩ **1** *Facharbeiter, der kleinere Maschinen od. Geräte herstellt u. instand hält (Fein~)* **2** *Lehrberuf des Handwerks mit dreijähriger Ausbildungszeit* ☐ **mecânico**

Me|cha|ni|ke|rin ⟨f.; -, -rin|nen⟩ *weibl. Mechaniker* ☐ **mecânica**

me|cha|nisch ⟨Adj.⟩ **1** ⟨24⟩ *auf der Mechanik beruhend* **2** ⟨24⟩ *von einer Maschine angetrieben u. bewirkt;* etwas im ~en *Verfahren herstellen;* der ~e *Webstuhl hat den Handwebstuhl verdrängt;* eine *Ware* ~ *herstellen* ☐ **mecânico; mecanicamente** 2.1 ~es *Klavier K., das automatisch gesteuert wird* → ***pianola**; Sy *elektrisches Klavier,* → *elektrisch(2.6)* **3** ⟨50; fig.⟩ *unwillkürlich, gedankenlos, zwangsläufig, durch Einfluss äußerer Kräfte veranlasst;* sie arbeitet mir viel zu ~ 3.1 etwas ~ **ablesen,** *aufsagen teilnahmslos, ohne Ausdruck* 3.2 etwas ~ **abschreiben** *ohne dabei mitzudenken, so dass man auch die Fehler gedankenlos abschreibt* ☐ **mecanicamente**

Me|cha|nis|mus ⟨m.; -, -nis|men⟩ **1** *Triebwerk, Getriebe* **2** ⟨fig.⟩ *unwillkürlicher, zwangsläufig ablaufender Vorgang* ☐ **mecanismo**

me|ckern ⟨V. 400⟩ **1** *helle, kurze Laute wie die Ziege von sich geben* ☐ **balar; berregar 2** ⟨fig.; umg.⟩ *in kurzen, hellen Tönen lachen* ☐ **dar risadinhas 3** ⟨410; fig.; umg.; abwertend⟩ *an allem etwas auszusetzen haben, nörgeln;* du hast immer etwas zu ~!; er meckert ständig über das Essen ☐ **reclamar**

Me|dail|le ⟨[-daljə] f.; -, -n⟩ **1** *Gedenk-, Schaumünze ohne Geldwert mit figürlicher Darstellung od. Inschrift; Rettungs-;* eine ~ *gießen, prägen, schlagen lassen;* die olympischen ~en; die bronzene, silberne, goldene ~ 1.1 *damit kannst du dir keine* ~ *erringen* ⟨iron.⟩ *dein Verhalten gereicht dir nicht zur Ehre* **2** die **Kehrseite** der ~ ⟨fig.⟩ *die unangenehme Seite der Angelegenheit* ☐ **medalha**

Me|dail|lon ⟨[-daljɔ̃:] od. [-daljɔŋ] n.; -s, -s⟩ **1** ⟨Arch.; Kunst⟩ *rundes od. ovales gerahmtes Ornament, Schmuckbild* **2** *(an einer Kette getragene) kleine Schmuckkapsel mit einem Bildnis* **3** *kleines, rund od. oval geschnittenes Stück Fleisch (bes. vom Filet);* Schweine~, Kalbs~ ☐ **medalhão**

Me|di|ka|ment ⟨n.; -(e)s, -e⟩ *Stoff, der zur Verhütung u. Behandlung von Krankheiten u. Schmerzen dient, Arzneimittel* ☐ **medicamento**

Me|di|ta|ti|on ⟨f.; -, -en⟩ **1** ⟨Rel.; Psych.⟩ *innere Versunkenheit, Kontemplation;* religiöse, mystische ~ **2** ⟨geh.⟩ *sinnende Betrachtung, langes u. tiefes Nachdenken;* sich in ~en über den Sinn des Lebens ergehen ☐ **meditação**

Me|di|um ⟨n.; -s, Me|di|en⟩ **1** *Mittel, Mittler, vermittelndes Element;* das ~ *Musik* **2** *Mittel, das Lehrstoffe, Informationen, Verständigung, Kultur, Unterhaltung u. Ä. vermittelt;* das ~ *Buch, Internet, Zeitung, Telefon* ☐ **meio (de expressão/comunicação)** 2.1 *eines der großen Mittel, das Nachrichten, Informationen, Kultur u. Unterhaltung vermittelt (Fernsehen, Rundfunk, Presse, Film, CD, Internet);* Massen~ ☐ **mídia; meio de comunicação 3** ⟨Phys.⟩ *Substanz, in der sich physikalische Vorgänge abspielen* ☐ **meio 4** ⟨Okk.⟩ *Person, die angeblich Informationen aus dem Überirdischen empfängt* ☐ **médium 5** ⟨Gramm.⟩ *der reflexiven Form entsprechende Aktionsform des Verbums, bei der sich das Geschehen auf das Subjekt bezieht, z. B. im Griechischen* ☐ **médio**

Me|di|zin ⟨f.; -, -en⟩ **1** ⟨unz.⟩ *die Wissenschaft vom kranken u. gesunden Menschen, von seiner Gesunderhaltung u. von den Krankheiten u. ihrer Heilung, Heilkunde;* gerichtliche, innere ~ ☐ **medicina 2** ⟨umg.⟩ *Heilmittel, Arznei;* seine ~ *nehmen;* eine bittere ~ ☐ **remédio**

Meer ⟨n.; -(e)s, -e⟩ **1** *die Gesamtheit der zusammenhängenden Wassermasse auf der Erdoberfläche;* Welt~ ☐ **oceano** 1.1 *die Sonne stieg aus, über dem* ~ *auf* ⟨fig.⟩ *ging am Meereshorizont auf* 1.2 *die Sonne versank im, ins* ~ ⟨fig.⟩ *ging am Meereshorizont unter* ☐ **mar** 1.3 *das* ~ *hat keine Balken* ⟨umg.⟩ *bietet keinen festen Halt, keine Sicherheit* ☐ ***o mar é traiçoeiro* 2** *Ozean, größere Wasserfläche;* Binnen~; Rotes ~; das unendliche, weite ~; das aufgewühlte, bewegte, glatte, stille, stürmische, tosende, wogende ~; auf dem ~ *fahren, schwimmen, segeln, steuern;* das Schiff schwimmt auf dem ~, das Schiff fährt übers ~; diesseits, jenseits des ~es; 1000 m über dem ~ *liegen* **3** ⟨fig.⟩ *ungeheuer große Menge;* Häuser~, Lichter~; ein ~ von Blut, Tränen; ein unübersehbares ~ von Häusern; ein ~ von Irrtümern, Missverständnissen; ein ~ von Licht, Tönen; der Krieg hatte die Stadt in ein ~ von Trümmern verwandelt ☐ **mar**

Mee|res|spie|gel ⟨m.; -s; unz.⟩ *der mittlere Wasserstand des Meeres als Grundlage für Höhenmessungen auf dem Festland;* über dem ~ ⟨Abk.: ü. M.⟩; unter dem ~ ⟨Abk.: u. M.⟩ ☐ **nível do mar**

Meer|ret|tich ⟨m.; -(e)s, -e; Bot.⟩ *Kreuzblütler, dessen als Gewürz verwendete Wurzel Senföl enthält: Armoracia rusticana;* Sy ⟨süddt., österr.⟩ *Kren* ☐ **raiz-forte**

Meer|schaum ⟨m.; -(e)s; unz.; Min.⟩ *für Tabakspfeifen u. Zigarettenspitzen verwendetes, in Kleinasien u.*

Meerschweinchen

Afrika vorkommendes, weißes od. graues Mineral, chem. wasserhaltiges Magnesiumsilikat ☐ **espuma-do-mar; sepiolita**

Meer|schwein|chen ⟨n.; -s, -; Zool.⟩ *Nagetier, das in vielen Formen als Haustier sowie als Versuchstier in Medizin u. Biologie gezüchtet wird: Cavia aperea porcellus* ☐ **porquinho-da-índia**

Mee|ting ⟨[miː-] n.; -s, -s⟩ **1** *Treffen, Zusammenkunft;* ein ~ der Parteiführer; an einem ~ teilnehmen **1.1** ⟨bes. Sp.⟩ *mehrtägige Veranstaltung* ☐ **encontro; reunião**

me|ga..., Me|ga... ⟨in Zus.⟩ **1** *groß..., Groß...;* Megavolt, Megahertz **2** ⟨umg.; salopp⟩ *äußerst..., super..., Super...;* megaout, Megasound, Megastar

Me|ga|fon ⟨n.; -s, -e⟩ *(elektrisch verstärkter) großer Schalltrichter, Sprachrohr;* oV *Megaphon* ☐ **megafone**
Me|ga|lith ⟨m.; -(e)s -e⟩ *vorgeschichtliches Baudenkmal aus großen, unbehauenen Steinen;* ~grab ☐ **megálito**
Me|ga|phon ⟨n.; -s, -e⟩ = *Megafon*
Mehl ⟨n.; -(e)s, -e⟩ **1** *durch Zermahlen von Getreidekörnern entstehender Staub zur Herstellung von Brot;* Weizen~; Roggen~ ☐ **farinha 2** *durch Zermahlen fester Körper entstehendes Pulver;* Holz~ ☐ ***serragem;** Stein~ ☐ ***pó de pedra**
mehr ⟨Adv.⟩ **1** ⟨Komparativ von⟩ *viel, sehr* **1.1** *in höherem Grade, in größerer Menge, Zahl;* in diesem Monat hatten wir ~ Ausgaben als Einnahmen; noch ~ Nachsicht, Verständnis kannst du nicht erwarten, verlangen; das kann er mit ~ Recht behaupten als du; ~ oder weniger hatte er Recht; nicht ~ und nicht weniger als ...; es waren ~ Kinder als Erwachsene da; sie haben ~ Kinder als wir; es kamen viel ~ (Gäste), als ich erwartet hatte; ~ Freunde als Feinde; er redet ~, als er handelt; ich liebe niemanden ~ als ihn; du solltest dich ~ schonen; er hatte mich ~ als alle anderen davor gewarnt; du hast ~ als deine Pflicht, Schuldigkeit getan; er hat die Sache ~, als wir ahnten, durchschaut; ich habe ~, als ich erhoffte, erreicht; er fehlt mir ~ denn je; seine neue Stellung sagt ihm ~ zu als die vorige; nichts ist mir ~ zuwider als Heuchelei und Intoleranz ☐ **mais 1.1.1** = **als ...** *außerordentlich;* die Sache ist mir ~ als peinlich; das Ergebnis ist ~ als kläglich; das ist ~ als leichtsinnig, rücksichtslos gehandelt ☐ ***mais do que... 1.1.2** = *und* ~, **immer** ~ *in zunehmendem Maße;* ~ und ~ komme ich zu der Überzeugung ...; sie verlangt immer ~ von mir ☐ ***cada vez mais 1.1.3 je** ~ (... **desto**) *in umso größerer Menge, stärkerem Maße;* je ~, desto besser; je ~ Geld, desto ~ Sorgen ⟨Sprichw.⟩; je ~ er hat, je ~ er will ⟨Sprichw.⟩ ☐ ***quanto mais... (tanto...) 1.2** *ein weiteres, größeres Maß, eine größere Menge, Zahl;* zu ~ langt es nicht; dazu gehört ~; ~ kann ich nicht schaffen; er hat ~ für dich getan, als du ahnst; ~ als die Hälfte seines Vermögens; ~ als 12 dürfen es nicht sein; er verspricht gern ~, als er halten kann; ich kann ~ essen als du; demnächst ~ darüber, davon ☐ **mais 1.2.1** *es schmeckt nach* ~ ⟨umg.⟩ *so gut, dass man gerne noch weiter davon essen möchte* ☐ ***dá vontade de repetir 1.3** *zusätzlich, eine vorgegebene Menge, Zahl übertreffend;* er verdient 200 Euro ~; auf ein paar ~ oder weniger soll es mir nicht ankommen ☐ **(a) mais 2** *größer, bedeutender, wichtiger;* ~ sein als scheinen; er ist ~ als ich und bekommt ein höheres Gehalt ☐ **mais (importante) 2.1** ~ **sein (als)** ⟨umg.⟩ *eine höhere Position haben (als)* ☐ ***ser mais (do que) 3** *eher;* er ist ~ Künstler als Geschäftsmann; er ist ~ klug als schön; er war ~ tot als lebendig, als er auf dem Schiff den Sturm erlebte ⟨umg.; scherzh.⟩ ☐ **mais 3.1 umso** ~, **als** ... *zumal, besonders auch darum, weil;* der Vater verzieh seinem Sohn, umso ~, als er aufrichtig bereute ☐ ***tanto mais que... 4** *ferner, weiter, weiterhin;* es ist keiner, niemand ~ da; es besteht keine Hoffnung ~; wir haben keine Kinder ~ im Haus; ich habe keine Lust, Zeit ~; ich habe keine Wünsche ~; daran bin ich nicht ~ interessiert; da mache ich nicht ~ mit!; von dem Vermögen ist nichts ~ da, übrig; sie wohnt schon seit einem Jahr nicht ~ bei uns; was willst du ~?; Löhne und Preise steigen immer ~; bitte nicht ~!; er kommt nicht ~; ich sage nichts ~; ich möchte lieber einen Platz ~ nach der Mitte zu, ~ rechts ☐ **mais 4.1 nicht** ~ **können** *satt, erschöpft, überarbeitet sein, Ruhe, Entspannung brauchen;* ich kann nicht ~! ☐ ***não aguentar mais 4.2** *keinesfalls, nie* ~ *nicht noch einmal;* er will es nie ~ tun ☐ ***nunca mais 4.3 nur** ~ ⟨umg.⟩ *nur noch;* er war nicht zu verstehen, er konnte nur ~ lallen ☐ ***só 4.4 einmal** ~ *von neuem;* das beweist einmal ~, dass er nicht zuverlässig ist ☐ ***mais uma vez**

Mehr ⟨n.; -; unz.⟩ *Überschuss, Gewinn, Mehrheit, größere Menge;* ein ~ an Erfahrung besitzen ☐ **ganho;** ein ~ an Kosten verursachen ☐ **excedente; aumento;** ein ~ von 100 Stimmen ☐ **maioria;** das ~ oder Weniger ☐ **mais**

mehr|deu|tig ⟨Adj.⟩ *mehrere Deutungen zulassend u. dadurch missverständlich;* ein ~er Begriff, Satz; eine ~e Antwort geben ☐ **ambíguo; equívoco**

meh|ren ⟨V. 500; geh.⟩ **1** *etwas* ~ *vergrößern, wachsen, zunehmen lassen;* seinen Besitz, sein Vermögen ~ ☐ **aumentar 2** ⟨Vr 3⟩ **sich** ~ *sich vermehren;* seid fruchtbar und mehret euch (1. Buch Mose, 1,22); es mehren sich die Stimmen derer, die ... ☐ ***multiplicar-se**

meh|re|re ⟨nur Pl.; Indefinitpron. 10⟩ **1** *einige, ein paar, mehr als eine(r, -s) od. zwei, eine Anzahl;* ~ gute Arbeiten (starke Beugung des nachfolgenden Adj.); das Zustandekommen ~r guter Arbeiten; (im Gen. Pl. neben der starken gelegentl. noch schwache Beugung) ~r guten Arbeiten; ein Wort mit ~n Bedeutungen; den Gutachten ~r Gelehrter, (selten a.) ~r Gelehrten; die Arbeit nahm ~ Tage in Anspruch; hierzu gibt es ~ Meinungen; ~ (Mitglieder) stimmten dagegen, waren anderer Meinung; wir trafen uns ~ Male; eine Gleichung mit ~n Unbekannten ausrechnen ⟨Math.⟩ ☐ **vários; alguns 2** ~s *manches, mancherlei;* wir haben noch ~s zu tun, bevor wir abreisen ☐ **várias/algumas coisas**

mehr|fach ⟨Adj. 24/90⟩ **1** *mehr als ein- od. zweifach, öfter auftretend;* ein Schriftstück in ~er Ausfertigung; er hat in ~er Hinsicht Unrecht ☐ **diverso; vário; múltiplo;** die Kosten sind um das Mehrfache gestiegen, sind um das Mehrfache größer ☐ ***os custos mais do que duplicaram 2** wiederholt, mehrmalig;* der ~e deutsche Meister im 1000-Meter-Lauf **3** ⟨50; umg.⟩ *mehrmals;* ich bin in letzter Zeit ~ danach gefragt worden ☐ **várias/repetidas vezes**

Mehr|heit ⟨f.; -, -en⟩ *die größere Anzahl od. Menge aus einer Gesamtheit;* Sy Mehrzahl(1); → a. *absolut(1.5), relativ(1.5);* die ~ der Stimmen, des Volkes, der Wähler; die ~ besitzen, erringen, gewinnen, verlieren (im Parlament); die einfache ~; der Präsident wurde mit geringer, großer, knapper, überwältigender ~ wiedergewählt; die parlamentarische ~; er berief sich dabei auf die ~; die ~ der Stimmen auf sich vereinigen; ~sbeschluss ☐ **maioria**

mehr|heit|lich ⟨Adj. 24/90⟩ **1** *der Mehrheit entsprechend, auf ihre beruhend;* ein ~ getroffener Entschluss; ~e Entscheidung ☐ **majoritário** 1.1 *in der Mehrzahl;* die Teilnehmer wollten ~ den Wettkampf abbrechen ☐ **em sua maioria; majoritariamente 2** ⟨schweiz.⟩ *meistens, vor allem;* ~ die Jungen sind von dieser Entscheidung betroffen ☐ **sobretudo; em geral**

mehr|mals ⟨Adv.⟩ *mehr als zweimal, wiederholt, öfters;* er hat schon ~ angerufen ☐ **várias vezes**

Meh|rung ⟨f.; -; unz.⟩ *das Mehren, Vergrößerung, Bereicherung, Wachstum;* die ~ des Vermögens, des Besitzes ☐ **aumento**

Mehr|zahl ⟨f.; -; unz.⟩ **1** = Mehrheit; die ~ der Mitglieder war gegen den Vorschlag ☐ **maioria 2** ⟨Gramm.⟩ = Plural; Ggs Einzahl

mei|den ⟨V. 183/500/Vr 8; geh.⟩ **1** *jmdn. od. etwas ~ sich fernhalten von jmdn. od. etwas, jmdn. od. etwas aus dem Wege gehen, jmdn. od. etwas nicht zu treffen suchen;* er mied schlechte Gesellschaft, den Umgang mit ihm; sie haben sich lange Zeit gemieden ☐ **evitar;** was man nicht kann ~, das soll man willig leiden ⟨Sprichw.⟩ ☐ ***o que não tem remédio remediado está;** der Schlaf hat ihn die ganze Nacht gemieden ⟨fig.⟩ 1.1 *ein* Gericht, *ein* Getränk *~ es nicht essen bzw. trinken* 1.2 *einen* Ort *~ nicht aufsuchen;* die Stadt ~ ☐ **evitar**

Mei|le ⟨f.; -, -n⟩ **1** *Längenmaß verschiedener Größe (heute nur noch in den angelsächs. Ländern verwendet)* 1.1 englische ~ *1609 m* 1.2 geografische ~ *7420 m* 1.3 preußische ~ *7532 m* 1.4 römische ~ *1000 Doppelschritte* ☐ **milha;** → a. *Seemeile*

Mei|len|stein ⟨m.; -(e)s, -e⟩ **1** ⟨früher⟩ *Stein, der am Rande von Wegen u. Straßen die Entfernung angibt* ☐ **marco miliário 2** ⟨fig.⟩ *hervorragendes Ereignis, wichtiger Punkt;* ein ~ in der Geschichte ☐ **marco**

Mei|ler ⟨m.; -s, -⟩ **1** *mit Erde abgedeckter Holzstoß, in dem der Köhler Holz zu Holzkohle verschwelt, Kohlenmeiler* ☐ **carvoaria 2** ⟨kurz für⟩ *Kernreaktor* ☐ **reator nuclear**

mein[1] ⟨Possessivpron. 4; 1. Person Sg.⟩ **1** ~ Buch (usw.) *ich habe ein B. (usw.)* 1.1 *mir gehörend, aus meinem Eigentum od. Besitz stammend;* ~ Eigentum; ~ Hut, ~e Mütze, ~ Kopftuch; ~e Uhr; ~ Haus ☐ **meu** 1.1.1 *das* Meine/meine *mein Eigentum* ☐ ***o meu** 1.1.2 ⟨nur 1. u. 2. Person Sg.⟩ Mein und Dein *eigenes und fremdes Eigentum;* das Mein und Dein ☐ **meu;** Streit über Mein und Dein ☐ ***disputa por posses** 1.1.3 ⟨nur 1. u. 2. Person Sg.⟩ Mein und Dein *nicht unterscheiden können, verwechseln sich fremdes Eigentum aneignen, stehlen* ☐ ***não saber distinguir o próprio do alheio; pegar o que é dos outros** 1.2 *mit mir verwandt, bekannt, befreundet;* ~e Mutter, ~ Vater; ~e Kinder, Söhne, Töchter; einer ~er Freunde ☐ **meu** 1.2.1 *die* Meinen/meinen *meine (engen) Verwandten* ☐ ***os meus; a minha família** 1.3 *einen Teil von mir bildend;* ~e Arme, Beine 1.4 *von mir ausgehend, bei mir Ursprung habend;* ~ Einfluss; ~ Vertrauen; ~ Vorschlag; ~e Idee 1.5 *mir zukommend;* ~e Angelegenheit, ~e Aufgabe, ~ Verdienst, ~e Sorge ☐ **meu;** ich habe ~en schlechten Tag ☐ ***tive um dia ruim;** ich werde das Meine/meine tun ☐ ***vou fazer a minha parte** 2 *eine Eigenschaft von mir darstellend;* ~ Fleiß, ~ Können, ~e Ausdauer; ~ Rheuma 2.1 *mir zur Gewohnheit geworden;* ich rauche ~e 20 Zigaretten am Tag; ich will ~en Mittagsschlaf halten, ~e Arznei noch einnehmen, täglich ~e zwei Glas Wein trinken **3** *von mir getan;* ~e Arbeit, ~e Tätigkeit 3.1 *von mir verursacht;* ~e Schuld 3.2 *von mir vertreten, gerechtfertigt;* ~ Entschluss steht fest; ~e Fürsprache; ~e Ansicht, Meinung, Auffassung ☐ **meu;** ~es Erachtens (Abk.: m. E. (nur 1. Person Sg.)); nach ~em Erachten, nach ~er Meinung, ~er Meinung nach ☐ ***na minha opinião;** ~es Wissens ⟨Abk.: m. W. (nur 1. Person Sg.)⟩ ☐ ***que eu saiba; pelo que sei** 3.3 *mir erwünscht;* ich bin mir ~es Sieges völlig sicher ☐ **meu** ~ Ein und Alles ☐ ***a única coisa que conta/importa para mim;** ich habe ~ Glück gemacht 3.4 *von mir benutzt;* ~ Zug, Bus; ~e Straßenbahn ☐ **meu 4** ⟨emotiv⟩ 4.1 *(Ausruf des Schreckens, Erstaunens);* (ei du) ~ Gott!; ei du ~! ⟨oberdt.⟩; ach du ~e Güte!; ~ Schreck! ☐ ***meu Deus!; santo Deus!** 4.2 ~e Damen und Herren! *(Anrede an ein größeres Publikum)* ☐ ∅ 4.3 ~ lieber Mann, ~e liebe ... *(Anrede in Briefen)* ☐ **meu** 4.4 ~ lieber Mann! ⟨umg.⟩ *(Ausruf des Erstaunens, der Bewunderung, Warnung)* ☐ ***pelo amor de Deus!**

mein[2] ⟨poet.; Gen. von⟩ *ich;* du gedenkst doch ~? ☐ ***você pensa em mim?**

Mein|eid ⟨m.; -(e)s, -e⟩ *vorsätzlich falscher Schwur od. falsche eidesstattliche Erklärung;* einen ~ leisten; jmdn. wegen ~s verurteilen ☐ **perjúrio**

mei|nen ⟨V. 500⟩ **1** *etwas ~ denken, annehmen, der Meinung sein, seine Meinung äußern, vermuten, für richtig halten;* er meint, dass es damit genug sei; er meint, es sei damit genug; man sollte ~, dass es damit genug sei; er meint, es sei das Beste für ihn; du meinst wohl das Richtige, du hast dich aber schlecht ausgedrückt ☐ **pensar; achar** 1.1 *das will ich ~! aber ganz bestimmt!, davon bin ich überzeugt!* ☐ ***é o que penso/acho!** 1.2 ⟨513⟩ ~ Sie das im Ernst? *sind Sie wirklich dieser Meinung?* ☐ ***está falando sério?**

1.3 was ~ Sie dazu? *was halten Sie davon, welche Meinung haben Sie darüber?* ☐ **pensar; achar 1.4** wenn Sie ~! *wenn es Ihnen recht ist, wenn Sie wollen* ☐ ***se quer assim!; se assim estiver bom para o senhor! 1.5** ⟨413⟩ ich meine nur so ⟨umg.⟩ *es war nur ein Vorschlag* ☐ ***foi só uma sugestão 1.6** er meint Wunder, was er kann ⟨umg.⟩ *er hält zu viel von sich selbst* ☐ ***ele se acha (o máximo) 2** jmdn. od. etwas ~ *von jmdm. od. etwas sprechen, an jmdn. od. etwas denken;* wen ~ Sie?; dich meine ich!; ich habe dich nicht gemeint; sie sprechen zwar von einem anderen, aber in Wirklichkeit ~ sie mich; Freiheit, die ich meine!; wen meinst du damit?; damit warst du gemeint ☐ **falar de; referir-se a; pensar em 2.1** ⟨550⟩ etwas mit etwas ~ *etwas mit etwas sagen wollen, etwas unter etwas verstehen;* was meinst du damit?; meint er mit seinem Beitrag, dass keine Aussicht auf Erfolg mehr besteht? ☐ **querer dizer 3** ⟨513⟩ eine **Sache** ~ *beabsichtigen, wollen* ☐ ***pretender/querer uma coisa;** war es so gemeint? ☐ ***era essa a intenção?;** es war gut gemeint (wenn es auch nicht den Anschein hat) ☐ ***a intenção foi boa (...);** ein gut gemeinter Rat ☐ ***um conselho bem-intencionado 3.1** er meint es nicht böse *er hat nichts Böses sagen od. tun wollen* ☐ ***ele não fez por mal 3.2** er meint es gut mit dir *er will dir etwas Gutes sagen od. tun* ☐ ***ele quer bem a você 3.3** er meint es ehrlich *er ist aufrichtig, er hat ehrliche Absichten* ☐ ***ele está sendo sincero; ele tem boas intenções 3.4** der junge Mann meint es nicht ehrlich mit ihr ⟨umg.⟩ *er liebt sie nicht, spielt nur mit ihr, wird sie nicht heiraten* ☐ ***o rapaz não quer nada sério com ela 3.5** der Chef hat es zu gut mit uns gemeint ⟨iron.; umg.⟩ *er hat uns zu viel Arbeit gegeben* ☐ ***o chefe gosta da gente 3.6** die Sonne, das Wetter meinte es gut mit uns ⟨umg.⟩ *die S. schien sehr warm, das W. war schön* ☐ ***tivemos sorte com o tempo 4** etwas ~ *sagen, bemerken;* „damit ist es genug", meinte er; „damit", meinte er, „ist es genug" ☐ **dizer; notar**

mei|ner ⟨Gen. von⟩ *ich;* sie können sich ~ nicht mehr erinnern ☐ ***eles já não conseguem se lembrar de mim**

mei|ner|seits ⟨Adv.⟩ **1** *von meiner Seite, von mir (aus);* ~ ist nichts einzuwenden ☐ **de minha parte 1.1** „ich freue mich, Sie kennenzulernen!" „Ganz ~!" ⟨förml.⟩ *das Vergnügen, die Freude ist auf meiner Seite!* ☐ ***prazer em conhecê-lo! o prazer é todo meu!**

mei|nes|glei|chen ⟨Indefinitpron.; indeklinabel⟩ *jmd. wie ich, meiner Art, meines Standes* ☐ **meu semelhante**

mei|net|we|gen ⟨Adv.⟩ **1** *um meinetwillen, für mich;* bemühe dich nicht ~! ☐ **por minha causa 2** ⟨umg.⟩ *ich habe nichts dagegen;* ~!; ☐ ~ kann er es haben ☐ **quanto a mim; por mim, tudo bem**

mei|net|wil|len ⟨Adv.⟩ um ~ *für mich, mir zuliebe* ☐ ***por minha causa; por mim**

mei|ni|ge ⟨substantiviertes Possessivpron.⟩ **1** *meine;* dieser Koffer ist der ~ **1.1** der, die, das Meinige/meinige *der, die, das Meine, das, was zu mir gehört* ☐ **meu 1.2** die Meinigen/meinigen *meine Familie, meine Angehörigen* ☐ ***os meus; minha família 1.3** ich werde das Meinige/meinige tun *meine Pflicht, das, was ich tun kann* ☐ **o que me cabe; minha obrigação**

Mei|nung ⟨f.; -, -en⟩ **1** *Ansicht, Anschauung, Standpunkt;* eine ~ äußern, durchsetzen, haben, kundgeben, sagen, verfechten, vertreten, vorbringen; er beharrt, besteht auf seiner ~; jmds. ~ beipflichten, beistimmen, zustimmen; von einer ~ abkommen; was geht mich die ~ der Leute an!; was ist Ihre ~?; das ist auch meine ~!; wir sind häufig verschiedener ~!; nach meiner ~ war das so; meiner ~ nach war das so; unsere ~en gehen auseinander, sind geteilt; er duldet keine andere ~; ganz meine ~!; die ~ der Allgemeinheit, der Leute, der Masse ☐ **opinião 1.1** du brauchst mit deiner ~ nicht hinter dem Berge zu halten *du kannst offen sagen, was du denkst* ☐ ***você não precisa esconder o que pensa/acha 1.2** wir könnten einmal unsere ~en darüber austauschen *wir könnten uns gegenseitig sagen, was wir darüber denken* ☐ ***poderíamos trocar umas ideias a respeito 1.3** der ~ sein *die Anschauung vertreten;* ich bin der ~, dass ... ☐ ***ser da opinião de que 1.4** einer ~ sein mit jmdm. *übereinstimmen mit jmdm.;* in dieser Frage bin ich mit dir einer ~ ☐ ***ser da mesma opinião de alguém; concordar com alguém;** → a. *öffentlich(1.2)* **2** *Urteil, Wertschätzung;* seine ~ ändern, aufgeben, fallenlassen; sich eine ~ von jmdm. od. etwas bilden; sich eine ~ über jmdn. od. etwas bilden; eine gute, hohe, schlechte ~ von jmdm. haben; ich habe keine, keine gute ~ von ihm; die öffentliche ~ befragen, erforschen, fürchten, missachten, verachten; in jmds. ~ sinken, steigen; er kümmert sich nicht um die ~ der anderen ☐ **opinião; julgamento; conceito 2.1** ich habe noch keine eigene ~ darüber *noch kein eigenes Urteil* ☐ **opinião; parecer 2.2** ich habe ihm gehörig die ~ gesagt *offen mein Missfallen ausgedrückt* ☐ ***eu lhe disse umas verdades**

Mei|se ⟨f.; -, -n; Zool.⟩ **1** *Angehörige einer in Europa, Asien u. Nordamerika vertretenen Familie kleiner, gewandter, buntgefiederter Singvögel: Paridae* ☐ **parídeo; chapim 1.1** er hat eine ~! ⟨fig.; umg.⟩ *er ist verrückt!* ☐ ***ele é doido!**

Mei|ßel ⟨m.; -s, -⟩ **1** *keilartig zugespitztes, geschärftes Werkzeug zur Bearbeitung von Stein, Metall u. Knochen;* ein Stück Marmor mit dem ~ bearbeiten; Stemm-~, Stoß-~ **2** die **Kunst** des ~s ⟨poet.⟩ *Bildhauerei* ☐ **cinzel**

mei|ßeln ⟨V.⟩ **1** ⟨400⟩ *mit dem Meißel arbeiten* **2** ⟨500⟩ etwas ~ *mit dem Meißel bearbeiten;* eine Statue ~ ☐ **cinzelar**

meist ⟨Adj.⟩ **1** ⟨90; Superlativ von⟩ *viel, sehr* **1.1** *den größten Anteil habend, die Mehrheit darstellend, sehr viel, sehr groß;* die ~en/Meisten denken, glauben, meinen, dass ...; in den ~en Fällen ist es so; er hat die ~en Stimmen erhalten; das ~e/Meiste hat er verschuldet; das ~e/Meiste davon habe ich wieder vergessen **1.1.1** die ~e Zeit ⟨umg.⟩ *fast die ganze Z.* ☐ **maioria; maior parte 1.2** am ~en *vor allem, mehr als alle;* ☐ ***o que mais; principalmente;** darüber habe

melden

ich mich am ~en gefreut □ *isso foi o que mais me deixou contente; er kann am ~en □ *ele é o que sabe mais 2 ⟨50⟩ = *meistens;* er kommt ~ erst gegen Abend; es sind ~ Schüler und Studenten □ geralmente; na maior parte das vezes

meist|bie|tend ⟨Adj. 24/90; in der Wendung⟩ etwas ~ verkaufen, versteigern *gegen das höchste Gebot* □ *vender/leiloar a quem oferece mais

meis|tens ⟨Adv.⟩ *im Allgemeinen, am häufigsten, fast immer, zum größten Teil;* oV *meist(2);* sie kommt ~ zu spät □ geralmente; na maior parte das vezes

Meis|ter ⟨m.; -s, -⟩ 1 *Handwerker, der nach der Gesellenzeit eine (staatliche) Prüfung abgelegt hat u. damit berechtigt ist, Lehrlinge anzuleiten;* bei einem ~ in der Lehre stehen □ **mestre-artesão** 1.1 seinen ~ machen ⟨umg.⟩ *die Meisterprüfung ablegen* □ *prestar o exame para mestre-artesão 2 großer Könner, hervorragender Fachmann;* er ist ein ~ der Feder, des Gesanges, Klavierspiels, Pinsels, der Sprache; du bist ein ~ im Verdrehen der Worte; Übung macht den ~ ⟨Sprichw.⟩ □ **mestre;** früh übt sich, was ein ~ werden will ⟨Sprichw.⟩ □ é cedo que se aprende/começa; es ist noch kein ~ vom Himmel gefallen (Sprichw.) □ *ninguém nasce sabendo 2.1 *in die Kunstgeschichte eingegangener Künstler;* der unbekannte ~ der schönen Madonnen; das Gemälde ist von einem alten niederländischen ~ □ **mestre** 2.2 *Sportler, der sich durch eine Höchstleistung ausgezeichnet hat, Mannschaft, die in einem Wettbewerb Sieger geworden ist;* der VfB Stuttgart ist Deutscher (Fußball-)~ der Saison 2006/2007; Groß~ (im Schach); Welt~ □ **campeão** 2.3 *Führer, Lehrer, Vorbild;* auf des ~s Worte hören, schwören; zu des ~s Füßen sitzen 2.3.1 *Herr* (als Anrede, z. B. der Jünger für Christus od. der Schüler für ihren Lehrer, bes. bei Künstlern) 3 *Gebieter, Vorgesetzter;* der Herr und ~ 3.1 ~ **mestre** *(weltlicher) Vorsteher eines Ritterordens;* Hoch~ □ *grão-mestre 3.2 *Vorsteher einer Freimaurerloge;* ~ vom Stuhl □ *mestre-maçom 4 *Beherrscher, Überwinder* 4.1 er hat seinen ~ gefunden *jmdn., der ihm überlegen ist* □ **mestre** 4.2 einer Sache ~ werden *sie beherrschen lernen* 4.3 ~ über etwas werden *etwas beherrschen lernen* □ *tornar-se mestre em alguma coisa 5 ⟨poet.⟩ *(Teil des Namens von Fabel- u. Märchengestalten)* 5.1 ~ Petz *der Bär* 5.2 ~ Lampe *der Hase* 5.3 ~ Urian *der Teufel* 5.4 der rote ~ *der Henker* 5.5 ~ Knieriem, Pfriem *der Schuhmacher* 5.6 ~ Zwirn *der Schneider* □ **mestre**

meis|ter|haft ⟨Adj.⟩ 1 *vorbildlich, vortrefflich, vollkommen, wie ein Meister;* etwas ~ können, beherrschen; er tanzt, singt, spielt ~ □ **com mestria** 2 *wie von einem Meister;* ein ~es Bild, Werk; wir hörten eine ~e Interpretation dieser Synfonie □ **magistral**

Meis|te|rin ⟨f.; -, -rin|nen⟩ *weibl. Meister* □ **mestra**

meis|tern ⟨V. 500; ich meistere od. meistre; geh.⟩ 1 etwas ~ *etwas gut bezwingen, überwinden, beherrschen;* eine Arbeit, Aufgabe, Schwierigkeiten ~; jeder muss sein Leben ~; seinen Zorn ~ □ dominar; controlar

Meis|ter|schaft ⟨f.; -, -en⟩ 1 ⟨unz.⟩ *gute Beherrschung, großes, ausgereiftes Können, vorbildl., vollkommene, überlegene Leistung;* er spielte mit bewundernswerter, gewohnter, unerreichter, vollendeter ~; seine ~ auf diesem Gebiet ist unbestritten □ **mestria** 2 *sportliche Höchstleistung, Sieg im Wettkampf;* Ski~, Europa~, Welt~; die ~ (in einer Sportart) austragen, erringen, erstreben, erwerben, gewinnen, verlieren, verteidigen; bei den Wettkämpfen um die deutsche ~ im Eistanz kam es zu folgenden Ergebnissen... □ **campeonato**

meist|ge|hasst ⟨Adj.; Superlativ von⟩ *viel gehasst;* der ~e Mensch seiner Zeit □ **mais odiado**

Me|lan|cho|lie ⟨[-kɔ-] f.; -; unz.⟩ *Schwermut, Trübsinn, Traurigkeit;* in ~ versinken □ **melancolia**

me|lan|cho|lisch ⟨[-ko:-] Adj.⟩ *schwermütig, trübsinnig, traurig* □ **melancólico**

Me|lan|ge ⟨[-lã:ʒ(ə)] f.; -, -n⟩ 1 *Mischung, Gemisch (von Sorten, Farben u. Ä.)* □ **mistura** 2 ⟨österr.⟩ *Milchkaffee* □ **café com leite** 3 ⟨Textilw.⟩ *aus verschiedenen Fasern erzeugtes Garn* 3.1 *daraus hergestelltes Gewebe, Mischgewebe* □ **mescla**

mel|den ⟨V.⟩ 1 ⟨500⟩ etwas ~ *mitteilen, kundtun, Nachricht geben von etwas;* der Wetterbericht meldet ein herannahendes Sturmtief; wie unser Korrespondent aus London meldet ... □ **informar** 2 ⟨500⟩ *nennen, angeben* 2.1 jmdn. od. etwas ~ *anzeigen;* jmdn. wegen eines Vergehens ~; er hat den Unfall, Vorfall bereits gemeldet 2.2 ⟨Vr 7⟩ jmdn. ~ *(polizeilich, bei der Polizei) ~ anmelden* □ **notificar; denunciar** 2.3 jmdn. ~ *als Besuch ankündigen;* wen darf ich ~? (Frage an den Besucher im Vorzimmer) □ **anunciar** 2.3.1 ⟨Vr 3⟩ sich ~ *seine Anwesenheit anzeigen, sich vorstellen;* sich am Telefon ~; sich ~ lassen □ **apresentar-se; anunciar-se** 2.4 ⟨550⟩ jmdn. zu, für etwas ~ *zur Teilnahme anmelden;* zur, für die Prüfung wurden nur wenige Schüler gemeldet; der Verein meldete zwei Mannschaften für den Wettbewerb □ **inscrever** 2.4.1 ⟨Vr 3⟩ sich zu, für etwas ~ *sich zur Verfügung stellen, einer Sache (freiwillig) beitreten, sich anmelden;* sich zu einer Aufgabe, einem Dienst ~; er will sich freiwillig ~ (zum Wehrdienst); ich habe mich für den zweiten Lehrgang gemeldet □ **inscrever-se; apresentar-se; alistar-se** 2.5 ⟨Vr 3⟩ etwas meldet sich *macht sich bemerkbar;* das Alter, mein altes Leiden meldet sich 2.5.1 der Hunger, mein Magen meldet sich *ich verspüre H.* □ *manifestar-se 2.6 ⟨Vr 3⟩ sich ~ *(durch Handheben) ums Wort bitten (in der Schule);* die Schüler meldeten sich in der Unterrichtsstunde eifrig □ **levantar a mão** sich melden, zum Wort ~ *ele pede a palavra* 2.7 ⟨Vr 3⟩ sich ~ *sein Bedürfnis anzeigen (vom kleinen Kind);* der Säugling meldet sich durch Schreien, wenn er Hunger hat, wenn die Windeln nass sind □ *manifestar-se 2.8 ⟨Vr 3⟩ sich (bei jmdm.) ~ *jmdm. eine (telefonische, schriftliche) Nachricht geben, mit jmdm. Kontakt aufnehmen od. halten* □ *entrar em contato com alguém; dar notícias a alguém 3 ⟨500⟩ nichts zu ~ haben ⟨fig.; umg.⟩ *nichts zu bestimmen haben, ohne*

Meldung

Einfluss sein; du hast hier nichts zu ~; er hat zu Hause nichts zu ~ ☐ **não apitar nada; não ter que dar palpite* **4** ⟨400⟩ der **Hund** meldet *bellt, schlägt an, gibt Laut* ☐ **ladrar 5** ⟨400⟩ der **Hirsch** meldet ⟨Jägerspr.⟩ *stößt Brunftlaute aus* ☐ **bramir**

Mel|dung ⟨f.; -, -en⟩ **1** *dienstliche Mitteilung, offizielle Nachricht, öffentliche Bekanntmachung;* eine ~ *abfangen, auffangen, entgegennehmen, erhalten, erwarten, weiterleiten, zurückhalten;* eine ~ *bestätigen, dementieren, durchgeben, verbreiten;* eine aktuelle, amtliche, behördliche, offizielle, sensationelle, streng vertrauliche, wichtige ~; eine ~ jagte die andere; wir wiederholen eine wichtige ~; eine ~ aus New York; die neuesten ~en über die Lage im Katastrophengebiet; die letzten ~en von den Olympischen Spielen ☐ **informação; comunicado; mensagem 1.1** jmdm. eine ~ **machen** *jmdm. etwas melden* ☐ **informar alguém (de alguma coisa); comunicar a alguém (alguma coisa)* **2** *Mitteilung der Anwesenheit, Dienstbereitschaft, Teilnahme;* Gesund~ ☐ **notificação; declaração**; freiwillige ~en bitte an ...; es sind schon zahlreiche ~en (zur Teilnahme) eingegangen ☐ **inscrição; alistamento 2.1** *Wortmeldung* ☐ **pedir a palavra 3** *Anzeige;* es ist eine ~ bei der Dienststelle, Polizei eingegangen ☐ **denúncia; queixa**

mel|ken ⟨V. 184⟩ **1** ⟨500⟩ ein **Tier** ~ *einem Tier mittels Melkmaschine od. durch pressendes Streichen der Euterzitzen Milch entziehen, wegnehmen;* die Kuh, Ziege, Kamelstute, das Schaf ~; die Kühe müssen noch gemolken werden; auf diesem Hof wird seit langem elektrisch gemolken **1.1** jmdn. ~ ⟨fig.; umg.⟩ *jmdm. (ständig) Geld abnehmen, ihn ausplündern, ausbeuten;* sie haben ihn tüchtig gemolken ☐ **ordenhar 2** ⟨400⟩ ein **Tier** melkt *gibt Milch* ☐ **dar leite 2.1** eine ~de Kuh ⟨a. fig.; umg.⟩ *eine gute Einnahmequelle* ☐ **uma galinha dos ovos de ouro* **3** Milch ~ *durch Melken(1) gewinnen* ☐ **tirar leite;* frisch gemolkene Milch ☐ **leite recém-tirado*

Me|lo|die ⟨f.; -, -n; Mus.⟩ *in sich geschlossene, sangbare Folge von Tönen* ☐ **melodia**

me|lo|disch ⟨Adj.⟩ **1** *die Melodie betreffend, zu ihr gehörig* ☐ **melódico 1.1** *harmonisch, wohlklingend, melodiös* ☐ **melodioso; harmônico 1.2** ~e **Molltonleiter** *Molltonleiter, bei der die 6. u. 7. Stufe erhöht sind* ☐ **escala menor melódica;* Ggs *harmonische Molltonleiter,* → *harmonisch(1.2)*

Me|lo|ne ⟨f.; -, -n⟩ **1** *Kürbisgewächs mit saftigen Früchten, die roh genossen werden: Cucumis melo* ☐ **melão;** Zucker~ ☐ **melão Charentais,* Wasser~ ☐ **melancia,* Honig~ ☐ **melão amarelo* **2** ⟨umg.⟩ *steifer, runder Herrenhut* ☐ **chapéu-coco**

Mem|bran *auch:* **Memb|ran** ⟨f.; -, -en⟩ = *Membrane*

Mem|bra|ne *auch:* **Memb|ra|ne** ⟨f.; -, -n⟩ oV *Membran* **1** ⟨Phys.; Tech.⟩ *dünnes, schwingungsfähiges Blättchen aus Metall, Papier, Gummi zum Übertragen von Schallwellen;* Telefon~, Mikrofon~ ☐ **diafragma 2** ⟨Biol.⟩ *dünnes Häutchen, z. B. Zellwand, Trommelfell* ☐ **membrana**

Mem|me ⟨f.; -, -n; umg.; abwertend⟩ *ängstlicher, furchtsamer, feiger Mensch, Feigling;* du bist eine richtige ~! ☐ **covarde; cagão**

Me|moi|ren ⟨[-moarən] nur Pl.⟩ *Lebenserinnerungen;* er schreibt seine ~; zeitgeschichtlich interessante ~ ☐ **memórias**

Me|ne|te|kel ⟨n.; -s, -⟩ *(geheimnisvolles) warnendes Anzeichen drohender Gefahr od. eines bevorstehenden Unheils* ☐ **presságio funesto; sinal de advertência**

Men|ge ⟨f.; -, -n⟩ **1** *große Zahl, Fülle (von);* ich habe dort eine ~ Bekannte, Freunde, Kollegen getroffen; eine ~ Bilder, Bücher besitzen; von dort kann man eine ~ Lichter sehen ☐ **muitos;** zur Auktion waren Interessenten in großer ~ erschienen ☐ **quantidade;** die ~ muss es bringen ☐ **o benefício só vem com a quantidade;* wir haben eine ~ Arbeit; eine ~ Gold; eine ~ Goldes ⟨poet.⟩ ☐ **muito; uma boa quantidade de 1.1** eine ~ Volk hatte sich versammelt *viele Leute* ☐ **muita gente se aglomerou* **1.2** in ~n *in großer Zahl, Fülle;* Obst in ~n ernten; in ~n vorhanden sein ☐ **em grande quantidade;* in rauen ~n ⟨umg.⟩ ☐ **muito; pra caramba* **1.3** etwas die ~ haben ⟨umg.⟩ *in großer Zahl, Fülle;* er hat Geld die ~ ☐ **ele tem muito dinheiro* **1.4** ⟨umg.⟩ *viel;* er bildet sich eine ~ darauf ein; du musst noch eine ~ lernen; ich habe noch eine ~ zu tun ☐ **muito; muita coisa 2** *größere Gruppe (von Menschen), ungeordneter Haufen, Volk, Volksmasse;* Menschen~; die ausgelassene, begeisterte, bewegte, bunte, fröhliche, jubelnde, staunende, wartende ~; ein Raunen ging durch die ~; die ~ drängt sich vor dem Rathaus zusammen; die ~ der Schaulustigen schob sich langsam vorwärts; eine ~ neugieriger Menschen hatte sich angesammelt; ich konnte mich nur sehr mühsam durch die ~ hindurchzwängen ☐ **multidão; turba 2.1** Beifall der ~ ⟨a. fig.⟩ *die Zustimmung der Mehrheit* ☐ **maioria 3** *(bestimmte) Anzahl, Masse;* Stoff~; wir bitten um Angaben der ~n; wir haben nur sehr noch eine begrenzte ~ dieser Ware vorrätig ☐ **quantidade 4** ⟨Math.⟩ *Zusammenfassung von bestimmten verschiedenen Objekten zu einem Ganzen;* ~nlehre ☐ **conjunto**

men|gen ⟨V. 500⟩ **1** *etwas* ~ *mischen, vermischen, durcheinanderbringen;* den Teig ~; Wasser und Mehl zu einem Teig ~; Rosinen, Mandeln in, unter den Teig ~ ☐ **misturar 2** ⟨550/Vr 3⟩ *sich in etwas* ~ *sich (ungebeten) einmischen, sich um etwas kümmern, das einen nichts angeht;* meng dich nicht in fremde Angelegenheiten! ☐ **(intro)meter-se em alguma coisa; imiscuir-se em alguma coisa*

Me|nis|kus ⟨m.; -, -nis|ken⟩ **1** ⟨Anat.⟩ *scheibenförmiger Zwischenknorpel (bes. des Kniegelenks)* **2** ⟨Phys.⟩ *gewölbte Oberfläche einer Flüssigkeit in einer engen Röhre* **3** ⟨Opt.⟩ *Linse mit zwei nach derselben Seite gekrümmten Flächen* ☐ **menisco**

Men|sa ⟨f.; -, Men|sen⟩ *einer Kantine ähnliche Einrichtung an Hochschulen od. Universitäten, in der die Studenten u. Hochschulangehörigen verbilligt essen können* ☐ **refeitório; bandejão**

Mensch¹ ⟨m.; -en, -en⟩ **1** *menschliches Wesen (in seinen körperlichen, geistigen sowie gesellschaftlichen Gegebenheiten);* alle ~en □ **todo o mundo;* jeder ~ hat seine Fehler □ **todo o mundo tem seus defeitos;* man muss die ~en nehmen, wie sie sind □ *pessoa;* ~, ärgere dich nicht! ⟨umg.; a. Gesellschaftsspiel⟩ □ *cara; meu;* der ~ denkt und Gott lenkt ⟨Sprichw.⟩ □ **o homem põe e Deus dispõe;* des ~en Wille ist sein Himmelreich ⟨Sprichw.⟩ □ **o que é de gosto regala a vida* 1.1 der ~ braucht das *jeder* □ *todo o mundo* 1.2 einen gesitteten ~en aus jmdm. machen *jmdn. erziehen, Anstand lehren* □ **ensinar bons modos a alguém* 1.3 du benimmst dich wie der erste ~! ⟨umg.; scherzh.⟩ *völlig unbeholfen, unerfahren* □ **você se comporta como um selvagem!* 1.4 an Gott und den ~en zweifeln *völlig verzweifelt sein* □ **não confiar em ninguém* 1.5 ist das noch ein ~? *wie kann man nur so unmenschlich sein!* □ **isso é gente?* 1.6 *Persönlichkeit;* er ist ein anderer ~ geworden; den alten ~en ablegen, einen neuen ~en anziehen (nach dem Epheserbrief, 4,22 - 24) □ *pessoa; homem* 1.7 er ist auch **nur** ein ~ *er kann auch nicht mehr leisten, als in seinen Kräften liegt, er ist auch nicht ohne Fehler* □ *ser humano* 1.8 von ~ zu ~ mit jmdm. sprechen *ohne konventionelle Schranken* □ **falar com alguém de homem para homem/de mulher para mulher* 1.9 des ~en **Sohn** *Christus, wie er sich selbst genannt hat* □ *homem* 1.10 kein ~ *niemand;* das konnte ja wirklich kein ~ ahnen; ein ~ muss müssen (Lessing; bes. als Antwort auf eine Aufforderung) □ **ninguém* 1.11 welcher ~ ...? *wer?;* welcher ~ vermag das! □ **quem;* → a. *äußere(r, -s)* (1.4), *erste(r, -s)* (2.6), *innere(r, -s)* (3.1), *halb* (7.4), *Seele* (4), *unter* (2.6) **2** *Person, Mann, Frau;* ein anmaßender, anständiger, bescheidener, boshafter, egoistischer, ehrlicher, gut erzogener, hilfsbereiter, steifstloser, solider, strebsamer, ungeschliffener, zuverlässiger ~; ein eigensinniger, freundlicher, gezierter, netter, natürlicher, steifer, unscheinbarer ~; ein geistreicher, gescheiter, kluger, langweiliger, schlagfertiger, witziger ~; ein ängstlicher, furchtloser, tapferer, tatkräftiger, unerschrockener, unternehmungslustiger ~; ein guter ~, aber ein schlechter Künstler, Maler, Musiker, Sänger (um ein ungünstiges Urteil über künstler. Fähigkeiten zu mildern); als alter, junger ~ urteilt man ...; einen ~en betrügen, bewundern, hintergehen, lieben, schätzen, verachten, verehren; einem ~en glauben, misstrauen, vertrauen, sich auf einen ~en (nicht) verlassen können; für einen ~en Achtung, Liebe, Verehrung, Zuneigung empfinden; sich für einen ~en einsetzen; den Umgang mit anderen ~en meiden, suchen □ *pessoa;* dieser junge ~ bildet sich viel darauf ein □ **esse jovem se vangloria muito;* sehet, welch ein ~! (Joh. 19,5) □ *homem* **3** ⟨umg.⟩ *(grobe, scheltende Anrede);* ~, hör damit auf! □ *cara; meu;* ~ Meier! (Ausruf des Erstaunens) □ **caramba!; minha nossa!* **4** ⟨Getrennt- u. Zusammenschreibung⟩ 4.1 ~en verachtend = *menschenverachtend*

Mensch² ⟨n.; -(e)s, -er; umg.; bes. oberdt.; meist abwertend⟩ *weibl. Person* □ *dona*

men|schen|mög|lich ⟨Adj. 26/70⟩ *für einen Menschen möglich, von einem Menschen durchführbar, in seiner Macht stehend;* wir haben alle ~en Anstrengungen unternommen; sie haben alles Menschenmögliche versucht; er hat das Menschenmögliche, sein Menschenmöglichstes getan; das ist nicht ~! □ *humanamente possível; todo o possível*

Men|schen|recht ⟨n.; -(e)s, -e⟩ *angeborenes, unveräußerliches u. unverletzliches Recht des Menschen auf freie Bewegung u. Betätigung gegenüber dem Staat;* die Allgemeine Erklärung der ~e (10. 12. 1948); die ~e verteidigen, wahren; für die ~e eintreten, kämpfen; gegen die ~e verstoßen □ *direito humano*

Men|schen|schlag ⟨m.; -(e)s; unz.⟩ *Gruppe von Menschen mit gemeinsamen Wesenszügen, die für die Bewohner einer bestimmten Region als typisch gelten;* ein heiterer, schwerfälliger ~ □ *raça/espécie humana*

men|schen|ver|ach|tend *auch:* Men|schen ver|ach|tend ⟨Adj.⟩ *die Menschen od. die Menschenwürde verachtend;* eine ~e Einstellung, Bemerkung □ *misantropo*

Men|schen|werk ⟨n.; -(e)s, -e; Pl. selten⟩ *mit unvermeidlichen Schwächen, Unzulänglichkeiten behaftetes Werk des Menschen;* alles ~ ist vergänglich □ *obra humana*

Mensch|heit ⟨f.; -; unz.⟩ **1** *die Gesamtheit der Menschen, das Menschengeschlecht;* die Entwicklung, Geschichte der ~; die Pest war eine Geißel der ~; eine Erfindung zum Wohle der ~; die Gefahr für die ~; sich Verdienste um die ~ erwerben; der Abschaum, Auswurf der ~; im Namen der ~ **2** ⟨veraltet⟩ *das Menschsein, die menschliche Natur, Menschlichkeit;* die ~ selbst ist eine Würde (Kant) □ *humanidade*

mensch|lich ⟨Adj.⟩ **1** *den Menschen betreffend, zu ihm gehörig;* die ~e Ernährung, Gesellschaft, Gestalt, Natur; der ~e Geist, Körper; ~es Versagen ist schuld an dem Unglück **2** *dem Menschen, seiner Art, seinem Wesen gemäß;* eine liebenswürdige ~e Schwäche □ *humano;* nach ~em Ermessen □ **até onde se pode julgar;* nach ~er Voraussicht □ **até onde se pode prever;* das ist nur zu ~; Irren ist ~ ⟨Sprichw.⟩ □ *humano* 2.1 wenn mir etwas Menschliches zustößt ⟨umg.⟩ *wenn ich sterbe* □ **quando minha hora chegar* 2.2 es ist ihm etwas Menschliches passiert ⟨umg.⟩ *er musste dem Bedürfnis, sich zu entleeren, nachgeben, hat sich übergeben* □ **ele não conseguiu segurar (uma necessidade fisiológica)* **3** *die persönliche Art, Verhaltensweise (des Menschen) betreffend;* wenn ich sein Handeln auch nicht billigen kann, so kann ich es doch ~ verstehen; rein ~ gesehen; ~ hat er mich enttäuscht □ *como pessoa* **4** *zwischen den Menschen vorhanden;* nach göttlichem und ~em Recht; ~e Bindungen, Kontakte □ *humano* **5** *auf die Bedürfnisse des Mitmenschen gerichtet, verständnisvoll;* ~ handeln, sein; jmdn. ~e Behandlung zuteil werden lassen; ein ~er Zug inmitten der Gewalt; der Gefangene ist nicht ~ behandelt worden; ~ denken, fühlen □ *humano; com humanidade* 5.1 es ist nicht

Menstruation

mehr ~ zugegangen *die Grausamkeit triumphierte* □ *deixou de haver humanidade **5.2** eine ~e Regung fühlen *Mitgefühl haben* □ *ter compaixão **5.3** ein ~es Rühren verspüren *einen Anflug von Menschenfreundlichkeit, Wohlwollen* □ *ficar tocado/comovido **6** erträglich, annehmbar, ordentlich; die Bedingungen sind ~; endlich sieht es hier wieder ~ aus; ich muss das Zimmer erst wieder in einen ~en Zustand versetzen □ **aceitável; decente**

Mens|tru|a|ti|on *auch:* **Menstru|a|ti|on** ⟨f.; -, -en; Med.⟩ *die in etwa 28-tägigem Abstand erfolgende, mit einer Blutung einhergehende Abstoßung der Gebärmutterschleimhaut bei unbefruchteter Eizelle; Sy Periode(5), Regel(4), Monatsblutung* □ **menstruação**

Men|sur ⟨f.; -, -en⟩ **1** *Maß, Messung* □ **medição; mensura 2** ⟨Sp.⟩ *Abstand zweier Fechter voneinander* □ **distância 3** (früher) *studentischer Zweikampf mit Säbel od. Degen* □ **duelo entre estudantes 4** ⟨Mus.⟩ *um 1250 festgelegtes Maß, das die Verhältnisse der Notenwerte zueinander bestimmt* **5** *das Verhältnis zwischen den Maßen der einzelnen Musikinstrumente, z. B. Saitenlänge, Hals, Resonanzkörper bei Saiteninstrumenten* □ **mensura 6** ⟨Chem.⟩ *Glasgefäß mit Maßeinteilung zum Abmessen von Flüssigkeiten* □ **proveta**

men|tal ⟨Adj. 24; geh.⟩ *den Geist betreffend, von ihm stammend, verstandesmäßig;* ~e *Reife eines Kindes;* ~es *Training* □ **mental**

Men|ta|li|tät ⟨f.; -, -en⟩ *seelisch-geistige Einstellung* □ **mentalidade**

Men|thol ⟨n.; -s; unz.⟩ *Bestandteil des Pfefferminzöls, wird als Zusatz zu Kaugummis, Zigaretten, Zahnpasten u. a. verwendet* □ **mentol**

Men|tor ⟨m.; -s, -en⟩ **1** *Berater, Fürsprecher, Helfer* □ **mentor 2** *erfahrener Lehrer, der Studenten u. Referendare während ihrer Ausbildung an der Schule betreut* □ **orientador**

Me|nü ⟨n.; -s, -s⟩ **1** *festgelegte Speisenfolge* **2** *aus mehreren Gängen bestehendes Essen* **3** ⟨EDV⟩ *auf dem Bildschirm dargestellte Übersicht über die Funktionen des Programms, die dem Anwender für weitere Arbeitsschritte zur Verfügung stehen* □ **menu 4** ⟨schweiz.⟩ *Mahlzeit; warmes* ~ □ **refeição**

Me|nu|ett ⟨n.; -(e)s, -e; Mus.⟩ **1** *altfranzösischer Volkstanz im 3/4-Takt u. mäßigen Tempo* **1.1** (im 17. Jh.) *Hof- und Gesellschaftstanz* **2** ⟨Mus.⟩ *aus dem Menuett(1) hervorgegangener Teil der Suite, auch der Sonate, des Konzerts(2), der Sinfonie u. a.* □ **minueto**

Me|ri|di|an ⟨m.; -s, -e⟩ **1** ⟨Astron.⟩ *größter Kreis der Himmelskugel, der durch Nord- u. Südpunkt des Horizonts sowie durch Zenit u. Nadir geht u. auf den Horizont senkrecht steht* **2** *Großkreis auf der Erdkugel, der senkrecht auf dem Äquator steht u. durch beide Pole geht; Sy Längenkreis* □ **meridiano**

Me|rin|ge ⟨f.; -, -n⟩ = *Baiser*

mer|kan|til ⟨Adj. 24⟩ *kaufmännisch, den Handel betreffend, zu ihm gehörend, Handels...* □ **mercantil**

Merk|blatt ⟨n.; -(e)s, -blät|ter⟩ **1** *(gedrucktes) Blatt mit Erläuterungen (einer Verordnung u. Ä.); ein* ~ *zur Ver-* hütung von Infektionen; das ~ sorgfältig durchlesen □ **folheto com instruções 2** *Notizzettel* □ **lembrete**

mer|ken ⟨V.⟩ **1** ⟨500⟩ *etwas* ~ *gefühlsmäßig od. durch Beobachtung wahrnehmen, entdecken, erkennen, sich einer Sache bewusstwerden, auf etwas kommen, etwas spüren;* erst jetzt merke ich das, dass ...; das habe ich gar nicht gemerkt; ich merkte sofort die Absicht; man merkt, dass er ...; lass es keinen, niemanden ~; ich habe geschlafen und gar nichts von dem Gewitter gemerkt; hat er etwas gemerkt?; ich merkte sofort an seinem Benehmen, dass etwas vorgefallen war □ **perceber; notar 1.1** er merkt auch alles ⟨umg.⟩ *ihm entgeht nichts* □ *nada lhe escapa **1.2** merkst du was? ⟨umg.⟩ *erkennst du (endlich) die Absicht, die dahintersteckt?* □ *sacou? **1.3** wohlgemerkt! *darauf sei hingewiesen; wohlgemerkt, damit ist noch nichts entschieden* □ **que fique bem claro! 1.4** *sich etwas* ~ *lassen anmerken lassen;* er hat es sich doch ~ lassen, dass er gekränkt war; er war wütend, aber er ließ sich nichts ~; das darfst du dir, du darfst dir das nicht ~ lassen □ *deixar transparecer alguma coisa **2** ⟨530/Vr 1⟩ *sich jmdn. od. etwas* ~ *im Gedächtnis, im Auge behalten;* ich kann mir seinen Namen, deine Telefonnummer, diese Zahlen nicht ~; diese Namen sind leicht, schwer zu ~ □ *memorizar alguém ou alguma coisa **2.1** den Namen dieser jungen Schauspielerin wird man sich ~ müssen *diese junge S. hat eine große Karriere vor sich, sie wird noch von sich reden machen* □ *ainda vai-se ouvir falar muito no nome dessa jovem atriz **2.2** den Kerl werde ich mir ~ ⟨umg.⟩ *dem K. werde ich's noch vergelten* □ *esse sujeito ainda me paga **2.3** *sich etwas* ~ *sich nach etwas richten;* merken Sie sich das bitte für die Zukunft; merk dir das gefälligst! □ *lembrar-se de alguma coisa **3** ⟨800⟩ *auf etwas* ~ ⟨veraltet⟩ *auf etwas aufpassen, etwas beobachten, hinhören, bei der Sache sein;* er hatte nicht darauf gemerkt, was zu dieser Zeit anwesend war □ *prestar atenção em alguma coisa; notar alguma coisa **4** ⟨500⟩ *etwas* ~ ⟨oberdt.⟩ *aufschreiben, notieren* □ **anotar**

merk|lich ⟨Adj. 24⟩ *fühlbar, spürbar, wahrnehmbar, sichtlich, erheblich; eine* ~e *Veränderung* □ **perceptível; visível;** es hat sich ~ abgekühlt; die beiden sind ~ voneinander unterschieden □ **sensivelmente; visivelmente**

Merk|mal ⟨n.; -(e)s, -e⟩ *ein charakteristisches Zeichen od. eine charakteristische Eigenschaft, woran man eine Person od. Sache erkennen u. von anderen unterscheiden kann; ein* ~ *aufweisen, besitzen, haben; keine besonderen* ~e; *ein bezeichnendes, charakteristisches, hervorstechendes* ~ □ **característica; sinal característico**

merk|wür|dig ⟨Adj.⟩ **1** *Aufmerksamkeit erregend, eigenartig, verwunderlich, seltsam;* es war eine ~e Angelegenheit, Begebenheit, Geschichte; das ist aber ein ~es Verhältnis; er ist ein ~er Mensch; das finde ich ~; das ist aber ~! □ **notável; curioso; singular 1.1** *auffällig, verdächtig;* er benimmt sich so ~; was ist denn schon Merkwürdiges dabei, wenn ... □ **(de modo) estranho/esquisito**

Mes|mer ⟨m.; -s, -; schweiz.⟩ = *Mesner*
Mes|ner ⟨m.; -s, -⟩ *Kirchendiener;* oV *Mesmer, Messner* □ sacristão
Mess|be|cher ⟨m.; -s, -⟩ *meist durchsichtiger Becher mit Maßeinteilung zum Abmessen häufig gebrauchter Lebensmittel, bes. für Flüssigkeiten;* die Milch in den ~ geben □ copo medidor
Mess|die|ner ⟨m.; -s, -⟩ = *Ministrant*
Mes|se¹ ⟨f.; -, -n⟩ **1** ⟨kath. Kirche⟩ *tägliche liturgische Feier des Abendmahls;* die ~ besuchen, halten, hören, lesen, zelebrieren; Paris ist wohl eine ~ wert (Heinrich IV. von Frankreich); zur ~ dienen (als Ministrant) □ missa **1.1** stille ~ *ohne Gesang u. Orgelspiel, bei der der Priester den Text nur für sich spricht* □ *missa calada **2** *Musik zur feierlichen Ausgestaltung der Messe(1);* die Hohe ~ von Bach □ missa **3** *Industrieausstellung großen, oft internationalen Ausmaßes;* die Leipziger, Frankfurter ~; Buch~; an der ~ teilnehmen, auf der ~ (in Hannover) ausstellen □ feira **3.1** = *Jahrmarkt;* Frühjahrs~
Mes|se² ⟨f.; -, -n; auf Schiffen⟩ **1** *Aufenthalts- u. Speiseraum für Marineoffiziere* □ refeitório **2** *die in der Messe² (1) versammelten Personen* □ oficiais que se reúnem no refeitório
mes|sen ⟨V. 185/500⟩ **1** etwas ~ *in der Höhe, Breite, Länge, Zeitdauer, Beschleunigung, im Rauminhalt, Gewicht usw. zahlenmäßig bestimmen;* die Breite, Geschwindigkeit, Höhe, Größe, Länge, Luftfeuchtigkeit, Lufttemperatur, Meerestiefe, elektrische Spannung ~; die Schneiderin muss noch meine Halsweite ~; mit dem Bandmaß, der Elle, dem Hohlmaß, einem Zollstock ~; Flüssigkeiten misst man nach Litern; einen Stoff nach Metern ~; die Zeit des Laufs mit der Stoppuhr ~; die Temperatur des Kranken ~ □ medir **1.1** ⟨510⟩ eine Entfernung nur mit den Augen ~ *nur schätzen* □ *medir uma distância apenas a olho* **1.2** ich habe (der Länge nach) den Fußboden, die Straße gemessen ⟨umg.; scherzh.⟩ *ich bin hingefallen* □ *eu me estatelei no chão/na rua;* → a. *Maß¹ (1.2)* **2** ⟨516/Vr 8⟩ jmdn. mit den Augen, einem Blick ~ *scharf, prüfend, erstaunt ansehen;* die Gegner maßen einander mit abschätzenden Blicken; jmdn. mit strengem Blick von oben bis unten ~ □ medir **2,1** ⟨510⟩ jmdn. od. etwas an jmdm. od. etwas ~ *mit jmdm. od. etwas vergleichen (das als Maßstab dient);* an dir gemessen, leistet er wenig; gemessen an seinen Fähigkeiten, lassen die Leistungen des Schülers zu wünschen übrig □ *comparar alguém ou alguma coisa com alguém ou alguma coisa* **3** ⟨517/Vr 2⟩ sich mit jmdm. ~ *seine Kraft, Leistung an jmdm. erproben, im Vergleich mit jmdm. bestimmen* **3.1** er kann sich nicht mit ihm ~ *kommt ihm nicht gleich* □ *medir forças com alguém; comparar-se com alguém* **4** etwas ~ *ein bestimmtes Maß, eine bestimmte Größe haben;* der Tisch misst 1,50 m in der Länge; dieser Stoffrest misst 2 Meter □ medir
Mes|ser¹ ⟨m.; -s, -⟩ **1** *Gerät zum Messen;* Gas~, Druck~, Belichtungs~; Entfernungs~ □ medidor; indicador

2 *jmd., der etwas misst, Vermesser;* Land~, Feld~ □ *agrimensor
Mes|ser² ⟨n.; -s, -⟩ **1** *Werkzeug mit Griff u. einer fest stehenden od. einklappbaren Klinge zum Schneiden;* die Klinge, Schneide, Spitze, das Heft, der Rücken des ~s; ein ~ abziehen, schärfen, schleifen, wetzen; ein breites, kurzes, langes, rostfreies, rostiges, scharfes, spitzes, stumpfes, verchromtes ~; etwas mit dem ~ abschneiden, schneiden, zerkleinern □ faca; jmdm. ein ~ in den Leib jagen, rennen, stoßen ⟨umg.⟩ □ *meter/enfiar a faca em alguém; Taschen~, Busch~, Jagd~, Papier~; Klapp~, Rasier~; Brot~, Kuchen~ □ canivete; faca; navalha **1.1** jmdn. unter dem ~ haben ⟨fig.; umg.⟩ operieren □ *passar alguém na faca **1.2** ein Kampf bis aufs ~ ⟨fig.; umg.⟩ *ein sehr erbitterter K. ohne jede Rücksicht* □ *uma luta acirrada **1.3** jmdn. ans ~ liefern ⟨fig.; umg.⟩ *jmdn. durch Verrat zu Fall bringen, jmdn. dem Richter od. Henker ausliefern* □ *entregar alguém (ao inimigo) **1.4** jmdm. das ~ an die Kehle setzen ⟨fig.; umg.⟩ *jmdn. mit Gewalt od. Drohungen zwingen, etwas zu tun* □ *pôr a faca no pescoço de alguém **1.5** das ~ sitzt ihm an der Kehle ⟨fig.; umg.⟩ *er ist in höchster Geldnot* □ *ele está com a corda no pescoço **1.6** auf diesem ~ kann man reiten ⟨fig.; umg.⟩ *es ist stumpf, schneidet schlecht* □ *essa faca está cega **1.7** es steht auf des ~s Schneide ⟨fig.; umg.⟩ *der Ausgang ist noch ungewiss, steht dicht bevor (a. in Bezug auf eine Gefahr)* □ *estar por um fio **1.8** jmdm. (erst, selbst) das ~ in die Hand geben ⟨fig.; umg.⟩ *seinem Gegner selbst das Mittel (Argument) zur Vernichtung geben* □ *entregar o ouro ao bandido **2** *Maschinenteil zum Schneiden* □ lâmina
Mess|füh|ler ⟨m.; -s, -⟩ = *Sensor*
Mes|si|as ⟨m.; -; unz.⟩ **1** ⟨Rel.⟩ **1.1** ⟨im AT⟩ *der den Juden von Gott verheißene Erlöser* **1.2** ⟨im NT Beiname für⟩ *Jesus Christus* □ Messias **2** ⟨geh.⟩ *Erlöser, Heilsbringer, Erretter* □ messias
Mes|sing ⟨n.; -s, -e⟩ *rotgoldene bis silbergraue Legierung aus Kupfer u. Zink* □ latão
Mess|ner ⟨m.; -s, -⟩ = *Mesner*
Mes|ti|ze ⟨m.; -n, -n⟩ *Mischling zwischen Weißen u. Indianern* □ mestiço

me|ta..., Me|ta... ⟨in Zus.⟩ *nach, hintennach, hinter, zwischen, um..., über..., ver... (im Sinne einer Verwandlung);* metasprachlich, Metakritik, Metamorphose, Metaphysik

Me|tall ⟨n.; -s, -e⟩ **1** *mit Ausnahme des Quecksilbers bei Zimmertemperatur fester kristalliner Stoff, der einen charakteristischen Glanz u. hohes elektrisches u. Wärmeleitvermögen hat;* ~ bearbeiten, bohren, drehen, feilen, gießen, glühen, hämmern, härten, legieren, löten, schweißen, veredeln, walzen; edle ~e; flüssiges ~ in Formen gießen; gediegenes ~ □ metal → a. *gediegen(4)* **2** *eine Stimme mit viel, wenig ~ eine harte, weiche S.* □ *uma voz muito/pouco metálica* **3** ⟨Getrennt- u. Zusammenschreibung⟩ **3.1** ~ verarbeitend = metallverarbeitend

me|tal|lisch ⟨Adj.⟩ **1** ⟨70⟩ *aus Metall bestehend;* ein ~er Stromleiter; ~e Überzüge **2** *wie Metall, dem Metall ähnlich;* ~ glänzende Haare; ein Gegenstand von ~er Härte; ~er Glanz **3** ⟨fig.⟩ *hart, kräftig klingend;* etwas klingt, klirrt ~; eine ~e Stimme ☐ **metálico**

Me|tall|ur|gie *auch:* **Me|tal|lur|gie** ⟨f.; -; unz.⟩ *Lehre von der Gewinnung u. Verarbeitung der Metalle* ☐ **metalurgia**

me|tall|ver|ar|bei|tend *auch:* **Me|tall verarbeitend** ⟨Adj. 24/60⟩ *metallische Werkstoffe verarbeitend, sich mit der Verarbeitung von Metall befassend;* ~e Industrie ☐ **metalúrgico**

Me|ta|mor|pho|se ⟨f.; -, -n⟩ **1** ⟨Geol.⟩ *Umwandlung eines Gesteins in ein anderes* ☐ **metamorfismo 2** ⟨Zool.⟩ *Wandlung des jungen Tieres durch verschiedene äußere Stadien, ehe es die Form des erwachsenen Tieres annimmt,* z. B. Ei, Kaulquappe, Frosch **3** ⟨Bot.⟩ *Wandlung eines Organs aus einer andersartigen Anlage,* z. B. Dorn aus Laubblatt **4** ⟨Myth.⟩ *Verwandlung von Menschen in Tiere, Pflanzen, Quellen usw.* ☐ **metamorfose**

Me|ta|pher ⟨f.; -, -n; Rhet.⟩ *(bes. als Stilmittel verwendeter) bildhafter Ausdruck,* z. B. „Pfeil der Liebe", „Segler der Lüfte" ☐ **metáfora**

Me|ta|sta|se *auch:* **Me|tas|ta|se** ⟨f.; -, -n⟩ **1** ⟨Med.⟩ *an einer anderen Stelle des Körpers auftretender Ableger einer Geschwulst, Tochtergeschwulst* **2** *Redefigur, durch die der Redner die Verantwortung für eine Sache auf einen anderen überträgt* ☐ **metástase**

Me|te|or ⟨m. od. n.; -s, -e; Astron.⟩ *punkt- od. kugelförmiges Licht am Nachthimmel, verursacht durch einen aus dem Weltraum stammenden Körper, der in der Erdatmosphäre aufglüht;* Sy *Sternschnuppe* ☐ **meteoro**

Me|te|o|ro|lo|gie ⟨f.; -; unz.⟩ *Lehre u. Erforschung der Vorgänge in der Lufthülle der Erde* ☐ **meteorologia**

Me|ter ⟨n.7, umg. u. schweiz. m.7; -s, -; Zeichen: m⟩ *Längenmaß;* 100-, 3000-, 5000-~-Lauf; einen ~ je Sekunde; drei ~ Stoff; laufendes ~, laufenden ~s; die Mauer ist 20 ~ lang; eine Mauer von 20 ~ Länge, die Mauer von 20 ~(n); in einer Breite, Höhe, Länge von vier ~(n) ☐ **metro**

...me|ter ⟨in Zus.; zur Bildung von Subst.⟩ **1** ⟨n. od. m.; -s, -⟩ *Bezeichnung für das Längenmaß;* Kilo~, Zenti~ **2** ⟨n.; -s, -⟩ *Messgerät;* Chrono~, Hygro~ **3** ⟨m.; -s, -⟩ *jmd., der Messungen ausführt;* Geo~

me|ter|hoch ⟨Adj. 24⟩ **1** *ungefähr einen Meter od. mehr als einen Meter hoch* das Gras ist ~ ☐ **de/com um metro de altura 2** *sehr hoch;* meterhohe Wellen ☐ **muito alto**

Me|than ⟨n.; -s; unz.; Chem.⟩ *farb- u. geruchloses, bläulich brennendes Gas, das bei der Zersetzung von pflanzlichen Substanzen entsteht* ☐ **metano**

Me|tho|de ⟨f.; -, -n⟩ **1** *planmäßiges, folgerichtiges Verfahren, Vorgehen, Handeln;* Arbeits~, Lehr~; eine wissenschaftliche ~ anwenden, einführen, entwickeln; prüfen; eine erfolgreiche, fortschrittliche, neue, praktische, rückständige, veraltete, vielversprechende, zuverlässige ~; mit dieser ~ wirst du nichts erreichen, kommst du nicht voran; nach einer bestimmten ~ arbeiten 1.1 er hat ~ (in seiner Arbeit) *er geht planmäßig vor;* er hat ~ in diese Arbeit, dieses Unternehmen gebracht **2** *er hat so seine eigene ~* ⟨umg.⟩ *seine eigene Art im Handeln, das ist bei ihm so üblich* ☐ **método** 2.1 *was sind denn das für ~n?* ⟨umg.⟩ *eine solche Verhaltensweise bin ich nicht gewöhnt* ☐ ***que modos são esses?**

me|tho|disch ⟨Adj. 24⟩ **1** *auf einer bestimmten Methode beruhend* 1.1 *planmäßig, durchdacht, sinnvoll* ☐ **metódico; metodicamente**

Me|tro|po|le *auch:* **Met|ro|po|le** ⟨f.; -, -n⟩ **1** = *Hauptstadt* **2** *Mittelpunkt, Knotenpunkt, Zentrum;* Handels~, Kultur~ ☐ **metrópole; centro**

Me|trum *auch:* **Met|rum** ⟨n.; -s, Me|tren od. Me|tra⟩ **1** ⟨Lit.⟩ *Versmaß* ☐ **metro 2** ⟨Mus.⟩ *Taktmaß;* das ~ (nicht) halten ☐ **compasso**

Met|te ⟨f.; -, -n⟩ *(vor einem hohen kirchlichen Fest abgehaltener) Früh- od. Spätgottesdienst;* Christ~; Mitternachts~ ☐ ***missa do galo**

Mett|wurst ⟨f.; -, -würs|te⟩ *Wurst aus gewürztem Hackfleisch, die sich streichen lässt* ☐ **Mettwurst; salame**

Metz|ger ⟨m.; -s, -; süddt.; westdt.; schweiz.⟩ = *Fleischer*

Metz|ge|rei ⟨f.; -, -en; süddt.; westdt.; schweiz.⟩ = *Fleischerei*

Metz|ge|rin ⟨f.; -, -rin|nen⟩ = *weibl. Metzger*

Meu|chel|mord ⟨m.; -(e)s, -e⟩ *hinterlistiger, heimtückischer Mord;* einen ~ begehen ☐ **assassínio**

Meu|chel|mör|der ⟨m.; -s, -⟩ *jmd., der einen Meuchelmord begangen hat* ☐ **assassino**

Meu|te ⟨f.; -, -n⟩ **1** *Schar von Jagdhunden zur Hetzjagd;* die ~ der Hunde zur Jagd loslassen **2** ⟨fig.; abwertend⟩ *Schar zügelloser Menschen, wilde Horde, Bande;* die ~ der Aufständischen stürmte das Parlamentsgebäude ☐ **matilha**

Meu|te|rei ⟨f.; -, -en⟩ *Aufstand mehrerer Personen gegen Vorgesetzte;* eine ~ niederschlagen, unterdrücken; auf dem Schiff, in der Armee brach eine ~ aus ☐ **motim**

meu|tern ⟨V. 400⟩ **1** *sich auflehnen, empören, den Gehorsam verweigern;* Gefangene, Soldaten ~ ☐ **amotinar-se; sublevar-se 2** ⟨fig., umg.⟩ *seine Unzufriedenheit äußern, murren, aufmucken;* die Gefangenen, Soldaten meuterten gegen das schlechte Essen; du darfst nicht bei jeder Gelegenheit gleich ~! ☐ **rebelar-se**

Mez|zo|so|pran *auch:* **Mez|zo|sop|ran** ⟨m.; -s, -e; Mus.⟩ **1** ⟨unz.⟩ *mittlere Stimmlage bei Frauen (zwischen Sopran u. Alt)* **2** *Sängerin mit Mezzosopranstimme, Mezzosopranistin* ☐ **meio-soprano**

mi|au|en ⟨V. 400⟩ *(wie eine Katze) miau machen, maunzen* ☐ **miar**

mich ⟨Akk. von⟩ *ich* ☐ **me; mim;** → a. *sich*

mi|cke|rig ⟨Adj.; umg.⟩ oV *mickrig* **1** *klein u. gebrechlich, kränklich, zurückgeblieben;* eine ~e Pflanze; der Hund ist aber ~! ☐ **frágil; quebradiço 2** *dürftig, klein, unscheinbar, nichtssagend;* ein ~es Geschenk; seine Ausführungen waren äußerst ~ ☐ **insuficiente; medíocre**

mick|rig ⟨Adj.⟩ = *mickerig*
Mid|life|cri|sis *auch:* **Mid|life-Cri|sis** ⟨[mɪdlaɪfkraɪsɪz] f.; -; unz.⟩ *durch Unzufriedenheit, seelische u. körperliche Unausgeglichenheit gekennzeichnete krisenhafte Lebensphase bei Menschen (bes. Männern) im mittleren Lebensalter* □ **crise da meia-idade**
Mie|der ⟨n.; -s, -⟩ **1** *eng anliegendes Oberteil des Trachten- od. Dirndlkleides, Leibchen;* ein buntes, besticktes ~; das ~ zuhaken □ **corpete 2** *die Figur formendes Teil der weibl. Unterkleidung;* ein straff sitzendes ~; ~waren □ **espartilho**
Mief ⟨m.; -(e)s; unz.; umg.⟩ *schlechte, verbrauchte Luft, übler Geruch, Gestank* □ **fedor; mau cheiro**
Mie|ne ⟨f.; -, -n⟩ **1** *Gesichtsausdruck;* eine besorgte, düstere, einfältige, ernste, freundliche, liebenswürdige, heitere, verschlossene ~ aufsetzen; jmdn. mit böser, finsterer ~ anblicken; etwas mit ernster, strenger ~ befehlen □ **cara; expressão 1.1** *ohne eine ~ zu verziehen unbewegten Gesichts, ohne sich beeindrucken zu lassen* → *impassível; imperturbável;* → a. *gut(3.5.3)* **2** ~ machen zu ... ⟨fig.⟩ *sich anschicken zu ...;* er machte ~, sich auf ihn zu stürzen 2.1 er machte keine ~, aufzustehen *er machte keine Anstalten, dachte nicht daran, aufzustehen* □ *fazer menção de; preparar-se para
mies ⟨Adj.; umg.⟩ **1** *hässlich, übel, wertlos, (moralisch) minderwertig, abstoßend;* eine ~e Angelegenheit, Sache; ~e Laune haben; die Aussichten sind ~ □ **mau; ruim 1.1** ein ~er Laden *langweiliger Betrieb* □ **chato 1.2** etwas sieht ~ aus *wenig Erfolg versprechend, bedrohlich, unangenehm, schlimm* □ **ruim; desagradável 1.3** jmdm. ist ~ (zumute) *elend, übel* □ *sentir-se mal*
Mie|te¹ ⟨f.; -, -n⟩ **1** *Entgelt für die Überlassung des Gebrauchs einer Sache od. einer Dienstleistung;* die ~ überweisen, vorauszahlen; unsere ~ beträgt monatlich 530 Euro; eine hohe, niedrige, überhöhte, sozial zumutbare ~ zahlen □ **aluguel 1.1** das ist schon die **halbe** ~ ⟨fig.; umg.⟩ *das wirkt begünstigend, macht einen Erfolg wahrscheinlich* □ *isso já é meio caminho andado;* → a. *kalt(3.6), warm(1.12)* **2** *entgeltliche (vorübergehende) Überlassung des Gebrauchs einer Sache od. einer Dienstleistung* **2.1 zur** ~ wohnen (bei) *eine Wohnung od. ein Zimmer gemietet haben* □ **aluguel**
Mie|te² ⟨f.; -, -n⟩ *mit Stroh u. Erde als Frostschutz bedeckter Stapel von Feldfrüchten zum Überwintern;* eine ~ für Kartoffeln, Rüben anlegen; die ~ im Frühjahr aufmachen, öffnen □ **silo**
mie|ten¹ ⟨V. 500⟩ *etwas od. jmdn. ~ gegen Bezahlung etwas vorübergehend in Gebrauch nehmen od. jmds. Dienste in Anspruch nehmen;* eine Garage, ein Haus, ein Klavier, einen Leihwagen, ein Zimmer ~; er fährt einen gemieteten Wagen □ **alugar**
mie|ten² ⟨V. 500⟩ **Feldfrüchte** ~ ⟨Landw.⟩ *in Mieten² setzen, einmieten;* Kartoffeln, Rüben ~ □ **pôr em silo; ensilar**
Mie|ter ⟨m.; -s, -⟩ *jmd., der etwas gemietet hat, bes. eine Wohnung od. ein Zimmer* □ **locatário; inquilino**
Mie|te|rin ⟨f.; -, -rin|nen⟩ *weibl. Mieter* □ **locatária; inquilina**

Mi|grä|ne *auch:* **Mig|rä|ne** ⟨f.; -, -n; Med.⟩ *(anfallsweise auftretender) heftig stechender Kopfschmerz, der häufig mit Erbrechen einhergeht;* unter ~ leiden; ~anfall □ **enxaqueca**

♦ Die Buchstabenfolge **mi|kr...** kann in Fremdwörtern auch **mik|r...** getrennt werden.
♦ **mi|kro..., Mi|kro...** ⟨in Zus.⟩ *klein..., Klein...;* Ggs *makro..., Makro...;* mikroelektronisch, Mikrochip, Mikrofilm

♦ **Mi|kro|fon** ⟨n.; -s, -e⟩ *Gerät zur Umwandlung von mechanischen Schallwellen in elektrische Schwingungen;* oV *Mikrophon* □ **microfone**
♦ **Mi|kro|phon** ⟨n.; -s, -e⟩ = *Mikrofon*
♦ **Mi|kro|skop** ⟨n.; -s, -e⟩ *optisches Gerät zur Vergrößerung sehr kleiner Gegenstände* □ **microscópio**
Mi|lan ⟨a. ['--] m.; -s, -e; Zool.⟩ **1** *Gattung der Greifvögel, die durch die gegabelte Form ihres Schwanzes gekennzeichnet ist: Milvus* **1.1 Roter** ~, Rot~ *rötlich braun gefärbter Milan(1) mit stark gegabeltem Schwanz u. schmalen Flügeln, der meist in waldreichen Gegenden lebt: Milvus milvus* **1.2 Schwarzer** ~, Schwarz~ *vorwiegend in Wassernähe nistender, dunkelbraun gefärbter Milan(1) mit nur schwach gegabeltem Schwanz: Milvus migrans* □ **milhafre**
Mil|be ⟨f.; -, -n; Zool.⟩ *Angehörige einer Ordnung der Spinnentiere, deren ursprünglich gegliederter Hinterleib mit dem vorderen, aus Kopf u. Brust bestehenden Abschnitt zu einem ungegliederten Körper verschmolzen ist u. die oft als Parasit u. Schmarotzer auf u. in Tieren u. Menschen lebt: Acari;* Lauf~, Samt~, Ernte~, Hausstaub~, Mehl~ □ **ácaro**
Milch ⟨f.; -, -en; Pl. nur fachsprachl.⟩ **1** *weiße Flüssigkeit, die von weibl. Säugetieren u. von Frauen nach dem Gebären aus den Milchdrüsen austritt;* Mutter~ **1.1** (i. e. S.) *bes. von Kühen durch Melken gewonnene u. vielseitig als Nahrungsmittel genützte weiße Flüssigkeit;* abgekochte, dicke, eisgekühlte, entrahmte, fette, frische, gekochte, kondensierte, saure ~; heiße ~ (mit Honig); kuhwarme ~; ~ von der Kuh, Stute, Ziege; die Kuh gibt viel, wenig ~; ~ abrahmen, entrahmen, erhitzen, kochen, sauer werden lassen, trinken, überlaufen lassen (beim Kochen); das Puddingpulver mit ~ anrühren, verrühren □ **leite 1.1.1** wie ~ und Blut aussehen *gesund u. rotbackig* □ *estar com as bochechas rosadas; parecer saudável* **1.1.2** *ein Land, in dem ~ und Honig fließt gesegnetes Land (nach dem 2. Buch Mose, 3,8)* □ **leite 2** ⟨Zool.⟩ *Samenflüssigkeit der männlichen Fische;* die ~ des Herings □ **fluido seminal do peixe 3** ⟨Bot.⟩ *weißlicher Pflanzensaft;* die ~ der Kokosnuss; die ~ des Löwenzahns □ **leite**
Milch|bart ⟨m.; -(e)s, -bär|te; fig.; umg.; meist abwertend⟩ *unreifer, unerfahrener Jüngling* □ **imberbe; novato**
Milch|ner ⟨m.; -s, -; Zool.⟩ *männl. Fisch, der geschlechtsreif ist;* Ggs *Rogener* □ **peixe macho**

Milch|zahn ⟨m.; -(e)s, -zäh|ne⟩ *Zahn vom ersten Gebiss des Menschen, der im 6.-9. Lebensjahr durch den bleibenden Zahn ersetzt wird;* der ~ lässt sich leicht ziehen □ **dente de leite**

mild ⟨Adj.⟩ oV *milde* **1** *durch Mäßigkeit, Zurückhaltung angenehm* □ **agradável; brando 1.1** *sanft, weich, nachsichtig, gutmütig;* als ~er Herrscher regieren □ **tolerante;** er fand ~e Richter □ **clemente;** ~e Worte sprechen; mit ~em Blick □ **doce; brando;** jmdn. ~er stimmen □ *****tornar alguém mais tolerante 1.1.1** euer Verhalten war empörend, und das ist noch ~ formuliert *zurückhaltend* □ **com moderação 1.1.2** du solltest ~ere Saiten aufziehen (fig.; umg.) *nicht so streng sein* □ *****você deveria usar um tom mais brando 1.2** *gnädig, gütig, nicht streng;* eine ~e Behandlung, Erziehung; die Strafe ist ~ ausgefallen □ **brando; leve;** ~ urteilen, verfahren □ **com indulgência 1.3** ~e *Farben weiche Farbtöne, die alles Grelle vermeiden* □ **suave 1.4** ~e *Speisen leichte, wenig gewürzte S.* □ **leve 1.5** *lau, leicht warm, mäßig, gemäßigt;* ein ~es Klima; eine ~e Luft; das Wetter soll wieder ~er werden □ **ameno 2** ⟨60⟩ *barmherzig;* ~e Stiftung □ **de caridade 2.1** mit ~er Hand Gaben verteilen *freigebig Almosen spenden* □ *****distribuir esmolas generosas 2.2** eine ~e *Gabe Almosen;* ich bitte um eine ~e Gabe □ *****esmola**

mil|de ⟨Adj.⟩ = **mild**

Mil|de ⟨f.; -; unz.⟩ **1** *das Mild-, Sanft-, Weichsein;* jmdn. mit ~ ansehen; er war voller ~ □ **indulgência 2** *Güte, Nachsicht;* die ~ des Richters anrufen; ~ walten lassen; unverdiente, väterliche ~ gegen jmdn. (walten lassen); versuch es mit ~! (bei der Erziehung) □ **clemência; benevolência; tolerância 3** *das Fehlen der Rauheit, der Schärfe;* die ~ der Luft, des Klimas, Wetters □ **amenidade 3.1** *milde Beschaffenheit;* die ~ dieses Kaffees wird in der Werbung angepriesen □ **leveza; suavidade**

mil|dern ⟨V. 500⟩ **1** *etwas ~ etwas milder, geringer machen, vermindern, verringern;* ein Urteil, eine Strafe, die Wirkung ~; er milderte den Aufprall, den Stoß, indem er ... □ **abrandar 1.1** *mäßigen;* jmds. Zorn, Erregung ~ □ **moderar 1.2** *lindern;* jmds. Not, Leid, Schmerz ~ □ **aliviar; mitigar 1.3** ~de *Umstände* ⟨Rechtsw.⟩ *die Strafe verringernde U.* *(Verhältnisse, die die Person od. die Umwelt des Straftäters betreffen)* □ *****circunstâncias atenuantes 2** ⟨Vr 3⟩ *etwas wird milder, sich etwas wird milder, geringer;* die Gegensätze zwischen ihnen haben sich gemildert □ **atenuar-se**

Mi|li|eu ⟨[miljø:] n.; -s, -s⟩ **1** *soziale Umgebung u. Zeitverhältnisse, in denen ein Mensch sich entwickelt, Lebensumfeld* □ **meio; ambiente 1.1** *Stadtteil, Ort, an dem illegale Geschäfte getätigt u. Prostitution betrieben werden;* Drogen~, Rotlicht~ □ **zona 2** ⟨Biol.⟩ *Lebensraum u. -bedingungen von Tieren u. Pflanzen, Umwelt* □ **meio ambiente**

mi|li|eu|be|dingt ⟨[miljø:-] Adj. 24/70⟩ *durch das Milieu, durch die Umwelt bedingt, hervorgerufen;* ~e Schäden □ **condicionado pelo meio/ambiente**

mi|li|tant ⟨Adj.⟩ *kämpferisch;* eine ~e Organisation □ **militante**

Mi|li|tär¹ ⟨n.; -s; unz.⟩ **1** *Soldaten;* das ~ griff in die bewaffneten Auseinandersetzungen ein □ **militares; tropa 2** *Gesamtheit der Streitkräfte eines Landes, Heerwesen;* vom ~ entlassen werden, freikommen □ **exército; forças armadas 2.1** beim ~ sein *Soldat sein* □ *****estar no exército 2.2** zum ~ gehen *Soldat werden* □ *****entrar para o exército**

Mi|li|tär² ⟨m.; -s, -s⟩ *höherer Offizier;* ein erfahrener, guter ~ sein; es waren hohe ~s anwesend □ **militar**

Mi|li|ta|ris|mus ⟨m.; -; unz.⟩ *Vorherrschaft der militärischen Macht, Überbetonung des Militärwesens, übersteigerte militärische Gesinnung* □ **militarismo**

Mi|li|ta|ry ⟨[mɪlɪtəri] f.; -, -s; Sp.; Reiten⟩ *(mehrtägige) schwere Vielseitigkeitsprüfung, die aus einer Dressurprüfung, einem Geländeritt u. einer Springprüfung besteht* □ **provas de hipismo militar**

Mi|liz ⟨f.; -, -en⟩ **1** *kurzfristig ausgebildete Truppe, die nur bei Bedarf eingesetzt wird* □ **milícia 2** (bes. in sozialist. Staaten) *Militärpolizei* □ **polícia militar 3** ⟨schweiz.⟩ *Streitkräfte, Militär* □ **forças armadas**

Mil|le ⟨n.; -, -; umg.⟩ *Tausend;* der Pelzmantel kostet drei ~ □ **mil**

mil|li..., Mil|li... ⟨in Zus.⟩ *tausendstel, Tausendstel*

Mil|li|ar|de ⟨f.; -, -n; Abk.: Md., Mrd., Mia.⟩ *1 000 Millionen* □ **bilhão**

Mil|li|gramm ⟨n.; -s, -; Zeichen: mg⟩ *Maßeinheit für kleine Gewichte, 1/1000 Gramm* □ **miligrama**

Mil|li|on ⟨f.; -, -en; Abk.: Mill. od. Mio.⟩ *tausend mal tausend, 1000 mal 1000;* seid umschlungen, ~en! (Schiller, „Lied an die Freude"); drei viertel ~en, (oder:) eine Dreiviertel~; eine und drei viertel ~en, (aber:) ein(und)dreiviertel ~en; ~en von hoffenden Menschen, (od.) ~en hoffender Menschen; die Verluste gehen in die ~en; eine ~ Mal; ~en Mal; mit drei ~en beteiligt sein □ **milhão**

Mil|li|o|när ⟨m.; -s, -e⟩ **1** *Besitzer von Werten über eine Million (Euro)* **2** *sehr reicher Mann* □ **milionário**

Mil|li|o|nä|rin ⟨f.; -, -rin|nen⟩ *weibl. Millionär* □ **milionária**

mil|li|o|nen|mal ⟨alte Schreibung für⟩ *Millionen Mal*

Milz ⟨f.; -, -en; Anat.⟩ *aus lymphatischem Gewebe aufgebautes, drüsenartiges Organ, das in den Blutkreislauf eingeschaltet ist: Lien, Splen* □ **baço**

mi|men ⟨V. 500⟩ **1** *eine Person, eine Rolle ~ schauspielerisch darstellen, mimisch nachahmen* □ **imitar; representar 2** *eine Sache ~ vortäuschen, nicht wirklich haben od. empfinden;* Mitleid für die Opfer ~ □ **fingir**

Mi|mik ⟨f.; -; unz.⟩ *Wechsel des Gesichtsausdrucks u. der Gebärden* □ **mímica**

Mi|mo|se ⟨f.; -, -n⟩ **1** ⟨Bot.⟩ *zur Familie der Mimosengewächse gehörende Zierpflanze, deren Blätter bei der geringsten Berührung zusammenklappen: Mimosa pudica* □ **mimosa 2** (fig.; abwertend) *übertrieben empfindsamer, leicht gekränkter Mensch* □ **melindroso**

Mi|na|rett ⟨n.; -(e)s, -e⟩ *schlanker Turm einer Moschee* □ **minarete**

min|der ⟨Adj. 90; Komparativ von⟩ *wenig, gering* **1** ⟨60⟩ *weniger, geringer;* von ~er Güte, Qualität; ~e

Waren; von ~er Bedeutung sein ☐ **menor; inferior** **1.1** Minderer **Bruder** ⟨kath. Kirche⟩ *Franziskaner* ☐ **frade/irmão menor* **1.2** ~e **Sau** ⟨Jägerspr.⟩ *junge S.* ☐ **leitoa* **2** ⟨50⟩ *in geringerem Maße; etwas ist ~ gut, schön, wichtig; er war ~ streng als sonst* ☐ **menos** **2.1** *nicht ~ genauso; er legt nicht ~ Wert darauf; darüber habe ich mich nicht ~ gefreut als du; ich habe nicht mehr u. nicht ~ daran gezweifelt als du* ☐ **não menos* **2.2** *mehr oder ~ verhältnismäßig, im großen Ganzen; mit mehr oder ~ großem Erfolg, Eifer, Fleiß* ☐ **mais ou menos*

min|der|be|mit|telt ⟨Adj. 70⟩ **1** *mit geringen Geldmitteln ausgestattet, finanziell schlecht dastehend; die ~en Schichten* ☐ **menos favorecido; menos abastado** **2** *geistig ~* ⟨umg.; abwertend⟩ *geistig beschränkt, dumm* ☐ **tapado; burro*

Min|der|heit ⟨f.; -, -en⟩ **1** *Unterlegenheit hinsichtlich der Zahl; eine kleine, schwache ~; die ~ fügte sich der Mehrheit; in der ~ bleiben, sein* **1.1** ⟨Politik⟩ *in einer Gemeinschaft den Übrigen an Zahl unterlegene Gruppe, z. B. eine Partei; religiöse ~; die ~ im Parlament* **1.1.1** *nationale ~ Volksgruppe innerhalb eines Staatsgebietes, die sich durch Zugehörigkeit u. in der Sprache von dem Volk unterscheidet, in dem sie lebt* ☐ **minoria**

min|der|jäh|rig ⟨Adj. 24⟩ *noch nicht volljährig, nicht mündig; sie war noch ~; ein ~es Mädchen* ☐ **menor de idade**

min|dern ⟨V. 500⟩ *etwas ~ verringern, geringer machen, herabsetzen; die Geschwindigkeit, die Lautstärke ~; die Preise ~* ☐ **diminuir; reduzir**

min|der|wer|tig ⟨Adj.⟩ **1** *nur geringe Güte, Qualität aufweisend, schlecht; ~e Waren, Produkte; ~es Fleisch, Obst* ☐ **(de qualidade) inferior** **2** *charakterlich, moralisch schlecht, übel; er ist ein ~es Wesen, ~er Mensch* ☐ **ruim; inferior**

min|des|te(r, -s) ⟨Adj. 60; Superlativ von⟩ *wenig, gering* **1** *das wenigste, das Geringste; das ist noch das ~/*Mindeste*, was man tun sollte* ☐ **mínimo**; *ich verstehe nicht das ~/*Mindeste *davon* ☐ **não entendo nada/patavina disso* **1.1** *er hat nicht die ~n Aussichten keine A.* ☐ **menor** **1.2** *nicht im ~n/*Mindesten *gar nicht* ☐ **nem em sonho; daran ist nicht im ~n/*Mindesten *zu denken* ☐ **isso nem chega a passar pela cabeça* **1.3** *zum ~n/*Mindesten *wenigstens, zumindest; er hätte ja zum ~n/*Mindesten *einmal anrufen können* ☐ **pelo/ao menos**

min|des|tens ⟨Adv.; Superlativ von⟩ *wenig, gering* **1** *wenigstens, als wenigstens;* Ggs *höchstens; es wird ~ 50 Euro kosten; sie ist ~ 30 Jahre alt; er hat ~ eine Stunde gewartet* ☐ **pelo/ao menos** **2** *zumindest; sie hat so gut gearbeitet, dass sie ~ ein Lob verdient hat* ☐ **pelo/ao menos; no mínimo**

Mi|ne¹ ⟨f.; -, -n⟩ **1** *Sprengkörper, der durch Zündschnur, Berührung usw. zur Explosion gebracht wird; Land~, See~, Treib~; eine ~ explodiert, detoniert; ~n legen, werfen; das Schiff lief auf eine ~* ☐ **mina** **1.1** *eine ~ legen* ⟨a. fig.⟩ *intrigieren* ☐ **colocar uma mina; armar uma intriga* **1.2** *alle ~n springen lassen* ⟨a. fig.⟩ *alle Mittel einsetzen* ☐ **mover céus e terras* **2** ⟨Bgb.⟩ *Bergwerk; Erz~, Gold~* ☐ **mina** **2.1** *unterirdischer Gang, Stollen; in den ~n arbeiten* ☐ **mina; galeria** **3** *Einlage in Schreibgeräten; eine neue ~ einsetzen* **3.1** *Stäbchen aus Graphit od. Farbstoff; Bleistift~, Farbstift~* ☐ **mina** **3.2** *Röhrchen mit schnell trocknendem Farbstoff; Kugelschreiber~* ☐ **carga** **4** ⟨Börse⟩ *allg. Bewegung in Richtung auf Aufschwung* ☐ **alta**

Mi|ne² ⟨f.; -, -n⟩ *altgriech. Münze, 100 Drachmen* ☐ **mina**

Mi|ne|ral ⟨n.; -s, -e od. –li|en⟩ *anorganischer Bestandteil der Erdrinde* ☐ **mineral**

Mi|ne|ral|was|ser ⟨n.; -s, -wäs|ser⟩ *zum Trinken geeignetes Wasser mineralhaltiger Heilquellen* ☐ **água mineral**

Mi|nes|tra auch: **Mi|nes|tra** ⟨f.; -, -tren⟩ = **Minestrone**

Mi|nes|tro|ne auch: **Mi|nest|ro|ne** ⟨f.; -, -ro|ni; italien. Kochk.⟩ *Gemüsesuppe;* oV *Minestra* ☐ **minestrone**

Mi|ni... ⟨in Zus.⟩ **1** ⟨Kurzf. von⟩ *Miniatur, sehr klein; Minigolf, Minibar, Minispion* **2** ⟨Mode⟩ *sehr kurz; Minikleid*

Mi|ni|a|tur ⟨f.; -, -en⟩ **1** *Malerei od. Zeichnung in alten Handschriften u. Büchern* **2** *sehr kleines Bild; ~malerei* ☐ **miniatura**

mi|nie|ren ⟨V.⟩ **1** ⟨400⟩ *einen unterirdischen Gang, Stollen anlegen* **2** ⟨500⟩ *ein Gebiet ~ Minen(1) in einem G. legen* ☐ **minar**

Mi|ni|job ⟨[-dʒɔb] m.; -s; -s; umg.⟩ *Nebenbeschäftigung; einen ~ annehmen, aufgeben; die Besteuerung von ~s* ☐ **ocupação secundária; trabalho extra**

mi|ni|mal ⟨Adj.⟩ *sehr klein, winzig, geringfügig, kleinst..., niedrigst...;* Ggs *maximal; ~e Ansprüche, Probleme; die Entfernung ist ~* ☐ **mínimo**

Mi|ni|mum ⟨n.; -s, -ni|ma⟩ **1** *kleinster, niedrigster Wert;* Ggs *Maximum* **2** *das Geringste; das Tier braucht ein ~ an Futter* ☐ **mínimo**

Mi|nis|ter ⟨m.; -s, -; Pol.⟩ *Leiter eines Ministeriums* ☐ **ministro**

Mi|nis|te|rin ⟨f.; -, -rin|nen⟩ *weibl. Minister* ☐ **ministra**

Mi|nis|te|ri|um ⟨n.; -s, -ri|en⟩ *oberste staatliche Verwaltungsbehörde; Innen~, Außen~, Wirtschafts~* ☐ **ministério**

Mi|nis|trant auch: **Mi|nist|rant** ⟨m.; -en, -en⟩ *meist jugendlicher Gehilfe des Priesters während der Messe;* Sy *Messdiener* ☐ **ministro; acólito**

Min|ne ⟨f.; -; unz.⟩ **1** ⟨MA⟩ *höfischer Frauendienst, Werben der Ritter um Frauenliebe* ☐ **amor cortês** **2** ⟨heute poet. u. altertümelnd⟩ *Liebe* ☐ **amor**

Mi|no|ri|tät ⟨f.; -, -en⟩ *Minderheit, Minderzahl;* Ggs *Majorität* ☐ **minoridade**

mi|nus ⟨Konj.; Zeichen: -⟩ Ggs *plus* **1** ⟨Math.⟩ *weniger, abzüglich; sechs ~ zwei = vier (6 - 2 = 4)* **1.1** *~ 15°, 15° ~ 15 Grad unter 0°, 15 Grad Kälte* ☐ **menos** **2** ⟨Phys.⟩ *= negativ(6)*

Mi|nu|te ⟨f.; -, -n; Abk.: Min., min, m; Astron.; Zeichen:* ᵐ *⟩ **1** *der 60. Teil einer Stunde; ~ auf, um ~ verging, verstrich, verrann, ohne dass ...; auf fünf ~n kommt es uns auch nicht mehr an (nachdem wir* schon so lange gewartet haben); sich in letzter ~ dazu entschließen; wenige ~n später; „wie spät ist es?" „Fünf ~n vor zwölf!"; bis zur letzten ~ mit einer Entscheidung warten; in der dritten ~ (der ersten Halbzeit) fiel bereits das erste Tor ⟨Fußb.⟩ □ **minuto** 1.1 **auf die ~** ⟨umg.⟩ *pünktlich* □ *__pontualmente; em ponto__ 1.2 die ~n wurden zur Ewigkeit ⟨fig.⟩ *die Zeit verging sehr, überaus langsam* 2 ⟨Math.; Zeichen: '⟩ *der 60. Teil eines Grades*(5) □ **minuto**

...mi|nü|tig ⟨Adj. 24; in Zus.⟩ *eine bestimmte Zahl von Minuten dauernd;* fünfminütig, __5-minütig__

mi|nu|ti|ös ⟨Adj.⟩ *sehr genau, detailliert, bis ins Kleinste gehend;* oV minuziös; ~e Angaben; er schilderte den Vorgang ~ □ **minucioso; minuciosamente**

...mi|nut|lich ⟨Adj. 24; in Zus.⟩ *alle ... Minuten stattfindend, wiederkehrend;* oV *...minütlich;* fünfminutlich, __5-minutlich__
...mi|nüt|lich ⟨Adj.; in Zus.⟩ = minutlich

mi|nu|zi|ös ⟨Adj.⟩ = *minutiös*
Min|ze ⟨f.; -, -n; Bot.⟩ *Angehörige einer Gattung der Lippenblütler, deren Stängel u. Blätter ätherische Öle (Menthol) enthalten: Mentha* □ **menta**
mir ⟨Dat. von⟩ *ich* □ **a mim; me;** → *a. sich*
Mi|ra|bel|le ⟨f.; -, -n⟩ *kleine, gelbe, runde, süßliche Pflaume* □ **abrunho amarelo; rainha-cláudia**
Mi|ra|kel ⟨n.; -s, -; geh.⟩ *Wunder, wunderbares Geschehnis, Wunderwerk;* ein ~ ist geschehen □ **milagre**
Mis|an|throp *auch:* **Mi|santh|rop** ⟨m.; -en, -en⟩ *jmd., der Menschen verachtet, Menschenfeind* □ **misantropo**
mi|schen ⟨V. 500⟩ **1** *verschiedene Dinge, Flüssigkeiten o. Ä. ~ zu einer (scheinbaren) Einheit vereinigen, miteinander vermengen, durcheinanderbringen;* die Karten ~; die Maurer mischten Kies, Zement, Kalk u. Wasser; Gift ~ □ **misturar; embaralhar** 1.1 ⟨550/Vr 3⟩ **sich unter eine Menschenmenge ~** *sich unter Menschen (als einer unter vielen) begeben;* als der Polizei kam, mischte er sich unauffällig unter die Zuschauer im Stadion □ *__misturar-se à multidão__ **2** *ein Getränk ~ zubereiten, zurechtmachen;* Sy mixen; einen Cocktail ~ □ **preparar** 2.1 *Wein ~ mit Wasser verdünnen* □ **aguar** 3 ⟨550/Vr 3⟩ **sich in etwas ~** *sich einmischen, sich um Dinge kümmern, die einen nichts angehen;* sich in ein Gespräch ~; misch dich nicht in diese Angelegenheit! □ **(intro)meter-se** 4 ⟨Film, Funk, Fernsehen⟩ *etwas ~ (die Tonspuren mit Geräuschen, Musik u. gesprochenem Text) zu einem einheitlichen Klanggebilde vereinigen,* mixen □ **mixar**
Misch|ling ⟨m.; -s, -e⟩ = *Bastard*
Misch|masch ⟨m.; -(e)s, -e; umg.⟩ *ungeordnete, sinnlose Mischung, Gemenge, Durcheinander;* er äußerte ein ~ von wirren Ideen u. Glaubenssätzen □ **confusão; mixórdia**
Mi|schung ⟨f.; -, -en⟩ **1** ⟨unz.⟩ *das Mischen;* eine ~ vornehmen; bei der ~ auf das richtige Verhältnis achten **2** *ein Produkt, das durch das Mischen entstanden ist,* *das Gemischte;* eine gute, schlechte, bunte, köstliche ~; eine neue, kräftige ~ aus verschiedenen Tabaken; Gewürz~, Tabak~, Tee~, Kaffee~ □ **mistura** 3 ⟨fig.⟩ *Durcheinander* □ **confusão; misturada**

mi|se|ra|bel ⟨Adj.⟩ *elend, sehr schlecht, kläglich, erbärmlich;* das Stück ist ~ gearbeitet □ **muito mal**; eine miserable Leistung; ein miserables Zeugnis □ **lamentável; deplorável**; es geht ihm (gesundheitlich, wirtschaftlich) ~; mir ist ~ zumute □ **muito mal**
Mi|se|re ⟨f.; -, -n⟩ *Not, Elend, Jammer* □ **miséria**
Miss ⟨f.; -, -es⟩ **1** ⟨engl. Anrede für⟩ *Fräulein* □ **senhorita** **2** ⟨in Zus. mit einem geograf. Namen⟩ *Schönheitskönigin;* ~ World, ~ Europa, ~ Germany □ **miss**

miss..., Miss... ⟨untrennbare Vorsilbe⟩ *schlecht, verfehlt, verunglückt, Fehl...*; misslingen; Misserfolg

miss|ach|ten ⟨V. 500/Vr 8⟩ Ggs *achten*(1) **1** jmdn. ~ *jmdn. für schlecht achten, verachten* **2** etwas ~ *etwas absichtlich nicht beachten;* er missachtete meinen Rat; ein Gesetz, eine Vorschrift ~; die Vorfahrt ~ □ **desprezar; menosprezar**; ein zu Unrecht missachtetes Werk □ **desprezado; menosprezado**

Miss|be|ha|gen ⟨n.; -s; unz.⟩ *unangenehmes Gefühl, Unlust, Unbehagen;* ein tiefes, leichtes, starres ~ empfinden; seine Worte erfüllen sie mit ~ □ **aborrecimento; desagrado**

Miss|bil|dung ⟨f.; -, -en⟩ **1** *Abweichung vom normalen Bau bei Lebewesen durch Entwicklungsstörungen;* Sy Anomalie; körperliche, angeborene, schwere ~ □ **malformação; anomalia** 1.1 *veränderte Form vorhandener Organe* □ **deformidade**

miss|bil|li|gen ⟨V. 500⟩ *etwas ~ nicht billigen, nicht gutheißen, ablehnen;* er missbilligte den Vorschlag □ **desaprovar; condenar**; ~d die Stirn runzeln □ **desaprovando; condenando**

miss|brau|chen ⟨V. 500⟩ **1** *etwas ~ böswillig falsch, übertrieben viel od. unerlaubt gebrauchen;* seine Macht ~; jmds. Güte, Vertrauen ~; dazu lasse ich mich nicht ~ □ **usar mal; abusar de** 1.1 *den Namen Gottes ~ den N. Gottes herabwürdigen, Gott lästern* □ **profanar** **2** *ein Mädchen, ein Kind ~ es vergewaltigen, mit ihm sexuelle Handlungen begehen* □ **violentar; abusar de**

mis|sen ⟨V. 500/Vr 8; nur m. Modalverben; geh.⟩ *jmdn. od. etwas ~ können, mögen entbehren;* ich möchte diese Zeit nicht ~ können; er musste, sollte nicht alle Annehmlichkeiten ~ □ **prescindir de; ficar sem**

Miss|er|folg ⟨m.; -(e)s, -e⟩ *Ausbleiben des Erfolgs, misslungener Versuch, Fehlschlag;* einen ~ erleiden, haben; mit einem ~ rechnen; die Vorstellung war ein ~ □ **fracasso; insucesso**

Mis|se|tat ⟨f.; -, -en; geh.⟩ *böse, schlechte Tat, Streich, Vergehen;* eine ~ begehen □ **delito; crime**

miss|fal|len ⟨V. 131/600⟩ *jmdm. ~ jmdm. nicht gefallen, nicht zusagen;* dein Benehmen missfällt mir; dieses Buch hat mir sehr ~ □ **desagradar**

Miss|ge|burt ⟨f.; -, -en; abwertend⟩ **1** *ein neugeborenes Kind od. Tier mit schweren Missbildungen* □ **criatura**

disforme **2** etwas ist eine ~ ⟨fig.⟩ *völlig misslungen;* dieses Werk ist eine ~ □ **fiasco**

Miss|ge|schick ⟨n.; -(e)s, -e⟩ **1** *schicksalhaftes Unglück, Pech;* vom ~ verfolgt werden □ **má sorte; infortúnio 2** *durch Ungeschicklichkeit od. Unvorsichtigkeit hervorgerufener ärgerlicher od. unglücklicher Vorfall;* mir ist ein ~ geschehen, passiert; jmdm. widerfährt ein ~ □ **contratempo**

miss|glü|cken ⟨V. 403(s.)⟩ etwas missglückt ⟨jmdm.⟩ *etwas glückt ⟨jmdm.⟩ nicht;* ein Versuch, Plan, Unternehmen missglückt; die Arbeit ist mir leider missglückt □ **não dar certo; malograr**

Miss|griff ⟨m.; -(e)s, -e⟩ *Fehlgriff, falsche Handlung, Fehler;* einen ~ tun; etwas erweist sich als ~ □ **erro; desacerto**

Miss|gunst ⟨f.; -; unz.⟩ **1** *das Missgönnen, der Neid;* jmdm. mit ~ betrachten; unter jmds. ~ leiden □ **inveja 2** ⟨selten a.⟩ *Ungunst;* die ~ des Augenblicks □ **malevolência**

miss|han|deln ⟨V. 500⟩ **1** *jmdn. od. ein Tier ~ jmdn. od. einem Tier Körperverletzungen zufügen (bes. durch grausames Schlagen);* misshandelt schon lange seine Frau; der Kutscher hat das Pferd misshandelt □ **maltratar 2** *ein Musikinstrument ~* ⟨fig.; scherzh.⟩ *sehr schlecht spielen* □ **tocar mal; arranhar**

Miss|hel|lig|keit ⟨f.; -, -en⟩ *Unstimmigkeit, leichtes Zerwürfnis;* im Verlauf der Diskussion kam es zu ~en □ **discordância; divergência**

Mis|si|on ⟨f.; -, -en⟩ **1** *ernster, feierlicher Auftrag, Sendung mit Vollmacht;* ich komme in einer bestimmten ~ hierher; meine ~ ist beendet, erfüllt; jmdm. mit einer (besonderen) ~ betrauen **2** *zu besonderen Aufgaben ins Ausland entsandte Gruppe von Personen;* diplomatische, geheime ~ **3** ⟨unz.⟩ *die Verbreitung des christlichen Glaubens unter Andersgläubigen;* Äußere ~; Innere ~ **3.1** *Vereinigung von Personen zur Mission(3)* □ **missão**

mis|si|o|nie|ren ⟨V. 402⟩ ⟨jmdn.⟩ ~ *zum Christentum bekehren, das Christentum unter nichtchristlichen Völkern verbreiten;* er missionierte lange in Afrika; die Mönche haben dieses Land missioniert □ **missionar**

Miss|klang ⟨m.; -(e)s, -klän|ge⟩ **1** *unharmonischer Klang;* Sy *Dissonanz(1);* diese Musik ist reich an Missklängen; er brach sein Spiel mit einem ~ ab □ **dissonância 2** ⟨fig.⟩ *Unstimmigkeit, Uneinigkeit, Störung der Harmonie;* Sy *Misston (2);* er brachte einen ~ in unser Verhältnis, Gespräch; die Feier endete mit einem ~ □ **discórdia**

Miss|kre|dit ⟨m.; -(e)s; unz.⟩ **1** *in ~ geraten, kommen in schlechten Ruf kommen u. an Ansehen verlieren* □ *****cair em descrédito 2** *jmdn. od. sich, etwas in ~ bringen das Ansehen von jmdm. od. sich, etwas herabsetzen, jmdn. od. etwas verleumden;* man versuchte, ihn in ~ zu bringen; durch seine Machenschaften wurde das ganze Unternehmen in ~ gebracht □ *****desacreditar(-se)/difamar(-se) alguém ou alguma coisa**

miss|lich ⟨Adj. 70⟩ *unangenehm, unerfreulich, heikel;* eine ~e Lage; eine ~e Sache □ **desagradável; delicado**

miss|lin|gen ⟨V. 186/403(s.)⟩ etwas misslingt ⟨jmdm.⟩ *etwas gelingt ⟨jmdm.⟩ nicht, etwas schlägt fehl;* ein Plan, Vorhaben, Versuch misslingt □ **malograr; fracassar**

Miss|mut ⟨m.; -(e)s; unz.⟩ *Unmut, schlechte Laune, Verdrießlichkeit* □ **mau humor**

miss|mu|tig ⟨Adj.⟩ *schlecht gelaunt, verdrießlich, missgestimmt;* er blickte ~ aus dem Fenster □ **mal-humorado**

miss|ra|ten ⟨V. 195⟩ **1** ⟨400⟩ *etwas missrät wird schlecht, gelingt nicht, misslingt* □ **falhar; dar errado 2** ⟨Part. Per.⟩ *jmd. (bes. ein Kind) ist ~ schlecht erzogen, hat sich charakterlich ungünstig entwickelt* □ **malcriado**

Miss|stand ⟨m.; -(e)s, -stän|de⟩ *Übelstand, schlimmer Zustand, Quelle ständiger Ärgernisse u. Nöte;* einem ~ abhelfen; Missstände abschaffen; einen ~ beseitigen; Missstände in der Regierung, Verwaltung □ **problema; irregularidade**

Miss|stim|mung ⟨f.; -, -en⟩ *Verstimmung, schlechte, gereizte Stimmung, drohende Auseinandersetzung;* in einem Gespräch, einer Gesellschaft keine ~ aufkommen lassen; der Abend endete mit einer ~ □ **desavença; indisposição**

Miss|ton ⟨m.; -(e)s, -tö|ne⟩ **1** *falscher, unharmonischer Ton;* das Geigenspiel brach mit einem schrillen ~ ab □ **dissonância 2** ⟨fig.⟩ = *Missklang (2);* keinen ~ aufkommen lassen □ **discórdia**

miss|trau|en ⟨V. 600/Vr 6⟩ *jmdm. od. einer Sache ~ jmdm. od. einer Sache nicht trauen, gegen jmdn. od. eine Sache Argwohn hegen;* ich misstraue dir; ich misstraue diesem Frieden, dieser plötzlichen Freundlichkeit; er hat dem Fremden misstraut □ **desconfiar; suspeitar**

Miss|trau|en ⟨n.; -s; unz.⟩ *Argwohn, Zweifel, fehlendes Vertrauen;* einer Sache mit ~ gegenüberstehen □ **desconfiança; suspeita**

miss|trau|isch ⟨Adj.⟩ *voller Misstrauen, nicht (ver)trauend, argwöhnisch;* jmdn. od. etwas ~ betrachten □ **com desconfiança;** jmdn. ~ machen □ *****deixar alguém desconfiado;** er ist sehr ~; ~e Blicke auf jmdn. richten □ **desconfiado**

Miss|ver|hält|nis ⟨n.; -ses, -se⟩ *nicht passendes Verhältnis, störende Ungleichheit, gestörtes Gleichgewicht;* zwischen seinen Forderungen u. seinen eigenen Leistungen besteht ein krasses ~; ein ~ in der Größe zweier Dinge od. Personen □ **discrepância; disparidade; desproporção**

Miss|ver|ständ|nis ⟨n.; -ses, -se⟩ *unbeabsichtigtes falsches Verstehen, ungewollt falsches Deuten (einer Handlung od. Aussage);* ein ~ klären; um ~sen vorzubeugen; unser Streit, der Verdacht gegen ihn beruhte auf einem ~ □ **mal-entendido; equívoco**

miss|ver|ste|hen ⟨V. 256/500/Vr 8⟩ **1** *jmdn. od. etwas ~ falsch verstehen, falsch auffassen, unabsichtlich falsch deuten;* ich habe dich missverstanden; du darfst mich nicht ~; missverstandene Äußerungen □ **entender mal 1.1** *in nicht misszuverstehender Weise sehr klar u. deutlich* □ *****de modo inequívoco **1.2** *mit* nicht misszuverstehender Deutlichkeit völlig eindeutig ◻ *com uma clareza inequívoca

Miss|wei|sung ⟨f.; -, -en⟩ = Deklination(3)

Miss|wirt|schaft ⟨f.; -⟩ unz.) unordentliche, unsaubere Geschäftsführung od. Verwaltung; gegen die ~ ankämpfen ◻ **má administração**

Mist¹ ⟨m.; -(e)s; unz.⟩ **1** tierischer Kot; Hühner~; Kuh~; Pferde~; Schaf~ ◻ **esterco 2** mit tierischem Kot vermischtes Stallstroh als Dünger; Stall~; ~haufen; eine Fuhre ~; ~ fahren, streuen; mit ~ düngen ◻ **estrume**; er stolziert herum, er fühlt sich (stolz) wie der Hahn auf dem ~ ◻ *ele está se achando o rei da cocada preta 2.1 das ist nicht auf seinem ~ gewachsen ⟨fig.; umg.⟩ das stammt nicht von ihm selbst ◻ *não foi ele que fez isso **2.2** das kannst du auf den ~ werfen ⟨fig.; umg.⟩ *wegwerfen* ◻ *pode jogar isso fora **2.3** ich habe den ganzen ~ satt ⟨fig.; umg.⟩ *die ganze Sache* ◻ *estou de saco cheio de tudo isso **2.4** so ein ~! ⟨fig.⟩ *so ein Pech!, jetzt habe ich es satt!* ◻ *que merda!* **3** ⟨fig.⟩ *wertloses Zeug, Plunder;* was soll ich mit all dem ~? ◻ **joça; porcaria 4** ⟨fig.; umg.⟩ *Unsinn, dummes Zeug;* ~ reden; er hat so einen ~ geschrieben, gerechnet; das ist ja alles ~, was ihr da sagt; er hat ziemlich viel ~ verzapft ◻ **bobagem; besteira 4.1** ~ machen **4.1.1** *Spaß, Unsinn treiben* **4.1.2** *schlechte Arbeit liefern, Fehler machen* ◻ *fazer merda* **4.1.3** ⟨schweiz.⟩ *Streit beginnen, stiften* ◻ *colocar lenha na fogueira

Mist² ⟨m.; -(e)s; unz.; Seemannsspr.⟩ *leichter Nebel* ◻ **bruma; neblina**

Mist... (in Zus.; fig.; umg.) **1** *minderwertig, schlecht;* Mistarbeit, Mistladen **2** *sehr unangenehm;* Mistkerl, Miststück

Mis|tel ⟨f.; -, -n; Bot.⟩ *immergrüner Strauch aus der Familie der Mistelgewächse (Loranthacea), der als Holzschmarotzer auf Bäumen wächst: Viscum;* in England hängt man zum Weihnachtsfest ~zweige auf ◻ **visco**

Mist|ga|bel ⟨f.; -, -n⟩ *wie eine Gabel geformtes Gerät zum Mistladen* ◻ **forcado**

Mist|kü|bel ⟨m.; -s, -; österr.⟩ *Mülleimer* ◻ **lata de lixo**

Mis|tral *auch:* **Mist|ral** ⟨m.; -s, -e⟩ *kalter Nordwind in Südfrankreich (im Rhônetal u. in der Provence)* ◻ **mistral**

mit ⟨Präp. m. Dat.⟩ **1** *in Begleitung von, zusammen, gemeinsam, gemeinschaftlich mit, in Verbundenheit mit;* ~ ihm, ihr, uns; ich muss ~ dir sprechen; er ist sehr ~ sich selbst zufrieden; ~ jmdm. gehen; ~ jmdm. (gegen einen Feind) kämpfen; ~ jmdm. tanzen; ~ jmdm. trauern; sich ~ jmdm. unterhalten; ich verstehe mich gut ~ ihr; sie lebt ~ ihrer Mutter zusammen; ~ meiner Schwester ◻ **com**; kannst du bitte mal ~ anfassen? ◻ ***você pode dar uma mãozinha?***; ein Kleid ~ Jacke ◻ **com; e**; eine Weiße ~ (erg.: Schuss) ⟨umg.⟩ ◻ ***uma cerveja com groselha 1.1** ~ Vergnügen! *sehr gern* ◻ ***com prazer! 1.2** *ein Teil von etwas bildend;* einen Krug ~ Deckel, Henkel; das Mädchen ~ dem blonden Haar **2** *durch Hilfe von, durch, mittels Werk-*zeugs; ~ dem Auto, Zug, Schiff fahren; ~ Gewalt; ~ Absicht; ~ Recht; ~ dem Messer schneiden; ~ einem großen Sprung; ~ lauter, leiser Stimme; den Nagel ~ der Zange herausziehen; er antwortete ~ einem Achselzucken ◻ **com; de**; ~ der Hand schreiben ◻ ***escrever à mão 2.1** ~ einem Wort *kurz gesagt* ◻ ***em uma palavra; resumindo 3** (bei Zeit-, Mengen-, Maßangaben) *bei, zur Zeit des, der, im Alter von, in Höhe von, einschließlich;* ~ mir waren es im Ganzen fünf ◻ ***comigo eram cinco no total**; ~ einsetzender Dämmerung ◻ ***ao entardecer**, ~ dem Glockenschlag ist es fünf ◻ ***são cinco horas em ponto**; ~ zehn Jahren ◻ ***com/aos dez anos**; etwas ~ 1 000 Euro versichern ◻ ***fazer um seguro de 1000 euros para alguma coisa**; der Zug fährt ~ 100 Stundenkilometern ◻ ***o trem corre a 100 km/h**; ~ anderen Worten, du willst nicht mitkommen ◻ ***em outras palavras, você não quer vir 3.1** ~ den Jahren, der Zeit *allmählich, nach u. nach* ◻ ***com os anos; com o tempo 3.2** ~ einem Mal *plötzlich, auf einmal* ◻ ***de repente 3.3** (bes. schweiz.) *bis einschließlich;* der Film läuft bis und ~ Donnerstag ◻ **até e inclusive 4** ⟨Getrennt- u. Zusammenschreibung⟩ **4.1** ~ Hilfe = **mithilfe**

Mit|ar|beit ⟨f.; -, -en⟩ **1** *das Arbeiten mit anderen zusammen im selben Bereich, am gleichen Werk o. Ä.* **2** *Hilfe, die man jmdm. bei seiner Arbeit leistet;* auf seine ~ kann ich verzichten **3** *aktive, rege Beteiligung, das Mitarbeiten;* die ~ der Schüler im Unterricht fördern; aktive ~ in einem Verein ◻ **colaboração; cooperação**

Mit|ar|bei|ter ⟨m.; -s, -⟩ **1** *jmd., der mit anderen zusammen arbeitet, Arbeitskollege;* jmdm. einen neuen ~ vorstellen ◻ **colega de trabalho 1.1** *jmd., der an einer Hochschule, einem Institut o. Ä. angestellt ist;* wissenschaftlicher ~ **1.2** *jmd., der gegen Honorar für ein Institut, einen Verlag, eine Firma o. Ä. arbeitet;* freiberuflicher ~ ◻ **colaborador**

Mit|ar|bei|te|rin ⟨f.; -, -rin|nen⟩ *weibl. Mitarbeiter* ◻ **colega de trabalho; colaboradora**

mit∥be|kom|men ⟨V. 170/500; umg.⟩ **1** *etwas ~ etwas auf einen Weg zum Mitnehmen als Zubehör od. Ausstattung bekommen;* der Bote hat einen Brief, ein Päckchen ~; der Junge bekam ein Butterbrot mit ◻ **receber (para levar) 1.1** *als Mitgift erhalten;* sie hat eine Aussteuer und 10. 000 Euro ~ ◻ **receber como dote 2** *etwas ~* ⟨fig.; umg.⟩ *etwas verstehen;* das habe ich nicht ~ ◻ **pescar; sacar**

mit∥be|stim|men ⟨V. 500⟩ *eine Sache ~ mit anderen gemeinsam bestimmen, bestimmend mitwirken;* Schüler sollten im Unterricht ~ können ◻ **participar; tomar parte**

Mit|be|stim|mung ⟨f.; -; unz.⟩ **1** *das Mitbestimmen, Teilhaben an einem Entscheidungsprozess;* die Bürger fordern mehr ~; die Eltern verlangen mehr ~ im Schulwesen **1.1** ⟨Wirtsch.⟩ *Beteiligung der Arbeitnehmer an Entscheidungsprozessen in Unternehmen* ◻ **participação**

mit∥brin|gen ⟨V. 118/500⟩ **1** *etwas od. jmdn. ~ mit sich bringen, (irgendwohin) mitnehmen, beim Kommen* *dabeihaben;* einen Freund, einen Gast ~; er brachte auch Kaffee mit; eine Aussteuer, Bargeld in die Ehe ~; sie hat zwei Kinder aus ihrer ersten Ehe mitgebracht; es genügt, wenn ihr gute Laune mitbringt □ **trazer/levar consigo** 1.1 darf ich noch jmdn. ~? *darf ich mit einem (ungeladenen) Gast kommen?* □ ***posso levar mais alguém?** 1.2 ⟨530/Vr 6⟩ jmdn. etwas ~ *jmdn. etwas (als Geschenk) beim Kommen bringen;* ich habe dir Blumen mitgebracht □ ***trazer alguma coisa de presente para alguém**

mit|ein|an|der *auch:* **mit|ei|nan|der** ⟨Adv.⟩ *einer mit (einem) anderen, zusammen, gemeinsam;* ~ gehen, kommen, spielen; mehrere Aufgaben ~ verbinden; alle ~ □ **junto**

mit|füh|len ⟨V. 402⟩ jmd. fühlt (etwas) mit *jmd. fühlt (etwas) mit jmdm., jmd. versteht jmds. Gefühle;* ich fühle mit ihm mit; sie konnte mit ihm ~; jmds. Freude, Schmerz, Kummer ~; er fühlte ihr Unglück mit □ **compartilhar dos sentimentos de alguém**; sie hat ein ~des Herz; er ist ein ~der Mensch □ **compassível**

mit|füh|ren ⟨V. 500⟩ 1 etwas ~ *etwas bei sich haben, mit sich tragen;* führen Sie Wertsachen mit sich? (beim Grenzübertritt) 1.1 der **Fluss** führt **Sand,** Geröll mit *spült mit seiner Strömung S., G. fort, weiter* □ **levar/transportar consigo**

mit|ge|ben ⟨V. 143/530⟩ 1 jmdm. etwas ~ *mit auf den Weg geben;* ich habe ihm Essen u. Trinken mitgegeben □ **dar para levar** 1.1 einem **Kind** viel Liebe, eine gute Allgemeinbildung ~ *gewähren, zuteilwerden lassen* □ **dar** 2 jmdm. jmdn. ~ *als Begleitung mit auf den Weg geben;* einem Gast einen Ortskundigen ~ □ ***fazer alguém acompanhar alguém**

mit|ge|hen ⟨V. 145/400(s.)⟩ 1 *mit jmdm. gehen, gemeinsam gehen, jmdn. begleiten;* darf ich ~?; ich werde mit dir bis zum Bahnhof ~ □ **ir junto; acompanhar** 1.1 mitgegangen, mitgefangen mitgehangen ⟨fig.⟩ *wer bei einer schlechten Tat dabei ist (auch ohne zu handeln), muss die Folgen mittragen* □ ***quem sai na chuva é para se molhar** 1.2 mit der **Zeit** ~ ⟨fig.⟩ *mit der Entwicklung Schritt halten* □ ***modernizar--se; seguir o progresso** 2 etwas ~ lassen ⟨fig.; umg.⟩ *etwas stehlen* □ ***passar a mão em alguma coisa; afanar alguma coisa**

Mit|gift ⟨f.; -, -en; Pl. selten⟩ *das Vermögen (Ausstattung u. Aussteuer), das der Frau von den Eltern in die Ehe mitgegeben wird;* sie hat eine große ~ bekommen; eine gute ~ in die Ehe bringen □ **dote**

Mit|glied ⟨n.; -(e)s, -er⟩ *Angehöriger einer organisierten Gemeinschaft, bes. eines Vereins, Klubs, einer Partei, Sekte od. einer sonstigen Körperschaft;* Partei~, Vereins~; ~er werben; korrespondierendes ~; aktives, inaktives ~; sich als ~ aufnehmen, einschreiben lassen □ **membro; sócio**

mit|hil|fe *auch:* **mit Hil|fe** ⟨Präp. m. Gen.⟩ *mittels, mit der Hilfe von, durch;* ~ eines Nachschlüssels konnte er das Schloss öffnen □ **com o auxílio de; mediante**

mit|hin ⟨Adv.; geh.⟩ *folglich, also, somit, demnach* □ **portanto; consequentemente**

mit|kom|men ⟨V. 170/400(s.)⟩ 1 *mit (einem) anderen kommen, jmdn. begleiten;* willst du ~?; kommen Sie mit!; ein Päckchen ist mit der Post mitgekommen □ **vir junto; acompanhar** 1.1 ich bin mit dem Bus nicht mitgekommen *ich habe den Bus nicht mehr rechtzeitig erreicht, ich habe keinen Platz mehr darin gefunden* □ **vir de** 2 ⟨fig.; umg.⟩ *eine Sache verstehen, einer Sache folgen können, den Anforderungen einer Sache gewachsen sein;* Sie diktieren zu schnell, ich komme nicht mit □ **conseguir acompanhar/seguir**; er kommt in der Schule gut, nicht, nicht recht mit □ ***ele (não) vai (muito) bem na escola**

mit|kön|nen ⟨V. 171/400 od. 410; umg.⟩ 1 *mitgehen können, mitkommen können;* ich kann heute leider nicht mit □ **poder ir junto/acompanhar** 2 ⟨fig.; umg.⟩ *verstehen können;* da kann unsereiner nicht mehr mit; der Vortrag ist mir zu speziell, zu wissenschaftlich, da kann ich nicht mit □ **conseguir entender/acompanhar** 3 *sich leisten können;* mit seinem Aufwand, seinem Reichtum kann ich nicht mit □ **conseguir acompanhar**

mit|lau|fen ⟨V. 176/400(s.)⟩ 1 *mit (einem) anderen zusammen laufen;* er läuft beim 100-m-Lauf mit 1.1 *nebenherlaufen;* zwei Hunde liefen mit uns mit □ **correr junto** 1.2 ⟨fig.; abwertend⟩ *sich ohne wirkliches Engagement einer politischen Richtung anschließen;* viele in der Partei laufen nur mit □ **ir atrás; ser maria vai com as outras** 2 ⟨fig.⟩ *nebenher, nebenbei erledigt werden;* die Karteiarbeiten laufen täglich (nebenher) mit □ **ser realizado ao mesmo tempo** 3 etwas ~ lassen ⟨fig.; umg.⟩ *stehlen, veruntreuen;* sie hat Tafelsilber ~ lassen □ ***passar a mão em alguma coisa; afanar alguma coisa**

Mit|läu|fer ⟨m.; -s, -⟩ *jmd., der ohne wirkliches Engagement an einer Sache teilnimmt, nur formales Mitglied;* ~ einer Partei □ **maria vai com as outras**

Mit|leid ⟨n.; -(e)s; unz.⟩ 1 *Teilnahme an fremdem Leid, Mitgefühl;* ~ erregen, erwecken, wecken; ~ fühlen, haben; mit jmdm. ~ haben; etwas aus ~ tun □ **compaixão; comiseração** 2 ⟨Getrennt- u. Zusammenschreibung⟩ 2.1 ~ erregend = *mitleiderregend*

mit|leid|er|re|gend *auch:* **Mit|leid er|re|gend** ⟨Adj.⟩ *das Gefühl des Mitleids hervorrufend, innere Anteilnahme an jmdn. erweckend, dem es schlechtgeht;* ein ~er Anblick □ **que desperta compaixão; lastimável**

mit|ma|chen ⟨V.⟩ 1 ⟨500⟩ etwas ~ *an etwas als einer unter vielen teilnehmen;* einen Kochkurs, Ausflug ~; habt ihr alle bei der Demonstration mitgemacht? □ ***participar de alguma coisa** 1.1 die Mode ~ *sich nach der Mode kleiden* □ **acompanhar; seguir** 2 ⟨410⟩ *gemeinsam mit (einem) anderen machen, auch dasselbe machen;* lass mich ~!; ich möchte dabei ~; bei einer Arbeit ~ müssen □ **participar (de)** 2.1 er wird (es) wohl nicht mehr lange ~ ⟨fig.; umg.⟩ *er wird wohl bald sterben* □ ***ele não vai viver/aguentar muito tempo** 3 ⟨500⟩ etwas ~ ⟨fig.; umg.⟩ *etwas zu ertragen, zu erleiden haben, durchmachen;* sie hat im Krieg viel, allerhand mitgemacht; er hat Furchtbares mitgemacht □ **suportar; sofrer**

mit|neh|men ⟨V. 189/500⟩ **1** jmdn. od. etwas ~ *mit sich nehmen, forttragen;* darf ich mir das Buch ~?; nimmst du einen Mantel mit?; sollen wir Ihnen die Waren zuschicken? Nein, danke, ich nehme sie gleich mit; wir nehmen die Kinder auf die Reise mit; jmdn. im Auto ~; jmdn. zu einer Veranstaltung ~ □ **levar (junto/consigo) 1.1** etwas ~ ⟨umg.; verhüllend⟩ *stehlen;* er hat im Geschäft die Kasse mitgenommen □ **levar; roubar 1.2** etwas ~ ⟨fig.⟩ *(geistigen) Gewinn von etwas haben;* die Abende bei ihnen sind sehr interessant, man nimmt immer etwas mit □ **aprender 2** eine Sache ~ ⟨fig.; umg.⟩ *(bei Gelegenheit) wahrnehmen, ins Programm mit aufnehmen;* alle Gelegenheiten ~ □ **aproveitar 2.1** er will immer alles ~ *er kann nie genug bekommen* □ **levar 2.2** wir könnten auf der Heimfahrt noch den Dom noch ~ *besichtigen, besuchen* □ **visitar 3** jmdn. od. etwas (in übler Weise) ~ *schädigen, jmdn. od. etwas (übel) zusetzen, erschöpfen, abnutzen;* etwas od. jmdn. arg, böse, hart ~; die Krankheit hat ihn sehr mitgenommen; der Krieg hat das Land arg mitgenommen □ **fazer sofrer muito; exaurir; abalar;** er sieht noch ganz mitgenommen aus □ **abalado; exausto;** die Puppe sieht durch vieles Spielen und Küssen schon etwas mitgenommen aus □ **gasto; acabado**

mit|re|den ⟨V.⟩ **1** ⟨400⟩ *sich an einem Gespräch beteiligen* □ **participar da conversa/discussão 2** ⟨410⟩ *(bei etwas) mitbestimmen, zu einer Entscheidung beitragen;* du kannst hier gar nicht ~ (weil du nicht Bescheid weißt); er will überall ~ ⟨umg.⟩ □ **(intro) meter-se; dar palpite;** ich kann hier aus Erfahrung ~ □ **falar 2.1** auch ein **Wort, Wörtchen** mitzureden haben ⟨umg.⟩ *bei einer Entscheidung nicht übergangen werden können* □ ***também ter alguma coisa a dizer; também ter o direito de opinar**

mit|rei|ßen ⟨V. 198/505⟩ **1** jmdn. od. etwas ~ *(beim Fallen, Laufen, Fahren) mit sich reißen;* jmdn. in den Abgrund ~; andere in sein Unglück ~; er wurde von dem Motorrad ein Stück mitgerissen; er wurde von der starken Strömung mitgerissen □ **arrastar; arrebatar 2** jmdn. ~ ⟨fig.⟩ *begeistern, hinreißen;* sein Eifer, Feuer, Schwung riss die Hörer, Zuschauer mit □ **entusiasmar;** eine ~de Musik □ **contagiante**

mit|samt ⟨Präp. mit Dat.⟩ *mit allem, mit allen zusammen (bes. von Sachen, leicht abwertend auch von Personen);* er kam ~ seiner ganzen Familie; ~ dem Zubehör □ **(junto) com**

mit|schrei|ben ⟨V. 230/402⟩ **(Gesprochenes)** ~ *nach Diktat schreiben, gleichzeitig aufschreiben, nachschreiben;* ich diktiere, schreiben Sie bitte mit!; eine Debatte, eine Vorlesung, einen Vortrag ~; bei einem Verhör ~ □ **escrever; tomar nota**

Mit|schuld ⟨f.; -; unz.⟩ *Teil einer Schuld, die man mit (einem) anderen zusammen trägt;* er trägt auch eine ~ an dem Bankrott der Firma □ **cumplicidade**

mit|schwin|gen ⟨V. 237/400⟩ **1** *mit etwas anderem zusammen schwingen, auch schwingen;* bei dieser Übung schwingen die Arme mit □ **balançar/vibrar (junto) 2** ⟨411; fig.⟩ *mitklingen, fühlbar sein;* in ihrer Stimme schwang ein Ton von Enttäuschung, Trauer mit □ **transparecer; ressoar**

mit|spie|len ⟨V.⟩ **1** ⟨402⟩ (etwas) ~ *mit (einem) anderen zusammen spielen;* lasst mich ~!; ein Spiel ~ □ **brincar (junto); participar do jogo/da brincadeira;** der Schauspieler X hat auch im „Faust" mitgespielt □ **atuar;** er spielt in der Mannschaft XY mit □ **jogar 1.1** ⟨fig.⟩ *teilnehmen, mitmachen;* ich spiele nicht mehr mit! □ **participar 2** ⟨411⟩ etwas spielt **(bei jmdm. od. etwas)** mit ⟨fig.⟩ *ist (bei jmdm. od. etwas) von Bedeutung, hat Einfluss;* es spielen mehrere Gründe bei seiner Entscheidung mit □ **influir; pesar 3** ⟨600⟩ jmdm. (auf schlimme Art) ~ *jmdm. schaden, hart zusetzen, jmdn. schlecht behandeln;* das Schicksal hat ihm hart, übel, grausam, schlimm mitgespielt □ ***maltratar alguém; ser ruim com alguém**

mit|spre|chen ⟨V. 251⟩ **1** ⟨500⟩ etwas ~ *etwas mit (einem) anderen zusammen sprechen;* ein Gebet, ein Gelöbnis ~ □ **pronunciar/dizer em coro 2** ⟨400⟩ *auch sprechen, Wichtiges zu sagen haben, an einer Entscheidung beteiligt sein;* es sprechen verschiedene Gründe mit; entscheidend spricht dabei der Umstand mit, dass ... □ **concorrer; contribuir**

Mit|tag[1] ⟨m.; -(e)s, -e⟩ **1** *Zeitpunkt des höchsten Sonnenstandes* **1.1** *Stunden des höchsten Sonnenstandes;* am ~; gegen ~; eines ~s; bald nach ~; komm doch zu ~ zu uns; am Dienstagmittag trafen wir uns wieder; → a. *Dienstagabend* □ **meio-dia 1.1.1** unter ~ *während der Mittagszeit od. Mittagspause* □ **ao meio-dia; na hora do almoço 1.2** zu ~ essen *das Mittagessen einnehmen* □ ***almoçar 1.3** *gestern, heute, morgen* Mittag; *gestern, heute, morgen zur Mittagszeit* □ **ao meio-dia; na hora do almoço;** → a. *Abend* **2** ⟨unz.; veraltet⟩ *Süden;* sie wanderten, wandten sich gen ~; die Sonne steht (hoch) im ~ □ **Sul 3** ⟨umg.; regional, bes. westdt. u. schweiz.⟩ *Nachmittag* □ **tarde**

Mit|tag[2] ⟨m.; -s; unz.⟩ **1** *Mittagessen, Mittagsmahlzeit* □ **almoço 2** ~ **machen, halten** *Mittagspause machen* □ ***fazer pausa para o almoço**

Mit|tag|es|sen ⟨n.; -s, -⟩ *Mahlzeit zur Mittagszeit;* ich bin zum ~ eingeladen □ **almoço**

mit|tags ⟨Adv.⟩ *während der, um die Mittagszeit;* ~ sind die Geschäfte geschlossen; dienstags ~/dienstagsmittags gehen wir immer spazieren □ **ao meio-dia;** → a. *abends*

Mit|te ⟨f.; -; unz.⟩ **1** *Punkt, der von allen Abgrenzungen von etwas, das ihn umgibt, räumlich od. zeitlich gleich weit entfernt ist, Mittelpunkt;* die ~ eines Kreises □ **meio; centro 1.1** in der ~ der Stadt, des Dorfes wohnen *im Zentrum* □ **centro 1.2** ~ einer **Sache** *gleich weit von Anfang u. Ende;* ~ des Monats □ **meio; metade 1.3** ~ **(der) zwanzig,** dreißig sein *etwa 25, 35 Jahre alt* □ ***ter cerca de 25, 35 anos 1.4** etwas liegt in der ~ **(zwischen ...)** *auf halbem Weg (zwischen);* der Ort liegt (genau, ungefähr) in der ~ zwischen Berlin u. Hamburg □ ***ficar entre/a meio caminho de 1.5** jmdn. **in die** ~ **nehmen** *zwischen sich;* wir nahmen sie in die ~ □ ***colocar alguém no meio 1.6** in der ~ **stehen** ⟨fig.⟩ *zwischen den Extremen stehen* □ ***estar

mitten

no meio 1.7 ab durch die ~ ⟨urspr. Regieanweisung, dann auch umg.; scherzh.⟩ *fort!, weg!* □ **avante!; força!;* → a. *golden(4.7.1), Reich(1.1)* **2** *Gruppe, Kreis (von Menschen);* der Tod hat ihn aus unserer ~ gerissen; wir heißen dich in unserer ~ willkommen □ meio; grupo **3** *keinem der politischen Extreme zuneigende Partei(en);* die Regierung wurde durch eine Koalition der linken ~ gebildet □ centro **4** ⟨poet.⟩ *Taille;* er fasste sie um die ~; er legte seinen Arm um ihre ~ □ cintura

mit|tei|len ⟨V. 530⟩ **1** *jmdm. etwas ~ jmdn. etwas wissenlassen, jmdn. von etwas benachrichtigen;* jmdm. eine Neuigkeit ~; jmdm. etwas mündlich, schriftlich, vertraulich ~; hierdurch teile ich Ihnen mit, dass ...; ich muss Ihnen leider ~, dass ... □ participar; comunicar; informar **2** ⟨Vr 3⟩ *sich jmdm. ~ sich jmdm. anvertrauen, sich jmdm. gegenüber aussprechen;* er versuchte, sich ihr mitzuteilen, aber sie verstand nicht □ **abrir-se/desabafar com alguém*

mit|teil|sam ⟨Adj.⟩ *gern mitteilend, gesprächig, aufgeschlossen;* ein ~er Mensch □ comunicativo; expansivo

Mit|tei|lung ⟨f.; -, -en⟩ *Nachricht, Meldung, Benachrichtigung, Bekanntgabe;* eine ~ erhalten; amtliche, geschäftliche, kurze, offizielle, vertrauliche ~ □ notícia; aviso; notificação; jmdm. eine ~ machen (von etwas) □ **informar alguém (sobre alguma coisa)*

mit|tel ⟨Adj.; 11/80; umg.⟩ *durchschnittlich, nicht besonders gut u. nicht besonders schlecht;* das Buch gefällt mir (nur) ~; wie ist er in der Schule? ~! □ mais ou menos; → a. *mittlere(r, -s)(2-3)*

Mit|tel ⟨n.; -s, -⟩ **1** *mittlerer Wert, Durchschnitt;* das ~ errechnen □ média 1.1 *im ~ im Mittelwert, im Durchschnitt;* die Leistungen der Klasse sind im ~ befriedigend □ *na média;* → a. *harmonisch(2.4)* **2** *wirkende Kraft, etwas, das zu einem Ziel führt, Hilfsmittel, anwendbare Möglichkeit;* ein gutes, sicheres, unfehlbares, wirksames ~; das äußerste, beste, einfachste, letzte ~; jmdn. od. etwas als ~ zum Zweck benutzen; ihm ist jedes ~ recht, das ihm zu seinem Ziel verhilft; zu anderen ~n greifen □ meio; recurso; método; der Zweck heiligt die ~ □ **os fins justificam os meios,* ~ und Wege finden □ **encontrar um jeito;* kein ~ unversucht lassen □ **tentar de tudo* 2.1 mit allen ~n *auf jede Weise;* er versucht es mit allen ~n □ **com todos os meios; de todo jeito* **3** *chemisches, technisches Erzeugnis (für einen bestimmten Zweck);* Putz~; es gibt mehrere ~, die das Wachstum der Pflanzen fördern □ produto; substância 3.1 *Heilmittel, Arznei;* beruhigendes, schmerzlinderndes, stärkendes ~; ein ~ (mit, ohne Erfolg) anwenden; ein ~ einnehmen, nehmen; einem Kranken ein ~ verschreiben; ein ~ gegen Schnupfen □ remédio **4** ⟨nur Pl.⟩ *Geld, Kapital, Vermögen;* mir fehlen die ~ dazu; ich habe (nicht) die ~, das zu tun; ich habe keine ~ mehr; beschränkte ~ zur Verfügung haben; etwas aus eigenen ~n bestreiten; (völlig) ohne ~ dastehen, sein; ich verfüge nicht über die nötigen ~ □ meios; recursos 4.1 *über seine ~ leben* mehr ausgeben, als man hat □ **viver acima de seu padrão* **5** sich ins ~ legen *eingreifen, vermitteln* □ **intervir; empenhar-se*

Mit|tel|al|ter ⟨n.; -s; unz.; Abk.: MA⟩ *geschichtlicher Zeitraum zwischen Altertum u. Neuzeit, etwa 5. bis 15. Jh.;* das frühe, späte ~; das deutsche ~; die Handschriften, Werke des ~s □ Idade Média

Mit|tel|ding ⟨n.; -(e)s; unz.; umg.⟩ *etwas, das zwischen zwei anderen Dingen, Begriffen, Vorstellungen liegt bzw. Elemente von beiden vereinigt;* Sy Zwischending; Freundlichkeit ist ein ~ zwischen Herzlichkeit u. Höflichkeit; meine neue Kopfbedeckung ist ein ~ zwischen Hut und Mütze □ meio-termo

Mit|tel|ge|bir|ge ⟨n.; -s, -⟩ *Gebirge mittlerer Höhe, bis etwa 2000 m, mit welligen, rundlichen Erhebungen* □ montanha de altitude média

mit|tel|los ⟨Adj.⟩ *ohne Geldmittel, arm;* ~ sein, dastehen □ sem recursos

mit|tel|mä|ßig ⟨Adj. 24⟩ *nicht gut u. auch nicht schlecht, (nur) durchschnittlich;* er ist ein ~er Schüler; eine ~e Leistung; eine Ware von ~er Qualität □ mediano; medíocre

Mit|tel|punkt ⟨m.; -(e)s, -e⟩ **1** *Punkt, von dem alle Punkte des Umfangs (eines Kreises) od. der Oberfläche (einer Kugel) gleich weit entfernt sind;* ~ eines Kreises, einer Kugel, einer Stadt 1.1 *Schnittpunkt von Längs- u. Querachse (einer Ellipse)* □ centro **2** ⟨fig.⟩ *Brennpunkt, Zentrum;* (eine Stadt o. Ä. als) geistiger, künstlerischer ~; im ~ des Interesses stehen □ centro; foco **3** ⟨fig.⟩ *wichtigster Gegenstand, Hauptthema;* ~ all unserer Überlegungen war ... □ ponto central 3.1 *Person, auf die sich das allgemeine Interesse richtet, Hauptperson;* er, sie war der ~ des Abends; sie will immer überall ~ sein □ centro das atenções

mit|tels ⟨Präp. mit Gen.; geh.⟩ *mithilfe von, durch;* eine Kiste ~ Brecheisens öffnen □ por meio de; mediante; com

Mit|tels|mann ⟨m.; -(e)s, -män|ner od. -leu|te⟩ *Vermittler, Unterhändler;* ein geschickter ~; sich an einen ~ wenden □ mediador; intermediário

Mit|tel|stand ⟨m.; -(e)s; unz.⟩ *gesellschaftliche Schicht zwischen Arm u. Reich, die sozialen Gruppen zwischen Arbeiterschaft u. Großunternehmern, die kleinen u. mittleren Unternehmer, Beamten sowie die Angestellten u. freien Berufe* □ classe média

Mit|tel|weg ⟨m.; -(e)s, -e⟩ *Weg, Handlungsweise zwischen zwei Möglichkeiten, zwei Extremen;* einen ~ einschlagen, gehen; der goldene ~ □ meio-termo

Mit|tel|wert ⟨m.; -(e)s, -e⟩ *die Summe mehrerer Zahlen geteilt durch ihre Anzahl* □ valor médio

mit|ten ⟨Adv.⟩ **1** *in der Mitte, in die Mitte (hinein);* der Stab brach ~ entzwei; ~ auf der Straße; ~ in der Nacht; ~ in die Stadt; es war ~ im Winter; ~ unter ihnen, unter der Menge; ~ durch den Wald □ no/ao meio; no centro **2** ⟨a. fig.⟩ *genau, direkt;* der Schuss traf ihn ~ ins Herz; der Hubschrauber stürzte ~ auf die Straße □ bem no meio; em pleno **3** ~ im Leben stehen *mit beiden Beinen im Leben stehen, lebenstüchtig sein, an allem teilnehmen* □ **estar na ativa*

Mit|ter|nacht ⟨f.; -; unz.⟩ **1** *der Zeitpunkt 24 (0) Uhr, 12 Uhr nachts, 12 Stunden nach dem Mittag, d. h. der Zeitpunkt, in dem die Sonne den tiefsten Stand unter dem Horizont eines Ortes erreicht, Beginn eines neuen Tages;* die Glocke, Uhr, es schlug ~; es war gegen ~; kurz nach, vor ~; heute um ~ **2** ⟨nach altem Volksglauben⟩ *Beginn der Geisterstunde* ☐ **meia-noite 3** ⟨veraltet⟩ *Norden;* sie zogen gen ~ ☐ **Norte**

mit|ter|nachts ⟨Adv.⟩ *um, gegen Mitternacht;* wir gingen erst ~ ins Bett ☐ **à meia-noite**

mitt|le|re(r, -s) ⟨Adj. 24/60⟩ **1** *in der Mitte liegend, zwischen zwei anderen befindlich;* das ~ von drei Dingen; der ~ Stuhl ist besetzt ☐ **do meio** 1.1 ~ Reife *Abschluss der Realschule* ☐ **certificado de conclusão da escola média* 1.2 Mittlerer Osten *östlicher Teil der islamischen Länder* ☐ ***Oriente Médio 2** *von den extremen Möglichkeiten gleich weit entfernt; von ~r Größe;* eine ~ Geschwindigkeit fahren ☐ **médio** 2.1 ~n Alters, im ~n Alter, in ~n Jahren *nicht mehr jung, aber noch nicht alt* ☐ **meia-idade* 2.2 ~r Beamter *B., der nicht mehr im einfachen, aber auch noch nicht im gehobenen Dienst tätig ist* ☐ **funcionário de nível médio* 2.3 ~ Betriebe *B., die nicht mehr klein u. noch nicht groß zu nennen sind* ☐ ***empresas de médio porte 3** *durchschnittlich;* die ~ Jahrestemperatur beträgt ... ☐ **médio**

mitt|ler|wei|le ⟨Adv.⟩ *unterdessen, währenddessen, inzwischen;* ~ hat es aufgehört zu regnen ☐ **enquanto isso; nesse meio-tempo**

Mitt|woch ⟨m.; -(e)s, -e; Abk.: Mi⟩ *der mittlere (dritte) Tag in der Woche;* am ~, dem 29. November; am kommenden, vergangenen ~ ☐ **quarta-feira**; → a. *Dienstag*

Mitt|woch|abend ⟨m.; -(e)s, -e⟩ *Abend eines (jeden) Mittwochs* ☐ **quarta-feira à noite**; → a. *Dienstagabend*

mitt|wochs ⟨Adv.⟩ *an jedem Mittwoch* ☐ **às quartas-feiras**; → a. *dienstags*

mit|un|ter ⟨Adv.⟩ *manchmal, zuweilen, ab und zu;* ~ konnte er schlecht schlafen ☐ **às vezes; de vez em quando**

Mit|welt ⟨f.; -; unz.⟩ *die Mitmenschen, die Zeitgenossen, mit denen man zusammenlebt;* er fühlte sich von seiner ~ unverstanden ☐ **contemporâneos**

mit|wir|ken ⟨V. 411⟩ *an, bei, in etwas* ~ *an, bei, in etwas mit (einem) anderen zusammen wirken, zu etwas beitragen, mitarbeiten;* die Sendung ist beendet, es wirkten mit ...; an der Aufklärung eines Diebstahls ~; hast du daran, dabei auch mitgewirkt?; bei einer Veranstaltung ~; in einem Theaterstück ~ ☐ **colaborar; participar**

Mit|wis|ser ⟨m.; -s, -⟩ *jmd., der mit (einem) anderen etwas weiß, ein Geheimnis kennt, (bes.) jmd., der von einem Verbrechen weiß;* einen gefährlichen, lästigen ~ beseitigen; jmdn. zum ~ machen ☐ **cúmplice; conivente**

mit|zäh|len ⟨V.⟩ **1** ⟨400⟩ *gleichzeitig mit (einem) anderen zählen;* zähle doch bitte mal zur Kontrolle mit ☐ **contar junto/contemporaneamente 2** ⟨500⟩ *jmdn. od. etwas* ~ *auch zählen, berücksichtigen;* die Abwesenden zählen mit ☐ **contar; incluir 3** ⟨400; umg.⟩ *gelten, von Bedeutung sein;* das zählt nicht mit; seine Stimme zählt mit; in diesen Fragen zählt sein Urteil nicht mit ☐ **contar**

mi|xen ⟨V. 500⟩ **1** *Getränke* ~ = *mischen(2)* **2** *Geräusche* ~ ⟨Film, Funk u. Fernsehen⟩ *aufeinander abstimmen u. zusammenführen;* Tonspuren ~; Musik u. gesprochenen Text ~ ☐ **mixar**

Mix|tur ⟨f.; -, -en⟩ **1** *Mischung mehrerer flüssiger Arzneimittel* ☐ **mistura; poção 2** *gemischte Stimme der Orgel, bei der ein Ton durch Oktave, Quinte, Terz od. Septime verstärkt wird* ☐ **ripieno 3** ⟨fig.⟩ *Gemisch, Gemenge;* eine seltsame ~ aus Halbbildung und Populismus ☐ **mistura**

mm ⟨Zeichen für⟩ *Millimeter* ☐ **milímetro**

mm³ ⟨Zeichen für⟩ *Kubikmillimeter* ☐ **milímetro cúbico**

Mob ⟨m.; -s; Pl. selten⟩ **1** *Pöbel, gemeines Volk* ☐ **ralé; plebe 2** *Gesamtheit der Kriminellen, kriminelle Bande* ☐ **bandidagem; corja**

Mob|bing ⟨n.; -s; unz.⟩ *ständiges boshaftes Verunglimpfen, Schlechtmachen eines Mitarbeiters durch mehrere seiner Kollegen (mit der Absicht, ihn zum Kündigen seines Arbeitsplatzes zu bewegen)* ☐ **assédio moral/psicológico no trabalho; mobbing**

Mö|bel ⟨n.; -s, -⟩ *beweglicher Einrichtungsgegenstand;* furnierte, mattierte, polierte ~; ~ rücken, umräumen; neue ~ anfertigen lassen, kaufen ☐ **móvel**; Liege~ ☐ **divã**, Sitz~ ☐ **assento 2** ⟨nur Pl.⟩ *Einrichtung eines Raumes, einer Wohnung, eines Zimmers;* Büro~, Esszimmer~, Wohnzimmer~, Schlafzimmer~; Biedermeier~; antike, moderne ~ ☐ **móveis 3** *ein fürchterliches* ~ ⟨a. fig.⟩ *unhandlicher, großer Gegenstand* ☐ ***um trambolho**

mo|bil ⟨Adj.⟩ **1** ⟨70⟩ *beweglich;* ~e Gegenstände, Einrichtung, Küche ☐ **móvel 2** ⟨70; fig.; umg.⟩ 2.1 *gesund u. munter* ☐ **bem-disposto** 2.2 *flink, behände;* der alte Mann ist noch recht ~ ☐ **ágil 3** ⟨50⟩ *jmdn. wieder* ~ *machen nach einer Krankheit regsam machen, die körperl. Kräfte aktivieren* ☐ ***reanimar alguém; restituir o vigor a alguém**; → a. *mobilmachen*

Mo|bil|funk ⟨m.; -s; unz.⟩ *Funksprechverkehr mit Hilfe mobiler Funkverbindungen, Mobilfunknetz* ☐ **telefonia móvel; radiotelefonia**

Mo|bi|li|ar ⟨n.; -s; unz.⟩ *Gesamtheit der beweglichen Einrichtungsgegenstände, Möbel, Hausrat* ☐ **mobília**

mo|bi|li|sie|ren ⟨V. 500⟩ **1** *Geld* ~ *verfügbar, flüssig machen;* Vermögen ~ ☐ **mobilizar; disponibilizar 2** *die Wehrmacht, ein Land* ~ *mobilmachen* 2.1 *Freunde, Bekannte, Helfer* ~ ⟨fig.⟩ *zum Einsatz bringen, zur Mithilfe anregen* ☐ **mobilizar**

mo|bil|ma|chen ⟨V. 500; Mil.; fachsprachl.⟩ **1** ⟨i. e. S.⟩ *einsatzbereit, zum Krieg bereit machen* (Truppen) **2** ⟨i. we. S.⟩ *auf die Anforderungen des Krieges umstellen* (Verwaltung, Wirtschaft); → a. *mobil (3)* ☐ **mobilizar**

Mo|bil|te|le|fon ⟨n.; -(e)s, -e⟩ *mobiles Telefon, Handy* ☐ **telefone celular**

mö|blie|ren auch: **möb|lie|ren** ⟨V. 500⟩ **1** Wohnräume ~ mit Möbeln ausstatten, mit Möbeln einrichten; eine Wohnung, ein Zimmer ~ □ **mobiliar** 1.1 möbliertes Zimmer *zu vermietender Wohnraum mit Möbeln* □ **mobiliado** 1.2 möbliert wohnen ⟨umg.⟩ *in einem vom Wohnungsinhaber möblierten Zimmer wohnen* □ ****morar num quarto mobiliado***

Moc|ca ⟨m.; -s, -s; bes. österr.⟩ = Mokka

mo|dal ⟨Adj. 24⟩ **1** ⟨Gramm.; Sprachw.⟩ *die Art u. Weise bezeichnend;* ~e Konjunktion, ~e Adverbialbestimmung, Modalverb **2** ⟨Mus.⟩ *die mittelalterliche Notation der Tonarten u. Rhythmen betreffend* □ **modal**

Mod|der ⟨m.; -s; unz.; norddt.⟩ *Schlamm* □ **lama; lodo**

Mo|de ⟨f.; -, -n⟩ **1** ⟨i. w. S.⟩ *Sitte, Gepflogenheit, Geschmack einer Zeit, das, was zurzeit üblich ist;* die ~ der Barockzeit, des Biedermeiers □ **gênero; estilo**; eine neue, verrückte ~ 1.1 dieses Jahr ist Spanien die große ~ ⟨umg.⟩ *dieses Jahr fahren alle im Urlaub nach S.* □ **moda** 1.2 mit od. nach der ~ gehen *sich nach dem Zeitgeschmack richten* □ ****seguir a moda*** **2** ⟨i. e. S.⟩ *die Art, sich im Stil einer bestimmten Zeit zu kleiden;* sie macht jede ~ mit; das ist jetzt (so) ~; damals waren lange Röcke ~; große Kragen sind (ganz) aus der ~ gekommen; die neuen Mützen sind jetzt (sehr) in ~; sich nach der neuesten ~ kleiden □ **moda 3** ⟨nur Pl.⟩ *moderne, elegante Oberbekleidungsstücke, Kleider-, Mantel-, Anzugsmodelle;* Damen-~n, Herren-~n, Kinder-~n; dort kann man die neuesten ~n sehen; die neuesten ~n zeigen, vorführen □ **roupas 4** ⟨fig.; umg.⟩ *Gewohnheit, Sitte;* wir wollen keine neuen ~n einführen □ **moda**

Mo|de|haus ⟨n.; -es, -häu|ser⟩ *größeres Geschäft für Damenoberbekleidung;* oV Modenhaus □ **loja de roupas femininas**

Mo|dell¹ ⟨m.; -s, -⟩ **1** *figürlich geschnitzte Holzform für Backwaren, Butter u. Ä.;* Butter-~, Spekulatius-~ □ **forma** 1.1 *Hohlform zum Gießen von Wachs* **2** *Druckplatte od. -walze für das Bedrucken von Textilien od. Tapeten* □ **molde 3** *Vorlage für Strick-, Wirk- u. a. Muster* □ **modelo 4** = *Modul*¹ (1-2)

Mo|dell² ⟨[mɔdəl] n.; -s, -s⟩ *Mannequin, Vorführdame;* Sy Modell(7) □ **modelo**

Mo|dell ⟨n.; -s, -e⟩ **1** *Vorbild, Muster, Urbild* **2** *Urform eines Bildwerks (meist aus Ton) sowie deren Abguss in Gips, der dann in anderen Werkstoff übertragen wird;* Gips-~ □ **modelo 3** *plastische Darstellung eines (geplanten) Bauwerks in stark verkleinertem Maßstab;* das ~ eines Hauses, einer Stadt □ **maquete** 3.1 *stark verkleinertes Vorbild (Nachbildung) einer Maschine* □ **modelo**; Schiffs-~, Flugzeug-~ □ ****nautimodelo; aeromodelo*** **4** *Person od. Gegenstand als Vorbild für Maler, Bildhauer u. Fotografen;* Foto-~; ~ stehen, sitzen **5** *Darstellung derjenigen allgemeinen u. abstrakten Merkmale eines Forschungsgegenstandes, die für das Ziel der Forschung von Bedeutung sind* **6** *einmalig angefertigtes Kleid nach der neuesten Mode;* ~e vorführen □ **modelo 7** = *Model*²

mo|del|lie|ren ⟨V.⟩ **1** ⟨410⟩ in Ton od. Wachs ~ *formen* **2** ⟨500⟩ etwas ~ *nachbilden, ein Muster anfertigen von;* eine Figur ~ □ **modelar; moldar**

Mo|dem ⟨n.; -s, -s; El.⟩ *Gerät für die Übertragung von Daten über die Fernsprechleitung* □ **modem**

Mo|den|haus ⟨n.; -es, -häu|ser⟩ = Modehaus

Mo|der ⟨m.; -s; unz.⟩ **1** *Verwesung, Fäulnis* □ **podridão; putrefação**; das alte Laub roch nach ~; ein Geruch von ~ erfüllte den ganzen Keller □ **podre 2** *schlammige Erde, Morast* □ **lamaçal; pântano**

mo|de|rat ⟨Adj.; geh.⟩ *gemäßigt, vernünftig, maßvoll;* eine ~e Politik; ~e Preise □ **moderado; módico**

Mo|de|ra|tor ⟨m.; -s, -en⟩ **1** ⟨Kernphysik⟩ *Substanz, die beschleunigte Neutronen bei Kernreaktionen abbremsen soll* □ **moderador 2** *Leiter einer Diskussion* 2.1 ⟨Funk u. Fernsehen⟩ *Mitarbeiter, der argumentierende Sendungen, Unterhaltungsshows o. Ä. moderiert* □ **moderador; mediador** 2.2 ⟨im Vatikan. Konzil 1964⟩ *Angehöriger eines Konzils, der bei den Aussprachen auf das Wesentliche hinlenken sollte* □ **moderador**

Mo|de|ra|to|rin ⟨f.; -, -rin|nen⟩ *weibl. Moderator (2)* □ **moderadora; mediadora**

mo|de|rie|ren ⟨V. 500⟩ **1** eine Sendung ~ *die verbindenden Informationen u. Kommentare sprechen* □ **conduzir; apresentar 2** ⟨Vr 3⟩ sich ~ ⟨veraltet⟩ *mäßigen, einschränken* □ **moderar-se**

mo|dern¹ ⟨V. 400⟩ *verfaulen, verwesen;* das nasse Laub modert auf dem Erdboden □ **apodrecer**; ~des Holz □ **em estado de putrefação/decomposição**

mo|dern² ⟨Adj.⟩ **1** *der Mode, dem Zeitgeschmack entsprechend, zeitgemäß;* das Kleid ist nicht mehr ~; alle Zimmer sind ~ eingerichtet 1.1 *neuzeitlich;* ~e Kunst **2** ein ~er Mensch *für die Probleme der Gegenwart aufgeschlossener M.* □ **moderno**

Mo|di|fi|ka|ti|on ⟨f.; -, -en⟩ **1** *das Modifizieren, Veränderung, Umwandlung, mit dem Ziel der Anpassung* **2** ⟨Biol.⟩ *nicht erbliche, nur durch Einflüsse der Umwelt verursachte Abweichung eines Lebewesens vom Normaltyp;* Ggs Mutation **3** ⟨Chem.⟩ *verschiedene Erscheinungsformen ein u. desselben Stoffes infolge unterschiedlicher physikalischer Eigenschaften* □ **modificação**

mo|di|fi|zie|ren ⟨V. 500⟩ etwas ~ *ein wenig verändern, abwandeln u. den Umständen anpassen;* die Stimme, eine Bewegung ~ □ **modificar**

mo|disch ⟨Adj.⟩ *die augenblickliche Mode betreffend, dem Zeitgeschmack entsprechend;* ~e Kleidung; sich ~ kleiden, frisieren □ **na/da moda**

Mo|dul¹ ⟨m.; -s, -n⟩ **1** ⟨Arch.⟩ *Maßeinheit, Verhältnismaß für Bauwerke u. -teile* **2** ⟨Math.⟩ *als Maßzahl dienender Wert, zugrunde liegende Verhältniszahl* 2.1 *Teiler, Divisor* 2.2 ⟨Logarithmenrechnung⟩ *diejenige Zahl, die durch Multiplikation mit natürlichen Logarithmen die Logarithmen zu einer bestimmten Basis ergibt* 2.3 ⟨Tech.⟩ *Kennziffer für die Teilung eines Zahnrades* □ **módulo**

Mo|dul² ⟨n.; -(e)s, -e⟩ *als Ganzes austauschbare Funktionsgruppe eines Gerätes* □ **módulo**

Mo|du|la|ti|on ⟨f.; -, -en⟩ **1** *Abwandlung* **2** ⟨Mus.⟩ 2.1 *Übergang von einer Tonart in eine andere* 2.2 *Abstufung der Tonstärke u. Klangfarbe* **3** ⟨El.⟩ *Aufprägen von Signalen od. Schallwellen auf eine hochfrequente Trägerwelle;* Amplituden-~, Frequenz-~ □ **modulação**

mo|du|lie|ren ⟨V. 400⟩ **1** *abwandeln, wechseln, ändern* **2** ⟨Mus.⟩ **2.1** *von einer Tonart in eine andere überleiten* **2.2** *Tonstärke u. Klangfarbe (sinnvoll) wechseln* **3** ⟨500⟩ **Trägerwellen ~** ⟨El.⟩ *einer Modulation(3) unterwerfen* ☐ **modular**

Mo|dus ⟨a. [mɔ-] m.; -, Mo|di⟩ **1** *Art u. Weise, Regel, Maß;* wir müssen einen ~ finden ☐ **modo 1.1** ~ **Procedendi** *Art u. Weise des Verfahrens* **1.2** ~ **Vivendi** *eine Form erträglichen Zusammenlebens* ☐ **modus 2** ⟨Gramm.⟩ *eine der drei Aussageweisen des Verbs (Indikativ, Konjunktiv, Imperativ)* **3** (in der Notenschrift des 12./13. Jh.) *Rhythmus, der einem der sechs griechischen Versfüße nachgebildet ist* ☐ **modo 4** *feststehende Melodie, nach der auch andere Lieder gesungen werden;* Sy **Weise(2)** ☐ **melodia 5** *Kirchentonart, Tonleiter der Kirchentonart* ☐ **modo**

Mo|fa ⟨n.; -s, -s⟩ *Fahrrad mit Hilfsmotor* ☐ **ciclomotor**

mo|geln ⟨V. 400; umg.⟩ *(beim Spiel) leicht betrügen, ein wenig falsch spielen;* beim Billard ~ ☐ **trapacear**

mö|gen ⟨V. 187⟩ **1** ⟨500⟩ *etwas ~ gern wollen, gern haben wollen, gern tun, Lust haben zu;* ich mag nicht!; ich möchte nicht, dass er denkt ...; das möchte ich auch können!; ich möchte gern mitgehen; ich möchte lieber nicht mitgehen; ich möchte Herrn X sprechen; ich möchte wissen, ob ...; ich möchte Ihnen eins sagen: ...; möchten Sie noch etwas Kaffee? ☐ **gostar de; desejar 1.1** ~ Sie ...? ⟨umg.⟩ *darf ich Ihnen ... anbieten?* ☐ ***aceita...? 2** ⟨500/Vr 8⟩ *jmdn. od. etwas ~ gern haben;* ich mag ihn nicht (leiden); ich mag so etwas nicht; ich mag (es) nicht, wenn man ...; wir ~ ihn sehr gern ☐ ***gostar de alguém ou alguma coisa 2.1** *etwas (nicht) ~ (nicht) gern essen;* er mag kein Fleisch ☐ ***(não) gostar de alguma coisa 3** ⟨Modalverb⟩ *können, werden (zum Ausdruck der Vermutung, Hoffnung, Möglichkeit od. des Wunsches),* wenn ... doch ...; möge er Recht behalten! ☐ ***tomara que ele tenha razão!*; wo mag er das nur gehört haben? ☐ ***onde será que ele ouviu isso?*; möchte er doch nur (bald) kommen! ☐ ***se pelo menos ele chegasse (logo)!*; man möchte meinen ... ☐ ***poder-se-ia pensar...*; es mag sein, dass es so ist ☐ ***pode ser que seja assim*; wer, was mag das sein? **3.1** *mag sein! ja, vielleicht, das ist schon möglich* ☐ ***pode ser!; é bem possível! 3.2** *können, sollen, dürfen (zum Ausdruck des Erlaubens od. Geschehenlassens);* mag er doch gehen, wohin er will! ☐ ***que ele vá para onde quiser!*; er mag nur kommen!, mag er doch kommen! (ich habe keine Angst) ☐ ***que venha!*; er mag ruhig warten! ☐ ***que espere!*; mag kommen, was da will, wolle ☐ ***venha o que vier*; er mag sagen, was er will, was er auch sagen mag, er ist trotzdem schuld daran ☐ ***diga ele o que quiser/disser*, nicht deixa de ser culpado; er mag wollen oder nicht, er muss es doch tun ☐ ***queira ele ou não*, vai ter de fazê-lo **3.2.1** für dieses Mal mag es hingehen *dieses eine M. will ich darüber hinwegsehen* ☐ ***dessa vez passa* 4** (mit Adv.; Zusammenschreibung nur der infiniten Formen) jetzt mag er nicht mehr zurück *zurückgehen, -fahren, umkehren* ☐ ***agora ele não pode mais voltar**

mög|lich ⟨Adj.⟩ **1** *so beschaffen, dass man damit rechnen kann, dass es zu machen, zu verwirklichen, erreichbar, ausführbar ist;* kannst du es ~ machen, dass ...? ☐ ***será que você consegue que...*; man kann von einem Menschen nur das Mögliche verlangen; wenn ~, komme ich noch heute ☐ **possível 1.1** *so ... wie ~ so ..., wie es zu machen ist* ☐ ***tão... quanto possível 1.1.1** ich komme so bald wie ~ *sobald ich kann* ☐ ***venho assim que puder* 1.1.2** komm so schnell wie ~ *so schnell du kannst* ☐ ***venha o mais rápido possível* 1.1.3** bring mir davon so viel wie ~ *so viel du kannst* ☐ ***traga-me o máximo possível* 1.2 ~ sein** *vielleicht eintretend, annehmbar, denkbar;* das ist alles ~!; das ist gut, leicht ~; es ist (durchaus) ~, dass ...; man sollte es nicht für ~ halten!; das ist kaum, schon, wohl ~ ☐ **possível 1.2.1** nicht ~! ⟨umg.⟩ *(Ausruf des Erstaunens) das kann doch nicht sein!, wirklich?* ☐ ***não é possível!; não pode ser! 2 alles Mögliche** *allerlei, die verschiedensten Dinge, viel;* er hat mir alles **Mögliche** erzählt ☐ ***tudo o que é possível e imaginável* 2.1** in allen ~en Farben ⟨umg.⟩ *in vielen, in verschiedenen F.* ☐ ***em todas as cores possíveis e imagináveis**

Mög|lich|keit ⟨f.; -, -en⟩ **1** *das Möglichsein, Aussicht, Gelegenheit;* die ~ eines neuen Beginns; jmdm. die ~ bieten, etwas zu tun; ich hatte keine andere ~, als so zu handeln; die ~ zu lernen, zu üben, zu spielen **1.1** es besteht die ~, dass ... *es ist möglich, dass ..., es wird sich möglich machen lassen, dass ...* **1.2** *das Land der unbegrenzten ~en* ⟨umg.; scherzh. für⟩ *Amerika* ☐ **possibilidade 1.3** ist das denn die ~? ⟨umg.⟩ *(Ausruf des Erstaunens)* ☐ ***como é possível uma coisa dessas?* 1.4** *nach ~ wenn es möglich ist, wenn es sich machen lässt* ☐ ***na medida do possível* 2** *Hilfsmittel, Form zur Verwirklichung;* gibt es eine ~, heute noch nach X zu fahren?; es ist keine ~ mehr, über den See zu kommen; alle ~en in Betracht ziehen; diese ~ müssen wir von vornherein ausschließen; die einzige, letzte ~ wäre ...; es gibt (dafür) mehrere, verschiedene, nur zwei ~en; neue ~en erschließen; meine ~en sind beschränkt ☐ **possibilidade**

mög|lichst ⟨Adj.; Superlativ von⟩ *möglich* **1** ⟨50⟩ *nach Möglichkeit, wenn es geht, so gut, so schnell, so viel es geht usw.;* ~ bald, früh, rasch, viel, wenig ☐ ***o quanto antes; o mais rápido/o máximo/o mínimo possível*; lauf ~ schnell! ☐ ***corra o mais rápido possível! 2** ⟨60⟩ ich habe mein **Möglichstes** getan ⟨umg.⟩ *ich habe alles getan, was mir möglich war, alles, was ich konnte* ☐ ***fiz tudo o que me era possível**

Mohair ⟨[-hɛːr] m.; -s, -e⟩ = **Mohär**

Mo|ham|me|da|ner ⟨m.; -s, -; veraltet⟩ = **Moslem**

Mo|här ⟨m.; -s, -e; Textilw.⟩ oV *Mohair* **1** *Haar der Angoraziege* **2** *aus Mohär(1) hergestellte Wolle od. Wollgewebe* ☐ **mohair**

Mohn ⟨m.; -(e)s, -e⟩ **1** ⟨Bot.⟩ *Angehöriger einer Gattung der Mohngewächse mit Kapselfrucht u. ölreichen Samen, Mohnblume* **1.1** ⟨i. e. S.⟩ *Klatschmohn* ☐ **papoula 2** ⟨unz.⟩ *Samen des Mohns (1); gemahlener ~;* mit ~ bestreute Brötchen ☐ **semente de papoula**

Mohr ⟨m.; -en, -en; umg.; abwertend; veraltet⟩ **1** *Schwarzer* □ **mouro; negro**; *der ~ hat seine Schuldigkeit (eigtl.: Arbeit) getan, der ~ kann gehen (nach Schiller, „Fiesco", III, 4)* □ ***depois de servido, adeus, meu amigo 1.1** *einen ~en weißwaschen wollen das Unmögliche fertigbringen wollen* □ ***querer o impossível; querer tirar leite de pedra 2** *~ im Hemd* ⟨Kochk.⟩ *mit Rum versetzter Schokoladenkuchen u. Schlagsahne* □ ***bolo de chocolate com chantili**

Möh|re ⟨f.; -, -n; Bot.⟩ **1** *wildwachsendes Doldengewächs mit mehrfach gefiederten Blättern u. länglichen bis spiralförmigen verdickten Wurzeln: Daucus carota* **1.1** *kultivierte Form der Möhre(1) mit stark verdickten orangegelben Wurzeln, die als Gemüse verwendet werden: Daucus sativus* □ **cenoura**; *Sy* **Mohrrübe, Karotte,** ⟨schweiz.⟩ *Rüebli, gelbe Rübe,* → *gelb(1.4)*

Mohr|rü|be ⟨f.; -, -n⟩ = *Möhre(1.1)*

Mo|kas|sin ⟨m.; -s, -s od. -e⟩ **1** *bestickter Wildlederschuh od. -stiefel der nordamerikanischen Indianer* **2** *weicher, ungefütterter Lederschuh mit dünner Sohle* □ **mocassim**

Mok|ka ⟨m.; -s, -s⟩ *oV Mocca* **1** *aromatische Kaffeesorte* **2** *(aus Mokka(1) zubereiteter) starker Kaffee; eine Tasse ~ trinken* □ **moca**

Molch ⟨m.; -(e)s, -e⟩ **1** ⟨Zool.⟩ *an das Wasserleben angepasster Schwanzlurch mit seitlich abgeflachtem Schwanz; Wasser~* □ **salamandra; tritão 2** ⟨*in Zus.; abwertend*⟩ *Mensch, Kerl* □ **cara; sujeito**; *Lust~* □ ***libertino**

Mo|le¹ ⟨f.; -, -n⟩ *Hafendamm* □ **molhe**

Mo|le² ⟨f.; -, -n; Med.⟩ *abgestorbene Leibesfrucht* □ **feto morto/degenerado**

Mo|le|kül ⟨n.; -s, -e; Chem.⟩ *kleinstes Teilchen einer chem. Verbindung aus zwei od. mehr Atomen* □ **molécula**

Mol|ke ⟨f.; -; unz.⟩ *Flüssigkeit, die sich von geronnener Milch, von Quark u. Joghurt absetzt* □ **soro de leite**

Mol|ke|rei ⟨f.; -, -en⟩ **1** ⟨unz.⟩ *Behandlung u. Verarbeitung von Milch* □ **tratamento do leite 2** ⟨zählb.⟩ *Betrieb hierfür; in der ~ wird Käse und Butter hergestellt* □ **leiteria; fábrica de laticínios**

Moll¹ ⟨n.; -, unz.; Mus.⟩ *Tongeschlecht mit kleiner Terz im Dreiklang der Tonika; Ggs Dur* □ **bemol**

Moll² ⟨m.; -(e)s, -e od. -s⟩ = *Molton*

mol|lig ⟨Adj.; umg.⟩ **1** *weich, warm, behaglich; ~es Kissen; ~er Mantel; wir haben es hier schön ~; hier ist es ~ warm* □ **macio; confortável; aconchegante 2** *rundliche, weiche Körperformen habend, leicht korpulent (nur von weibl. Personen); eine kleine ~e Dame; sie ist recht, ziemlich ~; Mode für Mollige* □ **gordinho; gorducho**

Mo|loch ⟨a. [mɔ-] m.; -s, -e⟩ **1** ⟨sinnbildl. für⟩ *das Unersättliche, unersättliche Macht* □ *Moloch* **2** ⟨fig.⟩ *riesiges, unbeherrschbares Gebilde, das alles um sich herum zu verschlingen droht; der ~ Berlin; der ~ der Bürokratie* □ **flagelo**

Mol|ton ⟨m.; -s, -s; Textilw.⟩ *weiches, beidseitig geraut es Baumwollgewebe; Sy Moll²; ~windel, ~tuch* □ **moletom**

Mo|ment¹ ⟨n.; -(e)s, -e⟩ **1** ⟨Phys.⟩ *Produkt zweier physikalischer Größen; Dreh~, Brems~, Trägheits~, elektrisches ~* **2** *Merkmal, (wichtiger) Umstand; entscheidendes ~* **3** *Umstand, der etwas bewirkt; ein Bericht als retardierendes ~ in einem Roman; Spannungs~* □ **momento**

Mo|ment² ⟨m.; -(e)s, -e⟩ **1** *Augenblick, kürzester Zeitabschnitt; ~, bitte!; es dauert nur einen ~; bitte warten Sie einen ~; den richtigen ~ erwischen, verpassen; ich komme nur auf einen ~; im ~ habe ich keine Zeit; im entscheidenden ~ zieht er sich immer zurück; ~!, ~ mal!* (als Unterbrechung eines Sprechenden, Handelnden) ⟨umg.⟩ □ **momento 2** *ich bin im ~ zurück* ⟨umg.⟩ *sofort* □ ***volto logo**

mo|men|tan ⟨Adj. 24⟩ *augenblicklich, vorübergehend* □ **momentâneo; momentaneamente**

◆ Die Buchstabenfolge **mon|arch...** kann in Fremdwörtern auch **mo|narch...** getrennt werden.

◆ **Mon|arch** ⟨m.; -en, -en⟩ *fürstlicher Alleinherrscher, gekröntes Staatsoberhaupt (durch Wahl od. Erbanspruch)* □ **monarca**

◆ **Mon|ar|chie** ⟨f.; -, -n⟩ **1** *Staatsform mit einem Monarchen an der Spitze; Erb~, Wahl~; konstitutionelle ~* **2** *Staat mit der Staatsform der Monarchie(1)* □ **monarquia**

◆ **Mon|ar|chin** ⟨f.; -, -chin|nen⟩ *weibl. Monarch* □ **monarca**

Mo|nat ⟨m.; -(e)s, -e⟩ **1** *zwölfter Teil eines Jahres, Zeitabschnitt von 30 bzw. 31 (Februar 28 bzw. 29) Tagen, ungefähre Umlaufzeit des Mondes um die Erde; das Kind ist drei ~e alt; nach drei ~en; vor drei ~en; er ist zu acht ~en (Haft) verurteilt worden; dieses ~s* (Abk.: d. M.); *er wartete mehrere ~e auf seine Zulassung zum Studium* **1.1** *das Buch, die CD des ~s besonders empfohlene Neuerscheinung in einem bestimmten Monat* **1.2** *im ersten, zweiten, dritten ~ sein im ersten, zweiten, dritten Monat (nach der Empfängnis) schwanger sein* □ **mês**; → *a. laufend(2.3.2), vorig(1.2)*

mo|na|te|lang ⟨Adj. 24/90⟩ *mehrere Monate lang; er war ~ unterwegs; das ~e Warten hat sie zermürbt* □ **durante meses; de meses**

...mo|na|tig ⟨Adj. 24; in Zus.⟩ *eine bestimmte Anzahl von Monaten dauernd od. alt; dreimonatig; dreimonatiges Krankenlager; ein dreimonatiger Säugling*

mo|nat|lich ⟨Adj. 24⟩ *jeden Monat (wiederkehrend, stattfindend); eine ~e Veranstaltung; ~ fünfzig Euro Taschengeld; die Zeitschrift erscheint ~, ~ einmal, zweimal; mit ~er Kündigung* □ **mensal(mente)**

...mo|nat|lich ⟨Adj. 24; in Zus.⟩ *nach einer bestimmten Anzahl von Monaten regelmäßig wiederkehrend; dreimonatlich; die Veranstaltung findet dreimonatlich statt*

Mo|nats|bin|de ⟨f.; -, -n⟩ *Zellstoffbinde, die während der Menstruation getragen wird* □ **absorvente higiênico**

Monatsblutung

Mo|nats|blu|tung ⟨f.; -, -en⟩ = *Menstruation*
Mönch ⟨m.; -(e)s, -e⟩ **1** *Angehöriger eines kath. Ordens, jmd., der als Einsiedler od. in einer Klostergemeinschaft nach einer bestimmten Ordensregel u. gemäß bestimmten Gelübden (Armut, Keuschheit u. a.) ein asketisches, religiöses Leben führt;* a. → *Nonne(1); ein buddhistischer ~; wie ein ~ leben* □ **monge 2** ⟨Jägerspr.⟩ *Hirsch ohne Geweih, Kahlhirsch* □ **cervo sem galhada 3** *stark nach oben gekrümmter Dachziegel;* Ggs *Nonne(3)* □ **telha de canal 4** ⟨Arch.⟩ *Mittelsäule einer steinernen Wendeltreppe* □ **pilar de sustentação 5** *Ablassvorrichtung an einem Teich* □ **dreno**
mön|chisch ⟨Adj.⟩ **1** *zum Mönch gehörend;* ~e *Askese* **2** *wie ein Mönch, entsagend, zurückgezogen;* ein *~es Leben führen* □ **monástico**
Mond ⟨m.; -(e)s, -e⟩ **1** *einen Planeten umkreisender Himmelskörper;* Sy *Satellit(1), Trabant(3);* die ~ des *Jupiter* **2** (i. e. S.) *die Erde umkreisender Himmelskörper, Erdtrabant; das bleiche, milde, silberne Licht des ~(e)s; die Scheibe, Sichel des ~(e)s; der bleiche, goldene, silberne ~; abnehmender, zunehmender, halber, voller ~; unter dem wechselnden ~; der ~ geht auf, unter; der ~ scheint; der ~ wechselt; der ~ hat einen Hof; eine Rakete zum ~ schießen* □ **lua 2.1** *ich könnte ihn auf den ~ schießen* ⟨fig.; umg.⟩ *ich wünsche ihn weit fort, ich kann ihn nicht ausstehen* □ **se eu pudesse o mandaria para aquele lugar* **2.2** *den ~ anbellen* ⟨fig.⟩ *machtlos drohen, ohnmächtig schimpfen* □ **vociferar em vão* **2.3** *auf dem ~ leben* ⟨fig.; umg.⟩ *weltfremd sein* □ **viver no mundo da lua* **2.3.1** *wir müssen uns mit den Gegebenheiten des Lebens, der Wirklichkeit auseinandersetzen* □ **precisamos ter os pés no chão!* **2.4** *in den ~ gucken* ⟨fig.; umg.⟩ *leer ausgehen, benachteiligt werden* □ **ficar a ver navios* **2.5** *hinter dem ~* ⟨fig.; umg.⟩ *fern von der Welt, altmodisch, ohne Wissen von der heutigen Zeit* □ **estar por fora;* du *lebst wohl hinter dem ~?* □ **em que mundo você vive?* **2.6** *die Uhr geht nach dem ~* ⟨umg.; scherzh.⟩ *geht falsch* □ **o relógio está louco/biruta;* → a. *Mann¹(1.1)* **3** ⟨fig.; umg.; scherzh.⟩ *Glatze* □ **careca 4** ⟨poet.⟩ *Monat; nach, seit vielen ~en* □ **lua; mês**
mon|dän ⟨Adj.⟩ **1** *sehr elegant u. sehr gewandt, dabei lässig u. überlegen; ~ gekleidet sein* □ **elegante(mente) 2** *im Stil der großen Welt; ~er Bade-, Skiort* □ **mundano**
Mond|schein ⟨m.; -(e)s; unz.⟩ **1** *Strahlen, Schein, Licht des Mondes; es war (heller) ~* □ **luar 2** *du kannst mir (mal) im ~ begegnen* ⟨fig.; umg.⟩ *ich denke nicht daran zu tun, was du willst!, hör endlich auf u. lass mich in Ruhe!* □ **vá ver se estou na esquina*
mo|ne|tär ⟨Adj. 24/90⟩ *das Geld, die Währung betreffend, finanziell; eine schlechte ~e Situation* □ **monetário**
mo|nie|ren ⟨V. 500⟩ **1** *etwas ~ beanstanden, rügen; eine Rechnung, Lieferung ~; er hat immer etwas zu ~* □ **criticar; censurar 2** *etwas ~ wegen etwas mahnen; die Warenlieferung ~* □ **reclamar de alguma coisa*
Mo|ni|tor ⟨m.; -s, -en od. -e⟩ **1** ⟨Fernsehen⟩ *Bildröhre, auf der das jeweils aufgenommene od. gesendete Bild kontrolliert werden kann* **1.1** ⟨EDV⟩ *Anzeigeeinheit, Bildschirm einer EDV-Anlage* **2** ⟨Kernphysik⟩ *automatische Anlage, die die radioaktive Strahlung überwacht* □ **monitor**

mo|no..., Mo|no... (in Zus.) *allein, einzig, einzeln;* monosyllabisch, monogam, Monokultur, Monogenese

mo|no|gam ⟨Adj. 24⟩ (lebenslang) *geschlechtlich an nur einen Partner gebunden, einehig;* Ggs *polygam;* er ist, *lebt ~* □ **monógamo; monogamicamente**
Mo|no|gra|fie ⟨f.; -, -n⟩ (wissenschaftliche) *Einzeldarstellung, schriftliche Abhandlung über einen einzelnen Gegenstand, Sachverhalt, eine Persönlichkeit o. Ä.;* oV *Monographie* □ **monografia**
Mo|no|gramm ⟨n.; -(e)s, -e⟩ *die (oft miteinander verschlungenen) Anfangsbuchstaben des Namens* □ **monograma**
Mo|no|gra|phie ⟨f.; -, -n⟩ = *Monografie*
Mon|o|kel auch: **Mo|no|kel** ⟨n.; -s, -⟩ *vor nur einem Auge getragenes rundes Brillenglas, Einglas* □ **monóculo**
mo|no|klin ⟨Adj.⟩ **1** ~es *Kristallsystem* ⟨Geol.⟩ *ein K., bei dem zwei Achsen im Winkel von 90° zueinander stehen u. eine dritte Achse einen Winkel von mehr als 90° dazu bildet* □ **sistema cristalino monoclínico* **2** ~e *Blüten* ⟨Bot.⟩ *zweigeschlechtig* □ **flor monoclina*
Mo|no|kul|tur ⟨f.; -, -en⟩ **1** ⟨unz.⟩ *Anbau nur einer Pflanzenart auf einer Fläche über eine längere Zeit* **2** *Fläche, die in Monokultur(1) bewirtschaftet wird* **3** *in Monokultur(1) gewachsene Pflanze od. Frucht* □ **monocultura**
Mo|no|lith ⟨m.; -s od. -en, -e od. -en⟩ **1** *großer, unbehauener Steinblock* **2** *aus nur einem Steinblock gefertigtes, monumentales Kunstwerk, Obelisk* □ **monólito**
Mo|no|log ⟨m.; -(e)s, -e⟩ **1** *Aussprache eines Einzelnen;* Ggs *Dialog(1)* **2** *Selbstgespräch* □ **monólogo**
Mo|no|phthong auch: **Mo|noph|thong** ⟨m.; -(e)s, -e; Sprachw.⟩ *einfacher Vokal;* Ggs *Diphthong* □ **monotongo**
Mo|no|pol ⟨n.; -s, -e⟩ **1** *alleiniges Vorrecht, alleiniger Anspruch, Dienstleistungen od. Waren anzubieten; das ~ für die Aus- od. Einfuhr von Kaffee haben; das ~ auf, für eine Ware; (staatliches) Tabak~, Öl~* **2** *Situation auf dem Markt, die dadurch charakterisiert ist, dass einzelne Unternehmen od. eine Gruppe von Unternehmen ein Monopol(1) bilden* □ **monopólio**
mo|no|ton ⟨Adj.⟩ *eintönig, ermüdend einförmig, langweilig; eine ~e Melodie; ~ sprechen* □ **monótono; monotonamente**
Mons|ter ⟨n.; -s, -⟩ = *Monstrum*
Mons|trum auch: **Monst|rum** ⟨n.; -s, -tra od. -tren⟩ oV *Monster* **1** = *Ungeheuer(1-3)* **2** *missgebildetes Wesen* **3** ⟨Med.⟩ *Missgeburt* □ **monstro**
Mon|sun ⟨m.; -s, -e⟩ (bes. in Süd- u. Ostasien) *halbjährlich wechselnde starke Luftströmung, die tropische Winde verursacht;* Sommer~, Winter~ □ **monção**
Mon|tag ⟨m.; -(e)s, -e; Abk.: Mo⟩ **1** *Name des ersten Tages der Woche* □ **segunda-feira;** → a. *blau(4), Dienstag*

Mon|tag|abend ⟨m.; -(e)s, -e⟩ *Abend eines Montags* □ **segunda-feira à noite**; → a. *Dienstagabend*

Mon|ta|ge ⟨[-ʒə] f.; -, -n⟩ **1** ~ *einer Maschine od. techn. Anlage das Montieren, Aufstellung u. Zusammenbau* **2** ⟨Film⟩ *Schnitt, Auswahl u. Aneinanderreihen der Handlungseinheiten eines Films nach künstlerischen Gesichtspunkten zur endgültigen Gestaltung, oft mit den Mitteln der Ein- u. Überblendung u. a.* □ **montagem**

mon|tags ⟨Adv.⟩ *an jedem Montag* □ **às segundas-feiras**; → a. *dienstags*

mon|tan ⟨Adj. 24/60⟩ *Bergbau u. Hüttenwesen betreffend, dazu gehörig* □ **mineiro e siderúrgico**

Mon|teur ⟨[-tø:r] m.; -s, -e⟩ *Facharbeiter, der technische Geräte, Maschinen u. Anlagen montiert u. repariert*; Heizungs~ □ **montador; instalador**

Mon|teu|rin ⟨[-tø:-] f.; -, -rin|nen⟩ *weibl. Monteur* □ **montadora; instaladora**

mon|tie|ren ⟨V.⟩ **1** ⟨500⟩ *eine Maschine, technische Anlage ~ aufstellen u.* (*od.*) *zusammenbauen* □ **montar 2** ⟨511⟩ *etwas an, auf etwas ~* (*mit technischen Mitteln*) *anbringen, befestigen*; *einen Griff an ein Gerät ~; eine Lampe auf ein Gestell ~* □ **montar; instalar**

Mo|nu|ment ⟨n.; -(e)s, -e⟩ (*bes. bildhauerisches*) *großes Denkmal* □ **monumento**

mo|nu|men|tal ⟨Adj.⟩ **1** *wie ein Monument* **2** ⟨fig.⟩ *gewaltig, ungeheuer groß, von riesigem Ausmaß* □ **monumental**

Moor ⟨n.; -(e)s, -e; Geogr.⟩ *Ablagerung pflanzlicher Reste, die sich in langsamer Inkohlung befinden (Torf), an der Erdoberfläche*; Sy ⟨oberdt.⟩ *Moos¹* (2); *ein gefährliches, grundloses, tückisches ~; im ~ versinken, umkommen* □ **pântano**

Moos¹ ⟨n.; -es, -e⟩ **1** *eine immergrüne, polsterartig wachsend, blütenlose Pflanze mit zahlreichen Arten; grünes, weiches ~; sich aufs (weiche) Moos legen, setzen; mit ~ bewachsene Steine; isländisches ~* □ **musgo** 1.1 ~ **ansetzen** ⟨fig.; umg.⟩ *alt werden* □ ***ficar velho*** **2** ⟨n; -es, Mö|ser; oberdt.⟩ = *Moor*; Dachauer ~ (Landschaft bei Dachau) □ **pântano**

Moos² ⟨n.; -es; unz.; umg.⟩ *Geld* □ **grana**

Mop ⟨alte Schreibung für⟩ *Mopp* □ **esfregão**

Mo|ped ⟨n.; -s, -s⟩ *leichtes Motorrad, Kleinkraftrad* □ **motocicleta**

Mopp ⟨m.; -s, -s⟩ *einem Besen ähnliches Gerät mit Stofffransen anstelle von Borsten zum Aufnehmen von Staub* □ **esfregão**

Mops ⟨m.; -es, Möp|se⟩ **1** *kleine Hunderasse mit dickem Körper, kurzen Beinen u. stumpfem Maul* ▶ **pug 2** ⟨fig.; umg.; abwertend⟩ *kleine, dicke Person* ▶ **pessoa atarracada/rechonchuda**

Mo|ral ⟨f.; -; unz.⟩ **1** *Sittenlehre, Ethik; die ~ eines Volkes; gegen die ~ verstoßen* 1.1 *Nutzanwendung im Hinblick auf die Sittenlehre, Lehre; die ~ einer Erzählung, Fabel, eines Märchens, Theaterstückes; ... und die ~ von der Geschichte ...* **2** = *Sittlichkeit*; ~ *einer sozialen Gruppe; eine hohe, keine ~ haben; die ~*

sinkt, nimmt zu; lockere, strenge ~ 2.1 ~ *einer Truppe Diziplin, Bereitschaft zu kämpfen* □ **moral**

mo|ra|lisch ⟨Adv. 24⟩ **1** *die Moral betreffend, zu ihr gehörig, auf ihr beruhend* □ **moral 2** *sittlich, sittenstreng; ein ~ einwandfreies Leben führen* □ **moralmente 3** *Moral lehrend* □ **moral 4** *den,* **einen** *Moralischen* **haben** ⟨fig.; umg.⟩ *niedergeschlagen, reuig sein, bes. nach starkem Alkoholgenuss* □ ***estar com o moral baixo***

Mo|rä|ne ⟨f.; -, -n; Geol.⟩ *Ablagerung von Gestein u. Geröll, das von einem Gletscher mitgeführt wurde*; End~ □ **morena**

Mo|rast ⟨m.; -(e)s, -e⟩ *sumpfiges Land, schlammiger Boden; im ~ stecken bleiben; der Regen hatte den Weg in einen ~ verwandelt* □ **lamaçal; pântano**

mor|bid ⟨Adj.; geh.⟩ **1** *krankhaft, kränklich, angekränkelt* **2** *morsch, brüchig,* (*moralisch*) *verwahrlost* □ **mórbido**

Mor|chel ⟨f.; -, -n; Bot.⟩ *Angehörige einer Gattung der Schlauchpilze mit weißlichem, aufgeblasenem Stiel u. unregelmäßigem, rundlichem od. spitzkegeligem Hut; Morchella* □ **cogumelo do tipo Morchella**

Mord ⟨m.; -(e)s, -e⟩ **1** *absichtliche Tötung eines Menschen*; Gift~; Sexual~; Raub~; *einen ~ begehen, verüben; auf ~ sinnen; ein grausamer, heimtückischer ~* □ **assassinato; homicídio** 1.1 *wenn das geschieht, dann gibt es ~ und Totschlag* ⟨fig.; umg.⟩ *dann gibt es heftigen, blutigen Streit, Kampf* □ ***se isso acontecer, o pau vai comer*** 1.2 *das ist ja (der reinste, reiner) ~!* ⟨fig.; umg.⟩ *das ist ja grausam, fürchterlich* □ ***isso é loucura/temerário!***

mor|den ⟨V.⟩ **1** ⟨400⟩ *einen Mord begehen* **2** ⟨500⟩ *jmdn. ~* ⟨veraltet⟩ *jmdn. ermorden, vorsätzlich töten* □ **assassinar**

Mör|der ⟨m.; -s, -⟩ **1** *jmd., der einen Mord begangen hat; einen ~ überführen, verurteilen; zum ~ werden; unter die ~ fallen (nach Lukas 10,30); Massen~,* Sexual~ □ **assassino; homicida** **2** ⟨fig.⟩ *jmd., der etwas vernichtet; der ~ ihrer Ehre, ihres guten Rufs* □ **assassino 3** ⟨Jägerspr.⟩ *Hirsch od. Rehbock, dessen Geweih bzw. Gehörn nur aus einer langen Stange (Spieß) besteht* □ **cervo com longa galhada**

Mör|der|gru|be ⟨f.; -, -n⟩ **1** ⟨urspr.⟩ *Räuberhöhle, Behausung von Mördern (nach Jeremias 7,11 u. Matth. 21,13)* □ **covil de ladrões/assassinos 2** (*nur noch in der Wendung*) *aus seinem Herzen keine ~ machen* ⟨fig.; umg.⟩ *freiheraus reden* □ ***falar com franqueza***

Mör|de|rin ⟨f.; -, -rin|nen⟩ *weibl. Mörder* □ **assassina**

mör|de|risch ⟨Adj.⟩ **1** *mordend, das Leben bedrohend; ~ über jmdn. herfallen; der Kampf war ~* □ **mortal(mente) 2** ⟨fig.⟩ *grausam, furchtbar, sehr stark; ~e Hitze, Krankheit; ein ~es Klima* □ **horrível; terrível**; *er fur in einem ~en Tempo* □ **louco; vertiginoso**

Mo|rel|le ⟨f.; -, -n⟩ *Sauerkirsche* □ **ginja**

mor|gen ⟨Adv.⟩ **1** *am folgenden Tag, an dem Tag, der dem heutigen folgt; ich komme ~; ich werde noch bis ~ warten; ~ ist Sonntag; ~ in acht Tagen, ~ über acht Tage, ~* Abend, ~ *früh/*Früh, ~ *Mittag; morgen* Nachmittag; *das Mittagessen für ~ vorbereiten*; ~,

M

Morgen

~, nur nicht heute, sagen alle faulen Leute (Anfang eines Liedes von Ch. F. Weiße) ☐ amanhã 1.1 ~ ist auch ein Tag! *ich will es aufschieben, heute wird es zu viel* ☐ *fica para amanhã!* 1.2 *ich tue es lieber heute als ~ lieber gleich, ich will es nicht aufschieben;* → a. heute(1.3-1.4, 2.1-2.4) **2** *in (naher) Zukunft* 2.1 *die Welt von ~ die zukünftige W.* 2.2 *das Morgen die nahe Zukunft; das Heute und das Morgen* ☐ amanhã

Mor|gen ⟨m.; -s, -⟩ **1** *Tagesbeginn;* Ggs *Abend(1);* vom *~ bis zum Abend; der ~ dämmert, zieht herauf, bricht an; es wird ~; gegen ~ eintreffen; sie sah so frisch aus wie der junge ~* ⟨poet.⟩ **2** *Vormittag;* ein frischer, heiterer, kalter, klarer, schöner, sonniger, trüber ~; früher, später ~; des ~s; am ~; am nächsten ~; am Montagmorgen; jeden ~ um 6 Uhr; heute, vorgestern, gestern Morgen ☐ manhã 2.1 *guten ~!* (Grußformel) ☐ *bom dia!;* jmdm. guten/Guten ~ sagen; jmdm. (einen) guten ~ wünschen ☐ bom-dia **3** ⟨unz.; veraltet⟩ *Osten; gen ~ wandern* ☐ Oriente **4** *altes Feldmaß von unterschiedlichem Ausmaß, 25-34 Ar; er besaß 3 ~ Land* ☐ jeira; jugada

mor|gend|lich ⟨Adj. 24/60⟩ *am Morgen stattfindend, geschehend; die ~e Toilette; der ~e Gang zum Bäcker* ☐ matinal; matutino

Mor|gen|es|sen ⟨n.; -s, -; schweiz.⟩ *Frühstück* ☐ café da manhã

Mor|gen|grau|en ⟨n.; -s, -⟩ *Morgendämmerung, anbrechender Tag; beim ~ aufstehen* ☐ alvorada

Mor|gen|land ⟨n.; -(e)s; unz.⟩ = *Orient;* Ggs *Abendland* ☐ Oriente; Levante

Mor|gen|luft ⟨f.; -; unz.⟩ **1** *die frische Luft am Morgen* ☐ ar da manhã; brisa matutina **2** *~ wittern* ⟨fig.⟩ 2.1 *neue Zeit kommen fühlen* ☐ *sentir a chegada de dias melhores* 2.2 *wieder eine Möglichkeit sehen, etwas zu erreichen* ☐ *vislumbrar uma oportunidade; ver uma luz no fim do túnel*

mor|gens ⟨Adv.⟩ **1** *am Morgen, früh am Tage;* Ggs *abends;* von ~ bis abends ☐ manhã 1.1 *um zwei Uhr ~ um zwei U. in der Nacht* ☐ manhã; madrugada **2** ⟨umg.⟩ *vormittags; ~ eintreffen; ~ und nachmittags je eine Tablette einnehmen* ☐ de manhã

Mor|gen|stun|de ⟨f.; -, -n⟩ **1** *Zeit des frühen Morgens* ☐ hora matutina **2** *~ hat Gold im Munde* ⟨Sprichw.⟩ *was man frühmorgens schafft, gelingt besonders gut* ☐ *Deus ajuda quem cedo madruga*

mor|gig ⟨Adj. 24/60⟩ *morgen stattfindend, am nächsten Tag (geschehend); der ~e Tag; die ~e Vorlesung; das ~e Programm* ☐ de amanhã

Mo|ri|tat ⟨a. [--'-] f.; -, -en⟩ *(am Leierkasten vorgetragenes) schaurig-schwermütiges Lied über ein schreckliches Ereignis, Bänkelsang* ☐ balada triste de cantor ambulante; *~ensänger* ☐ cantor ambulante de balada triste

Mor|phin ⟨n.; -s; unz.⟩ = Morphium

Mor|phi|um ⟨n.; -s; unz.; umg.⟩ *(in der Medizin u. als Rauschmittel verwendetes) aus Opium gewonnenes Alkaloid, das schmerzlindernd wirkt;* Sy *Morphin* ☐ morfina

morsch ⟨Adj.⟩ **1** *brüchig infolge Alters, mürbe, zerbrechlich; ~es Holz; die Brücke ist ~; seine Knochen sind schon etwas ~* ☐ frágil; quebradiço 1.1 *alt u. ~ werden* ⟨fig.⟩ *(a. von Personen) alt u. hinfällig* ☐ *ficar velho e frágil*

Mör|ser ⟨m.; -s, -⟩ **1** *ein starkes Gefäß mit halbkugeliger Bodenhöhlung, in dem harte Stoffe mit einem keulenförmigen Stab (Stößel) zerkleinert werden;* etwas im ~ zerstampfen, zerstoßen ☐ morteiro; almofariz **2** ⟨Mil.⟩ 2.1 ⟨urspr.⟩ *aus einer Steinschleuder bestehendes Geschütz* 2.2 ⟨früher⟩ *Granatwerfer, ein Steilfeuergeschütz mit Kalibern von 21 bis 60 cm, schwere Waffe der Infanterie* 2.3 ⟨Bundeswehr⟩ *Granatwerfer* ☐ morteiro

Mör|tel ⟨m.; -s, -⟩ *breiförmiges Bindemittel für Bausteine, das in festen Zustand übergeht;* Wasser~; Gips~; Kalk~; den ~ auftragen, anrühren ☐ argamassa

Mo|sa|ik ⟨n.; -s, -en od. -e⟩ *aus verschiedenfarbigen Stiften, Glasstückchen, Steinchen o. Ä. zusammengesetztes, flächiges Muster od. Bildwerk auf Mauer od. Fußboden* ☐ mosaico

Mo|schee ⟨f.; -, -n⟩ *islamisches Gotteshaus* ☐ mesquita

Mo|schus ⟨m.; -; unz.⟩ *(als Duftstoff verwendete) stark riechende Absonderung des männlichen Moschustieres* ☐ almíscar

Mos|ki|to ⟨m.; -s, -s; Sammelbez. für⟩ *Stechmücken tropischer Länder, von denen einige Arten die Malaria übertragen* ☐ mosquito

Mos|lem ⟨m.; -s, -s⟩ *Anhänger des Islams;* Sy ⟨veraltet⟩ *Mohammedaner* ☐ muçulmano

Most ⟨m.; -(e)s, -e⟩ **1** *unvergorener Fruchtsaft, z. B. von Äpfeln, Birnen, Trauben; ein großes Glas ~ bestellen, trinken* ☐ mosto; sidra **2** *vergorener Saft aus Trauben od. Obst* ☐ suco de fruta fermentado 2.1 ⟨süddt., österr., schweiz.⟩ *Obstwein; junger schäumender ~* ☐ vinho de frutas

Most|rich ⟨m.; -s; unz.; nordostdt., ostdt.⟩ = Senf(2)

Mo|tel ⟨n.; -s, -s⟩ *(bes. in den USA) Hotel an Autostraßen mit Zimmern od. Appartements u. Garagen* ☐ motel

Mo|tiv ⟨n.; -s, -e⟩ **1** *Beweggrund, Antrieb; aus welchen ~en heraus mag er das getan haben?; das ~ einer Handlungsweise, einer Tat* **2** ⟨Lit.⟩ *kennzeichnender inhaltlicher Bestandteil einer Dichtung, charakteristisch geformter Teil des Stoffes;* Dramen~; Märchen~; *das ~ der feindlichen Brüder* **3** ⟨Mus.⟩ *kleinste selbständige, charakteristische melodische Einheit eines musikalischen Stücks; musikalisches ~* **4** ⟨bildende Kunst; Fot.⟩ *Gegenstand der Darstellung;* Blumen~; *ein beliebtes ~ der Malerei* ☐ motivo

Mo|to|cross auch: **Mo|to-Cross** ⟨n.; -; unz.; Motorradsp.⟩ *Motorradrennen im Gelände* ☐ motocross

Mo|to|drom ⟨n.; -s, -e; Motorradsp.⟩ *ovale Rennstrecke für Motorräder od. Autos* ☐ motódromo

Mo|tor ⟨[a. -'-] m.; -s, -en⟩ **1** *Kraftmaschine, die eine Art Energie (Wärme, Elektrizität, Wind u. a.) in eine Bewegungsenergie umwandelt;* Verbrennungs~, Elektro~, Wind~; *den ~ an-, abstellen, ein-, ausschalten; der ~ springt gleich, schwer, nicht an; die ~en brummen, dröhnen, surren, singen; der ~ läuft; elektri-*

muffeln

scher ~; das Auto braucht bald einen neuen ~ **2** jmd. ist der ~ eines Unternehmens ⟨fig.⟩ *derjenige, der das U. voranbringt* □ **motor**

mo|to|ri|sie|ren ⟨V. 500⟩ **1** Maschinen ~ *mit einem Motor(1) versehen;* Fahrzeuge ~ **2** *ein Unternehmen ~ mit Kraftfahrzeugen ausrüsten* 2.1 ⟨Vr 3⟩ sich ~ ⟨umg.; scherzh.⟩ *sich ein Kraftfahrzeug anschaffen* □ **motorizar(-se)**

Mo|tor|rad ⟨a. [-'--] n.; -(e)s, -rä|der⟩ *Kraftrad mit einem Hubraum von mehr als 50 cm³, bei dem Motor u. Tank zwischen Lenkstange u. Sattel angeordnet sind;* ~ fahren; ein ~ mit Beiwagen □ **motocicleta**

Mo|tor|sport ⟨m.; -(e)s; unz.⟩ *sportlich betriebenes Auto- u. Motorradfahren* □ **motociclismo**

Mot|te ⟨f.; -, -n; Zool.⟩ **1** ⟨volkstüml.⟩ *bei Nacht fliegender, bes. kleiner Schmetterling; von einer Sache angezogen werden wie die ~n vom Licht* □ **mariposa 2** ⟨Zool.⟩ *Angehörige einer Familie nachtfliegender Kleinschmetterlinge mit schmalen, am Hinterrand lang befransten Flügeln, deren Raupen in selbst gesponnenen Röhren leben: Tineidae;* Kleider~, Pelz~, Tapeten~; *die ~n haben Löcher in die Kleidung gefressen* □ **traça 3** ⟨ach,⟩ du **kriegst** die ~n! ⟨fig.; umg.⟩ *Ausruf des Erstaunens, der Bestürzung* □ *****você está brincando!; é inacreditável!* **4** ⟨scherzh.⟩ *Kind;* kleine ~ □ *****pirralho; guri**

Mot|to ⟨n.; -s, -s⟩ **1** *Leitspruch, Wahlspruch* **2** *einem Buch od. Kapitel vorangesetzter Spruch od. Ausspruch, der Inhalt od. Absicht kennzeichnen soll* □ **mote**

Moun|tain|bike ⟨[maʊntənbaɪk] n.; -s, -s⟩ *Sportfahrrad mit Profilreifen für Geländefahrten;* ~ fahren □ **mountain bike**

Mö|we ⟨f.; -, -n; Zool.⟩ *Angehörige einer Familie der Schwimmvögel mit ausgezeichnetem Flugvermögen: Larinae* □ **gaivota**

Mu|cke¹ ⟨f.; -, -n; meist Pl.⟩ **1** *jmd. hat seine ~n* ⟨umg.⟩ *jmd. hat seine Launen, Grillen* **2** *etwas hat seine ~n* ⟨fig.; umg.⟩ *etwas verursacht Unregelmäßigkeiten, Störungen im Gang, Schwierigkeiten; das Auto hat seine ~n* □ *****ter seus caprichos; ser de lua**

Mu|cke² ⟨f.; -, -n⟩ **1** ⟨bes. ostdt.⟩ *einen Nebenverdienst einbringender Auftritt eines Musikers* □ **bico 2** ⟨salopp⟩ *Popmusik;* mach mal die ~ etwas leiser! □ **barulheira**

Mü|cke ⟨f.; -, -n; Zool.⟩ **1** *Angehörige einer Unterordnung der Zweiflügler, meist langbeinige, zartgebaute u. oft deutlich behaarte Insekten mit langen fadenförmigen Fühlern, deren Weibchen blutsaugende Mundwerkzeuge haben: Nematocera;* ~n schwirren, summen, surren; er war von ~n völlig zerstochen □ **mosquito** 1.1 *aus einer ~ einen Elefanten machen* ⟨fig.; umg.⟩ *ein geringfügiges Ereignis gewaltig übertreiben, ihm zu große Wichtigkeit beimessen* □ *****fazer tempestade em copo d'água**

mu|cken ⟨V.; umg.⟩ **1** ⟨500/Vr 3⟩ *sich ~ einen halb unterdrückten Laut von sich geben; das Kind wagte nicht, sich zu ~* □ *****abrir a boca; dar um pio 2** ⟨400⟩ *leicht aufbegehren, murren; ohne zu ~; sie muckte nicht* □ **reclamar; resmungar 3** ⟨400⟩ *schmollen, verdrießlich sein* □ **ficar amuado**

Mu|cker ⟨m.; -s, -⟩ **1** *Duckmäuser* □ **covarde 2** *mürrischer Mensch* □ **resmungão; rabugento 3** *Scheinheiliger, Heuchler* □ **hipócrita**

Mucks ⟨m.; -es, -e; umg.⟩ **1** *halb unterdrückter Laut, schwache Bewegung, leises Aufbegehren* □ **gemido** 1.1 *keinen ~ machen, von sich geben sich nicht rühren, nicht bewegen, ganz still sein* □ *****não se mexer; não dar um pio** 1.2 *keinen ~ mehr machen tot sein* □ *****não dar mais sinal de vida** 1.3 *nicht ~ sagen kein einziges Wort sagen* □ *****não dizer palavra**

mü|de ⟨Adj.⟩ **1** *ermattet, erschöpft, schlafbedürftig;* seine ~n Augen schließen; seine ~n Glieder ausruhen; sehr ~ sein; ~ werden; ~ aussehen; sich ~ laufen; sich ~ spielen (Kind); der Wein macht mich ~; ~ von der Arbeit; zum Umfallen, Umsinken ~ □ **cansado; fatigado 2** *kraftlos, matt;* mit ~r Stimme; sein ~r Gang zeugte von seinem Alter □ **cansado; sem forças** 2.1 *ein ~s Gesicht abgespanntes, erschöpft aussehendes G.* □ *****aparência cansada 3** ⟨73⟩ *einer Sache od. jmds. ~ überdrüssig;* die vielen Redens ~; ich bin ihrer ~ □ *****estar farto de alguma coisa ou alguém** 3.1 ⟨70⟩ *(es) ~ sein, werden, etwas zu tun die Lust verlieren, (es) aufgeben, etwas zu tun;* er wird nicht ~, es immer wieder zu erklären; ich bin es ~, das immer wieder zu sagen □ *****estar cansado de fazer alguma coisa; cansar-se de fazer alguma coisa**

Mü|dig|keit ⟨f.; -; unz.⟩ **1** *müde Beschaffenheit;* Boden~, Material~ □ **desgaste 2** *Ermattung, Erschöpfung, Schlafbedürfnis;* gegen die ~ ankämpfen; ich könnte vor ~ umfallen □ **cansaço; lassidão** 2.1 *keine ~ vorschützen!* ⟨umg.⟩ *los!, voran!, weiter!* □ *****não venha me dizer que está cansado!**

Mü|es|li ⟨n.; -s, -s; schweiz.⟩ = *Müsli*

Muf|fe ⟨f.; -, -n⟩ **1** *Verbindungsstück für Rohrenden* 1.1 *Erweiterung eines Rohrendes zum Einsetzen eines anderen Rohres* □ **luva 2** ⟨El.⟩ *wasserdichtes Verbindungsstück für Kabelenden;* Kabel~ □ **manga/caixa de acoplamento 3** ⟨umg.⟩ 3.1 *jmd. hat, kriegt ~ jmd. hat, bekommt große Angst, fürchtet* □ *****ficar morrendo de medo** 3.2 *jmdm. geht die ~ jmd. hat große Angst* □ *****estar morrendo de medo**

Muf|fel¹ ⟨f.; -, -n⟩ *Schmelztiegel, feuerfeste Hohlform zum Brennen von Keramik, Härten von Werkzeug u. Ä.;* die ~ in den Ofen schieben □ **mufla**

Muf|fel² ⟨n.; -s, -; eindeutschend⟩ = *Mufflon*

Muf|fel³ ⟨m.; -s, -; umg.⟩ *mürrischer, unlustiger Mensch* □ **rabugento; resmungão**; Morgen~ □ *****que fica mal-humorado ao acordar**, Sex~ □ *****sexófobo**

muf|fe|lig ⟨Adj.; umg.; abwertend⟩ *mürrisch, verdrießlich, unfreundlich, wortkarg;* oV *mufflig;* Sy *muffig¹*; die alte Frau war ~; eine ~e Verkäuferin □ **rabugento; mal-humorado**

muf|feln¹ ⟨V.; umg.⟩ **1** ⟨400; abwertend⟩ *mürrisch, verdrießlich sein;* er sitzt in seinem Zimmer und muffelt □ **estar amuado 2** ⟨400⟩ *anhaltend kauen;* der zahnlose Alte muffelte □ **mastigar; mascar 3** ⟨500⟩ *etwas ~ undeutlich reden;* die Alte muffelte etwas und ging □ **resmungar**

muf|feln² ⟨V. 400; umg.⟩ *dumpf riechen, faulig riechen;* in seinem Zimmer muffelt es □ **cheirar a mofo**

muf|fig¹ ⟨Adj.⟩ = *muffelig*; ein ~es Gesicht machen; er sitzt ~ in der Ecke □ **rabugento; mal-humorado; amuado**

muf|fig² ⟨Adj.⟩ **1** nach Muff riechend, moderig, dumpf, faulig; ~e Luft; ~er Keller, Flur; das Mehl ist ~ □ **mofado; bolorento**; ~ riechen □ ***cheirar a mofo** **2** ⟨fig.; abwertend⟩ *kleinbürgerlich, engherzig;* die ~e Atmosphäre einer Kleinstadt; ~e Enge □ **pequeno--burguês; tacanho**

muff|lig ⟨Adj.⟩ = *muffelig*

Muff|lon *auch:* **Muf|flon** ⟨n.; -s, -s; Zool.⟩ *Angehöriges der kleinsten Unterart des orientalischen Wildschafes;* oV *Muffel²* □ **muflão**

Mü|he ⟨f.; -, -n⟩ **1** *Arbeit, Anstrengung, Plage, Sorgfalt;* etwas nur mit (großer) ~ zustande bringen; er scheute keine ~, ihnen zu helfen; viel ~ auf eine Arbeit verwenden; es ist doch keine große ~, das zu tun; das hat mich viel ~ gekostet; die ~ kannst du dir sparen (es hat doch keinen Zweck) □ **esforço** 1.1 er hat es nicht (für) der ~ wert gehalten, sich zu entschuldigen *er hat sich nicht einmal entschuldigt* □ ***ele não se deu ao trabalho de pedir desculpas** 1.2 es lohnt nicht die ~ *das Ergebnis ist zu geringfügig für den großen Aufwand an Arbeit od. Anstrengung* □ ***não vale a pena o esforço** 1.3 mit ~ und Not *mit großer Anstrengung, nur ganz knapp* □ ***com muito esforço; a muito custo** 1.4 ~ haben, etwas zu tun *es nur mit Anstrengung fertigbringen, etwas zu tun;* ich habe (viel) ~ gehabt, das wieder in Ordnung zu bringen; er hatte ~, das Lachen zu unterdrücken □ ***ter trabalho para fazer alguma coisa** 1.5 seine ~ haben (mit jmdm. od. etwas) *viel Arbeit haben, sich plagen müssen (mit jmdm. od. etwas);* sie haben ihre ~ mit dem verzogenen Kind □ ***cortar um dobrado/doze (com alguém ou alguma coisa)** 1.6 jmdm. ~ machen *Schwierigkeiten, Anstrengung bereiten;* wenn es Ihnen keine ~ macht □ ***dar trabalho a alguém** 1.7 sich ~ geben, machen *sich anstrengen, sich bemühen, seine Kraft, Aufmerksamkeit zusammennehmen;* ich werde mir ~ geben, es ordentlich, richtig zu machen; gib dir ein bisschen ~, freundlicher zu sein; mach dir keine ~, du schaffst es doch nicht! □ ***esforçar--se**; → a. *verloren(2.1)* **2** ⟨veraltet⟩ *Kummer, Sorge, Not;* auch des Tages Last und ~ □ **preocupação**

mü|he|los ⟨Adj. 24⟩ *ohne Mühe, ohne Anstrengung, leicht;* er hat die Prüfung ~ bestanden □ **sem esforço; facilmente**

mu|hen ⟨V. 400⟩ *brüllen (von der Kuh)* □ **mugir**

mü|hen ⟨V. 500/Vr 2⟩ sich ~ *sich anstrengen, sich plagen;* er hat sich sehr gemüht, ihre Schrift zu entziffern; du mühst dich, es ihm recht zu machen □ **esforçar-se**

Müh|le ⟨f.; -, -n⟩ **1** *Gerät od. Anlage (durch Wasser, Wind, Hand od. Elektrizität betrieben) zum Zermahlen von Getreide, Kaffee, Papier u. a.;* Getreide~; Kaffee~; Papier~; Pfeffer~; Wasser~; Wind~; das Getreide wird in der ~ zu Mehl gemahlen □ **moedor; moinho**; → a. *Wasser(2.8)* **2** *Gebäude mit einer Anlage zum Mahlen;* auf dem Deich steht eine alte ~ □

moinho 3 *Brettspiel für zwei Personen mit je 9 Steinen auf einem Liniensystem;* ~ spielen □ **jogo do moinho; jogo da trilha** 3.1 *Anordnung von drei nebeneinanderliegenden Steinen beim Mühlespiel, bei der dem Spielgegner ein Stein weggenommen werden darf* □ **moinho**

Müh|sal ⟨f.; -, -e; geh.⟩ *große Anstrengung, Mühe, Beschwerde, Plage;* der ~ des Lebens □ **sacrifício; labuta**

müh|sam ⟨Adj.⟩ *viel Mühe machend, mit viel Mühe (verbunden), anstrengend, beschwerlich, schwierig;* sich ~ fortbewegen; es ist sehr ~; eine ~e Arbeit □ **com esforço/dificuldade; penoso**

müh|se|lig ⟨Adj.⟩ *sehr mühsam, viel Sorgfalt erfordernd;* etwas in ~er Kleinarbeit anfertigen □ **laborioso**; ~ aufstehen, atmen □ **com dificuldade**

Mu|lat|te ⟨m.; -n, -n⟩ *Mischling mit einem schwarzen u. einem weißen Elternteil* □ **mulato**

Mu|lat|tin ⟨f.; -, -tin|nen⟩ *weibl. Mulatte* □ **mulata**

Mul|de ⟨f.; -, -n⟩ **1** *aus einem einzigen Stück angefertigtes, längliches, abgerundetes Gefäß, meist aus Holz, Trog;* Back~; Mehl, Futter in die ~ schütten; Fleisch in einer ~ tragen □ **gamela; travessa; masseira 2** ⟨Geol.⟩ *Teil einer Falte, längliche Senkung der Erdoberfläche, Gesteinssenke* □ **sinclinal 3** ⟨Geogr.⟩ *eine längliche od. rundliche Hohlform, die ringsum von ansteigenden Böschungen abgeschlossen od. nach einer od. mehreren Seiten geöffnet sein kann* □ **depressão**

Müll¹ ⟨m.; -(e)s, -e; nddt.⟩ *Humus, Erde* □ **terriço; humo;** Torf~ □ **turfa**

Müll² ⟨m.; -(e)s, -e⟩ *dünnes Baumwollgewebe;* Verband~ □ **musselina; gaze;** ~binde □ **ligadura de gaze**

Müll ⟨m.; -s; unz.⟩ *Kehricht, Asche, Abfälle;* etwas in den ~ werfen; den ~ trennen □ **lixo**

Müll|ei|mer ⟨m.; -s, -⟩ *Eimer für den Müll, Abfalleimer* □ **lata de lixo**

Mül|ler ⟨m.; -s, -; Berufsbez.⟩ **1** *Handwerker, der in einer Mühle arbeitet (u. Getreide mahlt)* **2** *Lehrberuf mit dreijähriger Ausbildungszeit* **3** ⟨früher⟩ *Besitzer einer Mühle* □ **moleiro**

Mül|le|rin ⟨f.; -, -rin|nen; früher⟩ **1** *weibl. Müller* **2** ⟨früher⟩ *Ehefrau eines Müllers(3)* □ **moleira**

Müll|schlu|cker ⟨m.; -s, -⟩ *Vorrichtung in Wohnhäusern, durch die von der Wohnung od. vom Treppenflur aus der Abfall direkt in eine Mülltonne geleitet wird* □ **conduto de lixo**

mul|mig ⟨Adj.⟩ **1** *vermodert, verfault, morsch, zerbröckelnd* □ **friável; pútrido 2** ⟨fig.; umg.⟩ *gefährlich, bedenklich, unsicher;* eine ~e Lage, Situation; das Wetter ist mir zu ~ □ **crítico; perigoso 3** ⟨fig.; umg.⟩ *unbehaglich, nicht ganz wohl, übel;* eine ~e Sache; hier wird es ~ □ **desconfortável; desagradável**

mul|ti..., Mul|ti... ⟨in Zus.⟩ *viel..., Viel..., vielfach..., Vielfach...;* multifunktional, multinational, Multimedia, Multimillionär

mul|ti|kul|tu|rell ⟨Adj.⟩ *mehrere verschiedene Kulturen umfassend, sie betreffend;* ~e Gesellschaft □ **multicultural**

Mul|ti|me|dia ⟨a. engl. [mʌltɪmiːdɪə] n.; - od. -s; unz.; meist ohne Artikel⟩ *Verbindung mehrerer Medien (Texte, Bilder, Animationen, Ton, Musik)* □ multimídia

Mul|ti|mil|li|o|när ⟨m.; -s, -e⟩ *mehrfacher Millionär* □ multimilionário

Mul|ti|mil|li|o|nä|rin ⟨f.; -, -rin|nen⟩ *weibl. Multimillionär* □ multimilionária

Mul|ti|ple Choice *auch:* **Mul|tip|le Choice** ⟨[mʌltɪpl tʃɔɪs-] n.; --; unz.⟩ *Testverfahren, bei dem die Versuchsperson aus mehreren vorgegebenen Antworten die richtigen auswählen soll* □ teste de múltipla escolha

Mul|ti|pli|ka|ti|on ⟨f.; -, -en; Math.⟩ *das Multiplizieren, Malnehmen, Vervielfachen von Zahlen (eine der vier Grundrechenarten)* □ multiplicação

mul|ti|pli|zie|ren ⟨V. 550⟩ *eine* **Zahl** *mit einer anderen ~ die eine Zahl so oft addieren, wie der Wert der anderen zweiten Zahl ist;* Sy *malnehmen;* 20 *mit* 30 ~ □ multiplicar

Mu|mie ⟨[-mjə] f.; -, -n⟩ *mumifizierter Leichnam* □ múmia

mu|mi|fi|zie|ren ⟨V.⟩ **1** ⟨400⟩ *nekrotisches* **Gewebe** *mumifiziert* ⟨Med.⟩ *wird trocken, ledrig, stirbt ab* **1.1** *eine* **Leibesfrucht** *mumifiziert* ⟨Vet.⟩ *trocknet in der Gebärmutter (bes. bei Hund u. Schwein) ein* **2** ⟨500⟩ *eine* **Leiche** ~ *durch Einbalsamieren, Austrocknen u. a. vor Verwesung schützen, zur Erhaltung behandeln* □ mumificar(-se)

Mumm ⟨m.; -s; unz.; umg.⟩ *Mut, Schneid, Tatkraft;* er hat genug ~, *um diesen Sprung zu wagen;* keinen ~ in den Knochen haben □ coragem; peito, tutano

Mumps ⟨m.; -; unz.; Med.⟩ *meist im Kindesalter auftretende Infektionskrankheit, Entzündung u. Anschwellung der Ohrspeicheldrüsen;* Sy *Ziegenpeter* □ cachumba

Mund ⟨m.; -(e)s, Mün|der; selten m.; -(e)s, Mün|de⟩ **1** *durch die Lippen begrenzte Öffnung in der unteren Hälfte des menschlichen Gesichts (die der Atmung, der Aufnahme von Nahrung u. der Lautbildung dient);* aus dem ~ riechen; das Kind hielt den Daumen im ~ **2** ⟨i. e. S.⟩ *Lippen;* ein großer, kleiner, roter, sinnlicher, voller ~; einen bösen, scharfen Zug um den ~ haben □ boca; den ~ (zum Küssen, zum Pfeifen) spitzen; den ~ (zum Lächeln, zum Weinen, spöttisch) verziehen □ *fazer bico 2.1 → Finger(3)* **3** *Organ der Lautbildung* **3.1** den ~ (nicht) aufmachen, auftun ⟨a. fig.; umg.⟩ *(nicht) sprechen, (nicht) laut sprechen* □ boca **3.2** den ~ halten ⟨fig.⟩ *schweigen, still sein* □ *ficar calado;* halt (endlich) den ~! □ *cale a boca!* **3.3** sich den ~ fusselig reden ⟨fig.; umg.⟩ *eindringlich, aber vergeblich reden* □ *gastar o próprio latim;* gastar saliva **3.4** jmdm. den ~ stopfen, verbieten ⟨fig.⟩ *jmdn. zum Schweigen bringen;* ich lasse mir von dir nicht den ~ verbieten □ *calar a boca de alguém* **3.5** jmdm. steht der ~ nicht, nie still ⟨fig.⟩ *jmd. redet (dauernd) sehr viel* □ *falar pelos cotovelos; não parar de falar* **3.6** sich den ~ verbrennen ⟨a. fig.; umg.⟩ *sich durch unbesonnene Äußerungen schaden* □ *pagar com a língua* **3.7** den ~ (reichlich) voll nehmen ⟨fig.; umg.⟩ *prahlen, übertreiben* □ *contar vantagem* **3.8** an jmds. ~ hängen ⟨fig.⟩ *jmdm. gespannt, sehr aufmerksam zuhören* □ *ouvir alguém com toda a atenção* **3.9** nicht auf den ~ gefallen sein ⟨fig.; umg.⟩ *schlagfertig sein;* er ist nicht auf den ~ gefallen □ *ter sempre uma resposta pronta* **3.10** jmdm. das Wort aus dem ~ nehmen ⟨fig.⟩ *vorwegnehmen, (dasselbe sagen), was jmd. gerade sagen wollte* □ *tirar as palavras da boca de alguém* **3.11** wie aus einem ~(e) gleichzeitig; „....!", riefen sie wie aus einem ~(e) □ *ao mesmo tempo; em coro* **3.12** ein **Wort**, eine Redensart, Sprüche im ~ führen ⟨fig.⟩ *(ständig) benutzen, wiederholen* □ *costumar empregar uma palavra/uma expressão idiomática/um dito* **3.13** das Wort im ~ herumdrehen ⟨fig.⟩ *jmds. Aussage absichtl. falsch deuten* □ *distorcer as palavras de alguém* **3.14** in aller ~e *allgemein besprochen, bekannt; das Ereignis ist bereits in aller ~e* □ *na boca do povo* **3.15** jmdm. Worte, eine Antwort, eine Frage in den ~ legen ⟨fig.⟩ *jmdm. zu verstehen geben, was er sagen soll, jmdn. etwas sprechen lassen;* er hat mir die Antwort (förmlich) in den ~ gelegt; einem Roman-, Dramengestalt bestimmte Worte in den ~ legen □ *fazer alguém dizer/responder/perguntar alguma coisa* **3.16** ein **Wort**, einen Ausdruck (nicht) in den ~ nehmen *(nicht) verwenden* □ *(não) empregar uma palavra/uma expressão* **3.17** (immer) mit dem ~ vornweg sein ⟨fig.⟩ *vorlaut sein* □ *ser indiscreto;* falar mais que a boca **3.18** jmdm. nach dem ~ reden *so reden, wie es jmd. gern hören möchte* □ *adoçar a boca de alguém;* encher a bola de alguém **3.19** jmdm. über den ~ fahren ⟨fig.⟩ *jmdn. unhöflich unterbrechen* □ *cortar a palavra de alguém; interromper alguém* **3.20** von ~ zu ~ gehen, laufen *mündlich verbreiten, von einem zum anderen plaudern* □ *passar/correr de boca em boca;* → a. *Blatt(1.1), groß(1.8.3), lose(4.1)* **4** *Organ der Nahrungsaufnahme;* mit vollem ~ spricht man nicht □ *não se deve falar de boca cheia* **4.1** viele Münder zu stopfen haben ⟨fig.; umg.⟩ *eine große Familie zu ernähren haben* □ *ter muitas bocas para alimentar* **4.2** jmdm. den ~ wässerig machen ⟨fig.; umg.⟩ *jmdm. eine Sache schmackhaft machen, sie ihm so schildern, dass er sie gern haben möchte* □ *deixar alguém com água na boca* **4.3** ein Gefäß an den ~ setzen *zum Trinken ansetzen* □ *levar um recipiente à boca* **4.4** sich etwas vom ~ absparen ⟨fig.⟩ *unter Opfern sparen* □ *economizar fazendo sacrifício;* → a. *Bissen(1.2, 1.3), Hand(3.2), Honig(2.1)* **5** *Organ zum Ausdruck von Gefühlen* □ boca **5.1** ~ und **Ohren** aufreißen, aufsperren ⟨fig.; umg.⟩ *staunen* □ *ficar de queixo caído* **5.2** mit offenem ~ ⟨a. fig.⟩ *staunend* □ *boquiaberto* **6** ⟨allg.⟩ *Öffnung;* der ~ einer Glocke, eines Schachtes □ boca; abertura; orifício **7** ⟨Getrennt- u. Zusammenschreibung⟩ **7.1** ~ voll = Mundvoll

Mund|art ⟨f.; -, -en; Sprachw.⟩ *abweichend von einer National- od. Hochsprache in verschiedenen Gegenden gesprochene Sprache;* Sy *Dialekt;* die deutschen ~en; eine ~ sprechen □ dialeto

Mündel

Mün|del ⟨n.; -s, -⟩ *unter Vormundschaft stehende(r) Minderjährige(r)* □ tutelado; pupilo

mun|den ⟨V. 600; geh.⟩ *etwas mundet jmdm. schmeckt jmdm.;* die Speise, der Wein mundet mir (nicht) □ agradar (ao paladar); sich etwas ~ lassen □ *saborear alguma coisa;* es hat mir herrlich gemundet □ *estava uma delícia*

mün|den ⟨V. 411⟩ **1** *ein* **Bach, Fluss** *mündet in etwas etwas strömt, fließt in etwas hinein;* der Inn mündet in die Donau; die Donau mündet ins Schwarze Meer □ desaguar; desembocar 1.1 ⟨fig.⟩ *zu etwas führen;* das Gespräch mündete in eine Auseinandersetzung **2** *etwas* mündet **auf, in etwas** *etwas endet, läuft auf, in etwas aus;* die Straße mündet auf einen Platz, in einen Park □ *dar/terminar/desembocar em alguma coisa*

mund|ge|recht ⟨Adj. 24⟩ **1** *bequem zum Essen;* jmdm. Fleisch, belegte Brote ~ hinstellen □ cortado; picado **2** jmdm. eine Sache ~ machen ⟨fig.⟩ *jmdm. eine S. so schildern, dass er sie gern haben od. tun möchte* □ *tornar alguma coisa palatável/atraente para alguém*

mün|dig ⟨Adj. 24/70⟩ **1** *das erforderliche Alter für bestimmte Rechtshandlungen erreicht haben;* Sy volljährig, großjährig; (noch nicht) ~ sein; mit 18 Jahren ~ werden; jmdn. (vorzeitig) für ~ erklären □ maior de idade; emancipado **2** ⟨Getrennt- u. Zusammenschreibung⟩ 2.1 ~ sprechen = *mündigsprechen*

mün|dig|spre|chen *auch:* **mün|dig spre|chen** ⟨V. 251/500⟩ jmdn. ~ *für mündig erklären;* man hat ihn mündiggesprochen/mündig gesprochen □ *emancipar alguém*

münd|lich ⟨Adj.⟩ Ggs *schriftlich(1)* **1** *(nur) besprochen, verabredet;* ein ~er Auftrag, eine ~e Vereinbarung **2** *gesprochen, in Gesprächsform;* ~e Prüfung, Überlieferung; alles Weitere ~!; jmdn. etwas ~ mitteilen □ oral(mente); verbal(mente)

Mund|stück ⟨n.; -(e)s, -e⟩ **1** *für den Mund bestimmter Teil eines Gegenstandes (Tabakspfeife, Zigarette, Blasinstrument usw.)* □ bocal; boquilha **2** *der im Maul des Pferdes liegende Teil des Zaumes* □ embocadura; bocado

mund|tot ⟨Adj. 24/50; fig.⟩ *zum (endgültigen) Schweigen verurteilt, unfähig zu widersprechen* □ silenciado; jmdn. ~ machen □ *silenciar/calar alguém*

Mün|dung ⟨f.; -, -en⟩ **1** *Stelle des Eintritts eines Flusses in ein anderes Gewässer od. einer Straße in eine andere Fläche;* die ~ der Moldau in die Elbe; die ~ der Straße öffnet sich auf einen Platz □ foz; embocadura **2** *vordere Öffnung einer Feuerwaffe;* die ~ einer Pistole, Kanone □ boca

Mund|voll *auch:* **Mund voll** ⟨m.; (-) -, (-) -⟩ *die Menge einer Speise od. eines Getränkes, die man auf einmal in den Mund nehmen kann,* Bissen, Schluck □ bocado; gole

Mund|werk ⟨n.; -(e)s, unz.; fig.; umg.⟩ **1** *Bedürfnis, viel (u. meist selbstbewusst) zu reden;* ein loses, flinkes, gutes, freches, böses ~ haben □ *ter língua solta/comprida/viperina;* sie hat ein ~! □ *como ela fala!* **2** *Schlagfertigkeit;* mit ihrem ~ kommt sie überall durch; jmd. hat ein scharfes, schnelles ~ □ *ter língua solta; não ter papas na língua* **3** jmds. ~ steht nicht still, geht wie geschmiert *jmd. redet ununterbrochen* □ *falar pelos cotovelos* 3.1 halte dein ~! *sei still* □ *cale a boca!*

Mund|win|kel ⟨m.; -s, -⟩ *seitliches Ende des Mundes, der Lippen;* ein Lächeln huschte um seine ~; ihre ~ zuckten vor verhaltenem Lachen, Weinen □ canto da boca; comissura dos lábios

Mu|ni ⟨m.; -s, -; schweiz.⟩ *Zuchtstier, Bulle* □ touro; animal reprodutor

Mu|ni|ti|on ⟨f.; -; unz.⟩ *Treibstoff u. Geschosse für Feuerwaffen;* Übungs~; blinde, scharfe ~ □ munição

mun|keln ⟨V. 402; umg.⟩ **(etwas)** ~ *einander heimlich etwas erzählen, raunen, Gerüchte, Vermutungen verbreiten;* man munkelt, dass ...; im Dunkeln ist gut ~ ⟨Sprichw.⟩; man munkelt so allerlei □ dizer às escondidas; murmurar

Müns|ter ⟨n.; -s, -⟩ **1** ⟨urspr.⟩ *Klosteranlage* □ mosteiro 1.1 *(später) Kirche eines Klosters, Stiftskirche* □ igreja de mosteiro **2** *(bes. in Süddtschld.) Dom;* das Straßburger ~ □ catedral

mun|ter ⟨Adj.⟩ **1** *lebhaft, heiter, fröhlich, frisch;* ~ und guter Dinge; ein ~es Kind; ~er Laune sein; ~ pfeifen, singen; der Kranke ist schon wieder ganz ~ □ alegre; bem-disposto 1.1 *nur* ~! *frisch ans Werk!, los, voran!* □ *coragem!; ânimo!* **2** *wach;* ich bin schon ~ □ desperto; acordado **3** ⟨Getrennt- u. Zusammenschreibung⟩ 3.1 ~ machen = *muntermachen*

mun|ter|ma|chen *auch:* **mun|ter ma|chen** ⟨V. 500/Vr 7 od. Vr 8⟩ jmdn. ~ *aufwecken, wachmachen;* der Kaffee hat mich wieder muntergemacht/munter gemacht □ despertar; acordar

Mün|ze ⟨f.; -, -n⟩ **1** *mit Bild- u. Schriftprägung versehenes Metallgeldstück, dessen Gewicht u. Zusammensetzung genau festgelegt sind;* Gold~; Kupfer~; Scheide~; Silber~; Gedenk~; ~n prägen, schlagen, fälschen, sammeln □ moeda; medalha; → a. *bar(1.2), gleich(2.3), klingen(4.3)* **2** *Ort (Betrieb od. Stadt), in dem Münzen geprägt werden, Münzanstalt, Münzstätte* □ casa da moeda

mün|zen ⟨V. 500⟩ **1** *Geldstücke* ~ *in Form von Münzen herstellen* **2** *Metall* ~ *zu Münzen prägen* □ cunhar **3** ⟨550⟩ eine Sache ist auf jmdn. gemünzt ⟨fig.; umg.⟩ *ist auf jmdn. bezogen, jmd. ist mit einer S. gemeint;* das ist auf dich gemünzt □ *dizer respeito a alguém*

mür|be ⟨Adj.⟩ **1** *durch Alter, Verwitterung morsch, brüchig, leicht zerfallend;* das Gestein, Holz, der Stoff ist ~ **2** *leicht zerreißbar, hart u. locker;* ein ~ Gebäck □ friável; quebradiço **3** ⟨fig.⟩ *zermürbt, zum Widerstand nicht mehr in der Lage* □ cansado; enfraquecido **4** ⟨Getrennt- u. Zusammenschreibung⟩ 4.1 ~ klopfen = *mürbeklopfen*

mür|be|klop|fen *auch:* **mür|be klop|fen** ⟨V. 500⟩ etwas ~ *klopfen, bis es mürbe, weich, zart ist;* Fleisch ~ □ bater; amaciar (batendo)

mür|be|ma|chen ⟨V. 500/Vr 7 od. Vr 8; fig.⟩ jmdn. ~ *jmdn. zermürben, jmds. Widerstandskraft schwächen;*

sein ewiges Betteln, Bitten, Schreien macht mich (ganz) mürbe; die schwere Krankheit hat ihn ganz mürbegemacht □ amolecer; dobrar

mur|meln ⟨V.⟩ **1** ⟨500⟩ etwas ~ *leise, undeutlich sprechen;* er murmelte etwas Unverständliches; was murmelst du da? □ **murmurar; sussurrar** 1.1 etwas in seinen **Bart** ~ ⟨umg.⟩ *so sprechen, dass man es nicht verstehen kann* □ *falar entre os dentes **2** ⟨400⟩ Bäche ~ ⟨fig.; geh.⟩ *rauschen leise* □ rumorejar

mur|ren ⟨V. 400⟩ **1** *(leise) seiner Unzufriedenheit Ausdruck geben, sein Missfallen äußern;* leise, heimlich ~; über das schlechte Essen ~; „....!", murrte er □ **resmungar** 1.1 etwas *ohne Murren tun ohne Widerspruch, bereitwillig* □ **reclamar 2** *(noch verhalten) aufbegehren;* die Leute murrten □ **protestar; reclamar;** ein drohendes Murren □ **protesto**

mür|risch ⟨Adj.⟩ *verdrießlich, übellaunig, brummig, unfreundlich, einsilbig;* ein ~es Gesicht machen; ein ~er Mensch; ~es Wesen; etwas ~ sagen, tun; ~ sein □ **rabugento; mal-humorado; com mau humor**

Mus ⟨n.; -es, -e; Pl. selten⟩ = **Brei(1);** Apfel~, Erbs~, Grieß~, Kartoffel~, Pflaumen~; ~ kochen, essen □ **purê;** wir sind fast zu ~ gedrückt, zerdrückt worden (so eng war es) ⟨fig.; umg.⟩ □ *fomos quase esmagados (de tão apertado que estava); ein Insekt zu ~ zerdrücken □ *esmagar um inseto

Mu|schel ⟨f.; -, -n⟩ **1** ⟨Zool.⟩ *Angehörige einer Klasse der Weichtiere mit zwei den Körper ganz oder teilweise bedeckenden Kalkschalen, die vom Mantelrand abgeschieden werden u. an deren Rückenseite sich ein kräftiger Schließmuskel befindet; Lamellibranchiata, Bivalvia;* Mies~, Herz~, Pfahl~; essbare ~n; die ~ aufbrechen □ **mexilhão; marisco** 1.1 *Schale der Muschel(1);* eine Halskette aus ~n; ~n am Strand finden **2** ⟨fig.⟩ *muschelförmige Dinge* □ **concha** 2.1 ⟨Anat.⟩ *äußerer sichtbarer Teil des Ohres;* Ohr~ □ ***pavilhão auricular; orelha** 2.2 *Teil des Telefons;* Sprech~, Hör~ □ * **microfone; fone**

mu|sche|lig ⟨Adj.⟩ oV *muschlig* **1** *muschelförmig* □ **concoidal; conquiforme 2** *unregelmäßig gewellt, bes. bei Bruchflächen* □ **ondulado; irregular**

muschlig ⟨Adj.⟩ = **muschelig**

Mu|se ⟨f.; -, -n⟩ **1** ⟨Myth.⟩ *eine der neun griechischen Göttinnen der Künste u. Wissenschaften;* die ~ der Tanzkunst, der Musik usw. □ **musa 2** *die heitere, ernste ~* ⟨fig.⟩ *heitere, ernste Kunst* □ *a musa cômica/trágica

Mu|se|um ⟨n.; -s, -se|en⟩ **1** *öffentliche Sammlung von Gegenständen der Kunst od. Wissenschaft* **2** *Gebäude für Museum(1);* das ~ ist montags geschlossen □ **museu**

Mu|si|cal ⟨[mjuːzɪkəl] n.; -s, -s; Mus.⟩ *bes. in den USA verbreitete Form des Musiktheaters, das Merkmale der Operette, der Revue u. des Varietees verbindet* □ **musical**

Mu|sik ⟨f.; -, -en⟩ **1** *die Kunst, Töne in ästhetisch befriedigender Form nacheinander (Melodie) u. nebeneinander (Harmonie) zu ordnen, rhythmisch zu gliedern u. zu einem geschlossenen Werk zusammenzufügen;* ~ studieren **2** *Werk(e) der Musik(1);* ~ hören, machen; die ~ pflegen; die ~ zu einem Film, Text, Theaterstück schreiben; gute, leichte, schwere ~ □ **música;** einen Text in ~ setzen □ ***musicar um texto 3** *Orchester, Musikkapelle;* bitte, ~! *(Aufforderung an die Musiker);* die ~ setzte mit einem Tusch ein; Veranstaltung mit ~ und Tanz **4** *Gesamtheit der Musik(2) eines Landes, Volkes od. einer Zeit;* Barock~; alte, moderne ~; deutsche, italienische, klassische ~ **5** ⟨urspr.⟩ *die Kunst der Musen, Dicht-, Tanz-, Gesangskunst usw.* □ **música 6** ⟨Getrennt- u. Zusammenschreibung⟩ 6.1 ~ liebend = *musikliebend*

mu|si|ka|lisch ⟨Adj.⟩ **1** ⟨90⟩ *die Musik betreffend, zu ihr gehörig, auf ihr beruhend;* ~e Akustik, Völkerkunde 1.1 ~e Zeichen *Vorzeichen, Versetzungszeichen* **2** ⟨70⟩ *begabt für das Aufnehmen u. Ausüben von Musik;* der Junge ist sehr ~ □ **musical 3** ⟨fig.⟩ *klangvoll, wie Musik klingend;* ~e Verse □ **musical; melodioso**

Mu|si|kant ⟨m.; -en, -en⟩ **1** (früher) *fahrender Musiker, Spielmann* **2** *Musiker, der Unterhaltungsmusik spielt (bes. bei Paraden, festlichen Umzügen u. Ä.);* die ~en spielen auf **3** ⟨scherzh.⟩ *(von der Musik besessener) Musiker* □ **músico**

Mu|si|kan|tin ⟨f.; -, -tin|nen⟩ *weibl. Musikant* □ **música**

Mu|si|ker ⟨m.; -s, -⟩ **1** *jmd., der ein Musikinstrument spielt* □ **músico;** Berufs~ □ ***músico profissional; musicista** 1.1 *Musiker(1) in einem Orchester* □ **músico**

Mu|si|ke|rin ⟨f.; -, -rin|nen⟩ *weibl. Musiker* □ **música, musicista**

Mu|sik|in|stru|ment auch: **Mu|sik|ins|tru|ment, Mu|si|k|inst|ru|ment** ⟨n.; -(e)s, -e⟩ *Instrument zum Erzeugen von Musik, z. B. Blas-, Saiten-, Streich-, Tasten-, Zupfinstrument* □ **instrumento musical**

mu|sik|lie|bend auch: **Mu|sik lie|bend** ⟨Adj. 24⟩ *eine große Liebe zur Musik habend* □ **amante da música; musicófilo**

Mu|sik|stück ⟨n.; -(e)s, -e⟩ *musikalisches Werk, Komposition* □ **composição/peça musical**

Mu|si|kus ⟨m.; -, -si|zi⟩ *altertümelnd od. scherzh.⟩ Musiker* □ **músico**

mu|sik|ver|stän|dig ⟨Adj.⟩ *Interesse, Verständnis für Musik zeigend;* ein ~er Schüler □ **que entende de música; entendido em música**

mu|sisch ⟨Adj.⟩ **1** *die Musen betreffend, von ihnen stammend* □ **relativo às musas 2** *empfänglich für Kunst, künstlerisch (begabt)* □ **dotado de senso artístico; amante da arte**

Mus|kat ⟨m.; -(e)s, -e⟩ *geriebene Muskatnuss;* eine Prise ~ □ **noz-moscada ralada**

Mus|kat|nuss ⟨f.; -, -nüs|se⟩ *(als Gewürz verwendeter) getrockneter Same des Muskatnussbaumes* □ **noz-moscada**

Mus|kel ⟨m.; -s, -n; Anat.⟩ *der Bewegung dienendes, der Kontraktion(1) fähiges Organ;* jeder ~ ist zu sehen; alle ~n anspannen; die ~n trainieren; sich einen ~ reißen, zerren □ **músculo**

Mus|kel|ka|ter ⟨m.; -s, -⟩ *vorübergehende, schmerzhafte Muskelverhärtung nach ungewohnter körperlicher Anstrengung* □ **dores musculares**

Mus|ke|te ⟨f.; -, -n⟩ *großkalibriges Gewehr* □ **mosquete**
Mus|ku|la|tur ⟨f.; -, -en⟩ *Gesamtheit der Muskeln (eines Körpers)* □ **musculatura**
mus|ku|lös ⟨Adj. 70⟩ *mit starken Muskeln versehen, kräftig;* ~e Arme, Beine; jmd. ist ~ gebaut; ein ~er Körper □ **musculoso**
Müs|li ⟨n.; -s, -s⟩ *Speise aus rohen, in Milch, Joghurt od. Saft eingeweichten Getreideflocken mit Obst, Nüssen, Zucker od. Honig u. a.;* oV ⟨schweiz.⟩ *Müesli* □ **Müsli**
Muss ⟨n.; -; unz.⟩ *Zwang, Erfordernis, unabänderliche Forderung;* es geht vieles, wenn ein ~ dahintersteht; man soll es tun, aber es ist kein ~; ein bitteres, eisernes, hartes ~; ~ ist eine harte Nuss (Sprichw.) □ **imperativo; necessidade; dever**
Mu|ße ⟨f.; -; unz.⟩ *Ruhe u. Zeit, ruhige, beschauliche Freizeit;* dazu fehlt mir die (nötige) ~; ⟨genügend, keine⟩ ~ haben, etwas zu tun; etwas mit ~ betrachten, tun □ **ócio; lazer; vagar**
Mus|se|lin ⟨m.; -s, -e; Textilw.⟩ *feines, leichtes Woll-, Baumwoll- od. Mischgewebe* □ **musselina**
müs|sen ⟨V. 188/470; Modalverb⟩ **1** *gezwungen sein zu, nicht anders können, (unbedingt) sollen;* ich muss gestehen, ich habe es vergessen; er muss kommen; ich muss fort (erg.: gehen); man muss Geduld haben; wir ~ Ihnen nun leider mitteilen, dass ...; kein Mensch muss ~ (Lessing, „Nathan der Weise", I, 3); wann musst du morgens immer aufstehen?; ich muss (schon) sagen, das habe ich nicht erwartet; ich habe lachen ~; er tut, als müsste es so sein; es muss sein! □ **precisar; ter de 1.1** man muss sich fürchten, lachen, wenn man ihn sieht *unwillkürlich fürchtet man sich, lacht man* □ ***não dá para não ficar com medo /rir ao vê-lo* 1.2** wie viel muss ich zahlen? *wie viel habe ich zu zahlen?, was kostet es?* □ ***quanto preciso pagar? 1.3** *notwendig sein, dass ...;* müsst ihr denn unbedingt streiten? □ ***vocês precisam brigar? 1.4** ich muss mal ⟨Kinderspr., a. umg.⟩ *ich muss einmal die Toilette aufsuchen* □ ***preciso ir ao banheiro* 2** *dringend wollen, nötig haben zu;* ich muss wissen, ob ...; ich muss jetzt gehen; das muss man gesehen haben (sonst kann man es sich nicht vorstellen) □ **precisar; ter de 3** jmd. od. etwas müsste (denn) ... ⟨veraltet⟩ *es sei denn, dass jmd. od. etwas ...;* er kann noch nicht hier sein, er müsste denn geflogen sein □ ***a menos que...; a não ser que... 4** *wahrscheinlich sein, anzunehmen sein, dass ..., zu erwarten sein, dass ...;* er muss bald kommen; er muss sehr krank sein; es muss wohl stimmen, wahr sein; das müsste ja (so) kommen! □ **dever; ser provável 4.1** das müsste doch wunderbar sein *das wäre doch w.* □ ***seria maravilhoso*
mü|ßig ⟨Adj. 24⟩ **1** *arbeitsfrei, untätig;* das hebe ich mir für ~e Stunden auf; er ist nie ~; ~ dastehen, herumsitzen □ **ocioso; inativo; sem fazer nada 2** ⟨70; abwertend⟩ *unnütz, überflüssig;* ~e Frage; es ist ~ zu sagen, dass ... □ **desnecessário; inútil**
Mü|ßig|gang ⟨m.; -(e)s; unz.⟩ *Untätigkeit, Nichtstun, Faulheit;* dem ~ verfallen □ **ociosidade**; ~ ist aller Laster Anfang ⟨Sprichw.⟩ □ ***a ociosidade é a mãe de todos os vícios**

müßig||ge|hen ⟨V. 145/ 400(s.)⟩ *Müßiggang treiben, faulenzen* □ **mandriar; ficar sem fazer nada**
Mus|tang ⟨m.; -s, -s⟩ *wildlebendes Pferd in der Prärie* □ **mustangue**
Mus|ter ⟨n.; -s, -⟩ **1** *Vorlage, Modell;* ich gebe Ihnen das Bild als ~ mit; nach ~ zeichnen, sticken, stricken; das kann als ~ dienen □ **modelo 2** *Warenprobe, einzelnes Stück zur Ansicht, zur Auswahl;* ein ~ anfordern, vorlegen □ **amostra 3** ⟨Gramm.⟩ *Beispiel(wort od. -satz), Paradigma;* für diese Satzkonstruktion ist ein ~ angegeben □ **paradigma 4** *sich wiederholende Verzierung;* Stoff~; Tapeten~; ~ für eine Tapete; ein ~ entwerfen □ **motivo; desenho 5** *Vorbild, Vollkommenes in seiner Art;* er ist das ~ eines guten Lehrers; er ist ein ~ an Fleiß, Ordnungsliebe; sich etwas od. jmdn. zum ~ nehmen □ **modelo; exemplo**
mus|ter|gül|tig ⟨Adj.⟩ *vorbildlich, völlig fehlerfrei, nachahmenswert;* eine ~e Arbeit; sie hat sich ~ benommen; der Betrieb ist ~ organisiert □ **(de modo) exemplar**
mus|tern ⟨V. 500⟩ **1** etwas ~ *mit Mustern versehen, ausstatten;* eine Wand ~ □ ***aplicar desenhos em alguma coisa; decorar alguma coisa com desenhos**; gemusterter Stoff, gemusterte Tapete □ ***tecido/tapete com desenhos/motivos**; bunt, reich gemustert □ ***com desenhos/motivos coloridos/variados 2** ⟨Vr 7 od. Vr 8⟩ jmdn. od. etwas ~ *prüfend betrachten, gründlich ansehen;* jmdn. abschätzend, kühl, skeptisch, spöttisch ~; jmdn. von oben bis unten ~; sie musterte seinen neuen Hut □ **examinar; perscrutar 3** ⟨Mil.⟩ jmdn. ~ *auf Wehrdiensttauglichkeit hin prüfen, untersuchen;* der Jahrgang 1988 wird dieses Jahr gemustert □ **inspecionar; examinar 3.1** Truppen ~ *T. inspizieren* □ **inspecionar; passar em revista**
Mut ⟨m.; -(e)s; unz.⟩ **1** *Bereitschaft, sich in Gefahr zu begeben, Kühnheit, Unerschrockenheit, Zuversicht;* (wieder) ~ bekommen; seinen ~ beweisen; (wieder) ~ fassen; (keinen) ~ haben; den ~ haben, etwas zu tun; jmdm. ~ machen; jmdm. den ~ nehmen, etwas zu tun; sein ~ sank, stieg; den ~ verlieren; jmdm. ~ zusprechen; mit dem ~ der Verzweiflung □ **coragem 1.1** nur ~! *(aufmunternder Zuspruch)* □ ***coragem!; ânimo! 1.1.1** nur ~, die Sache wird schon schiefgehen! ⟨umg.; iron.⟩ *keine Angst, es wird schon gelingen!* □ ***coragem, vai dar tudo certo! 2** ⟨veraltet⟩ *seelische Verfassung, Stimmung;* Ggs Angst(1) □ **ânimo; disposição**; → a. **froh(1.1), frisch(1), gut(3.5) 3** ⟨Getrennt- u. Zusammenschreiben⟩ 3.1 zu Mute = zumute
Mu|ta|ti|on ⟨f.; -, -en; Biol.⟩ **1** ⟨Biol.⟩ *sprunghafte, plötzliche, ungerichtete, zufällige erbliche Abänderung der Eigenschaften eines Lebewesens;* Ggs *Modifikation(2)* □ **mutação 2** ⟨Med.⟩ = *Stimmwechsel*
mu|tig ⟨Adj.⟩ **1** *voller Mut, unerschrocken, kühn;* ein ~er Mensch; das war sehr ~ von ihm **2** *Mut erfordernd, Mut beweisend;* das war eine ~e Entscheidung □ **corajoso**
mut|los ⟨Adj.⟩ *ohne Mut, keinen Mut besitzend, niedergeschlagen, deprimiert;* er ist ausgesprochen ~; eine ~e Antwort geben □ **desanimado; deprimido**

mut|ma|ßen ⟨V. 500⟩ etwas ~ *vermuten, annehmen;* wir hatten in dieser Sache nie etwas Gutes gemutmaßt ☐ **presumir; conjecturar**

mut|maß|lich ⟨Adj. 24/60⟩ *vermutlich, wahrscheinlich;* der ~e Täter ☐ **provável; suposto**

Mut|ter¹ ⟨f.; -, Müt|ter⟩ **1** *Frau, die ein od. mehrere Kinder geboren od. an Kindes statt angenommen hat* 1.1 ~ werden *ein Kind bekommen;* sie ist ~ *geworden* 1.2 ~ Erde ⟨poet.⟩ *die E., die nährt u. hervorbringt* 1.3 die ~ Gottes *Maria* ☐ **mãe** 1.4 bei ~ Grün schlafen ⟨poet.⟩ *unter freiem Himmel, in der Natur* ☐ ***dormir ao relento;** → a. *Vorsicht(1.1-1.2)* **2** *Frau im Verhältnis zu ihren Kindern;* eine gute, liebevolle, schlechte ~ sein; wie eine ~ zu jmdm. sein; Vater und ~ 2.1 ~ und Sohn, Tochter *(die) Frau u. ihr S., ihre T.* 2.2 sie ist ~ von drei Kindern *eine Frau mit drei K.* 2.3 einem Kind die ~ ersetzen *die Frau, die es geboren hat* ☐ **mãe** 2.4 an ~s Rock(zipfel) hängen ⟨fig.⟩ *unselbständig sein (von größeren Kindern)* ☐ ***viver agarrado à barra da saia da mãe** 2.5 ich fühle mich hier wie bei ~n ⟨umg.⟩; urspr.: berlin.; mit altem Dativ⟩ *wie zu Hause* ☐ ***aqui me sinto em casa;** → a. *leiblich(2.2)*

Mut|ter² ⟨f.; -, -n⟩ *das Gewinde drehbar umschließender Teil einer Schraube, Schraubenmutter;* eine ~ anziehen, festschrauben, lockern ☐ **porca de parafuso; rosca**

Mut|ter|bo|den ⟨m.; -s, -bö|den⟩ *fruchtbare, humusreiche oberste Bodenschicht;* Sy Muttererde; schwarzer ~ ☐ **solo fértil; humo**

Mut|ter|er|de ⟨f.; -; unz.⟩ = Mutterboden

Mut|ter|ku|chen ⟨m.; -s, -; Med.⟩ *aus der Zottenhaut der Eihüllen u. der Schleimhaut der Gebärmutter gebildetes Organ, das dem Blutaustausch u. Stoffwechsel zwischen Mutter u. Embryo über die Nabelschnur dient;* Sy *Plazenta* ☐ **placenta**

Mut|ter|land ⟨n; -(e)s, -län|de⟩ **1** *Staat im Verhältnis zu seinen Kolonien* ☐ **metrópole 2** *Heimat* ☐ **pátria 3** *Herstellungsland von Produkten* ☐ **país de origem**

Mut|ter|leib ⟨m.; -(e)s; unz.⟩ *mütterlicher Leib als Ort der Entwicklung eines Embryos;* Schädigung eines Ungeborenen im ~ ☐ **ventre materno**

müt|ter|lich ⟨Adj.⟩ **1** *von der Mutter stammend, der Mutter gehörend;* mein ~es Erbteil; die ~e Linie, Seite ☐ **materno 2** *wie eine Mutter, liebevoll besorgt;* ~e Frau, Freundin; ~e Liebe; jmdn. ~ umsorgen ☐ **maternal; como mãe**

Mut|ter|milch ⟨f.; -; unz.⟩ **1** *die von den weiblichen Milchdrüsen in der Stillzeit abgesonderte Milch* ☐ **leite materno** 1.1 etwas mit der ~ einsaugen ⟨fig.; umg.⟩ *etwas von Kind an lernen* ☐ ***aprender alguma coisa desde pequeno**

Mut|ter|mund ⟨m.; -(e)s, -mün|der; Anat.⟩ **1** *die Mündung des den Gebärmutterhals durchziehenden Kanals* 1.1 äußerer ~ *nach der Scheide hin gelegen* 1.2 innerer ~ *nach der Gebärmutter hin gelegen* ☐ **óstio uterino**

Mut|ter|rol|le ⟨f.; -, -n⟩ **1** *Verzeichnis der zu einer Gemeinde gehörenden, nach den Eigentümern geordneten Grundstücke* ☐ **registro dos terrenos de uma comunidade 2** ⟨unz.⟩ *Rolle, Aufgabe einer Frau, Mutter zu sein;* sie hat Probleme mit der ~ ☐ **papel/função de mãe**

Mut|ter|spra|che ⟨f.; -, -n⟩ *die Sprache, die man von Kind auf gelernt hat;* Deutsch ist meine ~ ☐ **língua materna**

Mut|wil|le ⟨m.; -ns; unz.⟩ *Absicht* ☐ **intenção; propósito;** etwas mit ~n tun ☐ ***fazer alguma coisa de propósito;** seinen ~n an jmdm. auslassen ☐ ***descarregar sua maldade em alguém**

Müt|ze ⟨f.; -, -n⟩ **1** *Kopfbedeckung (aus weichem Stoff od. gestrickt) ohne Krempe, mit od. ohne Schirm;* Basken~; Zipfel~; die ~ aufsetzen, abnehmen ☐ **capuz; boina; gorro 2** ⟨köln.⟩ *Narrenkappe* ☐ **gorro de bufão 3** *wärmende Bedeckung in Form einer Mütze für Kannen, Haube;* Kaffee~; Tee~ ☐ **abafador**

My|ri|a|de ⟨f.; -, -n⟩ **1** *Menge, Anzahl von zehntausend* ☐ **miríade 2** ⟨Pl.⟩ ~n (von)... *Unzahl, unzählige Menge;* ~n von Heuschrecken fielen in das Getreide ein ☐ ***uma miríade (de); inúmeros**

My|r|re ⟨f.; -, -n⟩ = *Myrrhe*

My|r|rhe ⟨f.; -, -n⟩ *(aus verschiedenen Sträuchern gewonnenes) Gummiharz, das ätherische Öle enthält, wird bes. als Räuchermittel verwendet;* oV Myrre ☐ **mirra**

Mys|te|ri|en|spiel ⟨n.; -(e)s, -e; MA⟩ *dramatische Aufführung biblischer Stoffe;* Sy *Mysterium(4)* ☐ **mistério**

Mys|te|ri|um ⟨n.; -s, -ri|en⟩ **1** = *Geheimnis(2)* **2** *Geheimlehre* 3 ⟨meist Pl.⟩ *geheimer Kult;* eleusische, dionysische Mysterien ☐ **mistério 4** = *Mysterienspiel*

Mys|tik ⟨f.; -; unz.⟩ *Form religiösen Erlebens, in der nach vorbereitender Askese durch Versenkung od. Ekstase innige Verbindung mit dem Göttlichen gesucht wird* ☐ **mística**

My|the ⟨f.; -, -n⟩ **1** = *Mythos(2-3)* **2** ⟨umg.⟩ *Dichtung, Erdichtetes* ☐ **mito**

My|thos ⟨m.; -, My|then⟩ oV *Mythus* **1** *Überlieferung eines Volkes von seinen Vorstellungen über die Entstehung der Welt, seine Götter, Dämonen usw.* **2** *Sage von Göttern, Helden, Dämonen;* oV *Mythe* **3** *zur Legende gewordene Begebenheit od. Person von weltgeschichtl. Bedeutung;* oV *Mythe* ☐ **mito**

My|thus ⟨m.; -, My|then⟩ = *Mythos*

na! ⟨Int.; umg.⟩ **1** *(vertrauliche Anrede);* ~, du? □ **e aí (, tudo bem)?*; ~, Junge, was möchtest du denn? □ **e então, rapaz, o que você quer?*; ~, wie geht's? □ **e aí, tudo bem?* **2** *(einleitender Ausdruck der begütigenden Abwehr, der Ungläubigkeit);* ja! □ **vá lá!; está bem!* 2.1 ~, ~! *Vorsicht!, stimmt das wirklich?, nur ruhig, nicht aufregen!* □ **cuidado!; devagar!* 2.2 ~, ich danke! *das würde ich keinesfalls tun, das würde mir nicht gefallen* □ **ah, não, obrigado!* 2.3 ~ sowas! *ist das möglich?, das hätte ich nicht gedacht!* □ **mais essa!* **3** *(einleitender Ausdruck des auffordernden Zuspruchs, der Ungeduld);* ~, komm (schon)! □ **vamos, venha!*; ~, wird's bald? □ **e então, é para hoje?*; ~, dann!; ~, denn mal los! □ *vamos lá!* 3.1 ~ warte! *(leichte Drohung)* □ **espere aí!* 3.2 ~, hör mal! *was fällt dir ein?, so geht das nicht!* □ **escute aqui!* **4** *(einleitender Ausdruck der Erleichterung, der Zustimmung, der Bestätigung);* ~ endlich! □ **ah, finalmente!* 4.1 ~ also! *siehst du, es geht also doch!, ich habe es ja gleich gesagt!* □ **está vendo só?* 4.2 ~ gut! *nun gut!, wenn es sein muss: ja!* □ **está bem!; que seja!* 4.3 ~ und ob! *aber selbstverständlich!, mehr als das!, mit Sicherheit!* □ **e como!* **5** *(einleitender Ausdruck der Herausforderung);* ~, und wenn schon! □ **e daí?; e se for isso mesmo(, qual o problema)?* 5.1 ~ und? *ist das so schlimm?, hast du etwas dagegen?* □ **e daí?*

Na|be ⟨f.; -, -n⟩ *Mittelteil des Rades* □ *cubo; meão*

Na|bel ⟨m.; -s, -⟩ **1** *die eingezogene, vernarbte Stelle etwa in der Bauchmitte, wo die Leibesfrucht mittels der Nabelschnur im Mutterleib mit dem Mutterkuchen in Verbindung stand, Bauchnabel;* Umbilicus □ *umbigo* **2** ⟨Bot.⟩ *Stelle, an der der Samen einer Pflanze am Samenträger festgewachsen ist: Hilum* □ *hilo* **3** ⟨fig.; leicht scherzh.⟩ *Mittelpunkt;* am ~ der Welt □ *centro*

Na|bel|schnur ⟨f.; -, -schnü|re⟩ *die Leibesfrucht mit den Gefäßen des Mutterkuchens verbindendes schnurförmiges Organ, über das das Kind im Mutterleib ernährt wird: Funiculus umbilicalis;* die ~ wird nach der Geburt abgeschnitten □ *cordão umbilical*

nach¹ ⟨Präp. mit Dat.⟩ **1** ⟨örtlich⟩ *in Richtung auf;* Ggs *von(1);* ~ Berlin, ~ Italien fahren; der Weg ~ der Stadt; ~ hinten, ~ vorn gehen; ~ links, rechts; die Fenster liegen ~ dem Garten, ~ der Straße (zu) □ *para;* ~ jeder Richtung □ **em todas as direções* **2** ⟨modal⟩ *auf ein (erstrebtes) Ziel hin;* ~ jmdm. od. etwas suchen □ **procurar por alguém ou alguma coisa;* sich ~ jmdm. od. etwas sehnen □ **ansiar por alguma coisa;* ter saudade de alguém; ~ dem Arzt schicken □ **mandar para o médico;* Verlangen ~ etwas haben □ **querer/desejar alguma coisa;* ~ jmdm. fragen □ **perguntar por alguém;* hat jmd. ~ mir gefragt, solange ich fort war? □ **alguém perguntou por mim enquanto estive fora?;* ~ dem Weg fragen □ **perguntar pelo caminho;* ~ etwas zielen □ **mirar alguma coisa;* ter alguma coisa em vista 2.1 sich ~ jmdm. richten *so handeln, wie jmd. es möchte* □ **seguir (o exemplo de) alguém;* orientar-se por alguém **3** ⟨zeitlich⟩ *später als, wenn ... vorbei ist;* Ggs *vor¹(3);* ~ der Arbeit, ~ der Arbeitszeit; im Jahre 5 ~ Christi Geburt; ~ dem Essen; ~ einigen Jahren, Wochen, Tagen; am Tage ~ dem Fest; ~ langem Hin und Her; ~ vieler Mühe; ~ Ostern, Weihnachten; ~ einer halben Stunde; ~ einer Weile; ~ langer, kurzer, einiger Zeit; ~ diesem Zeitpunkt □ *depois; após* 3.1 etwas ~ sich ziehen ⟨a. fig.⟩ *etwas zur Folge haben;* der erste Vertrag zog weitere ~ sich □ **acarretar; trazer como consequência* **4** ⟨zur Bez. des Musters, Vorbildes, der Art u. Weise⟩ *so wie ..., gemäß, entsprechend;* ~ Art von, od. des ..., der ... □ **ao modo; à moda;* Spaghetti ~ Mailänder Art □ **espaguete à (moda) milanesa;* ~ Vorschrift schreiben □ **escrever segundo o regulamento;* Gegenstände ~ Farben ordnen □ **ordenar objetos pela cor;* ~ dem Gedächtnis zeichnen □ **desenhar de memória;* meinem Gefühl ~ verhält es sich so ... □ **tenho a impressão de que isso funciona assim...;* ~ dem Gehör lernen, spielen □ **aprender/tocar de ouvido;* dem Gesetz ~ müsste er verurteilt werden □ **pela lei ele teria de ser condenado;* eine Ware ~ Gewicht verkaufen (nicht ~ Menge) □ **vender uma mercadoria a peso (não pela quantidade);* ~ Leistung bezahlen □ **pagar por produção/rendimento;* ~ Noten singen, spielen □ **cantar/tocar seguindo a partitura;* ~ bestimmten Regeln □ **de acordo com determinadas regras;* Gemälde ~ einer Zeichnung von XY □ **pintura segundo um desenho de XY;* das schmeckt ~ Pfefferminze □ **isso tem gosto de hortelã-pimenta;* hier riecht es ~ Veilchen □ **aqui está com cheiro de violeta* 4.1 das riecht ~ Verrat ⟨fig.; umg.⟩ *das lässt V. ahnen* □ **isso está cheirando a traição* 4.2 Anzug ~ Maß *genau den Maßen des Betreffenden entsprechend* □ **roupa sob medida* 4.2.1 (etwas ist) ~ Maß *genau passend, wunschgemäß* □ **sob medida; perfeitamente adequado* 4.3 ~ Belieben *wie es beliebt, wie man will* □ **a gosto; à vontade* 4.4 man hat ihn ~ seinem Vater **genannt** *man hat ihm den Namen seines Vaters gegeben* □ **deram-lhe o nome do pai* 4.5 allem Anschein ~ *es scheint so, als ob ...* □ **ao que parece* 4.6 meiner Ansicht, **Meinung** ~ *wie ich es mir denke* □ **a meu ver; na minha opinião* 4.7 jmdn. (nur) dem Namen ~ kennen *nur den N. von jmdm. kennen, jmdn. nicht persönlich kennen* □ **conhecer alguém (apenas) pelo/de nome* 4.8 aller (menschlichen) Voraussicht ~ *voraussichtlich, wahrscheinlich* □ **muito provavelmente* **5** ⟨zur Bez. der Reihenfolge, Rangordnung⟩ *hinter ... folgend;* einer ~ dem anderen; das Objekt steht ~ dem Subjekt; Sie sind ~ mir an der

Reihe; der Major kommt ~ dem Hauptmann; der oberste Beamte ~ dem König ☐ depois; após 5.1 der Reihe ~ *nacheinander, hintereinander, in bestimmter Reihenfolge* ☐ *por ordem; em fila; um de cada vez 5.2 bitte ~ Ihnen! *bitte gehen Sie voran!* ☐ *por favor, pode passar/ir na frente!* 6 ⟨Getrennt- u. Zusammenschreibung⟩ 6.1 ~ Hause = nachhause

nach² ⟨Adv.; meist in festen Fügungen⟩ 1 *mir ~! folgt mir!* ☐ *siga(m)-me! 2 ~ *und ~ allmählich, mit der Zeit, im Lauf der Zeit; ~ und ~ besserte sich sein Zustand; ~ und ~ leerte sich der Saal* ☐ *aos poucos; gradativamente 3 ~ *wie vor immer noch, weiterhin, wie immer, wie bisher* ☐ *como antes; ainda; *ich bin ~ wie vor der Meinung, dass ...* ☐ *continuo achando que...*

nach..., Nach... ⟨Vorsilbe⟩ 1 ⟨in Zus. mit Verben od. Subst.⟩ 1.1 *hinterher;* nachlaufen; nachmachen; nachtrauern; Nachkriegszeit 1.2 *zusätzlich;* nachfordern 1.3 *nachahmend, prüfend wiederholend, noch einmal, wieder;* nachbilden; nacherzählen; nachfüllen; nachmessen; nachrechnen 2 ⟨mit Adj.⟩ *folgend auf, später als;* nachklassisch

nach‖ah|men ⟨V. 500⟩ 1 ⟨Vr 8⟩ *jmdn. ~ sich genauso verhalten wie jmd., jmdn. nachmachen; er ahmte ihn treffend nach* 1.1 *jmds. Sprechweise, Bewegungen ~ sich in einer S., seinen B. an jmdn. angleichen* 2 *etwas ~ = nachbilden; es gelang ihm nicht, das klassische Meisterwerk nachzuahmen* 3 ⟨Mus.⟩ *ähnlich u. auf anderer Tonstufe wiederholen; ein Thema, Motiv ~* ☐ imitar

nach‖ar|bei|ten ⟨V. 500⟩ *etwas ~* 1 *nachbilden; er ließ das Original ~* ☐ imitar; copiar 2 *nochmals bearbeiten, überarbeiten; einen maschinell hergestellten Gegenstand mit der Hand, von Hand ~* ☐ retocar; aperfeiçoar 3 *durch Arbeit wieder einholen; Ggs vorarbeiten; versäumte Zeit ~* ☐ recuperar

Nach|bar ⟨m.; -n od. -s, -n⟩ 1 *neben jmdm. Sitzender od. Wohnender;* Bank~; Zimmer~; Tisch~; *Äpfel aus ~s Garten stehlen; es kann der Frömmste nicht im Frieden bleiben, wenn es dem bösen ~n nicht gefällt* (Schiller, „Wilhelm Tell", IV, 3); *die lieben ~n* ⟨iron.⟩ 1.1 *die ~n die nebenan od. in unmittelbarer Nähe Wohnenden* 1.2 *unsere östlichen, westlichen ~n die im Osten, Westen an unseren Staat angrenzenden Staaten* ☐ vizinho

Nach|ba|rin ⟨f.; -, -rin|nen⟩ *weibl. Nachbar* ☐ vizinha

Nach|bar|schaft ⟨f.; -; unz.⟩ 1 *das Benachbartsein; ~ bringt auch Pflichten mit sich* 2 *unmittelbare Nähe; sie wohnen in der ~* 3 *Verhältnis zum Nachbarn; gute ~ halten;* ☐ vizinhança

nach‖bil|den ⟨V. 500⟩ *etwas ~ nach einem Vorbild, Muster bilden, gestalten;* Sy nachahmen(1), kopieren(4) ☐ imitar; copiar

nach‖blei|ben ⟨V. 114/400(s.)⟩ 1 *nicht mitkommen, zurückbleiben; im Unterricht ~; hinter den anderen (Läufern, Fahrern, Schülern) ~* ☐ ficar para trás 1.1 ⟨in der Schule⟩ *nachsitzen* ☐ ficar de castigo na escola 2 *die Uhr bleibt nach geht nach* ☐ estar atrasado

nach|dem ⟨Konj.⟩ 1 *später als; ~ er abgereist war; kurz ~ er gekommen war* ☐ depois 2 ⟨oberdt.⟩ *da, weil; das so ist ...* ☐ como; uma vez que; → a. *je¹(2.1)*

nach‖den|ken ⟨V. 119/400⟩ *eine Sache gründlich durchdenken, überlegen;* denk nach!; lass mich ~; kurz, lange, scharf, tief ~; *nach langem Nachdenken; über etwas ~* ☐ refletir sobre; pensar em

nach|denk|lich ⟨Adj.⟩ 1 *zu Überlegungen neigend, sich über alles Gedanken machend; ein ~es Kind, ein ~er Mensch* ☐ pensativo; reflexivo 2 *in Gedanken versunken; „..."*, sagte er ~; *~ schweigen* ☐ pensativo; meditabundo

Nach|druck ⟨m.; -(e)s, -e⟩ 1 ⟨Buchw.⟩ *unveränderter Abdruck; ~ verboten* (Vermerk in Schriftwerken) ☐ reprodução 2 ⟨unz.⟩ *Hervorhebung, Betonung; auf ein Problem, einen Satz besonderen ~ legen; etwas mit ~ sagen; Worte, Sätze mit ~ sprechen; um seinen Worten besonderen ~ zu verleihen ...* ☐ ênfase; destaque 3 ⟨unz.⟩ *Festigkeit, Eindringlichkeit, gesteigerte Tatkraft; eine Sache mit ~ betreiben* ☐ força; vigor; firmeza

nach|drück|lich ⟨Adj.⟩ *mit Nachdruck, eindringlich, energisch; ~ auf etwas hinweisen; jmdn. ~ auffordern, etwas zu tun, zu unterlassen; ~ erklären, dass ...; auf etwas ~ bestehen* ☐ energicamente; enfaticamente

nach|ein|an|der auch: **nach|ei|nan|der** ⟨a. ['----] Adv.⟩ *einer nach dem anderen, hintereinander, nicht gleichzeitig; bitte ~ eintreten; zweimal ~; ihr müsst ~ sprechen, sonst seid ihr nicht zu verstehen* ☐ um depois do outro; um de cada vez

nach‖emp|fin|den ⟨V. 134⟩ 1 ⟨503⟩ (jmdm.) *etwas ~ so empfinden, wie jmd. empfunden hat;* Sy nachfühlen; *das kann ich (dir) nicht ~; jmds. Freude, Schmerz ~* ☐ *sentir o mesmo que alguém 2 ⟨530⟩ *jmdm. etwas ~ mit jmdm. fühlen* ☐ *compartilhar/compreender os sentimentos de alguém

Na|chen ⟨m.; -s, -; bes. poet.⟩ *Boot, Kahn* ☐ barquinho; barca

Nach|fol|ge ⟨f.; -; unz.⟩ 1 *das Nachfolgen* ☐ sucessão 1.1 *Übernahme eines Amtes, einer Würde, eines Erbes, eines Unternehmens (vom Vorgänger); ~ Christi* (nach Matthäus 16, 24) ☐ *imitação de Cristo 1.1.1 *jmds. ~ antreten jmd. in seinem Amt ablösen* ☐ *suceder a alguém

nach‖fol|gen ⟨V.(s.)⟩ 1 ⟨400⟩ *folgen, hinterhergehen; ich folge später nach* ☐ seguir; ir depois 2 ⟨400; fig.⟩ *später kommen, sich anschließen; viele Fragen folgten nach* ☐ seguir(-se) 3 ⟨600; fig.⟩ *jmdm. (im Amt) ~ jmds. A. übernehmen* ☐ *suceder a alguém (no cargo)*

nach|fol|gend 1 ⟨Part. Präsens von⟩ nachfolgen 2 ⟨Adj. 24/90⟩ *folgend, sich anschließend, nächste(r, -s); der ~e Streit war sehr unerfreulich; ~e Ausführungen wurden ins Deutsche übersetzt; im Nachfolgenden sind Zitate kenntlich gemacht; das Nachfolgende wurde kontrovers diskutiert; das Nachfolgende konnte bislang nicht eindeutig bewiesen werden* ☐ seguinte; posterior

Nach|fol|ger ⟨m.; -s, -⟩ kaufmänn. Abk.: Nachf. od. Nchf.⟩ *jmd., der jmdm. nachfolgt, der ein Geschäft, ein Amt od. eine Stellung von seinem Vorgänger übernimmt; er wurde ~ seines Vaters* ☐ sucessor

Nach|fol|ge|rin ⟨f.; -, -rin|nen⟩ *weibl. Nachfolger* □ **sucessora**

nach∥for|schen ⟨V. 400⟩ *(gründlich) nach etwas forschen, etwas zu ermitteln suchen;* die Polizei forschte nach, wann der Vermisste zum letzten Mal gesehen worden war □ **investigar; pesquisar**

Nach|for|schung ⟨f.; -, -en⟩ *das Nachforschen, Ermittlung, Erkundigung;* ~en anstellen □ **investigação; pesquisa**

Nach|fra|ge ⟨f.; -, -n⟩ **1** *Erkundigung, Anfrage;* trotz mehrmaliger ~n habe ich nicht erfahren können, ob ... □ **pesquisa; procura por informação 1.1** danke der (freundlichen) ~! danke, dass Sie sich danach erkundigen □ ***obrigado pelo interesse!; obrigado por perguntar! 2** *Bereitschaft der Käufer, eine Ware zu kaufen;* Angebot und ~; die ~ sinkt, steigt, nimmt ab, nimmt zu; große, keine, lebhafte, rege, wenig ~; es herrscht starke, geringe ~ nach einem Produkt □ **demanda; procura**

nach∥füh|len ⟨V. 503⟩ = *nachempfinden*

nach∥ge|ben ⟨V. 143⟩ **1** ⟨400⟩ *einem Druck nicht standhalten* **1.1** etwas gibt nach *hält nicht stand, verbiegt sich, dehnt sich, weicht zurück;* der Boden unter seinen Füßen gab plötzlich nach **1.1.1** *erschlaffen, locker werden;* der Stoff gibt mit der Zeit noch etwas nach; das Seil, an dem er sich festhielt, gab nach □ **ceder; lassear 2** ⟨403⟩ ⟨jmdm. od. einer Sache⟩ ~ ⟨fig.⟩ *endlich doch zustimmen, seinen Widerstand gegen jmdn. od. eine Sache aufgeben;* jmds. Bitten, Drängen ~; der Klügere gibt nach ⟨Sprichw.⟩ □ **ceder** *einem Impuls, einer Laune* ~ *einem I., einer L. folgen* **3** ⟨600⟩ jmdm. od. einer Sache nichts ~ *jmdm. od. einer S. gleichkommen* **3.1** er gibt seinem Freund an Ausdauer, Hilfsbereitschaft nichts nach *er ist ebenso ausdauernd, hilfsbereit wie sein Freund* □ ***não ficar atrás de alguém ou alguma coisa; não ficar devendo nada a alguém ou alguma coisa 4** ⟨500⟩ etwas ~ *nachträglich geben, zusätzlich geben* □ **acrescentar; dar/servir mais**; sich Gemüse, Fleisch ~ lassen (beim Essen) □ ***aceitar mais verdura/carne (na refeição)**

Nach|ge|bühr ⟨f.; -, -en⟩ *von der Post erhobene nachträgliche Gebühr für nicht ausreichend frankierte Sendungen* □ **sobretaxa**

Nach|ge|burt ⟨f.; -, -en; Med.⟩ **1** *die Ausstoßung des Mutterkuchens nach der Geburt* □ **delivramento 2** *die nach der Geburt ausgestoßene Plazenta* □ **secundinas**

nach∥ge|hen ⟨V. 145(s.)⟩ **1** ⟨600⟩ jmdm. od. einer Sache ~ *folgen, hinter jmdm. od. etwas hergehen;* er ging dem Leichenzug nach □ **seguir; ir atrás de 1.1** einer Sache ~ ⟨fig.⟩ *eine S. untersuchen, eine Angelegenheit zu klären suchen;* einer Frage, einem Problem, einem Gerücht ~ □ **investigar; averiguar 2** ⟨600⟩ einer Tätigkeit, Sache ~ *sich einer T., S. widmen;* seiner Arbeit, seinen Geschäften ~; einer geregelten Arbeit ~ □ ***dedicar-se a uma atividade/alguma coisa 3** ⟨400⟩ die Uhr geht nach *geht zu langsam* □ **estar atrasado 4** ⟨600⟩ etwas geht jmdm. nach *wirkt in jmdm. nach, beschäftigt jmdn. in seinen Gedanken;* seine Worte sind mir noch lange nachgegangen □ **ocupar a mente; fazer refletir**

nach∥ge|ra|de ⟨Adv.⟩ **1** *allmählich, schließlich;* jetzt wird es mir ~ zu viel □ **pouco a pouco; por fim 2** *geradezu;* das kann man ja ~ ein Verbrechen nennen □ **até; praticamente**

Nach|ge|schmack ⟨m.; -(e)s; unz.⟩ **1** *im Mund bleibender Geschmack;* die Medizin hat einen bitteren ~; der Wein hat einen ~ von Harz □ **gosto residual; ressaibo 2** ⟨fig.⟩ *(unangenehme) Erinnerung;* der Vorfall hat einen bitteren ~ bei mir zurückgelassen, hinterlassen □ **(má) recordação**

nach∥ge|wie|se|ner|ma|ßen ⟨Adv.⟩ *wie nachgewiesen wurde;* diese Tabletten fördern ~ die Durchblutung □ **conforme demonstrado**

nach∥gie|big ⟨Adj.⟩ **1** *nachgebend, weich;* der Fußboden in der Turnhalle ist ~ □ **macio; maleável 2** ⟨fig.⟩ *leicht nachgebend, leicht umzustimmen, versöhnlich, fügsam;* er wäre ~er, wenn auch du Zugeständnisse machtest □ **flexível; condescendente**

nach∥hän|gen ⟨V. 161/600⟩ **1** einer Sache ~ *nachtrauern, sich trüben Gedanken überlassen* □ ***entregar-se a alguma coisa 1.1** seinen Gedanken ~ *in G. versunken sein, über vieles nachdenken* □ ***mergulhar em seus pensamentos**

nach|hau|se *auch:* **nach Hau|se** ⟨Adv.⟩ *heimwärts, Richtung Heimat;* ~ gehen □ **para casa**

nach∥hel|fen ⟨V. 165/403⟩ ⟨jmdm. od. einer Sache⟩ ~ *helfen, dass es vorwärts od. bessergeht, eine S. vorantreiben, beschleunigen;* kannst du nicht ein bisschen ~, damit es schneller geht?; hast du das ganz allein gemacht, oder hat die Mutter nachgeholfen? □ **ajudar; dar uma mão**

nach∥her ⟨a. ['--] Adv.⟩ *später, danach;* das mache ich ~; wir sehen uns ~ □ **depois; mais tarde**

Nach|hin|ein *auch:* **Nach|hi|nein** ⟨Adv.; nur in der Wendung⟩ im ~ *hinterher, danach, nachträglich* □ ***posteriormente; ulteriormente**

nach∥hin|ken ⟨V. 410(s.); fig.⟩ **1** *später, verspätet kommen, fertig sein;* bei den Hausaufgaben ~ □ **estar atrasado 2** *nicht mitkommen, nicht Schritt halten können;* beim Wettlauf ~; im Unterricht ~ □ **ficar para trás**

nach∥ho|len ⟨V. 500⟩ eine Sache ~ *nachträglich einholen, einbringen, nacharbeiten, sich nachträglich erarbeiten;* versäumten Unterricht ~ □ **recuperar**

nach∥ja|gen ⟨V. 600⟩ **1** ⟨(s.)⟩ jmdm. od. etwas ~ *hinterhereilen, jmdn. od. etwas schnell verfolgen;* einem Flüchtling, Verbrecher ~; die Kinder jagen dem Ball nach **2** einer Sache ~ ⟨fig.⟩ *eine S. mit aller Kraft anstreben, zu gewinnen suchen;* dem Geld ~; Vergnügungen ~ □ **correr atrás de**

nach∥klin|gen ⟨V. 168/400⟩ etwas klingt nach **1** *weiterklingen, nachhallen;* lange noch klangen die Glockenschläge nach □ **ecoar; ressoar; vibrar 2** ⟨fig.⟩ *nachwirken;* seine Worte klangen lange in mir nach □ **ecoar; repercutir**

Nach|kom|me ⟨m.; -n, -n⟩ **1** *Verwandter in absteigender gerader Linie, z. B. Kind, Enkel;* Ggs *Vorfahr* **1.1**

⟨Pl.⟩ die ~n *alle, die leiblich von jmdm. abstammen* □ descendente

nach‖**kom**|**men** ⟨V. 170(s.)⟩ **1** ⟨400⟩ *später kommen, folgen;* geht schon voraus, ich komme (gleich) nach; die Kinder, den Wagen ~ lassen □ seguir; vir depois **2** ⟨410⟩ *mitkommen, Schritt halten;* beim Mitschreiben nicht ~ □ seguir; acompanhar **3** ⟨600⟩ *einer Sache ~ eine S. erfüllen;* ich kann dieser Verpflichtung nicht ~ □ cumprir; satisfazer

Nach|**lass** ⟨m.; -es, -e od. -läs|se⟩ **1** *Ermäßigung, Preisherabsetzung;* Preis~; ~ fordern, gewähren □ redução; abatimento **2** *Verzicht auf einen Teil der von einem Schuld;* über einen ~ verhandeln □ remissão **3** *Hinterlassenschaft, Erbschaft;* den ~ eröffnen, versteigern, verwalten □ herança; legado **3.1** *die literarische ~ eines Dichters die der Nachwelt hinterlassenen Werke eines D.* □ obra póstuma

nach‖**las**|**sen** ⟨V. 175⟩ **1** ⟨500⟩ *etwas ~ die Spannung von etwas lockern, etwas entspannen;* die Zügel ~; ein straffes Seil ~; ich musste die Schrauben ein wenig ~ □ soltar; desapertar; afrouxar **2** ⟨503⟩ *etwas ~ erlassen, tilgen;* der Rest seiner Schulden, Strafe wurde ihm nachgelassen □ perdoar; remitir; bei dieser Ware wurden mir 10 Euro nachgelassen; er hat mir 15 % des Preis nachgelassen □ abater; descontar **3** ⟨530⟩ *jmdm. etwas ~ = hinterlassen(1.1)* **4** ⟨400⟩ *schwächer, kleiner, weniger werden, an Heftigkeit, Kraft, Wirksamkeit verlieren;* die Hitze, Kälte lässt allmählich nach; der Regen, Sturm lässt nach; nach der Spritze wird der Schmerz bald ~; ich werde alt, meine Kräfte lassen nach; der Eifer, Fleiß, die Leistungen des Schülers haben in letzter Zeit merklich nachgelassen; bei diesem Kriminalroman erkennt man bald die Zusammenhänge, so dass die Spannung schon im zweiten Drittel nachlässt □ diminuir; cair; abrandar **4.1** *das Fieber lässt nach die Temperatur sinkt* □ diminuir; ceder **4.2** *die Geschäfte lassen nach die G. werden schlechter* **4.3** *in seinen Leistungen ~ schlechter werden* □ piorar **4.4** *jmd. lässt in seiner Kraft nach jmds. Kraft vermindert sich* □ *perder força **4.5** *jmd. lässt in seinem Eifer, Fleiß nach jmds. E., F. wird geringer* □ *perder entusiasmo; relaxar na aplicação **4.6** *Schmerz, lass nach!* ⟨umg.; scherzh.⟩ *(Ausruf bei etwas Unangenehmem)* □ *ai, meu Deus! **4.7** *nicht ~! (aufmunternder Zuruf)* □ *não desanime!

nach‖**läs**|**sig** ⟨Adj.⟩ **1** *nicht sorgfältig, unordentlich, unachtsam, ungenau;* ~ arbeiten **1.1** er geht mit seinen Sachen sehr ~ um *er pflegt, schont seine S. nicht* □ negligente; descuidado **2** *ungezwungen;* seine ~e Haltung verriet keinerlei Spannung □ espontâneo; desembaraçado **3** *unbeteiligt, gleichgültig, sorglos;* mit einer ~en Handbewegung □ indiferente; despreocupado

nach‖**lau**|**fen** ⟨V. 176/600(s.)⟩ **1** *jmdm. od. etwas ~ hinterherlaufen, eilig folgen;* die Kinder liefen dem Drehorgelspieler nach □ correr atrás de **1.1** diese Kleider laufen sich in der Stadt nach ⟨umg.; scherzh.⟩ *es werden hier sehr viele K. des gleichen Modells getragen* □ estar na moda **2** *jmdm. od. einer Sache ~* ⟨fig.; umg.⟩ *sich anhaltend u. heftig (ohne Selbstachtung) um jmdn. od. eine Sache bemühen;* einer Frau ~; er machte zwar gute Geschäfte, musste aber seinem Geld ständig ~ **2.1** ich laufe niemandem nach *ich dränge mich niemandem auf* □ correr atrás de

nach‖**le**|**ben** ⟨V. 600; geh.⟩ *jmdm. ~ jmdm. (als einem Vorbild) entsprechend leben, jmdm. nachstreben;* versuche, ihm nachzuleben! □ *seguir o exemplo de alguém; viver segundo o modelo de alguém

Nach|**le**|**se** ⟨f.; -, -n⟩ **1** *Nachernte (z. B. bei der Traubenernte).* **1.1** *Ährenlese* □ respiga; rebusco **2** ⟨fig.⟩ *Nachtrag, Sammlung von Dingen, die in eine erste Sammlung nicht mit aufgenommen waren;* ~ von Gedichten □ seleção (suplementar) **2.1** *Rückblick, z. B. auf eine Veranstaltung* □ retrospectiva

nach‖**ma**|**chen** ⟨V. 500⟩ **1** ⟨Vr 8⟩ *jmdn. od. etwas ~ nachahmen;* eine Handschrift, Mode, Stimme ~; er kann ihn verblüffend echt ~; sie macht mir alles nach □ imitar **1.1** *Geld ~ fälschen* □ falsificar **1.2** es sind nur nachgemachte Edelsteine *unechte E.* □ falso **2** *eine Sache ~ nachholen, nachträglich tun, hinterher erledigen;* eine Arbeit ~ □ recuperar; fazer posteriormente

nach|**ma**|**lig** ⟨Adj. 24/60; geh.⟩ *zu einem späteren Zeitpunkt (in bestimmter Funktion od. Eigenschaft) in Erscheinung tretend;* der ~e Präsident □ posterior; ulterior

nach|**mals** ⟨Adv.⟩ *zu einem späteren Zeitpunkt;* ~ wurde es ihm klar □ posteriormente; ulteriormente

Nach|**mit**|**tag** ⟨m.; -s, -e⟩ **1** *(Tagesabschnitt, Zeit) zwischen Mittag u. Abend;* ich habe den ganzen ~ gewartet; vom frühen ~ an haben wir gewartet; bis zum ~ warten; ein heißer, regnerischer, schwüler, sonniger, trüber ~; er wollte im Laufe des ~s anrufen; seit diesem ~; eines ~s stand er vor der Tür; am frühen, späten, zeitigen ~; früh, spät, zeitig am ~; gestern, heute, morgen Nachmittag □ tarde **1.1** *am ~ in der Zeit zwischen Mittag u. Abend* □ *à tarde; *am ~ des 15. Mai zwischen 16 und 17 Uhr* □ tarde **1.2** *des ~s in der Zeit zwischen Mittag u. Abend;* des ~s gehe ich gewöhnlich spazieren □ *à tarde

nach|**mit**|**tags** ⟨Adv.; Abk.: nachm.⟩ *am Nachmittag;* dienstags ~, dienstagnachmittags gehen die Kinder in die Musikschule □ à tarde

Nach|**nah**|**me** ⟨f.; -, -n⟩ **1** *Bezahlung einer Postsendung durch den Empfänger bei Aushändigung der Sendung;* als, gegen, mit, per ~ schicken; den Betrag durch ~ erheben □ pagamento na entrega **2** *mittels Nachnahme(1) zu bezahlende Postsendung;* eine ~ für Herrn X □ encomenda com pagamento na entrega

Nach|**na**|**me** ⟨m.; -ns, -n⟩ = *Familienname*

Nach|**re**|**de** ⟨f.; -, -n⟩ **1** = *Nachwort* **2** *üble ~ Verbreitung abfälliger Meinungen über jmdn.;* böse, schlechte ~ □ *difamação; maledicência; jmdn. in üble ~ bringen □ *difamar alguém; in üble ~ geraten, kommen □ *ser difamado; üble ~ über jmdn. führen, verbreiten □ *espalhar calúnias sobre alguém

Nach|**richt** ⟨f.; -, -en⟩ **1** *Botschaft, Benachrichtigung, Mitteilung einer Begebenheit, eines Sachverhalts;* eine ~ abdrucken, bekanntgeben, durchgeben, veröffent-

Nachrichtendienst

lichen, weiterleiten; eine ~ bekommen, empfangen, erhalten, hören; jmdm. eine ~ bringen, mitteilen, senden, übermitteln; eine eilige, gute, schlechte, verspätete, wichtige ~; diese ~ wurde bereits dementiert; diese ~ ist soeben eingegangen, eingetroffen; jmdm. eine ~ überbringen; jmdm. ~ geben; die erwartete ~ blieb aus; eine falsche ~; wir haben keine ~ von ihm □ **notícia, informação**; hat er nicht eine ~ (für mich) hinterlassen, zurückgelassen? □ **recado**; schlimme ~ kommt stets zu früh ⟨Sprichw.⟩ □ *****notícia ruim corre depressa** 2 *Übermittlung einer (aktuellen) Begebenheit*; die ~ wurde durch das Fernsehen, die Presse, das Radio verbreitet; die ~ wurde in der Presse groß herausgestellt; ~en aus aller Welt; die neuesten ~en; amtliche, lokale, politische, vermischte ~en □ **notícia** 2.1 ⟨nur Pl.⟩ ~en *Rundfunk-, bes. Fernsehsendung, in der (aktuelle) Begebenheiten des öffentlichen Interesses in kurzer Form mitgeteilt werden*; ~en hören, sehen □ **noticiário**

Nach|rich|ten|dienst ⟨m.; -(e)s, -e⟩ **1** *regelmäßige Einholung, Weitergabe von Nachrichten* □ **serviço de informações** 1.1 *gewerbliches Unternehmen, das Nachrichten sammelt u. an Zeitungen usw. vermittelt* □ **agência de notícias** 1.2 *Rundfunksendung mit Nachrichten* □ **noticiário** 1.3 *staatliche Spionage(abwehr)organisation* □ **serviço secreto; serviço de inteligência**

Nach|ruf ⟨m.; -(e)s, -e⟩ *Gedenkrede, Würdigung eines Verstorbenen (z. B. am Grab, in der Zeitung)*; jmdm. einen ~ widmen; heute steht ein ~ auf den Bürgermeister in der Zeitung □ **necrológio**

nach|rüs|ten ⟨V. 400⟩ *die Rüstung(1), das Militär verstärken* □ **reequipar; rearmar (o exército)**

nach|sa|gen ⟨V. 500⟩ **1** *Vorgesprochenes ~ wiederholen, nachsprechen*; Sätze, Worte ~ □ **repetir** 1.1 ⟨530/Vr 6⟩ jmdm. etwas Unangenehmes ~ *über jmdn. etwas U. sagen, verbreiten*; man sagt ihm nach, er sei Trinker gewesen □ *****dizer algo desagradável de alguém** 1.1.1 das lasse ich mir nicht ~! *das ist eine Verleumdung!* □ *****não vou permitir que me acusem disso!**

Nach|satz ⟨m.; -es, -sät|ze⟩ **1** *Nachschrift, Nachtrag, Ergänzung* □ **post-scriptum**; **aditamento** **2** ⟨Gramm.⟩ *nachgestellter Satz in einer Satzverbindung od. einem Satzgefüge* □ **apódose**

nach|schaf|fen ⟨V. 207/500⟩ etwas ~ *nach einem Vorbild schaffen*; der Bildhauer hat den Kopf aus Marmor nachgeschaffen □ **reproduzir**

Nach|schlag ⟨m.; -(e)s, schlä|ge⟩ **1** ⟨Mus.⟩ *verzierender Abschluss eines Trillers* □ **notas finais de um trilo** **2** *eine od. zwei Ziernoten zwischen zwei Haupttönen* □ **acicatura intermediária** **3** ⟨umg.⟩ *zusätzliche Essensportion (bei der Essensausgabe in einer Kantine o. Ä.)*; einen ~ fassen □ **porção extra**

nach|schla|gen ⟨V. 218⟩ **1** ⟨402⟩ (etwas) ~ *(in einem Buch) eine Stelle suchen, nachlesen*; ein Wort, Zitat ~ □ **procurar; consultar** **2** ⟨500⟩ jmdm. ~ *nach jmdm. geraten, genauso werden wie jmd., Wesensart od. Körpergestalt von jmdm. erben*; das Kind schlägt dem Vater nach □ *****parecer-se com alguém; sair/puxar a alguém**

Nach|schlüs|sel ⟨m.; -s, -⟩ *zweiter od. unrechtmäßig nachgearbeiteter Schlüssel* □ **chave falsa; duplicata de chave**

nach|schrei|ben ⟨V. 230/500⟩ etwas ~ **1** *nach Ansage od. Muster schreiben* □ **copiar; transcrever** **2** *in Stichworten aufschreiben*; einen Vortrag, eine Vorlesung ~ □ **anotar; tomar nota**

Nach|schrift ⟨f.; -, -en⟩ **1** *Nachsatz, Nachtrag, Zusatz (im Brief)* □ **post-scriptum; aditamento** **2** *das Nachgeschriebene, Niederschrift nach Ansage* 2.1 *schriftliche Wiedergabe in Stichworten*; die ~ eines Vortrages, einer Vorlesung □ **anotação; apontamento**

Nach|schub ⟨m.; -(e)s, -schü|be⟩ **1** *Versorgung mit neuem Material (bes. der kämpfenden Truppe mit Verpflegung, Munition usw.)* **2** *das Material des Nachschubs(1)*; keinen ~ bekommen; jmdn. mit ~ versorgen □ **reabastecimento; aprovisionamento**

nach|se|hen ⟨V. 239⟩ **1** ⟨600⟩ jmdm. od. einer Sache ~ *nachblicken, hinterherschauen*; dem abfahrenden Zug ~ □ **seguir com os olhos** **2** ⟨500⟩ etwas ~ *prüfen, prüfend ansehen, durchsehen*; Schulaufgaben ~; ich muss die Rechnung noch ~ (auf Fehler hin); ich habe die Strümpfe, die Wäsche schon nachgesehen (ob etwas zu stopfen ist) 2.1 *ansehen, um den Fehler zu finden*; eine defekte Maschine ~ □ **examinar; averiguar** **3** ⟨402⟩ (etwas) ~ *nachschlagen, nachlesen, eine bestimmte Stelle in einem Buch suchen*; sieh doch mal im Lexikon (dieses Wort) nach! □ **procurar; consultar** **4** ⟨530/Vr 6⟩ jmdm. etwas ~ ⟨fig.⟩ *verzeihen, nicht wichtig nehmen, mit Nachsicht behandeln* 4.1 die Mutter sieht dem Kinde zu vieles, alle Unarten nach *bestraft, rügt das Kind nicht, obwohl es nötig wäre* □ **deixar passar; fazer vista grossa**

nach|set|zen ⟨V.⟩ **1** ⟨500⟩ etwas ~ *hinter etwas anderes setzen* 1.1 ein Wort ~ *im Satz hinter ein anderes setzen* 1.2 eine Sache ~ ⟨fig.⟩ *hintansetzen* □ **pospor** 1.2.1 die eigenen Interessen ~ *hinter gemeinsame I. zurückstellen* □ **pospor; pôr em segundo plano** **2** ⟨600⟩ jmdm. ~ *schnell, im Galopp folgen, im Laufschritt folgen*; die Polizei setzte dem ausgebrochenen Gefangenen nach □ **perseguir (correndo); ir no encalço** 2.1 dem Ball ~ ⟨Sp.⟩ *ausdauernd versuchen, den Spielball (wieder) zu erlangen* □ *****correr atrás da bola; tentar recuperar a bola**

Nach|sicht ⟨f.; -; unz.⟩ *Geduld, Milde, verzeihende Betrachtungsweise*; ~ haben, üben; jmdn. um ~ bitten; jmdm. mit ~ behandeln; in solch einem Fall kenne ich keine ~ □ **tolerância; indulgência**; Vorsicht ist besser als ~ ⟨Sprichw.⟩ □ *****é melhor prevenir do que remediar**; je mehr Einsicht, je mehr ~ ⟨Sprichw.⟩ □ *****quanto mais discernimento, mais tolerância**

nach|sich|tig ⟨Adj.⟩ *geduldig, milde, verzeihend*; eine ~e Behandlung, Beurteilung; eine ~e Mutter, ein ~er Vater; jmdn. ~ behandeln; eine Arbeit ~ beurteilen; ~ gegen jmdn. sein □ **tolerante; indulgente; com tolerância/indulgência**

Nach|sil|be ⟨f.; -, -n; Gramm.⟩ = *Suffix*

nach|sit|zen ⟨V. 246/400⟩ *in der Schule zur Strafe länger dableiben müssen*; er musste heute in der sechsten Stunde ~ □ **ficar de castigo na escola**

Nach|som|mer ⟨m.; -s, -⟩ *sommerliche Herbsttage* ☐ *veranico de São Martinho*
Nach|spei|se ⟨f.; -, -n⟩ = *Nachtisch*
Nach|spiel ⟨n.; -(e)s, -e⟩ **1** *kurzes Theater- od. Musikstück als Abschluss eines größeren Stückes* ☐ epílogo; poslúdio **2** ⟨fig.⟩ *Folgen* ☐ consequências; *die Sache hatte ein gerichtliches ~* ☐ *o caso foi parar no tribunal
nach|spü|ren ⟨V. 600/Vr 6⟩ *jmdm. od. einer* Sache *~ heimlich nachforschen, suchend folgen, auf die Spur zu kommen suchen;* einem Geheimnis, einer Fährte, einem Verbrechen ~ ☐ investigar; inquirir; seguir o rastro de
nächst ⟨Präp. mit Dat.; geh.⟩ *als Erstes danach, außer, neben;* ~ seinen Eltern verdankt er dem Deutschlehrer seine stärksten Anregungen; ~ dem Bundeskanzler ist der Bundespräsident die einflussreichste Person im Staat; ~ seinen Kindern bist du ihm am liebsten ☐ depois de
nächst|bes|te(r, -s) ⟨Adj. 24/60⟩ *sich als Nächstes bietend, irgendein(e), beliebig;* bei ~r Gelegenheit werde ich ihn an sein Versprechen erinnern ☐ primeiro; próximo
nächs|te(r, -s) ⟨Adj. 24/60; Superlativ von⟩ *nahe* **1** *in kürzester Entfernung, sehr bald zu erwarten, sehr vertraut* ☐ mais próximo/perto; → a. *nahe* **2** ~r Weg ⟨umg.⟩ *kürzester W.;* welches ist der ~ Weg nach ...? ☐ *caminho mais curto **3** ⟨substantiviertes Adj.⟩ *der* Nächste *der Mitmensch, Bruder;* du sollst deinen Nächsten lieben wie dich selbst (3. Buch Mose, 19,18) ☐ *o próximo **3.1** *jeder ist sich selbst der* Nächste ⟨Sprichw.⟩ *jeder sorgt zuerst für sich selbst* ☐ *a boa caridade começa em casa **4** *zeitlich od. in der Reihenfolge unmittelbar anschließend, folgend;* wir sollen das ~ Kapitel abschreiben; pass das ~ Mal, ~s Mal besser auf!; als Nächstes hat er vor, den Garten umzugestalten; am ~n Morgen, am Sonntag; in den ~n Tagen will er die Angelegenheit regeln; in der ~n Woche will er uns besuchen; er soll die ~ Strophe auswendig lernen; der ~ Weg links führt dorthin; der Nächste bitte! (beim Arzt); wer kommt als Nächster?; ~n Jahres ⟨Abk.: n. J.⟩; ~en Monats ⟨Abk.: n. M.⟩ **4.1** ⟨60⟩ bei ~r Gelegenheit *wenn die G. günstig ist* ☐ próximo **4.2** ⟨60⟩ im ~n Augenblick *sofort danach* ☐ logo em seguida
nach|ste|hen ⟨V. 256/600 od. 650⟩ (jmdm.) ~ *(hinter jmdm.) zurückstehen, zurückgesetzt sein, werden,* (jmdm.) *unterlegen sein;* er musste dem jüngeren Bruder immer ~; er steht ihm an Frechheit nicht nach; er steht ihm in nichts nach ☐ ficar atrás de; ser inferior a
nach|ste|hend 1 ⟨Part. Präs. von⟩ *nachstehen* **2** ⟨Adj. 24/90⟩ *folgend, nächst;* die ~en Ausführungen; ~e Bemerkung, Erläuterung ☐ seguinte; im Nachstehenden wird erläutert werden ... ☐ *em seguida será esclarecido...
nach|stel|len ⟨V.⟩ **1** ⟨500⟩ etwas ~ *nochmals genau einstellen* ☐ ajustar; corrigir **1.1** eine Schraube ~ *anziehen* ☐ apertar **2** ⟨500⟩ ein Wort ~ ⟨Gramm.⟩ *im Satz hinter ein anderes stellen* ☐ pospor **3** ⟨500⟩ die Uhr ~ *auf eine spätere Zeit einstellen* ☐ atrasar **4** ⟨600/Vr 6⟩ jmdm. ~ *jmdn. verfolgen* ☐ perseguir **4.1** einer Frau ~ *eine F. aufdringlich umwerben* ☐ assediar
nächs|tens ⟨Adv.⟩ **1** *bald einmal, demnächst;* ich komme ~ zu Ihnen ☐ em breve **1.1** ~ fängt er auch noch an zu trinken! am Ende ☐ no final
nach|su|chen ⟨V.⟩ **1** ⟨500⟩ etwas ~ *nachschlagen, nachsehen* ☐ procurar **2** ⟨800⟩ um etwas ~ *förmlich um etwas bitten, etwas beantragen* ☐ solicitar; requerer
Nacht ⟨f.; -, Näch|te⟩ **1** *(die) Zeit zwischen Ende der Abend- u. Beginn der Morgendämmerung;* Ggs *Tag(4);* bei Einbruch der ~; Tag und ~ arbeiten; die Nächte zubringen bei, in ...; ich habe die halbe ~ wachgelegen; der Patient hat eine schlaflose, unruhige ~ verbracht; sie hat ganze Nächte an seinem Krankenbett durchwacht; eine durchwachte, durchzechte ~; eine mondhelle, sternklare, stockdunkle, stockfinstere ~; die Schwüle, Wärme südlicher Nächte; im Laufe der ~ kam Sturm auf; er kam erst spät in der ~; mitten in der ~; tief in der ~; in der vergangenen ~; bis spät in die ~, bis in die späte ~ arbeiten; während der ~ stand er oft auf; er ist letzte ~ gestorben; stille ~, heilige ~ (Weihnachtslied); die ~ bricht an, bricht herein, sinkt hernieder, zieht herauf (poet.) ☐ noite; es wird ~ ☐ *está anoitecendo **1.1** er macht den Tag zur ~ und die ~ zum Tag *er arbeitet nachts u. schläft am Tag* ☐ *ele troca a noite pelo dia **1.2** sich die ~ um die Ohren schlagen ⟨fig.; umg.⟩ *nicht schlafen (um zu feiern, zu arbeiten)* ☐ *varar a noite **1.3** des ~s *nachts* ☐ *à/de noite **1.4** eines ~s *an einem Tag in der Zeit zwischen Abend u. Morgen;* eines ~s drang ein Einbrecher in die Wohnung ein ☐ *uma/certa noite **1.5** gestern, heute, morgen Nacht *in der Zeit zwischen Abend u. Morgen;* er ist gestern Nacht nicht zu Hause gewesen ☐ *ontem/hoje/amanhã à noite; → a. *Abend* **1.6** über ~ *die ganze Zeit zwischen Abend u. Morgen, bis zum Morgen* ☐ *durante a noite; über ~ bleiben; die ~ über bleiben ☐ *passar a noite **1.7** über ~ *plötzlich, ganz überraschend;* sie wurde über ~ berühmt ☐ *de repente; da noite para o dia **1.8** zu, zur ~ essen ⟨süddt.⟩ *die abendliche Mahlzeit einnehmen* ☐ *jantar, → a. *heilig(3.2.2), zwölf(1.1)* **2** ⟨fig.⟩ *Dunkelheit; der Dieb konnte im Schutz der ~ unerkannt entkommen;* bei ~ fahren; ein Unterschied wie Tag und ~ ☐ noite; escuridão; hässlich wie die ~ (finster ist) ☐ *feio como a fome/o diabo **2.1** bei ~ und Nebel ⟨a. fig.⟩ *heimlich;* er versuchte, bei ~ und Nebel über die Grenze zu kommen ☐ *na calada da noite **2.1.1** ~-und-Nebel-Aktion *heimliche, überraschend durchgeführte Maßnahme* ☐ *operação secreta e inesperada **2.2** ihm wurde (es) ~ *vor Augen* ⟨fig.⟩ *er verlor das Bewusstsein* ☐ *ele viu tudo escurecer; ele perdeu a consciência **2.3** bei ~ sind alle Katzen grau *in der Dunkelheit kann man Farben nicht unterscheiden, kann man niemanden, bzw. nichts deutlich erkennen* ☐ *à noite todos os gatos são pardos **3** ⟨fig.; veraltet⟩ *böse Zeit, Schreckenszeit;* die ~ der Barbarei, des Fa-

schismus, des Wahnsinns ☐ **trevas 4** ewige ~ ⟨fig.; poet.⟩ *Tod* ☐ ***noite eterna; morte 5** gute ~! *(Gruß beim Zubettgehen, beim Abschied am Abend od. in der Nacht)* ☐ ***boa noite!;** gute/Gute ~ sagen; jmdm. eine gute ~ wünschen ☐ ***dizer/desejar boa-noite a alguém 5.1** na, dann gute ~! ⟨umg.⟩ *(Ausruf der Enttäuschung)* ☐ ***ah, mas que maravilha!; assim vamos mal!**

Nach|teil ⟨m.; -(e)s, -e⟩ **1** *schlechte Eigenschaft;* Ggs *Vorteil(1);* dieser Plan hat den ~, dass ...; die Sache hat einen ~, hat ~e; altersbedingte, materielle ~e ☐ **desvantagem 2** *Schaden, Verlust;* Ggs *Vorteil(2);* ein beträchtlicher, erheblicher, geringer, großer ~; dieser Zwischenfall wird dir ~ bringen; daraus können dir ~e entstehen, erwachsen; wir haben weder ~e noch Vorteile davon; zum ~ von Millionen Fernsehzuschauern ...; das kann dir zum ~ gereichen ☐ **prejuízo; dano 3** im ~ sein, sich im ~ befinden *in ungünstiger Lage;* Ggs *Vorteil(3);* ich bin ihm gegenüber im ~ ☐ ***estar/encontrar-se em desvantagem**

nach|tei|lig ⟨Adj.⟩ *Nachteile verursachend, schädlich, ungünstig, unvorteilhaft;* ~e Folgen haben; sein unfreundliches Verhalten wirkt sich ~ auf seine Kundschaft aus ☐ **desvantajoso; prejudicial**

näch|tens ⟨Adv.; poet.⟩ *nachts* ☐ **à/de noite**

Nach|ti|gall ⟨f.; -, -en; Zool.⟩ *unauffälliger rötlich brauner, mit den Drosseln verwandter Singvogel, der tags u. nachts singt: Luscinia megarhynchos* ☐ **rouxinol**

näch|ti|gen ⟨V. 411⟩ *übernachten, die Nacht über bleiben, verbringen;* unter freiem Himmel ~ ☐ **passar a noite**

Nach|tisch ⟨m.; -(e)s, -e⟩ **1** *letzter Gang des Essens* **1.1** *süße Speise od. Obst als letzter Gang des Essens;* Sy *Dessert, Nachspeise* ☐ **sobremesa**

nächt|lich ⟨Adj. 24⟩ *zur Nacht gehörend, in der Nacht stattfindend;* ~e Ruhestörung ☐ **noturno**

nach∥tra|gen ⟨V. 265/500⟩ **1** ⟨530⟩ jmdm. etwas ~ *hinterhertragen;* ich musste ihm seinen Schirm wieder einmal ~ (er lässt ihn oft stehen) ☐ **levar 2** etwas ~ *ergänzen, hinzufügen, vervollständigen, nachträglich einfügen;* ich habe in dem Artikel noch einige Beispiele nachgetragen; ich muss in der Rechnung noch einen Posten ~ ☐ **completar; acrescentar 3** ⟨530/Vr 6⟩ jmdm. etwas ~ ⟨fig.⟩ *jmdm. etwas nicht verzeihen, lange verübeln* ☐ ***guardar rancor de alguém por alguma coisa;** sei doch nicht so ~d! ☐ ***não seja tão rancoroso! 3.1** er trägt einem nichts nach *vergisst Böses schnell, nimmt nichts übel* ☐ ***ele não é de guardar rancor**

nach|träg|lich ⟨Adj. 24/90⟩ *später, hinterher (erfolgend);* ein ~er Glückwunsch; ~ etwas einfügen; ~ zum Geburtstag gratulieren ☐ **posterior(mente)**

nachts ⟨Adv.⟩ *in der Nacht, während der Nacht, bei Nacht* ☐ **à/de noite**

Nacht|schicht ⟨f.; -, -en; bei zwei od. drei Schichten⟩ **1** *Nachtarbeitszeit in Betrieben (mit meist dreischichtiger Arbeitszeit)* **2** *die Gesamtheit der Nachtarbeiter* ☐ **turno da noite**

Nacht|topf ⟨m.; -(e)s, -töp|fe⟩ *Gefäß zur Verrichtung der Notdurft (während der Nacht)* ☐ **penico**

nacht|wan|deln ⟨V. 400(s.) od. (h.)⟩ *nachts im Schlaf umhergehen;* er ist, er hat genachtwandelt ☐ **sonambular; caminhar dormindo**

Nach|we|hen ⟨Pl.⟩ **1** *nach der Geburt eintretende Wehen* ☐ **dores puerperais/pós-parto 2** ⟨fig.⟩ *schmerzhafte od. unangenehme Nachwirkungen od. Folgen* ☐ **consequências dolorosas; sequelas**

Nach|weis ⟨m.; -es, -e⟩ **1** *gültiger Beweis, Bestätigung, Beleg (dass etwas vorhanden od. geschehen ist);* der unwiderlegbare, unwiderlegliche ~ ☐ **prova; demonstração 1.1** den ~ ist geglückt *es konnte nachgewiesen werden* ☐ ***foi possível provar 1.2** den ~ erbringen, führen, geben (dass ...) *nachweisen (dass ...)* ☐ ***fornecer a prova/evidência de (que) 2** ⟨in Zus.⟩ *Vermittlungsstelle* ☐ **agência; central;** Zimmer ~ ☐ ***serviço de acomodação**

nach∥wei|sen ⟨V. 282/500⟩ **1** ⟨503⟩ ⟨jmdm.⟩ eine Sache ~ *beweisen, belegen;* man konnte ihm nicht ~, dass er davon gewusst hatte; ich konnte ihm seinen Fehler, Irrtum ~; er konnte seine Unschuld nicht ~ ☐ **provar 2** eine Sache ~ *angeben, aufzeigen, vermitteln;* einen freien Arbeitsplatz, eine Stellung, eine Wohnung, ein Zimmer ~ ☐ **indicar; arrumar;** seine Befähigung, sein Recht, seine Staatsangehörigkeit ~ ☐ **comprovar**

Nach|welt ⟨f.; -; unz.⟩ *spätere Generationen, die später Lebenden* ☐ **posteridade**

Nach|wort ⟨n.; -(e)s, -e⟩ *Schlusswort, erläuternder od. ergänzender Anhang (in Schriftwerken);* Sy *Nachrede, Epilog;* mit einem ~ von ... (auf Buchtiteln) ☐ **posfácio**

Nach|wuchs ⟨[-ks] m.; -es; unz.; fig.⟩ **1** *die jungen Leute, jungen Kräfte* ☐ **jovens 1.1** *Lernende, in der Ausbildung Begriffene;* der ~ der Wissenschaft; den ~ eines Wissensgebietes heranbilden ☐ **nova geração 1.2** ⟨umg.; scherzh.⟩ *Kinder;* was macht der ~? (Frage an die Eltern kleiner Kinder) ☐ **crianças; filhos**

nach∥zie|hen ⟨V. 293⟩ **1** ⟨500⟩ etwas ~ *hinter sich herziehen;* er zog sein linkes Bein etwas nach ☐ **arrastar; puxar 2** ⟨500⟩ etwas ~ *(nachträglich) fester anziehen;* Schrauben ~ ☐ **reapertar 3** ⟨500⟩ etwas ~ *nachzeichnen, verstärken;* die Linien, Umrisse ~ ☐ **reforçar; retocar 3.1** die Augenbrauen, den Lidrand, die Lippen ~ *schminken* ☐ **pintar; maquiar 4** ⟨500⟩ Blumen, Pflanzen ~ *nachträglich pflanzen, zusätzlich züchten* ☐ **replantar 5** ⟨600(s.)⟩ jmdm. ~ *jmdm. hinterherziehen, folgen;* dem fliehenden Feind ~; jmdm. an einen, neuen Wohnort ~ **5.1** *dem Zug des Partners folgen (bei Brettspielen)* ☐ **seguir**

Nach|züg|ler ⟨m.; -s, -⟩ **1** *Nachhut, verspätet Kommender* ☐ **retardatário 1.1** *lange Zeit nach den Geschwistern geborenes Kind* ☐ **temporão**

Na|ckе|dei ⟨m.; -s, -s; umg.; scherzh.⟩ **1** *nacktes kleines Kind* ☐ **bebê nu 2** *nackter Mensch (z. B. an einem Nacktbadestrand)* ☐ **pessoa nua; nudista**

Na|cken ⟨m.; -s, -⟩ **1** *hintere Halsseite;* Sy *Genick(1);* ein gedrungener, kurzer, speckiger, steifer ~ ☐ **nuca;**

stolz warf sie den Kopf in den ~ □ *orgulhosa, ela jogou a cabeça para trás 1.1 jmdn. den ~ steifen ⟨fig.⟩ jmdn. zum Widerstand ermutigen, jmds. Widerstandswillen stärken □ *encorajar alguém 1.2 jmdm. den ~ beugen ⟨fig.⟩ jmdn. unterwerfen, gefügig machen □ *dobrar/submeter alguém 1.3 endlich musste er seinen ~ beugen ⟨fig.⟩ sich unterwerfen □ *no final, ele teve de curvar-se/submeter-se 1.4 jmdm. den Fuß auf den ~ setzen ⟨fig.⟩ jmdn. besiegen, unterwerfen □ *pôr o pé na nuca de alguém; subjugar alguém 1.5 jmdm. auf dem ~ sitzen ⟨fig.⟩ jmdn. bedrängen □ *ficar no pé de alguém 1.6 wir hatten den Feind im ~ ⟨fig.⟩ wurden vom F. verfolgt □ *tínhamos o inimigo em nosso encalço 1.7 die Verfolger saßen uns im ~ ⟨fig.⟩ waren dicht hinter uns □ *os perseguidores estavam em nosso encalço 1.8 jmd. hat den Schalk, Schelm im ~ ⟨fig.; umg.⟩ ist stets zu Späßen aufgelegt □ *ser brincalhão; ser um gozador 1.9 jmdm. sitzt der Geiz im ~ ⟨fig.⟩ jmd. ist geizig □ *ser mesquinho 1.10 jmdm. sitzt die Furcht, Angst im ~ jmd. hat große F., A. □ *morrer de medo; ser medroso

Na|cken|schlag ⟨m.; -(e)s, -schlä|ge; fig.⟩ **1** Schlag in den Nacken □ golpe na nuca **2** ⟨fig.⟩ harter Schicksalsschlag, Demütigung, geschäftlicher Verlust, politische Niederlage; sein politischer Gegner musste einige Nackenschläge hinnehmen □ golpe do destino; revés

nackt ⟨Adj. 24⟩ **1** unverhüllt, unbedeckt □ nu; descoberto 1.1 unbekleidet, bloß; du sollst nicht mit ~en Füßen umherlaufen □ *você não deve andar descalço por aí; er arbeitete mit ~em Oberkörper im Garten; die Darstellung des Nackten in der Kunst □ nu 1.2 ohne Federn; der junge Vogel war noch ~ □ sem penas; implume 1.3 ohne Haare; eine junge Maus, ~ und rosig □ pelado 1.4 ohne Laub; das ~e Geäst des Baumes 1.5 ohne Pflanzenwuchs; ~e Felsen 1.6 schmucklos, kahl; nur die vier ~en Wände um sich haben 1.7 nicht eingerichtet; eine ~e Wohnung 1.8 auf dem ~en Boden, der ~en Erde schlafen ohne Unterlage auf dem B., auf der E. schlafen 1.9 ohne Scheide; das ~e Schwert **2** ⟨fig.⟩ schonungslos, unverblümt; etwas mit ~en Worten sagen; wir sahen die ~e Armut; die ~en Tatsachen schildern; er verschließt die Augen vor der ~en Wirklichkeit □ nu **3** ⟨60⟩ das ~e Leben nur das L., nichts als das L. □ *nada além da vida; er konnte nur das ~e Leben retten □ *só conseguiu salvar a própria vida **4** ⟨60⟩ Nackte Jungfrau ⟨Bot.⟩ Herbstzeitlose □ *cólquico; dama-nua

Nackt|sa|mer ⟨Pl.; Bot.⟩ Samenpflanzen, deren Samen nicht von einem Fruchtknoten umschlossen ist: Gymnospermae □ gimnospermas

Nackt|schne|cke ⟨f.; -, -n; Zool.⟩ Landschnecke mit rückgebildetem bzw. ohne Gehäuse □ lesma

Na|del ⟨f.; -, -n⟩ **1** feines, spitzes Werkzeug (aus Metall); man hätte eine ~ zu Boden fallen hören können (so still war es); es konnte keine ~ zur Erde fallen, so dicht standen die Leute; sich an, mit einer ~ stechen □ agulha 1.1 das habe ich wie eine ~ gesucht! mühsam in allen Ritzen □ *revirei tudo à procura disso!; procurei isso em todos os cantos! 1.2 ich sitze, stehe wie auf ~n ⟨fig.⟩ ich bin in peinlicher Verlegenheit, ⟨od.⟩ warte mit quälender Ungeduld □ *não estou aguentando de ansiedade 1.3 feines, spitzes Werkzeug mit einem Öhr zum Nähen, Stopfen, Sticken; Näh~, Stopf~; eine ~ einfädeln □ agulha 1.3.1 es ist mit heißer ~ genäht ⟨fig.⟩ nicht sorgfältig, zu schnell hergestellt □ *foi costurado às pressas 1.4 feines spitzes Werkzeug mit einem Kopf an einem Ende zum Feststecken, mit einem Haken zum Häkeln, mit beiderseitiger Spitze zum Stricken; Steck~ □ *alfinete, Häkel~ □ *agulha de crochê, Strick~ □ *agulha de tricô 1.5 feines, spitzes Rohr (an Injektionsspritzen); die ~ richtig setzen □ agulha 1.6 feines, spitzes Werkzeug zum Ritzen, Radieren; Radier~ □ *buril, Kalt~ □ *ponta-seca 1.7 feines spitzes Gerät (aus Metall, Saphir, Diamant) zum Abtasten von Schallplattenaufnahmen; die ~ vorsichtig aufsetzen (auf die Schallplatte) **2** Zeiger (zum Anzeigen der Himmelsrichtung); Magnet~; Kompass~ □ agulha **3** ansteckbares Schmuckstück, Brosche; Krawatten~ □ broche; alfinete **4** Blatt der Nadelbäume; Tannen~, Fichten~; die ~n fallen schon ab (vom Weihnachtsbaum) □ agulha

Na|del|baum ⟨m.; -(e)s, -bäu|me⟩ Baum, der der Klasse der Nadelhölzer angehört □ conífera

Na|del|holz ⟨n.; -es, -höl|zer⟩ Angehöriger einer Ordnung der Nacktsamer, regelmäßig verzweigte Bäume od. (selten) Sträucher mit nadel- od. schuppenförmigen Blättern: Coniferae; Ggs Laubholz □ coníferas

Na|del|stich ⟨m.; -(e)s, -e⟩ **1** Stich mit der Nadel; den Saum, eine Schleife mit ein paar ~en befestigen **2** die durch einen Nadelstich(1) entstandene Wunde **3** ⟨fig.; umg.⟩ versteckte Bosheit, boshafte Bemerkung, kleine raffinierte Quälerei; jmdm. kleine ~e versetzen □ alfinetada

Na|gel ⟨m.; -s, Nä|gel⟩ **1** hölzerner od. metallener Stift mit zugespitztem Schaft u. einem Kopf zum Befestigen od. Verbinden von Gegenständen; Huf~; Polster~; ein ~ aus Eisen, Holz, Messing; einen ~ einschlagen, herausziehen, krummschlagen; etwas an einem ~ aufhängen; Bergschuhe mit Nägeln beschlagen lassen □ prego; cravo 1.1 einen ~ im Kopf haben ⟨fig.; umg.⟩ dünkelhaft u. dumm sein □ *ser metido/esnobe 1.2 ein ~ zu jmds. Sarg sein ⟨fig.⟩ zu jmds. frühem Tod beitragen, jmdm. viel Kummer, Ärger bereiten □ *matar alguém (de preocupação/desgosto) 1.3 den ~ auf den Kopf treffen ⟨a. fig.⟩ eine Sache genau kennzeichnen, richtig beurteilen □ *acertar na mosca/em cheio 1.4 seinen Beruf, sein Geschäft, sein Studium an den ~ hängen ⟨fig.⟩ aufgeben □ *pendurar as chuteiras (no trabalho/negócio/estudo) **2** Hornplatte auf der Oberseite des ersten Gliedes von Fingern u. Zehen; Finger~; Fuß~; Zehen~; abgekaute, gepflegte, kurze, lange, lackierte, ungepflegte Nägel; die Nägel feilen, lackieren, pflegen, polieren, schneiden, verschneiden; der ~ ist abgebrochen, eingerissen, eingewachsen, entzündet, nachgewachsen, vereitert □ unha 2.1 eine Sache brennt jmdm. auf den Nägeln ⟨fig.⟩ ist jmdm. sehr eilig □ *ser urgente

nageln

2.2 sich etwas unter den ~ reißen, ritzen ⟨fig.; umg.⟩ *geschickt entwenden, sich bei günstiger Gelegenheit aneignen* □ *surrupiar alguma coisa; meter a mão em alguma coisa **3** ⟨Bot.⟩ *Stiel von Blättern, die sich nach oben verbreitern u. abwinkeln* □ **unha 4** ⟨Bot.⟩ *Nelke* □ **cravo**

na|geln ⟨V.⟩ **1** ⟨500⟩ etwas ~ *mit Hilfe von Nägeln befestigen, zusammenfügen;* ein Bild an die Wand ~ □ **pregar; cravar;** genagelte Stiefel □ ***botas com pregos na sola 1.1** einen Knochenbruch ~ ⟨Med.⟩ *durch Knochennagelung wieder zusammenfügen* □ **pôr pino 2** ⟨400⟩ ein Dieselmotor nagelt *erzeugt klopfende Geräusche* □ **bater pino**

na|gen ⟨V.⟩ **1** ⟨411⟩ an etwas ~ *mit den Zähnen kleine Stückchen von etwas abschälen, in kleinen Bissen beißen;* der Hund nagt an einem Knochen; nachdenklich an der Unterlippe ~ □ ***roer/mordiscar alguma coisa 1.1** am Hungertuch ~ ⟨fig.; umg.⟩ *hungern* □ ***passar fome 2** ⟨800⟩ **an etwas** ~ *langsam zerstörend auf etwas einwirken, sich in etwas einfressen;* das subtropische Klima nagte an seiner Gesundheit; die Meeresbrandung nagt am Deich, am Felsen, am Ufer □ ***corroer/desgastar alguma coisa 2.1** ⟨411⟩ **(an jmdm.)** ~ ⟨fig.⟩ *jmdn. anhaltend quälen, peinigen;* Gram, Kummer, Sorge nagte an ihr □ ***corroer/atormentar (alguém)**; ~de Reue, ~der Zweifel ließ sie nicht schlafen □ **corrosivo; atormentador 3** ⟨550⟩ **etwas von etwas** ~ *in kleinen Stückchen abbeißen, abnagen;* das Fleisch vom Knochen ~; die Rinde von den Bäumen ~ □ **roer; mordiscar**

nah ⟨Adj.⟩ **1** = *nahe* **2** (Getrennt- u. Zusammenschreibung) **2.1** ~ verwandt = *nahverwandt*

na|he ⟨Adj.; Komparativ: näher, Superlativ: nächst⟩ oV *nah* (1); **1** *nicht weit entfernt, in der, in die Nähe, benachbart, unmittelbar folgend od. anstoßend;* Ggs *fern;* ein ~r Ausflugsort, See, Wald; in der ~n Stadt; das nächste Dorf ist 20 km von hier entfernt; du kannst ganz ~ herangehen; ~ beieinander; er sitzt mir am nächsten; ~ dabei stand ein altes Haus; wir sahen den Gipfel zum Greifen ~ vor uns; von ~m/Nahem betrachtet, ändert sich das Bild ⟨fig.⟩ □ **perto; próximo 1.1** aus nächster Nähe betrachtet ⟨a. fig.⟩ *ganz genau betrachtet* □ ***visto bem de perto 1.2 von nah und fern** ⟨a. fig.⟩ *von überallher;* von nah und fern, von fern und nah kamen die Menschen herbei □ ***de todos os cantos 1.3** ⟨60⟩ **der Nahe Osten** *Südosteuropa u. Vorderasien, Vorderer Orient* □ ***o Oriente Próximo**; Ggs *der Ferne Osten;* → *fern(1.1)* **1.4** ⟨53⟩ **jmdm. zu ~ kommen** ⟨fig.⟩ *jmdn. berühren wollen, bedrohen* □ ***chegar perto demais a guém 1.5** dem Abgrund bedrohlich ~ kommen *sehr dicht an den Abgrund herankommen* □ ***aproximar-se perigosamente do abismo**; ⟨aber⟩ → a. *naheekommen* **1.6** ⟨53⟩ **jmdm. zu ~ treten** ⟨fig.⟩ *jmdn. kränken, verletzen;* ich wollte Ihnen nicht zu ~ treten □ ***ofender/magoar alguém**; ⟨aber⟩ → a. *nahetreten* **1.7** (Präp. mit Dat.) *nicht weit entfernt von, in der Nähe von;* ~ der Stelle □ **perto de 2** ⟨70⟩ *bald zu erwarten, unmittelbar bevorstehend;* das ~ Ende, der ~n Tod fürchten; Gefahr, Hilfe, Rettung ist ~; die ~ Zukunft wird es zeigen □ **iminente 2.1** fürs Nächste habe ich genug davon *vorerst, für die nächste Zeit* □ ***por enquanto/por ora tenho o bastante 2.2** ⟨46⟩ **an die zwanzig,** dreißig **sein** *fast zwanzig, dreißig Jahre alt sein;* er muss doch ~ an die sechzig sein □ ***estar perto dos vinte/trinta (anos) 2.3** ⟨45⟩ einer **Sache ~ sein** *kurz vor etwas sein, stehen;* sie war einer Ohnmacht, der Resignation, der Verzweiflung ~ □ ***estar perto/a ponto de (fazer) alguma coisa 2.4** ⟨46⟩ ~ **daran sein zu ...** *kurz davorstehen zu ...;* er war ~ daran aufzustehen und zu gehen □ ***estar para (fazer) alguma coisa) 3** ⟨fig.⟩ *eng, vertraut;* in ~r Beziehung, Geschäftsverbindung miteinander stehen; in ~r Freundschaft miteinander verbunden sein; unsere nächsten Angehörigen, Freunde, Mitarbeiter, Verwandten; ein ~r Verwandter des Verunglückten; mein Sohn ist mir im Alter am nächsten □ **estreito; próximo; íntimo**; → a. *näher*

Nä|he ⟨f.; -; unz.⟩ **1** *geringe Entfernung, Nachbarschaft, unmittelbare Umgebung;* Ggs *Ferne;* ein Schuss aus nächster ~; etwas aus der ~ beobachten, betrachten, prüfen; in der ~ der Stadt; ganz in der ~; es muss hier in der ~ gewesen sein; in unmittelbarer ~ befindet sich ... □ **proximidade; vizinhança;** bleib in der ~! □ ***fique por perto! 2** *das Nahesein;* seine ~ ist mir lästig, seine ~ tat ihr wohl □ **proximidade 3** *nahe Zukunft* □ **iminência**; sein Ziel ist in greifbare ~ gerückt □ ***seu objetivo está ao alcance da mão**; der Termin liegt in unmittelbarer ~ □ ***o prazo está para expirar**

na|he|bei ⟨Adv.⟩ *dicht dabei, ganz in der Nähe, sehr nahe* □ **bem próximo/perto**

na|he∥brin|gen ⟨V. 118/530/Vr 8⟩ jmdm. jmdn. od. etwas ~ *jmdn. mit jmdm. od. etwas vertraut machen, bei jmdm. Verständnis für jmdn. od. etwas wecken;* die gemeinsame Arbeit hat beide einander nahegebracht; den Schülern eine Dichtung ~ □ **aproximar; tornar compreensível**

na|he∥ge|hen ⟨V. 145/600(s.)⟩ jmdm. geht etwas nahe *jmdn. ergreift, bewegt, rührt etwas;* sein Schicksal, sein Tod, sein Unglück ist mir nahegegangen □ **comover; tocar**

na|he∥kom|men ⟨V. 170/600(s.)⟩ **1** einer **Sache ~** *beinahe gleichkommen, gleichen;* das dürfte der Wahrheit ~ **2** ⟨Vr 6⟩ **jmdm.** ~ *vertraut werden mit jmdm.;* wir sind uns im letzten Urlaub sehr nahegekommen □ **aproximar-se de**; → a. *nahe (1.4-1.5)*

na|he∥le|gen ⟨V. 530⟩ jmdm. etwas ~ *vorschlagen, empfehlen, raten;* ich habe ihm nahegelegt, seinen Plan aufzugeben □ **aconselhar; sugerir**

na|he∥lie|gen ⟨V. 180/400⟩ eine **Sache liegt nahe** *ist leicht verständlich, leicht einzusehen, zu vermuten;* es liegt doch nahe, dass man unter diesen Umständen so handeln muss ~ **ser evidente**; ein ~der Gedanke, Schluss, Vorschlag, Verdacht; aus ~den Gründen... □ **evidente**

na|hen ⟨V. 400(s.)⟩ eine **Sache naht** *kommt näher, nähert sich; steht bevor;* der Abschied, die Entscheidung, die Prüfung naht; Gefahr, ein Unglück, das

nähren

Verderben ~ sehen; es naht Gefahr □ *aproximar-se; ser iminente*; der ~den Gefahr ausweichen □ *iminente*

nä|hen ⟨V. 500⟩ etwas ~ **1** *durch Fadenstiche verbinden, befestigen;* einen Saum ~; eine Naht mit der Hand ~; die Wunde muss genäht werden □ *costurar; coser,* doppelt genäht hält besser ⟨Sprichw.⟩ □ **um homem prevenido vale por dois* **2** *durch Arbeit mit Nadel u. Faden herstellen;* eine Bluse, ein Hemd, ein Kleid ~; mit der Hand, mit der Nähmaschine ~ □ *costurar*

nä|her ⟨Adj.⟩ **1** ⟨Komparativ von⟩ *nahe* **1.1** ein Gerät noch ~ **bringen** *in größere Nähe* □ **aproximar um aparelho; trazer um aparelho para mais perto*; ⟨aber⟩ → a. *näherbringen* **1.2** lass ihn doch ~ **kommen** *in größere Nähe kommen* □ **faça com que se aproxime*; ⟨aber⟩ → a. *näherkommen* **1.3** der Tisch könnte noch ~ **stehen** (am Tisch) *in größere Nähe stehen* □ **a mesa poderia estar/ficar ainda mais próxima*; ⟨aber⟩ → a. *näherstehen* **1.4** Sie können jetzt ~ **treten** *näher herankommen, eintreten* □ **agora o senhor pode se aproximar/entrar*; ⟨aber⟩ → a. *nähertreten* **2** *kürzer;* dieser Weg ist ~ □ *mais curto* **3** *eingehender, genauer, ausführlicher;* ~e Auskünfte, Aufschlüsse, Erkundigungen einholen, einziehen □ *mais detalhado/preciso*; ich habe neulich seine ~e Bekanntschaft gemacht □ **recentemente conheci-o/a melhor,* bei ~er Betrachtung stellte sich heraus, dass ... □ **examinando mais de perto, verifica-se que...*; ich möchte gern ~e Einzelheiten, die ~en Umstände erfahren □ **gostaria de saber dos detalhes/pormenores*, etwas ~ ansehen, betrachten, prüfen; etwas ~ ausführen, besprechen, darlegen, erklären, erläutern; ich kann jetzt nicht ~ darauf eingehen; ich habe den Fall nicht ~ verfolgt; ich habe mich ~ damit befasst □ *de perto; com mais detalhes*, kennst du ihn ~?; ich habe ihn (noch nicht) ~ kennengelernt □ *direito; melhor* **3.1** Näheres, das Nähere *(die) Einzelheiten, Genaueres;* Näheres ist zu erfragen bei ...; Näheres hat er mir noch nicht mitgeteilt; wollen wir jetzt das Nähere besprechen? □ *detalhes* **3.2** des Näheren *im Einzelnen, eingehender, genauer;* etwas des Näheren erläutern □ **em detalhes* **4** ⟨Getrennt- u. Zusammenschreibung⟩ **4.1** ~ liegend = näherliegend (I)

nä|her|brin|gen ⟨V. 118/530⟩ jmdm. etwas ~ ⟨fig.⟩ *erklären, verständlich machen, jmdn. mit etwas vertraut machen;* den Schülern den Geist der Klassik ~ □ *explicar; tornar compreensível*; → a. *näher (1.1)*

nä|her|kom|men ⟨V. 170/600(s.)/Vr 6⟩ jmdm. ~ ⟨fig.⟩ *mit jmdm. vertraut werden, jmdn. genauer kennenlernen;* wir sind einander nähergekommen □ **conhecer melhor alguém; aproximar-se de alguém* → a. *näher (1.2)*

nä|her|lie|gen ⟨V. 180/400⟩ eine **Sache** liegt näher ⟨fig.⟩ *ist leichter verständlich, leichter einzusehen, zu vermuten;* es dürfte ~ zu ...; es lag näher, dem Plan zuzustimmen □ *ser mais evidente; ser mais fácil de entender*

nä|her|lie|gend *auch:* **nä|her lie|gend** ⟨Adj.⟩ **I** ⟨Zusammen- u. Getrenntschreibung⟩ *sich noch geringer Entfernung befindend als etwas anderes;* die näherliegende/näher liegende Eisdiele ist gleich um die Ecke □ *(que está/se encontra) mais próximo* **II** ⟨nur Zusammenschreibung⟩ *einleuchtender, leichter einzusehen als etwas anderes;* die näherliegendere Auffassung; das Näherliegende □ *mais evidente/ compreensível*

nä|hern ⟨V. 500⟩ **1** ⟨530⟩ etwas jmdm. od. etwas ~ *näher an jmdn. od. etwas heranbringen;* er näherte das Messer seiner Kehle **2** ⟨503/Vr 3⟩ sich (jmdm. od. etwas) ~ *(an jmdn. od. etwas) näher herankommen, herantreten, auf jmdn. od. etwas zugehen;* niemand durfte sich dem Brandherd ~; leise Schritte näherten sich **2.1** ⟨fig.⟩ *jmds. Bekanntschaft zu machen suchen;* ich versuchte vergeblich, mich dem Künstler zu ~ **2.2** ⟨505/Vr 4; fig.⟩ *sich näherkommen, einer Übereinstimmung näherkommen;* sie hatten sich allmählich (in ihren Argumenten) genähert □ *aproximar(-se)*

nä|her|ste|hen ⟨V. 256/600⟩ jmdm. ~ ⟨fig.⟩ *vertrauter, befreundeter mit jmdm. sein, jmds. Ansichten größtenteils teilen;* eure Ansichten stehen mir näher als die meiner Eltern; er hat ihm nähergestanden, als wir vermuteten □ *estar mais próximo de*; → a. *näher (1.3)*

nä|her|tre|ten ⟨V. 268/600(s.)⟩ **1** jmdm. ~ ⟨fig.⟩ *mit jmdm. in Verbindung treten* □ *familiarizar-se com; aproximar-se de* **2** einer **Sache** ~ *sich mit einer S. befassen* □ *ocupar-se de*; → a. *näher (1.4)*

na|he|ste|hen ⟨V. 256/600/Vr 6⟩ **1** jmdm. ~ ⟨fig.⟩ *mit jmdm. vertraut, befreundet sein, jmds. Ansichten teilen;* einst hatte er mir sehr nahegestanden, als Freund □ *simpatizar com; ficar amigo de* **1.1** eine den Konservativen ~de **Zeitung** *eine mit den Konservativen sympathisierende Z.* □ *simpatizante*

na|he|tre|ten ⟨V. 268/600/Vr 6(s.)⟩ jmdm. ~ ⟨fig.⟩ *mit jmdm. in Verbindung kommen, mit jmdm. bekanntwerden* □ *ficar amigo de*; → a. *nahe (1.6)*

na|he|zu ⟨Adv.⟩ *fast, beinahe;* die Kinder haben den Kuchen ~ aufgegessen □ *quase*

Nähr|bo|den ⟨m.; -s, -bö|den⟩ **1** *Ackerboden* □ *solo cultivável* **2** *feste Nährstoffe zum Züchten von Kleinlebewesen (Bakterien, Pilzen) u. Pflanzenkulturen* □ *meio de cultura* **3** ⟨fig.⟩ *Grundlage, auf der sich etwas gut entwickeln kann;* die allgemeine Arbeitslosigkeit war ein guter ~ für radikale Parteien □ *terreno fértil*

näh|ren ⟨V.⟩ **1** ⟨500⟩ jmdn. od. ein **Tier** ~ *mit Nahrung versorgen, jmdm. od. einem T. Nahrung geben* □ *alimentar* **1.1** ⟨veraltet⟩ *stillen, säugen;* die Mutter kann ihr Kind nicht selbst ~ □ *amamentar* **1.2** ⟨550/Vr 3⟩ sich von etwas ~ *etwas als Nahrung zu sich nehmen;* das Tier nährt sich von Insekten □ **alimentar-se de alguma coisa*; → a. *Schlange(1.1)* **2** ⟨500; fig.⟩ *unterhalten, den Unterhalt ermöglichen;* das Handwerk nährt seinen Mann □ *manter; sustentar* **2.1** ⟨550/Vr 3⟩ sich (von etwas) ~ *(von etwas) leben, sich (durch etwas) seinen Unterhalt ermöglichen;* er nährt sich von seiner Hände Arbeit □ **viver (de alguma coisa)*; bleib im Lande und nähre dich redlich

⟨Sprichw.⟩ □ *prospere em sua própria terra 3 ⟨500⟩ etwas ~ ⟨fig.; geh.; veraltet⟩ hegen, pflegen, bewahren, wachsen lassen; jmds. Argwohn, Groll, Hass, Leidenschaft, Liebe, Verdacht ~; eine Hoffnung, einen Wunsch im Herzen ~ □ alimentar; nutrir 4 ⟨400⟩ nahrhaft, gehaltvoll sein; Milch nährt □ alimentar; ~de Kost, Speisen □ nutritivo

nahr|haft ⟨Adj.⟩ reich an Nähr-, Aufbaustoffen, kräftig; ein ~es Essen; diese Speise ist sehr ~ □ nutritivo

Nähr|stoff ⟨m.; -(e)s, -e⟩ Stoff, den ein Lebewesen zu seiner Ernährung u. zum Aufbau seines Körpers braucht □ substância nutritiva

Nah|rung ⟨f.; -; unz.⟩ 1 alles zur Ernährung Dienende, Nahrungs-, Lebensmittel, Speise u. Trank; abwechslungsreiche, gesunde, kalorienarme, kräftige, vitaminreiche ~; feste, flüssige, pflanzliche, tierische ~; die ~ mit Vitaminen anreichern; genügend ~ zu sich nehmen; die ~ schmackhaft zubereiten; jmdn. mit ~ versorgen □ alimento 1.1 Brennstoff; dem Feuer ~ geben □ *alimentar o fogo 1.2 ⟨fig.⟩ Arbeitsmaterial; ein gutes Buch ist geistige ~ □ alimento 1.3 ⟨fig.⟩ Antrieb; jmds. Argwohn, Misstrauen, Verdacht ~ geben; den Gerüchten, dem Gespräch, dem Klatsch ~ geben; der Kritik neue ~ geben; einem Verdacht neue ~ geben □ *alimentar a desconfiança/suspeita etc. 2 ⟨veraltet⟩ das zum Leben Notwendige, Unterhalt, Broterwerb, Gewerbe; jmdm. Brot und ~ geben □ *dar a alguém seu ganha-pão

Nah|rungs|mit|tel ⟨n.; -s, -; meist Pl.⟩ etwas, das gegessen od. getrunken wird u. der Ernährung dient □ alimento; gêneros alimentícios

Naht ⟨f.; -, Näh|te⟩ 1 ⟨a. Med.⟩ genähte Linie, mit Faden hergestellte Verbindung; eine ~ auftrennen, bügeln, nähen, steppen; die ~ ist geplatzt; eine doppelte, einfache, gerade, unsichtbare ~ □ costura; sutura 1.1 er platzt aus allen Nähten ⟨umg.⟩ er ist zu dick □ *ele está estourando de gordo 1.2 jmdm. auf den Nähten knien ⟨umg.⟩ jmdn. bedrängen, keine Ruhe geben □ *pressionar alguém; ficar no pé de alguém 1.3 eine ⟨tüchtige⟩ ~ arbeiten, ernten usw. ⟨umg.⟩ sehr viel □ *trabalhar/colher pra caramba 2 ⟨Met.⟩ durch Nieten, Löten, Schweißen, Gießen usw. entstehende Verbindungslinie; Guss~; eine ~ schweißen □ costura (de solda) 3 ⟨Anat.⟩ unbewegliche Verbindung zweier Schädelknochen □ sutura 4 ⟨Arch.⟩ Zusammentreffen zweier Gewölbeflächen □ nervura

naht|los ⟨Adj.⟩ 1 ohne Naht □ sem costura 2 ⟨fig.⟩ einheitlich, aus einem Guss, ununterbrochen; die Vorträge gingen ~ ineinander über □ diretamente; sem interrupção

nah|ver|wandt auch: **nah ver|wandt** ⟨Adj. 24⟩ in einer nahen Verwandtschaft stehend □ (que é) parente próximo

na|iv ⟨Adj.⟩ 1 natürlich, ursprünglich; ~e Malerei; ~e Völker 1.1 ~e Dichtung (bei Schiller) D., die nur von der „einfachen Natur u. Empfindung" folgt □ naïf 2 jmd. ist ~ 2.1 kindlich, unbefangen; ein ~es Mädchen 2.2 harmlos, treuherzig, einfältig; das zeugt von einer sehr ~en Anschauung; eine ~e Bemerkung machen

2.3 einfältig, töricht; das finde ich recht ~ von ihr □ ingênuo; inocente

Na|me ⟨m.; -ns, -n⟩ oV Namen 1 Benennung, Bezeichnung (eines Einzelwesens od. Dinges, z. B. Hans, Mozart, Rhein, od. einer Gattung, z. B. Mensch, Pferd), Eigenname; ein alter, bekannter, berühmter, häufiger, seltener ~; der angenommene, falsche, richtige ~; ein Mann mit ~n X; Ihr ~, bitte?; wie war doch gleich Ihr ~?; mein ~ ist (Piet) Decker; einen ~n ändern, angeben, annehmen, führen; dem Kind einen ~n geben; seinen ~n verschweigen; kennst du den ~n dieser Pflanze, dieser Straße, dieses Tieres?; er wollte seinen ~n nicht nennen; dein ~ fiel (nicht), wurde (nicht) genannt; die ~n der Anwesenden wurden verlesen; sich als Künstler einen anderen ~n zulegen; dazu gebe ich meinen ~n nicht her; der Hund hört auf den ~n Teddy; die Papiere lauten auf den ~n Schmidt; jmdn. beim ~n nennen, rufen; mit seinem (vollen) ~n unterzeichnen; nach dem ~n forschen, fragen; er hat ein Buch unter dem ~n X veröffentlicht; er hat sich unter fremdem, falschem ~n eingetragen; der ~ des Herrn, deines Gottes; ~ ist Schall und Rauch (Goethe, „Faust" I); Schwachheit, dein ~ ist Weib (Shakespeare, „Hamlet" 1,2) □ nome 1.1 ich kenne ihn nur dem ~n nach nicht näher □ *só o conheço de nome 1.2 mein ~ ist Hase, ich weiß von nichts ⟨umg.; scherzh.⟩ ich will mit der Sache nichts zu tun haben, ich bin völlig ahnungslos □ *não sei, não quero saber e tenho raiva de quem sabe 1.3 das Kind muss einen ~n haben ⟨a. fig.; umg.⟩ wir müssen eine Bezeichnung für die Sache finden □ *é preciso batizar a criança 1.4 die Dinge, das Kind beim rechten ~n nennen ⟨fig.; umg.⟩ ohne Umschweife, offen über eine Sache sprechen □ *pôr os pingos nos is 2 Ruf, Ruhm, Ansehen, das sich mit einem Eigennamen verbindet; mach deinem (guten) ~n Ehre!; dafür ist mir mein (guter) ~ zu schade; sein ~ hat in Fachkreisen einen guten Klang; seinen (guten) ~n beflecken, beschmutzen, besudeln; ein guter ~ ist mehr wert als Silber und Gold ⟨Sprichw.⟩ 2.1 es gelang ihm, sich in wenigen Jahren einen ~n zu machen Bekanntheit zu erlangen, berühmt zu werden 2.2 den ~n Gottes loben, preisen Gottes Ruhm verkünden 3 in jmds. ~ in jmds. Auftrag, als jmds. Vertreter, in jmds. Sinne; in jmds. ~n sprechen; ich möchte Sie im ~n meiner Mutter herzlich grüßen; du kannst es in meinem ~n abholen; im ~n des Volkes; im ~n der Wahrheit muss ich Folgendes erklären, feststellen; ich verhafte Sie im ~n des Gesetzes 3.1 in Gottes ~n eine Sache beginnen im Gedanken an Gott □ nome 3.2 in Gottes ~n! ⟨umg.⟩ meinetwegen!, □ *por mim, tudo bem!; que seja! 3.3 in (des) Teufels, drei Teufels ~n!, in des Henkers ~n! (Fluch) □ *que diabo!

Na|men ⟨m.; -s, -⟩ = Name

Na|men|kun|de ⟨f.; -; unz.⟩ die Lehre von Herkunft, Geschichte, Bildungsweise u. Bedeutung der Vor-, Familien-, Orts-, Flur- u. Landschaftsnamen □ onomástica

na|mens 1 ⟨Adv.⟩ *mit (dem) Namen;* eine Frau ~ Maier □ **de nome; chamado 2** ⟨Präp. mit Gen.⟩ *im Namen, im Auftrag (von);* ~ der Behörde □ **em nome de**

na|ment|lich ⟨Adj. 24⟩ **1** *mit Namen genannt, mit Namen versehen;* eine ~e Abstimmung □ **nominal;** jmdn. ~ anrufen □ ***chamar alguém pelo nome 2** ⟨50⟩ *besonders, vor allem, in erster Linie;* von dem neuen Steuergesetz sind ~ die unteren Einkommen betroffen □ **especialmente; nomeadamente**

nam|haft ⟨Adj.⟩ **1** ⟨70⟩ *bekannt, angesehen;* eine ~e Persönlichkeit □ **conhecido; famoso 2** ⟨70⟩ *beträchtlich, groß;* eine ~ Summe; es wurden ~ Spenden überwiesen □ **considerável 3** ⟨50⟩ jmdn. ~ machen ⟨Amtsdt.⟩ *jmds. Namen ausfindig machen, jmds. Namen erfahren od. mitteilen, nennen;* können Sie Personen ~ machen, die über Sie auszusagen bereit sind? □ ***nomear alguém; dizer o nome de alguém**

näm|lich ⟨nebenordnende kausale Konj.⟩ **1** *genauer gesagt, und zwar;* er ist schon zweimal da gewesen, ~ gestern und heute □ **a saber; vale dizer 2** ⟨nachgestellt⟩ *denn* **2.1** er kann nicht kommen, er hat ~ eine Grippe *denn er hat eine G.* □ **pois; de fato**

näm|li|che(r, -s) ⟨Adj. 24/60; geh.⟩ *eben der, die, das, der-, die-, dasselbe;* er sagt immer das Nämliche; es war der ~ Polizist, der mich schon einmal verwarnt hatte; es waren die ~n Worte, die er erst neulich gesagt hatte □ **mesmo**

Napf ⟨m.; -(e)s, Näp|fe⟩ *kleine Schüssel (als Futtergefäß für Haustiere);* Fress~ □ **tigela**

Napf|ku|chen ⟨m.; -s, -⟩ *in einer Rund-, Kasten- od. Ringform gebackener Rührkuchen* □ **bolo**

Nar|be ⟨f.; -, -n⟩ **1** *bleibender Defekt des Gewebes, der sich bei der Heilung von Wunden bildet;* Pocken~; die Wunde hat eine ~ zurückgelassen **1.1** die ~ bleibt, wenn auch die Wunde heilt ⟨Sprichw.⟩ *jeder Kummer hinterlässt Spuren* **1.2** ⟨fig.⟩ *Spur;* der Krieg hat in unserem Land viele ~n hinterlassen □ **cicatriz; marca 2** *geschlossene, unmittelbar auf dem Boden liegende Grasdecke;* Gras~ □ ***céspede 3** ⟨Bot.⟩ *der Teil des Fruchtknotens, der den Blütenstaub auffängt;* Sy Stigma(4) □ **estigma**

Nar|ko|se ⟨f.; -, -n; Med.⟩ **1** *künstliches Herbeiführen eines schlafähnlichen Zustandes mit Bewusstlosigkeit, in dem man unempfindlich gegen Schmerzen ist* **2** *der durch Narkose(1) erzeugte Zustand* □ **narcose; anestesia**

Nar|ko|ti|kum ⟨n.; -s, -ti|ka; Pharm.⟩ *die Schmerzempfindlichkeit herabsetzendes, Narkose herbeiführendes Mittel* □ **narcótico**

Narr ⟨m.; -en, -en⟩ **1** *Tor, sonderlicher, einfältiger Mensch, Tölpel;* sei doch kein ~!; ich bin ein ~, dass ich ihm immer wieder vertraue!; ein ~ fragt viel, worauf ein Weiser nicht antwortet ⟨Sprichw.⟩; ein ~ kann in einer Stunde mehr fragen, als zehn Weise in einem Jahr beantworten können ⟨Sprichw.⟩; die ~en werden nicht alle ⟨Sprichw.⟩ □ **tolo; bobo;** Hoffen und Harren macht manchen zum ~en ⟨Sprichw.⟩ □ ***quem espera desespera 2** *Spaßmacher, lustige Person;* sich als ~ verkleiden □ **bufão 2.1** jedem ~en gefällt seine Kappe ⟨Sprichw.⟩ *wer töricht ist, hält von sich selbst am meisten* □ ***cada louco com sua mania* **2.2** jmdn. zum ~en halten *jmdn. foppen, necken, verspotten* □ ***fazer alguém de bobo* **2.3** einen ~en an jmdm. od. etwas gefressen haben *eine bes. große, ins Lächerliche gehende Vorliebe für jmdn. od. etwas haben* □ ***ser louco por alguém ou alguma coisa* **2.4** *Spaßmacher, Possenreißer (im Theater);* den ~en spielen □ **bufão 2.5** *Spaßmacher u. lustiger Ratgeber am Königshof;* Hof~ □ ***bobo da corte* **2.6** *(kostümierter) Teilnehmer am Faschingstreiben;* ein Büttenredner begrüßte die ~en □ **bufão; bobo**

nar|ra|tiv ⟨Adj.⟩ *erzählend;* ~e Dichtung □ **narrativo**

nar|ren ⟨V. 500/Vr 8⟩ jmdn. ~ *zum Narren, zum Besten halten, foppen, necken, verspotten;* von einer Fata Morgana genarrt □ ***zombar de alguém; fazer alguém de bobo;** er ist der Genarrte □ **enganado; iludido**

Narr|heit ⟨f.; -, -en⟩ **1** ⟨unz.⟩ *Dummheit, Torheit, Einfältigkeit* □ **tolice; estupidez 2** *dummer, lustiger Streich, Unsinn* □ **brincadeira boba; bobagem**

När|rin ⟨f.; -, -rin|nen⟩ *weibl. Narr* □ **tola; boba**

när|risch ⟨Adj.⟩ **1** *einem Narren(2) ähnlich, verrückt, ulkig;* er hat ~e Einfälle; sie gebärdet sich, ist rein ~ vor Freude □ **louco; extravagante;** in einer Fernsehsendung das ~e Treiben während der Fastnacht übertragen □ **carnavalesco 1.1** bist du ~? *was fällt dir ein!, bist du nicht recht bei Verstande?* □ **louco 1.2** *sonderbar, merkwürdig, überspannt;* er ist ein ~er Kauz, Kerl □ **extravagante; esquisito 1.3** ⟨46⟩ ~ sein auf etwas *auf etwas versessen sein, eine übertriebene Vorliebe für etwas haben;* sie ist ganz ~ auf Süßigkeiten □ ***ser louco por alguma coisa**

Nar|ziss ⟨m.; -. od. -es, -e⟩ *auf sich selbst fixierter, sich selbst liebender u. bewundernder Mensch* □ **narcisista**

Nar|zis|se ⟨f.; -, -n; Bot.⟩ *Angehörige einer Gattung der Amaryllisgewächse, Zwiebelgewächs mit schmal linealischen Blättern u. glockenähnlichen weißen od. gelben Blüten: Narcissus* □ **narciso**

Nar|ziss|mus ⟨m.; -; unz.⟩ *krankhafte Eigenliebe, Ichbezogenheit* □ **narcisismo**

na|sal ⟨Adj. 24⟩ **1** *die Nase betreffend, zu ihr gehörig* **2** *als Nasal artikuliert* **3** *durch die Nase gesprochen, näselnd* □ **nasal**

Na|sal ⟨m.; -s, -e; Phon.⟩ *stimmhaft gesprochener Konsonant, bei dem die Luft durch die Nase entweicht (z. B. m, n, ng), Nasallaut* □ **consoante nasal**

na|schen ⟨V. 402 od. 800⟩ (etwas) ~ **1** *sich in kleinen Mengen bes. Gutes heraussuchen u. genießen;* sie vom Essen nur genascht □ **provar; petiscar 1.1** *heimlich kleine Stückchen essen, bes. von Süßem;* sie hat Schokolade, an der Schokolade, von der Scholohlade genascht □ **comer/lambiscar doces às escondidas;** Naschen macht leere Taschen ⟨Sprichw.⟩ □ ***comer e coçar é só começar**

Na|se ⟨f.; -, -n⟩ **1** *Eingangsorgan zu den Atemwegen;* die ~ blutet mir, meine ~ blutet; du sollst nicht in der ~ bohren!; ich muss mir die ~ putzen, schnäuzen, wischen; seine ~ ist verstopft (vor Schnupfen);

Nase

durch die ~ sprechen (bei Schnupfen) □ **nariz** 1.1 immer der ~ nach! ⟨fig.; umg.⟩ *immer geradeaus* □ ***sempre reto/em frente** 1.2 sich die ~ begießen ⟨fig.; umg.⟩ *etwas Alkoholisches trinken* □ ***molhar a goela** 1.3 die ~ zu tief ins Glas stecken ⟨fig.; umg.⟩ *zu viel trinken* □ ***entornar/beber bem** 1.4 steck deine ~ ins Buch! ⟨fig.; umg.⟩ *lerne etwas!, lies!* □ ***enfie o nariz no livro!** 1.5 auf der ~ liegen ⟨fig.; umg.⟩ *krank sein; wenn du weiterhin so schuftest, wirst du bald auf der ~ liegen* □ ***ficar doente/de cama** 1.6 ihm läuft die ~, seine ~ läuft ⟨umg.⟩ *er hat Schnupfen, u. es ist höchste Zeit, dass er sich die N. putzt* □ ***seu nariz está escorrendo** 1.7 er hat die ~ voll davon ⟨fig.; umg.⟩ *er hat genug davon, ist dessen überdrüssig, er will damit nichts mehr zu tun haben* □ ***ele está (de saco) cheio disso** 1.8 fass dich an deine eigene, zieh, zupf dich an deiner eigenen ~! ⟨fig.; umg.⟩ *denk an deine eigenen Fehler (ehe du andere kritisierst), kümmere dich um deine eigenen Angelegenheiten* □ ***vá cuidar da sua vida!** 1.9 jmdn. an der ~ herumführen ⟨fig.; umg.⟩ *überlisten, mit Worten hinhalten* □ ***levar alguém no bico** 1.10 jmdm. etwas auf die ~ binden ⟨fig.; umg.⟩ *etwas verraten, deutlich zu verstehen geben; das werde ich ihm nicht gerade auf die ~ binden* □ ***contar alguma coisa a alguém** 1.11 du hättest ihm eins auf die ~ geben sollen! ⟨fig.; umg.⟩ *ihn zurechtweisen sollen* □ ***você deveria ter puxado a orelha dele há muito tempo!** 1.12 jmdm. auf der ~ herumtanzen ⟨fig.; umg.⟩ *mit jmdm. tun od. ohne Rücksicht auf jmdn. tun, was man will; die Mutter lässt sich von ihrer Tochter auf der ~ herumtanzen* □ ***fazer gato-sapato de alguém** 1.13 jmdn. mit der ~ auf etwas stoßen ⟨fig.; umg.⟩ *jmdm. etwas mit Nachdruck begreiflich machen, jmdn. deutlich auf etwas hinweisen* 1.14 muss man dich immer erst mit der ~ darauf drücken, darauf stoßen! ⟨fig.; umg.⟩ *bist du so begriffsstutzig, dass du nichts von allein merkst, muss man dich immer erst darauf hinweisen?* □ ***escancarar alguma coisa para alguém; fazer alguém enxergar alguma coisa** 1.15 jmdm. etwas, die Würmer aus der ~ ziehen ⟨fig.; umg.⟩ *durch listige od. hartnäckige Fragen zu erfahren suchen* □ ***arrancar alguma coisa de alguém com saca-rolhas** 1.16 er sollte seine ~ nicht in alles, jeden Dreck hängen, hineinstecken, stecken ⟨fig.; umg.⟩ *er sollte sich nicht um Dinge kümmern, die ihn nicht angehen, sich nicht überall einmischen* □ ***ele não deveria meter o nariz onde não é chamado** 1.17 jmdm. etwas unter die ~ reiben ⟨fig.; umg.⟩ *deutlich zu verstehen geben, vorhalten* □ ***esfregar alguma coisa no nariz/na cara de alguém** **2** *die Nase(1) in ihrem äußeren Bild;* eine breite, dicke, gebogene, gerade, große, höckerige, kleine, krumme, kurze, lange, spitze, stumpfe ~; eine feine, schmale, zierliche ~; die ~ wird blau, läuft blau an (von Frost); die rote ~ des Trinkers; sie drückte sich die ~ an der Scheibe (des Fensters, Schaufensters) platt □ **nariz**; ihr regnet es in die ~ (solch eine Stupsnase hat sie) ⟨umg.⟩ □ ***ela tem o nariz bem arrebitado**; du bist wohl auf der ~ gelaufen? (weil sie so zerschunden ist) ⟨fig.;

umg.⟩ □ ***você se estatelou no chão? 3** *Organ der Geruchswahrnehmung;* sich die ~ zuhalten (wegen des schlechten Geruches) □ **nariz** 3.1 das fährt, geht, sticht einem in die ~ *riecht unangenehm, scharf* 3.2 das beleidigt meine ~ ⟨umg.; scherzh.⟩ *es stinkt, riecht unangenehm* □ ***ter um cheiro forte/ ruim** 3.3 seine ~ in alle Töpfe stecken ⟨fig.⟩ *neugierig nachschauen, was es zu essen gibt* □ ***bisbilhotar todas as panelas** 3.4 ⟨fig.⟩ *Geruchssinn, Spürsinn* □ **olfato; faro** 3.4.1 eine feine, gute ~ haben (für etwas) *etwas rasch merken* □ ***perceber as coisas no ar; ter bom faro** 3.4.2 er hat die richtige ~ dafür ⟨umg.⟩ *er versteht etwas davon* □ ***ele tem faro/tino para a coisa** 3.4.3 er sieht nicht weiter als seine ~ (riecht) ⟨umg.⟩ *sieht, denkt nicht weit, ist engstirnig, beschränkt* □ ***ele é muito tacanho** 3.4.4 diese Anspielung, Bemerkung ist mir in die ~ gefahren, gestiegen ⟨umg.⟩ *ärgert mich* □ ***essa alusão/observação me deu nos nervos** 3.4.5 das sticht mir in die ~ ⟨umg.⟩ *das lockt, reizt mich* □ ***isso me atrai; gosto disso** 3.4.6 das ist nicht nach meiner ~ ⟨umg.⟩ *nicht nach meinem Geschmack* □ ***isso não faz meu gênero 4** *Organ zum Ausdruck von Gefühlen* 4.1 die ~ (über jmdn. od. etwas) rümpfen ⟨fig.⟩ *unzufrieden sein (mit jmdm. od. etwas), sich erhaben fühlen (über jmdn. od. etwas), verächtlich herabblicken (auf jmdn. od. etwas)* □ ***torcer o nariz (para alguém ou alguma coisa)** 4.2 die ~ hängen lassen ⟨fig.; umg.⟩ *niedergeschlagen, enttäuscht sein* □ ***ficar deprimido/para baixo** 4.3 die ~ hoch tragen ⟨fig.; umg.⟩ *hochmütig sein* □ ***ser nariz em pé** 4.4 jmdm. eine ~ drehen ⟨fig.; umg.⟩ *jmdn. verspotten, sich über ihn lustig machen* □ ***tirar sarro da cara de alguém** 4.5 jmdm. etwas an der ~ (an der Nasenspitze) ansehen ⟨fig.; umg.⟩ *auf den ersten Blick erkennen; das kann ich dir doch nicht an der ~ ansehen! (woher soll ich das also wissen?)* □ ***estar escrito na cara de alguém (que...)** 4.6 er musste mit langer ~ abziehen ⟨fig.; umg.⟩ *erfolglos, enttäuscht weggehen* □ ***ele teve de ir embora sem conseguir nada; ele teve de ir embora de mãos abanando** 4.7 jmdm. eine (lange) ~ machen ⟨fig.; umg.⟩ *jmdn. schadenfroh auslachen, verspotten, sich über jmdn. lustig machen, indem man den Daumen an die Nase hält u. mit gespreizten Fingern auf jmdn. zeigt* □ ***fazer fiau para alguém 5** *Person, Mensch;* pro ~ ⟨umg.⟩ □ ***por pessoa/cabeça** 5.1 du solltest dir erst einmal den Wind um die ~ wehen lassen ⟨fig.; umg.⟩ *in der Welt herumkommen, Erfahrungen sammeln* □ ***você deveria viajar/conhecer o mundo** 5.2 sein Gesichtskreis, sein (geistiger) Horizont geht nicht über seine ~, die eigene ~ hinaus ⟨fig.; umg.⟩ *er ist engstirnig, nur auf sich bezogen* □ ***seu horizonte (intelectual) não vai além de seu nariz** 5.3 **vor, unter jmds. ~** *dicht vor jmdm. od. jmdn.;* jmdm. die Tür vor der ~ zuschlagen □ ***na cara de alguém** 5.3.1 es liegt vor deiner ~! ⟨fig.; umg.⟩ *unmittelbar vor dir, du müsstest es eigentlich sehen* □ ***está na sua cara/debaixo do seu nariz!** 5.3.2 jmdm. die Faust unter die ~ halten ⟨fig.; umg.⟩ *drohen* □ ***ameaçar alguém; levantar a mão** para alguém 5.3.3 jmdm. etwas vor der ~ wegschnappen ⟨fig.; umg.⟩ *etwas in dem Moment rasch wegnehmen, als der andere gerade zugreifen will* □ *apanhar/pegar alguma coisa debaixo do nariz de alguém 5.3.4 der Bus, Zug fuhr mir vor der ~ weg ⟨fig.; umg.⟩ *ich versäumte ihn knapp, ich sah noch, wie er abfuhr* □ *perdi o ônibus/trem por pouco 5.3.5 den lasse ich mir nicht vor die ~ setzen ⟨fig.; umg.⟩ *zu meinem Vorgesetzten machen* □ *não vou deixar esse aí passar na minha frente/virar meu chefe 6 *der menschlichen od. tierischen Nase(1) äußerlich ähnliches Ding* □ nariz 6.1 *Vorsprung an einem Felsen* □ saliência; ressalto 6.2 *Halbinsel* □ península 6.3 ⟨umg.⟩ *herabgelaufener u. getrockneter Lacktropfen (beim Streichen von Möbeln, Türen usw.)* □ gota seca de esmalte/verniz 6.4 ⟨Arch.⟩ *spitze, vorspringende Form im gotischen Maßwerk* □ cúspide 6.5 ⟨Mech.⟩ *hakenförmiger Ansatz, Handgriff, z. B. am Hobel* □ nariz 6.6 ⟨Zool.⟩ *ein Karpfenfisch mit nasenartigem Schädelfortsatz, Näsling: Chondrostoma nasus* □ boga-do--danúbio

na|se|lang ⟨Adj.⟩ = nasenlang
Na|sen|höh|le ⟨f.; -, -n; Anat.⟩ *mit dem Mund- u. Rachenhöhle in Verbindung stehender innerer Teil der Nase* □ cavidade nasal
na|sen|lang ⟨Adj. 50; nur in der Wendung⟩ alle ~ ⟨umg.⟩ *sehr oft, immer wieder, in kurzen Abständen;* oV naselang, naslang □ *a todo instante
Na|sen|län|ge ⟨f.; -, -n; fig.; umg.⟩ 1 *Länge eines Pferdekopfes* □ nariz; die Stute gewann das Rennen mit einer ~ □ *a égua venceu por meia cabeça 2 ⟨fig.; umg.⟩ *kleiner Vorsprung;* jmdm. um eine ~ voraus sein □ *ter uma pequena vantagem em relação a alguém; jmdm. um eine ~ schlagen □ *vencer alguém por pouco/por uma pequena vantagem
Na|sen|stü|ber ⟨m.; -s, -⟩ 1 *leichter Stoß an die Nase* □ piparote no nariz 1.1 ⟨fig.; umg.⟩ *Verweis, Tadel;* jmdm. einen ~ geben □ bronca; puxão de orelha
na|se|weis ⟨Adj.⟩ *vorlaut, vorwitzig* □ curioso; indiscreto; perguntador
nas|füh|ren ⟨V. 500/Vr 8⟩ jmdn. ~ *an der Nase herumführen, zum Besten haben, foppen;* da hat man dich genasführt □ *pregar uma peça em alguém
Nas|horn ⟨n.; -(e)s, -hör|ner; Zool.⟩ *Angehöriges einer Familie der Unpaarhufer, von plumpem Körperbau mit kurzen Säulenbeinen, oft stark gepanzerter Haut u. ein od. zwei Hörnern auf dem Kopf, Rhinozeros: Rhinocerotidae;* Sy Rhinozeros □ rinoceronte
nas|lang ⟨Adj.⟩ = nasenlang
nass ⟨Adj.; Komparativ: nas|ser od. näs|ser, Superlativ: nas|ses|ten od. näs|ses|ten⟩ 1 *mit Flüssigkeit (bes. mit Wasser) bedeckt, getränkt, vollgesogen;* Ggs trocken(1); das vom Regen, vom Tau ~e Gras; ~e Füße, Hände, Kleider, Wände; ich bin vom Regen ~ sehr geworden; durch und durch ~; triefend ~ werden □ molhado; úmido 1.1 mit ~en Augen *weinend;* mit ~en Augen Abschied nehmen □ marejado 1.2 die Farbe, Tinte, das Blut ist noch ~ *noch nicht getrocknet* □ fresco 1.3 ein ~es Grab finden ⟨fig.⟩ *ertrinken* □

*morrer afogado 1.4 *feucht, regenreich;* ~es Wetter; wir hatten einen ~en Sommer □ úmido; chuvoso 2 ⟨umg.; veraltet⟩ *umsonst, unentgeltlich;* ich durfte für ~ hinein □ de graça 3 ⟨60⟩ ~er Bruder ⟨fig.; umg.⟩ *Trinker* □ *beberrão 4 ⟨Getrennt- u. Zusammenschreibung⟩ 4.1 ~ machen = *nassmachen (I)* 4.2 ~ schwitzen = *nassschwitzen* 4.3 ~ spritzen = *nassspritzen*
Näs|se ⟨f.; -; unz.⟩ 1 *starke Feuchtigkeit* 1.1 vor ~ bewahren, schützen! *trocken aufbewahren!* □ umidade
näs|sen ⟨V.⟩ 1 ⟨400⟩ *Feuchtigkeit absondern;* eine ~de Wunde □ úmido 2 ⟨500⟩ *etwas* ~ *befeuchten, benetzen, nass machen;* der Tau nässt das Gras □ umedecer; molhar
nass|kalt ⟨Adj. 24/70⟩ *regnerisch u. kalt;* ~es Wetter □ frio e chuvoso
nass|ma|chen *auch:* nass ma|chen ⟨V. 500/Vr 7⟩ I ⟨Zusammen- u. Getrenntschreibung⟩ jmdn., etwas od. sich ~ *mit Flüssigkeit, Wasser befeuchten od. durchtränken;* (sich) die Haare ~; die Windeln ~; das Kind hat sich nassgemacht/nass gemacht □ molhar(-se) II ⟨nur Zusammenschreibung⟩ jmdn. nassmachen ⟨fig.⟩ *jmdn. überlegen schlagen* □ *dar uma lavada em alguém
nass|schwit|zen *auch:* nass schwit|zen ⟨V. 500⟩ etwas ~ *mit Schweiß durchnässen;* ein Hemd ~ □ molhar de suor
nass|sprit|zen *auch:* nass sprit|zen ⟨V. 500/ Vr 7⟩ jmdn., etwas od. sich ~ *durch Spritzen nass machen;* du spritzt mich ganz nass!; die Kinder wollen sich mit dem Gartenschlauch ~ □ molhar (com esguichos)
Na|ti|on ⟨f.; -, -en⟩ *nach Abstammung, Sprache, Sitte, kultureller u. politischer Entwicklung zusammengehörige, innerhalb der gleichen Staatsgrenzen lebende, bewusst u. gewollt geformte politische Gemeinschaft;* → a. Volk; die wirtschaftliche Einigung der europäischen ~en; die Vereinten ~en; die Vereinigten ~en ⟨schweiz.⟩ □ nação
na|ti|o|nal ⟨Adj. 24⟩ 1 *eine Nation betreffend, zu ihr gehörig, von ihr stammend;* ~e Einheit, Geschichte, Sprache 2 *innerstaatlich, inländisch;* ~e Regelung 3 *patriotisch, vaterländisch;* ~ gesinnt sein; ~e politische Bestrebungen □ nacional
na|ti|o|na|li|sie|ren ⟨V. 500⟩ 1 jmdn. ~ = *einbürgern(1)* 2 *Wirtschaftsunternehmen* ~ *verstaatlichen* □ nacionalizar
Na|ti|o|na|li|tät ⟨f.; -, -en⟩ 1 *Zugehörigkeit zu einer Nation* 2 *nationale Minderheit, Volksgruppe in einem fremden Staat* □ nacionalidade
Na|tri|um *auch:* Nat|ri|um ⟨n.; -s; unz.; chem. Zeichen: Na⟩ *chem. Element, silberweißes, weiches Alkalimetall, Ordnungszahl 11* □ sódio
Na|tron *auch:* Nat|ron ⟨n.; -s; unz.; umg.⟩ *doppeltkohlensaures Natrium, Bestandteil des Backpulvers* □ bicarbonato de sódio
Nat|ter ⟨f.; -, -n; Zool.⟩ 1 *Angehörige einer Familie der Schlangen: Colubridae* □ colubrídeos 2 ⟨umg.⟩ *Giftschlange* □ serpente venenosa 2.1 eine ~ am Busen

großziehen, nähren ⟨fig.⟩ *einen Unwürdigen begünstigen, einem unehrlichen, falschen Menschen vertrauen* □ *criar uma cobra no próprio quintal*

Na|tur ⟨f.; -, -en⟩ **1** *die uns umgebende, vom Menschen nicht geschaffene Welt u. die ihr innewohnende Schöpferkraft; die unerforschlichen Geheimnisse, die Wunder der ~; die belebte und die unbelebte ~; die erwachende, liebliche ~ (im Frühling); das Buch der ~* ⟨fig.⟩ **1.1** *die drei Reiche der ~ Pflanzen, Steine, Tiere* **1.2** *sie ist von der ~ stiefmütterlich behandelt worden ist hässlich, hat ein Gebrechen* **1.3** *ursprünglicher, unverfälschter Zustand; ~ und Kultur; zurück zur ~!* □ **naturaza** **1.4** *vom Menschen nicht Beeinflusstes* **1.4.1** *ihr Haar ist ~ nicht künstlich gewellt, gefärbt od. ersetzt* □ **natural** **1.5** *Original, Urbild; dieses Bild ist nach der ~ gemalt, gezeichnet* □ **original** **2** *unberührte Landschaft, Wald u. Feld, freies Land; die ~ genießen; in die freie ~ hinauswandern, -fahren, -ziehen* □ **naturaza** **2.1** *bei Mutter ~ übernachten im Freien* □ *passar a noite ao ar livre* **3** *biologische Anlagen, Bedürfnisse, Körperbeschaffenheit; eine gesunde, kräftige, schwache, starke ~; er hat eine eiserne ~* **3.1** *die Stimme der ~ der Trieb* □ **naturaza** **3.2** ⟨oberdt.; veraltet⟩ *Geschlechtsteile* □ **genitais** **3.2.1** *Sperma* □ **esperma** **4** ⟨Pl. -en⟩ *Wesensart, Veranlagung, Charakter, Temperament (einer Person); eine leicht erregbare, schwer lenkbare, problematische ~; sie hat eine heitere, glückliche ~; er kann seine ~ nicht ändern, bezwingen, verleugnen; das entspricht nicht seiner ~; sie ist eine schöpferische ~; sie ist von ~ (aus) ängstlich, fröhlich, schüchtern* **4.1** *etwas ist gegen jmds. ~ widerstrebt jmdm., ist jmdm. im Innersten zuwider* **4.2** *etwas wird jmdm. zur zweiten ~ zur festen Gewohnheit* **4.3** ⟨Pl. -en⟩ *Mensch mit einer bestimmten Natur(4); die beiden sind einander widersprechende ~en* **5** *Art, Eigenart, Wesen (einer Sache); das sind Fragen grundsätzlicher ~; seine Verletzungen waren nur leichter ~; diese Schwierigkeiten liegen in der ~ der Sache* □ **naturaza**

Na|tu|ra|li|en ⟨[-liən] nur Pl.⟩ **1** *Naturerzeugnisse* □ **produtos naturais** **2** *Gegenstände einer naturkundlichen Sammlung, z. B. Mineralien, Pflanzen, ausgestopfte Tiere* □ **matéria-prima; espécimes de história natural**

na|tu|ra|li|sie|ren ⟨V. 500; geh.⟩ *jmdn. ~ = einbürgern(1)*

na|tu|rell ⟨Adj. 11⟩ *natürlich, ohne Zusätze, unbearbeitet, ungefärbt* □ **natural**

Na|tu|rell ⟨n.; -s, -e⟩ *Naturanlage, Charakter, Temperament, Gemüts-, Wesensart; sie hat ein heiteres, ruhiges ~* □ **naturaza; temperamento; índole**

na|tür|lich ⟨Adj.⟩ **1** *die Natur betreffend, auf ihr beruhend, in ihr vorkommend; Ggs künstlich(2); Flüsse, Gebirge bilden ~e Grenzen* **1.1** ⟨60⟩ *~es Licht das Tageslicht* **1.2** ⟨60⟩ *~er Tod nicht gewaltsamer T.; eines ~en Todes sterben; einen ~en Tod finden* **1.3** *in ~er Größe in der Größe des Originals; eine Darstellung, ein Bild, eine Plastik in ~er Größe* □ **natural** **2** *den Naturgesetzen entsprechend; Ggs übernatürlich; das geht ganz ~ zu; das kann nicht mit ~en*

Dingen zugehen; der ~e Gang, Verlauf, Weg dieser Krankheit □ **natural(mente)** **3** *einfach, unverbildet, ungezwungen; ~e Anmut, ~en Charme haben; ein sehr ~er Mensch; sie ist, spricht ganz ~; sie hat sich ihr ~es Wesen bewahrt* □ **natural(mente); espontâneo; com espontaneidade** **4** *angeboren; das ist nicht ihre ~e Haarfarbe* **5** *klar, einleuchtend, selbstverständlich; die ~ste Sache der Welt; das Geld reichte ~ wieder nicht; nichts ist ~er, als dass ...; es ist (nur zu) ~, dass ...* □ **natural(mente)** **5.1** *~! (als Antwort) gewiss, jawohl!* □ **claro!; lógico!** **6** ⟨60⟩ *~e Kinder* ⟨Rechtsw.; veraltet⟩ *leibliche, nicht adoptierte K.* **7** ⟨60⟩ *~e Zahlen* ⟨Math.⟩ *die Zahlen 1, 2, 3, 4 usw., die positiven ganzen Zahlen* **8** *~er Logarithmus L. der Basis e = 2,71828...* □ **natural**

Na|tur|recht ⟨n.; -(e)s; unz.⟩ *im Wesen des Menschen begründetes, von staatlichen u. gesellschaftlichen Verhältnissen unabhängiges Recht* □ **direito natural**

Na|tur|schutz ⟨m.; -es; unz.⟩ *alle Maßnahmen zur Erhaltung von Naturdenkmälern, der Tier- u. Pflanzenwelt* □ **preservação da natureza**

Nau|tik ⟨f.; -; unz.⟩ *Lehre von der Schifffahrt, der Führung eines Schiffes, von den Gewässern, Wetterverhältnissen u. der Standortbestimmung; Sy Schifffahrtskunde* □ **náutica**

Na|vi|ga|ti|on ⟨[-vi-] f.; -; unz.⟩ *Orts- u. Kursbestimmung von Schiffen, Luft- u. Raumfahrzeugen* □ **navegação**

Ne|bel ⟨m.; -s, -⟩ **1** *Trübung der Luft durch Wasserdampf, Wolken am Erdboden; der ~ fällt, hebt sich, senkt sich, verdichtet sich, wallt; der ~ hängt, lagert über dem See; der ~ hüllt die Berge ein, verhüllt sie; der ~ hat sich als Tau niedergeschlagen; dichter, dicker, leichter ~; er hat sich im ~ verirrt* □ **neblina; bruma; névoa** **1.1** *wegen ~s ausfallen* ⟨fig.; umg.; scherzh.⟩ *(überraschend) nicht stattfinden; die Vorstellung fällt wegen ~s aus* □ *ser cancelado (sem mais nem menos)* **1.2** *künstlicher ~* **1.2.1** *(durch Nebelbomben, Nebelgranaten) künstlich erzeugter Dampf* □ *fumaça artificial* **1.2.2** *bei Musik- u. Tanzveranstaltungen eingesetzter künstlicher Dunst* □ **gelo seco**; → a. *Nacht(2.1)* **2** ⟨fig.⟩ *Schleier, Dunkelheit; etwas dem ~ der Vergangenheit entreißen* □ **bruma** **3** ⟨Astron.; Sammelbez. für⟩ *alle flächenhaft ausgedehnten Gebilde des Himmels, die nicht dem Sonnensystem angehören* □ **nebulosa**

ne|bel|haft ⟨Adj.; fig.⟩ **1** *verschwommen, undeutlich wie Nebel* □ **nebuloso; indistinto** **1.1** *das liegt alles noch in ~er Ferne es ist noch weit, lange bis dahin* □ *ainda tem chão até lá*

ne|be|lig ⟨Adj.⟩ *von Nebel umgeben, eingehüllt, dunstig; oV neblig* □ **nebuloso; nevoento**

ne|ben ⟨Präp.; mit Dat. auf die Frage „wo?"; mit Akk. auf die Frage „wohin?"⟩ **1** *an der Seite, seitlich, in unmittelbarer Nähe, Nachbarschaft, dicht bei, dicht daran vorbei; ~ jmdm. arbeiten, sitzen, stehen, warten; ~ dem Eingang steht eine Blumenschale; stellt die Schale ~ den Eingang!; ~ dem Fenster, Garten, Haus, Tor stehen; ~ das Fenster, den Garten, das Haus, das Tor stellen; genau ~ das Ziel treffen* ⟨umg.; scherzh.⟩

□ ao lado de; junto de **2** *nebst, außer;* ~ anderen Möglichkeiten □ **entre; além de 3** *verglichen mit, im Vergleich zu;* ~ ihr kannst du nicht bestehen □ **perto de; em comparação com**

Ne|ben... ⟨in Zus.⟩ Ggs *Haupt...* **1** *daneben befindlich, unmittelbar anstoßend, benachbart, Seiten..., abzweigend;* Nebenzimmer **2** *gleichlaufend;* Nebengleis **3** *hinzutretend;* Nebenfluss **4** *zusätzlich;* Nebenverdienst **5** *nebenbei, außerdem entstehend;* Nebenprodukt **6** *von geringerer, untergeordneter Bedeutung;* Nebenrolle; Nebenstraße **7** *ergänzend;* Nebenbücher

ne|ben|an ⟨Adv.⟩ *benachbart, angrenzend, im Nebenzimmer, in der Nebenwohnung;* ~ befindet sich das Esszimmer □ **ao lado; pegado**

ne|ben|bei ⟨Adv.⟩ **1** *gleichzeitig mit etwas anderem, außerdem, zusätzlich;* ~ ist er noch Schriftsteller □ **além disso; ao mesmo tempo 2** *ohne besondere Bedeutung (beizumessen), beiläufig;* etwas ~ bemerken □ **incidentalmente**

Ne|ben|buh|ler ⟨m.; -s, -⟩ *Mitbewerber (um ein Amt, eine Frau), Konkurrent* □ **rival; concorrente**

ne|ben|ein|an|der *auch:* **ne|ben|ei|nan|der** ⟨Adv.⟩ **1** *eine(r) neben dem anderen, Seite an Seite;* ~ gehen, laufen, leben □ **um ao lado do outro; lado a lado 2** ⟨fig.⟩ *gleichzeitig vorhanden, gleichberechtigt bestehend od. stattfindend;* unterschiedliche Meinungen ~ gelten lassen; sie führt beides ~ aus □ **contemporaneamente; ao mesmo tempo**

ne|ben|ein|an|der|le|gen *auch:* **ne|ben|ei|nan|der|legen** ⟨V. 500⟩ *Gegenstände* ~ *neben etwas anderes, neben die anderen legen* □ **colocar lado a lado**

ne|ben|ein|an|der|set|zen *auch:* **ne|ben|ei|nan|dersetzen** ⟨V. 500⟩ jmdn. od. etwas ~ *neben etwas anderes, neben die anderen setzen* □ **colocar lado a lado**

ne|ben|ein|an|der|stel|len *auch:* **ne|ben|ei|nan|derstel|len** ⟨V. 500⟩ jmdn. od. etwas ~ **1** *neben etwas anderes, neben die anderen stellen* □ **colocar lado a lado 2** *miteinander vergleichen* □ **comparar um com o outro**

ne|ben|fach ⟨n.; -(e)s, -fä|cher⟩ **1** *dem Hauptfach untergeordnetes, weniger gründlich betriebenes Studienfach* □ **disciplina secundária/complementar 2** *kleines Seitenfach (eines Schrankes usw.)* □ **compartimento lateral**

ne|ben|her ⟨Adv.⟩ **1** *nebenbei, außerdem, zusätzlich* □ **além disso 2** *daneben einher* □ **ao mesmo tempo; paralelamente**

ne|ben|hin ⟨Adv.⟩ **1** *obenhin, leichthin, beiläufig;* etwas ~ sagen, bemerken □ **incidentalment; de passagem 2** *daneben hin* □ **ao lado**

Ne|ben|sa|che ⟨f.; -, -n⟩ **1** *unwichtige Angelegenheit, bedeutungslose Kleinigkeit;* Ggs *Hauptsache* □ **questão secundária/sem importância** 1.1 das ist ~ *ändert am Grundsätzlichen nichts* □ ***isso é secundário**

ne|ben|säch|lich ⟨Adj. 70⟩ *unwichtig, bedeutungslos;* Ggs *hauptsächlich;* eine ~e Angelegenheit; die Handlung ist ~ □ **secundário; sem importância**

Ne|ben|satz ⟨m.; -es, -sät|ze; Gramm.⟩ *unselbständiger, von einem Hauptsatz abhängiger Satz, der allein nicht sinnvoll bestehen kann;* Ggs *Hauptsatz* □ **oração subordinada**

ne|ben|ste|hend ⟨Adj. 24/90⟩ *neben dem Text stehend, an den Rand geschrieben;* die ~en Bemerkungen lesen; Nebenstehendes bitte beachten; auch das Nebenstehende berücksichtigen; im Nebenstehenden ist aufgeführt, dass... □ **à margem; ao lado**

Ne|ben|stel|le ⟨f.; -, -n⟩ **1** *Zweigstelle, Filiale* □ **filial; sucursal 2** ⟨Tel.⟩ *zweiter Fernsprechanschluss mit gleicher Nummer, Nebenanschluss* □ **extensão**

Ne|ben|zweig ⟨m.; -(e)s, -e⟩ **1** *kleiner Zweig, kleiner neuer Trieb* □ **galho novo; broto 2** ⟨fig.⟩ *Nebenlinie;* ein ~ im Stammbaum □ **linha colateral 3** ⟨fig.⟩ *unbedeutenderes Teilgebiet;* der ~ einer Industrie □ **ramo secundário**

neb|lig ⟨Adj.⟩ = *nebelig*

nebst ⟨Präp. mit Dat.⟩ *zusammen mit, einschließlich;* XY ~ Angehörigen □ **e; juntamente com**

ne|bu|los ⟨Adj.⟩ = *nebulös*

ne|bu|lös ⟨Adj.; fig.⟩ *nebelhaft, verschwommen, unklar, rätselhaft;* oV *nebulos;* eine etwas ~e Antwort, Aussage □ **nebuloso; enigmático**

Ne|ces|saire ⟨[nɛsɛsɛːr] n.; -s, -s⟩ *Mäppchen für die Aufbewahrung von kleinen Gebrauchsgegenständen, z. B. für die Nagelpflege od. für Nähzeug;* oV *Nessessär;* Reise~; Nagel~ □ **nécessaire; estojo**

ne|cken ⟨V. 500/Vr 8⟩ jmdn. ~ *foppen, zum Besten haben, Schabernack treiben mit jmdm.;* jmdn. mit jmdm. od. etwas ~; neckt sie doch nicht immer mit ihm, damit; sie ~ sich, einander gern □ **provocar; caçoar,** was sich liebt, das neckt sich ⟨Sprichw.⟩ □ ***amores arrufados, amores dobrados**

ne|ckisch ⟨Adj.⟩ **1** *zu Neckereien aufgelegt, schelmisch, drollig;* ein ~er Blick, Gedanke □ **provocador; zombeteiro 2** *anmutig u. verschmitzt, aufreizend u. niedlich, kokett;* ein ~es Kleid tragen □ **provocante**

Nef|fe ⟨m.; -n, -n⟩ *Sohn des Bruders, der Schwester, des Schwagers od. der Schwägerin* □ **sobrinho**

ne|ga|tiv ⟨a. [--ˈ-] Adj. 24⟩ Ggs *positiv* **1** *verneinend;* ~er Bescheid **2** *ablehnend;* ~e Haltung **3** *ergebnislos;* alle Bemühungen blieben ~ **4** ⟨Math.; Zeichen: -⟩ *kleiner als Null* **5** ⟨Fot.⟩ *in den Farben bzw. in der Helligkeit gegenüber dem Original vertauscht* **6** ~er Pol *Stelle, an der Elektronen aus einem Körper austreten* □ **negativo**

Ne|ga|tiv ⟨n.; -s, -e⟩ *fotografisch aufgenommenes Bild nach dem Entwickeln, bei dem Licht u. Schatten gegenüber dem Original vertauscht sind;* Ggs *Positiv* □ **negativo**

Ne|ger ⟨m.; -s, -; abwertend⟩ = *Schwarze(r)(1)*

Ne|gli|gé *auch:* **Neg|li|gé** ⟨[-ʒeː] n.; -s, -s⟩ = *Negligee*

Ne|gli|gee *auch:* **Neg|li|gee** ⟨[-ʒeː] n.; -s, -s⟩ *leichter, eleganter Morgenrock, Morgenmantel;* oV *Negligé* □ *négligé;* **robe**

neh|men ⟨V. 189⟩ **1** ⟨500⟩ 1.1 etwas ~ *mit den Händen ergreifen, fassen;* den Sack auf den Rücken ~; die Butter aus dem Kühlschrank ~; die Geldbörse aus

nehmen

der Tasche ~; die Vase vom Schrank ~; einen Stich ~ ⟨Kart.⟩ □ *pegar 1.2 ⟨510⟩ etwas (in Besitz) ~ als B. erhalten, in seinen B. bringen □ *tomar (posse de) alguma coisa 1.2.1 woher ~ und nicht stehlen? ⟨umg.⟩ woher soll ich's denn nur nehmen? Ich habe nicht so viel Geld □ *como é que vou arranjar isso? 1.2.2 er ist vom Stamme Nimm ⟨umg.⟩ er ist unbescheiden, nimmt alles, was er nur bekommen kann □ *ele é daqueles que só quer receber mas não quer dar 1.2.3 ⟨511⟩ einen Betrag auf Konto ~ ⟨Kaufmannsspr.⟩ auf ein K. buchen □ contabilizar; registrar 1.3 ein **Verkehrsmittel** ~ benutzen; das Flugzeug, den Bus, das Schiff, die Straßenbahn, den Wagen ~; den Zug um 12.30 Uhr ~; ein Taxi ~ □ *pegar 1.4 ein **Hindernis** ~ überspringen, überwinden; der Läufer nimmt die Hürden mühelos □ superar 1.4.1 ⟨513⟩ im **Sturm** ~ erobern; eine Festung ~; eine Frau ⟨fig.⟩ ~ □ *tomar; conquistar ⟨fig.⟩ 1.5 **Unterricht** ~ sich unterrichten lassen; (bei jmdm. in einem Fach) Stunden ~ □ *tomar aula(s) 1.6 ⟨fig.⟩ 1.6.1 seinen **Urlaub** ~ verbringen □ *tirar férias 1.6.2 den **Schleier** ~ Nonne werden 1.6.3 die **Kutte** ~ Mönch werden □ *tomar/vestir o hábito 1.6.4 das **Wort** ~ zu sprechen beginnen □ tomar 1.6.5 **Platz** ~ sich setzen □ *sentar-se 1.6.6 **Anteil** ~ sich in jmds. Lage versetzen □ *pôr-se no lugar de alguém 1.6.7 der Boxer ist hart im Nehmen er kann schwere Schläge hinnehmen □ *o boxeador é duro na queda 1.6.8 sich etwas nicht ~ lassen sich nicht hindern lassen □ *não se deixar deter/impedir 1.6.9 die **Gelegenheit** ~ wahrnehmen, ergreifen □ *aproveitar a ocasião/oportunidade 1.7 eine **Sache** nimmt ihren **Lauf** schreitet fort, entwickelt sich 1.7.1 das **Schicksal** nimmt seinen **Lauf** erfüllt sich □ *seguir seu curso 1.7.2 **Anlauf** ~ zu laufen beginnen, um dann zu springen □ *tomar/ganhar impulso 1.7.3 **Anlauf** ~ (zu, für) ⟨a. fig.⟩ beginnen mit □ *começar; pôr-se a 1.8 **Nahrung, Arznei (zu sich)** ~ einnehmen, essen, trinken; Tabletten, Tropfen ~; ein Glas Wasser, eine Tasse Kaffee ~ □ ingerir; tomar; man nehme ... (5 Eier usw.; in Kochrezepten) □ *pegue(m)-se...; vorm Weggehen noch schnell etwas, eine Kleinigkeit zu sich ~; sich noch einmal, mehr ~ (bei Tisch) □ comer; servir-se 1.8.1 das **Abendmahl** ~ die Kommunion empfangen □ receber 1.8.2 **Gift** ~ sich durch G. töten, vergiften □ *tomar 1.9 ⟨500⟩ jmdn. ~ 1.9.1 eine Frau, einen Mann ~ heiraten; sich eine Frau, einen Mann ~; jmdn. zur Frau, zum Mann ~; sie hat ihn dann doch noch genommen □ *casar(-se) com alguém 1.9.2 ⟨503/Vr 5⟩ (sich) jmdn. ~ jmdn. veranlassen, gegen Bezahlung eine Arbeit zu tun; sich einen Anwalt, eine Putzhilfe ~ □ *contratar alguém 2 ⟨530⟩ jmdm. etwas ~ wegnehmen, entziehen, jmdn. einer Sache berauben; du darfst dir deine Ansprüche, Rechte nicht ~ lassen; jmdm. das Geld, den Mantel, die letzten Spargroschen ~; Vorsicht, ich kann dir deinen Läufer ~ (beim Schachspiel); jmdm. den Glauben, die Hoffnung, die Illusionen ~ □ *tirar/ pegar/tomar alguma coisa de alguém 2.1 du hast mir die Freude, den Spaß daran gründlich genommen verdorben □ *você acabou com a minha alegria/o meu prazer 2.2 das lasse ich mir nicht ~ ich bestehe darauf, so zu handeln □ *insisto; faço questão 2.3 ⟨531⟩ jmdm. den Wind aus den Segeln ~ ⟨fig.⟩ jmdm. seiner Argumente berauben □ *jogar um balde de água fria em alguém 2.4 einer **Sache** die **Spitze** ~ eine S. abschwächen, weniger aufregend, gefährlich machen □ *amenizar/moderar alguma coisa 2.5 ⟨Vr 1⟩ 2.5.1 sich die **Mühe** ~ sich bemühen □ *esforçar-se 2.5.2 sich **Zeit** ~ etwas langsam u. mit Muße tun; für dieses Buch, diese CD musst du dir genügend Zeit ~ □ *tirar um tempo (para fazer alguma coisa); fazer alguma coisa com calma 2.5.3 darf ich mir die **Freiheit** ~, Sie darauf hinzuweisen ... (Höflichkeitsfloskel) □ *permita-me chamar sua atenção para o fato de que... 2.5.4 sich das **Leben** ~ Selbstmord begehen □ *tirar a própria vida 3 ⟨510⟩ 3.1 ergreifen, fassen; jmdn. bei der Hand ~; wenn du über die Straße gehst, nimm deine kleine Schwester an der Hand; jmdn. am, beim Kragen ~; das Kind auf den Arm, Schoß, die Schulter □ segurar; pegar 3.1.1 die Beine unter den **Arm**, die Arme ~ ⟨fig.; umg.; scherzh.⟩ davonrennen, so schnell man kann □ *sair correndo; dar no pé 3.1.2 eine Gelegenheit **beim Schopfe** ~ ⟨fig.⟩ ausnutzen □ *aproveitar uma ocasião/oportunidade 3.1.3 ⟨531⟩ jmdm. das Wort aus **dem Munde** ~ sagen, was er im gleichen Augenblick sagen wollte □ *tirar a palavra da boca de alguém 3.1.4 kein Blatt vor den Mund ~ ⟨fig.⟩ frei u. schonungslos die Meinung sagen □ *não ter papas na língua 3.2 bewirken, dass jmd. od. etwas an einem Ort ist; jmdn. in die Mitte ~ □ *colocar alguém no meio/ entre duas pessoas 3.2.1 jmdn. ins **Verhör** ~ verhören □ *interrogar/inquirir alguém 3.2.2 jmdn. **in Gewahrsam**, in Haft ~ verhaften □ *prender/ deter alguém 3.2.3 jmdn. **an die Kandare** ~ ⟨fig.; umg.⟩ (streng) beaufsichtigen □ *levar alguém na rédea curta 3.2.4 jmdn. **in Schutz** ~ verteidigen, entschuldigen □ *defender alguém 3.2.5 jmdn. **unter seine Fittiche** ~ ⟨a. fig.⟩ behüten □ *colocar alguém sob suas asas; proteger alguém 3.2.6 jmdn. **ins Schlepptau** ~ ⟨a. fig.⟩ jmdm. die Wege ebnen, ihn abhängig machen □ *dar um empurrãozinho/uma mãozinha a alguém 3.2.7 jmdn. **auf den Arm** ~ ⟨a. fig.⟩ verspotten □ *tirar sarro da cara de alguém 3.3 jmdn. oder etwas zum **Vorbild** ~ nacheifern, so handeln wie ... □ *tomar alguém ou alguma coisa como modelo 3.4 jmdn. **beim Wort** ~ zwingen, ein Versprechen zu halten, daran erinnern □ *fazer alguém cumprir sua palavra 3.5 jmdn. **ins Gebet** ~ jmdm. Vorhaltungen machen, eindringlich mit jmdm. sprechen □ *ter uma conversa séria com alguém; dar uma prensa em alguém 3.6 jmdn. **aufs Korn** ~ ⟨a. fig.⟩ scharf ins Auge fassen, es auf jmdn. abgesehen haben □ *estar de olho em alguém 3.7 jmdn. **zu sich** ~ in die Familie aufnehmen u. (od.) bei sich wohnen lassen; sie wollen seine alte Mutter zu sich ~; sie wollen ein Kind zu sich ~ □ *levar alguém para morar consigo; adotar alguém 3.7.1 Gott hat ihn zu sich genommen er ist gestorben

□ *Deus o levou para junto de si 3.8 etwas **auf sich** ~ **übernehmen**; eine Bürde, Last, die Verantwortung auf sich ~; die Schuld, die Folgen auf sich ~ □ *tomar alguma coisa a seu cargo; assumir alguma coisa 3.8.1 etwas **auf seine Kappe** ~ *etwas selbst verantworten* □ *responsabilizar-se por alguma coisa 3.8.2 das kann ich **auf meinen Eid** ~ *beschwören* □ *posso jurar (que isso é verdade) 3.8.3 **darauf** kann man **Gift** ~ ⟨fig.; umg.⟩ *sich verlassen* □ *pode confiar, não tem erro 3.9 etwas **an sich** ~ *verwahren, aufbewahren* □ *ficar com; guardar 4 ⟨513; fig.⟩ 4.1 etwas ... ~ *auffassen, betrachten als;* das solltest du nicht ernst, zu leicht, tragisch, wörtlich ~ □ *você não deveria levar isso a sério/numa boa/pelo lado trágico/literalmente; nimm es nicht so tragisch □ *não seja tão trágico; das kann man doch nicht ernst ~ □ *não dá para levar isso a sério; er nimmt sich sehr wichtig □ *ele se acha muito importante; du musst es als Scherz ~ □ *você tem de levar isso na brincadeira; ich nehme es für ein günstiges Omen, Zeichen □ *tomo isso por um bom augúrio/sinal; wenn Sie's so ~ ⟨umg.⟩ □ *se o senhor/a senhora pensa assim; wie man's nimmt ⟨fig.; umg.⟩ □ *depende; sie nimmt alles für bare Münze ⟨fig.; umg.⟩ □ *ela leva tudo a sério; ela acredita em tudo; man muss das Leben (eben) ~, wie das Leben (eben) ist ⟨umg.⟩ □ *é preciso ver a vida como ela é 4.1.1 etwas **auf die leichte Schulter** ~ *zu oberflächlich betrachten, nicht mit dem nötigen Ernst behandeln* □ *não levar alguma coisa a sério; não dar bola para alguma coisa 4.1.2 im Ganzen genommen *im Großen u. Ganzen, alles in allem* □ *de modo geral 4.2 jmdn. ... ~ *behandeln;* man weiß nie, wie man ihn ~ soll; er ist schwer zu ~; er weiß seine Leute zu ~; man muss ihn ~, wie er ist □ tratar; lidar com **5** ⟨510⟩ 5.1 etwas **in** ... ~ *beginnen mit etwas;* eine Sache in Angriff ~ □ *começar/iniciar alguma coisa; die Maschine in Betrieb ~ □ *pôr a máquina para funcionar 5.1.1 etwas in **Kauf** ~ *hinnehmen, ertragen;* einen Verlust, Nachteile, Unangenehmes in Kauf ~, um ... □ *aceitar; conformar-se 5.1.2 eine Sache **in die Hand** ~ *beginnen, sich um eine S. selbst zu kümmern, sie selbst erledigen;* die Zügel fest in die Hand ~ ⟨a. fig.⟩ □ *tomar as rédeas (de uma situação) 5.1.3 sich **in Acht** ~ *sich hüten (vor), sich vorsehen* □ *precaver-se; tomar cuidado 5.2 etwas **von jmdn.** ~ *jmdn. von etwas befreien;* eine Sorge, Last, Ungewissheit von jmdm. ~ □ *liberar/aliviar alguém de alguma coisa 5.2.1 jmdm. die **Binde von den Augen** ~ *jmdn. über etwas schonungslos aufklären* □ *abrir os olhos de alguém 5.2.2 **Notiz** von etwas ~ *etwas beachten* □ *reparar em alguma coisa; fazer caso de alguma coisa 5.3 etwas **zu** ... ~ *benutzen als;* zum Anlass, zum Ausgangspunkt ~ □ *aproveitar; tomar como ponto de partida 5.3.1 sich etwas **zu Herzen** ~ *beachten u. bei künftigem Handeln berücksichtigen* □ *tomar alguma coisa a peito 5.3.2 zu etwas **Stellung** ~ *seinen Standpunkt, seine Meinung zu etwas erklären* □ *tomar uma posição sobre alguma coisa 5.4 **auf** jmdn. od.

etwas **Rücksicht** ~ *jmdn. od. etwas berücksichtigen, rücksichtsvoll behandeln* □ *tratar alguém ou alguma coisa com respeito/consideração 5.5 jmdn. od. etwas **unter die Lupe** ~ ⟨a. fig.⟩ *genau prüfen* □ *examinar alguém ou alguma coisa minuciosamente 5.6 für jmdn. od. etwas **Partei** ~ *sich (in einer umstrittenen Angelegenheit) für jmdn. od. etwas einsetzen* □ *tomar partido de alguém ou alguma coisa 5.7 etwas **für** ein **anderes** ~ *als Gegenwert annehmen, verlangen;* wie viel hat er dafür genommen?; ein Darlehen ~; Waren auf Kredit ~; er nimmt kein Geld, keine Bezahlung, kein Trinkgeld; Geben ist seliger denn Nehmen (Apostelgeschichte, 20,35); wir wollen den guten Willen für die **Tat** ~ □ *receber/aceitar alguma coisa em troca de outra 5.7.1 der nimmt's auch **von den Lebendigen** ⟨umg.⟩ *nimmt Überpreise, plündert die Käufer aus* □ *ele mete a faca; ele é um ladrão **6** ⟨Funktionsverb 500; die stilistisch gewichtigere Wendung mit Substantiven kann häufig durch ein einfacheres Verb ersetzt werden⟩ 6.1 **Abschied** ~ *sich verabschieden* □ *despedir-se 6.2 **Abstand** ~ *etwas unterlassen* □ *desistir; deixar de fazer 6.3 seinen **Anfang** ~ *beginnen* □ *começar 6.4 in **Anspruch** ~ *beanspruchen* □ *exigir; usar 6.5 etwas in **Arbeit** ~ *bearbeiten, herstellen* □ *começar a trabalhar em alguma coisa 6.6 **Anstoß**, Ärgernis ~ an *sich ärgern über* □ *escandalizar-se/ficar chocado com 6.7 einen **Aufschwung** ~ *sich sehr günstig entwickeln* □ *prosperar 6.8 in **Augenschein** ~ *besichtigen, ansehen* □ *inspecionar; examinar 6.9 in **Aussicht** ~ *beabsichtigen, planen* □ *planejar; ter em vista 6.10 ein **Bad** ~ *baden* □ *tomar um banho 6.11 ein **Beispiel** ~ an ... *zum Vorbild machen, nachahmen, nacheifern* □ *tomar como exemplo 6.12 ~ Sie meinen **Dank**! *ich danke Ihnen herzlich* □ *fico-lhe muito grato 6.13 in **Dienst** ~ *anstellen, einstellen* □ *contratar; empregar 6.14 jmdn. in **Empfang** ~ *jmdn. (formell) empfangen* □ *receber alguém 6.15 etwas in **Empfang** ~ *annehmen* □ *aceitar/receber alguma coisa 6.16 kein **Ende** ~ *zu lange dauern, nicht enden* □ *não ter fim 6.17 ein schlimmes Ende ~ *schlimm enden* □ *terminar mal 6.18 ~ wir den **Fall**, dass ... *setzen wir voraus, dass ...* □ *suponhamos que... 6.19 **Interesse** an etwas ~ *sich dafür interessieren* □ *interessar-se por alguma coisa 6.20 **Kenntnis** von etwas ~ *es kennenlernen, erfahren* □ *tomar conhecimento de alguma coisa 6.21 **Maß** ~ *die Körpermaße messen u. aufschreiben* □ *tirar as medidas 6.21.2 etwas anpeilen, anstreben* □ *ter em vista 6.22 in **Pacht** ~ *pachten* □ *arrendar; tomar de arrendamento 6.23 **Rache** ~ an *sich rächen* □ *vingar-se 6.24 **Reißaus** ~ *davonlaufen, ausreißen* □ *dar no pé 6.25 **Schaden** ~ *beschädigt, verletzt, beeinträchtigt werden* □ *ser prejudicado/afetado; sofrer danos 6.26 eine (andere, günstige, neue, unerwartete) Wendung ~ *sich wenden, sich grundlegend ändern* □ *tomar outro rumo; sofrer uma mudança favorável/nova/inesperada 6.27 zu etwas **Zuflucht** ~ *sich zu etwas flüchten* □ *recorrer a alguma coisa

Neh|rung ⟨f.; -, -en⟩ *einem Haff vorgelagerte, schmale Landzunge* ☐ **língua de terra; cordão litorâneo**

Neid ⟨m.; -(e)s; unz.⟩ **1** *Unlustgefühl, das jmdn. befällt, wenn er einem andern etwas nicht gönnt od. das Gleiche haben will u. es nicht bekommt, Missgunst;* jmds. ~ erregen, erwecken; der ~ frisst, nagt, zehrt an ihm; der ~ ließ ihm keine Ruhe; der blasse ~ sprach aus ihm; mir grauet vor der Götter ~e (Schiller, „Ring des Polykrates"); blass, gelb, grün vor ~ werden (fig.); der ~ gönnt dem Teufel nicht die Hitze in der Hölle (Sprichw.) ☐ **inveja** 1.1 *das ist (nur) der ~ der Besitzlosen!* (umg.) *ihr kritisiert das nur, weil ihr es selbst nicht habt* ☐ ***isso é pura inveja!** 1.2 *das muss der ~ ihm lassen* (umg.) *das muss auch der Übelwollende zugeben, dass er ...* ☐ ***é preciso reconhecer/admitir** 1.3 *jmd. könnte vor ~ bersten, platzen, vergehen ist sehr neidisch* ☐ ***morrer de inveja**

nei|den ⟨V. 530/Vr 6⟩ **jmdm. etwas ~** ⟨geh.⟩ *jmdn. um etwas beneiden, jmdm. etwas missgönnen;* jmdn. den Erfolg, sein Glück ~ ☐ **invejar**

nei|disch ⟨Adj.⟩ *voller Neid, von Neid erfüllt, missgünstig* ☐ **invejoso;** er ist ~ auf sie, auf ihr neues Auto, ihren beruflichen Erfolg ☐ ***ele está com inveja do seu carro novo/do seu sucesso profissional**

Nei|ge ⟨f.; -, -n; geh.⟩ **1** *Rest (in einem Gefäß);* die ~ austrinken, stehen lassen ☐ **resto** 1.1 *bis zur ~ völlig, restlos;* ein Glas bis zur ~ leeren ☐ ***até a última gota;** → a. *Kelch(2.2)* **2** *etwas geht zur, auf die ~ geht dem Ende zu, hört (langsam) auf, schwindet;* das Geld, die Vorräte gehen zur, gehen auf die ~; das Jahr, der Tag geht zur ~ ☐ *das Leben geht zur ~* ☐ ***chegar ao fim** 3 *Abhang, Senke* ☐ **declive**

nei|gen ⟨V.⟩ **1** ⟨500/Vr 7⟩ **jmdn. od. etwas ~** *schräg stellen, beugen, senken;* das Haupt in Demut, zum Gruß ~; eine geneigte Ebene; die Waage neigt sich nach dieser Seite ☐ **inclinar; pender** 1.1 *herabbeugen, nähern;* ach neige, du Schmerzensreiche, dein Antlitz gnädig meiner Not (Goethe, „Faust" I) ☐ **curvar; aproximar** 1.2 ⟨550/Vr 3⟩ **sich vor jmdm. od. einer Sache ~** ⟨geh.⟩ *verbeugen;* er neigte sich respektvoll vor dem Denkmal ☐ ***inclinar-se/curvar-se perante alguém ou alguma coisa** 2 ⟨Vr 3⟩ *eine Zeit neigt sich* ⟨fig.⟩ *geht zu Ende;* der Tag neigt sich; sein Leben neigt sich (zum Ende) ☐ **chegar ao fim; declinar** 3 ⟨800⟩ **zu etwas ~** *eine Vorliebe, einen Hang haben für etwas, sich einer Sache zuwenden, ihr nähern;* er neigt zum Alkohol, zum Trinken, zur Verschwendung ☐ ***ter uma tendência a;** ich neige dazu, ihm zu glauben ☐ ***estar propenso a;** sie ist stets zum Ausgleich, Kompromiss geneigt ☐ ***estar disposto a** 3.1 *ich neige zu der Ansicht ich nehme an, dass ...* ☐ ***eu diria que...**

Nei|gung ⟨f.; -, -en⟩ **1** *das Neigen, Sichneigen;* sie grüßte ihn mit einer flüchtigen ~ des Kopfes **2** *geneigte Lage, Stellung, Schräglage, -stellung, Gefälle;* der Turm hat eine ~ nach rechts; die ~ einer Ebene, eines lecken Schiffes ☐ **inclinação** 3 ~ **(zu etwas)** ⟨fig.⟩ *Veranlagung, Hang (zu etwas), Vorliebe (für etwas);* eine ~ zum Theater ☐ **pendor; vocação,** zum Trinken haben; ~ zu Migräne, zu rheumatischen Beschwerden ☐ **tendência; propensão;** er hat, verspürt, zeigt wenig ~ dazu; ein Mensch mit künstlerischen, musikalischen, politischen ~en ☐ **inclinação; vocação;** diese ~ kann ich nicht billigen, teilen, verstehen ☐ **inclinação; tendência** 3.1 *er kann ganz seinen ~en leben er braucht nur das zu tun, was ihm Freude macht* ☐ ***ele pode viver totalmente de sua vocação** 4 ~ (zu jmdm., für jmdn.) ⟨fig.⟩ *Zuneigung, Freundschaft, Liebe;* seine ~ zu ihr entwickelte sich schnell, erwachte plötzlich; er fasste, gewann eine tiefe ~ zu ihr; sie erwiderte seine ~ nicht; jmds. ~ gewinnen ☐ **simpatia; afeto** 5 ⟨Astron.⟩ *Winkelabstand eines Gestirns vom Himmelsäquator* ☐ **inclinação** 6 ⟨Geophysik⟩ *Abweichung der Richtung einer Magnetnadel von der wahren Nordrichtung, Missweisung* ☐ **inclinação magnética**

nein ⟨Partikel der Negation⟩ **1** *(ablehnende Antwort);* Ggs *ja¹;* wirst du kommen? Nein, ich habe keine Zeit; ~, das ist unmöglich!; ach ~ (lieber nicht)!; aber ~!; o ~!; ~ so etwas!; ~ und abermals ~!; ~, ~ und nochmals ~!; ~ doch! 1.1 ~/Nein sagen *ablehnen;* er kann nicht ~/Nein sagen ☐ **não 2** *(berichtigend) besser;* Hunderte, ~ Tausende waren gekommen ☐ **ou melhor** 3 *(bekräftigend);* ~, ist das eine Freude, Überraschung! ☐ ***ah, mas isso é uma alegria/surpresa!;** ~, ist das reizend! ☐ ***ah, mas isso é fascinante!**

Nein ⟨n.; - od. -s, - od. -s⟩ *ablehnende Antwort;* das Ja und das ~; mit einem klaren ~ antworten; jmdn. ein entschiedenes ~ entgegensetzen; ein ~ aussprechen; mit ~ stimmen ☐ **não**

'nein ⟨Adv.; umg.⟩ = *hinein*

Ne|kro|log *auch:* **Nek|ro|log** ⟨m.; -(e)s, -e⟩ **1** *Nachruf auf einen Verstorbenen* ☐ **necrológio** 2 *Verzeichnis der in einem bestimmten Zeitraum Verstorbenen* ☐ **necrologia**

Nek|tar ⟨m.; -s; unz.⟩ **1** ⟨griech. Myth.⟩ *Unsterblichkeit verleihender Göttertrank* **2** ⟨Bot.⟩ *eine zuckerhaltige Absonderung der Blüten* ☐ **néctar**

Nel|ke ⟨f.; -, -n; Bot.⟩ **1** *einer Gattung der Nelkengewächse angehörende Pflanze mit wohlriechenden Blüten: Dianthus;* Sy *Nagel(4)* ☐ **cravo 2** *als Gewürz dienende getrocknete Blütenknospe eines auf den Molukken heimischen Myrtengewächses (Eugenia caryophyllata, Syzygium aromaticum);* Gewürz~ ☐ ***cravo-da-índia**

nen|nen ⟨V. 190/500⟩ **1** *jmdn. od. etwas ~ jmdn. od. einer Sache einen Namen, eine Bezeichnung geben;* wir ~ ihn Karl; wie wollen wir das Kind ~? ☐ **chamar (de);** → a. *Name(1.4)* 1.1 ⟨Vr 3⟩ *sich ~ heißen, einen Namen, eine Bezeichnung führen; sich nach seiner Mutter ~;* diese Straße nennt sich Webergasse ☐ ***chamar-se; ter o nome de** 1.2 ⟨520 od. 513⟩ **jmdn. od. etwas ... ~ als ... bezeichnen;** etwas sein Eigen ~; ich muss dich loben, das nenne ich Mut!; er nannte ihn Lügner; er nennt sich Dichter; und so etwas nennt sich Künstler! ⟨iron.⟩ ☐ **chamar de;** Otto I., genannt der Große ☐ **conhecido como;** man muss ihn, sein Verhalten klug, weise, weitblickend ~ ☐ ***é preciso dizer que ele/seu comportamento é inteligente/sábio/perspicaz **2** jmdn. od. etwas ~ den Namen von jmdn. od. etwas angeben; können Sie mir Beispiele dafür nennen? □ *poderia me dar exemplos disso?*; nenne mir die wichtigsten Flüsse, Städte des Landes □ *dê-me o nome dos principais rios, das principais cidades do país*; er nannte einige Personen, die dabei gewesen waren □ *nomeou algumas pessoas que estavam presentes*; in dem schon genannten Schloss □ *no castelo já mencionado*

Nen|ner ⟨m.; -s, -; Math.⟩ **1** *die unter dem Bruchstrich stehende Zahl (od. der Ausdruck)*; Ggs Zähler(1) □ **denominador** 1.1 *mehrere Brüche* **auf einen ~ bringen** *so verwandeln, dass alle den gleichen Nenner haben, so dass man sie zusammenzählen od. voneinander abziehen kann* □ *reduzir várias frações a um denominador comum* 1.1.1 es ist schwer, die verschiedenen Wünsche auf einen ~ zu bringen ⟨fig.⟩ *Gemeinsames aus verschiedenen W. hervorzuheben u. alle in gleicher Weise zu berücksichtigen* □ *é difícil reduzir os diversos desejos a um denominador comum*

neo..., Neo... ⟨Vorsilbe⟩ *neu..., Neu..., erneuert*; neorealistisch, Neofaschismus, Neonazi

Ne|on ⟨n.; -s; unz.; chem. Zeichen: Ne⟩ *Edelgas, chem. Element, Ordnungszahl 10* □ **neônio**

Neo|zo|i|kum ⟨n.; -s; unz.⟩ *Neuzeit der Erdgeschichte mit Tertiär u. Quartär* □ **Neozoico**

Nepp ⟨m.; -s; unz.; umg.⟩ *Betrug, Gaunerei, Übervorteilung*; das ist der reinste ~! □ **roubo; exploração**

Nerv ⟨m.; -s, -en⟩ **1** ⟨Med.⟩ *faser- od. strangartiges Gebilde zwischen Gehirn, Rückenmark u. Körperteilen zur Weiterleitung von Reizen u. Bewegungsimpulsen*; Rauschmittel greifen die ~en an; den ~ im Zahn töten □ **nervo** **2** ⟨fig.⟩ *geistige u. seelische Spannkraft*; ~en wie Bindfäden, Stricke; eiserne, gesunde ~en □ *nervos de aço*; schwache, überreizte, angestrengte ~en □ **nervo** 2.1 *die ~en* **behalten, verlieren** *die Ruhe, Fassung bewahren, verlieren* □ *manter/perder a calma* 2.2 **jmdn. auf die** ~en fallen, gehen *jmdn. aufregen, nervös machen, reizen, jmdn. sehr lästig sein* □ *dar nos nervos de alguém; irritar alguém* 2.3 jmds. ~en sind **zum Zerreißen** gespannt *jmd. ist sehr nervös, ungeduldig* □ *estar com os nervos à flor da pele* 2.4 **mit den** ~en herunter ⟨umg.⟩ *äußerst nervös, nahe am Zusammenbruch* □ *estar à beira de um ataque de nervos* 2.5 **jmdm.** den ~ **töten** ⟨a. fig.; umg.⟩ *jmdn. durch sein Verhalten quälen, nervös machen, belästigen* □ *dar nos nervos de alguém; irritar alguém* 2.6 der hat ~en! ⟨umg.⟩ *er verlangt zu viel!, was denkt er sich dabei?* □ *que cara de pau!* **3** *Strang von Leitbündeln, die das Skelett eines Pflanzenblattes bilden* **4** *Ader in den Flügeln von Insekten* □ **nervura 5** ⟨veraltet⟩ = *Sehne(1)*; jeder ~ spannte sich □ **tendão**

Ner|ven|bün|del ⟨n.; -s, -⟩ **1** *Bündel aus Nervenfasern* □ **feixe de nervos** 1.1 jmd. ist ein ~ ⟨fig.; umg.⟩ *ein übernervöser, nervlich stark angegriffener Mensch* □ **pilha de nervos**

ner|vös ⟨[-vøːs] Adj.⟩ **1** ⟨24⟩ *zu den Nerven(1) gehörend, auf ihnen beruhend*; ~e Erschöpfung; ein ~er Reflex; ein ~es Herz **2** *leicht reizbar, erregbar, überempfindlich*; sie ist ein ~er Mensch; du machst mich ~ mit deinen vielen Fragen; sie ist heute wieder sehr ~ □ **nervoso**

Ner|vo|si|tät ⟨[-vo-] f.; -; unz.⟩ *leichte Reizbarkeit, Überempfindlichkeit, Erregbarkeit* □ **nervoso; nervosismo**

nerv|tö|tend ⟨Adj.⟩ *unerträglich nervös machend, die Nerven stark strapazierend*; seine ständigen Fragen sind ~ □ **enervante; irritante**

Nerz ⟨m.; -es, -e⟩ **1** ⟨Zool.⟩ *marderähnliches Pelztier: Mustela lutreola* **2** *Fell des Nerzes(1)* **3** *aus Nerzen(2) hergestellter Pelz(mantel)* □ **vison**

Nes|sel¹ ⟨f.; -, -n⟩ **1** = Brennnessel 1.1 sich in die ~n setzen ⟨fig.; umg.⟩ *sich Unannehmlichkeiten zuziehen* □ *arrumar sarna para se coçar* 1.2 wie auf ~n sitzen ⟨umg.⟩ *unruhig, ungeduldig, verlegen sein* □ *(parecer) estar sentado num formigueiro*

Nes|sel² ⟨m.; -s; unz.⟩ *aus Nesselgarn hergestelltes Gewebe in Leinwandbindung* □ **tecido de algodão cru**

Nes|ses|sär ⟨n.; -s, -s⟩ = Necessaire

Nest ⟨n.; -(e)s, -er⟩ **1** *Wohn- od. Brutstätte, Bau (von Tieren)*; Vogel~; Wespen~; Ratten~; ein ~ ausnehmen; die Vögel bauen, hüten, verteidigen ihr ~; ein ~ aus Gräsern, aus Stroh u. Zweigen; ein leeres, verborgenes, verstecktes, volles, warmes, weiches ~ □ **ninho** 1.1 sich ein ~ bauen ⟨fig.⟩ *eine Wohnung einrichten* □ *construir a própria casa* 1.2 sich ins warme ~ setzen ⟨fig.⟩ *ohne eigene Anstrengungen in eine gute Position, in gute Verhältnisse gelangen*; mit dieser Heirat hat er sich ins warme ~ gesetzt □ *estar com a vida feita; tirar a sorte grande* 1.3 sein eigenes ~ **beschmutzen** ⟨fig.⟩ *über die eigenen Angehörigen, über die eigene Firma o. Ä. schlecht reden* □ *falar mal (da própria família/do trabalho etc.)* **2** *Höhle, Versteck, Schlupfwinkel*; Diebes~; ein ⟨Räuber-⟩~ ausheben; die Polizei fand das ~ bereits leer □ **esconderijo; toca 3** ⟨umg.⟩ *Bett*; es ist Zeit, ins ~ zu steigen; raus aus dem ~! □ **cama 4** ⟨umg.; abwertend⟩ *Kleinstadt, kleiner Ort, verlassenes Dorf*; in diesem kleinen, verlassenen ~ möchte ich nicht wohnen! □ **fim de mundo 5** *etwas Verwickeltes, Verklebtes*; ein ~ von Haaren, Läuseeiern □ **emaranhado 6** ⟨Bgb.⟩ *kleines Erzlager* □ **pequena jazida 7** ⟨Turnen⟩ *Hang an Händen u. Füßen mit hohlem, nach oben gewandtem Rücken* □ **suspensão**

nes|teln ⟨V.⟩ **1** ⟨500⟩ *etwas* ~ **knüpfen, (ver)schlingen, haken, binden**; sie nestelte ihren Schmuck vom Hals □ **atar; prender 2** ⟨411⟩ **an etwas** ~ *herumfingern, etwas ungeschickt od. ungeduldig zu öffnen od. zu lösen versuchen*; vergeblich nestelte er an dem Knoten; an einer Bluse, einem Hemd ~ □ **(re)mexer; tentar abrir/soltar**

Nest|flüch|ter ⟨m.; -s, -⟩ *Vogeljunges, das sehr bald das Nest verlässt u. sich seine Nahrung selbst sucht*; Ggs Nesthocker □ **ave nidífuga**

Nest|häk|chen ⟨n.; -s, -⟩ **1** *zuletzt flügge werdender Vogel* □ **ave nidícola; ninhego 2** ⟨fig.⟩ *jüngstes Kind der Familie* □ **caçula**

Nest|ho|cker ⟨m.; -s, -⟩ *Vogeljunges, das lange im Nest von den Eltern ernährt wird;* Ggs *Nestflüchter* □ **ave nidícola; ninhego**

Nest|ling ⟨m.; -s, -e⟩ *Vogel, der noch nicht flügge ist* □ **ave nidícola; ave incapaz de voar**

Nes|tor ⟨m.; -s, -en; fig.⟩ **1** *Ältester einer Gemeinschaft, einer Gruppe, eines Kreises* **2** *angesehener ältester Vertreter einer Wissenschaft, einer Disziplin od. eines künstlerischen Faches, weiser Berater* □ **nestor**

nett ⟨Adj.⟩ **1** *freundliche Gefühle hervorrufend* 1.1 *liebenswürdig, anziehend, ansprechend, freundlich, entgegenkommend;* ein ~es Bild, Häuschen, Kind, Kleid, Mädchen, Städtchen; einen Kreis ~er Menschen finden; er ist recht ~; das ist ~ von Ihnen; wie ~, dass Sie kommen □ **simpático; gentil** 1.1.1 ein ~es Früchtchen (iron.) *ein ungeratener, leichtfertiger junger Mensch* □ ***um safado/malandro*** 1.2 *geschmackvoll, adrett, gepflegt;* ein ~es Kleid, eine ~e Frisur; sie ist ~ angezogen □ **bonito; elegante; bem-arrumado** 1.3 *angenehm, lustig, gemütlich;* einen ~en Abend verbringen; in eine ~e Gesellschaft kommen □ **agradável** 1.3.1 das sind ja ~e Aussichten! ⟨iron.⟩ *da ist einiges zu befürchten* □ ***que belas perspectivas!*** 1.3.2 das kann ja ~ werden! ⟨iron.⟩ *da ist einiges zu befürchten* □ ***isso ainda vai dar problema!*** **2** ⟨umg.⟩ *stattlich;* das ist eine ~e Summe, Rechnung □ ***é uma bela soma/conta***

net|to ⟨Adj. 11/80; Kaufmannsspr.⟩ Ggs *brutto* **1** *ausschließlich der Verpackung* **2** *nach Abzug von Unkosten od. Steuern* □ **líquido** **3** ~ Kassa, **Kasse** *bar ohne jeden Abzug* □ ***(pagamento) em dinheiro e sem desconto***

Netz ⟨n.; -es, -e⟩ **1** *geknüpftes Maschenwerk;* die Maschen des ~es; ~ knüpfen; ein dichtes, enges, weitmaschiges ~; das ~ der Heuchelei, Lüge zu zerreißen suchen ⟨fig.⟩ 1.1 *Gerät aus Maschenwerk zum Fangen von Tieren;* Fischer~; Schmetterlings~; sein ~ auswerfen, schleppen, stellen, spannen, ziehen; heute will kein Fisch ins ~ gehen □ **rede** 1.1.1 in jmds. ~ fallen, gefangen werden, geraten, hineinstolpern ⟨fig.⟩ *von jmdm. überlistet werden* 1.1.2 jmdm. ins ~ gehen ⟨fig.⟩ *von jmdm. überlistet werden* 1.1.3 jmdm. ins ~ locken ⟨fig.⟩ *überlisten* □ **rede; armadilha** 1.1.4 er hat sich im ~ seiner Intrigen, Lügen selbst gefangen, verstrickt ⟨fig.⟩ *er hat so viel intrigiert, gelogen, dass er nun selbst keinen Ausweg mehr sieht* □ **rede** 1.1.5 er wirft überall sein ~ aus ⟨fig.⟩ *er unternimmt, plant vieles* □ **rede; armadilha** 1.2 *Beutel, Tasche aus Maschenwerk;* Einkaufs~; mit dem ~ einkaufen □ **bolsa de rede** 1.3 *Vorrichtung aus Maschenwerk zur Absicherung (bei gefährlicher Arbeit);* der Seiltänzer arbeitet ohne ~ □ **rede (de proteção)** 1.3.1 ohne ~ und doppelten Boden ⟨fig.⟩ *mit vollem Risiko* □ ***sem nenhuma segurança*** 1.4 *Hülle aus Maschenwerk zum Schutz der Frisur;* Haar~; Haarknoten ein ~ tragen □ **rede** 1.5 *Einrichtung in Verkehrsmitteln zur Ablage von Gepäck;* Gepäck~; im Eisenbahnabteil den Koffer ins ~ legen □ **bagageiro (feito de rede)** 1.6 ⟨Sp.⟩ *Grenze od. Abgrenzung aus Maschenwerk* 1.6.1 *Maschengeflecht, das (bei vielen Rückschlagspielen, z. B. Tennis, Tischtennis, Volleyball, Badminton) eine Spielfläche halbiert;* den Ball übers ~ schlagen 1.6.2 *an Toren (z. B. im Fußball, Handball) od. Körben (z. B. im Basketball) zum Auffangen des Balles aufgespanntes Netz(1);* der Ball ist im ~ □ **rede** **2** *haarfeines, lockeres Gespinst der Spinne;* Spinnen~; im ~ der Spinne hat sich ein Insekt gefangen; die Spinne spinnt ein ~ □ **teia** **3** *System von sich kreuzenden u. voneinander abzweigenden Bahnlinien, Straßen usw.;* Eisenbahn~; Verkehrs~; ein ~ von elektrischen Drähten, Röhren, Schienen; es gibt in diesem Land ein dichtes ~ von Bahn- u. Flugstrecken 3.2 ⟨fig.⟩ *kompliziertes System;* das ~ der Adern, Nerven; ein weit verzweigtes ~ schulischer Einrichtungen; soziales ~ 3.3 ⟨El.⟩ *kompliziertes System elektrischer Leitungen mit vielen Schaltelementen;* Licht~; Telefon~; das Haus ist noch nicht an das (öffentliche) ~ angeschlossen; das ~ ist überlastet 3.4 ⟨EDV⟩ *Computernetzwerk, bes. das Internet* □ **rede** 3.5 ⟨Geogr.⟩ *System von rechtwinklig sich kreuzenden Linien zum Bestimmen von geografischen Punkten;* Grad~ □ ***rede graduada*** **4** ⟨Math.⟩ *die in einer Ebene ausgebreitete Oberfläche eines Körpers* □ **malha** **5** ⟨Anat.⟩ *schürzenförmige Falte des Bauchfells über den Darmschlingen* □ **redenho; omento**

Netz|an|schluss ⟨m.; -es, -schlüs|se⟩ *Anschluss an ein Stromnetz, Funknetz od. Computernetzwerk* □ **ligação/conexão à rede**

net|zen ⟨V. 500⟩ etwas ~ ⟨geh.⟩ *befeuchten, nass machen, benetzen* □ **molhar; umedecer**

Netz|haut ⟨f.; -, -häu|te; Anat.⟩ *die innerste, lichtempfindliche, der Aderhaut aufliegende Hautschicht des Augapfels: Retina* □ **retina**

neu ⟨Adj.⟩ **1** *seit kurzem vorhanden;* Ggs *alt(1);* ein ~es Haus, ein ~er Stadtteil, eine ~e Wohnung; hierbei wurde bereits der ~este Stand der Forschung berücksichtigt 1.1 ein ~er Stern am Filmhimmel *ein(e) eben bekanntwerdende(r) Filmschauspieler(in)* 1.2 ~e Besen kehren gut (Sprichw.) *ein neuer Angestellter, Vorgesetzter bringt neuen Schwung, führt Neuerungen ein* □ **novo** 1.3 *unlängst geschehen, kurz Zurückliegendes betreffend;* was gibt es Neues? □ ***o que há de novo?;*** weißt du schon das Neueste? □ ***já sabe da última?;*** die ~esten Nachrichten (im Fernsehen, in Presse u. Rundfunk) □ ***as últimas notícias*** 1.3.1 die ~eren Sprachen *die heute noch gesprochenen (lebenden) S.;* Ggs *die alten Sprachen,* → *alt(4.8.2)* □ ***as línguas modernas*** 1.4 ⟨60⟩ *eben begonnen, angebrochen;* in ~erer, ~ester Zeit □ ***em tempos recentes/modernos;*** seit ~estem/Neuestem □ ***recentemente;*** eine ~e Flasche Wein; eine ~e Liebe □ **novo**; das Fernsehprogramm für die ~e Woche □ ***o programa televisivo da/desta semana*** 1.4.1 das ~e Jahr *das eben begonnene J. beim Jahreswechsel;* jmdm. zum ~en Jahr gratulieren □ **novo** 1.5 ⟨50⟩ *eben erst, gerade, kürzlich;* diese Gäste sind ~ angekommen; der Bürgermeister wurde ~ ernannte; diese beiden Schüler sind ~ hinzugekommen □ **há pouco; recentemente**

1.6 *bisher unbekannt;* eine ~e Welt geht mir auf; die Bekanntschaft mit der Musik eröffnete dem Jungen eine ~e Welt; die Sache hat nunmehr einen ~en Sinn für mich bekommen; viel, wenig Neues; er hat viel Neues erlebt, gehört, gesehen; du musst dir etwas Neues ausdenken; das ist mir ~ an ihm; das ist mir ganz, völlig ~!; ich habe nichts Neues darüber gehört; das ist mir nichts Neues; Im Westen nichts Neues (Titel eines Romans von Remarque); ich habe eine ~e Seite seines Wesens kennengelernt ⟨fig.⟩ 1.6.1 ⟨60⟩ die Neue Welt *Amerika;* Ggs *die Alte Welt → alt(4.8.5)* **1.7** ⟨umg.⟩ *unerfahren (in einer Arbeit);* ich bin noch ~ in der Arbeit u. brauche etwas länger; er ist noch ~ in dieser Arbeit, unserem Betrieb, diesem Beruf ☐ novo **1.8** ⟨70⟩ *soeben aufgekommen, der Zeit entsprechend, modern;* das Neueste (Mode, Neuigkeit); sie ist stets nach ~estem Geschmack, nach ~ester Mode gekleidet; er schätzt die ~ere Kunst (nicht); die ~en Tänze lernen ☐ último; mais recente; sie ist stets auf alles Neue erpicht ☐ *ela está sempre atrás de tudo o que é novidade;* das Neueste vom Neuen ☐ *a última novidade* **1.9** *von der letzten Lieferung, letzten Ernte, frisch, jung* **1.9.1** ~e Kartoffeln *K. der diesjährigen Ernte zu einem Zeitpunkt, zu dem es noch alte gibt* ☐ fresco **2** *ander(s), besser als früher;* oh, du hast eine ~e Frisur!; ein ~es Leben anfangen; ein ~er Mensch werden; eine ~e Methode versuchen ☐ novo **2.1** das wirft ein ~es Licht auf die Sache ⟨fig.⟩ *dadurch erscheint die S. ganz anders* ☐ novo **2.2** ⟨60⟩ ~er Stern¹ *Fixstern, dessen Helligkeit plötzlich sehr stark ansteigt, Nova* ☐ *(estrela)* nova **3** *sich in einer Reihenfolge anschließend* **3.1** *weiter, folgend (auf etwas Vorangegangenes), zusätzlich;* ein ~es Ereignis, ein ~es Verbrechen erhitzt die Gemüter; ~e Straßen werden angelegt; an einer ~en Erfindung, einem ~en Werk arbeiten; eine ~e Seite, Zeile beginnen; ein ~es Buch, Kapitel zu lesen anfangen; als die Fackel verlosch, zündete er eine ~e an; einen ~en Mitarbeiter gewinnen; ein ~er Schüler; ~e Folge ⟨Abk.: N. F.⟩ ☐ novo **3.1.1** aufs Neue, von ~em/Neuem *noch einmal von vorn;* von ~em/Neuem anfangen; etwas aufs Neue beginnen ☐ *de novo; desde o começo* **3.1.2** auf ein Neues! ⟨umg.⟩ *(trinken wir) auf den neuen Beginn!* ☐ *ao recomeço!* **3.1.3** ⟨60⟩ die ~en Bundesländer ⟨seit der dt. Wiedervereinigung 1990⟩ *die ostdeutschen Bundesländer* **3.1.4** ⟨60⟩ die ~e Linke *politische Linksgruppierungen, die sich vom herkömmlichen Sozialismus u. Marxismus abgegrenzt haben* **3.1.5** ⟨60⟩ die ~e Mathematik *auf der formalen Logik u. der Mengenlehre basierende M.* **3.1.6** ⟨60⟩ die Neue Sachlichkeit *gegen den Expressionismus, bzw. die abstrakte Kunst gerichtete Strömung der europäischen Malerei u. Literatur seit etwa 1925* **3.1.7** ⟨60⟩ das Neue Testament *der die ältesten Schriften des Christentums enthaltende Teil der Bibel;* das Alte und das Neue Testament **3.1.8** Neue Musik *eine der sehr verschiedenartigen Richtungen der Musik seit dem Beginn des 20. Jh., z. B. Zwölftonmusik* ☐ novo **3.2** *noch einmal, wieder, er-*neut, erneuert; das Buch, die CD wurde ~ aufgelegt; das Buch ist ~ erschienen; wir müssen unsere Polstermöbel ~ beziehen lassen; etwas ~ formulieren, schreiben; ☐ novamente; de novo; sie schöpfte ~e Hoffnung, ~en Mut; mit ~en Kräften ein Werk beginnen ☐ novo; renovado; das muss den Gerüchten ~e Nahrung geben ☐ *isso vai colocar mais lenha na fogueira;* und ~es Leben blüht aus den Ruinen (Schiller, „Wilhelm Tell") ☐ novo **3.2.1** eine Wohnung, ein Zimmer ~ herrichten, vorrichten *renovieren* ☐ *reformar um apartamento/um cômodo* **3.3** *etwas Vorausgegangenes ersetzend, ablösend;* die Preise werden ~ festgesetzt; er braucht ein ~es Auto (anstatt des alten); nachdem die alten Verträge ausgelaufen sind, brauchen wir ~e; der Fußboden muss ~ versiegelt werden ☐ (de) novo **4** *noch ungebraucht, nicht abgenutzt;* die Möbel sind ~; ich werde den ~en Hut aufsetzen; ein ~es Kleid anziehen; der Mantel ist nicht mehr ganz ~; der Anzug ist noch wie ~ ☐ novo **4.1** *frisch, frisch gewaschen;* ~e Wäsche ☐ limpo **5** ⟨Getrennt- u. Zusammenschreibung⟩ **5.1** ~ bearbeitet = neubearbeitet **5.2** ~ gebacken = neugebacken **5.3** ~ eröffnet = neueröffnet **5.4** ~ verheiratet = neuverheiratet

neu|ar|tig ⟨Adj.⟩ *von neuer Art, neu, noch nicht gesehen, bisher noch nicht da gewesen* ☐ novo; moderno

neu|be|ar|bei|tet *auch:* **neu be|ar|bei|tet** ⟨Adj. 24/70⟩ *erneut bearbeitet, aktualisiert;* ein ~es Buch ☐ revisto

neu|er|dings ⟨Adv.⟩ *seit kurzem, in letzter Zeit* ☐ ultimamente; recentemente

neu|er|öff|net *auch:* **neu er|öff|net** ⟨Adj. 24/70⟩ *soeben eröffnet;* ein ~es Geschäft ☐ recém-aberto

Neu|e|rung ⟨f.; -, -en⟩ *Änderung, Erneuerung, Neuheit* ☐ inovação; novidade

neu|ge|ba|cken *auch:* **neu ge|ba|cken** ⟨Adj. 24/60⟩ **1** *eben gebacken, frisch;* ein ~es Brot ☐ fresco **2** ⟨70; fig.; umg.⟩ *mit neuer Würde bekleidet;* ein ~er Doktor, Ehemann ☐ *um doutor recém-formado; um homem recém-casado*

neu|ge|bo|ren ⟨Adj. 24⟩ **1** *gerade erst geboren, eben auf die Welt gekommen;* ein ~es Kind ☐ *um recém-nascido* **1.1** jmd. fühlt sich wie ~ ⟨fig.⟩ *erfrischt, beschwingt, lebensfroh* ☐ revigorado

Neu|gier ⟨f.; -; unz.⟩ *Begierde, Neuigkeiten od. etwas über Angelegenheiten anderer zu erfahren;* oV Neugierde; dadurch wird meine ~ angestachelt; seine ~ befriedigen, stillen, nicht verbergen; keine ~ zu erkennen geben, zeigen; das erregt, weckt meine ~; plagt, quält dich die ~?; nur aus ~, aus reiner ~ fragen; er brannte vor ~ zu erfahren, ob ... ☐ curiosidade

Neu|gier|de ⟨f.; -; unz.⟩ = *Neugier*

neu|gie|rig ⟨Adj.⟩ **1** *voller Neugier, wissbegierig;* sie erkundigte sich ~ nach den Nachbarn ☐ curioso **2** *erwartungsvoll, gespannt;* die Kinder waren sehr neugierig; jmdn. ~ erwarten ☐ ansioso

Neu|heit ⟨f.; -, -en⟩ **1** ⟨unz.⟩ *das Neusein;* der Reiz der ~ **2** *etwas Neues, etwas, das eben hergestellt worden ist* **2.1** *neuartige Ware, Kleidung;* die ~en der Frühjahrsmode; ~en vorlegen, zeigen; auf der hauswirtschaftlichen Ausstellung waren viele ~en ausgestellt, zu sehen; letzte ~; die literarischen ~en auf der Buchmesse ☐ novidade

Neu|ig|keit ⟨f.; -, -en⟩ *neue Nachricht, etwas Neues; die ~ des Tages; jmdm. eine ~ berichten, erzählen, mitteilen, übermitteln, vorenthalten* ☐ novidade

Neu|jahr ⟨n.; -(e)s; unz.⟩ *der erste Tag eines neuen Jahres, der 1. Januar;* Prosit ~! ☐ ano-novo

Neu|land ⟨n.; -(e)s; unz.⟩ **1** *neu in Kultur genommenes Land, Neubruch* ☐ noval; arroteia **2** *unbekanntes, unerforschtes Land, Gebiet* ☐ terra virgem/inexplorada **3** ⟨fig.⟩ *Forschungsbereich, in dem noch nicht gearbeitet worden ist; mit diesen Forschungen betreten wir wissenschaftliches ~* ☐ campo desconhecido

neu|lich ⟨Adv.⟩ *kürzlich, vor kurzem, vor kurzer Zeit; ich habe ihn ~ erst gesprochen, getroffen* ☐ recentemente

Neu|ling ⟨m.; -s, -e⟩ *jmd., der in einem Betrieb od. auf einem Gebiet zu arbeiten beginnt, Anfänger* ☐ iniciante; novato; neófito

neu|mo|disch ⟨Adj.; häufig abwertend⟩ *der neuesten Mode, dem neuesten Trend entsprechend; ~e Sitten; ~er Geschmack* ☐ da última moda

Neu|mond ⟨m.; -(e)s; unz.⟩ *Zeitabschnitt, während dessen der Mond zwischen Erde u. Sonne steht u. uns seine unbeleuchtete Seite zuwendet* ☐ Lua nova

neun ⟨Numerale 11; in Ziffern: 9⟩ → a. **acht, vier 1** *Zahl 9; die ~ Musen* ☐ nove **1.1** *alle ~ schieben, werfen* ⟨umg.⟩ *beim Kegeln den besten Wurf tun, bei dem alle Kegel fallen* ☐ *fazer um strike; *alle ~e!* ⟨umg.⟩ ☐ *strike!

Neun ⟨f.; -, -en⟩ **1** *die Ziffer 9* ☐ nove **1.1** *die Straßenbahn-, Buslinie Nr. 9; in die ~ (um)steigen, mit der ~ fahren* **2** *du grüne ~e!* ⟨umg.⟩ *(Ausruf der Verwunderung)* ☐ *nossa mãe!; caramba!

neun|fach ⟨Adj. 24/90; in Ziffern: 9fach/9-fach⟩ *neunmal (so viel)* ☐ nove vezes tanto; nônuplo

neun|hun|dert ⟨Numerale; in Ziffern: 900⟩ *neunmal hundert* ☐ novecentos

neun|zehn ⟨Numerale; in Ziffern: 19⟩ **1** *Zahl 19* ☐ dezenove **1.1** *im Jahre ~ 1919* ☐ *em 1919

neun|zig ⟨Num.; in Ziffern: 90⟩ *Zahl 90* ☐ noventa

Neun|zi|ger|jah|re *auch:* **neun|zi|ger Jah|re** ⟨Pl.⟩ **1** *(in Ziffern: 90er Jahre/90er-Jahre) die Neunzigerjahre/neunziger Jahre des 20. Jahrhunderts; die Jahre zwischen 1990 u. 2000* ☐ anos 1990 **2** *er ist in den Neunzigerjahren/neunziger Jahren er ist in den Lebensjahren zwischen 90 u. 100* ☐ *ele tem uns noventa anos

Neur|al|gie *auch:* **Neu|ral|gie** ⟨f.; -, -n; Med.⟩ *(anfallsweise auftretender) Nervenschmerz* ☐ nevralgia

Neu|ro|lo|gie ⟨f.; -; unz.; Med.⟩ *Wissenschaft, Lehre von den Nervenkrankheiten* ☐ neurologia

Neu|ro|se ⟨f.; -, -n; Psych.⟩ *anlage- u. umweltbedingte Neigung, seelische Erlebnisse abnorm u. krankhaft zu verarbeiten, was zu einer dauernden körperlichen u. seelischen Erkrankung der Gesamtpersönlichkeit führt* ☐ neurose

neu|ro|tisch ⟨Adj.⟩ *auf einer Neurose beruhend, an einer Neurose leidend* ☐ neurótico

◆ Die Buchstabenfolge **neu|tr...** kann in Fremdwörtern auch **neut|r...** getrennt werden.

◆ **neu|tral** ⟨Adj. 24⟩ **1** *unbeteiligt, sich der Stellungnahme enthaltend, unparteiisch; ~ bleiben; sich bei einer Auseinandersetzung ~ verhalten* **1.1** *~e Ecke* ⟨Boxsp.⟩ *E. des Boxringes, die keinem der beiden Boxer zum Aufenthalt in der Pause dient* **1.2** *~er Staat nicht am Kriegs- od. einem Verteidigungsbündnis beteiligter S.* **2** ⟨Chem.⟩ *in der Reaktion(2) weder sauer noch basisch; ~er Boden; eine ~e Flüssigkeit* **3** ⟨Gramm.⟩ *keinem der beiden Geschlechter angehörend; Sy sächlich(1); ~e Substantive* ☐ neutro

◆ **Neu|tra|li|sa|ti|on** ⟨f.; -, -en⟩ **1** *das Aufheben einer Wirkung, das Unwirksammachen* **2** ⟨Chem.⟩ *Aufhebung der sauren od. basischen Reaktion* **3** ⟨Pol.⟩ *Auferlegung der Pflicht, neutral zu bleiben, Abbau von Befestigungen u. Abzug von Truppen in bestimmtem Gebiet* ☐ neutralização **4** ⟨Sp.⟩ *Unterbrechung der Wertung während des Wettkampfes* ☐ interrupção

◆ **neu|tra|li|sie|ren** ⟨V. 500⟩ **1** *Kräfte ~ ihre Wirkung aufheben, unwirksam machen* **2** ⟨Chem.⟩ *Lösungen ~ Säuren u. Basen so mischen, dass weder eine saure noch eine basische Reaktion entsteht* **3** *eine politische Einheit ~ für neutral(1) erklären* **3.1** *ein Gebiet ~ in einem G. Befestigungen abbauen u. Truppen abziehen, es von Kriegshandlungen ausnehmen* **3.2** *einen Staat ~ zur Neutralität verpflichten* ☐ neutralizar **4** ⟨Sp.⟩ *einen Wettkampf ~ die Wertung während des Wettkampfes unterbrechen* ☐ interromper

◆ **Neu|tra|li|tät** ⟨f.; -; unz.⟩ *Unbeteiligtsein, Nichtbeteiligung, Nichteinmischung, unparteiisches Verhalten* ☐ neutralidade

◆ **Neu|tron** ⟨n.; -s, -tro|nen; Phys.; Abk.: n⟩ *elektrisch nicht geladenes Elementarteilchen mit der Masse eines Protons* ☐ nêutron

◆ **Neu|trum** ⟨n.; -s, Neu|tra *od.* Neu|tren; Gramm.; Abk.: n., N.⟩ **1** *sächliches Genus* **2** *Nomen od. Pronomen im Neutrum(1)* ☐ neutro

neu|ver|hei|ra|tet *auch:* **neu ver|hei|ra|tet** ⟨Adj. 24/70⟩ *seit kurzem, gerade erst verheiratet; ein ~e Paar* ☐ recém-casado

Neu|zeit ⟨f.; -; unz.⟩ *die Zeit von etwa 1500 bis zur Gegenwart; Ggs Altertum(1)* ☐ Idade Moderna

New Age ⟨[njuː ɛɪdʒ] n.; - -; unz.⟩ *das neue, aktuelle Zeitalter, in dem verschiedene fortschrittsorientierte, der modernen Lebensform des Menschen entsprechende Akzente gesetzt werden* ☐ Nova Era

New|co|mer ⟨[njuːkʌmə(r)] m.; -s, -⟩ *erfolgreicher Neuling; ein ~ unter den Regisseuren* ☐ novato bem-sucedido

News ⟨[njuːz] Pl.⟩ *Nachrichten, Neuigkeiten* ☐ notícias; novidades

Ne|xus ⟨m.; -, -⟩ *Zusammenhang, Verknüpfung, Verbindung* ☐ nexo

nicht ⟨Adv.⟩ **1** *(Ausdruck für die Verneinung); ~ sein Bruder war es, sondern er selbst; ~ ausspucken! bitte ~ berühren (Aufschrift an Gegenständen einer Ausstellung); ~ füttern! (Aufschrift an Käfigen im*

Zoo); (es ist) ~ zu glauben, ~ zu sagen, was sich da zugetragen hat; ~ rauchen!; du sollst ~ stehlen (7. Gebot); ~ stürzen!, ~ werfen! (Aufschrift auf Paketen); das kann ich ~ verantworten; die Menge wollte ~ wanken und ~ weichen; warte ~ auf mich; ich ~!, du ~!, er ~!, wir ~!; das ~!; ich auch ~; du etwa ~?; ich habe ~ dich gemeint, sondern ...; er ist ~ dumm; er ist ~ dumm, nur faul; das ist ~ gut, ~ schön, ~ richtig, ~ übel, ~ so schön wie ...; ~ so schnell!; bestimmt ~; es ist ~ so; er hat ~ mehr als 500 Euro; ~ mehr und ~ weniger als ...; er arbeitet ~ mehr; ~ weniger als; ~ sehr; ~ viel; ~ nur ..., sondern auch; ~ einmal; ~ doch!; ~ Baum noch Strauch; ~ lange danach, darauf; ~ heute und ~ morgen; noch ~; etwas noch ~ Dagewesenes, Gesehenes; wirklich ~!; durchaus ~; ganz und gar ~ warum ~?; wieso ~?; wenn ~, dann ...; ~ mal ⟨umg.⟩ □ **não**; überhaupt ~! □ *de jeito nenhum!; ~ im Geringsten □ *de modo algum; nem um pouco; 1.1 ~ **ganz** beinahe □ *não totalmente 1.2 ~, das ich wüsste davon weiß ich nichts □ *não que eu saiba 1.3 ~!, bitte ~! lass das! □ **não** 1.4 **im Leben** ~! keinesfalls! □ *de jeito nenhum!; nem pensar! 1.5 **wie geht es dir?** besonders ⟨umg.⟩ nicht gut □ *como vai? não muito bem 1.6 ~ **ohne** ⟨umg.⟩ mit, von großer Wirkung, gefährlich □ *perigoso; arriscado 1.6.1 jmd. ist ~ ohne sehr begabt, befähigt 1.6.2 dieser Plan ist ~ ohne ⟨umg.⟩ ist verlockend, bietet Anreiz □ *não ser nada mau 1.7 **wo** ~, ...⟨umg.⟩; wenn dieser Fall ausscheidet □ *em caso negativo... **2** ⟨Partikel; umg.⟩ gewiss, sicher (Ausdruck der Bekräftigung, Bestätigung); hattest du ~ gesagt, dass du früher kommen wolltest?; habe ich es ~ gleich gesagt?; du wartest doch, ~ (wahr)? □ **não** 2.1 ~ **wahr?** so ist es doch? □ *não é mesmo/verdade? **3** ⟨Getrennt- u. Zusammenschreibung⟩ 3.1 ~ Gewünschte(r) = Nichtgewünschte(r) 3.2 ~ Sesshafte(r) = Nichtsesshafte(r) 3.3 ~ Zutreffende(r) = Nichtzutreffende(r) 3.4 ~ ehelich = nichtehelich 3.5 ~ öffentlich = nichtöffentlich 3.6 ~ rostend = nichtrostend

Nich|te ⟨f.; -, -n⟩ Tochter des Bruders, der Schwester, des Schwagers od. der Schwägerin □ **sobrinha**

nicht|ehe|lich auch: **nicht ehe|lich** ⟨Adj. 24⟩ **1** außerhalb der Ehe stattfindend; ~e Partnerschaft □ *união estável; concubinato **2** außerhalb der Ehe gezeugt; ~e Kinder □ **ilegítimo**

Nicht|ge|wünsch|te(s) auch: **nicht Ge|wünsch|te(s)** ⟨n. 2⟩ **1** das, was man nicht (zu haben) wünscht 1.1 ~ bitte streichen (auf Formularen) □ **o que não se deseja**

nich|tig ⟨Adj.⟩ **1** unbedeutend, wertlos □ **insignificante** **2** ⟨Rechtsw.⟩ ungültig; → a. null(2); ein ~er Einwand; der Vertrag ist dadurch ~ geworden □ **nulo; sem efeito**

nicht|öf|fent|lich auch: **nicht öf|fent|lich** ⟨Adj. 24/90⟩ unter Ausschluss der Öffentlichkeit (stattfindend); eine ~e Sitzung, Tagung, Konferenz □ **particular; a portas fechadas**

Nicht|rau|cher[1] ⟨m.; -s,-⟩ Person, die nicht raucht; er ist ~ □ **não fumante**

Nicht|rau|cher[2] ⟨n.; -s, -⟩ meist ohne Art. Abteil für Nichtraucher, Bereich, in dem nicht geraucht werden darf; ich fahre nur ~; er sitzt meistens im ~; hier ist ~! □ **área de não fumantes**

Nicht|rau|che|rin ⟨f.; -, -rin|nen⟩ weibl. Nichtraucher[1] □ **não fumante**

nicht|ros|tend auch: **nicht ros|tend** ⟨Adj. 24/60⟩ **1** nicht durch Rost angreifbar 1.1 ~er Stahl ⟨Kurzw.: Nirosta⟩ Stahl, der bes. durch Zusatz von Chrom u. Nickel neutral gegenüber Sauerstoff u. einigen Säuren ist □ **inoxidável**

nichts ⟨Indefinitpron.; undeklinierbar⟩ **1** kein Ding, kein Lebewesen, nicht etwas, nicht das Mindeste, nicht die Spur; was hast du gesehen? ~!; was weißt du von ...? ~!; ich konnte ~ erfahren; ich fürchte ~, weil ich ~ habe (Luther); wir wollen ~ unversucht lassen; ich will ~ gesagt haben; er hat ~ getan!; er weiß auch ~, daraus wird ~!; ~ dergleichen; er will sich durch ~ davon abbringen lassen; durchaus ~; sich in ~ auflösen, zerfließen; sich in ~ voneinander unterscheiden; alles oder ~!; sonst ~?; es gibt ~, was ihn aus der Ruhe bringen könnte; zu ~ nütze sein; ~ zu essen haben; viel Lärm um ~!; um ~ besser sein; ich will ~ davon hören!; ganz und gar ~, (rein) gar ~ (verstärkend); ~ zu danken! (freundliche Erwiderung auf einen Dank) □ *não há de quê! 1.1 (die folgende substantivierte Adj. dekliniert stark); es kann ~ anderes gewesen sein □ *não pode ter sido outra coisa; er spricht von ~ anderem (so begeistert ist er davon) □ *ele não fala de outra coisa (de tão entusiasmado que está); ich weiß ~ Besseres; ich ahnte ~ Böses, Gutes; er weiß auch ~ Genaues, Näheres; es gibt ~ Neues; ich kenne ~ Schöneres als ...; 1.2 es ist ~ **von Bedeutung**, Belang es ist nicht wichtig 1.3 du bist aber auch **mit** ~ **zufrieden** stets unzufrieden □ **nada** 1.4 das Geschenk **sieht nach** ~ **aus** ⟨umg.⟩ ist wenig eindrucksvoll □ *o presente não é nada de especial 1.5 das macht, tut, schadet ~ ist nicht (so) schlimm □ *não tem problema; não faz mal 1.6 das tut ~ **zur Sache** das verändert die Sache nicht □ *isso não muda nada 1.7 der Hund **tut** ~ beißt nicht □ **nada** 1.8 ~ **da!** ⟨umg.⟩ das gibt es nicht, das könnte dir so passen! □ *você bem que gostaria, não é?; você não queria mais nada! 1.9 ~ **zu machen!** ⟨umg.⟩ ich bedauere, aber diese Sache kann nicht mehr geändert werden 1.9.1 da ist ~ zu wollen, zu machen man muss es hinnehmen, man kann es nicht ändern □ *não há o que fazer 1.10 so gut wie ~ kaum etwas □ *quase nada 1.10.1 er verschlang das Stück Kuchen wie ~ ⟨umg.⟩ sehr schnell □ *ele devorou o pedaço de bolo em dois tempos **2** ⟨Wendungen⟩ 2.1 das ist alles; weiter ~? □ *mais alguma coisa?; é só isso?; wenn es weiter ~ ist ... □ *se não há mais nada... 2.2 ~ **als**, **wie** nur; ~ als Ärger hat man mit dir □ **só; nada além de** 2.2.1 ~ **weniger als** (verstärkende Verneinung) gar nicht; ~ weniger als schön □ *nem um pouco 2.3 ~ **für ungut!** nimm es mir nicht übel! □ *não leve a mal; sem querer ofender 2.4 mir ~, dir ~ ohne weiteres, so einfach (ohne zu fragen); du kannst doch nicht so mir ~, dir ~ davonlaufen! □ *simplesmente 2.5 es **zu** ~ **bringen**, zu ~ **kommen** keinen Erfolg haben, nicht vorwärtskommen im Leben □ *não conseguir nada; não chegar a lugar nenhum **2.6 für, um** ~ *nutzlos, ergebnislos, umsonst;* da habe ich mich für ~ so beeilt! □ *por nada;* **em vão 2.6.1 für** ~ **und wieder** ~ ⟨*verstärkend*⟩ *völlig nutzlos, ganz umsonst;* ich mache mir doch nicht für ~ und wieder ~ so viel Arbeit! □ *por absolutamente nada* **2.6.2 um** ~ **in der Welt um keinen Preis, unter keinen Umständen** □ *por nada no mundo* **2.7 aus** ~ **wird** ~ ⟨Sprichw.⟩ *wenn man sich nicht anstrengt, kommt man nicht weiter* **2.7.1 von** ~ **kommt, wird** ~ ⟨Sprichw.⟩ *wenn man sich nicht anstrengt, kommt man nicht weiter* **2.7.2** □ *as coisas não caem do céu* **2.8 ich habe** ~ **davon** ⟨bes. fig.⟩ *keinen Gewinn* □ *não ganhei/levei nada* **2.8.1 mir liegt** ~ **daran** *ich möchte es nicht, habe keine Lust dazu* □ *não estou interessado* **2.8.2 ich mache mir** ~ **daraus** *es interessiert mich nicht, kränkt mich nicht* □ *não ligo a mínima; não estou nem aí* **2.9 er lässt auf jmdn.** ~ **kommen** ⟨umg.⟩ *verteidigt jmdn. gegenüber Tadel* □ *ele não aceita que se fale mal de alguém* **3** ⟨Getrennt- u. Zusammenschreibung⟩ **3.1** ~ ahnend = *nichtsahnend* **3.2** ~ sagend = *nichtssagend*

Nichts ⟨n.; -; unz.⟩ **1** ⟨allg.⟩ *Geringfügigkeit, Kleinigkeit;* wollt ihr euch um ein ~ streiten? □ **ninharia; bobagem 2** *(geschäftlicher) Ruin, Zusammenbruch, Fehlen aller Mittel, Hoffnungen;* nach der Aufgabe seines Geschäftes steht er vor dem ~ □ **ruína 3** ⟨Philos.⟩ *Fehlen alles Seienden, Leere, Chaos;* am Anfang war das ~; etwas aus dem ~ erschaffen; das Geworfensein in das ~ □ **nada**

nichts|ah|nend *auch:* nichts ahnend ⟨Adj. 24/70⟩ *ohne etwas zu ahnen, arglos* □ **sem desconfiar/suspeitar**
nichts|des|to|min|der ⟨Konj.⟩ = *nichtsdestoweniger*
nichts|des|to|we|ni|ger ⟨*nebenordnende adversative Konj.*⟩ *trotzdem, und doch; Sy nichtsdestominder* □ **não obstante**
Nicht|sess|haf|te(r) *auch:* nicht Sess|haf|te(r) ⟨f. 2 (m. 1)⟩ = *Obdachlose(r)*
Nichts|nutz ⟨m.; -es, -e⟩ *nichtsnutziger Mensch, Taugenichts* □ **inútil**
nichts|nut|zig ⟨Adj. 70; abwertend⟩ *zu nichts zu gebrauchen, nichts Sinnvolles leistend, untauglich;* ein ~er Mensch □ **inútil**
nichts|sa|gend *auch:* nichts sa|gend ⟨Adj.⟩ *unbedeutend, gleichgültig, fade, farblos, ausdruckslos;* er gab eine ~e Antwort; ein ~es Gesicht; das Bild, Buch ist ~ □ **insignificante; inexpressivo**
Nichts|tun ⟨n.; -s; unz.⟩ *Faulheit, Müßiggang, Bequemlichkeit;* süßes ~; in ~ versinken; viel Zeit mit ~ verbringen □ **ócio**
nichts|wür|dig ⟨Adj.; geh.; abwertend⟩ *(moralisch) nichts taugend, verachtenswert, erbärmlich, schurkisch* □ **indigno; infame**
Nicht|zu|tref|fen|de(s) *auch:* nicht Zu|tref|fen|de(s) ⟨n. 2⟩ **1** *das, was auf eine Person, einen Fall nicht zutrifft* **1.1** ~ bitte streichen *(auf Formularen)* □ **o que está incorreto**
Ni|ckel[1] ⟨m.; -s, -⟩ **1** ⟨Myth.⟩ *Wassergeist* □ **Nixe;** *espírito das águas* **2** ⟨fig.; umg.⟩ *eigensinniges Kind, mutwilliger Mensch* □ **cabeça-dura;** *teimoso* **3** ⟨mundartl.⟩ *Nikolaus, Knecht Ruprecht* □ **Nickel;** *ajudante de São Nicolau*
Ni|ckel[2] ⟨n.; -s; unz.; chem. Zeichen: Ni⟩ *chem. Element, silberweißes zähes Metall, Ordnungszahl 28* □ **níquel**
Ni|ckel[3] ⟨m.; -s, -; veraltet⟩ *Nickelmünze, Zehnpfennigstück* □ **níquel**
ni|cken[1] ⟨V. 400⟩ **1** *den Kopf senken u. heben als Zeichen der Bejahung, des Einverständnisses, als Gruß;* er hat zustimmend genickt; mit dem Kopf ~; er grüßte mit leichtem Nicken □ **fazer que sim com a cabeça;** *anuir* **2** *den Kopf heben u. senken beim Gehen (von Tieren);* mit ~dem Kopf (von Pferden, Tauben) □ **balançar a cabeça para cima e para baixo 3** ⟨poet.⟩ *sich heben u. senken;* die Ähren, die Gräser, die Halme ~ im Wind □ **oscilar; ondear**
ni|cken[2] ⟨V. 500; Jagdw.⟩ **Wild** ~ *durch Schlag od. Stich ins Genick töten* □ **abater**
ni|cken[3] ⟨V. 400; umg.⟩ *leicht schlafen, schlummern (bes. im Sitzen, wobei der Kopf sich ein wenig auf u. ab bewegt);* er liebt es, nach dem Essen im Lehnstuhl ein Stündchen zu ~ □ *tirar um cochilo
Ni|cki ⟨m.; -s, -s; umg.⟩ *Pullover aus einem samtartigen Baumwollgewebe* □ **pulôver aveludado**
Ni|co|tin ⟨n.; -s; unz.; fachsprachl.⟩ = *Nikotin*
nie ⟨Adv.⟩ *nicht ein einziges Mal, zu keinem Zeitpunkt;* so etwas habe ich noch ~ gehört, gesehen; das ist eine ~ wiederkehrende Gelegenheit; ~ im Leben!; jetzt oder ~; ~ mehr!; ~ und nimmer; ~ wieder!; besser spät als ~ ⟨Sprichw.⟩ □ **nunca**
nie|der ⟨Adj.⟩ **1** ⟨60⟩ = *niedrig(3)* **1.1** *in einer (gesellschaftlichen) Rangordnung auf unterer Stufe stehend;* in den ~en Offiziersrängen; eine ~e Laufbahn; die ~e Gerichtsbarkeit □ **inferior;** *de baixo escalão* **1.2** *die Niederen;* die Krankheit traf Hoch und Nieder □ *humildes; classes inferiores* **1.1** ~e Tiere ⟨Zool.⟩ *die Wirbellosen* □ *animais inferiores; invertebrados* **2** ⟨60⟩ = *niedrig(2)* **2.1** ~e Jagd ⟨Jagdw.⟩ *Jagd auf Niederwild;* Ggs hohe Jagd, → hoch(11) □ *caça miúda* **3** ⟨60⟩ = *niedrig(2,4)* **4** ⟨50⟩ *herab, herunter, hinab, hinunter, zu Boden;* die Waffen ~!; ~ mit ihm!; ~ mit dem Krieg! **4.1** ~! *(als Hassruf, Aufforderung zum Niederschlagen)* □ **abaixo 4.2** *sich auf und* ~ *bewegen hinauf u. herunter* □ *mover-se para cima e para baixo* **4.3** er ging im Zimmer auf und ~ *auf u. ab, hin u. her* □ *ele ia de um lado para outro no quarto*
nie|der|bre|chen ⟨V. 116⟩ **1** ⟨500⟩ *etwas* ~ *abbrechen, zum Zusammensturz bringen;* ein Gebäude, Haus ~ **2** ⟨400(s.)⟩ *zusammenbrechen, in die Knie brechen, zu Boden stürzen* □ **derrubar; abater; demolir**
nie|der|don|nern ⟨V.⟩ **1** ⟨400(s.)⟩ *mit großem Getöse nach unten stürzen, herunterkommen;* die Lawine donnerte ins Tal nieder □ **desmoronar 2** ⟨500⟩ *jmdn.* ~ ⟨fig.; umg.⟩ *so scharf u. laut tadeln, dass er nichts mehr zu sagen wagt;* der Abteilungsleiter hat ihn niedergedonnert □ *acabar com alguém;* **esculhambar alguém**
nie|der|drü|cken ⟨V. 500⟩ **1** *jmdn. od. etwas* ~ *nach unten drücken, herunterdrücken, zu Boden drücken;* die

Last der Früchte drückte die Zweige nieder ☐ curvar 2 jmdn. od. eine Sache ~ ⟨fig.⟩ bedrücken, entmutigen, niedergeschlagen machen; er ist heute so niedergedrückt; die Nachricht drückte ihn nieder ☐ deprimir; desencorajar; ~de Stimmung ☐ deprimido; ~de Ereignisse ☐ desanimador; desalentador

nie|der|ge|hen ⟨V. 145/411(s.)⟩ **1** *herunterkommen, zu Boden gehen* ☐ descer **1.1** ein **Flugzeug** geht nieder *nähert sich der Erde, landet* ☐ pousar; aterrissar **1.2** ein **Vorhang** geht nieder *senkt sich* ☐ descer; baixar; cair **1.3 Regen** geht nieder *fällt* ☐ cair **1.4** ein **Gewitter** geht nieder *entlädt sich* ☐ cair; abater-se **1.5** ein **Boxer** geht nieder *sinkt zu Boden, stürzt* ☐ cair

nie|der|ge|schla|gen ⟨Adj., fig.⟩ *bekümmert, (nieder)gedrückt, bedrückt, mutlos* ☐ abatido; deprimido

nie|der|glei|ten ⟨V. 155/400(s.)⟩ *herab-, zur Erde gleiten;* das Blatt, das Segelflugzeug gleitet nieder ☐ descer planando

nie|der|kom|men ⟨V. 170/400 (s.); veraltet⟩ *gebären, entbunden werden;* sie kam mit einem Mädchen nieder ☐ dar à luz

Nie|der|la|ge ⟨f.; -, -n⟩ **1** *Unterliegen, Besiegtwerden (im Kampf, in einem Streitgespräch), Fehlschlag;* jmdm. eine ~ beibringen, bereiten, zufügen; eine ~ erleben, erleiden, einstecken, hinnehmen müssen; (nicht) überleben; eine demütigende, schmähliche, schwere, vernichtende ~; von dieser ~ hat er sich noch nicht wieder erholt; das muss zu einer ~ führen ☐ derrota **2** ⟨veraltet⟩ *Lager, Aufbewahrungsort für Waren, Stapelplatz;* Waren in die ~ bringen, schaffen ☐ depósito; armazém

nie|der|län|disch ⟨Adj. 24⟩ **1** *die Niederlande u. ihre Bewohner betreffend, zu ihnen gehörig, von ihnen stammend;* die ~e Küste **1.1** ~e **Sprache** *zu den westgermanischen Sprachen gehörende Sprache der Niederländer* ☐ neerlandês

nie|der|las|sen ⟨V. 175/500⟩ **1** etwas ~ *herab-, herunterlassen;* die Fahne, den Vorhang ~ ☐ baixar; descer **2** ⟨Vr 3⟩ sich ~ *sich setzen;* sich auf die Knie ~ ☐ *colocar-se; pôr-se;* der Vogel ließ sich auf dem, auf das Fensterbrett nieder ☐ pousar; er ließ sich auf dem, auf den Sessel nieder ☐ sentar-se **3** ⟨Vr 3⟩ sich ~ *seinen Wohnsitz nehmen, ein Geschäft, eine Praxis eröffnen;* lässt sich als Anwalt, Arzt in unserer Stadt nieder; in jungen Jahren hatte er sich in Bielefeld niedergelassen ☐ *estabelecer-se; abrir escritório/consultório* **3.1** ⟨513⟩ *sich häuslich ~ für längere Zeit Wohnung nehmen, sich gemütlich einrichten* ☐ *instalar-se; fixar residência*

nie|der|le|gen ⟨V. 500⟩ **1** etwas ~ *zu Boden legen, hinlegen;* eine Last ~; der Präsident legte am Grabmal des Unbekannten Soldaten Blumen, einen Kranz nieder ☐ colocar no chão; depositar **1.1** die **Waffen** ~ ⟨fig.⟩ *den Kampf beenden, sich ergeben* **1.2** die **Krone**, das **Zepter** ~ ⟨fig.⟩ *auf die Regierung verzichten* ☐ depor **2** ⟨Vr 7⟩ jmdn. ~ *zum Schlafen, zum Ausruhen hinlegen, ins Bett legen;* ich bin müde, ich werde mich jetzt ~; ein Kind ~ ☐ deitar(-se); pôr para dormir **3** etwas ~ *durch Gewaltanwendung zu Boden bringen* ☐ derrubar **3.1** ein **Gebäude** ~ *nieder-, abreißen;* die Baracken, das Hinterhaus ~ ☐ demolir **3.2** einen **Baum** ~ *fällen* ☐ derrubar **4** ⟨511⟩ etwas ~ *urkundlich, schriftlich festhalten, festlegen;* in diesem Buch sind alle seine Forschungsergebnisse niedergelegt ☐ registrar **5** etwas ~ *mit etwas aufhören* ☐ acabar/ parar com **5.1** ein **Amt** ~ *aufgeben;* den Vorsitz ~ ☐ demitir-se **5.1.1** die **Regierung** ~ *zurücktreten* ☐ renunciar **5.2** die **Arbeit** ~ *bis auf weiteres unterbrechen* ☐ interromper; suspender

nie|der|mä|hen ⟨V. 500⟩ **1** etwas ~ *mähen;* Gras, Getreide ~ ☐ ceifar **2** Menschen ~ ⟨fig.⟩ *reihenweise töten (mit dem Maschinengewehr)* ☐ dizimar

nie|der|pras|seln ⟨V. 400(s.)⟩ **1** *prasselnd herunterkommen, herab-, herunterprasseln;* man hörte die Hagelkörner, den Regen auf das Dach ~ ☐ cair a cântaros; desabar **2** ⟨411⟩ *auf jmdn.* ~ ⟨a. fig.⟩ *sich gegen jmdn. richten;* eine Flut von Beschimpfungen, Flüchen, Verwünschungen prasselte auf ihn nieder ☐ *cair/abater-se sobre alguém

nie|der|rei|ßen ⟨V. 198/500⟩ **1** etwas ~ *ab-, einreißen, völlig zerstören;* dieses baufällige Haus sollte endlich niedergerissen werden; er riss den Zaun nieder ☐ demolir; derrubar **2** etwas ~ ⟨a. fig.⟩ *beseitigen;* wir wollen die trennenden Schranken zwischen unseren Völkern ~ ☐ derrubar; acabar com

nie|der|rin|gen ⟨V. 202/500⟩ **1** jmdn. ~ *beim Ringen besiegen, zu Boden zwingen* ☐ derrubar; vencer **2** ⟨fig.; geh.⟩ etwas ~ *überwinden, besiegen;* Leidenschaften, Zweifel ~ ☐ dominar; vencer

Nie|der|schlag ⟨m.; -(e)s, -schläge⟩ **1** ⟨Meteor.⟩ *Ausscheidung von Wasser aus der Atmosphäre;* die atmosphärischen Niederschläge in Form von Hagel, Nebel, Regen, Schnee, Tau; der Wetterbericht sagte leichte, schwere, starke Niederschläge voraus **1.1** *Beschlag, Abscheidung von Wasser aus der Luft an festen Gegenständen* ☐ precipitação **2** ⟨Boxsp.⟩ *Schlag, Hieb, der den Gegner zu Boden zwingt;* beim dritten ~ kam der Boxer nicht rechtzeitig wieder hoch ☐ nocaute **3** ⟨Mus.⟩ *Schlag abwärts mit dem Taktstock* ☐ movimento descendente com a batuta **4** ⟨Chem.⟩ *ein sich aus einer Lösung abscheidender Stoff, Bodensatz;* auf dem Boden der Flasche hat sich ein ~ abgesetzt ☐ depósito; sedimento **5** ⟨fig.⟩ *sichtbarer, meist schriftlicher Ausdruck eines Gedankens, Erlebnisses, einer Bewegung, Strömung;* die Begegnung des Dichters mit ... fand ihren ~ in zahlreichen Gedichten ☐ expressão **6** *Auswirkung;* die innenpolitischen Spannungen finden ihren ~ auch in der Außenpolitik ☐ repercussão

nie|der|schla|gen ⟨V. 218/500⟩ **1** jmdn. od. etwas ~ *(gewaltsam) nach unten, zu Boden bringen, niederstrecken* **1.1** jmdn. ~ *durch einen Schlag, Schläge zu Boden zwingen;* den Angreifer, den Gegner ~ ☐ derrubar **1.2** Pflanzen ~ *umknicken, umlegen, zu Boden drücken;* der Hagel hat in unserer Gegend das Getreide niedergeschlagen ☐ dobrar; quebrar **1.3** den **Kragen** ~ *herunterschlagen* ☐ baixar; descer **2** etwas ~ *beseitigen, bezwingen* ☐ vencer; superar **2.1** *unterdrücken;*

nie|der|schmet|tern

einen Aufstand, Streik, eine Revolte ~ ☐ *reprimir; sufocar* 2.2 einen Prozess, ein Verfahren ~ ⟨Rechtsw.⟩ *einstellen* ☐ *suspender* 2.2.1 eine Strafe, Kosten ~ *erlassen* ☐ *perdoar; isentar* 2.3 ⟨Med.; veraltet⟩ *beruhigen, beschwichtigen;* eine Erregung, Fieber ~ ☐ *aplacar* 2.4 ⟨fig.⟩ *bezwingen, entkräften;* Zweifel, einen Verdacht ~ ☐ *superar; derrubar* 3 die Augen, den Blick ~ *senken;* errötend schlug sie die Augen nieder; schuldbewusst, mit niedergeschlagenem Blick stand er da ☐ *abaixar* 4 ⟨Vr 3⟩ *etwas schlägt sich nieder setzt sich ab;* der Tau hat sich am Morgen als feine Tröpfchen an den Gräsern niedergeschlagen ☐ *depositar-se* 4.1 ⟨Chem.⟩ *etwas ~ als Bodensatz ausscheiden lassen, ausfällen* ☐ *precipitar* 5 ⟨511/Vr 3⟩ *etwas schlägt sich in etwas nieder* ⟨fig.⟩ *kommt in etwas zum Ausdruck, wird in etwas erkennbar;* seine Erregung schlug sich auch in seinen schwachen Leistungen nieder ☐ *repercutir; refletir*

nie|der|schmet||tern ⟨V. 500⟩ 1 *etwas ~ heftig zu Boden schlagen, brutal niederschlagen* ☐ *lançar ao chão; aterrar* 2 *jmdn. ~* ⟨fig.⟩ *stark bedrücken, erschüttern, entmutigen;* diese Meldung schmetterte ihn nieder ☐ *abater; consternar;* ich habe einen ~den Eindruck davon bekommen; eine ~de Erkenntnis, Mitteilung, Nachricht, Tatsache; das ist das ~de Ergebnis unserer langen Beratungen ☐ *desanimador; desolador*

nie|der||schrei|ben ⟨V. 230/500⟩ *etwas ~ zu Papier bringen, aufschreiben, schriftlich festhalten;* er schrieb seine Gedanken nieder ☐ *registrar/colocar por escrito*

Nie|der||schrift ⟨f.; -, -en⟩ 1 *das Niederschreiben* ☐ *redação* 2 *das Niedergeschriebene* ☐ *escrito; manuscrito*

nie|der||stim|men ⟨V. 500⟩ 1 *ein Instrument ~ die Stimmung(1) eines I. herabsetzen* ☐ *descer/baixar a afinação* 2 *jmdn. od. etwas ~ durch Abstimmung ablehnen, überstimmen* ☐ *vencer por votação*

Nie|der|tracht ⟨f.; -; unz.⟩ *niederträchtige Gesinnung, Boshaftigkeit;* er ist einer solchen, zu solch einer ~ nicht fähig ☐ *infâmia; vilania*

nie|der|träch|tig ⟨Adj.; abwertend⟩ *berechnend boshaft, bewusst gemein, hinterlistig, schändlich;* wie ~!; eine ~e Geschichte, Tat, Verleumdung ☐ *infame; vil*

Nie|de|rung ⟨f.; -, -en⟩ 1 *Ebene, tiefliegendes Land an Flussläufen, Küsten;* die ~en wurden überschwemmt ☐ *baixa; depressão de terreno* 2 ⟨fig.; geh.⟩ *moralisch od. sozial niederes Milieu, Missverfolg, Elend;* die ~en des Lebens kennen ☐ *degradação; baixeza*

nie|der||wer|fen ⟨V. 286/500⟩ 1 *jmdn. od. etwas ~ zu Boden werfen* ☐ *jogar no chão* 1.1 ⟨Vr 3⟩ *sich ~ sich auf den Boden fallen lassen* ☐ **jogar-se no chão* 1.1.1 ⟨550/Vr 3⟩ *sich vor jmdm. od. einer Sache ~ zu Boden, auf die Knie werfen* ☐ **jogar-se aos pés de alguém ou de alguma coisa* 2 *eine Krankheit wirft jmdn. nieder* ⟨fig.⟩ *macht jmdn. bettlägerig* ☐ *derrubar* 3 *einen Gegner ~* ⟨a. fig.⟩ *besiegen* ☐ *derrubar; vencer* 4 *einen Aufstand ~* ⟨fig.⟩ *niederschlagen(2.1)* ☐ *reprimir; sufocar*

Nie|der|wild ⟨n.; -(e)s; unz.⟩ *kleines, weniger edles Wild* (Rehwild, Hase, Fuchs, Dachs, kleines Haarraubwild, Flugwild, außer Auerwild) ☐ *caça miúda*

nied|lich ⟨Adj.⟩ 1 *wohlgefällig u. klein, zierlich, hübsch, nett, ansprechend;* sie hat ein ~es Gesicht; ein ~es Kind, Köpfchen, Mädchen ☐ *simpático; gracioso; fofo* 1.1 *das ist ja ~!* ☐ **que bonitinho!, das kann ja ~ werden!* ⟨iron.⟩ *unangenehm* ☐ **isso promete!*

nied|rig ⟨Adj.⟩ Sy ⟨nur attributiv⟩ *nieder* 1 Ggs *hoch(1) ein Gegenstand ist ~* 1.1 *von geringer Höhe, flach;* die Absätze der Schuhe sind ~; ~e Berge, Fenster, Türen; eine ~e Stirn; der ~ste Wasserstand des Jahres 1.2 *in relativ geringer Höhe (über dem Erdboden) befindlich;* wenn die Schwalben ~ fliegen, regnet es bald; der Ort liegt ~; ~e Wolken ziehen über uns hinweg 1.2.1 *ich würde das Bild ~er hängen* ☐ *baixo* ⟨aber⟩ → a. *niedrighängen* 2 *zahlenmäßig, dem Preis nach klein, gering;* ein ~er Einsatz, Gewinn, Preis, Zinsfuß; den ~sten Preis berechnen; die Preise wurden am ~sten bezeichnet ☐ *baixo* 3 *in einer gesellschaftlichen Rangordnung auf unterer Stufe stehend;* Ggs *hoch(4);* der ~e Adel; ~en Standes; von ~er Geburt, Herkunft; er wurde ~ geboren, stieg aber bis in die höchsten Gesellschaftsschichten auf; die Hohen u. die Niedrigen; die Regelung trifft Hoch u. Niedrig ☐ *inferior; humilde;* → a. *hoch(4.2)* 4 *gemein, verderbt, minderwertig;* damit verrät er seinen ~en Charakter; ~e Denkweise, Gesinnung; die ~en Instinkte im Menschen wecken ☐ *vil; desprezível; baixo;* von jmdm. ~ denken; jmdn. ~ einschätzen ☐ *mal* 5 (Getrennt- u. Zusammenschreibung) 5.1 *~ gesinnt = niedriggesinnt* 5.2 *~ stehend = niedrigstehend*

nied|rig|ge|sinnt auch: **nied|rig ge|sinnt** ⟨Adj.⟩ *eine niedere Gesinnung besitzend* ☐ *mau-caráter*

nied|rig||hän|gen ⟨V. 500; fig.⟩ *etwas ~ als nicht sehr wichtig einstufen;* ein Thema ~; → a. *niedrig (1.2.1)* ☐ **não dar importância a alguma coisa*

nied|rig|ste|hend auch: **nied|rig ste|hend** ⟨Adj. 24/60⟩ 1 *unentwickelt* ☐ *subdesenvolvido* 2 *untergeordnet* ☐ *inferior*

nie|mals ⟨Adv.; verstärkend⟩ *nie* ☐ *nunca*

nie|mand ⟨Indefinitpron. 10; Gen. -(e)s; Dat. -em od. (selten) -; Akk. -en od. (selten) -⟩ 1 *kein Mensch, keiner, kein einziger;* Ggs *jede(r, -s)(1);* ~ weiß es; ~ als er war dabei; ich habe es ~em, (selten) ~ erzählt; ich habe ~en, (selten) ~ gesehen 1.1 *(vor „anders" od. flektiertem Adj. steht meist endungslose Form)* ich habe ~ anders, ~ Besseres gefunden ☐ *ninguém*

Nie|mand ⟨m.; -(e)s; unz.⟩ 1 ⟨umg.; abwertend⟩ *unbedeutender Mensch;* er ist ein ~ ☐ *joão-ninguém; zé-ninguém* 2 *der böse ~* ⟨verhüllend⟩ *der Teufel* ☐ **o maldito; coisa-ruim*

Nie|mands|land ⟨n.; -(e)s; unz.⟩ *Gelände zwischen zwei Fronten, unbesiedelter Grenzstreifen, unerforschtes Land* ☐ *terra de ninguém; terra inexplorada*

Nie|re ⟨f.; -, -n; Anat.⟩ 1 *paariges, drüsiges Ausscheidungsorgan von bohnenartiger Gestalt:* Ren, Nephros 1.1 *das geht mir an die ~n* ⟨fig.; umg.⟩ *trifft mich hart, empfindlich* ☐ **isso me corta o coração; isso me deixa muito triste;* → a. *Herz(1.2)*

nie|seln ⟨V. 401⟩ *in kleinen Tropfen ein wenig regnen;* es nieselt ☐ *garoar; chuviscar*

nie|sen ⟨400⟩ **1** *infolge Reizung der Nasenschleimhaut die Luft krampf- u. ruckartig durch Mund u. Nase ausstoßen* □ **espirrar** 1.1 ⟨530⟩ *ich werde dir eins ~!* (fig.; umg.) *ich werde dir helfen!, das könnte dir so passen!* □ ***você vai ver só uma coisa!; ai de você!**

Nieß|brauch ⟨m.; -(e)s; unz.; Rechtsw.⟩ *Nutzungsrecht an fremdem Vermögen, fremden Rechten, beweglichen u. unbeweglichen Sachen, wobei die Substanz nicht geschmälert werden darf;* Sy *Nießnutz* □ **usufruto**

Nieß|nutz ⟨m.; -es; unz.⟩ = *Nießbrauch*

Niet[1] ⟨m.; -(e)s, -e; alem.⟩ *Lehm, Mergel* □ **barro; marga**

Niet[2] ⟨m.; -(e)s, -e; Techn.⟩ = *Niete*[2]

Nie|te[1] ⟨f.; -, -n⟩ **1** *ein Los, das nicht gewinnt; eine ~ ziehen* (in der Lotterie) □ **bilhete não premiado 2** *Fehlschlag; sein neuestes Theaterstück war eine ~* □ **fiasco 3** *Versager, Mensch, der zu nichts zu gebrauchen ist; er ist eine ~* □ **zero à esquerda**

Nie|te[2] ⟨f.; -, -n; nicht fachsprachl. Bez. für⟩ *Metallbolzen mit Kopf zum festen Verbinden von Werkstücken;* oV ⟨Techn.⟩ *Niet*[2] □ **rebite**

nie|ten ⟨V. 500⟩ **1** *etwas ~ durch Nieten verbinden* **2** *Nägel ~ mit Köpfen versehen* □ **rebitar; cravar rebites**

Night|club ⟨[naɪtklʌb] m.; -s, -s⟩ *Nachtbar, Nachtlokal* □ **casa noturna**

Ni|hi|lis|mus ⟨m.; -; unz.⟩ **1** *philosophische Grundhaltung, die von der Nichtigkeit u. Sinnlosigkeit des Daseins u. alles Bestehenden ausgeht* 1.1 (allg.) *Geisteshaltung, die grundsätzlich alle bestehenden gesellschaftlichen Werte, Ziele u. Normen verneint bzw. ablehnt* □ **niilismo**

Ni|ko|tin ⟨n.; -s; unz.⟩ *giftiges Alkaloid des Tabaks, Reiz- u. Genussmittel;* oV *Nicotin* □ **nicotina**

Nim|bus ⟨m.; -, -se⟩ **1** *Heiligenschein* □ **auréola 2** (fig.) *Ansehen, Glanz, der eine Person od. Sache umgibt; jmdn. seines ~ entkleiden; das verleiht ihm, der Sache noch einen besonderen ~; im ~ der Heiligkeit, Unfehlbarkeit stehen; er hüllt sich gern in einen gewissen ~* □ **aura; prestígio**

nim|mer ⟨Adv.⟩ **1** *nie, niemals; nie und ~; nun und ~* □ **nunca 2** (oberdt.) *nicht mehr, nicht wieder, nicht länger; ich kann ~; ich will's ~ tun* □ **não/nunca mais**

nim|mer|mü|de ⟨Adj. 24⟩ *nicht ermüdend, unermüdlich* □ **incansável**

nim|mer|satt ⟨Adj. 24; fig.; umg.⟩ *niemals satt, unersättlich* □ **insaciável**

Nim|mer|satt ⟨m.; - od. -(e)s, -e⟩ **1** *jmd., der nie satt wird, der nie genug bekommen kann, Vielfraß* □ **pessoa insaciável; comilão 2** (Zool.) *Anghöriger der Gattung Ibis, die in Afrika bzw. Südasien vorkommt* □ **cegonha-de-bico-amarelo**

Nip|pel ⟨m.; -s, -⟩ **1** ⟨Tech.⟩ *kurzes Verbindungsstück für Rohre* **2** (umg.) *herab- od. vorstehendes Stückchen, kleiner Zapfen* □ **botoque; espicho 3** (umg.) *Brustwarze* □ **mamilo; bico do seio**

nip|pen ⟨V. 405⟩ *an, (von) etwas ~ einen kleinen Schluck trinken, (von einem Getränk) kosten; vom Wein ~* □ **bebericar; provar (bebida)**

Nipp|pes ⟨Pl.⟩ *kleine, zur Zierde aufgestellte Figuren, kleine Dinge, Kleinkram; was willst du mit dem ganzen ~?* □ **bibelô; bugiganga**

nir|gends ⟨Adv.⟩ *an keinem Ort;* Sy *nirgendwo; ich habe ihn ~ gesehen; ich fühle mich ~ so wohl wie hier; überall und ~* □ **em lugar nenhum; em parte alguma**

nir|gend|wo ⟨Adv.⟩ = *nirgends*

Ni|sche ⟨f.; -, -n⟩ *Vertiefung in der Mauer, Wand* □ **nicho**

Nis|se ⟨f.; -, -n⟩ *(an den Haaren klebendes) Ei der Laus* □ **lêndea**

nis|ten ⟨V.⟩ **1** ⟨400⟩ *Vögel ~* (bauen u.) *bewohnen ein Nest* □ **nidificar; fazer ninho 2** ⟨411⟩ *etwas nistet irgendwo* (fig.; geh.) *hat sich irgendwo angesiedelt, festgesetzt; in den Ecken nistet Schimmel* □ ***os cantos estão embolorados;** Trauer nistet in ihrem Herzen* (poet.) 2.1 ⟨511 od. 550⟩ *etwas nistet sich in etwas* ⟨fig.⟩ *setzt sich in etwas fest;* Unmut nistete sich in seine Gedanken □ **instalar-se; aninhar-se**

♦ Die Buchstabenfolge **ni|tr...** kann in Fremdwörtern auch **nit|r...** getrennt werden.

♦ **Ni|trat** ⟨n.; -(e)s, -e; Chem.⟩ *Salz der Salpetersäure* □ **nitrato**

♦ **Ni|trid** ⟨n.; -(e)s, -e; Chem.⟩ *Verbindung von Stickstoff u. einem Metall* □ **nitreto**

♦ **Ni|trit** ⟨n.; -(e)s, -e; Chem.⟩ *Salz der salpetrigen Säure* □ **nitrito**

♦ **Ni|tro|gly|ce|rin** ⟨n.; -s; unz.; fachsprachl.⟩ = *Nitroglyzerin*

♦ **Ni|tro|gly|ze|rin** ⟨n.; -s; Chem.⟩ *gelbliche, ölige, stark giftige Flüssigkeit, die in der Medizin u. zur Herstellung von Sprengstoff verwendet wird;* oV *Nitroglycerin* □ **nitroglicerina**

Ni|veau ⟨[-vo:] n.; -s, -s⟩ **1** *waagerechte Ebene; auf gleichem ~ mit der Erde* □ **nível 2** *Höhenlage; das ~ liegt 150 m über dem Meeresspiegel* □ **altitude 3** *Wasserspiegel, bes. Meeresspiegel* **4** (Atomphysik) *Energiezustand eines Atoms, Moleküls od. Atomkerns* **5** (fig.) *Stufe, Rang, geistige Höhe, Bildungsgrad; das ~ halten, heben, senken, wahren; das geistige, kulturelle, wirtschaftliche ~; sein Unterricht hat ein geringes, hohes, niedriges, überdurchschnittliches ~; eine Zeitschrift mit (einem gewissen) ~* 5.1 *kein ~ haben geistig anspruchslos sein, auf geringer geistiger Höhe stehen* □ **nível**

ni|vel|lie|ren ⟨[-vɛl-] V.⟩ **1** ⟨500⟩ *ein Gelände ~ ebnen, auf gleiche Höhe bringen* 1.1 *Unterschiede ~ durch Gleichmachen beseitigen* **2** ⟨400⟩ *Höhenunterschiede messen* □ **nivelar**

Ni|xe ⟨f.; -, -n; Myth.⟩ *weibl. Wassergeist, Wasserjungfrau* □ **Ondina**

no|bel ⟨Adj.⟩ **1** *vornehm, adelig* **2** *edel, großzügig; ein nobler Charakter, Mann, Mensch; daraus spricht eine noble Gesinnung* □ **nobre** 2.1 (meist iron.) *elegant, luxuriös; ein nobles Hotel; ein nobler Empfang* □ **luxuoso 3** *freigebig; er gibt noble Trinkgelder; er hat sich stets ~ verhalten, gezeigt* □ **(de modo) generoso** 3.1 *~ geht die Welt zugrunde* (iron.; umg.) *bei großer Verschwendung* □ ***(isso) é para quem pode**

No|bel|preis ⟨m.; -es, -e⟩ *jährlich verliehener Preis für die besten Leistungen auf den Gebieten der Physik,*

Chemie, Medizin, Literatur, Wirtschaftswissenschaft u. zur Förderung des Weltfriedens □ **prêmio Nobel**

noch¹ ⟨Adv.⟩ **1** ~ etwas od. jmd. *außerdem, zusätzlich;* ~ etwas!; nur schnell ~ eins (muss ich dir sagen); möchtest du ~ Fleisch (haben)?; bitte ~ ein Bier; ~ einer!; der hat mir gerade ~ gefehlt; ~ ein Wort, und ich schlage zu!; schnell ~ ein Wort! (das ich dir sagen muss); das fehlte ~!; dazu kommt ~ Folgendes: ... □ **mais 1.1** ~ **und** ~ *ohne Ende, zahllos, in Mengen;* er hat Geld ~ und ~ □ ***muito; que não acaba mais 1.2** ~ **einmal** *ein zusätzliches Mal* □ ***mais uma vez 1.2.1** etwas ~ einmal tun *es wiederholen* □ ***repetir alguma coisa; fazer de novo alguma coisa 1.2.2** ~ einmal so breit, so groß *doppelt so breit, so groß* □ ***duas vezes mais largo/maior 1.3** ~ dazu, wenn ... *vor allem* □ ***sobretudo se... 2** ⟨in der Gegenwart⟩ *weiterhin (aber nicht mehr lange);* ~ ist es Zeit (für deinen Entschluss); es ist ~ warm; du bist ~ zu jung, zu klein, um das zu begreifen; haben Sie ~ ein Zimmer frei, zu vermieten?; ~ immer keine Nachricht □ **ainda**; es ist ~ nicht so weit □ ***não falta muito;** ich denke kaum ~ daran □ ***quase não penso mais nisso;** da kannst du ~ lachen? □ ***e você ainda consegue rir?;** er will nur schnell ~ den Brief fertig schreiben □ ***só vou terminar de escrever a carta rapidinho;** warte bitte ~! □ ***espere um pouco! 2.1** weißt du ~, ... erinnerst du dich, ...? □ ***você ainda se lembra... 2.2** er ist ~ **heute** *so so geblieben* □ ***ele continua o mesmo 2.3** ~ ist Polen nicht verloren (Liedanfang) ⟨fig.; umg.⟩ *es wird trotz schlechter Aussichten gut ausgehen* □ ***nem tudo está perdido 2.4** ist sie, er ~ **zu haben?** ⟨umg.⟩ *ledig, ungebunden* □ ***ele/ela ainda está solteiro(a)? 2.5** ich habe ~ Zeit *es eilt mir nicht* □ ***ainda tenho tempo 2.6** das mag ~ **angehen,** hingehen *ist erträglich* □ ***ainda passa; ainda dá para aceitar 2.7** aber ~ **heute!** *sofort, jetzt* □ ***é para hoje! 3** ⟨in der Vergangenheit⟩ *nicht später als;* ich habe ~ gestern mit ihm telefoniert; ~ im 18. Jahrhundert; ich kam gerade ~ zurecht **4** ⟨in der Zukunft⟩ *irgendwann, später;* ich werde es dir ~ erzählen; er wird schon ~ kommen; ich werde dir ~ Bescheid sagen; ~ vor Dienstag, Monatsende **5** ⟨verstärkend mit Adv., Pron. u. Adj. im Komparativ⟩ *wesentlich, erheblich;* ~ größer; das wäre ja ~ schöner!; er ist ~ tüchtiger als du; ein Dutzend oder ~ mehr; ich habe ~ viel zu tun □ **ainda;** nur ~ wenig □ ***só um pouco 5.1** ~ **so** *ganz und gar;* und wenn es ~ so sehr regnet, schneit, stürmt, ... □ ***por mais que chova/neve/caia um temporal 5.1.1** jede ~ so kleine Spende *jede, auch die kleinste S.* □ ***qualquer doação, por menor que seja 5.1.2** und wenn du ~ so schreist, es nützt dir nichts *ganz gleich, wie sehr du schreist ...* □ ***você pode gritar o quanto quiser, de nada vai adiantar 6** ⟨Getrenntu. Zusammenschreibung⟩ **6.1** ~ **mal** = **nochmal**

noch² ⟨Konj.⟩ (weder) ... ~ *und nicht, auch nicht;* er besaß nicht Geld ~ Gut; weder Schuhe ~ Strümpfe; wir sind weder arm ~ reich □ ***(nem) ... nem...**

noch|mal *auch:* **noch mal** ⟨Adv.; umg.⟩ *noch einmal;* ~ nachhaken; es ~ versuchen; von vorn anfangen □ **novamente; mais uma vez;** verdammt ~! □ ∅

noch|mals ⟨Adv.⟩ *noch einmal;* ich werde es ~ versuchen □ **novamente; mais uma vez**

No|cken ⟨m.; -s, -⟩ *kurvenartiger Vorsprung auf einer Welle od. sich drehenden Scheibe* □ **came; ressalto**

No|ckerl ⟨n.; -s, -n; österr. Kochk.⟩ **1** *Mehl- od. Grießklößchen (als Suppeneinlage)* □ **massa tipo nhoque 1.1** Salzburger ~n *Klöße aus überbackenem Eischnee u. Zucker* □ **Salzburger Nockerl; suflê doce**

Noc|turne ⟨[-tyrn] n.; -s, -s od. f.; -, -s; Mus.⟩ oV *Notturno* **1** ⟨im 18./19. Jahrhundert⟩ *mehrsätzige, der Serenade ähnliche Komposition für Orchester* **2** ⟨seit dem 19. Jh.⟩ *einsätziges Charakterstück (bes. für Klavier);* die ~s von Chopin □ **noturno**

Noi|sette ⟨[noazɛt] f.; -, -s⟩ *Masse aus gemahlenen Haselnüssen, mit der u. a. Schokolade u. Pralinen gefüllt bzw. vermischt werden* □ **massa de avelã**

No|ma|de ⟨m.; -n, -n⟩ *Angehöriger eines wandernden Hirtenvolkes* □ **nômade**

No|men ⟨n.; -s, - od., -mi|na; Gramm.⟩ **1** *der Beugung unterliegende Wortart, Substantiv, Pronomen, Adjektiv* □ **nome 2** ~ **est** (eigtl. et) omen *der Name hat (ist) zugleich eine Vorbedeutung, dieser Name sagt alles eigentlich Name u. Vorbedeutung* □ ***o nome é um presságio; o nome diz tudo 3** ~ **proprium** ⟨- -, -mi|na - pria⟩ *Eigenname* □ ***nome próprio**

no|mi|nal ⟨Adj. 24⟩ **1** ⟨Gramm.⟩ *das Nomen betreffend, zu ihm gehörig, auf ihm beruhend, substantivisch* **2** ⟨Wirtsch.⟩ *dem Nennwert entsprechend, auf Zahlen beruhend;* oV **nominell;** Ggs *real(2);* ~es Einkommen, Wachstum □ **nominal**

No|mi|na|tiv ⟨m.; -s, -e; Abk.: Nom.; Gramm.⟩ **1** ⟨unz.⟩ *erster Fall der Deklination;* Sy *Werfall* **2** *Wort (z. B. Substantiv), das im Nominativ(1) steht* □ **nominativo**

no|mi|nell ⟨Adj. 24⟩ **1** *(nur) dem Namen nach, angeblich* □ **nominal(mente) 2** = *nominal(2)*

no|mi|nie|ren ⟨V. 500/Vr 7 od. Vr 8⟩ jmdn. ~ **1** *nennen, benennen, namhaft machen* **2** *ernennen* □ **nomear**

Non|cha|lance ⟨[nɔ̃ʃalã:s] f.; -; unz.⟩ *Ungezwungenheit, (liebenswürdige) Lässigkeit, Unbekümmertheit, Formlosigkeit* □ **indolência; despreocupação**

non|cha|lant ⟨[nɔ̃ʃalã:] Adj.⟩ *ungezwungen, lässig, formlos;* ein ~es Benehmen □ **indolente; despreocupado**

No|ne ⟨f.; -, -n⟩ **1** ⟨kath. Kirche⟩ *Gebetsstunde um drei Uhr nachmittags (9. Tagesstunde)* **2** ⟨Mus.⟩ *neunter Ton der Tonleiter* **2.1** *Intervall, das neun Tonstufen umfasst* □ **nona**

Non|ne ⟨f.; -, -n⟩ **1** *Angehörige eines weibl. Ordens, die die Gelübde abgelegt hat;* → *a. Mönch(1)* □ **freira 2** ⟨Zool.⟩ *Nachtschmetterling aus der Familie der Trägspinner mit rötlichem Leib u. weißlichen Flügeln mit dunklen Querbinden, Fichtenspinner: Lymantria monacha* □ **mariposa 3** *konkav gekrümmter Dachziegel;* Ggs *Mönch(3)* □ **telha de capa**

Non|plus|ul|tra *auch:* **Non|plus|ult|ra** ⟨n.; -; unz.; meist scherzh.⟩ *das Optimale, Gelungenste, Beste;* das ist ja nicht gerade das ~ □ **a melhor coisa do mundo**

Non|sens ⟨m.; -; unz.⟩ *Unsinn, dummes, absurdes Gerede;* das ist purer ~ □ **absurdo; disparate**

non|stop ⟨Adv.⟩ *ohne Unterbrechung, ununterbrochen;* ~ nach Bangkok fliegen ☐ **diretamente; sem escalas**

Non|stop|flug *auch:* **Non|stop-Flug** ⟨m.; -(e)s; -flü|ge⟩ *Flug ohne Zwischenlandung* ☐ **voo direto; voo sem escalas**

Nop|pe ⟨f.; -, -n⟩ **1** *Knoten in Garn od. Gewebe* ☐ **fio/tecido bouclê;** ~wolle ☐ **lã bouclê* **2** *knötchenartige Erhebung auf einer Oberfläche;* ~nmatte ☐ **tapete/piso antiderrapante*

Nor|den ⟨m.; -s; unz.; Abk.: N⟩ **1** ⟨Abk.: N⟩ *Himmelsrichtung;* nach, von ~ **2** *nördlich gelegenes Gebiet;* im ~ der Stadt; im ~ liegen; im hohen ~ **2.1** *die nördlichen Länder der Erde;* die Völker des ~s ☐ **norte**

nor|disch ⟨Adj. 24⟩ **1** *den Norden betreffend, zu ihm gehörig, aus ihm stammend* ☐ **do norte; nórdico; setentrional 1.1** ~e **Kombination** ⟨Skisp.⟩ *Wettkampf, der sich traditionell aus Skispringen (zwei Sprünge) u. Langlauf über 15 km zusammensetzt* **1.2** die ~en **Länder** *Dänemark, Färöer, Finnland, Grönland, Island, Norwegen, Schweden* **1.3** die ~en **Sprachen** *Dänisch, Norwegisch u. Schwedisch (teils auch Färöisch u. Isländisch)* ☐ **nórdico**

nörd|lich ⟨Adj.⟩ **1** *in Richtung nach Norden;* die Wolken ziehen ~ ☐ **para o norte 1.1** ⟨60⟩ ~e **Breite** ⟨Abk.: n. Br.⟩ *geografische Breite nördlich des Äquators* ☐ **latitude norte/setentrional* **2** *im Norden (gelegen);* der Ort liegt weiter ~ ☐ **o local fica bem ao norte;* Nördliches Eismeer ☐ **Oceano Glacial Ártico* **2.1** ~ **von** *einem bestimmten Gebiet außerhalb eines bestimmten Gebietes im Norden;* ~ von Wien gelegen ☐ **ao norte de determinada região*

Nord|pol ⟨m.; -(e)-s; unz.⟩ *nördlicher Pol der Erde, der Planeten u. des (von der Erde aus betrachteten) Sternhimmels* ☐ **Pólo Norte**

nör|geln ⟨V.⟩ **1** ⟨400⟩ *kleinlich schimpfen, tadeln, kritisieren* **1.1** ⟨800⟩ **an etwas** ~ *mit etwas nicht zufrieden sein;* er muss an allem ~ ☐ **criticar; reclamar**

Norm ⟨f.; -, -en⟩ **1** *Richtschnur, Vorbild, Regel;* als ~ dienen, gelten; der ~ entsprechend **1.1** *Vorschrift für Größen, Qualitäten, Verfahren, Darstellungsweisen;* Sy Standard (2,4) ☐ **norma 2** *am Fuß der ersten Seite eines Druckbogens gesetzter Name des Autors u. des abgekürzten Titels eines Buches* ☐ **assinatura 3** ⟨DDR⟩ *vorgeschriebene Arbeitsleistung;* Leistungs~; die ~ erreichen, erfüllen ☐ **norma de produção**

nor|mal ⟨Adj.⟩ **1** *regelmäßig, regelrecht* **2** *gewöhnlich, üblich, landläufig;* ~es Gewicht; ~e Größe; in, unter ~en Verhältnissen **3** ⟨umg.⟩ *geistig gesund;* er ist nicht ganz ~ **4** ⟨Chem.; Zeichen: n⟩ *auf eine Normallösung bezogen* ☐ **normal**

nor|mal..., Nor|mal... ⟨in Zus.⟩ *der Norm entsprechend, durchschnittlich, üblich*

nor|ma|ler|wei|se ⟨Adv.⟩ *gewöhnlich, im Allgemeinen;* ~ kommen solche Fehler bei uns nicht vor; er ist ~ pünktlich ☐ **normalmente**

Nor|mal|zeit ⟨f.; -, -en⟩ *für ein größeres Gebiet festgelegte Zeit, Zonenzeit, Standardzeit;* Ggs Ortszeit ☐ **hora oficial**

Nor|ne ⟨f.; -, -n; Myth.⟩ *eine der drei nordischen Schicksalsgöttinen* ☐ **Norna**

nor|we|gisch ⟨Adj. 24⟩ **1** *Norwegen betreffend, von ihm stammend, zu ihm gehörig* **1.1** ~e **Sprache** *zu den nordgermanischen Sprachen gehörende, in Norwegen gesprochene Sprache* ☐ **norueguês**

Nost|al|gie *auch:* **Nos|tal|gie** ⟨f.; -, -n⟩ *Sehnsucht nach den (als schöner u. besser empfundenen) früheren Zeiten, Rückwendung u. Wiederbelebung vergangener Stil-, Mode-, Kunstrichtungen u. Ä.* ☐ **nostalgia**

not ⟨Adv.; nur noch in der Wendung⟩ ~ sein = *nottun*; eins ist ~; nämlich...

Not ⟨f.; -, Nö|te⟩ **1** ⟨unz.⟩ *Knappheit, Mangel,* Geld~; Zeit~ ☐ **falta; escassez;** ~ macht erfinderisch ⟨Sprichw.⟩ ☐ **a necessidade aguça o engenho* **1.1** aus der ~ eine Tugend machen *das Beste aus einer unangenehmen Sache machen* ☐ **fazer da necessidade uma virtude* **1.2** in der ~ frisst der Teufel Fliegen ⟨Sprichw.⟩ *wenn Mangel herrscht, kann man sich mit wenig begnügen* ☐ **quem não tem cão caça com gato* **1.3** *Armut, Elend;* bittere, drückende, große ~; jmds. ~ erleichtern, lindern, mildern; ~ leiden; jmdm. in der ~ beistehen, helfen; jmdn. aus der, aus großer ~ retten; in ~ leben; in ~ sein; wenn du in ~ bist, dann komm zu mir; einen Diebstahl aus ~ begehen ☐ **necessidade; miséria;** wenn die ~ am größten, ist Gottes Hilfe am nächsten ⟨Sprichw.⟩ ☐ **quando a necessidade é grande, a Providência é vizinha* **1.3.1** ~ kennt kein Gebot ⟨Sprichw.⟩ *in schlimmer Lage ist der Mensch zu allem fähig* ☐ **a necessidade não tem lei* **2** *schwierige Lage, Bedrängnis, Hilflosigkeit;* innere, seelische, schwere, tiefe ~; in höchster ~ schrie er um Hilfe ☐ **dificuldade; apuro 2.1** jetzt ist Holland in ~ ⟨umg.⟩ *jetzt ist Hilfe dringend nötig* ☐ **a situação está braba* **2.2** *Gefahr;* in der höchsten ~ erschien ein Retter ☐ **perigo 3** *Kummer, Mühe, Sorge, Schwierigkeit;* jmdm. seine ~ klagen; er macht mir große ~, Nöte; in tausend Nöten ☐ **esforço; dificuldade;** → a. *Mühe(1.3)* **3.1** mit genauer, knapper ~ entkommen *nur mit Mühe, gerade noch* ☐ **escapar por um triz/ por pouco* **3.2** seine (liebe) ~ (mit jmdm. od. etwas) haben *Mühe (mit jmdm. od. etwas) haben* ☐ **cortar um dobrado com alguém ou alguma coisa* **4** *dringende Notwendigkeit;* der ~ gehorchend, nicht dem eignen Triebe (Schiller, „Braut von Messina", I, 1) ☐ **necessidade 4.1** es hat keine ~ *es ist nicht erforderlich, notwendig, es eilt nicht* ☐ **necessidade; urgência 4.2** ohne ~ werde ich das nicht tun *ohne dass es nötig ist* ☐ **necessidade 4.3** zur ~ ⟨umg.⟩ *wenn es unbedingt sein muss;* zur ~ habe ich noch eine Matratze ☐ **em caso de necessidade* **4.4** ich helfe euch aus, wenn ~ **am Mann** ist ⟨umg.⟩ *wenn es eilt, wenn es dringend nötig ist* ☐ **ajudo vocês se for preciso/em caso de urgência* **4.5** Freunde in der ~ gehen tausend auf ein Lot ⟨Sprichw.⟩ *wenn man Hilfe braucht, verlassen einen die meisten Freunde* ☐ **na hora do aperto é que se conhecem os amigos* **4.6** ~ bricht Eisen ⟨Sprichw.⟩ *im Fall dringender Notwendigkeit ist das Schwerste,*

Notar

Äußerste möglich □ **a necessidade é mãe da indústria* **5** ⟨Getrennt- u. Zusammenschreibung⟩ 5.1 ~ leidend = *notleidend*

No|tar ⟨m.; -s, -e⟩ *ausgebildeter Jurist, der Unterschriften, Schriftstücke beglaubigt u. Rechtsgeschäfte beurkundet u. Ä.* □ **tabelião**

No|ta|rin ⟨f.; -, -rin|nen⟩ *weibl. Notar* □ **tabeliã**

No|ta|ti|on ⟨f.; -, -en⟩ *Aufzeichnung, Niederschreiben (bes. von Musik in Notenschrift);* unterschiedliche ~en verwenden □ **notação**

Not|auf|nah|me ⟨f.; -, -n⟩ *Aufnahme in eine Krankenhausstation im Notfall* □ **internação de urgência**

Not|aus|gang ⟨m.; -(e)s, -gän|ge⟩ *zusätzlicher Ausgang für den Notfall, Ausgang bei Gefahr;* im Fall eines Brandes den ~ benutzen □ **saída de emergência**

Not|durft ⟨f.; -; unz.; geh.⟩ *Entleerung des Darms bzw. der Harnblase;* seine ~ verrichten; große, kleine ~ □ **necessidades**

not|dürf|tig ⟨Adj.⟩ *nicht befriedigend, nur knapp (ausreichend);* einen Schaden ~ ausbessern □ **(de modo) insuficiente/precário;** sich ~ bekleiden; von seinem Lohn kann er ~ leben □ **miseramente; precariamente**

No|te ⟨f.; -, -n⟩ **1** ⟨Mus.⟩ *Schriftzeichen für einen Ton;* ~n lesen, schreiben können; nach ~n singen, spielen □ **nota** 1.1 jmdn. nach ~n verprügeln ⟨fig.; umg.; veraltet⟩ *gehörig, tüchtig* □ ***dar uma bela surra em alguém** 1.2 *(durch ein Schriftzeichen angegebener) Ton;* eine ~ aushalten, treffen, verfehlen; ganze, halbe ~n □ **nota** 1.3 ⟨nur Pl.⟩ *Buch, Heft, Blatt mit Kompositionen;* die ~n für ein Duo, Quartett, eine Partitur □ **partituras; músicas** 1.3.1 ohne ~n singen, spielen *auswendig* □ ***cantar/tocar sem partitura** **2** *in Wort oder Zahl ausgedrückte Beurteilung;* Sy *Zensur*(3), *Prädikat*(2); Schul~; gute, schlechte ~n; jmdm. die ~ 1 geben; ~ bekommen; heute gibt es ~n 2.1 ~ „Eins", „sehr gut" *erheblich über gut hinausgehend* 2.2 ~ „Zwei", „gut" *merklich über dem Durchschnitt stehend* 2.3 ~ „Drei", „befriedigend" *tüchtige Leistungen von gutem Durchschnitt* 2.4 ~ „Vier", „ausreichend" *ausreichende Leistungen* 2.5 ~ „Fünf", „mangelhaft" *nicht ausreichende Leistungen, jedoch bei Vorhandensein genügender Grundlagen mit der Möglichkeit baldigen Ausgleichs* 2.6 ~ „Sechs", „ungenügend" *völlig unzureichende Leistungen ohne sichere Grundlage, Ausgleich in absehbarer Zeit nicht möglich* **3** ⟨Pol.⟩ *förmliche schriftliche Mitteilung einer Regierung an eine andere;* diplomatische ~n; eine ~ überreichen **4** ⟨kurz für⟩ *Banknote, Papiergeld;* ~n drucken, fälschen, aus dem Verkehr ziehen **5** *Bemerkung, Anmerkung;* Fuß~; etwas in einer ~ festhalten □ **nota** **6** ⟨fig.⟩ *Prägung, Eigenart;* der Raum hat seine besondere ~; sein Vortrag erhielt durch die Schilderung eigener Erlebnisse eine persönliche ~ □ **característica; peculiaridade**

Not|fall ⟨m.; -(e)s, -fäl|le⟩ **1** *Eintreten einer Notwendigkeit, Gefahr od. Ausnahmesituation, Zwangslage;* für den ~ einen Schirm mitnehmen □ **caso de necessidade/emergência** 1.1 im ~ *wenn es unbedingt sein muss, notfalls* □ ***em caso de necessidade/emergência;** im äußersten ~ □ ***em último caso**

not|falls ⟨Adv.⟩ *im Notfall, wenn es sein muss;* ~ werde ich selbst hingehen □ **em caso de necessidade/emergência**

not|ge|drun|gen ⟨Adj. 24⟩ *weil es nicht anders geht, aus Not, aus dringender Notwendigkeit (geschehen), gezwungen* □ **forçoso; necessário**

no|tie|ren ⟨V. 500⟩ **1** eine Sache ~ *aufschreiben (um sie sich zu merken);* (sich) ein Datum, eine Verabredung, einen Termin ~ □ **anotar** **2** einen Kurswert ~ *festsetzen u. veröffentlichen;* zum notierten Kurs □ **cotar** **3** ⟨505⟩ jmdn. (für etwas) ~ *vormerken;* jmdn. für die Teilnahme an einem Lehrgang ~ □ **inscrever; reservar**

nö|tig ⟨Adj.⟩ **1** *notwendig, erforderlich, unentbehrlich;* das Nötige besorgen, veranlassen; die ~en Mittel, Schritte, Unterlagen, danke, es ist nicht ~; es ist nicht ~ zu sagen, dass ...; dringend, unbedingt ~; es fehlt ihm am Nötigsten; es (nicht) für ~ halten, etwas zu tun; wenn ~, komme ich sofort 1.1 er hat es nicht mal für ~ gehalten, befunden, sich zu entschuldigen ⟨umg.⟩ *er hat sich nicht einmal entschuldigt* □ **necessário** 1.2 jmdn. od. etwas ~ brauchen *dringend, unbedingt;* er braucht ~ ein neues Fahrrad □ **com urgência** 1.3 jmdn. od. etwas ~ haben *benötigen, brauchen;* er hat Ruhe, Schonung, Urlaub ~; hat es bitter ~, dass man ihm hilft □ ***precisar de alguém ou alguma coisa** 1.3.1 du hast es (gerade) ~, so anzugeben! ⟨umg.⟩ *du hast nichts geleistet, das dich berechtigt, so anzugeben* □ ***olha quem fala!; você não pode falar nada (porque faz igual)!** 1.4 nicht ~ haben, etwas zu tun *etwas nicht zu tun brauchen, nicht tun müssen;* er hat es nicht ~, noch länger zu warten □ ***não precisar fazer alguma coisa**

nö|ti|gen ⟨V. 500⟩ **1** ⟨505⟩ jmdn. (zu etwas) ~ *dringend darum bitten, dazu auffordern, zwingen, (etwas zu tun);* zum Bleiben, Essen, Trinken ~ □ **insistir; forçar;** lassen Sie sich nicht nötigen! (beim Essen, Trinken zuzulangen) □ ***não faça cerimônia!** 1.1 sich genötigt sehen, etwas zu tun *gezwungen sein, etwas zu tun* □ ***ver-se obrigado/forçado a fazer alguma coisa** 1.2 ⟨Rechtsw.⟩ *jmdn. mit Gewalt od. Drohung dazu bringen (etwas zu tun, zu dulden od. zu unterlassen);* er kann straffrei ausgehen, wenn er (dazu) genötigt worden ist □ **coagir; constranger**

No|tiz ⟨f.; -, -en⟩ **1** *notierte Bemerkung, kurze Angabe, Vermerk;* Zeitungs~; sich ~en machen; eine kurze ~ bringen □ **nota; apontamento; notícia** **2** ~ nehmen *Kenntnis, Beachtung;* (keine) ~ nehmen von etwas od. jmdm. □ ***tomar conhecimento**

Not|la|ge ⟨f.; -, -n⟩ *Bedrängnis, schwierige, schlimme Lage;* jmds. ~ (zum eigenen Vorteil) ausnützen; wirtschaftliche ~; sich in einer ~ befinden; jmdn. in eine ~ bringen; in eine ~ geraten □ **necessidade; dificuldade; situação de emergência**

not|lan|den ⟨V. 400(s.)⟩ *eine Notlandung machen;* wir mussten ~; das Flugzeug ist notgelandet □ **fazer pouso de emergência**

Not|lan|dung ⟨f.; -, -en⟩ *durch eine Notlage (z. B. Motorschaden) erzwungene Landung auf unvorbereitetem*

Platz; das Flugzeug setzt zur ~ an □ pouso de emergência

not|lei|dend *auch:* Not leidend ⟨Adj. 24/70⟩ *sich in Not befindend, in materieller Not lebend;* die ~en Menschen in Flüchtlingslagern □ necessitado; pobre

Not|lü|ge ⟨f.; -, -n⟩ *Lüge aus Höflichkeit, um den andern nicht zu kränken;* gesellschaftliche ~; zu einer ~ greifen, Zuflucht nehmen □ mentirinha; mentira inocente

no|to|risch ⟨Adj. 24⟩ **1** *offenkundig, allbekannt* □ notório **2** *gewohnheitsmäßig;* ein ~er Trinker, Verbrecher □ inveterado

not|reif ⟨Adj. 24⟩ *vorzeitig reif, ohne ausgewachsen zu sein;* ~es Korn □ prematuro

Not|ruf ⟨m.; -(e)s, -e⟩ *Anruf u. Rufnummer von Polizei od. Feuerwehr im Fall einer Gefahr;* den ~ 110 wählen □ telefone/chamada de emergência

Not|sitz ⟨m.; -es, -e⟩ *Behelfssitz, kleiner zusätzlicher Sitz (im Theater, Flugzeug, Zug)* □ assento suplementar

Not|stand ⟨m.; -(e)s, -stän|de⟩ **1** ⟨Rechtsw.⟩ *Zustand der Gefahr, aus der sich jmd. nur durch den Eingriff in das Recht eines anderen retten kann* □ estado de emergência **2** *Notlage* □ necessidade; dificuldade; situação de emergência

not|tun ⟨V. 272/401⟩ *es tut not es ist nötig;* seine Hilfe hat uns notgetan; hier wird schnelles Eingreifen ~ □ ser necessário

Not|tur|no ⟨n.; -s, -s od. -tur|ni; Mus.⟩ = *Nocturne*

Not|wehr ⟨f.; -; unz.; Rechtsw.⟩ *Abwehr eines rechtswidrigen Angriffs;* die ~ überschreiten; aus ~ handeln; jmdn. in ~ erschießen □ legítima defesa

not|wen|dig ⟨a. [-'--] Adj.⟩ **1** ⟨70⟩ *erforderlich, unentbehrlich, unerlässlich, unvermeidlich;* dringend, unbedingt ~; ~e Anschaffungen, Unterlagen; eine ~e Voraussetzung; die ~en Formalitäten erledigen; die ~en Schritte unternehmen; das Notwendige veranlassen; es ist ~, sofort zu beginnen; es könnte ~ werden, dass ...; ich halte es für ~; nur das Notwendigste mitnehmen □ necessário; indispensável **1.1** etwas od. jmdn. als ~es Übel betrachten ⟨umg.⟩ *als lästige aber unumgängliche Sache, lästige Person betrachten* □ necessário **2** ⟨50⟩ *unbedingt, dringend;* etwas ~ brauchen; ich muss mal ~ (erg.: auf die Toilette) ⟨umg.⟩ □ urgentemente **3** ⟨50⟩ *zwangsläufig;* deine Worte mussten ~ Ärger hervorrufen □ inevitavelmente

Not|zucht ⟨f.; -; unz.; Rechtsw.; veraltet⟩ *Nötigung einer weibl. Person zu sexuellen Handlungen, bes. zum Geschlechtsverkehr, Vergewaltigung* □ estupro; violação

Nou|gat ⟨[nu:-] m. od. n.; -s, -s⟩ *Konfekt aus fein zerkleinerten Nüssen od. Mandeln mit Zucker u. Kakao;* oV *Nugat* □ nugá

No|vel|le¹ ⟨[-vɛl-] f.; -, -n; Pol.⟩ *ergänzender od. ändernder Nachtrag zu einem Gesetz* □ emenda

No|vel|le² ⟨[-vɛl-] f.; -, -n; Lit.⟩ *von einem einzelnen ungewöhnlichen („neuen") Ereignis handelnde, kürzere, geradlinig sich steigernde, gedrängt berichtende Erzählung* □ novela

No|vem|ber ⟨[-vɛm-] m.; - od. -s, -; Abk.: Nov.⟩ *der elfte Monat im Jahr* □ novembro

No|vum ⟨[-vum] n.; -s, -va [-va]⟩ *Neuheit, Neuerung, neuer Gesichtspunkt;* das ist ein ~ in der Geschichte unseres Vereins □ novidade; inovação

Nu ⟨m.; nur in den Wendungen⟩ **im ~, in einem ~** *sehr schnell;* ich bin im ~ zurück □ *num instante; num piscar de olhos

Nu|an|ce ⟨[nyã:s(ə)] f.; -, -n⟩ **1** *Abstufung, feine Tönung;* eine ~ heller, dunkler **2** *winzige Kleinigkeit, Spur, Schimmer;* (keine) ~n unterscheiden (können); um eine ~ anders □ nuança

nüch|tern ⟨Adj. 70⟩ **1** *ohne gegessen zu haben, mit leerem Magen;* er muss ~ zum Arzt □ em jejum **1.1** ~er **Magen** *leerer M.;* eine Arznei auf ~en Magen einnehmen □ *de estômago vazio; em jejum **2** ⟨70⟩ *nicht betrunken;* er ist nicht mehr ganz ~ **2.1** *allmählich wieder ~ werden* ⟨a. fig.⟩ *aus einem Rausch od. Begeisterungstaumel erwachen* □ sóbrio **3** *besonnen, wirklichkeitsnah;* ein ~er Mensch; eine Sache ~ betrachten; ~ denken □ objetivo; sóbrio; com objetividade/sobriedade **4** *langweilig, trocken, fantasielos, alltäglich;* ein allzu ~er Bericht, Stil; ein ~er Mensch □ prosaico; trivial **5** ⟨veraltet⟩ *nach nichts (schmeckend), fad;* der Salat, die Suppe schmeckt etwas ~ □ insípido; insosso

Nu|ckel ⟨m.; -s, -; oberdt.⟩ *Schnuller* □ chupeta

Nu|del ⟨f.; -, -n⟩ **1** *Eierteigware in Faden-, Röhrchen-, kleiner Muschel- o. a. Form;* Band~ □ talharim, Spiral~ □ macarrão parafuso; ~n essen □ macarrão; massa **2** *Teigröllchen (zum Mästen von Gänsen)* □ massa para engorda de gansos **3** ⟨fig.; umg.⟩ *Person, Mensch;* eine putzige, lustige ~; eine dicke ~ □ sujeito; cara; Ulk~ □ *brincalhão

Nu|del|holz ⟨n.; -es, -höl|zer⟩ *(hölzernes) Küchengerät in Form einer Rolle mit zwei Griffen zum Ausrollen von Teig;* Sy *Wallholz* □ rolo de macarrão

nu|deln ⟨V. 500⟩ **1** *Gänse ~ mit Nudeln füttern, mästen* □ cevar **2** *jmdn. ~* ⟨fig.⟩ *überfüttern* □ superalimentar **2.1** (wie) genudelt sein ⟨umg.⟩ *sehr satt sein* □ *estar cheio/satisfeito

Nu|dis|mus ⟨m.; -; unz.⟩ *Bewegung, die den unbekleideten Aufenthalt beider Geschlechter im Freien propagiert, Freikörperkultur, Nacktkultur* □ nudismo

Nu|dist ⟨m.; -en, -en⟩ *Anhänger des Nudismus* □ nudista

Nu|dis|tin ⟨f.; -, -tin|nen⟩ *weibl. Nudist* □ nudista

Nu|gat ⟨ m. od. n.; -s, -s⟩ = *Nougat*

nu|kle|ar *auch:* nuk|le|ar ⟨Adj. 24⟩ **1** *den Atomkern betreffend, von ihm ausgehend* **2** *auf Kernreaktion beruhend* □ nuclear

null ⟨Numerale; Zeichen: 0⟩ **1** *kein, nichts;* das Spiel steht zwei zu ~ (2:0); den Zeiger auf null stellen □ zero; das Ergebnis der Sache ist ~ □ nulo **2** *~ und nichtig ungültig* □ *írrito e nulo **3** *eine Temperatur von ~ Grad (0 °C) am Anfang der Skala von Celsius, auf dem Gefrierpunkt;* zwei Grad über (unter) null; die Temperatur sinkt unter null □ zero **4** in null

Komma nichts ⟨umg.⟩ *sehr schnell, in Windeseile* □ *num instante; num piscar de olhos*

Null[1] ⟨f.; -, -en; Zeichen: 0⟩ **1** *Ziffer, die einen Stellenwert im Zehner-, Zweier- od. anderen Zahlensystem bezeichnet* □ zero 1.1 *einer Zahl eine* ~ *anhängen sie mit 10 multiplizieren; du kannst du noch ein paar* ~*en anhängen!* □ **colocar um zero atrás de um número* **2** *Nullpunkt, Gefrierpunkt (von Wasser)* □ **zero grau 3** *jmd. ist eine* ~ *ein untüchtiger, bedeutungsloser Mensch* □ *zero à esquerda; nulidade*

Null[2] ⟨m. od. n.; - od. -s, -s; Skat⟩ **1** *im Skat ein Spiel, bei dem der Spieler keinen Stich bekommen darf* □ **jogo zero** 1.1 ~ *ouvert* ⟨[uvɛːr]⟩ *Nullspiel, bei dem der Spieler nach dem ersten Stich die Karten offen hinlegen muss* □ **zero ouvert**

Null|punkt ⟨m.; -(e)s, -e⟩ **1** *Bezugspunkt einer Skala, z. B. bei Thermometern der Gefrierpunkt des Wassers als Ausgangspunkt der Celsius-Skala* □ **zero 2** *auf den* ~ *sinken* ⟨fig.⟩ *den größten Tiefstand erreicht haben; die Stimmung sank nach der Niederlage auf den* ~ □ **tocar o fundo; chegar ao fundo*

Nu|me|ra|le ⟨n.; -s, -lia od. -li|en; Gramm.⟩ = *Zahlwort*

nu|me|rie|ren ⟨alte Schreibung für⟩ **nummerieren** □ **numerar**

Nu|me|ro ⟨ohne Artikel.; Abk.: No.; Zeichen: N°; veraltet; noch scherzh.⟩ *Nummer (in Verbindung mit einer Zahl); das ist* ~ *vier* □ **número**

Nu|me|rus ⟨m.; -, -me|ri⟩ ⟨Gramm.⟩ *grammatische Kategorie, die angibt, ob durch Nomen, Pronomen od. Verb ausgedrückten Begriffe einfach od. mehrfach aufzufassen sind, z. B. Singular, Plural* **2** ⟨Math.⟩ *Zahl, zu der der Logarithmus gesucht wird* □ **número 3** ~ **clausus** ⟨Abk.: NC⟩ *begrenzte Zahl für die Zulassung von Bewerbern zum Studium* □ **número de vagas disponíveis na universidade; limite de matrículas*

Nu|mis|ma|tik ⟨f.; -, unz.⟩ *Münzkunde* □ **numismática**

Num|mer ⟨f.; -, -n⟩ **1** *Glied in einer Reihe von Ordnungszahlen; Haus~, Los~, Telefon~, Fax~, Zimmer~; er hat Zimmer~ 10; laufende* ~; *in welcher* ~ *(Haus~) wohnen Sie?; wir sind unter* ~ *(Telefon~) 25871 zu erreichen* 1.1 *Exemplar;* ~ *einer Zeitschrift* 1.2 *einzelne Darbietung innerhalb einer Folge von Vorführungen;* ~ *eine hervorragende, komische, tolle* ~ **2** *Größe (eines Kleidungsstückes);* ~ *Handschuh* ~ *10, Anzug* ~ *56, Schuh* ~ *42* □ **número 3** *bei jmdm. eine* **gute** ~ **haben** ⟨fig.⟩ *von jmdm. sehr geschätzt werden* □ **ter cartaz com alguém* **4** *jmd. ist eine* **komische, ulkige** ~ *ein Spaßmacher* 4.1 *jmd. ist eine tolle* ~ ⟨fig.⟩ *ein allen Vergnügungen zugeneigter Mensch, der Freude am Leben hat* □ *cara; figura* **5** *auf* ~ **Sicher/sicher** ⟨fig.; umg.⟩ 5.1 *auf* ~ **Sicher/sicher gehen** *kein Risiko eingehen wollen* □ **assegurar-se; evitar correr riscos* 5.2 *auf* ~ **Sicher/sicher sein** *im Gefängnis sein* □ **estar em cana*

num|me|rie|ren ⟨V. 500⟩ *Personen od. Gegenstände* ~ *mit Nummern(1) versehen* □ **numerar**

nun ⟨Adv.⟩ **1** *jetzt;* ~, *da es soweit ist, bin ich ganz ruhig;* ~ *hab' ich aber genug!; wir kommen* ~ *zu der Frage, ob ...; ich muss* ~ *gehen;* ~ *aber soll alles anders werden* □ **agora;** ~ *und nimmermehr* □ **nunca mais; von* ~ *an* □ **de agora em diante* 1.1 *was* ~? *was soll jetzt weiter geschehen?* □ **e agora?* **2** ⟨Partikel ohne eigentl. Bedeutung⟩ 2.1 *also; er mag* ~ *wollen oder nicht* □ ∅; ~ *sag bloß, du hättest ...* 2.1.1 ~? *was ist damit?, was soll geschehen, was möchtest du?;* ~, *warum antwortest du nicht?;* ~, *wird's bald?;* ~, *wie steht's? (als Aufforderung zu antworten od. etwas zu tun, was erwartet wird)* □ **então** 2.1.2 ~ **gut!** *meinetwegen!, einverstanden!* □ **está bem!; combinado!* 2.2 ~ **dann!** *auf denn!, lasst uns beginnen, frisch ans Werk* □ **vamos lá!; mãos à obra!* 2.3 ~ **ja** ⟨Ausdruck der Gleichmütigkeit, auch des leisen Einwands⟩; ~ *ja, wie dem auch sei ...;* ~ *ja, ganz so ist es auch nicht wieder nicht* □ **bom* 2.4 ~, ~! ⟨Ausdruck beschwichtigenden Zuspruchs⟩; ~, ~, *so schlimm wird es doch nicht gewesen sein!* □ **ora, vamos; ah, vai* 2.5 ~ **einmal, mal eben;** *das ist* ~ *mal so,* ~ *mal nicht anders* □ **simplesmente* **3** ⟨Konj.; veraltet, noch poet.⟩ *nachdem, da, weil;* ~ *er so lange gezögert hat, muss er auch ...* □ **como; uma vez que**

nun|mehr ⟨Adv.⟩ *jetzt, von jetzt an* □ **agora; doravante; a partir de agora**

Nun|ti|us ⟨m.; -, -ti|en⟩ *päpstlicher Botschafter* □ **núncio**

nur ⟨Adv.⟩ **1** *nicht mehr als, nichts anderes als, niemand anders als, bloß; es kostet* ~ *fünf Euro;* ~ *noch eine Stunde; ich habe* ~ *einen Schlüssel;* ~ *ich; alle,* ~ *ich nicht; es trifft ja* ~ *ihn* □ **apenas; só** 1.1 ~ **nicht** ~ *(...),* **sondern auch** *(...) sowohl als auch;* **nicht** ~ *billig, sondern auch gut* □ **não apenas (...), mas também (...)* **2** ~ **so** ⟨umg.⟩ *ohne besonderen Grund, aus Vergnügen; ich bin* ~ *so vorbeigekommen; ich habe das* ~ *so gesagt; ich meine (ja)* ~ *so* □ **sem mais nem menos* 2.1 *der Wind brauste mir* ~ *so um die Ohren sehr heftig* □ **o vento soprava fortemente em meus ouvidos* **3** ⟨konjunktional; Vorausgehendes einschränkend⟩ *allerdings, jedoch;* ~ *habe ich leider vergessen zu sagen ...;* ~ *weiß ich nicht, ob ...* □ **só que; porém* 3.2 *lediglich; er braucht es* ~ *zu sagen* □ **só; simplesmente** 3.3 ~ **dass** *... ausgenommen dass; die Zimmer waren in Ordnung,* ~ *dass die Duschen fehlten* □ **a não ser por/pelo fato de que; exceto por/pelo fato de que* **4** ⟨Partikel ohne bestimmte Bedeutung; meist verstärkend⟩ 4.1 ~ **zu gut,** *schnell sehr, ganz besonders gut, schnell; das weiß er* ~ *zu gut* □ **muito bem/rápido* 4.2 ⟨in Aufforderungssätzen⟩ *(bitte); schau doch* ~! □ **olhe só!;* ~ *Mut, Geduld!;* ~ *keine Umstände!;* ~ *das nicht!* □ ∅ 4.2.1 ~ **zu!** *vorwärts!, keine Angst!* □ **vamos!; coragem!* 4.3 ⟨in Wunschsätzen⟩ *doch (endlich); wenn er* ~ *(endlich) käme!; wenn er* ~ *nicht sagt ...; wenn er* ~ *wüsste, ob ...!* □ **pelo menos** 4.4 ⟨in Fragesätzen der Anteilnahme, des Unmuts⟩ *eigentlich; was hat er* ~?; *was hat er* ~ *von dir gewollt?* □ **afinal**

nu|scheln ⟨V. 400; umg.⟩ *undeutlich sprechen; was nuschelst du da in deinen Bart?* □ **balbuciar; tartamudear**

Nuss ⟨f.; -, Nüs|se⟩ **1** *trockene pflanzliche Schließfrucht, die mit Hilfe eines Trenngewebes als Ganzes ab-*

fällt; ~*öl;* ~*schale* □ noz; Erd~ □ **amendoim;* Hasel~ □ **avelã* **1.1** Nüsse knacken *Schalen der Nüsse aufbrechen* □ **quebrar nozes;* → a. *hart(4.3)* **2** ⟨i. w. S.⟩ *essbarer Kern von Schalenobstarten;* Wal~ □ **noz;* Kokos~ □ **coco* **3** = *Kugel(4)* **4** *Teil des Schlosses am Gewehr* □ noz do cão **5** ⟨Jägerspr.⟩ *äußeres Geschlechtsteil (von Wölfin, Füchsin, Hündin.)* □ vulva **6** ⟨umg.⟩ *Kopf;* jmdm. eins auf die ~ geben □ coco; cachola **7** *eine alberne, komische* ~ ⟨umg.; abwertend⟩ *Person* □ sujeito; tipo

Nüs|ter ⟨a. [nyːs-] f.; -, -n; meist Pl.⟩ *Nasenloch (bes. beim Pferd)* □ narina

Nut ⟨f.; -, -en⟩ *rinnenförmige Vertiefung in der Oberfläche von Werkstoffen* □ ranhura; entalhe

Nüt|te ⟨f.; -, -n; abwertend⟩ = *Prostituierte*

nutz ⟨Adv.; süddt.; österr.⟩ = *nütze*

Nutz ⟨m.; -es; unz.; veraltet für⟩ **1** *Nutzen* □ vantagem; proveito **1.1** (noch in der Wendung) *jmdm. zu* ~ *u. Frommen zu jmds. Nutzen, zu jmds. Vorteil* □ *em benefício/prol de alguém* **2** (Getrennt- u. Zusammenschreibung) **2.1** zu Nutze = *zunutze*

nutz|bar ⟨Adj.; *so beschaffen, dass man es nutzen kann* (Boden)⟩ □ útil; aproveitável

nüt|ze ⟨Adv.; *nützlich, brauchbar* □ útil; utilizável; oV ⟨österr.⟩ *nutz; das ist zu nichts* ~ □ **isso não serve/presta para nada;* du bist auch zu gar nichts ~! □ **você também não presta para nada!*

nut|zen ⟨V.⟩ oV *nützen* **1** ⟨600/Vr 6⟩ jmdm. od. einer Sache ~ *förderlich sein, Nutzen bringen; zu etwas* ~; *wozu soll das* ~?; wem nützt du damit?; das nützt mir viel, wenig, nichts; ich freue mich, wenn ich Ihnen, wenn Ihnen das Buch etwas ~ kann □ servir; ser útil **1.1** ⟨501⟩ *es nutzt nichts es hilft nichts, es hat keinen Zweck* □ **não serve para nada; de nada adianta* **2** ⟨500⟩ *etwas* ~ *ausnutzen, aus etwas Vorteil ziehen, etwas vorteilhaft gebrauchen; Bodenschätze* ~ □ explorar; *den Augenblick, die Gelegenheit* ~; *ich will die Zeit* ~, *um noch etwas zu erledigen* □ aproveitar

Nut|zen ⟨m.; -s; unz.⟩ *Ertrag, Gewinn, Vorteil;* ~ *abwerfen, bringen; aus etwas* ~ *ziehen; von etwas* ~ *haben; das kann mir sehr von* ~, *von großem* ~ *sein* □ vantagem; lucro; proveito

nüt|zen ⟨V.⟩ = *nutzen*

nütz|lich ⟨Adj.⟩ **1** *Nutzen bringend, Gewinn bringend, ertragreich, vorteilhaft;* Ggs *schädlich;* ~e *Pflanzen, Tiere; allerlei* ~e *Dinge; deine Arbeit, dein Buch, dein Hinweis war mir sehr* ~; *das Angenehme mit dem Nützlichen verbinden* **1.1** ⟨72⟩ jmdm. (bei, in, mit etwas) ~ *sein behilflich sein, helfen; ich hoffe, ich kann Ihnen bei der Suche* ~ *sein* □ útil **1.1.1** sich (bei, in etwas) ~ machen *Hand anlegen, helfen (bei, in);* er sagt, er wolle sich im Haus, bei der Hausarbeit ~ machen □ **ajudar/ser útil (com/em alguma coisa)*

nutz|los ⟨Adj.⟩ *ohne Nutzen, unergiebig, unfruchtbar, vergeblich;* ~e *Anstrengungen, Bemühungen, Mühe, Versuche; es war alles* ~; *sein Leben* ~ *aufs Spiel setzen* □ inútil; inutilmente

Nut|zni|e|ßer ⟨m.; -s, -⟩ *jmd., der den Nutzen von etwas hat, der den Vorteil von etwas genießt* □ beneficiário; usufrutuário

Ny|lon® ⟨[naɪ-] n.; -s; unz.⟩ **1** *zu den Polyamidfaserstoffen gehörige synthet. Textilfaser* □ náilon

Ny|lons ⟨[naɪ-] nur Pl.; umg.; veraltet⟩ *Strümpfe aus Nylon* □ meias de náilon

Nym|phe ⟨f.; -, -n⟩ **1** *griechische weibl. Naturgottheit* **2** ⟨Zool.⟩ *Übergangsstadium in der Entwicklung bestimmter Insekten (z. B. der Fransenflügler) zwischen Larve u. Puppe* **3** ⟨Anat.⟩ = *Schamlippe(1.2)*

Nym|pho|ma|nie ⟨f.; -; unz.⟩ *krankhaft gesteigerter Geschlechtstrieb bei Frauen* □ ninfomania

o ⟨Int.⟩ **1** *(gefühlsbetonter, verstärkender An- od. Ausruf, nur in Verbindung mit anderen Wörtern);* ~ Herr!;; ~ doch! □ **oh; ah** 1.1 ~ **ja!** *gewiss doch!, aber ja!* □ ***mas claro!** 1.2 ~ **nein!** *bestimmt nicht!, ganz u. gar nicht, im Gegenteil* □ ***claro que não!** 1.3 ~ **weh!** *wie schade!; wie schrecklich!* □ ***ai, meu Deus!**

Oa|se ⟨f.; -, -n⟩ **1** *fruchtbare Stelle mit Quelle in der Wüste* **2** ⟨fig.⟩ *vom Lärm der Welt abgeschlossener Ort; eine* ~ *des Friedens, der Stille* □ **oásis**

ob[1] ⟨Konj.⟩ **1** *(einleitendes Wort für den indirekten abhängigen od. unabhängigen Fragesatz);* frag ihn, ~ er zum Essen kommt; ich möchte wissen, ~ ich Recht habe; ~ er wohl noch kommt?; ~ ich doch lieber einmal nachsehe? □ **se 2** ~ *... auch, gleich, schon* ⟨poet.⟩ *obgleich, wenn auch;* ~ *auch alle gegen ihn waren, er setzte sich doch durch; und* ~ *er gleich erschöpft war, er ruhte nicht* □ ***ainda que; embora 3** ~ *er nun kommt* **oder** *nicht, wir müssen jetzt anfangen entweder er kommt, od. er kommt nicht, das ist jetzt gleich* □ **se 4** ~ *..., * ~ *... sowohl ... als auch;* alle, ~ Arm, ~ Reich □ **tanto... quanto; quer... quer...**; → a. *als*[1] *(5.2)* **5 und** ~! ⟨umg.; verstärkend⟩ *und wie!, freilich!, gewiss;* ist es sicher? Und ~!; und ~ ich ihn kenne! □ ***e como!; claro que sim!**

ob[2] ⟨Präp.⟩ **1** *(mit Gen.; veraltet; noch poet.) wegen;* ~ dieser Bemerkung; sie machte ihm Vorwürfe ~ seines langen Ausbleibens □ **por causa de 2** ⟨mit Dat.; veraltet⟩ *oberhalb, über;* ~ dem Wasserfall; Rothenburg ~ der Tauber □ **sobre**

Ob|acht ⟨f.; -; unz.⟩ **1** *Aufmerksamkeit, Beachtung* 1.1 ~! ⟨bes. süddt.⟩ *Vorsicht!, aufgepasst!* □ **cuidado; atenção** 1.2 *auf etwas od. jmdn.* ~ **geben** *aufpassen* □ ***tomar cuidado com alguma coisa ou alguém; prestar atenção em alguma coisa ou alguém** 1.2.1 gib ~! *pass auf!, sieh dich vor!* □ ***tome cuidado!; preste atenção!**

Ob|dach ⟨n.; -(e)s; unz.⟩ *Unterkunft, Zufluchtsstätte, Wohnung;* jmdm. (ein) ~ gewähren; kein ~ haben, finden □ **abrigo; refúgio**

Ob|dach|lo|se(r) ⟨f. 2 (m. 1)⟩ *jmd., der kein Obdach besitzt, ohne Wohnung ist;* Sy *Nichtsesshafte(r), Wohnungslose(r)* □ **desabrigado; sem-teto**

Ob|duk|ti|on ⟨f.; -, -en⟩ *pathologisch-anatomische Untersuchung einer Leiche zur Klärung der Todesursache;* Sy *Leichenöffnung, Sektion(1)* □ **autópsia**

ob|du|zie|ren ⟨V. 500⟩ *eine* **Leiche** ~ *eine Obduktion an einer L. vornehmen* □ **autopsiar**

O-Bei|ne ⟨Pl.⟩ *Beine mit nach außen gebogenen Unterschenkeln* □ **pernas arqueadas**

O-bei|nig *auch:* **o-bei|nig** ⟨Adj. 24⟩ *O-Beine habend* □ **cambado; de pernas arqueadas**

Obe|lisk ⟨m.; -en, -en⟩ *vierkantige, oben spitz zulaufende Säule* □ **obelisco**

oben ⟨Adv.⟩ **1** *in der Höhe, an hoch gelegener Stelle;* da ~, dort ~; hoch ~; weit ~; hier ~ ist es windig; links, rechts ~; die Märchenbücher stehen ganz ~ (im Schrank); ich habe den Koffer ~ auf den Schrank gelegt □ **em cima; no alto** 1.1 ~ **ohne** ⟨umg.; scherzh.⟩ *mit unbekleidetem Oberkörper* □ ***de topless** 1.2 jmdn. **von** ~ **bis unten** ansehen, mustern *jmdn. von Kopf bis Fuß mustern* □ ***examinar/medir alguém de cima a baixo** 1.3 jmdn. **von** ~ **herab** behandeln ⟨fig.⟩ *hochmütig jmdm. gegenüber sein, jmdn. herablassend behandeln* □ ***tratar alguém por cima dos ombros/com desprezo** 1.4 **von** ~ *aus der Höhe (herab);* von ~ hat man einen sehr weiten Blick □ ***de cima** 1.5 er war **von** ~ **bis unten** nass *ganz u. gar durchnässt* □ ***ele estava todo molhado** 1.6 **nach** ~ **hinauf** □ ***para cima** 1.7 mir steht die Sache **bis** (hier) ~ ⟨fig.; umg.⟩ *ich habe die Sache gründlich satt* □ ***estou por aqui com esse assunto** 1.8 behalt den Kopf ~! ⟨fig.⟩ *bleib tapfer!* □ ***cabeça erguida! 2** *auf der Oberfläche;* Fett schwimmt ~ □ **na superfície** 2.1 ~! (Aufschrift auf Kisten) *hier Oberseite!* □ **este lado para cima! 3** *außen* 3.1 ~ hui, unten pfui ⟨umg.⟩ *nach außen sauber u. ordentlich, darunter unordentlich u. schmutzig* □ ***por fora bela viola, por dentro pão bolorento 4** ⟨umg.⟩ *im Haus, in der (oberhalb des Erdgeschosses gelegenen) Wohnung;* mein Bruder ist ~ □ **(lá) em cima; no andar de cima** 4.1 der Junge muss heute ~ bleiben *in der Wohnung, er darf nicht auf die Straße* □ **em casa** 4.2 **nach** ~ gehen, kommen *die Treppe hinaufgehen, in ein höheres Stockwerk gehen* □ ***subir 5** ~ (am Tische) sitzen *am Anfang der Tafel* □ **à cabeceira 6 von** ~ **nach unten** schreiben *die Schriftzeichen untereinander setzen; die chinesische Schrift wird von* ~ *nach unten geschrieben* □ **cima 7** *weiter vorn in dem Buch, Text;* wie ~ erwähnt; ⟨aber Getrennt- u. Zusammenschreibung⟩ ~ **erwähnt** = *obenerwähnt;* siehe ~ □ **acima; anteriormente 8** ⟨fig.; umg.⟩ *an leitender Stelle, bei den Vorgesetzten;* er ist ~ sehr, nicht beliebt □ **no topo** 8.1 die Anordnung kommt **von** ~ *von übergeordneter Stelle* □ **cima 9** ⟨Getrennt- u. Zusammenschreibung⟩ 9.1 ~ **genannt** = *obengenannt* 9.2 ~ **stehend** = *obenstehend*

oben|an ⟨Adv.⟩ *ganz oben, an erster Stelle, am Anfang einer Reihe;* er sitzt (am, bei Tisch) ~ □ **à cabeceira;** sein Name steht ganz ~ (auf der Liste) □ **no topo**

oben|auf ⟨Adv.⟩ **1** *ganz oben darauf, über allem anderen, zuoberst;* ein Stück Wurst (noch) ~ legen; dein Heft liegt gleich ~ □ **em/por cima 2** ~ **sein** ⟨fig.; umg.⟩ *munter, wohlauf* □ **em plena forma; bem-disposto** 2.1 immer ~ sein *immer munter u. fröhlich sein* □ **alegre; de bom humor** 2.2 wieder ~ sein *gesund u. munter* □ ***recuperar a boa forma**

oben|drauf ⟨Adv.; umg.⟩ *obenauf, ganz oben, auf allem anderen, (bzw.) auf alles andere* □ **por/em cima**

oben|drein ⟨Adv.⟩ *außerdem, noch dazu;* wir kamen zu spät und hatten ~ noch die Eintrittskarten vergessen □ além disso; ainda por cima

oben|er|wähnt *auch:* **oben er|wähnt** ⟨Adj. 24/60⟩ *vorher (im Text) erwähnt;* der ~e Satz; das Obenerwähnte/oben Erwähnte bestätigen □ supramencionado; supracitado; → a. *oben (7)*

oben|ge|nannt *auch:* **oben ge|nannt** ⟨Adj.⟩ *vorher (im Text) genannt, erwähnt;* das Obengenannte/oben Genannte wiederholen □ supranomeado; supramencionado

oben|her|um *auch:* **oben|he|rum** ⟨Adv.⟩ *im oberen Bereich (des Körpers);* sich ~ entkleiden □ torso; parte superior do corpo

oben|ste|hend *auch:* **oben ste|hend** ⟨Adj. 24/60⟩ *bereits weiter vorn im Text genannt, bezeichnet, erwähnt;* der ~e Absatz; das Obenstehende/oben Stehende wurde bereits mehrfach angezweifelt □ supramencionado; supracitado

Ober ⟨m.; -s, -⟩ **1** *dt. Spielkarte* □ rainha **2** *Oberkellner* □ maître **2.1** *Kellner;* Herr ~, bitte zahlen! □ garçom

ober..., Ober... ⟨in Zus.⟩ **1** *räumlich darüber liegend, höher gelegen;* Oberarm, Oberteil **2** *der höher gelegene Teil von (in geografischen Namen);* Oberbayern; Oberitalien **3** *höchst, umfassend, allein verantwortlich;* Oberbefehlshaber, Oberbegriff, Oberleitung **4** *höher, am höchsten im Rang stehend;* Oberbürgermeister, Oberleutnant **5** ⟨umg.: salopp⟩ *sehr, besonders, höchst, äußerst;* oberdoof, oberschlau, Oberbonze, Obergauner

Ober|arm ⟨m.; -(e)s, -e; Anat.⟩ *Arm vom Ellenbogen bis zur Schulter;* Ggs *Unterarm* □ braço

Ober|bau ⟨m.; -(e)s, -ten⟩ **1** *der auf Pfeilern ruhende Teil (bei Brücken)* □ superestrutura **2** *Gleisanlage (der Eisenbahn) u. ihre Bettung* □ via permanente

Ober|be|fehl ⟨m.; -(e)s; unz.; Mil.⟩ *höchste militärische Befehlsgewalt;* den ~ haben (über) □ comando supremo

Ober|be|klei|dung ⟨f.; -; unz.⟩ *zuoberst, über der Unterwäsche getragene Kleidung, z. B. Rock, Bluse, Kleid, Mantel, Anzug usw.;* Geschäft für Damen- u. Herren-~ □ roupa (de cima)

obe|re(r, -s) ⟨Adj. 60⟩ **1** *höher, darüber stehend, liegend;* das ~ Stockwerk **1.1** *die Oberen die Vorgesetzten, Vorsteher* **1.2** *der ~* **Flusslauf** *der erste Teil des Flusses nach der Quelle* **1.3** *die ~n* **Klassen***, Schichten gesellschaftlich höher stehende K., S.* □ superior **1.4** *das Oberste zuunterst kehren* ⟨a. fig.⟩ *alles durcheinanderbringen* □ *revirar tudo; fazer a maior bagunça;* → a. *zehntausend(1.1)*

Ober|flä|che ⟨f.; -, -n⟩ **1** *Gesamtheit der einen Körper begrenzenden Flächen;* glänzende, glatte, harte, raue, weiche ~ **1.1** *alles, was er sagt, bleibt an der ~* ⟨fig.⟩ *geht nicht in die Tiefe, berührt die Fragen nur flüchtig, bleibt bei Äußerlichkeiten hängen* **2** *obere Begrenzungsfläche einer Flüssigkeit;* auf der ~ (einer Flüssigkeit, des Wassers) schwimmen □ superfície

ober|fläch|lich ⟨Adj.⟩ **1** *an der Oberfläche haftend, nicht tief eindringend;* eine ~e Wunde □ superficial **2** ⟨fig.⟩ *flüchtig, nicht gründlich;* jmdn. od. etwas nur ~ kennen; etwas ~ ausführen; etwas nur ~ ansehen, lesen □ superficialmente; por alto **3** ⟨fig.⟩ *ohne tiefere Gefühle, ohne Ernst u. ohne Ausdauer, leichtfertig, äußerlich;* ein ~er Mensch □ superficial; fútil

Ober|ge|schoss ⟨n.; -es, -e⟩ **1** *höher als das Erdgeschoss gelegenes Stockwerk* □ andar superior **1.1** *zweites ~ zweites Stockwerk* □ andar

ober|halb ⟨Präp. m. Gen.⟩ *über, höher als ... gelegen;* ~ des Balkons, der Tür □ sobre; acima de; por cima de

Ober|hand ⟨f.; -; unz.⟩ *Überlegenheit, Übermacht;* die ~ behalten □ superioridade; supremacia; die ~ gewinnen (über) □ *impor-se/prevalecer (sobre)*

Ober|haupt ⟨n.; -(e)s, -häup|ter⟩ **1** *Herrscher, Leiter;* Staats~ □ chefe **2** *Führer, Anführer (einer Bande)* □ líder

Obe|rin ⟨f.; -, -rin|nen⟩ **1** *Vorsteherin eines Klosters, eines (kirchlichen) Heimes o. Ä.* □ madre superiora **2** = *Oberschwester*

ober|ir|disch ⟨Adj. 24⟩ *über dem Erdboden gelegen;* Ggs *unterirdisch(1);* ein ~er Keller; eine ~e Leitung □ acima do solo; na superfície; aéreo

Ober|kör|per ⟨m.; -s, -; Anat.⟩ *menschlicher Rumpf vom Nabel bis zum Hals;* Ggs *Unterkörper* □ torso; busto

Ober|lauf ⟨m.; -(e)s, -läu|fe⟩ *nach der Quelle zu liegender Flussteil;* Ggs *Unterlauf* □ curso superior de um rio

Obers ⟨n.; -; unz.; österr.⟩ *Sahne, Rahm;* Schlag~ □ creme; chantili

Ober|schen|kel ⟨m.; -s, -; Anat.⟩ *oberer Teil des Beines (vom Knie an aufwärts);* Ggs *Unterschenkel* □ coxa

Ober|schicht ⟨f.; -, -en⟩ *führende Gesellschaftsschicht;* Ggs *Unterschicht* □ classe superior; elite

Ober|schu|le ⟨f.; -, -n⟩ **1** *höhere Schule, weiterführende Schule* □ escola de ensino médio **1.1** *Polytechnische ~* (Abk.: POS; DDR) *allgemeinbildende, zehnklassige Oberschule* □ *escola politécnica

Ober|schwe|ster ⟨f.; -, -n⟩ *Leiterin der Schwestern einer Station od. eines Krankenhauses;* Sy *Oberin(2)* □ enfermeira-chefe

Oberst ⟨m.; -s od. -en, -en od. (selten) -e; Mil.⟩ ⟨unz.⟩ *Offiziersrang zwischen Oberstleutnant u. Brigadegeneral* **2** *Offizier im Rang eines Obersten(1)* □ coronel

obers|te(r, -s) ⟨Adj. 70⟩ **1** ⟨Superlativ zu⟩ *ober* □ o mais alto; superior **1.1** *ganz oben befindlich, die höchste Stelle, den höchsten Rang einnehmend;* Ggs *unterste;* das ~ Fach □ *o compartimento de cima,* der Oberste Gerichtshof □ *a suprema corte;* die ~ Sprosse □ *o degrau mais alto

Oberst|leut|nant ⟨m.; -s od. -e; Mil.⟩ **1** ⟨unz.⟩ *Offiziersrang zwischen Major u. Oberst* **2** *Offizier im Rang eines Oberstleutnants* □ tenente-coronel

Ober|was|ser ⟨n.; -s; unz.⟩ **1** *oberhalb eines Wehres od. einer Talsperre gestautes Wasser* □ águas de montante **1.1** (*wieder*) ~ *haben* ⟨fig.⟩ *(wieder) im Vorteil sein,*

obgleich

überlegen sein □ **(voltar a) ter vantagem; estar (novamente) em uma posição privilegiada*

ob|gleich ⟨Konj.⟩ *obwohl, obschon, wenn auch;* → a. *gleich(5.3);* ~ *es regnet, gehe ich aus* □ **ainda/mesmo que**

Ob|hut ⟨f.; -; unz.; geh.⟩ *fürsorgliche Aufsicht, Schutz; jmdn. in seine* ~ *nehmen; in jmds.* ~ *stehen* □ **proteção; guarda; custódia**

obig ⟨Adj. 24/60⟩ **1** *oben erwähnt, oben genannt (im Text); Sie teilten uns in Ihrem* ~*en Schreiben mit, dass ...* **1.1** *der, die Obige (Abk.: d. O.) (Unterschrift unter eine Nachschrift im Brief)* □ **supracitado; supramencionado 1.2** *von* Obigen *weiter oben (erwähnt, genannt)* □ **acima*

Ob|jekt ⟨n.; -(e)s, -e⟩ **1** *Sache, Gegenstand einer Untersuchung;* Forschungs~; *das* ~ *einer Betrachtung* **1.1** *Sache, die zu kaufen od. zu verkaufen ist;* Wert~, Pfand~ □ **objeto**; *dieses Grundstück ist ein wertloses* ~ □ **imóvel 2** ⟨Philos.⟩ *Gegenstand des Wahrnehmens, Erkennens u. Denkens* □ **objeto 3** ⟨Gramm.⟩ *Satzteil, der aus einer nominalen Ergänzung zum Verb besteht;* → a. **Subjekt(4);** *Akkusativ*~, *Dativ*~, *Genitiv*~ □ **complemento; objeto 4** *die Tücke der* ~*s (fig.; umg.) plötzlich auftretende, unvorhergesehene Schwierigkeit* □ **a malignidade das coisas; o golpe do destino*

ob|jek|tiv ⟨Adj.⟩ **1** *gegenständlich, tatsächlich* **2** Ggs *subjektiv(2)* **2.1** *sachlich, vorurteilsfrei, unparteiisch; ein* ~*es Urteil; eine Sache* ~ *betrachten* □ **objetivo; objetivamente 2.2** *allgemeingültig* □ **universal**

Ob|jek|tiv ⟨n.; -s, -e; Fot.; Optik⟩ *dem Gegenstand zugewandte Linse(nkombination)* □ **objetiva**

Ob|la|te¹ ⟨f.; -, -n⟩ **1** *noch nicht geweihte Hostie* □ **oblata 2** ⟨Bäckerei⟩ **2.1** *hauchdünne, aus Weizenmehl gebackene Scheibe (als Unterlage für Backwerk, bes. Lebkuchen)* □ **obreia 2.2** *rundes, scheibenförmiges, dünnes, waffelartiges Gebäck;* Karlsbader ~n □ **wafer**

Ob|la|te² ⟨m.; -n, -n⟩ **1** *für das Kloster bestimmtes u. dort erzogenes Kind* **2** ⟨nur Pl.⟩ *Angehörige mehrerer Kongregationen(2)* □ **oblato**

ob|lie|gen ⟨a. [-'--] V. 180/600; geh.⟩ **1** *einer Sache* ~ *sich anhaltend mit einer S. beschäftigen, eine S. ausführen, erfüllen; er obliegt seiner Aufgabe mit großer Gewissenhaftigkeit* □ **dedicar-se a; ocupar-se de 1.1** *es liegt ihm ob/es obliegt ihm, die täglich einlaufende Post zu verteilen er hat die Aufgabe, es gehört zu seinen Pflichten* □ **cabe a ele distribuir a correspondência que chega diariamente*

ob|li|ga|to|risch ⟨Adj. 24⟩ *verbindlich, verpflichtend, vorgeschrieben;* Ggs *fakultativ; die Vorlesung ist* ~ □ **obrigatório**

Ob|mann ⟨m.; -(e)s, -män|ner od. -leu|te⟩ **1** *Vorsitzender* □ **presidente 2** *Vertrauensmann;* Partei~ □ **delegado; representante 3** ⟨früher⟩ *Beratungsleiter der Geschworenen* □ **presidente do júri**

Oboe ⟨[-bo:ə] f.; -, -n; Mus.⟩ *aus der Schalmei entwickeltes Holzblasinstrument mit doppeltem Rohrblatt im Mundstück u. näselndem Klang* □ **oboé**

Obo|lus ⟨m.; -, - od. -se⟩ **1** *kleine altgriechische Münze* **2** ⟨meist scherzh.⟩ *kleiner Geldbetrag, Spende; seinen* ~ *entrichten* □ **óbolo**

Ob|rig|keit ⟨f.; -, -en⟩ *Träger der Regierungsgewalt, Regierung; die kirchliche, weltliche* ~ □ **autoridade**

ob|schon ⟨Konj.⟩ *obwohl, obgleich, wenngleich* □ **embora; ainda que**

Ob|ser|va|ti|on ⟨[-va-] f.; -, -en⟩ **1** *wissenschaftliches Beobachten (in einem Observatorium)* **2** *das Observieren* □ **observação**

Ob|ser|va|to|ri|um ⟨[-va-] n.; -s, -ri|en⟩ *Institut zur wissenschaftlichen Beobachtung, z. B. Sternwarte, Wetterwarte* □ **observatório**

ob|ser|vie|ren ⟨[-vi:-] V. 500⟩ jmdn. ~ *(unauffällig) überwachen, beobachten; verdächtige Personen* ~ □ **observar**

ob|sie|gen ⟨österr.; schweiz. [-'--] V. 800; geh.⟩ *über etwas od. jmdn.* ~ *etwas od. jmdn. besiegen, überwinden* □ **triunfar; prevalecer**

ob|skur *auch:* **obs|kur** ⟨Adj.⟩ **1** *dunkel, unklar* **2** *verdächtig* □ **obscuro**

ob|so|let ⟨Adj.; geh.⟩ *unüblich, ungebräuchlich, veraltet; diese Regelung ist* ~ □ **obsoleto**

Obst ⟨n.; -es; unz.⟩ *als Nahrung dienende Früchte; ernten, einkochen, pflücken; frisches, gekochtes, getrocknetes, rohes, reifes, unreifes* ~ □ **fruta**

ob|stru|ie|ren *auch:* **obs|tru|ie|ren** *auch:* **obst|ru|ie|ren** ⟨V.⟩ **1** ⟨400⟩ *hindern, hemmen* **2** ⟨500⟩ *Parlamentsbeschlüsse* ~ *durch formale Einwände die Verabschiedung der P. verhindern* **3** ⟨500⟩ *Durchgänge* ~ ⟨Med.⟩ *verstopfen* □ **obstruir**

ob|szön *auch:* **obs|zön** ⟨Adj.⟩ *unanständig, schamlos, anstößig* □ **obsceno**

ob|wohl ⟨Konj.⟩ *obgleich, wenn auch* □ **embora; ainda que**

Ochs ⟨[-ks] m.; -en, -en; umg.; regional für⟩ = *Ochse*

Och|se ⟨[-ks-] m.; -n, -n⟩ oV ⟨umg.⟩ *Ochs* **1** *verschnittenes männl. Rind* □ **boi 1.1** *dastehen wie der* ~ *vorm Berg (fig.) ratlos sein, nicht weiterwissen* □ **não saber o que fazer; não saber para que lado ir* **1.2** *du sollst dem* ~, *der da drischt, nicht das Maul verbinden (nach 5. Buch Mose, 25,4) man soll jmdm., der eine Arbeit verrichtet, nicht übelnehmen, wenn er ein wenig davon profitiert* □ **não atarás a boca ao boi quando ele pisar o grão* **2** ⟨umg.; Schimpfw.⟩ *Dummkopf, blöder Kerl* □ **burro; estúpido**

Och|sen|au|ge ⟨[-ks-] n.; -s, -n⟩ **1** *Vergrößerung des Augapfels infolge Erhöhung des Drucks in seinem Inneren:* Buphthalmus **2** *Gattung der Korbblütler:* Buphthalmum □ **olho-de-boi 3** *Tagfalter aus der Familie der Augenfalter,* Kuhauge: Maniola jurtina □ **borboleta-loba;** maniola jurtina **4** ⟨fig.⟩ *rundes Dachfenster,* Bullauge □ **olho-de-boi 5** ⟨umg.⟩ *Spiegelei* □ **ovo frito 6** *mit einer Aprikose belegtes rundes Gebäck* □ **olho-de-boi**

Öchs|le ⟨[-ks-] n.; -s, -⟩ *Maßeinheit für das spezifische Gewicht (Dichtegrad) des Mostes;* ~waage □ **Öchsle**

ocker ⟨Adj. 11⟩ *gelbbraun* □ **ocre**

öd ⟨Adj.⟩ = *öde*

Ode ⟨f.; -, -n; Lit.⟩ *Form des lyrischen Gedichts in freien Rhythmen, von erhabener, feierlicher Stimmung* □ **ode**

öde ⟨Adj.⟩ oV *öd* **1** *unbewohnt, unbebaut, einsam, leer, verlassen; eine* ~ *Gegend; der Hof lag* ~ *und verlas-*

sen; ~ und leer □ **deserto; ermo 2** ⟨fig.⟩ *langweilig, fade, geistlos;* ein ~s Buch; ein ~s Dasein, Leben; eine ~ Gesellschaft; der Tag ist so ~ □ **enfadonho; monótono**

Öde ⟨f.; -, -n⟩ **1** *Einöde, einsame, verlassene Gegend* □ **deserto 2** ⟨fig.⟩ *Langweiligkeit, innere Leere* □ **monotonia; vazio**

Odem ⟨m.; -s; unz.; poet.⟩ *Atem* □ **respiração; alento**

Ödem ⟨n.; -s, -e; Med.⟩ *krankhafte Ansammlung von wasserähnlicher, aus dem Blut stammender Flüssigkeit in den Zellen od. Spalten des Gewebes* □ **edema**

oder ⟨Konj.⟩ **1** *(als Verbindung von Alternativen);* der eine ~ der andere; rechts ~ links?; jetzt ~ nie!; hell ~ dunkel; heute ~ morgen; zwei ~ dreimal; möchten Sie lieber Bier ~ Wein?; du kannst dies haben ~ auch das; kommst du mit, ~ bleibst du noch?; willst du, ~ willst du nicht?; willst du? Ja ~ nein?; soll die Wolle grün ~ blau sein? **1.1** dieser ~ jener ⟨umg.⟩ *irgendeiner, mancher* □ **ou 1.2** ~? ⟨umg.⟩ *nicht wahr?, das soll doch so sein, geschehen?; es ist doch so,* ~ *(etwa) nicht?; du hast gesagt, du hast weggehen, ~?* □ **ou; não é 1.3** ~ **(wehe dir)**! *sonst, andernfalls; du gehst jetzt nach Hause,* ~ *wehe dir!* □ **senão; do contrário;** → a. *entweder*

Odys|see ⟨f.; -, -n; fig.⟩ *abenteuerliche Irrfahrt, langes Umherirren bis zum Erreichen des Ziels* □ **odisseia**

Œu|vre *auch:* **Œuv|re** ⟨[œːvrə] n.; -, -s⟩ *Gesamtwerk (eines Künstlers)* □ **obra completa**

Ofen ⟨m.; -s, Öfen⟩ **1** *Vorrichtung, Anlage zum Heizen, Kochen od. Backen;* Back~ □ ***forno,** Holz~ □ ***forno à lenha,** Öl~ □ ***aquecedor a óleo;** Kachel~ □ ***lareira feita com ladrilhos**; ein eiserner, transportabler ~; den ~ heizen, kehren, zuschrauben; einen ~ setzen, umsetzen (lassen); am warmen ~ sitzen; Holz, Kohlen im ~ nachlegen; einen Kuchen in den ~ schieben □ **forno; fogão 1.1** jetzt ist der ~ aus! ⟨fig.; umg.⟩ *jetzt ist es vorbei, ist es schiefgegangen* □ ***agora acabou! 1.2 hinter** dem ~ **hocken** ⟨fig.⟩ *zu viel zu Hause sein, ein Stubenhocker sein* □ ***ser muito caseiro; sair pouco de casa;** → a. *Hund¹ (3.7)* **2** ⟨Tech.⟩ *Vorrichtung zum Schmelzen von Metallen;* Hoch~; Schmelz~ □ **forno; fornalha**

of|fen ⟨Adj.⟩ **1** *nicht geschlossen, nicht zugemacht;* mit ~em Hemd, ~em Mantel; das Fenster soll ~ **bleiben** ⟨aber⟩ → a. *offenbleiben;* die Tür ~ **halten** ⟨aber⟩ → a. *offenhalten;* einen Brief ~ lassen; ⟨aber⟩ → a. *offenlassen;* Fenster, die ~ **stehen;** ⟨aber⟩ → a. *offenstehen;* die Tür war halb, weit ~; bei ~er Tür; an einem Kleid ist ein Knopf ~; mit ~em Mund essen, kauen **1.1** mit ~en **Augen** träumen *geistesabwesend sein, nicht aufpassen, in Gedanken verloren sein* **1.2** jmdn. mit ~en **Armen** empfangen *sehr freundlich* □ **aberto 1.3** eine ~e **Hand** haben *gern schenken (bes. Geld), freigebig sein* □ ***ser mão-aberta 1.4** ~er **Biss** *Kieferanomalie, bei der die vorderen Zähne beim Beißen nicht mehr zusammentreffen u. nur die Mahlzähne sich berühren* □ **aberto 1.5** mit ~em **Mund** dastehen ⟨fig.⟩ *töricht, staunend* □ ***ficar boquiaberto 1.6** ~e **Bauweise** *lockere B., bei der die Häuser einzeln, frei stehen* □ ***casas independentes 1.7** *nicht abgeschlossen, nicht verschlossen;* das Vorhängeschloss war ~ □ **aberto 1.7.1** *Politik der* ~en **Tür** ⟨fig.⟩ *P. des Handels mit allen Staaten* □ ***política das portas abertas 1.7.2** ~e **Türen** einrennen ⟨fig.⟩ *gegen nur scheinbare Widerstände kämpfen, längst gelöste Probleme behandeln* □ ***chover no molhado 1.7.3** überall ~e **Türen** finden ⟨fig.⟩ *überall willkommen sein, Entgegenkommen, Unterstützung finden* □ **aberto 1.8** ⟨60⟩ *unbedeckt, unverdeckt* □ **ao ar livre;** Fleisch am ~en Feuer braten □ ***fazer um churrasco 1.8.1** Milch ~ verkaufen *nicht in Flaschen abgefüllt, aus der Kanne* □ **a granel 1.8.2** ~er **Wein** *im Glas (nicht in der Flasche)* serviert W. □ **em taça 1.9** *der Betrachtung zugänglich* **1.9.1** auf ~er **Bühne** *ohne dass der Vorhang gefallen ist* □ ***em cena 1.9.2** ~es **Buch** *aufgeschlagenes B.;* er las in ihrem Gesicht wie in einem ~en Buch □ **aberto 1.9.3** mit ~en **Karten** spielen **1.9.3.1** *die Karten beim Spiel nicht verdecken, so dass die Mitspieler sie sehen können* □ ***jogar sem esconder as cartas 1.9.3.2** ⟨fig.⟩ *keine Geheimnisse haben, keine geheimen Vorbehalte machen* □ ***jogar limpo 1.9.4** ~er **Brief** ⟨fig.⟩ *in der Presse veröffentlichte Mitteilung an einen Einzelnen od. an eine Behörde* **1.10** ⟨fig.⟩ *aufnahmebereit, empfänglich* □ **aberto 1.10.1** ein ~es **Ohr** bei jmdm. finden *Gehör, Verständnis* □ ***encontrar alguém disposto a ouvi-lo 1.10.2** mit ~en **Augen** durch die Welt gehen *aufmerksam, aufgeschlossen alle Eindrücke willig aufnehmend* **1.10.3** mit ~en **Augen** in sein Unglück rennen *ohne sich klar darüber zu sein (obwohl alle anderen es sehen)* **1.11** *freien Zutritt gewährend* **1.11.1** das Geschäft ist, hat noch ~ *lässt noch Kunden ein* **1.11.2** ein ~es **Haus** haben, führen ⟨fig.⟩ *gastfreundlich sein* □ **aberto 1.11.3** Tag der ~en **Tür** *Tag, an dem das Publikum Zutritt zu Betrieben aller Art hat, um sie kennenzulernen* □ ***dia de portas abertas (ao público) 1.11.4** mir bleibt kein anderer Weg ~ ⟨fig.⟩ *ich habe keine andere Möglichkeit* □ ***não me resta outro caminho/outra alternativa** ⟨aber⟩ → a. *offenbleiben* **1.11.5** ~e **Gesellschaft** ⟨Soziol.⟩ *Gesellschaftsform, zu der jeder Zutritt hat und in der die wichtigen Staatsangelegenheiten in der Öffentlichkeit diskutiert werden* **1.12** *nicht verheilt;* eine ~e Wunde □ **aberto 1.12.1** ein ~es **Bein** haben *B. mit nicht heilendem Geschwür* □ **ulcerado 1.13** *mit größerer Mundöffnung (gesprochen);* das e in „Berg" ~ aussprechen **1.13.1** ~e **Silbe** *mit einem Vokal endende S.* □ **aberto 2** ⟨60⟩ ~e **Handelsgesellschaft** ⟨Abk.: OHG⟩ *H., in der jeder Gesellschafter mit seinem Vermögen haftet* □ ***sociedade em nome coletivo 3** ⟨fig.⟩ *nicht besetzt, frei;* die Stelle eines Assistenten ist noch ~ □ **vago; livre 4** *unbegrenzt, nicht eingeschlossen, frei;* das Grundstück ist nach allen Seiten hin ~ □ **aberto 4.1** ⟨60⟩ auf ~er **Strecke** *zwischen zwei Stationen* □ ***entre duas estações; em campo aberto 4.2** ⟨60⟩ auf ~er **See,** ~em **Meer** *weitab vom Land, auf dem freien Meer* □ ***em mar aberto 4.3** ⟨60⟩ auf ~er **Straße** *auf freier S., mitten auf der S.* □ ***no meio da rua; em plena rua 5** ⟨fig.⟩ *nicht heimlich, unverhüllt, unverhohlen;* ich muss ~ gestehen, zugeben, dass ...; ~ gestanden,

offenbar

wäre es mir lieber ... □ abertamente; francamente; es kam zum ~en Aufruhr, Widerstand; ~e Feindschaft □ aberto; franco 5.1 es ist ein ~es Geheimnis alle wissen es, es hat sich herumgesprochen □ *é um segredo de polichinelo 5.2 seine Habgier ist ~ hervorgetreten ist offensichtlich geworden, klar, deutlich geworden □ abertamente; declaradamente 5.3 aufrichtig, ehrlich, freimütig, ohne Umschweife; ein ~er Mensch; ~ reden, sprechen; etwas ~ sagen, aussprechen; ~ heraus gesagt ...; sei ~ zu mir!; ~ und ehrlich; einen ~en Blick haben □ aberto; franco; abertamente 6 ⟨fig.⟩ unentschieden, ungelöst, unerledigt, noch nicht abgeschlossen; eine ~e Angelegenheit □ em aberto

of|fen|bar ⟨Adj.⟩ **1** offen zutage liegend od. tretend, deutlich, erkennbar, sichtbar; ~e Absicht; ~er Irrtum; nun wird es ~, dass... □ evidente; manifesto **2** offensichtlich, anscheinend, wie man sehen kann; er ist ~ noch nicht, schon hier gewesen; das hat er ~ missverstanden; das ist ~ ein Fehler, Irrtum, Versehen □ visivelmente; evidentemente

of|fen|ba|ren ⟨V. 503⟩ ⟨jmdm.⟩ etwas ~ **1** offenbar machen, bekennen 1.1 ⟨Vr 3⟩ sich ~ etwas bekennen, sich od. seine Absichten zu erkennen geben; sich jmdm. ~; Gott hat sich dem Johannes geoffenbart □ revelar(-se); manifestar(-se) **2** enthüllen, zeigen; ein Geheimnis ~ □ revelar

Of|fen|ba|rung ⟨f.; -, -en⟩ **1** Bekenntnis **2** plötzliche Erkenntnis; es kam wie eine ~ über mich □ revelação **3** Kundgebung Gottes; ~ des Johannes (ein Buch des Neuen Testaments) □ *Apocalipse

Of|fen|ba|rungs|eid ⟨m.; -(e)s, -e⟩ eidliche Versicherung eines Schuldners, dass er sein ganzes Vermögen angegeben hat □ declaração juramentada de insolvência; juramento de manifestação

of|fen|blei|ben ⟨V. 114/400(s.)⟩ eine Sache bleibt offen wird nicht geklärt, nicht erledigt, bleibt ungelöst; die Angelegenheit, Frage bleibt offen □ permanecer em aberto/suspenso; → a. offen (1, 1.11.4)

of|fen|hal|ten ⟨V. 160/500⟩ **1** eine Sache ~ ⟨fig.⟩ frei, unbesetzt lassen; eine Stelle, ein Amt ~; sich den Rückzug ~ □ deixar livre/vago **2** seine Hand ~ ⟨a. fig.⟩ 2.1 freigebig sein □ *ser mão-aberta 2.2 ein Trinkgeld erwarten □ esperar uma gorjeta; → a. offen (1)

of|fen|her|zig ⟨Adj.⟩ **1** aufrichtig, ehrlich, mitteilsam, vertrauensselig; ein ~es Bekenntnis; ~ sein □ franco; sincero **2** ⟨fig.; umg.; scherzh.⟩ tief ausgeschnitten; ein ~es Kleid □ decotado

of|fen|kun|dig ⟨Adj.⟩ offensichtlich, deutlich, klar; ein ~er Irrtum, ~es Missverständnis; es ist ~, dass er den Betrug begangen hat □ notório; evidente

of|fen|las|sen ⟨V. 175/500⟩ etwas ~ **1** unbeantwortet lassen; wir wollen die Frage vorläufig ~ **2** unentschieden lassen, (noch) nicht entscheiden; wir müssen die Entscheidung in dieser Angelegenheit noch ~ □ deixar pendente/em aberto; → a. offen (1)

of|fen|sicht|lich ⟨a. [--'--] Adj.⟩ **1** offenbar, offenkundig □ evidente(mente) **2** anscheinend; er hat es ~ vergessen □ aparente(mente)

of|fen|siv ⟨Adj.⟩ **1** angreifend, angriffslustig; Ggs defensiv **2** beleidigend □ ofensivo

of|fen|ste|hen ⟨V. 256/400⟩ **1** erlaubt sein, freistehen □ poder; ter liberdade (de/para) 1.1 ⟨600⟩ die Welt steht ihm offen ⟨fig.⟩ er hat alle Möglichkeiten □ *ele tem um mundo de possibilidades 1.2 eine Rechnung steht offen ist ungedeckt, nicht bezahlt, nicht beglichen; auf Ihrem Konto steht noch ein Betrag offen ⟨fig.⟩ □ *uma conta permanece pendente/ainda não foi paga 1.3 eine Stelle steht offen ist unbesetzt, frei □ *um lugar está livre/vago; → a. offen (1)

öf|fent|lich ⟨Adj. 24⟩ **1** allgemein bekannt, hörbar, sichtbar; ~es Ärgernis erregen; etwas ~ bekannt machen; die ~e Moral; ~ auftreten, reden, sprechen; ~ zeigen □ público; publicamente 1.1 ~es Geheimnis ⟨umg.⟩ bereits allgemein bekannte Angelegenheit, die eigentlich geheim bleiben soll □ *segredo de polichinelo 1.2 die ~e Meinung die M. des Publikums, der Menschen, der Allgemeinheit **2** allgemein, allen zugänglich, für die Allgemeinheit bestimmt; ~e Anlagen; ~e Prüfung; ~e Verhandlung (vor Gericht) □ público 2.1 ⟨60⟩ ~e Hand Staat und Gemeinde als Unternehmer □ *o poder público 2.2 ⟨60⟩ ein Mann des ~en Lebens allgemein bekannte Persönlichkeit, z. B. Politiker 2.3 ~es Verkehrsmittel dem allgemeinen Verkehr dienendes Fahrzeug **3** staatlich, städtisch, der Gemeinde gehörend; ein ~es Gebäude; ~e Gelder, Mittel; die ~e Ordnung aufrechterhalten, gefährden 3.1 ⟨60⟩ ~er Dienst Gesamtheit der Beamten u. Angestellten des Staates, der Länder u. Gemeinden 3.2 ⟨60⟩ ~e Klage ⟨Strafprozess⟩ Anklage 3.3 ⟨60⟩ eine ~e Urkunde von einer Behörde od. von einem Notar ausgestellte U. □ público 3.4 ~er Ankläger ⟨Strafprozess⟩ = Staatsanwalt

Öf|fent|lich|keit ⟨f.; -; unz.⟩ **1** die Leute, das Volk, alle anderen Menschen, das Publikum □ público 1.1 etwas in aller ~ tun, sagen vor allen Leuten □ *fazer/dizer alguma coisa em público 1.2 ein Schriftstück der ~ übergeben zum Verkauf freigeben, ausliefern □ *publicar um texto 1.3 ein Bauwerk der ~ übergeben einweihen, zur Besichtigung, zur Benutzung freigeben □ *abrir um edifício ao público 1.4 etwas an, vor die ~ bringen allgemein bekanntgeben, veröffentlichen □ *tornar alguma coisa pública/conhecida 1.5 an, in die ~ dringen sich herumsprechen, bekanntwerden □ *tornar-se conhecido 1.6 mit einem Buch an die ~ treten hervortreten, bekanntwerden □ *tornar-se conhecido com a publicação de um livro

of|fe|rie|ren ⟨V. 500; geh.⟩ etwas ~ anbieten, feilbieten, unterbreiten □ oferecer

of|fi|zi|ell ⟨Adj.⟩ **1** ⟨24⟩ amtlich; etwas ~ bekanntgeben 1.1 eine ~e Nachricht, Meldung amtlich beglaubigte, verbürgte N., M. **2** ⟨24⟩ öffentlich (bekannt); etwas ~ bekanntgeben; sich ~ verloben □ oficial(mente) **3** förmlich, feierlich; ~e Einladung, Veranstaltung; ein ~er Besuch, Empfang; er nahm seinen ~en Ton an, wurde wieder ~; sie stehen sehr ~ miteinander 3.1 ~er Anzug vorgeschriebener (dunkler) A. □ formal

Of|fi|zier ⟨m.; -s, -e; Mil.⟩ **1** *militärischer Rang vom Leutnant an aufwärts* **2** *Soldat in diesem Rang* ☐ oficial

öff|nen ⟨V. 500⟩ **1 etwas ~** *von etwas einen Verschluss entfernen, die Bedeckung abnehmen, etwas aufmachen;* die Augen, Lippen, den Mund ~; einen Brief, Kasten, Schrank, eine Truhe ~; ein Fenster, eine Tür ~; die Jacke, das Kleid, den Mantel ~; ein Ventil ~; eine Leiche zur Feststellung der Todesursache ~; eine Büchse mit dem Büchsenöffner, eine Kiste mit dem Stemmeisen ~; und damit war der Korruption Tür und Tor geöffnet ⟨fig.⟩ 1.1 ⟨530⟩ **jmdm. die Augen ~** ⟨fig.⟩ *jmdm. die Wahrheit über etwas od. jmdn. sagen;* er hat mir den Blick für die Schönheiten der Natur geöffnet 1.2 ⟨Vr 3⟩ **etwas** öffnet **sich** *geht auf;* die Blüte öffnet sich **2 etwas ~** *zugänglich machen;* der Laden ist durchgehend geöffnet; das Geschäft ist von 8 bis 17 Uhr geöffnet; das Museum wird um 8 Uhr geöffnet ☐ abrir(-se)

Öff|nung ⟨f.; -, -en⟩ **1** *das Öffnen, das Aufmachen* ☐ **abertura** 1.1 ~ von Leichen *Autopsie, Obduktion* ☐ **autópsia 2** *Loch, ausgesparte Stelle (in einer Fläche);* Leibes~; Mauer~ ☐ orifício; buraco

Off|set|druck ⟨m.; -(e)s, -e⟩ **1** ⟨unz.⟩ *indirektes Flachdruckverfahren, bei dem die Druckfarbe von der Druckplatte über einen Gummizylinder auf das Papier übertragen wird* **2** *mit Hilfe des Offsetdrucks(1) hergestelltes Erzeugnis* ☐ ofsete

O-för|mig *auch:* **o-för|mig** ⟨Adj. 24⟩ *wie ein O geformt* ☐ em forma de O

oft ⟨Adv.⟩ **1** *häufig, mehrfach, mehrmals, viele Male;* ich habe ihn ~ dort gesehen; es ist doch ~ so, dass man glaubt ...; ich habe es ihr ~ genug angeboten; ich war schon ~ dort; sehr, ziemlich ~; ich habe es nur zu ~ erleben müssen, dass ... ☐ **muitas vezes; frequentemente;** wie ~ warst du dort? ☐ *quantas vezes/com que frequência você esteve lá?* 1.1 so ~ ich dort gewesen bin, war er nicht da *jedes Mal, wenn* ... ☐ *sempre que estive lá ele não estava* 1.2 ich habe es dir schon so und so ~ gesagt ⟨umg.⟩ *immer wieder* ☐ *já lhe disse isso tantas vezes*

öf|ter ⟨Adv.⟩ **1** ⟨Komparativ zu⟩ oft ☐ **com mais frequência** 1.1 ⟨umg.⟩ = *öfters* 1.2 des Öfteren *oft, öfters, wiederholt* ☐ *muitas vezes; repetidamente* 1.3 je ~ ich sie singen höre, umso besser gefällt mir ihre Stimme *je häufiger* ☐ *quanto mais a ouço cantar, mais gosto de sua voz*

öf|ters ⟨Adv.; umg.⟩ *mehrmals, manchmal, ab u. zu;* ich bin schon ~ dort gewesen ☐ várias/algumas vezes

oh! ⟨Int.⟩ *(Ausruf des Staunens, des Bedauerns, der Ablehnung);* ~, Verzeihung!; ~, wie schön!; ~, entschuldigen Sie!; sein erstauntes Oh war deutlich zu hören ☐ oh

Ohm[1] ⟨n. 7; -s, -e⟩ *altes Flüssigkeitsmaß (bes. für Wein),* 130–160 l ☐ *Ohm*

Ohm[2] ⟨n.; -s, -; Zeichen: Ω⟩ *Maßeinheit des elektrischen Widerstandes* ☐ ohm

oh|ne ⟨Präp. m. Akk. od. Inf. od. „dass"⟩ **1** *nicht mit;* das ist ~ seine Schuld geschehen; ~ mein Wissen; ~ ein Wort des Dankes; ich bin auf meine Mail ~

Antwort geblieben; ~ Hilfe 1.1 ~ (allen) Zweifel *zweifellos* ☐ **sem** 1.2 das ist ~ Bedeutung *nicht von B., bedeutungslos* ☐ *isso não tem importância* 1.3 ich habe ihn ~ mein Wissen, ~ es zu wissen, ~ dass ich es wusste, gekränkt *nicht wissentlich* 1.4 ~ jmdn. *getrennt von jmdm.;* sie verreisen ~ die Kinder; sie kam ~ ihren Mann; er glaubt, ~ sie nicht leben zu können **2** *unter Weglassung von, unter Verzicht auf, ungerechnet;* Ware ~ Verpackung; Kaffee ~ Zucker und Milch; Gehalt ~ Spesen, ~ Provision; er geht ~ Gruß, ~ zu grüßen; ~ dass er gegrüßt hätte, fort; ~ etwas zu sagen; er hörte sich alles an, ~ eine Miene zu verziehen; ~ zu fragen, ~ zu lachen ☐ **sem** 2.1 ~ weiteres/Weiteres *wie selbstverständlich, Bedenken, Zögern ausschließend;* er war ~ weiteres/Weiteres bereit, uns zu helfen ☐ *sem mais; pura e simplesmente* 2.2 ⟨in bibliograf. Angaben⟩ 2.2.1 ~ Ort ⟨Abk.: o. O.⟩ *mit fehlender Angabe des Erscheinungsortes eines Buches* ☐ *sem local* 2.2.2 ~ Jahr ⟨Abk.: o. J.⟩ *mit fehlender Angabe des Erscheinungsjahres eines Buches* ☐ *sem data* **3** *frei von, nicht ausgerüstet, ausgestattet, begabt mit;* ich bin ~ Geld ☐ **sem;** er ist nicht ~ Temperament ☐ *ele é temperamental* 3.1 ~ Fleiß, ~ fleißig zu sein, ~ dass man fleißig ist, kann man nicht vorwärtskommen *man kommt nur mit Fleiß vorwärts* ☐ **sem 4** nicht ~ sein ⟨umg.⟩ *eine besondere Bedeutung haben, etwas für sich haben* ☐ *não ser nada mau* 4.1 die Sache ist nicht ~ *die Sache ist nicht so harmlos, wie sie aussieht* ☐ *a questão não é tão simples assim* 4.2 er ist nicht ~ *er hat seine Vorzüge* ☐ *ele tem suas qualidades* 4.3 das ist gar nicht ~! *das könnte mich reizen, der Vorschlag ist gut* ☐ *nada mau!*

oh|ne|dies ⟨a. ['---] Adv.⟩ *sowieso, ohnehin* ☐ de qualquer forma; seja como for

oh|ne|ein|an|der *auch:* **oh|ne|ei|nan|der** ⟨Adv.⟩ *einer ohne den anderen;* sie kommen nicht ~ zurecht ☐ um sem o outro

oh|ne|glei|chen ⟨Adv.⟩ *so, dass ihm, ihr nichts gleicht, wie es niemand anders kann, unvergleichlich, einzigartig;* seine Tapferkeit war ~; er singt, spielt ~ ☐ sem igual; incomparável

oh|ne|hin ⟨a. ['---] Adv.⟩ *sowieso;* jetzt können wir uns Zeit lassen, wir kommen ~ zu spät; ich nehme dein Paket mit, ich muss ~ zur Post ☐ de qualquer forma; seja como for

oh|ne|wei|ters ⟨Adv.; österr.⟩ = *ohne weiteres*, → *ohne(2.1)*

Ohn|macht ⟨f.; -, -en⟩ **1** *Bewusstlosigkeit* ☐ **desmaio; inconsciência** 1.1 in ~ fallen, sinken *ohnmächtig werden* ☐ *desmaiar; perder os sentidos* **2** ⟨fig.⟩ *Unvermögen, Machtlosigkeit;* er musste seine ~ einsehen ☐ impotência; fraqueza

ohn|mäch|tig ⟨Adj. 70⟩ **1** ⟨24⟩ *in Ohnmacht befindlich, bewusstlos* ☐ **desmaiado; inconsciente;** ~ werden ☐ *desmaiar; perder os sentidos* **2** *machtlos;* ~ zusehen, wie etwas geschieht 2.1 ~e Wut *W., die nichts nützt, W. einem Mächtigeren gegenüber* ☐ impotente

Ohr ⟨n.; -(e)s, -en⟩ **1** *paariges Gehör- u. Gleichgewichtsorgan am Kopf des Menschen u. der Wirbeltiere;* inneres ~ 1.1 *sichtbarer Teil des Ohrs, Ohrmuschel;* äußeres ~ □ ouvido; ein Tier hinter den ~en kraulen; er wurde bis über die, beide ~en rot; mit den ~en wackeln (können); sich hinter den ~en kratzen (als Zeichen der Ratlosigkeit) □ orelha 1.1.1 jmdn. bei den ~en nehmen ⟨fig.; umg.⟩ *jmdn. energisch verwarnen* □ *puxar a orelha de alguém 1.1.2 jmdm. eins hinter die ~en geben *jmdm. eine Ohrfeige geben* □ *dar uma bofetada/um tapa em alguém 1.1.3 sich aufs ~ legen, hauen ⟨umg.⟩ *sich schlafen legen* □ *tirar uma soneca/um cochilo 1.1.4 schreib es dir hinter die ~en! ⟨fig.; umg.⟩ *merk dir das gut!* □ *escreva o que estou dizendo! 1.1.5 noch die Eierschalen hinter den ~en haben ⟨fig.; umg.⟩ *noch jung und unerfahren sein* □ *cheirar a cueiros 1.1.6 es (faustdick) hinter den ~en haben ⟨fig.; umg.⟩ *schlau sein, ohne dass es einem anzusehen ist* □ *ser uma raposa 1.1.7 sich den Wind um die ~en wehen, pfeifen lassen ⟨fig.⟩ *Erfahrungen sammeln* □ *ganhar experiência 1.1.8 sich eine Nacht um die ~en schlagen ⟨umg.⟩ *eine Nacht ganz ohne Schlaf verbringen* □ *passar uma noite em claro 1.1.9 jmdn. übers ~ hauen ⟨umg.⟩ *jmdn. betrügen* □ *passar a perna em alguém; → a. *Floh(1.2), trocken(6.4)* 1.1.10 bis an, über die ~en ⟨umg.⟩ *völlig, sehr;* bis an die ~en verschuldet sein; bis über die ~en in Schulden stecken; bis über die ~en verliebt sein □ *até as orelhas 1.2 *Gehörorgan;* schlechte, taube ~en; auf einem ~ taub sein; der Schrei gellte mir in den ~en; es saust, braust mir in den ~en; wer ~en hat (zu hören), der höre (mahnender Aufruf, den verborgenen Sinn einer Sache zu erkennen, nach Matth. 11,15 u. 13,13; Offenbarung 2,7) □ ouvido 1.2.1 wasch dir die ~en! ⟨fig.; umg.⟩ *hör besser zu!* □ *limpe os ouvidos! 1.2.2 die ~en aufsperren ⟨fig.; umg.⟩ *aufmerksam zuhören* □ *ouvir com atenção 1.2.3 hast du keine ~en? ⟨umg.⟩ *du willst wohl nicht hören?* □ *você está surdo? 1.2.4 die Wände haben ~en *hier sind Lauscher in der Nähe* 1.2.5 auf dem ~ höre ich schlecht!, bin ich taub! ⟨fig.; umg.; scherzh.⟩ *davon möchte ich nichts hören!, für solche Andeutungen od. Bitten bin ich nicht zugänglich, das will ich nicht verstehen* □ ouvido 1.2.6 ganz ~ sein *aufmerksam zuhören* □ *ser todo ouvidos 1.2.7 ein aufmerksames, geneigtes, offenes ~ finden ⟨fig.⟩ *Verständnis u. Hilfsbereitschaft finden* □ *encontrar um ouvido amigo 1.2.8 leih mir dein ~ ⟨geh.⟩ *hör mir zu!* □ *ouça o que estou lhe dizendo 1.2.9 jmdm. die ~en volljammern ⟨umg.⟩ *jmdm. mit Klagen belästigen* □ *buzinar (reclamações) nos ouvidos de alguém 1.2.10 jmdm. die ~en vollschreien *jmdn. durch Geschrei belästigen* □ *gritar nos ouvidos de alguém 1.2.11 tauben ~en predigen *vergeblich an Einsicht u. Vernunft appellieren, vergeblich etwas sagen* □ *falar para as paredes 1.2.12 spitze, lange ~en machen *aufmerksam, angespannt, neugierig zuhören* 1.2.13 die ~en spitzen *aufmerksam od. angestrengt zuhören, lauschen* □ *aguçar os ouvidos; ficar de antenas ligadas 1.2.14 mach doch mal die, deine ~en auf! ⟨fig.; umg.⟩ *hör doch richtig zu!* □ *preste bem atenção! 1.2.15 sich die ~en zu-halten, zustopfen *nichts hören wollen* □ *fechar/tapar os ouvidos 1.2.16 auf den ~en sitzen ⟨fig.; umg.⟩ *nicht zuhören* □ *não ouvir; não prestar atenção 1.2.17 Worte, Ermahnungen im ~ haben *sich an W, E. erinnern* □ *ter palavras/recomendações na cabeça 1.2.18 hast du Dreck in den ~en? ⟨umg.⟩ *kannst du nicht hören?* *você está com os ouvidos entupidos?; você está surdo? 1.2.19 jmdm. etwas ins ~ sagen *heimlich zuflüstern* □ *cochichar alguma coisa no ouvido de alguém 1.2.20 jmdm. in den ~en liegen ⟨fig.; umg.⟩ *jmdn. durch Bitten belästigen, ständig auf jmdn. einreden* □ *buzinar nos ouvidos de alguém 1.2.21 die Melodie geht leicht ins ~ *lässt sich leicht merken* □ *a melodia é fácil de lembrar 1.2.22 das ist nicht für fremde ~en bestimmt *das soll nicht jeder hören* □ *que isso fique entre nós 1.2.23 nur mit halbem ~ zuhören *wenig aufmerksam* □ *não ouvir com atenção 1.2.24 es ist mir zu ~en gekommen *ich habe gehört* □ *ouvi dizer 1.2.25 das geht ihm zum einen ~ hinein u. zum anderen wieder hinaus ⟨umg.⟩ *er beachtet es nicht, er vergisst es wieder* □ *entra por um ouvido e sai pelo outro 1.2.26 jmdm. klingen die ~en ⟨fig.; umg.⟩ *jmd. spürt, dass man an ihn denkt* □ *as orelhas de alguém estão queimando/ardendo 1.3 *Gehör;* scharfe, gute, feine ~en □ ouvido; audição 1.3.1 ein feines, scharfes ~ haben *sehr gut hören* □ *ter bom ouvido; ter ouvido apurado 1.4 *Organ zum Ausdruck von Gefühlen* 1.4.1 mit hängenden ~en dastehen, zurückkommen ⟨fig.⟩ *betrübt, bedrückt, enttäuscht* □ *ficar/voltar de orelhas murchas; ficar/voltar cabisbaixo 1.4.2 die ~en anlegen *ängstlich sein od. werden (weil man ein schlechtes Gewissen hat), sofort gehorchen* □ *abaixar a cabeça 1.4.3 mit den ~en schlackern ⟨fig.; umg.⟩ *sehr überrascht, erstaunt, äußerst beeindruckt sein* □ *ficar de queixo caído 1.4.4 die ~en steifhalten ⟨fig.; umg.⟩ *tapfer bleiben, sich nicht unterkriegen lassen* □ *não desanimar; manter o astral alto 2 ⟨fig.; umg.⟩ *umgeknickte Ecke einer Buchseite;* Esels-~ □ orelha

Öhr ⟨n.; -(e)s, -e⟩ *kleines Loch zum Einziehen eines Fadens (bes. in der Nähnadel)* □ ouvido; buraco (da agulha)

Ohr|fei|ge ⟨f.; -, -n⟩ *Schlag mit der Hand auf die Backe;* Sy ⟨mitteldt.⟩ *Schelle[1](3)* □ bofetada

Ohr|mu|schel ⟨f.; -, -n⟩ **1** *Teil des äußeren Ohrs: Auricula* □ pavilhão auricular **2** ⟨17. Jh.⟩ *ovale Ornamentform* □ concha

okay! ⟨[ɔkeː] Abk.: o.k., O.K.⟩ *in Ordnung, einverstanden* □ *o.k.;* entendido

ok|kult ⟨Adj.⟩ *verborgen, heimlich, geheim;* ~e Wissenschaften □ oculto

ok|ku|pie|ren ⟨V. 500⟩ *ein Land ~ besetzen;* fremdes Staatsgebiet ~ □ ocupar

öko..., Öko... ⟨in Zus.; kurz für⟩ *ökologisch, Ökologie;* ökointeressiert, Ökobauer, Ökoladen, Ökosteuer

Öko|lo|gie ⟨f.; -; unz.⟩ *Lehre von den Beziehungen zwischen den Lebewesen u. ihrer Umwelt* □ ecologia

öko|lo|gisch ⟨Adj.⟩ **1** *die Ökologie betreffend, zu ihr gehörend* 1.1 ~es **Gleichgewicht** *labiles Gleichgewicht zwischen den verschiedenen Gliedern einer Lebensgemeinschaft, das die Fähigkeit der Selbstregulation hat* 1.2 ~e **Nische** *die Gesamtheit aller in ihrer (belebten u. unbelebten) Umwelt verwirklichten Lebensansprüche einer Lebensform, d. h. der Teil der Umweltbedingungen, der von einer Art hauptsächlich beansprucht wird* □ ecológico

Öko|no|mie ⟨f.; -, -n⟩ **1** = *Wirtschaft(1)* **2** ⟨österr.⟩ = *Landwirtschaft* **3** ⟨unz.⟩ *Sparsamkeit, Wirtschaftlichkeit* □ economia

öko|no|misch ⟨Adj.⟩ **1** ⟨24⟩ *die Ökonomie(1-2) betreffend, auf ihr beruhend* **2** *wirtschaftlich, sparsam* □ econômico

Ok|tan|zahl ⟨f.; -, -en; Abk.: OZ⟩ *Maßzahl für die Klopffestigkeit von Kraftstoff* □ octanagem

Ok|tav¹ ⟨n.; -s; unz.⟩ *Buchformat, bei dem der Papierbogen achtmal gefaltet wird* □ formato in-oitavo

Ok|tav² ⟨f.; -, -en⟩ **1** ⟨österr.⟩ = *Oktave(1)* **2** ⟨kath. Kirche⟩ *achttägige Feier hoher Festtage;* Weihnachts~ □ oitava

Ok|ta|ve ⟨[-və] f.; -, -n⟩ **1** ⟨Mus.⟩ 1.1 *achter u. letzter Ton der dianton. Tonleiter;* oV *Oktav²(1)* 1.2 *Intervall von acht Tönen* 1.2.1 **kleine** ~ *unter der eingestrichenen Oktave liegende, mit kleinem Buchstaben gekennzeichnete Oktave(1.2)* 1.2.2 **große** ~ *Gesamtheit aller Töne in einer Oktave(1.2) bezogen auf den Grundton C* **2** ⟨kath. Kirche⟩ *mit dem Festtag beginnende achttägige Feier hoher Feste* □ oitava

Ok|tett ⟨n.; -(e)s, -e; Mus.⟩ **1** *Musikstück für acht selbständige Stimmen* **2** *Gruppe von acht Instrumentalisten od. Sängern* □ octeto

Ok|to|ber ⟨m.; -s, -; Abk.: Okt.⟩ *der 10. Monat im Jahr* □ outubro

ok|troy|ie|ren *auch:* **okt|ro|yie|ren** ⟨[-troa-] V. 503⟩ ⟨jmdm.⟩ *etwas* ~ *auferlegen, aufzwingen, vorschreiben* □ impor

Öku|me|ne ⟨f.; -; unz.⟩ **1** *die bewohnte Erde, die Erde als Lebensraum der Menschen* □ ecúmeno **2** *ökumenische Bewegung* □ ecumenismo

öku|me|nisch ⟨Adj. 24⟩ **1** *die Ökumene betreffend, zu ihr gehörig, auf ihr beruhend* 1.1 ~e **Bewegung** *B. zur Einigung verschiedener christlicher Konfessionen in Glaubensfragen u. a.* □ ecumênico

Ok|zi|dent ⟨m.; -s; unz.⟩ Ggs *Orient* **1** *Westen, Abend* **2** *Abendland (Europa)* □ Ocidente

Öl ⟨n.; -(e)s, -e⟩ **1** *unter normalen Temperaturbedingungen flüssiges Fett, gewonnen aus Pflanzen, von Tieren od. aus der Erdrinde;* Mineral~; pflanzliches, tierisches ~; in, mit ~ backen, braten; mit ~ heizen; nach ~ bohren □ óleo 1.1 ~ **ins Feuer gießen** ⟨fig.; umg.⟩ *jmds. Zorn noch mehr entfachen, einen Streit schüren* □ *colocar lenha na fogueira;* → a. *ätherisch(1.1), fett(1.2)* **2** ⟨kurz für⟩ *Ölfarbe* □ tinta a óleo 2.1 **in** ~ **malen** *mit Ölfarbe malen* □ *pintar a óleo

Öl|bild ⟨n.; -(e)s, -er⟩ = *Ölgemälde*

Ol|die ⟨[ouldi] m.; -s, -s⟩ **1** *beliebter alter Schlager* □ canção que não sai de moda **2** *etwas Altes, das wieder beliebt od. in Mode gekommen ist* □ algo que não sai de moda **3** ⟨umg.; scherzh.⟩ *Angehöriger der älteren Generation* □ velho; coroa

Old|ti|mer ⟨[oʊldtaɪmə(r)] od. [oːld-] m.; -s, -⟩ *Kraftfahrzeug aus der Frühzeit des Automobilbaus mit Liebhaber- od. Sammlerwert* □ automóvel antigo

Ole|an|der ⟨m.; -s, -; Bot.⟩ *als Zierpflanze beliebter, giftiger Strauch bes. des Mittelmeergebietes aus der Familie der Hundsgiftgewächse mit schmalen Blättern u. weiß- bis rosafarbenen Blüten in Scheinrispen:* Nerium oleander □ oleandro; espirradeira

ölen ⟨V.⟩ **1** ⟨500⟩ *etwas* ~ *mit Maschinenöl einfetten* □ olear; lubrificar 1.1 ⟨Part. Perf.⟩ **es geht wie geölt** ⟨fig.⟩ *es geht leicht, es geht schnell* □ *funciona direitinho/como um relógio 1.2 **wie ein geölter Blitz davonsausen** ⟨fig.; umg.; scherzh.⟩ *ganz schnell* □ *sair correndo como um relâmpago **2** ⟨500⟩ **jmdn.** ~ *salben* □ ungir

Öl|far|be ⟨f.; -, -n⟩ *aus trocknendem Pflanzenöl bestehende Mal- u. Anstrichfarbe* □ tinta a óleo

Öl|ge|mäl|de ⟨n.; -s, -⟩ *mit Ölfarben gemaltes Bild;* Sy *Ölbild* □ pintura a óleo

Olig|ar|chie *auch:* **Oli|gar|chie** ⟨f.; -, -n⟩ **1** *Herrschaft einer kleinen Gruppe, urspr. der Reichsten im Staat* **2** *Staatsform, bei der auch bei formeller Gleichberechtigung der Staatsbürger die tatsächliche Herrschaft in der Hand einer kleinen Gruppe liegt* □ oligarquia

oliv ⟨Adj. 24⟩ *von der Farbe einer Olive(2), graugrün, braungrün* □ verde-oliva

Oli|ve ⟨[-və], f.; -, -n; Bot.⟩ **1** *einer Gattung der Ölbaumgewächse angehörender Baum od. Strauch, der fleischige Steinfrüchte trägt:* Olea 1.1 ⟨i. e. S.⟩ *immergrüner Baum des Vorderen Orients u. des Mittelmeeres, der länglich-runde, grüne bis schwarzblaue Früchte trägt, welche Olivenöl liefern:* Olea europaea 1.1.1 □ oliva; oliveira **2** *Frucht der Olive(1.1)* □ oliva; azeitona

Olym|pi|a|de ⟨f.; -, -n⟩ **1** *Zeitraum von vier Jahren zwischen den altgriechischen Olympischen Spielen* □ olimpíada **2** *Olympische Spiele* □ olimpíadas; jogos olímpicos

olym|pisch ⟨Adj. 24⟩ **1** *zum Olymp als Wohnsitz der altgriechischen Götter gehörend* 1.1 ⟨fig.⟩ *erhaben u. ruhig, majestätisch* **2** *zu Olympia gehörend, von ihm ausgehend* **3** *zu den Olympischen Spielen gehörend* 3.1 **Olympische Spiele** 3.1.1 ⟨bis 394 n. Chr.⟩ *im alten Griechenland alle vier Jahre stattfindende sportliche u. auch musikalische Wettkämpfe* 3.1.2 ⟨seit 1894⟩ *alle vier Jahre veranstaltete internationale Wettkämpfe im Sport* 3.2 ~es **Dorf** *Gelände mit den Wohnungen für die Teilnehmer an den Olympischen Spielen* □ olímpico

Oma ⟨f.; -, -s; umg.⟩ *Großmutter* □ vovó

Ome|lett ⟨[ɔm-] n.; -(e)s, -e od. -s⟩ *Eierkuchen;* oV *Omelette* □ omelete

Ome|lette ⟨[ɔmlɛt] f.; -, -n; österr.; schweiz.⟩ = *Omelett*

Omen ⟨n.; -s, - od. Omina⟩ **1** *Vorzeichen; böses, gutes* ~ □ agouro **2** *Vorbedeutung* □ presságio

omi|nös ⟨Adj.⟩ **1** *unheilvoll, von schlimmer Vorbedeutung* □ ominoso; agourento **2** *bedenklich, bedrohlich; die ganze Angelegenheit wirkt* ~ □ crítico; preocupante 2.1 *verdächtig, rätselhaft* □ suspeito; duvidoso

Om|ni|bus ⟨m.; -ses, -se; kurzw.: Bus⟩ *Kraftwagen zur Beförderung von mehr als 8 Fahrgästen;* Sy *Autobus* ▫ ônibus

Ona|nie ⟨f.; -; unz.⟩ = *Masturbation*

ona|nie|ren ⟨V. 400⟩ = *masturbieren*

On|kel[1] ⟨m.; -s, -; umg. a. m.; -s, -s⟩ **1** *Bruder od. Schwager der Mutter od. des Vaters* **2** ⟨Kinderspr.; veraltet; noch scherzh.⟩ *männl. (dem Kind bekannter) Erwachsener* **3** ~ Sam ⟨scherzh.⟩ *die Vereinigten Staaten von Amerika* ▫ tio

On|kel[2] ⟨m.; -s, -; nur noch in dem umg. Wendung⟩ *über den ~ gehen,* laufen ⟨umg.⟩ *mit einwärts gerichteten Füßen gehen* ▫ *andar com os pés voltados para dentro

Onyx ⟨m.; -es, -e; Min.⟩ *(als Schmuckstein verwendetes) Mineral, schwarzweißer Quarz* ▫ ônix

Opa ⟨m.; -s, -s; umg.⟩ *Großvater* ▫ vovô

Opal ⟨m.; -s, -e; Min.⟩ *(als Schmuckstein verwendetes) in verschiedenen Farben schillerndes Mineral, ein Wasser-Kieselsäure-Gemisch* ▫ opala

Open Air ⟨[oʊpən ɛː(r)] n.; - -s, - -s; kurz für⟩ *Open-Air-Festival* ▫ festival ao ar livre

Open-Air-Fes|ti|val ⟨[oʊpənɛː(r)fɛstivəl] n.; -s, -s⟩ *Großveranstaltung (bes. für Popmusik) im Freien* ▫ festival ao ar livre

Oper ⟨f.; -, -n; Mus.⟩ **1** *musikalisch gestaltetes Bühnenstück* **2** *Opernhaus* ▫ ópera

Ope|ra|ti|on ⟨f.; -, -en⟩ **1** ⟨Med.⟩ *chirurgischer Eingriff* **2** *Ablauf einer Arbeit* **3** ⟨Math.⟩ *Ausführung einer Rechnung* **4** *Truppenbewegung, militärisches Unternehmen* ▫ operação

ope|ra|tiv ⟨Adj. 24/70⟩ **1** *auf chirurgischem Wege; ~er Eingriff; eine Geschwulst ~ entfernen* ▫ cirúrgico; cirurgicamente **2** ⟨geh.⟩ *mit Hilfe einer Operation(2), auf einer Operation(2) beruhend* **3** ⟨fig.⟩ *weitschauend u. planvoll tätig* ▫ operacional

Ope|ret|te ⟨f.; -, -n; Mus.⟩ *leichtes, heiteres, unterhaltendes Bühnenstück mit Musik u. gesprochenen Dialogen* ▫ opereta

ope|rie|ren ⟨V.⟩ **1** ⟨500⟩ *jmdn. od. ein Tier ~ an jmdm. od. einem T. eine Operation(1) vornehmen;* sich ~ lassen; jmdn. an der Lunge ~; am Blinddarm operiert werden **2** ⟨410⟩ 2.1 *eingreifen, handeln, wirken, verfahren; bei einer Sache wenig glücklich ~* ▫ operar; agir 2.2 ⟨Mil.⟩ *eine Operation(4) durchführen* ▫ operar; realizar uma operação

Op|fer ⟨n.; -s, -⟩ **1** *schmerzlicher Verzicht (zugunsten eines anderen Menschen); jmds. ~ (dankbar) annehmen; ein ~ für jmdn. bringen; kein ~ scheuen, um jmdm. zu helfen* 1.1 *unter schmerzlichem Verzicht gebrachte Spende; es war ein großes ~ für mich, ihm das Geld zu geben* ▫ sacrifício **2** *Gabe für die Gottheit; Tier~; Trank~; ein ~ bringen; ein religiöses ~* ▫ sacrifício; imolação 2.1 *ein Tier od. einen Gegenstand zum ~ bringen opfern* ▫ *sacrificar um animal; oferecer um animal/objeto em sacrifício **3** *betroffenes Objekt (eines Verbrechens, einer Katastrophe, eines Übels); das ~ einer Intrige, eines Mordes, Unfalls, Verkehrsunglücks werden; er wurde ein ~ seines eigenen Leichtsinns; das Erdbeben forderte zahlreiche ~ (an Menschenleben)* 3.1 *ein ~ der Flammen werden im Feuer ums Leben kommen od. zerstört werden* ▫ vítima

op|fern ⟨V.⟩ **1** ⟨500⟩ *etwas ~ für andere hingeben, schmerzlich entsagen, spenden, obgleich es schwerfällt; seine Zeit ~; Geld für etwas ~* 1.1 ⟨550/Vr 3⟩ *sich für jmdn. od. etwas ~ für jmdn. od. etwas alles tun, sein Leben für jmdn. od. etwas hingeben; er hat sich für den Freund geopfert* 1.1.1 ⟨fig.; umg.⟩ *etwas (für jmdn.) tun, obgleich es schwerfällt; opfere dich und arbeite heute etwas länger!* ▫ sacrificar(-se) **2** ⟨602⟩ *einem Gott (etwas) ~ eine Opfergabe, etwas als Opfergabe darbringen; dem Gott ~; dem Gott ein Tier ~* ▫ *oferecer a um deus alguma coisa em sacrifício

Op|fer|stock ⟨m.; -(e)s, -stö|cke⟩ *auf einem kleinen Podest stehender Behälter für Geldspenden in der Kirche* ▫ cofre de esmolas

Op|fer|tier ⟨n.; -(e)s, -e⟩ **1** *als Opfer dargebrachtes Tier* ▫ animal oferecido em sacrifício **2** ⟨fig.⟩ *unschuldiges Opfer* ▫ vítima

Opi|um ⟨n.; -s; unz.⟩ *aus dem Saft des Schlafmohns gewonnenes, auch in der Medizin verwendetes Rauschmittel* ▫ ópio

Op|po|nent ⟨m.; -en, -en⟩ *jmd., der opponiert, sich widersetzt, Gegner in einer Auseinandersetzung* ▫ oponente; opositor

op|po|nie|ren ⟨V. 405⟩ *(gegen jmdn. od. etwas) ~ sich widersetzen, widerstreben, eine gegenteilige Meinung vertreten* ▫ opor-se

op|por|tun ⟨Adj.; meist abwertend⟩ **1** *gelegen, nützlich, bequem* **2** *passend, angebracht* ▫ oportuno

Op|por|tu|nis|mus ⟨m.; -; unz.⟩ **1** *Handeln allein unter dem Gesichtspunkt dessen, was Vorteile bringt* **2** *geschickte Anpassung an die jeweilige Lage* ▫ oportunismo

Op|po|si|ti|on ⟨f.; -, -en⟩ **1** *Gegensatz, Widerstand* 1.1 *~ machen* ⟨umg.⟩ *widersprechen, eine gegenteilige Meinung verfechten* **2** *der Regierung sich entgegensetzende Partei od. Gruppe der Bevölkerung* **3** ⟨Astron.⟩ *entgegengesetzte Konstellation* ▫ oposição

Op|tik ⟨f.; -, -en⟩ **1** ⟨unz.⟩ *Lehre vom sichtbaren Licht u. diesem ähnlichen Strahlungen* ▫ óptica **2** *der die Linsen, das Linsensystem enthaltende Teil eines optischen Gerätes* ▫ sistema óptico **3** *äußerer Eindruck; das ist nur für die ~* ▫ óptica

op|ti|mal ⟨Adj. 24⟩ *bestmöglich, ausgezeichnet, genau richtig; ~e Voraussetzungen; das Wetter, die Unterkunft war ~* ▫ ótimo

Op|ti|mis|mus ⟨m.; -; unz.⟩ Ggs *Pessimismus* **1** *Lebensbejahung, Zuversichtlichkeit in allen Dingen, Lebenseinstellung, infolge deren man alle Dinge von der besten Seite sieht* **2** ⟨Philos.⟩ *Auffassung, dass diese Welt die beste aller möglichen Welten u. in ständigem Fortschritt begriffen sei* ▫ otimismo

op|ti|mis|tisch ⟨Adj.⟩ *voller Optimismus, zuversichtlich, lebensbejahend, positiv denkend;* Ggs *pessimistisch* ▫ otimista

Op|ti|mum ⟨n.; -s, -ti|ma⟩ *Bestfall, Höchstmaß, Ideal; ein ~ an Schärfe, Genauigkeit* ☐ **ideal; o melhor; excelência**

Op|ti|on ⟨f.; -, -en⟩ **1** *Möglichkeit (zu wählen), Entscheidung für jmdn. od. etwas; sich ~en für ein militärisches Eingreifen offenhalten* **1.1** ⟨Rechtsw.; Wirtsch.⟩ *Vorkaufsrecht, Erwerbsrecht; eine ~ auf eine Immobilie besitzen* ☐ **opção**

op|tisch ⟨Adj. 24⟩ **1** *die Optik betreffend, auf ihr beruhend, zu ihr gehörig* **2** = *visuell(1); ~er Eindruck* **2.1** *~e Täuschung aufgrund der unvollkommenen Verarbeitung der optischen Wahrnehmungen durch die Augen beruhende T.* ☐ **óptico**

opu|lent ⟨Adj.⟩ *üppig, reichhaltig, reichlich (von Speisen); ein ~es Mahl* ☐ **opulento; abundante**

Opus ⟨n.; -, Ope|ra; Abk.: op.⟩ **1** *schriftlich fixiertes wissenschaftliches Werk od. Kunstwerk* ☐ **obra 1.1** *einzelnes Werk in der Reihe der Werke eines Komponisten; Konzert für Violine und Orchester, a-Moll, op. 26* ☐ *opus* **2** *Gesamtwerk eines Künstlers od. Wissenschaftlers* ☐ **obra completa**

Ora|kel ⟨n.; -s, -⟩ **1** *Weissagung, Deutung der Zukunft u. des Schicksals* **2** ⟨Antike⟩ *Ort, an dem ein Gott durch den Mund eines Priesters weissagen lässt; das ~ von Delphi* **3** *rätselhafter Ausspruch* ☐ **oráculo**

oral ⟨Adj. 24⟩ **1** ⟨Med.⟩ *den Mund betreffend, zu ihm gehörig* ☐ **oral 1.1** *durch den Mund einzunehmen; ein Medikament ~ einnehmen* ☐ **por via oral 2** *den Mund als erogene Zone betreffend; ~e Reize* **2.1** *~e Phase* ⟨Psych.⟩ *früheste Stufe in der menschlichen Sexualentwicklung, in welcher die Triebbefriedigung an den Mund gebunden ist* **2.2** *~er Geschlechtsverkehr Geschlechtsverkehr mit Hilfe des Mundes, Saugen u. Lecken am Geschlechtsteil des Partners, Oralverkehr* **3** ⟨Phon.⟩ *im Bereich des Mundraums (ohne Beteiligung des Nasenraums) gebildet; Orallaut* ☐ **oral**

oran|ge ⟨[orãːʒ(ə)] Adj. 11, umg. a. 24⟩ *rötlich gelb, von der Farbe der Orange* ☐ **laranja; alaranjado**

Oran|ge[1] ⟨[orãːʒə] od. [orãŋʒə] f.; -, -n⟩ = *Apfelsine*

Oran|ge[2] ⟨[orãːʒ(o)] od. [orãŋʒ(ə)] n.; -s od. -; unz.⟩ *orange Farbe* ☐ **laranja; alaranjado**

Oran|geat ⟨[orãʒaːt] od. [orãŋʒaːt] n.; -s, -e⟩ *kandierte, kleingeschnittene Orangenschale* ☐ **casca de laranja cristalizada**

Orang-Utan ⟨m.; -s, -s; Zool.⟩ *Angehöriger einer auf Sumatra u. Borneo heimischen, an das Leben auf Bäumen angepassten Gattung der Menschenaffen: Pongo pygmaeus* ☐ **orangotango**

Ora|to|ri|um ⟨n.; -s, -ri|en⟩ **1** *zum Beten bestimmter, mit Kruzifix ausgestatteter Raum in Klöstern, Schlössern, Privathäusern* **1.1** *durch Fenster abgeschlossene Empore im Chor od. Langhaus einer Kirche (für Fürsten u. hohe Persönlichkeiten)* **2** ⟨Mus.⟩ *mehrteilige, episch-dramatische geistliche (auch weltliche) Komposition für Chor, Einzelstimmen u. Orchester* ☐ **oratório**

Or|bit ⟨m.; -s, -s⟩ *Umlaufbahn (einer Rakete, eines Satelliten o. Ä.) um einen Himmelskörper* ☐ **órbita**

Or|ches|ter ⟨[-kɛs-], österr. a. [-çɛs-] n.; -s, -⟩ **1** ⟨urspr.⟩ *im altgriech. Theater⟩ Raum für das Auftreten des Chores* **2** ⟨ab 1600⟩ *vertiefter Platz vor der Bühne für die Musiker* **3** ⟨heute⟩ *größere Zahl von Musikern zum Zusammenspiel unter einem Dirigenten; Rundfunk-~, Schul-~, Sinfonie-~* ☐ **orquestra**

or|ches|tral *auch:* **or|chest|ral** ⟨[-kɛs-] od. österr. a. [-çɛs-] Adj. 24⟩ **1** *das Orchester betreffend, zum Orchester gehörend; eine gute ~e Begleitung des Pianisten* **2** *wie ein Orchester, wie von einem Orchester; ein ~er Klang* ☐ **orquestral**

or|ches|trie|ren *auch:* **or|chest|rie|ren** ⟨[-kɛs-] od. österr. a. [-çɛs-] V. 500⟩ *eine Komposition ~ für Orchester bearbeiten, als Partitur für ein Orchester umarbeiten, instrumentieren* ☐ **orquestrar**

Or|chi|dee ⟨[-çide:ə] f.; -, -n; Bot.⟩ *Angehörige einer sehr umfangreichen Pflanzenfamilie, deren Blüten oft auffällige Farben u. ungewöhnliche Formen aufweisen: Orchidaceae* ☐ **orquídea**

Or|den ⟨m.; -s, -⟩ **1** *religiöse Gemeinschaft, die nach strengen Regeln lebt u. ganz bestimmte Gelübde abgelegt hat; Mönchs-~, Nonnen-~; einem ~ angehören* **2** *weltliche Gemeinschaft, die nach bestimmten Regeln lebt; Ritter-~; die Satzungen des ~s* ☐ **ordem 3** *Ehrenzeichen, Auszeichnung; Verdienst-~* ☐ ***ordem ao mérito**; *einen ~ bekommen, tragen; jmdm. einen ~ verleihen* ☐ **condecoração**

or|dent|lich ⟨Adj.⟩ **1** *geordnet, am rechten Platz, aufgeräumt; das Zimmer sah ~ aus; alles lag ~ an seinem Platz* ☐ **arrumado; em ordem 2** ⟨70⟩ *ordnungsliebend; er, sie ist sehr ~* ☐ **ordeiro 3** *genau, sorgfältig; eine Arbeit ~ machen* ☐ **com precisão/meticulosidade 4** ⟨60⟩ *ganz, recht, sehr* ☐ *gut, zufrieden stellend; das Kind spricht schon sehr ~; wie hat er die Arbeit gemacht? Ganz ~!* ☐ ***muito bem 5** ⟨60⟩ *ordnungsgemäß, regelrecht, planmäßig* ☐ **regular; sistemático**; *~e Gerichte* ☐ ***tribunais de direito comum**; *~es Mitglied* ☐ ***membro efetivo 5.1** *~er Professor* (Abk.: o. Prof.) *P., der einen Lehrstuhl innehat* ☐ ***professor titular 6** ⟨umg.⟩ *anständig, rechtschaffen; ~e Leute; ein ~er Mensch* ☐ **decente; respeitável; de bem 7** ⟨umg.⟩ *tüchtig, kräftig; ein ~es Frühstück; ein ~er Schluck* ☐ **belo; bom 8** ⟨umg.⟩ *richtig, wie man es erwartet; zu einem ~en Sonntag gehört ein gutes Mittagessen* ☐ **bom; como se deve 9** ⟨50; umg.⟩ *sehr; er sah ~ blass aus; es ist heute ~ kalt* ☐ **muito 9.1** *geradezu, regelrecht, wirklich, richtig; der Schreck ist mir ~ in die Glieder gefahren; er hat ihm ~ die Meinung gesagt* ☐ **diretamente**

Or|der ⟨f.; -, -n⟩ **1** *Anordnung, Auftrag* ☐ **encomenda; pedido 2** *Verfügung, Befehl* ☐ **ordem; comando**

Or|di|nal|zahl ⟨f.; -, -en; Gramm.⟩ *Zahlwort, das die Stellung in einer Reihenfolge, geordneten Menge o. A. bezeichnet, z.B. erste, zweiter, fünftes; Sy Ordnungszahl; Ggs Kardinalzahl* ☐ **numeral ordinal**

or|di|när ⟨Adj.⟩ **1** ⟨urspr.⟩ *landläufig, alltäglich, gebräuchlich* ☐ **ordinário; comum; habitual 2** ⟨meist fig.⟩ *gemein, grob, unanständig* ☐ **ordinário; vulgar; trivial**

Or|di|na|ten|ach|se ⟨[-ks-] f.; -, -n; Math.⟩ = *y-Achse*

Or|di|na|ti|on ⟨f.; -, -en⟩ **1** ⟨kath. Kirche⟩ *Weihe zum geistlichen Amt, Priesterweihe* **2** ⟨evang. Kirche⟩ *fei-*

ordinieren

erliche Einsetzung in das Amt eines Pfarrers □ **ordenação** 3 ⟨Med.; österr.⟩ *Verordnung, Verschreibung* □ **receita; prescrição** 3.1 *Sprechstunde* □ **horário de consulta** 3.2 *ärztlicher Behandlungsraum, Arztpraxis* □ **consultório**

or|di|nie|ren ⟨V.⟩ **1** ⟨500⟩ *jmdn. ~* 1.1 ⟨kath. Kirche⟩ *zum Priester weihen* 1.2 ⟨evang. Kirche⟩ *in das Amt des Pfarrers einsetzen* □ **ordenar 2** ⟨500; österr.⟩ *Arzneimittel ~ ärztlich verordnen* □ **receitar; prescrever 3** ⟨400; österr.⟩ *ärztliche Sprechstunde halten;* Herr Dr. B. ordiniert heute nicht □ **dar consulta**

ord|nen ⟨V. 500⟩ **1** *etwas ~ in (eine bestimmte) Ordnung, in die richtige Reihenfolge bringen, sortieren;* seine Gedanken ~; Gegenstände in den Fächern, auf dem Schreibtisch ~; in Gruppen ~; Blumen in der Vase ~; geordneter Rückzug ⟨Mil.⟩ □ **ordenar; pôr em ordem** 1.1 *in einen ordentlichen Zustand bringen;* seine Haare ~; die Kleidung ~ □ **arrumar; ajeitar** 1.2 *jmds. Angelegenheiten ~ regeln* □ **organizar; regularizar** 1.3 *geordnete* **Verhältnisse** *klare u. übersichtliche V.;* in geordneten Verhältnissen leben □ **levar uma vida bem-ordenada/bem estabelecida* 1.3.1 *es herrschen wieder geordnete Verhältnisse Ruhe u. Ordnung* □ **a paz voltou a reinar* 1.4 ⟨Vr 3⟩ *sich ~ sich (in einer bestimmten Ordnung, Reihenfolge) aufstellen;* die Massen ordneten sich zu einem Demonstrationszug □ **enfileirar-se; entrar em ordem*

Ord|nung ⟨f.; -, -en⟩ **1** *das Ordnen;* er macht sich an die ~ seiner persönlichen Angelegenheiten □ **ordem; disposição 2** *das Geordnetsein, ordentlicher Zustand;* ~ machen, schaffen; für ~ sorgen; die ~ stören; es muss alles seine (bestimmte) ~ haben; er kann (in seinen Sachen) keine ~ halten; hier herrscht (keine, vorbildliche) ~; es ist alles in bester, schönster ⟨a. fig.⟩ ; ~ muss sein! ⟨fig.⟩ □ **ordem** 2.1 *jmdn. ~, ein Kind zur ~ anhalten dazu anhalten, ordentlich zu sein* □ **exortar alguém/uma criança a ser ordeiro(a)* 2.2 *das Zimmer ist in ~ aufgeräumt u. sauber* □ **o quarto está em ordem/arrumado* 2.3 *eine Sache in ~ bringen* ⟨fig.⟩ *erledigen* □ **colocar alguma coisa em ordem; resolver alguma coisa* 2.4 *ich finde es (nicht) in ~, dass ... ich finde es (nicht) richtig, dass ...* □ **(não) acho certo que...* 2.5 *in ~! ⟨umg.⟩ gut!, erledigt!, wird erledigt, wird gemacht!* □ **está certo!; combinado!* 2.6 *(es) geht in ~ ⟨umg.⟩ es ist gut so, es wird, ist erledigt* □ **está certo/em ordem* 2.7 *das ist ganz in ~ das ist ganz richtig so, das ist ganz nach Vorschrift* □ **está absolutamente correto* 2.8 *der ist in ~! ⟨umg.⟩ er ist ein tüchtiger Kerl, so, wie er sein soll* □ **ele é boa gente!* 2.9 *die Maschine ist nicht in ~ ist kaputt, läuft nicht richtig* □ **a máquina não está funcionando direito* **3** *geregelter, übersichtlicher Ablauf, Tagesablauf;* ein kleines Kind braucht seine ~; jmdn. aus seiner ~ bringen □ **rotina 4** ⟨unz.⟩ *Ruhe, Gehorsam, Disziplin;* es gelang dem Lehrer nicht, ~ zu halten □ **ordem; disciplina** 4.1 *jmdn. zur ~ rufen ermahnen* □ **chamar alguém à ordem* **5** *Regel, Vorschrift, Verfahrensregelung;* Straßenverkehrs~; die ~ im Strafprozess □ **regulamento; regra; norma** 5.1 *nur der ~ halber*, *wegen der Form halber* □ **apenas por uma questão de formalidade* **6** *Aufbau, System;* Gesellschafts~; eine neue politische ~ entsteht; die innere ~ des Systems, eines Organismus, eines Atoms □ **ordem 7** *Stufenfolge, Reihenfolge;* Rang~; Sitz~; alphabetische ~ □ **ordem; fileira** 7.1 *Stufe in einer Reihenfolge, Rangordnung, Grad;* er ist eine Kapazität erster ~; das ist ein Problem dritter ~ □ **ordem; categoria; classe** 7.2 **Kurve** *erster, zweiter, n-ter ~* ⟨Math.⟩ *K., die ein, zwei, n Schnittpunkte mit einer Geraden hat* □ **ordem 8** ⟨Biol.⟩ = **Reihe(4)**

Ord|nungs|zahl ⟨f.; -, -en⟩ = *Ordinalzahl*

Ore|ga|no ⟨m.; -; unz.⟩ = *Origano*

Or|gan ⟨n.; -s, -e⟩ **1** ⟨Biol.⟩ *funktionelle Einheit bestimmter Gestalt, die bestimmte Leistungen erbringt;* die inneren ~e □ **órgão 2** = *Stimme(1);* ein lautes, angenehmes, unangenehmes, sonores ~; haben ~ **voz** 2.1 ⟨fig.⟩ *Zeitung od. Zeitschrift als Sprachrohr einer Partei* □ **órgão; porta-voz 3** *(k)ein ~ für etwas haben* ⟨fig.⟩ *(k)einen Sinn, (k)eine Begabung für etwas haben, nicht empfänglich für etwas sein* □ **(não) ter talento/sensibilidade para alguma coisa* **4** *mit bestimmten Aufgaben, Rechten u. Pflichten betraute Person od. Personengruppe im öffentlichen Leben;* ausführendes, beratendes ~ □ **órgão; instituição**

Or|ga|ni|sa|ti|on ⟨f.; -, -en⟩ **1** ⟨unz.⟩ *das Organisieren* 1.1 *planmäßiger Aufbau, Ordnung, Gliederung, Gestaltung* **2** ⟨Biol.⟩ *Aufbau u. Tätigkeit der Organe* **3** *Zusammenschluss zu einem bestimmten Zweck* □ **organização**

Or|ga|ni|sa|tor ⟨m.; -s, -en⟩ **1** *jmd., der etwas organisiert, Veranstalter;* die ~en eines Konzertes **2** *jmd.; der ein großes Talent zum Organisieren besitzt* □ **organizador**

or|ga|nisch ⟨Adj. 24⟩ **1** *ein Organ(1) betreffend, zu ihm gehörig, von ihm ausgehend* 1.1 *~es* **Leiden** *auf Veränderungen der Organe beruhendes Leiden;* ~ erkrankt **2** *der belebten Natur angehörend;* Ggs anorganisch 2.1 *tierisch-pflanzlich* 2.2 *Kohlenstoffverbindungen betreffend;* ~e Chemie, ~e Verbindung, ~e Basen; ~e Säuren **3** *gegliedert, gesetzmäßig geordnet;* ein ~es Ganzes □ **orgânico**

or|ga|ni|sie|ren ⟨V. 500⟩ **1** *eine* **Veranstaltung** *~ einrichten, aufbauen, gestalten, planen;* eine Gesellschaftsreise ~ **2** *Gegenstände,* **Waren** *~* ⟨umg.⟩ *beschaffen, bes. auf nicht ganz einwandfreie Weise* **3** ⟨Vr 3⟩ *sich ~ sich einer Gewerkschaft od. Partei anschließen;* organisierte Arbeiter □ **organizar(-se)**

Or|ga|nis|mus ⟨m.; -, -nis|men⟩ **1** *selbständiges Lebewesen, lebendiger menschlicher, tierischer od. pflanzlicher Körper* **2** *sinnvoll gegliedertes Ganzes* □ **organismo**

Or|ga|nist ⟨m.; -en, -en; Mus.⟩ *Orgelspieler* □ **organista**

Or|ga|nis|tin ⟨f.; -, -tin|nen; Mus.⟩ *weibl. Organist* □ **organista**

Or|gas|mus ⟨m.; -, -gas|men⟩ *Höhepunkt des Geschlechtsakts od. anderer sexueller Handlungen* □ **orgasmo**

Or|gel ⟨f.; -, -n; Mus.⟩ *größtes Musikinstrument, bei dem von einem Spieltisch aus durch Tasten u. Pedal* sowie mechanische od. elektrische Luftzuführung Pfeifen in den verschiedensten Klangfarben zum Tönen gebracht werden □ órgão

or|geln ⟨V. 400⟩ **1** Orgel spielen □ tocar órgão 1.1 der Wind orgelt in den Bäumen ⟨fig.⟩ saust, braust mit tiefem Ton □ soprar; sibilar **2** der Hirsch orgelt ⟨Jägerspr.⟩ schreit brünstig □ bramar

Or|gel|pfei|fe ⟨f.; -, -n; Mus.⟩ **1** Pfeife der Orgel □ tubo de órgão 1.1 die Kinder standen da wie die ~n ⟨umg.; scherzh.⟩ der Größe nach, eines immer ein wenig größer als das andere □ *as crianças estavam enfileiradas em escadinha

Or|gie ⟨[-giə] f.; -, -n⟩ Ausschweifung, wüstes Gelage □ orgia

Ori|ent ⟨m.; -s; unz.⟩ **1** Länder des Nahen, Mittleren u. Fernen Ostens, Vorder- und Mittelasien; Sy Morgenland; Ggs Okzident □ Oriente 1.1 der Vordere ~ Vorderasien □ *o Oriente Médio/Próximo

ori|en|tie|ren ⟨V.⟩ **1** ⟨505/Vr 7 od. Vr 8⟩ jmdn. (über etwas) ~ unterrichten, in Kenntnis setzen; darüber bin ich nicht orientiert 1.1 ⟨550/Vr 3⟩ sich über etwas ~ über etwas Auskünfte einholen □ informar(-se) **2** ⟨500/Vr 3⟩ sich ~ den eigenen Standort nach der Himmelsrichtung feststellen 2.1 ⟨fig.⟩ sich zurechtfinden, die eigene Lage bestimmen □ *orientar-se

Ori|en|tie|rung ⟨f.; -, -en⟩ **1** das Orientieren, das Orientiertsein □ orientação 1.1 die ~ verlieren die Richtung verlieren, nicht mehr wissen, wo man sich befindet □ *ficar desorientado/perdido **2** zu Ihrer ~ damit Sie Bescheid wissen □ *para sua informação

Ori|ga|no ⟨m.; -; unz.; Bot.⟩ Angehöriger einer Gattung der Lippenblütler, deren getrocknete Blätter u. Zweige als Gewürz u. Heilkraut verwendet werden: Origanum vulgare; oV Oregano; Sy Wilder Majoran, → Majoran(1.1) □ orégano

ori|gi|nal ⟨Adj. 24⟩ **1** ursprünglich, echt, urschriftlich **2** schöpferisch, eigen □ original

Ori|gi|nal ⟨n.; -s, -e⟩ **1** = Urbild **2** erste Niederschrift, ursprüngliche Fassung, Urtext; Ggs Kopie(1); das ~ eines Briefes, Gemäldes; Kopie nach einem ~ von Raffael □ original **3** jmd. ist ein ~ ⟨fig.; umg.⟩ Person mit ungewöhnlichen, aber originellen Eigenschaften u. Ideen □ original; excêntrico

Ori|gi|na|li|tät ⟨f.; -; unz.⟩ **1** originale Beschaffenheit, Echtheit; die ~ eines Kunstwerkes bestätigen **2** Einfallsreichtum, (einer Sache zugrundeliegende) eigenartig-schöpferische Idee, unverwechselbare Kreativität; die ~ ihres Denkens, Schaffens, Wirkens □ originalidade

ori|gi|nell ⟨Adj.⟩ **1** ursprünglich, eigen, neuartig u. treffend, ideen-, einfallsreich; ein ~er Gedanke; etwas ~ gestalten □ original; com originalidade **2** ⟨umg.⟩ sonderbar, seltsam, eigenartig, auffällig; ein ~er Mensch □ original; extravagante

Or|kan ⟨m.; -(e)s, -e; Meteor.⟩ Sturm von größter Windstärke □ furacão

Or|na|ment ⟨n.; -(e)s, -e⟩ Verzierung, Schmuck, schmückende Form □ ornamento; adorno

Or|nat ⟨n.; -(e)s, -e⟩ feierliche Amtstracht □ traje oficial/sacerdotal; in vollem ~ erscheinen □ *aparecer com toda pompa e circunstância

Or|ni|tho|lo|gie ⟨f.; -; unz.; Zool.⟩ Vogelkunde □ ornitologia

Ort¹ ⟨m.; -(e)s, -e⟩ **1** Platz, Stelle, Punkt; ein ~ des Schreckens, Grauens; hier sind wir am rechten, richtigen ~; jetzt steht alles am rechten, richtigen ~ □ lugar; local 1.1 an ~ und Stelle sein da sein (an gehöriger Stelle) □ *estar no lugar certo/apropriado 1.2 ein gewisser, heimlicher, verschwiegener ~ ⟨umg.; verhüllend⟩ Abort, Toilette □ *reservado; casinha; → a. astronomisch(1.4), dritte(r,-s)(2.3), **2** Ortschaft, Gemeinde, Dorf; von ~ zu ~ ziehen □ lugarejo 2.1 hier am ~ in derselben Ortschaft, hier □ *aqui mesmo **3** ⟨fig.⟩ Gelegenheit, (richtiger) Zeitpunkt; es ist hier nicht der ~, darüber zu diskutieren 3.1 eine Bemerkung am unrechten ~ eine unter gegebenen Umständen unangebrachte B. □ ocasião

Ort² ⟨n.; -(e)s, -e; veraltet; noch in geogr. Namen⟩ **1** Spitze, Anfangs- u. Endpunkt □ extremidade; fundo **2** ⟨oberdt.⟩ = Ahle

Ort³ ⟨n.; -(e)s, Ör|ter; Bgb.⟩ **1** Ende einer Strecke, an der gearbeitet wird □ fundo de galeria 1.1 vor ~ arbeiten die Strecke vortreiben □ *trabalhar no fundo da galeria 1.1.1 ⟨fig.⟩ direkt an Ort u. Stelle eines Geschehens □ *trabalhar no local (de um acontecimento)

or|ten ⟨V. 500⟩ etwas ~ den Standort von etwas bestimmen; ein Schiff, Flugzeug ~ □ localizar; determinar a posição

or|tho|dox ⟨Adj.⟩ **1** rechtgläubig, strenggläubig **2** ~e Kirche Ostkirche □ ortodoxo

Or|tho|gra|fie ⟨f.; -, -n; Sprachw.⟩ = Rechtschreibung; oV Orthographie

or|tho|gra|fisch ⟨Adj. 24⟩ die Ortografie betreffend, rechtschreiblich; oV orthographisch; ~e Fehler; einen Text ~ fehlerfrei schreiben □ ortográfico

Or|tho|gra|phie ⟨f.; -, -n; Sprachw.⟩ = Orthografie

or|tho|gra|phisch ⟨Adj. 24⟩ = orthografisch

Or|tho|pä|die ⟨f.; -; unz.; Med.⟩ Fachgebiet der Medizin, das sich mit der Erkennung u. Behandlung angeborener od. erworbener Erkrankungen des menschlichen Stütz- u. Bewegungsapparates beschäftigt □ ortopedia

ört|lich ⟨Adj. 24⟩ → a. lokal **1** eine Ortschaft betreffend, zu ihm gehörend; die ~en Verhältnisse □ local 1.1 das ist ~ verschieden je nach Ort □ *isso varia de local para local/de região para região **2** auf einen Ort, eine Stelle des Körpers begrenzt, in der Ausdehnung beschränkt, nur wenig verbreitet □ localizado; local 2.1 ~e Betäubung ⟨Med.⟩ Ausschaltung der Empfindlichkeit gegen Schmerzen an bestimmten Stellen des Körpers □ *anestesia local

Ört|lich|keit ⟨f.; -, -en⟩ **1** Ort, Gelände □ lugar; localidade **2** eine gewisse ~, die ~en ⟨umg.; verhüllend⟩ Abort, Toilette □ *reservado; casinha

Ort|schaft ⟨f.; -, -en⟩ Gemeinde, Siedlung, Dorf □ lugarejo; povoado

Orts|ge|spräch ⟨n.; -(e)s, -e⟩ **1** Angelegenheit, über die alle Bewohner eines Ortes sprechen □ assunto doméstico/local **2** Telefongespräch zwischen Teilnehmern des gleichen Ortsnetzes; Ggs Ferngespräch □ ligação/chamada local

orts|kun|dig ⟨Adj.⟩ *Ortskenntnisse besitzend* □ conhecedor da região

Orts|sinn ⟨m.; -(e)s; unz.⟩ *Fähigkeit, sich auch in unbekanntem Gelände zurechtzufinden, Orientierungssinn* □ senso de direção

Orts|zeit ⟨f.; -, -en⟩ *die auf den Längenkreis bezogene wahre Sonnenzeit eines Ortes;* Ggs *Normalzeit* □ hora local

Öse ⟨f.; -, -n⟩ *kleiner Metallring zum Einhängen eines Hakens od. zum Durchziehen einer Schnur;* → a. *Haken(1.1)* □ colchete; ilhó; olhal

Os|mi|um ⟨n.; -s; unz.; chem. Zeichen: Os⟩ *Edelmetall der Platingruppe, Ordnungszahl 76* □ ósmio

Os|ten ⟨m.; -s; unz.; Abk.: O⟩ **1** *Himmelsrichtung, Richtung, in der die Sonne aufgeht; gen, nach ~* □ leste; oriente **2** *östlich gelegenes Gebiet; im ~ der Stadt* □ leste; → a. *fern(1.1), mittlere(r, -s) (1.2), nahe(1.3)* **3** *die Länder Osteuropas (u. Ostasiens)* □ Leste 3.1 ⟨früher DDR⟩ *sie hat im ~ gelebt* □ Alemanha Oriental

os|ten|ta|tiv ⟨Adj.⟩ **1** *offensichtlich, augenfällig* □ ostensivo; patente **2** *prahlerisch, herausfordernd, betont* □ ostensivo; jactancioso

Os|tern ⟨n.; -, -⟩ **1** *kirchliches Fest der Auferstehung Christi* □ Páscoa 1.1 *wenn ~ und Pfingsten auf einen Tag fällt* ⟨fig.; umg.; scherzh.⟩ *niemals* □ *no dia de São Nunca;* → a. *weiß¹(2.12)*

öst|lich ⟨Adj.⟩ **1** *im Osten liegend* □ leste; oriental 1.1 *~e Länge Längengrad östlich des Nullmeridians (von Greenwich)* □ *longitude oriental 1.2 *~ von Berlin außerhalb Berlins in östlicher Richtung* □ *a leste de Berlim*

Ös|tro|gen *auch:* **Öst|ro|gen** ⟨n.; -s, -e⟩ *weibl. Geschlechtshormon* □ estrogênio

Ot|ter¹ ⟨m.; -s, -; Zool.⟩ *Angehöriger einer Unterfamilie der Marder, im u. am Wasser lebendes Raubtier mit kurzem, dichtem Fell, kurzen Beinen mit Schwimmhäuten zwischen den Zehen, niedrigem u. flachem Körper sowie teilweise flachem u. breitem Schwimmschwanz: Lutrinae* □ lontra

Ot|ter² ⟨f.; -, -n; Zool.⟩ = *Viper(1)*

out ⟨[aʊt] Adv.⟩ **1** ⟨Sp.; österr.⟩ *aus, außerhalb des Spielfeldes; der Ball ist ~* □ fora **2** *~ sein* ⟨umg.⟩ *unmodern, nicht mehr aktuell, nicht mehr gefragt sein;* Ggs *in sein;* → *in²;* lange Kleider sind ~ □ *ser out;* estar fora de moda

ou|ten ⟨[aʊtən] V. 500; salopp⟩ **1** *jmdn. od. etwas ~ bekanntmachen, in aller Öffentlichkeit bekanntgeben (bes. von Homosexualität); er hat in dem Interview mehrere Politiker geoutet* □ *fazer revelações sobre alguém ou alguma coisa* **2** ⟨Vr 3⟩ *sich ~ sich öffentlich zu etwas (bes. zu seiner Homosexualität) bekennen; als er sich schließlich outete, hatte er nichts mehr zu befürchten* □ declarar-se homossexual; sair do armário

Out|fit ⟨[aʊtfɪt] n.; -s, -s⟩ *Bekleidung, Ausstattung; ein sportliches, elegantes ~* □ traje; conjunto

Out|si|der ⟨[aʊtsaɪdə(r)] m.; -s, -⟩ *Außenseiter;* Ggs *Insider* □ outsider

Ou|ver|tü|re ⟨[uvər-] f.; -, -n; Mus.⟩ **1** *instrumentale Einleitung zu größeren, meist zyklischen Musikwerken, bes. Opern, Operetten, Suiten;* Sy *Vorspiel(1)* □ abertura **2** ⟨bei Bach u. a.⟩ *selbständige Komposition, Suite* □ ouverture

oval ⟨[ovaːl] Adj. 24⟩ *~e Fläche länglich runde F.* □ oval

Ova|ti|on ⟨[ova-] f.; -, -en⟩ *Huldigung, Beifallssturm; jmdm. eine ~, ~en darbringen* □ ovação; aclamação

Oxid ⟨n.; -(e)s, -e; Chem.⟩ *Verbindung eines chem. Elements mit Sauerstoff;* oV ⟨veraltet⟩ *Oxyd* □ óxido

Oxi|da|ti|on ⟨f.; -, -en; Chem.⟩ *das Oxidieren;* Ggs *Reduktion(3)* □ oxidação

oxi|die|ren ⟨V.⟩ **1** ⟨400⟩ *chem. Elemente,* Stoffe *~ verbinden sich mit Sauerstoff, nehmen Sauerstoff auf* □ oxidar **2** ⟨800⟩ *zu einem anderen Stoff ~ sich durch Verbindung mit Sauerstoff in einen anderen S. umwandeln; Wasserstoff oxydiert zu Wasser* □ *oxidar-se em outra substância*

Oxyd ⟨n.; -(e)s, -e; Chem.; veraltet⟩ = *Oxid*

Oze|an ⟨m.; -s, -e⟩ = *Weltmeer*

Oze|lot ⟨m.; -s, -e od. -s; Zool.⟩ **1** *gelblich braun gefleckte Raubkatze, die in Feld-, Wald- u. Sumpfgebieten der südlichen USA bis Südamerika lebt: Leopardus pardalis* □ jaguatirica **2** *Fell des Ozelots(1)* □ pelo/pele de jaguatirica **3** *Kleidungsstück (Mantel, Jacke) aus Ozelot(2)* □ casaco de pele de jaguatirica

Ozon ⟨n. od. m.; -s; unz.; Chem.⟩ *dreiatomiger Sauerstoff* □ ozônio

Ozon|wert ⟨m.; -(e)s; -e; meist Pl.⟩ *Gehalt, Konzentration an Ozon in der Luft od. der Stratosphäre, Ozonkonzentration; Anstieg der ~e* □ *nível/concentração de ozônio*

paar¹ ⟨Adj.; Biol.⟩ *paarig, gepaart, zueinandergehörend;* ~e Blätter, Flossen ☐ **geminado**

paar² ⟨Indefinitpron.; indeklinabel⟩ **1** *ein ~ einige, wenige;* ein ~ Freunde; ein ~ Euro, Cent; ein ~ Minuten; in ein ~ Tagen; alle ~ Wochen; schreib ihm ein ~ Zeilen; mit ein ~ Worten ☐ **alguns; poucos 1.1** *ein ~ hundert/Hundert ... mehrere hundert* ☐ ***algumas centenas 2** *ein ~ ...zig etwas mehr als;* ein ~ zwanzig ☐ ***pouco mais de**

Paar ⟨n.; -(e)s, -e⟩ **1** *zwei zusammengehörige Personen, Tiere od. Dinge;* Ehe~, Tanz~; ein ~ Ochsen; ein ~ Schuhe, Stiefel, Strümpfe, Hosen ☐ **casal; par 1.1** *ein ~ werden heiraten* ☐ ***casar-se 1.2** *das junge ~ Liebes-, Braut-, Ehepaar* ☐ **casal**

paa|ren ⟨V.⟩ **1** ⟨500⟩ *Tiere ~ zur Zucht paarweise zusammenbringen* **2** ⟨500/Vr 3⟩ *sich ~ sich begatten, bes. von Tieren;* die meisten Tiere ~ sich im Frühjahr ☐ **acasalar(-se) 3** ⟨517⟩ *etwas mit etwas ~* ⟨fig.⟩ *vereinigen;* er paart in seinen Bemerkungen, Erzählungen Geist mit Witz; bei ihm ist Strenge mit Güte gepaart **3.1** ⟨Vr 3⟩ *etwas paart sich mit etwas etwas verbindet sich, kommt mit etwas zusammen;* bei ihm paart sich die Schnelligkeit mit Kraft ☐ **unir(-se); juntar(-se)**

Pacht ⟨f.; -, -en⟩ **1** *die Überlassung einer Sache zu Gebrauch u. Nutzung gegen Entgelt;* die ~ kündigen, verlängern ☐ **arrendamento 1.1** *in ~ geben verpachten* ☐ **dar em arrendamento;** *arrendar* **1.2** *in ~ nehmen pachten* ☐ **tomar de arrendamento;** *arrendar* **2** *vertraglich festgelegte u. regelmäßig zu zahlende Summe für das Gepachtete;* die ~ beträgt monatlich 500 €; die ~ erhöhen, senken ☐ **renda**

pach|ten ⟨V. 500⟩ **1** *etwas ~ in Pacht nehmen, gegen Entgelt zur Nutzung übernehmen;* einen Betrieb, ein Hotel ~; ein Grundstück ~ ☐ **arrendar; tomar de arrendamento 2** *etwas für sich gepachtet haben* ⟨fig.⟩ *etwas für sich allein in Anspruch nehmen* ☐ ***monopolizar alguma coisa;** *er tut so, als ob er die Weisheit, die Schlauheit gepachtet hätte* ☐ ***ele age como se fosse o dono da verdade; ele age como se fosse muito esperto**

Pack¹ ⟨m.; -(e)s, -e od. Pä|cke⟩ = *Packen(1)*

Pack² ⟨n.; -s; unz.; umg.; abwertend⟩ *Gesindel, Bande, Pöbel;* hier treibt sich nachts allerlei ~ herum; elendes ~; ~ schlägt sich, ~ verträgt sich ☐ **gentalha; ralé**

Päck|chen ⟨n.; -s, -⟩ **1** ⟨Postw.⟩ *fest verschlossene mittelgroße Briefsendung (mit einem bestimmten Höchstgewicht), kleines Paket;* sie hat 4 ~ zur Post gebracht; ein ~ packen ☐ **pacote 2** *jeder hat sein ~ zu tragen* ⟨fig.; umg.⟩ *jeder hat seine Sorgen* ☐ ***cada um tem seu fardo/sua cruz para carregar 3** *in einer Umhüllung verpackte kleine Menge einer Ware;* ein ~ Tee, Zigaretten ☐ **pacotinho; maço**

pa|cken ⟨V. 500⟩ **1** ⟨Vr 8⟩ *jmdn. (an, bei etwas) ~ (derb) ergreifen, fassen (u. festhalten);* jmdn. bei der Hand ~; jmdn. am, beim Kragen ~; der Hund packte ihn an der Hose, am Bein ☐ **apanhar; agarrar 1.1** *jmdn. bei der Ehre ~ jmds. Ehrgefühl wecken* ☐ ***apelar para a honra de alguém 2** *etwas (in, auf, unter, über etwas) ~ geordnet legen;* die Wäsche in den Koffer, Schrank ~; das Gepäck auf, in den Wagen ~; die Pullover über die Hemden ~ ☐ **arrumar; colocar 2.1** *eine Sachen ~ reisefertig machen, zum Mitnehmen einpacken* ☐ **arrumar;** *preparar* **2.2** ⟨511⟩ *etwas in Papier ~ einwickeln* ☐ **embrulhar; envolver 2.3** ⟨511⟩ *jmdn. ins Bett ~* ⟨umg.⟩ *zu Bett bringen u. warm zudecken* ☐ ***embrulhar alguém nas cobertas; colocar alguém na cama 3** *einen Behälter ~ zum Mitnehmen, Verreisen, für den Versand vorbereiten, fertig machen;* den Koffer, Rucksack, die Schultasche, das Päckchen ~ ☐ **arrumar; preparar; fazer 4** *jmdn. ~* ⟨fig.⟩ *jmdn. Eindruck machen, jmdn. innerlich stark bewegen, fesseln, ergreifen, erschüttern;* sein Bericht, das Buch, Theaterstück hat mich sehr gepackt; der Redner wusste, verstand seine Zuhörer zu ~; von Entsetzen gepackt; ich war von dem Film sehr gepackt ☐ **impressionar; fascinar;** *das Buch ist ~d geschrieben;* ein ~der Bericht, Vortrag ☐ **(de modo) impressionante; fascinante 5** ⟨Vr 3⟩ *sich ~* ⟨fig.; umg.⟩ *machen, dass man fortkommt, sich davonmachen, sich fortscheren;* er soll sich ~!; pack dich! ☐ ***cair fora**

Pa|cken ⟨m.; -s, -⟩ **1** *großes Bündel, großes Paket, Ballen;* oV *Pack*¹; ein ~ Bücher, Wäsche ☐ **pacote; trouxa; fardo 2** ⟨fig.⟩ *große Menge;* ein (großer) ~ Arbeit ☐ **monte**

Pa|ckerl ⟨n.; -s, -n; österr.⟩ *Päckchen* ☐ **pacote**

Pack|esel ⟨m.; -s, -⟩ **1** *Lasttier* ☐ **azêmola; besta de carga** ⟨fig.⟩ *Mensch, dem alles aufgebürdet wird;* wie ein ~ beladen ☐ **burro de carga**

Pa|ckung ⟨f.; -, -en⟩ **1** *in eine (hübsche) Hülle verkaufsfertig gepackte Ware;* Pralinen~ ☐ **caixa 2** *die Umhüllung, Hülle selbst;* eine ~ aufreißen, öffnen, anbrechen ☐ **embalagem; embrulho 3** ⟨Tech.⟩ *Dichtung* ☐ **junta; vedação 4** ⟨Straßenbau⟩ *Unterbau einer Straße* ☐ **subleito 5** ⟨Med.⟩ *Umhüllung des Körpers od. eines Körperteils mit feuchten Tüchern;* heiße, kalte, warme ~en ☐ **compressa**

♦ Die Buchstabenfolge **päd|a...** kann in Fremdwörtern auch **pä|da...** getrennt werden.

♦**Päd|a|go|ge** ⟨m.; -n, -n⟩ **1** *Erzieher, Lehrer* **2** *Wissenschaftler der Pädagogik* ☐ **pedagogo**

♦**Päd|a|go|gik** ⟨f.; -; unz.⟩ *Wissenschaft von Erziehung u. Bildung* ☐ **pedagogia**

♦**Päd|a|go|gin** ⟨f.; -, -gin|nen⟩ *weibl. Pädagoge* ☐ **pedagoga**

Paddel

Pad|del ⟨n.; -s, -⟩ *frei (ohne Dolle) geführtes Ruder mit einem od. zwei gegeneinander verdrehten Blättern an den Enden des Schaftes* □ pangaio

Pad|del|boot ⟨n.; -(e)s, -e⟩ *mit Hilfe von Paddeln fortbewegtes Boot* □ canoa; caiaque

pad|deln ⟨V. 400(s.)⟩ **1** *mit Paddeln rudern, mit dem Paddelboot fahren* □ pangaiar **2** ⟨fig.⟩ *wie ein Hund schwimmen* □ nadar cachorrinho

Pa|ge ⟨[-ʒə] m.; -n, -n⟩ **1** ⟨im MA⟩ *Edelknabe* □ pajem **2** ⟨heute⟩ *junger Bote, bes. im Hotel* □ mensageiro

Pa|go|de ⟨f.; -, -n; europ. Bez. für⟩ **1** *japanischer od. chinesischer Tempel mit mehreren turmartig gebauten Stockwerken* **2** ⟨a. m.; -n, -n; österr.⟩ *(sitzende) ostasiatische Götterfigur* □ pagode

Pail|let|te ⟨[pajɛtə] f.; -, -n⟩ *kleines glänzendes Metallplättchen zum Aufnähen auf festliche Kleidung* □ lantejoula

Pa|ket ⟨n.; -(e)s, -e⟩ **1** *etwas Zusammengepacktes, ein verschnürter Packen; Akten~, Bücher~, Post~* □ pacote; embrulho **1.1** ⟨Post⟩ *fest verschnürte größere Postsendung (mit einem bestimmten Mindest- bzw. Höchstgewicht)*; ~adresse, ~post, ~schalter □ encomenda postal

Pa|ket|kar|te ⟨f.; -, -n⟩ *Begleitschein für ein Postpaket; die ~ ausfüllen* □ guia de expedição de encomenda postal

Pakt ⟨m.; -(e)s, -e⟩ *Vertrag, Bündnis; Atlantik~, Freundschafts~* □ pacto

Pa|lais ⟨[-lɛː] n.; - [-lɛːs], - [-lɛːs]⟩ *Schloss, Palast, repräsentatives, herrschaftliches Gebäude* □ palácio

Pa|läo|zo|i|kum ⟨n.; -s; unz.⟩ *Zeitalter der Erdgeschichte vor 580 bis 200 Millionen Jahren, Erdaltertum* □ Paleozóico

Pa|last ⟨m.; -(e)s, -läs|te⟩ *ein repräsentatives Gebäude, bes. in der Feudalzeit ein fürstlicher od. herrschaftlicher Wohnsitz, Schloss; der alte, neue ~* □ palácio

Pa|la|tschin|ke *auch:* **Pa|lat|schin|ke** ⟨f.; -, -n; österr.; Kochk.⟩ *(mit Marmelade) gefüllter, zusammengerollter Eierkuchen; Topfen~* □ panqueca; crepe

Pa|la|ver ⟨[-vər] n.; -s, -⟩ **1** ⟨urspr.⟩ *Eingeborenenversammlung, Unterredung von Weißen mit Schwarzen* □ conversa entre nativos ou entre brancos e negros **2** ⟨fig.⟩ *überflüssiges Gerede, nutzlose Unterhaltung, Wortstreit* □ palavrório; palavreado

Pa|laz|zo ⟨m.; - od. -s, -laz|zi⟩ *Palast* □ palácio

Pa|let|te ⟨f.; -, -n⟩ **1** *Scheibe mit Loch für den Daumen zum Mischen der Farben beim Malen* **2** ⟨Tech.⟩ *Untersatz für Stapelwaren, die dadurch mit Gabelstaplern leicht u. in größerer Menge bewegt werden können* □ paleta **3** ⟨fig.⟩ *reiche Auswahl, vielfältiges Angebot; eine ~ an Möglichkeiten* □ variedade; leque; gama

Pa|li|sa|de ⟨f.; -, -n⟩ **1** *starker, oben zugespitzter Pfahl zur Befestigung* **2** *aus einer Reihe von Palisaden(1) bestehendes Hindernis* □ paliçada

Pal|me ⟨f.; -, -n⟩ **1** ⟨Bot.⟩ *Angehörige einer Familie meist tropischer, einkeimblättriger Bäume mit schlankem Stamm u. gefiederten Blättern: Palmae* □ palma; palmeira **1.1** *jmdn. auf die ~ bringen* ⟨fig.; umg.⟩ *jmdn. erbosen, jmdn. wütend machen* □ *tirar alguém do sério **2** *Blatt einer Palme* □ palma **2.1** *die ~ erringen* ⟨fig.⟩ *siegen* □ *levar a palma

Palm|li|lie ⟨[-ljə] f.; -, -n; Bot.⟩ = Yucca

Pam|pa ⟨f.; -, -s⟩ **1** *südamerikanische (überwiegend in Argentinien gelegene) Grassteppe* □ pampa **1.1** ⟨fig.; umg.⟩ *abgelegene Gegend; in der ~ wohnen* □ fim de mundo; onde Judas perdeu as botas

Pam|pel|mu|se ⟨f.; -, -n; Bot.⟩ *Zitrusgewächs mit großen, gelben, säuerlich (bitter) schmeckenden, der Orange ähnlichen Früchten: Citrus aurantium decumana* □ grapefruit; toranja

Pam|phlet *auch:* **Pamph|let** ⟨n.; -(e)s, -e⟩ *politische Schmähschrift, Streitschrift* □ panfleto

pan..., Pan... ⟨in Zus.⟩ *all, ganz, gesamt, alles umfassend;* panafrikanisch, Panamerikanismus, Pantheismus

Pa|na|de ⟨f.; -, -n; Kochk.⟩ **1** *zum Panieren verwendete breiige Mischung aus geriebenen od. gemahlenen Zutaten (bes. Semmelbröseln, Mehl, Mandeln u. Ä.) u. Ei* □ massa para empanar **2** *breiige Mischung für Füllungen* □ massa para recheio **3** ⟨österr.⟩ *Weißbrot als Suppeneinlage* □ pão para sopa

pa|na|schie|ren ⟨V.⟩ **1** ⟨500⟩ *Stoffe ~ buntstreifig mustern* □ matizar; variegar **2** ⟨402; Pol.⟩ **(Kandidaten)** *~ K. verschiedener Wahlvorschläge auf dem Stimmzettel zusammenstellen u. zugleich wählen* □ *votar em candidatos de diferentes partidos

Pan|da ⟨m.; -s, -s; Zool.⟩ *in Zentralchina lebender Bär mit schwarzweißer Fellzeichnung: Ailuropoda melanoleuca* □ panda

Pa|neel ⟨n.; -s, -e; meist Pl.⟩ **1** *vertieftes Feld einer Holztäfelung* □ painel **2** *aus Paneelen(1) bestehende Holztäfelung* □ revestimento em madeira; lambri de madeira

Pan|flö|te ⟨f.; -, -n; Mus.⟩ *Hirtenflöte aus mehreren, verschieden langen, meist unten geschlossenen Röhren ohne Grifflöcher;* oV *Pansflöte* □ flauta de Pã

Pa|nier ⟨n.; -s, -e⟩ **1** ⟨veraltet⟩ *Banner, Fahne, Feldzeichen* □ bandeira; estandarte **1.1** *sich etwas auf sein ~ schreiben sich zum Ziel setzen* □ *adotar alguma coisa como lema **2** ⟨fig.; geh.⟩ *Wahlspruch, Motto* □ bandeira; lema

pa|nie|ren ⟨V. 500⟩ *etwas ~* ⟨Kochk.⟩ *in Ei u. Mehl, geriebener Semmel o. Ä. wenden; Fisch, ein Schnitzel ~* □ empanar

Pa|nik ⟨f.; -, -en⟩ *allgemeine Verwirrung, plötzlich ausbrechende Angst (bes. bei Massenansammlungen); in ~ geraten* □ pânico

Pan|ne ⟨f.; -, -n⟩ **1** *Schaden, Betriebsstörung (bes. an Fahrzeugen); Auto~, Rad~, Reifen~* □ pane; avaria **2** *Störung im Arbeitsablauf, Fehler, Missgeschick; da ist bei der Übertragung eine ~ passiert* □ percalço; contratempo

Pan|op|ti|kum *auch:* **Pa|nop|ti|kum** ⟨n.; -s, -ti|ken⟩ **1** *Wachsfigurenkabinett* □ museu de cera **2** *Kuriositätensammlung, Schau von besonderen Sehenswürdigkeiten* □ coleção de curiosidades

Pan|o|ra|ma *auch:* **Pa|no|ra|ma** ⟨n.; -s, -ra|men⟩ **1** *Ausblick in die Landschaft, Rundblick* **2** *Rundbild, das einen weiten Horizont vortäuscht* 2.1 ⟨Theat.⟩ *im Halbkreis um die Bühne reichendes Rundbild einer Landschaft o. Ä. als Hintergrund, Vorläufer des Rundhorizonts* □ panorama

pan|schen ⟨V.⟩ oV *pantschen* **1** ⟨500⟩ *ein* Getränk ~ *mit Wasser verfälschen, verdünnen;* Wein, Milch ~ □ aguar; batizar **2** ⟨400⟩ *mit Wasser spielen;* die Kinder ~ gern □ chapinhar; patinhar

Pan|sen ⟨m.; -s, -⟩ *erster Magenabschnitt von Wiederkäuern* □ rúmen; pança

Pans|flö|te ⟨f.; -, -n; Mus.⟩ = *Panflöte*

Pan|ter ⟨m.; -s, -⟩ = *Leopard;* oV *Panther*

Pan|the|is|mus ⟨m.; -; unz.⟩ *Lehre, dass Gott, die Natur u. die Welt eins seien u. Gott in allen Dingen existiere* □ panteísmo

Pan|ther ⟨m.; -s, -⟩ = *Panter*

Pan|ti|ne ⟨f.; -, -n; norddt.⟩ *Pantoffel; Holz~* □ tamanco

Pan|tof|fel ⟨m.; -s, -n⟩ **1** *Hausschuh ohne Fersenteil; Filz~* □ chinelo; pantufa **2** *Sinnbild des häuslichen Regiments der Ehefrau; pass auf, dass du nicht unter den ~ kommst* □ *cuidado para não andar de cabresto!* 2.1 sie hat ihn **unter den ~** ⟨fig.; umg.⟩ *sie beherrscht ihren Ehemann, sie ordnet alles an* □ *ela o traz no cabresto* 2.2 *unter dem ~ stehen* ⟨fig.; umg.⟩ *von seiner Ehefrau beherrscht werden, daheim nichts zu sagen haben* □ *ser controlado pela esposa; andar de cabresto*

Pan|to|mi|me¹ ⟨f.; -, -n⟩ *Bühnenstück, das ohne Worte, nur durch Gebärden, Mienenspiel u. Bewegung od. Tanz dargestellt wird* □ pantomima

Pan|to|mi|me² ⟨m.; -n, -n⟩ *Künstler, der Pantomimen¹ darstellt* □ pantomimeiro; mímico

pant|schen ⟨V.⟩ = *panschen*

Pan|zer ⟨m.; -s, -⟩ **1** *mittelalterliche Rüstung, metallener Schutz für den Körper; einen ~ tragen; Naturvölker tragen ~ aus Leder, Holz, Faserstoffen* □ couraça; armadura **2** *Panzerung, Panzerdecke, Stahlhülle als Schutz gegen Geschosse* □ blindagem **3** ⟨Mil.⟩ *mit Panzerplatten u. Kettenrädern versehener Kampfwagen, Panzerwagen; Kampf~, Sturm~, Jagd~, Schützen~* □ tanque **4** ⟨Zool.⟩ *eng anliegende Schutzhülle bestimmter Tiere; der ~ der Schildkröte* □ carapaça **5** *sich mit einem ~ (aus Gleichgültigkeit o. Ä.) umgeben* ⟨fig.⟩ *sein Inneres, sein Gefühl verbergen* □ *cercar-se de uma couraça*

Pan|zer|faust ⟨f.; -, -fäus|te; Mil.⟩ *aus einer Rakete bestehende Handfeuerwaffe der Infanterie zur Bekämpfung von Panzern* □ bazuca antitanque

Pan|zer|schrank ⟨m.; -(e)s, -schrän|ke⟩ *mit Panzerplatten versehener Geldschrank; Schmuck in den ~ einschließen* □ cofre; caixa-forte; Sy *Tresor(1)*

Pa|pa¹ ⟨Betonung a. [-ʹ-] m.; -s, -s⟩ *Vater* □ papai

Pa|pa² ⟨m.; -s; unz.; Bez. für⟩ **1** *Papst* □ papa **2** ⟨Ostkirche⟩ *höherer Geistlicher* □ patriarca

Pa|pa|gei ⟨m.; -s, -en; Zool.⟩ **1** *Angehöriger einer in den wärmeren Zonen der Erde verbreiteten Ordnung von Vögeln, die die menschliche Stimme bes. gut nachahmen können, mit meist farbenprächtigem Gefieder u. großem Kopf sowie stark gekrümmtem Schnabel u. Greiffüßen: Psittaci; alles nachplappern wie ein ~* 1.1 *schwatzen wie ein ~ unaufhörlich u. ohne Sinn reden* □ papagaio

Pa|per ⟨[peɪpə(r)] n.; -s, -⟩ **1** *Arbeitspapier (bei Konferenzen, Tagungen, Vorträgen u. Ä.); ein ~ verteilen* □ *paper,* artigo científico **2** *Schriftstück, Dokument* □ documento

Pa|per|back ⟨[peɪpə(r)bæk] m. od. n.; -s, -s⟩ = *Taschenbuch;* Ggs *Hardcover*

Pa|pier ⟨n.; -s, -e⟩ **1** *durch Faserverfilzung entstandenes, blattartiges Gebilde zum Schreiben, Drucken, Einpacken; handgeschöpftes, satiniertes ~; holzfreies, holzhaltiges ~; lichtempfindliches ~; glattes, raues, weiches ~; bedrucktes, beschriebenes ~; ein Blatt, Bogen, Fetzen, Stück ~; einen Gegenstand in ~ (ein)wickeln* 1.1 *Gedanken zu ~ bringen aufschreiben, notieren* 1.2 *das existiert, steht nur auf dem ~ das ist zwar vorgeschrieben, vereinbart, wird aber praktisch nicht befolgt* □ papel 1.3 *~ ist geduldig* ⟨fig.; umg.⟩ *mancher schreibt eine Menge Unsinn zusammen* □ *o papel aceita tudo* **2** ⟨meist Pl.⟩ *Aufzeichnung, Schriftstück, Dokument; er suchte in seinen ~en nach dem Vertrag; vertrauliche ~e* □ documentos; papéis 2.1 *kurze schriftliche Arbeit, Flugblatt o. Ä.; Arbeits~* □ prospecto; memorando 2.2 *Ausweis, beglaubigtes Dokument; Personal~; Kraftfahrzeug~e; er hat keine ~e bei sich* □ documento(s) 2.2.1 *seine ~e bekommen* ⟨umg.⟩ *entlassen werden* □ *receber o bilhete azul; ser demitido* 2.3 *Wertpapier, Aktie, Pfandbrief; festverzinsliche ~e* □ título; ação **3** ⟨Getrennt- u. Zusammenschreibung⟩ 3.1 *~ verarbeitend* = *papierverarbeitend*

Pa|pier|geld ⟨n.; -(e)s; unz.⟩ *Geldscheine, Banknoten;* Ggs *Hartgeld* □ papel-moeda; nota

pa|pier|ver|ar|bei|tend *auch:* **Pa|pier ver|ar|bei|tend** ⟨Adj. 24/60⟩ *Papier als Rohstoff verarbeitend* □ *que transforma/processa o papel;* ~e Industrie □ *indústria transformadora/processadora de papel*

Pap|pe ⟨f.; -, -n⟩ **1** *starker, flächiger Werkstoff aus Papierrohstoffen; Dach~, Well~, Teer~; starke, steife, dicke ~* □ cartão; papelão 1.1 *nicht von ~ sein* ⟨fig.; umg.⟩ *nicht schlecht, nicht zu unterschätzen* □ *não ser de jogar fora* **2** ⟨unz.; oberdt.; mitteldt.⟩ *Leim, Kleister, klebriger Brei* □ cola de amido

Pap|pel ⟨f.; -, -n; Bot.⟩ *zweihäusiger Laubbaum aus der Gattung der Weidengewächse: Populus* □ choupo; álamo

päp|peln ⟨V. 500⟩ *jmdn. od. ein Tier ~* ⟨umg.⟩ *liebevoll u. geduldig ernähren, umsorgen* □ cuidar/alimentar bem

pap|pen ⟨V.; umg.⟩ **1** ⟨511⟩ *etwas auf, an etwas ~ kleben; einen Zettel auf eine Kiste ~* □ grudar; colar **2** ⟨400⟩ *etwas pappt ballt sich leicht zusammen; der Schnee pappt* □ grudar; aderir

Pap|pen|stiel ⟨m.; fig.; umg.; nur in den Wendungen⟩ **1** *etwas ist keinen ~ wert nichts wert* □ *não valer um*

Pappmaché

tostão furado 2 etwas für einen ~ hergeben, verkaufen *für sehr wenig Geld* □ *dar/vender por uma ninharia/bagatela **3** etwas ist kein ~ etwas ist keine Kleinigkeit □ *não ser pouca coisa

Papp|ma|ché ⟨[-ˈeː] n.; -s; unz.⟩ = *Pappmaschee*

Papp|ma|schee ⟨n.; -s; unz.⟩ *formbare Masse aus eingeweichtem Papier, Leim, Stärke u. Ton, die nach dem Trocknen hart wird*; oV *Pappmaché* □ papel machê

Pa|pri|ka *auch*: **Pap|ri|ka** ⟨m.; -s, -(s); Bot.⟩ *Angehöriger einer Gattung der Nachtschattengewächse, eine krautige Pflanze, die wegen ihrer sehr würzigen Frucht angebaut wird: Capsicum* □ pimentão

Papst ⟨m.; -(e)s, Päps|te⟩ *Oberhaupt der kath. Kirche u. Bischof von Rom* □ papa

...papst ⟨in Zus.; salopp⟩ *(maßgeblicher Repräsentant, Sprecher eines bestimmten Gebietes);* Klavier~; Literatur~

päpst|lich ⟨Adj.⟩ **1** *das Oberhaupt der kath. Kirche betreffend, zu ihm gehörig, ihm zustehend, entsprechend, von ihm ausgehend;* ~er Erlass; ~er Gesandter □ papal; apostólico **2** ~er sein als der Papst (fig.) *eine übertrieben strenge Haltung einnehmen, strenger sein als der dazu Berufene, dafür Verantwortliche* □ *ser mais realista que o rei

Pa|py|rus ⟨m.; -, -py|ri⟩ **1** *aus dem in Streifen geschnittenen u. kreuzweise übereinander geklebten Stängelmark der ägyptischen Papyrusstaude gewonnenes, papierähnliches Schreibmaterial des Altertums* **2** *Schriftstück aus Papyrus*(1) □ papiro

pa|ra..., Pa|ra... ⟨in Zus.⟩ **1** *neben..., Neben..., bei..., Bei...;* paramilitärisch, Parapsychologie **2** *gegen..., Gegen..., wider..., Wider...;* paradox, Paralogismus

Pa|ra|bel ⟨f.; -, -n⟩ **1** *lehrhafte Erzählung, die eine allgemeine sittliche Wahrheit an einem Beispiel veranschaulicht* **2** ⟨Math.⟩ *Kegelschnitt ohne Mittelpunkt, der gebildet wird von allen Punkten, die von einem festen Punkt u. einer festen Geraden den gleichen Abstand haben* □ parábola

Pa|ra|de ⟨f.; -, -n⟩ **1** ⟨Mil.⟩ *Vorbeimarsch* □ parada; desfile **2** ⟨Fechten, Boxen⟩ *Abwehrbewegung gegen einen Angriff* **3** ⟨Reiten⟩ 3.1 *Anhalten des Pferdes* □ parada 3.2 *Verkürzen der Gangart* □ passo de parada

Pa|ra|dei|ser ⟨m.; -s, -; österr.⟩ = *Tomate*(2)

Pa|ra|den|to|se ⟨f.; -, -n⟩ = *Parodontose*

Pa|ra|de|pferd ⟨n.; -(e)s, -e⟩ **1** *gutes Pferd zum Vorführen* □ cavalo de parada; palafrém **2** ⟨fig.⟩ *jmd. od. ein Gegenstand, der sich bes. dafür eignet, etwas zu zeigen od. vorzuführen, womit man Eindruck machen möchte* □ paradigma; modelo

Pa|ra|dies ⟨n.; -es, -e⟩ **1** ⟨unz.; Rel.⟩ *Garten Eden, Garten Gottes, Himmel;* die Vertreibung aus dem ~ □ paraíso 1.1 im ~(e) sein *gestorben sein* □ *estar no céu **2** ⟨fig.⟩ *Ort der Freude, Glückseligkeit;* dieser Garten ist ein ~ für Kinder **3** ⟨fig.⟩ *bes. schöner Ort;* dieses Fleckchen Erde ist wirklich ein ~ □ paraíso **4** ⟨Arch.⟩ *Vorhalle der altchristlichen Basilika mit Brunnen* □ átrio

Pa|ra|dig|ma ⟨n.; -s, -dig|men⟩ **1** *Muster, Beispiel, Vorbild* 1.1 *Erzählung mit musterhaftem Charakter* **2** ⟨Sprachw.⟩ 2.1 *Flexionsmuster;* Verben nach einem bestimmten ~ konjugieren 2.2 *Anzahl der in einem bestimmten Kontext innerhalb einer Wortkategorie austauschbaren Ausdrücke* □ paradigma

pa|ra|dox ⟨Adj.⟩ *widersinnig, einen Gegensatz darstellend, einen Widerspruch in sich enthaltend;* sein Verhalten war ~ □ paradoxal

Par|af|fin *auch*: **Pa|raf|fin** ⟨n.; -s, -e; Chem.⟩ **1** *farbloses Gemisch von gesättigten höheren aliphat. Kohlenwasserstoffen mit flüssiger, wachsartiger od. fester Konsistenz* **2** (i. w. S.) *einer der gesättigten aliphatischen Kohlenwasserstoffe, z. B. Methan, Ethan, Propan, auf denen sich die gesamte aliphatische Chemie aufbaut* □ parafina

Pa|ra|graf ⟨m.; -en, -en; Zeichen: §⟩ *nummerierter Absatz in amtlich formellen Schriftstücken, z. B. Verträgen u. Gesetzbüchern;* oV *Paragraph* □ parágrafo

Pa|ra|graph ⟨m.; -en, -en; Zeichen: §⟩ = *Paragraf*

♦ Die Buchstabenfolge **par|al|l...** kann in Fremdwörtern auch **pa|ral|l...** getrennt werden.

♦ **par|al|lel** ⟨Adj. 24⟩ **1** *in der Parallele, in gleicher Richtung u. gleichbleibendem Abstand zueinander verlaufend;* ~e Linien; die Straßen laufen ~ (miteinander); der Weg läuft ~ zum Fluss □ paralelo; paralelamente 1.1 *elektrische Widerstände, Kondensatoren od. Stromquellen* ~ *schalten so schalten, dass jedes Schaltelement an die gleiche Spannung angeschlossen ist* □ em paralelo **2** ⟨Getrennt- u. Zusammenschreibung⟩ 2.1 ~ *laufend* = *parallellaufend*

♦ **Par|al|le|le** ⟨f.; -, -n⟩ **1** ⟨Math.⟩ *Gerade, die zu einer anderen Geraden in gleichem Abstand verläuft;* eine ~ ziehen □ paralela **2** ⟨fig.⟩ *etwas Vergleichbares, etwas Ähnliches, ähnliche Begebenheit, Erscheinung;* als ~ zu einem Ereignis ziehen; als ~ dazu ... □ paralelo

♦ **par|al|lel|lau|fend** *auch*: **par|al|lel lau|fend** ⟨Adj. 24/70⟩ *parallel nebeneinander verlaufend;* ~e Linien □ que corre paralelamente

♦ **Par|al|le|lo|gramm,** ⟨n.; -s, -e⟩ *Viereck, das von zwei Paaren paralleler Geraden begrenzt wird* □ paralelogramo

Pa|ra|ly|se ⟨f.; -, -n; Med.⟩ *vollständige Bewegungslähmung* □ paralisia

Pa|ra|me|ter ⟨m.; -s, -⟩ ⟨Math.⟩ *unbestimmte Konstante einer Funktion, Gleichung, Kurve od. Fläche, von der die Funktion usw. abhängt u. durch deren verschiedene Wahl sich die Gestalt der Funktion usw. ändert* **2** ⟨allg.⟩ *Vergleichsgröße, -wert, Variable* □ parâmetro

Pa|ra|nuss ⟨f.; -, -nüs|se⟩ *dreikantiger, ölhaltiger Samen des brasilianischen Paranussbaumes: Bertholletia excelsa* □ castanha-do-pará

Pa|ra|phra|se ⟨f.; -, -n⟩ **1** ⟨Sprachw.⟩ 1.1 *verdeutlichende Umschreibung* 1.2 *freie Übertragung* **2** ⟨Mus.⟩ *Ausschmücken, Verzieren (einer Melodie)* □ paráfrase

Pa|ra|sit ⟨m.; -en, -en⟩ **1** = *Schmarotzer(1, 2)* **2** *kleiner am Hang eines Vulkans gebildeter Krater* □ **cratera na encosta de um vulcão**

pa|rat ⟨Adj. 24/80⟩ *bereit, gebrauchsfertig*; *eine Antwort, Ausrede ~ haben* □ **pronto; preparado**

Pär|chen ⟨n.; -s, -⟩ **1** *kleines Paar* **2** *Paar (1.2) aus jungen Leuten*; *auf der Party waren überwiegend ~* □ **casalzinho**

Par|cours ⟨[parkuːr] m.; - [-kuːrs], - [-kuːrs]; Reitsp.⟩ *(bei Springprüfungen für Pferde) Reitbahn mit Hindernissen, die in einer bestimmten Reihenfolge zu überwinden sind* □ **percurso**

Par|don ⟨[-dɔ̃ː], österr. [-dɔŋ] m. od. n.; -s; unz.⟩ *Nachsicht, Verzeihung, Gnade*; *kein ~ kennen* □ **perdão**

Par|fait ⟨[-fɛ] n.; -s, -s⟩ *halbgefrorenes Speiseeis*; *Zitronen~* □ **parfait**

Par|force|jagd ⟨[-fɔrs-] f.; -, -en⟩ *zu Pferde gerittene Hetzjagd mit einer Hundemeute* □ **caçada com cães e cavalos**

Par|fum ⟨[-fœ̃ː] n.; -s, -s; französ. Schreibung für⟩ *Parfüm* □ **perfume**

Par|füm ⟨n.; -s, -s od. -e⟩ **1** *wässrige, alkoholische Lösung mit meist pflanzlichen od. synthetischen Riechstoffen* **2** *Wohlgeruch* □ **perfume**

pa|rie|ren ⟨V.⟩ **1** ⟨500⟩ **1.1** *einen Angriff ~* ⟨Fechten⟩ *abwehren* **1.2** *ein Pferd ~* ⟨Reiten⟩ **1.2.1** *zum Stehen bringen* **1.2.2** *in eine langsamere Gangart wechseln* □ **parar 1.3** *Fleisch, Fisch ~* ⟨Kochk.⟩ *zurechtschneiden* □ **limpar 2** ⟨403⟩ ⟨jmdm.⟩ - ⟨umg.⟩ = *gehorchen(2)*

Pa|ri|tät ⟨f.; -, -en; Pl. selten⟩ **1** ⟨unz.⟩ *Gleichberechtigung, Gleichwertigkeit, gleiche Stellung* **2** *Verhältnis des Wertes zweier Währungen* **3** ⟨unz.; Math.⟩ *die Eigenschaft eines Integrals im Hinblick darauf, ob es gerade oder ungerade ist*; *3 und 7 haben die gleiche ~* **3.1** ⟨Datenverarbeitung⟩ *die Eigenschaft, gerade od. ungerade zu sein, die dazu dient, Fehler in binären Systemen zu entdecken* **4** ⟨Phys.⟩ *Eigenschaft eines Elementarteilchens od. eines physikalischen Systems, ein Spiegelbild in der Natur zu haben od. nicht* □ **paridade**

Park ⟨m.; -s, -s od. -e⟩ *sehr großer Garten* □ **parque**

Par|ka ⟨m.; -s, -s od. f.; -, -s⟩ *langer, gefütterter Anorak mit Kapuze* □ **parca**

Park-and-ride-Sys|tem ⟨[paːrkəndraɪd-] n.; -s; unz.⟩ *Verkehrssystem, bei dem Autofahrer ihr Fahrzeug auf Parkplätzen am Stadtrand abstellen u. mit öffentlichen Verkehrsmitteln in die Stadt fahren* □ **sistema de estacionamento integrado a transporte coletivo**

par|ken ⟨V.⟩ **1** ⟨400⟩ *ein Kraftfahrzeug parkt ist abgestellt*; *ein Auto, Motorrad parkt* □ **estar estacionado 2** ⟨500⟩ *ein Kraftfahrzeug ~ abstellen, stehen lassen*; *seinen Wagen ~* □ **estacionar**

Par|kett ⟨n.; -(e)s, -e⟩ **1** *Fußbodenbelag aus Holz, dessen einzelne Teile zu Mustern zusammengefügt sind*; *das ~ bohnern*; *~ legen*; *~ versiegeln* □ **parquete; parquê 1.1** *sich auf dem ~ bewegen können* ⟨fig.⟩ *sich ungezwungen, sicher in guter Gesellschaft benehmen können* □ ***ser capaz de circular por qualquer ambiente* 2** ⟨Theat.⟩ *vorderer Teil des Zuschauerraums zu ebener Erde*; *im ~ sitzen* □ **plateia 3** ⟨an der Börse⟩ *Raum,* *in dem die Geschäfte abgeschlossen werden* **3.1** *gesamter offizieller Börsenverkehr* □ **pregão**

Park|haus ⟨n.; -es, -häu|ser⟩ *mehrstöckiges Gebäude, in dem Personenkraftwagen gegen Gebühr geparkt werden können*; *das ~ ist belegt, in ein ~ fahren*; *den Wagen in einem ~ abstellen* □ **estacionamento**

Park|platz ⟨m.; -es, -plät|ze⟩ **1** *Stellplatz zum Parken eines Kraftfahrzeugs*; *vor dem Haus einen ~ suchen* □ **vaga para estacionar 2** *größerer Platz zum (meist gebührenpflichtigen) Parken von Kraftfahrzeugen*; *in der Innenstadt sind alle Parkplätze belegt* □ **estacionamento**

Park|uhr ⟨f.; -, -en⟩ *automatische Uhr mit Münzeinwurf an Parkplätzen für kurzzeitiges Parken*; *zwei Euro in die ~ einwerfen*; *die ~ ist abgelaufen* □ **parquímetro**

Par|la|ment ⟨n.; -(e)s, -e⟩ *gewählte Volksvertretung aus einer od. zwei Kammern mit beratender u. gesetzgebender Funktion* □ **parlamento**

par|la|men|ta|risch ⟨Adj. 24⟩ **1** *zum Parlament gehörig, auf ihm beruhend, in ihm üblich* **1.1** *~e* **Demokratie** *D., in der die Regierung aus dem Parlament gebildet wird* **1.2** *~e* **Monarchie** *M., in der es ein Parlament gibt* **1.3** *~er* **Staatssekretär** *Mitglied des Bundestages, das zum Staatssekretär ernannt ist u. den Minister, dem er zugeteilt ist, bei dessen Aufgaben, insbes. gegenüber dem Parlament, unterstützt* □ **parlamentar**

Par|o|die *auch:* **Pa|ro|die** ⟨f.; -, -n⟩ **1** *komisch-satirische, übertreibende Nachahmung eines literarischen Werkes od. des Stils eines Dichters in gleicher Form, aber mit anderem, meist unpassendem Inhalt* **2** *Unterlegung einer Komposition mit anderem Text od. eines Textes mit anderer Melodie* **3** *Austausch von instrumentaler u. vokaler Musik* **4** *Austausch von geistlichen u. weltlichen Texten u. Kompositionen* **5** ⟨Mus.; bei Bach⟩ *Austausch der Teile verschiedener Musikstücke innerhalb des eigenen Gesamtwerkes* □ **paródia**

Par|o|don|to|se *auch:* **Pa|ro|don|to|se** ⟨f.; -, -n; Zahnmed.⟩ *Rückbildung des Zahnfleisches, des Zahnbettgewebes u. der Kieferknochen*; oV *Paradentose* □ **periodontose**

Pa|ro|le ⟨f.; -, -n⟩ **1** *Wort als Erkennungszeichen*; Sy *Kennwort* □ **senha 2** ⟨fig.⟩ *Wort als Anweisung für eine Handlung, z. B. an eine politische Partei*; *Wahl~* □ **lema; divisa;** *slogan*

Pa|ro|li ⟨n.; -s, -s; im Pharaospiel⟩ **1** *Verdoppelung des Einsatzes beim Pharao (Kartenspiel)* □ **parole 1.1** *jmdm. ~ bieten* ⟨fig.⟩ *jmdm. widersprechen, jmdm. (mit Worten) entgegentreten, Widerstand leisten* □ ***encarar/enfrentar alguém***

Part ⟨m.; -s, -s od. -e⟩ **1** *Teil, Anteil* **2** *Anteil am Eigentum eines Schiffes* **3** *Stimme (eines Gesangs- od. Instrumentalstücks)* **4** *Rolle (im Theaterstück)* □ **parte**

Par|te ⟨f.; -, -n; österr.⟩ *Todes-, Traueranzeige* □ **obituário; necrológio**

Par|tei ⟨f.; -, -en⟩ **1** *Vereinigung von Personen der gleichen politischen Überzeugung, die sie im politischen Leben durchzusetzen suchen*; *sich einer ~ anschließen*; *eine ~ bilden, gründen*; *in eine ~ eintreten* □ **partido**

parteiisch

2 *Mannschaft, eine von zwei od. mehreren gegeneinanderspielenden Gruppen;* unsere ~ hat gewonnen □ **equipe; time 3** *Partner eines Vertrages;* die vertragschließenden ~en **4** *Gegner im Rechtsstreit;* die streitenden ~en (vor Gericht) □ **parte 5** *Mieter (einer Wohnung im Mietshaus);* auf unserem Stockwerk wohnen drei ~en □ **inquilino; locatário 6** *für od. gegen jmdn. od. etwas ~ ergreifen, nehmen* (fig.) *für od. gegen einen der Streitenden od. eine Sache sprechen, auftreten;* er hat für mich ~ ergriffen; für die Sache der Revolution ~ nehmen □ **declarar-se a favor/ contra alguém ou alguma coisa* 6.1 ~ *sein parteiisch;* in diesem Fall ist er ~ □ **parcial**

par|tei|isch ⟨Adj.⟩ *einseitig für eine von zwei od. mehreren streitenden Parteien eingestellt, voreingenommen, befangen;* eine ~e Haltung, Entscheidung; der Schiedsrichter war ~ □ **parcial**

par|tei|lich ⟨Adj.⟩ **1** *die Partei betreffend;* die ~en Interessen; ~e Arbeit □ **partidário 2** *bewusst auf der Seite einer Partei stehend;* ~ auftreten, diskutieren; seine Haltung war stets ~ □ **parcial; com parcialidade**

par|terre ⟨[-tɛr]⟩ Adv.⟩ *im Erdgeschoss (befindlich, wohnend);* wir wohnen ~ □ **no térreo**

Par|terre ⟨[-tɛr]⟩ n.; -s, -s⟩ = *Erdgeschoss*

Par|tie ⟨f.; -, -n⟩ **1** *Teil, Abschnitt, Stück, Ausschnitt;* die obere, untere ~ des Bildes, des Gesichtes; die reizvollsten, schönsten ~en des Parks, des Gebirges □ **parte; porção** 1.1 *einzelne Stimme eines Musikstückes;* Gesang~, Klavier~; ~ der Flöter, der Geige; eine ~ übernehmen □ **parte** 1.2 ⟨Theat.⟩ *einzelne Rolle eines Sängers od. einer Sängerin;* die ~ des Rigoletto □ **parte; papel 2** (veraltet) *Ausflug, kleine Reise;* Land~, Jagd~ □ **excursão; passeio** 2.1 *mit von der ~ sein* (a. fig.) *mitspielen, mitmachen, sich beteiligen* □ **tomar parte; participar* **3** *eine ~* (Schach) *spielen Spiel als Einzelspiel* □ **partida 4** *eine gute ~ machen eine reiche Frau od. einen reichen Mann heiraten od. sonstige Vorteile bei der Heirat gewinnen* □ **fazer um bom casamento;* er (sie) ist eine gute ~ □ **partido**

par|ti|ell ⟨[-tsjɛl] Adj. 24⟩ **1** *teilweise (vorhanden)* **2** *anteilig* □ **parcial**

Par|ti|kel[1] ⟨f.; -, -n⟩ **1** ⟨Gramm.⟩ *unbeugbares Wort, z. B. Präposition* **2** ⟨kath. Kirche⟩ 2.1 *kleine Hostie* □ **partícula** 2.2 *Teilchen einer (größeren) Reliquie* □ **fragmento**

Par|ti|kel[2] ⟨n.; -s, -; Phys.⟩ *kleiner Bestandteil, atomares Teilchen* □ **partícula**

Par|ti|san ⟨m.; -s od. -en, -en⟩ *bewaffneter Widerstandskämpfer* □ **guerrilheiro**

Par|ti|tur ⟨f.; -, -en; Mus.⟩ *Gesamtniederschrift einer vielstimmigen Komposition, wobei die einzelnen Stimmen in einem Liniensystem taktgleich untereinander notiert sind* □ **partitura**

Par|ti|zip ⟨n.; -s, -pi|en; Gramm.⟩ **1** *infinite Verbform, die die Funktion eines Adjektivs übernehmen u. flektiert werden kann* 1.1 ~ *Präsens Partizip(1) in der Form des Präsens, das ein momentanes oder anhaltendes Geschehen bezeichnet, z. B. lachend, singend, tanzend* 1.2 ~ *Perfekt Partizip(1) in der Form des Perfekts, das eine abgeschlossene Handlung od. einen Zustand bezeichnet, z. B. gesagt, gesegnet, geronnen* □ **particípio**

par|ti|zi|pie|ren ⟨V. 800; geh.⟩ *an etwas ~ teilnehmen, beteiligt sein, Anteil haben* □ **participar**

Part|ner ⟨m.; -s, -⟩ **1** *jmd., der mit an etwas teilnimmt, teilhat, an derselben Sache beteiligt ist* □ **parceiro**; Ehe~ □ ***cônjuge**, Geschäfts~ □ ***sócio**, Gesprächs~ □ ***interlocutor**, Tanz~ □ ***par/parceiro de dança**, Vertrags~ □ ***contraente 2** *Mitspieler, der im Spiel auf derselben Seite steht;* Tennis~ □ **parceiro**

Part|ne|rin ⟨f.; -, -rin|nen⟩ *weibl. Partner* □ **parceira**

Par|ty ⟨[paː(r)ti] f.; -, -s⟩ *zwanglose Gesellschaft, geselliges Beisammensein;* Cocktail~, Garten~; eine ~ geben, veranstalten □ **festa**

Par|zel|le ⟨f.; -, -n⟩ *kleines, abgegrenztes Stück Land, Flurstück* □ **parcela; lote**

Pasch ⟨m.; -(e)s, -e od. Pä|sche⟩ **1** *Wurf mit gleicher Augenzahl auf mehreren Würfeln* □ **parelha 2** *Dominostein mit gleicher Punktzahl auf beiden Hälften* □ **carroça**

Pa|scha ⟨m.; -s, -s⟩ **1** (früher) *hoher türkischer u. ägyptischer Offizier od. Beamter* **2** (fig.; abwertend) *anspruchsvoller, andere befehlender Mensch;* er benimmt sich wie ein ~ □ **paxá**

Pas|pel ⟨f.; -, -n⟩ *Zierstreifen (an Nähten od. Rändern von Bekleidungsstücken)* □ **galão**

Pass ⟨m.; -es, Päs|se⟩ **1** *amtlicher Ausweis für eine Person zur Reise in fremde Länder;* sich einen ~ ausstellen lassen; mein ~ ist abgelaufen; seinen ~ erneuern, verlängern lassen; die Pässe kontrollieren, vorzeigen; einen, keinen gültigen ~ haben; Reise~; ~kontrolle □ **passaporte 2** *Durchgang, Weg, Straße als Durchgang quer durch ein Gebirge od. zwischen zwei Bergen hindurch;* über einen ~ laufen, fahren □ **desfiladeiro; passo**, ~straße □ **estrada de passo 3** (Jägerspr.) *Wechsel des niederen Haarwildes u. Raubwildes* □ **caminho por onde segue a caça 4** *aus mehreren Kreisbogen gleichen Durchmessers gebildete Figur des gotischen Maßwerks;* Drei~, Vier~, Viel~ □ **lóbulo 5** (unz.) *Gangart mancher Vierfüßer (z. B. des Kamels), bei der beide Beine einer Seite gleichzeitig vorgesetzt werden* □ **andadura**

pas|sa|bel ⟨Adj.⟩ *annehmbar, akzeptabel, recht ordentlich;* er sieht ganz ~ aus; das ist ein passabler Vorschlag □ **passável; aceitável**

Pas|sa|ge ⟨[-ʒə] f.; -, -n⟩ **1** *Durchgang(1), Durchlass* **2** *Durchfahrt, Meerenge* □ **passagem 3** *überdachte Ladenstraße* □ **galeria 4** *Reise mit Schiff od. Flugzeug, bes. übers Meer, Überfahrt* □ **travessia 5** ⟨Astron.⟩ *Durchgang(3)* □ **trânsito 6** ⟨Mus.⟩ *Lauf, schnelle Tonfolge* □ **(nota de) passagem 7** (hohe Schule) *Trab in höchster Versammlung, bei dem die Vorderbeine schwungvoll gehoben werden* □ **passage**

Pas|sa|gier ⟨[-ʒiːr] m.; -s, -e⟩ *Reisender auf einem Schiff, im Flugzeug od. in der Bahn;* die ~e werden an Bord gebeten □ **passageiro**

Pas|sa|gie|rin ⟨[-ʒiː-] f.; -, -rin|nen⟩ *weibl. Passagier* □ **passageira**

Pas|sant ⟨m.; -en, -en⟩ *(vorbeigehender) Fußgänger;* viele ~en blieben neugierig stehen □ **passante; transeunte**

Pas|san|tin ⟨f.; -, -tin|nen⟩ *weibl. Passant* □ **passante; transeunte**
Pass|bild ⟨n.; -(e)s, -er⟩ *kleine Fotografie des Pass- od. Ausweisinhabers in vorgeschriebenem Format für den Pass od. Personalauweis* □ **fotografia para passaporte**
pas|sé ⟨[-se:] Adj. 24/40⟩ = *passee*
pas|see ⟨Adj. 24/40⟩ *vorbei, vergessen, nicht mehr aktuell; oV passé;* diese Zeiten sind (längst) ~ □ **passado**
pas|sen ⟨V. 400⟩ **1** ⟨400⟩ *sich eignen, angemessen sein; ein ~des Wort finden, suchen; bei ~der Gelegenheit* □ **adequado; apropriado; oportuno 1.1** *das* passt *nicht hierher gehört nicht hierher* □ **isso não vem ao caso* **1.2** ⟨411⟩ *zu etwas od. jmdm.* ~ *mit etwas od. jmdm. zusammenstimmen, harmonisieren;* dieses Benehmen passt (nicht) zu ihm; der Hut passt (nicht) zum Mantel; die Farbe passt nicht dazu; die ~den Schuhe zum Anzug kaufen; die beiden ~ (gut, nicht) zueinander □ **combinar; condizer 1.3** *ein Kleidungsstück* passt *ist in Größe u. Schnitt (für jmdn.) richtig;* das Kleid passt (nicht); die Schuhe ~ (gut, nicht); ein Kleidungsstück ~d machen □ **servir; cair bem 1.4** ⟨411⟩ *auf, in, über, unter, zwischen etwas ~ die richtige Größe, Form haben, um auf, in, über, unter, zwischen etwas gelegt, gesetzt, gestellt zu werden;* der Deckel passt (nicht) auf den Kasten, Topf; das Buch passt (nicht) in den Karton □ **caber 1.5** ⟨600⟩ *jmdm. ~ recht sein, gefallen;* das passt mir nicht; um diese Zeit, am Montag passt es mir nicht; passt es dir heute Nachmittag um fünf Uhr? □ **convir; ser adequado; dar;** das passt mir nicht in den Kram ⟨umg.⟩ □ **isso não me vem a calhar* **1.5.1** *das könnte dir so ~!* ⟨umg.⟩ *das wäre dir recht, aber es wird nichts!* □ **você bem que gostaria, não é?* **2** ⟨800⟩ *auf etwas od. jmdm. ~* ⟨umg.⟩ *lauern, ungeduldig, aufmerksam warten* □ **esperar ansiosamente por alguma coisa ou alguém* **3** ⟨Kart.⟩ *auf ein Spiel verzichten, nicht (weiter) reizen können;* passe! (Ansage beim Kartenspiel) □ **passar 4** ⟨511⟩ *etwas in etwas ~ passend machen, genau einfügen;* ein Teil in ein anderes ~ □ **encaixar uma coisa em outra*
pas|send 1 ⟨Part. Perf. von⟩ *passen* □ **adequado; apropriado; oportuno 2** ⟨Adj.⟩ *jmd. hat es ~* ⟨beim Bezahlen⟩ *kann einen gewünschten Betrag genau abgezählt geben;* haben Sie es nicht ~? □ **ter o dinheiro contado/trocado*
Passe|par|tout ⟨[paspartu:] n.; -s, -s⟩ *Rahmen aus Karton um ein Bild, ein Foto o. Ä.;* Bilderrahmen mit ~ □ **passe-partout**
pas|sie|ren ⟨V.⟩ **1** ⟨500⟩ *einen Ort ~ sich an einem O. vorbei (durch einen O. hindurch) bewegen;* eine Brücke, Grenze ~; jmdn. ungehindert ~ lassen □ **passar por; atravessar 1.1** *die Zensur ~ durch eine Z. gehen;* die Meldung, Nachricht, der Film hatte die Z. passiert □ **passar pela censura* **2** ⟨500⟩ *Speisen ~* ⟨Kochk.⟩ *durch ein Sieb streichen;* Quark, Gemüse, Suppe, Kartoffeln (durch ein Sieb, Tuch) ~ □ **passar (por); peneirar 3** ⟨400⟩ *Ereignisse ~ geschehen, ereignen sich;* ist etwas passiert?; es ist ein Missgeschick, Unglück passiert; es ist etwas Schreckliches passiert;

so etwas passiert schließlich nicht alle Tage!; passt gut auf, damit nichts passiert **4** ⟨600⟩ *etwas passiert jmdm. stößt jmdm. zu;* mir ist etwas Dummes, Schreckliches, Unangenehmes passiert; mir ist ein (kleines) Malheur passiert □ **passar-se; acontecer 4.1** *das kann auch nur ihm ~* ⟨umg.⟩ *er ist immer so ungeschickt* □ **isso só acontece com ele* **4.2** *das kann jedem (mal) ~ das ist nicht so schlimm* □ **isso pode acontecer com qualquer um*
Pas|si|on ⟨f.; -, -en⟩ **1** = *Leidenschaft* **2** *Leidensgeschichte (Christi)* □ **Paixão**
pas|siv ⟨a. [-'-] Adj.⟩ Ggs *aktiv(1)* **1** *nicht tätig, aktiv* **1.1** *~e* **Immunisierung** *I. durch Übertragung von Serum aktiv immunisierter Tiere* **1.2** *~er* **Widerstand**, *~e* Resistenz *W. durch Nichtbefolgen von Befehlen ohne Anwendung von Gewalt* □ **passivo 1.3** *~es* **Wahlrecht** *das Recht, gewählt zu werden* □ **eligibilidade* **1.4** *~er* **Wortschatz** *W., der im Gedächtnis gespeichert ist, den man kennt, ohne ihn anzuwenden;* → *a. aktiv(1.4)* **2** ⟨Gramm.⟩ *im Passiv stehend* **3** *untätig, träge, teilnahmslos, still duldend;* er ist ein ~er Charakter, eine ~e Natur; sich ~ verhalten □ **passivo; passivamente**
Pas|siv ⟨n.; -s, -e; Gramm.⟩ *grammatische Kategorie, bei der das Objekt formal als Träger eines Geschehens anzusehen ist, z. B. die Tür wurde von einem Dieb aufgebrochen;* Ggs *Aktiv¹* □ **voz passiva**
Pass|wort ⟨n.; -(e)s, -wör|ter; bes. EDV⟩ *Wort od. Zeichenkette, das bzw. die den Zugang zu einem geschlossenen System ermöglicht;* sich mit Hilfe eines ~es an einem Rechner anmelden □ **senha**
Pas|te ⟨f.; -, -n⟩ **1** *streichbare Masse;* Fleisch~, Sardellen~ **2** *Mischung aus Salbe u. Pulver;* Zink~ □ **pasta**
Pas|tell ⟨n.; -(e)s, -e⟩ *kurz für: mit Pastellfarben gezeichnetes Bild, Pastellzeichnung* □ **pastel**
Pas|tell|far|be ⟨f.; -, -n⟩ **1** *aus Gips, Kreide u. Bindemitteln hergestellte Farbe* **2** ⟨allg.⟩ *zarte, helle Farbe (hellrosa, -gelb, -grün, -blau usw.)* □ **cor pastel**
Pas|te|te ⟨f.; -, -n; Kochk.⟩ **1** *mit Fleisch, Fisch, Gemüse od. anderem gefülltes Gebäck aus Blätterteig* □ **pastel; empada 2** *streichbare Masse aus bes. feiner Kalbs- od. Gänseleber;* Leber~, Gänseleber~ □ **patê**
pas|teu|ri|sie|ren ⟨[-tø-] V. 500⟩ *Milch ~ durch Wärmebehandlung (bei Temperaturen unterhalb von 100° C) keimfrei u. haltbar machen* □ **pasteurizar**
Pas|til|le ⟨f.; -, n; Pharm.⟩ *Kügelchen, kleine Tablette (zum Lutschen);* Hals~ □ **pastilha**
Past|milch ⟨f.; -; unz.; schweiz. Kurzw. für⟩ *pasteurisierte Milch* □ **leite pasteurizado**
Pas|tor ⟨m.; -s, -en; Abk.: P.⟩ *Pfarrer, Geistlicher* □ **pastor**
pas|tos ⟨Adj.⟩ **1** *dick, reliefartig aufgetragen;* ~e Farbe **2** ⟨Kochk.⟩ *teigig, dickflüssig* □ **pastoso**
pas|tös ⟨Adj.; Med.⟩ *gedunsen, aufgeschwemmt* □ **inchado; intumescido**
Patch|work ⟨[pætʃwœ:k] n.; -s, -s⟩ *aus vielen kleinen Stücken unterschiedlicher Form u. Farbe zusammengesetztes Textilerzeugnis* □ **patchwork**
Pa|te ⟨m.; -n, -n⟩ **1** *Zeuge der Taufe bzw. Firmung, der die Mitverantwortung für die christliche Erziehung des*

Kindes (Täuflings bzw. Firmlings) übernimmt □ pa-
drinho 1.1 bei einem Kind ~ stehen die Patenschaft
eines K. übernehmen □ *servir de padrinho a uma cri-
ança 2 Täufling, Firmling im Verhältnis zum Paten(1)
□ afilhado

pa|tent ⟨Adj.⟩ 1 jmd. ist ~ geschickt, praktisch, tüchtig □
habilidoso; jeitoso 2 ein Vorgehen, Verfahren ist ~
gut ausgedacht, brauchbar □ engenhoso; prático

Pa|tent ⟨n.; -(e)s, -e⟩ 1 Urkunde; ein ~ erteilen, verlei-
hen 1.1 Urkunde über die Ernennung von Beamten u.
Offizieren; Kapitäns~, Offiziers~ 1.2 Urkunde über
ein verliehenes Recht, z. B. zur alleinigen Benutzung
einer Erfindung; eine Erfindung zum ~ anmelden 2
durch ein Patent(1.2) erteilte Erlaubnis □ patente 2.1
(schweiz.) Erlaubnis zur Ausübung gewisser Berufe od.
Betätigungen; Fischer~, Gastwirtschafts~ □ licença

Pa|ter ⟨m.; -s, -tres; umg. a. m.; -s; -; Abk.: P.; Pl.: PP.⟩
1 Mönch, der die Priesterweihen erhalten hat □ padre
2 ~ patriae Vater des Vaterlandes (Ehrentitel röm. Kai-
ser) □ *pai da pátria

pa|the|tisch ⟨Adj.⟩ 1 voller Pathos, erhaben, feierlich 2
⟨fig.⟩ übertrieben feierlich □ patético

Pa|tho|lo|gie ⟨f.; -; unz.; Med.⟩ Lehre von den Krank-
heiten □ patologia

Pa|thos ⟨n.; -; unz.⟩ erhabene Leidenschaft, leiden-
schaftl., gefühlvoller Nachdruck; falsches, unnatürli-
ches ~; feierliches ~; etwas mit ~ sagen, vorbringen
□ páthos

Pa|tience ⟨[-sjã:s] f.; -, -n⟩ Kartenspiel (meist für eine
Person), bei dem die Karten in einer bestimmten Weise
angeordnet werden; ~n legen; eine ~ geht auf □ pa-
ciência

Pa|ti|ent ⟨[-tsjɛnt] m.; -en, -en⟩ Kranker in ärztlicher
Behandlung □ paciente

Pa|ti|en|tin ⟨[-tsjɛn-] f.; -, -tin|nen⟩ weibl. Patient □
paciente

Pa|ti|na ⟨f.; -; unz.⟩ grünliche Schicht auf Kupfer od.
Kupferlegierungen, die durch Witterungseinwirkungen
entsteht □ pátina

Pa|tio ⟨[-tjo] m.; -s, -s⟩ meist gefliester Innenhof eines
Hauses (bes. in Spanien) □ pátio

♦ Die Buchstabenfolge pa|tr... kann in Fremdwörtern
auch pat|r... getrennt werden.

♦ Pa|tri|arch ⟨m.; -en, -en⟩ 1 ⟨AT⟩ Stammvater der Is-
raeliten, Erzvater (Abraham, Isaak, Jakob) 2 Bischof
in bes. hervorgehobener Stellung, z. B. der Bischof von
Rom als Papst 2.1 ~ des Abendlandes der Papst 3
⟨Titel für⟩ oberster Geistlicher in Moskau, Konstanti-
nopel u. den christlichen Ostkirchen □ patriarca

♦ Pa|tri|ar|chat ⟨[-ça:t] n.; -(e)s, -e⟩ Gesellschaftsform,
in der der Mann bzw. Vater eine Vormachtstellung in
Staat u. Familie einnimmt, Vaterherrschaft; Ggs Ma-
triarchat □ patriarcado

♦ Pa|tri|ot ⟨m.; -en, -en⟩ jmd., der vaterländisch gesinnt
ist □ patriota

♦ Pa|tron ⟨m.; -s, -e⟩ 1 (im alten Rom) Herr (seiner
freigelassenen Sklaven) 2 Schutzherr, Schirmherr, Gön-
ner 2.1 Stifter einer Kirche □ patrono 3 Handelsherr,
Schiffseigentümer; Schiffs~ □ comerciante; armador
4 (kath. Kirche) Schutzheiliger (einer Kirche od. eines
Berufsstandes); St. Hubertus ist der ~ der Jäger □ pa-
trono

♦ Pa|tro|ne ⟨f.; -, -n⟩ 1 mit Sprengstoff u. Zünder verse-
hener Behälter; Spreng~ 1.1 als Munition für Hand-
feuerwaffen dienende Hülse mit Zünder, Treibladung
u. aufgesetztem Geschoss; Gewehr~ 2 lichtundurchläs-
siger Behälter für Filme einer analogen Kleinbildka-
mera □ cartucho

♦ Pa|trouil|le ⟨[-truljə] f.; -, -n⟩ 1 Wachtposten, Streife,
Trupp (bes. von Soldaten) □ patrulha 2 Kontrollgang
einer Patrouille(1) □ patrulhamento; ronda

pat|schen ⟨V. 410⟩ 1 mit Händen od. Beinen ein klat-
schendes Geräusch machen, klatschen (bes. von Kin-
dern); mit den Händen od. Beinen aufs, ins Wasser
~; in die Hände ~ □ bater com as mãos ou com os
pés; chapinhar; patinhar 2 ⟨411(s.)⟩ durch, in etwas
~ laufen, dass es klatscht u. spritzt; durch die Pfützen
~ □ chapinhar, patinhar

Patt ⟨n.; -s, -s⟩ 1 ⟨Schach-, Damespiel⟩ Stellung, bei der
ein Spieler bewegungsunfähig ist □ pate 2 ⟨fig.; bes.
Pol.⟩ unentschiedener Ausgang; ein atomares, militäri-
sches ~; die Abstimmung ergab ein ~ □ impasse

pat|zen ⟨V. 410; umg.⟩ 1 etwas verderben, ungeschickt
sein, pfuschen; er patzt zu viel; er hat im Betrieb ge-
patzt □ cometer erros; meter os pés pelas mãos 1.1
beim Schreiben ~ klecksen □ borrar 1.2 beim Kla-
vierspiel ~ falsch, unsauber spielen □ tocar mal

pat|zig ⟨Adj.; umg.; abwertend⟩ 1 eingebildet u. frech,
schroff abweisend; eine ~e Antwort geben; sie ist sehr,
ziemlich ~ □ impertinente; grosseiro; arrogante 2
⟨oberdt.⟩ klebrig, breiig □ pegajoso; grudento

Pau|ke ⟨f.; -, -n; Mus.⟩ 1 kesselförmiges Schlaginstrument
mit über die Öffnung gezogenem Kalbfell; Kessel~ □
timbale; tímpano 1.1 auf die ~ hauen ⟨fig.; umg.⟩
1.1.1 ausgiebig u. ausgelassen feiern □ *cair na farra;
pintar e bordar 1.1.2 angeben □ *gabar-se 1.2 mit ~n
und Trompeten durch die Prüfung fallen ⟨fig.;
umg.⟩ in der P. kläglich versagen □ *levar a maior
bomba; ser reprovado 1.3 jmdn. mit ~n und Trom-
peten empfangen ⟨fig.; umg.⟩ mit großen Ehren emp-
fangen □ *estender o tapete vermelho para alguém

pau|ken ⟨V.⟩ 1 ⟨400⟩ auf der Pauke spielen □ tocar tim-
bale/tímpano 2 ⟨400; Studentenspr.⟩ fechten □ esgri-
mir; duelar 3 ⟨402⟩ (etwas) ~ ⟨Schülerspr.⟩ ange-
strengt lernen; englische Vokabeln, Mathematik ~;
für eine Prüfung ~; mit jmdm. ~ □ rachar de estudar

Paus|ba|cken ⟨Pl.⟩ rote dicke Backen (bes. von Kindern)
□ bochechas gorduchas e rosadas

paus|ba|ckig ⟨Adj. 24⟩ = pausbäckig

paus|bä|ckig ⟨Adj. 24⟩ mit Pausbacken, Pausbacken ha-
bend; oV pausbackig; ein ~es Kind □ bochechudo;
com bochechas gorduchas e rosadas

pau|schal ⟨Adj. 24⟩ 1 alles zusammen (gerechnet), rund;
Pauschalbetrag, -summe □ global; total 2 alle Kosten
enthaltend; Pauschalreise □ com todos os custos in-
cluídos

Pau|scha|le ⟨f.; -, -n⟩ *Preis für alles zusammen, Betrag, der sich aus mehreren Einzelbeträgen zusammensetzt, Pauschbetrag, Pauschalpreis;* eine ~ von 10% des Steuersatzes□ **preço total**

Pau|se¹ ⟨f.; -, -n⟩ **1** *Unterbrechung, kurze Rast; Erholungs~, Frühstücks~; Kampf~; Mittags~;* 10 Minuten ~; kleine, große ~ (in der Schule, im Theater); wir haben jetzt, gerade ~; eine ~ machen, einlegen; er machte eine kurze ~, ehe er fortfuhr ...; ohne ~ arbeiten **2** ⟨Mus.⟩ *Taktteil, der nicht durch einen Ton ausgefüllt ist;* Achtel~; Viertel~; fünf Takte ~; die Geigen haben hier ~□ **pausa**

Pau|se² ⟨f.; -, -n⟩ **1** *Durchzeichnung, Kopie mit Hilfe von durchsichtigem, auf das Original gelegtem Papier*□ **calco; decalque 2** *Kopie von Zeichnungen u. ä. Schriftstücken auf lichtempfindlichem Papier*□ **cópia**; Licht~□ **cópia heliográfica*

pau|sen ⟨V. 500⟩ etwas ~ *eine Pause² von etwas anfertigen*□ **(de)calcar; copiar**

Pa|vi|an ⟨[-vi-] m.; -s, -e; Zool.⟩ *Angehöriger einer Gattung der Hundsaffen mit langer Schnauze: Papio*□ **babuíno**

Pa|vil|lon ⟨[-vɪljɔ̃] od. [-vɪljɔn] m.; -s, -s⟩ **1** *großes, viereckiges Zelt*□ **pavilhão; barraca 2** *kleines, meist rundes, leichtgebautes, häufig offenes, frei stehendes Gebäude in Gärten od. auf Ausstellungen* □ **pavilhão**; Garten~□ **caramanchão* **3** = *Kiosk* **4** *runder od. viereckiger Vorbau (bes. an Barockschlössern)*□ **pavilhão**

Pa|zi|fis|mus ⟨m.; -; unz.⟩ *Bestreben, unter allen Umständen den Frieden zu erhalten, Ablehnung des Krieges u. Kriegsdienstes*□ **pacifismo**

PC ⟨Abk. für⟩ *Personal Computer*□ **PC**

Pech ⟨n.; -(e)s, -e⟩ **1** *dunkler, klebriger Rückstand bei der Destillation von Stein-, Braun- u. Holzkohlenteer u. Erdöl;* mit ~ bestreichen, dichten; schwarz wie ~ □ **breu; pez 1.1** wie ~ und Schwefel zusammenhalten ⟨fig.; umg.⟩ *fest zusammenhalten, einander nicht im Stich lassen;* die beiden halten zusammen wie ~ und Schwefel□ **ser unha e carne* **2** ⟨unz.; fig.⟩ *unglücklicher Zufall, unglückliche Fügung, Missgeschick;* Ggs *Glück(1);* so ein ~!; ~ haben; ~ im Spiel haben; er hat ~ bei der Prüfung gehabt□ **azar**

Pech|vo|gel ⟨m.; -s, -vö|gel; fig.⟩ *jmd., der oft Pech hat* □ **azarado**

Pe|dal ⟨n.; -s, -e⟩ **1** *mit dem Fuß zu betätigende Kurbel;* Fahrrad~ □ **pedal 1.1** (stärker) in die ~e treten *schneller fahren*□ **pedalar (com mais força)* **2** ⟨Mus.⟩ **2.1** ⟨Orgel⟩ *Reihe der Tasten, die mit den Füßen bedient wird*□ **pedaleira 2.2** ⟨Klavier⟩ *Fußhebel, der bewirkt, dass Saiten nachschwingen od. Töne gedämpft werden* **2.3** ⟨Cembalo⟩ *Fußhebel, der bewirkt, dass Saiten nachschwingen* **2.4** ⟨Harfe⟩ *Fußhebel zum chromatischen Umstimmen der Saiten*□ **pedal**

pe|dant ⟨Adj.; österr.⟩ = *pedantisch*

Pe|dant ⟨m.; -en, -en⟩ *pedantischer, kleinlicher Mensch* □ **perfeccionista; meticuloso**

pe|dan|tisch ⟨Adj.⟩ *übertrieben genau, übertrieben gewissenhaft od. ordentlich, kleinlich;* oV ⟨österr.⟩ *pedant;* ein ~er Mensch; eine ~e Untersuchung□ **perfeccionista; meticuloso**

Pe|di|kü|re ⟨f.; -, -n⟩ **1** ⟨unz.⟩ *Fußpflege, Pflege der Fußnägel*□ **tratamento dos pés 2** *Fußpflegerin*□ **pedicure**

Peep|show ⟨[piːpʃoʊ] f.; -, -s⟩ *Zurschaustellung einer nackten Frau, die gegen Entgelt durch ein Guckfenster betrachtet werden kann*□ **peep show**

Pe|gel ⟨m.; -s, -⟩ **1** *Gerät zum Messen des Wasserstandes, Wasserstandsmesser* □ **mareógrafo; fluviômetro 2** *Höhe des Wasserstandes;* der ~ lag gestern bei 8,50 m □ **nível da água 3** *logarithmiertes Verhältnis zweier Größen gleicher Art (z. B. Spannung, Schalldruck, Stromstärke)*□ **nível**

pei|len ⟨V. 402⟩ (etwas) ~ **1** ⟨Navigation⟩ *eine Richtung bestimmen;* einen festen Punkt ~; das Schiff peilt□ **determinar a direção/posição 1.1** die Lage ~ ⟨fig.; umg.⟩ *auskundschaften*□ **sondar o terreno* **2** *die Wassertiefe feststellen;* eine Bucht ~ □ **sondar**; → a. *Daumen(1.2)*

Pein ⟨f.; -; unz.⟩ **1** ⟨geh.⟩ *Qual, quälender Schmerz;* eine körperliche, seelische ~ □ **sofrimento; dor 2** ⟨veraltet⟩ *Strafe;* dir, ihm zur ~ □ **pena; punição 2.1** die ewige ~ *Höllenstrafe*□ **danação; pena**

pei|ni|gen ⟨V. 500/Vr 7 od. Vr 8⟩ jmdn. od. ein Tier ~ ⟨geh.⟩ *quälen, jmdn. od. einem T. Pein bereiten, quälenden Schmerz zufügen;* der Gedanke peinigt mich, dass ...; mein Gewissen peinigt mich; jmdn. bis aufs Blut ~; ~der Schmerz; Stechfliegen ~ das Pferd □ **castigar; atormentar; torturar**

pein|lich ⟨Adj.⟩ **1** *unangenehm, Verlegenheit bereitend, beschämend;* um der Lage, der Frage das Peinliche zu nehmen, sagte er ...; es ist mir sehr ~, aber ich muss Ihnen leider mitteilen, dass ...; sein Benehmen war für alle sehr ~ □ **penoso; embaraçoso; desagradável**; von etwas ~ berührt sein □ **ficar incomodado/embaraçado com alguma coisa* **2** *sehr gewissenhaft, fast übertrieben sorgfältig;* er vermied es ~, davon zu sprechen □ **escrupulosamente**; ~ genau; ~ sauber □ **extremamente**

Peit|sche ⟨f.; -, -n⟩ *Schlaggerät aus einem sehr schmalen Lederriemen od. einer Schnur an langem Stiel;* die ~ schwingen; mit der ~ knallen; Reit~□ **chicote; açoite**

peit|schen ⟨V.⟩ **1** ⟨500/Vr 7 od. Vr 8⟩ jmdn. od. ein Tier ~ *mit der Peitsche schlagen;* Pferde, Hunde ~; die Sklaven wurden gepeitscht **1.1** ⟨411 od. 500⟩ etwas peitscht (gegen, an, durch, in) etwas ⟨fig.⟩ *etwas schlägt heftig (gegen, an, durch, in) etwas;* der Regen, Sturm peitscht die Bäume, die Wellen; Schüsse ~ durch die Straße; Schnee peitschte ans Fenster, ihm ins Gesicht; das Segel peitschte im Wind **1.2** ⟨500⟩ etwas peitscht jmdn. od. etwas ⟨fig.; geh.⟩ *treibt jmdn. od. etwas heftig an;* von Angst gepeitscht □ **açoitar; chicotear**

pe|ku|ni|är ⟨Adj. 24/60; geh.⟩ *finanziell, geldlich;* ~e Schwierigkeiten□ **pecuniário**

Pel|ar|go|nie ⟨[-njə] f.; -, -n; Bot.⟩ = *Geranie*

Pel|le|ri|ne ⟨f.; -, -n⟩ *weiter, ärmelloser Umhang*□ **pelerine**

Pe|li|kan ⟨m.; -s, -e; Zool.⟩ *Angehöriger einer Familie sehr großer Ruderfüßer: Pelicanidae*□ **pelicano**

Pel|le ⟨f.; -, -n⟩ **1** *dünne Schale, Haut;* Kartoffeln mit, in der ~ kochen; die ~ von der Wurst abziehen, aufschneiden ☐ **pele; casca 1.1** *jmdm. auf der ~ liegen, sitzen* ⟨fig.; umg.⟩ *jmdm. (ständig) lästig sein* ☐ ***ficar/pegar no pé de alguém 1.2** *jmdm. auf die ~ rücken* ⟨fig.; umg.⟩ *jmdm. zu nahe kommen* ☐ ***estar nos calcanhares de alguém 1.3** *jmdm. nicht von der ~ gehen* ⟨fig.; umg.⟩ *nicht aufhören, jmdm. lästig zu sein* ☐ ***não largar do pé de alguém**

pel|len ⟨V. 500⟩ **1** *etwas ~ die Pelle von etwas abziehen, etwas schälen;* Kartoffeln, Eier ~ **2** ⟨Vr 3⟩ *die Haut pellt sich schält sich (vom Sonnenbrand)* ☐ **descascar**

Pel|lets ⟨Pl.⟩ *aus feinkörnigem Material durch Anteigen mittels Wassers od. anderer Flüssigkeiten gewonnene Kugeln mit Durchmessern von einigen Zentimetern (z. B. zum besseren Transport)* ☐ **bolinha; pelota**

Pelz ⟨m.; -es, -e⟩ **1** *Fell, Haarkleid (von Tieren);* dem Bären den ~ abziehen ☐ **pele 1.1** *einem Tier eins auf den ~ brennen auf es schießen* ☐ ***atirar em um animal 1.2** *sich die Sonne auf den ~ brennen lassen* ⟨fig.; umg.⟩ *sich sonnen, sonnenbaden* ☐ ***tomar sol 1.3** *jmdm. auf den ~ rücken* ⟨fig.; umg.⟩ *jmdm. mit einer Bitte o. Ä. bedrängen* ☐ ***ficar no pé de alguém;** → a. *Laus(2)* **2** *für Kleidungsstücke bearbeitetes (gegerbtes) Tierfell, pelzähnliches Textilprodukt;* einen Mantel mit ~ füttern 2.1 ⟨kurz für⟩ *Pelzmantel, Pelzkragen;* er schenkte ihr einen kostbaren ~ ☐ **pele**

pel|zig ⟨Adj.⟩ **1** *behaart, wie Pelz;* ~e Wolle ☐ **peludo; felpudo 2** *mit dichtem Flaum besetzt;* ~e Blätter ☐ **sedoso; aveludado 3** ~es Gefühl im Mund *G., als ob der M. rau u. trocken wäre* ☐ ***estar com cica na boca;** eine ~e Zunge ☐ ***cica na língua**

Pen|dant ⟨[pādā:] n.; -s, -s⟩ **1** *Gegenstück(2)* ☐ **equivalente; correspondente 2** ⟨Pl.; veraltet⟩ *Ohrgehänge* ☐ **brinco pendente; pingente**

Pen|del ⟨n.; -s, -⟩ *länglicher Körper, der, an einem Punkt drehbar aufgehängt, unter der Wirkung der Schwerkraft um seine Ruhelage schwingt;* Uhr~ ☐ **pêndulo**

pen|deln ⟨V. 400⟩ **1** *frei hängend hin u. her schwingen* **1.1** ⟨fig.⟩ *schwanken;* zwischen zwei Möglichkeiten hin und her ~ ☐ **oscilar; balançar 2** ⟨⟨s.⟩; fig.⟩ *sich ständig zwischen zwei Orten hin u. her bewegen;* ein Bus, Zug pendelt ☐ **ir e voltar**

pe|ne|trant *auch:* **pe|net|rant** ⟨Adj.⟩ **1** *durchdringend, hartnäckig, intensiv;* ein ~er Geruch; es riecht, schmeckt ~ nach Fisch ☐ **penetrante; forte 2** ⟨fig.; abwertend⟩ = *aufdringlich;* ein ~er Kerl ☐ **insistente; importuno**

pe|ni|bel ⟨Adj.⟩ *peinlich genau, sehr gewissenhaft, mit äußerster Sorgfalt;* eine Sache ~ vorbereiten ☐ **meticulosamente; minuciosamente;** ein penibler Mensch ☐ **meticuloso; minucioso**

Pe|ni|cil|lin ⟨n.; -s, -e; fachsprachl.⟩ = *Penizillin*

Pe|nis ⟨m.; -, -se *od.* Pe|nes⟩ *schwellfähiges, männliches Begattungsorgan verschiedener Tiere u. des Menschen* ☐ **pênis**

Pe|ni|zil|lin ⟨n.; -s, -e; Pharm.⟩ *als Antibiotikum verwendetes Stoffwechselprodukt verschiedener Arten von Schimmelpilzen;* oV *Penicillin* ☐ **penicilina**

Pen|nä|ler ⟨m.; -s, -⟩ = *Schüler*

Pen|si|on ⟨[pā-], umg. [paŋ-], bair. -österr. [pɛn-] f.; -, -en⟩ **1** *Ruhegehalt der Beamten;* ~ beziehen ☐ **pensão; aposentadoria 2** *Ruhestand der Beamten;* in ~ gehen ☐ ***aposentar-se 3** *Gästehaus;* in einer ~ wohnen **4** *Unterkunft u. Verköstigung* **4.1** Voll~, **volle ~** *Unterkunft u. vollständige Verköstigung* **4.2** Halb~, **halbe ~** *Unterkunft mit Frühstück u. Mittag- od. Abendessen* ☐ **pensão**

Pen|si|o|när ⟨[pā-], umg. [paŋ-], bair. -österr. [pɛn-] m.; -s, -e⟩ **1** *jmd., der Pension bezieht, im Ruhestand lebt, Rentner* ☐ **aposentado; pensionista 2** *jmd., der in einer Pension wohnt, Gast in einer Pension ist* ☐ **pensionista**

Pen|si|o|nä|rin ⟨[pā-], umg. [paŋ-], bair. -österr. [pɛn-] f.; -, -rin|nen⟩ *weibl. Pensionär* ☐ **aposentada; pensionista**

pen|si|o|nie|ren ⟨[pā-], umg. [paŋ-], bair. -österr. [pɛn-] V. 500⟩ *jmdn. ~ mit Pension in den Ruhestand versetzen;* sich vorzeitig ~ lassen; er ist vor zwei Jahren pensioniert worden; pensionierter Lehrer ☐ **aposentar**

Pen|sum ⟨n.; -s, Pen|sa *od.* Pen|sen⟩ **1** *in einer bestimmten Zeit zu erledigende Arbeit, Aufgabe;* Arbeits~, Tages~ ☐ **carga de trabalho; tarefa 2** *Abschnitt (einer Arbeit od. Aufgabe), für eine bestimmte Zeit vorgeschriebener Lehrstoff;* Schul~ ☐ **programa; matéria**

Pent|haus ⟨n.; -es, -häu|ser⟩ = *Penthouse*

Pent|house ⟨[-haʊs] n.; -, -s [-sɪz]⟩ *(exklusive) Wohnung, Wohnanlage auf dem Dach eines mehrstöckigen Hauses od. Hochhauses;* oV *Penthaus* ☐ **cobertura**

Pep ⟨m.; -s; unz.; umg.⟩ *Schwung, Frische, Elan, Energie;* er hat viel ~ ☐ **pique; vitalidade; energia**

Pe|pe|ro|ne ⟨m.; -s, -ro|ni⟩ = *Peperoni*

Pe|pe|ro|ni ⟨f.; -, -; meist Pl.⟩ *kleine, sehr scharfe, meist in Essig eingelegte Paprikafrucht;* oV *Peperone, Pfefferoni* ☐ **pimenta**

pep|pig ⟨Adj.; umg.⟩ *Pep habend, schwungvoll, flott, munter;* eine ~e Unterhaltungssendung ☐ **vivo; animado**

per ⟨Präp. m. Akk.⟩ **1** ⟨umg.⟩ *mittels, durch, mit (Hilfe von);* ~ Bahn, Flugzeug; ~ Eilboten; ~ Post schicken ☐ **por; de 1.1 ~ Adresse** ⟨Abk.: p. A.⟩ *bei;* Herrn Schulze p. A. Familie Meier ☐ ***aos cuidados de 1.2 ~ aspera ad astra** *auf rauen Wegen zu den Sternen* ☐ ***por caminhos ásperos é que se chega aos astros 1.3 ~ exemplum** *zum Beispiel* ☐ ***por exemplo 1.4 ~ fas** ⟨veraltet⟩ *auf rechtlich erlaubte Weise* ☐ ***por meios lícitos 1.5 ~ nefas** ⟨veraltet⟩ *widerrechtlich, auf unerlaubte Weise* ☐ ***por meios ilícitos 1.6 ~ pedes** ⟨scherzh.⟩ *zu Fuß* ☐ ***a pé 1.7 ~ procura** *(vor der Unterschrift des Prokuristen einer Firma; Abk.: ppa., pp.) mit im Handelsregister eingetragener Vollmacht ausgestattet* ☐ ***por procuração 1.8 ~ saldo** *durch Ausgleich (der beiden Seiten eines Kontos)* ☐ ***por saldo ~ se von selbst** ☐ ***por si 2** *gegen, im Austausch für;* ~ em troca de **2.1 ~ cassa** *gegen Barzahlung* ☐ ***mediante pagamento em dinheiro 3** ⟨zeitlich⟩ *bis, am;* ~ 1. April zu liefern; zu zahlen ~ 15. Mai ☐ **até; em**

Per|cus|sion ⟨[pərkʌʃn] f.; -; unz.⟩ = *Perkussion(3)*
per|fekt ⟨Adj.⟩ **1** *vollkommen (ausgebildet);* ~ Englisch, Französisch sprechen; ~ im Kochen sein □ **perfeito; perfeitamente 2** ⟨24⟩ *gültig, abgemacht, abgeschlossen* □ **concluído**; einen Vertrag, ein Geschäft ~ machen □ **fechar um contrato; concluir uma transação*
Per|fekt ⟨a. [-'-] n.; -s, -e; Gramm.⟩ *Zeitform des Verbs, die ein vergangenes, in die Gegenwart fortwirkendes Geschehen bezeichnet, zweite Vergangenheit, vollendete Gegenwart, z. B. „ich habe gegessen, ich bin geschwommen"* □ **Perfekt**
Per|fek|ti|on ⟨f.; -, -en⟩ *Vollendung, Vollkommenheit;* er spielte das Stück mit vollendeter ~; er legt immer größten Wert auf ~; der Vortrag bestach durch seine absolute ~ □ **perfeição**
per|fid ⟨Adj.⟩ *treulos, hinterhältig, heimtückisch, niederträchtig;* oV *perfide* □ **pérfido**
per|fi|de ⟨Adj.⟩ = *perfid*
per|fo|rie|ren ⟨V. 500⟩ **1** ein Organ ~ ⟨Med.⟩ *durchbohren, durchstoßen* □ **perfurar 2** Papier, Filme ~ *durchlöchern, mit Löchern in gleichem Abstand u. gleicher Größe versehen* □ **picotar**
Per|for|mance ⟨[pɔrfɔːməns] f.; -, -s [-sɪz]⟩ *(schauspielerisch dargebotene) künstlerische Aktion od. Vorstellung in der Art eines Happenings* □ *performance*
Per|ga|ment ⟨n.; -(e)s, -e⟩ **1** *bearbeitete, als Schreibstoff dienende Tierhaut* **2** *Schriftstück auf Pergament(1)* □ **pergaminho**
Per|go|la ⟨f.; -, -go\|len⟩ *Laube, berankter Laubengang* □ **pérgula**
Pe|ri|o|de ⟨f.; -, -n⟩ **1** *Zeitabschnitt* **2** *Umlaufzeit eines Sternes* **3** *Zeitabschnitt einer Formation der Erdgeschichte* **4** *Gesamtheit eines Systems von Schwingungen* **5** = *Menstruation* **6** *in bestimmter stilistischer Absicht mehrfach zusammengesetzter Satz* **7** *musikalischer Satz aus 8 od. 16 Takten, der sich aus zwei miteinander korrespondierenden Teilen zusammensetzt* □ **período**
pe|ri|pher ⟨Adj.⟩ **1** *am Rand (befindlich), an der Peripherie (liegend)* **1.1** *~e* Fragen, Probleme ⟨fig.⟩ *nicht so wichtige F., P.* □ **periférico**
Pe|ri|phe|rie ⟨f.; -, -n⟩ **1** ~ *einer (Kreis-)*Fläche ⟨Math.⟩ *äußere Begrenzung* **2** ~ *einer* Gegend *Rand;* an der ~ der Stadt □ **periferia**
Per|kus|si|on ⟨f.; -, -en⟩ **1** ⟨Med.⟩ *Untersuchung des menschlichen Körpers bzw. seiner Organe durch Abklopfen der Körperoberfläche* **2** ⟨Tech.⟩ *Zündung durch Stoß od. Schlag auf ein Zündhütchen (bei Handfeuerwaffen)* **3** ⟨Popmus.⟩ *Schlagzeug, Gesamtheit der Schlaginstrumente;* oV *Percussion* □ **percussão**
Per|le ⟨f.; -, -n⟩ **1** *schimmerndes, von Weichtieren, meist den Perlmuscheln, abgesondertes Kügelchen aus kohlensaurem Kalk;* eine echte, imitierte ~; ~n fischen; ~n tauchen; Zähne (gleichmäßig) wie ~n □ **pérola 1.1** *es wird dir keine ~ aus der Krone fallen, wenn du das tust* ⟨fig.; umg.⟩ *es wird dir nicht schaden, es wird dein Ansehen nicht beeinträchtigen* □ **não vai lhe tirar pedaço fazer isso* **2** *Ding in der äußeren Form einer Perle* **2.1** *durchbohrtes Kügelchen aus Glas, Holz od. anderem Material;* Glas~; Holz~; ~n des Rosenkranzes; ~n auf eine Schnur reihen □ **conta 2.2** *Tropfen;* Schweiß~; Tau~; der Schweiß stand ihm in ~n auf der Stirn □ **gota; pérola 2.2.1** *Luftbläschen;* Sekt~; Wasser~ □ **bolha; borbulha 2.3** *Arznei in Kugelform* □ **pérola 3** ⟨fig.⟩ *etwas bes. Schönes, Gutes od. Wertvolles;* dieses Werk ist eine ~ der deutschen Dichtkunst, Musik, Malerei; diese Stadt ist eine ~ des Landes, dieser Landschaft □ **pérola; preciosidade 3.1** *~n vor die Säue werfen jmdm. etwas geben, was er nicht zu schätzen weiß (nach NT, Matthäus 7,6)* □ **lançar pérolas aos porcos* **4** ⟨fig.⟩ *jmd., der wertvolle Dienste (im Alltag) leistet* **4.1** ⟨umg.; scherzh.⟩ *(gute) Hausangestellte;* sie ist eine ~ □ **uma pérola/joia de empregada/empregada**
per|len ⟨V. 400; geh.⟩ **1** ⟨(s.)⟩ *etwas perlt etwas rollt, fällt schimmernd u. gleichmäßig wie Perlen ab;* Tau perlt von den Blumen, Blättern; der Schweiß perlte ihm von der Stirne □ **gotejar; pingar; rolar 1.1** ⟨(h.)⟩ Sekt, Wein perlt (im Glase) *schäumt in Bläschen* □ **borbulhar; espumar 1.2** ⟨(h.)⟩ *in Perlen erscheinen;* der Tau perlt auf den Blumen □ **brilhar; perlar 2** ⟨fig.⟩ *in kurzen, angenehmen, rasch aufeinanderfolgenden Tönen erklingen;* ~des Lachen; ~de Koloratur □ **ressonante**
Perl|mutt ⟨a. [-'-] n.; -s; unz.⟩ = *Perlmutter*
Perl|mut|ter ⟨a. [-'--] f.; -; unz. od. n.; -s; unz.⟩ oV *Perlmutt* **1** *von einer Perlmuschel abgesonderter Stoff, aus dem sich die Innenschicht der Schale u. evtl. die Perle bildet* **2** *die Innenschicht der Schale von Muscheln u. Seeschnecken* □ **madrepérola**
Perm ⟨n.; -s; unz.; Geol.⟩ *geologische Formation des Paläozoikums* □ **Permiano**
per|ma|nent ⟨Adj. 24⟩ *ununterbrochen, dauernd, bleibend, ständig* □ **permanente**
Per|pen|di|kel ⟨n. od. m.; -s, -⟩ *Uhrpendel* □ **pêndulo de relógio**
per|plex ⟨Adj.⟩ *verblüfft, überrascht, bestürzt, betroffen, fassungslos* □ **perplexo**
Per|ron ⟨m. od. n.; -s, -s; österr.; schweiz.⟩ = *Bahnsteig;* auf dem ~ warten □ **plataforma**
Per|si|fla|ge auch: **Per|sif|la|ge** ⟨[-ʒə] f.; -, -n⟩ *(meist auf Ironie, Übertreibung od. Nachahmung beruhende) geistreiche Verspottung* □ **zombaria; gozação**
Per|son ⟨f.; -, -en⟩ **1** *Mensch (als lebendes Wesen);* zehn ~en sind bei dem Unfall verletzt worden; das Fahrzeug fasst 20 ~en od. 1500 kg; bei einer Beurteilung die ~ von der Sache trennen **1.1** *Mensch besonderer Eigenart;* eine dumme, eingebildete, lästige ~; eine große, hübsche, stattliche ~; eine unbekannte, geheimnisvolle ~ □ **pessoa;** ich für meine ~ □ **quanto a mim...* **1.2** *Mensch im Gefüge vom Staat u. Gemeinschaft;* er ist dort eine wichtige ~ □ **pessoa;** du nimmst deine ~ zu wichtig □ **você se acha muito importante* **1.3** ⟨Lit.⟩ *handelnde Figur, Gestalt;* in diesem Stück, Roman treten Eigenschaften als ~en auf □ **personagem 1.4** *eine Eigenschaft in ~ sein eine Eigenschaft in reinster Ausprägung zeigen;* er ist die Gutmütigkeit, Geduld, Gehässigkeit in ~ □ **pessoa 1.5 in einer ~** *gleichzeitig;* Hausmeister u. Gärt-

Personal

ner in einer ~ □ *em uma só pessoa; ao mesmo tempo **1.6** in eigener ~ *selbst* □ em pessoa; pessoalmente **2** ⟨abwertend; veraltet⟩ *weibl. Wesen, Frau, Mädchen* □ mulher; moça **3** *Sprecher, Hörer od. etwas Drittes (einen Dritten) bezeichnende grammatische Kategorie, z. B. ich, du, er; erste, zweite, dritte ~* □ pessoa

Per|so|nal ⟨n.; -s; unz.⟩ *Gesamtheit der beschäftigten, angestellten, bes. dienstleistenden Personen (in Betrieben, Hotels, Haushalten);* Dienst~, Küchen~ □ pessoal; funcionários

Per|so|nal|aus|weis ⟨m.; -es, -e⟩ *amtlicher Ausweis über die Identität einer Person (als Staatsbürger); der ~ wird ab dem 16. Lebensjahr beantragt; Polizeibeamte kontrollierten die ~e* □ carteira de identidade

Per|so|nal Com|pu|ter ⟨[pœ:sənəl kompju:-] m.; - -s, - -; Abk.: PC⟩ *Computer für den häuslichen u. professionellen Einsatz* □ computador pessoal

Per|so|na|li|en ⟨Pl.⟩ *Angaben über Geburt, Ehestand, Beruf einer Person;* jmds. ~ aufnehmen; seine ~ angeben □ dados pessoais

Per|so|nen|kraft|wa|gen ⟨m.; -s, -; Abk.: Pkw⟩ *Kraftwagen zum Befördern von Personen;* Sy Auto, Automobil; Ggs Lastkraftwagen □ carro; automóvel

per|sön|lich ⟨Adj. 24⟩ **1** *die Person betreffend, zu ihr gehörend, ihr entsprechend, auf ihr beruhend, von ihr ausgehend, privat;* eine ~e Anspielung; die ~e Freiheit; mein ~es Eigentum; darf ich mir eine ~e Bemerkung, Frage erlauben?; er unterhielt sich sehr offen und ~ mit ihr; ich möchte aus ~en Gründen nicht darüber sprechen □ pessoal; individual **1.1** ich habe diese Bemerkung nicht ~ gemeint *ich habe mit dieser B. nicht dich, Sie, ihn usw. gemeint* □ *eu não me referia a você com essa observação **1.2** du darfst diese Äußerung nicht ~ nehmen *nicht auf dich beziehen* □ *você não deve levar essa observação para o lado pessoal **1.3** ~ werden ⟨umg.⟩ *unsachliche, auf jmds. Privatleben od. Verhalten zielende, unangenehme Anspielungen machen* □ *fazer alusões pessoais; dar indiretas **2** *selbst, in Person;* für Verluste ~ haften; bei jmdm. ~ erscheinen, vorsprechen ⟨umg.; verstärkend⟩ □ pessoalmente; em pessoa **2.1** ~! (Vermerk auf Briefen) *nur für den Betreffenden selbst bestimmt* □ confidencial **2.2** ich kenne ihn (nicht) ~ *ich habe mit ihm schon einmal (noch nicht) gesprochen* □ pessoalmente **3** ⟨60⟩ ~e Gleichung ⟨Astron.⟩ *die Zeitdifferenz zwischen einem zu beobachtenden Ereignis u. dem Erfassen dieses Vorgangs durch einen Beobachter* □ *equação pessoal

Per|sön|lich|keit ⟨f.; -, -en⟩ **1** ⟨unz.⟩ *Gesamtheit aller Wesenszüge, Verhaltensweisen, Äußerungen u. bes. Eigenarten eines Menschen* **2** ⟨unz.⟩ *der Mensch als Person, als Einzelwesen, in seiner Eigenart; Entwicklung, Ausbildung der ~;* Höchstes Glück der Erdenkinder sei nur die ~ (Goethe, „Westöstlicher Divan", Buch Suleika) **3** *bedeutender Mensch, Mensch eigener, besonderer Prägung;* bekannte ~en unserer Stadt; er ist eine ~ **4** *durch Stellung, Rang sich aus den übrigen heraushebender Mensch;* (allerlei) prominente ~en; eine einflussreiche, angesehene ~ □ personalidade

Per|spek|ti|ve *auch:* **Pers|pek|ti|ve** ⟨[-və] f.; -, -n⟩ **1** *scheinbare Verkürzung u. scheinbares Zusammentreffen der in die Tiefe des Raumes laufenden parallelen Strecken in einem Punkt (Fluchtpunkt)* **2** *Darstellung des Raumes u. räumlicher Gegenstände auf einer ebenen Bildfläche mit räumlicher Wirkung;* ein Gemälde ohne ~ **3** ⟨fig.⟩ *Blick in die Zukunft, Aussicht;* es öffnen sich neue, erstaunliche, nicht geahnte ~n **4** = Blickwinkel(2); aus dieser ~ sieht es schon anders aus □ perspectiva

Pe|rü|cke ⟨f.; -, -n⟩ **1** *künstliche Haartracht aus Haaren od. synthetischen Fasern* **1.1** *den ganzen Kopf bedeckender Haarersatz* □ peruca **2** ⟨Jägerspr.⟩ *durch Verletzung hervorgerufene krankhafte Wucherung am Gehörn, seltener am Geweih* □ tumor

per|vers ⟨[-vɛrs] Adj.⟩ **1** *abartig (im geschlechtlichen Verhalten)* □ pervertido **2** *widernatürlich, verderbt* □ perverso

per|ver|tie|ren ⟨[-vɛr-] V.⟩ **1** ⟨400(s.)⟩ *eine abartige Entwicklung nehmen, krankhaft vom Normalen abweichen, entarten* **2** ⟨500⟩ *etwas ~ verfälschen, entfremden, vom Normalen abweichen lassen* □ perverter

Per|zep|ti|on ⟨f.; -, -en⟩ **1** *Wahrnehmung von Reizen durch Sinnesorgane* **2** ⟨Philos.; Psych.⟩ *sinnliche Wahrnehmung ohne bewusstes Erfassen u. Identifizieren als erste Stufe der Erkenntnis* □ percepção

Pes|sar ⟨n.; -s, -e; Med.⟩ *ring- od. schalenförmige Einlage in die Scheide zur Korrektur einer anomalen Lage der Gebärmutter u. zur Empfängnisverhütung (Okklusiv~)* □ pessário

Pes|si|mis|mus ⟨m.; -; unz.⟩ *Neigung, in der Welt, im Leben od. bei einer Sache nur das Schlechte zu sehen;* Ggs Optimismus □ pessimismo

pes|si|mis|tisch ⟨Adj.⟩ *in der Art des Pessimismus, dem Pessimismus nahestehend, schwarzseherisch;* Ggs optimistisch □ pessimista

Pest ⟨f.; -; unz.⟩ **1** *durch Bakterien hervorgerufene epidemische Krankheit, bei der sich die Haut dunkelblau bis schwarz färbt* □ peste; pestilência **1.1** jmdm. die ~ an den Hals wünschen ⟨fig.⟩ *jmdm. nur das Schlechteste wünschen* □ *desejar o pior a alguém **1.2** jmdn. od. etwas wie die ~ hassen ⟨fig.⟩ *sehr hassen* □ *ter ódio mortal de alguém ou alguma coisa **1.3** wie die ~ stinken ⟨fig.⟩ *sehr, unerträglich* □ *feder como o diabo

Pes|ti|zid ⟨n.; -(e)s, -e⟩ *Mittel zur Vernichtung von Pflanzenschädlingen, Pflanzenschutzmittel* □ pesticida

Pe|ter|si|lie ⟨[-ljə] f.; -, -n; Bot.⟩ **1** *als Küchengewürz verwendetes Doldengewächs: Petroselinum crispum;* krause, getrocknete ~ □ salsinha **2** jmdm. ist die ~ verhagelt ⟨fig.; umg.⟩ *etwas ist jmdm. misslungen, man hat jmdm. sein Vorhaben verdorben* □ *quebrar a cara

Pe|trol *auch:* **Pet|rol** ⟨n.; -s; unz.; schweiz.⟩ = Petroleum

Pe|tro|le|um *auch:* **Pet|ro|le|um** ⟨n.; -s; unz.⟩ *Destillationsprodukt des Erdöls;* oV ⟨schweiz.⟩ Petrol □ querosene

Pet|ti|coat ⟨[-koʊt] m.; -s, -s⟩ *sehr weiter, stark versteifter Unterrock, der in der Taille ansetzt* □ saiote; anágua

Pet|ting ⟨n.; - od. -s, -s⟩ *sexuell erregende körperliche Berührungen ohne Ausübung des Koitus* □ **carícias íntimas**

Pe|tu|nie ⟨[-njə] f.; -, -n; Bot.⟩ *Angehörige einer Gattung der Nachtschattengewächse mit trichterförmigen Blüten, beliebte Beet- u. Balkonpflanze: Petunia* □ **petúnia**

pet|zen ⟨V. 400; umg.⟩ *jmdn. verraten, jmdn. vor anderen beschuldigen* □ **dedurar; alcaguetar**

Pfad ⟨m.; -(e)s, -e⟩ **1** *schmaler Weg; ein steiler, steiniger, gewundener ~* □ **vereda; senda 2** *auf (von) dem ~ der Tugend wandeln (abweichen)* ⟨fig.; geh.⟩ *(nicht mehr) tugendhaft sein* □ **caminho**

Pfaf|fe ⟨m.; -n, -n⟩ **1** ⟨urspr.⟩ *Weltgeistlicher* □ **padre secular 2** ⟨heute abwertend⟩ *Geistlicher* □ **padreco**

Pfahl ⟨m.; -(e)s, Pfäh|le⟩ **1** ⟨Bautech.⟩ *ein langer, unten zugespitzter, dicker Stab od. Balken; einen ~ zuspitzen, einrammen; morsche Pfähle; das Gebäude steht auf Pfählen* ⟨fig.; umg.⟩ *zu Hause* □ **'em casa; entre suas quatro paredes 2** ⟨Her.⟩ *senkrecht über die Mitte des Schildes gezogener Streifen* □ **pala 3** *ein ~ im Fleische* ⟨fig.; geh.⟩ *etwas Peinigendes, Quälendes, großes Ärgernis* □ ***um espinho na carne; um tormento**

Pfand ⟨n.; -(e)s, Pfän|der⟩ **1** *Gegenstand, der als Bürgschaft für eine Forderung gegeben wird; ein ~ einlösen; den Ausweis als ~ zurücklassen, abgeben; die verfallenen Pfänder werden versteigert* □ **garantia; penhor 2** *Geldbetrag, der bei Rückgabe eines geliehenen Gegenstandes zurückgegeben wird;* Sy ⟨schweiz.⟩ *Depot(6);* □ **caução**; *Flaschen~* □ ***caução por garrafa retornável 3** ⟨Pfänderspiele⟩ *Gegenstand, der abgegeben wird, wenn man einen Fehler macht od. auf eine Frage nicht antworten kann, u. den man nur zurückbekommt, wenn man eine lustige Forderung erfüllt; ein ~ geben* □ **prenda**

pfän|den ⟨V. 500⟩ **1** *etwas ~ gerichtlich beschlagnahmen, um dadurch eine Geldforderung (Steuerschuld) zu befriedigen; das Haus, den Computer ~* □ **penhorar; empenhar 2** *jmdn. ~ jmds. Eigentum pfänden* □ ***penhorar os bens de alguém**

Pfan|ne ⟨f.; -, -n⟩ **1** *flaches Gefäß zum Backen u. Braten od. Schmelzen mit Stiel od. zwei Henkeln;* Sy *Tiegel(1); Brat~; eine kupferne, eiserne ~; ein Stück Fleisch in der ~ braten; zwei Eier in die ~ hauen* ⟨umg.⟩ □ **frigideira 2** *jmdn. in die ~ hauen* ⟨fig.; umg.⟩ *besiegen, schlagen, vernichten* □ ***acabar com a raça de alguém 3** ⟨Anat.⟩ *hohler Teil eines Gelenks; Gelenk~* □ ***glena 4** ⟨Bauw.⟩ *hohler Dachziegel; Dach~* □ ***telha holandesa 5** *etwas auf der ~ haben* ⟨fig.⟩ *etwas in Bereitschaft haben* □ ***ter uma carta na manga 6** ⟨Geol.⟩ *flache, rundliche Geländesenke in Trockengebieten mit dauernder od. zeitweiliger Wasserführung; Salz~, Sand~* □ **bacia; depressão do solo**

Pfann|ku|chen ⟨m.; -s, -⟩ **1** *in der Pfanne gebackene flache Speise aus Mehl, Milch, Eiern u. Zucker;* Sy *Eierkuchen, Eierpfannkuchen, Palatschinke* □ **panqueca; crepe 2** ⟨ostdt.⟩ *Krapfen; Berliner ~* □ ***sonho**

Pfar|rer ⟨m.; -s, -⟩ *ausgebildeter Theologe, der die gottesdienstlichen u. seelsorgerlichen Pflichten innerhalb einer Gemeinde versieht* □ **padre; pároco; pastor**

Pfar|re|rin ⟨f.; -, -rin|nen⟩ *weibl. Pfarrer* □ **pastora**

Pfau ⟨m.; -(e)s, -en; Zool.⟩ *Vogel mit einer Federkrone auf dem Kopf u. im männl. Geschlecht Prachtgefieder mit stark verlängerten Schwanzdeckfedern, die in der Balz zu einem Rad aufgerichtet werden: Pavo cristatus; der ~ schlägt ein Rad; einherstolzieren wie ein ~; sich spreizen wie ein ~* □ **pavão**

Pfef|fer ⟨m.; -s; unz.; Bot.⟩ **1** *als Gewürz verwendete Früchte des Pfefferstrauchs; Piper nigrum; das brennt wie ~, ist scharf wie ~; mit ~ und Salz würzen; gemahlener ~* □ **pimenta 1.1** *Stoff im ~-und-Salz-Muster dunkel u. hell gesprenkelter S.* □ ***tecido com estampa sal e pimenta 1.2** *jmdm. ~ geben* ⟨fig.; umg.⟩ *jmdm. reizen* □ ***provocar alguém 1.3** *wo der ~ wächst* ⟨fig.; umg.⟩ *möglichst weit weg; er soll bleiben, wo der ~ wächst!* □ ***no quinto dos infernos;** *jmdm. dahin wünschen, wo der ~ wächst* □ ***mandar alguém para o quinto dos infernos;* → a. *Hase(2.3), schwarz(2.8), weiß¹(2.9)* **2** ⟨fig.; umg.⟩ *Schwung, Energie* □ **energia; gás**

Pfef|fer|ku|chen ⟨m.; -s, -⟩ *stark gewürztes, süßes, oft mit Honig versetztes, zur Weihnachtszeit gereichtes Gebäck;* Sy ⟨bes. süddt. u. westdt.⟩ *Lebkuchen* □ **pão de mel apimentado**

Pfef|fer|min|ze ⟨f.; -, -n; Bot.⟩ *als Heilpflanze kultivierter, stark aromatischer Lippenblütler, aus dessen Blättern Pfefferminzöl gewonnen u. Tee bereitet wird: Mentha piperita* □ **hortelã-pimenta**

pfef|fern ⟨V. 500⟩ **1** *etwas ~ mit Pfeffer würzen; Speisen ~; das Gulasch ist zu sehr gepfeffert* □ **apimentar 1.1** *gepfefferte Preise, Rechnung* ⟨fig.; umg.⟩ *sehr hohe P., R.* □ **salgado 1.2** *ein gepfefferter Witz* ⟨fig.; umg.⟩ *derber, unanständiger W.* □ **picante 2** ⟨511⟩ *etwas irgendwohin ~* ⟨umg.⟩ *scharf, kräftig werfen; er pfefferte die Bücher in die Ecke* □ **lançar; arremessar**

Pfef|fe|ro|ni ⟨m.; -, -; meist Pl.; österr.⟩ = *Peperoni*

Pfei|fe ⟨f.; -, -n⟩ **1** *Rohr, in dem durch Blasen die Luft in Schwingungen versetzt u. dadurch ein Ton erzeugt wird; Orgel~* □ **tubo;** *Signal~; Triller~; auf der ~ blasen* □ **apito 1.1** *nach jmds. ~ tanzen* ⟨fig.⟩ *widerspruchslos tun, was der andere will, sich in allem nach jmdm. richten* □ ***dançar conforme a música 2** ⟨kurz für⟩ *Tabakspfeife; sich eine ~ stopfen; sich eine ~ anzünden; eine ~ rauchen; die ~ ausklopfen, reinigen* □ **cachimbo 3** *röhrenförmiges Werkzeug des Glasbläsers* □ **cana de vidreiro 4** ⟨Sprengtechnik⟩ *in nicht mit weggesprengter Bohrlochrest* □ **furo de sondagem que não explodiu por completo**

pfei|fen ⟨V. 191⟩ **1** ⟨400⟩ *mit der Atemluft Töne hervorbringen; Amseln, Stare u. a. Vögel ~* □ **assobiar; piar;** *Mäuse, Murmeltiere ~* □ **chiar;** *auf zwei Fingern ~; durch die Zähne ~; im Theater wurde gepfiffen (zum Zeichen des Missfallens)* □ **assobiar;** *die Spatzen ~ es schon von allen Dächern* ⟨fig.; umg.⟩ *jeder weiß es schon* □ ***a cidade inteira já sabe; está na boca do povo 1.1** *ich pfeife darauf!* ⟨fig.; umg.⟩ *das ist mir völlig gleichgültig, ganz egal, ich kann leicht darauf verzichten* □ ***estou me lixando!; não estou nem aí!* **1.2** ⟨530⟩ *ich werd' dir was ~!* ⟨fig.; umg.⟩ *ich denke* nicht daran (zu tun, was du willst)! ☐ *pode esquecer!; pode tirar o cavalo da chuva! **2** ⟨500⟩ etwas ~ mit gespitzten Lippen Töne od. eine Melodie hervorbringen; eine Melodie ~ ☐ assobiar 2.1 ⟨530/Vr 1⟩ sich eins ~ ein Liedchen vor sich hin pfeifen ☐ *assobiar uma canção **3** ⟨600⟩ jmdm. od. einem **Tier** ~ jmdm. od. ein Tier durch Pfeifen zu sich rufen; der Jäger pfifff dem Hund ☐ chamar com um assobio **4** ⟨400⟩ Luft in eine Pfeife(1) blasen u. dadurch einen Ton erzeugen; die Lokomotive pfeift ☐ assobiar 4.1 ⟨410⟩ auf dem letzten **Loch** ~ ⟨fig.⟩ *in sehr elendem Zustand sein, kein Geld mehr haben* ☐ **estar no fundo do poço; estar com a corda no pescoço **5** ⟨400⟩ etwas pfeift ⟨fig.⟩ *bringt ein zischend-heulendes, sausendes Geräusch hervor;* der Wind pfeift im Schornstein, pfeift ums Haus; die Kugeln pfiffen ihm um die Ohren ☐ assobiar; ~der Atem ☐ *chiado no peito; ~de Geräusche im Lautsprecher ☐ sibilante; chiado **6** ⟨500⟩ etwas ~ ⟨fig.; umg.⟩ *verraten, ausplaudern;* keiner von den Gefangenen hat gepfiffen ☐ contar; dar com a língua nos dentes

Pfeil ⟨m.; -(e)s, -e⟩ **1** *aus einem dünnen Stab mit einer Spitze aus Hartholz, Stein od. Metall bestehendes Geschoss, das mit dem Bogen abgeschossen wird;* ~ und Bogen; ein gefiederter, vergifteter ~ ☐ flecha; seta; dardo 1.1 er schoss wie ein ~ davon *lief sehr schnell davon* ☐ *ele saiu em disparada 1.2 von Amors ~ getroffen sein ⟨fig.⟩ *verliebt sein* ☐ *ser atingido pela seta do Cupido 1.3 seine ~e abschießen ⟨fig.⟩ *beißende, sehr boshafte Anspielungen machen* ☐ *lançar seus dardos; dar suas indiretas

Pfei|ler ⟨m.; -s, -⟩ **1** ⟨Bauw.⟩ *frei stehende od. aus der Wand herausstehende Stütze von Decken, Gewölben, Trägern usw. mit meist rechteckigem Querschnitt;* Wand~, Strebe~, Eck~, Stahl~ ☐ pilar; contraforte **2** ⟨Bgb.⟩ *Teil einer Braunkohlenlagerstätte, der vorübergehend nicht abgebaut wird* ☐ pilar; pilastra

Pfen|nig ⟨m. 7; -(e)s, -e; Abk.: Pf⟩ **1** *deutsche Währungseinheit, 1/100 Mark* ☐ **Pfennig** 1.1 das ist keinen ~ wert *nichts wert* ☐ *isso não vale um centavo 1.2 keinen ~ (Geld) haben *kein Geld* ☐ *não ter um centavo 1.3 sie müssen mit jedem ~ rechnen *sie müssen sehr sparen* ☐ *eles têm de economizar cada centavo 1.4 wer den ~ nicht ehrt, ist des Talers nicht wert (Sprichw.) *man soll auch im Kleinen sparsam sein* ☐ *de grão em grão a galinha enche o papo 1.5 jeden ~ dreimal umdrehen, ehe man ihn ausgibt ⟨fig.⟩ *sehr sparsam sein* ☐ *pensar duas vezes antes de gastar um centavo; → a. *Heller*(5.2)

Pferch ⟨m.; -(e)s, -e⟩ *mit Brettern od. Draht umzäuntes Feldstück, auf dem frei laufendes Vieh (bes. Schafe) zusammengetrieben u. nachts eingeschlossen wird* ☐ curral; aprisco; redil

pfer|chen ⟨V. 511⟩ *Menschen od. Tiere in einen Raum ~ (hinein)drängen, in einem R. eng zusammendrängen* ☐ encurralar

Pferd ⟨n.; -(e)s, -e⟩ **1** *einer Familie der Unpaarhufer angehörendes Reit- u. Zugtier: Equidae* ☐ **equídeo 2** ⟨i. e. S.⟩ *das vom Wildpferd (Equus przewalskii) abstammende, zur Familie der Pferde(1) gehörige Haustier, das auch verwildert vorkommt, Equus przewalskii caballus;* ein edles, feuriges, rassiges ~; ein gutes, schnelles ~; ein ~ anspannen, ausspannen; ein ~ besteigen; ein ~ lenken, reiten, zügeln, zureiten; ein ~ satteln, striegeln, zäumen; vom ~ steigen, fallen; sich aufs ~ schwingen; das ~ ist (ihm) durchgegangen; das ~ hat den Reiter abgeworfen; das ~ schnaubt, wiehert; das ~ bäumt sich auf, bockt, scheut, schlägt aus, scharrt, stampft (mit den Hufen); das ~ galoppiert, greift aus, trabt; den durchgehenden ~en in die Zügel fallen ☐ cavalo 2.1 zu ~e *reitend* ☐ *a cavalo 2.1.1 er sitzt gut zu ~ *er hat eine gute Haltung als Reiter* ☐ *ele é um bom cavaleiro 2.2 wie ein ~ arbeiten ⟨fig.; umg.⟩ *sehr schwer arbeiten, sich plagen* ☐ *trabalhar como um camelo/burro de carga 2.3 *das* hält ja kein ~ aus ⟨fig.; umg.⟩ *niemand* ☐ *não há cristão que aguente 2.4 *das* beste ~ im Stall ⟨fig.; umg.⟩ *die beste Kraft (eines Unternehmens), der, die, das Beste (einer Gruppe, einer Sammlung)* ☐ *o melhor da equipe 2.5 *die ~e gehen leicht mit ihm durch ⟨fig.; umg.⟩ *er verliert leicht die Beherrschung, kann seinen Zorn nicht zügeln* ☐ *ele perde facilmente as estribeiras 2.6 mit jmdm. kann man ~e stehlen ⟨fig.; umg.⟩ *mit jmdm. kann man manches wagen, er lässt einen nicht im Stich* ☐ *poder confiar em alguém de olhos fechados 2.7 keine zehn ~e brächten mich dahin ⟨fig.; umg.⟩ *auf keinen Fall gehe ich dahin* ☐ *não vou nem amarrado; não vou nem que a vaca tussa 2.8 *das* ~ beim Schwanz aufzäumen ⟨fig.⟩ *eine Sache falsch anfangen* ☐ *colocar o carro na frente dos bois 2.9 aufs falsche, richtige ~ setzen (bei einer ungewissen Sache) ⟨fig.⟩ *falsch, richtig handeln, sich falsch, richtig entscheiden* ☐ *apostar no cavalo errado/certo **3** *Turngerät aus einer gepolsterten Lederrolle auf vier Füßen mit zwei herausnehmbaren Griffen (Pauschen) oben in der Mitte für Spring- u. Stützübungen;* Turnübungen am ~ **4** ⟨Schachspiel⟩ *Figur mit stilisiertem Pferdekopf, Springer, Rössel* ☐ cavalo

Pfer|de|fuß ⟨m.; -es, -fü|ße⟩ **1** *Attribut des Teufels* ☐ pata rachada **2** ⟨Pathol.⟩ *Fußbildung, die nur ein Auftreten mit Ballen u. Zehen zulässt: Pes equinus* ☐ pé equino **3** ⟨fig.⟩ *ein verborgener Nachteil;* die Sache hat aber einen ~; bei etwas schaut der ~ heraus; etwas kommt der ~ zum Vorschein ☐ inconveniente; empecilho

Pfer|de|schwanz ⟨m.; -es, -schwän|ze⟩ **1** ⟨fälschlich für⟩ *Schweif des Pferdes* **2** ⟨fig.⟩ *langer, am Hinterkopf zusammengebundener, herabhängender Haarschopf bei Mädchen u. Frauen* ☐ rabo de cavalo

Pfiff ⟨m.; -(e)s, -e⟩ **1** *(schriller) Ton des Pfeifens;* scharfer, durchdringender ~ ☐ assobio **2** ⟨fig.⟩ *Kniff, Trick;* die Sache hat einen ~ ☐ truque 2.1 den ~ heraushaben *eine Sache verstehen, richtig beherrschen, geschickt bei einer S. sein* ☐ *pegar o jeito (de alguma coisa) **3** *der eigentliche Reiz an einer Sache, das, was eine Sache erst vollkommen macht;* die Schleife gibt dem Kleid erst den richtigen ~ ☐ toque

Pfif|fer|ling ⟨m.; -s, -e; Bot.⟩ **1** *sehr würziger Speisepilz mit gelbem Hut u. dicken Lamellen: Cantharellus ciba-*

rius □ cantarela 2 keinen, nicht einen ~ ⟨fig.; umg.⟩ gar nicht(s); das ist keinen ~ wert □ *nadica de nada; er kümmert sich nicht einen ~ darum □ *ele não está nem aí

pfif|fig ⟨Adj.⟩ schlau, gewitzt; ein ~er Bursche, ~es Kerlchen □ vivo; esperto

Pfingsten ⟨n.; -, -⟩ Fest der Ausgießung des Heiligen Geistes über die Jünger Jesu; ~ fällt dieses Jahr früh, spät, (die) ~ fallen früh, spät □ Pentecostes; → a. Ostern(1.1)

Pfir|sich ⟨m.; -(e)s, -e⟩ runde, aromatische Kernfrucht des Pfirsichbaumes mit pelziger Schale; ein gelber, weißer, reifer, harter ~ □ pêssego

Pflan|ze ⟨f.; -, -n⟩ 1 Lebewesen, das in der Lage ist, aus anorganischen Stoffen mit Hilfe des Sonnenlichts od. in einigen Fällen mit Hilfe aus chem. Reaktionen gewonnener Energie organische Stoffe aufzubauen; ~n sammeln; eine einjährige, immergrüne, kräftige, zarte ~ □ planta 2 ⟨Getrennt- u. Zusammenschreibung⟩ 2.1 ~n fressend = pflanzenfressend

pflan|zen ⟨V. 500⟩ 1 Pflanzen ~ zum Wachsen in die Erde setzen; Bäume, Blumen, Sträucher ~ 2 ⟨511/Vr 7⟩ etwas od. sich (an einen bestimmten Ort) ~ ⟨fig.; umg.⟩ (breit) hinsetzen; die Fahne auf das Dach ~; sich aufs Sofa ~ □ plantar(-se)

pflan|zen|fres|send auch: **Pflan|zen fres|send** ⟨Adj. 24/60⟩ sich von Pflanzen ernährend; ~e Tiere □ herbívoro

Pflan|zung ⟨f.; -, -en⟩ 1 das Pflanzen 2 bepflanztes Stück Land, bes. in großem Ausmaß in Übersee, Plantage; Baumwoll~, Tabak~ 3 ⟨Forstw.⟩ neu angelegte Kultur □ plantação

Pflas|ter ⟨n.; -s, -⟩ 1 Belag aus dicht gefügten Steinen zur Befestigung der Straße; Straßen~; holpriges ~ □ pavimentação 1.1 das ~ wurde ihm zu heiß unter den Füßen ⟨fig.⟩ die Lage wurde zu gefährlich für ihn, er musste fliehen □ *a situação ficou feia para o lado dele 1.2 ~ treten ⟨fig.⟩ lange Zeit zu Fuß durch eine Stadt gehen □ *perambular pela cidade; vagar pelas ruas 1.3 diese Stadt ist ein teures ~ ⟨fig.⟩ in dieser S. ist das Leben teuer □ *esta cidade é muito cara 2 Heilmittel aus klebend gemachtem Stoff mit einem Stück Mull in der Mitte zum Schutz von Wunden; Heft~; ein ~ aufkleben, auflegen □ curativo; band-aid 2.1 ⟨fig.⟩ Linderungsmittel, Trost; Trost~; seine Worte waren ein ~ für ihren Schmerz □ consolo; conforto

Pflau|me ⟨f.; -, -n⟩ 1 aus Vorderasien stammender mittelgroßer Baum mit kurzen Ästen, weißen Blüten, blauen, grünen od. gelben, ovalen bis runden Steinfrüchten: Prunus domestica □ ameixeira 2 Frucht der Pflaume(1), Zwetschke; Sy Zwetsche, Zwetschge; frische, eingemachte, reife ~n □ ameixa 3 ⟨abwertend⟩ ungeschickter, untauglicher Mensch; du bist eine ~! □ palerma; imbecil

Pfle|ge ⟨f.; -, -n⟩ 1 Obhut u. Fürsorge, sorgende Behandlung; Kinder~; Kranken~; aufopfernde, liebevolle, sorgfältige, treue ~ □ tratamento; assistência 2 Sorge für Sauberkeit u. Gesunderhaltung bzw. Instandhaltung; Denkmals~; Körper~; Fuß~ □ cuidado; conservação 3 Aufsicht u. Sorge für den Lebensunterhalt (meist gegen Entgelt) □ atenção; cuidado; proteção; der Hund hat bei ihnen gute ~ □ *o cão é bem tratado por eles; jmdm. ein Kind, Tier, eine Pflanze in ~ geben □ *entregar uma criança/um animal/uma planta aos cuidados de alguém; ein Kind, Tier, eine Pflanze in ~ nehmen □ *cuidar de uma criança/um animal/uma planta

pfle|gen¹ ⟨V.⟩ 1 ⟨500⟩ jmdn. od. etwas ~ fürsorglich behandeln, betreuen; → a. hegen(1.1); sie pflegte ihren kranken Mann bis zu seinem Tod; während der Ferien wurden die Blumen von den Nachbarn gepflegt 1.1 ⟨Vr 3⟩ sich ~ für sein Äußeres sorgen, Körper-, Schönheitspflege treiben 1.1 ⟨Vr 3⟩ sich ~ ⟨umg.⟩ sich schonen, gut essen u. trinken u. nicht zu viel arbeiten □ cuidar(-se) 2 etwas ~ so behandeln, dass es ordentlich u. sauber aussieht; sein Äußeres ~; die Haut, Haare, Zähne ~ □ cuidar de 2.1 seinen Stil ~ ständig üben u. verbessern □ cultivar; aperfeiçoar

pfle|gen² ⟨V. 192⟩ 1 ⟨500⟩ etwas ~ sich ständig beschäftigen mit etwas, etwas anhaltend ausüben, betreiben 1.1 ⟨517⟩ mit jmdm. Freundschaft ~ F. halten 1.2 Geselligkeit ~ gern G. haben, oft Gäste haben u. zu Gast bei anderen sein 1.3 Umgang mit jmdm. ~ mit jmdm. verkehren □ cultivar; manter 2 ⟨700; veraltet⟩ 2.1 eines Amtes ~ ein Amt versehen □ *exercer uma função 2.2 ⟨717⟩ mit jmdm. Rats ~ sich mit jmdm. beraten □ *aconselhar-se com alguém 2.3 der Ruhe ~ sich ausruhen □ *descansar 3 ⟨480; geh.⟩ etwas zu tun ~ gewohnheitsmäßig tun; er pflegt morgens zeitig aufzustehen 3.1 mein Vater pflegt zu sagen: „...!" sagt häufig 3.2 etwas pflegt zu sein ist normalerweise so □ costumar

Pfle|ger ⟨m.; -s, -⟩ 1 männl. Betreuer der Kranken im Krankenhaus; Kranken~ □ *enfermeiro 2 Betreuer der Tiere im Zoo u. Ä.; Tier~ □ *tratador 3 jmd., der vom Gericht eingesetzt worden ist, um bestimmte Angelegenheiten einer dritten Person zu verwalten □ tutor; curador 4 ⟨schweiz.⟩ gewählter Vermögensverwalter; Kirchen~, Schul~ □ administrador

Pfle|ge|rin ⟨f.; -, -rin|nen⟩ weibl. Pfleger □ enfermeira; tratadora; tutora; curadora; administradora

Pflicht¹ ⟨f.; -, -en⟩ 1 sittliche od. dienstliche Aufgabe, Obliegenheit, etwas, das man tun muss; Amts~; Dienst~; Schul~; berufliche, dienstliche, häusliche, tägliche ~en; eheliche ~en; elterliche, kindliche ~; gleiche Rechte und gleiche ~en haben; seine ~ tun; seine ~en (treu, gewissenhaft) erfüllen; Sie brauchen mir nicht zu danken, ich habe nur meine ~ getan; ich habe es mir zur ~ gemacht, ihn zu unterstützen; ich habe die schwere, traurige ~, Ihnen mitzuteilen ...; ich halte es für meine ~, ihm zu helfen □ dever; obrigação 1.1 das ist meine (verdammte) ~ und Schuldigkeit ⟨umg.⟩ selbstverständliche Obliegenheit □ *você não faz mais do que sua obrigação 1.2 die ~ ruft ⟨fig.; umg.⟩ ich muss zur Arbeit □ *o dever chama 2 ⟨Sp.⟩ in seinem Ablauf vorgeschriebener Übungsteil; er ist gut in der ~, auf jeden Fall besser als in der Kür □ exercício obrigatório

Pflicht² ⟨f.; -, -en⟩ *Schutzdach im Vorschiff* □ **capota de proa**

pflicht|ver|ges|sen ⟨Adj.⟩ *seinen Pflichten nicht nachkommend, sie vernachlässigend;* ~ *handeln; ein ~er Mensch* □ **prevaricador; que esquece suas obrigações**

Pflock ⟨m.; -(e)s, Pflöc|ke⟩ **1** *zugespitzter, dicker, kurzer Stock, Stab, Pfahl, Zapfen, den man in die Erde schlägt, um etwas daran zu befestigen; die Zeltplanen an Pflöcken befestigen; ein Tier an einen ~ binden; einen ~ in die Erde schlagen* □ **estaca 1.1** *einen ~ zurückstecken* ⟨fig.⟩ *nachgeben, seinen Willen nicht durchsetzen wollen* □ ***recuar; ceder**

pflü|cken ⟨V. 500⟩ *etwas ~ abbrechen, von der Pflanze abnehmen; Blumen, Obst ~; sie hat Kirschen vom Baum gepflückt* □ **colher**

Pflug ⟨m.; -(e)s, Pflü|ge; Landw.⟩ *landwirtschaftliches Gerät mit scharfkantigen Stahlteilen zum Aufreißen, Wenden u. Lockern der Erde* □ **arado; charrua**

pflü|gen ⟨V.⟩ **1** ⟨400⟩ *mit dem Pflug arbeiten* **2** ⟨500⟩ *die Erde, den Boden ~ mit dem Pflug aufreißen, wenden u. lockern* □ **arar; lavrar 3** ⟨500⟩ *etwas pflügt etwas* ⟨fig.⟩ *zerteilt, zerschneidet etwas wie ein Pflug; das Schiff pflügt die Wellen, die Wasseroberfläche* □ **sulcar**

Pflug|schar ⟨f.; -, -en; Landw.⟩ *Eisen am Pflug, das die Erde waagerecht durchschneidet;* Sy ⟨regional⟩ *Schar*¹ □ **relha**

Pfor|te ⟨f.; -,-n⟩ **1** *kleine Tür;* Garten~, Seiten~ □ **portinhola 2** *vom Pförtner bewachter Eingang zu Klöstern, Heimen u. Ä.; etwas an der ~ für jmdn. abgeben; Dienst an der ~ haben* □ **portão; entrada 3** *Palast des Sultans* **4** ⟨Hohe⟩ *~ die Regierung des Osmanischen Reiches* □ ***Sublime Porta; Porta Otomana 5** *Senke zwischen Bergen* ⟨als Verkehrsstraße⟩*; Burgundische, Westfälische ~* □ **porta**

Pfört|ner ⟨m.; -s, -⟩ **1** *Angestellter, der die Pforte bewacht, sie öffnet u. schließt, Besuchern den Weg weist usw.;* Sy *Portier* □ **porteiro 2** ⟨Anat.⟩ *Magenausgang* □ **piloro**

Pos|ten ⟨m.; -s, -⟩ *kurzer Stützpfeiler* □ **poste; montante***; Bett~* □ ***balaústre da cama***, Tür~* □ ***ombreira da porta**

Pfo|te ⟨f.; -, -n⟩ **1** *der in Zehen gespaltene Tierfuß; der Hund gibt die ~; die Katze leckt sich die ~n* **2** ⟨umg.⟩ *Hand; sich die ~n waschen; schmutzige ~n haben* □ **pata 3** ⟨fig.; umg.⟩ *Schrift; eine fürchterliche, unleserliche ~ haben* □ **garrancho**

Pfriem ⟨m.; -(e)s, -e⟩ = *Ahle*

Pfropf ⟨m.; -(e)s, -e⟩ *(eine Öffnung verstopfende) kleine, zusammengeballte Masse, z. B. Blutgerinnsel* □ **trombo***; êmbolo; Blut~* □ ***coágulo sanguíneo***, Eiter~* □ ***carnegão**

pfrop|fen ⟨V. 500⟩ **1** *Bäume, Sträucher ~ durch ein Reis veredeln; der Gärtner hat Pfirsiche gepfropft* □ **enxertar 2** ⟨511⟩ *einen Gegenstand in etwas ~* ⟨umg.⟩ *fest hineindrücken, hineinstopfen; viele Sachen in einen Koffer ~* □ **enfiar 2.1** *der Saal war gepfropft voll sehr voll, überfüllt* □ **abarrotado; lotado**

Pfrop|fen ⟨m.; -s, -⟩ *Korken, Stöpsel, Zapfen;* den ~ *aus der Flasche ziehen; die Flasche mit einem ~ verschließen* □ **tampa; rolha**

Pfrün|de ⟨f.; -, -n⟩ **1** *Einkünfte aus einem Kirchenamt* **2** ⟨kath. Kirche⟩ *das Kirchenamt selbst* **3** ⟨fig.; umg.⟩ *Amt, das etwas einbringt, ohne dass man die damit verbundenen Pflichten zu erfüllen braucht; eine fette, gute ~* □ **prebenda**

Pfuhl ⟨m.; -(e)s, -e⟩ **1** *sumpfiger Teich, Tümpel, große Pfütze* □ **lodaçal; charco 2** ⟨fig.; veraltet⟩ *Ort des Schmutzes u. der Sünde;* Sünden~ □ ***antro de pecado**

pfui! ⟨Int.⟩ **1** *Ausdruck des Ekels, Abscheus, der Missbilligung, Empörung* □ **eca!; credo!***; ~, das ist gemein!* □ ***credo, que horror!***; ~, wie schmutzig!* □ ***eca, que sujeira!***; ~ rufen* □ ***gritar de indignação***; ~ Spinne, Teufel!* ⟨verstärkend⟩ □ ***eca, que nojo/horror!* 1.1 *~ über ihn! er soll sich schämen* □ ***que vergonha!; que papelão!* 2 *~! nicht doch!, nicht anfassen!* (*Ausruf, der jmdn. hindern soll, etwas zu tun*); *~, lass das!; ~, leg das weg!* □ **ei!; não!**

Pfund ⟨n. 7; -(e)s, -e⟩ **1** *Gewichtseinheit, 1/2 kg, 500 g; drei ~ Fleisch kaufen* □ **libra; meio quilo; arrátel 2** (Zeichen: £) *britische u. irische Währungseinheit, 100 Pence; englisches ~; ein ~ Sterling* □ **libra 3** *mit seinem ~e, seinen Pfunden wuchern* ⟨fig.; geh.⟩ *etwas zum Nutzen verwenden* □ ***tirar o máximo proveito de suas capacidades**

Pfusch ⟨m.; -(e)s; unz.; umg.⟩ **1** ⟨umg.; abwertend⟩ *schlechte, unfachmännische, misslungene Arbeit; er hat ~ gemacht; ~ am Bau* □ **serviço malfeito/nas coxas 2** ⟨österr.⟩ *Schwarzarbeit, nicht genehmigte Lohnarbeit; etwas im ~ reparieren* □ **trabalho ilegal**

pfu|schen ⟨V. 400⟩ **1** ⟨umg.⟩ *flüchtig, unfachmännisch, schlecht arbeiten; bei der Reparatur hat er gepfuscht* □ **fazer malfeito/nas coxas 1.1** *(beim Spielen auf einem Instrument) Fehler machen, unsauber spielen;* ~ **tocar mal um instrumento 2** ⟨österr.⟩ *schwarzarbeiten, nicht genehmigte Lohnarbeit ausführen* □ **trabalhar ilegalmente**

Pfü|t|ze ⟨f.; -, -n⟩ **1** *Lache, kleine Ansammlung von Flüssigkeit; in eine ~ treten* □ **poça 1.1** *über die große ~ fahren* ⟨umg.⟩ *nach Übersee, übers Meer fahren* □ ***atravessar o oceano; cruzar os mares**

Pha|lanx ⟨f.; -, -lan|gen⟩ **1** ⟨Antike⟩ *lange, geschlossene Schlachtreihe in mehreren Gliedern* **2** ⟨Anat.⟩ *Knochen der Finger bzw. Zehen* □ **falange**

Phal|lus ⟨m.; -, Phal|li, Phal|len⟩ *erigierter Penis (als Sinnbild der männlichen Zeugungskraft)* □ **falo**

Phä|no|men ⟨n.; -s, -e⟩ **1** *Erscheinung, etwas sich den Sinnen Zeigendes* **2** *der sich der Erkenntnis zeigende Bewusstseinsinhalt* **3** ⟨fig.⟩ *Wunder, Wunderding, ungewöhnlicher Mensch* □ **fenômeno**

Phan|ta|sie ⟨f.; -, -n⟩ = *Fantasie*

phan|ta|sie|ren ⟨V. 400⟩ = *fantasieren*

phan|ta|sie|voll ⟨Adj.⟩ = *fantasievoll*

phan|tas|tisch ⟨Adj.⟩ = *fantastisch*

Phan|tom ⟨n.; -s, -e⟩ **1** *Trugbild, gespenstische Erscheinung* □ **fantasma 2** ⟨Med.⟩ *Nachbildung eines Körperteils als Anschauungsmittel* □ **modelo anatômico; simulador**

Pha|ri|sä|er ⟨m.; -s, -⟩ **1** *Angehöriger der führenden altjüdischen religiös-politischen Partei seit dem 2. Jh. v. Chr., die sich streng an das Mosaische Gesetz hielt* **2** ⟨fig.⟩ *selbstgerechter, engstirniger Mensch* □ fariseu

Phar|ma|in|dus|trie *auch:* **Phar|ma|in|dust|rie** ⟨f.; -; unz.⟩ *pharmazeutische Produkte herstellende Industrie* □ indústria farmacêutica

Phar|ma|ko|lo|gie ⟨f.; -; unz.⟩ *Lehre von den Wirkungen u. Anwendungen der Medikamente* □ farmacologia

phar|ma|zeu|tisch ⟨Adj. 24⟩ *zur Pharmazie gehörend, sie betreffend, auf ihr beruhend;* ~e *Industrie* □ farmacêutico

Phar|ma|zie ⟨f.; -; unz.⟩ *Lehre von der chem. Zusammensetzung u. Herstellung von Medikamenten* □ farmácia

Pha|se ⟨f.; -, -n⟩ **1** *Abschnitt, Stufe einer Entwicklung* **2** ⟨Astron.⟩ *Figur, die ein von der Sonne beschienener Himmelskörper (Mond, Planet) dem Betrachter von der Erde aus zeigt;* Mond~ **3** ⟨Phys.⟩ *jeweiliger Zustand eines schwingenden Systems* □ fase

Phe|nol ⟨n.; -s; unz.; Chem.⟩ *schwach saure chem. Verbindung mit einer Hydroxylgruppe, die u. a. bei der Herstellung von Farb- u. Kunststoffen verwendet wird;* Sy *Karbol* □ fenol

Phil|a|te|lie *auch:* **Phi|la|te|lie** ⟨f.; -; unz.⟩ *Lehre von den Briefmarken, Briefmarkenkunde* □ filatelia

Phil|har|mo|nie ⟨f.; -, -n; Mus.⟩ **1** *Name von musikalischen Körperschaften, Gesellschaften od. (bes.) Orchestern hohen Ranges* □ filarmônica **2** *Konzertsaal einer Philharmonie(1)* □ auditório de uma filarmônica

Phi|lis|ter ⟨m.; -s, -⟩ **1** *Angehöriger eines wahrscheinlich indogermanischen Volkes, das von Ramses III. um 1180 v. Chr. an der Küste Palästinas in der Nachbarschaft der Israeliten angesiedelt wurde* **2** ⟨fig.; abwertend⟩ *engstirniger Mensch, Spießbürger, kleinlicher Besserwisser* □ filisteu **3** ⟨veraltet; Studentenspr.⟩ 3.1 *jmd., der nicht Student ist* □ que não é estudante/acadêmico 3.2 *Alter Herr einer Verbindung* □ veterano

Phi|lo|den|dron *auch:* **Phi|lo|dend|ron** ⟨m. od. n.; -s, -dren; Bot.⟩ *Angehöriger einer Gattung der Aronstabgewächse, tropische Kletterpflanze mit ganzrandigen bis tief gespaltenen Blättern u. meist zahlreichen Luftwurzeln* □ filodendro

Phi|lo|lo|gie ⟨f.; -, -n⟩ *Sprach- u. Literaturwissenschaft* □ filologia

Phi|lo|so|phie ⟨f.; -, -n⟩ *Lehre vom Wissen, von den Ursprüngen u. vom Zusammenhang der Dinge der Welt, vom Sein u. Denken* □ filosofia

phi|lo|so|phisch ⟨Adj.⟩ **1** ⟨24⟩ *zur Philosophie gehörend, auf ihr beruhend* **2** ⟨fig.⟩ *denkend, denkerisch, weise* □ filosófico

Phi|o|le ⟨f.; -, -n; Chem.; Pharm.⟩ *kleines birnenförmiges Fläschchen* □ frasco

Phleg|ma ⟨n.; -s; unz.⟩ *Trägheit, Schwerfälligkeit, Mangel an Erregbarkeit;* in ein ~ *verfallen; er besitzt ein ausgeprägtes* ~ □ fleuma

Pho|bie ⟨f.; -, -n; Psych.⟩ *krankhafte Furcht, übermäßige, panikartige Angst* □ fobia

Phon ⟨n. 7; -s, -⟩ = Fon

Pho|ne|tik ⟨f.; -; unz.⟩ *Lehre von der Art u. Erzeugung der Laute, vom Vorgang des Sprechens;* oV *Fonetik* □ fonética

pho|no..., **Pho|no...** ⟨in Zus.⟩ = *fono...*, *Fono...*

Pho|no|lo|gie ⟨f.; -; unz.; Sprachw.⟩ *Lehre von den Lauten u. Lautgruppen im Hinblick auf ihre Bedeutung für die Wörter;* oV *Fonologie* □ fonologia

Phos|phor ⟨m.; -s; unz.; chem. Zeichen: P; Chem.⟩ *nichtmetallisches chem. Element, Ordnungszahl 15* □ fósforo

pho|to..., **Pho|to...** ⟨in Zus.⟩ = *foto...*, *Foto...*

pho|to|gen ⟨Adj.⟩ = *fotogen*
Pho|to|graph ⟨m.; -en, -en⟩ = *Fotograf*
Pho|to|gra|phie ⟨f.; -, -n⟩ = *Fotografie*
Pho|to|gra|phin ⟨f.; -, -phin|nen⟩ = *Fotografin*
pho|to|gra|phisch ⟨Adj. 24⟩ = *fotografisch*
Pho|to|syn|the|se ⟨f.; -; unz.⟩ = *Fotosynthese*

Phra|se ⟨f.; -, -n⟩ **1** *Teil eines Satzes;* einen Satz in ~n *teilen* □ frase **2** *nichts sagende, abgegriffene Redensart; er redet nur* ~n □ chavão; lugar-comum **2.1** *Versprechen, die nicht erfüllt werden;* jmdn. mit ~n *abfertigen, abspeisen* □ palavras; promessas falsas **3** *kleinster Abschnitt eines Musikstückes, zusammengehörige Gruppe von Tönen* □ frase

ph-Wert ⟨m.; -(e)s, -e⟩ *Maßeinheit für die Konzentration des Wasserstoffs (u. damit die Stärke der Säure od. Base) einer Flüssigkeit* □ pH

Phy|sik ⟨f.; -; unz.⟩ *Lehre von unbelebten Dingen der Natur, ihrem Aufbau u. ihrer Bewegung sowie von den Strahlungen u. Kraftfeldern* □ física

phy|si|ka|lisch ⟨Adj. 24⟩ **1** *die Physik betreffend, zu ihr gehörend, auf ihr beruhend* □ físico **1.1** ~e **Chemie** *Lehre von physikalischen Erscheinungen chemischer Vorgänge* □ *físico-química* **1.2** ~e **Konstanten** *wichtige Größen in der Physik, die einen festen Wert haben od. aber eine Eigenschaft eines Stoffes zahlenmäßig festlegen* □ físico **1.3** ~e **Therapie** *T. mit Wärme, Licht usw.;* Sy *Physiotherapie* □ *fisioterapia* **1.4** ~e **Atmosphäre** ⟨Zeichen: atm⟩ *früher als Druck einer Quecksilbersäule von 760 mm definierte Maßeinheit des Drucks,* 1 atm = 1,033227 kg/cm2 □ físico

Phy|si|ker ⟨m.; -s, -⟩ *Wissenschaftler, Lehrer, Student der Physik* □ físico

Phy|si|ke|rin ⟨f.; -, -rin|nen⟩ *weibl. Physiker* □ física

Phy|si|o|gno|mie *auch:* **Phy|si|og|no|mie** ⟨f.; -, -n⟩ *äußere Erscheinung, Charakteristik des Körperbaues eines Menschen, bes. seines Gesichtes (auch von Tieren)* □ fisionomia

Phy|sio|the|ra|pie ⟨f.; -, -n⟩ = *physikalische Therapie,* → *physikalisch(1.3)*

phy|sisch ⟨Adj. 24⟩ *die Physis betreffend, zu ihr gehörend, auf ihr beruhend, körperlich, natürlich, in der Natur begründet* □ físico

Pi|a|no ⟨n.; -s, -s⟩ **1** = Klavier **2** *Stelle, die leise zu spielen ist* **2.1** ⟨unz.⟩ *leises Spiel* □ piano

Pic|co|lo ⟨m.; -s, -s⟩ = *Pikkolo*
Pi|ckel[1] ⟨m.; -s, -⟩ *Spitzhacke, (bes.) Eispickel* □ **picareta; picão**
Pi|ckel[2] ⟨m.; -s, -⟩ *kleine Erhebung auf der Haut, meist entzündlich gerötet u. eiterhaltig; Sy Pustel* □ **espinha**
pi|cken ⟨V.⟩ **1** ⟨500⟩ *etwas ~ die Nahrung mit dem Schnabel leicht hacken u. dann aufheben, aufnehmen; die Vögel ~ Körner; die Geier haben am Aas gepickt; der Specht pickte am Baum; die Stare ~ Kirschen* □ **bicar 2** ⟨411⟩ *nach, in etwas ~ mit dem Schnabel leicht zustoßen; der Kanarienvogel hat nach meiner Hand gepickt; jmdn. in den Finger ~* □ ***dar bicadas em alguma coisa**
Pi|ckerl ⟨n.; -s, -n; österr.; umg.⟩ *Aufkleber, Etikett, Plakette; Autobahn~* □ **adesivo; etiqueta**
Pick|nick ⟨n.; -s -s od. -e⟩ *im Freien eingenommene Mahlzeit bei einem Ausflug, einer Wanderung o. Ä.; ein ~ machen, mitnehmen; ~korb* □ **piquenique**
pi|co|bel|lo ⟨Adj. 11⟩ = *pikobello*
piek|fein ⟨Adj. 24; umg.⟩ *sehr, außerordentlich fein, vornehm; das sind ~e Leute* □ **chique; fino**
Piep ⟨m.; -s, -e; umg.⟩ = *Pieps*
pie|pen ⟨V.⟩ **1** ⟨400⟩ *Vögel ~ geben hohe, kurze Laute von sich; oV piepsen(1)* □ **piar 2** ⟨411; unpersönl.⟩ *bei dir piept's wohl?* ⟨fig.; umg.⟩ *was denkst du dir eigentlich?* □ ***você ficou maluco? 3** das ist zum Piepen!* ⟨umg.⟩ *zum Lachen, sehr komisch* □ ***é de morrer de rir!**
Pieps ⟨m.; -es, -e; umg.⟩ oV *Piep* **1** *dünner, hoher Ton, feiner, piepender Laut* □ **pio 1.1** *keinen ~ mehr sagen nichts mehr reden* □ ***não dar nem mais um pio 1.2** ich möchte keinen ~ mehr hören ich dulde keine Widerrede, jetzt tritt sofort Ruhe ein* □ ***não quero ouvir nem mais um pio**
piep|sen ⟨V. 400⟩ **1** = *piepen(1)* **2** ⟨402⟩ *(etwas) ~* ⟨fig.⟩ *mit hoher Stimme sprechen od. etwas sagen* □ **falar com voz estridente**
Pier[1] ⟨m.; -s, -e od. Mar.: f.; -, -s⟩ *Landungsbrücke für Schiffe im Hafen* □ **píer**
Pier[2] ⟨m.; -(e)s, -e⟩ *(als Köder beim Angeln benutzter) Ringelwurm* □ **minhoca**
Pi|e|tät ⟨[piə-] f.; -; unz.⟩ **1** *respektvolle Ehrfurcht vor der Religion, Achtung vor dem religiösen Empfinden anderer* □ **piedade; religiosidade 2** *Ehrfurcht bes. vor Toten bzw. dem Gedenken an Tote* □ **respeito; devoção**
Pig|ment ⟨n.; -(e)s, -e⟩ **1** *in einem Bindemittel angeriebener, praktisch unlöslicher Stoff, der auf einen Körper aufgetragen wird, um diesem eine bestimmte Farbe zu geben* **2** ⟨Biol.⟩ *in menschlichen u. tierischen Zellen abgesetzter Farbstoff* □ **pigmento**
Pik[1] ⟨m.; -s, -e od. -s⟩ *Berggipfel im Gebirge (bes. in Namen von Bergen)* □ **pico**
Pik[2] ⟨n.; -s, -s⟩ *eine der beiden schwarzen Farben im Kartenspiel (in Form einer spitz zulaufenden Schippe dargestellt)* □ **espadas**
pi|kant ⟨Adj.⟩ **1** *~e Speisen kräftig gewürzte, scharfe S.* **2** ⟨fig.⟩ *prickelnd, schlüpfrig, anzüglich; ~e Lektüre; eine ~e Bemerkung, Anekdote* □ **picante; apimentado**
Pi|ke ⟨f.; -, -n; im späten MA⟩ **1** *Spieß (des Landsknechts)* □ **pique 2** *von der ~ auf lernen* ⟨fig.⟩ *seinen Beruf gründlich erlernen, die berufliche Karriere ganz von unten anfangen* □ ***aprender alguma coisa do zero**
pi|ken ⟨V. 500; umg.⟩ *jmdn. od. etwas ~ stechen;* oV *piksen; Löcher in ein Blatt Papier ~; die Mücke hat ihn gepikt; das Stroh pikte auf der Haut* □ **picar; pungir; pinicar**
pi|kiert ⟨Adj.⟩ *verärgert, leicht beleidigt, verstimmt, gekränkt; sie reagierte ~ auf seine Bemerkung* □ **melindrado; mordido; ofendido**
Pik|ko|lo ⟨m.; -s, -s⟩ *kleine Sektflasche;* oV *Piccolo* □ **garrafinha de champanhe**
Pik|ko|lo|flö|te ⟨f.; -, -n; Mus.⟩ *kleine Querflöte in höchster Tonlage* □ **flautim**
pi|ko|bel|lo ⟨Adj. 11⟩ *tadellos, sehr fein u. ordentlich, ausgezeichnet;* oV *picobello; alles war ~ sauber* □ **impecável; impecavelmente**
pik|sen ⟨V. 500⟩ = *piken*
Pik|to|gramm ⟨n.; -(e)s, -e⟩ *Bild od. Zeichen mit einer bestimmten (international vereinbarten) Bedeutung, z. B. Verkehrszeichen* □ **pictograma**
Pil|ger ⟨m.; -s, -⟩ *jmd., der nach einem heiligen Ort, bes. Jerusalem, wandert* □ **peregrino**
Pil|ge|rin ⟨f.; -, -rin|nen⟩ *weibl. Pilger* □ **peregrina**
pil|gern ⟨V. 410 (s.)⟩ **1** *als Pilger nach einem heiligen Ort wandern; nach Rom, Mekka ~* **2** ⟨fig.; umg.⟩ *beschaulich wandern, gehen* □ **peregrinar**
Pil|le ⟨f.; -, -n⟩ **1** *Arzneimittel in Kugelform; ~n verschreiben, nehmen, schlucken* **1.1** ⟨kurz für⟩ *Antibabypille; sich die ~ verschreiben lassen* **2** *eine bittere ~* ⟨fig.; umg.⟩ *etwas Unangenehmes* □ **pílula 2.1** *die bittere ~ schlucken das Unangenehme auf sich nehmen* □ ***engolir a pílula 2.2** jmdm. eine bittere ~ versüßen, verzuckern jmdm. eine unangenehme Sache angenehm machen* □ ***dourar a pílula para alguém**
Pi|lot ⟨m.; -en, -en⟩ **1** *Flugzeugführer* **2** ⟨Rennsp.⟩ *Rennfahrer* □ **piloto 3** *strapazierfähiger Baumwollstoff für Berufskleidung* □ **molesquine**
Pi|lo|tin ⟨f.; -, -tin|nen⟩ *weibl. Pilot* □ **piloto**
Pils ⟨n.; -, -⟩ *helles Bier mit starkem Hopfenaroma* □ **cerveja Pilsen**
Pilz ⟨m.; -es, -e; Bot.⟩ **1** *Höherer od. Echter ~ Angehöriger einer Abteilung der Lagerpflanzen ohne Chlorophyll mit feinfädigen Vegetationskörpern, die ein Wurzelgeflecht aus einzelnen Zellen (Myzel) bilden; essbarer, giftiger ~; ~e suchen, sammeln* □ **cogumelo 1.1** *in die ~e gehen* ⟨umg.⟩ *Pilze suchen* □ ***ir apanhar cogumelos 1.2** hier sind überall neue Häuser wie ~e aus dem Boden geschossen* ⟨umg.⟩ *sehr rasch gebaut worden* □ ***casas novas brotaram/pipocaram por toda parte* **2** *niedere ~e Gruppe niederer Pflanzen ohne Chlorophyll, die u. a. bei der Herstellung von Arzneimitteln od. von Nahrungs- u. Genussmitteln von Bedeutung sind u. teilweise auch als Krankheitserreger auftreten; Antibiotika verdanken wir den ~en* □ ***fungo**
Pim|mel ⟨m.; -s, -; derb⟩ *Penis* □ **pinto**
Pimpf ⟨m.; -(e)s, -e⟩ **1** ⟨österr.⟩ *kleiner Junge, Knirps* □ **garotinho 2** ⟨1933-45⟩ *Angehöriger des Jungvolkes*

(Hitlerjugend für Jungen im Alter von 10 -14 Jahren) ☐ jovem pertencente à Juventude Hitleriana

pin|ge|lig ⟨Adj.; umg.; abwertend⟩ *übermäßig gewissenhaft, übertrieben genau u. ordentlich; dieser Lehrer ist sehr ~* ☐ **exigente; meticuloso**

Pin|gu|in ⟨m.; -s, -e; Zool.⟩ *Angehöriger einer Ordnung gesellig lebender, flugunfähiger, schwimmgewandter Vögel der Südhalbkugel mit starkem Fettpolster: Spenisciformes* ☐ **pinguim**

Pi|nie ⟨[-njə] f.; -, -n; Bot.⟩ *bes. in den Mittelmeerländern verbreitete Kiefernart mit schirmförmiger Krone u. essbaren Samen: Pinus pinea* ☐ **pinheiro-manso**

pink ⟨Adj. 11⟩ *leuchtend, kräftig rosa* ☐ **cor-de-rosa choque; fúcsia**

Pin|ne ⟨f.; -, -n⟩ **1** ⟨regional⟩ *kleiner Nagel, Stift, Reißzwecke* ☐ **tachinha; percevejo 2** ⟨Seemannsspr.⟩ *Hebelarm des Steuerruders; Ruder~* ☐ **cana do leme 3** *Stift, auf dem die Kompassnadel ruht* ☐ **ponta 4** *flache Seite des Hammers* ☐ **pena**

Pinn|wand ⟨f.; -, -wän|de⟩ *(aus Kork o. Ä. gefertigte) kleine Wandtafel, an die Notizen, Merk- u. Besorgungszettel, Zeitungsausschnitte u. Ä. geheftet werden können* ☐ **quadro de avisos; mural**

Pin|sel¹ ⟨m.; -s, -⟩ *Werkzeug mit Holzgriff mit eingesetzten Borsten zum Auftragen von Flüssigkeit, bes. Farbe; Maler~, Kleister~, Rasier~; den ~ auswaschen; ein feiner, dicker ~* ☐ **pincel; brocha**

Pin|sel² ⟨m.; -s, -⟩ *einfältiger Mensch; Einfalts~; eingebildeter ~* ☐ **palerma; imbecil**

pin|seln ⟨V.⟩ **1** ⟨402⟩ **(etwas)** *~ mit dem Pinsel malen; die Kinder pinselten eifrig; er hat (ein Bild) in sein Malbuch gepinselt* **2** ⟨500⟩ **etwas** *~ mit dem Pinsel anmalen, anstreichen; einen Zaun grün ~* ☐ **pintar; pincelar 3** ⟨500⟩ *etwas ~* ⟨fig.; umg.⟩ *lange u. sorgfältig schreiben; einen Aufsatz ins Reine ~; die einzelnen Buchstaben ~* ☐ **escrever (com esmero) 4** ⟨530/Vr 5⟩ *jmdm. etwas ~ mit einem kleinen Pinsel Arzneimittel auf etwas auftragen; einem Kranken den Rachen ~* ☐ **pincelar**

Pin-up-Girl ⟨[pɪnˌʌpgœːl] n.; -s, -s; umg.⟩ *an der Wand, am Schrank o. Ä. befestigtes Bild eines attraktiven, erotisch anziehenden Mädchens (bes. aus Illustrierten)* ☐ *pinup*

Pin|zet|te ⟨f.; -, -n⟩ *kleine Greifzange mit zwei federnden, geraden Schenkeln* ☐ **pinça**

Pi|o|nier ⟨m.; -s, -e⟩ **1** ⟨Mil.⟩ *Angehöriger einer für technische Arbeiten (Brücken-, Wegebau) ausgebildeten Truppe* ☐ **sapador 2** ⟨fig.⟩ *Bahnbrecher, Wegbereiter* ☐ **pioneiro 3** ⟨nur Pl.⟩ *Organisation der DDR u. a. sozialist. Staaten für Kinder von 6 bis 10 u. 10 bis 13 Jahren; Jung~e; Thälmann~e* ☐ **membros de uma organização política semelhante à dos escoteiros**

Pipe|line ⟨[paɪplaɪn] f.; -, -s⟩ *große Rohrleitung (bes. für Erdgas u. Erdöl)* ☐ **ducto; oleoduto; gasoduto**

Pi|pet|te ⟨f.; -, -n⟩ *kleines Saugrohr (zum Aufnehmen u. Abgeben fein zu dosierender Flüssigkeitsmengen)* ☐ **pipeta**

Pi|rat ⟨m.; -en, -en⟩ = *Seeräuber*

Pi|rou|et|te ⟨[-ru-] f.; -, -n⟩ **1** ⟨Eiskunstlaufen, Ballett⟩ *schnelle, mehrmalige, kunstvolle Drehung um die eigene Längsachse* **2** ⟨hohe Schule; Dressurreiten⟩ *Drehung des Pferdes im Galopp um das innere Hinterbein* ☐ **pirueta**

Pirsch ⟨f.; -; unz.; Jägerspr.⟩ **1** *das weidgerechte Anschleichen des Jägers an das Wild* **2** *langsamer, vorsichtiger Gang durch das Revier, um Wild zu erlegen; auf die ~ gehen* ☐ **caça de aproximação**

Pis|ta|zie ⟨[-tsjə] f.; -, -n; Bot.⟩ **1** *zur Gattung der Sumachgewächse gehörender Strauch mit trockenen od. fleischigen Steinfrüchten* **2** ⟨i. e. S.⟩ *bes. im Mittelmeer angebaute Art der Pistazie(1), deren grüne, ölhaltige Samenfrüchte essbar sind* **2.1** *Samenfrucht der Pistazie(2)* ☐ **pistache**

Pis|te ⟨f.; -, -n⟩ **1** ⟨Skisp.⟩ *Abfahrtsstrecke* **2** *Rad-, Motorrad- od. Autorennbahn* **3** ⟨Flugw.⟩ *Start- u. Landebahn, Rollbahn* ☐ **pista**

Pis|to|le¹ ⟨f.; -, -n⟩ **1** *kurze Handfeuerwaffe; der Bankräuber war mit einer ~ bewaffnet* ☐ **pistola 1.1** *jmdm. die ~ auf die Brust setzen* ⟨fig.⟩ *jmdn. unter Drohungen zu etwas zwingen, jmdn. zu einer Entscheidung drängen* ☐ ***dar uma prensa em alguém 1.2** *seine Antwort kam wie aus der ~ geschossen ohne dass er überlegte, rasch* ☐ ***sua resposta veio de bate-pronto**

Pis|to|le² ⟨f.; -, -n; 17./19. Jh.⟩ *urspr. span., dann auch frz. u. dt. Goldmünze von 6,7 g* ☐ **pistola**

pit|to|resk ⟨Adj.; geh.⟩ *malerisch* ☐ **pitoresco**

Piz ⟨m.; -es, -e; Geogr.⟩ *Bergspitze (bes. in Namen von Bergen)* ☐ **pico**

Piz|za ⟨f.; -, -s od. Piz|zen od. (ital.) Piz|ze⟩ *beliebtes italienisches Gericht aus einem mit verschiedenen Zutaten (Tomatenmark, Käse, Champignons, Schinken, Salami usw.) belegten Hefeteigfladen* ☐ **pizza**

Piz|ze|ria ⟨f.; -, -ri|en od. -s⟩ *kleines italienisches Restaurant, in dem (neben anderen Gerichten) vor allem Pizzas zubereitet werden* ☐ **pizzaria**

Pkw, PKW ⟨[peːkaveː] m.; -s, -s; Abk. für⟩ *Personenkraftwagen* ☐ **carro; automóvel**

Pla|ce|bo ⟨n.; -s, -s; Med.; Psych.⟩ *einem Medikament ähnliches Präparat, das keine Wirkstoffe enthält* ☐ **placebo**

plä|die|ren ⟨V.⟩ **1** ⟨405⟩ *~ (auf) ein Plädoyer halten* ☐ **advogar; defender;** *auf Freispruch ~* ☐ ***pedir absolvição* **2** ⟨416⟩ *für etwas ~ für etwas sprechen, sich (mit Worten) für etwas einsetzen, (mit Worten) etwas unterstützen* ☐ ***lutar por alguma coisa; pleitear alguma coisa**

Plä|doy|er *auch:* **Plä|do|yer** ⟨[-doajeː] n.; -s, -s⟩ **1** ⟨Rechtsw.⟩ *zusammenfassende Rede des Staatsanwalts od. Verteidigers vor Gericht* ☐ **discurso de defesa 2** ⟨allg.⟩ *(mit Argumenten begründete) Befürwortung, engagierte Fürsprache; ein ~ für den Ausstieg aus der Atomenergie* ☐ **defesa**

Pla|ge ⟨f.; -, -n⟩ **1** ⟨umg.⟩ *mühsame, schwere Arbeit, große Mühe; man hat schon seine ~ mit dir!; es ist eine ~ mit diesen Fußböden!* ☐ **trabalheira 2** *anhaltende, lästige Beschwerde; schreckliche, unerträgliche ~; die Stechmücken sind eine ~ für das Pferd* ☐ **praga; tormento; incômodo**

pla|gen ⟨V. 500⟩ **1** jmdn. ~ *jmdn. mit etwas belästigen, quälen;* mich plagte die Hitze, der Durst, Hunger; er wurde von Kopfschmerzen geplagt; das böse Gewissen hat sie geplagt ☐ **atormentar; incomodar 2** ⟨Vr 3⟩ sich ~ *sich abmühen, schwer arbeiten;* sich mit einer Arbeit ~; du plagst dich den ganzen Tag ☐ ***fatigar-se; esfalfar-se**

Pla|gi|at ⟨n.; -(e)s, -e⟩ *Diebstahl geistigen Eigentums, Veröffentlichung des geistigen Werkes (od. eines Teils davon) eines anderen als eigenes Werk;* Sy *geistiger Diebstahl,* → *Diebstahl(1.1)* ☐ **plágio**

Pla|kat ⟨n.; -(e)s, -e⟩ *öffentlicher Aushang, Bekanntmachung in großem Format (bes. zu Werbezwecken, an Wänden, Litfaßsäulen usw.)* ☐ **cartaz; pôster**

Pla|ket|te ⟨f.; -, -n⟩ *kleine Platte mit einer bildlichen Darstellung, einem Schriftzug o. Ä. als Anstecknadel* ☐ **distintivo; plaqueta**

plan ⟨Adj. 24⟩ **1** *eben, flach, platt, glatt* ☐ **plano 2** ⟨Getrennt- u. Zusammenschreibung⟩ 2.1 ~ schleifen = planschleifen

Plan¹ ⟨m.; -(e)s, Plä|ne⟩ **1** *Vorhaben, Absicht;* einen ~ ausführen, verwirklichen, fallenlassen; jmds. ~, jmds. Pläne durchkreuzen, stören; wir haben den ~, uns ein Haus zu bauen; hast du schon Pläne für deinen Urlaub?; Pläne machen, schmieden; sich einen ~ für die Reise machen; der ~ ist gut, die Ausführung schwer; ein genialer, heimtückischer, kluger, kühner ~; er steckt immer voller Pläne ☐ **plano; projeto; intenção 2** *schematische Zeichnung aus der Vogelschau, Grundriss* ☐ **projeto; desenho;** *Stadt~* ☐ ***mapa da cidade;** *den ~ eines Gebäudes, Raumes, Grundstücks zeichnen* ☐ **planta 3** *Skizze für eine zu leistende Arbeit, ein Vorhaben, Einteilung einer Arbeit, eines Vorhabens:* Zeit~ ☐ ***horário; escala;** einen ~ entwerfen ☐ **plano; planejamento**

Plan² ⟨m.; -(e)s, Plä|ne; Pl. selten⟩ **1** ⟨geh.; veraltet⟩ *ebene Fläche, freier Platz, Tanz~, Kampfplatz* ☐ **pista; campo;** *Wiesen~* ☐ ***prado;** *als Sieger auf dem ~ bleiben* ☐ ***sair vencedor 1.1** *auf dem ~ treten* ⟨fig.⟩ *in Erscheinung treten* ☐ ***aparecer; entrar em cena**

Pla|ne ⟨f.; -, -n⟩ *Decke aus wasserfestem Material zum Überdecken von Fahrzeugen, Wagenladungen, Geräten, Maschinen, Möbeln u. a.;* Wagen~; ein Boot, Auto mit einer ~ abdecken ☐ **lona; capa**

pla|nen ⟨V. 500⟩ *etwas ~ einen Plan von etwas haben, einen Plan ausarbeiten, etwas beabsichtigen, vorhaben* ☐ **planejar**

Pla|net ⟨m.; -en, -en⟩ *Himmelskörper, der sich auf ovaler Bahn um die Sonne bewegt* ☐ **planeta**

pla|nie|ren ⟨V. 500⟩ *Gelände, Boden ~ ebnen, glätten* ☐ **aplanar; nivelar**

Plan|ke ⟨f.; -, -n⟩ **1** *breites Brett, bes. zur Umzäunung;* ein Zaun aus morschen, starken ~n ☐ **tábua 2** *Brett der Außenhaut des Schiffes u. der Schiffsböden* ☐ **prancha**

plän|keln ⟨V. 400⟩ **1** ⟨veraltet⟩ *ein leichtes Gefecht ausführen, Schüsse wechseln, ein wenig kämpfen* ☐ **escaramuçar 2** ⟨fig.⟩ *sich neckend streiten* ☐ **discutir; bater boca**

Plank|ton ⟨n.; -s; unz.⟩ *Schwebeorganismen des freien Wassers, Gesamtheit der im Wasser schwebenden u. durch die Bewegung des Wassers transportierten, meist sehr kleinen Pflanzen u. Tiere* ☐ **plâncton**

plan|los ⟨Adj.⟩ *ohne Plan, ohne vorheriges Planen, unüberlegt;* ein ~es Vorgehen ☐ **sem método/plano; desordenado**

plan|schen ⟨V. 400⟩ *im Wasser spielen, mit Wasser spritzen;* oV *plantschen;* Sy *plätschern(1.1);* die Kinder ~ gern in der Badewanne ☐ **patinhar; chapinhar**

plan|schlei|fen auch: **plan schlei|fen** ⟨V. 220/500⟩ *so schleifen, dass eine ebene Oberfläche entsteht;* ein Werkstück ~ ☐ **aplainar**

Plan|spiel ⟨n.; -(e)s, -e⟩ *anhand von Plänen, Landkarten o. Ä. durchgeführte modellhafte Übung einer bestimmten Situation od. eines Vorhabens* ☐ **simulação**

Plan|ta|ge ⟨[-ʒə] f.; -, -n⟩ *Pflanzung in großem Umfang, großes bepflanztes Stück Land;* Baumwoll~, Erdbeer~, Kaffee~, Tabak~ ☐ **plantação**

plant|schen ⟨V. 400⟩ = planschen

Plan|wirt|schaft ⟨f.; -; unz.⟩ *Wirtschaft, die vorwiegend auf staatlicher Planung beruht;* Ggs *Marktwirtschaft* ☐ **economia planificada**

plap|pern ⟨V. 402 od. 410; umg.⟩ **1** (etwas) ~ ⟨abwertend⟩ *viel u. nichts sagend reden, schwätzen;* er plappert wie ein Papagei; sie hat viel Unsinn geplappert ☐ **tagarelar; papaguear 2** *unaufhörlich sprechen (von kleinen Kindern)* ☐ **galrear; balbuciar**

plär|ren ⟨V. 400; umg.⟩ **1** *laut u. ungezogen weinen, schreien (bes. von Kindern);* der Säugling plärrt ☐ **chorar; berrar 2** ⟨402⟩ (etwas) ~ ⟨abwertend⟩ *seine Stimme schrill u. unschön (bei etwas) ertönen lassen;* die Befehle ~; das Radio plärrt (den ganzen Tag) ☐ **gritar; estridular**

Plas|ma ⟨n.; -s, Plas|men⟩ **1** ⟨Biol.⟩ = *Protoplasma* **2** ⟨Med.⟩ *flüssiger Bestandteil von Blut u. Milch* **3** ⟨Phys.⟩ *Gas, das nicht aus neutralen Atomen u. Molekülen, sondern aus freien Elektronen u. Ionen besteht* **4** ⟨Min.⟩ *grüner Chalzedon* ☐ **plasma**

Plas|tik¹ ⟨f.; -, -en⟩ **1** ⟨unz.⟩ *Bildhauerkunst* **2** *Erzeugnis der Bildhauerkunst, z. B. Statue* ☐ **escultura 3** ⟨unz.; Chir.⟩ *Ersatz, Wiederherstellung von zerstörten Gewebs- u. Organteilen* ☐ **(cirurgia) plástica 4** ⟨unz.⟩ *plastische(3-4) Beschaffenheit* ☐ **plasticidade**

Plas|tik² ⟨n.; -s, -s; meist ohne Art.⟩ *Kunststoff;* ein Gegenstand aus ~ ☐ **plástico**

Plas|ti|lin ⟨n.; -s; unz.⟩ *(meist farbige) Knetmasse zum Modellieren* ☐ **plastilina**

plas|tisch ⟨Adj.⟩ **1** ⟨24⟩ *die Plastik¹(1-3) betreffend, zu ihr gehörig* **1.1** ~e *Chirurgie = Plastik¹(3)* **2** *modellierbar, knetbar;* eine ~e Masse **2.1** ~er *Sprengstoff Plastikbombe* ☐ **plástico 3** *dreidimensional; das Bild wirkt fast ~* ☐ **tridimensional; em relevo 4** ⟨fig.⟩ *anschaulich, einprägsam, deutlich, bildhaft;* etwas ~ darstellen ☐ **pictórico; pictoricamente**

Pla|ta|ne ⟨f.; -, -n; Bot.⟩ *Angehörige einer Gattung der Laubbäume mit glatter Borke, die sich in Platten ablöst: Platanus* ☐ **plátano**

Pla|teau ⟨[-toː]; n.; -s, -s⟩ **1** *Hochebene* **2** *obere ebene Fläche eines Felsens;* Fels~ ☐ **planalto; platô**

Pla|tin ⟨a. [-'-] n.; -s; unz.; chem. Zeichen: Pt⟩ *chem. Element, weißes, glänzendes Edelmetall, Ordnungszahl 78* □ **platina**

Pla|ti|tu|de ⟨[-tyːdə] f.; -, -n⟩ = *Plattitüde*

Pla|ti|tü|de ⟨alte Schreibung für⟩ *Plattitüde*

pla|to|nisch ⟨Adj. 24⟩ **1** *die Philosophie Platos betreffend, zu ihr gehörend, auf ihr beruhend* **2** ~e *Körper* ⟨Geom.⟩ *von lauter regelmäßigen, kongruenten Vielecken begrenzte K.*; Sy *regelmäßige Körper*, → *regelmäßig(1.2)* **3** ~e *Liebe* ⟨fig.⟩ *nicht körperliche, rein seelische od. geistige L.* □ **platônico**

plät|schern ⟨V. 400⟩ **1** *das Wasser plätschert fließt od. fällt mit leisem, klatschendem Geräusch; der Bach, Brunnen plätschert leise; die Wellen* ~ □ **rumorejar; marulhar 1.1 im** *Wasser* ~ = *planschen* **2** *jmds. Rede plätschert* ⟨fig., umg.⟩ *jmd. spricht monoton u. ununterbrochen* □ ***falar de maneira monótona**

platt ⟨Adj.⟩ **1** *flach, eben, breitgedrückt; eine* ~e *Nase* □ **chato; achatado**; ~ *auf dem Bauch liegen* □ ***deitar de bruços**; *sich* ~ *auf die Erde, den Boden legen* □ ***estirar-se no chão* **1.1** ⟨60⟩ ~er *Reifen R. ohne Luft, Reifenpanne* □ ***pneu vazio/no chão* **1.2** ⟨60⟩ *auf dem* ~en Lande *in der Ebene, im Tiefland* □ ***na planície* **2** ⟨fig.⟩ *abwertend⟩ geistlos, nichtssagend;* ~e *Redensarten, Sprüche, Witze* □ **banal; trivial 3** ⟨40⟩ ~ *sein* ⟨fig., umg.⟩ **3.1** *sprachlos, sehr erstaunt; er war (einfach)* ~ □ **surpreso; espantado 3.2** *erschöpft; in der zweiten Halbzeit waren wir völlig* ~ □ **esgotado 4** ⟨Getrennt- u. Zusammenschreibung⟩ **4.1** ~ *drücken* = *plattdrücken*

platt|drü|cken *auch:* **platt drü|cken** ⟨V. 500⟩ *etwas* ~ *so drücken, dass es platt wird; die Nase an der Fensterscheibe* ~ □ **achatar**

Plat|te ⟨f.; -, -n⟩ **1** *ebenes, flaches Gebilde, meist von geringer Stärke, Scheibe; Holz*~; *Marmor*~; *Metall*~; *Stein*~; *Herd*~; *Tisch*~ □ **chapa; placa, tampo 1.1** ⟨kurz für⟩ *Schallplatte; eine* ~ *auflegen* □ **disco 1.1.1** *immer dieselbe* ~ *ablaufen lassen* ⟨fig., umg.⟩ *immer wieder von derselben Sache sprechen* □ ***repetir sempre a mesma cantilena* **1.1.2** *leg endlich mal eine neue* ~ *auf!* ⟨fig., umg.⟩ *sprich endlich einmal von etwas anderem!* □ ***mude o disco!* **1.2** *sehr flache Schüssel zum Anrichten von Speisen; Fleisch*~; *Torten*~ □ **travessa 1.2.1** *auf einer Platte(1.2) angerichtete Speisen; Aufschnitt*~; *Gemüse*~; *Käse*~; *kalte* ~ □ **prato 1.3** *Druckstock; Druck*~ □ ***cliché* **1.4** ⟨veraltet⟩ *Glasscheibe mit lichtempfindlicher Schicht für fotografische Aufnahmen* □ **chapa fotográfica 1.4.1** *jmdm. auf die* ~ *bannen* ⟨umg.; veraltet⟩ *fotografieren* □ ***bater uma chapa de alguém* **2** *ebene od. flache Fläche; Fels*~ **2.1** *obere Fläche eines Tafelberges* □ **plataforma 3** ⟨fig.; umg.⟩ *Glatze; eine* ~ *haben* □ **careca**

plät|ten ⟨V.⟩ = *bügeln*

Platt|form ⟨f.; -, -en⟩ **1** *flacher, erhöhter Platz; einen herrlichen Blick von der* ~ *des Aussichtsturmes haben; auf die* ~ *hinaufsteigen* **2** ⟨fig.⟩ *Basis, von der man bei seinen Handlungen ausgeht; nach einer gemeinsamen* ~ *suchen* □ **plataforma**

Platt|fuß ⟨m.; -es, -fü|ße⟩ **1** *Fuß mit zu geringer Wölbung des Fußgelenkes nach oben; Pes planus* □ **pé chato 2** ⟨unz.; umg.⟩ *Reifen, aus dem die Luft entwichen ist* □ **pneu furado/vazio**

Plat|ti|tü|de ⟨f.; -, -n⟩ *Plattheit, nichtssagende Bemerkung, geistlose Redensart;* oV *Platitude* □ **platitude; trivialidade**

Plattler ⟨m.; -s, -⟩ ⟨kurz für⟩ *Schuhplattler* □ **Schuhplattler; dança folclórica bávara**

platt|ma|chen ⟨V. 500; umg.⟩ *etwas* ~ *vernichten, zerstören, dem Erdboden gleichmachen; die Stadt wurde völlig plattgemacht* □ **arrasar; aniquilar**

platt|na|sig ⟨Adj. 24⟩ *mit einer platten Nase ausgestattet* □ **de nariz achatado**

Platz ⟨m.; -(e)s, Plät|ze⟩ **1** *Stelle, Ort (zu einem bestimmten Zweck); Bau*~, *Sitz*~; *Steh*~; *seinen* ~ *einnehmen; nicht vom* ~(e), *von seinem* ~(e) *weichen;* (nicht) *am richtigen* ~ *stehen; hier ist noch ein leerer* ~; *er bot mir seinen* ~ *an; wir haben im Wagen noch einen* ~ *frei; den* ~ (mit jmdm.) *tauschen, wechseln; seinen* ~ *wechseln; er ist der rechte Mann am rechten* ~ □ **lugar**; ~ *da!* (unhöfliche Aufforderung, beiseitezugehen) □ ***sai da frente!*; *auf die Plätze, fertig, los!* (Kommando beim Wettlauf, Wettschwimmen usw. für den Start) □ **lugar**; *er ist hier fehl am* ~(e) ⟨fig.⟩ □ ***ele está deslocado aqui* **1.1** *diese Bemerkung, dieses Verhalten ist hier fehl am* ~(e) ⟨fig.⟩ *nicht richtig, nicht angebracht* □ ***esta observação é inoportuna; este comportamento é inapropriado* **2** *Sitzplatz; alle erhoben sich von ihren Plätzen; sich od. jmdm. einen* ~ *belegen, reservieren* □ **assento; lugar (para sentar)**; ~! (Befehl an einen Hund, sich zu setzen) □ **sentado! 2.1** ~ **behalten** *sitzen bleiben* □ ***permanecer sentado; guardar lugar* **2.2** ~ **nehmen** *sich setzen; bitte nehmen Sie* ~! □ ***sentar-se* **2.3** *durch Güte und Preis bestimmter Sitzplatz (im Theater usw.); jmdm. einen* ~ *anweisen; einen* ~ *im Theater, Zirkus usw. reservieren; wir haben im Theater unseren festen* ~; *erster, zweiter* ~ (im Theater, Kino) □ **lugar 3** *freie Stelle innerhalb eines bebauten Geländes, bes. einer Stadt, meist an der Kreuzung mehrerer Straßen; Markt*~; *Straßen und Plätze einer Stadt; ein geschützter, windstiller* ~ □ **praça 4** *abgegrenztes, für bestimmte, bes. sportliche Zwecke hergerichtetes Gelände; Golf*~; *Spiel*~; *Sport*~; *Tennis*~ □ **campo; quadra 5** *Ort, Stadt; Handels*~ □ **lugar; cidade 5.1** *das beste Geschäft am* ~(e) *hier, am Ort, in dieser Stadt* □ ***a melhor loja do lugar/da cidade*; → a. *fest(2.1)* **6** ⟨unz.⟩ *Raum, Unterbringungsmöglichkeit; der Schrank nimmt viel* ~ *ein; der Saal hat, bietet* ~ *für 100 Personen;* ~ (für etwas) *lassen;* ~ (für etwas) *schaffen; hier ist kein* ~ *mehr für Bücher;* ~ *finden; das findet hier auch noch* ~ □ **espaço; lugar 6.1** *jmdm.* ~ **machen** *beiseitetreten, -rücken* □ ***abrir caminho para alguém; dar lugar para alguém* **7** *verfügbare Stelle (für die Teilnahme an etwas od. die Unterbringung an einem bestimmten Ort); für die Flugreise sind noch verschiedene Plätze frei* □ **lugar 8** *Rang, Position in einer Reihenfolge (im Ergebnis eines Wettkampfs); den ersten, zweiten* ~ *belegen* □ **lugar; posição 8.1** *auf* ~ *wetten* (beim Pferderennen) *darauf wetten, dass ein bestimmtes Pferd als erstes, zweites, drittes, (auch) viertes durchs Ziel geht* □ **fazer uma aposta trifeta/quadrifeta* 8.2 die anderen Teilnehmer *auf die Plätze verweisen auf eine Position nach der des Siegers verweisen* □ **deixar os outros participantes para trás* 9 ⟨Getrennt- u. Zusammenschreibung⟩ 9.1 ~ sparend = *platzsparend*

Plätz|chen ⟨n.; -s, -⟩ 1 *kleiner Platz;* ist hier noch ein ~ frei? □ **lugarzinho** 2 *schmales, kleines Gebäck, Keks;* ~ backen, essen, ausstechen; es duftet nach Weihnachts~ □ **biscoitinho**

plat|zen ⟨V. (s.)⟩ 1 ⟨400⟩ *etwas platzt etwas zerspringt mit großem Knall, wird durch übermäßigen Druck von innen auseinandergerissen;* der Dampfkessel ist geplatzt; ein Rohr, Reifen, Luftballon platzte; Bomben, Minen, Granaten ~; die Hose, die Naht platzte beim Bücken □ **estourar; rebentar** 1.1 ⟨410⟩ *aus allen Nähten* ~ ⟨fig.; umg.⟩ *zu dick werden* □ ***não caber/entrar mais nas roupas**; → a. *Kragen*(2.3), *Bombe*(3.1) 2 ⟨400⟩ *etwas platzt* ⟨fig.; umg.⟩ *nimmt ein plötzliches Ende, scheitert;* die Sache ist geplatzt; die Hochzeit ~ lassen □ **acabar; dar em nada** 2.1 *auf-, entdecken;* die Lüge, der Schwindel, Betrug, Spionagering ist geplatzt □ **revelar; descobrir** 3 ⟨414⟩ *vor ... ~* ⟨fig.; umg.⟩ *von etwas sehr ergriffen, stark mitgenommen sein;* er konnte vor Wut, Ärger, Neid ~; wir sind vor Lachen fast geplatzt □ **estourar; rebentar** 4 ⟨611⟩ jmdm. *ins Haus ~* ⟨fig.; umg.⟩ *unerwartet zu jmdm. zu Besuch kommen* □ ***chegar inesperadamente à casa de alguém**

plat|zie|ren ⟨V. 500⟩ 1 *etwas ~ an einen bestimmten Platz stellen, legen* 1.1 einen Ball (an eine bestimmte Stelle) ~ ⟨Tennis, Tischtennis⟩ *so schlagen, dass er auf einer bestimmten Stelle auftrifft* □ **colocar;** pôr 1.2 eine kräftige Linke, Rechte an des Gegners Kinn ~ *mit der linken, rechten Faust genau ans Kinn schlagen* □ **acertar** 1.3 einen Schuss ~ *treffsicher auf eine bestimmte Stelle schießen* □ ***acertar o alvo (com um tiro); dar um tiro certeiro** 2 Kapital ~ *anlegen* □ **investir** 3 ⟨Vr 7⟩ jmdn. (auf einen bestimmten Platz) ~ *jmdn. einen bestimmten Platz anweisen* □ ***colocar alguém em algum lugar; fazer alguém sentar-se/posicionar-se em algum lugar**

platz|spa|rend *auch:* Platz sparend ⟨Adj.⟩ *so beschaffen, dass wenig Raum benötigt wird;* ~e Möbel, Unterbringung □ **que ocupa pouco espaço**

plau|dern ⟨V.⟩ 1 ⟨410⟩ *zwanglos unterhaltend reden;* wir haben eine ganze Stunde gemütlich, nett, angeregt miteinander od. zusammen geplaudert; er kann reizend ~; er plauderte gern von seinen Erlebnissen □ **conversar; falar** 2 ⟨417⟩ *mit jmdm. ~ sich zwanglos u. nicht tiefgründig mit jmdm. unterhalten;* wir haben mit Bekannten, Nachbarn, Freunden geplaudert □ **conversar; bater papo** 3 ⟨410⟩ *aus dem Nähkästchen ~* ⟨fig.; umg.⟩ *etwas, das eigentlich nur für einen kleinen Kreis bestimmt ist, erzählen* □ **fofocar; ser indiscreto**

Plausch ⟨m.; -(e)s, -e; umg.⟩ *gemütliche Unterhaltung* □ **bate-papo**

plau|si|bel ⟨Adj.⟩ 1 *begreiflich, einleuchtend, verständlich* □ **plausível; compreensível** 1.1 jmdm. etwas ~ machen *jmdm. etwas erklären, verständlich machen, zu verstehen geben* □ ***explicar alguma coisa para alguém**

Play-back *auch:* Play|back ⟨[plɛɪbæk] n.; -s, -s; Film; TV⟩ *nachträgliche Abstimmung der Bildaufnahmen mit der bereits vorliegenden Tonaufzeichnung (bes. bei Livesendungen im Fernsehen angewandtes Verfahren, bei dem der Darsteller bzw. Sänger zu dem über Lautsprecher wiedergegebenen Ton nur noch synchron die Lippen bewegt)* □ **playback**

Play|boy ⟨[plɛɪbɔɪ] m.; -s, -s⟩ *wohlhabender Mann, der nicht arbeitet, sondern vor allem seinem Vergnügen nachgeht* □ **playboy**

Play-off *auch:* Play|off ⟨[plɛɪ-] n.; -s, -s; Sp.⟩ *Verfahren der Qualifikation für Wettkämpfe durch Ausscheidungsspiele;* ~-Runde □ **play-off**

Pla|zen|ta ⟨f.; -, -s od. -zen|ten⟩ = *Mutterkuchen*

Pla|zet ⟨n.; -s, -s⟩ *(offizielle) Erlaubnis, Einwilligung;* jmds. ~ einholen □ **aprovação; beneplácito**

pla|zie|ren ⟨alte Schreibung für⟩ platzieren

Ple|bis|zit ⟨n.; -(e)s, -e⟩ *Volksbefragung, Volksentscheid* □ **plebiscito**

Plebs[1] ⟨f.; -; unz.; im alten Rom⟩ *das Volk* □ **plebe**

Plebs[2] ⟨m.; -es; unz. od. österr.: f.; -; unz.; geh.; abwertend⟩ *die breite, ungebildete Masse des Volkes* □ **povão; ralé**

plei|te ⟨Adj.; nur adv. u. präd.; Kleinschreibung in Verbindung mit den Verben „sein", „bleiben", „werden"⟩ 1 ~ sein *zahlungsunfähig, bankrott sein* □ **falido** 1.1 ich bin (völlig) ~ *ich habe kein Geld mehr;* → a. *Pleite* □ ***estou sem um tostão; estou liso**

Plei|te ⟨f.; -, -n⟩ 1 = *Bankrott* 1.1 ~ machen *Bankrott machen* □ ***falir;** → a. *pleite* 2 ⟨fig.; umg.⟩ *Reinfall, Misserfolg;* die ganze Sache war eine ~; das ist ja eine schöne ~! □ **fracasso; fiasco**

plei|te|ge|hen ⟨V. 400 (s.)⟩ *Pleite machen, bankrottgehen;* er wird bald ~ □ **ir à falência; falir**

Ple|nar|sit|zung ⟨f.; -, -en⟩ *Sitzung aller Mitglieder* □ **sessão plenária**

Ple|num ⟨n.; -s, Ple|nen⟩ *Vollversammlung* □ **plenária**

Pleu|el ⟨m.; -s, -; kurz für⟩ *Maschinenelement zum Umwandeln von kreisförmigen in hin- u. hergehende Bewegungen u. umgekehrt;* ~stange □ **biela**

Ple|xi|glas® ⟨n.; -es; unz.⟩ *glasartiger, splittersicherer Kunststoff* □ **plexiglas**

Plis|see ⟨n.; -s, -s⟩ *gepresste, schmale Falten (im Stoff)* □ **plissé;** ~rock □ ***saia plissada**

Plom|be ⟨f.; -, -n⟩ 1 *Siegel aus Metall zum Verschluss von Behältern od. Eisenbahnwagen* □ **selo de chumbo** 2 = *Füllung*(2.3)

Plot ⟨m. od. n.; -s, -s⟩ 1 ⟨Literaturw.⟩ *Aufbau, Verwicklung der Handlung im Roman, Drama o. Ä.* □ **enredo; trama** 2 ⟨EDV⟩ *(mit Hilfe eines Plotters angefertigte) grafische Darstellung eines Ergebnisses, eines funktionalen Zusammenhangs* □ **reprodução gráfica feita por plotagem**

Plot|ter ⟨m.; -s, -; EDV⟩ *Gerät zur automatischen Erstellung grafischer Darstellungen (Zeichnungen, Kurven, Landkarten usw.)* □ **plotadora**

plötz|lich ⟨Adj.⟩ **1** *unerwartet, mit einem Mal, sehr schnell (eintretend od. geschehend), jäh;* ~er Besuch; eine ~e Bewegung; ein ~er Entschluss □ **repentino; inesperado;** die Krankheit ist ganz ~ aufgetreten; ~ kam mir ein Gedanke; ~ sagte er ...; ~ sah, hörte ich ...; ~ stand er vor mir □ **de repente; inesperadamente** 1.1 *bitte, etwas* ~! ⟨umg.; scherzh.⟩ *nun aber schnell!* □ ***por favor, mais depressa!** 1.2 *es kommt mir so* ~ ⟨umg.⟩ *ich bin gar nicht darauf vorbereitet* □ ***foi tão repentino**

plu|dern ⟨V. 400⟩ *zu weit, bauschig sein* □ **inchar(-se); intumescer(-se)**

plump ⟨Adj.⟩ **1** *grob (in der Form), unförmig;* ~e Gestalt, ~er Körper; ~e Hände, Füße □ **grosseiro; tosco 2** *schwerfällig, ungeschickt;* ~er Gang, ~e Bewegungen; sich ~ ausdrücken □ **pesado; (de modo) desajeitado 3** ⟨fig.⟩ *nicht fein, derb, unzart;* ~er Annäherungsversuch; ~er Witz □ **grosseiro; rude 4** *dummdreist, unverschämt u. gleichzeitig leicht durchschaubar;* ~e Lüge, Falle; ein ~er Betrug, Schwindel □ **descarado; deslavado**

plump|sen ⟨V. 411(s.); umg.⟩ *(durch Ungeschicklichkeit, Unbeholfenheit) schwerfällig od. mit dumpf klatschendem Geräusch fallen, hineinfallen;* ins Wasser ~ □ **cair pesadamente; despencar**

plump|ver|trau|lich *auch:* **plump ver|trau|lich** ⟨Adj. 24⟩ *in aufdringlicher u. unangemessener Art freundschaftlich, auf unangenehme Weise vertraut tuend;* der Vertreter sprach ihn ~ an □ **(de modo) inconveniente; como se fosse íntimo**

Plün|der ⟨m.; -s; unz.; abwertend⟩ **1** *unbrauchbar gewordener Kram;* er hebt allen möglichen ~ auf □ **tralha; cacareco 2** *billige, wertlose od. unnütze Dinge* □ **bugiganga; quinquilharia**

plün|dern ⟨V. 500⟩ **1** *jmdn. od. etwas ~ ausrauben, rücksichtslos, alles wegnehmen;* Läden ~; Obstbäume ~; eine Stadt (nach der Eroberung) ~ □ **saquear; pilhar 1.1** den Weihnachtsbaum ~ ⟨fig.; umg.⟩ *am Ende der Weihnachtszeit das letzte Zuckerzeug vom Baum nehmen* □ ***tirar os enfeites da árvore de Natal** 1.2 den Kühlschrank ~ ⟨fig.; umg.⟩ *alles Essbare aufessen* □ **assaltar; limpar**

Plu|ral ⟨m.; -s, -e; Gramm.⟩ *eine der beiden Zahlformen des Verbs, Substantivs u. Pronomens;* Sy *Mehrzahl(2);* Ggs *Singular* □ **plural**

Plu|ra|lis|mus ⟨m.; -; unz.⟩ **1** ⟨Philos.⟩ *Lehre, nach der die Wirklichkeit aus vielen selbständigen Wesen besteht, die insgesamt keine Einheit bilden* **2** ⟨Pol.⟩ *Auffassung, dass der Staat aus vielen koexistierenden Interessengruppen besteht* □ **pluralismo**

plus ⟨Konj.; Zeichen: +⟩ *und, dazu, zuzüglich;* Ggs *minus,* ⟨Kaufmannsspr.⟩ *ab(4)* □ **mais**

Plus ⟨n.; -, -⟩ Ggs *Minus* **1** *Mehrbetrag, Überschuss* □ **excedente 2** ⟨umg.⟩ *Vorteil, Gewinn* □ **vantagem; ganho**

Plüsch ⟨a. [plyːʃ] m.; -(e)s, -e⟩ **1** *Baumwollstoff mit langem Flor* **2** *Wirkware mit langem Flor* □ **pelúcia; plush**

plus|tern ⟨V. 500⟩ **1** ⟨Vr 3⟩ *sich ~ die Federn sträuben, sich aufplustern;* die Taube plusterte sich □ ***arrepiar-se; eriçar-se** 1.1 ⟨fig.⟩ *sich wichtigtun;* er plusterte sich vor ihr □ ***pavonear-se 2** *die Federn, das Gefieder ~ sträuben, aufplustern* (Vogel) □ **arrepiar; eriçar**

Plu|to|ni|um ⟨n.; -s; unz.; chem. Zeichen: Pu⟩ *radioaktives künstliches chemisches Element, ein Transuran, Ordnungszahl 94* □ **plutônio**

Pneu ⟨m.; -s, -s; kurz für⟩ *Pneumatik^1* □ **pneu**

Pneu|ma|tik^1 ⟨m.; -s, -s od. österr. f.; -, -en⟩ *Luftreifen* □ **pneumático; pneu**

Pneu|ma|tik^2 ⟨f.; -; unz.; Phys.⟩ *Lehre von der Luft u. ihren Bewegungen* □ **pneumática**

Po ⟨m.; -s; umg.; kurz für⟩ *Popo* □ **bumbum**

Pö|bel ⟨m.; -s; unz.; abwertend⟩ *gemeine, rohe Volksmasse, Abschaum des Volkes* □ **povão; ralé**

po|chen ⟨V.⟩ **1** ⟨400⟩ *etwas pocht etwas schlägt ununterbrochen im gleichen Takt;* das Herz pocht (mir bis zum Hals); der Puls pocht; mit pochendem Herzen □ **bater; palpitar; pulsar 2** ⟨410⟩ *(an)klopfen;* laut, leise ~; er hat an die Tür, ans Fenster gepocht; es pocht □ **bater 3** ⟨800⟩ *auf etwas ~* ⟨fig.⟩ *auf etwas bestehen, etwas energisch verlangen;* auf sein Recht, Geld ~; er pochte auf die Zahlung □ ***exigir alguma coisa; insistir em alguma coisa 4** ⟨500⟩ *Erz, Kohlen ~* ⟨Bergmannsspr.⟩ *zerklopfen* □ **triturar; britar**

po|chie|ren ⟨[-ˈʃiː-] V. 500⟩ *eine Speise ~* ⟨Kochk.⟩ *mit wenig Flüssigkeit unterhalb des Siedepunktes garen;* pochierte Eier □ **escalfar**

Po|cke ⟨f.; -, -n⟩ *mit Eiter gefülltes Hautbläschen od. Knötchen (tritt bei einer Erkrankung an Pocken auf)* □ **pústula**

Po|cken ⟨Pl.⟩ *gefährliche, durch ein Virus hervorgerufene Infektionskrankheit mit Bläschenbildung;* gegen ~ geimpft werden □ **varíola**

Pod|cast ⟨m.; -s, -s; EDV⟩ *Audio- od. Videodatei, die über das Internet abrufbar ist* □ **podcast**

Po|dest ⟨n.; -(e)s, -e⟩ **1** *Treppenabsatz* □ **patamar 2** *schmales Podium* □ **estrado 3** *schmales Gestell mit einem Fuß* □ **pedestal**

Po|dex ⟨m.; -es, -e; umg.; scherzh.⟩ *Gesäß* □ **traseiro**

Po|di|um ⟨n.; -s, -di|en⟩ *gegenüber dem Fußboden erhöhte Fläche, Bühne für einen od. mehrere Redner bzw. Vortragende* □ **pódio; estrado; tablado;** ~sdiskussion □ ***mesa-redonda**

Po|e|sie ⟨f.; -, -n⟩ **1** (i. w. S.) *Dichtkunst* 1.1 (i. e. S.) *Dichtung in Versen, in gebundener Rede;* Ggs *Prosa(1)* **2** ⟨fig.⟩ *Stimmungsgehalt, Zauber;* Ggs *Prosa(2);* die ~ der Abenddämmerung □ **poesia**

Po|e|tik ⟨f.; -, -en⟩ **1** ⟨unz.⟩ *Lehre von der Dichtkunst, Poesie* **2** *Schrift über die Dichtkunst, Lehrbuch der Poetik(1)* □ **poética**

Po|grom *auch:* **Pog|rom** ⟨n. od. m.; -s, -e⟩ *Hetze, Ausschreitungen gegen nationale, religiöse od. rassische Gruppen;* Juden~ □ **pogrom**

Poin|te ⟨[poɛ̃ːt(ə)] f.; -, -n⟩ *geistreicher, überraschender Höhepunkt einer Erzählung od. Darstellung;* die ~ des Witzes □ **clímax; frase de efeito**

Po|kal ⟨m.; -s, -e⟩ *Trinkgefäß aus Metall (Silber, Gold) od. Kristall mit Fuß u. oft mit Deckel (auch als Siegespreis bei sportlichen Wettkämpfen)* □ **taça; copa**

pökeln

pö|keln ⟨V. 500⟩ Fleisch, Fisch ~ ⟨Kochk.⟩ *in eine Salzlake (Pökel) einlegen* □ **salgar; pôr em salmoura**

Po|ker ⟨n. od. m.; -s; unz.⟩ *Kartenglücksspiel, bei dem der Spieler mit der besten Zusammenstellung der Karten gewinnt* □ **pôquer**

po|kern ⟨V. 400⟩ **1** *Poker spielen* □ **jogar pôquer 2** ⟨fig.⟩ *ein hohes Risiko eingehen, viel wagen (bes. bei Finanzgeschäften, Verhandlungen);* beide Vertragspartner haben bei ihren Verhandlungen hoch gepokert □ **arriscar(-se); apostar alto**

Pol¹ ⟨m.; -s, -e⟩ **1** *Drehpunkt, Mittelpunkt, Zentrum* **1.1** ⟨Geogr.⟩ *nördlicher bzw. südlicher Endpunkt der Erdachse;* Nord~, Süd~ **2** ⟨Math.⟩ *Punkt mit bes. Bedeutung* **3** ⟨El.⟩ **3.1** *Anschlussklemme von Stromquellen;* Minus~, Plus~ **3.2** *Ein- od. Austrittsstelle magnet. Feldstärkenlinien;* Magnet~, Minus~, Plus~; negativer, positiver ~ □ **polo**

Pol² ⟨m.; -s, -e⟩ *die mit Flor bedeckte Oberseite von Samt u. Plüsch* □ **felpa**

po|lar ⟨Adj. 24; Geogr.⟩ *zu den Polen gehörend;* ~e Kaltluft □ **polar**

Pol|der ⟨m.; -s, -⟩ = *Koog*

Po|le|mik ⟨f.; -, -en⟩ *wissenschaftlicher, meist publizistisch ausgetragener Streit* □ **polêmica**

po|le|misch ⟨Adj.⟩ *in der Art einer Polemik* □ **polêmico**

Po|li|ce ⟨[-li:s(ə)] f.; -, -n⟩ *vom Versicherer ausgestellte Urkunde über eine abgeschlossene Versicherung;* oV ⟨österr.⟩ *Polizze* □ **apólice**

Po|lier ⟨m.; -s, -e⟩ *Vorarbeiter der Maurer u. Zimmerleute* □ **mestre de obras**

po|lie|ren ⟨V. 500⟩ etwas ~ **1** *glänzend machen, putzen;* Möbel, den Fußboden ~ □ **lustrar 2** *die letzten Unebenheiten entfernen von, fein glätten;* Metall ~ □ **polir**

Po|li|kli|nik ⟨f.; -, -en; Med.⟩ **1** *einem Krankenhaus od. einer Station angeschlossene Abteilung zur ambulanten Behandlung u. Versorgung von Patienten* **2** (DDR) *(organisatorischer u. räumlicher) Zusammenschluss mehrerer Ärzte verschiedener Fachrichtungen in einer Einrichtung* □ **policlínica**

Po|li|tik ⟨f.; -, -en; Pl. selten⟩ **1** *alle Maßnahmen zur Führung eines Gemeinwesens hinsichtl. seiner inneren Verwaltung u. seines Verhältnisses zu anderen Gemeinwesen;* Partei~, Kommunal~; eine (bestimmte) ~ betreiben, verfolgen; eine erfolgreiche, geschickte, kluge, kriegerische ~; sich (nicht) für ~ interessieren **1.1** ⟨i. e. S.⟩ *Politik(1) eines Staates;* Außen~, Innen~; äußere, innere ~; die deutsche, englische, französische ~ **2** ⟨fig.⟩ *berechnendes Verhalten;* mit dieser ~ kommt er nicht durch □ **política**

Po|li|ti|ker ⟨m.; -s, -⟩ *jmd., der aktiv an der Politik teilnimmt, Staatsmann* □ **político**

Po|li|ti|ke|rin ⟨f.; -, -rin|nen⟩ *weibl. Politiker* □ **política**

po|li|tisch ⟨Adj. 24⟩ **1** *die Politik betreffend, zu ihr gehörend, auf ihr beruhend;* im ~en Leben stehen; ~e Nachrichten; einen ~en Fehler machen **1.1** = *Verbrechen gegen den Bestand u. Sicherheit eines (bes. totalitären) Staates gerichtetes V.* **1.2** ~er **Flüchtling** *F. mit politischen(1) Motiven* **2** *zielgerichtet, berechnend, bestimmten Zwecken dienend* □ **político**

Po|li|tur ⟨f.; -, -en⟩ **1** *durch Polieren erzeugter Glanz, Glanzschicht* □ **polimento 2** *Mittel für die Politur(1)* □ **pasta para polir**

Po|li|zei ⟨f.; -, -en⟩ **1** *Behörde zur Aufrechterhaltung der öffentlichen Ordnung u. Sicherheit;* die ~ holen; jmdn. der ~ übergeben **2** *die Amtsräume der Polizei(1);* auf die ~ gehen **3** *Gesamtheit der bei der Polizei(1) beschäftigten Beamten* □ **polícia 4** dümmer sein, als die ~ erlaubt ⟨umg.⟩ *außergewöhnlich dumm sein* □ *****ser burro como uma porta**

po|li|zei|lich ⟨Adj. 24/90⟩ **1** *die Polizei betreffend, zu ihr gehörend, mit ihrer Hilfe durchgeführt;* unter ~er Bewachung; ~e Vorschriften; Parken ist hier ~ untersagt; Missbrauch wird ~ verfolgt, bestraft (Aufschrift auf Verbotsschildern) □ **policial; da/pela polícia 1.1** sich ~ an-, abmelden *bei der zuständigen Polizeibehörde* □ *****apresentar-se à polícia para registrar domicílio ou partida da cidade**

Po|li|zist ⟨m.; -en, -en⟩ *Angehöriger der Polizei, Polizeibeamter* □ **policial**

Po|li|zis|tin ⟨f.; -, -tin|nen⟩ *weibl. Polizist* □ **policial**

Po|liz|ze ⟨f.; -, -n; österr.⟩ = *Police*

Pol|ka ⟨f.; -, -s⟩ *(in Böhmen entstandener) lebhafter Paartanz im schnellen 2/4-Takt* □ **polca**

Pol|len ⟨m.; -s, -⟩ *Blütenstaub* □ **pólen**

Pol|ler ⟨m.; -s, -⟩ **1** *Holz- od. Metallklotz am Kai zum Festmachen von Tauen der anlegenden Schiffe* □ **cabeço de amarração; abita 2** *auf Bürgersteigen angebrachter Beton- od. Metallklotz, der verkehrswidriges Abstellen von Fahrzeugen verhindern soll* □ **frade de pedra**

Po|lo ⟨n.; -s; unz.⟩ *dem Hockey ähnliches Ballspiel zu Pferde* □ **polo**

Po|lo|nai|se ⟨[-nɛ:-] f.; -, -n⟩ = *Polonäse*

Po|lo|nä|se ⟨f.; -, -n⟩ *polnischer Schreittanz im 3/4-Takt, meist zur Eröffnung des Tanzes;* oV *Polonaise* □ **polonesa**

Pols|ter ⟨n.; -s, -; österr.⟩ m.; -s, -od. Pöls|ter⟩ **1** *mit weicher, aber fester Füllung, meist auch mit Sprungfedern sowie Stoffüberzug versehene Auflage für Stühle, Sessel, Sofas, Couchs;* die ~ reinigen, neu beziehen; sich in die ~ zurücklehnen; ein weiches, hartes ~; Leder~, Plüsch~, Schaumgummi~; Sessel~, Stuhl~ □ **almofada; estofo 1.1** *Auflegematratze* □ **colchão 2** ⟨allg.⟩ *dicke, weiche Unterlage;* sich od. jmdm. einen Mantel als ~ unter den Kopf legen □ **almofada; travesseiro 3** ⟨fig.; umg.⟩ *Fettpolster;* über den Winter hatte sich der Hund ein ganz schönes ~ angesetzt □ *****ela engordou bem no inverno;** Speck~ □ *****camada de gordura 4** ⟨fig.⟩ *(größere) finanzielle Rücklage, Reserven;* ein finanzielles ~ haben □ **reserva financeira; pé-de-meia**

Pol|ter|abend ⟨m.; -(e)s, -e⟩ *Vorabend der Hochzeit, an dem nach altem Brauch vor der Tür Geschirr zerschlagen wird, dessen Scherben dem Brautpaar Glück bringen sollen;* den ~ feiern □ **Polterabend; Noite do Quebra-Cacos**

pol|tern ⟨V.⟩ **1** ⟨400⟩ es od. etwas poltert *fällt mit dumpf krachendem Geräusch hin;* im Nebenzimmer

806

hat es gepoltert; Steine, Kisten ~ vom Wagen auf die Straße; die Tür fiel ~d zu ☐ **fazer barulho; cair ruidosamente**, in der Wohnung über uns war ein Poltern zu hören ☐ **barulho; barulheira** 1.1 ⟨411⟩ an die Tür ~ *laut klopfen, schlagen* ☐ ***bater à porta com força** 2 ⟨411(s.)⟩ *jmd. od. etwas poltert geht od. fährt mit dumpf krachendem Geräusch, bewegt sich geräuschvoll;* der Wagen poltert über das Pflaster, über die Brücke; ~d die Treppe hinunterlaufen; er polterte über die Schwelle, Treppe ☐ **mover-se ruidosamente** 3 ⟨400; fig.⟩ *schimpfen, ohne es böse zu meinen;* er polterte (ein wenig), weil ich zu spät kam; er fing zu ~ an ☐ **ralhar** 4 ⟨umg.⟩ *am Polterabend Geschirr vor der Tür zerschlagen;* heute Abend wird bei uns gepoltert ☐ **quebrar a louça durante a** *Polterabend*

po|ly..., Po|ly... ⟨in Zus.⟩ *viel..., Viel...;* polytechnisch, polyglott, Polygraph, Polysynthese

Po|ly|amid ⟨n.; -(e)s, -e⟩ *durch Kondensation von organischen Säuren mit Aminen hergestellter thermoplastischer Kunststoff, z. B. Nylon, Perlon* ☐ **poliamida**

Po|ly|es|ter ⟨m.; -s, -; Chem.⟩ *aus Säuren u. Alkoholen synthetisierter Kunststoff zur Herstellung von Chemiefasern, Lacken u. Ä.* ☐ **poliéster**

po|ly|fon ⟨Adj. 24⟩ *aus mehreren, selbständig geführten Stimmen bestehend;* oV polyphon; Ggs homophon ☐ **polifônico**

po|ly|gam ⟨Adj. 24⟩ Ggs monogam 1 *in einer Ehegemeinschaft mit mehreren Frauen lebend* 2 *sich zu mehreren Geschlechtspartnern zugleich hingezogen fühlend* ☐ **polígamo**

po|ly|glott ⟨Adj. 24⟩ 1 *viel-, mehrsprachig;* ~e Buchausgabe 2 *viele, mehrere Sprachen sprechend* ☐ **poliglota**

Po|lyp ⟨m.; -en, -en⟩ 1 ⟨Med.⟩ *gestielte Geschwulst* ☐ **pólipo** 2 *Kopffüßler* ☐ **polvo** 2.1 *auf einer Unterlage festsitzendes einzelnes Nesseltier mit Fangarmen; Süßwasser~* ☐ **pólipo** 3 ⟨umg.; scherzh.⟩ *Polizist* ☐ **tira**

po|ly|phon ⟨Adj. 24⟩ = **polyfon**

po|ly|tech|nisch ⟨Adj. 24⟩ *mehrere Zweige der Technik umfassend* ☐ **politécnico**

Po|ly|the|is|mus ⟨m.; -; unz.⟩ *Glaube an mehrere Götter zugleich* ☐ **politeísmo**

Po|ma|de ⟨f.; -, -n⟩ *wohlriechendes, fetthaltiges Haarpflegemittel (für Männer)* ☐ **brilhantina**

Po|me|ran|ze ⟨f.; -, -n; Bot.⟩ *Zitrusgewächs, dessen bittere Fruchtschale als Gewürz verwendet wird: Citrus aurantium;* Sy *Bitterorange* ☐ **laranjeira; laranja-azeda**

Pommes frites ⟨[pɔm frɪt] Pl.⟩ *roh in Öl od. Fett fritierte Kartoffelstäbchen* ☐ **batata frita**

Pomp ⟨m.; -s; unz.⟩ *Prunk, übertriebene Pracht* ☐ **pompa**

Pon|cho ⟨[-tʃo] m.; -s, -s⟩ 1 *von den Indianern Mittel- u. Südamerikas getragener, viereckiger Überwurf mit einem Loch in der Mitte für den Kopf* 2 *dem Poncho(1) ähnliches Kleidungsstück für Frauen u. Mädchen* ☐ **poncho**

Pon|ti|fi|kat ⟨n.; -(e)s, -e⟩ *Amt, Amtszeit eines Bischofs od. Papstes* ☐ **bispado; pontificado**

Pon|ton ⟨[pɔntɔ̃], [pɔtõː] od. österr. [pɔntoːn] m.; -s, -s⟩ *geschlossener od. offener Schwimmkörper (als Teil einer schwimmenden behelfsmäßigen Brücke)* ☐ **pontão**

Po|ny ⟨n.; -s, -s⟩ 1 *Pferd, dessen Widerrist nicht höher als 1,50 m ist* ☐ **pônei** 2 ⟨fig.⟩ *in die Stirn gekämmtes, gleichmäßig geschnittenes Haar* ☐ **franja**

Pool ⟨[puːl] m.; -s, -s⟩ 1 ⟨kurz für⟩ *Swimmingpool* ☐ **piscina** 2 ⟨Glücksspiel⟩ *gemeinsame Kasse, Spieleinsatz* ☐ **pule; aposta** 3 ⟨Wirtsch.⟩ *Zusammenschluss, Vereinigung (bes. von Unternehmen zur Bildung eines Fonds mit gemeinsamer Gewinnverteilung)* ☐ **pool**

Pop ⟨m.; -s; unz.⟩ 1 ⟨kurz für⟩ *Popmusik* 2 ⟨Sammelbez. für⟩ *Popkunst, Popart, Popmusik, Popmode usw.* ☐ **pop**

Pop|corn ⟨n.; -s; unz.⟩ *unter Hitzeeinwirkung aufgeplatzte Maiskörner, Puffmais* ☐ **pipoca**

Po|pel ⟨m.; -s, -⟩ 1 *verhärteter Nasenschleim* ☐ **meleca** 2 ⟨abwertend⟩ *unbedeutender, unscheinbarer Mensch* ☐ **pobre-diabo**

Po|po ⟨m.; -s, -s; umg.⟩ *Gesäß;* oV *Po* ☐ **bumbum**

pop|pig ⟨Adj.⟩ *in der Art des Pops, auffallend (modisch), grellfarbig* ☐ **pop; vistoso; chamativo**

po|pu|lär ⟨Adj.⟩ *volkstümlich, beliebt* ☐ **popular**

Po|re ⟨f.; -, -n⟩ 1 *feines Loch, kleine Öffnung* 2 *Mündung der Schweißdrüsen in der Haut* ☐ **poro**

Por|no|gra|fie ⟨f.; -; unz.⟩ *obszöne Darstellung geschlechtlicher Vorgänge in Wort u. Bild;* oV *Pornographie* ☐ **pornografia**

Por|no|gra|phie ⟨f.; -; unz.⟩ = *Pornografie*

po|rös ⟨Adj.⟩ 1 *durchlässig (für Flüssigkeit u. Luft)* 2 *mit feinsten Löchern versehen* ☐ **poroso**

Por|ree ⟨m.; -s, -s; Bot.⟩ *Angehöriger der Lauchgewächse, dessen zwiebelähnlicher Stamm als Gemüse verwendet wird: Allium porrum* ☐ **alho-poró**

Por|tal ⟨n.; -s, -e⟩ *architektonisch verziertes Tor; Kirchen~* ☐ **portal**

Por|te|mon|naie ⟨[pɔrtmɔneː], a. ['---] n.; -s, -s⟩ = *Portmonee*

Por|ti|er ⟨[-tjeː] m.; -s, -s⟩ = *Pförtner(1)*

Por|ti|on ⟨f.; -, -en⟩ 1 *abgemessene Menge (bes. von Speisen);* eine ~ Eis, Gemüse, Kartoffeln; sich noch eine ~ nehmen ☐ **porção** 1.1 er ist nur eine halbe ~ ⟨fig.; umg.⟩ *er ist sehr dünn, klein* ☐ ***ele é bem franzino** 1.2 er besitzt eine tüchtige ~ Frechheit ⟨fig.; umg.⟩ *ist sehr frech* ☐ ***ele é muito cara de pau**

por|tio|nie|ren ⟨V. 500⟩ *etwas ~ in Portionen aufteilen;* Essen ~ ☐ **dividir em porções**

Port|mo|nee ⟨a. ['---] n.; -s, -s⟩ *kleines, verschließbares Behältnis zum Aufbewahren von Geld, Geldbeutel, Geldbörse;* oV *Portemonnaie* ☐ **porta-moedas**

Por|to ⟨n.; -s, -s od. Porti⟩ *Gebühr für das Befördern von Postsendungen; Brief~, Paket~* ☐ **porte/franquia postal**

Por|trät auch: **Por|trät** ⟨[-trɛː] od. [-trɛː] n.; -s, -s⟩ = *Bildnis*

Por|zel|lan ⟨n.; -s, -e⟩ 1 *dichtes, weißes, durchscheinendes keramisches Erzeugnis* 2 *Tafelgeschirr aus Porzellan(1)* ☐ **porcelana**

Po|sau|ne ⟨f.; -, -n⟩ **1** *Blechblasinstrument mit zwei ineinanderliegenden U-förmigen Rohren, von denen das eine (der Zug) verschoben werden kann;* ~ *spielen, blasen; Zug*~; *tönen, schmettern wie die* ~n *von Jericho* ☐ **trombone 2** *die* ~n *des* **Jüngsten Gerichts** *Ankündigung des J. G. (nach 1. Korintherbrief 15,52)* ☐ **a trombeta do Juízo Final*

Po|se ⟨f.; -, -n⟩ **1** *gekünstelte, gezierte Haltung; eine* ~ *einnehmen; sich in* ~ *setzen* ☐ **pose; postura 2** ⟨*bildende Kunst*⟩ *Stellung, Haltung (einer Person);* Figur *in der* ~ *eines Schlafenden, Kämpfenden* ☐ **posição**

Po|si|ti|on ⟨f.; -, -en⟩ **1** *Haltung, Stellung; sich jmdm. gegenüber in einer starken, schwachen* ~ *befinden* **2** *Stellung im Beruf; eine gesicherte, gute, schlechte* ~ *haben* **3** *Lage;* ~ *einer Figur* 3.1 = *Standort(1); die* ~ *eines Schiffes, Flugzeugs ermitteln, feststellen* 3.2 = *astronomischer Ort,* → *astronomisch(1.4);* ~ *eines Gestirns* **4** *Stelle in einem System;* ~ *einer Zahl, Ziffer* 4.1 ⟨Abk.: Pos.⟩ *einzelner Posten (in einem Haushaltsplan, einer Liste)* **5** *Bejahung;* ~ *eines Urteils* ☐ **posição**

po|si|tiv ⟨Adj.⟩ **1** Ggs *negativ* 1.1 *bejahend; eine* ~e *Antwort;* ~*es Ergebnis, ~e Haltung* 1.2 ~er **Befund** ⟨Med.⟩ *B., dass tatsächlich Anzeichen einer Krankheit vorliegen* 1.2.1 (kurz für) *HIV-positiv* 1.3 ~*es* **Urteil** *zustimmend; eine ~e Kritik; sich zu einer Sache* ~ *äußern* 1.4 ⟨Math.⟩ *größer als Null;* ~e *mathematische Größen* 1.5 ⟨Philos.⟩ *wirklich vorhanden, gegeben* 1.6 ~er **Pol** ⟨El.⟩ *P., an dem Elektronen in einen Körper eintreten;* ~e *Ladung* ☐ **positivo; positivamente 2** ⟨umg.⟩ *bestimmt, gewiss* ☐ **com certeza;** *weißt du das* ~? ☐ **você tem certeza disso?*

Po|si|tiv¹ ⟨m.; -s, -e [-və]; Gramm.⟩ *Form des Adjektivs, das nicht gesteigert ist* ☐ **grau positivo**

Po|si|tiv² ⟨n.; -s, -e [-və]⟩ **1** *kleine Orgel ohne festen Standort u. nur mit Tasten, die von der Hand bedient werden* ☐ **órgão positivo 2** *Bild in der richtigen Wiedergabe der Seiten u. von Licht u. Schatten;* Ggs *Negativ* ☐ **positivo**

Pos|se ⟨f.; -, -n⟩ = *Farce(1.1)*

pos|ses|siv ⟨a. ['---] Adj. 24; Gramm.⟩ *besitzanzeigend;* ~*es Pronomen* ☐ **possessivo**

Post ⟨f.; -; unz.⟩ **1** *Einrichtung zur Beförderung von Nachrichten (z. B. Briefen, Karten), Geld, Gütern (z. B. Päckchen, Paketen); er arbeitet, ist bei der* ~; *Zeitungen durch die* ~ *beziehen* ☐ **correio 2** *die von der Post(1) beförderten Briefe u. a. Gegenstände; die* ~ *wird einmal am Tag ausgetragen; ist* ~ *für mich da?; ich habe meine* ~ *noch nicht gelesen; die eingegangene, heutige* ~ ☐ **correspondência** 2.1 *mit gleicher* ~ *senden wir Ihnen gleichzeitig, am selben Tage* ☐ **remessa 3** *der Inhalt einer Nachricht; von jmdm.* ~ *bekommen;* ~ *beantworten; gute, schlechte, traurige* ~ ☐ **notícia 4** *Postamt; die* ~ *ist von 8 bis 18 Uhr geöffnet; einen Brief auf die* ~ *bringen* ☐ **agência dos correios**

post..., Post... ⟨in Zus.⟩ *nach..., Nach..., hinter..., Hinter...; postoperativ, postdatieren, Postmoderne, Postposition*

Post|bo|te ⟨m.; -n, -n⟩ *Briefträger* ☐ **carteiro**

Pos|ten ⟨m.; -s, -⟩ **1** *jmd., der Wache hält, etwas beobachtet, bewacht;* Wacht~; *die* ~ *aufstellen, einziehen, ablösen, verdoppeln, verstärken* ☐ **guarda; sentinela; vigia** 1.1 *auf* ~ *ziehen den Dienst als Wache antreten* ☐ **montar guarda* 1.2 ~ *stehen Wache halten* ☐ **estar de guarda* 1.3 *auf dem* ~ *sein aufpassen, Wache halten; auf seinem* ~ *bleiben* ☐ **estar alerta* 1.4 *auf dem* ⟨a. fig.⟩ *wohlauf, gesund* ☐ **em forma;* → *a. verloren(2.3)* **2** *Anstellung, Stelle, Amt; ein guter* ~, *einen* ~ *bei einer Partei haben* ☐ **posto; cargo 3** *bestimmte Menge von Waren (aus einem Sortiment); einen* ~ *Unterhemden kaufen* ☐ **lote; partida 4** *einzelner Betrag (in einer Rechnung)* ☐ **item** 4.1 *gebuchter Betrag; dieser* ~ *stimmt nicht* ☐ **partida; assentamento** 4.2 *einzelne Ziffer in einem Haushalt* ☐ **item; artigo 5** ⟨Jagdw.⟩ *grober Schrot; Reh*~ ☐ **chumbo grosso*

Pos|ter ⟨m. od. n.; -s, -⟩ *großes, plakatartiges Bild; ein* ~ *an der Wand befestigen* ☐ **pôster**

post|hum ⟨Adj. 24⟩ = *postum*

pos|tie|ren ⟨V. 500/Vr 7⟩ *jmdn. (an eine, an einer Stelle)* ~ *an einer Stelle aufstellen; sich (als Wache) vor die, vor der Tür, vor ein, einem Gebäude* ~ ☐ *postar(-se); posicionar(-se)*

Pos|til|li|on ⟨m.; -s, -e⟩ **1** ⟨früher⟩ *Fahrer der Postkutsche* ☐ **postilhão 2** ⟨Zool.⟩ *zu den Weißlingen gehörender Falter mit dunkel gesäumten, gelben Flügeln: Colias croceus* ☐ **borboleta maravilha**

Post|kar|te ⟨f.; -, -n⟩ **1** *Karte für schriftliche Mitteilungen zum Versand durch die Post* **2** *Ansichtskarte,* Kunstpostkarte ☐ **cartão-postal**

post|la|gernd ⟨Adj. 24/90⟩ *an ein Postamt adressiert u. vom Empfänger dort abzuholen* ☐ **posta-restante**

Post|leit|zahl ⟨f.; -, -en; Abk.: PLZ⟩ *(auf Postsendungen anzugebende) Kennzahl für einen Postort zur rascheren (maschinellen) Verteilung der Post* ☐ **código de endereçamento postal**

Pöst|ler ⟨m.; -s, -; schweiz.⟩ *Postbeamter, Postbote, Briefträger* ☐ **carteiro**

Post|skript ⟨n.; -(e)s, -e; Abk.: PS⟩ *Nachschrift, Nachtrag (zu Briefen, Abhandlungen o. Ä.);* oV *Postskriptum* ☐ **pós-escrito**

Post|skrip|tum ⟨n.; -s, -skrip|te od. -skrip|ta; Abk.: PS⟩ = *Postskript*

pos|tum ⟨Adj. 24⟩ oV *posthum* **1** *nach dem Tode erfolgend;* ~e *Würdigung* **2** *nach dem Tode (des Verfassers, Komponisten) erschienen, nachgelassen;* ~e *Werke* ☐ **póstumo**

post|wen|dend ⟨Adj. 24/90⟩ *mit der nächsten Post, sofort;* ~ *antworten, schreiben, schicken* ☐ **na remessa de volta**

po|tent ⟨Adj.⟩ Ggs *impotent* **1** *zeugungsfähig, fähig zum Geschlechtsverkehr (vom Mann)* ☐ **potente 2** ⟨geh.⟩ *finanzstark, einflussreich, mächtig;* ~e *Unternehmen* ☐ **poderoso; influente**

Po|ten|ti|al ⟨n.; -s, -e⟩ = *Potenzial*

po|ten|ti|ell ⟨Adj. 24/80⟩ = *potenziell*

Po|tenz ⟨f.; -, -en⟩ **1** ⟨unz.; Med.⟩ Ggs *Impotenz* 1.1 *Fähigkeit des Mannes, den Geschlechtsverkehr auszu-*

üben 1.2 *Zeugungsfähigkeit, Geschlechtsreife* **2** 〈unz.; Homöopathie〉 *Grad der Verdünnung (eines Arzneimittels)* **3** 〈Math.〉 *Produkt mehrerer gleicher Faktoren* 3.1 *eine Zahl in die zweite, dritte, vierte* ~ *erheben das Produkt aus zwei-, drei-, viermal derselben Zahl; die n-te* ~ □ **potência**

Po|ten|zi|al 〈n.; -s, -e〉 oV *Potential* **1** *(nicht sichtbares) Leistungsvermögen, etwas unterschwellig Vorhandenes* **2** 〈Phys.〉 *Maß zur Beschreibung eines (Kraft-)Feldes an einem Punkt* 2.1 = *potentielle Energie,* → *potenziell(2)* □ **potencial**

po|ten|zi|ell 〈Adj. 24/80〉 oV *potentiell* **1** *möglich, denkbar* **2** ~e *Energie* 〈Phys.〉 *E. der Lage* □ **potencial**

po|ten|zie|ren 〈V. 500〉 **1** *eine Kraft* ~ *steigern, erhöhen* □ **potenciar; potencializar 2** *Zahlen* ~ 〈Math.〉 *in die Potenz erheben, mit sich selbst multiplizieren* □ **potenciar; elevar a determinada potência 3** *Arzneimittel* ~ 〈Homöopathie〉 *durch (mehrfaches) Hinzufügen der jeweils gleichen Menge Wasser verdünnen* □ **dinamizar**

Pot|pour|ri 〈[-pur-] n.; -s, -s〉 **1** *aus verschiedenen (miteinander verbundenen) Melodien zusammengesetztes Musikstück* **2** *Vermischtes, Kunterbuntes, Allerlei* □ **pot-pourri**

Pott 〈m.; -(e)s, Pöt|te〉 *Topf* □ **panela**

Pou|lard 〈[pula:r] n.; -s, -s〉 = *Poularde*

Pou|lar|de 〈[pu-] f.; -, -n〉 *junges, vor der Geschlechtsreife geschlachtetes Masthuhn od. -hähnchen;* oV *Poulard* □ **frango de engorda**

Pou|let 〈[pule:] n.; -s, -s; schweiz.〉 *Huhn (als Speise)* □ **frango**

Pow|er *auch:* **Po|wer** 〈[pauə(r)] f.; -; unz.〉 *Stärke, Leistung, Kraft, Energie* □ **força; energia;** ~**frau** □ **supermulher;* ~**play** □ **power play*

Po|widl 〈m.; -s; -; österr.〉 *Pflaumenmus* □ **geleia de ameixa**

PR 〈Abk. für〉 *Public Relation* □ **relações públicas**

Prä 〈n.; -s, -s; umg.〉 *Vorrang, Vorzug; das* ~ *haben; ein* ~ *jmdm. gegenüber haben* □ **precedência**

prä..., Prä... 〈in Zus.〉 *vor..., Vor...;* prähistorisch, prädestiniert, prädisponieren, Präexistenz, Präkambrium

Prä|am|bel 〈f.; -, -n〉 *(feierliche) einleitende Erklärung (zu einer Urkunde, einem Staatsvertrag)* □ **preâmbulo**

Pracht 〈f.; -; unz.〉 **1** *strahlende Schönheit, reicher, glänzender Aufwand, strahlender Glanz von Silber, Gold, Edelsteinen u. Farben, Prunk; verschwenderische* ~; *sich mit großer* ~ *umgeben; große* ~ *entfalten* □ **pompa; magnificência; esplendor** 1.1 *es ist eine* ~ 〈fig.〉 *es ist herrlich* □ **é magnífico*

präch|tig 〈Adj.〉 **1** *mit großer Pracht ausgestattet, prachtvoll; eine* ~e *Ausstattung (von Räumen);* ~e *Gewänder* □ **magnífico; luxuoso; esplêndido 2** *herrlich, großartig, vortrefflich; der Festzug war* ~ *anzuschauen; das ist ja* ~! 〈umg.〉 □ **excelente; maravilhoso;** *das hat er* ~ *gemacht* 〈umg.〉 □ **muito bem** 2.1 *ein* ~es **Mahl** *üppiges, reichhaltiges M.* □ **lauto; abundante**

pra|cken 〈V. 400 od. 500; österr.; umg.〉 **1** *schlagen, klopfen* □ **bater 2** *pauken, einpauken* □ **rachar de estudar**

prä|des|ti|nie|ren 〈V. 500〉 **1** *jmdn.* ~ *vorausbestimmen* □ **predestinar 2** *jmd. ist prädestiniert für etwas* 〈fig.〉 *ist bes. gut geeignet, hat eine ausgezeichnete Veranlagung, gute Voraussetzungen für etwas* □ **predestinado**

Prä|di|kat 〈n.; -(e)s, -e〉 **1** *Titel, Bezeichnung für einen Rang; Adels~* □ **título 2** *Ergebnis einer Bewertung, Beurteilung,* Sy *Note(2); eine Arbeit mit dem* ~ „*sehr gut*" *bewerten* □ **nota; avaliação 3** 〈Logik〉 *Glied eines Urteils, das die Aussage über ein Subjekt enthält* 3.1 〈Gramm.〉 *Satzteil, der Tätigkeit, Zustand od. Eigenschaft eines Subjektes angibt* □ **predicado**

prä|fe|ren|ti|ell 〈Adj. 24; bes. Wirtsch.〉 = **präferenziell**

Prä|fe|renz 〈f.; -, -en〉 **1** *Vorrang, Vorzug, Bevorzugung;* ~*en erkennen lassen* **2** 〈Wirtsch.〉 *Bevorzugung, Begünstigung (bestimmter Länder) im Handelsverkehr* 2.1 *Vorzug bestimmter Waren seitens der Käufer* □ **preferência**

prä|fe|ren|zi|ell 〈Adj. 24; bes. Wirtsch.〉 *auf Präferenzen beruhend, Präferenzen zeigend;* oV *präferentiell* □ **preferencial**

Prä|fix 〈n.; -es, -e; Gramm.〉 *einem Wort vorangestellte Ableitungssilbe;* Sy *Vorsilbe;* Ggs *Suffix* □ **prefixo**

prä|gen 〈V. 500〉 **1** *etwas* ~ *durch Druck mechanisch so formen, dass eine in eine Form (Prägestock, Prägestempel) erhaben od. vertieft eingearbeitete Figur, Gestalt, Schrift o. Ä. plastisch abgebildet wird; Münzen* ~; *geprägte Pappe, geprägtes Leder* □ **cunhar; estampar; gravar** 1.1 〈531/Vr 3〉 *sich etwas ins Gedächtnis, Herz* ~ 〈fig.〉 *etwas (fest) im G., H. behalten; das Erlebnis hat sich mir fest, tief ins Gedächtnis geprägt* □ **ficar gravado na memória/no coração* **2** *eine Sache* ~ 〈fig.〉 *gestalten, mit einem bestimmten Gepräge, einer bestimmten Eigenart versehen; die Literatur der Klassik ist durch Goethe u. Schiller geprägt worden; sein Charakter ist durch tiefe Eindrücke, schwere Erlebnisse in seiner Jugend geprägt worden* □ **marcar; influenciar 3** *(etwas Sprachliches)* ~ *erstmalig bilden, hervorbringen; ein Wort* ~; *einen Begriff, Ausspruch, Satz* ~ □ **cunhar**

Prag|ma|tik 〈f.; -, -en〉 **1** *Orientierung auf das Nützliche* **2** 〈Sprachw.〉 *derjenige Aspekt der allgemeinen Zeichenlehre, der die Beziehungen zwischen den Zeichen und den Menschen, die sie vereinbaren und anwenden, betrifft* **3** 〈österr.〉 *Ordnung des Staatsdienstes* □ **pragmática**

prag|ma|tisch 〈Adj.〉 **1** *im Sinne des Pragmatismus* **2** *zur Pragmatik(2) gehörig, auf der Pragmatik(2) beruhend* **3** *sachlich, den Tatsachen, Erfahrungen, der Praxis des Lebens entsprechend, dem praktischen Nutzen dienend* □ **pragmático**

Prag|ma|tis|mus 〈m.; -; unz.〉 *Lehre, nach der sich das Wesen des Menschen in seinem Handeln ausdrückt u. nach der Handeln u. Denken dem praktischen Leben dienen sollen* □ **pragmatismo**

präg|nant *auch:* **präg|nant** 〈Adj.〉 *kurz u. treffend, deutlich, genau; eine* ~e *Formulierung; ein* ~es *Beispiel* □ **significativo; conciso; preciso**

Prä|gung ⟨f.; -, -en⟩ **1** das Prägen; die ~ einer Münze □ cunhagem **2** geprägtes Bild od. Muster; die ~ der Medaille ist zu flach; eine schöne, saubere ~ □ relevo; cunho **3** ⟨fig.⟩ Gepräge, Eigenart; ein Mensch von (ganz) eigener ~; ein Buch von besonderer ~; Stil~, Wort~□ cunho; caráter; característica

prah|len ⟨V. 400; abwertend⟩ **(mit etwas)** ~ sich einer Sache rühmen, sich wichtigmachen, großtun; mit seinen Erfolgen, seinem Können ~; er hat vor mir mit seinem Wissen geprahlt□ gabar-se; vangloriar-se

prah|le|risch ⟨Adj.⟩ prahlend, angeberisch □ vaidoso; fanfarrão; jactancioso

Prak|tik ⟨f.; -, -en⟩ **1** Art der Ausübung (einer Tätigkeit) **2** Handhabung (eines Werkzeugs)□ prática **3** Verfahren □ método; procedimento **4** ⟨fig.⟩ Kunstgriff, Kniff□ prática; jeito **5** ⟨nur Pl.⟩ Machenschaften; dunkle, undurchsichtige ~en□ manobra

Prak|ti|kant ⟨m.; -en, -en⟩ jmd., der eine praktische Ausbildungsphase durchläuft, ein Praktikum macht□ estagiário; praticante

Prak|ti|kan|tin ⟨f.; -, -tin|nen⟩ weibl. Praktikant□ estagiária; praticante

Prak|ti|ker ⟨m.; -s, -⟩ praktischer Mensch, Mensch mit (überwiegend) praktischer Erfahrung; Ggs Theoretiker □ pessoa prática/com conhecimento prático

Prak|ti|kum ⟨n.; -s, -ti|ka⟩ **1** Übungen, Kurs zur praktischen Anwendung des in der Vorlesung Erlernten **2** zeitlich zusammenhängende Ausbildung in der praktischen Arbeit als Teil der gesamten Ausbildung□ estágio; prática

prak|tisch ⟨Adj.⟩ **1** auf Praxis(1) beruhend, in der Praxis(1), in Wirklichkeit, tatsächlich; Ggs theoretisch□ prático; etwas lässt sich ~ kaum durchführen□ na prática **2** zweckmäßig, gut zu handhaben; ~e Werkzeuge, Gegenstände, Verfahren; eine ~e Einrichtung □ prático; funcional **2.1** geschickt, findig; du machst das sehr ~□ com prática/habilidade **3** ~er Arzt A. für alle Krankheiten, nicht spezialisierter A.□ *clínico geral **4** ~es Jahr Praktikum von einem Jahr Dauer (z. B. im Anschluss an das Studium der Medizin)□ *ano de prática/estágio

prak|ti|zie|ren ⟨V.⟩ **1** ⟨500⟩ ein Verfahren, eine Methode ~ in die Praxis umsetzen, in der Praxis anwenden, durchführen, ausführen□ praticar; exercer **2** als Arzt tätig sein; Dr. X praktiziert ab 1. 10. wieder □ exercer a medicina; clinicar **3.1** ~der Arzt in der eigenen Praxis tätiger A.□ *médico em exercício

Prä|lat ⟨m.; -en, -en; Titel für⟩ **1** ⟨kath. Kirche⟩ geistlicher Würdenträger, z. B. Bischof, Abt, mit erweiterten Befugnissen **2** ⟨evang. Kirche⟩ leitender Geistlicher in einigen süddt. Landeskirchen□ prelado

Pra|li|ne ⟨f.; -, -n⟩ kleines Stück Konfekt mit einem Überzug aus Schokolade u. mit verschiedenen Füllungen; oV Pralinee□ bombom

Pra|li|nee ⟨n.; -s, -s; österr.⟩ = Praline

prall ⟨Adj.⟩ **1** ganz gefüllt; ein ~er Beutel, Sack□ cheio; abarrotado **2** straff gespannt u. gewölbt; ein ~es Segel, Kissen□ enfunado; bojudo **3** ⟨umg.⟩ dick, fest u. rund; ~e Arme, Waden, Muskeln, Schenkel□ corpulento; roliço **4** in der ~en Sonne in der heißen, stark scheinenden S. ohne jeden Schatten □ *em pleno sol; debaixo do sol; die Sonne scheint ~□ *o sol brilha forte **5** ~ füllen = prallfüllen

prall|len ⟨V. 400⟩ **1** ⟨411(s.)⟩ gegen, an od. auf etwas, gegen od. auf jmdn. ~ heftig gegen, an od. auf etwas od. jmdn., gegen, auf jmdn. stoßen u. zurückgeworfen werden; die Brandung prallt an das Felsriff; in der Tür prallte er auf seinen Chef; er rannte um die Ecke und prallte gegen eine Frau; der Ball prallte gegen die Mauer□ bater; esbarrar; ricochetar **2** die Sonne prallt die S. scheint mit voller Intensität□ arder; brilhar

prall|fül|len auch: prall füllen ⟨V. 500⟩ etwas ~ sehr voll füllen; ein prallgefüllter/prall gefüllter Sack □ encher; abarrotar

Prä|lu|di|um ⟨n.; -s, -di|en⟩ **1** ⟨Mus.⟩ Vorspiel **1.1** frei gestaltetes (einleitendes) Musikstück; ~ u. Fuge **2** ⟨fig.⟩ einem Vorgang od. Ereignis vorausgehender Vorgang□ prelúdio

Prä|mie ⟨[-mjə] f.; -, -n⟩ **1** Preis, Belohnung für gute Leistung; Buch~, Geld~ **2** Betrag, den der Versicherte der Versicherung regelmäßig zu zahlen hat; Versicherungs~□ prêmio

prä|mie|ren ⟨V. 500⟩ jmdn., eine Leistung ~ mit einer Prämie belohnen, auszeichnen□ premiar

Prä|mis|se ⟨f. 19; Logik⟩ **1** ⟨Philos.⟩ Vordersatz, Voraussetzung (eines Schlusses) **2** ⟨allg.⟩ Voraussetzung, Grundbedingung; eine Genehmigung erteilen unter der ~, dass...□ premissa

pran|gen ⟨V.⟩ **1** ⟨411; geh.⟩ in Glanz u. Pracht erscheinen, auffallend glänzen, leuchten; auf den Wiesen ~ bunte Blumen; Sterne ~ am Himmel □ brilhar; resplandecer **2** ⟨411⟩ an einer bestimmten Stelle auffällig angebracht sein; an der Tür prangte ein Schild mit einer Girlande; auf der Kommode prangt eine kostbare Vase □ sobressair; destacar-se **3** ⟨400; Mar.⟩ Segel, Masten, Maschinen od. Kessel überbeanspruchen, um eine Gefahr für das Schiff od. die Ladung abzuwenden□ dar carga total **4** ⟨417⟩ mit etwas od. jmdm. ~ mit jmdm. od. etwas prahlen, angeben, sich einer Sache rühmen, etwas stolz zur Schau tragen□ exibir-se; vangloriar-se

Pran|ger ⟨m.; -s, -; früher⟩ **1** ⟨früher⟩ Pfahl auf einem öffentlichen Platz, an dem Übeltäter zur Schau gestellt wurden□ pelourinho **2** jmdn. od. etwas an den ~ stellen ⟨fig.⟩ der öffentlichen Schande preisgeben □ *colocar alguém ou alguma coisa na berlinda **3** am ~ stehen ⟨fig.⟩ öffentlich getadelt, angeklagt werden □ *estar na berlinda

Pran|ke ⟨f.; -, -n⟩ **1** (vordere) Tatze (großer Raubtiere); der Tiger schlug mit seiner ~ zu **2** ⟨fig.; umg.; scherzh.⟩ große, starke Hand□ pata

Prä|pa|rat ⟨n.; -(e)s, -e⟩ etwas kunstgerecht Vor-, Zubereitetes, z. B. Arzneimittel **2** getrocknete Pflanze od. ausgestopftes Tier als Lehrmittel **3** zum Mikroskopieren vorbereiteter Teil eines Gewebes□ preparado

prä|pa|rie|ren ⟨V. 500⟩ **1** tote menschliche od. tierische Körper od. Pflanzen ~ (zu Lehrzwecken) zerlegen (u. zur Aufbewahrung dauerhaft haltbar machen) □ preparar; dissecar **2** einen Stoff ~ (für den Unter-

richt) vorbereiten 2.1 ⟨505/Vr 7⟩ jmdn. (für eine Aufgabe) ~ vorbereiten □ **preparar**

Prä|po|si|ti|on ⟨f.; -, -en; Gramm.⟩ *Wort, das ein räumliches, zeitliches od. logisches Verhältnis zwischen Personen, Sachen, Begriffen usw. ausdrückt, z. B. vor, nach, während;* Sy *Verhältniswort* □ **preposição**

Prä|rie ⟨f.; -, -n⟩ *nordamerikanische Grassteppe* □ **pradaria**

Prä|sens ⟨n.; -; unz.; Gramm.⟩ *Zeitform des Verbs, die ein gegenwärtiges od. unbestimmtes Geschehen bezeichnet, z. B. ich gehe;* Sy *Gegenwart(1.1)* □ **presente**

prä|sent ⟨Adj.⟩ **1** *gegenwärtig, anwesend* 1.1 *etwas ~ haben im Gedächtnis haben* □ **presente**

Prä|sent ⟨n.; -(e)s, -e⟩ *(kleines) Geschenk;* jmdm. ein ~ überreichen □ **presente**

prä|sen|tie|ren ⟨V.⟩ **1** ⟨503⟩ (jmdm.) etwas ~ *darreichen, darbieten, vorlegen* 1.1 jmdm. die Rechnung ~ ⟨a. fig.⟩ *jmdn. zwingen, die Konsequenzen seines Tuns zu tragen* 1.2 (jmdm.) einen Wechsel ~ *zur Einlösung vorlegen* □ **apresentar 2** ⟨500⟩ das Gewehr ~ *das G. senkrecht vor den Körper halten (als militär. Ehrenbezeigung)* □ *****apresentar armas 3** ⟨500/Vr 7 od. Vr 8⟩ jmdn. ~ *in der Öffentlichkeit vorstellen;* die Staatsoberhäupter ~ sich □ **apresentar**

Prä|senz ⟨f.; -; unz.⟩ **1** *Anwesenheit, Anzahl der Anwesenden;* geringe ~ **2** *Ausstrahlungskraft (eines Künstlers, Schauspielers o. Ä.)* □ **presença**

Prä|ser ⟨m.; -s, -; umg.; kurz für⟩ *Präservativ* □ **preservativo**

Prä|ser|va|tiv ⟨[-va-] n.; -s, -e⟩ = *Kondom*

Prä|si|dent ⟨m.; -en, -en⟩ **1** *Vorsitzender (einer Versammlung)* **2** *Leiter (einer Behörde, eines Vereins)* **3** *republikanisches Staatsoberhaupt;* Bundes~, Reichs~, Staats~ □ **presidente**

Prä|si|den|tin ⟨f.; -, -tin|nen⟩ *weibl. Präsident* □ **presidente**

Prä|si|di|um ⟨n.; -s, -di|en⟩ **1** *Vorsitz, Leitung* □ **presidência; direção 2** *Amtsgebäude eines Polizeipräsidenten;* Polizei~ □ *****sede da polícia**

pras|seln ⟨V.⟩ **1** ⟨411(s.)⟩ etwas prasselt *auf od. gegen etwas etwas schlägt mit trommelndem Geräusch auf, fällt mit knatterndem Geräusch auf od. gegen etwas;* der Hagel, Regen prasselt aufs Dach; Steine prasselten gegen das Fenster □ **bater; tamborilar** 1.1 ⟨800⟩ Fragen, Vorwürfe ~ auf jmdn. ⟨fig.⟩ *jmd. ist sehr vielen F., V. ausgesetzt* □ **chover 2** ⟨400⟩ etwas prasselt *gibt beim Verbrennen ein knisterndes Geräusch von sich;* Feuer prasselt im Ofen; das Holz brennt ~d □ **crepitar; estalar**

pras|sen ⟨V. 400⟩ *schwelgen, in Saus u. Braus leben, Geld verschwenden;* er hat geschlemmt und geprasst □ **banquetear-se; esbanjar**

prä|ten|ti|ös ⟨Adj.; geh.⟩ *anmaßend, selbstgefällig;* ein ~es Auftreten □ **pretensioso**

Prä|ter|i|tum *auch:* **Prä|te|ri|tum** ⟨n.; -s, -ri|ta; Gramm.⟩ *Zeitform des Verbs, die ein Geschehen in der Vergangenheit(1) bezeichnet, z. B. ich ging, er schlief;* Sy *Imperfekt(2), Vergangenheit* □ **pretérito**

prä|ven|tiv ⟨[-vɛn-] Adj. 24⟩ *vorbeugend;* ~e Medizin □ **preventivo**

Pra|xis ⟨f.; -, Pra|xen⟩ **1** ⟨unz.⟩ *Ausübung, Anwendung, Tätigkeit;* Ggs *Theorie;* das ist in der Theorie richtig, sieht in der ~ anders aus; etwas in der ~, durch die ~ lernen 1.1 *Erfahrung in der Ausübung eines Berufes;* auf einem Gebiet ~ besitzen; sich eine gewisse ~ aneignen; eine langjährige ~ besitzen □ **prática 2** ⟨unz.⟩ *Sprechstunde eines Arztes;* Dr. W. hat (hält) heute ~ □ **consulta 3** *Raum od. Räume für die Ausübung des Berufes (von Ärzten u. Rechtsanwälten);* Arzt~, Anwalts~; die ~ des Vaters übernehmen; die große, gutgehende ~ eines Arztes □ **consultório; escritório**

Prä|ze|denz|fall ⟨m.; -(e)s, -fäl|le⟩ *Musterfall, der für das Vorgehen bei späteren ähnlichen Fällen maßgebend ist;* einen ~ schaffen □ **precedente**

prä|zis ⟨Adj.⟩ *genau, exakt;* oV *präzise;* ~e Ausdrucksweise; 3 Uhr ~; ~ arbeiten, sich ~ ausdrücken; etwas ~ formulieren □ **preciso; com precisão**

prä|zi|se ⟨Adj.⟩ = *präzis*

prä|zi|sie|ren ⟨V. 500⟩ etwas ~ *genauer angeben, genauer ausdrücken als vorher;* Ausführungen weiter ~; er hat seine Meinung nicht genügend präzisiert □ **precisar; especificar**

pre|di|gen ⟨V.⟩ **1** ⟨400⟩ *im Gottesdienst die Predigt halten;* über ein bestimmtes Bibelwort ~ □ **pregar 2** ⟨500⟩ etwas ~ *verkündigen;* das Evangelium, das Wort Gottes ~ □ **anunciar; proclamar** 2.1 ⟨530⟩ jmdm. etwas ~ ⟨fig.; umg.⟩ *jmdn. häufig zu etwas mahnen, jmdm. etwas immer wieder mahnend sagen;* jmdm. Ordnung, Vernunft ~ □ **pregar** 2.1.1 ⟨600⟩ tauben Ohren ~ ⟨umg.⟩ *mahnen, raten, ohne dass der andere sich danach richtet* □ *****malhar em ferro frio; falar para as paredes**

Pre|di|ger ⟨m.; -s, -⟩ **1** *jmd., der (als Geistlicher) regelmäßig Predigten für eine Kirche od. Religionsgemeinschaft hält* 1.1 *jmd., der häufig etwas predigt (1.1), ständig andere ermahnt (Moral~)* □ **pregador**

Pre|di|ge|rin ⟨f.; -, -rin|nen⟩ *weibl. Prediger* □ **pregadora**

Pre|digt ⟨f.; -, -en⟩ **1** *Ansprache des Geistlichen im Gottesdienst, meist von der Kanzel, über einen Bibeltext;* die ~ halten; eine zu Herzen gehende, erbauliche, trockene ~; Oster~, Weihnachts~; Grab~, Fest~ **2** ⟨fig.; umg.⟩ *ermahnende Rede;* jmdm. eine ~ halten; verschone mich mit deinen ewigen ~en!; Gardinen~, Moral~, Straf~ □ **sermão**

Preis ⟨m.; -es, -e⟩ **1** *als Geldwert ausgedrückter Wert einer Ware;* Kauf~; Markt~; Liebhaber~; hohe, niedrige, unerschwingliche ~e; die ~e fallen, sinken, steigen, klettern in die Höhe; die ~e drücken, hochtreiben; einen ~ festsetzen; sich auf einen ~ einigen; jmdm. eine Ware zum halben ~ überlassen; Waren zu herabgesetzten, ermäßigten ~en verkaufen; wie hoch ist der ~?; der ~ des Mantels beträgt 200,– € 1.1 unter(m) ~ verkaufen *billiger verkaufen, als der festgesetzte P. beträgt, mit sehr geringer Gewinnspanne* □ **preço** 1.2 um jeden ~ ⟨a. fig.⟩ *unbedingt, unter allen Umständen* □ *****a qualquer preço; custe o que custar** 1.3 um keinen ~ ⟨fig.⟩ *auf keinen Fall* □ *****por preço**

Preisausschreiben

nenhum; de jeito nenhum 2 *Belohnung für einen Sieg;* Sieges~; erster, zweiter, dritter ~; einen ~ erringen, gewinnen, stiften; jmdm. den ~ zuerkennen □ **prêmio** 2.1 einen ~ (auf etwas) (aus)setzen *eine Belohnung für etwas versprechen* □ *oferecer um prêmio/uma recompensa (por alguma coisa); → a. *Fleiß(1.1)* 3 ⟨umg.; poet.⟩ *hohes Lob, Ehre;* zu Gottes ~; Gott sei ~ und Dank; jmdm., bes. Gott, Lob und ~ singen □ **honra; louvor**

Preis|aus|schrei|ben ⟨n.; -s, -⟩ *öffentlich ausgeschriebener Wettbewerb mit einer od. mehreren Aufgaben, auf deren richtige od. beste Lösung Preise ausgesetzt sind;* sich an einem ~ beteiligen □ **concurso; competição**

Prei|sel|bee|re ⟨f.; -, -n⟩ *der Heidelbeere ähnliches Heidekrautgewächs mit lederartigen immergrünen Blättern u. roten, essbaren Beeren mit herbem Geschmack: Vaccinium vitis idaea* □ **mirtilo vermelho**

prei|sen ⟨V. 193/500⟩ **1** jmdn. od. etwas ~ ⟨geh.⟩ *loben, rühmen;* Gott ~; er pries sie als gute Fahrerin; sie hat seine Tüchtigkeit, den glücklichen Zufall gepriesen; sie ist eine gepriesene Schönheit □ **elogiar; louvar** 1.1 ⟨513/Vr 7⟩ **jmdn.** (od. sich glücklich ~ (können) *glücklich nennen (können)* □ *(poder) considerar(-se) feliz/afortunado

Preis|fra|ge ⟨f.; -, -n⟩ **1** *Frage eines Preisausschreibens* □ **pergunta que vale prêmio (em competição/concurso)** **2** ⟨fig.⟩ *schwierige Frage* □ **pergunta difícil; boa pergunta** **3** ⟨fig.; umg.⟩ *den Preis betreffende Angelegenheit;* es ist nur eine ~, ob wir uns dieses oder jenes Auto kaufen □ **questão de preço**

preis|ge|ben ⟨V. 143⟩ **1** ⟨503/Vr 7⟩ jmdn. od. sich, etwas (jmdm. od. einer **Sache**) ~ *ausliefern, nicht mehr schützen, überlassen, hingeben;* jmdn. der Schande, dem Spott der anderen ~; das Boot war dem Wind und den Wellen (hilflos) preisgegeben; der Witterung preisgegeben sein; er fühlte sich preisgegeben □ **abandonar(-se); entregar(-se)** **2** ⟨503⟩ ⟨jmdm.⟩ **etwas** ~ *verraten, etwas vor jmdm. nicht bewahren;* ein Geheimnis, einen Plan ~; er hat den Namen seines Komplizen der Polizei preisgegeben; sich selbst ~ □ **revelar**

Preis|la|ge ⟨f.; -, -n⟩ *Lage, Höhe des Preises;* haben Sie noch andere Stoffe in dieser ~?; in welcher ~? □ **preço**

preis|wert ⟨Adj.⟩ *im Preis verhältnismäßig niedrig u. dabei gut;* ein ~es Essen, Zimmer; etwas ~ kaufen □ **barato; em conta**

pre|kär ⟨Adj.⟩ *heikel, misslich, schwierig, unangenehm;* eine ~e Situation □ **precário**

Prell|bock ⟨m.; -(e)s, -bö|cke⟩ **1** *Bock, Klotz am Ende eines Gleises zum Anhalten von Eisenbahnwagen* □ **para-choque** 2 ⟨fig.; umg.⟩ *jmd., dem man ständig die Schuld gibt, der für alles gradestehen muss* □ **bode expiatório**

prel|len ⟨V.⟩ **1** ⟨505⟩ jmdn. (um etwas) ~ ⟨umg.⟩ *jmdn. betrügen, durch List um etwas bringen;* er hat seine Kunden tüchtig geprellt; er prellte ihn um Geld, seinen Lohn; die geprellten Gläubiger □ **enganar; levar no bico** 1.1 *die Zeche ~ die Z. im Gasthaus in*

betrügerischer Absicht nicht bezahlen □ *sair sem pagar a conta **2** ⟨500/Vr 3 od. 530/Vr 1⟩ sich (etwas) ~ *sich stoßen, ohne dass eine offene Wunde entsteht;* ich habe mir den Arm geprellt; ich prellte mich an der Schulter; sie hat sich nur geprellt; ein geprelltes Knie □ **contundir(-se); bater** **3** ⟨400(s.)⟩, regional *rasch, heftig laufen (bes. vom Wild u. Jagdhund)* □ **fugir; sair correndo**

Prel|lung ⟨f.; -, -en⟩ *innere Verletzung durch Stoß od. Schlag mit Bluterguss* □ **contusão**

Pré|lude ⟨[prely:d] n.; -s, -s; französ. Form von⟩ *Präludium* □ **prelúdio**

Pre|mi|e|re ⟨[prəmjɛːrə] f.; -, -n⟩ *Ur- od. Erstaufführung* □ **estreia**

pre|schen ⟨V. 400⟩ *sehr schnell u. wild rennen, laufen od. fahren;* nach vorn ~; an die Spitze der Bestsellerliste ~ ⟨fig.⟩ □ **disparar**

Pres|se ⟨f.; -, -n⟩ **1** *Gerät od. Maschine zum Pressen* 1.1 *Maschine, die mittels Druck Werkstücke formt* □ **prensa** 1.2 *Apparat zum mechanischen Auspressen von Saft;* Obst~ □ **espremedor** 1.3 *Druckmaschine;* die Buchseite kommt eben aus der ~ □ **prensa; prelo 2** ⟨unz.⟩ *die Gesamtheit der Zeitungen u. Zeitschriften;* die deutsche, englische, französische, inländische, ausländische ~; die ~ ist sich darüber einig, dass ... □ **imprensa** 2.1 er hat eine **gute, schlechte** ~ ⟨umg.⟩ *er wird in der Zeitung gut, schlecht beurteilt* □ *ele foi bem/mal recebido pela imprensa

pres|sen ⟨V. 500⟩ **1** etwas ~ *durch Druck od. mittels einer Presse bearbeiten;* Pflanzen, Holz, Papier ~; gepresste Blumen; eine Karosserie ~ □ **prensar; comprimir** 1.1 *eine Flüssigkeit durch Zusammendrücken gewinnen;* Früchte ~; Saft aus einer Zitrone ~; Wein, Most ~ □ **espremer; prensar** **2** ⟨511/Vr 7⟩ etwas od. jmdn. irgendwohin ~ *heftig, stark drücken;* den Saft in ein Gefäß ~; die Kleider in einen Koffer ~; er presste das Kind an seine Brust; die Hand aufs Herz ~; ich presste mich eng an die Hauswand; ich presste mir die Hand an die Stirn; die Menschen standen gepresst am Eingang; in den engen Raum waren 20 Leute gepresst □ **espremer; apertar** 2.1 ⟨fig.⟩ *zwängen;* seine Gedanken in ein Schema ~; jmdn. in eine Entscheidung ~ □ **forçar; constranger** **3** ⟨550/Vr 8⟩ jmdn. zu etwas ~ *drängen, mit Zwang etwas von jmdm. zu erreichen suchen;* jmdn. zu einer Arbeit ~ □ **forçar; pressionar** **4** jmdn. ~ ⟨fig.⟩ *unterdrücken, ausbeuten;* die Bevölkerung, die Bauern, das arme Volk ~ □ **oprimir** **5** Segel ~ ⟨Seemannsspr.⟩ *mehr S. führen, als bei dem herrschenden Wind ratsam wäre* □ *soltar a vela

pres|sie|ren ⟨V. 400; oberdt.⟩ **1** ⟨400⟩ *eilen, sich beeilen, drängen;* die Sache pressiert 1.1 ⟨401⟩ es pressiert *es eilt* □ *ser urgente 1.2 ⟨403⟩ ich bin etwas pressiert *ich bin in Eile* □ **ter pressa; estar com pressa**

Pres|tige ⟨[-tiːʒ] n.; -s; unz.⟩ *Ansehen, Geltung bei anderen* □ **prestígio**

pre|ti|ös ⟨Adj.; geh.⟩ = **preziös**

pre|zi|ös ⟨Adj.; geh.⟩ oV pretiös **1** ⟨veraltet⟩ *kostbar, wertvoll* □ **precioso** **2** *geziert, geschraubt, unnatürlich;*

ein ~er Stil; eine ~e Ausdrucksweise ☐ **precioso; afetado; amaneirado**

pri|ckeln ⟨V. 400⟩ **1** etwas prickelt **(auf, gegen, in etwas)** verursacht ein juckendes Gefühl, wie von vielen feinen Stichen; kleine Eiskristalle ~ auf der Haut, gegen mein Gesicht; am ganzen Körper hat es geprickelt; seine Hände prickelten; Sekt, Selterswasser prickelt (mir) auf der Zunge; ein ~der Schmerz; etwas Prickelndes (für den Gaumen) ☐ **formigar; pinicar** 1.1 ⟨Part. Präs.⟩ ~d (fig.) *(geschlechtlich) leicht erregend, reizend, beunruhigend;* ein ~des Gefühl; einen ~den Reiz verspüren; eine ~de Atmosphäre, Unruhe ☐ **excitante 2** Sekt, Selterswasser prickelt *perlt u. spritzt leicht* ☐ **borbulhar; espumar**

Priel ⟨m.; (e)s, -e⟩ *schmaler Wasserlauf im Watt* ☐ **canal de maré**

Priem ⟨m.; -(e)s, -e⟩ *(Stück) Kautabak* ☐ **(porção de) tabaco para mascar**

Pries|ter ⟨m.; -s, -⟩ **1** ⟨i. w. S.⟩ *mit bes. Vollmachten ausgestatteter Träger eines religiösen Amtes u. Vertreter der Gemeinde bei kultischen Handlungen;* Hohe~ **2** ⟨i. e. S.⟩ *kath. Geistlicher;* er wurde zum ~ geweiht ☐ **sacerdote**

Prim ⟨f.; -, -en⟩ **1** ⟨kath. Kirche⟩ *morgendliche Gebetsstunde* ☐ **prima 2** ⟨Mus.⟩ = **Prime**

pri|ma ⟨Adj. 11⟩ **1** ⟨Kaufmannsspr.; Abk.: pa., Ia⟩ *erstklassig, erster Güte, bester Qualität* ☐ **de primeira (qualidade) 2** etwas ist ~ ⟨umg.⟩ *ausgezeichnet, hervorragend;* ~ Qualität; das hast du ~ gemacht ☐ **excelente; muito bem 3** *herrlich, großartig, sehr schön;* das ist ~! ☐ **maravilhoso; excelente 4** jmd. ist ~ ⟨umg.⟩ *tüchtig, prächtig;* er ist ein ~ Kerl, Schüler ☐ **ótimo**

Pri|ma|bal|le|ri|na ⟨f.; -, -rin|nen⟩ *erste Tänzerin eines Balletts* ☐ **primeira-balarina**

Pri|ma|don|na ⟨f.; -, -don|nen⟩ **1** *Sängerin von Hauptrollen in der Oper* **2** ⟨abwertend⟩ *empfindliche, sich für etwas Besonderes haltende Person* ☐ **prima-dona**

pri|mär ⟨Adj. 24⟩ **1** *unmittelbar entstanden, erst...* **2** *ursprünglich, Anfangs...* **3** *die Grundlage, Voraussetzung bildend;* Ggs *sekundär(1)* ☐ **primário**

Pri|mar|schu|le ⟨f.; -, -n; schweiz.⟩ = **Grundschule**

Pri|mat[1] ⟨m. od. n.; -(e)s, -e⟩ **1** *Vorrang, Vorzug, Vorherrschaft* ☐ **primazia 2** *Erstgeburtsrecht* ☐ **direito de primogenitura 3** *Vorrangstellung (des Papstes als Oberhaupt der kath. Kirche)* ☐ **primazia/primado papal**

Pri|mat[2] ⟨m.; -en, -en; meist Pl.⟩ *Angehöriger einer Ordnung der Säugetiere, zu denen Halbaffen, Affen u. Menschen gerechnet werden* ☐ **primata**

Pri|me ⟨f.; -, -n⟩ **1** ⟨Mus.⟩ oV *Prim(2)* 1.1 *erster Ton der diatonischen Tonleiter* ☐ **prima** 1.2 *Intervall aus zwei Tönen derselben Tonhöhe* ☐ **primeira; uníssono 2** ⟨Typ.⟩ *Signatur auf der ersten Seite des Druckbogens;* Ggs *Sekunde*[2](2) ☐ **assinatura na primeira página do caderno**

Pri|mel ⟨f.; -, -n; Bot.⟩ *gezüchtete Form der Schlüsselblume: Primula* ☐ **prímula**

pri|mi|tiv ⟨Adj.⟩ **1** *ursprünglich, dem Urzustand nahe* **2** *einfach, dürftig, unvollkommen;* ~e Häuser, Geräte **3** *geistig anspruchslos, wenig entwickelt;* sie ist sehr ~ ; ein ~ geschriebenes Buch ☐ **primitivo**

Prim|zahl ⟨f.; -, -en⟩ *nur durch 1 u. durch sich selbst teilbare ganze Zahl, z. B. 13* ☐ **número primo**

Prin|ter ⟨m.; -s, -; bes. EDV⟩ *Druckgerät, Drucker* ☐ **impressora**

Prinz ⟨m.; -en, -en⟩ *nicht regierendes Mitglied eines Fürstenhauses* ☐ **príncipe**

Prin|zes|sin ⟨f.; -, -sin|nen⟩ *weibl., nicht regierendes Mitglied eines Fürstenhauses* ☐ **princesa**

Prin|zip ⟨n.; -s, -pi|en od. (selten) -e⟩ *Grundsatz, Regel, Richtschnur;* ~ien haben; es ist mein ~, mich nie sofort zu entscheiden; er hat sehr strenge ~ien; seinen ~ien treu bleiben; etwas aus ~ tun od. nicht tun; 1m ~ habe ich nichts dagegen; ein Mensch mit, von ~ein ☐ **princípio**

prin|zi|pi|ell ⟨Adj. 24⟩ **1** *grundsätzlich, im Prinzip;* ~ bin ich einverstanden ☐ **em princípio 2** *aus Prinzip;* das tue ich ~ nicht ☐ **por princípio**

Pri|o|ri|tät ⟨f.; -, -en⟩ **1** *Vorrang, Vorrecht (bes. eines älteren Rechts vor dem jüngeren)* ☐ **prioridade 2** ⟨Pl.⟩ *Wertpapiere, die vor anderen gleicher Art bevorzugt sind* ☐ **ações preferenciais**

Pri|se ⟨f.; -, -n⟩ *kleine Menge, die man mit zwei Fingern fassen kann;* eine ~ Salz ☐ **pitada**

Pris|ma ⟨n.; -s, Pris|men⟩ **1** ⟨Math.⟩ *Körper, der von zwei kongruenten n-Ecken (z. B. Drei-, Vierecken) u. n (z. B. drei, vier) Rechtecken od. Parallelogrammen begrenzt ist; gerades, schiefes ~* **2** ⟨Kristallografie⟩ *Körper in der Form eines Prismas(1)* **3** ⟨Optik⟩ *durchsichtiger, keilförmiger Körper in der Form eines Prismas(1), der zur Totalreflexion von Lichtstrahlen od. zu ihrer Zerlegung in Spektralfarben dient* ☐ **prisma**

Prit|sche ⟨f.; -, -n⟩ **1** *flaches Schlagholz* ☐ **palheta 2** *schmales, bis auf den Griff mehrmals gespaltenes Holz als Schlag- u. Klapperinstrument des Hanswursts; Narren~* ☐ **espada de arlequim 3** *Holzschlegel zum Glätten von Lehmböden* ☐ **ferramenta para nivelar terreno argiloso 4** *Ladefläche auf Lastkraftwagen mit nach drei Seiten abklappbaren Seitenwänden* ☐ **caçamba 5** *aus Holzbrettern zusammengefügte Liegestätte* ☐ **catre**

pri|vat ⟨[-vaːt] Adj.⟩ **1** *nicht öffentlich, Einzelnen vorbehalten;* ~e Angelegenheiten; Privat (Aufschrift an Türen); ~er Eingang ☐ **privado; particular 2** ~e Meinung *M., die jmd. als Einzelner, nicht als Vertreter seiner Gruppe od. als Inhaber eines Amtes äußert* **3** ~e Information *nicht öffentliche, persönliche, vertrauliche I.;* ~e Mitteilung ☐ **privado; pessoal** jmdn. ~ sprechen wollen ☐ **em particular 4** ~es Unternehmen *einer oder mehreren Personen, nicht dem Staat od. einer Genossenschaft gehörendes U.;* Privatgeschäft ☐ **privado; particular 5** ⟨Getrennt- u. Zusammenschreibung⟩ 5.1 ~ versichert = *privatversichert*

pri|vat|ver|si|chert *auch:* **pri|vat ver|si|chert** ⟨[-vaːt] Adj. 24⟩ *bei einer privaten Krankenkasse versichert* ☐ **que tem plano de saúde/seguro-saúde**, wir sind ~ ☐ *temos plano de saúde;* die Privatversicherten/privat Versicherten ☐ *os segurados do plano de saúde*

Pri|vi|leg ⟨[-vi-] n.; -s, -gi|en⟩ *besonderes Recht Einzelner od. einer gesellschaftlichen Gruppe* ◻ **privilégio**
pro ⟨Präp.⟩ **1** *für;* Ggs *kontra;* ~ *und kontra* ◻ **pró** 1.1 ~ *domo in eigener Sache, für sich;* ~ *domo sprechen* ◻ ***em causa própria** 1.2* ~ *forma nur der Form wegen, nur zum Schein* ◻ **pro 2** *je;* 5 Euro ~ Kopf, ~ Person, ~ Stunde, ~ Stück ◻ **por**

pro..., Pro... ⟨in Zus.⟩ **1** *vor, vorher, vorwärts;* progressiv, Progression **2** *für jmdn. od. etwas;* proamerikanisch, Prorektor

pro|bat ⟨Adj. 24/70; geh.⟩ *bewährt, (erfolgreich) erprobt;* ein ~es Mittel ◻ **comprovado**
Pro|be ⟨f.; -, -n⟩ **1** *Versuch (der eine bestimmte Fähigkeit od. Eigenschaft belegen soll), Untersuchung, Prüfung;* Bewährungs~; Gedulds~; mit jmdm. od. einer Sache eine ~ machen; die ~ bestehen; jmdn. od. eine Sache einer ~ unterziehen; es käme auf eine ~ an; da hast du eine ~ seines Mutes, seiner Tapferkeit, Ausdauer gesehen ◻ **prova; teste**; ein Auto ~ fahren ◻ ***testar um carro**;* sie muss heute ~ singen ◻ ***hoje ela tem um teste de canto** 1.1 etwas od. jmdn.* **auf** ~ *nehmen versuchsweise* ◻ ***testar alguma coisa ou alguém** 1.2 jmdn. od. etwas* **auf die** ~ **stellen** *prüfen* ◻ ***pôr alguém ou alguma coisa à prova**; jmdn., jmds. Geduld auf die* ~, *auf eine harte* ~ *stellen* ◻ ***testar a paciência de alguém; submeter a paciência de alguém a uma dura prova** 1.3 eine* ~ *von seinem Können* **ablegen** *sein Können zeigen, beweisen* ◻ ***dar uma prova de sua capacidade** 1.4 die* ~ **aufs Exempel machen** *überprüfen, ob eine Behauptung, Überlegung, ein Resultat richtig ist* ◻ ***tirar a prova** 2 ⟨Übung vor einer Aufführung;* Sing~⟩ Theater~; die ~n für den „Faust" haben begonnen; heute ist um 10 Uhr ~; ich muss zur ~ ◻ **ensaio 3** *Teil einer Gesamtmenge, der ihre Beschaffenheit anzeigt, Prüfungsstück;* Waren~; Stoff~; Mineral~; Gewebs~; eine ~ entnehmen; sich eine ~ (einer Ware) kommen lassen; ich lege Ihnen eine ~ zur Ansicht bei ◻ **amostra**
pro|ben ⟨V. 400⟩ **(etwas)** *üben;* ein Theaterstück, einen Sketch ~ ◻ **ensaiar**
pro|bie|ren ⟨V.⟩ **1** ⟨500⟩ etwas ~ *versuchen;* kannst du das auch? Ich hab' es noch nicht probiert; den Kopfstand, das Radfahren, Schwimmen ~; lass mich (es) mal ~!; willst du es einmal ~ ◻ **experimentar; tentar** 1.1 Probieren geht über Studieren ⟨Sprichw.⟩ *Praxis ist im Leben wichtiger als alle Theorie* ◻ ***a prática faz o mestre** 1.2 Speisen* ~ *ihren Geschmack prüfen, kosten;* ein Getränk, eine Soße ~ ◻ **provar; degustar 2** ⟨400; Theat.⟩ *proben* ◻ **ensaiar**
Pro|blem *auch:* **Prob|lem** ⟨n.; -s, -e⟩ *schwierige, ungelöste Aufgabe od. Frage;* ein ~ lösen; vor einem ~ stehen; das ist ein unlösbares ~; das ist kein ~ für mich ◻ **problema**
pro|ble|ma|tisch *auch:* **prob|le|ma|tisch** ⟨Adj.⟩ *schwer zu lösen, schwierig;* das ist eine ~e Angelegenheit **2** *bedenklich, zweifelhaft, fraglich;* aufgrund der neuartigen Enthüllungen erscheint die Berichterstattung ~ ◻ **problemático**

Pro|ce|de|re ⟨n.; -, -; geh.⟩ *Vorgehen, Vorgehensweise, Verfahren, Prozedur;* oV *Prozedere* ◻ **procedimento**
Pro|dukt ⟨n.; -(e)s, -e⟩ **1** = *Erzeugnis(1);* ~ *der Landwirtschaft; Industrie~;* chemische, tierische, pflanzliche ~e; handwerkliche, landwirtschaftliche, maschinelle ~e; ~entwicklung **2** *Ergebnis menschlichen Bemühens;* ein geistiges, künstlerisches ~; das ist das ~ unserer Erziehung ⟨iron.⟩ **3** *Ergebnis der Multiplikation;* das ~ aus (von) drei mal vier ist zwölf ◻ **produto**
Pro|duk|ti|on ⟨f.; -, -en⟩ **1** *Herstellung, Erzeugung von Gütern, Waren mit Hilfe menschlicher Arbeit;* handwerkliche, landwirtschaftliche, literarische, maschinelle ~; in der ~ arbeiten **2** *(Gesamtheit der) Erzeugnisse* ◻ **produção**
Pro|du|zent ⟨m.; -en, -en⟩ **1** *jmd., der etwas (bes. Güter) produziert, Hersteller, Erzeuger* 1.1 *jmd., der einen Film produziert;* Film~ **2** *grüne Pflanze, die organische Substanz aus anorganischer herstellt* ◻ **produtor**
Pro|du|zen|tin ⟨f.; -, -tin|nen⟩ *weibl. Produzent* ◻ **produtora**
pro|du|zie|ren ⟨V. 500⟩ **1 Güter, Waren** ~ *schaffen, hervorbringen, erzeugen* ◻ **produzir; fabricar 2** ⟨Vr 3⟩ **sich** ~ *zeigen, was man kann (u. dabei die Aufmerksamkeit auf sich lenken)* ◻ ***exibir-se**
pro|fan ⟨Adj. 24/90⟩ **1** *weltlich, unkirchlich, nicht heilig* ◻ **profano; mundano 2** *alltäglich(1)* ◻ **comum; de todo dia**
Pro|fes|si|o|nal ⟨m.; -s, -e; engl. [prɔˈfɛʃənəl] m. -s, -s; Kurzw.: Profi⟩ *Berufssportler* ◻ **atleta profissional**
pro|fes|si|o|nell ⟨Adj. 24/90⟩ **1** *als Beruf betrieben, beruflich;* ~e Tätigkeit 1.1 ~er Sportler *Professional* **2** *mit großem Können ausgeführt, fachmännisch* ◻ **profissional**
Pro|fes|sor ⟨m.; -s, -en; Abk.: Prof.⟩ **1** *beamteter Hochschullehrer;* Universitäts~; ~ der Germanistik, der Medizin ◻ **professor (universitário)**; ordentlicher ~ ⟨Abk.: o. Prof.⟩ ◻ ***professor titular**; außerordentlicher ~ ⟨Abk.: a. o. Prof., ao. Prof.⟩ ◻ ***professor extraordinário** 2 ⟨Ehrentitel für⟩ *Gelehrter, Künstler* **3** ⟨schweiz., österr., früher auch in Dtschld. Titel für⟩ *Lehrer an einer höheren Schule;* Studien~ ◻ ***professor** 4 ein zerstreuter* ~ ⟨umg.; scherzh.⟩ *sehr zerstreuter Mensch* ◻ ***um cabeça de vento**
Pro|fes|so|rin ⟨f.; -, -rin|nen⟩ *weibl. Professor* ◻ **professora**
Pro|fi ⟨m.; -s, -s; umg.⟩ = *Professional*
Pro|fil ⟨n.; -s, -e⟩ **1** *Seitenansicht;* das ~ eines Gesichts; er wandte mir das, sein ~ zu; ein hübsches, klares, markantes, scharfes ~ haben (Person); jmdn., etwas im ~ darstellen, malen, zeichnen **2** *Umriss, Längsod. Querschnitt;* das ~ eines Eisenbahnwagens, Gebäudes **3** *vorspringendes Bauelement* **4** *senkrechter Schnitt durch die Erdoberfläche;* geologisches ~ **5** *Erhebungen aufweisende Oberfläche;* ~ von Reifen, Schuhsohlen; Kreppsohlen mit ~ **6** ⟨Tech.⟩ *Höhe u. (od.) Breite einer Durchfahrt;* Brücken~ **7** ~ **haben** ⟨fig.⟩ *eine klare Richtung verfolgen, eine klare Haltung einnehmen;* der Verlag hat ein starkes ~ ◻ **perfil**
Pro|fit ⟨a. [-fɪt] m.; -(e)s, -e⟩ *Gewinn, Vorteil, Nutzen;* ~ aus etwas schlagen, ziehen; mit, ohne ~ arbeiten; ~

von etwas haben □ **proveito; vantagem 2** ⟨Getrennt- u. Zusammenschreibung⟩ 2.1 ~ bringend = *profitbringend*

pro|fit|brin|gend *auch:* **Pro|fit brin|gend** ⟨Adj.⟩ *profitabel, einträglich, gewinnbringend;* ein ~es Geschäft □ **lucrativo; rentável**

pro|fi|tie|ren ⟨V. 405⟩ (von etwas ~) *Gewinn erzielen, Nutzen haben* □ **tirar proveito; aproveitar**

pro|fund ⟨Adj.⟩ **1** *gründlich, umfassend;* ~e Kenntnisse **2** ⟨Med.⟩ *tief (liegend)* □ **profundo**

Pro|gno|se *auch:* **Prog|no|se** ⟨f.; -, -n⟩ *Voraussage aufgrund wissenschaftlicher Daten od. Erkenntnisse, wie eine Entwicklung vor sich gehen wird;* die ~ für eine Krankheit stellen; Wetter~ □ **prognóstico**

pro|gnos|ti|zie|ren *auch:* **prog|nos|ti|zie|ren** ⟨V. 500⟩ etwas ~ *voraussagen;* eine Entwicklung ~ □ **prognosticar**

Pro|gramm ⟨n.; -(e)s, -e⟩ **1** *Folge der Darbietungen bei Veranstaltungen, Sendungen im Rundfunk;* Rundfunk~, Sende-, Film~, Theater~; das ~ der Woche; auf dem ~ stehen tänzerische Darbietungen 1.1 *Blatt od. Heft mit dem Programm(1);* ein ~ kaufen, mitnehmen □ **programa; programação 2** *Angebot von Waren = Sortiment(1);* Möbel~ □ **sortimento 3** *Plan, Pläne, Vorhaben;* hast du für heute Abend ein ~?; jmds. ~ stören; das passt mir nicht in mein ~ 3.1 *das steht nicht in unserem ~* ⟨a. fig.⟩ *das beabsichtigen wir nicht* **3.2** *öffentlich verkündete Gesamtheit der Tätigkeiten u. Ziele einer politischen Partei;* Partei~, Godesberger ~; ein ~ aufstellen, verkünden **4** ⟨EDV; Kyb.⟩ *eindeutige Anweisung an eine Maschine, bestimmte Aufgaben in einer bestimmten Reihenfolge zu erfüllen;* ein benutzerfreundliches ~ entwickeln; ~ zur Textverarbeitung □ **programa**

pro|gram|mie|ren ⟨V. 500⟩ **1** einen Computer ~ *ein Programm für einen C. aufstellen* □ **programar 2** ⟨550⟩ jmdn. auf etwas ~ *(im Voraus) festlegen, vorgeben, (auf ein bestimmtes Ziel) hinlenken;* auf Erfolg programmiert sein; die Zuschauer sind auf Spannung programmiert □ *****preparar alguém para alguma coisa**

Pro|gram|mie|rer ⟨m.; -s, -; EDV; Berufsbez.⟩ *jmd., der Programme schreibt u. Computer programmiert* □ **programador**

Pro|gram|mie|re|rin ⟨f.; -, -rin|nen⟩ *weibl. Programmierer* □ **programadora**

Pro|gres|si|on ⟨f.; -, -en⟩ **1** ⟨geh.; bes. Wirtsch.⟩ *(stufenweise) Steigerung, Weiterentwicklung, Zunahme* **2** *Zunahme des prozentualen Steuersatzes bei Zunahme der zu versteuernden Werte;* Steuer~ □ **progressão**

Pro|jekt ⟨n.; -(e)s, -e⟩ **1** *Plan, Programm, Vorhaben, Absicht* **2** *= Entwurf(1)* **3** ⟨Päd.⟩ *Vorhaben im Schulunterricht, wobei die Schüler aktiv an der Lösung eines Problems mitarbeiten* □ **projeto**

Pro|jek|til ⟨n.; -s, -e⟩ *= Geschoss¹*

Pro|jek|ti|on ⟨f.; -, -en⟩ **1** ⟨Math.⟩ *die Abbildung räumlicher Gebilde auf einer Ebene* **2** ⟨Kartogr.⟩ *die Darstellung der gekrümmten Erdoberfläche auf einer Ebene* **3** ⟨Opt.⟩ *die vergrößerte Abbildung durchsichtiger od.*

undurchsichtiger Bilder mittels Lichtstrahlen auf einer hellen Fläche □ **projeção**

pro|ji|zie|ren ⟨V. 500⟩ **1** einen Körper ~ *auf einer Fläche zeichnerisch darstellen* **2** ein Lichtbild ~ *auf eine Bildwand werfen* □ **projetar**

pro|kla|mie|ren ⟨V. 500⟩ etwas ~ *öffentlich bekanntmachen, feierlich verkünden, einen Aufruf erlassen über* □ **proclamar**

Pro-Kopf-Ver|brauch ⟨m.; -(e)s; unz.⟩ *Verbrauch (einer bestimmten Sache) pro Person, durchschnittlicher Verbrauch jedes Einzelnen;* der ~ an Butter □ **consumo per capita**

Pro|le|ta|ri|er ⟨m.; -s, -⟩ **1** ⟨im alten Rom⟩ *Angehöriger der Klasse, die nicht besteuert wurde, da ihr Vermögen den Mindestsatz nicht erreichte* **2** ⟨nach Marx u. Engels⟩ *Lohnarbeiter ohne Besitz an Produktionsmitteln* □ **proletário**

Pro|log ⟨m.; -(e)s, -e⟩ *Einleitung, Vorrede, Vorwort;* Ggs *Epilog* □ **prólogo**

Pro|me|na|de ⟨f.; -, -n⟩ **1** ⟨veraltet⟩ = *Spaziergang* **2** *Spazierweg, meist mit Grünanlagen* □ **passeio**

Pro|mil|le ⟨n. 7; -s, -⟩ **1** *ein Teil vom Tausend, ein Tausendstel* □ **por mil** 1.1 ⟨umg.⟩ *Anteil des Alkohols im Blut in Promille(1) gemessen;* der Unfallfahrer hatte 1,8 ~ □ **taxa de alcoolemia**

pro|mi|nent ⟨Adj.⟩ *hervorragend, bedeutend, allgemein bekannt, maßgebend, tonangebend;* ~e Persönlichkeit □ **proeminente;** Prominente treffen □ **pessoas importantes**

Pro|mi|nenz ⟨f.; -, -en⟩ **1** ⟨unz.⟩ *Gruppe der prominenten Personen (eines bestimmten Bereiches);* die gesamte politische ~ war anwesend □ **personalidades; celebridades 2** ⟨unz.⟩ *Prominentsein (einer Person)* □ **proeminência**

Pro|mo|ti|on¹ ⟨f.; -, -en⟩ **1** *Verleihung der Doktorwürde* 1.1 ⟨österr.⟩ *akademische Feier zur Verleihung der Doktorwürde* □ **doutorado 2** ⟨schweiz.⟩ 2.1 *Versetzung in die nächste Klasse* □ **aprovação** 2.2 *Beförderung, Vorrücken in eine höhere Leistungsgruppe* □ **promoção**

Pro|mo|tion² ⟨[-moʊʃən] f.; -; -s⟩ *(durch Werbemaßnahmen unterstützte) Absatz-, Verkaufsförderung* □ **promoção**

pro|mo|vie|ren ⟨[-viː-] V.⟩ **1** ⟨400⟩ *die Doktorwürde erlangen* □ **doutorar-se** 1.1 *die Doktorarbeit, Dissertation schreiben;* über Thomas Mann ~ □ **escrever uma tese de doutorado 2** ⟨500⟩ jmdn. ~ *jmdm. die Doktorwürde verleihen* □ **doutorar**

prompt ⟨Adj.⟩ **1** *rasch, unmittelbar, sofort;* ~e Erledigung eines Auftrags □ **rápido; imediato;** ich ließ ihn einen Augenblick los und ~ fiel er herunter □ **rapidamente; imediatamente 2** *= schlagfertig(2);* eine ~e Antwort □ **pronto;** „...!", erwiderte er ~; und ~ kam die Antwort … □ **prontamente 3** *ohne zu überlegen;* sie wollten mich veralbern und ich bin auch ~ darauf hereingefallen □ **imediatamente**

Pro|no|men ⟨n.; -s, - od. –mi|na; Gramm.⟩ *Vertreter einer Klasse von Wörtern, die entweder anstelle eines Namens stehen, der Sprecher u. Hörer bekannt ist u. in*

Propaganda

der Rede nicht wiederholt werden soll, od. die auf bestimmte Individuen der mit einem folgenden Namen benannten Klasse von Sachen hinweisen; Sy *Fürwort; Personal~, Indefinit~, Possessiv~, Relativ~, Interrogativ~, Demonstrativ~* □ pronome

Pro|pa|gan|da ⟨f.; -; unz.; meist abwertend⟩ *werbende Tätigkeit für Ziele, bes. auf politischem Gebiet* □ propaganda

pro|pa|gie|ren ⟨V. 500⟩ *etwas ~ für etwas Propaganda machen, für etwas werben* □ propagandear; divulgar

Pro|pan ⟨n.; -s; unz.; Chem.⟩ *(als Brenngas verwendeter) aliphatischer, gasförmiger Wasserstoff, der aus Erdgas u. bei der Erdölraffination gewonnen wird; ~gas* □ propano

Pro|pel|ler ⟨m.; -s, -⟩ *Antriebsgerät aus zwei od. mehr symmetrisch angeordneten, um eine gemeinsame Achse drehbaren, klingenförmigen Flächen (für Luftfahrzeuge od. Schiffe), Luft~, Schiffsschraube* □ hélice

pro|per ⟨Adj.⟩ **1** *ordentlich, sauber, ansprechend* □ asseado; em ordem; ~ *gekleidet* □ *arrumado **2** *wohlgenährt, gesund;* ein ~es Baby □ saudável

Pro|phet ⟨m.; -en, -en⟩ **1** *jmd., der etwas Zukünftiges vorhersagt* **2** *Verkünder u. Deuter einer göttlichen Botschaft* **3** ⟨im Islam Bez. für⟩ *Mohammed* **4** *der ~ gilt nichts in seinem Vaterlande (nach Matth. 13,57) in der näheren Umgebung werden bedeutende Leistungen oft nicht anerkannt* □ profeta

pro|phe|zei|en ⟨V. 503⟩ ⟨jmdm.⟩ *etwas ~* **1** *= weissagen* **2** *in der Art eines Propheten(2) verkünden* □ profetizar

Pro|phy|la|xe ⟨f.; -, -n⟩ *Vorbeugung, Verhütung von Krankheiten* □ profilaxia

Pro|por|ti|on ⟨f.; -, -en⟩ **1** *Größenverhältnis; die Zeichnung ist in den ~en falsch, richtig* **2** *gute ~en haben* ⟨umg.⟩ *eine Figur mit gut ausgewogenen Formen* □ proporção

Pro|porz ⟨m.; -es, -e; Pol.⟩ *Verteilung der Sitze od. Ämter nach dem Verhältniswahlsystem* □ representação proporcional

Propst ⟨m.; -(e)s, Pröps|te⟩ **1** ⟨kath. Kirche⟩ *Leiter der äußeren Angelegenheiten eines Kapitels od. Stifts; Dom~; Stifts~* □ prior; preboste **2** ⟨evang. Kirche⟩ *hoher Amtsträger* □ pastor-presidente; primeiro-pastor

Pro|sa ⟨f.; -; unz.⟩ **1** *nicht durch Verse, Rhythmus od. Reim gebundene Sprachform;* Ggs *Poesie(1.1);* Poesie *und ~; er schreibt eine gute ~* **2** ⟨fig.; geh.⟩ *Nüchternheit, Nüchternes;* Ggs *Poesie(2);* die ~ *des Alltags* □ prosa

pro|sit! ⟨Int.; Trinkspruch⟩ oV *prost* **1** *wohl bekomm's, zum Wohl!* □ *saúde!*; *ein Prosit ausbringen* □ *erguer um brinde* **2** ~ *Neujahr! ein glückliches neues Jahr!* □ *feliz Ano-Novo!*

Pros|o|die *auch:* **Pro|so|die** ⟨f.; -, -n⟩ **1** ⟨Lit.⟩ *Lehre von der Behandlung der Sprache im Vers* 1.1 ⟨antike Metrik⟩ *Lehre vom Maß der Silben u. der Tonhöhe* **2** ⟨Mus.⟩ *Verhältnis zwischen Ton u. Wort, Betonung mit Hilfe von Musik u. Rhythmus* □ prosódia

Pro|spekt *auch:* **Pros|pekt** ⟨m. od. österr. a. n.; -(e)s, -e⟩ **1** *in der Form eines senkrecht halbierten Zylinders gespannte Leinwand als hinterer Abschluss des Bühnenraumes mit darauf gemalter od. projizierter Landschaft bei Szenen im Freien;* Sy *Horizont(4)* □ pano de fundo **2** *meist perspektivisch übertriebene Ansicht, bildliche Darstellung (von Gebäuden, Straßen, Plätzen)* □ prospecto; vista **3** *meist bebilderte Werbeschrift, Broschüre* □ prospecto; folheto **4** *Preisliste* □ lista de preços **5** *das kunstvoll gestaltete Gehäuse des Pfeifenwerks der Orgel* □ fachada

pro|spe|rie|ren *auch:* **pros|pe|rie|ren** ⟨V. 400; bes. Wirtsch.⟩ *etwas prosperiert gedeiht, entwickelt sich gut* □ prosperar; *ein ~des Unternehmen* □ próspero

prost! ⟨Int.⟩ *= prosit*

◆ Die Buchstabenfolge **pro|st...** kann in Fremdwörtern auch **pros|t...** getrennt werden.

◆ **Pro|sta|ta** ⟨f.; -, -tae [-tɛː]⟩ *beim Mann u. beim männl. Säugetier am Anfang der Harnröhre gelegene Drüse;* Sy *Vorsteherdrüse* □ próstata

◆ **Pro|sti|tu|ier|te** ⟨f. 2 (m. 1)⟩ *jmd., der Prostitution betreibt* □ prostituto(a)

◆ **Pro|sti|tu|ti|on** ⟨f.; -; unz.⟩ *Geschlechtsverkehr gegen Bezahlung als Gewerbe; der ~ nachgehen; zur ~ gezwungen werden* □ prostituição

Prot|a|go|nist *auch:* **Pro|ta|go|nist** ⟨m.; -en, -en⟩ **1** *der erste Schauspieler im altgriechischen Theater* **2** *handelnde Person, Hauptfigur, zentrale Gestalt (im Roman, Schauspiel usw.)* **3** ⟨fig.⟩ *Vorkämpfer, Vorreiter (für eine Sache)* □ protagonista

Pro|te|gé ⟨[-ˈʒeː] m.; -s, -s⟩ *jmd., der protegiert wird, Schützling, Günstling* □ protegido

pro|te|gie|ren ⟨[-ˈʒiː-] V. 500; geh.; häufig abwertend⟩ *jmdn. ~ schützen, begünstigen, fördern; einen jungen Künstler ~* □ proteger; favorecer

Pro|te|in ⟨n.; -s, -e; Biochem.⟩ *= Eiweiß(2)*

Pro|tek|ti|on ⟨f.; -, -en (Pl. selten)⟩ *Schutz, Förderung, Gönnerschaft* □ proteção

Pro|test ⟨m.; -(e)s, -e⟩ **1** *Einspruch, Widerspruch; ~ erheben (gegen); unter ~ den Saal verlassen; die Vorlesung wurde unter lautem ~ aller Anwesenden abgebrochen* □ protesto; contestação 1.1 *einen Wechsel zu ~ gehen lassen feststellen lassen, dass ein W. nicht angenommen od. nicht eingelöst worden ist* □ *protestar uma letra de câmbio* **2** *Beurkundung der vergeblichen Präsentation eines Wechsels durch diesen selbst od. auf einem angefügten Blatt; ~ mangels Annahme od. Zahlung* □ protesto

Pro|tes|tant ⟨m.; -en, -en⟩ *Angehöriger einer evangelischen Kirche* □ protestante

Pro|tes|tan|tin ⟨f.; -, -tin|nen⟩ *weibl. Protestant* □ protestante

pro|tes|tan|tisch ⟨Adj. 24⟩ *zum Protestantismus gehörend, ihn betreffend, auf ihm beruhend* □ protestante

Pro|tes|tan|tis|mus ⟨m.; -; unz.⟩ *Gesamtheit der aus der Reformation hervorgegangenen christlichen Kirchen* □ protestantismo

pro|tes|tie|ren ⟨V. 400⟩ *widersprechen, Einspruch, Protest einlegen* □ **protestar**

Pro|the|se ⟨f.; -, -n⟩ **1** ⟨Med.⟩ *künstlicher Ersatz für ein fehlendes Glied* **1.1** *Zahnersatz* **2** ⟨Gramm.⟩ *Voransetzen eines Lautes vor den Anfang des Wortes im Laufe der Sprachentwicklung, z. B. frz. „esprit" aus lat. „spiritus"* □ **prótese**

pro|the|tisch ⟨Adj.⟩ **1** *eine Prothese betreffend, mit ihrer Hilfe, ersetzend;* ~*e Zahnmedizin* **2** ⟨Gramm.⟩ *auf Prothese(2) beruhend* □ **protético**

Pro|to|koll ⟨n.; -(e)s, -e⟩ **1** *gleichzeitig erfolgende od. erfolgte (wortgetreue) Niederschrift einer Verhandlung od. eines Verhörs;* ~ *eines Prozesses;* *ein* ~ *aufnehmen; das* ~ *führen; aus dem* ~ *geht hervor, dass ...; laut* ~ *hat der Angeklagte ...; eine Aussage zu* ~ *geben, zu* ~ *nehmen* **2** *Gesamtheit der Regeln für Höflichkeit u. angemessene Form im diplomat. Verkehr, diplomat. Etikette; das* ~ *schreibt vor, dass ...* **2.1 Chef** *des* ~*s Diplomat, der für die Einhaltung des Protokolls verantwortlich ist* □ **protocolo**

Pro|ton ⟨n.; -s, -to|nen; Zeichen: p⟩ *positiv geladenes Elementarteilchen, zusammen mit dem Neutron Baustein von Atomkernen* □ **próton**

Pro|to|plas|ma ⟨n.; -s; unz.; Biol.⟩ *die von der Zellmembran umhüllte grundlegende Substanz der lebenden Zelle; Sy Plasma(1)* □ **protoplasma**

Pro|to|typ ⟨m.; -s, -en⟩ **1** *Urbild, Vorbild, Muster, Inbegriff; der* ~ *eines erfolgreichen Managers* **2** *erste Fertigung (vor der Serienherstellung) einer Maschine, eines Kraftfahrzeugs o. Ä.* □ **protótipo**

Protz ⟨m.; -es, -e; umg.; abwertend⟩ **1** *jmd., der mit etwas protzt, Angeber, Wichtigtuer;* **Kraft**~ □ **exibido; fanfarrão** **2** ⟨unz.⟩ *übertriebener Prunk, zur Schau gestellter Reichtum* □ **ostentação; alarde**

prot|zen ⟨V. 405; umg.; abwertend⟩ *prahlen, plump wichtigtun; mit seinen Erfolgen, seinem Geld, seiner Kraft* ~ □ **botar banca; fazer alarde**

Pro|vi|ant ⟨[-vi-] m.; -s; unz.⟩ *Lebensmittel für einen begrenzten Zeitraum;* **Reise**~ □ **provisão; mantimentos**

Pro|vinz ⟨[-vɪnts] f.; -, -en⟩ **1** *Verwaltungsbezirk* **2** ⟨fig.⟩ *ländliche Gegend im Unterschied zur Stadt; aus der* ~ *kommen, stammen* □ **província**

pro|vin|zi|ell ⟨[-vɪn-] Adj.; meist abwertend⟩ *kleinstädtisch-ländlich, beschränkt (bezüglich der Bildung, Kultur, Meinungen usw.)* □ **provinciano**

Pro|vi|si|on ⟨[-vi-] f.; -, -en⟩ **1** *Vermittlungsgebühr; für die Vermittlung eines Auftrags eine* ~ *bekommen* **2** *Vergütung durch prozentualen Gewinnanteil; auf* ~ *arbeiten* □ **comissão**

pro|vi|so|risch ⟨[-vi-] Adj.⟩ *vorübergehend, vorläufig, behelfsmäßig* □ **provisório**

pro|vo|kant ⟨[-vo-] Adj.⟩ *provozierend, herausfordernd; ein* ~*es Benehmen;* ~*e Äußerungen* □ **provocante; provocador**

pro|vo|zie|ren ⟨[-vo-] V. 500⟩ **1** *etwas* ~ *heraufbeschwören, hervorrufen; eine Krankheitserscheinung* ~ **2** *jmdn.* ~ *zu einer unbedachten Handlung veranlassen, herausfordern; Widerstand, Widerspruch* ~ □ **provocar** **2.1** *ein solches Verhalten wirkt* ~*d herausfordernd* □ **provocador**

Pro|ze|de|re ⟨n.; -, -; geh.⟩ = **Procedere**

Pro|ze|dur ⟨f.; -, -en⟩ **1** *(langwieriger, schwieriger) Vorgang, (mühsam durchgeführtes) Verfahren; eine* ~ *über sich ergehen lassen* □ **processo** **2** ⟨EDV⟩ *als Programm formulierte Anweisung, die mehrfach od. auch in anderen Programmen als Unterprogramm verwendet werden kann* □ **procedimento**

Pro|zent ⟨n.7; -(e)s, -e; Abk.: p.c.; Zeichen: %⟩ **1** *Hundertstel;* *10 % Bedienungszuschlag; der Wein enthält 13 % Alkohol; es waren höchstens 75 % aller Mitglieder anwesend; das Kapital verzinst sich mit 4 %* □ **por cento** **2** ~*e für eine Arbeit bekommen einen nach Prozenten berechneten Gewinnanteil* □ **porcentagem** **3** ⟨nur Pl.⟩ ~*e (beim Verkauf einer Ware)* = *Rabatt*

Pro|zess ⟨m.; -es, -e⟩ **1** *Gerichtsverfahren, Rechtsstreit; in dem* ~ *X gegen Y; einen* ~ *gegen jmdn. führen; einen* ~ *gewinnen, verlieren* **1.1** *jmdn. den* ~ *machen jmdn. verklagen;* → *a. kurz(4.9-4.9.2)* **2** *Vorgang, Verlauf;* **Entwicklungs**~, **Fäulnis**~, **Wachstums**~*; ein langwieriger, schwieriger, schneller* ~ **2.1** *(chemischer)* ~ *Vorgang bei der Umwandlung von Stoffen* □ **processo**

Pro|zes|si|on ⟨f.; -, -en⟩ **1** ⟨kath. Kirche⟩ *feierlicher Umzug der Geistlichen u. der Gemeinde;* **Fronleichnams**~ **2** ⟨allg.⟩ *feierlicher Aufzug, Umzug* □ **procissão**

prü|de ⟨Adj.⟩ *jmd. ist* ~ *übertrieben sittsam, zimperlich (in sexuellen Dingen)* □ **pudico; recatado**

prü|fen ⟨V.⟩ **1** ⟨505/Vr 7 od. Vr 8⟩ *jmdn. (in etwas)* ~ *jmds. Fähigkeiten, Eigenschaften feststellen; gründlich, gewissenhaft* ~*; einen Examenskandidaten, Schüler* ~*; einen Schüler in Deutsch, Englisch, Mathematik* ~ **1.1** ⟨550/Vr 7 od. Vr 8⟩ *jmdn. auf etwas (hin)* ~ *feststellen, ob jmd. bestimmte Fähigkeiten, Eigenschaften hat; alle Bewerber wurden auf Reaktionsschnelligkeit geprüft* □ **examinar; testar** **1.2** ⟨500/Vr 3⟩ *sich* ~ *sein Gewissen erforschen* □ ***refletir; questionar-se* **1.3** ⟨Passiv⟩ *er vom Leben schwer geprüft* ⟨fig.⟩ *er hat viel Schweres erleben müssen* □ ***ele passou por duras provações* **2** ⟨505⟩ *etwas (auf etwas)* ~ *die Beschaffenheit (in Bezug auf etwas) erkunden, feststellen, untersuchen; der Juwelier prüfte den vorgelegten Schmuck (auf seine Echtheit)* □ **verificar; examinar**; *den Geschmack einer Speise* ~ □ **experimentar; provar** **2.1** *die Richtigkeit, ordnungsgemäße Beschaffenheit, Leistungsfähigkeit (in Bezug auf etwas) erkunden, feststellen, untersuchen; eine Rechnung* ~*; eine Maschine* ~*; eine Ware (auf ihren einwandfreien Zustand)* ~*; eine Behauptung (auf ihre Wahrheit)* ~ □ **checar; verificar**

Prüf|ling ⟨m.; -s, -e⟩ *jmd., der geprüft wird, Prüfungskandidat* □ **examinando; candidato**

Prüf|stein ⟨m.; -(e)s, -e; fig.⟩ *Probe, die jmdm. die Gelegenheit bietet, sich zu bewähren, etwas zu beweisen; diese Aufgabe ist ein* ~ *für seine Leistungsfähigkeit, Ehrlichkeit, Zuverlässigkeit* □ **pedra de toque**

Prü|fung ⟨f.; -, -en⟩ **1** *Feststellung der Fähigkeiten, die eine Person im Rahmen einer Ausbildung erworben hat od. die für eine zukünftig auszuübende Tätigkeit erfor-*

Prügel

derlich sind, Examen; Abschluss~; Eignungs~; Zwischen~; eine leichte, schwere, strenge ~; die mündliche, schriftliche ~; eingehende, gründliche, sorgfältige ~; juristische, medizinische, philologische ~; eine ~ abhalten; eine ~ ablegen; eine ~ bestehen; sich einer ~ unterziehen; sich auf eine ~ vorbereiten; durch die ~ fallen; für die ~(en) arbeiten; in der ~ durchfallen □ **prova; exame 2** ⟨fig.⟩ *Heimsuchung, schwerer Schicksalsschlag;* (schwere) ~en durchmachen, durchstehen□ **provação 3** *das Prüfen(2.1), Ergebnis des Prüfens(2.1);* Sy *Kontrolle(2)* □ **controle; checagem**

Prü|gel ⟨m.; -s, -⟩ **1** *Stock, Knüppel;* einen ~ in die Hand nehmen; mit einem ~ auf jmdn. einschlagen □ **bastão; porrete 2** ⟨nur Pl.; umg.⟩ *Schläge;* jmdm. eine Tracht ~ verabreichen; ~ bekommen, beziehen, kriegen; komm her, oder es gibt, setzt ~! □ **sova; surra**

prü|geln ⟨V. 500⟩ **1** jmdn. od. ein *Tier ~ (mit einem Stock) heftig schlagen* □ **bater em; espancar 2** ⟨Vr 8⟩ sich ~ *sich heftig schlagen, schlagend miteinander kämpfen;* er prügelte sich mit seinem Freund □ ***bater-se; lutar; brigar**

Prunk ⟨m.; -(e)s; unz.⟩ *Pracht, üppig zur Schau gestellter Reichtum, übertriebener Luxus;* der ~ dieses Schlosses, Raumes; kalter, leerer, steifer ~□ **pompa; luxo**

prunk|voll ⟨Adj.⟩ *prächtig, üppig, übertrieben luxuriös;* ein ~er Raum□ **pomposo; luxuoso**

prus|ten ⟨V.⟩ **1** ⟨400⟩ *mehrmals kräftig u. hörbar den Atem durch den Mund u. die Nase ausstoßen, heftig schnauben, schnaufen;* jmdm. Wasser ins Gesicht ~; der alte Mann näherte sich ~d; das Pferd prustete □ **espirrar; bufar; ofegar 1.1** ⟨414⟩ **vor** Lachen ~ *mit einem blasenden Geräusch lachen, mit Lachen losplatzen*□ ***gargalhar**

Psalm ⟨m.; -s, -en⟩ *geistliches Lied aus dem Buch der Psalter(1)*□ **salmo**

Psal|ter ⟨m.; -s, -⟩ **1** *Buch der 150 geistlichen Lieder des Alten Testaments*□ **saltério 2** ⟨Mus.⟩ = *Hackbrett(2)* **3** *Blättermagen der Wiederkäuer*□ **omaso**

pseud..., Pseud... ⟨in Zus.⟩ = *pseudo..., Pseudo...*
pseu|do..., Pseu|do... ⟨vor Vokalen⟩ pseud..., Pseud..., ⟨in Zus.⟩ *schein..., Schein..., vorgetäuscht, unecht;* pseudowissenschaftlich, Pseudokrupp

Pseud|o|nym *auch:* **Pseu|do|nym** ⟨n.; -s, -e⟩ = *Deckname (bes. von Schriftstellern)*

psych..., Psych... ⟨in Zus.⟩ = *psycho..., Psycho...*

Psy|che ⟨f.; -, -n⟩ **1** *Seele, seelisches u. geistiges Leben* □ **psique 2** ⟨österr.⟩ *dreiteiliger Spiegel* □ **toucador; penteadeira**

Psych|i|a|trie *auch:* **Psy|chi|at|rie** ⟨f.; -; unz.⟩ **1** *Fachgebiet der Medizin, das sich mit der Erkennung u. Behandlung psychischer Störungen u. Geisteskrankheiten befasst* □ **psiquiatria 2** ⟨umg.⟩ *psychiatrische Klinik;* jmdn. in die ~ einweisen□ **clínica psiquiátrica**

psy|chisch ⟨Adj. 24⟩ *die Psyche betreffend, zu ihr gehörend, seelisch* □ **psíquico**

psy|cho..., Psy|cho... ⟨vor Vokalen⟩ psych..., Psych... ⟨in Zus.⟩ *seelisch, Seelen...;* psychoanalytisch, psychotherapeutisch, Psychodrama, Psychothriller

Psy|cho|a|ly|se ⟨f.; -, -n⟩ **1** ⟨unz.⟩ *Methode zur Erkennung u. Heilung psychischer Krankheiten, Störungen u. Fehlleistungen durch Bewusstmachen der ins Unterbewusstsein verdrängten Komplexe* **2** ⟨zählb.⟩ *Untersuchung u. Behandlung nach der Methode der Psychoanalyse (1)*□ **psicanálise**

Psy|cho|lo|ge ⟨m.; -n, -n⟩ **1** *Wissenschaftler, Student auf dem Gebiet der Psychologie* **2** *jmd., der Menschen zu beobachten u. entsprechend zu behandeln versteht;* er ist ein guter, schlechter ~□ **psicólogo**

Psy|cho|lo|gie ⟨f.; -; unz.⟩ *Wissenschaft vom Seelenleben* □ **psicologia**

Psy|cho|lo|gin ⟨f.; -, -gin|nen⟩ *weibl. Psychologe* □ **psicóloga**

psy|cho|lo|gisch ⟨Adj. 24⟩ **1** *die Psychologie betreffend, auf ihr beruhend, mit ihrer Hilfe, seelenkundlich;* das ist ~ falsch, richtig (gedacht, gehandelt, geurteilt); in einer Sache ~ vorgehen □ **psicológico; psicologicamente 2** ~e **Kriegführung** *K. durch psychische Beeinflussung von Freund u. Feind zur Erlangung bestimmter politischer, propagandistischer od. wirtschaftlicher Ziele*□ ***guerra psicológica**

Psy|cho|se ⟨f.; -, -n⟩ *psychische Erkrankung, seelische Krankheit;* eine ~ entwickeln□ **psicose**

Pu|ber|tät ⟨f.; -; unz.⟩ *Entwicklungsphase junger Menschen während der Zeit des Eintritts in die Geschlechtsreife*□ **puberdade**

♦ Die Buchstabenfolge **pu|bl...** kann in Fremdwörtern auch **publ|l...** getrennt werden.

♦ **Pu|bli|ci|ty** ⟨[pʌblɪsɪti] f.; -; unz.⟩ **1** *Bekanntheit (einer Person) in der Öffentlichkeit* **2** *Maßnahmen zur Stärkung der Publicity(1)*□ **publicidade**
♦ **Pub|lic Re|la|tions** ⟨[pʌblɪk rɪlɛɪʃənz] Pl.; Abk.: PR⟩ *Öffentlichkeitsarbeit*□ **relações públicas**
♦ **pu|blik** ⟨Adj. 24/80⟩ **1** *öffentlich, allgemein bekannt*□ **público 2** ⟨Getrennt- u. Zusammenschreibung⟩ 2.1 ~ machen = *publikmachen*
♦ **Pu|bli|ka|ti|on** ⟨f.; -, -en⟩ **1** ⟨unz.⟩ *das Publizieren, Veröffentlichen* **2** *Veröffentlichung, im Druck erschienene Schrift, publiziertes Werk*□ **publicação**
♦ **pu|blik|ma|chen** *auch:* **pu|blik ma|chen** ⟨V. 500⟩ *etwas ~ allgemein bekanntmachen;* eine Angelegenheit ~□ **tornar público**
♦ **Pu|bli|kum** ⟨n.; -s; unz.⟩ **1** *Allgemeinheit, Öffentlichkeit* 1.1 *Gesamtheit der an Kunst u. Wissenschaft interessierten Menschen;* er wendet sich mit seinen Büchern an ein großes, breites ~ **2** *Gesamtheit der Zuhörer, Besucher;* bei der Vorlesung, dem Vortrag war viel ~ anwesend; das ~ lachte, pfiff, schrie, tobte; er hat in den Kindern ein dankbares ~ für seine Späße;

vor einem großen ~ sprechen 2.1 er **braucht** immer ein ~ ⟨umg.⟩ *er tut sich gern vor anderen hervor* □ **público**

♦**pu|bli|zie|ren** ⟨V. 500⟩ Nachrichten, **Informationen** ~ *veröffentlichen, bekanntmachen, bes. im Druck* □ **publicar; divulgar**

Puck ⟨m.; -s, -s⟩ **1** *Kobold, kleiner Dämon* □ **duende 2** *kleine schwarze Hartgummischeibe für Eishockey* □ **disco de hockey sobre o gelo**

Pud|ding ⟨m.; -s, -s od. -e⟩ **1** *warme, gestürzte, meist süße Speise, die im Wasserbad gegart wurde* **2** *einfache, kalte Süßspeise aus Milch od. Fruchtsaft, eingedickt mit Grieß, Stärkepulver o. Ä.* □ **pudim**

Pu|del ⟨m.; -s, -⟩ **1** *kleine bis mittelgroße, gelehrige Hunderasse mit krausem, meist schwarzem, auch weißem, braunem od. grauem Fell; Zwerg~; ein schwarzer, weißer ~* □ *poodle* 1.1 *wie ein* **begossener** *~ dastehen, abziehen* ⟨umg.⟩ *sehr beschämt, verlegen* □ **ficar com cara de cachorro abandonado; sair com o rabo entre as pernas* **2** *des ~s* **Kern** ⟨fig.⟩ *das Wichtigste, Wesentliche der Sache (nach Goethe, „Faust" I, Studierzimmer)* □ **o nó/xis da questão* **3** ⟨umg.⟩ *Fehler beim Kegeln* □ **arremesso perdido**

Pu|der ⟨m.; -s, -⟩ *zur Körperpflege u. Heilung verwendetes feines Pulver auf der Grundlage von Talk¹, Stärke, Zinkoxid mit Zusätzen* □ **pó de arroz; talco**

pu|dern ⟨V. 500⟩ **1** ⟨503/Vr 5⟩ *jmdn. od. (jmdn.) etwas ~ (zur Pflege) mit Puder bestäuben; ein Baby, eine Wunde ~* □ **polvilhar com talco 2** ⟨Vr 3⟩ *sich ~ sich das Gesicht mit Puder bestäuben* □ **colocar pó de arroz no rosto*

Puff ⟨m. od. n.; -s, -s; umg.⟩ *Bordell* □ **bordel**

puf|fen ⟨V. 400⟩ *etwas pufft* ⟨umg.⟩ *etwas stößt unter (leise) knallendem od. zischendem Geräusch Luft od. Rauch aus; die Lokomotive, Dampfmaschine puffte (schwarzen Qualm in die Luft); ein ~ der Motor* □ **resfolegar; bufar; estourar**

Puf|fer ⟨m.; -s, -⟩ **1** *Vorrichtung zum Auffangen von Stößen an Schienenfahrzeugen* □ **para-choque; amortecedor 2** ⟨kurz für⟩ *Kartoffelpuffer* □ **fritada de batata**

Pulk ⟨m.; -(e)s, -s od. -e⟩ *dicht gedrängte Menge von Menschen, Tieren, Fahrzeugen o. Ä.; ein ~ Fahrradfahrer sauste vorbei* □ **multidão; tropel**

Pul|li ⟨m.; -s, -s; Kurzw. für⟩ *Pullover* □ **pulôver; suéter**

Pull|o|ver *auch:* **Pul|lo|ver** ⟨[-vər] m.; -s, -⟩ *über den Kopf zu ziehendes, gestricktes Stück der Oberbekleidung* □ **pulôver; suéter**

Pull|un|der *auch:* **Pul|lun|der** ⟨m.; -s, -⟩ *ärmelloser Pullover, Strickweste* □ **pulôver/suéter sem mangas; colete**

Puls ⟨m.; -es, -e⟩ *durch rhythmische Zusammenziehungen des Herzens u. dadurch stoßweises Einfließen des Blutes in die Arterien erzeugter leichter, an manchen Stellen des Körpers (Hals, Innenseite des Handgelenks) fühlbarer Schlag der Arterien; jmdm. den ~ fühlen (am Handgelenk, um die Tätigkeit des Herzens zu prüfen); der ~ geht ruhig, langsam, schnell; der ~ hämmert, jagt, klopft, pocht; aussetzender, beschleunigter, fliegender, hämmernder, jagender, matter, regelmäßiger, schwacher, unregelmäßiger, verlangsamter ~* □ **pulso**

pul|sie|ren ⟨V. 400⟩ *etwas pulsiert* **1** *durch Schlagen, Klopfen, Strömen sein Leben zeigen; das Blut pulsiert in den Adern* □ **pulsar; latejar** 1.1 ⟨fig.⟩ *ein wogendes, ~des Leben in den Straßen, in der Stadt* □ **pulsante; agitado** 1.2 *~der* **Schmerz** *sich rhythmisch wiederholender S.* □ **latejante** 1.3 *~de* **Vakuole** *sich periodisch nach außen entleerendes, mit Flüssigkeit gefülltes Bläschen vieler Protozoen zur Ausscheidung u. zur Aufrechterhaltung des isotonischen Gleichgewichts* □ **pulsátil 2** *~der* **Gleichstrom** *gleichgerichteter Wechselstrom, der keine weiteren Umwandlungen erfahren hat* □ **pulsante**

Puls|schlag ⟨m.; -(e)s, -schläge⟩ **1** *einzelner Schlag des Pulses; jmds. Pulsschläge zählen* □ **pulsação; pulso 2** ⟨fig.⟩ *fühlbares, sichtbares Leben; der ~ der Stadt* □ **agitação; turbilhão**

Pult ⟨n.; -(e)s, -e⟩ *tischähnliches Gestell mit schräger Fläche; Lese~, Noten~, Schreib~; am ~ sitzen, stehen; die Noten aufs ~ legen, stellen* □ **atril; leitoril; estante para partitura; escrivaninha**; *der Redner trat hinter das ~* □ **púlpito; tribuna 2** *schräggedeckter Festungsgang* □ **passagem coberta**

Pul|ver ⟨[-vər-] n.; -s, -⟩ **1** *staubfein zerteilter, fester Stoff* □ **pó** 1.1 *explosive Mischung aus pulverförmigen Stoffen, die bei der Verbrennung Gas entwickeln, das sich plötzlich stark ausdehnt, Schießpulver* □ **pólvora** 1.1.1 *er hat sein ~ schon verschossen* ⟨fig.⟩ *er hat seine Argumente schon alle (vorzeitig) in die Diskussion gebracht* □ **ele esgotou sua munição; ele jogou seu último trunfo* 1.2 *Arznei in Pulverform; Schlaf~; ein ~ einnehmen, verschreiben; blutstillendes ~* □ **pó** 2 ⟨fig.; umg.⟩ *Geld; es fehlt mir am nötigen ~* □ **grana**

Pul|ver|fass ⟨[-vər-] n.; -es, -fäs(ser)⟩ **1** ⟨urspr.⟩ *Fass mit Schießpulver* □ **barril de pólvora 2** ⟨heute nur fig. in den Wendungen⟩ 2.1 *auf einem ~ sitzen sich in einer sehr gefährlichen Lage befinden* □ **estar sentado sobre um barril de pólvora* 2.2 *ein Funke im ~ sein der Anlass zu einem aufregenden Geschehen sein* □ **ser uma faísca em um barril de pólvora* 2.3 *einem ~ gleichen jederzeit die Gefahr eines Konflikts, Krieges in sich bergen* □ **ser como um barril de pólvora*

Pu|ma ⟨m.; -s, -s; Zool.⟩ *gelblich bis silbergrau gefärbte Raubkatze: Puma concolor* □ **puma**

pum|me|lig ⟨Adj.; umg.⟩ *dicklich, rundlich, leicht korpulent; ein ~es Kind* □ **gorducho; rechonchudo**

Pump ⟨m.; -s; unz.⟩ *das Borgen, Leihen, Pumpen²; etwas auf ~ bekommen* □ **crédito; empréstimo**

Pum|pe ⟨f.; -, -n⟩ *Arbeitsmaschine od. -gerät zum Fördern von Flüssigkeiten u. Gasen; Luft~, Wasser~; eine elektrische ~* □ **bomba**

pum|pen¹ ⟨V.⟩ **1** ⟨400⟩ *eine Pumpe betätigen; jmd., die Maschine pumpt zu langsam* **2** ⟨500⟩ *etwas ~ mittels Pumpe hervor-, heraufbringen; Luft ~; Wasser ~; Wasser in einen Eimer ~; das Herz pumpt das Blut durch den Körper* □ **bombear**

pum|pen² ⟨V.; umg.⟩ **1** ⟨531/Vr 1 od. Vr 2⟩ *sich etwas von jmdm. ~ entleihen, borgen; ich habe mir von ihm 20 Euro gepumpt; ich möchte mir von dir dein Rad,*

Pumps

deine Schuhe ~ □ *pegar alguma coisa emprestada de alguém **2** ⟨530⟩ **jmdm. etwas ~** *ausleihen, jmdm. etwas (bes. Geld) leihen;* ich habe ihm 20 Euro gepumpt □ **emprestar**

Pumps ⟨[pœmps] m.; -, -⟩ *leichter, geschlossener, den Spann nicht bedeckender Damenschuh mit Absatz (ohne Schnürung od. Verschluss)* □ **escarpim**

Punk ⟨[pʌŋk] m.; -s, -s; bes. in den 1970er u. 1980er Jahren⟩ **1** ⟨unz.;⟩ *Protestbewegung Jugendlicher gegen die Gesellschaft, die bes. durch auffälliges Aussehen (z. B. grell gefärbte Haare, zerrissene Kleidung, Sicherheitsnadeln in der Haut u. Ä.) u. rüdes Benehmen zum Ausdruck kommt* **2** *Angehöriger des Punks(1);* Sy Punker □ **punk**

Pun|ker ⟨[pʌn-] m.; -s, -⟩ = *Punk(2)*

Pun|ke|rin ⟨[pʌn-] f.; -, -rin|nen⟩ *weibl. Punker* □ **punk**

Punkt ⟨m.; -(e)s, -e⟩ **1** *sehr kleiner Fleck, Tupfen;* die Bluse ist rot mit weißen ~en; das Flugzeug war nur noch als ~ am Himmel zu erkennen; ein Stoff, Kleid mit ~en □ **ponto; mancha; bolinha 2** *kleines schriftliches Zeichen;* Doppel~ □ *dois-pontos;* der ~ über dem i □ **pingo;** ein Wort durch drei ~e ersetzen; einen ~ setzen, machen □ **ponto** **2.1** *Satzzeichen am Satzende u. bei manchen Abkürzungen* □ **ponto; ponto-final 2.1.1** *er redet ohne ~ und Komma* ⟨fig.; umg.⟩ *ohne innezuhalten, unaufhörlich* □ *ele fala sem parar;* ele fala pelos cotovelos **2.1.2** nun mach mal einen ~! ⟨umg.⟩ *mach Schluss jetzt!, hör damit auf!* □ *agora chega!* **2.2** ⟨Mus.⟩ *hinter einer Note gesetztes Zeichen, das die Note um ihren 1/2 Zeitwert verlängert* □ **ponto de aumento 2.2.1** *über eine Note gesetztes Zeichen, das ein kurz abgestoßenes Spiel vorschreibt* □ **staccato 3** ⟨Typ.; Abk.: p⟩ *Maßeinheit von 0,376 mm für den Schriftsatz, den Zeilenabstand;* eine Zehn-~-Schrift; diese Schrift hat die Größe von 10 ~ □ **ponto tipográfico; ponto de Didot 4** *gedachtes geometrisches Gebilde ohne Ausdehnung, gedacht als Stelle, an der sich zwei Linien schneiden;* die beiden Geraden schneiden sich in einem ~ **5** *bestimmter Ort, bestimmte Stelle;* die Linie verläuft von ~ A nach ~ C; an diesem ~ gabelt sich der Weg **6** *Zeitpunkt* □ **ponto 6.1** ~ 12 Uhr *pünktlich um 12 Uhr* □ *às 12 horas em ponto* **6.2** er kam auf den ~ **(genau)** *pünktlich* □ *ele chegou bem na hora* **7** *Einheit der Bewertung (im Sport, bei Prüfungen);* Sieg, Niederlage nach ~en; den Gegner nach ~en schlagen; er bekam 20 ~e von 30 möglichen ⟨fig.⟩ *Sache, Frage, Angelegenheit, Einzelheit;* ein strittiger ~; ein wunder ~; den empfindlichen ~ treffen; der wichtigste, strittigste ~ der Sache ist ...; wir kommen noch auf diesen ~ zurück; wir sind in allen ~en einer Meinung; es gibt in seiner Vergangenheit einige dunkle ~e □ **ponto 8.1** etwas **auf** ~ **bringen** ⟨fig.⟩ *das Wesentliche erörtern, entscheiden* □ *ir direto ao ponto;* → a. *springen(3.6)* **9** *Abschnitt;* die einzelnen ~e eines Vertrages; ich bin jetzt an dem ~, an dem ich allein nicht weiterarbeiten kann; eine Angelegenheit, Arbeit ~ für ~ durchgehen □ **ponto;** → a. *tot(5.4, 5.4.2)*

punk|tie|ren ⟨V. 500⟩ **1** jmdn. ~ ⟨Med.⟩ *an jmdm. eine Punktion vornehmen* □ **puncionar; punçar 2** etwas ~ *mit vielen Punkten versehen, durch Punkte andeuten;* eine punktierte Linie □ **pontear; pontilhar 3** ⟨Mus.⟩ *eine Note ~ durch einen Punkt hinter der Note ihren Wert um die Hälfte verlängern* □ **marcar com ponto;** punktierter Rhythmus □ **pontuado**

Punk|ti|on ⟨f.; -, -en; Med.⟩ *Entnahme von Flüssigkeit od. Gewebe aus dem Körper mit einer Hohlnadel für diagnostische Zwecke;* Sy *Punktur* □ **punção**

pünkt|lich ⟨Adj.⟩ **1** *zur rechten Zeit, auf die Minute genau;* ~ um 3 Uhr; ~ ankommen, gehen □ **pontualmente 2** *gewissenhaft, genau;* es wird ~ erledigt □ **com exatidão;** er ist immer sehr ~ □ **exato; preciso**

Punk|tur ⟨f.; -, -en⟩ = *Punktion*

Punsch ⟨m.; -(e)s, -e⟩ *Getränk aus Rum od. Arrak mit Wasser od. Tee, auch Wein, u. Zucker, meist heiß getrunken* □ **ponche**

Pu|pil|le ⟨f.; -, -n⟩ *die schwarze Öffnung der Regenbogenhaut des Auges, Sehloch* □ **pupila**

Pup|pe ⟨f.; -, -n⟩ **1** *Nachbildung der Figur eines Menschen* **1.1** *Kinderspielzeug in Form eines kleinen Menschen;* sie spielt mit ihrer ~ □ **boneco; boneca 1.2** *Figur des Puppen- u. Kasperletheaters;* Hand~; Kasper~ □ **marionete; fantoche 1.3** *Gebilde in Form einer menschlichen Gestalt od. des menschlichen Rumpfes zum Anprobieren od. Ausstellen von Kleidung;* Schaufenster~; Schneider~ □ **manequim 2** ⟨Zool.⟩ *Hülle, in der Insekten mit vollkommener Verwandlung ein Ruhestadium durchmachen;* ~n von Ameisen, Bienen, Schmetterlingen □ **pupa; crisálida 3** *mehrere aufrecht zusammengestellte Getreidegarben* □ **meda 4** ⟨fig.; umg.⟩ *weibl. Person* **4.1** *Mädchen, Freundin;* sie ist seine ~ **4.2** ⟨abwertend⟩ *aufgeputzte weibl. Person* □ **boneca 6** *bis in die ~n schlafen, feiern* ⟨umg.⟩ *sehr lange, bis in den Morgen hinein* □ *dormir/comemorar até tarde*

pur ⟨Adj.⟩ **1** ⟨70⟩ ~e **Metalle** *M. ohne Beimischung = rein¹(1);* ~es Gold **2** ⟨80⟩ **Getränke** ~ *trinken unverdünnt* □ **puro 3** ⟨60⟩ *weiter nichts als;* aus ~er Neugierde; es war ~er Zufall □ **puro; mero 4** ⟨60⟩ ~er **Wahnsinn** ⟨umg.⟩ *völliger, uneingeschränkter W.* □ **puro**

Pü|ree ⟨n.; -s, -s⟩ *Brei, Mus;* Kartoffel~ □ **purê**

Pur|pur ⟨m.; -s; unz.⟩ *blaustichiger roter Farbstoff, ursprünglich aus den im Mittelmeer lebenden Purpurschnecken gewonnen* □ **púrpura**

Pur|zel|baum ⟨m.; -(e)s, -bäu|me⟩ *Rolle um die eigene Querachse auf dem Boden;* einen ~ machen, schlagen, schießen □ **cambalhota**

pur|zeln ⟨V. 411(s.); umg.⟩ *fallen, hinfallen, stürzen (bes. von Kindern);* aus dem Bett ~; er purzelte in den Schnee □ **cair; levar um tombo**

pu|schen ⟨V. 500⟩ = *pushen*

pu|shen ⟨[puʃən] V. 500⟩ *etwas ~ vorantreiben, in Schwung bringen;* oV *puschen* □ **estimular; acelerar**

Pus|te ⟨f.; -; unz.; umg.⟩ **1** *Atem;* ich habe keine ~ mehr □ **fôlego 1.1** ihm geht die ~ aus ⟨a. fig.⟩ *er ist in (finanziellen) Schwierigkeiten* □ *ele está sem fôlego;* ele está mal das pernas

Pus|tel ⟨f.; -, -n⟩ = *Pickel²*

pus|ten ⟨V.; umg.⟩ **1** ⟨411⟩ *irgendwohin ~ blasen, Luft ausstoßen;* er pustete ins Feuer; in einen Luftballon ~; jmdm. (den Rauch) ins Gesicht ~; den Staub von einem Buch ~ □ **soprar** 1.1 ⟨530⟩ **jmdm. was, eins ~** ⟨fig.⟩ *jmds. Wunsch nicht erfüllen* □ **mandar alguém às favas/passear* **2** ⟨400⟩ *außer Atem sein, keuchen* □ **ofegar; arfar**

Pusz|ta ⟨f.; -, -ten⟩ *ungarische Grassteppe* □ *puszta*

Pu|te ⟨f.; -, -n⟩ **1** *Truthenne* □ **perua 2** ⟨fig.; umg.; Schimpfw.⟩ *Mädchen, Frau;* dumme ~! □ **sua bobinha!; sua tonta!*; eingebildete ~ □ **mocinha convencida*

Putsch ⟨m.; -(e)s, -e⟩ **1** *politischer Umsturz od. Umsturzversuch;* der ~ misslang; sich an einem ~ beteiligen □ *Putsch;* **(tentativa de) golpe 2** ⟨schweiz.⟩ *Stoß* □ **golpe; pancada**

Put|te ⟨f.; -, -n; eindeutschend für⟩ *kleine Engelsfigur, Kindergestalt* □ *putto*

Putz ⟨m.; -es; unz.⟩ **1** (veraltet) *schmucke Kleidung;* sie gibt viel Geld für den ~ aus □ **traje fino/elegante; toalete** 1.1 *Gegenstände zum Schmücken der Kleidung, Zierrat* □ **acessórios 2** *Mauerbewurf, Mörtel;* der ~ bröckelt von den Wänden; Mauern mit ~ verkleiden, bewerfen □ **reboco**

put|zen ⟨V. 500⟩ **1** *etwas ~ durch Reiben od. Wischen blankmachen;* Silber, Bestecke ~ □ **polir; arear** 1.1 Schuhe ~ *einkremen u. blankreiben* □ **lustrar; engraxar** 1.2 Klinken ~ ⟨fig.; umg.⟩ *von Tür zu Tür gehen (um etwas anzubieten, zu verkaufen)* □ **vender de porta em porta* **2** *etwas ~ säubern, reinigen;* die Zähne ~ □ **escovar**; das Fenster ~ □ **limpar** 2.1 ⟨503/Vr 1⟩ **(sich) die Nase ~** *schnäuzen* □ **assoar** 2.2 die Kerze ~ *den Docht der K. kürzer schneiden* □ **espevitar 3** ⟨500/Vr 3⟩ **jmdm. ~** *jmdn. schmücken, zieren, hübsch anziehen u. frisieren* □ **enfeitar** 3.1 den Weihnachtsbaum ~ *mit Christbaumschmuck behängen* □ **enfeitar; decorar 4** ⟨400; oberdt.⟩ *Räume, Zimmer, die Wohnung reinigen;* sie muss heute noch ~ □ **fazer faxina**

Putz|frau ⟨f.; -, -en⟩ *Frau, die stundenweise gegen Entgelt Wohn- od. Geschäftsräume putzt;* Sy *Putzhilfe* □ **faxineira**

Putz|hil|fe ⟨f.; -, -n⟩ = *Putzfrau*

put|zig ⟨Adj.; umg.⟩ *drollig, erheiternd, spaßig;* ein ~es kleines Tierchen; das kleine Mädchen war ~; ~ aussehen □ **engraçado; gracioso**

puz|zeln ⟨[pʊz(ə)ln] od. [pʌz(ə)ln] V. 400⟩ *ein Puzzle machen* □ **montar um quebra-cabeça**

Puz|zle auch: **Puzz|le** ⟨[pʊz(ə)l] od. [pʌz(ə)l] n.; -s, -s⟩ *Geduldsspiel, bei dem viele Einzelteile zu einem Bild zusammengefügt werden müssen* □ **quebra-cabeça**

Py|ja|ma ⟨[pyd3a:ma] m.; -s, -s od. n.; -s, -s⟩ = *Schlafanzug*

Py|ra|mi|de ⟨f.; -, -n⟩ **1** *geometrischer Körper mit einem Viereck als Basis u. dreieckigen Seitenflächen, die in einer Spitze zusammenlaufen* **2** *altägyptischer Grabbau in Form einer Pyramide(1)* **3** *nach oben sich verjüngendes, oft in mehreren Etagen gebautes, mit einem durch Kerzen angetriebenen Innenteil ausgestaltetes, einem Gebäude ähnelndes Spielzeug;* Weihnachts~ □ **pirâmide**

Py|thon|schlan|ge ⟨f.; -, -n; Zool.⟩ *Angehöriger einer Unterfamilie eierlegender Riesenschlangen: Pythonina* □ **píton**

Quack|sal|ber ⟨m.; -s, -; abwertend⟩ *(angeblicher) Arzt, der von seinem Handwerk nichts versteht;* Sy *Kurpfuscher* □ **charlatão**

Qua|der ⟨m.; -s, -⟩ **1** *rechteckig behauener (Stein-)Block* □ **pedra de cantaria 2** ⟨Math.⟩ *Körper mit drei Paar kongruenten, in parallelen Ebenen liegenden Rechtecken als Oberfläche* □ **paralelepípedo retângulo**

♦ Die Buchstabenfolge **qua|dr...** kann in Fremdwörtern auch **quad|r...** getrennt werden.

♦**Qua|drat**[1] ⟨n.; -(e)s, -e⟩ **1** *Viereck mit vier gleichen Seiten u. vier rechten Winkeln* **2** ⟨Math.⟩ *die zweite Potenz; eine Zahl ins ~ erheben* **2.1** *drei zum ~ zweite Potenz von drei = 3^2* □ **quadrado**

♦**Qua|drat**[2] ⟨m.; -(e)s, -en; Typ.⟩ *Ausschluss verschiedener Länge u. Dicke* □ **quadrado**

♦**Qua|drat|zen|ti|me|ter** ⟨m. od. n. 7; -s, -; Abk. cm²⟩ *Flächenzentimeter; Viereck, dessen Seiten je 1 Zentimeter lang sind* □ **centímetro quadrado**

Qua|dril|le ⟨[kvadrɪljə], a. [kadrɪljə], österr. [kadrɪl] f.; -, -n⟩ **1** ⟨18. bis Anfang 20. Jh.⟩ *Tanz mit vier Tänzern od. Paaren, die sich in einem Viereck aufstellen* **2** ⟨Reitsp.⟩ *zu Musik gerittene (festliche) Dressurvorstellung von mindestens vier Reitern* □ **quadrilha**

♦**qua|dro|fon** ⟨Adj. 24⟩ *über vier Kanäle u. Lautsprecher wiedergegebene Stereophonie(2);* oV *quadrophon* □ **quadrifônico**

♦**qua|dro|phon** ⟨Adj. 24⟩ = *quadrofon*

Quai ⟨[kɛː] m.; -s, -s⟩ = *Kai*

qua|ken ⟨V. 400⟩ **1** *ein Frosch, eine Ente quakt gibt Laut, schreit* □ **coaxar; grasnar 2** ⟨fig.; umg.⟩ *unaufgefordert reden, meckernd rufen; das Kind hat die ganze Zeit gequakt* □ **tagarelar; resmungar**

Qual ⟨f.; -, -en⟩ *großer körperlicher od. seelischer Schmerz, Pein; die ~ des bösen Gewissens, der Reue; körperliche, seelische ~en aushalten, ertragen müssen; jmdm. ~en bereiten; jmdm. seine ~en erleichtern; es ist mir eine ~, das ansehen, anhören zu müssen; er starb unter großen ~en; er wurde von seinen ~en erlöst, befreit* □ **sofrimento; tormento** → a. *Wahl(2.1)*

quä|len ⟨V. 500⟩ **1** ⟨Vr 7 od. Vr 8⟩ **jmdn.** *od. ein* **Tier** *~ peinigen, jmdm. od. einem Tier Qual, Schmerz zufügen; den Gefangenen ~; die Kinder quälten die Katze; die Reue quält ihn* □ **atormentar; torturar; maltratar 1.1** *trübe Gedanken ~ mich beunruhigen mich* □ **atormentar; afligir 2** **jmdn.** *~* ⟨fig.⟩ *dauernd u. heftig bedrängen, mit Bitten verfolgen; das Kind quält mich schon seit Tagen, ich soll mit ihm in den Zirkus gehen* □ **atormentar; importunar 3** ⟨505/Vr 3⟩ **sich (mit etwas)** *~ sich (bei etwas) anstrengen; er hat sich anfangs sehr ~ müssen; der Esel musste sich sehr ~, die schwere Last den Berg hinaufzutragen* □ **esforçar-se** *~der Durst, ~de Zweifel* □ **torturante; terrível; cruel**

qua|li|fi|zie|ren ⟨V. 500⟩ **1 jmdn.** *~ befähigen, fähig machen (zu etwas), durch Unterricht u. Übung ausbilden u. entwickeln (für etwas); qualifizierte Arbeit leisten* **1.1** ⟨Vr 3⟩ **sich** *~ sich ausbilden, sich durch Fleiß u. Übung entwickeln, sich als geeignet erweisen* **2 etwas** *~ als geeignet anerkennen* □ **qualificar(-se) 2.1** *qualifizierte* **Straftat** *unter erschwerenden Umständen begangene u. deshalb schwerer bestrafte S.* □ ***crime qualificado** **2.2** ⟨513⟩ **jmdn.** *od. etwas* **als ...** *~ beurteilen, einordnen, kennzeichnen; er qualifizierte ihn als begabten Künstler* □ **qualificar**

Qua|li|tät ⟨f.; -, -en⟩ → a. *Quantität* **1** *Art, Beschaffenheit* **1.1** *Eigenschaft, Fähigkeit; auch er hat seine ~en; er hat besondere ~en* **1.2** ⟨Phon.⟩ *Vokalfärbung, z. B. e gegenüber o* **2** *Sorte, Güte, Brauchbarkeit; ausgezeichnete, hervorragende, gute ~; beste, mittlere ~; von guter ~* □ **qualidade**

Qual|le ⟨f.; -, -n; Zool.⟩ *gallertartiges Meerestier, das in der Nähe des Meeresbodens von der Strömung getrieben schwimmt, Meduse* □ **medusa**

Qualm ⟨m.; -(e)s; unz.⟩ **1** *dichter Rauch; Zigaretten~* □ **fumaça (densa) 1.1** ⟨oberdt.⟩ *ausströmender Dunst, Dampf* □ **vapor**

qual|men ⟨V.⟩ **1** ⟨400⟩ *etwas qualmt gibt Qualm von sich, raucht stark; der Schornstein, die (eben) ausgelöschte Kerze qualmt* □ **fumegar 2** ⟨400; fig.; umg.; meist abwertend⟩ *(stark, häufig) rauchen* **3** ⟨500⟩ **etwas** *~* ⟨umg.; meist abwertend⟩ *rauchen; eine Zigarre, Pfeife ~; er qualmt täglich 30 Zigaretten* □ **fumar (como uma chaminé)**

Quänt|chen ⟨n.; -s, -⟩ *ein wenig, eine kleine Menge; mit einem ~ Glück kann er den Wettbewerb gewinnen* □ **pouquinho; tantinho**

Quan|ti|tät ⟨f.; -, -en⟩ → a. *Qualität* **1** *Menge, Masse, Größe, Umfang* **1.1** ⟨Phon.⟩ *Dauer der Vokale (Länge bzw. Kürze)* **2** *Anzahl* □ **quantidade**

Quan|tum ⟨n.; -s, Quan|ten od. Quan|ta⟩ *bestimmte Menge, Anzahl; ein großes, kleines ~; ein ordentliches, tüchtiges ~* ⟨umg.⟩ □ **quantidade; porção**

Qua|ran|tä|ne ⟨[ka-] f.; -, -n⟩ *Isolierung (von Personen od. Tieren) als Schutzmaßnahme gegen das Einschleppen od. Verbreiten von (epidemischen) Krankheiten* □ **quarentena**

Quark[1] ⟨m.; -s; unz.⟩ **1** *beim Gerinnen der Milch ausgefällter Käsestoff, (daraus gewonnenes) breiiges Nahrungsmittel; Sahne~, Kräuter~, Mager~; Kartoffeln mit ~* □ **queijo Quark 2** ⟨fig.; umg.; abwertend⟩ *lächerliche Kleinigkeit, belanglose Sache; sich über jeden ~ aufregen; seine Nase in jeden ~ stecken* □ **bobagem 2.1** *einen ~ gar nichts; das geht dich einen ~ an; davon verstehst du einen ~* □ ***nada; patavina 2.2** *Unsinn, Unfug, Quatsch; das ist doch (alles) ~!* □ **disparate; absurdo**

Quark² ⟨[kwɔːrk] n.; -s, -s; Phys.⟩ *grundlegender Baustein der Materie, Elementarteilchen*□ *quark*

Quart ⟨f.; -, -en; Mus.⟩ = *Quarte*

Quar|tal ⟨n.; -s, -e⟩ **1** *Vierteljahr;* erstes, zweites ~ 1.1 zum ~ kündigen *zum Ende des Quartals(1)*□ *trimestre*

Quar|tär ⟨n.; -s; unz.; Geol.⟩ *erdgeschichtliche Gegenwart, jüngster Zeitraum der Erdgeschichte;* → a. *Tertiär*□ *Quaternário*

Quar|te ⟨f.; -, -n; Mus.⟩ oV *Quart* **1** *vierter Ton der diatonischen Tonleiter* **2** *Intervall von vier Tönen;* große ~, kleine ~□ *quarta*

Quar|tett ⟨n.; -(e)s, -e⟩ **1** *Musikstück für vier Stimmen od. Instrumente;* Vokal~; Bläser~; Streich~ **2** *Gruppe von vier Sängern od. Instrumentalisten* **3** *Kartenspiel, bes. für Kinder, bei dem vier zusammengehörige Karten abgelegt werden, die man von den anderen Spielern zu erhalten sucht*□ *quarteto*

Quar|tier ⟨n.; -s, -e⟩ **1** *Unterkunft;* Nacht~; Ferien~, Urlaubs~; sich ein ~ bestellen, suchen; haben Sie schon ein ~?□ *alojamento* 1.1 *Unterkunft von Truppen außerhalb einer Kaserne;* ~ beziehen, nehmen; bei jmdm. im ~ sein ⟨a. Mil.⟩ **2** ⟨schweiz.⟩ *Stadtviertel*□ *bairro*

Quarz ⟨m.; -es, -e; Min.⟩ *häufigstes Mineral der Erdoberfläche, chem. Siliziumoxid, SiO_2;* Rauch~, Rosen~ □ *quartzo*

qua|si ⟨Adv.⟩ *gewissermaßen, gleichsam, sozusagen;* er hat mich ~ erpresst□ *de certo modo*

quas|seln ⟨V.⟩ **1** ⟨400; abwertend⟩ *unentwegt reden, unaufhörlich schwatzen*□ *tagarelar* ⟨500⟩ *Unsinn ~ Unsinn erzählen, verbreiten* □ **dizer bobagens* ⟨800⟩ mit jmdm. ~ ⟨umg.⟩ *schwatzen, sich lange u. ausführlich unterhalten*□ **bater papo com alguém*

Quas|te ⟨f.; -, -n⟩ **1** *an einem Ende zusammengebundenes Büschel von Fäden, Fransen, dünnen Schnüren od. Litzen;* Sy *Troddel(1)* **2** *Watte- od. Faserbausch;* Puder~ □ *borla; pompom*

Quatsch ⟨m.; -(e)s; unz.; umg.⟩ **1** *falsches, dummes Zeug, Fehler;* hier hast du ~ gemacht; das ist doch (alles) ~ □ *erro bobo; bobagem* **2** *dummes Gerede, Unsinn;* (ach) ~!; ich kann mir diesen ~ nicht länger anhören; red' keinen ~!□ *bobagem; disparate* 2.1 ~ mit Soße! ⟨verstärkend⟩ *Unsinn!* □ **que bobagem/besteira!* **3** *dumme Späße, Kinderei, Alberei;* die Kinder machen im Unterricht nur, viel ~; macht nicht so viel, zu viel ~!; der Film ist ein herrlicher, fürchterlicher ~□ *travessura; idiotice*

quat|schen¹ ⟨V. 400; umg.⟩ *reden, plaudern, erzählen;* quatsch nicht so viel!; er hat den ganzen Abend Unsinn gequatscht; wir haben zwei Stunden miteinander gequatscht □ *tagarelar; falar; conversar*

quat|schen² ⟨V. 400⟩ *ein klatschendes, matschendes Geräusch erzeugen (beim Gehen, Waten durch Sumpf od. Schlamm)*□ *patinhar*

Queck|sil|ber ⟨n.; -s; unz.; chem. Zeichen: Hg⟩ *bei Zimmertemperatur flüssiges, silberglänzendes Metall, chem. Element, Ordnungszahl 80;* das ~ im Thermometer fiel□ *mercúrio*

Quel|le ⟨f.; -, -n⟩ **1** *aus der Erde tretendes, fließendes Wasser, Ursprung eines Baches, Flusses;* eine heiße, kalte, warme ~; die ~ springt, sprudelt aus dem Felsen; die ~ der Donau; mit der Wünschelrute eine ~ suchen; Wasser aus einer ~ schöpfen; aus einer ~ trinken; die ~ ist versiegt ⟨a. fig.⟩□ *nascente; fonte* 1.1 an der ~ sitzen ⟨fig.; umg.⟩ *gute Verbindungen zu etwas haben*□ **ter bons contatos; ter acesso à fonte de informações* 1.2 ⟨kurz für⟩ *Heilquelle;* Mineral~□ **fonte de água mineral* **2** ⟨fig.⟩ *Herkunft, Ursprung, Ursprungsort;* die ~ seiner Freuden, Leiden, Sorgen, seines Glücks; das ist die ~ alles (allen) Übels; neue ~n (für Rohstoffe) erschließen □ *fonte; causa; origem* 2.1 *Person, Stelle, Zeitung, von der man eine Nachricht od. Ware bekommen, Kenntnis erlangt hat;* ich habe, weiß es aus erster, sicherer ~; aus welcher ~ haben Sie das (gehört, erfahren)? **3** ⟨schriftliches⟩ *Zeugnis (für die wissenschaftliche Forschung), Urkunde, wissenschaftliches Werk;* historische, sprachliche ~n; ~n lesen, studieren; die ~n angeben (bei historischen, literarischen Arbeiten); für die frühe Geschichte haben wir nur nichtsprachliche ~n□ *fonte*

quel|len¹ ⟨V. 194/400⟩ **1** *etwas quillt aus, über etwas fließt aus etwas heraus, dringt aus etwas hervor;* das Wasser quillt aus dem Boden; das Blut quillt aus der Wunde; die Tränen quollen ihr aus den Augen; der Brei quillt über den Rand des Topfes; Rauch quoll aus den Fenstern, aus dem Krater; ihm quollen (vor Entsetzen, vor Zorn) fast die Augen aus dem Kopf; die Menschen quollen aus dem Saal□ *brotar; jorrar; saltar* **2** *etwas quillt schwillt durch Aufnehmen von Wasser an, vergrößert sich;* das Holz ist durch die Feuchtigkeit gequollen; Erbsen vor dem Kochen ~ lassen; der Grieß, Reis muss noch etwas ~□ *inchar; dilatar-se*

quel|len² ⟨V. 500; schwach konjugiert⟩ *etwas ~ zum Aufschwemmen ins Wasser legen, durch Wasser aufschwellen lassen, einweichen;* Erbsen, Linsen ~□ *pôr de molho*

quen|geln ⟨V. 400; umg.⟩ *immer wieder bitten, weinerlich nörgeln (bes. von Kindern);* das Kind quengelte den ganzen Tag□ *choramingar; lamuriar-se*

Quent|chen ⟨alte Schreibung für⟩ *Quäntchen*□ *pouquinho; tantinho*

quer ⟨Adv.⟩ **1** *von einer Breitseite zur gegenüberliegenden, die Längsausdehnung kreuzend, senkrecht zur Längsausdehnung;* Ggs *längs¹;* leg das Blatt ~; eine Schnur ~ durch einen Raum spannen; ein Brett ~ über einen Bach legen □ *transversalmente; de través;* ~ über den See, den Fluss fahren □ **atravessar o mar/rio;* ~ über die Straße gehen □ **atravessar a rua;* den Stoff ~ nehmen (beim Zuschneiden) □ *transversalmente, de través* 1.1 ~ übereinanderlegen gekreuzt □ **colocar de través/atravessado um sobre o outro* **2** ⟨fig.⟩ *störend, verkehrt* □ *às avessas* 2.1 kreuz und ~ gehen *planlos hin u. her gehen*□ **ir de um lado para outro;* (aber) → a. *quergehen* **3** ⟨Getrennt- u. Zusammenschreibung⟩ 3.1 ~ gestreift = *quergestreift*

Que|re ⟨f.; -; unz.⟩ **1** *Querrichtung; den Stoff (in) der ~ nehmen* □ **transversal 2** ⟨fig.; umg.⟩ *meist in festen Wendungen⟩* **2.1** *jmdm. in die ~ kommen jmds. Weg störend kreuzen, jmdn. bei der Arbeit stören; Vorsicht, komm mir nicht in die ~!* □ ***atravessar o caminho de alguém; atrapalhar alguém* 2.1.1** *es ist ihm etwas in die ~ gekommen er wurde durch etwas abgehalten, gestört* □ ***alguma coisa aconteceu com ele*; → a. *Kreuz(2.3.1)*
Que|re|le ⟨f.; -, -n⟩ *Klage, Streit, Auseinandersetzung, Beschwerde* □ **querela**
quer|feld|ein ⟨Adv.⟩ *mitten durch Feld u. Wiesen, quer durch das Gelände; ~ wandern* □ **através dos campos; pelos campos**
quer||ge|hen ⟨V. 145/400(s.); umg.⟩ *misslingen, nicht erwartungsgemäß verlaufen; mir ist heute alles quergegangen; es geht ihm alles quer;* → a. *quer (2.1)* □ **dar errado**
quer|ge|streift *auch:* **quer ge|streift** ⟨Adj. 24⟩ *von einer Breitseite zur anderen, quer zur Längsrichtung gestreift; ein ~er Pullover* □ **com listras transversais**
Quer|schnitt ⟨m.; -(e)s, -e⟩ **1** ⟨Geom.⟩ *oberer Schnitt quer Längsachse od. Drehachse eines Körpers; Ggs Längsschnitt; der ~ eines Kegels; ein kreisförmiger ~* □ **corte/seção transversal 2** ⟨fig.⟩ *Überblick, Zusammenfassung der wichtigsten Punkte, Teile; das Buch gibt einen ~ durch die Geschichte der Seefahrt; eine CD mit einem ~ romantischer Klavierkompositionen* □ **panorama; resumo**
Que|ru|lant ⟨m.; -en, -en; abwertend⟩ *jmd., der ständig quengelt, nörgelt u. an allem etwas auszusetzen hat* □ **resmungão**
quet|schen ⟨V. 500⟩ **1** *etwas ~ heftig zusammendrücken, pressen; Kartoffeln (zu Brei) ~; Trauben, Obst, Beeren ~* □ **amassar; espremer 2** ⟨511/Vr 3⟩ *sich irgendwohin ~* ⟨umg.⟩ *sich mit Mühe vorwärtszwängen, -drängen; ich habe mich in das überfüllte Abteil gequetscht; wir mussten uns durch die Menge ~* □ ***apertar-se/espremer-se em algum lugar* 3** ⟨511⟩ *jmdn. od. etwas irgendwohin ~ mit Druck u. Kraft irgendwohin bringen, stoßen, pressen; er quetschte seine Kleider in den Koffer; er hat ihn gegen, an die Mauer gequetscht; er quetschte seine Nase gegen, an die Fensterscheibe* □ **espremer; apertar 4** ⟨530/Vr 5⟩ *jmdm. etwas ~ durch Druck verletzen; ich habe mir den Finger gequetscht; ihm wurde die Hand in der Tür gequetscht; hast du dich gequetscht?* □ **machucar; prender**
Queue ⟨[kø:] n.; -s, -s⟩ *Stock zum Stoßen der Kugeln beim Billard, Billardstock* □ **taco de bilhar**
quick|le|ben|dig ⟨Adj. 24; umg.⟩ *sehr lebendig, äußerst lebhaft, voller Energie u. Tatendrang; seine Großmutter ist noch ~* □ **ativo; vivo**
quie|ken ⟨V. 400⟩ oV **quieksen 1** *Laut geben, rufen; das Schwein, Ferkel quiekt* □ **guinchar; grunhir 2** ⟨fig.⟩ *umg.⟩ einen hohen, quietschenden Laut ausstoßen; vor Schreck, Freude ~* □ **gritar 2.1** *es ist zum Quieken! sehr komisch* □ ***é muito engraçado!*
quiek|sen ⟨V. 400⟩ = **quieken**
quiet|schen ⟨V. 400⟩ **1** *einen hohen, schrillen Ton von sich geben; die Tür, der Wagen, das Rad quietscht; mit ~den Bremsen anhalten* □ **ranger; chiar 2** *vor Schreck, vor Vergnügen ~* ⟨umg.⟩ *schreien, quieken(2)* □ **gritar**
Quint ⟨f.; -, -en⟩ = **Quinte**
Quin|te ⟨f.; -, -n; Mus.⟩ oV **Quint 1** *fünfter Ton der diatonischen Tonleiter* **2** *Intervall von fünf Tönen; große ~, kleine ~* □ **quinta**
Quint|es|senz ⟨f.; -, -en⟩ *wesentliche Erkenntnis, Wesen, Kern (einer Sache); die ~ einer Kontroverse* □ **quinta-essência**
Quin|tett ⟨n.; -(e)s, -e; Mus.⟩ **1** *Musikstück für fünf Stimmen od. Instrumente* **2** *Gruppe von fünf Sängern od. Instrumentalisten* □ **quinteto**
Quirl ⟨m.; -(e)s, -e⟩ **1** *Küchengerät aus einem Holzstab (der zwischen den Handflächen gedreht wird) mit verdicktem Ende, von dem mehrere Zähne sternförmig abstehen, zum raschen Vermengen von Flüssigkeiten mit pulverigen Stoffen; die Teigzutaten mit einem ~ verrühren* □ **batedor manual 1.1** *elektrisches Küchengerät zum Rühren* □ **batedeira 2** ⟨Bot.⟩ = *Wirtel(1)* **3** ⟨fig.; umg.; scherzh.⟩ *sehr unruhiger, sehr lebhafter Mensch; das Kind ist ein richtiger ~* □ **azougue**
quitt ⟨Adj. 11/40⟩ *frei von allen Verbindlichkeiten, ausgeglichen, fertig, wett; nun sind wir ~* □ **quite**
Quit|te ⟨f.; -, -n; Bot.⟩ **1** *Rosengewächs, bis 8 m hoher Baum mit leicht bitteren, sehr harten, apfel- od. birnenähnlichen Früchten: Cydonia oblonga* □ **marmeleiro 2** *Frucht der Quitte(1)* □ **marmelo**
quit|tie|ren ⟨V. 500⟩ **1** *einen Betrag ~ den Empfang eines Betrages bescheinigen* □ ***passar recibo de uma quantia* 2** *den Dienst ~ aufgeben, das Amt niederlegen* □ **deixar/largar o serviço 3** *eine Rechnung ~ den Empfang des Betrages auf der R. bescheinigen* □ ***passar recibo de uma conta* 4** ⟨550⟩ *eine Bemerkung mit einem Lächeln ~* ⟨fig.; umg.⟩ *mit einem L. beantworten* □ **responder**
Quit|tung ⟨f.; -, -en⟩ **1** *Empfangsbescheinigung* □ **recibo 2** *die ~ für ein Verhalten* ⟨fig.⟩ *unangenehme, unerwartete Folge, Rückwirkung* □ **resposta**
Quiz ⟨[kvɪs] n.; -, -⟩ *unterhaltsames Spiel mit Frage und Antwort* □ **quiz; teste**
quiz|zen ⟨[kvɪsən] V.⟩ **1** ⟨400⟩ *ein Quiz spielen* □ **jogar quiz 2** ⟨402⟩ (jmdn.) *~ (jmdm.) in einem Quiz Fragen stellen* □ **interrogar alguém no jogo de quiz**
Quo|rum ⟨n.; -s; unz.⟩ *beschlussfähige Anzahl von Stimmberechtigten, für eine Beschlussfassung erforderliche Zahl anwesender Mitglieder* □ **quorum**
Quo|te ⟨f.; -, -n⟩ *aus dem Verhältnis zum Ganzen errechneter Anteil, Teilbetrag; Arbeitslosen-~, Frauen-~; Zuschauer-~* □ **cota; quota**
Quo|ti|ent ⟨m.; -en, -en; Math.⟩ **1** *Ergebnis einer Division* **2** *aus Zähler u. Nenner bestehender mathematischer Ausdruck* □ **quociente**

Ra|batt ⟨m.; -(e)s, -e⟩ *prozentualer Nachlass des Preises;* Sy *Prozente*, → *Prozent(3)* □ **desconto; abatimento**

Ra|bat|te ⟨f.; -, -n⟩ **1** *schmales Beet, bes. als Einfassung von Wegen u. Rasenflächen* □ **canteiro; bordadura 2** *Aufschlag an Ärmel od. Kragen, bes. von Uniformen* □ **canhão**

Ra|be ⟨m.; -n, -n; Zool.⟩ **1** *großer Rabenvogel mit glänzend schwarzem Gefieder, wuchtigem Schnabel u. einem keilförmigem Schwanz: Corvus corax* □ **corvo 1.1** *wie ein ~ stehlen* ⟨fig.; umg.⟩ *viel stehlen* □ **roubar até não poder mais*, → a. *weiß¹(1.5)* **2** ⟨Astron.⟩ *Sternbild des Südhimmels* □ **Corvo**

ra|bi|at ⟨Adj.⟩ **1** *rücksichtslos, gewalttätig; er wurde ~* □ **violento; brutal 1.1** *rigoros, unerbittlich, radikal, sehr hart; ~e Ansichten, Vorstellungen vertreten* □ **rigoroso; radical 2** *wütend, zornig* □ **furioso; raivoso**

Ra|che ⟨f.; -; unz.⟩ *Vergeltung für erlittenes Unrecht; ~ brüten; (an jmdm.) ~ nehmen; jmdm. ~ schwören; ~ ist süß! (als Drohung); blutige ~ nehmen; auf ~ sinnen; etwas aus ~ tun* □ **vingança**

Ra|chen ⟨m.; -s, -⟩ **1** *hinter dem Gaumensegel liegende Erweiterung des Schlundes: Pharynx; ein entzündeter, geröteter ~; einem Kranken den ~ pinseln* □ **faringe; garganta 2** ⟨i. w. S.⟩ *Maul, Schlund (von großen Raubtieren); er hielt seinen Kopf in den ~ des Löwen* □ **fauces; goela 2.1** *jmdm. etwas aus dem ~ reißen* ⟨fig.⟩ *jmdm. etwas entreißen, was er schon gepackt hält* □ **arrancar alguma coisa de alguém* **2.2** *er kann den ~ nicht voll genug kriegen* ⟨fig.; umg.; abwertend⟩ *er ist unersättlich, gefräßig, habgierig* □ **ele nunca está satisfeito* **2.3** *jmdm. etwas in den ~ werfen* ⟨fig.; umg.⟩ *jmdm. etwas geben, überlassen, um ihn zu befriedigen, zum Schweigen zu bringen* □ **ceder/dar alguma coisa a alguém (para contentá-lo)* **2.4** ⟨fig.; poet.⟩ *gähnender Abgrund, Verderben bringender Schlund; Höllen~; der ~ des Todes* □ **abismo**

rä|chen ⟨V. 500/Vr 7⟩ **1** *jmdn. od. etwas ~ Rache für jmdn. od. etwas nehmen, Vergeltung für ein Unrecht üben;* → a. *revanchieren(2); sich fürchterlich, empfindlich, grausam ~; er hat sich an ihm gerächt; er wird seinen Freund ~; jmds. Tod ~; er hat das Verbrechen, Unrecht gerächt* □ **vingar(-se) 2** ⟨Vr 3⟩ *etwas rächt sich* ⟨fig.⟩ *findet Vergeltung, zieht üble Folgen nach sich; es wird sich (noch) ~, dass du so leichtsinnig bist; sein Leichtsinn rächte sich bitter* □ **custar caro**

Ra|chen|blüt|ler ⟨m.; -s, -; Bot.⟩ *Angehöriger einer mit etwa 3000 Arten über die ganze Erde verbreiteten Familie meist krautiger Pflanzen, deren Blüten einem (aufgesperrten) Rachen gleichen: Scrophulariaceae* □ **escrofulariáceas**

Ra|chi|tis ⟨[-xi:-] f.; -; unz.⟩ *Stoffwechselkrankheit, die auf Vitamin-D-Mangel beruht u. zur Erweichung der Knochen führt* □ **raquitismo**

ra|ckern ⟨V. 400; umg.⟩ *schwer arbeiten, harte (körperliche) Arbeit verrichten, schuften, sich abmühen; sie hat den ganzen Tag im Garten gerackert* □ **dar duro; ralar**

Ra|clette *auch:* **Rac|lette** ⟨[-klɛt] f.⟩ **1** ⟨m.; -s, -s⟩ *ein schnittfester schweizerischer Käse* **2** ⟨n.; -s, -s od. f.; -, -s⟩ *Käsegericht, bei dem Raclette(1) in kleinen Pfännchen geschmolzen wird* □ *raclette* **3** ⟨n.; -s od. f.; -, -s⟩ *kleines elektrisches Grillgerät mit mehreren Pfännchen zum Schmelzen von Raclette(1)* □ **racleteira**

Rad ⟨n.; -(e)s, Rä|der⟩ **1** *runder, scheibenförmiger Körper, der sich um einen Mittelpunkt dreht; das ~ dreht sich, läuft, rollt, schnurrt; das ~ quietscht* **1.1** *das ~ der Geschichte lässt sich nicht zurückdrehen* ⟨fig.⟩ *die Entwicklung* **1.2** *Teil eines Fahrzeugs, der ermöglicht, dass es sich rollend fortbewegen kann; die Felge des ~s ist beschädigt* **1.2.1** *das fünfte ~ am Wagen sein* ⟨fig.; umg.⟩ *in der Gemeinschaft anderer sich als überflüssig empfinden, überflüssig sein* □ **roda 1.2.2** *unter die Räder kommen* ⟨fig.; umg.⟩ *den moralischen Halt verlieren, moralisch sinken, in üble Gesellschaft geraten* □ **degringolar; ir pelo mau caminho* **1.3** *Teil einer Maschine, der in drehender Bewegung Kräfte überträgt; alle Räder drehen sich in großer Geschwindigkeit* □ **roldana 2** *durch ein Rad(1) bes. auffällig gekennzeichneter Gegenstand* **2.1** *Fahrrad; das ~ schieben (müssen); sich aufs ~ schwingen, setzen; mit dem ~ fahren; vom ~ springen, steigen, stürzen* □ **bicicleta 2.1.1** *~ fahren* **2.1.1.1** *mit dem Fahrrad fahren* □ **andar de bicicleta* **2.1.1.2** ⟨fig.; abwertend⟩ *gegenüber dem Vorgesetzten unterwürfig sein, aber Untergeordnete schikanieren, unterdrücken; er fährt ganz schön ~* □ **puxar o saco do chefe e espezinhar os subordinados* **2.2** *Lenk-, Steuerrad; das ~ herumwerfen* □ **volante 2.3** ⟨MA⟩ *zur Hinrichtung dienendes Wagenrad, auf das der Verurteilte mit zerschmetterten Gliedern gebunden wurde u. auf dem er verendete; jmdn. aufs ~ flechten, binden* □ **roda 2.4** *Mühlrad* □ **roda de moinho 2.5** *Spinnrad* □ **roda de fiar 2.6** *Treibrad (am Schiff)* □ **timão 3** *der Pfau schlägt ein ~ stellt die gespreizten Schwanzfedern auf* □ **o pavão encachia-se; o pavão abre a cauda em leque* **4** ⟨Turnen⟩ *ein- od. mehrmaliger seitlicher Überschlag auf beiden Händen u. Füßen nacheinander; ein ~ schlagen; sie kann ~ schlagen* □ **fazer estrela*

Ra|dar ⟨m. od. n.; -s, -e⟩ **1** ⟨unz.⟩ *technisches Verfahren zum Erfassen u. Orten von Gegenständen bzw. sich bewegenden Objekten mit Hilfe elektromagnetischer Wellen, Funkmesstechnik* **2** *Funkmessgerät* □ **radar**

Ra|dar|kon|trol|le *auch:* **Ra|dar|kont|rol|le** ⟨f.; -, -n⟩ *polizeiliche Kontrolle der Geschwindigkeit von Kraftfahrzeugen mit Hilfe von Radargeräten; in eine ~ geraten* □ **controle por radar**

Ra|dau ⟨m.; -(e)s; unz.; umg.⟩ *Krach, Lärm, Unruhe, Getöse*; die Kinder machen ~ ☐ **barulho; algazarra**

Räd|chen ⟨n.; -s, -⟩ **1** *kleines Rad* ☐ **rodinha** 1.1 *kleines Gerät mit einem gezahnten Rad zum Durchdrücken von Schnittmustern auf Papier od. zum Ausschneiden von Teigstückchen für kleines Gebäck* ☐ **carretilha 2** bei dir ist wohl ein ~ locker? ⟨fig.; umg.⟩ *du bist wohl nicht gescheit?, was denkst du dir eigentlich?* ☐ ***ficou louco?**

ra|de|bre|chen ⟨V. 500⟩ *eine Sprache ~ stümperhaft sprechen* ☐ **falar mal; arranhar uma língua**

rä|deln ⟨V. 500; umg.⟩ **1** *ein Schnittmuster ~ mit dem Rädchen (auf Papier) durchdrücken* ☐ ***marcar um molde com carretilha 2** *den Teig ~ mit dem Rädchen ausschneiden* ☐ ***cortar a massa com carretilha**

Rä|dels|füh|rer ⟨m.; -s, -⟩ *Anführer bei gesetzwidrigen Handlungen einer Gruppe*; der ~ *eines Tumults, einer Verschwörung* ☐ **cabeça; líder**

rä|dern ⟨V. 500⟩ **1** *jmdn. ~ durch das Rad hinrichten, aufs Rad flechten* ☐ ***submeter alguém ao suplício da roda** ich bin wie gerädert ⟨fig.; umg.⟩ *todmüde, völlig erschöpft, alle Glieder tun mir weh* ☐ ***estou moído**

rad|fah|ren ⟨alte Schreibung für⟩ Rad fahren

Rad|fah|rer ⟨m.; -s, -⟩ *jmd., der Rad fährt*; Sy *Fahrradfahrer* ☐ **ciclista**

Rad|fah|re|rin ⟨f.; -, -rin|nen⟩ *weibl. Radfahrer*; Sy *Fahrradfahrerin* ☐ **ciclista**

ra|di|al ⟨Adj. 24⟩ *in Richtung des Radius, den Radius betreffend, strahlenförmig* ☐ **radial**

ra|die|ren ⟨V. 500⟩ **1** *Geschriebenes, Gezeichnetes ~ mit einem Radiergummi od. dem Radiermesser entfernen* ☐ **apagar; raspar 2** *eine Zeichnung ~ mit der Radiernadel in eine geätzte Kupferplatte ritzen* ☐ **gravar com água-forte**

Ra|die|rung ⟨f.; -, -en⟩ **1** ⟨unz.⟩ *Art des Kupferstichs, bei der die Zeichnung mit der Radiernadel in eine mit einer säurefesten Masse überzogene Kupferplatte eingeritzt wird; die Platte wird dann mit einer Säure übergossen, die in die eingeritzten Stellen eindringt* **2** *der von dieser Platte hergestellte Abdruck* ☐ **água-forte**

Ra|dies|chen ⟨n.; -s, -⟩ **1** ⟨Bot.⟩ *Rettichsorte mit kleinen, runden, weißen od. roten Stängelknollen: Raphanus sativus var. radicula* ☐ **rabanete 2** sich die ~ von unten ansehen, besehen ⟨fig.; umg.; scherzh.⟩ *gestorben sein, unter der Erde liegen* ☐ ***comer capim pela raiz; estar a sete palmos**

ra|di|kal ⟨Adj.⟩ **1** *bis auf die Wurzel, bis zum äußersten (gehend)* **2** *vom Ursprung aus*; *eine Sache ~ ändern* **3** *gründlich*; sie haben alles ~ aufgegessen, aufgefressen **4** *rücksichtslos, scharf*; etwas ~ beseitigen ☐ **radical; radicalmente 5** ⟨Pol.⟩ = *extrem(2.1)*

Ra|dio ⟨n.; -s, -s⟩ **1** *Hörfunkgerät, Rundfunkgerät* ☐ **rádio 2** = *Rundfunk(1)*

ra|dio|ak|tiv ⟨Adj.⟩ **1** *unter Aussendung von Strahlen sich umwandelnd, Strahlen aussendend*; ~e *chem. Elemente, Isotope* 1.1 ~er *Niederschlag von Atombomben od. von Unfällen in Kernreaktoren herrührende, auf die Erde fallende radioaktive(1) Stoffe* 1.2 ~e *Verseuchung Verbreitung von Produkten des Kernzerfalls,*

die für Lebewesen schädlich sind 1.3 ~er *Zerfall spontane Kernspaltung* ☐ **radioativo**

Ra|dio|lo|gie ⟨f.; -; unz.; Med.⟩ *Lehre von den Strahlen, bes. den Röntgen- u. radioaktiven Strahlen u. ihrer Anwendung* ☐ **radiologia**

Ra|di|um ⟨n.; -s; unz.; chem. Zeichen: Ra⟩ *radioaktives chem. Element, Ordnungszahl 88* ☐ **rádio**

Ra|di|us ⟨m.; -, -di|en; Abk.: r⟩ **1** *Hälfte des Durchmessers (von Kreisen), Halbmesser*; den ~ bemessen, ermitteln ☐ **raio 2** ⟨Anat.; Pl. a. -dii⟩ *Speiche* ☐ **rádio**

Ra|don ⟨a. [-'-] n.; -s; unz.; chem. Zeichen: Rn⟩ *chem. Element, ein radioaktives Edelgas, Ordnungszahl 86* ☐ **radônio**

rad|schla|gen ⟨alte Schreibung für⟩ Rad schlagen

Rad|tour ⟨[-tu:r] f.; -, -en⟩ *Ausflug mit dem Fahrrad*; eine ~ machen ☐ **passeio de bicicleta**

raf|fen ⟨V. 500⟩ **1** ⟨550⟩ *etwas an sich ~* ⟨geh.⟩ *schnell, gierig an sich nehmen, reißen u. festhalten*; seine Sachen, Kleider an sich ~ ☐ **tomar; arrebatar 2** *etwas ~* ⟨abwertend⟩ *geizig anhäufen, gierig in seinen Besitz bringen*; er hat in seinem Leben nur Geld gerafft ☐ **acumular 3** *Stoff ~ in kleine Falten legen, bauschen*; geraffte Vorhänge; Vorhänge, Gardinen ~ ☐ **drapear 4** *ein Kleid ~ ein wenig hochheben, an sich ziehen*; sie raffte ihr langes Kleid, ihre Schleppe ☐ **erguer; levantar 5** *Segel ~ einziehen u. zusammenrollen* ☐ **recolher**

Raf|fi|ne|rie ⟨f.; -, -n⟩ *Fabrikanlage zur Reinigung u. Veredlung von Zucker od. Erdöl*; Zucker~, Erdöl~ ☐ **refinaria**

Raf|fi|nes|se ⟨f.; -, -n⟩ **1** *Durchtriebenheit, Schlauheit* ☐ **esperteza; lábia 2** *Feinheit, fein ausgedachte Sache* 2.1 *mit allen ~n mit allem praktischen u. bequemen Zubehör, mit allen Feinheiten* ☐ **refinamento; requinte**

raf|fi|nie|ren ⟨V. 500⟩ *Zucker, Erdöl ~ reinigen, verfeinern* ☐ **refinar**

raf|fi|niert 1 ⟨Part. Perf. von⟩ *raffinieren* **2** ⟨Adj.⟩ 2.1 *schlau, durchtrieben*; er ist ~ ☐ **esperto; astuto** 2.2 *ausgeklügelt, fein ausgedacht*; ein ~er Plan; das hat er ~ gemacht ☐ **refinado; sofisticado; com grande habilidade**

Ra|ge ⟨[-ʒə] f.; -; unz.; umg.⟩ *Wut, Raserei* ☐ **raiva; fúria**; jmdn. in ~ bringen ☐ ***deixar alguém pê da vida/com raiva** in ~ kommen ☐ ***ficar furioso/pê da vida**

ra|gen ⟨V. 410⟩ *emporstehen, länger, höher sein als etwas*; Felsklippen ~ aus dem Wasser; Türme, Berggipfel ~ in den Himmel ☐ **elevar-se; sobressair**

Ra|gout ⟨[-gu:] n.; -s, -s⟩ *Gericht aus kleingeschnittenen Stückchen von Fleisch od. Fisch u. a. Zutaten in einer gewürzten Soße* ☐ **ragu**

Rag|time ⟨[rægtaɪm] m.; -s, -s; Mus.; seit der 2. Hälfte des 19. Jh.⟩ **1** ⟨unz.⟩ *stark synkopierte Frühform des Jazz (bes. für Klavier)* **2** *Komposition in der Art des Ragtime(1)* ☐ **ragtime**

Rah ⟨f.; -, -en⟩ = *Rahe*

Ra|he ⟨f.; -, -n⟩ *Querstange am Mast, an der das Rahsegel befestigt wird*; oV *Rah* ☐ **verga**

Rahm ⟨m.; -s; unz.; regional⟩ **1** ⟨süddt.; österr.; schweiz.⟩ = *Sahne*; süßer, saurer ~ ☐ **nata; creme 2**

den ~ abschöpfen *(fig.; umg.) sich das Beste nehmen* □ *escolher a dedo; pegar a melhor parte
rah|men ⟨V. 500⟩ ein **Bild, Gemälde** ~ *in einen Rahmen bringen, mit einem Rahmen umgeben, einrahmen* □ emoldurar
Rah|men ⟨m.; -s, -⟩ **1** *(stützendes) Gestell, das etwas umgibt od. in das etwas eingebaut ist*□ moldura; caixilho; armação **1.1** *einfassende Leiste, Einfassung, Bilderrahmen;* ein Bild aus dem ~ nehmen □ moldura **1.2** *Teil von Fenster od. Tür, der mit der Wand fest verbunden ist;* die Tür ist aus dem ~ gefallen □ caixilho **1.3** *tragender Unterbau, stützendes Gestell der Kraftwagen u. Fahrräder;* nach dem Unfall war der ~ verzogen□ chassi; quadro **1.4** *Gerät aus zwei genau ineinanderpassenden Reifen zum Spannen von Stoff;* Stick~; Stoff in einen ~ spannen □ bastidor **1.5** *schmaler Streifen aus Sohlenleder um den Rand des Schuhs, an dem Sohle, Brandsohle (u. Zwischensohle) u. Oberleder angenäht sind (zur besseren Haltbarkeit)*□ vira **2** ⟨fig.⟩ *Umwelt, Umgebung, Hintergrund;* der Schlosspark gab einen schönen ~ für die Vorführung ab □ cenário; ambiente **2.1** *einer Sache bestimmten* ~ **geben** *ein bestimmtes Aussehen, Gepräge verleihen;* einem Fest einen feierlichen, würdigen ~ geben□ ar; aspecto **2.2** *in einem bestimmten* ~ *in bestimmter Art u. Weise, in bestimmtem Ausmaß;* die Sache spielt sich in größerem ~ ab; so etwas ist nur in größerem, kleinerem ~ möglich; eine Feier in bescheidenem ~ abhalten□ escala; âmbito **2.3** *Gesamtzusammenhang, in den Einzelnes sich einfügt;* nur der große ~ kann vorgegeben werden, die Einzelheiten müssen später geregelt werden □ quadro; contexto **2.4** *Abgrenzung, Grenzen, durch die etwas definiert wird;* einen ~ für etwas bestimmen, (ab)stecken, festlegen; im ~ einer kurzen Gedenkstunde□ limite **2.4.1** aus dem ~ fallen *vom Üblichen, Gewohnten abweichen, übermäßig auffallen* □ *fugir à regra; destoar **2.5** *Einkleidung, Vor- u. Nachgeschichte einer Erzählung;* das Wiedersehen der beiden Freunde bildet den ~ für die Erzählung□ cenário
Rain ⟨m.; -(e)s, -e⟩ *den Acker begrenzende kleine Bodenerhöhung;* Feld~; ein schmaler ~; wir gingen auf cincm ~□ margem/borda do campo
rä|keln ⟨V. 500/Vr 3⟩ = rekeln
Ra|ke|te ⟨f.; -, -n⟩ **1** *durch Rückstoß angetriebener Flugkörper*□ foguete; míssil **2** *durch Rückstoß angetriebener Feuerwerkskörper*□ rojão
Ral|lye ⟨[ˈrælɪ] od. [ˈralɪ] f.; -, -s od. ⟨schweiz.⟩ n.; -s, -s; Sp.⟩ *sportliche Wettfahrt, bei der von verschiedenen Ausgangsorten aus ein Ziel erreicht werden muss,* Sternfahrt□ rali
Ram|me ⟨f.; -, -n⟩ *schwerer Holz- od. Eisenstempel, der maschinell od. von Hand hoch gehoben u. fallen gelassen wird, um Erdreich zu verdichten, Pflastersteine od. Pfähle in den Erdboden einzutreiben usw.;* die ~ bedienen; an der ~ arbeiten□ bate-estacas; malho
ram|meln ⟨V.⟩ **1** ⟨511⟩ etwas in etwas ~ *etwas wie mit einer Ramme zusammenpressen, stoßen, drängen* □ empurrar; comprimir **1.1** der Saal war gerammelt voll ⟨mitteldt.⟩ *gepresst voll, überfüllt*□ *a sala estava abarrotada **2** ⟨411⟩ an etwas ~ ⟨umg.⟩ *heftig hin u. her rütteln;* an der Tür ~□ sacudir **3** ⟨400⟩ *Kaninchen, Hasen* ⟨Jägerspr.⟩ *decken, begatten sich*□ acasalar(-se) **4** ⟨400; derb⟩ *Geschlechtsverkehr ausüben*□ trepar
ram|men ⟨V.⟩ **1** ⟨511⟩ etwas in etwas ~ *tief u. fest in die Erde stoßen, bes. mit der Ramme;* einen Pfahl in die Erde ~; er hat Stangen in den Boden gerammt □ fincar; cravar **2** ⟨500⟩ ein **Fahrzeug** ~ *einem F. in die Seite fahren u. es beschädigen;* einen Wagen, ein Schiff ~□ abalroar; bater **3** ⟨400⟩ *in flachen Schichten lagernde Kohle vollmechanisch gewinnen*□ extrair carvão em finas camadas
Ram|pe ⟨f.; -, -n⟩ **1** *schiefe Ebene als Auffahrt für Wagen zum Verladen von Gütern;* Sy Auffahrt(3.1); Lade-~□ rampa **2** *vorderer, etwas erhöhter Rand der Bühne, an dem innen die Lampen zum Beleuchten der Bühne von unten angebracht sind*□ ribalta
Ram|pen|licht ⟨n.; -(e)s, -er⟩ **1** *Licht der Lampen an der Rampe;* sich ins ~ stellen; der Schauspieler trat ins ~ □ luz da ribalta **2** im ~ (stehen) ⟨fig.⟩ *im Mittelpunkt des öffentlichen Interesses (stehen)*□ *(estar) em evidência; (ser) o centro das atenções
ram|po|nie|ren ⟨V. 500; umg.⟩ etwas ~ *(das äußere Erscheinungsbild von etwas) beschädigen, zerstören;* die Kinder haben den Stuhl ramponiert; die Schuhe sehen schon ziemlich ramponiert aus □ estragar; danificar
Ramsch[1] ⟨m.; -(e)s; unz.⟩ *Plunder, Ausschuss, billige, alte Ware*□ rebotalho; cacareco
Ramsch[2] ⟨m.; -(e)s, -e⟩ **1** *Spiel beim Skat, das gespielt wird, wenn niemand reizt* □ Ramsch **2** ⟨Studentenspr.⟩ *zu einer Forderung führender Streit*□ disputa; briga
ran ⟨Adv.; umg.⟩ = heran
Ranch ⟨[ˈræːnt]] f.; -, -s od. -es [-tʃɪz]⟩ *großer landwirtschaftlicher Betrieb mit Viehzucht (in Nordamerika u. Kanada),* Farm□ rancho
Rand ⟨m.; -(e)s, Rän|der⟩ **1** *äußere Begrenzung, Grenze;* Bach~; Stadt-~; Ufer-~; Wald-~; Weg-~□ margem; Wund-~; ein Gefäß bis zum ~ füllen□ borda; oberer, unterer, rechter, linker ~□ margem; periferia; extremidade **1.1** *schmaler Streifen an einer Außenseite;* einen ~ zurücklassen (von Wasser-, Weinflecken, einem heißen Topf)□ halo; dunkle, rote Ränder um die Augen haben□ olheira; einen ~ lassen (auf der Seite beim Schreiben); breiter, schmaler ~; Briefbogen, Umschlag mit schwarzem ~; einen Fehler am ~ (der Seite) anstreichen, vermerken□ margem **1.2** *Kante,* Hut-~□ aba; Tisch-~□ beirada; die Tasse steht auf dem ~ des Tabletts□ canto **1.3** (bis) an den ~ einer Sache ⟨a. fig.⟩ *bis fast zu einer S., bis nahe an etwas heran;* er hat mich an den ~ der Verzweiflung gebracht, getrieben□ *à beira de alguma coisa **1.3.1** die Lungenentzündung brachte ihn an den ~ des Grabes ⟨fig.⟩ *in Lebensgefahr*□ *ele quase morreu de pneumonia **1.4** am ~(e) einer Sache ⟨a. fig.⟩ *nahe an*

einer S.; am ~ des Abgrunds, des Verderbens □ **à beira de alguma coisa* 1.4.1 am ~(e) des Grabes stehen ⟨a. fig.⟩ *dem Tod nahe sein (Alters od. einer Krankheit, Gefahr usw. wegen)* □ **estar à beira da morte* 1.5 am ~(e) einer **Fähigkeit,** eines **Vermögens** sein ⟨fig.⟩ *(fast) am Ende mit einer F., einem V. sein;* am ~(e) seiner Kraft sein □ **no limite de uma capacidade* **2** ⟨fig.; umg.⟩; in festen Wendungen⟩ 2.1 außer ~ und **Band** *ausgelassen, überschäumend, übermütig;* außer ~ und Band sein, geraten □ **fora de si* 2.2 *(nur)* am ~(e) *wenig, (nur) nebenbei; das interessiert mich nur* am ~e; etwas am ~e bemerken □ **(apenas) superficialmente; de passagem* 2.2.1 ich habe das nur am ~e miterlebt *nur als Beobachter, nicht unmittelbar* □ **apenas vi de longe* **3** ⟨umg.; derb⟩ *Mund;* einen großen, frechen ~ haben □ *matraca* 3.1 halt den ~! *halt den Mund!, sei still!* □ **feche a matraca!* **4** ⟨Getrennt- u. Zusammenschreibung⟩ 4.1 zu ~e = <u>zurande</u>

ran|da|lie|ren ⟨V. 400⟩ *zügellos lärmenden Unfug treiben* □ **causar tumulto; fazer rebuliço**

Rang[1] ⟨m.; -(e)s, Rän|ge⟩ **1** *Stellung, Stufe innerhalb einer Ordnung von Werten;* ein Mann ohne ~ u. Namen; ein Mann von (hohem) ~ □ **posição; reputação** 1.1 ⟨Mil.⟩ *Gruppe von Dienstgraden;* Dienst~, Unteroffiziers~, Offiziers~; im ~ eines Stabsoffiziers □ **patente** 1.2 ⟨Toto; Lotto⟩ *Klasse von Gewinnen;* Gewinn im zweiten ~ 1.3 *Einstufung nach Leistung od. Qualität;* ein Hotel ersten (dritten) ~es; ein Dirigent ersten (minderen) ~es □ **categoria; classe** 1.4 den ersten ~ behaupten *führend bleiben* □ **manter a liderança* 1.5 jmdm. den ~ streitig machen *in Wettbewerb treten mit* □ *disputar com alguém uma posição (em uma competição)* **2** ⟨Theat.⟩ *Stockwerk im Zuschauerraum;* Loge im ersten ~; zweiter ~ Seite □ **balcão**

Rang[2] ⟨m.; -(e)s, Rän|ge; nur noch in der Wendung⟩ jmdm. den ~ ablaufen *jmdn. überflügeln, übertreffen* □ **ultrapassar alguém; deixar alguém para trás*

ran|geln ⟨V. 400; umg.⟩ *sich balgen, spielerisch raufen* □ **brigar; lutar**

ran|gie|ren ⟨[raŋʒiː-] od. ⟨veraltet⟩ [rã'ʒiː-] V.⟩ **1** ⟨410⟩ *einen bestimmten Rang einnehmen, eine bestimmte Stellung innehaben;* an erster Stelle ~ □ **ocupar um lugar/uma posição** 1.1 *Sachen* ~ *unter einem Oberbegriff* ⟨umg.⟩ *werden unter einem O. geordnet;* Bleistifte ~ unter Schreibwaren □ **dispor; ordenar; classificar 2** ⟨500⟩ *Eisenbahnwagen* ~ *verschieben, umstellen* □ **manobrar; deslocar**

rank ⟨Adj. 70; geh.⟩ *biegsam, schlank;* eine ~e Gestalt; ~ und schlank □ **esbelto; esguio**

Rank ⟨m.; -(e)s, Rän|ke⟩ **1** ⟨oberdt.⟩ *Wegkrümmung* □ **curva 2** ⟨nur Pl.⟩ Ränke ⟨fig.; geh.⟩ = *Intrige;* Ränke schmieden, spinnen □ **intrigas 3** den ~ finden ⟨schweiz.⟩ *sich zu helfen wissen, sich aus der Schlinge ziehen* □ **arranjar-se; virar-se*

ran|ken ⟨V. 511/Vr 2⟩ *sich* ~ *lang an etwas empor- od. um etwas wachsen, sich winden;* Efeu rankt sich um den Baum, die Mauer; Rosen ~ sich um die Gartenlaube □ **subir/trepar por; enroscar-se*

Ran|zen ⟨m.; -s, -⟩ **1** *auf dem Rücken zu tragende Tasche;* den ~ packen, tragen 1.1 Schultasche, Tornister;

Schul~; sie steckte die Bücher in den ~ □ **mochila 2** ⟨fig.; umg.⟩ *Bauch* □ **barriga; pança** 2.1 sich den ~ vollschlagen ⟨derb⟩ *sehr viel essen* □ **encher a pança*

ran|zig ⟨Adj.⟩ *alt, nicht mehr frisch, schlecht;* ~e Butter; ~es Öl; ~ riechen, schmecken; die Butter ist ~ □ **rançoso**

ra|pid ⟨Adj.⟩ *sehr schnell, blitzartig;* oV *rapide* □ **rápido**
ra|pi|de ⟨Adj.⟩ = *rapid*

Rapp ⟨m.; -(e)s, -e; oberdt.⟩ *abgeerbte Traube, Traubenkamm;* oV *Rappe*[1] □ **engaço**

Rap|pe[1] ⟨f.; -, -n; oberdt.⟩ = *Rapp*

Rap|pe[2] ⟨m.; -n, -n⟩ *schwarzes Pferd; auf einem* ~n *reiten* □ **murzelo; cavalo negro;** → a. *Schuster(1.2)*

rap|peln ⟨V.; umg.⟩ **1** ⟨400⟩ *klappern, rütteln, rasseln;* am Rollladen ~; es rappelt im Keller □ **bater; fazer barulho** 1.1 bei dir rappelt's wohl? *du bist wohl nicht ganz richtig im Kopf?* □ **você está maluco?* **2** ⟨500/Vr 3⟩ *sich* ~ *sich aufrichten, sich in Bewegung setzen, sich aufraffen;* nach zwei Stunden rappelte er sich endlich □ **levantar-se; mexer-se 3** gerappelt voll *sehr, übermäßig voll, überfüllt* □ **abarrotado; lotado*

Rap|pen ⟨m. 7; -s, -; Abk.: Rp.⟩ *schweizerische Münze (1/100 Schweizer Franken)* □ **centésimo de franco suíço**

Rap|port ⟨m.; -(e)s, -e⟩ **1** ⟨bes. Mil.⟩ *Bericht, Meldung;* sich zum ~ melden 1.1 *regelmäßiger Bericht an eine übergeordnete Stelle od. Behörde* □ **relatório 2** *Verbindung, Zusammenhang, Wechselbeziehung;* der ~ zwischen Hypnotiseur u. Medium bei der Hypnose □ **relação 3** ~ *auf Tapeten, Geweben sich regelmäßig wiederholendes Muster* □ *rapport;* repetição

Raps ⟨m.; -es, -e⟩ **1** ⟨Bot.⟩ *zu den Kreuzblütlern gehörende Kulturpflanze mit gelben Blüten u. Schotenfrüchten, die ölreiche Samen enthalten: Brassica napus var. napus;* ~ anbauen **2** ⟨unz.⟩ *Samen des Rapses(1)* □ **colza**

rar ⟨Adj.⟩ **1** *selten, knapp (u. daher) begehrt, kostbar;* ~er Artikel 1.1 ein ~er Vogel ⟨a. fig.⟩ *jmd., den man selten sieht* □ **raro**

rar||ma|chen ⟨V. 500/Vr 3; umg.⟩ *sich* ~ *sich selten blickenlassen, selten zu Besuch kommen* □ **aparecer/sair pouco*

ra|sant ⟨Adj.⟩ **1** *flach verlaufend;* eine ~e Flugbahn eines Geschosses **2** ⟨fig.; umg.⟩ *rasend, schnell, schwungvoll;* eine ~e Entwicklung □ **rápido; meteórico 3** ⟨umg.⟩ *reizvoll, attraktiv;* eine ~e Frau □ **atraente**

Ra|sanz ⟨f.; -; unz.⟩ *rasante Beschaffenheit* □ **movimento rasante; alta velocidade**

rasch ⟨Adj.⟩ **1** *schnell, geschwind;* eine ~e Bewegung; ein ~er Entschluss; in ~er Folge; mit ~en Schritten; ~ handeln; ~er gehen; ~ laufen; mach ~!; ein bisschen ~, bitte!; einen Auftrag ~ erledigen □ **rápido; veloz** 1.1 ⟨50⟩ wer ~ gibt, gibt doppelt ⟨Sprichw.⟩ *wer sofort hilft, hilft am besten* □ **dá duas vezes quem de pronto dá*

ra|scheln ⟨V. 400⟩ *ein Geräusch verursachen wie bewegtes Laub, Stroh od. Papier;* dort in der Ecke raschelt etwas; die Blätter ~ im Wind; ein Igel raschelt im

Laub; Mäuse ~ im Stroh; ich hörte Papier ~; mit den Füßen im trockenen Laub ~ □ **farfalhar; crepitar**; im ~den Stroh schlafen □ **farfalhante**

ra|sen ⟨V.⟩ **1** ⟨405; a. fig.⟩ *sehr wütend sein, vor Wut außer sich sein u. dabei schreien u. sich wild gebärden, toben* □ **enfurecer-se; ficar fora de si**; *das Publikum raste vor Begeisterung; im Wahnsinn, Fieber ~* □ **delirar**; *er raste vor Zorn, Schmerzen, Eifersucht* □ **esbravejar**; *der Sturm, Krieg rast* □ **estourar 2** ⟨400(s.); umg.⟩ *sehr schnell fahren od. laufen, sich mit größter Geschwindigkeit fortbewegen; ich bin gerast, um möglichst schnell hier zu sein; durch die Stadt ~* □ **voar; ir a toda velocidade**; *mit dem Auto gegen einen Baum ~* □ ***bater o carro a toda velocidade contra uma árvore**

Ra|sen ⟨m.; -s, -⟩ **1** *gepflegte Grasfläche*; *einen ~ anlegen; englischer ~; den ~ mähen, sprengen* □ **grama; gramado 2** *jmdn. deckt der* (**grüne**) *~* ⟨poet.⟩ *jmd. ist tot* □ ***estar debaixo da terra**

ra|send 1 ⟨Part. Präs. von⟩ **rasen 2** ⟨Adj. 24/60⟩ **2.1** *sehr schnell; mit ~er Geschwindigkeit* □ **vertiginoso 2.2** *wild, sehr stark, heftig; ~er Beifall* □ **frenético; intenso**; *ich habe ~en Hunger, Durst* □ **atroz**; *~e Kopfschmerzen* □ **violento 2.3** ⟨50; umg.⟩ *sehr; das tu' ich ~ gern* □ ***faço com o maior prazer**; *das ist ~ teuer* □ **muito**; *er ist ~ verliebt* □ **loucamente 2.4** *toll, verrückt* □ **furioso; louco**; *mach mich nicht ~!* □ ***não me enlouqueça!**; *dieser Lärm macht mich ~* □ ***esse barulho me deixa louco**; *ich könnte ~ werden* (*vor Ungeduld, Ärger*) □ ***ainda perco as estribeiras**; *es ist zum Rasendwerden* □ ***é de enlouquecer**

ra|sie|ren ⟨V.⟩ **1** ⟨500/Vr 7 od. Vr 8⟩ *jmdn. od. sich ~ jmdm. od. sich dem Rasierapparat od. -messer unmittelbar an der Haut die Barthaare abschneiden; sich ~ lassen* □ **barbear(-se)**; *ein rasiertes Gesicht, Kinn; frisch, glatt, gut, schlecht rasiert sein* □ **barbeado 2** ⟨530/Vr 5 od. Vr 6⟩ *jmdm. ein* **Körperteil** *~ die Haare an einem K. glatt abschneiden* (*lassen*); *sich die Beine, die Achselhöhlen ~* □ **depilar**; *jmdm. den Kopf ~* □ **raspar**

Ra|sie|rer ⟨m.; -s, -⟩ **1** *aus einem Stiel mit einer Halterung für die Rasierklinge bestehender Apparat* (*für mechanisches Rasieren*) □ **aparelho de barbear 2** ⟨umg.⟩ *elektrisches Gerät zum Rasieren, Rasierapparat* □ **barbeador elétrico**

Rä|son ⟨[-zɔ̃ː], umg. [-zɔ̩n] f.; -; unz.; veraltet⟩ **1** ⟨veraltet⟩ *Vernunft, Einsicht* □ **razão 1.1** ⟨noch in den Wendungen⟩ **1.1.1** *jmdn. zur ~ bringen jmdn. zur Einsicht, zur Vernunft bringen* □ ***chamar alguém à razão* 1.1.2** *zur ~ kommen Vernunft annehmen* □ ***cair em si; tomar juízo**

Ras|pel[1] ⟨f.; -, -n⟩ **1** *Stahlwerkzeug, eine Art grober Feile zum Glätten von Holz, Horn, Kunststoff, Leder u. Ä.; Holz~*; *eine grobe ~* **2** **grosa 2** *Küchengerät zum Raspeln von Obst, Gemüse usw.; Äpfel, Mohrrüben mit der ~ zerkleinern* □ **ralador**

Ras|pel[2] ⟨m.; -s, -; meist Pl.⟩ *geraspelte Späne, bes. von Schokolade u. Kokosnuss; Kokos~, Schokoladen~* □ **raspa**

Ras|se ⟨f.; -, -n⟩ **1** *Gesamtheit der Angehörigen einer Art, die sich durch bestimmte erbliche Merkmale voneinander unterscheiden, mit Angehörigen anderer Rassen dieser Art aber fruchtbare Nachkommen zeugen können; Menschen~*; *natürliche ~* **1.1** *durch Züchtung ausgewählte Angehörige einer Art mit vom Menschen besonders geschätzten erblichen Eigenschaften; Zucht~* □ **raça 2** ⟨fig.⟩ *ausgeprägtes, feuriges Wesen; er hat ~* □ **temperamento forte**

Ras|sel ⟨f.; -, -n⟩ *Gerät* (*mit Handgriff*), *das ein rasselndes Geräusch hervorbringt; Baby~* □ **chocalho**

ras|seln ⟨V.; umg.⟩ **1** ⟨400⟩ *dumpf klirren, ein Geräusch wie bei der Bewegung von Ketten hervorbringen; der Kranke atmete ~d* □ ***o doente estertorava* 1.1** ⟨416⟩ *mit etwas ~ durch wiederholtes Aufeinanderschlagen metallisch klingende Töne verursachen; der Portier rasselte mit dem Schlüsselbund; mit einer Sammelbüchse ~; mit den Ketten ~* □ **tilintar; retinir**; → a. **Säbel**(1.2) ⟨411(s.)⟩ **1.2** ⟨411(s.)⟩ *sich fortbewegen u. dabei ein rasselndes Geräusch verursachen; der Wagen rasselte über das Pflaster* □ **fazer barulho 2** ⟨800(s.)⟩ *durchs Examen ~* ⟨fig.; umg.⟩ *durchfallen* □ **ser reprovado; levar bomba**

ras|sig ⟨Adj.⟩ **1** *jmd., ein Tier ist ~* **1.1** *von ausgeprägter, edler Rasse* □ **de raça 1.2** *mit ausgeprägten, edlen, schönen Zügen ausgestattet; ein ~es Gesicht* □ **de traços bem definidos 2** ⟨fig.⟩ *feurig, schwungvoll, temperamentvoll; ~e Reitpferde* □ **temperamental**; *~er Wein* □ **encorpado**

Rast ⟨f.; -, -en⟩ **1** *Ruhepause, bes. während einer Wanderung od. Fahrt mit dem Auto; ~ halten, machen; kurze, lange ~* □ **parada, pausa**; *ohne ~ und Ruh*(**e**) □ ***sem descanso/trégua* 2** ⟨Met.⟩ *der mittlere kegelförmige Teil eines Hochofens* □ **bojo**

ras|ten ⟨V. 400⟩ *Rast machen, sich ausruhen, die Arbeit, den Marsch unterbrechen; wir rasteten eine Stunde am Waldrand; er ruhte und rastete nicht, bis er sie gefunden hatte* □ **descansar; fazer uma pausa**; *wer rastet, der rostet* (Sprichw.) □ ***ferro parado enferruja**

Ras|ter[1] ⟨m.; -s, -⟩ **1** *zur Reproduktion von Halbtonbildern verwendetes Gerät aus zwei mit eingeätzten, geschwärzten Linien versehenen gläsernen Platten, die so zusammengekittet sind, dass sich die Linien kreuzen* **2** *quadratische Felder bildendes Netz von Linien* **2.1** *aus Rastern bestehende Struktur, Rasterung* □ **retícula; trama**

Ras|ter[2] ⟨n.; -s, -⟩ **1** ⟨EDV; El.⟩ *Punktmuster* (*auf Bildschirmen*) □ **trama 2** ⟨geh.⟩ *vorgegebenes Schema, vergleichendes System von Kennzeichen, Merkmalen, Daten; ~fahndung; er passt nicht in dieses ~* □ **grade; esquema**

rast|los ⟨Adj.⟩ **1** *ohne zu rasten, ohne auszuruhen, ununterbrochen; er war ~ tätig* □ **(de modo) incansável/incessante 2** *unruhig, nicht zur Ruhe kommend, ohne festes Ziel; ein ~er Mensch* □ **inquieto**

Ra|sur ⟨f.; -, -en⟩ **1** *das Rasieren; Nass~, Trocken~* □ **barbeação; depilação 2** *das Radieren* □ **raspagem 3** *ausradierte Stelle* □ **trecho raspado**

Rat ⟨m.; -(e)s, Rä|te⟩ **1** ⟨unz.⟩ *Empfehlung, Vorschlag, etwas zu tun; ein guter, schlechter, wohlmeinender,*

Rate

weiser ~; ich habe seinen ~ befolgt; ich bin seinem ~ gefolgt; jmdm. einen ~ geben; auf jmds. ~ hören; ich habe es auf seinen ~ hin getan; sich bei jmdm. einen ~ holen; bei jmdm. ~ suchen; (in einer Angelegenheit) um ~ fragen□ **conselho**; jmdm. mit ~ und Tat beistehen □ *****fazer de tudo para ajudar alguém** 2 ⟨unz.⟩ *Abhilfe, Ausweg* remédio; solução*;* ich weiß mir keinen ~ mehr □ *****não sei mais o que fazer**; er weiß für alles ~ □ *****ele tem saída/solução para tudo**; kommt Zeit, kommt ~ □ *****o tempo é o melhor remédio** 3 ⟨unz.⟩ *(gemeinsame) Überlegung, Beratung;* ~ abhalten, halten *****deliberar** 4 *Kollegium, Versammlung, Behörde zur Beratung u. Lenkung öffentlicher Angelegenheiten;* Bundes~; Staats~; Stadt~; der ~ der Stadt, der Gemeinde; der ~ hat beschlossen, dass ...; den ~ einberufen □ **conselho** 4.1 im ~(e) sitzen *Mitglied einer beratenden Körperschaft sein* □ *****ser membro do conselho** 5 *(Amtstitel höherer Beamter);* Medizinal~; Ministerial~; Regierungs~; Studien~ 6 ⟨österr.; sonst früher⟩ *(Ehrentitel verdienter Personen);* Hof~ □ **conselheiro** 7 ⟨Getrennt- u. Zusammenschreibung⟩ 7.1 ~ suchend = ratsuchend 7.2 zu ~e = zurate

Ra|te ⟨f.; -, -n⟩ *Betrag einer Teilzahlung;* Monats~; etwas auf ~n kaufen □ **prestação**

ra|ten ⟨V. 195⟩ 1 ⟨402⟩ (etwas) ~ *herausfinden, mutmaßen, vermuten;* richtig, falsch ~; wo bist du gewesen? Rate mal!; ich weiß es nicht, ich kann nur ~ □ **adivinhar**; *imaginar* 1.1 ⟨500⟩ ein *Rätsel* ~ *zu lösen suchen;* jmdm. etwas, ein Rätsel zu ~ aufgeben □ **decifrar** 1.2 hin und her ~ *Verschiedenes mutmaßen* □ *****fazer mil conjecturas** 2 ⟨608⟩ jmdm. ~ *einen Rat geben, jmdn. beraten;* ich habe ihm geraten, er soll ... □ **aconselhar**; lass das bleiben, ich rate dir gut! □ *****deixe isso para lá, estou lhe dizendo!**; ihm ist nicht zu ~ und zu helfen □ *****ele não ouve conselho de ninguém** 2.1 lass dir ~ (und tu es od. tu es nicht)! *hör auf mich, (sonst geschieht etwas Schlimmes)!* □ *****aceite o meu conselho!; vá por mim!** 2.2 ich weiß mir nicht zu ~ noch zu helfen *ich weiß keine Abhilfe, ich weiß nicht, was ich tun soll* □ *****não sei o que fazer; estou perdido** 3 ⟨530⟩ jmdm. etwas ~ *vorschlagen, empfehlen;* er riet mir Geduld in dieser Sache □ **aconselhar; recomendar** 3.1 das möchte ich dir auch geraten haben! ⟨leicht drohend⟩ *darum möchte ich sehr energisch bitten!* □ *****acho bom (mesmo)!** 4 ⟨650⟩ jmdm. zu einer Sache ~ *bei einer S. zuraten, eine S. empfehlen;* ich möchte dir zur Vorsicht ~; wozu rätst du mir? □ **aconselhar; recomendar**

Rat|haus ⟨n.; -(e)s, -häu|ser⟩ *Sitz der Stadtverwaltung* □ **prefeitura; sede do conselho municipal**

Ra|ti|fi|ka|ti|on ⟨f.; -, -en⟩ *das Ratifizieren, Bestätigung, Genehmigung* □ **ratificação**

ra|ti|fi|zie|ren ⟨V. 500⟩ einen *Vertrag* ~ *(durch ein Parlament, Staatsoberhaupt) bestätigen, in Kraft setzen* □ **ratificar**

Ra|ti|on ⟨f.; -, -en⟩ *zugeteiltes Maß, täglicher Bedarf (an Nahrungsmitteln);* die Futter~ für ein Tier erhöhen, reduzieren □ **ração; porção**

ra|ti|o|nal ⟨Adj.⟩ *Ggs irrational* 1 *auf der Vernunft, auf vernünftigem Denken beruhend* 2 = *vernünftig* 3 *begrifflich (fassbar);* ~es Denken □ **racional**

ra|ti|o|na|li|sie|ren ⟨V. 500⟩ *Arbeitsabläufe* ~ *wirtschaftlich, zweckmäßig gestalten* □ **racionalizar**

ra|ti|o|nell ⟨Adj.⟩ 1 ein *Arbeitsablauf* ist ~ *zweckmäßig, wirtschaftlich* □ **eficiente; racionalizado** 2 ~ wirtschaften *sparsam, haushälterisch* □ **com eficiência; de modo racionalizado**

rat|los ⟨Adj.⟩ *ohne Rat, keinen Rat wissend, bestürzt, hilflos, verwirrt;* „...", sagte er ~; ~ sein; ich bin völlig ~; er zuckte ~ die Achseln □ **confuso; desnorteado**

rat|sam ⟨Adj. 80⟩ etwas ist ~ *es ist zu empfehlen, dass man es tut;* es für ~ halten, etwas zu tun □ **aconselhável; recomendável**

rat|schen ⟨V. 405; umg.⟩ *ein knisterndes, zerreißendes Geräusch erzeugen;* das Messer ratscht durch das Papier □ **emitir um som áspero/rascante**

Rat|schlag ⟨m.; -(e)s, -schläge⟩ *Rat, Empfehlung;* Ratschläge erteilen, geben; ein wertvoller, praktischer ~; jmds. ~ folgen □ **conselho, recomendação**

Rat|schluss ⟨m.; -es, -schlüs|se⟩ 1 ⟨veraltet⟩ *Beschluss, Urteil* □ **deliberação; resolução** 2 *Gottes* ~ *Gottes Wille;* nach Gottes unerforschlichem ~ (in Todesanzeigen) □ **vontade; desígnio**

Rät|sel ⟨n.; -s, -⟩ 1 *spielerische Aufgabe, die gelöst werden soll;* Bilder~ □ *****quebra-cabeça**; Buchstaben~ □ *****logogrifo**; Kreuzwort~ □ *****palavras cruzadas**, Silben~ □ *****palavras cruzadas de sílabas**; ein ~ raten, lösen *****charada** 2 ⟨fig.⟩ *Geheimnis, etwas Undurchschaubares;* jmdm. ein ~ aufgeben; das ist des ~s Lösung! 2.1 es ist mir ein ~, wie das zugegangen ist *es ist mir völlig unklar, ich verstehe es nicht* □ **mistério; enigma** 2.2 er spricht in ~n *in unverständlichen Andeutungen* □ **código** 2.3 ich stehe vor einem ~ *ich begreife das nicht* □ **enigma**

rät|sel|haft ⟨Adj.⟩ *unverständlich, unklar, undurchschaubar, geheimnisvoll;* ein ~es Verhalten □ **enigmático; misterioso**

rät|seln ⟨V. 400⟩ *raten, herauszufinden suchen, verstehen wollen, vermuten;* wir rätselten, warum er so früh aufgegeben hatte □ **tentar entender; quebrar a cabeça**

rat|su|chend *auch:* **Rat su|chend** ⟨Adj. 24/90⟩ *einen Rat wünschend;* ~ wandte er sich um □ **que pede conselho; consulente**

Rat|te ⟨f.; -, -n⟩ 1 ⟨i. w. S.⟩ *Angehörige einer Gattung der Echten Mäuse, die in Deutschland durch zwei Arten vertreten ist: Rattus* □ **rato** 1.1 ⟨i. e. S.⟩ *ein Nagetier mit dunkelgrauem bis schwarzem Pelz u. großen, nackten Ohren: Rattus rattus* □ **rato-preto** 1.2 die ~n verlassen das sinkende Schiff ⟨fig.⟩ *die Feigen, die falschen Freunde, die Unzuverlässigen ziehen sich bei einem drohenden Unglück von einem Unternehmen, einem Menschen zurück* □ *****os ratos são os primeiros a abandonar o navio que está afundando**

rat|tern ⟨V. 400⟩ 1 *ein Geräusch wie von hart u. rasch aneinanderschlagenden hölzernen, steinernen od. metallenen Gegenständen von sich geben;* die Maschine rattert □ **estrepitar; crepitar** 1.1 ⟨411(s.)⟩ *sich fortbewegen und dabei ein ratterndes(1) Geräusch von sich geben; der Wagen ratterte über das holprige Pflaster; der Zug ratterte über die Weichen, die Brücke* □ **mover-se ruidosamente; trepidar**

Ratz ⟨m.; -es, -e; oberdt.⟩ **1** = *Iltis* **2** ⟨oberdt.⟩ *Ratte* □ **rato** 2.1 *schlafen wie ein ~* ⟨umg.⟩ *tief u. fest schlafen* □ ***dormir como uma pedra**

rau ⟨Adj.⟩ **1** *voller kleiner Unebenheiten, nicht glatt, rissig, aufgesprungen;* Ggs *weich*(3); *~e Haut, Hände* 1.1 *derb, grob, hart; der Stoff ist ~, fühlt sich ~ an* □ **áspero** 1.2 *~e See* ⟨Seemannsspr.⟩ *bewegte S.* □ **agitado; turbulento 2** *leicht heiser; einen ~en Hals, eine ~e Kehle haben* □ **irritado**, *eine ~e Stimme haben* □ **rouco 3** *oft kalt, unfreundlich, windbewegt; ~e Luft, ~es Klima; ein ~er Winter* □ **gélido; rigoroso** 3.1 ⟨60⟩ *hinaus ins ~e Leben* ⟨fig.⟩ *ins unwirtliche, harte L.* □ **duro 4** ⟨fig.⟩ *barsch, grob, unfreundlich; jmdn. ~ behandeln, anreden; dort herrscht ein ~er Umgangston; er zeigt ein ~es Benehmen; hier ist der Ton ~, aber herzlich* □ **(de modo) rude/grosseiro** 4.1 *„...!", sagte er ~ barsch, um seine Rührung nicht zu zeigen* □ **rispidamente** 4.2 *~e Schale* ⟨fig.⟩ *äußerlich schroffes Wesen; er hat eine ~e Schale* □ **aparência rude/grosseira**, *in einer ~en Schale steckt oft ein guter, weicher Kern* ⟨Sprichw.⟩ □ ***por trás de uma cara feia muitas vezes se esconde um bom coração** **5** ⟨60⟩ *in ~en Mengen* ⟨fig.; umg.⟩ *in großen M.* □ ***aos montes; à beça**

Raub ⟨m.; -(e)s; unz.⟩ **1** *das Rauben, gewaltsames Wegnehmen, mit Gewaltanwendung gegen eine Person od. mit Gewaltandrohung verbundener Diebstahl; einen ~ (an jmdm.) begehen; einen ~ verüben* □ **roubo** *auf ~ ausgehen (von Personen u. Tieren)* □ ***sair para pilhar/saquear 2** *gewaltsame Entführung; Kindes~; der ~ der Helena, der Sabinerinnen* □ **rapto; sequestro 3** *geraubter Gegenstand, geraubte Gegenstände, Beute, Opfer; jmdm. od. einem Tier seinen ~ wieder abjagen; der Fuchs, Wolf verschwand mit seinem ~ im Wald* □ **presa; despojo** 3.1 *das Haus ist ein ~ der Flammen geworden ist verbrannt* □ ***a casa foi consumida pelas chamas**

Raub|bau ⟨m.; -(e)s; unz.⟩ **1** ⟨Bgb.; Landw.; Forstw.⟩ *Wirtschaftsweise, bei der ein möglichst hoher Ertrag erstrebt, aber die Grundlagen für die Produktion aufgebraucht werden; ~ treiben; ~ am Wald* □ **exploração predatória 2** *mit einer Sache ~ treiben* ⟨fig.⟩ *etwas ohne Rücksicht auf die Folgen beanspruchen* □ ***abusar/exigir demais de alguma coisa** *~ mit seiner Gesundheit treiben* □ ***arruinar a própria saúde**, *mit seinen Kräften ~ treiben* □ ***exigir demais das próprias forças**

rau|ben ⟨V.⟩ **1** ⟨503/Vr 6⟩ (jmdm.) *etwas ~ gewaltsam wegnehmen, mit Gewaltanwendung gegen eine Person od. Gewaltandrohung stehlen; Geld, Wertsachen ~; der Wolf hat ein Schaf, der Habicht hat ein Huhn geraubt* □ **roubar; pilhar 2** ⟨500⟩ *jmdn. ~ gewaltsam entführen; ein Kind ~* □ **raptar; sequestrar 3** ⟨530/Vr

6⟩ *jmdm. eine Sache ~* ⟨fig.⟩ *nehmen, wegnehmen (unter tragischen Umständen); diese Nachricht raubte ihm die letzte Hoffnung; die Sorge raubt ihr alle Ruhe, allen Schlaf* □ **tirar** 3.1 *durch einen Unfall wurde ihm das Augenlicht geraubt er wurde durch einen Unfall blind* □ ***ele perdeu a visão num acidente**

Räu|ber ⟨m.; -s, -⟩ **1** *jmd., der vom Rauben lebt; See~, Straßen~* **2** *jmd., der etwas raubt, geraubt hat; Kindes~; einen ~ festnehmen, verfolgen, verurteilen* 2.1 *der ~ seiner Ehre* ⟨fig.; poet.⟩ *derjenige, der ihn entehrt, verleumdet hat* □ **ladrão** 2.2 ⟨fig.⟩ *schlechte Gesellschaft; unter die ~ fallen, geraten* □ **bandido 3** *Tier, das andere Tiere tötet, um sich von ihnen zu ernähren; Nest~* □ **predador**

Raub|tier ⟨n.; -(e)s, -e⟩ *(meist mit scharfen Zähnen ausgestattetes) Tier, das sich von anderen Tieren ernährt* □ **predador**

Raub|zeug ⟨n.; -(e)s; unz.; Sammelbez. für⟩ *alle nicht jagdbaren Tiere, die sich von Raub ernähren, z. B. wildernde Hunde u. Hauskatzen, Elstern, Krähen* □ **predadores**

Rauch ⟨m.; -(e)s; unz.⟩ **1** *von Feuer aufsteigendes Gewölk, Qualm; beißender, dichter, dicker, grauer, schwarzer ~; der ~ der Zigarre, Zigarette, Pfeife; der ~ beißt in den Augen; den ~ (der Zigarette) einatmen, ausblasen; (starken) ~ entwickeln; der ~ steigt (kerzengerade, sich kräuselnd) in die Höhe, aus dem Schornstein; es riecht nach ~* □ **fumaça** 1.1 *in ~ und Flammen aufgehen verbrennen* □ ***queimar; consumir-se em chamas** 1.2 *in ~ aufgehen* ⟨fig.⟩ *zunichte werden (Hoffnung)* □ ***virar fumaça** 1.3 *kein ~ ohne Flamme* ⟨Sprichw.⟩ *alles hat seine Ursache* □ ***onde há fumaça há fogo** → a. *Schall*(1.2)

rau|chen ⟨V.⟩ **1** ⟨400⟩ *etwas raucht lässt Rauch aufsteigen; das Feuer, der Ofen, der Schornstein raucht* □ **fumegar**, *von dem Haus waren nur noch ~de Trümmer zu sehen* □ **fumegante** 1.1 *Säure raucht verdunstet unter Entwicklung von sichtbaren Dämpfen* □ **fumegar; exalar vapores** 1.2 *den Rauch glühenden Tabaks in- u. ausatmend genießen; der raucht viel, wenig, stark; sich das Rauchen an-, abgewöhnen; der Arzt hat mir das Rauchen verboten; „Rauchen verboten!" (Aufschrift auf Schildern);* → a. *Schlot*(1.1) 1.2 ⟨500⟩ *eine Zigarre, Zigarette, Pfeife ~ den Rauch einer glühenden Zigarre, Zigarette, des glühenden Tabaks in einer Pfeife ein- u. ausatmen; er raucht täglich 20 Zigaretten* □ **fumar 2** ⟨fig.⟩ 2.1 ⟨411; unpersönl.⟩ *hier raucht's* ⟨fig.; umg.⟩ *hier ist es Krach, Ärger gegeben* □ ***o circo está pegando fogo** 2.2 ⟨unpersönl.⟩ *pass auf, sonst raucht's!* ⟨fig.; umg.⟩ *sonst gibt's Prügel, Schelte* □ ***tome cuidado se não quiser ver o pau comer!** 2.3 *jmdn. raucht der Kopf jmd. erledigt eine anstrengende geistige Arbeit; mir raucht der Kopf vom vielen Arbeiten, Lernen* □ ***queimar os neurônios**

Rau|cher[1] ⟨m.; -s, -⟩ *jmd., der regelmäßig (Zigaretten, Zigarren od. Pfeife) raucht; starker ~* □ **fumante**

Rau|cher[2] ⟨n.; -s, -; kurz für⟩ *Raucherabteil (in der Eisenbahn)* □ vagão para fumantes

Rau|che|rin ⟨f.; -, -rin|nen⟩ *weibl. Raucher*[1] □ fumante

räu|chern ⟨V.⟩ 1 ⟨500⟩ *etwas ~ in den Rauchfang od. in die Räucherkammer hängen u. dadurch haltbar machen;* Schinken, Wurst, Speck, Fisch, Käse ~; geräucherter Aal □ defumar; curar 2 ⟨402⟩ ⟨etwas⟩ ~ *Räuchermittel verbrennen* □ defumar; incensar

Rauch|fah|ne ⟨f.; -, -n⟩ *lange, dünne, etwa waagerechte Rauchwolke;* das brennende Flugzeug ließ eine lange ~ hinter sich □ rastro/trilha de fumaça

Rauch|fang ⟨m.; -(e)s, -fän|ge⟩ oberdt.; früher *trichterförmiges Zwischenstück zwischen dem offenen Herd u. dem Schornstein;* Schinken, Wurst, Speck in den ~ hängen (zum Räuchern) □ fumeiro

Rauch|säu|le ⟨f.; -, -n⟩ *dicht u. senkrecht aufsteigender Rauch* □ coluna de fumaça

Räu|de ⟨f.; -, -n⟩ 1 ⟨Vet.⟩ *durch Milben hervorgerufene, juckende Hautkrankheit von Tieren;* Sy *Krätze*[2](2) □ sarna 2 ⟨oberdt.⟩ *Schorf* □ crosta; escara

räu|dig ⟨Adj. 24/70⟩ 1 *mit Räude behaftet;* eine ~e Katze; dies Pferd ist ~ am Kopf □ sarnento; com sarna 2 ⟨fig.⟩; derbes Schimpfwort⟩ *elend, widerwärtig;* so ein ~er Hund! □ *que miserável/filho da mãe! 2.1 ein ~es *Schaf ein die anderen schlecht beeinflussendes Mitglied einer Gruppe* □ ovelha tinhosa; maçã podre

Rauf|bold ⟨m.; -(e)s, -e⟩ *jmd., der gern u. oft rauft* □ brigão; arruaceiro

Rau|fe ⟨f.; -, -n⟩ *Gestell für Raufutter (im Stall od. Wald).* Heu~ □ grade de manjedoura

rau|fen ⟨V.⟩ 1 ⟨500⟩ *etwas ~ abreißen, (aus)rupfen;* Flachs ~; die Kühe rauften den frischen Klee □ arrancar; tirar 1.1 ⟨530/Vr 1⟩ *sich die* Haare, *den* Bart *~* ⟨fig.; umg.⟩ *sehr verzweifelt, verärgert od. verlegen sein;* ich könnte mir die Haare ~ □ *arrancar os cabelos 2 ⟨402/Vr 4⟩ *(sich mit jmdm.)* ~ ⟨umg.⟩ *streiten u. einander prügeln, streitend ringen, sich balgen;* die Kinder ~ (sich) auf der Straße; du hast dich (mit ihm) (um das Geld) gerauft; er rauft gern 2.1 ⟨402/Vr 7 od. Vr 8⟩ *(sich) ~ sich balgen;* die Kinder ~ (sich) auf der Straße; er rauft gern □ brigar; sair na pancadaria 2.1.1 Tiere ~ (sich) *kämpfen mit anderen u. beißen dabei;* die Hunde ~ schon wieder; die Kater ~ sich □ brigar; atracar-se

Rau|fut|ter ⟨n.; -s; unz.⟩ *an Rohfasern reiches Futter für Wiederkäuer (Heu, Stroh, Häcksel)* □ forragem

rauh ⟨alte Schreibung für⟩ rau

rau|haa|rig ⟨Adj. 24⟩ 1 *mit kurzem, rauem, hartem Haar, drahthaarig* (von Tieren) □ hirsuto; híspido 1.1 die **Rauhaarige** Alpenrose ⟨Bot.⟩ *Angehörige einer (auch als Rhododendron bezeichneten) Gattung der Heidekrautgewächse* □ *rododendro

Rauh|heit ⟨f.; -; unz.⟩ 1 *raue Beschaffenheit* □ aspereza; rigidez; rouquidão 2 *raue Art, raues Benehmen* □ grosseria; rudeza

Rauh|fut|ter ⟨alte Schreibung für⟩ Raufutter
rauh|haa|rig ⟨alte Schreibung für⟩ rauhaarig
Rauh|reif ⟨alte Schreibung für⟩ Raureif

Raum ⟨m.; -(e)s, Räu|me⟩ 1 *durch Wände begrenzter Teil eines Gebäudes, Zimmer;* Wohn~; Geschäfts~; Arbeits~; ein enger, hoher, kleiner, großer, weiter ~; die Wohnung hat drei Räume; wir haben keinen ~, wo wir die Kinder unterbringen könnten; wir arbeiten zu zweit in einem ~; Wohnung, Büro mit hellen, luftigen Räumen □ cômodo; quarto; sala 2 *Weite, Ausdehnung, durch Länge, Breite u. Höhe bestimmte Gegebenheit;* zwischen den Büchern sollte etwas freier ~ bleiben; ~ und Zeit □ espaço, luftleerer ~ □ *vácuo 2.1 umbauter ~ ⟨Bauw.⟩ *Volumen eines Gebäudes* □ *área construída 3 ⟨unz.⟩ *Platz, Möglichkeit, etwas unterzubringen;* viel, wenig ~; auf engstem ~ wohnen; diese Waschmaschine braucht, beansprucht wenig ~; der Schrank nimmt viel ~ ein; (keinen) ~ (für etwas) haben; im Text für Ergänzungen etwas ~ lassen; ~ (für etwas) schaffen, finden; hier ist noch etwas freier ~ □ espaço 3.1 ⟨fig.⟩ *Möglichkeit, Gelegenheit;* Spiel~ □ campo; parque; ihm blieb kein ~ für langes Überlegen □ espaço; margem 3.1.1 einer **Sache** ~ *geben eine S. ermöglichen, sich ausbreiten lassen, freies Spiel geben;* Gedanken, Hoffnungen, Launen, Zweifeln ~ geben □ *entregar-se/render-se/ceder a alguma coisa 4 *geografisch zusammenhängendes Gebiet, Gegend;* im Mittelmeer~; Schnee u. Regen im Frankfurter ~ □ área; zona; região 5 *Weltall, Weltraum;* der unendliche ~ □ espaço; universo 6 ⟨Getrennt- u. Zusammenschreibung⟩ 6.1 ~ sparend = *raumsparend*

räu|men ⟨V. 500⟩ 1 ⟨etwas⟩ ~ *leermachen, frei machen;* zuerst sollten die Regale geräumt werden □ desocupar; esvaziar 1.1 seinen **Platz** ~ *verlassen, aufgeben* □ deixar; abandonar 1.2 den **Saal** ~ *die in einem S. befindlichen Personen hinausweisen* 1.3 eine **Stadt** ~ *die Bewohner einer S. woanders unterbringen, sie evakuieren* □ evacuar; desocupar 1.4 das **Lager** ~ *alle gelagerten Waren verkaufen* □ *liquidar/queimar o estoque 1.5 ⟨503⟩ **(jmdm.)** das **Feld** ~ ⟨fig.⟩ *weichen, sich zurückziehen* □ *bater em retirada; ceder o lugar (a alguém) 1.6 *verlassen, aus etwas ausziehen;* ein Haus, ein Zimmer ~; wir müssen die Wohnung bis zum 1.7. ~; die Truppen haben die Stadt geräumt □ desocupar 1.7 *säubern, leeren, in Ordnung bringen;* die Latrine, den Brunnen ~; die Straße (von Schnee) ~; die Straße von Schutt ~ □ limpar; esvaziar 2 ⟨511⟩ *etwas ~ fortschaffen, an einen anderen Ort bringen;* etwas an eine andere Stelle ~; das Geschirr vom Tisch (in die Küche) ~; Möbel in ein anderes Zimmer ~ □ levar; → a. *Weg(4.1)* 3 ⟨Tech.⟩ *mit einem zahnstangenförmigen Werkzeug spanend formen;* Werkstücke, Bohrungen ~ □ mandrilar; escarear

Raum|fah|rer ⟨m.; -s, -⟩ = *Astronaut*
Raum|fah|re|rin ⟨f.; -, -rin|nen⟩ = *Astronautin*
Raum|fahrt ⟨f.; -; unz.⟩ = *Astronautik;* Sy *Weltraumfahrt*

räum|lich ⟨Adj. 24⟩ 1 *einen Raum, die Räume betreffend;* ~e Ausdehnung, Entfernung □ espacial; no espaço; die Wohnung ist ~ sehr schön □ *o aparta-

mento é bem espaçoso 1.1 wir sind hier ~ sehr beengt *unsere Wohnung ist sehr klein* □ ***temos pouco espaço aqui* 2** *dreidimensional;* ~es *Sehen* □ *tridimensional*

raum|spa|rend *auch:* **Raum spa|rend** ⟨Adj.⟩ *wenig Raum in Anspruch nehmend;* eine ~e Bestuhlung □ *que ocupa pouco espaço*

rau|nen ⟨V.; geh.⟩ **1** ⟨402⟩ (etwas) ~ *sehr leise sprechen, murmeln;* jmdm. etwas ins Ohr ~ **2** ⟨400⟩ *der* **Wind**, **Wald** raunt *rauscht leise* **3** ⟨400⟩ *das* **Wasser** raunt *plätschert dumpf* □ **murmurar; sussurar 4** ⟨405⟩ (über etwas) ~ *heimlich klatschen, Gerüchte verbreiten;* über das Ereignis wurde viel geraunt □ **murmurar; mexericar**

Rau|pe ⟨f.; -, -n⟩ **1** ⟨Zool.⟩ *lang gestreckte u. walzenförmige Larve des Schmetterlings;* Seiden~; die ~ verpuppt sich □ **lagarta 2** *aus Metallfäden geflochtenes Achselstück;* Achsel~ ***dragona; galão 3** ⟨Tech.⟩ *endloses Band aus Kettengliedern, die durch Platten verstärkt u. um die Räder von Gleiskettenfahrzeugen gelegt sind;* die ~n eines Panzers, Traktors □ **lagarta 4** (bes. auf bayerischen Helmen aus der 1. Hälfte des 19. Jh.) *von vorn nach hinten über den Scheitel verlaufende Verzierung aus Rosshaar* □ **capacete com crina**

Rau|reif ⟨m; -(e)s; unz.⟩ *weiße, kristalline Ablagerung, die sich bei windstillem Frostwetter an der Windseite fester Gegenstände aus feinsten Nebeltröpfchen bildet;* Sy ⟨schweiz.⟩ *Duft(4);* glitzernder ~ liegt auf den Zweigen □ **geada**

raus ⟨Adv.; umg.⟩ **1** = *hieraus* **2** = *hinaus*

Rausch ⟨m.; -(e)s, Räu|sche⟩ **1** *Benebelung der Sinne als Folge von reichlichem Alkoholgenuss od. nach Einnahme von Rauschmitteln;* er hat einen leichten, schweren, ordentlichen ~; seinen ~ ausschlafen □ **embriaguez; bebedeira 1.1** sich einen ~ antrinken ⟨umg.⟩ *sich betrinken* □ ***tomar um porre* 2** ⟨fig.⟩ *überwältigendes Glücksgefühl, überwältigende Begeisterung;* Freuden~, Glücks~; ~ der Leidenschaft □ **êxtase; inebriação**

rau|schen ⟨V. 400⟩ **1** *etwas rauscht gibt ein Geräusch wie von stark im Wind bewegten Blättern od. von stark fließendem Wasser von sich;* Bäume, Blätter ~ (im Wind); der Wind rauscht in den Bäumen; die Brandung rauscht; es rauscht mir im Ohr □ **farfalhar; rumorejar 2** *Wasser rauscht fließt rauschend, stark hörbar, bewegt sich rauschend vorwärts;* der Bach, Fluss rauscht; das Wasser rauscht in die Badewanne; ein ~der Bach □ **murmurar; rumorejar** 2.1 ⟨411(s.)⟩ *sie rauschte (beleidigt) aus dem Zimmer* ⟨fig.; umg.⟩ *sie ging rasch, auffällig hinaus* □ **sair rapidamente/correndo**

Rausch|gift ⟨n.; -(e)s, -e⟩ = *Rauschmittel*

Rausch|mit|tel ⟨n.; -s, -⟩ *Gift, das einen Rausch durch Erregen, Dämpfen od. Lähmen des Zentralnervensystems hervorruft, z. B. Alkohol, Opium, Haschisch;* Sy *Droge(2), Rauschgift,* ⟨Drogenszene⟩ *Stoff(3);* sich mit ~n betäuben; mit ~n handeln □ **droga; entorpecente**

räus|pern ⟨V. 500/Vr 3⟩ sich ~ **1** *durch Hüsteln die Kehle vor dem Reden, Singen reinigen;* er räusperte sich etliche Male und begann dann zu sprechen; sich kurz, stark, leise ~ **2** *sich durch leichtes Hüsteln bemerkbar machen od. dadurch seine Verlegenheit zu verbergen suchen;* sich auffällig, ungeduldig, nervös ~ □ **pigarrear**

Raus|schmiss ⟨m.; -es, -e; umg.⟩ **1** *Hinauswurf, Rauswurf* □ **expulsão 2** *fristlose Entlassung* □ **demissão sem aviso prévio**

Rau|te ⟨f.; -, -n⟩ **1** ⟨Bot.⟩ *Angehörige einer Gattung der Rautengewächse: Ruta;* Wein~, Garten~, Silber~ □ **arruda 2** ⟨Geom.⟩ = *Rhombus* **3** ⟨Her.⟩ *auf der Spitze stehender Rhombus* □ **losango; rombo 4** *Art des Schliffs von Diamanten, wobei eine Pyramide mit ebener Basis von 24 Facetten begrenzt ist* □ **lapidação rosa/roseta 5** ⟨Kart.⟩ *Spielkartenfarbe, Karo, Eckstein* □ **ouros 6** *Verzierung in Form einer Reihe von Rhomben, z. B. auf Harlekinskostümen* □ **losango; rombo**

Raz|zia ⟨f.; -, -zi|en⟩ *großangelegte Polizeiaktion zur Fahndung nach verdächtigen Personen;* in eine ~ geraten □ **busca; batida policial**

Rea|der ⟨[ri:də(r)] m.; -s, -⟩ *aus verschiedenen (wissenschaftlichen) Beiträgen zu einem Thema zusammengestelltes Buch od. Heft* □ **coletânea; antologia**

Re|a|gens ⟨n.; -, -gen|zi|en; Chem.⟩ = *Reagenz*

Re|a|genz ⟨n.; -, -gen|zi|en; Chem.⟩ *Stoff, der beim Zusammentreffen mit einem anderen eine bestimmte Reaktion auslöst u. ihn so identifiziert;* oV *Reagens* □ **reagente**

re|a|gie|ren ⟨V. 405⟩ **1** (auf etwas) ~ *eine Gegenwirkung zeigen;* auf einen Reiz ~; schnell, langsam, sofort ~; auf eine Frage ~; das Pferd reagiert auf die feinsten Hilfen □ **reagir 1.1** jmd. reagiert sauer ⟨fig.; umg.⟩ *wird böse, verhält sich sichtbar ablehnend* □ ***reagir com irritação/impaciência* 2** *Chemikalien* ~ *miteinander erfahren beim Zusammentreffen eine chem. Umwandlung* □ **reagir** 2.1 *sauer, basisch* ~ ⟨Chem.⟩ *die Eigenschaften einer Säure, Base zeigen* □ ***apresentar reação ácida/básica***

Re|ak|ti|on ⟨f.; -, -en⟩ **1** *Gegenwirkung, Rückwirkung* **2** ⟨Phys.; Chem.⟩ *Vorgang, der eine stoffliche Umwandlung zur Folge hat;* chemische ~, Kern~ **3** *das Streben, alte, nicht mehr zeitgemäße Einrichtungen, bes. auf politischem Gebiet, zu erhalten* □ **reação**

Re|ak|tor ⟨m.; -s, -to|ren⟩ **1** ⟨kurz für⟩ *Kernreaktor* **2** ⟨Chem.⟩ *Behältnis, Apparat, in dem chemische od. physikalische Reaktionen ablaufen* □ **reator**

re|al ⟨Adj.⟩ **1** *sachlich, dinglich, stofflich* **2** *der Realität entsprechend, tatsächlich, wirklich;* ~ denken, kalkulieren □ **real; de modo realista** 2.1 ⟨Wirtsch.⟩ *dem Kaufwert, nicht dem Nennwert, dem zahlenmäßigen Wert entsprechend;* Ggs *nominal(2)* □ **real**

re|a|li|sie|ren ⟨V. 500⟩ *etwas* ~ **1** *in die Tat umsetzen, verwirklichen* □ **realizar; colocar em prática 2** *in Geld umwandeln, gegen bares Geld verkaufen, zu Geld machen* □ **realizar; converter em dinheiro**

Re|a|lis|mus ⟨m.; -; unz.⟩ **1** *philosophische Lehre, die die Wirklichkeit als außerhalb u. unabhängig vom Bewusstsein stehend betrachtet* **1.1** *Wirklichkeitssinn, Sachlichkeit* **2** ⟨Kunst⟩ *wirklichkeitsnahe Darstellung* **2.1** *Richtung der Kunst Mitte des 19. Jh., die bes. den*

Realismus(2) pflegte **3** ⟨Scholastik⟩ *Lehre, die besagt, dass die allgemeinen Begriffe die eigentlichen realen Dinge sind* □ realismo

re|a|lis|tisch ⟨Adj.⟩ **1** *auf dem Realismus beruhend, in der Art, im Sinne des Realismus* **2** *wirklichkeitsnah, naturgetreu;* ~e *Darstellung* **3** *nüchtern, sachlich (denkend); eine Sache sehr* ~ *betrachten;* ~ *gesehen, wird das recht schwierig* □ (de modo) realista

Re|a|li|tät ⟨f.; -, -en⟩ **1** ⟨unz.⟩ *Wirklichkeit, wirkliche Welt, reales Vorhandensein* □ realidade **2** *(unwiderlegbare) Tatsache; das sind die* ~en □ fato **3** ⟨nur Pl.; österr.⟩ *Immobilien* □ bens imóveis

Re|al|schu|le ⟨f.; -, -n⟩ *Schule, die nach dem zehnten Schuljahr (mit der mittleren Reife) abschließt* □ escola de ensino médio

Re|be ⟨f.; -, -n⟩ **1** *Schössling, Zweig des Weinstocks* □ sarmento **2** ⟨geh.⟩ = *Weinrebe*

Re|bell ⟨m.; -en, -en⟩ *jmd., der sich auflehnt, rebelliert, Aufrührer* □ rebelde

re|bel|lie|ren ⟨V. 400⟩ **1** *jmd. rebelliert empört sich* □ rebelar-se; insurgir-se **2** *jmds. Eingeweide* ~ *jmd. hat das Gefühl des Erbrechens od. Durchfalls* □ *estar com as entranhas reviradas

Re|bel|li|on ⟨f.; -, -en⟩ *das Rebellieren, Aufruhr, Widerstand* □ rebelião; revolta

Reb|huhn ⟨n.; -(e)s, -hüh|ner⟩ *einheimischer, unscheinbarer, gedrungener Hühnervogel mit braunem Fleck auf der Brust: Perdix perdix* □ perdiz-cinzenta

re|chen ⟨V. 500; bes. süd- u. mitteldt.⟩ = *harken*

Re|chen ⟨m.; -s, -⟩ **1** ⟨bes. süd- u. mitteldt.⟩ = *Harke(1); ein* ~ *aus Holz, Metall; das Heu mit dem* ~ *wenden* □ ancinho **2** ⟨fig.⟩ *Gitter zum Zurückhalten von groben Verunreinigungen vor Einläufen von Wasserturbinen, Kläranlagen;* Schleusen~ □ grade

Re|chen|schaft ⟨f.; -; unz.⟩ **1** *Bericht, Auskunft über Tun u. Lassen, das Sichverantworten* □ explicação; satisfação **1.1** *jmdm. (keine)* ~ **schulden**, *schuldig sein (nicht) verpflichtet sein, jmdm. gegenüber seine Handlung zu begründen* □ *(não) dever satisfação a alguém* **1.2** *(jmdm.) über etwas* ~ **geben**, *ablegen (jmdm. gegenüber) sein Handeln, Tun rechtfertigen* □ *prestar contas a alguém; dar satisfação a alguém* **1.3** (von jmdm.) ~ **verlangen**, *fordern verlangen, dass jmd. sich rechtfertigt* □ *exigir explicações de alguém* **2** *jmdn. (für etwas)* **zur** ~ **ziehen** *jmdn. zur Verantwortung ziehen* □ *pedir a alguém explicações (sobre alguma coisa)

Re|cher|che ⟨[reʃɛrʃə] f.; -, -n; meist Pl.⟩ *Nachforschung, ermittelnde Untersuchung;* ~n *anstellen* □ pesquisa; investigação

rech|nen ⟨V.⟩ **1** ⟨402⟩ *(eine Aufgabe)* ~ *(zu einer Zahlenaufgabe) das Ergebnis ermitteln; falsch, richtig* ~; *gut, schlecht* ~ *können; mündlich, schriftlich* ~; *mit Zahlen, Brüchen, Buchstaben* ~ □ calcular; fazer conta **1.1** ⟨411 od. 511⟩ *(eine Aufgabe) im Kopfe* ~ *rechnen(1), ohne dabei die Zahlen aufzuschreiben* □ *fazer conta de cabeça* **2** ⟨410⟩ *zählen, berücksichtigen, kalkulieren;* ~ *contar; calcular, vom 1. November an gerechnet* □ *contando a partir de 1º. de novembro* **2.1** *knapp gerechnet, zwei Stunden* **mindestens zwei S.** □ *no mínimo, duas horas* **2.2** *reichlich gerechnet, zwei Stunden* **höchstens zwei S.** □ *no máximo, duas horas* **3** ⟨505⟩ *etwas (für etwas)* ~ *veranschlagen, für nötig halten; ich habe für jeden drei Stück Kuchen gerechnet; er rechnet dafür 100 €* □ calcular; estimar **4** ⟨505⟩ *jmdn.* od. *etwas (zu etwas)* ~ *dazuzählen, (in etwas) einbeziehen; jmdn. zu seinen Freundeskreis* ~; *20 Personen, die Kinder nicht gerechnet* □ contar; incluir **5** ⟨800⟩ **auf jmdn., mit jmdm.** od. **eine(r) Sache** ~ **5.1** *jmd.* od. *etwas zuversichtlich erwarten; du musst damit* ~, *dass er nicht kommt; ich rechne fest damit, dass er kommt* **5.2** *sich auf jmdn.* od. *etwas verlassen; ich kann doch auf dich* ~?; *er ist jmd., mit dem man* ~ *kann* □ *contar com alguém ou alguma coisa

Rech|nung ⟨f.; -, -en⟩ **1** *(schriftliche) Aufstellung der Kosten, Kostenforderung, Summe, die für etwas bezahlt werden muss; eine hohe* ~; *eine offene, offenstehende* ~; *unbezahlte* ~en; *eine* ~ **begleichen, bezahlen, quittieren, schreiben; schicken Sie die** ~ *an an meinen Vater; auf- und Gefahr des Empfängers* □ conta **1.1** *jmdm. einen Betrag in* ~ *stellen jmdm. einen B. berechnen, einen B. von jmdm. fordern* □ *cobrar uma quantia de alguém* **1.2** *über eine Sache* ~ **legen** *die Kosten für eine S. nachweisen, offenlegen* □ *apresentar a conta de alguma coisa* **1.3** *auf, für eigene* ~ **kaufen** *auf eigene Kosten* □ *comprar por conta própria* **1.4** *auf* ~ **kaufen** *kaufen, ohne sofort, sondern erst nach Zusendung der Rechnung(1) bezahlen* □ *comprar a crédito* **1.5** *auf jmds.* ~ *zur Bezahlung durch jmdn.* □ *por conta de alguém* **1.5.1** *das geht auf meine* ~ *das bezahle ich* □ *isso é por minha conta* **1.5.2** *ich habe es auf* ~ *meines Vaters bestellt u. meinem V. die Rechnung(1) zusenden lassen, auf Kosten meines V. bestellt* □ *pus na conta do meu pai* **1.6** *auf seine* ~ **kommen** ⟨fig.⟩ *auf seine Kosten kommen, zufrieden sein* □ *conseguir o que queria; ficar satisfeito* **1.7** *für fremde* ~ *auf Kosten eines Dritten* □ *por conta de terceiros* **1.8** *ich habe mit ihm noch eine alte* ~ *zu begleichen* ⟨fig.⟩ *ich muss mit ihm noch wegen eines Vorfalls abrechnen, ihn zur Rechenschaft ziehen* □ *ainda tenho contas a ajustar com ele* **1.9** *die* ~ *ohne den Wirt machen* ⟨fig.⟩ *sich in einer Erwartung täuschen* □ *tomar o bonde errado* **2** ⟨schweiz.⟩ = *Abrechnung(2);* Jahres~ **3** *Zahlenaufgabe; die* ~ *geht (nicht) auf* **4** *Berechnung; nach meiner* ~ *haben wir zwei Stunden gebraucht; es ist eine ganz einfache* ~ □ conta; cálculo **4.1** ⟨fig.⟩ *Erwartung, Planung, Plan* **4.1.1** *meine* ~ *ist nicht aufgegangen mein Plan ist nicht gelungen* □ *meu plano não deu certo* **4.1.2** *jmdm. einen Strich durch die* ~ *machen jmds. Pläne vereiteln* □ *frustrar os planos de alguém* **4.1.3** *etwas in* ~ *ziehen, einer Sache* ~ *tragen* ⟨fig.⟩ *eine S. berücksichtigen* □ *levar alguma coisa em conta*

recht ⟨Adj.⟩ **1** *richtig* □ certo; correto **1.1** *der Wirklichkeit entsprechend, nicht falsch; wenn ich es* ~ *überlege*

□ *pensando bem; das Rechte treffen □ *acertar; alles, was ~ ist, aber das geht zu weit! (Ausdruck der Ablehnung)□ *o que é certo é certo, mas isso já é demais! 1.1.1 ganz ~! ganz richtig!, das stimmt!, jawohl! □ *exatamente! 1.1.2 habe ich ~ gehört? stimmt das, soll das wirklich so sein? □ *eu ouvi direito? 1.1.3 ich weiß nicht ~, ob ich es tun soll ich bin mir noch nicht klar, ich zögere noch, es zu tun □ *eu tenho certeza se devo fazer isso 1.1.4 nach dem Rechten sehen nachsehen, ob alles in Ordnung ist, ob alles richtig getan wird, etwas überprüfen □ *conferir se está tudo em ordem 1.1.5 es geht hier nicht mit ~en Dingen zu es ist hier nicht ganz geheuer, hier stimmt etwas nicht □ *há alguma coisa errada aqui; nesse mato tem coelho 1.2 〈50〉 geeignet, passend; er ist der ~e Mann am Ort □ certo; wer nicht kommt zur ~en Zeit, der muss sehn, was übrig bleibt 〈Sprichw.〉 □ *quem chegar por último é a mulher do padre 1.2.1 es geschieht ihm ganz ~ er hat es nicht besser verdient □ *bem feito para ele 1.3 wie es sich gehört, angemessen; es muss alles das ~e Maß haben; es steht alles am ~en Ort; es ist gerade die ~e Zeit (dazu) □ certo, apropriado; du kommst gerade ~ □ *você chegou bem na hora certa 1.3.1 jmdm. etwas ~ machen etwas so machen, wie jmd. es will; man kann es nicht allen ~ machen; man kann ihm nichts ~ machen □ *fazer a vontade de alguém; contentar alguém 1.3.2 (es ist) so! es ist gut, es ist in Ordnung, es hat sich erledigt, (behalten Sie das restliche Geld für sich!) □ *está certo! 1.3.3 etwas od. sich ins ~e Licht setzen, stellen 〈fig.〉 in seinen Vorzügen bewusst zur Geltung bringen □ *mostrar(-se) (alguma coisa) sob uma luz favorável; valorizar(-se) (alguma coisa); → a. Herz(6.3) 1.4 〈60; abgeschwächt, häufig in verneinten Wendungen〉 wirklich, typisch; ich habe keine ~e Lust □ *não estou muito a fim; er gibt sich keine ~e Mühe □ *ele não faz muito esforço; er ist ein ~er Hasenfuß, Narr □ *ele é um verdadeiro covarde/perfeito idiota; es ist ein ~er Jammer mit ihm 〈umg.〉 □ *é realmente uma lástima o que aconteceu com ele; → a. erst(5) 1.5 etwas Rechtes 〈umg.〉 Vernünftiges, Ordentliches; er hat nichts Rechtes gelernt □ *ele não aprendeu nada de bom; das ist doch nichts Rechtes! □ *isso não é nada bom! 2 〈90〉 dem Recht, den Gesetzen, einer sittlichen Norm entsprechend, gut; Ggs unrecht; das war nicht ~ (von dir, von ihm) □ correto; er hat ~/Recht getan □ bem; corretamente; tue ~/Recht und scheue niemand! 〈Sprichw.〉 □ *quem não deve não teme; allen Menschen ~/Recht getan, ist eine Kunst, die niemand kann 〈Sprichw.〉 □ *não dá para agradar gregos e troianos 2.1 jmdn. auf die ~e Bahn, auf den ~en Weg bringen 〈fig.〉 zum rechten Tun hinlenken □ *levar alguém pelo bom caminho 2.2 jmdn. vom ~en Wege abbringen 〈fig.〉 zu etwas Unrechtem verleiten □ *tirar alguém do bom caminho 2.3 vom ~en Wege (ab)weichen 〈fig.〉 etwas Unrechtes tun □ *desviar-se do bom caminho 2.4 was dem einen ~ ist, ist dem andern billig jeder muss zu seinem Recht kommen □ *o que vale para um vale para todos 2.5 ~ und billig völlig richtig □ *justo 2.5.1 das ist nur ~ und billig, dass du ihm jetzt auch hilfst, nachdem er dir geholfen hat ganz richtig, das kann er von dir mit Recht erwarten □ *é muito justo você ajudá-lo... 2.5.2 es ist nicht mehr als ~ und billig, dass ich das tue es steht mir zu, das muss ich tun, dazu bin ich verpflichtet *nada mais justo eu fazer isso 2.6 〈50〉 ich habe ~/Recht behalten es war richtig, was ich gesagt, vermutet habe □ *eu estava certo; er will immer ~/Recht behalten □ *ele quer sempre estar com a razão 2.7 〈50〉 ~/Recht haben das Richtige sagen, vermuten, richtig urteilen; er hat ~/Recht gehabt; du hast ganz ~! □ *ter razão; estar certo 2.8 〈50〉 jmdm. ~/Recht geben zustimmen □ *dar razão a alguém 3 〈40〉 etwas ist jmdm. ~ angenehm, jmd. ist einverstanden, zufrieden mit etwas; mir ist es ~, wenn ich um drei Uhr komme?; nichts ist ihm ~; ist es (Ihnen) so ~?; mir ist alles ~ □ *ser conveniente/estar bom para alguém 3.1 das ist ~! das ist gut, schön, das freut mich! □ *muito bem! 3.2 mir soll es ~ sein! 〈umg.〉 meinetwegen! □ *por mim, tudo bem! 4 〈33 od. 50〉 sehr, ziemlich; ich danke Ihnen ~ herzlich; sei ~ herzlich gegrüßt von deiner ... (Briefschluss); ich bin ~ hungrig, müde; ist der Koffer ~ schwer?; er ist ein ~ tüchtiger Arzt; ~ vielen, ~ herzlichen Dank! □ muito 4.1 ganz, einigermaßen; wie geht es Ihnen? Danke, ~ gut □ muito; ich werde nicht ~ klug daraus □ *não estou entendendo direito; du bist wohl nicht ~ gescheit! □ *você não deve estar batendo bem! 4.1.1 das ist alles ~ schön und gut, aber ... das mag ja alles stimmen, aber ... □ *está tudo muito bom, mas... 5 〈50〉 ~ und schlecht nicht gut u. nicht schlecht, leidlich; er hat sich ~ und schlecht durchgeschlagen □ *razoavelmente; mais ou menos

Recht 〈n.; -(e)s, -e〉 **1** 〈Pl. selten〉 Rechtsordnung, Gesamtheit der Gesetze (des Staates, der Kirche od. eines Lebensgebietes); Handels~; Kirchen~; Staats~; Straf~; bürgerliches ~; römisches ~; das ~ beugen, brechen, verletzen; er hat das ~ auf seiner Seite; nach geltendem ~ □ direito 1.1 nach ~ und Billigkeit nach geschriebenem Gesetz u. nach dem Gefühl für Gerechtigkeit □ *segundo a justiça e a equidade 1.2 ~ sprechen ein Urteil fällen □ *julgar e aplicar a lei 1.3 von ~s wegen nach dem Gesetz □ *de direito; segundo a lei; → a. Gnade(3.1) **2** Befugnis, Anspruch, Berechtigung; Hoheits~; Nutzungs~; Verkaufs~; das ~ des Älteren, des Vaters; ~e und Pflichten; das ~ auf Selbstbestimmung; er hat ein ~ auf Belohnung; ein ~ ausüben, beanspruchen; ein ~ erwerben (etwas zu tun); sein ~ fordern; sein ~ geltend machen; sich od. jmdm. sein ~ verschaffen; jmdm. das ~ streitig machen, etwas zu tun; wer gibt dir das ~, das zu behaupten, zu tun?; ich nehme mir das ~, meine eigene Meinung zu vertreten; er besitzt ältere ~e (als der andere) □ direito 2.1 das ~ des Stärkeren der Anspruch dessen, der die Macht hat u. nicht nach Rechtmäßigkeit fragt □ *a lei do mais forte 2.2 zu seinem ~

rechte

kommen *seinen Anspruch durchsetzen* □ *****fazer valer os seus direitos** **2.3 alle** ~e vorbehalten (Vermerk in Druckwerken) *die Berechtigung zum Nachdruck, zum Verfilmen u. a. wird vorbehalten* □ *****todos os direitos reservados 3** ⟨unz.⟩ *Richtiges, Angemessenes, Zustehendes, das, was recht u. gut ist (nach persönlichem Rechtsempfinden); das ist mein gutes* ~ □ *****estou no meu pleno direito**; *ich kann mit Fug und* ~ *behaupten, dass ...* ⟨verstärkend⟩ □ *****tenho todo o direito de afirmar que... 3.1 mit, zu* ~ *mit Berechtigung, mit Grund; eine Sache mit gutem, vollem* ~ *vertreten; man kann mit vollem* ~ *behaupten, dass ...; mit welchem* ~ *maßt du dir an, ...?; er hat es verlangt, und das mit* ~; *sein Anspruch besteht zu* ~ □ *****com direito, com razão 3.2 im* ~ *sein Recht haben, die richtige Ansicht, das Richtige getan haben* □ *****ter razão 4** ⟨meist Pl.; veraltet⟩ *Rechtspflege, Rechtswissenschaft; Doktor, Student der* ~e; *die* ~e *studieren* □ **direito; jurisprudência**

rech|te(r, -s) ⟨Adj. 60⟩ **1** ⟨24⟩ *auf der der Herzseite gegenüberliegenden Seite befindlich; Ggs linke(r, -s); der* ~ *Arm, das* ~ *Bein; das* ~ *Ufer eines Flusses; auf der* ~n *Seite der Straße gehen* □ **direito 1.1** ⟨60⟩ *das Haus liegt* ~r **Hand** *rechts, auf der rechten Seite* □ *****a casa fica à direita 1.2** ⟨60⟩ *jmds.* ~ **Hand** *sein* ⟨fig.⟩ *jmds. wichtigster Helfer sein* □ *****ser o braço direito de alguém 2** ⟨60⟩ *die* ~ *Seite Oberseite, Vorderseite, Außenseite; Ggs linke Seite,* → *linke(r, -s)(2); die* ~ *Seite einer Münze, eines Stoffes* □ **direito 3** ⟨60⟩ ~ *Masche beim Stricken glatte M., M., bei der der Faden hinter der Nadel liegt; Ggs linke Masche,* → *linke(r, -s)(4)* □ *****malha em ponto meia 4** ⟨60⟩ ~r **Winkel** *Winkel von 90°* □ *****ângulo reto**

Rech|te ⟨f.; -n, -n⟩ *Ggs* **Linke 1** ⟨geh.⟩ *rechte Hand, rechte Seite; sie saß an, zu seiner* ~n **2** *Gesamtheit der konservativen Parteien; die äußerste, gemäßigte* ~ **2.1** *Anhänger der* ~n *Konservativer* □ **direita**

Recht|eck ⟨n.; -(e)s, -e; Geom.⟩ *Viereck mit rechten Winkeln u. zwei Paaren paralleler Seiten* □ **retângulo**

rech|ten ⟨V. 417; geh.⟩ *mit jmdm.* ~ *sein Recht von jmdm. fordern, jmdn. tadeln, mit jmdm. streiten; sie hat mit ihm um das Erbe gerechtet* □ **litigar; discutir**

rech|tens ⟨Adv.⟩ *nach dem Recht, mit Recht;* ~ *gilt der Anspruch als verjährt* □ **legalmente**; *es ist* rechtens, *dass ...* □ *****é justo que...**; *etwas für* rechtens *halten* □ *****considerar algo justo**

recht|fer|ti|gen ⟨V. 500/Vr 7⟩ **1** *jmdn.* ~ *die Berechtigung seines Tuns nachweisen od. erklären, jmdn. von einem Verdacht befreien; ich habe ihn gerechtfertigt; es wird mir diesmal nicht gelingen, mich zu* ~; *sich vor jmdm.* ~ **2** *etwas* ~ *nachweisen od. erklären, dass etwas berechtigt war; eine Handlung, ein Vorgehen* ~; *jmds. Verhalten* ~ **2.1** *etwas rechtfertigt etwas begründet etwas, lässt etwas als berechtigt erscheinen; unser Erfolg rechtfertigt das in uns gesetzte Vertrauen; unser Misstrauen war in keiner Weise gerechtfertigt* □ **justificar; explicar**

recht|ha|be|risch ⟨Adj.⟩ *immer Recht behalten wollend, stets starr an seinem Standpunkt festhaltend; ein* ~er *Mensch;* ~ *sein* □ **teimoso; opinioso; sabichão**

recht|lich ⟨Adj.⟩ *das Recht betreffend, dem Recht nach, hinsichtlich des Rechtes, auf dem Recht beruhend, gesetzlich, juristisch;* ~er *Anspruch; die* ~e *Seite einer Sache; das ist* ~ *nicht zulässig (aber menschlich verständlich)* □ **jurídico; juridicamente**

recht|mä|ßig ⟨Adj. 24⟩ *dem Recht entsprechend, nach dem geltenden Recht, gesetzlich; er ist der* ~e *Erbe des Besitzes* □ **legal; legítimo**

rechts ⟨Adv.⟩ **1** *die rechte Seite, auf der rechten Seite (befindlich, vorhanden), nach der rechten Seite (hin);* → a. **links(1)**; ~ *der Donau;* ~ *gehen, fahren; lassen Sie die Kirche* ~ *liegen; oben* ~, *unten* ~ *(in Bilderläuterungen)* □ **à direita 2** ~ **stehen** ⟨fig.⟩ *ein Konservativer sein, auf der Seite der Rechten stehen* □ *****ser da direita 3** ⟨Getrennt- u. Zusammenschreibung⟩ **3.1** ~ stehend = *rechtsstehend*

Rechts|an|walt ⟨m.; -(e)s, -wäl|te⟩ *Jurist mit der Berechtigung, die Rechtsangelegenheiten anderer vor Gericht zu vertreten;* ~ *und Notar; sich einen* ~ *nehmen; sich als* ~ *niederlassen* □ **advogado**

recht|schaf|fen ⟨Adj.⟩ **1** *ehrlich, redlich, anständig, pflichtbewusst; ein* ~er *Mensch; er handelt* ~; *jmdm.* ~ *dienen* □ **honrado; honesto; honestamente 2** ⟨50⟩ *sehr; er hat sich* ~ *plagen müssen;* ~ *müde sein* □ **muito**

recht|schrei|ben ⟨V. 230/400; nur im Inf.⟩ *nach den geltenden Regeln der Rechtschreibung schreiben, orthographisch korrekt schreiben; die Schüler können heute nicht mehr* ~ □ **escrever corretamente**; *im Rechtschreiben hat er Schwächen* □ **ortografia**

Recht|schrei|bung ⟨f.; -, -en⟩ **1** ⟨unz.⟩ *Lehre von der richtigen Schreibung der Wörter; Sy Orthografie* **2** *Lehr-, Wörterbuch der Rechtschreibung* □ **ortografia**

Rechts|hän|der ⟨m.; -s, -⟩ *jmd., der mit der rechten Hand schreibt, mit der rechten Hand geschickter ist als mit der linken; Ggs Linkshänder* □ **destro**

Rechts|hän|de|rin ⟨f.; -, -rin|nen⟩ *weibl. Rechtshänder; Ggs Linkshänderin* □ **destra**

rechts|kräf|tig ⟨Adj.⟩ *nicht mehr anfechtbar, endgültig (von gerichtlichen Entscheidungen)* □ **que transitou em julgado; que tem força de lei**; *eine* ~e *Entscheidung* □ *****a coisa julgada**; *das Urteil ist* ~ □ *****a sentença transitou em julgado**

Recht|spre|chung ⟨f.; -, -en⟩ **1** *gerichtliche Entscheidung* □ **sentença; decisão judicial 2** *Gerichtsbarkeit* □ **jurisdição**

Rechts|staat ⟨m.; -(e)s, -en⟩ *Staat, in dem die Regierungsgewalt durch eine Rechtsordnung begrenzt u. die rechtliche Stellung des Bürgers gesichert ist; den* ~ *stärken; der deutsche* ~ □ **estado de direito**

rechts|staat|lich ⟨Adj. 24⟩ *zu einem Rechtsstaat gehörend, ihm entsprechend; die* ~e *Gewalt; eine Entscheidung* ~ *begründen; eine* ~e *Gesinnung* □ **de estado de direito**

rechts|ste|hend *auch:* **rechts ste|hend** ⟨Adj. 24/70⟩ *Ggs linksstehend* **1** *auf der rechten Seite stehend* □ **que está à direita/do lado direito 2** *politisch nach rechts orientiert, dem rechten politischen Flügel zugeneigt; die* ~en *Parteien* □ **de direita; direitista**

Rechts|weg ⟨m.; -(e)s, -e⟩ **1** *Inanspruchnehmen des Gerichts; eine Sache auf dem ~ entscheiden* □ **via judicial; trâmites legais** **1.1** *den ~ beschreiten, einschlagen, gehen die Hilfe des Gerichts in Anspruch nehmen* □ ***recorrer aos tribunais; ir à justiça**

recht|wink|lig ⟨Adj. 24⟩ *mit einem Winkel von 90° versehen;* ~*es Dreieck* □ **retangular**

recht|zei|tig ⟨Adj. 24⟩ *gerade zur rechten Zeit, zum richtigen Zeitpunkt, pünktlich; das Paket ist ~ angekommen* □ **oportuno; a tempo**

Reck ⟨n.; -(e)s, -e; Sp.⟩ **1** *Turngerät, an zwei Pfeilern waagerecht befestigte, verstellbare Eisenstange; Übungen am ~* □ **barra fixa** **2** *an zwei frei hängenden Seilen befestigte, kurze Holzstange; Schwebe~* □ **trapézio**

Recke ⟨m.; -n, -n; poet.⟩ *tapferer Kämpfer, mutiger Krieger* □ **herói**

recken ⟨V. 500⟩ **1** ⟨Vr 7⟩ *etwas od. sich ~ strecken, hoch aufrichten, dehnen; die Arme, die Glieder ~; den Hals ~ (um etwas zu sehen); er hat die Hand in die Höhe, nach dem Buch gereckt; ich reckte mich nach dem Ast* □ **esticar(-se); estender(-se)** **2** *Eisen ~* ⟨Met.⟩ *schrittweise den Querschnitt eines Werkstückes vermindern durch Verdrängen des Werkstoffes in Längsrichtung* □ **estirar**

Re|cor|der ⟨m.; -s, -⟩ = *Rekorder*

re|cy|celn ⟨[risaɪkəln] V. 500⟩ *Papier, Altglas, Wertstoffe ~ wiederverwerten;* oV *recyclen* □ **reciclar**

re|cy|clen *auch:* **re|cyc|len** ⟨[risaɪkəln] V. 500⟩ = *recyceln*

Re|cy|cling *auch:* **Re|cyc|ling** ⟨[risaɪklɪn] n.; -s, -s⟩ *Aufarbeitung, Wiederverwertung von Abfallstoffen; Altglas~* □ **reciclagem**

Re|dak|ti|on ⟨f.; -, -en⟩ **1** *Bearbeitung des Manuskripts für ein Druckwerk* **2** *Gesamtheit der bei der Redaktion(1) mitwirkenden Arbeitskräfte* **3** *die für die Redaktion(1) zur Verfügung stehenden Räume* □ **redação**

Re|de ⟨f.; -, -n⟩ **1** *das, was gesprochen wird od. wurde, das, was jmd. sagt od. gesagt hat, Äußerungen, (sinnvoll zusammenhängende) Worte; große, großsprecherische, hässliche, prahlerische ~n führen; die ~ kam auf den Vorfall von gestern* □ **discurso** **1.1** *~ und Gegenrede das gesprächsweise erörterte Für und Wider* □ ***os prós e os contras** **1.2** *diese Antwort verschlug ihm die ~ machte ihn sprachlos und verblüffte ihn so, dass er nichts mehr zu sagen wusste* □ ***essa resposta o deixou sem fala** **1.3** *das ist doch (schon lange) meine ~* ⟨umg.⟩ *das habe ich doch schon immer, schon lange gesagt* □ ***é o que venho dizendo há tempos** **1.4** *von etwas die ~ sein von etwas gesprochen werden* □ ***falar de/sobre alguma coisa**; *wovon ist die ~?* □ ***de que se trata?** **1.4.1** *davon ist nicht die ~ das hat keiner gesagt od. gemeint* □ ***não é disso que se está falando; não é disso que se trata** **1.4.2** *davon kann keine ~ sein das ist ausgeschlossen, unmöglich, das kommt nicht in Frage* □ ***(isso) está fora de questão** **1.5** *in ~ stehen fraglich, noch nicht endgültig entschieden sein* □ ***estar em questão/discussão** **1.6** *es ist nicht der ~ wert nur eine Kleinigkeit, nicht erwähnenswert* □ ***não vale a pena falar disso** **2** *Ansprache, Vortrag; Antritts~; Trauer~;* *eine gute, lange, feierliche ~* □ **discurso**; *eine ~ halten* □ ***proferir um discurso** **3** ⟨Sprachw.⟩ *aktualisierte Sprache (im Unterschied zum potentiellen, nur im Bewusstsein der Sprecher existenten Sprachsystem)* □ **discurso** **4** *Rechenschaft* **4.1** *jmdn. zur ~ stellen (wegen) jmdn. (wegen einer Handlung) energisch befragen, zur Rechenschaft ziehen* □ ***pedir explicações a alguém** **4.2** *jmdm. ~ und Antwort stehen Antwort, Auskunft geben, auf Fragen hin etwas bekennen, zugeben* □ ***prestar contas a alguém; justificar-se** **5** *Gerücht, Gerede; ich kümmere mich nicht um die ~n, gebe nichts auf die ~n der Leute* □ **boato; rumor** **6** *Redeweise, sprachl. Gestaltung (von Gedanken, Empfindungen)* □ **modo de falar/de se expressar**; → a. *binden(4.5), direkt(3.1), indirekt(2.3)*

re|den ⟨V.⟩ **1** ⟨400⟩ *sprechen, sich sinnvoll äußern; laut, leise, deutlich, undeutlich ~; öffentlich ~; red nicht so viel!; mit jmdm. ~; mit sich selbst ~; von jmdm. od. etwas ~; über jmdn. od. etwas ~; wir haben über ihn geredet; darüber werden wir noch ~* □ **falar**; *Reden ist Silber, Schweigen ist Gold* ⟨Sprichw.⟩ □ ***a palavra é de prata, o silêncio é de ouro** **1.1** *darüber lässt sich ~ das ist verständlich, einsehbar* □ ***podemos conversar/discutir a respeito** **1.2** *lass ihn doch ~! lass ihn sagen, was er will, kümmere dich nicht um das, was er sagt!* □ ***deixe que ele fale!** **1.3** *die Leute ~ viel!* ⟨fig.; abwertend⟩ *lass doch, es wird so viel Unwahres gesprochen!, das glaube ich nicht, es wird ein Gerücht sein!* □ ***as pessoas falam demais!** **1.4** *du hast gut, leicht ~! du hast es leicht, du bist nicht davon betroffen* □ ***falar é fácil!** **1.5** *Reden und Tun ist zweierlei von einer Tat zu sprechen ist leichter, als sie auszuführen* □ ***falar é uma coisa, fazer é outra** **1.6** *mit Händen u. Füßen ~* ⟨umg.; scherzh.⟩ *beim Sprechen lebhafte Gebärden machen* □ ***gesticular ao falar** **1.7** *mit den Händen ~ die Zeichensprache anwenden* □ ***usar a linguagem de sinais** **1.8** ⟨530⟩ *jmdm. od. einer Sache das Wort ~* ⟨fig.⟩ *für jmdn. od. etwas eintreten* □ ***argumentar em favor de alguém ou de alguma coisa** **1.9** *er lässt mit sich ~* ⟨fig.⟩ *er ist aufgeschlossen für die Meinung anderer, er ist nachgiebig, entgegenkommend, umgänglich* □ ***ele é acessível/ aberto à discussão** **1.10** *~de Künste K. mit der Sprache als Ausdrucksmittel, Dichtung, Rhetorik* □ ***artes da palavra** **1.11** *von einer Sache viel Redens machen, viel Aufmerksamkeit schenken, sehr viel Aufhebens von einer S. machen* □ ***fazer um estardalhaço por causa de alguma coisa** **1.12** *von sich ~ machen allgemein bekannt werden* □ ***dar o que falar**; → a. *Gewissen(1.7), Mund(3.18)* **2** ⟨500⟩ *etwas ~ aussprechen, äußern, sagen; Gutes, Schlechtes über jmdn. ~; Unsinn ~; dummes Zeug ~; er hat die ganze Zeit kein Wort geredet* □ **dizer** **3** ⟨in festen Wendungen⟩ **3.1** ⟨511/Vr 3⟩ *sich in Wut ~ sich beim Sprechen in W. hineinsteigern* □ ***ir ficando cada vez mais furioso** **3.2** ⟨513/Vr 3⟩ *sich heiser ~ so viel reden, dass man heiser davon wird* □ ***ficar rouco de tanto falar** **3.3** ⟨531/Vr 1 od. Vr 2⟩ *sich den Kummer, den Zorn, die Sorge vom Herzen, von der Seele ~ seinen K., Z., seine S. lindern, indem man da-*

Redewendung

rüber spricht□ *desabafar sua preocupação/raiva/inquietação

Re|de|wen|dung ⟨f.; -, -en⟩ abwandelbare, nicht feststehende sprachliche Wendung, sprachlicher Ausdruck, z. B. ich mache mir nichts daraus□ **expressão idiomática**

re|di|gie|ren ⟨V. 500⟩ **1** ein **Manuskript**, einen **Text** ~ für den öffentlichen Vortrag, für den Druck bearbeiten□ **redigir; preparar 2** eine **Zeitschrift**, **Zeitung**, **Sammelband** ~ inhaltlich u. formal gestalten, herausgeben **2.1** eine **Sendung** ~ gestalten, Beiträge für eine S. zusammenstellen□ **editar**

red|lich ⟨Adj.⟩ **1** ehrlich, zuverlässig, pflichtbewusst; ein ~er Mann, Mensch; eine ~e Gesinnung□ **honesto; sério ;** ~ handeln□ **honestamente; seriamente 2** ⟨90; fig.⟩ groß, viel; ich habe mir ~e Mühe gegeben□ **muito; grande 3** ⟨50; umg.⟩ sehr, tüchtig; sich ~ bemühen; ich habe mich ~ plagen müssen; ~ müde sein□ **muito; à beça**

Red|ner ⟨m.; -s, -⟩ **1** jmd., der eine Rede hält od. gehalten hat, Vortragender; Haupt~, Parlaments~, Volks~, Wahl~; der ~ des heutigen Abends; der ~ betonte, wiederholte, erklärte□ **orador; conferencista 2** jmd., der (gut) Reden halten kann; ein guter, schlechter ~ sein; er ist kein ~ ⟨umg.⟩ □ **orador**

Red|ne|rin ⟨f.; -, -rin|nen⟩ weibl. Redner□ **oradora; conferencista**

red|se|lig ⟨Adj.⟩ **1** viel u. gern redend; ihre Nachbarin ist sehr ~; eine ~ alte Frau□ **falador; loquaz 2** wortreich, weitschweifig; ein ~er Brief, Bericht; sich ~ über etwas verbreiten□ **(de modo) prolixo**

Re|duk|ti|on ⟨f.; -, -en⟩ **1** das Reduzieren, Herabsetzung; Preis~ **1.1** Einschränkung **1.2** Minderung **2** das Zurückführen; ~ eines komplizierten Sachverhalts od. Begriffes auf einen einfachen **3** ⟨Chem.⟩ Ggs Oxydation **3.1** ⟨i. w. S.⟩ die Aufnahme von Elektronen u. damit Verminderung einer positiven Ladung **3.2** ⟨i. e. S.⟩ **3.2.1** Aufnahme von Wasserstoff in eine chem. Verbindung **3.2.2** Entzug von Sauerstoff aus einer Verbindung **4** ⟨Biol.⟩ die rückschreitende Umwandlung von Organen im Laufe der Stammesgeschichte od. der Entwicklung eines Individuums□ **redução**

re|du|zie|ren ⟨V.⟩ **1** ⟨505⟩ Mengen, Werte ~ (auf) verringern, vermindern (auf); die tägliche Dosis eines Arzneimittels (auf zehn Tropfen, drei Tabletten) ~; die Preise auf die Hälfte ~; Preise, Forderungen ~; die Zahl der Mitglieder, Teilnehmer ~; den Arbeitsaufwand auf ein Mindestmaß ~ **2** ⟨Chem.⟩ **Stoffe** ~ (zu) einer Reduktion (3-3.2.2) unterwerfen (u. dadurch in einen anderen Stoff umwandeln)□ **reduzir**

re|ell ⟨Adj.⟩ **1** redlich, ehrlich, zuverlässig; ein ~er Mensch; eine ~e Firma; er ist (sehr) ~ **1.1** ~es Geschäft anständiges G. ohne Übervorteilung des Käufers □ **confiável; honesto; sincero 2** ~e **Zahlen** rationale u. irrationale Zahlen□ **real**

Re|fe|rat ⟨n.; -(e)s, -e⟩ **1** Bericht, Vortrag in der Art eines Gutachtens□ **exposição; conferência 1.1** Berichterstattung eines Fachkundigen□ **relatório 1.2** Vortrag zur Übung (in der Schule u. im Hochschulseminar)□ **seminário 2** Arbeitsgebiet; Presse~□ **departamento; seção; setor**

Re|fe|ren|dum ⟨n.; -s, -ren|den od. -ren|da⟩ Volksentscheid□ **referendo**

Re|fe|rent ⟨m.; -en, -en⟩ **1** jmd., der über etwas referiert, ein Referat hält, Vortragender; → a. Korreferent□ **relator; conferencista 1.1** Gutachter (bei wissenschaftlichen Arbeiten)□ **perito 2** Sachbearbeiter in einem Referat(2)□ **assessor; chefe de departamento**

re|fe|ren|ti|ell ⟨Adj. 24⟩ = *referenziell*

Re|fe|ren|tin ⟨f.; -, -tin|nen⟩ weibl. Referent□ **relatora; conferencista; perita; consultora; assessora; chefe de departamento**

Re|fe|renz ⟨f.; -, -en⟩ **1** Empfehlung; ~en beibringen, einholen **2** Person od. auch Stelle, auf die man sich berufen kann, bei der Auskünfte eingeholt werden können **3** ⟨Sprachw.⟩ Beziehung zwischen einem sprachlichen Ausdruck u. dem damit bezeichneten Inhalt **4** ⟨allg.⟩ Beziehung, Bezugnahme□ **referência**

re|fe|ren|zi|ell ⟨Adj. 24⟩ die Referenz betreffend, sich auf etwas beziehend; oV referentiell□ **referencial**

re|fe|rie|ren ⟨V. 505⟩ **(über)** etwas ~ über etwas ein Referat, einen Vortrag halten, über etwas berichten, einen Sachverhalt zusammenfassend wiedergeben□ **referir; relatar**

re|flek|tie|ren ⟨V.⟩ **1** ⟨500⟩ ein **Gegenstand** reflektiert **Strahlen** wirft sie zurück; reflektierte Strahlen **2** ⟨800⟩ über (abstrakte) **Gegenstände** ~ gründlich von verschiedenen Gesichtspunkten aus überdenken□ **refletir**

Re|flek|tor ⟨m.; -s, -to|ren⟩ **1** Hohlspiegel hinter einer Lichtquelle **1.1** Spiegelfernrohr **2** Teil einer Richtantenne, der einfallende elektromagnetische Strahlen zur Sammlung nach einem Brennpunkt hin reflektiert□ **refletor**

Re|flex ⟨m.; -es, -e⟩ **1** reflektiertes(1) Licht; Licht~ **2** ⟨Physiol.⟩ unbewusste, automatisch erfolgende Reaktion eines Lebewesens auf einen Reiz; bedingter ~, unbedingter ~□ **reflexo**

Re|fle|xi|on ⟨f.; -, -en⟩ **1** ⟨Phys.⟩ Zurückwerfen von Wellen an der Grenzfläche zweier Medien; die ~ des Lichts an der Wasseroberfläche **2** prüfendes vergleichendes Nachdenken (bes. über die eigene Person, das eigene Verhalten); kritische ~□ **reflexão**

re|fle|xiv ⟨Adj. 24⟩ ⟨Gramm.⟩ sich auf das Subjekt beziehend; Sy rückbezüglich **1.1** ~es **Pronomen** = Reflexivpronomen **1.2** ~es **Verb** Verb, das sich mit Hilfe des Reflexivpronomens auf das Subjekt bezieht, z. B. sich erkälten **2** ⟨geh.⟩ auf Reflexion(2) beruhend, sie betreffend□ **reflexivo**

Re|fle|xiv|pro|no|men ⟨n.; -s, - od. -no|mi|na; Gramm.⟩ sich auf das Subjekt beziehendes Pronomen (sich); Sy reflexives Pronomen□ **pronome reflexivo**

Re|form ⟨f.; -, -en⟩ verbessernde Umgestaltung, planmäßige Neugestaltung; Gesundheits~; Hochschul~; Steuer~□ **reforma**

Re|for|ma|ti|on ⟨f.; -, -en⟩ ⟨unz.; i. e. S.⟩ die durch Luther, Zwingli u. Calvin ausgelöste Bewegung zur Erneuerung der Kirche, wodurch die abendländische Kirche gespalten wurde u. neue, vom Papst unabhängige, evangelische Kirchen (protestantische, reformierte Kirche) entstanden □ **Reforma 2** ⟨i. w. S.⟩ Erneuerung, Neugestaltung□ **reforma**

re|for|mie|ren ⟨V. 500⟩ **1** etwas ~ *erneuern, verbessern, umgestalten* □ **reformar 2 reformiert** ⟨Abk.: ref.⟩ *der evangelisch-reformierten Kirche angehörend, sie betreffend* **2.1 reformierte Kirche** *durch die Reformation von Zwingli u. Calvin (die Weiterentwicklung der durch Luther ausgelösten Bewegung) entstandene Kirche* □ **reformado**

Re|frain auch: **Ref|rain** ⟨[rəfrɛ̃:] m.; -s, -s⟩ *am Schluss eines Gedichtes, Liedes od. Musikstückes wiederkehrende Worte, Sätze od. Melodie, Kehrreim* □ **refrão; estribilho**

Re|fu|gi|um ⟨n.; -s, -gi|en; geh.⟩ *Zufluchtsstätte, Ort, an den man sich zurückziehen kann* □ **refúgio**

Re|gal ⟨n.; s, -c⟩ *Gestell mit Fächern (für Bücher od. Waren); Bücher~* □ **estante**

Re|gat|ta ⟨f.; -, -gat|ten; Sp.⟩ *Wettfahrt für Boote; Segel~* □ **regata**

re|ge ⟨Adj.⟩ **1** *munter, lebhaft, beweglich, rüstig, betriebsam;* ~ Beteiligung; ~r Briefwechsel; einen ~n Geist haben; es herrschte ~r Verkehr; er ist für sein Alter noch sehr ~; geistig ~ □ **vivo; animado; intenso** 1.1 ⟨40⟩ ~ werden *munter werden, wach werden, erwachen;* der Wunsch wurde in mir ~, es auch einmal zu versuchen □ ***despertar**

Re|gel ⟨f.; -, -n⟩ **1** *Richtlinie, Richtschnur, Vorschrift;* Ggs *Ausnahme(1);* die ~n der Rechtschreibung, der Zeichensetzung; die ~n eines Spiels; eine ~ aufstellen; das ist gegen die ~ (beim Spiel); eine ~ (nicht) befolgen, einhalten; keine ~ ohne Ausnahme; sich (streng) an eine ~ halten □ **regra; norma** 1.1 nach allen ~n der Kunst *ganz richtig, sehr sorgfältig* □ ***como se deve; como manda o figurino** 1.2 sich etwas zur ~ machen *sich etwas vornehmen, in immer durchführen* □ ***fazer de alguma coisa uma regra 2** *Vorschrift od. Gruppe von Vorschriften, die die Angehörigen eines Ordens einhalten müssen, Ordensregel;* Augustiner~; nach einer ~ leben (im Kloster) **3** *das allgemein Übliche, Norm;* Ggs *Ausnahme(1)* □ **regra; norma** 3.1 in der ~ ist es so *meist, fast ohne Ausnahme* □ ***geralmente/normalmente é assim** 3.2 eine Ausnahme von der ~ machen *anders als üblich sein, handeln* □ ***ser uma exceção à regra 4** ⟨Physiol.⟩ = *Menstruation;* die ~ haben; die ~ ist ausgeblieben □ **regras**

re|gel|mä|ßig ⟨Adj.⟩ **1** *nach einer bestimmten Regel (geschehend, verlaufend, eintretend), in gleichen Abständen (sich wiederholend);* in ~en Abständen; ~er Puls, Herzschlag; ~e Mahlzeiten, Besuche; etwas ~ tun; ~ auftreten 1.1 ein ~es **Gesicht** *G. mit gleichmäßigen, ebenmäßigen Zügen* 1.2 ~e **Körper** ⟨Geom.⟩ = *platonische Körper,* → *platonisch(2)* 1.3 die ~en **Verben** *die nach bestimmter Regel gebildeten V.* **2** ⟨50⟩ *immer;* er geht ~ um diese Zeit in die Schule; er kommt ~ zu spät; das Programm fängt ~ um 8 Uhr an □ **regular(mente)**

re|geln ⟨V. 500⟩ **1** etwas ~ *nach einer bestimmten Regel ordnen, festlegen, festsetzen, einrichten, in ordnungsgemäße Bahnen lenken;* das werde ich noch ~; seine persönlichen, geschäftlichen Angelegenheiten ~; den Verkehr ~ □ **resolver; ordenar** in geregelten Verhältnissen leben □ ***levar uma vida ordenada/regular** 1.1 ⟨Vr 3⟩ etwas regelt sich *erledigt sich;* manches hat sich von selbst geregelt □ **resolver-se; arranjar-se**

re|gel|recht ⟨Adj. 24/90⟩ **1** *der Regel gemäß, in aller Form, wie es sich gehört;* ein ~es Verfahren □ **regular; em ordem 2** ⟨umg.⟩ *beinahe, sozusagen; das ist ja schon ein ~er Diebstahl;* es war ein ~er Schock, Zusammenbruch □ **verdadeiro; autêntico** er war ~ unverschämt □ **realmente 3** *völlig;* ein ~er Reinfall □ **completo; total**

Re|ge|lung ⟨f.; -, -en⟩ **1** ⟨unz.⟩ *das Regeln, das Geregeltsein* □ **regulamento** 1.1 *Vorschrift, Vereinbarung;* eine mündliche, schriftliche ~; ~ der Arbeitszeit □ **regulamento; regulamentação 2** ⟨Kyb.⟩ *automatische Kontrolle u. Korrektur eines sich ständig wiederholenden Ablaufs, so dass ein konstanter Wert erhalten bleibt* □ **regulação**

re|gen ⟨V. 500⟩ **1** etwas ~ *bewegen;* ich kann vor Kälte kaum noch die Finger ~; die Glieder ~; der Verletzte regte kein Glied **2** ⟨Vr 3⟩ sich ~ *sich bewegen, tätig sein, etwas tun, sich beschäftigen;* es war alles still, nichts regte sich; kein Blatt regte sich; er rührt und regt sich nicht ⟨verstärkend⟩ □ **mexer(-se); mover(-se)** 2.1 komm, reg dich! *sei nicht so faul!* □ **vamos, mexa-se! 3** ⟨Vr 3⟩ sich ~ *erwachen, spürbar werden, sich bemerkbar machen;* ein leichter Wind regte sich; tiefes Mitleid regte sich in ihm; leise Zweifel regten sich in mir; sein Gewissen regte sich □ **despertar; manifestar-se** 3.1 hättest du dich doch eher geregt! *hättest du dich doch eher bemerkbar gemacht, eher etwas gesagt!* □ ***se você tivesse se manifestado antes!**

Re|gen ⟨m.; -s, -; Pl. selten⟩ **1** *flüssiger atmosphärischer Niederschlag;* der ~ fällt, rauscht, rinnt, strömt, trommelt; im strömenden ~; wir wollen uns jetzt beeilen, damit wir nicht noch in den ~ kommen; es sieht nach ~ aus □ **chuva** 1.1 auf ~ folgt Sonnenschein ⟨Sprichw.⟩ *alles Unglück hat einmal ein Ende, auf schlechte Zeiten folgen gute* □ ***depois da tempestade vem a bonança** 1.2 vom ~ in die Traufe kommen ⟨fig.⟩ *von einer schlimmen Lage in eine noch schlimmere geraten* □ ***ir de mal a pior 2** ⟨fig.⟩ *große herabfallende Menge;* ein ~ von Blumen; ein ~ von Schimpfwörtern, Vorwürfen prasselte auf ihn herab □ **chuva**

Re|gen|bo|gen ⟨m.; -s, - od. ⟨süddt.; österr.; schweiz.⟩ -bö|gen⟩ *eine atmosphärisch-optische Erscheinung, die aus einem in den sieben Spektralfarben leuchtenden Bogen besteht u. durch Brechung u. Reflexion der Sonnenstrahlen in den einzelnen Regentropfen entsteht;* ein ~ war zu sehen □ **arco-íris**

Re|ge|ne|ra|ti|on ⟨f.; -, -en⟩ Ggs *Degeneration* **1** *Wiederherstellung, Erneuerung* **2** ⟨Biol.⟩ *natürliches Ersetzen von verloren gegangenen organischen Teile* **3** ⟨Geol.⟩ *die Zurückführung erstarrter, konsolidierter Teile der Erdkruste in einen mobilen, faltbaren Zustand* □ **regeneração**

re|ge|ne|rie|ren ⟨V. 500/Vr 7⟩ **Organe** ~ (sich) ⟨Biol.⟩ *bilden sich neu, ergänzen sich, erneuern sich;* Ggs *degenerieren* □ **regenerar(-se)**

re|gen|nass ⟨Adj. 24/70⟩ *nass vom Regen;* ~e Fahrbahn, Straßen □ *molhado da/pela chuva*

Re|gen|rin|ne ⟨f.; -, -n⟩ = *Dachrinne*

Re|gen|schirm ⟨m.; -(e)s, -e⟩ *Schirm als Schutz gegen Regen* □ **guarda-chuva**

Re|gent ⟨m.; -en, -en⟩ *regierender Fürst od. dessen Stellvertreter* □ **regente**

Re|gen|tin ⟨f.; -, -tin|nen⟩ *weibl. Regent* □ **regente**

Re|gie ⟨[-ʒiː] f.; -, -n⟩ **1** *Leitung, Verwaltung;* ein Geschäft in eigener ~ führen; ein Unternehmen in fremde ~ geben **1.1** *Verwaltung der Betriebe, die Eigentum einer Gemeinde od. des Staates sind, durch Gemeinde od. Staat selbst;* die Arbeiten werden in städtischer ~ ausgeführt □ **direção; administração 2** ⟨Theat., Film, Rundfunk⟩ *leitende Tätigkeit, die die Besetzung der Rollen, die künstlerische Gestaltung u. Inszenierung eines Stückes, Filmes od. einer Sendung umfasst* □ **direção; encenação**; die ~ führen, haben □ ***dirigir; encenar 2.1** Raum für die Regie(2)* □ **direção**

re|gie|ren ⟨V.⟩ **1** ⟨400⟩ *eine Regierung leiten, herrschen;* jmd. regiert (über etwas) od. er regierte zehn Jahre lang □ **reger; dirigir; administrar 2** ⟨800 od. 500⟩ **(über)** *ein Land ~ ein L. beherrschen;* jmd. regiert jmdn., eine Gemeinschaft, ein Land, ein Volk, einen Staat □ **reger; governar 3** ⟨500⟩ *eine* **Wortart** *regiert einen Fall (Kasus)* ⟨Gramm.⟩ *bewirkt, dass das folgende Wort in einem bestimmten F. steht;* die Präposition „mit" regiert den Dativ □ **reger**

Re|gie|rung ⟨f.; -, -en⟩ **1** *das Regieren;* die ~ Adenauer □ **governo 2** *oberste staatliche Behörde, deren Mitglieder den Staat leiten* □ **governo; poder executivo**

Re|gime ⟨[-ʒiːm] n.; - od. -s, - [-ʒiːmə]⟩ *Form der Regierung(1) eines Staates;* ein diktatorisches, totalitäres ~ □ **regime**

Re|gi|ment ⟨n.; -(e)s, -e od. -er⟩ **1** ⟨Mil.⟩ *Verband aus zwei bis vier Bataillonen unter einem Obersten od. Oberstleutnant* □ **regimento 2** ⟨unz.; meist abwertend⟩ *Herrschaft, Leitung;* das ~ führen □ ***cantar de galo; ser o mandachuva***

Re|gi|on ⟨f.; -, -en⟩ **1** *Landstrich, Gebiet, Gegend;* ländliche ~en **1.1** *Bezirk* □ **região 2** ⟨nur Pl.⟩ **in höheren** ~en schweben ⟨fig.; umg.⟩ *sich nicht auf dem Boden der Tatsachen befinden, unrealistische Vorstellungen besitzen* □ ***viver no mundo da lua***

Re|gis|ter ⟨n.; -s, -⟩ **1** *Verzeichnis;* ein ~ machen, anfertigen, zusammenstellen □ **registro; lista 1.1** *alphabetisches Verzeichnis (der Namen od. Begriffe in einem Buch);* Namens~, Sach~ □ **índice 1.2** *amtliches Verzeichnis wichtiger Vorgänge;* Handels~, Standes~; etwas ins ~ eintragen □ **(livro de) registro 2** *durch Ausstanzen sichtbar gemachte Titel od. Buchstaben am Rande von (Notiz-, Telefon-) Büchern zum schnellen Nachschlagen* □ **agenda 3** ⟨EDV⟩ *Anordnung zur vorübergehenden Speicherung kleiner Mengen von Informationen* **4** ⟨Typ.⟩ **4.1** *genaues Aufeinanderpassen der Druckseiten u. des Satzspiegels auf Vorder- u. Rückseite;* ~ halten **4.2** *genaues Aufeinanderpassen der einzelnen Farben beim Mehrfarbendruck* **5** ⟨Mus.⟩ *Stimme, Stimmlage, Klangfarbe* □ **registro 5.1** alle ~ ziehen, spielen lassen *alle Stimmlagen gleichzeitig erklingen lassen* □ ***tocar todos os registros 5.2** Bereich der gleicher Einstellung der Stimmbänder hervorgebrachten Töne, z. B. Brust-, Kopf-, Falsett-, gemischte Stimme* **5.3** ⟨Orgel⟩ *Gruppe von Tönen aus Pfeifen gleicher Klangfarbe u. Bauart, z. B. Stimmen der Lippen- od. Zungenpfeifen* □ **registro 6** alle ~ ziehen ⟨fig.⟩ *alle Mittel anwenden (um etwas zu erreichen)* □ ***recorrer a todos os meios***

re|gis|trie|ren *auch:* **re|gist|rie|ren** ⟨V.⟩ **1** ⟨500⟩ *Vorgänge,* **Daten** ~ **1.1** *in ein Register eintragen* □ **registrar 1.2** ⟨fig.; umg.⟩ *zur Kenntnis nehmen (ohne sich zu äußern)* □ **registrar; memorizar 2** ⟨400; Orgel⟩ *Register ziehen* □ **registrar; usar os registros do órgão**

Re|gle|ment *auch:* **Regl|le|ment** ⟨[-mã:] n.; -s, -s od. schweiz. [-mɛnt] n.; -s, -e⟩ **1** *(in einer Dienstvorschrift, Geschäftsordnung enthaltene) Vorschriften u. Regelungen* **1.1** *Satzung, Geschäftsordnung (eines Vereins)* **1.2** ⟨Sp.⟩ *die für eine bestimmte Sportart geltenden Vorschriften u. Regelungen;* gegen das ~ verstoßen □ **regulamento**

reg|nen ⟨V.⟩ **1** ⟨401⟩ *es regnet es fällt Regen(1);* fein, stark ~; es regnet in Strömen; hier regnet es oft, wenig, ausgiebig □ **chover 1.1** ⟨501⟩ *es regnet Bindfäden* ⟨fig.; umg.; scherzh.⟩ *es regnet heftig* □ ***chove a cântaros 2** ⟨501⟩ *es regnet etwas* ⟨fig.; umg.⟩ *etwas kommt, trifft in großen Mengen ein;* es regnete Anfragen, Beschwerden, Glückwünsche, Vorwürfe **3** ⟨501⟩ *es regnet etwas* ⟨fig.; umg.⟩ *etwas fällt in großer Menge herab;* es regnet Steine, Dachziegel, Bomben □ **chover**

reg|ne|risch ⟨Adj. 70⟩ *zu Regen neigend, Regen bringend;* ~es Wetter □ **chuvoso**

Re|gress ⟨m.; -es, -e⟩ **1** ⟨Philos.⟩ *das Zurückgehen von der Wirkung zur Ursache* □ **retorno 2** ⟨Rechtsw.⟩ **2.1** *Ersatz, Entschädigung* □ **ressarcimento; indenização 2.2** *Ersatzanspruch an den Hauptschuldner, Rückgriff (auf Bürgen od. an zweiter Stelle haftbar gemachte Personen)* □ **recurso**

re|gu|lär ⟨Adj.⟩ *der Regel entsprechend, üblich, gewöhnlich* □ **regular; normal**

Re|gu|la|ri|tät ⟨f.; -; unz.⟩ *reguläre Beschaffenheit, Gesetzmäßigkeit;* Ggs *Irregularität* □ **regularidade**

re|gu|lie|ren ⟨V. 500/Vr 7 od. Vr 8⟩ **1** *Vorgänge* ~ *regeln, in eine gewünschte Ordnung bringen;* die Lebensvorgänge im Körper regulieren sich □ **regular; regularizar 1.1** *Maschinen* ~ *so einstellen, dass eine gewünschte Leistung erreicht wird* □ **ajustar; regular 1.2** *Flüsse* ~ *ein gewünschtes Flussbett leiten* □ **retificar; canalizar 2** *eine* **Forderung** ~ ⟨Kaufmannsspr.⟩ *bezahlen od. ausgleichen* □ ***regularizar uma dívida 2.1** *Schäden* ~ *Ersatz für S. leisten* □ ***pagar uma indenização por danos 3** *regulierter Kleriker* **3.1** ⟨i. w. S.⟩ *Ordensgeistlicher* **3.2** ⟨i. e. S.⟩ *Angehöriger eines Klosters ohne räumliche Bindung an das Kloster, in das er ursprünglich eingetreten ist* □ **regular**

Re|gung ⟨f.; -, -en⟩ **1** ⟨geh.⟩ *Bewegung;* ohne jede ~ daliegen; eine leichte ~ der Luft □ **movimento 2** *leichte Gefühlsaufwallung;* Gefühls~, Gemüts~, Seelen~; ~ des Gewissens; eine leise, plötzliche ~ des

Mitleids, Erbarmens usw.; innere, menschliche ~ ◻ emoção; sentimento

Reh ⟨n.; -(e)s, -e; Zool.⟩ *Angehöriges einer zierlich gebauten Gattung der Hirsche mit kleinem, gabelig verzweigtem Gehörn: Capreolus* ◻ **corço**

Re|ha|bi|li|ta|ti|on ⟨f.; -, -en⟩ **1** *Wiedereinsetzung in frühere Rechte, in den früheren Stand, Wiederherstellung der verletzten Ehre, Rehabilitierung* **2** *Wiederherstellung der (körperlichen u. geistigen) Leistungsfähigkeit durch gezielte Übungen* **2.1** *Wiedereingliederung von körperlich od. geistig beeinträchtigten Menschen in Gesellschaft u. Beruf* ◻ **reabilitação**

re|ha|bi|li|tie|ren ⟨V. 500/Vr 7 od. Vr 8⟩ *jmdn. od. sich ~ in seine früheren Rechte, in seinen früheren Stand wieder einsetzen u. seinen Ruf wiederherstellen* ◻ **reabilitar**

rei|ben ⟨V. 196⟩ **1** ⟨500⟩ *etwas ~ kräftig (auf etwas) hin u. her bewegen, scheuern; heftig, kräftig, leicht ~; ein Fenster, ein Möbelstück mit einem Tuch glänzend ~* **1.1** ⟨511⟩ *etwas aus, von etwas ~ etwas durch Reiben(1) von etwas entfernen; einen Fleck aus der Hose ~; sich den Schlaf aus den Augen ~* ◻ **esfregar 2** ⟨530/Vr 5 od. Vr 6⟩ *jmdm. etwas ~ mit einer streichenden Bewegung über etwas (hin)fahren; sich die Hände ~ (um sie zu erwärmen, vor Vergnügen od. aus Schadenfreude); sich die Augen ~ (um munter zu werden); sich den Kopf, eine schmerzende Stelle am Körper ~* ◻ **esfregar; friccionar 3** ⟨400⟩ *etwas reibt scheuert (unangenehm); der Schuh reibt (an der Ferse)* ◻ **arranhar; escoriar 4** ⟨500/Vr 3⟩ *sich ~ sich scheuern (um einen Juckreiz zu vertreiben); der Bär reibt sich am Baumstamm* ◻ ***esfregar-se 4.1** ⟨550⟩ *sich an jmdn. ~* ⟨fig.⟩ *in gereizter Stimmung gegenüber jmdm. sein, oftmals Streit mit jmdm. haben* ◻ ***entrar em atrito com alguém 5** ⟨602/Vr 1⟩ *sich (etwas) ~ durch Reiben verletzen; sich die Hände wund ~/wundreiben; er hatte sich die Fersen wund gerieben/wundgerieben* ◻ **arranhar(-se), ralar(-se) 6** ⟨500⟩ *etwas ~ durch Reiben (auf dem Reibeisen) zerkleinern; Kartoffeln, Käse, Möhren, Semmeln ~; etwas zu Staub, zu Pulver ~; geriebene Nüsse, Schokolade* ◻ **ralar 7** ⟨500⟩ *etwas ~ mit der Reibahle durch Abheben feiner Späne innen glätten; Bohrlöcher ~* ◻ **escarear 8** ⟨531⟩ *jmdm. etwas unter die Nase ~* ⟨fig.; umg.⟩ *jmdm. etwas (eine Schwäche, einen Fehler) vorhalten, deutlich zu verstehen geben* ◻ ***esfregar alguma coisa na cara de alguém**

Rei|be|rei ⟨f.; -, -en; meist Pl.; fig.; umg.⟩ *andauerndes leichtes Streiten, ständige Meinungsverschiedenheit, Unstimmigkeit* ◻ **atrito; divergência**

Rei|bung ⟨f.; -, -en⟩ **1** *das Reiben* **2** ⟨Phys.⟩ *die Kraft, die die Bewegung eines Körpers relativ zu einem anderen berührten Körper od. die Bewegung von Teilen eines Stoffes gegeneinander zu hindern sucht; durch die ~ entsteht Wärme; innere ~; trockene, flüssige ~* ◻ **atrito; fricção 3** ⟨fig.⟩ *Verstimmung, Unstimmigkeit, leichter Streit; sie hatte mit ihm ständige ~en* ◻ **atrito; divergência**

Rei|bungs|flä|che ⟨f.; -, -n⟩ **1** *Fläche, an der eine Reibung entsteht* ◻ **superfície de atrito 2** ⟨fig.; umg.⟩ *Anlass zu Unstimmigkeiten, Streit; ich will keine ~n bieten* ◻ **motivo para briga/discussão**

rei|bungs|los ⟨Adj.; fig.⟩ *ohne Schwierigkeiten, ohne Hemmnisse (verlaufend), problemlos; eine ~e Fahrt* ◻ **sem problemas; sem atrito**

reich ⟨Adj.⟩ **1** ⟨70⟩ *viel Geld u. Sachwerte besitzend, sehr wohlhabend, sehr vermögend, begütert; Ggs arm; die ~en Leute; er ist sehr ~; die Armen und die Reichen* **1.1** ⟨40⟩ *~ an etwas sein* ⟨fig.⟩ *von etwas viel haben; an Ideen, Kenntnissen ~; das Land ist ~ an Bodenschätzen; → a. arm(1)* ◻ **rico 2** ⟨50⟩ *mit vielen wertvollen od. schönen Dingen ausgestattet, üppig, reichhaltig, kostbar, verschwenderisch, luxuriös; ein ~es Mahl* ◻ **rico; farto; abundante 2.1** *reichhaltig, großzügig; jmdn. ~ belohnen, beschenken* ◻ **ricamente; generosamente 3** *ergiebig, gehaltvoll, umfangreich; eine ~e Ernte einfahren; ein Land mit ~en Ölquellen; ~en Gewinn erzielen; eine reiche Erbschaft machen* ◻ **rico; farto; abundante 3.1** ⟨60⟩ *~er Reim = gleitender Reim, → gleiten(2)* **4** *groß, umfassend, vielfältig; eine ~e Auswahl bieten* ◻ **amplo 4.1** ⟨60⟩ *in ~em Maße in hohem M.* ◻ ***em profusão 5** ⟨Getrennt- u. Zusammenschreibung⟩ **5.1** *~ begabt = reichbegabt* **5.2** *~ geschmückt = reichgeschmückt* **5.3** *~ verziert = reichverziert*

Reich ⟨n.; -(e)s, -e⟩ **1** *großer Staat, großes Imperium, in dem alle Gebiete einem Herrscher unterstehen; Kaiser~, Welt~, Erb~; das ~ Karls des Großen; die mächtigen ~e des Altertums* **1.1** *das ~ der Mitte China* ◻ **império**; → *a. deutsch(1.2.4), dritte(r, -s)(1.1), heilig(3.5.1)* **2** ⟨fig.; geh.⟩ *(größeres) Gebiet, Bereich; Pflanzen~, Tier~; das ~ der Kunst, der Musik* **2.1** *das ~ der Toten Unterwelt, Jenseits* ◻ **reino**

reich|be|gabt *auch:* **reich be|gabt** ⟨Adj. 24/70⟩ *mit einer hohen Begabung, mit vielen Begabungen ausgestattet; ein ~er Junge* ◻ **bem-dotado**

rei|chen ⟨V.⟩ **1** ⟨410⟩ *eine Reichweite haben, sich erstrecken; unser Grundstück reicht bis an den Wald; kannst du bis zum Fenster ~?* **1.1** *meine Stimme reicht nicht so weit trägt nicht so weit* ◻ **chegar; atingir; alcançar 1.2** *so weit das Auge, der Blick reicht so weit man sehen kann* ◻ ***até onde a vista alcança 1.3** *bis an, bis zu etwas ~ etwas berühren, an etwas angrenzen; die Zweige des Baumes ~ bis an mein Fenster; das Wasser reicht ihm bis an die Knie; die Schnur reicht (nicht) bis hierher; er reicht mir gerade bis zur Schulter* ◻ **chegar; alcançar; bater 2** ⟨400⟩ *genügen, ausreichen; das Brot reicht nicht; die Butter muss bis morgen ~; das Essen reicht auch für drei; reicht es Ihnen?; danke, es reicht!* ◻ **chegar; bastar 2.1** *mit etwas ~ mit etwas auskommen, genug von etwas haben; wir ~ mit dem Geld nicht bis zum Monatsende* ◻ ***virar-se/arranjar-se com alguma coisa 2.2** *es reicht hinten und vorne nicht* ⟨fig.; umg.⟩ *es ist in keiner Hinsicht ausreichend (bes. Geld)* ◻ ***(o dinheiro) não dá para nada 2.3** ⟨600; unpersönl.⟩ *mir reicht's* ⟨umg.⟩ *ich habe genug davon, ich habe es satt* ◻ ***para mim chega 3** ⟨530/Vr 6⟩ *jmdm. etwas ~ geben, hinhalten, entgegenhalten; jmdm. die*

Hand ~; würden Sie mir bitte das Brot, das Salz ~? (bei Tisch)☐ passar; estender; dar 3.1 ⟨503⟩ (jmdm.) etwas ~ ⟨geh.⟩ *anbieten;* jmdm. eine Erfrischung ~; jmdm. die Wange zum Kuss ~; der Kaffee, Tee wird im Nebenzimmer gereicht☐ oferecer; servir ; → a. Hand(2.2.9), Wasser(1.4)

reich|ge|schmückt *auch:* reich ge|schmückt ⟨Adj. 24/70⟩ *reichhaltig geschmückt;* eine ~e Kirche, Hochzeitstafel☐ ricamente ornado/decorado

reich|hal|tig ⟨Adj.⟩ **1** *vieles enthaltend;* eine ~e Auswahl, Bibliothek; ein ~es Essen☐ amplo; rico; farto **2** *vieles darbietend;* ein ~es Programm☐ variado

reich|lich ⟨Adj.⟩ **1** *ziemlich groß, umfangreich, sehr viel;* ~ vorhanden☐ em abundância ; ein ~es Trinkgeld☐ bom; generoso ; ~e Verpflegung☐ farto; abundante ; ~ Zucker nehmen☐ bastante ; jmdm. ~ belohnen, beschenken☐ muito bem; generosamente 1.1 *mehr als ~* ⟨verstärkend⟩ *zu viel*☐ *mais do que o suficiente* **2** *etwas mehr, größer als notwendig;* es ist (noch) ~ Platz; ~ gerechnet, eine Stunde; der Stoff ist ~☐ mais do que o suficiente; de sobra 2.1 *sein ~es Auskommen haben etwas mehr Geld haben als notwendig*☐ *ter uma boa condição de vida* **2.3** ⟨bei Maß-, Mengen- u. Zeitangaben⟩ *etwas mehr als, etwas länger als;* ~ zwei Kilogramm; ~ 100 Euro; seit ~ einem Jahr; eine ~e Stunde; wir sind ~ eine Stunde gelaufen☐ um pouco mais de; bom **3** ⟨50; umg.⟩ *ziemlich, sehr;* der Film war ~ langweilig; er war ~ unverschämt☐ muito; bastante ; ~ viel☐ *demais; em excesso*

Reichs|tag ⟨m.; -(e)s, -e⟩ **1** (im Dt. Reich bis 1806) *Vertretung der Reichsstände zur Gesetzgebung* **2** ⟨1871-1918⟩ *Volksvertretung zur Gesetzgebung (gemeinsam mit dem Bundesrat) u. Gesetzesausübung u. Verwaltung* **3** ⟨1919-1933⟩ *Volksvertretung zur Gesetzgebung mit bes. Einfluss auf die Dauer der Reichsregierung* **4** ⟨1933-1945⟩ *das machtlose Parlament des Dt. Reiches unter Hitler* **5** (seit 1999; unz.) *Sitz des Deutschen Bundestags in Berlin, Reichstagsgebäude*☐ *Reichstag; parlamento*

Reich|tum ⟨m.; -s, -tü|mer⟩ **1** *großer Besitz an Geld u. Sachwerten, Vermögen;* zu ~ kommen; privater, gesellschaftlicher ~; Reichtümer erwerben; ~ an Bodenschätzen☐ riqueza; patrimônio 1.1 *damit sind keine Reichtümer zu erwerben* ⟨umg.⟩ *damit kann man nichts verdienen*☐ *não se fica rico com isso; não se ganha nada com isso* **2** ⟨unz.⟩ *Menge, Fülle, Reichhaltigkeit;* Einfalls~, Farben~, Ausdrucks~; der ~ an Ideen, Formen ☐ riqueza; abundância; profusão

reich|ver|ziert *auch:* reich ver|ziert ⟨Adj. 24/70⟩ *mit vielen Verzierungen versehen;* eine ~ Krone☐ ricamente decorado/adornado

Reich|wei|te ⟨f.; -, -n⟩ **1** ⟨Mil.⟩ *Entfernung, bis zu der ein Geschoss fliegt;* das Schiff befand sich schon außerhalb der ~ des feindlichen Beschusses☐ alcance **2** ⟨Flugw.⟩ *Entfernung, die ein Flugzeug ohne Nachtanken auf direktem Flug erreichen kann;* das Flugzeug hat eine ~ von 8000 km☐ autonomia **3** *Entfer-*

nung, die jmd. (mit der Hand) erreicht; als ich mich umsah, war er längst außer ~; er befand sich außerhalb, innerhalb meiner ~; das liegt außerhalb meiner ~; sich ein Werkzeug in ~ legen; sich einen Gegenstand in ~ stellen **4** ⟨Phys.⟩ *der Flugweg geladener Teilchen bis zur völligen Abbremsung in der Materie* **4.1** ~ *eines (Rundfunk-)Senders bestimmtes Gebiet, in dem eine (Rundfunk-)Sendung gehört werden kann* **5** ⟨fig.⟩ *Bereich, in dem man Wirkung, Einfluss ausüben kann;* das liegt außerhalb meine ~☐ alcance

reif ⟨Adj.⟩ **1** ~e *Frucht F., die soweit entwickelt ist, dass sie geerntet werden kann;* ~e Himbeeren, Pflaumen; das Obst ist ~ **2** *jmd. ist ~ seelisch u. geistig vollendet, erwachsen;* ein ~er Mensch☐ maduro 2.1 ⟨60⟩ *in ~eren Jahren in mittleren, fortgeschrittenen J.* ☐ *na maturidade* **2.2** ⟨60⟩ *die ~ere Jugend* ⟨scherzh.⟩ *diejenigen, die die J. bereits hinter sich haben, aber noch nicht alt sind* **3** ⟨40⟩ *etwas ist ~ ausgewogen, in sich vollendet;* ein ~es Werk; ein ~es Urteil haben☐ maduro **4** ⟨40⟩ ~ *für od. zu etwas* ⟨fig.⟩ *genügend vorbereitet für etwas*☐ *pronto para alguma coisa* ; die Zeit ist ~ für eine neue Entwicklung, Neuerung o. Ä. ☐ *é chegado o momento/está na hora de um um novo desenvolvimento/de uma renovação* ; der Plan ist (noch nicht) ~ zur Ausführung; die Arbeit ist ~ zur Veröffentlichung☐ pronto 4.1 *jmd. od. etwas ist ~ für etwas* ⟨fig.; umg.⟩ *befindet sich in einem bestimmten Zustand, für den sich nur ein Ausweg bietet;* ich bin ~ fürs Bett; das Haus ist ~ für eine Renovierung☐ *alguém ou alguma coisa está precisando de alguma coisa*

Reif[1] ⟨m.; -(e)s; unz.⟩ **1** *Eisablagerung von kristallinem Aussehen, die im Gegensatz zu Raureif durch Kondensation von Wasserdampf aus der umgebenden klaren Luft entsteht, gefrorener Tau;* heute Nacht ist ~ gefallen; auf den Wiesen liegt ~; mit ~ bedeckt☐ geada **2** *auf seine Freude fiel ein* ~ ⟨fig.; poet.⟩ *etwas Trauriges trübte seine F.*☐ *o infortúnio abateu-se sobre sua alegria*

Reif[2] ⟨m.; -(e)s, -e⟩ **1** *Stirnreif;* einen goldenen ~ um die Stirn tragen☐ tiara; diadema **2** *Fingerring, Verlobungs- od. Ehering;* einem Mädchen einen goldenen ~ an den Finger stecken; einen goldenen ~ am Finger tragen☐ anel; aliança **3** (kurz für) *Reifen(4);* Arm~; Haar~☐ *bracelete; tiara*

Rei|fe ⟨f.; -; unz.⟩ **1** *das Reifsein, Vollendung der Entwicklung;* die ~ des Obstes, Getreides; zur ~ kommen, gelangen, bringen☐ amadurecimento, maturação **2** *Vollendung der körperlichen, seelischen Entwicklung, Ausgeglichenheit;* biologische, geistige, sittliche, politische ~ eines Menschen☐ maturidade **3** *mittlere* ~ *Abschluss der Realschule od. der zehnten Klasse einer höheren Schule* ☐ *certificado de conclusão do ensino médio*

rei|fen[1] ⟨V. 401⟩ *es reift Reif fällt, entsteht;* heute Nacht hat es gereift☐ gear

rei|fen[2] ⟨V. 1⟩ ⟨400(s.)⟩ **etwas reift** *wird reif;* die Äpfel, Erdbeeren ~; in diesem Jahr ist das Getreide früh gereift 1.1 ⟨500⟩ **etwas reift etwas** od. **jmdn.** ⟨a. fig.⟩

macht etwas od. jmdn. **reif**; *die Sonne reift den Wein* **2** ⟨415(s.).; geh.⟩ *sich körperlich, seelisch u. geistig entwickeln, heranwachsen*; *zur Frau, zum Mann* ~ □ **amadurecer** 2.1 *ein gereifter* **Mensch** *nicht mehr junger, sittlich gefestigter, an Erfahrungen reicher M.* □ **maduro 3** ⟨410⟩ *etwas reift in jmdm.* ⟨fig.⟩ *entwickelt sich in jmdm. u. nimmt seine endgültige Form an*; *in ihm reifte ein Plan* □ **amadurecer**

rei|fen³ ⟨V. 500⟩ *ein Fass ~ mit Reifen (2) versehen* □ **cingir; guarnecer de arcos**

Rei|fen (m.; -s, -) **1** *luftgefüllter Gummischlauch mit darüberliegender Decke an den Rädern von Kraftfahrzeugen u. Fahrrädern*; Gummi~; Luft~; *die ~ wechseln (am Auto)* □ **pneu 2** *ringförmiges Eisenband, ringförmiger Eisenbeschlag um Fässer u. Räder*; Fass~, Rad~ □ **aro; arco 3** *großer Ring (aus Holz); einen Tiger durch einen ~ springen lassen (als Dressurübung)* 3.1 *großer, schmaler Holzring, der mit einem Stock aufrecht gerollt wird (als Kinderspielzeug); den ~ treiben (als Kinderspiel)* 3.2 *ringförmiges Gestell aus Draht, Horn u. Ä. für Reifröcke* □ **arco 4** *ringförmiger Schmuck (für den Arm, für das Haar)*; Arm~ □ ***bracelete**, Haar~ □ ***tiara; diadema**, *mit einem ~ am Arm, im Haar* □ ***com um bracelete/uma tiara**

reif|lich ⟨Adj. 90⟩ *eingehend, in aller Ruhe, gründlich; nach ~er Überlegung* □ **ponderado; maduro**; *sich etwas ~ überlegen* □ **longamente; cuidadosamente**

Rei|gen (m.; -s, -; Mus.) **1** ⟨seit dem 10. Jh.⟩ *gesprungener bäuerlicher Rundtanz* **2** ⟨allg.⟩ *Rundtanz, Tanz im Kreis*; Hochzeits~, Kinder~; *ein junges Mädchen führte den ~ an* □ **dança de roda** 2.1 *den ~* **eröffnen** ⟨fig.⟩ *den Anfang machen* □ ***começar; dar início (a)** 2.2 *den ~ beschließen* ⟨fig.⟩ *als Letzter an die Reihe kommen* □ ***encerrar; ser o último (de)**

Rei|he (f.; -, -n) **1** *geregeltes Neben- od. Hintereinander (von Personen od. Sachen), Linie*; *eine kurze, lange, lückenlose, unterbrochene ~*; *eine ~ Bäume, Häuser*; *eine ~ Bücher im Regal*; *am Anfang, Ende, Schluss der ~*; *eine ~, ~n bilden*; *in der ersten ~*; *in ~n zu dreien, vieren gehen, marschieren*; *in einer ~ antreten!* **fila**, *in Reih und Glied antreten, stehen* ⟨Mil.⟩ □ ***formar fila; estar em fila** 1.1 *Einheit von Sitzplätzen nebeneinander*; *~ 3, Nr. 10 (im Kino, Theater)* □ **fileira** 1.2 *man kann ihn nicht mit ihm in eine ~ stellen* ⟨a. fig.⟩ *mit ihm vergleichen* □ ***não se pode comparar um com o outro** 1.3 *das Bild ging die ~ herum das B. wurde von einem zum anderen Betrachter weitergereicht* □ ***o quadro passou de mão em mão**, → *a.* **bunt** (3.4) **2** *regelmäßige, geordnete Folge*; *gehen wir der ~ nach!*; *nur nicht drängeln, immer der ~ nach!* □ **fila** 2.1 *an der ~ sein* ⟨fig.⟩ *nunmehr abgefertigt werden, dran sein*; *die ~ ist an dir, ihm zu schreiben* □ ***ser a vez de alguém** 2.2 *an die ~ kommen* ⟨fig.⟩ *als Nächster abgefertigt werden, dran sein* □ ***ser o próximo da fila; ser a vez de alguém** 2.3 *außer der ~* ⟨fig.⟩ *zwischendurch, nicht in der vorgeschriebenen Ordnung* □ ***fora da fila/ordem** 2.4 *immer hübsch in der ~ bleiben sich nicht vordrängen* □ ***esperar a sua vez; ficar na fila** 2.5 *die ~ der An-*

sprachen **eröffnen** ⟨fig.⟩ *als Erster sprechen* □ ***ser o primeiro a falar** 2.6 *eine ~* **schließen** ⟨fig.⟩ *der Letzte sein* □ ***ser o último; encerrar** 2.7 ⟨Zwölftonmusik⟩ *festgelegte Folge von 12 Tönen (11 Intervallen)* **3** *mehrere zusammengehörige Dinge, Satz, Serie*; Buch~; *er hat schon eine ganze ~ Bilder gemalt* □ **série** 3.1 ⟨Biol.⟩ *der Familie übergeordnete Kategorie der biologischen Systematik, Ordnung* □ **ordem** 3.2 ⟨Math.⟩ *durch gleichartige Rechenoperationen verbundene, durch einen bestimmten regelmäßigen Größenunterschied gekennzeichnete mathematische Größen*; *eine endliche, fallende, steigende, unendliche ~* □ **série; progressão 4** ⟨fig.; umg.; in festen Wendungen⟩ *gute geistige od. körperliche Verfassung*; Sy Ordnung(8) □ **ordem** 4.1 *aus der ~* **fallen**, *tanzen sich nicht an die vorgeschriebene Ordnung halten, eigene Wege gehen* □ ***fugir à regra** 4.2 *als die Mutter im Krankenhaus war, ist der ganze Haushalt* **aus der ~ gekommen** *in Unordnung geraten* □ ***enquanto a mãe ficou no hospital, a casa virou uma bagunça** 4.3 *das kommt schon wieder* **in die ~** *kommt schon wieder in Ordnung* □ ***as coisas voltam a entrar nos eixos** 4.4 *sie ist noch nicht wieder in der ~* ⟨oberdt.⟩ *noch nicht wieder auf der Höhe, gesund* □ ***ela ainda não se recuperou 5** *Gruppe (von Menschen)* □ **grupo**; *in der ~ der Spitzenstars befinden sich ...* □ ***entre as estrelas estão...** 5.1 ⟨meist Pl.⟩ *Ansammlung, Gruppierung*; *gegen Ende der Versammlung lichteten sich schon die ~n*; *Verräter in den eigenen ~n haben* □ **grupo 6** *Menge, größere Anzahl*; *eine ~ von Fenstern, Sälen, Sitzen, Zimmern*; *er ist nun schon eine ganze ~ von Tagen nicht dagewesen* □ **uma série de; muitos**, → *a.* **ganz**(3.5), **lang**(4.1)

rei|hen¹ ⟨V. 510/Vr 7⟩ **1** *etwas auf, an, um etwas ~ etwas in Reihen ordnen, aneinanderfügen* □ **ordenar**, *Perlen auf eine Schnur ~* □ **enfiar**, *er hat Buch an Buch gereiht* □ **enfileirar; alinhar 2** ⟨Vr 3⟩ *etwas reiht sich an etwas folgt (zeitlich) aufeinander, schließt sich an etwas an*; *ein Unglück reihte sich ans andere*; *ein Haus reiht sich an das andere* □ **suceder(-se); seguir(-se)**

rei|hen² ⟨V. 197/500; Schneiderei; oberdt.⟩ *etwas ~ mit großen Stichen nähen u. den Stoff dann in Fältchen zusammenziehen*; *der Rock ist in der Taille gereiht od. gerihen*; *das Oberteil ist stark gerihen* □ **preguear; franzir; drapear**

rei|hen³ ⟨V. 400⟩ *die* **Enten** *~* ⟨Jägerspr.⟩ *mehrere Erpel folgen einer Ente (in der Paarungszeit)* □ **seguir**

Rei|hen|fol|ge (f.; -, -n) **1** *geregelte Aufeinanderfolge*; *in bestimmter, umgekehrter ~*; *die ~ ändern, einhalten* 1.1 *in alphabetischer ~ geordnet nach dem Alphabet* 1.2 *die Ereignisse in chronologischer ~ aufzählen nach dem Zeitpunkt ihres Geschehens geordnet* □ **ordem**

Rei|her (m.; -s, -; Zool.) *Angehöriger einer Familie von Schreitvögeln, der seine Nahrung mit plötzlichem Zustoßen aus dem Wasser erbeutet: Ardeidae* □ **garça**

reih|um ⟨Adv.⟩ *in der Runde, von einem zum andern* □ **(circulando) de um para o outro**; *ein Buch ~ gehen* lassen □ *fazer um livro circular; mit dem Hut ~ gehen und Geld einsammeln □ *circular com chapéu e coletar dinheiro

Reim 〈m.; -(e)s, -e〉 **1** *Gleichklang einer od. mehrerer Silben bei verschiedenem Anlaut;* ~e bilden, drechseln, machen, schmieden; in ~e bringen; zwei Zeilen durch die ~ binden; auf dieses Wort kann ich keinen ~ finden; ich suche einen ~ auf „Buch" □ **rima 1.1** darauf kann ich **keinen ~ finden** 〈fig.; umg.〉 *das verstehe ich nicht* □ ***não estou entendendo nada; estou boiando 1.2** kannst du dir darauf einen ~ **machen?** 〈fig.; umg.〉 *verstehst du das?*; □ ***deu para entender/pescar alguma coisa?*; → a. gleiten(2), klingen(4.2), männlich(1.2), reich(3.1), rein¹(1.2), stumpf(4), weiblich(1.1)

rei|men 〈V.〉 **1** 〈400〉 *Reime bilden;* er kann gut ~; rein, unrein ~ **2** 〈500〉 *etwas ~ in Reime bringen;* man kann heben und leben ~; das sind schlecht gereimte Verse **3** 〈Vr 3〉 *sich ~ gleich klingen;* „Sang" reimt sich auf „Klang" □ **rimar 3.1** das reimt sich nicht 〈a. fig.; umg.〉 *passt nicht zueinander, stimmt nicht miteinander überein* □ **combinar 3.2** reim dich, oder ich fress' dich 〈scherzh.〉 *(bei schlechten Reimen gesagt)* □ **rimar**

rein¹ 〈Adj.〉 **1** *echt, lauter, unvermischt, keinerlei andersartige Bestandteile enthaltend, unverfälscht,* Sy *pur(1);* ~er Wein; ~er Alkohol; ~es Gold, Silber; ~er Orangen-, Tomaten-, Trauben-, Zitronensaft; Stoff aus ~er Seide, Wolle; einen Stoff chemisch ~ darstellen; ~ wie Gold; aus ~em Leinen, Leder, Perlmutt hergestellt □ **puro 1.1** 〈60〉 *ein lauter ~ster Prägung,* vom ~sten Wasser 〈fig.〉 *ein vollkommener I.* □ ***um idealista por excelência 1.2** ~er **Reim** *R., dessen sich reimende Silben völlig gleich klingen* □ **perfeito 1.3** ~er **Ton** *klarer, genauer, angenehmer T.;* sie hat eine ~e Stimme □ **puro; límpido 1.4** *fehlerlos, akzent-, dialekt-, fremdwortfrei;* ein ~es Deutsch sprechen; im ~sten Sächsisch sprechen; eine ~e Aussprache haben □ **perfeito; castiço 1.5** *reinrassig, nicht aus Vermischungen, Kreuzungen hervorgegangen;* er ist ~er Indianer; der Pudel ist von ~er Rasse □ **puro 1.6** 〈60〉 *ohne Abzüge;* der ~e Gewinn, Verlust, Überschuss beträgt ... □ **líquido**; die ~e Flugzeit beträgt 3 Stunden □ **total 2** *sauber, klar, frisch gewaschen;* das darfst du nur mit ~en Händen anfassen; eine ~e Haut, einen ~en Teint haben; er hat sich in der ~en Luft der Nordsee gut erholt; ~e Wäsche anziehen; die Wohnung ~ halten; sich ~ halten; ~ Deck machen 〈Seemannsspr.〉 □ **limpo; fresco 2.1** *etwas ins* **Reine** *schreiben in endgültiger Fassung fehlerlos auf sauberes Papier abschreiben* □ ***passar alguma coisa a limpo 2.2** 〈60〉 *jmdm. ~en Wein einschenken* 〈fig.; umg.〉 *die volle Wahrheit sagen* □ ***abrir o jogo com alguém; dizer toda a verdade a alguém 2.3** ~e Hände haben 〈a. fig.〉 *unschuldig, ehrenhaft sein* □ ***ter as mãos limpas 2.4** *eine (keine) ~e Weste haben* 〈a. fig.; umg.〉 *(nicht) schuldlos sein* □ ***(não) estar limpo; (não) ter culpa no cartório 2.5** 〈40〉 *die* **Luft** *ist ~* 〈a. fig.; umg.〉 *es sind keine Polizisten, Wächter*

usw. da, es besteht keine Gefahr □ ***a barra está limpa 3** *geordnet* **3.1** 〈60〉 wir wollen ~en Tisch machen 〈fig.; umg.〉 *(rücksichtslos) Ordnung schaffen, alles Fehlerhafte beseitigen, eine Sache klarstellen* □ ***queremos pôr tudo em pratos limpos 3.2** *etwas ins* Reine *bringen ordnen, klären* □ ***resolver/esclarecer alguma coisa 3.3** *mit jmdm. (nicht) ins* Reine *kommen sich (nicht) mit jmdm. verständigen, einigen* □ *(não) entrar em acordo com alguém; (não) se entender com alguém* **3.4** *mit etwas (nicht) ins* Reine *kommen etwas (nicht) verstehen, (nicht) zustande bringen* □ ***(não) entender/conseguir realizar alguma coisa 3.5** *mit sich (selbst) im* Reinen *sein sich klar (über etwas) sein* □ ***ter clareza sobre alguma coisa 4** 〈60〉 *theoretisch;* ~e Wissenschaft; ~e und angewandte Physik; Kants „Kritik der ~en Vernunft" □ **puro 5** 〈70〉 *bloß, ausschließlich, ohne Berücksichtigung anderer Gesichtspunkte;* ~e Theorie; es war ~ Glück, dass ...; die ~e Wahrheit sagen; vom ~ juristischen Standpunkt aus; ~ menschlich betrachtet, sieht die Sache etwas anders aus; eine ~ innenpolitische Angelegenheit; er hat aus ~er Höflichkeit nicht widersprochen; es ist eine (keine) ~e Freude zu sehen, wie ...; sie hat aus ~er Einfalt, Gutmütigkeit zugesagt **5.1** 〈60; umg.; verstärkend〉 *nur;* das ist ~e Gewinnsucht; das ist ~e Verleumdung; seine Worte waren der ~e Hohn; sie haben es aus ~em Übermut getan □ **puro; mero; puramente; meramente 5.1.1** *das ist ~er* **Wahnsinn**, was du da vorhast 〈umg.〉 *undurchführbar, unvorsichtig, gefährlich* **5.1.2** *das ist ja der ~ste Kriminalroman so unglaublich od. merkwürdig, dass es einen wie in K. anmutet* **5.1.3** *es war ein ~es* **Wunder**, *dass sie wieder gesund wurde es ist unfassbar, keiner hat damit gerechnet* □ **verdadeiro 5.2** 〈umg.; verstärkend〉 *ausschließlich, ganz, gänzlich, nichts anderes als, wirklich;* zur Faschingszeit sind viele ~ närrisch, toll; er ist ~ verrückt (geworden); es ist ~ zum Verrücktwerden!; ~ durch Zufall habe ich davon erfahren; du weißt auch ~ gar nichts □ **realmente; totalmente 5.2.1** *das hat er ~ aus der Luft gegriffen, sich ~ aus den Fingern gesogen kein Wort ist daran wahr* □ ***isso é pura invenção da cabeça dele 5.2.2** *es ist ~* **nichts** *dabei herausgekommen gar nichts* □ ***não deu em absolutamente nada 6** *unberührt, keusch, unschuldig, aufrichtig;* sie hat ein ~es Gesicht, ~e Gesichtszüge □ **puro; inocente**; ich habe ein ~es Gewissen □ **limpo; tranquilo**; ein ~es Leben führen; eine ~e Seele haben; ~en Herzens sein; den Reinen ist alles ~ (NT, Titus 1, 15) □ **puro; honesto 7** 〈schweiz.〉 *fein gemahlen* □ **moído fino 8** 〈Getrennt- u. Zusammenschreibung〉 **8.1** ~ machen = reinmachen (I)

rein² 〈Adv.; umg.〉 = *herein*

Rei|ne|clau|de 〈[rɛnəkloːdə] f.; -, -n〉 = *Reneklode*

rein||fal|len 〈V. 131/400(s.); umg.〉 = *hereinfallen*

Rein|heit 〈f.; -; unz.〉 **1** *Sauberkeit, Klarheit;* ~ der Luft, des Wassers □ **limpeza; nitidez 2** *Echtheit, Lauterkeit;* ~ seiner Absichten □ **integridade; autenticidade 3** *Unvermischtheit;* ~ einer Hunderasse □ **pu-**

reza 4 *Fehlerlosigkeit, Makellosigkeit;* ~ *der Aussprache, des Reimes, des Tones* □ **perfeição** 5 ⟨fig.⟩ *Unschuld, Keuschheit;* ~ *des Charakters, des Herzens, der Seele, des Wesens* □ **pureza**

rei|ni|gen ⟨V.; 500/Vr 7⟩ 1 *etwas* ~ *saubermachen, säubern, von Schmutz, Zusätzen o. Ä. befreien; das Blut, eine Wunde* ~; *die Straße, die Treppe, das Zimmer* ~; *sich* ~; (*sich*) *die Hände* ~; *Kleidungsstücke chemisch* ~; *die (häusliche) Atmosphäre* ~ (*z. B. durch eine Aussprache*) ⟨fig.⟩ □ **limpar** 1.1 *ein* ~*des Gewitter* ⟨a. fig.⟩ *eine Auseinandersetzung, die Unstimmigkeiten beseitigt* □ **(ser como) um temporal que faz a poeira baixar* 1.2 *jmdn. (von etwas)* ~ *befreien; jmdn. von Schuld, von einem Verdacht* ~; *sich von seinen Sünden* ~; *der von jedem Verdacht gereinigte Angeklagte wurde freigesprochen* □ **livrar**

Rei|ni|gung ⟨f.; -, -en⟩ 1 *Tätigkeit des Reinigens; die* ~ *des Gesichtes, der Hände, des Körpers; die* ~ *der Straße, der Treppe, des Zimmers* □ **limpeza**; *die* ~ *der Seele* ⟨fig.⟩ □ **purificação** 2 *Betrieb, der gegen Entgelt Textilien, bes. Kleidungsstücke, chemisch reinigt* □ **lavandaria**

Rein|kul|tur ⟨f.; -, -en⟩ 1 ⟨Bakteriologie⟩ *Züchtung nur einer bestimmten Art* □ **cultura pura** 2 *in* ~ ⟨fig.; umg.⟩ *unverfälscht; das ist Kitsch in* ~ □ **cem por cento; em estado puro*

rein|lei|nen ⟨Adj. 24/70⟩ *aus reinem Leinen (bestehend, gefertigt)* □ **de linho puro**

rein‖ma|chen *auch:* **rein ma|chen** ⟨V.⟩ I ⟨400; Zusammen- u. Getrenntschreibung⟩ *säubern;* die Wohnung reinmachen/rein machen II ⟨500; nur Zusammenschreibung; umg.⟩ □ **limpar** 1 *etwas* ~ *hineinmachen* 1.1 *du musst den Ball nur reinmachen ins Tor schießen, werfen* □ **enfiar; chutar/jogar dentro**

rein|sei|den ⟨Adj. 24/70⟩ *aus reiner Seide (bestehend, gefertigt)* □ **de seda pura**

Reis[1] ⟨n.; -es, -er⟩ 1 ⟨geh.⟩ *junger Zweig, Schössling; ein Bündel* ~*er;* ~*er sammeln; frische, grüne* ~*er* 2 *zum Veredeln eines Baumes od. Strauches bestimmter Zweig* □ **broto; renovo** 3 *viele* ~*er machen einen Besen* ⟨Sprichw.⟩ *geeint gewinnt man an Kraft* □ **a união faz a força*

Reis[2] ⟨m.; -es, -e⟩ 1 ⟨Bot.; i. w. S.⟩ *Angehöriger einer tropischen Gattung der Süßgräser: Oryza* 1.1 ⟨i. e. S.⟩ *zu dieser Gattung gehörige Getreideart: O. sativa* 2 *zubereitete Früchte des Reises (1.1);* ~ *mit Huhn* □ **arroz**

Rei|se ⟨f.; -, -n⟩ 1 *längeres Entfernen vom Heimatort, größerer Ausflug, Fahrt; eine angenehme, beschwerliche, kurze, lange, weite* ~; *eine* ~ *mit der Bahn, dem Bus, dem Flugzeug, dem Schiff, dem Auto; eine* ~ *zu Schiff; eine* ~ *abbrechen, antreten, beenden, unterbrechen, unternehmen; eine* ~ *planen, verschieben, vorhaben; auf* ~*n gehen; sich auf die* ~ *begeben; jmdm. glückliche* ~ *wünschen; Vorbereitungen zur* ~ *treffen; glückliche* ~!, *gute* ~! (*Abschiedsgruß*); *er ist (geschäftlich) viel auf* ~*n; wir haben eine weite* ~ *hinter uns; auf der* ~ *nach München trafen wir unterwegs* ...; *er ist soeben von der* ~ *zurück(gekommen); wie war die* ~?; *wohin geht die* ~?; *wenn einer,* (eigtl.) *jemand eine* ~ *tut, so kann er was erzählen* ⟨Sprichw., nach Matthias Claudius⟩ 1.1 ⟨umg.; scherzh.⟩ *langer Weg; bis zu ihm ist es jedes Mal eine ganze* ~ 1.2 **letzte** ~ ⟨fig.⟩ *Sterben, Tod* 1.2.1 *die letzte* ~ *antreten, auf die letzte* ~ *gehen sterben* □ **viagem** 2 ⟨veraltet⟩ *Heerfahrt, Landsknechtsdienst* □ **expedição militar**

Rei|se|bü|ro ⟨n.; -s, -s⟩ *Unternehmen, das Gesellschafts- u. Einzelreisen, Ausflugsfahrten usw. organisiert, zwischen Reisenden u. Verkehrsbetrieben, Hotels usw. vermittelt sowie die Reisenden berät u. unterstützt; im* ~ *Karten bestellen, eine Reise buchen* □ **agência de viagem**

rei|sen ⟨V. 400⟩ 1 *sich eines Verkehrsmittels bedienen, um an einen entfernten Ort zu kommen, fahren; bequem, beschwerlich, langsam, schnell, umständlich* ~; *mit der Bahn, mit dem Flugzeug, dem Schiff, mit dem eigenen Wagen* ~; *allein* ~; *in Gesellschaft* ~; *erster, zweiter Klasse* ~; *Tag und Nacht* ~; *einen Tag und zwei Nächte* ~; *im Liegewagen* ~; *in die Schweiz* ~; *in ein Kurbad* ~; *nach Rom* ~; *von Hamburg über Frankfurt nach München* ~ 2 ⟨411⟩ *sich auf eine Reise machen, abfahren;* in die Ferien, den Urlaub ~; aufs Land ~; *ich reise heute, morgen, nächste Woche; zur Vervollkommnung seiner englischen Sprachkenntnisse reist er für einige Wochen nach London* 3 *auf der Reise sein, in der Welt umherfahren, fremde Orte besuchen; dienstlich, geschäftlich* ~; *inkognito* ~; *zum Vergnügen* ~; *als Diplomat* ~; *durch Italien* ~; *er ist schon viel gereist; Reisen bildet* ⟨Sprichw.⟩ □ **viajar** 3.1 *auf Schusters Rappen* ~ ⟨umg.; scherzh.⟩ *wandern* □ **caminhar; passear a pé* 4 ⟨405⟩ *in Textilien usw.* ~ *als reisender Handelsvertreter T. verkaufen* □ **viajar para vender tecidos etc.*

Rei|se|pass ⟨m.; -es; -päs|se⟩ *Personalausweis, Pass für Reisen ins Ausland* □ **passaporte**

Rei|se|ver|kehr ⟨m.; -s; unz.⟩ *Verkehr durch Reisende, Fremdenverkehr; ein starker* ~ □ **movimento/circulação de passageiros/turistas**

Rei|sig ⟨n.; -s; unz.⟩ *dürre Zweige; Birken*~, *Tannen*~; ~ *sammeln, verbrennen* □ **ramos/galhos secos**

Reiß|brett ⟨n.; -(e)s, -er⟩ *viereckiges Holzbrett, auf dem mit Reißzwecken das Zeichenpapier befestigt wird; am* ~ *arbeiten* □ **estirador; prancheta**

rei|ßen ⟨V. 198⟩ 1 ⟨500⟩ *etwas* ~ *durch Auseinanderziehen zertrennen, entzweimachen, zerreißen; der Sturm* riss *die Fahne mittendurch* 1.1 ⟨511⟩ **etwas in etwas** ~ *in einzelne Teile zerreißen; der Mantel wurde bei dem Unfall in Fetzen gerissen; Papier in Stücke* ~; *ich könnte ihn, würde ihn am liebsten in Stücke* ~ (*vor Zorn*) □ **rasgar** 1.2 ⟨511⟩ **etwas in etwas** ~ *etwas durch Zerreißen in etwas hervorrufen; ein Loch in die Hose* ~ □ **fazer um furo na calça; sein Tod* riss *eine Lücke in die Gemeinschaft* ⟨fig.⟩ □ **sua morte deixou um vazio na comunidade* 1.2.1 *die Reise* riss *ein Loch in seine Ersparnisse* ⟨fig.⟩ *kostete ihn viel* □ **a viagem abriu um rombo em suas economias* 2 ⟨511⟩ *jmdn. od.* **etwas irgendwohin** ~ *mit Gewalt irgendwohin ziehen, zerren; er* riss *ihn mit sich in den Ab-*

grund; er wurde vom Strudel in die Tiefe gerissen; jmdn. zu Boden ~; er wird dich noch mit ins Verderben ~ ⟨fig.⟩ ☐ *puxar; arrastar* **2.1** ⟨510⟩ ich werde (innerlich) hin und her gerissen ⟨fig.⟩ *ich kann mich nicht entscheiden* ☐ **não sei o que fazer* **3** ⟨511/Vr 5⟩ *jmdn. od. etwas von irgendwoher ~ gewaltsam entfernen, wegnehmen, wegzerren;* jmdn. die brennenden Kleider vom Leib ~ ☐ *arrancar* **3.1** wie aus allen Wolken gerissen sah sie mich an ⟨fig.⟩ *völlig fassungslos* ☐ **ela me olhava com perplexidade* **3.2** jmdn. aus seinen Träumen ~ *jmdn. unsanft wecken, ihm schonungslos die Wirklichkeit vor Augen führen* ☐ **arrancar alguém de seus sonhos; chamar alguém à realidade* **3.3** *etwas von etwas ~ abreißen;* die abgemessene Leinwand vom Ballen ~ (statt abzuschneiden); einen Zweig vom Strauch ~ ☐ *arrancar; puxar* **3.3.1** ⟨531/Vr 5 od. Vr 6⟩ jmdn. die Maske, den Schleier vom Gesicht ~ ⟨a. fig.⟩ *jmds. verborgene bösen Absichten aufdecken, ihn entlarven* ☐ **desmascarar alguém* **3.3.2** ⟨402⟩ (die **Latte**) ~ (Leichtathletik) *die L. (beim Hochsprung u. Stabhochsprung) berühren, so dass sie herunterfällt;* sie hat (die Latte) bei 1,65 m gerissen ☐ *derrubar* **3.4** ⟨411⟩ *etwas aus etwas ~ ausreißen, gewaltsam herausnehmen;* er reißt das Bäumchen aus dem Boden; sie riss ihm das Buch aus der Hand, aus den Händen; aus dem Zusammenhang gerissen, ist diese Stelle unverständlich ⟨fig.⟩ ☐ *arrancar; tirar* **4** ⟨400(s.)⟩ *etwas reißt geht durch Auseinandergezogenwerden entzwei, wird zertrennt, zerrissen;* die Funk-, Telefonverbindung riss plötzlich ☐ *cair;* das Seil ist gerissen ☐ *arrebentar;* der Stoff reißt leicht ☐ *rasgar* **4.1** ⟨600⟩ jetzt reißt mir die Geduld, der Geduldsfaden ⟨fig.⟩ *jetzt verliere ich die G., ich werde ungeduldig* ☐ **estou perdendo a paciência* **5** ⟨411⟩ *an etwas ~ mit Gewalt ziehen, zerren;* der Hund reißt am Vorhang ☐ *puxar* **5.1** ⟨511/Vr 3⟩ **sich am Riemen ~** ⟨fig.; umg.⟩ *anstrengen, zusammennehmen;* wenn du die Prüfung noch bestehen willst, musst du dich sehr am Riemen ~ ☐ **esforçar-se; ralar* **5.2** ⟨611; unpersönl.⟩ es reißt mir in allen Gliedern ⟨umg.⟩ *ich habe Rheumatismus* ☐ **estou todo moído* **6** ⟨511/Vr 3 od. Vr 4⟩ **sich von jmdm. od. etwas ~** *losreißen, befreien;* kaum konnte er sich von ihr ~ ☐ *desprender-se; livrar-se* **7** ⟨511/Vr 3⟩ **sich ~** *durch Riss verletzen;* ich habe mich am Finger gerissen; ich habe mir am Stacheldraht die Finger blutig gerissen ☐ **cortar-se* **8** ⟨511⟩ *etwas an sich ~* ⟨abwertend⟩ *gewaltsam in seinen Besitz bringen;* die Herrschaft, den Thron an sich ~ ☐ **apoderar-se de alguma coisa; usurpar alguma coisa* **8.1** er hat die Führung an sich gerissen *rücksichtslos übernommen* ☐ **ele tomou-se apropriou da direção* **8.2** er will immer das Gespräch an sich ~ ⟨fig.⟩ *das Thema eines Gesprächs bestimmen, im G. führend sein* ☐ **ele está sempre querendo monopolizar a conversa* **9** ⟨514/Vr 3⟩ **sich um jmdn. od. etwas ~** ⟨fig.; umg.⟩ *jmdn. od. etwas unbedingt haben, besitzen wollen;* die Leute rissen sich um die Ware; man riss sich um die Eintrittskarten **9.1** die jungen Männer rissen sich um sie *bewarben sich heftig um sie, machten ihr den Hof* ☐ **fazer de tudo para conseguir alguma coisa; disputar* **10** ⟨500⟩ **Possen** ☐ **fazer palhaçada,* **Witze** ☐ **contar piadas,* **Zoten ~** *machen* ☐ **dizer obscenidades* **11** ⟨500⟩ **Bären, Wölfe, Füchse, Luchse ~** *Haustiere* ⟨Jägerspr.⟩ *fangen H. u. beißen sie tot;* der Wolf hat ein Schaf gerissen ☐ *dilacerar*

rei|ßend 1 (Part. Präs. von) *reißen* **2** ⟨Adj.⟩ **2.1** *ungestüm, mit starkem Gefälle;* ein ~er Fluss; eine ~e Strömung ☐ *caudaloso; torrencial* **2.2** *unangenehm heftig ziehend;* ~er Schmerz ☐ *agudo; lancinante* **2.3** *sehr schnell* ☐ *muito rápido;* die Ware geht ~ ab; die neue Ware findet ~en Absatz ☐ **as mercadorias são vendidas em um instante/como água* **2.4** ~es Tier *Raubtier* ☐ **predador*

Rei|ßer ⟨m.; -s, -⟩ **1** *zugkräftige Ware, die sich leicht u. schnell verkaufen lässt* ☐ *artigo de venda fácil; sucesso de vendas* **2** ⟨umg.⟩ *nicht bes. wertvolles, aber viel gelesenes, leicht verkäufliches Buch od. viel gespieltes, erfolgreiches Theaterstück;* Kriminal-, Bühnen- ☐ *best-seller; sucesso (de vendas, de bilheteria)* **3** ⟨Text.⟩ *Maschine zum Zerreißen von Textilien, aus denen wieder Spinnstoffe gewonnen werden sollen* ☐ *desfiadeira*

rei|ße|risch ⟨Adj.; abwertend⟩ *in der Art eines Reißers(1,2), (unseriöse) Effekthascherei betreibend;* ein ~er Roman; mit ~en Schlagzeilen die Aufmerksamkeit erregen ☐ *sensacionalista*

Reiß|ver|schluss ⟨m.; -es, -schlüs|se⟩ *Verschlussvorrichtung für Kleidungsstücke, Taschen u. Ä., bei der die Zahnreihen der beiden Verschlussstücke durch einen Schieber ineinandergeschoben werden;* den ~ öffnen ☐ *fecho ecler; zíper*

Reiß|zwe|cke ⟨f.; -, -n⟩ *dünner, kurzer, spitzer Stift mit breitem, flachem Kopf zum Befestigen von Papier, Karton, Stoff o. Ä. an Wänden, Brettern usw.;* etwas mit ~n befestigen ☐ *percevejo; tacha*

rei|ten ⟨V. 199⟩ **1** ⟨410(s. od. h.)⟩ *sich auf einem Tier, bes. Pferd fortbewegen;* (nicht) ~ können; ~ lernen; gut, schlecht ~; langsam, schnell, scharf, tollkühn, vorsichtig ~; ich bin (auch habe) früher viel geritten; auf einem Esel, Kamel, Pferd ~; (im) Galopp, Schritt, Trab ~; auf einem Turnier ~; mit, ohne Sattel ~; im Märchen ~ Hexen auf einem Besen; das Kind reitet auf dem Schaukelpferd ☐ *cavalgar; montar;* sie hat Unterricht im Reiten ☐ **ela tem aula de equitação* **2** ⟨500⟩ ein **Tier ~** *zum Reiten benutzen, als Reittier haben;* einen Esel, ein Kamel, ein Pferd ~ ☐ *montar* **2.1** ein **Steckenpferd ~** ⟨fig.⟩ *eine Liebhaberei betreiben* ☐ **dedicar-se a um passatempo* **2.2** den **Pegasus ~** ⟨scherzh.⟩ *dichten* ☐ **fazer versos* **2.3** er reitet immer wieder seine **Prinzipien** ⟨fig.; umg.⟩ *versteift sich immer wieder auf seine P.* ☐ **ele sempre insiste em seus princípios* **2.4** jmdn. reitet der **Teufel** ⟨fig.; umg.⟩ *jmd. tut mutwillig Böses, stiftet Unfug* ☐ **dar a louca em alguém* **2.4.1** dich reitet wohl der **Teufel?** ⟨fig.; umg.⟩ *du bist wohl nicht bei Sinnen, bei Trost?* ☐ *você ficou louco?* **3** ⟨511⟩ ein **Tier** irgendwohin ~ *als Reiter irgendwohin führen;* ein Pferd in die Schwemme ~; ein junges Pferd im Gelände ~ ☐ *ir a cavalo; ir montado* **4** ⟨513⟩ ein **Tier**

müde ~ *durch Reiten(1) bewirken, dass ein Reittier müde wird*☐ *cansar um animal (de tanto cavalgar)* **5** ⟨513/Vr 7⟩ **sich od. (sich) etwas müde** usw. ~ *durch Reiten müde werden od. etwas müde machen;* er hat sich müde geritten; er hat (sich) die Glieder müde geritten ☐ *cansar(-se) (alguma coisa) enquanto cavalga* **5.1** ⟨530/Vr 1⟩ **sich etwas ~** *durch Reiten(1) zuziehen* ☐ *apanhar/contrair (durante cavalgada);* er hatte sich schnell Schwielen geritten ☐ *ele logo fez/ganhou calos com a cavalgada* **6** ⟨510⟩ **jmdn. od. etwas über den Haufen, zu Boden ~** ⟨umg.⟩ *umreiten* ☐ *atropelar/derrubar alguém/alguma coisa enquanto cavalga* **7** ⟨500⟩ **einen Weg ~** *auf einem Reittier sitzend zurücklegen;* er ist einen langen Weg geritten; wir wollen heute 20 km ~ ☐ *percorrer um caminho a cavalo* **7.1** er hat krumme Touren geritten ⟨fig.; umg.⟩ *sich unredlich verhalten* ☐ *ele foi desonesto* **8** ⟨500⟩ **etwas ~** *reitend absolvieren;* hohe Schule, Dressur ~; ein Rennen, Springen ~; ein schnelles Tempo ~ ☐ *acabar; concluir* **9** ⟨501/Vr 3⟩ **es reitet sich gut,** schlecht usw. *ein Ritt ist angenehm, unangenehm usw.;* es reitet sich gut auf dem leichten Boden ☐ *cavalga-se bem/mal* **10** ⟨400⟩ **ein Schiff reitet** ⟨Seemannsspr.⟩ *tanzt auf den Wellen* ☐ *balançar* **10.1** ⟨410⟩ das Schiff reitet vor Anker *liegt vor A.* ☐ *o navio está ancorado* **11** ⟨500⟩ der Stier reitet die Kuh ⟨Zool.⟩ *bespringt, begattet die K.* ☐ *acavalar*

Rei|ter ⟨m.; -s, -⟩ **1** *jmd., der reitet, jmd. zu Pferde;* ein tollkühner, tüchtiger, verwegener ~; Dressur~, Spring~; Ross und ~; die Apokalyptischen ~ **2** *Soldat der Kavallerie* ☐ *cavaleiro* **3** *auf Karteikarten, Bügel, Kleiderstangen u. Ä. aufklemmbare Kennmarke aus Metall od. Plastik* ☐ *visor para pasta; etiqueta* **4** *verschiebbarer Maschinenteil, z. B. Laufgewicht an der Waage* ☐ *cavaleiro;* **cursor 5** *Gestell, Bock, Trockengestell* ☐ *cavalete*

Rei|te|rin ⟨f.; -, -rin|nen⟩ *weibl. Reiter(1)* ☐ *cavaleira; amazona*

Reiz ⟨m.; -es, -e⟩ **1** *von außen kommende Einwirkung auf den Organismus, d. h. seine Organe, Gewebe u. Zellen;* ein chemischer, mechanischer, optischer, akustischer ~ ☐ *estímulo* **2** *angenehm anziehende Wirkung, Versuchung, Verlockung, Antrieb, Anreiz;* ein schwacher, starker, unwiderstehlicher ~; der ~ der Neuheit, des Neuen; es ist nur der ~ des Verbotenen; einen starken ~ ausüben; ich kann dieser Sache keinen ~ abgewinnen; die Sache verliert immer mehr an ~; es hat keinen ~ für mich; den ~ liegt in ... ☐ *atrativo; fascínio* **3** *Schönheit, Zauber;* weibliche ~e; eine Frau von eigenartigem, verführerischem ~; das ist der ~ dieser Frau; eine Landschaft von eigentümlichem ~; sie ist sich ihrer ~e bewusst; seine ~e spielen lassen (von einer Frau); das erhöhte, verstärkte noch ihren ~ ☐ *beleza; encanto*

reiz|bar ⟨Adj.⟩ **1** *fähig, einen Reiz zu beantworten* ☐ *sensível* **2** *erregbar, empfindlich, aufbrausend;* sie ist heute wieder launenhaft und ~; ein ~er Mensch ☐ *irritável; irascível* **2.1** eine ~e **Schwäche** *krankhafte Reizbarkeit, Übererregbarkeit des vegetativen Nervensystems* ☐ *uma debilidade nervosa*

rei|zen ⟨V.⟩ **1** ⟨500⟩ jmdn. ~ *zornig machen, seelisch peinigen, hetzen, aufhetzen, herausfordern;* du darfst ihn nicht so ~; du lässt dich zu sehr ~; er hat den Hund so lange gereizt, bis er zubiss; jmdn. bis zu Tränen, bis zur Weißglut, Wut, bis zum Zorn ~; er ist vorher von ihm gereizt worden; das reizt mich zum Widerspruch ☐ *irritar; provocar* **2** ⟨500⟩ etwas reizt etwas *übt einen Reiz(1) auf etwas aus;* das Licht reizt meine Augen ☐ *irritar* **3** ⟨500⟩ jmdn. od. etwas ~ *einen Reiz(2) auf jmdn. od. etwas ausüben, bei jmdm. od. etwas hervorrufen, erwecken, erregen;* das kann mich nicht ~; es würde mich ~, es zu versuchen; das Abenteuer, die Gefahr reizt ihn; den Appetit ~; jmds. Begierde, Interesse, Neugierde ~; es reizt die Kinder, ihn zu ärgern; alles Neue reizt ihn zunächst; der Anblick dieser leckeren Dinge reizt meinen Gaumen, Magen ☐ *atrair; fascinar; estimular* **4** ⟨400; Kart.⟩ *Zahlenwerte nennen, um das höchste Spiel zu ermitteln (beim Skat);* er reizte bis 27 ☐ *envidar* **5** ⟨400; Jägerspr.⟩ *durch Töne anlocken* ☐ *atrair com reclamo; engodar*

rei|zend 1 ⟨Part. Präs. von⟩ reizen **2** ⟨Adj.⟩ *Reiz(2) erregend, angenehm, anziehend;* sie ist eine ~e Person ☐ *atraente; fascinante* **2.1** ⟨umg.; iron.⟩ *unangenehm;* das ist ja ~! ☐ *essa é boa!;* das kann ja ~ werden! ☐ *isso promete!;* das ist ja eine ~e Bescherung ☐ *que belo serviço!* **3** *lieblich, anmutig, hübsch;* ein ~es Kind, Mädchen; ein kleiner Ort in ~er Lage; ein ~ gelegenes Landhaus ☐ *charmoso; gracioso* **4** *anregend, angeregt;* es war ein ~er Abend; wir haben uns ~ unterhalten ☐ *animado*

re|ka|pi|tu|lie|ren ⟨V. 500⟩ *Aussagen, Lehrstoff ~ zusammenfassend wiederholen* ☐ *recapitular*

re|keln ⟨V. 500/Vr 3; umg.⟩ **sich** ~ *sich behaglich dehnen, strecken, recken;* oV *räkeln;* sich in der Sonne, auf dem Sofa ~ ☐ *espreguiçar-se; refestelar-se*

Re|kla|ma|ti|on ⟨f.; -, -en⟩ *das Reklamieren, Beanstandung, Beschwerde* ☐ *reclamação*

Re|kla|me ⟨f.; -, -n⟩ *Werbung für Waren durch Plakate, Zeitung, Film, Funk;* eine geschickte, geschmacklose, kostspielige, marktschreierische, wirkungsvolle ~; für etwas ~ machen; ~ im Fernsehen, im Rundfunk; es geht nicht ohne ~ ☐ *anúncio; comercial; publicidade*

re|kla|mie|ren ⟨V.⟩ **1** ⟨500⟩ *mangelhafte Waren ~ beanstanden* **1.1** *etwas nicht Geliefertes ~ verlangen, dass es geliefert wird;* ein verloren gegangenes Paket bei der Post ~ **2** ⟨400⟩ *sich beschweren* ☐ *reclamar*

re|kon|stru|ie|ren auch: **re|kons|tru|ie|ren** auch: **re|kon|st|ru|ie|ren** ⟨V. 500⟩ **1** *zerstörte od. verfallene Gegenstände ~ im ursprünglichen Zustand wiederherstellen* ☐ *reconstruir* **2** *Lebewesen ~ naturgetreu nachbilden* ☐ *recriar; reproduzir* **3** *einen Vorgang ~ nach der Erinnerung berichten* ☐ *reconstruir*

Re|kon|va|les|zenz ⟨[-va-] f.; -; unz.⟩ *Zeit der Genesung* ☐ *convalescença*

Re|kord ⟨m.; -(e)s, -e⟩ **1** *(offiziell anerkannte) sportliche Höchstleistung;* einen ~ aufstellen, erringen, erzielen; einen ~ brechen, schlagen, überbieten, verbessern; den Welt~ halten, innehaben ☐ *recorde* **1.1** einen ~

Rekorder

einstellen *die gleiche bisherige Höchstleistung wie ein anderer erzielen* □ *igualar um recorde; alcançar um recorde* **2** ⟨allg.⟩ *Höchstleistung* □ *recorde*

Re|kor|der ⟨m.; -s, -⟩ *Gerät zur Ton- u./od. Bildaufzeichnung u. Wiedergabe;* oV *Recorder;* Kassetten~; Video~ □ *gravador*

Re|krut *auch:* **Rek|rut** ⟨m.; -en, -en⟩ *Soldat in der ersten Ausbildung, eben ausgehobener Soldat* □ *recruta*

rek|tal ⟨Adj. 24; Med.⟩ *zum Mastdarm gehörig, ihn betreffend, im Mastdarm (gemessen);* ~e *Temperatur; ein Zäpfchen* ~ *einführen* □ *retal*

Rek|ti|on ⟨f.; -, -en; Gramm.⟩ *die Fähigkeit eines Wortes, den Kasus des von ihm abhängigen Wortes zu bestimmen, zu regieren* □ *regência;* → a. *Valenz(2)*

Rek|tor ⟨m.; -s, -to|ren⟩ **1** *Leiter einer Grund-, Real- od. Sonderschule* □ *diretor* **2** *Leiter, Vorsteher einer Hochschule od. Universität* **3** *geistlicher Vorsteher einer kirchlichen Einrichtung (Kolleg, Seminar o. Ä.)* □ *reitor*

Rek|to|rin ⟨f.; -, -rin|nen⟩ *weibl. Rektor* □ *diretora; reitora*

re|kur|rie|ren ⟨V. 800; geh.⟩ **auf jmdn. od. etwas** ~ *(anknüpfend) Bezug nehmen, sich auf jmd. od. etwas beziehen, jmdn. od. etwas zum Ziel haben* □ *recorrer*

Re|lais ⟨[rəlɛː] n.; -[-lɛːs], -[-lɛːs]⟩ **1** *(früher) Wechsel der Pferde* □ *troca de cavalos* **1.1** *Stelle zum Auswechseln der Postpferde* **2** ⟨Mil.; früher⟩ *Kette von Meldegängern* □ *posta* **3** *elektrisch gesteuerter Schalter* □ *relé*

Re|la|ti|on ⟨f.; -, -en⟩ *Beziehung, Verhältnis; eine* ~ *zwischen zwei od. mehr Gliedern eines Ausdrucks herstellen* □ *relação*

re|la|tiv ⟨a. ['---] Adj. 24⟩ **1** *in einem Verhältnis zu etwas stehend, im Verhältnis zu etwas anderem zu betrachten;* Sy *bedingt(2.3.1);* Ggs *absolut(1)* **1.1** ~e *Bewegung B. in eines Bezugssystems* **1.2** ~es *Gehör Fähigkeit, einen Ton durch Intervalle zu bestimmen* **1.3** ~e *Feuchtigkeit Feuchtigkeitsgehalt der Luft unter Berücksichtigung der Tatsache, dass warme Luft mehr Wasser aufnimmt als kalte* **1.4** ~e **Helligkeit** *H. eines Sternes, wie sie sich dem Betrachter bietet, ohne Rücksicht auf die Entfernung;* Sy *scheinbare Helligkeit,* → *scheinbar(1.1)* **1.5** ~e **Mehrheit** *Abstimmungsergebnis, bei dem der Wahlkandidat mehr Stimmen als die anderen erhalten hat, ohne aber die absolute Mehrheit erreicht zu haben* **1.6** ~e **Zahl** *mit einem negativen od. positiven Vorzeichen versehene Z.* **1.7** ~e **Dichte** ⟨Phys.⟩ *D. eines Körpers im Verhältnis zur D. des Wassers;* → a. *spezifisch(2)* **2** *von den Umständen od. wechselnder Beurteilung abhängig; er ist* ~ *groß; es ist* ~ *gut gelaufen; alles im Leben ist* ~ □ *relativo; relativamente*

re|la|xen ⟨[rilæksən] V. 400; umg.⟩ *sich entspannen, sich ausruhen, sich erholen; nach der Arbeit muss ich erst einmal* ~ □ *relaxar*

re|le|vant ⟨[-vant] Adj.; geh.⟩ *denjenigen Teil einer Information betreffend, der zur Aufhellung eines zu untersuchenden Sachverhalts beiträgt;* Ggs *irrelevant* □ *relevante*

Re|le|vanz ⟨[-vants] f.; -; unz.⟩ *relevante Beschaffenheit, Bedeutung, Wichtigkeit, Belang;* Ggs *Irrelevanz; an* ~ *gewinnen, verlieren; die* ~ *einer Sache* □ *relevância*

Re|li|ef ⟨n.; -s, -s *od.* -e⟩ **1** *aus einer Fläche mehr od. minder erhaben herausgearbeitetes Bild* **1.1** *(in der ägypt. Kunst a.) vertieft angebrachtes Bild* **2** *Form der Erdoberfläche* **2.1** *verkleinerte Nachbildung der Erdoberfläche* □ *relevo*

Re|li|gi|on ⟨f.; -, -en⟩ **1** *Glaube an u. Auseinandersetzung mit einer überirdischen Macht sowie deren kultische Verehrung; die buddhistische, christliche, islamische, jüdische* ~ **1.1** ⟨Schule⟩ *Unterricht in Religion(1); wir haben eine Stunde* ~ *in der Woche; katholische, evangelische* ~ **2** *Gottesglaube, Gottesverehrung* **3** = *Glaubensbekenntnis(1)* **3.1** *der Fußballverein ist seine* ~ ⟨fig.; umg.⟩ *ist für ihn das Höchste* □ *religião*

re|li|gi|ös ⟨Adj.⟩ **1** *zur Religion gehörend, auf ihr beruhend* **2** *gläubig, fromm* □ *religioso*

Re|likt ⟨n.; -(e)s, -e⟩ *Rest, Überbleibsel (einer vergangenen Epoche, eines Zeitabschnittes, eines Ereignisses);* ~e *der frühkindlichen Phase* □ *vestígio*

Re|li|quie ⟨[-kviə] f.; -, -n⟩ **1** *körperlicher Überrest eines Heiligen od. Gegenstand, der ihm einst gehörte* **2** ⟨fig.⟩ *teures Andenken* □ *relíquia*

Re|make ⟨[riːmeɪk] n.; -s, -s⟩ *Neufassung (bes. Neuverfilmung) einer künstlerischen Produktion, eines Kunstwerkes* □ *nova versão*

Re|mi|nis|zenz ⟨f.; -, -en⟩ **1** *Erinnerung;* Kindheits~ **2** *Anklang, (leichte) Ähnlichkeit;* ~en *an die Malerei des 19. Jahrhunderts* □ *reminiscência*

re|mis ⟨[rəmiː] Adj. 24/80; bes. Schach⟩ *unentschieden; das Spiel endete* ~ □ *empatado*

Re|mou|la|de ⟨[rəmu-] f.; -, -n⟩ *helle, pikant gewürzte, kalte Soße aus Öl, Ei, Gewürzen u. Kräutern;* ~nsoße □ *remolada*

rem|peln ⟨V. 500; umg.⟩ **jmdn.** ~ *(absichtlich) stoßen, schubsen, anrempeln; beim Eishockey wird heftig gerempelt* □ *empurrar; dar encontrões*

Ren ⟨n.; -s, -s *od.* -e; Zool.⟩ *im Norden lebende Art der Hirsche, bei denen auch die weiblichen Tiere Geweihträger sind: Rangifer tarandus* □ *rena*

Re|nais|sance ⟨[rənɛsãːs] f.; -, -n⟩ **1** *Wiedererweckung, Wiedergeburt, Erneuerung* □ *renascença; renascimento* **2** *kulturelle Bewegung, die sich im 14.–16. Jh. in Italien u. ganz Europa an der Antike orientierte* **2.1** *Zeitalter der Renaissance(2)* **2.1.1** *antike Stilelemente, nach- u. umformender Stil in der Bau- u. Bildhauerkunst der Renaissance(2)* □ *Renascença; Renascimento*

re|na|tu|rie|ren ⟨V. 500⟩ *eine Landschaft, einen Bachlauf* ~ *den ursprünglichen, der Natur entsprechenden Zustand wiederherstellen* □ *recuperar*

Ren|dez|vous ⟨[rãdevuː] n.; - [-vuːs], - [-vuːs]⟩ **1** *Verabredung, Treffen;* Sy *Stelldichein; ein* ~ *einhalten, haben, verabreden, vorhaben* □ *encontro* **2** *Begegnung von Satelliten im Weltraum* □ *rendez-vous*

Ren|di|te ⟨f.; -, -n⟩ *aus einer Kapitalanlage jährlich erzielter Gewinn; eine* ~ *von 5 %* □ *rédito; rendimento*

Re|ne|klo|de *auch:* **Re|nek|lo|de** ⟨f.; -, -n⟩ oV *Reineclaude;* Sy ⟨österr.⟩ *Ringlotte* **1** *Pflaumenbaum, der feste, grüne od. gelbe Früchte trägt* **2** *Frucht der Reneklode(1)* □ *rainha-cláudia; caranguejeira*

re|ni|tent ⟨Adj.⟩ *aufsässig, widerspenstig* □ renitente
Re|ni|tenz ⟨f.; -; unz.⟩ *renitentes Verhalten, Aufsässigkeit, Widerspenstigkeit* □ renitência
ren|nen ⟨V. 200⟩ **1** ⟨400(s.)⟩ *schnell laufen;* sie rannte rasch nach Hause; sie kann noch ~ wie ein Wiesel; du wirst noch ins Verderben ~ 1.1 ⟨Sp.⟩ *um die Wette laufen, am Rennen teilnehmen* □ correr 1.2 der Fuchs rennt (Jägerspr.) *ist brünstig* □ *a raposa está no cio* **2** ⟨411(s.)⟩ (immer) **irgendwohin** ~ ⟨umg.; abwertend⟩ *sich begeben, gehen;* wegen jeder Kleinigkeit zum Arzt ~; musst du so oft ins Kino ~? □ *(sempre) correr/ir para (algum lugar)* 2.1 **an, gegen** jmdn. od. etwas ~ *prallen, heftig stoßen;* er rannte mit dem Kopf an, gegen die Wand □ *chocar-se contra alguém ou alguma coisa* **3** ⟨531/Vr 1⟩ **sich etwas in,** an, auf **etwas** ~ *sich durch Anstoßen etwas (eine Verletzung) in, an, auf etwas zuziehen* □ *contundir-se; bater (em);* er hat sich ein Loch in den Kopf gerannt □ *ele machucou a cabeça enquanto corria* 3.1 ⟨531/Vr 5 od. Vr 6⟩ jmdm. eine **Stichwaffe in** den **Körper,** ein **Körperteil** ~ *(heftig) stoßen* □ *apunhalar alguém;* er rannte ihm den Degen durch, in den Leib □ *atravessou-o com a espada;* atravessou seu corpo com a espada **4** ⟨513/Vr 8⟩ jmdn. **über** den **Haufen, zu Boden** ~ *im Laufen umstoßen, zu Fall bringen* □ *atropelar/derrubar alguém*

Ren|nen ⟨n.; -s, -⟩ **1** *sportlicher Schnelligkeitswettkampf im Laufen, Fahren (zu Lande u. zu Wasser), Reiten;* ein ~ abhalten, veranstalten; ein ~ fahren, laufen, reiten; das ~ gewinnen, verlieren; er hat sich an diesem ~ beteiligt; er wird an diesem ~ teilnehmen □ corrida 1.1 er **liegt** im Augenblick hervorragend **im** ~ ⟨a. fig.⟩ *in aussichtsreicher Position* □ *no momento ele ocupa uma excelente posição* 1.2 **das** ~ **aufgeben** 1.2.1 *vorzeitig aus dem Wettkampf ausscheiden* □ *abandonar a competição; sair da disputa* 1.2.2 ⟨fig.⟩ *die Hoffnung aufgeben, ein angestrebtes Ziel zu erreichen, darauf verzichten* □ *entregar os pontos;* jogar a toalha 1.3 das ~ **machen** ⟨fig.⟩ *siegen, gewinnen, Erfolg haben* □ *sair vencedor;* → a. *tot*(6.4)

Ren|ner ⟨m.; -s, -⟩ **1** *(gutes) Rennpferd* □ cavalo de corrida **2** ⟨fig.; umg.⟩ *Sache, die sich sehr gut verkauft, viel Erfolg hat, äußerst begehrt ist;* der Film, das Buch, das Parfum wurde ein ~ □ produto de sucesso; sucesso de vendas

Re|nom|mee ⟨n.; -s, -s⟩ *Ansehen, Ruf;* ein gutes, schlechtes ~ besitzen □ renome; fama

re|nom|miert ⟨Adj.⟩ *angesehen, anerkannt, gelobt, berühmt* □ renomado; famoso

re|no|vie|ren ⟨[-viː-] V. 500⟩ ein **Gebäude,** eine **Wohnung** ~ *erneuern, neu herrichten, modernisieren* □ renovar; restaurar

ren|ta|bel ⟨Adj.⟩ *so beschaffen, dass es sich rentiert, Gewinn bringend, ertragreich, lohnend;* ~ arbeiten; rentable Wirtschaftsführung □ rentável; lucrativo

Ren|te ⟨f.; -, -n⟩ *regelmäßiges Einkommen aus Versicherung od. Vermögen;* Alters~, Invaliden~; die ~n anheben, erhöhen, kürzen; die ~n der Preisentwicklung anpassen; eine ~ aussetzen, zahlen; ~ bekommen, beziehen □ pensão; aposentadoria

Ren|ten|ver|si|che|rung ⟨f.; -, -en⟩ *Versicherung, bei der sich der Versicherte durch regelmäßige Zahlungen einen Anspruch auf eine Rente erwirbt* □ seguro-aposentadoria

ren|tie|ren ⟨V. 500/Vr 3⟩ etwas rentiert **sich 1** *bringt Gewinn, wirft Ertrag ab;* diese Ausgabe, das Geschäft rentiert sich nicht □ *ser rentável/lucrativo* **2** ⟨fig.⟩ *lohnt sich;* die Beschäftigung mit der Materie rentiert sich □ *compensar; valer a pena* 2.1 **Anstrengungen, Bemühungen** ~ sich *bringen Erfolg, zahlen sich aus* □ *valer o esforço* 2.2 das rentiert sich nicht *ist zwecklos, sinnlos* □ *isso não vale a pena*

Rent|ner ⟨m.; -s, -⟩ *jmd., der eine (staatliche) Rente bezieht;* Früh~ □ pensionista; aposentado

Rent|ne|rin ⟨f.; -, -rin|nen⟩ *weibl. Rentner* □ pensionista, aposentada

Re|pa|ra|ti|on ⟨f.; -, -en⟩ **1** *dem Besiegten auferlegte Geld-, Sach- od. Arbeitsleistungen als Wiedergutmachung von Kriegsschäden im feindlichen Staat* □ reparação de guerra **2** ⟨Med.⟩ *Wiederherstellung von zerstörtem Gewebe im Rahmen der Wundheilung* □ reparação; reconstituição

Re|pa|ra|tur ⟨f.; -, -en⟩ *Instandsetzung, Wiederherstellung, Ausbesserung* □ conserto; reparo

re|pa|rie|ren ⟨V. 500⟩ Gegenstände ~ *an Gegenständen eine Reparatur ausführen, G. instand setzen, wiederherstellen, ausbessern* □ reparar; consertar

Re|per|toire ⟨[-toaːr] n.; -s, -s; Theat.; Mus.⟩ *Gesamtheit der einstudierten Rollen, Lieder, Vortrags-, Theaterstücke usw. (eines Künstlers od. Theaters);* eine Rolle im ~ haben; diese Arie gehört zum ~ einer jeden Sängerin □ repertório

re|pe|tie|ren ⟨V. 500; geh.⟩ etwas **Gelerntes** ~ *wiederholen, durch Wiederholen einüben* □ repetir

Re|pe|ti|ti|on ⟨f.; -, -en; geh.⟩ *Wiederholung* □ repetição

Re|plik ⟨f.; -, -en⟩ **1** ⟨geh.⟩ *mündliche od. schriftliche Entgegnung* **2** ⟨Rechtsw.⟩ *Gegenrede (bes. des Klägers auf die Verteidigung des Beklagten)* **3** *genaue Nachbildung eines Kunstwerks durch den Künstler selbst* 3.1 *originalgetreue Reproduktion, Nachbildung, Kopie;* ~ eines Ölgemäldes von Rembrandt □ réplica

Re|port[1] ⟨m.; -(e)s, -e⟩ *Bericht, Mitteilung* □ relatório

Re|port[2] ⟨m.; -(e)s, -e; Börse⟩ *Vergütung bei Prolongationsgeschäften* □ reporte

Re|por|ta|ge ⟨[-ʒə] f.; -, -n⟩ *Tatsachenbericht, anschauliche Schilderung eines Augenzeugen über ein Geschehen in Presse, Film, Rundfunk od. Fernsehen* □ reportagem

Re|por|ter ⟨m.; -s, -⟩ *Berichterstatter bei Presse, Film, Rundfunk od. Fernsehen* □ repórter

Re|por|te|rin ⟨f.; -, -rin|nen⟩ *weibl. Reporter* □ repórter

Re|prä|sen|tant ⟨m.; -en, -en⟩ **1** *jmd., der etwas (bes. eine bestimmte Gruppe, eine Partei, einen Verein o. Ä.) repräsentiert, Vertreter;* ein ~ der sozialdemokratischen Partei, der Bürgerinitiative **2** *Volksvertreter, Abgeordneter* □ representante

Re|prä|sen|tan|tin ⟨f.; -, -tin|nen⟩ *weibl. Repräsentant* □ representante

Repräsentation

Re|prä|sen|ta|ti|on ⟨f.; -, -en⟩ **1** *Vertretung, Stellvertretung* □ representação **2** *würdiges Auftreten* □ **boa imagem; prestígio 3** *(gesellschaftlicher, geschäftlicher) Aufwand, Zurschaustellung* □ representação

re|prä|sen|tie|ren ⟨V.⟩ **1** = *vertreten(7)* **2** ⟨400⟩ *würdig auftreten, bes. gesellschaftlich; etwas darstellen* □ representar

Re|pres|sa|lie ⟨[-ljə] f.; -, -n; meist Pl.⟩ **1** *Vergeltung, Gegenmaßnahme* □ represália **2** *Druckmittel;* ~n anwenden □ sanção

Re|pres|si|on ⟨f.; -, -en⟩ *(gewaltsame) Unterdrückung, Einschränkung der (individuellen, politischen) Freiheit* □ repressão

re|pres|siv ⟨Adj.⟩ *auf Repressionen beruhend, hemmend, unterdrückend;* ~e *Maßnahmen* □ repressivo

Re|pri|se ⟨f.; -, -n⟩ **1** *Wiederholung eines bes. bezeichneten Teils eines Musikstückes* □ **reprise; reexposição 2** *Wiederaufnahme eines älteren (evtl. überarbeiteten) Bühnenstücks in den Spielplan* **3** *Wiederaufführung eines Films* □ **reprise; reexibição**

Re|pro|duk|ti|on ⟨f.; -, -en⟩ **1** *Nachbildung, Wiedergabe durch Fotografie od. Druck* **2** *das durch Reproduktion(1) erzeugte Bild* **3** ⟨Biol.⟩ *das Fortpflanzen von Lebewesen* **4** ⟨Wirtsch.⟩ *Wiederbeschaffung von Sachgütern* □ reprodução

Rep|til ⟨n.; -s, -li|en od. -e; Zool.⟩ *Angehöriges einer Klasse durch Lungen atmender, wechselwarmer Wirbeltiere mit Schuppen od. Schilden u. meist vier Gliedmaßen, die den Körper bei der schlängelnd-kriechenden Bewegung nur unvollkommen vom Boden abheben: Reptilia* □ réptil

Re|pu|blik *auch:* **Re|pub|lik** ⟨f.; -, -en⟩ Ggs *Monarchie* **1** *Staatsform, bei der Regierung u. Staatsoberhaupt vom Volk od. von Volksvertretern gewählt werden* **2** *Staat, der die Form einer Republik(1) hat* □ república

Re|pu|ta|ti|on ⟨f.; -; unz.⟩ *Ruf, Ansehen* □ reputação

Re|qui|em ⟨n.; -s, -s od. (österr.) -qui|en⟩ **1** ⟨kath. Kirche⟩ *Totenmesse* **2** ⟨Mus.⟩ **2.1** *mehrstimmige Vertonung der liturgischen Texte eines Requiems(1)* **2.2** *für ein Requiem(1) bestimmte Komposition* □ réquiem

Re|qui|sit ⟨n.; -(e)s, -en; meist Pl.⟩ **1** *Rüstzeug, Zubehör* **2** *bei einer Aufführung im Theater od. bei einer Filmaufnahme benötigter Gegenstand* □ **acessório; adereço**

Re|qui|si|te ⟨f.; -, -n; Theat.; umg.⟩ **1** *Raum für Requisiten(2)* □ **local onde são guardados adereços 2** *für Requisiten(2) zuständige Stelle* □ **local onde se encontram adereços**

Re|ser|vat ⟨[-va:t] n.; -(e)s, -e⟩ **1** *vertriebenen Ureinwohnern od. einer bestimmten Gruppe zugesprochenes (umgrenztes) Gebiet; Indianer~* **2** *Schutzbezirk, geschützter Lebensraum für bestimmte Tier- od. Pflanzenarten* □ **reserva 3** ⟨geh.⟩ *Sonderrecht* □ **privilégio; prerrogativa**

Re|ser|ve ⟨[-və] f.; -, -n⟩ **1** *für den Notfall bestimmte Rücklage, Vorrat;* etwas in ~ haben 1.1 *Lebens-, Geldmittel;* wir müssen bald unsere ~ angreifen; unsere ~n haben sich, sind erschöpft 1.2 ⟨Kaufmannsspr.⟩ **stille** ~n *Rücklagen* 1.3 ⟨Mil.⟩ *Gesamtheit der Reservisten,* die ~ einziehen; Leutnant der ~ ⟨Abk.: d. R.⟩ **2** ⟨unz.; fig.⟩ *Zurückhaltung, kühles Wesen;* ich versuchte vergebens, ihn aus seiner ~ herauszulocken □ reserva

re|ser|vie|ren ⟨[-vi:-] V.⟩ **1** ⟨503⟩ **(jmdm.)** *etwas ~ vormerken, freihalten;* einen Platz ~ lassen; für jmdn. einen Platz ~; reservierte Plätze; dieser Tisch ist reserviert **2** ⟨550⟩ *etwas für einen Zweck ~ aufbewahren;* für den Notfall ~ □ reservar

re|ser|viert ⟨[-vi:rt] **1** ⟨Part. Perf. von⟩ *reservieren* **2** ⟨Adj.⟩ *zurückhaltend, kühl;* **reservado; discreto**; sich ~ verhalten □ **com reserva/discrição**

Re|ser|voir ⟨[-voa:r] n.; -s, -e⟩ **1** *Sammelbecken (bes. für Wasser), Speicher* □ **reservatório 2** *Vorrat* □ **reserva; provisão**

Re|si|denz ⟨f.; -, -en⟩ **1** *Sitz eines weltlichen od. kirchlichen Oberhauptes* □ **residência 2** *Hauptstadt eines Fürstentums, Königreiches* □ **capital; sede**

Re|sig|na|ti|on *auch:* **Re|sig|na|ti|on** ⟨f.; -, -en; Pl. selten⟩ *das Resignieren, Mut-, Hoffnungslosigkeit* □ resignação

re|sig|nie|ren *auch:* **re|sig|nie|ren** ⟨V. 400⟩ *sich abfinden, den Mut, die Hoffnung aufgeben, sich in sein Schicksal ergeben;* jmd. hat, ist resigniert □ **resignar-se**

re|sis|tent ⟨Adj.; Med.; Biol.⟩ *nicht anfällig, widerstandsfähig (gegen Bakterien, Medikamente); dieser Erreger ist ~ gegen Antibiotika* □ resistente

Re|sis|tenz ⟨f.; -, -en⟩ **1** ⟨bes. Pol.⟩ *Widerstand* **2** *gegen Krankheiten, Gifte* ⟨Biol.; Med.⟩ *Fähigkeit, der schädigenden Wirkung von K. od. G. Widerstand zu bieten;* ~ *gegen Malaria, DDT* □ resistência

re|so|lut ⟨Adj.⟩ *beherzt, tatkräftig, entschlossen* □ **resoluto**

Re|so|lu|ti|on ⟨f.; -, -en⟩ *Entschließung, Beschluss;* eine ~ *verfassen, formulieren* □ resolução

Re|so|nanz ⟨f.; -, -en⟩ **1** *Mitschwingen (durch Schallwellen angeregter Körper), Mittönen* □ **ressonância 2** ⟨fig.⟩ *Widerhall, Anklang;* keine ~ finden (mit einem Bericht, Vorschlag usw.) □ **eco; repercussão**

◆ Die Buchstabenfolge **re|sp...** kann in Fremdwörtern auch **res|p...** getrennt werden.

◆ **Re|spekt** ⟨m.; -(e)s; unz.⟩ **1** *Achtung, Hochachtung, Ehrerbietung, Ehrfurcht, Scheu;* ~ einflößen; jmdm. ~ schulden □ **respeito**; sich ~ verschaffen □ ***fazer-se respeitar*;** vor jmdm. ~ haben □ **respeito; consideração** 1.1 allen ~! *meine Anerkennung* □ ***muito bem!; parabéns!* 2** ⟨Getrennt- u. Zusammenschreibung⟩ 2.1 ~ heischend = *respektheischend*

◆ **re|spek|ta|bel** ⟨Adj. 21⟩ *so beschaffen, dass man es respektieren muss, beachtlich;* eine respektable Leistung □ respeitável

◆ **re|spekt|hei|schend** *auch:* **Re|spekt hei|schend** ⟨Adj. 24/70⟩ *Respekt fordernd;* ein ~er Blick; eine ~e Uniform □ **que exige respeito**

◆ **re|spek|tie|ren** ⟨V. 500⟩ **1** jmdn. od. etwas ~ *vor jmdn. od. etwas Respekt haben, jmdn. od. etwas achten* □ **respeitar 2** einen Wechsel ~ *anerkennen, bezahlen* □ honrar

Res|sen|ti|ment ⟨[rɛsãtimã:] n.; -s, -s⟩ **1** *Vorurteil* □ **preconceito 2** ⟨Pl.⟩ *negative Gefühle wie Abneigung, Groll, Hass, Rache* □ **ressentimento; rancor**

Res|sort ⟨[rəso:r] n.; -s, -s⟩ **1** *Geschäftsbereich einer Behörde, bes. eines Ministers;* ~*leiter* □ **departamento; repartição 2** *Aufgabenkreis* □ **competência; atribuição**

Res|sour|cen ⟨[rəsu:rsən] Pl.⟩ **1** *(im Bedarfsfall) verfügbare Hilfsmittel, Geldmittel;* auf ~ *zurückgreifen* **2** ⟨Wirtsch.⟩ *(für die Realisierung eines wirtschaftlichen Vorhabens) zur Verfügung stehende Arbeitskräfte, Produktionsmittel, Bodenschätze usw.;* über größere ~ an Erdöl verfügen □ **recursos**

Rest ⟨m.; -(e)s, -e⟩ **1** *Übrigbleibendes, Übriggebliebenes, Überbleibsel, Rückstand;* ein kleiner, schäbiger, trauriger, unansehnlicher ~; der ~ des Tages, unseres Urlaubs; für den ~ meines Lebens ; die ~e vom Mittagessen müssen noch gegessen werden □ **resto**; *verbilligte ~e (Stoffe beim Ausverkauf)* □ **retalho**; das ist der ~ vom Schützenfest ⟨umg.; scherzh.⟩ □ ***isso é tudo o que sobrou 1.1** der ~ ist Schweigen (Sprichw.) nach Shakespeare, "Hamlet", 5,2) *darüber spricht man besser nicht* □ ***o resto é silêncio 1.2** *jmdm.* den ~ geben ⟨fig.; umg.⟩ *den Gnadenstoß geben, jmdn. ruinieren, ans Ende seiner Nervenkraft bringen* □ ***dar o golpe de misericórdia; ser a gota d'água 1.3** sich den ~ holen ⟨fig.; umg.⟩ *einen leichten Krankheitszustand so verschlimmern, dass die Krankheit voll zum Ausbruch kommt;* der ~ hat ihn schon erkältet, und im Freibad hat er sich noch den ~ geholt □ ***piorar (de uma doença) 2** ⟨Math.⟩ *die Zahl, die übrig bleibt, wenn eine Rechenaufgabe nicht aufgeht;* $9 : 2 = 4 \sim 1$ □ **resto**

◆ Die Buchstabenfolge **re|st...** kann in Fremdwörtern auch **res|t...** getrennt werden. Davon ausgenommen sind Zusammensetzungen, in denen die fremdsprachigen bzw. sprachhistorischen Bestandteile deutlich als solche erkennbar sind, z. B. *-strukturieren, -strukturierung.*

◆ **Re|stau|rant** ⟨[rɛstorã:] n.; -s, -s⟩ = *Gaststätte*

◆ **Re|stau|ra|ti|on**[1] ⟨[-staʊ-] f.; -, -en⟩ **1** *Wiederherstellung eines früheren politischen od. wirtschaftlichen Zustandes* **1.1** *Wiedereinsetzung eines gestürzten Herrscherhauses* **2** *Wiederherstellung des ursprünglichen Zustandes eines Kunstwerkes* □ **restauração**

◆ **Re|stau|ra|ti|on**[2] ⟨[-sto:-] f.; -, -en; veraltet; noch österr.⟩ = *Restaurant;* Bahnhofs~ □ **restaurante**

◆ **re|stau|rie|ren** ⟨[-stau-] V. 500⟩ **1** *ein politisches Regime ~ wiederherstellen, erneut einsetzen* **2** *Kunstwerke ~ wiederherstellen, erneuern, ausbessern* □ **restaurar**

rest|lich ⟨Adj. 24/60⟩ *als Rest vorhanden, übrig;* die ~en Sachen warf er in den Müll □ **restante; remanescente**

rest|los ⟨Adj. 24/90⟩ *keinen Rest lassend, ganz u. gar, völlig;* der Kuchen wurde von den Gästen ~ aufgegessen □ **total(mente)**

Rest|müll ⟨m.; -s; unz.⟩ *nach dem Aussortieren von wiederverwertbaren Abfällen (Altpapier, Kunststoffe, Glas usw.) verbleibender Müll* □ **lixo não reciclável**

◆ **Re|strik|ti|on** auch: **Rest|rik|ti|on** ⟨f.; -, -en⟩ *Beschränkung, Einschränkung, Vorbehalt;* ~en verhängen, auferlegen □ **restrição**

Re|sul|tat ⟨n.; -(e)s, -e⟩ **1** *Ergebnis, z. B. einer Rechnung* **2** *Erfolg* □ **resultado**

Re|sü|mee ⟨n.; -s, -s⟩ *Zusammenfassung, Übersicht* □ **resumo**

Re|tor|te ⟨f.; -, -n⟩ **1** *birnenförmiges Gefäß aus Glas mit langem, abgebogenem Hals zum Destillieren* □ **retorta 1.1** aus der ~ ⟨a. fig.; meist abwertend⟩ *künstlich erzeugt, nicht auf natürliche Weise entstanden* □ ***artificial 2** *geschlossener, eiserner Kessel mit ableitendem Rohr zur trockenen Destillation von Kohle, Holz u. a. Stoffen* □ **retorta**

Re|tro|spek|ti|ve auch: **Ret|ros|pek|ti|ve** ⟨f.; -, -n⟩ *Rückblick, Rückschau* □ **retrospectiva**

ret|ten ⟨V. 500/Vr 7 od. Vr 8⟩ **1** *jmdn. od. etwas ~ (aus Gefahr) befreien, in Sicherheit bringen, bewahren;* jmdn. aus dem Feuer , aus der Not ~ ; jmdn. vor dem Ertrinken, vor drohender Schande ~; die Schiffbrüchigen, Verunglückten konnten gerettet werden □ **salvar; resgatar**; sich ~; rette sich, wer kann!; er konnte sich durch die Flucht ~; sich aufs Dach ~ □ **salvar-se**; sich unter ein schützendes Dach ~ □ **proteger-se**; Hab und Gut ~; jmdm. das Leben ~ □ **salvar**; eine ~de Tat; da kam ihm der ~de Gedanke; er erschien als ~der Engel ⟨fig.; umg.⟩ □ **salvador 1.1** bist du noch zu ~? ⟨fig.; umg.⟩ *bist du denn verrückt?, ist dir noch zu helfen?* □ ***será que você ainda tem salvação? 1.2** ⟨500/Vr 3⟩ *sich vor etwas nicht mehr zu ~ wissen, nicht mehr ~ können* ⟨fig.⟩ *mit etwas überhäuft werden* □ ***estar assoberbado/sobrecarregado**

Ret|ter ⟨m.; -s, -⟩ *jmd., der einen anderen rettet, Helfer, Beschützer;* ~ in der Not □ **salvador; libertador**

Ret|te|rin ⟨f.; -, -rin|nen⟩ *weibl. Retter* □ **salvadora; libertadora**

Ret|tich ⟨m.; -s, -e; Bot.⟩ **1** ⟨i. w. S.⟩ *Angehöriger einer Gattung der Kreuzblütler (Cruciferae), deren Früchte in einzelne gegliederte Schoten zerfallen:* Raphanus □ **rábano 1.1** ⟨i. e. S.⟩ *Gemüsepflanze mit verdickten, würzig schmeckenden schwarzen od. weißen Wurzeln:* Raphanus sativus □ **rabanete**

Ret|tung ⟨f.; -, -en⟩ *Befreiung aus, Bewahrung vor Gefahr, Hilfe;* jmdm. ~ bringen; für ihn gibt es keine ~ mehr; hier ist keine ~ mehr möglich; seine letzte ~ war ...; an seine ~ denken; auf ~ hoffen □ **salvação**; die Gesellschaft zur ~ Schiffbrüchiger □ **salvamento; resgate**

Re|tu|sche ⟨f.; -, -n⟩ **1** *Überarbeitung von Bildvorlagen (Überdecken u. Verbessern von Fehlern, Hervorheben von Einzelheiten usw.)* **2** *Stelle, an der eine Retusche(1) vorgenommen wurde* □ **retoque**

Reue ⟨f.; -; unz.⟩ **1** *Bedauern, Schmerz, Zerknirschung über das eigene Tun, brennender Wunsch, eine Handlung rückgängig machen zu können;* keine ~ zeigen; bittere, tiefe ~ empfinden, fühlen, verspüren (über); keine ~ fühlen, verspüren, zeigen **1.1** *Bereitschaft zur Buße* □ **arrependimento; remorso**; → a. *tätig(4)*

reu|en ⟨V. 500⟩ **1** etwas reut jmdn. *tut jmdm. Leid, jmd. bedauert etwas, wünscht etwas ungeschehen machen zu können;* der Verkauf des Hauses reute ihn; das Geld, die Zeit reut ihn 1.1 ⟨501/Vr 7⟩ es reut jmdn., dass ... *es erfüllt jmdn. mit Reue, dass ...;* es hat mich schon gereut, ihn ins Vertrauen gezogen zu haben; es reut mich, dass ich es getan habe ☐ arrepender-se; estar arrependido

reu|mü|tig ⟨Adj.⟩ *Reue eingestehend, bekennend, voller Reue;* ~ kehrte er zu ihr zurück ☐ arrependido

Reu|se ⟨f.; -, -n⟩ *Fischereigerät aus Draht, Holz, Weidengeflecht oder Garn, meist ein fassartiger Behälter, der als Öffnung einen oder zwei sich nach innen verengende Trichter hat;* ~n auslegen, stellen ☐ nassa

re|üs|sie|ren ⟨V. 400; geh.⟩ *Erfolg haben, zum Ziel gelangen;* die Sängerin reüssierte in Bayreuth ☐ ter sucesso/êxito; sair-se bem

Re|van|che ⟨[rəvãːʃə] f.; -, -n⟩ **1** *Rache, Vergeltung, Abrechnung* **2** ~ geben ⟨Sp.⟩ *dem Gegner die Möglichkeit geben, seine Niederlage in einem neuen Kampf wettzumachen* ☐ revanche

re|van|chie|ren ⟨[rəvãˈʃiː-] V. 550/Vr 3⟩ *sich für etwas* ~ **1** *etwas vergelten;* sich bei jmdm. für ein Geschenk, eine Einladung ~ ☐ *retribuir alguma coisa **2** *sich für eine Beleidigung* ~ *rächen* ~ ☐ *desforrarse/vingar-se de uma ofensa

Re|ve|renz ⟨[-və-] f.; -, -en⟩ **1** *Ehrerbietung* **2** *Ehrenbezeigung* ☐ reverência

Re|vers ⟨[rəveːr] n. od. m., österr. nur m.; - [-veːrs], - [-veːrs]⟩ *nach außen umgeschlagener Kragen(aufsatz) von Jacken, Kleidern od. Mänteln;* ein breites ~ ☐ lapela

re|ver|si|bel ⟨[-ver-] Adj. 24⟩ *Ggs irreversibel* **1** *umkehrbar, rückgängig zu machen;* reversibler Prozess **2** ⟨Med.⟩ *heilbar* ☐ reversível

re|vi|die|ren ⟨[-vi-] V. 500⟩ **1** etwas ~ *prüfen, überprüfen* **2** seine Meinung ~ *nach besserem Wissen ändern* ☐ rever

Re|vier ⟨[-viːr] n.; -s, -e⟩ **1** *Bezirk, Gebiet* ☐ zona, território; distrito 1.1 *Gebiet, in dem Bodenschätze abgebaut werden;* Kohlen~ ☐ *zona carbonífera 1.2 *Teilgebiet eines Forstamtes* ☐ distrito florestal 1.3 *Jagdgebiet;* Jagd~ ☐ *tapada; reserva de caça **2** *Polizeidienststelle, Meldestelle;* Polizei~ ☐ *delegacia de polícia **3** ⟨Bgb.⟩ *größeres Gebiet, in dem Bodenschätze abgebaut werden* ☐ campo de mineração; Kohlen~ ☐ *zona carbonífera

Re|vi|si|on ⟨[-vi-] f.; -, -en⟩ **1** *(nochmalige) Durchsicht, Prüfung, Überprüfung* ☐ revisão; reexame **2** ⟨Rechtsw.⟩ *Anrufung einer höheren Instanz zur nochmaligen Entscheidung einer Rechtsfrage;* ~ beantragen, einlegen; die ~ ist verworfen worden ☐ revisão; recurso

Re|vol|te ⟨[-vɔl-] f.; -, -n⟩ *Aufruhr, Aufstand, Empörung* ☐ revolta

re|vol|tie|ren ⟨[-vɔl-] V. 400⟩ **1** *sich empören, auflehnen* **2** ⟨fig.⟩ *Schwierigkeiten bereiten;* sein Magen revoltiert ☐ revoltar-se; rebelar-se

Re|vo|lu|ti|on ⟨[-vo-] f.; -, -en⟩ **1** *Umwälzung, grundlegende Änderung;* industrielle ~; in der Mode bahnt sich eine ~ an 1.1 *Sturz einer Gesellschaftsordnung;* eine ~ bricht aus, wird niedergeschlagen, niedergeworfen, unterdrückt; die ~ ist gescheitert, siegt; die Französische ~ **2** ⟨veraltet; Astron.⟩ *Umlauf eines Himmelskörpers um das zentrale Gestirn* ☐ revolução

Re|vo|lu|ti|o|när ⟨[-vo-] m.; -s, -e⟩ *jmd., der eine Revolution herbeiführt od. an ihr beteiligt ist* ☐ revolucionário

Re|vo|lu|ti|o|nä|rin ⟨[-vo-] f.; -, -rin|nen⟩ *weibl. Revolutionär* ☐ revolucionária

Re|vo|luz|zer ⟨[-vo-] m.; -s, -; abwertend od. herablassend⟩ *Revolutionär* ☐ revolucionário

Re|vol|ver ⟨[-vɔlvər] m.; -s, -⟩ *Pistole mit trommelförmigem Magazin;* Trommel~ ☐ revólver

Re|vue ⟨[rəvyː] f.; -, -n⟩ **1** ⟨Theat.⟩ *musikalisches Bühnenstück mit großer Ausstattung u. Ballett* ☐ (teatro de) revista **3** *bebilderte Zeitschrift mit allgemeinen Überblicken* ☐ revista **4** ~ passieren *(in Gedanken) an jmdm. vorüberziehen* ☐ *passar em revista

Re|zen|sent ⟨m.; -en, -en⟩ *Verfasser einer Rezension, Kritiker* ☐ crítico

Re|zen|sen|tin ⟨f.; -, -tin|nen⟩ *weibl. Rezensent* ☐ crítica

re|zen|sie|ren ⟨V. 500⟩ Bücher, Filme, Theateraufführungen, Fernsehspiele ~ *in Zeitung od. Rundfunk kritisch besprechen* ☐ fazer a crítica de

Re|zen|si|on ⟨f.; -, -en⟩ *kritische Besprechung von Büchern, Filmen, Theater-, Konzertaufführungen, Fernsehsendungen u. Ä. in Zeitung od. Rundfunk* ☐ crítica

Re|zept ⟨n.; -(e)s, -e⟩ **1** *Vorschrift zum Zubereiten einer Speise;* Back~; Koch~; ein neues ~ ausprobieren **2** *schriftliche Anweisung des Arztes an den Apotheker zur Abgabe eines Medikamentes,* ein ~ ausstellen, schreiben **3** ⟨fig.; umg.⟩ *Mittel;* das ist ein gutes ~ gegen deine Angst ☐ receita

Re|zep|ti|on ⟨f.; -, -en⟩ **1** ⟨veraltet⟩ *die ~ einer Person Empfang, Aufnahme;* die ~ eines Gastes im Hotel, eines Kranken im Krankenhaus **2** *Stelle, an der die Rezeption(1) stattfindet* **3** *Aufnahme, Verständnis, Beurteilung eines künstlerischen, (bes. literarischen) Werkes;* die ~ eines Romans, Theaterstücks ☐ recepção

Re|zes|si|on ⟨f.; -, -en; Wirtsch.⟩ *Rückgang der Konjunktur* ☐ recessão

re|zi|pie|ren ⟨V. 500⟩ *ein künstlerisches, literarisches Werk ~ (als Betrachter, Leser, Hörer) aufnehmen, verstehen, beurteilen* ☐ receber; acolher; aceitar

re|zi|prok *auch:* **re|zip|rok** ⟨Adj. 24⟩ **1** *wechselseitig, gegenseitig, sich aufeinander beziehend* 1.1 ~er Wert ⟨Math.⟩ *durch Vertauschen von Zähler u. Nenner eines Bruches entstandener Wert, z. B. 2/3 aus 3/2;* Sy *Kehrwert* ☐ recíproco 1.2 ~es Pronomen ⟨Gramm.⟩ *Pronomen, das eine Beziehung der Wechselseitigkeit ausdrückt, z. B. sich (im Sinne von „einander")* ☐ reflexivo; ~ a. *reflexiv(1.1)*

Re|zi|ta|tiv ⟨n.; -s, -e⟩ *Sprechgesang in Oper, Oratorium, Kantate u. a., auch als Einleitung zu einer Arie* ☐ recitativo

re|zi|tie|ren ⟨V. 500⟩ **1** Dichtung ~ *künstlerisch vortragen* **2** ein Gedicht ~ *auswendig hersagen* ☐ recitar

Rha|bar|ber ⟨m.; -s; unz.⟩ **1** ⟨Bot.⟩ *Knöterichgewächs mit großen Blättern u. langen, dicken Blattstielen: Rheum* **2** *Blattstiele des Rhabarbers(1), die bes. zu Kompott, Marmelade u. Kuchen verarbeitet werden* ☐ **ruibarbo**

Rhap|so|die ⟨f.; -, -n⟩ **1** ⟨urspr.⟩ *von wandernden Sängern (Rhapsoden) vorgetragenes Gedicht od. Dichtung* **2** ⟨heute⟩ **2.1** ⟨Lit.⟩ *in freier Form verfasstes Gedicht* **2.2** ⟨Mus.⟩ *balladenhaft erzählende vokale od. instrumentale Komposition* ☐ **rapsódia**

Rhe|sus|fak|tor ⟨m.; -s; unz.; kurz: Rh-Faktor⟩ *erbliche Eigenschaft der roten Blutkörperchen, deren Vorhandensein bei Bluttransfusionen u. Schwangerschaft überprüft wird, um bei Nichtübereinstimmung der Merkmale (rhesus-positiv od. rhesus-negativ) gesundheitliche Schäden zu vermeiden* ☐ **fator Rh**

Rhe|to|rik ⟨f.; -; unz.⟩ **1** *Kunst der Beredsamkeit, Redekunst* **2** *Lehre von der Rhetorik(1)* **3** *Lehrbuch der Rhetorik(1); die ~ des Cicero* ☐ **retórica**

Rheu|ma ⟨n.; -s; unz.; kurz für⟩ *Rheumatismus* ☐ **reumatismo**

Rheu|ma|tis|mus ⟨m.; -, -tis|men⟩ *schmerzhafte Entzündung von Gelenken, Muskeln u. serösen Häuten* ☐ **reumatismo**

Rhi|no|ze|ros ⟨n.; - od. -ses, -se⟩ = *Nashorn*

Rho|do|den|dron *auch:* **Rho|do|dend|ron** ⟨n. od. m.; -s, -den|dren⟩ *einer immergrünen Gattung der Heidekrautgewächse angehörender Strauch od. kleiner Baum mit prächtigen Blüten* ☐ **rododendro**

Rhom|bus ⟨m.; -, Rhom|ben; Geom.⟩ *schiefwinkliges Parallelogramm mit gleichen Seitenpaaren; Sy Raute(2)* ☐ **rombo; losango**

Rhyth|mik ⟨f.; -; unz.⟩ *Lehre vom Rhythmus, rhythmischer Gestaltung u. Bewegung* ☐ **rítmica**

rhyth|misch ⟨Adj.⟩ **1** *den Rhythmus, die Rhythmik betreffend, auf ihnen beruhend, in gleichen zeitlichen Abständen erfolgend* **2** *~e Gymnastik die Umsetzung von musikalischen Rhythmen in schwingende, natürliche Bewegungen zur harmonischen Durchbildung des Körpers* ☐ **rítmico**

Rhyth|mus ⟨m.; -, Rhyth|men⟩ **1** *absichtlich gestaltete, in gleichen zeitlichen Abständen wiederkehrende Gliederung von Elementen der Tonstärke, -höhe u. Bewegung in Tanz, Musik u. Sprache; ~ eines Tangos, Verses* ☐ **ritmo; cadência** **1.1** *freie Rhythmen reimlose, durch kein bestimmtes Versmaß u. nicht an eine strophenform gebundene, stark rhythmisch bewegte Verszeilen* ☐ ***versos livres*** **2** ⟨bildende Kunst⟩ *Gliederung eines Kunstwerkes durch gleichmäßig wiederholte, gleiche od. ähnliche Formen* **3** *regelmäßige Wiederkehr von Vorgängen; der ~ der Gezeiten, des Herzens* ☐ **ritmo**

Ri|bi|sel ⟨f.; -, -n⟩ österr.) *Johannisbeere* ☐ **groselha**

rich|ten ⟨V.⟩ **1** ⟨510/Vr 7⟩ *jmdn. od. etwas ~ (in eine bestimmte Lage, Stellung, Richtung) bringen, lenken; das Fernrohr, die Waffe auf ein Ziel ~* ☐ **apontar; direcionar**; *seine Aufmerksamkeit, sein Augenmerk, sein Interesse, den Sinn, seine Wünsche auf etwas ~; sie sah, fühlte seine Blicke auf sich gerichtet; sein ganzes Streben ist darauf gerichtet, möglichst schnell Karriere zu machen* ☐ **dirigir; voltar**; *die Magnetnadel richtet sich nach dem magnetischen Pol der Erde; die Segel nach dem Wind ~* ☐ **orientar(-se)**; *sie konnte sich vor Rückenschmerzen kaum in die Höhe ~* ☐ ***ela mal conseguia ficar em pé por causa das dores nas costas***; → a. *zugrunde(2.2)* **2** ⟨550⟩ *etwas an jmdn. od. etwas ~ adressieren, jmdm. od. einer Sache gegenüber vorbringen, äußern; eine Aufforderung, eine Bitte, eine Frage an jmdn. ~; an wen war der Brief gerichtet?* **2.1** *das Wort an jmdn. ~ jmdn. anreden* ☐ **dirigir; endereçar** **3** ⟨510/Vr 3⟩ *etwas richtet sich wendet sich (in eine bestimmte Richtung); ihr Blick richtete sich in die Ferne; der Aufruf richtet sich an alle; er sollte sich an die zuständige Stelle ~; gegen wen richtet sich dein Verdacht?; der Luftangriff richtete sich auf vorgeschobene feindliche Stellungen* ☐ **dirigir-se**; *die Waffe gegen etwas od. jmdn. ~* ☐ **apontar** **4** ⟨500/Vr 7⟩ *etwas od. sich ~ in gerade Richtung bringen; die Menge schien wie zum Appell gerichtet* ☐ **alinhar(-se)** **4.1** *richt' euch! (militär. Kommando) richtet euch nach dem Nebenmann, stellt euch in gerader Linie auf* ☐ ***alinhar!*** **4.2** *geradmachen, -richten; Bleche, Stangen ~; einen verbogenen Draht wieder gerade ~* ☐ **endireitar; desentortar** **5** ⟨500⟩ *etwas ~ aufrichten, errichten; eine Fahnenstange ~* ☐ **erguer; erigir** **5.1** ⟨Bauw.⟩ *eine vorgefertigte Konstruktion aufstellen, montieren* ☐ **montar uma construção pré-fabricada** **5.1.1** *ein Gebäude ~ die Dachbalken eines Gebäudes aufsetzen* ☐ ***fazer o telhado de uma construção*** **6** ⟨500⟩ *etwas ~ instand setzen, in Ordnung bringen; die Betten für die Gäste ~* ☐ **fazer; arrumar**; *er hat mir mein Fahrrad wieder gerichtet* ☐ **consertar; arrumar** **7** ⟨500⟩ *etwas ~ (richtig) einstellen; ein Fernrohr, ein Geschütz ~; seine Uhr nach der Zeitansage ~* ☐ **ajustar; regular** **8** ⟨500/Vr 7⟩ *etwas od. sich ~ zurechtmachen, vorbereiten, zubereiten; das Essen ~; alles war für seinen Empfang gerichtet; sie hatte eine prächtige Festtafel gerichtet; ich muss mich noch ein bisschen ~* ☐ **preparar(-se)** **9** ⟨550/Vr 3⟩ *sich nach jmdm. od. etwas ~ sich entsprechend jmdm. od. etwas verhalten, sich an jmdn. od. etwas anpassen, jmds. Anweisungen befolgen; er richtet sich immer nach seinem Vater; du musst dich nicht nach den Wünschen deiner Eltern ~; er richtet sich nicht nach den Vorschriften; ~ Sie sich bitte danach!; ich muss mich nach seinen Anweisungen ~* ☐ **guiar-se; orientar-se**; *die Endung des Verbums richtet sich immer nach dem Subjekt* ☐ **concordar** **9.1** *etwas richtet sich nach jmdm. od. einer Sache hängt von jmdm. od. einer S. ab; was wir weiter tun werden, richtet sich ganz danach, ob ...* ☐ **depender** **10** ⟨410⟩ *zu Gericht sitzen (über), urteilen; gerecht, milde, streng, unparteiisch in einer Sache ~; es ist leichter zu ~ als zu helfen; über jmdn. od. etwas ~; wer kann, darf, will darüber ~; richtet nicht, auf dass ihr nicht gerichtet werdet! (Matth. 7,1)* ☐ **julgar** **11** ⟨500/Vr 7⟩ *jmdn. ~ hinrichten, mit dem Tod bestrafen; Gott hat ihn gerichtet; er ist gerichtet* ☐ **executar; supli-**

ciar 11.1 er hat sich selbst gerichtet *er hat sich der Verurteilung durch Selbstmord entzogen* □ *ele se suicidou

Rich|ter ⟨m.; -s, -⟩ **1** *mit der Entscheidung von Rechtsstreitigkeiten vom Staat bevollmächtigter Beamter;* ein gerechter, milder, strenger, ungerechter, weiser ~; jmdn. zum ~ bestellen; jmdn. od. etwas vor den ~ bringen; er entzog sich dem irdischen ~ durch Selbstmord □ **juiz**; wo kein Kläger ist, da ist auch kein ~ ⟨Sprichw.⟩ □ ***não há juiz sem autor** 1.1 ein ~ soll zwei gleiche Ohren haben ⟨Sprichw.⟩ *soll beide Parteien unparteiisch anhören, damit er ihnen gerecht werden kann* □ ***se queres ser bom juiz, ouve o que cada um diz 2** *jmd., der über etwas od. jmdn. richtet;* man soll sich nicht zum ~ über seine Mitmenschen aufwerfen, machen □ **juiz**; → a. *hoch(3.4)* **3** ⟨Pl.; nach bibl. Überlieferung⟩ *Stammeshelden u. zeitweise Regenten der Israeliten zwischen der Landnahme u. der Einsetzung des Königtums* □ **sufeta; juiz** 3.1 *das Buch der ~ über die Geschichte der Richter(3) berichtender Teil des AT* □ **Juízes**

Rich|te|rin ⟨f.; -, -rin|nen⟩ *weibl. Richter* □ **juíza**

Richt|fest ⟨n.; -(e)s, -e⟩ *Fest der Bauhandwerker, wenn der Dachstuhl eines Neubaus aufgesetzt ist;* ~ feiern □ **festa da cumeeira**

Richt|funk ⟨m.; -s; unz.⟩ *Funkverkehr mit durch Richtantennen in eine bestimmte Richtung ausgesendeten elektromagnetischen Wellen* □ **sistema de rádio direcional**

rich|tig ⟨Adj.⟩ **1** *zutreffend, so geartet, wie es sein soll;* die Antwort war ~; etwas ~ beurteilen; du gehst von der ~en Annahme, Voraussetzung aus, dass ...; es ist sicher ~, dass ...; so viel ist ~, dass ...; wenn ich ihn ~ verstanden habe, will er ...; ist dies der ~e Weg nach ...?; auf dem ~en Wege sein ⟨a. fig.⟩; ~! ⟨bestätigend, ermunternd⟩ □ **certo; correto; corretamente** 1.1 sehr ~! *(Bestätigung einer zutreffenden Feststellung, Antwort)* □ ***muito bem!; certíssimo!** 1.2 auf das ~e Pferd setzen 1.2.1 *auf ein P. wetten, das gewinnt* 1.2.2 ⟨a. fig.; umg.⟩ *in einer Vermutung Recht behalten* □ ***apostar no cavalo certo** 1.3 ⟨60⟩ die Dinge ins ~e Licht rücken ⟨fig.⟩ *klarmachen* □ ***esclarecer alguma coisa; apresentar alguma coisa sob uma luz favorável** 1.4 ⟨60⟩ nun ist sie im ~en Fahrwasser ⟨fig.; umg.⟩ *bei ihrem Lieblingsthema* □ ***agora ela está no seu meio/elemento 2** *regelrecht, fehlerfrei;* ~e Aussprache, Betonung; ein Fremdwort ~ aussprechen, betonen; ~ messen, wiegen; ~ rechnen; geht deine Uhr ~?; ein Wort ~ schreiben □ **certo; correto; corretamente 3** *geeignet, passend, der gegebenen Situation angemessen, recht, günstig;* er ist der ~e Mann am ~en Platz, Posten; das ~e Verhältnis finden; er kam gerade im ~en Augenblick; sie traf den ~e Zeitpunkt dafür; diese Pflanze steht an einem Südfenster ~; ~ urteilen; es ist gerade ~ (so); sie tut stets das Richtige; man muss die Angelegenheit nur am ~en Ende anfassen ⟨fig.⟩ □ **certo; apropriado; oportuno;** so ist's ~! ⟨ermunternd; a. iron.⟩ □ ***isso mesmo!** 3.1 er hat das ~e **Parteibuch** in der Tasche ⟨umg.⟩ *als Mitglied der einflussreichsten Partei wird seine Karriere gefördert* □ ***ele está no partido certo** 3.2 ⟨50⟩ du kommst gerade ~ ⟨fig.; umg.⟩ *zu einem günstigen Zeitpunkt* □ ***você chegou em boa hora** 3.3 sie ist an den Richtigen geraten, gekommen *sie hat den passenden Mann gefunden* □ ***ela encontrou o homem certo** 3.4 du bist (mir) der Richtige! ⟨iron.⟩ *gerade dich kann ich dabei, dafür nicht gebrauchen* □ ***você é mesmo a pessoa certa (para o que estou precisando)!** 3.5 da bist du an den Richtigen geraten, gekommen! ⟨iron.⟩ *an den Falschen* □ ***você veio à pessoa certa!** 3.6 wir halten es für das Richtigste, wenn du...; es wird das Richtigste, das (einzig) Richtige sein, wenn wir absagen □ ***achamos melhor/por bem...** **4** *ordentlich, vernünftig, anständig;* das kann ich nicht für ~ halten; du wirst das schon ~ machen; das ist nicht ~ von dir, dass du ihm nicht hilfst; etwas ist da nicht ~ □ **certo; correto; corretamente** 4.1 er hat nichts Richtiges gelernt *er hat keine ordentliche Berufsausbildung* □ ***ele não teve uma boa formação** 4.2 er ist im Kopf nicht (ganz) ~ ⟨umg.⟩ *nicht ganz bei Verstand, nicht ganz normal* □ ***ele não é muito bom da cabeça 5** *den Tatsachen entsprechend, wirklich* 5.1 ⟨60⟩ *nicht vorgetäuscht, echt;* es war ein ~es Chaos; wir spielen um ~es Geld, nicht um Spielgeld; eine Puppe mit ~em Haar; er ist schon ein ~er Kavalier; sie ist nicht seine ~e Mutter; wir hatten in diesem Jahr keinen ~en Sommer; sein ~er Name ist ... □ **verdadeiro; de verdade;** er ist noch ein ~es Kind □ ***no fundo, ele ainda é uma criança** 5.1.1 sie ist eine ~e Hexe ⟨fig.⟩ *so bösartig wie eine H.* □ **verdadeiro** 5.1.2 endlich einmal jmd., der die Dinge beim ~en (rechten) Namen nennt! ⟨fig.⟩ *der schonungslos offen ist* □ ***enfim, alguém que fala abertamente (de alguma coisa)** 5.2 ⟨50; umg.⟩ *sehr, völlig, ganz u. gar;* erst jetzt fühle ich mich ~ frei; du hast es nicht ~ gelernt; er wurde ~ ärgerlich, aufgebracht, böse, zornig; es war ~ nett □ **realmente; muito** 5.3 ⟨50; umg.⟩ *in der Tat, wie zu vermuten war, wahrhaftig;* ja ~, jetzt erinnere ich mich □ ***é verdade/mesmo, agora estou me lembrando 6** ⟨Getrennt- u. Zusammenschreibung⟩ 6.1 ~ stellen = **richtigstellen** (I) 6.2 ~ gehend = **richtiggehend** (I)

rich|tig|ge|hend *auch:* **rich|tig ge|hend** ⟨Adj. 24⟩ **I** ⟨60; Zusammen- u. Getrenntschreibung⟩ *die richtige Uhrzeit angebend;* eine ~e Uhr □ **preciso II** ⟨90; nur Zusammenschreibung;⟩ *vollkommen, ausgesprochen, wirklich;* eine ~e Verschwörung □ **verdadeiro; autêntico**

Rich|tig|keit ⟨f.; -; unz.⟩ *das Richtigsein, ordnungsgemäße Beschaffenheit;* die ~ des Ausdrucks, der Aussprache, der Betonung; die ~ anzweifeln, bezweifeln; die ~ feststellen, prüfen; an der ~ zweifeln □ **correção; exatidão; veracidade;** es wird schon seine ~ haben; damit hat es seine ~ □ **fundamento; razão de ser**

rich|tig||stel|len *auch:* **rich|tig stel|len** ⟨V. 500⟩ **I** ⟨Zusammen- u. Getrenntschreibung⟩ die **Uhr** richtigstellen/richtig stellen *die korrekte Uhrzeit einstellen* □

acertar; ajustar **II** ⟨nur Zusammenschreibung⟩ **etwas ~ berichtigen;** eine falsche Aussage richtigstellen; er hat den Irrtum richtiggestellt ☐ **corrigir; retificar**

Richt|li|nie ⟨[-njə] f.; -, -n; meist Pl.⟩ *Grundsatz, Vorschrift, Anweisung;* die ~n beachten, einhalten, außer Acht lassen; ~n empfangen, erlassen, geben; sich an die ~n halten ☐ **diretriz; norma; instrução**

Richt|schnur ⟨f.; -, -en⟩ **1** *Schnur für den Maurer, Gärtner usw. zum Bezeichnen gerader Linien auf od. über der Erde* ☐ **(fio de) prumo 2** ⟨unz.; fig.⟩ *Richtlinie, Grundsatz, Leitsatz;* das soll mir als ~ dienen; sich etwas zur ~ seines Handelns, seines Lebens machen ☐ **norma; regra**

Rich|tung ⟨f.; -, -en⟩ **1** *das Gerichtetsein, Wendung auf ein Ziel zu, Verlauf;* Sy *Kurs(1);* die ~ anzeigen (beim Autofahren); in dem unwegsamen Gelände kann man leicht die ~ verlieren; das ist die verkehrte ~; aus welcher ~ ist das Auto gekommen?; in welche ~ gehst du?; in entgegengesetzter ~ gehen; die ~ der Autobahn, einer Bahnlinie, eines Flusses; die ~ ändern, beibehalten, wechseln; jmdm. die ~ zeigen; eine andere ~ einschlagen, nehmen; der Orkan bewegt sich in ~ Florida; nach allen ~en auseinanderfliegen, -laufen, -stieben; in ~ Hannover fahren; in nördlicher ~ fliegen ☐ **direção; sentido 1.1** ~ **halten** *in gerader Linie bleiben* ☐ ***manter a direção/o rumo* 1.2** ~ **nehmen** ⟨Mil.⟩ *zielen* ☐ **apontar; ter em mira 1.3** ⟨umg.⟩ *Hinsicht;* in dieser ~ habe ich noch nichts unternommen ☐ **sentido 1.4** ⟨fig.⟩ *Neigung, Streben;* das ist nicht gerade meine ~ ☐ ***não é exatamente o que pretendo* 2** *Strömung, Bewegung (innerhalb der Kunst, Politik usw.);* Kunst~; Stil~; die ~ einer Partei, einer bestimmten ~ angehören, sie vertreten; eine politische ~; eine bestimmte ~ in der Kunst, der Mode, in Politik, Wissenschaft; ich will mich nach keiner ~ hin binden, festlegen ☐ **orientação; tendência**

Ri|cke ⟨f.; -, -n⟩ *ausgewachsenes weibl. Reh* ☐ **corça**

rie|chen ⟨V. 201⟩ **1** ⟨410⟩ *einen Geruch von sich geben, ausströmen;* angenehm, gut, scharf, schlecht, stark, streng, unangenehm, widerlich ~; es riecht angebrannt, brenzlig; ihr Parfüm riecht berauschend, dezent, frisch, herb, süßlich; es riecht nach Fisch, Käse, Knoblauch; es riecht nach Gas; er riecht nach Schweiß ☐ **cheirar (a); ter cheiro (de);** sein Atem riecht; er riecht aus dem Mund ☐ ***ele tem mau hálito* 2** ⟨500/Vr 8⟩ *etwas ~ durch den Geruchssinn wahrnehmen;* riechst du nichts? ☐ **sentir o cheiro (de);** du darfst mal (daran) ~ (wenn du schon nichts davon haben darfst) ⟨fig.; umg.⟩ ☐ ***deixo você ver/pegar* 2.1** ⟨m. Modalverb⟩ *nicht leiden, nicht ausstehen können;* ⟨fig.; umg.⟩ *nicht leiden, nicht ausstehen können;* dieses schwere Parfüm kann ich nicht ~ ☐ ***não suportar alguma coisa ou alguém* 2.2** ⟨fig.; umg.⟩ *ahnen, im voraus wissen;* das kann ich doch nicht ~; hast du es gerochen? ☐ **farejar; pressentir 3** ⟨800⟩ **an etwas** ~ *einen Geruch an etwas wahrzunehmen suchen;* an einer Blume, einer Parfümflasche ~ ☐ **cheirar; sentir o cheiro**

Ried ⟨n.; -(e)s, -e⟩ **1** ⟨Bot.⟩ *landwirtschaftlich minderwertige wachsende Pflanzen aus der Familie der Riedgräser (Cyperaceae) mit festen, kaum knotig gegliederten Stängeln u. dreireihig angeordneten Blättern* ☐ **junco 1.1** ⟨umg.⟩ *hohes Gras mit kräftigem Halm* ☐ **cana;** → a. *Schilf(1.1)* **2** *(mit Ried(1) bewachsenes) Moor, Sumpf;* in ein ~ geraten ☐ **pântano**

Rie|ge ⟨f.; -, -n; bes. Sp.⟩ *Gruppe, Mannschaft (bes. von Turnern);* einer Turn~ angehören ☐ **time; equipe**

Rie|gel ⟨m.; -s, -⟩ **1** *einseitige Verschlussvorrichtung an Türen, Fenstern;* einen ~ zurückschieben; den ~ vorlegen, vorschieben (an der Tür); ein eiserner, hölzerner ~ ☐ **ferrolho; tranca 1.1** *einer Sache* einen ~ **vorlegen, vorschieben** ⟨fig.⟩ *etwas, die Wiederholung od. Weiterführung von etwas verhindern;* er hat diesem Plan einen ~ vorgeschoben ☐ ***pôr um ponto-final em alguma coisa;*** → a. *Schloss(1.1-1.2)* **2** *Querbalken am Fachwerkbau* ☐ **trave; viga 3** *eingeteilter Streifen, bes. bei Schokolade;* ein ~ Schokolade ☐ **tablete**

Rie|men[1] ⟨m.; -s, -⟩ **1** *schmales Stück Leder* ☐ **tira/correia de couro 1.1** *Lederstreifen mit Schnalle u. Löchern zum Verschließen (als Gürtel, am Schuh usw.)* ☐ **cinto; correia 1.1.1** (sich) den ~ enger schnallen ⟨fig.; umg.⟩ *sich sehr einschränken, einen geringeren Verdienst haben* ☐ ***apertar o cinto* 1.1.2** sich am ~ reißen ⟨fig.; umg.⟩ *sich zusammennehmen, zusammenreißen, sich anstrengen* ☐ ***esforçar-se; dar o máximo de si* 2** ⟨Tech.⟩ *geschlossenes Band aus Leder, Gummi od. festem Gewebe (mit dessen Hilfe eine Drehbewegung von einer Welle auf eine andere übertragen wird);* Treib~ ☐ ***correia de transmissão***

Rie|men[2] ⟨m.; -s, -; Mar.⟩ **1** ⟨Seemannsspr.⟩ *Ruder* ☐ **remo 1.1 sich** ⟨tüchtig⟩ **in die ~ legen 1.1.1** *kräftig rudern* ☐ ***remar com força* 1.1.2** ⟨fig.; umg.⟩ *sich anstrengen, sich für etwas einsetzen* ☐ ***meter mãos à obra; lutar por alguma coisa***

Rie|se[1] ⟨m.; -n, -n⟩ **1** *Märchen- u. Sagengestalt, menschliches, übernatürlich großes Wesen, entweder gutmütig u. tölpelhaft od. dem Menschen feindlich* **2** ⟨fig.⟩ *sehr großer Mensch;* Sy *Titan¹(2);* er ist kein ~ **3** ⟨fig.⟩ *Mensch mit hervorragenden geistigen u. seelischen Eigenschaften;* ein ~ an Geist, Gelehrsamkeit **4** ⟨fig.⟩ *durch Größe auffallendes Tier od. Ding;* Fabrik~, Ozean~, Baum~; die ~n der Alpen ☐ **gigante; colosso**

Rie|se[2] ⟨f.; -, -n; süddt.⟩ *im Gebirge angelegte Holzrinne zum Befördern des Holzes ins Tal* ☐ **resvaladouro**

Rie|se[3] ⟨nur in der Wendung⟩ **nach Adam ~** *genau gerechnet;* das macht nach Adam ~ 15,35 € ☐ ***se minhas contas estiverem certas, são 15,35 €***

rie|seln ⟨V.(s.)⟩ **1** ⟨400⟩ *eine Flüssigkeit rieselt fließt, rinnt od. fällt kaum hörbar in kleinen Tropfen;* ein Bach, Blut, eine Quelle rieselt; das einschläfernde Rieseln des Regens ☐ **gotejar; escorrer devagar; escoar 2** ⟨400⟩ *etwas rieselt fällt fast geräuschlos in kleinen einzelnen Teilchen herunter;* Körner, Sand durch die Finger ~ lassen; der Kalk rieselte von den Wänden ☐ **passar; escoar; escorrer;** Schnee rieselt leise ☐ **cair 3** ⟨610 od. 510⟩ *Angst, ein Schauder rieselt jmdm. über den Rücken jmdm. od. jmdn. schaudert* ☐ **percorrer 3.1** es rieselt einem dabei kalt über den Rücken ⟨fig.⟩ *es schaudert einem dabei* ☐ ***é de arrepiar***

rie|sen|groß ⟨Adj. 24⟩ *groß wie ein Riese, sehr, übermäßig groß*; eine ~e Bitte; ein ~es Problem □ *gigantesco; enorme*

rie|sig ⟨Adj.⟩ **1** *groß wie ein Riese, sehr, übermäßig groß*; von ~en Ausmaßen, von ~er Größe sein; ein ~es Land, Gebäude □ *gigantesco* **2** (fig.) *gewaltig, schrecklich*; eine ~e Hitze, Begeisterung; etwas macht ~en Spaß □ *imenso; intenso; enorme* **3** ⟨50; umg.⟩ *sehr*; sich ~ freuen □ *muito*

Riff[1] ⟨N.; -(e)s, -e⟩ *Felsenbank, Klippe, Felsengrat im Meer*; das Schiff ist auf ein ~ aufgelaufen □ *recife*

Riff[2] ⟨M.; -; unz.; Popmusik⟩ *kurzes, mehrmals wiederholtes, rhythmisch betontes Motiv*; Gitarren-~ □ *riff*

ri|gid ⟨Adj.⟩ = *rigide*

ri|gi|de ⟨Adj.⟩ oV *rigid* **1** *unnachgiebig, hart, streng, kompromisslos*; ein ~es Vorgehen **2** ⟨Med.⟩ *steif, starr* □ *rígido*

ri|go|ros ⟨Adj.⟩ **1** *streng, hart, unerbittlich* **2** *scharf, rücksichtslos* □ *rigoroso*

Ril|le ⟨f.; -, -n⟩ *Furche, Rinne, Kerbe*; eine Säule mit ~n; ~n in der Baumrinde, in dem Fußboden □ *canelura; estria; sulco*

Rind ⟨n.; -(e)s, -er⟩ **1** *als Zugtier, Milch- u. Fleischlieferant gehaltener (als Zuchtform wahrscheinlich vom Auerochsen abstammender) Wiederkäuer*; ~er züchten □ *gado bovino; vacum* **2** ⟨Zool.; i. w. S.⟩ *Angehöriges einer Familie der Wiederkäuer: Bovidae* □ *bovídeo* **3** *Rindfleisch*; ~ ist teurer als Schwein □ *carne bovina*

Rin|de ⟨f.; -, -n⟩ **1** *äußerer Gewebemantel an Stamm, Ast, Wurzel höherer Pflanzen*; Baum-~; die ~ des Baumes; die ~ ablösen, abschälen; eine glatte, raue, rissige ~; einen Namen in die ~ des Baumes ritzen □ *casca; córtex* **2** *bei Menschen u. Tieren das Mark mancher Organe umgebende Schicht*; Hirn-~ □ *córtex* **3** *Kruste, Schale*; Brot-~, Käse-~ □ *crosta; côdea*

Rind|vieh ⟨n.; -s; unz.; Sammelbez. für⟩ **1** ⟨unz.⟩ *Rind*; 15 Stück ~; ~ halten, züchten □ *gado bovino* **2** (fig.; Schimpfw.) *dummer Kerl* □ *burro*

Ring ⟨m.; -(e)s, -e⟩ **1** *kreisförmiger Gegenstand* □ *círculo; anel* **1.1** *Reif als Schmuckstück (bes. am Finger od. am Ohr)*; ein mit Brillanten besetzter, goldener, kostbarer ~; einen ~ (am Finger) tragen; den ~ vom Finger abstreifen, ziehen □ *anel; aliança; argola* **1.1.1** die ~e wechseln (bei der Trauung) *heiraten* □ *aliança* **1.2** *runder, reifenförmiger Gegenstand aus Eisen od. Leichtmetall zum Befestigen von Tauen, Schnüren usw., als Türklopfer, als Nasenring bei Stieren, aus Gummi als Wurfspielgerät, aus Kork als Rettungsring, Kettenglied* □ *argola; aro; elo* **1.2.1** ⟨Pl.⟩ *an Seilen schwebendes Turngerät mit zwei reifenförmigen Griffen*; an den ~en turnen □ *argola* **2** (fig.) *einem Ring(1) äußerlich Ähnliches* **2.1** *Kreis (beim Kreisspiel od. als Absperrung)*; einen ~ bilden; einen ~ um jmdn. schließen **2.2** *reifenförmiger Streifen zwischen den konzentrischen Kreislinien auf einer Zielscheibe (der durch einen Zahlenwert gekennzeichnet ist)* **2.2.1** ich habe fünf ~e geschossen *Ringe(2.2) mit dem Zahlenwert 5 getroffen* □ *círculo* **2.3** *kreisförmige Straße um den Stadtkern*; wir wohnen am ~; ~verkehr

□ *anel viário* **2.4** *beim Rauchen* ~e blasen *den Tabakrauch in der Form eines Ringes(1) ausblasen* □ *anel de fumaça* **2.5** ~e um die Augen haben *Schatten um die Augen* □ *olheira* **2.6** *kreisförmige Zeichnung im Holz, Jahresring* □ *anel anual; anel de crescimento* **2.7** *leuchtende Erscheinung in Form eines Ringes(1) um ein Gestirn (z. B. um den Mond)* □ *halo* **2.8** *reifenförmige Ansammlung von Meteoriten um Planeten*; Saturn-~ □ *anel* **3** (fig.) *Kreislauf*; damit schließt sich der ~ *der Beweise, Ermittlungen* □ *ciclo; círculo* **4** *Gruppierung, Vereinigung von Menschen, die sich zu einem bestimmten Zweck zusammengeschlossen haben*; sich zu einem ~ zusammenschließen □ *círculo; associação* **4.1** *Vereinigung von Großhändlern od. Finanzgruppen* □ *grupo* **4.2** *Vereinigung von Theaterbesuchern zum Abonnementsbesuch*; Besucher-~ □ **associação de frequentadores de teatro* **5** *abgegrenzter Platz für Wettkämpfe (bes. beim Boxen)*; die Boxer traten in den ~; er verließ den ~ als Besiegter, als Sieger; der Ringrichter erschien als Erster im ~; ~ frei! (zur ersten Runde) ⟨Boxsp.⟩ □ *ringue*

rin|gen ⟨V. 202⟩ **1** ⟨400⟩ *mit Hilfe bestimmter Körpergriffe kämpfen*; sie erproben ihre Kräfte, indem sie miteinander ~; mit einem Gegner ~ □ *lutar* **2** ⟨800⟩ (mit jmdm. od. etwas) **nach, um etwas** ~ (fig.) *schwer kämpfen, versuchen, einer Sache Herr zu werden*; ich habe lange Zeit mit mir gerungen (um einen Entschluss) □ **hesitei por muito tempo*; mit einem Entschluss ~ □ **hesitar*; es war ein schweres Ringen mit dem Tode □ **foi uma morte agonizante*; um den Sieg ~ □ **lutar pela vitória* **2.1** *mit dem Tode* ~ *todkrank sein* □ **lutar com a morte*; *agonizar* **2.2** *nach etwas* ~ *heftig nach etwas streben*; nach Atem, Luft ~ □ **respirar com dificuldade; arfar*; nach Fassung ~ □ **tentar controlar-se*; nach Worten ~ □ **procurar as palavras* **3** ⟨500⟩ die Hände ~ *(aus Verzweiflung) drehend zusammenpressen*; sie rang verzweifelt die Hände □ **torcer as mãos* **4** ⟨531⟩ *jmdm. etwas aus der Hand* ~ *entwinden*; es gelang ihm, dem Angreifer das Messer aus der Hand zu ~ □ *arrebatar; arrancar*

Ring|kampf ⟨m.; -(e)s, -kämp|fe⟩ *Wettkampf im Ringen*; einen ~ austragen □ *luta*

Rin|glot|te auch: **Ring|lot|te** ⟨f.; -, -n; österr.⟩ = *Reneklode*

rings ⟨Adv.⟩ *um herum, auf allen Seiten, überall (um einen Mittelpunkt herum)*; der Zaun läuft ~ um den Garten; die Kinder sprangen ~ um ihn her; Blumen waren ~ um sie verstreut □ *ao redor; em volta*

rings|her|um auch: **rings|he|rum** ⟨Adv.⟩ *im Kreis (um etwas od. jmdn.) herum, um herum*; sich ~ drehen; ein Garten mit einer Mauer ~ □ *ao redor; em volta*

rings|um ⟨Adv.⟩ *um ... herum, im Umkreis*; ich konnte ~ nichts entdecken; ~ lief ein breiter Graben, Zaun □ *ao redor; em volta*

rings|um|her ⟨Adv.⟩ *im Kreise (um etwas od. jmdn.)*; ich sah nichts ~ □ *ao redor; em volta*

Rin|ne ⟨f.; -, -n⟩ **1** *lange, schmale, natürliche, z. B. vom Wasser ausgewaschene od. künstlich angelegte Vertie-*

fung im Boden (zur Be- od. Entwässerung); Wasser~; eine ~ aus Blech, Holz ☐ **canal; rego 2** *offenes Rohr zum Abfluss von Regen od. Abwasser;* Dach~ ☐ **calha; caleira,** Abfluss~ ☐ **sarjeta; valeta 3** *langgezogener Riss im Eis* ☐ **fissura; fenda 4** *Rille* ☐ **canelura; estria 5** *(Jägerspr.) Netz zum Fangen von Habichten* ☐ **rede 6** *(Meereskunde) schmale, langgestreckte Einsenkung des Meeresbodens;* Norwegische ~ ☐ **fossa submarina**

rin|nen ⟨V. 203⟩ **1** ⟨400(s.)⟩ eine **Flüssigkeit** rinnt *fließt langsam, sacht od. spärlich;* der Regen rinnt; Tränen ~ übers Gesicht; Blut rinnt aus der Wunde ☐ **(es)correr; escoar** 1.1 die **Zeit** rinnt *(dahin)* ⟨geh.⟩ *vergeht* ☐ **passar** 1.2 ⟨611⟩ das **Geld** rinnt ihm durch die Finger (fig.; umg.) *er lebt verschwenderisch, kann sein G. nicht einteilen* ☐ **escapar; não parar 2** ⟨400⟩ etwas rinnt *(regional) ist undicht;* der Eimer, Topf, die Kanne rinnt ☐ **vazar**

Rinn|sal ⟨n.; -(e)s, -e⟩ *sacht fließendes, schmales Wasser, kleiner Bach, Quelle;* ein kleines, klares, dünnes ~; ein ~ fließt über den Weg ☐ **regato; arroio**

Rinn|stein ⟨m.; -(e)s, -e⟩ **1** *Abflussrinne am Gehsteig, Gosse* ☐ **sarjeta; valeta 2** *Ausgussbecken in der Küche* ☐ **pia 3** (fig.) *Elend, verkommene Umgebung, Verkommenheit;* jmdn. aus dem ~ auflesen; im ~ enden ☐ **sarjeta**

Rip|pe ⟨f.; -, -n⟩ **1** *einer der länglichen, gebogenen Knochen, die, von der Wirbelsäule ausgehend, nach vorn den Leib des Menschen u. der Wirbeltiere beiderseits umfassen: Costa;* jmdm. eine ~ brechen; er hat sich eine ~ gebrochen; er stieß ihm den Degen, das Messer in, zwischen die ~n 1.1 jmdn. in die ~n stoßen *aufmunternd, derb, ermahnend stoßen, puffen* ☐ **costela** 1.2 ich kann es doch nicht aus den ~n schwitzen, mir's doch nicht aus den ~n schneiden ⟨umg.⟩ *ich weiß nicht, woher ich's nehmen soll* ☐ ***não tenho de onde tirar isso** 1.3 du hast nichts, zu wenig auf den ~n ⟨umg.⟩ *du bist zu mager* ☐ ***você está pele e osso** 1.4 man kann ihm durch die ~ blasen, bei ihm die ~n im Leibe, unter der Haut zählen (fig.; umg.) *er ist sehr mager* ☐ ***ele está pele e osso; dá para contar suas costelas 2** (fig.) *einer Rippe(1) äußerlich Ähnliches* 2.1 *lange, schmale Erhöhung zwischen zwei Rillen* ☐ **montículo; saliência** 2.2 *eingeteilter Streifen, Riegel(3) (bei Schokolade, Seife)* ☐ **tablete** 2.3 *Teil des im Zimmer befindlichen Heizkörpers bei der Dampf- od. Warmwasserheizung* ☐ **aleta** 2.4 *rippenähnliches Bauteil zum Verstärken der Außenhaut von Schiffs- u. Flugzeugrümpfen* ☐ **cavername** 2.5 ⟨Kochk.⟩ *Fleischstück mit Rippenknochen* ☐ **costeleta** 2.6 ⟨Arch.⟩ *aus dem Gewölbe hervortretender, stützender Bogen* ☐ **nervura** 2.7 ⟨Bot.⟩ *Ader im Blatt* ☐ **costa; costela; nervura**

Rip|pen|fell ⟨n.; -(e)s; unz.⟩ *Teil des Brustfells, der die Rippen überzieht: Pleura costalis* ☐ **pleura costal**

Ri|si|ko ⟨n.; -s, -s od. -si|ken od. (österr.) Ri|s|ken⟩ *Gefahr (des Verlustes), Wagnis;* das ~ fürchten; auf eigenes ~; mit einem ~ verbunden sein; die Sache ist ohne ~; ein (kein) ~ eingehen, tragen; ein ~ übernehmen, auf sich nehmen ☐ **risco**

ris|kant ⟨Adj.⟩ *mit einem Risiko verbunden, gewagt, gefährlich;* ein ~es Unternehmen ☐ **arriscado**

ris|kie|ren ⟨V. 500⟩ **1** *etwas ~ ein Risiko für etwas eingehen, auf sich nehmen, etwas wagen, etwas aufs Spiel setzen;* bei einer Sache etwas ~ ☐ **arriscar; aventurar** 1.1 den Kopf, den Kragen, sein **Leben** ~ *sich in große Gefahr begeben* ☐ ***arriscar a vida/o pescoço/a pele** 1.2 ein **Wort,** eine **Lippe** ~ *eine Meinung offen aussprechen, auch wenn es einem schaden kann* ☐ ***arriscar/ousar um comentário 2** einen **Blick,** ein **Lächeln** ~ *vorsichtig wagen, zurückhaltend ausüben* ☐ **arriscar; ousar**

Ris|pe ⟨f.; -, -n⟩ *Blütenstand, bei dem an der Hauptachse der Traube wieder Trauben hängen* ☐ **panícula**

Riss ⟨m.; -es, -e⟩ **1** *des Reißens;* der ~ des Fadens, Films ☐ **ruptura; rompimento 2** *durch Reißen entstandener Spalt, feine Öffnung, Ritze;* ein ~ im Stoff, in der Mauer, in der Haut, im Eis, im Felsen, im Gestein, im Papier; einen ~ flicken, leimen, verschmieren; ein großer, kleiner, leichter, tiefer ~; der Junge hat schon wieder einen ~ in der Hose ☐ **rasgo; fenda; arranhão 3** ⟨Bauw.; Maschinenbau⟩ *technische Zeichnung, Abbildung eines Körpers auf einer Ebene;* Auf~ ☐ ***projeção,** Grund~ ☐ ***planta;** einen ~ (von einem Haus) zeichnen ☐ **projeto; croqui 4** (Jägerspr.) *Beute (des Raubwildes)* ☐ **presa 5** (fig.) *Bruch, trennende Kluft;* ihre Freundschaft hat einen ~ bekommen; zwischen unseren Anschauungen klafft ein tiefer ~; der ~ in unserer Freundschaft hat sich vertieft, wurde wieder geflickt; ein kleiner ~ ist leichter zu flicken als ein großer (Sprichw.) ☐ **abismo; rompimento; ruptura 6** (fig.) *Schmerz, schmerzhaftes Zusammenzucken;* das gab mir einen ~; einen ~ spüren ☐ ***ficar com o coração dilacerado**

Rist ⟨m.; -(e)s, -e⟩ **1** *Fuß-, Handrücken* ☐ **peito do pé; dorso da mão 2** (kurz für) *Widerrist* ☐ **cernelha**

Ritt ⟨m.; -(e)s, -e⟩ **1** *das Reiten, Ausreiten* ☐ **cavalgada 2** *Ausflug, Reise zu Pferde;* ein kurzer, langer, scharfer ~ ☐ **passeio a cavalo 3** auf einen ~ (fig.; umg.) *ohne Unterbrechung, auf einmal* ☐ ***de uma só vez**

Rit|ter ⟨m.; -s, -⟩ **1** (im MA) *adliger Krieger, Edelmann;* ~, Tod und Teufel (Kupferstich von Dürer) ☐ **cavaleiro** 1.1 einen Knappen zum ~ schlagen *durch einen Schlag mit dem Schwert auf die Schulter feierlich in den Ritterstand aufnehmen* ☐ ***armar cavaleiro** 1.2 ein ~ ohne Furcht und Tadel (fig.) *ein tapferer, unerschrockener Mann* 1.3 ~ von der traurigen Gestalt (Beiname für) *Don Quichote* ☐ **cavaleiro;** → a. **arm(1.3) 2** *Angehöriger eines geistlichen Ritterordens* **3** *Inhaber eines hohen Ordens, z. B. des Pour le mérite* **4** (in Bayern u. Österreich bis 1918) *niedere Adelsstufe, meist zusammen mit einem Orden verliehen* **5** (im antiken Rom) *berittener, vermögender Krieger* 5.1 *Angehöriger eines aus den Rittern(5) hervorgegangenen Standes* ☐ **cavaleiro 6** (fig.; veraltet) *Kavalier, Begleiter einer Dame* ☐ **cavalheiro** 6.1 sich zu jmds. ~ aufwerfen *Beschützer* ☐ ***erigir-se em defensor de alguém* 7** *Angehöriger einer formenreichen Familie von Tagschmetterlingen, deren Hinterflügel oft schwanzar-*

tige Anhänge tragen, Edelfalter: Papilionidae □ **borboleta papilionídea**

rit|ter|lich ⟨Adj.⟩ **1** *den Ritter betreffend, zu ihm gehörig, ihm gemäß; das* ~e *Leben;* ~e *Kampfspiele* □ **cavalheiresco 2** ⟨fig.⟩ *edel gesinnt, anständig, schützend u. hilfreich, ehrerbietig u. aufmerksam, zuvorkommend;* ~es *Benehmen, Verhalten;* ~ *verlieren* □ **(de modo) cavalheiresco/nobre/cortês**

rit|tlings ⟨Adv.⟩ *im Reitersitz; sich* ~ *auf einen Stuhl setzen* □ **(de modo) escarranchado**

Ri|tu|al ⟨n.; -s, -e od. -li|en⟩ **1** *festgelegte Form eines Ritus(1) (im Rahmen einer kultischen Feier).* **1.1** *Gesamtheit der Riten (eines Kultes)* **2** *bei bestimmten Anlässen sich wiederholender, stets gleichartiger Ablauf, festgelegtes Verhalten; das* ~ *des Vorlesens vor dem Zubettgehen der Kinder; das morgendliche, abendliche* ~ *im Badezimmer* □ **ritual**

Ri|tus ⟨m.; -, Ri|ten⟩ **1** *religiöser Brauch, kultische Handlung* **2** *die Gesamtheit der Bräuche bei einem Gottesdienst* □ **rito**

Ritz ⟨m.; -es, -e⟩ = *Ritze*

Rit|ze ⟨f.; -, -n⟩ *schmale Öffnung, Spalte;* oV *Ritz; eine* ~ *im Fußboden, in der Tür, in der Wand ausbessern, dichten; der Wind pfiff durch die* ~n *des alten Hauses* □ **fenda; rachadura**

rit|zen ⟨V. 500⟩ **1** *etwas* ~ *in etwas einen Ritz machen, mit hartem, spitzem Gegenstand eine schmale Vertiefung eingraben, kerben, spalten; seinen Namen in einen Baum, in die Rinde* ~; *Glas kann man mit einem Diamanten* ~ □ **arranhar; riscar; gravar 2** ⟨500/Vr 3⟩ *sich* ~ *sich die Haut oberflächlich verletzen; ich habe mich an einem Dorn, Nagel, am Stacheldraht geritzt; sie hat sich mit der Nadel, dem Nagel geritzt* □ ***arranhar-se; escoriar-se* 3** *die Sache ist geritzt* ⟨umg.⟩ *erledigt* □ ***a questão está resolvida**

Ri|va|le ⟨[-va:-] m.; -n, -n⟩ *Nebenbuhler, Mitbewerber* □ **rival; concorrente**

Ri|va|lin ⟨[-va:-] f.; -, -lin|nen⟩ *weibl. Rivale* □ **rival; concorrente**

Ri|zi|nus ⟨m.; -, - od. -se⟩ *aus den Samen des Wolfsmilchgewächses Ricinus gewonnenes Öl, das als starkes Abführmittel verwendet wird;* ~öl □ **rícino**

Rob|be ⟨f.; -, -n; Zool.⟩ *Angehörige einer Unterordnung hoch spezialisierter Raubtiere des Meeres mit torpedoförmigem Körper u. dicker Speckschicht: Pinnipedia* □ **foca**

Ro|be ⟨f.; -, -n⟩ **1** *Amtstracht der Richter, Anwälte, Professoren, Geistlichen* □ **toga; talar; beca 2** *Gesellschafts-, Abendkleid; in feierlicher, großer* ~ *erscheinen* □ **traje de gala 3** ⟨scherzh.⟩ *(neues) Kleid; eine neue* ~ *vorführen; sich in einer neuen* ~ *zeigen* □ **roupa; beca**

Ro|bo|ter ⟨m.; -s, -⟩ *künstlicher Mensch, Automat, der (ferngesteuert) bestimmte Tätigkeiten ausführt* □ **robô**

ro|bust ⟨Adj.⟩ **1** *kräftig, stark, stämmig; ein* ~er *Mensch* □ **robusto; forte 2** *widerstandsfähig, strapazierfähig, unempfindlich, zäh; diese Rinderrasse ist sehr* ~; *ein* ~er *Bezugsstoff* □ **robusto; resistente**

rö|cheln ⟨V. 400⟩ *schnarchend, rasselnd, stöhnend atmen; der Sterbende röchelte* □ **agonizar; estertorar**

Ro|chen ⟨[rɔxən] m.; -s, -; Zool.⟩ *Angehöriger einer Familie der Knorpelfische mit abgeplattetem Körper u. stark verbreiterten Brustflossen, die seitlich gestreckt werden: Rajiformes* □ **raia**

Rock[1] ⟨m.; -(e)s, Rö|cke⟩ **1** *von der Taille od. Hüfte abwärtsreichendes Oberbekleidungsstück für Frauen und Mädchen; ein anliegender, enger, glockiger, kurzer, langer, weiter, plissierter* ~ □ **saia 2** ⟨schweiz.⟩ *(das ganze) Frauenkleid (in einem Stück)* □ **vestido 3** ⟨veraltet⟩ *männl. Oberbekleidungsstück, Jacke, Jackett; ein heller, warmer, abgeschabter* ~ □ **jaquetão**; *das Hemd ist mir näher als der* ~ ⟨Sprichw.⟩ □ ***primeiro os dentes, depois os parentes* 4** *Anzug; der grüne* ~ *des Försters; der schwarze* ~ *des Geistlichen* □ **traje 5** ⟨früher⟩ *am Oberkörper getragenes Teil der Oberbekleidung* □ **casaco**; *Geh-* □ ***sobrecasaca**; *Schoß~* □ ***casaca**

Rock[2] ⟨m.; -s od. -; unz.⟩ **1** ⟨*kurz für*⟩ *Rock and Roll* **2** *Musikstil, der sich aus dem Rock and Roll, Rhythm and Blues u. Blues entwickelt hat, Rockmusik* □ **rock**

Rock and Roll ⟨[rɔk end roul] m.; - -; unz.; Mus.⟩ oV *Rock'n'Roll* **1** *den Rhythmus betonender, stark synkopierter, aus Amerika stammender Musikstil in schnellem Tempo; Rock-and-Roll-Musiker* **2** *schneller Tanz dazu* □ **rock and roll**

Ro|cker ⟨m.; -s, -⟩ *Mitglied einer Gruppe von Jugendlichen, die meist in schwarzer Lederbekleidung u. mit Motorrädern auftreten* □ **roqueiro**

Ro|cke|rin ⟨f.; -, -rin|nen⟩ *weibl. Rocker* □ **roqueira**

Rock'n'Roll ⟨[rɔkn roul] m.; - -; unz.; Mus.⟩ = *Rock and Roll; Rock-'n'-Roll-Musiker* □ **rock'n'roll**

Rock|schoß ⟨m.; -es, -schö|ße⟩ **1** *schwanzartige Verlängerung der Herrenjacke* **2** *in der Taille angesetzter Besatz von (mehrfach) gefaltetem Stoff über dem Frauenrock* □ **aba; falda 2.1** *an jmds. Rockschößen, sich jmdm. an die Rockschöße hängen* ⟨fig.; umg.⟩ *jmdm. nicht von der Seite weichen (bes. von Kindern), unselbständig sein* □ ***ficar pendurado na barra da saia de alguém**

Rock|zip|fel ⟨m.; -s, -⟩ **1** *Zipfel eines Frauenrockes* □ **ponta da saia 1.1** *an jmds.* ~, *jmdm. am* ~ *hängen* ⟨fig.; umg.⟩ *unselbständig sein; das Kind hängt der Mutter noch am* ~, *an Mutters* ~ □ ***ficar pendurado na barra da saia de alguém**

Ro|del[1] ⟨m.; -s, -⟩ *(Rodel-)Schlitten* □ **trenó**

Ro|del[2] ⟨f.; -, -n; bair.; österr.⟩ *Kinderschlitten* □ **trenó infantil**

ro|deln ⟨V. 400(s.) od. (h.)⟩ *mit dem Schlitten bergab gleiten; ich bin, habe früher gern gerodelt;* ~ *gehen* □ **andar de trenó**

ro|den ⟨V. 500⟩ *Land* ~ *urbar machen, Waldland in Feld verwandeln, Wurzelstöcke herausreißen* □ **desbravar; arrotear; roçar**

Ro|gen ⟨m.; -s, -⟩ *Eier vom Fisch; Fisch~* □ **ova**

Rog|gen ⟨m.; -s; unz.; Bot.⟩ *zu den Süßgräsern gehörende, wichtige Getreidepflanze, die bes. als Brotgetreide genutzt wird: Secale cereale* □ **centeio**

roh ⟨Adj.⟩ **1** *nicht zubereitet, ungekocht, ungebraten;* ~es Fleisch, Gemüse, Obst; ~e Kartoffeln; ein ~es Ei mit Wasser verquirlen; ~er Schinken; Obst, Gemüse lieber ~ essen □ **cru** 1.1 *man muss ihn wie ein ~es Ei behandeln* ⟨fig.; umg.⟩ *mit übertriebener Rücksicht* □ ***é pisar em ovos com ele*** 1.2 ⟨60⟩ ~e Klöße *K. aus überwiegend rohen Kartoffeln* □ ***almôndega de batata crua*** **2** *noch nicht verarbeitet, nicht behauen, nicht geschliffen;* ~es Erz; eine Skulptur aus dem Rohen arbeiten □ **cru; bruto** 2.1 *grob, unfertig, noch nicht im Detail bearbeitet;* ein ~ gezimmerter Schemel; ~ behauene Steine; der Entwurf ist im Rohen fertig □ **cru; tosco** **3** ⟨60⟩ ~es Fleisch *blutiges F. ohne Haut;* er hatte sich so den Arm zerschunden, dass das ~e Fleisch zu sehen war □ ***carne viva*** **4** ~e Pferde *nicht zugerittene, nicht eingefahrene P.* □ **bravio; selvagem** **5** *gefühllos, rücksichtslos, gewalttätig, grausam;* ein ~er Kerl; sich ~ benehmen; sein ~es Benehmen, Betragen stößt jeden ab; mit ~er Gewalt kann man da nichts erreichen; sei nicht so ~! □ **bruto; grosseiro; rude** **6** ⟨oberdt.⟩ *rau* □ **grosso; áspero** **7** *ungefähr;* ich kann das vorläufig nur ~ schätzen □ **aproximadamente**

Roh|bau ⟨m.; -(e)s, -ten⟩ **1** *nur aus den rohen Mauern (nicht verputzt u. ohne technische Installation) bestehender Bau;* das Haus ist erst im ~ fertig **2** ⟨unz.⟩ *Bauweise mit unverputzten Ziegeln* □ **construção em bruto**

Roh|heit ⟨f.; -, -en⟩ **1** ⟨unz.⟩ *roher Zustand (z. B. des Fleisches)* □ **crueza** **2** ⟨unz.; fig.⟩ *rohe Gesinnung, rohes Benehmen;* Gefühls~; ~ der Sitten □ **grosseria** **3** *rohe Handlung, Grausamkeit;* ~en begehen □ **crueldade; brutalidade**

Rohr ⟨n.; -(e)s, -e⟩ **1** *meist runder Hohlkörper zum Weiterleiten von Flüssigkeiten, Gasen, Rauch, Gegenständen, Schallwellen;* Wasser~ □ ***cano de água***, Gas~ □ ***conduto de gás***, Pfeifen~ □ ***tubo do cachimbo***, Geschütz~ □ ***canhão***, ~post □ ***correio pneumático***, Sprach~ □ ***megafone***; das ~ der Flöte □ **tubo**; ein ~ der Gasleitung, des Ofens, der Wasserleitung □ **cano; conduto**; das ~ des Geschützes, der Kanone □ **cano**; ein dickes, dünnes, gebogenes, gerades ~; ~e legen, verlegen □ **tubo; cano; conduto**; das Schiff feuerte aus allen ~en □ **canhão** **2** *Pflanze mit rohrförmigem Stiel, Stängel od. Stamm, z. B. Bambus, Peddigrohr, Rohrkolben, Schilf, Zuckerrohr;* aus ~ geflochtene Gartenstühle, Körbe □ **cana; junco; vime** 2.1 *er ist wie ein schwankendes ~ im Winde ein wankelmütiger, flatterhafter Mensch* □ ***ele é muito indeciso; ele não sabe o que quer***

Röh|re ⟨f.; -, -n⟩ **1** *Rohr, rohrartiges Gebilde;* eine gerade, gebogene, metallene ~ □ **tubo; conduto**; kommunizierende ~n ⟨Phys.⟩ □ **vaso** 1.1 *in die ~ gucken* ⟨fig.; umg.⟩ *leer ausgehen, benachteiligt werden* □ ***ficar a ver navios*** **2** *Hohlraum im Küchenherd zum Backen od. Warmhalten;* Back~, Wärme~; den Kuchen in die ~ schieben, in der ~ backen □ **forno** **3** ⟨Elektronik⟩ *von einem luftleeren Gefäß (meist aus Glas) umgebenes Gerät zur Steuerung u. (od.) Verstärkung elektrischer Impulse od. Schwingungen;* Elektronen~; eine ~ ist durchgebrannt □ **válvula** 3.1 *in die ~ gucken, glotzen* ⟨umg.⟩ *fernsehen* □ ***assistir à televisão***

röh|ren ⟨V. 400⟩ **1** *ein* Hirsch *röhrt schreit (in der Brunftzeit)* □ **bramir; bramar** **2** ⟨fig.; umg.⟩ 2.1 *ein* Motor, *ein* Gerät *röhrt gibt ein lautes, dumpf schepperndes Geräusch von sich* □ **roncar** 2.2 ⟨salopp⟩ *(geräuschvoll) mit einem Kraftfahrzeug fahren;* über die Landstraße ~ □ **zunir**

Rohr|kol|ben ⟨m.; -s, -; Bot.⟩ *Angehöriger einer Gattung der Rohrkolbengewächse (Typhaceae), deren Blüten an einem Kolben sitzen:* Typha, Sy ⟨umg.⟩ Schilf(2) □ **tifa**

roh|sei|den ⟨Adj. 24/70⟩ *aus Rohseide, noch mit Seidenleim behafteter, matter Seide bestehend* □ **de seda crua**

Roh|stoff ⟨m.; -(e)s, -e⟩ *Naturprodukt vor der Ver- u. Bearbeitung, z. B. Holz, Eisen* □ **matéria-prima**

Ro|ko|ko ⟨a. [´--], österr. [--´] n.; -s; unz.⟩ *im 18. Jh. auf das Barock folgender Stil, der durch zierliche, heitere, beschwingte Formen gekennzeichnet ist* □ **rococó**

Rol|le ⟨f.; -, -n⟩ **1** *massiver Körper mit rundem Querschnitt* 1.1 *drehbare* Walze, Kugel, *kleines Rad;* Kinderbetten, Schiebewände, Teewagen auf ~n laufen lassen □ **rodízio; cilindro; rolo** 1.2 *drehbare Scheibe mit einer Rille am (senkrechten) Rand für das aufzuwickelnde od. entlanglaufende Seil, z. B. bei Flaschenzügen* □ **polia; roldana** 1.3 *(früher) zusammengerollt aufbewahrte Urkunde, Liste;* Stamm~ □ **rol; lista** 1.4 *Stab mit scheibenförmiger Verdickungen an jedem Ende zum Aufwickeln von Garn o. Ä.* □ **carretel** 1.5 *etwas Gewickeltes, Zusammengerolltes;* Papier~; Geld~; eine ~ Geldstücke, Eurostücke □ **rolo**; eine ~ Draht, Garn, Nähseide, Papier, Zwirn □ **carretel; bobina** **2** *Turnübung, Überschlag, Purzelbaum auf dem Boden od. über den Kasten;* eine ~ am Barren; eine ~ über den Kasten; ~ rückwärts □ **cambalhota** **3** *Kunstflugfigur des Flugzeugs, bei der es sich um die Längsachse dreht* □ **rolamento** **4** ⟨Bgb.⟩ *senkrechter od. steil geneigter Grubenbau, in dem Fördergut zur nächstunteren Förderstrecke abgestürzt wird* □ **túnel; rampa** **5** *darzustellende Gestalt in einem Bühnenwerk, Sprechtext eines Schauspielers;* eine kleine, umfangreiche, unbedeutende, wichtige ~; eine ~ spielen; ich muss noch meine ~ lernen; ein Stück mit verteilten ~n lesen; sie spielte die ~ der Julia; sie hat die ~ der jugendlichen Liebhaberin übernommen; eine ~ besetzen; die ~n (für ein Theaterstück) verteilen; die ~n tauschen, vertauschen (im Theater od. im Leben); diese ~ verlangt von der Darstellerin große Wandlungsfähigkeit; die tragende ~ in diesem Stück spielt ...; sie geht in dieser ~ völlig auf, verliert sich in ihr; die ~ ist der Schauspielerin wie auf den Leib geschrieben; das Schicksal hat dir eine schwere ~ zugedacht ⟨fig.⟩ □ **papel** 5.1 *aus der ~* fallen 5.1.1 *steckenbleiben* □ ***esquecer sua fala/seu papel*** 5.1.2 ⟨fig.⟩ *die Beherrschung verlieren, sich schlecht benehmen* □ ***perder a linha/compostura*** 5.2 du hast deine ~

rollen

gut gespielt ⟨a. fig.⟩ *deine Sache gut gemacht* □ ***você cumpriu bem seu papel** 5.3 nach anfänglichen Schwierigkeiten wird sie sich **in** ihre ~ **finden** ⟨fig.⟩ *wird sie ihrer Aufgabe gerecht, mit ihrer Situation fertig* □ ***depois das dificuldades iniciais, ela vai se habituar à sua função** 5.4 er hat seine ~ **ausgespielt** ⟨fig.⟩ *er hat nichts mehr zu sagen* □ ***ele encerrou sua participação; ele já não tem o que dizer** 5.5 du musst dich **in** meine ~ **versetzen** ⟨fig.⟩ *dir meine Situation deutlich vorstellen* □ ***coloque-se no meu lugar** 5.6 eine (große, wichtige usw.) ~ **spielen** ⟨a. fig.⟩ *von (großer, wichtiger usw.) Bedeutung sein;* der General spielte bei dem Putschversuch eine beherrschende, führende, entscheidende, erhebliche, verhängnisvolle ~ □ ***ter/desempenhar um papel (importante, decisivo, fatídico etc.)** 5.6.1 er will immer eine große ~ spielen *sie will immer die wichtigste Person sein* □ ***ela vive querendo ser importante** 5.6.2 sie spielt eine ~ in der Gesellschaft *sie bedeutet da etwas, sie gehört zur führenden Gesellschaftsschicht* □ ***ela tem um papel importante na sociedade** 5.6.3 das spielt nur eine untergeordnete ~ *ist nicht wesentlich* □ ***isso tem papel apenas secundário** 5.6.4 er spielte eine doppelte, zweideutige, zwielichtige ~ *er war nicht ehrlich, machte beiden Seiten Zusicherungen* □ ***ele fez um jogo duplo** 5.7 **bei** einer **Sache** eine ~ **spielen** ⟨fig.⟩ *an einer S. beteiligt sein;* er hat dabei keine ~ gespielt □ ***tomar parte em alguma coisa; participar de alguma coisa** 5.7.1 er hat bei dieser Sache eine armselige, erbärmliche, klägliche ~ gespielt *er war dabei versagt* □ ***ele se comportou de modo lamentável nessa questão** 5.7.2 er hat bei der Sache keine rühmliche ~ gespielt ⟨fig.⟩ *sich nicht rühmlich benommen* □ ***ele fez um papelão** 5.8 *Einteilung der Schiffsbesatzung zu verschiedenen Dienststarten* □ **rol de equipagem** 5.9 ⟨Soziologie⟩ *Gesamtheit der Verhaltensweisen, die von einer Person innerhalb der Gesellschaft erwartet werden* □ **papel social** 6 es spielt keine ~, ob ... *es ist nicht wichtig* □ ***não tem importância se...; não faz diferença se...** 6.1 Geld spielt bei ihm keine ~ *er ist sehr reich* □ ***dinheiro não é problema para ele**

rol|len ⟨V.⟩ 1 ⟨400(s.)⟩ etwas rollt *bewegt sich (vorwärts), indem es sich um sich selber dreht;* die Kugel rollt (beim Roulette); Tränen rollten ihr über die Wangen; die Kugel rollt auf die Kegel zu (beim Kegeln) □ **rolar** 1.1 etwas kommt ins Rollen ⟨a. fig.⟩ *kommt in Bewegung, Schwung, entwickelt sich allmählich* □ ***começar (a se mover); arrancar** 1.2 die Sache rollt schon ⟨fig.; umg.⟩ *ist schon in Bewegung, läuft schon, entwickelt sich* □ ***o caso já está em andamento** 1.3 Blut rollt in jmds. Adern ⟨fig.; geh.⟩ *fließt;* feuriges Blut rollt in ihren Adern □ **correr** 1.4 das Geld muss ~ ⟨fig.⟩ *muss unter die Leute kommen, muss stets in (raschem) Umlauf sein* □ **circular;** → a. **Stein**(1.6) 2 ⟨400⟩ **Fahrzeuge** ~ *bewegen sich auf Rädern* □ **rodar** 2.1 ~des **Material** der Eisenbahn *Fahrzeugpark* □ ***frota de trens** 2.2 *(langsam) fahren;* das Flugzeug rollt in die Startposition □ **taxiar** 3 ⟨500/Vr 7 od. Vr 8⟩ jmdn. od. etwas ~ *drehend vorwärtsbewegen,*

schiebend wälzen; einen Felsbrocken, einen Stein zur Seite ~; er rollte sich blitzschnell zur Seite □ **rolar; girar** 4 ⟨500⟩ flache **Gegenstände** ~ *zusammenrollen, zusammenwickeln;* den Teppich soll man ~, nicht knicken; er rollt das Papier, anstatt es zu falten □ **enrolar** 4.1 ⟨Vr 7⟩ etwas rollt **sich** *wickelt sich zusammen, biegt sich ein;* das Blatt rollt sich um die verpuppte Raupe; ihr Haar rollt sich zu natürlichen Locken; der Regenwurm, die Schlange rollt sich □ **enrolar-se** 5 ⟨416 od. 500⟩ **(mit)** etwas ~ *etwas drehend bewegen, im Kreis bewegen;* den Kopf im Nacken ~ □ **girar** 5.1 die **Augen**, mit den Augen ~ *die Augäpfel heftig bewegen (vor Zorn)* □ ***revirar os olhos (de raiva)** 6 ⟨400⟩ die **See** rollt *ist heftig bewegt* □ **agitar-se** 7 ⟨400⟩ das **Schiff** rollt *schlingert u. stampft zugleich* □ **balançar** 8 ⟨400⟩ der **Donner**, das **Echo** rollt *donnert, grollt;* der Donner, das Echo rollt durch das Tal □ **ribombar; retumbar** 9 ⟨500⟩ Teig ~ *glätten, in flache Form bringen, ausrollen;* den Kuchenteig ~ □ **abrir; esticar (com rolo)** 10 ⟨500⟩ den Buchstaben r ~ *mit vibrierender Zungenspitze aussprechen* □ **vibrar**

Rol|ler ⟨m.; -s, -⟩ 1 *niedriges Fahrzeug aus zwei durch ein Brett verbundenen kleinen Rädern u. Lenkstange, auf dem man mit einem Fuß steht, Antrieb durch Abstoßen mit dem andern Fuß od. Zahnrad, das mittels Trittbretts angetreten wird;* Tret~ □ **patinete** 2 *Kraftrad, das ohne Knieschluss gefahren wird, mit sesselartigem Sitz für den Fahrer* □ **lambreta** 3 ⟨veraltet⟩ *Kutscher eines Rollwagens* □ **cocheiro** 4 ⟨Seemannsspr.⟩ *große Brandungswelle* □ **onda que quebra na praia**

Roll|feld ⟨n.; -(e)s, -er; auf Flugplätzen⟩ *sorgfältig geebnetes Gelände, Teil des Flugplatzes, auf dem Flugzeuge starten u. landen u. das in der Hauptrichtung eine meist betonierte od. mit Stahlplatten ausgelegte Start- u. Landebahn hat* □ **pista de pouso e decolagem**

Roll|kom|man|do ⟨n.; -s, -s⟩ *Kommando, Gruppe von Personen, die überfallartige, gewalttätige Einsätze durchführt* □ **grupo/comando de ataque**

Roll|la|den ⟨m.; -s, - od. -lä|den⟩ *aufrollbare Leisten od. Lamellen vor Fenstern, Türen od. Aktenschränken;* den ~ hochziehen, herunterlassen □ **persiana**

Roll|mops ⟨m.; -es, -möp|se⟩ *um ein Stück Gurke, Zwiebel u. Gewürz gerollter, entgräteter halber Hering in Marinade* □ **arenque enrolado em escabeche**

Rol|lo ⟨a. [-'-] n.; -s, -s⟩ *aufrollbarer Vorhang;* oV **Rouleau:** Holz~; Kunststoff~; Stoff~ □ **cortina rolô; estore**

Roll|schuh ⟨m.; -(e)s, -e⟩ *dem Schlittschuh ähnliches Sportgerät mit vier auf Kugellagern laufenden Rädern (an einer am Schuh zu befestigenden Stahlsohle am Schuh selbst);* ~ laufen □ **patim de rodas**

Roll|stuhl ⟨m.; -(e)s, -stüh|le⟩ *Stuhl mit Rädern für Kranke od. Körperbehinderte, der von einer Hilfskraft geschoben od. von dem Sitzenden selbst fortbewegt wird* (~fahrer) □ **cadeira de rodas**

Ro|man ⟨m.; -(e)s, -e⟩ 1 *breit ausgeführte, in Prosa abgefasste Erzählung, deren Held in seiner Auseinander-*

setzung mit der Umwelt gezeigt wird; das gibt es nur in ~en!; ein historischer, politischer, satirischer, utopischer ~; Kriminal~ **2** ⟨fig.⟩ *abenteuerliche od. ereignisreiche Begebenheit;* das ist ja ein ganzer ~; sein Leben war ein ~ □ romance **2.1** erzähl doch keine (langen) ~e! ⟨fig.; umg.⟩ *fasse dich kürzer* □ *não estique o assunto!; seja breve!

Ro|man|ci|er ⟨[rɔmãsje:] m.; -s, -s; Lit.⟩ *Romanschriftsteller* □ romancista

Ro|man|tik ⟨f.; -; unz.⟩ **1** *die geistigen Kräfte u. das Gefühl betonende künstlerische u. philosophische Bewegung in Europa, bes. in Deutschland zwischen 1794 u. etwa 1830;* die blaue Blume der ~ □ Romantismo **2** ⟨fig.⟩ *Hang zum Träumerischen, Abenteuerlichen, Fantastischen;* die ~ eines Bildes, einer Landschaft, einer Schilderung **3** *das Träumerische, Abenteuerliche, Fantastische selbst;* er hat keinen Sinn für ~ □ romantismo

ro|man|tisch ⟨Adj.⟩ **1** ⟨urspr.⟩ *romanhaft* **2** *zur Romantik gehörend, aus ihr stammend* **2.1** *Ironie spielerische Einstellung zum eigenen Werk, über das sich der Künstler selbst ironisch äußert* **3** ⟨fig.⟩ **3.1** *träumerisch, schwärmerisch* **3.2** *fantastisch, unwirklich* **3.3** *malerisch, wild;* eine ~e Landschaft □ romântico

Ro|man|ze ⟨f.; -, -n⟩ **1** *aus Spanien stammende (14. Jh.), volkstümliche, episch-lyrische Dichtung in vierzeiligen Strophen mit acht- od. siebensilbigem trochäischem Versmaß* **2** *seit Ende des 18. Jh. zuerst in Frankreich aufkommendes strophisches Gesangsstück (für ein od. zwei Singstimmen u. Klavier), später stimmungsvolles Instrumentalstück* **3** ⟨fig.; poet.⟩ *Liebesabenteuer* □ romance

Rö|mer[1] ⟨m.; -s, -⟩ *(großes, meist aus Kristall geschliffenes) farbiges Weißweinglas mit kelchförmiger Kuppe u. einem konischen, durch Ringe od. Spiralen verzierten Fuß* □ taça para vinho branco

Rö|mer[2] ⟨m.; -s, -⟩ **1** *Einwohner der Stadt Rom* **2** *Bürger des Römischen Reiches* □ romano

Rö|me|rin ⟨f.; -, -rin|nen⟩ *weibl. Römer[2]* □ romana

Rom|mé ⟨a. [-me:] n.; -s; unz.⟩ = Rommee

Rom|mee ⟨a.[-me:] n.; -s; unz.⟩ *Kartenspiel für mehrere Mitspieler, bei dem die Karten nach bestimmten Regeln zusammenhängend abgelegt werden;* oV Rommé □ rommé; rummy

Ron|dell ⟨n.; -s, -e⟩ **1** *rundes mit Schmuckpflanzen besetztes Beet;* oV Rundell □ canteiro circular **2** *runder Turm (einer Festung)* □ bastião circular **3** *kreisrunder Weg in einem Garten* □ caminho circular num jardim

Ron|do ⟨n.; -s, -s; Mus.⟩ *aus einem Rundtanz entstandenes Instrumentalstück, bei dem das Hauptstück (nach mehreren Zwischenthemen) immer wiederkehrt* □ rondó

rönt|gen ⟨V. 500⟩ **1** *Körperteile, Gegenstände ~ mit Röntgenstrahlen durchleuchten, untersuchen* □ radiografar **2** *jmdn. od. etwas ~* ⟨fig.; umg.; scherzh.⟩ *scharf beobachten* □ observar atentamente; esquadrinhar

Rönt|gen|strah|len ⟨Pl.; Phys.⟩ *elektromagnetische Strahlen mit sehr hohem Durchdringungsvermögen;* Sy X-Strahlen □ raios X

ro|sa ⟨Adj. 11⟩ *blass-, zartrot;* ein ~ (farbenes) Kleid; ~ Rosen □ cor-de-rosa

ro|sa|rot ⟨Adj. 24⟩ **1** *blassrot, hellrot, zwischen rosa u. rot* □ cor-de-rosa **2** ⟨fig.⟩ *übertrieben optimistisch, beschönigend;* alles durch eine ~e Brille sehen □ *ver tudo cor-de-rosa

Ro|se ⟨f.; -, -n⟩ **1** ⟨Bot.⟩ *Angehörige einer Gattung stacheliger Rosengewächse mit duftenden Blüten u. Steinfrüchten (Hagebutten): Rosa;* die ~n blühen, knospen, verblühen, welken **1.1** keine ~ ohne Dornen ⟨Sprichw.⟩ *alles Schöne hat auch seine Nachteile* **2** *Blüte der Rose(1);* gelbe, rosa, rote ~n; eine ~ brechen, schneiden, in die Vase stellen; einen Strauß ~n binden, verschenken □ rosa **2.1** sie ist nicht auf ~n gebettet ⟨fig.; umg.⟩ *sie hat kein leichtes Leben* □ *a vida dela não é nenhum mar de rosas **3** *der Rose(2) äußerlich Ähnliches* **3.1** *Ornament in Form einer stilisierten Rose(2), als Fensteröffnung;* Fenster~ □ rosa; roseta; rosácea **3.2** *Blatt des Kompasses* □ rosa dos ventos **3.3** ⟨Med.⟩ *schwere infektiöse Entzündung des Zellgewebes der Haut u. der Unterhaut: Erysipel* □ erisipela **3.4** ⟨Jägerspr.⟩ *Geweihansatz* □ base do chifre

ro|sé ⟨[-ze:] Adj. 11⟩ *zart-, hellrosa* □ rosado

Ro|sé[1] ⟨[-ze:] m.; -s, -s⟩ = *Weißherbst*

Ro|sé[2] ⟨[-ze:] n.; -s; unz.⟩ *rosé Farbe* □ rosado

Ro|sen|kranz ⟨m.; -es, -krän|ze; kath. Kirche⟩ **1** ⟨kath. Kirche⟩ *Kette mit Perlen, an denen sich die Zahl der gesprochenen Gebete überprüfen lässt;* einen ~ bei sich tragen **2** ⟨kath. Kirche⟩ *diese Gebete selbst (gewöhnlich 5-mal je ein Vaterunser u. 10 Ave Maria);* den ~ beten **3** rachitischer ~ ⟨Med.⟩ *eine schwere rachit. Skelettveränderung des Brustkorbes, wobei die Stellen, an denen Knochen an Knorpel grenzen, sich verdicken* □ rosário

Ro|sen|mon|tag ⟨a. ['----] m.; -(e)s, -e⟩ *Montag vor Fastnacht* □ segunda-feira de carnaval

ro|sen|rot ⟨Adj.; poet.⟩ *rot wie Rosen;* ein ~es Leuchten □ avermelhado

Ro|set|te ⟨f.; -, -n⟩ **1** *kreisrundes Ornament mit von einem Mittelpunkt strahlenförmig ausgehenden, blattförmigen Gebilden, ähnlich einer stilisierten Rose, häufig als Fensteröffnung* **2** *kleine, kreisrunde Schleife aus Stoff* **3** *Schliff von Edelsteinen, der eine runde od. ovale Grundfläche mit meist dreiseitigen Facetten ergibt* □ roseta

ro|sig ⟨Adj.⟩ **1** ⟨70⟩ *von zarter rosa Farbe;* ~e Haut, Fingernägel, Wangen □ róseo; rosado; *ein ~es Gesicht;* ~ und gesund aussehen □ corado **1.1** ~ weiß *weiß mit einem leichten rosa Schimmer* □ *branco rosado **2** ⟨fig.⟩ *gut, positiv, schön* □ cor-de-rosa **2.1** jmdm. etwas in ~en Farben schildern *von der besten Seite darstellen* □ *pintar alguma coisa de cor-de-rosa **2.2** jmds. Lage ist nicht gerade ~ ⟨umg.⟩ *ist bedenklich, schlecht* □ *sua situação está longe de ser um mar de rosas **2.3** ~er Laune sein ⟨umg.⟩ *bester L.* □ *estar de bom humor **2.4** etwas in ~em Licht, alles durch eine ~e Brille sehen *allzu optimistisch, von der besten Seite* □ *ver algo/tudo cor-de-rosa **2.5** eine ~e Zukunft vor Augen sehen *eine glückliche Z. mit besten Aussichten* □ *enxergar um futuro cor-de-rosa/promissor

Ro|si|ne ⟨f.; -, -n⟩ **1** *getrocknete Weinbeere* □ uva-passa **2** ⟨fig.; umg.⟩ *etwas Gutes, das Beste;* die ~n aus dem Kuchen picken □ *ficar com a cereja do bolo; ficar com a melhor parte* **3** ~n im Kopf ⟨fig.⟩ *große, unerfüllbare Pläne* □ *sonhar alto

Roß ⟨n.; -es, -e⟩ *Wabe;* oV ⟨mitteldt.⟩ *Roße* □ favo

Ross ⟨n.; -es, -e od. Rös|ser⟩ **1** ⟨poet.⟩ *edles Pferd;* ~ und Reiter; ein feuriges, schwarzes, weißes ~; er sitzt hoch zu ~ □ corcel **1.1** auf dem hohen ~ sitzen ⟨fig.; umg.⟩ *herablassend, überheblich sein* □ *ser arrogante; achar-se o máximo* **2** ⟨oberdt.⟩ *Pferd;* ein ~ kaufen; die Rösser einspannen □ cavalo

Ro|ße ⟨f.; -, -n; mitteldt.⟩ = *Roß*

Ros|se ⟨f.; -, -n⟩ *Brunst der Stute* □ cio da égua

Rös|sel|sprung ⟨m.; -(e)s, -sprün|ge⟩ **1** ⟨Schach⟩ *Sprung des Rössels über ein Feld geradeaus ins nächste schräg dazu liegende od. umgekehrt* □ salto do cavalo **2** *Rätselart, bei der Wortteile über die Felder einer Figur verteilt sind, die nach Art des Sprungs vom Rössel im Schachspiel in ihrer richtigen Reihenfolge gesucht werden müssen* □ charada

Rost[1] ⟨m.; -(e)s, -e⟩ *Gitter aus mehreren dünnen nebeneinanderliegenden Holz-, Stahl- od. Eisenstäben; Gitter~, Grill~, Latten~;* der ~ ist durchgebrannt; auf dem ~ braten, rösten □ grelha; grade

Rost[2] ⟨m.; -(e)s; unz.⟩ **1** *rötlich brauner, bröckliger Belag auf Eisen u. Stahl aus Eisenoxid;* den ~ vom Eisen abkratzen, entfernen; ~ ansetzen; der ~ zerfrisst das Eisen; Eisen von ~ säubern, vor ~ schützen **2** ⟨Bot.⟩ *durch einen Rostpilz hervorgerufene Pflanzenkrankheit* □ ferrugem

ros|ten ⟨V. 400⟩ **1** Eisen rostet *setzt Rost an, oxydiert* □ enferrujar; oxidar-se **2** rast' ich, so rost' ich ⟨Sprichw.⟩ *ohne Betätigung wird der Mensch träge u. geistig stumpf* □ *se eu parar, enferrujo* **3** alte Liebe rostet nicht ⟨umg.⟩ *alte Liebe bleibt lange lebendig* □ enferrujar

rös|ten[1] ⟨V. 500⟩ etwas ~ **1** *ohne Zusatz von Fett od. Wasser durch Erhitzen bräunen;* Brot, Kaffee, Getreide ~ □ torrar **2** ⟨Kochk.⟩ *auf dem Rost, in der Pfanne braten;* Kartoffeln ~ □ grelhar; tostar **3** ⟨Met.⟩ *unter Luftzutritt erhitzen;* schwefelhaltige Erze ~ □ calcinar

rös|ten[2] ⟨V. 500⟩ Fasern ~ ⟨Textilw.⟩ **1** *mürbe werden lassen, in fließendem Wasser wässern, damit die holzigen Teile faulen u. entfernt werden;* Flachs, Hanf ~ **2** *durch Einfluss von Chemikalien innerhalb von 3 bis 4 Stunden aufschließen* □ macerar

röst|frisch ⟨Adj. 24⟩ *frisch geröstet;* der Kaffee ist ~ verpackt □ recém-torrado

rot ⟨Adj. 23⟩ **1** *wie Blut, wie Feuer gefärbt;* ~ wie Blut; das Kind hat gesunde, ~e Backen; ihre ~en Lippen; ihr ~er Mund; Trinker haben oft eine ~e Nase; ~e Nase; sie hat ~e Augen (vom vielen Lesen, vom Weinen, von Übernächtigkeit); sie hat ~es Haar; sie wurde vor Aufregung, Scham, Verlegenheit ~ bis über beide Ohren; vor Zorn ~ anlaufen; ~e Grütze mit Vanillesoße; sie trug ein ~es Kleid; im Feld blüht ~er Mohn; Salat aus Roten Be(e)ten; der Lehrer korrigierte mit ~er Tinte; er schenkte ihr einen Strauß ~er Rosen als Zeichen seiner Liebe; das ~e Ass ⟨Kart.⟩ □ vermelho **1.1** diesen Tag werde ich mir im Kalender ~ anstreichen ⟨a. fig.⟩ *bes. merken, er wird sich mir einprägen* □ *esse é um dia que vou marcar no calendário* **1.2** viel ~e Tinte verbrauchen *viel (an der schriftlichen Arbeit) korrigieren* □ vermelho **1.3** sein Name wirkt sehr wie ein ~es Tuch auf mich *wirkt sehr aufreizend auf mich, reizt mich zur Wut* □ *só de ouvir seu nome já fico irritado* **1.4** er, sie ist für mich ein ~es Tuch ⟨fig.; umg.⟩ *ich kann ihn, sie nicht ausstehen* □ *não o/a suporto* **1.5** ~es Gold *mit Kupfer legiertes G.* □ vermelho **1.6** ~er Faden *in das Tauwerk der englischen Marine eingewebter roter wollener Faden* □ vermelho **1.6.1** ⟨fig.⟩ seit Goethes „Wahlverwandtschaften", 2. Teil, 2. Kap.⟩ Leitmotiv, Leitgedanke, Verbindungslinie, Fortlauf der Entwicklung; der ~e Faden eines Buches, Theaterstückes, Vortrages; das Motto zieht sich als ~er Faden durch die ganze Erzählung □ *fio condutor; tema central* **1.7** ~er Wein *Rotwein* □ tinto **1.13** ~e Welle ⟨scherzh.⟩ *zentrale Regelung des Verkehrs in Großstädten, die sich zeitweise so auswirkt, dass Autofahrer an jeder Straßenkreuzung rotes Licht vorfinden u. so stets halten müssen;* Ggs grüne Welle, → grün(1.16) □ *onda vermelha; semáforos sincronizados no vermelho* **1.9** ⟨60⟩ Rotes Kreuz ⟨Abk.: R. K.⟩ *in Genf 1863/64 gegründete internationale Organisation, die im Krieg das Los der Kriegsopfer zu mildern sucht u. den neutralen Vermittler in allen Fragen spielt, die die Verwundeten u. Gefangenen betreffen* **1.10** Rotes Kreuz *internationale Schutzzeichen des Roten Kreuzes(1.9):* Kreuz auf weißem Feld **1.11** ⟨60⟩ der Rote Davidstern ⟨in Israel für⟩ *Rotes Kreuz* **1.12** ⟨60⟩ Roter Halbmond ⟨in islamischen Ländern für⟩ *Rotes Kreuz* **1.13** Rote Johannisbeere ⟨Bot.⟩ *zu den Steinbrechgewächsen gehörender Strauch mit roten wohlschmeckenden Beerenfrüchten: Ribes spicatum* **1.14** ~es Eisenholz *Holz das aus dem Norden Irans stammenden Baumes: Parrotia persica* **1.15** ~e Blutkörperchen *B., das mit Hilfe des Blutfarbstoffes Sauerstoff u. Kohlendioxid befördert;* Ggs weißes Blutkörperchen, → weiß(2.5) **1.16** Rote Liste *Liste der vom Aussterben bedrohten Pflanzen- u. Tierarten* **2** ⟨umg.⟩ *linksgerichtet, sozialistisch, kommunistisch;* die ~en Studentengruppen repräsentieren eine Minderheit an der Universität **2.1** ⟨60⟩ Rote Zelle *marxistisch orientierte Gruppe (bes. an Universitäten)* **2.2** ⟨60⟩ die Rote Armee ⟨Kurzform für⟩ *die Rote Arbeiter- u. Bauernarmee, von 1918 bis 1946 die offizielle Benennung für das Heer der Sowjetunion* □ vermelho **3** ⟨Getrennt- u. Zusammenschreibung⟩ **3.1** ~ glühend = *rotglühend*

Rot ⟨n.; -s, -⟩ **1** *rote Farbe, Farbe des Blutes, Feuers;* ein dunkles, helles, reines, sattes, tiefes ~; das ~ der Abend-, Morgensonne; ~ ist die Farbe der Liebe; sie war ganz in ~ gekleidet □ vermelho **1.1** die Vorhänge spielen ins ~e *haben einen rötlichen Farbton* □ *as cortinas puxam para o vermelho* **2** ⟨Kart.⟩ *Spiel-*

kartenfarbe, Herz u. Karo; ~ anspielen, ausspielen ☐ **naipes vermelhos**
Ro|ta|ti|on ⟨f.; -, -en⟩ *Drehung, Umdrehung (eines Körpers od. einer Fläche) um eine Achse* ☐ **rotação**
rot|blond ⟨Adj. 24⟩ *blond mit rötlichem Schimmer;* ~es Haar ☐ **louro avermelhado**
Rö|te ⟨f.; -; unz.⟩ *rote Farbe, das Rotsein;* die ~ des Abendhimmels, der Wolken; die frische ~ ihrer Backen, Wangen; die ~ stieg ihr ins Gesicht; sein Vorwurf trieb ihr die ~ ins Gesicht; vor Schüchternheit war ihr Gesicht von glühender ~ übergossen; die erste ~ zeigte sich am Morgenhimmel ☐ **vermelho; vermelhidão; rubor**
Rö|teln ⟨Pl.; Med.⟩ *Infektionskrankheit mit Hautausschlag (linsengroße rosarote Flecken) u. Lymphknotenschwellung: Rubeola* ☐ **rubéola**
rö|ten ⟨V. 500⟩ **1** *etwas rötet etwas färbt etwas rot;* die Bergspitzen, die Wolken sind von der Abendsonne gerötet; mit geröteten Augen nahm sie Abschied ☐ **avermelhar 2** ⟨Vr 3⟩ *etwas rötet sich etwas wird rot, errötet;* ihr Gesicht rötete sich vor Verlegenheit; die Blätter ~ sich im Herbst ☐ **avermelhar-se; enrubescer(-se) 2.1** *reif werden;* die Kirschen, Erdbeeren begannen sich zu ~ ☐ **amadurecer**
Rot|fuchs ⟨[-fuks] m.; -es, -füch|se⟩ **1** *Pferd mit rotbraunem Deckhaar* ☐ **alazão 2** *das rote Sommerfell eines Fuchses* ☐ **pele de raposa vermelha**
rot|glü|hend *auch:* **rot glü|hend** ⟨Adj. 24/70; fachsprachl. meist Zusammenschreibung⟩ *(bei starkem Erhitzen) in roter Farbe glühend (von Eisen, Kohle)* ☐ **candente; em brasa**
ro|tie|ren ⟨V. 400⟩ *Körper ~ drehen sich gleichmäßig u. anhaltend um eine Achse* ☐ **girar**
röt|lich ⟨Adj.⟩ *etwas rot, rot schimmernd;* ~ weiß ☐ **avermelhado**
Rot|licht ⟨n.; -(e)s; unz.⟩ *durch Rotlichtlampen mit roten Glühbirnen od. rotem Filter erzeugtes langwelliges rotes Licht;* einen Film bei ~ entwickeln; sich bei Muskelschmerzen, Erkältung mit ~ bestrahlen lassen ☐ **luz vermelha**
rot|se|hen ⟨V. 239/400; umg.⟩ *sehr wütend, gereizt werden, die Beherrschung verlieren;* wenn sie ihn trifft, sieht sie rot; nach der Beleidigung hat er nur noch rotgesehen ☐ **ficar fulo/furioso**
Rot|te ⟨f.; -, -n⟩ **1** *Abteilung, Gruppe,* ~ **seção; grupo; equipe 1.1** ⟨Mil.⟩ *drei im Glied nebeneinander marschierende Soldaten* ☐ **fila; pelotão 1.2** ⟨Mil.⟩ *zwei zusammen fliegende Flugzeuge od. zwei zusammen fahrende Schiffe* ☐ **esquadrilha; flotilha;** → *a.* **blind**(5.1) **1.3** ~ *Korah* ⟨AT⟩ *von Korah, dem Urenkel Levis, angeführte Gruppe, die sich gegen Moses empörte* ☐ *****grupo de Coré 1.3.1** ⟨danach fig.; umg.⟩ *aufrührerische Horde* ☐ **bando de desordeiros/badernosos 1.4** ⟨verächtlich⟩ *Bande, Haufe, Gruppe von Kriminellen;* eine ~ Jugendlicher machte die Straßen unsicher ☐ **quadrilha; gangue; bando 2** ⟨Jägerspr.⟩ *Gruppe von Sauen od. Wolfen* ☐ **manada; alcateia 3** ⟨nddt.⟩ *Gerät zum Rösten des Flachses, Flachsröste* ☐ **macerador**
Rot|wein ⟨m.; -(e)s, -e⟩ *roter Wein aus blauen Trauben;* ein Glas ~ trinken ☐ **vinho tinto**

Rübe

Rotz ⟨m.; -es; unz.⟩ **1** *Nasenschleim;* den ~ von der Nase abwischen ☐ **muco 1.1** ~ *und* **Wasser** *heulen heftig weinen (bes. von Kindern)* ☐ ***chorar como um bezerro desmamado* 2** ⟨Vet.⟩ *mit Knötchen u. Geschwüren in Haut u. Unterhaut verbundene Infektionskrankheit der Einhufer* ☐ **mormo**
rot|zig ⟨Adj.⟩ **1** *voller Rotz(1)* ☐ **mucoso 2** *an Rotz(2) leidend* ☐ **mormoso 3** ⟨umg.; derb⟩ *schmutzig, frech, respektlos* ☐ **descarado; cara de pau**
Rouge ⟨[ruːʒ] n.; -s, -s⟩ *rote Schminke für die Wangen, Wangenrot;* ~ auflegen ☐ **ruge**
Rou|la|de ⟨[ru-] f.; -, -n⟩ **1** ⟨Kochk.⟩ *dünne Scheibe Fleisch (auch Gemüseblatt), die (mit Speck, Zwiebeln u. a.) gefüllt, zusammengerollt u. geschmort wird* ☐ **enroladinho 2** ⟨altere Mus.⟩ *schnell rollender, virtuoser Lauf* ☐ **trilo**
Rou|leau ⟨[ruloː] n.; -s, -s⟩ = **Rollo**
Rou|lett ⟨[ru-] n.; -(e)s, -e od. -s⟩ = **Roulette**
Rou|lette ⟨[rulɛt] n.; -(e)s, -s⟩ *oV* **Roulett 1** *ein Glücksspiel, bei dem eine Kugel in einem Apparat mit einer drehbaren Scheibe mit schwarzen u. roten nummerierten Feldern über den Gewinn entscheidet* **2** *drehbare Scheibe für das Roulette(1)* ☐ **roleta**
Round Ta|ble *auch:* **Round Tab|le** ⟨[raund teɪbl] m.; -, -, - -⟩ *runder Tisch (an dem ein Gespräch mit allen Beteiligten eines Konfliktes od. Problems geführt wird);* an einer **Round-Table-Konferenz** teilnehmen ☐ **mesa-redonda**
Rou|te ⟨[ruːtə] f.; -, -n⟩ *(vorgeschriebener od. geplanter) Reise-, Schiffs-, Flugweg* ☐ **rota**
Rou|ti|ne ⟨[ru-] f.; -; unz.⟩ **1** *Übung, Geschicklichkeit, Erfahrung;* (keine) ~ in einer Sache haben ☐ **experiência; prática 2** ⟨meist abwertend⟩ *gewohnheitsmäßiges Verhalten, ohne echtes Engagement ausgeführte Handlung;* etwas aus reiner ~ machen **3** ⟨EDV⟩ *Programm(4), das häufig verwendet wird, nicht erst geschrieben zu werden braucht* ☐ **rotina**
Rou|ti|ni|er ⟨[rutinje] m.; -s, -s⟩ **1** *jmd., der Routine(1) besitzt, in einer Arbeit erfahren, geübt ist* ☐ **pessoa experiente 2** ⟨meist abwertend⟩ *jmd., der aus Routine(2) handelt, etwas routinemäßig macht, kein Engagement zeigt* ☐ **rotineiro**
rou|ti|niert ⟨[ru-] Adj.⟩ *geschickt, gewandt, geübt, erfahren* ☐ **experiente**
Row|dy ⟨[raʊdɪ] m.; -s, -s⟩ *(meist junger) streitsüchtiger, ungehobelter, unflätiger Mensch, Raufbold* ☐ **encrenqueiro; brigão**
rub|beln ⟨V. 500; bes. norddt.⟩ *jmdn. od. etwas ~ reiben, reibend trocknen;* jmdm. den Rücken ~ ☐ **esfregar**
Rü|be ⟨f.; -, -n⟩ **1** ⟨Bot.⟩ *ganz oder teilweise verdickte pflanzliche Pfahlwurzel, die als Nahrungs-, Futtermittel oder zur Zuckergewinnung dient;* rote, weiße ~n; ~n anbauen, füttern, hacken **1.1** ~n *verziehen, ziehen in den Reihen der gesäten Pflänzchen nur in bestimmten Abständen Pflanzen stehen lassen, die übrigen ausziehen* ☐ **nabo; beterraba;** → *a.* **gelb**(1.4), **Kraut**[1](6.1) **2** ⟨fig.; umg.⟩ *Kopf;* er hat eins auf die ~ bekommen ☐ **cabeça; cachola**

Ru|bin ⟨m.; -s, -e⟩ *sehr wertvoller Edelstein von einem satten Rot* □ **rubi**

Ru|brik *auch:* **Rub|rik** ⟨[-bri:k] f.; -, -en⟩ **1** *Titel, Überschrift* □ **rubrica; título 2** ~ *einer* Zeitung *Spalte, Abschnitt* □ **coluna 3** ~ *eines Ordnungssystems Klasse, Abteilung* □ **rubrica; categoria**

ruch|bar ⟨Adj. 24; geh.⟩ *durch Gerücht bekannt, ins Gespräch gekommen;* die Sache wurde ~ □ **público; notório**

ruch|los ⟨Adj.; geh.⟩ *gewissenlos, niederträchtig, gemein, ehrfurchtslos, verrucht;* ein ~er Mensch; ein ~es Verbrechen; etwas ~ vernichten; jmdn. ~ umbringen □ **(de modo) perverso/infame**

Ruck ⟨m.; -(e)s, -e⟩ **1** *plötzlicher Zug (am Zügel, Seil), Stoß, Erschütterung, kurzes, heftiges Anreißen od. Stemmen;* mit einem ~ anfahren; mit einem ~ raffte er sich auf □ **puxão; tranco; solavanco 1.1** *auf einen ~ auf einmal, plötzlich;* □ ***de uma só vez; de repente 1.2** du musst dieser Sache einmal einen ~ geben ⟨fig.; umg.⟩ *einen Anstoß, sie vorantreiben* □ ***você precisa fazer essa questão avançar 1.3** sich einen ~ geben ⟨fig.; umg.⟩ *sich (zu etwas) überwinden* □ ***fazer um esforço; tomar coragem 1.4** die Wahl ergab einen ~ nach links, rechts *einen plötzlichen Stimmengewinn einer links-, rechtsgerichteten politischen Partei* □ **guinada; virada**

ruck! ⟨Int.⟩ *(Ausruf zum Anfeuern, bes. beim Heben u. Transportieren schwerer Gegenstände);* hau ~!, ho ~!, ~, zuck! □ ***força!**

rück|be|züg|lich ⟨Adj. 24/70⟩ = *reflexiv(1)*

Rück|blick ⟨m.; -(e)s, -e; fig.⟩ *(geistiger) Blick zurück, Erinnerung an Vergangenes;* ein kurzer, kritischer ~ □ **retrospecto; olhar retrospectivo**

ru|cken ⟨V. 400⟩ **1** *sich mit einem Ruck bewegen, sich plötzlich abstoßen;* der Zug ruckte und blieb wieder stehen □ **mover-se aos trancos; dar solavancos 2** ⟨411⟩ an etwas ~ *einen kurzen Stoß, Zug auf etwas ausüben;* er hat am Schrank geruckt; der Hund ruckte an der Leine □ ***tentar mover alguma coisa; puxar alguma coisa 3** Tauben ~ *gurren* □ **arrulhar**

rü|cken ⟨V.⟩ **1** ⟨400⟩ *sich (mit einem Ruck) bewegen (in eine bestimmte Richtung), Platz machen;* der Zeiger der Bahnhofsuhr ist um eine Minute gerückt; kannst du ein Stückchen ~? □ **mover(-se) 1.1** an jmds. Seite ~ *sich dicht zu jmdm. setzen* □ ***sentar-se junto/ao lado de alguém 1.2** nicht von der Stelle ~ *nicht weichen, sich nicht bewegen (lassen)* □ ***não se mover; não sair do lugar 1.3** an jmds. Stelle ~ ⟨a. fig.⟩ *jmds. S. einnehmen, besetzen* □ ***tomar o lugar de alguém 1.4** jmdm. auf den Pelz ~ ⟨fig.; umg.⟩ *sich jmdm. aufdrängen* □ ***ficar no pé de alguém 1.5** dieses Problem rückt zum ersten Mal in unser Blickfeld ⟨fig.⟩ *wir werden zum ersten Mal darauf aufmerksam* □ ***é a primeira vez que esse problema chama nossa atenção 2** ⟨411⟩ Truppen ~ *irgendwohin ziehen, begeben sich irgendwohin;* die Truppen ~ ins Feld □ **marchar 3** ⟨500⟩ etwas ~ *an einen anderen Platz schieben, verschieben;* den Tisch an die Wand ~; den Schrank zur Seite ~ □ **empurrar 3.1** ⟨411⟩ an etwas ~ *etwas durch Schieben bewegen;* er rückte nervös an seiner Krawatte □ **mexer 3.1.1** daran ist nicht zu ~ *es ist nicht zu ändern* □ **mexer; alterar 3.2** ⟨416⟩ mit den Stühlen ~ *schiebend (hin u. her) bewegen* □ ***empurrar as cadeiras**

Rü|cken ⟨m.; -s, -⟩ **1** *der Bereich von der Schulter- bis zur Lendengegend auf der Rückseite des menschl. Rumpfes;* ein breiter, krummer, schmaler, schwacher, starker ~; jmdm. den ~ zudrehen; ~ an ~ stehen; auf dem ~ schlafen; den Rucksack auf dem ~ tragen; eine Last auf den ~ nehmen; sich mit dem ~ anlehnen; ich stand mit dem ~ zur Tür; ein schöner ~ kann auch entzücken ⟨Sprichw.⟩ □ **costas 1.1** es lief mir kalt den ~ hinunter *(vor Angst, Grauen, Kälte)* ich erschauerte □ ***senti um calafrio percorrer a espinha 1.2** jmdm. auf den ~ legen *jmdn. zu Fall bringen* □ ***derrubar alguém 1.3** auf dem ~ liegen ⟨a. fig.⟩ *umg.⟩ faulenzen* □ ***ficar de papo para o ar 1.4** jmdm. od. einer Sache den ~ kehren, zukehren, wenden, zuwenden ⟨a. fig.⟩ *sich von jmdm. od. einer S. abwenden, abkehren;* das Glück hat uns den ~ gewandt □ ***dar/virar as costas para alguém ou alguma coisa 1.5** jmdm. den ~ stärken ⟨fig.⟩ *beistehen, Recht geben, jmdn. ermutigen, seines Beistandes versichern* □ ***dar apoio a alguém 1.6** man hat ihm den ~ gebeugt, gebrochen ⟨fig.; umg.⟩ *ihn unterwürfig, ergeben gemacht* □ ***fizeram com que ele se curvasse/submetesse 1.7** der verlängerte ~ ⟨fig.; scherzh.⟩ *das Gesäß* □ ***o traseiro 1.8** etwas hinter jmds. ~ besprechen, tun ⟨fig.⟩ *heimlich, ohne jmds. Wissen* □ ***falar alguma coisa pelas costas de alguém,** → a. *hohl(2.1), krumm(1.1), verlängern(1.2)* **2** *Oberseite des tierischen Rumpfes;* es gelang ihm nicht, sich auf dem ~ des Pferdes zu halten □ **lombo 3** *Rückseite 3.1* im ~ ~ *auf der Rückseite, (von) hinten;* im ~ des Feindes **3.1.1** beim Fotografieren hatte ich die Sonne im ~ *kam das Sonnenlicht von hinten* □ ***nas costas; atrás 3.2** jmdn. od. etwas im ~ haben ⟨fig.⟩ *sich auf jmdn. od. etwas stützen können;* er hat seine einflussreiche Verwandtschaft im ~ □ ***ter as costas quentes 3.3** jmdm. den ~ decken ⟨fig.; umg.⟩ *jmdn. gegen Angriffe, Vorwürfe schützen, Angriffen od. Vorwürfen gegen jmdn. vorbeugen* □ ***dar cobertura a alguém; defender alguém 3.4** jmdm. in den ~ fallen ⟨fig.⟩ *jmdn. hinterrücks angreifen, gegen ihn sprechen, nicht in seinem Sinne handeln* □ ***apunhalar alguém pelas costas 4** *dem Rücken(1,2) ähnlicher oberer oder hinterer Teil eines Gegenstandes* □ **costas; dorso 4.1** *Oberseite;* Berg~ □ ***cumeada;** Fuß~; Hand~; Nasen~ □ **dorso,** Messer~ □ **costas; dorso 4.2** *die Seite an eingebundenen Büchern, an der die Blätter befestigt sind;* Buch~ □ **lombada 4.3** *(hintere) Lehne;* Stuhl~ □ **encosto 5** ⟨Getrennt- u. Zusammenschreibung⟩ **5.1** ~ schwimmen = *rückenschwimmen*

Rü|cken|de|ckung ⟨f.; -; unz.; fig.⟩ **1** *Sicherung vor Angriffen aus dem Hinterhalt;* eine starke, sichere ~ haben □ **cobertura da retaguarda 2** ⟨fig.⟩ *Sicherung gegen mögliche Vorwürfe;* bei jmdm. ~ finden; sich eine ~ verschaffen □ **apoio; suporte**

rü|cken|schwim|men ⟨V. 400; nur im Inf. üblich⟩ *auch:* **Rü|cken schwim|men** ⟨V. 235/400(s.) od. (h.)⟩ *auf dem Rücken schwimmen;* er kann noch nicht ~; du schwimmst Rücken □ **nadar de costas**

Rück|fahrt ⟨f.; -, -en⟩ *Fahrt vom Ziel zum Ausgangspunkt zurück;* Ggs *Hinfahrt* □ **volta; retorno**

Rück|fall ⟨m.; -(e)s, -fäl|le⟩ **1** *Rückkehr in einen früheren (schlechteren) Zustand;* ein ~ in alte Gewohnheiten □ **recaída 2** ⟨Med.⟩ *Wiederauftreten einer scheinbar überwundenen Krankheit;* Sy *Rückschlag(4);* ein plötzlicher, heftiger ~; der Patient erlitt einen unerwarteten ~ □ **recidiva; recaída 3** ⟨Rechtsw.⟩ *erneute Begehung der gleichen Straftat nach verbüßter Strafe;* Diebstahl im ~ □ **recidiva; reincidência 4** ⟨veraltet⟩ Hcim , *Anheimfall, Zurückkehren von Gütern an den ursprünglichen Besitzer* □ **devolução**

Rück|gang ⟨m.; -(e)s; unz.; fig.⟩ *Verringerung, Verschlechterung, Verfall;* ein ~ der Bevölkerung, eines Börsenpapiers, des Exports, des Geschäftsumsatzes, der Preise; in der Erzeugung ist ein ~ zu befürchten, eingetreten, zu verzeichnen □ **diminuição; queda; retrocesso**

Rück|grat ⟨n.; -(e)s, -e⟩ **1** ⟨Anat.⟩ = *Wirbelsäule;* ein verkrümmtes, gerades ~ **2** ⟨fig.⟩ *Stütze, Grundlage;* das gute Bildungssystem ist das ~ der finnischen Wirtschaft 2.1 das hat ihm wirtschaftlich das ~ gebrochen ⟨fig.; umg.⟩ *ihn wirtschaftlich vernichtet* □ **espinha dorsal; coluna vertebral 3** ⟨fig.⟩ *innere Festigkeit, Mut, zu seiner Überzeugung zu stehen;* ein Mensch ohne ~; ~ haben, zeigen □ **firmeza; fibra**

Rück|halt ⟨m.; -(e)s; unz.⟩ **1** *Halt, Stütze;* ich habe keinen, einen starken ~ an ihm; durch seine Eltern hat er finanziellen ~; ihm fehlt jeder moralische ~ □ **apoio; amparo 2** ⟨veraltet⟩ *Vorbehalt;* etwas ohne ~ anerkennen □ **reserva**

Rück|kehr ⟨f.; -; unz.⟩ *das Zurückkehren, Zurückkommen, Heimkehr, Fahrt zum Ausgangspunkt zurück, Heimreise;* wir erwarten heute seine ~; auf jmds. ~ warten; nach seiner ~ □ **volta; retorno**

rück|läu|fig ⟨Adj. 24⟩ **1** *sich rückwärtsbewegend, rückwärtsgewandt, zu dem Ausgangspunkt zurückgehend;* ~e Bewegung, Entwicklung □ **retrógrado,** die Investitionen sind zurzeit ~ □ **em retrocesso/declínio 2** ~es **Wörterbuch** ⟨Sprachw.⟩ *W., in dem die Stichwörter vom hinteren her bis zum Wortanfang hin durchgehend alphabetisch geordnet sind* □ **inverso**

rück|lings ⟨Adv.⟩ **1** *rückwärts, nach hinten, mit dem Rücken nach vorn od. nach unten;* ~ ins Wasser stürzen; er saß ~ auf dem Stuhl □ **de costas 1.1** jmdn. ~ angreifen *aus dem Hinterhalt* □ **pelas costas**

Ruck|sack ⟨m.; -(e)s, -sä|cke⟩ *auf dem Rücken getragener Sack aus Stoff, Leder od. Kunststoff;* ein schwerer ~; einen ~ packen, auf dem Rücken tragen □ **mochila**

Rück|schlag ⟨m.; -(e)s, -schlä|ge⟩ **1** *das Zurückschlagen, z. B. des Balles* □ **rebote; ricochete 2** *Rückstoß, Rückprall* □ **recuo; rechaço,** der ~ eines Gewehres □ **coice 3** ⟨fig.⟩ *ungünstige Wendung nach anfänglich günstiger Entwicklung;* er hat seinen geschäftlichen ~ überwunden □ **revés; revertério 4** ⟨Med.⟩ = *Rückfall(2);* der Patient erlitt einen ~ □ **recidiva; recaída**

Rück|schluss ⟨m.; -es, -schlüs|se⟩ *logischer Schluss einer gedanklichen Überlegung auf eine vorangegangene;* den ~ ziehen, dass...; sein Verhalten legt den ~ nahe, dass... □ **conclusão; inferência**

Rück|schritt ⟨m.; -(e)s, -e; fig.⟩ *Verschlechterung, Rückfall in scheinbar Überwundenes;* Ggs *Fortschritt;* gegen den ~ kämpfen □ **retrocesso**

Rück|sicht ⟨f.; -, -en⟩ **1** *Achtsamkeit auf die Interessen, Gefühle usw. anderer;* ~ nehmen auf jmdn. od. etwas; ~ üben gegenüber jmdm.; er kennt keine ~; etwas mehr ~ verlangen; er hat es an der nötigen ~ fehlen lassen; aus ~ auf seine kranke Mutter hat er abgesagt; mit ~ auf seine Gesundheit; er ging ohne jede ~ vor; ohne ~ auf mich zu nehmen, hat er ... □ **consideração; respeito; atenção,** aus finanziellen, geschäftlichen ~en □ **razão 1.1** ohne ~ auf Verluste ⟨fig.; umg.⟩ *rücksichtslos, unter allen Umständen* □ ***custe o que custar**

rück|sichts|los ⟨Adj.⟩ **1** *ohne Rücksicht handelnd, die Interessen u. Gefühle anderer nicht beachtend, selbstsüchtig* □ **sem consideração; insensível 2** *hart, streng, unnachgiebig;* ~ gegen jmdn. vorgehen □ **(de modo) inflexível/intransigente**

rück|sichts|voll ⟨Adj.⟩ *voller Rücksicht, Rücksicht nehmend* □ **atencioso; cortês**

Rück|spra|che ⟨f.; -, -n⟩ **1** *erkundende Besprechung über eine bestimmte Frage* **2** *(als Vermerk auf Geschäftsvorgängen) Aufforderung an den Bearbeiter, sich zu rechtfertigen od. die Sache zu erläutern;* etwas durch eine ~ klären; laut, nach ~ mit Herrn X □ **colóquio; conversa; consulta 2.1** mit jmdm. ~ nehmen *sich mit jmdm. besprechen* □ ***consultar alguém; conferenciar com alguém**

Rück|stand ⟨m.; -(e)s, -stän|de⟩ **1** *zurückbleibender Stoff beim Filtern, Auspressen usw., Bodensatz, Abfall;* Rückstände von chemischen Schutzmitteln in Pflanzen; im Glas blieb ein dunkler ~ □ **resto; resíduo 2** *unbezahlter Rest einer Rechnung;* alle Rückstände eintreiben, bezahlen □ **atrasados 3** *Verzug;* er ist mit seiner Arbeit, seinen Zahlungen in ~ geraten; er ist mit den Raten im ~ □ **atraso**

rück|stän|dig ⟨Adj.⟩ **1** (90) *restlich, übrig bleibend, noch unbeglichen;* ~e Zahlungen □ **vencido; atrasado,** mit 50 € ~ sein □ ***estar devendo 50 €2** ⟨fig.⟩ *überholten Ansichten anhängend, nicht fortschrittlich;* ~e Ansichten □ **retrógrado; antiquado 3** *auf niederer Entwicklungsstufe verharrend;* ein wirtschaftlich ~es Land □ **atrasado; subdesenvolvido**

Rück|tritt ⟨m.; -(e)s, -e⟩ **1** *Verzicht auf ein staatsleitendes Amt;* Sy *Demission(1);* der ~ eines Ministers, Kabinetts; seinen ~ erklären, anbieten □ **demissão; renúncia 2** *die rückwirkende Vernichtung eines Vertrages durch einseitige Erklärung* □ **rescisão; anulação 3** ~ vom Versuch ⟨Rechtsw.⟩ *ein Verhalten, das den Versuch als solchen straflos macht* □ **desistência 4** *Verzicht auf eine Vergünstigung* □ **renúncia**

rück|wär|tig ⟨Adj. 24/60⟩ *hinter jmdm. od. etwas befindlich, auf der Rückseite liegend;* die ~e Seite eines Hauses; ~e Zimmer; ~er Ausgang, Eingang □ **posterior; de trás; dos fundos**

rück|wärts ⟨Adv.⟩ **1** *mit dem Rücken zuerst; Ggs vorwärts(1)* ☐ **de costas 2** *nach hinten, zurück, der ursprüngl. Bewegung entgegengesetzt; zwei Schritte ~!* ☐ **para trás**

rück|wärts||fah|ren ⟨V. 130/400(s.)⟩ *im Rückwärtsgang fahren* ☐ **dar marcha a ré**

rück|wärts||ge|hen ⟨V. 145/400(s.)⟩ **1** *mit dem Rücken vorangehen;* er kann rückwärtsgehen ☐ **andar de costas 2** ⟨fig.⟩ umg.⟩ *sich verschlechtern, zurückgehen;* mit seinem Geschäft, seiner Laufbahn soll es rückwärtsgehen ☐ **andar para trás; retroceder**

rück|wei|se ⟨Adv.⟩ *in Rucken, Stößen, stoßweise; sich ~ vorwärtsbewegen; ein Tau ~ anziehen* ☐ **aos trancos; aos solavancos**

Rück|wir|kung ⟨f.; -, -en⟩ **1** *Wirkung des Wirkenden od. die wirkende Kraft zurück;* die wechselseitige, vorteilhafte ~ ☐ **repercussão; reflexo 2** *Wirkung eines Gesetzes, einer Willenserklärung usw. auf einen bestimmten Zeitraum vorher;* Gehaltserhöhung mit ~ zum 1. Mai ☐ **retroatividade**

Rück|zie|her ⟨m.; -s, -; fig.; umg.⟩ **1** ⟨fig.; umg.⟩ *Aufgabe zu hoch gespannter Ziele, Verkleinerung zu großer Pläne, halber Widerruf, Einlenken* ☐ **recuada; mudança de opinião**; einen ~ machen ☐ ***recuar 2** ⟨Fußb.⟩ *das Schießen des Balls über den eigenen Kopf nach rückwärts* ☐ **bicicleta**

Rück|zug ⟨m.; -(e)s, -züge⟩ **1** *Rückwärtsbewegung (bes. von Truppen), das Sichzurückziehen, Sichabsetzen vom Feind, geordnete Flucht* ☐ **retirada 1.1** *den ~ antreten* ⟨fig.⟩ *ein Vorhaben, einen Plan aufgeben* ☐ ***desistir; bater em retirada**

rü|de ⟨Adj.⟩ *rau, ungeschliffen, roh;* ein ~s Benehmen; eine ~ Schlägerei; einen ~n Ton anschlagen ☐ **rude; grosseiro**

Rü|de ⟨m.; -n, -n⟩ *Männchen (von Hund, Wolf, Fuchs u. der Marderfamilie)* ☐ **macho**

Ru|del ⟨n.; -s, -⟩ **1** *zusammenlebende Gruppe (von Hirschen, Gämsen, Rehen, Wölfen)* ☐ **rebanho; manada; alcateia 2** ⟨fig.; umg.⟩ *Schar, Ansammlung, große Gruppe;* ein ~ von Kindern ☐ **turma; bando**

Ru|der ⟨n.; -s, -⟩ **1** *Steuer, Vorrichtung zum Steuern (eines Schiffes od. Flugzeugs);* das ~ halten ☐ **leme 1.1** *das ~ der Regierung, des Staates führen, halten* ⟨fig.⟩ *an der Spitze der R. stehen* **1.2** *am ~ sein* ⟨fig.; umg.⟩ *an der Macht* **1.3** *am ~ sitzen* ⟨fig.; umg.⟩ *die Macht ausüben, bestimmen* ☐ ***estar no comando 1.4** *ans ~ kommen* ⟨fig.; umg.⟩ *an die Macht, in eine einflussreiche Stellung kommen* ☐ ***chegar ao poder 2** ⟨volkstüml.⟩ *an einem Ende breitflächig verbreitete Stange zur Fortbewegung eines Ruderbootes; Sy Riemen²;* den ~ auslegen, einziehen ☐ **remo 2.1** *sich kräftig in die ~ legen* **2.1.1** *kräftig rudern* ☐ ***remar com força 2.1.2** ⟨fig.; umg.⟩ *die Arbeit kräftig anpacken* ☐ ***colocar a mão na massa 3** *~ des Schwans* ⟨Jägerspr.⟩ *Fuß* ☐ **pata**

ru|dern ⟨V.⟩ **1** ⟨400(s. od. (h)⟩ *sich mit Rudern in einem Boot fortbewegen;* gegen die Strömung ~; wir sind gestern über den See gerudert; wir haben zu viert gerudert; um die Wette ~ **2** ⟨416⟩ *mit etwas* ⟨fig.⟩ *Bewegungen machen wie mit einem Ruder;* mit den Armen ~; die Enten, Schwäne ruderten mit ihren Füßen ☐ **remar 3** ⟨500⟩ *jmdn. od. etwas ~ mit Rudern fortbewegen;* ich habe das Boot ans andere Ufer gerudert; der Fährmann hat die Passagiere ans Land gerudert; wir haben den Kahn durch einen Strudel gerudert ☐ **remar; conduzir remando**

Ru|di|ment ⟨n.; -(e)s, -e⟩ **1** *Rest, Überbleibsel, Bruchstück* ☐ **resto; fragmento 2** ⟨Biol.⟩ *verkümmertes Organ, Rest zurückgebildeter Körperteile od. Gliedmaßen* ☐ **rudimento**

Rü|eb|li ⟨n.; -s, -s; schweiz.⟩ = *Möhre*

Ruf ⟨m.; -(e)s, -e⟩ **1** *laute, meist kurze Äußerung, laut gesprochenes Wort;* der ~ des Wachtpostens; ein ~ erschallt, ertönt; die anfeuernden ~e der Zuschauer; gellende ~e schreckten uns auf ☐ **grito 1.1** *Aufforderung zum Kommen;* das Kind folgte dem ~ der Mutter; auf seinen ~ hin erschien ...; der ~ der Glocke zum Kirchgang ⟨fig.⟩ ☐ **chamado; chamamento**; sie folgt dem ~ ihres Herzens ⟨fig.⟩ ☐ **voz 2** *Äußerung von Tieren, bes. Vögeln;* Vogel~; der ~ der Eule; ich vernahm den ~ des Kuckucks ☐ **chamada; grito 3** ⟨umg.⟩ *Aufruf, Appell;* der ~ zu den Waffen **3.1** *~ zur Ordnung Aufforderung zur Ordnung* ☐ ***admoestação; repreensão 4** ⟨unz.⟩ *(guter) Leumund, Ansehen;* einen guten ~ genießen; er erfreut sich keines guten ~es; sie hat einen guten ~; du hast einen guten ~ zu verlieren; er hat hier einen guten ~ als Chirurg; in gutem, üblem ~ stehen; er ist besser als sein ~; das wird deinem ~ abträglich sein; das wird deinem ~ schaden; er wird sie noch in schlechten ~ bringen; sein ~ ist zweifelhaft; dadurch, damit hat er seinen ~ aufs Spiel gesetzt; sie hält auf ihren ~; ihm geht der ~ eines erfahrenen Pädagogen voraus ☐ **fama; reputação 4.1** *er kam in den ~, ein Verräter zu sein* er wurde als V. angesehen ☐ ***ele ficou com fama de traidor 4.2** *er steht im ~e eines eines Betrügers, ein Betrüger zu sein* man sagt von ihm, dass er ein B. ist ☐ ***ele tem fama de impostor 4.3** *eine Firma von ~ eine berühmte, bekannte F.* ☐ **renome 5** ⟨veraltet⟩ *Gerücht;* der ~ der Ereignisse drang bis ins kleinste Dorf ☐ **boato; rumor 6** *Angebot (eines Engagements), Berufung (an ein Amt, einen Posten, auf einen Lehrstuhl);* es erging der ~ an ihn, die Regie des neuen Stückes zu übernehmen; er erhielt einen ~ an die Universität München; er folgt dem ~ an die Universität Zürich ☐ **convite; nomeação 7** ⟨Jägerspr.⟩ *Lockpfeife* ☐ **reclamo**

ru|fen ⟨V. 204⟩ **1** ⟨400⟩ *die Stimme laut ertönen lassen;* anhaltend, aufgeregt, wiederholt, wütend, zornig ~ ☐ **gritar**; der Kuckuck ruft im Frühjahr ☐ **cantar**; hat da nicht jmd. um Hilfe gerufen? ☐ ***ninguém pediu ajuda?; ninguém gritou por socorro? 1.1** ⟨513/Vr 3⟩ *sich ... ~ durch Rufen ... werden;* ich musste mich heiser ~, bis er kam ☐ **gritar 2** ⟨800⟩ *nach jmdm. od. einer Sache ~ jmdn. od. eine S. herbeirufen, rufend nach jmdm. od. einer Sache verlangen;* ich habe lange nach dir gerufen; der Patient rief nach der Schwester; der Gast hat nach der Bedienung gerufen □ *chamar (por) alguém ou alguma coisa 3 ⟨500⟩ etwas ~ laut, mit weittragender Stimme aussprechen, verkünden; Alarm ~ □ dar; soar; „komm schnell!", rief er; mir ist, als hörte ich „Hilfe!" ~ □ gritar 4 ⟨402/Vr 8⟩ (jmdn. od. etwas) ~ kommen lassen (durch Anruf, Erinnerung), herbeiholen, herbeirufen; den Arzt ~; einen Krankenwagen ~; ich habe laut und deutlich gerufen!; bitte ~ Sie ihn, lassen Sie ihn ~; ich muss gehen, die Pflicht ruft; der Tod ruft (poet.) □ chamar; jmdn. zu Hilfe ~ □ *pedir ajuda a alguém; gritar por socorro 4.1 ⟨511⟩ Gott hat ihn zu sich gerufen (poet.) er ist gestorben 4.2 ⟨511⟩ jmdn. zur Ordnung, zur Sache ~ auffordern, sich ordentlich, sachlich zu benehmen □ *chamar à ordem; repreender; admoestar 4.3 ⟨511⟩ niemand hatte ihn auf den Plan gerufen er mischte sich ungebeten ein □ *ninguém havia pedido a opinião dele 4.4 (jmdm.) wie gerufen kommen ⟨umg.⟩ (für jmdn.) gerade im rechten Augenblick kommen; du kommst wie gerufen □ *vir mesmo a propósito; vir no momento certo 4.5 ⟨800⟩ zu etwas ~ zur Teilnahme an etwas auffordern; jmdn. zum Essen ~; der Gong ruft zum Essen; die Glocke ruft alle zum Kirchgang; das Horn ruft zur Jagd ~ *chamar para alguma coisa 4.6 ⟨531/Vr 4 od. Vr 5⟩ jmdm. etwas ins Gedächtnis ~ vergegenwärtigen, jmdn. od. sich an etwas erinnern; man muss sich diese ersten Jahre nach der Wende wieder einmal ins Gedächtnis ~ □ *trazer alguma coisa à memória; lembrar-se de alguma coisa 4.7 ⟨600⟩ jmdm. ~ ⟨bes. oberdt.⟩ zurufen (dass er kommen solle); gehst du hin zu ihm, oder soll ich ihm ~? 5 ⟨513⟩ jmdn. od. ein Tier (bei, mit einem bestimmten Namen) ~ nennen, anreden; wir ~ ihn Hansi □ chamar

Rüf|fel ⟨m.; -s, -; umg.⟩ Verweis, Rüge, Tadel; er hat einen ~ bekommen; er musste einen ~ einstecken; jmdm. einen ~ erteilen □ **bronca; sabão; sermão**

Rug|by ⟨[rʌgbi] n.; - od. -s; unz.; Sp.⟩ Spiel zwischen zwei Mannschaften mit einem eiförmigen Lederball, der mit Händen u. Füßen gespielt werden darf □ **rúgbi**

Rü|ge ⟨f.; -, -n⟩ Tadel, Verweis, Zurechtweisung; eine ~ bekommen, erhalten; jmdm. eine ~ erteilen; eine deutliche, empfindliche, scharfe, versteckte ~; eine ~ für ein Versäumnis, wegen unentschuldigten Fehlens, wegen Zuspätkommens, Ungehorsams einstecken ⟨umg.⟩ □ **repreensão; bronca**

rü|gen ⟨V. 500⟩ **1** jmdn. ~ tadeln, zurechtweisen; er wurde für seine Unordentlichkeit gerügt □ **repreender 2** etwas ~ bemängeln, kritisieren; jmds. Unzuverlässigkeit ~ □ **criticar**

Ru|he ⟨f.; -; unz.⟩ **1** Schweigen, Stille; bitte einen Augenblick ~!; plötzlich trat ~ ein; ~ gebieten; der Redner musste sich erst ~ verschaffen; die ~ wiederherstellen; die Schüler zur ~ ermahnen; ~ da! ⟨umg.⟩ □ *silêncio 1.1 gebt ~, Kinder! lärmt nicht mehr □ *crianças, fiquem quietas! 1.2 er hat endlich in dieser Sache ~ gegeben ⟨fig.⟩ er besteht nicht mehr darauf □ *finalmente ele deu uma trégua em relação a esse assunto 1.3 die ~ vor dem Sturm ⟨a. fig.⟩ Spannung vor einer Auseinandersetzung □ calmaria 2 ungestörter Zustand; in ~ und Frieden leben □ tranquilidade; sossego 2.1 ~ geben, halten nicht stören □ *ficar quieto 2.2 gib doch endlich ~! sei ruhig, behellige mich nicht mehr damit □ *fique quieto! 2.3 er möchte seine ~ haben ungestört bleiben □ *ele quer sossego; ele não quer ser perturbado 2.4 jmdm. keine ~ lassen jmdn. dauernd stören, bedrängen □ *não dar sossego a alguém 2.5 lass ihn jetzt in ~! störe ihn nicht! □ *deixe-o em paz!; pare de incomodá-lo! 2.6 das muss ich mir erst in ~ überlegen so schnell kann ich mich nicht entscheiden □ *preciso pensar nisso com calma 2.7 man hat mich lange genug in ~ gewiegt ⟨geh.⟩ über Schwierigkeiten, Gefahren hinweggetäuscht □ *por muito tempo me fizeram acreditar que estava tudo bem 2.8 nun hat die liebe Seele endlich Ruh'! ⟨fig.; umg.⟩ 2.8.1 nun hat man endlich deinen Wunsch erfüllt (nachdem du mir lange genug damit in den Ohren gelegen hast)! □ *finalmente vamos ter um pouco de paz/sossego! 2.8.2 ⟨auch iron.⟩ durch Schaden ist er, sie endlich klug geworden □ *agora ele/ela está tranquilo 3 Zustand der Ordnung, der (öffentlichen) Sicherheit; die nächtliche, öffentliche ~ stören 3.1 Frieden □ paz; Waffen~ □ *trégua; cessar-fogo 4 Ausruhen, Schlaf, Erholung, Rast; (keine) ~ finden; der Kranke braucht dringend ~; du solltest dir mehr ~ gönnen; im Urlaub ~ suchen; wir sehnen uns nach ~; ich habe ein großes Bedürfnis nach ~; nach dem Umzug bin ich noch nicht zur ~ gekommen; Herr, gib, schenke ihm der ewige ~ □ repouso; descanso; die ~ des Friedhofes, des Grabes □ paz; angenehme ~! (als Gute-Nacht-Gruß) □ *bom descanso! 4.1 die Kinder müssen jetzt zur ~ gehen schlafen gehen □ *as crianças devem ir dormir agora 4.2 sich zur ~ begeben, legen schlafen gehen □ *ir dormir 4.3 er sollte sich endlich zur ~ setzen in den Ruhestand treten, aufhören mit Arbeiten □ *ele deveria parar de trabalhar; → a. ewig(1.1.2), letzte(r, -s)(1.8.5) **5** Kaltblütigkeit, Gleichmut, innere Ausgeglichenheit; ~ ausstrahlen; die ~ bewahren; diese Sorgen nehmen, rauben, stehlen mir meine ~; er ist die ~ selbst; eine grenzenlose, unerschütterliche ~ besitzen; in aller ~ die Vorbereitungen treffen □ calma; tranquilidade; er lässt sich nicht aus der ~ bringen □ *ele não se deixa abalar; ohne aus der ~ zu kommen □ *sem perder a calma; ~ ist die erste Bürgerpflicht ⟨Sprichw.⟩ □ calma; serenidade 5.1 immer mit der ~! ⟨umg.⟩ nicht so hastig □ *calma!; devagar! 5.2 nur die ~ kann es bringen ⟨umg.⟩ mit Hast kann nichts gelingen □ *o apressado come cru 5.3 er hat die ~ weg ⟨umg.⟩ er ist durch gar nichts zu erschüttern, nichts regt ihn auf □ *ele é a calma em pessoa **6** Stillstehen, Stillliegen, Unbeweglichkeit, Stillstand; ein Körper, eine Maschine, ein Pendel in ~ □ repouso

ru|he|los ⟨Adj.⟩ ohne Ruhe zu finden, rastlos, unruhig; er ist in letzter Zeit sehr ~; in einer ~en Zeit leben □ **irrequieto; agitado**

ru|hen ⟨V.⟩ **1** ⟨400⟩ schlafen, ausruhen; nach dem Mittagessen eine Stunde ~; ~de Venus (Gemäldebezeichnung); nach dem Essen soll man ruhn oder tausend Schritte tun ⟨Sprichw.⟩ 1.1 ⟨513/Vr 3; unpersönl.⟩ es ruht sich gut, schlecht (unter bestimmten Umständen) man kann (unter bestimmten Umständen) gut, schlecht ausruhen, schlafen; es ruht sich sehr gut nach harter Arbeit, in diesem Bett □ **dormir; descansar** 1.2 ⟨400⟩ *rasten, sich erholen, sich entspannen;* ihr Kopf ruhte an seiner Schulter; nach getaner Arbeit ist gut ruhn ⟨Sprichw.⟩□ **descansar; repousar** 1.2.1 im Urlaub will ich den Geist ~ lassen ⟨scherzh.⟩ *mich geistig nicht anstrengen, nur faulenzen* □ ***nas férias quero descansar a cabeça**; ⟨aber Getrennt- u. Zusammenschreibung⟩ ~ lassen = ruhenlassen 1.2.2 *nicht ~ und rasten bis ... unermüdlich tätig sein, sich dafür einsetzen, dass ...* □ ***não descansar até...** 1.3 ⟨400⟩ *etwas ruht* ⟨fig.⟩ *ist (vorübergehend) nicht in Funktion, geht (zeitweilig) nicht weiter* □ **estar em repouso; estar parado** 1.3.1 *der Acker ruht liegt brach* □ **estar em pousio** 1.3.2 *die Arbeit ruht während des Streiks ist zum Stillstand gekommen*□ **ficar parado/paralisado** 1.3.3 *die Verhandlungen ~ sind unterbrochen* 1.3.4 *die Sache ruht vorläufig bleibt unentschieden, wird nicht vorangetrieben* 1.3.5 ⟨400⟩ *der Vertrag ruht (bis zu einer gerichtlichen Klärung) ist außer Kraft, außer Geltung*□ **estar suspenso** 1.3.6 *die Waffen ~ es wird nicht gekämpft*□ ***houve um cessar-fogo** 1.3.7 *~der* **Verkehr** *Straßenverkehr, bei dem sich Fahrzeuge in Ruhe befinden, das Parken u. Halten von Fahrzeugen auf öffentlichen Straßen u. Plätzen;* Ggs *fließender Verkehr,* → *fließen(1.2)*□ **parado; paralisado** 1.4 ⟨400⟩ jmd. ⟨fig.⟩ *ist gestorben, tot*□ **descansar; estar morto**; *ruhe sanft!* (Grabinschrift) □ ***descanse em paz!**; *hier ruht (in Gott)...* (Grabinschrift)□ ***aqui jaz (no Senhor)...** 1.4.1 *er ruht nun in Frieden er ist tot*□ ***ele descansa em paz** 1.4.2 *die Toten soll man ~ lassen über die Toten soll man nichts Böses sprechen*□ ***é preciso deixar os mortos em paz**; ⟨aber Getrennt- u. Zusammenschreibung⟩ ~ lassen = *ruhenlassen* 1.4.3 *beerdigt sein (bes. in Grabüberschriften)*□ **estar enterrado** 1.5 ⟨411⟩ *etwas ruht* **in** *etwas* ⟨fig.⟩ *liegt in etwas, ist in etwas aufbewahrt;* all sein Geld ruht im Tresor□ **estar guardado/depositado** 1.6 ⟨400⟩ *still, bewegungslos, ruhig sein;* **em repouso** 1.6.1 ~*der* **Pol** ⟨fig.⟩ *jmd., der eine beruhigende Wirkung kraft der eigenen Ruhe ausübt;* die Mutter ist der ~de Pol dieser unruhigen Familie□ ***um poço de tranquilidade; a calma em pessoa** 2 ⟨411⟩ *etwas ruht auf jmdm. od. etwas baut sich auf, liegt, lastet, beruht auf, wird getragen von;* die Brücke ruht auf mehreren Pfeilern; ein Fluch, ein Segen ruht darauf; die hierauf ~den Steuern; die ganze Last der Verantwortung ruht auf mir; der Verdacht ruht auf ihm□ **estar apoiado; pesar** 3 ⟨411⟩ Blicke, Augen ~ **auf** *jmdm. od. etwas sind auf jmdn. od. etwas gerichtet, geheftet;* seine Blicke ruhten mit Wohlgefallen auf ihr □ **fixar; pousar**

ru|hen||las|sen *auch:* **ru|hen las|sen** ⟨V. 175/500; fig.⟩ *etwas ~* **1** *vorläufig nicht erörtern;* eine Frage, Ange-

legenheit ~□ ***não dizer/mencionar; deixar quieto 2** *zeitweilig nicht ausüben, nicht wahrnehmen* □ **não exercer**; ein Amt, eine Mitgliedschaft ~; → a. *ruhen (1.2.1, 1.4.2)*

Ru|he|stand ⟨m.; -(e)s; unz.⟩ *Stellung eines im Alter aus dem Dienst ausgeschiedenen Beamten od. Offiziers;* Sy *Pension(2);* im ~ ⟨Abk.: i. R.⟩; *der wohlverdiente ~*□ **aposentadoria; reforma**; in den ~ gehen, treten □ ***aposentar-se; reformar-se**; in den ~ versetzen □ ***aposentar/reformar (alguém)**

ru|hig ⟨Adj.⟩ **1** *bewegungslos, unbeweglich, unbewegt;* jmdn. mit ~em Blick beobachten□ **firme**; ~e See□ **calmo**; ~es Wetter□ **estável** 1.1 ⟨fig.⟩ *gedeckt, keine Kontraste aufweisend (in der Farbgebung)*□ **suave 2** *keine Störung bewirkend, ungestört* 2.1 *nicht aufgeregt, sicher*□ **tranquilo** 2.1.1 *als Chirurg muss er eine ~e Hand haben darf er nicht zittern*□ **firme** 2.1.2 *nur ~* (Blut)! *keine Aufregung!*□ ***calma!** 2.2 *ohne Lärm, geräuschlos, still, schweigend;* sie sind ~e Mieter; wir müssen uns ~ verhalten □ **silencioso; em silêncio** 2.2.1 *sei doch endlich einmal ~! rede doch nicht unaufhörlich!*□ ***fique quieto!; pare de falar!** 2.2.2 *sei ~! sprich jetzt nicht, reg dich nicht auf*□ ***quieto!; silêncio! 2.3** *gleichmäßig, geordnet;* ~er Seegang □ **calmo**; alles geht seinen ~en Gang □ **tranquilo** 2.3.1 *der Motor läuft ~ leise u. gleichmäßig* □ **silenciosamente 2.4** *lärmfrei, abgelegen, friedlich;* eine ~e Gegend; ich möchte ein ~es Zimmer haben (im Hotel) □ **tranquilo; silencioso 3** *ohne Hast, in Muße;* wir haben ~e Tage, Wochen dort verlebt; wir führen ein ruhiges Leben; wir haben jetzt eine ~e Zeit im Geschäft □ **calmo; tranquilo** 3.1 ⟨60⟩ *er schiebt eine ~e Kugel* ⟨fig.; umg.⟩ *führt ein geruhsames Leben* □ ***ele leva uma vida sossegada 4** *ausgeglichen;* er ist ein sehr ~er Mensch; sie muss ~er werden □ **calmo; sereno** 4.1 *ich habe ein ~es Gewissen ein gutes G.* □ **tranquilo** 4.2 *du musst ~ bleiben kaltblütig, furchtlos* □ **calmo** 4.3 *er sah ihm ~ in die Augen gelassen, gefasst*□ **serenamente; calmamente 5** ⟨50⟩ *ohne weiteres, unbesorgt, ohne Bedenken, durchaus;* du kannst ~ mitkommen; du kannst es ihm ~ sagen; du kannst es dir ~ noch einmal überlegen □ **tranquilamente; com calma 6** ⟨Getrennt- u. Zusammenschreibung⟩ 6.1 ~ *stellen = ruhigstellen (I)*

ru|hig|stel|len *auch:* **ru|hig stel|len** ⟨V. 500; Med.⟩ **1** ⟨Zusammen- u. Getrenntschreibung⟩ *ein (verschnittenes, verletztes) Körperteil ~ bewegungslos machen, stilllegen, in eine Ruhelage bringen*□ **imobilizar** II ⟨nur Zusammenschreibung⟩ *jmdn.* **(einen Patienten)** *ruhigstellen durch Verabreichung von Medikamenten beruhigen*□ **sedar**

Ruhm ⟨m.; -(e)s; unz.⟩ *durch hervorragende Taten errungenes hohes Ansehen in der Öffentlichkeit;* eitler, falscher, kurzer, nichtiger, verblassender, vergänglicher ~; ewiger, großer, unsterblicher, verdienter, wahrer ~; ~ davontragen, erlangen, ernten, erringen, erwerben; sich seines ~es erfreuen; zu ~ und Ehren gelangen; den Gipfel, die Höhe seines ~es erreichen; die Zeitungen sind seines ~es voll; dieses Gemälde, Kunstwerk hat seinen ~ begründet; dieses Werk wird ihm ~ einbringen; zu seinem ~(e); sein ~ lebt weiter, verblasst allmählich; er sonnt sich in seinem ~; er hat seinen ~ noch erlebt; da hast du dich ja nicht gerade mit ~ bedeckt, bekleckert! ⟨fig., umg.⟩ ☐ **fama; glória**

rüh|men ⟨V. 500⟩ **1** ⟨Vr 7 od. Vr 8⟩ **jmdn.** od. **eine Sache** ~ *jmds. od. einer S. Ruhm verkünden, jmdn. od. etwas loben, preisen, lobend hervorheben;* man kann ihn deshalb nicht genug ~; jmdn. laut, außerordentlich ~; man rühmt ihre Schönheit, seine Unparteilichkeit, deinen Fleiß; er wurde als Vorbild gerühmt ☐ **elogiar; exaltar;** er macht nicht viel Rühmens von seinen Leistungen ☐ ***ele não é de ficar se vangloriando de seus resultados;** das muss besonders ~d hervorgehoben werden ☐ ***isso merece um grande elogio** 1.1 ⟨550⟩ eine **Sache an jmdn.** ~ *hoch schätzen;* ich muss an ihm besonders seinen Fleiß ~; er hat an ihm die Zuverlässigkeit, Klugheit gerühmt ☐ **elogiar; estimar; prezar 2** ⟨540/Vr 3⟩ **sich einer Sache** ~ *auf eine S. stolz sein, sie stolz verkünden, mit ihr prahlen;* ich rühme mich, sagen zu dürfen, dass ...; ohne mich ~ zu wollen, darf ich sagen ...; ich will mich meiner Tat nicht ~, aber ich muss doch sagen ... ☐ **orgulhar-se; gabar-se**

rühm|lich ⟨Adj.⟩ *lobenswert, löblich;* eine ~e Ausnahme bilden; sich ~ hervortun ☐ **glorioso; louvável**

Ruhr ⟨f.; -; unz.⟩ *infektiöse Darmerkrankung mit heftigen Durchfällen;* an der ~ sterben ☐ **disenteria**

Rühr|ei ⟨n.; -(e)s, -er⟩ *verquirltes, in der Pfanne kurz gebratenes Ei;* zum Frühstück ~ essen ☐ **ovo mexido**

rüh|ren ⟨V.⟩ **1** ⟨500⟩ eine **Flüssigkeit, Masse** ~ *kreisend, drehend bewegen, vermischen, vermengen;* Gips, Teig ~ ☐ **mexer; misturar** 1.1 ⟨511⟩ etwas in etwas ~ *unter Rühren beifügen;* anschließend wird das Ei in den Teig gerührt ☐ **acrescentar mexendo; misturar 2** ⟨500/Vr 7⟩ **sich** od. **etwas** ~ *bewegen;* er kann sich nicht ~ vor Schmerzen; verschlafen die Glieder ~ ☐ **mexer(-se); mover(-se);** ~ Sie sich nicht vom Fleck, von der Stelle! ☐ ***não se mexa!;** ~!, rührt euch! ⟨militär. Kommando⟩ ☐ ***descansar!** 2.1 ⟨Vr 3⟩ es hat sich nichts gerührt *alles blieb ruhig* 2.2 die Wanderung hat mich angestrengt, ich kann kein Glied mehr ~ *jede Bewegung fällt mir schwer* 2.3 ⟨Vr 3⟩ kein Blättchen, Hälmchen, Lüftchen rührt sich *es ist ganz windstill* ☐ **mexer; mover** 2.4 ⟨Vr 3⟩ bei meinem Taschengeld kann ich mich nicht ~ ⟨fig.; umg.⟩ *es ist so wenig, dass ich dadurch finanziell eingeengt bin* ☐ ***minha mesada não dá para nada** 2.5 keinen Finger ~ *nicht mitarbeiten, nicht helfen,* 2.5.1 sie rührt zu Hause keinen Finger *sie tut im Haushalt nichts, hilft nicht* ☐ ***não levantar um dedo** 2.6 ⟨510⟩ sich nicht mehr ~ *tot sein;* er lag da und rührte sich nicht mehr ☐ **mexer; mover** 2.7 sich; alle Kräfte ~ ⟨fig.; umg.⟩ *tätig sein, sich anstrengen;* er muss sich schon ~, wenn er fertig werden will ☐ ***mexer-se; esforçar-se** 2.8 ⟨Vr 3⟩ sich ~ ⟨fig.; umg.⟩ *sich bemerkbar machen, sich melden;* sein Gewissen rührte sich ☐ ***despertar; manifestar-se** 2.8.1 rühr dich rechtzeitig! *mach dich bemerkbar, melde dich* ☐ ***mexa-se!; reaja!;** → a. *Donner(1.1)* **3** ⟨411⟩ **an etwas** ~ *etwas anfassen, etwas berühren, betasten, etwas bewegen;* rühre nicht daran! ☐ ***mexer/tocar em alguma coisa** 3.1 ⟨fig.⟩ *von etwas sprechen, etwas erwähnen;* an diese Begebenheit darf man bei ihm nicht ~ ☐ ***é melhor não falar/tocar nesse incidente** 3.1.1 wir wollen nicht daran ~ *wir wollen die Sache ruhenlassen, nicht davon sprechen* ☐ ***não queremos tocar nesse assunto** 4 ⟨414⟩ etwas rührt **von jmdn.** od. **etwas** ⟨geh.⟩ *kommt, stammt von jmdn. od. etwas;* diese Schwellung rührt von einem Schlag 4.1 sein Zustand rührt daher, dass ... *erklärt sich aus ..., ist bestimmt durch ...* ☐ **dever-se a; ser resultado de 5** ⟨500⟩ **jmdn.** ~ *gefühlvolle Stimmung, Rührung, Mitleid bewirken bei jmdm., jmdn. innerlich berühren;* das alles konnte ihn nicht ~; ihr Anblick rührte mich; sein Leid rührte ihr (ans) Herz; jmds. Herz ~ ⟨poet.⟩ ☐ **comover; tocar;** jmdn. zu Tränen ~ ☐ ***levar alguém às lágrimas** 5.1 ⟨m. Modalverb⟩ muss das nicht jeden ~? *kann das jmdn. gleichgültig lassen?* ☐ ***não é tocante?** 5.2 ein menschliches Rühren verspüren ⟨geh.; a. scherzh.⟩ *Hunger od. den Drang, sich zu entleeren, verspüren* ☐ ***obedecer a um chamado da natureza** 6 ⟨500⟩ der **Schlag** rührt **jmdn.** ⟨umg.⟩ *jmd. erleidet einen Schlaganfall;* ihn hat der Schlag gerührt ☐ ***ter um derrame cerebral** 6.1 mich hat fast der Schlag gerührt, ich glaubte, mich rührt(e) der Schlag *ich war ganz überrascht, fassungslos, sehr erschrocken* ☐ ***fiquei perplexo/estarrecido** 7 ⟨500⟩ die **Trommel** ~ ⟨Mus.⟩ *schlagen* ☐ ***tocar/rufar o tambor** 7.1 die Reklametrommel, Werbetrommel ~ ⟨fig.⟩ *kräftig werben, Reklame machen* ☐ ***fazer propaganda (de alguma coisa)**

rüh|rend 1 ⟨Part. Präs. von⟩ *rühren* **2** ⟨Adj.⟩ *das Gemüt bewegend, zu Herzen gehend, das Herz erwärmend;* ein ~er Anblick; eine ~e Begebenheit, Geschichte, Szene; seine ~n Worte taten mir gut; er hat einen ~en Beileidsbrief geschrieben; was für ein ~es Bild!; es ist ~ zu sehen, wie er ... ☐ **comovente; tocante** 2.1 *liebevoll, aufopfernd, selbstlos;* auf ~e, in ~er Weise für jmdn. sorgen ☐ **devotado; abnegado;** das ist ~ von dir! ☐ ***é muita gentileza sua!;** er ist ~ zu dem Kind ☐ **afetuoso**

rüh|rig ⟨Adj.⟩ *tätig, unternehmungslustig, flink, emsig;* ein ~er Mensch; immer ist sie ~ ☐ **ativo; trabalhador; empreendedor**

rühr|se|lig ⟨Adj.⟩ **1** *zu Rührung neigend, (übertrieben) gefühlvoll, tränenreich;* sie ist sehr ~ ☐ **sentimental; emotivo 2** *mit starken Mitteln Rührung verursachend;* ein ~es Buch; der Film war ~ ☐ **comovente; tocante**

Rüh|rung ⟨f.; -; unz.⟩ **1** *innere Bewegung, Bewegtsein, Ergriffenheit, weiche Stimmung, Mitgefühl;* ~ empfinden, erwecken, hervorrufen; mich überkam, übermannte die ~; etwas mit ~ anhören, betrachten, lesen; vor ~ kamen ihr die Tränen; sie konnte vor ~ kaum sprechen ; sie weinte vor ~ 1.1 auf den Gesichtern las man die ~ *konnte man die R. erkennen* ☐ **comoção; emoção**

Ru|in ⟨m.; -s; unz.⟩ **1** *Zusammenbruch, Untergang, Verfall;* geschäftlicher, moralischer, wirtschaftlicher ~; das Land, dieses Unternehmen geht dem, seinem ~ entgegen; das ist mein ~! 1.1 *Verlust des Vermögens;* der ~ war nicht aufzuhalten **2** er ist mein ~! ⟨umg.⟩ *mein Verderben* □ **ruína**

Ru|i|ne ⟨f.; -, -n⟩ **1** *Reste eines zerstörten Bauwerks;* die malerisch gelegene ~ der Burg ist ein beliebtes Ausflugsziel □ **escombros; ruína 2** jmd. ist nur noch eine ~ ⟨fig.; umg.⟩ *ein körperlich völlig verfallener Mensch* □ **caco; bagaço**

ru|i|nie|ren ⟨V. 500/Vr 7 od. Vr 8⟩ **1** jmdn. od. etwas ~ *zerstören, (wirtschaftlich) zugrunde richten, (gesellschaftlich) vernichten;* du wirst noch deine Gesundheit ~; seine Spielleidenschaft hat ihn ruiniert **2** etwas ~ *(mutwillig) schwer beschädigen, verwüsten;* die Beete im Garten sind durch den Regen ruiniert □ **arruinar**

rülp|sen ⟨V. 400⟩ *hörbar aufstoßen;* derb ~; laut ~ □ **arrotar**

rum ⟨Adv.; umg.; kurz für⟩ *herum* □ **ao redor; em volta**

Rum ⟨m.; -s, -s⟩ *Branntwein aus Rohrzucker* □ **rum**

Rum|ba ⟨m., -s, -s; fachsprachl. f.; -, -s; Mus.⟩ *aus einem kubanischen Volkstanz hervorgegangener Gesellschaftstanz im 4/4-Takt* □ **rumba**

Rum|mel ⟨m.; -s; unz.⟩ **1** *Lärm u. Getriebe, Menschengewühl u. Geschrei;* ich habe diesen ~ gründlich satt □ **balbúrdia; tumulto 2** *Jahrmarkt, Vergnügungspark;* auf den ~ gehen □ **feira; parque de diversões 3** *Gerümpel, Plunder, Trödelkram* □ **cacareco**

ru|mo|ren ⟨V. 410⟩ **1** *lärmen, poltern, dumpfe Geräusche von sich geben;* die Kinder rumorten im Keller; die Pferde ~ im Stall; es rumort im Schornstein □ **fazer barulho** 1.1 *es rumort in seinem Magen* ⟨fig.⟩ *rumpelt* □ ***seu estômago está roncando 2** ⟨fig.⟩ *Unruhe hervorrufen;* Zorn, Unwille rumort in ihm □ **perturbar; inquietar**

rum|peln ⟨V.; umg.⟩ **1** ⟨400(h. od. s.)⟩ *dumpf polternd (über grobes Pflaster) fahren;* durch die Straße ~ □ **mover-se ruidosamente; dar solavancos 2** ⟨400⟩ *ein dumpfes, polterndes Geräusch verursachen, erzeugen;* er rumpelt mit den Koffern, Kisten; es rumpelt auf dem Dachboden; was rumpelt und pumpelt in meinem Bauch herum? (aus dem Märchen „Der Wolf und die sieben Geißlein") □ **fazer barulho** 2.1 es hat gerumpelt *leise gedonnert* □ ***trovejou**

Rumpf¹ ⟨m.; -(e)s, Rümp|fe⟩ **1** *menschlicher od. tierischer Körper ohne Kopf u. Glieder, Leib;* Kopf, ~ und Glieder; den ~ beugen, drehen, strecken (beim Turnen) □ **tronco; torso 2** ⟨fig.⟩ *Körper des Schiffes od. Flugzeugs ohne Masten bzw. Tragflächen u. Fahrgestell;* Schiffs~ □ **casco**, Flugzeug~ □ **fuselagem**

Rumpf² ⟨m.; -(e)s, Rümp|fe; schweiz.⟩ **1** *Falte (im Stoff)* □ **prega 2** *zerknitterter Stoff, zerknitterte Masse* □ **tecido amarrotado; massa amassada 3** (jmd. ist) am (od.) an einem ~ *zum Umfallen müde, völlig erschöpft* □ ***estar pregado; estar morto de cansaço**

rümp|fen ⟨V. 505⟩ (über jmdn. od. etwas) die **Nase** ~ **1** *die N. als Ausdruck der Verachtung od. Missbilligung*

in Falten ziehen **2** ⟨fig.⟩ *verächtlich über jmdn. od. etwas sprechen* □ ***torcer o nariz (para alguém ou alguma coisa); desdenhar (alguém ou alguma coisa)**

Rump|steak ⟨[rʌmpsteːk] n.; -s, -s⟩ *kurzgebratene Scheibe vom Lendenstück des Rinds* □ **bife de alcatra**

Run ⟨[rʌn] m.; -s, -s; umg.⟩ *Ansturm auf etwas, das sehr begehrt u. nicht in ausreichender Menge vorhanden ist (Waren, Eintrittskarten u. Ä.);* ein ~ auf die Eintrittskarten begann □ **grande procura; corrida**

rund ⟨Adj.⟩ **1** *kugel-, kreis-, ringförmig, abgerundet, gewölbt;* ein ~er Tisch □ **redondo; circular** 1.1 ⟨70⟩ *das Kind machte ~e Augen, als es den Geburtstagstisch sah* ⟨a. fig.⟩ *es staunte (mit großen Augen)* □ ***a criança arregalou os olhos quando viu a mesa de aniversário* 1.2 ⟨60⟩ Konferenz am ~en/Runden Tisch ⟨fig.⟩ *unter gleichberechtigten Teilnehmern* □ ***mesa-redonda** 1.2.1 am ~en/Runden Tisch verhandeln *in einer kollegialen, freundschaftlichen Runde* □ ***debater numa roda (de amigos);* → a. *Round Table* **2** *dick, rundlich, pausbäckig;* ~e Arme, Bäckchen, Backen, Schultern haben; dick und ~ werden □ **redondo; roliço;** sich dick und ~ essen □ ***empanturrar-se* **3** ⟨fig.⟩ *vollendet (geformt), voll;* ein ~er Klang, Ton □ **redondo; perfeito** 3.1 ⟨5⟩ es war ein ~es Fest ⟨umg.⟩ *geglücktes, herrliches Fest* □ **magnífico; maravilhoso 4** ⟨60⟩ *eine ~e* **Zahl** *eine auf- od. abgerundete, durch 10 od. 100 od. auch durch 5 teilbare Z.;* die ~e Summe von 1200 Euro □ **redondo** 5 ⟨50⟩ *ungefähr, etwa;* ~ 200 Euro soll es kosten; ~ eine Stunde musste ich warten □ **aproximadamente** 6 ⟨50⟩ *im Kreis;* in einer Weltraumrakete ~ um die Erde fliegen □ **ao redor de;** ein Plauderei ~ um das Problem der richtigen Ernährung ⟨fig.⟩ □ **sobre; acerca de** 6.1 *heute ging's wieder einmal ~* ⟨fig.; umg.⟩ *es war viel los, viel zu tun* □ ***hoje foi aquela loucura/correria de novo**

Rund|brief ⟨m.; -(e)s, -e⟩ = *Rundschreiben*

Run|de ⟨f.; -, -n⟩ **1** *Kreis, Umkreis, Umgebung;* 20 Schritt in der ~ □ **circuito; entorno** 1.1 in der ~ singen *im Chor singen (von allen, die in einem Kreis sitzen)* □ **coro 2** *Gesellschaft rund um den Tisch (Tafelrunde, Stammtischrunde), Kreis von Menschen;* in fröhlicher ~ beisammensitzen; er war in unserer ~ willkommen □ **círculo; roda** 2.1 eine ~ Bier, Schnaps (ausgeben), spendieren, stiften ⟨umg.⟩ *für alle Anwesenden je ein Glas (Bier, Schnaps) zahlen* □ **rodada 3** *kreisförmige Bewegung;* drei ~n auf dem Karussell fahren □ **volta** 3.1 die ~ machen 3.1.1 *einen Bezirk prüfend abschreiten, von einem zum anderen weitergeben werden, der Reihe nach jeden in einer Gesellschaft begrüßen* □ ***passar de um em um** 3.1.2 ⟨fig.; umg.⟩ *bekanntwerden, weitererzählt werden;* das Gerücht, dass ... machte die ~ □ ***circular** 4 ⟨Sp.⟩ *kreisförmige Bahn um einen Sportplatz* □ **circuito; pista** 4.1 (einmal zurückgelegter) *Weg rund um diese Bahn;* er lief 25 ~n (beim 10 000-m-Lauf); in der dritten ~ gab einen Zusammenstoß □ **volta** 5 ⟨Sp.⟩ *(meist zeitlich begrenzter) Abschnitt eines Wettkampfes (z. B. beim Boxen);* er gewann durch K. o. in der vierten ~ □ **round; assalto** 5.1 *gerade noch über die ~n kommen*

⟨fig.; umg.⟩ *es eben noch schaffen* □ **conseguir por pouco* 5.2 das hätten wir gut über die ~n gebracht ⟨fig.; umg.⟩ *erfolgreich beendet* □ **teríamos conseguido terminar numa boa*

Run|dell ⟨n.; -s, -e; Nebenform von⟩ = *Rondell(1)*

run|den ⟨V. 500⟩ **1** etwas ~ *rund machen, rund formen, abrunden;* die Lippen ~ □ **arredondar;** die Katze rundete den Rücken □ **(en)curvar; arquear 2** ⟨Vr 3⟩ sich ~ *rund werden;* der Mond rundet sich zur vollen Scheibe □ ***arredondar-se;** eine gerundete Stirn □ **arredondado 3** ⟨Vr 3⟩ sich ~ *sich vervollständigen;* so rundet sich das Bild; die einzelnen Teile ~ sich zu einem geschlossenen Ganzen **3.1** ein *Jahr rundet sich geht zu Ende* □ **completar(-se); concluir(-se)**

rund|er|neu|ern ⟨V. 500; nur im Inf. u. Pcrf.⟩ *Autoreifen* ~ *abgefahrene Autoreifen mit einem neuen Profil versehen;* er hat an seinem Wagen runderneuerte Reifen aufziehen lassen □ **recauchutar**

Rund|funk ⟨m.; -s; unz.⟩ **1** *Übertragung von Wort- u. Tonsendungen an ein Netz von Empfängern;* Sy *Radio(2);* ich habe eben im ~ die Nachrichten gehört □ **rádio 2** ⟨Sammelbez. für⟩ *Hörfunk u. Fernsehen* □ **radiodifusão 3** *die Stelle, in der diese Sendungen gesammelt, verarbeitet bzw. vorbereitet u. übertragen werden, Sender;* beim ~ arbeiten; der ~ überträgt heute die zweite Halbzeit des Fußballländerspiels □ **rádio; emissora 4** ⟨veraltet⟩ = *Radio(1);* den ~ ausschalten, einschalten □ **rádio**

Rund|gang ⟨m.; -(e)s, -gän|ge⟩ **1** *Gang in der Runde, im Kreis, durch ein Gebäude, einen Bezirk als Spaziergang, Besichtigungsgang od. zur Prüfung, Bewachung;* der Wächter macht den planmäßigen ~; den ~ antreten □ **volta; ronda 2** ⟨Arch.⟩ *kreis- od. halbkreisförmiger Gang, Wandelgang* □ **deambulatório; corredor**

rund|her|aus auch: **rund|he|raus** ⟨Adv.⟩ *offen, ohne Umschweife;* etwas ~ bekennen, erklären, fordern, verbieten, zugeben; ~ gesagt ... □ **sem rodeios; francamente**

rund|her|um auch: **rund|he|rum** ⟨Adv.⟩ **1** *ringsum, ringsumher, im Umkreis;* der Ort ist ~ von Wald umgeben □ ***local era todo circundado pela floresta 2** *im Kreis um einen Mittelpunkt;* das Windrad dreht sich ~ □ **em volta; ao redor; em torno**

rund|lich ⟨Adj.⟩ **1** *annähernd rund;* ein ~er Kieselstein; die Steine sind ~ geschliffen □ **arredondado 2** *dicklich, füllig;* ein kleiner, ~er Mann; er ist ein wenig ~ (geworden) □ **roliço; rechonchudo**

Rund|schrei|ben ⟨n.; -s, -⟩ *Brief, der entweder von einem Empfänger an den nächsten weitergeleitet wird usw. od. der in mehreren Exemplaren an mehrere Empfänger verschickt wird;* Sy *Rundbrief* □ **circular**

rund|um ⟨a. [-'-] Adv.⟩ *rings, im Umkreis;* es gab ~ Wiesen und Felder □ **ao redor**

rund|weg ⟨Adv.⟩ *unumwunden, klar, ohne Umschweife;* etwas ~ ablehnen, ableugnen, abschlagen, verneinen □ **sem rodeios; francamente**

Ru|ne ⟨f.; -, -n⟩ *ältestes germanisches Schriftzeichen* □ **runa**

Run|kel ⟨f.; -, -n; österr.; schweiz.; kurz für⟩ *Runkelrübe* □ **beterraba forrageira**

Run|kel|rü|be ⟨f.; -, -n; Bot.⟩ *als Viehfutter angebaute Rübe, Angehörige einer Gattung der Gänsefußgewächse: Beta* □ **beterraba forrageira**

run|ter ⟨Adv.; umg.; kurz für⟩ *herunter* □ **para baixo; abaixo**

Run|zel ⟨f.; -, -n⟩ *Hautfalte, Falte auf der Oberfläche, Furche (z. B. auf der Gesichtshaut, Fruchtschale);* im Alter bekommt man ~n im Gesicht; regelmäßig Creme einmassieren, um die ~n zu glätten □ **ruga**

run|ze|lig ⟨Adj.⟩ *voller Runzeln, mit Runzeln bedeckt, faltig;* oV *runzlig;* ein ~es Gesicht; ein ~er Apfel; ~es Trockenobst □ **enrugado**

run|zeln ⟨V.⟩ **1** ⟨500; in der Wendung⟩ *die Stirn* ~ *in Runzeln ziehen (als Zeichen der Missbilligung)* □ **franzir;** über jmdn. od. etwas die Stirn ~ □ ***torcer o nariz para alguém ou alguma coisa 2** ⟨Vr 3⟩ sich ~ *Runzeln, Falten bilden (u. verdorren);* die Schale des Apfels runzelt sich □ ***enrugar-se; franzir-se**

runz|lig ⟨Adj.⟩ = *runzelig*

Rü|pel ⟨m.; -s, -⟩ *Mensch, der sich rüpelhaft benimmt, Flegel, Grobian;* so ein ~! □ **grosseirão; malcriado**

rup|fen ⟨V.⟩ **1** ⟨500⟩ *Geflügel* ~ *dem G. vor der Zubereitung die Federn herausziehen* □ **depenar 1.1** ⟨517⟩ ein Hühnchen mit jmdm. ~ ⟨fig.; umg.⟩ *jmdm. Vorwürfe machen* □ ***ter contas a acertar com alguém 1.2** man hat mich tüchtig gerupft, ich bin tüchtig gerupft worden ⟨fig.; umg.⟩ *man hat mir viel Geld abgenommen* □ ***fui depenado 2** ⟨500⟩ etwas ~ *pflücken, jäten;* Unkraut ~ □ **arrancar 3** ⟨411⟩ an etwas ~ *reißen, ziehen, zerren;* jmdn. am Haar ~ □ ***puxar/arrancar alguma coisa**

rup|pig ⟨Adj.⟩ **1** *grob, derb, ungeschliffen, unhöflich;* ein ~er Mensch □ **rude; grosseiro;** er hat sich ~ benommen □ ***ele foi grosseiro 2** ⟨norddt. a.⟩ *ärmlich, zerlumpt, struppig;* ein ~es Aussehen; ein ~er Hund □ **esfarrapado; desgrenhado**

Rup|recht ⟨m.; -(e)s; unz.⟩ *Knecht* ~ ⟨im dt. Volksbrauch⟩ *Begleiter des Nikolaus od. des Christkindes, der am 6. Dezember Geschenke od. Ruten austeilt* □ ***ajudante do Papai Noel**

Rü|sche ⟨f.; -, -n⟩ *gefältelter od. gekräuselter Besatz an Kleidern od. Wäsche;* weiße ~n am Kragen; Seiden-~, Spitzen-~, Plissee-~ □ **rufo; folho; babado**

Rush|hour ⟨[rʌʃaʊə(r)] f.; -, -s; Pl. selten; engl. Bez. für⟩ *Zeit des Berufsverkehrs (am Morgen u. am späten Nachmittag), Hauptverkehrszeit* □ **hora do rush**

Ruß ⟨m.; -es; unz.⟩ **1** *tiefschwarzes Pulver aus Kohlenstoff, das sich bei unvollkommener Verbrennung organischer Substanzen ausscheidet;* mit ~ geschwärzt □ **fuligem 2** ⟨Vet.⟩ *eine Hautkrankheit der Ferkel* □ **epidermite exsudativa**

Rüs|sel ⟨m.; -s, -⟩ **1** *spitze od. auch röhrenförmige Verlängerung des Kopfes mancher Tiere, z. B. der Nase beim Elefanten, Mundorgan bei Würmern u. Schnecken, Saug- u. Stechwerkzeug bei manchen Insekten* □ **tromba; probóscide; focinho 2** ⟨derb⟩ *Nase* □ **nariz**

ru|ßen ⟨V.⟩ **1** ⟨400⟩ *(unvollständig verbrennen u. dabei) Ruß absondern;* Öl rußt; der Ofen rußt □ **produzir fuligem 2** ⟨500⟩ etwas ~ *mit Ruß färben* □ **cobrir de fuligem; tisnar**

rüs|ten ⟨V.⟩ **1** ⟨500/Vr 7⟩ *etwas od. sich ~ (sich) vorbereiten, bereitmachen, fertig machen;* ich rüstete (mich) zur Abreise; sich od. alles für die Reise ~; wir müssen uns zum Gehen ~; das Städtchen rüstet sich zum Weinfest □ **preparar(-se) 1.1** *ein Haus ~ ein Baugerüst anbringen, einrüsten* □ **andaimar 2** ⟨400⟩ *Kriegsvorbereitungen treffen, sich od. das Land mit Waffen versehen;* die Staaten ~ um die Wette □ **armar(-se)**

rüs|tig ⟨Adj.⟩ *kräftig, frisch, tätig, tatkräftig;* eine ~e alte Dame; ~ ausschreiten; er ist noch sehr ~ für sein Alter □ **vigoroso; em forma**

rus|ti|kal ⟨Adj.⟩ *ländlich, bäuerlich;* ~e Möbel □ **rústico**

Rüs|tung ⟨f.; -, -en⟩ **1** ⟨unz.⟩ *das Rüsten, Kriegsvorbereitung, Ausstattung mit Waffen, Bewaffnung;* die ~ durch ein internationales Abkommen beschränken; die enormen Kosten für die ~; die atomare, nukleare ~ □ **armamento 2** (bes. im MA) *Schutzbekleidung der Krieger aus Metallplatten od. -ringen;* im Museum sind ~en aus dem Mittelalter ausgestellt □ **armadura**

Rüst|zeug ⟨n.; -(e)s; unz.⟩ *Werkzeug od. Kenntnisse, die man für eine Arbeit braucht;* er hat (nicht) das nötige ~ für diesen Posten; er muss sich noch das nötige ~ hierfür aneignen □ **equipamento; conhecimento; know-how**

Ru|te ⟨f.; -, -n⟩ **1** *langer, dünner, gerader Zweig, Gerte;* nach Weiden~ □ **vara 1.1** *mit der ~ nach eine Wasserader suchen Wünschelrute* □ **varinha de condão 2** *altes dt. Längenmaß, etwa 3,8 m* □ **vara 3** ⟨Jägerspr.⟩ **3.1** ~ *vom Raubwild, Reh u. Eichhörnchen Schwanz* □ **cauda 3.2** *männl. Glied (bei Schalen-, Raubwild u. Hund)* □ **pênis**

Rutsch ⟨m.; -(e)s, -e⟩ **1** *gleitende Bewegung abwärts (bes. von Stein-, Erdmassen);* Berg~; Erd~ □ **deslizamento; desmoronamento 1.1** einen ~ machen *ausrutschen, ausgleiten u. dabei hinfallen* □ *****escorregar 2** ⟨umg.⟩ *kleiner Ausflug, kurze Fahrt, Spritztour;* einen ~ machen □ *****dar um passeio/giro**, guten ~ ins neue Jahr! (Neujahrsglückwunsch) ⟨fig.⟩ □ *****boa entrada/passagem de ano! 2.1** wir sind auf einen ~ nach Salzburg gefahren *für kurze Zeit, als kleinen Ausflug* □ *****demos um pulo/uma passada em Salzburgo**

rut|schen ⟨V. 400(s.)⟩ **1** *sich gleitend auf einer Fläche bewegen, gleiten, ausrutschen;* das Kind rutschte vom Stühlchen **1.1** *etwas rutscht sitzt nicht fest, gleitet herunter;* mein Träger rutscht (mir von der Schulter) **1.2** *ins Rutschen kommen den Halt verlieren;* Vorsicht, die Pakete kommen ins Rutschen □ *****escorregar; deslizar; cair 1.3** und wenn er auf den Knien gerutscht käme ... ⟨fig.; umg.⟩ *u. wenn er mich noch so demütig darum bäte ...* □ *****ainda que ele viesse de joelhos... 2** ⟨411⟩ *irgendwohin ~* ⟨umg.⟩ *eine kleine Reise, einen Ausflug machen, wegfahren* □ *****dar um pulo/uma passada em algum lugar 3** ⟨Jägerspr.⟩ *sich mit Unterbrechungen, bes. während des Äsens, fortbewegen (von Hasen)* □ **deslocar-se**

rüt|teln ⟨V.⟩ **1** ⟨411⟩ *an etwas ~ heftig schütteln, in schnellen Rucken hin u. her bewegen;* der Sturm rüttelt an den Fensterläden; an der Tür ~; jmdn. an den Schultern ~ □ *****sacudir alguma coisa 1.1** ⟨550⟩ *jmdn. aus dem Schlaf ~ unsanft durch Schütteln wecken* □ *****sacudir alguém para acordá-lo 1.2** *daran ist nicht zu ~* ⟨fig.⟩ *daran kann nichts geändert werden, das steht unumstößlich fest* □ *****não há o que discutir 1.3** ⟨500⟩ *Getreide ~ sieben* □ **peneirar 1.4** ⟨500⟩ *ein gerüttelt Maß (von Arbeit, Sorgen usw.)* ⟨fig.⟩ *sehr viel* □ *****uma montanha; um monte 2** ⟨400⟩ *etwas rüttelt wird schnell u. anhaltend gestoßen;* der Wagen rüttelt auf dem holprigen Weg □ *****dar solavancos; sacolejar 3** ⟨400⟩ *ein Greifvogel rüttelt* ⟨Jägerspr.⟩ *flattert mit schnellen Flügelschlägen in der Luft, ohne sich vorwärts zu bewegen;* der Falke rüttelt über der Beute □ **adejar**

s ⟨umg.; kurz für⟩ *es, das;* wie geht's/gehts?; 's ist vorbei □ ∅

Saal ⟨m.; -(e)s, Säle⟩ *sehr großer Innenraum;* einen ~ betreten, verlassen; der Ball fand im festlich geschmückten ~ des Kurhauses statt □ salão

Saat ⟨f.; -, -en⟩ **1** *das Säen, Aussäen;* eine frühe, späte ~; es ist Zeit zur ~ □ sementeira; semeadura **2** *Samen od. Knollen, die gesät od. gesteckt werden u. aus denen neue Pflanzen entstehen sollen;* Sy Saatgut; die ~ bestellen, in die Erde bringen; aus der ~ des Hasses kann nichts Gutes gedeihen, hervorgehen ⟨fig.⟩ □ semente; wie die ~, so die Ernte ⟨Sprichw.⟩ □ *o que se planta é o que se colhe **2.1** die ~ ist aufgegangen ⟨a. fig.⟩ *die Folgen zeigen sich* □ *os resultados começam a aparecer **3** *das noch grüne Getreide;* die ~ steht gut □ grão

Saat|gut ⟨n.; -(e)s; unz.⟩ = *Saat(2)*

Sab|bat ⟨m.; -(e)s, -e⟩ *Samstag (Freitag- bis Samstagabend), an dem alle Arbeit ruht* □ sabá

Sä|bel ⟨m.; -s, -⟩ **1** *Hiebwaffe mit einschneidiger, spitzer, gekrümmter Klinge;* den ~ schwingen, wetzen, ziehen, zücken □ sabre **1.1** jmdn. **auf** ~ **fordern** *zum Säbelduell* □ *desafiar alguém para um duelo de sabres **1.2** mit dem ~ **rasseln** ⟨a. fig.⟩ *sich angriffslustig gebärden, mit kriegerischen Aktionen drohen* □ *brandir a espada/o sabre

Sa|bo|ta|ge ⟨[-ʒə] f.; -, -n⟩ *planmäßige Vereitelung eines Zieles anderer, bes. durch Zerstören od. Beschädigen von Maschinen, Waren usw., meist zu politischen Zwecken* □ sabotagem

sach|dien|lich ⟨Adj.⟩ *einer Sache dienlich, nützlich;* ~e Angaben machen; ~e Hinweise erbittet die Kriminalpolizei □ adequado; útil; oportuno

Sa|che ⟨f.; -, -n⟩ **1** *Gegenstand nicht näher bestimmter Art (des persönlichen Besitzes);* die ~n, die hier herumliegen, sind unbrauchbar **1.1** alte ~n *Gerümpel, Antiquitäten* **1.2** ⟨meist Pl.⟩ ~n ⟨umg.⟩ *Besitz, Kleidungsstücke, Gebrauchsgegenstände, Toilettenartikel, Möbel, Gepäck;* seine ~n in Ordnung halten; deine ~n kannst du in dieses Fach legen, tun □ coisa **1.2.1** jmdm. aus den ~n helfen *beim Ausziehen helfen* □ *ajudar alguém a se despir **1.2.2** auf die ~n gut achtgeben, aufpassen *auf das Gepäck u. Ä.* □ *ficar atento à bagagem **1.3** ⟨umg.⟩ *Esswaren;* es gab gute ~n zu essen □ *havia coisas boas para comer **1.3.1** ich esse gern scharfe ~n *pikante Speisen* □ *gosto de comida picante **1.3.2** er trinkt gern scharfe ~n *Schnäpse* □ *ele gosta de uma cachaça **2** *bestimmte, nicht näher bezeichnete Angelegenheit;* eine bedeutende, ehrliche, gerechte, große, gute, verheißungsvolle, wichtige ~; eine böse, ernste, gefährliche, hoffnungslose, langwierige, lästige, peinliche, schwierige, unangenehme, verlorene ~; erzähl doch einmal den Hergang der ~; er will sich meiner ~ annehmen; ich neige dazu, die ~ ganz anders anzusehen; die ~ verhielt sich so …; das ist aber auch das Beste an der ~; ich möchte wissen, was an der ~ wahr ist; in dieser ~ möchte ich nichts unternehmen; er ist in eine unangenehme ~ verwickelt; die ~ ist für mich erledigt; ich habe mich lange nicht um diese ~ gekümmert; ich kann mir noch kein Bild von der ~ machen; ich weiß nichts von der ~; einer ~ auf den Grund gehen; in eigener ~ verhandeln □ questão; assunto; situação; caso; in eigener ~ kann niemand Richter sein ⟨Sprichw.⟩ □ *ninguém pode ser juiz em causa própria **2.1** es muss etwas Wahres an der ~ sein *an dem Gerücht* □ boato **2.2** es ist keine große ~ ⟨umg.⟩ *es ist nur eine Kleinigkeit* □ *isso é mixaria **2.3** die ~ ist die, dass … *es verhält sich so, dass …* □ *a questão é que… **2.4** die ~ liegt so: … *ich will die Angelegenheit erklären:* … □ *a questão é a seguinte:… **2.5** das ist so eine ~ ⟨umg.⟩ *das ist schwierig* □ *é uma questão difícil/delicada **2.6** das ist eine ~ für sich *etwas anderes, das hat nichts mit der vorangegangenen Angelegenheit zu tun* □ *isso é outra coisa **2.7** sie hat nichts mit dieser ~ zu tun *sie war nicht beteiligt, sie ist unschuldig* □ *ela não tem nada a ver com isso/esse assunto **2.8** das liegt in der Natur der ~ *das ist hierbei unvermeidlich* □ *é uma coisa natural; não há como evitar **2.9** Unternehmen, Vorhaben; eine ~ fallenlassen, verfolgen; eine große, tolle ~ vorhaben ⟨umg.⟩; die ~ ist schiefgegangen ⟨umg.⟩ □ plano **2.9.1** die ~ macht sich nicht bezahlt *es lohnt sich nicht* □ *não vale a pena **2.9.2** die ~ schmeißen ⟨umg.⟩ *durchführen* □ *dar um jeito; resolver **2.9.3** das ist eine abgekartete ~ ⟨umg.⟩ *das war vorher verabredet* □ *isso é coisa arranjada/combinada **2.9.4** die ~ soll morgen steigen ⟨umg.⟩ *stattfinden, zustande kommen* □ *(o evento) vai ser amanhã; → a. *gemeinsam(1.1)* **2.10** *Thema, Wesentliches;* das gehört nicht zur ~ □ *isso não vem ao caso;* sie kann nicht bei der ~ bleiben □ *ela não consegue se ater à questão/ao assunto;* er soll endlich zur ~ kommen □ *ele precisa ir ao que interessa;* zur ~! □ *vamos ao que interessa! **2.10.1** zur ~ reden, sprechen, sich äußern *über das Thema, das Wesentliche sprechen, ohne abzuschweifen* □ *ir direto ao assunto/ponto **2.10.2** etwas tut nichts zur ~ *ist nicht wesentlich, macht in diesem Fall nichts aus;* der Name tut nichts zur ~ □ *não vir ao caso; não ser importante **2.10.3** du solltest nicht so lange um die ~ herumreden *sag doch gleich das Wesentliche* □ *não fique enrolando; vá direto ao que interessa **2.11** *(umfassendes) Ziel;* im Dienst einer großen ~ stehen; sich in den Dienst einer ~ stellen; die ~ der Freiheit vertreten; sie arbeitete stets als Liebe zur ~ □ causa **2.11.1** etwas um der ~ ~ willen tun *ohne Rücksicht auf die eigene Person od. auf eigene Vorteile* □ *fazer alguma coisa por amor à causa **2.12** *Umstand;* man muss dabei verschiedene ~n berücksichtigen □ coisa;

circunstância 2.13 *Frage, Problem;* das ist eine ~ der Erziehung, des Taktes, des Vertrauens □ **questão;** über ~n des Geschmacks lässt sich nicht streiten □ ***gosto não se discute** 2.13.1 die ~ muss ich erst beschlafen 〈umg.〉 *ich kann mich erst morgen entscheiden* □ ***preciso consultar o travesseiro** 2.13.2 das ist meine ~! *kümmere dich nicht um meine Angelegenheit, das geht dich nichts an!* □ ***isso é assunto meu!** 2.13.3 du musst die Person von der ~ trennen *die Angelegenheit ganz sachlich, unpersönlich beurteilen* □ ***você tem de separar as coisas; você tem de ver as coisas objetivamente** 2.14 *Aufgabe, Pflicht, Obliegenheit;* es ist ~ der Behörden, das zu entscheiden □ ***cabe às autoridades decidir isso;** einer ~ überdrüssig sein, werden □ ***enfadar-se/cansar(-se) de alguma coisa** 2.14.1 er versteht seine ~ *er ist tüchtig in seinem Beruf* □ ***ele é bom no que faz; ele entende do riscado** 2.14.2 er versteht etwas von der ~ *er kennt sich damit aus* □ ***ele entende um pouco do assunto** 2.14.3 er macht seine ~ *erledigt zuverlässig, was man ihm aufträgt* □ ***ele cumpre seu trabalho/sua parte** 2.14.4 du hast deine ~ gut gemacht *deine Aufgabe gut durchgeführt, ich bin mit dir zufrieden* □ ***você trabalhou bem** 2.15 *Geschmack, Art und Weise;* das ist nicht jedermanns ~ □ ***nem todo o mundo gosta disso** 2.16 *Meinung, Handlung* 2.16.1 ich bin meiner ~ gewiss, sicher *ich bin von der Richtigkeit meiner Meinung, Handlung überzeugt* □ ***sei o que estou dizendo** 3 〈unz.; umg.〉 *gute Angelegenheit* 3.1 das ist ~! *das ist großartig!* □ ***(isso) é ótimo/maravilhoso!** 4 〈nur Pl.〉 ~n 〈umg.〉 *nicht näher bezeichnete (meist negativ) auffallende Angelegenheit* 4.1 mach keine ~n! *(Ausruf des Erstaunens, der Zurechtweisung)* □ ***não seja bobo!; deixe de bobagem!** 4.2 das sind ja nette ~n! 〈iron.〉 *ich staune, ich bin überrascht über das, was ich hören muss* □ ***ah, mas que maravilha!; e ainda tenho de ouvir uma coisa dessas!** 4.3 ~n gibt's (die gibt's gar nicht)! *da kann man nur staunen* □ ***é incrível uma coisa dessas!** 5 〈nur Pl.〉 mit 160 ~n die Straße entlangbrausen 〈umg.〉 *mit einer Geschwindigkeit von 160 Stundenkilometern fahren* □ ***passar na rua a 160 por hora** 6 〈Rechtsw.〉 6.1 *jeder körperliche Gegenstand, im Unterschied zur Person;* Gewalt gegen ~n; bewegliche ~ □ **bem; patrimônio** 6.2 *Gegenstand eines Rechtsstreits;* eine ~ anhängig machen, aufschieben, entscheiden, führen, gewinnen, verlieren, verteidigen, vertreten (vor Gericht) □ **causa;** er wurde vom Richter zur ~ vernommen □ **ocorrência** 6.2.1 in ~n X gegen Y *im Prozess des X gegen Y* □ **processo**

sach|ge|mäß 〈Adj.〉 *dem Wesen einer Sache entsprechend, angemessen, passend, treffend* □ **apropriado; adequado**

Sach|kennt|nis 〈f.; -, -se〉 1 *Wissen, Erfahrung auf einem Gebiet;* sein Urteil verrät ~ 2 *Kenntnis der Umstände, der Lage, des Sachverhalts* □ **competência; conhecimento de causa**

sach|kun|dig 〈Adj.〉 1 *Sachkenntnis besitzend, verratend, erfahren, fachmännisch;* Sy *sachverständig;* ein ~es Urteil □ **competente; abalizado; perito**

sach|lich 〈Adj.〉 1 *eine Sache betreffend, zur Sache gehörig;* ~ ist nichts auszusetzen, einzuwenden, aber formal; ~e Gründe 2 *nüchtern (denkend), vorurteilsfrei, objektiv;* ~e Angaben, Bemerkungen, Kritiken, Urteile; ein ~er Mensch; eine Angelegenheit ~ behandeln, betrachten, erörtern; er bleibt immer ~ □ **objetivo; objetivamente**

säch|lich 〈Adj. 24; Gramm.〉 1 = *neutral(3);* männliche, weibliche und ~e Substantive 1.1 das ~e Geschlecht *Neutrum* □ **neutro**

sacht 〈Adj.〉 oV *sachte* 1 *kaum merklich* □ **quase imperceptível** 1.1 〈90〉 *leise;* sich mit ~en Schritten nähern □ **silencioso; leve** 1.2 〈90〉 *langsam, allmählich;* ein ~ ansteigender Weg □ **aos poucos; gradativamente** 1.2.1 immer ~ voran! 〈umg.〉 *nicht so stürmisch!, langsam!* □ ***devagar!** 1.3 *leicht, sanft;* mit ~er Hand etwas berühren, darüberstreichen □ ***tocar de leve alguma coisa; passar de leve a mão em alguma coisa** 2 〈50〉 *vorsichtig;* etwas ~ anfassen, berühren, streicheln; ~ näher kommen; sich ~ entfernen □ **com cuidado; de mansinho;** wer ~ fährt, kommt auch an 〈Sprichw.〉 □ ***devagar se vai ao longe**

sach|te 〈Adj. 90〉 1 = *sacht* 1.1 ~, ~! 〈umg.〉 *vorsichtig!, langsam!* □ **cuidado; devagar**

Sach|ver|halt 〈m.; -(e)s, -e〉 1 *Lage, Stand der Dinge, Tatbestand;* den ~ durchschauen, erkennen, erfahren, untersuchen; jmdm. den ~ darlegen, erklären, mitteilen, verschweigen; jmdn. über den ~ aufklären 1.1 〈Rechtsw.〉 *die in einem Rechtsfall zu beurteilenden tatsächl. Verhältnisse u. Vorgänge* □ **situação; fatos**

sach|ver|stän|dig 〈Adj.〉 = *sachkundig*

Sach|wal|ter 〈m.; -s, -〉 *jmd., der sich einer Sache annimmt, Verwalter einer Sache, Verteidiger, Fürsprecher;* sich für etwas zum ~ machen □ **advogado; defensor**

Sack 〈m. 7; -(e)s, Sä|cke〉 1 *länglicher Behälter aus grobem Stoff, Kunststoff od. Papier zum Aufbewahren od. zum Transport von körnigen od. kleinstückigen Gütern;* ein leichter, schwerer, voller ~; einen ~ aufbinden, zubinden; den ~ ausschütten, leeren; Getreide in Säcke füllen, schütten; Knüppel aus dem ~! *(aus dem Märchen „Tischlein, deck dich" der Brüder Grimm);* es ist leichter, einen ~ Flöhe zu hüten als diese Kinder 〈umg.; scherzh.〉 □ **saco;** jmdm. einen ~ voller Lügen auftischen 〈fig.〉 □ ***contar um monte de mentiras a alguém** 1.1 ich habe geschlafen wie ein ~ 〈fig.; umg.〉 *sehr fest* □ ***dormi como uma pedra** 1.2 er ist voll wie ein ~ 〈fig.; umg.〉 *schwer betrunken* □ ***ele está bêbado feito um gambá** 1.3 mit ~ und Pack 〈umg.〉 *mit allem Besitz, allen Habseligkeiten* □ ***de mala e cuia** 1.4 in den ~ hauen 〈fig.; umg.〉 *mit einer Sache aufhören, kündigen* □ ***pular/cair fora** 1.5 in ~ und Asche gehen 〈fig.; veraltet〉 **büßen** □ ***pagar o pato** 1.6 jmdn. in den ~ stecken 〈fig.; umg.〉 1.6.1 *jmdm. überlegen sein* □ ***deixar alguém para trás** 1.6.2 *jmdn. betrügen* □ ***enrolar/enganar alguém** 1.7 *(Maßeinheit, bes. für Schüttgut);* ein ~ Kartoffeln; drei ~ Kaffee □ **saca** 1.8 〈süddt.〉 *Tasche, Geldbeutel, Hosen~, Geld~* □ **bolso; saco** 1.9 den ~ schlägt man u. den Esel meint man 〈fig.〉 *der Unschuldige wird bestraft, der Falsche zur Verantwortung gezogen* □ ***quem não pode dar no asno dá na albarda** 2 〈fig.〉

etwas mit einem Sack(1) Vergleichbares, entweder weil es nur einen Eingang u. keinen Ausgang hat od. weil es schlaff od. bauschend hängt; ~gasse □ **beco sem saída**; Tränen~ □ ***bolsa lacrimal** 2.1 〈umg.〉 Hodensack □ **saco; escroto 3** 〈umg.〉 *(Schimpfwort);* ihr Säcke! □ ***babaca 3.1** so ein fauler ~ 〈fig.; umg.〉 *fauler Mensch* □ ***que cara folgado!**

Sa|ckerl 〈n.; -s, -n; österr.〉 *Tüte, Beutel* □ **saco**

Sack|gas|se 〈f.; -, -n〉 **1** *Straße mit nur einem Zugang;* in eine ~ geraten **2** 〈fig.〉 *ausweglose Situation;* er steckt in einer ~; er sucht verzweifelt einen Ausweg aus der ~ □ **beco sem saída**

Sack|pfei|fe 〈f.; -, -n; Mus.〉 = Dudelsack

Sa|dis|mus 〈m.; -; unz.〉 **1** *i. e. S.* **)** *Perversion, bei der durch Zufügen von Misshandlungen geschlechtliche Befriedigung gefunden wird* **2** 〈i. w. S.〉 *Lust an Grausamkeiten* □ **sadismo**

sä|en 〈V.; du säst, er sät; du sätest; gesät; säe!〉 **1** 〈402〉 *(Samen) ~ (Saatgut) in den Boden bringen, über das Feld ausstreuen;* Astern, Gerste, Karotten ~; nach dem Sturm lagen die Kastanien wie gesät auf dem Weg; was der Mensch säet, das wird er ernten (Sprichw. nach NT, Galaterbrief 6,7) □ **semear 1.1 dünn gesät sein** 〈fig.〉 *spärlich anzutreffen, selten* □ ***ser difícil de encontrar; ser escasso* **2** 〈500〉 eine Sache ~ 〈fig.〉 *die Grundlage, den Keim zu einer S. legen, den Anstoß zu einer S. geben;* Hass, Liebe, Misstrauen, Zwietracht ~; wer Wind sät, wird Sturm ernten (Sprichw. nach AT, Hosea 8,7) □ **semear**

Sa|fa|ri 〈f.; -, -s〉 **1** 〈urspr.〉 *längerer Marsch, Karawanenreise in Afrika* **2** 〈heute〉 *(in einer Gruppe unternommene) Reise od. längerer Ausflug zur Beobachtung von freilebenden Tieren (bes. in Afrika);* auf ~ gehen; Foto~ □ **safári**

Safe 〈[sɛɪf] m.; -s, -s〉 **1** *feuerfester, stark gesicherter Stahlbehälter zum Aufbewahren von Geld u. Wertsachen* **2** *(mietbares) Fach in den gesicherten Stahlkammern einer Bank* □ **cofre**

Sa|fran *auch:* **Saf|ran** 〈m.; -s, -e〉 **1** *gelber Pflanzenfarbstoff aus den Narben u. einem Teil des Griffels von Crocus sativus* **2** 〈unz.〉 *aus dieser Pflanze gewonnenes Gewürz* □ **açafrão**

Saft 〈m.; -(e)s, Säf|te〉 **1** *der flüssige Bestandteil organ. Körper;* von den Birken ~ abzapfen **1.1** (roter) ~ 〈umg.〉 *Blut;* Blut ist ein ganz besonder ~ (Goethe, „Faust" I, Studierzimmer) □ **seiva 1.1.1** schlechte Säfte haben 〈umg.〉 *schlechte Körperflüssigkeit, (bes.) schlechtes Blut (nach altem Aberglauben die Ursache von Krankheiten)* □ **humores 2** *aus reifen Früchten od. Gemüsen durch Auspressen gewonnene Flüssigkeit (bes. als Getränk);* Obst~; der ~ von Äpfeln, Birnen, Karotten, Orangen, Tomaten; den ~ der Früchte auspressen, einkochen, zu Gelee verarbeiten □ **suco; sumo 2.1** der ~ der Reben *Wein* □ ***vinho 3** *Flüssigkeit, die während des Kochens od. Bratens aus dem Fleisch austritt u. zum Bereiten von Soßen dient* **3.1** Fleisch im eigenen ~ schmoren *mit wenig Fett dünsten* □ **caldo 3.2** im eigenen ~ schmoren 〈fig.; umg.〉 *in Angst, im Ungewissen sein* □ ***remoer-se 4** 〈fig.〉

Energie, Kraft, Leben **4.1** ohne ~ und Kraft *kraftlos;* eine Rede, ein Roman, ein Theaterstück ohne ~ und Kraft □ ***sem sal; sem vigor**

saf|tig 〈Adj.〉 **1** *viel Saft enthaltend, reich an Saft;* ~e Früchte; ~es Obst □ **suculento 2** 〈fig.〉 **2.1** *kräftig, üppig;* ein ~es Grün □ **vivo; intenso 2.2** *schmerzhaft;* er hat eine ~e Ohrfeige bekommen □ ***ele levou um belo safanão 2.3** *hoch, empfindlich;* eine ~e Geldstrafe □ ***uma bela multa; uma multa pesada 3** 〈fig.; umg.〉 *unanständig, derb;* ~e Geschichten, Witze erzählen □ **sujo; picante**

saft|los 〈Adj.〉 **1** *keinen Saft besitzend, trocken* □ **seco; sem sumo 2** 〈fig.〉 *kraftlos;* saft- und kraftlos (verstärkend) □ ***totalmente sem sal/vigor**

Sa|ge 〈f.; -, -n〉 **1** *mündlich überlieferte Erzählung historischen od. mythologischen Inhalts;* ~n einer Landschaft, eines Volkes; ~n aufzeichnen, sammeln, veröffentlichen; wie die ~ berichtet, erzählt ... □ **lenda; mito 2** *Überlieferung, Gerücht;* es geht die ~, dass ... □ **boato**

Sä|ge 〈f.; -, -n〉 **1** *aus einem stählernen, mit scharfen Zacken versehenen Blatt u. Griff bestehendes Werkzeug zum Zerschneiden von Metall u. Holz* □ **serra 2** (kurz für) *Sägewerk* □ **serraria 3** 〈fig.〉 *der Säge ähnliche Gegenstand* □ **objeto semelhante à serra**

sa|gen 〈V.〉 **1** 〈500〉 etwas ~ *mit Worten mündlich ausdrücken;* er hat kein Wort gesagt; denken kannst du dir dein Teil, nur ~ darfst du es nicht; jmdm. Bosheiten, Grobheiten, Sticheleien ~; etwas brüsk, herablassend, herausfordernd, mürrisch, vorwurfsvoll, wütend, zornig ~; etwas bescheiden, besorgt, freundlich, liebevoll, vorsorglich ~; etwas im Flüsterton ~; ja/Ja, nein/Nein ~; ich weiß nicht, wie ich es ~ soll; guten/Guten Morgen, gute/Gute Nacht, guten/Guten Tag ~; ich habe ihn ~ hören, dass ...; jmdm. Komplimente, etwas Nettes, Schmeicheleien ~; jmdm. Dank ~; er sagt nie seine Meinung; jmdm. seine Meinung, jmdm. ordentlich die Meinung ~; seine Gründe ~; das musste einmal gesagt werden; das ist leichter gesagt als getan; wie würdest du ~: ich bin gesessen oder ich habe gesessen?; das Stück hat – wie soll ich ~ – ... (wenn man nach Worten sucht) **1.1** was ich noch ~ wollte *übrigens* □ **dizer 1.2** es kostet sage **und schreibe** 20 Euro! *(Ausdruck der Entrüstung od. der Anerkennung)* □ ***custou nada menos do que 20 euros!* **1.3** wer kann ~, was die Zukunft bringen wird *niemand weiß, was ...* **1.4** ich war, ~ wir, um 10 Uhr zu Hause *schätzungsweise* **1.5** wann treffen wir uns? ~ wir, um vier Uhr *nun, vielleicht um vier Uhr?* **1.6** das sagt man nicht! *es ist ungehörig, das auszusprechen* **1.7** *mitteilen;* mit wenig Worten viel ~; das Gesagte bleibt unter uns; was sagte er?; eins muss man ja ~, er ist immer großzügig gewesen; ~ Sie, wenn es genug ist (beim Einschenken, Aufgeben der Speisen) **1.8** *erklären, äußern;* er sagt, er habe es vergessen; das habe ich doch nur im Scherz gesagt; um es klar, kurz, offen zu ~; das ist schnell gesagt; das hat er nur aus Bosheit gesagt; ~ Sie (ein)mal ...; wirst du bis morgen damit

sagen

fertig? Das kann ich noch nicht ~; wie der Volksmund sagt ...; ich möchte fast ~, dieses Bild gefällt mir besser; Goethe sagt ... (vor einem Zitat); was würdest du ~, wenn ... □ **dizer**; was Sie nicht ~! (Ausruf des Erstaunens) □ ***não me diga!** 1.8.1 ich müsste lügen, wenn ich anders sagte *ich stehe zu meiner Meinung* 1.8.2 was wollen Sie *damit* ~? *was meinen Sie, was beabsichtigen Sie mit Ihren Worten?* 1.8.3 das ~ Sie so, aber ... *Sie sprechen das so leichthin aus, aber* ... 1.8.4 ich sage, wie's ist *offen meine Meinung* **dizer** 1.8.5 gesagt – getan *eine Absicht wird geäußert u. sogleich danach gehandelt* □ *****dito e feito** 1.9 behaupten; man sagt, dass ...; wie du nur so etwas ~ kannst!; man kann ohne Übertreibung ~ ...; da kann er ~, was er will, ich glaube ihm kein Wort; ich nehme von dem Gesagten kein Wort zurück; das ~ Sie, nicht ich! (indem man sich von jmds. Meinung distanziert); ich habe es ja schon immer gesagt, du sollst ...; das will ich mit meiner Bemerkung nicht ~ (Ausdruck der Einschränkung) □ **dizer** 1.9.1 das möchte ich nicht ~ *ich glaube nicht, dass es so ist* □ *****eu não diria isso** 1.9.2 ach, sag das nicht! *ich würde das nicht für unmöglich halten!* □ *****não tenha tanta certeza disso!** 1.9.3 da soll noch einer ~, dass diese Geschichte nicht wahr sein kann *ich habe jetzt den Beweis, dass diese G. wahr ist* □ *****quero ver alguém dizer que essa história não é verdadeira** 1.9.4 was man auch ~ mag ... *auf jeden Fall, in jedem Fall* ... □ *****digam o que disserem...** 1.9.5 dann will ich nichts gesagt haben *unter diesen Umständen nehme ich zurück, was ich gesagt habe* □ *****não está mais aqui quem falou** 1.9.6 wie man so schön sagt *wie die Redensart heißt* □ *****como se costuma dizer muito bem** 1.9.7 wenn ich so ~ darf *wenn dieser Ausdruck berechtigt ist* □ *****se é que posso dizer assim** 1.10 gestehen, zugeben; du sollst die Wahrheit ~ (und nicht lügen); ich habe nicht viel gegessen, um nicht zu ~: gar nichts; das muss man schon ~; sag doch, dass du es warst! □ **dizer** 1.11 dies od. jenes sagt etwas *bedeutet etwas*; das will schon etwas ~! (Ausdruck der Anerkennung); sagt dir dieser Name etwas?; das Buch, dieses Gemälde sagt mir gar nichts; was will das ~? □ **(querer) dizer; significar** 1.11.1 damit ist nichts, viel, wenig gesagt *das bedeutet* □ *****isso não quer dizer nada; isso quer dizer muito/pouco** 1.11.2 damit ist nicht gesagt, dass ... *das bedeutet nicht, dass* ... □ *****isso não quer dizer que...** 1.12 ⟨530/Vr 6⟩ **(zu)** jmdm. etwas ~ *jmdm. etwas (mündlich) mitteilen*; ich kann dir nur ~: Nimm dich in Acht!; es muss ihr endlich einmal jemand die Wahrheit ~; hast du (zu) ihm etwas gesagt?; er hat mir gesagt, er komme später; ich habe es (dir) ja gleich gesagt, aber du wolltest nicht (auf mich) hören; mein Gefühl sagt mir, dass ... □ **dizer; contar**; das muss dir doch dein Verstand ~, dass das nicht stimmen kann □ *****você precisa entender de uma vez por todas que isso não pode ser verdade** 1.12.1 wem sagst du das? (iron.) *das weiß ich doch schon längst!* □ *****é a mim que você diz isso?** 1.12.2 ich habe mir ~ lassen, dass ... *ich habe erfahren, dass* ... □ *****fiquei sabendo que...** 1.12.3 ⟨531⟩ jmdm. etwas **ins Ohr** ~ *leise, damit es niemand sonst hört* □ *****cochichar alguma coisa no ouvido de alguém** 1.12.4 ⟨Vr 1⟩ sich etwas ~, etwas **bei sich** ~ *denken, sich denken, sich überlegen* □ *****dizer alguma coisa para si mesmo; pensar com seus botões** 1.13 ⟨500⟩ sich etwas ~ lassen *einer Aufforderung nachkommen* □ *****atender a um pedido; obedecer** 1.13.1 sie will sich nichts ~ lassen *sie ist eigensinnig, nimmt keine Ratschläge an* □ *****ela não quer ouvir ninguém** 1.13.2 das ließ er sich nicht zweimal ~ *dieser Aufforderung kam er sofort nach, die angebotene günstige Gelegenheit ergriff er sofort* □ *****não foi preciso pedir-lhe duas vezes** 1.14 ⟨413; Part. Perf.⟩ **wie** gesagt *wie (bereits) erwähnt* □ *****como (já) dito** 1.14.1 richtiger gesagt ... *besser formuliert* □ *****mais exatamente; melhor dizendo** 1.14.2 genug gesagt! *deutlich genug klargemacht* □ *****é o suficiente!; não é preciso dizer mais nada!** 1.14.3 beiläufig, nebenbei gesagt ... *übrigens* □ *****diga-se de passagem** 1.14.4 kurz gesagt ... *in kurzen Worten* ... □ *****resumindo** 1.14.5 unter uns gesagt *vertraulich mitgeteilt* □ *****cá entre nós** 1.14.6 das wäre **zu viel** gesagt *so weit kann man nicht gehen mit seinen Schlussfolgerungen* □ *****(isso) seria ir longe demais** 1.14.7 lassen Sie es **sich** gesagt **sein** *nehmen Sie es als Lehre, als Warnung an* □ *****considere-se avisado** 1.14.8 **offen** gesagt *wenn ich ehrlich sein soll* □ *****falando abertamente/francamente** **2** ⟨550⟩ 2.1 über jmdn. od. eine **Sache**, von jmdm. od. einer **Sache** etwas ~ *bemerken, erwähnen, Auskunft geben;* darüber, davon hat er nichts gesagt; darüber wäre viel zu ~; wer kann mir etwas über ihn ~?; seine Schrift sagt viel über seinen Charakter 2.2 ich kann dasselbe von mir ~ *mir ist es ebenso ergangen, ich bin ganz Ihrer Meinung* 2.3 zu einer **Sache** etwas ~ *meinen;* was ~ Sie zu den neuesten Ereignissen?; was soll man dazu ~!; was werden die Leute dazu ~?; dazu kann ich nichts ~ 2.4 etwas **gegen** jmdn. od. eine Sache ~ *geltend machen, einwenden;* ich will nichts gegen ihn ~; haben Sie etwas dagegen zu ~? □ **dizer** 2.4.1 dagegen ist nichts zu ~ *das stimmt schon* □ *****não há o que objetar a esse respeito** 2.5 **auf** eine Äußerung etwas ~ *antworten;* darauf sagte er, ... □ *****responder a uma declaração** 2.6 Karl zu jmdm. ~ *jmdn. K. nennen* □ *****chamar alguém de Karl** 2.6.1 du, Sie zu jmdm. ~ *jmdn. duzen, siezen;* ~ du zueinander □ *****tratar alguém por você/senhor(a)** 2.7 ⟨800⟩ von (jmdm.) ~ ⟨veraltet⟩ *reden, erzählen, berichten;* von Abenteuern singen und ~ □ **falar; contar** 2.7.1 von Glück ~, dass ... *G. gehabt haben* □ ***(poder) considerar-se feliz/com sorte** **3** ⟨Inf.⟩ 3.1 ein **Ereignis** hat etwas zu ~ *ist Anzeichen für etwas noch nicht Bekanntes* □ *****um acontecimento é sinal de alguma coisa** 3.1.1 das muss doch etwas zu ~ haben *zu bedeuten* □ *****isso deve querer dizer alguma coisa** 3.1.2 das hat nichts zu ~ *ist unwichtig, ändert nichts an einer Sache* □ *****isso não quer dizer nada** 3.2 jmd. hat etwas zu ~ 3.2.1 darf befehlen, bestimmen, anordnen; er hat hier nichts zu ~; du hast mir nichts zu ~! □ **mandar**; dar *palpite* 3.2.2 *etwas Neues, Interessantes mitteilen können;* der Redner hatte wirklich etwas zu ~ □ *ter coisas interessantes a dizer* 3.3 *etwas zu ~ wissen* 3.3.1 *etwas Neues, Interessantes mitteilen können* □ *ter novidades 3.3.2 *eine passende Bemerkung, Antwort haben* □ *ter a resposta certa 3.4 *es ist nicht zu ~! es ist nicht zu glauben, ist unerhört!* □ *não dá para acreditar!

sä|gen ⟨V.⟩ **1** ⟨500⟩ *etwas ~ mit einer Säge zerschneiden* □ serrar **2** ⟨400; umg.; scherzh.⟩ *schnarchen* □ roncar

sa|gen|haft ⟨Adj. 24⟩ **1** *nur in Sagen überliefert, nicht historisch belegt; die ~e Gründung des Reiches* □ lendário; mítico **2** ⟨fig.; umg.⟩ *sehr, erstaunlich, unglaublich; das Modellkleid war ~ teuer* □ incrivelmente

Sa|go ⟨m.; -s; unz., österr. a.: n.; -s; unz.⟩ *gekörnte Stärke aus dem Mark der Sagopalmen od. aus Kartoffelstärke (für Pudding od. Suppen)* □ sagu

Sah|ne ⟨f.; -; unz.⟩ **1** *nach dem Entzug der Magermilch verbleibender, fetthaltiger Teil der Milch;* Sy ⟨süddt., österr., schweiz.⟩ *Rahm(1)* □ nata; creme; → a. *schlagen(3.1.1)*

Sai|son ⟨[zɛzɔ̃ː] od. [zɛzɔŋ]f.; -, -s od. österr. [zɛzoːn] f.; -, -en⟩ **1** *(die richtige) Jahreszeit* □ estação **2** *jahreszeitlich bedingte Hauptgeschäftszeit, z. B. in Kurorten* **3** *Spielzeit des Theaters* □ temporada

Sai|son|ar|bei|ter ⟨[zɛzɔ̃ː-] od. [zɛzɔŋ-] m.; -s, -⟩ *Arbeiter, der nur für die Dauer der Saison beschäftigt ist;* Sy ⟨schweiz.⟩ *Saisonnier* □ trabalhador sazonal/temporário

Sai|so|ni|er ⟨[zɛzɔnjeː] m.; -s, -s⟩ = *Saisonnier*

Sai|son|ni|er ⟨[zɛzɔnjeː] m.; -s, -s; schweiz.⟩ = *Saisonarbeiter;* oV *Saisonier*

Sai|te ⟨f.; -, -n⟩ **1** *Faden aus gedrehten Därmen, aus Pflanzenfasern, aus Metall od. Kunststoff* **1.1** *Saite(1) als Tonträger von Saiteninstrumenten; ein Instrument mit ~n bespannen; die Spielerin greift in die ~n der Harfe; die ~n erklingen, ertönen, platzen, reißen, zerreißen; eine neue ~ aufziehen, spannen, stimmen* □ corda **1.1.1** *ich werde bald andere ~n aufziehen!* ⟨fig.; böse, energisch werden, streng durchgreifen⟩ □ *vou ter de mudar de tom!; vou ter de ser mais severo! **1.1.2** *gelindere, mildere ~n aufziehen* ⟨fig.⟩ *nachsichtiger, weniger streng sein* □ *ser menos rigoroso; ser mais tolerante **1.1.3** *da hast du eine empfindliche ~ bei ihm berührt* ⟨fig.⟩ *ihn dort getroffen, wo er empfindlich ist* □ *você tocou no seu ponto fraco **1.1.4** *verwandte Seelen haben gleichgestimmte ~n* ⟨fig.⟩ *empfinden gleich* □ *almas afins têm sentimentos em sintonia **1.1.5** *eine bestimmte ~ ihres Wesens zum Erklingen bringen ein bestimmtes Gefühl, eine bestimmte Regung in ihr wecken* □ *despertar determinado sentimento em alguém **1.2** *Saite(1) zur Bespannung von Tennis- od. Federballschlägern* □ corda

Sak|ko ⟨m.; -s, -s; fachsprachl. meist, österr. nur n.; -s, -s⟩ *Jacke zum Straßenanzug des Mannes* □ casaco masculino

♦ Die Buchstabenfolge **sa|kr...** kann in Fremdwörtern auch **sak|r...** getrennt werden.

♦ **sa|kral**[1] ⟨Adj. 24⟩ *heilig, heilige Handlungen betreffend, kirchlichen Zwecken dienend; ~e Kunst* □ sacro; sagrado

♦ **sa|kral**[2] ⟨Adj. 24; Anat.⟩ *zum Kreuzbein gehörig, es betreffend* □ sacro; sacral

♦ **Sa|kra|ment** ⟨n.; -(e)s, -e⟩ **1** *feierliche Handlung des christlichen Gottesdienstes, bei der dem Gläubigen symbolische Gaben (Wasser, Brot, Wein, Öl) gereicht werden* **2** *das Gnadenmittel selbst* □ sacramento

♦ **Sa|kri|leg** ⟨n.; -s, -e⟩ *Frevel, Verstoß gegen Heiliges, Verletzung eines Rituals od. Tabus; ein ~ begehen* □ sacrilégio

sä|ku|lar ⟨Adj. 24⟩ **1** *alle hundert Jahre wiederkehrend* □ secular **2** = *weltlich(2)*

Sa|la|man|der ⟨m.; -s, -; Zool.⟩ **1** *Angehöriger einer Unterordnung der Schwanzlurche: Salamandroidae* **1.1** ⟨i. e. S.⟩ *Angehöriger einer Familie der Molche, die als Larven durch Kiemen atmen: Salamandridae* □ salamandra **2** *den ~ reiben* ⟨veraltet; Studentenspr.⟩ *zu Ehren einer Persönlichkeit die gefüllten Trinkgläser auf dem Tisch reiben* □ *esfregar o copo cheio na mesa em homenagem a alguém

Sa|la|mi ⟨f.; -, -s od. -⟩ *hartgeräucherte, stark gewürzte Dauerwurst aus Schweine-, Rind-, Esels- od. Lammfleisch* □ salame

Sa|lär ⟨n.; -s, -e; schweiz.⟩ *Lohn, Gehalt, Honorar* □ salário

Sa|lat ⟨m.; -(e)s, -e⟩ **1** *kaltes Gericht aus kleingeschnittenen, rohen od. gekochten Gemüsen, Obst, Fleisch, Fisch u. a., mit Essig, Öl, Salz u. Gewürzen, Mayonnaise o. Ä. angerichtet; den ~ abschmecken, anmachen; gemischter, griechischer, italienischer, russischer ~* **1.1** *Bockwurst mit ~ Kartoffelsalat* □ salada **1.2** *da haben wir den ~!* ⟨fig.; umg.⟩ *die Bescherung (Ausruf des Unwillens)* □ *estamos bem arranjados! **2** *Salatpflanze* **2.1** *(grüner) ~ Kopfsalat; ein Kopf ~; (grünen) ~ anbauen, ernten, waschen* □ alface; → a. *ewig(1.2.2)*

Sal|be ⟨f.; -, -n⟩ **1** *schmierfähiges, fettiges Arzneimittel zur Behandlung von Hautkrankheiten, Wunden, zum Kühlen od. Erwärmen od. zu kosmetischen Zwecken: Unguentum* □ unguento; pomada; → a. *grau(1.8)*

Sal|bei ⟨a. [-'-] m.; -(e)s; unz. od. f.; -; unz.; Bot.⟩ **1** *Angehöriger einer Gattung der Lippenblütler mit blauen od. rötlich violetten Blüten: Salvia* **2** *aus den getrockneten Blättern des Salbeis(1) bestehendes Gewürz* □ sálvia

sal|ben ⟨V. 500⟩ **1** *etwas ~ mit Salbe einreiben, Salbe auftragen auf; die Gesichtshaut, das Haar, die Hände ~; eine Wunde regelmäßig ~* **1.1** ⟨Vr 3⟩ *sich ~ mit Salbe einreihen* □ untar(sc); passar pomada/unguento **2** *jmdn. ~ durch Salbung(2) od. Ölung weihen; jmdn. zum Priester, zum König ~* □ ungir **2.1** *er spricht so gesalbt* ⟨fig.; umg.; abwertend⟩ *so übertrieben feierlich* □ *ele fala de um jeito tão pomposo/empolado

Sal|bung ⟨f.; -, -en⟩ **1** (bei Naturvölkern u. im Orient) *Einreiben des Körpers mit Salbe, Öl od. Fett zur Körperpflege, gegen Insekten od. zu Heilzwecken* **2** *Einreiben bestimmter Körperstellen (Stirn) mit Öl od. Salbe*

salbungsvoll

zu kultischen Zwecken (Weihe, Reinigung, Abwehr) □ unção

sal|bungs|voll ⟨Adj.; abwertend⟩ *übertrieben feierlich, sanft, süßlich-würdevoll;* ~ *reden; sich* ~ *niederbeugen* □ (de modo) pomposo/empolado

sal|die|ren ⟨V. 500⟩ **1** *ein* **Konto** ~ *den Saldo eines K. ermitteln* **2** *eine* **Rechnung** ~ **2.1** ⟨Kaufmannsspr.⟩ *eine R. begleichen, bezahlen* **2.2** ⟨österr.⟩ *das Begleichen einer Rechnung bestätigen, quittieren* □ saldar

Sal|do ⟨m.; -s, -s od. Sal|di od. Sal|den⟩ *Betrag, um den sich die eine Seite eines Kontos von der anderen unterscheidet, Restbetrag der Soll- od. Habenseite beim Abschluss* □ saldo

Sa|li|ne ⟨f.; -, -n⟩ *Anlage zur Gewinnung von Kochsalz aus salzhaltigem Wasser durch Verdunstung* □ salina

Salm[1] ⟨m.; -(e)s, -e⟩ = *Lachs*

Salm[2] ⟨m.; -(e)s, -e; Pl. selten; umg.; abwertend⟩ *langweiliges, ermüdendes Gerede; diesen* ~ *konnte ich nicht länger ertragen* □ ladainha; lengalenga

Sal|mi|ak ⟨a. ['---] m. od. n.; -s; unz.⟩ *anorganische Verbindung aus Ammonium u. Salzsäure, Ammoniumchlorid* □ sal-amoníaco

Sal|mo|nel|le ⟨f.; -, -nel|len; Med.⟩ *Darminfektionen erregende Bakterie* □ salmonela

Sa|lon ⟨ [-lõ:] od. [-lɔn], süddt., österr. a. [-lo:n] m.; -s, -s⟩ **1** *Empfangszimmer* **2** ⟨im 17.-19. Jh.⟩ *regelmäßige Empfänge für einen kleinen literar. u. künstler. interessierten, geselligen Kreis* **3** *Modegeschäft od. Friseur; Frisier~, Kosmetik~, Schönheits~, Mode~* **4** *Kunstausstellung* □ salão

sa|lon|fä|hig ⟨ [-lõ:-] od. [-lɔŋ-], süddt.; österr. a. [-lo:n-] Adj.⟩ *für feine Gesellschaft geeignet, manierlich, schicklich* □ socialmente aceitável; apresentável

Sa|loon ⟨ [səlu:n] m.; -s, -s⟩ *im Stil der Wildwestfilme eingerichtetes Lokal* (Western~) □ saloon

sa|lopp ⟨Adj.⟩ **1** = *ungezwungen* **2** *nachlässig, schlampig* □ negligente; relaxado

Sal|pe|ter ⟨m.; -s; unz.⟩ *Leichtmetallsalz der Salpetersäure* □ salitre; nitrato de potássio

Sal|to ⟨m.; -s, -s od. Sal|ti⟩ *Sprung mit Überschlag in der Luft, Sprung mit Drehung um die waagerechte Achse* □ salto mortal

sa|lü ⟨a. ['--] umg.; bes. schweiz.⟩ *(zur Begrüßung u. zum Abschied verwendetes Grußwort)* □ oi; tchau

Sa|lut ⟨m.; -(e)s, -e⟩ *militärische Ehrung durch eine Salve von Schüssen;* ~ *schießen* □ salva (de tiros)

sa|lu|tie|ren ⟨V. 400⟩ *einen Vorgesetzten od. Ehrengast militärisch grüßen* □ prestar continência

Sal|ve ⟨ [-və] f.; -, -n⟩ *das gleichzeitige Abfeuern mehrerer Schusswaffen* □ salva de tiros

Salz ⟨n.; -es, -e⟩ **1** *Gewürz, Geschmacksstoff, Kochsalz; eine Prise* ~*; mit Pfeffer und* ~ *würzen;* ~ *und Brot zum Einzug schenken;* ~ *sieden* **1.1** ~ *und Brot macht Wangen rot* ⟨Sprichw.⟩ *einfache Nahrung erhält die Gesundheit* □ sal **1.2** *nicht das* ~ *zur Suppe, zum Brot haben* ⟨fig.⟩ *Not leiden* □ *passar necessidade **1.3** *Fleisch, Fisch in* ~ *legen einsalzen u. dadurch konservieren* □ *salgar/salmourar a carne/o peixe **1.4** ⟨fig.⟩ *belebendes Element, Würze* **1.4.1** *das* ~ *der Erde* (NT, Matthäus 5,13) *die Menschen* **1.5** ⟨fig.⟩ *Geist, Witz, Kraft; das* ~ *der Ironie* **1.5.1** *das ist ohne* ~ ⟨fig.⟩ *fade* **2** *chemische Verbindung, die sich aus einem Säurerest (Anion) u. Metallkationen (od. anderen Kationen, aber nicht ausschließlich Wasserstoff) zusammensetzt* □ sal

sal|zen ⟨V. 500; du salzt, gesalzen od. (selten) gesalzt⟩ **1** *eine* **Speise** ~ *mit Salz versehen, bestreuen, würzen; leicht gesalzener Schinken* **2** ⟨Part. Perf. nur gesalzen⟩ *eine* **Rede** ~ ⟨fig.⟩ *würzen, mit Anspielungen versehen* □ salgar **3** *gesalzene* **Preise** ⟨fig.; umg.⟩ *sehr hohe, überhöhte Preise* □ salgado

sal|zig ⟨Adj.⟩ *Salz enthaltend, gesalzen, nach Salz schmeckend; es hat einen* ~*en Geschmack;* ~*e Tränen; es schmeckt bitter und* ~*; das Fleisch, die Suppe, das Wasser ist* ~ □ salgado

Salz|säu|le ⟨f.; -, -n⟩ **1** *Säule aus Salz* □ coluna de sal **1.1** *zur* ~ *erstarren* ⟨fig.⟩ *nach 1. Mose 19, 26⟩ starr sein vor Schreck, vor Entsetzen* □ *ficar estarrecido/pasmo

Salz|säu|re ⟨f.; -; unz.; Chem.⟩ *stark ätzende Säure* □ ácido clorídrico

Sam|ba ⟨m.; -s, -s od. fachsprachl. f.; -, -s⟩ *aus einem brasilianischen Tanz hervorgegangener Gesellschaftstanz im 2/4-Takt* □ samba

Sa|men ⟨m.; -s, -⟩ **1** *der von der Pflanze abfallende, von einer Schutzhülle umgebene, mit Nahrungsstoffen versehene Keim; der* ~ *geht auf, treibt* □ semente **1.1** *in* ~ *schießen Samen bilden, wobei die Blüte verwelkt* □ *germinar; brotar **1.2** *die für die Aussaat ausgewählten Samenkörner, Saat;* ~ *streuen, züchten* □ semente; grão **1.3** ⟨fig.; bes. poet.⟩ *Ursprung, Keim; der* ~ *des Hasses, Neides, der Zwietracht* **1.4** ⟨fig.; bes. poet.⟩ *Grundlage; den* ~ *für eine zukünftige Entwicklung legen* □ semente; germe **2** *die von den Geschlechtsdrüsen bei Mensch u. Tier gebildete, die Samenzellen enthaltende Flüssigkeit, Sperma; der* ~ *ergießt sich (bei der Begattung)* □ sêmen; esperma **3** ⟨bibl.⟩ *die Nachkommen* □ semente; descendência

Sä|me|rei ⟨f.; -, -en; meist Pl.⟩ *Pflanzensamen, Saatgut* □ sementes; grãos

sä|mig ⟨Adj.⟩ *dickflüssig, gebunden, angedickt* □ espesso; pastoso

Säm|ling ⟨m.; -s, -e; Bot.⟩ *junge, aus Samen gezogene Pflanze* □ plântula

Sam|mel|be|cken ⟨n.; -s, -⟩ **1** *Behälter zum Sammeln u. Aufspeichern von Flüssigkeiten, z. B. Regenwasser* □ reservatório/recipiente coletor **2** ⟨fig.⟩ *Ansammlung, Treffpunkt, Vereinigung; diese Partei ist ein* ~ *aller liberalen Kräfte* □ ponto de confluência

sam|meln ⟨V.⟩ **1** ⟨500⟩ *etwas* ~ *zusammentragen, zusammenbringen, zusammenlesen; Beeren, Holz, Pilze, Regenwasser* ~*; Gutachten, Meinungen, Unterschriften* ~*; ich sammle noch Material für meinen Artikel; Aphorismen* ~ *und herausgeben; die Stimmen* ~ *und zählen (bei einer Abstimmung, Wahl)* □ (re)colher; reunir; juntar; *du hast feurige Kohlen auf mein Haupt gesammelt (nach Römerbrief 12, 20)* □ amontoar; *Kenntnisse* ~ **1.1** *es muss jeder* seine **Erfahrungen** ~ *E. machen u. daraus lernen* □ **adquirir** 1.2 *eine Sammlung(2) anlegen von etwas;* Briefmarken, Gemälde, Münzen, Pflanzen, Schmetterlinge, Steine ~ □ **colecionar** 1.2.1 ⟨800⟩ **an etwas ~ bemüht sein,** *eine Sammlung (2) von etwas zu vervollständigen;* er sammelt schon lange an einer Galerie antiker Statuen □ ***fazer coleção de alguma coisa** 1.3 ⟨402⟩ **(etwas)** ~ *für einen wohltätigen Zweck von anderen erbitten, eine Sammlung(1) (von etwas) durchführen;* milde Gaben ~; wir sollten ~, um unser Vorhaben zu finanzieren □ **coletar; arrecadar** 1.4 ⟨500⟩ *anhäufen;* Reichtümer, Schätze ~; seine Kräfte für eine große Aufgabe ~ □ **acumular 2** ⟨500⟩ *etwas ~ versammeln, vereinigen;* seine Herde, Schar um sich ~ **2.1** ⟨Vr 3⟩ **sich** ~ *zusammenkommen, sich versammeln, sich vereinigen;* alle Teilnehmer am Faschingszug ~ sich auf dem Rheinplatz; eine erregte Volksmenge sammelte sich und zog vor das Parlamentsgebäude; die zerstreuten Truppen sammelten sich wieder; zum Sammeln blasen ⟨Mil.⟩ □ **reunir(-se) 2.1.1** *im Brennpunkt zusammentreffen;* die Lichtstrahlen ~ sich im Brennpunkt der Linse □ **convergir 3** ⟨500/Vr 7⟩ **sich** *od. etwas ~* ⟨fig.⟩ *konzentrieren;* er kann sich bei diesem Lärm nicht ~ □ **concentrar(-se) 3.1** ich muss meine **Gedanken** ~ *auf einen Gegenstand lenken, mich konzentrieren* □ ***preciso me concentrar**

Sạmm|ler ⟨m.; -s, -⟩ **1** *jmd., der etwas sammelt;* Briefmarken~ □ **colecionador 2** *Gerät zum Speichern, bes. für elektrischen Strom, Akkumulator* □ **acumulador 3** ⟨Straßenbau⟩ *Hauptstrang der Kanalisation* □ **coletor 4** ⟨Typ.⟩ *Behälter, in den die Linotypematrizen fallen, bis die ganze Zeile gesetzt ist* □ **componedor**

Sạmm|le|rin ⟨f.; -, -rin|nen⟩ *weibl. Sammler(1)* □ **colecionadora**

Sạmm|lung ⟨f.; -, -en⟩ **1** *das Sammeln(1), die Tätigkeit des Zusammentragens;* ~ von Aussprüchen, Briefen, Gedichten, Gemälden, Münzen, Steinen usw. □ **coleção**; eine ~ zu wohltätigen Zwecken □ **coleta; arrecadação 2** *das Gesammelte, gesammelter Besitz, Zusammenstellung, Kunstsammlung;* eine kostbare, wertvolle ~; eine öffentliche, private, staatliche ~ □ **coleção 3** *Ort, Gebäude, in dem eine Sammlung (2) aufbewahrt wird;* die ~ ist nur vormittags geöffnet □ **(local to) exposição 4** ⟨fig.⟩ *Konzentration der Gedanken auf einen bestimmten Gegenstand;* keine Zeit zur (inneren) ~ haben □ **concentração**

Sa|mo|war ⟨a. [---] m.; -s, -e⟩ *russische Teemaschine, (meist kupferner) Kessel zum Bereiten u. Warmhalten von Tee, der aus einem kleinen verschließbaren Hahn entnommen wird* □ **samovar**

Sạms|tag ⟨m.; -(e)s, -e; Abk.: Sa; bes. süddt.; rhein.; österr.; schweiz.⟩ = *Sonnabend*

Sạms|tag|abend ⟨m.; -(e)s, -e⟩ *Abend eines (jeden) Samstags* □ **sábado à noite**; → a. *Dienstagabend*

sạms|tags ⟨Adv.⟩ *an jedem Samstag*; □ **aos sábados**; → a. *dienstags*

sạmt ⟨Präp. mit Dativ⟩ **1** *mit, einbegriffen, einschließlich;* das Haus ~ allem Zubehör □ **(juntamente) com**

1.1 ~ und **sonders** *alles zusammen, alle miteinander, ohne Ausnahme* □ **todos juntos; tudo junto**

Sạmt ⟨m.; -(e)s, -e; Textilw.⟩ **1** *Gewebe, meist aus Baumwolle, mit kurzer, dichter, feiner, aufgeschnittener Flordecke* □ **veludo 1.1** Hände, eine Haut wie ~ *zarte, weiche, glatte H.* □ ***mãos de veludo; uma pele aveludada 1.2** sich in ~ und **Seide** kleiden ⟨fig.⟩ *vornehm, kostbar* □ ***usar trajes finos/elegantes**

sämt|lich ⟨Pronominaladj. 10⟩ *alle, ohne Ausnahme;* ich habe ~e Aufträge erledigt; ich habe deine Aufträge ~ erledigt; eine Aufstellung ~er Adressen ~er alten, (od.) alter Kunden; ~e Angehörigen, (selten) ~e Angehörige kamen zusammen; ~es gesammelte Material; mit ~em gesammelten Material; ~e gesammelten Aufträge; ~e Freigelassenen; Thomas Manns ~e Werke in 13 Bänden □ **todo; completo**

Sa|mu|rai ⟨a. [---] m.; -s, -s od. m.; -, -; früher⟩ *Angehöriger des japanischen Kriegerstandes* □ **samurai**

Sa|na|to|ri|um ⟨n.; -s, -ri|en⟩ *klimatisch günstig gelegene Heilstätte für Kranke, die der Pflege, aber keiner stationären Behandlung im Krankenhaus bedürfen* □ **sanatório**

Sạnd ⟨m.; -(e)s, -e⟩ **1** *feinkörniges, durch Wasser od. Wind transportiertes Sedimentgestein;* Dünen~; Flug~; See~; feiner, grober, nasser, weißer, trockner ~; der ~ der Dünen, Wüsten; der ~ des Meeres, des Ufers; ~ zum Putzen, Reinigen, Scheuern; der Sandmann streut den Kindern abends ~ in die Augen (wenn sie müde sind, damit sie einschlafen) ⟨fig.⟩ □ **areia 1.1** wie ~ am Meer *zahllos, in großer Menge, im Überfluss* □ ***aos montes 1.2** den Kopf in den ~ stecken (wie angeblich der Vogel Strauß) ⟨fig.⟩ *bestimmte Tatsachen nicht zur Kenntnis nehmen wollen, Gefahren nicht sehen wollen* □ ***bancar o avestruz 1.3** jmdm. ~ in die Augen streuen ⟨fig.; umg.⟩ *jmdn. täuschen, indem man eine Sache in einem günstigeren Licht darstellt, als sie wirklich ist* □ ***jogar areia nos olhos de alguém 1.4** ~ ins Getriebe streuen ⟨a. fig.; umg.⟩ *Sabotage treiben, Schwierigkeiten verursachen* □ ***botar areia; sabotar 1.5** ~ über eine Sache streuen ⟨umg.⟩ *nicht mehr über eine S. sprechen, sie vergessen (sein lassen)* □ ***enterrar um assunto; pôr uma pedra em cima de um assunto 2** *sandiges Gelände, sandiges Ufer, Strand, Dünengebiet, Sandbank;* der Fluss verläuft, verliert sich im ~; das Schiff läuft auf ~ □ **areal 2.1** auf (den) ~ geraten ⟨a. fig.⟩ *nicht mehr weiter können (urspr. vom Schiff)* □ ***encalhar 2.2** im ~ graben, Burgen bauen, liegen am Strand □ **areia; praia 2.3** ~ ackern, pflügen ⟨a. fig.; umg.⟩ *etwas Unnützes, Vergebliches tun* □ ***semear na areia 2.4** auf ~ bauen ⟨a. fig.⟩ *auf unsicheren Grund (nach Matthäus 7,26);* seine Hoffnungen, seine Pläne sind auf ~ gebaut □ ***construir na areia**; wer Gott vertraut, hat nicht auf ~ gebaut ⟨Sprichw.⟩ □ ***quem confia em Deus constrói em solo firme 2.5** die Sache ist im ~(e) verlaufen ⟨fig.⟩ *es ist nichts aus der S. geworden* □ ***dar em nada 3** ⟨veraltet⟩ *Turnierplatz, Kampfplatz* □ **arena 3.1** jmdn. auf den ~ set-

Sandale

zen ⟨fig.⟩ *jmdn. besiegen (urspr. in der Kampfbahn)*□ *derrubar alguém na arena

San|da|le ⟨f.; -, -n⟩ *leichter Schuh mit Oberteil aus Riemchen od. durchbrochenem Leder*□ sandália

Sand|bank ⟨f.; -, -bän|ke⟩ **1** *Anhäufung von Sand in Flussbetten u. im Meer dicht unter der Oberfläche* **1.1** *das Schiff gerät auf eine ~ strandet*□ banco de areia

Sand|uhr ⟨f.; -, -en⟩ *Gerät zum Messen der Zeit, wobei feiner Sand innerhalb einer bestimmten Zeit aus dem oberen Teil eines Glashäuses durch eine sehr enge Passage in den gleich großen unteren Teil fließt*□ ampulheta

Sand|wich ⟨[sændwɪtʃ] n. od. m.; -(e)s [-tʃɪz], -(e)s [-tʃɪz]⟩ **1** *zwei mit Butter bestrichene, aufeinandergelegte Scheiben Weißbrot mit Wurst, Käse, Ei, Tomaten u. Ä.*□ sanduíche **2** *über Rücken u. Brust gehängtes beschriftetes Schild od. Plakat (bei Kundgebungen)*□ anúncio-sanduíche

sanft ⟨Adj.⟩ **1** *friedfertig, zahm (Wesen, Gemüt); ihr ~es Wesen; ~ wie ein Lamm*□ pacato; pacífico **2** *mild, weich, freundlich; eine ~e Beleuchtung, Farbe; das ~e Licht, Rot des Abendhimmels; sie hat eine ~e Stimme*□ tênue; suave; delicado *; einen ~en Vorwurf kann ich dir nicht ersparen*□ brando; leve *; ein gutes Gewissen ist ein ~es Ruhekissen (Sprichw.)*□ *uma consciência tranquila é o melhor travesseiro* **3** *von geringer Intensität, zart, leicht; einen ~en Druck, Zwang ausüben; ein ~er Regen; ein ~er Händedruck; ein Kätzchen ~ streicheln; mit ~er Hand herrschen, lenken, regieren; jmdn. mit ~er Gewalt zu etwas zwingen*□ leve(mente) **4** *ruhig, friedlich; ~ ruhen, schlafen; ruhe ~! (Grabinschrift)*□ em paz **4.1** *etwas auf die ~e Tour erreichen (umg.)* durch gutes Zureden □ *conseguir alguma coisa com jeito/uma boa conversa* **4.2** *~ entschlafen friedlich sterben*□ *descansar/repousar em paz* **5** *leicht, gering, wenig ansteigend; eine ~e Steigung, ein ~er Hügel*□ leve; ligeiro

Sänf|te ⟨f.; -, -n⟩ *kastenartiges, offenes od. geschlossenes, von Menschen od. Tieren getragenes Gestell zur Beförderung von Personen*□ liteira

Sanft|mut ⟨f.; -; unz.⟩ *sanfte, milde, geduldige Gesinnung; ~ des Herzens*□ mansidão; brandura

Sang ⟨m.; -(e)s, Sän|ge; veraltet⟩ **1** *Gesang, Singen*□ canto **1.1** *mit ~ und Klang mit Gesang u. Musikbegleitung, singend u. musizierend* □ *cantando e tocando

Sän|ger ⟨m.; -s, -⟩ **1** *jmd., der singt* **1.1** *Mitglied eines Gesangvereines od. eines Chores* **1.2** *jmd., der berufsmäßig singt, Gesangskünstler; Konzert~, Opern~* **2** ⟨poet.⟩ *jmd., der etwas verherrlicht, Dichter; ein ~ der Freiheit, der Liebe* □ cantor **2.1** *darüber schweigt des ~s Höflichkeit (fig.; umg.)* darüber spricht man besser nicht, das ist zu peinlich □ *é melhor não tocar nesse assunto* **3** *die gefiederten ~, die ~ des Waldes die Vögel*□ cantor

Sän|ge|rin ⟨f.; -, -rin|nen⟩ *weibl. Sänger*□ cantora

sa|nie|ren ⟨V. 500⟩ **1** *ein Körperteil ~ ⟨Med.⟩ den Herd einer Krankheit in einem K. beseitigen; Zähne ~* □

sanar; curar **2** *ein Wohnviertel ~ ⟨fig.⟩ in einem W. gesunde Wohnverhältnisse (zum Leben u. Wohnen) schaffen* □ sanear **3** ⟨Vr 7⟩ *jmdn., ein Unternehmen ~ ⟨fig.⟩ wieder leistungsfähig machen*□ recuperar; restabelecer

Sa|nie|rung ⟨f.; -, -en⟩ **1** *das Sanieren, das Saniertwerden einer Wohnung, eines Denkmals, Stadtteils (Altbau~, Altstadt~)* □ recuperação; restauro **2** *Umgestaltung eines bestimmten wirtschaftlichen, politischen od. umweltgeschädigten Bereiches, um eine positive Entwicklung in Gang zu setzen; ~ der Staatsfinanzen, des Gesundheitswesens*□ recuperação; reabilitação **2.1** *Behebung finanzieller Schwierigkeiten; die ~ eines Unternehmens* □ recuperação; restabelecimento **2.2** *Reparatur verschmutzten Gewässers, geschädigter Landschaft u. a. durch Zurückführen in einen naturnahen Zustand; die ~ des Waldes fordern* □ saneamento

sa|ni|tär ⟨Adj. 24⟩ **1** *das Gesundheitswesen betreffend* **2** *der Gesundheit, Hygiene dienend* **3** *gesundheitlich, hygienisch; die ~en Verhältnisse einer öffentlichen Einrichtung*□ sanitário

Sa|ni|tät ⟨f.; -, -en; schweiz.; österr.⟩ **1** *Sanitätswesen, Sanitätstruppe*□ (tropa do) serviço de saúde **2** *Rettungsdienst, Sanitätswagen* □ primeiros socorros; ambulância

Sa|ni|tä|ter ⟨m.; -s, -⟩ **1** *Sanitätssoldat*□ soldado do serviço de saúde **2** *Krankenpfleger*□ enfermeiro **3** *jmd., der in der ersten Hilfe ausgebildet ist*□ socorrista

Sankt ⟨vor dt. Namen; Abk.: St.⟩ *der, die heilige...; ~ Marien-Kirche, ~ Gallen*□ santo; são

Sank|ti|on ⟨f.; -, -en⟩ **1** *Bestätigung, Anerkennung* **2** *Erhebung zum verbindlichen Gesetz*□ sanção **3** ⟨nur Pl.⟩ *im Strafmaßnahmen, Zwangsmaßnahmen mehrerer Staaten gegen die Verletzung der Völkerrechte seitens eines anderen Staates*□ sanções

sank|ti|o|nie|ren ⟨V. 500⟩ **1** *ein Vorgehen ~ als richtig bestätigen, gutheißen, anerkennen* **2** *eine Sache ~ zum verbindlichen Gesetz erheben* □ sancionar **3** *ein Vergehen ~ bestrafen, mit Sanktionen(3) ahnden*□ punir com sanções

Sa|phir ⟨a. ['-'] m.; -(e)s, -e; Min.⟩ **1** *Mineral u. Edelstein, hellblauer Korund* **2** *Schmuckstein aus Saphir(1)* **3** *Nadel am Tonabnehmer eines Plattenspielers aus Saphir(1)*□ safira

Sa|ra|ban|de ⟨a. [-bā:d(ə)] f.; -, -n; Mus.⟩ **1** *aus einem altspan. Volkstanz entwickelter französ. Gesellschaftstanz* **2** *Satz der Suite*□ sarabanda

Sar|del|le ⟨f.; -, -n; Zool.⟩ *Angehörige einer Familie bis 20 cm langer, meist eingesalzen verwendeter, heringartiger Knochenfische: Engraulidae*□ anchova

Sar|di|ne ⟨f.; -, -n; Zool.⟩ *bis zu 26 cm langer Heringsfisch in Atlantik, Schwarzem Meer u. Mittelmeer: Sardina Pilchardus; Öl~*□ sardinha

Sarg ⟨m.; -(e)s, Sär|ge⟩ **1** *langer, meist hölzerner Kasten, in den der Leichnam gelegt wird, Totenschrein; den Toten in den ~ legen*□ caixão *; → a. Nagel(1.2)*

Sar|kas|mus ⟨m.; -, -kas|men⟩ **1** ⟨unz.⟩ *beißender Spott, bitterer Hohn* **2** *sarkastische Bemerkung, Äußerung*□ sarcasmo

sar|kas|tisch ⟨Adj.⟩ *beißend-spöttisch, bissig-höhnisch* □ sarcástico

Sar|ko|phag ⟨m.; -(e)s, -e⟩ *großer, prunkvoller (Stein-)Sarg zur Bestattung hochgestellter Persönlichkeiten (meist in der Grabkammer einer Kirche aufgestellt)* □ sarcófago

Sa|tan ⟨m.; -s, -e⟩ **1** *Teufel, Widersacher Gottes* □ satã; satanás **2** ⟨fig.⟩ *böser, teuflischer Mensch* □ demônio

Sa|tel|lit ⟨m.; -en, -en⟩ **1** *einen Planeten in einer unveränderten Bahn umkreisender Himmelskörper, z. B. der Mond* **2** *um einen Planeten kreisender künstlicher Flugkörper, der eine bestimmte Funktion (Datensammlung, -übermittlung) ausübt* (Wetter~) □ satélite

Sa|tin ⟨[satɛ̃:] m.; -s, -s; Textilw.⟩ *atlasartiger Stoff aus Baumwolle, Wolle, Seide od. Chemiefasern* □ cetim

Sa|ti|re ⟨f.; -, -n⟩ *literarische Gattung, die durch Ironie u. spöttische Übertreibung menschliche Schwächen, politische Ereignisse u. Ä. kritisiert* □ sátira

satt ⟨Adj.⟩ **1** *ohne Verlangen nach Nahrungsaufnahme, nicht (mehr) hungrig;* sich ~ essen; möchtest du noch etwas essen oder bist du ~? □ satisfeito **1.1** wir bekommen die Bauarbeiter schon ~ ⟨umg.⟩ *bieten ihnen so viel zu essen an, dass sie ihren Hunger sicher stillen können* □ *alimentamos bem nossos operários*; ⟨aber⟩ → a. sattbekommen **1.2** ich kriege das Kind kaum ~ ⟨umg.⟩ *es will immer noch mehr essen* □ *não consigo matar a fome dessa criança* **1.3** ich bin von diesem leichten Gericht nicht ~ geworden *ich habe noch Hunger* □ *essa refeição leve não matou minha fome* **1.4** ⟨50⟩ *genug;* nicht ~ zu essen haben □ *não ter o suficiente para comer* **2** ⟨fig.⟩ *selbstzufrieden;* ein ~es Lächeln umspielte seine Züge □ satisfeito **3** ⟨60⟩ ~e Farbe ⟨fig.⟩ *kräftige, volle, tiefe F.;* ein ~es Grün, Rot □ vivo; intenso **4** ⟨Chem.⟩ *gesättigt* □ saturado **5** ⟨60; umg.⟩ *eindrucksvoll, ansehnlich;* eine ~e Leistung □ impressionante; notável **6** ⟨Getrennt- u. Zusammenschreibung⟩ **6.1** ~ machen = sattmachen

satt|be|kom|men ⟨V. 170/500⟩ *etwas od. jmdn.~ dessen überdrüssig werden, die Lust daran verlieren;* → a. satt (1.1) □ *encher-se de alguma coisa ou alguém; ficar farto de alguma coisa ou alguém*

Sat|tel ⟨m.; -s, Sät|tel⟩ **1** *Sitzvorrichtung für Reiter auf Reittieren* (Reit~); den ~ abschnallen, anbinden, auflegen, festbinden; mit, ohne ~ reiten; das Pferd warf den Reiter aus dem ~; der Reiter fiel vom ~; der Reiter hing im ~; sich in den ~ schwingen; ich könnte stundenlang im ~ sitzen (so gern reite ich); er ist mit dem ~ wie verwachsen (so gut reitet er) □ sela **1.1** cr ist in allen Sätteln gerecht ⟨fig.⟩ *er kennt sich in allen Gebieten aus, ist überall zu gebrauchen* □ *ele é polivalente/versátil* **1.2** er konnte sich im ~ halten ⟨a. fig.; umg.⟩ *er konnte sich gegen alle Angriffe behaupten* □ *ele conseguiu ficar firme* **1.3** jmdn. aus dem ~ heben ⟨a. fig.⟩ *jmdn. besiegen, bezwingen, übertreffen (urspr. im ritterlichen Kampf durch Lanzenstoß)* □ *derrubar/vencer alguém* **1.4** jmdn. in den ~ heben, jmdn. in den ~ helfen ⟨a. fig.; umg.⟩ *jmdn. unterstützen, jmdm. eine Stellung verschaffen* □

colocar alguém em um bom cargo/uma boa posição **1.5** fest im ~ sitzen ⟨a. fig.; umg.⟩ *in einer Stellung sicher sein* □ *estar firme em um cargo/uma posição* **2** *Tragvorrichtung für Lasten auf Lasttieren* (Tragsattel) □ albarda **3** *Sitzvorrichtung auf dem Fahrrad u. Motorrad;* den ~ (des Fahrrads) höher, tiefer stellen □ selim **4** ⟨fig.⟩ *dem Sattel(1-3) äußerlich ähnliches Ding* □ sela **4.1** *Senke in einem Bergrücken, Pass* □ desfiladeiro **4.2** *Mittelteil des Turnpferdes* □ porção central do cavalo **4.3** *Querbalken* □ viga; trave **4.4** *angesetztes Stück über beide Schultern (an Kleidern od. Blusen), Passe* □ ombro; pala **4.5** (bei Streich- u. Zupfinstrumenten) *kleine Querleiste am Ende des Griffbretts, auf der die Saiten aufliegen* □ pestana; cavalete do braço **4.6** ⟨Geol.⟩ → a. Falte(4)

Sat|tel|dach ⟨n.; -(e)s, -dä|cher⟩ *Dach mit zwei am First zusammenstoßenden Dachflächen* □ telhado de duas águas

sat|tel|fest ⟨Adj.⟩ **1** ~ sein *fest im Sattel sitzen, ein guter Reiter sein;* ein ~er Reiter sein □ firme na sela **2** ⟨fig.⟩ *auf einem Gebiet gut beschlagen, bewandert sein, gründliche Kenntnisse besitzend* □ versado; conhecedor **2.1** ein ~er Prüfling *jmd., der gut vorbereitet in eine Prüfung geht* □ bem preparado **3** ⟨fig.⟩ *moralisch gefestigt, charakterstark* □ que tem firmeza de caráter

sat|teln ⟨V. 500⟩ **1** ein Reittier ~ *einem Reittier den Sattel auflegen;* ein Pferd ~ □ selar **2** ⟨Vr 3⟩ sich ~ ⟨fig.; umg.⟩ *sich vorbereiten;* er hat sich für die Prüfung gesattelt □ *preparar-se*

Sat|tel|schlep|per ⟨m.; -s, -⟩ *mit starkem Motor versehener Kraftwagen aus dem verkürzten Fahrgestell eines Lastwagens, auf das ein Anhänger ohne Vorderachse aufgesattelt wird* □ caminhão de tração

satt|ha|ben ⟨V. 159/500; umg.⟩ *jmdn. od. etwas ~ genug von jmdm. od. davon haben, dessen überdrüssig sein;* ich habe diese ständigen Ausreden satt □ *estar farto/cheio de alguém ou alguma coisa*

sät|ti|gen ⟨V.⟩ **1** ⟨400⟩ *etwas sättigt macht satt, stillt den Hunger;* das ist im Essen, das sättigt □ satisfazer; saciar **1.1** das Essen ist sehr ~d *macht schnell satt* □ *a comida sacia/satisfaz logo* **2** ⟨500/Vr 7⟩ jmdn. od. sich ~ *jmdn. od. sich sattmachen, jmds. od. seinen Hunger stillen;* erst die Nachspeise konnte uns ~; sich an, mit, von einer Speise ~ **2.1** ⟨fig.⟩ *jmds. Begierde stillen, befriedigen;* jmds. Ehrgeiz, Neugier, Wissensdrang ~ □ satisfazer(-se); saciar(-se) **3** ⟨500⟩ eine Lösung ~ ⟨Chem.⟩ *einer L. so viel von einer Substanz hinzufügen, wie sie maximal aufnehmen kann;* Sy saturieren(1); die Lösung ist gesättigt **3.1** Basen od. Säuren ~ *unwirksam machen* □ saturar **3.2** der Markt ist mit Waren gesättigt ⟨fig.⟩ *kann keine W. mehr aufnehmen* □ saturado

Satt|ler ⟨m.; -s, -⟩ *Handwerker, der Sättel sowie alle gröberen Ledergegenstände (Koffer, Mappen, Wagenpolster) herstellt u. repariert* □ seleiro; artesão que fabrica artigos em couro

satt|ma|chen *auch:* **satt ma|chen** ⟨V.⟩ **1** ⟨500⟩ jmdn. ~ *jmds. Hunger stillen* **2** ⟨402⟩ *den Hunger stillen;* Süßigkeiten machen auch satt □ saciar; satisfazer

satt|sam ⟨Adv.⟩ *genug, genügend, mehr als genug; das ist doch ~ bekannt, besprochen, erörtert* □ **suficientemente**

satt|se|hen ⟨V. 239/405/Vr 3⟩ *sich (an etwas) ~ etwas so häufig ansehen, dass man es danach nicht mehr sehen möchte; er konnte sich an ihren Bildern nicht ~* □ ***cansar-se de ver (alguma coisa)**

sa|tu|rie|ren ⟨V. 500⟩ **1** *Lösungen,* chem. *Verbindungen ~ =* **sättigen(3)** □ **saturar 2** *jmdn. ~* ⟨fig.⟩ *jmds. Ansprüche befriedigen* □ **satisfazer**

Satz ⟨m.; -es, Sät|ze⟩ **1** *sprachlicher, nach bestimmten Regeln aufgebauter, sinnvoller Ausdruck eines in sich abgeschlossenen Gedankens; ein klar gegliederter, treffender, übersichtlicher, unübersichtlicher, verschachtelter ~; der nachfolgende, voranstehende ~; mitten im ~ abbrechen, stocken; einen ~ bilden, konstruieren, prägen* ⟨Gramm.⟩ *1.1 einen ~ analysieren, zergliedern, zerlegen* ⟨Gramm.⟩ *die Satzteile bestimmen* □ **oração; frase;** → a. **einfach(1.1), einschieben(2.1), erweitern(1.3), selbständig(2.3) 2** *Lehrsatz, Gesetz; einen ~ aufstellen, verkünden; einem ~ widersprechen; einen ~ beweisen* □ **teorema; tese, ~** *1* ⟨eines Gesetzabschnitts usw.⟩ □ **lei; regra 3** ⟨Typ.⟩ *das Setzen des Textes aus Lettern mit der Hand (Handsatz), maschinell (Maschinensatz) od. fotomechanisch (Fotosatz)* □ **composição** *3.1 ein Manuskript in ~ geben zum Setzen in die Setzerei geben* □ ***mandar um manuscrito para a composição 4** ⟨Typ.⟩ *der vom Setzer maschinell od. fotomechanisch zusammengestellte (gesetzte) Text; den ~ korrigieren* □ **composição 5** ⟨Mus.⟩ *in sich geschlossener Teil eines mehrteiligen Instrumentalstücks, z. B. der Sonate, Sinfonie, des Quartetts; eine Synfonie hat im Allgemeinen vier Sätze; der langsame ~ des Klavierkonzerts enthält das bekannte Motiv* □ **movimento 6** ⟨Mus.⟩ *die Stimmführung in einem mehrstimmigen Musikwerk; in schwieriger, fünfstimmiger, polyphoner ~* □ **composição 7** *Rückstand, Niederschlag; Boden-~; Kaffee-~; den ~ des Kaffees noch einmal aufbrühen* □ **borra; sedimento 8** *einheitlich festgelegter Preis für Lieferungen u. Leistungen, Tarif, übliches Maß; der ~ beträgt etwa 5 Euro; der Preis ist höher als der übliche ~* ⟨Fracht-~, Zins-~⟩ □ **taxa 9** *eine Anzahl zusammengehöriger Gegenstände; ein ~ Briefmarken, Gewichte, Schüsseln, Töpfe* □ **bateria; jogo; série** *9.1* ⟨Jägerspr.⟩ *der Wurf der Häsin u. des Kaninchens* □ **ninhada** *9.2 eingesetzte Fischbrut im Teich; ein ~ Forellen, Karpfen* □ **cardume de peixinhos** *9.3 ein ~ Erz die Menge, die auf einmal aus dem Hochofen kommt* □ **carga; fornada 10** ⟨Sp.⟩ *Spielabschnitt (im Tennis, Tischtennis u. Ä.); er gewann in drei Sätzen* □ **set 11** *Sprung; mit einem großen ~ sprang er zur Seite; mit wenigen Sätzen hatte er ihn eingeholt; ein ~ über einen Graben* □ **salto; pulo** *11.1 einen ~ machen springen* □ ***dar um salto/pulo**

Sat|zung ⟨f.; -, -en⟩ *schriftlich niedergelegtes Recht, Regel, Ordnung, Vorschrift; Sy* **Statut;** *Vereins-~; Ordens-~* □ **estatuto; norma**

Satz|zei|chen ⟨n.; -s, -⟩ *Gramm.⟩ Schriftzeichen zur Gliederung des Satzes od. Trennung von Sätzen bzw. Satzteilen od. zur Bezeichnung des Satztons, Interpunktionszeichen, z. B. Punkt, Komma* □ **sinal de pontuação**

Sau ⟨f.; -, Säu|e⟩ **1** *das weibl. Hausschwein, Mutterschwein; die ~ ferkelt, hat Ferkel geworfen* □ **porca** *1.1 wie eine gestochene ~ bluten, schreien* ⟨derb⟩ *heftig* □ **porco** *1.2 davonrennen wie eine gesengte ~* ⟨derb⟩ *sehr schnell* □ ***sair correndo feito louco** *1.3 jmdn. zur ~ machen* ⟨fig.⟩ *jmdn. grob anherrschen, schonungslos tadeln* □ ***esculachar/esculhambar alguém** *1.4 etwas zur ~ machen* ⟨fig.; derb⟩ *durch unsachgemäße Behandlung zerstören* □ ***acabar com/detonar alguma coisa** *1.5 das ist unter aller ~* ⟨fig.; derb⟩ *sehr schlecht, nicht zu gebrauchen* □ ***isso não presta para nada** **2** ⟨fig.; derb⟩ *sehr schmutziger Mensch, unanständiger, moralisch minderwertiger Mensch* □ **porcalhão; porco** *2.1 keine ~* ⟨fig.; umg.⟩ *niemand* □ ***nem uma viva alma** **3** ⟨Pl. Sau|en⟩ *Jägerspr.⟩ Wildschwein* □ **javali;** → a. **grob(6)**

sau|ber ⟨Adj.⟩ **1** *rein, reinlich, frisch gewaschen, fleckenlos, frei von Schmutz; ~e Fensterscheiben; ~e Wäsche anziehen; die Wohnung war ~; die Wohnung ist schwer ~ zu halten; sie ist ~ gekleidet* □ **limpo; asseado** *1.1 ~e Hände haben* ⟨a. fig.⟩ *ehrenhaft, unschuldig sein* □ **limpo 2** *genau, ordentlich, sorgfältig; eine ~e Arbeit, Handschrift; das ist ~ gearbeitet* □ **bem-feito; em ordem; acurado** *~! (Ausruf der Anerkennung, auch iron.)* □ **muito bem! 3** ⟨fig.; umg.⟩ *anständig, lauter, sittlich einwandfrei; ein ~er Charakter; ein ~er Junggeselle* □ **correto; honesto; de bem 4** ⟨iron.⟩ *nichtsnutzig, schlimm, böse; ein ~es Bürschchen!; das ist mir ein ~er Freund!; das sind ja ~e Geschichten!* □ **belo 5** ⟨oberdt.⟩ *hübsch, schmuck; ein ~er Bursche* □ **bonito 6** (Getrennt- u. Zusammenschreibung) *6.1 ~ machen =* **saubermachen**

Sau|ber|keit ⟨f.; -; unz.⟩ **1** *Zustand des Sauberseins, Reinheit, Reinlichkeit; ~ der Arbeit, der Schrift; hier herrscht Ordnung und ~; ~ der Straße, der Wohnung; in ihrer Wohnung blinkt, glänzt alles vor ~* □ **limpeza; asseio 2** ⟨fig.⟩ *Anständigkeit, Lauterkeit; ~ des Charakters, des Denkens* □ **honestidade**

säu|ber|lich ⟨Adj. 50⟩ *sauber, ordentlich, sorgfältig; das wirst du noch einmal fein ~ abschreiben; es war fein ~ verpackt* □ **limpo; em ordem; com cuidado**

sau|ber|ma|chen *auch:* **sau|ber ma|chen** ⟨V.⟩ **1** ⟨500⟩ *etwas ~ säubern, vom Schmutz befreien, reinigen; wir haben den Keller saubergemacht/ sauber gemacht* □ **limpar 2** ⟨400⟩ *putzen, reinigen; ich muss heute noch ~; sie geht ~* □ **fazer faxina**

säu|bern ⟨V. 500/Vr 7⟩ **1** *etwas od. sich ~ saubermachen, Schmutz entfernen aus, reinigen; den Boden, das Geschirr, den Tisch, das Zimmer ~; eine Wunde ~; er hat sich bereits gesäubert* **2** *etwas ~* ⟨fig.⟩ *von nicht zugehörigen, schädlichen Dingen befreien; ein Beet von Unkraut ~* □ **limpar(-se) 3** *Stoffränder ~* ⟨Schneiderei⟩ *mit Garn einfassen, damit sie nicht ausfransen* □ **chulear**

Säu|be|rung ⟨f.; -, -en⟩ **1** *das Entfernen von Schmutz, Reinigung; die gründliche ~ der Wohnung hat sich* gelohnt □ **limpeza; faxina 2** ⟨fig.; umg.⟩ *Entfernung von missliebigen od. störenden Personen;* in der Partei, Regierung, Truppe wurde eine ~ vorgenommen □ **limpeza**

Sau|ce ⟨[zo:sə] f.; -, -n; fachsprachl.⟩ = *Soße*

Sau|ci|e|re ⟨[zosjɛ:rə] f.; -, -n⟩ *kleine Schüssel mit Henkel u. einem muldenförmigen Ausguss u. dazugehöriger Untertasse (für das Ausgießen von Soßen verwendet)* □ **molheira**

sau|dumm ⟨Adj.; umg.⟩ **1** *sehr dumm* □ **imbecil; idiota 2** ⟨fig.; umg.⟩ *sehr unangenehm, sehr peinlich; das ist eine ~e Angelegenheit, Geschichte* □ **desagradável**

sau|er ⟨Adj.⟩ **1** *so schmeckend, dass sich der Mund zusammenzieht;* Ggs *süß(1);* saure Drops; Zitronen schmecken ~ □ **azedo; ácido; acre 1.1** ⟨70⟩ da muss ich wohl oder übel in den sauren Apfel beißen ⟨fig.⟩ *das Unangenehme hinnehmen od. tun* □ ***vou ter de engolir esse sapo por bem ou por mal 1.2** ⟨50⟩ das wird ihm noch ~ aufstoßen ⟨a. fig.; umg.⟩ *die unangenehmen Folgen wird er noch zu spüren bekommen* □ ***isso ainda vai lhe custar caro 1.3** gib ihm Saures! ⟨umg.⟩ *verprügle ihn tüchtig!* □ ***dê uma boa surra nele!* **1.4** saure Gurken *in Essigwasser konservierte G.* □ ***pepinos em conserva 1.5** saure Milch, Sahne *gestockte, geronnene, dick gewordene M., S.* □ ***coalhado;* die Milch, die Sahne ist ~ geworden □ ***o leite/o creme coalhou/azedou 1.6** saurer Wein *sehr herber W.* □ ***áspero; ácido 1.7** ⟨70⟩ saure Trauben ⟨a. fig.⟩ *etwas, was man schlechtmacht, weil man es nicht erhalten, erreichen kann (nach der Fabel „Der Fuchs u. die Trauben")* □ ***uvas verdes; coisa supostamente desprezada por não poder ser obtida 2** ⟨fig.; umg.⟩ *mühselig, schwierig, hart, schwer* □ **difícil 2.1** *das ist ein saures Brot mühselige (Lebens-)Arbeit* □ ***é um trabalho difícil/duro/pesado 2.2** ⟨50⟩ die Arbeit wird mir ~ *fällt mir schwer* □ ***o trabalho está ficando difícil 2.3** ich habe es mir ~ werden lassen ⟨umg.⟩ *große Mühe darauf verwendet* □ ***dei um duro danado 2.4** das kommt mich ~ an *fällt mir schwer* □ ***é difícil para mim 2.5** das habe ich mir ~ erworben *mit großem Fleiß, großer Mühe* □ ***consegui isso a duras penas 3** ⟨fig.; umg.⟩ *ärgerlich, verdrießlich, böse;* eine saure Miene machen, ziehen; er ist heute ~; sie ist ~ auf ihn □ **azedo; irritado 4** ⟨fig.; umg.⟩ *kraftlos, stark erschöpft;* das Rennen war noch nicht halb vorbei, da wurde er ~ □ **esgotado; exausto 5** ⟨60⟩ saurer Boden ⟨Landw.⟩ *B., der reich an säurehaltigen Stoffen ist;* die sauren Wiesen sind nicht als Weide nutzbar **6** ⟨Chem.⟩ *aus Säure bestehend, säurehaltig* □ **ácido** 6.1 ~ reagieren 6.1.1 *die Eigenschaften von Säuren zeigen* □ ***apresentar reação ácida 6.1.2** ⟨fig.⟩ *etwas ablehnen, nicht darauf eingehen* □ ***reagir de modo grosseiro/irritado 6.2** saure Farbstoffe *organische F., die saure Gruppen im Molekül enthalten, Säurefarbstoffe* □ **ácido**

Sau|er|kraut ⟨n.; -(e)s; unz.⟩ *fein geschnittenes, mit Salz u. Gewürzen in Fässern eingestampftes, gegorenes Weißkraut, Sauerkohl* □ **chucrute**

säu|er|lich ⟨Adj.⟩ **1** *schwach sauer;* ein ~er Geschmack □ **acidulado; acescente 2** ⟨fig.⟩ *missvergnügt, verdrießlich* □ **mal-humorado; aborrecido;** ~ blicken □ ***lançar um olhar torto**

säu|ern ⟨V.⟩ **1** ⟨500⟩ etwas ~ *sauer machen, zur Gärung bringen* **2** ⟨400⟩ *sauer werden* □ **acidular; fermentar**

Sau|er|stoff ⟨m.; -(e)s; unz.; chem. Zeichen: O⟩ **1** *chem. Element, farb-, geruch- u. geschmackloses Gas, das für die Lebensprozesse unentbehrlich ist, Ordnungszahl 8* □ **oxigênio 1.1** ⟨50⟩ sich mit ~ verbinden *oxydieren* □ ***oxidar(-se)**

säu|er|süß ⟨Adj.⟩ **1** *von säuerlichem u. süßem Geschmack zugleich* □ **agridoce 2** ⟨fig.⟩ *freundlich u. verdrießlich zugleich;* ~ lächeln □ ***dar um sorriso amarelo**

Sau|er|teig ⟨m.; -(e)s, -e; Pl. selten⟩ **1** *gegorener Hefeteig als Treibmittel beim Brotbacken* **2** *Rest des aufgegangenen Brotteiges, der bis zum nächsten Backen aufbewahrt wird u. inzwischen weitergärt* □ **massa azeda**

sau|fen ⟨V. 205/400⟩ **1** ⟨402⟩ *ein Tier säuft (eine Flüssigkeit) nimmt Flüssigkeit zu sich, trinkt;* die Katze säuft Milch; dem Vieh zu ~ geben **2** *jmd. säuft* ⟨derb⟩ *trinkt;* gibt es hier nichts als Wasser zu ~? **2.1** *unmäßig, gierig trinken;* er säuft den Schnaps wie Wasser **2.2** *in großen Mengen alkoholische Getränke zu sich nehmen;* er wird sich noch dumm, arm, krank ~; er wird sich noch zu Tode ~ □ **beber 2.2.1** ⟨511⟩ er säuft alle unter den Tisch *er kann viel Alkohol vertragen* □ ***ele bebe bem 2.2.2** ⟨413⟩ er säuft wie ein Bürstenbinder *er trinkt sehr viel (Alkohol)* □ ***ele bebe feito um gambá 2.3** *dem Alkohol verfallen sein;* sie säuft schon seit Jahren □ ***ela bebe/é alcoólatra há anos**

sau|gen ⟨V. 206; im techn. Bereich schwache Beugung⟩ **1** ⟨500⟩ etwas ~ *(Flüssigkeit) mit Lippen u. Zunge, (bei Tieren) mit Saugrüssel, (bei Pflanzen) mit Wurzeln in sich ziehen;* Blut aus einer Wunde ~; die Bienen ~ Honig aus den Blüten □ **chupar; sugar;** der Säugling saugt Milch aus der Brust, aus der Flasche □ **mamar 1.1** ⟨510⟩ etwas mit der Muttermilch in sich gesogen haben ⟨fig.⟩ *von Kindheit an gewohnt sein* □ ***estar habituado desde cedo/desde criança 1.2** ⟨531/Vr 1⟩ das hat er sich aus den Fingern gesogen ⟨fig.; umg.⟩ *das ist nicht wahr, das hat er erfunden* □ ***isso ele tirou da imaginação dele 1.3** ⟨513/Vr 3⟩ etwas saugt sich voll *zieht (Flüssigkeit) in sich hinein;* der Schwamm hat sich voll Wasser gesogen, gesaugt □ **absorver 2** ⟨411⟩ **an etwas** ~ *lutschend ziehen;* das Kind saugt am Daumen □ **chupar 2.1** an der Pfeife, Zigarre ~ *aus P., Z. Rauch in den Mund ziehen* □ **tragar 3** ⟨402; nur schwache Beugung⟩ **(etwas)** ~ *mit Hilfe des Staubsaugers säubern;* ich habe den Teppich erst gestern gesaugt; hast du auch schon gesaugt? **3.1** *soll noch Staub ~/staubsaugen mit dem Staubsauger saubermachen* □ **aspirar; passar o aspirador 4** ⟨550⟩ **etwas aus etwas** ~ ⟨a. fig.⟩ *gewinnen, schöpfen;* er sog neuen Mut aus dieser Begegnung □ **criar; ganhar (com)**

säu|gen ⟨V. 500⟩ einen Säugling od. ein Jungtier ~ *einem S. an der Mutterbrust od. einem J. an Euter bzw.*

Sauger

Zitzen zu trinken geben, ihn bzw. es stillen, nähren □ amamentar

Sau|ger ⟨m.; -s,-⟩ **1** hohler, dünnwandiger Gummistöpsel von der Größe eines Fingergliedes mit breitem Rand, der Säuglingen zum Lutschen gegeben wird, um sie zu beruhigen; Sy Schnuller □ chupeta **2** mit feinem Loch versehenes Gummihütchen auf der Milchflasche, an dem das Kind saugt □ bico da mamadeira **3** ⟨Tech.⟩ Gerät, das etwas an sich saugt; Staub~ □ *aspirador de pó **4** ⟨Zool.⟩ Ernährungstyp (Lebensformtyp) von Tieren, die mit besonders ausgestalteten Mundwerkzeugen ihre Nahrung saugend aufnehmen □ animais sugadores; Blut~ □ *inseto hematófago; vampiro; sanguessuga

Säu|ge|tier ⟨n.; -(e)s, -e⟩ Angehöriges einer Klasse der Wirbeltiere, deren Junge durch ein Milchsekret ernährt (gesäugt) werden □ mamífero

Säug|ling ⟨m.; -s, -e⟩ Kind, das noch an der Mutterbrust (od. mit der Flasche) genährt wird, bis etwa zum Ende des 1. Lebensjahres □ lactente

Säug|lings|schwes|ter ⟨f.; -, -n⟩ in der Säuglingspflege ausgebildete Kinderkrankenschwester □ enfermeira especializada no cuidado de lactentes

Saug|napf ⟨m.; -(e)s, -näp|fe⟩ Vorrichtung an der Körperoberfläche verschiedener Tiere, die sich damit an einer Unterlage festsaugen □ ventosa

Säu|le ⟨f.; -, -n⟩ **1** stützender od. die Fassade schmückender Bauteil von kreisrundem Querschnitt (im Unterschied zum rechteckigen Pfeiler), gegliedert in Fuß, Schaft und Kapitell; eine dicke, dünne, hohe, marmorne, steinerne ~; dorische, ionische, korinthische ~n; das Dach ruht auf ~n; eine ~ aufstellen, errichten; das Dach wird von ~n gestützt, getragen; die ~n stützen, tragen das Dach, zieren den Eingang □ coluna **1.1** wie eine ~ dastehen fest u. unbeweglich □ *ficar parado feito uma estátua **1.2** die ~n des Herkules ⟨fig.; im Altertum Bez. für⟩ die Meerenge von Gibraltar □ coluna **2** ⟨fig.⟩ Stütze, wichtiger Helfer; er ist eine ~ der Wissenschaft; diese ~n der Gesellschaft, des modernen Lebens, der Technik **2.1** tragender Bestandteil; die drei ~n der Europäischen Union □ pilar **3** ⟨fig.⟩ etwas gerade Emporsteigendes; Rauch~; Wasser~; Quecksilber~ □ coluna **4** ⟨Math.⟩ Körper mit gleichlaufenden Kanten, Prisma □ prisma

Säu|len|bau ⟨m.; -(e)s, -ten⟩ **1** ⟨unz.⟩ Bau, Gliederung einer Säule □ construção de uma coluna **2** Bauwerk vorwiegend aus Säulen, Säulenhalle □ construção com colunas; pórtico

Saum[1] ⟨m.; -(e)s, Säu|me⟩ **1** einfach od. (meist) doppelt umgebogener u. mit kleinen Nähstichen befestigter Stoffrand; ich muss noch den ~ (des Kleides, am Kleid) abstecken, bügeln, heften, nähen; bei dir ist der ~ aufgegangen, gerissen **1.1** ~ des Besatz, Einfassung □ orla; debrum **2** Rand (einer Fläche); die Hütte steht am ~ des Waldes □ beira; margem **2.1** etwas begrenzender schmaler Streifen; ein leuchtender, schmaler ~ am Horizont □ faixa

Saum[2] ⟨m.; -(e)s, Säu|me; veraltet⟩ Traglast eines Tieres □ carga carregada por animal

säu|men[1] ⟨V. 500⟩ **1** ein Stück Stoff ~ mit einem Saum[1](1) versehen; ein Kleid, einen Rock ~ □ *fazer a barra/bainha de um pedaço de tecido **2** etwas ~ mit einem Rand, einer Einfassung versehen; Pappeln ~ die Allee □ orlar; margear **2.1** viele Zuschauer säumten die Strecke standen (dicht gedrängt) am Streckenrand □ aglomerar-se à margem (de) **3** Bretter ~ die Kanten roher Bretter beschneiden □ cortar; aparar

säu|men[2] ⟨V. 400; geh.⟩ zögern, zaudern, sich nicht entschließen können, sich aufhalten, sich verspäten, auf sich warten lassen, zurückbleiben; o säume nicht länger! ⟨poet.⟩ □ hesitar

säu|mig ⟨Adj.⟩ **1** säumend, langsam, zurückgeblieben, verspätet; er ist ~ mit seiner Arbeit, der Rückzahlung □ atrasado **2** nachlässig; ein ~er Schuldner, Schüler, Zahler □ negligente

saum|se|lig ⟨Adj.⟩ nachlässig, langsam; ein ~es Mädchen; ~ arbeiten □ indolente; devagar

Sau|na ⟨f.; -, -s od. Sau|nen⟩ (aus Finnland stammendes) Schwitzbad in trockener Hitze, bei dem durch das Übergießen heißer Steine regelmäßig Wasserdampf erzeugt wird □ sauna

Säu|re ⟨f.; -, -n⟩ **1** chemische Verbindung, die in wässriger Lösung Wasserstoffionen abspaltet, aber nicht immer sauer schmeckt; die ~ des Magens; hierbei bildet sich, entsteht eine ~; ~n färben blaues Lackmuspapier rot; eine ätzende, schwache, starke ~ □ ácido; acidez **2** saurer Geschmack; die ~ des Essigs, der Früchte, des Weins □ acidez

Sau|ri|er ⟨m.; -s, -; meist Pl.⟩ ausgestorbenes, oft riesiges Reptil □ dinossauro

Saus ⟨m.; -es; unz.; nur noch in der Wendung⟩ in ~ und Braus leben herrlich u. in Freuden, sorglos, verschwenderisch, im Überfluss □ *levar uma vida de rei; viver no bem-bom

säu|seln ⟨V. 400⟩ **1** der Wind säuselt weht leicht, rauscht leise; der Wind säuselt in den Blättern **2** ⟨402⟩ (etwas) ~ ⟨fig.⟩ flüstern; „Wie reizend von Ihnen", säuselte sie **2.1** ⟨iron.⟩ mit vorgeblichem Mitempfinden leise u. freundlich reden □ sussurrar; murmurar

sau|sen ⟨V. 400 (s.)⟩ **1** etwas saust tönt, braust, rauscht mit dunklem Zischen; der Wind saust in den Bäumen, Blättern, Zweigen; der Pfeil sauste durch die Luft; es saust mir in den Ohren □ sibilar; zunir **1.1** Wein saust (oberdt.) gärt, schäumt □ espumar; efervescer **2** ⟨umg.⟩ sich sehr schnell fortbewegen, eilen; das Auto sauste um die Ecke; die Kugel sauste mir am Kopf vorbei □ passar voando/raspando **2.1** er ist durchs Examen gesaust ⟨umg.; scherzh.⟩ er hat das E. nicht bestanden □ *ele levou bomba no exame **3** (Getrennt- u. Zusammenschreibung) **3.1** ~ lassen = sausenlassen

sau|sen|las|sen auch: sau|sen las|sen ⟨V. 175/500; fig.; umg.⟩ etwas ~ darauf verzichten; ein Vorhaben ~ □ *desistir de alguma coisa

Sa|van|ne ⟨[-van-] f.; -, -n⟩ Grasland mit Buschwerk u. Baumgruppen □ savana

Sa|xo|fon ⟨n.; -s, -e; Mus.⟩ *Holzblasinstrument mit von unten nach oben gebogenem Rohr, Klarinettenmundstück u. weichem, klarinettenartigem Klang;* oV *Saxophon* □ **saxofone**

Sa|xo|phon ⟨n.; -s, -e; Mus.⟩ = *Saxofon*

S-Bahn ⟨[ɛs-] f.; -, -en; Kurzwort für⟩ *Schnellbahn, auf Schienen betriebene Bahn innerhalb von Großstädten u. deren Vororten* □ **metrô de superfície**

Scam|pi ⟨Pl.⟩ *eine Art kleiner Speisekrebse* □ **lagostim**

scan|nen ⟨[skɛn-] V. 500⟩ **Bilder, Schriftvorlagen ~ mit Hilfe eines Scanners abtasten** □ **escanear**

Scan|ner ⟨[skɛnə(r)] m.; -s, -⟩ *Gerät, das mit einem Elektronen- od. Lichtstrahl Bilder, Schriften o. a. Objekte punkt- od. zeilenweise abtastet und die dabei gewonnenen Messwerte zur weiteren Verarbeitung in elektronische Signale umsetzt, Bildabtaster* □ **escâner**

Scha|be¹ ⟨f.; -, -n; Zool.⟩ *Angehörige einer Ordnung der Insekten, mittelgroßes bis großes, stark abgeplattetes Insekt mit kräftigen Laufbeinen u. langen Fühlern, bewohnt Ritzen u. Spalträume: Blattodea* (Küchen~); oV *Schwabe²* □ **barata**

Scha|be² ⟨f.; -, -n⟩ *Werkzeug zum Schaben, Schabmesser, Schabeisen* □ **raspadeira; raspador**

scha|ben ⟨V.⟩ **1** ⟨511⟩ *etwas aus, von etwas ~ durch Reiben, Kratzen entfernen; sie schabt die Butter aus dem Topf* **2** ⟨500⟩ *etwas ~ reiben, kratzen u. dabei von Schmutz, Unebenheiten o. Ä. befreien; Möhren, Leder ~* **2.1** ⟨530/Vr 5⟩ *jmdm. den Bart* (eigtl. *das Gesicht*) *~ jmdn. rasieren* □ **raspar 3** ⟨500⟩ *Fleisch ~ rasch in dünne Streifen od. kleine Stückchen zerschneiden* □ **picar**

Scha|ber|nack ⟨m.; -(e)s, -e⟩ **1** *übermütiger Streich, Neckerei; ~ machen, treiben; jmdm. einen ~ spielen* □ **travessura; traquinagem 2** *übermütiges Kind, das gern Schabernack(1) treibt; der Junge ist ein kleiner ~* □ **travesso; traquinas**

schä|big ⟨Adj.⟩ **1** *armselig, ärmlich, dürftig, abgetragen, ungepflegt, unansehnlich; ein ~er Anzug; ~ angezogen sein* □ **andrajoso; maltrapilho; esfarrapado 2** *geizig, kleinlich, nicht vornehm; sich ~ benehmen; das war ~ von ihm (dass er nicht großzügiger war)* □ **(de modo) mesquinho/sovina**

Scha|blo|ne *auch:* **Schab|lo|ne** ⟨f.; -, -n⟩ **1** *ausgeschnittene od. ausgestanzte Vorlage; Zeichen~* **2** ⟨a. fig.⟩ *Muster; er hält sich stets an die ~* **3** ⟨fig.⟩ *übliche, herkömmliche, erstarrte Form; nach der ~ arbeiten, handeln* □ **modelo; molde**

Scha|bra|cke *auch:* **Schab|ra|cke** ⟨f.; -, -n⟩ **1** *große, rechteckige (verzierte od. beschriftete) Satteldecke* □ **xabraque; xairel 2** ⟨umg.; abwertend⟩ **2.1** *altes Pferd* □ **pangaré; sendeiro 2.2** *alte Frau* □ **(mulher) velha 2.3** *alter, abgenutzter Gegenstand* □ **cacareco; cangalho 3** ⟨Jägerspr.⟩ *durch hellere Färbung des Fells hervorgehobener Teil des Rückens od. der Flanken* □ **pelagem mais clara nas costas e flancos de certos animais**

Schạch ⟨n.; -s; unz.⟩ **1** *sehr altes, ursprünglich orientalisches Brettspiel für zwei Spieler mit je 16 teils verschiedenen Schachfiguren; eine Partie ~ spielen* **1.1** *Brett u. Figuren, mit denen man Schach(1) spielt* □ **xadrez 2** ~!

Warnruf an den König beim Schach(1) **2.1** *~ bieten,* **geben** *den gegnerischen König angreifen* **2.2** *das ~* **decken** *den Angriff auf den König abwehren* **2.3** *der König* **steht** *im ~ ist angegriffen* **2.4** *aus dem ~ ziehen durch einen Zug mit dem König den Angriff abwehren* □ **xeque 2.5** *~ und* **matt!** *Ankündigung des Sieges im Schach(1)* □ **xeque-mate* **3** *jmdn.* **in, im ~ halten** ⟨fig.⟩ *jmdn. unter Druck od. in Furcht halten, ihn nicht gefährlich werden lassen* □ **manter alguém sob controle; dominar alguém*

Schạ|cher ⟨m.; -s; unz.; abwertend⟩ *Handel mit vielem Feilschen, gewinnsüchtiger, unsauberer Handel, Wucher; mit einer Ware ~ treiben* □ **regateio; barganha**

schạ|chern ⟨V. 400⟩ *Schacher treiben;* um einen Posten*, um ein Amt ~* ⟨fig.⟩ □ **regatear; barganhar**

schach|mạtt ⟨Adj. 24⟩ **1** ⟨40⟩ *matt gesetzt, besiegt (beim Schachspiel); den König ist ~* □ **xeque-mate 1.1** *jmdn. ~ setzen im Schachspiel besiegen* **1.1.1** ⟨fig.⟩ *jmdn. der Möglichkeiten zum Handeln berauben, jmdn. ausschalten* □ **dar xeque-mate a alguém* **2** ⟨70; fig.⟩ *sehr müde, erschöpft; abends war ich ~* □ **esgotado; exausto**

Schạcht ⟨m.; -(e)s, Schächte⟩ **1** *hoher, schmaler, geschlossener Raum; Brunnen~; Fahrstuhl~; Licht ~* **1.1** ⟨Bgb.⟩ *senkrechter od. schräg abwärtsführender Grubenbau;* → a. *blind(7)* **1.2** *Loch zum Einsteigen in Abwässer- od. Kabelkanäle* □ **poço**

Schạch|tel ⟨f.; -, -n⟩ **1** *kleineres rundes od. eckiges Behältnis mit Deckel (aus Pappe, Holz, Blech o. Ä.); Streichholz~, Hut~, Papp~* □ **caixa 1.1** *alte ~* ⟨fig.; umg.; abwertend⟩ *alte, unfreundliche Frau* □ **bruxa**

schạch|teln ⟨V. 500⟩ *etwas ~* **1** *einen Teil in den andern stecken, ineinander fügen* □ **encaixar 1.1** ⟨fig.⟩ *Sätze ~ Satzgefüge mit einander mehrfach untergeordneten Nebensätzen bilden* □ **articular**

Schạch|zug ⟨m.; -(e)s, -züge⟩ **1** *Zug im Schachspiel, das Versetzen einer Figur* □ **lance; jogada 2** ⟨fig.⟩ *geschickte Maßnahme; ein diplomatischer, geschickter, kluger, wohlüberlegter ~* □ **manobra; estratagema; tática**

schạ|de ⟨Adj. 11/40⟩ **1** *bedauerlich; es ist (sehr) ~, dass du nicht kommen kannst; das ist aber ~!; nur ~, dass ...; (o wie) ~!; (das ist aber) zu ~!* □ **pena 1.1** *es ist ~ um ihn ein Jammer um ihn, sein Verlust, sein Untergang o. Ä. ist zu bedauern* □ **lamento/sinto muito por ele* **1.2** *um den ist es nicht ~ er hat es nicht besser verdient* □ **não há que se lamentar por ele* **1.3** *darum ist es nicht (weiter) ~ das ist kein großer Verlust* □ **não é uma grande perda* **2** *wertvoll, gut* □ **bom; aproveitável** *2.1 dazu bin ich mir zu ~ dazu gebe ich mich nicht her* □ **não vou me prestar a isso* **2.2** *es ist zu ~ zum Wegwerfen man kann es noch verwenden* □ **é judiação jogar fora*

Schä|del ⟨m.; -s, -⟩ **1** *das Knochengerüst des Kopfes; Toten~; ein hohler ~* □ **crânio; caveira 2** ⟨umg.⟩ *Kopf* □ **cabeça; cuca 2.1** *ein kahler ~ unbehaarter Kopf, Glatze* □ **uma careca* **2.2** *mir brummt, dröhnt der ~ ich habe Kopfschmerzen, bin ganz benommen, überarbeitet* □ **estou com dor de cabeça; estou zonzo (de*

schaden

tanto trabalho) 2.3 du wirst dir noch den ~ einrennen ⟨fig.⟩ *dein Eigensinn wird dir noch sehr schaden, sei doch nicht so hartnäckig* □ *você ainda vai quebrar a cara* 2.4 er will immer gleich mit dem ~ durch die Wand ⟨fig.⟩ *will Unmögliches erzwingen, um jeden Preis seinen Willen durchsetzen;* → a. *Kopf (6.3)* □ *ele é teimoso/cabeça-dura* 2.5 er hat sich das in den ~ gesetzt *er besteht darauf, will nicht davon abgehen* □ *ele meteu isso na cabeça; ele cismou com isso* 2.6 er hat einen dicken, harten ~ ⟨a. fig.⟩ *er hat einen Dickkopf, er ist eigensinnig, unbelehrbar* □ *ele é um teimoso/cabeça-dura* 2.7 sich den ~ zermartern (über) *angestrengt überlegen* □ *quebrar a cabeça* 2.8 eins auf, über den ~ bekommen, kriegen *einen Hieb auf den Kopf* □ *ele levou um golpe na cabeça* 2.9 jmdn. den ~ einschlagen *jmdn. töten, umbringen* □ *estourar os miolos de alguém* 2.10 jmdm. eins auf, über den ~ geben, hauen *jmdm. auf den Kopf schlagen* □ *bater na cabeça de alguém; dar um tapa na cabeça de alguém* 2.11 er hat einen hohlen ~ ⟨fig.⟩ *er ist dumm* □ *ele é um cabeça-oca*

scha|den ⟨V.⟩ 1 ⟨600/Vr 5 od. Vr 6⟩ jmdm. od. einer Sache ~ *Nachteil bringen, nicht zuträglich sein, Schaden zufügen, bereiten, tun, schädigen; das wird deiner Gesundheit ~; das kann seinem guten Ruf ~; zu viel Sonne schadet mir; du wirst dir damit selbst ~; gesundheitlich ~* □ **prejudicar; fazer mal** 1.1 ⟨530⟩ das schadet jmdm. gar nichts *geschieht jmdm. ganz recht* □ *bem feito para ele* 1.2 ⟨500⟩ es schadet nichts *es ist belanglos, ungefährlich* □ *não faz mal; não tem importância* 1.3 ⟨500⟩ es kann nichts ~, wenn wir ... ⟨umg.⟩ *es ist vielleicht besser* ... □ *talvez seja melhor se...* 1.4 ⟨500⟩ das schadet fast gar nichts ⟨umg.⟩ *so schlimm ist es nicht* □ *não é o fim do mundo*

Scha|den ⟨m.; -s, Schä|den⟩ 1 *Verlust, Beeinträchtigung, Wertminderung (eines Gutes); ein beträchtlicher, empfindlicher, geringer, großer, kleiner, unbedeutender ~; ~ anrichten, bringen, erleiden, leiden, stiften, verhüten, verursachen; einen ~ aufdecken, davontragen; jmdn. vor ~ bewahren; ~ entsteht, erwächst; der ~ beläuft, beziffert sich auf 3.000 Euro; der ~ beträgt 3.000 €; den ~ ersetzen, tragen, wiedergutmachen; er muss für den ~ aufkommen, bürgen, haften; als ich mir den ~ genauer besah* ... ⟨umg.⟩ □ **prejuízo; dano;** durch ~ wird man klug ⟨Sprichw.⟩ □ *o que prejudica ensina;* wer den ~ hat, braucht für den Spott nicht zu sorgen ⟨Sprichw.⟩ □ *atrás do apedrejado, correm as pedras* 1.1 mit ~ verkaufen *mit Verlust* □ **prejuízo; perda** 1.2 ~ nehmen an Gesundheit, an seiner Seele *gesundheitlich, seelisch geschädigt werden* □ *prejudicar/comprometer a saúde (mental)* 2 *Verletzung, Gebrechen, Körperbehinderung;* jmdm. einen ~ zufügen; jmd. nimmt ~, kommt zu ~; einen ~ am Bein, Rücken haben; er hat einen lebenslänglichen ~ davongetragen (z. B. bei einem Unfall); du kannst dir dabei ~ tun (z. B. bei zu schwerem Heben) □ **lesão; dano** 3 *Nachteil;* es ist dein eigener ~, wenn du ...; ich habe mehr ~ als Nutzen, weder ~ noch Nutzen an, bei dieser Sache; zu seinem ~ □ **prejuízo; desvantagem** 3.1 es soll dein ~ nicht sein *du wirst dafür von mir belohnt* □ *você não terá prejuízo* 3.2 es wird dir (nicht) zum ~ gereichen ⟨geh.⟩ *(nicht) schaden* □ *você (não) será prejudicado*

Scha|den|freu|de ⟨f.; -; unz.⟩ *boshafte Freude über den Schaden and. das Missgeschick eines andern* □ **satisfação com a desgraça alheia**

schad|haft ⟨Adj. 70⟩ 1 *beschädigt, mangelhaft, fehlerhaft, abgenutzt, angeschlagen;* ~e Stellen ausbessern, flicken, stopfen □ **danificado; avariado; com problemas** 1.1 ~e Zähne *kranke Z.* □ **cariado** 1.2 ein ~es Gebäude *morsches G.* □ **caindo aos pedaços**

schä|di|gen ⟨V. 500/Vr 7 od. Vr 8⟩ 1 jmdn. od. Sache ~ *Schaden zufügen, schaden;* jmds. Ansehen, Interessen, Gesundheit, seinen guten Ruf ~; die Umwelt, den Organismus ~ □ **prejudicar; lesar; fazer mal (a)** 1.1 ~de Einflüsse *schädliche E.* □ *más influências*

schäd|lich ⟨Adj.⟩ Ggs *nützlich(1)* 1 *Schaden, Unheil bringend, nachteilig, gefährlich;* ~e Folgen; ein ~es Tier 1.1 *nicht zuträglich, nicht bekömmlich;* dieser Stoff ist dem Menschen, für den Menschen ~; Nikotin ist ~ für die Gesundheit □ **prejudicial; nocivo**

Schäd|ling ⟨m.; -s, -e⟩ 1 *jmd. od. etwas, das Schaden bringt, zufügt (bes. Tier u. Pflanze)* 1.1 ein ~ der Gesellschaft *ein der G. schadender Mensch* □ **parasita**

schad|los ⟨Adj. 24/50⟩ 1 *ohne Schaden, keinen Schaden nehmend;* ~ ausgehen, davonkommen □ **indene** 2 sich an jmdm. od. etwas (für etwas) ~ halten *sich einen erlittenen Schaden od. entgangenen Vorteil eigenmächtig auf Kosten anderer ersetzen* □ *buscar ressarcimento junto a alguém*

Schaf ⟨n.; -(e)s, -e⟩ 1 *Angehöriges einer Gruppe von Horntieren aus der Familie der Ziegenartigen: Ovis (ammon);* ~e halten, hüten, scheren, weiden; das ~ blökt; furchtsam, geduldig, sanft wie ein ~ □ **ovelha** 1.1 die gezählten ~e frisst der Wolf auch ⟨Sprichw.⟩ *man kann sich nicht gegen alles sichern, nicht gegen alles vorsorgen* □ *o lobo come até as ovelhas contadas* 1.2 ein räudiges ~ steckt die ganze Herde an ⟨Sprichw.⟩ *ein schlechter Mensch verdirbt viele andere* □ *uma ovelha ruim bota o rebanho a perder;* → a. *Bock (1.1)* 1.3 wer sich zum ~ macht, den fressen die Wölfe ⟨Sprichw.⟩ *wer allzu nachgiebig ist, wird immer mehr ausgenutzt* □ *quem se faz de ovelha o lobo o come;* → a. *schwarz(2.9), verlieren(3.2)* 2 ⟨fig.⟩ *(dummer) Mensch;* dummes ~ □ *palerma* 2.1 sie ist ein gutmütiges ~ ⟨umg.⟩ *sie ist allzu gutmütig* □ *ela é muito boazinha*

Schäf|chen ⟨n.; -s, -⟩ 1 *kleines Schaf* 1.1 silberne ~ ziehen am Abendhimmel vorüber ⟨fig.⟩ *Wolken* □ **carneirinho** 1.2 sein ~ ins Trockene bringen ⟨fig.⟩ *seinen eigenen Gewinn in Sicherheit bringen, sich einen Vorteil verschaffen* □ *garantir seu pé-de-meia* 1.3 sein ~ zu scheren wissen ⟨fig.⟩ *sich auf seinen Vorteil verstehen* □ *saber defender seus interesses* 2 ⟨umg.; a. als Kosewort⟩ *kleiner unwissender Mensch;* mein ~! □ **tolinho**

Schä|fer ⟨m.; -s, -⟩ **1** *Schafhirt* **2** *jmd., der Schafe hütet, pflegt, schert u. züchtet* □ **pastor de ovelhas**

Schä|fer|hund ⟨m.; -(e)s, -e⟩ **1** *Hund eines Schäfers, der die Schafe hütet* □ **cão pastor 2** *wolfsähnliche, große, braunschwarze Hunderasse (bes. als Polizei-, Wach- u. Hütehund eingesetzt);* Deutscher *Schäferhund* □ ***pastor alemão**

schaf|fen ⟨V. 207; in der Bedeutung „hervorbringen" stark konjugiert⟩ **1** ⟨500⟩ *etwas* ~ *hervorbringen, erzeugen, ins Leben rufen, errichten, gründen;* Werte ~; neue soziale Einrichtungen, einen Fonds für notleidende Künstler, ein Heim für Obdachlose, eine Zweigstelle in der Provinz ~; alles bisher Geschaffene wurde vernichtet; ein Teil von jener Kraft, die stets das Böse will und stets das Gute schafft (Goethe, „Faust" I, Studierzimmer); am Anfang schuf Gott Himmel und Erde (AT) □ **criar 1.1 wie geschaffen sein** *sehr geeignet sein;* er ist zum Erzieher wie geschaffen; dieser Posten ist für ihn wie geschaffen □ ***feito para 1.2** *von der Natur dazu geschaffen sein von N. aus alle Voraussetzungen dafür mitbringen* □ ***ter nascido para 1.3** *er stand da, wie Gott ihn geschaffen hatte nackt* □ ***ele estava ali como veio ao mundo 1.4** *ein Kunstwerk* ~ *schöpferisch gestalten;* eine unsterbliche Dichtung, Komposition, ein unsterbliches Werk ~ □ **criar 2** ⟨500⟩ *etwas* ~ *herstellen, bewirken, bereiten; die Voraussetzungen* ~ *für etwas;* das schafft uns viel Ärger, große Not, Pein, Verdruss □ **criar; causar 3** ⟨500⟩ *etwas* ~ *bewältigen, bezwingen, beenden, zuwege bringen, erreichen;* Abhilfe □ ***remediar,** Hilfe □ ***ajudar,** Linderung □ ***aliviar,** Ordnung □ ***pôr em ordem,** Rat □ ***encontrar solução,** Ruhe □ ***conseguir ter sossego,** Wandel ~ □ ***mudar; alterar,** ich kann die Arbeit nicht ~ □ ***não consigo terminar o trabalho 3.1** er schafft es noch, dass ... *er wird es noch dazu bringen, dass* ... □ ***ele ainda vai conseguir que... 3.2 wir ~ es** *wir werden es erreichen, wir kommen noch ans Ziel* □ ***vamos conseguir 3.3 wir haben es geschafft** *wir sind am Ziel* □ ***conseguimos 3.4 ich schaffe meinen Teller nicht mehr** (umg.) *kann nicht alles essen* □ ***estou satisfeito; não consigo comer mais 4** ⟨511⟩ **jmdn. od. etwas an einen** *anderen* **Ort** ~ *bringen, wegbringen, herbringen;* etwas auf den Dachboden ~; Briefe, ein Paket zur Post ~; bitte ~ Sie das ins Haus □ **levar 4.1** ⟨511⟩ *jmdn. od. etwas* **vom Halse, Leib** ~ (umg.) *loswerden, fernhalten, mit jmdm. od. etwas nichts zu tun haben wollen;* ich will ihn mir vom Halse ~; lästige Pflichten schafft er sich gern vom Halse, Leib □ ***querer ver alguém ou alguma coisa longe; não querer saber de alguém ou alguma coisa 4.2** ⟨511⟩ **etwas auf die Seite** ~ *heimlich wegbringen* □ ***dar um sumiço em alguma coisa 4.2.1** ⟨511⟩ *etwas für sich in einen Notgroschen auf die Seite geschafft erspart u. zurückgelegt* □ ***ele pôs um pecúlio de lado 4.3 schaff ihn mir sofort zur Stelle!** *bring ihn her!* □ ***traga-o já aqui! 4.4** ⟨511⟩ **wir wollen die Sache doch endlich aus der Welt** ~ *in Ordnung bringen u. in Vergessenheit geraten lassen,* nicht mehr darüber sprechen □ ***queremos resolver essa questão de uma vez por todas 5** ⟨400⟩ *wirken, rege tätig sein; fleißig, sein Leben lang, tüchtig, unermüdlich* ~ □ **trabalhar;** der ~de Mensch, der Schaffende; viele ~de Hände; die ~de Natur; alle ~den Kräfte, alle Schaffenden □ **criador 5.1** *jmdm.* **viel zu ~ machen** *viel Arbeit, Mühe, Sorgen bereiten* □ ***dar muito trabalho a alguém; dar muito o que fazer a alguém 5.1.1 das Herz macht ihm viel zu ~** *er leidet an Herzbeschwerden* □ ***ele tem muitos problemas no coração 5.2 sich zu ~ machen** (an) *sich beschäftigen* (mit), *herumwirtschaften (an);* er machte sich im Nebenzimmer zu ~, um etwas von dem Gespräch zu erlauschen (als Vorwand) □ ***ocupar-se (de) 5.2.1** ⟨411⟩ **was machen Sie sich an meinen Sachen, in meinem Zimmer zu ~?** *was suchen Sie da, was wollen Sie?* □ ***o que o/a senhor(a) está procurando nas minhas coisas?; o que o/a senhor(a) está fazendo no meu quarto? 5.3** ⟨400; west-, südwestdt.⟩ *arbeiten; auf dem Felde* ~; im Garten ~; sie schafft von morgens bis abends □ **trabalhar 6** ⟨417; Inf.⟩ **mit jmdm. od. etwas (nichts) zu ~ haben** *zu tun haben, an etwas (nicht) beteiligt sein;* er hat nichts damit zu ~; Weib, was habe ich mit dir zu ~? (Jesus zu Maria, NT, Joh. 2,4) □ ***(não) ter (nada) a ver com alguém ou alguma coisa 7** ⟨500⟩ *jmdn.* ~ (umg.) *stark erschöpfen, fertigmachen;* diese Nachricht hat mich geschafft □ ***acabar com alguém 8** ⟨500⟩ *etwas* ~ (bair.; österr.) *befehlen, auftragen* □ **ordenar; encarregar 9** ⟨400; Mar.⟩ *essen* □ **comer**

Schaf|fen ⟨n.; -s; unz.⟩ **1** *das Wirken* □ **ação; atuação 2** *Arbeit, Werk;* das ~ dieses Dichters, Künstlers; dichterisches, geistiges, künstlerisches, musikalisches ~; eine Probe seines ~s □ **obra; criação**

Schaff|ner ⟨m.; -s, -⟩ *Angestellter bei der Eisen- u. Straßenbahn, der die Fahrkarten prüft u. auch verkauft* □ **cobrador**

Schaff|ne|rin ⟨f.; -, -rin|nen⟩ *weibl. Schaffner* □ **cobradora**

Schaf|gar|be ⟨f.; -, -n; Bot.⟩ *als Arznei- u. Wildgemüsepflanze verwendete Art der Korbblütler mit fein zerteilten Blättern: Achillea millefolium* □ **aquileia; milefólio**

Scha|fott ⟨n.; -(e)s, -e⟩ *erhöhtes Gerüst für Hinrichtungen, Blutgerüst;* das ~ besteigen; jmdn. aufs ~ bringen; auf dem ~ enden □ **cadafalso; patíbulo**

Schaft ⟨m.; -(e)s, Schäf|te⟩ **1** *stangenartiger Griff;* Fahnen-~; Lanzen-~; Ruder-~ □ **cabo; haste 2** *langer, gerader Mittelteil (der Säule, des Schlüssels usw.);* Säulen-~; Schlüssel-~ □ **fuste; haste 3** *das Bein umhüllendes langes Oberteil des Stiefels;* Stiefel-~ □ **cano 4** *hölzerner Teil von Handfeuerwaffen, in dem Lauf u. Verschluss usw. befestigt sind* □ **coronha 5** *laubloser Teil des Zweiges* **6** *blattloser Blütenstiel, z. B. bei Zwiebelpflanzen* □ **pedúnculo; talo 7** *glatter Teil der Vogelfeder* □ **cálamo 8** *Vorrichtung an Webstühlen, die das Heben u. Senken jeweils eines Teils der Kettfäden bewirkt* □ **liçarol**

Schah ⟨m.; -s, -s; im Iran Titel für⟩ *Herrscher* □ **xá**

schä|kern ⟨V. 410⟩ *(kokett) scherzen, sich necken, neckischen Spaß treiben (bes. mit dem anderen Geschlecht);* er schäkert gern mit jungen Mädchen; er ist zum Schäkern aufgelegt □ **brincar; gracejar**

schal ⟨Adj.⟩ **1** *abgestanden, fade, ohne Geschmack, ohne Würze;* ~es Bier; das Bier schmeckt, ist ~ □ **insípido; choco 2** ⟨fig.⟩ *witzlos, geistlos;* ein ~er Kopf; das war ein ~er Witz □ **sem graça 2.1** *das Leben dünkte sie, ihr* ~ *leer, sinnlor, wertlos* □ **vazio; sem sentido**

Schal ⟨m.; -s, -s od. -e⟩ **1** *langes, rechteckiges Halstuch* □ **xale; echarpe 2** *der an der Seite des Fensters herabhängende Teil der Übergardine; Vorhang~* □ ***cortina**

Scha|le ⟨f.; -, -n⟩ **1** *Hülle (bes. von Früchten, Keimen);* Eier~; Kartoffel~; Nuss~; Obst~; *eine dicke, dünne, glatte, harte, raue, weiche* ~; *die* ~ *abschälen, abziehen, entfernen, mitessen;* die ~ schützt den Keim; die ~ umhüllt, umschließt die Frucht; je bitterer die ~, umso süßer der Kern; → a. rau(4.2) **1.1** *Rinde (z. B. vom Baum, Käse);* die ~ fällt ab, wird rissig, vertrocknet □ **casca 1.2** *tierische feste Hülle;* die ~ der Krustentiere, Muscheln, Schildkröten, Schnecken □ **concha; carapaça; casco 1.3** *Eierschale;* **1.3.1** *das Küken verlässt die* ~ *schlüpft aus dem Ei* □ **casca de ovo 2** ⟨fig.; umg.⟩ *(gute) Kleidung, Äußeres* □ **aparência 2.1** *in* ~ *sein festlich, vorschriftsmäßig gekleidet sein* □ ***estar todo arrumado/elegante/nos trinques 2.2** *ich muss mich noch* **in** ~ **werfen** *mich gut, festlich anziehen* □ ***ainda preciso me arrumar 3** *flache Schüssel;* eine gläserne, kristallene, silberne ~; eine ~ für Butter, Marmelade, Obst, Zucker; eine ~ mit Konfekt herumreichen □ **recipiente; travessa**; die ~ der Waage hebt, senkt sich □ **prato 3.1** *(bes. österr.) (flache) Tasse;* eine ~ Kaffee, Tee □ **xícara 4** *unten ausgehöhlter rund geschliffener Edelstein (Cabochon)* □ **cabuchão 5** ⟨meist Pl.; Jägerspr.⟩ *Huf von vielen Wildarten (z. B. Rehen, Gämsen u. Schwarzwild)* □ **casco 6** ⟨Vet.⟩ *chronische Erkrankung des Gelenks zwischen dem ersten u. zweiten Zehenglied der Pferde* □ **ovas**

schä|len ⟨V. 500⟩ **1** *etwas* ~ *eine äußere Schicht von etwas entfernen* **1.1** *die Schale(1) entfernen von;* gekochte Eier, Gemüse, Kartoffeln, Obst ~; das Ei ~; mit dem Kartoffelschäler die Schale von den Kartoffeln ~; zum Backen schon geschälte Nüsse kaufen **1.2** *einen* **Baumstamm** ~ *die Rinde entfernen bzw. abnagen von einem B.* □ **descascar 1.3** ⟨550/Vr 7⟩ *jmdn. aus den* **Kleidern** ~ ⟨umg.⟩ *entkleiden* □ ***despir alguém 1.4** ⟨Vr 3⟩ *die* **Haut** schält **sich** *löst sich in Schuppen, kleinen Fetzen ab;* mein Gesicht, mein Rücken schält sich nach dem Sonnenbrand **1.4.1** *jmd.* schält sich *jmdm. löst sich die Haut in Schuppen, kleinen Fetzen ab* □ **descascar 2** *oberflächlich, flach pflügen* □ **arar superficialmente**

Scha|len|tier ⟨n.; -(e)s, -e; meist Pl.; im Handel Bez. für⟩ *Meerestier mit Schale (Krebs, Krabbe, Languste, Muschel usw.)* □ **crustáceo**

Scha|len|wild ⟨n.; -(e)s; unz.; Sammelbez. für⟩ *Wild, das Schalen (Hufe) hat, z. B. Elche, Hirsche, Rehe, Wildschweine* □ **ungulados**

Schalk ⟨m.; -(e)s, -e od. Schäl|ke; Pl. selten⟩ **1** *lustiger, spitzbübischer Kerl, Schelm* □ **brincalhão; gaiato 1.1** er hat den ~ im Nacken ⟨fig.⟩ *er ist immer zu Spaß u. Neckerei aufgelegt* □ ***ele está sempre fazendo brincadeiras/pregando peças 1.2** *der* ~ *sieht ihm aus den Augen er sieht spitzbübisch aus* □ ***ele tem cara de brincalhão/gaiato**

Schall ⟨m.; -(e)s, -e od. Schäl|le; Pl. selten⟩ **1** *hörbare od. mit physikalischen Geräten nachweisbare Schwingung;* der ~ wird von der Luft fortgetragen, pflanzt sich fort; ~ dämpfen, erzeugen □ **som 1.1** *nachhallendes Geräusch, Widerhall;* ein dumpfer, lauter ~; der ~ einer Glocke, einer Stimme, einer Trompete drang an mein Ohr; der ~ seiner Schritte war in den leeren Gassen weit zu hören □ **ressonância; eco 1.2** ~ *und Rauch sein* ⟨fig.⟩ *nichtssagend, unbedeutend; Gefühl ist alles, Name ist* ~ *und Rauch (Goethe, „Faust" I, Marthens Garten)* □ ***ser vão/vazio/sem efeito**

schal|len ⟨V. 208/400⟩ **1** *Schall von sich geben, tönen, hallen, widerhallen;* das Geschrei der Kinder schallt mir noch in den Ohren □ **ressoar; ecoar**; ~der Beifall; wir brachen in ~des Gelächter aus; jmdm. eine ~de Ohrfeige geben; ~d lachen □ **sonoro; retumbante 1.1** *es schallt hier sehr es ist ein starker Widerhall zu hören* □ ***há muito eco aqui 2** *Wild* schallt ⟨Jägerspr.⟩ *meldet sich* □ **manifestar-se; fazer barulho**

Schall|mau|er ⟨f.; -, -; unz.; bildhafte Bez. für⟩ *die starke Zunahme des Luftwiderstandes, die ein Flugobjekt bei Geschwindigkeiten nahe der Schallgeschwindigkeit erfährt;* die ~ durchbrechen □ **barreira do som**

Schall|plat|te ⟨f.; -, -n⟩ *kreisende Scheibe aus Kunststoff, in die in spiralenförmig verlaufenden Rillen Schallschwingungen eingraviert sind, die mit einem Plattenspieler wieder hörbar gemacht werden können;* eine ~ abspielen, auflegen, laufen lassen; etwas auf ~ aufnehmen □ **disco**

Schal|mei ⟨f.; -, -en; Mus.⟩ **1** *(mit Doppelrohrblatt gespieltes) Holzblasinstrument der Hirten aus einem Rohr, Vorform der Oboe* **2** *Blechblasinstrument mit mehreren Rohren* **3** *Melodiepfeife des Dudelsacks* □ **charamela**

Scha|lot|te ⟨f.; -, -n; Bot.⟩ *Lauchart mit kleinen eiförmigen Zwiebeln, die zusammen mit den Blättern als Gemüse verwendet werden: Allium ascalonicum* □ **chalota; ascalônia**

schal|ten ⟨V.⟩ **1** ⟨400; bei Kraftfahrzeugen⟩ *den Gang wechseln;* auf, in den 2. Gang ~ □ **mudar de velocidade; engatar (a marcha) 1.1** ⟨513/Vr 3⟩ *etwas* schaltet **sich** *in bestimmter Weise lässt sich in bestimmter W. betätigen;* der Wagen schaltet sich recht gut □ ***a mudança de marcha funciona muito bem nesse carro 2** ⟨400⟩ *einen Schalter betätigen, eine Schaltung herstellen, einen Stromkreis schließen od. unterbrechen;* hier muss man ~, um das Gerät in Betrieb zu setzen □ **ligar 2.1** ⟨500⟩ *etwas* ~ *mit einem Schalter in Betrieb setzen;* den Heizofen auf „warm" ~ □ **ligar; regular 3** ⟨400⟩ *herrschen, wirtschaften, umgehen mit, hantieren, verfügen über;* die Hausfrau schaltet in der Küche; sie schaltet mit seinen Sachen, als wären es ihre eigenen □ **trabalhar; ocupar-se; lidar** 3.1 ~ und walten *verfügen* □ *****dispor**; jmdn. frei ~ und walten lassen □ *****deixar alguém agir livremente; deixar alguém à vontade para fazer alguma coisa**; ich kann hier ~ und walten, wie ich will; frei über etwas ~ und walten können; Sie können hier nach Belieben ~ und walten □ **dispor; agir 4** ⟨413; umg.⟩ *begreifen, verstehen*; schaltest du immer so langsam, schnell? □ **entender 4.1** er hat nicht schnell genug geschaltet *er hat nicht gleich reagiert* □ **reagir 4.2** da habe ich falsch, nicht richtig geschaltet *das habe ich missverstanden* □ **entender**

Schal|ter ⟨m.; -s, -⟩ **1** *Gerät zum Schließen u. Unterbrechen von Stromkreisen*; den ~ andrehen, anknipsen, drehen □ **interruptor 2** *kleiner abgetrennter Raum, oft mit Schiebefenster, zur Bedienung von Kunden, z. B. bei Post, Bank, Bahn u. Ämtern*; der ~ der Bank, der Deutschen Bahn; der ~ war schon geschlossen; Pakete bitte am ~ 4 aufgeben □ **guichê**

Schal|tung ⟨f.; -, -en⟩ **1** *das Schalten* □ **ligação; conexão 2** *Vorrichtung zum Wechseln der Gänge im Auto, beim Fahrrad o. Ä.*; Gang~ □ *****câmbio 3** *Anordnung der elektrischen Leitungen zwischen Stromquellen u. elektrischen Geräten aller Art* □ **circuito**

Scham ⟨f.; -; unz.⟩ **1** *Gefühl des Bloßgestelltseins, starke Verlegenheit*; ~ empfinden, erkennen lassen, zeigen; vor ~ erröten, die Augen senken; das Gefühl der ~ abtun, abwerfen, unterdrücken **1.1** ich möchte vor ~ vergehen, versinken, in die Erde sinken, mich in ein Mauseloch verkriechen ⟨fig.⟩ *ich schäme mich sehr* **1.2** hast du denn gar keine ~ (im Leibe)? ⟨umg.⟩ *schämst du dich gar nicht?* □ **vergonha 1.3** *Scheu, sich bloßzustellen od. andere zu verletzen*; das Gefühl jungfräulicher, mädchenhafter ~; bar aller, jeder ~ □ **pudor 1.4** nur keine falsche ~! ⟨umg.⟩ *zier dich nicht!* □ *****não precisa ficar sem graça! 2** ⟨veraltet⟩ *Schamröte*; die ~ stieg ihr ins Gesicht □ *****ela corou/ficou vermelha (de vergonha) 3** ⟨verhüllend⟩ *die Gegend der Geschlechtsteile beim Menschen*; seine ~ bedecken, verhüllen ⟨poet.⟩ □ **vergonhas**

Scham|bein ⟨n.; -(e)s, -e⟩ *vorderer, unterer Teil des Hüftbeins* □ **púbis**

schä|men ⟨V. 500/Vr 3⟩ **sich** ~ *Scham empfinden, sich aus Scham scheuen, etwas zu tun*; sich einer Handlung, einer Sache, eines Wortes, wegen einer Handlung ~; er schämt sich seines Betragens, seiner Feigheit, seines Neides, seiner Unbeherrschtheit; sich vor jmdm. ~; sich für einen andern ~; er schämt sich (wegen) dieser Sache; pfui, schäm dich!; du brauchst dich dessen nicht zu ~; ich schäme mich, das sagen zu müssen; du solltest dich was ~ ⟨umg.⟩ □ *****envergonhar-se**; sich in Grund und Boden ~ ⟨umg.⟩; sich zu Tode ~ ⟨umg.⟩ □ *****morrer de vergonha**

scham|haft ⟨Adj.⟩ *voller Scham, leicht Scham empfindend, sittsam, keusch, verschämt*; ~ etwas bekennen, gestehen, zugeben; ~ lächeln □ **envergonhado; com vergonha**

Scham|lip|pe ⟨f.; -, -n⟩ **1** *eine von zwei Paar lippenförmigen Hautfalten, die die weibl. Scheide bedecken* **1.1** große ~ *außen liegende Schamlippe(1): Labium maior* **1.2** kleine ~ *innen liegende Schamlippe(1): Labium minor*; Sy Nymphe(3) □ **lábio(s)**

scham|los ⟨Adj.⟩ **1** *ohne Schamgefühl, unsittlich, unanständig*; ein ~es Buch, Theaterstück, ein ~er Film, Roman; ~e Gebärden, Worte; sich ~ benehmen □ **(de modo) indecente/obsceno 2** *schändlich, ruchlos, unverschämt*; ein ~er Betrug; eine ~e Forderung □ **infame; vergonhoso**; er war ~ dreist □ **despudoradamente**

Scham|pus ⟨m.; -; unz.; umg.; scherzh.⟩ *Champagner* □ **champanhe; espumante 1.1** ~ bis zum Abwinken □ *****champanhe/espumante até não poder mais**

Schan|de ⟨f.; -, -n; Pl. selten⟩ **1** *etwas, dessen man sich schämen muss, etwas Verachtenswertes*; die Aufführung war so schlecht, dass es eine ~ war; ich halte das für eine ~; es ist eine ~, wie du dich benimmst, wie du herumläufst; pfui ~! □ **vergonha 1.1** *Unehre, Zustand des Verachtetseins, Schmach, Schimpf*; jmdn. ~ bringen □ *****desonrar alguém**; mit ~ beladen sein □ *****estar coberto de vergonha**; der ~ entrinnen □ *****escapar da desonra**; in ~ geraten □ *****ser desonrado**; der ~ preisgeben □ *****expor (alguém) à vergonha**; jmdn. mit Schimpf und ~ davonjagen □ *****escorraçar alguém**; Schmach und ~ über ihn ⟨geh.⟩ □ *****que vergonha!**; das macht ihm, seiner Familie, seinem Namen ~ □ *****isso desonra a ele/sua família/seu nome**; ich will ihr diese ~ ersparen; sie muss die ~ auf sich nehmen; es gereicht ihm zur ~; es ist eine ~ für ihn; zu seiner ~ sei es gesagt □ **vergonha; desonra**; der Horcher an der Wand hört seine eigne Schand ⟨Sprichw.⟩ □ *****quem escuta pelas beiras ouve das suas manqueiras 2** zu meiner ~ muss ich gestehen, dass ... ⟨scherzh.⟩ *es ist mir peinlich, gestehen zu müssen* □ **vergonha 2.1** mach mir keine ~! ⟨meist scherzh.⟩ *benimm dich so, dass ich mich deiner nicht zu schämen brauche, blamier mich nicht!* □ *****não me faça passar vergonha! 3** ⟨Getrennt- u. Zusammenschreibung⟩ **3.1** zu Schanden = zuschanden

schän|den ⟨V. 500⟩ **1** jmdn. od. eine Sache ~ *beschmutzen, in Schande bringen, entehren*; jmds. Ehre, guten Namen ~ □ **desonrar**; Armut schändet nicht ⟨Sprichw.⟩ □ *****pobreza não é vileza 1.1** ein geschändeter Name *entehrter N.* □ **desonrado 1.2** Heiliges ~ *beflecken, entweihen*; ein Grab, eine Kirche, eine Statue ~ □ **profanar 2** eine Frau ⟨veraltet⟩ *(gewaltsam) sexuell missbrauchen* □ **desonrar 3** *etwas schändet jmdn. od. etwas verstümmelt, verunstaltet*; eine hässliche Narbe schändet ihr Gesicht □ **desfigurar; deformar**

Schand|fleck ⟨m.; -(e)s, -e⟩ **1** *verunstaltender, hässlicher Fleck (auf Möbeln usw.)* **1.1** einen ~ auf seiner Ehre haben ⟨fig.⟩ *eine entehrende Tat begangen haben* □ **mácula 2** ⟨fig.⟩ *ehrloser, nichtswürdiger Mensch, Taugenichts, Tunichtgut*; er ist der, ein ~ der Familie □ **vergonha**

schänd|lich ⟨Adj.⟩ **1** *so geartet, dass es Schande bringt*; er nahm ein ~es Ende □ **ignominioso; vergonhoso**

Schandtat

1.1 *ehrlos, ehrvergessen, abscheulich, niederträchtig, gemein;* ~e Absichten, Betrügereien, Taten; er hat ~e Lügen über mich verbreitet □ **ignóbil; infame;** jmdn. ~ betrügen □ **vergonhosamente 2** ⟨umg.⟩ *sehr schlecht, scheußlich;* ein ~es Wetter □ **horrível 2.1** ⟨50⟩ *ungemein, ungeheuer;* sich ~ ärgern, das ist ~ teuer □ **terrivelmente; absurdamente**

Schand|tat ⟨f.; -, -en⟩ **1** *Tat, die dem Täter Schande bringt, verabscheuungswürdige Tat* □ **infâmia 1.1** wir sind zu jeder ~ bereit ⟨scherzh.⟩ *zu jedem Spaß, Unfug* □ **parada**

Schän|ke ⟨f.; -, -n⟩ = *Schenke*

Schank|wirt|schaft ⟨f.; -, -en⟩ *kleine Gastwirtschaft, in der nur Getränke (bes. alkoholische) ausgeschenkt werden;* oV *Schänkwirtschaft, Schenkwirtschaft* □ **bar**

Schänk|wirt|schaft ⟨f.; -, -en⟩ = *Schankwirtschaft*

Schan|ze¹ ⟨f.; -, -n⟩ **1** ⟨Mil.⟩ *Befestigung, Erdwall;* eine ~ aufführen, aufwerfen, bauen, graben, schleifen □ **trincheira; barricada 2** ⟨Mar.⟩ *Achterdeck* □ **castelo da popa; tombadilho 3** ⟨Skispringen⟩ *Anlage mit steil abfallender Anlaufbahn, Absprungtisch u. steiler Aufsprungbahn;* Sprung~ □ ***trampolim**

Schan|ze² ⟨f.; -, -n; veraltet⟩ **1** *Glückswurf, Glücksumstand* □ **sorte 1.1** sein *Leben in die* ~ *schlagen* ⟨fig.⟩ *aufs Spiel setzen* □ ***arriscar a própria vida**

Schar¹ ⟨f.; -, -en; regional a.: n.; -(e)s, -e⟩ = *Pflugschar*

Schar² ⟨f.; -, -en⟩ **1** *Menge, Gruppe;* eine ~ Gänse, Hühner, Vögel; um 14 Uhr verlassen die Arbeiter in ~en die Fabrik; in ~en sich drängen, herbeiströmen, die Straßen umsäumen; die Zugvögel zogen in ~en gen Süden; eine ~ von Menschen, Schaulustigen □ **bando; grupo 2** ⟨Mil; veraltet⟩ *Abteilung einer Truppe* (Heer~) □ **destacamento; hoste**

Scha|ra|de ⟨f.; -, -n⟩ *Rätsel, Ratespiel, bei dem ein von Personen pantomimisch dargestellter Begriff erraten werden muss* □ **charada**

scha|ren ⟨V. 550/Vr 3⟩ *sich um jmdn. od. etwas ~ sich um jmdn. od. etwas sammeln, versammeln, drängen* □ ***reunir-se/juntar-se ao redor de alguém ou alguma coisa**

scharf ⟨Adj.22⟩ **1** *schneidend, geschliffen;* ein ~es Beil, Messer, Schwert; eine ~e Ecke, Feile, Kante □ **cortante; afiado 1.1** er führt eine ~e Klinge ⟨fig.⟩ *er spricht treffend, formuliert klar bei Debatten* □ ***ele tem um discurso afiado 1.2** *sehr schmal, spitz;* ~e Zähne □ **pontiagudo 1.3** ~er *Schnitt sauber einschneidender S.* □ **afiado 1.3.1** das Messer, die Schere schneidet ~ *mit sauberem Schnitt* □ ***a faca/a tesoura tem um corte afiado 2** *ätzend;* eine ~e Säure, Lauge □ **corrosivo; cáustico 3** ⟨60⟩ ~e *Biegung, Kante, Ecke eng, spitzwinklig* □ **pontiagudo; acuminado;** Ggs *weich(7);* in einer ~en Kurve wurde der Wagen aus der Bahn getragen □ **fechado 4** *die Sinnesorgane stark reizend, beißend* **4.1** *stark würzig;* ~er Essig, Geruch, Senf; ~ riechen, schmecken; du hast das Essen zu ~ gewürzt □ **acre; picante; forte 4.2** *hochprozentig (alkoholisches Getränk);* ~e Getränke, Schnäpse □ **forte 4.3** *schrill, zischend, unangenehm laut;* in ~em Ton sprechen □ **estridente; agudo 4.4** *kalt, eisig;* es weht ein ~er Wind □ **cortante; gélido 4.5** ⟨fig.; umg.⟩ *aufreizend;* ~e Rhythmen **4.6** ⟨fig.; derb⟩ *sexuell aufreizend;* eine ~e Frau □ **excitante 5** ⟨fig.⟩ *genau* **5.1** *durchdringend, klar, genau sehend, hörend, denkend;* seinem ~en Blick entging nichts; ~e Augen, Ohren; ~er Verstand □ **aguçado; penetrante;** jmdn. ~ beobachten □ **intensamente 5.1.1** jmdn. ~ ins Auge fassen *genau beobachten* □ ***olhar no fundo dos olhos de alguém 5.1.2** da muss ich erst einmal ~ nachdenken *genau überlegen* □ **bem 5.1.3** eine Aufgabe, einen Plan ~ umreißen *genau festlegen* □ **com precisão/exatidão 5.2** *deutlich, gut erkennbar, ausgeprägt;* die Fotografie ist ~ bis in die Details □ **claro; nítido 5.3** *genaues Sehen ermöglichend;* eine ~e Brille; ein ~es Fernglas □ **preciso;** das Fernrohr, die Kamera, den Projektor ~ einstellen (so dass das Bild deutlich sichtbar wird) □ ***regular/ajustar o telescópio/a câmera/o projetor 5.4** *direkt, unmittelbar;* dann ging es ~ nach rechts; der Schlag ging ~ an seinem Kopf vorbei □ **direto; diretamente 6** *hart, streng, zurechtweisend;* eine ~e Aussprache, Bemerkung, Entgegnung, Rüge, Zurechtweisung; ~ durchgreifen, vorgehen; ich musste einen ~en Tadel, Verweis einstecken; etwas schärfstens, aufs schärfste/Schärfste verurteilen; du darfst das Kind nicht so ~ anfassen; er übte ~e Kritik □ **severo; rigoroso; severamente; rigorosamente 6.1** sie hat eine ~e Zunge ⟨fig.⟩ *sie führt gern böse, spitze, angriffs-, spottlustige Reden* □ **afiado 6.2** das ist ein (ganz) Scharfer! ⟨umg.⟩ *ein unnachsichtiger Polizist, ein strenger Beamter u. Ä.* □ **durão 7** *heftig, hart, hitzig, energisch;* ~en Protest einlegen, erheben; schärfsten Widerstand leisten □ **enérgico; violento; acalorado 7.1** *angriffslustig, bissig* **7.1.1** ein ~er **Hund** *bissiger, auf den Mann dressierter Wachhund* □ **bravo 7.2** *jäh, plötzlich;* ~ bremsen □ **bruscamente; repentinamente 7.3** *schnell;* ~ fahren, gehen, reiten; ~en Trab reiten □ **rápido; veloz 7.4** *stark, intensiv;* ein ~er Schmerz □ **forte; intenso 7.4.1** ~ **backen,** braten *knusprig, sehr braun* □ **tostado; bem passado 8** ~e Munition *M. für den Ernstfall (im Unterschied zur ungefährlichen Übungsmunition)* □ **de verdade 8.1** ~ schießen *aufs Ziel schießen (nicht in die Luft)* □ ***dar um tiro certeiro;** ⟨aber⟩ → a. *Scharfschießen* **8.1.1** hier wird ~ geschossen! *(Warnung) mit scharfer Munition geschossen* □ ***aqui se atira com munição de verdade! 8.1.2** ~er Schuss *S., der treffen soll* □ **certeiro 8.2** die Waffe ist ~ geladen *mit scharfer Munition geladen* □ ***a arma está carregada com munição de verdade 9** ⟨46⟩ auf jmdn. od. etwas ~ sein ⟨umg.⟩ *begierig, lüstern;* er ist ganz ~ auf die Torte; er ist ~ auf sie □ ***estar de olho em alguém ou alguma coisa 10** ⟨Getrennt- u. Zusammenschreibung⟩ **10.1** ~ machen = *scharfmachen (I)* **10.2** ~ blickend = *scharfblickend* **10.3** ~ geschnitten = *scharfgeschnitten*

Scharf|blick ⟨m.; -(e)s; unz.; fig.⟩ *Scharfsinn, durchdringender Verstand, Fähigkeit, die Dinge zu durchschauen;* seinem ~ entgeht kaum etwas, nichts □ **perspicácia**

scharf|bli|ckend auch: **scharf bli|ckend** ⟨Adj.; fig.⟩ *mit Scharfblick begabt; seine Reaktion war ~* □ **perspicaz**
Schär|fe ⟨f.; -, -n; Pl. selten⟩ **1** *das Scharfsein, Schneidfähigkeit; die ~ einer Klinge, Schneide prüfen* □ **corte; fio; gume 2** *Ätzkraft* □ **acidez; causticidade 3** *stark reizende Wirkung auf die Sinnesorgane; ein Geruch von beißender ~* □ **um odor acre/forte* **3.1** *Würze; eine ~ habe eine besondere ~* □ **sabor picante 3.2** *Kälte, Eisigkeit; die ~ der Luft, des Windes trieb mir die Tränen in die Augen* □ **frio; glacialidade 4** *Genauigkeit, Klarheit; die ~ seines Gedächtnisses hat im Alter nachgelassen* □ **precisão; clareza 4.1** *Fähigkeit, logisch zu denken; Geistes~; Verstandes~* □ **agudeza de espírito; perspicácia; sagacidade* **4.2** *Fähigkeit, genau zu hören; die ~ seiner Ohren* **4.3** *Fähigkeit, genau zu sehen; die ~ seiner Augen* □ **acuidade 4.4** *genaues Sehen ermöglichende Qualität; die ~ der Brille* □ **precisão 4.5** *Deutlichkeit, Erkennbarkeit; die ~ des Bildes, der Linien* **4.5.1** *scharfer Umriss; die ~ seines Profils* □ **clareza; nitidez 5** *Härte, Strenge, Schonungslosigkeit; ihn trifft die ganze ~ des Gesetzes* □ **rigor 6** *Kraft, Heftigkeit; die ~ der Auseinandersetzung; seine Kritiken haben an ~ verloren* □ **intensidade; veemência 7** *Bissigkeit; ich habe das bewusst mit einer gewissen ~ gesagt; ich habe das ohne jede ~ lediglich festgestellt* □ **mordacidade**
schär|fen ⟨V. 500⟩ **1** *etwas ~ scharf machen, schleifen; Messer, Werkzeug ~* □ **afiar; amolar 2** *etwas ~* ⟨fig.⟩ *stärken, üben, bilden, verbessern; die Sinne ~; die Kräfte des Geistes ~* **2.1** ⟨Vr 3⟩ *etwas schärft sich verfeinert sich, wird scharf(5); sein Blick schärft sich allmählich für Feinheiten* □ **aguçar(-se)**
scharf|ge|schnit|ten auch: **scharf ge|schnit|ten** ⟨Adj. 24⟩ *markant; ein ~es Gesicht* □ **marcante; expressivo**
scharf|ma|chen auch: **scharf ma|chen** ⟨V. 500; hat⟩ **I** ⟨Zusammen- u. Getrenntschreibung⟩ **1** *ein Messer scharfmachen/scharf machen die Klinge schärfen* **2** *das Essen scharfmachen/scharf machen es z. B. mit Gewürzen bes. pikant zubereiten* □ **temperar; apimentar 3** *eine Bombe scharfmachen/scharf machen für die Explosion vorbereiten* □ **preparar II** ⟨nur Zusammenschreibung; umg.⟩ **1** ⟨550⟩ *jmdn. ~ gegen jmdn. scharfmachen ihn gegen jmdn. aufhetzen, aufbringen* □ **incitar; instigar 1.1** *einen Hund scharfmachen ihn so anrichten, dass er (auf Befehl) zubeißt* □ **açular 3** *jmdn. scharfmachen sexuel reizen* □ **excitar**
scharf|schie|ßen ⟨V. 215/400; scherz.⟩ *offen, schonungslos reden;* → a. *scharf (8.1)* □ **não ter papas na língua**
scharf|sich|tig ⟨Adj.⟩ **1** *scharfe Augen habend* □ **que enxerga bem 2** ⟨fig.⟩ *mit Scharfblick begabt* □ **perspicaz**
Scharf|sinn ⟨m.; -(e)s, unz.⟩ *durchdringender Verstand, Fähigkeit, das Wesentliche zu erfassen, die Dinge zu durchschauen; eine Aufgabe, ein Problem mit ~ lösen* □ **perspicácia; sagacidade**
scharf|sin|nig ⟨Adj.⟩ *mit Scharfsinn begabt, intelligent, das Wesentliche sofort erfassend* □ **perspicaz; sagaz**
Schar|lach ⟨m.; -s, -e; Pl. selten⟩ **1** *leuchtend rote Farbe* □ **escarlate 2** ⟨unz.; Med.⟩ *fieberige Infektionskrankheit mit rotem, fleckigem Ausschlag* □ **escarlatina**

Schar|la|tan ⟨m.; -s, -e⟩ *Schwindler, der Kenntnisse u. Fähigkeiten auf einem Gebiet nur vortäuscht* □ **charlatão**
Scharm ⟨m.; -s; unz.⟩ = *Charme*
schar|mant ⟨Adj.⟩ = *charmant*
Schar|müt|zel ⟨n.; -s, -; veraltet⟩ **1** ⟨Mil.⟩ *kleines Gefecht* **2** ⟨fig.⟩ *kleine Auseinandersetzung, Zwist* □ **escaramuça**
Schar|nier ⟨n.; -s, -e⟩ *Gelenk aus zwei Platten mit eingerollten Ösen, die mit einem Stift verbunden werden, zur beweglichen Befestigung von Türen, Fenstern, Klappen, Deckeln* □ **charneira; dobradiça**
Schär|pe ⟨f.; -, -n⟩ **1** *breites, um die Hüften od. schräg über Schulter u. Brust getragenes Band (als Teil einer Uniform od. Band bestimmter Orden)* **1.1** *brcites, um die Taille od. Hüften getragenes u. zur Schleife geschlungenes Band (als Kleiderschmuck)* □ **faixa; banda**
schar|ren ⟨V. 410⟩ **1** *geräuschvoll reiben, kratzen, oberflächl. graben; ein Loch ~; das Pferd scharrt ungeduldig mit dem Huf; der Hund scharrt an der Tür; die Hühner ~ auf dem Boden nach Würmern; etwas in die Erde ~* □ **raspar; patear; cavar 1.1** *mit den Füßen ~* ⟨früher⟩ *(studentischer Brauch zum Zeichen des Missfallens)* □ **patear*
Schar|te ⟨f.; -, -n⟩ **1** *Kratzer, Riss, durch Kratzen entstandene Kerbe (bes. an Messerklingen usw.); der Hobel, die Klinge, das Messer hat ~n bekommen* □ **arranhadura; risco 2** *schmaler Bergsattel* □ **desfiladeiro; garganta 3** *Öffnung in Befestigungsanlagen; Schieß~* □ **seteira; canhoneira* **4** *Lippenspalte; Hasen~* □ **lábio leporino* **5** ⟨fig.⟩ *Fehler, Mangel, Misserfolg* **5.1** *du musst die ~ wieder auswetzen den Fehler, Misserfolg wiedergutmachen* □ **erro; falha**
Schasch|lik ⟨m. od. n.; -s, -s⟩ *auf einen dünnen Spieß gereihte Fleisch-, Speck- (od. Fisch-), Zwiebel- u. Gemüsestückchen, die gegrillt od. gebraten werden* □ **espetinho**
Schat|ten ⟨m.; -s, -⟩ **1** *dunkle Fläche hinter einem den direkten Lichteinfall verhindernden Körper, dessen Umriss; wenn die Sonne am Nachmittag tiefer sinkt, werden die ~ länger; der ~ des Todes lag auf ihm* ⟨poet.⟩ □ **sombra 1.1** *ein krummer Stecken wirft keinen geraden* ⟨Sprichw.⟩ *wenn der Mensch nichts taugt, taugt auch seine Leistung nichts* □ **pau que nasce torto morre torto* **1.2** *ein ~ folgt ihm wie sein ~ folgt ihm auf Schritt und Tritt* □ **sombra 1.3** *man kann nicht über seinen eigenen ~ springen* ⟨fig.⟩ *nicht anders handeln, als der eigene Charakter es erlaubt* □ **não dá para ir contra a própria natureza* **1.4** *er möchte am liebsten vor seinem eigenen ~ ausreißen er hat Angst, fürchtet sich häufig grundlos* □ **ele tem medo da própria sombra* **1.5** *~ nachjagen* ⟨fig.⟩ *unerreichbare Ziele verfolgen* □ **ele faz castelos no ar* **1.6** *große Ereignisse werfen ihre ~ voraus* ⟨fig.⟩ *kündigen sich mehr od. minder geheimnisvoll an* □ **já se percebe um clima de grandes acontecimentos no ar* **1.7** *ein ~ flog, huschte, zog über sein Gesicht* ⟨fig.⟩ *er sah einen Augenblick lang ernst, traurig aus* **1.8** *die ~ der Nacht Dunkelheit* **1.9** *er ist nur noch ein ~ seiner selbst* ⟨fig.⟩ *er ist vollkommen abgemagert, nicht mehr*

geistreich od. leistungsfähig 1.10 cin ~ fiel auf ihr Glück ⟨fig.⟩ *etwas trübte ihr Glück, ließ sie Sorge empfinden* **2** *dunkle Stelle;* ~ unter den Augen; auf dem Röntgenbild ist ein ~ zu sehen **3** ⟨fig.⟩ *Spur, Anzeichen, Schein;* auch nicht der ~ eines Beweises war zu erbringen; auch nicht der ~ eines Verdachtes fiel auf ihn **4** *Bereich, in den kein direktes Licht fällt, Dunkel;* kühler, wohltuender ~; ~ des Hauses, des Waldes; in ~ eines Baumes, Hauses; ~ geben, spenden, werfen; im ~ liegen, sitzen; aus der Sonne in den ~ gehen; die Verteilung von Licht und ~ auf einem Gemälde; die ~ auf einem Bilde aufhellen; in der Sommerglut sucht man den ~; 30 Grad im ~ □ **sombra** 4.1 *wo viel Licht ist, ist viel* ~ ⟨Sprichw.⟩ *alles hat seine Vorzüge und Nachteile* □ ***onde há muita luz, há muita sombra** 4.2 im ~ *leben* ⟨fig.⟩ *im Verborgenen leben, unbeachtet dahinleben* □ ***viver à sombra** 4.3 *etwas od. jmdn. in den* ~ *stellen* ⟨fig.⟩ *weit übertreffen* □ ***fazer sombra a alguém** **5** *undeutliche, schemenhafte Erscheinung;* ich konnte nur einen ~ durchs Zimmer huschen sehen; im Dunkel glaubte er gespenstische ~ zu sehen □ **vulto;** sombra 5.1 ⟨Myth.⟩ *körperloses Wesen, Geist eines Toten* □ **espírito;** sombra 5.1.1 *das Reich der* ~ ⟨poet.⟩ *das Totenreich* □ **sombra** **6** ⟨Getrenntu. Zusammenschreibung⟩ 6.1 ~ spendend = *schattenspendend*

Schat|ten|riss ⟨m.; -es, -e⟩ *dem Schatten nachgezeichneter, schwarz ausgefüllter Umriss des Profils (im 18. Jh. als billige Bildniszeichnung beliebt)* □ **silhueta; perfil**

Schat|ten|sei|te ⟨f.; -, -n; fig.⟩ **1** *Kehrseite, Nachteil;* das sind die ~n dieser Angelegenheit; er stand von jeher auf der ~ des Lebens □ **reverso; desvantagem** 1.1 *alles hat seine Licht- und seine* ~ *seine Vor- u. Nachteile* □ ***tudo tem seu lado bom e seu lado ruim**

schat|ten|spen|dend *auch:* **Schat|ten spen|dend** ⟨Adj. 24⟩ *Schatten (u. Kühle) gebend;* ein ~er Baum □ **que dá sombra; sombroso**

Schat|ten|spiel ⟨n.; -(e)s, -e⟩ **1** ⟨bes. Ostasien⟩ *Spiel mit den auf eine lichtdurchlässige, beleuchtete Wand geworfenen Schatten flacher, beweglicher od. unbeweglicher, meist sehr kunstreich gearbeiteter Figuren* □ **(jogo de) sombras chinesas** **2** ⟨Mal.⟩ *kunstreich verwendeter Kontrast zwischen Licht u. Schatten* □ **jogo de luz e sombra**

schat|tie|ren ⟨V. 500⟩ **1** *Farben* ~ *tönen, abtönen, mit Tonabstufungen versehen* **2** *ein Bild* ~ *Schatten einzeichnen in ein B., um die räumliche Bildwirkung zu erhöhen* □ **sombrear; matizar**

Schat|tie|rung ⟨f.; -, -en⟩ **1** *das Abtönen (von Farben)* **2** *(kleiner) Farbunterschied, Farbabstufung; das Stoffmuster brachte alle* ~*en vom hellsten bis zum dunkelsten Blau* □ **sombreado; matiz** 2.1 *die Presse aller* ~*en war sich in der Beurteilung der Lage einig* ⟨fig.⟩ *aller politischen Richtungen* □ **matiz**

schat|tig ⟨Adj.⟩ **1** *schattenreich, voll Schatten, beschattet;* ein ~er Balkon, Sitzplatz vor dem Haus; sich ein ~es Plätzchen suchen □ **à sombra; sombreado** **2** *Schatten spendend;* ein ~er Baum; das ~e Laub □ **sombroso; umbroso**

Scha|tul|le ⟨f.; -, -n⟩ *kleines verziertes Kästchen (bes. zur Aufbewahrung von Geld od. Schmuck);* Schmuck~ □ **caixinha; cofrinho**

Schatz ⟨m.; -es, Schät|ze⟩ **1** *Anhäufung (von kostbaren Dingen)* 1.1 *Anhäufung von Edelmetallen, Edelsteinen u. Ä.; ein kostbarer, reicher, sagenhafter, verborgener, vergrabener* ~; Schätze anhäufen, ansammeln, besitzen, erwerben; einen ~ ausgraben, entdecken, finden, heben; nach Schätzen graben; für alle Schätze der Welt gebe ich das nicht her; der ~ der Nibelungen 1.2 *Anhäufung von seltenen und daher kostbaren Dingen;* das Museum besitzt einen reichen ~ an Gemälden 1.3 *Geldvorrat eines Staates für Notfälle;* Staats~ □ **tesouro** 1.4 ⟨fig.⟩ *Fülle, große Menge;* einen ~ von, (auch) an Erfahrungen, Erinnerungen, Kenntnissen, Wissen □ **soma; bagagem** **2** ⟨nur Pl.⟩ Schätze *Bodenschätze, natürlicher Reichtum;* die Schätze eines Landes (Bodenschätze usw.); die Schätze des Bodens sind der Reichtum dieses Landes □ **riqueza** **3** *etwas Teures, Kostbares, sorgfältig Gehütetes, kostbarer Besitz;* sein kostbarster ~ in dieser Situation war ein Messer □ **tesouro** **4** *Geliebte(r), Geliebter(1) (a. als Kosewort);* mein (lieber) ~! □ **tesouro; amor**

schät|zen ⟨V.⟩ **1** ⟨505/Vr 7 od. Vr 8⟩ *etwas od. jmdn.* ~ *(auf)* ... *ungefähr berechnen, bestimmen (in Größe, Maß, Wert);* eine Entfernung, einen Wert ~; der Schaden wird auf 10.000 Euro geschätzt; das auf 30.000 Euro geschätzte Vermögen □ **avaliar; calcular;** wie alt ~ Sie ihn? □ ***que idade você dá para ele?;** ich hätte ihn älter, jünger geschätzt □ ***achei que ele fosse mais velho/jovem;** ich schätze sie auf 30 Jahre □ ***dou uns 30 anos para ela** **2** ⟨505⟩ *etwas (auf) Wert, Größe, Maß einer Sache möglichst genau ermitteln;* Sy *taxieren*(1); Grundstücke, einen Nachlass, eine Sammlung, ein Vermögen ~ lassen; ein Sachverständiger wurde beauftragt, das Haus zu ~ □ **avaliar** **3** ⟨500⟩ *Einwohner* ~ ⟨bibl.⟩ *zählen, die Zahl feststellen* □ **recensear** **3** ⟨500⟩ *etwas* ~ *vermuten, annehmen;* ich schätze, er wird schon lange dort sein □ **supor; achar** **4** ⟨513/Vr 7 od. Vr 8⟩ *jmdn. od. etwas in einer bestimmten Weise* ~ *hoch achten, für wertvoll, achtbar halten, verehren;* etwas sehr, nicht zu ~ wissen; jmds. Fleiß (nicht) zu ~ wissen; er weiß ein gutes Glas Wein zu ~ □ **apreciar;** ich würde mich glücklich ~, wenn ... □ ***eu ficaria muito feliz se...;** er ist ein geschätzter Gelehrter, Gesellschafter, Künstler, Mitarbeiter; jmdn. od. etwas sehr hoch ~; Ihr geschätztes Schreiben ⟨förml.⟩ □ **estimar** 4.1 *jmdn. od. etwas* ~ *lernen seinen Wert erkennen u. zu würdigen wissen;* das wirst du später schon noch ~ lernen □ ***aprender a apreciar alguém ou alguma coisa; aprender a dar valor a alguém ou alguma coisa**

Schät|zung ⟨f.; -, -en⟩ **1** *das Schätzen, ungefähre Berechnung;* nach meiner ~ müssten wir gleich da sein □ **cálculo; estimativa** **2** ⟨fig.⟩ *Achtung, Verehrung;* sie erfreut sich allgemeiner ~ □ **estima; admiração** **3** *(amtliche) Ermittlung, Festsetzung des Preises einer*

Sache □ **avaliação 4** ⟨veraltet⟩ *Volkszählung* □ **recenseamento**

Schau ⟨f.; -, -en⟩ **1** *öffentliche, bes. auf optische Wirkung zielende Veranstaltung* □ **exposição; mostra 1.1** *Ausstellung, Darbietung, Vorführung;* Blumen~, Heeres~, Moden~, Fohlen~; *etwas auf einer ~ ausstellen, vorführen, zeigen* □ **exposição; desfile** 1.1.1 *Muster zur ~ stellen austellen* □ ***expor modelos** 1.1.2 *sie trägt ihr neues Kleid zur ~ sie trägt es, um es zu zeigen, vorzuführen, damit viele sie darin sehen* □ ***ela está com o novo vestido para que todo o mundo veja 1.2** *revuehafte Vorstellung, Darbietung;* oV *Show;* **der Sänger tritt in einer großen ~ auf** □ ***show; apresentação 1.3** ⟨fig.; umg.⟩ *eindrucksvolles Ereignis* **1.3.1** *wir wollen heute Abend eine große, tolle ~ abziehen etwas Lärmendes, Tolles veranstalten* □ **espetáculo 1.4** ⟨fig.; abwertend⟩ *eine nur auf sensationelle Wirkung abzielende Darbietung; die öffentliche Diskussion war eine bloße ~* □ **exibição 1.4.1** *zieh nicht so 'ne ~ ab, mach nicht so 'ne ~!* ⟨umg.⟩ *gib nicht so an!* □ ***deixe de ser exibido!* 1.4.2 *sie hat ihr die ~ gestohlen* ⟨umg.⟩ *sie um die erwartete Wirkung, um die berechnete Beachtung durch die anderen gebracht, aus dem Vordergrund verdrängt* □ ***ela lhe roubou a cena 2** *zur ~ stellen, tragen* ⟨fig.⟩ *zeigen, vorweisen, ausdrücken; er hütete sich, sein Wissen zur ~ zu stellen; sie trägt stets eine freundliche Miene zur ~;* Heiterkeit, Ruhe, Zuversicht zur ~ tragen □ ***demonstrar; ostentar 3** *Ansicht, Blickwinkel; dieses aktuelle Problem in ganz neuer ~* □ **ponto de vista 4** *Überblick, Betrachtung, (prüfendes) Ansehen; eine umfassende ~ aller Probleme führt zu dem Ergebnis, dass ...* □ **visão; exame 5** *bildhafte Erkenntnis durch tiefes Insichversenken; dichterische, innere, mystische, religiöse ~* □ **visão**

Schau|der ⟨m.; -s, -⟩ **1** *Grauen, Abscheu u. Angst zugleich;* mich durchläuft, erfasst, ergreift, überfällt, überläuft ein ~ □ **horror 2** *Erzittern vor Kälte;* ein ~ fuhr, lief mir über den Rücken **3** *ehrfürchtiges Erbeben;* Sy *Schauer²(4);* er wurde von einem frommen ~ erfasst □ **calafrio; arrepio 4** ⟨Getrennt- u. Zusammenschreibung⟩ 4.1 *~ erregend = schauererregend*

schau|der|er|re|gend *auch:* **Schau|der er|re|gend** ⟨Adj.⟩ *Abscheu hervorrufend, Ekel erregend, Entsetzen erzeugend;* das war ein ~er Anblick □ **horrível; horripilante**

schau|der|haft ⟨Adj.; umg.; abwertend⟩ **1** *grauenvoll, scheußlich, übel;* ein ~er Mord **2** *sehr, äußerst schlecht;* ~es Wetter; es ist ~ kalt; er spricht ein ~es Französisch □ **horrível**

schau|dern ⟨V.⟩ **1** ⟨405⟩ *vom Schauder erfasst, geschüttelt werden, Schauder, Abscheu, Grauen, Entsetzen empfinden;* mir, mich schaudert vor jmdm. od. etwas; mir, mich schaudert, wenn ich daran denke, wenn ich ihn sehe; er schauderte vor Kälte; sie schauderte bei dieser Vorstellung 1.1 ⟨501 od. 601⟩ **jmdm., jmdn.** schaudert es *jmd. ist mit Furcht, Entsetzen erfüllt;* es schaudert mich; es schaudert mich bei diesem Gedanken, vor ihm □ **ficar arrepiado; tremer**

schau|en ⟨V.⟩ **1** ⟨400⟩ *sehen, blicken;* schau doch mal!; überall, wohin man schaut; aus dem Fenster ~; jmdm. ins Auge, in die Augen, ins Gesicht ~; über den Zaun ~; rückwärts, vorwärts, zur Seite ~; schau um dich und schau in dich!; schau, schau!, schau (einer) an! (Ausruf des Erstaunens) ⟨iron.⟩ □ **ver; olhar 1.1** ⟨533/Vr 1⟩ *sich die Augen aus dem Kopf ~* ⟨fig.⟩ *angestrengt schauen, spähen* □ ***procurar por toda parte 1.2** ⟨611⟩ *du kannst keinem ins Herz ~* ⟨fig.⟩ *du weißt von keinem, was er denkt* □ ***não dá para você saber o que as pessoas estão pensando 1.3** ⟨611⟩ *ihm schaut der Neid aus den Augen* ⟨fig.⟩ *man sieht ihm an, dass er neidisch ist* □ ***dá para ver a inveja em seus olhos 1.4** ⟨611⟩ *dem Tod ins Auge ~* ⟨fig.⟩ *in Lebensgefahr schweben, mit dem Tode rechnen* □ ***ver a morte de perto 1.5** ⟨410⟩ *besorgt in die Zukunft ~* ⟨fig.⟩ *die Z. mit Bangen erwarten* □ ***preocupar-se com o futuro 2** ⟨411⟩ *nach jmdm. od. etwas ~* ⟨regional⟩ *sich um jmdn. od. etwas kümmern, für jmdn. od. etwas sorgen;* nach dem Kranken ~; nach dem Rechten ~ □ ***olhar por alguém ou alguma coisa; cuidar de alguém ou alguma coisa 2.1** schau, dass du weiterkommst! *mach, dass du fortkommst, pack dich!* □ ***vê se desaparece!; cai fora!* 3** ⟨500⟩ *etwas ~* ⟨geh.⟩ *anblicken, sehen, betrachten;* das Licht der Sonne ~; schau das Bild, die Blume, das Haus dort drüben! □ **ver; olhar 4** ⟨500⟩ *etwas ~ durch tiefes Sichversenken bildhaft sehen, erkennen, begreifen;* die Zukunft ~ **4.1** Gott ~ ⟨fig.⟩ *geistig, innerlich erleben* □ **contemplar**

Schau|er¹ ⟨m.; -s, -⟩ *jmd., der schaut, Schauender* □ **observador**

Schau|er² ⟨m.; -s, - od. n.; -s, -; regional⟩ **1** *kurzer, heftiger Niederschlag;* Hagel~; Regen~; wir wollen warten, bis der ~ vorüber ist; der Wetterbericht hat gewittrige ~ vorhergesagt □ **aguaceiro 2** *Frösteln, Zittern;* ein (kalter) ~ lief mir den Rücken hinunter **3** *ängstliches Erbeben, Erzittern, Gruseln, Schreck;* ein ~ durchfuhr ihn □ **arrepio; calafrio 4** = *Schauder(3)*

Schau|er³ ⟨m. -s, -⟩ *Schuppen, Scheune* □ **celeiro; galpão; armazém**

Schau|er⁴ ⟨m.; -s, -⟩ = *Schauermann*

schau|er|lich ⟨Adj.⟩ **1** *grässlich, schrecklich, furchterregend;* er hörte ~e Klagelaute □ **horrível; assustador 2** ⟨umg.⟩ *sehr schlecht;* ~e Arbeit, Schrift □ **péssimo**

Schau|er|mann ⟨m.; -(e)s, -leu|te⟩ *Hafen-, Schiffsarbeiter;* Sy *Schauer⁴* □ **estivador**

Schau|fel ⟨f.; -, -n⟩ **1** *Werkzeug aus einem leicht gewölbten Blatt, oft mit aufgebogenen Seitenrändern u. einem Stiel zum Aufnehmen u. Forttragen von körnigem od. kleinstückigem Material;* Kohlen~; Sand~; nimm ~ und Besen und lade das zusammen; eine ~ voll Erde, Kies, Sand **2** ~ der Wasserräder, Windräder, Turbinen *blattförmiger Teil; das Wasser stürzt auf die ~n des Mühlrades* □ **pá 3** *~n des Elch- u.* **Dam**wildes *Geweihende* □ **galhada palmada 4** ~ von Schaf, Rind *Schneidezahn* □ **dente incisivo 5** ~ *des Auerhahnes* (Jägerspr.) *Schwanzfedern* □ **penas da cauda 6** ⟨Kart.; schweiz.⟩ *Pik* □ **espadas**

schau|feln ⟨V.⟩ **1** ⟨400⟩ *mit der Schaufel arbeiten; sie mussten lange ~, bis sie die Sandsäcke gefüllt hatten; die Kinder ~ im Sand* □ **cavar com pá 2** ⟨500⟩ *etwas ~ mit Hilfe der Schaufel befördern; Getreide, Sand, Schnee ~; der Koks muss noch durchs Kellerfenster in den Kohlenkeller geschaufelt werden* □ **padejar; remover/tirar com a pá** 2.1 ⟨511⟩ *er schaufelte das Essen in sich hinein* ⟨fig.; umg.⟩ *verschlang das E. gierig* □ **engolir; devorar 3** ⟨500⟩ *etwas ~ mit Hilfe einer Schaufel herstellen, ausheben; einen Graben, eine Grube ~* □ **cavar com pá** 3.1 *damit hat er sich sein eigenes Grab geschaufelt* ⟨fig.⟩ *seine Karriere selbst zerstört* □ *****ele cavou a própria cova**

Schau|fens|ter ⟨n.; -s, -⟩ *verglaste Auslage eines Geschäfts* □ **vitrina**

Schau|kel ⟨f.; -, -n⟩ *an zwei Seilen od. Ketten aufgehängter Sitz, auf dem man sich hin u. her schwingt* □ **balanço**

schau|keln ⟨V.⟩ **1** ⟨400⟩ *auf der Schaukel hin u. her schwingen; auf dem Spielplatz ~ die Kinder gern* 1.1 *hin u. her pendeln, von einer Seite auf die andere wippen, sich wiegen, schwanken, pendeln; mit einem Boot auf den Wellen ~* **2** ⟨500⟩ *jmdn. od. etwas ~ wiegen, in schaukelnder Bewegung halten; ein Kind auf den Knien, in der Wiege ~; die Wiege ~; sich in der Hängematte ~* □ **balançar** 2.1 *wir werden das Kind, die Sache schon ~* ⟨fig.; umg.⟩ *die Sache in Ordnung bringen, regeln* □ **dar um jeito; resolver**

schau|lus|tig ⟨Adj.; meist abwertend⟩ *neugierig, gern zuschauend (bes. bei Vorgängen od. Unfällen auf der Straße);* *~e Menschen; die Feuerwehr bahnte sich den Weg durch die Menge der Schaulustigen* □ **curioso**

Schaum ⟨m.; -(e)s, Schäu|me⟩ **1** *Gefüge aus Luftbläschen, die durch dünne Häutchen aus Flüssigkeit od. festem Stoff getrennt sind u. zugleich zusammengehalten werden; den ~ vom Bier abtrinken, ehe er zergeht* □ **espuma**; *Eiweiß zu ~ schlagen* □ *****bater a clara em neve** 1.1 *schaumiger Speichel; dem Pferd flog der ~ vom Maul* □ **espuma** 1.2 *~ schlagen* ⟨a. fig.⟩ *große Reden führen, angeben, durch prahlerische Reden blenden* □ *****contar vantagem 2** ⟨fig.⟩ *Hohlheit, Nichtigkeit, trügerischer Schein* 2.1 *Träume sind Schäume* ⟨Sprichw.⟩ *gaukeln nur etwas vor, bedeuten nichts* □ *****sonhos são sonhos/quimeras** 2.2 *sein Glück, seine Hoffnung wurde zu ~ löste sich auf, schwand, verging* □ *****sua alegria/esperança virou fumaça**

schäu|men ⟨V. 400⟩ **1** *etwas schäumt bildet Schaum; das Bier, der Sekt schäumt* 1.1 *die Wellen ~ werfen Gischt auf* 1.2 *der Wein schäumt gärt* □ **espumar; fazer espuma 2** *jmd. schäumt* ⟨fig.⟩ *ist wütend* □ **espumar (de raiva)**

Schaum|gum|mi ⟨m.; -s; unz.⟩ *aus natürlichem od. synthetischem Latex hergestellter, schwammartiger, poröser Stoff (bes. für Polster)* □ **borracha esponjosa**

schau|mig ⟨Adj.⟩ *aus Schaum bestehend, Schaum bildend* □ **espumoso**

Schaum|schlä|ger ⟨m.; -s, -⟩ **1** = *Schneebesen* **2** ⟨fig.⟩ *jmd., der Schaum schlägt, Angeber, Prahler* □ **garganta; fanfarrão**

Schaum|stoff ⟨m.; -(e)s, -e⟩ *poröser Kunststoff, der bes. leicht ist u. gut gegen Wärme u. Schall isoliert* □ **material expandido**

Schau|pro|zess ⟨m.; -es, -e⟩ *auf Massenwirkung berechneter, öffentlich ausgetragener Prozess (bes. aus politischen Gründen)* □ **processo sensacionalista**

schau|rig ⟨Adj.⟩ *schaudererregend, schrecklich, gruselig; eine ~e Geschichte* □ **horripilante; medonho**

Schau|spiel ⟨n.; -(e)s, -e⟩ **1** *jedes auf der Bühne darstellbare Werk, Trauerspiel, Lustspiel, Schwank usw.; Sy* ⟨veraltet⟩ *Spektakel¹* 1.1 *ernstes Bühnenstück ohne tragischen Ausgang* □ **peça teatral; espetáculo 2** ⟨fig.⟩ *Anblick eines Geschehens, Vorgangs, einer Handlung, Szene; da bot sich ihren Blicken ein reizvolles ~* □ **espetáculo; cena**

Schau|spie|ler ⟨m.; -s, -⟩ **1** *Bühnenkünstler* **2** *Darsteller, Gestalter einer Rolle in einem Schauspiel; ein begabter, bekannter, routinierter, talentierter, wandlungsfähiger ~; er ist ein guter ~, im Leben wie auf der Bühne* **3** ⟨fig.⟩ *jmd., der sich gut verstellen kann, Heuchler* □ **ator**

Schau|spie|le|rin ⟨f.; -, -rin|nen⟩ *weibl. Schauspieler* □ **atriz**

schau|spie|le|risch ⟨Adj.⟩ *den Schauspieler betreffend, von ihm hervorgebracht, gestaltet, auf seiner Leistung beruhend; er hat große, keine ~e Begabung; eine glänzende ~e Leistung* □ **teatral; dramático**

schau|spie|lern ⟨V. 400; umg.⟩ **1** *als Schauspieler tätig sein, arbeiten* □ **atuar, representar** 1.1 ⟨fig.; abwertend⟩ *etwas vortäuschen, so tun, als ob; seine Krankheit war nur geschauspielert* □ **simular; fingir**

Schau|stel|ler ⟨m.; -s, -⟩ *jmd., der etwas zur Schau stellt, ausstellt, zeigt (bes. auf dem Jahrmarkt)* □ **expositor**

Schau|stel|le|rin ⟨f.; -, -rin|nen⟩ *weibl. Schausteller* □ **expositora**

Scheck¹ ⟨m.; -en, -en⟩ *Hengst od. Stier mit hellen Flecken im Fell* □ **cavalo/touro malhado**

Scheck² ⟨m.; -s, -s od. (selten) -e⟩ *an eine bestimmte Form gebundene Zahlungsanweisung auf das Guthaben des Ausstellers* □ **cheque**

Sche|cke ⟨f.; -, -n od. m.; -n, -n⟩ *Tier (bes. Pferd od. Kuh) mit großen hellen Flecken im Fell* □ **animal malhado**

sche|ckig ⟨Adj. 70⟩ **1** *gefleckt; eine ~e Kuh, Stute; ein ~es Pferd, Rind* □ **malhado; ~ braun** □ *****malhado de marrom** 1.1 *er ist hier bekannt wie ein ~er Hund* ⟨umg.⟩ *sehr bekannt* □ *****ele é muito conhecido/famoso por aqui** 1.2 *sich ~ lachen* ⟨umg.⟩ *heftig lachen* □ *****morrer de rir**

Scheck|kar|te ⟨f.; -, -n⟩ *von Banken u. Sparkassen ausgegebene, auf den Kontoinhaber lautende Karte, mit der man an Geldautomaten Geld abheben sowie an automatisierten Kassen im Handel Waren od. Dienstleistungen bezahlen kann, Bankkarte* □ **cartão do banco**

scheel ⟨Adj.⟩ **1** *schielend, schief* □ **enviesado; torto** ⟨fig.⟩ *neidisch; jmdn. ~, mit ~en Augen, ~em Blick ansehen* □ **invejoso 3** *~es Grün Kupferhydrogenarsenit, enthaltender, heute nicht mehr verwendeter, giftig-*

ger grüner Farbstoff, schwedisches Grün, Mineralgrün □ **verde de Scheele 4** ⟨Getrennt- u. Zusammenschreibung⟩ 4.1 ~ blickend = *scheelblickend*

scheel|bli|ckend *auch:* **scheel bli|ckend** ⟨Adj. 24/60⟩ *schief, neidisch blickend* □ **que olha com inveja; de olhar invejoso**

Schef|fel ⟨m.; -s, -; veraltet⟩ **1** *altes Hohlmaß landschaftlich sehr verschiedener Größe, 23-223 l* **2** *altes Flächenmaß, so viel Boden, wie man mit einem Scheffel(1) voll Körner besäen kann* □ **alqueire 3** *offenes Holzgefäß, Bottich* □ **cuba; tina** 3.1 *etwas in ~n einheimsen, erlangen, gewinnen* ⟨fig.⟩ *in großen Mengen* □ **quantidade** 3.2 *es regnet wie mit ~n vom Himmel* ⟨fig.⟩ *sehr stark* □ ***chove a cântaros** 3.3 *er stellt sein Licht nicht unter den ~* ⟨fig.⟩ ***ele não se faz de modesto** 3.4 *du brauchst dein Licht nicht unter den ~ zu stellen* ⟨fig.⟩ *deine Fähigkeiten aus Bescheidenheit nicht zu verbergen* □ ***não precisa ser modesto**

schef|feln ⟨V. 500⟩ *Geld, Reichtümer ~* ⟨fig.⟩ *zusammenraffen, horten, in großen Mengen erlangen, gewinnen* □ **acumular; juntar**

Schei|be ⟨f.; -, -n⟩ **1** *runde od. ovale Platte, Fläche;* eine *hölzerne, stählerne ~; die ~ des Mondes* □ **disco** 1.1 *Töpferscheibe* □ **torno de oleiro** 1.2 *dünn abgeschnittenes Stück, Schnitte;* Apfel~; Brot~; Wurst~; eine ~ Brot, Fleisch, Schinken, Wurst; *in ~n schneiden* □ **fatia; rodela** 1.2.1 *da kannst du dir eine ~ abschneiden* ⟨fig.; umg.⟩ *daran kannst du dir ein Beispiel nehmen* □ ***você pode tomar isso como exemplo** 1.3 *Glas des Fensters (Fensterscheibe) od. Spiegels (Spiegelscheibe);* jmdm. die ~n einschlagen, einwerfen; eine ~ einsetzen (ins Fenster); die Detonation war so stark, dass die ~n klirrten □ **vidraça; espelho** 1.4 *Zielscheibe;* nach der ~ schießen, werfen □ **alvo** 1.5 ⟨Jägerspr.⟩ = *Spiegel(11,12)*

Scheich ⟨m.; -s, -e od. -s⟩ **1** *Häuptling eines arabischen Nomadenstammes* **2** *islamischer Prediger einer Moschee* **3** *Ehrentitel im Vorderen Orient* □ **xeque 4** ⟨fig.; umg.⟩ *unangenehmer Kerl* □ **mala sem alça 5** ⟨scherzh.; salopp⟩ *ständiger Freund (eines Mädchens);* sie hat einen neuen ~ □ **caso; cacho**

Schei|de ⟨f.; -, -n⟩ **1** *Grenze;* Feld~, Wasser~ □ **fronteira; linha divisória 2** *schmaler Behälter, Futteral für Schneidwerkzeuge, Hieb- u. Stichwaffen;* Degen~; den Degen, das Schwert aus der ~ ziehen, in die ~ stecken □ **bainha; estojo 3** *Teil des weibl. Geschlechtsorgans bei Mensch u. Tier, Verbindungsgang zwischen Gebärmutter u. äußerem Geschlechtsteil;* Sy *Vagina* □ **vagina 4** *Werkstätte, in der Gold u. Silber legiert wird* □ **ourivesaria 5** ⟨Bot.⟩ *röhrenförmiger Pflanzenteil* □ **bainha**

schei|den ⟨V.209⟩ **1** ⟨405(s.)⟩ *Abschied nehmen, sich trennen, auseinandergehen, fortgehen, weggehen;* im Guten ~; von jmdm., von einem Orte ~; wir wollen als Freunde ~ □ **despedir-se; separar-se** 1.1 er ist aus dem Amt geschieden *hat sein A. niedergelegt* □ ***ele pediu demissão** 1.2 *aus dem Leben ~ sterben* □ **despedir-se 2** ⟨500⟩ *eine Ehe ~ gesetzlich für ungültig erklären* □ **anular; dissolver** 2.1 *jmdn. ~ jmds. Ehe gesetzlich trennen* 2.2 *sich ~ lassen seine Ehe gerichtlich lösen, trennen lassen;* das Ehepaar lässt sich ~ □ **divorciar(-se) 3** ⟨500⟩ *etwas ~ trennen, zerlegen, teilen, lösen;* eine chemische Verbindung ~; eine Trennwand scheidet die beiden Bereiche 3.1 ⟨550⟩ *etwas von einer Sache ~* jmdn. von jmdm. ~ *trennen, absondern;* die giftigen Pilze von den essbaren ~ 3.1.1 ⟨500⟩ *Erze ~ vom tauben Gestein trennen* □ **separar;** → a. *Bock(1.1), Spreu(1.1)* 3.2 ⟨550⟩ *etwas von einer Sache ~ unterscheiden;* seine Ansichten sollten von den unseren scharf geschieden werden □ **distinguir** 3.3 ⟨550⟩ *jmdn. od. etwas in etwas ~ einteilen;* die gefundenen Pflanzen in zwei Gruppen ~ □ **dividir** 3.4 ⟨Vr 7⟩ *sich ~ voneinander abweichen, sich trennen;* ihre Auffassung scheidet sich deutlich von der meinen; beide sind durch gegensätzliche Ansichten, unterschiedliche Erziehung, unterschiedliches Herkommen geschieden □ **afastar-se** 3.4.1 *hier scheiden sich die Geister, die Meinungen die M. gehen auseinander, stimmen nicht überein* □ **divergir** 3.4.2 *wir sind geschiedene Leute* ⟨fig.⟩ *uns verbindet nichts mehr, wir sind fertig miteinander* □ ***está tudo acabado entre nós** 3.5 *etwas scheidet jmdn. unterscheidet;* seine Intelligenz scheidet ihn klar von seinen Mitbewerbern □ **distinguir 4** ⟨400⟩ *die Milch scheidet* ⟨umg.; schweiz.⟩ *gerinnt* □ **coalhar**

Schei|de|wand ⟨f.; -, -wän|de⟩ **1** *Wand, die etwas voneinander scheidet, Trennwand* □ **(parede) divisória;** Nasen~ □ ***septo nasal** 1.1 *die ~ zwischen Gegnern niederreißen* ⟨fig.⟩ *das, was G. trennt* □ **divisão; barreira**

Schei|de|weg ⟨m.; -(e)s, -e⟩ **1** *Kreuzweg, sich gabelnder Weg* □ **bifurcação** 1.1 *am ~ stehen* ⟨fig.⟩ *vor einer Entscheidung stehen* □ ***estar numa encruzilhada**

Schei|dung ⟨f.; -, -en⟩ **1** *das Scheiden, Trennung* □ **separação 2** *Ehescheidung;* die ~ ablehnen, beantragen, bewilligen, erlangen, verweigern; sie willigte nicht in die von ihm gewünschte ~ ein □ **divórcio** 2.1 *in ~ leben im Begriff sein, geschieden zu werden* □ ***viver separadamente (antes de obter o divórcio) 3** ⟨Chem.⟩ *Trennung von Gold u. Silber durch Scheidewasser* □ **separação**

Schein ⟨m.; -(e)s, -e; Pl. selten⟩ **1** ⟨unz.⟩ *Licht, Lichterscheinung, Glanz, Schimmer;* Lampen~; Licht~; Mond~; Sonnen~; heller, leuchtender, strahlender ~; matter, trüber ~; der ~ des Mondes, der Sonne, der Sterne; im ~ der Lampe, Laterne; der (helle) ~ eines Lächelns □ **brilho; luz 2** ⟨unz.⟩ *äußeres Ansehen, Aussehen, äußeres Bild, das nicht sofort erkennen lässt, was wirklich dahintersteckt;* ~ und Sein; den (äußeren) ~ retten; der ~ spricht gegen ihn; der ~ trügt; den ~ wahren; sich durch den ~ täuschen lassen; dem ~(e) nach; etwas (nur) zum ~ sagen, tun □ **aparência** 2.1 *Sinnestäuschung, Trugbild;* das ist alles nur schöner ~ □ **ilusão 3** *Bescheinigung, schriftliche Bestätigung, Attest, Quittung;* Empfangs~; Entlassungs~; Gut~; Schuld~; der Beamte füllte den ~ aus □ **atestado; recibo; nota 4** *einzelnes Stück Papiergeld, Banknote;*

Geld~; Zehneuro~; falscher, unechter ~; geben Sie mir bitte keine Münzen, sondern ~e; jmdm. einen (größeren) ~ in die Hand drücken ▢ **nota**

schein|bar ⟨Adj.⟩ **1** *nicht wirklich, nur so scheinend, vermeintlich, dem Schein nach;* → a. *anscheinend;* die Sonne dreht sich ~ um die Erde **1.1** ~e **Helligkeit** (eines Himmelskörpers) ⟨Astron.⟩ = *relative Helligkeit,* → *relativ(1.4)* **1.2** *vorgetäuscht, erheuchelt;* er gab nur ~ nach; er blieb ~ ruhig, aber innerlich war er wütend ▢ **aparente(mente)**

schei|nen ⟨V. 210⟩ **1** ⟨400⟩ *etwas scheint verbreitet Helligkeit, leuchtet, glänzt, schimmert;* der Mond, die Sonne scheint; die Lampe scheint hell ▢ **brilhar 1.1** ⟨413⟩ *das Sonne scheint heiß brennt* ▢ ***o sol está ardendo 1.2** ⟨411⟩ *etwas scheint* **auf einen Ort** *wirft Helligkeit auf einen O.;* die Sonne, der Mond scheint ins Zimmer ▢ **iluminar,** ein Licht schien durch die Bäume ▢ **brilhar; resplandecer;** die Sonne schien ihm auf den bloßen Rücken ▢ **bater 2** ⟨380⟩ *den Anschein haben, aussehen wie ..., wirken, als ob ..., so tun, als ob ...;* es könnte ~, als ob wir nicht wollten; er scheint keine Lust zu haben; sie scheint ihn zu kennen; er scheint nicht zu wissen, dass ...; es scheint sehr fröhlich, ist es aber nicht; er schien sehr glücklich darüber zu sein; er scheint krank zu sein; er ist jünger, älter, klüger, als er scheint; es scheint, als käme er heute nicht mehr; es scheint so; wie es scheint, war er noch nicht da ▢ **parecer 2.1** es hat scheint's (eigtl.: so scheint es, wie es scheint) keinen Zweck, noch länger zu warten ⟨umg.⟩ *anscheinend, offenbar* ▢ ***aparentemente, não há motivo para esperar mais;** er hat es scheint's vergessen ▢ ***ao que parece, ele esqueceu 2.2** ⟨330⟩ jmdm. ~ *für jmdn. den Anschein haben;* das scheint mir richtig, falsch, gut, nicht gut; mir scheint, als wolle er ... ▢ **parecer**

schein|hei|lig ⟨Adj.; abwertend⟩ **1** *Aufrichtigkeit od. Freundlichkeit vortäuschend, heuchlerisch* ▢ **hipócrita 2** *Frömmigkeit vortäuschend* ▢ **sacripanta**

Schein|tod ⟨m.; -(e)s; unz.⟩ *Zustand, in dem alle Lebensäußerungen scheinbar erloschen sind, z. B. bei Sauerstoffmangel, Blutverlust usw. od. (absichtlich, bei Tieren) als Schutzmaßnahme bei Gefahr* ▢ **morte aparente**

Schein|wer|fer ⟨m.; -s, -⟩ *Lichtquelle, die mit Hilfe von Reflektoren einen begrenzten Lichtstrahl aussendet;* die ~ abblenden, einschalten; mit ~n den Himmel, ein Gebäude absuchen ▢ **refletor; holofote; farol**

scheiß..., Scheiß... ⟨in Zus.; derb; abwertend⟩ **1** *schlecht, miserabel, abscheulich;* Scheißkerl ▢ ***(um) merda,** Scheißwetter ▢ ***tempo de merda 2** *sehr, äußerst, besonders;* scheißnormal, scheißfreundlich ▢ **extremamente**

Schei|ße ⟨f.; -; unz.; derb⟩ **1** *Kot* ▢ **merda 1.1** in der ~ sitzen ⟨fig.⟩ *in großer Bedrängnis, in einer sehr unangenehmen Lage sein* ▢ ***estar na merda 2** ⟨fig.⟩ *(Ausruf der Enttäuschung)* **2.1** *dummes Zeug, Unsinn;* so eine ~! **2.2** *zwecklose Sache;* das ist doch alles ~ **2.3** *schlechte Arbeit;* das ist ~, was er da gemacht hat ▢ **merda**

schei|ßen ⟨V. 211; derb⟩ **1** ⟨400⟩ *den Darm entleeren* ▢ **cagar 2** ⟨800⟩ **auf etwas ~** ⟨fig.⟩ *sich nicht um etwas kümmern, sich nichts daraus machen, nichts damit zu tun haben wollen;* ich scheiße auf seine Ratschläge ▢ ***cagar e andar para alguma coisa 2.1** ach, scheiß drauf! *lass es doch sein!, weg damit!* ▢ ***dane-se!**

Scheit ⟨n.; -(e)s, -e; süddt., österr., schweiz. n.; -(e)s, -er⟩ **1** *durch Hacken, Spalten zugehauenes Stück Holz vom Stamm* ▢ **cavaco; acha 2** ⟨ostdt.⟩ *Spaten; Grab~* ▢ **pá**

Schei|tel ⟨m.; -s, -⟩ **1** *mittlerer oberer Teil des Kopfes;* jmdm. die Hand auf den ~ legen ▢ **vértice; cocuruto 1.1** vom ~ bis zur Sohle *von Kopf bis Fuß, den ganzen Körper betreffend;* vom ~ bis zur Sohle neu eingekleidet sein ▢ ***da cabeça aos pés 2** *Trennungslinie der Frisur;* Mittel~; Seiten~; den ~ links, rechts tragen ▢ **risca 2.1** beim Kämmen einen ~ **ziehen** *das Haar nach zwei Seiten teilen* ▢ ***fazer uma risca nos cabelos ao se pentear 3** ⟨geh.⟩ *Kopf;* kahler, lockiger, heller, dunkler ~ ▢ **cabeça 4** *höchster od. äußerster Punkt, Spitze;* der Planet steht im ~ seiner Bahn ▢ **zênite;** der ~ eines Bogens, einer Kurve, eines Kegels ▢ **chave; vértice 4.1** ⟨Math.⟩ *Punkt, in dem sich die Schenkel eines Winkels treffen* ▢ **vértice**

schei|teln ⟨V. 500⟩ *das* **Haar** ~ *durch einen Scheitel teilen u. nach beiden Seiten kämmen* ▢ ***repartir os cabelos; fazer a risca nos cabelos**

Schei|tel|punkt ⟨m.; -(e)s, -e⟩ **1** *höchster Punkt (einer Flugbahn, Gestirnbahn, Kurve)* ▢ **ponto culminante; zênite; vértice 2** ⟨fig.⟩ *Gipfelpunkt* ▢ **auge; apogeu 3** ⟨Astron.⟩ = *Zenit(1)*

schei|ten ⟨V. 500; schweiz.⟩ *Holz ~ aus H. Scheite machen,* H. Spalten ▢ **rachar; partir**

schei|tern ⟨V. 400(s.)⟩ **1** *das Schiff scheitert läuft auf Klippen auf, zerschellt* ▢ **naufragar 2** *jmd. scheitert* ⟨fig.⟩ *gelangt nicht zum Ziel, erleidet Schiffbruch;* er ist im Beruf gescheitert **3** *etwas scheitert* ⟨fig.⟩ *wird zunichte, misslingt;* der Plan, das Vorhaben ist gescheitert; das Unternehmen scheiterte am Widerstand Einzelner; die Sache war von vornherein zum Scheitern verurteilt ▢ **fracassar; malograr**

Schel|lack ⟨m.; -(e)s, -e⟩ *harzige Ausscheidung von Schildläusen auf den Zweigen verschiedener Bäume (zur Herstellung von Lacken, Polituren u. Ä. verwendet)* ▢ **goma-laca**

Schel|le¹ ⟨f.; -, -n⟩ **1** *Klingel, Glocke* ▢ **campainha 2** *geschlossenes Glöckchen* ▢ **guizo; chocalho;** → a. *Katze(3.1)* **3** ⟨mitteldt.⟩ = *Ohrfeige;* ~n austeilen, eine ~ bekommen ▢ **bofetada; tapa 4** ⟨nur Pl.⟩ *metallene Handfesseln;* Hand~n; einem Gefangenen ~n anlegen ▢ **algema 5** *Farbe(4) im dt. Kartenspiel* ▢ **ouros**

Schel|le² ⟨f.; -, -n⟩ **1** *Halterung für Rohre* ▢ **braçadeira 2** *Klammer, Bügel* ▢ **grampo; gancho**

schel|len ⟨V. 400⟩ *an der Türglocke ziehen, klingeln, läuten* ▢ **tocar a campainha**

Schell|fisch ⟨m.; -(e)s, -e; Zool.⟩ *(als Speisefisch geschätzte) bis 12 kg schwere Art der Dorsche des europäischen u. nordamerikanischen Atlantiks: Melanogrammus aeglefinus* ▢ **hadoque**

Schelm ⟨m.; -(e)s, -e⟩ **1** ⟨früher⟩ *ehrloser, aus der Gesellschaft ausgestoßener Mensch, z. B. Henker* □ **velhaco; patife 1.1** *nur ein ~ gibt mehr, als er hat* ⟨Sprichw.⟩ *unehrenhaft ist der, der mehr verschenkt, als er dann bezahlen kann* □ **trapaceiro 2** ⟨Lit.⟩ *Held des Schelmenromans, lustiger, durchtriebener, vom Missgeschick verfolgter Bursche* □ **pícaro 3** *Schalk, Spaßvogel* □ **malandro 3.1** *der ~ sieht ihm aus den Augen, den ~ im Nacken haben* ⟨fig.⟩ *gern lustige Streiche machen, Schabernack treiben* □ ***ele adora pregar peças 4** *Schlingel (als Kosewort);* du kleiner ~! □ **maroto; traquinas**

schel|misch ⟨Adj.⟩ *in der Art eines Schelms(3), schalkhaft, neckisch, fröhlich u. listig, stets zu Schabernack aufgelegt* □ **brincalhão; travesso**; jmdm. ~ drohen; ~ lächeln □ **maliciosamente; com ar maroto**

schel|ten ⟨V. 212⟩ **1** ⟨500/Vr 8⟩ *jmdn. ~ jmdm. Vorwürfe machen, jmdn. laut tadeln* **1.1** *jmds.* **Verhalten** *~ tadeln;* sein Betragen wurde von mir gescholten □ **censurar; criticar 2** ⟨400⟩ *schimpfen;* die Mutter schalt, als er nicht gehorchte; er entfernte sich laut ~d □ **ralhar; vociferar 2.1** ⟨800⟩ **auf jmdn.** *od. etwas ~ über jmdn. od. etwas schimpfen;* er schilt auf ihn und seine Ratschläge □ ***ralhar/vociferar com alguém ou alguma coisa 3** ⟨520/Vr 7⟩ *jmdn. ... ~ herabsetzend bezeichnen, beschimpfen als;* er schilt sich Meister, kann aber nichts □ **classificar**

Sche|ma ⟨n.; -s, -s od. Sche|ma|ta od. Sche|men⟩ **1** *Plan; sich nach einem ~ richten;* wir sind mit unserer Arbeit an kein ~ gebunden □ **esquema 1.1** *Muster, Vorschrift;* sich an ein festes ~ halten □ **modelo; diretriz 1.2** *Norm* □ **regra; norma 1.2.1** *etwas in ein ~ pressen gewaltsam, ohne Rücksicht auf seine Eigenart nach einer festgelegten Vorstellung betrachten, behandeln* □ ***inserir alguma coisa em uma categoria 1.2.2** *etwas nach ~ F behandeln (gedankenlos) auf stets dieselbe Weise, nach der üblichen Ordnung* □ ***tratar alguma coisa da mesma maneira/com base no velho modelo 2** *Rahmen, Übersicht, zeichnerische Darstellung;* einen Sachverhalt durch ein ~ verdeutlichen □ **esquema; modelo**

sche|ma|tisch ⟨Adj.⟩ **1** *nach einem bestimmten Schema(1), an ein S. gebunden; etwas (rein) ~ behandeln, betrachten, tun; das ist eine ganz ~e Arbeit, Tätigkeit* **1.1** *grundsätzlich regelnd* **1.2** *gleichmacherisch* **2** *in der Art eines Schemas(2), durch, mit Hilfe eines Schemas (verdeutlicht, dargestellt);* ~e Darstellung, Zeichnung; einen Vorgang ~ darstellen □ **esquemático; esquematicamente**

Sche|mel ⟨m.; -s, -⟩ *Hocker, niedriger Stuhl ohne Lehne, Fußbank;* Fuß~ □ **banquinho; escabelo**

Sche|men ⟨n. od. m.; -s, -⟩ *Gespenst, Schatten, wesenloses Trugbild, Maske* □ **espectro; sombra**

Schenk ⟨m.; -en, -en⟩ **1** *jmd., der (Wein) einschenkt* **1.1** ⟨MA⟩ *Mundschenk, Kellermeister* **1.2** *jmd., der Wein od. Bier ausschenkt, Schankwirt* □ **taberneiro**

Schen|ke ⟨f.; -, -n⟩ *kleines Wirtshaus, Schankwirtschaft, Ausschank;* oV Schänke; Dorf~ □ **bar; taberna**

Schen|kel ⟨m.; -s, -⟩ **1** *Abschnitt des Beins vom Knie bis zur Hüfte (Oberschenkel) bzw. vom Knöchel bis zum* **Knie** (Unterschenkel) □ **coxa; perna 2** *Oberschenkel;* sich (vor Vergnügen) auf die ~ schlagen □ **coxa 3** *von einer Knickung, einem gemeinsamen Ansatzpunkt ausgehender Teil eines Gerätes, Arm, z. B. an Schere, Zange, Zirkel* □ **lâmina; braço; garra 4** *eine der beiden einen Winkel einschließenden Geraden* □ **lado**

schen|ken ⟨V.⟩ **1** ⟨530/Vr 5 od. Vr 6⟩ *jmdm. etwas ~ zum Geschenk machen, freiwillig und gern geben;* jmdm. etwas als Andenken ~; jmdm. etwas zum Geburtstag, zu Weihnachten ~; jmdm. Blumen, ein Buch ~; er schenkt gern □ **presentear; dar de presente**; *etwas geschenkt bekommen* □ ***ganhar alguma coisa de presente 1.1** *das ist wirklich geschenkt* ⟨a. fig.; umg.⟩ *das ist sehr billig* □ ***isso está mesmo de graça 1.2** *das möchte ich nicht geschenkt!* ⟨umg.⟩ *das würde ich nicht haben wollen, und wenn man es mir ohne Bezahlung gäbe* □ ***não quero isso nem de graça! 1.3** *ihm ist im Leben nichts geschenkt worden* ⟨fig.⟩ *er hat sich alles selbst erarbeiten müssen* □ ***ele nunca teve nada de bandeja/de graça na vida 1.4** *einem Verurteilten das Leben ~ einen V. begnadigen* □ ***indultar um condenado 1.5** *einem Kind das Leben ~ ein K. gebären* □ ***dar à luz uma criança 1.6** *jmdm. sein Herz ~* ⟨fig.⟩ *sich in jmdn. verlieben* □ ***apaixonar-se por alguém 2** ⟨530/Vr 6; Funktionsverb⟩ **2.1** *jmdm. od. einer Sache* **Aufmerksamkeit** *~ widmen* □ ***dar atenção a alguém 2.2** *jmdm. keinen Blick ~ jmdn. nicht beachten* □ ***não se dignar a olhar para alguém 2.3** *jmdm.* **Gehör** *~ jmdm. bereitwillig anhören* □ ***ouvir alguém 2.4** *jmdm.* **Glauben** *~ jmdm. glauben* □ ***acreditar em alguém 2.5** *jmdm.* **Vertrauen** *~ jmdm. vertrauen* □ ***confiar em alguém 3** ⟨530/Vr 5⟩ *jmdm. etwas ~ erlassen, ersparen (weil es nicht nötig ist);* das Fensterputzen kann ich mir heute ~ (weil es ohnehin regnet); ihm wurde die Strafe geschenkt □ ***poupar alguém de alguma coisa 3.1** *dem kann er nichts ~! darauf verzichte ich* □ ***ele que não perca seu tempo! 3.2** *diesen Film kannst du dir ~ brauchst du nicht anzusehen (weil er schlecht ist)* □ ***não perca seu tempo em ver esse filme 4** ⟨511⟩ *etwas in etwas ~ eingießen, einschenken;* Bier, Wein ins Glas ~ □ **encher; servir**

Schen|kung ⟨f.; -, -en⟩ *unentgeltliche Zuwendung aus dem eigenen Vermögen od. Besitz an jmdn.;* eine ~ machen; die Bilder sind eine ~ Künstlerin an das Museum □ **doação; donativo**

Schenk|wirt|schaft ⟨f.; -, -en⟩ = Schankwirtschaft

schep|pern ⟨V. 400; oberdt.⟩ *klappern, klirren;* mit dem Geschirr ~ □ **tilintar**

Scher|be ⟨f.; -, -n⟩ **1** *Bruchstück (eines Gefäßes);* Glas~, Porzellan~; sei vorsichtig, sonst gibt's ~n; die ~n zusammenkehren; sich an einer ~ schneiden □ **caco; pedaço; estilhaço 1.1** *in ~n gehen zerbrechen, entzweigehen* □ ***quebrar-se; despedaçar-se 1.2** *bei der Auseinandersetzung hat's ~n gegeben* ⟨fig.; umg.⟩ *großen Krach, Unfrieden* □ ***houve quebra-quebra durante a discussão 2** ⟨fig.⟩ *(klägliche) Überreste;* von der Reform blieben nur ~n □ **resto; destroço 3** ⟨oberdt.⟩ *Blumentopf* □ **vaso**

Schere

Sche|re ⟨f.; -, -n⟩ **1** *aus zwei gegeneinander beweglichen Messern bestehendes Werkzeug zum Schneiden, Zertrennen;* mit der ~ den Stoff zerschneiden ☐ **tesoura** 1.1 *die ~ zwischen Preisen und Löhnen öffnet sich immer weiter* ⟨fig.⟩ *der Abstand zwischen P. und L. wird immer größer* ☐ **distância 2** ⟨Zool.⟩ *Greifwerkzeuge der Krebse u. Hummern sowie mancher Spinnentiere (Skorpione)* ☐ **quela; pinça 3** ⟨Sp.⟩ *Turnübung am Barren, Wendung im Stütz durch Kreuzen der Beine* ☐ **tesoura 4** ⟨Ringen⟩ *Griff mit scherenförmig verschränkten Armen;* den Gegner in die ~ nehmen ☐ *****dar uma tesoura no adversário**

sche|ren[1] ⟨V.213/500⟩ **1** ⟨503⟩ (jmdm. od. einem Tier) *etwas ~ abschneiden, kurzschneiden;* jmdm. den Bart ~; einem Schaf die Wolle ~ 1.1 *Bart, Haar od. Wolle abschneiden;* Schafe ~; einen Pudel ~; Tuch, Teppiche ~; er hat sich den Bart kurz geschoren ☐ **cortar rente; tosquiar; tosar** 1.2 *eine Hecke, Sträucher ~ glatt schneiden, beschneiden* ☐ **aparar; tosar; tosquiar;** → a. *Kamm(14.1)* **2** *Kettfäden ~ auf den Scherbaum wickeln* ☐ **enrolar**

sche|ren[2] ⟨V. 500⟩ **1** ⟨550⟩ *sich um jmdn. od. etwas ~ kümmern;* sich nicht um etwas ~ 1.1 ich schere mich nicht darum, was er will, tut *es ist mir völlig gleichgültig* ☐ **importar-se;** sich den Teufel um etwas ~ ⟨umg.⟩ ☐ *****lixar-se; não dar a mínima;** sich mich einen Dreck darum ⟨derb⟩ ☐ *****estou cagando e andando para isso 2** jmdn. ~ *kümmern, angehen, stören;* es schert mich nichts; was schert mich seine Meinung?; was schert euch das? ☐ **incomodar; importar 3** ⟨511/Vr 3⟩ *sich an einen bestimmten Ort ~ gehen, begeben* ☐ *****ir a determinado lugar** 3.1 scher dich zum Kuckuck, zum Teufel! ⟨umg.⟩ *mach, dass du fortkommst!* ☐ *****vá ver se estou na esquina!**

Sche|re|rei ⟨f.; -, -en; fig.; umg.; meist Pl.⟩ *Schwierigkeit, Unannehmlichkeit, lästige, zusätzliche Mühe;* ich will keine ~en haben; das, er, sie macht mir bloß ~en; unnötige ~en ☐ **problema; aborrecimento**

Scherf|lein ⟨n.; -s, -⟩ *kleiner Beitrag;* sein ~ zu etwas beitragen ☐ **óbolo; pequena contribuição**

Scher|ge ⟨m.; -n, -n⟩ *käuflicher Verräter, Handlanger (bes. einer politischen Macht);* die ~n der Machthaber ☐ **beleguim; capanga**

Scherz ⟨m.; -es, -e⟩ **1** *Spaß, Neckerei, schalkhafter Einfall;* alberner, derber, grober, netter, plumper ~; im ~ sagen; ~ und Ernst; halb im ~, halb im Ernst; ich hab doch nur ein ~!; ich hab' es doch nur aus ~, zum ~ gesagt; damit treibt man keinen ~; ~ beiseite! ☐ **brincadeira** 1.1 keinen ~ verstehen *jede Neckerei gleich übelnehmen* ☐ *****não gostar de brincadeira** 1.2 es hat sich jmd. einen schlechten ~ mit ihm erlaubt *jmd. hat ihn mutwillig in eine sehr unangenehme Lage gebracht* ☐ *****fazer uma brincadeira de mau gosto com alguém** 1.3 (seinen) ~ mit jmdm. treiben *jmdn. necken, jmdn. zum Narren halten* ☐ *****tirar sarro (da cara) de alguém** 1.4 ein übler ~ *Spaß mit üblen Folgen* ☐ *****brincadeira de mau gosto** 1.5 und **ähnliche** ~e ⟨umg.⟩ *u. ähnliche Dinge, u. Ähnliches* ☐ *****e coisas do gênero 2** *Witz;* harmloser, unschuldiger ~; einen ~ machen ☐ **piada; brincadeira**

Scherz|ar|ti|kel ⟨m.; -s, -⟩ *spaßhafte Kleinigkeiten für Verkleidung u. Schabernack, z. B. Knallfrösche, Nasen, Larven usw.* ☐ **artigos carnavalescos**

scher|zen ⟨V. 400⟩ **1** *einen Scherz od. Scherze machen, Spaß treiben, lustig sein;* mit den Kindern (fröhlich sein und) ~; nicht zum Scherzen aufgelegt sein ☐ *****não estar para brincadeira** 1.1 er beliebt zu ~! *das kann nicht sein Ernst sein!* ☐ *****ele só pode estar brincando!** 1.2 damit ist nicht zu ~!, *das sollte man ernst nehmen* ☐ **brincar 2** (etwas) *im Scherz sagen;* „...!", scherzte er ☐ **brincar; dizer brincando**

scherz|haft ⟨Adj.⟩ **1** *spaßig, lustig, witzig, spöttisch;* eine ~e Frage, Antwort ☐ **engraçado 2** *nicht ernst gemeint* ☐ **de brincadeira** 2.1 etwas ~ *aufnehmen etwas mit Humor aufnehmen, als nicht ernst gemeint behandeln, betrachten* ☐ *****levar na brincadeira**

scheu ⟨Adj.⟩ **1** *ängstlich, schüchtern, furchtsam, bange;* menschen~ ☐ *****tímido; esquivo;** wasser~ ☐ *****hidrófobo;** ein ~es Kind, Mädchen, Reh ☐ **tímido; arredio;** ein ~er Blick, Kuss ☐ **tímido; acanhado;** ~ näher treten ☐ *****aproximar-se timidamente** 1.1 *bei jeder (menschlichen) Annäherung fliehend;* die ~en Dorfbewohner bekamen wir nicht zu Gesicht; ~e Tiere ☐ **arredio; esquivo 2** *ehrfürchtig;* in ~er Andacht kniete das Kind nieder ☐ **respeitoso 3** ⟨Getrennt- u. Zusammenschreibung⟩ 3.1 ~ machen = *scheumachen*

Scheu ⟨f.; -; unz.⟩ **1** *Angst, Furcht, Bangigkeit, ängstliche Zurückhaltung;* Menschen~ ☐ *****timidez; insociabilidade,** Wasser~ ☐ *****hidrofobia;** eine abergläubische, geheime, unerklärliche ~; voller ~ näher kommen; aus ~, ihn zu verletzen, ihn zu wecken; sie schwieg aus ~; ohne ~ sprechen ☐ **receio; acanhamento 2** *Ehrfurcht;* mit heiliger ~ trat er näher ☐ **respeito**

scheu|chen ⟨V. 500⟩ *ein Lebewesen ~ jagen, treiben, wegjagen;* Hühner aus dem Garten ~; die Katze vom Tisch ~; Fliegen von der Wand ~ ☐ **espantar; afugentar**

scheu|en ⟨V.⟩ **1** ⟨400⟩ *scheu (2) werden, wild werden, durchgehen;* das Pferd scheut ☐ **assustar-se 2** ⟨500⟩ *etwas ~ zurückschrecken, Angst haben vor etwas, etwas fürchten;* die Arbeit ~; ich scheue jede Auseinandersetzung; tue recht und scheue niemand ☐ **ter medo; temer;** er scheute keine Opfer, Mühe, Kosten, ihr zu helfen; er scheut kein Mittel, sich einen Vorteil zu verschaffen ☐ **poupar** 2.1 ⟨Vr 3⟩ **sich** ~ *Angst, Bedenken haben (etwas zu sagen od. zu tun);* ich scheue mich, es ihm zu sagen ☐ *****ter receio** 2.2 ⟨550/Vr 3⟩ **sich vor etwas** ~ *vor etwas zurückschrecken;* sie scheut sich vor keiner Arbeit, Aufgabe ☐ *****recuar perante alguma coisa**

scheu|ern ⟨V.⟩ **1** ⟨500⟩ *etwas ~ durch kräftiges Reiben säubern, grob reinigen;* den Fußboden ~; ich komme, wenn ich gescheuert habe ☐ **esfregar; limpar esfregando** 1.1 ⟨550⟩ **etwas von etwas** ~ *durch kräftiges Reiben entfernen;* sie scheuerte das Etikett von der Packung ☐ **tirar (esfregando) 2** ⟨400⟩ *etwas scheuert reibt unangenehm, reibt die Haut auf;* der Riemen scheuert (an der Schulter) 2.1 ⟨500/Vr 7⟩ **etwas scheuert etwas** od. **jmdn.** *reibt etwas od. jmdn. unangenehm;* der Riemen scheuert mich; der Schuh scheuert meine Ferse ☐ **arranhar; escoriar** 3 ⟨500/Vr 3 od. 530/Vr 1⟩ **sich (etwas) ~ reiben;** *das Pferd scheuert sich (den Schweif an der Mauer)* ☐ **esfregar-se; coçar-se** 4 ⟨530⟩ **jmdn. eine** (umg.) *eine Ohrfeige geben* ☐ **dar um tabefe em alguém*

Scheu|klap|pen ⟨Pl.⟩ 1 *zwei seitlich der Augen angebrachte, viereckige Lederstücke (für leicht scheuende Pferde)* ☐ **antolhos** 2 *mit ~ durchs Leben gehen* ⟨fig.⟩ *ohne Interesse für andere, nur an sich selbst denkend u. in den eigenen Meinungen befangen* ☐ **enxergar apenas o próprio umbigo*

scheu|ma|chen *auch:* **scheu ma|chen** ⟨V. 500⟩ **jmdn.** od. **ein Tier ~** *in Aufregung versetzen;* die Pferde ~; mach mir das Kind, den Hund nicht scheu ☐ **assustar**

Scheu|ne ⟨f.; -, -n⟩ *landwirtschaftliches Gebäude zum Lagern (früher auch Dreschen) von Getreide, Stroh u. Heu* ☐ **celeiro; palheiro**

Scheu|sal ⟨n; -(e)s, -e od. (umg. a.) –säl|er⟩ 1 *Ungeheuer, Schreckbild* 2 *abstoßend hässliches Geschöpf, Unmensch* 3 *verabscheuenswerter, brutaler Mensch, Verbrecher* ☐ **monstro** 3.1 (umg.; scherzh.) *jmd., der einen oft ärgert od. neckt;* du (bist ein altes) ~! ☐ **chato; pentelho**

scheuß|lich ⟨Adj.⟩ 1 *abstoßend, hässlich, ekelhaft;* ein ~er Anblick; ~es Wetter; ein ~es Tier; das Essen schmeckt (ja) ~ 1.1 *entstellend;* eine ~e Narbe, Wunde ☐ **horrível; horroroso** 2 *gemein, abscheulich, verabscheuenswert, widernatürlich grausam;* ein ~es Verbrechen; ein ~er Mord ☐ **cruel; monstruoso** 3 ⟨umg.⟩ *unangenehm, peinigend;* wir befinden uns in einer ~en Lage; ich habe eine ~e Erkältung; es ist ein ~es Gefühl ☐ **chato; terrível; desagradável;** es ist ~ kalt ☐ **está um frio de matar*

Schi ⟨m.; -s, Schi|er; Sp.⟩ = Ski

Schicht ⟨f.; -, -en⟩ 1 *einheitlicher Stoff in flächenhafter Ausdehnung, Lage;* dicke, dünne, feine ~; obere, untere, mittlere ~; eine ~ Holz, Sand, Steine, Stroh; abwechselnd eine ~ Kartoffeln und eine ~ Fleisch 1.1 *Überzug;* Farb~; Luft~; Staub~; Schutz~; lichtempfindliche ~ auf Filmen ☐ **camada** 1.2 ⟨Geol.⟩ *durch Sedimentation entstandene, tafel- od. plattenförmige Gesteinslage, deren waagerechte Ausdehnung beträchtlich ist* ☐ **estrato** 2 *gesellschaftlich gleichgestellte Personengruppe;* Arbeiter~; Gesellschafts~; Ober~; die verschiedenen ~en der Bevölkerung ☐ **camada; classe** 3 *Tagewerk, tägliche Arbeitszeit (der Industrie- u. Bergarbeiter);* Früh-, Nacht~; der Betrieb arbeitet in drei ~en ☐ **turno** 3.1 *eine ~ fahren* ⟨Bergmannsspr.⟩ *ein Tagewerk vollbringen, einen Tag arbeiten* ☐ **cumprir uma jornada de trabalho* 3.2 ~ **machen** *Feierabend, Feierabend machen* ☐ **terminar o expediente* 4 *Arbeitsgruppe, die gleichzeitig arbeitet;* die erste ~ wird bald abgelöst 4.1 *alle Bergleute, die zur gleichen Arbeitszeit ins Bergwerk einfahren* ☐ **turno**

schich|ten ⟨V.⟩ 1 ⟨500⟩ *etwas ~ in Schichten übereinanderlegen;* Getreide, Holz, Kohlen ~ ☐ **dispor em camadas; empilhar** 2 ⟨400; Geol.⟩ *eine Schicht bilden* ☐ **estratificar** 3 ⟨500⟩ *einen Hochofen ~ beschicken* ☐ **alimentar**

Schicht|wech|sel ⟨[-ks-] m.; -s, -⟩ *Ablösung nach Beendigung einer Schicht (in Betrieben)* ☐ **mudança de turno**

schick ⟨Adj.⟩ oV **chic** 1 *modisch, elegant, geschmackvoll;* ein ~es Kostüm; sich ~ anziehen; sie ist heute wieder sehr ~ ☐ **chique; elegante; com elegância** 2 ⟨umg.⟩ *fein, großartig, sehr erfreulich;* es ist ~, dass du da bist ☐ **legal; bacana**

Schick ⟨m.; -s; unz.⟩ *Eleganz, modische Feinheit;* oV **Chic** ☐ **elegância**

schi|cken ⟨V.⟩ 1 ⟨500⟩ **jmdn.** od. **etwas ~** *senden, bringen lassen;* jmdm. einen Boten, Vertreter ~; jmdm. einen Brief, eine Einladung, Vorladung ~; jmdm. Blumen ~; sich die Waren ~ lassen ☐ **enviar; mandar** 2 ⟨500⟩ **jmdn. ~** *veranlassen zu gehen, sich an einen bestimmten Ort zu begeben;* die Kinder ins Bett ~; ein Kind in die Schule ~; jmdn. zur Kur, zur Erholung ~; wir schicken die Kinder in den Sommerferien zu den Großeltern; meine Mutter schickt mich, ich soll Ihnen sagen ...; ich schicke Ihnen den Jungen mit den Sachen; jmdn. nach Hause ~ ☐ **mandar** 2.1 ⟨511⟩ *jmdn. zum Teufel ~ jmdn. verwünschen, wegwünschen* ☐ **mandar alguém para o inferno* 3 ⟨411⟩ *nach jmdm. ~* ⟨umg.⟩ *jmdn. bitten lassen zu kommen;* nach dem Arzt ~ ☐ **mandar chamar alguém* 4 ⟨500/Vr 3⟩ **sich ~** *sich gehören, dem Anstand, der guten Sitte entsprechen* ☐ **ser conveniente;* es schickt sich nicht, in der Nase zu bohren ☐ **não se deve enfiar o dedo no nariz* 4.1 *eines schickt sich nicht für alle man kann nicht überall den gleichen Maßstab anwenden, was der eine darf, darf nicht zwangsläufig der andere auch* ☐ **(o mesmo critério) não serve/convém para todo o mundo* 5 ⟨550/Vr 3⟩ **sich für etwas ~** ⟨selten⟩ *sich für etwas eignen;* er schickt sich nicht für dieses Amt ☐ **ser adequado para alguma coisa* 6 ⟨500/Vr 3⟩ **sich ~** *sich entwickeln, sich fügen, sich ergeben; passen;* es wird sich schon alles noch ~ ☐ **tudo vai se ajeitar;* es hat sich alles noch gut, recht, wohl geschickt ☐ **deu tudo certo; saiu tudo direitinho;* es hat sich eben so geschickt, dass ... ☐ **aconteceu que...* 6.1 ⟨550/Vr 3⟩ **sich in etwas ~** *sich anpassen, sich in etwas fügen, sich mit etwas abfinden;* sich in sein Los, in die Umstände ~ ☐ **resignar-se/conformar-se com alguma coisa* 7 ⟨500/Vr 3⟩ **sich ~** ⟨oberdt.⟩ *sich beeilen;* schickt euch!; jetzt muss ich mich aber ~; ich hab' mich ~ müssen, um rechtzeitig fertigzuwerden ☐ **apressar-se*

Schi|cke|ria ⟨f.; -; unz.; abwertend⟩ *reiche, sich extravagant gebärdende, übertrieben schick gekleidete Gesellschaftsschicht* ☐ **alta sociedade; nata; grã-finagem**

Schi|cki|mi|cki ⟨m.; -s, -s od. f.; -, -s; umg.; abwertend⟩ 1 ⟨zählb.⟩ *Angehöriger der Schickeria* ☐ **grã-fino** 2 ⟨unz.⟩ *wertloser, überflüssiger Kleinkram, Schnickschnack;* diesen ganzen ~ brauche ich nicht ☐ **quinquilharia**

schick|lich ⟨Adj.⟩ *so, wie es sich schickt, passend, geziemend, Brauch u. Sitte gemäß;* eine ~e Entschuldi-

Schicksal

gung, einen ~en Grund haben, etwas (nicht) zu tun; das ist nicht ~ ☐ **adequado; conveniente**

Schick|sal ⟨n.; -s, -e⟩ **1** *alles, was dem Menschen widerfährt, Geschick, Los;* blindes, unerbittliches ~; böses, grausames, schweres, trauriges ~; menschliches ~; die Gunst, Ungunst des ~s; das gleiche ~ erleiden; es ist anscheinend mein ~, immer zu spät zu kommen ⟨umg.; scherzh.⟩ ☐ **destino; sina; sorte** 1.1 jmdn. seinem ~ überlassen *sich nicht mehr um jmdn. kümmern, jmdn. alleinlassen* ☐ ***abandonar alguém à própria sorte** **2** *Fügung, Lebensbestimmung, das menschliche Leben lenkende Macht;* das ~ wollte es, dass ...; ein günstiges ~ gab, dass ...; ein günstiges ~ hat ihn vor dem Tode bewahrt; was mir auch das ~ beschieden hat; es war ihm vom ~ bestimmt ☐ **destino; providência** 2.1 das müssen wir dem ~ überlassen *dem Lauf der Dinge, hier können wir nichts tun* ☐ ***o jeito é entregar para Deus**

schie|ben ⟨V. 214⟩ **1** ⟨500⟩ jmdn. od. etwas ~ *durch Andrücken in Bewegung setzen, vorwärts-, rückwärts- od. seitwärtsdrücken;* eine schwere Kiste nach vorn, nach hinten, zur Seite ~; einen Kinderwagen, Schubkarren ~; das Fahrrad ~ (nicht darauf fahren) ☐ **empurrar;** den Hut aus der Stirn ~ ☐ **tirar;** sich durch die Menge ~ ☐ ***abrir caminho por entre a multidão;** Kuchen in den Ofen ~ ☐ ***colocar o bolo no forno; colocar o bolo para assar;** die Bettdecke von sich ~ ☐ ***tirar a coberta; descobrir-se;** den Riegel vor die Tür ~ ☐ ***passar a tranca/o ferrolho na porta;** du glaubst zu ~, und du wirst geschoben (Goethe, „Faust" I, Walpurgisnacht) ☐ **impelir** 1.1 er muss immer geschoben werden ⟨fig.⟩ *er macht nichts von selbst, von allein* ☐ ***ele sempre precisa de um empurrão** 1.2 jmdn. ~ ⟨fig.; umg.⟩ *jmdn. in nicht ganz einwandfreier Weise fördern* ☐ ***dar um empurrão em alguém; incentivar alguém** 1.3 etwas ~ ⟨fig.; umg.⟩ *manipulieren, verfälschen;* ein Spiel ~ ☐ ***trapacear em alguma coisa;* → a. *Kegel*(2.1), *lang*(4.9), *Schuh*(1.3), *Wache*(3.2) **2** ⟨550⟩ **etwas auf jmdn.** od. **etwas ~** ⟨fig.⟩ *jmdn. od. etwas für etwas verantwortlich machen;* du schiebst immer alles auf andere, auf den Mangel an Zeit ☐ ***colocar a culpa em alguém ou alguma coisa; responsabilizar alguém ou alguma coisa** 2.1 ⟨510⟩ eine Arbeit von einem Tag auf den anderen ~ *hinauszögern* ☐ **adiar; protelar** 2.2 die Schuld auf jmdn. ~ *abwälzen, abschieben* ☐ ***jogar a culpa em cima de alguém** 2.3 den Verdacht auf jmdn. ~ *lenken* ☐ ***conduzir a suspeita para alguém** **3** ⟨400(s.); umg.; scherzh.⟩ *plump u. vorgebeugt gehen;* durch die Gegend ~ ☐ **arrastar-se** **4** ⟨500⟩ Gehörn, Geweih ~ ⟨Jägerspr.⟩ *ausbilden (Rehbock, Hirsch)* ☐ **formar; criar 5** ⟨405⟩ **(mit etwas) ~** *unsaubere Geschäfte tätigen, auf dem schwarzen Markt handeln (mit etwas);* mit Butter, Kaffee, Teppichen ~; nach dem Krieg hat fast die ganze Stadt geschoben 5.1 ⟨500⟩ etwas ~ *Schwarzhandel treiben mit etwas;* Devisen ~ ☐ **traficar**

Schie|ber ⟨m.; -s, -⟩ **1** *Teil eines Gerätes, der geschoben wird (bes. vor einer Öffnung), Riegel* ☐ **trinco; tranca;** **ferrolho** 1.1 *Maschinenteil zum Öffnen u. Schließen von Leitungen für Gase od. Flüssigkeiten* ☐ **válvula; registro** **2** *Essgerät für Kinder zum Nachschieben der Bissen auf den Löffel* ☐ **pazinha** **3** *flaches Gefäß für die Entleerung der Harnblase u. des Darms, das bettlägerigen Kranken untergeschoben wird, Bettpfanne* ☐ **comadre** **4** ⟨fig.⟩ *jmd., der unsaubere Geschäfte unter Umgehung von Wirtschaftsgesetzen macht* ☐ **traficante** **5** ⟨umg.⟩ *Gesellschaftstanz im 2/4-Takt* ☐ **one-step**

Schie|bung ⟨f.; -, -en; umg.⟩ **1** *ungerechtfertigte Bevorzugung (im Amt)* ☐ **favoritismo** **2** *Unredlichkeit (im Spiel)* ☐ **trapaça** **3** ⟨fig.; umg.⟩ *unsauberes Geschäft eines Schiebers(4);* eine ~ aufdecken ☐ **tráfico; negociata**

Schieds|ge|richt ⟨n.; -(e)s, -e⟩ *aus mehreren Personen bestehendes Gremium, das einen Streit entscheidet* ☐ **tribunal/comissão de arbitragem**

Schieds|rich|ter ⟨m.; -s, -⟩ **1** *Angehöriger eines Schiedsgerichts, Vermittler* **2** ⟨Sp.⟩ *Unparteiischer, der ein Wettspiel beaufsichtigt u. leitet* ☐ **árbitro; juiz**

Schieds|rich|te|rin ⟨f.; -, -rin|nen⟩ *weibl. Schiedsrichter* ☐ **árbitra; juíza**

Schieds|spruch ⟨m.; -(e)s, -sprü|che⟩ *Urteilsspruch des Schiedsgerichts od. Schiedsrichters* ☐ **sentença; arbitragem**

schief ⟨Adj.⟩ **1** *krumm, schräg, geneigt, weder senkrecht noch waagerecht;* ~e Absätze (an den Schuhen); ~ u. krumm gehen; einen ~en Hals, Rücken, eine ~e Schulter haben; eine ~e Haltung haben; sich ~ halten; die Decke liegt ~; ~ auf dem Stuhl sitzen; der Hut, die Mütze sitzt ~; der Schrank steht ~; der Baum ist ~ gewachsen; seine Zeilen sind krumm und ~; den Hut ~ auf dem Kopf tragen; der Schiefe Turm zu Pisa ☐ **torto; inclinado; enviesado** 1.1 ⟨60⟩ ~e **Ebene** ⟨Phys.⟩ *geneigte Fläche als einfache Maschine zum Heben von Lasten* ☐ **inclinado** 1.2 ⟨60⟩ auf die ~e **Bahn**, Ebene geraten ⟨fig.⟩ *den inneren, sittlichen Halt verlieren, unmoralisch od. unredlich werden* ☐ ***desviar-se do bom caminho** 1.3 ⟨60⟩ ein ~es Gesicht, einen ~en Mund machen, ziehen *das G., den M. verziehen u. so Übellaunigkeit od. Nichteinverstandensein zeigen* ☐ ***torcer o nariz; fazer cara feia** 1.4 ⟨50⟩ jmdn. ~ ansehen ⟨fig.⟩ *misstrauisch, argwöhnisch* ☐ ***olhar de soslaio/esguelha para alguém** 1.5 ~ gehen *in gekrümmter Haltung* ☐ **torto;** ⟨aber⟩ → a. *schiefgehen* **2** ⟨fig.⟩ *nicht ganz korrekt, nicht ganz richtig;* ein ~er Ausdruck, Vergleich, Satz 2.1 ein ~es Bild von etwas haben *nicht ganz richtige Vorstellung* ☐ **errôneo** **3** ⟨fig.⟩ *verdächtig, zweideutig;* in eine ~e Lage geraten sein ☐ **suspeito; ambíguo** 3.1 ⟨60⟩ in ein ~es Licht geraten *(infolge falschen Verhaltens) falsch, ungünstig beurteilt werden* ☐ ***aparecer sob uma luz desfavorável** **4** ⟨Getrennt- u. Zusammenschreibung⟩ 4.1 ~ gewickelt = *schiefgewickelt*

Schie|fer ⟨m.; -s, -⟩ **1** *Gestein, das sich in ebene, dünne Platten spalten lässt* ☐ **xisto** **2** *Schiefer(1) zum Dachdecken;* ein Dach mit ~ decken ☐ **ardósia** **3** ⟨oberdt.⟩ *Splitter;* sich einen ~ eingezogen haben ☐ **estilhaço; lasca**

schief|ge|hen ⟨V. 145/400(s.); umg.⟩ *etwas geht schief misslingt;* die Sache ist schiefgegangen; keine

Angst, das geht nicht schief □ dar errado; → a. *schief (1.5)*
schief|ge|wi|ckelt *auch:* **schief ge|wi|ckelt** ⟨Adj. 24⟩ **I** ⟨60; Zusammen- u. Getrenntschreibung⟩ *nicht geradlinig gewickelt;* ein ~er Verband □ **torto; mal enrolado II** ⟨40; nur Zusammenschreibung, fig.; umg.⟩ *falsche Vorstellungen haben, im Irrtum seiend, danebenliegend;* da bist du schiefgewickelt! □ **estar muito enganado**
schie|len ⟨V.⟩ **1** ⟨400⟩ *eine fehlerhafte Augenstellung haben;* er schielt mit dem rechten Auge □ **ser vesgo/estrábico 2** ⟨411⟩ *irgendwohin ~* ⟨fig.; umg.⟩ *von der Seite her, möglichst unbemerkt irgendwohin blicken;* in des Nachbars Buch ~; um die Ecke ~ □ ***olhar de soslaio/esguelha para algum lugar 3** ⟨411⟩ *nach etwas* ⟨fig.; umg.⟩ *etwas haben wollen;* er schielte nach dem Posten des Klassensprechers □ ***estar de olho em alguma coisa; cobiçar**
Schien|bein ⟨n.; -(e)s, -e; Anat.⟩ *einer der beiden Unterschenkelknochen der vierfüßigen Wirbeltiere, beim Menschen der größere, vordere: Tibia* □ **tíbia; canela**
Schie|ne ⟨f.; -, -n⟩ **1** *aus Stahl gewalzter Profilstab als Fahrbahn für Schienenfahrzeuge;* Eisenbahn~; Straßenbahn~; die Bahn läuft aus ~n **1.1** *aus den ~n springen entgleisen* □ ***sair dos trilhos; descarrilar 2** *Profilstab aus Holz, Eisen od. Stahl, der als Vorrichtung zur Führung beweglicher Teile dient;* Seiten~, Trag~, Gleit~; Gardinen~; die Schiebetür rollt auf einer in den Boden eingelassenen ~ □ **trilho; corrediça 3** ⟨Med.⟩ *Gerät aus steifem u. biegsamem Material zum Verstärken von Verbänden u. Bandagen mit dem Zweck der Ruhigstellung u. Feststellung von Knochenbrüchen u. Gelenken;* einen Arm in der ~ tragen □ **tala 4** *Arm bzw. Bein bedeckender Teil der Rüstung;* Arm~ □ **rebraço; arnês de braços;** Bein~ □ **caneleira; grevas; arnês de pernas**
schier[1] ⟨Adj. 24⟩ **1** ⟨70⟩ *rein, lauter* □ **puro 1.1** *~es Fleisch F. ohne Knochen* □ ***carne desossada**
schier[2] ⟨Adv.⟩ *fast, beinahe;* diese Geschichte ist (doch) ~ unglaublich □ **quase**
schie|ßen ⟨V. 215⟩ **1** ⟨500⟩ *ein Tier, jmdn. od. etwas ~ mit einem Geschoss treffen* □ **balear; atirar em 1.1** *ein Jagdtier ~ erlegen;* einen Hasen ~ □ **abater 1.2** ⟨510⟩ *jmdn. od. etwas ... ~ mit einem Schuss, Schüssen treffen und damit ...* bewirken **1.2.1** *eine Festung sturmreif ~ durch Beschießen so zerstören, dass sie gestürmt werden kann* **1.2.2** *einen Vogel vom Baum ~ mit einem Geschoss treffen, so dass er vom Baum fällt* □ **disparar contra; atirar em 1.2.3** *jmdn. zum Krüppel ~ jmdn. durch einen Schuss furchtbar verwunden* □ ***aleijar alguém (com tiro) 1.2.4** *jmdn. od. ein Tier über den Haufen ~ rücksichtslos erschießen* □ ***abater/matar/liquidar alguém ou um animal 1.3** ⟨611/Vr 5 od. Vr 6, 511/Vr 7 od. Vr 8⟩ *jmdm., jmdn. in den Körper ~ jmdn. od. sich durch einen Schuss verletzen;* jmdm. od. einem Tier, jmdn. od. ein Tier ins Herz, in die Brust, zwischen die Augen ~ □ **atirar em; balear 1.4** ⟨531/Vr 5⟩ *jmdm. od. sich ein Geschoss irgendwohin ~ jmdn. od. sich durch einen G. irgendwohin*

verletzen □ ***atingir alguém ou a si mesmo com um projétil;* jmdm. einen Ball, Stein an den Kopf ~ □ ***acertar/atirar uma bola/pedra na cabeça 1.4.1** *sich eine Kugel durch den Kopf ~ sich durch Kopfschuss töten* □ ***meter uma bala na cabeça 1.5** ⟨511⟩ *etwas in etwas ~ durch einen Schuss, Schüsse verursachen* □ ***atirar alguma coisa em/contra alguma coisa;* ein Loch in die Scheibe ~ □ ***furar o vidro 1.6** *etwas ~ durch Schüsse erzielen, bekommen;* er schoss auf dem Jahrmarkt eine Papierblume □ **atirar; lançar;** er schießt beim Fußball die meisten Tore □ **fazer; acertar 1.7** *ein Bild, ein Foto ~ (mit dem Fotoapparat)* ⟨fig.⟩ *ein B., einen Schnappschuss machen* □ **disparar; tirar 1.8** *Erz, Gestein, Kohle ~* ⟨Bgb.⟩ *sprengen* □ **fazer explodir;** → a. *Bock(1.2)* **2** ⟨410⟩ *in schnelle Bewegung bringen;* (mit) Papierkugeln ~; zu hoch, zu kurz, zu tief, zu weit ~ □ **lançar 2.1** *einen Schuss, Schüsse abfeuern, von einer Schusswaffe Gebrauch machen;* scharf ~; mit dem Gewehr, der Pistole ~; mit Kanonen ~; mit Pfeil und Bogen ~; mit Kugeln, Schrot ~; in die Luft ~ (als Warnung); los, schieß doch!; Achtung, hier wird scharf geschossen (auf Warnungsschildern bei Manövern) □ **atirar; disparar 2.1.1** *jmd. schießt gut, schlecht ist ein guter, schlechter Schütze* □ **atirar 2.1.2** *etwas schießt gut, schlecht eignet sich gut, schlecht zum Schießen;* das Gewehr schießt ausgezeichnet □ **é uma excelente arma 2.1.3** wir haben morgen Schießen *Schießübung* □ ***amanhã temos treino de tiro 2.1.4** *seine Antwort kam wie aus der Pistole geschossen sofort, ohne Besinnen* □ ***sua resposta veio de uma tacada só 2.2** *(einen Ball) abstoßen, werfen;* der Ball war hart geschossen worden □ **atirar; lançar 3** ⟨411⟩ *nach jmdn. od. einer Sache, auf jmdn. od. etwas ~ jmdn. od. etwas mit einem Schuss, mit Schüssen zu treffen versuchen;* nach der, auf die Scheibe ~; er schoss zweimal nach mir, ohne zu treffen □ ***atirar na direção de alguém ou de alguma coisa 3.1** ⟨517/Vr 3⟩ *sich mit jmdm. ~ sich mit Pistolen duellieren* □ ***duelar com alguém (usando pistolas) 3.2** ⟨500⟩ *ein Gestirn ~* ⟨Navigation⟩ *die Höhe eines Gestirns messen* □ ***medir a altura de um astro 4** ⟨511⟩ *etwas in eine bestimmte Richtung ~ schicken, schnell befördern;* sie ~ die Feuerwerkskörper in die Luft; drei Satelliten wurden in die Umlaufbahn geschossen; den Ball ins Netz, ins Tor ~ □ **lançar 4.1** ⟨505⟩ *Blicke (auf jmdn.) ~* ⟨fig.⟩ *wütende, empörte B. (auf jmdn.) werfen* □ ***lançar olhares furiosos/indignados a alguém 4.2** *das Brot in den Ofen ~* (Bäckerspr.) *schieben* □ ***pôr o pão para assar; enfornar o pão 5** ⟨410(s.)⟩ *stürzen, sich rasch in einer Richtung bewegen, rasch laufen, fahren, fliegen;* das Wasser schießt aus dem Felsen, aus der Leitung □ **manar; brotar;** das Blut schoss aus der Wunde □ **escorrer;** der Vogel schießt durch die Luft; das Boot schießt durch, über das Wasser □ **passar em disparada;** Tränen schossen ihr in die Augen □ ***lágrimas vieram-lhe aos olhos;** schoss mit einem Kopfsprung ins Wasser □ ***ele mergulhou de cabeça na água;** er schoss um die Ecke □ ***ele passou em disparada pela** esquina 5.1 *das Blut schoss ihm ins Gesicht er wurde plötzlich rot* □ *°o sangue lhe subiu ao rosto* 5.2 *ein Gedanke schoss ihm durch den Kopf* ⟨fig.⟩ *plötzlich kam ihm, durchzuckte ihn ein G.* □ *°uma ideia lhe ocorreu repentinamente* 6 ⟨400(s.)⟩ *schnell wachsen; der Salat, der Spargel schießt; der Junge ist im letzten Jahr mächtig, ziemlich geschossen* □ crescer rapidamente; espichar 6.1 *in die Höhe ~ rasch wachsen* □ *°crescer rapidamente/a olhos vistos* 6.1.1 *der Bau schoss in die Höhe ging rasch voran* □ *°a construção está sendo levantada rapidamente* 6.2 *in die Ähren ~ schnell reifen (vom Getreide)* □ *°amadurecer rapidamente* 6.3 *ins Kraut ~ (zu) viel Kraut treiben u. zu wenig Früchte entwickeln (Kartoffeln)* □ *°encher-se de folhas* 6.4 *es ist zum Schießen* ⟨fig.; umg.⟩ *es ist zum Lachen, sehr komisch* □ *°é uma piada; é de chorar de rir* 7 ⟨Getrennt- u. Zusammenschreibung⟩ 7.1 *~ lassen = schießenlassen*

schie|ßen||las|sen *auch:* **schie|ßen las|sen** ⟨V. 175/500; fig.; umg.⟩ *etwas ~ ungenutzt vorübergehen lassen, auf etwas verzichten* □ deixar de lado; desistir

Schiff ⟨n.; -(e)s, -e⟩ 1 *größeres Wasserfahrzeug; Handels~; Kriegs~; Segel~; das ~ schaukelt, schlingert, stampft, rollt; mit dem ~ fahren; zu ~ unterwegs sein* □ navio; → *a. Ratte(1.2)* 2 *Fahrzeug, Transportmittel* □ nave; *Raum~* □ *°nave espacial* 2.1 *das ~ der Wüste* ⟨fig.⟩ *das Kamel* □ navio 3 *Raum der Kirche für die Gemeinde; Mittel~; Seiten~; Lang~; Quer~* □ nave 4 ⟨Typ.⟩ *Metallplatte mit an drei Seiten aufgebogenem Rand, auf der der Schriftsatz zusammengestellt wird* □ galé

Schiff|fahrt ⟨alte Schreibung für⟩ *Schifffahrt*

Schiff|fahrts|kun|de ⟨alte Schreibung für⟩ *Schifffahrtskunde*

Schiff|bruch ⟨m.; -(e)s, -brü|che⟩ 1 *schwerer Schiffsunfall; nach den Überlebenden des ~s suchen* □ naufrágio 2 ⟨fig.⟩ *Misserfolg* □ fracasso 2.1 *~ erleiden = scheitern(2)*

Schiff|chen ⟨n.; -s, -⟩ 1 *kleines Schiff, Schiff zum Spielen; ~ (aus Papier) falten; ~ (im Rinnstein, im Bach) schwimmen lassen* 2 *einem Schiff in der äußeren Gestalt ähnlicher Gegenstand* □ barquinho 2.1 *Weihrauchgefäß* □ naveta 2.2 ⟨Bot.⟩ *kahnförmiger unterer Teil der Schmetterlingsblüte* □ carena 2.3 *der untere Spulenhalter der Nähmaschine, der die Schlingen fängt* 2.4 ⟨Web.⟩ *längliches Gegenstand, auf den der Schussfaden aufgewickelt ist u. mit dem dieser durch die Kettfäden geführt wird* 2.5 *kleines längliches Gerät, durch das der Faden läuft, zum Arbeiten von Spitzen* □ naveta 2.6 *schmale, längs gefaltete Militärmütze* □ barrete

schif|fen ⟨V. 400⟩ 1 ⟨411(s.); veraltet⟩ *mit dem Schiff fahren, zu Wasser fahren; übers Meer ~* □ navegar 2 ⟨derb⟩ *harnen* □ mijar 2.1 ⟨401⟩ *es schifft* ⟨derb; scherzh.⟩ *es regnet* □ chover

Schif|fer|kla|vier ⟨[-vi:r] n.; -s, -e; Musik⟩ = *Akkordeon*

Schiff|fahrt ⟨f.; -; unz.⟩ *der Verkehr zu Schiff; Handels~; Kriegs~; Fracht~; Personen~* □ navegação

Schiff|fahrts|kun|de ⟨f.; -; unz.⟩ = *Nautik*

Schi|is|mus ⟨m.; -; unz.; islam. Rel.⟩ *Lehre der Schia* □ xiismo; → a. *Schiit*

Schi|it ⟨m.; -en, -en; islam. Rel.⟩ *Anhänger der Schia (der Partei Alis, des Schwiegersohnes Mohammeds u. seiner Nachkommen), einer der beiden Hauptrichtungen des Islams* □ xiita; → a. *Sunnit*

Schi|ka|ne ⟨f.; -, -n⟩ 1 *böswillig bereitete Schwierigkeit (meist unter Ausnutzung einer Machtstellung)* 2 ⟨Sp.⟩ *bes. Schwierigkeiten in der Streckenführung einer Rennstrecke, z. B. eine enge Kurve* □ chicana 3 *mit allen ~n* ⟨fig.; umg.⟩ *mit allen Annehmlichkeiten, Feinheiten (ausgestattet)* □ *°com todas as comodidades*

Schi|ko|ree ⟨f.; -; unz. od. m.; -s; unz.; Bot.⟩ *als Salat od. Gemüse verwendeter Wintertrieb der Zichorie;* oV *Chicorée* □ chicória

Schild[1] ⟨m.; -(e)s, -e⟩ 1 *älteste, am Arm getragene Schutzwaffe, runde od. ovale, leicht gewölbte Platte aus Holz, Leder, Metall od. Flechtwerk; sich mit dem ~ decken* □ escudo 1.1 *jmdn. auf den ~ erheben* ⟨fig.⟩ *jmdn. zum Führer machen nach der alten Sitte, den Gewählten auf einem Schild für alle sichtbar hochzuheben* □ *°elevar alguém ao poder; tornar alguém líder* 2 *Hauptteil des Wappens den für der Eigentümer kennzeichnenden Figur* 2.1 *einen Adler, Löwen o. Ä. im ~e führen als Wappentier haben* □ brasão 2.2 *etwas im ~e führen* ⟨fig.⟩ *insgeheim etwas beabsichtigen* □ *°tramar alguma coisa* 3 *Schirm an der Mütze* □ pala; viseira 4 *die Skelettkapsel der Schildkröten, die aus Knochenplatten, meist mit Hornschilden überzogen, besteht* 5 *Teile des Außenskeletts von Krebsen u. Insekten; Brust~; Kopf~; Rücken~* □ escudo

Schild[2] ⟨n.; -(e)s, -er⟩ *Abzeichen, Erkennungs-, Warnungszeichen, meist Platte aus Holz od. Metall bzw. Blatt Papier mit Aufschrift; Blech~; Holz~; Laden~; ~ mit Namen u. Anschrift, mit Preis, Größe; ein ~ anbringen, anschlagen, aufhängen, aufkleben, entfernen; ~er beschriften, malen* □ placa; tabuleta; *Flaschen~* □ rótulo; *ein kleines ~ an der Mütze, am Rockaufschlag, Ärmel haben* □ insígnia

Schild|bür|ger ⟨m.; -s, -; fig.⟩ *jmd., der eine törichte Handlung begeht* □ tolo; simplório

Schild|drü|se ⟨f.; -, -n⟩ *Drüse innerer Sekretion bei Wirbeltieren u. Menschen, dicht unter dem Kehlkopf, die ein Hormon, welches den Grundumsatz steigert, an das Blut abgibt: Glandula thyreoidea* □ tireoide

schil|dern ⟨V. 500 od. 513/Vr 8⟩ 1 *etwas ~ lebendig beschreiben, anschaulich erzählen; seine Erlebnisse ~; eine Landschaft, einen Menschen ~; bitte ~ Sie mir den Vorgang in allen Einzelheiten; unser Entsetzen, als wir das sahen, ist kaum zu ~* 1.1 *etwas in leuchtenden Farben ~ mit viel Fantasie, begeistert von etwas erzählen* □ descrever; ilustrar; retratar

Schil|de|rung ⟨f.; -, -en⟩ *das Schildern (eines Menschen, Erlebnisses, Vorfalls o. Ä.), anschauliche Beschreibung von jmdm. od. etwas; die ~ einer Reise, eines Unfalls* □ descrição; narração

Schild|krö|te ⟨f.; -, -n; Zool.⟩ *Kriechtier mit kurzer, gedrungener Körperform u. knöchernem Rückenpanzer,* *unter den Kopf, Schwanz u. Beine zurückgezogen werden können* ☐ **tartaruga**

Schilf ⟨n.; -(e)s, -e (Pl. selten); Bot.⟩ *1 eine Gattung aus der Familie der Süßgräser (Gramineae): Phragmites 1.1 an Ufern vorkommendes, als Papierrohstoff u. für Matten verwendetes hohes Gras mit braunen Rispen: Phragmites communis* ☐ **cana; junco;** → a. **Ried 2** ⟨umg.⟩ = **Rohrkolben**

schil|lern ⟨V. 400⟩ *1 etwas schillert glänzt in wechselnden Farben; in allen Regenbogenfarben, in vielen Farben ~* ☐ **cintilar; iriar 2** *eine Sache schillert* ⟨fig.⟩ *ist zwiespältig, undurchschaubar; ein ~der Charakter* ☐ **ambíguo; cambiante**

Schil|ling ⟨m. 7; -s, -e⟩ *1 frühere österr. Währungseinheit, 100 Groschen 2* ⟨eindeutschend für⟩ *Shilling (Währungseinheit in Großbritannien u. Irland)* ☐ **xelim**

schil|pen ⟨V. 400⟩ = *tschilpen*

Schi|mä|re ⟨f.; -, -n⟩ *Trugbild, Hirngespinst;* oV *Chimäre* ☐ **quimera**

Schim|mel ⟨m.; -s, -⟩ *1* ⟨unz.⟩ *Schimmelpilz 1.1 weißlicher Überzug aus Schimmelpilzen* ☐ **bolor; mofo 2** *graues od. weißes Pferd* ☐ **cavalo acinzentado ou branco**

schim|meln ⟨V. 400⟩ *Schimmel(1) ansetzen, sich mit Schimmel überziehen; das Brot schimmelt* ☐ **mofar; embolorar**

Schim|mer ⟨m.; -s; unz.⟩ *1 schwacher Glanz, schwacher Schein, leichtes Funkeln, zartes Leuchten; der ~ eines Lichts 2* ⟨fig.; umg.⟩ *Ahnung, Spur; der ~ eines Lächelns; einen ~ von Hoffnung haben* ☐ **vislumbre 2.1** *keinen (blassen) ~ von etwas haben nichts wissen, keine Ahnung von etwas haben* ☐ ***não ter (a menor) ideia de alguma coisa**

schim|mern ⟨V. 400⟩ *zart, schwach leuchten, leicht glänzen; der Mond schimmert durch die Bäume* ☐ **vislumbrar; luzir**; *ein ~der Stoff* ☐ **luzente; brilhante**

Schim|pan|se ⟨m.; -n, -n; Zool.⟩ *Angehöriger einer Gattung der Menschenaffen, lebt gesellig in den Wäldern West- u. Zentralafrikas: Pan troglodytes* ☐ **chimpanzé**

Schimpf ⟨m.; -(e)s, -e⟩ *Beleidigung, Schmach, Demütigung* ☐ **insulto; ultraje; afronta**; *jmdm. einen ~ antun* ☐ ***insultar/afrontar alguém**; *jmdm. mit ~ und Schande davonjagen* ☐ ***escorraçar alguém**

schimp|fen ⟨V.⟩ *1* ⟨400⟩ *Wut, Zorn laut äußern, fluchen;* „*Donnerwetter!*"*, schimpfte er; laut, tüchtig, unflätig ~; auf jmdn. od. etwas ~; über jmdn. od. etwas ~* ☐ **xingar; insultar; blasfemar 1.1** ⟨417⟩ *mit jmdm. ~ jmdn. schelten; der Vater schimpft mit seiner Tochter* ☐ ***ralhar com alguém 2** ⟨520⟩ *jmdn. etwas ~ jmdn. (zu Unrecht) mit einem kränkenden Namen nennen; jmdn. einen Betrüger, einen Feigling ~* ☐ ***chamar/xingar alguém de alguma coisa 3** ⟨Vr 3⟩ *sich etwas ~ von sich behaupten, etwas zu sein (das man gar nicht ist); und so einer schimpft sich Moderator, Journalist!* ☐ **chamar-se; dizer-se**

schimpf|lich ⟨Adj.⟩ *ehrverletzend, beleidigend, ehrlos, schmachvoll; eine ~e Behandlung; einen ~en Frieden schließen müssen* ☐ **ultrajante; ignominioso**

Schimpf|na|me ⟨m.; -ns, -n⟩ *beleidigende Bezeichnung (für jmdn.)* ☐ **xingamento**; *jmdm. ~n geben* ☐ ***xingar alguém**

Schimpf|wort ⟨n.; -(e)s, -wör|ter od. n.; -(e)s, -e⟩ *beleidigender Ausdruck, grobes, ordinäres Wort, Fluchwort; Schimpfwörter gebrauchen; jmdn. mit Schimpfwörtern überhäufen* ☐ **palavrão; injúria; blasfêmia**

Schin|del ⟨f.; -, -n⟩ *Holzbrettchen zum Dachdecken; Dach~* ☐ **ripa**

schin|den ⟨V. 216/500⟩ *1 ein Lebewesen ~ grausam quälen, ausbeuten; jmdn. od. ein Tier zu Tode ~* ☐ **maltratar; explorar 2** ⟨Vr 3⟩ *sich ~ sich plagen, sich sehr anstrengen, sich hart mühen; er hat sich sein Leben lang ~ müssen* ☐ ***esfalfar-se 3** *ein Tier ~ einem T. das Fell abziehen; Vieh ~* ☐ **esfolar 4** *etwas ~* ⟨fig.; umg.⟩ *ohne Bezahlung zu bekommen suchen; ein paar Zigaretten ~ 4.1 Eintrittsgeld, Fahrgeld ~ nicht bezahlen* ☐ **descolar 4.2** *Zeilen ~ den Text möglichst verlängern, breit, mit Zwischenräumen schreiben, wenn nach Zeilen bezahlt wird* ☐ ***encher linguiça (num texto) 4.3** *Eindruck ~ versuchen, (einen günstigen) E. zu machen* ☐ ***tentar impressionar**

Schin|der ⟨m.; -s, -⟩ *jmd., der Lebewesen (Menschen od. Tiere) schindet; Leute~* ☐ **explorador; carrasco**

Schind|lu|der ⟨n.; -s, -; nur in der Wendung⟩ *mit jmdm. od. etwas ~ treiben* ⟨umg.⟩ *jmdn. od. etwas schlecht behandeln, missbrauchen* ☐ ***maltratar alguém ou alguma coisa**

Schin|ken ⟨m.; -s, -⟩ *1 Schenkel, Keule (bes. vom Schwein); gekochter, geräucherter, roher ~; westfälischer ~; ~ im Brotteig (gebacken); mit ~ belegtes Brot* ☐ **presunto 1.1** *mit der Wurst nach dem ~ werfen* ⟨fig.; umg.⟩ *durch ein kleines Geschenk ein größeres zu erhalten suchen* ☐ ***uma gota de mel apanha mais moscas que um tonel de vinagre 2** ⟨umg.; scherzh.; meist abwertend⟩ *2.1 großes, dickes (urspr. in Schweinsleder gebundenes) Buch (bes. Roman)* ☐ **tijolo 2.2** *riesiges (künstlerisch belangloses) Gemälde* ☐ **borrão**

Schip|pe ⟨f.; -, -n⟩ *1 Schaufel* ☐ **pá 1.1** *jmdn. auf die ~ nehmen* ⟨fig.; umg.⟩ *jmdn. zum Narren halten, veralbern* ☐ ***zombar de alguém; tirar o pelo de alguém 2** ⟨umg.; scherzh.⟩ *Schmollmund, vorgeschobene Unterlippe; eine ~, ein Schippchen machen, ziehen* ☐ ***fazer bico; ficar amuado**

schip|pen ⟨V.; norddt.; mitteldt.⟩ *1* ⟨400⟩ *schaufeln, mit der Schippe arbeiten* ☐ **trabalhar com a pá 2** ⟨500⟩ *etwas ~ mit Hilfe der Schippe befördern* ☐ **cavar; remover com a pá**

Schirm ⟨m.; -(e)s, -e⟩ *1 zum Schutz dienender Gegenstand* ☐ **anteparo 1.1** *Gerät aus einem aufspann- u. zusammenklappbaren runden Dach aus Stoff oder Folie mit langem Griff, zum Schutz gegen Regen u. Sonne; Regen~; Sonnen~; den ~ aufspannen, zusammenklappen; du solltest vorsichtshalber einen ~ mitnehmen* ☐ **guarda-chuva; guarda-sol 2** *einem Schirm(1) ähnlicher Gegenstand zum Schutz gegen zu helles Licht; Augen~* ☐ ***viseira**; *Lampen~* ☐ **cúpula**; *Mützen~* ☐ **pala; viseira 3** *Metall- od. Stoffwand zum Schutz gegen strahlende Wärme; Ofen~* ☐ **guarda-fogo 3.1**

Schirmbild ⟨Jägerspr.⟩ *Geflecht aus Zweigen od. Schilf, hinter dem sich der Jäger verbirgt* □ **anteparo 4** ⟨kurz für⟩ *Bildschirm* □ **tela de TV/monitor** 4.1 *Teil des Röntgenapparates, auf dem der zu untersuchende Körper sichtbar wird;* Röntgen~ □ **tela de raios X**

Schirm|bild ⟨n.; -(e)s, -er⟩ *bei der Durchleuchtung auf dem Schirm(4) sichtbar werdendes Bild (des Körpers), Röntgenbild* □ **chapa de raios X**

Schi|rọk|ko ⟨m.; -s, -s; Meteor.⟩ *warmer Wind im Mittelmeerraum, der oft Sand od. Staub (aus der nordafrikanischen Wüste) mit sich führt* □ **siroco**

Schịs|ma ⟨[ʃɪs-] od. [sçɪs-] n.; -s, Schịs|men od. Schịs|ma|ta⟩ *Spaltung der Kirche (in die griechisch-orthodoxe u. die römisch-katholische Kirche 1378-1417), Kirchenspaltung* □ **cisma**

Schịss ⟨m.; -es, -e; derb⟩ **1** ⟨zählb.⟩ *Kot* (Fliegen~, Ratten~) □ **cocô 2** ⟨unz.; fig.⟩ *Angst;* er hat ~ vor der Prüfung □ ***ele está se borrando de medo da prova**

schi|zo|phren ⟨Adj.⟩ **1** *an Schizophrenie leidend* **2** *einen Widerspruch in sich enthaltend, zwiespältig* □ **esquizofrênico**

Schi|zo|phre|nie ⟨f.; -, -n; Med.; Psych.⟩ *Psychose mit einem völligen Auseinanderfallen der inneren seelischen Zusammenhänge, Bewusstseinsspaltung* □ **esquizofrenia**

schlạb|bern ⟨V.; umg.⟩ **1** ⟨500⟩ *eine Flüssigkeit ~ geräuschvoll schlürfen, auflecken;* der Hund schlabbert Wasser □ **sorver/lamber fazendo barulho 2** ⟨500⟩ jmd. schlabbert **Nahrung**, *ein Getränk isst schmatzend od. schlürft* □ **comer/sorver fazendo barulho 3** ⟨400⟩ die **Hose** schlabbert ⟨fig.⟩ *bewegt sich weit fallend am Körper* □ **sambar; estar muito folgado 4** ⟨400⟩ *lang u. anhaltend reden, schwätzen;* das Kind schlabbert ununterbrochen □ **tagarelar**

Schlạcht ⟨f.; -, -en⟩ **1** *heftige, umfangreiche Kampfhandlung, großes Gefecht;* blutige, heiße, wilde ~; eine ~ gewinnen, verlieren; dem Feind eine ~ liefern; die ~ bei, von Waterloo; die ~ um Stalingrad 1.1 *Prügelei zwischen vielen;* Saal~; eine ~ zwischen zwei Schulklassen, zwischen den Jungen zweier Dörfer 1.2 ⟨fig.⟩ *Kampf, Wettstreit;* Kissen~; Schneeball~ □ **batalha; guerra**

Schlạcht|bank ⟨f.; -, -bän|ke⟩ **1** *Gestell zum Schlachten (im Schlachthaus)* 1.1 jmdn. zur ~ führen ⟨fig.; abwertend⟩ *zum Ort der Bestrafung* □ **matadouro**

schlạch|ten ⟨V. 500⟩ *ein Tier ~ fachgerecht töten zur Herstellung von Fleisch- u. Wurstwaren;* ein Huhn, Kalb, Schwein ~ □ **abater; matar**

Schlạch|ten|bumm|ler ⟨m.; -s, -⟩ **1** ⟨veraltet⟩ *Zuschauer bei militärischen Ereignissen* □ **espectador de eventos militares 2** ⟨fig.; umg.⟩ *Anhänger einer Sportmannschaft, der diese zu auswärtigen Spielen begleitet* □ **torcedor**

Schlạch|ter ⟨m.; -s, -; norddt.⟩ *= Fleischer*

Schlạ̈ch|ter ⟨m.; -s, -⟩ **1** *= Fleischer* **2** ⟨fig.⟩ *Massenmörder* □ **carniceiro**

Schlạcht|feld ⟨n.; -(e)s, -er⟩ *Gelände, auf dem eine Schlacht stattfindet od. stattgefunden hat* □ **campo de batalha**

Schlạcht|plan ⟨m.; -(e)s, -plä|ne; fig.⟩ *Plan für eine Unternehmung, ein Vorhaben;* einen ~ entwerfen □ **plano de batalha**

Schlạ|cke ⟨f.; -, -n⟩ **1** *bei einer Verbrennung zusammengesinterte Ascheteile;* ~n bilden; einen Kessel, Ofen von ~ befreien, reinigen **2** ⟨Met.⟩ *Rückstand bei der Verhüttung von Erzen;* Hochofen~; Thomas~, Bessemer~; flüssige ~ □ **clínquer; escória 3** ⟨Geol.⟩ *raue u. blasige Lavabrocken od. stark poröse bis blasige Bildungen an der Unter- u. Oberseite von Lavaströmen* □ **escória 4** ⟨Physiol.⟩ *Rückstände des Stoffwechsels im Gewebe u. im Verdauungskanal* □ **resíduo 5** ⟨fig.⟩ *Unnützes, Unreines* □ **escória**

schlạ|ckern ⟨V. 400⟩ **1** ⟨400⟩ *schlenkern, schlottern, wackeln;* hin und her ~; seine Knie ~, mit den Knien ~ □ **balançar; vacilar;** → a. *Ohr(1.4.3)* **2** ⟨401; nddt.⟩ *es schlackert es regnet u. schneit gleichzeitig* □ ***está chovendo e nevando**

Schlaf ⟨m.; -(e)s; unz.⟩ **1** *Zustand der Ruhe und Untätigkeit bei herabgesetzter Nervenreizfähigkeit;* bleierner, fester, leichter, leiser, tiefer, traumloser, unruhiger ~; täglich acht Stunden ~; die Sorge um ihn raubt mir den ~; der ~ überfiel, übermannte, überwältigte mich; keinen ~ finden; jmdn. aus dem ~ reißen, rütteln; aus tiefstem ~ emporfahren; in (tiefen) ~ fallen, sinken; in tiefstem ~ liegen; jmdn. um den (wohlverdienten) ~ bringen; vom ~ erwachen □ **sono 1.1** ~ **haben** ⟨oberdt.⟩ *müde, schläfrig sein* □ ***estar com sono 1.2 im ~ (e)** *während des Schlafens;* im ~ reden; noch halb im ~(e) sagte er … □ ***durante o sono 1.2.1** das kann ich im ~ ⟨fig.; umg.⟩ *das beherrsche ich völlig, das kann ich auswendig* □ ***faço isso de olhos fechados; é moleza 1.2.2** nicht im ~(e)! ⟨fig.; umg.⟩ *keinesfalls!* □ ***nem em sonho! 1.2.3** das fällt mir nicht im ~(e) ein! ⟨fig.; umg.⟩ *ich denke nicht daran (das zu tun)!* □ ***isso nem passa pela minha cabeça!* **1.3** *ein Kind in den ~ singen mit einem Wiegenlied zum Einschlafen bringen* □ ***ninar uma criança 1.4** *ein Kind in den ~ wiegen wiegen, bis es eingeschlafen ist* □ ***embalar/acalentar uma criança 1.5** *ein Auge voll ~ nehmen* ⟨scherzh.⟩ *ein wenig schlafen* □ ***tirar um cochilo 1.6** *sich den ~ aus den Augen reiben die letzte Müdigkeit, Benommenheit durch Augenreiben beseitigen* □ ***espantar o sono 1.7** *der ~ des Gerechten tiefer u. ruhiger Schlaf(1)* □ ***o sono dos justos 1.8** *den Seinen gibt's der Herr im ~* ⟨fig.; umg.⟩ *manche Menschen haben unwahrscheinlich großes (unverdientes) Glück* □ ***a felicidade sorri aos tolos;* → a. *ewig(1.1.3)*

Schlaf|an|zug ⟨m.; -(e)s, -zü|ge⟩ *beim Schlafen getragener leichter Anzug aus Hose u. dazugehörigem Oberteil;* Sy *Pyjama* □ **pijama**

Schlạ̈|fe ⟨f.; -, -n; Anat.⟩ **1** *über den Wangen gelegene Stelle des Kopfes der Wirbeltiere u. des Menschen;* das Blut pochte in seinen ~n **2** ⟨nur Pl.⟩ *der die Schläfen(1) bedeckende Teil des Kopfhaares;* graue ~n □ **fonte; têmpora**

schla|fen ⟨V. 217⟩ **1** ⟨400⟩ *im Schlaf liegen, sich im Zustand des Schlafes befinden;* fest, gut, ruhig, schlecht, tief, unruhig ~; nicht ~ können; lass ihn doch noch ~!; die Sorge lässt mich nicht ~; schlaf (recht) gut!;

hast du gut geschlafen?; wünsche wohl zu ~!; bis weit in den Tag hinein ~; wie hast du geschlafen?; sich ~d stellen 1.1 ~ **gehen** *zu Bett gehen;* früh, spät, zeitig ~ gehen 1.2 **sich** od. **ein Kind ~ legen** *zu Bett gehen bzw. zu Bett bringen* 1.3 ⟨413⟩ *mit offenen Augen ~* ⟨fig.⟩ *unaufmerksam sein, nicht aufpassen* 1.4 ⟨500⟩ *den ewigen Schlaf ~* ⟨poet.⟩ *im Grabe ruhen, tot sein* **2** ⟨411⟩ **an einem Ort** od. **bei jmdm.** ~ *übernachten;* auf der Couch, auf der Luftmatratze ~; kann ich heute Nacht bei euch ~? **3** ⟨417⟩ **mit einem Mann, einer Frau ~** *Geschlechtsverkehr haben* **4** ⟨fig.; umg.⟩ *nicht aufpassen, unaufmerksam sein;* oh, Verzeihung, jetzt hab' ich geschlafen! 4.1 schlaf nicht! *pass auf!* □ **dormir**

schlaff ⟨Adj.⟩ oV *schlapp* **1** *entspannt, locker, nicht straff;* die Schnur ist zu ~; die Segel hängen ~ herunter □ **solto; frouxo 2** *welk, erschlafft;* ~e Haut; ihr Gesicht war grau und ~ □ **flácido 3** *schwach, kraftlos;* mit ~ herabhängenden Armen; er saß ~ in seinem Sessel □ **largado; extenuado 4** ⟨fig.⟩ *matt, mutlos;* er fühlte sich abgespannt u. ~ □ **abatido; prostrado**

Schla|fitt|chen ⟨n.; -s; unz.; nur in den Wendungen⟩ **jmdn. beim ~ kriegen, nehmen, packen** ⟨umg.⟩ *jmdn. zu fassen bekommen, festhalten (um ihn zu züchtigen* od*. ihm die Meinung zu sagen)* □ ***agarrar/pegar alguém pela gola**

schläf|rig ⟨Adj.⟩ **1** *schlafbedürftig, müde;* ~e Augen; ein ~er Blick; der Wein macht mich ~; ich bin noch ~ □ **sonolento 2** ⟨fig.⟩ *langsam, träge;* mit ~en Bewegungen □ **lento; vagaroso**

schlaf|trun|ken ⟨Adj.⟩ *noch vom Schlaf befangen, noch halb im Schlaf;* ~ die Augen öffnen; ~ durchs Zimmer stolpern □ **sonolento; tonto de sono**

schlaf|wan|deln ⟨V. 400(s. od. h.)⟩ *im Schlaf umhergehen, traumwandeln;* das Kind ist/hat in der Nacht geschlafwandelt □ **sonambular**

Schlag ⟨m.; -(e)s, Schlä|ge⟩ **1** *kurze, heftige Berührung, Hieb;* Faust~; Hand~; ein dumpfer, harter, klatschender, leichter, lauter, schwacher, tödlicher ~; ein ~ mit der Hand, mit der Faust, mit dem Knüppel, mit dem Hammer, Stock; ein ~ an, gegen die Tür; ein ~ auf den Kopf, ein (herzhafter) ~ auf die Schulter; einen ~ abwehren, auffangen; (nach allen Seiten) Schläge austeilen □ **golpe; pancada 1.1 mit einem ~** *plötzlich, auf einmal* □ ***de um só golpe 1.2** *es ging ~ auf ~ ohne Unterbrechung, schnell nacheinander* □ ***sucessivamente; um após o outro 1.3** *zum entscheidenden ~* *ansetzen, ausholen die entscheidende Tat, Handlung beginnen* □ ***preparar-se para dar o golpe decisivo/final 1.4** *es war ein ~ ins Wasser* ⟨fig.⟩ *Misserfolg, Fehlschlag* □ ***foi um tiro n'água 1.5** *ein ~ ins Gesicht* ⟨a. fig.⟩ *grobe Beleidigung, verletzende Taktlosigkeit* □ ***um tapa na cara 1.6** *ein ~ ins Kontor* ⟨fig.; umg.⟩ *sehr unangenehme Überraschung* □ ***golpe duro; surpresa desagradável;** → a. **Fliege(1.5)** **2** (nur Pl.) *Schläge Prügel;* Schläge bekommen, beziehen; gleich wird's Schläge geben, setzen; jmdm. Schläge verabreichen □ **surra; pancadaria 3** *Stromstoß, Durchlaufen des elektrischen Stroms durch den Körper;* ein elektrischer ~; einen (elektrischen) ~ bekommen □ **choque 4** *Einschlagen des Blitzes;* ein Gewitter mit schweren Schlägen □ **raio;** → a. **kalt(1.9.3) 5** *Niederprasseln von kleinen Körpern;* Stein~; Hagel~ □ ***desabamento de pedras; saraivada 6** *durch einen Schlag(1) hervorgerufener Ton;* Glocken~ □ ***badalada;** Hammer~ □ ***martelada;** Huf~ □ ***tropel; coice;** Trommel~ □ ***rufo;** der ~ der Uhr □ **badalada** 6.1 ~ 12 Uhr *als es 12 Uhr schlug, pünktlich um 12 Uhr* □ ***às 12 horas em ponto** 6.2 mit dem ⟨e⟩ 12 Uhr *pünktlich um 12 Uhr, genau 12 Uhr* □ ***pontualmente às 12 horas 7** *durch Berührung, Anstoß, Druck hervorgerufene Bewegung;* Herz~ □ ***batimento cardíaco;** Pendel~ □ ***oscilação pendular;** Puls~ □ ***pulsação,** Ruder~ □ ***remada;** Wellen~ □ ***ressaca;** der ~ seines Herzens □ **batimento; batida 8** *Art des Singens, Lied, Ruf (bei Singvögeln);* Finken~; der ~ der Nachtigall, der Wachtel □ **chilreio 9** *Verschlag, Kasten mit Falltür;* Hühner~ □ ***galinheiro;** Tauben~ □ ***pombal 10** *Tür, Wagentür;* Wagen~; jmdm. den ~ (des Wagens, der Kutsche) aufhalten, öffnen □ **porta 11** ⟨unz.; umg.⟩ = *Schlaganfall;* Gehirn~ □ ***acidente vascular cerebral;** Herz~ □ ***ataque cardíaco;** Hitz~ □ ***insolação** 11.1 vom ~ getroffen werden *einen Schlaganfall erleiden* □ ***sofrer um ataque apoplético** 11.2 ich dachte, mich rührt der ~! *ich war sprachlos vor Erstaunen* □ ***pensei que fosse ter um troço!** 11.3 wie vom ~ gerührt *starr vor Staunen od. Entsetzen* □ ***ficar pasmo/petrificado 12** ⟨Forstw.⟩ *Fällen einer Anzahl von Bäumen auf einmal* □ **derrubada; abate** 12.1 *von Bäumen befreite Fläche im Wald;* Kahl~; Wald~; einen ~ wieder aufforsten □ **clareira 13** ⟨Landw.⟩ *Feld, das zu einer bestimmten Fruchtfolge (bei der Wechselwirtschaft) gehört;* Gersten~; Hafer~; Weizen~ □ **cultura; campo 14** ⟨Soldatenspr.⟩ *eine Kelle voll, ein Teller voll;* ein ~ Suppe; noch einen ~ (Suppe) nachfassen □ **concha 15** ⟨Segeln⟩ *Strecke zwischen zwei Wendungen;* ein paar Schläge segeln □ **trecho 16** ⟨Weberei⟩ *Einschuss des Schussfadens* □ **batente 17** ⟨fig.⟩ *Unglück, niederdrückendes Ereignis;* Schicksals~; es war ein ~ für mich, als ich das hörte; ein harter, schwerer ~; sie hat sich von dem ~ noch immer nicht erholt □ **golpe 18** ⟨fig.⟩ *Art, Sorte;* Menschen~; Volks~; ein leichtblütiger, schwerfälliger ~ (von Menschen); sie sind alle vom gleichen ~ 18.1 Leute jeden ~es *L. jeder Art, die verschiedensten L.* □ **tipo; espécie** 18.2 Leute unseres ~es *L. wie wir* □ ***gente como nós** 18.3 er ist noch ein Bauer, Beamter, Lehrer, Offizier alten ~es *wie sie früher waren* □ ***ele ainda é um lavrador/funcionário/professor/oficial das antigas**

Schlag|an|fall ⟨m.; -(e)s, -fäl|le⟩ *durch Zerreißen od. Verschluss eines Blutgefäßes im Hirn verursachtes plötzliches Aufhören bestimmter Gehirnfunktionen;* Sy *Schlag(11)* □ **acidente vascular cerebral; derrame**

schlag|ar|tig ⟨Adj. 24/90⟩ *plötzlich, sehr schnell, mit einem Schlag;* die Feier war ~ zu Ende □ **rapidamente; de repente**

Schlag|baum ⟨m.; -(e)s, -bäu|me; an Grenzen, Bahnübergängen⟩ *Sperrschranke (an Grenz-, Bahnübergängen)* □ **cancela**

Schlägel

Schlä|gel¹ ⟨m.; -s, -; Bgb.⟩ **1** *Hammer des Bergmanns;* Hammer und ~ sind die Kennzeichen des Bergbaus □ *macete*

Schlä|gel² ⟨m.; -s, -⟩ *Werkzeug zum Schlagen, Klöppel* □ *maço; malho;* Trommel~ □ *baqueta*

schla|gen ⟨V. 218⟩ **1** ⟨500⟩ ein Lebewesen od. etwas ~ *einen Schlag gegen ein L. od. etwas führen, ein L. od. etwas hauen* □ *bater;* jmdn. ins Gesicht ~ □ *dar um tapa na cara de alguém;* jmdn. od. ein Tier ~ u. prügeln □ *espancar alguém ou um animal;* ehe ich mich ~ lasse, will ich's tun ⟨fig., umg.⟩ □ *se não há outra alternativa...* 1.1 ⟨611⟩ das schlägt allen Regeln der Höflichkeit ins Gesicht ⟨fig.⟩ *das ist gegen alle Regeln der H., das ist sehr unhöflich* □ *isso fere/vai contra todas as regras da boa educação* 1.2 ein Bär, Raubvogel schlägt Beute *ergreift, tötet B.* □ *capturar* 1.3 einen Baum ~ *fällen* □ *derrubar; abater* 1.4 Gold, Blech ~ *durch Schlagen formen, treiben* □ *malhar; bater* 1.5 ⟨Vr 4⟩ sich ~ *prügeln, balgen, miteinander kämpfen;* warum müsst ihr euch immer ~?, die Jungen schlugen sich um den Ball; die Leute haben sich um die Theaterkarten geschlagen ⟨a. fig.⟩ □ *brigar; estapear-se* 1.5.1 ⟨513/Vr 3⟩ sich in bestimmter Weise ~ *in bestimmter W. kämpfen;* die gegnerische Mannschaft hat sich gut geschlagen □ *lutar; defender-se* 1.6 ⟨517/Vr 3⟩ sich mit jmdm. ~ *sich prügeln, sich duellieren* □ *duelar com alguém* 1.7 ⟨550/Vr 3⟩ sich durchs Leben ~ ⟨fig.⟩ *sich im Leben redlich plagen müssen* □ *virar-se; batalhar* 1.8 ⟨411⟩ nach jmdm. od. auf etwas ~ *eine Schlagbewegung auf jmd. od. etwas hin ausführen* □ *bater em alguém ou alguma coisa* 1.9 ⟨411⟩ um sich ~ (aus Angst od. Zorn od. um sich zu befreien) *ungerichtete Schlagbewegungen ausführen* □ *sair batendo; agitar-se* **2** ⟨510⟩ jmdn. od. etwas ... ~ *durch Schläge bewirken, dass jmd. od. etwas ... ist od. wird;* jmdn. krumm und lahm ~; jmdn. zum Krüppel ~; sich blutig ~; etwas in Scherben, in Stücke ~ □ *espancar alguém até...; bater em alguma coisa até* 2.1 jmdn. zu Boden ~ *jmdm. einen Schlag versetzen, dass er zu Boden geht* □ *derrubar alguém; mandar alguém para o chão* 2.2 etwas kurz und klein ~ *im Zorn zerstören, zerbrechen* □ *arrebentar/destruir alguma coisa;* → a. *Ritter(1.1)* **3** ⟨500⟩ etwas ~ *durch einen Schlag(1), Schläge verursachen, hervorbringen;* einen Trommelwirbel ~ □ *produzir um rufo de tambor* 3.1 Schaum, Schnee ~ *Eiweiß, Sahne durch schnelle rührende Bewegungen zu Schaum machen* □ *bater claras em neve* 3.1.1 geschlagene Sahne *Schlagsahne* □ *creme batido; chantili* 3.2 Brennholz ~ *schneiden, abhauen* □ *cortar* 3.3 eine Brücke ~ (über einen Fluss) *~ errichten, bauen* □ *construir* 3.3.1 ⟨511⟩ eine Verbindung herstellen □ *criar uma ponte com alguém ou alguma coisa; estabelecer uma relação com alguém ou alguma coisa* 3.4 ⟨530⟩ jmdm. eine Wunde ~ *zufügen* □ *ferir alguém* 3.5 Feuer ~ *aus einem Stein Funken herausschlagen* □ *fazer fogo* 3.6 *durch eine (schnelle) Bewegung bewirken, herstellen* 3.6.1 einen Kreis (um einen Punkt) ~ ziehen □ *traçar/fazer um círculo (ao redor de um ponto)* 3.6.2 ein Kreuz ~ *das Kreuzzeichen machen* □ *fazer o sinal da cruz* 3.6.3 Münzen ~ *prägen* □ *bater/cunhar moedas* 3.6.4 den Takt ~ *durch bestimmte Bewegungen den T. angeben* □ *marcar o compasso/o ritmo* **4** ⟨511⟩ etwas irgendwohin ~ *durch einen Schlag irgendwohin befördern;* den Ball ins Netz ~ □ *lançar; bater;* einen Nagel in die Wand ~ □ *bater; pregar* 4.1 Quark, Kartoffeln durch ein Sieb ~ *mit rührender Bewegung hindurchdrücken* □ *passar; espremer* 4.2 einen Pfahl in die Erde ~ *durch Schläge auf einen P. diesen in die Erde treiben* □ *fincar* 4.3 Eier in die Suppe ~ *aufschlagen u. hineinrühren* □ *quebrar* 4.4 ⟨531⟩ jmdm. etwas aus der Hand ~ *jmdm. durch einen in Richtung auf die Hand geführten Schlag veranlassen, etwas fallen zu lassen* □ *tirar/derrubar alguma coisa da mão de alguém* 4.5 ⟨531⟩ jmdm. ein Argument, ein Recht, einen Vorteil aus der Hand ~ ⟨fig.⟩ *gröblich, widerrechtlich nehmen* □ *derrubar um argumento de alguém; usurpar um direito de alguém; tirar uma vantagem de alguém* **5** ⟨411 (s.)⟩ auf, gegen etwas ~ *treffen, prallen, stoßen;* der Vogel schlug mit dem Kopf ans, gegen das Fenster □ *bater/chocar-se contra alguma coisa* **6** ⟨511⟩ jmdn. od. etwas an etwas ~ *befestigen* □ *fixar; firmar; prender* 6.1 jmdn. ans Kreuz ~ *kreuzigen* □ *crucificar alguém* **7** ⟨411(s.)⟩ etwas schlägt irgendwohin *dringt, bewegt sich irgendwohin* □ *mover-se em determinada direção* 7.1 die Flammen schlugen aus den Fenstern *züngelten, loderten* □ *chamejar; levantar-se* 7.2 ein Ton schlug an mein Ohr, ich hörte plötzlich einen T. □ *penetrar* **8** ⟨400⟩ etwas schlägt *erzeugt durch Schlag, Berührung eine Bewegung; das Herz, der Puls schlägt* 8.1 *sich lose hin u. her bewegen;* die offene Tür schlägt im Wind □ *bater* 8.2 ⟨416⟩ mit den Flügeln ~ *die F. rasch bewegen (ohne wegzufliegen)* □ *bater as asas* 8.3 ein Motor, ein Rad schlägt *läuft ungleichmäßig* □ *bater pino; vibrar* **9** ⟨400⟩ Töne erzeugen 9.1 etwas schlägt *erklingt, zeigt durch einen Ton etwas an;* die Uhr hat geschlagen; die Uhr schlägt sechs □ *tocar; bater* 9.1.1 die Abschiedsstunde schlägt ⟨fig.⟩ *bricht an* □ *chegou a hora da despedida* 9.1.2 ⟨530⟩ jedem schlägt seine Stunde ⟨fig.⟩ *jeder kommt einmal an die Reihe, jeder muss einmal sterben* □ *a hora chega para todos* 9.1.3 wissen, was es, was die Glocke geschlagen hat ⟨fig.; umg.⟩ *wissen, dass es ernst wird, dass keine Nachsicht mehr geübt wird* □ *saber/perceber de que lado sopra o vento* 9.2 ein Vogel schlägt *ruft, singt auf besondere Weise;* die Nachtigall, Wachtel, der Fink schlägt □ *cantar; chilrear* **10** ⟨500⟩ ein Instrument ~ *(in bestimmter Weise) spielen;* die Trommel ~; die Laute, Zither ~ *(durch Anreißen der Saiten)* □ *tocar* **11** ⟨500⟩ eine Schlacht ~ *kämpfen* □ *lutar; entrar em combate* **12** ⟨500⟩ jmdn. ~ *besiegen;* das feindliche Heer wurde vernichtend geschlagen; wir haben sie 3:2 geschlagen ⟨Sp.⟩ □ *bater; vencer* 12.1 ⟨516⟩ jmdn. mit seinen eigenen Worten, Waffen ~ *jmds. eigene Worte als Gegenbeweis anführen* □ *pagar a al-*

guém na mesma moeda **12.2** einen **Stein** ~ ⟨Brettspiel⟩ *einen Stein des Gegners wegnehmen, ausschalten* □ ***comer uma peça 12.3** ⟨511⟩ *jmdn.* in die **Flucht** ~ *zum Fliehen bringen* □ ***pôr alguém para correr 13** ⟨500⟩ **Falten** ~ *F. bilden;* die Gardine, das Kleid, die Hose schlägt Falten □ ***fazer dobras/pregas 14** ⟨550⟩ *etwas über etwas* ~ *decken;* er schlägt sich die Decke über die Beine □ **cobrir; puxar sobre 15** ⟨550⟩ *etwas um etwas* ~ *als Hülle um etwas legen* **15.1** *den Mantel um sich* ~ *sich in den M. hüllen* □ **envolver/enrolar em 15.2** einen Bogen Papier um etwas ~ *hüllen, legen* □ ***embrulhar alguma coisa em uma folha de papel 16** ⟨800(s.)⟩ *nach jmdm.* ~ ⟨a. fig.⟩ *jmdm. nachgeraten, ähnlich werden;* nach der Mutter, dem Vater ~ □ ***puxar a alguém 17** ⟨511/Vr 3⟩ *sich irgendwohin* ~ ⟨a. fig., umg.⟩ *begeben* □ ***ir/dirigir-se para algum lugar 17.1** sich in die **Büsche** ~ *heimlich verschwinden* □ ***sair de fininho 17.2** *sich auf jmds.* **Seite** ~ *auf jmds. S. treten, jmdn. unterstützen, jmdm. zustimmen* □ ***bandear-se/passar para o lado de alguém 17.3** ⟨513/Vr 3⟩ *sich vor den Kopf* ~ ⟨fig.⟩ *sich an den K. fassen vor Ärger über eine Dummheit* □ ***dar um tapa na testa 18** ⟨540⟩ einen **Betrag** auf einen anderen ~ ⟨fig.⟩ *hinzufügen* **18.1** die Zinsen zum Kapital ~ *dazurechnen, dazulegen* □ **acrescentar; somar 19** ⟨511/Vr 3⟩ *etwas schlägt sich auf etwas* ⟨a. fig.⟩ *wird übertragen* **19.1** die Erkältung hat sich auf die Nieren geschlagen *hat eine Nierenerkrankung verursacht* □ **transferir-se; passar para 20** ⟨511⟩ *etwas schlägt in etwas* ⟨fig.⟩ *fällt in, gehört zu etwas* **20.1** das schlägt nicht in mein Fach *dafür bin ich nicht zuständig, darüber weiß ich nicht Bescheid* □ **ser da competência/alçada de**; → a. **Rad(4)**

Schla|ger ⟨m.; -s, -⟩ **1** *in Mode befindliches, international bekanntes, zündendes, oft sentimentales Lied, auch aus Operette, Film od. Musical* □ **parada de sucessos 2** *Ware, die reißend abgesetzt wird, großen Erfolg hat* □ **sucesso 3** *erfolgreiches Theaterstück, Erfolgsstück, Zugstück* □ **sucesso de bilheteria**

Schlä|ger ⟨m.; -s, -⟩ **1** ⟨Sp.⟩ *Gerät, mit dem ein Ball od. eine Kugel in eine bestimmte Richtung geschlagen wird;* Golf~ □ ***taco de golfe;** Tennis~ □ ***raquete de tênis 2** *Fechtwaffe mit gerader Klinge* □ **espada 3** *Küchengerät zum Schlagen von Eiweiß od. Sahne;* Schnee~ □ **batedor 4** *leicht ausschlagendes Pferd* □ **escoiceador 5** ⟨umg.⟩ *Raufbold* □ **brigão; arruaceiro**

Schlä|ge|rei ⟨f.; -, -en⟩ *Rauferei, Prügelei, handgreifliche Auseinandersetzung;* eine ~ *beginnen* □ **briga; pancadaria**

schlä|gern ⟨V. 500; österr.⟩ Bäume ~ *fällen* □ **abater; cortar**

schlag|fer|tig ⟨Adj.; fig.⟩ **1** *nie um eine Antwort verlegen, einfallsreich im Antworten;* er ist ein ~er Mensch □ ***ele tem sempre uma resposta pronta;** sie antwortete ~ □ **prontamente 2** *rasch, treffend u. meist auch witzig;* Sy *prompt(2);* er gab ihr eine ~e Antwort □ **pronto; na ponta da língua**

Schlag|in|stru|ment *auch:* **Schlag|ins|tru|ment** *auch:* **Schlag|inst|ru|ment** ⟨n.; -(e)s, -e; Mus.⟩ *durch Schla-*

gen betätigtes Musikinstrument, z. B. Becken, Pauke, Trommel, Triangel, Glockenspiel □ **instrumento de percussão**

Schlag|kraft ⟨f.; -; unz.⟩ **1** *Kraft, Wucht eines Schlages;* der Boxer hat eine erstaunliche ~ □ **potência; força 2** *Durchschlagskraft* □ **poder de persuasão; influência 3** ⟨fig.⟩ *durchgreifende Wirkung, Wirkungskraft;* die ~ seiner Rede □ **eficácia 4** ⟨fig.⟩ *Überzeugungskraft;* seine Argumente hatten ~ □ **poder de persuasão 5** *Kampfstärke (einer Truppe);* die ~ der Armee war ungebrochen □ **força combativa; potencial militar**

Schlag|loch ⟨n.; -(e)s, -lö|cher⟩ *Loch im Straßenbelag, im Weg* □ **buraco (em ruas, avenidas etc.)**

Schlag|obers ⟨n.; -; unz.; österr.⟩ = **Schlagsahne**

Schlag|sah|ne ⟨f.; -; unz.⟩ *steifgeschlagene Sahne;* Sy ⟨österr.⟩ *Schlagobers;* Erdbeerkuchen mit ~ □ **chantili**

Schlag|sei|te ⟨f.; -; unz.⟩ **1** *Schräglage (eines Schiffes);* das Schiff hat ~ □ **banda; inclinação 2** ~ *haben* ⟨umg.; scherzh.⟩ *einen Rausch haben (u. deshalb nicht mehr gerade gehen können)* □ ***estar de porre**

Schlag|wort ⟨n.; -(e)s, -e od. -wör|ter⟩ **1** *treffendes, vielgebrauchtes Wort zum Kennzeichnen einer Zeiterscheinung* □ **chavão; clichê 2** *Gemeinplatz* □ **lugar-comum 3** ⟨Bibliothek⟩ *Stichwort, Kennwort, das den Inhalt eines Buches bezeichnet, meist dem Buchtitel entnommen;* ~katalog □ **tópico**

Schlag|zei|le ⟨f.; -, -n; in Zeitungen⟩ **1** *hervorgehobene Überschriftszeile (in der Zeitung)* □ **manchete 2** ~n *machen* ⟨fig.⟩ *auf sensationelle Weise bekannt werden* □ ***virar celebridade**

Schlag|zeug ⟨n.; -(e)s, -e; Mus.⟩ *Zusammenstellung von Schlaginstrumenten in einer Musikgruppe* □ **bateria**

schlak|sig ⟨Adj.⟩ *groß, schlank u. leicht ungeschickt in den Bewegungen (bes. von Jugendlichen)* □ **desajeitado; desastrado**

Schla|mas|sel ⟨m. od. n.; -s, -; umg.⟩ *Missgeschick, Unannehmlichkeit, schwierige, ausweglos erscheinende Situation* □ **encrenca; apuros**; in einen ~ hineingeraten □ ***encrencar-se; complicar-se**; im ~ sitzen □ ***estar em maus lençóis**; da haben wir den ~! □ ***estamos encrencados!**

Schlamm ⟨m.; -(e)s, -e od. Schläm|me⟩ *aufgeweichte Erde, Schmutz, Ablagerung in schmutzigen Gewässern;* der ~ war knöcheltief; im ~ stecken bleiben, versinken; jmdn. od. etwas mit ~ bewerfen, vom ~ reinigen □ **lama; lodo**

schläm|men ⟨V. 500⟩ **1** ein Gewässer ~ *von Schlamm reinigen* □ **desenlamear 2** *Pflanzen* ~ *gründlich begießen* □ **regar bem 3** *ein Gesteinsgemisch* ~ ⟨Tech.⟩ *grobkörnige od. spezifisch schwerere Anteile aus einem fein zerteilten, mit Wasser angerührten (aufgeschlämmten) Gemisch abtrennen, sich absetzen lassen* □ **lavar; decantar; levigar**

Schlamm|mas|se ⟨f.; -, -n⟩ *Masse an Schlamm* □ **lamaceira**

schlam|pig ⟨Adj.; umg.⟩ *unordentlich, nachlässig, liederlich;* ~ *angezogen sein;* ~ *herumlaufen;* er, sie ist ~ □ **desleixado; desmazelado**; eine Arbeit ~ *ausführen* □ **sem cuidado; nas coxas**

Schlan|ge ⟨f.; -, -en⟩ **1** ⟨Zool.⟩ *Angehörige einer Unterordnung der Schuppenkriechtiere, mit langem Körper, ohne Gliedmaßen: Serpentes, Ophidia* □ **serpente; cobra 1.1** *eine ~ am Busen nähren* ⟨fig.; umg.⟩ *jmdm. Gutes erweisen u. dafür Undank ernten* □ **criar cobra para mordê-lo* **2** ⟨fig.⟩ *falsche, hinterhältige Frau; sie ist eine gemeine ~* □ **serpente; cobra 3** ⟨fig.⟩ *etwas, das einer Schlange(1) der Gestalt nach ähnlich ist;* Heiz~; Papier~ □ *lange Reihe wartender Menschen* **3.1.1 ~ stehen** ⟨umg.⟩ *sich in einer Reihe anstellen u. warten* **3.2** *lange Reihe dicht hintereinanderfahrender od. wartender Fahrzeuge; auf der Autobahn hatten sich lange ~n gebildet* □ **fila 3.3** ⟨15.-17. Jh.⟩ *Geschütz mit kleinem Kaliber, aber langem Rohr, das die Treffsicherheit erhöhen sollte;* Feld~ □ **canhão de campanha* **3.4** ⟨Astron.⟩ *Sternbild am Himmelsäquator, Serpens* □ **Serpente**

schlän|geln ⟨V. 500⟩ **1** ⟨500/Vr 3⟩ *sich ~ sich wie eine Schlange bewegen, sich geschmeidig (windend) bewegen; die Kreuzotter, Ringelnatter schlängelt sich über die Steine; sich durch die Menschen, eine Menschenmenge ~* **2** ⟨Vr 3⟩ *etwas schlängelt* **sich (durch etwas)** *windet sich, verläuft in Windungen; der Weg schlängelt sich durch die Felsen; der Bach schlängelt sich durch die Wiesen* **3** *eine* **Linie** *~ in gleichmäßigen Windungen zeichnen; ein geschlängeltes Ornament* □ **serpear**

schlank ⟨Adj.⟩ **1** *dünn, schmal im Umfang u. in guten Proportionen lang; ein (großer) ~er Mensch; ein ~er Baum; ~e Beine, Finger, Hände; eine ~e Gestalt, Taille; ~er Wuchs; ~ bleiben wollen; das Kleid lässt dich ~ erscheinen; rank und ~ (gewachsen);* ~ *wie eine Tanne* □ **esbelto; esguio 1.1** *die ~e* **Linie** ⟨umg.⟩ *Schlankheit des Körpers* □ **a elegância* **1.2** *~e Unternehmensführung* ⟨eindeutschend für⟩ *Lean Management* □ **gerenciamento enxuto/sem desperdício* **2** *gewandt u. schnell; im ~en Trab* □ **a trote apressado* **3** ⟨Getrennt- u. Zusammenschreibung⟩ **3.1** *~ machen* = *schlankmachen*

schlank∥ma|chen *auch:* **schlank ma|chen** ⟨V. 400⟩ *eine Gewichtsabnahme bewirken, jmdn. schlanker wirken lassen; Längsstreifen machen schlank* □ **emagrecer; afinar**

schlapp ⟨Adj.⟩ = *schlaff*

Schlap|pe ⟨f.; -, -n⟩ *Misserfolg, Niederlage, Schaden; eine ~ erleiden, einstecken müssen; jmdm. eine ~ beibringen* □ **derrota**

schlap|pen ⟨V.; umg.⟩ **1** ⟨400⟩ *etwas schlappt hängt schlaff(1) herunter, schlottert; die nassen Segel ~ im Wind* **2** ⟨400⟩ *etwas schlappt schlenkert* □ **balançar; pender 2.1** *die Schuhe ~ sind zu groß, rutschen bei jedem Schritt über die Ferse* □ **sambar; estar muito folgado 3** ⟨400(s.)⟩ *sich schleppend bewegen, schlurfen; durchs Zimmer ~* □ **caminhar arrastando os pés 4** ⟨500⟩ *ein Tier schlappt eine Flüssigkeit trinkt schmatzend, schlürfend* □ **beber/sorver fazendo barulho**

schlapp∥ma|chen ⟨V. 400; umg.⟩ *nicht durchhalten, zusammenbrechen, nicht mehr weiterkönnen; sie hat kurz vor Erreichen der Ziellinie schlappgemacht* □ **ceder; capitular**

Schla|raf|fen|land ⟨n.; -(e)s; unz.⟩ *märchenhaftes Land, in dem man unaufhörlich schlemmen u. genießen kann* □ **país das delícias; paraíso**

schlau ⟨Adj.⟩ **1** *klug, gewitzt, listig; ein ~er Bursche; ein ~er Kopf; ein ~er Plan* □ **esperto; inteligente**; *das hat er sich sehr ~ ausgedacht* □ **com habilidade/astúcia**; *jetzt heißt es ~ sein; ein ~er Fuchs* ⟨fig.⟩ □ **esperto 1.1** *etwas ~ anfangen, machen geschickt u. intelligent beginnen, zustande bringen, meistern* □ **com inteligência/astúcia**; ⟨aber⟩ → *a.* **schlaumachen 1.2** *aus jmdm. od. einer Sache nicht ~ werden jmdn. nicht durchschauen können, eine S. nicht verstehen* □ **não conseguir entender/acompanhar alguém ou alguma coisa* **1.3** *(genau) so ~ wie vorher sein nichts begreifen* □ **ter entendido tanto quanto antes*

Schlau|ber|ger ⟨m.; -s, -; umg.; scherzh.⟩ *schlauer, pfiffiger, gewitzter Mensch* □ **espertalhão**

Schlauch ⟨m.; -(e)s, Schläu|che⟩ **1** *biegsame Röhre, meist aus Gummi, durch die Flüssigkeiten od. Gase geleitet werden;* Feuerwehr~; Garten~; Wasser~ □ **mangueira**; Wein~ □ **odre 1.1** *kreisförmiges, durch ein Ventil geschlossenes Gebilde aus Gummi, das im Reifen die Luft enthält;* Fahrrad~, Auto~; *einen ~ flicken, aufpumpen* □ **câmara de ar 2** ⟨Bot.⟩ *schlauchförmiges Pflanzenteil* □ **tubo 3** ⟨umg.⟩ *große körperliche Anstrengung, Kraftakt, Strapaze; das war aber ein ~!* □ **canseira 4** ⟨fig.; umg.; abwertend⟩ *langer, schmaler Raum* □ **aperto; cubículo**

schlau|chen ⟨V. 500⟩ **1** *eine Flüssigkeit ~ durch einen Schlauch leiten* □ **transvasar com uma mangueira 2** *etwas schlaucht jmdn.* ⟨fig.; umg.⟩ *strengt jmdn. körperlich sehr an; die lange Reise hat mich sehr geschlaucht* □ **cansar**

Schläue ⟨f.; -; unz.⟩ = *Schlauheit*

Schlau|fe ⟨f.; -, -n⟩ *Schlinge (1), Schleife¹(1)* □ **laço; nó**

Schlau|heit ⟨f.; -, -en⟩ *schlaues Wesen, Gewitztheit, Durchtriebenheit; Sy Schläue* □ **esperteza; astúcia**

schlau∥ma|chen ⟨V. 500/Vr 3⟩ *sich ~ sich erkundigen, informieren* □ **informar-se*; → *a.* **schlau (1.1)**

Schla|wi|ner ⟨m.; -s, -; umg.⟩ *pfiffiger, gewitzter, durchtriebener Kerl* □ **espertalhão**

schlecht ⟨Adj.⟩ **1** *minderwertig, wertlos, ungenügend;* Ggs *gut (1);* ~*e Zensuren; jmdm. einen ~en Dienst erweisen; das macht einen ~en Eindruck* □ **ruim; mau 1.1** *(das ist gar) nicht ~! ganz gut* □ **nada mau!* **1.2** ~*e Luft verbrauchte, stickige L.* □ **ruim; viciado 1.3** *nicht normal, nicht funktionsgerecht;* ~ *hören, sehen* □ **mal 1.4** *faul, verdorben, ungenießbar; das Fleisch ist ~ geworden* □ **a carne estragou* **1.5** ⟨Jägerspr.⟩ *kümmernd, kränkend* □ **adoentado 1.5.1** *ein ~er Hirsch H. mit geringem, schwachem Geweih* □ **cervo com pouca galhada ou galhada fraca* **2** *ungünstig, nachteilig in den Folgen; da hast du einen ~en Tausch gemacht; ein ~es Geschäft machen* □ **ruim; mau**; *das Essen ist mir ~ bekommen* □ **a comida não me caiu bem*; *eine ~e Angewohnheit; das* ist ein ~es Zeichen □ mau 2.1 das wird dir ~ bekommen! ⟨fig.⟩ davon wirst du noch unangenehme Folgen spüren, das wirst du noch bereuen □ *você vai se dar mal! 2.2 ~e Zeiten wirtschaftlich ungünstige Zeiten, Notzeiten □ *tempos difíceis 3 unerfreulich, unbefriedigend, unangenehm; ~e Laune, Stimmung; das ist ein ~er Trost; einen ~en Geschmack im Mund haben □ mau; ruim 3.1 es ist ~es Wetter kühles, kaltes u. regnerisches W. □ ruim; feio 4 unwohl, übel, krank; mir wird ~; mir ist ~ □ *não estou me sentindo bem 5 nicht der (moralischen) Norm entsprechend, böse; Ggs gut (5); ~er Einfluss, Umgang; einen ~en Ruf haben □ mau 5.1 ⟨60⟩ ~e Gesellschaft einen verderblichen Einfluss ausübende G. □ *má companhia 5.2 in ~e Hände geraten an jmdn., der ungeeignet (zur Aufsicht, als Besitzer) ist od. nachteiligen Einfluss ausübt □ *cair nas mãos erradas 6 unfein, unanständig; Ggs gut(4); sich ~ benehmen □ mal; ein ~er Witz □ de mau gosto 7 ⟨50⟩ feindselig, übel; Ggs gut(7); von jmdm. ~ denken, reden □ mal 7.1 auf jmdn. ~ zu sprechen sein böse auf jmdn. sein □ *estar irritado com alguém 8 ⟨50⟩ nur unter Schwierigkeiten, kaum; Ggs gut(8); ich kann ~ Nein sagen □ *tenho dificuldade em dizer não; ich kann es ~ vermeiden □ *mal consigo evitar; das passt ~ (zusammen) □ *isso não combina muito; isso não dá muito certo; er kann sich Gesichter ~ merken □ *ele mal consegue se lembrar dos rostos 8.1 nein, heute geht es ~ ⟨umg.⟩ heute passt es mir nicht □ *não, hoje não vai dar; ⟨aber Getrennt- u. Zusammenschreibung⟩ ~ gehen = schlechtgehen 9 ⟨50; umg.⟩ nicht ~ sehr; sie wunderte sich nicht ~ □ *muito; bastante 10 ⟨50; veraltet⟩ noch in der Wendung: recht u. ~ schlicht, einfach; sich recht u. ~ durchschlagen, recht u. ~ leben □ *ir vivendo; ir levando a vida 11 ⟨Getrennt- u. Zusammenschreibung⟩ 11.1 ~ bezahlt = schlechtbezahlt 11.2 ~ gelaunt = schlechtgelaunt

schlẹcht|be|zahlt auch: **schlecht bezahlt** ⟨Adj. 24⟩ eine schlechte Bezahlung erhaltend; ~e Angestellte, Mitarbeiter □ mal remunerado

schlẹch|ter|dings ⟨Adv.⟩ durchaus, ganz u. gar; noch mehr sparen (als jetzt) kann ich ~ nicht; das ist ~ unmöglich □ simplesmente; completamente

schlẹcht||ge|hen auch: **schlecht ge|hen** ⟨V. 145/601⟩ sich in einer üblen Lage befinden, sehr krank, in Not, unwohl, elend sein; es geht mir schlecht; mir ist es lange Zeit schlechtgegangen/schlecht gegangen □ ir mal; estar em má situação; → a. schlecht (8.1)

schlẹcht|ge|launt auch: **schlecht gelaunt** ⟨Adj. 24/70⟩ schlechte Laune haben; eine ~e Kundin, Verkäuferin □ mal-humorado

schlẹcht|hin ⟨a. ['--] Adv.⟩ überhaupt, ganz u. gar, vollkommen, typisch, absolut, ohne Einschränkung; er ist der romantische Dichter ~ □ por excelência; simplesmente

schlẹcht||ma|chen ⟨V. 500/Vr 7 od. Vr 8⟩ jmdn. od. etwas ~ auf üble Weise über jmdn. od. etwas reden, jmdn. od. etwas herabsetzen; er hat sie in der Nachbarschaft schlechtgemacht □ difamar; caluniar

schlẹcht|weg ⟨Adv.⟩ einfach, ohne Umstände □ simplesmente

schle|cken ⟨V.⟩ **1** ⟨500⟩ ein Lebewesen od. etwas ~ ablecken; die Tiermutter schleckt ihre neugeborenen Jungen **2** ⟨500⟩ etwas Süßes ~ genussvoll zu sich nehmen; Eis u. Sahne ~; die Katze schleckt die Milch aus der Schüssel 2.1 ⟨411⟩ an etwas ~ (genießerisch) lecken; an einer Eiswaffel ~ □ lamber 2.2 ⟨411⟩ von etwas ~ kosten, naschen; sie schleckte vom Kuchen, Pudding 2.3 ⟨400⟩ (gern) ~ gern Süßigkeiten naschen □ petiscar; provar

Schle|gel¹ ⟨alte Schreibung für⟩ Schlägel²

Schle|gel² ⟨m.; -s, -⟩ **1** ⟨süddt., österr. u. schweiz.⟩ Schenkel (eines geschlachteten od. geschossenen Tieres), Keule; Kalbs~; Reh~ □ coxa; pernil **2** ⟨umg.; schweiz.⟩ Bierflasche, Mostflasche □ garrafa

schlei|chen ⟨V. 219/400⟩ **1** ⟨(s.)⟩ (sich irgendwohin) ~ vorsichtig, leise u. möglichst unbemerkt (irgendwohin) gehen; auf leisen Sohlen ~; auf Zehenspitzen ~; sich ans Fenster, an die Tür ~; sich aus dem Haus ~ □ andar de mansinho/furtivamente; Argwohn, Misstrauen hatte sich in ihr Herz geschlichen ⟨fig.⟩ □ insinuar-se; infiltrar-se 1.1 sich in jmds. Vertrauen ~ ⟨fig.⟩ jmds. V. zu betrügen. Zwecken gewinnen □ *ganhar a confiança de alguém 1.2 ⟨(s.)⟩ (quälend) langsam vergehen; die Zeit schleicht □ arrastar-se

Schleich|weg ⟨m.; -(e)s, -e⟩ **1** verborgener Weg, heimlicher Pfad □ caminho secreto/escondido 1.1 auf ~en ⟨fig.⟩ auf ungesetzlichem Wege, unrechtmäßig □ *por vias ilegais; por baixo do pano

Schlei|er ⟨m.; -s, -⟩ **1** Gesicht od. Kopf verhüllendes, dichtes od. durchsichtiges Gewebe; Braut~; den ~ zurückschlagen; Hut mit ~ □ *véu 1.1 den ~ nehmen Nonne werden □ *tornar-se freira **2** ⟨fig.⟩ Dunst, Dunstschicht, Trübung; das Bild, Foto hat einen ~; alles wie durch einen ~ sehen; einen ~ vor den Augen haben □ véu; velo **3** ⟨fig.⟩ Hülle, etwas Verhüllendes; etwas mit dem ~ der Nächstenliebe verhüllen; der ~ der Dämmerung, der Nacht ⟨poet.⟩ 3.1 den ~ eines Geheimnisses lüften ein Geheimnis preisgeben □ véu **4** schleierähnlicher Federschmuck (von Eulen) □ disco facial **5** Blättchen um die Fruchthäutchen (von Farnen) □ indúsio

schlei|er|haft ⟨Adj.; umg.⟩ unbegreiflich, rätselhaft, unklar; es ist mir (völlig) ~, wie ... □ incompreensível

Schlei|fe¹ ⟨f.; -, -n⟩ **1** leicht lösbare Verknüpfung aus Schnur oder Band, bes. an Paketen u. Päckchen, meist in der Form einer Acht; → a. Schlinge(1); eine ~ binden 1.1 dekorativ zur Schleife(1) geschlungenes Band; Band~; Haar~; ein Kranz mit ~ □ laço **2** mit den Enden aneinandergeklebter Filmstreifen, der die ununterbrochene Beobachtung eines Bewegungsablaufes gestattet, Ringfilm □ filme em loop **3** fast kreisförmige Kurve, Windung, Kehre; Fluss~ □ curva; meandro **4** Figur in der Form einer Schleife(1); die Straßenbahn fährt hier eine ~ □ trevo; das Flugzeug fliegt eine ~ □ looping

Schlei|fe² ⟨f.; -, -n⟩ Schlitterbahn, Rutschbahn, Rutsche □ escorregador

schlei|fen ⟨V. 220⟩ **1** ⟨500⟩ etwas ~ durch Abschleifen bearbeiten □ desbastar; polir 1.1 (durch dauernde Bewegung am sich drehenden Schleifstein) schärfen; Bohrer, Messer, Scheren ~; das Messer ist frisch, scharf geschliffen □ amolar; afiar 1.2 die Oberfläche zu bestimmten Formen bearbeiten, glätten; Edelstein, Glas ~; geschliffenes Glas □ lapidar; facetar; graduar **2** ⟨500⟩ eine Festung ~ niederreißen, dem Erdboden gleichmachen □ arrasar **3** ⟨500⟩ jmdn. ~ ⟨fig.; umg.⟩ jmdm. beibringen, wie er sich zu benehmen hat □ polir 3.1 ⟨Soldatenspr.⟩ hart ausbilden, schwere körperl. Übungen machen lassen, scharf drillen □ treinar; adestrar **4** ⟨500⟩ etwas ~ schleppend nachziehen, über den Boden mitziehen; einen Sack über den Hof ~ □ arrastar; puxar 4.1 einen Ton ~ ⟨Mus.⟩ zum nachfolgenden Ton hinüberziehen □ ligar 4.2 den kranken Fuß (beim Laufen) ~ lassen den F. nur mitziehen, nicht aktiv in den Bewegungsvorgang einbeziehen □ *arrastar/puxar o pé doente; ⟨aber Getrennt- u. Zusammenschreibung⟩ ~ lassen = *schleifenlassen* **5** ⟨511⟩ jmdn. an einen Ort od. zu jmdn. ~ ⟨fig.; umg.; scherzh.⟩ gewaltsam, trotz Widerstand mitnehmen, an einen O. od. zu jmdn. bringen; jmdn. mit ins Theater, zu Freunden ~ □ arrastar; levar à força **6** ⟨411⟩ (an, auf od. über etwas) ~ etwas in anhaltender Bewegung in derselben Richtung berühren; mit dem Fuß beim Fahren auf dem Boden, auf dem Eis, Schnee ~; das Kleid schleift am, über den Boden; das Rad schleift am Schutzblech □ resvalar 6.1 die Kupplung ~ lassen die K. eines Kraftfahrzeugs nur so weit greifen lassen, dass sie nur einen Teil der Motorkraft auf das Getriebe überträgt □ *fazer a embreagem patinar; ⟨aber Getrennt- u. Zusammenschreibung⟩ ~ lassen = *schleifenlassen*

schlei|fen|las|sen auch: **schlei|fen las|sen** ⟨V. 175/500⟩ etwas ~ nicht mehr so streng sein, keine Ordnung, Disziplin mehr halten; die Zügel ~ □ *soltar as rédeas; er lässt alles schleifen □ descuidar; negligenciar; → a. schleifen (4.2, 6.1)

Schlei|fer ⟨m.; -s, -⟩ **1** jmd., der Werkzeuge schleift; Scheren~ □ afiador; amolador 1.1 Facharbeiter, der Edelsteine schleift; Edelstein~ □ lapidador **2** alter dt. Rundtanz (nach dem Schleifen des Fußes bei manchen Schritten) □ Schleifer **3** ⟨Mus.⟩ dem Vorschlag(4) ähnliche, aus zwei od. mehreren, meist von unten nach oben verlaufenden Tönen bestehende musikalische Verzierung □ apojatura dupla **4** ⟨Soldatenspr.⟩ Ausbilder, der seine Untergebenen schleift □ instrutor; adestrador **5** ⟨fig.; umg.; schweiz.⟩ Spitzbube, Windbeutel □ fanfarrão; gaiato

Schleim ⟨m.; -(e)s, -e⟩ **1** bei Menschen u. Tieren eine von Schleimdrüsen u. Becherzellen abgesonderte, zähe, schlüpfrige, leicht klebrige Flüssigkeit; Nasen~; Magen~; der ~ von Schnecken □ muco **2** alle quellbaren, nicht fadenziehenden Polysaccharide; Pflanzen~; ~ absondern □ mucilagem **3** Schleimsuppe; Hafer-, Reis~; einem Kranken einen ~ kochen □ papa; mingau

Schleim|haut ⟨f.; -, -häu|te⟩ die bei den Menschen u. Wirbeltieren alle nach außen sich öffnenden Höhlen u. Kanäle auskleidende, stets feucht u. schlüpfrig gehaltene Membran: Tunica mucosa; Magen~; Nasen~ □ mucosa

schlei|mig ⟨Adj.⟩ **1** voller Schleim □ mucoso **2** schlüpfrig, schmierig wie Schleim; sich ~ anfühlen □ viscoso; pegajoso **3** ⟨fig.; abwertend⟩ schmeichlerisch, kriecherisch, süßlich □ pegajoso; adulador

schlei|ßen ⟨V. 221⟩ **1** ⟨500⟩ Holz ~ spalten, auseinanderreißen; er schliss den Baumstumpf in Stücke □ rachar 1.1 Späne ~ abschälen □ lascar 1.2 Federn ~ den Flaum vom Kiel abreißen □ arrancar a penugem **2** ⟨400; veraltet⟩ (leicht) zerreißen, sich schnell abnutzen; ein leicht ~der Stoff □ desgastar

schlem|men ⟨V. 400⟩ üppig, gut essen u. trinken □ regalar-se; comer e beber bem

Schlem|pe ⟨f.; -, -n⟩ beim Brennen von Getreide, Kartoffeln (zur Alkoholgewinnung) o. Ä. entstandener Rückstand, der als Viehfutter verwendet wird □ vinhaça; vinhoto

schlen|dern ⟨V. 400 (s.)⟩ langsam u. behaglich gehen, bummeln; auf und ab ~; durch die Straßen ~ □ flanar; deambular

Schlen|ker ⟨m.; -s, -⟩ **1** (plötzlich) ausschwingende Bewegung, von der (geraden) Bewegungsrichtung abweichender Bogen; einen ~ mit dem Fahrrad machen □ guinada; desvio brusco **2** kleiner Umweg (auf einer Reise, Fahrt); einen ~ über München machen □ desvio; volta

schlen|kern ⟨V.⟩ **1** ⟨500⟩ etwas ~ nachlässig hin- u. herschwingen (lassen); eine Tasche o. Ä. (beim Gehen hin und her) ~; den Stock in der Hand ~ 1.1 ⟨416⟩ mit etwas ~ etwas pendeln lassen; mit den Armen, Beinen ~ □ balançar; menear **2** ⟨400(s.)⟩ sich schwankend hin- u. herbewegen; der Wagen begann in der Kurve zu ~ □ derrapar; der Vorhang schlenkert im Wind □ esvoaçar

Schlep|pe ⟨f.; -, -n⟩ **1** langer, am Boden nachschleifender Teil des Kleides; ein Brautkleid mit ~; die ~ über den Arm nehmen □ cauda **2** ⟨Jägerspr.⟩ an einer Leine nachgeschlepptes Gescheide o. Ä., um Raubwild an eine bestimmte Stelle zu locken **3** ⟨Jägerspr.⟩ Fährte der Wildente u. a. Wasservögel durchs Rohr od. Schilf □ rastro

schlep|pen ⟨V.⟩ **1** ⟨500⟩ etwas ~ mit großer Anstrengung tragen; einen Koffer ~ 1.1 ⟨550/Vr 3⟩ sich mit etwas ~ etwas lange u. mühsam tragen, sich mit etwas (ab)plagen; ich habe mich die ganze Zeit mit der schweren Tasche geschleppt; sich mit einer Erkältung, Grippe ~ □ arrastar(-se); carregar 1.2 ein Kleidungsstück ~ ⟨umg.⟩ sehr lange tragen, anziehen u. abnutzen □ *vestir sempre a mesma roupa **2** ⟨500/Vr 3⟩ jmdn. od. etwas (in bestimmter Weise irgendwohin) ~ mit Mühe fortbewegen; er konnte sich noch langsam nach Hause ~ □ arrastar(-se) 2.1 etwas (irgendwohin) ~ mit dem Schlepper ziehen, abschleppen; Lastkähne (stromaufwärts) ~ □ rebocar 2.1.1 hinter sich herziehen, nachschleifen lassen; ein Fischernetz ~ **2.2** ⟨511⟩ jmdn. an einen Ort od. zu jmdn. ~ ⟨fig.; umg.⟩ gewaltsam, trotz Widerstreben an einen Ort od. zu jmdn. bringen; der Gefangene wurde ins Lager geschleppt; jmdn. vor den Richter ~; jmdn. mit ins Kino, Theater, zu Freunden ~; er hat mich durchs Museum, durch die ganze Stadt geschleppt 2.3 ⟨511/Vr 3⟩ **sich** (irgendwohin) ~ *sich mühsam (irgendwohin) fortbewegen;* der Kranke schleppte sich zum Bett, zum Lehnstuhl; der Verwundete konnte sich gerade noch bis zum nächsten Haus ~; ich kann mich kaum noch ~ (vor Erschöpfung) □ **arrastar(-se) 3** ⟨400⟩ *etwas* schleppt *schleift nach, berührt den Boden;* der Rock, der Mantel schleppt □ **arrastar-se pelo chão**

Schlep|per ⟨m.; -s, -⟩ **1** *Fahrzeug zum Schleppen anderer Fahrzeuge, z. B. Schleppdampfer, Traktor;* Rad~, Sattel~ □ **rebocador; guincho 2** *jmd., der (betrügerischen) Unternehmen Opfer zuführt* □ **vigarista; embusteiro 3** *jmd., der Personen illegal in ein Land einschleust* □ **pessoa que faz a travessia clandestina de imigrantes para um país**

Schlepp|tau ⟨n.; -(e)s, -e⟩ **1** *Tau zum Befestigen eines Fahrzeugs am Schlepper(1);* der Dampfer nahm die Kähne ins ~ □ **cabo de reboque 1.1** jmdn. ins ~ nehmen ⟨a. fig.; umg.⟩ *jmdn. mit sich ziehen, mitschleppen* □ ***levar alguém a reboque;** arrastar alguém;* sich (nicht) ins ~ nehmen lassen □ ***(não) se deixar levar 1.1.1** in jmds. ~ geraten ⟨fig.; umg.⟩ *in Abhängigkeit von jmdm. geraten, jmdn. über sich verfügen lassen* □ ***cair nas mãos de alguém 2** am Freiballon hängendes Seil zur Erleichterung der Landung* □ **corda**

Schleu|der ⟨f.; -, -n⟩ **1** *schnell rotierende Maschine zum Entfernen des Wassers aus nasser Wäsche;* Wäsche~, Trocken~ **2** *Vorrichtung zum Trennen von Flüssigkeiten,* Zentrifuge; Honig~ □ **centrifuga 3** *Wurfgerät für Steine od. Bleikugeln aus zwei durch ein taschenartiges Lederstück verbundenen Riemen od. Stricken, deren einer nach dem Schwingen um den Kopf losgelassen wird,* Bandschleuder; der Junge schoss mit einer ~ auf eine Flasche **3.1** ⟨MA⟩ *an einem Stab befestigte Schleuder(3) als Wurfwaffe für Brandkugeln,* Stabschleuder □ **funda; catapulta 4** ⟨Ringen⟩ *Griff mit der rechten Hand unter den linken Oberarm des Gegners, um diesen mit sich zu Boden zu reißen* □ **golpe de direita**

schleu|dern ⟨V.⟩ **1** ⟨500⟩ jmdn. od. etwas ~ *mit Schwung, Wucht werfen;* einen Ball, Stein ~; jmdn. zu Boden ~; einen Gegenstand an die Wand, aus dem Fenster ~ □ **lançar; arremessar 1.1** ⟨531/Vr 4⟩ jmdm. eine Antwort ins Gesicht ~ ⟨fig.⟩ *jmdm. heftig, zornig antworten* □ ***dar uma resposta atravessada a alguém 2** ⟨500⟩ *etwas* ~ *in der Schleuder(1,2) bearbeiten;* Honig, Milch, Wäsche ~ □ **centrifugar 3** ⟨400⟩ *auf glatter Bahn schnell abwechselnd links u. rechts seitlich abgleiten;* in der Kurve ist, hat das Motorrad geschleudert; das Auto geriet ins Schleudern □ **derrapar**

schleu|nig ⟨Adj. 90⟩ *eilig, baldig, unverzüglich, sofortig, schnell;* wir bitten um ~e Rückgabe des Buches; ~ weglaufen □ **rápido; rapidamente**

schleu|nigst ⟨Adv.⟩ *unverzüglich, schnellstens, sofort;* ich muss ~ nach Hause □ **o quanto antes; o mais depressa possível**

Schleu|se ⟨f.; -, -n⟩ **1** *Anlage in Flüssen u. Kanälen für Schiffe zur Überwindung von Höhenunterschieden* □ **eclusa 2** *Klappe zum Stauen u. Freigeben eines Wasserlaufs* **2.1** die ~n des **Himmels** öffnen sich ⟨fig.⟩ *es beginnt heftig zu regnen* **3** *Vorrichtung zum Ableiten von Wasserläufen od. Abwässern in Kanäle od. Rohre* □ **comporta 4** *Kammer mit zwei Türen, in der der Luftdruck langsam erhöht od. gesenkt werden kann, zur Überwindung von Druckunterschieden zwischen zwei Räumen;* Luft~ □ ***câmara de compressão**

schleu|sen ⟨V. 500⟩ **1** ein **Schiff** *durch einen Kanal ~ mittels Schleuse bringen* □ **fazer passar (pela eclusa) 2** ⟨511/Vr 7 od. Vr 8⟩ jmdn. od. etwas durch etwas ~ ⟨fig.⟩ *(durch Hindernisse) bringen, leiten;* Flüchtlinge durch ein Lager ~; jmdn. durch eine Reihe von Instanzen, Ämtern ~; eine Autokolonne durch den Großstadtverkehr ~ □ **fazer passar; conduzir 2.1** jmdn. durch eine Kontrolle, über die Grenze ~ *heimlich bringen* □ **fazer passar clandestinamente**

Schlich ⟨m.; -(e)s, -e⟩ **1** *Schleiferschlamm* □ **lama; lodo 2** ⟨Met.⟩ *feinkörniges Erz* □ **minério de granulação fina 3** ⟨Pl.; umg.⟩ *Ränke, Listen, heimliches Treiben, heimliche Umwege, Heimlichkeiten;* jmds. ~e kennen; jmdm. auf die ~e kommen; hinter jmds. ~e kommen □ **artimanhas; intrigas**

schlicht ⟨Adj.⟩ **1** *einfach, ungekünstelt, anspruchslos, bescheiden;* ein ~er Mensch; „...", sagte er ~; ~ gekleidet sein; mit ~en Worten □ **simples; modesto; simplesmente; modestamente 1.1** das Haar ~ zurückgekämmt tragen *glatt* □ **liso**

schlich|ten ⟨V. 500⟩ **1** etwas ~ *glätten;* Holz, Metall ~ □ **alisar; aplainar 1.1** Leder ~ *geschmeidig machen* □ ***estirar a flor do couro 1.2** Kettfäden ~ ⟨Web.⟩ *mit klebriger Flüssigkeit (Schlichte) zum Glätten behandeln* □ **engomar 2** *eine Auseinandersetzung ~* ⟨fig.⟩ *beilegen, befrieden, begütigen;* Meinungsverschiedenheiten, Streit ~ □ **apaziguar; reconciliar**

Schlick ⟨m.; -(e)s, -e⟩ *Schlamm* □ **lama; lodo**

Schlie|re ⟨f.; -, -n⟩ **1** ⟨obersächs.; unz.⟩ *schleimige Masse* □ **visco; muco 2** *streifige Stelle in od. auf einem durchsichtigen Stoff (bes. im Glas);* auf dem Fensterglas sind ~n zu sehen □ **estria**

schlie|ßen ⟨V. 222⟩ **1** ⟨500⟩ etwas ~ *die Öffnung von etwas verdecken, etwas zumachen;* einen Kasten, Koffer, Schrank ~ □ **fechar;** eine Lücke ~ □ **preencher 1.1** einen Stromkreis ~ *den Stromfluss ermöglichen* □ **fechar 1.2** die Reihen ~ *zusammenrücken* □ **cerrar 2** ⟨500⟩ etwas ~ *zuklappen;* die Tür, das Fenster, den Deckel ~; ein Buch, die Augen ~ **2.1** er hat seine Augen (für immer) geschlossen *er ist gestorben* □ **fechar 3** ⟨500/Vr 3⟩ etwas schließt sich *geht zu;* die Wunde hat sich geschlossen □ **cicatrizar;** die Blüten ~ sich am Abend **4** ⟨400⟩ etwas schließt (in bestimmter Weise) *geht (in bestimmter Weise) zu;* die Tür schließt nicht, schließt schlecht; die Tür schließt (sich) von selbst □ **fechar(-se) 5** ⟨400⟩ *zuschließen, verschließen* **5.1** zweimal ~ *den Schlüssel zweimal im Schloss umdrehen* □ **passar a chave 5.2** der Schlüssel schließt *passt, kann auf- und zuschließen;* die Schlüssel schließen (nicht); der Schlüssel schloss

911

schließlich

mehrere Türen □ **fechar; trancar 6** ⟨500⟩ etwas ~ *für Besucher unzugänglich machen,* versperren; die Kirche, den Laden, den Schalter, die Schule ~; wir ~ (den Laden) um 18 Uhr; wann werden die Läden geschlossen? **7** ⟨400⟩ etwas schließt *stellt den Betrieb ein, ist nicht mehr geöffnet;* der Laden schließt samstags schon um 14 Uhr □ **fechar 7.1** das Museum hat heute geschlossen *ist heute nicht geöffnet* □ **estar fechado 8** ⟨511⟩ jmdn. od. etwas an etwas ~ *(mit einem Schloß) befestigen;* einen Gefangenen mit Ketten an die Mauer, an einen Ring in der Mauer ~; den Hund an die Kette ~; das Fahrrad an einen Zaun ~ □ **prender 9** ⟨511⟩ jmdn. od. etwas in etwas ~ *sicher verwahren, einsperren, einschließen;* einen Gefangenen in eine Zelle ~ □ **trancar; trancafiar;** einen Brief, Geld in ein Fach, in den Schreibtisch ~ □ **guardar 9.1** jmdn. in Ketten ~ *fesseln* □ ***prender/acorrentar alguém 9.2** jmdn. **in die Arme** ~ *umarmen* □ ***abraçar alguém 9.3** sie hat das Kind in ihr **Herz** geschlossen ⟨fig.⟩ *das K. liebgewonnen* □ ***ela se apegou/afeiçoou à criança 10** ⟨511⟩ etwas schließt **etwas in sich** *enthält, birgt etwas;* diese Behauptung schließt einen Widerspruch in sich; dieses Land schließt manche unbekannten Gefahren, Schönheiten in sich □ **conter; encerrar 11** ⟨505⟩ **etwas (mit etwas)** ~ *beenden;* eine Sitzung, Versammlung ~; er schloss seine Rede, seinen Vortrag mit den Worten ... **12** ⟨405⟩ **(mit etwas)** ~ *zu Ende kommen, aufhören;* lass mich für heute ~ (Schlussformel im Brief); und damit will ich ~ (Schlussformel im Brief, bei einem Vortrag) □ **encerrar; concluir 13** ⟨850⟩ **von jmdm. od. etwas auf jmdn. od. etwas** ~ *folgern;* du sollst nicht immer von dir auf andere ~; von seinem Handlungsweise kann man auf seinen Charakter ~ **13.1** ⟨550⟩ **etwas aus etwas** ~ *folgern, eine Schlussfolgerung aus etwas ziehen;* aus seiner Bemerkung kann man ~, dass ... □ **concluir; deduzir 14** ⟨550/Vr 3⟩ **etwas schließt sich an etwas** *folgt auf etwas, knüpft an etwas an;* an den Vortrag schloss sich eine rege Diskussion □ **seguir-se (a) 15** ⟨500⟩ **etwas** ~ *vereinbaren* **15.1** eine **Freundschaft** ~ *jmds. Freund(in) werden* □ ***travar amizade 15.2** einen **Vertrag, ein Bündnis** ~ *unterzeichnen, rechtskräftig machen* □ ***concluir um contrato; fazer um acordo/uma aliança 15.3** ⟨505⟩ **die Ehe** (mit jmdm.) ~ (jmdn.) *heiraten* □ ***contrair matrimônio 15.4** **Frieden** ~ *sich versöhnen, einen Streit beenden* □ ***fazer as pazes 15.4.1** *einen Krieg durch einen Friedensvertrag beenden* □ ***selar a paz**

schließ|lich ⟨Adv.⟩ **1** *zum Schluss, endlich, am Ende;* er ist ~ doch noch gekommen □ **por fim 2** *nach einigem Zögern;* ~ fragte er ... □ **finalmente 3** *wenn man es recht bedenkt, im Grunde;* ~ hat er doch Recht □ **no fundo; afinal**

Schliff ⟨m.; -(e)s, -e⟩ **1** ⟨unz.⟩ *das Schleifen, Glätten;* der ~ eines Diamanten erfordert viel Mühe **2** *Art des Geschliffenseins;* der ~ des Glases; das Glas hat einen edlen ~; man unterscheidet verschiedene ~e **3** *durch Schleifen bearbeitete Stellen;* der schöne ~ des Glases □ **polimento; esmerilação; lapidação 4** ⟨fig.⟩ *gutes Benehmen, gute Umgangsformen, gute Manieren;* jmdm. ~ beibringen; er hat keinen ~ □ **bons modos; boas maneiras 4.1** ⟨militär.⟩ *Drill* □ **treino; disciplina 5** *unausgebackene, glasige Stelle im Backwerk* **5.1** der Kuchen ist ~ geworden *nicht durchgebacken* □ **mal-assado; cru 5.2** ~ **backen** ⟨fig.⟩ *keinen Erfolg haben, scheitern* □ ***dar-se mal; fracassar**

schlimm ⟨Adj.⟩ **1** *nachteilig, ungünstig;* es war nicht so ~, wie ich dachte; (es ist) ~ *genug, dass er sich verletzt hat* (du brauchst ihn nicht auch noch zu schelten); ist es ~, wenn ich nicht komme? ⟨umg.⟩ □ **ruim;** es gibt Schlimmeres als das; ich bin auf das Schlimmste gefasst □ **pior;** das ist halb so ~ (wie aussieht) ⟨umg.⟩ □ ***não é tão ruim (quanto parece)** **1.1** das ist nicht (so) ~ ⟨umg.⟩ *das hat nichts zu bedeuten, das macht nichts* □ ***não tem problema;* nicht so ~ (tão) grave 1.2** im ~sten Fall komme ich eben etwas später ⟨umg.⟩ *wenn es nicht anders geht* □ **pior 1.3** das ist (noch lange) nicht das Schlimmste ⟨umg.⟩ *es hätte ärger kommen können, es hätte unglücklicher ausgehen können* □ ***tem coisa bem pior do que isso* 1.4** es steht ~ (mit ihm) *es geht ihm sehr schlecht* □ ***ele está mal* 1.5** eine Entwicklung wendet sich zum Schlimmen *nimmt eine böse Wendung* □ ***uma evolução toma um rumo ruim/piora* 1.6** jmdn. aufs ~ste/Schlimmste zurichten *jmdn. übel zurichten* □ ***preparar alguém para o pior* 1.7** aufs Schlimmste gefasst sein *mit einer sehr schlechten Nachricht, einer negativen Entwicklung rechnen* □ ***esperar o pior* 2** ⟨umg.⟩ *unangenehm;* eine ~e Nachricht □ **mau; ruim; desagradável 3** *böse, übel, moralisch schlecht;* es wird mit ihm noch ein ~es Ende nehmen □ ***ele ainda vai se dar mal* 3.1** du Schlimmer! ⟨umg.; scherzh.⟩ *du Schwerenöter* □ ***seu mulherengo!* 4** ⟨umg.⟩ *krank, wund;* einen ~en Finger haben □ **machucado**

Schlin|ge ⟨f.; -, -n⟩ **1** *einfache Schleife, lose verknüpftes Band* □ **laço;** → a. *Schleife¹(1);* den Arm in der ~ tragen □ ***estar com o braço na tipoia* 2** *Fanggerät aus lose verknüpftem Draht;* ~n legen; sich in einer ~ fangen □ **armadilha 2.1** sich od. den Kopf aus der ~ ziehen ⟨fig.⟩ *sich (im letzten Moment) geschickt aus einer bedrängten Lage befreien* □ ***escapar/sair pela tangente* 2.2** den Kopf in die ~ stecken ⟨fig.⟩ *sich leichtfertig in Gefahr begeben* □ ***meter-se numa fria; arriscar o próprio pescoço**

Schlin|gel ⟨m.; -s, -; umg.⟩ **1** *durchtriebener, frecher Kerl, Tunichtgut* □ **maroto; traquinas 2** *freches Kerlchen, kleiner Schelm* □ **espertinho**

schlin|gen¹ ⟨V. 223/550⟩ **1** *etwas um etwas od. jmdn. ~ kreisförmig od. in Windungen um etwas od. jmdn. legen;* ein Band um das Päckchen ~; sie hat sich den Schal lose um die Schultern geschlungen □ **amarrar; envolver 1.1** ⟨Vr 3⟩ **sich um etwas** ~ *legen, winden;* die Pflanzen ~ sich um den Baum, um die Laube; die Schlange schlingt sich um ihr Opfer □ ***enredar(-se);* cingir 1.2** die Arme um jmdn. ~, um jmds. Hals ~ *jmdn. umarmen* □ ***abraçar/enlaçar alguém (pelo pescoço)* 2** *etwas in, durch etwas* ~

(ver)flechten, lose (ver)knüpfen; sich ein Band durchs Haar ~ □ **prender; entrelaçar**

schlin|gen² ⟨V. 223⟩ **1** ⟨500⟩ etwas ~ schlucken **2** ⟨402⟩ (etwas) ~ *gierig essen; schling (dein Essen) nicht so!* □ **engolir**

schlin|gern ⟨V. 400⟩ *ein Schiff schlingert pendelt infolge Seeganges um die Längsachse* □ **balançar**

Schlips ⟨m.; -es, -e⟩ **1** *lange, selbst geknotete Krawatte* □ **gravata 1.1** *sich auf den ~ getreten fühlen* ⟨umg.; scherzh.⟩ *beleidigt sein* □ *****ficar ofendido 1.2** *jmdn. beim ~ erwischen* ⟨fig.; umg.⟩ *jmdn. gerade noch zu fassen bekommen* □ *****conseguir alcançar/pegar alguém**

Schlit|ten ⟨m.; -s, -⟩ **1** *auf Kufen gleitendes Fahrzeug zum Fahren auf Schnee u. Eis;* Pferde~, Rodel~, Eskimo~, Hunde~ □ **trenó 1.1** *~ fahren rodeln* □ *****andar de trenó 1.2** *unter den ~ kommen* ⟨fig.; umg.⟩ *moralisch sinken, verkommen* □ *****afastar-se do bom caminho; ir ladeira abaixo **2** *gleitender Maschinenteil, Gleitstück, Gleitschuh* □ **carro; sapata deslizante 3** *die Holzvorrichtungen, auf denen das Schiff beim Stapellauf ins Wasser gleitet* □ **braço de lançamento 4** ⟨umg.; scherzh.⟩ *schickes, luxuriöses Fahrzeug (bes. Auto)* □ **máquina; carrão 5** *mit jmdm. ~ fahren* ⟨fig.; umg.⟩ *jmdn. grob behandeln, jmdn. schikanieren* □ *****tratar alguém como um cachorro**

schlit|tern ⟨V. 400(h. od. s.)⟩ *auf dem Eis, auf glatter Fläche (Parkett) rutschen* □ **deslizar; escorregar**

Schlitt|schuh ⟨m.; -(e)s, -e⟩ **1** *schmale Stahlkufe unter dem Schuh als Fortbewegungsmittel auf dem Eis* □ **patim de gelo 1.1** *~ laufen eislaufen* □ *****patinar no gelo**

Schlitz ⟨m.; -es, -e⟩ **1** *schmale Öffnung, Spalt;* Mauer~; Tür~ □ **fenda 2** *Einschnitt als Öffnung (im Kleid, in der Hose);* Hosen~ □ **braguilha**

Schlitz|ohr ⟨n.; -(e)s, -en⟩ **1** *geschlitzte Ohrmuschel* □ **abertura do pavilhão auricular 2** ⟨fig.⟩ *durchtriebener, pfiffiger Kerl, Betrüger* □ **espertalhão; malandro**

schloh|weiß ⟨Adj. 24/70⟩ *ganz weiß, schneeweiß; ~es Haar* □ **totalmente branco; branco como neve**

Schloss ⟨n.; -es, Schlös|ser⟩ **1** *Vorrichtung zum Verschließen; der Schlüssel steckt im ~; die Tür fiel (mit einem Krach) ins ~* □ **fecho; fechadura;** Tür~ □ *****fechadura;** Vorhänge~ □ **cadeado;** *man sollte ihm ein ~ vor den Mund legen (damit er endlich aufhört zu reden)* □ *****seria bom passar uma tranca na sua boca 1.1** *hinter ~ und Riegel im Gefängnis;* hinter ~ und Riegel sitzen □ *****estar atrás do grades 1.1.1** *jmdn. hinter ~ und Riegel bringen, setzen gefangen setzen, ins Gefängnis einsperren* □ *****colocar alguém atrás das grades 1.2** *unter ~ und Riegel halten unter Verschluss halten, sicher verwahrt haben* □ *****guardar a sete chaves 1.3** *Teil der Handfeuerwaffen, in den die Patronen eingelegt u. in dem sie zum Zünden gebracht werden* □ **ferrolho 1.4** ⟨Jägerspr.⟩ *knorpelige Verbindung der Beckenknochen (beim Schalenwild)* □ **pelve 2** *großes, repräsentatives, künstlerisch ausgestaltetes Wohngebäude, bes. von Fürsten, Palast; ein (altes) ~ besichtigen* □ **castelo**

Schlos|ser ⟨m.; -s, -⟩ **1** *Handwerker der Eisen- u. Metallverarbeitung;* Auto~; Bau~; Maschinen~; Kunst~ □ **serralheiro; mecânico 2** *Lehrberuf des Schlossers(1) mit dreijähriger Lehrzeit* □ **serralheria; mecânica**

Schlos|se|rin ⟨f.; -, -rin|nen⟩ *weibl. Schlosser(1)* □ **serralheira; mecânica**

Schlot ⟨m.; -(e)s, -e⟩ **1** *Schornstein* **1.1** *rauchen wie ein ~ sehr viel rauchen (Zigaretten, Zigarren)* □ **chaminé 2** ⟨fig.; umg.; abwertend⟩ *leichtsinniger, oberflächlicher Mensch* □ **leviano 3** ⟨fig.; umg.; abwertend⟩ *unangenehmer Kerl* □ **chato; antipático**

schlot|tern ⟨V. 410⟩ **1** *heftig zittern; seine Knie schlotterten (vor Angst); vor Kälte (an allen Gliedern) ~* □ **tremer; tiritar;** *mit ~den Knien* □ **trêmulo, tiritante 2** *ein Kleidungsstück schlottert (am, um den Körper)* ⟨fig.; umg.⟩ *abwertend leichtsinniger, oberflächlicher Mensch*... *ist zu weit u. hängt schlaff um die Glieder* □ **estar muito folgado; sambar**

Schlucht ⟨f.; -, -en⟩ *tiefes, enges Tal mit steilen Wänden, bes. zwischen Felsen* □ **garganta; desfiladeiro**

schluch|zen ⟨V. 402⟩ (etwas) ~ *heftig stoßweise weinen; ~d etwas sagen; „Ja!", schluchzte sie* □ **soluçar**

Schluck ⟨m.; -(e)s, -e⟩ **1** *Flüssigkeitsmenge, die man auf einmal schlucken kann 1.1 du hast du einen ~ Wasser, Milch für mich? ein wenig W., M.* **1.2** *ein ~ trinken ein Getränk probieren, ein wenig trinken* □ **gole; trago 2** *ein guter ~ gutes alkoholisches Getränk, guter Trunk* □ **drinque; bebida**

Schluck|auf ⟨m.; -s, -s⟩ *wiederholtes krampfartiges, kurzes Einatmen infolge schneller, heftiger Zusammenziehung des Zwerchfells u. anschließenden Verschlusses der Stimmritze; einen ~ haben* □ **soluço**

schlu|cken ⟨V.⟩ **1** ⟨500⟩ etwas ~ *(einen Bissen od. eine kleine Flüssigkeitsmenge) aus dem Mund in den Magen bringen; eine Pille, Tablette ~; Wasser ~ (beim Schwimmen, Ertrinken)* **1.1** *Staub ~* ⟨fig.⟩ *einatmen* **1.2** *das neue Haus hat all unser Geld geschluckt* ⟨fig.⟩ *wir haben alles G. für das unser neues H. ausgegeben* **1.3** *der große Betrieb hat mehrere kleine geschluckt* ⟨fig.⟩ *mit sich vereinigt* **1.4** ⟨fig.⟩ *schweigend hinnehmen; eine Beleidigung, Zurechtweisung ~* **1.4.1** *vieles ~ müssen sich vieles gefallen lassen müssen* **2** ⟨400⟩ *die Schluckbewegung ausführen; Schmerzen beim Schlucken haben* **2.1** *ich musste erst dreimal ~, bevor ich antworten konnte* ⟨fig.; umg.⟩ *ich musste mich erst fassen* □ **engolir; deglutir**

schlu|dern ⟨V. 400; abwertend⟩ *nachlässig, fahrig, unordentlich arbeiten; bei den Hausaufgaben ~* □ **fazer nas coxas**

Schlum|mer ⟨m.; -s; unz.⟩ *leichter, sanfter, kurzer Schlaf* □ **cochilo**

schlum|mern ⟨V. 400⟩ *in Schlummer liegen, sanft schlafen, leicht schlafend ruhen* □ **cochilar**

Schlumpf ⟨m.; -(e)s, Schlümp|fe; umg.⟩ **1** *kleine zwergenhafte Gestalt (als Comicfigur)* **1.1** *niedliches Geschöpf* □ **Smurf 2** *einfältiger Mensch, Witzbold* □ **bufão;** *du bist vielleicht ein ~!* □ *****você deve estar brincando!**

Schlund ⟨m.; -(e)s, Schlün|de⟩ **1** ⟨Anat.⟩ *trichterförmige Verbindung der Mund- u. Nasenhöhle mit der*

Schlupf

Speiseröhre: Fauces **2** ⟨Jägerspr.⟩ *Speiseröhre (beim Schalenwild)* **3** ⟨fig.; geh.⟩ *tiefe Öffnung, Abgrund; der ~ eines Vulkans* □ **fauce**

Schlupf ⟨m.; -(e)s, Schlüp|fe⟩ **1** ⟨oberdt.⟩ *Loch, durch das man schlüpft, Durchschlupf* □ **esconderijo; refúgio 2** ⟨Tech.⟩ *das Zurückbleiben des angetriebenen Teils gegenüber dem treibenden Teil bei einer Übertragung der Kraft durch Treibriemen od. Gleitkupplung* □ **recuo 3** ⟨El.⟩ *Maß für die Drehzahldifferenz zwischen Ständer- u. Läuferdrehfeld bei Asynchronmotoren* □ **deslizamento**

schlup|fen ⟨V. 405(s.); süddt.; österr.⟩ = *schlüpfen*

schlüp|fen ⟨V. 405(s.)⟩ oV *schlupfen* **1** *sich gleitend, behände od. unbemerkt (durch eine bes. enge Öffnung) bewegen; der Fisch ist mir aus der Hand geschlüpft; durch eine Zaunlücke ~; in ein Haus, Zimmer ~; die Maus schlüpft ins Loch* □ **safar-se; esgueirar-se; escapar 1.1** *in ein Kleidungsstück, in Schuhe ~* ⟨umg.⟩ *ein K., S. schnell anziehen* □ **enfiar; vestir rapidamente 1.2** *aus einem Kleidungsstück, Schuh ~* ⟨umg.⟩ *ein K., einen S. schnell ausziehen* □ **tirar/despir-se rapidamente 2** *Vögel ~ aus dem Ei kriechen aus* □ ***sair da casca**

Schlüp|fer ⟨m.; -s, -⟩ *kurze Unterhose für Damen od. Kinder* □ **calcinhas**

Schlupf|loch ⟨n.; -(e)s, -lö|cher⟩ **1** *Loch als Versteck* □ **buraco 2** ⟨fig.⟩ **2.1** *Schlupfwinkel, verborgener Zufluchtsort* □ **esconderijo 2.2** *Lücke (ein einem Gesetz), Ausweg; ein juristisches ~; ein ~ stopfen; Steuer~* □ **brecha**

schlüpf|rig ⟨Adj.⟩ **1** *glatt, feucht, rutschig; ~e Straßen, Wege* □ **escorregadio 2** ⟨fig.; abwertend⟩ *zweideutig, anstößig; eine ~e Bemerkung, Lektüre; ein ~er Witz* □ **ambíguo; obsceno**

schlur|fen ⟨V. 400(s.); norddt.⟩ *mit schleifenden Füßen gehen, schleppend einhergehen;* oV *schlürfen(2); (in Pantoffeln) durchs Zimmer ~* □ **arrastar os pés**

schlür|fen ⟨V.⟩ **1** ⟨402⟩ **(Getränke, Suppe) ~** 1.1 *geräuschvoll trinken; schlürf nicht so!; beim Essen, Trinken ~* □ **sorver 1.2** *mit Genuss trinken; heißen Kaffee ~* □ **saborear 2** ⟨400; mitteldt.⟩ = *schlurfen*

Schluss ⟨m.; -es, Schlüs|se⟩ **1** ⟨unz.⟩ *Ende, Abschluss, Beendigung; ~ des Schuljahres; wir müssen zum ~ kommen; am ~ des Briefes; nach ~ der Vorstellung* □ **fim; final; ~ für heute!** □ **chega por hoje!** 1.1 *an ~ marschieren zuletzt marschieren, die Letzten, der Letzte sein* □ ***ser o último da fila 1.2** = *jetzt! jetzt wird aufgehört!* □ ***agora chega! 1.3** = *damit! ich will nichts mehr davon hören!* □ ***chega! 1.4** *mit etwas ~ machen etwas beenden* □ ***terminar/concluir alguma coisa 1.4.1** ~ *(mit sich, mit seinem Leben) machen Selbstmord begehen* □ ***dar um fim na própria vida 1.5** *mit jmdm. ~ machen ein Liebesverhältnis mit jmdm. beenden* □ ***terminar com alguém 1.6** *zum ~ zuletzt; zum ~ sagte er* □ ***por fim; bis zum ~ bleiben** □ ***ficar até o fim 2** *abschließende Worte, abschließendes, letztes Kapitel; plötzlicher, überraschender ~ (eines Buches, Theaterstückes)* □ **final;** *~ folgt (bei Fortsetzungsromanen)* □ ***continua;** 27. *Fortsetzung und ~ (bei Fortsetzungsromanen in Zeitungen und Zeitschriften)* □ **fim; final 3** *Folgerung, aus einem Sachverhalt geschlossenes, abgeleitetes Urteil; ein überzeugender, zwingender ~* **3.1** *aus einer Bemerkung, Handlung einen ~ ziehen etwas aus einer B., H. folgern, schließen* □ **conclusão 3.2** *der Weisheit letzter ~* ⟨meist iron.⟩ *höchste Weisheit* □ ***a moral da história 3.3** *~ von n auf n + 1* ⟨Math., Logik⟩ *vollständige Induktion* □ **indução; dedução 4** ⟨unz.⟩ *Zusammenfügung, dichtes Schließen* **4.1** *die Tür, das Fenster hat (keinen) guten ~ schließt (nicht) gut* □ **fechamento 4.2** *der Reiter hat (keinen) guten ~ hat das Pferd (nicht) fest zwischen den Schenkeln* □ **firmeza 5** ⟨Börse⟩ *festgesetzte kleinste Menge, in der Waren od. Wertpapiere gehandelt werden* □ **lote padrão**

Schlüs|sel ⟨m.; -s, -⟩ **1** *Gerät zum Öffnen u. Schließen von Schlössern; der ~ passt (nicht); den ~ abziehen; den ~ (im Schloss) stecken lassen; dem Käufer des Hauses die ~ übergeben 1.1* ~ *zu etwas od. jmdm.* ⟨fig.⟩ *Mittel zu etwas, zum Verständnis von etwas; der ~ zum Erfolg; der ~ zum Verständnis einer Sache, eines Vorgangs; der ~ zu ihrer Psyche war ihre Kinderliebe* **2** *Verfahren zum Entziffern von Geheimtexten; Chiffren~* **3** ⟨fig.⟩ *Schema für die Verteilung, bestimmtes Verhältnis für die Aufteilung; Verteilungs~; Verteiler~* □ **chave 4** ⟨Mus.⟩ *Zeichen am Anfang der Notenlinien, das die Tonlage der Noten bestimmt, Notenschlüssel; Bass~; Violin~; F-~; C-~* □ **clave**

Schluss|fol|gern ⟨V. 500⟩ *etwas aus etwas ~ einen Schluss aus etwas ziehen, etwas folgern* □ **deduzir; concluir**

Schluss|fol|ge|rung ⟨f.; -, -en⟩ *logischer Schluss, Folgerung* □ **dedução; conclusão**

schlüs|sig ⟨Adj.⟩ **1** *einen Schluss zulassend, folgerichtig; eine ~e Behauptung, ein ~er Gedankengang* □ **conclusivo; concludente 2** *entschieden* □ **decidido 2.1** *sich (noch nicht) ~ sein sich (noch nicht) entschlossen haben* □ ***(ainda não) estar decidido 2.2** *sich ~ werden sich entschließen, sich klarwerden* □ ***decidir-se**

Schluss|licht ⟨n.; -(e)s, -er⟩ **1** *rotes Licht an der hinteren Seite eines Fahrzeugs* □ **luz de freio 2** ⟨fig.; umg.; scherzh.⟩ *Schlechtester, Letzter (in der Schulklasse, bei Sportwettkämpfen u. Ä.)* □ **lanterninha 2.1** *das ~ machen als Letzter gehen, fahren* □ ***ser o lanterninha**

Schluss|strich ⟨m.; -(e)s, -e⟩ **1** *Strich am Ende eines Schriftstückes* □ **traço ao final de um texto 1.1** *einen ~ unter eine Angelegenheit ziehen* ⟨fig.⟩ *eine A. endgültig beenden* □ ***pôr um ponto-final em alguma coisa**

Schmach ⟨f.; -; unz.⟩ *Schande, Demütigung, Entehrung* □ **vergonha; humilhação;** *~ und Schande über dich!* □ ***que vergonha!;** *~ erleiden* □ ***passar vergonha**

schmach|ten ⟨V.; geh.⟩ **1** ⟨400⟩ *leiden, hungern u. dürsten; im Kerker ~* □ **languescer; definhar 2** ⟨800⟩ *nach etwas od. jmdm. ~* ⟨a. fig.⟩ *sich schmerzlich nach etwas od. jmdm. sehnen; nach jmds. Liebe ~; nach einem Glas Wasser ~* □ ***ansiar/anelar por alguma**

coisa ou alguém; jmdm. ~de Blicke zuwerfen; jmdm. ~d ansehen □ lânguido; com languidez
schmäch|tig ⟨Adj.⟩ *mager, dünn u. klein, schwächlich;* eine ~e Person □ franzino
schmack|haft ⟨Adj.⟩ 1 *wohlschmeckend* □ saboroso; gostoso 2 *jmdm. etwas ~ machen* ⟨fig.; umg.⟩ *etwas so darstellen, dass es jmd. für gut, reizvoll hält* □ *tornar alguma coisa atrante para alguém; fazer alguém tomar gosto por alguma coisa
Schmäh ⟨m.; -s, - od. -s; österr.; umg.⟩ 1 *Schwindel, Trick, Scherz* □ brincadeira; embuste 1.1 *einen ~ führen miteinander scherzen* □ *fazer uma brincadeira 1.2 *jmdm. am ~ halten jmdn. vorführen, jmdn. zum Narren halten* □ *zombar de alguém; tirar sarro da cara de alguém
schmä|hen ⟨V. 500/Vr 8; geh.⟩ *jmdn. od. etwas ~ beleidigen, beschimpfen, schlechtmachen, geringschätzig über jmdn. od. etwas sprechen* □ insultar; injuriar
schmäh|lich ⟨Adj.⟩ *schmachvoll, schändlich;* er hat ihn ~ betrogen; jmdn. ~ im Stich lassen □ vergonhoso; (de modo) ultrajante/infame
schmal ⟨Adj. 23⟩ 1 *von geringer Ausdehnung nach zwei Seiten; Ggs breit(2);* ein ~er Gegenstand; ein ~es Gesicht; eine ~e Hand □ estreito; fino; delgado 1.1 *der Stoff liegt ~ die Stoffbahn ist nicht breit* 1.2 ein ~er Band (Gedichte) *ein dünner B.* 1.3 *eng;* ein ~er Weg, Durchgang □ estreito 1.4 *dünn, sehr schlank;* eine ~e Gestalt; sie ist von ~em Wuchs; ~e Hüften □ esguio; delgado 1.4.1 *mager u. blass;* er sieht ~ aus; er ist (in letzter Zeit recht) ~ geworden □ magro; emaciado 2 *knapp, karg, gering;* ~e Kost; ein ~es Einkommen □ magro; escasso
schmä|lern ⟨V. 500⟩ eine Sache ~ 1 *verringern, verkleinern; jmds. Gewinn, Rechte ~* □ diminuir; reduzir 1.1 ⟨fig.⟩ *herabsetzen; jmds. Verdienste, Vergnügen ~* □ depreciar; menosprezar
Schmalz[1] ⟨n.; -es, -e⟩ 1 *ausgelassenes, weiches, leicht streichbares tierisches Fett als Speisefett, im Unterschied zum Talg;* Schweine~ □ banha; pingue 2 ⟨oberdt.; schweiz.⟩ *Butterschmalz, ausgelassene Butter;* Pfannkuchen in ~ backen □ manteiga derretida
Schmalz[2] ⟨m.; -es; unz.; fig.; umg.⟩ 1 *übertriebenes Gefühl, Sentimentalität; mit viel ~ singen* 2 *sentimentales Erzeugnis; dieses Lied ist ein rechter ~* □ sentimentalismo; pieguice
Schmand ⟨m.; -(e)s; unz.⟩ oV Schmant 1 (bes. westmitteldt.) *saure Sahne* □ creme azedo 2 ⟨ostmitteldt.⟩ *Regen und Schnee zugleich, Schneematsch, Schlamm* □ lama; neve lamacenta
Schman|kerl ⟨n.; -s, -n; bair.-österr.⟩ *Leckerei, leckere Kleinigkeit* □ guloseima
Schmant ⟨m.; -(e)s; unz.⟩ = Schmand
schma|rot|zen ⟨V. 400⟩ 1 *auf Kosten anderer leben; ein Parasit schmarotzt in anderen, in fremden Körpern* □ viver à custa dos outros; parasitar; *~de Milben* □ parasita 1.1 ⟨411⟩ *bei jmdm. ~* ⟨umg.; abwertend⟩ *ungebeten an etwas teilhaben, was ein anderer hat* □ *parasitar alguém; encostar-se em alguém

Schma|rot|zer ⟨m.; -s, -⟩ Sy Parasit(1) 1 *Pflanze od. Tier, die bzw. das sich in od. auf einem anderen Lebewesen aufhält u. sich von ihm ernährt* 2 ⟨fig.⟩ *jmd., der schmarotzt, der auf fremde Kosten lebt;* Sy Parasit(1) □ parasita
Schmar|ren ⟨m.; -s, unz.; bair.-österr.⟩ oV Schmarrn 1 *in der Pfanne gebackene (süße) Mehlspeise, die nach dem Backen in kleine Stückchen geschnitten od. zerrissen u. mit Zucker bestreut wird;* Kaiser~ □ panqueca cortada em pequenos pedaços 2 ⟨fig.; umg.⟩ 2.1 *leichtes, heiteres, wenig geistreiches, etwas kitschiges Bühnenstück od. ebensolcher Film; das Stück war ein ganz netter, ein rechter ~* □ porcaria 2.2 *Unsinn; so ein ~!* □ bobagem 3 *das geht dich einen ~ an!* ⟨fig.; umg.⟩ *gar nichts, überhaupt nichts* □ *isso não é da sua conta!
Schmarrn ⟨m.; -s; unz.; bair.-österr.⟩ = Schmarren
schmat|zen ⟨V.⟩ 1 ⟨400⟩ *geräuschvoll essen* □ comer fazendo barulho 2 ⟨500/Vr 8⟩ *jmdn. ~* ⟨umg.⟩ *laut küssen* □ beijocar 3 *etwas mit geschmatzten Händen nehmen* ⟨fig.; umg.⟩ *sehr gern, mit Freude* □ *aceitar de muito bom grado
schmau|chen ⟨V. 402; umg.⟩ (eine Pfeife, eine Zigarre) *~ behaglich, genussvoll rauchen* □ fumar com prazer
Schmaus ⟨m.; -es, Schmäu|se; scherzh.⟩ *leckere Mahlzeit* □ banquete; festim
schmau|sen ⟨V. 400; scherzh.⟩ *mit Genuss essen, es sich gut schmecken lassen* □ regalar-se; banquetear-se
schme|cken ⟨V.⟩ 1 ⟨413⟩ *etwas schmeckt* (in bestimmter Weise) *bewirkt einen bestimmten Geschmack;* angenehm, unangenehm, lecker, gut, schlecht ~; bitter, fad, herb, salzig, sauer, süß ~; angebrannt ~; nach Fisch, nach Vanille, nach nichts ~ □ ter gosto (de); das schmeckt (gut)! □ *é bom!; é gostoso! 1.1 *das schmeckt nach mehr* ⟨umg.; scherzh.⟩ *so gut, dass man mehr davon essen möchte* □ *(está tão bom que) dá vontade de comer mais!; tem gosto de quero mais! 1.2 *das schmeckt nach Selbstlob* ⟨fig.; umg.⟩ *es klingt nach S.* □ *isso está cheirando a vaidade 2 ⟨613⟩ *etwas schmeckt jmdm.* (in bestimmter Weise) *bereitet jmdm. Genuss, mundet jmdm.; es schmeckt ihm* □ *isso o agrada; *wie schmeckt Ihnen der Wein?* □ *o que achou do vinho?; *lassen Sie sich's (gut) ~!* □ *bom proveito!; bom apetite! 2.1 *diese Arbeit schmeckt ihm nicht* ⟨fig.; umg.⟩ *behagt ihm nicht, missfällt ihm, bereitet ihm zu viel Mühe* □ agradar 3 ⟨500⟩ *etwas ~ kosten, mit der Zunge prüfen, abschmecken; schmeck mal den Salat, ob genug Salz daran ist* □ provar; experimentar 3.1 ⟨fig.⟩ *empfinden, spüren* 4 ⟨500; alemann. a.⟩ *riechen* 4.1 *ich habe den Braten geschmeckt* ⟨a. fig.⟩ *gerochen, die Sache geahnt* □ sentir o cheiro de
Schmei|che|lei ⟨f.; -, -en⟩ *liebenswürdige, schmeichelhafte Äußerung, übertriebenes Lob* □ adulação; bajulação
schmei|cheln ⟨V.⟩ 1 ⟨600⟩ *jmdm. od. einer Sache ~ jmdn. od. eine S. in ein günstiges Licht setzen, loben* □ lisonjear 1.1 *jmdm. ~ jmdm. Angenehmes sagen, jmdn.*

übertrieben loben; versuche nicht, mir zu ~! □ **adular; bajular** 1.2 jmdm. od. einer Sache ~ *die positiven Seiten von jmdm. od. einer S. bes. hervorheben;* das Bild schmeichelt ihr □ **favorecer; ressaltar** 1.2.1 die Farbe, der Stoff schmeichelt *ist kleidsam, lässt das Gesicht frischer u. weicher erscheinen* □ **cair/ficar bem** 1.3 jmds. Eitelkeit ~ *jmdm. in übertriebener Weise entgegenkommen* □ ***acariciar a vaidade de alguém** 1.4 es schmeichelt mir, dass ... *es hebt mein Selbstbewusstsein, macht mich ein wenig eitel, es ehrt mich, dass ...* □ ***fico lisonjeado...** 1.4.1 sich geschmeichelt fühlen *auf angenehme Weise sein Selbstgefühl gestärkt fühlen* □ ***sentir-se lisonjeado** 1.5 ⟨540/Vr 3⟩ **sich einer Sache**, einer Absicht, eines Tuns ~ *sich etwas zugutehalten, einbilden auf eine S., eine A., ein T.;* er schmeichelte sich, ein guter Mathematiker zu sein □ **acharse; considerar-se** 1.6 ⟨550/Vr 3⟩ **sich in jmds. Wohlwollen**, Vertrauen ~ *sich jmds. W., V. durch Schmeichelei erschleichen* □ ***ganhar/conquistar a simpatia/confiança de alguém (com adulação)** 2 ⟨417⟩ **mit jmdm.** ~ zärtlich sein, jmdn. liebkosen □ ***ser carinhoso com alguém; afagar alguém;** etwas ~d sagen □ **de modo carinhoso**

Schmeich|ler ⟨m.; -s, -⟩ 1 *jmd., der schmeichelt, Schmeicheleien sagt* □ **lisonjeador** 2 ⟨abwertend⟩ *jmd., der durch Schmeicheleien seine Ziele zu erreichen sucht* □ **adulador; bajulador**

Schmeich|le|rin ⟨f.; -, -rin|nen⟩ *weibl. Schmeichler* □ **lisonjeadora; aduladora; bajuladora**

schmei|ßen ⟨V. 224; umg.⟩ 1 ⟨500 od. 416⟩ **einen Gegenstand** od. **mit einem G.** ~ *werfen, schleudern;* mit einem Stein ~; er schmiss die Vase auf den Boden (aus Zorn) □ **atirar; lançar** 1.1 ⟨531⟩ jmdm. **Geld in den Rachen** ~ ⟨fig.⟩ *nutzlos zukommen lassen, sinnlos an jmdn. vergeuden* □ ***dar dinheiro de mão beijada para alguém** 1.2 ⟨531⟩ jmdm. etwas **vor die Füße** ~ ⟨a. fig.⟩ *wütend zurückgeben;* ich hätte ihm sein Geld am liebsten vor die Füße geschmissen □ ***fazer alguém engolir alguma coisa** 1.3 ⟨531/Vr 3⟩ **sich einem Mann an den Hals** ~ ⟨fig.⟩ *sich einem M. aufdrängen* □ ***jogar-se nos braços de um homem; oferecer-se para um homem** 1.4 ⟨400⟩ **ein Greifvogel** schmeißt ⟨Jägerspr.⟩ *scheidet Kot aus* □ **defecar** 2 ⟨500⟩ **etwas** ~ *(erfolgreich) durchführen, bewältigen, meistern;* das werden wir schon ~! □ **dar um jeito; resolver** 2.1 **wir werden den Laden** schon ~ *wir werden die Sache schon in Ordnung bringen* □ ***vamos dar um jeito nisso** 3 ⟨500⟩ *aufgeben, vorzeitig beenden;* eine Vorstellung, seine Rolle ~; er hat seine Lehre geschmissen □ **largar; desistir** 4 ⟨500⟩ etwas ~ *ausgeben, stiften, spendieren;* ein Bier ~; eine Runde, eine Lage ~ □ **pagar**

Schmelz ⟨m.; -es, -e⟩ 1 *harter, glänzender Überzug* 1.1 Glasfluss, Email 1.2 Glasur (auf Tongefäßen) 1.3 oberste Schicht des Zahns □ **esmalte** 2 ⟨unz.; poet.⟩ *weiches, harmonisches Erscheinungsbild* □ **esplendor** 2.1 *weicher Glanz (einer Farbe)* □ **brilho suave** 2.2 *weicher Klang, Wohllaut (einer Stimme)* □ **tom suave/ melodioso**

schmel|zen ⟨V. 225⟩ 1 ⟨500⟩ etwas ~ *durch Hitze flüssig machen;* Butter, Eis, Metall, Wachs ~; die Sonne schmilzt das Eis, den Schnee 2 ⟨400(s.)⟩ **etwas** schmilzt *wird durch Wärme flüssig, zerfließt;* der Schnee ist (in der Sonne) geschmolzen □ **fundir; derreter** 2.1 ⟨fig.⟩ *weich werden;* sein Herz schmolz, als er sie sah, reden hörte □ **amolecer** 2.2 ⟨fig.⟩ *verschwinden;* das Vermögen war bis auf einen kleinen Rest geschmolzen; unsere Zweifel waren geschmolzen □ **desaparecer; sumir**

Schmerz ⟨m.; -es, -en⟩ 1 *unangenehme, peinigende körperliche Empfindung;* bohrender, brennender, nagender, reißender, schneidender, stechender ~; großer, kleiner, rasender, unerträglicher ~; ~en aushalten (können); den ~ betäuben; ~en erdulden, erleiden, ertragen, haben, leiden; ~en lindern, stillen; wo haben Sie ~en?; sich den ~ verbeißen; vor ~ aufschreien, stöhnen □ **dor** 1.1 hast du sonst noch ~en? ⟨a. fig.; umg.⟩ *hast du sonst noch Wünsche?* □ ***mais alguma coisa?** 1.2 geteilter ~ ist halber ~ ⟨Sprichw.⟩ *ein Mitfühlender kann den Kummer erleichtern, ist tröstlich* □ ***dores compartilhadas são menores** 2 ⟨fig.⟩ *peinigende seelische Empfindung, große Trauer, Kummer, Leid;* tiefer ~; jmdm. ~ zufügen; dein Verhalten bereitet mir ~ □ **dor; desgosto; sofrimento** 2.1 jmdn. mit ~en erwarten ⟨fig.⟩ *sehnsüchtig* □ **ansiedade**

schmer|zen ⟨V.⟩ 1 ⟨400⟩ etwas schmerzt *tut weh, bereitet Schmerz;* die Wunde schmerzt (nicht, stark, wenig) □ **doer;** sich die ~den Füße, den ~den Kopf kühlen; den ~den Zahn herausziehen lassen □ **doído; dolorido** 1.1 ⟨500 od. 600⟩ **etwas** schmerzt jmdm., jmdn. *bereitet jmdm. körperlichen Schmerz;* die Wunde schmerzt mich (sehr); mein linker Fuß schmerzt mir □ **doer** 2 ⟨402⟩ etwas schmerzt (jmdn.) ⟨fig.⟩ *bereitet (jmdm.) Kummer;* es schmerzt mich (sehr), dass ... □ ***lamento/sinto (muito) que...;** ein solcher Verlust schmerzt natürlich □ ***naturalmente, uma perda como essa é lamentável**

schmerz|lich ⟨Adj.⟩ 1 *seelischen Schmerz, Kummer erregend, betrüblich;* eine ~e Erinnerung; ein ~er Verlust □ **doloroso; triste; penoso;** von etwas ~ berührt sein □ ***ficar entristecido com alguma coisa;** sich einer Sache, eines Verlustes ~ bewusst werden □ ***tomar conhecimento de alguma coisa/de uma perda de maneira dolorosa** 1.1 ein ~es **Verlangen** (nach etwas) *sehnsüchtiges V.* □ **ardente** 1.2 es ist mir sehr ~, Ihnen mitteilen zu müssen, dass ... *es tut mir sehr Leid* □ ***lamento muito ter de informá-lo de que...**

schmerz|los ⟨Adj.⟩ 1 *ohne Schmerzen, keine Schmerzen verursachend;* ~e Behandlung □ **indolor** 1.1 *ohne viel Umstände* □ **sem rodeios; direto ao ponto;** → a. *kurz(2.3.6)*

schmerz|stil|lend ⟨Adj. 24⟩ *Schmerzen behebend, das Schmerzgefühl beseitigend;* ein ~es Medikament □ **analgésico; sedativo**

Schmet|ter|ling ⟨m.; -s, -e; Zool.⟩ 1 *Angehöriger einer Ordnung der Insekten mit gleichartig beschuppten Flügeln u. einem aus den Mundwerkzeugen gebildeten*

Saugrüssel, deren Larven (Raupen) nach Verpuppung u. Ruhestadium das erwachsene Insekt liefern: Lepidoptera; Sy *Falter* 1.1 wie ein ~ hin und her flattern, von einer Blume zur andern gaukeln ⟨fig.⟩ *viele Liebschaften haben* 1.2 wie ein ~ aus der Puppe kriechen ⟨fig.⟩ *sich hübsch, anmutig entwickeln* □ **borboleta**

Schmęt|ter|lings|blüt|ler ⟨m.; -s, -; Bot.⟩ *Angehöriger einer Familie der Hülsenfruchtartigen, deren Blüten den Schmetterlingen ähneln: Papilionaceae* □ **papilionáceas**

schmęt|tern ⟨V.⟩ **1** ⟨511⟩ jmdn. od. etwas irgendwohin ~ *wuchtig irgendwohin schlagen, werfen;* jmdn. od. etwas zu Boden ~; einen Ball (übers Netz) ~; einen Gegenstand an die Wand ~; die Karten auf den Tisch ~ □ **jogar; arremessar**; die Tür ins Schloss ~ □ **bater a porta*; einen Gegenstand in Stücke ~ □ **estraçalhar/despedaçar um objeto* **2** ⟨402⟩ (ein Lied) ~ *laut tönen (lassen);* die Trompeten schmetterten (einen Marsch) □ **retinir** 2.1 ⟨500⟩ etwas ~ *laut tönen lassen, laut und fröhlich singen;* der Sänger schmettert eine Arie; der Kanarienvogel schmettert sein Lied □ **cantar a plenos pulmões 3** ⟨500⟩ einen (Schnaps) ~ ⟨fig.; umg.⟩ *trinken* □ **beber; mamar**

Schmied ⟨m.; -(e)s, -e⟩ *Handwerker der Eisenverarbeitung, der (glühendes) Eisen mit dem Hammer formt* □ **ferreiro** ; → a. *Glück(2.2)*

schmie|den ⟨V. 500⟩ **1** Metall ~ *(glühend gemachtes) M. mit dem Hammer formen* 1.1 man muss das Eisen ~, solange es heiß ist ⟨Sprichw.⟩ *man muss einen Plan versuchen durchzusetzen, solange die Zeit dafür günstig ist* □ **bater; malhar 2** ⟨511⟩ jmdn. od. etwas an etwas ~ *durch Schmiedearbeit an etwas befestigen, fesseln;* der Gefangene wurde an der Kerkermauer geschmiedet; eine Eisenleiter an den Felsen ~ □ **prender** 2.1 ⟨511⟩ jmdn. in Ketten ~ *in K. legen, mit K. fesseln* □ **acorrentar alguém* **3** etwas ~ *durch Schmieden(1) herstellen;* Nägel, eine Kette ~; „Hat nicht mich zum Manne geschmiedet die allmächtige Zeit und das ewige Schicksal ...?" (Goethe, „Prometheus") □ **forjar** 3.1 unsere Freundschaft ist fest geschmiedet ⟨fig.⟩ *durch Bewährung, Erprobung fest geworden* □ **consolidar 4** ⟨fig.⟩ *ersinnen, sich ausdenken;* Pläne ~ □ **elaborar**; Ränke ~ □ **tramar**; Verse ~ □ **criar**

schmie|gen ⟨V. 510⟩ **1** ⟨Vr 3⟩ sich an eine Form ~ *sich weich, geschmeidig einer F. anpassen;* das Kleid schmiegt sich eng um ihren Körper; die Einlage schmiegt sich leicht, weich in den Schuh □ **ajustar-se; adaptar-se; aderir** 1.1 ⟨Vr 7⟩ sich od. etwas an jmdn. od. etwas ~ *wohlig, behaglich anlehnen, behutsam herandrücken, sich ankuscheln;* sich an jmdn. ~; sich an jmds. Brust, in jmds. Arme ~; sich in die Kissen ~; sich in die Sofaecke, in einen Sessel ~ □ **aconchegar-se; aninhar-se**

schmieg|sam ⟨Adj.⟩ **1** *sich leicht einer Form anpassend;* Strucksachen sind ~ und bequem; ~es Leder **2** ⟨fig.⟩ *anpassungsfähig* □ **flexível; maleável**

Schmie|re¹ ⟨f.; -, -n⟩ **1** *Fett zum Schmieren, Schmiermittel;* Schuh~; Wagen~ □ **graxa** 1.1 ~ bekommen ⟨fig.⟩ *Prügel* □ **levar uma sova/surra* **2** *fettige, klebrige Masse, Salbe* □ **unguento; pomada 3** *feuchter Schmutz* □ **lambuzeira; lambança 4** ⟨abwertend⟩ *schlechtes kleines Theater, primitive Wanderbühne;* sie hat bei einer ~ angefangen □ **teatro de fundo de quintal; teatreco**

Schmie|re² ⟨f.; umg.; nur in der Wendung⟩ ~ stehen ⟨umg.⟩ *Wache stehen (bei Verbrechen od. bösen Streichen)* □ **ficar/estar de guarda*

schmie|ren ⟨V.⟩ **1** ⟨500⟩ etwas ~ *mit Schmiere einfetten, ölen;* ein Rad, Schloss, eine Kette, eine Türangel ~ □ **lubrificar** 1.1 ⟨513⟩ wer gut schmiert, der gut fährt ⟨Sprichw.⟩ *gute Vorbereitung erleichtert jeden Plan* □ **quem seu carro unta seus bois ajuda* 1.2 es geht wie geschmiert *es geht reibungslos, es klappt ohne Zwischenfälle* □ **corre às mil maravilhas* **2** ⟨511⟩ etwas irgendwohin ~ *streichen;* Butter dick aufs Brot ~; Salbe auf eine Wunde ~; Lehm in Fugen, Ritzen ~ □ **untar; passar** 2.1 ⟨531⟩ jmdm. etwas aufs (Butter-) Brot ~ ⟨a. fig.; umg.⟩ *etwas Unangenehmes (deutlich, als Vorwurf) sagen;* du brauchst mir das nicht immer wieder aufs Butterbrot zu ~; ich werde es ihm nicht gleich aufs Butterbrot ~ □ **jogar alguma coisa na cara de alguém* 2.2 ⟨531⟩ jmdm. etwas in den Mund ~ ⟨fig.; umg.⟩ *jmdm. deutlich sagen, was er (bei bestimmter Gelegenheit) sagen soll* □ **instruir alguém sobre o que dizer (em determinada situação)*; → a. *Honig(2.1)* **3** ⟨500⟩ ein Brot, Brötchen (mit Aufstrich) ~ *bestreichen;* ein Butterbrot ~ □ **untar; passar (manteiga, geleia etc.) no pão 4** ⟨402⟩ (etwas) ~ *schlecht, unsauber schreiben od. malen, klecksen;* die Feder, der Füllhalter, Kugelschreiber schmiert; warum hast du deinen Aufsatz so geschmiert? □ **borrar; garatujar** 4.1 einen Ton beim Singen, Blasen od. Streichen zum andern unsauber hinüberziehen □ **desafinar 5** ⟨500⟩ jmdn. ~ ⟨fig.; umg.⟩ *bestechen;* die Angestellten sind alle (mit Geld) geschmiert worden □ **subornar alguém;* molhar a mão de alguém **6** ⟨530⟩ jmdm. eine ~ ⟨fig.; umg.⟩ *eine Ohrfeige geben* □ **dar um tapa em alguém*

schmie|rig ⟨Adj.⟩ **1** *voller Schmiere¹(1-3), fettig, feucht u. klebrig, feucht u. schmutzig, unsauber* □ **untuoso; gorduroso; lambuzado** 1.1 ein ~es Buch *ein abgegriffenes u. schmutziges B.* □ **ensebado 2** ~e Geschäfte ⟨fig.⟩ *unsaubere, G.* □ **sujo 3** eine ~e Person ⟨fig.; abwertend⟩ *eine unangenehm freundliche, kriecherische Person;* ein ~er Kerl □ **meloso; pegajoso**

Schmin|ke ⟨f.; -, -n⟩ *kosmetisches Mittel zum Färben der Haut, Lippen, Augenbrauen u. Wimpern;* ~ auftragen □ **maquilagem**

schmin|ken ⟨V. 503/Vr 5 od. Vr 7⟩ jmdn. od. (jmdm.) etwas ~ *mit Schminke färben;* sich ~ und pudern; sich die Lippen, Augenbrauen ~; einen Schauspieler (vor dem Auftritt) ~ □ **maquilar(-se); pintar(-se)**; geschminkte Lippen; auffallend, leicht, stark geschminkt □ **pintado; maquilado**

Schmir|gel ⟨m.; -s; unz.⟩ *als Polier- u. Schleifmittel verwendetes feinkörniges Mineral (Korund)* □ **esmeril**; ~papier □ **lixa de esmeril*

Schmiss ⟨m.; -es, -e⟩ **1** *Säbelhiebwunde u. deren Narbe;* Schmisse im Gesicht haben □ **cicatriz (de golpe de sabre) 2** ⟨unz.; fig.⟩ *Lebendigkeit u. Witz, Schwung;* ~ haben □ **vivacidade; brio**

schmis|sig ⟨Adj.; umg.⟩ *voller Schmiss(2), schwungvoll, flott;* ein ~er Kerl, ~er Tanz; die Tanzkapelle spielte ~ □ **entusiástico; brioso; com brio**

schmö|kern ⟨V. 402/405; umg.⟩ **(in etwas)** ~ – *viel u. genussvoll lesen, behaglich in Büchern u. Zeitschriften herumblättern;* Romane ~; in einer Zeitschrift ~ □ **devorar (livros); ler por prazer**

Schmol|le ⟨f.; -, -n; österr.⟩ *das Weiche im Brot, Brotkrume* □ **miolo do pão**

schmol|len ⟨V. 400⟩ **1** *seinen Unwillen zeigen, trotzen;* ~d den Mund verziehen; das Kind schmollt und weint □ **ficar amuado; fazer tromba 1.1** ⟨417⟩ **mit jmdm.** ~ – *mit jmdm. böse sein, jmdm. etwas übelnehmen* □ ***ficar zangado com alguém**

schmo|ren ⟨V.⟩ **1** ⟨500⟩ **Fleisch** ~ – *in Fett anbraten u. dann mit wenig Wasser in zugedecktem Topf langsam garen lassen;* Hammel-, Rind-, Schweinefleisch ~ □ **guisar; estufar 2** ⟨400⟩ **Fleisch schmort** *wird nach dem Anbraten im zugedeckten Topf langsam unter Kochen gar;* der Braten schmort schon eine Stunde □ **estar cozinhando 3** ⟨400; fig.; umg.⟩ *sich in großer Hitze aufhalten;* unter glühender südlicher Sonne ~ □ **morrer de calor 4** ⟨400⟩ *eine* **elektrische Leitung,** ein Kabel, ein Kontakt schmort *entwickelt infolge zu hohen Stromdurchflusses unerwünschte Hitze* □ **queimar 5** ⟨Getrennt- u. Zusammenschreibung⟩ ~ lassen → *schmorenlassen*

schmo|ren||las|sen *auch:* **schmo|ren las|sen** ⟨V. 175/500; fig.; umg.⟩ **jmdn.** ~ – *jmdn. im Ungewissen lassen;* du weißt nicht, wie sie es meint, und sie lässt ihn erst eine Weile schmoren; ich werde ihn noch ein wenig ~ □ **cozinhar; embromar; enrolar**

schmuck ⟨Adj.⟩ *hübsch, ansprechend, gepflegt;* ein ~es Dorf, Haus, Mädchen, Paar □ **bonito; arrumado;** sie macht sich ~ □ ***ela se arruma toda**

Schmuck ⟨m.; -(e)s, -e; Pl. selten⟩ **1** ⟨i. w. S.⟩ *Verzierung, Verschönerung, Zierde, Zierrat;* Fenster~, Altar~, Blüten~, Tisch~; der Garten im ~ der Blumen, des Frühlings; die Straßen im ~ der Fahnen, Girlanden; zum ~ dienen, gereichen □ **ornato; enfeite 2** ⟨i. e. S.⟩ *vom Menschen getragene schmückende Gegenstände, oft aus kostbarem Material, z. B. Ringe, Ketten, Broschen u. Ä.;* Silber~; Familien~; Mode~; ~ ablegen, anlegen, tragen, umtun; echter, falscher, goldener, kostbarer, silberner, wertvoller, mit Edelsteinen besetzter ~; sie sollte sich nicht mit so viel ~ behängen □ **joia**

schmü|cken ⟨V. 500 od. 516/Vr 7⟩ **1 jmdn. od. etwas** ~ *verzieren, putzen, verschönern, dekorieren, festlich herrichten;* sie schmückt sich mit einer Brosche aus Gold; den Christbaum ~; die Häuser, Straßen ~ (mit Fahnen, Girlanden); die Tafel war festlich geschmückt; das mit kostbaren Edelsteinen reich geschmückte Diadem; der mit Blumen und Girlanden festlich geschmückte Saal; ~des Beiwerk; einen Aufsatz, eine Rede mit Bildern und Vergleichen ~ □ **adornar; enfeitar 1.1** er schmückt sich gern mit fremden Federn ⟨fig.⟩ *prahlt mit Verdiensten anderer* □ ***ele adora se vangloriar dos méritos alheios**

schmud|de|lig ⟨Adj.; norddt.⟩ *leicht schmutzig, unsauber;* oV *schmuddlig;* ~es Wetter □ **feio,** eine ~e Wohnung □ **sujo; desarrumado**

schmudd|lig ⟨Adj.⟩ = *schmuddelig*

Schmug|gel ⟨m.; -s; unz.⟩ *gesetzwidrige Ein- od. Ausfuhr, Schleichhandel* □ **contrabando**

schmug|geln ⟨V. 500⟩ **Waren** ~ *Schmuggel treiben mit W.* □ **contrabandear**

schmun|zeln ⟨V. 400⟩ *verstohlen lächeln* □ **sorrir furtivamente**

schmu|sen ⟨V.; umg.⟩ **1** ⟨400⟩ *jmdm. Komplimente machen, sich anbiedern, schöntun* □ **lisonjear 2** ⟨405⟩ **(mit jmdm.)** ~ *zärtlich sein* □ **acariciar; afagar**

Schmutz ⟨m.; -es; unz.⟩ **1** *Unreinlichkeit, Unrat;* den ~ auf-, weg-, zusammenkehren; den ~ aus dem Zimmer, von der Treppe fegen □ **sujeira;** jmdn., jmds. Ehre, jmds. guten Namen in den ~ treten, zerren, ziehen ⟨fig.⟩ □ ***jogar a honra/o nome de alguém na lama,** innen ~, außen Putz □ ***por fora bela viola, por dentro pão bolorento* 1.1** vor ~ starren *sehr schmutzig sein* □ ***estar imundo* 1.2** jmdn. mit ~ bewerfen ⟨a. fig.⟩ *jmdn. beschimpfen, verleumden* □ ***caluniar/difamar alguém* 2** ⟨alemann.⟩ *Fett* □ **gordura**

schmut|zig ⟨Adj.⟩ **1** *unsauber, mit Schmutz bedeckt, fleckig, verunreinigt;* ~e Kleider, Strümpfe, Wäsche; die ~en Füße, Hände waschen; als Heizer muss er ~e Arbeit verrichten □ **sujo;** mit deinen nassen Schuhen machst du den Teppich ~; du hast deine Jacke, deine Hose schon wieder ~ gemacht; auf der Bahnfahrt ~ werden; gib doch Acht, dass du dich nicht gleich wieder ~ machst! □ **sujar(-se) 1.1** ⟨60⟩ diese Handtücher werde ich in die ~e Wäsche geben *in die zum Waschen bestimmte W.* **1.2** ~e **Hände** haben ⟨a. fig.⟩ *unehrenhaft gehandelt haben* □ **sujo 1.3** ⟨60⟩ man soll seine ~e **Wäsche** nicht vor anderen Leuten waschen ⟨fig.; umg.⟩ *anderen keinen Einblick in peinliche Privatangelegenheiten geben* □ ***roupa suja se lava em casa* 1.4** ⟨50⟩ du machst dich wohl nicht gern ~? ⟨a. fig.; umg.⟩ *du sollst mithelfen, mit zupacken!* □ ***você não gosta de se sujar/pegar no pesado?* 2** ⟨fig.⟩ *unanständig, gegen die Sitte verstoßend;* ~e Ausdrücke, Gedanken, Redensarten, Witze, Worte; das war ein ~es Lachen; er hat eine ~e Fantasie **2.1** ein ~es Geschäft, Gewerbe, Handwerk treiben *ein unredliches G.* □ **sujo; sórdido 3** ~e **Farbe** *verwaschene, nicht klare, nicht reine F.;* ein ~es Rot, Braun, Gelb □ **desbotado; deslavado 3.1** ~ **grau** *grau wie Schmutz* □ **cinza sujo/de sujeira**

Schna|bel ⟨m.; -s, Schnä|bel⟩ **1** ⟨Zool.⟩ *der verlängerte u. mit einer Scheide aus Horn überzogene, meist spitz auslaufende Kiefer der Vögel: Rostrum;* den ~ weit aufreißen, aufsperren; ein breiter, dicker, dünner, gekrümmter, kurzer, langer, spitzer ~; der Vogel trug einen Wurm im ~; mit dem ~ hacken, picken; der Storch klappert mit dem ~; der Vogel wetzt seinen ~ □ **bico 2** *einem Schnabel(1) ähnlicher Rüssel mancher*

Insekten (der Schnabelkerfe), der zum Stechen u. Saugen dient □ **probóscide 3** ⟨umg.⟩ *Mund* □ **bico 3.1** *mach doch den ~ auf! sprich doch endlich!* □ ***desembuche de uma vez!* 3.2** *halt endlich den ~! schweig!* □ ***feche esse bico!* 3.3** *(bei) ihr steht der ~ nicht eine Minute still sie spricht unaufhörlich* □ ***ela não fecha a matraca um só minuto* 3.4** *man sollte ihm endlich den ~ stopfen dafür sorgen, dass er aufhört zu reden* □ ***alguém deveria fazer com que ele fechasse o bico* 3.5** *damit habe ich mir den ~ verbrannt das hätte ich lieber nicht sagen sollen* □ ***acabei falando demais; eu devia ter ficado de boca fechada* 3.6** *sie wetzt ihren ~ gern an anderen Leuten sie spricht boshaft über andere* □ ***ela adora falar mal dos outros* 3.7** *sie geht ihm ganz schön um den ~ sie schmeichelt ihm geschickt* □ ***ela sabe encher sua bola; ela sabe dourar a pílula para ele* 3.8** *reden, sprechen, wie ihnen der ~ gewachsen ist natürlich, ungeziert* □ ***falar espontaneamente/claramente* 4** *etwas, was einem Schnabel(1) in der Form ähnelt* **4.1** *schnabelartiger Vorsprung, Spitze* **4.2** *Ausguss an Kannen* □ **bico 4.3** ⟨Mus.⟩ *Mundstück an Klarinetten u. Schnabelflöten* □ **bisel**

Schna|ke ⟨f.; -, -n; Zool.⟩ **1** *Angehörige einer Familie großer, langbeiniger Mücken, deren Larven sich im od. am Wasser entwickeln: Tipulidae* □ **tipulídeos 2** ⟨umg.⟩ *Stechmücke* □ **mosquito**

Schna|lle ⟨f.; -, -n⟩ **1** *Vorrichtung zum Schließen, bes. an Riemen; Gürtel~* □ **fivela 2** ⟨österr. a.⟩ *Türklinke* □ **maçaneta 3** ⟨Jägerspr.⟩ *äußerer weibl. Geschlechtsteil (bei Hunden u. Haarraubwild)* □ **vagina 4** ⟨Jugendspr.⟩ *Mädchen, Frau* □ **mina; garota**

schnal|len¹ ⟨V. 503/Vr 5 od. Vr 6⟩ **1** *(jmdm.) etwas ~ mit einer Schnalle befestigen, schließen; die Koffer, die Skier auf den Gepäckträger ~; eine Decke auf den Koffer ~; sich den Ranzen, den Rucksack auf den Rücken ~* □ **afivelar**, *einen Gürtel, Riemen enger, weiter ~* → a. *Riemen¹(1.1.1)* **2** *etwas ~* ⟨fig.; umg.⟩ *verstehen, begreifen; er schnallt es immer noch nicht* □ **entender; pescar**

schnal|len² ⟨V.; oberdt.⟩ = *schnalzen*

schnal|zen ⟨V. 400⟩ *ein schnappendes Geräusch erzeugen (durch schnelle Bewegung der Peitsche, der Zunge, der Finger); oV* ⟨oberdt.⟩ *schnallen²; er schnalzt mit der Peitsche* □ **estalar**

schnap|pen ⟨V.⟩ **1** ⟨411⟩ *nach jmdm. od. etwas ~ mit dem Mund, den Zähnen zu greifen suchen, darauf zufahren, beißen; der Hund schnappte nach der Beute, meiner Hand, meinem Hosenbein, der Wurst* □ **(tentar) abocanhar/abocar 1.1** *nach Luft ~* ⟨umg.⟩ *mit offenem Mund keuchend atmen* □ ***arfar; arquejar* 2** ⟨503/Vr 1⟩ *(sich) jmdm. od. etwas ~* ⟨umg.⟩ *(mit schneller Bewegung) greifen, fangen, erwischen; ich schnappe mir meinen Mantel und ging; er schnappte sich das beste Stück; ein Insekt im Fluge ~; hat man den Dieb schon geschnappt?; er wurde beim Grenzübertritt geschnappt* □ **pegar; apanhar 2.1** *ich muss noch ein wenig frische Luft ~ ein wenig ins Freie gehen, einen kleinen Spaziergang machen* □ ***preciso pegar um pouco de ar fresco* 3** ⟨411(s.)⟩ *etwas schnappt in eine bestimmte Richtung bewegt sich ruckartig in eine bestimmte R.; der Deckel schnappte plötzlich in die Höhe; die Tür schnappte ins Schloss* □ **bater 4** ⟨401⟩ *jetzt hat's geschnappt!* ⟨fig.; umg.⟩ *jetzt ist es mit meiner Geduld zu Ende* □ ***agora chega!***

Schnapp|schuss ⟨m.; -es, -schüs|se⟩ *fotografische Aufnahme von jmdm. od. etwas in einer nicht gestellten Momentaufnahme (meist von Personen od. Tieren in Bewegung)* □ **instantâneo**

Schnaps ⟨m.; -es, Schnäp|se⟩ *stark alkoholisches Getränk, Branntwein* □ **aguardente**

schnar|chen ⟨V. 400⟩ *jmd. od. ein Tier schnarcht erzeugt beim Atmen mit offenem Mund (meist im Schlaf) durch das hin u. her schwingende, erschlaffte Gaumensegel ein sägendes Geräusch* □ **roncar; ressonar**

schnar|ren ⟨V. 400⟩ *knarrendes, schnarchendes, rasselndes Geräusch hervorbringen* □ **matraquear; ranger**

schnat|tern ⟨V. 400⟩ **1** *klappernde Laute von sich geben; Enten, Gänse ~* □ **grasnar 1.1** ⟨414⟩ *vor Angst, Kälte ~* ⟨fig.⟩ *zittern* □ **tremer; tiritar 2** ⟨fig.; umg.⟩ *unaufhörlich reden, schwatzen, durcheinandersprechen* □ **tagarelar; matraquear**

schnau|ben ⟨V. 226⟩ **1** ⟨400⟩ *heftig, deutlich hörbar durch die Nase atmen; die Pferde ~* □ **bufar; bafejar 1.1** *keuchen; ~d zog die Dampflokomotive die Güterwagen bergauf* □ **bufando; bafejando 1.2** *der Wind schnaubt bläst hörbar* □ **soprar com força; ventanear 2** ⟨414; fig.⟩ *äußerst erregt sein; er schnaubte vor Empörung, Wut, Zorn* □ **bufar 3** ⟨500⟩ *die Nase ~ schnäuzen; du musst die Nase ~* □ **assoar 3.1** ⟨Vr 3⟩ *sich ~* ⟨bes. nord- u. mitteldt.⟩ *sich die Nase putzen* □ ***assoar-se***

schnau|fen ⟨V. 400⟩ **1** *heftig atmen, außer Atem sein, keuchen, schnauben; bergauf mussten sie vor Anstrengung ein wenig ~* □ **ofegar; arquejar 1.1** *was ist los, du kannst ja kaum noch ~* ⟨umg.⟩ *du bist ja außer Atem* □ **respirar**

Schnauz ⟨m.; -es, Schnäu|ze; bes. schweiz.⟩ = *Schnauzer(2)*

Schnau|ze ⟨f.; -, -n⟩ **1** *Gegend von Mund u. Nase mancher Tiere; die ~ des Wolfes, Fuchses, Bären* □ **focinho 2** ⟨derb⟩ *Mund* □ **matraca; bico 2.1** *halt die ~! sei still!* □ ***cale a boca!; feche essa matraca!* 2.2** *gib ihm eines auf die, auf seine große ~!* ⟨fig.⟩ *bring ihn zum Schweigen!* □ ***faça-o calar a boca!* 2.3** *ich will mir nicht die ~ verbrennen* ⟨fig.⟩ *ich sage lieber nichts, um Schwierigkeiten zu vermeiden* □ ***prefiro ficar calado* 2.4** *der mit seiner großen ~!* ⟨fig.⟩ *dieser großsprecherische Mensch!* □ ***ele e sua boca grande!* 2.5** *ich habe die ~ voll davon* ⟨fig.⟩ *ich bin der Sache überdrüssig, will nichts mehr damit zu tun haben* □ ***estou cheio/farto disso* 2.6** *wie hast du das gemacht? Frei nach ~!* ⟨fig.⟩ *ohne Plan, ganz ohne Vorbereitung* □ ***como você fez isso? de improviso!* 3** = *Ausguss(2); die ~ der Kaffeekanne ist ab-, angeschlagen* □ **bico 3.1** *Vorsprung an Dachrinnen; Dach~* □ ***gárgula***

schnäu|zen ⟨V. 500⟩ **1** ⟨Vr 3⟩ sich ~ *sich die Nase putzen* □ *assoar-se **1.1** ⟨503/Vr 5⟩ etwas ~ *putzen, säubern*; er schnäuzt (sich) die Nase □ limpar; assoar

Schnau|zer ⟨m.; -s, -⟩ **1** *mittelgroßer, rauhaariger Haushund mit einer bartähnlich behaarten Schnauze* □ *Schnauzer* **2** *Schnurrbart*; oV ⟨schweiz.⟩ *Schnauz* □ bigode

Schne|cke ⟨f.; -, -n⟩ **1** ⟨Zool.⟩ *Angehörige einer Klasse der Weichtiere mit od. ohne Gehäuse in Form einer Spirale: Gastropoda* □ caracol; lesma **1.1** *jmdm. zur ~ machen* ⟨fig.; umg.⟩ *heftig ausschelten, mit Vorwürfen überschütten* □ *passar uma descompostura em alguém; dar uma bronca em alguém **2** *gewundenes, spiralförmiges Gebilde* □ caracol **2.1** *ein Gebäck aus Hefeteig, dessen Teig spiralförmig gewunden wird* □ doce em forma de caracol **2.2** *Haartracht mit gewundenen Zöpfen über den Ohren* □ trança em caracol **2.3** *Kopfende des Geigenhalses* □ voluta **2.4** *Spirale, Schraube ohne Ende* □ parafuso sem-fim **2.5** *Welle mit Gewinde, in das ein Schneckenrad eingreift* □ rosca sem-fim **2.6** *Teil des inneren Ohrs: Cochlea* □ cóclea

Schnee ⟨m.; -s; unz.⟩ **1** *aus gefrorenem Wasser bestehender, fester, flockenförmiger Niederschlag; dichter, festgetretener, lockerer, nasser, trockener, verharschter ~; es liegt viel ~; der Wald lag in tiefem ~; hoher ~ bedeckte die Felder; durch den ~ stapfen; der ~ knirschte bei jedem Schritt unter unseren Füßen (so kalt war es); die Bergsteiger erreichten das Gebiet des ewigen ~s; die Straße vom ~ säubern* □ neve **1.1** *es fällt ~ es schneit* □ *neva; está nevando **1.2** *~ fegen, schippen Wege vom Schnee(1) säubern* □ neve **1.3** *unser Geld schmilzt wie ~ an der Sonne wird schnell ausgegeben* □ *nosso dinheiro vai embora rapidinho **1.4** *und wenn der ganze ~ verbrennt (die Asche bleibt uns doch)* ⟨fig.; umg.; scherzh.⟩ *und wenn es noch so schlimm kommt, lassen wir uns nicht entmutigen* □ *nem que chova canivete; custe o que custar **2** *geschlagenes Eiweiß; Ei~; mit der Hand, mit der Küchenmaschine, den Schneebesen ~ schlagen; Eiweiß zu ~ schlagen* □ clara em neve **3** ⟨Drogenszene⟩ *Rauschmittel (bes. Kokain) in Form von weißem Pulver* □ pó; farinha

Schnee|be|sen ⟨m.; -s, -⟩ *Küchengerät, mit dem Eiweiß zu Schnee, Sahne zu Schlagsahne geschlagen wird*; Sy *Schaumschläger(1)* □ batedor de clara

schnee|ig ⟨Adj. 24⟩ **1** *mit Schnee bedeckt; ~e Berge, Gipfel* □ coberto de neve; nevoso **1.1** *~e Luft L., in der sich Schnee ankündigt* □ *atmosfera nevosa **2** ⟨poet.⟩ *weiß wie Schnee; ~es Leinen* □ níveo; cândido

Schnee|mensch ⟨m.; -en, -en⟩ = *Yeti*

Schneid ⟨m.; -(e)s; unz. od. regional: f.; -; unz.; umg.⟩ **1** *Mut, Tatkraft, forsches Wesen; er hat (keinen) ~* □ coragem; peito; energia **1.1** *jmdm. den ~ abkaufen* ⟨fig.⟩ *ihn einschüchtern* □ desencorajar, desmoralizar

Schnei|de ⟨f.; -, -n⟩ **1** *die scharfe Seite der Klinge (im Unterschied zum Rücken); die ~ einer Axt, eines Beiles, eines Degens, eines Messers, einer Schere, eines Schwertes, einer Sense, Sichel; Rücken und ~ der Klinge; eine blanke, soeben geschliffene, rostige,*

scharfe, schartige, stumpfe ~ □ fio; gume; corte **1.1** *die Sache steht auf (des) Messers ~* ⟨fig.⟩ *die Entscheidung steht bevor, u. durch eine unbedeutende Kleinigkeit kann sie so od. entgegengesetzt ausfallen* □ *a questão está por um fio **2** ⟨allg.⟩ *Klinge (des Messers, Degens usw.)* □ lâmina **3** ⟨oberdt.⟩ *Grat* □ crista; cumeada **4** ⟨südostdt.⟩ *Schneid, Trieb zu etwas* □ energia

schnei|den ⟨V. 227⟩ **1** ⟨500⟩ *etwas ~ (mit dem Messer od. etwas ähnlich Scharfem) zerteilen, zerschneiden; Brot, Fleisch, Tomaten, Wurst (in Scheiben) ~; Gurke, Käse, Zwiebel (in Würfel) ~; Stämme zu Brettern ~; Stoff in Schrägstreifen ~* □ cortar **1.1** *in diesem Lokal ist die Luft zum Schneiden dick verbraucht, verräuchert* □ *o ar neste bar está enfumaçado/irrespirável **2** ⟨500⟩ *etwas ~ mit einem scharfen Werkzeug abtrennen; Blech, Papier ~; Blumen ~; Zweige vom Baum ~* □ cortar **2.1** ⟨503/Vr 5⟩ *(jmdm.) etwas ~ beschneiden, stutzen; Bäume, Hecken, Sträucher ~; ich muss mir vom Friseur das Haar ~ lassen; du musst dir die Nägel ~* □ cortar; aparar **2.1.1** *Gras, Getreide ~ mähen* □ cortar; ceifar; segar **3** ⟨500⟩ *etwas ~ mit einem scharfen Werkzeug durch Zerteilen herstellen; Bretter, Riemen ~; aus Rohr eine Pfeife ~* □ cortar; fazer (a partir de) **3.1** *mit Hilfe eines Schneidewerkzeuges hervorbringen, schnitzen; ein Bild in Holz ~; Figuren, Muster in Holz, Metall, Stein ~; Gemmen, Stempel ~* □ talhar **3.2** *einen Film, ein Tonband ~ durch Zerschneiden u. Zusammenkleben so bearbeiten, dass die beabsichtigte Fassung entsteht; die Fernsehaufzeichnung, der Film muss noch geschnitten werden* □ montar; editar **3.3** ⟨fig.⟩ *formen; sie hat aparte mandelförmig geschnittene Augen* □ *ela tem os olhos bem amendoados; *er hat ein markant geschnittenes Gesicht* □ *ele tem traços bem marcados **3.3.1** *sie ist ihrer Mutter wie aus dem Gesicht geschnitten ähnelt ihrer M. sehr* □ *ela é a cara da mãe **3.3.2** *Fratzen, Grimassen ~ mit dem Gesicht hervorbringen* □ *fazer caretas **4** ⟨500/Vr 7⟩ *jmdn. ~ mit etwas Scharfem eine Schnittwunde zufügen, verletzen; er hat mir mit der Sichel ins Bein geschnitten; eine Glasscherbe hat ihn geschnitten; ich habe mich an der Brotmaschine geschnitten; er hat sich beim Brotschneiden geschnitten; ich habe mich in den Finger geschnitten; sich mit dem Messer ~* □ cortar(-se) **4.1** ⟨510/Vr 3⟩ *wenn du damit rechnest, dann hast du dich (aber) gewaltig (in den Finger) ~* ⟨fig.; umg.⟩ *dann irrst du dich (gewaltig)* □ *se você está contando com isso, está redondamente enganado **4.2** ⟨511/Vr 3⟩ *da würde ich mich ja ins eigene Fleisch ~* ⟨fig.; umg.⟩ *mir selbst schaden* □ *eu ia levar na cabeça/me dar mal **4.3** *operieren; bei Blinddarmentzündung muss fast immer geschnitten werden* □ operar **4.4** *ein Tier ~ kastrieren* □ castrar **5** ⟨411⟩ *etwas schneidet ⟨a. fig.⟩ berührt schmerzhaft (wie ein scharfer Gegenstand); ein kalter Ostwind schnitt ihm ins Gesicht* □ cortar **5.1** *es schneidet mir im Leib ich habe Leibschmerzen* □ *estou com dor de barriga **5.2** ⟨611⟩ *das schneidet einem ins Herz, in die Seele es schmerzt jmdn., tut jmdm. Leid* □ *é de cortar o cora-

ção 6 ⟨413⟩ etwas schneidet **auf bestimmte Weise** *ist auf bestimmte Weise zum Zertrennen geeignet;* das Messer, die Schere schneidet gut, schlecht **7** ⟨400; Sp.⟩ *einen Ball seitlich treffen u. ihm so einen Drall geben;* geschnittene Bälle erscheinen oft unberechenbar □ **cortar 8** ⟨500/Vr 8⟩ *etwas od.* sich ~ *kreuzen;* die Bundesstraße schneidet hier eine Bahnlinie; auf diesem Platz ~ sich die beiden Hauptstraßen; zwei Geraden ~ sich in einem Punkt □ **cortar(-se); cruzar(-se) 9** ⟨500⟩ *eine* **Kurve** ~ *dicht an der Innenseite fahren u. dabei die linke Fahrbahn benutzen; Ggs ausfahren(2.3)* □ ***fazer uma curva fechada***; ein Autofahrer hat mich heute auf der Straße geschnitten □ ***um motorista me fechou hoje na rua* 10** ⟨500/Vr 8⟩ jmdn. ~ ⟨a. fig.; umg.⟩ *ignorieren, absichtlich unbeachtet lassen, absichtlich übersehen, übergehen, nicht grüßen* □ **ignorar; passar batido 11** ⟨500⟩ *eine* **Karte** ~ ⟨Skat⟩ *eine bessere Karte für einen erhofften späteren besseren Stich aufsparen* □ **segurar; guardar 12** ⟨500⟩ Wein ~ *verfälschen* □ **falsificar; adulterar**

Schnei|der ⟨m.; -s, -⟩ **1** *Handwerker, der Oberbekleidung nach Maß herstellt sowie daran Änderungen u. Reparaturen vornimmt;* Damen~; Herren~; einen Anzug, ein Kostüm beim, vom ~ anfertigen, machen, nähen lassen; bei welchem ~ lassen Sie arbeiten? □ **costureiro; alfaiate 1.1** ich friere heute wie ein ~ ⟨fig.; umg.⟩ *heftig* □ ***hoje estou morrendo de frio* 2** *Lehrberuf mit dreijähriger Lehrzeit* □ **formação em corte e costura 3** ⟨Kart.⟩ *die Punktzahl 30 als Spieler, 29 als Gegenspieler* □ **pontuação no jogo Skat 3.1 aus dem ~** (heraus) **sein** *mehr als 30 od. 29 Punkte haben* □ ***ultrapassar os 30 ou 29 pontos* 3.1.1** ⟨fig.; umg.⟩ *aus allen Schwierigkeiten heraus sein* □ ***estar fora de perigo; estar livre de um problema* 3.1.2** ⟨fig.; umg.⟩ *älter als 30 Jahre sein* □ ***passar dos 30 anos* 3.1.3** ⟨iron.⟩ *nicht mehr der, die Jüngste sein* □ ***deixar de ser o caçula* 4** ⟨Jägerspr.⟩ *geringwertiger Edelhirsch* □ **cervo de pouco valor 5** ⟨Jägerspr.⟩ *Jäger, der auf einer Treibjagd nichts geschossen hat* □ **caçador sem caça 6** ⟨Zool.⟩ *smaragdgrüne Libelle mit großen blau schillernden Flügelflecken, Seejungfer: Calopteryx virgo* □ **libélula 7** ⟨Zool.⟩ = **Weberknecht 8** ⟨Spinnerei⟩ *ein Garnmaß* □ **medida de um fio**

Schnei|de|rin ⟨f.; -, -nen⟩ *weibl. Schneider* □ **costureira**

schnei|dern ⟨V.⟩ **1** ⟨400⟩ *das Schneiderhandwerk betreiben* □ **costurar; trabalhar como costureira(o)/alfaiate 2** ⟨503/Vr 5⟩ ⟨jmdm. od. sich⟩ *ein* **Kleidungsstück** ~ *anfertigen, nähen;* das Kleid hat sie sich selbst geschneidert □ **costurar; confeccionar**

Schnei|de|zahn ⟨m.; -(e)s, -zäh|ne; Anat.⟩ *am Ober- u. Unterkiefer einer der beiden mittleren Zähne auf jeder Hälfte eines Kiefers* □ **(dente) incisivo**

schnei|dig ⟨Adj., fig.⟩ *forsch, draufgängerisch, wagemutig, tatkräftig;* ein ~er Bursche, Kerl, Kavalier, Offizier □ **audaz; enérgico; resoluto**

schnei|en ⟨V.⟩ **1** ⟨401⟩ **es schneit** *es fällt Schnee;* es schneit in dichten Flocken; seit der vergangenen Nacht schneit es ununterbrochen □ **nevar 2** ⟨411⟩ jmdm. **ins Haus** ~ ⟨fig.; umg.⟩ *jmdn. überraschend besuchen* □ ***aparecer de repente/de surpresa na casa de alguém***

Schnei|se ⟨f.; -, -n⟩ **1** *von Bäumen frei gehaltener Streifen im Wald* □ **picada; atalho 2** *Schlinge zum Vogelfang* □ **boiz**

schnell ⟨Adj.⟩ **1** *rasch, geschwind, eilig, flink, flott;* Ggs **langsam(1);** eine ~e Bedienung; ein ~es Pferd; ~e Schritte hören; noch ein ~er Blick und dann ...; ~e Hilfe ist nötig; nicht so ~!; du musst dich ~ entscheiden, entschließen; das muss ~stens erledigt werden; (zu) ~ fahren, gehen, lesen, sprechen, urteilen; ihr Puls ging ~; mit Geduld würdest du ~er zum Ziele kommen; der Arzt war ~ gekommen; die Nachricht verbreitete sich ~; wie ~ die Zeit vergeht!; die Sache ging ~er, als ich dachte ⟨umg.⟩ □ **rápido, veloz;** doppelt gibt, wer ~ gibt ⟨Sprichw.⟩ □ ***dá duas vezes quem de pronto dá* 1.1** ⟨80⟩ ~ **wie der Blitz, wie ein Gedanke, wie ein Pfeil, wie der Wind** ⟨fig.⟩ *sehr schnell* □ **rápido; veloz 1.2** allmählich ~ werden *das Tempo beschleunigen* □ ***acelerar gradativamente* 1.3** ⟨33⟩ sie ist immer ~ fertig mit allem *sie arbeitet rasch, aber auch nachlässig* □ ***ela sempre termina tudo apressadamente* 1.4** ⟨90⟩ mach ~! ⟨umg.⟩ *beeile dich* □ ***apresse-se!* 1.5** ⟨60⟩ ~e **Truppen** ⟨Mil.⟩ *motorisierte T.* □ **rápido; motorizado 1.6** auf dem ~sten **Wege** ⟨fig.; umg.⟩ *so schnell wie möglich* □ ***o mais rápido possível* 1.7** ~er **Schneller Brüter** *Brutreaktor mit überwiegend von schnellen Neutronen ausgelöster Kernspaltung* □ ***reator rápido* 2** *plötzlich, jäh;* ein ~er Wechsel; eine ~e Bewegung, Drehung, Wendung □ **repentino; brusco 3** ⟨Getrennt- u. Zusammenschreibung⟩ **3.1** ~ **entschlossen** = **schnellentschlossen**

Schnel|le ⟨f.; -, -n⟩ **1** ⟨unz.⟩ *Schnelligkeit* □ **rapidez 1.1** jmdn. **auf die** ~ besuchen ⟨umg.⟩ *ganz kurz* □ ***fazer uma visita rápida de médico a alguém* 1.2** nur auf die ~ eine Kleinigkeit essen ⟨umg.⟩ *ganz rasch (im Stehen)* □ ***fazer uma refeição rápida* 2** = **Stromschnelle**

schnel|le|big ⟨alte Schreibung für⟩ **schnelllebig**

schnel|len ⟨V.⟩ **1** ⟨500⟩ *etwas* ~ *federnd springen lassen, ruckartig in Schwung bringen;* eine Feder, einen Gummi ~ (lassen); einen Pfeil in die Höhe ~ □ **lançar; arremessar;** *ele schnellte sich vom Sprungbrett* □ ***ele saltou do trampolim* 2** ⟨410(s.)⟩ *federnd (in die Höhe) springen, emporfahren;* er schnellte von seinem Sitz (in die Höhe); die Feder schnellte in die Höhe □ **pular; saltar 2.1** ⟨416⟩ **mit dem Finger** ~ *Daumen u. Mittelfinger mit einem hörbaren Laut ruckartig aneinanderreiben* □ ***estalar os dedos* 2.2** ⟨411⟩ die Preise schnellten in die Höhe ⟨fig.⟩ *stiegen plötzlich* □ **saltar; subir de repente**

schnell|ent|schlos|sen *auch:* **schnell ent|schlos|sen** ⟨Adj. 24⟩ *in kurzer Zeit eine Entscheidung treffen;* für ~e Käufer □ **que decide rapidamente; decidido; que sabe o que quer**

schnell|le|big ⟨Adj.⟩ **1** *von kurzer Lebensdauer, nur kurze Zeit lebend;* ~e Insekten □ **de vida curta 2** *sich schnell wandelnd, kurzlebig;* ~e Moden; in unserer ~en Zeit □ **efêmero; passageiro**

Schnepfe

Schnep|fe ⟨f.; -, -n⟩ **1** ⟨Zool.⟩ *Angehörige einer Unterfamilie der regenpfeiferartigen Vögel mit langen Beinen zum Waten u. einem meist langen Schnabel, der mit einem gut ausgebildeten Tastsinn für die Nahrungssuche im Boden ausgerüstet ist: Scolopacidae* □ **maçarico; narceja 2** ⟨fig.; umg.; abwertend⟩ *schnippische, unfreundliche Frau* □ **metida; arrogante**
schnet|zeln ⟨V. 500⟩ Fleisch ~ *kleinschneiden;* geschnetzeltes Kalbfleisch □ **picar**
schneu|zen ⟨alte Schreibung für⟩ ~~schnäuzen~~
schnie|fen ⟨V. 400; mittelt.⟩ *hörbar durch die Nase atmen (bes. bei Schnupfen od. bei weinendem Sprechen)* □ **fungar**
schnie|geln ⟨V. 500⟩ **1** jmdn. ~ *fein herrichten, herausputzen* □ **arrumar; enfeitar 1.1** ein geschniegeltes Bürschchen *ein stutzerhafter junger Mann* □ ***um ja nota 1.2** stets geschniegelt und gebügelt sein ⟨umg.⟩ *fein hergerichtet, übertrieben sorgfältig gekleidet u. frisiert* □ ***estar sempre bem-arrumado/nos trinques 1.3** ⟨Vr 3⟩ sich ~ *sich herausputzen, mit übertriebener Sorgfalt kleiden u. kämmen* □ **arrumar-se; enfeitar-se**
Schnipp|chen ⟨n.; -s, -; mdt. u. nddt.⟩ jmdm. ein ~ schlagen ⟨umg.⟩ *jmds. Absichten durchkreuzen, jmdm. einen Streich spielen* □ ***pregar uma peça em alguém**
schnip|peln ⟨V.; umg.⟩ oV *schnipseln* **1** ⟨411⟩ an etwas ~ *mit Messer od. Schere kleine Stücke abschneiden;* am Papier, an den Haaren ~ **2** ⟨500⟩ etwas ~ *schneiden, kleinschneiden;* Bohnen ~; eine Figur aus Stoff ~ □ ***cortar alguma coisa em pedacinhos; retalhar alguma coisa 2.1** etwas in etwas od. aus etwas ~ *hinein-, herausschneiden;* Löcher in den Käse ~ □ **abrir; fazer**
schnip|pen ⟨V.⟩ oV *schnipsen* **1** ⟨416⟩ mit den Fingern ~ *schnellen(2.1)* □ ***estalar os dedos 2** ⟨500⟩ etwas ~ *(mit den Fingern) wegschleudern;* Papierkügelchen ~ □ **lançar; arremessar**
schnip|pisch ⟨Adj.; abwertend⟩ **1** *naseweis, auf respektlose Art anmaßend, keck;* sie hat ein ~es Wesen; sie erwiderte ~ ... □ **impertinente; petulante 1.1** ein ~es Ding ⟨umg.⟩ *ein keckes junges Mädchen* □ ***uma menininha atrevida**
schnip|seln ⟨V.; umg.⟩ = *schnippeln*
schnip|sen ⟨V.⟩ = *schnippen*
Schnitt ⟨m.; -(e)s, -e⟩ **1** *das Schneiden, Zertrennen;* mit einem raschen ~ befreite er den Freund von seinen Fesseln □ **corte 1.1** *Ernte;* der ~ des Getreides **1.1.1** Heuernte; der erste, zweite ~ des Heus □ **ceifa 1.2** *das Verschneiden der Obstbäume, Reben u. a. Holzgewächse* □ **corte; poda 2** *Ergebnis des Schneidens, Spur eines scharfen Gegenstandes, einer Klinge;* der ~ ging tief ins Fleisch; einen ~ ins Holz, Leder machen **2.1** *Schnittwunde;* der ~ am Bein war nicht verheilt □ **corte 3** *abgeschnittenes Stück;* das Gewebe liegt in verschiedenen ~en für das Mikroskop bereit □ **lâmina 3.1** *der vordere, glattgeschnittene Rand der Buchseiten* **4** *(durch Schneiden entstandene) Form, Zuschnitt;* der ~ des Anzugs ist nicht mehr modern □ **corte;** der ~ der Augen, des Gesichts, der Nase □ **traço; formato 5** *Bearbeitung eines Films durch Herausschneiden u. erneutes Zusammensetzen;* Regie: Konrad Müller, ~: Michael Markworth (im Vorspann eines Films); den ~ (des Films) besorgte Michael Markworth □ **montagem 6** *Vorlage aus Papier zum Zuschneiden eines Kleidungsstückes;* ~e abzeichnen, ausrädeln, durchpausen (zum Schneidern); ich suche einen ~ für ein, zu einem Jackenkleid □ **molde 7** *Schneidwerkzeug zum Stanzen* □ **perfurador; picotador 8** *kleines od. nur halbgefülltes Glas Bier od. Wein, Schnittchen* □ **copo curto; meio copo 9** ⟨Geom.⟩ *gemeinsame Punkte zweier Kurven (Schnittpunkte), zweier Flächen (Schnittlinie), einer Fläche mit einem Körper (Schnittfläche)* □ **interseção 9.1** *Zeichnung, die einen Körper darstellt, den man sich in irgendeiner Ebene geschnitten vorstellt;* Längs-~, Quer-~ □ **corte 10** *Ergebnis eines Rechenvorgangs* □ **resultado 10.1** *Durchschnitt(swert)* **10.1.1** er fuhr einen ~ von 110 km/h heraus ⟨umg.⟩ *er erreichte im Durchschnitt eine Geschwindigkeit von 110 km/h* □ **média 10.2** *einen großen, guten ~ bei einem Geschäft machen* ⟨umg.⟩ *großen Gewinn, Vorteil erzielen* □ ***conseguir um bom lucro/resultado com um negócio;** → a. *golden(4.7.3)*
Schnitt|blu|me ⟨f.; -, -n⟩ *geschnittene Blume (für die Vase)* □ **flor cortada**
Schnit|te ⟨f.; -, -n⟩ *abgeschnittene Scheibe, bes. vom Brot, belegtes Butterbrot;* schnell eine ~ essen □ **fatia**
schnit|tig ⟨Adj.⟩ **1** *rassig, elegant, (scharf) ausgeprägt* □ **elegante; chique;** ein ~er Sportwagen □ **arrojado; moderno 2** *zum Abmähen reif, erntereif;* das Getreide, Gras ist ~ □ **maduro; pronto para ser ceifado**
Schnitt|lauch ⟨m.; -(e)s; unz.; Bot.⟩ *Lauch mit röhrig gefalteten Blättern, die als Gewürz (bes. für Salat, Quark u. Ä.) dienen, u. lila bis rosafarbenen Doldenblüten: Allium schoenoprasum* □ **cebolinha**
Schnit|zel[1] ⟨n.; -s, -⟩ *dünne, gebratene Scheibe Fleisch von der Keule od. Schulter;* Kalbs-~; ein ~ braten, klopfen, panieren □ **escalope**
Schnit|zel[2] ⟨n. od. (österr. nur so) m.; -s, -; umg.⟩ *kleines Stückchen Papier;* Papier-~ □ **pedaço**
schnit|zen ⟨V.⟩ **1** ⟨402⟩ (etwas) ~ *in Holz ausschneiden;* eine Krippe, ein Kruzifix, Pfeile, einen Weihnachtsengel ~; geschnitzte Dosen, Puppenköpfe, Möbel; schon als Kind schnitzte er gern □ **entalhar; esculpir 1.1** er ist aus hartem Holz geschnitzt ⟨fig.⟩ *unbeugsam* □ ***ele é durão**
schnöd ⟨Adj.⟩ = *schnöde*
schnod|de|rig ⟨Adj.; umg.; abwertend⟩ *ohne die geringste Ehrerbietung sprechend, großsprecherisch, vorlaut;* oV *schnoddrig;* eine ~e Bemerkung machen; ein ~er Kerl; er sollte nicht so ~ daherreden, sein □ **impertinente; atrevido**
schnodd|rig ⟨Adj.⟩ = *schnodderig*
schnö|de ⟨Adj.; abwertend⟩ **1** *gemein, schändlich, verächtlich, geringschätzig;* oV *schnöd;* ~r Geiz, Gewinn, Undank, Verrat □ **indigno; infame; vil;** jmdn. ~ abweisen, behandeln, zurechtweisen □ **com desprezo 1.1** der ~ Mammon ⟨scherzh.; meist abwertend⟩ *das (zu verachtende) Geld, Reichtum* □ ***o vil metal**

Schnor|chel ⟨m.; -s, -⟩ **1** ⟨beim Unterseeboot⟩ *ein- u. ausfahrbare Röhre mit Ventil zum Ansaugen von Frischluft* **2** ⟨Sporttauchen⟩ *Atemrohr mit Mundstück (an Tauchgeräten)* ☐ **snorkel**

Schnör|kel ⟨m.; -s, -⟩ **1** *gewundene Linie als Verzierung (an Schriftzügen)* **2** *linear gewundene Verzierung (an Möbeln)* ☐ **arabesco; ornato 3** ⟨fig.⟩ *unnötige Verzierung (in der Rede)* ☐ **floreado**

schnuck|lig ⟨Adj.; umg.⟩ *hübsch u. niedlich, ansprechend, gemütlich;* oV *schnucklig; das kleine Mädchen sieht richtig ~ aus* ☐ **bonitinho; fofo;** *ein ~es Häuschen* ☐ **aconchegante**

schnucke|lig ⟨Adj.⟩ = *schnuckelig*

schnüf|feln ⟨V. 400⟩ **1** *die Luft hörbar durch die Nase ziehen* ☐ **fungar 2** *den Atem einziehen, um zu wittern, schnuppern* ☐ **farejar 3** ⟨fig.⟩ *allem nachspüren, stöbern, heimlich beobachten, seine Nase in alles stecken; sie schnüffelt gern in fremden Angelegenheiten; du hast hier gar nichts zu ~!* ☐ **meter o nariz; bisbilhotar 4** *Dämpfe von Rauschmitteln od. von organischen Lösungsmitteln in Klebstoffen, Farben, Lacken u. a. inhalieren, um sich in einen rauschhaften Zustand zu versetzen* ☐ **cheirar; inalar**

Schnul|ler ⟨m.; -s, -⟩ = *Sauger(1)*

Schnul|ze ⟨f.; -, -n; umg.; abwertend⟩ *kitschiges, rührseliges Schlagerlied, Theater-, Kino- od. Fernsehstück* ☐ **canção sentimental; melodrama; dramalhão**

schnup|fen ⟨V.⟩ **1** ⟨400⟩ *Schnupftabak nehmen* ☐ **cheirar rapé 2** ⟨400; oberdt.⟩ *schluchzen* ☐ **soluçar 3** ⟨501⟩ *es schnupft mich* ⟨umg.⟩ *es ärgert mich, macht mich verdrießlich* ☐ ***isso me deixa fulo da vida**

Schnup|fen ⟨m.; -s, -⟩ *Entzündung der Nasenschleimhaut mit Absonderung schleimigen, flüssigen od. eitrigen Sekrets, Nasenkatarrh: Koryza; einen ~ bekommen, haben; bei diesem nasskalten Wetter kann man sich leicht einen ~ holen* ☐ **coriza; resfriado**

schnup|pern ⟨V. 400⟩ *den Atem einziehen, um zu wittern, schnüffeln* ☐ **farejar; cheirar**

Schnur¹ ⟨f.; -, *Schnü|re* od. ⟨selten⟩ -en⟩ **1** *aus dünneren Fäden od. Fasern gedrehter dickerer Faden, Bindfaden, Kordel; eine derbe, dicke, dünne, feste, leinene, seidene ~; Perlen auf eine ~ fädeln, ziehen; mit Schnüren besetzen, einfassen, verzieren; ein Paket mit einer ~ umwickeln, verschnüren; die Gardine, einen Vorhang mit einer ~ zuziehen* ☐ **cordão; barbante 1.1** *über die ~ hauen* ⟨fig.; umg.⟩ *übermütig sein, des Guten zu viel tun* ☐ ***passar dos limites**

Schnur² ⟨f.; -, -en; veraltet⟩ *Schwiegertochter* ☐ **nora**

schnü|ren ⟨V.⟩ **1** ⟨500⟩ *etwas ~ mit einer Schnur umwickeln, zubinden, fest zusammenbinden; die Schuhe ~; das Mieder, die Taille ~* **1.1** ⟨511⟩ *etwas um etwas ~ fest darumbinden; einen Bindfaden, Riemen, Strick um den Koffer ~* ☐ **amarrar;** → a. *Bündel(2.1)* **2** ⟨500/Vr 3⟩ *sich ~* ⟨veraltet⟩ *ein Mieder zum Schnüren(1) anlegen, tragen, sich damit schlank zu machen suchen; sie hat sich zu fest geschnürt* ☐ ***espartilhar-se 3** ⟨400⟩ *ein Tier* schnürt *setzt die Tritte beim Traben in gerader Linie hintereinander; der Wolf, Fuchs u. die Wildkatze ~* ☐ **andar em linha reta**

schnur|ge|ra|de ⟨Adj.⟩ **1** *so gerade wie eine gespannte Schnur, ganz gerade; ein ~r Weg* ☐ **reto; retilíneo 2** ⟨fig.⟩ *ohne Umschweife, unverzüglich, sofort; ~ auf ein Ziel zusteuern* ☐ **diretamente**

Schnurr|bart ⟨m.; -(e)s, -bär|te⟩ *Bart auf der Oberlippe* ☐ **bigode**

Schnur|re ⟨f.; -, -n⟩ *scherzhafte Erzählung, Posse, Schwank* ☐ **anedota; gracejo**

schnur|ren ⟨V. 400⟩ **1** *ein leises, behagliches knurrendes Geräusch von sich geben; die Katze* schnurrt ☐ **ronronar 2** *summen; der Kreisel, das Spinnrad schnurrt* ☐ **zumbir; zunir**

schnur|rig ⟨Adj. 60⟩ *eigenartig, wunderlich, sonderbar, drollig; eine ~e Alte; eine ~e Geschichte; ein ~er Kauz* ☐ **engraçado; pitoresco**

Schnür|sen|kel ⟨m.; -s, -⟩ *Band zum Schnüren des Schnürschuhs* ☐ **cadarço**

schnur|stracks ⟨Adv.⟩ *sofort, geradewegs, ohne Umschweife, unverzüglich* ☐ **imediatamente; diretamente**

Scho|ber ⟨m.; -s, -⟩ **1** *überdachter Platz zum Aufbewahren von Heu u. Ä.; Heu~* ☐ **palheiro 2** *aufgeschichtetes Heu, Getreide u. Ä.* ☐ **meda**

Schock¹ ⟨n. 7; -(e)s, -e; veraltet⟩ **1** *60 Stück; ein, zwei ~ Eier; ein halbes ~* ☐ **sessentena 2** ⟨selten fig.⟩ *große Menge* ☐ **monte; montão**

Schock² ⟨m.; -(e)s, -s od. ⟨selten⟩ -e⟩ *plötzliche gewaltsame od. seelische Erschütterung, die den Organismus trifft u. ihn an die äußerste Grenze seiner Anpassungsfähigkeit bringt; sie hat bei dem Unfall einen ~ erlitten* ☐ **choque**

scho|cken ⟨V. 500⟩ **1** *jmdn. ~* ⟨umg.⟩ *durch eine unerwartete Handlung erschrecken* ☐ **assustar 2** *einen Ball, eine Kugel ~* ⟨Sp.⟩ *mit gestrecktem Arm aus dem Stand od. nach kurzem Anlauf mit u. ohne Drehung werfen* ☐ **lançar; arremessar 3** *jmdn. ~* ⟨Med.⟩ *mit einem künstlichen (meist elektrischen) Schock² behandeln* ☐ **submeter a terapia de choque**

scho|ckie|ren ⟨V. 500⟩ *jmdn. ~ in sittliche Entrüstung versetzen* ☐ **chocar**

scho|fel ⟨Adj., umg.; abwertend⟩ *erbärmlich, schäbig, niederträchtig, geizig;* oV *schofelig, schoflig; er ist sehr ~; eine schofle Gesellschaft* ☐ **mesquinho; miserável**

scho|fe|lig ⟨Adj.⟩ = *schofel*

Schöf|fe ⟨m.; -n, -n⟩ **1** *ehrenamtliches Mitglied (Laienrichter) eines Gerichtes;* Sy ⟨bis 1972 amtl. Bez.⟩ *Geschworene(r)* ☐ **jurado 2** ⟨in der altpreuß. Magistratsverfassung⟩ *ländlicher Gemeinderat* ☐ **membro do conselho municipal 3** ⟨im MA seit Karl d. Gr.⟩ *einer der Angehörigen des Volksgerichtes, das für das Thing das Urteil fand* ☐ **juiz popular**

schof|lig ⟨Adj.⟩ = *schofel*

Scho|ko|la|de ⟨f.; -, -n⟩ *Nahrungs- u. Genussmittel aus Kakao, Milch od. Sahne, Gewürzen, meist Kakaobutter u. bis zu 60% Zucker, in Tafeln gewalzt od. in Figuren gegossen* ☐ **chocolate**

Scho|las|tik ⟨f.; -; unz.⟩ **1** *die auf die antike Philosophie gestützte, christliche Dogmen beinhaltende Philosophie u. Wissenschaft des Mittelalters* **2** ⟨abwertend⟩ *engstirnige Schulweisheit* ☐ **escolástica**

Schol|le ⟨f.; -, -n⟩ **1** *flaches, in den Umrissen unregelmäßiges Stück* □ superfície irregular 1.1 *flacher Erdklumpen;* die frisch umgebrochenen ~n auf dem Feld; die beim Pflügen entstandenen ~n zerkleinern □ torrão; gleba 1.2 *Bruchstück einer Eisdecke:* die ~n des Eises blockierten die Schifffahrt auf dem Fluss □ bloco; banquisa 1.3 ⟨Geol.⟩ *ein von Verwerfungen umsäumtes Bruchstück der Erdkruste* □ bloco **2** ⟨unz.; fig.⟩ *Heimatboden, Heimat;* die eigene, ererbte, heimatliche, heimische ~; Liebe zur ~; sich nicht von der ~ trennen können 2.1 an die ~ gebunden, gefesselt sein *sich nicht von der Heimat trennen können* □ terra natal **3** *Plattfisch der europäischen Meere, Goldbutt: Pleuronectes platessa;* gebackene ~ essen □ linguado; solha

schon ⟨Adv.⟩ **1** Sy *bereits* 1.1 *früher als erwartet, erhofft, gewünscht, frühzeitig;* ~ heute wird er die Arbeit abschließen □ *hoje mesmo ele termina o trabalho;* er ist ~ zurückgekommen; warum willst du ~ gehen? 1.2 *sehr zeitig;* ich muss ~ um 6 Uhr aufstehen; du kannst ~ jetzt kommen; ~ am frühen Morgen ... 1.3 *später, länger als erwartet;* er liegt ~ 3 Wochen im Krankenhaus; das habe ich ~ längst gewusst; es ist ~ so spät □ já 1.4 ~ (**wieder**) *wiederholt;* was will er denn ~ wieder? □ *o que ele quer agora?;* ~ einmal haben wir dort unseren Urlaub verbracht; das ist ~ das zweite Mal, dass ... □ já **2** *rechtzeitig, bestimmt;* es wird sich ~ wieder einrenken, geben; du wirst es ~ noch früh genug erfahren □ Ø 2.1 ich komme ~! *ich bin bereits auf dem Wege* □ já 2.2 *endlich;* wenn er doch ~ käme! □ *se pelo menos ele viesse!;* nun rede, schweig doch ~ □ *fale/cale-se logo de uma vez!* **3** ⟨einräumend od. bedingend⟩ 3.1 *wohl, zwar, auch, an u. für sich;* es wird ~ gehen □ Ø; das mag ~ so gewesen sein □ *pode muito bem ter sido assim;* das wird ~ stimmen, nur ... □ *pode até estar certo, só que...;* was kann er ~ wollen! □ *o que será que ele quer?;* ~ möglich □ *é bem possível;* wenn es ~ wahr ist, so hätte er doch ... □ *ser for mesmo verdade, então ele teria...;* das ist ~ möglich, doch ich kann es nicht glauben □ *pode até ser possível, mas não consigo acreditar,* (das ist) ~ gut, recht, richtig, wahr, aber ... □ *pode até ser bom/estar certo/ser verdade, mas...* 3.2 *ohnehin;* es ist so ~ teuer genug; ich habe deinen Wink ~ verstanden □ já 3.2.1 man konnte es kaum Freundschaft nennen, Liebe ~ gar nicht *erst recht nicht* □ *dificilmente se podia chamar aquilo de amizade, e de amor, menos ainda* 3.3 (na,) **wenn** ~! ⟨umg.⟩ *macht nichts!* □ *que seja!; e daí?* 3.3.1 wenn ~, denn ~ ⟨umg.⟩ *keine halben Sachen, wenn überhaupt, dann richtig;* wenn ~, dann gründlich, richtig □ *se é para fazer, que se faça direito* 3.4 *allein;* ~ sie zu sehen, machte ihm Freude □ *só de vê-la ele já ficava feliz;* ~ der Gedanke daran ist mir schrecklich □ *sinto horror só de pensar nisso;* ~ der Name sagte mir genug □ *o nome já me diz o suficiente*

schön ⟨Adj.⟩ **1** *ästhetisch angenehm berührend, wohlgefällig;* das Schöne und Gute; sie ist stets auf das Schönste bedacht 1.1 *optisch angenehm berührend;* eine ~e Frau; ein ~er Mann; ein ~es Kind, Mädchen; ~e Augen, Beine, Hände; ~e Bilder, Kleider, Möbel, Stoffe; ein ~er Garten, Park; ein ~es Haus; eine ~e Aussicht haben; ~ von Aussehen, Gestalt; die Schönste von allen; ~ wie ein Bild; sie ist (auffallend, blendend, ungewöhnlich) ~ 1.2 *akustisch angenehm berührend;* sie besitzt eine ~e Stimme □ bonito; belo 1.3 ⟨60⟩ jmdm. ~e **Augen** machen ⟨fig.⟩ *mit jmdm. kokettieren* □ *flertar com alguém; paquerar alguém* 1.4 ⟨60⟩ das ~e **Geschlecht** ⟨poet.⟩ *die Frauen* □ belo 1.5 ⟨60⟩ die ~en **Künste** *Dichtung, Musik, Malerei, Bildhauerei* □ *as belas-artes* 1.6 ⟨60⟩ die ~e **Literatur** *die nicht zweckgebundene, die dichterische u. unterhaltende Literatur, Belletristik* □ *belas-letras* 1.7 ⟨60⟩ Schöne **Madonna** *Sonderform der Madonnendarstellung in der dt. Kunst zu Beginn des 15. Jh.* □ belo 1.8 ⟨60⟩ eine ~e **Seele** *ein empfindsames Gemüt* □ bom 1.9 ~ ist anders ⟨iron.⟩ *es ist alles andere als schön, es ist ausgesprochen hässlich* □ *bonito é que não é* **2** *angenehm;* du hast ~ geredet □ bem; am ~sten wäre es, wenn ... □ *melhor seria se...;* in ~ster Harmonie beisammen sein □ perfeito; ein ~er Morgen □ belo; bonito; etwas Schönes erleben □ *viver/passar por uma boa experiência;* wir wollen es ~ haben □ *queremos viver bem/ter uma vida confortável;* das waren noch ~e Zeiten □ bom; es verlief alles auf das, aufs ~ste/Schönste □ *tudo correu maravilhosamente bem* 2.1 ⟨60⟩ eines ~en **Tages** ⟨fig.⟩ *irgendwann einmal* □ *um belo dia* 2.2 er hatte, starb einen ~en **Tod** *er starb leicht, ohne langen Todeskampf* □ *ele teve uma morte tranquila* 2.3 ~es **Wetter** *klares, trockenes W.* □ bom 2.4 ⟨60⟩ ~e **Worte** machen ⟨fig.⟩ *schmeicheln* □ *lisonjear* 2.5 das ist ein ~er **Zug** von ihm *eine gute Eigenschaft* □ *é um belo gesto da parte dele* 2.6 ⟨60; fig.; iron.⟩ *unangenehm;* das sind ja ~e Aussichten □ *que belas perspectivas!* 2.6.1 das ist ja eine ~e Bescherung! *eine unangenehme Überraschung* □ *que bonito!; que encrenca!* 2.6.2 das ist ja eine ~e Geschichte *eine unangenehme Angelegenheit* □ *que história mais chata/desagradável!* 2.6.3 von ihr hört man ja ~e Sachen *nichts Gutes* □ *sua fama não anda nada boa* 2.6.4 da hast du etwas Schönes angerichtet, angestellt *eine Dummheit gemacht* □ *que encrenca você foi aprontar/arrumar!* **3** *so, wie es sein soll, in Ordnung;* bleib, sei ~ brav! □ *fique quietinho!; seja bonzinho!* 3.1 das hast du aber ~ gemacht, geschrieben, gemalt *gut, sauber, ordentlich* □ bem; certo 3.2 ⟨40⟩ das wäre ja noch ~er! (*Ausruf der Ablehnung*) *das kommt gar nicht in Frage* □ *só faltava mais essa!* 3.3 ⟨40⟩ das wird ja immer ~er (mit dir)! ⟨iron.⟩ *du treibst es allmählich zu bunt, das geht zu weit* □ *você está indo de mal a pior!; você está passando dos limites* 3.4 du bist mir ja ein ~er **Freund** ⟨iron.⟩ *du hast mich als F. enttäuscht* □ *que belo amigo você se mostrou* **4** *freundlich, höflich;* ~en Dank! □ *muito/muitíssimo obrigado!;* danke, bitte ~! □ *obrigado – não há de quê!* **5** ⟨60; umg.⟩ *beträchtlich, groß;* einen ~en Gewinn erzielen 5.1 das ist eine ~e

Stange Geld *viel G.* □ **belo; bom** 5.2 ⟨50⟩ **(ganz)** ~ *sehr, ziemlich;* er wird ganz ~ staunen, überrascht sein, wenn er davon erfährt; sie müsste ganz ~ arbeiten, um ...; er wird sich ~ wundern, wenn ...; ich habe mich ~ gewundert, als ...; er wird sich dabei ~ langweilen; du bist ~ dumm, dass du ...; es ist ~ ziemlich dumm von dir, wenn du ... □ **muito 6** ⟨umg.⟩ *gut, einverstanden, ja (als Antwort);* ~, ich bin einverstanden; na ~ □ **está bem 7** ⟨Getrennt- u. Zusammenschreibung⟩ 7.1 ~ machen = *schönmachen (I)*

scho|nen ⟨V.500⟩ **1** ⟨Vr 8⟩ *jmdn. od. etwas* ~ *gut, behutsam, pfleglich behandeln, Rücksicht nehmen auf jmdn. od. etwas;* fremdes Eigentum ~; du musst deine Kleider, deine Sachen mehr ~ □ **conservar; cuidar de**; man sollte ihn nicht länger ~ (sondern endlich gegen ihn vorgehen); jmds. Gefühle, Schwäche ~; seine Gegner ~ □ **poupar**, dieses Waschmittel schont die Wäsche □ **preservar**; jmdm. auf ~de Weise beibringen; jmdm. ~d die Wahrheit sagen; jmdn. ~d auf etwas vorbereiten; möglichst ~d gegen jmdn. vorgehen □ **com cuidado**; ~de Behandlung, ~des Verfahren □ **cuidadoso** 1.1 sie schont ihren Kopf ⟨fig.; umg.⟩ *denkt nicht nach* □ *ela não esquenta a cabeça* 1.2 er schont sein Geld ⟨fig.; umg.⟩ *ist äußerst sparsam* □ *ele poupa seu dinheiro* **2** ⟨Vr 3⟩ *sich* ~ *sich nicht überanstrengen, seine Kräfte sorgsam einteilen, auf seine Gesundheit bedacht sein;* du solltest dich mehr ~!; sie muss ihre Augen, ihre Gesundheit, ihre Kräfte, ihren Magen ~; der Patient muss sich ~ □ ***cuidar(-se); poupar(-se)***

Scho|ner¹ ⟨m.; -s, -⟩ *Schutzdecke, -hülle;* Matratzen~ □ **forro; capa protetora**

Scho|ner² ⟨m.; -s, -⟩ *mehrmastiges Segelschiff* □ **escuna**

schön||fär|ben ⟨V. 500⟩ *etwas* ~ *beschönigen, zu günstig, optimistisch darstellen;* ich weiß Bescheid, du brauchst nichts schönzufärben □ **embelezar; dourar a pílula**

schön|geis|tig ⟨Adj.⟩ *die schönen Künste betreffend, sie bevorzugend, liebend, auf ihnen beruhend* □ **estético**

Schön|heit ⟨f.; -, -en⟩ **1** *das Schönsein, schönes Aussehen;* geistige, sinnliche ~; hinreißende, leuchtende, makellose, strahlende, überwältigende ~; landschaftliche ~en; die ~ der Natur; ein Kunstwerk von großer, reiner, strenger ~; der ~ dienen, huldigen □ **beleza 2** *schöne Frau;* sie ist eine ~ □ **beldade**

Schon|kost ⟨f.; -; unz.⟩ = *Diät*

schön||ma|chen *auch:* **schön ma|chen** ⟨V.⟩ **I** ⟨500/Vr 3; umg.; Zusammen- u. Getrenntschreibung⟩ *sich* ~ *sich sorgfältig kleiden u. sich ein gepflegtes Aussehen geben* □ **arrumar-se; embelezar-se II** ⟨400; nur Zusammenschreibung⟩ *der* Hund *macht schön* machen *sich auf die Hinterpfoten setzen* □ ***sentar-se nas patas traseiras***; ⟨aber nur Getrenntschreibung⟩ etwas schön machen → *schön(3.1)*

schön||re|den ⟨V.403⟩ **(jmdm.)** ~ *schmeicheln;* er redete ihr schön □ **lisonjear**; ⟨aber Getrenntschreibung⟩ schön reden → *schön(2)*

schön||schrei|ben ⟨V.230/400⟩ *in Schönschrift schreiben* □ **caligrafar**; ⟨aber Getrenntschreibung⟩ schön schreiben → *schön(3.1)*

Schön|schrift ⟨f.; -, -en⟩ *ebenmäßige, ordentliche Schrift;* im Unterricht ~ üben □ **caligrafia**

Scho|nung ⟨f.; -, -en⟩ **1** ⟨unz.⟩ *das Schonen, pflegliche Behandlung, Rücksichtnahme, Sorgfalt, Achtung, Schutz, Mäßigung, Nachsicht, Gnade;* jmdn. od. etwas mit ~ behandeln; ohne ~ verfahren, vorgehen; um ~ für jmdn. od. etwas bitten, ersuchen, flehen; die ~ deiner Gesundheit geht vor; ~ walten lassen; er kann auf keine ~ rechnen □ **cuidado; consideração** 1.1 einer Sache ~ angedeihen lassen *eine S. schonend behandeln* □ ***dispensar atenção a alguma coisa; tratar alguma coisa com cuidado*** 1.1 er kennt keine ~ *er geht rücksichtslos vor* □ ***ele não tem consideração (por nada/ninguém)*** **2** ⟨unz.⟩ *Vermeiden von Überanstrengung, sorgsame Einteilung seiner Kräfte zur Erhaltung der Gesundheit;* der Arzt hat dem Patienten noch ~ auferlegt; der Zustand der Patientin verlangt äußerste ~ □ **repouso 3** *geschützter Forstbezirk mit jungen Pflanzungen;* der Förster wird eine ~ anlegen; nicht betreten □ **reserva**

Schopf¹ ⟨m.; -(e)s, Schöp|fe⟩ **1** *Haarbüschel auf dem Kopf;* jmdn. beim ~ fassen, haben, halten, packen □ **tufo de cabelos** 1.1 eine Gelegenheit beim ~(e) ergreifen, fassen, nehmen, packen ⟨fig.⟩ *sofort nutzen* □ ***aproveitar a oportunidade; não deixar a oportunidade passar*** **2** *etwas, was dem Schopf(1) äußerlich ähnelt* □ *tufo* 2.1 *Blätterbüschel* □ *folhagem* 2.2 ⟨Jägerspr.⟩ *verlängerte Kopffedern (bei verschiedenen Vogelarten)* □ **penacho**

Schopf² ⟨m.; -(e)s, Schöp|fe; oberdt.⟩ *Schuppen, Wetterdach* □ **alpendre; telheiro**

schöp|fen ⟨V.⟩ **1** ⟨500⟩ *etwas* ~ *mit einem Gefäß od. der hohlen Hand aufnehmen, heben;* Wasser mit dem Eimer, mit der hohlen Hand aus dem Bach, Brunnen, aus der Quelle ~ □ **tirar** 1.1 ⟨511⟩ *Wasser in ein Sieb* ~ ⟨fig.⟩ *etwas Unmögliches, Unsinniges tun* □ ***pegar água com uma peneira*** 1.2 ⟨413⟩ *aus dem Vollen* ~ ⟨fig.⟩ *ohne jede Einschränkung frei verfügen können, nicht eingeengt sein* □ ***gastar/viver à larga*** **2** ⟨500⟩ *Papier* ~ *die Masse mit einem Sieb aufnehmen u. auf die Formplatte gießen* □ ***extrair o papel*** **3** ⟨500⟩ *Atem,* Luft ~ ⟨fig.⟩ *tief einatmen* □ ***respirar fundo*** 3.1 ich will noch ein wenig **frische Luft** ~ *an die frische Luft, ins Freie gehen* □ **tomar** 3.2 ⟨512 m. Modalverb⟩ endlich kann ich wieder **Luft** ~ *aufatmen, die Gefahr ist vorüber* □ ***finalmente posso voltar a respirar*** **4** ⟨500⟩ *etwas* ~ ⟨fig.⟩ *gewinnen, (von neuem) bekommen;* Hoffnung, Mut, Vertrauen ~ □ ***voltar a ter esperança; criar coragem; ganhar confiança;*** ich muss erst wieder Kraft ~ □ ***primeiro preciso recobrar minhas forças*** 4.1 er hat **Verdacht** geschöpft ⟨fig.⟩ *er ist misstrauisch geworden, er ahnt etwas* □ ***ele ficou desconfiado*** **5** ⟨500⟩ *etwas* ~ ⟨fig.; veraltet⟩ *schaffen, erschaffen;* neue Worte ~ □ **criar 6** ⟨400⟩ Wild, Hunde ~ ⟨Jägerspr.⟩ *trinken* □ **beber**

Schöp|fer¹ ⟨m.; -s, -⟩ *Gefäß zum Schöpfen, Schöpfkelle od. -eimer* □ **concha; balde**

Schöp|fer² ⟨m.; -s, -⟩ **1** *jmd., der schöpferisch tätig ist, etwas erschafft, Urheber (eines Kunstwerkes);* der ~

dieses Denkmals, Entwurfs, Gemäldes, Kunstwerks, Projektes □ criador; autor **2** *Gott;* dem ~ sei Dank, gedankt; er kann seinem ~ danken, dass ...; sie dankten ihrem ~ für ihre Rettung; der allmächtige, ewige ~ □ **Criador**

Schöp|fe|rin ⟨f.; -, -rin|nen⟩ *weibl. Schöpfer²(1)* □ **criadora; autora**

schöp|fe|risch ⟨Adj.⟩ **1** *(fantasievoll) etwas Neues, Bedeutendes schaffend, gestaltend;* ein ~er Akt; eine ~e Arbeit leisten; ~e Kräfte wirken lassen; eine ~e Fantasie entfalten; ~ tätig sein, wirken; ein ~ tätiger Mensch **2** *die Fähigkeit besitzend, (fantasievoll) etwas Neues, Bedeutendes zu schaffen, zu gestalten;* ein ~er Geist, Kopf, Mensch **3** *die Voraussetzung bietend, (fantasievoll) etwas Neues, Bedeutendes zu schaffen, zu gestalten;* eine ~e Anlage, Gabe, Natur besitzend; ein ~er Augenblick; eine ~e Pause einlegen; ein ~ veranlagter Mensch □ **criativo; produtivo**

Schöp|fung ⟨f.; -, -en⟩ **1** *Erschaffung;* die ~ der Erde, eines Kunstwerks 1.1 *Erschaffung der Welt, des Weltalls* **2** *das Geschaffene, Werk eines schöpferischen Menschen* 2.1 *Kunstwerk;* eine bewundernswerte, unvergängliche ~ dieses Meisters 2.2 *Gesamtheit des von Gott Erschaffenen;* der Mensch als Krone der ~; die Wunder der ~ □ **criação**; → a. *Herr(2.1)*

Schop|pen ⟨m.; -s, -⟩ **1** ⟨oberdt.⟩ *Flüssigkeitsmaß, etwa 1/2 l, 1/2 Flasche* **2** ⟨Gastronomie⟩ *1/4 l (Bier od. Wein)* □ **quartilho 3** ⟨alemann.⟩ *Saugflasche* □ **mamadeira**

Schöps ⟨m.; -es, -e; ostmdt. u. südostdt.⟩ *Hammel* □ **carneiro; tolo; cretino**

Schorf ⟨m.; -(e)s, -e⟩ *verkrusteter Belag über einer Wunde, bes. aus eingetrocknetem Wundsekret, Blut u. Gewebsflüssigkeit bestehend* □ **escara; crosta**

Schor|le ⟨f. 7; -, -n od. n.; -s, -s⟩ *mit Mineralwasser gemischter Wein, Apfelwein od. Apfelsaft;* eine Apfelwein~ bestellen □ **vinho ou suco com água gaseificada**

Schorn|stein ⟨m.; -(e)s, -e⟩ **1** *bis über das Dach hochgeführter Kanal zum Abzug für die Rauchgase der Feuerstätten, Esse, Schlot, Kamin;* der ~ qualmt, raucht □ **chaminé** 1.1 die ~ rauchen wieder ⟨fig.⟩ *es wird wieder gearbeitet* □ ***os negócios voltaram a prosperar** 1.2 eine Schuld in den ~ schreiben ⟨fig.; umg.⟩ *die Hoffnung aufgeben, dass eine Schuld bezahlt wird, eine Schuld verloren geben* □ ***poder dar o pagamento de uma dívida como perdido** 1.3 er raucht wie ein ~ ⟨fig.; umg.⟩ *sehr viel* □ **chaminé** 1.4 er hat sein Erbteil, Geld, Vermögen zum ~ hinausgejagt ⟨fig.; umg.⟩ *vergeudet* □ ***ele queimou sua herança/seu dinheiro/seu patrimônio**

Schoss ⟨m.; -es, -e⟩ *Ausläufer, junger Trieb (einer Pflanze);* Sy *Schössling, Trieb(2);* der Baum treibt einen neuen ~; Schosse treiben □ **rebento; broto**

Schoß¹ ⟨m.; -es, Schö|ße⟩ **1** *beim Sitzen durch Unterleib u. Oberschenkel gebildete Vertiefung;* weinend legte sie ihren Kopf in den ~ der Mutter; das Kind kletterte der Mutter auf den ~, auf den ~ der Mutter; ein Kind auf den ~ nehmen; auf jmds. ~ sitzen; sie warf ihr den Ball in den ~ □ **colo; regaço** 1.1 die Hände in den ~ legen ⟨fig.⟩ *nichts tun, müßig sein* □ ***cruzar os braços** 1.2 das Glück ist ihr nur so in den ~ gefallen ⟨fig.⟩ *kam unerwartet, ohne dass sie sich darum bemüht hätte* □ ***a sorte simplesmente caiu em seu colo** 1.3 wie in Abrahams ~ sitzen ⟨fig.⟩ *wohl behütet* □ ***estar bem seguro/protegido* **2** *Mutterleib* □ **seio; ventre** 2.1 es ruht im ~(e) der Vergessenheit ⟨fig.⟩ *ist vergessen* □ **seio** 2.2 das liegt, ruht noch im ~(e) der Zukunft *darüber kann man noch nichts sagen, die Zukunft wird es zeigen* □ ***o futuro irá dizer* **3** ⟨poet.⟩ *weibl. Geschlechtsteil, Scheide* □ **sexo (feminino); vagina 4** ⟨fig.⟩ *Schutz, Geborgenheit* 4.1 in den ~ der Familie zurückkehren *zur F. heimkehren* 4.2 in den ~ der Kirche zurückkehren *zum Glauben zurückfinden* □ **seio 5** *Hüftteil (mancher Kleidungsstücke);* Frack~, Rock~; ein Frack mit langen Schößen; eine Jacke mit langem ~ □ **aba; falda**

Schoß² ⟨f.; -, -en od. ⟨österr.⟩ Schö|ße⟩ **1** ⟨österr.⟩ *Damenrock* □ **saia 2** ⟨schweiz.⟩ *Schürze, Arbeitsmantel;* Berufs~ □ **avental; jaleco**

Schöss|ling ⟨m.; -s, -e⟩ = *Schoss*

Scho|te¹ ⟨f.; -, -n⟩ **1** *Fruchtform der Kreuzblütler* □ **síliqua 2** ⟨volkstüml.⟩ = *Hülse(2)*

Scho|te² ⟨f.; -, -n; Mar.⟩ *Tau zum Segelspannen, Segelleine* □ **escota**

Scho|te³ ⟨f.; -, -n; umg.⟩ *spaßiger Einfall, witzige Geschichte;* ~n erzählen □ **piada; causo**

Schot|ter ⟨m.; -s, -⟩ **1** *grobes Geröll (z. B. in Flüssen)* □ **cascalho; pedregulho 2** *fein geschlagene Steine (bes. zum Straßenbau);* Straßen~ □ **macadame**

schraf|fie|ren ⟨V. 500⟩ *Flächen einer Zeichnung ~ mit feinen parallelen Strichen bedecken;* die Landesteile mit mehr als 200 Einwohnern pro Quadratkilometer sind auf dieser Karte schraffiert dargestellt □ **tracejar**

schräg ⟨Adj.⟩ **1** *geneigt, weder senkrecht noch waagerecht* □ **oblíquo; inclinado 2** *von einer (gedachten) Geraden in gerader Richtung abweichend, ohne einen rechten Winkel zu bilden;* eine ~e Linie, Richtung □ **transversal; diagonal**; du sollst nicht ~ über die Straße gehen 2.1 den Stoff zum Rock ~ verarbeiten *nicht gerade, sondern in einem Winkel von 45° zum Verlauf der Fäden* □ **na transversal/diagonal; transversalmente 3** ⟨fig.; umg.⟩ *merkwürdig, seltsam;* das war ein ~er Film □ **estranho; esquisito 4** ⟨Getrennnt- u. Zusammenschreibung⟩ 4.1 ~ legen = *schräglegen* 4.2 ~ stellen = *schrägstellen* 4.3 ~ laufend = *schräglaufend*

schräg|lau|fend *auch:* **schräg lau|fend** ⟨Adj. 24/60⟩ *schräg, in einer schrägen Linie verlaufend* □ **oblíquo; diagonal**

schräg|le|gen *auch:* **schräg le|gen** ⟨V. 500⟩ **1** *etwas ~ etwas schräg hinlegen* **2** *den Kopf ~ (leicht) geneigt halten* □ **inclinar**

schräg|stel|len *auch:* **schräg stel|len** ⟨V. 500⟩ *etwas ~ etwas schräg hinstellen* □ **inclinar; enviesar**

Schram|me ⟨f.; -, -n⟩ **1** *Kratzwunde, oberflächlicher Riss, länglich klaffende Hautwunde* □ **arranhão; esco-**

riação **2** *Ritz, Kratzer (in Glas, auf Politur)*; die vielen ~n im Glas der Tischplatte waren vor dem Transport noch nicht da □ risco; arranhão

Schrank ⟨m.; -(e)s, Schrän|ke⟩ **1** *aufrecht stehendes, meist verschließbares Möbel zum Aufbewahren von Kleidung, Geschirr, Büchern u. a.;* Kleider~, Geschirr~, Bücher~; einen ~ ausräumen, einräumen, öffnen, schließen □ guarda-roupa; armário; → a. *Tasse(2)* **2** ⟨Jägerspr.⟩ *seitlicher Abstand der Tritte einer Fährte von einer gedachten geraden Linie (beim Rothirsch)* □ rasto da caça quando esta não caminha em linha reta

Schran|ke ⟨f.; -, -n⟩ oV ⟨österr.⟩ *Schranken* **1** *horizontal gelegte lange Stange als Absperrung (z. B. Schlagbaum, Bahnschranken u. Ä.);* die ~n des Bahnüberganges, einer Rennbahn, eines Sportplatzes; die ~n aufziehen, herunterlassen, hochziehen, schließen (am Bahnübergang) □ barreira; cancela 1.1 auch die letzten ~n zwischen ihnen fielen ⟨fig.⟩ *das, was sie noch trennte* □ barreira 1.2 ~n (des Gerichts) ⟨fig.⟩ *Gericht;* vor den ~n (des Gerichts) erscheinen, stehen, sich verantworten □ (teias/barras/cancelo do) tribunal 1.2.1 jmdn. vor die ~n (des Gerichts) fordern *eine gerichtliche Entscheidung fordern* □ *intimar alguém a comparecer perante o tribunal* 1.3 jmdn. in die ~n weisen ⟨fig.⟩ *zur Mäßigung ermahnen, zurückweisen* □ *pôr alguém em seu (devido) lugar* 1.3.1 jmdn. in ~n halten ⟨fig.⟩ *zur Mäßigung anhalten* □ *refrear/conter alguém* 1.3.2 sich in ~n halten ⟨fig.⟩ *sich mäßigen, beherrschen* □ *controlar-se; conter-se* **2** ⟨nur Pl.⟩ *umgrenzter Raum, Kampfplatz* □ campo de batalha; so fordr' ich mein Jahrhundert in die ~n (Schiller, „Don Carlos") 2.1 jmdn. in die ~n fordern ⟨fig.⟩ *zum Kampf fordern* □ *desafiar alguém* 2.2 mit jmdm. in die ~n treten ⟨fig.⟩ *sich zum Kampfe stellen* □ *entrar na liça com alguém* 2.3 er ist für dich in die ~n getreten ⟨fig.⟩ *er hat sich für dich eingesetzt* □ *ele interveio a seu favor* **3** ⟨nur Pl.⟩ ~n ⟨fig.⟩ *Grenze(n);* die ~n der Konvention, der Wirklichkeit; die ~n einstoßen, überspringen; deiner Hilfsbereitschaft sind keine ~n gesetzt; seinem Streben nach Selbständigkeit waren noch enge ~n gesetzt, gezogen; in der Erregung kennt er keine ~n □ limites 3.1 sich ~n auferlegen *sich Grenzen setzen* □ *impor-se limites* 3.2 ~n errichten ⟨a. fig.⟩ *einschränken* □ *estabelecer limites* 3.3 die ~n niederreißen, überschreiten, übertreten ⟨a. fig.⟩ *gesetzte Bestimmungen, Grenzen übertreten* □ *derrubar as barreiras;* ultrapassar os limites

Schran|ken ⟨m.; -s, -; österr.⟩ = *Schranke*

schran|ken|los ⟨Adj. 24⟩ **1** *ohne Schranke* □ ilimitado; desmedido **2** ⟨fig.⟩ *unbeherrscht, zügellos* □ incontrolável; irrefreável

schrap|pen ⟨V.; bes. norddt.⟩ **1** ⟨500⟩ etwas ~ *kratzen, schaben, scheuern, scheuernd reiben;* Gemüse, Möhren ~ □ ralar; Töpfe, Pfannen ~ □ raspar **2** ⟨411⟩ auf etwas ~ *kratzen, schaben, quietschende Töne erzeugen;* er schrappt auf der Geige □ produzir chiados

Schrat ⟨m.; -(e)s, -e⟩ *zottiger Waldgeist;* oV *Schratt;* Wald~ □ espírito da floresta

Schratt ⟨m.; -(e)s, -e⟩ = *Schrat*

Schrau|be ⟨f.; -, -n⟩ **1** *walzenförmiger Körper mit Gewinde, der in einen anderen Körper eingedreht werden kann, zur Herstellung lösbarer Verbindungen, zur Erzeugung von Druck od. zur Übertragung von Bewegung;* eine ~ anziehen, ausschrauben, einschrauben, lockern; eine ~ mit Mutter; etwas mit ~n befestigen □ parafuso 1.1 das ist ja eine ~ **ohne Ende** ⟨fig.⟩ *eine endlose Sache* □ *isso não tem fim* 1.2 bei ihm ist eine ~ **locker, los** ⟨fig.; umg.; derb⟩ *er ist ein bisschen verrückt* □ *ele tem um parafuso a menos; ele não regula bem* **2** *Propeller als Antriebsmittel für Schiffe, Luftfahrzeuge u. a.;* Schiffs~, Luft~ □ hélice **3** ⟨Sp.⟩ *spiralige Bewegung um die Längsachse des Körpers (z. B. beim Turmspringen)* □ parafuso

schrau|ben ⟨V. 228/500⟩ **1** ⟨511 od. 513⟩ etwas irgendwie od. irgendwohin ~ *irgendwie od. irgendwo mit Schrauben befestigen;* etwas fester, loser ~; eine Platte auf das Gerät ~ □ (a)parafusar; rosquear; apertar **2** ⟨510⟩ etwas **in die Höhe** ~ ⟨fig.⟩ *(immer wieder) erhöhen;* die Preise in die Höhe ~ □ aumentar; elevar **3** ⟨511/Vr 3⟩ sich irgendwohin ~ *(drehend) bewegen* □ *girar em determinada direção;* voltear 3.1 das Flugzeug schraubte sich allmählich in die Höhe *stieg in Windungen in die Höhe* □ dar parafusos

Schraub|stock ⟨m.; -(e)s, -stö|cke⟩ *Werkzeug zum Festhalten von Arbeitsstücken, die mit der Hand oder einer Maschine bearbeitet werden sollen* □ torno de bancada; morsa

Schre|ber|gar|ten ⟨m.; -s, -gär|ten⟩ *kleiner Garten innerhalb einer Gartenkolonie, meist am Stadtrand gelegen* □ pequena horta familiar

Schreck ⟨m.; -(e)s, -e(n)⟩ **1** = *Schrecken;* vor ~ aufschreien, beben, davonlaufen, fast vergehen, zittern; sie war vor ~ wie gelähmt; bleich, halb ohnmächtig, starr, steif, vor ~ □ susto; medo 1.1 *(Ausruf der Bestürzung);* ach du mein ~!; ~, lass nach! □ *ai, meu Deus!; minha Nossa Senhora!*

schre|cken ⟨V.⟩ **1** ⟨500/Vr 8⟩ jmdn. ~ *in Schrecken versetzen, erschrecken, ängstigen* □ assustar; amedrontar 1.1 sich ~ ⟨österr.⟩ *sich erschrecken* □ *assustar-se* **2** ⟨229/400; Jägerspr.⟩ *Schrecklaute ausstoßen (bes. beim Rotwild)* □ emitir gritos de medo

Schre|cken ⟨m.; -s, -⟩ *heftige, plötzliche, mit Angst u. Entsetzen verbundene Gemütserschütterung;* oV *Schreck;* ein eisiger, großer, jäher, panischer, tiefer ~; die ~ des Krieges, Todes, des Unwetters; einen ~ bekommen, erleben, fühlen, kriegen; jmdm. einen ~ bereiten, einflößen, einjagen, versetzen; bei jmdm. ~ hervorrufen, verbreiten; jmdn. in ~ halten, setzen; ~ befiel, durchfuhr, erfasste, erfüllte, überfiel die Menge; die ~ dieser Stunde werde ich nie vergessen; zu meinem ~ musste ich feststellen, dass ...; der ~ fuhr mir durch, in die Glieder, Knochen; der ~ lag mir noch in den Gliedern, in den Knochen; ~ stieg in ihr hoch; auf den ~ hin muss ich erst einmal einen Schnaps trinken; da sind wir noch einmal mit dem (bloßen) ~ davongekommen; der Gedanke daran hat nichts von seinem ~ verloren; ich muss mich vom ersten ~ erholen; lieber ein Ende mit ~ als ein ~ ohne Ende (Major Ferdinand von Schill, 1809) □ **susto; medo**

Schreck|ge|spenst ⟨n.; -(e)s, -e⟩ **1** *Entsetzen u. Schrecken verbreitendes Gespenst* □ **fantasma; espantalho; espectro 2** (fig.) *drohende Gefahr, Vorstellung von etwas Schrecklichem;* das ~ des Krieges heraufbeschwören □ **fantasma**

schreck|haft ⟨Adj.⟩ *leicht erschreckend;* sehr ~ sein □ **assustadiço; medroso**

schreck|lich ⟨Adj.⟩ **1** *furchtbar, entsetzlich, grauenvoll;* eine ~e Entdeckung, Mitteilung, Nachricht; ein ~es Ereignis, Erlebnis, Unglück; die Unfallstelle bot einen ~en Anblick; er stieß ~e Drohungen, Verwünschungen aus; das wird noch ein ~es Ende nehmen; gegen diese ~e Krankheit ist der Mensch machtlos; er hat Schreckliches erlebt; auf das Schrecklichste gefasst sein; sie haben ihn aufs ~ste/Schrecklichste zugerichtet □ **horrível; terrível; assustador 2** ⟨70; umg.⟩ *(sehr) unangenehm;* ich habe ~e Stunden, Tage hinter mir; sie leidet unter der ~en Hitze □ **horrível; terrível;** wie ~! (Ausruf des Erschreckens u. des Mitleids) □ ***que horror! 2.1** ein ~er Mensch! *ein unausstehlicher M.* □ **insuportável 3** ⟨50; umg.⟩ *sehr;* ich freue mich ~ darauf; es hat ~ lange gedauert □ **muito**

Schred|der ⟨m.; -s, -⟩ *Maschine zum Zertrümmern u. Zusammenpressen von Schrott* □ **máquina fragmentadora de sucata**

Schrei ⟨m.; -(e)s, -e⟩ *lauter Ausruf eines Lebewesens, bes. bei Angst ausgestoßen* □ **grito; berro;** → a. *letzte(r, -s)(4.1)*

Schrei|be ⟨f.; -, -n; umg.⟩ **1** ⟨unz.⟩ *Art zu schreiben, Schreibstil;* die ~ eines Journalisten **1.1** *Geschriebenes, schriftsprachliche Form* □ **escrita 2** (kurz für) *Schreibgerät* □ **utensílio para escrever**

schrei|ben ⟨V. 230⟩ **1** ⟨402⟩ **(etwas)** ~ *in Zeichen, Buchstaben od. Zahlen schriftl. niederlegen, zu Papier bringen;* Adressen ~; dieses Wort hast du falsch, richtig geschrieben (nach den Regeln der Rechtschreibung); einen Begriff getrennt ~; der Lehrer hat das Aufsatzthema an die Tafel geschrieben; das gesprochene und das geschriebene Wort; das Kind kann schon, lernt in der Schule ~; diese Feder schreibt zu dick, gut, schlecht; wie viele Silben schreibt sie in der Minute? ~; eine Arbeit ins Konzept, ins Reine ~ □ ***fazer o rascunho de um trabalho; passar a limpo um trabalho 1.1** seinen Namen unter etwas ~ *etwas unterschreiben* □ ***assinar alguma coisa 1.2** schreib dir das hinter die Ohren! ⟨fig.; umg.⟩ *lass dir das zur Warnung dienen, merke dir das, richte dich künftig danach!* □ ***escreva o que estou lhe dizendo! 1.3** das steht in den Sternen geschrieben ⟨fig.⟩ *ist völlig ungewiss* □ ***não se sabe; ninguém sabe dizer 1.4** es stand ihm auf der Stirn geschrieben, dass er log ⟨fig.⟩ *es war offensichtlich* □ ***estava escrito na sua testa que ele estava mentindo 1.5** dieses Geld kannst du in den Schornstein ~ ⟨fig.; umg.⟩ *das wirst du nie zurückbekommen, darauf wirst du verzichten müssen* □ ***você pode dar adeus a esse dinheiro 1.6** etwas in bestimmter Weise ~ *in bestimmter Weise schriftlich niederlegen;* mit Bleistift, Farbstift, Füllfederhalter, Kreide, Kugelschreiber, Rotstift, Schreibmaschine ~; mit der Hand, mit dem Computer ~; etwas in Stenografie ~; nach Diktat ~; deutlich, eng, gut, sauber, unleserlich ~; langsam, schnell ~ **2** ⟨500⟩ etwas ~ *schriftlich niederlegen, verfassen;* in der Schule einen Aufsatz ~; er schreibt ein Buch, ein Drama, ein Fernsehstück, einen Roman; der Artikel ist flüssig, gewandt, leicht, verständlich geschrieben; ein humorvoll geschriebener Roman; geschriebenes und ungeschriebenes Recht □ **escrever 2.1** diese Rolle ist ihr auf den Leib geschrieben ⟨fig.; umg.⟩ *wie für sie geschrieben, so gut eignet sie sich dafür* □ ***esse papel lhe caiu como uma luva 2.2** ⟨800⟩ an etwas ~ *mit der Niederschrift von etwas beschäftigt sein;* er schreibt an seiner Dissertation, Examensarbeit □ ***estar escrevendo alguma coisa 3** ⟨410⟩ *als Autor, Schriftsteller tätig sein;* er schreibt für den Rundfunk, für Zeitschriften, Zeitungen □ **escrever 4** ⟨500⟩ einen guten **Stil**, eine schlechte **Handschrift** ~ *in gutem S., in schlechter H. formulieren, zu Papier bringen;* einen guten, schlechten Stil ~; er schreibt eine gute Handschrift □ ***ter um bom estilo; escrever mal 4.1** eine gewandte Feder ~ *einen gewandten Stil haben* □ ***saber manejar a pena 5** ⟨500⟩ etwas ~ *schriftlich mitteilen;* wir werden dir die Ergebnisse der Besprechung ~; er schreibt mir, dass ... **5.1** ⟨602 od. 802⟩ jmdm. od. **an** jmdn. (eine Nachricht, einen Brief) ~ *eine N., einen B. senden;* ich schreibe ihm einen Brief, einen Brief an ihn □ **escrever 5.2** ⟨500⟩ etwas ~ *berichten;* die Zeitung schreibt darüber Folgendes ... □ **relatar; dizer 5.3** ⟨517/Vr 3⟩ **sich mit** jmdm. ~ ⟨umg.⟩ *in Briefwechsel stehen mit jmdm.* □ ***escrever-se; manter correspondência com alguém 6** ⟨513/Vr 3⟩ **sich** in bestimmter Weise ~ *in bestimmter Weise (orthografisch) buchstabiert werden;* wie schreibt er sich? Er schreibt sich Mueller mit ue; das Wort schreibt sich mit y □ ***escrever-se de determinado modo 7** ⟨520/Vr 3⟩ **sich** XY ~ *XY heißen* □ **chamar-se 8** ⟨500⟩ etwas ~ *als Datum haben* □ **estar; ser;** wir ~ heute den 2. Juli 2008 □ ***estamos no dia 2 de julho de 2008 8.1** man schrieb das Jahr 1914 *es war, geschah im Jahr 1914* □ ***era o ano de 1914 9** ⟨500⟩ etwas auf etwas ~ *verbuchen, eintragen;* einen Betrag auf ein Konto, eine Rechnung ~ □ **registrar;** → a. *sagen(1.2)*

Schrei|ben ⟨n.; -s, -⟩ *Schriftstück, Brief;* ein ~ abfassen, absenden, diktieren, richten an; wir danken Ihnen für Ihr ~ vom ...; in unserem ~ vom ... baten wir Sie ..., fragten wir an, ob ... □ **carta; ofício**

Schrei|ber ⟨m.; -s, -⟩ **1** *jmd., der etwas schreibt od. geschrieben hat* **2** *Schriftsteller, Verfasser eines literarischen Werkes* □ **escritor 3** ⟨schweiz.⟩ *Schriftführer, Sekretär;* Gemeinde~; Staats~ **4** ⟨veraltet⟩ *Angestellter,*

Beamter, dessen Tätigkeit hauptsächlich im Schreiben (von Akten, Briefen) besteht □ **secretário 5** *Empfangsgerät für Fernmeldungen;* **Fern~** □ **teletipo; teleimpressor**

Schrei|be|rin ⟨f.; -, -rin|nen⟩ *weibl. Schreiber(1-4)* □ **escritora; secretária**

schreib|ge|wandt ⟨Adj. 70⟩ **1** *geübt im (raschen) Schreiben* □ **que escreve rápido 2** *in einem guten Stil schreibend* □ **que escreve bem**

Schreib|ma|schi|ne ⟨f.; -, -n⟩ *Maschine, mit der man durch Niederdrücken von Tasten schreibt* □ **máquina de escrever**

Schreib|tisch ⟨m.; -(e)s, -e⟩ *Arbeitstisch zum Schreiben* □ **escrivaninha**

schrei|en ⟨V. 231⟩ **1** ⟨400⟩ *Schreie ausstoßen, die Stimme laut erschallen lassen, laut sprechen, rufen, brüllen;* vor Angst, Furcht, Schmerz ~; um Hilfe ~; kläglich, mörderisch ~; wir hörten ein entsetzliches Schreien; wie ein Berserker, wie eine angestochene Sau, wie am Spieß ~; der Affe, der Hirsch, das Käuzchen, der Papagei schreit 1.1 schrei nicht so, ich bin nicht taub! *sprich leiser* 1.2 das **Kind** schreit *weint heftig*; laut ~d lief das Kind davon □ **gritar; berrar 1.3** *kreischen, gellen; durchdringend, gellend, laut, markerschütternd, schrill ~;* die Säge schreit □ **chiar; guinchar 1.4** *es war* **zum** *Schreien (komisch) außerordentlich komisch* □ ***era de morrer de rir 1.5** er schrie vor Lachen* ⟨umg.⟩ *er lachte sehr* □ ***ele morreu de rir 1.6** ⟨unpersönl.⟩ es schreit* **gen, zum** Himmel ⟨fig.; umg.⟩ *ist unerhört, empörend, verlangt Abhilfe, Bestrafung* □ ***é revoltante; é um absurdo 1.7** ⟨513/ Vr 3⟩ sich **heiser** ~ *so lange schreien, bis man heiser ist* □ ***ficar rouco de tanto gritar 2** ⟨500⟩ etwas ~ *in großer Lautstärke herausrufen;* Hilfe, Zeter und Mord(io) ~ ⟨umg.⟩ □ ***gritar por socorro; fazer escândalo 2.1** **Ach** und **Weh** ~ *jammern, klagen* □ ***lamentar-se; reclamar 2.2** ⟨531⟩ jmdm. etwas **ins Gesicht** ~ *jmdn. aus nächster Nähe mit etwas sehr lautstark ansprechen*; er schrie ihnen seine Verachtung ins Gesicht □ ***gritar alguma coisa na cara de alguém 2.3** ⟨800⟩ **nach** jmdm. od. etwas ~ ⟨fig.⟩ *heftig verlangen;* alles in ihr schrie nach ihren Kindern; nach Rache, Vergeltung ~ □ ***gritar por alguém ou alguma coisa**

Schrei|e|rei ⟨f.; -; unz.⟩ *anhaltendes, lästiges Schreien* □ **gritaria**

Schrein ⟨m.; -(e)s, -e⟩ *stehender Behälter mit Türen, Schrank, Kasten, Lade (bes. zum Aufbewahren von Reliquien)* □ **escrínio; cofre**; Reliquien~ □ ***relicário**; etwas im ~ des Herzens, der Seele bewahren ⟨fig.⟩ □ **cofre**

Schrei|ner ⟨m.; -s, -; süddt. u. westdt.⟩ = *Tischler*

Schrei|ne|rin ⟨f.; -, -rin|nen; süddt. u. westdt.⟩ = *Tischlerin*

schrei|ten ⟨V. 232(s.)⟩ **1** ⟨410⟩ *gemessenen Schrittes, feierlich gehen;* die Trauernden schritten hinter dem Sarge □ **caminhar de modo solene; marchar 2** ⟨411⟩ **zu** etwas ~ ⟨fig.⟩ *übergehen, mit etwas beginnen, sich an etwas machen;* zur Tat, Wahl ~ □ ***passar a alguma coisa; proceder a alguma coisa**

Schrieb ⟨m.; -s, -e; umg.; meist abwertend⟩ *Schriftstück, Schreiben, Brief* □ **carta; escrito**

Schrift ⟨f.; -, -en⟩ **1** *System von Zeichen, mit denen die gesprochene Sprache festgehalten, lesbar gemacht wird;* deutsche, gotische, lateinische, griechische, kyrillische ~; die ~ der Ägypter, Azteken □ **escrita 2** *Handschrift;* eine gute, leserliche, regelmäßige, schöne, schräge, steile, unleserliche ~; eine ~ begutachten, beurteilen, deuten, entziffern □ **letra; caligrafia 3** *geschriebener od. gedruckter Text, Abhandlung, Aufsatz, Buch;* ~en philosophischen, politischen, religiösen Inhalts; geschriebene und gedruckte ~; ~en herausgeben, drucken, publizieren, veröffentlichen □ **escrito, texto 4** ⟨nur Pl.; schweiz.⟩ *persönliche Ausweispapiere* □ **documentos 4.1** eine ~ abfassen, aufsetzen, eingeben, weiterleiten *eine Eingabe* □ **requerimento; petição 4.2** die gesammelten, sämtlichen ~en eines Dichters *Werke* □ **obra**; → a. *heilig(3.3.2)*

schrift|lich ⟨Adj. 24⟩ **1** *durch Schrift festgehalten, niedergeschrieben;* Ggs *mündlich;* ~e Arbeit, Überlieferung, Vereinbarung; eine ~e Prüfung ablegen; Fragen ~ beantworten; einen Vorgang ~ festhalten, niederlegen; ich habe noch etwas Schriftliches zu erledigen **1.1** gib mir die Sache ~ *eine schriftliche Vereinbarung* **1.2** ich habe nichts Schriftliches darüber in Händen *wir haben nur darüber gesprochen, nur mündlich etwas vereinbart* □ **(por) escrito 1.3** ~es **Verfahren** *Prozessverfahren, bei dem das Urteil allein nach dem Inhalt der Akten gebildet wird* □ ***processo escrito 1.4** ⟨90⟩ das kann ich dir ~ geben! ⟨fig.; umg.⟩ *darauf kannst du dich verlassen, das ist sicher!* □ ***pode escrever o que estou lhe dizendo!**

Schrift|stel|ler ⟨m.; -s, -⟩ *Verfasser von schöngeistigen, kritischen od. die verschiedensten Sachgebiete betreffenden Werken, die zur Veröffentlichung bestimmt sind* □ **escritor**

Schrift|stel|le|rin ⟨f.; -, -rin|nen⟩ *weibl. Schriftsteller* □ **escritora**

schrill ⟨Adj.⟩ **1** *durchdringend, grell tönend;* ein ~er Missklang, Misston, Schrei; der ~e Ton der Klingel, Pfeife; sie lachte ~ auf; das ~e Läuten des Telefons □ **estridente; agudo 1.1** ⟨fig.⟩ *grell, auffallend, verrückt;* ~e Kleidung; ein ~es Benehmen □ **berrante; chamativo**

Schrimp ⟨m.; -s, -s; meist Pl.⟩ = *Shrimp*

Schritt ⟨m.7; -(e)s, -e⟩ **1** *Vorsetzen eines Fußes beim Gehen;* ein elastischer, federnder, forscher, schleppender, steifer, tappender, unsicherer, wankender, zaghafter, zögernder ~; ein fester, kräftiger, lauter, leichter, leiser, schwerer, unhörbarer ~; ein großer, kleiner, kurzer, langer, weit ausgreifender ~; nach meiner Krankheit habe ich noch keinen ~ aus dem Haus getan; seine ~e zur Wirtschaft lenken; die ersten ~e machen, tun; die Freude auf das Wiedersehen beflügelte seine ~e; den ~ beschleunigen, verlangsamen, zurückhalten; auf der Straße hörte man eilige ~e; jmdn. am ~ erkennen; im gleichen ~ und Tritt; jmds. Einfluss ~ um ~ eindämmen, zurückdrängen; vom Erhabenen zum Lächerlichen ist nur ein ~ (Napoleon I.) ▫ **passo**; nach dem Essen soll man ruhn oder tausend ~e tun ⟨Sprichw.⟩ ▫ ***depois de comer é bom descansar ou caminhar**; ~ vor ~ kommt auch ans Ziel ⟨Sprichw.⟩ ▫ ***de grão em grão a galinha enche o papo** 1.1 sich ~ **für** ~ vorwärtstasten *langsam, vorsichtig* ▫ ***ir tateando devagar/com cuidado** 1.2 der erste ~ zur Besserung ⟨fig.⟩ *der Anfang zur B.* ▫ **passo** 1.3 den zweiten ~ vor dem ersten tun ⟨fig.⟩ *nicht folgerichtig verfahren* ▫ ***colocar a carroça na frente dos bois** 1.4 ein ~ **vom Wege** ⟨fig.⟩; heute fast nur noch scherzh.⟩ *ein Fehltritt* ▫ ***um passo em falso; um deslize** 1.5 auf ~ und **Tritt** *dauernd, immer wieder*; er begegnet mir auf ~ und Tritt ▫ ***volta e meia; vira e mexe** 1.5.1 jmdm. auf ~ und Tritt folgen *überallhin* ▫ ***seguir alguém por toda parte; seguir alguém como uma sombra** 1.6 *Gleichschritt*; aus dem ~ kommen ▫ ***sair do passo**; im ~ bleiben ▫ ***manter o passo** 1.7 mit der Zeit ~ **halten** ⟨fig.⟩ *die Veränderungen, Anschauungen u. Fortschritte der Z. zu verstehen suchen* ▫ ***tentar acompanhar seu tempo/sua época** 1.8 heute haben wir deine Angelegenheit einen guten ~ weitergebracht ⟨fig.⟩ *ein gutes Stück* ▫ ***hoje avançamos bem com a sua questão** 2 ⟨unz.⟩ *Gehen, (langsame) Gangart*; den ~ wechseln; im ~ fahren, reiten; langsamen, schnellen ~es kam er auf mich zu; sein ~ stockte; die Pferde gingen im ~; die Pferde im ~ gehen lassen ▫ **passo** 2.1 du hast vielleicht einen ~ an dir, **am Leib** ⟨umg.⟩ *du gehst zu schnell* ▫ ***você anda rápido demais** 2.2 ~ **fahren** *langsam fahren* ▫ ***ir/dirigir devagar** 3 *70 bis 90 cm, kurze Strecke*; zwei ~ näher treten, vorgehen, zurücktreten ▫ ***aproximar-se; dar dois passos para frente/trás** 3.1 er soll mir drei ~ vom Leibe bleiben! *nicht zu nahe an mich herankommen, ich will nichts mit ihm zu tun haben* ▫ ***que ele fique longe de mim!** 3.2 noch einen ~ weitergehen ⟨a. fig.⟩ *noch etwas mehr riskieren, wagen* ▫ ***dar um passo a mais; ir um pouco mais longe** 3.3 wir sind in unseren Verhandlungen noch keinen ~ weitergekommen ⟨fig.⟩ *gar nicht* ▫ ***não demos nenhum passo em nossas negociações** 4 *Entfernung vom Gürtel bis zum Ansatz der Beine (bei der Hose)*; zu enger, kurzer, langer ~ (der Hose) ▫ **cavalo** 5 ⟨fig.⟩ *(einleitende) Maßnahme, Vorgehen*; ein bedeutsamer, gewagter, unüberlegter ~; diplomatische ~e einleiten; geeignete, die nötigen ~e tun, unternehmen, veranlassen; er hat sich weitere ~e vorbehalten; ~e gegen jmdn. unternehmen; beide Länder wollen gemeinsame ~e unternehmen ▫ **passo; medida** 5.1 den **entscheidenden** ~ nicht wagen *unentschlossen sein* ▫ ***não arriscar dar o passo decisivo*

Schritt|ma|cher ⟨m.; -s, -⟩ 1 *Motorradfahrer, der bei Radrennen für Steher vor dem Steher herfährt u. ihm Windschatten gibt* ▫ **batedor** 2 ⟨früher⟩ *Helfer bei sportlichen Wettbewerben, der durch Anschlagen eines bestimmten Tempos dem Wettkämpfer die Aufgabe erleichtern soll* ▫ **puxador de ritmo; coelho;** *pacemaker* 3 ⟨fig.⟩ *jmd., der anderen den (günstigen) Weg vorbereitet* ▫ **pioneiro; precursor** 4 ⟨Med.⟩ *Gerät, das die Frequenz des Herzschlages steuert; Herz~* ▫ ***marca-passo*

schroff ⟨Adj.⟩ 1 *steil (aufragend), jäh (abfallend)*; ~e Felsen, Klippen; eine ~ abfallende Felswand ▫ **escarpado; íngreme** 2 ⟨fig.⟩ *hart u. unfreundlich, grob (abweisend)*; eine ~e Ablehnung, Abweisung; sein ~es Benehmen, Wesen stieß alle ab ▫ **rude; grosseiro** 2.1 seine Aussage steht im ~en Gegensatz zu der deinen *lautet ganz anders* ▫ ***a afirmação dele é totalmente contrária à sua** 3 ⟨fig.⟩ *plötzlich, abrupt*; ein ~er Übergang ▫ **abrupto; repentino**

schröp|fen ⟨V. 500⟩ 1 *jmdn. ~ jmdm. mit einem saugenden Gerät Blut örtlich in die Haut ableiten od. gleichzeitig entziehen* 2 ⟨Vr 8⟩ *jmdn. ~* ⟨fig.⟩ *viel zahlen lassen, finanziell ausnützen, übervorteilen*; er wurde beim Kartenspiel gehörig geschröpft ▫ **sangrar** 3 *Saat ~ die Spitzen davon abschneiden, um zu üppiges Wachstum zu verhindern* ▫ **podar** 3.1 *Obstbäume ~ bei schlechtem Ertrag die Rinde einschneiden* ▫ **escarificar**

Schrot ⟨m. od. n.; -(e)s, -e⟩ 1 *grob gemahlene Getreidekörner* ▫ **cereal triturado** 2 *gehärtete Bleikügelchen, die in größerer Anzahl mit einem Schuss aus Gewehren mit glatten Läufen geschossen werden* ▫ **chumbinho; escumilha** 3 *Gesamtgewicht von Gold- u. Silbermünzen* ▫ **peso bruto** 3.1 *eine Münze von gutem ~ u. Korn von echtem Feingehalt* ▫ ***uma moeda de lei** 3.2 *er ist ein Mann von echtem ~ u. Korn* ⟨fig.⟩ *von guter alter Art, tüchtig, solide, zuverlässig* ▫ ***ele é um homem de bem** 4 *unförmiges Stück Holz, Klotz, Scheit* ▫ **cepo** 5 ⟨oberdt.⟩ *Leinwandmaß, Bahn* ▫ **festo**

schro|ten¹ ⟨V. 500⟩ *etwas ~ grob zerkleinern, zermahlen, zermalmen, zerschneiden*; Getreide, Alteisen ~ ▫ **moer; triturar**

schro|ten² ⟨V. 500⟩ *schwere Lasten ~ wälzend, rollend, ziehend fortbewegen*; eine Kiste in den Keller ~ ▫ **rolar; empurrar**

Schroth|kur *auch:* **Schroth-Kur** ⟨f.; -, -en⟩ *(von dem Naturheilkundigen J. Schroth begründete) wasserarme Diätkur* ▫ **dieta de Schroth**

Schrott ⟨m.; -(e)s, -e; Pl. selten⟩ 1 *nicht mehr zu verwendende metallische Gegenstände, Altmetall*; Eisen~; Aluminium~; ~ abladen 2 ⟨unz.; fig.; umg.⟩ *wertloses Zeug; Ware(n) schlechter Qualität*; auf dem Flohmarkt gab es nur ~; dieser Fernseher ist ~ ▫ **sucata**

schrub|ben ⟨V. 500/Vr 7⟩ 1 *jmdn. od. etwas ~ kräftig abreiben* 1.1 *etwas ~ mit der Scheuerbürste reinigen* ▫ **esfregar**

Schrul|le ⟨f.; -, -n⟩ 1 *Laune, wunderlicher Einfall*; er hat den Kopf voller ~n; du hast nichts als ~n im Kopf; was hat sie sich da wieder für eine ~ in den Kopf gesetzt ▫ **capricho; mania** 2 ⟨umg.; abwertend⟩ *wunderliche alte Frau, hässliche Frau* ▫ **velha extravagante**

schrum|peln ⟨V. 400(s.); bes. nddt.; mitteldt.⟩ = *schrumpfen*

schrump|fen ⟨V. 400(s.)⟩ 1 *eingehen, kleiner werden*; die Äpfel ~, wenn man sie lange lagert; manche

Stoffe ~ bei der Wäsche □ encolher; murchar 2 ⟨fig.⟩ *sich vermindern;* das Kapital schrumpft □ **encolher**

Schrund ⟨m.; -(e)s, Schrün|de⟩ = *Schrunde*

Schrun|de ⟨f.; -, -n⟩ oV *Schrund* **1** *Spalt, Riss (bes. in der Haut)* □ **greta; cieiro; rachadura 2** *Gletscherspalte* □ **fenda glacial**

Schub ⟨m.; -(e)s, Schü|be⟩ **1** *das Schieben, einzelner Stoß* □ **empurrão**; *alle neune beim ersten ~ (beim Kegeln)* □ **strike* **2** *auf einmal beförderte Menge; einen ~ Steine abladen* □ **carga 2.1** *der Andrang war so groß, dass die Schaulustigen nur in Schüben eingelassen werden konnten in nacheinander folgenden Gruppen* □ **grupo 2.2** *ein ~* **Brötchen** *die Anzahl B., die auf einmal in den Ofen geschoben wird* □ **fornada 3** ⟨Phys.⟩ *Kraft, mit der ein durch Rückstoß bewegter Körper bewegt wird (bei Raketen u. Strahltriebwerken)* □ **impulsão; empuxo 4** = *Schwerkraft* **5** ⟨umg.⟩ *Schubfach, Schubkasten, Schublade* □ **gaveta**

Schub|la|de ⟨f.; -, -n⟩ *herausziehbarer Kasten unter (Schreib-)Tischen u. in Schränken* □ **gaveta**

Schubs ⟨m.; -es, -e; umg.⟩ *leichter Stoß; jmdm. einen ~ geben* □ **empurrãozinho**

schub|sen ⟨V. 500; umg.⟩ *jmdn. ~ jmdn. leicht stoßen, ihm einen Schubs geben;* er hat mich geschubst □ **dar um leve empurrão em alguém*

schüch|tern ⟨Adj.⟩ **1** *scheu, ängstlich, beklommen, zurückhaltend; ein ~es Mädchen; ~ stand die Kleine da und sagte kein Wort* **1.1** *einen ~en* **Versuch** *machen* ⟨fig.⟩ *vorsichtig etwas versuchen* □ **tímido; temeroso**

Schuft ⟨m.; -(e)s, -e⟩ *ehrloser, gemeiner Mensch, Schurke, Betrüger* □ **patife; canalha**

schuf|ten ⟨V. 400; umg.⟩ *schwer arbeiten* □ **ralar; esfalfar-se**

Schuh ⟨m. 7; -(e)s, -e⟩ **1** *Fußbekleidung des Menschen; ein bequemer, derber, (zu) enger, (zu) großer ~; flache, hohe, orthopädische, spitze ~e; ~e anhaben; ~e an- u. ausziehen, schieftreten, tragen; ~e ausbessern, besohlen, flicken, machen; ~e eincremen, fetten, pflegen, putzen; ~e nach Maß arbeiten lassen; diese ~e drücken (mich), passen, sind bequem, sind zu eng* □ **sapato 1.1** *ich weiß, wo ihn der ~ drückt* ⟨fig.⟩ *ich kenne seine Schwierigkeiten, wenn er es mir auch nicht gesagt hat* □ **eu é que sei onde seu sapato aperta* **1.2** *umgekehrt wird ein ~ daraus!* ⟨fig.; umg.⟩ *das Gegenteil ist richtig* □ **o inverso também é verdadeiro!* **1.3** *er versuchte, mir die Sache in die ~e zu schieben* ⟨fig.; umg.⟩ *mir die Schuld daran zu geben, mich dafür verantwortlich zu machen* □ **ele tentou jogar a culpa em cima de mim* **2** *dem Schuh(1) in Form od. Funktion ähnlicher Gegenstand* □ **sapato 2.1** *Hufeisen o. ä. Beschlag* □ **ferradura 2.2** *Hülle aus Eisen um das untere Ende von Lanzen, Pfählen* **2.3** *Hemmschuh, Bremsschuh* □ **sapata 3** = *Fuß(6)*; *drei ~ hoch* □ **pé**

Schuh|ma|cher ⟨m.; -s, -⟩ *Handwerker, der Lederschuhe nach Maß herstellt u. Schuhreparaturen durchführt; Sy Schuster (1)* □ **sapateiro**

Schuh|ma|che|rin ⟨f.; -, -rin|nen⟩ *weibl. Schuhmacher* □ **sapateira**

Schuh|platt|ler ⟨m.; -s, -⟩ *Volkstanz, bei dem der Tänzer sich auf Schenkel, Knie u. Absätze schlägt* □ **Schuhplattler**; *dança folclórica bávara*

Schul|ar|beit ⟨f.; -, -en⟩ **1** ⟨meist Pl.⟩ *zu Hause zu erledigende Arbeiten für die Schule, Hausaufgabe* □ **tarefa/dever de casa 2** ⟨österr.⟩ = *Klassenarbeit*

Schul|bank ⟨f.; -, -bän|ke⟩ **1** *Pult mit Sitz für Schüler* □ **carteira escolar 1.1** *er drückt noch die ~* ⟨fig.; umg.⟩ *geht noch zur Schule* □ **ele ainda vai à escola* **1.2** *wir haben miteinander die ~ gedrückt, haben (miteinander) auf einer ~ gesessen* ⟨fig.; umg.⟩ *waren in der gleichen Schulklasse* □ **estudamos na mesma classe*

schuld ⟨Adj. 80; nur präd. u. adv.⟩ *Kleinschreibung in Verbindung mit den Verben „sein", „bleiben" u. „werden") schuldig; ~ sein; wer ist ~?; sie ist an allem ~; die Verhältnisse sind ~ daran* □ **culpado**

Schuld ⟨f.; -, -en⟩ **1** *Verpflichtung zu einer Gegenleistung* □ **dívida 1.1** *ich bin, stehe tief in seiner ~* ⟨fig.⟩ *ich fühle mich ihm sehr verpflichtet, ich habe noch vieles gutzumachen, was er für mich getan hat* □ **devo muito a ele; estou em dívida com ele* **1.2** *Verpflichtung zur Rückgabe von Geld od. zur Bezahlung von etwas; eine ~ abtragen, anerkennen, begleichen, bezahlen, löschen, tilgen; ~en einklagen, eintreiben, einziehen; ~en haben, machen; sich seiner ~ entledigen; das Haus ist frei von ~en; auf dem Grundstück liegt eine ~ von 20.000 €; nach Bezahlung seiner ~ blieb ihm nur noch ein Bruchteil seines Vermögens* □ **dívida**; *in ~en geraten; sich in ~en stürzen* □ **endividar-se* **1.2.1** *bis über die Ohren (tief) in ~en stecken* ⟨fig.⟩ *stark verschuldet sein* **1.2.2** *er hat mehr ~en als Haare auf dem Kopfe* ⟨fig.⟩ *er ist stark verschuldet* □ **dívida 2** ⟨unz.⟩ *Verantwortung, (sittliches) Verschulden; jmdm.* Schuld *geben;* Schuld *haben; er allein hat die ~, eine große, schwere, tiefe ~; eine moralische ~; von einer ~ (nicht) loskommen; vom Gefühl tiefster ~ durchdrungen, erfüllt sein; die ~ auf jmdn. abwälzen, schieben; eine ~ auf sich nehmen; jmdm. die ~ an etwas geben; mit ~ beladen sein; sich frei von ~ fühlen; ich bin mir keiner ~ bewusst; die ~ fällt auf ihn; die ~ liegt allein bei ihm; ihn trifft keine ~; er trägt die moralische ~ daran; du solltest die ~ nicht nur bei anderen, sondern auch bei dir selbst suchen; der Übel größtes aber ist die ~ (Schiller, „Braut von Messina", 4,7); alle ~ rächt sich auf Erden (Goethe)* □ **culpa 2.1** *die ~ liegt nicht bei ihm er kann nichts dafür* □ **ele não tem culpa* **2.2** ⟨Rechtsw.⟩ *die innere Beziehung des Täters zu einer Tat, strafbare Verfehlung, die Verantwortung hierfür; seine ~ abstreiten, eingestehen, leugnen, zugeben; jmdm. die ~ beimessen, geben, zuschieben, zuschreiben; ~ tragen; man kann ihm seine ~ nicht beweisen; die ~ blieb ungesühnt* **2.3** ⟨Rel.⟩ *die in der Übertretung des Gottesgebotes (Sünde) begründete u. im Gewissen erfahrbare Strafwürdigkeit des Menschen; ~ und Buße; ~ und Sühne; eine ~ büßen, sühnen; eine schwere ~ auf sich laden* □ **culpa**; *... und vergib uns unsere ~ (Vaterunser)* □ **ofensa 3** ⟨Getrennt- u. Zusammenschreibung⟩ **3.1** **zu Schulden** = *zuschulden*

schuld|be|wusst ⟨Adj. 24⟩ *sich einer Schuld bewusst (u. deshalb kleinlaut)* □ consciente da própria culpa

schul|den ⟨V. 530/Vr 6⟩ **1** *jmdm. etwas ~ jmdm. zu einer Leistung, bes. zur Rückzahlung eines Geldbetrages verpflichtet sein;* er schuldet mir nichts, noch 50 Euro, eine Gegenleistung **2** *jmdm. etwas ~ verdanken, schuldig sein* 2.1 ich schulde ihm mein Leben *er hat mein L. gerettet* □ dever

schul|dig ⟨Adj.⟩ **1** *Schuld tragend, schuldbeladen, (für eine Tat) verantwortlich;* jmdm. einer Tat für ~ erklären; eines Verbrechens ~ sein; er hat sich ~ bekannt; wir fühlen uns ~ an seinem Unglück; du hast dich damit einer strafbaren Handlung ~ gemacht; wer ist der Schuldige?; die Geschworenen erkannten auf ~; du brauchst den Schuldigen nicht weit zu suchen 1.1 ich werde den wahren Schuldigen herausfinden *den eigentl. Urheber* □ culpado 1.2 ⟨44⟩ des Todes ~ sein *(poet.)* den T. verdienen □ *merecer a morte **2** ⟨42⟩ *zu geben verpflichtet;* jmdm. etwas ~ sein □ *dever alguma coisa a alguém; jmdm. Rechenschaft ~ sein □ *dever satisfação a alguém;* dafür bin ich ihm Dank ~ □ *sou-lhe grato por isso 2.1 dieses Entgegenkommen ist er mir ~ *das kann ich von ihm erwarten, nach dem, was ich für ihn getan habe* □ *ele está me devendo essa 2.2 ~ sein *noch nicht gegeben haben, noch schulden, (noch) geben müssen;* den Beweis hierfür bist du mir noch ~; er ist mir noch eine Antwort auf meine Frage ~ 2.3 *zu zahlen verpflichtet;* ich bin ihm noch Geld, 100 Euro, die Miete, eine Rechnung ~ □ *(ainda) estar devendo 2.4 ⟨60⟩ *gebührend, geziemend;* er lässt es an der ~en Achtung, Rücksicht fehlen; den ~en Gehorsam außer Acht lassen; jmdm. den ~en Respekt zollen □ devido **3** ⟨Getrennt- u. Zusammenschreibung⟩ 3.1 ~ sprechen = *schuldigsprechen*

schul|dig|blei|ben ⟨V. 114/530⟩ *jmdm. nichts ~ jmdm. alles vergelten, schlagfertig antworten* □ ficar devendo; não levar desaforo para casa

Schul|dig|keit ⟨f.; -; unz.⟩ **1** *Pflicht, Verpflichtung* 1.1 ich habe nur meine ~ getan *meine Pflicht erfüllt* 1.2 der Mohr hat seine ~ getan, der Mohr kann gehn *nachdem jmd. das getan hat, was man von ihm wollte, entledigt man sich seiner (sprichwörtl. nach Schiller, „Fiesco", 3,4)* □ obrigação; dever; → a. *Pflicht*[1] *(1.1)*

schul|dig|spre|chen *auch:* **schul|dig spre|chen** ⟨V. 251/504⟩ *jmdm. einer Tat ~ jmdm. die Schuld an einer Tat geben* □ *declarar alguém culpado de um crime; condenar alguém por um crime

Schu|le ⟨f.; -, -n⟩ **1** *Institution für die Erziehung u. Ausbildung von Kindern u. Jugendlichen;* höhere, mittlere ~n; öffentliche, private ~n; Schüler aus der ~ entlassen; Schüler in die ~ aufnehmen; von der ~ abgehen; sie geht noch in die, zur ~ **2** *Gebäude, in dem eine Schule(1) untergebracht ist;* eine ~ bauen; die ~ betreten **3** ⟨unz.⟩ *Unterricht (der in einer Schule(2) erteilt wird);* morgen fällt die ~ aus; die ~ beginnt um 8 Uhr; die ~ besuchen, zur, in die ~ gehen; die harte ~ der Armut, des Lebens ⟨fig.⟩ □ escola 3.1 ~ halten ⟨veraltet⟩ *unterrichten* □ *dar aulas; lecionar* 3.2 die ~ ist aus ⟨umg.⟩ *beendet* □ *as aulas terminaram* 3.3 die ~ schwänzen ⟨umg.⟩ *den Unterricht absichtl. versäumen* □ *matar aula; cabular 3.4 eine harte ~ durchmachen ⟨fig.⟩ *Lehrzeit* □ *passar por um duro aprendizado 3.5 durch eine harte ~ gehen ⟨fig.⟩ *im Leben viel Schweres erleiden, bittere Erfahrungen machen* □ *levar uma vida difícil; passar por um duro aprendizado 3.6 er ist bei den Klassikern in die ~ gegangen ⟨fig.⟩ *hat von den K. gelernt* □ *ele bebeu na fonte dos clássicos 3.7 aus der ~ plaudern, schwatzen ⟨fig.; umg.⟩ *Geheimnisse ausplaudern* □ *dar com a língua nos dentes;* → a. *hoch (6.1, 6.3, 6.4)* **4** *Lehrer u. Schüler in ihrer Gesamtheit;* die ganze ~; an einem Wettbewerb nehmen auch ~n teil **5** *künstlerische od. wissenschaftliche Richtung, die von einem Meister ausging;* die ~ Dürers, Rembrandts; die florentinische ~; die Frankfurter ~ □ escola 5.1 das wird ~ machen ⟨fig.; umg.⟩ *nachgeahmt werden;* hoffentlich macht sein Beispiel nicht ~! □ *isso vai fazer escola 5.2 ein Kavalier der (guten) alten ~ ⟨fig.; umg.⟩ *von vollendeter Höflichkeit* □ *um verdadeiro cavalheiro; um cavalheiro à moda antiga* **6** *Baumschule* □ viveiro

schu|len ⟨V. 500/Vr 7 od. Vr 8⟩ **1** *jmdn. od. etwas ~ unterrichten, heranbilden, unterweisen;* die Augen, das Gedächtnis, das Ohr, den Verstand ~; mit geschultem Blick sah er sofort den Fehler; uns fehlt geschultes Personal □ educar; instruir; treinar 1.1 eine geschulte Stimme *ausgebildete S.* □ treinado

Schü|ler ⟨m.; -s, -⟩ **1** *Angehöriger einer Schule, Schulkind;* Sy *Pennäler;* ein aufmerksamer, begabter, fauler, fleißiger, gelehriger, guter, interessierter, strebsamer ~ **2** *Lernender (bei einem Meister);* ein ehemaliger ~ von ihm; ein ~ von Hindemith □ aluno

Schü|le|rin ⟨f.; -, -rin|nen⟩ *weibl. Schüler* □ aluna

Schul|jahr ⟨n.; -(e)s, -e⟩ **1** *Zeit vom Eintritt der Schüler in eine Klasse bis zu den letzten Ferien vor Beginn der neuen Klasse;* das neue ~ beginnt nach den Sommerferien 1.1 er ist jetzt im zweiten ~ *in der zweiten Klasse* □ ano letivo/escolar

Schul|klas|se ⟨f.; -, -n⟩ **1** *Gesamtheit der Schüler, die gemeinsam unterrichtet werden* **2** *der Raum für Schulunterricht, Klassenzimmer* □ classe

Schul|meis|ter ⟨m.; -s, -⟩ **1** ⟨veraltet⟩ = *Lehrer* **2** ⟨fig.; abwertend⟩ *jmd., der andere pedantisch belehrt, bekrittelt* □ pedante

Schul|ter ⟨f.; -, -n; Anat.⟩ **1** *die Verbindung der Arme mit dem Brustkorb;* die ~n beugen, einziehen, heben, schütteln; bedauernd die ~n hochziehen; die ~, mit den ~n zucken (zum Zeichen, dass man etwas nicht weiß); ihre ~n zuckten, während sie schluchzte; enttäuscht ließ sie die ~n hängen, sinken; breite, gerade, hängende, schmale ~n; vom Alter gebeugte ~n; sie stand mit hängenden ~n da (vor Enttäuschung); jmdn. an den ~n fassen, packen; das Kind hängt sich an seine ~; sie reichte ihm nur bis an die, bis zur ~; ein Kind auf die ~ heben, nehmen; das Kind kletterte ihm auf die ~; jmdm. auf die ~ klopfen; der Polizist legte ihm die Hand auf die ~ (zum Zeichen

Schuss

der Verhaftung); den Gegner beim Ringen auf die ~n legen, zwingen; er ist breit in den ~n; die Jacke über die ~n hängen; jmdn. um die ~ fassen □ **ombro** 1.1 die ganze Verantwortung ruht auf seinen ~n ⟨fig.⟩ *er trägt die volle Verantwortung* □ ***ele está com toda a responsabilidade nas costas*** 1.2 *an ~ stehen dicht aneinander gedrängt* □ ***estar ombro a ombro*** 1.3 *~ an ~ mit jmdm. arbeiten, kämpfen* ⟨a. fig.⟩ *in kameradschaftlichem Einvernehmen, gemeinschaftlich* □ ***trabalhar/lutar ombro a ombro com alguém*** 1.4 *jmdn. über die ~ ansehen* ⟨fig.⟩ *verachten* □ ***olhar alguém por cima do ombro*** → *a. kalt*(3.1.3), *leicht*(9.4).

schul|tern ⟨V. 500⟩ **1** *etwas ~ auf die Schulter nehmen; das Gewehr ~* □ **colocar no ombro; levar ao ombro** *mit geschultertem Gewehr* □ ***com a arma no ombro*** **2** *eine Aufgabe ~* ⟨fig.⟩ *im Bewusstsein ihrer Schwere auf sich nehmen* □ **assumir**

Schu|lung ⟨f.; -, -en⟩ **1** *Belehrung, Unterricht, Heranbildung; eine fachmännische, gründliche, langjährige, strenge ~* □ **formação; capacitação 2** *sicheres Können, Routine, Erfahrung; die Arbeit verrät gute ~* □ **experiência**

schum|meln ⟨V. 400; umg.⟩ *leicht betrügen, sich nicht ganz ehrlich verhalten; beim Spielen ~* □ **trapacear**

schum|me|rig ⟨Adj. 70⟩ *dämmerig, halbdunkel*; oV *schummrig, ~es Licht* □ **crepuscular**

schumm|rig ⟨Adj. 70⟩ *= schummerig*

Schund ⟨m.; -(e)s; unz.⟩ **1** *wertloses Zeug, Plunder, Abfall, Ausschussware* □ **refugo; rebotalho 2** *künstlerisch wertloses Erzeugnis (bes. der Literatur); Schmutz und ~ bekämpfen; ~ kaufen, verkaufen; ~ lesen* □ **lixo; porcaria**

schun|keln ⟨V. 400⟩ *schaukeln, sich (zum Rhythmus der Musik) hin- u. herwiegen* □ **balançar-se**

Schup|fen ⟨m.; -s, -; oberdt.⟩ *= Schuppen*

Schup|pe ⟨f.; -, -n⟩ **1** *Plättchen der Haut bei Fischen, Schlangen, Eidechsen, Lurchen; die ~n vom Fisch schaben* □ **escama 2** *Talgabsonderung der Haut (bes. der Kopfhaut)* □ **escama; caspa** 2.1 *es fiel ihm wie ~n von den Augen plötzlich erkannte er die Wahrheit, den wahren Sachverhalt* □ ***cair em si; dar-se conta*** **3** *flache, mehrzellige Haarbildung bei Pflanzen; die ~n des Tannenzapfens* **4** *Metallplättchen am Panzer einer Ritterrüstung* □ **escama**

Schup|pen ⟨m.; -s, -⟩ *überdeckter Raum, meist aus Brettern (bes. zum Abstellen für Geräte od. Wagen), Speicher*; oV ⟨süddt.; österr.⟩ *Schupfen* □ **galpão; armazém; garagem**

Schur ⟨f.; -, -en⟩ **1** *das Scheren (bes. der Schafe); Schaf~* □ **tosa; tosquia 2** *der Schnitt (bes. von Hecken, Wiesen)* □ **corte; poda**

schü|ren ⟨V. 500⟩ **1** *Feuer, Glut ~ anfachen, indem man im Feuer stochert, damit Luft zugeführt wird; den Brand, das Feuer in der Heizung ~* **2** *etwas ~* ⟨fig.⟩ *anfachen, vergrößern; jmds. Argwohn, Eifersucht, Groll, Hass, Leidenschaften, Neid, Unzufriedenheit, Zorn ~* □ **atiçar; avivar**

schür|fen ⟨V.⟩ **1** ⟨400; Bgb.⟩ *Mineralagerstätten aufsuchen, (nach Bodenschätzen) in geringer Tiefe graben; auf, nach Gold ~* 1.1 ⟨500⟩ **Bodenschätze** *~ fördern, gewinnen, nach B. graben; Erz ~* **2** ⟨415⟩ ⟨nach etwas⟩ *~* ⟨fig.⟩ *emsig forschen, gründlich suchen; tief schürfen* □ **prospectar; sondar 3** ⟨602/Vr 1⟩ *sich (einen Körperteil) ~ sich oberflächlich verletzen, aufschaben; sie hat sich beim Sturz das Knie geschürft* □ **ralar(-se); esfolar(-se)**

schu|ri|geln ⟨V. 500; umg.⟩ *jmdn. ~ schikanieren, bevormunden, quälen* □ **atormentar; encher a paciência**

Schur|ke ⟨m.; -n, -n⟩ *gemeiner, ehrloser, niederträchtiger Mensch, Verräter; ein abgefeimter ~* □ **patife; canalha**

Schurz ⟨m.; -es, -e⟩ *um die Hüften gebundenes Kleidungsstück* □ **avental** *Lenden~* □ ***tanga***

Schür|ze ⟨f.; -, -n⟩ **1** *zum Schutz gegen Beschmutzung bei der Arbeit getragenes Kleidungsstück, bes. für Frauen; die ~ abbinden, ablegen, ausziehen; eine ~ anziehen, umbinden, vorbinden; die Kinder klammerten sich ängstlich an die ~ der Mutter; die Kinder verkrochen sich schüchtern hinter der ~ der Mutter* □ **avental** 1.1 *er hängt noch der Mutter an der ~* ⟨fig.; umg.⟩ *er ist noch unselbstständig* □ ***ele ainda está agarrado à barra da saia da mãe*** **2** ⟨fig.; umg.⟩ *weibl. Wesen* 2.1 *er ist hinter jeder ~ her, läuft jeder ~ nach er stellt den Frauen nach* □ ***ele não pode ver um rabo de saia*** **3** ⟨Jägerspr.⟩ *der Haarpinsel am Geschlechtsteil des weibl. Rehs* □ **pelos na genitália da corça**

schür|zen ⟨V. 500⟩ **1** *ein Kleidungsstück ~ heben, raffen; sie schürzte ihre Röcke und watete durch den Bach* □ **arregaçar; levantar** 1.1 *die Lippen, den Mund ~* ⟨fig.⟩ *kräuseln, in die Höhe ziehen; sie schürzte hochmütig die Lippen* □ **franzir; enrugar 2** *einen Knoten ~* ⟨veraltet⟩ *knüpfen, binden; den Faden zu einem Knoten ~* □ ***dar um nó; amarrar*** 2.1 *im Drama den Knoten ~* ⟨fig.⟩ *den Konflikt herbeiführen* □ ***desenvolver o clímax no drama***

Schuss ⟨m. 7; -es, Schüs|se; als Maßangabe Pl.: -⟩ **1** *das Fortschleudern eines Geschosses, Abdrücken einer Feuerwaffe; auf den ersten ~ treffen; ein ~ nach der Scheibe, nach Tontauben* 1.1 *plötzlich fiel ein ~ wurde einmal geschossen* □ **tiro; disparo** 1.2 *weit vom ~ sein* ⟨fig.; umg.⟩ *weitab von jeder Gefahr, außerhalb der Gefahrenzone* □ ***estar fora de perigo; estar longe da linha de tiro*** → *a. blind*(1.4.1), *scharf*(8.1.1) **2** *das beim Schießen entstehende Geräusch, Knall; Schüsse knallten, krachten, peitschten durch die Nacht; der ~ war weithin zu hören* □ **tiro; disparo 3** *Geschoss; ein ~ durch die Brust; ein ~ ins Blaue; ein ~ ins Herz; einen ~ abbekommen; einen ~ abfeuern, abgeben; einen ~ geht los; einem Schiff einen ~ vor den Bug setzen (als warnendes Zeichen zum Stoppen)* □ **tiro** 3.1 *ich habe noch drei ~ im Magazin Patronen* □ **cartucho** 3.2 *ein ~ ins Schwarze (der Schießscheibe)* ⟨a. fig.⟩ *ein Treffer* □ ***um tiro na mosca*** 3.3 *das Wild in, vor den ~ bekommen gut auf das W. zielen können* □ ***ter a caça em mira*** 3.4 *er ist mir gerade richtig vor den ~ gekommen* ⟨fig.; umg.⟩ *im richtigen Augenblick begegnet* □ ***ele chegou bem na hora certa*** 3.5 *~ Pulver Ladung P.* □ **carga** 3.5.1 *er ist*

Schüssel

keinen ~ **Pulver** wert ⟨fig.; umg.⟩ *er taugt gar nichts* □ **ele não vale nada* **4** *das Fortschleudern, kräftiger Wurf des Balls;* sein ~ ist kräftig und zielsicher **5** *der geschossene Ball;* ein ~ trifft fehl, verfehlt sein Ziel; ein unhaltbarer ~ ins Tor □ **chute; arremesso 6** ⟨Bgb.⟩ *Sprengung, Sprengladung;* ein ~ im Steinbruch □ **detonação; explosão 7** ⟨Web.⟩ *Querfäden;* Ggs **Kette**[1] (6) □ **trama 8** *Portion, Menge, die man mit einem Mal hinwirft od. eingießt;* Tee mit einem ~ Rum; seine Rede war mit einem kräftigen ~ Ironie gewürzt ⟨fig.⟩; einen ~ Leichtsinn im Blut haben ⟨fig.⟩ □ **porção; pitada 8.1** Berliner Weiße **mit** ~ *ein Weißbier mit einer kleinen Menge Himbeersaft* □ **suco de framboesa 9** *rasche Bewegung, Schwung* □ **arranque; impulso 9.1** ~ **fahren** *in ungebremster Abfahrt (beim Skisport, Rodeln o. Ä.)* □ ***arrancar 9.2** ⟨fig.⟩ *schnelles Wachstum* □ **espichada 9.2.1** der Junge hat einen kräftigen ~ getan, seit ich ihn das letzte Mal gesehen habe ⟨fig.; umg.⟩ *er ist tüchtig gewachsen* □ **o menino deu uma bela espichada desde a última vez que o vi* **10 im, in** ~ ⟨umg.⟩ *in Ordnung, funktionstüchtig, gesund;* sie hat den Haushalt gut im, in ~; seine Sachen in ~ halten □ ***em ordem; em bom estado 10.1** nach meiner Krankheit bin ich noch nicht wieder ganz in ~ *ich habe mich noch nicht völlig von meiner Krankheit erholt* □ ***ainda não me recuperei totalmente depois da doença 10.2** der neue Besitzer hat das Geschäft wieder in ~ bekommen (nachdem es schon abgewirtschaftet war) *wieder belebt* □ ***o novo proprietário voltou a levantar/recuperar a loja**

Schüs|sel ⟨f.; -, -n⟩ **1** *vertieftes Gefäß (bes. zum Anrichten u. Auftragen von Speisen);* ein Satz ~n; eine ~ voll Kartoffelbrei; eine ~ aus Glas, Kristall, Plastik, Porzellan, Silber, Steingut; die ~ auswaschen, füllen, leeren, zudecken; eine flache, runde, tiefe, verdeckte ~ □ **travessa; terrina 1.1** aus einer ~ essen ⟨fig.⟩ *gemeinsame Sache machen* □ ***comer do mesmo prato 1.2** er hält es mit vollen ~n ⟨fig.⟩ *er isst gern üppig* □ ***ele é um bom garfo 1.3** vor leeren ~n sitzen ⟨a. fig.⟩ umg.⟩ *hungern müssen* □ ***não ter o que comer; passar fome 2** ⟨fig.⟩ *Gericht, Speise;* eine ~ kannst du doch noch essen □ **prato 3** ⟨Jägerspr.⟩ *Ohr (beim Schwarzwild), Teller* □ **orelha**

Schuss|waf|fe ⟨f.; -, -n⟩ *Waffe, mit der man schießen kann;* von der ~ Gebrauch machen □ **arma de fogo**

Schus|ter ⟨m.; -s, -⟩ **1** = *Schuhmacher* **1.1** ~, bleib bei deinen Leisten ⟨Sprichw.⟩ *tu nur das, wovon du etwas verstehst* □ ***cada macaco no seu galho 1.2** auf ~s Rappen reiten ⟨fig.; umg.⟩ *zu Fuß gehen* □ ***ir a pé 2** ⟨Zool.⟩ = *Weberknecht* **3** ⟨abwertend⟩ *Pfuscher* □ **incompetente; trapalhão**

Schutt ⟨m.; -(e)s; unz.⟩ **1** *Trümmer, Gesteinstrümmer;* eine Grube mit ~ auffüllen □ **entulho 1.1** etwas in ~ und Asche legen ⟨a. fig.⟩ *verbrennen, zerstören;* Bomben legten die Stadt in ~ und Asche □ ***reduzir alguma coisa a um monte de escombros/ruínas 2** *Abfall;* ~ abladen verboten! □ **lixo; detrito**

schüt|teln ⟨V. 500/Vr 7⟩ **1** jmdn. od. etwas ~ *schnell hin u. her bewegen;* ich hätte ihn ~ können, mögen! (um ihn zur Vernunft zu bringen); die Betten ~ (um die Federn zu lockern) □ **sacudir;** jmdm. zur Begrüßung die Hand, die Hände, die Rechte ~ □ **apertar;** sie schüttelte verneinend den Kopf □ **menear;** vor Gebrauch (zu) ~! (Aufschrift auf Arzneiflaschen) □ ***agite antes de usar!;** ein unwiderstehlicher Lachreiz schüttelte sie; Bäumchen, rüttel dich und schüttel dich, wirf Gold und Silber über mich (Märchen „Aschenputtel") □ **sacudir(-se) 1.1** von Angst, Ekel, Entsetzen, Grauen geschüttelt ⟨fig.⟩ *erfüllt* □ ***tremer/morrer de medo/nojo/horror/pavor 1.2** vom Fieber geschüttelt sein *hohes Fieber haben* □ ***tremer de febre 1.3** von Lachen, Schluchzen geschüttelt sein *heftig, haltlos lachen, schluchzen* □ ***contorcer-se de rir; sacudir-se ao soluçar 1.4** ⟨Vr 3⟩ sich ~ *die Glieder heftig hin u. her bewegen;* der Hund schüttelte sich (und damit die Nässe aus seinem Fell); sie schüttelte sich vor Lachen, Ekel □ ***sacudir-se 1.5** ⟨510⟩ etwas **aus, durch, von** etwas ~ *durch Schütteln(1) aus, durch, von etwas befördern;* sie schüttelte den Staub aus dem Lappen; Mehl, Puderzucker durch ein Sieb ~; Pflaumen ~ (vom Baum) □ **bater; sacudir 1.5.1** ⟨513⟩ ich habe ihn tüchtig **aus dem Anzug,** aus den **Lumpen** geschüttelt ⟨fig.; umg.⟩ *zurechtgewiesen* □ ***dei uma boa chamada nele 1.5.2** das kann man doch nicht **aus dem Ärmel,** dem **Handgelenk** ~ ⟨fig.; umg.⟩ *schnell nebenher erledigen, so etwas will gründlich überlegt, vorbereitet sein* □ ***não dá para improvisar uma coisa dessas 1.5.3** ⟨550⟩ den Staub von den Füßen ~ ⟨fig.⟩ *fortgehen, alles hinter sich lassen u. neu beginnen* □ ***deixar para trás; ir embora**

schüt|ten ⟨V.⟩ **1** ⟨511⟩ etwas ~ *gießen, strömen, fließen, fallen lassen;* Schutt auf einen Haufen ~; Getreide auf den Kornboden ~; das Schmutzwasser in den Ausguss ~ □ **despejar; verter 2** ⟨400⟩ etwas schüttet (gut) *gibt guten Ertrag;* in diesem Jahr schüttet das Korn; die Quelle schüttet in diesem Frühjahr schlecht □ **render (bem) 3** ⟨401⟩ es schüttet ⟨umg.⟩ *es regnet in Strömen* □ ***chove a cântaros**

schüt|ter ⟨Adj.⟩ *dünn stehend, spärlich, gelichtet;* er hat schon ~es Haar □ **ralo; escasso**

Schutz ⟨m.; -es; -e⟩ **1** *Unterstützung der Sicherheit, Abwehr (von etwas Unangenehmem), Hilfe (bei etwas Bedrohlichem);* den ~ des Gesetzes genießen; unter dem ~ des Gesetzes stehen; die Veranstaltung stand unter dem ~ von ...; ~ bieten, gewähren, finden, leihen, suchen, verleihen, zusichern; bei jmdm. ~ suchen; sich in jmds. ~ begeben; sich unter jmds. ~ befinden; ~ und Schirm gewähren (verstärkend) **1.1** *Obhut;* ich empfehle ihn deinem ~; jmdn. in seinen ~ nehmen; die Einbrecher entkamen im, unter dem ~ der Dunkelheit **2** *Bürgschaft, Fürsprache, Gönnerschaft;* sich Gottes ~ anvertrauen, befehlen, empfehlen; Gottes ~ vertrauen; jmdm. seinen ~ angedeihen lassen; Gott, lass mich deinem ~ befohlen sein; in, unter Gottes ~ stehen □ **proteção; amparo 2.1** hat er nicht gesagt, da muss ich ihn **in** ~ **nehmen** *gegen unwahre Beschuldigung verteidigen* □ ***ele não disse isso, então precisei defendê-lo 3** *Sicherheit;* ein

Patent gewährt ~ vor Nachahmungen ☐ **proteção** **4** *Zuflucht, Bedeckung vor Unwetter;* das Dach über der Haltestelle bietet ~ gegen Regen; ~ vor Kälte, Regen, jmds. Nachstellungen, einem Unwetter, den Verfolgern suchen ☐ **abrigo; proteção 5** *Vorbeugung, vorbeugende Maßnahme;* ~impfung ☐ ***vacinação preventiva/profilática**; das Medikament bietet weitgehend ~ vor Ansteckung ☐ **prevenção 6** *Abwehr, Verteidigung;* Militär~; die Infanterie rückte unter dem ~ des Artilleriefeuers vor; zu ~ und Trutz zusammenstehen ⟨verstärkend⟩ ☐ **proteção; defesa** 6.1 *Gesetz zum ~* **der Republik** *Gesetz in der Weimarer Republik* ☐ **proteção 7** *Bewachung;* ~wache ☐ ***arma defensiva**; Geleit~ ☐ ***escolta 8** ⟨Getrennt- u. Zusammenschreibung⟩ 8.1 ~ **suchend** = *schutzsuchend*

Schütz ⟨n.; -(e)s, -e⟩ **1** ⟨Wasserbau⟩ bewegliche Vorrichtung an Wehren u. Schleusen, um den Wasserdurchlauf zu regeln; oV *Schütze²* ☐ **comporta 2** ⟨El.⟩ *automatisch wirkender Schalter, der z. B. zum Schutze einer Maschine vor zu hohen Spannungen dient* ☐ **contator**

Schutz|be|foh|le|ne(r) ⟨f. 2 (m. 1); geh.⟩ *jmd., der dem Schutz eines anderen anbefohlen ist, für den man sorgt, Schützling* ☐ **protegido; pupilo**

Schutz|blech ⟨n.; -(e)s, -e⟩ *halbkreisförmiges, gewölbtes Blech über den Rädern von Fahrzeugen zum Auffangen des Schmutzes* ☐ **para-lama**

Schütze¹ ⟨m.; -n, -n⟩ **1** *jmd., der mit einer Schusswaffe schießt* **2** *der das Gewehr als Hauptwaffe tragende Infanterist* ☐ **atirador 3** ⟨Fußb.⟩ *den Ball schießender Spieler* ☐ **artilheiro;** Tor~ ☐ ***goleador 4** ⟨Astron.⟩ *ein Sternbild des Tierkreises am südlichen Himmel* ☐ **Sagitário 5** ⟨Web.⟩ *mit Spule versehenes Gerät, mit dem der Schussfaden durch die Kettfäden gezogen wird,* Weberschiffchen ☐ **lançadeira 6** ⟨Zool.⟩ *Fisch, der in Ufernähe die an Pflanzen sitzenden Insekten mit Wasser bespritzt, so dass sie herabfallen u. von ihm gefressen werden können: Toxotes jaculator* ☐ **peixe-arqueiro**

Schütze² ⟨f.; -, -n⟩ = *Schütz (1)*

schützen ⟨V. 505/Vr 7 od. Vr 8⟩ **1** *jmdn. od. etwas* ⟨vor jmdm. od. etwas⟩ ~ *bewahren, behüten, verteidigen;* sich ~ ⟨vor⟩; Gott schütze dich! (Abschiedsgruß); jmds. Eigentum, Interessen, Leben ~; jmdn., sich vor Ansteckung, Gefahr, Indiskretionen, Nachstellungen, Verleumdung ~; ich werde mich vor Einmischung Dritter ~; etwas vor der Sonne ~; Unkenntnis schützt nicht vor Strafe; gesetzlich geschützt (als Markenzeichen); ~des Dach vor Ausbruch des Gewitters erreichen; Alter schützt vor Torheit nicht ⟨Sprichw.⟩ ☐ **proteger; amparar** 1.1 *das* **Wasser** ~ *mit Hilfe eines Schützes stauen* ☐ ***proteger contra a água; vedar** 1.2 *seine* ~**de Hand** *über jmdn. breiten, halten* ⟨fig.⟩ *jmdn. beschützen* ☐ **protetor**

schutz|imp|fen ⟨V. 500⟩ *jmdn. ~ vorbeugend impfen;* Schüler ~ lassen; schutzgeimpfte Personen; der Amtsarzt schutzimpfte gegen Tetanus ☐ **vacinar (por profilaxia)**

Schüt|zin ⟨f.; -, -zin|nen⟩ *weibl. Schütze¹(1, 3)* ☐ **atiradora; artilheira**

Schütz|ling ⟨m.; -s, -e⟩ *jmd., den man schützt, für den man sorgt* ☐ **protegido**

Schutz|mann ⟨m.; -(e)s, -män|ner; Pl. meist: -leu|te⟩ *Polizeibeamter im Außendienst, Polizist* ☐ **policial; guarda**

schutz|su|chend *auch:* **Schutz su|chend** ⟨Adj. 24/90⟩ *Schutz erbittend;* das Kind wandte sich ~ an den Vater ☐ **buscando proteção**

schwab|beln ⟨V. 400; umg.⟩ **1** *wackeln, sich schwingend hin- u. herbewegen (bes. von gallertartiger Masse)* ☐ **tremular; tremelicar 2** ⟨umg.; abwertend⟩ *schwätzen* ☐ **tagarelar 3** ⟨Tech.⟩ *Metallteile mittels einer Polierpaste aus Schmirgel mit umlaufenden Lappen polieren, glänzend machen* ☐ **polir com disco de pano/feltro**

Schwa|be¹ ⟨m.; -n, -n⟩ **1** *Einwohner von Schwaben* **2** *jmd., der aus Schwaben stammt* ☐ **suábio**

Schwa|be² ⟨f.; -, -n⟩ = *Schabe¹*

schwach ⟨Adj. 22⟩ **1** *arm an Kraft, kraftlos, geschwächt;* ein ~es Kind 1.1 als Lehrer darf man keine ~en Nerven haben darf man sich nicht leicht aus der Ruhe bringen lassen ☐ **fraco** 1.2 *mir wird ~ mir wird schwindlig* ☐ ***estou me sentindo fraco;** ⟨aber Getrennt- u. Zusammenschreibung⟩ ~ werden = schwachwerden 1.3 *hinfällig, kränklich;* eine ~e Gesundheit, Konstitution haben; der Kranke ist sehr ~; krank und ~; alt und ~ ☐ **fraco; frágil** 1.3.1 sie hat ein ~es Herz *sie ist herzkrank* 1.3.2 er hat einen ~en Magen *er verträgt viele Speisen nicht* 1.3.3 er ist alt und schon ~ **auf den Beinen** *er kann nicht mehr gut gehen und stehen* 1.3.4 ~ **auf der Brust, auf der Lunge** sein *eine angegriffene od. anfällige Lunge, Neigung zu Tuberkulose haben* ☐ **fraco** 1.3.5 ~ **auf der Brust** sein ⟨fig.; umg.; scherzh.⟩ *kein Geld haben* ☐ ***estar na pindaíba* 2** *charakterlich nicht gefestigt, willensschwach, machtlos;* wir sind alle nur ~e Menschen ☐ **fraco; impotente**; er hat einen ~en Charakter ☐ **fraco**; in einem ~en Augenblick, in einer ~en Stunde gab sie nach ☐ ***ela acabou cedendo num momento de fraqueza**; der Geist ist willig, aber das Fleisch ist ~ (Matth. 26,41) ☐ **fraco** 2.1 ⟨60⟩ etwas ist jmds. ~e **Seite** ⟨umg.⟩ *jmd. hat für etwas eine Vorliebe, Leidenschaft;* Sahnetorten sind seine ~e Seite ☐ ***ser o lado fraco de alguém 3** ⟨70⟩ *dünn, nicht hoch belastbar, nicht widerstandsfähig;* ein ~er Ast, Faden, Zweig; du kannst noch nicht auf den See, das Eis ist noch zu ~; ~e Mauern ☐ **fino; frágil** 3.1 auf ~en **Füßen** stehen ⟨fig.⟩ *keine feste Grundlage haben* 3.1.1 die Behauptung, der Beweis steht auf ~en Füßen *ist wenig überzeugend* 3.1.2 das Unternehmen steht auf ~en Füßen *ist nicht entwicklungsfähig, droht einzugehen* ☐ ***não ter uma base sólida 4** *klein, gering in der Qualität;* die Nachfrage danach ist ~; das ist nur ein ~er Trost; eine ~e Dosis des Medikaments genügt ☐ **fraco; pequeno**; diese Arbeit vermittelt nur einen ~en Eindruck seines Könnens ☐ **tênue**; alles, was in meinen ~en Kräften steht, will ich tun ☐ **parco** 4.1 es besteht nur noch eine ~e **Hoffnung** *wenig H.* ☐ **fraco; pequeno 5** *gering an Zahl od. Menge, nicht zahlreich;* der Beifall war ~; der Gegner griff mit ~en Kräften an ☐ **fraco; pouco 6** *arm an Geist, unbedeutend;* seine Leistungen sind ~; dieser Roman ist eins seiner schwächsten Werke **7** ⟨70⟩ *nicht leistungsstark, -fähig;* ein ~er Schüler □ **fraco 7.1** er hat ~e Augen *er kann nicht gut sehen* □ ***ele está com a vista fraca 7.2** ein ~es Gedächtnis* haben *vergesslich sein* **7.3** mit ~er Stimme *leise* □ **fraco 7.4** etwas ist jmds. ~e Seite ⟨umg.⟩ *jmd. kommt mit etwas nicht gut zurecht, beherrscht etwas nicht;* Rechnen ist meine ~e Seite; *Konsequenz in der Erziehung ist ihre ~e Seite* □ ***ser o lado fraco de alguém 7.5** eine ~e Glühbirne eine G. mit geringer Wattstärke* **8** *wässrig, dünn;* die Brühe, der Kaffee, Tee ist ~ **9** die Börse war ~ *es herrschte wenig Nachfrage* **10** ⟨Gramm.⟩ **10.1** ~e Deklination *der durch „-(e)n" gekennzeichnete Deklinationstyp;* Ggs *starke Deklination,* → *stark(8.1)* **10.2** ~e Konjugation *der durch das Suffix „-t" für die Formen der Zeiten gekennzeichnete Typ der Stammfortbildung german. Verben;* Ggs *starke Konjugation,* → *stark(8.2)*. **10.3** ~e Verben *V. mit schwacher Konjugation;* Ggs *starke Verben,* → *stark(8.3)* □ **fraco 11** (Getrennt- u. Zusammenschreibung) **11.1** ~ begabt = schwachbegabt **11.2** ~ besetzt = schwachbesetzt **11.3** ~ besucht = schwachbesucht

schwach|be|gabt *auch:* **schwach be|gabt** ⟨Adj. 24/70⟩ *wenig begabt;* ein ~er Schüler □ **pouco dotado**

schwach|be|setzt *auch:* **schwach be|setzt** ⟨Adj. 24/70⟩ *in der Besetzung Defizite u. Mängel aufweisend;* eine ~e Mannschaft □ **com poucas pessoas; com poucos integrantes**

schwach|be|sucht *auch:* **schwach be|sucht** ⟨Adj. 24/70⟩ *nur wenige Besucher aufweisend;* eine ~e Vorstellung □ **pouco visitado**

Schwä|che ⟨f.; -, -n⟩ **1** *Mangel an Kraft;* jmds. ~ ausnutzen; vor ~ umfallen, zusammenbrechen; von einer ~ befallen werden; es ist ein Zeichen von ~, dass du jetzt nachgibst □ **fraqueza 1.1** die ~ des Körpers *Hinfälligkeit* □ **fraqueza; debilidade 1.2** du darfst keine ~ zeigen *nimm dich zusammen* **2** *Geringwertigkeit, nachteilige Eigenschaft;* darin zeigt sich die ~ seines Charakters; darin besteht die ~ dieser Arbeit, Leistung □ **fraqueza; inferioridade 2.1** *Fehler, charakterlicher Mangel;* es ist eine verzeihliche menschliche ~; ein Beweis persönlicher ~; jeder Mensch hat seine ~n; jmds. ~n kennen; einer ~ nachgeben, widerstehen □ **fraqueza 2.2** etwas ist jmds. ~ *jmd. beherrscht etwas unvollkommen* **2.2.1** Rechnen ist meine ~ *ich kann schlecht rechnen* □ **(lado) fraco 3** eine ~ für jmdn. od. etwas *eine Vorliebe;* er hat eine unverständliche ~ für das Mädchen **3.1** ich habe eine ~ für Thomas Mann *ich lese die Bücher von Th. M. sehr gern* □ ***ter um fraco por alguém ou alguma coisa**

schwä|chen ⟨V. 500⟩ **1** jmdn. ~ *jmds. Kraft mindern, jmdn. ermüden, entnerven* □ **enfraquecer**; sein von Krankheit geschwächter Körper □ **enfraquecido 2** etwas ~ *etwas vermindern, geringer machen* **2.1** jmds. Ansehen ~ *herabsetzen, vermindern* **2.2** der Feind wurde in diesem Kampf stark geschwächt *erlitt starke Verluste* □ **enfraquecer**

schwäch|lich ⟨Adj. 70⟩ *körperlich schwach* □ **debilitado**

Schwäch|ling ⟨m.; -s, -e; abwertend⟩ **1** *körperlich kraftloser Mensch* □ **fraco; fracote 2** *charakterlich schwacher Mensch* □ **fraco**

Schwach|sinn ⟨m.; -(e)s; unz.⟩ **1** ⟨Med.; inzwischen als abwertend geltende, frühere Bez. für⟩ *Mangel an Intelligenz durch angeborene Unterentwicklung od. erworbene Zerstörung u. Verminderung der Substanz der Hirnrinde* □ **debilidade mental 2** ⟨umg.; abwertend⟩ *Unsinn, Unfug, Blödsinn* □ **bobagem; tolice**

schwach|sin|nig ⟨Adj. 70⟩ **1** *an Schwachsinn(1) leidend* □ **débil mental 2** ⟨umg.; abwertend⟩ *unsinnig, blödsinnig, dumm;* eine ~e Idee □ **imbecil; tolo**

schwach|wer|den *auch:* **schwach wer|den** ⟨V. 285/405(s.); umg.⟩ *einer Versuchung nachgeben;* nur nicht ~!; bei einem guten Wein wird er schwach □ **ceder; não resistir**; → a. *schwach (1.2)*

Schwa|de ⟨f.; -, -n⟩ = *Schwaden[1](1)*

Schwa|den[1] ⟨m.; -s, -⟩ **1** *Reihe hingemähten Grases od. Getreides;* oV *Schwade* □ **gavela; paveia 2** *Angehöriger einer Gattung der Süßgräser an feuchten Standorten:* Glyceria □ **glicéria**

Schwa|den[2] ⟨m.; -s, -⟩ **1** *mit Gasen od. Dämpfen durchsetzte Luftströmung, Dunstfetzen* □ **nuvem de fumaça/vapor**; Nebel~ □ ***camada/faixa de neblina 2** ⟨Bgb.⟩ *Grubengasausströmung* □ **grisu 3** *(giftige) Bodenausdünstung* □ **exalação de gases venenosos do solo**

Schwa|dron *auch:* **Schwad|ron** ⟨f.; -, -en; Mil.; früher⟩ *kleinste Einheit in der Kavallerie* □ **esquadrão**

schwa|feln ⟨V. 400; umg.; abwertend⟩ *töricht (u. langatmig) daherreden* □ **tagarelar; palrar**

Schwa|ger ⟨m.; -s, Schwä|ger⟩ **1** *Ehemann der Schwester* **2** *Bruder eines Ehepartners* □ **cunhado**

Schwä|ge|rin ⟨f.; -, -rin|nen⟩ **1** *Ehefrau des Bruders* **2** *Schwester eines Ehepartners* □ **cunhada**

Schwai|ge ⟨f.; -, -n; bair.-österr.⟩ *Sennhütte* □ **cabana de pastores nos Alpes**

Schwal|be ⟨f.; -, -n; Zool.⟩ **1** *Angehörige einer Familie kleiner Singvögel mit kurzen, nicht zum Laufen geeigneten Beinen:* Hirundinidae **1.1** eine ~ macht noch keinen Sommer ⟨Sprichw.⟩ *aus einem Einzelfall kann man noch nicht auf das Allgemeine schließen* □ **andorinha**

Schwal|ben|schwanz ⟨m.; -es, -schwän|ze⟩ **1** *trapezförmiger Einschnitt in einen Maschinenteil, wobei die kürzere Seite offen ist, dient als leicht lösbare Verbindung von Maschinenteilen, auch in der Tischlerei verwendet* □ **cauda de andorinha 2** ⟨Zool.⟩ *Tagfalter mit schwanzartigem Anhang an den Hinterflügeln:* Papilio machaon □ **borboleta cauda-de-andorinha 3** ⟨umg.; scherzh.⟩ *Rockschoß am Frack* □ **cauda de andorinha**

Schwall ⟨m.; -(e)s, -e⟩ **1** *Gewoge, Welle, Guss;* Wasser~ **1.1** ein ~ von Worten ⟨fig.⟩ *Flut von Worten, Redefluss* □ **enxurrada**

Schwamm ⟨m.; -(e)s, Schwäm|me⟩ **1** *weiches, poriges Material (künstlich hergestellt od. aus Schwamm(2)), das Wasser aufnimmt, zum Waschen u. Säubern;* ein feuchter, nasser, trockener ~; mit dem ~ abwaschen, abwischen, (Fenster) putzen; der ~ saugt sich voll 1.1 er hat einen ~ im Magen ⟨umg.; scherzh.⟩ *er kann viel trinken* 1.2 er kann sich mit dem ~ frisieren, kämmen ⟨umg.; scherzh.⟩ *er hat eine Glatze* □ **esponja** 1.3 ~ drüber! ⟨fig.; umg.⟩ *wir wollen es vergessen* □ ***vamos passar uma esponja/borracha nesse assunto*** 2 *Angehöriger eines im Wasser lebenden Tierstammes mit sehr verschieden gestalteten, festsitzenden Arten, die aus lockeren Zellansammlungen bestehen: Porifera* □ **poríferos** 3 *Zunder von Baumpilzen* □ **acendalha** 4 ⟨umg.⟩ *Ständerpilz* □ **cogumelo** 5 *Hausschwamm, Schädling des toten Holzes bei Feuchtigkeit* □ **fungo**

Schwam|merl ⟨n.; -, -n; bair.; österr.⟩ *Pilz* □ **cogumelo**
schwam|mig ⟨Adj.⟩ *weich, aufgedunsen;* ein ~es *Gesicht;* ~ *aussehen* □ **esponjoso; inchado**
Schwan ⟨m.; -(e)s, Schwä|ne; Zool.⟩ *Angehöriger einer Gruppe mit den Gänsen nah verwandter Siebschnäbler, die sich durch bedeutende Größe u. langen Hals auszeichnen: Cygneae* □ **cisne**
schwa|nen ⟨V. 601; umg.⟩ jmdm. schwant etwas *jmd. ahnt etwas;* mir schwant nichts Gutes □ **pressentir; cheirar**
Schwa|nen|ge|sang ⟨m.; -(e)s, -sän|ge; fig.; geh.⟩ *letztes Werk eines Dichters od. letzter Auftritt eines Schauspielers od. Sängers vor seinem Tod* □ **canto do cisne**
Schwang ⟨m.; veraltet; nur noch in den Wendungen⟩ 1 in ~ kommen *üblich werden, in Gebrauch kommen* □ ***entrar para a moda*** 2 im ~e sein *üblich sein* □ ***estar na moda; estar em voga***
schwan|ger ⟨Adj. 24⟩ *ein sich entwickelndes Kind im Leib tragend;* ~ sein, werden; mit einem Kind ~ gehen □ **grávida**; ⟨aber⟩ → a. *schwangergehen*
schwan|ger|ge|hen ⟨V. 145/800 (s.); fig.⟩ *mit etwas ~ sich seit längerem gedanklich mit etwas beschäftigen, etwas allmählich in sich reifen lassen;* mit einem bestimmten Plan ~ □ ***ruminar alguma coisa; pensar muito em alguma coisa***; → a. *schwanger*
schwän|gern ⟨V. 500⟩ 1 eine Frau ~ *schwanger(1) machen* □ **engravidar** 2 ⟨550⟩ die Luft mit einem Geruch ~ ⟨fig.; poet.⟩ *erfüllen, sättigen;* die Luft mit Wohlgeruch ~ □ **saturar; impregnar**
Schwan|ger|schaft ⟨f.; -, -en⟩ 1 *Zeitabschnitt von der Befruchtung der Frau bis zur Geburt des Kindes* 2 *Zustand der Frau während der Zeit der Schwangerschaft(1), das Schwangersein* □ **gravidez**
schwank ⟨Adj. 70⟩ 1 *dünn u. biegsam, federnd, schwankend;* ein ~es Rohr, Gras □ **flexível; dobradiço** 1.1 er ist wie ein ~es Rohr im Winde *unsicher, unstet* □ ***ele é muito instável/volúvel***
Schwank ⟨m.; -(e)s, Schwän|ke; ⟨Lit.⟩ *derb-komische Erzählung, derb-komisches Bühnenstück;* einen ~ von Hans Sachs aufführen □ **facécia; farsa**; einen ~ aus der Jugendzeit erzählen □ **história engraçada**
schwan|ken ⟨V. 400⟩ 1 *sich hin u. her bewegen* 1.1 *etwas schwankt schwingt hin u. her;* die Gräser, Halme, Zweige ~ im Winde; der Boden schwankte plötzlich

unter unseren Füßen □ **oscilar; balançar** 1.1.1 er ist wie ein ~des Rohr im Winde *ein unbeständiger Charakter* □ ***ele é muito instável/volúvel*** 1.1.2 das Schiff schwankt *schlingert* □ **balançar** 1.2 *taumeln, torkeln;* unter einer Last ~ 1.2.1 ⟨411(s.)⟩ **irgendwohin** ~ *taumelnd irgendwohin gehen;* er schwankte in die Wirtschaft □ **cambalear; vacilar** 2 *eine Sache schwankt* ⟨fig.⟩ *bewegt sich auf u. nieder, ist nicht fest, wechselt;* die Kurse, Preise ~; die Meinungen über ihn ~ □ **oscilar; variar**; ihre ~de Gesundheit macht ihm große Sorge □ **instável** 3 ⟨410⟩ *zögern, zaudern, noch nicht entschlossen sein;* ich schwanke noch, ob ich es tun soll □ **hesitar; estar indeciso**; mein Vertrauen in diese Angelegenheit ist ins Schwanken gekommen, geraten □ **começar a ficar abalado**
Schwanz ⟨m.; -es, Schwän|ze⟩ 1 *bei fast allen Wirbeltieren beweglicher Fortsatz der Wirbelsäule über den Rumpf hinaus;* ein Tier beim ~ fassen, packen, ziehen; der Hund wedelt vor Freude mit dem ~; der Hund klemmt den ~ zwischen die Beine; der Hund klemmt, zieht den ~ ein; der Vogel wippt mit dem ~; dem Hasen Salz auf den ~ streuen (um ihn zu fangen) ⟨scherzh.⟩ 1.1 das (Musikstück) klingt, als ob man einer Katze auf den ~ getreten hätte ⟨umg.⟩ *klingt unharmonisch, schrill, misstönend* □ **cauda; rabo** 1.2 das Pferd **vom** ~ **her**, den Gaul **beim** ~ **aufzäumen** ⟨fig.⟩ *eine Sache falsch anpacken* □ ***começar mal alguma coisa*** 1.3 den ~ **einziehen** ⟨a. fig.; umg.⟩ *sich kleinlaut fügen, nachgeben* □ ***meter o rabo entre as pernas*** 1.3.1 mit eingezogenem, hängendem ~ abziehen ⟨fig.; umg.⟩ *bedrückt, beschämt weggehen* □ ***sair com o rabinho entre as pernas*** 1.4 jmdm. **auf den** ~ **treten** ⟨fig.; umg.⟩ *jmdn. beleidigen* □ ***pisar no calo de alguém*** 2 *langer Anhang, Schlussteil, Endglied, Schleppe;* ein ~ am Drachen, Flugzeug, Kleid □ **cauda** 2.1 *Ende;* am ~ des Zuges stiegen Leute ein □ **fim** 2.1.1 wir bildeten den ~ in der Reihe der Wartenden ⟨umg.⟩ *wir warteten ganz hinten* □ ***estamos bem no final da fila*** 2.2 *lange Reihe (wartender Menschen)* □ **fila** 3 kein ~ ⟨fig.; umg.⟩ *niemand, kein Mensch;* danach fragt kein ~; es war kein ~ mehr zu sehen □ ***ninguém; (nem uma) viva alma*** 4 ⟨derb⟩ *das männl. Glied* □ **caralho**
schwän|zeln ⟨V. 400⟩ 1 *mit dem Schwanz wedeln;* der Hund schwänzelt □ **abanar o rabo/a cauda** 2 ⟨fig.; umg.⟩ *geziert, tänzelnd gehen;* da kommt er geschwänzelt □ **requebrar-se; saracotear-se** 2.1 ⟨410⟩ **um** jmdn. ~ *eifrig bemüht sein (um jmdn.)* □ ***bajular/adular alguém***
schwän|zen ⟨V. 500⟩ *Schule, Unterricht, eine Vorlesung* ~ ⟨umg.⟩ *absichtlich versäumen, nicht hingehen* □ **cabular**
Schwapp ⟨m.; -(e)s, -e; umg.⟩ *plötzliches Überlaufen, Übergießen, Wasserguss;* oV *Schwaps;* mit einem ~ lief das Wasser über den Rand der Badewanne □ **transbordamento**
schwap|pen ⟨V. 400(s.)⟩ *sich schwankend hin- u. herbewegen (von Flüssigkeiten in Gefäßen);* die Suppe ist über den Tellerrand geschwappt □ **transbordar; extravasar**

Schwaps ⟨m.; -es, -e⟩ = *Schwapp*

schwä|ren ⟨V. 400; geh.; meist fig.⟩ *ein offenes, eiterndes Geschwür bilden, eitern* □ **supurar; ulcerar**; *eine ~de Wunde* □ **supurante; com pus**

Schwarm ⟨m.; -(e)s, Schwär|me⟩ **1** *lockere Menge, Gruppe;* Bienen~, Mücken~; *ein ~ von Bienen, Fischen, Mücken, Vögeln* □ **enxame; cardume; bando 2** *Vielzahl, Haufe (von Menschen); ein ~ von Kindern; sie hatte einen ~ von Anbetern um sich* □ **multidão 3** ⟨fig.; umg.⟩ *jmd. od. etwas, für den bzw. wofür man schwärmt; er, sie ist mein ~; ihr ~ ist eine eigene kleine Wohnung* □ **paixão**

schwär|men ⟨V.⟩ **1** ⟨400⟩ *sich im Durcheinander bewegen* 1.1 ⟨(s.)⟩ *durcheinander laufen, -springen; die Jungen schwärmten im Spiel durch den Wald* □ **fervilhar** 1.2 ⟨(s.)⟩ *sich im Schwarm bewegen, durcheinanderfliegen* □ **enxamear** 1.2.1 Mücken ~ *tanzen* □ **esvoaçar** 1.2.2 Bienen ~ *B. fliegen zur Gründung eines neuen Staates aus* □ **enxamear** 1.3 ⟨(s.); Mil.⟩ *die geschlossene Formation verlassen u. eine lockere Schützenlinie bilden* □ **dispersar-se** 1.4 ⟨fig.⟩ *sich herumtreiben, tanzen u. zechen; er hat die ganze Nacht bis zum Morgen geschwärmt* □ **zanzar 2** ⟨415⟩ **für jmdn. od. etwas ~** ⟨fig.⟩ *begeistert sein, in jmdn. od. etwas verliebt sein; er schwärmt für Blondinen, eine Schauspielerin; er schwärmt für Italien* □ ***ser louco por alguém ou alguma coisa 3** ⟨405⟩ **(von jmdm.** od. **etwas) ~** ⟨fig.⟩ *begeistert (von jmdm. od. etwas) reden, sich in Träumen (über jmdn. od. etwas) verlieren; er schwärmt wieder von Italien; wenn ich daran denke, komme ich ins Schwärmen* □ ***entusiasmar-se/sonhar (com alguém ou alguma coisa)**

Schwär|mer ⟨m.; -s, -⟩ **1** *jmd., der sich leicht begeistert u. dabei nicht auf dem Boden der Tatsachen bleibt, Träumer; er ist ein sentimentaler ~* □ **sonhador; entusiasta 2** *religiöser Eiferer; ein ~ für hohe Ideen* □ **fanático 3** *ein Feuerwerkskörper; beim Feuerwerk auch ~ abbrennen* □ **busca-pé 4** *Angehöriger einer Familie der Nachtfalter mit langen u. schmalen Vorderflügeln: Sphingidae* □ **esfingídeos**

Schwär|me|rin ⟨f.; -, -rin|nen⟩ *weibl. Schwärmer(1,2)* □ **sonhadora; entusiasta; fanática**

schwär|me|risch ⟨Adj.⟩ *verzückt, übertrieben begeistert; ein ~er Liebhaber* □ **entusiasmado; exaltado**; *jmdn. ~ anblicken; ~ von jmdm. sprechen* □ **com entusiasmo**

Schwar|te ⟨f.; -, -n⟩ **1** *dicke, zähe Haut* □ **couro** 1.1 *feste Hautschicht am Schweinefleisch;* Speck~ □ **pele** 1.2 ⟨Jägerspr.⟩ *Außenhaut, Fell (vom Dachs, Murmeltier u. Wildschwein)* 1.3 ⟨umg.⟩ *menschliche Haut* □ **pele**; **couro** 1.3.1 *jmdm. die ~ gerben, klopfen* *jmdn. verprügeln* □ ***dar uma coça em alguém** 1.3.2 *arbeiten, dass, bis die ~ kracht tüchtig, hart arbeiten* □ ***ralar; trabalhar duro** 1.4 *Schwiele* □ **calo; calosidade 2** ⟨Pelzhandel⟩ *Sommerfell* □ **pele 3** ⟨früher⟩ *schweinsledernes Buch* □ **livro com capa de pele de porco 4** ⟨umg.⟩ *altes, meist wertloses Buch* □ **cartapácio; alfarrábio 5** ⟨Schreinerei⟩ *die äußeren Teile des Baumstammes, die beim Zersägen übrig bleiben* □ **costaneira**; **casqueira 6** ⟨Med.⟩ *flächenhafte, narbige Verwachsung von Brust- u. Rippenfell nach Entzündungen* □ **fibrose pleural**

schwarz ⟨Adj. 22⟩ **1** *ohne Farbe, Licht fast vollkommen absorbierend, nicht reflektierend; ein Ring mit einer ~en Perle; sie hat ~e Augen, ~es Haar; ~e Kleidung, einen ~en Schleier, Trauerflor tragen (zum Zeichen der Trauer); sich ~ kleiden (zum Zeichen der Trauer)* □ **preto** 1.1 ⟨umg.⟩ *politisch konservativ; ~ sein, wählen* □ **conservador** 1.2 *vom* Schwarzen **Adler** ⟨1701-1918⟩ *höchster Orden der ehemaligen preuß. Monarchie* □ ***Ordem da Águia Negra** 1.3 ⟨60⟩ *das* Schwarze/schwarze **Brett** *Anschlagtafel für Bekanntmachungen* □ ***o quadro-negro** 1.4 ⟨60⟩ ~es/Schwarzes **Gold** ⟨fig.⟩ *Erdöl* □ **negro** 1.5 ⟨60⟩ *die* Schwarze/schwarze **Kunst** *die Buchdruckerkunst* □ ***a arte da impressão tipográfica** 1.6 ⟨60⟩ *der ~e/*Schwarzes **Mann** *Kinderschreck; wer hat Angst vorm ~en/*Schwarzen *Mann? (Kinderspiel)* □ ***o homem do saco preto** 1.7 ⟨60⟩ Schwarzer/schwarzer **Peter** ⟨Kartenspiel für Kinder⟩ *Spielkarte, die den Verlierer bestimmt, der sie als Letzter behalten muss* □ ***Schwarzer Peter; carta do perdedor** 1.7.1 *jmdm. den* Schwarzen/schwarzen *Peter zuschieben* ⟨fig.⟩ *die Verantwortung zuschieben, etwas Unangenehmes aufbürden* □ ***passar a batata quente para alguém** 1.8 *~ auf weiß in geschriebener Form, schriftlich; etwas ~ auf weiß besitzen; denn was man ~ auf weiß besitzt, kann man getrost nach Hause tragen (Goethe, „Faust" I, Studierzimmer); hier steht es ~ auf weiß* □ ***preto no branco 2** *von besonders dunkler Farbe, finster; ~ wie Wolken am Himmel künden Regen an; ~ wie die Hölle; ~ wie die Nacht* □ **preto; negro; escuro** 2.1 *sehr schmutzig; deine Hände sind ja ganz ~; sein Gesicht ist durch den Staub ganz ~ geworden* □ **imundo**; ⟨aber Getrennt- u. Zusammenschreibung⟩ *~ werden* = *schwarzwerden* 2.2 ⟨60⟩ ~er **Bernstein** ⟨fig.⟩ *als Schmuckstein verwendete feste, muschelige Braunkohle, Gagat* □ ***azeviche; gagata** 2.3 ⟨60⟩ *~e* Blattern ⟨Pathol.⟩ *Pocken, Variola* □ ***variola** 2.4 ⟨60⟩ *der* Schwarze **Erdteil** ⟨fig.⟩ *Afrika* □ ***o continente negro** 2.5 ⟨60⟩ Schwarze **Harnwinde** ⟨Vet.⟩ *oft tödlich verlaufende Muskelerkrankung mit Lähmungserscheinungen, Lumbago* □ **lumbago** 2.6 ~er **Kaffee** *K. ohne Milch od. Sahne* □ **preto; puro** 2.7 *~e* **Kirschen** *dunkelrote K.* □ **preto** 2.8 ~er **Pfeffer** *die getrockneten Früchte des Pfefferstrauchs* □ **pimenta-do-reino** 2.9 ⟨60⟩ *er ist das ~e* **Schaf** *in der Familie* ⟨fig.⟩ *das ungeratene Familienmitglied* □ ***ele é a ovelha negra da família** 2.10 ⟨60⟩ ~er **Star** ⟨Pathol.⟩ *totale Blindheit, bei der keinerlei Lichtempfindung mehr vorhanden ist* □ ***amaurose; gota-serena** 2.11 ~er **Tee** *Tee aus (durch die Aufbereitung mit Fermenten) dunkel gefärbten Blättern des Teestrauches* □ **preto** 2.12 ⟨60⟩ *der* Schwarze/schwarze **Tod** ⟨MA⟩ *Beulenpest* □ ***a peste negra** 2.13 ⟨60⟩ Schwarze **Witwe** ⟨Zool.⟩ *zu den Kugelspinnen gehörende amerikan. Spinne, deren Biss sehr giftig u. für den Menschen gefährlich ist: Latrodectus mactans* □ ***viúva-negra**

2.14 Schwarzer **Holunder** ⟨Bot.⟩ *bis zu 6 m hoher Strauch mit essbaren schwarzen Früchten: Sambucus nigra;* Sy *Flieder(3)* □ **sabugueiro* 2.15 Schwarze **Johannisbeere** ⟨Bot.⟩ *zu den Steinbrechgewächsen gehörender Strauch mit schwarzen Beerenfrüchten: Ribes nigrum* □ **groselheira-preta* **3** ⟨fig.⟩ *böse, unheilvoll, düster;* ~e Gedanken haben; ein ~es Geschick, Schicksal; eine ~e Tat; eine ~e Seele □ *funesto; sombrio* 3.1 heute hatte ich meinen ~en Tag *Unglückstag, Pechtag* □ **hoje tive um dia de cão* 3.2 ⟨70⟩ ~en **Gedanken** nachhängen *trüben, schwermütigen G.* □ **estar sempre desanimado/para baixo* 3.3 ⟨60⟩ schwarze Magie (bei Naturvölkern) *von der Gesellschaft nicht anerkannte M.;* Ggs *weiße Magie,* → *weiß¹(2.7)* 3.4 ⟨60⟩ auf der ~en **Liste** stehen *auf der L. von Verdächtigen, Missliebigen* 3.5 ~e **Wolken** am Ehehimmel ⟨fig.; umg.⟩ *häusliche Auseinandersetzungen* □ *negro* 3.6 du darfst dir nicht alles so ~ **ausmalen,** vorstellen *so pessimistisch sein* □ **você não pode pintar as coisas de modo tão pessimista* 3.6.1 alles durch eine ~e **Brille** sehen ⟨fig.⟩ *allzu pessimistisch, zu wenig zuversichtl. sein* □ **ver tudo de uma óptica pessimista* 3.7 mir wird ~ vor ⟨den⟩ **Augen** *mir wird schlecht, ich werde ohnmächtig* □ **acho que vou desmaiar* 3.8 ⟨60⟩ etwas in ~en **Farben** schildern ⟨fig.⟩ *schlimmer schildern, als es ist* □ **pintar a situação pior do que ela é* 3.9 der Bahnsteig war ~ **von Menschen** *voller Menschen* □ *lotado; apinhado* **4** *heimlich, verboten;* ein ~es Geschäft □ *clandestino* 4.1 ⟨60⟩ ~ über die Grenze gehen *heimlich, ohne Genehmigung, an keiner amtlichen Grenzstation* □ *clandestinamente* 4.2 ich habe den Stoff ~ gekauft *ohne Genehmigung, im Schleichhandel* □ *no comércio clandestino; de contrabando* 4.3 ~er **Markt** *geheimer, verbotener Markt, Schleichhandel;* oV *Schwarzmarkt* □ *negro;* → a. *Schwarz*

Schwarz ⟨n.; - od. -es; unz.⟩ **1** *Farbe, die fast alles Licht absorbiert, kein Licht reflektiert;* für diese Wand kommt nur ~ in Frage 1.1 *schwarze Spielfigur, Spielkarte mit schwarzem Symbol;* ~ zieht nach A2 (in Schachaufgaben); auf ~ reizen (im Kartenspiel) □ *preto* 1.2 er will aus Schwarz Weiß machen ⟨fig.⟩ *er stellt etwas offensichtlich Schlimmes als harmlos hin* □ **ele está querendo dourar a pílula* **2** *schwarze Kleidung;* gern ~ tragen 2.1 in ~ gehen, gekleidet sein *in Trauerkleidung* □ *preto;* roupa preta; luto 2.2 das kleine ~e anziehen ⟨umg.⟩ *kurzes schwarzes Kleid für kleinere Festlichkeiten* 2.3 ich ziehe mein ~es an ⟨umg.⟩ *mein schwarzes Kleid* □ *tubinho preto* **3** ins Schwarze **treffen** 3.1 *in den Mittelpunkt der Zielscheibe treffen* 3.2 ⟨fig.⟩ *das Wesentliche herausfinden, treffen* □ **acertar na mosca* **4** etwas ~es *schwarzer Fleck, Schmutzfleck;* du hast etwas ~es auf der Stirn □ *mancha preta* **5** nicht das ~e **unter dem Nagel,** unter den Nägeln ⟨fig.; umg.⟩ *gar nichts;* nicht das ~e unterm Nagel haben, hergeben; er gönnt mir nicht das ~e unter den Nägeln □ *nadica de nada; necas de pitibiriba*

Schwarz|ar|beit ⟨f.; -; unz.⟩ *Lohnarbeit entgegen den gesetzlichen Bestimmungen (ohne Abführung von Steu-* *ern od. bei gleichzeitigem Bezug von Arbeitslosengeld)* □ *trabalho ilegal*

schwarz|ar|bei|ten ⟨V. 400⟩ *Schwarzarbeit ausführen;* er arbeitet schwarz; er hat jahrelang schwarzgearbeitet □ *exercer trabalho ilegal*

schwarz|är|gern ⟨V. 500/Vr 3; umg.⟩ sich ~ *sich sehr stark ärgern* □ *ficar furioso; ficar fulo da vida*

Schwarz|dros|sel ⟨f.; -, -n⟩ = *Amsel*

Schwar|ze(r) ⟨f. 2 (m. 1)⟩ **1** *Angehörige(r) der in Afrika lebenden negriden Rasse* 1.1 *Nachkomme der nach Amerika verschleppten schwarzen Afrikaner;* Sy *Farbige(r),* ⟨abwertend⟩ *Neger,* ein Protestmarsch der ~n □ *negro; preto* **2** *dunkelfarbiger, dunkelhaariger Mensch* 2.1 wer war eigentlich die kleine ~ vorhin? *die Kleine mit dem schwarzen Haar* □ *moreno* **3** *Anhänger einer konservativen Partei* □ *conservador* **4** der ~ *der Teufel* □ *diabo*

schwarz|fah|ren ⟨V. 130/400(s.); umg.; fig.⟩ *ohne Erlaubnis, ohne Fahrkarte (im Bus, in der Eisen-, Straßenbahn) fahren, ohne Führerschein (Auto) fahren;* einen Schüler beim Schwarzfahren erwischen; er fährt immer schwarz; ich bin noch nie schwarzgefahren □ *dirigir sem carteira de habilitação; usar transporte público sem bilhete válido*

Schwarz|han|del ⟨m.; -s; unz.⟩ *Handel zu Preisen, die (bei eingeschränktem Angebot an Waren u. gesetzlicher Regelung für Höchstpreise) höher liegen als die gesetzlich erlaubten Preise* □ *comércio ilegal*

Schwarz|markt ⟨m.; -(e)s, -märk|te⟩ = *schwarzer Markt,* → *schwarz(4.3)*

schwarz|se|hen ⟨V. 239; fig.; umg.⟩ **1** ⟨400⟩ *alles, bes. die Zukunft in dunklen Farben sehen, pessimistisch sein;* da sehe ich schwarz □ *ser pessimista* 1.1 ⟨500⟩ etwas ~ *ungünstig beurteilen;* er sieht die politische Lage zu schwarz □ **não ver alguma coisa com bons olhos* 1.2 ⟨415⟩ *für jmdn. od. etwas* ~ *sich um jmdn. od. etwas Sorgen machen* 1.2.1 für mein Examen sehe ich schwarz *ich fürchte, ich werde mein Examen nicht bestehen* □ **estar pessimista em relação a alguém ou alguma coisa* **2** ⟨400⟩ *ohne Begleichung der Rundfunkgebühren fernsehen* □ *assistir à televisão sem pagar pela assinatura*

schwarz|weiß auch: **schwarz-weiß** ⟨Adj. 24⟩ **1** *schwarz u. weiß* □ *preto e branco* **2** etwas ~ malen ⟨fig.⟩ *vereinfacht darstellen* □ **simplificar alguma coisa*

schwarz|wer|den auch: **schwarz wer|den** ⟨V. 285/400(s.)⟩ **1** (meist in der Wendung) da kannst du warten, bis du schwarzwirst/schwarz wirst *vergeblich warten* □ **pode esperar sentado* **2** ⟨Kart.⟩ *keinen Stich bekommen* □ **não recolher nenhuma vaza;* → a. *schwarz (2.1)*

schwät|zen ⟨V.; du schwatzt od. schwatzest; südd.⟩ = *schwatzen*

schwat|zen ⟨V.; umg.⟩ oV ⟨südd.⟩ *schwätzen* **1** ⟨400⟩ *sich gemütlich unterhalten, plaudern;* lasst uns noch ein wenig ~! □ *conversar; bater papo* **2** ⟨400⟩ *viel u. oberflächlich reden;* du solltest nicht so viel ~ □ *tagarelar* 2.1 ⟨500⟩ etwas ~ *erzählen, daherreden;* lauter dummes Zeug ~ □ **só dizer bobagem* **3** ⟨400⟩ *wäh-*

Schwebe

rend des Unterrichts (heimlich) reden; sie ist eine gute Schülerin, aber sie schwätzt zu viel □ **conversar durante a aula** 4 ⟨410⟩ Geheimnisse, Vertrauliches ausplaudern □ **dar com a língua nos dentes**; → a. Schule(3.7)

Schwe|be ⟨f.; -; unz.; nur in wenigen Wendungen⟩ **1** sich in der ~ halten frei schweben; die Waagschalen halten sich in der ~ □ ***estar suspenso; estar em equilíbrio 2** in der ~ bleiben, lassen, sein ⟨fig.⟩ unentschieden; vorläufig bleibt alles noch in der ~ □ ***ficar/deixar/estar em suspenso**

schwe|ben ⟨V.⟩ **1** ⟨400⟩ frei hängen, sich in der Schwebe halten; im Gleichgewicht ~ (Waagschalen) □ ***estar em equilíbrio**; über dem Abgrund ~ □ ***estar suspenso; pender** 1.1 der Ton schwebte noch lange im Raum klang lange nach □ **ecoar** 1.2 in Illusionen ~ ⟨fig.⟩ I. anhängen □ ***estar preso a ilusões** 1.3 sie sind beide im siebenten Himmel ⟨fig.; umg.⟩ sie sind überglücklich □ ***ambos estão no sétimo céu** 1.4 er schwebt gern in höheren Regionen ⟨fig.; umg.⟩ er ist verträumt, wirklichkeitsfremd □ ***ele vive com a cabeça nas nuvens 2** ⟨411(s.)⟩ sich langsam in der Luft bewegen, ohne festen Halt zu haben, sacht, langsam fliegen, gleiten; das Blatt schwebt sanft zu Boden; Wolken ~ nach Süden; der Raubvogel schwebte hoch in den Lüften □ **pairar; flutuar** 2.1 ~den Schrittes daherkommen mit wiegenden, leichten S. □ ***chegar com passos leves 3** ⟨411; fig.⟩ sich befinden, sein; in großer Angst, Gefahr ~; Gottes Geist schwebte über den Wassern 3.1 sich (zwischen zwei Möglichkeiten) befinden, schwanken; der Verletzte schwebt noch in Lebensgefahr; zwischen Furcht und Hoffnung ~; der Patient schwebt zwischen Leben und Tod □ **estar** 3.2 ⟨411⟩ sich andeutungsweise befinden; mir schwebt sein Bild vor Augen □ ***é como se eu estivesse vendo sua imagem na minha frente**; ein Lächeln schwebte auf ihren Lippen □ ***um sorriso pairou em seus lábios 4** ⟨400⟩ eine Angelegenheit schwebt ist im Gang, noch nicht beendet, unentschieden □ **estar em suspenso**; der Prozess, das Verfahren schwebt (noch); ~de Fragen, Geschäfte, Verhandlungen; in ein ~des Verfahren eingreifen ⟨Rechtsw.⟩ □ **em suspenso; pendente** 4.1 ~de Schulden kurzfristige Staatsschulden, die nach Präsentieren des Schuldscheins, spätestens aber innerhalb eines Jahres zurückzuzahlen sind □ **flutuante**

Schwe|fel ⟨m.; -s; unz.; chem. Zeichen: S⟩ **1** chem. Element, Nichtmetall, Ordnungszahl 16 □ **enxofre** 1.1 die beiden halten zusammen wie Pech und ~ ⟨fig.; umg.⟩ ganz fest ***ambos são unha e carne**

Schweif ⟨m.; -(e)s, -e⟩ **1** lange, buschige, am Schwanzansatz wachsende Haare; Pferde~ **2** Schleppe; Kometen~ □ **cauda; rabo**

schwei|fen ⟨V.⟩ **1** ⟨411(s.)⟩ ziellos umhergehen, umherwandern, durch die Gegend fahren; durch Wald und Feld ~; über etwas den Blick ~ lassen; seine Blicke schweiften von einem zum anderen; in die Ferne ~; er ließ seine Gedanken in die Vergangenheit, Zukunft ~ □ **vaguear; errar 2** ⟨500⟩ etwas ~ wölben,

bogen-, kurvenförmig ausschneiden, -sägen 2.1 Bretter ~ bogenförmig abrunden □ **abaular; curvar**

Schwei|ge|geld ⟨n.; -(e)s, -er⟩ Bestechungsgeld, um einen andern zum Geheimhalten einer Sache zu veranlassen □ **suborno**

schwei|gen ⟨V. 233⟩ **1** ⟨400⟩ nichts sagen, still sein; beschämt, erschreckt, verlegen, verwirrt, verwundert ~; auf eine Frage ~ □ **calar(-se); silenciar**; ein beklemmendes, dumpfes, eisiges, niederdrückendes Schweigen; Schweigen befehlen, bewahren, gebieten, fordern; das tiefe Schweigen des Waldes; es herrschte tiefes Schweigen; der Rest ist Schweigen; sie hüllte sich in Schweigen □ **silêncio**; in ~der Erwartung verharren □ **silencioso**; den Weg ~d zurücklegen; ~d nicken □ **silenciosamente; em silêncio; calado**; die Stimme des Gewissens schweigt; schweig!; sie schwieg um des lieben Friedens willen; sie schwieg zu all seinen Vorwürfen; wer schweigt, scheint zuzustimmen; Reden ist Silber, Schweigen ist Gold (Sprichw.); lieber ~ als das Maul verbrannt (Sprichw.) □ ***calar(-se)**; er schweigt wie das Grab □ ***ele é um túmulo** 1.1 ⟨800⟩ über, von etwas ~ nicht sprechen □ ***calar(-se) acerca de alguma coisa** 1.2 endlich brach er das Schweigen endlich sprach er (davon) □ ***finalmente ele quebrou o silêncio** 1.3 jmdn. od. etwas zum Schweigen bringen ⟨fig.⟩ 1.3.1 jmdn. das Wort abschneiden □ ***fazer alguém se calar** 1.3.2 jmdn. töten □ ***calar alguém** 1.4 ~ können ⟨fig.⟩ ein Geheimnis bewahren können □ ***conseguir calar; conseguir guardar segredo** 1.5 von ihm, davon ganz zu ~! von ihm, davon gilt ganz bes., was ich vorhin sagte □ ***para não falar dele/disso!** 1.6 etwas schweigt hört auf, kommt zur, befindet sich in Ruhe; der Donner, der Gesang der Vögel, die Musik schweigt; die Maschine schweigt 1.6.1 der Wind schweigt hat sich gelegt 1.6.2 die Waffen ~ eine kriegerische Auseinandersetzung ist beendet □ **calar(-se); silenciar**

schwei|sam ⟨Adj.⟩ nicht gesprächig, wortkarg; er ist ein ~er Mensch, Zeitgenosse; er verhält sich heute Abend recht ~ □ **calado; quieto; taciturno**

Schwein ⟨n.; -(e)s, -e⟩ **1** ⟨Zool.⟩ Angehöriges einer Familie nicht wiederkäuender, mit Borsten bedeckter Paarhufer, mit kurzer rüsselförmiger Schnauze, die meist zum Wühlen eingerichtet ist: Suidae **2** vom Eurasischen Wildschwein abstammendes Haustier: Sus scrofa; Haus~; ~e füttern, halten, mästen, schlachten, züchten □ **porco; suíno** 2.1 da haben wir das falsche ~ geschlachtet ⟨fig.; umg.⟩ einen Fehler gemacht, der nie wieder gutgemacht werden kann □ ***apostamos no cavalo errado** 2.2 er blutet wie ein ~ ⟨derb⟩ heftig □ ***ele está sangrando feito um porco** 2.3 haben wir etwa zusammen ~e gehütet? ⟨umg.; bei unerwünschter Vertraulichkeit, z. B. Anrede mit „du") (Ausdruck für die Zurückweisung) □ ***desde quando temos essa intimidade? 3** ⟨Kochk.⟩ Schweinefleisch; 500 g Gehacktes, halb Rind, halb ~ □ **carne de porco 4** ⟨fig.⟩ Mensch 4.1 er ist ein armes ~ ⟨umg.⟩ ein bedauernswerter Mensch □ ***ele é um pobre coitado** 4.2 kein ~ ⟨umg.⟩ kein Mensch, niemand; das

940

frisst, kapiert, versteht kein ~; daraus wird kein ~ gescheit, klug; davon hat kein ~ etwas gesagt; es kümmert sich kein ~ darum, ob ... □ *ninguém 4.3 ⟨umg.; abwertend⟩ 4.3.1 *schmutziger, unreinlicher Mensch* □ porco; porcalhão 4.3.2 *gemeiner, rücksichtsloser Mensch; er ist ein ~* 4.3.3 *moralisch nicht einwandfreier, unanständiger Mensch* □ porco; mau-caráter 5 ⟨umg.⟩ *Glück, unverhofft guter Ausgang einer Sache; da hast du aber ~ gehabt* □ *até que você teve sorte

Schwei|ne|rei ⟨f.; -, -en; derb⟩ 1 *schmutziger, sehr unordentlicher Zustand; wer hat hier eine solche ~ angerichtet?* □ porcaria; bagunça 2 ⟨fig.⟩ *Schmutz, Unanständigkeit, Unflätigkeit; was ist das für eine ~?* □ porcaria; obscenidade 2.1 *unanständiger Witz* □ piada suja

schwei|nisch ⟨Adj.; fig.; derb⟩ *unanständig;* ein ~er Witz □ sujo; obsceno

Schweiß ⟨m.; -es; unz.⟩ 1 *wasserklare Absonderung der Schweißdrüsen der Haut; kalter ~ stand ihm vor Angst auf der Stirn; der ~ bricht ihm aus allen Poren; der ~ lief, rann, rieselte ihm (in Strömen) übers Gesicht; sich den ~ trocknen, von der Stirn wischen; im ~e seines Angesichts arbeiten, sein Geld verdienen; im ~e deines Angesichts sollst du dein Brot essen (1. Mose, 3,19); der Boden ist mit dem ~ mehrerer Generationen gedüngt* ⟨poet.⟩ □ suor 1.1 *ich bin in ~ gebadet habe sehr geschwitzt* □ *estou molhado/pingando de suor 2 ⟨fig.⟩ Mühe, schwere Arbeit; das hat mich viel ~ gekostet; daran hängt viel ~ 2.1 er konnte die Früchte seines ~es nicht mehr ernten* ⟨poet.⟩ *bevor er den Ertrag seiner Mühe genießen konnte, starb er* □ suor; esforço 3 ⟨Jägerspr.⟩ *Blut des Wildes; viel ~ verlieren (vom angeschossenen Wild)* □ sangue

schwei|ßen ⟨V.⟩ 1 ⟨500⟩ *etwas ~ durch Druck (z. B. Schläge) oder Zufuhr von Wärme (Schmelzen) miteinander verbinden;* Metall, Kunststoff ~ □ soldar 2 ⟨400⟩ *ein Tier schweißt* ⟨Jägerspr.⟩ *verliert Blut* □ sangrar

schwe|len ⟨V.⟩ 1 ⟨400⟩ *etwas schwelt brennt langsam, ohne Flamme mit starker Rauchentwicklung; das Holz schwelt; das Feuer schwelt noch unter der Asche* □ queimar/arder sem chama 2 ⟨500⟩ *etwas ~ unter Luftabschluss erhitzen, langsam verbrennen;* Koks ~ □ carbonizar a baixa temperatura 3 ⟨410⟩ *etwas schwelt* ⟨fig.⟩ *lebt unter der Oberfläche, unmerklich (weiter);* Hass-, Rachegefühle ~; Feindschaft schwelt □ estar incubado ; *jahrelang ~der Hass* □ incubado

schwel|gen ⟨V.⟩ 1 ⟨400⟩ *üppig leben, gut essen u. trinken* □ regalar-se 2 ⟨800⟩ *in etwas ~* ⟨fig.⟩ *etwas in vollen Zügen genießen;* in angenehmen Erinnerungen, in Musik, im Überfluss ~ □ *deleitar-se/sentir prazer com alguma coisa

Schwel|le ⟨f.; -, -n⟩ 1 *waagerechter Balken od. Brett als untere Begrenzung u. zum Abdichten der Türöffnung;* Tür-~; die ~ betreten, überschreiten; über die ~ treten □ soleira; limiar 1.1 *er darf meine ~ nie wieder betreten* ⟨fig.⟩ *ich habe ihm mein Haus verboten* □ *na minha casa ele não entra mais* 1.2 *an der ~* ⟨fig.⟩ *am Beginn, kurz vor;* an der ~ einer neuen Zeit; an der ~ des Grabes, zum Jenseits stehen □ *no limiar; à beira de* 2 ⟨Eisenb.⟩ *Querbalken, auf dem die Eisenbahnschienen befestigt sind;* ~n erneuern, legen □ dormente; chulipa 3 ⟨Wasserbau⟩ *unterer Abschluss eines Wehres od. Schützes unterhalb der Wasserlinie* 4 ⟨Geol.⟩ *Bodenerhebung zwischen zwei Senken* □ soleira 5 ⟨Psych.⟩ *Minimum eines Nervenreizes, das zum bewussten Empfinden des Reizes notwendig ist;* Reiz-~; die ~ des Bewusstseins (nicht mehr) erreichen □ limiar

schwel|len ⟨V. 234⟩ 1 ⟨400(s.)⟩ *etwas schwillt wird dick, groß, weitet sich, bläht sich (auf), dehnt sich (aus); das Herz schwoll ihm vor Freude; der Finger schwillt* □ inchar; intumescer; *geschwollene Augen vom Weinen; eine geschwollene Backe von einer entzündeten Zahnwurzel; geschwollene Beine haben;* ~de Früchte, Knospen □ inchado; ~de Brüste, Lippen ⟨poet.⟩ □ inflado; carnudo 1.1 ⟨600⟩ *jmdm. schwillt der Kamm* ⟨fig.; umg.⟩ *jmds. Selbstvertrauen wächst allzu sehr* □ *empertigar-se; subir no salto* 1.2 *sich verstärken; der Wind schwoll zum Sturm* □ intensificar-se 2 ⟨500⟩ *etwas ~ zum Schwellen(1) bringen;* Freude schwellte ihm die Brust; der Wind schwellte das Segel □ inchar; inflar

Schwel|lung ⟨f.; -, -en⟩ 1 *das Schwellen;* eine ~ verursachen 1.1 *Zustand des Geschwollenseins;* eine ~ der Augenlider behandeln 1.2 *geschwollene Stelle* □ inchaço; intumescência 2 ⟨Geogr.⟩ *Rundung, rundliche Erhebung* □ abaulamento; arredondamento

Schwem|me ⟨f.; -, -n⟩ 1 *Teich als Bad für Tiere, bes. Wild u. Pferde; die Pferde in die ~ führen, reiten* □ bebedouro; vau 2 ⟨fig.; umg.⟩ *Wirtsstube, Kneipe* □ botequim; bar

schwem|men ⟨V. 500⟩ 1 ⟨511⟩ *jmdn. od. etwas irgendwohin ~ durch die Strömung irgendwohin tragen; die Flut schwemmte Holz und Seetang an den Strand; der Ufersand ist mit der Zeit in den Fluss geschwemmt worden* □ levar; carregar 2 *etwas ~ spülen, wässern;* Felle ~ □ lavar 3 *Tiere ~ waschen, baden;* er wollte noch die Pferde (im Fluss) ~ □ lavar; dar banho

Schwen|gel ⟨m.; -s, -⟩ 1 = *Klöppel(1)* 2 *schwenkbarer Griff der Pumpe;* Brunnen-~, Pumpen-~ □ alavanca; picota

schwen|ken ⟨V.⟩ 1 ⟨500⟩ *jmdn. od. etwas ~ hin u. her bewegen, hin u. her schwingen;* die Arme, Fahnen ~; den Hut, das Taschentuch ~ □ abanar; agitar 2 ⟨411(s.)⟩ *irgendwohin ~ sich herumdrehen, die Richtung verändern; er schwenkte nach rechts, um die Ecke* □ virar; links schwenkt, marsch! ⟨Mil.⟩ □ volver 2.1 ⟨402⟩ *(etwas) ~ in eine andere Richtung bringen; die Kamera schwenkte zum Hauptdarsteller; einen Hebel nach links ~* □ virar 3 ⟨500⟩ *etwas in etwas ~* 3.1 *umdrehen, wälzen;* Kartoffeln in Butter ~ □ saltear 3.2 *hin u. her ziehen;* Wäsche im Wasser ~ 3.3 *die Gläser (im Wasser) ~ ausspülen* □ enxaguar

Schwen|kung ⟨f.; -, -en; a. fig.⟩ 1 *Drehung, Richtungsänderung;* halbe ~ links, rechts! □ virada; rotação;

schwer

conversão 1.1 eine ~ machen, vollziehen, vornehmen *schwenken* □ **fazer uma conversão; virar; girar* 2 ⟨fig.⟩ *Standortwechsel;* eine grundsätzliche ~ in der Politik □ *virada; mudança radical* 2.1 er hat plötzlich eine ~ gemacht *seine Meinung geändert* □ **ele mudou repentinamente de opinião*

schwer ⟨Adj.⟩ **1** *von Gewicht, ein (bestimmtes) Gewicht habend;* der Sack ist 50 kg, einen Zentner ~ □ **o saco pesa 50 kg/meio quintal* 1.1 wie ~ bist du? *wie viel wiegst du?* □ **quanto você pesa?* **2** *von großem Gewicht, lastend, drückend;* ein ~er Stein, ~es Gepäck; die ersten ~en Tropfen schlugen gegen die Fensterscheibe; die Kiste ist mir zu ~; meine Glieder sind ~ wie Blei; die Kleider sind ~ von der Nässe, vom Regen; der Kopf ist mir ~ (z. B. nach Alkoholgenuss) ⟨fig.⟩ □ *pesado;* die Zweige, ~ von Früchten, wurden fast bis zum Boden gedrückt □ *carregado* 2.1 diese Pflanze braucht ~en **Boden** *fette, nährstoffreiche Erde* □ *fértil* 2.2 der ~e **Boden** behinderte die Fußballspieler *der regennasse B.* □ *molhado; encharcado* 2.3 ⟨60⟩ ein ~es **Geschütz** *G. mit großem Kaliber* □ **uma artilharia pesada* 2.4 ⟨60⟩ ich musste erst ~es Geschütz auffahren ⟨fig.; umg.⟩ *etwas deutlich zu verstehen geben, gewichtige Gründe vorbringen* □ **tive de usar artilharia pesada; tive de apresentar argumentos contundentes* 2.5 ⟨60⟩ die ~e **Reiterei** *mit schwerer Ausrüstung u. Bewaffnung ausgestattete R.* □ *pesado* 2.6 eine ~e **Seide** *gute, kostbare S.* □ *caro; fino* 2.7 ⟨30⟩ ~es **Wasser** ⟨Chem.⟩ *Verbindung aus Sauerstoff u. Deuterium* □ *pesado* 2.8 ⟨60⟩ ~e **Wetter** ⟨Bgb.⟩ *vornehmlich Kohlendioxid u. eine ungenügende Menge Sauerstoff enthaltende Grubenluft* □ **ar pesado* **3** *bedrückt, belastet, kummervoll;* das Herz ist ihm ~; ihm ist ~ ums Herz; ~en Herzens gab er nach, stimmte er zu; ein ~er Seufzer entrang sich seiner Brust □ *apertado; oprimido; angustiado* 3.1 sich nur ~ von etwas trennen *sich nur ungern von etwas trennen* □ **a contragosto 4** *schwerfällig, unbeholfen, massig, massiv;* ein ~er Bau; ein ~es Pferd; er ging ~en Schrittes □ *maciço; pesado* 4.1 er ist ~ von **Begriff** ⟨umg.⟩ *er ist geistig schwerfällig* □ **ele é meio devagar para entender as coisas* 4.2 ⟨60⟩ er hat ~es **Blut** ⟨fig.⟩ *er ist schwermütig, melancholisch, bedächtig, verschlossen* □ **ele é melancólico/desanimado* 4.3 er hat einen ~en **Gang** *er geht unbeholfen* □ **pesado; desajeitado* 4.4 eine ~e **Hand** *(bei etwas) haben (bei etwas) ungeschickt sein;* er hat eine ~e Hand beim Schreiben □ *pesado* 4.5 er hat eine ~e **Zunge** ⟨fig.⟩ *er spricht langsam u. schwerfällig, das Sprechen fällt ihm schwer* □ **ele fala devagar; ele tem uma fala arrastada* **5** *mühsam, anstrengend, hart, ermüdend;* er muss ~ arbeiten; aller Anfang ist ~ ⟨Sprichw.⟩ □ *pesado; cansativo* 5.1 sie hat ein ~es Leben *ein L. voller Sorgen* □ *difícil* 5.2 ich habe einen ~en Tag hinter mir *einen anstrengenden, arbeitsreichen, sorgenvollen T.* □ **tive um dia cheio/puxado* 5.3 das Schwerste habe ich jetzt hinter mir *den anstrengendsten Teil* □ **o pior; o mais difícil* 5.4 ⟨50⟩ ihre ~e **Stunde** ⟨fig.⟩ *die S. ihrer Entbindung* □ **a hora do parto; a hora em que ela deu à luz* 5.5 *schwierig, nicht leicht;* es war ein ~er Kampf, bis ich meinen Willen durchsetzen konnte; das ist leicht gesagt, doch ~ getan; das kann man nur ~ begreifen, nachfühlen, verstehen, sich vorstellen; das wird sich nur ~ machen lassen □ *difícil* ⟨aber Getrennt- u. Zusammenschreibung⟩ ~ machen = *schwermachen* 5.5.1 ich konnte ihn nur ~ davon überzeugen *nur mit Mühe* □ **só consegui convencê-lo a muito custo* 5.5.2 ~ **hören** *schwerhörig sein* □ **ouvir mal* 5.5.3 ein ~es **Amt** übernehmen *ein verantwortungsvolles Amt* □ **assumir um cargo de responsabilidade* 5.6 *nicht leicht zu lösen, zu beantworten;* eine ~e Aufgabe, Frage 5.7 *nicht leicht verständlich;* ~e Musik; ein ~es Buch □ *difícil* **6** *unheilvoll, unglücklich, kaum zu ertragen;* eine ~e Bürde, Last □ *pesado;* jmdm. eine ~e Enttäuschung bereiten; ich habe einen ~en Gang vor mir (einen Bittgang, einen Kondolationsbesuch u. Ä.); sein Tod war ein ~er Schlag für uns □ *duro;* ~e Schuld auf sich laden □ **cometer uma falta grave;* ~e Sorgen lasteten auf ihm □ **ele está com sérias preocupações;* wir gehen ~en Zeiten entgegen □ *duro; difícil;* die Kriegsjahre lasteten ~ auf dem Land □ *gravemente* 6.1 er hatte einen ~en **Tod** *einen qualvollen T.* □ *difícil; sofrido* 6.2 ich hatte einen ~en **Traum** *einen bedrückenden T.* □ **tive um pesadelo* 6.3 das liegt mir ~ auf der Seele *das bedrückt mich* □ **isso está apertando meu coração* **7** ~e Speisen, Getränke *schwer verdauliche, gehaltvolle S., G.;* ~e Speisen bekommen mir nicht; die Majonäse liegt mir ~ im Magen; das ist ein ~er Tropfen! (Wein) □ *pesado; forte; indigesto* **8** ⟨90⟩ *in hohem Maß, Grad, von großer Stärke* 8.1 *sehr stark, heftig;* ein ~es Gewitter, Unwetter; ein ~er Sturm, Regen □ *forte; pesado; intenso* 8.1.1 sie ist ~ gefallen *gestürzt* □ **ela despencou/veio abaixo* 8.1.2 *rau, stark bewegt;* es herrschte ~e See □ *agitado; revolto* 8.1.3 ein ~er **Schlaf** *sehr tiefer S.;* er fiel in einen ~en Schlaf □ *pesado; profundo* 8.1.4 ein ~er **Winter** *ein langer, kalter W.* □ *rigoroso* 8.2 *ernst, schwerwiegend;* ein ~es Verbrechen, Vergehen; eine ~e Krankheit, Verletzung, Wunde □ *grave;* nach langem, ~em Leiden entschlief … (in Todesanzeigen) □ *muito; intenso;* das war eine ~e Belastungsprobe für uns alle □ *difícil* 8.3 *hart, streng;* eine ~e Strafe □ *pesado; rigoroso;* er wurde ~ bestraft □ *duramente;* das hat sie ~ büßen müssen □ **ela vai ter de pagar caro por isso* **9** ⟨90⟩ *beträchtlich (Menge), sehr stark, viel;* jmdm. ~en Schaden zufügen; dem Feind ~e Verluste beibringen □ *sério; considerável* 9.1 ~ an etwas tragen *sehr unter etwas leiden* □ **penar com alguma coisa* 9.2 seine Meinung, sein Rat, sein Urteil wiegt ~ *bedeutet viel, ist wichtig* 9.3 das kostet ein ~es **Geld** ⟨umg.; veraltet⟩ *viel G.* □ **custa muito caro; custa um dinheirão* 9.4 Geld **die** ~e **Menge** haben ⟨umg.⟩ *viel G.* □ **ser podre de rico* 9.5 seine Worte haben mich ~ **verletzt** *tief beleidigt* □ *muito; profundamente;* ⟨aber Getrennt- u. Zusammenschreibung⟩ ~ **verletzt** = *schwerverletzt* 9.6 ⟨umg.⟩ *sehr;* man muss ~

auf ihn aufpassen ☐ *é preciso prestar muita atenção nele*; er war ~ betrunken ☐ *ele estava bêbado feito um gambá*; ich werde mich ~ hüten! ☐ **Deus me livre e guarde!*; da sind Sie ~ im Irrtum! ☐ **o senhor está redondamente enganado*; das macht mir ~ zu schaffen ☐ **isso vai me custar caro; isso vai me criar muitos problemas* **10** ⟨60⟩ ein ~er **Junge** ⟨umg.⟩ *gefährlicher Verbrecher* ☐ **um bandido perigoso* **11** ⟨Getrennt- u. Zusammenschreibung⟩ 11.1 ~ **behindert** = schwerbehindert (I) 11.2 ~ **beladen** = schwerbeladen 11.3 ~ **bewaffnet** = schwerbewaffnet 11.4 ~ **erziehbar** = schwererziehbar 11.5 ~ **krank** = schwerkrank 11.6 ~ **verständlich** = schwerverständlich 11.7 ~ **wiegend** = schwerwiegend

schwer|be|hin|dert *auch:* **schwer be|hin|dert** ⟨Adj. 70⟩ I ⟨Zusammen- u. Getrenntschreibung⟩ *unter einer schweren Behinderung leidend*; ein ~er Mann ☐ **portador de deficiência grave** II ⟨nur Zusammenschreibung⟩ *infolge körperlicher od. geistiger Behinderung dauerhaft geschädigt u. in der Erwerbsfähigkeit um mindestens 50 % beeinträchtigt*; aufgrund seiner zahlreichen körperlichen Beeinträchtigungen wurde er als schwerbehindert eingestuft ☐ **inválido**; → a. *schwerstbehindert*

schwer|be|la|den *auch:* **schwer be|la|den** ⟨Adj. 24/70⟩ *mit großer Last, schweren Dingen versehen*; ein ~er Wagen; der Wagen ist ~ ☐ **muito carregado; com muita carga; com muito peso**

schwer|be|waff|net *auch:* **schwer be|waff|net** ⟨Adj. 24/70⟩ *viele Waffen tragend*; ein ~er Soldat ☐ **fortemente armado**

Schwe|re ⟨f.; -; unz.⟩ **1** ⟨Phys.⟩ = *Schwerkraft*; *das Gesetz der* ~ ☐ **gravidade 2** *Gewicht*; die ~ des Sackes war nicht zu bestimmen **3** *das Schwersein, großes Gewicht*; bei seiner ~ sollte er sich hüten, auf das Eis zu gehen; beim Erwachen spürte er die bleierne ~ der Glieder ☐ **peso 4** *Schwierigkeit*; er machte sich keinen Begriff von der ~ des Problems ☐ **dificuldade 5** *Anstrengung, Mühseligkeit*; die ~ der Arbeit ☐ **esforço; dificuldade 6** *Stärke, Heftigkeit*; die ~ des Unwetters konnte man erst danach erkennen ☐ **intensidade; força 7** *Härte*; er bekam die ganze, volle ~ des Gesetzes zu spüren ☐ **rigor 8** *Ernst, Gewichtigkeit*; die ~ einer Anklage, Beleidigung, Beschuldigung, der Beweise, eines Verdachts, eines Vergehens ☐ **seriedade; gravidade 9** *Last*; die ganze ~ der Verantwortung lastete auf ihr ☐ **peso**

Schwe|re|nö|ter ⟨m.; -s, -; umg.⟩ *Mann, der durch seinen Charme u. seine Liebenswürdigkeit andere Personen (bes. Frauen) zu betören weiß* ☐ **casanova; galanteador**

schwer|er|zieh|bar *auch:* **schwer er|zieh|bar** ⟨Adj. 24/60⟩ *mit den üblichen Methoden nicht erziehbar*; ein ~es Kind ☐ **difícil de educar**

schwer|fal|len ⟨V. 131/403(s.)⟩ *etwas fällt schwer verursacht Mühe*; diese Arbeit sollte ihm nicht so ~, ist ihm immer schwergefallen ☐ **ser penoso/difícil** ⟨nur Getrenntschreibung⟩ *schwer fallen* → *schwer (8.1.1)*

schwer|fäl|lig ⟨Adj.⟩ *ungeschickt, unbeholfen, langsam, träge*; ~en Geistes sein; ein ~er Mensch; stell dich nicht so ~ an! ☐ **lento; desajeitado**; ~ antworten, gehen, sprechen ☐ **de modo arrastado/pesado**

schwer|hö|rig ⟨Adj.⟩ **1** *nicht gut, genau hörend, vermindert hörfähig*; eine ~e Frau; die alte Frau ist ~ ☐ **que não ouve bem; meio surdo 1.1** *auf diesem Ohr bin ich ~!* ⟨scherzh.; umg.⟩ *gerade das will ich nicht verstehen* ☐ **surdo 1.2** *er stellte sich bei meinen Anspielungen ~ er überhörte meine A. absichtlich* ☐ **ele fez de conta que não ouviu minhas alusões*

Schwer|kraft ⟨f.; -; unz.; Phys.⟩ *die Anziehungskraft der Erde*; Sy *Schwere(1), Schub(4)* ☐ **gravidade**

schwer|krank *auch:* **schwer krank** ⟨Adj. 24/60⟩ *sehr, ernstlich krank* ☐ **muito doente**

schwer|lich ⟨Adv.⟩ *kaum*; das wirst du ~ fertigbringen ☐ **dificilmente**

schwer|ma|chen *auch:* **schwer ma|chen** ⟨V. 530⟩ *jmdm. etwas* ~ *jmdm. bei etwas Schwierigkeiten machen, jmdm. etwas erschweren* ☐ **dificultar**; er macht ihr das Herz, Leben schwer ☐ **ele a deixa triste; ele dificulta sua vida*; → a. *schwer (5.5)*

Schwer|mut ⟨f.; -; unz.⟩ **1** ⟨Psych.⟩ *Gemütskrankheit, Depression* ☐ **depressão 2** *anhaltende tiefe Niedergeschlagenheit* ☐ **melancolia**

schwer|mü|tig ⟨Adj.⟩ **1** ⟨Psych.⟩ *gemütskrank, depressiv* ☐ **depressivo 2** *tief niedergeschlagen* ☐ **melancólico**

schwer|neh|men ⟨V. 189/500⟩ *etwas* ~ *als bedrückend, schlimm empfinden*; nimm es nicht so schwer!; man soll im Leben nicht alles so ~; sie hat im Leben immer alles schwergenommen ☐ **levar a mal; levar muito a sério**

Schwer|punkt ⟨m.; -(e)s, -e⟩ **1** *derjenige Punkt in einem physikalischen System mit mehreren Massen od. in einem starren Körper, in dem man sich die gesamte Masse vereinigt denken kann, wenn die Bewegung in einem äußeren homogenen Kraftfeld untersucht wird*; den ~ berechnen, verlagern ☐ **centro de gravidade 2** ⟨fig.⟩ *wichtigster Punkt (eines Problems, einer Frage, Tätigkeit)*; der ~ seines Wirkens lag im politischen Bereich ☐ **ponto central/principal**

schwerst|be|hin|dert ⟨Adj. 24/70⟩ *in schwerster Weise körperlich od. geistig behindert*; er ist ~; die Betreuung von Schwerstbehinderten ☐ **inválido**; → a. *schwerbehindert*

Schwert ⟨n.; -(e)s, -er⟩ **1** *Hieb- u. Stichwaffe mit gerader, breiter, ein- od. zweischneidiger Klinge u. kurzem Querstück vor dem Griff*; ein blankes, rostiges, scharfes ~; mit ~ und Spieß; das ~ ergreifen, nehmen, ziehen, zücken; ein ~ führen, tragen; sich mit dem ~ gürten; mit dem ~e hinrichten; mit dem ~ auf jmdn. eindringen, gegen jmdn. kämpfen, vordringen, sich verteidigen; zum ~ greifen; jmdn. zum Tod durch das ~ verurteilen; denn wer das ~ nimmt, soll durch das ~ umkommen (Matth. 26,52) ☐ **espada; gládio**; scharfe ~er schneiden sehr, scharfe Zungen noch viel mehr ⟨Sprichw.⟩ ☐ **mais fere a má palavra do que a espada afiada* **1.1** *das* ~ *in die Scheide stecken* ⟨a. fig.⟩ *den Streit beenden* ☐ **embainhar a espada*;

terminar a briga 1.2 das ~ **des Damokles** hing, schwebte über ihm ⟨fig.⟩ *jeden Augenblick konnte ihn das Unglück treffen (nach dem Schwert, das der Tyrann Dionys von Syrakus an einem Rosshaar über dem Haupt eines Höflings aufhängen ließ)* □ **espada** 1.3 sein ~ **in die Waagschale** werfen ⟨fig.⟩ *etwas gewaltsam entscheiden* □ ***jogar sua espada na balança; decidir de maneira violenta;** → a. **zweischneidig(2) 2** *schräge Verstrebung im Gerüstbau* □ **viga/escora diagonal 3** ⟨bei Segelbooten⟩ *senkbare Holz- od. Stahlplatte in einem Kasten unten in der Mitte des Rumpfes, um das Boot am Abtreiben zu hindern* □ **bolina**

schwer|ver|letzt *auch:* **schwer ver|letzt** ⟨Adj. 24/70⟩ *eine schwere Verletzung habend;* er wurde bei dem Unfall ~ □ **gravemente ferido;** die Schwerverletzten/schwer Verletzten versorgen □ **ferido grave;** → a. **schwer (9.5)**

schwer|ver|ständ|lich *auch:* **schwer ver|ständ|lich** ⟨Adj. 24/70⟩ *schwer zu verstehen;* eine ~e Abhandlung □ **difícil de entender**

schwer|wie|gend *auch:* **schwer wie|gend** ⟨Adj. 24/70⟩ *wichtig, gewichtig;* ~e Bedenken, Folgen, Gründe; ⟨bei Steigerung der gesamten Verbindung nur Zusammenschreibung⟩ schwerwiegendere Überlegungen, schwerwiegendste Überlegungen; ⟨bei Steigerung des ersten Bestandteils nur Getrenntschreibung⟩ schwerer wiegende Bedenken, am schwersten wiegende Bedenken □ **grave; sério; importante;** ⟨ebenfalls nur Getrenntschreibung⟩ schwer wiegende Fracht, Kisten, Koffer □ **pesado** → a. **schwer (2)**

Schwes|ter ⟨f.; -, -n⟩ **1** *von denselben Eltern abstammende weibl. Person;* ich habe zwei Brüder und eine ~ □ **irmã 2** ⟨Abk.: Schw.⟩ *in der Kranken-, Säuglings- od. Kinderpflege od. (zusätzlich) in der Operationshilfe ausgebildete weibl. Person;* Kranken~, Operations~, Säuglings~; bei der Visite wurde der Arzt von zwei ~n begleitet □ **enfermeira 3** *weibl. Mitglied einer kirchl. oder krankenpflegerischen Vereinigung;* Ordens~; ~ Chrysogona (Name einer Ordensschwester) □ **irmã; sóror**

Schwie|ger|el|tern ⟨nur Pl.⟩ *die Eltern des Ehepartners* □ **sogros**

Schwie|ger|mut|ter ⟨m.; -, müt|ter⟩ *Mutter des Ehepartners* □ **sogra**

Schwie|ger|va|ter ⟨m.; -s, vä|ter⟩ *Vater des Ehepartners* □ **sogro**

Schwie|le ⟨f.; -, -n⟩ **1** *durch ständige Reibung entstandene Verdickung der Außenhaut;* ich habe von der Gartenarbeit ~n bekommen; ~n an den Händen haben □ **calo 2** ⟨Zool.⟩ *Hautwulst; Gesäß~* □ **calosidade**

schwie|rig ⟨Adj.⟩ **1** *mühsam, schwer (zu bewerkstelligen), verzwickt, verwickelt;* eine ~e Angelegenheit, Aufgabe, Lage, Sache; die Verhandlungen, Vorbereitungen waren ~; es ist ~, immer auf ihn einzugehen; Sy *subtil(2)* □ **difícil 2** *heikel;* ein ~es Unternehmen, Vorhaben, Werk; das ist ein besonders ~er Fall □ **delicado; complicado 3** *schwer zu behandeln, zu er-* ziehen; er wird im Alter immer ~er □ **difícil 3.1** ~es Gelände *unübersichtliches, schwer zu überwindendes G.* □ **acidentado**

Schwie|rig|keit ⟨f.; -, -en⟩ **1** *etwas Schwieriges, das Schwierige, das Schwierigsein, schwierige Umstände;* die ~ liegt darin, dass ...; auf ~en stoßen; das ist doch keine ~!; ernste, große, offene, unnötige, unüberwindliche, verborgene, versteckte, wachsende ~en; ~en aus dem Wege gehen, räumen; das ist mit großen ~en verbunden □ **dificuldade 2** *Unannehmlichkeit, Hindernis;* wenn du das tust, bekommst du ~en; ~en bereiten, machen, verursachen; ~en beseitigen, überwinden, umgehen, vermeiden; von ihm sind keine ~en zu erwarten; ich fürchte ~en; mit dieser Firma hat es noch nie ~en gegeben; ich habe (dabei, hierbei) keine ~en; berufliche, geschäftliche, private ~en; mit ~en kämpfen; mit ~en rechnen; er befindet sich in ~en; jmdn. in ~en bringen; ich möchte nicht, dass Sie dadurch in ~en geraten; jmdm. ~en in den Weg legen □ **problema; dificuldade; obstáculo**

Schwimm|bad ⟨n.; -(e)s, -bä|der⟩ **1** *Anlage mit Schwimmbecken, Umkleideräumen, im Freien auch mit Liegewiesen* (Hallen~, Frei~) □ **piscina 2** = *Schwimmbecken*

Schwimm|be|cken ⟨n.; -s, -⟩ *Wasserbecken zum Schwimmen, Schwimmbassin;* Sy *Schwimmbad (2)* □ **piscina**

Schwimm|meis|ter ⟨alte Schreibung für⟩ *Schwimmmeister*

Schwimm|meis|te|rin ⟨alte Schreibung für⟩ *Schwimmmeisterin*

schwim|men ⟨V. 235⟩ **1** ⟨400 (s.)⟩ *von einer Flüssigkeit getragen werden, nicht untergehen;* nicht jedes Holz schwimmt; Schiffchen ~ lassen (als Kinderspiel) □ **boiar; flutuar;** ⟨aber Getrennt- u. Zusammenschreibung⟩ ~ lassen = *schwimmenlassen* **1.1** ⟨400⟩ *das Schiff schwimmt wieder ist wieder schwimmfähig* □ **navegar 1.2** ⟨411⟩ **auf, in** einer **Flüssigkeit** ~ *treiben;* Eisschollen ~ träge den Strom herab; in der Suppe schwimmt ein Haar □ ***boiar 2** ⟨400(s.)⟩ *sich im Wasser fortbewegen;* (noch nicht) ~ können; ~ lernen; wir sind gestern ~ gewesen; ans Ufer ~; ich bin über den See geschwommen; auf der Brust, dem Rücken, der Seite ~; im Schmetterlingsstil ~; stromabwärts, stromaufwärts ~; über einen See ~; unter Wasser ~; das Kind schwimmt wie ein Fisch (umg.); ich schwimme wie eine bleierne Ente (umg.) □ **nadar;** der neue Überseedampfer ist ein komfortables ~des Hotel □ **flutuante 2.1** ~**de Waren** *auf Seetransport befindliche W.* □ ***mercadorias trasportadas por via marítima 2.2 mit dem Strom** ~ ⟨a. fig.⟩ *sich der allgemein herrschenden Meinung anschließen* □ ***deixar-se levar pela corrente;** nadar com a maré **2.3 gegen den Strom** ~ ⟨a. fig.⟩ *sich der allgemein herrschenden Meinung entgegenstellen u. ihr zuwiderhandeln* □ ***nadar/ir contra a maré 2.4** er schwimmt ganz **im Kielwasser** seines Vaters ⟨fig.⟩ *er ist unselbständig u. lässt sich ganz von seinem Vater leiten* □ ***ele está seguindo a esteira do pai 2.5** ⟨411⟩ **im,** in seinem **Blute** ~ ⟨fig.⟩ *stark blutend daliegen* □ ***estar deitado/estendido**

schwingen

numa poça de sangue 2.6 in Tränen ~ ⟨fig.⟩ *heftig weinen* □ *debulhar-se/desmanchar-se em lágrimas* 2.7 ⟨411⟩ in etwas ~ ⟨a. fig.⟩ *etwas im Überfluss besitzen;* er schwimmt im Geld; sie schwimmt im Glück □ *estar nadando em alguma coisa* 3 ⟨500(s. od. h.)⟩ etwas ~ 3.1 eine Strecke ~ *sich im Wasser bewegend zurücklegen;* sie ist, hat die 100 m in neuer Bestzeit geschwommen □ *percorrer um trecho a nado* 3.2 einen Rekord, gute Zeiten ~ *in sportlicher Anstrengung erzielen;* die Staffel ist, hat Weltbestzeit geschwommen □ *alcançar um recorde/bons tempos a nado* 4 ⟨400⟩ etwas schwimmt *ist sehr nass, überschwemmt, überströmt;* der Boden schwimmt; die ganze Küche schwimmt vor, von vergossenem Spülwasser □ *estar alagado* 5 ⟨500(s.; fig.)⟩ *nicht Bescheid wissen, nicht genügend Kenntnisse haben u. deshalb unsicher sein;* in der Prüfung ~; am Anfang einer neuen Arbeit schwimmt man noch etwas □ boiar 5.1 beim Aufsagen des Gedichts geriet er ins Schwimmen *wusste er den Text nicht mehr genau* □ titubear 5.2 *seine Rolle nicht können;* die Schauspielerin ist bekannt dafür, dass sie schwimmt □ titubear; não saber seu papel de cor 6 ⟨611⟩ etwas schwimmt jmdm. vor den Augen ⟨fig.⟩ *ist jmdm. nur unklar, verschwommen sichtbar* □ *estar com a vista embaralhada;* mir schwimmt alles vor (den) Augen □ *está tudo girando à minha frente*

schwim|men‖las|sen *auch:* **schwim|men las|sen** ⟨V. 175/500; umg.; fig.⟩ eine Sache, einen Vorteil ~ *darauf verzichten* □ deixar passar; renunciar a; → a. *schwimmen (1)*

Schwim|mer ⟨m.; -s, -⟩ 1 *jmd., der schwimmen kann, der das Schwimmen beherrscht;* er ist ein ausdauernder, erfahrener, geübter ~; die besten ~ ertrinken zuerst ⟨Sprichw.⟩ □ nadador 2 *Schwimmkörper* 2.1 *auf einer Flüssigkeit schwimmender Hohlkörper, der ihren Stand anzeigt od. ein Ventil betätigt* 2.2 ⟨Pl.⟩ *bootähnliches Gestellpaar unten am Rumpf von Wasserflugzeugen zum Starten u. Landen auf dem Wasser* 2.3 *Teil der Angel, der auf dem Wasser schwimmt u. den Köder im Wasser schwebend hält* □ flutuador

Schwim|me|rin ⟨f.; -, -rin|nen⟩ *weibl. Schwimmer(1)* □ nadadora

Schwimm|meis|ter ⟨m.; -s, -⟩ *Schwimmlehrer, Bademeister* □ professor de natação

Schwimm|meis|te|rin ⟨f.; -, -rin|nen⟩ *weibl. Schwimmmeister* □ professora de natação

Schwin|del ⟨m.; -s; unz.⟩ 1 *Störung des Gleichgewichtssinnes: Vertigo;* ~ haben, bekommen; mich überfällt ein ~; dieses Medikament kann zunächst leichten ~ verursachen; von einem plötzlichen ~ gepackt; an ~ leiden □ tontura; vertigem 2 ⟨unz.⟩ *Vorspiegelung falscher Tatsachen, Lüge, Betrug, Aufschneiderei;* erzähl mir doch solchen ~; das ist ~!; auf einen ~ hereinfallen; das ist ein ausgemachter ~ ⟨umg.⟩ □ mentira; engano; embuste 2.1 ⟨umg.⟩ *Sache, Angelegenheit, von der man nichts hält, Trick;* ich will von dem ganzen ~ nichts wissen 2.1.1 den ~ kenne ich! *die Sache, den Trick kenne ich, darauf falle ich nicht herein* □ truque 2.1.2 das ist der ganze ~ *der ganze Trick, das ist alles* □ *isso é tudo; essa é toda a história* 2.2 ⟨umg.⟩ *wertloses Zeug, Sache, Kram, Plunder* 2.2.1 was kostet der ganze ~? *alles zusammen* □ tranqueira; quinquilharia 3 ⟨Getrennt- u. Zusammenschreibung⟩ 3.1 ~ erregend = *schwindelerregend*

schwin|del|er|re|gend *auch:* **Schwin|del er|re|gend** ⟨Adj.⟩ 1 *so beschaffen, dass einem davon schwindelig wird;* der Akrobat turnte in ~er Höhe □ vertiginoso 1.1 ~e Preise ⟨fig.⟩ *sehr hohe, übertrieben hohe Preise* □ astronômico

schwin|de|lig ⟨Adj. 70⟩ = *schwindlig*

schwin|deln ⟨V.⟩ 1 ⟨400⟩ *nicht ganz die Wahrheit sagen, lügen (in kleinen Dingen), flunkern, ein wenig betrügen;* er schwindelt gelegentlich, manchmal, oft 1.1 ⟨500⟩ etwas ~ ⟨umg.⟩ *in etwas die Unwahrheit sagen; das hat er geschwindelt* □ inventar; mentir 2 ⟨501 od. 601⟩ jmdm., jmdn. schwindelt es *jmd. wird von Schwindel befallen;* mich schwindelt; mir schwindelt der Kopf □ ter vertigens; estar com tontura

schwin|den ⟨V. 236/400(s.)⟩ 1 etwas schwindet *nimmt ab, vermindert sich, wird kleiner, weniger, schrumpft zusammen, löst sich in nichts auf;* Holz schwindet (beim Trocknen); Metall schwindet beim Bearbeiten, beim Gießen; meine Angst, meine Hoffnung, mein Vertrauen schwindet; sein Einfluss schwindet mehr und mehr; ihm schwand der Mut; sein Ruhm ist im Schwinden begriffen □ diminuir; retrair-se; encolher 1.1 Farben ~ *verblassen* □ desbotar 1.2 Kräfte ~ *verfallen* □ diminuir 1.3 ⟨600⟩ die Sinne schwanden ihr *sie wurde bewusstlos* □ *ela perdeu os sentidos* 1.4 Töne ~ *werden leiser* □ diminuir; abaixar 1.5 Zeit schwindet *vergeht* □ passar 2 ⟨410⟩ aus etwas ~ *allmählich verschwinden* □ desaparecer 2.1 aus den Augen ~ *nicht mehr zu sehen sein* □ *sumir de vista* 2.2 es ist mir aus der Erinnerung, aus dem Gedächtnis geschwunden *ich erinnere mich nicht mehr daran* □ *aquilo foi desaparecendo da minha lembrança/memória*

schwind|lig ⟨Adj. 70⟩ *von Schwindel befallen;* oV *schwindelig;* ich bin, mir ist ~; ich werde, mir wird leicht ~ □ tonto; com vertigens

Schwind|sucht ⟨f.; -; unz.; veraltet⟩ 1 *zehrende Krankheit, bes. Lungentuberkulose* □ tísica; tuberculose pulmonar 1.1 sich die ~ an den Hals ärgern ⟨fig.; umg.⟩ *sich sehr ärgern* □ *ficar pê da vida* 1.2 die ~ im Geldbeutel haben ⟨fig.; umg.⟩ *kein Geld haben* □ *não ter um tostão furado*

Schwin|ge ⟨f.; -, -n⟩ 1 *Flügel (des Vogels), Fittich* □ asa 2 *zweiarmiger Hebel am Handwebstuhl, der die Verbindung zwischen Tritthebel u. Schaft herstellt* □ balancim 3 *Gerät zum Schwingen des Flachses* □ espadela 4 *Kornsieb, flacher Korb, Wanne* □ crivo; joeira

schwin|gen ⟨V. 237⟩ 1 ⟨500⟩ etwas ~ *in großem Bogen hin- und herbewegen, heftig schwenken, schleudernd bewegen;* den Becher, das Glas ~; ein Rauchfass, den Weihrauchkessel ~; Fackeln, Fahnen, Keulen, Waffen ~; den Zauberstab zur Beschwörung ~ □ agitar; balançar 1.1 Flachs ~ *die gebrochenen Holzteile durch*

Schwingung

Schlagen mit einem besonderen Messer vom Halm lösen, bis dieser, zum Faden geworden, glänzt □ **espadelar** 1.2 Getreide ~ *mit der Schwinge reinigen* □ **acirandar; joeirar** 1.3 Rahm ~ ⟨schweiz.⟩ *Sahne schlagen* □ **bater** 1.4 *das Schwert, die Peitsche, die Gerte ~ mit dem S., der P., der G. weit ausholen* □ **brandir; agitar** 1.4.1 sie schwingt den Pantoffel ⟨fig.⟩ umg.⟩ *beherrscht ihren Mann* □ *****ela manda no marido** 1.5 das Tanzbein ~ ⟨umg.⟩ *tanzen* □ *****dançar** 1.6 die große Klappe ~ ⟨fig.⟩ *angeben, große Reden führen* □ *****gabar-se; fazer-se de importante** 1.7 eine Rede ~ ⟨fig.; umg.⟩ *eine R. halten* □ *****proferir/fazer um discurso** 2 ⟨511/Vr 7⟩ jmdn. od. etwas irgendwohin ~ *schwungvoll im Bogen irgendwohin befördern;* er schwingt (sich) den Sack auf den Rücken 2.1 sich in den Sattel ~ *zum Reiten aufsitzen* 3 ⟨511/Vr 3⟩ sich ~ *schleudernd, schnellend, mit Schwung bewegen, bes. aufwärts;* sie schwang sich auf der Schaukel hin und her; das Flugzeug, der Vogel schwang sich in die Luft □ **lançar(-se); arrojar(-se)** 4 ⟨400⟩ *sich regelmäßig hin- u. herbewegen;* das Pendel der Uhr schwingt nicht mehr (sie muss aufgezogen werden); eine langsam ~de Schaukel; am Barren, Reck, an den Ringen ~ □ **oscilar; balançar** 4.1 *(er)zittern, sich vibrierend bewegen, beben;* die Brücke schwingt unter der Kolonne marschierender Soldaten; die Berührung lässt die Saite der Gitarre ~ 4.2 *sich wellenförmig fortpflanzen;* das schrille Warnsignal schwingt durch die Halle 4.3 *nachklingen;* die Töne des Schlussakkords schwangen noch im Raum; unüberhörbar schwang der Vorwurf in ihrer Stimme ⟨fig.⟩ □ **vibrar** 5 ⟨400⟩ *Bogen beschreiben, ausführen, sich in weiten Bogen vorwärtsbewegen* 5.1 *in großen Bogen abwärts Ski fahren* □ **descer (a pista/a montanha) em zigue-zague** 6 ⟨400; schweiz.⟩ *ringen, indem man versucht, den Gegner hochzuheben u. auf den Boden zu legen* □ **tentar derrubar o adversário** 7 ⟨500/Vr 3⟩ etwas schwingt sich ⟨fig.⟩ *verläuft bogenförmig, erstreckt sich in Kurven;* in kühner Konstruktion schwingt sich die Brücke über das Tal □*****curvar-se; arquear-se;** schön geschwungene Augenbrauen, Lippen; eine kühn, leicht geschwungene Linie □ **curvado; arqueado**

Schwin|gung ⟨f.; -, -en⟩ 1 *die zeitlich sich wiederholende Zu- u. Abnahme einer physikalischen Größe;* die ~en einer Feder od. Saite; die ~ von Licht- u. Materiewellen; die ~ einer Saite berechnen, messen □ **oscilação; vibração** 2 *bogenförmig schwingende Bewegung;* etwas in ~ versetzen □ *****fazer alguma coisa oscilar** 3 ⟨fig.⟩ *Regung;* ~en der Seele □ **agitação; emoção**

schwir|ren ⟨V.⟩ 1 ⟨411(s.)⟩ *mit leicht sausendem Geräusch schnell fliegen;* eine Kugel, ein Pfeil schwirrt durch die Luft; Insekten schwirrten um meinen Kopf □ **zunir; zumbir** 2 ⟨411(s.); fig.⟩ *sich schnell u. ungeordnet bewegen;* allerlei Gedanken ~ mir durch den Kopf □ **passar;** Gerüchte ~ durch die Stadt □ **circular** 2.1 ⟨605(h.)⟩ mir schwirrt der Kopf vor lauter Lernen *ich bin benommen* □ *****estou zonzo de tanto estudar**

schwit|zen ⟨V.⟩ 1 ⟨400⟩ *Schweiß absondern, in Schweiß geraten;* Sy *transpirieren(1);* die Füße, Hände ~; am ganzen Körper ~; bei der Arbeit, beim Essen ~; im Bad, in der Sauna ~; ins Schwitzen kommen; unter den Armen ~; vor Angst, Anstrengung, Aufregung, Hitze ~; zum Schwitzen kommen □ **transpirar; suar** 1.1 ⟨fig.; umg.⟩ *sich sehr anstrengen;* er soll ruhig ~, wenn er etwas zu essen haben will □ *****ele vai ter de suar a camisa se quiser ter alguma coisa para comer** 1.2 ⟨500⟩ etwas ~ ⟨fig.⟩ *absondern;* Bäume ~ Harz □ **exsudar** 1.2.1 Blut (und Wasser) ~ ⟨fig.; umg.⟩ *sich sehr aufregen (vor Angst, Spannung usw.)* □ *****suar frio; ficar apavorado** 1.2.2 (Geld) ~ müssen ⟨fig.; süddt.⟩ *zahlen müssen* □ *****ter de pagar** 1.2.3 ⟨511⟩ ich kann nicht durch die Rippen ~ ⟨umg.⟩ *ich kann mein natürliches Bedürfnis doch nicht zurückhalten* □ *****não tenho como arrajar/conseguir isso** 1.3 ⟨513/Vr 3⟩ sich ... ~ *sich durch Schwitzen in einen bestimmten Zustand bringen;* sie schwitzte sich ganz nass □ *****ela ficou molhada de suor** 1.3.1 ich schwitze mich halb tot ⟨umg.⟩ *gerade sehr, unerträglich in Schweiß* □ *****fiquei ensopado de suor** 1.4 ⟨400⟩ etwas schwitzt ⟨fig.⟩ *sondert Feuchtigkeit, Schwitzwasser ab;* die Wände ~ □ **exsudar** 1.4.1 das Fenster schwitzt *beschlägt sich* □ **embaçar(-se)** 1.4.2 ⟨500⟩ etwas ~ **(lassen)** ⟨Kochk.⟩ *in Butter dämpfen, bräunen;* Mehl ~ (lassen) □ *****dourar**

schwö|ren ⟨V. 238⟩ 1 ⟨410⟩ *durch Eid versichern;* am, vor dem Altar ~; mit erhobener Hand ~; vor Gericht ~; falsch, feierlich, hoch und heilig, leichtsinnig, öffentlich ~ □ **jurar** 1.1 ⟨800⟩ **auf, bei etwas od. jmdn.** ~ *etwas od. jmdn. zum Zeugen anrufen;* auf die Bibel, das Evangelium ~; auf Ehre und Gewissen ~; bei Gott, bei allen Heiligen, bei allem, was einem heilig ist, ~; beim Barte des Propheten ~ ⟨umg.; scherzh.⟩ □*****jurar sobre/por alguma coisa ou alguém** 1.1.1 auf die Fahne ~ *auf die F. vereidigt werden* □ *****jurar sobre a bandeira** 1.2 ⟨500⟩ etwas ~ *(als Schwur) leisten* □ **prestar juramento;** einen Eid, den Fahneneid, einen Meineid ~ □ *****prestar um juramento; prestar juramento à bandeira; perjurar;* geschworene Eide sind heilig □ *****juramentos prestados são sagrados** 1.2.1 ⟨m. Modalverb⟩ ich könnte, möchte ~, dass ich ihn gesehen habe *ich bin fast sicher* 2 ⟨500⟩ etwas ~ *geloben, feierlich versprechen;* jmdm. ewige Feindschaft, Rache, Tod und Verderben ~; einander ewige Freundschaft, Liebe, Treue ~ □ **jurar;** Stein und Bein ~ □ *****jurar de pés juntos** 2.1 ⟨503; umg.⟩ *nachdrücklich versichern, erklären;* ich schwöre dir, ich habe es mit eigenen Augen gesehen; bei meiner Ehre, Seele schwöre ich, dass ... □ **jurar** 2.2 ⟨530/Vr 1⟩ **sich etwas ~** *fest vornehmen;* ich habe mir geschworen, dass ich nicht mehr rauche □ *****jurar/prometer a si mesmo** 3 ⟨800⟩ **auf etwas od. jmdn.** ~ ⟨umg.⟩ *fest an etwas od. jmdn. glauben, vom Wert einer Sache od. von jmds. Wert überzeugt sein;* sie schwört auf dieses Heilmittel; auf seine Freunde kann er ~ □*****pôr a mão no fogo por alguma coisa ou alguém** 3.1 ⟨405 m. Modalverb⟩ ich kann (darauf)

~, dass es sich so verhält *ich weiß es genau* □ jurar; ter absoluta certeza

schwul ⟨Adj. 24; umg.⟩ = *homosexuell (von Männern)*

schwül ⟨Adj.⟩ **1** ⟨70⟩ *drückend heiß, feuchtwarm;* die Luft ist ~; ~e Düfte im Treibhaus □ **abafado 2** ⟨fig.⟩ *beängstigend, beklemmend;* keiner wagte, in dieser ~en Stimmung etwas zu sagen □ **pesado; tenso 3** *durch dumpfe Sinnlichkeit erregend;* ~e Fantasien, Träume, Vorstellungen □ **sensual; voluptuoso**

Schwulst ⟨m.; -(e)s; unz.⟩ **1** *überschwängliche, hochtrabende, aufgeblasene Redeweise* □ **estilo empolado 2** *Überladenheit, überreicher Schmuck* □ **pompa; ostentação**

schwulstig ⟨Adj.⟩ **1** *aufgeschwollen, aufgeworfen, verdickt* □ **inchado 2** = *schwülstig*

schwülstig ⟨Adj.⟩ oV *schwulstig(2)* **1** *hochtönend, hochtrabend, überschwänglich;* ein ~er Ausdruck, Stil; eine ~e Redeweise, Sprache, Wendung; sich ~ ausdrücken; ~ reden, schreiben □ **(de modo) empolado 2** *überladen, überreich verziert* □ **pomposo; ostentatório**

Schwund ⟨m.; -(e)s; unz.⟩ **1** *das Schwinden, Nachlassen* 1.1 ⟨Path.⟩ *Abnahme, Verminderung, Schrumpfung* □ **dimuição; perda;** Muskel~ □ *****atrofia muscular** 1.2 ⟨Radio⟩ *plötzliches Schwinden des Tons infolge Überlagerung von Boden- u. Raumwelle* □ **fading 2** *geschwundene Menge* 2.1 *Gewichtsverlust (bei Waren);* der ~ beträgt mehrere Kilogramm je Ladung □ **perda/redução (de peso)**

Schwung ⟨m.; -(e)s, Schwün|ge⟩ **1** ⟨unz.⟩ *schnelle, treibende Bewegung, Stoßkraft, Triebkraft, Antrieb;* der Schaukel einen leichten ~ geben; zum Schaukeln musst du kräftig ~ nehmen □ **impulso** 1.1 ~ hinter die Arbeit setzen ⟨fig.; umg.⟩ *schneller arbeiten* □ *****dar um gás no trabalho; acelerar o trabalho** 1.2 die Sache gerät allmählich in ~, bekommt allmählich ~ ⟨fig.; umg.⟩ *kommt voran* □ *****a questão está avançando** 1.3 jmdn. od. etwas in ~ bringen ⟨fig.; umg.⟩ *antreiben, mitreißen* □ *****animar alguém; pôr alguma coisa para funcionar** 1.4 ⟨fig.⟩ *Begeisterung, inneres Feuer, mitreißende innere Kraft;* (keinen) ~ haben, etwas zu tun; seinem Stil ~ geben; ich bin erst jetzt so richtig in ~ gekommen; den ~ verlieren □ **ânimo; entusiasmo;** *dichterischer, rednerischer, schöpferischer* ~ □ **elã; impulso 2** ⟨unz.⟩ *schwingende Bewegung;* Pendel~ □ **oscilação;** eine Schaukel, ein Uhrpendel in ~ setzen □ **movimento 3** *bogenförmige Bewegung;* die Schwünge der Skiläufer; die Schwünge des Turners am Pferd □ **zigue-zague; balanço** 3.1 *einmalige, bogenförmige zielgerichtete Bewegung;* mit einem kühnen ~ nahm der Reiter das Hindernis □ **impulso** 3.2 *Richtungsänderung im Bogen;* mit einem ~ nach rechts □ **virada 4** *geschwungene Form, geschwungene Linie, Bogen, Schnörkel (an Buchstaben);* der ~ seiner Augenbrauen □ **curva; arqueação 5** ⟨umg.⟩ *Menge, größere Anzahl;* ich habe heute einen ganzen ~ Briefe erledigt; ich muss noch einen ganzen ~ Wäsche bügeln, waschen □ **monte; pilha**

schwunghaft ⟨Adj., fig.⟩ **1** *mit Schwung durchgeführt, energisch;* er redete mit ~en Gebärden □ **enfático;**

enérgico **2** *lebhaft, rege;* ~en Handel mit etwas treiben □ **intenso; dinâmico**

schwung|voll ⟨Adj.⟩ *voller Schwung, lebhaft, feurig;* ~e Arabesken, Linien, Schriftzüge; in ~en Worten etwas schildern □ **vivo; intenso;** er setzte sich ~ dafür ein □ **cheio de vivacidade/entusiasmo**

Schwur ⟨m.; -(e)s, Schwü|re⟩ *Eid;* einen ~ ablegen, leisten, tun; seinen ~ brechen, verletzen; seinen ~ halten; der ~ am, vor dem Altar; der ~ auf dem Rütli in Schillers „Wilhelm Tell"; eine Aussage mit einem ~ bekräftigen; die Hand zum ~ erheben □ **juramento**

Schwur|ge|richt ⟨N.; -(e)s, -e⟩ *aus Berufsrichtern u. Geschworenen zusammengesetzter Gerichtshof für schwere Straftaten* □ **tribunal do júri**

Sci|ence|fic|ti|on *auch:* **Sci|ence-Fic|ti|on** ⟨[saɪənsfɪkʃn] f.; -, -s⟩ *Richtung der Unterhaltungsdichtung, des Films, Hörspiels usw., in der (meist auf naturwissenschaftlich-technischen Utopien basierend) die Zukunft der Menschheit u. der Welt dargestellt wird* □ **ficção científica**

Scotch ⟨[skɔtʃ] m.; -s, -s⟩ *aus Gerste hergestellter irischer Whisky;* einen ~ trinken □ **scotch**

Sé|an|ce ⟨[seãːs(ə)] f.; -, -n⟩ *spiritistische Sitzung* □ **sessão espírita**

sechs ⟨[-ks] Numerale 11; Dat. ~ od. ~en; in Ziffern: 6⟩ *die Zahl 6;* → a. *vier;* wir waren ~, zu ~t; sie sind zu ~en ⟨umg.⟩ □ **seis;** wo ~ essen, wird auch der siebente satt ⟨Sprichw.⟩ □ *****onde comem seis comem sete**

Sechs ⟨[-ks] f.; -, -en⟩ **1** *die Ziffer 6* □ **seis** 1.1 *die Straßenbahn-, Buslinie Nr. 6;* in die ~ umsteigen □ **linha seis 2** *sechs Punkte (beim Würfelspiel);* bei einer ~ darf man noch einmal würfeln □ **sena 3** *ungenügend (als Schulnote, Zensur);* er hat leider eine ~ geschrieben □ **seis (nota equivalente a 1 ou 2 no Brasil)**

Sech|ser ⟨[-ks-] m.; -s, -; umg.⟩ **1** ⟨veraltet⟩ *Fünfpfennigstück* □ **moeda de cinco** *Pfennig* 1.1 ⟨fig.⟩ er hat nicht für einen ~ Verstand *er ist ziemlich dumm* □ *****ele é burro feito uma porta** 1.2 ⟨Lotto⟩ *Gewinn mit sechs richtigen Zahlen, Hauptgewinn, Haupttreffer* □ **sena**

sechs|fach ⟨[-ks-] Adj.; in Ziffern: 6fach/6-fach⟩ *sechsmal so viel;* ein Schriftstück in ~er Ausfertigung; er ist ~er Weltmeister □ **sêxtuplo; seis vezes**

sechs|mal *auch:* **sechs Mal** ⟨[-ks-] Adv.; in Ziffern: 6-mal/6 Mal⟩ *sechsfach, wiederholt, mit sechs multipliziert* □ **seis vezes**

sechs|tel ⟨[-ks-] Numerale 11; Bruchzahl zu⟩ *sechs;* ein ~ Kilogramm, Liter □ **sexto; sexta parte**

Sechs|tel ⟨[-ks-] n.; -s, - od. schweiz. m.; -s, -⟩ *der sechste Teil* □ **sexto; sexta parte**

sech|zehn ⟨Numerale in Ziffern: 16⟩ **1** *die Zahl 16* □ **dezesseis** 1.1 im Jahre ~ *1916* □ *****em 1916** 1.2 um ~hundert *etwa 1600* □ *****por volta do século XVII**

sech|zig ⟨Numerale in Ziffern: 60⟩ *die Zahl 60* □ **sessenta**

Sech|zi|ger|jah|re *auch:* **sech|zi|ger Jah|re** ⟨Pl.⟩ **1** ⟨in Ziffern: 60er Jahre/60-er Jahre⟩ die Sechziger-

Secondhandshop

jahre/sechziger Jahre des 20. Jahrhunderts *die Jahre zwischen 1960 u. 1970* □ **anos 60 2** er ist in den Sechzigerjahren/sechziger Jahren *er ist in den Lebensjahren zwischen 60 u. 70* □ *ele está na casa dos 60; ele tem cerca de 60 anos

Se|cond|hand|shop ⟨[sɛkəndhæːndʃɔp] m.; -s, -s⟩ *Geschäft, in dem gebrauchte Waren (bes. Kleidung u. Schuhe) zum Verkauf angeboten werden* □ **loja de artigos de segunda mão; brechó**

Se|di|ment ⟨n.; -(e)s, -e⟩ **1** ⟨Geol.⟩ *Ablagerung von mechanisch im bewegten Wasser getragenen Teilen od. gelöst gewesenen Stoffen* **2** ⟨Med.⟩ *Bodensatz, z. B. in der Harnblase* □ **sedimento**

See¹ ⟨m.; -s, -n⟩ **1** *große, mit Wasser gefüllte Bodenvertiefung, stehendes Binnengewässer;* Binnen~; *es lächelt der ~, er ladet zum Bade* (Schiller); *das Hotel liegt unmittelbar an einem ~;* im ~ baden; über den ~ rudern; der große, spiegelglatte, tiefe, versteckt gelegene ~ □ **lago** 1.1 *künstlich angelegtes, großes Wasserbecken;* Stau~ □ **lago artificial; represa**

See² ⟨f.; -, -n⟩ **1** ⟨unz.⟩ *Meer;* in die offene ~ hinausfahren; auf hoher ~; bewegte, stürmische, tosende ~ □ **mar**; im Urlaub an die ~ fahren, reisen □ **litoral** 1.1 **faule ~** *Windstille* □ *calmaria; bonança* 1.2 **auf ~ bleiben** *auf dem Meer umgekommen sein* □ *morrer no mar* 1.3 **in ~ gehen, stechen** *ausfahren; das Schiff geht, sticht in ~; der Reisende stach in ~* □ *partir; zarpar* 1.4 **zur ~** ⟨fig.⟩ *in der Seefahrt, bei der Marine;* Kapitän, Leutnant zur ~ (Dienstrang) □ *da marinha* 1.4.1 **Handel zur ~** *Überseehandel* □ *comércio marítimo* 1.4.2 **zur ~ fahren** *bei der Marine sein* □ *ser da marinha* 1.4.3 **zur ~ gehen** *zur Marine gehen* □ *entrar para a marinha* **2** *große, sich brechende Welle;* Sturz~; grobe, schwere ~n gingen über Bord 2.1 **raue, schwere ~** *hoher Wellengang* □ **vagalhão; mar alteroso**

See|bad ⟨n.; -(e)s, -bä|der⟩ *Kurort am Meer* □ **balneário**

See|ele|fant *auch:* **See-Ele|fant,** ⟨m.; -en, -en; Zool.⟩ *ein zu den Rüsselrobben gehörendes, bis 6 m langes Wasserraubtier, Elefantenrobbe: Mirounga* □ **elefante-marinho**

See|fah|rer ⟨m.; -s, -⟩ *jmd., der zur See fährt* □ **navegador**

See|fahrt ⟨f.; -, -en⟩ **1** ⟨unz.⟩ *Schifffahrt auf dem Meer* **2** *Fahrt übers Meer* □ **navegação**

See|gang ⟨m.; -(e)s; unz.⟩ *Bewegung der See in Wellen;* hoher, leichter, schwerer, starker ~ □ **marulho; marejada**

See|hund ⟨m.; -(e)s, -e⟩ **1** *Angehöriger einer Familie der Robben, die im Gegensatz zu den Ohrenrobben kein äußeres Ohr haben: Phocidae* □ **foca 2** *Fell des Seehunds(1)* □ **pele de foca 3** *Gewöhnlicher ~ in den nördlichen Meeren verbreitete, bis zu 2 m lange Art der Seehunde(1): Phoca vitulina* □ **foca**

See|krank|heit ⟨f.; -, -en⟩ *durch Störung des Gleichgewichtsorgans infolge anhaltender schaukelnder Bewegung hervorgerufene Krankheit mit Übelkeit, Erbrechen, Schwindel* □ **enjoo; talassia**

See|le ⟨f.; -, -n⟩ **1** *Lebensprinzip, Innenleben eines Lebewesens, das sich im Denken, Fühlen, Handeln od. Bewegen äußert, Lebenskraft;* an Leib und ~ gesund; in tiefster ~ ergriffen sein □ **alma**; bei meiner ~! (zur Bekräftigung, Beteuerung) □ *(juro) pela minha alma!*; meiner Seel! (Ausruf des Erstaunens, Erschreckens) ⟨umg.⟩ □ *minha nossa!* 1.1 **zwei ~n wohnen in seiner Brust** ⟨fig.⟩ *er ist von zwiespältigem Charakter, unentschlossen* □ *ele fica muito dividido;* **ele fica em cima do muro** 1.2 **seine ~ aushauchen** ⟨fig.⟩ *sterben* □ *dar o último suspiro* 1.3 **eine gute ~ haben** ⟨umg.⟩ *gutmütig, selbstlos sein* □ *ter uma boa alma/um bom coração* 1.4 **eine schwarze ~ haben** ⟨fig.; umg.; meist scherzh.⟩ *ein Bösewicht sein* □ *ser do mal* 1.5 **jmdm. auf der ~ knien** ⟨fig.; umg.⟩ *jmdm. heftig zusetzen, ihn bedrängen* □ *pressionar alguém; ficar no pé de alguém* 1.6 **es tut mir in der ~ Leid,** *weh sehr, unendlich leid* □ *sinto muitíssimo* 1.7 **es liegt mir schwer auf der ~, dass ...** ⟨fig.⟩ *es bedrückt mich* □ *me atormenta/aflige o fato de que...* 1.8 **ich habe es ihm noch einmal auf die ~ gebunden** ⟨fig.; umg.⟩ *bes. eingeschärft* □ *eu o fiz prometer novamente; mais uma vez lhe pedi encarecidamente* 1.9 **diese Last musste ich mir einmal von der ~ reden** ⟨fig.⟩ *bedrückte mich so sehr, dass ich einmal davon sprechen musste* □ *preciso tirar esse peso da alma* 1.10 **sich die ~ aus dem Leib reden, rennen** ⟨fig.; umg.⟩ *mit großer Anstrengung, Intensität, vollem Einsatz reden, rennen* □ *gastar toda a sua saliva; correr feito um desesperado* 1.10.1 **sich die ~ aus dem Leib husten** *sehr stark husten* □ *tossir muito* 1.11 **du hast mir aus der ~ gesprochen** *gesagt, was auch meine Überzeugung ist* □ *você tirou as palavras da minha boca* 1.12 **aus tiefster, voller, von ganzer ~** ⟨fig.⟩ *vorbehaltlos, aus einer starken Empfindung heraus;* jmdm. aus tiefster ~ danken; aus voller ~ jubeln, zustimmen □ *do fundo da alma/do coração* 1.13 **in tiefster ~ zutiefst;** sehr; das ist mir in tiefster ~ verhasst □ *profundamente;* **com todas as forças;** → a. **Leib**(5.7), **Herz**(2.12) **2** *die Gemütskräfte des Menschen;* sie hat eine empfindliche, kindliche, zarte ~; das Land der Griechen mit der ~ suchend (Goethe, „Iphigenie", I,1) **3** ⟨Rel.⟩ *unsterblicher Teil des Menschen;* um die ~n der Abtrünnigen ringen; die ~ bewahren, retten, verderben, verlieren; Schaden an seiner ~ nehmen; der Mensch besitzt eine unsterbliche ~; seine ~ dem Bösen, dem Teufel verschreiben □ **alma** 3.1 **eine arme ~** (kath. Kirche) *die im Fegefeuer büßende Seele eines Verstorbenen;* für die armen ~n (im Fegefeuer) beten □ *uma alma pecadora* 3.1.1 **hinter etwas od. jmdm. her sein wie der Teufel hinter der armen ~** *ganz bes. erpicht auf etwas od. jmdn. sein* □ *ser louco por alguma coisa ou alguém* 3.1.2 **er ist äußerst den Pfennig aus wie der Teufel auf eine ~** *er is äußerst habgierig* □ *ele é louco por dinheiro* 3.2 **wie die ~n im Fegefeuer umherirren** ⟨fig.⟩ *ruhelos sein* □ *ficar vagando feito uma alma penada;* **não ter parada 4** *er ist eine ~ von Mensch* ⟨umg.⟩ *ein gutmütiger, selbstloser M.* □ *ele é uma alma boa* **5** ⟨fig.⟩ *geistiger, len-*

kender Mittelpunkt, Triebkraft; die Frau ist die ~ des Hauses 5.1 er ist die ~ der Firma ⟨umg.⟩ *an ihm hängt alles, er kümmert sich um alles* **6** ⟨fig.⟩ *Mensch, Einwohner;* eine gute ~ sein; eine edle, große, reine, schöne, stolze ~; er ist eine treue ~; die Bevölkerung des Dorfes beträgt etwa 1 000 ~n; die Gemeinde, Pfarrei zählt 5 000 ~n □ **alma 6.1** *die arme ~! so ein bedauernswertes Geschöpf* □ ***coitado*. 6.2** *es ist keine ~ hier* ⟨umg.⟩ *niemand* □ ***não há viva alma aqui 6.3** *nun hat die liebe ~ Ruh!* ⟨umg.⟩ *nun hat er, sie endlich, was er, sie wollte* □ ***assim ficarão todos satisfeitos!; assim cada um terá o seu!* 6.4** *zwei ~n und ein Gedanke da haben wir beide in diesem Moment dasselbe gedacht* □ ***os gênios se atraem*. 6.5** *er ist eine durstige ~* ⟨umg.⟩ *er trinkt gern* □ ***ele é chegado numa bebida* 7** *das Innerste von etwas* **7.1** *Hohlraum des Gewehrlaufs od. Geschützes* **7.2** *der innere Strang eines Kabels, eines Taus* **7.3** *(bei Streichinstrumenten) Stimmstock* □ **alma**

See|len|heil ⟨n.; -(e)s; unz.⟩ *das Heil, Glück, Unversehrtsein der Seele;* auf sein, jmds. ~ bedacht sein; für sein, jmds. ~ beten, sorgen; um sein, jmds. ~ besorgt sein □ **salvação da alma**

See|len|ru|he ⟨f.; -; unz.⟩ *Gemütsruhe, unerschütterliche Ruhe, Ausgeglichenheit;* in aller ~ erwartete er den Ausgang der Verhandlungen □ **serenidade; paz de espírito**

See|leu|te ⟨Pl. von⟩ *Seemann* □ **marinheiros; marinhagem**

see|lisch ⟨Adj. 24⟩ *die Seele betreffend, auf ihr beruhend, ihr angehörend;* eine ~e Belastung, Erschütterung, Störung; sie befindet sich in großer ~er Erregung; aus ~en Gleichgewicht geraten, kommen; das ~e Gleichgewicht verlieren, wiederfinden; ein ~es Leiden □ **mental; psíquico; psicológico;** jmdn. ~ beeinflussen; ~ übereinstimmen, verwandt sein □ **mentalmente; psicologicamente**

Seel|sor|ge ⟨f.; -; unz.; in der christl. Kirche⟩ *die seelische Hilfe für das Gemeindemitglied u. seine Hinführung zu Gott* □ **ajuda espiritual; cura de almas**

See|mann ⟨m.; -(e)s, -leu|te⟩ **1** *jmd., der auf einem Hochseeschiff beschäftigt ist* □ **marinheiro 1.1** *das kann doch einen ~ nicht erschüttern!* ⟨umg.⟩ *das macht doch einem lebenserfahrenen Mann nichts aus* □ ***isso é fichinha!; isso é café pequeno!***

See|mei|le ⟨f.; -, -n; Zeichen: sm⟩ *Längenmaß von 1852 bzw. 1853 m* □ **milha marítima**

See|not ⟨f.; -; unz.⟩ *schwere Gefahr des Untergangs von Schiffen u. auf See notgelandeten Flugzeugen;* Rettung aus ~; Schiff in ~ □ **perigo no mar; perigo de naufrágio**

See|räu|ber ⟨m.; -s, -⟩ = *Freibeuter(1.1)*

see|tüch|tig ⟨Adj.⟩ *ein Schiff ist ~ fähig, übers Meer zu fahren, tauglich für hohe See* □ **apto a navegar**

see|wärts ⟨Adv.⟩ *zur See hin, nach der See zu;* ~ gelegen □ **rumo ao mar**

Se|gel ⟨n.; -s, -⟩ **1** *Tuch, das am Mast eines Schiffes befestigt und durch Taue ausgespannt werden kann, so dass sich der Wind darin fängt u. das Schiff fortbewegt;* die ~ aufziehen, klarmachen, heißen, hissen, setzen; die ~ reffen □ **vela 1.1** *unter ~ gehen abfahren* □ ***velejar*. 1.2** *die ~ streichen einziehen* □ ***recolher as velas* 1.2.1** ⟨fig.; umg.⟩ *nachgeben, klein beigeben, sich zurückziehen* □ ***entregar os pontos; dar-se por vencido*. 1.3** *mit vollen ~n fahren bei gutem Wind segeln* □ ***navegar a todo pano* 1.3.1** ⟨fig.; umg.⟩ *alle Mittel anwenden* □ ***fazer todo o possível* 1.3.2** *mit vollen ~n auf ein Ziel zugehen* ⟨fig.; umg.⟩ *direkt, schnurstracks, geradenwegs* □ ***ir diretamente a seu objetivo*; → a. *Wind(1.6, 1.7)* **2** *als Sonnenschutz aufgespanntes Leinentuch; Sonnen~* □ ***toldo***

Se|gel|boot ⟨n.; -(e)s, -e⟩ *Boot, das mit Hilfe von Segeln auf dem Wasser fortbewegt wird* □ **barco a vela**

se|gel|flie|gen ⟨V. 400; nur im Inf.⟩ *mit dem Segelflugzeug fliegen;* er lernt ~ □ **planar; voar em planador; voar a vela**

Se|gel|flug ⟨m.; -(e)s, -flü|ge⟩ *Flug mit motorlosem Flugzeug unter Ausnutzung aufsteigender Luftströmungen* □ **voo de planador; voo a vela**

Se|gel|flug|zeug ⟨n.; -(e)s, -e⟩ *motorloses Flugzeug* □ **planador**

se|geln ⟨V.⟩ **1** ⟨400(s. od. h.)⟩ *mit einem Segelboot fahren, sich mittels Segel vorwärtsbewegen;* hart gegen den Wind ~; um ein Vorgebirge ~; übers Meer ~; er hat den ganzen Nachmittag gesegelt; er ist nach Schweden gesegelt □ **velejar 2** ⟨500⟩ *ein Boot ~ ein Segelboot führen, steuern;* dieses Boot lässt sich nur schwer ~; er hat das Boot über den Kanal gesegelt □ **conduzir; dirigir 3** ⟨500(s. od. h.)⟩ *eine Strecke ~ im Segelboot zurücklegen;* diese Route bin, habe ich noch nicht gesegelt □ **velejar (por) 4** ⟨500⟩ *einen Wettbewerb ~ im Segelboot an einer W. teilnehmen, einen W. absolvieren;* er will die Regatta nicht ~ □ ***participar de uma regata* 5** ⟨400(s.)⟩ *schweben, fliegen;* Möwen ~ über das Wasser □ **voar; pairar 6** ⟨411(s.); fig.; umg.⟩ *schnell, mit fliegenden Röcken gehen;* um die Ecke ~ □ **passar correndo e fazendo o casaco esvoaçar 7** ⟨411(s.); fig.; umg.⟩ *fallen, stürzen;* er segelte in hohem Bogen aus der Hängematte □ **cair; tombar 8** ⟨800(s.)⟩ *durch eine Prüfung ~* ⟨fig.; umg.⟩ *eine P. nicht bestehen;* ich bin durchs Examen gesegelt □ ***levar bomba numa prova***

Se|gen ⟨m.; -s; unz.⟩ **1** *Gunst, Gnade, Wohlwollen;* es ist ein ~ Gottes; es ist ein wahrer ~; göttlicher ~; gib mir deinen väterlichen ~; an Gottes ~ ist alles gelegen (Sprichw.) **1.1** ⟨Rel.⟩ *Verheißung, Übertragung göttlicher Gnade (als liturgische Formel, durch Worte, Handauflegen, Kreuzzeichen o. Ä.);* den ~ bekommen, erhalten; den ~ erteilen, geben, spenden, sprechen; päpstlicher ~; den ~ über jmdn. od. etwas sprechen □ **bênção 1.2** ⟨fig.; umg.⟩ *Einverständnis, Zustimmung;* seinen ~ zu etwas geben; meinen ~ hat er! □ **aprovação 2** ⟨umg.⟩ *unerwarteter Reichtum, reiche Ernte, Ausbeute;* es gab dieses Jahr so viel Obst auf den Bäumen, dass niemand wusste, wohin mit dem ~ □ **fartura; abundância;** Geld~ □ ***dinheirama* 2.1** *das ist der ganze ~? das ist alles?* □ ***isso é tudo?* 3** *Heil, Glück;* ihm, dir zum ~; jmdm. Glück und ~

wünschen; seine Tat hat ihm (keinen) ~ gebracht; auf seiner Arbeit liegt kein ~ □ **felicidade; prosperidade** 3.1 sich regen bringt ~ ⟨Sprichw.⟩ *wer selbst viel arbeitet, bringt es auch zu etwas* □ ***Deus ajuda quem cedo madruga 4** ⟨Getrennt- u. Zusammenschreibung⟩ 4.1 ~ bringend = segenbringend

se|gen|brin|gend *auch:* **Se|gen brin|gend** ⟨Adj. 24⟩ *Segen mit sich bringend;* eine ~e Tat □ **benéfico**

se|gens|reich ⟨Adj.⟩ *voller Segen, Segen, Glück bringend, fruchtbar;* eine ~e Einrichtung, Erfindung, Tätigkeit □ **benéfico; salutar**

Seg|ment ⟨n.; -(e)s, -e⟩ **1** *Abschnitt, Ausschnitt, Teilbereich, Teilstück* **2** ⟨Math.⟩ *Kreisabschnitt, Kugelabschnitt* **3** ⟨Med.⟩ *einer der hintereinandergelegenen Abschnitte, aus denen (entwicklungsgeschichtlich) der Körper zusammengesetzt ist, bes. bei Wirbelsäule u. Rückenmark* **4** ⟨Biol.⟩ *Teil, aus dem der Körper von Lebewesen aufgebaut ist* □ **segmento**

seg|nen ⟨V.500/Vr 8⟩ **1** *jmdn. od. etwas* ~ ⟨Rel.⟩ *den Segen(1) Gottes herabwünschen auf jmdn. od. etwas;* der Pfarrer segnet die Gemeinde; komm, Herr Jesus, sei unser Gast und segne, was du uns bescheret hast (Tischgebet) □ **abençoar** 1.1 ~d die Hände ausbreiten, heben *das Zeichen des Kreuzes machen* □ ***benzer**; → *a. zeitlich(2.1)* **2** Gott segnet jmdn. od. etwas *spendet jmdn. od. einer Sache Gnade, Glück, Schutz;* Gott segne dich!; Gott segne dieses Haus! □ **abençoar**

Seg|nung ⟨f.; -, -en⟩ **1** *das Segnen* **2** *Wirkung des Segnens* □ **bênção 3** *segensreiche Wirkung;* die ~en des sozialen und technischen Fortschritts, des Friedens, der Kultur genießen, ihrer teilhaftig werden □ **benefício**

se|hen ⟨V. 239⟩ **1** ⟨410⟩ *mit dem Auge wahrnehmen können;* gut, schlecht, scharf, deutlich, undeutlich, verschwommen ~; nur 3 m weit ~; nur auf einem Auge, auf beiden Augen nichts ~ □ **enxergar 2** ⟨500/Vr 7 od. Vr 8 od. 411⟩ jmdn. od. etwas, nach jmdm. od. etwas ~ *mit dem Auge wahrnehmen;* wir ~, dass er kommt, ob er arbeitet, wie er nach Hause kommt, wo er arbeitet; er sieht ihn (es) deutlich, verschwommen, gut, schlecht; etwas von weitem, von nahem ~; aus der Nähe, von einem Ort aus ~; das Kind sieht der Mutter in den Kochtopf; jmd. sieht auf, nach jmdn. od. etwas, nach links, rechts, oben, unten; nach der Uhr, zur Tür hinaus ~; wir ~, wenn das Schiff anlegt, wie er nach Hause kommt, wo das Hochwasser gestiegen ist; etwas durch eine Brille, ein Mikroskop ~; mit eigenen Augen ~; wir ~, jmdn. kommen; sie ~ die Bauern das Heu ernten; er will ~, ob die Maschine läuft; Sie ~, das Pferd ist gesund, dass das Pferd gesund ist; er sieht sich im Spiegel; sie ~ sich auf der Straße □ **ver** 2.1 Gespenster, weiße Mäuse ~ *in der Einbildung wahrnehmen (weil man Angst hat oder aufgrund einer durch Drogen hervorgerufenen Sinnestäuschung)* □ ***ter alucinações**; **ver coisas** 2.2 die **Hand** nicht **vor den Augen** ~ *sich in äußerster Dunkelheit befinden* □ ***não enxergar um palmo diante do nariz** 2.3 jmdn. od. etwas noch vor sich ~ *in der Erinnerung deutlich wahrnehmen* □ ***ter uma lembrança bem viva/nítida de alguém ou de al-**

guma coisa 2.4 ⟨Part. Perf.⟩ gesehen ⟨Abk.: ges.⟩ *gelesen u. zur Kenntnis genommen* □ **visto** 2.5 ⟨500⟩ Veranstaltungen, Sehenswürdigkeiten ~ *sich ansehen, betrachten;* eine Vorführung, einen Film, ein Theater, Fernsehstück ~; ein Reitturnier, Fußballspiel ~; jmd. hat Frankreich, die Welt gesehen □ **ver; assistir** a 2.6 ⟨Imperativ⟩ siehe ...! *sieh nach, schlag nach!;* siehe oben ⟨Abk.: s. o.⟩; siehe unten ⟨Abk.: s. u.⟩; siehe Seite ... ⟨Abk.: s. S. ...⟩ □ **ver; vide** 2.7 ⟨500⟩ jmdn. etwas ~ lassen *jmdm. etwas zeigen* □ ***deixar alguém ver alguma coisa; mostrar alguma coisa a alguém**; ⟨aber Getrennt- u. Zusammenschreibung⟩ ~ lassen = sehenlassen **3** ⟨411⟩ etwas sieht in eine Richtung *liegt in einer Richtung;* die Zimmer, Fenster ~ auf den, nach dem Garten □ **dar para 4** ⟨500⟩ bessere (schlechtere) Zeiten gesehen haben *erlebt haben* 4.1 etwas hat auch schon bessere Zeiten gesehen ⟨fig.⟩ *sieht abgenutzt, alt aus* □ **ver 5** ⟨500/Vr 8⟩ jmdn. ~ *treffen, besuchen, jmdn. begegnen;* ich freue mich, Sie zu ~; wir ~ ihn gern bei uns (als Gast); sie ~ sich jetzt häufiger □ **ver; encontrar**; er lässt sich nicht mehr ~ □ ***ele não tem aparecido mais**; ⟨aber Getrennt- u. Zusammenschreibung⟩ ~ lassen = sehenlassen 5.1 jmdn. vom Sehen kennen *nur flüchtig, nicht mit Namen* □ ***conhecer alguém de vista 6** ⟨513⟩ jmdn. ..., etwas tun ~ *wahrnehmen, wie jmd. ... ist, etwas tut;* jmd. lachen, weinen, leiden ~; jmd. sieht jmdm. lustig, fröhlich, leidend □ ***ver alguém fazer alguma coisa** 6.1 ⟨611⟩ eine **Gefühlsregung** sieht **jmdm. aus** den **Augen** *man nimmt wahr, dass ein anderer von einem Gefühl bewegt ist;* ihm sieht der Schelm, das Entsetzen aus den Augen □ ***ele tem um olhar de malandro; o pavor transparecia em seus olhos** 6.2 ⟨Frageform⟩ hast du nicht gesehen? *plötzlich* □ ***num piscar de olhos** 6.3 da vergeht einem Hören und Sehen *das ist unerträglich* □ ***é para ficar zonzo/aturdido (numa situação dessas)** 6.4 ⟨550⟩ etwas mit, in etwas ~ *erkennen, feststellen;* jmd. sieht seine Aufgabe, eine Verlockung in etwas; etwas mit Bestürzung, Freude, Trauer, Schrecken, Staunen, Überraschung ~ □ ***ver/reconhecer alguma coisa em alguma coisa; ver alguma coisa com determinado sentimento** 6.4.1 ⟨514⟩ er sieht den Wald vor lauter Bäumen nicht ⟨Sprichw.⟩ *er erkennt die Zusammenhänge nicht* □ ***ele enxerga a árvore mas não vê a floresta** 6.4.2 jmdn. ~(d) **machen** *die Wahrheit erkennen lassen* □ ***abrir os olhos de alguém** 6.5 ⟨610/Vr 5 od. Vr 6⟩ jmdm. ins **Herz** (usw.) ~ *jmds. Denken, Fühlen, Absichten, Pläne zu erforschen suchen;* jmdm. ins Herz, ins Auge, in die Karten, ins Gesicht ~ □ ***saber o que se passa no coração de alguém; olhar nos olhos de alguém; ver o jogo de alguém; olhar alguém nos olhos/na cara** 6.5.1 ⟨511 m. Modalverb⟩ jmdm. nicht in die **Augen** ~ können *ein schlechtes Gewissen vor jmdm. haben* □ ***não conseguir olhar nos olhos de alguém 7** ⟨500⟩ etwas ~ *wissen, was geschehen wird;* jmd. sieht seinen Weg vor sich, sieht in die Zukunft; er hat es kommen ~ □ **prever; saber** 7.1 ⟨513⟩ etwas ... ~ *beurteilen;* etwas deutlich, gut, gern, kaum, verschwommen, falsch, verzerrt, recht, schwarz, menschlich ~; er sieht es nur allzu deutlich; er sieht es, wie es ist; wie ~ Sie es? □ ver; julgar; menschlich gesehen, kann man es verstehen □ *do ponto de vista humano, dá para entender 7.1.1 ⟨Futur⟩ wir werden (es) schon ~ man kann erst später darüber genauer urteilen □ *vamos ver 7.1.2 das möchte ich ~! ich habe hier Zweifel □ *essa eu quero ver! 7.1.3 ⟨513⟩ etwas unter einem bestimmten Gesichtspunkt ~ voreingenommen beurteilen; etwas unter einem besonderen Aspekt, durch eine gefärbte Brille, in einem besonderen Licht ~; er sieht das Problem nur als Erzieher; sie ~ es als gegeben □ ver 7.1.4 ⟨513/Vr 7⟩ jmdn. ... ~ die Meinung haben, dass jmd. ... ist; sich od. einen anderen betrogen, enttäuscht, übergangen, verletzt, veranlasst, bemüßigt, bestätigt, gezwungen ~ □ *ver que alguém está de determinado modo; → a. Finger(1.13) 7.2 ⟨512; Frageform⟩ hat man so etwas schon gesehen? das ist unwahrscheinlich! □ *onde já se viu uma coisa dessas? 7.3 ⟨413⟩ siehst du wohl! das ist bemerkenswert! □ *está vendo só? 7.4 ⟨Imperativ⟩ sieh, dass du es machen kannst! versuche, es zu tun □ *trate de fazer isso! 8 ⟨800⟩ auf jmdn. od. etwas ~ achten, aufpassen, für jmdn. od. etwas sorgen; auf Einzelheiten, auf den Preis, auf die Kinder, auf den Gauner, auf sich selbst ~ □ *ficar de olho em alguém ou alguma coisa 8.1 nach dem Rechten ~ für Ordnung sorgen □ *ver se está tudo em ordem

se|hen|las|sen auch: **se|hen las|sen** ⟨V. 175/500/Vr 7⟩ 1 sich ~ können so beschaffen sein, dass man es stolz herzeigen kann, stolz darauf sein kann □ *apresentar-se bem; fazer boa figura 1.1 dieses Werk kann sich ~ es ist gut gelungen □ *vale a pena ver essa obra 1.2 in dem Anzug kannst du dich ~ du siehst gut darin aus □ *você fica bem nesse terno 1.3 mit ihr kann er sich ~ ⟨fig.; umg.⟩ er kann stolz auf sie sein □ *ele pode se orgulhar dela; → a. sehen (2.7, 5)

Se|hens|wür|dig|keit ⟨f.; -, -en⟩ sehenswertes Kunstod. Bauwerk; die ~en einer Stadt besichtigen □ ponto turístico; monumento

Se|her ⟨m.; -s, -⟩ 1 jmd., der in die Zukunft schaut, Prophet □ vidente; profeta 2 ⟨Pl.; Jägerspr.⟩ Augen beim Hasen u. niederen Raubwild □ olho

Se|he|rin ⟨f.; -, -rin|nen⟩ weibl. Seher(1) □ vidente; profeta

Seh|kraft ⟨f.; -; unz.; Med.⟩ Fähigkeit des Auges zu sehen; Sy Sehvermögen □ vista; visão

Seh|ne ⟨f.; -, -n⟩ 1 weiße, derbe, bindegewebige Endfaser des Muskels, Verbindung zwischen Muskel u. Knochen; Sy ⟨veraltet⟩ Nerv(5); er hat sich eine ~ gezerrt □ tendão 2 Gerade, die zwei Punkte einer krummen Linie verbindet 3 Strang zum Spannen des Bogens; Bogen~; die ~ spannen, straffen (am Bogen); der Pfeil schnellt von der ~ □ corda

seh|nen ⟨V. 550/Vr 3⟩ 1 sich nach jmdm. od. einer Sache ~ innig, schmerzlich verlangen nach jmdm. od. einer Sache; er sehnte sich nach ihr; er sehnte sich nach Ruhe □ *sentir falta/saudade de alguém ou alguma coisa; ansiar por alguém ou alguma coisa; ein heißes, inniges, stilles Sehnen □ desejo; ~des Verlangen □ *anseio 1.1 sich nach Hause ~ Heimweh haben □ *sentir falta/saudade de casa

sehn|lich ⟨Adj.⟩ voller, mit Sehnsucht, sehnsüchtig, innig; es ist mein ~er, ~ster Wunsch □ ardente; jmdn. ~st erwarten; etwas ~st verlangen, wünschen □ com ansiedade; ardentemente

Sehn|sucht ⟨f.; -, -süch|te⟩ inniges, schmerzliches Verlangen; das wird ihrer ~ neue Nahrung geben; ~ empfinden, erwecken, fühlen, wachrufen, wecken; brennende, ewige, glühende, heftige, quälende, unstillbare, verzehrende ~; diese Erinnerung erfüllte sie mit ~; du wirst schon mit ~ erwartet; ~ haben nach jmdm. od. etwas; von ~ ergriffen, gequält, verzehrt; vor ~ vergehen; sich vor ~ verzehren □ anseio; ansiedade; saudade

sehn|süch|tig ⟨Adj.⟩ voller Sehnsucht, innig, schmerzlich verlangend; ~ nach jmdm. ausschauen; ~ auf jmdn. warten □ ansioso; nostálgico; ein ~es Verlangen □ *um anseio

sehr ⟨Adv.; Komparativ: mehr; Superlativ: am meisten⟩ 1 in hohem Grade, Maße, besonders; ~ arm, reich sein; das ist ~ bedauerlich; er ist gerade ~ beschäftigt; ~ betrübt, entmutigt, niedergeschlagen, traurig sein; ~ glücklich, zufrieden sein; sie ist ~ hübsch, charmant, schön; ein ~ nettes Mädchen; dieses System ist ~ veraltet; das ist ~ freundlich, liebenswürdig von Ihnen □ muito; ~ viel (Geld usw.) □ *muito (dinheiro etc.); ~ vieles hat mir nicht gefallen □ *muita coisa não me agradou; du weißt, wie ~ wir ihn schätzen □ *você sabe o quanto o estimamos; ~ feine Qualität (Abk.: ff) □ *excelente qualidade 1.1 bitte ~! (Höflichkeitsformel der Aufforderung) □ *disponha!; por favor! 1.2 danke ~! (Höflichkeitsformel des Dankes) □ *muito obrigado! 1.3 ~ liebenswürdig! (Höflichkeitsformel des Dankes nach Hilfeleistung) □ *muito gentil/amável! 1.4 ~ geehrte(r) Frau (Herr) (Anrede im Brief) □ *prezado/a senhor(a) 1.5 meine ~ geehrten Damen und Herren (Anrede an ein Publikum) □ *senhoras e senhores 1.6 ich weiß (es) ~ wohl, dass ... ganz genau □ *sei muito bem que...; du weißt ~ gut, was damit gemeint ist □ *você sabe muito bem o que isso quer dizer 1.7 ~ wohl! jawohl, wie Sie wünschen (unterwürfige Antwort) □ *pois não! 1.8 (nicht) zu ~ (nicht) übermäßig □ *(não) em demasia 1.9 ~ gut → Note(2.1) □ *muito bom 2 viel, stark, heftig; Ggs wenig(2); es regnet ~; sie hat ~ geweint; er hat mich so ~ gebeten, dass ich nachgeben habe; ich wünsche es mir so ~ □ muito; tanto

Seh|schär|fe ⟨f.; -; unz.⟩ Grad der Fähigkeit des Auges, Einzelheiten scharf zu erkennen □ acuidade visual

Seh|ver|mö|gen ⟨n.; -s; unz.; Med.⟩ = Sehkraft

seicht ⟨Adj.⟩ 1 ⟨70⟩ wenig tief, flach; der Fluss, Bach, Teich ist ~; ~e Stellen im See □ raso 2 ⟨fig.; abwertend⟩ oberflächlich, nichtig, fade; eine ~e Lektüre, Unterhaltung; ein ~er Mensch □ superficial; frívolo

Sei|de ⟨f.; -, -n⟩ 1 sehr feiner, dünner Faden vom Kokon der Seidenspinner od. aus Zellstoff künstl. hergestellt; Natur~, Kunst~, sie hat Haar wie ~ □ seda 1.1 wilde

Seidel

~ vom nicht züchtbaren Tussahspinner, früher in Europa auch vom Eichenspinner gewonnene Seide von bräunl. Farbe ◻ *seda selvagem 1.2 damit kann ich keine ~ spinnen ⟨fig.; umg.⟩ davon habe ich keinen Nutzen ◻ *não consigo tirar nenhum proveito disso 1.3 die beiden spinnen keine gute ~ miteinander ⟨fig.; umg.; veraltet⟩ vertragen sich nicht gut ◻ *eles não se dão bem 2 glänzendes, feines Gewebe aus Seide(1); eine Bluse, ein Halstuch, ein Kleid aus ~; bunte, bunt bedruckte, einfarbige, künstliche, natürliche, reine ~; eine Haut weich wie ~ ◻ seda; → a. Samt(1.2) 3 einer Gattung der Windengewächse angehörende Schmarotzerpflanze mit blattlosem, sich windendem Stängel ohne Blattgrün: Cuscuta ◻ cuscuta

Sei|del ⟨n.; -s, -⟩ Bierglas, -krug; Bier~ ◻ caneca

sei|den ⟨Adj. 24/60⟩ 1 aus Seide bestehend; ~e Blusen, Kissen, Kleider, Krawatten, Schals, Stoffe, Wäsche ◻ de seda 1.1 es hängt an einem ~en Faden ⟨fig.; umg.⟩ es ist ganz ungewiss, kann leicht ein böses Ende nehmen ◻ *está por um fio 2 ~e Klöße K. aus gekochten Kartoffeln ◻ *bolinho de batata

sei|dig ⟨Adj.⟩ 1 aus Seide bestehend ◻ de seda 2 weich, glänzend wie Seide; ein Fell, Pelz, Stoff mit ~em Glanz; ihr Haar, ihre Haut hat einen ~en Glanz, Schimmer; dieser Stoff fühlt sich ~ an ◻ sedoso

Sei|fe ⟨f.; -, -n⟩ 1 zum Reinigen verwendete Natrium- od. Kaliumsalze von höheren Fettsäuren; ~ kochen, sieden 1.1 Waschmittel; ein Stück ~; ~ reinigt, schäumt, duftende, parfümierte, wohlriechende ~; wasch dir die Hände mit ~! ◻ sabão; sabonete 1.1.1 grüne ~ Schmierseife ◻ *sabão mole 2 ⟨Geol.⟩ Sand- u. Kieselablagerungen, in denen sich Metalle, Erze od. Diamanten abgelagert haben; Diamant-~, Gold~ ◻ aluvião

Sei|fen|bla|se ⟨f.; -, -n⟩ 1 Blase des Seifenschaums; die Kinder lassen ~n aufsteigen 1.1 die Gerüchte, seine Hoffnungen zerplatzten wie ~n zergingen in nichts 2 ⟨fig.⟩ das leicht Vergängliche, Trügerische, Nichtige; seine Hoffnungen sind nur ~n ◻ bolha de sabão

sei|gern ⟨V.⟩ 1 ⟨400⟩ seihen, sickern, sich ausscheiden 1.1 ⟨Chemie⟩ beim Erkalten Kristalle ausscheiden 2 ⟨500⟩ etwas ~ sickern lassen, ausscheiden ◻ separar; filtrar 2.1 Metalle ~ M. aus ihren Erzen auf einer schräggestellten Unterlage ausscheiden ◻ refinar 2.2 ⟨Gießerei⟩ (die Bestandteile von Metallschmelzen) beim Erstarren entmischen, wodurch ein uneinheitl. Gefüge entsteht ◻ separar por liquação

sei|hen ⟨V. 500⟩ etwas ~ (durch einen Filter) sickern lassen, filtern ◻ coar; filtrar

Seil ⟨n.; -(e)s, -e⟩ 1 aus Fasern od. Draht gedrehtes langes Gebilde, dicker Strick; Hanf-~; Draht-~; ein ~ spannen; eine Last am ~ emporwinden, hochziehen; eine Ziege am ~ führen; einen Gletscher am ~ überqueren; auf dem ~ balancieren, tanzen; der Bergsteiger klettert mit ~, sichert sich mit einem ~; mit dem ~ springen (Kinderspiel) ◻ corda 1.1 das ist ein Tanz auf dem ~ ⟨fig.⟩ ein schwieriges, gefährliches Unternehmen ◻ *é como dançar na corda bamba 1.2 wir ziehen am gleichen ~, Strang ⟨fig.; umg.⟩ wir halten zusammen ◻ *estamos unindo esforços 1.3 jmdn. am ~ herunterlassen ⟨a. fig.; umg.; schweiz.⟩ jmdm. unbegründete Hoffnungen machen und sie dann zerstören, jmdn. versetzen, verspotten, verulken ◻ *fazer alguém de bobo

Seil|bahn ⟨f.; -, -en⟩ auf Schienen od. auf einem als Schiene dienenden Seil fahrendes, durch Seil gezogenes Transportmittel für Personen u. Lasten; Draht~ ◻ funicular; teleférico

seil|tan|zen ⟨V. 400; nur im Inf.⟩ auf einem in der Luft gespannten Seil balancieren u. dabei akrobatische Kunststücke vorführen; er lernt ~ ◻ dançar na corda bamba

Seil|tän|zer ⟨m.; -s, -⟩ Artist auf dem Seil ◻ funâmbulo; equilibrista

Seil|tän|ze|rin ⟨f.; -, -rin|nen⟩ weibl. Seiltänzer ◻ funâmbula; equilibrista

Seim ⟨m.; -(e)s, -e⟩ dicke, zähe Flüssigkeit, Sirup ◻ xarope; mucilagem; Honig-~ ◻ *mel virgem

sein¹ ⟨Possessivpron. 3. Person Sg. 4 m. u. n.⟩ → a. mein¹ (1.1-3.4) 1 ~ Buch (usw.) er hat ein B. (usw.) 1.1 ihm gehörend, aus seinem Eigentum od. Besitz stammend 1.1.1 das Seine/seine sein Eigentum 1.2 mit ihm verwandt, bekannt, befreundet 1.2.1 die Seinen/seinen seine (engen) Verwandten 1.3 einen Teil von ihm bildend 1.4 von ihm ausgehend, bei ihm Ursprung habend 1.5 ihm zukommend 2 eine Eigenschaft von ihm darstellend 2.1 ihm zur Gewohnheit geworden 3 von ihm getan 3.1 von ihm verursacht 3.2 von ihm vertreten, gerechtfertigt 3.3 ihm erwünscht 3.4 von ihm benutzt ◻ seu; sua; dele; dela 4 alles zu ~er Zeit zur passenden Z. ◻ *tudo a seu tempo 5 ⟨betonend⟩ (Maße und Mengen); der Fluss hat gut ~e 100 m Breite ◻ *o rio tem bem uns 100 m de largura; der Karpfen wog ~e 5 Pfund ◻ *a carpa pesa bem umas 5 libras 6 Seine Durchlaucht, Exzellenz, Heiligkeit, Hoheit, Magnifizenz, Majestät ⟨Abk.: Se.⟩ (Teil des Titels von männl. Adligen, Diplomaten u. a. Würdenträgern) ◻ Seu; Sua

sein² ⟨Gen. von⟩ 1 er 2 es¹

sein³ ⟨V. 240(s.)⟩ 1 ⟨300; Kopula⟩; alt, jung, krank, schlank, sportlich ~; angesehen, bekannt, berühmt, geachtet, geehrt, umworben ~; sei doch nicht so ängstlich, schüchtern!; er war ärgerlich, wütend, zornig; sei er auch noch so arm, reich; er war durstig, hungrig; sie ist geschieden, ledig, verheiratet; er ist blind; er ist zu allem fähig; sie ist acht Jahre alt; sei ruhig!; es ist besser so; das ist (nicht) wahr; das ist empörend, unerhört, unglaublich!; es wäre besser, wenn wir ...; das ist schade; heute ist schulfrei; wie ist dieser Salat? Er ist gut; was ist das?; wer ist es?; wir sind Freunde, Kollegen, Nachbarn; ein guter Mensch ~; er ist Schwede; ich bin (ein) Berliner; er ist Lehrer, Arzt, Geschäftsmann; sie ist eine Unternehmerin; ich bin ein ganz anderer Mensch, seit ...; Zeit ist Geld ◻ ser; estar; ficar 1.1 du bist wohl verrückt? ⟨umg.⟩ wie kannst du so etwas sagen, tun, planen! ◻ *você enlouqueceu? 1.2 seien Sie so freundlich, gut, nett und helfen Sie mir bei ... bitte helfen

952

sein

Sie mir bei ... □ **por favor, ajudem-me a...; façam a gentileza de me ajudar a...* **1.3** ⟨*Ausruf der Empörung*⟩; *das ist doch ...! (die Höhe!, nicht zu glauben! usw.)* □ **mas isso é (o cúmulo/inacreditável)!*; *das wäre ja noch schöner!* □ **só faltava mais essa!*; *das ist denn doch stark!* ⟨umg.⟩ □ **essa é de doer!* **1.4 es ist nichts** *es hat nichts zu bedeuten, ist unerheblich* □ **não é nada; não tem importância* **1.4.1 er ist nichts** *er hat es zu nichts gebracht* □ **ele não deu em nada; ele não chegou a lugar nenhum* **1.5 ist es nicht so?** *habe ich nicht Recht mit dem, was ich sagte?* □ **não é (mesmo)?* **1.6 es sei denn,** dass ... *ausgenommen, es geschieht, dass ...* □ **a menos que...* **1.7 die Sache ist die,** *... so verhält es sich* □ **a questão é que...; o negócio é o seguinte...*; *das ist ja gerade!* □ **é isso mesmo!; é exatamente isso!* **1.8** ⟨Rechnen⟩ *hat zum Ergebnis*; *zwei und zwei ist vier (2 + 2 = 4); drei mal drei ist neun (3 × 3 = 9); das ist nur ein Bruchteil des Ganzen* **2** ⟨300; als selbständiges Prädikat⟩ *existieren, vorhanden sein, bestehen*; *ich denke, also bin ich; ich bin es; es war einmal eine Königin, die hatte ...* (Beginn eines Märchens); *alles, was war, ist und noch ~ wird; es sei!; keiner will es gewesen ~*; *sei es nun, dass ... oder dass ...*; *etwas darf, kann, mag, muss, soll ~; was ~ muss, muss ~; wie wäre es, wenn ...?; es ist möglich, dass ...; das war gestern, heute erst, wird morgen ~; mehr ~ als scheinen* □ *ser*; *es ist schon lange her, dass ...* □ **já faz muito tempo que...*; *Ordnung muss ~* □ **é preciso haver ordem*; *was ist (geschehen, los)?* □ **o que aconteceu?*; *was gewesen ist, soll man ruhen lassen* □ **o que passou passou* **2.1** *der gewesene Präsident der frühere P.* □ *o ex-presidente **2.1.1** *das Gewesene das Vergangene, das, was vorbei ist*; *Gewesenem soll man nicht nachtrauern*; *fürs Gewesene gebe ich nichts* □ **o (que é) passado; o que passou; o que já foi* **2.2** *das Seiende das Sein* □ *o ente **2.3 so ist es!** ⟨bestätigend⟩ *das ist richtig* □ **isso mesmo!* **2.4 kann ~!** ⟨umg.⟩ *vielleicht, es ist schon möglich* □ **pode ser!* **2.5 ist nicht!** ⟨umg.⟩ *(das) gibt's nicht* □ **isso não existe!* **2.6 was ~ muss, muss ~** *es gibt gewisse Dinge, die unausweichlich sind* □ *o que tem de ser será* **3** ⟨311⟩ *an einem Ort ~ sich befinden, aufhalten*; *da ist er!; um 8 Uhr bin ich bei Ihnen*; *wir waren noch bei Tisch, als er kam*; *hier ist es; sie sind in München; zu Hause ~; wer ist dort, bitte?* (am Telefon); *unterwegs ~* □ *estar* **3.1** *er ist zu Tisch zum Essen gegangen* □ *ele está comendo **3.2** *hier ist gut ~ hier kann man sich wohlfühlen* □ *estar* **4** ⟨312⟩ *etwas ist an, zu einem Zeitpunkt findet statt* □ *ser; começar*; *das Essen ist um zwölf* □ **o almoço é ao meio-dia*; *wann ist es?* (das Fest) □ **quando vai scr (a festa)?* **4.1** *welche Zeit ist es? wie spät ist es?* □ **que horas são?*; *es ist Abend, Morgen, Nacht, Vormittag*; *es war im Frühjahr, im Sommer*; *es ist 12 Uhr mittags*; *es ist schon spät*; *heute ist Mittwoch, der 1. Januar* □ *ser* **4.2** *es war ... ist vergangen*; *gestern war es ein Jahr* □ *ontem fez um ano **5** ⟨313⟩ **5.1** ⟨mit adverbialem Genitiv⟩ *haben*; *voller Erwartung, Hoffnung, Spannung ~* □ **estar cheio de expectativa/esperança; estar muito tenso*; *reinen Herzens ~* □ **ter o coração puro*; *guten Mutes ~* □ *estar confiante; *ich war des Glaubens, dass ...* □ **eu achava/acreditava que...* **5.1.1** *es ist nicht meines Amtes* ⟨veraltet⟩ *ich habe nicht die Aufgabe* □ **isso não é da minha alçada* **5.1.2** *wir sind des Herrn* ⟨bibl.⟩ *gehören Gott an* □ **pertencemos ao Senhor* **5.1.3** *er ist des Todes dem T. geweiht* □ **ele está fadado a morrer* **5.2** ⟨mit Präpositionalgruppe⟩ **5.2.1** *in einem Zustand ~ einen Z. haben* □ **estar numa condição*; *wir sind in der Minderheit* □ *somos minoria; *im Vorteil, Nachteil ~* □ **estar em vantagem/desvantagem* **5.2.2** *aus einer Gruppe, einem Land ~ stammen, herkommen von*; *er ist aus guter Familie, aus gutem Haus, aus Italien* □ **ser (proveniente)/vir de um grupo/país* **5.2.3** *aus einem Material ~ hergestellt sein*; *der Tisch ist aus Holz* □ **ser (feito) de um material* **5.2.4** *aus ... Teilen ~ bestehen aus*; *der Apparat ist (besser: besteht) aus 4 Teilen* □ **constituir-se de ... partes* **5.2.5** *außer sich ~ Empörung fühlen* □ *estar fora de si **6** ⟨315⟩ *für, mit, (gegen) jmdn. ~ jmdn. unterstützen (bekämpfen)*; *er ist für mich*; *ich bin dafür, dagegen, dass wir schon gehen*; *wer nicht mit mir ist, ist wider mich* ⟨bibl.⟩ □ **ser a favor/contra alguém; estar com/contra alguém* **7** *~ lassen* **7.1** *den lieben Gott einen guten Mann ~ lassen* ⟨umg.⟩ *sich nicht weiter (um etwas) kümmern, (Dingen gegenüber gleichgültig sein* □ **entregar para Deus; não esquentar a cabeça (com alguma coisa)* **7.2** *jmdn. Kind ~ lassen einem Kind seine kindlichen Neigungen nicht verbieten* □ **deixar alguém ser criança*; ⟨aber Getrennt- u. Zusammenschreibung⟩ *~ lassen* = *seinlassen* **8** ⟨330⟩ *jmdm. ist ... jmd. fühlt, meint wahrzunehmen, dass etwas ... ist*; *ich bin ihm böse, böse mit ihm*; *mir ist kalt, warm*; *es ist mir warm*; *mir ist nicht gut, schlecht, übel*; *es ist mir nicht gut*; *mir ist schon wieder besser ~*; *wie ist Ihnen (zumute)?* □ **como está se sentindo?*; *das kann dir doch ganz gleich ~!* □ **não faz a menor diferença para você!*; *was ist dir?* □ **o que você tem?*; *jmdm. gut ~* □ **querer bem a alguém*; *es ist mir (so), als ob ich einen Hilferuf gehört hätte* □ **é como se eu tivesse ouvido um pedido de ajuda*; *wäre es dir recht, wenn ...?* □ **você concordaria se...?* **8.1** *sei dem, wie ihm wolle auf jeden Fall* □ *seja como for **8.2** *jmdm. ist nach ... jmd. möchte gern*; *mir ist nicht danach (zumute)*; *mir ist heute nicht nach Arbeiten* ⟨umg.⟩ **8.3** *jmdm. ist es um ... interessiert ihn, geht ihm um*; *ihr ist es nur um sein Geld zu tun* □ **estar a fim de...* **8.3.1** *jeder ist sich selbst der Nächste sorgt zuerst für sich selbst* □ **a boa caridade começa em casa* **9** ⟨408⟩ **9.1** *zu ... ~ etwas ist zu tun, muss getan werden*; *Hunde sind an der Leine zu führen* □ *dever ser **9.1.1** *es braucht nicht sofort zu ~ es eilt nicht* □ **não precisa ser agora; não é urgente* **9.1.2** *es ist zu ... man kann, (sollte)*; *es ist zu hoffen, dass ...* □ **espera-se que...*; *es ist nichts zu machen* □ **não há o que fazer*; *es ist nicht zu glauben* □ **não dá para acreditar* **10** ⟨800⟩ **10.1** *jetzt ist es an dir zu handeln jetzt bist du an der Reihe* □ **agora é com você 10.2 was ist mit ihm? wie geht es ihm, was ist mit ihm vorgefallen? ▫ *o que aconteceu com ele?; o que deu nele? 11 ⟨330 od. mit Possessivpron.⟩ etwas ist jmdm. od. sein gehören, zugehörig sein; wem gehört das Buch? Es ist meins ▫ ser (de) 12 ⟨Hilfsverb⟩ 12.1 ⟨zur Bildung des Perfekts von Verben der Bewegung (süddt. auch der Ruhe)⟩; bist du angekommen?; er war schon eingetroffen, als ich kam; ihr wart gegangen; wenn du das tust, dann sind wir Freunde gewesen! ▫ ∅ 12.2 ⟨Hilfsverb zur Bildung des Zustandspassivs⟩; der Tisch war schon gedeckt, als ...; die Briefe sind mit der Maschine geschrieben ▫ ser; estar

Sein ⟨n.; -s; unz.⟩ das ~ *das Dasein, Vorhandensein, Existieren, die Existenz;* das vollkommene, wahre ~; mit allen Fasern seines ~s hängt er daran; die tiefsten Probleme des ~s; ~ und Schein unterscheiden können; das Urbild, der Ursprung des ~s; alles muss in nichts zerfallen, wenn es im ~ beharren will (Goethe, „Westöstlicher Divan"); ~ oder Nichtsein, das ist hier die Frage (Shakespeare, „Hamlet" III, 1) ▫ ser

sei|ner ⟨Gen. von⟩ 1 *er* 2 *es¹*
sei|ner|seits ⟨Adv.⟩ *von seiner Seite, von seiner Person, von ihm;* ~ ist kein Einwand zu befürchten ▫ de sua parte; quanto a ele/ela
sei|ner|zeit ⟨Adv.⟩ *damals;* ~ standen auf der Wiese Obstbäume ▫ naquela época; naquele tempo
sei|nes|glei|chen ⟨Pron.⟩ 1 *Person(en) od. Sache(n) vom gleichen Wert, etwas od. jmd. Ebenbürtiges;* dieses Kunstwerk hat nicht ~ ▫ *essa obra de arte não tem igual 1.1 Leute wie er, seines Schlages;* er verkehrt nur mit ~; er soll unter ~ bleiben ▫ seus iguais/pares; jmdn. wie ~ behandeln ▫ *tratar alguém de igual para igual;* er und ~ ⟨abwertend⟩ ▫ *ele e seus iguais/pares
sei|net|we|gen ⟨Adv.⟩ *um seinetwillen, für ihn, ihm zuliebe* ▫ por ele; no que se refere a ele
sei|net|wil|len ⟨Adv.⟩ um ~ *seinetwegen* ▫ *por ele; no que se refere a ele
sei|ni|ge ⟨Possessivpron.⟩ *seine;* der, die, das Seinige/seinige, wir bekamen beide ein Geschenk, das ~ gefiel mir besser ▫ o seu; a sua; o/a dele/dela; die Seinigen/seinigen waren mit der Hochzeit einverstanden ▫ os seus; sua família
sein‖las|sen *auch:* **sein las|sen** ⟨V. 175/500⟩ 1 *etwas ~ etwas nicht tun, bleibenlassen* 1.1 du solltest das lieber ~; lass das sein!; lass das lieber sein! ⟨umg.⟩ *tu das nicht, unterlass es lieber!* ▫ deixar para lá; não fazer 2 *jmdn. ~ nicht behelligen, nicht beachten* 2.1 lassen Sie mich sein! *in Ruhe* ▫ *deixar alguém em paz;* → a. *sein³ (7)*
Seis|mo|graf ⟨m.; -en, -en⟩ *Gerät zum Aufzeichnen von Bodenerschütterungen, Erdbebenmesser;* oV *Seismograph* ▫ sismógrafo
Seis|mo|graph ⟨m.; -en, -en⟩ = *Seismograf*
seit ⟨Präp. mit Dat.⟩ 1 *von einer bestimmten Zeit an (bis jetzt dauernd);* ~ Anfang dieses Jahrhunderts; ~ etwa einem Jahr; ~ der Zeit, da ...; ~ ich ihn kenne;

~ alters; ~ damals; ~ heute weiß ich erst, dass ... ▫ desde (que); ~ kurzem/Kurzem, ~ kurzer Zeit ▫ *há pouco (tempo);* ~ langem/Langem, ~ langer Zeit ▫ *há muito (tempo);* ~ wann ist er hier? 1.1 ~ **Adam und Eva** ist das so gewesen ⟨umg.⟩ *schon immer* ▫ desde 2 ⟨unterordnende temporale Konj.; umg.⟩ *seitdem;* ~ wir umgezogen sind ... ▫ desde que
seit|dem 1 ⟨unterordnende temporale Konj.⟩ *seit der Zeit, da;* ~ er pensioniert ist ... ▫ desde que 2 ⟨Adv.⟩ *seit dieser Zeit;* Sy *seither (1);* ~ ist er pensioniert ▫ desde então
Sei|te ⟨f.; -, -n⟩ 1 *Grenzfläche (eines Körpers);* Vorder~; Rück~; die äußere, hintere, innere, obere, untere, vordere ~ 2 *rechte od. linke ~, zwischen vorn u. hinten gelegene Fläche, Flanke;* die linke, rechte ~ ▫ lado; flanco; das Schiff legte sich auf die ~ ▫ costado 2.1 *der rechte od. linke Teil des menschlichen Körpers, bes. von der Hüfte bis zur Achsel;* mit dem Degen an der ~; die Hände in die ~n stemmen; auf der ~ liegen, schlafen; er hat sich im Schlaf auf die andere ~ gedreht; er ging ihr nicht von der ~ ▫ ilharga; flanco; er hielt sich die ~n vor Lachen ⟨umg.⟩ *so heftig lachte er* ⟨umg.⟩ ▫ *ele se contorcia de tanto rir 2.1.1 komm, setz dich an meine grüne ~ ⟨umg.⟩ *zu meiner Linken* ▫ *venha, sente-se à minha esquerda 2.1.2 an jmds. ~ gehen *neben jmdm.* ▫ *andar ao lado de alguém;* andar junto de alguém 2.1.3 an ~ gehen *nebeneinander* ▫ *andar lado a lado 2.1.4 jmdm. zur ~ stehen ⟨fig.⟩ *beistehen, helfen* ▫ *estar ao lado de alguém, dar apoio a alguém;* jmdm. mit Rat und Tat zur ~ stehen ⟨fig.⟩ ▫ *fazer de tudo para ajudar alguém 2.1.5 sich jmdm. an die ~ stellen ⟨a. fig.⟩ *sich mit jmdm. messen, vergleichen* ▫ *medir-se com alguém; comparar-se a alguém 2.2 *der rechte od. linke Teil des Körpers eines Vierbeiners;* eine Schweine~ ▫ flanco; eine ~ Speck ▫ tira 3 ⟨bei sehr flachen Körpern⟩ *Vorder- bzw. Rückseite, z. B. bei Stoffen;* eine glänzende und eine matte ~; beide ~n der Münze ▫ lado; face 4 ⟨Abk.: S. od. p., Pl. pp. (von lat. pagina, paginae)⟩ *Vorder- od. Rückfläche (eines Papierblattes);* Buch~; Heft~; Zeitungs~; das Buch hat 170 ~n; die falsche ~ aufschlagen (in einem Buch); die Nachricht steht auf der ersten ~ der Zeitung; Fortsetzung auf ~ 10 (in Zeitungen und Zeitschriften) ▫ página 5 *Grenzlinie (einer Fläche, z. B. eines Dreiecks);* die drei ~n des Dreiecks ▫ lado; face 6 *rechts od. links gelegener Abschnitt, Teil (eines Gegenstands, eines Raumes);* auf einer ~ gelähmt sein ▫ lado; flanco; auf die ~, zur ~ gehen, rücken, treten (um Platz zu machen); auf der falschen ~ (der Straße) fahren ▫ lado; die gegenüberliegende ~ des Flusses ▫ margem; von der ~ angreifen ⟨Mil.⟩ ▫ flanco; jmdn. auf die ~ nehmen (um ihm unter vier Augen etwas zu sagen) ⟨fig.⟩ ▫ *chamar alguém de lado; puxar alguém para um canto 6.1 auf der einen ~ hast du Recht, auf der anderen ~ darfst du aber nicht vergessen, dass ... ⟨fig.⟩ *einerseits – andererseits, hingegen* ▫ lado 6.2 etwas auf die ~ legen ⟨fig.⟩ *weglegen, sparen (bes. Geld)* ▫ *pôr alguma coisa de lado; separar alguma coisa 6.3 jmdn.

von der ~ ansehen ⟨a. fig.⟩ misstrauisch, missgünstig □ *olhar alguém de lado/com o canto do olho 6.4 er betrachtet, nimmt alles, das Leben von der angenehmen, heiteren ~ er hält sich nur an das Angenehme 6.5 alles, jedes Ding hat seine zwei ~n ist günstig u. ungünstig zugleich □ lado 6.6 man muss einer Sache die beste ~ abgewinnen das Gute an ihr sehen □ *é preciso ver o lado bom das coisas 6.7 auf die große, kleine ~ müssen ⟨umg.; österr.⟩ seine Notdurft verrichten müssen □ *precisar aliviar o ventre; precisar tirar a água do joelho 6.8 jmdn. auf die ~ bringen, schaffen ⟨fig.; umg.⟩ jmdn. ermorden, beseitigen □ *dar cabo de alguém; dar um fim em alguém 6.9 etwas auf die ~ bringen, schaffen ⟨fig.; umg.⟩ heimlich wegnehmen □ surrupiar 7 Richtung; nach allen ~n auseinanderlaufen, auseinanderfliegen usw.; sich nach allen ~n umsehen; man sah die Menschenmenge von allen ~n herbeikommen, zusammenströmen □ lado; parte 7.1 komm mir nur nicht von der ~! ⟨umg.⟩ auf diese Weise erreichst du bei mir nichts □ *essa não cola comigo! 8 Linie (in der Abstammung), Familie; meine Großmutter von der mütterlichen, väterlichen ~ □ lado; parte 9 Gruppe, Partei; das kann von keiner ~ geleugnet, bestritten, bewiesen werden; zur stärkeren ~ übergehen □ parte; lado 9.1 keine ~ kann das bestreiten niemand, keine der beiden streitenden Parteien □ *ninguém/ nenhuma das partes pode contestar isso 9.2 verschiedene ~n machten ihm Angebote Personen, Firmen □ pessoas; empresas 9.3 Informationsquelle; ich weiß von zuverlässiger ~, dass ...; von anderer, dritter, gut unterrichteter ~ erfahren wir, dass ... □ fonte 10 von jmdm. eingenommener Platz, Standpunkt □ lado; parte 10.1 auf jmds. ~ ⟨fig.⟩ bei jmdm.; ich sehe das Recht auf ihrer ~ □ *do lado de alguém 10.1.1 ich habe ihn auf meiner ~ er hält zu mir □ *ele está do meu lado 10.1.2 auf jmds. ~ stehen zu jmdm. halten, für ihn eintreten □ *estar do lado de alguém; apoiar alguém 10.2 an jmds. ~ ⟨fig.⟩ zu jmdm. □ *do lado de alguém 10.2.1 jmdn. auf seine ~ bringen, ziehen für sich u. seine Interessen gewinnen; es gelang mir nicht, ihn auf unsere ~ zu bringen □ *trazer alguém para o seu lado 10.2.2 sich auf jmds. ~ schlagen zu jmdm. übergehen, seine Meinung übernehmen □ *passar para o lado de alguém 10.2.3 auf jmds. ~ treten jmds. Partei ergreifen □ *tomar o partido de alguém 10.3 von jmds. ~ ⟨fig.⟩ von jmdm.; von seiner ~ haben wir nichts zu fürchten □ *da parte de alguém; quanto a alguém 11 ⟨fig.⟩ Charakterzug, Eigenschaft; die angenehmen ~n des Lebens genießen; jeder hat seine guten und seine schlechten ~n; er hat sich von seiner besten ~ gezeigt □ lado; ich entdecke ganz neue ~n an ihm □ qualidade; von dieser ~ kenne ich dich gar nicht □ *não estou reconhecendo você; não conheço esse seu lado 11.1 Physik ist seine schwache, starke ~ ⟨fig.; umg.⟩ das Gebiet, auf dem er nicht gut, gut Bescheid weiß □ lado 11.2 Aspekt; die technische ~ dieses Plans, Zieles ist noch nicht gelöst □ lado; aspecto 11.3 die juristische, menschliche, politische ~ dieser Angelegenheit Dimension □ lado; dimensão 12 ⟨Getrennt- u. Zusammenschreibung⟩ 12.1 auf Seiten = aufseiten 12.2 von Seiten = vonseiten 12.3 zu Seiten = zuseiten

Sei|ten|hieb ⟨m.; -(e)s, -e⟩ 1 ⟨Fechtkunst⟩ Hieb von der Seite □ golpe de flanco 2 ⟨fig.⟩ bissige Anspielung, spöttische Bemerkung; jmdm. einen ~ versetzen; mit einem ~ auf die Opposition stellte der Redner fest, dass ...; ~e austeilen □ alfinetada; estocada

sei|tens ⟨Präp. mit Gen.⟩ vonseiten, von der Seite des, der, von; ~ des Klägers wurde Folgendes vorgebracht; ~ einiger Abgeordneter, Abgeordneten □ da

Sei|ten|sprung ⟨m.; -(e)s, -sprün|ge; fig.; umg.⟩ 1 ⟨selten⟩ Sprung zur Seite □ salto para o lado 2 ⟨verhüllend⟩ Ehebruch, erotisches Abenteuer □ pulada de cerca; aventura; escapada

Sei|ten|stück ⟨n.; -(e)s, -e⟩ 1 seitliches Teil □ peça lateral 2 ⟨fig.⟩ Gegenstück, Entsprechung, Pendant □ correspondente; equivalente; par

sei|ten|ver|kehrt ⟨Adj. 24⟩ dem Spiegelbild des Originals entsprechend; ein Diapositiv ~ projizieren □ invertido; ao contrário

seit|her ⟨Adv.⟩ 1 = seitdem(2) 2 = bisher

seit|lich 1 ⟨Adj. 24⟩ an, auf der Seite, rechts od. links gelegen; eine ~e Begrenzung; das Tal wird ~ begrenzt von ... □ lateral(mente) 1.1 ⟨Präp. mit Gen.⟩; ~ des Hauses, der Straße □ ao/do lado de 2 ⟨Adj.⟩ auf der Seite; mit einem ~en Blick aus den Augenwinkeln □ para o lado 3 ⟨Adj.⟩ von der Seite; der Wind kam ~ von links □ *o vento veio da esquerda/pelo lado esquerdo

...seits ⟨Adv.; in Zus.⟩ von jmds. Seite her; seinerseits; ärztlicherseits wurde verordnet ...

seit|wärts 1 ⟨Adv.⟩ nach der Seite; sich ~ in die Büsche schlagen □ para o lado 2 ⟨Adv.⟩ von einer Seite her; er näherte sich ~ von rechts □ *ele se aproximou (vindo) pelo lado direito 3 ⟨Präp. mit Gen.⟩ auf der Seite (des, der ...); ~ der Straße □ do lado de

seit|wärts|dre|hen ⟨V. 500/Vr 7⟩ etwas od. sich ~ etwas od. sich zur Seite drehen □ virar(-se) para o lado

sek|kant ⟨Adj.; bair.; österr.⟩ ärgerlich, lästig, unangenehm □ chato; maçante

sek|kie|ren ⟨V. 500; bair.; österr.⟩ jmdn. ~ ärgern, quälen, belästigen □ aborrecer; importunar

Se|kret[1] ⟨n.; -(e)s, -e⟩ 1 ⟨Biol.⟩ Absonderung, abgesonderte Flüssigkeit, bes. einer Drüse mit Ausführungsgang 2 ⟨Geol.⟩ kristallisierte Bestandteile von Gesteinen, die einen Hohlraum ausfüllen □ secreção

Se|kret[2] ⟨f.; -, -e; kath. Kirche⟩ stilles Gebet des Priesters während der Messe □ secreta

Se|kre|tär ⟨m.; -s, -e⟩ 1 ⟨veraltet⟩ Titel für Kanzlei- u. höhere Staatsbeamte, Schreiber 2 Schriftführer, qualifizierter kaufmännischer Angestellter für Korrespondenz, Verhandlungen, Organisation bei einer leitenden Persönlichkeit 3 Dienstbezeichnung für Beamte; Staats~ 3.1 leitender Funktionär einer Partei od. Organisation;

Sekretariat

General-~; ~ des Zentralkomitees □ **secretário** 4 *Schrank, dessen Unterteil durch Türen u. dessen Oberteil durch eine Platte verschließbar ist, die heruntergeklappt als Unterlage zum Schreiben dient* □ **secretária; escrivaninha** 5 *afrikanischer Greifvogel mit langen Läufen, langem Hals, Verlängerung des Gefieders am Hinterkopf zu einem Schopf: Sagittarius serpentarius* □ **secretário**

Se|kre|ta|ri|at ⟨n.; -(e)s, -e⟩ 1 *Amt, Dienststelle eines Sekretärs, Verwaltungsabteilung* 2 *Raum, Räume eines Sekretariats(1)* □ **secretaria**

Se|kre|tä|rin ⟨f.; -, -rin|nen⟩ *weibl. Sekretär(2, 3)* □ **secretária**

Sekt ⟨m.; -(e)s, -e⟩ *Kohlensäure enthaltender Wein, der stärker schäumt als Schaumwein* □ **vinho espumante; champanhe**

Sek|te ⟨f.; -, -n⟩ *kleine religiöse Gemeinschaft, die sich von einer großen Glaubensgemeinschaft losgelöst hat* □ **seita**

Sek|ti|on ⟨f.; -, -en⟩ 1 ⟨Med.⟩ = *Obduktion* 2 *Abteilung, Unterabteilung, Gruppe* □ **seção**

Sek|tor ⟨m.; -s, -en⟩ 1 *Sachgebiet, Teilgebiet, Abschnitt, Bezirk* 2 ⟨Math.⟩ *Kreisausschnitt, Kugelausschnitt* 3 ⟨nach 1945⟩ *eine der vier Besatzungszonen in Berlin u. (bis 1955) Wien* □ **setor**

Se|kund ⟨f.; -, -en; Mus.; österr.⟩ = *Sekunde²(1)*

se|kun|där ⟨Adj. 24⟩ Ggs *primär(3)* 1 *zur zweiten Ordnung gehörig, zweitrangig, in zweiter Linie in Betracht kommend, nachträglich hinzukommend* 2 ⟨El.⟩ *durch Induktion entstehend* □ **secundário**

Se|kun|de¹ ⟨f.; -, -n; Abk.: Sek., s, sec⟩ 1 *der 60. Teil einer Minute* 2 ⟨Math.; Zeichen:'⟩ *der 60. Teil einer Winkelminute* 3 ⟨fig.; umg.⟩ *sehr kurze Zeitspanne, Augenblick* □ **segundo**

Se|kun|de² ⟨f.; -, -n⟩ 1 ⟨Mus.⟩ *die 2. Tonstufe der diatonischen Tonleiter;* oV ⟨österr.⟩ *Sekund 1.1 zweistufiges Intervall* □ **segunda** 2 ⟨Typ.⟩ *Signatur auf der dritten Seite eines Druckbogens;* Ggs *Prime(2)* □ **assinatura na terceira página do caderno** 3 ⟨Fechten⟩ *von unten nach oben geschlagener Hieb* □ **segunda**

se|kun|den|lang ⟨Adj. 24⟩ *eine od. mehrere Sekunden dauernd, einen Augenblick lang;* ein ~er *Herzstillstand* □ **de/durante alguns segundos**

se|kun|die|ren ⟨V. 600⟩ jmdm. ~ 1 ⟨Duell; Boxsp.⟩ *jmdn. begleiten, um ihm beizustehen* □ **servir de segundo/auxiliar** 2 *jmdm. helfen, jmdn. (mit Worten) unterstützen* □ **apoiar; assistir**

...sel|be ⟨Demonstrativpron. 10 (schwach); immer mit dem bestimmten Artikel gebraucht, mit dessen Vollform zusammengeschrieben⟩ *derselbe, dieselbe, dasselbe der (die, das) in allen Merkmalen Übereinstimmende, Identische;* Sy ⟨fälschlich⟩ *gleich(1);* der~ *Hut;* der~ *Wagen;* das~ *Mädchen;* im ~n *Augenblick;* zur ~n *Zeit;* von der ~n *Art;* von mir kann ich das~ *berichten; wir sitzen alle im* ~n *Boot, ziehen am* ~n *Strang*

sel|ber ⟨Demonstrativpron.; undeklinierbar; umg.⟩ = *selbst¹*

selbst¹ ⟨Demonstrativpron.; undeklinierbar⟩ oV ⟨umg.⟩ *selber* 1 *in eigener Person, persönlich;* mir ist es ~ *peinlich, nicht wohl bei der Sache; ein Schreiben nur dem Vorsitzenden* ~ *aushändigen; er ist die Güte* ~; *der Komponist dirigierte die Oper* ~; *die Mutter* ~ *hat gesagt* ...; *ich* ~ *habe gehört,* ..., *ich habe* ~ *gehört,* ...; *schicken Sie einen Kurier? Nein, ich komme* ~; *das muss ich erst* ~ *sehen; der brave Mann denkt an sich* ~ *zuletzt* (Schiller, „Wilhelm Tell") □ **pessoalmente; em pessoa; mesmo; próprio** 1.1 ⟨zur Besinnung⟩; *ich komme vor Arbeit kaum noch zu mir* ~ □ ***o trabalho é tanto que ainda não me recuperei totalmente** 1.2 *du bist nicht mehr du* ~ *du bist verändert* □ **mesmo** 2 *als solche(r, -s); das Haus* ~ *ist ganz schön, aber die Lage* ... □ **em si** 3 *allein, ohne fremde Hilfe; das Kind kann sich* ~ *ausziehen; jmdn. sich* ~ *überlassen; das musst du* ~ *wissen; ein jeder zählt nur sicher auf sich* ~ (Schiller, „Wilhelm Tell"); *aus sich* ~ *etwas tun, schaffen; mit sich* ~ *sprechen; es geht von* ~; *die Tür schließt von* ~ □ **sozinho**; *das versteht sich von* ~ □ ***isso é evidente;** ~ *ist der Mann* (Sprichw.) □ ***é preciso saber se virar sozinho** 4 *niemand anderen; er belügt sich damit* ~ □ ***com isso ele está enganando a si mesmo;** *das sollst du um deiner* ~ *willen tun* □ ***você deveria fazer isso por você mesmo** 5 *nur für diesen Zweck; eine Sache um ihrer* ~ *willen tun* □ ***fazer uma coisa por ela mesma** 6 ⟨Getrennt- u. Zusammenschreibung⟩ 6.1 ~ *gebacken* = *selbstgebacken*

selbst² ⟨Adv.⟩ *sogar;* ~ *seine Freunde haben ihn im Stich gelassen;* ~ *meine Warnung konnte ihn nicht umstimmen;* ~ *in den schlimmen Zeiten;* ~ *wenn es dazu kommen sollte* ... □ **até mesmo**

Selbst ⟨n.; -; unz.⟩ *die eigene Person, das Ich; ein Stück meines* ~; *mein anderes, besseres, zweites* ~; *unser wahres* ~ □ **eu; ego**

selb|stän|dig ⟨Adj.⟩ = *selbstständig*

Selbst|be|herr|schung ⟨f.; -; unz.⟩ *Beherrschung der eigenen Gefühle u. Triebe, Zurückhaltung, Fassung; seine* ~ *bewahren;* ~ *üben; die* ~ *verlieren* □ **autocontrole**

Selbst|be|stim|mung ⟨f.; -, -en; Pl. selten⟩ 1 *Bestimmung des eigenen Handelns, eigene Entscheidung, Autonomie* 2 ⟨i. e. S.⟩ *von einer Gemeinschaft (z. B. einem Volk) vorgenommene Bestimmung seiner Gesellschaftsordnung, Staatsform od. Zugehörigkeit zu einem Staat* □ **autodeterminação**

selbst|be|wusst ⟨Adj.⟩ 1 *vom eigenen Wert, Können überzeugt, stolz;* ein ~es *Benehmen;* eine ~e *Haltung;* ~ *auftreten* □ **orgulhoso; seguro de si; consciente do próprio valor** 1.1 ⟨Philos.⟩ *seiner selbst bewusst, seiner Fähigkeiten als denkendes, fühlendes Wesen bewusst* □ **autoconsciente**

Selbst|be|wusst|sein ⟨n.; -s; unz.⟩ 1 *Überzeugung vom eigenen Wert u. Können, Stolz; ein ausgeprägtes, starkes* ~ *haben; man muss sein mangelndes* ~ *kräftigen, stärken* □ **autoestima** 2 ⟨Philos.⟩ *das Wissen von sich selbst als denkendem, fühlendem Wesen* □ **autoconsciência**

Selbst|er|hal|tung ⟨f.; -; unz.⟩ *Erhaltung der eigenen Lebensfähigkeit, des eigenen Selbst* □ autopreservação

Selbst|er|kennt|nis ⟨f.; -; unz.⟩ *Erkenntnis der eigenen Fähigkeiten, Fehler usw.;* ~ *ist der erste Schritt zur Besserung* ⟨umg.; scherzh.⟩ □ autoconhecimento

selbst|ge|backen *auch:* selbst ge|backen ⟨Adj. 24/70⟩ *eigenhändig gebacken (nicht gekauft);* ~er *Kuchen* □ caseiro; feito em casa

selbst|ge|fäl|lig ⟨Adj.; abwertend⟩ *sich selbst gefallend, von sich selbst beglückt, eitel, dünkelhaft;* eine ~e *Miene zur Schau tragen; sich* ~ *im Spiegel betrachten; er ist sehr* ~ □ vaidoso; enfatuado

selbst|herr|lich ⟨Adj.⟩ *rücksichtslos, tyrannisch;* ~ *regieren* □ (de modo) autocrático/despótico

Selbst|kos|ten ⟨Pl.⟩ *die Kosten für Herstellung u. Vertrieb der Erzeugnisse eines Unternehmens* □ custos de produção; *etwas zum* ~preis *verkaufen* □ *comprar algo a preço de custo

selbst|los ⟨Adj.⟩ *ohne Rücksicht auf das eigene Wohl, uneigennützig; ein* ~er *Verzicht;* ~ *handeln; sich* ~ *für jmdn. einsetzen* □ altruísta; abnegado; com altruísmo/abnegação

Selbst|mord ⟨m.; -(e)s, -e⟩ 1 *die gewaltsame Beendigung des eigenen Lebens; Sy Freitod, Suizid;* ~ *begehen* 1.1 *das ist ja der reinste* ~! ⟨fig.; umg.⟩ 1.1.1 *das sind übertriebene Anforderungen, das kann man unmöglich leisten* 1.1.2 *durch solche Handlungsweise schadet man sich selbst am meisten* □ suicídio

selbst|si|cher ⟨Adj.⟩ *seiner Wirkung sicher, nicht schüchtern, gewandt, bes. im Auftreten;* eine ~e *Haltung, Miene; er ist sehr* ~ □ seguro de si

selbst|stän|dig ⟨Adj.⟩ oV selbständig 1 *ohne Hilfe, allein, ohne Anregung, Antrieb von außen, aus eigener Kraft u. Verantwortung handelnd; sie ist ein sehr* ~er *Mensch; junge Menschen zu* ~em *Denken, Handeln erziehen* □ independente; ~ *arbeiten können* □ como autônomo 2 *unabhängig (von anderen); ein* ~er *Staat; sie hat eine* ~e *Stellung* □ independente 2.1 *Geschäft, Beruf auf eigene Rechnung betreibend; er ist* ~er *Kaufmann* □ autônomo 2.1.1 *sich* ~ *machen ein privates kaufmännisches od. gewerbliches Unternehmen gründen; der Geschäftsmann, der Arzt macht sich* ~ □ *trabalhar por conta própria; abrir a própria empresa 2.2 *sich* ~ *machen* ⟨fig.; umg.⟩ *außer Kontrolle geraten* □ *perder o controle 2.2.1 *der Ball hat sich* ~ *gemacht ist davongerollt* □ *a bola saiu rolando 2.2.2 *das Kind hat sich* ~ *gemacht ist davongelaufen* □ *a criança saiu correndo 2.3 *ein* ~er *Satz* ⟨Gramm.⟩ *ein S. mit Subjekt u. Prädikat* □ independente

Selbst|sucht ⟨f.; -; unz.⟩ *nur auf den eigenen Vorteil gerichtetes Denken u. Handeln; Sy Eigenliebe, Eigennutz, Egoismus* □ egoísmo

selbst|süch|tig ⟨Adj.⟩ *nur auf den eigenen Vorteil bedacht; Sy eigensüchtig, egoistisch* □ egoísta

selbst|tä|tig ⟨Adj.⟩ *ohne äußeres Eingreifen wirksam; die Maschine schaltet sich* ~ *an und aus* □ automático; automaticamente

Selbst|täu|schung ⟨f.; -, -en⟩ *Täuschung der eigenen Person, falsche Vorstellung; sich einer, keiner* ~ *hingeben; einer* ~ *erliegen, zum Opfer fallen* □ ilusão

selbst|ver|ständ|lich ⟨Adj.⟩ 1 *ohne Erklärung, Begründung verständlich, natürlich; er nahm ihre Hilfe als ganz* ~ *an* □ naturalmente; ~e *Tatsachen* □ natural; evidente; *das ist doch* ~, *dass wir dir beim Umzug helfen;* ~! ⟨zusagende Antwort⟩; ~, *gern!* □ claro 1.1 ~ *nicht! auf keinen Fall!* □ *claro que não! 2 *ohne Bedenken, ohne Umschweife handelnd; sie nahmen ihn ganz* ~ *bei sich auf* 3 *ganz u. gar unbefangen, arglos; jmdn. mit* ~er *Herzlichkeit begrüßen; er setzte sich ganz* ~ *zu ihnen an den Tisch* □ espontaneamente; naturalmente

Selbst|ver|trau|en ⟨n.; -s; unz.⟩ *Vertrauen in die eigene Kraft, die eigenen Fähigkeiten;* (kein) ~ *haben; an mangelndem* ~ *leiden* □ autoconfiança

Selbst|zweck ⟨m.; -(e)s; unz.⟩ 1 *Zweck ohne äußeres Ziel, sich in der Sache selbst erfüllender Zweck* 1.1 *eine Tätigkeit, z. B. das Autofahren, als* ~ *betreiben nicht als Mittel, z. B. zur Fortbewegung, sondern um der Sache selbst willen* □ fim/objetivo em si

Se|lek|ti|on ⟨f.; -, -en⟩ *Auslese, Auswahl, Zuchtwahl* □ seleção

Self|made|man [sɛlfmeɪdmæn] ⟨m.; -s, -men [-mæn]⟩ *jmd., der aus eigener Kraft (ohne entsprechende Ausbildung) zu beruflichem Erfolg gekommen ist* □ self-made man

se|lig ⟨Adj.; Abk.: sel.⟩ 1 ⟨Rel.⟩ *nach dem Tod der himmlischen Freude teilhaftig* □ bem-aventurado 1.1 *Gott hab' ihn* ~ *gebe ihm die ewige Seligkeit* □ *que Deus o tenha 1.2 ⟨kath. Kirche⟩ *seliggesprochen, eine begrenzte (lokale) Verehrung genießend* □ beatificado 1.3 ⟨60⟩ *verklärt; bis an mein* ~es *Ende* □ *até minha morte 1.3.1 ~en *Angedenkens mit freundlicher, heiterer Erinnerung verbunden* □ *de saudosa memória 1.3.2 ~ *entschlafen sanft, in Frieden entschlafen* □ *morrer em paz 2 ⟨fig.⟩ *überglücklich, wunschlos glücklich, beglückt, entzückt; das Kind war* ~ *über das Geschenk* □ radiante 2.1 *jeden nach seiner Fasson* ~ *werden lassen (nach Friedrich II.) jeder soll seinen eigenen Vorstellungen entsprechend leben* □ *cada um faz da vida o que bem entender 3 *verstorben; mein* ~er *Vater; mein Vater* ~ ⟨bes. süddt.⟩ □ finado 4 ⟨Getrennt- u. Zusammenschreibung⟩ 4.1 ~ *machend = seligmachend*

Se|lig|keit ⟨f.; -, -en⟩ 1 ⟨unz.⟩ *die himmlische Freude, die vollkommene Einheit mit Gott nach dem Tode; die ewige* ~ *erlangen, gewinnen, verlieren; in die ewige* ~ *eingehen* □ bem-aventurança; beatitude 2 ⟨fig.⟩ *Zustand wunschlosen Glücks, strahlender Freude; alle* ~en *dieses Lebens auskosten, genießen* □ alegria 2.1 *in* ~ *schwimmen* ⟨umg.⟩ *überglücklich, verliebt sein* □ *nadar em felicidade; estar muito feliz

se|lig|ma|chend *auch:* se|lig ma|chend ⟨Adj. 24/60⟩ *beglückend, erfreulich, glücklich machend;* ~e *Worte sprechen* □ beatificante; que deixa feliz

se|lig|prei|sen ⟨V. 193/500⟩ *jmdn.* ~ 1 *für wunschlos glücklich erklären; für den Gewinn dieses Pokals ist er seligzupreisen* □ glorificar 2 ⟨christl. Rel.⟩ *jmdn. preisen als einen, der die ewige Seligkeit erlangt hat* □ beatificar

Sel|le|rie ⟨m.; -s, -s od. f.; -, -n; Bot.⟩ *Doldengewächs, dessen Knollen als Gewürz, Salat u. Gemüse verwendet werden: Apium graveolens* □ **aipo**

sel|ten ⟨Adj.⟩ **1** *sehr wenig, kaum;* wir sehen uns nur noch ~; das ist ganz ~ der Fall; es kommt nicht ~ vor, dass ... □ **raro; raramente** *kaum vorkommend, rar, knapp;* er sammelt ~e Bücher; ~e Pflanzen, Tiere; diese Pflanzen sind sehr ~ geworden **2.1** ein ~er **Gast** *nicht häufig kommender G.* **2.2** ⟨60⟩ ~e **Erden** ⟨veraltet; Chem.⟩ *Oxide der Metalle der 3. Gruppe des Periodensystems der Elemente, Erdmetalle* **2.3** ⟨60⟩ ein ~er **Vogel** ⟨a. fig.; umg.⟩ *ein sonderbarer Mensch* □ **raro** ⟨60; umg.⟩ *außergewöhnlich, besonders;* ein ~ schönes Exemplar; ein Mensch von einer ~en Begabung □ **extraordinário; extraordinariamente**

Sel|ten|heit ⟨f.; -, -en⟩ **1** ⟨unz.⟩ *seltenes Vorkommen, geringe Häufigkeit;* solche Ausfälle sind keine ~ bei ihm **2** ⟨fig.⟩ *seltenes Stück;* diese Marke gehört zu den ~en dieser Briefmarkenauktion; dieser Vogel ist heute eine ~ □ **raridade**

Sel|ters ⟨n.; -; unz.; umg.⟩ *kurz für) Selterswasser* □ **água de Seltz; água gaseificada**

Sel|ters|was|ser ⟨n.; -s; unz.⟩ **1** (i. e. S.) *Wasser der Mineralquelle in Niederselters an der Ems* □ **água de Seltz 2** (i. w. S.) *mit Kohlensäure versetztes Wasser* □ **água gaseificada**

selt|sam ⟨Adj.⟩ **1** *eigenartig, ungewöhnlich, befremdlich, merkwürdig, sonderbar, wunderlich;* es war ein ~es Gefühl; das ist eine ~e Geschichte; ein ~er Mensch; das kommt mir ~ vor; ich habe etwas Seltsames erlebt; ihm war ~ zumute □ **estranho; singular 1.1** er ist im Alter ~ geworden *ein Sonderling* □ **esquisitão**

Se|man|tik ⟨f.; -; unz.; Sprachw.⟩ **1** *Lehre von der Bedeutung der Wörter u. ihrer Wandlungen, Bedeutungslehre* **2** *Bedeutung, Inhalt (eines Zeichens, Begriffes, Satzes, einer Aussage o. Ä.)* □ **semântica**

Se|mes|ter ⟨n.; -s, -⟩ **1** *Hälfte eines Studien- od. Schuljahres;* Sommer~, Winter~; jmd. ist im 8. ~ □ **semestre 2** jmd. ist ein (altes, junges) ~ ⟨fig.; umg.⟩ **2.1** *Student, Studentin in den (fortgeschrittenen od. Anfangs-)Semestern(1)* □ **calouro; veterano 2.2** ⟨scherzh.⟩ *älterer Mensch* □ **veterano**

se|mi..., Se|mi... ⟨in Zus.⟩ *halb..., Halb...;* semilunar, Semifinale

Se|mi|ko|lon ⟨n.; -s, -s od. -ko|la; Gramm.; Zeichen: ;⟩ *zwei Hauptsätze trennendes, aus Punkt u. Strich (untereinander) bestehendes Satzzeichen (;), trennt stärker als das Komma, aber weniger stark als der Punkt;* Sy *Strichpunkt* □ **ponto e vírgula**

Se|mi|nar ⟨n.; -s, -e⟩ **1** *Arbeitsgemeinschaft für Studierende innerhalb eines Fachgebietes unter Leitung eines Dozenten während eines Semesters;* Haupt~; Pro~ □ **seminário 2** *Institut einer Universität;* Englisches, Romanisches ~ **2.1** *die Räume (meist mit Handbibliothek) für ein Seminar(2)* □ **instituto 3** *Einrichtung, die Studienreferendare während ihres Schulpraktikums vor dem 2. Examen betreut* **4** *Bildungsstätte für Geistliche;* evangelisches Prediger~; katholisches Priester~ □ **seminário 5** ⟨veraltet; noch schweiz.⟩ *Bildungsstätte für Volksschullehrer;* Lehrer~ □ ***magistério**

Sem|mel ⟨f.; -, -n; fränk., bair., österr.⟩ **1** = *Brötchen;* altbackene, frische, geriebene, knusprige, noch warme ~n □ **pãozinho 1.1** etwas geht weg wie warme ~n ⟨fig.; umg.⟩ *verkauft sich leicht, ist sehr begehrt* □ ***vender como água; ter muita saída**

Se|nat ⟨m.; -(e)s, -e⟩ **1** (im alten Rom) *oberste Regierungsbehörde* **2** (in verschiedenen Staaten) *eine Kammer des Parlaments* □ **senado 3** *Verwaltungsbehörde an Hochschulen;* Universitäts~ □ ***senado acadêmico 4** *Entscheidungsgremium höherer deutscher Gerichte;* Straf~ □ ***vara criminal 5** *Regierungsbehörde der Stadtstaaten (Länder) Berlin, Bremen u. Hamburg* □ **governo estadual**

sen|den ⟨V. 241/500⟩ *etwas* ~ **1** ⟨503/Vr 8⟩ *schicken, übermitteln, zukommen lassen, mit Auftrag weggehen lassen;* jmdm. Blumen, Glückwünsche, Grüße ~; er hat den Brief mit einem Boten, mit der Post gesandt, gesendet; er ist von Gott gesandt (nicht: gesendet) □ **mandar; enviar 2** *durch Radio od. Fernsehen verbreiten, übertragen;* der Rundfunk hat eben eine Durchsage gesendet (nicht: gesandt) □ **emitir; transmitir**

Sen|der ⟨m.; -s, -; Radio; TV⟩ *Anlage zum Senden von Schall-, Licht- od. elektromagnetischen Wellen;* Rundfunk~; einen ~ gut, schlecht empfangen, hereinbekommen; die angeschlossenen ~ kommen wieder mit eigenem Programm; auf einen anderen ~ umschalten □ **emissora; canal; estação**

Sen|dung ⟨f.; -, -en⟩ **1** *das Senden, Schicken;* die ~ der Bücher ist für morgen vorbereitet **2** *das Gesendete;* den Empfang einer ~ bestätigen; wir haben eure ~ erhalten □ **remessa; envio 3** *Fernsehsendung, Funkübertragung;* in der heutigen ~ sahen, hörten wir ...; der Schulfunk bringt eine ~ über... □ **programa; transmissão 4** *hoher (göttlicher) Auftrag, geschichtlich wichtige, schicksalhafte Aufgabe, Berufung;* eine diplomatische, politische ~ erfüllen; er betrachtet es als seine ~, diesen Menschen zu helfen □ **missão**

Senf ⟨m.; -(e)s, -e⟩ **1** ⟨Bot.⟩ **1.1** *Weißer* ~ *Kreuzblütler mit gelblich weißen, in Schoten enthaltenen Samen: Sinapis alba* □ ***mostarda-branca 1.2** *Schwarzer* ~ *zur Gewinnung von Senföl angebaute Heilpflanze: Brassica nigra* □ ***mostarda-preta 1.3** *gelbblühender Kreuzblütler in Sommergetreidefeldern, Ackersenf: Sinapis arvensis* **2** *aus den Samen des Weißen Senfes mit Essig u. Gewürzen zubereitete Gewürzpaste;* Sy ⟨norddt.⟩ *Mostrich;* milder, scharfer, süßer ~; Bockwurst mit ~ □ **mostarda 3** ⟨fig.; umg.; abwertend⟩ *unnützes Gerede;* mach keinen langen ~! □ **conversa fiada 3.1** musst du immer deinen ~ dazugeben *ungefragt deine Meinung äußern* □ **palpite**

sen|gen ⟨V.⟩ **1** ⟨500⟩ *etwas* ~ *die Oberfläche verbrennen von etwas, etwas leicht anbrennen* **1.1 Geflügel** ~ *die verbliebenen Haare, Federkiele bei gerupftem G. abbrennen* □ **chamuscar 1.2** wie eine gesengte **Sau** ⟨umg.⟩ *wild u. rücksichtslos;* er fährt, schreit wie eine gesengte Sau ☐ *feito louco **2** ⟨400⟩ etwas sengt **brennt**; unter der ~den Sonne ☐ queimar; arder 2.1 ~ und **brennen** *plündern u. zerstören (bes. von den Landsknechtsheeren)* ☐ *pilhar e queimar

se|nil ⟨Adj.; meist abwertend⟩ *greisenhaft, altersschwach* ☐ senil

Se|ni|or ⟨m.; -s, -en⟩ **1** *der Ältere, Älteste;* Ggs *Junior* 1.1 ⟨Sp.⟩ *Angehöriger der Altersklasse von etwa 20-30 Jahren* 1.2 *älterer Herr im Rentenalter* **2** *Vorsitzender, Sprecher, Alterspräsident* ☐ sênior

Se|ni|o|rin ⟨f.; -, -rin|nen⟩ *weibl. Senior;* Ggs *Juniorin* ☐ sênior

Sen|ke ⟨f.; -, -n⟩ *flache Bodenvertiefung, Mulde* ☐ depressão; baixada

sen|ken ⟨V. 500⟩ **1** *etwas ~ sinken lassen, an einen tieferen Ort bringen;* die Angel, das Lot ins Wasser ~; die Arme, den Blick, das Haupt ~; den Degen, die Fahne (zum Gruß) ~; die Lanze, den Speer (zum Angriff) ~; den Sarg in die Erde ~ ☐ (a)baixar; descer; mit gesenktem Blick, Kopf stand er vor mir; er hielt den Kopf gesenkt ☐ baixo; abaixado 1.1 einen Schacht ~ ⟨Bgb.⟩ *in die Tiefe führen* ☐ aprofundar 1.2 ⟨511⟩ *ein-, niederdrücken;* Samen in die Erde ~; den Keim der Liebe, Hoffnung usw. in jmds. Herz ~ ⟨fig.⟩ ☐ fincar; enterrar 1.3 ⟨Vr 3⟩ *etwas senkt sich etwas neigt sich, verläuft nach unten, wird niedriger;* das Haus hat sich gesenkt; jenseits des Flusses senkt sich die Straße ☐ inclinar-se; afundar; der Abend senkte sich über das Land ⟨poet.⟩; die Nacht senkte sich auf die Erde ⟨poet.⟩ ☐ descer; cair 1.4 mit gesenktem **Haupt**, gesenkten Hauptes ⟨a. fig.⟩ *kleinlaut, schuldbewusst* ☐ *cabisbaixo **2** *etwas ~ herabsetzen, erniedrigen, verringern;* die Preise ~; Löhne, Steuern ~ ☐ abaixar; reduzir 2.1 die **Stimme** ~ *leiser werden lassen* ☐ abaixar

Sen|ker ⟨m.; -s, -⟩ **1** *spanabhebendes Werkzeug zum Erweitern od. Formgeben vorgebohrter Löcher* ☐ escareador **2** *Stein od. Bleikugel zum Beschweren des Fischernetzes* ☐ chumbada **3** ⟨Bot.⟩ = *Ableger(1)*

senk|recht ⟨Adj. 24⟩ **1** *im Winkel von 90° zu einer Ebene od. Geraden stehend;* beim rechten Winkel stehen die beiden Schenkel ~ aufeinander 1.1 *im Winkel von 90° zur Erdoberfläche (d. h. in Richtung des Lotes) stehend;* Sy *vertikal, lotrecht*; zu beiden Seiten des Pfades stürzten die Felsen fast ~ ab ☐ vertical(mente); perpendicular(mente) 1.1.1 bleib ~! ⟨umg.; scherzh.⟩ *fall nicht hin!* ☐ *cuidado para não cair!* 1.1.2 das ~e **Lot** *am Faden aufgehängtes Gewicht, Lot zur Bestimmung der Senkrechten* ☐ *o prumo* **2** *immer schön ~ bleiben!* ⟨fig.; umg.⟩ *Haltung, Fassung bewahren* ☐ *é preciso manter a calma!* **3** *das ist das einzig Senkrechte* ⟨fig.; umg.⟩ *das Richtige* ☐ *essa é a única coisa certa*

Sen|kung ⟨f.; -, -en⟩ **1** *das Senken, Tieferlegen, Sinken;* Ggs *Hebung(2);* eine ~ des Erdreichs ☐ depressão; subsidência **2** *Gefälle, Neigung* ☐ inclinação **3** ⟨fig.⟩ *Verkleinerung, Verringerung, Herabsetzung;* die Regierung fordert eine ~ der Benzinpreise ☐ diminuição; redução **4** ⟨fig.⟩ *unbetonte Silbe im Vers;* Ggs *Hebung(4)* ☐ sílaba átona; tese **5** ⟨Med.⟩ *Blutsenkung* ☐ sedimentação sanguínea

Senn ⟨m.; -(e)s, -e; bair.-österr. u. schweiz.⟩ *Hirt auf der Alm, der auch die Butter- u. Käsebereitung besorgt, Almhirt;* oV *Senne¹* ☐ pastor alpino

Sen|ne¹ ⟨m.; -n, -n; bair.- österr. u. schweiz.⟩ = *Senn*

Sen|ne² ⟨f.; -, -n; bair.-österr.⟩ *Bergwiese* ☐ pasto

Sen|ne|rin ⟨f.; -, -rin|nen⟩ *weibl. Senn* ☐ pastora alpina

Sen|sa|ti|on ⟨f.; -, -en⟩ **1** *Aufsehen* **2** *aufsehenerregendes Ereignis* ☐ sensação

sen|sa|ti|o|nell ⟨Adj.⟩ *Aufsehen erregend, herausragend;* ein ~er Erfolg; das Konzert war ~ ☐ sensacional

Sen|se ⟨f.; -, -n⟩ **1** *armlanges, leicht gebogenes Messer an langem Stiel mit zwei Handgriffen zum Mähen von Getreide, Gras usw.;* mit der ~ mähen; wie die ~ so der Schnitt ⟨Sprichw.⟩ ☐ foice 1.1 *von der ~ des Todes dahingemäht werden* ⟨poet.⟩ *sterben* ☐ *ser ceifado pela morte* **2** *~! ⟨fig.; umg.⟩ aus!, Schluss!, jetzt ist es genug!* ☐ *chega!; agora acabou!;* und damit, dann ist aber ~! ☐ *e fim de papo!*

sen|si|bel ⟨Adj.⟩ **1** *empfänglich für Reize* 1.1 *sensible Nerven* ⟨Med.⟩ *die Reize aufnehmende u. weiterleitende N.* ☐ sensitivo **2** *empfindsam, feinfühlig* ☐ sensível

sen|si|tiv ⟨Adj.; geh.⟩ *überempfindlich, leicht reizbar, sensibel;* ein ~er Mensch; ~er Charakter ☐ sensitivo; sensível

Sen|sor ⟨m.; -s, -en⟩ *Gerät, das physikalische, chemische od. elektrochemische Größen erfasst u. in elektrische Signale umwandelt;* Sy *Messfühler* ☐ sensor

Sen|tenz ⟨f.; -, -en⟩ **1** *knapp formulierter Satz mit allgemeingültigem Sinn, Ausspruch, Denkspruch* ☐ sentença **2** ⟨Rechtsw.⟩ = *Urteil(1)*

Sen|ti|ment ⟨[sãtimã:] n.; -s, -s; geh.⟩ *Empfindung, Gefühl* ☐ sentimento

sen|ti|men|tal ⟨Adj.⟩ *voller empfindsamer Gefühle* ☐ sentimental

se|pa|rat ⟨Adj.⟩ **1** *getrennt, abgesondert* ☐ separado **2** *einzeln, privat;* Sy *eigen(1.5.1)* ☐ próprio; particular

Se|pa|ree ⟨n.; -s, -s⟩ *separates, abgetrenntes Zimmer od. Nische (in Lokalen o. Ä.);* oV *Séparée* ☐ reservado

Sé|pa|rée ⟨[separe:] n.; -s, -s⟩ = *Separee*

Sep|sis ⟨f.; -, Sep|sen⟩ = *Blutvergiftung*

Sept ⟨f.; -, -en⟩ = *Septime*

Sep|te ⟨f.; -, -n⟩ = *Septime*

Sep|tem|ber ⟨m.; - od. -s, -; Abk.: Sept.⟩ *der 9. Monat des Jahres, Herbstmonat;* ~-Oktober-Heft, ⟨auch⟩ ~/Oktober-Heft ☐ setembro

Sep|tett ⟨n.; -(e)s, -e; Mus.⟩ **1** *siebenstimmige Komposition* **2** *Ensemble von sieben Musikern* ☐ septeto

Sep|tim ⟨f.; -, -en; österr.⟩ = *Septime*

Sep|ti|me ⟨a. [---] f.; -, -n; Mus.⟩ oV *Sept,* ⟨österr.⟩ *Septe, Septim* **1** *siebenter Ton der diatonischen Tonleiter* **2** *Intervall von sieben Tönen* ☐ sétima

sep|tisch ⟨Adj. 24⟩ **1** *die Sepsis betreffend, auf ihr beruhend* **2** *Krankheitserreger enthaltend, eine Blutvergiftung hervorrufend* ☐ séptico

se|quen|ti|ell ⟨Adj. 24⟩ = *sequenziell*

Se|quenz ⟨f.; -, -en⟩ **1** *Reihe, Folge* **2** ⟨mittelalterl. Liturgie⟩ *eingefügter, hymnusähnlicher Gesang* **3** ⟨Mus.⟩

auf anderer Tonstufe wiederholte kleine Tonfolge **4** ⟨Film⟩ *Reihe von Einstellungen, die im Ablauf der Handlung unmittelbar aufeinanderfolgen* **5** ⟨Kart.⟩ *mindestens drei aufeinanderfolgende Karten mit gleichen Merkmalen* □ **sequência**

se|quen|zi|ell ⟨Adj. 24⟩ oV *sequentiell* **1** *in Sequenzen, in einer bestimmten Anordnung erfolgend;* ~e *Musik* **1.1** ⟨EDV⟩ ~e **Datei** *D., in der die Daten in einer vorgegebenen fortlaufenden Reihenfolge gespeichert u. abgefragt werden* □ **sequencial**

Se|re|na|de ⟨f.; -, -n; Mus.⟩ **1** *freies Instrumentalstück, meist aus mehreren (Tanz-)Sätzen bestehend* **2** *Konzertveranstaltung (bes. im Freien);* eine ~ *veranstalten* □ **serenata**

Se|rie ⟨[-riə] f.; -, -n⟩ *Reihe, Folge, zusammengehörige Gruppe von Gegenständen in einer Sammlung* □ **série**

se|ri|ös ⟨Adj.⟩ **1** *ein* ~es *Angebot ernstes, ernst gemeintes A.* **2** *ein* ~er *Geschäftsmann anständiger G., kein Betrüger* □ **sério**

Ser|mon ⟨m.; -s, -e⟩ **1** ⟨veraltet⟩ *Rede, Predigt* **2** ⟨abwertend⟩ *langweilige Rede, langatmige belehrende Ausführungen* □ **sermão**

Ser|pen|ti|ne ⟨f.; -, -n⟩ **1** *in Schlangenlinien ansteigender Weg an Berghängen* □ **caminho sinuoso** **2** *Kurve, Kehre, Windung* □ **sinuosidade**

Se|rum ⟨n.; -s, Se|ren od. Se|ra; Med.⟩ **1** *der wässrige, nicht gerinnende, von Blutkörperchen u. Fibrin freie Bestandteil von Körperflüssigkeiten, bes. des Blutes* **2** *als Impfstoff verwendetes, mit Immunkörpern angereichertes Serum(1) aus dem Blut von Tieren (a. von Rekonvaleszenten)* □ **soro**

Ser|ve|la ⟨[-və-] f.; -, -s od. schweiz. m.; -s, -s; regional, bes. schweiz.⟩ = *Zervelatwurst*

Ser|ve|lat|wurst ⟨[-və-] f.; -, -würs|te⟩ = *Zervelatwurst*

Ser|vice[1] ⟨[-viːs] n.; - od. -s [-səs], - [-viːs] od. [-viːsə]⟩ *zusammengehöriges Geschirr;* Speise~, Kaffee~ □ **serviço; aparelho**

Ser|vice[2] ⟨[sœːvɪs] m. od. (selten) n.; -, -s [-vɪsɪz]⟩ **1** *Kundendienst, z. B. an Tankstellen* **2** *Bedienung in Gaststätten* □ **serviço**

ser|vie|ren ⟨[-viː-] V.⟩ **1** ⟨500⟩ *Speisen* ~ = *auftragen(2)* **1.1** ⟨400⟩ *bei Tisch bedienen* □ **servir** **2** ⟨503⟩ (jmdm.) *etwas (Unangenehmes)* ~ ⟨fig.; umg.⟩ *vortragen, erklären* □ **dizer**

Ser|vi|et|te ⟨[-vi-] f.; -, -n⟩ *zum Schutz der Kleider beim Essen und zum Abwischen des Mundes nach dem Essen benutztes Tuch* □ **guardanapo**

ser|vil ⟨[-viːl] Adj.; geh.; abwertend⟩ *untertänig, kriecherisch* □ **servil**

ser|vus ⟨[-vus] bair.; österr.⟩ *Guten Tag!, Auf Wiedersehen! (als Grußformel, wenn man sich duzt)* □ **olá!; tchau!**

Se|sam ⟨m.; -s, -s⟩ ⟨Bot.⟩ *Angehöriger einer zur Familie der Sesamgewächse (Pedaliaceae) gehörenden Gattung krautiger Pflanzen mit oben aufspringenden Kapselfrüchten: Sesamum* □ **sésamo** **1.1** ~, *öffne dich!* (in dem Märchen „Ali Baba u. die vierzig Räuber" in 1001 Nacht) **1.1.1** *(Zauberformel für eine verschlossene Schatzkammer in einem Berg)* **1.1.2** ⟨fig.⟩ *Zauberwort,*

um etwas (das aussichtslos erscheint) zu erreichen □ *abre-te, sésamo!* **2** *Samen des Sesams(1)* □ **gergelim**

Ses|sel ⟨m.; -s, -⟩ **1** *bequemer, gepolsterter Stuhl mit (oft gepolsterten) Armlehnen;* Arm~; Lehn~; Club~ **1.1** ⟨Theat.⟩ *erster Platz im Parkett;* Parkett~ □ **poltrona**

sess|haft ⟨Adj. 70⟩ **1** *einen festen Wohnsitz habend* □ **domiciliado; residente**; *zur* ~en *Lebensweise übergehen* □ *passar a ter residência fixa; sich* ~ *machen* □ *estabelecer-se; sedentarizar-se* **2** ⟨umg.; scherzh.⟩ *gern bei jmdm. sitzen bleibend;* ein ~er *Gast* □ **que não vai embora**

set|zen ⟨V.⟩ **1** ⟨500/Vr 3⟩ *sich* (an einen Ort, zu einem Zweck) ~ *niederlassen, in eine sitzende Stellung begeben, einen Sitzplatz einnehmen; bitte* ~ Sie sich!; *sich ans Fenster, an den Tisch* ~; *das Kind setzte sich auf ihren Schoß; sich auf einen Stuhl, eine Bank, auf die Couch* ~; *sich neben jmdn.* ~; *sich zu jmdm.* ~ □ **sentar-se**; *der Vogel hat sich auf einen Zweig, aufs Fensterbrett gesetzt* □ **pousar** **1.1** *sich* **aufs Pferd**, *aufs P. steigen* □ *montar no cavalo* **1.2** *sich* **an eine Arbeit** ~ ⟨fig.⟩ *eine A. beginnen* □ *pôr-se a trabalhar* **1.3** *sich zu Tisch* ~ *für das Essen Platz nehmen* □ *sentar-se à mesa* **1.4** *sich* **zur Ruhe** ~ ⟨fig.⟩ *für immer aufhören zu arbeiten, sich pensionieren lassen, Rentner werden* □ *aposentar-se* **1.5** *jmdn.* **an einen Ort** ~ *an einem O. zum Sitzen bringen; ein Kind aufs Töpfchen* ~ □ *sentar alguém em algum lugar* **2** ⟨511/Vr 7⟩ *jmdn. od. etwas an einen bestimmten Ort, Platz* ~ *tun, stellen; einen Topf aufs Feuer, auf den Herd* ~; *eine Schüssel, Platte auf den Tisch* ~; *ein Kind auf ein Schaukelpferd* ~ □ *pôr; colocar* **2.1** *sich die Krone aufs Haupt* ~ *sich krönen* □ *coroar-se* **2.2** *in Anführungszeichen* ~ *mit A. bezeichnen* □ *colocar entre aspas* **2.3** *jmdn. über einen anderen* ~ ⟨fig.⟩ *jmdn. zum Vorgesetzten eines anderen bestimmen* □ *colocar alguém acima de outra pessoa* **2.4** *einen Namen auf eine Liste* ~ *eintragen, schreiben* □ *pôr um nome numa lista* **2.5** *seinen Namen unter ein Schriftstück* ~ *ein S. unterschreiben* □ *assinar um documento* **2.6** *ein Kind in die Welt* ~ (meist mit dem Unterton des Vorwurfs mangelnder Verantwortung) *zeugen, gebären* □ *pôr uma criança no mundo* **2.7** *ich setze keinen Fuß mehr in sein Haus ich gehe nicht mehr zu ihm, will mit ihm nichts mehr zu tun haben* □ *não ponho mais os pés na sua casa* **2** ⟨610/Vr 1⟩ *sich etwas in den Kopf* ~ *etwas hartnäckig wollen, sich fest vornehmen* □ *colocar/meter uma coisa na cabeça* **3** ⟨511⟩ **Personen an einen bestimmten Ort**, Platz ~ *bringen, befördern; Fahrgäste vom Schiff ans Land* ~ □ **levar; transportar** **3.1** *das Glas, die Trompete an den Mund* ~ *heben* □ *levar o copo/trompete à boca* **3.2** *jmdn. an die Luft* ~ ⟨fig.; umg.⟩ *hinauswerfen* □ *pôr alguém na rua* **3.3** *einen Artikel, eine Anzeige in die Zeitung* ~ ⟨fig.⟩ *veröffentlichen, drucken lassen* □ *colocar um artigo/anúncio no jornal* **3.4** *etwas* ~ *in eine bestimmte Position bringen* **3.4.1** *ein Satzzeichen* ~ *anbringen, schreiben; einen Punkt, ein Komma* ~ □ *colocar; pôr* **3.4.2** *die Segel* ~ *aufziehen, ausspannen* □ *desfraldar* **4** ⟨411⟩

s-Genitiv

über etwas ~ *etwas überwinden, überqueren;* bei Hochwasser kann man nicht über den Fluss ~ ☐ **atravessar alguma coisa* 4.1 ⟨411⟩ **über ein Hindernis** ~ *ein H. überspringen;* über einen Bach, eine Hecke ~ ☐ **pular um obstáculo* 4.2 ⟨550⟩ jmdn. über etwas ~ *befördern* 4.2.1 jmdn. über den Fluss ~ mit dem Boot bringen ☐ **fazer a travessia de alguém* 5 ⟨500/Vr 3⟩ etwas setzt **sich** *sinkt zu Boden, lagert sich ab;* der Kaffee hat sich im Filter gesetzt ☐ *depositar-se* 5.1 *zusammensinken, Hohlräume verschwinden lassen;* das Erdreich setzt sich ☐ *afundar* 5.2 etwas setzt **sich in etwas** *dringt in etwas ein;* der Staub hat sich in die Fugen, Ritzen gesetzt; der Geruch setzt sich in die Kleider ☐ *impregnar* 5.3 Beton, Mörtel, Zement setzt **sich** *wird hart, bindet ab* ☐ *endurecer* 6 ⟨500⟩ etwas ~ *herstellen, errichten, (an einem Ort) unterbringen* ☐ *produzir; instalar* 6.1 ⟨530⟩ jmdm. ein **Denkmal** ~ *errichten* ☐ *erguer; erigir* 6.2 einen **Ofen** ~ *aufstellen, errichten* ☐ *instalar* 6.3 eine **Pflanze** ~ *einpflanzen;* einen Baum, Strauch ~ ☐ *plantar* 6.4 ein Manuskript, einen **Text** ~ ⟨Typ.⟩ *Zeilen u. Seiten in die Form bringen, in welcher der Text gedruckt wird* ☐ *compor* 6.5 **Junge** ~ ⟨Jägerspr.⟩ *zur Welt bringen (vom Haarwild außer Schwarzwild)* ☐ *parir* 7 ⟨511/Vr 7⟩ jmdn. od. etwas **in, auf, unter, außer etwas** ~ *in etwas (eine Lage, Tätigkeit, einen Zustand) bringen, versetzen;* jmdn. in Erstaunen ~ ☐ **surpreender/espantar alguém;* einen Motor in Gang ~ ☐ **colocar/pôr um motor em movimento,* jmdn. in Angst ~ ☐ **amedrontar alguém* 7.1 ⟨Vr 3⟩ sich **in den Besitz** einer Sache ~ *sich eine S. aneignen, sie sich nehmen* ☐ **apropriar-se de alguma coisa* 7.2 ⟨Vr 3⟩ sich **in Bewegung** ~ *zu gehen, fahren beginnen* ☐ **pôr-se em movimento* 7.3 jmdn. **auf freien Fuß** ~ *aus dem Gefängnis entlassen* 7.4 jmdn. od. ein Tier in **Freiheit** ~ *jmdm. od. einem T. die Freiheit geben, jmdn., ein T. freilassen* ☐ **pôr em liberdade; soltar (alguém/um animal)* 7.5 ein Gesetz, einen Vertrag **außer Kraft** ~ *für ungültig erklären* ☐ **anular/revogar uma lei/um contrato* 7.6 ein Gedicht, einen Text **in Musik** ~ *komponieren, vertonen* ☐ **musicar um poema/um texto* 7.7 ein Theaterstück **in Szene** ~ *aufführen, zur Aufführung vorbereiten* ☐ **encenar uma peça;* → *a. Szene(3)* 7.8 neue Geldscheine **in Umlauf** ~ *in U. bringen* ☐ **pôr novas cédulas em circulação* 7.9 eine Arbeit, ein Vorhaben **ins Werk** ~ *beginnen* ☐ **iniciar um trabalho/projeto* 8 ⟨530/Vr 1⟩ jmdm. od. einer **Sache** etwas ~ *bestimmen, festlegen;* ich habe mir ein Ziel gesetzt; diese Angelegenheiten müssen Schranken gesetzt werden; jmdm. eine **Frist** ~ ☐ *determinar; estabelecer* 9 ⟨500⟩ etwas ~ *annehmen; gesetzt, er kommt ;* ~ *wir einmal den Fall, dass ...* ☐ *supor* 10 ⟨550; Funktionsverb⟩ 10.1 **Hoffnung auf** jmdn. ~ *auf jmdn. hoffen, hoffen, dass jmd. etwas Bestimmtes erreichen wird* 10.2 **Vertrauen in** jmdn. ~ *jmdm. vertrauen* ☐ *depositar* 10.3 ⟨550/Vr 3⟩ **sich zur Wehr** ~ *sich verteidigen* ☐ **defender-se* 11 ⟨510⟩ **auf etwas** ~ *(als Einsatz, Pfand) einsetzen;* er hat eine hohe Summe auf Sieg gesetzt

11.1 hoch, niedrig ~ *(im Spiel) einen hohen, niedrigen Einsatz zahlen* 11.2 **auf ein Pferd** ~ *wetten, einen bestimmten Betrag einzahlen, um für den Fall, dass das P. siegt, einen Gewinn zu erhalten* ☐ *apostar* 12 ⟨501⟩ es setzt **Schläge, Prügel, Ohrfeigen** ⟨umg.⟩ *es gibt S., P., O.* ☐ **isso vai acabar em pancadaria*

Sętz|ling ⟨m.; -s, -e⟩ 1 *junge Pflanze, die gesetzt (in die Erde gepflanzt) wird* ☐ *mergulhão* 2 *junger Fisch, der in einen Teich (zur Zucht) gesetzt wird* ☐ *alevino*

Seu|che ⟨f.; -, -n⟩ = *Epidemie*

seuf|zen ⟨V.⟩ 1 ⟨400⟩ *einmal tief aufatmen;* vor Kummer, Bangen, Sehnsucht ~ 2 ⟨500⟩ etwas ~ *seufzend sagen;* „Vielleicht!", seufzte er ☐ *suspirar* 3 ⟨800⟩ unter jmdm. od. etwas ~ ⟨fig.⟩ *leiden, jmdm. od. etwas stumm erdulden* ☐ **sofrer sob o jugo de alguém ou alguma coisa*

Seuf|zer ⟨m.; -s, -⟩ 1 *einmaliges tiefes Atmen;* ein schwerer, tiefer ~; ein ~ der Erleichterung; einen ~ ausstoßen; einen ~ unterdrücken; heimlicher, stiller ~; → a. *letzte(r, -s)(1.8.2)* ☐ *suspiro*

Sęx ⟨m.; - od. -es; unz.; umg.; kurz für⟩ 1 *Geschlecht, Sexus* 2 *Sexualität, Erotik (u. ihre Darstellung in der Öffentlichkeit);* ~film, ~shop 3 *Geschlechtsverkehr;* mit einem Mann, einer Frau ~ haben; ungeschützten ~ haben ☐ *sexo* 4 = *Sexappeal*

Sex|ap|peal auch: **Sex-Ap|peal** ⟨[sɛksəpiːl] m.; -s; unz.⟩ *geschlechtliche, erotische Anziehungskraft;* Sy *Sex(4);* viel, wenig ~ haben ☐ *sex appeal*

Sęxt ⟨f.; -, -en; österr.⟩ = *Sexte*

Sęx|te ⟨f.; -, -n; Mus.⟩ oV ⟨österr.⟩ *Sext* 1 *sechster Ton der diatonischen Tonleiter* 2 *Intervall aus sechs Tönen* ☐ *sexta*

Sex|tętt ⟨n.; -(e)s, -e; Mus.⟩ 1 *sechsstimmige Komposition* 2 *Ensemble aus sechs Musikern* ☐ *sexteto*

se|xu|al ⟨Adj.⟩ = *sexuell*

Se|xu|a|li|tät ⟨f.; -; unz.⟩ *Gesamtheit der mit dem Geschlechtsleben verbundenen Triebe, Empfindungen, Bedürfnisse u. Äußerungen* ☐ *sexualidade*

se|xu|ęll ⟨Adj. 24⟩ *geschlechtlich, das Geschlecht, die Sexualität betreffend, auf ihm bzw. ihr beruhend;* oV *sexual;* ~e Anziehungskraft; eine (rein) ~e Bindung; ~es Verhalten einer Tiergattung ☐ *sexual*

sę|xy ⟨Adj. 11⟩ *sexuell anziehend, körperliche Reize betonend;* sie sieht ~ aus; ein ~ Nachthemd ☐ *sexy*

Se|zes|si|on ⟨f.; -, -en⟩ 1 *Abfall, Loslösung (eines Staates, einer Provinz)* 2 *Name für eine Gruppe von Künstlern, die sich von einer bestehenden Künstlervereinigung loslösen, weil sie sich anderen Zielen zugewendet haben* 2.1 Berliner ~ (1899) 2.2 Münchner ~ (1892) 2.3 Wiener ~ (1897) ☐ *secessão*

se|zie|ren ⟨V. 500⟩ 1 eine **Leiche** ~ *anatomisch zerlegen u. untersuchen* 2 Texte, Äußerungen ~ ⟨fig.; geh.⟩ *auseinandernehmen u. genau untersuchen* ☐ *dissecar*

S-för|mig auch: **s-för|mig** ⟨[ɛs-] Adj. 24/70⟩ *in der Form eines S* ☐ *em forma de S*

s-Ge|ni|tiv ⟨[ɛs-] m.; -s, -e; Gramm.⟩ *Genitiv, der durch das Anfügen eines s an das Substantiv mit Apostroph markiert wird (z. B. im Englischen „father's book"), bes. bei Eigennamen mitunter fälschlich auf das*

Shake

*Deutsche übertragen („Erika's Gemüseladen" statt „Erikas Gemüseladen") □ **genitivo com "s" apostrofado***

Shake¹ ⟨[ʃɛɪk] m.; -s, -s⟩ **1** *Zittern, Schüttelfrost (als Folge häufigen Drogenkonsums)* □ **tremor 2** *Mixgetränk;* Milch~ □ *milk-shake*

Shake² ⟨[ʃɛɪk] n.; -s, -s; Jazz⟩ *Vibrato, Triller über einer Note* □ *shake*

Shake|hands ⟨[ʃɛɪkhæːndz] n.; -; unz.⟩ *Händeschütteln (zur Begrüßung);* das ~ der Staatspräsidenten □ **aperto de mãos**

Sham|poo ⟨[ʃampu:] od. [ʃampo] n.; -s, -s⟩ *Haarwaschmittel;* oV *Shampoon* □ **xampu**

Sham|poon ⟨[ʃampuːn] od. [ʃampoːn] n.; -s, -s⟩ = *Shampoo*

Shan|ty ⟨[ʃænti] n.; -s, -s⟩ *Seemannslied (mit Refrain)* □ **canção de marinheiro**

She|riff ⟨[ʃɛrɪf] m.; -s, -s; in Großbritannien u. den USA⟩ **1** ⟨USA⟩ *Vollzugsbeamter, teilweise mit richterlichen Befugnissen* **2** *(England u. Nordirland) Verwaltungsbeamter einer Grafschaft* □ **xerife**

Sher|ry ⟨[ʃɛri] m.; -s, -s⟩ *würziger Südwein (ursprünglich aus der spanischen Stadt Jerez de la Frontera);* Sy *Jerez* □ **xerez**

Shoo|ting|star ⟨[ʃuːtɪŋ-] m.; -s, -s⟩ *Person (bes. Sänger od. Schauspieler), die schnell bekanntgeworden ist, eine steile Karriere gemacht hat, Senkrechtstarter* □ **celebridade instantânea**

Shop ⟨[ʃɔp] m.; -s, -s⟩ *Geschäft, Laden;* Sex~ □ **loja**

Shop|ping ⟨[ʃɔpɪŋ] n.; -s, -s⟩ *das Einkaufen, Einkaufsbummel;* ~ gehen □ **compras**

Shop|ping|cen|ter *auch:* **Shop|ping-Cen|ter** ⟨[ʃɔpɪŋsɛntɐ(r)] n.; -s, -⟩ *Einkaufszentrum* □ *shopping center;* **centro comercial**

Shorts ⟨[ʃɔːts] Pl.⟩ *kurze Sommerhosen* □ *shorts*

Short|sto|ry ⟨[ʃɔːtstɔːrɪ]⟩ *auch:* **Short Sto|ry** ⟨f.; (-) -, (-) -s⟩ *Kurzgeschichte* □ **conto**

Show ⟨[ʃoʊ] f.; -, -s⟩ = *Schau(1.2)*

Show-down *auch:* **Show|down** ⟨[ʃoʊdaʊn] n. od. m.; -s, -s⟩ **1** *abschließende, entscheidende (meist kämpferische) Auseinandersetzung zwischen den Haupthelden* □ **decisão 1.1** ⟨allg.⟩ *Macht-, Kraftprobe* □ **demonstração de força 2** (Poker) *Aufdecken der Karten* □ *showdown;* **mostrar as cartas**

Shrimp ⟨[ʃrɪmp] m.; -s, -s; meist Pl.⟩ *Krabbe;* oV *Schrimp* □ **camarão**

sich ⟨Reflexivpron. 3. Person Sg. u. Pl.; Sg. 1. Person: mir, mich, Sg. 2. Person: dir, dich; Pl. 1. Person: uns, Pl. 2. Person: euch⟩ **1** *(weist auf ein Subst. od. Pron. (meist das Subj. des Satzes) zurück)* ~ ereignen; wir wundern uns; ich wasche mich; ihr bedankt euch; du überzeugst dich; nur an ~ denken; hinter ~ schauen; er wäscht ~ die Hände □ **me; te; se/si; nos; vos 1.1** für ~ *von anderen getrennt* □ *****à parte 1.1.1** etwas für ~ behalten *es niemandem sagen* □ *****guardar alguma coisa para si 1.1.2** jmd. ist für ~ *allein* □ *****estar por conta própria 1.1.3** eine Sache für ~ *eine andere, besonders S.* □ *****uma coisa em si 1.1.4 an** (und für) ~ *eigentlich, wenn man die Sache selbst betrachtet* □ *****em si;** → a. Ding¹ *(1.4)* **1.2** hinter ~ ⟨a. fig.⟩ *erledigt* □ *****pronto; terminado 1.2.1** etwas hinter ~ bringen *etwas vollenden, fertig machen* □ *****terminar alguma coisa 1.2.2** etwas hinter ~ haben *etwas (Unangenehmes) erlebt, beendet haben* □ *****ter passado por alguma coisa (desagradável); ter vivido alguma coisa (desagradável) 1.3** vor ~ ⟨a. fig.⟩ *noch zu erledigen, zu tun;* etwas (noch) vor ~ haben □ *****pela frente 1.4** bei ~ ⟨a. fig.⟩ *bei od. im Bewusstsein* **1.4.1** er ist nicht mehr ganz bei ~ *nicht bei Besinnung vor Zorn* □ *****ele está meio fora de si; ele está fora de órbita 1.4.2** er dachte bei ~ ⟨verstärkend⟩ *er dachte es, ohne es zu äußern* □ *****ele pensou consigo mesmo/com seus botões;* „....", sagte er bei ~, leise, in Gedanken □ *****disse baixinho para si mesmo; disse em pensamento 1.5** aus ~ herausgehen *zutraulich, aufgeschlossen werden* □ *****sair da concha; perder a timidez 1.5.1** jmd. ist außer ~ (vor) *in höchstem Grade erregt (wegen)* □ *****estar fora de si 1.6** jmd. kommt wieder zu ~ *erlangt das Bewusstsein wieder* □ *****voltar a si 1.7** etwas **an** ~ **haben** *eine (bestimmte) Eigenschaft haben;* er hat etwas an ~, das alle anzieht □ *****ter alguma coisa (de) 1.8** etwas von ~ aus tun *von selbst, freiwillig, aus eigenem Antrieb* □ *****fazer alguma coisa espontaneamente 1.9** *(nur 3. Person)* **1.9.1 es in** ~ **haben** ⟨a. fig.⟩ *eine (unvermutete) Kraft, Wirkung, Intensität haben;* der Wein hat es in ~; diese Arbeit hat es in ~ □ *****ser forte/duro/difícil 1.9.2 auf** ~ haben ⟨a. fig.⟩ *bedeuten;* es hat nichts auf ~; was hat es damit auf ~? □ *****significar 2** *(im Pl. a.) einander, einer den (dem) anderen;* sie schlugen ~ □ *****eles se calaram;* wir berieten uns □ *****nos consultamos;* ihr dürft euch nicht immer streiten □ *****vocês não podem ficar brigando**

Si|chel ⟨f.; -, -n⟩ *kleines Werkzeug zum Mähen mit halbkreisförmig nach innen gebogener Klinge* □ **foice**

si|cher ⟨Adj.⟩ **1** *zweifelsfrei, bestimmt, gewiss, zuverlässig, verbürgt;* er ist ein ~er Fahrer, Schütze, Schwimmer □ **bom; confiável;** ein ~es Urteil haben □ **certo; seguro;** hat er das wirklich gesagt? Aber ~! □ **claro;** ich weiß es aus ~er Quelle □ **seguro;** ist das wirklich so? Ganz ~!; kommst du heute? ~! □ **claro; com certeza;** er kommt ~ noch; er hat es ~ vergessen □ **certamente 1.1** ~ wie das Amen in der Kirche sein ⟨umg.⟩ *voraussagbar, ganz bestimmt sein* □ *****(tão) certo como dois e dois são quatro 1.2** ich bin mir (nicht) ganz ~ *ich weiß es (nicht) ganz genau* □ *****(não) estou totalmente certo 1.3** einer Sache ~ sein *keinen Zweifel an etwas haben;* seines Sieges ~ sein; du kannst seiner Freundschaft, Liebe, seines Schweigens ~ sein □ *****ter certeza/estar certo de alguma coisa 1.3.1** dessen kannst du ~ sein *darauf kannst du dich verlassen* □ *****pode ter certeza/estar certo disso 1.3.2** ich bin mir meiner Sache ~ *ich weiß es genau* □ *****tenho certeza (do que estou dizendo);* sei muito bem (o que estou dizendo) **1.4** ~es Geleit *gegen Gefahr schützendes G.* □ *****escolta segura 2** *ungefährdet, gesichert, geborgen;* sein ~es Auskommen haben; bei uns bist du ~; am ~sten wird es sein, wenn ...; es wird das Sicherste sein, wenn du...; einen Gegenstand ~ aufbewahren; ~ vor etwas od. jmdm. □ **ga-**

rantido; seguro; protegido; endlich im Sichern sein □ segurança 2.1 hier ist man seines Lebens nicht ~ 〈oft scherzh.〉 hier besteht Lebensgefahr □ *aqui se corre risco de vida 2.2 ~ ist ~! 〈umg.〉 lieber vorsichtig sein □ *é melhor prevenir do que remediar! 2.3 gefahrlos; wir gehen hier herum, das ist ~er □ seguro; → a. Nummer(5) 3 fest u. ruhig, geübt; eine ~e Hand haben; mit ~em Schritt □ firme; ~ auftreten; er fährt, schwimmt (völlig) ~; seine Aufgaben, Vokabeln ~ können, beherrschen; der Kleine läuft schon ganz ~; er sitzt, geht, steht (ganz) ~ □ com segurança/firmeza/confiança 4 unfehlbar, untrüglich; ein ~es Gefühl für etwas haben; das ist ein ~es Zeichen für ...; mit ~em Blick erkennen; mit ~em Instinkt □ infalível

si|cher||ge|hen 〈V. 145/400 od. 410(s.)〉 kein Risiko eingehen □ estar seguro; 〈aber Getrenntschreibung〉 sicher gehen → sicher(3)

Si|cher|heit 〈f.; -, -en〉 1 〈unz.〉 Geborgenheit, Geschütztsein, Schutz; etwas, jmdn., sich in ~ bringen; in ~ sein; zu Ihrer ~; der ~ halber □ segurança 1.1 öffentliche ~ öffentliche Ruhe u. Ordnung □ *segurança pública 1.2 Ruhe, Sorglosigkeit □ segurança, tranquilidade 1.2.1 jmdm., sich in ~ wiegen jmdm., sich vormachen, vortäuschen, es bestehe keine Gefahr, kein Grund zu Besorgnis □ *(fazer alguém) acreditar que está em segurança; sentir-se seguro 2 〈unz.〉 sichere Beschaffenheit, Festigkeit; die ~ der Fabrikanlage ist gewährleistet □ segurança 2.1 Verlässlichkeit, Zuverlässigkeit; auf die ~ seines Urteils kann man sich verlassen □ confiabilidade 2.2 (durch Übung erworbene) Vollkommenheit; ihm fehlt die nötige ~ am Instrument □ segurança 3 〈unz.〉 das Sichersein, Gewissheit; ich kann es (nicht) mit ~ behaupten; ich weiß es (nicht) mit ~ □ segurança; certeza 3.1 Bestimmtheit; ~ im Auftreten □ segurança; autoconfiança 4 Bürgschaft, Pfand; gewisse ~en fordern; ~ leisten; eine Summe als ~ geben; er bekam den Kredit ohne die geringste ~ □ garantia

si|cher|heits|hal|ber 〈Adv.〉 um der Sicherheit willen, um sicher zu sein; ~ habe ich alle Geräte ausgeschaltet □ por segurança

si|cher|lich 〈Adv.〉 1 bestimmt, gewiss; ~!; ich werde ihn ~ finden □ com certeza; sem dúvida 2 vermutlich, wahrscheinlich; er kommt ~ nicht □ provavelmente; certamente

si|chern 〈V.〉 1 〈500/Vr 7 od. Vr 8〉 jmdn. od. etwas ~ in Sicherheit bringen, vor Gefahr schützen; sich beim Bergsteigen durch ein Seil ~; sich gegen, vor etwas ~ □ proteger(-se); assegurar(-se) 1.1 fest, zusätzlich (mit Hebel, Riegel) verschließen, festmachen; ein offenes Fenster vor dem Zuschlagen ~ □ reforçar 1.2 eine Waffe ~ den Abzugshebel feststellen □ *acionar o dispositivo de segurança de uma arma 2 〈400〉 gewährleisten, sicherstellen; seine Zukunft ist gesichert; in gesicherten Verhältnissen leben □ garantir; assegurar 3 〈530/Vr 5〉 jmdm. od. sich etwas ~ verschaffen; sich einen guten Platz ~; sich das Vorkaufsrecht ~, ein Anspruchsrecht ~ □ garantir; assegurar-se 4

〈400〉 das Wild sichert 〈Jägerspr.〉 blickt sich um, horcht, wittert, ob Gefahr droht □ acautelar-se

si|cher||stel|len 〈V. 500〉 1 etwas ~ sichern, in Sicherheit bringen □ pôr em segurança 1.1 beschlagnahmen; gestohlene Gegenstände ~ □ confiscar; apreender 2 jmdn. ~ jmds. Zukunft, finanzielle Lage sichern □ assegurar; garantir

Si|che|rung 〈f.; -, -en〉 1 〈unz.〉 das Sichern 1.1 Schutz; zur ~ des Friedens 1.2 〈Mil.〉 Schutzmaßnahme gegen Überfall; eine Abteilung übernahm die ~ der Gebäude □ proteção; segurança 1.3 Gewährleistung; eine ~ der Versorgung mit Lebensmitteln gelang nicht □ garantia 1.4 polizeiliche Ermittlung der Spuren am Tatort □ investigação 2 Vorrichtung, die etwas unter Kontrolle hält (u. so vor Gefahr schützt) 2.1 Vorrichtung, die das selbsttätige Lösen eines Maschinenteils verhindert 2.2 Hebel an Schusswaffen, der das unbeabsichtigte Lösen eines Schusses verhindern soll □ trava/ dispositivo de segurança 2.3 Vorrichtung, die den Strom bei Überlastung des Netzes abschaltet; Schmelz~; die ~ ist durchgebrannt; eine neue ~ einsetzen □ fusível

Sicht 〈f.; -; unz.〉 1 Möglichkeit des Sehens über größere Entfernung, Ausblick; von hier oben hat man eine weite ~ □ vista; visão 1.1 heute ist gute, klare ~ die Luft ist klar, man kann weit sehen 1.2 heute ist keine, schlechte ~ heute ist es dunstig, neblig, man kann nicht weit sehen □ visibilidade 1.3 auf kurze, lange ~ 〈fig.〉 für kurze, längere Zeit □ *a curto/longo prazo 2 in, außer ~ Sichtweite □ *dentro/fora do campo de visão 2.1 der Dampfer, das Flugzeug ist in ~ man kann den D., das F. schon sehen □ *já dá para ver o navio/avião 2.2 der Ballon geriet bald außer ~ war bald nicht mehr zu sehen □ *logo o balão desapareceu 3 Blickwinkel, Perspektive; das ist aus meiner ~ überhaupt kein Problem □ óptica; ponto de vista 4 〈Bankw.〉 Zeitpunkt der Vorlage eines Wechsels zur Bezahlung; mit drei Monaten ~ □ prazo

sicht|bar 〈Adj.〉 1 so beschaffen, dass man es sehen kann; etwas durch Röntgenstrahlen ~ machen; gut, deutlich, kaum ~; für alle ~ 1.1 die ~e Kirche die Gemeinschaft der Gläubigen □ visível 1.2 deutlich erkennbar, sichtlich; er ärgerte, freute sich ~ □ visivelmente; manifestamente

sich|ten 〈V. 500〉 1 etwas ~ in größerer Entfernung erblicken; ein Flugzeug, Schiff; Land, eine Insel ~ □ avistar 2 etwas ~ 〈fig.〉 prüfen u. ordnen; jmds. Nachlass ~; Papiere ~ □ classificar; ordenar

sicht|lich 〈Adj. 24/90〉 offensichtlich, offenkundig; er war ~ erleichtert; er ist ~ größer, hübscher geworden; es war ihm ~ peinlich □ visivelmente

si|ckern 〈V. 400 od. 410(s.)〉 etwas sickert fließt langsam u. dünn; Regenwasser sickert durchs Dach; aus der Wunde sickert Blut □ ressumar; gotejar; pingar

Side|board 〈[saɪdbɔːd] n.; -s, -s〉 breiter, niedriger Schrank (zum Aufbewahren von Geschirr o. Ä., auch als Abstellfläche od. Anrichte genutzt) □ aparador

sie[1] 〈Personalpron., 3. Person Sg. f.; Gen.: ihrer, Dat.: ihr, Akk.: sie; Pl.: sie[2]〉 (Ausdruck für eine Person od.

sie

Sache, die weder Sprecher noch Hörer ist); ~ geht; wir erinnern uns ihrer; er gibt ihr etwas; alle sehen ~ □ **ela**

sie² ⟨Personalpron., 3. Pers. Pl.; Gen.: ihrer, Dat.: ihnen, Akk.: sie⟩ *(Ausdruck für mehrere Personen od. Sachen, die weder Sprecher noch Hörer sind);* ~ gehen; wir gedenken ihrer; sie gibt es ihnen; viele beobachten ~ □ **eles; elas**

Sie¹ ⟨Personalpron., 3. Person Pl.; Gen.: Ihrer, Dat.: Ihnen, Akk.: Sie⟩ **1** *(Anrede für eine od. mehrere nicht verwandte u. nicht befreundete erwachsene Personen);* ~ können mir leidtun; sie dankt Ihnen; wir grüßten ~; darf ich ~ miteinander bekanntmachen? **2** ~ da!, he ~! ⟨umg.⟩ *(unhöfliche Anrede an Personen, deren Namen man nicht weiß;* □ **o(s) senhor(es); a(s) senhora(s) 3** jmdn. mit ~ anreden *eine nichtvertrauliche Anrede verwenden* ~ **tratar alguém por senhor(a); tratar alguém formalmente*

Sie² ⟨f.; -, -s; umg.⟩ *eine Frau, ein weibl. Wesen;* dieses Pferd ist eine ~ □ **fêmea**; → a. **Er**

Sieb ⟨n.; -(e)s, -e⟩ **1** *Gefäß mit mehr od. weniger feinen Löchern, Scheibe aus grobem od. feinem Drahtgeflecht, um körnige Stoffe nach ihrer Größe zu scheiden bzw. feste Stoffe von einer Flüssigkeit zu trennen, od. Flechtwerk zum Reinigen von Getreide u. a.;* Mehl~, Sand~; Tee~; Getreide~, Körner~; feines, grobes ~; eine Flüssigkeit durch ein ~ gießen; Quark durch ein ~ rühren; seine Jacke ist wie ein ~ durchlöchert □ **crivo; peneira** 1.1 Wasser mit einem ~ schöpfen ⟨fig.⟩ *nutzlose, nie endende Arbeit verrichten* □ **pegar água com peneira;* enxugar gelo 1.2 sein Gedächtnis ist wie ein ~ ⟨umg.⟩ *er vergisst alles* □ **sua memória é fraca/curta*

sie|ben¹ ⟨V. 500⟩ **1** etwas ~ *durch ein Sieb schütten od. rühren, so dass größere Teile zurückbleiben;* Getreide, Korn, Mehl ~ **2** jmdn. od. etwas ~ ⟨fig.⟩ *die besseren Arbeitskräfte, Schüler o. Ä. von den schlechteren trennen* 2.1 in der Klasse vor dem Abitur, vor der Zulassung zum Lehrgang wird noch einmal gründlich gesiebt *werden die Schüler bzw. Anwärter geprüft u. nur die besten behalten* □ **peneirar; passar pelo crivo**

sie|ben² ⟨Numerale 11; in Ziffern: 7⟩ → a. **vier 1** *sechs u. eins;* ~ Personen, Stück □ **sete** 1.1 die sieben freien Künste ⟨im MA⟩ *die eines freien Mannes würdigen Kenntnisse (Grammatik, Dialektik, Rhetorik, Arithmetik, Geometrie, Astronomie, Musik)* □ **as sete artes liberais* 1.2 im ~ten Himmel sein, schweben ⟨fig.⟩ *überglücklich sein, verliebt sein* □ **estar no sétimo céu* 1.3 das ist mir ein Buch mit ~ Siegeln ⟨fig.⟩ *etwas, das ich nicht verstehe* □ **este livro é grego para mim* 1.4 die sieben Weltwunder *sieben außergewöhnliche Bau- u. Kunstwerke (im Altertum); die Zeusstatue in Olympia, die Hängenden Gärten der Semiramis, der Leuchtturm von Alexandria, das Mausoleum von Halikarnassos, die ägyptischen Pyramiden, der Koloss von Rhodos u. der Artemistempel in Ephesos werden meist als die* sieben *Weltwunder bezeichnet* □ **as sete maravilhas do mundo*

Sie|ben ⟨f.; -, -; umg.⟩ **1** *Zahl zwischen Sechs u. Acht, die Ziffer* 7 □ **sete** 1.1 *die Straßen-, Buslinie Nr. 7;* in die ~ einsteigen □ **linha sete 2** *(nach altem Volksglauben Glück od. Unheil bringende od. auch nur bedeutungsvolle Zahl);* die böse ~ □ **o sete cabalístico*

Sie|ben|sa|chen ⟨f.; nur Pl.⟩ *Eigentum od. Arbeitsmaterial, das man täglich braucht, Habe, Habseligkeiten;* hast du deine ~ beisammen?; seine ~ packen □ **coisas**

sie|ben|tel ⟨Numerale 11⟩ = **siebtel**

Sie|ben|tel ⟨n.; -s, -; schweiz. m.; -s, -⟩ = **Siebtel**

sieb|tel ⟨Numerale 11; Bruchzahl zu⟩ **sieben;** oV **siebentel;** ein ~ Kilogramm, Liter □ **sétimo; sétima parte**

Sieb|tel ⟨n.; -s, -; schweiz. m.; -s, -⟩ *der siebte Teil;* oV **Siebentel** □ **sétimo; sétima parte**

sieb|zig ⟨Numerale; in Ziffern: 70⟩ *die Zahl 70* □ **setenta;** → a. **achtzig**

Siech|tum ⟨n.; -s; unz.; geh.⟩ *Zustand des Dahinsiechens, langes Kranksein, bes. vor dem Tode* □ **enfermidade; doença crônica**

sie|deln ⟨V. 400⟩ *sich an einem Ort (bes. auf noch unbesiedeltem Land) niederlassen u. dort ein neues Zuhause gründen* □ **fixar-se; estabelecer-se**

sie|den ⟨V. 242/400⟩ **1** *eine Flüssigkeit siedet kocht;* → a. **braten(1.1)**; das Wasser siedet □ **ferver;** ~des Wasser □ **fervente;** ~d heißes Wasser □ **água muito quente* 1.1 der Blumenkohl hat 15 Minuten gesiedet, gesotten *in kochendem Wasser gelegen* □ **ferver** 1.2 es überlief ihn ~d heiß ⟨fig.⟩ *er erschrak sehr* □ **ele suou frio (de medo)*

Sie|de|punkt ⟨m.; -(e)s, -e⟩ **1** *Temperatur, bei der eine Flüssigkeit siedet* □ **ponto de ebulição** 1.1 auf dem ~ angelangt sein ⟨fig.⟩ *sehr wütend sein, an dem Punkt angelangt sein, an dem man die Geduld, die Beherrschung verliert* □ **ficar uma fera/arara*

Sied|lung ⟨f.; -, -en⟩ **1** ⟨unz.⟩ *das Siedeln* **2** *Niederlassung mit bebautem Land, Wohnhäusern u. Ställen* □ **povoamento 3** *Siedlerstelle* □ **assentamento 4** *Gruppe gleichartiger, kleiner Wohnhäuser mit Garten am Rand eines Dorfes od. einer Stadt;* Wohn~ □ **conjunto habitacional*

Sieg ⟨m.; -(e)s, -e⟩ **1** *das Besiegen des Gegners;* das war ein leichter ~ **2** ⟨a. fig.⟩ *gewonnener Kampf;* ~ des Guten, der Wahrheit; den ~ erringen, davontragen; ein schwer erkämpfter, schwer errungener ~; dem Guten, der Wahrheit zum ~ verhelfen □ **vitória; triunfo**

Sie|gel ⟨n.; -s, -⟩ **1** *Stempel zum Abdruck eines Zeichens in weiche Masse;* ein ~ auf etwas drücken **2** *der Abdruck eines Siegels(1) auf einem Schriftstück, Behältnis od. einer Tür als Verschluss od. Bestätigung angebracht;* ein ~ erbrechen, lösen □ **selo; lacre** 2.1 jmdm. etwas unter dem ~ der Verschwiegenheit erzählen *unter der Bedingung der V.* □ **contar alguma coisa a alguém em sigilo;* → a. **Brief(2.1)**, **Buch(2.6)**

sie|geln ⟨V. 500⟩ *ein Schriftstück* ~ *mit einem Siegel verschließen od. bestätigen;* einen Brief, ein Dokument, eine Urkunde ~ □ **selar; lacrar**

sie|gen ⟨V. 400⟩ *einen Kampf gewinnen, einen Sieg erringen;* die Vernunft siegte; wir haben 3 : 2 gesiegt; im Kampf, Zweikampf, Wettkampf ~; nach Punkten ~; über jmdn. ~; sein Mitleid siegte über seinen Zorn □ **vencer; triunfar; ganhar**

Sie|ger ⟨m.; -s, -⟩ *jmd., der einen Sieg errungen hat; als ~ aus einem Kampf hervorgehen* □ **vencedor**

Sie|ge|rin ⟨f.; -, -rin|nen⟩ *weibl. Sieger* □ **vencedora**

sieg|reich ⟨Adj.⟩ *gesiegt habend; das ~e Heer; die ~e Mannschaft; ~ (vom Kampf) zurückkehren* □ **vitorioso**

Si|es|ta ⟨[siĘsta] f.; -, -s od. -es|ten⟩ *Mittagsruhe* □ **sesta; ~ halten** □ ***fazer a sesta**

sie|zen ⟨V. 500/Vr 8⟩ *jmdn. ~ mit „Sie" anreden; Ggs duzen* □ ***tratar alguém por senhor(a)**

Si|gel ⟨n.; -s, -⟩ *Wortkürzung, Abkürzung, Abkürzungszeichen, Kürzel;* oV *Sigle* □ **sigla**

Sight|see|ing ⟨[saɪtsiːɪn] n.; -s; unz.⟩ *Besichtigung von Sehenswürdigkeiten; zum ~ nach London fliegen* □ **excursão**

Si|gle *auch:* **Sig|le** ⟨f.; -, -n⟩ = *Sigel*

♦ Die Buchstabenfolge **sign...** kann in Fremdwörtern auch **sig|n...** getrennt werden.

♦ **Si|gnal** ⟨n.; -s, -e⟩ **1** *optisches od. akustisches Zeichen mit festgelegter Bedeutung* **1.1** *verabredetes Zeichen zur Übermittlung einer Nachricht, eines Befehls;* Horn~; Licht~; Warn~ □ **sinal; aviso**

♦ **si|gna|li|sie|ren** ⟨V. 503⟩ **1** *(jmdm.) etwas ~ durch Signal(e) übermitteln (bes. Nachricht)* □ **transmitir; sinalizar** **2** *(jmdm.) Einverständnis ~* ⟨fig.⟩ *anzeigen, ankündigen* □ **anunciar; comunicar**

♦ **Si|gna|tur** ⟨f.; -, -en⟩ **1** *Kennzeichen in einem Ordnungssystem, meist Buchstaben u. Zahlen* □ **número de chamada** **2** *auf Karten verwendetes Zeichen für die Darstellung wichtiger Gegenstände* □ **símbolo cartográfico** **3** *abgekürzte Unterschrift, Namenszeichen* □ **rubrica** **4** ⟨Typ.⟩ *laufende Nummer eines Druckbogens auf dessen erster Seite links unten* □ **assinatura** **4.1** *abgerundeter Einschnitt, Kerbe am Fuß einer Letter* □ **ranhura; sulco**

♦ **sig|nie|ren** ⟨V. 500⟩ *ein Schriftstück* ~ **1** *mit der Signatur(3) versehen* □ **rubricar** **2** = *unterzeichnen*

Si|la|ge ⟨[-ʒə] f.; -, -n⟩ **1** ⟨unz.⟩ *Einsäuern von Futter* □ **ensilagem** **2** *eingesäuertes Futter;* Sy *Silo(3)* □ **silagem**

Sil|be ⟨f.; -, -n; Sprachw.⟩ **1** *mit einem Gipfel an Stimmhaftigkeit versehenes Segment einer sprachlichen Äußerung, die mindestens aus einem Dauerlaut (z. B. Vokal) u. zusätzlich aus mehreren Konsonanten besteht; betonte, unbetonte, kurze, lange ~;* → a. *offen(1.13.1)* **1.1** *Segment einer schriftlichen Äußerung, im Deutschen gebildet nach einer Mischung von Regeln für die Segmentierung von Silben(1), Besonderheiten des Drucksatzes u. Wortbildungskriterien* □ **sílaba** **2** *keine ~* ⟨fig.⟩ *nichts, kein; er hat mir keine ~ davon gesagt; ich verstehe keine ~ (davon); keine ~ Englisch verstehen; ich habe es mit keiner ~ angedeutet* □ ***nada; nem uma palavra**

Sil|ber ⟨n.; -s; unz.; chem. Zeichen: Ag⟩ **1** *chem. Element, weißes, glänzendes Edelmetall, Ordnungszahl 47;* Gold und ~ □ **prata** **1.1** ⟨fig.; poet.⟩ *silbriger Schimmer; das ~ des Mondlichts* □ **brilho prateado** **2** ⟨umg.⟩ *Silbergerät, Tafelbesteck aus Silber; ~ putzen* □ **prataria**

Sil|ber|hoch|zeit ⟨f.; -, -en⟩ *25. Jahrestag der Hochzeit* □ **bodas de prata;** → a. *Hochzeit (1.8)*

sil|bern ⟨Adj. 24/70⟩ **1** *aus Silber* □ **de prata 1.1** ⟨60⟩ → a. *Hochzeit(1.8)* **2** ⟨poet.⟩ *silbrig, silberhell; ~es Haar; das ~e Licht des Mondes* □ **prateado; argênteo 3** ⟨poet.⟩ *hell, hoch, rein tönend; ihr ~es Lachen* □ **ressoante; sonoro**

sil|brig ⟨Adj.⟩ *wie Silber (glänzend)* □ **prateado; argênteo**

Sil|hou|et|te ⟨[ziluɛtə] f.; -, -n⟩ *dunkler Umriss (vor hellem Hintergrund), Kontur, Schattenriss;* Großstadt~ □ **silhueta; contorno**

Si|li|cat ⟨n.; -(e)s, -e; fachsprachl.⟩ = *Silikat*

Si|li|con ⟨n.; -s, -e; fachsprachl.⟩ = *Silikon*

Si|li|kat ⟨n.; -(e)s, -e⟩ *Salz der Kieselsäure, z. B. Quarz u. a. Mineralien;* oV ⟨fachsprachl.⟩ *Silicat* □ **silicato**

Si|li|kon ⟨n.; -s, -e⟩ *polymere Verbindung des Siliziums mit Kohlenwasserstoffen;* oV ⟨fachsprachl.⟩ *Silicon* □ **silicone**

Si|lo ⟨n.; -s, -s; Landw.⟩ **1** *Behälter für Futter, das durch Gären haltbar gemacht wurde* **2** *Getreidespeicher* □ **silo 3** = *Silage(2)*

Si|lur ⟨-s; unz.; Geol.⟩ *Formation des Paläozoikums vor 440 –405 Millionen Jahren* □ **Siluriano**

Sil|ves|ter ⟨[-vɛs-] n.; -s, -; meist ohne Artikel⟩ *letzter Tag des Jahres, 31. Dezember; ~ feiern; an, zu ~* □ **véspera do ano-novo; último dia do ano**

sim|pel ⟨Adj.⟩ **1** *einfach; eine simple Aufgabe, Frage; die Antwort klingt ~, trifft aber das Wesentliche* □ **simples 2** ⟨abwertend⟩ *einfältig; ein simples Gemüt* □ **simplório**

Sim|pli|zi|tät ⟨f.; -; unz.; geh.⟩ *simple Beschaffenheit, Einfachheit* □ **simplicidade**

Sims ⟨n. od. m.; -es, -e⟩ *kleiner Wand-, Mauervorsprung* □ **cornija; moldura;** Fenster~ □ ***parapeito; peitoril;** Kamin~ □ ***console da lareira**

si|mu|lie|ren ⟨V.⟩ **1** ⟨400⟩ *sich verstellen; er ist nicht krank, er simuliert nur* □ **fingir 2** ⟨500⟩ *eine Krankheit ~ vortäuschen* **3** ⟨500⟩ *technische Vorgänge ~ wirklichkeitsgetreu nachahmen* □ **simular**

si|mul|tan ⟨Adj. 24⟩ **1** *gleichzeitig, zu gleicher Zeit; der Schachweltmeister spielte ~ gegen zehn Gegner* **1.1** *einen Text, eine Rede ~* **dolmetschen** *einen T., eine Rede während des mündlichen Vortrags in eine andere Sprache übersetzen* □ **simultaneamente**

Sin|fo|nie ⟨f.; -, -n; Mus.⟩ *großes Musikstück, meist aus vier bis fünf Sätzen für Orchester;* oV *Symphonie* □ **sinfonia**

sin|fo|nisch ⟨Adj.⟩ oV *symphonisch* **1** *in der Art einer Sinfonie* **1.1** ~e **Dichtung** *Instrumentalmusik für Orchester in einem Satz über eine Dichtung in der Art der Programmmusik* □ **sinfônico**

sin|gen ⟨V. 243⟩ **1** ⟨400⟩ *die Stimme in einer Melodie ertönen lassen, (ein Lied) vortragen; die Vögel ~; kannst du ~?; hoch, tief, laut, leise, gut, schlecht,*

Single

richtig, falsch, schön ~; mit ~dem Tonfall sprechen; singe, wem Gesang gegeben (Uhland, Gedicht „Freie Kunst"); ~ lernen; zweistimmig, dreistimmig ~; im Kirchenchor, Schulchor ~ 1.1 die Geige singt ⟨fig.⟩ *klingt schmelzend, wird ausdrucksvoll gespielt*; → a. *Engel(1.2), Wiege(1.2)* 1.2 ⟨500⟩ **etwas** ~ **als Melodie hören lassen, vortragen;** eine Arie, ein Lied ~; ein Duett, Terzett ~; die erste, zweite, dritte Stimme ~ □ **cantar** 1.3 ⟨500⟩ **etwas** ~ *als Stimmlage haben*; Sopran, Alt, Tenor, Bass ~ □ ***ser soprano/contralto/tenor/baixo 2** ⟨400; fig.⟩ *einen singenden, summenden Ton von sich geben;* der Dynamo, ein sich drehendes Rad singt □ **cantar; chiar; zunir** 3 ⟨400; poet.; veraltet⟩ *in Versen erzählen, berichten von;* von alten Zeiten, alten Helden und ihren Taten ~ □ **cantar** 4 ⟨400; umg.⟩ *gestehen, verraten;* einer der Bande hat bei der Polizei gesungen □ **abrir o jogo; confessar**

Sin|gle¹ *auch:* **Sing|le**¹ ⟨[sıŋəl] m.; - od. -s, -s⟩ *allein, ohne feste Bindung an einen Partner lebende Person;* er, sie lebt als ~ □ **solteiro**

Sin|gle² *auch:* **Sing|le**² ⟨[sıŋəl] f.; -, -s⟩ *kleine Schallplatte mit nur je einem Titel auf der Vorder- u. Rückseite* □ *single*

Sin|gle³ *auch:* **Sing|le**³ ⟨[sıŋəl] n.; -, - od. -s, - od. -s; Sp.⟩ **1** ⟨Tennis; Badminton⟩ *Einzelspiel (zwischen zwei Spielern)* □ **partida individual 2** ⟨Golf⟩ *Zweierspiel (Loch- od. Zählspiel)* □ **partida entre duplas**

Sin|gu|lar ⟨m.; -s, -e; Gramm.⟩ *eine der beiden Zahlformen des Verbs, Substantivs u. Pronomens;* Sy *Einzahl;* Ggs *Plural* □ **singular**

sin|ken ⟨V. 244/400(s.)⟩ **1** ⟨411⟩ *langsam fallen, abwärtsgleiten, sich abwärtsbewegen, untergehen;* die Arme, den Kopf ~ lassen □ **cair;** ⟨aber Getrennt-u. Zusammenschreibung⟩ ~ lassen = *sinkenlassen*; auf den Grund (des Wassers) ~ □ ***afundar; ir a pique;** vor jmdm. auf die Knie ~ □ ***cair de joelhos perante alguém;** auf einen Stuhl ~ □ ***afundar numa cadeira;** jmdm. in die Arme ~ □ ***cair nos braços de alguém;** das Gebäude ist allmählich in die Erde gesunken □ ***o prédio foi afundando aos poucos;** ich hätte in die Erde ~ mögen (vor Scham, Verlegenheit) □ ***eu queria ter me enfiado num buraco (por vergonha/constrangimento);** zu Boden ~ □ ***cair (lentamente) no chão** 1.1 ⟨413⟩ jmd. ist tief gesunken ⟨a. fig.⟩ *jmd. ist moralisch od. gesellschaftlich heruntergekommen* □ ***decair; atingir o fundo do poço** 1.2 ⟨413⟩ in jmds. Achtung ~ *jmds. A. verlieren* □ ***cair no conceito de alguém** 1.3 *untergehen, langsam versinken;* das Schiff ist gesunken □ **afundar; ir a pique;** die Sonne sinkt □ **pôr-se;** in die ~de Sonne schauen □ **poente 2 etwas** sinkt *wird niedriger, geringer, kleiner;* der Wasserstand sinkt von Tag zu Tag; die Preise ~; der Kurs sinkt □ **diminuir; baixar** 2.1 der Tag sank *es wurde Abend* □ ***o dia se pôs** 2.2 sein Ansehen sank *er verlor an A.* □ ***ele perdeu o prestígio** 2.3 unsere Stimmung sank (immer mehr) *wir wurden bedrückt, traurig, mutlos* □ ***ficamos**

(cada vez mais) desanimados **3** ⟨800⟩ in etwas ~ *geraten, kommen* □ ***cair em alguma coisa** 3.1 in Ohnmacht ~ *ohnmächtig werden* □ ***desmaiar** 3.2 in Schlaf ~ *einschlafen* □ ***cair no sono***

sin|ken||las|sen *auch:* **sin|ken las|sen** ⟨V. 175/500; fig.⟩ den Mut ~ *verlieren* □ **perder;** → a. *sinken (1)*

Sinn ⟨m.; -(e)s, -e⟩ **1** *Fähigkeit der Organismen, verschiedene Arten von Reizen zu unterscheiden;* seine ~e waren geschärft □ **sentido;** aus den Augen, aus dem ~ ⟨Sprichw.⟩ □ ***longe dos olhos, longe do coração;** → a. *fünf(1.1)* 1.1 er ist **nicht bei** ~en *nicht bei Verstand, er ist außer sich (vor Erregung, Zorn)* □ ***ele está fora de si** 1.2 (wie) **von** ~**en sein** *(vor Schmerz, Zorn) außer sich sein, aufs Höchste erregt sein* □ ***estar fora de si* **perder a cabeça** 1.3 **hast du den** ~ ~? ⟨umg.⟩ *bist du verrückt?* □ ***você ficou maluco?** 1.4 einen **sechsten** ~ haben (für etwas) ⟨umg.; scherzh.⟩ *ein besonderes Ahnungsvermögen* □ ***ter um sexto sentido (para alguma coisa)** 1.5 ⟨nur Pl.⟩ ~e ⟨geh.⟩ *geschlechtliches Empfinden, geschlechtliche Begierde;* seine ~e erwachten □ **sentidos 2** ⟨unz.⟩ *Denken, Gedanken, Bewusstsein* □ **consciência;** mente 2.1 etwas ohne ~ **und Verstand tun** *ohne Überlegung, ohne nachzudenken* □ ***fazer alguma coisa sem pensar** 2.2 das hat **weder** ~ **noch Verstand** *das ist Unsinn* □ ***não faz o menor sentido** 2.3 sein ~ steht nach Höherem *er strebt nach H.* □ ***ele aspira a ascender mais** 2.4 seine Bemerkung geht, will mir nicht **aus dem** ~ *ich muss immer an seine B. denken* □ ***sua observação não me sai da cabeça** 2.5 ein Wort ging mir **durch den** ~ *fiel mir ein* □ ***ocorreu-me uma palavra** 2.6 etwas im ~(e) haben *etwas beabsichtigen, planen* □ ***ter alguma coisa em mente** 2.7 was ist dir plötzlich in den ~ gekommen? *was hast du dir nur auf einmal gedacht?* □ ***o que deu em você?** 2.8 lass es dir ja nicht **in den** ~ kommen, allein zu gehen! *lass es dir nicht einfallen, tu es ja nicht!* □ ***nem pense em ir sozinho!* 3** ⟨unz.⟩ *Gesinnung, Denkungsart, Gemüt;* einen geraden, aufrechten, ehrlichen, edlen ~ haben; einen frohen, fröhlichen, heiteren ~ haben □ **maneira de ser; espírito** 3.1 **anderen** ~**es werden** *seine Meinung ändern* □ ***mudar de opinião** 3.2 mit jmdm. **eines** ~**es sein** *mit jmdm. übereinstimmen* □ ***concordar com alguém** 3.3 in jmds. ~(e) handeln *so handeln, wie der andere es wünscht* □ ***agir como quer alguém; cumprir as expectativas de alguém** 3.4 nach jmds. ~ sein *jmdm. gefallen, recht sein;* das ist nicht nach meinem ~; das ist so recht nach meinem ~ □ ***ser do gosto de alguém; ser como alguém gosta;* → a. *leicht(6)* **4** ~ **für etwas haben** *Verständnis, Empfänglichkeit, Aufgeschlossenheit für etwas haben;* ~ für Humor, Kunst, Musik, Schönheit haben; dafür habe ich keinen ~ □ ***ter sensibilidade para alguma coisa* 5** ⟨unz.⟩ *Bedeutung, geistiger Gehalt;* der ~ einer Aufgabe, Frage, eines Wortes; der ~ einer Fabel, Erzählung; dieser Satz gibt keinen ~; dadurch bekommt die Sache, Maßnahme erst ihren (richtigen) ~; was ist der langen Rede kurzer ~? (Schiller, „Piccolomini", I,2); in diesem ~(e) habe ich das nicht gemeint; im eigentlichen, engeren, weiteren ~(e); im guten ~(e) des Wortes; ein Wort im schlechten ~ verstehen; im wahrsten ~(e) des Wortes; im schönsten, tiefsten ~ des Wortes; eine Anordnung dem ~(e) nach (nicht dem Buchstaben nach) erfüllen □ **sentido; significado** 5.1 langer Rede kurzer ~ *(umg.) um es kurzzumachen, kurz zusammenzufassen* ... □ **resumindo; em poucas palavras* 5.2 im ~(e) des Gesetzes *zo, wie das Gesetz vorschreibt* □ **no sentido da lei* 5.3 ein Musikant im besten ~(e) (des Wortes) *ein guter, echter M.* □ **um músico no melhor sentido (do termo)* 5.4 in diesem ~(e) habe ich auch an ihn geschrieben *so, wie wir es (eben) besprochen haben* □ **também escrevi para ele dizendo isso* 5.5 in strengsten ~(e) *genau genommen* □ **no sentido mais estrito* 5.6 im übertragenen, bildlichen ~ *bildlich, nicht wörtlich gemeint* □ **em sentido figurado* 5.7 einem Brauch, einer Gewohnheit einen neuen ~ geben *einen B., eine G. wieder sinnvoll machen* □ **dar um novo sentido a um uso/costume* 6 ⟨unz.⟩ *Zweck, Ziel; der ~ dieses Unternehmens ist es,* ... □ **o objetivo desse empreendimento é...* 6.1 es hat keinen ~, länger zu warten *es ist unvernünftig, hat keinen Zweck* □ **não faz sentido esperar mais* 6.2 das ist nicht der ~ der Sache ⟨umg.⟩ *so ist es nicht gemeint, man muss es anders machen* □ **não é esse o objetivo da questão*

Sinn|bild ⟨n.; -(e)s, -er⟩ *Bild od. Gegenstand, das od. der die Bedeutung, den Sinn eines Begriffs anschaulich ausdrückt;* → a. *Allegorie, Symbol(1); das Kreuz ist ein ~ für das Leiden Christi bzw. für Leid, Bürde, Last* □ **símbolo; alegoria; emblema**

sin|nen ⟨V. 245⟩ 1 ⟨405⟩ (über etwas) ~ *nachdenken, grübeln; was sinnst du?; er sinnt darüber, wie er seine Aufgabe erfüllen kann* □ **pensar; refletir;** ~d *vor sich hin blicken* □ **pensativo;** (all) *sein Sinnen und Trachten auf etwas richten* □ **não pensar em outra coisa* 2 ⟨800⟩ *auf etwas* ~ *überlegen, wie man etwas tun, bewerkstelligen kann; auf Abhilfe* ~; *auf Mittel und Wege* ~, *wie etwas getan werden kann; auf Rache* ~ □ **pensar em alguma coisa* 3 ⟨500⟩ *etwas* ~ ⟨meist poet.⟩ *planen, vorhaben; er sinnt Verrat* □ **meditar**

Sin|nes|or|gan ⟨n.; -s, -e⟩ *Organ, das der Information eines Organismus über äußere u. innere Zustandsänderungen dient* □ **órgão dos sentidos**

sinn|ge|mäß ⟨Adj. 24⟩ *dem Sinn entsprechend, nicht wörtlich; ich kann seine Äußerung nur ~ wiederholen* □ **de acordo com o sentido**

sin|nig ⟨Adj.⟩ 1 *sinnvoll ausgedacht, zweckentsprechend; eine ~e Vorrichtung* □ **engenhoso; prático;** *ein ~es Geschenk* □ **oportuno; adequado** 1.1 ⟨iron.⟩ *überlegt, aber gerade das Falsche betreffend* □ **bem pensado (mas errado)** 2 *tiefsinnig, tiefschürfend, überlegt, durchdacht; ein ~e Äußerung, ein ~ Gedanke* □ **profundo; penetrante**

sinn|lich ⟨Adj.⟩ 1 *mit den Sinnen wahrnehmbar, körperlich, leiblich, fleischlich;* Ggs *geistig¹ (1); ~e Eindrücke; ~e Wahrnehmung; die ~e Welt* □ **sensorial** 2 *mit dem Geschlechtsverkehr zusammenhängend;* → a. *erotisch(2); ~e Freuden, Genüsse;* (rein) ~e *Liebe* 3 *auf sinnliche Veranlagung hindeutend; ein ~er Mund; ~e Lippen* 4 *dem Sinnengenuss ergeben, dem Geschlechtlichen zugänglich; er, sie ist sehr ~* □ **sensual**

sinn|los ⟨Adj.⟩ 1 *ohne Sinn, ohne Zusammenhang; ein ~er Satz; es ist doch ~, was du da sagst* □ **sem sentido; absurdo** 2 *ohne Zweck, ohne Vernunft, unvernünftig, unüberlegt; ~es Handeln, Tun* □ **insensato;** ~e *Hoffnung; ~er Versuch; es ist ~, länger zu warten* □ **inútil; vão;** *in ~er Wut auf jmdn. einschlagen* □ **desmesurado** 2.1 ~ *betrunken so betrunken, dass der Betreffende seiner Sinne nicht mehr mächtig ist, nicht weiß, was er tut* □ **bêbado feito gambá*

sinn|voll ⟨Adj.⟩ 1 *einen Sinn ergebend* 2 *zweckmäßig, vernünftig; es ist nicht* ~, *das zu tun* □ **sensato; razoável**

Sin|ter ⟨m.; -s; unz.⟩ *mineralische Ausscheidung aus fließendem od. stehendem Wasser;* Kalk~; Kiesel~ □ **sínter**

sin|tern ⟨V.⟩ 1 ⟨400.(s.)⟩ *etwas sintert backt zusammen u. verfestigt sich beim Erhitzen auf hohe Temperaturen* □ **sinterizar-se** 2 ⟨500⟩ *etwas* ~ *durch starkes Erhitzen zusammenbacken u. verfestige; ein Gemisch keramischer Stoffe* ~ □ **sinterizar** 3 ⟨400⟩ *in Wasser gelöste Stoffe* ~ *bilden Mineralien* □ **sinterizar**

Sint|flut ⟨f.; -; unz.; nach der Überlieferung der Bibel⟩ *von Gott herbeigeführte Überschwemmung der Erde infolge 40 Tage anhaltenden Regens als Strafe für die Menschheit, der nur Noah u. seine Familie entgingen;* oV *Sündflut* □ **dilúvio**

Si|phon ⟨a. [-fɔ̃], österr. [-foːn] m.; -s, -s⟩ 1 *Geruchsverschluss (am Waschbecken, an der Badewanne)* 2 *Gefäß zum Bereiten u. Ausschenken von kohlensäurehaltigen Getränken, die durch zugefügte Kohlensäure beim Öffnen eines Ventils herausgedrückt werden* □ **sifão** 3 ⟨österr.; umg.⟩ *Sodawasser* □ **água gaseificada**

Sip|pe ⟨f.; -, -n; Völkerk.⟩ 1 ⟨Völkerkunde⟩ *durch ausgeprägtes Zusammengehörigkeitsgefühl u. bestimmte Vorschriften u. Bräuche verbundene Gruppe von Blutsverwandten* 2 *Gesamtheit der Blutsverwandten* □ **clã** 3 ⟨fig.⟩ *Gruppe* □ **grupo**

Sipp|schaft ⟨f.; -, -en; abwertend⟩ 1 *Verwandtschaft; er und seine ganze* ~ □ **parentes; parentela** 2 *schlechte Gesellschaft, Klüngel, Bande* □ **corja; súcia**

Si|re|ne ⟨f.; -, -n⟩ 1 ⟨griech. Myth.⟩ *eins von mehreren auf einer Insel lebenden Mädchen mit dem Körper eines Vogels, die die Vorbeifahrenden durch ihren Gesang anlockten u. dann töteten* 1.1 ⟨fig.⟩ *verführerische Frau* □ **sereia** 2 *Warnanlage, die einen rhythmisch unterbrochenen Ton erzeugt* □ **sirene** 2.1 *Dampfpfeife* □ **apito de navio a vapor** 3 ⟨Zool.⟩ *an Meeresküsten u. Flussmündungen lebende Angehörige einer Ordnung der Säugetiere von plumpem Körperbau: Sirenia* □ **sirênio**

sir|ren ⟨V. 400⟩ *hell u. scharf klingen, hellschwirrend summen; eine Libelle sirrt durch die Luft; Drähte* ~ □ **zunir; zumbir**

Si|rup ⟨m.; -s, -e⟩ 1 *konzentrierte, zähflüssige, bei der Gewinnung von Zucker entstehende Lösung, die überwiegend aus Rohr-, Rüben- od. Stärkezucker besteht* 2 *eingedickter Fruchtsaft;* Himbeer~ □ **xarope**

Sit-in auch: **Sit|in** ⟨n.; -s, -s⟩ *Sitzstreik (als Protestaktion);* ein ~ machen, veranstalten □ **protesto com ocupação**

Sit|te ⟨f.; -, -n⟩ **1** *auf den allgemeinen Moralgesetzen beruhende Verhaltensweise, Sittlichkeit;* Anstand und ~ (nicht) beachten □ **decoro; boas maneiras 2** *allg. verbreitete Gewohnheit, Brauch;* ~n und Gebräuche; das ist bei uns (nicht) ~; alte, althergebrachte ~; feine, gute, schlechte ~n □ **uso; costume** 2.1 gute ~n *gutes Benehmen, Anstand;* auf gute ~n achten; Verstoß gegen die guten ~n □ **costume;** → a. *Beispiel(1), Land(5)*

Sit|tich ⟨m.; -(e)s, -e; Zool.⟩ *Angehöriger einer Gruppe kleiner, meist langschwänziger Papageien: Psittacinae;* Wellen~ □ **periquito**

sitt|lich ⟨Adj.⟩ *den Forderungen der Sittlichkeit entsprechend, wie sie den allgemeinverbindlichen guten Sitten entspricht, anständig, (moralisch) gut;* ~e Entrüstung; ~e Forderungen; ~es Verhalten □ **moral; ético**

Sitt|lich|keit ⟨f.; -; unz.⟩ Sy *Moral(2)* **1** *Inbegriff dessen, was in einer Gesellschaft für (moralisch) gut, anständig, richtig gehalten wird* **2** *anständige innere Haltung, anständiges Verhalten* □ **moralidade**

Si|tu|a|ti|on ⟨f.; -, -en⟩ **1** = *Lage(2)* **2** ⟨Kartogr.⟩ *die durch Signaturen in Form von Punkten, Linien od. Flächen dargestellten Gegebenheiten der Erdoberfläche im Grundriss* □ **situação**

si|tu|iert ⟨Adj. 24⟩ jmd. ist gut (schlecht) ~ **1** *hat eine gute (schlechte) berufliche Stellung* **2** *lebt in guten (schlechten) Verhältnissen* □ ***ele tem uma situação financeira boa/ruim**

Sitz ⟨m.; -es, -e⟩ **1** *Platz, auf den man sich setzen kann;* jmdm. einen ~ anbieten; erhöhter ~; ein luftiger ~ (auf einem Baum, auf dem Dach); sie erhoben sich von ihren ~en □ **assento; lugar** 1.1 *Stuhl, Sessel* □ **cadeira; poltrona** 1.2 *Sitzfläche (des Stuhls);* den ~ hochklappen, herunterklappen, herausnehmen; harter, gepolsterter, gefederter, weicher ~ 1.3 *einzelner Platz im Zuschauerraum, im Fahrzeug;* Parkett~; Rück~; ~ im ersten Rang, im Parkett □ **assento; lugar; poltrona 2** *Platz, Stelle mit Stimmberechtigung (im Parlament, Vorstand);* in einer Versammlung ~ und Stimme haben; unsere Partei hat im Parlament 65 ~e □ **cadeira 3** *Wohnort, ständiger Aufenthaltsort;* Regierungs~; Wohn~; ~ einer Firma; die Regierung hat ihren ~ in X □ **sede 4** *Körperhaltung im Sitzen (z. B. auf dem Pferd);* der Reiter hat einen guten, schlechten ~ □ **postura; posição 5** *Schnitt, Passform (von Kleidungsstücken);* das Kleid, der Anzug hat einen guten, schlechten, hat keinen rechten ~ □ **caimento 6** er hat **auf einen** ~ fünf Schnäpse getrunken ⟨fig.; umg.⟩ *auf einmal, hintereinander* □ ***ele tomou cinco doses de cachaça de uma assentada**

sit|zen ⟨V. 246⟩ **1** ⟨400⟩ *auf Gesäß (u. unterer Seite der Oberschenkel) ruhen, sich auf einem Sitz niedergelassen haben;* aufrecht, gebückt, gerade, krumm ~; bitte bleiben Sie doch ~!; des langen Sitzens müde; das viele Sitzen (bei meiner Arbeit) bekommt mir nicht gut; am Schreibtisch, am Tisch ~; auf einem Stuhl, auf dem Sofa, auf dem Boden ~; hinter, neben, vor jmdm. ~; in ~der Stellung; unter, zwischen lauter Fremden ~; wie auf (glühenden) Kohlen ~ □ **estar/ficar sentado** 1.1 jmdn. zum Sitzen nötigen *jmdn. auffordern, sich zu setzen* □ ***convidar alguém a se sentar** 1.2 ~ bleiben *nicht aufstehen* □ ***ficar/permanecer sentado**; ⟨aber Getrennt- u. Zusammenschreibung⟩ ~ bleiben = *sitzenbleiben* 1.3 eine ältere Dame (in der Straßenbahn) ~ lassen *sich setzen lassen* □ ***deixar uma senhora de idade se sentar; ceder o assento/lugar a uma senhora de idade;** ⟨aber Getrennt- u. Zusammenschreibung⟩ ~ lassen = *sitzenlassen* 1.4 ~de **Beschäftigung** ⟨umg.⟩ *B., die man im Sitzen verrichten muss* □ ***ocupação sedentária** 1.5 ~de **Lebensweise** ⟨umg.⟩ *L., bei der man sich nicht viel bewegt* □ ***vida sedentária** 1.6 zu viel ~ *sich nicht genug bewegen* □ ***ser muito sedentário** 1.7 ein **Vogel** sitzt *steht, hat sich niedergelassen;* der Vogel sitzt auf dem Baum, dem Dach □ **estar pousado** 1.8 die Henne sitzt (auf den Eiern) *brütet* □ **chocar** 1.9 ⟨600⟩ einem Künstler ~ *sich von einem K. abbilden lassen;* auch bekannte Politiker saßen dem Maler □ ***posar para um artista** 1.10 ⟨411⟩ **an etwas** ~ ⟨fig.⟩ *mit etwas beschäftigt sein, an etwas arbeiten;* ich habe lange an der Arbeit gesessen; er sitzt schon seit drei Wochen an seinem Referat □ ***ocupar-se de alguma coisa** 1.11 ⟨411⟩ bei der, über einer Arbeit ~ ⟨fig.⟩ *mit einer A. (sitzend) beschäftigt sein* □ ***estar trabalhando; estar ocupado com um trabalho** 1.11.1 ⟨411⟩ über den Büchern ~ *lesen, arbeiten, studieren* □ ***estar ocupado com os livros;** → a. *Ohr(1.2.16), Pelle(1.1)* **2** ⟨411; fig.⟩ *sich aufhalten, befinden, (in einer Lage) sein;* beim Mittagessen, beim Frühstück ~; beim Friseur ~; im Wartezimmer ~ □ ***estar comendo/tomando café da manhã/cortando o cabelo/na sala de espera** 2.1 im Parlament, im Vorstand ~ *einen Sitz haben* □ ***ter uma cadeira no parlamento/na diretoria** 2.2 ⟨umg.; scherzh.⟩ *in einer Sitzung sein;* die Herren ~ immer noch □ **estar em reunião** 2.3 er sitzt immer noch in der zweiten Klasse *er ist noch nicht in die 3. Klasse versetzt worden* □ ***ele ainda está na segunda série** 2.4 einen ~ haben ⟨fig.; umg.⟩ *leicht betrunken sein* □ ***estar meio alto** 2.5 in der Tinte, Patsche ~ ⟨fig.⟩ *sich in einer unangenehmen Lage befinden* □ ***estar numa enrascada** 2.6 *leben, siedeln;* die Goten saßen ursprünglich an der Weichsel □ **residir; viver** 2.7 ⟨umg.⟩ *im Gefängnis sein, eine Gefängnisstrafe verbüßen;* er hat jahrelang gesessen (im Gefängnis) □ ***estar em cana;** → a. *Gericht² (4.2)* **3** ⟨400⟩ etwas sitzt ⟨fig.⟩ *befindet sich (in bestimmter Weise) an einem bestimmten Platz* □ **estar; encontrar-se** 3.1 ⟨610⟩ die Mütze sitzt ihm schief auf dem Kopf *er hat die M. schief auf dem K.* □ ***o gorro está muito enfiado em sua cabeça** 3.2 ⟨411⟩ da sitzt das Problem *dort ist das P.* □ ***aí é que está o problema** 3.3 *passen;* das Kleid sitzt gut, schlecht, wie angegossen □ **cair; assentar** 3.4 *sich in der richtigen Lage befinden;* die Schrauben ~ noch nicht □ **encaixar** 3.5 *treffen;* der Hieb, Schuss hat gesessen □ **acertar** 3.5.1

das saß! ⟨umg.⟩ *das hat getroffen!, das war eine treffende Anspielung* □ **na mosca!* 3.6 etwas (Gelerntes) *sitzt ist fest im Gedächtnis eingeprägt, wird beherrscht; die Rolle sitzt endlich; die lateinischen Wörter ~ jetzt* □ **estar/ficar gravado (na memória)*

sit|zen∥blei|ben *auch:* **sit|zen blei|ben** ⟨V. 114(s.)⟩ **1** ⟨400⟩ *(in der Schule) nicht in die nächste Klasse versetzt werden; er ist dieses Jahr sitzengeblieben/*sitzen geblieben □ *repetir o ano escolar; das Sitzenbleiben hat ihn zum Nachdenken gebracht* □ *repetência escolar* **2** ⟨800⟩ *auf etwas ~* (fig.; umg.) *für etwas keinen Abnehmer finden; er blieb auf seiner Ware sitzen* □ **ficar com alguma coisa encalhada; não encontrar comprador para alguma coisa*; → a. *sitzen (1.2)*

sit|zen∥las|sen *auch:* **sit|zen las|sen** ⟨V. 175/500⟩ **1** *jmdn.* sitzenlassen/sitzen lassen *im Stich lassen, verlassen* □ *abandonar* 1.1 *jmdn.* sitzenlassen/sitzen lassen *vergeblich warten lassen, eine Verabredung mit jmdm. nicht einhalten* □ **deixar alguém esperando; dar o cano em alguém* **2** ⟨511⟩ *eine* **Beleidigung** *nicht auf sich* sitzenlassen/sitzen lassen *sich gegen eine B. Wehren* □ **não levar desaforo para casa; responder a uma ofensa*; → a. *sitzen (1.3)*

Sitz|mö|bel ⟨n.; -s, -⟩ *zum Sitzen dienendes Möbelstück* □ *assento*

Sitz|platz ⟨m.; -es, -plät|ze⟩ *Platz (bes. Stuhl) zum Sitzen; Ggs* **Stehplatz**; *gerade noch einen ~ finden; das Theater hat 500 Sitzplätze* □ *assento; lugar para sentar*

Sit|zung ⟨f.; -, -en⟩ **1** *Versammlung zur Beratung; eine ~ einberufen; die ~ eröffnen, schließen; ~ haben* □ *reunião; sessão* **2** *Zusammenkunft mit einem Maler od. Bildhauer zum Porträtieren; der Maler brauchte für das Bild vier ~en* □ *sessão*

Ska|la ⟨f.; -, Ska|len⟩ **1** *Einteilung in Maßeinheiten bei Anzeigegeräten* □ *escala* **2** *Angaben der zu einer Druck- od. einer fotografischen Wiedergabe verwendeten Farben; Farb~* **3** = *Tonleiter; Ton~* □ **escala; gama*

Skal|pell ⟨n.; -s, -e⟩ *kleines chirurgisches Messer mit fest stehender Klinge* □ *escalpelo*

Skan|dal ⟨m.; -s, -e⟩ **1** *aufsehenerregendes Ärgernis, unerhörtes Vorkommnis* **2** *etwas Unerhörtes, Empörendes* □ *escândalo*

skan|da|lös ⟨Adj.⟩ **1** *einen Skandal verursachend, bedeutend, erregend* **2** *unerhört, empörend; ~e Verhältnisse* □ *escandaloso*

Skat ⟨m.; -(e)s, -e od. -s⟩ **1** ⟨unz.⟩ *deutsches Kartenspiel für drei Spieler* **2** *die zwei beiseite gelegten Karten* □ *Skat*

Skate|board ⟨[skɛɪtbɔːd] n.; -s, -s⟩ *kleines, ovales Brett mit vier Rollen, auf dem der Fahrer frei steht (als Spiel- u. Sportgerät), Rollerbrett* □ *esquete*

Ske|lett ⟨n.; -(e)s, -e⟩ **1** (i. e. S.) *Knochengerüst der Wirbeltiere; Knochen~, Knorpel~* □ *esqueleto* 1.1 *zum ~ abmagern* ⟨fig.⟩ *sehr mager werden* □ **virar um esqueleto* **2** (i. w. S.) *inneres u. äußeres Gerüst eines tierischen Körpers; Chitin~* □ *esqueleto* **3** ⟨fig.⟩ *tragende Elemente einer Konstruktion, Gerüst; Stahl~* □ *esqueleto; estrutura*

Skep|sis ⟨f.; -⟩ ⟨unz.⟩ *Zweifel, Ungläubigkeit; etwas mit ~ betrachten; berechtigte ~* □ *ceticismo*

skep|tisch ⟨Adj.⟩ **1** *misstrauisch, ungläubig* **2** *zum Zweifel neigend* □ *cético*

Sketch ⟨m.; -(e)s, -e⟩ *kurzes Bühnenstück, effektvolle Szene mit witziger Pointe; oV* **Sketsch** □ *esquete*

Sketsch ⟨m.; -(e)s, -e⟩ = *Sketch*

Ski ⟨[ʃiː] m.; -s, Ski|er⟩ *am Skistiefel befestigtes elastisches, vorn aufgebogenes Brett aus Kunststoff, Holz od. Metall zur Fortbewegung im Schnee; oV* **Schi** □ *esqui*

Skin ⟨m.; -s, -s; umg. kurz für⟩ *Skinhead*

Skin|head ⟨[-hɛd] m.; -s, -s⟩ *Angehöriger einer Gruppe meist gewalttätiger, dem Rechtsextremismus nahe stehender Jugendlicher mit kurz od. kahlgeschorenem Kopf u. schwarzen Lederstiefeln* □ *skinhead*

Skiz|ze ⟨f.; -, -n⟩ **1** = *Entwurf(1.1)* **2** *kurze Aufzeichnung in Andeutungen, in Stichworten; Arbeits~, Teil~* **3** *kurze, fragmentarische Erzählung; Reise~; nach einer ~ von ...* □ *esboço*

skiz|zie|ren ⟨V. 500⟩ *etwas ~ entwerfen, in Kurzform aufzeichnen od. erläutern, mit Hilfe einer Skizze darstellen; einen Plan, ein Vorhaben ~; der Vorsitzende skizzierte sein Programm* □ *esboçar*

Skla|ve ⟨[-və] m.; -n, -n⟩ **1** *unfreier, entrechteter Mensch im Besitz eines anderen Menschen; Arbeits~, Galeeren~* **2** ⟨fig.⟩ *jmd., der von einer anderen Person, einem Laster, einer Gewohnheit abhängig ist; der ~ seiner Triebe* □ *escravo*

Skla|vin ⟨[-vɪn] f.; -, -vin|nen⟩ *weibl. Sklave* □ *escrava*

skla|visch ⟨[-vɪʃ] Adj.⟩ **1** *wie ein Sklave, unterwürfig, blind gehorchend, willenlos; sich ~ an eine Anordnung halten* **2** ⟨fig.⟩ *ohne eigene Erfindungsgabe, unselbständig; ~e Nachahmung* □ *servil(mente)*

Skon|to ⟨n. od. m.; -s, -s⟩ *Abzug vom Rechnungsbetrag bei sofortiger Zahlung; 2 % ~ gewähren* □ *desconto*

Skor|pi|on ⟨m.; -s, -e⟩ **1** ⟨Zool.⟩ *Angehöriger einer Ordnung der Spinnentiere mit langem, gegliedertem Hinterleib, der am Anhang eine Giftblase mit beweglichem Endstachel trägt: Scorpiones* □ *escorpião* **2** ⟨Astron.⟩ *Sternbild des südlichen Himmels: Scorpius* 2.1 ⟨Astrol.⟩ *Tierkreiszeichen* □ **Escorpião**

Skript ⟨n.; -(e)s, -en od. -s⟩ **1** *Schriftstück, schriftliche Ausarbeitung* □ *texto* 1.1 *Manuskript; ein ~ rechtzeitig abliefern* □ *manuscrito* 1.2 *Nachschrift (einer Vorlesung); etwas im ~ nachlesen* □ *anotação* **2** ⟨Film⟩ *Drehbuch* □ *roteiro*

Skru|pel ⟨m.; -s, -; meist Pl.⟩ *Zweifel, Bedenken, ob ein Vorhaben moralisch zu rechtfertigen ist; keine ~ haben, etwas zu tun* □ *escrúpulo*

skru|pel|los ⟨Adj.⟩ *ohne Skrupel, ohne Bedenken, gewissenlos; ein ~er Geschäftemacher; er ist ~; er setzt sich ~ über alles hinweg* □ *inescrupuloso*

skru|pu|lös ⟨Adj.; veraltet⟩ **1** *voller Skrupel, ängstlich* **2** *peinlich genau* □ *escrupuloso*

Skulp|tur ⟨f.; -, -en⟩ **1** ⟨unz.⟩ *Bildhauerkunst* **2** *Werk der Bildhauerkunst; Holz~, Stein~* □ *escultura*

skur|ril ⟨Adj.⟩ *närrisch, possenhaft, drollig; ~e Einfälle, Ideen, Fantasie, Geschichte* □ *grotesco; burlesco*

Sky|line ⟨[skaɪlaɪn] f.; -, -s⟩ *Ansicht, Silhouette einer sich aus der Ferne gegen den Himmel abzeichnenden Großstadt; die ~ von Frankfurt* □ **linha do horizonte**

Sla|lom ⟨m. od. n.; -s, -s; Sp.⟩ **1** *ein Wettbewerb des alpinen Skisports, bei dem eine durch Tore festgelegte Strecke zu durchfahren ist; Riesen~* **2** *ein Wettbewerb, bei dem ein Kanu auf einer wildwasserähnlichen Strecke mit künstlichen od. natürlichen Hindernissen mit höchstmöglicher Schnelligkeit mehrere Tore zu durchfahren hat* □ **slalom**

Slang ⟨[slæŋ] m.; -s, -s⟩ *nachlässige, saloppe Umgangssprache, bes. im Englischen, Jargon* □ **gíria**

Slp|stick ⟨[slæp-] m.; -s, -s; bes. im Stummfilm⟩ *groteske Szene, komischer Gag* □ **pastelão**

s-Laut ⟨[ɛs-] m.; -(e)s, -e⟩ *im Deutschen mit den Buchstaben s, ss od. ß bezeichneter Laut* □ **fonema "s"**

Slip ⟨m.; -s, -s⟩ *kurze, eng anliegende Unterhose; Damen~* □ **calcinhas;** *Herren~* □ *****cuecas**

Slip|per ⟨m.; -s, -⟩ *flacher, bequemer Straßenschuh ohne Schnürung* □ **sapato tipo mocassim**

Slo|gan ⟨[sloʊɡən] m.; -s, -s⟩ *Schlagwort, wirkungsvolle, werbeträchtige Redewendung* □ **slogan**

Slow|fox ⟨engl. [sloʊ-] od. [slo:-] m.; - od. -es, -e⟩ *langsamer Foxtrott* □ **foxtrote lento**

Slum ⟨[slʌm] m.; -s, -s; meist Pl.⟩ *Elendsviertel, bes. in Großstädten* □ **favela**

Small|talk ⟨[smɔ:ltɔ:k] *auch:* **Small Talk** ⟨m. od. n.; (-)-s, (-)-s⟩ *leichte Unterhaltung, oberflächliches Geplauder* □ **bate-papo**

Sma|ragd ⟨m.; -(e)s, -e⟩ *Mineral, grüner Edelstein* □ **esmeralda**

smart ⟨Adj.; salopp⟩ **1** *hübsch, elegant, gepflegt; er sieht ~ aus* □ **chique; elegante 2** *gewandt, pfiffig, gewitzt; ein ~er Geschäftsmann* □ **esperto; vivo**

Smog ⟨m.; - od. -s; unz.⟩ *dicker, aus Rauch u. Abgasen bestehender Nebel od. Dunst, bes. über Industrie- od. Großstädten; ~alarm auslösen* □ *smog; mistura de fumaça e nevoeiro*

Smo|king ⟨m.; -s, -s; österr. auch m.; -s, -e⟩ *Gesellschaftsanzug für Herren mit tief ausgeschnittener Jacke, deren Revers mit Seide belegt sind* □ **smoking**

Snack ⟨[snæk] m.; -s, -s⟩ *kleiner Imbiss, Kleinigkeit zu essen; einen ~ anbieten; ~bar* □ **lanche**

Snob ⟨m.; -s, -s; abwertend⟩ **1** *reicher, vornehm tuender Mensch, der nach gesellschaftlichem Ansehen strebt u. auf andere hinabblickt* **2** *jmd., der seine (tatsächliche od. eingebildete) Überlegenheit anderen gegenüber zeigt* □ **esnobe**

sno|bis|tisch ⟨Adj.; abwertend⟩ *in der Art eines Snobs, eitel u. eingebildet* □ **esnobe**

so[1] ⟨Adv.⟩ **1** *auf diese Art u. Weise; ~ geht es, wenn ...; ~ geht es nicht; (entweder) ~ oder ~; ~ wie es jetzt ist ...; ~ soll es sein!; die Sache verhält sich ~!; gut ~!; recht ~! * □ **assim; bald ~, bald ~** □ *****ora de uma maneira, ora de outra** **1.1** *wie du mir, ~ ich dir was du mir (Böses) tust, das tue ich auch dir* □ *****olho por olho, dente por dente** **1.2** *du kannst ~ nicht auf die Straße gehen in diesem Anzug* **2** *in dieser Art u. Weise; ~ habe ich es mir gedacht; ~ geht es in der Welt; wenn ich*

das ~ sage □ **assim;** *handle ~, wie du es für richtig hältst; es ist dann ~ gekommen, dass ...* □ **∅ 3** *in dieser Art; also ~ ist das!; ~ ist er nun mal!; ~ ist's nun mal im Leben; ~ einfach ist das nicht!; ~ etwas; ~ wie ich* □ **assim;** *~ etwas Schönes* □ *****uma coisa bonita como esta* **4** *ebenso, genauso; ~ sieht er aus!; wenn dem ~ wäre, ...; ~ und nicht anders ist es!* □ **assim;** *er ist ~ groß wie ich; er ist ~ groß, klein (wie ich es hier zeige); ~ stolz wie ein Löwe, ~ weiß wie Schnee* □ **tão;** *~ mir nichts dir nichts* □ *****sem mais; pura e simplesmente* **4.1** *in diesem Sinne; ~ (böse, ernst) habe ich es nicht gemeint* □ *****não tive a intenção de parecer bravo/sério;** *der eine sagt ~, der andere ~* □ *****um diz uma coisa, outro diz outra* **4.2** *es ist mir ~, als wäre ..., als ob ... ich habe den Eindruck* □ *****tenho a impressão de que...;** *es kommt mir ~ vor* □ *****essa é minha impressão* **4.3** *ich will mal nicht ~ sein nicht kleinlich sein* □ *****não quero ser mesquinho/implicante* **4.4** *~ gut wie fast; das ist ~ gut wie sicher, unmöglich, nichts* □ *****quase* **5** *in demselben Maße, Grade, gleichermaßen; du stellst dir das ~ leicht vor; ich habe es dir schon ~ oft gesagt; er ist ~ reich wie geizig; ich habe nicht gewusst, dass es ihm ~ schlecht geht; das eine ist ~ schön wie das andere; ist es schon ~ spät?; ich warte schon ~ lange auf dich; ich mach mir nicht ~ viel daraus; er hat ~ viel gegessen, dass ...; er hat ~ viele Freunde; ~ schlimm wird es nicht sein; es ist nicht ~ schwer; er ist ~ klug, ~ reich, dass ...; ~ gut es ging, ~ gut ich (es) kann; er liebt mich ~ sehr, dass ...* □ **tão; tanto;** *~ wahr ich lebe* □ *****(juro) pela minha vida;** *sei(en Sie) ~ gut bitte!* □ *****tenha a bondade, por favor!* **5.1** *~ schnell wie möglich in dem Maße, wie es möglich ist; ~ früh wie möglich* □ *****o mais rápido/cedo possível* **5.2** *sehr; ich bin ~ durstig, müde, froh; ich bin ~ froh, dass du da bist* □ **muito; tão** **5.3** *ich kann mich noch ~ (sehr) anstrengen in hohem Maße, aber ohne Erfolg* □ *****por mais que eu me esforce* **5.4** *~ viel diejenige Menge, die..., wie viel auch immer; iss, ~ viel du kannst; nimm, ~ viel du tragen kannst* □ *****aquilo/o que* **5.4.1** *noch einmal ~ viel die doppelte Menge* □ *****o dobro* **5.4.2** *~ viel als, ~ viel wie von gleicher Bedeutung, Größe* □ *****tanto quanto;* ⟨aber⟩ → a. *soviel*[1] **5.5** *es kam ~ weit, dass ... die Sache entwickelte sich in einem Maße, dass ...* □ *****chegou-se a tal ponto que...* **5.6** *~ weit sind wir (noch nicht) wir haben es (noch nicht) erreicht* □ *****(ainda não) chegamos a esse ponto;** *du wirst es noch ~ weit treiben ...* □ *****você ainda vai acabar... (fazendo tal coisa)* **5.7** *~ weit insgesamt gesehen (einschränkend) bis hierher; ich bin ~ weit fertig* □ *****estou praticamente pronto* **5.7.1** *ich gehe ihm ~ weit gut ziemlich g., ganz g.* □ *****ele vai bem* **5.8** *~ weit sein bis zu einem gewissen Zeitpunkt, Grad fortgeschritten sein* □ *****estar pronto* **5.8.1** *wir sind ~ weit fertig, bereit* □ *****estamos prontos* **5.8.2** *ich melde mich, wenn es ~ weit ist wenn der Zeitpunkt gekommen ist* □ *****chamo quando estiver pronto;* ⟨aber⟩ → a. *soweit*[1] **5.9** *~ wenig wie in so geringem Maß, ebenso wenig wie; er weiß ~ wenig wie ich* □ *****ele sabe tão pouco quanto* eu; beweg dich ~ wenig wie möglich; iss ~ wenig wie möglich □ *mova-se/coma o mínimo possível; ⟨aber⟩ → a. sowenig¹ **6** ohne etwas **6.1** habt ihr eine Eintrittskarte? Nein, wir sind ~ hereingekommen ohne zu zahlen, umsonst □ sem pagar **6.2** wir können ihn ~ nicht liegen lassen! hilflos □ *não podemos deixá-lo assim **6.3** er muss ~ **oder** ~ kommen unbedingt, auf jeden Fall □ *ele precisa vir de todo jeito **7** ⟨als Füllwort⟩; ~ mancher; das ist ~ eine Art Pfannkuchen; nicht ~ ganz; ~ gegen Abend □ Ø; gar nicht ~ übel □ *não tão mal assim; ~ ohne weiteres □ *assim, sem mais **7.1** und ~ weiter ⟨Abk.: usw.⟩ □ *e assim por diante; etcetera **7.2** nur ~ □ *sem mais nem menos → a. nur (2) **8** ⟨alleinstehend⟩ **8.1** ~! endlich!; ~, jetzt komm mit!; ~, das ist erledigt □ pronto! **8.2** ~? wirklich, kann man das glauben?; ~, und nun? **9** ~ ? ⟨Getrennt- u. Zusammenschreibung **9.1** ~ genannt = sogennant **9.2** ~ dass = sodass

so² ⟨Pron., undeklinierbar⟩ **1** solch; in ~ einem Kleid; in ~ einem Falle; bei ~ einem Wetter; ~ ein Unsinn □ tal; semelhante; do gênero **1.1** ~ einer ist das also! ein solcher Mensch □ *então é desse tipo de pessoa que se trata! **2** ⟨intensivierend⟩ **2.1** ~ ein Glück ein großes G. □ *tamanha sorte **2.2** ~ ein Unglück ein schreckliches U. □ *tamanha desgraça **3** ⟨relativierend⟩ ~ etwas wie etwas Ähnliches wie □ *algo como **3.1** nein, ~ etwas! das ist kaum zu glauben!; □ *não, jura?

so³ ⟨Konj.⟩ **1** ⟨verstärkend⟩ also, nun; ~ hör doch!; komm doch endlich!; ~ lass mich doch in Ruhe! □ Ø **2** ⟨einschränkend⟩ wenn auch, obwohl; ~ leid es mir tut; ~ arm er auch ist; ~ sehr er ihn schätzt □ por mais que **3** ⟨konditional; veraltet⟩ wenn, falls; ich helfe dir, ~ ich kann; ~ du nicht willst; ~ Gott will □ se; caso

so|bald ⟨Konj.⟩ gleich wenn, sofort wenn; komm, ~ du kannst; ~ er kommt; ~ der Zug eingefahren ist □ assim que; tão logo

Söck|chen ⟨n.; -s, -⟩ kurze Socke für Damen od. Kinder; weiße ~ mit Umschlag □ meia soquete

So|cke ⟨f.; -, -n⟩ oV Socken **1** kurzer Strumpf; Herren~; Ski-~; Woll~ □ meia **1.1** sich auf die ~n machen ⟨fig.; umg.⟩ weggehen, aufbrechen □ *pôr o pé na estrada; ir embora **1.2** von den ~n sein ⟨fig.; umg.⟩ überrascht, erstaunt sein □ *ficar boquiaberto

So|ckel ⟨m.; -s, -⟩ **1** etwas vorspringender Unterbau ⟨von Gebäuden, Säulen, Pfeilern, Möbelstücken⟩ □ pedestal; base **2** Bauteil zum Einsetzen von Elektronenröhrchen od. Glühlampen mittels Steckers od. Bajonettverschlusses; Röhren~; Lampen~ □ casquilho

So|cken ⟨m.; -s, -⟩ = Socke

So|da ⟨f.; -, -s od. n.; -s; unz.⟩ **1** Natriumcarbonat **2** ⟨kurz für⟩ Sodawasser; Whisky mit ~ □ soda

so|dann ⟨Adv.; veraltet⟩ dann, danach □ depois; em seguida

so|dass auch: **so dass** ⟨Konj.⟩ mit der Folge, mit dem Ergebnis □ de maneira/modo que

So|da|was|ser ⟨n.; -s, -wäs|ser⟩ mit Kohlensäure versetztes Wasser, Seltserwasser(2) □ soda; água gaseificada

Sod|bren|nen ⟨n.; -s; unz.⟩ brennendes Gefühl in der Speiseröhre infolge eines Überschusses od. Mangels an Magensäure □ azia; queimação

so|eben ⟨Adv.⟩ = eben(2.1)

So|fa ⟨n.; -s, -s⟩ gepolstertes Sitzmöbel für mehrere Personen mit Rückenlehne u. Armlehnen; auf dem ~ sitzen, liegen □ sofá

so|fern ⟨Konj.⟩ wenn, im Fall, dass ..., vorausgesetzt, dass ...; ich bleibe hier, ~ ich nicht abberufen werde □ caso; se

so|fort ⟨Adv.⟩ gleich, ohne Aufschub, unverzüglich; komm bitte einmal her! ~!; ich komme ~!; es wird ~ geschehen; komm her, aber ~!; ~ nach Empfang; ich werde hingehen, und zwar ~ □ imediatamente

Soft|drink ⟨[sɔft-]⟩ auch: **Soft Drink** ⟨m.; (-) -s, (-)-s⟩ Getränk ohne od. mit geringem Alkoholgehalt □ refrigerante; refresco

Soft|eis ⟨[sɔft-] n.; -es; unz.⟩ cremiges Milchspeiseeis □ sorvete cremoso

Sof|tie ⟨[sɔfti] m.; -s, -s; umg.⟩ sanfter, empfindsamer ⟨junger⟩ Mann □ bom sujeito; homem afável

Soft|ware ⟨[sɔftwɛːɐ̯] f.; -, -s⟩ Programm für eine EDV-Anlage; Ggs Hardware □ software

Sog ⟨m.; -(e)s, -e⟩ **1** das Saugen **2** saugende Strömung, Wirbel hinter einem Fahrzeug od. um ein Feuer; von dem ~ des Strudels erfasst werden □ sucção; aspiração; vórtice **3** ⟨fig.⟩ etwas Anziehendes, starke, verführerische Anziehungskraft (von Sachen); einen (starken) ~ ausüben; in den ~ der Großstadt geraten □ atração; vórtice

so|gar ⟨Adv.⟩ auch (obwohl man es nicht vermutet, nicht angenommen hat), dazu, obendrein; ~ ich war dabei; man könnte ~ sagen, es sei Betrug; er hat mir ~ noch ein Buch geschenkt; er war ~ in Grönland □ até mesmo

so|ge|nannt auch: **so ge|nannt** ⟨Adj. 24/60; Abk.: sog.⟩ **1** unter diesem Namen, dieser Bezeichnung bekannt; das ist die ~e Seufzerbrücke □ chamado **2** den Namen habend, der nicht ganz zutrifft; sein ~er Freund □ suposto

so|gleich ⟨Adv.⟩ sofort, gleich, ohne Aufschub □ imediatamente

Soh|le ⟨f.; -, -n⟩ **1** Lauffläche (des Fußes, Schuhs u. Strumpfes); Fuß~ □ *planta do pé; Schuh~; Stiefel~; Strumpf~; Gummi~; Krepp~; Leder~ □ sola **2** Einlage aus festem Papier, Schaumgummi od. Fell von gleicher Form wie die Lauffläche zum Einlegen in den Schuh; Einlege~ □ *palmilha **3** Boden (von Tälern, Flüssen, Kanälen, Gräben); Tal~; Kanal~ □ leito **3.1** ⟨Bgb.⟩ waagerecht zum Förderschacht verlaufender Grubenbau □ base; fundo **3.2** ⟨Bgb.⟩ Höhenlage eines Streckensystems in einer Grube unter Tage; die Kumpel arbeiten in der 700-Meter-~ □ nível

Sohn ⟨m.; -(e)s, Söh|ne⟩ **1** unmittelbarer männl. Nachkomme, männl. Kind von Vater u. Mutter; Firma Müller und ~; Söhne und Töchter; Vater und ~, Mutter und ~; wir haben einen ~ bekommen; einen ~ haben; er hat drei Söhne; ältester, jüngster, erstgeborener ~; er ist ein guter, liebevoller ~; jmdn. wie einen ~ lieben □ **filho** 1.1 er ist (ganz) der ~ seines Vaters *er ist seinem V. sehr ähnlich* □ ***ele é a cara do pai;*** → a. **Gott(2) 2** 〈fig.〉 *Angehöriger, Vertreter;* der größte ~ seiner Heimat(stadt) 2.1 ein ~ der Berge 〈poet.〉 *ein Bewohner der B.* **3** 〈veraltet; noch scherzh.〉 **mein** ~ *(vertrauliche, an einen Jüngeren gerichtete Anrede);* hör auf mich, mein ~ □ **filho**

Soi|ree 〈[soa-] f.; -, -n〉 *künstlerische Abendveranstaltung od. -vorstellung, aus besonderem Anlass stattfindende festliche Abendveranstaltung;* Ggs **Matinee** □ **soirée**

So|ja 〈f.; -, So|jen; kurz für〉 *Sojabohne;* ~milch; ~wurst □ **soja**

So|ja|boh|ne 〈f.; -, -n; Bot.〉 **1** *aus Ostasien stammende, einjährige Nutzpflanze mit ölhaltigem Samen* **2** *Samen der Sojabohne(1)* □ **feijão-de-soja**

so|lang 〈Konj.〉 = **solange**

so|lan|ge 〈Konj.〉 oV *solang* **1** *während;* ~ du da bist, fürchte ich mich nicht **2** *währenddessen, die ganze Zeit (über);* ~ es regnet, bleiben wir hier □ **enquanto 3** *wie lange auch immer;* schlaf, ~ du kannst, ~ du willst □ ***durma o tempo que puder/quiser;*** ~ er lebt □ ***enquanto ele viver;*** ich warte ~! □ ***vou ficar esperando!*** (aber Getrenntschreibung) warte s̲o̲ la̲nge, bis ich komme → *so¹(5)*

so|lar 〈Adj. 24〉 *die Sonne betreffend, von ihr stammend, zu ihr gehörig;* oV *solarisch;* ~e Energie; Solaranlage □ **solar**

so|la|risch 〈Adj. 24〉 = **solar**

solch 〈Demonstrativpron. 10; Deklination: nach „all ..." stark; im Gen. vor starkem Subst. heute meist schwach; vor Subst. Mask. od. Neutr. Nom. od. Akk. Sg. selten; vor unbestimmtem Artikel immer ohne Flexion〉 **1** *von dieser Beschaffenheit, Qualität;* ein Buch für Eheleute und ~e, die es werden wollen; ~ ein Mensch, ein ~er Mensch; die Bücher eines ~en Schwachkopfes; ~ ein Ding; ~ ein Theaternarr; wegen aller ~er Sachen; ein ~es ist ihm widerfahren □ **tal; semelhante 2** *von diesem Grade, dieser Intensität, so groß, so sehr;* ~ ein Pech □ ***que azar!;*** bei ~em Regen □ ***com uma chuva dessas;*** ~ ein Scheusal! □ ***que monstro!***

sol|cher|art 〈Adv.〉 *von derselben Art* □ **de tal modo/ maneira**

sol|cher|lei 〈Adj. 24/60〉 *so ähnliche Sachen* □ **coisas semelhantes**

Sold 〈m.; -(e)s, -e; Pl. selten〉 **1** *Lohn, Löhnung (des Soldaten)* □ **soldo 2** 〈fig.〉 *Dienst;* in jmds. ~ stehen □ ***estar a serviço de alguém***

Sol|dat 〈m.; -en, -en〉 **1** *Angehöriger einer Streitkraft eines Staates* **2** 〈Schach〉 = *Bauer¹(2)* **3** 〈Zool.〉 *auf die Verteidigung spezialisiertes Individuum eines Insektenstaates* □ **soldado 4** 〈Zool.〉 = *Feuerwanze(1.1)*

Sol|da|tin 〈f.; -, -tin|nen〉 *weibl. Soldat* □ **soldada**

Söld|ner 〈m.; -s, -〉 *Soldat, der gegen Sold Kriegsdienste nimmt, wo er gebraucht wird* □ **mercenário**

So|le 〈f.; -, -n〉 *kochsalzhaltiges Wasser aus natürlicher Quelle, Salzbrühe* □ **água salina; salmoura**

so|lid 〈Adj.〉 = *solide*

so|li|da|risch 〈Adj.〉 **1** *füreinander einstehend, fest verbunden* **2** *gemeinsam, geschlossen;* eine ~e Handlung **3** *einig, übereinstimmend;* mit seinen Kameraden ~ sein □ **solidário**

so|li|de 〈Adj.〉 oV *solid* **1** *charakterfest, zuverlässig, maßvoll, sittlich einwandfrei;* einen ~n Eindruck machen; ein ~r Mensch; diese Firma ist sehr ~ □ **sólido; sério** 1.1 *nicht ausschweifend, häuslich;* ~ leben; jetzt ist er ganz ~ geworden □ **caseiro; regrado** 1.2 ~ Verhältnisse *anständige, ordentliche, geordnete V.* □ **sólido; sério 2** *dauerhaft, haltbar, gut gebaut, fest;* ein ~s Paar Schuhe □ **durável;** ~ Arbeit leisten □ ***fazer um bom trabalho*** 2.1 ~s Essen *nahrhaftes, gutbürgerliches E.* □ **consistente; substancioso**

So|list 〈m.; -en, -en〉 *(von Orchester od. Chor begleiteter) einzeln hervortretender Instrumentalist od. Sänger;* als ~ auftreten; Gesangs~ □ **solista**

So|lis|tin 〈f.; -, -tin|nen〉 *weibl. Solist* □ **solista**

Soll 〈n.; -s; unz.〉 **1** 〈Kaufmannsspr.〉 *Schuld, linke Seite eines Kontos;* ins ~ eintragen □ **débito; deve;** ~bestand □ **estoque teórico** 1.1 ~ und **Haben** *die beiden Seiten eines Kontos, in denen Ausgaben u. Einnahmen verzeichnet sind* □ **deve e haver; débito e crédito 2** *in einer bestimmten Zeit zu bewältigende Arbeit od. Produktion (bes. bei Wirtschaftsplänen);* sein ~ nicht erfüllen □ **meta 3** *Planaufgabe, Norm* □ **meta de produção**

sol|len 〈Modalverb 247〉 **1** *(etwas tun)* ~ *die Pflicht, Verpflichtung, Aufgabe, den Auftrag haben (etwas zu tun);* der Kranke soll noch nicht aufstehen; ich soll Ihnen ausrichten, dass ...; ich hätte daran denken ~; das Grundstück soll 50.000 Euro kosten; das hättest du mir sagen ~; ihr sollt still sein!; ich weiß nicht, was ich hier (tun) soll; ich weiß nicht, an wen ich mich wenden soll; was soll ich ihm sagen?; was hätte ich denn anderes tun ~? □ **dever,** du sollst nicht töten (fünftes der Zehn Gebote) □ ***não matarás*** 1.1 das hättest du nicht tun ~ *es wäre besser gewesen, wenn du es nicht getan hättest* 1.2 jmd. soll etwas tun, lassen *jmd. ist aufgefordert, gehalten, wird veranlasst, etwas zu tun, zu lassen;* was soll ich damit (anfangen)?; soll ich gehen, kommen? □ **dever**, man soll mich in Frieden lassen □ ***que me deixem em paz*** 1.3 jmd. od. etwas soll sein *möge sein, es ist wünschenswert, erwünscht, dass etwas ist!;* hoch soll er leben, drei Mal hoch! (Trinkspruch) □ ***viva!;*** dich soll doch (der Teufel holen)! □ ***que o diabo te carregue!*** 1.3.1 du hättest ihn sehen ~, wie er ...! *du hättest gestaunt, wenn du gesehen hättest, wie er ...* □ ***você precisava ver como ele...!*** 1.3.2 sie ~ nur kommen! (leicht drohend) *lass sie nur kommen* □ ***que ela venha!*** 1.4 jmd. od. etwas soll sein *es ist beabsichtigt, dass jmd. od. etwas ist;* wozu soll das gut sein? □ ***para que serve isso?;*** das soll ich sein? (erg.: auf dem Bild) □ ***este sou eu?*** 1.4.1 was soll das heißen? *was bedeutet das?* □ ***o que significa isso?*** 1.4.2 was soll es denn kosten? *wie teuer ist es?* □ ***quanto deve custar?*** 1.4.3 was soll, darf es denn sein? *was möchten Sie haben? (Frage des Verkäufers)* □ ***o que vai querer?*** 1.4.4 es hat nicht ~ sein *es war nicht so bestimmt* □

*não era para ser 1.4.5 an mir soll es nicht liegen ⟨umg.⟩ *was ich tun kann, werde ich tun* □ *não sou eu que vou impedir 1.5 werden;* es soll nicht wieder vorkommen! □ *que isso não volte a acontecer!*; es sollte mich freuen, wenn es so wäre! □ *eu ficaria muito feliz se fosse assim!* 1.6 jmd. od. etwas sollte *müsste (eigentlich);* ich sollte dich eigentlich ausschelten; er sollte doch wissen, was er zu tun hat □ dever 1.6.1 man sollte glauben, dass ... *man könnte fast glauben ...* □ *é para acreditar que...* 1.6.2 das sollte ich meinen! *ganz gewiss!, aber sicher!* □ *mas claro!; com certeza!* 1.7 nützen, bezwecken; *was soll's?; was soll das alles?* □ *o que significa (tudo isso)?*; was soll das Klagen? □ *de que adianta reclamar?* 2 jmd. od. etwas sollte ⟨geh.⟩ *jmdm. od. einer Sache war es bestimmt;* er sollte an diesem Tag noch eine Überraschung erleben □ *naquele dia ele teria outra surpresa* 3 sollte jmd. od. etwas sein? *ist es (tatsächlich) so, dass etwas ist?*; sollte es möglich sein, dass ...? □ *será possível que...?*; sollte ich das wirklich vergessen haben? □ *será que eu realmente esqueci?* 4 sollte jmd. od. etwas sein, wenn jmd. od. etwas sein sollte *wenn es der Fall ist, dass jmd. od. etwas ist;* wenn es morgen regnen sollte, ...; solltest du ihn sehen, dann sag ihm ... □ se; caso 5 jmd. od. etwas soll sein *ist angeblich, vermutlich;* bei dem Unfall soll es fünf Tote gegeben haben; er soll schon gestern gekommen sein; ich soll das nicht können?; er soll krank gewesen sein; er soll ein sehr guter Lehrer sein; er soll sehr klug sein; es soll morgen schneien □ supostamente; dizem que; dever 6 ⟨mit vorangestelltem Adv.; Zusammenschreibung nur der infiniten Formen⟩ soll ich mit? ⟨umg.⟩ mitkommen; mit~; du sollst nicht mit □ dever ir junto

so|lo ⟨Adj. 11/50; Mus.⟩ *ohne Begleitung, allein, einzeln;* ~ singen, spielen □ solo; ich bin ~ ⟨umg.; scherzh.⟩ □ só; sozinho

So|lo ⟨n.; -s, -s od. So|li⟩ 1 ⟨Mus.⟩ *Vortrag eines einzelnen Sängers od. Instrumentalisten* □ solo; recital 2 ⟨Kart.⟩ *Spiel eines Einzelnen gegen mehrere Mitspieler* □ solo 3 ⟨Tennis usw.⟩ *Spiel einzelner Spieler gegeneinander* □ jogo de simples

sol|vent ⟨[-vɛnt] Adj. 24/70; Wirtsch.⟩ *zahlungsfähig;* der Kunde ist nicht ~ □ solvente

Som|bre|ro auch: **Som|re|ro** ⟨m.; -s, -s⟩ *breitrandiger Strohhut (in Mittel- u. Südamerika getragen)* □ sombreiro

so|mit ⟨a. [- ́-] Konj.⟩ *und so, also, folglich;* er hat angerufen, (und) ~ brauche ich nicht hinzugehen □ assim; portanto; com isso

Som|mer ⟨m.; -s, -⟩ 1 *die wärmste Jahreszeit, astronomisch die Zeit vom 21. Juni bis 23. September (auf der nördlichen Halbkugel);* Ggs *Winter*(1); heißer, kühler, kurzer, langer, nasser, regenreicher, trockener ~; im ~ ins Gebirge, ans Meer fahren □ verão 1.1 *der ~ des Lebens* ⟨fig.⟩ *die Jahre der höchsten Leistungsfähigkeit im Leben* □ *a flor da idade* 1.2 *wie Winter bei jeder Temperatur, in jeder Jahreszeit, das ganze Jahr über* □ *o ano inteiro;* → a. *Schwalbe*(1.1)

Som|mer|an|fang ⟨m.; -s; unz.⟩ *Anfang des Sommers (auf der nördlichen Halbkugel 21. Juni)* □ início do verão

som|mer|lich ⟨Adj.⟩ *dem Sommer entsprechend, wie im Sommer;* ~es Wetter; es ist schon ~ warm; sich ~ kleiden □ estival; de verão

som|mers ⟨Adv.⟩ *im Sommer;* Ggs *winters;* ~ wie winters fährt sie mit dem Fahrrad □ no verão

Som|mer|schluss|ver|kauf ⟨m.; -(e)s, -käu|fe, Abk.: SSV; früher⟩ *Verkauf vor dem Ende des Sommers von Artikeln, bes. Kleidung, die im Sommer gebraucht werden u. im nächsten Jahr nicht mehr modern sind, zu herabgesetzten Preisen* □ liquidação de verão

Som|mer|spros|se ⟨f.; -, -n; meist Pl.⟩ *kleiner, hellbrauner Hautfleck, bes. im Gesicht, infolge zu starker Pigmentbildung, der im Sommer deutlicher hervortritt als im Winter* □ sarda

So|na|te ⟨f.; -, -n; Mus.⟩ *Musikstück für ein od. mehrere Instrumente aus drei od. vier Sätzen;* Klavier~, Violin~ □ sonata

Son|de ⟨f.; -, -n⟩ 1 ⟨Med.⟩ *stab- od. schlauchförmiges Instrument zur Untersuchung von Körperhöhlen u. -gängen od. zum Entnehmen bzw. Einbringen von Flüssigkeiten;* Blasen~, Gebärmutter~, Magen~ 2 ⟨Bgb.⟩ *bis 10 m tiefe Bohrung zur Entnahme einer Probe* □ sonda

son|der ⟨Präp. m. Akk.; veraltet⟩ *ohne;* ~ Tadel □ sem

son|der|bar ⟨Adj.⟩ 1 *eigenartig, merkwürdig, anders als das Gewohnte, Übliche, Erstaunen erregend, befremdend, befremdlich;* ~!; ~es Benehmen, Verhalten; ein ~es Erlebnis, Naturereignis; ein ~es Geräusch; warum siehst du mich so ~ an?; es klingt ~, aber es ist wirklich so; das ist doch ~! □ estranho; esquisito 1.1 *ein ~er Heiliger* ⟨umg.⟩ *ein Sonderling* □ *sujeito esquisitão*

Son|der|druck ⟨m.; -(e)s, -e⟩ *im besonderen Auftrag erfolgter Druck eines einzelnen Beitrags aus einem Sammelband o. Ä., Sonderausgabe* □ edição à parte; separata

Son|der|fall ⟨m.; -(e)s, -fäl|le⟩ 1 *Einzelfall, besonderer, selten vorkommender Fall* □ caso isolado/especial 2 *Fall, der besonders, für sich betrachtet u. beurteilt werden muss, Ausnahme* □ caso especial; exceção

son|der|glei|chen ⟨Adv.; nachgestellt⟩ *ohnegleichen, einzigartig;* das ist eine Frechheit, Nachlässigkeit ~ □ sem igual; extraordinário

Son|der|heit ⟨f.; nur in der Wendung⟩ in Sonderheit *besonders, vor allem* □ *especialmente; sobretudo*

son|der|lich ⟨Adj. 80⟩ 1 *sonderbar;* er ist etwas ~; er ist im Alter ~ geworden □ estranho; esquisito 2 ⟨50; meist in verneinenden Sätzen⟩ *besonders;* wie hat es dir gefallen? Nicht ~!; das finde ich nicht ~ schön □ especial(mente)

Son|der|ling ⟨m.; -s, -e; meist abwertend⟩ *sonderbarer, merkwürdiger Mensch, Einzelgänger, Mensch von starker Eigenart, mit besonderen, ausgeprägten Gewohnheiten;* Sy *Eigenbrötler* □ esquisitão

son|dern[1] ⟨V. 550⟩ von jmdm. od. von etwas ~ ⟨geh.⟩ *beiseite legen, trennen, auslesen;* die guten Beeren von

sondern

den schlechten ~; die Spreu vom Weizen ~ □ **separar; selecionar**

son|dern² ⟨Konj.⟩ **1** *vielmehr, richtiger gesagt; nicht er,* ~ *sie ist schuld; ich habe ihr nicht geschrieben,* ~ *sie angerufen* □ **antes; e sim 1.1** *nicht nur ..., auch dazu, außerdem, und; er ist nicht nur ein guter Wissenschaftler,* ~ *auch ein guter Lehrer; sie ist nicht nur hübsch,* ~ *auch klug* □ ***não apenas ..., mas também***

son|die|ren ⟨V. 500⟩ **1** *etwas* ~ *mit einer Sonde untersuchen* **2** *etwas* ~ ⟨fig.; umg.⟩ *vorsichtig erkunden, erforschen, ordnen; das Gelände, die Lage* ~ □ **sondar**

So|nett ⟨n.; -(e)s, -e⟩ *Gedicht aus zwei vier- u. zwei dreizeiligen Strophen* □ **soneto**

Song ⟨m.; -s, -s⟩ **1** ⟨umg.⟩ *Schlager, Lied; ein bekannter* ~; *Pop*~; *Protest*~ **2** ⟨*seit B. Brecht u. K. Weill*⟩ *scharf satirisches Lied im Stil des Bänkelsangs mit Elementen der Jazzmusik* □ **canção**

Sonn|abend ⟨m.; -(e)s, -e; Abk.: Sa; bes. nord- u. mitteldt.⟩ *der vorletzte Tag der Woche,* Sy ⟨bes. süddt.⟩ *Samstag* □ **sábado**; → a. *Dienstag*

sonn|abends ⟨Adv.⟩ *an jedem Sonnabend;* ~ *gehen wir ins Kino* □ **aos sábados**; → a. *dienstags*

Son|ne ⟨f.; -, -n⟩ **1** (i. e. S.) *der zentrale Fixstern unseres Planetensystems;* ~ *und Mond;* ~, *Mond und Sterne; die* ~ *geht auf, geht unter, sinkt, steigt; die* ~ *steht hoch, niedrig, tief; bei sinkender* ~; *die liebe* ~ ⟨umg.⟩; *Frau* ~ ⟨poet.⟩ □ **Sol 1.1** *ich bin der Glücklichste unter der* ~ ⟨poet.⟩; *auf der Welt* □ ***sou a pessoa mais feliz do mundo*** **2** (i. w. S.) *selbst leuchtender Fixstern, um den Planeten kreisen* **3** *von der Sonne* (1) *ausgestrahltes Licht; diese Pflanze braucht viel* ~; *die* ~ *brennt, wärmt; das Zimmer hat keine, wenig, viel* ~; *brennende, heiße, glühende, sengende* ~; *die goldene* ~; *gegen die* ~ *fotografieren, schauen; in der* ~ *bleichen, trocknen; in der* ~ *sitzen, liegen; sich von der* ~ *bescheinen lassen; von der* ~ *gebräunt* □ **sol 3.1** *sich die* ~ *auf den Pelz brennen lassen* ⟨fig.; umg.⟩ *sich sonnen* □ ***tomar banho de sol*** **3.2** *die* ~ *bringt es an den Tag* *es kommt doch heraus, wird bekannt* □ ***(alguma coisa) vem à tona/luz*** **3.3** *geh mir aus der* ~*!* ⟨umg.⟩ *geh mir aus dem Licht, mach mir keinen Schatten!* (nach der Antwort des Diogenes auf die Aufforderung Alexanders des Großen, sich eine Gnade zu erbitten) □ ***não me faça sombra!*** **4** ⟨fig.; poet.⟩ *Licht, Wärme, etwas Strahlendes, Helles, Schönes; die* ~ *des Glücks; die* ~ *seiner Liebe* □ **sol; luz**

son|nen ⟨V. 500/Vr 7⟩ **1** *etwas od. sich* ~ *von der Sonne bescheinen lassen, der Sonne aussetzen; er hat sich den ganzen Tag gesonnt* □ **expor(-se) ao sol; tomar banho de sol 2** ⟨550⟩ *sich in etwas* ~ ⟨fig.⟩ *etwas selbstzufrieden genießen; er sonnt sich in seinem Ruhm; sich in jmds. Gunst* ~ □ ***gozar de alguma coisa***

son|nen|arm ⟨Adj. 70⟩ *wenig Sonnenschein bekommend; das Gebiet ist* ~; ~e *Jahreszeit* □ **pouco ensolarado**

Son|nen|bad ⟨n.; -(e)s, -bä|der⟩ *freie Bewegung od. Ruhen in der Sonne*(3), *wobei der Körper wenig od. nicht bekleidet ist; ein* ~ *nehmen* □ **banho de sol**

son|nen|ba|den ⟨V. 400; nur im Inf. u. Part. Perf.⟩ *sich sonnen; ich würde gerne* ~; *er hat zwei Stunden sonnengebadet* □ **tomar banho de sol**

Son|nen|brand ⟨m.; -(e)s, -brän|de⟩ *starke Rötung u. Reizung der Haut durch übermäßige Sonnenbestrahlung; sich vor* ~ *schützen* □ **queimadura de sol**

son|nen|klar ⟨Adj. 24⟩ **1** *klar u. hell wie die Sonne* □ **claro como a luz do sol 2** ⟨['--'-]⟩ 40; fig.; umg.⟩ *ganz klar, völlig klar, eindeutig; das ist doch* ~*!* □ **evidente**

Son|nen|wen|de ⟨f.; -, -n⟩ *Tag des Sommer- od. Winterbeginns mit dem Zeitpunkt, zu dem die Sonne während ihrer scheinbaren jährlichen Bewegung an der Himmelskugel ihre größte bzw. geringste Höhe über dem Horizont erreicht: Solstitium; Sommer*~; *Winter*~ □ **solstício**

son|nig ⟨Adj. 70⟩ **1** *vom Sonnenlicht erleuchtet u. erwärmt;* ~*er Morgen, Tag, Platz; der* ~ *Süden;* ~es *Wetter; hier ist es mir zu* ~ □ **ensolarado 2** ⟨fig.⟩ *heiter, fröhlich; ein* ~*er Mensch; sie hat ein* ~es *Gemüt, Wesen* □ **alegre; radiante**

Sonn|tag ⟨m.; -(e)s, -e; Abk.: So⟩ **1** (Abk.: So) *der letzte Tag der Woche, Ruhetag;* Ggs *Werktag;* → a. *Feiertag;* → *Dienstag; an Sonn- und Feiertagen ist das Museum geschlossen* **1.1** *es ist nicht alle Tage* ~ ⟨fig.⟩ *man kann es nicht immer gut haben, man kann nicht immer feiern* □ **domingo**; → a. *golden*(4.5.3), *weiß¹*(1.6)

Sonn|tag|abend ⟨m.; -s, -e⟩ *Abend eines (jeden) Sonntags* □ **domingo à noite**; → a. *Dienstagabend*

sonn|täg|lich ⟨Adj. 24⟩ **1** *an jedem Sonntag stattfindend; unser* ~es *Frühstück; der* ~e *Abendspaziergang* □ **de domingo; dominical 2** *wie am Sonntag, festlich, feierlich, geruhsam;* ~e *Stille* □ **domingueiro**

sonn|tags ⟨Adv.⟩ *an jedem Sonntag stattfindend; schlafen wir länger als werktags* □ **aos domingos**; → a. *dienstags*

Son|ny|boy ⟨[-bɔi] m.; -s, -s⟩ *fröhlicher, charmanter, beliebter junger Mann; er ist ein richtiger* ~; *er ist der* ~ *der Mannschaft* □ **sujeito alegre/divertido; comédia**

so|nor ⟨Adj.⟩ **1** *tief u. klangvoll, voll tönend; eine* ~e *Stimme besitzen* **2** ⟨Phon.⟩ *stimmhaft;* ~e *Konsonanten* □ **sonoro**

sonst ⟨Adv.⟩ **1** *andernfalls; komm sofort her,* ~ *gibt's Prügel!; ich muss mich beeilen,* ~ *komme ich zu spät; wer* ~, *wenn nicht er* □ **senão; do contrário 2** *außerdem, bei anderer Gelegenheit; will* ~ *noch jemand mitfahren?* □ ***mais alguém quer ir junto de carro?***; *war* ~ *noch jemand da?* □ ***tinha mais alguém lá?***; *so etwas tue ich* ~ *nicht* □ ***não costumo fazer esse tipo de coisa***; *mehr als* ~ □ ***mais do que em outra ocasião***; *darf es* ~ *noch etwas sein?* (Frage des Verkäufers) □ ***mais alguma coisa?***; *er und* ~ *keiner* □ ***ele e mais ninguém***; ~ *nichts* □ ***nada mais***; ~ *niemand* □ ***ninguém mais***; ~ *nirgends* □ ***em nenhum outro lugar***; ~ *überall* □ ***por toda parte (menos aqui)***; ~ *was* □ ***alguma coisa; qualquer coisa***; ~ *wem* □ ***a qualquer um***; ~ *wen* □ ***qualquer um***; ~ *wer* □ ***alguém; qualquer um***; *wer kommt* ~ *noch?* □ ***quem mais vem?***; ~ *wie* □ ***de outro modo***;

~ wo □ *em outro lugar; ~ wohin □ *para outro lugar
3 *für gewöhnlich, im Allgemeinen, immer;* was ist mit dir los, du bist doch ~ nicht so? □ *o que há com você? você não costuma ser assim; der ~ so schlagfertige X blieb ihr diesmal die Antwort schuldig □ *X, que costuma ter respostas prontas, desta vez ficou lhe devendo a resposta; er ist ~ so verträglich, freundlich □ *ele costuma ser sociável/amigável; genau wie ~ □ *exatamente como de costume 4 *anderes;* was soll ich denn ~ tun? □ *o que mais devo fazer?;* ~ weiß ich nichts zu erzählen □ *não sei mais o que contar;* willst du das wirklich tun? Was denn ~? □ *quer mesmo fazer isso? o que mais se pode fazer?

sons|tig ⟨Adj. 24/60⟩ 1 *ander, übrig;* und ~e Kleinigkeiten □ outro; das Sonstige regelt sein Vater □ **restante** 1.1 *Sonstiges Verschiedenes, alles, was nicht einzuordnen ist* □ **outras coisas; diversos**

sonst|was ⟨alte Schreibung für⟩ *sonst was*
sonst|wem ⟨alte Schreibung für⟩ *sonst wem*
sonst|wen ⟨alte Schreibung für⟩ *sonst wen*
sonst|wer ⟨alte Schreibung für⟩ *sonst wer*
sonst|wie ⟨alte Schreibung für⟩ *sonst wie*
sonst|wo ⟨alte Schreibung für⟩ *sonst wo*
sonst|wo|hin ⟨alte Schreibung für⟩ *sonst wohin*

so|oft ⟨Konj.⟩ 1 *wie viele Male auch immer;* ~ du willst □ **quantas vezes** 2 *wann auch immer, jedes Mal, wenn;* ~ er kommt, bringt er Blumen mit □ **sempre que;** ⟨aber Getrenntschreibung⟩ ich habe schon so oft versucht, ihn telefonisch zu erreichen → a. *so¹ (5)*

So|pran *auch:* **Sop|ran** ⟨m.; -s, -e; Mus.⟩ 1 *die höchste Stimmlage (von Frauen u. Knaben)* 2 *Frau, die (Knabe, der) Sopran(1) singt* □ **soprano; sopranista** 3 *Gesamtheit der Sopranstimmen im Chor* □ **soprano**

Sor|bet ⟨a. [zɔrbeː] n. od. m.; -s, -s⟩ *Halbgefrorenes (bes. Fruchteis);* oV *Sorbett* □ **sorbet**

Sor|bett ⟨n. od. m.; -(e)s, -e⟩ = *Sorbet*

Sor|ge ⟨f.; -, -n⟩ 1 *Unruhe, Bangigkeit, etwas, was einen bedrückt;* ~n haben □ **preocupação; inquietação;** jmdm. ~ machen; es macht mir ~, dass ...; dein schlechtes Aussehen macht mir ~n □ *preocupar alguém; deixar alguém preocupado;* mach dir (darum, darüber, deshalb) keine ~n □ *não se preocupe (com isso/por causa disso);* aller ~n ledig sein; berufliche, finanzielle ~n; drückende, große, quälende, schwere ~; das ist meine geringste ~ □ **preocupação;** keine ~! (das erledige ich schon) □ *não se preocupe!* (eu cuido disso); du machst dir unnötige ~n □ *você está se preocupando à toa;* ich komme aus den ~n nicht heraus □ *não consigo deixar de me preocupar;* ich bin in ~, weil er so lange ausbleibt □ *estou preocupado porque faz tempo que ele está fora;* sei ohne ~! □ *não se preocupe!;* ich mache mir ~n um ihn □ *preocupo-me com ele;* kleine Kinder, kleine ~n, große Kinder, große ~n ⟨Sprichw.⟩; deine ~n möcht' ich haben! ⟨iron.⟩; wenn das deine einzige ~ ist (, dann ist es ja nicht so schlimm) ⟨leicht iron.⟩ □ **preocupação** 1.1 du hast ~n! ⟨iron.⟩ *wie kann dich sowas eine Kleinigkeit so bekümmern?* □ *isso sim é que é*

preocupação! 1.2 lassen Sie das meine ~ sein *kümmern Sie sich nicht darum, überlassen Sie das nur mir* □ *deixe que eu me preocupo com isso* 1.2.1 ⟨abweisend⟩ *das geht Sie nichts an* □ *isso é problema meu* 2 *Fürsorge, Pflege;* für Ruhe und Ordnung ~ tragen □ *cuidar da tranquilidade e da ordem;* liebevolle, mütterliche ~ □ **cuidado**

sor|gen ⟨V.⟩ 1 ⟨415⟩ *für jmdn. od. etwas ~ Sorge tragen, sich um jmdn. od. etwas kümmern;* für seine Familie ~; und wer sorgt inzwischen für die Kinder? □ *cuidar de alguém ou de alguma coisa* 1.1 dafür lass mich ~ *überlass das mir* □ *deixe que eu cuido disso* 1.2 (dafür) ~, dass ... *aufpassen, dass ...;* sorge dafür, dass ihm nichts geschieht!; sorge dafür, dass die Kinder ihre Schularbeiten machen □ *cuidar para que ...; fazer com que ...* 2 ⟨415⟩ *für etwas ~ etwas herbeischaffen, sich um etwas bemühen* □ *cuidar de alguma coisa; prover alguma coisa;* für einen reibungslosen Ablauf (der Sache, des Verkehrs) ~ □ *cuidar para que a questão se resolva sem problemas; fazer com que o trânsito flua sem dificuldade;* für jmds. Lebensunterhalt ~ □ *prover o sustento de alguém* 2.1 ~ Sie für ein Taxi *bringen, rufen Sie ein T.* □ *providencie/mande vir um táxi* 2.2 *etwas bewirken;* für Ruhe ~ □ *zelar pela tranquilidade;* dafür ist gesorgt □ *isso já foi providenciado* 3 ⟨505/Vr 3⟩ *sich ~ sich Sorgen machen, sich ängstigen;* sorg dich nicht, es wird schon alles noch gut; sich um jmdn. ~; sich um jmds. Gesundheit, Leben, Zukunft ~ □ *preocupar-se*

Sorg|falt ⟨f.; -; unz.⟩ *Genauigkeit, Gewissenhaftigkeit;* du hast es an der nötigen ~ fehlen lassen; ~ auf eine Arbeit verwenden; mit aller, mit größter ~; mit liebevoller ~; ohne ~ arbeiten □ **esmero; zelo**

sorg|fäl|tig ⟨Adj.⟩ *mit Sorgfalt, peinlich genau, gewissenhaft;* ~ arbeiten; ~ aufpassen; ein geliehenes Buch ~ behandeln; mach es ~!; die Serviette ~ zusammenlegen □ **esmerado; zeloso; com esmero/zelo**

sorg|los ⟨Adj.⟩ 1 *ohne Sorgen;* ein ~es Leben führen □ **despreocupado** 2 *sich keine Gedanken, keine Sorgen machend;* er blickt ~ in die Zukunft □ **despreocupadamente** 3 *leichtfertig, leichtsinnig;* du bist allzu ~ □ **leviano** 3.1 *unachtsam;* er geht allzu ~ mit den Werkzeugen um □ **negligente; descuidado** 3.2 *vertrauensselig;* sie ist zu ~ im Umgang mit Fremden □ **despreocupado; descuidado**

sorg|sam ⟨Adj.⟩ *auf liebevolle od. vorsichtige Art u. Weise, sorgfältig;* jmdn. ~ zudecken; etwas ~ in den Schrank stellen □ **cuidadoso; cuidadosamente**

Sor|te ⟨f.; -, -n⟩ *Art, Gattung, Güteklasse (bes. von Waren);* beste, feinste, gute, mittlere, schlechte ~; billigste, teuerste ~; in allen ~n und Preislagen; das gibt es in verschiedenen ~n; von derselben ~; ich gehöre nicht zu der ~ (Menschen), die ...; er ist eine merkwürdige ~ von Mensch ⟨umg.⟩ □ **qualidade; gênero; tipo**

sor|tie|ren ⟨V. 500⟩ *Gegenstände ~ (nach Sorten) ordnen, auslesen;* Sachen in verschiedene Fächer, Kästen ~; Bausteine nach ihrer Farbe, Größe, Form ~ □ **ordenar; classificar**

Sor|ti|ment ⟨n.; -(e)s, -e⟩ **1** *Gesamtheit der vorhandenen Sorten, Angebot an Waren;* Sy *Programm(2);* ein ~ von Wäsche □ **sortimento 2** *Buchhandel in Ladengeschäften, die Bücher verschiedenster Arten u. Verlage vorrätig haben* 2.1 *Ladengeschäft für ein Sortiment(2)* □ **varejo de livros**

so|sehr ⟨Konj.⟩ *wie sehr (auch immer);* ~ ich ihn auch schätze, billige ich in diesem Fall sein Verhalten nicht □ **por mais que;** ⟨aber Getrenntschreibung⟩ ich habe es mir so sehr gewünscht → *sehr(2)*

so|so ⟨Adv.⟩ **1** ~! ⟨alleinstehend⟩ 1.1 *(ungläubig zustimmend, nicht ganz überzeugt beipflichtend) was du nicht sagst!, ich glaube es nicht recht, aber ich will nichts dazu sagen* □ **ah, vá!; que nada!** 1.2 *(leicht triumphierend) also doch!, also hab ich doch Recht gehabt!* □ **está vendo só?** 1.3 *(erstaunt, aber verständnisvoll) aha!, sieh mal einer an!* □ **ora, vejam só! 2** ~ (lala) *leidlich, mittelmäßig, nicht bes. gut;* es geht mir ~ (lala); seine Leistungen sind ~ (lala); es steht mit ihm ~ (lala) □ **assim-assim**

So|ße ⟨f.; -, -n⟩ oV *Sauce* **1** *als Beilage gereichte, meist sämige Flüssigkeit aus Bratensaft, Sahne, Milch, Mehl, Ei, Gewürzen od. anderen Zutaten;* Fleisch~; Braten~; Vanille~; Joghurt~ □ **molho; cobertura 2** *Geschmacks- u. Geruchsstoff zum Aromatisieren von Tabakblättern;* Tabak~ □ **aromatizante 3** *(umg.; scherzh.) schmutzige Brühe, flüssiger Schmutz* □ **água suja**

◆ Die Buchstabenfolge **soufl...** kann in Fremdwörtern auch **souffl...** getrennt werden.

◆ **Souf|flé** ⟨[sufle:] n.; -s, -s⟩ = *Soufflee*
◆ **Souf|flee** ⟨sufle:] n.; -s, -s⟩ *sehr lockerer Auflauf mit geschlagenem Eiweiß;* oV *Soufflé* □ **suflê**
◆ **Souf|fleur** ⟨[suflø:r] m.; -s, -e⟩ *jmd., der während des Spiels die Rollen flüsternd mitliest, um die Schauspieler vor dem Steckenbleiben zu bewahren* □ **ponto**
◆ **Souf|fleu|se** ⟨[suflø:zə] f.; -, -n⟩ *weibl. Souffleur* □ **ponto**
◆ **souf|flie|ren** ⟨[su−] V.⟩ **1** ⟨600⟩ **jmdm.** ~ *einsagen, vorsagen* □ **soprar 2** ⟨400⟩ *als Souffleur bzw. Souffleuse tätig sein* □ **trabalhar como ponto**

Sound ⟨[saʊnd] m.; -s, -s; meist in Zus.⟩ *Klang, Klangcharakter, -qualität;* die Stereoanlage hat einen guten ~ □ **som**

so|und|so ⟨Adv.⟩ **1** *von gewisser Art, von gewissem Maß, das bzw. die im Augenblick nicht bestimmt werden kann od. soll, unbestimmt wie;* er hat mir erklärt, das Grundstück sei ~ groß und ... □ ***ele me disse que o terreno tem tal tamanho e...;** ~ viel □ ***tanto** 1.1 am Soundsovielten *an einem gewissen Datum* □ ***no dia tal** 1.2 ~ oft *sehr oft* □ ***tantas vezes 2** dieser Herr Soundso *(dessen Namen mir gerade nicht einfällt)* □ **fulano de tal**

Sou|per ⟨[supe:] n.; -s, -s⟩ *(festliches) Abendessen* □ **jantar**

Sou|ter|rain ⟨[sutərɛ:] n.; -s, -s⟩ *Kellergeschoss, etwa zur Hälfte unter dem Straßenniveau liegendes Geschoss, Tiefparterre* □ **subsolo**

Sou|ve|nir ⟨[suvə−] n.; -s, -s⟩ = *Andenken(2)*

sou|ve|rän ⟨[suvə−] Adj.⟩ **1** *unumschränkt herrschend, die Herrschergewalt, Oberherrschaft ausübend;* ein ~er Staat, Herrscher □ **soberano 2** ⟨fig.⟩ = *überlegen² (1);* ~ beantwortete er alle Fragen □ **seguro de si**

so|viel¹ ⟨Konj.⟩ **1** *nach dem zu urteilen, was (ich sehe, weiß usw.);* ~ ich sehe, ist die Arbeit nahezu fertig □ ***pelo que estou vendo, o trabalho está quase pronto** 1.1 ~ ich weiß, kommt er heute nicht mehr *meines Wissens* □ ***pelo que sei, hoje ele não vem mais;** → a. *so¹ (5.4)*

so|viel² ⟨alte Schreibung für⟩ *so viel*

so|weit¹ ⟨Konj.⟩ **1** *in der, über die Entfernung, die ...;* ~ ich sehe, ist niemand mehr da **2** *in dem Maße, wie;* ~ ich es beurteilen kann, ist die Sache in Ordnung □ **pelo que vejo; até onde 3** *insoweit, für den Fall, unter der Voraussetzung, dass;* ~ er geeignet ist, wird er auch eingestellt □ **contanto que;** → a. *so¹ (5.5-5.8)*

so|weit² ⟨alte Schreibung für⟩ *so weit*

so|we|nig¹ ⟨Konj.⟩ *in wie geringem Maß, Umfang auch immer;* ~ es auch nutzen wird, ich versuche es doch □ **por menos que;** → a. *so¹ (5.9)*

so|we|nig² ⟨alte Schreibung für⟩ *so wenig*

so|wie ⟨Konj.⟩ **1** *wenn, in gleichem Augenblick, wie ...;* ~ er uns sah, lief er weg; ~ ich fertig bin, komme ich □ **tão logo; assim que 2** *wie auch, und auch, außerdem;* Äpfel, Birnen, Apfelsinen ~ Nüsse und Mandeln □ **bem como;** ⟨aber Getrenntschreibung⟩ so wie → *so¹ (2)*

so|wie|so ⟨Adv.⟩ **1** *in jedem Fall, auf alle Fälle, ohnehin;* ich nehme dein Paket mit, denn ich muss ~ zur Post 1.1 ~ **nicht** *auf keinen Fall;* wir brauchen nicht zu warten, er wird ~ nicht kommen □ **de todo modo; seja como for** 1.2 das ~! ⟨umg.⟩ *das versteht sich von selbst!* □ ***é óbvio! 2 Herr Sowieso** *(dessen Name mir gerade nicht einfällt)* □ **fulano de tal**

so|wohl ⟨Konj.⟩ ~ ... als auch ... *nicht nur ..., sondern auch;* ~ Männer und Frauen als auch Kinder; dieses Gerät ist ~ praktisch als auch äußerlich hübsch; das Sowohl-als-auch □ ***tanto... quanto...; não apenas... mas também...**

so|zi|al ⟨Adj.⟩ **1** ⟨24⟩ *die Gemeinschaft, Gesellschaft betreffend, zu ihr gehörend;* ~e Entwicklung, ~e Lasten, ~e Verhältnisse **2** *die Normen einer Gesellschaft respektierend;* ~ denken, empfinden, sich ~ verhalten, ~es Verhalten **3** *der Gemeinschaft, Gesellschaft dienend;* ~e Fürsorge, in der ~en Arbeit stehen □ **social(mente)** 3.1 ~e **Berufe** *B., die ihre Arbeit den hilfsbedürftigen Mitmenschen widmen, z. B. Gemeindeschwester, Sozialarbeiter(in)* □ **social; assistencial** 3.2 ~er **Wohnungsbau** *Bau von preiswerten Wohnungen (für Personen mit niedrigem Einkommen) mit staatlichen Zuschüssen u. Steuerbegünstigungen* □ ***conjunto habitacional 4** ⟨24⟩ ~e **Tiere** *T., die die Gesellschaft von Artgenossen aus innerem Antrieb heraus suchen* 4.1 ~e **Bienen** *Stechimmen aus der Familie der Bienen, die in Staaten leben, in denen ein befruchtetes Weibchen, die Königin, Eier legt, während kleine Weibchen mit unentwickelten Geschlechtsorganen die*

Brut aufziehen **5** ⟨24⟩ *die gesellschaftliche Stellung betreffend, auf ihr beruhend;* ~ *aufsteigen, sinken;* ~*es Ansehen;* ~*e Unterschiede* □ social(mente)

So|zi|al|ar|beit ⟨f.; -; unz.⟩ *Gesamtheit der Berufe, die im Bereich der Jugend- u. Sozialhilfe tätig sind;* ~ *leisten, fördern* □ trabalho social

So|zi|al|ar|bei|ter ⟨m.; -s, -⟩ *jmd., der Sozialarbeit leistet, im Bereich der Sozialhilfe tätig ist* □ assistente social

So|zi|al|hil|fe ⟨f.; -; unz.⟩ *mit einem Rechtsanspruch verbundene öffentliche Hilfe für Menschen, die sich in einer materiellen Notlage befinden;* ~ *bekommen, beziehen; von der* ~ *leben* □ assistência social

So|zi|a|lis|mus ⟨m.; -; unz.⟩ *Bewegung gegen den wirtschaftlichen u. politischen Liberalismus, die dem Arbeitnehmer mehr Einfluss auf die Verwendung der Produktionsmittel u. damit eine größere persönliche Unabhängigkeit u. soziale Sicherheit geben will* □ socialismo

So|zi|al|pro|dukt ⟨n.; -(e)s, -e⟩ *volkswirtschaftliches Nettoprodukt, das sich aus der Summe aller produzierten Güter ergibt, Volkseinkommen* □ produto nacional

So|zi|al|ver|si|che|rung ⟨f.; -, -en⟩ *staatliche Kranken-, Pflege-, Unfall-, Arbeitslosen- u. Rentenversicherung* □ seguro social

So|zio|lo|gie ⟨f.; -; unz.⟩ **1** *Wissenschaft von den Formen des menschlichen Zusammenlebens u. den dadurch hervorgerufenen Verhaltensweisen, Gesellschaftslehre;* Wirtschafts~, Geschichts~, Literatur~ **2** ⟨i. w. S.⟩ *Lehre von den Formen u. Veränderungen im Zusammenleben von Lebewesen;* Pflanzen~, Tier~ □ sociologia

so|zu|sa|gen ⟨Adv.⟩ *gewissermaßen, wenn man es so ausdrücken will, obwohl es nicht ganz richtig ist; sie ernährt* ~ *die ganze Familie allein (denn er verdient nur sehr wenig)* □ por assim dizer

Spach|tel ⟨m.; -s, -; od. (österr. nur so:) f.; -, -n⟩ **1** *kleines Werkzeug mit trapezförmigem Blatt zum Aufstreichen u. Abkratzen von weichen bzw. fest gewordenen Stoffen* □ espátula **2** ⟨unz.⟩ *Masse zum Ausfüllen von Unebenheiten in Werkstücken, die lackiert werden sollen* □ massa de aparelhar

Spa|gat[1] ⟨n. od. (österr. nur so:) m.; -(e)s, -e⟩ *Figur beim Ballett u. Turnen, völliges Spreizen der Beine nach vorn u. rückwärts, so dass sie eine gerade Linie bilden* □ espacate

Spa|gat[2] ⟨m.; -(e)s, -e; bair.; österr.⟩ *Bindfaden* □ barbante

Spa|get|ti ⟨Pl.⟩ *lange, dünne, nicht hohle Nudeln;* oV Spaghetti □ espaguete

Spa|ghet|ti ⟨Pl.⟩ = *Spagetti*

spä|hen ⟨V. 411⟩ **1** *genau schauen, vorsichtig, aber scharf schauen; durch eine Mauerritze, Zaunlücke* ~; *um die Ecke, über den Zaun* ~ □ espiar; espreitar **1.1** *Ausschau halten, ausschauen* □ procurar; escrutar

Spa|lier ⟨n.; -s, -e⟩ **1** *Gitter an einer Mauer, an dem junge Obstbäume, Reben od. Kletterpflanzen hochgezogen werden;* ~obst; *wilde Rosen ranken am* ~ □ latada **2** *doppelte Reihe von Personen, die sich zu jmds. ehrenvollem Empfang so aufgestellt haben, dass der Betreffende zwischen ihnen hindurchschreiten muss; ein* ~ *bilden;* ~ *stehen* □ ala; fileira

Spalt ⟨m.; -(e)s, -e⟩ **1** *sehr schmale Öffnung, Ritze;* oV *Spalte(1);* Tür~; *durch einen (schmalen)* ~ *drang ein Lichtschein heraus; ein* ~ *in der Wand* □ fenda; greta; fresta **2** ⟨Getrennt- u. Zusammenschreibung⟩ 2.1 ~ breit = *Spaltbreit*

spalt|bar ⟨Adj. 70⟩ **1** *so beschaffen, dass man es spalten kann* **1.1** ~*es* Material *Atomkerne, die im Kernreaktor durch Neutronen gespalten u. zur Energiegewinnung verwendet werden können* □ fissil

Spalt|breit auch: Spalt breit ⟨m.; (-) -, (-) -⟩ *Breite eines Spaltes als ungefähre Maßangabe* □ fresta; *die Tür, das Fenster einen* ~ *öffnen* □ abrir uma fresta da porta/janela; entreabrir a porta/janela

Spal|te ⟨f.; -, -n⟩ **1** = *Spalt;* Erd~; Fels~; Gletscher~ □ fenda; greta **2** ⟨Abk.: Sp.⟩ *Schriftsatz in Form eines senkrechten Streifens (in der Zeitung od. in einem Buch); der Artikel nahm zwei* ~*n ein; die* ~*n (der Zeitung) füllen; Seite 2,* ~ *4 (der Zeitung); das Wörterbuch, Lexikon ist in zwei* ~*n gesetzt* □ coluna

spal|ten ⟨V. 500; ich spaltete, habe gespalten⟩ *etwas* ~ **1** *senkrecht, in der Mitte zerteilen, zerschlagen;* Holz *mit dem Beil* ~ □ rachar **1.1** ⟨Kernphysik⟩ *durch Kernspaltung in ein Element niederer Ordnung verwandeln, wobei Energie freigesetzt wird; schwere Atomkerne, Radium, Uran* ~ □ fissionar; desintegrar **1.2** ⟨Vr 3⟩ *etwas* spaltet sich *reißt auf, zerteilt sich; ihre Haare* ~ *sich in den Spitzen* □ abrir-se; dividir-se **1.3** ⟨513/Vr 3⟩ *etwas* spaltet sich in bestimmter Weise *lässt sich in bestimmter W. zerteilen; dieses trockene Holz spaltet sich leicht* □ abrir-se **2** *(gewaltsam) in seine Bestandteile zerlegen; der Blitz hat den Baum gespalten* □ rachar; partir **3** ⟨fig.⟩ *trennen, die Einheit von etwas zerstören; das neue Programm hat die Partei gespalten* **3.1** ⟨Vr 3⟩ *etwas* spaltet sich *teilt, trennt sich; die Partei hat sich in zwei Lager gespalten; die germanische Sprache hat sich in mehrere Zweige gespalten* □ dividir(-se); ramificar(-se); *gespaltenes Bewusstsein (bei Schizophrenie)* □ dividido; cindido; *die Schlange hat eine gespaltene Zunge* □ bipartido

Spalt|pilz ⟨m.; -es, -e⟩ = *Bakterium*

Spal|tung ⟨f.; -, -en⟩ **1** *das Spalten, Teilung, Trennung;* ~ *der Atome; Fortpflanzung durch* ~ □ divisão; cisão; desintegração **2** ⟨fig.⟩ *Entzweiung; die religiöse* ~; *es kam zu einer* ~ *der Partei* □ cisma; cisão

Span ⟨m.; -(e)s, Spä|ne⟩ **1** *abgespaltenes, abgehobeltes Blättchen, Streifen;* Hobel~ □ apara; Holz~; *ein* ~ *zum Feueranzünden* □ acha **1.1** *arbeiten, dass die Späne fliegen* ⟨fig.⟩ *heftig, schwungvoll arbeiten* □ *trabalhar a todo vapor

Span|ge ⟨f.; -, -n⟩ **1** *schmales, leicht gebogenes Stück Metall, Kunststoff od. Horn mit Verschluss* **1.1** *Spange(1) zum Festhalten des Haars;* Haar~ **1.2** *Spange(1) am Schuh zum Schnallen od. Knöpfen* □ fivela **2** = *Fibel*[1]; Gewand~ □ fibula; broche **3** *Armreif ohne Verschluss;* Arm~ □ bracelete

Spann ⟨m.; -(e)s, -e⟩ **1** *oberer Teil des Fußes vom Ansatz des Schienbeins bis zu den Zehen, Rist* □ peito do pé **2** = *Spanne(1)* **3** *Gespann* □ parelha; par

Spanne

Span|ne ⟨f.; -, -n⟩ **1** *altes Längenmaß, etwa 20 cm, so lang, wie man Daumen u. Mittelfinger auseinander spannen kann;* oV *Spann(2);* zwei ~n lang □ **palmo 2** *Zwischenraum, Unterschied;* Verdienst~, Zeit~ □ ***margem de lucro; lapso;** die ~ zwischen Brutto- und Nettogehalt, zwischen Einkaufs- und Verkaufspreis* □ **diferença** 2.1 *eine ~ Zeit ein gewisser Zeitraum, Zeitabschnitt* □ ***um lapso**

span|nen ⟨V.⟩ **1** ⟨500⟩ *etwas ~ straff anziehen, straffziehen;* ein Seil ~; den Bogen ~; die Muskeln ~; die Saiten ~ 1.1 *etwas ~ straff befestigen;* die Wäscheleine ~ □ **esticar; estender;** → a. *Folter (2-2.1)* 1.2 *etwas ~ zum Auslösen, Abziehen bereitmachen;* den Hahn, den Kameraverschluss ~ □ **armar** 1.3 ⟨511⟩ *etwas in etwas ~ einspannen* □ **colocar; inserir** 1.3.1 ⟨511⟩ *ein Werkstück in den Schraubstock ~ im S. befestigen, in den S. klemmen* □ **apertar** 1.4 ⟨Vr 3⟩ *etwas spannt* **sich** *wird straff;* die Haut über seinen Wangenknochen spannte sich; seine Muskeln spannten sich □ **distender-se 2** ⟨500⟩ *eine bestimmte* **Ausdehnung** *~ eine Spannweite von bestimmter A. haben;* der Raubvogel spannt anderthalb Meter; das Flugzeug spannt 40 m □ ***ter determinada envergadura** 2.1 *eine Oktave ~ können greifen können* □ **atingir; alcançar 3** ⟨400⟩ *etwas spannt ist zu eng;* das Kleid, der Rock spannt □ **estar apertado 4** ⟨511⟩ *ein* **Zugtier** *~, vor den Wagen ~ anschirren, mit dem Geschirr am W. zum Ziehen befestigen* □ **atrelar 5** ⟨511/Vr 3⟩ *etwas spannt* **sich über** *etwas* ⟨geh.⟩ *wölbt sich über etwas;* ein strahlend blauer Himmel spannte sich über die Erde; ein Regenbogen spannte sich über den Himmel; über den Fluss spannt sich eine Brücke □ ***estender-se/arquear-se sobre alguma coisa 6** ⟨513⟩ *etwas ~* ⟨fig.⟩ *sehr reizen;* jmds. Erwartungen, Hoffnungen hoch ~ □ **aguçar; excitar**

span|nend 1 ⟨Part. Präs. von⟩ *spannen* **2** ⟨Adj.⟩ *Spannung erregend, fesselnd;* ein ~es Buch; der Film war ~ □ **fascinante; cativante; empolgante**

Span|ner ⟨m.; -s; -⟩ = *Voyeur*

Spann|kraft ⟨f.; -; unz.⟩ **1** ⟨Tech.⟩ *~ einer Feder, eines Gases Kraft der Spannung* □ **elasticidade; expansibilidade 2** *~ eines Menschen* ⟨fig.⟩ *Leistungsfähigkeit, Energie;* keine ~ mehr haben □ **potencial; energia**

Span|nung ⟨f.; -, -en⟩ **1** ⟨unz.⟩ *das Spannen(1); durch ~ der Seile wurde das Zelt verankert* □ **estiramento; esticamento; distensão 2** ⟨unz.⟩ *das Gespanntsein, Straffsein;* die nachlassende ~ des Seils gefährdete die Standsicherheit des Mastes 2.1 ⟨Tech.⟩ *in einem beanspruchten Körper durch Einwirkung äußerer Kräfte entstehende Kraft;* Gewölbe~ **3** ⟨El.⟩ *die den Fluss des elektrischen Stromes in einem Stromkreis bewirkende Kraft;* Gleich~; Hoch~; Nieder~; Wechsel~; die ~ beträgt 220 Volt; elektrische ~; die Maßeinheit für die ~ ist das Volt **4** ⟨unz.; fig.⟩ *gespannte Aufmerksamkeit;* ein Buch mit (großer) ~ lesen; einen Wettkampf mit ~ verfolgen; atemlose ~ □ **tensão** 4.1 *gespannte, neugierige Erwartung, Ungeduld;* jmds. od. etwas mit ~ erwarten □ **expectativa; impaciência**

4.2 *starke, anhaltende innere Erregung, Überreizung;* die ~ wurde unerträglich **5** ⟨fig.⟩ *gespanntes Verhältnis, Feindseligkeit;* politische ~en; mit jmdm. in (dauernder) ~ leben 5.1 *Zustand der Feindseligkeit, Missstimmung;* zwischen uns ergeben sich dauernd ~en □ **tensão**

Spann|wei|te ⟨f.; -, -n⟩ **1** *die Entfernung zwischen beiden Spitzen der (ausgebreiteten) Flügel;* der Vogel hat eine ~ von 50 cm **2** *Weite (einer Brücke, eines Bogens);* das Flugzeug hat eine ~ von 40 m □ **envergadura; vão; luz 3** *geistige ~* ⟨fig.⟩ *Umfang der geistigen Begabung od. Interessen* □ **abrangência; alcance**

spa|ren ⟨V.⟩ **1** ⟨500⟩ *etwas ~ zurücklegen, nicht ausgeben;* ich habe dabei eine Menge Geld gespart; ich habe mir 100 Euro gespart 1.1 *für andere Zwecke aufbewahren, nicht verwenden, nicht gebrauchen;* Kraft, Zeit ~ □ **economizar** 1.1.1 *den Weg hätte ich mir ~ können hätte ich nicht zu machen brauchen* □ ***eu poderia ter me poupado da viagem** 1.1.2 *spar dir deine Ratschläge!* ⟨abweisend⟩ *ich brauche deine R. nicht* □ ***guarde seus conselhos para você mesmo!** 1.1.3 *das hättest du dir ~ können das hättest du nicht zu tun brauchen* □ ***você não precisaria ter feito isso** 1.1.4 *die Mühe kannst du dir ~ die M. brauchst du dir nicht zu machen* □ ***poupe-se do esforço** 1.1.5 *alle weiteren Worte kannst du dir ~ weiter brauchst du nichts zu sagen* □ ***não precisa dizer mais nada 2** ⟨400⟩ *sich einschränken, wenig Geld ausgeben, sparsam sein;* wir müssen sehr ~; mit jedem Cent, mit jedem Gramm Butter, Fleisch ~ □ **economizar** 2.1 *wir ~ am Essen wir geben wenig Geld für E. aus* □ ***gastamos pouco com comida** 2.2 *sie sparte nicht mit Lob sie lobte freundlich, ausdrücklich* □ ***ela não poupou elogios** 2.3 *spare in der Zeit, so hast du in der Not* ⟨Sprichw.⟩ *bilde, solange es dir finanziell gutgeht, Rücklagen für schlechtere Zeiten* □ ***guarda o teu dinheiro para o mau tempo** 2.4 *Geld zurücklegen;* ich spare auf, für ein Auto □ **guardar dinheiro; economizar**

Spar|gel ⟨m.; -s, -; Bot.⟩ *ein Liliengewächs mit stark verzweigtem Stängel, kleinen, borstenähnlichen Blättern, dessen junge, essbare Sprossen durch Aufschütten der Erde weiß bleiben u. in einer Länge von ca. 20 cm gestochen werden:* Asparagus officinalis □ **aspargo**

spär|lich ⟨Adj.⟩ **1** *knapp, dürftig, kümmerlich;* ein ~es Mahl □ **mísero; exíguo 2** *wenig;* ~e Mittel; die Straße ist ~ beleuchtet □ **(de modo) parco/escasso 3** *vereinzelt;* ~er Pflanzenwuchs; diese Pflanzen kommen hier nur ~ vor; das Gras wächst hier nur ~; dieser Landstrich ist nur ~ besiedelt □ **esporádico; esporadicamente** 3.1 *~es Haar dünnes, schütteres H.* □ **ralo**

Spar|ren ⟨m.; -s, -⟩ **1** *~ des* **Daches** ⟨Bauw.⟩ *schräger Balken;* Dach~ □ **caibro 2** ⟨unz.; fig.; umg.⟩ *kleine Verrücktheit, Klaps, Spleen;* er hat einen ~ 2.1 *er hat einen ~ zu viel (im Kopf) er ist ein bisschen verrückt* □ ***ele não bate/regula bem**

spar|sam ⟨Adj.⟩ **1** *immer sparend, Verschwendung vermeidend, mit wenig auskommend;* eine ~e Hausfrau;

978

er ist sehr ~; ~ wirtschaften; mit seinem Geld, seinen Vorräten, Kräften ~ umgehen □ **econômico** 1.1 ~ **im Gebrauch,** Verbrauch *ausgiebig, lange reichend;* dieses Wasch-, Putzmittel ist ~ im Gebrauch □ **render; durar* **2** ⟨fig.⟩ *zurückhaltend, knapp, mäßig;* rote Farbe ~ verwenden □ **com parcimônia/moderação** 2.1 von seiner Macht, Vollmacht ~(en) Gebrauch machen *wenig G.* □ **fazer pouco uso de seu poder/seus plenos poderes*

spar|ta|nisch ⟨Adj.⟩ **1** *Sparta betreffend, zu ihm gehörend, aus ihm stammend* **2** *in der Art der Spartaner* **3** ⟨fig.⟩ *streng, hart, genügsam u. einfach, anspruchslos;* ~e Erziehung, Lebensweise; ~ leben □ **(de modo) espartano**

Spar|te ⟨f.; -, -n⟩ **1** *Abteilung, Fach;* in meiner ~ □ **seção; área 2** *Geschäfts-, Wissenszweig, Sportart;* das Rudern ist eine ~ des Wassersports □ **ramo; setor;** especialidade **3** *Spalte in einer Zeitung* □ **coluna**

Spaß ⟨m.; -es, Späße⟩ **1** *Scherz, Witz;* die Späße des Clowns □ **brincadeira; graça;** ~ machen, treiben □ **brincar; fazer brincadeira;* Späße machen; ein alberner, derber, dummer, gelungener, grober, netter, roher, schlechter ~; etwas nur im ~ sagen; seinen ~ mit jmdm. treiben □ **brincadeira** 1.1 ~ beiseite! *jetzt wieder ernst gesprochen!* □ **brincadeiras à parte!* 1.2 ~ verstehen *nicht leicht beleidigt sein* □ **levar na brincadeira* 1.2.1 darin versteht er keinen ~ *so etwas nimmt er übel* □ **isso ele não leva na brincadeira* 1.3 schlechter ~ *Streich, der jmdn. ärgert* □ **brincadeira de mau gosto* 1.4 das hab' ich doch nur aus ~ gesagt, getan *das meint er nicht ernst* □ **brincadeira** 1.5 das geht **über** den ~! *das geht zu weit!* □ **isso já é demais!; não tem graça!* **2** *Vergnügen, Belustigung;* er hat seinen ~ damit, daran □ **ele se divertiu com isso,* wir hatten viel ~ miteinander □ **nos divertimos muito um com o outro;* das macht ~! □ **é divertido!;* das Spiel, Theaterstück hat mir viel ~ gemacht □ **me diverti muito com a peça;* sich einen ~ daraus machen, die Erwachsenen zu ärgern □ **divertir-se irritando os adultos;* es war ein ~ zu sehen ... □ **era muito divertido/engraçado ver...;* er hat mir, uns den ~ verdorben □ **ele acabou com a minha/nossa brincadeira;* das macht mir großen, viel, keinen ~ □ **acho isso muito divertido; não acho isso nem um pouco divertido* 2.1 ich sag' das doch nicht **zum** ~! *ich meine es ernst* □ **não estou brincando!;* etwas (nur) zum ~ tun □ **fazer alguma coisa (só) por brincadeira*

spa|ßen ⟨V. 400⟩ **1** *Spaß machen, scherzen* □ **brincar; gracejar** 1.1 Sie ~! *Sie meinen das wohl nicht im Ernst?* □ **o senhor está brincando!* 1.2 er lässt nicht mit sich ~ *er erlaubt nicht, dass man sich über ihn lustig macht* □ **ele não aceita brincadeiras* 1.3 damit ist nicht zu ~ *das muss man ernst nehmen, mit Vorsicht behandeln* □ **não é para brincar com isso*

spa|ßes|hal|ber ⟨Adv.⟩ **1** *zum Spaß;* wir wollen einmal ~ annehmen, dass ... □ **de brincadeira 2** *aus Neugierde, Interesse;* ich möchte es ~ einmal probieren □ **por curiosidade**

spa|ßig ⟨Adj.⟩ *lustig, vergnüglich, unterhaltsam, Spaß machend;* du siehst ja ~ aus!; was findest du denn daran so ~? □ **engraçado; divertido**

spät ⟨Adj.⟩ **1** *nicht rechtzeitig;* Ggs *früh(1);* ~e Reue; warum kommst du so ~?; ~ kommt Ihr - doch Ihr kommt! (Schiller, „Die Piccolomini", I,1); besser ~ als nie; zu ~ kommen; es ist zu ~ □ **tarde 2** *am Ende (eines Zeitraumes), vorgerückt (Stunde, Jahreszeit);* ein ~es Glück erfahren, erleben □ **tardio;** das ~e Mittelalter □ **a Baixa Idade Média;* ~ aufstehen, schlafen gehen; es ist schon ~; es wird heute Abend ~; ~ abends; ~ am Morgen; von früh bis ~ arbeiten; es ist schon ~ am Tage □ **tarde;** im ~en Frühjahr, Sommer □ **no final da primavera/do verão;* ~ im Jahr □ **no final do ano;* ~ in der Nacht □ **tarde da noite;* bis in die ~e Nacht, bis ~ in die Nacht hinein □ **até alta noite* 2.1 ~es **Obst** *spät im Jahr reifendes O.* □ **fruta tardia* 2.2 wie ~ ist es? *wie viel Uhr ist es?* □ **que horas são?*

Spa|tel ⟨m.; -s, -⟩ *schmaler, flacher Stab (aus Holz, Kunststoff o. Ä.) zum Mischen u. zum Aufnehmen kleiner Mengen einer Substanz* □ **espátula**

Spa|ten ⟨m.; -s, -⟩ *Gerät zum Graben, bestehend aus viereckiger Metallscheibe (Blatt), langem Stiel u. quer dazu stehendem Griff* □ **pá**

spä|ter ⟨Adj.⟩ **1** ⟨Komparativ von⟩ *spät, zu einem ferneren Zeitpunkt;* ~ denkst du vielleicht anders darüber □ **mais tarde; no futuro;** ein ~er Zeitpunkt wäre mir lieber □ **posterior;** ich komme heute etwas ~; ich komme ~ wieder; es ist ~, als ich dachte; darüber sprechen wir ~; ich vertröstete ihn auf ~ □ **mais tarde 2** *(zu)künftig, kommend;* in ~en Jahren; in ~er Zeit 2.1 ~e **Geschlechter** *später lebende G., G. der Zukunft* □ **futuro; posterior 3** ⟨50⟩ *danach;* drei Stunden ~ □ **mais tarde; depois** 3.1 also dann – auf ~!, bis ~! *(Abschiedsformel) auf Wiedersehen bzw. bis zum Wiedersehen am selben Tag* □ **então, até mais (tarde)!*

spä|tes|tens ⟨Adv.⟩ *nicht nach (einem bestimmten Zeitpunkt);* ~ um fünf Uhr; ~ morgen □ **o mais tardar**

Spät|le|se ⟨f.; -, -n⟩ **1** *Weinlese am Ende des Herbstes nach dem normalen Zeitpunkt der Lese* □ **vindima tardia 2** *Wein aus Trauben, die zur Spätlese(1) geerntet worden sind* □ **vinho de vindima tardia**

Spatz ⟨m.; -en od. -es, -en⟩ **1** = *Sperling(1)* 1.1 das pfeifen die ~en von den Dächern ⟨fig.⟩ *das ist allgemein bekannt* □ **está na boca do povo; isso é segredo de polichinelo* 1.2 essen wie ein ~ *sehr wenig essen* □ **comer feito um passarinho* 1.3 lieber den ~en in der Hand als die Taube auf dem Dach ⟨Sprichw.⟩ *lieber wenig besitzen, als viel in Aussicht haben* □ **mais vale um pássaro na mão do que dois voando;* → a. *Kanone(1.1)* **2** ⟨fig.⟩ *kleines, mageres, (auch) kränkliches Kind (oft als Kosename)* □ **criança miúda/franzina**

Spätz|le ⟨Pl.; süddt.⟩ *kleine Stückchen Nudelteig, die von einer Teigmasse abgeschabt od. durch ein Gerät gepresst u. in Wasser gekocht werden;* oV ⟨schweiz.⟩ *Spätzli* □ *Spätzle*

Spätz|li ⟨Pl.; schweiz.⟩ = *Spätzle*
spa|zie|ren ⟨V. 411⟩ **1** *zur Erholung im Freien (umher)gehen;* durch die Stadt, den Park ~; ich gehe jeden Tag spazieren; wir sind lange ~ gegangen ◻ passear; mit dem Fahrrad ~ fahren ◻ *passear de bicicleta;* einen Hund ~ führen ◻ *levar o cachorro para passear;* im Park ~ reiten ◻ *passear a cavalo no parque* **2** *fröhlich, behaglich (umher)gehen;* vor einem Haus auf und ab ~ **3** *dreist, unbekümmert (umher)gehen;* durch ein Museum ~ ◻ passear; andar
Spa|zier|gang ⟨m.; -(e)s, -gän|ge⟩ *Gang im Freien zur Erholung od. Unterhaltung;* Sy ⟨veraltet.⟩ *Promenade(1);* einen ~ machen; ein kurzer, langer, weiter ~ ◻ passeio
Specht ⟨m.; -(e)s, -e; Zool.⟩ *Angehöriger einer Familie mit Meißelschnabel ausgerüsteter, kräftiger, oft bunter Vögel, die Insekten u. deren Larven aus Baumrinde u. Holz heraushacken: Picidae* ◻ pica-pau; picanço
Speck ⟨m.; -(e)s, -e⟩ **1** *unter der Haut sitzendes, von Fett erfülltes Zellgewebe beim Schwein;* gebratener, geräucherter ~; Erbsen mit ~ ◻ toucinho **1.1** ~ *auf den Knochen, auf dem Leib, drauf haben* ⟨umg.⟩ *dick, beleibt sein* ◻ *estar uma bola* **1.1.1** ~ *ansetzen dick werden, an Gewicht zunehmen* ◻ *engordar;* ganhar peso **2** ran an den ~! ⟨umg.; scherzh.⟩ *nun los!, angefangen!, an die Arbeit!* ◻ *mãos à obra!* **2.1** *mit* ~ *fängt man Mäuse* ⟨fig.⟩ *durch Geschenke erreicht man etwas* ◻ *é jogando a isca que se consegue uma presa* **2.2** *wie die Made im* ~ *sitzen* ⟨fig.; umg.⟩ *ein sehr einträgliches Amt haben u. dadurch üppig leben können* ◻ *levar uma vida de marajá;* → a. *Dreck(1.1)*
spe|ckig ⟨Adj.⟩ **1** *fettig;* das Papier ist ~; er hat ~es Haar ◻ gorduroso; oleoso **2** ⟨fig.⟩ *schmutzig u. abgegriffen;* ein ~es Buch **3** *abgewetzt, abgetragen u. glänzend;* sein alter Anzug ist ~ ◻ ensebado; → a. *dreckig(1.1)*
Spe|di|teur ⟨[-tøːr] m.; -s, -e⟩ *jmd., der gewerblich Güter (mit Lastkraftwagen) versendet* ◻ expedidor
Spe|di|ti|on ⟨f.; -, -en⟩ **1** *Versandabteilung (eines Betriebes)* ◻ expedição **3** *Firma eines Spediteurs* ◻ transportadora
Speer ⟨m.; -(e)s, -e⟩ *Wurfwaffe, mit Eisenspitze versehener langer Stab, Spieß, Lanze (auch als Sportgerät für Wurfübungen und -wettkämpfe)* ◻ lança; dardo
Spei|che ⟨f.; -, -n⟩ **1** *Teil des Rades, Strebe zwischen Nabe u. Felge* ◻ raio (da roda) **1.1** *dem Schicksal in die* ~*n greifen* ⟨fig.⟩ *dass. aufzuhalten, zu hemmen suchen* ◻ *deter o curso do destino* **2** ⟨Anat.⟩ *auf der Daumenseite liegender Unterarmknochen;* Elle und ~ ◻ rádio
Spei|chel ⟨m.; -s; unz.⟩ *Absonderung der im Mund befindlichen Speicheldrüsen: Saliva* ◻ saliva
Spei|cher ⟨m.; -s, -⟩ **1** *Raum für Vorräte* ◻ depósito; armazém **1.1** *Lagerhaus;* Korn~ ◻ *celeiro;* silo **1.2** *Bodenraum im Haus, Dachboden (als Abstellraum u. zum Wäschetrocknen);* Trocken~ ◻ sótão; laje **1.3** *Behälter für Vorräte;* Wasser~ ◻ reservatório; cisterna **2** ⟨EDV⟩ *Vorrichtung, auf der Daten gespeichert werden (z. B. USB-Stick, Festplatte)* ◻ dispositivo de armazenamento de dados

spei|chern ⟨V. 500⟩ **1** *etwas* ~ *in einem Speicher sammeln, aufbewahren, lagern;* Getreide, Vorräte ~ ◻ guardar; armazenar **2** *etwas* ~ ⟨a. fig.⟩ *als Vorrat anhäufen;* Hass, Liebe in sich gespeichert haben ◻ guardar; acumular
spei|en ⟨V. 248; geh.⟩ **1** ⟨400⟩ *Speichel auswerfen, spukken;* auf den Boden ~; jmdm. ins Gesicht ~ ◻ cuspir **1.1** *es ist zum Speien unangenehm, langweilig* ⟨fig.⟩ *sehr* ◻ *é muito desagradável; é para morrer de tédio* **2** ⟨500⟩ *etwas* ~ *aus dem Mund auswerfen;* Blut ~; der Drache spie Feuer; ein Löwe als Brunnenfigur speit Wasser ◻ cuspir **2.1** *Gift und Galle* ~ ⟨fig.⟩ *seiner Wut in giftigen Worten Luft machen* ◻ *dizer cobras e lagartos; cuspir impropérios* **2.2** ⟨fig.⟩ *(in großen Mengen) auswerfen, von sich sprühen;* der Vulkan speit Feuer, Lava ◻ cuspir **3** ⟨400⟩ *sich erbrechen, übergeben;* alle Passagiere haben gespien, als das Schiff auf offene See kam ◻ vomitar
Spei|se ⟨f.; -, -n⟩ **1** *feste Nahrung, Essen;* ~ und Trank; die ~n auftragen; Wurzeln und Beeren waren seine ~, dienten ihm zur ~ ◻ comida; alimento; refeição **2** *essfertig zubereitetes Nahrungsmittel, Gericht;* Eier~; Fleisch~; Mehl~; Süß~; kalte, warme ~n ◻ refeição; prato; Vor~ ◻ *entrada;* antepasto; Nach~ ◻ *sobremesa* **3** ⟨unz.⟩ *Mörtel, Speis* ◻ argamassa **4** *das flüssige Metall zum Guss;* Glocken~ ◻ liga
Spei|se|kar|te ⟨f.; -, -n; in Gaststätten⟩ *Verzeichnis der vorrätigen od. zubereitbaren Speisen;* nach der ~ essen; die ~ verlangen ◻ cardápio
spei|sen ⟨V.; geh.⟩ **1** ⟨400⟩ *Speise zu sich nehmen, eine Mahlzeit einnehmen, essen;* wir haben ausgezeichnet, gut gespeist ◻ comer; fazer uma refeição; (wünsche) wohl zu ~! ◻ *bom apetite!;* zu Abend, zu Mittag ~ ◻ *jantar; almoçar* **2** ⟨500⟩ *jmdn.* ~ *jmdm. zu essen geben;* der Gastgeber speiste sie an langen Tafeln ◻ servir; dar de comer **3** ⟨500⟩ *einen Apparat, eine Anlage* ~ *mit Betriebsstoff versorgen;* einen Ofen mit Brennmaterial ~; eine elektrische Anlage mit Strom ~; einen Kessel mit Wasser ~; die Wasserwerke der Stadt werden aus dem, durch den, vom Fluss gespeist ◻ alimentar; carregar
Spei|se|röh|re ⟨f.; -, -n; Anat.⟩ *aus Muskeln bestehender Schlauch zwischen Schlund u. Magen zur Beförderung der Speise in den Magen: Oesophagus* ◻ esôfago
Spek|ta|kel[1] ⟨n.; -s, -; veraltet⟩ = *Schauspiel(1)*
Spek|ta|kel[2] ⟨m.; -s, -; fig.; umg.⟩ **1** *Aufregung, Aufsehen* ◻ sensação; alvoroço **3** *lauter Auftritt, Szene, Trubel;* mach keinen (solchen) ~! ◻ cena; escândalo
spek|ta|ku|lär ⟨Adj.⟩ *großes Aufsehen erregend, sensationell;* ein ~er Auftritt ◻ espetacular
Spek|trum *auch:* **Spekt|rum** ⟨n.; -s, Spek|tren od. Spek|tra⟩ **1** ⟨i. e. S.; Phys.⟩ *die Aufspaltung von weißem Licht in verschiedene Farben;* Sonnen~; Linien~ **2** ⟨i. w. S.; Phys.⟩ *die Gesamtheit der elektromagnet. Strahlung verschiedener Wellenlänge;* Frequenz~ ◻ espectro **3** ⟨fig.⟩ *Vielfalt, Buntheit;* das ~ der modernen Literatur, Kunst usw. ◻ variedade; gama
Spe|ku|la|ti|on ⟨f.; -, -en⟩ **1** *Betrachtung* **2** *das Denken, das über die reine Erfahrung hinaus durch Überlegung*

Erkenntnis zu gewinnen sucht **3** *die nur auf Überlegung beruhende Erkenntnis* **4** *Kauf (bzw. Verkauf) von Gütern in der Erwartung, sie zu einem späteren Zeitpunkt mit Gewinn verkaufen (bzw. kaufen) zu können;* ~ *mit (in) Wertpapieren, Devisen* **5** *(gewagtes) Geschäft, Unternehmen* □ **especulação**

Spe|ku|la|ti|us ⟨m.; -, -⟩ *knuspriges, flaches, mit Modeln ausgestochenes Pfefferkuchengebäck* □ *Spekulatius*

spe|ku|lie|ren ⟨V.⟩ **1** ⟨405⟩ *(auf etwas)* ~ *Handel aufgrund von Spekulation(4) treiben; an der Börse* ~*; auf Hausse, auf Baisse* ~ □ **especular 2** ⟨800⟩ **auf** *eine Stellung* ~ ⟨umg.⟩ *nach einer S. streben* □ **contar com alguma coisa* **3** ⟨400⟩ *grübeln, nachsinnen, überlegen; er spekulierte lange, was ...* □ **ruminar; matutar**

Spe|lun|ke ⟨f.; -, -n; abwertend⟩ **1** *schlechtes, anrüchiges Lokal, schmutzige Kneipe* **2** *elende, verkommene Unterkunft* □ **espelunca**

Spel|ze ⟨f.; -, -n⟩ **1** *Hülse, Schale des Getreidekorns* **2** *trockenes Blatt der Grasblüten* □ **gluma**

spen|da|bel ⟨Adj.⟩ *freigebig, großzügig; ein spendabler Gastgeber; sie ist sehr* ~ □ **generoso; pródigo**

Spen|de ⟨f.; -, -n⟩ *Gabe, Geschenk, Schenkung, freiwilliger Beitrag; bitte eine kleine* ~!*; milde* ~n □ **contribuição; doação**

spen|den ⟨V. 500⟩ **1** *etwas* ~ *reichlich geben, schenken; Geld (für etwas)* ~*; die Kuh spendet Milch; der Brunnen spendet kein Wasser mehr; es wurde reichlich gespendet* □ **dar; doar 1.1** *Blut* ~ *sich B. zur Konservierung für Notfälle abzapfen lassen* □ **doar 1.2** *die Sakramente* ~ *austeilen* □ **administrar 1.3** ⟨fig.⟩ *(als Dank od. Wohltat) geben, erweisen; Lob, Segen* ~ □ **tecer elogios; lançar/deitar a bênção;* einem Künstler, einem Vorschlag Beifall ~ □ **aplaudir um artista/uma proposta* **1.4** ⟨fig.⟩ *beitragen (zu); ich habe auch etwas dazu gespendet* □ **contribuir**

spen|die|ren ⟨V. 503; umg.⟩ *(jmdm.) etwas* ~ *spenden, geben, ausgeben; er hat den Kindern fünfzehn Euro für den Jahrmarkt spendiert* □ **dar**; *eine Runde Bier im Wirtshaus* ~ □ **pagar**

Sper|ber ⟨m.; -s, -; Zool.⟩ *dem Habicht ähnlicher, kleinerer Raubvogel mit graubraunem Gefieder: Accipiter nisus* □ **gavião**

Spe|renz|chen ⟨nur Pl.; umg.⟩ **1** *Umstände, Schwierigkeiten, Widerstand* □ **cerimônia; embaraço 1.1** ~ *machen, sich sträuben, Widerstand zeigen* □ **fazer cerimônia*

Sper|ling ⟨m.; -s, -e; Zool.⟩ **1** *Angehöriger einer Unterfamilie der Webervögel: Passerinae;* Sy *Spatz(1); Feld*~*, Haus*~ □ **pardal 1.1** *der* ~ *in der Hand ist besser als die Taube auf dem Dach* ⟨Sprichw.⟩ *eine kleine, aber sichere Sache ist besser als eine große, die nur in Aussicht ist* □ **mais vale um pássaro na mão do que dois voando*

Sper|ma ⟨n.; -s, Sper|men od. Sper|ma|ta⟩ = *Samen(2)*

Sper|re ⟨f.; -, -n⟩ **1** *Sperrvorrichtung, Riegel, Schranke, Schlagbaum; eine* ~ *errichten; an, vor der* ~ *warten* □ **barreira; cancela 2** *Hindernis;* in *den Straßen wurden* ~*n errichtet* □ **obstáculo; bloqueio 3** *Maßnahme, die etwas verhindert, Verbot; eine* ~ *verhängen*

□ **embargar; impedir* **3.1** *das Verhindern von Vergünstigungen; Urlaubs*~ □ **suspensão da licença* **3.2** *das Verhindern von Warenbezügen od. -lieferungen; Kontinental*~ □ **Bloqueio Continental*

sper|ren ⟨V.⟩ **1** ⟨500⟩ *etwas* ~ *eine Sperre errichten in, an, den Zu- od. Durchgang verhindern zu, durch; eine Straße für den Verkehr* ~*; bei den ersten Unruhen wurde die Grenze gesperrt; gesperrt für Durchgangsverkehr (auf Verkehrsschildern)* □ **bloquear; fechar 2** ⟨500⟩ *jmdn. od. etwas* ~ *eine Sperre verhängen über jmdn. od. etwas, etwas verhindern, verbieten, untersagen; die Einfuhr, Ausfuhr* ~ □ **proibir; impedir 2.1** *jmdm. das Gas, Licht, den Strom* ~ *den Gebrauch von G., L., S. durch Abschalten od. Abstellen der Leitung verhindern, unterbinden* □ **desligar; cortar 2.2** *ein* Konto ~ *unzugänglich machen, nichts mehr vom K. auszahlen* □ **cancelar; suspender 2.3** *jmdm. den* Kredit ~ *jmdm. keinen K. mehr geben* □ **cortar; cancelar 2.4** *ein* Rad ~ *durch Klotz o. Ä. am Bewegen, Rollen hindern* □ **travar 2.5** *einen* Scheck ~ *ungültig machen* □ **anular; cancelar 2.6** *einen* Spieler ~ ⟨Sp.⟩ **2.6.1** *einen gegnerischen S. bei der Abwehr behindern* □ **bloquear 2.6.2** *einem S. für einen bestimmten Zeitraum das Mitspielen untersagen (Disziplinarstrafe)* □ **suspender 3** ⟨400⟩ *etwas* sperrt *klemmt, ist nicht od. schlecht beweglich; schon seit Tagen sperrt die Tür* □ **emperrar 4** ⟨511⟩ *jmdn. od. etwas* in *etwas* ~ *einsperren, einschließen; jmdn. ins Gefängnis* ~*; Tiere in den Stall* ~ □ **prender; trancar 5** ⟨505/Vr 3⟩ *sich* ~ *(gegen) sich sträuben (gegen), sich (einer Sache) widersetzen* □ **opor-se a* **6** ⟨500⟩ Wörter ~ ⟨Typ.⟩ *mit größeren Zwischenräumen zwischen den Buchstaben drucken* □ **espacejar**

Sperr|gut ⟨n.; -(e)s, -gü|ter⟩ *sperriges Gut (mit erhöhtem Beförderungstarif); eine Ware, einen Gegenstand als* ~ *schicken* □ **mercadoria volumosa**

Sperr|holz ⟨n.; -es; unz.⟩ *Holz aus mehreren, in sich kreuzender Faserrichtung übereinandergeleimten Platten, wodurch verhindert wird, dass sie sich verziehen* □ **compensado; contraplacado**

sper|rig ⟨Adj.⟩ **1** *viel Platz einnehmend, unhandlich; ein* ~*es Paket* □ **volumoso 2** ⟨fig.⟩ *schwer zu handhaben, widerspenstig; ein* ~*es Problem* □ **complicado**

Sperr|sitz ⟨m.; -es, -e⟩ **1** *(im Zirkus, Theater) die vorderen Plätze* □ **gargarejo 2** *(im Kino) die hinteren Plätze* □ **fundo**

Spe|sen ⟨Pl.⟩ *Nebenausgaben bei der Besorgung eines Geschäftes; Fracht*~*, Transport*~*, Reise*~*;* ~ *machen, haben* □ **despesas; gastos**

spe|zi|a|li|sie|ren ⟨V. 500/Vr 3⟩ *sich auf ein Fachgebiet* ~ *beschränken und dieses besonders eingehend studieren* □ **especializar-se numa área*

Spe|zi|a|list ⟨m.; -en, -en⟩ *jmd., der sich auf ein Gebiet spezialisiert hat;* ~ *für innere Krankheiten* □ **especialista**

Spe|zi|a|lis|tin ⟨f.; -, -tin|nen⟩ *weibl. Spezialist* □ **especialista**

Spe|zi|a|li|tät ⟨f.; -, -en⟩ **1** *Besonderheit (bes. Speise), etwas, das für jmdn. od. etwas kennzeichnend ist; Eier-*

speziell

kuchen sind ihre ~; ~n der französischen Küche **2** *bes. eingehend studiertes Fachgebiet*; *englische Literatur ist seine* ~ **3** *das, wovon man bes. viel versteht, was man bes. gut beherrscht* **4** *Liebhaberei, das, was man bes. gernhat od. gern tut*; *Schach, Schwimmen ist seine* ~ □ **especialidade**

spe|zi|ẹll ⟨Adj.⟩ **1** *einzeln, besonders*; Ggs *generell*; *im* ~*en Falle*; ~*e Wünsche* □ **especial 2** ⟨50⟩ *besonders, nur, hauptsächlich*; *das Kleid wurde* ~ *für sie gefertigt*; ~ *an diesen Bildern war er interessiert* □ **especialmente 3** *auf dein (Ihr) Spezielles!* ⟨umg.⟩ *auf dein (Ihr) Wohl!* □ **à sua saúde!*

Spe|zi|es ⟨f.; -, -⟩ **1** *Art, Gattung* □ **espécie 2** ⟨Biol.⟩ = *Art(1.1)* **3** *Gestalt, Erscheinung, Erscheinungsform* □ **figura 4** ⟨Math.⟩ *Grundrechenart* □ **operações fundamentais 5** ⟨Pharmakol.⟩ *Mischung aus mehreren Sorten Tee* □ **espécie**

spe|zi|fisch ⟨Adj.⟩ **1** *(art)eigen, eigentümlich*; *ein* ~*es Merkmal, Mittel*; ~*e Interessen* **2** ~*es Gewicht* ⟨Phys.⟩ *G. (Masse) im Verhältnis zum Volumen* **3** ~*e Wärme* ⟨Phys.⟩ *die W., die benötigt wird, um 1 g (od. 1 Mol) eines Stoffes um 1°C zu erwärmen* **4** ~*e Ladung* ⟨Phys.⟩ *elektrische Ladung(6) eines Teilchens, dividiert durch seine Masse* □ **específico**

spe|zi|fi|zie|ren ⟨V. 500⟩ **1** *etwas* ~ *aufgliedern, unterscheiden*; *einen Text* ~; *die verschiedenen Gesichtspunkte* ~; *einen Plan* ~ **2** *Posten* ~ *einzeln anführen, im Einzelnen darlegen*; *eine Rechnung* ~ □ **especificar**

Sphä|re ⟨f.; -, -n⟩ **1** *Kugel, Kreis* 1.1 ⟨Astron.⟩ *Himmelskugel* **2** *Bereich*; *private* ~ 2.1 *Machtbereich, Wirkungskreis*; *Macht*~ □ **esfera**

Sphịnx ⟨fachsprachl.; m.; - od. -es, Sphịn|gen od. umg. f.; -, -e⟩ **1** *ägyptisches Fabelwesen mit Löwenleib u. Menschenkopf* **2** ⟨f.; -; unz.⟩ *griech. Myth.*⟩ *weibl. Ungeheuer mit Löwenleib u. Frauenkopf, das jeden tötete, der sein Rätsel nicht lösen konnte* □ **esfinge**

spị|cken ⟨V.⟩ **1** ⟨500⟩ *Fleisch* ~ *vor dem Braten mit Speckstreifen durchziehen*; *einen Hasen* ~ □ **lardear 2** ⟨516⟩ *etwas mit etwas* ~ ⟨fig.; umg.⟩ *reichlich mit etwas versehen*; *er spickte seinen Vortrag mit Anekdoten* □ **encher; prover**; *eine mit Fehlern gespickte Arbeit* □ **repleto** 2.1 ⟨530/Vr 5⟩ *sich od. jmdm. den Beutel* ~ *reichlich mit Geld versehen* □ **forrar bem a carteira (de alguém)* 2.2 ⟨500⟩ *jmdn.* ~ *bestechen*; *einen Beamten* ~ □ **corromper; subornar 3** ⟨400; Schülerspr.⟩ *abgucken, vom Heft des Nachbarn od. von einem Spickzettel abschreiben*; *er hat gespickt* □ **colar; copiar 4** ⟨400(s.); schweiz.⟩ *(durch eine Prüfung) durchfallen*; *er ist gespickt* □ **ser reprovado**

Spị|cker ⟨m.; -s, -; Schülerspr.⟩ **1** *jmd., der spickt(4)* □ **repetente 2** ⟨kurz für⟩ *Spickzettel* □ **cola**

Spịck|zet|tel ⟨m.; -s, -; Schülerspr.⟩ *kleiner Zettel mit Notizen, von dem man unerlaubt während einer Klassenarbeit abschreibt* □ **cola**

Spie|gel ⟨m.; -s, -⟩ **1** *glatte Fläche, die den größten Teil der auftreffenden Lichtstrahlen zurückwirft u. dadurch ein Abbild des davor befindlichen Gegenstandes gibt, bes. Glas mit dünner Silberschicht*; *sich im* ~ *betrach-*

ten; *sein Bild im* ~ *sehen* □ **espelho** 1.1 *jmdm. einen* ~ *vorhalten* ⟨fig.⟩ *jmdn. über seine Fehler aufklären* □ **colocar alguém diante dos próprios erros* 1.2 *sich etwas hinter den* ~ *stecken* ⟨fig.⟩ *zur täglichen Ansicht aufheben* □ **poder gabar-se de alguma coisa* 1.2.1 *sich merken, einprägen (bes. Unangenehmes)* □ **tomar nota; gravar bem* 1.3 *der Aufsatz zeigt das deutsche Theater, den deutschen Film im* ~ *der öffentlichen Meinung so, wie sich das T., der F. in der öffentlichen M. darbietet, wie die Öffentlichkeit sie sieht* □ **o artigo mostra o teatro/cinema alemão do ponto de vista da opinião pública* **2** ⟨Med.⟩ *mit einem Spiegel(1) versehenes Instrument zur Besichtigung von Körperhöhlen*; *Augen*~ □ **oftalmoscópio*; *Kehlkopf*~ □ **laringoscópio* 2.1 *röhrenförmiges Instrument zum Einführen in Körperhöhlen, so dass man durch das nun einfallende Licht sehen kann* □ **espéculo**; *Mastdarm*~ □ **retoscópio* **3** *Oberfläche (einer Flüssigkeit, eines Gewässers)*; *Meeres*~; *Wasser*~ □ **espelho 4** ⟨Arch.⟩ *flache Decke eines Kreuzgewölbes*; ~*gewölbe* □ **abóbada de almofada* **5** *Türfüllung* □ **almofada/painel de porta 6** *eingefasstes Feld an der Decke od. zwischen Fenstern* □ **painel 7** ⟨Physiol.⟩ *Gehalt einer Körperflüssigkeit an bestimmten Stoffen*; *Vitamin*~; *Zucker*~ □ **taxa; nível 8** *seidener Aufschlag am Rock des Fracks u. Smokings* □ **lapela de seda 9** *Tuchsatz an den Kragenecken der Uniform, meist mit Kennzeichen der Einheit, Waffengattung, des Dienstgrades usw.* □ **distintivo 10** *weißer Fleck auf der Stirn von Rind od. Pferd* □ **estrela 11** ⟨Jägerspr.⟩ *schillernder Fleck am Flügel von Entenvögeln* □ **espelho**; **espéculo 12** ⟨Jägerspr.⟩ *weißer Fleck um den After des Reh-, Rot- u. Gamswildes*; Sy *Scheibe(1.5)* □ **mancha branca sob a cauda 13** *plattes Heck (eines Schiffes)* □ **espelho de popa 14** *mittlerer Teil der Schießscheibe* □ **centro 15** ⟨Geol.⟩ *blankpolierter Harnisch(3)* □ **espelho de falha 16** ⟨Typ.⟩ *der bedruckte Teil einer Seite*; *Satz*~ □ **mancha**

Spie|gel|bild ⟨n.; -(e)s, -er⟩ *im Spiegel erscheinendes, seitenverkehrtes Bild* □ **imagem refletida/especular**

Spie|gel|bild|lich ⟨Adj. 24⟩ *in der Art eines Spiegelbild, seitenverkehrt* □ **especular**

Spie|gel|ei ⟨n.; -(e)s, -er⟩ *in der Pfanne in Fett gebratenes, nicht verquirltes Ei*; ~ *mit Schinken* □ **ovo frito**

spie|gel|glatt ⟨Adj. 24⟩ *glatt wie ein Spiegel, vollkommen glatt, eben*; *das Meer lag* ~ *vor uns*; *die Straße war* ~ *gefroren* □ **liso como um espelho**

spie|geln ⟨V.⟩ **1** ⟨400⟩ *etwas spiegelt wirft Lichtstrahlen zurück, glänzt (wie ein Spiegel), blendet*; *der Fußboden spiegelt*; *man kann das Bild schlecht erkennen, weil das Glas darüber spiegelt*; *Metall spiegelt* □ **refletir; brilhar 2** ⟨500⟩ *etwas spiegelt etwas gibt ein Abbild von etwas, spiegelt etwas wider*; *die blanke Scheibe spiegelte sein Bild* **3** ⟨500/Vr 3⟩ *sich (in etwas)* ~ *als (seitenverkehrtes) Abbild erscheinen, sich widerspiegeln*; *die Bäume* ~ *sich im Wasser* 3.1 *sich im Spiegel betrachten* 3.2 ⟨fig.⟩ *wirklichkeitsgetreu in etwas zum Ausdruck kommen*; *seine innere Entwicklung spiegelt sich in seinem Schaffen, seinem Werk* □ **refletir(-se); espelhar(-se)**

Spiel ⟨n.; -(e)s, -e⟩ **1** *zweckfreie Tätigkeit, Beschäftigung aus Freude an ihr selbst, Zeitvertreib, Kurzweil;* ~ mit Worten ☐ **passatempo; brincadeira; jogo** 1.1 ein ~ **der Natur** *eine seltsame Naturform* 1.2 ein ~ **des Schicksals** *eigenartiges Zusammentreffen* 1.3 ein ~ **des Zufalls** *ein seltsamer Zufall* ☐ **capricho** 1.4 *das ist für mich ein* ~ ⟨fig.⟩ *ein Leichtes* ☐ ***isso é bico/moleza para mim*** 1.5 *unregelmäßige, nicht zweckbestimmte Bewegung;* ~ der Augen, Hände, Muskeln ☐ **movimento** 1.6 *lebhafte, harmonische Bewegung;* Farben~; Wellen~; ~ der Lichter, Scheinwerfer; das ~ der Wellen; das freie ~ der Kräfte ☐ **jogo; movimento** 1.7 *nur* ~ *Scherz, kein Ernst; es ist doch alles nur* ~; *etwas nur als* ~ *auffassen* ☐ **brincadeira 2** *unterhaltende Beschäftigung nach bestimmten Regeln;* Gedulds~; Geschicklichkeits~ ☐ **jogo** 2.1 *mit im* ~ *sein* 2.1.1 *an einem Spiel(2) teilnehmen* 2.1.2 ⟨fig.⟩ *an etwas beteiligt sein* ☐ ***participar*** 2.2 *das* ~ **verderben** 2.2.1 *nicht mitmachen u. dadurch die andern stören od. das Gelingen verhindern* 2.2.2 *ein Unternehmen vereiteln* ☐ ***acabar com a festa/alegria*** 2.3 *gewonnenes* ~ *haben* ⟨fig.⟩ *eine Sache durchgesetzt, erreicht haben* ☐ ***estar com a partida ganha*** 2.4 *jmdn. od. etwas* **aus dem** ~ **lassen** ⟨fig.⟩ *unbeteiligt, in Ruhe; lassen Sie mich aus dem* ~*!* ☐ ***deixe-me fora disso!*** 2.5 *die* **Finger** *bei etwas* **im** ~ **haben** ⟨fig.⟩ *bei, an einem Unternehmen beteiligt sein* ☐ ***ter dedo (de alguém) em alguma coisa; estar envolvido/metido em alguma coisa;*** → a. *Hand(2.6.7)* 2.6 *bei, mit jmdm. leichtes* ~ *haben* ⟨fig.⟩ *bei jmdm. leicht etwas durchsetzen, erreichen* ☐ ***conseguir alguma coisa facilmente com alguém*** 2.7 *(unterhaltende) Beschäftigung nach bestimmten Regeln, um Geld mit Vermögenseinsatz u. vom Zufall abhängigem Gewinn od. Verlust;* Glücks~; dem ~ verfallen sein; er hat Glück im ~ gehabt; sein Glück im ~ versuchen ☐ **jogo** 2.7.1 *machen Sie Ihr* ~*! (Aufforderung des Croupiers) geben Sie Ihren Einsatz, setzen Sie!* ☐ ***façam suas apostas!*** 2.7.2 *falsches* ~ *Spiel mit der Absicht zu betrügen* ☐ ***jogo sujo*** 2.7.3 *falsches* ~ *mit jmdm. treiben* ⟨fig.⟩ *jmdn. betrügen, irreführen* ☐ ***jogar sujo com alguém*** 2.7.4 *ein* **abgekartetes** ~ ⟨fig.⟩ *heimliche Abmachung* ☐ ***conluio; tramoia*** 2.7.5 *ein* **doppeltes** ~ *spielen* ⟨fig.⟩ *unehrlich handeln, zwei gegeneinander ausspielen* ☐ ***fazer jogo duplo*** 2.7.6 *etwas* **aufs** ~ **setzen** ⟨a. fig.⟩ *etwas wagen, etwas einsetzen, etwas einer Gefahr aussetzen* ☐ ***colocar alguma coisa em jogo*** 2.7.7 **auf dem** ~ **stehen** ⟨fig.⟩ *in Gefahr sein; sein Leben, seine Zukunft steht auf dem* ~ ☐ ***estar em jogo*** 2.8 *unterhaltender Wettbewerb;* Gesellschafts~; Ball~; Karten~; ein ~ gewinnen; ein ~ verlieren; ~ im Freien ☐ **jogo, partida** 2.8.1 *das* ~ **machen gewinnen** ☐ ***ganhar/vencer o jogo*** 2.9 *sportlicher Wettkampf;* Fußball~; das ~ ist aus; das ~ beginnt um 10 Uhr; das ~ eröffnen; das ~ steht 2 : 1 für X; die Olympischen ~e; faires, unfaires, hartes, rücksichtsloses rohes ~; hohes, flaches ~ (Fußball) ☐ **jogo; partida 3** ⟨fig.⟩ *leichtsinniges, gefährliches Treiben;* genug des grausamen ~s!; mit der Liebe ☐ **jogo** 3.1 *gute Miene zum bösen* ~ *machen wider Willen mitmachen, sich lächelnd etwas Unangenehmes gefallen lassen* ☐ ***fazer das tripas coração*** **4** ⟨fig.⟩ *absichtsvolles Treiben, Ränke;* jmds. ~ durchschauen ☐ **jogo; trama** 4.1 *sein* ~ *mit jmdm. treiben jmdn. zum Besten haben, es nicht ernst mit ihm meinen* ☐ ***brincar com alguém; zombar de alguém*** **5** *einzelner Abschnitt eines längeren Wettspiels, z. B. beim Billard, Kartenspiel, Tennis; das erste* ~ *verlorengeben* ☐ **rodada 6** *künstlerische Darbietung, Art des künstlerischen Vortrags* 6.1 *künstlerische Vorführung, Darstellung* ☐ **apresentação** 6.1.1 *stummes* ~ *Darstellung ohne Worte, nur mit Bewegung u. Mimik* ☐ ***mímica; pantomima*** 6.1.2 *Gestik u. Mimik (des Schauspielers); ausdrucksvolles* ~ *des Schauspielers* ☐ **mímica; pantomima** 6.2 *musikalische Darbietung;* Lauten~, Klavier~ 6.2.1 *das Spielen (eines Instruments); das Publikum feierte sein* ~ ☐ **execução** 6.2.2 *Anschlag u. Ausdruck (des Spielenden); expressives* ~ *der Pianistin* ☐ **interpretação 7** *Theaterstück;* Schau~ ☐ ***peça teatral***; Mysterien~ ☐ ***mistério***; Puppen~ ☐ ***teatro de bonecos/marionetes*** 7.1 ~ **im** ~ *in ein Bühnenstück eingefügtes kleineres Bühnenstück* ☐ ***metateatro*** **8** *mehrere zusammengehörige Gegenstände;* ein ~ Karten ☐ **baralho; jogo de agulhas de tricô 9** *Maßunterschied zweier zusammengehöriger Maschinenteile, Spielraum; die Räder haben genügend* ~ ☐ **margem; folga 10** ~ *des Auerhahns, Birkhahns, Fasans (Jägerspr.) Schwanz* ☐ **cauda**

Spiel|art ⟨f.; -, -en⟩ **1** *Abweichung innerhalb einer Art, Abart, Sonderform* **2** ⟨Biol.⟩ 2.1 *die innerhalb einer Art möglichen Abweichungen in Bezug auf Farbe, Form usw. eines Lebewesens* 2.2 *Rasse, Subspezies, Unterabteilung einer Art* ☐ **variedade**

Spiel|ball ⟨m.; -(e)s, -bäl|le⟩ **1** *Ball zum Spielen* ☐ **bola 2** ⟨fig.⟩ *macht-, willenloses Werkzeug; ein* ~ *in den Händen der Mächtigen; das Boot war nur noch ein* ~ *der Wellen* ☐ **marionete; fantoche**

Spiel|do|se ⟨f.; -, -n⟩ *durch ein Uhrwerk od. eine Kurbel bewegtes, eine od. mehrere Melodien spielendes Musikgerät in Kasten- od. Dosenform mit Zungen, die von den Haken einer Walze angerissen werden* ☐ **caixa de música**

spie|len ⟨V.⟩ **1** ⟨400⟩ *sich ohne Zweck, zur Unterhaltung beschäftigen, ein Spiel machen, treiben; komm, wir* ~ *ein bisschen!; mit Puppen, mit der Eisenbahn* ~; *mit jmdm.* ~; *mit dem Feuer* ~ ⟨a. fig.⟩ ☐ **brincar; jogar** 1.1 *mit dem Kugelschreiber, dem Feuerzeug* ~ *der F., das F. nervös od. gedankenlos mit den Fingern bewegen* ☐ **brincar** 1.2 **mit dem Gedanken** ~, *etwas zu tun überlegen, den G. erwägen* ☐ ***pensar em fazer alguma coisa*** 1.3 **mit Worten** ~ *ein Wortspiel bilden, Wörter in ihren unterschiedlichen od. ähnlichen Bedeutungen geistreich verwenden* ☐ **brincar** 1.4 ⟨500⟩ *etwas* ~ *als Spiel(2) ausführen;* Ball ~; Karten ~; *was wollen wir (heute)* ~?; *eine Farbe* ~ ⟨Kart.⟩ ☐ **jogar** 1.5 ⟨530⟩ *jmdm. einen Streich* ~ ⟨fig.⟩ *einen S. an jmdn., auf jmds. Kosten verüben* ☐ ***pregar uma peça em alguém*** 1.6 ⟨500⟩ **Vorsehung** ~ ⟨fig.⟩ *dem Gesche-*

spielend

hen heimlich nachhelfen ☐ *dar uma ajuda à providência 2 ⟨410⟩ *ein Glücksspiel betreiben;* in der Lotterie ~; um Geld ~ ☐ **jogar; apostar 2.1** hoch ~ (beim Glücksspiel) *einen hohen Einsatz wagen* ☐ *apostar alto **2.2** sich um sein Vermögen ~ *so lange spielen, bis man sein V. verloren hat* ☐ *apostar todo o seu patrimônio **3** ⟨410⟩ *ein Wettspiel durchführen;* fair, unfair, hart, rücksichtslos ~; die Mannschaft spielt heute gegen ... ☐ **jogar 4** ⟨417⟩ *mit jmdm. od. etwas* ~ ⟨fig.⟩ *tändeln, leichtsinnig umgehen, jmdn. od. etwas nicht ernst nehmen;* er spielt ja nur mit ihr; man soll nicht mit der Liebe ~ ☐ **brincar 5** ⟨400⟩ *etwas spielt bewegt sich unregelmäßig, ohne einen bestimmten Zweck;* die Scheinwerfer spielten über den Himmel ☐ **brincar; mover-se**; das Pferd lässt seine Ohren ~ ☐ *o cavalo abana as orelhas **5.1** *etwas spielt* **um etwas** *ist in lebhafter, leichter, harmonischer Bewegung;* Schmetterlinge ~ um die Blumen ☐ **brincar; adejar 5.1.1** um seine Lippen spielte ein Lächeln *er lächelte (kaum erkennbar)* ☐ **brincar; esboçar-se 6** ⟨413⟩ *etwas spielt* **in allen Farben** *schimmert, schillert;* der Diamant spielt in allen Farben ☐ **cintilar; iriar(-se) 6.1** etwas spielt **in eine Färbung** *geht in eine F. über* **6.1.1** ins Gelbliche, Grünliche usw. ~ *einen gelblichen, grünlichen Farbton, Schimmer aufweisen* ☐ *puxar para uma cor **7** ⟨413⟩ *künstlerisch darbieten, vortragen;* auswendig ~; aus dem Kopf ~ ☐ **apresentar; recitar 7.1** ⟨402⟩ (**jmdn. od. etwas**) ~ *schauspielerisch darstellen;* den Don Carlos ~; sie spielt seit Jahren am Burgtheater; das Stück war inhaltlich gut, aber es war, es wurde schlecht gespielt; wer hat den Hamlet gespielt?; der Darsteller des Hamlet spielt ausgezeichnet, gut, schlecht; eine Rolle ~ ⟨a. fig.⟩ ☐ **representar; interpretar 7.2** ⟨511/Vr 3⟩ *sich an eine Kulisse* ~ *während des Spiels*(6.1) *sich langsam der K. nähern* ☐ *aproximar-se dos bastidores **7.3** ⟨511⟩ *jmdn.* **an die Wand** ~ ⟨fig.⟩ *(einen andern Schauspieler) weit übertreffen, jmdn. durch bessere Leistung od. sichereres Auftreten übertreffen od. verdrängen* ☐ *eclipsar alguém; **roubar a cena 7.4** ⟨500⟩ *ein Stück* ~ *(im Theater) aufführen* ☐ **apresentar**; was wird heute (im Theater) gespielt? ☐ *o que está passando hoje (no teatro)?; Theater ~ ⟨a. fig.⟩ ☐ *fazer teatro **7.4.1** was wird hier gespielt? ⟨a. fig.⟩ *was geht hier vor?, was ist hier los?* ☐ *o que está acontecendo aqui? **7.5** ⟨500⟩ jmdn. od. eine **Sache** ~ ⟨fig.⟩ *vorgeben, vortäuschen, so tun, als ob;* den Beleidigten, Unschuldigen ~; den feinen Mann ~ ☐ *fazer-se de; fingir(-se de); bancar; seine Entrüstung war nur gespielt ☐ *sua indignação era puro fingimento; mit gespieltem Erstaunen fragte er ... ☐ **fingido; dissimulado 7.6** ⟨400⟩ *ein Musikstück* ~ *musikalisch darbieten, vortragen;* ein Konzert, einen Schlager, eine Sonate ~ **7.6.1** Beethoven ~ *ein Stück von B. spielen* ☐ **executar; tocar 7.7** ⟨400⟩ *ein Musikinstrument betätigen, musizieren;* es spielt das Rundfunk-Sinfonieorchester; falsch ~ (auf einem Instrument) **7.8** ⟨500⟩ ein **Musikinstrument** ~ *beherrschen, künstlerisch betätigen können;* Geige, Klavier ~ ☐ **tocar 8** ⟨410⟩ *etwas spielt* **zu bestimmter Zeit, an einem bestimmten Ort** *handelt, geht vor sich*; der Roman, das Stück spielt im Mittelalter ☐ **passar-se 9** ⟨511/Vr 7⟩ *jmdn. od. etwas* **irgendwohin** ~ ⟨fig.⟩ *unauffällig, heimlich irgendwohin befördern, bewegen* ☐ *passar alguém ou alguma coisa discretamente para algum lugar **9.1** jmdm. etwas **in die Hände** ~ *es ihm unauffällig zukommen lassen* ☐ *fazer alguma coisa chegar discretamente às mãos de alguém **9.2** sich **in den Vordergrund** ~ *sich unauffällig in der V. drängen* ☐ *colocar-se discretamente em primeiro plano **10** ⟨Getrennt- u. Zusammenschreibung⟩ **10.1** ~ **lassen** = *spielenlassen*

spie|lend 1 ⟨Part. Präs. von⟩ spielen **2** ⟨Adj. 24/70⟩ *mit Leichtigkeit, mühelos;* eine Aufgabe ~ bewältigen ☐ **brincando; com facilidade**

spie|len|las|sen *auch:* **spie|len las|sen** ⟨V. 175/500⟩ **1** etwas ~ *etwas einsetzen, um eine best. Wirkung zu erzielen;* alle Beziehungen ~; seine Reize ~ ☐ **empregar; usar 2** seine Augen über etwas ~ *schweifen, wandern lassen* ☐ *passar os olhos por alguma coisa

Spie|ler ⟨m.; -s, -⟩ **1** *jmd., der spielt, an einem Spiel teilnimmt;* Mit~; ein guter, schlechter (Karten-, Fußball-, Schach-)~ sein; ein Gesellschaftsspiel für drei od. vier ~ ☐ **jogador; participante 2** ⟨abwertend⟩ *jmd., der ein Glücksspiel betreibt* **2.1** ein ~ sein *dem Glücksspiel verfallen sein* ☐ **jogador 2.1.1** ⟨fig.⟩ *ein leichtsinniger, verantwortungsloser Mensch sein* ☐ **irresponsável 3** *jmd., der ein Musikinstrument spielt* ☐ **instrumentista; músico**; Klavier ~ ☐ *pianista **4** *jmd., der als Schauspieler auftritt* ☐ **ator**

Spie|le|rin ⟨f.; -, -rin|nen⟩ *weibl. Spieler* ☐ **jogadora; irresponsável; instrumentista; atriz**

spie|le|risch ⟨Adj.⟩ **1** *wie bei einem Spiel, als Spiel; leicht* ☐ *muito fácil; mit ~er Leichtigkeit, Fertigkeit ☐ *com grande facilidade/prontidão **2** ⟨fig.⟩ *ohne Ernst, ohne ernste Absicht* ☐ **brincalhão; de brincadeira 3** *zierlich, leicht;* ~e Verzierungen ☐ **gracioso 4** ⟨90⟩ *das (sportliche) Spiel betreffend;* ein ~ hervorragender, überlegener Gegner ☐ **esportivo**

Spiel|feld ⟨n.; -(e)s, -er⟩ *begrenztes, bestimmte Maße einhaltendes Feld für sportliche Wettkämpfe* ☐ **campo; quadra**

Spiel|kar|te ⟨f.; -, -n⟩ *Karte, die zum Spielen dient, zu einem Kartenspiel gehört* ☐ **carta (do baralho)**

Spiel|mann ⟨m.; -(e)s, -leu|te⟩ **1** ⟨MA⟩ *fahrender Musikant* ☐ **menestrel 2** *Angehöriger eines Spielmannszuges* ☐ **músico de banda**

Spiel|manns|zug ⟨m.; -(e)s, -zü|ge; Mus.⟩ *aus Trommlern, Pfeifern u. a. Musikern bestehende Musikkapelle (für militärische od. festliche Umzüge)* ☐ **banda**

Spiel|plan ⟨m.; -(e)s, -plä|ne⟩ **1** *Plan der in einer Spielzeit zu spielenden Bühnenstücke (eines Theaters);* das Stück ist vom ~ abgesetzt worden ☐ **repertório 2** *(gedrucktes) Programm der in einer bestimmten Zeit in bestimmten Theatern od. Lichtspieltheatern gespielten Stücke bzw. Filme;* Monats~; „Hamlet" steht (nicht, nicht mehr) auf dem ~ ☐ **programa; programação**

Spiel|platz ⟨m.; -es, -plät|ze⟩ *umgrenzter Platz im Freien mit Spiel- u. Klettergeräten, bes. für Kinder* ☐ **playground; parquinho**

Spiel|raum ⟨m.; -(e)s; unz.⟩ **1** *Hohlraum zwischen zwei ineinandergreifenden od. fast aneinanderstoßenden Maschinenteilen od. anderen Gegenständen* **2** ⟨fig.⟩ *Bewegungsfreiheit;* (keinen) ~ *haben; genügend* ~ *lassen* □ **margem; folga**

Spiel|uhr ⟨f.; -, -en⟩ = *Spieldose*

Spiel|ver|der|ber ⟨m.; -s, -⟩ **1** *jmd., der bei einem Spiel nicht mitmacht u. es dadurch verhindert od. stört* **2** ⟨fig.⟩ *jmd., der ein gemeinschaftliches Unternehmen vereitelt;* sei kein ~! □ **desmancha-prazeres**

Spiel|wa|ren ⟨Pl.⟩ *zum Verkauf stehende Gegenstände zum Spielen für Kinder, Spielsachen;* ~geschäft □ **brinquedos**

Spiel|zeug ⟨n.; -(e)s, -e⟩ **1** *Gegenstand zum Spielen für Kinder, Spielsachen;* der Junge hat schon so viel, hat zu viel ~ □ **brinquedo** 1.1 ⟨fig.⟩ *etwas, das nur als Zeitvertreib dient;* lass den Apparat stehen, er ist kein ~; sie ist für ihn nur ein ~ □ **brinquedo; joguete**

Spieß ⟨m.; -es, -e⟩ **1** *dünner, zugespitzter Eisenstab;* Brat~; am ~ *gebratenes Huhn* □ **espeto 2** *Stich- u. Wurfwaffe aus langem Stab mit Eisenspitze, Lanze, Speer;* Wurf~ □ **lança; dardo** 2.1 er schrie wie am ~, als ob er einen ~ steckte ⟨fig.; umg.⟩ *heftig, sehr laut, verzweifelt* □ ***ele grita feito louco** 2.2 den ~ umdrehen ⟨fig.⟩ *den Angriff durch einen Gegenangriff abwehren, einen Vorwurf zurückgeben* □ ***virar o jogo 3** ⟨Jägerspr.⟩ *Geweihstange ohne Enden (beim jungen Elch, Hirsch, Rehbock)* □ **espeto 5** ⟨Soldatenspr.⟩ *Feldwebel* □ **sargento**

Spieß|bür|ger ⟨m.; -s, -; abwertend⟩ *engstirniger, kleinlich denkender Mensch;* Sy Spießer² □ **pequeno-burguês; provinciano**

spie|ßen ⟨V. 500⟩ **1** *etwas* ~ *mit dem Spieß durchstechen, durchbohren* **2** ⟨511⟩ *etwas auf, an etwas* ~ *auf eine Spitze stecken, mit spitzem Gegenstand feststecken;* Fotos an die Wand ~; eine Kartoffel auf die Gabel ~ □ **espetar**

Spie|ßer¹ ⟨m.; -s, -; Jägerspr.⟩ *junger Elch, Hirsch od. Rehbock mit Schaufeln, Geweih od. Gehörn mit nur einem Ende* □ **cervato**

Spie|ßer² ⟨m.; -s, -; fig.⟩ = *Spießbürger*

Spieß|ge|sel|le ⟨m.; -n, -n⟩ **1** (veraltet) *Kamerad, Waffenbruder* □ **camarada 2** ⟨abwertend⟩ *Mitschuldiger, Mittäter;* Sy Helfershelfer □ **cúmplice 3** ⟨abwertend⟩ *Kumpan, Genosse* □ **companheiro**

spie|ßig ⟨Adj.; abwertend⟩ *wie ein Spießbürger, engstirnig, kleinlich* □ **pequeno-burguês; provinciano**

Spieß|ru|te ⟨f.; -, -n⟩ **1** *dünner, spitzer Zweig, Spießgerte* □ **vara; vareta 2** (meist in der Wendung) ~n laufen 2.1 *(früher als Strafe beim Militär) durch eine Gasse von 100-300 Soldaten laufen u. sich von jedem mit der Spießrute(1) auf den Rücken schlagen lassen* □ ***passar pelo corredor polonês** 2.2 ⟨fig.⟩ *sich im Vorbeigehen von den Leuten spöttisch ansehen lassen müssen* □ ***receber olhares de escárnio**

Spi|nat ⟨m.; -(e)s; unz.; Bot.⟩ *als Blattgemüse angebautes Gänsefußgewächs: Spinacia oleracea* □ **espinafre**

Spind ⟨m. od. n.; -(e)s, -e⟩ *schmaler Schrank* □ **armarinho**

Spin|del ⟨f.; -, -n⟩ **1** *Teil des Spinnrades od. der Spinnmaschine, der die Spule trägt* **2** ⟨Tech.⟩ *mit einem Gewinde versehene Welle mit der Funktion, einen Gegenstand zu bewegen od. Druck zu erzielen* □ **fuso 3** ⟨Bauw.⟩ *Mittelsäule (einer Wendeltreppe)* □ **núcleo de escada de caracol 4** *Achse, Stange* □ **eixo; haste**

Spi|nett ⟨n.; -(e)s, -e⟩ *Tasteninstrument, bei dem die quer od. schräg zu den Tasten stehenden Saiten mit einem Kiel angerissen werden, Vorläufer des Klaviers* □ **espineta**

Spin|ne ⟨f.; -, -n⟩ **1** ⟨Zool.⟩ *Angehörige einer Ordnung der Spinnentiere, deren Kopf u. Brust zu einem Stück verschmolzen sind, an dem zwei Paar Mundwerkzeuge u. vier Paar Beine sitzen: Araneae* □ **aranha;** ~ *am Abend, erquickend und labend,* ~ *am Morgen bringt Kummer und Sorgen* ⟨Sprichw., das sich eigtl. auf die Tätigkeit des Spinnens(1) bezieht⟩ □ ***aranha matutina envenena a sina** **2** *pfui* ~! ⟨umg.⟩ *(Ausruf des Ekels, Abscheus)* □ ***eca!**

spin|nen ⟨V. 249⟩ **1** ⟨402⟩ (etwas) ~ *zu Fäden verarbeiten;* Wolle, Flachs ~ 1.1 ⟨400⟩ *mit dem Spinnrad od. der Spinnmaschine Fasern zum Faden drehen* □ **fiar 1.2** *Garn, einen Faden* ~ *aus Fasern herstellen* □ **produzir** 1.2.1 *ein Seemannsgarn* ~ ⟨fig.⟩ *eine abenteuerliche, nicht ganz glaubwürdige Seemannsgeschichte erzählen* □ ***contar história de pescador** 1.3 *einen Faden aus einer Spinnlösung, Schmelze od. verformbaren Masse, die durch Spinndüsen gepresst wird, herstellen* □ **fiar** 1.4 *die Spinne, die* **Raupe** *spinnt etwas erzeugt aus einem Körpersekret, das an der Luft erstarrt, Fäden und stellt daraus etwas her; zwischen den Zweigen spann eine Spinne ihr Netz; von Raupen gesponnene Kokons* **2** ⟨500⟩ *etwas* ~ ⟨fig.⟩ *ersinnen, ausdenken;* Ränke ~ 2.1 *ein Netz von Lügen* ~ ⟨fig.⟩ *vielfältige L. ersinnen u. verbreiten* □ **tecer** 2.2 *er spinnt das alles ja bloß* ⟨fig.; umg.⟩ *alles, was er erzählt, ist ja nicht wahr* □ **inventar 3** ⟨400; fig.; umg.⟩ *geisteskrank, verrückt sein;* der spinnt ja □ **não bater bem da cabeça**

Spin|ner ⟨m.; -s, -⟩ **1** *Facharbeiter in einer Spinnerei* □ **fiandeiro 2** ⟨Zool.⟩ *Angehöriger verschiedener Familien der Großschmetterlinge, deren Raupen vor der Verpuppung einen Kokon spinnen* □ **bômbix 3** ⟨Zool.⟩ *Angehöriger einer Überfamilie der Schmetterlinge, zu der die Familien der Glucken u. Seidenspinner zählen: Bombycidea* □ **bombicídeos 4** *vom Fang von Raubfischen benutzter künstlicher Köder, der sich um die Längsachse dreht, wenn er durch das Wasser gezogen wird, und so einen kleinen Fisch vortäuscht* □ **isca artificial 5** ⟨fig.; umg.⟩ *jmd., der spinnt, der dummes Zeug od. nicht ernst zu nehmende Dinge redet* □ **maluco**

Spin|ne|rin ⟨f.; -, -rin⟨nen⟩⟩ *weibl. Spinner(1, 5)* □ **fiandeira; maluca**

Spinn|we|be ⟨f.; -, -n⟩ *Netz od. Faden der Spinne aus erstarrtem Körpersekret* □ **teia de aranha**

Spi|on ⟨m.; -s, -e⟩ **1** *jmd., der Spionage treibt* □ **espião 2** ⟨fig.⟩ *außen am Fenster angebrachter Spiegel, in dem man vom Zimmer aus die Straße überblicken kann* □ **espelho de janela**

Spionage

Spi|o|na|ge ⟨[-ʒə] f.; -; unz.⟩ *das heimliche Auskundschaften von militärischen, politischen od. wirtschaftlichen Geheimnissen eines Staates im Auftrag eines anderen (strafbar)* □ espionagem

spi|o|nie|ren ⟨V. 400⟩ *Spionage treiben, etwas auskundschaften, zu erkunden suchen* □ espionar

Spi|o|nin ⟨f.; -, -nin|nen⟩ *weibl. Spion* □ espiã

Spi|ra|le ⟨f.; -, -n⟩ **1** (Math.) *ebene, sich unendlich um einen Punkt windende Kurve, die sich immer weiter von diesem Punkt entfernt* **2** (allg.) *sich um eine Achse windende, räumliche Kurve* **2.1** *Gegenstand in dieser Form* □ espiral

Spi|ri|tis|mus ⟨m.; -; unz.⟩ *Glaube an Geister u. die Möglichkeit des Kontakts u. der Kommunikation mit ihnen* □ espiritismo

Spi|ri|tu|al ⟨[spɪrɪtjuəl] m. od. n.; -s, -s⟩ *geistliches Lied der nordamerikanischen Schwarzen mit synkopiertem Rhythmus* □ spiritual

spi|ri|tu|ell ⟨Adj.⟩ *geistig, übersinnlich;* Ggs *materiell(1)* □ espiritual

Spi|ri|tu|o|sen ⟨Pl.⟩ *alkoholische Getränke* □ bebidas alcoólicas

Spi|ri|tus¹ ⟨[spiː-] m.; -, -⟩ **1** *Atem* □ respiração **2** *Leben(shauch)* □ sopro **3** *Zeichen für die Behauchung in der griechischen Schrift* □ espírito **3.1** *~ asper Zeichen auf einem Vokal zur Aussprache mit anlautendem h* □ *espírito áspero* **3.2** *~ lenis Zeichen zur Aussprache ohne h* □ *espírito brando* **4** *Geist* **4.1** *~* Rector *führender, belebender Geist, treibende Kraft (eines Unternehmens)* □ *espírito que governa* **4.2** *~ sanctus der Heilige Geist* □ *Espírito Santo*

Spi|ri|tus² ⟨[ˈʃpiː-] m.; -, -se⟩ = *Äthylalkohol*

Spi|tal ⟨n.; -s, -tä|ler; österr.; schweiz.⟩ *Krankenhaus* □ hospital

spitz ⟨Adj.⟩ **1** *immer schmaler, dünner werdend, in einem Punkt endend;* Ggs *stumpf; ein gotisch ~er Bogen* □ agudo; pontudo; pontiagudo **1.1** *~er Winkel W. unter 90°* □ *ângulo agudo* **1.2** *etwas mit ~en Fingern anfassen mit Daumen u. Zeigefinger u. die übrigen Finger abspreizend (vor Ekel od. aus Angst, sich zu beschmutzen)* □ *pegar alguma coisa com a ponta dos dedos* **1.3** *mit einer Spitze versehen; ein ~er Bleistift* □ apontado; pontiagudo **2** (umg.) *mager, dünn (im Gesicht); du siehst ~ aus* □ *você está parecendo um palito;* er ist ~ geworden □ *ele deu uma afinada* **2.1** ⟨fig.⟩ *leicht boshaft, anzüglich, stichelnd; ~e Reden führen; „...!", sagte sie ~* □ mordaz **2.2** *eine ~e Zunge haben boshaft sein, gern sticheln* □ afiado

Spitz ⟨m.; -es, -e⟩ *kleine Hunderasse mit spitzer Schnauze, spitzen Ohren u. langhaarigem Fell* □ lulu-da-pomerânia

spitz||be|kom|men ⟨V. 170/500; umg.⟩ = *spitzkriegen*

Spitz|bu|be ⟨m.; -n, -n⟩ **1** (veraltet) *Dieb, Gauner, Betrüger* □ ladrão; gatuno **2** *Frechdachs, Schelm* □ maroto; traquinas

spit|ze ⟨Adj. 11; umg.⟩ *hervorragend, prima, super; das ist (ja) ~!; der Rock sieht ~ aus* □ maravilhoso; fantástico; → a. *Spitze*

Spit|ze ⟨f.; -, -n⟩ **1** *in einen Punkt auslaufendes od. dünner, schmaler werdendes Ende (eines Gegenstandes);* Baum~; Fels~; Finger~; Nadel~; Schuh~; Turm~; *vom Bleistift die ~ abbrechen* □ ponta; bico; cume **1.1** *einer Sache die ~ abbrechen* ⟨fig.⟩ *einer S. geschickt begegnen, einer S. das Verletzende nehmen* □ *neutralizar alguma coisa* **1.2** *jmdm. die ~ bieten* ⟨fig.⟩ *Trotz bieten, sich jmdm. widersetzen* □ *fazer frente a alguém* **1.3** *eine Sache auf die ~ treiben* ⟨fig.⟩ *bis zum Äußersten gehen, es zum Kampf kommen lassen* □ *levar uma coisa às últimas consequências* **2** *Punkt, an dem zwei od. mehrere Linien od. Kanten zusammenstoßen (z. B. eines Dreiecks, einer Pyramide)* □ vértice **3** (früher) *spitz zulaufendes (Bernstein-, Metall- od. Papp-)Röhrchen zum Rauchen von Zigarren od. Zigaretten;* Zigaretten~ □ piteira **4** *durchbrochenes Gewebe, Fadengeflecht (als Kleider-, Wäscheeinsatz);* ~n *häkeln, klöppeln, weben, wirken; ein mit ~n besetztes Kleid* □ renda **5** ⟨fig.⟩ *vorderste Gruppe; die ~ des Zuges* **6** ⟨fig.⟩ *vorderste Position; im Rennen an der ~ liegen; an der ~ eines Unternehmens stehen; sich an die ~ eines Unternehmens, Zuges stellen; die ~ halten* □ dianteira **7** ⟨fig.⟩ *oberste Schicht (einer Gesellschaft), die leitenden, führenden Personen; die ~n der Gesellschaft, der Stadt* □ ápice; topo **8** ⟨fig.⟩ *leicht boshafte Anspielung od. Bemerkung, Anzüglichkeit, Stichelei; das ist eine ~ gegen dich* □ indireta **8.1** *sie gab ihm die ~ zurück sie antwortete schlagfertig u. ebenso boshaft* □ troco **9** ⟨ohne Artikel; umg.⟩ *ausgezeichnete, großartige Sache; das ist einsame ~* □ fantástico; excelente; → a. *spitze*

Spit|zel ⟨m.; -s, -⟩ *Späher, Aushorcher, heiml. Aufpasser, Spion;* Polizei~; Lock~; *jmdn. als ~ einsetzen, entlarven* □ espião; informante

spit|zeln ⟨V. 400⟩ *als Spitzel tätig sein; er hat für die Stasi gespitzelt* □ espionar

spit|zen ⟨V.⟩ **1** ⟨500⟩ *etwas ~ mit einer Spitze versehen, spitz machen; den Bleistift ~* □ apontar; *die Lippen (zum Pfeifen) ~; den Mund (zum Kuss) ~* □ *fazer bico (para assobiar/beijar)* **1.1** *die Ohren ~* ⟨fig.; umg.⟩ *aufmerksam lauschen, gut zuhören, aufpassen* □ *aguçar os ouvidos* **2** ⟨400; fig.; umg.⟩ *aufmerksam oder vorsichtig schauen, lugen, aufpassen; ich muss (ein bisschen) ~, dass ich ihn nicht verpasse; um die Ecke ~* □ espreitar; espiar **2.1** *da wirst du ~!* ⟨oberdt.⟩ *da wirst du schauen, staunen* □ *você não vai acreditar!* **2.2** *die Schneeglöckchen ~ schon aus der Erde zeigen schon ihre Spitzen* □ apontar

Spit|zen|klas|se ⟨f.; -; unz.⟩ **1** *erste Klasse, erste Güte; dieser Wein, der Apparat ist ~* □ de primeira qualidade **2** *Klasse der Höchstleistungen; dieser Sportler gehört zur ~* □ seleção

Spit|zen|rei|ter ⟨m.; -s, -⟩ **1** (i. e. S.) *ausgezeichneter Turnierreiter* □ campeão de equitação **1.1** (i. w. S.; Sp.) *Sportler, der zur Spitzenklasse(2) gehört* □ líder **2** ⟨fig.; umg.⟩ *bes. zugkräftiger Artikel* □ sucesso de vendas **2.1** *bes. erfolgreiches Stück (bei Theater, Film od. Fernsehen); der ~ der Saison* □ sucesso

spitz|fin|dig ⟨Adj.⟩ *überscharf unterscheidend, klügelnd, haarspalterisch, ausgeklügelt; ~e Fragen* □ sofístico; caviloso

spitz∥krie∣gen ⟨V. 500; umg.⟩ etwas ~ *in Erfahrung bringen, herausbekommen, bemerken;* Sy *spitzbekommen;* er hat den Plan spitzgekriegt ▢ **descobrir**

Spitz∣na∣me ⟨m.; -ns, -n⟩ *jmdm. von anderen gegebener zusätzlicher, neckender Name;* jmdm. einen ~n geben ▢ **alcunha; apelido**

Spleen ⟨[ʃpliːn] od. [spliːn] m.; -s, -e⟩ **1** *leichte Verrücktheit, eigenartige Vorliebe für etwas, Verschrobenheit;* er hat einen ~ ▢ **capricho 2** *überspannte, sonderbare Idee* ▢ **bizarrice; excentricidade**

splei∥ßen ⟨V. 250/500⟩ **1** etwas ~ *zerreißen* ▢ **partir; rasgar 1.1** *Holz ~ spalten;* er spleißte (od. spliss) den Baumstumpf ▢ **rachar; partir 2** etwas ~ ⟨Techn., Seemannsspr.⟩ *miteinander verflechten;* zwei aufgedrehte Tauenden, Kabel ~ ▢ **entrelaçar; entrançar**

Splint ⟨m.; -(e)s, -e⟩ *zweischenkliger Metallstift (zur Sicherung von Schraubenmuttern u. Bolzen)* ▢ **contrapino**

Spliss ⟨m.; -es; unz.⟩ *gespaltetes Haarspitzen* ▢ **ponta dupla (do fio de cabelo)**

Splitt ⟨m.; -(e)s, -e⟩ *grobkörniges Gestein für Straßenbelag* ▢ **brita**

split∣ten ⟨[ʃplɪt-] V. 500⟩ etwas ~ *teilen, (nach dem Splittingverfahren) aufteilen, halbieren* ▢ **dividir ao meio**

Split∣ter ⟨m.; -s, -⟩ **1** *spitzes, abgesprungenes Stück von hartem Material (z. B. Holz, Metall usw.), scharfer Span, kleines Bruchstück;* Eisen~; Glas~; Granat~; Holz~; Knochen~; sich einen ~ einziehen; einen ~ im Finger haben; das Glas zersprang in tausend ~ ▢ **estilhaço; lasca; farpa 1.1** was siehst du aber den ~ in deines Bruders Auge und wirst nicht gewahr des Balkens in deinem Auge? (Matth. 7,3) *dir fehlt jede Fähigkeit, deine Handlungen kritisch zu beurteilen* ▢ **arguicho**

split∣ter∣fa∣ser∣nackt ⟨Adj. 24; umg.⟩ *ganz, völlig nackt;* Sy *splitternackt* ▢ **nu em pelo**

split∣tern ⟨V. 400(s.)⟩ etwas splittert **1** *zerbricht in Splitter* **2** *bildet Splitter;* das Holz splittert ▢ **estilhaçar(-se); lascar(-se)**

split∣ter∣nackt ⟨Adj. 24; umg.⟩ = **splitterfasernackt**

Split∣ting ⟨n.; -s; unz.⟩ **1** *Form der Besteuerung von Ehegatten, wobei zur Berechnung der Steuer das Gesamteinkommen durch zwei geteilt wird* ▢ **imposto de 50% sobre o rendimento total dos cônjuges 2** ⟨Pol.⟩ *Verteilung von Erst- u. Zweitstimmen bei Wahlen an verschiedene Parteien* ▢ **proporcionalidade de votos**

Spoi∣ler ⟨m.; -s, -⟩ **1** *Luftleitblech am Heck od. an der Front von Autos zur Verbesserung der Bodenhaftung* **2** *Klappen zur Verringerung des Auftriebs an Flugzeugtragflächen* ▢ **spoiler**

spon∣sern ⟨V. 500; bes. Sp.⟩ *jmdn. od. etwas ~ finanziell unterstützen, fördern;* junge Sportler, eine Kulturveranstaltung ~ ▢ **patrocinar**

Spon∣sor ⟨m.; -s, -en⟩ *jmd., der eine Sache od. jmdn. finanziell unterstützt* ▢ **patrocinador**

Spon∣so∣rin ⟨f.; -, -rin∣nen⟩ *weibl. Sponsor* ▢ **patrocinadora**

spon∣tan ⟨Adj.⟩ **1** *von selbst, aus eigenem Antrieb, von innen heraus (kommend), ohne äußeren Anlass;* es geschah ganz ~; ~e Heilung; ~e Geburt **2** *plötzlich, aus plötzlicher Eingebung, plötzlichem Entschluss (erfolgend);* eine ~e Äußerung; ein ~er Entschluss ▢ **espontâneo; espontaneamente**

spo∣ra∣disch ⟨Adj.⟩ **1** *vereinzelt, verstreut (vorkommend);* diese Pflanzen kommen hier nur ~ vor **2** *hin und wieder, nicht oft, unregelmäßig;* wir sehen uns nur ~ ▢ **esporádico; esporadicamente**

Spo∣re ⟨f.; -, -n⟩ **1** *ungeschlechtliche Zelle zur Fortpflanzung vieler Algen u. Pilze* ▢ **esporo 2** ⟨Getrennt- u. Zusammenschreibung⟩ 2.1 ~ bildend = *sporenbildend*

Spo∣ren ⟨Pl.; Sing.: Sporn⟩ *Sporn* ▢ **esporas**

spo∣ren∣bil∣dend auch: **Spo∣ren bil∣dend** ⟨Adj. 24⟩ *zur Sporenbildung befähigt;* ~e Pflanzen ▢ **esporógeno**

Sporn ⟨m.; -s, Spo∣ren⟩ **1** (meist Pl.) *Sporen zwei an einem Riemen am Schaft u. an den Absätzen der Reitstiefel befestigte Metallbügel mit einem Rädchen od. Dorn zum Antreiben des Pferdes* ▢ **espora;** dem Pferd die Sporen geben ▢ ***esporo o cavalo** **1.1** sich die Sporen **verdienen** ⟨fig.⟩ *sich (bei einer Aufgabe, einem Auftrag) behaupten, bewähren* ▢ ***obter reconhecimento** **2** ⟨Zool.⟩ *horniger Fortsatz hinten am Fuß vieler männlicher Vögel, bes. der Hühnervögel, der als Waffe dient* **2.1** ⟨Med.⟩ *schmerzhafter knöcherner Fortsatz des Fersenbeins, der sich durch länger andauernden Reiz bilden kann* ▢ **esporão 3** *unter Wasser befindlicher Vorsprung am Bug von Kriegsschiffen zum Rammen anderer Schiffe* ▢ **esporão; aríete 4** ⟨Bot.⟩ *hornartige, meist Nektar enthaltende Ausstülpung mancher Blütenblätter* ▢ **esporão 5** *mit Bügel unter dem Heck von Flugzeugen befestigte Kufe, Spornrad* ▢ **bequilha 6** *Stachel od. spatenartiger Fortsatz an Geschützen, der das Zurückrollen verhindert* ▢ **berço 7** *Nagel an der Sohle des Bergschuhs* ▢ **trava 8** ⟨unz.; fig.⟩ *Antrieb, Ansporn* ▢ **estímulo; incitação**

spor∣nen ⟨V. 500⟩ **1** ein Pferd ~ *einem P. die Sporen geben* ▢ **esporear 1.1** jmdn. ~ ⟨fig.⟩ *antreiben, anspornen* ▢ **esporear; estimular 2** die Stiefel ~ *mit Sporen versehen* ▢ **colocar esporas 2.1** gestiefelt und gespornt **2.1.1** *mit Sporenstiefeln angetan* ▢ ***munido de botas com esporas** **2.1.2** ⟨fig.⟩ *reisefertig, marschbereit (angezogen)* ▢ ***pronto para sair**

Sport ⟨m.; -(e)s, -e; Pl. selten⟩ **1** *körperliche Betätigung nach bestimmten Regeln zum Vergnügen od. zur Erhaltung der Gesundheit;* einen ~ betreiben; ~ treiben **2** *Gesamtheit des Sports(1) u. der damit verbundenen Einrichtungen u. Vorkommnisse* **3** *bestimmte Art von Sport(1), sportliche Disziplin, Sportart;* Reit~; Wasser~; Ski~ ▢ **esporte**

Sport∣ler ⟨m.; -s, -⟩ *jmd., der einen Sport betreibt;* den ~ des Jahres wählen; Profi~; Amateur~ ▢ **esportista**

Sport∣le∣rin ⟨f.; -, -rin∣nen⟩ *weibl. Sportler* ▢ **esportista**

sport∣lich ⟨Adj.⟩ **1** *den Sport betreffend;* ~e Höchstleistungen; ~es Können **2** *vom Sport geprägt, durch Sport trainiert, kräftig u. schlank;* eine ~e Figur; er ist sehr ~ **3** *zum Sport gehörend, für den Sport geeignet;* eine ~e Kleidung ▢ **esportivo 3.1** ~e Kleidung ⟨a. fig.⟩ *eine in Schnitt u. Material einfache, zweckmäßige* *u. jugendlich wirkende K.* ☐ esporte **4** *fair, kameradschaftlich;* eine ~e Haltung; ein ~es Benehmen; ~en Geist zeigen ☐ esportivo

Sport|platz ⟨m.; -es, -plät|ze⟩ *freier Rasenplatz, auf dem Sport (bes. Ballsport u. Leichtathletik) getrieben wird* ☐ campo esportivo

Sports|wear ⟨[spɔːtswɛː(r)] Pl.⟩ *legere, sportliche Kleidung* ☐ traje esportivo

Sport|wa|gen ⟨m.; -s, -⟩ **1** *leichter Kinderwagen, in dem ein Kind auch sitzen kann* ☐ carrinho de bebê **2** *niedriger, schneller Personenkraftwagen* ☐ carro esportivo

Spot ⟨[spɔt] m.; -s, -s⟩ *kurze Sendung im Rundfunk od. Fernsehen, meist zur Werbung;* Fernseh~; Hör~; Werbe~ ☐ *spot*

Spot|light ⟨[spɔtlaɪt] n.; -s, -s⟩ *auf die Beleuchtung nur einer Stelle konzentriertes Licht (bes. auf der Bühne im Theater),* Punktlicht ☐ foco de luz

Spott ⟨m.; -(e)s; unz.⟩ **1** *das Auslachen, boshaftes Veralbern, Lächerlichmachen, leichter Hohn;* nur ~ und Hohn ernten; seinen ~ über jmdn.(od. jmdm.) ausgießen; jmdn. dem ~ der anderen preisgeben; seinen ~ mit jmdm. treiben; beißender, bitterer, feiner, gutmütiger, scharfer, versteckter ~ ☐ escárnio; zombaria; gozação **1.1** das hat er nur mir **zum** ~ gesagt *um mich zu verspotten* ☐ gozação; brincadeira

Spott|bild ⟨n.; -(e)s, -er; veraltet⟩ = Karikatur

spott|bil|lig ⟨Adj. 24; umg.⟩ *sehr, äußerst billig* ☐ baratíssimo; uma pechincha

spot|ten ⟨V.⟩ **1** ⟨400⟩ *etwas zum Spott sagen;* „...!", spottete er; spotte nicht!; etwas ~d sagen ☐ zombar; troçar **1.1** das spottet jeder Beschreibung *das ist unbeschreiblich (schlimm, hässlich usw.)* ☐ *é indescritível* **1.2** ⟨800⟩ *über etwas od.* **jmdn.** ~ *sich über etwas od. jmdn. lustig machen;* über ernste Dinge soll man nicht ~ ☐ *brincar com alguma coisa ou alguém; rir de alguma coisa ou alguém*

spöt|tisch ⟨Adj.⟩ *voller Spott, spottend, leicht verächtlich, boshaft;* ~e Bemerkungen machen; seine Ablehnung klang sehr ~ ☐ irônico; zombeteiro

Spra|che ⟨f.; -, -n⟩ **1** *System von Verständigungsmitteln* ☐ linguagem **1.1** *System verbaler Zeichen einer menschlichen Gemeinschaft, die der Verständigung dienen;* Landes~; Volks~; der Bau einer ~; die Regeln der ~; fünf ~n beherrschen; die deutsche, englische ~; fremde ~n lernen; jmdn. an seiner ~ (als Engländer, Franzosen) erkennen; einen Text, ein Buch aus einer ~ in die andere übersetzen, übertragen ☐ língua; idioma **1.1.1** *Redeweise der Angehörigen eines Berufs od. einer sozialen Gemeinschaft;* Kaufmanns~; Gauner~; Geheim~ ☐ linguagem; jargão; → a. *deutsch(2), leben(6.3), tot(5.5)* **1.2** *System von Gebärden, Zeichen, die der Verständigung dienen;* Gebärden~; Taubstummen~; Zeichen~ ☐ linguagem; língua **1.3** *Laut- u. Signalsystem der Tiere;* Tier~; Hunde~; Vogel~ ☐ linguagem **1.4** ⟨fig.⟩ *lebendiger, stummer Ausdruck (z. B. der Augen, Hände);* sie sagte nichts, aber ihr glückliches Gesicht sprach eine deutliche ~ ☐ linguagem; expressão **2** *Fähigkeit zu sprechen;* endlich fand er nach dem Schreck die ~ wieder; er hat vor Schreck die ~ verloren ☐ fala **2.1** hast du die ~ verloren? ⟨umg.⟩ *warum sagst du nichts?* ☐ *você perdeu a língua?* **2.2** vor Schreck hat es mir die ~ verschlagen *ich war sprachlos vor S.* ☐ fala **3** *Tätigkeit des Sprechens, Besprechung* **3.1** die ~ auf einen Vorfall, ein Ereignis, ein Problem bringen *davon zu sprechen beginnen* ☐ *abordar um incidente/acontecimento/problema* **3.2** etwas zur ~ bringen *als Gesprächsthema vorbringen, erörtern wollen* ☐ *trazer alguma coisa à baila* **3.3** auch der Vorfall von gestern kam zur ~ *es wurde auch über den V. von gestern gesprochen* ☐ *também se falou do incidente de ontem* **3.4** er will nicht mit der ~ heraus(rücken) *er will nicht darüber sprechen* ☐ *ele não quer tocar no assunto* **3.5** eine deutliche, kühne ~ führen *sich unmissverständlich, energisch ausdrücken* ☐ *ter uma conversa franca/audaciosa* **3.6** heraus mit der ~! *sprich!* ☐ *desembuche!* **4** *die Art, sich schriftlich od. mündlich auszudrücken, Stil;* er ist ein Meister der ~; dieser Schriftsteller hat, schreibt eine schöne ~; einwandfreie, elegante, gehobene, gepflegte, reine ~ ☐ linguagem; estilo

Sprach|feh|ler ⟨m.; -s, -⟩ *Unfähigkeit, bestimmte Laute richtig auszusprechen;* das Lispeln des s ist ein ~ ☐ erro/problema de pronúncia

...spra|chig ⟨Adj. 24; in Zus.⟩ **1** *eine bestimmte Zahl von Sprachen sprechend;* er ist zweisprachig aufgewachsen **2** *in einer bestimmten Sprache od. einer bestimmten Zahl von Sprachen abgefasst;* dreisprachiges Wörterbuch **2.1** deutschsprachiger, fremdsprachiger Unterricht *in deutscher, in einer fremden Sprache gehaltener U.*

sprach|lich ⟨Adj. 24⟩ *die Sprache, eine Sprache betreffend, zu ihr gehörig, einer Sprache eigentümlich;* ~er Fehler; der Aufsatz ist inhaltlich gut, aber ~ nicht einwandfrei; das ist ~ richtig, falsch ☐ de linguagem; linguístico; linguisticamente

...sprach|lich ⟨Adj. 24; in Zus.⟩ **1** *eine bestimmte Sprache betreffend* **1.1** englischsprachlicher, fremdsprachlicher Unterricht *U. über die englische, über eine fremde Sprache, aber in der Muttersprache der Schüler gehalten*

sprach|los ⟨Adj.⟩ **1** *ohne Sprache, nicht sprechen könnend;* die ~e Kreatur ☐ mudo; sem fala **2** ⟨fig.⟩ *so erstaunt od. erschrocken, dass man nicht sprechen kann, sehr erstaunt, verblüfft;* sie sah ihn in ~em Erstaunen an; ich war völlig ~, als ich das hörte, sah; jetzt bin ich aber wirklich ~!; ~ vor Erstaunen, vor Schreck ☐ sem fala; estupefato

Sprach|raum ⟨m.; -(e)s, -räu|me⟩ *geograf. Gebiet, in dem eine bestimmte Sprache gesprochen wird,* Sprachgebiet ☐ área linguística; der deutsche, englische ~ ☐ *países de língua alemã/inglesa*

Sprach|rohr ⟨n.; -(e)s, -e⟩ **1** ⟨früher⟩ *der Lautverstärkung dienende trichterförmige Blechröhre, deren kleinere*

Öffnung beim Sprechen an den Mund gesetzt wird ☐ **megafone** 1.1 jmds. ~ sein 〈fig.〉 *kritiklos jmds. Meinung nachreden* 2 〈fig.〉 *Sprecher* 2.1 sich zum ~ einer Sache machen *öffentlich für eine S. eintreten* ☐ **porta-voz**

Spray 〈[ʃpreː] od. engl. [spreɪ] n.; -s, -s od. m.; -s,-s〉 1 *Flüssigkeit zum Zerstäuben (mit Hilfe eines Treibgases)* 2 *Gerät, Sprühdose zum Zerstäuben eines Sprays(1)* 3 *durch das Zerstäuben eines Sprays(1) entstandener feiner Sprühregen* ☐ **spray**

Sprẹch|chor 〈[-koːr] m.; -s, -chö|re〉 1 *das gemeinsame Sprechen von Dichtwerken (im Theater), Losungen, Aufrufen (bei Veranstaltungen) durch mehrere Personen;* im ~ sprechen ☐ **coro** 2 *von einer Gruppe von Personen im Sprechchor(1) gesprochener Text;* einen ~ einstudieren ☐ **texto (para ser lido em coro)** 3 *Gruppe von Personen, die im Sprechchor(1) spricht;* die Sprechchöre fanden rasch regen Zulauf ☐ **coro (falado)**

sprẹ|chen 〈V. 251〉 1 〈400〉 *Laute, Wörter bilden;* das Kind konnte mit drei Jahren noch nicht ~; er konnte vor Erschöpfung kaum ~; ein Kind, einen Vogel das Sprechen lehren; das Kind lernt ~; sie hat schon früh ~ gelernt; mit hoher, tiefer, bedrohlicher, zitternder, lauter Stimme ~; laut, leise ~; sprich doch deutlich!; durch die Nase ~; unter uns gesprochen ...; jmdn. zum Sprechen bringen ☐ **falar**; → a. *Rätsel(2.2)* 1.1 **auf** jmdn. schlecht, nicht gut **zu** ~ **sein** 〈umg.〉 *jmdn. nicht leiden können, jmdm. böse sein* ☐ ***não gostar de alguém*** 1.2 **für** jmdn. ~ 〈a. fig.〉 *für jmdn. eintreten, sich für jmdn. einsetzen* ☐ ***falar em favor de alguém*** 1.3 **für** jmdn. ~ 〈a. fig.〉 *jmdn. vertreten, an seiner Stelle verhandeln* ☐ ***falar por alguém*** 1.4 **mit** jmdm. ~ *reden, sich mit jmdm. unterhalten;* hast du schon mit ihm darüber gesprochen?; mit sich selbst ~; wir haben lange miteinander gesprochen; wir ~ uns noch! (bei der Verabschiedung od. als Drohung) ☐ ***falar/conversar com alguém*** 1.4.1 wir ~ nicht miteinander *wir sind einander böse* ☐ ***não nos falamos*** 1.4.2 Häftlinge miteinander ~ lassen; 〈aber Getrennt u. Zusammenschreibung〉 ~ lassen = sprechenlassen 1.5 **über** jmdn. od. etwas ~ *sich über jmdn. od. etwas unterhalten;* ~ wir nicht (mehr) darüber! ☐ ***falar sobre alguém ou alguma coisa*** 1.6 **von** jmdm. od. etwas ~ *berichten, sich über jmdn. od. etwas unterhalten;* wir ~ gerade davon, dass ...; ~ wir von etwas Anderem! ☐ ***falar de alguém ou alguma coisa*** 1.7 **über** jmdn. od. etwas, **von** jmdm. od. etwas ~ in bestimmter Weise *~ seine Meinung äußern, urteilen;* Gutes, Schlechtes von jmdm. ~ ☐ ***falar bem/mal de alguém*** 2 〈400〉 *eine Rede, einen Vortrag halten;* der Redner hat drei Stunden lang gesprochen; ich habe den Bundeskanzler gestern ~ hören; der Redner hat (nicht) gut gesprochen; er spricht heute im Radio; er spricht heute über den jungen Goethe; vor einem großen Zuhörerkreis ~; er stand es, völlig frei zu ~ ☐ **falar** 3 〈500〉 etwas ~ *äußern, sagen;* „...", sprach er; die Wahrheit ~; er hat die ganze Zeit kein Wort gesprochen ☐ **dizer** 3.1 den Segen ~ *jmdn. segnen* ☐ ***abençoar*** 3.2 *aufsagen, vortragen;* ein Gebet, Gedicht ~ ☐ **dizer; recitar** 3.3 eine **Sprache** ~ *sich in einer S. äußern, eine S. beherrschen;* Englisch, Französisch ~; er spricht fließend Französisch; hier wird Englisch und Französisch gesprochen (in Geschäften); (einen) Dialekt ~; ich kann Italienisch verstehen, aber beim Sprechen habe ich noch Schwierigkeiten ☐ **falar**; → a. *Band²(1.2)* 3.4 jmdn. ~ *ein Gespräch mit jmdm. führen, mit jmdm. reden;* ich möchte Herrn X ~; kann ich dich kurz ~? ☐ ***falar com alguém*** 3.4.1 (nicht) **zu** ~ **sein** *(nicht) bereit sein, Besuch zu empfangen;* ich bin nicht zu ~!; für Herrn X bin ich nicht zu ~! ☐ ****não estar (para alguém)*** 3.5 *eine Entscheidung kundtun* 3.5.1 das **Gericht** hat gesprochen *ein Urteil gefällt* ☐ ***pronunciar-se***; → a. *Recht(1.2)* 4 〈400〉 etwas spricht (für sich) 〈fig.〉 *äußert sich wortlos, tut sich kund* 4.1 die **Waffen** ~ *es wird gekämpft* ☐ **falar** 4.2 **zum** Ausdruck kommen, deutlich werden; aus all dem spricht seine tiefe Dankbarkeit ☐ ****tudo isso exprime sua profunda gratidão;*** aus seinen Augen spricht Angst ☐ ****seus olhos exprimem medo*** 4.3 〈800〉 etwas **spricht für** etwas *ist Beleg für, zeugt von etwas;* dies spricht doch für seine Gutmütigkeit ☐ ****provar*** 4.4 〈800〉 etwas spricht **für, gegen** jmdn. od. etwas *vermittelt einen positiven, negativen Eindruck von jmdm. od. etwas, nimmt für, gegen jmdn. od. etwas ein;* gegen deinen Plan spricht vieles; es spricht für ihn, dass er die Anstrengungen nicht gescheut hat ☐ ****depor a favor/contra alguém ou alguma coisa***

sprẹ|chen||las|sen *auch:* **sprẹ|chen las|sen** 〈V. 175/500〉 *(anstelle von Worten) eine Wirkung erzielen lassen;* Blumen ~ ☐ **deixar falar**; → a. *sprechen (1.4.2)*

Sprẹ|cher 〈m.; -s, -〉 1 *jmd., der (gerade) spricht* ☐ **falante** 2 *Redner* ☐ **orador** 3 *Ansager* ☐ **locutor** 4 *Wortführer (einer Gruppe);* sich zum ~ einer Gruppe machen 5 *Staatsbeamter, der offiziell Mitteilungen an die Presse weitergibt;* Regierungs~; ein ~ des Außenministeriums teilte mit ... ☐ **porta-voz** 6 *Sitzungsleiter* ☐ **presidente** 7 〈Theat.〉 *jmd., der eine kleine, einleitende Rolle zu sprechen hat;* erster, zweiter ~ ☐ **narrador**

Sprẹ|che|rin 〈f.; -, -rin|nen〉 *weibl. Sprecher* ☐ **falante; oradora; locutora; porta-voz; presidente; narradora**

Sprẹch|stun|de 〈f.; -, -n〉 *Zeit, in der jmd. zu sprechen ist;* die ~ des Arztes, Lehrers, Professors; die ~ der Behörde; wann haben Sie ~?; ~ halten; kommen Sie bitte in meine ~ ☐ **horário de consulta/atendimento**

sprei|zen 〈V. 500〉 1 etwas ~ *auseinanderstellen, -strecken* ☐ **separar** 1.1 Beine, Finger, Zehen ~ *vom Körper wegstrecken (nach verschiedenen Richtungen)* 1.2 die Flügel ~ *ausbreiten* ☐ **abrir** 1.3 die **Federn** ~ *aufplustern, sträuben* ☐ **eriçar** 2 〈510/Vr 3〉 sich ~ 〈fig.〉 *geziert einherschreiten, sich wichtigtun (mit Gebärden);* sich ~ wie ein Pfau ☐ ****empavonar-se*** 2.1 〈550〉 **sich gegen** etwas ~ 〈fig.〉 *sich sträuben, sich zieren, sich geziert wehren* ☐ ****opor-se a alguma coisa; fazer-se de rogado***

Sprẹn|gel 〈m.; -s, -〉 1 *Kirchspiel, Pfarrbezirk, Diözese* ☐ **diocese; paróquia** 2 *Amtsbezirk (einer weltlichen Behörde)* ☐ **circunscrição; distrito**

spren|gen ⟨V.⟩ **1** ⟨500⟩ *etwas ~ mit Sprengstoff zerstören;* ein Haus in die Luft ~ □ **explodir;** → a. *Bank²(2.2)* **2** ⟨500⟩ *etwas ~ mit Gewalt öffnen, aufbrechen;* eine Tür, ein Schloss ~ □ **arrombar** 2.1 *durch Druck von innen her zertrümmern;* der Fluss hat die Eisdecke gesprengt; das Eis hat das Gefäß gesprengt 2.2 *auseinanderreißen;* Ketten, Fesseln ~; die Freude sprengte mir fast die Brust ⟨fig.⟩ □ **rebentar; romper 3** ⟨500⟩ eine **Versammlung** ~ ⟨fig.⟩ *auseinandertreiben, aufscheuchen, verjagen* □ **espantar; afugentar** 3.1 Wild ~ ⟨Jägerspr.⟩ *aus dem Bau od. einem Kessel aufjagen* □ **fazer sair da toca 4** ⟨500⟩ *etwas ~* ⟨fig.⟩ *überschreiten;* das würde den Rahmen unseres Buches ~ □ **estourar; ultrapassar 5** ⟨500⟩ *etwas ~ bespritzen, besprühen, beträufeln;* die Wäsche, den Rasen, die Straße ~ □ **borrifar; aspergir 6** ⟨411(s.)⟩; geh.; veraltet⟩ ein **Reiter** sprengt **irgendwohin** *galoppiert;* der Reiter sprengt in den Hof □ **galopar**

Spreng|stoff ⟨m.; -(e)s, -e⟩ *Stoff, der nach einer Zündung plötzlich große Mengen heißer Gase bildet, die einen zerstörenden Druck auf ihre Umgebung ausüben* □ **explosivo**

Spren|kel ⟨m.; -s, -⟩ *Punkt, Tupfen, kleiner Fleck* □ **manchinha; pinta; salpico**

spren|keln ⟨V. 500⟩ *etwas ~ mit Sprenkeln versehen* □ **salpicar; sarapintar**

Spreu ⟨f.; -; unz.⟩ **1** *Hülsen, Spelzen, Grannen (des gedroschenen Getreides)* □ **debulho; moinha** 1.1 die ~ vom **Weizen** trennen, sondern, scheiden ⟨a. fig.⟩ *Schlechtes vom Guten trennen* □ ***separar o joio do trigo 2** ⟨fig.⟩ *Wertloses* □ **inutilidade; insignificância**

Sprich|wort ⟨n.; -(e)s, -wör|ter⟩ *kurze, in ausdrucksvoller, einprägsamer Form (häufig mit End- od. Stabreim) überlieferte Lebensweisheit;* „Frisch gewagt ist halb gewonnen", wie das ~ sagt □ **provérbio; ditado**

sprich|wört|lich ⟨Adj.⟩ **1** *als Sprichwort überliefert;* eine ~e Wendung **2** *zum Sprichwort geworden;* eine ~e Wahrheit **3** ⟨70⟩ *allgemein bekannt wie ein Sprichwort;* seine Freigebigkeit ist ~ □ **proverbial**

sprie|ßen¹ ⟨V. 500⟩ *etwas ~ stützen;* sie sprießten die Kellerdecke □ **escorar**

sprie|ßen² ⟨V. 252/400(s.)⟩ *eine* **Pflanze** *sprießt keimt, wächst hervor, empor;* die ersten Knospen ~; die Blumen sprossen aus der Erde; ein zarter Keim spross empor □ **brotar; germinar**

Spriet ⟨n.; -(e)s, -e⟩ *Rundholz zum Ausspannen des viereckigen Spriersegels* □ **espicha da vela**

Spring|brun|nen ⟨m.; -s, -⟩ *Brunnen, bei dem das Wasser durch Druck aus einer Düse nach oben schießt und in einem Becken gesammelt wird* □ **fonte; chafariz**

sprin|gen ⟨V. 253(s.)⟩ **1** ⟨400⟩ *einen Sprung machen, sich vom Boden wegschnellen;* in die Höhe ~ (vor Freude); ins Wasser ~; aus dem Bett ~; aus dem Fenster ~; mit Anlauf ~; mit dem Seil ~ (Kinderspiel); über einen Graben ~; vom Pferd ~; vom Sprungturm ~; zur Seite ~; → a. *Klinge (1.2)* 1.2 ⟨500⟩ *etwas ~* ⟨Sp.⟩ *in einem Sprung erreichen;* 1,20 m (hoch) ~; er sprang die größte Weite in diesem Wettbewerb □ **pular; saltar 2** ⟨410; umg.; bes. süddt.⟩ *rasch laufen;* durchs Zimmer ~ □ **correr;** bitte spring rasch zum Bäcker! □ **dar um pulo em; dar uma passada em** 2.1 *in Sprüngen laufen, hüpfen;* die Kinder kamen gesprungen □ **saltitar** 2.2 ⟨fig.⟩ *sich beeilen, eilen;* wer den ganzen Tag ~ muss, hat abends gern seine Ruhe □ **correr** 2.3 ⟨fig.⟩ *eilfertig zu Diensten sein;* wenn sie nur mit dem kleinen Finger winkt, dann springt er schon □ **aparecer; vir/ir correndo** 2.3.1 jmdn. (nur für sich) ~ lassen ⟨fig.; umg.⟩ *seine Hilfsbereitschaft dauernd in Anspruch nehmen* □ ***dispor de alguém para resolver assuntos particulares;** ⟨aber Getrennt- u. Zusammenschreibung⟩ ~ lassen ⟨fig.; umg.⟩ = *springenlassen* **3** ⟨400⟩ *etwas springt wird plötzlich mit Kraft bewegt* □ **saltar** 3.1 das springt ja in die Augen ⟨fig.⟩ *ist offensichtlich* □ ***salta aos olhos** 3.2 *in die Höhe geschnellt werden;* der Ball sprang bis an die Decke □ **saltar** 3.3 *etwas springt (aus etwas) schießt, schnellt in die Höhe, spritzt heraus, hervor;* die Quelle springt aus der Erde, aus einem Felsen □ **jorrar;** er hieb auf den Stein, dass die Funken sprangen □ **soltar** 3.4 ⟨411⟩ *etwas springt von etwas löst sich (mit einem Ruck);* der Lack springt vom Untergrund □ **soltar-se** 3.5 ⟨411⟩ *etwas springt aus etwas löst sich plötzlich aus etwas heraus;* der Wagen ist aus dem Gleis gesprungen □ **descarrilar** 3.6 *der ~de Punkt dabei ist, dass ...* ⟨fig.⟩ *das Entscheidende dabei* □ ***o ponto capital/decisivo nessa questão é...** **4** ⟨400⟩ *etwas springt bekommt einen Sprung, Riss;* das Glas, die Schüssel sprang in tausend Stücke; das Glas, der Topf ist gesprungen □ **rachar; partir-se** 4.1 eine **Saite** springt *reißt* □ **romper-se; rebentar** 4.2 eine **Knospe** springt *öffnet sich, platzt auf* □ **abrir(-se); desabrochar 5** ⟨400; fig.⟩ *eine Stelle auslassen, unvermittelt zu etwas anderem übergehen;* der Solist sprang mehrfach in seinem Vortrag □ **pular/passar (para outra coisa)** 5.1 ⟨Brettspiel⟩ *ein Feld überschlagen* □ **pular**

sprin|gen|las|sen auch: **sprin|gen las|sen** ⟨V. 175/500; fig.; umg.⟩ *etwas ~ etwas ausgeben, spendieren* □ **gastar;** → a. *springen (2.3.1)*

Sprin|ger ⟨m.; -s, -⟩ **1** *jmd., der springt* 1.1 *Sportler, der eine Sportart ausübt, in der gesprungen wird;* Hoch~; Turm~; Weit~ □ **saltador 2** *Arbeitnehmer, der in einem (Industrie-)Betrieb je nach Bedarf an unterschiedlichen Arbeitsplätzen eingesetzt wird* □ **tapa-buraco 3** *Typ von Tieren, die springend bewegen* □ **saltador 4** *Bespringer, männliches Zuchttier* □ **reprodutor 5** ⟨Schach⟩ *Pferd, Rössel* □ **cavalo**

Sprin|ge|rin ⟨f.; -, -rin|nen⟩ *weibl. Springer(1,2)* □ **saltadora; tapa-buraco**

Sprink|ler ⟨m.; -s, -⟩ *Gerät, Anlage zum Besprengen od. Berieseln größerer Flächen* □ **sprinkler; chuveiro automático**

Sprint ⟨m.; -s, -s; Sp.⟩ **1** *schneller Wettlauf (od. Wettfahrt) über eine kurze Strecke* **2** *das Sprinten;* einen ~ einlegen □ **sprint**

sprin|ten ⟨V. 400(h. od. s.)⟩ *eine kurze Strecke mit größtmöglicher Geschwindigkeit zurücklegen* □ **dar um sprint**

Sprit ⟨m.; -(e)s, -e⟩ **1** *Äthylalkohol als Grundlage von Branntwein* □ álcool **2** ⟨umg.⟩ *Benzin, Treibstoff* □ gasosa; carburante

Sprit|ze ⟨f.; -, -n⟩ **1** *Einspritzung;* eine ~ bekommen; jmdm. eine ~ geben □ injeção **2** *Gerät zum Spritzen, entweder als Gummiball mit Kanüle, als Schlauch mit verstellbarer Düse od. als zylinderförmiges Glasröhrchen, in dem eine mit Handdruck bewegter Kolben die Flüssigkeit durch eine feine Nadel auspresst (für Einspritzungen zu Heilzwecken);* Hand~ □ *bomba; borrifador,* Einmal~ □ *seringa descartável;* Garten~ □ *pulverizador,* Feuer~ □ *bomba de incêndio

sprit|zen ⟨V.⟩ **1** ⟨500⟩ *Flüssigkeit irgendwohin* ~ *F. in Tropfen od. Strahlen irgendwohin schleudern;* Wasser ins Feuer ~ □ jogar; esguichar; Schlagsahne auf die Torte ~ □ aplicar 1.1 jmdn. od. etwas ~ *(mit Flüssigkeit) übersprühen;* Bäume, Pflanzen (mit einem Schädlingsbekämpfungsmittel) ~; die Blumen, den Rasen ~ □ borrifar; pulverizar 1.2 ⟨400⟩ *plantschen, Wasser versprühen;* mit Wasser ~; spritz nicht so! □ espirrar; patinhar 1.3 ⟨500⟩ etwas ~ *mit der Spritzpistole Farben auf etwas auftragen, etwas mit Farbe, Lack versehen;* den Wagen ~ (lassen); der Wagen muss frisch gespritzt werden □ pintar (com pistola) 1.4 ⟨401⟩ es spritzt ⟨umg.⟩ *es regnet leicht, in wenigen Tropfen;* regnet es? Nein, es spritzt nur ein bisschen □ garoar **2** ⟨400⟩ *etwas spritzt schnellt in Tropfen od. im Strahl heraus, quillt hervor;* das heiße Fett spritzt (aus der Pfanne); das Blut spritzte aus der Wunde □ espirrar **3** ⟨500/Vr 7⟩ *ein Medikament* ~ *ein M. mittels Injektionsspritze in den Körper einführen;* der Arzt spritzt das Medikament unter die Haut □ injetar 3.1 jmdn. ~ *jmdm. eine Einspritzung geben;* jmdn. gegen Typhus ~; jmdn. in die Vene, in den Muskel, unter die Haut ~; er hat Zucker u. muss sich seit einiger Zeit ~ □ *dar/aplicar injeção em alguém **4** ⟨500⟩ Wein, Schnaps, Saft ~ *mit Sodawasser verdünnen;* möchtest du den Saft gespritzt oder pur? □ diluir (em água gaseificada)

Sprit|zer ⟨m.; -s, -⟩ **1** *kleine gespritzte Menge;* einen ~ Zitronensaft zugeben □ borrifo **2** *durch Spritzen entstandener Fleck;* Farb~ □ salpico

sprit|zig ⟨Adj.⟩ **1** *prickelnd;* ein ~er Wein □ espumante **2** ⟨fig.⟩ *sprühend witzig, geistreich;* ein ~es Lustspiel; in einem ~en Stil geschrieben □ espirituoso; chistoso

spröd ⟨Adj.⟩ = spröde

sprö|de ⟨Adj.⟩ oV spröd **1** *hart, fest, aber bei Druck od. Schlag leicht zerspringend, zerbrechlich;* Glas, Porzellan ist ~ □ frágil **2** *trocken, aufgesprungen, rissig;* sie leidet unter ~r Haut □ secco; quebradiço; rachado **3** *brüchig, heiser;* eine ~ Stimme haben □ rouco **4** ⟨fig.⟩ *schwer formbar, widerspenstig;* der Stoff ist für einen Film zu ~ □ árido **5** *kühl, herb, abweisend, verschlossen;* sie ist eine ~ Schönheit □ arisco; frio; fechado

Spross ⟨m.; -es, -e⟩ **1** *Teil der höheren Pflanzen, der aus Sprossachse, Blättern u. Blüten besteht;* Ggs Wurzel(1) □ rebento;renovo **2** ⟨geh.⟩ *Nachkomme* □ descendente; vergôntea

Spros|se ⟨f.; -, -n⟩ **1** *Querholz zum Darauftreten an der Leiter;* er stand auf der letzten ~ □ degrau **2** ⟨Jägerspr.⟩ = Ende(10)

Spröss|ling ⟨m.; -s, -e; umg.; scherz.⟩ *Kind;* deine, eure ~e □ rebento

Sprott|e ⟨f.; -, -n; Zool.⟩ *ca. 15 cm langer, mit dem Hering verwandter Fisch der Nord- u. Ostsee:* Sprattus sprattus □ espadilha; Kieler ~n □ *espadilha defumada

Spruch ⟨m.; -(e)s, Sprü|che⟩ **1** *kurz u. einprägsam ausgesprochener Gedanke, kurzer Lehrsatz, Lebensregel, oft in Reimen* □ adágio; provérbio; Denk~ □ *máxima; divisa;* Sinn~ □ *sentença; aforismo;* Wahl~ □ *slogan;* Goethes Sprüche in Prosa, in Reimen; ein weiser ~! ⟨iron.⟩ □ máxima; sentença 1.1 *Beschwörungsformel;* Zauber~ □ *fórmula mágica 1.2 Sprüche machen ⟨fig.⟩ *leeres Gerede von sich geben, aufschneiden* □ *bancar o fanfarrão;* corte vantagem **2** *Stelle aus einem Buch, Zitat, bes. aus der Bibel;* Bibel~ □ versículo; die Sprüche Salomonis □ provérbio **3** *Form der mittelhochdeutschen Lyrik, liedartiges, strophisches, sangbares Gedicht* □ poema lírico **4** *kurzes Lehrgedicht in Reimpaaren ohne Einteilung in Strophen* □ poesia gnômica **5** *Wortlaut einer Entscheidung;* Richter~; Schieds~; Urteils~ □ sentença; veredito

Spru|del ⟨m.; -s, -⟩ **1** *Wasserwirbel, Strudel* □ redemoinho; sorvedouro **2** *Strahl des Springbrunnens* □ jorro; jato **3** *Quelle* □ fonte **4** *Selters-, Mineral-, Sodawasser;* ~ trinken, bestellen □ água mineral gaseificada

spru|deln ⟨V. 400⟩ **1** eine **Flüssigkeit** sprudelt *wallt, kocht, bildet Blasen;* das Wasser sprudelt im Topf □ borbulhar 1.1 *wirbeln, sprühend od. schäumend bewegt sein;* ein ~der Wasserfall □ borbulhante; espumante **2** ⟨411(s.)⟩ eine **Flüssigkeit** sprudelt **aus** etwas *quillt sprühend, schäumend aus etwas hervor;* Sekt sprudelt aus der Flasche □ espumar 2.1 etwas sprudelt **aus** jmdm. ⟨fig.⟩ *jmd. spricht etwas schnell, überstürzt;* die Worte sprudelten nur so aus seinem Munde □ jorrar; brotar

sprü|hen ⟨V.⟩ **1** ⟨400⟩ etwas sprüht *spritzt in kleinen Teilchen, fließt davon, auseinander;* die Gischt sprühte ins, übers Boot; sprühende Funken; die Funken sprühten nach allen Seiten □ espirrar; faiscar 1.1 ⟨401⟩ es sprüht *es regnet fein* □ garoar 1.2 ⟨fig.⟩ *lebhaft, ausgelassen sein;* ~ vor Freude, Lebenslust; ihre Augen sprühten vor Begeisterung □ exultar; ~der Laune sein □ exultante; animado 1.2.1 sein ~der Geist bezauberte alle *sein schlagfertiger, witziger, lebhafter G.* □ vivo; animado 1.2.2 ~der Witz *Reichtum an lebendigen, geistvollen Einfällen* □ chistoso; engraçado **2** ⟨500⟩ etwas ~ *als kleinste Teilchen (bes. von Flüssigkeit) aussenden;* Flüssigkeit über Pflanzen usw. ~ □ borrifar; aspergir; ihre Augen sprühten Blitze ⟨fig.⟩ □ lançar; soltar

Sprung ⟨m.; -(e)s, Sprün|ge⟩ **1** *Bewegung, bei der man sich mit einem Bein od. beiden Beinen zugleich vom Boden abstößt, so dass man sekundenlang frei od. sich auf ein Gerät stützend in der Luft schwebt;* ein großer, hoher, kleiner, mächtiger, weiter ~; ein ~ aus dem Fenster, ins Wasser, über einen Graben; beim ~ von der Mauer brach er sich ein Bein; in großen Sprüngen davonlaufen; er überquerte den Graben mit einem ~; zum ~ ansetzen (bes. vom Raubtier); ein ~ übers Pferd, über den Bock, Kasten ⟨Turnen⟩ □ **pulo; salto 1.1** *Wettkampfübung im Springen;* Hoch~, Weit~, Stabhoch~ □ ***salto em altura/à distância/com vara 1.2** keine großen Sprünge machen können* ⟨fig.; umg.⟩ *nicht viel Geld haben, sich nicht viel leisten können* □ ***não poder dar grandes saltos; não poder ir muito longe 1.3** auf dem ~(e) sein, stehen im Begriff sein (fortzugehen)* □ ***estar prestes a; estar para 1.4** jmdm. auf die Sprünge helfen* ⟨fig.⟩ *jmdm. helfen, einen Hinweis, Wink geben, jmdm. fördern* □ ***dar uma dica a alguém; dar um empurrãozinho em alguém 1.5** ein ~ ins Ungewisse* ⟨fig.⟩ *eine kühne Handlung, bei der man nicht weiß, was daraus wird* □ ***um salto no desconhecido/escuro 2** ⟨fig.; umg.⟩ *kurze Zeitspanne;* ich komme auf einen ~ bei dir vorbei **3** ⟨fig.; umg.⟩ *kleine Entfernung, kurze Strecke;* es ist nur ein ~ bis dahin □ **pulo; pulinho 4** *kleiner Spalt, Riss;* ein ~ im Glas, Porzellan; das Glas hat einen ~ □ **rachadura; trinca 5** ⟨fig.⟩ *Weglassen von Zwischenstufen, plötzlicher Übergang; Gedanken~* □ ***salto conceitual;* ein ~ in der natürlichen Entwicklung, im Denken; die Natur macht keine Sprünge **5.1** *Weglassen einer Textstelle (im Buch, in der Rolle)* **5.2** *der Schauspieler machte einen ~ übersprang eine Textstelle* □ **salto 6** ⟨Jägerspr.⟩ *Gruppe;* ein ~ Rehe □ **rebanho; bando 7** ⟨veraltet; Mar.⟩ *Erhöhung des Schiffsdecks, Heck und Bug* □ **arrufo 8** ⟨Geol.⟩ *vertikale Verschiebung von Gesteinsschollen längs einer Spalte, Verwerfung, Bruch* □ **falha**

Sprung|brett ⟨n.; -(e)s, -er⟩ **1** *federndes, übers Wasser hinausragendes Brett (zum Absprung beim Kunstspringen)* **2** *schrägstehendes, leicht federndes Brett als Hilfsmittel beim Geräteturnen* **3** ⟨fig.⟩ *günstiger Ausgangspunkt;* eine Stellung als ~ für eine höhere benutzen □ **trampolim**

sprung|haft ⟨Adj.⟩ **1** *in Sprüngen, ruckweise; sich ~ steigern;* die Preise sind ~ in die Höhe geschnellt □ **de modo intermitente/descontínuo 1.1** *rasch u. plötzlich;* der Fremdenverkehr ist ~ angestiegen □ **subitamente;** der ~e Wechsel, Umsatz □ **súbito 2** ⟨fig.⟩ *unfähig, bei der Sache zu bleiben, einen Gedanken zu verfolgen;* er ist sehr ~ in seinen Gedanken, Stimmungen; einer ~en Unterhaltung nicht folgen können □ **inconstante**

spuch|tig ⟨Adj.; regional⟩ *zu eng, zu klein (bei Kleidung);* Petra trug als Kind gern ~e T-Shirts □ **pequeno; apertado**

Spu|cke ⟨f.; -; unz.⟩ **1** *Speichel* □ **saliva 1.1** da bleibt einem die ~ weg! ⟨fig.⟩ *da ist man sprachlos, da fehlen einem die Worte* □ ***é de perder a fala!; não há o que dizer!;* → a. *Geduld*(1.3)

spu|cken ⟨V.⟩ **1** ⟨400⟩ *Speichel, Auswurf von sich geben, speien;* jmdm. ins Gesicht ~; in die Hände ~ (um dann kräftig zupacken zu können); jmdm. vor die Füße ~ □ **cuspir 1.1** ich spucke darauf! ⟨fig.; umg.⟩ *es ist mir gleichgültig, ich verzichte darauf* □ ***não estou nem aí!* 1.2** jmdm. in die Suppe ~ ⟨fig.; umg.⟩ *jmdm. ein Vorhaben, einen Plan verderben* □ ***atrapalhar os planos de alguém 1.3** jmdm. auf den Kopf ~ können* ⟨fig.; umg.; scherzh.⟩ *größer sein als jmd.* □ ***ser mais alto do que alguém 1.4** dem kannst du doch auf den Kopf ~* ⟨fig.; umg.; scherzh.⟩ *dem bist du doch weit überlegen* □ ***você está muito acima dele 1.5** ⟨400; umg.⟩ *sich übergeben, erbrechen* □ **vomitar 1.6** ⟨500⟩ *etwas ~ aus dem Mund von sich geben;* Blut ~ □ **cuspir 1.7** ⟨500⟩ *große Töne ~* ⟨fig.; umg.⟩ *angeben, prahlen* □ ***gabar-se; dar-se ares de importante***

Spuk ⟨m.; -(e)s, -e; Pl. selten⟩ *Gespenstererscheinung, gespenstische Erscheinung, gespenstisches Treiben* □ **aparição de fantasma; assombração**

spu|ken ⟨V. 400⟩ **1** *als Geist umgehen;* der alte Graf spukt noch immer des Nachts im Schloss □ **assombrar 1.1** ⟨411; unpersönl.⟩ hier spukt es *hier gehen Geister um* □ ***aqui tem assombração;* in diesem Haus soll es ~ □ ***esta casa deve ser (mal-) assombrada 2*** ⟨fig.⟩ *leben, sich halten;* dieser Aberglaube spukt noch immer unter den Leuten □ **manter-se; subsistir**

Spu|le ⟨f.; -, -n⟩ **1** *(zylinderförmige) Rolle zum Aufwickeln;* Film~; die ~ der Nähmaschine ist schon wieder leer **1.1** *zum Aufwickeln von Garn bestimmter Gegenstand;* Garn~ □ **bobina; carretel 2** ⟨El.⟩ *in mehreren Windungen um einen Zylinder gewickelter Draht* □ **bobina**

spü|len ⟨V.⟩ **1** ⟨500⟩ *etwas ~ mit Wasser reinigen;* den Mund, Gläser, Geschirr ~ □ **lavar 1.1** *im Wasser schwenken, um Seife zu entfernen;* Haar, Wäsche ~ □ **enxaguar 1.2** *mit Flüssigkeit benetzen, auswaschen (bes. zu Heilzwecken);* eine Verletzung, einen Zahn mit Kamillentee ~ □ **lavar; limpar 2** ⟨511⟩ *etwas spült jmdn. od. etwas auf, an, von, über etwas etwas treibt jmdn. od. etwas irgendwohin;* die Wellen ~ Muscheln ans Ufer; der Matrose wurde von Deck gespült; der Fluss spülte eine Leiche an Land □ **lançar; arrojar 3** ⟨411⟩ *etwas spült an etwas ergießt sich, treibt an etwas;* Wellen ~ ans Ufer □ ***ir parar em; lançar-se em***

Spül|ma|schi|ne ⟨f.; -, -n⟩ *Maschine zum Geschirrspülen, Geschirrspülmaschine* □ **máquina de lavar louça**

Spü|lung ⟨f.; -, -en⟩ **1** *das Spülen*(1.2) *(bes. zu Heilzwecken)* □ **lavagem; limpeza; enxágue 2** ⟨Tech.⟩ *(Vorrichtung zur) Zufuhr von Wasser, das nicht erwünschtes Material wegschwemmen soll* **2.1** *Vorrichtung zum Spülen*(1) *(am Wasserklosett)* □ **(caixa de) descarga**

Spund ⟨m.; -(e)s, -e od. Spün|de⟩ **1** *Holzpflock, Zapfen, Pfropfen zum Verschließen von Fässern und anderen Behältern;* oV ⟨schweiz.⟩ *Spunten* □ **botoque 2** *in die Nut eingreifender Zapfen* □ **bujão 3** ⟨Pl. nur: -e; fig.; umg.; abwertend⟩ *junger, unreifer Mann, Rekrut* □ **novato; fedelho**

Spun|ten ⟨m.; -s, -; schweiz.⟩ **1** = *Spund*(1) **2** ⟨umg.⟩ *einfaches Gasthaus, Wirtschaft* □ **pensão; hospedaria**

Spur ⟨f.; -, -en⟩ **1** *Abdruck von Füßen, Rädern, Skiern usw. im Boden od. Schnee;* Fuß~ □ ***pegada;* Rad~; Schlitten~; Wagen~ □ ***carril; rastro;* (keine) ~en hinterlassen; seine ~en verwischen ☐ **rastro; vestígio** 1.1 *Fährte, Tritt;* eine ~ verfolgen; die ~ verlieren; die ~ führt in den Wald, ins Ausland ⟨a. fig.⟩; jmdn. von der ~ abbringen, ablenken ⟨a. fig.⟩ ☐ **rastro; pista** 1.1.1 einem Dieb auf der ~ sein *einen D. verfolgen* ☐ **encalço** 1.1.2 jmdm. auf die (richtige) ~ bringen ⟨fig.⟩, *jmdm. einen Hinweis geben* ☐ ***colocar alguém na pista/no caminho certo** 1.1.3 (jmdm.) auf die ~ kommen ⟨fig.⟩, *jmds. (heiml.) Handlungen entdecken* ☐ ***descobrir as artimanhas de alguém** 1.2 ~ halten *mit einem Fahrzeug innerhalb einer auf die Straße gezeichneten od. gedachten Fahrbahn fahren* ☐ ***manter a trajetória** 1.3 ⟨Jägerspr.⟩ *Fußabdrücke (des Niederwildes);* eine alte, frische, neue ~ ☐ **pegada; rastro** 1.4 *Furche, Kielwasser* ☐ **esteira; sulco** 2 ⟨fig.⟩ *Anzeichen,* in ihrem Gesicht waren noch ~en der überstandenen Krankheit zu erkennen ☐ **sinal; marca** 2.1 wir haben keine ~ von ihm gefunden *kein Zeichen, dass er hier gewesen ist* ☐ **sinal** 2.2 *Überrest;* die ~en einer versunkenen Kultur 2.3 *etwas, das mit einem (kriminellen) Geschehen in Verbindung steht u. zu dessen Aufklärung beitragen kann;* der Mörder hinterließ keine ~ en ☐ **vestígio** 3 ⟨fig.⟩ *Kleinigkeit, winzige Menge;* es fehlt noch eine ~ Salz ☐ **pitada** 3.1 keine ~, nicht die, nicht eine ~ **von** etwas ⟨umg.⟩ *gar nichts (von), keinerlei;* keine ~ davon ist wahr ☐ ***nada disso é verdade;** keine ~ von Geist, von Talent besitzen ☐ ***não ter um pingo de engenho/talento** 3.1.1 keine ~!; *ganz und gar nicht!* 3.1.2 nicht die ~! ⟨fig.; umg.⟩ *ganz und gar nicht, nicht das Geringste!* ☐ ***nem pensar!; nem em sonho!** 4 *Eisenbahngleis hinsichtlich seines Schienenabstandes* ☐ **bitola;** *Schmal~* ☐ ***bitola reduzida** 5 *markierte Fahrbahn auf der Straße* ☐ **carril** 6 ⟨Techn.⟩ *Geradeauslauf (eines Wagens);* die ~ dieses Wagens ist nicht in Ordnung ☐ **alinhamento** 7 *Streifen auf dem Tonband, der jeweils für eine Aufnahme genutzt wird;* ein Aufnahmegerät mit vier ~en 7.1 der digitale Rekorder hat 64 Spuren ⟨fig.⟩ *Raum für 64 digitale Sequenzen in der Art einer Spur (7)* ☐ **faixa; trilha**

spu|ren ⟨V. 400⟩ 1 ⟨Skisport⟩ *die erste Spur hinterlassen (im Neuschnee)* ☐ **abrir pista** 2 *genau in einer Spur fahren;* dieses Auto spurt einwandfrei ☐ **manter a trajetória** 3 ⟨fig.; umg.⟩ *gehorchen, sich einfügen, einordnen;* er wird schon ~ ☐ **obedecer; baixar a cabeça**

spü|ren ⟨V. 500⟩ 1 ⟨Vr 8⟩ *etwas od. jmdn. ~ mit dem Tastsinn wahrnehmen, merken, empfinden, fühlen;* das Pferd bekam die Peitsche zu ~; er spürt jetzt sein Alter; bei ihm war nichts von Anstrengung zu ~; Schmerz, Wirkung ~; den Wind, die Kälte ~; du wirst die Folgen deines Leichtsinns noch zu ~ bekommen ☐ **sentir, perceber** 1.1 etwas am eigenen Leibe ~ *selbst erleben, erfahren* ☐ ***sentir alguma coisa na própria pele** 2 *der* Hund spürt *das* Wild *folgt einer Spur des Wildes, nimmt eine Spur auf* ☐ **seguir o rastro de**

Spurt ⟨m.; -(e)s, -s od. (selten) -e; Sp.⟩ *plötzliche, kurzfristige Beschleunigung des Tempos während od. gegen Ende eines Rennens;* Zwischen~, End~ ☐ **arrancada;** *sprint*

spur|ten ⟨V. 400⟩ *das Tempo kurzfristig steigern, so schnell wie möglich laufen* ☐ **arrancar; dar um** *sprint*

spul|ten ⟨V. 500/Vr 3⟩ sich ~ *sich eilen, beeilen;* spute dich!; wir müssen uns ~ ☐ ***apressar-se; aviar-se**

Square|dance ⟨[skwɛːrdæːns] m.; -, -s [-sɪz]⟩ *in Formationen getanzter amerikanischer Volkstanz* ☐ **quadrilha**

Squash ⟨[skwɔʃ] n.; - od. -s; unz.; Sp.⟩ *Ballspiel, bei dem die nebeneinanderstehenden Spieler einen Gummiball mit einer Art Tennisschläger gegen eine Wand schlagen* ☐ *squash*

Staat ⟨m.; -(e)s, -en⟩ 1 *größere Gemeinschaft von Menschen innerhalb festgelegter Grenzen unter einer hoheitlichen Gewalt;* im Interesse des ~es; der französische, englische ~; unabhängiger, souveräner ~; → a. *Vater(6.2)* 2 ⟨fig.⟩ *die Regierung eines Staates;* beim ~ angestellt sein ☐ **Estado** 3 ⟨umg.⟩ *Land;* er hatte schon viele ~en bereist 4 *zweckvoll organisierte größere Gemeinschaft mancher Tiere;* Bienen~, Ameisen~ ☐ **sociedade** 5 ⟨unz.; veraltet⟩ *schöne Kleidung;* Sonntags~; in ihrem besten ~ ☐ **traje** 5.1 ⟨fig.⟩ *Aufwand, Pracht, Prunk* 5.1.1 in vollem ~ erscheinen *prächtig angezogen u. geschmückt* ☐ **aparato; pompa** 5.1.2 der Festzug war wirklich ein ~ *war prächtig* ☐ **luxo** 5.2 ~ machen *Aufwand treiben* ☐ ***ostentar** 5.2.1 mit diesem Kleid kannst du keinen ~ mehr machen *dich nicht mehr recht sehenlassen* ☐ ***não dá mais para você usar esta roupa** 6 ⟨Getrennt- u. Zusammenschreibung⟩ 6.1 ~en bildend = *staatenbildend*

staa|ten|bil|dend *auch:* **Staa|ten bil|dend** ⟨Adj. 24/70; Zool.⟩ *größere organisierte Tiergemeinschaft bildend;* ~e Ameisen ☐ **social**

staat|lich ⟨Adj. 24⟩ 1 *den Staat(1) betreffend, zu ihm gehörig, von ihm ausgehend;* ~e Souveränität; ~e Interessen ☐ **do Estado; estatal** 2 *die Staatsregierung betreffend, zu ihr gehörig, in ihrem Dienste stehend, sie vertretend, von ihr ernannt;* ~e Kontrolle, Planung; einen ~en Zuschuss gewähren; ~e Behörde, Institution ☐ **do Estado; público** 2.1 ~ geprüft *im Beisein einer von Organen der Staatsregierung bestellten Prüfungskommission geprüft* ☐ ***diplomado; juramentado**

Staats|an|ge|hö|rig|keit ⟨f.; -, -en⟩ *(mit politischen Rechten u. Pflichten verbundene) Zugehörigkeit zu einem Staat;* doppelte ~ ☐ **nacionalidade; cidadania**

Staats|an|walt ⟨m.; -(e)s, -wäl|te⟩ *juristisch ausgebildeter Untersuchungsbeamter u. Ankläger im Strafverfahren; Sy öffentlicher Ankläger,* → *öffentlich(3.4)* ☐ **promotor público**

Staats|an|wäl|tin ⟨f.; -, -tin|nen⟩ *weibl. Staatsanwalt* ☐ **promotora pública**

Staats|bür|ger ⟨m.; -s, -⟩ 1 *Staatsangehöriger;* deutsche, amerikanische ~ 2 *Bürger eines Staates mit allen politischen Rechten u. Pflichten* 2.1 ~ in Uniform ⟨Dtschld.⟩ *Soldat der Bundeswehr, der grundsätzlich alle Rechte und Pflichten des Staatsbürgers haben soll, soweit sie irgend mit den Besonderheiten des militärischen Auftrages vereinbar sind* ☐ **cidadão**

Staats|bür|ge|rin ⟨f.; -, -rin|nen⟩ *weibl. Staatsbürger* ☐ **cidadã**

Staatsdienst

Staats|dienst ⟨m.; -(e)s, -e⟩ *der beruflich od. pflichtgemäß dem Staat geleistete Dienst, Dienst als Staatsbeamter;* in den ~ eintreten; im ~ stehen; in den ~ gehen (umg.) □ **serviço público**

Staats|mann ⟨m.; -(e)s, -män|ner; Pl. selten: -leu|te⟩ *(bedeutender) Politiker eines Staates* □ **estadista; político**

Staats|streich ⟨m.; -(e)s, -e⟩ *Regierungsumsturz durch die Regierung selbst od. hohe Militärpersonen* □ **golpe de Estado**

Stab ⟨m.; -(e)s, Stä|be⟩ **1** *(runder, glatter) Stock, dünne Stange, als Turngerät für Stabhochsprung, oft als Zeichen einer bes. Würde;* Wander~ □ *****cajado; bordão,** Holz~ □ *****bastão/haste de madeira,** Gitter~ □ *****barra da grade,** Bischofs~ □ *****báculo,** Marschall~ □ *****bastão de marechal** 1.1 *den ~ führen die musikalische Leitung haben, dirigieren* □ *****reger (uma orquestra)** 1.2 *den ~ über jmdn. brechen* ⟨fig.⟩ *jmdn. verurteilen* □ *****meter o pau em alguém* **2** *Gesamtheit der leitenden Angestellten eines Unternehmens;* Unternehmens~ □ **diretoria** 2.1 *Gruppe von Mitarbeitern um eine leitende Persönlichkeit;* Mitarbeiter~ □ **equipe** 2.2 ⟨Mil.⟩ *das Hilfspersonal von Truppenführern (vom Bataillon an aufwärts);* General~, Regiments~ □ **estado-maior**

Stab|füh|rung ⟨f.; -; unz.⟩ *musikalische Leitung;* das Orchester spielte unter der ~ von... □ **regência**

sta|bil ⟨Adj.⟩ **1** ~e *Lage nicht zur Veränderung neigende, dauerhafte L.;* Ggs labil(1-1.1); eine ~e Wirtschaft, Währung; ~e Preise 1.1 ⟨24⟩ ~es **Gleichgewicht** ⟨Phys.⟩ *G., bei dem ein Körper bei einer kleinen Verschiebung seiner Lage von außen in seine alte Lage zurückstrebt* □ **estável 2** *jmd. ist ~ widerstandsfähig, kräftig;* ~e Gesundheit, Nerven haben **3** *ein ~er Gegenstand fester, haltbarer G.;* das Haus ist sehr ~ gebaut □ **resistente; sólido**

Stabs|of|fi|zier ⟨m.; -s, -e⟩ *Offizier im Rang eines Obersten, Oberstleutnants od. Majors* □ **oficial superior 2** *Offizier als Mitarbeiter eines militär. Stabes* □ **oficial do Estado-Maior**

Sta|chel ⟨m.; -s, -n⟩ **1** *stechend spitzer Gegenstand* □ **ponta; pua** 1.1 *Stock mit eiserner Spitze (zum Antreiben von Rindern, Stoßen des Schlittens)* □ **aguilhada** 1.2 *metallene Spitze, schmaler, spitzer, metallener Gegenstand, Dorn (an Schnallen)* □ **aguilhão; ponta de metal** 1.3 *spitzes Anhangsgebilde der Pflanzen, an dessen Bildung außer der Oberhaut auch tieferliegende Gewebsschichten beteiligt sind* 1.4 ⟨Pl.⟩ *kräftige, spitze, stark entwickelte Haare, Schuppen od. Anhänge des Hautskeletts* □ **acúleo; espinho** 1.5 *mit Giftdrüsen verbundener umgewandelter Teil des Legeapparates von Hautflüglern, Wehrstachel* □ **ferrão** 1.6 einer Sache den ~ nehmen ⟨fig.⟩ *einer S. das Verletzende nehmen* □ **espinho** 1.7 ⟨fig.⟩ *stechender seelischer Schmerz, leiser Groll;* der Vorwurf ließ einen ~ in ihr zurück □ **ressentimento; aguilhoada** 1.8 ⟨fig.⟩ *heftiger Antrieb;* der ~ des Ehrgeizes □ **aguilhão**

Sta|chel|bee|re ⟨f.; -, -n; Bot.⟩ **1** *zu den Steinbrechgewächsen gehöriger, stacheliger Strauch mit derbschaligen ovalen Beeren: Ribes uva-crispa* □ **groselheira-espinhosa 2** *Frucht der Stachelbeere(1)* □ **groselha-espinhosa**

sta|che|lig ⟨Adj.⟩ *voller Stacheln, kratzend, stechend;* oV stachlig; ein ~er Zweig; sein Bart ist ~ □ **espinhoso; pontiagudo**

sta|cheln ⟨V.⟩ **1** ⟨400⟩ etwas stachelt *sticht mit Stacheln;* der Kaktus stachelt □ **picar; espetar 2** ⟨500/Vr 7 od. Vr 8⟩ jmdn. od. etwas ~ ⟨fig.⟩ *(an)reizen, anstacheln;* etwas stachelt jmds. Argwohn, Hass; jmdn. zu neuen Taten ~ □ **aguilhoar**

stach|lig ⟨Adj.⟩ = stachelig

Sta|del ⟨m.; -s, -; oberdt.; schweiz.⟩ *Scheune;* Heu~ □ **palheiro**

Sta|di|on ⟨n.; -s, -di|en⟩ **1** *die gesamte Anlage eines Wettkampfplatzes;* Sport~, Schwimm~ **2** *Zuschauer in einem Stadion(1);* das ~ tobte vor Begeisterung □ **estádio**

Sta|di|um ⟨n.; -s, -di|en⟩ **1** *Stand, Zustand;* Ruhe~, Verfalls~; die Krankheit ist im entscheidenden ~ **2** *Entwicklungsstufe, Abschnitt;* Anfangs~, End~; der Mensch bildet das letzte ~ in der Entwicklung des Lebens □ **estágio; fase**

Stadt ⟨f.; -, Städ|te⟩ **1** *größere, geschlossene, vom Dorf durch bestimmte Rechte unterschiedene Wohnsiedlung;* Ggs *Land(3);* die ~ Berlin; der Rat der ~; in ~ und Land; große, kleine ~; außerhalb der ~ wohnen; am Rand der ~ wohnen □ **cidade** 1.1 bei der ~ angestellt sein ⟨fig.; umg.⟩ *bei einer städtischen Behörde angestellt sein* □ *****ser funcionário municipal** 1.2 ⟨fig.; umg.⟩ *die Bewohner einer Stadt;* die ganze ~ spricht schon davon; → a. *ewig(1.2)* **2** *Innenstadt, Geschäftszentrum;* zum Einkaufen in die ~ gehen □ **cidade**

städ|tisch ⟨Adj.⟩ **1** *die Stadt betreffend, zu ihr gehörend;* Ggs *ländlich(1);* der ~e Nahverkehr **2** *in der Stadt wohnend, aus ihr stammend;* Ggs *ländlich(2);* die ~e Bevölkerung □ **urbano; da cidade 3** *die Stadtverwaltung betreffend, zu ihr gehörend, ihr unterstellt, von ihr ausgehend;* ~er Angestellter; die ~en Behörden □ **municipal 4** *wie in der Stadt üblich, ihr gemäß;* Ggs *ländlich(3);* ~ gekleidet □ **urbano; da cidade**

Stadt|plan ⟨m.; -(e)s, -plä|ne⟩ *Straßenkarte einer Stadt;* ~ von Hamburg □ **mapa da cidade**

Staf|fel ⟨f.; -, -n⟩ **1** *aus mehreren Personen bestehende Gruppe* □ **grupo; equipe;** Polizei~ □ *****polícia 2** *Aufeinanderfolge* □ **sequência; sucessão 3** ⟨Mil.⟩ *Verband von Flugzeugen od. Schiffen* □ **esquadrilha 4** ⟨Sp.⟩ *Mannschaft (bes. beim Staffellauf)* □ **equipe; time 5** ⟨süddt.⟩ = *Treppe(1)*

Staf|fe|lei ⟨f.; -, -en⟩ **1** *Gerüst, auf dem das Bild beim Malen steht* □ **cavalete 2** ⟨süddt., österr.⟩ = *Leiter²*

Staf|fel|lauf ⟨m.; -(e)s, -läu|fe⟩ *Wettlauf, bei dem die Mitglieder einer Mannschaft einander ablösen u. dabei jeweils einen Stab (der zu Boden fallen darf) übergeben* □ **corrida de revezamento**

staf|feln ⟨V. 500⟩ **1** *etwas ~ abstufen;* Löhne, Tarife ~ 1.1 ⟨Vr 3⟩ *etwas staffelt sich ist stufenweise geordnet;* die Gewinne ~ sich nach den Einsätzen **2** *etwas ~ staffelweise aufstellen, stufenweise anordnen;* die Infanterie war in mehreren Reihen gestaffelt □ **escalonar; graduar**

Sta|gna|ti|on *auch:* **Stag|na|ti|on** ⟨f.; -; unz.⟩ *das Stagnieren, Stocken, Stillstand;* die ~ der Konjunktur hält an □ **estagnação**

sta|gnie|ren *auch:* **stag|nie|ren** ⟨V. 400⟩ etwas stagniert *stockt, steht still, beharrt;* eine Entwicklung, die Wirtschaft stagniert; die Reallöhne der Arbeiter stagnierten □ **estagnar**

Stahl ⟨m.; -(e)s, Stäh|le od. (selten) -e⟩ **1** *schmiedbares Eisen mit einem Kohlenstoffgehalt unter 1,7 %;* hart wie ~; Muskeln wie ~ 1.1 *aus* ~ ⟨a. fig.⟩ *bes. kräftig, widerstandsfähig;* anscheinend hatte er Nerven aus ~ **2** ⟨poet.⟩ *blanke Waffe, Schwert, Säbel, Messer;* jmdm. den (blanken) ~ in den Leib stoßen □ **aço**

stäh|len ⟨V. 500⟩ **1** Eisen ~ *in Stahl verwandeln* **2** jmdn. od. jmds. **Körper** ~ ⟨fig.⟩ *härten, kräftigen, abhärten;* seinen Körper ~ □ **aceirar**

Stahl|stich ⟨m.; -(e)s, -e⟩ *dem Kupferstich entsprechende grafische Technik, bei der statt der Kupfer- eine Stahlplatte verwendet wird, was höhere Auflagen zulässt* □ **gravura em aço**

stak|sen ⟨V. 400(s.); umg.⟩ *steif, unbeholfen gehen;* durch das Gebüsch ~ □ **andar com passos rígidos/ desajeitados**

Sta|lag|mit ⟨m.; -s od. -en, -e od. -en⟩ *von unten nach oben sich aufbauendes, stehendes Tropfsteingebilde;* Ggs *Stalaktit* □ **estalagmite**

Sta|lak|tit ⟨m.; -s od. -en, -e od. -en⟩ *von der Decke (einer Höhle) nach unten wachsendes, hängendes Tropfsteingebilde;* Ggs *Stalagmit* □ **estalactite**

Stall¹ ⟨m.; -(e)s, Stäl|le⟩ **1** *Raum für Tiere;* den ~ ausmisten □ **estábulo; curral;** Hühner~ □ **galinheiro;* Kuh~ □ **curral;* Pferde~ □ **estrebaria;* Schaf~ □ **redil; aprisco;* Schweine~ □ **chiqueiro;* → a. *Pferd(2.4)* **2** ⟨fig.; umg.; abwertend⟩ *schmutziges, unordentliches Zimmer;* räum diesen Sau~ auf! □ **pocilga**

Stall² ⟨m.; -s; unz.; regional⟩ *Einzelsitz des Chorgestühls* □ **assento no coro**

Stall³ ⟨m.; -es; unz.; mundartl.⟩ *Harn (des Pferdes)* □ **urina**

Stamm ⟨m.; -(e)s, Stäm|me⟩ **1** *der das Astwerk tragende Holzkörper des Baumes, Baumstamm;* der ~ des alten Baumes war völlig morsch □ **tronco;** → a. *Apfel(1.2)* **2** *durch verwandtschaftliche Beziehungen organisierte Gruppe* **2.1** *Geschlecht, Familie;* aus dem ~e Davids; aus königlichem ~; der Letzte seines ~es □ **tronco; estirpe 2.2** *größere Gruppe von Familien, Sippen od. Clans, die sich durch sprachliche u. kulturelle Gemeinsamkeiten von anderen unterscheiden;* Volks~; Indianer~ □ **tribo 2.2.1** er ist vom ~e Nimm ⟨umg.; scherzh.⟩ *er ist besitzgierig* □ **ele é daqueles que sempre tomam mas nunca dão* **2.3** ⟨Biol.⟩ *höchste der obligator. Kategorien oberhalb der Klasse* □ **filo 2.4** ⟨Tierzucht⟩ *kleinste züchterisch bearbeitete Gruppe gleicher Rasse;* Bakterien~ □ **cepa 3** *fester, unveränderter bleibender Bestandteil* □ **tronco 3.1** *fester Bestand von Personen (im Unterschied zu neu hinzugetretenen u. wieder weggegangenen);* er gehört noch zum alten

~; einen festen ~ von Kunden, Gästen, Arbeitern haben □ **clientela; habitués** 3.2 ⟨Mil.⟩ *altgediente Mannschaft (im Unterschied zu den neu eingezogenen Rekruten)* □ **veteranos** 3.3 *Grundstock;* ein Kapital als ~ eines Unternehmens □ **base** 3.4 ⟨Gramm.⟩ *der sinntragende Teil eines Wortes ohne Vor- u. Nachsilben u. Flexionsendungen* □ **raiz; radical**

Stamm|baum ⟨m.; -(e)s, -bäu|me⟩ **1** *die Aufzeichnung aller Nachkommen eines Elternpaares, häufig in Baumform, Ahnentafel* □ **árvore genealógica 2** ⟨Biol.⟩ *Darstellung der Abstammung eines Lebewesens od. einer Gruppe verwandter Arten, Klassen usw.;* Hund mit erstklassigem ~ □ *pedigree*

stam|meln ⟨V. 402⟩ **1** (etwas) ~ *gehemmt, abgerissen sprechen, stottern;* eine Entschuldigung ~ **2** *bestimmte Laute u. Lautverbindungen unzureichend artikulieren;* vor Schreck konnte er nur noch ~ □ **gaguejar; tartamudear**

stam|men ⟨V. 411⟩ aus etwas od. von jmdm. ~ **1** *seinen Ursprung haben (in), herkommen von;* die Äpfel ~ aus Italien; der Ausspruch stammt von Schopenhauer □ **provir; vir 2** *Nachkomme sein (von);* er stammt aus einer Arztfamilie □ **descender 3** *zur Heimat haben, geboren sein (in);* er stammt aus München □ **ser natural de 4** *herrühren (von), sich ableiten (von);* das Wort stammt aus dem Griechischen □ **derivar;** die Kette stammt von meiner Großmutter □ **ser de**

Stamm|hal|ter ⟨m.; -s, -⟩ *männl. Nachkomme, der den Stamm, d. h. Familiennamen, erhält* □ **descendente; herdeiro**

stäm|mig ⟨Adj. 70⟩ *nicht groß, aber kräftig, untersetzt, gedrungen;* eine kleine ~e Fichte; ein kleiner, ~er Kerl □ **parrudo; atarracado**

Stamm|platz ⟨m.; -es, -plät|ze⟩ = *Stammsitz(3)*

Stamm|sitz ⟨m.; -es, -e⟩ **1** *ursprünglicher Wohnsitz eines Geschlechtes* □ **residência ancestral 2** *Ort od. Gebäude, in dem eine Firma gegründet wurde* □ **sede 3** *fester Platz im Lokal, ständig gemieteter Platz im Theater;* Sy *Stammplatz* □ **cadeira cativa**

stamm|ver|wandt ⟨Adj. 24/70⟩ *vom gleichen Stamm (2, 3.4) herrührend, abstammend;* ~e Wörter □ **de mesma origem; de mesmo radical**

Stam|perl ⟨n.; -s, -n; bair.; österr.⟩ *Schnapsglas ohne Stiel* □ **copo de aguardente**

stamp|fen ⟨V.⟩ **1** ⟨400⟩ (mit dem Fuß, den Hufen) ~ *kräftig auftreten;* er stampfte zornig mit dem Fuß auf den Boden; das Pferd stampft mit den Hufen □ **patear; calcar** 1.1 ⟨511⟩ ich kann es doch nicht aus dem Boden, aus der Erde ~ ⟨fig.⟩ *nicht hervorzaubern* □ **não dá para tirar isso da cartola* **2** ⟨411(s.)⟩ *irgendwo od. irgendwohin* ~ *schwer, wuchtig gehen;* durchs Zimmer ~; übers Feld ~ □ **caminhar com passos pesados 3** ⟨500⟩ etwas ~ *mit der Stampfe od. dem Stampfer zerkleinern;* Kartoffeln, Zucker ~; Gewürze im Mörser ~ □ **amassar; moer 4** ⟨500⟩ etwas ~ *festtreten, -rammen, zusammenpressen;* Sand, Erde, Schnee ~; Pflastersteine ~; gemähtes Gras im Silo ~

Stand

☐ calcar; socar 5 ⟨400⟩ etwas stampft *bewegt sich wuchtig u. regelmäßig* ☐ mover-se; sacudir-se 5.1 die **Maschine** stampft *arbeitet mit regelmäßigen Stößen* ☐ trabalhar; funcionar; *das Stampfen der Maschinen war weithin zu hören* ☐ arfagem 5.2 das **Schiff** stampft *bewegt sich (bei hohem Seegang) in der Längsrichtung auf u. nieder* ☐ arfar

Stand ⟨m.; -(e)s, Stän|de⟩ **1** *stehende Stellung, Stillstehen, festes Stehen, Halt in sich; keinen (festen) ~ haben; der Gartentisch hat hier keinen festen ~* ☐ posição 1.1 *aus dem ~ springen ohne Anlauf* ☐ *saltar/pular sem tomar impulso 1.2 ⟨fig.⟩ 1.2.1 *einen schweren ~ haben sich schwer durchsetzen können* ☐ *estar numa situação difícil 1.2.2 *er hat bei seinem Vorgesetzten keinen guten ~ er ist nicht gut angeschrieben, nicht angesehen* ☐ *ele não tem uma vida fácil com seu chefe **2** *Stellung, Standort; an einem bestimmten Ort seinen ~ haben* 2.1 *seinen ~ verändern den Standort wechseln* ☐ posição; posto 2.2 ⟨Jägerspr.⟩ *Lieblingsaufenthalt (des Wildes)* ☐ morada **3** *zu einem besonderen Zweck vorgesehener (u. eingerichteter) Ort* ☐ compartimento 3.1 *kleiner abgeteilter Raum (für Pferd, Auto) innerhalb eines größeren* ☐ boxe 3.2 *kleiner, offener Ausstellungsraum; Messe~; einen ~ einrichten; wo haben Sie auf der Messe Ihren ~?* ☐ estande 3.3 *offene Verkaufsbude (auf Straßen, Jahrmärkten)* ☐ barraca; banca 3.4 *Aufenthaltsort, Wartepllatz;* Taxi~ ☐ ponto **4** *Stufe, Stellung, Lage, Punkt (in einer Entwicklung, in einem Geschehen)* ☐ posição; ponto 4.1 *Höhe (von Wasser, Sonne, Wechselkurs); seinen höchsten, niedrigsten ~ erreichen* ☐ nível 4.2 *zahlenmäßiges Ergebnis (bis zu einem bestimmten Zeitpunkt);* Spiel~; ~ *vom 20.3.: € 130,--* ☐ posição **5** *Beschaffenheit, Verfassung, Zustand* 5.1 *ein Buch, Werk auf den neuesten ~ bringen die neuesten Ergebnisse in einem B., W. berücksichtigen* ☐ estado 5.2 *wie war der ~ der Dinge, als du ankamst? wie war die Lage, die Situation bei deiner Ankunft?* ☐ situação 5.3 *gut im ~ e sein in gutem Zustand* ☐ *em bom estado; em boas condições; ⟨aber Getrennt- u. Zusammenschreibung⟩ im Stande = imstande 5.4 *jmdn.* in den ~ setzen, *etwas zu tun jmdm. ermöglichen, etwas zu tun* ☐ *dar condições para alguém fazer alguma coisa; ⟨aber⟩ → a. instand 5.5 *Lage, Status; in den heiligen ~ der Ehe treten* ☐ *unir-se pelos laços sagrados do matrimônio 5.5.1 *seinen ~ verändern sich verheiraten* ☐ *casar-se **6** *gesellschaftliche Gruppe, Klasse; die höheren, niederen Stände; der bürgerliche, der geistliche ~* ☐ classe; camada 6.1 *die drei (Reichs-)Stände* ⟨MA⟩ *Adel, Geistlichkeit, Bürgertum* ☐ estado; → a. vierte(r,-s)(1.1) 6.2 *Beruf, Berufsgruppe;* Kaufmanns~ ☐ classe 6.3 *soziale, gesellschaftliche, berufliche Stellung, Rang, Würde; Name und ~; ein Mann von hohem ~; über, unter seinem ~(e) heiraten* ☐ posição **7** ⟨schweiz.⟩ *Kanton; der ~ Aargau* ☐ cantão **8** ⟨Getrennt- u. Zusammenschreibung⟩ 8.1 außer Stande = außerstande 8.2 zu Stande = zustande

Stan|dard ⟨m.; -s, -s⟩ **1** *Richt-, Eichmaß* **2** *Norm, allgemeines Niveau;* Lebens~ **3** *Feingehalt (der Münzen)* ☐ padrão **4** = Norm(1.1)

Stan|dard|werk ⟨n.; -(e)s, -e⟩ *mustergültiges, grundlegendes Werk; ein ~ der Literatur* ☐ clássico

Stan|dar|te ⟨f.; -, -n⟩ **1** *eine kleine viereckige Fahne* 1.1 ⟨früher⟩ *Reiterfahne* 1.2 *Flagge, die von Fürsten od. Staatsoberhäuptern geführt wird* ☐ estandarte **2** ⟨Jägerspr.⟩ *Schwanz (des Fuchses)* ☐ cauda (da raposa)

Stand|bild ⟨n.; -(e)s, -er⟩ **1** *plastische Nachbildung eines (meist stehenden) Menschen oder Tieres aus Stein, Bronze o. Ä.;* Sy Statue ☐ estátua **2** *(bei der Wiedergabe von Aufzeichnungen) nicht bewegtes einzelnes Bild; das ~ erbrachte den Beweis* ☐ still; imagem fixa/congelada

Stän|del|wurz ⟨f.; -, -en⟩ = Stendelwurz

Stän|der ⟨m.; -s, -⟩ **1** *Gestell;* Blumen~; Bücher~; Fahrrad~; Noten~ ☐ suporte; Kleider~ ☐ *cabideiro; arara; Schirm~ ☐ *porta-guarda-chuva **2** *vertikaler Balken im Fachwerk* ☐ montante vertical **3** *fest stehender Teil einer elektrischen Maschine;* Ggs Läufer(11) ☐ estator **4** ⟨Jägerspr.⟩ *Fuß (des Federwildes außer dem Wasserwild)* ☐ pata

Stan|des|amt ⟨n.; -(e)s, -äm|ter⟩ *Behörde zur Beurkundung von Geburten, Eheschließungen u. Todesfällen* ☐ cartório de registro civil

stand|fest ⟨Adj. 24⟩ **1** *fest stehend; der Schrank, Tisch ist jetzt ~* 1.1 ⟨40⟩ *nicht mehr ganz ~ sein betrunken sein, infolge Trunkenheit leicht schwanken* ☐ firme

stand|haft ⟨Adj.⟩ *fest, unerschütterlich, nicht nachgebend, beharrlich; ~ bleiben; sich ~ wehren, weigern* ☐ firme; inabalável

stand|hal|ten ⟨V. 160⟩ **1** ⟨400⟩ *sich behaupten, fest, unerschütterlich bleiben; die Verteidiger konnten ~* ☐ manter-se firme 1.1 ⟨600⟩ *jmdm. od. einer Sache ~ vor jmdm. od. einer S. nicht zurückweichen; einem Angriff ~; jmds. forschendem Blick ~* ☐ resistir 1.1.1 *der Kritik ~ der K. nicht ausweichen, sich ihr stellen* ☐ fazer frente a; encarar 1.1.2 *einer Prüfung ~ eine P. aushalten, eine P. bestehen* ☐ *passar nova prova **2** ⟨403⟩ *etwas hält* (jmdm. od. einer Sache) stand *zerbricht nicht, geht (durch die Einwirkung von jmdm. od. einer S.) nicht entzwei; das Fenster hat dem Schlag standgehalten* ☐ suportar; aguentar

stän|dig ⟨Adj. 24/90⟩ **1** *dauernd, immer (bestehend, vorhanden); eine ~e Einrichtung, Institution; sein ~er Wohnsitz* ☐ permanente **2** *ununterbrochen, unaufhörlich; trotz ~er Anwesenheit, Mitarbeit; er hat ~ etwas zu tadeln, auszusetzen; ~ zunehmen, wachsen; er steht ~ unter Alkohol, unter Druck* ☐ constante(mente) **3** *häufig; seine ~en Bitten, Klagen, Vorwürfe* ☐ frequente; *ein ~er Gast* ☐ assíduo

Stan|ding Ova|tions ⟨[stændɪŋ oʊˈeɪʃəns] Pl.⟩ *Beifallssturm, heftiges Beifallklatschen im Stehen* ☐ aplauso de pé; *einem Künstler ~ entgegenbringen* ☐ *aplaudir de pé um artista

Stand|ort ⟨m.; -(e)s, -e⟩ **1** *augenblicklicher Aufenthaltsort;* Sy Position(3.1); *der ~ des Schiffes, des Flugzeugs* ☐ posição **2** *dauernder Unterkunfts-, Aufent-*

haltsort (von Truppen), Garnison □ **guarnição 3** *die Umwelt (einer Pflanze oder der Pflanzengesellschaft)* □ **ambiente**

Stand|punkt ⟨m.; -(e)s, -e⟩ **1** *Ort, an dem jemand steht, Standort, Stellung (eines Beobachters);* er konnte von seinem ~ aus nichts sehen □ **posição; lugar 2** ⟨fig.⟩ *Ansicht, Auffassung, Einstellung, Meinung;* von seinem ~ aus hat er Recht; das ist ein lange überwundener, überholter ~ □ **ponto de vista; opinião 2.1** ich stehe auf dem ~, dass ... *ich bin der Meinung, dass ...* □ ***sou da opinião de que...** 2.2 jmdm. seinen ~ klarmachen *jmdm. energisch seine Auffassung erklären* □ ***dizer o que se pensa a alguém** 2.3 das ist doch kein ~! ⟨umg.⟩ *so darf man doch nicht denken, sich nicht verhalten!* □ ***não se deve pensar assim!***

Stand|recht ⟨n.; -(e)s; unz.⟩ *verschärftes Strafrecht u. vereinfachtes Strafverfahren während eines Ausnahmezustandes* □ **lei marcial**

Stan|ge ⟨f.; -, -n⟩ **1** *langer Stab, langer Stock (zum Stützen, Halten, Stoßen o. Ä.)* □ **haste; vara**; Bohnen~; Hopfen~; Fahnen~; Kleider~; Kletter~ □ **esteio; estaca; haste**; Vorhang~ □ ***varão de cortina**; eine ~ Zimt □ **pau 1.1** sie saßen da wie die Hühner auf der ~ *still u. stumm nebeneinander* □ ***estavam quietinhos, sentados um ao lado do outro* 1.2** Anzug von der ~ ⟨umg.⟩ *Konfektionsanzug (von der langen Stange, an der die billigeren Anzüge im Geschäft aufgereiht hängen)* □ ***terno de confecção; terno *prêt-à-porter* 1.3** jmdm. die ~ **halten** ⟨fig.; umg.⟩ *jmds. Partei ergreifen, jmds. Meinung unterstützen* □ ***tomar partido de alguém* 1.4** bei der ~ bleiben ⟨fig.; umg.⟩ *bei seiner Meinung bleiben, sich in seiner Ansicht nicht beirren lassen, in seinem Interesse an etwas nicht erlahmen* □ ***manter-se firme* 1.5** jmdn. bei der ~ halten ⟨fig.; umg.⟩ *jmdn. so beeinflussen, dass er bei einem Unternehmen bleibt, weiter mitmacht* □ ***fazer com que alguém não desista de alguma coisa* 1.6** das kostet eine ~ **Geld** ⟨fig.; umg.⟩ *das kostet viel Geld, das ist teuer* □ ***custa um dinheirão* 1.7** eine ~ **Zigaretten** *mehrere nebeneinander zu einem Paket verpackte Schachteln Z.* □ ***uma caixa com vários maços de cigarro* 2** *der im Maul des Pferdes liegende Teil des Zaums, an dem Backen- u. Kinnriemen befestigt sind;* Kandaren~ □ **freio 3** ⟨Forstw.⟩ *Nutzholz, das 1 m über dem stärkeren Ende höchstens 14 cm Durchmesser hat* □ **vara; barra 4** ⟨Jägerspr.⟩ *Teil, Hälfte des Geweihs od. Gehörns* □ **esgalho**

Stän|gel ⟨m.; -s, -⟩ **1** *Stamm der Pflanzen, die nicht Bäume, Sträucher od. Gräser sind; Sy Stiel(1.2)* □ **caule; haste; talo 1.1** ⟨Bot.⟩ *Sprossachse der höheren Pflanzen* □ **pedúnculo 2** fall nicht vom ~! ⟨umg.⟩ *fall nicht herunter!* □ ***cuidado para não cair!***

stän|kern ⟨V. 400; umg.⟩ *Unfrieden stiften, Streit schüren* □ **provocar intriga; instigar animosidade**

Stan|ni|ol ⟨n.; -s; unz.⟩ *sehr dünn ausgewalzte, silbrige Folie aus Aluminium od. Zinn;* ~papier □ **folha de alumínio ou estanho**

stan|zen ⟨V. 500⟩ **1** etwas ~ *(maschinell) unter Druck in eine bestimmte Form pressen, schlagen;* Blech, Leder ~ **1.1** ⟨511⟩ etwas in etwas ~ *auf etwas einprägen;* ein Wappen auf das Blech ~ □ **estampar; cunhar 2** ein zu formendes **Stück** ~ *(maschinell) ausschneiden, -stechen;* Scheiben aus Blechen ~ □ **recortar 2.1** Löcher ~ **hineindrücken** □ ***perfurar***

Sta|pel ⟨m.; -s, -⟩ **1** *aufgeschichteter Haufen;* ein ~ Bücher, Holz, Wäsche □ **pilha 1.1** *Warenniederlage, Platz, an dem Güter aufgestapelt werden* □ **depósito; estoque 2** *Unterlage, auf der ein Schiff während des Baues ruht* □ **carreira 2.1** ein Schiff vom ~ (laufen) lassen *nach vollendetem Bau zu Wasser lassen* □ ***lançar um navio à água* 2.1.1** eine Rede vom ~ lassen ⟨fig.; umg.; leicht iron.⟩ *eine R. halten* □ ***falar de; discursar* 3** *einzelnes Wollbüschel in der Wolldecke des Schafes;* Woll~ □ ***tufo de lã* 4** *Länge einer Textilfaser* □ **comprimento da fibra**

Sta|pel|lauf ⟨m.; -(e)s, -läu|fe⟩ *Hinabgleiten eines neu gebauten Schiffes vom Stapel(2) ins Wasser* □ **lançamento de um navio à água**

sta|peln ⟨V. 500/Vr 7⟩ etwas ~ **1** *zu einem Stapel(1) schichten, aufhäufen* □ **empilhar 2** ⟨fig.⟩ *anhäufen, in Mengen lagern* □ **acumular; amontoar**

stap|fen ⟨V. 410(s.)⟩ *kräftig auftreten, mit schwerem Schritt gehen;* durch den Schnee ~ □ **andar com passo pesado; caminhar com dificuldade**

Star[1] ⟨m.; -s, -e; Zool.⟩ *Angehöriger einer Familie der Singvögel mit kurzem Hals und langem, spitzem Schnabel: Sturnidae* □ **estorninho**

Star[2] ⟨m.; -s, -e⟩ **1** *Gruppe von Augenkrankheiten* □ **doenças de vista;** → a. **grau(1.9), grün(1.12), schwarz(2.12)**

Star[3] ⟨[m.; -s, -s⟩ *gefeierte Persönlichkeit (von Film, Bühne od. Sport);* Film~, Fußball~, Opern~ □ **estrela**

stark ⟨Adj. 22⟩ **1** *viel Kraft besitzend, sehr kräftig;* ~e Arme; ein ~er Bursche, Kerl, Mann; der Kranke fühlt sich schon ~ genug, einmal auszugehen □ **forte 1.1** ~es Haar *haben dichtes H.* □ **volumoso 1.2** ⟨60⟩ den ~en **Mann** markieren ⟨umg.⟩ *mit seiner Kraft, Energie, seinem Können prahlen* □ ***bancar o valentão* 1.3** ⟨60⟩ *Politik der ~en Hand P., die sich auf überlegene Macht gründet* **1.4** ⟨60⟩ das ~e Geschlecht ⟨umg.; scherzh.⟩ *die Männer* □ **forte;** → a. **Recht(2.1) 1.5** ⟨fig.⟩ *gefestigt, unerschütterlich;* einen ~en Glauben haben □ **firme; inabalável 1.6** ⟨Jägerspr.⟩ *groß u. kräftig;* ein ~er Bock, Hirsch □ **forte; robusto 2** ⟨70⟩ *dick, umfangreich;* ein ~er Baum, Nagel, Strick; sein schriftstellerisches Werk besteht aus sechs ~en Bänden □ **grosso; volumoso 2.1** ⟨bei Maßangaben⟩ *Umfang, Dicke aufweisend;* das Brett ist 3 cm ~ □ ***a tábua tem 3 cm de espessura;** ein 200 Seiten ~er Band □ ***um volume (grosso) de 200 páginas* 2.2** *dick, beleibt;* eine sehr ~e Dame □ **forte; gordo;** stärker werden □ ***engordar* 3** ⟨70⟩ *zahlreich, groß, mächtig;* ~e Streitkräfte besetzen die Stadt □ **numeroso; poderoso 3.1** ⟨bei Maßangaben⟩ *Anzahl aufweisend* **3.1.1** das Heer war 10 000 Mann ~ *das H. bestand aus 10 000 Mann* □ ***o exército era composto por 10.000 homens* 4** *gut, bemerkenswert, bedeutend;* beide Mannschaften haben ~ gespielt □ **bem 4.1** *das* ist ein ~es **Stück!** ⟨fig.; umg.⟩ *das ist unerhört!* □ ***essa é demais!** 4.2 das ist seine ~e **Seite** ⟨fig.; umg.⟩ *das kann er gut, das liegt ihm* □ **forte** 4.3 *beträchtlich, groß;* er hat keinen ~en Eindruck hinterlassen □ **forte; marcante** 4.3.1 er ist ein ~er Esser *er isst viel* □ ***ele é um bom garfo** 5 *mächtig, heftig, intensiv;* ein ~er Wind, Frost □ **forte; intenso;** eine ~e Erkältung, ~es Fieber haben □ **forte; alto;** ~er Regen □ **forte** 5.1 ⟨70⟩ ~er **Verkehr** *lebhafter V.* □ **intenso** 5.2 ⟨70⟩ im stärksten Kampfgewühl *im dichtesten, heftigsten K.* □ ***no auge da peleja** 6 *gehaltvoll, kräftig;* ein ~er Kaffee, Tee; ein ~es Bier 6.1 ~es **Mittel**, ~e Arznei *kräftig, nachhaltig wirkendes M.* □ **forte** 6.2 eine ~e **Brille** brauchen *B. mit stark gekrümmten Gläsern* □ **com lentes grossas; fundo de garrafa** 6.3 ⟨70⟩ ~er **Tabak** (a. Tobak) ⟨a. fig.; umg.⟩ *eine schwierige Sache, ein derber Witz o. Ä.* □ ***de doer** 7 ⟨50⟩ *reichlich, heftig, sehr;* ~ essen, rauchen, husten; die Wunde blutet ~; es regnet ~; ich bin gerade ~ beschäftigt; ~ erkältet sein; das ist ~ übertrieben □ **muito;** ~ riechen □ ***ter cheiro forte** 8 ⟨Gramm.⟩ 8.1 ~e **Deklination** *der durch „-(e)s" im Genitiv des Singulars gekennzeichnete Deklinationstyp (z. B. der Mann, des Mannes);* Ggs *schwache Deklination,* → *schwach(10.1)* 8.2 ~e **Konjugation** *der durch Ablaut charakterisierte Typ der Stammformbildung; german. Verben (z. B. springen, sprang, gesprungen; klingen, klang, geklungen);* Ggs *schwache Konjugation,* → *schwach(10.2)* 8.3 ~e **Verben** *V. mit starker Konjugation;* Ggs *schwache Verben,* → *schwach(10.3)* □ **forte** 9 ⟨Getrennt- u. Zusammenschreibung⟩ 9.1 = machen = *starkmachen* (I) 9.2 ~ behaart = starkbehaart 9.3 ~ besetzt = starkbesetzt 9.4 ~ betrunken = starkbetrunken 9.5 ~ verdünnt = starkverdünnt 9.6 ~ verschuldet = starkverschuldet

stark|be|haart *auch:* **stark be|haart** ⟨Adj. 24/70⟩ *mit viel Haar versehen;* ~e Arme □ **peludo; cabeludo**

stark|be|setzt *auch:* **stark be|setzt** ⟨Adj. 24/70⟩ **1** *mit vielen Menschen angefüllt;* eine ~e Straßenbahn □ **lotado; cheio** **2** *mit leistungsstarken Sportlern besetzt;* ein ~es Team □ **forte**

stark|be|trun|ken *auch:* **stark be|trun|ken** ⟨Adj. 24/70⟩ *heftig betrunken;* ein ~er Mann □ **totalmente bêbado**

Stär|ke ⟨f.; -, -n⟩ **1** *große Kraft;* die ~ seiner Muskeln □ **força** 1.1 ⟨fig.⟩ *Festigkeit, Unerschütterlichkeit;* die ~ seines Glaubens □ **firmeza** **2** *Umfang, Durchmesser, Dicke;* die ~ des Baumes, Brettes, der Mauer □ **espessura** **3** *Anzahl, Bestand;* eine Truppe von 300 Mann □ ~ ***uma tropa composta por 300 homens** **4** *starke(4.2) Seite, besondere Fähigkeit;* seine ~ liegt im schnellen Auffassen, scharfen Denken; Französisch, Mathematik ist seine ~ □ **forte** **5** *Macht, Heftigkeit, Intensität;* die ~ des Sturmes □ **força; intensidade** **6** *Gehalt, Kraft;* an der ~ des Kaffees war nichts auszusetzen □ **teor** 6.1 *Konzentration, Gehalt an gelöstem Stoff;* die ~ einer Lösung □ **teor; concentração** **7** *im Blattgrün der Pflanzen gebildetes, quellfähiges Polysaccharid, ein in Form kleiner Körnchen in Wurzeln,* Knollen u. Samen gespeichert wird, auch zur Versteifung von Textilien verwendet; *Kartoffel~, Mais~* □ **amido; fécula,** Wäsche~ □ ***goma**

stär|ken ⟨V. 500⟩ **1** ⟨511/Vr 8⟩ jmdn. im Glauben ~ *jmdn. in seinem G. stark machen, unterstützen, jmds. Glauben festigen* □ ***fortalecer alguém em sua crença** 1.1 jmdn. ~ *kräftigen, jmds. Kräftezustand verbessern;* das gute Essen hatte ihn gestärkt □ **fortalecer; revigorar** 1.1.1 ~des **Mittel** *Medikament, das die Gewebespannung erhöht, die Blutbildung u. den Stoffwechsel anregt, Appetitlosigkeit beseitigt, den Kreislauf fördert u. Ermüdung beseitigt, Tonikum* □ ***revigorante; tônico** 1.2 ⟨Vr 7⟩ sich od. jmdn. ~ *erfrischen, erquicken;* frisch gestärkt; sich od. jmdn. mit einem Imbiss ~; vom Schlaf gestärkt □ **revigorar(-se); restaurar(-se)** **2** *mit Stärke(7) steif machen;* Wäsche ~; Kragen und Manschetten ~ □ **engomar**

stark||ma|chen *auch:* **stark ma|chen** ⟨V. 500⟩ **I** ⟨500; Zusammen- u. Getrenntschreibung⟩ jmdn. ~ *ihn stärken;* einen Gegner durch Zögern ~ □ **fortalecer II** ⟨550/Vr 3⟩ sich für jmdn. od. etwas starkmachen *sich für jmdn. od. etwas einsetzen;* der Minister hat sich für das Gesetz starkgemacht □ ***defender alguém ou alguma coisa**

stark|ver|dünnt *auch:* **stark ver|dünnt** ⟨Adj. 24/70⟩ *in hohem Maße verdünnt;* ein ~e Lösung □ **altamente diluído**

stark|ver|schul|det *auch:* **stark ver|schul|det** ⟨Adj. 24/70⟩ *besonders hoch verschuldet;* ein ~es Unternehmen □ **mergulhado em dívidas**

Star|let ⟨[staːr-] n.; -s, -s⟩ *junge, erfolgreiche Schauspielerin, angehender Filmstar, Filmsternchen;* oV Starlett □ **starlet**

Star|lett ⟨[staːr-] n.; -s, -s⟩ = Starlet

starr ⟨Adj.⟩ **1** *steif, unbeweglich;* die beiden Gegenstände, Teile sind ~ miteinander verbunden; ein ~er Körper □ **imóvel; rígido; hirto;** ~ und steif (daliegen, dasitzen) □ ***(ficar parado/sentado) como uma estátua;** ~ vor, von der Kälte; ~ vor Entsetzen, Schrecken, Staunen ⟨a. fig.⟩ □ **paralisado** 1.1 *nicht elastisch;* ~es Papier □ **duro; rígido** **2** *regungs-, bewegungslos;* jmdn. od. etwas ~ ansehen □ **fixamente** **3** ⟨fig.⟩ *nicht abwandelbar;* ~e Regeln, Prinzipien □ **imutável** 3.1 *hartnäckig, unbeugsam;* ~ an einer Meinung, einem Gedanken festhalten □ **(de modo) obstinado/inflexível**

star|ren ⟨V.⟩ **1** ⟨400⟩ *unbeweglich, starr blicken, schauen, unentwegt in eine Richtung blicken;* auf jmdn. od. etwas ~; jmdm. ins Gesicht ~; vor sich hin ~ □ **olhar fixamente; fitar;** Löcher in die Luft ~ ⟨fig.; umg.; scherzh.⟩ □ ***fitar o vazio** **2** ⟨800⟩ **von, vor etwas** *ganz voll sein von* □ ***estar cheio/coberto de alguma coisa;** das Zimmer starrte vor, von Schmutz □ ***o quarto estava uma imundície**

Starr|sinn ⟨m.; -(e)s; unz.⟩ *unbeugsame Härte, Unnachgiebigkeit, Eigensinn* □ **teimosia; obstinação**

Start ⟨m.; -(e)s, -s od. (selten) -e⟩ **1** *Beginn einer Fortbewegung von einem bestimmten Ausgangspunkt* 1.1 *Beginn eines Wettlaufs od. Rennens* □ **partida; largada**

einen guten, schlechten ~ haben ☐ *largar/partir bem/mal; fliegender ~ ☐ *partida lançada; stehender ~ ☐ *partida parada 1.1.1 den ~ freigeben den Wettlauf, das Rennen beginnen lassen ☐ *dar a largada 1.2 Abflug (von Flugzeugen, Raketen, Raumschiffen) ☐ decolagem; lançamento 1.2.1 den ~ freigeben einem Luftfahrzeug den Abflug genehmigen ☐ *autorizar a decolagem 2 Stelle, an der ein Start(1) stattfindet; die Wettkämpfer gehen zum ~ ☐ linha de partida 3 (fig.) Anfang, Beginn; einen guten, schlechten ~ haben (bei einer Arbeit) ☐ início; começo

star|ten ⟨V.⟩ 1 ⟨400(s.)⟩ eine Fortbewegung beginnen 1.1 bei einem Rennen, Wettkampf ablaufen, abfahren, abspringen, abschwimmen ☐ partir; largar; → a. Start (1.1) 1.2 ein Flugzeug startet ein F. fliegt ab; Ggs landen(1.2) ☐ decolar 1.3 ⟨umg.⟩ = abreisen (bes. mit dem Auto); wir ~ heute ☐ partir; sair de viagem 2 ⟨500(h.)⟩ etwas ~ beginnen lassen ☐ (fazer) iniciar 2.1 ein Flugzeug ~ in Bewegung setzen ☐ fazer decolar 2.2 eine Rede ~ ⟨fig.; umg.⟩ mit einer R. beginnen ☐ iniciar 2.3 eine Veranstaltung ~ ⟨fig.; umg.⟩ stattfinden lassen ☐ abrir; iniciar

Start|schuss ⟨m.; -es, -schüs|se⟩ 1 Schuss zum Zeichen des Starts 1.1 den ~ geben (für etwas) ⟨a. fig.⟩ (etwas) beginnen lassen ☐ sinal de partida; tiro de largada

Sta|si ⟨f.; -; unz.; DDR; Kurzw. für⟩ Staatssicherheitsdienst, Ministerium für Staatssicherheit (politische Polizei der DDR) ☐ Stasi (Serviço de Segurança Nacional)

State|ment ⟨[steɪt-] n.; -s, -s⟩ (öffentliche) Behauptung, Erklärung, Verlautbarung ☐ declaração; comunicado (oficial)

Sta|tik ⟨f.; -; unz.⟩ 1 ⟨Phys.⟩ ein Teilgebiet der Mechanik, Lehre von den Kräften, die an ruhenden Körpern auftreten; Ggs Dynamik(1) 1.1 ⟨Tech.⟩ Statik(1) eines Bauwerks; die ~ einer Brücke, eines Hauses; die ~ berechnen ☐ estática 2 ⟨Tech.⟩ Stabilität eines Bauwerkes ☐ estabilidade

Sta|ti|on ⟨f.; -, -en⟩ 1 Ort, an dem öffentliche Verkehrsmittel halten; Sy Bahnhof; ich muss an der nächsten ~ aussteigen; bis zum Zoo sind es noch drei ~en; bis Berlin sind es noch zwei ~en 2 Ort, an dem sich eine technische Anlage befindet; Funk~, Sende~, Wetter~ ☐ estação 3 Abteilung eines Krankenhauses; der Patient liegt auf ~ 4; Unfall~ ☐ ala 3 ⟨fig.⟩ Aufenthalt, Halt, Rast ☐ parada 4.1 an einem Ort, bei jmdm. ~ machen haltmachen, einen kurzen Aufenthalt einschieben ☐ *dar uma parada em um lugar/na casa de alguém

sta|ti|o|när ⟨Adj.⟩ 1 in Ruhe befindlich, ruhend 2 bleibend 3 ortsfest ☐ estacionário 4 ~e Behandlung B. im Krankenhaus; Ggs ambulant(2) ☐ *tratamento hospitalar; internação

sta|ti|o|nie|ren ⟨V. 500⟩ 1 etwas ~ an einen Standort stellen, an einer Stelle aufstellen 2 ⟨Vr 7 od. Vr 8⟩ jmdn. ~ jmdn. einen Standort zuweisen; Truppen im besetzten Gebiet ~ ☐ estacionar

sta|tisch ⟨Adj.⟩ 1 ⟨Phys.⟩ die Statik betreffend, auf ihr beruhend; Ggs dynamisch(1) ☐ estático 1.1 ~er Auftrieb nach oben wirkende Kraft, die entsteht, wenn ein in einer Flüssigkeit od. einem Gas befindlicher Körper leichter ist als diese od. dieses ☐ *força ascencional estática 2 das Stehen od. Gleichgewicht betreffend 3 stillstehend, ruhend, unbewegt 4 ~es Organ ⟨Med.⟩ Gleichgewichtsorgan ☐ estático

Sta|tist ⟨m.; -en, -en⟩ 1 ungenannter Darsteller einer stummen Nebenrolle ⟨a. fig.⟩ Nebenperson, unbedeutende, unwichtige Person ☐ figurante

Sta|tis|tik ⟨f.; -, -en⟩ 1 ⟨unz.⟩ Wissenschaft, die aus dem massenhaften Auftreten bestimmter Erscheinungen auf empirische Gesetze schließt 2 Zusammenstellung der Ergebnisse von breit angelegten Untersuchungen; Bevölkerungs~; eine genaue ~; etwas aus einer ~ ablesen ☐ estatística

Sta|tis|tin ⟨f.; -, -tin|nen⟩ weibl. Statist ☐ figurante

Sta|tiv ⟨n.; -s, -e⟩ meist dreibeiniges Gestell zum Aufstellen u. Festhalten von Geräten, z. B. einer Kamera ☐ tripé

statt¹ 1 ⟨Präp. mit Gen.⟩ anstelle von, anstelle eines, einer ...; er wird ~ meiner zu dir kommen; ~ einer Antwort; ~ des „Wallenstein" wurde im Theater „Tasso" gegeben 2 ⟨Konj.⟩ ~ zu, ~ dass als Alternative, anstelle; oV anstatt; ~ zu arbeiten, ging er ins Kino; ~ dass er arbeitete, ... ☐ em vez de

statt² (in bestimmten Wendungen mit „an") an seiner ~ ☐ *em seu lugar; an Eides ~ ☐ *sob juramento; an Kindes ~ ☐ *como filho

Statt ⟨f.; -, Stät|ten; veraltet⟩ 1 Stätte, Platz (dauernden Aufenthalts); ein gutes Wort findet eine gute ~ ⟨Sprichw.⟩ ☐ lugar 1.1 ich habe hier keine bleibende ~ Heimat, Wohnung ☐ morada

statt|des|sen ⟨Konj.⟩ anstelle von, dafür, in Vertretung, als Ersatz für; er wollte heute kommen, aber ~ hat er angerufen ☐ em vez disso; → statt¹

Stät|te ⟨f.; -, -n⟩ 1 Stelle, Platz; Ruhe~, Wohn~; dieser Ort ist eine ~ des Friedens, des Grauens; eine gastliche, ungastliche ~ ☐ lugar; local 1.1 eine bleibende ~ haben ⟨poet.⟩ keinen festen Wohnsitz, keine Heimat haben ☐ morada 1.2 die heiligen ~n Orte, in denen Jesus einst war ☐ lugar; local

statt|fin|den ⟨V. 134/400⟩ etwas findet statt wird termingemäß durchgeführt; heute findet keine Vorstellung statt; das Konzert findet im Kongresssaal statt ☐ realizar-se; ter lugar; haver

statt||ge|ben ⟨V. 143/600⟩ einer Sache ~ eine S. bewilligen, gewähren, zulassen; einer Bitte ~; einem Gesuch ~ ☐ deferir; aprovar

statt|haft ⟨Adj. 24/70⟩ zulässig, gestattet, erlaubt; ☐ permitido

Statt|hal|ter ⟨m.; -s, -⟩ Beamter als Vertreter des Staatsoberhauptes od. der Staatsregierung in einer Provinz ☐ lugar-tenente; governador

statt|lich ⟨Adj.⟩ 1 groß u. kräftig; eine ~e Erscheinung, Figur 2 ansehnlich, imponierend, eindrucksvoll; ein ~es Gebäude ☐ imponente; vistoso 3 ziemlich groß, beträchtlich; ~e Einnahmen; eine ~e Familie ☐ numeroso; considerável

Sta|tue ⟨[-tuə] f.; -, -n⟩ = Standbild

sta|tu|ie|ren ⟨V. 500⟩ **1** einen Sachverhalt ~ *feststellen, festsetzen, bestimmen* ☐ **estatuir; determinar 2** ein Exempel ~ *ein warnendes Beispiel geben* ☐ ***dar uma lição**

Sta|tur ⟨f.; -, (selten) -en⟩ *Gestalt, Wuchs;* von kräftiger ~ ☐ **estatura**

Sta|tus ⟨m.; -, - [tu:s]⟩ **1** *Zustand, Stand (der Dinge), Lage* 1.1 sozialer ~ *soziale Stellung* ☐ **status; condição** 1.2 ~ quo *gegenwärtiger Zustand* ☐ ***statu quo** 1.3 ~ quo ante *Zustand, in dem sich etwas vor einem bestimmten Ereignis od. bis zu einem bestimmten Zeitpunkt befunden hat* ☐ ***statu quo ante** **2** *Rechtslage* ☐ **status;** situação jurídica **3** ~ Nascendi ⟨Chem.⟩ *Zustand, Augenblick des Entstehens* ☐ ***status nascendi**

Sta|tut ⟨n.; -(e)s, -en⟩ = *Satzung;* Vereins~ ☐ **estatuto**

Stau ⟨m.; -(e)s, -e od. -s⟩ **1** *Stillstand od. Hemmung in fließendem Wasser* 1.1 im ~ *sein zwischen Ebbe u. Flut* ☐ **estagnação 2** *Aufwärtsströmen des Windes vor Hindernissen* ☐ **acúmulo de massa ascendente de ar 3** ⟨fig.⟩ *Stockung;* Verkehrs~; der ~ *auf der Autobahn München-Salzburg hat sich aufgelöst* ☐ **congestionamento**

Staub ⟨m.; -(e)s, (selten) -e od. Stäu|be⟩ **1** *winzige, sich absondernde od. in der Luft schwebende feste Teilchen;* Straßen~; mit ~ *bedeckt;* ☐ **pó; poeira;** Blüten~ **pólen** 1.1 die Sache hat recht viel ~ *aufgewirbelt* ⟨fig.⟩ *hat großes Aufsehen erregt, viel Aufregung verursacht* ☐ ***essa questão levantou muita poeira** 1.2 ~ schlucken ⟨umg.⟩ *einatmen* ☐ ***engolir poeira** 1.3 in, zu ~ *zerfallen sich in Pulver auflösen* ☐ ***virar pó; reduzir(-se) a pó** 1.4 sich aus dem ~ *machen* ⟨fig., umg.⟩ *sich heimlich entfernen, schnell davonschleichen, -stehlen, entfliehen* ☐ ***sair de fininho/sorrateiramente** 1.5 vor jmdm. im ~ *kriechen* ⟨fig., poet.⟩ *sich vor jmdm. demütigen* ☐ ***arrastar-se aos pés de alguém** 1.6 den ~ *eines Ortes, einer Stadt von den Füßen schütteln* ⟨fig.; poet.⟩ *einen O., eine S. verlassen* ☐ ***deixar um lugar/uma cidade** 1.7 etwas in den ~ *ziehen* ⟨fig.⟩ *hässlich darüber sprechen* ☐ ***falar mal de alguma coisa; jogar alguma coisa na lama** **2** ⟨poet.⟩ *Erde;* es ist alles von ~ *gemacht und wird wieder zu* ~ (Prediger Salomo, 3,20) ☐ **pó** 2.1 zu ~ (und Asche) *werden* ⟨fig.; poet.⟩ *vergehen, verwesen, sterben* ☐ ***virar pó/ cinza; reduzir(-se) a pó/cinza** **3** ⟨Getrennt- u. Zusammenschreibung⟩ 3.1 ~ saugen = staubsaugen 3.1 ~ abweisend = staubabweisend

staub|ab|wei|send *auch:* **Staub ab|wei|send** ⟨Adj. 24/70⟩ *die Ablagerung von Staub verhindernd;* eine ~e *Lackierung* ☐ **que não deixa acumular pó/poeira**

stau|ben ⟨V. 400⟩ *etwas staubt gibt Staub, sondert Staub ab, wirbelt Staub auf;* es staubt hier sehr; die Straße staubt ☐ **empoeirar; levantar pó/poeira**

stäu|ben ⟨V.⟩ **1** ⟨400⟩ *etwas stäubt zerstiebt in kleinste Teilchen* ☐ **pulverizar-se 2** ⟨550⟩ *eine feinkörnige Masse über etwas* ~ *schütten, verteilen;* Mehl über Gemüse, eine Bratensoße ~; Puderzucker über einen Kuchen ~ ☐ **polvilhar**

stau|big ⟨Adj. 70⟩ *voller Staub, mit Staub bedeckt;* die Bücher sind ~ ☐ **empoeirado**

staub|sau|gen *auch:* **Staub sau|gen** ⟨V. 400⟩ **1** *mit dem Staubsauger arbeiten;* ich staubsauge/sauge Staub; er hat gestaubsaugt/Staub gesaugt ☐ **passar o aspirador de pó 2** etwas ~ *mit dem Staubsauger von Staub befreien;* den Teppich ~ ☐ **aspirar**

Staub|sau|ger ⟨m.; -s, -⟩ *elektrisches Gerät zum Absaugen des Staubes von Teppichen u. Polstermöbeln* ☐ **aspirador de pó**

stau|chen ⟨V. 500⟩ **1** etwas ~ *kräftig auf den Boden od. auf den Tisch stoßen, heftig zusammendrücken u. dadurch kürzer u. breiter machen* ☐ **comprimir; apertar** 1.1 einen Werkstoff ~ ⟨Tech.⟩ *mittels Drucks verkürzen* ☐ **comprimir;** → a. *dehnen(1)*

Stau|de ⟨f.; -, -n⟩ **1** *ausdauernde Pflanze, deren oberirdische krautige Teile im Winter absterben, während die unterirdischen Teile überwintern* ☐ **subarbusto 2** *Kopf des Salats* ☐ **pé de alface**

stau|en ⟨V. 500⟩ **1** etwas ~ *am Fließen hindern, hemmen, zurückhalten; durch Abbinden der Vene Blut* ~ *(zur Entnahme);* einen Fluss, Wasser ~ ☐ **represar; estancar 2** Ladung ~ ⟨Seemannsspr.⟩ *auf dem Schiff seefest unterbringen* ☐ **estivar 3** ⟨Vr 3⟩ sich ~ *sich ansammeln, sich anhäufen, ins Stocken geraten;* das Wasser staut sich hier; der Verkehr staut sich in der engen Straße ☐ **acumular-se; engarrafar**

stau|nen ⟨V. 405⟩ **1** *sich sehr wundern, verwundert sein;* da staunst du, was?; ich staunte, wie schnell er das zuwege gebracht hatte; ich kam aus dem Staunen nicht heraus ☐ **admirar-se; espantar-se** 1.1 jmdn. in Staunen setzen *Verwunderung bei jmdm. erwecken* ☐ ***admirar/supreender alguém** 1.2 *bewundernd vor etwas stehen;* ich staune über deine Kunstfertigkeit; etwas ~d *beobachten* ☐ **(ficar) admirado; espantado**

Stau|pe ⟨f.; -, -n⟩ *durch ein Virus verursachte Tierseuche (bes. bei Hunden u. Katzen)* ☐ **cinomose**

Steak ⟨[ste:k] n.; -s, -s⟩ *gegrillte od. kurzgebratene Scheibe Fleisch (bes. von Rind od. Kalb)* ☐ **bife**

Ste|a|rin ⟨n.; -s, -e⟩ *weiße Masse aus Stearin- u. Palmitinsäure, die für Kerzen, Lippenstifte u. kosmetische Salben verwendet wird* ☐ **estearina**

ste|chen ⟨V. 254⟩ **1** ⟨400⟩ *mit einem spitzen Gegenstand zustoßen* 1.1 ⟨500/Vr 7 od. Vr 8⟩ jmdn. ~ *durch einen Stich verletzen;* eine Biene, Mücke hat mich gestochen; sich od. jmdn. (mit der Nadel) in den Finger, Arm ~ ☐ **picar; espetar;** → a. *Hafer(2)* 1.2 ⟨411⟩ *irgendwo od. irgendwohin* ~ *espetar; fincar* 1.2.1 ⟨411⟩ in die Augen ~ ⟨fig.⟩ *auffallen* ☐ ***dar na vista** 1.2.2 ⟨501 od. 601⟩ es sticht mir, mich **in der Seite** ⟨fig.⟩ *ich habe einen stechenden Schmerz in der Seite; ein Stechen in der Brust, im Rücken fühlen, verspüren* ☐ ***estou sentindo uma pontada no lado** 1.3 ⟨411⟩ nach jmdm. od. etwas ~ *mit einem spitzen Gegenstand stoßen;* (mit dem Messer) nach jmdm. ~ ☐ ***tentar espetar alguém ou alguma coisa** 1.3.1 nach dem Ring ~ *mit der Lanze od. einem Stock vom Pferd aus einen Ring zu treffen versuchen (Reiterspiel)* ☐ ***tentar acertar/enfiar a lança no aro** 1.4 ⟨511⟩ jmdn. aus dem Sattel ~ *mit der Lanze aus dem Sattel heben (beim Turnier)* ☐ ***derrubar alguém da sela com a lança; → a. *hauen(2.3)*, *See²(1.3)* **2** ⟨400⟩ *spitz sein, mit dem Stachel od. Dorn verletzen können;* Rosen ~; Bienen, Mücken ~ □ **espetar; picar 2.1** *rau, kratzig sein;* der Stoff, die Wolle sticht □ **pinicar 2.2** die **Sonne** sticht ⟨fig.⟩ *brennt, strahlt sehr heiß* □ **arder 3** ⟨500⟩ ein **Tier** ~ *mit einem spitzen Gegenstand töten;* ein Schwein ~ □ **matar; abater 3.1** Aale ~ *mit einer bes. geformten Gabel (Stechgabel) fischen* □ **pescar; fisgar 4** ⟨500⟩ **etwas** ~ *durch Stoßen mit einem scharfen Gegenstand herauslösen;* Spargel ~ □ **cortar 4.1** ⟨500⟩ **Torf**, Rasen ~ *mit einem Spaten in viereckigen Stücken ausgraben, herausheben* □ **escavar; tirar 5** ⟨511⟩ *etwas* in **etwas** ~ *etwas mit einem spitzen Gegenstand in etwas erzeugen* □ **espetar**, Löcher in Papier ~ □ ***perfurar o papel 5.1** *einritzen, eingravieren* **5.1.1** ⟨550⟩ *ein Bild in* Kupfer ~ *mit dem Stichel eine Kupferplatte eingraben, von einem Bild einen Kupferstich herstellen* □ **gravar 5.1.2** *wie gestochen schreiben gleichmäßig u. sauber, wie gedruckt schreiben* □ ***escrever com precisão/asseio 6** ⟨402; Kart.⟩ **(eine Karte)** ~ *mit Hilfe einer höherwertigen K. nehmen* □ ***tirar uma carta de maior valor 7** ⟨800⟩ **etwas** sticht **in einen Farbton** geht *in einen F. über;* ins Grüne, Bläuliche ~ □ ***puxar para uma tonalidade 8** ⟨400; Sp.⟩ *(einen unentschiedenen Wettkampf) durch ein letztes Spiel entscheiden* □ **desempatar**, er blieb im Stechen Sieger □ **desempate**

Steck|brief ⟨m.; -(e)s, -e⟩ *öffentlich bekanntgegebene Personenbeschreibung (flüchtiger Verbrecher usw.)* □ **aviso/cartaz de "procura-se"; retrato falado**

Steck|do|se ⟨f.; -, -n⟩ *an einer Wand befestigte Vorrichtung zum Anschluss an das Stromnetz* □ **tomada**

ste|cken ⟨V. 255⟩ **1** ⟨411⟩ **irgendwo** ~ *sich in etwas, an einem Ort, einer Stelle befinden, sein; wo steckt er?; wo hast du die ganze Zeit gesteckt?* □ **meter-se; enfiar-se**; der Schlüssel steckt (im Schloss); die Zeitung, ein Brief steckt im Kasten; seine Füße ~ in derben Stiefeln □ ***estar enfiado; estar em 1.1** ⟨411⟩ es steckt viel Mühe, Arbeit darin ⟨umg.⟩ *es hat viel M., A. gemacht* □ ***deu um trabalhão 1.2** ⟨411⟩ da steckt etwas dahinter *da ist etwas verborgen*, da stimmt irgendetwas nicht □ ***tem caroço nesse angu 1.3** ⟨411⟩ da steckt mehr dahinter, als man glaubt *es ist wertvoller, als es scheint* □ ***vale mais do que aparenta 1.4** ⟨411⟩ im Schnee, Schlamm ~ **bleiben** *nicht vorwärtskommen, nicht weiterkönnen* □ ***ficar atolado na neve/lama**; mir ist vor Schreck fast der Bissen im Hals ~ **geblieben** □ ***quase não consegui engolir a comida por causa do susto**; mir ist die Gräte im Hals ~ **geblieben** □ ***a espinha ficou entalada na minha garganta** ⟨aber Getrennt- u. Zusammenschreibung⟩ ~ bleiben = steckenbleiben **1.5** ⟨411⟩ wir ~ mitten in der Arbeit ⟨umg.⟩ *wir haben gerade sehr viel Arbeit* □ ***estamos atolados de trabalho 1.6** ⟨411⟩ immer zu Hause ~ ⟨umg.⟩ *immer zu Hause sein, nicht von zu Hause wegkommen* □ ***estar sempre enfurnado em casa 1.7** ⟨410⟩ tief in Schulden ~ *tief verschuldet sein* □ ***estar mergulhado em dívidas**, →

a. *Decke(1.1), Haut(8.1.2, 8.1.4)* **1.8** ⟨411⟩ *festgemacht sein, festsitzen;* die Kugel steckt noch in der Wunde □ ***a bala ainda está cravada na ferida**; der Ring steckt (fest) am Finger □ ***o anel está (bem) preso ao dedo**; die Krankheit steckt schon lange in ihm □ ***ele já está com essa doença faz tempo 1.8.1** ⟨411⟩ in ihm steckt etwas ⟨umg.⟩ *er hat Fähigkeiten, ist tüchtig, begabt* □ ***ele tem talento/jeito (para alguma coisa) 1.8.2** ⟨411⟩ der Schreck steckt mir noch in allen Gliedern ⟨umg.⟩ *ich habe mich von dem Schrecken noch nicht erholt* □ ***ainda estou tremendo por causa do susto 1.9** den Schlüssel ~ **lassen** *nicht herausziehen, dort lassen, wo er sich befindet* □ ***deixar a chave na porta**; ⟨aber Getrennt- u. Zusammenschreibung⟩ ~ lassen = steckenlassen **2** ⟨511/Vr 5 od. Vr 6⟩ jmdn. od. **etwas irgendwohin** ~ *tun, irgendwo durch Schieben befestigen, daran-, daraufschieben, anfügen, hineinschieben, einfügen, hineingeben;* jmdm. einen Ring an den Finger ~; eine Blume als Kleid ~; eine Hülse auf einen Gegenstand ~; einen Brief in den Briefkasten ~; den Stöpsel in die Flasche ~; sich eine Rose ins Haar ~; einen Bissen, den Finger in den Mund ~; sich Watte in die Ohren ~; etwas in die Tasche ~ □ **enfiar; colocar**, den Degen in die Scheide ~ □ ***embainhar a espada 2.1** jmdn. ins Gefängnis ~ *gefangen setzen, einsperren* □ ***colocar alguém na prisão 2.2** ⟨550⟩ jmdn. in eine Uniform ~ *jmdn. zwangsweise zum Soldaten machen* □ ***meter alguém na farda 2.3** ⟨511⟩ Geld in etwas ~ ⟨fig.⟩ *Geld in etwas anlegen* □ ***investir dinheiro em alguma coisa 2.4** der Saal war gesteckt voll ⟨umg.⟩ *ganz voll, überfüllt* □ ***o salão estava lotado**; → a. *Nase(1.3-1.4, 3.3), Tasche(3.5, 4.4)* **3** ⟨500⟩ **etwas** ~ *mit einer Nadel, Nadeln befestigen, zusammenhalten;* ich habe den Saum erst einmal (probeweise) gesteckt □ **marcar com alfinete 3.1** ⟨513⟩ (sich) das **Haar** zum Knoten ~ *zum K. ordnen, frisieren* □ ***fazer um coque 3.2 Blumen** ~ *in einer Vase od. Schale (kunstvoll) anordnen* □ ***fazer um arranjo de flores 4** ⟨500⟩ **etwas** ~ *zum Keimen einsäen, einpflanzen;* Erbsen, Bohnen ~ □ **plantar 5** ⟨530⟩ jmdm. **etwas** ~ ⟨umg.⟩ *heimlich mitteilen, jmdm. einen Wink geben über etwas* □ ***dar a entender alguma coisa a alguém; fazer sinal para alguém 6** ⟨Funktionsverb⟩ → a. *Brand(1.2), Ziel(3.1)*

Ste|cken ⟨m.; -s, -; bes. oberdt.⟩ *Stock* □ **estaca; bastão; bengala**

ste|cken‖blei|ben *auch:* **ste|cken blei|ben** ⟨V. 114/400(s.)⟩ *nicht weiterwissen (in der Rede, im Vortrag);* er ist beim Aufsagen des Gedichts zweimal steckengeblieben/stecken geblieben □ **perder o fio da meada; não conseguir prosseguir** → a. *stecken (1.4)*

ste|cken‖las|sen *auch:* **ste|cken las|sen** ⟨V. 175/500; fig.; umg.⟩ **1** *nicht machen, nicht tun, sich schenken* □ **deixar; não fazer 1.1** du kannst dein Geld ~ ⟨Bemerkung, wenn man jmdn. einladen, die Rechnung bezahlen will o. Ä.⟩ □ ***pode guardar seu dinheiro**

Ste|cken|pferd ⟨n.; -(e)s, -e⟩ **1** *an einem Stock befestigter hölzerner Pferdekopf (als Kinderspielzeug)* □ **cava-**

Stecker

linho de pau 2 ⟨fig.⟩ = *Hobby; Fotografieren ist sein ~* □ *hobby*

Ste|cker ⟨m.; -s, -⟩ *Vorrichtung zum Anschluss eines Geräts an das Stromnetz* □ **plugue**

Steck|ling ⟨m.; -s, -e⟩ *Pflanzenteil, der zur vegetativen Vermehrung von der Mutterpflanze abgetrennt u. in die Erde gesteckt wird* □ **tanchão**

Steck|na|del ⟨f.; -, -n⟩ **1** *Nadel mit Kopf, mit Verdickung an einem Ende* □ **alfinete 1.1** im Saal hätte keine ~ zu Boden fallen können ⟨fig.⟩ *der S. war überfüllt* □ ***o salão está apinhado de gente 1.2** eine ~ im Heuschober suchen ⟨fig.⟩ *ein aussichtsloses Unternehmen beginnen* □ ***procurar agulha no palheiro 1.3** *etwas od. jmdn. wie eine ~ suchen* ⟨fig.⟩ *lange u. vergeblich suchen* □ ***procurar alguma coisa ou alguém como agulha no palheiro**

Steg ⟨m.; -(e)s, -e⟩ **1** *sehr schmale, einfache Brücke, Brett als Brücke;* Bach~; Landungs~ □ **pequena ponte 2** ⟨veraltet⟩ *schmaler Pfad; es gab nicht Weg noch ~* □ **atalho; vereda 3** *Zwischenstück, Verbindungsteil;* Brillen~ **4** *die Saitenschwingungen auf den Klangkörper übertragende Hartholzplättchen (bei Streichinstrumenten) od. Holzleiste (bei Klavier u. Zither);* Geigen~ □ **ponte 5** ⟨Typ.⟩ *freier Raum an den Seiten der Druckform bis zum Rand der Seite* □ **margem;** Bund~ □ ***medianiz; cruzeira;** Kopf~ □ ***margem superior 6** ⟨Typ.⟩ *nicht mitdruckendes Material zum Ausfüllen größerer Zwischenräume* □ **quadratim 7** *unter dem Fuß hindurchführendes Band zum Straffhalten der Hose;* Hosen~ □ **presilha para o pé**

Steg|reif ⟨m.; -(e)s, -e; veraltet⟩ **1** ⟨veraltet⟩ *Steigbügel* □ **estribo 2** *aus dem ~* ⟨fig.⟩ *unvorbereitet, improvisiert* **2.1** aus dem ~ *dichten rasch, aus einer augenblicklichen Eingebung, ohne lange nachzudenken dichten* **2.2** aus dem ~ *reden, sprechen ohne Vorbereitung eine Rede halten* **2.3** aus dem ~ *singen, spielen singen, spielen, ohne vorher geprobt zu haben* □ ***de improviso**

ste|hen ⟨V. 256⟩ **1** ⟨400⟩ *sich in aufrechter Stellung befinden; fest, sicher, unsicher, wackelig ~; oben, unten ~; rechts, links (von jmdm. od. etwas) ~; die Flasche soll ~, nicht liegen; der Kaffee ist so stark, dass der Löffel darin steht* ⟨umg.; scherzh.⟩ □ **estar/ficar de pé 1.1** ~der Start *S. ohne Anlauf* □ ***partida parada 1.2 jmd.** *od.* ein **Tier** *steht befindet sich in aufrechter Haltung auf den Füßen; das Kind kann schon ~; ich kann nicht mehr, nicht länger ~; gerade, krumm, gebückt ~; am Fenster, an der Tür ~; auf der Leiter, Mauer ~; plötzlich stand er vor mir* □ **estar/ficar de pé;** *ich bin so müde, dass ich im Stehen schlafen könnte* □ ***estou tão cansado que poderia dormir em pé 1.2.1** so wie er ging und stand *sofort, ohne den geringsten Aufenthalt, ohne sich an- od. umzuziehen* □ ***imediatamente; sem pestanejar 1.2.2** ich kam neben ihn, ihm zu ~ ⟨umg.⟩ *ich geriet zufällig neben ihn* □ ***fui parar ao lado dele 1.2.3** ⟨800⟩ ich stehe für nichts ⟨fig.⟩ *ich bürge für nichts, ich leiste für nichts Gewähr* □ ***não tenho nada a ver com isso 1.2.4** hinter **jmdm.** ~ ⟨a. fig.⟩ *jmdn. unterstützen, jmdn. schützen, jmdn. bestehen* □ ***apoiar alguém 1.3** ⟨800⟩ die Hose steht vor Dreck ⟨umg.; scherzh.⟩ *ist durch D. steif geworden* □ ***a calça está dura de tanta sujeira 1.4** ⟨500⟩ **etwas** ~ *(stehend) in bestimmter Aufgabenstellung ausüben;* Wache ~ □ ***montar guarda;** Schmiere ~ ⟨umg.⟩ □ ***ficar de tocaia 1.5** ⟨500⟩ **einen Sprung** ~ ⟨Sp.⟩ *stehend zum Abschluss bringen; alle Skispringer standen ihre Sprünge* □ ***concluir/terminar o salto em pé/sem queda 1.6** ~ **bleiben 1.6.1** *nicht weitergehen* □ ***parar 1.6.2** *an Ort u. Stelle bleiben; es sind drei* Schirme in der Garderobe ~ **geblieben** □ ***ficar;** ⟨aber Getrennt- u. Zusammenschreibung⟩ ~ **bleiben** ⟨fig.⟩ = *stehenbleiben* **1.7** ~ **lassen** *dort lassen, wo es sich befindet, wo es steht, nicht wegnehmen* □ ***deixar (onde está) 1.7.1** ein Wort, einen Satz ~ **lassen** *nicht auslöschen, nicht wegstreichen* □ **deixar;** *não apagar/cancelar* **1.7.2** alles liegen und ~ lassen *plötzlich, spontan aufbrechen* □ ***largar tudo; abandonar tudo 1.7.3** für ein Wurstbrot lasse ich jedes Stück Torte ~ ⟨umg.⟩ *ein W. esse ich viel lieber als ein Stück T.* □ **deixar de lado 1.7.4** du kannst die alte Dame nicht ~ lassen *du musst ihr einen, deinen Sitzplatz anbieten* □ **deixar em pé;** ⟨aber Getrennt- u. Zusammenschreibung⟩ ~ **lassen** = *stehenlassen* **2** ⟨410; fig.⟩ *sich befinden* □ **encontrar-se; estar 2.1** im gleichen Alter ~ *gleichaltrig sein* □ ***ter a mesma idade 2.2** in hohem **Ansehen (bei jmdm.)** ~ *hohes Ansehen (bei jmdm.) genießen, sehr angesehen sein* □ ***ser muito considerado por alguém 2.3** ⟨611⟩ es steht mir **bis hier oben**, bis zum Hals *ich habe es gründlich satt* □ ***estou farto disso; estou com isso até aqui/o pescoço 2.4** es steht nicht **dafür** ⟨süddt.⟩ *es lohnt sich nicht* □ ***não vale a pena 2.5** es steht noch **dahin** *es ist noch unentschieden* □ ***ainda não foi decidido; ainda não é certo 2.6** ⟨unpersönl.⟩ es steht nicht **in jmds. Macht**, das zu tun *niemand vermag es* □ ***não está em poder de alguém fazer isso 2.7 unter jmds. Einfluss** ~ *von jmdm. beeinflusst sein* □ ***estar sob a influência de alguém 2.8** es steht mir immer **vor Augen** *ich sehe es immer vor mir* □ ***tenho isso sempre diante dos olhos; tenho isso sempre em mente 2.9** die Wiese steht **unter Wasser** *ist überschwemmt* □ ***o campo está debaixo d'água 2.10** *bestehen, existieren; das Haus steht noch; solange die Welt steht* □ **existir 2.10.1** ⟨400⟩ das Werk steht und fällt mit ... *hängt davon ab, ob ...* □ **depender 2.10.2** ⟨412⟩ das Haus steht seit 1930 *wurde 1930 gebaut* □ **existir 2.11** ⟨411⟩ **etwas** steht **an einer Stelle** ⟨fig.⟩ *befindet sich, ist an einer S., ist an einer S. aufgestellt, erbaut, gewachsen; das Denkmal steht auf dem Markt; auf dem Tisch* ~ *Blumen (in einer Vase); die Sonne steht am Himmel* □ **encontrar-se; estar 2.12** ⟨411⟩ **etwas** steht **in** einem **Text** *ist in einem T. geschrieben, verzeichnet, zu lesen; auf dem Schild steht ...; in der Zeitung, in dem Brief steht, dass ...; auf der Liste, dem Spielplan* ~ □ **estar escrito; ler-se 2.12.1** der Konjunktiv steht in Wunschsätzen *wird in W. verwendet* □ **ser empregado 2.13** ⟨413⟩ **etwas** steht **in bestimmter Weise** *hat einen bestimmten Stand, befindet sich in bestimmter W.* □ ***estar/encontrar-se de**

determinada maneira; die Sache steht so, dass ... □ *a situação é que...; das Spiel steht 2:3 □ *o jogo está 2 a 3 2.13.1 die Angelegenheit steht gut, schlecht *verspricht Erfolg, keinen Erfolg* 2.13.2 das Getreide steht gut, schlecht *ist gut, schlecht gediehen, verspricht eine gute, keine gute Ernte* □ *ir bem/mal* 2.13.3 ⟨unpersönl.⟩ wie steht's mit deiner Gesundheit? *wie ist deine G.?* □ *como está sua saúde?* 2.13.4 wie steht die Sache? *wie ist die S. bisher verlaufen?* □ *como vão indo as coisas?* 2.13.5 ⟨unpersönl.⟩ wie geht's, wie steht's? ⟨umg.⟩ *wie geht es dir?, was gibt es Neues?* □ *tudo bem?; como vão as coisas?* 2.13.6 ⟨411⟩ wo steht er politisch? *wie ist seine politische Einstellung?* □ *qual sua posição política?* 2.14 ⟨Funktionsverb⟩ 2.14.1 ⟨800⟩ bei jmdm. in Arbeit ~ *beschäftigt sein* □ *trabalhar para alguém* 2.14.2 ⟨413⟩ die Obstbäume ~ in Blüte *blühen* □ *as árvores frutíferas estão em flor* 2.14.3 ~des Gut ⟨Mar.⟩ *alles Tauwerk, das beim Segeln nicht bewegt wird* □ *massame fixo* 3 ⟨413⟩ etwas steht in einer Richtung ⟨fig.⟩ *ist irgendwohin gerichtet, zeigt auf, an;* das Thermometer steht auf 10 Grad unter 0 □ *o termômetro está marcando 10 graus abaixo de zero;* das Barometer steht auf Regen □ *o barômetro está indicando chuva* 3.1 ⟨800⟩ auf seinen Kopf steht eine Belohnung *auf seinen Kopf, für seine Ergreifung ist eine B. ausgesetzt* □ *sua cabeça está a prêmio* 3.2 ⟨800⟩ sein Sinn steht nach Höherem *er strebt nach H.* □ *ele almeja subir mais/prosperar* 4 ⟨605⟩ etwas steht jmdm. (zu Gesicht) ⟨fig.⟩ *passt zu jmdm., sieht an jmdm. (hübsch, gut) aus;* der Hut steht ihr ausgezeichnet, gut, nicht gut; die Farbe steht dir gut □ *ficar/cair bem;* combinar com 5 ⟨400⟩ etwas steht ⟨fig.⟩ *ist fertig, abgeschlossen;* das Haus steht; das Manuskript, Referat steht □ *estar pronto/concluído* 6 ⟨400⟩ etwas steht ⟨fig.⟩ *ist nicht mehr in Betrieb, bewegt sich nicht mehr;* die Maschine, die Uhr steht □ *parar (de funcionar)* 6.1 einen Zug, Wagen zum Stehen bringen *anhalten, bremsen* □ *parar/frear um trem/carro* 6.2 *nicht weitergehen, stocken;* die Arbeit, der Verkehr steht □ *estar parado* 7 ⟨800⟩ etwas steht bei jmdm. ⟨fig.; geh.⟩ *ist in jmds. Entscheidung gestellt, hängt von jmdm. ab* □ *depender de alguém* 7.1 ⟨480; unpersönl.⟩ es steht zu ... *man muss, darf, kann ...;* es steht zu befürchten, zu hoffen □ *é de...* 8 ⟨800⟩ jmdm. steht auf etwas ⟨fig.; umg.⟩ *schätzt, bevorzugt jmd. od. etwas ⟨fig.; umg.⟩, hat ein Interesse an jmdm. od. etwas* □ *curtir alguém ou alguma coisa* 9 ⟨800⟩ auf ein Verbrechen steht Strafe ⟨fig.⟩ *für ein V. droht Strafe, ein V. wird bestraft;* auf dieses Verbrechen steht lebenslängliche Gefängnisstrafe □ *para determinado crime é prevista uma pena* 10 ⟨Inf.⟩ jmdm. ⟨jmdn.⟩ kommt etwas teuer zu ~ ⟨fig.⟩ *jmd. wird für etwas schwer büßen müssen* □ *custar caro a alguém* 11 ⟨800⟩ zu jmdm. ~ ⟨fig.⟩ *zu jmdm. halten, jmdm. beistehen, jmdm. unterstützen;* in jeder Schwierigkeit steht sie zu ihm □ *estar ao lado de alguém; apoiar alguém* 11.1 zu etwas ~ *etwas einhalten, verteidigen;* zu seinem Versprechen ~ □ *manter alguma coisa*

12 ⟨813⟩ in bestimmter Weise zu jmdm. od. etwas ~ ⟨fig.⟩ *ein bestimmtes Verhältnis zu jmdm. od. etwas haben* □ *comportar-se de determinada maneira com alguém ou alguma coisa;* wie stehst du zu ihm? □ *como você está com ele?* 12.1 wie ~ Sie zu diesem Vorfall? *wie beurteilen Sie diesen V.?* □ *o que o senhor acha desse incidente?* 13 ⟨813⟩ jmd. steht (sich) in bestimmter Weise mit jmdm. od. einer Sache ⟨fig.⟩ *kommt mit jmdm. od. einer Sache in bestimmter Weise aus;* (sich) mit jmdm. gut, schlecht ~ □ *dar-se bem/mal com alguém*

ste|hen|blei|ben *auch:* ste|hen blei|ben ⟨V. 114/400(s.)⟩ 1 *nicht fortdauern, nicht fortsetzen;* die Uhr ist stehengeblieben/stehen geblieben 1.1 wo waren wir stehengeblieben/stehen geblieben? *wo haben wir aufgehört (zu lesen, zu diskutieren, zu besprechen)?* □ *parar;* → a. *stehen (1.6-1.6.2)*

ste|hen|las|sen *auch:* ste|hen las|sen ⟨V. 175/500⟩ 1 jmdn. ~ *sich unhöflich von ihm abwenden u. weggehen* □ *deixar alguém plantado* 2 einen Regenschirm ~ *vergessen mitzunehmen* □ *esquecer* 3 sich einen Bart ~ *wachsen lassen* □ *deixar a barba crescer* 4 einen Speiserest ~ *nicht aufessen* □ *deixar um resto de comida no prato;* → a. *stehen (1.7-1.7.4)*

Ste|her ⟨m.; -s, -; Sp.⟩ 1 ⟨Radsp.⟩ *Radrennfahrer für längere Strecken, der hinter einem Schrittmacher herfährt;* Ggs *Flieger(5)* □ *corredor de fundo* 2 *Rennpferd für längere Strecken;* Ggs *Flieger(6)* □ *cavalo para corridas de longa distância; stayer* 3 ⟨umg.⟩ *jmd., der seine Meinung offen vertritt, für sein Handeln einsteht* □ *cara franco/autêntico*

steh|len ⟨V. 257/500⟩ 1 etwas ~ *widerrechtlich wegnehmen, entwenden;* Geld, Schmuck, Waren ~ □ *roubar* 1.1 woher nehmen und nicht ~ ⟨umg.; scherzh.⟩ *woher soll ich's denn nehmen?* □ *onde é que vou arranjar isso?* 1.2 ⟨530⟩ jmdm. die Zeit ~ ⟨fig.⟩ *jmdn. mit seinem Besuch belästigen u. ihn dadurch von der Arbeit abhalten* □ *tomar o tempo de alguém* 1.2.1 dem lieben Gott die Zeit ~ *faulenzen* □ *ficar de papo para o ar* 1.3 er kann mir gestohlen bleiben! ⟨fig.; umg.⟩ *ich will nichts von ihm wissen* □ *quero mais que ele se dane!* 2 ⟨511/Vr 3⟩ sich irgendwohin ~ *heimlich irgendwohin gehen* □ *ir furtivamente para algum lugar;* sich aus dem Hause ~ □ *sair de casa de fininho*

Steh|platz ⟨m.; -es, -plät|ze⟩ *Platz zum Stehen, Platz ohne Sitz;* Ggs *Sitzplatz;* ein ~ im Bus □ *lugar (para ficar) em pé*

steif ⟨Adj.⟩ 1 *starr, fest, unbeweglich, nicht biegsam* 1.1 ~ wie ein Brett ⟨umg.⟩ *sehr ungelenk* □ *rígido; duro* 1.2 ~er Hut *H. aus festem Material, Melone* □ *chapéu-coco* 1.3 ~es Schiff ⟨Seemannsspr.⟩ *ist kaum wiegendes Schiff* □ *estável* 1.4 mit Wäschestärke gestärkt; ein ~er Kragen □ *engomado* 1.5 ⟨50⟩ etwas ~ und fest behaupten ⟨fig.⟩ *hartnäckig behaupten* □ *afirmar alguma coisa com obstinação/categoricamente* 2 *sehr dickflüssig, fast ganz fest;* ein ~er Eischnee, Pudding □ *duro; (de consistência) firme* 3 etwas ist ~ *ungelenk, schwer zu bewegen;* ein ~es Bein, einen ~en

Arm haben; seine Glieder sind im Alter, durch die Gicht ~ geworden; meine Finger sind ~ vor Kälte ❒ **teso; duro** 3.1 einen ~en **Hals** haben *durch Schmerzen unbewegliches Genick, Halsstarre* ❒ **estar com torcicolo* **4** ⟨60; Seemannsspr.⟩ *stark, kräftig*; ein ~er Grog 4.1 eine ~e **Brise** *starke u. ständig wehender Wind* ❒ **forte** 4.2 ~e **See** *stark bewegte See* ❒ **revolto; bravo** 5 ⟨fig.⟩ *förmlich, gezwungen;* ein ~es Benehmen; jmdn. ~ begrüßen; "Wie Sie wünschen!", sagte er ~; er verbeugte sich ~; bei ihnen geht es hier etwas ~ zu ❒ **cerimonioso; formal(mente) 6** ⟨Getrennt- u. Zusammenschreibung⟩ 6.1 ~ **schlagen** = *steifschlagen*

steif|bei|nig ⟨Adj.; umg.⟩ *mit steifen Beinen, die Beine steif u. ungelenk bewegend;* ~ gehen ❒ **com as pernas duras; sem dobrar as pernas**

steif|hal|ten ⟨V. 160/500; in der Wendung⟩ die **Ohren** ~ ⟨umg.⟩ *sich nicht unterkriegen lassen, sich behaupten* ❒ **não se deixar abater; manter o astral alto*

steif|schla|gen *auch:* **steif schla|gen** ⟨V. 2180/500⟩ **Eiweiß, Sahne** ~ *so lange schlagen, bis eine dickflüssige Masse entsteht* ❒ **bater até obter uma consistência firme**

Steig|bü|gel ⟨m.; -s, -⟩ **1** *Metallbügel als Fußstütze für den Reiter* ❒ **estribo** 1.1 jmdm. den ~ halten ⟨fig.⟩ *jmdm. Hilfestellung leisten (bes. zum beruflichen Aufstieg)* ❒ **dar um empurrãozinho em alguém; ajudar alguém a subir na vida/carreira* **2** *ein wie ein Steigbügel(1) geformtes Gehörknöchelchen* ❒ **estribo**

stei|gen ⟨V. 258(s.)⟩ **1** ⟨400⟩ *etwas steigt bewegt sich aufwärts;* der Nebel, Dampf, der Rauch steigt ❒ **subir** 1.1 *aufwärtsfliegen;* Drachen ~ lassen ❒ **empinar papagaio;* ⟨aber Getrennt- u. Zusammenschreibung⟩ ~ lassen = *steigenlassen* 1.2 das **Pferd** steigt *bäumt sich* ❒ **empinar-se** 1.3 ⟨Jägerspr.⟩ *klettern (vom Gams- u. Steinwild)* ❒ **subir; trepar 2** ⟨611⟩ die Tränen stiegen ihr in die Augen *sie begann zu weinen* ❒ **as lágrimas vieram-lhe aos olhos* 2.1 das Blut stieg ihr ins Gesicht *sie wurde rot, errötete* ❒ **ela enrubesceu/corou* 2.2 der Wein ist ihm zu Kopf gestiegen *hat ihn etwas trunken, benommen gemacht* ❒ **o vinho lhe subiu à cabeça* **3** ⟨500⟩ *etwas ~ (über) etwas hinaufgehen;* er musste viele Treppen ~ ❒ **subir**; das Steigen fällt mir schwer ❒ **subida** 4 ⟨411⟩ jmd. steigt *irgendwohin bewegt, begibt sich irgendwohin (hinauf, hinunter, hinaus, hinein);* auf einen Berg, auf eine Leiter, einen Stuhl ~ ❒ **subir; escalar**; aufs Fahrrad, aufs Pferd ~ ❒ **subir, montar**; aus dem Auto, aus dem Wasser ~; aus dem Zug, der Straßenbahn ~ ❒ **descer; sair**; ins Auto, ins Wasser ~ ❒ **subir; entrar**; in den Keller, in einen Schacht ~ ❒ **descer; entrar**; in den Zug, in die Straßenbahn ~ ❒ **subir; entrar**; über einen Zaun ~ ❒ **passar por cima** 4.1 aus dem Bett ~ *aufstehen* ❒ **levantar da cama* 4.2 durchs Fenster ~ *hindurchklettern* ❒ **entrar/sair pela janela* 4.3 ins Bett ~ ⟨umg.⟩ *zu Bett gehen, schlafen gehen* ❒ **ir para a cama* **5** ⟨400⟩ *etwas steigt* ⟨fig.⟩ *wird höher, nimmt zu*; Ggs *fallen*(2); die Temperatur steigt; das Barometer steigt; die Flut steigt; der Wert des Bildes, des Grundstücks ist gestiegen ❒ **subir; aumentar**; das Steigen und Fallen, Steigen und Sinken der Kurse ❒ **o sobe e desce do câmbio*; das Fieber ist gestiegen ❒ **subir; aumentar** 5.1 die Stimmung stieg *hob sich, man wurde lustiger* ❒ **o ambiente/a atmosfera ficou animada* 5.2 ⟨800⟩ **in etwas** ~ *an etwas zunehmen* ❒ **aumentar de* 5.2.1 das Bild, Grundstück ist im Wert gestiegen *ist wertvoller, teurer geworden* ❒ **o quadro/terreno aumentou de valor* 5.2.2 das Brot ist im Preis gestiegen *ist teurer geworden* ❒ **o preço do pão subiu/aumentou* 5.2.3 er ist in meiner Achtung gestiegen *ich achte ihn jetzt mehr, höher* ❒ **ele subiu no meu conceito* 5.2.4 im Rang ~ *einen höheren R. erhalten, befördert werden* ❒ **subir de posto/categoria* **6** ⟨400⟩ eine **Veranstaltung** steigt ⟨fig.; umg.⟩ *findet statt* ❒ **acontecer; ter lugar**

stei|gen|las|sen *auch:* **stei|gen las|sen** ⟨V. 175/500; fig.⟩ eine **Party** ~ *veranstalten* ❒ **preparar; organizar**; → a. *steigen (1.1)*

stei|gern ⟨V.⟩ **1** ⟨500⟩ etwas ~ *verstärken, vergrößern*; dieses Erlebnis steigerte sein Mitgefühl; die Geschwindigkeit ~; diese Maßnahme steigert das Übel ja nur noch; ihr Widerspruch steigerte seinen Zorn ❒ **aumentar; intensificar** 1.1 **Adjektive** ~ *in die Steigerungsstufen (Komparativ, Superlativ) setzen* ❒ **formar o grau dos adjetivos* 1.2 *erhöhen;* Miete, Preise, Leistungen ~ ❒ **aumentar** 1.3 ⟨Vr 3⟩ *etwas steigert sich wird mehr, größer, stärker*; sein Entzücken, sein Zorn steigerte sich noch, als er das hörte; der Wind steigerte sich zum Sturm ❒ **aumentar; crescer; intensificar-se** 1.4 ⟨Vr 3⟩ **sich** ~ *besser werden* ❒ **melhorar* **2** ⟨400⟩ *bieten, ein Angebot machen (bei Auktionen)* ❒ **fazer uma oferta**

Stei|gung ⟨f.; -, -en⟩ **1** *Höhenzunahme* 1.1 ~ von 10% *10 m Höhenänderung auf 100 m* ❒ **subida; elevação 2** *ansteigendes Stück Weg, Straße, Gelände;* die ~ im 3. Gang nehmen, eine ~ überwinden ❒ **subida; ladeira; aclive**

steil ⟨Adj.⟩ **1** *mehr senkrecht als waagerecht;* ein ~er Berg, eine ~e Küste; ein ~er Abhang; hier ist der Weg am steilsten; ~ abfallen, ansteigen ❒ **íngreme; escarpado**; eine ~e Karriere machen ⟨fig.⟩ ❒ **vertiginoso; meteórico 2** ⟨60⟩ ein ~er Zahn ⟨umg.; veraltet⟩ *hübsches, kokettes Mädchen* ❒ **boneca; belezoca**

Stein ⟨m.; -(e)s, -e⟩ **1** *natürliches Gestein, Gesteinsstück;* Kiesel~ ❒ **seixo;* calhau; Sand~ ❒ **arenito*; den ~ behauen; der Weg ist voller ~e; beim Graben auf ~ stoßen; eine Bank, ein Denkmal aus ~; Funken aus einem ~ schlagen; eine Figur in ~ hauen; einen ~ im Schuh haben; einen Weg mit ~en pflastern ❒ **pedra**; ~e und Erden ❒ **minerais não metálicos* 1.1 *Gegenstand großen Gewichts* ❒ **pedra; peso** 1.1.1 mir ist ein ~ vom Herzen gefallen ⟨fig.⟩ *ich bin jetzt sehr erleichtert, eine große Sorge ist von mir genommen* ❒ **tirei um peso do coração* 1.2 *Gegenstand von störender, hinderlicher Qualität* ❒ **trambolho** 1.2.1 ein ~ des Anstoßes ⟨fig.⟩ *allgemeines Ärgernis* ❒ **uma pedra de escândalo* 1.2.2 jmdm. die ~e aus dem Weg räumen ⟨fig.⟩ *alle Schwierigkeiten bei seinem Tun, Vorhaben* beseitigen □ *remover as pedras/ os obstáculos do caminho de alguém 1.2.3 jmdm. ~e in den Weg legen ⟨fig.⟩ jmds. Tun, Vorhaben behindern, erschweren □ *colocar pedras/obstáculos no caminho de alguém 1.2.4 über Stock und ~ ⟨fig.⟩ querfeldein, ohne Weg □ *através dos campos 1.3 Gegenstand großer Härte, mangelnder Reaktionsfähigkeit □ pedra; → a. Tropfen (5) 1.3.1 dies könnte einen ~ erbarmen, erweichen ⟨fig.⟩ das ist jammervoll, Mitleid erregend □ *é de comover as pedras; é de cortar o coração 1.3.2 ein Herz aus ~ haben ⟨fig.⟩ hartherzig, mitleidlos sein □ *ter um coração de pedra 1.3.3 zu ~ werden ⟨fig.; umg.⟩ eine eisige Miene aufsetzen, erstarren □ *petrificar(-se) 1.4 als ungenießbar vorgestellter Gegenstand □ pedra 1.4.1 jmdm. ~e statt Brot geben ⟨fig.⟩ jmdm. etwas geben, was ihm nicht hilft, jmdm. gegenüber hartherzig sein □ *dar a alguém pedra em vez de pão 1.5 einen ~ auf jmdn. werfen ⟨fig.⟩ jmdn. verurteilen, verdammen □ *atirar pedra em alguém 1.5.1 den ersten ~ auf jmdn. werfen ⟨fig.⟩ als erster jmdn. verurteilen □ *atirar a primeira pedra em alguém 1.6 den ~ ins Rollen bringen ⟨fig.⟩ den Anstoß zu etwas geben, eine Sache, Entwicklung in Bewegung bringen □ *levantar a lebre; trazer à tona 1.7 der ~ der Weisen (nach dem Glauben der Alchimisten) Wunderstein, der unedles Metall in Gold verwandelt 1.7.1 und damit glaubt er den ~ der Weisen gefunden zu haben ⟨fig.⟩ eine allgemeingültige Lösung □ *a pedra filosofal 2 einem Stein in seiner Eigenschaft (der Härte) ähnlicher Gegenstand ⟨ ⟩ pedra 2.1 künstlicher Werkstoff mit Eigenschaften des Steins(1); Ziegel~ □ *tijolo; Bau~; Mauer~ □ *pedra de cantaria; Zement ist noch da, aber die ~e sind aufgebraucht □ pedra; bloco 2.1.1 keinen ~ auf dem anderen lassen alles zerstören □ *não deixar pedra sobre pedra 2.2 Edelstein; dein Ring hat einen sehr schönen ~; (schöne) ~e sammeln; echte, edle, künstliche, imitierte, schöne ~e; geschnittener, geschliffener ~ □ pedra (preciosa) 2.2.1 dabei fällt dir kein ~ aus der Krone ⟨fig.; umg.⟩ vergibst du dir nichts □ *não vai lhe tirar pedaço (fazer alguma coisa) 2.3 ⟨Brettspiel⟩ Spielfigur, Spielstein; ein schwarzer, weißer ~; einen ~ schlagen, überspringen □ pedra; peão 2.3.1 bei jmdm. einen ~ im Brett haben ⟨fig.⟩ in besonderer Gunst stehen □ *ter cartaz com alguém 2.4 ⟨Bot.⟩ der innere, harte, den Samen umgebende Teil der Fruchtwand bei den Steinfrüchten □ caroço 2.5 aus organischen Gerüsten u. gestaltlosen od. kristallisierten Salzen zusammengesetzte Bildungen in Ausscheidungshohlorganen; Blasen~; Gallen~; Nieren~; Speichel~ □ pedra; cálculo 2.6 ~ und Bein schwören ⟨umg.⟩ fest behaupten □ *jurar por todos os santos; jurar de pés juntos

Stein|brech ⟨m.; -(e)s, -e; Bot.⟩ Angehöriger einer Gattung der Steinbrechgewächse (Saxifragaceae) mit Blattrosetten u. rötlich weißen Blüten: Saxifraga □ saxifraga

Stein|bruch ⟨m.; -(e)s, -brü|che⟩ Abbaustelle für nutzbares Gestein im Tagebau □ pedreira

Stein|druck ⟨m.; -(e)s, -e⟩ = Lithografie

stei|nern ⟨Adj. 24⟩ **1** ⟨60⟩ aus Stein **2** ⟨fig.⟩ hart, mitleidlos; ein ~es Herz haben □ de pedra

Stein|gut ⟨n.; -(e)s, -e⟩ Erzeugnis der Feinkeramik mit porösen Scherben, das weniger dicht ist als Porzellan □ faiança

Stein|koh|le ⟨f.; -, -n⟩ dichte, erdgeschichtlich alte Kohle mit hohem Gehalt an Kohlenstoff □ carvão mineral; hulha

Stein|metz ⟨m.; -en, -en⟩ **1** Handwerker, der Steine (für Bauten, Denkmäler u. a.) bearbeitet **2** Lehrberuf mit dreijähriger Ausbildungszeit □ canteiro

Stein|obst ⟨n.; -es; unz.⟩ Früchte (z. B. Pfirsich, Aprikose, Pflaume, Kirsche, Walnuss), bei denen die innere Schicht der Fruchtwand einen den Samen bergenden sehr harten Kern bildet □ fruta de caroço; drupa

Stein|schlag ⟨m.; -(e)s, -schlä|ge⟩ **1** Abstürzen von Steinen od. Felsstücken im Gebirge □ desabamento/ avalanche de pedras **2** ⟨unz.⟩ gebrochenes Gestein als Schotter □ brita; cascalho

Stein|zeit ⟨f.; -; unz.⟩ Abschnitt der Urgeschichte, während dessen die Menschen vorwiegend Steine als Werkzeug verwendeten; ältere, jüngere, mittlere ~ □ Idade da Pedra

Steiß ⟨m.; -es, -e; kurz für⟩ **1** unterer Teil des menschlichen Rumpfes □ nádegas; traseiro **2** hinteres (unteres) Ende der Wirbelsäule □ cóccix

Stell|dich|ein ⟨n.; - od. -s, - od. -s; oft iron.⟩ = Rendezvous(1)

Stel|le ⟨f.; -, -n⟩ **1** Ort, Platz, Stätte, Gegend; eine holperige, vereiste ~ (auf der Straße); eine raue, schadhafte ~; versetz dich einmal an meine ~!; als ich wiederkam, saß er noch an derselben ~; etwas an eine andere ~ setzen; an der falschen, richtigen ~ stehen □ lugar; eine kahle ~ auf dem Kopf, im Wald □ *uma clareira na cabeça/na floresta 1.1 offene, wunde ~ Wunde □ *ferida; ponto sensível 1.2 das ist eine schwache, empfindliche, verwundbare ~ von mir ⟨fig.⟩ in dieser Beziehung bin ich schwach usw. □ *este é meu ponto fraco/sensível/vulnerável 1.3 an jmds. ~ ⟨fig.⟩ in jmds. Rolle 1.3.1 ich an deiner ~ würde das nicht tun wenn ich du wäre 1.3.2 ich möchte nicht an seiner ~ sein ich möchte nicht mit ihm tauschen □ *no lugar de alguém 1.4 auf der ~ treten ⟨fig.⟩ nicht vorankommen, keinen Erfolg haben □ *não avançar; marcar passo 1.5 von der ~, weg, fort □ *fora do lugar 1.5.1 ich bringe den Schrank nicht von der ~ ich kann den S. nicht wegrücken, verrücken □ *não consigo tirar o armário do lugar 1.5.2 sich nicht von der ~ rühren still sitzen od. stehen bleiben □ *não se mexer; não sair do lugar 1.5.3 nicht von der ~ kommen ⟨fig.⟩ nicht vorankommen (mit einer Angelegenheit) □ *não sair do lugar; não avançar 1.6 etwas zur ~ schaffen ⟨fig.⟩ herbeischaffen □ *mandar vir alguma coisa 1.7 zur ~ sein ⟨fig.⟩ da sein, bereit sein, wo man gebraucht wird □ *estar a postos; → a. Ort¹(1.1) **2** Textstelle (in einem Buch, einer Zeitung), Teilstück, Absatz, Abschnitt; eine ~ (aus einem Buch, Brief) herausschreiben; eine ~ zitieren, noch einmal lesen; eine spannende ~ (im Buch); das ist an anderer ~

stellen

(im Buch) bereits erklärt worden; davon ist in dem Buch an mehreren ~n die Rede ☐ *passagem; trecho* **3** ⟨fig.⟩ *Anstellung, Stellung, Posten, Dienst;* eine ~ suchen, finden, bekommen; die ~ wechseln; eine gute, gut bezahlte ~; eine freie, offene, unbesetzte ~; ohne ~ sein; sich um eine ~ bemühen, bewerben ☐ *emprego; colocação* **3.1** *Position* **3.1.1** an erster ~ *als Erste(r), als Vorderste(r)* ☐ **em primeiro lugar;* em primeira posição **3.1.2** an erster ~ stehen *die größte Bedeutung haben, am wichtigsten sein, Vorgesetzter sein* ☐ **estar no topo* **3.1.3** ich werde mich an höherer ~ erkundigen, beschweren *beim Vorgesetzten* ☐ **vou me informar/reclamar com o superior* **3.2** *Amt, Behörde;* Beratungs~ ☐ *centro de orientação (social/profissional/psicológica etc.);* Dienst~; sich an der zuständigen ~ erkundigen ☐ *repartição; serviço* **3.2.1** die amtlichen ~n *die Behörden* ☐ **as repartições públicas* **4** *Platz einer Zahl in einer Zahlenreihe;* Dezimal~; die ersten ~n hinter dem Komma; eine Zahl mit drei, vier ~n ☐ *casa* **5** auf der ~ ⟨fig.⟩ *sofort;* er war auf der ~ tot ☐ **imediatamente; na hora* **6** ⟨Getrennt- u. Zusammenschreibung⟩ **6.1** an ~ = *anstelle*

stęl|len ⟨V. 500⟩ **1** ⟨500/Vr 3⟩ jmdn. od. etwas ~ *in aufrechte Lage, stehende Haltung bringen;* du musst die Flasche ~, nicht legen ☐ *colocar de pé;* jmdn. (der gestürzt ist) wieder auf die Füße ~ ☐ **pôr alguém novamente de pé; voltar a levantar alguém;* sich auf die Zehenspitzen ~ ☐ **ficar na ponta dos pés* **1.1** ⟨511/Vr 7 od. Vr 8⟩ jmdn. od. etwas irgendwohin ~ *(in aufrechter Stellung) irgendwohin tun, bringen;* einen Kochtopf auf den Herd ~; Geschirr, Blumen auf den Tisch ~; das Fahrrad in den Keller ~; Geschirr, Bücher in den Schrank ~ ☐ *colocar; pôr* **1.1.1** etwas in Aussicht ~ ⟨fig.⟩ *verheißen, ankündigen* ☐ **prometer/anunciar alguma coisa* **1.1.2** eine Sache über eine andere ~ ⟨fig.⟩ *eine S. mehr als eine andere schätzen* ☐ **colocar uma coisa acima de outra* **1.1.3** vor Gericht ~ ⟨fig.⟩ *anklagen* ☐ **processar alguém; levar alguém à justiça* **1.1.4** ⟨531⟩ jmdn. einen Helfer zur Seite ~ *einen H. geben* ☐ **colocar um auxiliar junto a alguém* **1.2** ⟨500/Vr 3⟩ sich irgendwohin ~ *sich irgendwo aufrecht hinstellen;* sich ans Fenster ~; sich (schützend) vor jmdn. ~; stell dich dorthin ☐ **colocar-se/postar-se em algum lugar* **1.2.1** sich hinter jmdn. ~ ⟨a. fig.⟩ *jmdn. unterstützen, für jmdn. Partei ergreifen* ☐ **apoiar alguém* **1.2.2** sich jmdm. in den Weg ~ ⟨a. fig.⟩ *jmdm. den Weg versperren, jmdn. am Weiterkommen hindern* ☐ **colocar-se no caminho de alguém* **1.3** ⟨500⟩ *Einrichtungsgegenstände* ~ *aufstellen, hinstellen;* wie sollen wir die Möbel ~?; das Zimmer ist so klein, dass man keinen Schrank ~ kann ☐ *colocar; dispor* **1.4** ⟨800; Part. Perf.⟩ auf sich selbst gestellt sein ⟨fig.⟩ *für sich selbst sorgen müssen, sich seinen Lebensunterhalt selbst verdienen* ☐ **estar por conta própria;* → a. *Kopf(1.10,1.10.1), Mann¹ (2.2), Schatten(4.5)* **2** ⟨500⟩ *Personen* od. *Material* ~ *herbeischaffen, beschaffen;* einen Bürgen, Vertreter, Zeugen ~; für einen Bau Arbeitskräfte ~; das Material stellt er, die Löhne zahle ich ☐ *mandar vir; arranjar* **2.1** etwas zur Verfügung ~ *leihen, zum Gebrauch geben* ☐ **colocar alguma coisa à disposição* **3** ⟨513⟩ etwas irgendwie ~ *einstellen* ☐ **colocar/dispor alguma coisa de determinado modo;* das Radio lauter ~ ☐ **aumentar o volume do rádio;* ein elektrisches Gerät auf null ~ ☐ **zerar um aparelho elétrico; dar reset num aparelho elétrico;* Wein kalt ~/kaltstellen ☐ **pôr o vinho para gelar;* Speisen warm ~/warmstellen ☐ **pôr a comida para esquentar* **3.1** ⟨500⟩ eine Uhr, ein Messgerät ~ *auf den gewünschten od. richtigen Wert einstellen;* den Wecker ~ ☐ *ajustar* **4** ⟨513/Vr 3⟩ sich irgendwie ~ *irgendetwas vortäuschen, tun, als ob etwas der Fall wäre;* sich krank, taub, unwissend ~; sich tot ~ (Tier); er stellt sich nur so ☐ **fazer-se de;* fingir-se de **5** ⟨553/Vr 3⟩ sich einlassen *auf, mit* od. einer Sache ~ *einstellen* ☐ **posicionar-se de determinado modo em relação a alguém ou alguma coisa* **6** *Fallen* ~ *aufstellen* ☐ **preparar/armar uma armadilha* **6.1** ⟨530/Vr 5 od. Vr 6⟩ jmdm. ein Bein ~ ⟨a. fig.⟩ *bewirken, dass jmd. im Weiterkommen behindert wird* ☐ **passar uma rasteira em alguém* **6.2** ⟨513/Vr 7⟩ etwas zur Schau ~ ⟨fig.⟩ *öffentlich zeigen* ☐ **colocar alguma coisa à mostra; expor alguma coisa* **7** ⟨500⟩ eine Frist, eine Aufgabe ~ *nennen, geben;* jmdm. eine Frist ~; jmdm. ein Thema (zur Bearbeitung) ~; jmdm. ein Ultimatum ~ ☐ **dar um prazo/uma tarefa (a alguém)* **7.1** *festlegen, bestimmen;* eine Rechnung ~; jmdm. ein Horoskop ~ ☐ *fazer* **8** ⟨500⟩ jmdn. ~ **8.1** *zum Stehen bringen, an der Flucht hindern, fangen;* bald hatte die Polizei den Verbrecher gestellt ☐ *capturar* **8.2** ⟨515⟩ jmdn. zur Rede ~ *von jmdm. Aufklärung, Rechenschaft fordern* ☐ **pedir explicações/satisfações para alguém* **8.3** ein Stück Wild ~ ⟨Jägerspr.⟩ *zum Stehenbleiben zwingen (vom Hund)* ☐ **acuar a caça* **8.4** ⟨Vr 3⟩ sich ~ *sich freiwillig melden, sich freiwillig zu den Behörden (der Polizei) begeben;* der Täter hat sich (freiwillig) gestellt ☐ *apresentar-se (espontaneamente)* **9** ⟨Funktionsverb⟩ **9.1** einen Antrag ~ *beantragen* ☐ **apresentar um requerimento* **9.2** Ersatz ~ *ersetzen* ☐ **fazer uma substituição* **9.3** eine Forderung ~ *fordern* ☐ **fazer uma exigência* **9.4** eine Frage ~ *etwas fragen* ☐ **fazer uma pergunta* **9.5** der Erfolg ist in Frage/infrage gestellt *der Erfolg ist fraglich, unsicher* ☐ **o êxito é incerto/questionável* **9.6** etwas in Abrede ~ *verneinen, leugnen* ☐ **contestar/negar/desmentir alguma coisa* **9.7** jmdm. einen Betrag in Rechnung ~ *berechnen* ☐ **pôr uma soma na conta de alguém* **9.8** etwas unter Beweis ~ *beweisen* ☐ **dar prova de alguma coisa* **9.9** jmdm. etwas zur Bedingung ~ *etwas als Voraussetzung fordern, ausbedingen* ☐ **colocar/estipular a alguém alguma coisa como condição*

stęl|len|los ⟨Adj. 24/70⟩ *stellungslos, ohne Anstellung* ☐ *desempregado*

stęl|len|wei|se ⟨Adv.⟩ **1** *an manchen Stellen, hier u. da;* ~ liegt auf den Feldern noch Schnee ☐ *aqui e ali;* em alguns pontos **2** *teilweise;* der Roman ist ~ sehr langweilig ☐ *parcialmente*

Stel|lung ⟨f.; -, -en⟩ **1** *Lage, Stand, Haltung; Körper~; Bein~; eine bequeme, gezierte, gezwungene, natürliche, zwanglose ~; gebückte, hockende, kniende, liegende, sitzende ~* **2** *Stand, Position; gesellschaftliche, soziale ~; die ~ der Gestirne* 2.1 *Einstellung, Regulierung; die ~ aller Hebel muss identisch sein* □ **posição 3** *Amt, Anstellung, Posten;* Dienst~; eine ~ suchen, finden, annehmen, aufgeben, bekommen; eine einflussreiche, hohe ~; eine ~ als Buchhalter haben; ohne ~ sein □ **emprego; colocação; posto** 3.1 *Rang;* er in seiner ~ kann so etwas nicht tun □ **posição; cargo 4** ⟨Mil.⟩ *Feldbefestigung, in der sich die Truppen zur Abwehr einrichten; befestigte ~; feste ~en beziehen in, bei ...* □ **posição 5** (zu einer Sache) ~ **nehmen** ⟨fig.⟩ *seine Meinung (zu einer S.) äußern* □ **tomar posição (em relação a alguma coisa)* 5.1 (für, gegen jmdn. od. etwas) **nehmen** *Partei ergreifen, eintreten, sich (für, gegen jmdn. od. etwas) aussprechen;* bisher hat sie noch nicht ~ genommen; er hat ausdrücklich für diese Lösung ~ genommen □ ***tomar posição (a favor/contra alguém ou alguma coisa)**

Stel|lung|nah|me ⟨f.; -, -n⟩ *Äußerung einer Meinung zu einem Vorfall od. Problem* □ **tomada de posição**

stel|lungs|los ⟨Adj. 24/60⟩ *ohne Anstellung* □ **desempregado**

Stell|ver|tre|ter ⟨m.; -s, -⟩ *jmd., der einen anderen vertritt, jmd., der im Namen eines anderen handelt* □ **representante; suplente**

Stel|ze ⟨f.; -, -n⟩ **1** *Stange mit über dem Boden angebrachtem Klotz zur Verlängerung des Beins; ~n laufen* 1.1 wie auf ~n gehen ⟨a. fig.⟩ *sich steif, geziert fortbewegen* □ **perna de pau 2** ⟨Zool.⟩ *Angehörige einer Familie gut laufender Singvögel: Motacillidae* □ **caminheiro; alvéola**

stel|zen ⟨V. 400⟩ **1** *auf Stelzen gehen* □ **andar sobre pernas de pau 2** *wie auf Stelzen, steifbeinig gehen od. schreiten; der Storch stelzte über die Wiese* 2.1 *sich steif, geziert fortbewegen* □ **caminhar de modo rígido/sem dobrar-se as pernas**

Stem|pel ⟨m.; -s, -⟩ **1** *Gerät mit Gummitypen od. -zahlen zum Drucken von Hand; einen ~ auf eine Urkunde drücken* 1.1 *Abdruck eines Stempels(1);* Datum~, Firmen~; den ~ unter einen Brief setzen □ **selo; carimbo 2** *Teil einer Prägevorrichtung* **3** *geprägtes Zeichen (auf Waren, Silber usw.)* □ **cunho 4** ⟨Bgb.⟩ *senkrecht od. schräg stehende Stütze in einer Strecke od. einem Abbau* □ **pontalete 5** ⟨Bot.⟩ *Fruchtknoten der Bedecktsamer mit Griffel u. Narbe: Pistillum* □ **pistilo 6** *Kolben einer Druckpumpe* □ **êmbolo 7** ⟨fig.⟩ *Zeichen, Prägung, Aussehen; dieses Werk trägt den ~ eines genialen Geistes, eines hervorragenden Könners* □ **marca**

stem|peln ⟨V.⟩ **1** ⟨500⟩ etwas ~ *einen Stempel auf etwas drücken;* einen Ausweis, Brief, eine Urkunde ~ □ **carimbar; selar 2** ⟨500⟩ **Gold, Silber** ~ *mit einem Prägezeichen versehen* □ **cunhar 3** ⟨400 od. Inf.⟩ ~ **gehen** ⟨umg.; veraltet⟩ *Arbeitslosenunterstützung beziehen (früher wurde die Auszahlung der Unterstützung mit einem Stempel auf der Ausweiskarte vermerkt);* er stempelt seit Monaten □ ***viver de seguro-desemprego 4** ⟨550/Vr 7 od. Vr 8⟩ **jmdn. zu etwas** ~ *als etwas bezeichnen, kennzeichnen;* jmdn. zum Verräter ~ □ ***qualificar/taxar alguém de alguma coisa**

Sten|del|wurz ⟨f.; -, -en; Bot.⟩ *Angehörige einer geschützten Gattung der Orchideen, in Wäldern u. Gebüschen verbreitet: Epipactis;* oV Ständelwurz □ **epipacte**

Sten|gel ⟨alte Schreibung für⟩ Stängel □ **caule; haste; talo; pedúnculo**

Stepp ⟨m.; -s, -s⟩ **1** *Tanz, dessen Rhythmus in lockeren, schnellen Fußbewegungen mit Hacke u. Spitze geschlagen wird u. zu dem, um die Wirkung zu verstärken, Schuhe mit besonderen Beschlägen getragen werden;* ~ tanzen □ **sapateado 2** ⟨Sp.; Tanzen⟩ *Schritt, Laufschritt* □ **passo acelerado**

Stepp|de|cke ⟨f.; -, -n⟩ *gefüllte Bettdecke, bei der die Hülle durch kassettenförmig gesteppte Nähte mit dem Futter verbunden ist* □ **colcha; edredom**

Step|pe ⟨f.; -, -n⟩ *baumlose Gegend, hauptsächlich mit Gräsern, die zusammen mit Stauden eine mehr od. minder geschlossene Pflanzendecke bilden, Grasland* □ **estepe**

step|pen[1] ⟨V. 500⟩ etwas ~ *mit Steppstichen nähen od. verzieren;* eine Naht, einen Saum ~ □ **pespontar**

step|pen[2] ⟨V. 400⟩ *Stepp tanzen* □ **dançar sapateado**

ster|ben ⟨V. 259/405(s.)⟩ **1 ein Lebewesen** *stirbt scheidet aus dem Leben, hört zu leben auf;* er ist gestern gestorben; eines natürlichen, unnatürlichen, gewaltsamen Todes ~; jung, alt, hochbetagt ~; plötzlich, unerwartet ~; am Herzschlag, an Altersschwäche ~; aus Gram ~; er ist für seine Überzeugung gestorben; über einem Werk, einer Arbeit ~ □ **morrer**; ... und wenn sie nicht gestorben sind, dann leben sie noch heute (Märchenschlussformel) □ ***... e viveram felizes para sempre**; ich sterbe vor Neugierde, vor Langeweile ⟨fig.; umg.⟩ □ ***estou morrendo de curiosidade/tédio** 1.1 hungers ~ *verhungern* □ ***morrer de fome** 1.2 du wirst nicht gleich dran ~! ⟨umg.⟩ *es wird dir nichts schaden* □ ***você não vai morrer por causa disso!** 1.3 im Sterben liegen *mit dem Tode ringen, kurz vorm Tode sein* □ ***estar à beira da morte** 1.4 durch jmdn., durch jmds. Hand ~ *von jmdm. ermordet werden* □ ***morrer pelas mãos de alguém** 1.5 es ist zum Sterben langweilig ⟨umg.⟩ *sehr langweilig* □ ***é um porre**; → a. **leben**(1.7) 1.6 einen alten Menschen friedlich ~ lassen □ **morrer**; ⟨aber Getrennt- u. Zu-

sterbenlassen

sammenschreibung) ~ lassen = *sterbenlassen* **2** etwas stirbt ⟨fig.⟩ *vergeht, schwindet, erlöscht; seine Liebe ist gestorben* ☐ **morrer; extinguir-se;** *eine ~de Kultur* ☐ **em extinção**

ster|ben|las|sen *auch:* **ster|ben las|sen** ⟨V. 175/500⟩ *aufgeben; einen Plan ~* ☐ **desistir de; renunciar a**

sterb|lich ⟨Adj. 24⟩ **1** ⟨70⟩ *Lebewesen sind ~ so beschaffen, dass sie sterben müssen, dem Tode unterworfen; alle Menschen sind ~* **1.1** *die Sterblichen* ⟨poet.⟩ *die Menschen* **1.2** *die ~en Überreste* ⟨geh.⟩ *die Leiche, die Gebeine* ☐ **mortal**

Ste|reo|an|la|ge ⟨f.; -, -n⟩ *aus mehreren einzelnen Geräten bestehende technische Anlage zum stereophonen Hören von Schallplatten, Kassetten, CDs, Radiosendungen usw.* ☐ **aparelho de som**

Ste|reo|fo|nie ⟨f.; -; unz.⟩ oV Stereophonie **1** ⟨Psych.⟩ *räumliches Hören* **2** *elektroakustische Technik der räumlich wirkenden Wiedergabe von Tönen* ☐ **estereofonia**

Ste|reo|pho|nie ⟨f.; -; unz.⟩ = Stereofonie

ste|reo|typ ⟨Adj.⟩ **1** *mit feststehender Schrift (gedruckt)* ☐ **estereotípico; estereotipado 2** *feststehend, unveränderlich* **3** ⟨fig.⟩ *ständig wiederkehrend, immer wieder gleich, formelhaft; eine ~e Antwort, Redewendung; ein ~es Lächeln* ☐ **estereotipado**

ste|ril ⟨Adj.⟩ **1** ⟨24⟩ *keimfrei; ~e Watte, Milch* ☐ **esterilizado; asséptico 2** ⟨24⟩ *unfruchtbar, unfähig, Nachkommen zu zeugen od. zu gebären* **3** ⟨fig.⟩ *nicht schöpferisch, nicht produktiv, geistig unfruchtbar; ~e Wissenschaft; ein ~er Schriftsteller* ☐ **estéril**

ste|ri|li|sie|ren ⟨V. 500⟩ **1** *Gegenstände ~ keimfrei machen, enthkeimen durch Erhitzen auf 100-130ºC; Lebensmittel zur Konservierung ~* **2** *jmdn., ein Lebewesen ~ unfruchtbar, zeugungsunfähig machen bei Erhaltung der Keimdrüsen* ☐ **esterilizar;** → a. *kastrieren(1)*

Stern[1] ⟨m.; -(e)s, -e⟩ **1** *Gestirn, Himmelskörper; die ~e funkeln, strahlen, leuchten; mit ~en besäter Himmel; ~ erster, zweiter Größe; das Schicksal aus den ~en deuten* ⟨Astrol.⟩; *in den ~en lesen* ⟨Astrol.⟩ ☐ **estrela 1.1** *~ie tanzten mir vor den Augen* ⟨fig.; umg.⟩ *es flimmerte mir vor den A.* ☐ ***vi estrelas* 1.2** *ein guter ~ hat mich davor bewahrt* ⟨fig.⟩ *eine günstige Fügung* ☐ **estrela 1.3** *nach den ~en greifen* ⟨fig.⟩ *nach dem Höchsten streben, Unmögliches wollen* ☐ ***querer alcançar a lua; querer o impossível* 1.4** *unter einem günstigen, ungünstigen ~ geboren sein* ⟨fig.⟩ *im Leben viel Glück, Unglück haben* ☐ ***ter nascido sob uma boa/má estrela* 1.5** *die Veranstaltung stand unter einem (keinem) günstigen ~* ⟨fig.⟩ *fand unter guten (schlechten) Voraussetzungen statt* ☐ ***a cerimônia (não) se deu numa ocasião propícia;* → a. *neu(2.2)* **2** *sternähnliches Gebilde* ☐ **estrela 2.1** *sternförmiges gedrucktes Zeichen* ☐ **asterisco 2.1.1** *sternförmiges Symbol zur Bezeichnung der Güteklasse von Hotels und Speiselokalen; ein Restaurant, Hotel mit vier ~en* **2.2** *sternförmiger Gegenstand als Rangabzeichen u. a.; Ordens~; zwei ~e auf den Schulterstücken haben* **2.3** *Blesse (des Pferdes)* **3** ⟨fig.⟩ *Berühmtheit, Star; Film~; ein neuer ~ am Film-, Theaterhimmel*

☐ **estrela 4** ⟨poet.⟩ *strahlender, leuchtender Gegenstand, Körper* ☐ **estrela;** *Augen~* ☐ ***menina do olho; pupila* 5** ⟨fig.; umg.; schweiz.⟩ *Freund(in), Geliebte(r)* ☐ **namorado(a)**

Stern[2] ⟨m.; -(e)s, -e⟩ *Heck (des Schiffes)* ☐ **popa**

Stern|bild ⟨n.; -(e)s, -er⟩ *als Bild gedeutete Gruppe von Sternen; ~ des Wassermanns* ☐ **constelação**

Stern|blu|me ⟨f.; -, -n⟩ = Aster

Stern|chen ⟨n.; -s, -⟩ **1** *kleiner Stern* ☐ **estrelinha 2** ⟨Zeichen: *⟩ *sternförmiges gedrucktes Zeichen (für Fußnoten, zur Kennzeichnung besonderer Qualitäten usw.)* ☐ **asterisco 2.1** *dieses Bauwerk ist im Reiseführer mit drei ~ versehen ist bes. sehenswert* ☐ **estrela 3** ⟨fig.⟩ *angehende Berühmtheit beim Film; Film~* ☐ **starlet**

Stern|schnup|pe ⟨f.; -, -n⟩ *kleiner punkt- od. sternförmiger Meteor* ☐ **estrela cadente**

Stern|war|te ⟨f.; -, -n⟩ *wissenschaftliches Observatorium, Institut, in dem die Gestirne beobachtet werden* ☐ **observatório astronômico**

Sterz ⟨m.; -es, -e⟩ **1** *Schwanz (bes. von Vögeln)* ☐ **uropígio 2** *Führungs- u. Haltevorrichtung am Pflug; Pflug~* ☐ ***rabiça;* esteva 3** ⟨bair.; österr.⟩ *dicker Brei (als Nahrungsmittel); Mehl~, Kartoffel~* ☐ **mingau; papa**

Ste|tho|skop *auch:* **Ste|thos|kop** ⟨n.; -s, -e⟩ *ärztliches Untersuchungsgerät zum Abhören von Herz u. Lunge* ☐ **estetoscópio**

ste|tig ⟨Adj.⟩ *beständig, andauernd, gleichmäßig, nicht unterbrochen; ~e Arbeit; ~er Fleiß; ~er Wind* ☐ **constante; contínuo**

stets ⟨Adv.⟩ *immer, jederzeit, jedes Mal; ich bin ~ für ihn eingetreten, wenn es nötig war; er bringt ~ Blumen mit, wenn er kommt; er ist ~ hilfsbereit; du bist mir ~ willkommen; ~ zu (Ihren) Diensten* ☐ **sempre**

Steu|er[1] ⟨n.; -s, -⟩ **1** *Vorrichtung zum Lenken* **1.1** *am ~ sitzen ein Auto steuern* ☐ **direção; volante 1.2** *am ~ stehen ein Schiff steuern* ☐ **timão 2** ⟨fig.⟩ *Lenkung, Leitung, Führung; das ~ (der Regierung o. Ä.) fest in der Hand haben* ☐ **comando**

Steu|er[2] ⟨f.; -, -n⟩ *vom Staatsbürger zu leistende Abgabe; Einkommen~; Lohn~; Tabak~; Vermögen(s)~; ~n hinterziehen; das Auto kostet monatlich 238,– € ~n; der ~ unterliegen; ~n zahlen; hohe ~n; eine Sache mit einer ~ belegen* ☐ **imposto; taxa**

Steu|er|bord ⟨n.; -(e)s; unz.; Flugw.; Mar.⟩ *rechte Seite des Schiffs od. Flugzeugs; Ggs Backbord* ☐ **estibordo**

Steu|er|mann ⟨m.; -(e)s, -män|ner od. -leu|te⟩ *zum Steuern von Schiffen u. Booten ausgebildeter Seemann* ☐ **timoneiro; piloto**

steu|ern ⟨V.⟩ **1** ⟨500⟩ *etwas ~ lenken; ein Schiff, Auto, Flugzeug, einen Kran ~* ☐ **dirigir; pilotar 1.1** *den Ton ~ Tonhöhe u. Lautstärke ausgleichen* ☐ **regular; ajustar 1.2** ⟨400⟩ *das Steuer handhaben* ☐ **manobrar 2** ⟨411(s.)⟩ **irgendwohin ~** *das Steuer in eine bestimmte Richtung drehen; nach einer Insel, in den Hafen ~; wohin steuert er?* ☐ **rumar; ir**

Steu|e|rung ⟨f.; -, -en⟩ **1** ⟨unz.⟩ *das Steuern* ☐ **manobra; pilotagem 2** *Vorrichtung zum Lenken* ☐ **direção; volante 3** *Vorrichtung zur Regelung eines Arbeitsablaufes* ☐ **dispositivo de controle**

Ste|ven ⟨m.; -s, -⟩ *Bug u. Heck eines Schiffes begrenzende Bauteile;* Vorder~ □ *roda de proa; Hinter~ □ *cadaste

Ste|ward ⟨[stjuːərt] m.; -s, -s; auf Schiffen u. in Flugzeugen⟩ *Betreuer der Fahrgäste* □ comissário de bordo

Ste|war|dess ⟨[stjuːərdɛs] f.; -, -en⟩ *weibl. Steward* □ aeromoça

Stich ⟨m.; -(e)s, -e⟩ **1** *das Stechen, Einbohren eines spitzen Gegenstandes* □ pontada; estocada; incisão **1.1** *er erhielt drei ~e in die Brust ihm wurde dreimal in die B. gestoßen* □ punhalada; facada **2** *die durch Stich(1) entstandene Wunde;* Dolch~ □ *punhalada; Messer~ □ *facada; Nadel~ □ *alfinetada; agulhada; Insekten~ □ picada; *tiefer, tödlicher ~* □ punhalada; facada; estocada; picada **3** ⟨fig.⟩ *stechender Schmerz; ~e in der Seite, in der Brust verspüren* **3.1** *das gab mir einen ~ (ins Herz) das schmerzte mich tief* □ pontada **4** *Einstechen mit der Nadel u. Durchziehen des Fadens (beim Nähen, Sticken); mit kleinen, großen ~en nähen* **4.1** *die aus Stichen(4) entstehende Figur;* Kreuz~; Stepp~; Stiel~ □ ponto **5** *Kupferstich, Stahlstich; alte ~e sammeln; ein ~ von Dürer* □ gravura **6** *beginnende Säuerung, Fäulnis* □ ranço **6.1** *die Milch, das Fleisch hat einen ~ schmeckt nicht mehr ganz frisch* □ *o leite azedou; a carne está com gosto de estragada **7** *einen ~ haben* ⟨fig.; umg.⟩ *abwertend) verrückt, nicht recht bei Verstand sein* □ *não bater bem da cachola **8** *einen ~ ins Grüne, Rötliche usw. haben ins Grüne, Rötliche usw. übergehen* □ *puxar para o verde/vermelho etc. **9** *(nicht) ~ halten (nicht) überzeugen, einer Probe (nicht) standhalten; der Beweis, die Behauptung hält nicht* Stich □ *(não) ter fundamento; (não) sustentar-se **10** *jmdn. od. etwas im ~ lassen treulos verlassen, seinem Schicksal preisgeben* **10.1** *sein Gedächtnis lässt ihn im ~ er kann sich nicht erinnern, es fällt ihm nicht wieder ein* □ *deixar na mão **11** ⟨Kart.⟩ *Wegnahme gegnerischer Karten durch höherwertige eigene* □ vaza **11.1** *einen ~ machen die gegnerischen Karten an sich nehmen* □ pegar uma vaza **12** ⟨Met.⟩ *Durchgang des Walzgutes beim Walzen* □ passo **13** ⟨Arch.⟩ *Höhe eines Bogens od. Gewölbes* □ flecha **14** ⟨Mar.⟩ *eine Art Knoten* □ nó **15** ⟨Jägerspr.⟩ *unterer Brustteil (des Hochwildes), aus dem sich der Hals heraushebt* □ peito

Sti|chel ⟨m.; -s, -⟩ *spitzes Werkzeug für Holz-, Kupferod. Stahlstiche, mit dem die Zeichnung in die Platte eingegraben wird* □ buril; cinzel

sti|cheln ⟨V. 400⟩ **1** *mit kleinen Stichen nähen od. sticken* **2** *eifrig, emsig nähen od. sticken* □ costurar/bordar (com zelo) **3** ⟨fig.⟩ *boshaft auf etwas anspielen, boshafte Bemerkungen machen; gegen jmdn. ~* □ espicaçar; lançar indiretas

stich|fest ⟨Adj.⟩ **1** *gegen Stiche gesichert* □ à prova de furos/incisões **2** ⟨fig.⟩ *unangreifbar, unantastbar; hieb- und ~* □ *inatacável; irrefutável

stich|hal|ten ⟨alte Schreibung für⟩ *Stich halten*

stich|hal|tig ⟨Adj.⟩ *überzeugend, wohlbegründet, nicht widerlegbar; eine ~e Begründung, ein ~er Beweis* □ convincente; bem fundamentado

Stich|ling ⟨m.; -s, -e; Zool.⟩ *Angehöriger einer Fischfamilie, deren Rücken- u. Bauchflossen in Dornen umgewandelt sind: Gasterosteidae* □ esgana-gata

Stich|pro|be ⟨f.; -, -n⟩ *Prüfung od. Untersuchung eines einzelnen Teils, von dem man aufs Ganze schließen kann* □ amostra

Stich|tag ⟨m.; -(e)s, -e⟩ *für bestimmte Handlungen, für das Inkrafttreten von Vorschriften u. Ä. festgesetzter Tag, Termin; der 1. Juli ist der ~ für das Alter schulpflichtig werdender Kinder* □ prazo; data-limite; vencimento

Stich|wort 1 ⟨n.; -(e)s, -wör|ter; in Nachschlagewerken⟩ *Wort, das erklärt wird; neue Stichwörter aufnehmen* □ verbete **2** ⟨n.; -(e)s, -e⟩ **2.1** *Wort eines Schauspielers, auf das hin ein anderer einsetzen od. auftreten muss; das ~ geben* **2.1.1** ⟨fig.⟩ *Wort, Bemerkung, auf das bzw. die hin etwas geschieht od. etwas getan wird; das war das ~, das alle zum Aufbruch mahnte; auf dieses ~ hin erhoben sich alle von ihren Sitzen* □ deixa **2.2** *Wort, in dem der Sinn eines längeren Textes zusammengefasst ist; sich etwas in ~en aufschreiben, notieren* □ palavra-chave

sti|cken ⟨V.⟩ **1** ⟨400⟩ *durch Stiche auf Stoff Verzierungen herstellen; früher stickte man noch viel mit der Hand* **2** ⟨500⟩ *etwas ~ mit Stichen verzieren; eine Decke, ein Kissen ~* □ bordar

sti|ckig ⟨Adj.⟩ *schwer zum Atmen, dumpf, zum Ersticken, verbraucht; ~e Luft; hier ist es so ~; ~ heiß* □ abafado; sufocante

Stick|stoff ⟨m.; -(e)s; unz.; chem. Zeichen: N⟩ *chem. Element, Nichtmetall, Ordnungszahl 7, Hauptbestandteil der Luft* □ nitrogênio

stie|ben ⟨V. 260/400(s.)⟩ *etwas stiebt fliegt in kleinen Teilchen auseinander* □ dispersar-se; espalhar-se; *das Pferd galoppierte davon, dass die Funken stoben* □ faiscar; soltar faíscas

Stief|bru|der ⟨m.; -s, -brü|der⟩ *Bruder, mit dem man keinen od. nur einen Elternteil gemeinsam hat* □ meio-irmão

Stie|fel ⟨m.; -s, -⟩ **1** *hoher, über die Knöchel reichender Schuh; sie hat noch zwei Paar ~ im Schrank* □ bota **1.1** *das zieht einem ja die ~ aus!* ⟨fig.; umg.⟩ *das ist unerträglich, überraschend u. unangenehm* □ *é o fim da picada! **2** *alter ~* ⟨fig.; umg.⟩ *gewohnter Trott; es geht schon so im alten ~, nach dem alten ~ weiter* **2.1** *immer seinen alten ~ arbeiten im alten Trott* □ *(na) toada de sempre **3** *ein ordentlicher, tüchtiger ~* ⟨fig.; umg.⟩ *viel* □ muito; a valer **3.1** *einen ordentlichen ~ vertragen viel Alkohol* □ *aguentar bem a bebida **3.2** *einen tüchtigen ~ zusammenreden viel Unsinn* □ *só falar abobrinha **4** *hohes Trinkgefäß in Form eines Stiefels* □ caneca

Stief|kind ⟨n.; -(e)s, -er⟩ **1** *Sohn od. Tochter des Ehepartners* □ enteado; enteada **2** ⟨fig.⟩ *jmd. od. eine Sache, dem bzw. der man ungerechterweise wenig Aufmerksamkeit widmet; diese Abteilung ist das ~ des Betriebes* □ *esta seção é a parte esquecida da empresa **2.1** *ein ~ des Glückes* ⟨fig.⟩ *Mensch, der im Leben wenig Glück gehabt hat* □ *nascido sob uma

Stiefmutter

má estrela; als ~ behandelt werden □ *ser tratado como primo pobre

Stief|mut|ter ⟨f.; -, -müt|ter⟩ zweite Frau des Vaters, nicht leibliche Mutter □ madrasta

Stief|müt|ter|chen ⟨n.; -s, -; Bot.⟩ beliebte Veilchenart mit bunten, auch mehrfarbigen Blüten: Viola tricolor □ amor-perfeito

stief|müt|ter|lich ⟨Adj.⟩ **1** wie eine schlechte Stiefmutter □ como madrasta 1.1 jmdn. ~ behandeln ⟨fig.⟩ lieblos behandeln, vernachlässigen □ *tratar alguém com negligência/desprezo 1.1.1 die Natur hat jmdn. ~ behandelt die Natur hat ihn vernachlässigt, er ist nicht sehr schön □ *a natureza foi madrasta com alguém

Stief|va|ter ⟨m.; -s, -väl|ter⟩ zweiter Mann der Mutter, nicht leiblicher Vater □ padrasto

Stie|ge¹ ⟨f.; -, -n⟩ **1** schmale, steile Treppe □ escada estreita e íngreme **2** ⟨süddt.⟩ Treppe □ escada **3** ⟨bes. österr.⟩ Verschlag, Lattenkiste □ engradado

Stie|ge² ⟨f.; -, -n⟩ altes Zählmaß, 20 Stück □ vintena

Stiel ⟨m.; -(e)s, -e⟩ **1** langes, dünnes Verbindungsstück zwischen zwei größeren Teilen 1.1 stabförmiger Griff, Handgriff; Axt~, Löffel~, Peitschen~, Pinsel~ □ cabo 1.2 = Stängel 1.3 Teil des Glases zwischen Fuß u. Kelch □ haste

Stiel|au|ge ⟨n.; -s, -n⟩ **1** auf einem beweglichen Stiel sitzendes Auge mancher Krebstiere □ olho pedunculado **2** ~n machen, bekommen ⟨fig.; umg.⟩ etwas od. jmdn. begierig od. neugierig anblicken, anstarren □ *arregalar os olhos; ficar de olhos arregalados

stier ⟨Adj.⟩ **1** starr, unbeweglich; ein ~er Blick; jmdn. ~ ansehen □ fixo; fixamente **2** ⟨40⟩ ~ sein ⟨umg.; österr.; schweiz.⟩ ohne Geld sein □ *estar duro/sem um tostão

Stier ⟨m.; -(e)s, -e⟩ **1** Bulle, männl. Rind 1.1 den ~ bei den Hörnern packen, fassen ⟨fig.⟩ eine Angelegenheit mutig angreifen □ touro **2** ⟨Astron.⟩ Sternbild des nördlichen Himmels u. zweites Sternbild des Tierkreises; sie ist im Zeichen des ~es geboren □ Touro

stie|ren¹ ⟨V. 400⟩ die Kuh stiert ist brünstig □ estar no cio

stie|ren² ⟨V. 411⟩ jmd. stiert irgendwohin blickt starr, mit stierem Blick, regungslos; er stierte auf den Kuchen □ fitar; olhar fixamente

Stift¹ ⟨m.; -(e)s, -e⟩ **1** stäbchenförmiges Gerät, kleiner Pflock, kleiner Nagel ohne Kopf □ pino; cavilha **2** ⟨kurz für⟩ Bleistift, Zeichenstift, Buntstift □ lápis **3** ⟨fig.; umg.⟩ kleiner Junge □ garoto; menino 3.1 Lehrling □ estagiário; aprendiz

Stift² ⟨n.; -(e)s, -e od. (selten) -er⟩ **1** mit gestiftetem Grundbesitz u. Vermögen ausgestattete, einem geistlichen Kollegium gehörende, kirchlichen Zwecken dienende Anstalt, z. B. Kloster □ casa religiosa; convento **2** ⟨danach auch⟩ 2.1 Erziehungsanstalt (für Mädchen) □ colégio para moças 2.2 Altersheim □ casa de repouso

stif|ten¹ ⟨V. 400; schweiz.⟩ als Lehrling (Stift¹(3.1)) tätig sein; ich stifte bei der Firma X □ fazer estágio; estagiar

stif|ten² ⟨V.⟩ **1** ⟨500⟩ etwas ~ schenken, spenden; eine Summe für einen wohltätigen Zweck ~ □ doar; dar

1.1 ⟨umg.⟩ spendieren; er hat eine Flasche Kognak gestiftet □ oferecer; pagar; → a. Runde(2.1) **2** ⟨500⟩ etwas ~ gründen, ins Leben rufen u. die finanziellen Mittel dafür bereitstellen; ein Kloster, eine Kirche ~; einen Orden, Preis ~ □ fundar; instituir **3** ⟨500⟩ eine Sache ~ ⟨fig.⟩ schaffen, herbeiführen; Frieden ~ □ restabelecer; Gutes ~ fazer; Unfrieden ~ semear; criar 3.1 einen Brand ~ B. legen, etwas böswillig anzünden □ *pôr fogo; incendiar

stif|ten³ ⟨V.; nur in der Wendung⟩ ~ gehen ⟨umg.⟩ davonlaufen, weglaufen; er ist ~ gegangen □ sair correndo; dar no pé

Stif|tung ⟨f.; -, -en⟩ **1** ⟨Rechtsw.⟩ juristische Person, in der ein nach dem Willen eines Stifters eingebrachtes Vermögen einem bestimmten Zweck dienen soll; Geld aus einer ~ bekommen; eine ~ errichten, verwalten □ instituição **2** Schenkung; eine kirchliche, öffentliche ~ □ doação **3** Gründung; die ~ des Klosters □ fundação

Stig|ma ⟨n.; -s, Stig|men od. Stig|ma|ta⟩ **1** Zeichen, Mal **2** ⟨kath. Kirche⟩ Wundmal (Christi) □ estigma **3** ⟨Zool.⟩ eine der seitlichen, am Körper liegenden Öffnungen der Atmungsorgane (Tracheen) von Insekten, Tausendfüßlern u. Spinnen □ espiráculo **4** ⟨Bot.⟩ = Narbe(3)

Stil ⟨m.; -(e)s, -e⟩ **1** die Art u. Weise, sich schriftlich auszudrücken; ~ eines Dichters; einen guten, schlechten ~ schreiben; flüssiger, knapper, gewandter, weitschweifiger ~ **2** einheitliches Gepräge der künstlerischen Erzeugnisse einer Zeit, einer Persönlichkeit; Bau~, Mal~; Barock~, Rembrandt~; gotischer, romanischer ~; der ~ Richard Wagners, Franz Marcs besonderes Gepräge einer menschlichen Lebensweise, Lebens~; der ~ einer Zeit, unserer Zeit; einen eigenen, persönlichen ~ entwickeln 3.1 jmd. hat ~ jmds. Art zu leben hat ein vorbildliches Gepräge 3.2 eine Veranstaltung großen ~s eine in jeder Beziehung großzügige V. 3.3 in großem ~ leben in finanziell großzügiger Weise **4** Art, Technik der Ausübung einer Sportart; Schwimm~ □ estilo

Sti|lett ⟨n.; -(e)s, -e⟩ Dolch mit kurzer, schmaler, dreikantiger Klinge □ estilete

sti|li|sie|ren ⟨V. 500⟩ Formen der Natur ~ künstlerisch vereinfacht wiedergeben; stilisierte Blattornamente □ estilizar

Sti|lis|tik ⟨f.; -, -en⟩ **1** ⟨unz.⟩ Lehre von den Gesetzen des sprachlichen Stils(1) **2** Lehrbuch der Stilistik(1) □ estilística

sti|lis|tisch ⟨Adj. 24/90⟩ den Stil(1,2) betreffend; eine ~e Analyse; der Aufsatz ist ~ gut, schlecht □ estilístico; estilisticamente

still ⟨Adj.⟩ **1** ohne zu sprechen, schweigend, stumm; du bist heute ja so ~; willst du wohl ~ sein? ⟨umg.⟩ □ quieto; calado, in ~em Gedenken (Schlussformel in Beileidsbriefen) □ *sinceras condolências, in ~er Trauer, in ~em Schmerz (in Todesanzeigen) □ *com grande/profundo pesar 1.1 sei ~! hör auf zu reden! □ *fique quieto! **2** geräuschlos, lautlos; ein ~er Seufzer □ silencioso; sich ~ verhalten □ *ficar quieto; es wurde

~ im Saal □ *fez-se silêncio no salão 2.1 ~! *Ruhe!, ruhig!* □ silêncio! 2.2 ~es Gebet *nicht in Worten ausgesprochenes G.* 2.3 ~e Messe *M., die nur zelebriert, nicht gesprochen oder gesungen wird* □ silencioso 3 *unbeweglich, regungslos* 3.1 bitte den Kopf jetzt ganz ~ halten *ruhig, halten, nicht bewegen;* ⟨aber⟩ → a. stillhalten 3.2 ich will nur ganz ~ liegen *ruhig liegen;* ⟨aber⟩ → a. stillliegen 3.3 er blieb ganz ~ sitzen *ruhig sitzen;* ⟨aber Getrennt- u. Zusammenschreibung⟩ ~ sitzen = stillsitzen 3.4 ich kann sehr lange ganz ~ stehen *ruhig stehen;* ⟨aber⟩ → a. stillstehen □ imóvel; parado; quieto 3.5 ⟨60⟩ ~es Wasser *stehendes Gewässer* 3.5.1 ~e Wasser sind tief ⟨fig.⟩ *hinter der ruhigen, verschlossenen Außenseite eines Menschen verbirgt sich oft mehr, als es den Anschein hat* □ parado 4 *wenig belebt, ruhig, friedlich;* eine ~e Straße; ein ~er Ort; ein schönes Buch für eine ~e Stunde □ calmo; pacato; tranquilo 4.1 ⟨60⟩ Stiller Freitag *Karfreitag* □ *Sexta-feira Santa 4.2 ⟨60⟩ Stille Woche *Karwoche* □ *Semana Santa 4.3 um diese Sache ist es ~ geworden *es wird nur noch wenig von dieser S. gesprochen* □ *quase não se fala mais nisso 5 *zurückhaltend, wenig sprechend, ruhig;* er ist ein ~er Mensch, ein ~es Kind; sie ging ~ neben ihm her □ reservado; quieto 6 *nicht in Erscheinung tretend* 6.1 ein ~er Betrachter *jmd., der am Gespräch, am Trubel eines Festes u. Ä. nicht teilnimmt, sondern nur zuhört, zusieht* □ taciturno; calado 6.2 ~e Reserven *R., die nicht in der Bilanz ausgewiesen sind* □ *reservas tácitas/ocultas 6.3 ~er Teilhaber, Gesellschafter *T., G., der nach außen hin nicht in Erscheinung tritt, aber gewisse Rechte hat* □ *sócio comanditário 7 *heimlich, verborgen;* sie ist seine ~e Liebe □ secreto 7.1 der ~e Ort, das ~e Örtchen ⟨umg.; verhüllend⟩ *die Toilette* □ *reservado; casinha 7.2 im Stillen *heimlich, bei sich, im Inneren;* im Stillen sagte er sich ...; sich im Stillen wundern, fluchen, freuen □ *interiormente; intimamente

Sti|lle ⟨f.; -; unz.⟩ 1 *Zustand des Stillseins, Ruhigseins* 1.1 *Ruhe, Schweigen;* andächtige, feierliche, tiefe, wohltuende ~ □ silêncio 1.2 *Friede;* die ~ der Nacht, des Waldes □ calada 1.3 in der ~ *ohne Aufsehen, in Ruhe, in ruhigem Nachdenken, Besinnen* □ *em silêncio; com tranquilidade 1.3.1 in aller ~ heiraten *ohne Aufsehen;* jmdn. in aller ~ beisetzen, begraben □ *com a máxima discrição 2 *das Fehlen von Bewegung;* Geschäfts~; Wind~ □ calmaria

Sti|lle|ben ⟨alte Schreibung für⟩ *Stillleben*

sti|lle|gen ⟨alte Schreibung für⟩ *stilllegen*

sti|llen ⟨V. 500⟩ 1 einen Säugling ~ *an der Mutterbrust trinken lassen* □ amamentar 2 etwas ~ *zum Stillstand bringen;* Blutungen; ~ □ estancar 2.1 ⟨fig.⟩ *zur Ruhe bringen, besänftigen;* Schmerzen ~ □ aplacar; acalmar 3 ein Bedürfnis ~ *befriedigen;* Durst, Hunger ~ □ matar

sti|ll|ge|stan|den → *stillstehen*

sti|ll|hal|ten ⟨V. 160/400⟩ 1 *ohne Widerspruch ausharren* □ aguentar calado 2 *sich nicht gegen etwas zur Wehr setzen;* wir haben lange genug stillgehalten □ não reagir; → a. *still (3.1)*

Sti|ll|le|ben ⟨N.; -s, -⟩ *bildliche Wiedergabe lebloser od. unbewegter Gegenstände, bes. Blumen, Früchte, erlegtes Wild* □ natureza-morta

sti|ll|le|gen ⟨V. 500⟩ (legte still, stillgelegt) etwas ~ *schließen, vorübergehend od. dauernd einstellen;* einen Betrieb, den Verkehr ~ □ paralisar; suspender; fechar

sti|ll|lie|gen ⟨V. 180/400⟩ eine Fabrik liegt still *ist außer Betrieb* □ estar paralisado/parado; → a. *still (3.2)*

sti|ll|schwei|gen ⟨V. 233/400⟩ 1 *nicht reden* □ calar-se 1.1 ⟨Part. Präs.⟩ ~d *ohne zu sprechen, schweigend;* er nahm ihren Vorwurf ~d hin; in ~dem Einverständnis □ mudo; calado; tácito 1.1.1 eine ~de Übereinkunft *nicht ausgesprochene Ü.* □ tácito; implícito

sti|ll|sit|zen *auch:* still sit|zen ⟨V. 246/400(h.) od. süddt. (s.)⟩ *konzentriert sein;* kannst du jetzt bitte einmal ~? □ concentrar-se; → a. *still (3.3)*

Sti|ll|stand ⟨m.; -(e)s; unz.⟩ *das Stillstehen, Pause, Einstellung einer Bewegung;* ~ einer Entwicklung □ pausa; intervalo; eine Blutung, eine Maschine zum ~ bringen □ *estancar um sangramento; parar uma máquina;* der Motor, Verkehr kommt zum ~ □ *o motor/o trânsito para

sti|ll|ste|hen ⟨V. 256/400(h.) od. süddt., österr., schweiz. (s.)⟩ 1 *nicht in Tätigkeit sein, aufhören zu arbeiten;* die Maschinen stehen still; eine stillstehende Fabrikanlage □ estar parado 1.1 stillgestanden! *(militärisches Kommando)* □ sentido! ; → a. *still (3.4)*

Stimm|band ⟨n.; -(e)s, -bän|der⟩ *bandartiges Organ im Kehlkopf, das an der Stimmbildung beteiligt ist* □ corda vocal

Stim|me ⟨f.; -, -n⟩ 1 *die von Menschen u. Tieren mittels Stimmbänder erzeugten Töne;* Sy *Organ(2);* eine dunkle, harte, heisere, helle, hohe, klare, knarrende, laute, leise, metallische, schrille, tiefe, weiche ~; jmdn. od. ein Tier an der ~ erkennen 1.1 *durch die Stimmbänder zum Zweck des Sprechens erzeugte Töne;* seine ~ brach; seine ~ gehorchte ihm nicht (mehr); seine ~ verstellen; seine ~ zitterte; mit gedämpfter, lauter, leiser ~ sprechen; die ~ erheben, senken; seine ~ ölen ⟨fig.; umg.⟩ □ voz 1.1.1 mit halber ~ sprechen *leise, gedämpft* □ *falar a meia-voz 1.2 *Fähigkeit zu sprechen;* seine ~ versagte □ *sua voz falhou 1.3 *(Fähigkeit zur) Artikulation von Tönen zum Zwecke des Singens;* der Sänger hat eine gute, schöne, volle, tragende ~; seine ~ ausbilden (lassen) □ voz 1.3.1 (nicht) gut bei ~ sein *augenblicklich (nicht) gut singen können, (nicht) disponiert sein* □ *(não) estar com boa voz 1.4 ⟨fig.⟩ *instrumentales Hervorbringen von Tönen;* die ~n der Geigen, Flöten, Trompeten 2 *von einem einzelnen Spieler od. Sänger (bzw. einer Spieler- od. Sängergruppe) auszuführender Teil eines Musikstückes;* Gesangs~; Instrumental~; erste, zweite, dritte ~ singen (in einem mehrstimmigen Satz) 3 *schriftlich vorliegende Noten für eine Stimme(2);* die ~n einsammeln, verteilen 4 ⟨fig.⟩ *Äußerung, Mahnung, Weisung;* eine innere ~ sagt mir, dass ...; die ~ der Wahrheit; der ~ des Gewissens, des Herzens, der Vernunft folgen □ voz 5 *Meinungsäußerung* 5.1 die

stimmen

~n mehren sich, dass ... *man hört immer öfter davon sprechen, dass ...* ◻ *há cada vez mais pessoas dizendo que...* 5.2 die ~ der Öffentlichkeit, des Volkes *die öffentliche Meinung* 5.3 *Recht zur Meinungsäußerung; in einer Vereinigung, im Parlament Sitz und ~ haben* ◻ **voz** 5.4 *Willensbekundung bei einer Abstimmung;* sich der ~ enthalten; die ~n zählen 5.4.1 seine ~ abgeben *sich an einer Abstimmung beteiligen, wählen* 5.4.2 der Kandidat hat alle ~n auf sich vereinigt *ist einstimmig gewählt worden* ◻ **voto** 5.4.3 in einer Versammlung, Vereinigung beratende ~ haben *beratendes Mitglied sein, eine (nur) beratende Funktion haben* ◻ **voz**

stim|men ⟨V.⟩ **1** ⟨400⟩ etwas stimmt *ist richtig, wahr;* es stimmt, was er gesagt hat; stimmt es, dass ...?; das stimmt nicht!; die Nachricht stimmt (nicht); die Rechnung, der Kassenbetrag stimmt (nicht); das kann nicht, kann unmöglich ~ ◻ **estar certo/correto; conferir** 1.1 ⟨400⟩ hier stimmt etwas nicht! *hier ist etwas nicht in Ordnung* ◻ **tem alguma coisa aqui que não está batendo!* 1.2 ⟨411⟩ bei dir stimmt's wohl nicht (ganz)? ⟨umg.⟩ *du bist wohl nicht recht bei Verstand?* ◻ **ficou maluco?* **2** ⟨417⟩ etwas stimmt zu jmdm. od. einer Sache *passt*; die Vorhänge ~ gut zur Tapete ◻ **combinar 3** ⟨513⟩ jmdn. irgendwie ~ *jmdn. in eine bestimmte Stimmung versetzen;* jmdn. froh, fröhlich, heiter, milde, nachdenklich, traurig, trübe, versöhnlich ~ ◻ **deixar alguém contente/animado/alegre...*; wir waren alle froh gestimmt ◻ **estávamos/ficamos todos contentes* 3.1 er ist gut, schlecht gestimmt *guter, schlechter Laune* ◻ **ele está de bom/mau humor* **4** ⟨800⟩ *für, gegen jmdn. od. etwas ~ eine Stimme(5.4) abgeben;* ich stimme gegen dieses Vorhaben ◻ **votar a favor/contra alguém ou alguma coisa* 4.1 für jmdn. ~ *jmdn. in einer Abstimmung wählen* ◻ **votar em alguém* **5** ⟨500⟩ ein Instrument ~ *die Höhe der einzelnen Töne eines Instruments (richtig) einstellen;* eine Geige, Gitarre, ein Klavier ~; ein Instrument höher, tiefer ~; das Instrument ist zu hoch, zu tief, schlecht gestimmt ◻ **afinar**

Stimm|ga|bel ⟨f.; -, -n; Mus.⟩ *gabelförmiger, zweizinkiger Stahlstab, der durch Anschlagen in Schwingungen versetzt wird u. einen bestimmten Ton, meist den Kammerton a, angibt* ◻ **diapasão de garfo**

stimm|haft ⟨Adj. 24; Phon.⟩ *mit Hilfe der Stimmbänder gebildet;* Ggs *stimmlos;* ~e Laute sind alle Vokale sowie im Deutschen die Konsonanten (als Lautschrift) b, d, g, l, m, n, r, v, w, z ◻ **sonoro**

Stimm|la|ge ⟨f.; -, -n⟩ *Höhe der menschlichen Stimme (Sopran, Alt, Tenor, Bass)* ◻ **registro**

stimm|los ⟨Adj. 24; Phon.⟩ *ohne Hilfe der Stimmbänder gebildet;* Ggs *stimmhaft;* ~e Laute sind im Deutschen z. B. die Konsonanten (als Lautschrift) p, t, k, f, s ◻ **surdo**

Stimm|stock ⟨m.; -(e)s, -stö|cke⟩ **1** *(in Streichinstrumenten) Stäbchen zwischen Decke u. Boden als Stütze* ◻ **alma 2** *(beim Klavier) der starke hölzerne Querbalken dicht über u. hinter der Klaviatur* ◻ **bloco das cravelhas**

Stim|mung ⟨f.; -, -en⟩ **1** *das Stimmen, Gestimmtsein(5) (von Instrumenten);* die ~ der Geige ist nicht einwandfrei, nicht rein; zu hohe, zu tiefe ~ (eines Instruments) ◻ **afinação 2** *Gefühlslage, Gemütslage, Laune;* die (allgemeine) ~ heben, beeinträchtigen; frohe, gute, heitere, schlechte, traurige ~; günstige, ungünstige ~; ich bin nicht in der ~, aufmerksam zuzuhören ◻ **disposição; estado de ânimo;** (in) guter, schlechter ~ sein; jmdn. in gute, schlechte ~ versetzen; ich bin nicht in der richtigen ~ ◻ **humor;** sie ist sehr von ~en abhängig ◻ **ela é muito de lua;* es herrscht eine angeregte ~ ◻ **atmosfera 3** *fröhliche Laune, Fröhlichkeit, Ausgelassenheit;* jmdm. die ~ verderben; hier herrscht ~ ◻ **alegria;** in ~ geraten, kommen ◻ **animar-se; alegrar-se* 3.1 ~ machen *allgemeine Fröhlichkeit hervorrufen* ◻ **animar; alegrar* **4** *Eindruck, Wirkung (eines Raums, einer Landschaft);* Abend-~, Gewitter-~; die ~ des Sonnenuntergangs, des Gewitters im Bild wiedergeben; abendliche ~; das Mondlicht erzeugte eine geheimnisvolle, märchenhafte ~ ◻ **atmosfera 5** *Einstellung, Meinung;* er versuchte, die ~ der Belegschaft zu erforschen ◻ **opinião** 5.1 für jmdn. od. etwas ~ machen *werben* ◻ **fazer propaganda em favor de alguém ou alguma coisa*

Stimm|wech|sel ⟨[-ks-] m.; -s; unz.⟩ *Übergang von der Knabenstimme zur Stimme des Erwachsenen;* Sy *Mutation(2);* im ~ sein ◻ **mudança da voz**

sti|mu|lie|ren ⟨V. 505⟩ etwas od. jmdn. (zu einer Tätigkeit) ~ *anregen, mit besonderen Mitteln veranlassen, etwas zu tun;* das Herz, den Kreislauf ~ ◻ **estimular;** ~de Mittel, Spritzen bekommen; ~d wirken ◻ **estimulante**

stin|ken ⟨V. 261⟩ **1** ⟨400⟩ *übel riechen;* Geld stinkt nicht (nach der Antwort des Kaisers Vespasian: „[Pecunia] non olet", als man ihm zum Vorwurf machte, dass er öffentliche Bedürfnisanstalten mit einer Steuer belegte); nach Alkohol, Tabak ~; er stinkt wie die Pest; es stinkt nach Gas, Petroleum ◻ **feder; cheirar mal; cheirar a** 1.1 nach Geld ~ ⟨fig.; umg.⟩ *sehr reich sein* ◻ **ser podre de rico* 1.2 vor Faulheit, vor Geiz ~ ⟨fig.; umg.⟩ *sehr faul, sehr geizig sein* ◻ **ser muito preguiçoso/mesquinho* 1.3 es, etwas stinkt zum Himmel ⟨fig.⟩ *es, etwas ist eine Schande, es, etwas ist unerhört* ◻ **é o fim da picada* 1.4 er ist ~d faul, stinkfaul ⟨fig.; umg.⟩ **ele é muito preguiçoso* **2** ⟨400⟩ etwas stinkt ⟨fig.; umg.⟩ *ist nicht in Ordnung, ist verdächtig;* die ganze Sache stinkt ◻ **tem caroço nesse angu* **3** ⟨600⟩ jmdm. ~ ⟨umg.⟩ *lästig sein;* dieser Mensch, diese Sache stinkt mir schon lange ◻ **encher/saturar alguém*

Sti|pen|di|um ⟨n.; -s, -di|en⟩ *finanzielle Unterstützung für Studierende; Forschungs-, Auslands-; ein staatliches ~ erhalten* ◻ **bolsa de estudos**

stip|pen ⟨V. 500; umg.⟩ **1** etwas ~ *hineintunken;* einen Keks in den Kaffee ~ ◻ **mergulhar; molhar 2** jmdn. ~ *tippen, anrühren, leicht anstoßen;* jmdn. an die Schulter ~ ◻ **tocar de leve**

Stipp|vi|si|te ⟨[-vi-] f.; -, -n; umg.⟩ *kurzer Besuch;* eine ~ machen ◻ **visita de médico; visita rápida**

Stirn ⟨f.; -, -en⟩ **1** *oberer Teil des Gesichts zwischen Augen u. Haar;* die ~ runzeln (als Zeichen des Nachdenkens od. Unmuts); sich die ~ trocknen, kühlen; eine fliehende, gewölbte, glatte, hohe, niedrige, runzlige, steile ~; jmdm., sich das Haar aus der ~ streichen; eine Locke fiel ihm in die ~; sich den Schweiß von der ~ wischen; er schlug sich vor der ~ (weil er etwas vergessen hatte) □ *testa; fronte* **1.1** jmdm. die ~ bieten *trotzen, offen Widerstand leisten* □ *enfrentar alguém; fazer frente a alguém **1.2** da kann man sich nur an die ~ greifen! *das ist ja vollkommen unglaublich, völlig unverständlich* □ *não dá para entender uma coisa dessas! **1.3** die ~ haben zu behaupten, dass ... ⟨fig.⟩ *es wagen zu behaupten* □ *ter a cara de pau de afirmar que... **1.4** seine ~ umwölkte sich ⟨fig.⟩ *sein Gesicht nahm einen finsteren Ausdruck an* □ *seu semblante anuviou-se **1.5** es steht ihm auf der ~ geschrieben ⟨fig.⟩ *man sieht es ihm an* □ *está escrito em sua testa **1.6** niemand ahnte, was hinter seiner ~ vorging ⟨poet.⟩ *was er dachte* □ *ninguém imaginava o que se passava em sua cabeça **2** *Vorderseite, Front (von Gebäuden)* □ *frente*

stö|bern ⟨V.⟩ **1** ⟨400⟩ *umherfliegen (bes. Schneeflocken), vom Wind umhergetrieben werden* □ *remoinhar* **1.1** ⟨401⟩ *es stöbert es herrscht Schneegestöber* □ *está caindo uma nevasca **2** ⟨800; fig.⟩ *nach etwas ~ nach etwas suchen, Sachen durcheinanderbringen, um etwas zu finden* □ *revirar; vasculhar* **2.1** *(in fremden Sachen) herumsuchen, schnüffeln;* in jmds. Schreibtisch ~ □ *revistar* **2.2** *Wild aufscheuchen (vom Jagdhund)* □ *desencovar; fazer sair da toca*

sto|chern ⟨V. 411⟩ **1** in etwas ~ *mit einem spitzen Gegenstand herumbohren, -suchen;* im Ausguss ~ (um ihn wieder durchlässig zu machen) □ *remexer;* im Feuer, in der Glut ~ □ *atiçar o fogo; remexer a brasa; (sich) in den Zähnen ~ □ *palitar os dentes **1.1** im Essen ~ *langsam u. lustlos essen* □ *petiscar

Stock ⟨m.; -(e)s, Stö|cke⟩ **1** *Stab, kurze Holzstange (als Stütze beim Gehen, zum Schlagen od. Zeichengeben);* Krück~ □ *bengala; bastão; Takt~ □ *batuta; Zeige~ □*ponteiro; sich einen ~ zurechtschneiden; sich auf einen ~ stützen □ *bengala* **1.1** über ~ und Stein querfeldein, ohne Weg □ *através dos campos; por vales e montes **1.2** den ~ zu spüren bekommen *Prügel bekommen* □ *levar uma surra **1.3** er geht, als wenn er einen ~ verschluckt hätte ⟨umg.⟩ *sehr steif* □ *ele caminha duro como uma vara **1.4** am ~ gehen *zum Gehen einen Stock benötigen* □ *andar de bengala **1.4.1** ⟨fig.; umg.; scherzh.⟩ *augenblicklich sehr wenig Geld haben, zu viel Geld ausgegeben haben* □ *estar mal das pernas **2** *Baumstumpf u. -wurzel;* Wurzel~ □ *rizoma **3** *Stamm u. Hauptwurzel holziger Pflanzen;* Blumen~ □ *flor em vaso, Reb~, Wein~ □ *videira, Rosen~ □ *roseira **4** *Stockwerk;* erster, zweiter ~; im fünften ~ wohnen □ *andar* **5** *feste Unterlage, Klotz;* Druck~ □ *clichê, Opfer~ □ *caixa de esmolas; cepo **6** *Bienenstock* □ *colmeia* **7** *große Masse,* (bes.) *Bergmassiv;* Gebirgs~; Granit~ □ *maciço* **8** *Bestand, Vorrat, Warenlager* □ *estoque* **8.1** *Vermögen als* *Grundlage, Stammkapital;* Grund~ □ *base; fundo; capital inicial

stock|be|sof|fen ⟨Adj. 24; derb⟩ *völlig betrunken* □ *mamado; chumbado*

stock|dun|kel ⟨Adj. 24/70⟩ *völlig dunkel;* es war stockdunkle Nacht □ *escuro como breu*

stö|ckeln ⟨V. 400(s.); umg.⟩ *in Stöckelschuhen steif u. trippelnd gehen* □ *andar a passos curtos sobre os saltos altos*

Stö|ckel|schuh ⟨m.; -(e)s, -e⟩ *Damenschuh mit hohem, dünnem Absatz* □ *sapato de salto alto e fino*

sto|cken ⟨V. 400⟩ **1** *nicht vorangehen, stillstehen, unterbrochen sein;* die Produktion, der Verkehr stockt; Handel u. Geschäft ~; der Atem stockte mir vor Schreck; ins Stocken geraten, kommen; das Gespräch stockte **1.1** ⟨400⟩ *im Sprechen innehalten, nicht weitersprechen;* er stockte mitten im Satz; ohne Stocken lesen, sprechen □ *parar; interromper-se* **1.1.1** ~d reden *unsicher, mit vielen Pausen, zögernd* □ *falar hesitando **2** ⟨(h. od. s.)⟩ *dick werden, gerinnen;* das Blut, die Milch stockt □ *coagular* **3** *Stockflecke bekommen, stockig werden;* die Wäsche, das Papier hat gestockt □ *embolorar; mofar*

Stock|fleck ⟨m.; -(e)s, -e⟩ *durch Schimmel entstandener Fleck auf Textilien od. Papier* □ *mancha de bolor/mofo*

stock|steif ⟨Adj. 24⟩ **1** *ganz steif, unbeweglich;* nach dem stundenlangen Bücken war ich ~ □ *duro; hirto; teso* **2** ⟨fig.; umg.⟩ *unbeholfen, gehemmt im gesellschaftl. Umgang;* er saß ~ da und sagte kein einziges Wort □ *acanhado; retraído*

Stock|werk ⟨n.; -(e)s, -e⟩ *Geschoss, alle Räume eines Gebäudes in gleicher Höhe;* erstes, zweites, drittes ~; das oberste ~; ein Haus mit fünf ~en □ *andar*

Stoff ⟨m.; -(e)s, -e⟩ **1** *noch nicht verarbeitetes Gewebe,* Seiden~; Woll~; Kleider~; Mantel~; der ~ liegt 90 cm breit; ~ zuschneiden; dicker, dünner, feiner, grober, rauer, weicher ~; gemusterter, geblümter, gestreifter ~; seidener, wollener ~; Rock und Jacke aus dem gleichen ~; ~ aus Leinen, Seide, Wolle; ~ für, zu einem Anzug, für ein Kleid □ *tecido; fazenda* **2** *Masse, Materie, Substanz;* pflanzlicher, tierischer, mineralischer, synthetischer ~; Glas ist ein spröder ~ □ *matéria; substância* **3** *(Drogenszene) = Rauschmittel* **4** ⟨fig.⟩ *Grundlage, Möglichkeiten, Material, Gegenstand;* Gesprächs~; Lehr~; Lese~ □ *material;* der Vorfall hat viel ~ zum Gerede, zum Lachen gegeben □ *o caso deu muito o que falar; o caso foi motivo de grande risada; der Vortragende beherrscht den ~ nicht genügend; der ~ ist viel zu umfangreich für diesen kurzen Lehrgang □ *matéria; assunto; tema,* ~ sammeln (für eine wissenschaftliche Arbeit) □ *material* **4.1** *künstlerisch noch nicht verarbeitete Grundlage (erdachtes od. überliefertes Geschehen) zu einem Literaturwerk;* ein ergiebiger, interessanter ~ (für ein Literaturwerk); einen (literarischen) ~ bearbeiten, gestalten; ~ für, zu einem Roman, Film, Theaterstück; dieser Vorfall liefert mir ~ für eine Novelle □ *tema*

Stoff|fet|zen ⟨m.; -s, -⟩ *Fetzen, abgerissenes Stück Stoff(1)* □ trapo; farrapo

stoff|lich ⟨Adj. 24⟩ **1** *aus Stoff, Materie bestehend, gegenständlich* □ material **2** *den Stoff, Inhalt betreffend;* Sy *substantiell, substanziell(2)* □ conteudístico

Stoff|wech|sel ⟨[-ks-] m.; -s; unz.⟩ *Gesamtheit der chem. Umwandlungen, denen körpereigene Stoffe u. Nährstoffe unterworfen sind* □ metabolismo; ~*krankheit* □ desordem metabólica

stöh|nen ⟨V.⟩ **1** ⟨400⟩ *laut seufzen, ächzen, schmerzvoll klagen; unter einer Last, Gewaltherrschaft* ~; *vor Schmerz* ~; *ächzend und ~d; der Kranke wälzte sich* ~d *im Bett* □ suspirar; gemer **2** *über etwas* ~ *sich über etwas beklagen, über etwas klagen, leicht schelten; über eine Arbeit, über jmds. Unpünktlichkeit* ~ □ *queixar-se de alguma coisa

sto|isch ⟨Adj.⟩ **1** ⟨24⟩ *zur griechischen Philosophie der Stoa gehörend, auf ihr beruhend* **2** ⟨fig.⟩ *gleichmütig, gelassen, unerschütterlich; mit* ~er *Ruhe* □ estoico

Sto|i|zis|mus ⟨m.; -; unz.⟩ **1** *stoische(1) Lehre* **2** ⟨fig.⟩ *stoisches(2) Verhalten* □ estoicismo

Sto|la ⟨f.; -, Sto|len⟩ **1** *altrömisches langes, weißes, mit Borten verziertes Gewand mit Ärmeln für Frauen* **2** *lose umgehängter breiter Schal* **3** *langer, schmaler, über beide Schultern hängender Teil des Messgewandes katholischer Priester* □ estola

Stol|le ⟨f.; -, -n⟩ = *Stollen*[1]

Stol|len[1] ⟨m.; -s, -⟩ *zu Weihnachten gebackener, langer, butterreicher Hefekuchen in Form eines länglichen Brotes aus Weizenmehl mit Rosinen, Mandeln u. Zitronat;* oV *Stolle; Weihnachts*~ □ Stollen; bolo de Natal

Stol|len[2] ⟨m.; -s, -⟩ **1** *unterirdischer Gang; einen* ~ *vortreiben* □ galeria **2** *einer der beiden eisernen Bolzen am Ende des Hufeisens, der ein Ausgleiten vermeiden soll* □ calo **2.1** *quer unter der Stiefelsohle angebrachte Leisten als Schutz gegen Ausgleiten* □ cravos **3** *eine der zwei gleichartig gebauten Strophen des Aufgesangs im Lied der Meistergesangs* □ Stollen

stol|pern ⟨V.(s.)⟩ **1** ⟨400 od. 410⟩ *straucheln, fast über etwas fallen; über eine Baumwurzel* ~ **1.1** *er stolpert über seine eigenen Füße er geht ungeschickt* **1.2** ⟨800⟩ *über einen Satz, ein Wort* ~ ⟨fig.⟩ *einen S., ein W. nicht verstehen, an einem S., W. Anstoß nehmen* □ tropeçar **2** ⟨411⟩ *irgendwohin* ~ *stolpernd(1) gehen; der Betrunkene stolperte von Haus zu Haus* □ cambalear; ir tropeçando

stolz ⟨Adj.⟩ **1** *voller Selbstbewusstsein, vom Wert der eigenen Person überzeugt; er ist sehr* ~ □ orgulhoso **1.1** *auf jmdn. od. etwas* ~ *sein hochbefriedigt über jmdn. od. etwas sein;* ~ *auf seinen Erfolg, seine Leistung sein; er ist sehr* ~ *auf seinen Sohn* □ *estar orgulhoso de alguém ou alguma coisa* **2** *hochmütig, eingebildet; er ist zu* ~, *andere um Hilfe zu bitten; jmdn. durch zu viel Lob* ~ *machen* □ orgulhoso **3** *stattlich (in der Erscheinung); auf einem* ~en *Ross* ⟨poet.⟩ □ imponente

Stolz ⟨m.; -es; unz.⟩ **1** *starkes Selbstbewusstsein, Selbstgefühl; er hat keinen* ~; *den Freund um Geld zu bitten, lässt sein* ~ *nicht zu; berechtigter, unberechtigter* ~; *falscher* ~; *er blickte voller* ~ *auf sein Werk,*

seine Tochter **1.1** *Hochmut, Dünkel; jmds.* ~ *brechen;* → a. *Dummheit(1.2)* **2** *große Befriedigung; seine Bibliothek ist sein ganzer* ~ □ orgulho

stol|zie|ren ⟨V. 411(s.)⟩ *stolz od. hochmütig u. steif einhergehen; im neuen Kleid durchs Zimmer, durch die Stadt* ~ □ pavonear-se; empertigar-se

Stop ⟨alte Schreibung für⟩ *Stopp*[2]

Stop-and-go-Ver|kehr ⟨[stɔpəndgoʊ-] m.; -s; unz.⟩ *(aufgrund eines Staus) häufiges Anhalten u. Anfahren erfordernde Verkehrslage* □ trânsito lento; congestionamento

stop|fen ⟨V.⟩ **1** ⟨500⟩ *etwas* ~ *mit Nadel u. Faden ausbessern;* Strümpfe, ein Gewebe ~; *eine Hose, Jacke, Tischdecke* ~; *ein Loch mit Wolle, Zwirn* ~ □ remendar; cerzir **2** ⟨500⟩ *etwas* ~ *füllen, bis nichts mehr hineingeht, vollfüllen; sich die Taschen voll Äpfel* ~ **2.1** *die Pfeife* ~ *mit Tabak füllen* □ encher **2.2** *ein Loch* ~ ⟨fig.⟩ *einen Mangel beseitigen* □ tapar; fechar **2.3** ⟨530⟩ *jmdm. den Mund* ~ ⟨fig.⟩ ⟨fig.⟩ *zum Schweigen bringen* □ *tapar/calar a boca de alguém* **2.4** *Wurst* ~ *Fleischmasse in den Darm füllen* □ embutir **2.5** *der Saal war gestopft voll* ⟨umg.⟩ *der Saal war sehr besetzt, überfüllt* □ *o salão estava lotado* **3** ⟨500⟩ *eine Trompete* ~ *dämpfen (indem die Faust od. ein Dämpfer in die Schallöffnung gesteckt wird)* □ abafar **3.1** *gestopfte Töne* (bei Blechblasinstrumenten) *gedämpfte T.* □ *sons abafados* **4** ⟨500⟩ *Geflügel* ~ *mästen* □ engordar; cevar **5** ⟨511⟩ *etwas in etwas* ~ *(hastig u. unordentlich) hineintun, hineinpressen; Sachen in den Koffer, Rucksack* ~ □ enfiar; socar **5.1** *etwas in den Mund* ~ *hastig, gierig u. in möglichst großer Menge in den M. stecken* □ *encher a boca com alguma coisa* **6** ⟨400⟩ *das Essen rasch hinunterschlingen; stopf nicht so!* □ engolir; devorar **7** ⟨400⟩ *eine Speise stopft* ⟨umg.⟩ *sättigt stark; die Vorspeise ist gut, aber sie stopft* □ empanturrar **8** ⟨400⟩ *Hartleibigkeit verursachen, den Stuhlgang verlangsamen; Kakao, Schokolade stopft; bei Durchfall ein Mittel zum Stopfen verschreiben* □ constipar; obstipar

Stopp[1] ⟨m.; -s, -s⟩ *Anhalten von Kraftfahrzeugen, Pause während einer Fahrt; einen* ~ *einlegen; ohne* ~ *durchfahren können* □ parada

Stopp[2] ⟨m.; -s, -s; kurz für⟩ *Stoppball* □ drop-shot; deixada

stopp! ⟨Int.; umg.⟩ *halt!;* ~, *ihr sollt warten;* → a. *stop* □ pare(m)!

Stopp|ball ⟨m.; -(e)s, -bäl|le; Sp.; Tennis⟩ *kurz hinter das Netz geschlagener Ball;* Sy *Stopp*[2] □ drop-shot; deixada

Stop|pel ⟨f.; -, -n⟩ **1** *nach dem Mähen stehengebliebener Halmrest* □ restolho **2** *nach dem Rasieren nachgewachsenes Haar; Bart*~n □ *barba hirsuta; barba por fazer

stop|pen ⟨V.⟩ **1** ⟨500/Vr 8⟩ *jmdn. od. etwas* ~ *aufhalten, anhalten, am Weiterfahren hindern; ein Auto* ~ □ parar **2** ⟨500⟩ *die Zeit* ~ *mit der Stoppuhr messen; Laufzeit, Fahrzeit* ~ □ cronometrar **3** ⟨400⟩ *stehen bleiben, nicht weiterfahren* □ parar; ficar parado

Stopp|uhr ⟨f.; -, -en⟩ *Uhr, deren Sekundenzeiger durch Druck auf einen Knopf gestartet, angehalten werden*

kann *(zum Stoppen von Zeiten bei Wettkämpfen u. a.)* □ cronômetro

Stöp|sel ⟨m.; -s, -⟩ **1** *Flaschenverschluss, Korken, Pfropfen;* Glas~ □ **rolha; tampão 2** *elektrischer Steckkontakt* □ **plugue 3** *(fig.; umg.) kleiner Junge, Knirps* □ **garoto; menino**

Stör ⟨m.; -(e)s, -e; Zool.⟩ *Angehöriger einer Unterklasse der Fische, die in Flüssen gefangen werden, um ihren Rogen (Kaviar) u. ihre Schwimmblase (Hausenblase) zu gewinnen: Acipenseridae* □ **esturjão**

Storch ⟨m.; -(e)s, Stör|che⟩ **1** *Angehöriger einer Familie der Stelzvögel mit kräftigem, langem, geradem Schnabel: Ciconiidae* □ **cegonha** 1.1 *nun brat' mir (aber) einer 'nen ~!* ⟨umg.⟩ *(Ausruf der Verwunderung)* □ ***puxa vida!; caramba! 2** ⟨früher⟩ *(Märchengestalt für Kinder, bevor sie aufgeklärt waren) Vogel, der die kleinen Kinder bringt* **2.1** *bei Familie Schneider ist der ~ gewesen Familie Schneider hat ein Kind bekommen* □ **cegonha**

stö|ren ⟨V. 500/Vr 8⟩ **1** *jmdn. ~ belästigen, von der Arbeit ablenken;* störe ich Sie?*;* entschuldigen Sie, wenn ich (Sie) störe*;* bitte nicht ~! *(Aufschrift auf einem kleinen, an die Tür gehängten Schild);* jmdn. bei der Arbeit ~*;* lassen Sie sich nicht ~! □ **perturbar; incomodar;** *etwas als ~d empfinden;* der Lärm ist sehr ~d □ **incômodo 2** *etwas ~ behindern, hemmen, beeinträchtigen;* jmds. Freude, Ruhe ~*;* den Frieden, die Eintracht, Gemütlichkeit ~ □ **perturbar;** *den Rundfunkempfang ~* □ **provocar interferência;** *ein ~der Umstand* □ **incômodo; perturbador;** *die Leitung ist gestört* □ **interromper;** *er stört fortgesetzt den Unterricht;* jmds. Pläne ~ □ **perturbar; interromper; interferir 2.1** *ein gestörtes Gefühls-, Sexualleben haben nicht ganz normales, ein geschädigtes G., S.* □ **perturbado; problemático 2.2** *er ist geistig, psychisch gestört nicht ganz gesund* □ ***ele tem problemas mentais/psíquicos**

stor|nie|ren ⟨a. [st-] V. 500⟩ **1** *eine Buchung, einen Betrag ~ berichtigen, ungültig machen, durch Gegenbuchung ausgleichen* □ **estornar 2** *einen Auftrag ~* ⟨österr.⟩ *rückgängig machen* □ **anular; cancelar**

stör|risch ⟨Adj.⟩ *widerspenstig, nicht fügsam, schwer lenkbar, trotzig;* ~es Pferd*;* ~ sein*;* ~ wie ein Esel □ **teimoso; recalcitrante**

Stö|rung ⟨f.; -, -en⟩ **1** *das Stören, Gestörtwerden;* entschuldigen Sie die ~! □ **perturbação; incômodo 2** *das Gestörtsein, Beeinträchtigung des normalen Ablaufs;* Entwicklungs~, Stoffwechsel~, Verdauungs~ □ **distúrbio;** ~en im Fernsehempfang □ **interferência**

Sto|ry ⟨[ˈstɔri] *od.* [ˈstɔːri] f.; -, -s⟩ **1** *Geschichte (als Roman-, Filminhalt), kurze Erzählung* □ **história; conto 2** ⟨umg.⟩ *Erzählung eines (ungewöhnlichen, aufregenden) Ereignisses;* diese ~ habe ich ihm nicht geglaubt □ **história**

Stoß ⟨m.; -es, Stö|ße⟩ **1** *heftiger, plötzlicher Anprall eines bewegten Körpers an einen anderen bewegten od. unbewegten;* Zusammen~ □ ***choque; colisão; impacto;** *die Stöße der Räder, des Wagens auf holpriger Straße* □ **solavanco; sacudidela;** *einen ~ abweh-*

ren, auffangen; einen ~ erhalten*;* jmdm. od. einem Gegenstand einen ~ versetzen*;* ~ mit dem Ellenbogen, Fuß, mit den Hörnern*;* einen ~ in den Rücken erhalten □ **encontrão; golpe; pancada 1.1** ⟨fig.⟩ *Erschütterung;* sein Selbstvertrauen hat einen (gewaltigen) ~ erlitten, erhalten □ **abalo 1.1.1** *das gab ihm den letzten ~ das vernichtete ihn völlig (z. B. geschäftlich)* □ **golpe 1.2** ⟨fig.⟩ *Antrieb, Schwung* □ **impulso 1.2.1** *sich einen ~ geben sich überwinden, etwas zu tun, einen schweren Entschluss fassen* **1.2.2** *seinem Herzen einen ~ geben sich zu etwas durchringen* □ ***tomar coragem; decidir-se 2** *ruckartige gezielte Bewegung;* Schwimm~*;* mit kräftigen Stößen schwimmen □ **braçada;** *einen sicheren ~ haben* ⟨Billard⟩ □ **tacada 2.1** *Schlag, Stich (mit einer Waffe);* Dolch~ □ ***punhalada;** *der Gegner konnte seinen ~ nicht parieren;* einen ~ (mit dem Dolch) führen □ **golpe 2.2** *heftige Bewegung in einer Richtung;* Atem~ □ ***expiração; sopro;** Erdbeben~ □ ***abalo sísmico;** Wind~ □ ***rajada; lufada 2.3** *ein ~ ins Horn Atemstoß* □ **sopro 3** *Menge von geordnet aufeinanderliegenden Gegenständen, Stapel;* Akten~*;* Bücher~*;* Holz~*;* Wäsche~*;* ein ~ Briefe, Teller □ **monte; pilha 4** *größere Menge einer Arznei o. Ä. innerhalb eines kurzen Zeitraumes;* Vitamin~ □ **dose alta 5** *untergelegtes u. ein wenig hervorschauendes Gewebestück an Kleidungsstücken* □ **debrum 6** ⟨Bgb.⟩ *Seitenwände eines Grubenbaus* □ **paredes da galeria 7** *Verbindung zweier aneinanderstoßender Konstruktionsteile;* auf ~ aneinanderfügen □ **junta 7.1** ⟨Eisenb.⟩ *Stelle, an der zwei Schienen aneinandergeschraubt od. -geschweißt sind;* Schienen~ □ **junta de carris/trilhos 8** *die zur Ernährung einer Kuh notwendige Fläche der Alp* □ **área de pastagem 9** ⟨Jägerspr.⟩ *Schwanz (bei größerem Federwild)* □ **cauda 10** ⟨Jägerspr.⟩ *Netz zum Fangen von Habichten u. Falken, Stoßgarn* □ **rede de armadilha**

Stö|ßel ⟨m.; -s, -⟩ *Werkzeug zum Stoßen, Zerkleinern, Zerreiben;* Mörser und ~ □ **pilão**

sto|ßen ⟨V. 262⟩ **1** ⟨511/Vr 8⟩ *jmdn. od. etwas in eine bestimmte Richtung ~ kurz u. heftig in eine bestimmte R. bewegen, befördern;* jmdn. ins Wasser ~*;* jmdn. ins Elend ~ ⟨fig.⟩ □ **empurrar; impelir 1.1** ⟨513⟩ *jmdn. von sich ~ in kurzer u. heftiger Bewegung wegdrängen* □ **afastar; repelir 1.2** *jmdn. mit der Nase auf etwas ~* ⟨fig.⟩ *jmdn. nachdrücklich auf etwas hinweisen* □ ***esfregar alguma coisa na cara de alguém;** → a. *Bescheid(1.3)* **2** ⟨511/Vr 8⟩ *etwas irgendwohin ~ mit schneller, kurzer u. heftiger Bewegung irgendwo eindringen lassen, (mit etwas) irgendwohin stechen;* in einen Ameisenhaufen ~ □ **pisar 3** ⟨400⟩ *sich kurz und heftig in einer Richtung bewegen* **3.1** *ein Tier stößt stößt mit den Hörnern od. dem Kopf zu, greift an;* Vorsicht, der Ziegenbock stößt leicht, stößt gern □ **avançar 3.2** ⟨411(s.)⟩ *auf etwas ~ sich (schnell) auf etwas herabbewegen;* der Bussard stieß auf den Hasen □ ***precipitar-se sobre alguma coisa 4** ⟨500⟩ *jmdn. ~ mit kurzer u. heftiger Bewegung anstoßen;* jmdn. mit dem Ellenbogen, mit dem Fuß ~ □

*dar cotovelada em alguém; chutar alguém 4.1 ⟨530/Vr 1⟩ sich etwas ~ kurz u. heftig an etwas berührt werden; ich habe mir bei der Kletterei den Kopf gestoßen ▢ *bati a cabeça enquanto escalava 4.2 etwas ~ durch wiederholte Stöße(2) (mit einem Instrument) zerkleinern; Pfeffer, Zimt, Zucker ~ ▢ moer; triturar 4.3 ⟨411⟩ an, auf, gegen etwas od. jmdn. ~ prallen, jmdn. od. etwas heftig berühren; versuche, nicht an den Tisch zu ~; mit großem Schwung stieß er auf seinen Vordermann; sie ist mit ihrem Auto gegen eine Mauer gestoßen ▢ bater em/contra alguma coisa ou alguém; dar um encontrão em alguma coisa ou alguém 4.4 ⟨411⟩ nach jmdm. ~ jmdn. kurz u. kräftig zu berühren versuchen; das Kind stieß mit den Füßen nach ihm ~ ▢ *tentar bater em alguém 4.5 ⟨511⟩ jmdn. vor den Kopf ~ ⟨fig.⟩ jmdn. kränken, jmdn. unfreundlich behandeln ▢ *ser rude com alguém 4.5.1 er ist wie vor den Kopf gestoßen er ist ganz verstört, diese unangenehme Sache kam für ihn völlig überraschend ▢ *ele está atordoado/transtornado 5 ⟨500/Vr 3⟩ sich ~ eine kurze u. kräftige Berührung erleiden, hinnehmen; er hat sich so gestoßen, dass es blutete; Vorsicht, stoß dich nicht! ▢ *bater; dar uma topada 5.1 ⟨550⟩ sich an etwas ~ sich durch Stoß an etwas wehtun; sich an den Kopf, ans Schienbein ~; sich an der Türklinke, an einer Ecke ~ ▢ *bater em alguma coisa 5.1.1 ⟨fig.⟩ sich durch etwas stören lassen, an etwas Anstoß nehmen; du darfst dich an seiner Schweigsamkeit nicht ~ ▢ *escandalizar-se; incomodar-se 6 ⟨400⟩ etwas stößt rüttelt, schüttelt; der Wagen stößt auf dem schlechten Pflaster ▢ dar solavancos; sacudir 7 ⟨511⟩ etwas in etwas ~ etwas durch kurze u. heftige Bewegung verursachen; mit dem Besen stieß sie ein Loch ins Fenster ▢ fazer; causar 8 ⟨411⟩ in etwas ~ kurz u. kräftig blasen; ins Horn ~ (bes. als Signal) ▢ soprar 8.1 ⟨410⟩ mit jmdm. in dasselbe Horn ~ ⟨fig.⟩ die gleiche Meinung wie jmd. vertreten, jmds. Meinung unterstützen ▢ *comungar da opinião de alguém; rezar pela mesma cartilha de alguém 8.2 einen Ton gestoßen spielen (auf der Flöte) kurz u. mit der Zunge anblasen ▢ *tocar uma nota com golpes de língua 9 ⟨411(s.)⟩ auf jmdn. od. etwas ~ ⟨fig.⟩ jmdn. od. etwas zufällig finden, jmdn. od. einer Sache unvermutet gegenüberstehen; ich bin auf ihn gestoßen, als ich gerade nach Hause ging; auf Schwierigkeiten, Widerstand, Abneigung ~; ich bin beim Lesen auf einen interessanten Satz gestoßen ▢ *deparar/topar com alguém ou alguma coisa 10 ⟨411(s.)⟩ zu jmdm. ~ ⟨fig.⟩ zu jmdm. gelangen, sich mit jmdm. treffen; unsere Gruppe stößt an der Weggabelung zu euch ▢ *unir-se/juntar-se a alguém 11 ⟨411(s.)⟩ etwas stößt an etwas ⟨fig.⟩ liegt neben, grenzt an etwas; unser Garten stößt an ein Feld, an ein unbebautes Grundstück; mein Zimmer stößt an die Küche ▢ *ser contíguo a 12 ⟨411(s.)⟩ etwas stößt auf etwas (trifft auf etwas); die nächste Querstraße stößt auf den Luisenplatz ▢ dar em

Stoß|ge|bet ⟨n.; -(e)s, -e⟩ kurzes, rasch hervorgestoßenes Gebet; ein ~ zum Himmel schicken ▢ jaculatória

Stoß|seuf|zer ⟨m.; -s, -⟩ kurzer, starker Seufzer; einen ~ ausstoßen ▢ suspiro profundo

Stoß|trupp ⟨m.; -s, -s⟩ kleine Kampfgruppe für besondere Aufgaben ▢ tropa de choque

stot|tern ⟨V.⟩ 1 ⟨405⟩ stoßweise sprechen, indem die ersten Buchstaben od. Silben von Wörtern mehrmals rasch od. krampfartig wiederholt werden; vor Verlegenheit ~ 2 ⟨500⟩ etwas ~ stammelnd, stockend, gehemmt, in abgerissenen Sätzen sagen; „....!", stotterte er ▢ gaguejar; balbuciar

stracks ⟨Adv. 24⟩ 1 sofort, sogleich ▢ imediatamente 2 geradewegs, ohne Umweg; sich ~ nach Hause begeben ▢ diretamente

Straf|an|stalt ⟨f.; -, -en⟩ Anstalt, in der Freiheitsstrafen abgebüßt werden ▢ penitenciária

straf|bar ⟨Adj. 24⟩ 1 gesetzlich mit Strafe bedroht; Sy kriminell(2); ~e Handlungen ▢ punível; criminoso 2 sich ~ machen etwas tun, wofür man gesetzlich bestraft werden kann; er macht sich ~, wenn er das tut ▢ *cometer um delito; estar sujeito a punição

Stra|fe ⟨f.; -, -n⟩ 1 Buße, Vergeltung für angetanes Unrecht ▢ pena; multa; castigo; Freiheits~ ▢ *pena de prisão; Geld~ ▢ *multa; Todes~ ▢ *pena de morte; seine ~ (im Gefängnis) abbrummen, absitzen, antreten, verbüßen; eine ~ androhen, auferlegen, verhängen, zuerkennen; eine ~ aufheben, aufschieben, aussetzen, erlassen, ermäßigen, mildern, verschärfen; die ~ bleibt nicht aus, folgt auf dem Fuße; jmdm. die ~ ganz oder teilweise erlassen; er hat mir die ~ geschenkt; ~ muss sein!; es ist mir eine ~, eine ~ für mich, dorthin zu gehen; er hat ~ verdient; eine abschreckende, angemessene, empfindliche, entehrende, exemplarische, gelinde, geringe, grausame, harte, hohe, leichte, milde, niedrige, schwere ~; eine disziplinarische, gerechte, gerichtliche, ungerechte, unverdiente, verdiente ~; elterliche, väterliche ~ ▢ pena; castigo; punição; Betreten der Baustelle bei ~ verboten; darauf steht ~ ▢ penalidade; multa; ich habe dich gleich davor gewarnt, das ist nun die ~ dafür ▢ castigo; punição; eine ~ über jmdn. verhängen ▢ *infligir uma pena/punição a alguém; etwas unter ~ stellen ▢ *ser passível de pena/punição; zur ~ bleibst du zu Hause 1.1 eine ~ Gottes ein von G. auferlegtes Übel ▢ castigo 1.2 jmdn. mit einer ~ belegen bestrafen ▢ *infligir uma pena a alguém 1.3 ⟨umg.⟩ Geldbetrag als Buße für eine verbotene Handlung; wegen falschen Parkens musste ich 10 Euro ~ zahlen ▢ multa 1.4 sein Redefluss ist eine wahre ~ für alle Zuhörer ⟨fig.⟩ schwer erträglich ▢ castigo; → a. körperlich(1.2)

stra|fen ⟨V. 500/Vr 7⟩ 1 jmdn. ~ mit einer Strafe belegen, eine Strafe vollziehen an jmdm.; Gott strafe mich, wenn ich nicht die Wahrheit spreche; jmdn. hart, leicht, nachdrücklich ~; jmdn. für ein Vergehen ~ ▢ castigar; punir, ein ~der Blick; die ~de Gerechtigkeit; ~de Worte ▢ punitivo; repressivo 2 mit diesem Haus ist er gestraft das H. bereitet ihm viel Sorgen ▢ *esta casa só lhe dá dor de cabeça; → a. körperlich(1.2.1), Lüge(1.3), Wort(2.4)

straff ⟨Adj.⟩ **1** *fest, gespannt;* ein ~es Seil □ **teso; esticado;** eine ~e Brust □ **firme; ereto;** die Zügel ~ anziehen □ ***puxar as rédeas;** ~e Haltung annehmen □ **firme; ereto;** der Gürtel sitzt ~ □ ***o cinto está apertado;** die Schnur ~ spannen, ziehen □ ***puxar/esticar o cordão;** ~ aufgerichtet sitzen, stehen □ **ereto;** ~ zurückgekämmtes Haar □ ***cabelos puxados para trás da cabeça* 2** ⟨fig.⟩ *streng, energisch;* er führt ein ~es Regiment; hier herrscht ~e Ordnung □ **enérgico; rigoroso;** jmdn. ~ anfassen □ **energicamente; severamente 3** ⟨fig.⟩ *knapp, bündig;* sein Stil ist ~ □ **conciso**

straf|fäl|lig ⟨Adj. 70⟩ **1** *eine Straftat begangen habend* □ **que cometeu um crime; criminoso 1.1** *(von neuem) ~ werden (von neuem) eine Straftat begehen* □ ***ser reincidente**

straf|fen ⟨V. 500⟩ **1** *etwas ~ straffmachen, fest anziehen, spannen;* eine Leine, Saite ~ □ **puxar; esticar 2** ⟨Vr 3⟩ *sich ~ straff werden, sich aufrichten, sich recken;* seine Züge strafften sich □ **retesar-se; esticar-se**

Straf|ge|richt ⟨n.; -(e)s, -e⟩ **1** *Teil des Gerichts, der nur über Straftaten entscheidet* □ **tribunal de alçada criminal 2** ⟨fig.⟩ *Strafe, Vergeltung;* das ~ des Himmels; ein ~ abhalten über ...; das göttliche ~ bricht herein □ **punição; castigo**

sträf|lich ⟨Adj.⟩ *eine Strafe verdienend, tadelnswert, unverantwortlich, unverzeihlich;* das war ~er Leichtsinn von dir!; jmdn. od. etwas ~ lange vernachlässigen □ **imperdoável; imperdoavelmente**

Straf|maß ⟨n.; -es, -e⟩ *Maß, Höhe der Strafe;* das ~ festsetzen □ **grau de penalidade**

Straf|tat ⟨f.; -, -en⟩ *strafbare Handlung* □ **crime; delito; infração**

straf|ver|set|zen ⟨V. 500; nur im Inf. u. Part. Perf.⟩ *jmdn. ~ zur Strafe auf einen anderen Posten setzen;* der Beamte wurde strafversetzt □ **transferir por razões disciplinares**

Straf|voll|zug ⟨m.; -(e)s, -züge⟩ *derjenige Teil der Strafvollstreckung, der die unmittelbare Verwirklichung der Strafe betrifft, bes. die Freiheitsstrafen* □ **execução da pena**

Strahl ⟨m.; -(e)s, -en⟩ **1** *etwas, das sich geradlinig ausbreitet;* Licht~; Sonnen~ □ **raio;** Wasser~ □ **jorro; jato;** die ~en des Mondes, der Sonne, der Sterne; unter den brennenden, glühenden, sengenden ~en der Sonne leiden; das Verlies wird von keinem ~ (des Tageslichts) erhellt; ein ~ der Hoffnung ⟨fig.; geh.⟩ **2** ⟨Pl.; Phys.⟩ **2.1** *die aus elektromagnetischen Wellen bestehenden Licht-, Röntgen- u. Gammastrahlen* **2.2** *die aus Elementarteilchen bestehenden Strahlen, z. B. Alpha-, Beta-, Kathodenstrahlen;* vor radioaktiven ~en wird gewarnt □ **raio 3** ⟨Math.⟩ *von einem Punkt ausgehende Gerade* □ **reta 4** ⟨Vet.⟩ *mittlerer, empfindlicher Teil des Pferdehufs* □ **ranilha**

Strahl|an|trieb ⟨m.; -(e)s, -e⟩ *Antriebsverfahren für Flugkörper mittels Luftstrahl od. Raketentriebwerk* □ **propulsão por jato**

strah|len ⟨V. 400⟩ **1** *etwas strahlt sendet Strahlen aus;* das radioaktiv verseuchte Material strahlt noch nach Jahrhunderten □ **irradiar 1.1** *leuchten;* die Sonne strahlt am Himmel □ **brilhar;** der Tag war ~d schön □ ***o dia estava de uma beleza (ir)radiante/brilhante* 1.2** *glänzen, funkeln;* die Edelsteine ~ in ihrem Glanz □ **brilhar; cintilar 2** *glücklich aussehen;* was hat sie nur, sie strahlt ja förmlich!; sie strahlte übers ganze Gesicht; ihre Augen strahlten vor Begeisterung, Freude, Glück □ **estar radiante;** mit ~den Augen, ~dem Blick, Gesicht; jmdn. ~d ansehen; vor Freude ~d begrüßte sie ihn □ **radiante;** ~d hell □ ***brilhante; radiante**

sträh|len ⟨V. 500/Vr 5 od. Vr 7; schweiz.⟩ *jmdn. (sich), das Haar ~ kämmen* □ **pentear**

Strah|lung ⟨f.; -, -en⟩ **1** *das Strahlen* □ **irradiação 2** ⟨Phys.⟩ *die in Form von Strahlen sich fortbewegende Energie;* Atom~, Sonnen~, Kern~, radioaktive, elektromagnetische, kosmische ~ □ **radiação**

Sträh|ne ⟨f.; -, -n⟩ **1** *kleine Menge von (Fasern od.) Haaren, die in lockerem Zusammenhalt glatt nebeneinanderliegen;* Haar~; eine ~ im Haar bleichen, heller tönen; eine ~ fiel ihm ins Gesicht, in die Stirn **2** *zu einem Büschel zusammengebundener Garnfaden bestimmter Länge* □ **madeixa; mecha**

stramm ⟨Adj.⟩ **1** *straff, gespannt;* der Anzug, Gürtel sitzt zu ~ □ **apertado 2** *gerade aufgerichtet;* ~e Haltung annehmen □ **ereto 3** ⟨umg.⟩ *kräftig gebaut, gesund;* ein ~er Bursche □ **forte; taludo 3.1** ⟨60⟩ ~er/**Strammer Max** ⟨Kochk.⟩ *Spiegelei auf einer Brotscheibe* □ ***sanduíche de presunto e ovo frito* 4** ⟨umg.⟩ *anstrengend;* ein ~er Marsch □ **cansativo 5** ⟨Getrennt- u. Zusammenschreibung⟩ **5.1** ~ ziehen = *strammziehen*

stramm∥ste|hen ⟨V. 256/400⟨h. od. süddt.; österr.; schweiz. s.⟩⟩ **1** *in strammer Haltung stehen, stramme Haltung einnehmen (bes. von Soldaten)* □ **tomar posição de sentido 1.1** ⟨fig.⟩ *gehorchen, sich der Befehlsgewalt fügen;* die Kinder haben bei ihm immer strammgestanden □ **obedecer**

stramm∥zie|hen *auch:* **stramm zie|hen** ⟨V. 293⟩ **1** ⟨500⟩ *etwas ~ festziehen, anziehen, stark spannen* □ **apertar; esticar 1.1** ⟨602⟩ *jmdm. die Hosen ~* ⟨fig.; umg.⟩ *ihn (durch Prügel) strafen, zurechtweisen* □ ***dar uma surra/lição em alguém**

stram|peln ⟨V. (h. od. fig. s.); ich strampele od. strample⟩ **1** ⟨400⟩ *die Beine rasch, hastig in unterschiedlichen Richtungen bewegen;* das Baby ~ lassen; strampelte vergnügt im Wasser □ **(es)pernear; agitar 2** *einen Weg ~* ⟨umg.⟩ *auf dem Fahrrad zurücklegen;* heute bin ich 20 km gestrampelt □ ***pedalar por um caminho**

Strand ⟨m.; -(e)s, Strän|de⟩ **1** *flacher Küstenstreifen am Rand größerer Gewässer, bes. des Meeres;* Sand~; ein breiter, kurzer, langer, flacher, sandiger, steiniger, schmaler ~ **1.1** *von Badenden genützter (sandiger) Strand(1);* wir wollen zum Baden an den ~ gehen (im Seebad); am ~ liegen □ **praia 1.2** *auf ~ geraten, laufen, setzen* ⟨Seemannsspr.⟩ *mit dem Boden eines Schiffes auf dem Strand(1) aufsetzen u. nicht mehr weiterfahren können;* das lecke Schiff wurde auf ~ gesetzt; ein Schiff gerät, läuft auf ~ □ ***encalhar**

Strand|gut ⟨n.; -(e)s; unz.⟩ *an den Strand gespültes Gut von gestrandeten Schiffen* □ **despojos lançados ao mar; restos de naufrágio**

Strand|korb ⟨m.; -(e)s, -kör|be⟩ *großer, nur nach einer Seite offener Doppelkorbstuhl mit verschiebbarem Sonnendach als Wind- u. Sonnenschutz am Badestrand* □ **poltrona de praia com proteção contra sol e vento**

Strang ⟨m.; -(e)s, Strän|ge⟩ **1** *Seil, Strick* □ **corda 1.1** *er wurde zum Tod(e) durch den ~ verurteilt* **zum Tod durch Erhängen** □ ***ele foi condenado à forca* 1.2** *wenn alle Stränge reißen, werde ich ...* ⟨fig.; umg.⟩ *im Notfall werde ich ...* □ ***em último caso...; se não houver outra alternativa...* 1.3** *wir ziehen alle an einem, an demselben, am gleichen ~ wir haben das gleiche Ziel, wir erstreben das Gleiche, wir gehen gemeinsam vor* □ ***estamos todos no mesmo barco* 2** *Bündel, Büschel, Strähne;* Nerven~ □ **feixe;** Woll~ □ **meada 3** *langes zusammenhängendes Stück* □ **ramal; via;** Schienen~ □ ***via férrea* 4** *Teil des Pferdegeschirrs, mit dem das Pferd am Wagen befestigt ist* □ **tirante 4.1** *über die Stränge hauen, schlagen* ⟨fig.⟩ *aus der gewohnten Ordnung ausbrechen, leichtsinnig, übermütig sein* □ ***passar dos limites***

stran|gu|lie|ren ⟨V. 500/Vr 7 od. Vr 8⟩ *jmdn. od. ein Tier ~ erhängen, erwürgen, erdrosseln* □ **estrangular**

Stra|pa|ze ⟨f.; -, -n⟩ *(große) Anstrengung, Beschwerlichkeit;* ~n *aushalten, ertragen;* den ~n *(nicht) gewachsen sein, standhalten;* ~n *auf sich nehmen* □ **fadiga; cansaço**

stra|pa|zie|ren ⟨V. 500⟩ **1** ⟨Vr 7⟩ *jmdn. od. sich ~ überanstrengen; er sieht strapaziert aus* □ **esgotado;** *sich bei einer Arbeit ~; diese Arbeit strapaziert ihn* □ **esgotar(-se); exaurir(-se) 2** *jmdn. ~ stark in Anspruch nehmen, beanspruchen; jmdn. mit einer Arbeit ~* □ **sobrecarregar 3** *etwas ~ abnutzen, viel benutzen;* Kleider, Schuhe ~ □ **gastar;** *vielstrapazierte Redensarten* □ **gasto; batido**

Straps ⟨m.; -es, -e⟩ *Strumpfhalter (für das Befestigen von Nylonstrümpfen)* □ **liga**

Strass ⟨m.; -es, - od. -e⟩ *Nachbildung von Edelsteinen aus stark lichtbrechendem Bleiglas* (~stein) □ **strass**

straß|ab → *straßauf*

straß|auf ⟨Adv.; meist in der Wendung⟩ ~, **straßab** *die Straße(n)hinauf u. hinab; ich bin ~, straßab gelaufen, um ihn zu suchen* □ ***rua acima, rua abaixo***

Stra|ße ⟨f.; -, -n; Abk.: Str.⟩ **1** *befestigter (planmäßig angelegter) Weg* □ **rua; via;** Bundes~ □ **rodovia federal;** Fahr~ □ **estrada; via;** Land~ □ **estrada vicinal;** *eine ~ anlegen, ausbessern, bauen, planen, sperren, verbreitern, verlegen; wohin führt diese ~?; diese ~ führt nach ...; die ~ kreuzen, überschreiten; die ~ ist gesperrt; in den Hauptverkehrszeiten sind die ~n verstopft (von Fahrzeugen); eine belebte, ruhige, verkehrsreiche ~; eine breite, enge, freie, gerade, kurze, lange, schmale, winkelige ~; Leipziger ~; wir fuhren auf derselben ~ zurück, auf der wir gekommen waren; durch die ~n irren; wir schlenderten durch die ~; in eine ~ einbiegen; das Geld liegt auf der ~, man muss nur verstehen, es aufzuheben* ⟨Sprichw.⟩ **1.1** *ich habe die ganze ~ abgeklappert u. konnte das Haus nicht finden* ⟨umg.⟩ *ich bin die ganze Straße(1) entlang von Haus zu Haus gegangen* **1.2** *ich habe eine Wohnung, ein Zimmer nach der ~ mit Fenster(n) auf der Straßenseite* **1.3** *die Kinder vor den* **Gefahren** *der ~ warnen* ⟨fig.⟩ *vor dem Straßenverkehr* □ **rua 1.4** *seine (stille) ~ ziehen* ⟨fig.; umg.⟩ *scherzh.⟩ fort-, von dannen gehen* □ ***puxar o carro; ir embora* 1.5** *die Aufständischen beherrschen die ~* ⟨fig.⟩ *das öffentliche Leben* □ **rua 1.6** *auf die ~ gehen* **1.6.1** ⟨fig.⟩ *öffentlich demonstrieren* □ ***ir para as ruas; fazer passeata* 1.6.2** ⟨fig.⟩ *eine Prostituierte werden* □ ***rodar bolsinha* 1.7** *auf der schmalen ~ des Rechts gehen* ⟨fig.⟩ *nie das geringste Unrecht tun* □ ***seguir pelo estreito caminho da justiça* 1.8** *auf der ~ liegen, sitzen* ⟨fig.; umg.⟩ **1.8.1** *stellungslos, ohne Verdienst sein* □ ***estar na rua; estar desempregado* 1.8.2** *ohne Obdach sein* □ ***morar na rua* 1.9** *er wurde auf die ~ gesetzt* **1.9.1** ⟨fig.⟩ *aus der Wohnung vertrieben* **1.9.2** *fristlos aus dem Dienst entlassen* □ ***ele foi posto no olho da rua* 1.10** *man findet das* **Geld** *ja nicht auf der ~* ⟨fig.⟩ *G. erwirbt man sich nicht leicht* □ ***dinheiro não dá em árvore* 1.11** *du solltest das* **Geld** *nicht so auf die ~ werfen* ⟨fig.⟩ *so leichtsinnig ausgeben* □ ***você não devia jogar dinheiro fora* 1.12** *jmdn. von der ~ auflesen* ⟨fig.⟩ *sich eines Obdachlosen hilfreich annehmen* □ ***recolher/tirar alguém da rua;* → a. *offen(4.3)* **2** *Verkehrslinie zur See, Meerenge; Schifffahrts~* □ ***via navegável;* ~ *von Gibraltar* □ **estreito**

Stra|ßen|bahn ⟨f.; -, -en⟩ *auf Schienen laufende, elektrisch betriebene Bahn für den Stadt- u. Vorortverkehr* □ **metrô de superfície**

Stra|te|gie ⟨f.; -, -n⟩ **1** *Planung u. Führung in großem Rahmen* **1.1** *umfassende Planung zur Verwirklichung grundsätzlicher Vorstellungen* **2** *Kunst der militärischen Kriegführung, Feldherrnkunst* **3** ⟨Kyb.⟩ *Plan, der aufgestellt wird, um mittels aufeinander einwirkender dynamischer Systeme ein Ziel zu erreichen* □ **estratégia**

Stra|to|sphä|re ⟨f.; -; unz.⟩ *Schicht der Lufthülle der Erde von etwa 10 km bis 80 km über der Erdoberfläche* □ **estratosfera**

sträu|ben ⟨V. 500⟩ **1** ⟨Vr 3⟩ **Fell, Haare, Federn** ~ *sich richten sich auf, stehen ab; mir sträubten sich die Haare (vor Schreck, Entsetzen)* **1.1** *ein* **Tier** *sträubt* **Haare, Fell, Gefieder** *richtet sie auf, lässt sie nach allen Seiten hin abstehen, plustert sich auf; mit gesträubtem Fell sprang die Katze auf ihn zu* □ **eriçar(-se); arrepiar(-se) 2** ⟨Vr 3⟩ *sich ~* ⟨a. fig.⟩ *sich wehren (gegen), sich widersetzen, widerstreben* □ **resistir; opor-se;** *nach langem Sträuben gab sie endlich nach; es half kein Sträuben* □ **resistência;** *er sträubte sich mit Händen und Füßen dagegen* □ **defender-se; resistir**

Strauch ⟨m.; -(e)s, Sträu|cher⟩ **1** *ausdauernde Holzpflanze mit mehreren, von der Wurzel an sich teilenden, dünn bleibenden Stämmen* □ **arbusto;** Flieder~ □ ***lilás;* lilaseiro,** Hasel(nuss)~ □ ***aveleira,*** Rosen~ □ ***roseira,*** Tee~ □ ***arbusto do chá;* *belaubter, blühender* ~ **2** ⟨umg.⟩ *Busch* □ **arbusto**

strau|cheln ⟨V. 400(s.); ich strauchele od. strauchle; geh.⟩ **1** *fehltreten u. dadurch taumeln, stolpern;* auf einem schlechten Weg ~ □ tropeçar **2** ⟨fig.⟩ *sich etwas zuschulden kommenlassen, einen Fehltritt begehen, auf die schiefe Bahn geraten;* sein Leichtsinn ließ ihn im Leben ~ □ dar um mau passo; desencaminhar-se

Strauß¹ ⟨m.; -es, -e⟩ *der größte heute lebende Vogel, ein zu den Flachbrustvögeln gehörender Vertreter einer eigenen Familie (Struthionidae) in den Steppen Afrikas u. Vorderasiens: Struthio camelus camelus;* Vogel ~ □ avestruz

Strauß² ⟨m.; -es, Sträu|ße⟩ *mehrere zusammengebundene Blumen;* Blumen~, Rosen~; Blumen zu einem ~ binden □ ramalhete

Stre|be ⟨f.; -, -n⟩ *schräge Stütze (bes. am Dach)* □ escora; espeque

stre|ben ⟨V.⟩ **1** ⟨41(s.)⟩ *sich in Richtung von etwas begeben, einen Ort zu erreichen suchen;* sie strebten auf die Höhe (des Berges); die Pflanze strebt zum Licht □ tentar alcançar; voltar-se para **2** ⟨411(s.)⟩ *(eilig) auf etwas, jmdn. zugehen;* er strebte nach Hause □ correr **3** ⟨800⟩ *nach etwas ~ sich um etwas bemühen, nach etwas, das schwer zu erreichen ist, verlangen, trachten;* nach Erkenntnis, Gewinn, Macht, Ruhm, Vollkommenheit ~; es irrt der Mensch, solang er strebt (Goethe, "Faust" I, Prolog im Himmel) □ aspirar a/esforçar-se por alguma coisa; sein ganzes Streben, des Menschen Streben ist darauf gerichtet ⟨geh.⟩ □ esforço; aspiração

Stre|ber ⟨m.; -s, -; abwertend⟩ *jmd. (bes. ein Schüler od. Beamter), der sich ehrgeizig u. egoistisch bemüht, rasch vorwärts zu kommen* □ arrivista; cê-dê-efe

Stre|be|rin ⟨f.; -, -rin|nen, abwertend⟩ *weibl. Streber* □ arrivista; cê-dê-efe

streb|sam ⟨Adj. 70⟩ *sehr fleißig u. zielbewusst* □ esforçado; aplicado

Stre|cke ⟨f.; -, -n⟩ **1** *Entfernung zwischen zwei mehr od. weniger genau definierten Punkten;* eine große, kleine, kurze, übersichtliche, weite ~; wir sind heute eine tüchtige ~ marschiert **2** *Teilstück, Abschnitt eines Weges;* Weg~; es ist noch eine gute ~ (Weges) bis dorthin; täglich eine ~ von 10 Kilometern zurücklegen □ trecho; pedaço; distância **3** *Bahnlinie, Route;* die ~ Frankfurt – Hamburg; auf der ~ nach München; welche ~ bist du gefahren? □ linha; rota **3.1** ⟨Eisenb.⟩ *Abschnitt einer Bahnlinie, bes. zwischen zwei Bahnhöfen, Gleisabschnitt;* die ~ ist frei; die ~ ist frei **3.1.1** der Zug hielt auf freier ~ *außerhalb eines Bahnhofs* □ o trem parou no meio do nada/em campo aberto **3.2** auf der ~ (liegen) bleiben *unterwegs liegen bleiben, nicht mehr weiterkommen* □ fracassar; perder a parada **4** jmdn. zur ~ bringen *überwältigen, besiegen, (einen Verbrecher) verhaften;* im Wald gelang es ihnen, den Verbrecher zur ~ zu bringen □ pôr as mãos em; capturar **5** ⟨Math.⟩ *durch zwei Punkte begrenzter Teil einer Geraden* □ segmento **6** ⟨Sp.⟩ *bei einem Rennen, Wettkampf zurückzulegender Weg* □ percurso; circuito **7** ⟨Bgb.⟩ *waagerechter Grubenbau, der von einem anderen Grubenbau ausgeht* □ galeria **8** ⟨Jagdw.⟩ *Ort, an dem Jagdbeute niedergelegt wird* □ local onde se depositam os animais caçados **8.1** ⟨Jägerspr.⟩ *die Jagdbeute selbst* □ caça; animais abatidos **8.2** einen Hasen zur ~ bringen ⟨Jägerspr.⟩ *erlegen* □ *abater uma lebre **9** ⟨Spinnerei⟩ *Maschine zum Strecken (Verziehen) der Faserbänder zum Spinnen von dünnen Garnen, Streckmaschine* □ trem de estiragem

stre|cken ⟨V. 500⟩ **1** ⟨Vr 7⟩ *etwas od. sich ~* ⟨a. fig.⟩ *ziehen, lang ziehen, dehnen;* als er erwachte, streckte er die Glieder, streckte er sich; das (verkrümmte) Bein muss gestreckt werden □ espreguiçar(-se); esticar(-se) **1.1** eine **Suppe**, Sauce ~ *verdünnen, damit sie mehr wird* □ diluir **1.2 Rationen** ~ *verkleinern, damit sie länger reichen* □ fazer render **1.3** die **Arbeit** ~ ⟨fig.⟩ *absichtlich in die Länge ziehen, verzögern* □ retardar; embromar **1.4** der **Weg** streckt sich ⟨fig.⟩ *ist länger als erwartet* □ *o caminho é mais longo do que o esperado **1.5** ⟨Tech.⟩ *länger, breiter, dünner machen;* Eisen durch Walzen, Hämmern ~ □ adelgaçar; alongar; achatar **2 Gliedmaßen** ~ *geradermachen, ausstrecken;* Arme ~ □ alongar; esticar **2.1** ⟨510⟩ **Gliedmaßen** in eine **bestimmte Richtung** ~ *in eine bestimmte R. bringen;* die Zunge aus dem Munde ~ □ *pôr a língua para fora; die Arme zur Seite ~; die Arme nach vorn ~; er streckte die Beine behaglich unter den Tisch □ esticar; die Arme in die Höhe ~ □ *levantar os braços; der Schüler streckt den Finger, die Hand (in die Höhe), wenn er eine Antwort weiß □ levantar **2.1.1 Gliedmaßen** von sich ~ *es sich bequem machen;* behaglich die Beine von sich ~ □ *esticar os membros; pôr-se à vontade **2.1.2** alle viere von sich ~ *sich bequem hinsetzen, ausruhen* □ *esticar o corpo; descansar **2.1.3** ein Tier streckt alle viere von sich *verendet;* der Hund streckte alle viere von sich □ *um animal morre **3** ⟨511/Vr 3⟩ *sich irgendwohin ~ sich an einem Ort lang hinlegen;* sich aufs Sofa, ins Gras ~ □ *deitar em algum lugar **4** ⟨fig.⟩ **4.1 Tiere** in gestrecktem **Galopp** (Lauf) *in raschem Galopp, mit weit ausgreifenden Beinen* □ *animais galopando a toda brida **4.2** ⟨500⟩ die **Waffen** ~ *sich ergeben* □ *depor as armas **4.3** ⟨511⟩ jmdn. zu **Boden** ~ *niederschlagen, jmdn. so verletzen, dass er am Boden liegt;* mit wenigen Schlägen streckte er ihn zu Boden □ *levar ao chão; derrubar **5** ⟨Math.⟩ *gestreckter* **Winkel** *W. von 180°* □ *ângulo raso

stre|cken|wei|se ⟨Adv.⟩ **1** *über gewisse Strecken hin;* diese Autobahn ist ~ sehr schlecht; die Arbeit ist ~ gut, schlecht □ em alguns trechos/pontos **2** *in einzelnen Abschnitten;* wir sind ~ gefahren □ em intervalos/etapas

Streich ⟨m.; -(e)s, -e⟩ **1** ⟨geh.⟩ *Schlag mit der Hand, Rute od. Peitsche, Hieb, Schwerthieb;* jmdm. einen heftigen, tödlichen ~ versetzen; zu einem ~ ausholen; sieben (Feinde) auf einen ~ (töten) (im Märchen vom „Tapferen Schneiderlein") □ golpe; tapa; bofetada; → a. Eiche(1.1) **2** *Unfug, Handlung, mit der man jmdn. necken od. ärgern will, Possen, Schabernack;* sich ~e ausdenken; böse, gefährliche, dumme,

streicheln

lose, leichtsinnige, lustige, mutwillige, schlimme, törichte ~e; dumme ~e machen, verüben, vollführen; er ist stets zu ~en aufgelegt; dieses war der erste ~, doch der zweite folgt sogleich (Wilhelm Busch, „Max und Moritz") □ **brincadeira; peça** 2.1 jmdm. einen ~ spielen *jmdn. zum Opfer eines Streichs(2) machen* □ **pregar uma peça em alguém*

strei|cheln ⟨V. 500/Vr 7 od. Vr 8; ich streichele od. streichle⟩ jmdn., ein **Tier** od. etwas ~ *mit der Hand sacht, zärtlich berühren, darüber hinfahren, liebkosen;* jmds. Gesicht, Haar, Hand, Kopf, Wange zärtlich ~; ein Tier, das Fell eines Tieres ~ □ **acariciar; afagar**

strei|chen ⟨V. 263⟩ **1** ⟨500⟩ jmdn. od. ein **Tier** ~ ⟨veraltet⟩ *schlagen* □ **bater em; espancar;** einen Hund mit der Peitsche ~ □ **açoitar/chicotear um cachorro* **2** ⟨503/Vr 5⟩ **(jmdm.) etwas** ~ *mit der Hand od. einem Gegenstand (jmdm.) über etwas fahren;* jmdm., sich mit den Fingern durchs Haar ~ □ **passar os dedos pelos cabelos (de alguém);* jmdm., sich das Haar aus der Stirn ~ □ **tirar/afastar os cabelos da testa (de alguém);* jmdm. übers Gesicht, Haar, über die Hand, den Kopf, die Wange ~ □ **passar a mão pelo rosto/pelos cabelos de alguém; roçar a mão de alguém; passar a mão na cabeça/bochecha de alguém;* nachdenklich strich er sich den Bart ~ **coçou a barba pensativo* 2.1 ⟨500⟩ ein Streichinstrument ~ ⟨geh.⟩ *spielen;* die Geige, das Cello ~ □ **tocar 3** ⟨411⟩ der **Wind** streicht **(über, durch etwas)** ⟨fig.⟩ *weht, bläst leicht (über, durch etwas);* der Wind streicht übers Feld; ein kühles Lüftchen strich durch die offenen Fenster □ **soprar 4** ⟨411⟩ *vorsichtig od. erwartungsvoll (um etwas herum) gehen;* durch die Felder, das Land, die Wälder ~ □ **vagar;** die Katze streicht ihm um die Beine □ **roçar;** eine dunkle Gestalt strich ums Haus □ **rodear 5** ⟨503/Vr 5⟩ **(jmdn.) etwas** ~ *etwas mit einer klebrigen Masse, dünnen Schicht versehen;* sich Butter, Honig, Marmelade, Wurst aufs Brot ~; sich ein Butterbrot ~; Kitt, Mörtel in die Fugen ~; Salbe auf eine Wunde ~; das Brot fingerdick mit Butter ~ □ **passar; espalhar; barrar** 5.1 ⟨402⟩ **(etwas)** ~ *Farbe (auf etwas) auftragen;* eine Bank, einen Schrank, einen Zaun (blau, grün) ~; der Zaun ist frisch gestrichen □ **pintar;** Vorsicht, frisch gestrichen! □ **cuidado, tinta fresca!* 5.2 ⟨500⟩ gestrichenes **Papier** *P. mit einem Überzug* □ **papel-cuchê* **6** ⟨500⟩ **etwas** ~ *durchstreichen, weglassen, tilgen, ausmerzen;* diesen Abschnitt (im Text) können wir ~; einen Namen aus einem Verzeichnis ~; Nichtzutreffendes bitte ~!; ich habe seinen Namen aus meinem Gedächtnis gestrichen □ **cancelar; suprimir; tirar 7** ⟨500/Vr 7⟩ **etwas** ~ *für nichtig, ungültig erklären;* einen Auftrag ~ □ **cancelar; anular** 7.1 ich habe mich von der Liste ~ lassen *ich habe meinen Auftrag, meine Kandidatur zurückgezogen* □ **retirei-me/saí da lista* **8** ⟨500⟩ das **Segel,** die **Flagge** ~ *herunterlassen, einholen, einziehen* □ **arriar** 8.1 das Schiff hat die Flagge gestrichen *das S. hat sich ergeben* □ **o navio capitulou* **9** ⟨500⟩ ein gestrichenes **Maß,** ein Maß gestrichen **voll** *genau bis an den Rand voll;* ein gestrichener Teelöffel voll Zucker □ **uma medida rasa* **10** ⟨500; fig.⟩ 10.1 die **Segel** ~ *nachgeben, sich geschlagen geben* □ **jogar a toalha; entregar os pontos* 10.2 die **Ruder** ~ *gegen die Fahrtrichtung stemmen, um zu bremsen* □ **frear com os remos* **11** ⟨400⟩ ein **Schiff** streicht durch die Wellen ⟨poet.⟩ *fährt* □ **sulcar; singrar 12** gestrichenes Maß nehmen ⟨Waffenk.⟩ *so zielen, dass Kimme u. Korn genau eine Linie bilden* □ **mirar; fazer pontaria*

Streich|garn ⟨n.; -(e)s, -e⟩ *Baumwoll-, Woll- od. Zellwollgarn, das aus nicht gekämmten Faserbändern gesponnen u. nicht so gleichmäßig wie Kammgarn ist* □ **fio de lã cardada**

Streich|holz ⟨n.; -es, -höl|zer⟩ = **Zündholz**

Streich|in|stru|ment auch: **Streich|ins|tru|ment** auch: **Streich|inst|ru|ment** ⟨n.; -(e)s, -e; Mus.⟩ *Musikinstrument, dessen Saiten durch Streichen mit einem schwach gekrümmten, mit Pferdehaaren bespannten Bogen zum Klingen gebracht werden, z. B. Violine, Cello* □ **instrumento de corda**

Streif ⟨m.; -(e)s, -e; Nebenform von⟩ = **Streifen**

Strei|fe ⟨f.; -, -n⟩ **1** *Erkundungs- od. Kontrolltrupp* **2** *zwei od. mehrere Polizisten, die planmäßig Kontrollgänge durchführen* □ **patrulha 3** = *Streifzug(1)* **4** *Treibjagd, bei der die Schützen in einer Linie mit den Treibern gehen* □ **montaria; batida**

strei|fen ⟨V.⟩ **1** ⟨500⟩ **jmdn.** od. **etwas** ~ *eine kurze Zeitlang leicht berühren;* jmdn. an der Schulter ~; das Auto hat den Radfahrer nur gestreift □ **tocar de leve; resvalar** 1.1 eine **Kugel** streift **jmdn.** *verletzt jmdn., ohne ein Körperteil zu durchdringen;* die Kugel hat ihn am Arm gestreift □ **passar de raspão** 1.2 eine **Frage,** ein **Problem** ~ ⟨fig.⟩ *nebenbei erwähnen, nur andeuten* □ **aludir a uma questão/um problema; tocar em uma questão/um problema* 1.3 ⟨550; fig.⟩ 1.3.1 ⟨516⟩ **jmdn. od. etwas** mit einem **Blick** ~ *flüchtig ansehen* □ **passar os olhos por alguém ou alguma coisa* 1.3.2 ⟨800⟩ eine **Sache** streift **an etwas** *grenzt an etwas, erreicht etwas fast;* sein Vorhaben streift ans Verbrecherische □ **beirar 2** ⟨511⟩ **etwas an** eine **Stelle** ~ *durch ziehende u. (od.) schiebende Bewegungen bewirken, dass ein Gegenstand etwas umschließt, darüber ziehen, an die gewünschte Stelle bringen;* das Armband über die Hand ~ □ **passar a pulseira pela mão;* den Ring über den Finger ~ □ **enfiar o anel no dedo;* einen Schlauch über ein Rohr ~ □ **encaixar uma mangueira em um cano;* sich das Hemd über den Kopf ~ □ **passar a camiseta pela cabeça;* die Ärmel in die Höhe ~ □ **arregaçar as mangas* 2.1 **etwas von** einer **Stelle** ~ *etwas durch Ziehen, Abstreifen von einer bestimmten Stelle entfernen;* den Goldring vom Finger ~; die Beeren von einer Rispe ~ □ **tirar; arrancar** 2.2 ⟨500⟩ erlegtes **Wild** ~ ⟨Jägerspr.⟩ *dem W. die Haut, das Fell abziehen* □ **(des)pelar; esfolar 3** ⟨411(s.)⟩ **durch** eine **Gegend** ~ *ziellos wandern, schweifen;* durch die Wälder, durchs Gebirge ~ □ **vagar**

Strei|fen ⟨m.; -s, -⟩ oV ⟨geh.⟩ *Streif* **1** *langes, schmales Stück;* Pelz-, Papier-, Tuch-, Wald-, Wiesen-; ein

~ Land(es); Fleisch, Papier in ~ schneiden ▢ *tira; fita; faixa* 1.1 ⟨umg.⟩ *Film;* der neue ~ von Tykwer ▢ *fita* **2** *langes, schmales Gebilde, das sich durch andere Beschaffenheit von seiner Umgebung abhebt;* Licht~, Dunst~, Nebel~, Farb~; die Farbe hat ~ gebildet; ein Stoff mit farbigen ~; der weiße ~ auf der Fahrbahn ▢ *faixa; listra*

Streif|licht ⟨N.; -(e)s, -er⟩ **1** *schnell über etwas hinhuschendes Licht* ▢ *raio/reflexo de luz* 1.1 ein ~ *auf etwas werfen* ⟨fig.⟩ *die Aufmerksamkeit kurzfristig auf etwas lenken* ▢ **lançar uma advertência/observação sobre alguma coisa*

Streif|zug ⟨m.; -(e)s, -zü|ge⟩ **1** *Erkundungszug, Wanderung;* Sy *Streife(3)* ▢ *viagem de exploração* **2** ⟨fig.⟩ *kurzer Überblick über ein Sachgebiet;* Streifzüge durch die Geschichte unserer Stadt ▢ *panorama; resumo*

Streik ⟨m.; -(e)s, -s⟩ *meist organisierte u. mit bestimmten Forderungen verknüpfte, vorübergehende Arbeitsniederlegung von Arbeitnehmern od. Angehörigen des Dienstleistungsgewerbes;* den ~ abbrechen, beilegen, mit Gewalt niederwerfen; einen ~ organisieren; in den ~ treten; zum ~ aufrufen; den ~ abblasen ⟨umg.⟩ ▢ *greve*

strei|ken ⟨V. 400⟩ **1** *in Streik treten, einen Streik durchführen, die Arbeit niederlegen* **2** ⟨umg.⟩ *nicht mitmachen, sich weigern* ▢ *fazer greve; entrar em greve* **3** eine **Maschine, Organ** streikt ⟨umg.; fig.⟩ *hört auf zu funktionieren, setzt plötzlich aus, versagt;* das Auto, der Fernseher, mein Magen streikt ▢ *parar de funcionar; recusar-se a funcionar*

Streit ⟨m.; -(e)s, -e; Pl. selten⟩ **1** *Zustand der Uneinigkeit, bei dem jeder Beteiligte versucht, seinen Willen durchzusetzen;* Ggs *Frieden(3.1)* ▢ *conflito; querela* 1.1 ⟨geh.⟩ *Streit(1), der mit Waffengewalt ausgetragen wird, Kampf;* zum ~(e) rüsten ▢ *luta; contenda* 1.2 *Streit(1), der handgreiflich ausgetragen wird;* jmdn. in einen ~ hineinziehen; einen ~ mit den Fäusten austragen; mit jmdm. in ~ geraten; den ~ beilegen, schlichten; einen ~ anfangen, anzetteln, beginnen, entfachen; bei ihnen gibt es immer Zank und ~; er sucht stets ~; miteinander im ~ liegen ▢ *briga; rixa* 1.3 *Streit(1), der mit Worten ausgetragen wird, heftiger Wortwechsel, hitzige Erörterung;* ein erbitterter, heftiger, kleinlicher, unversöhnlicher ~; ein heftiger ~ entbrannte zwischen ihnen um …; ein ~ mit Worten; zwischen den beiden gibt es dauernd ~; ein ~ um nichts, um Worte; ein gelehrter ~ ▢ *briga; altercação; bate-boca* 1.4 einen ~ vom Zaun brechen ⟨fig.⟩ *anfangen* ▢ **provocar/começar uma briga* **2** *Rechtsstreit;* ~ zwischen zwei Parteien ▢ *litígio; pleito*

streit|bar ⟨Adj.⟩ **1** *zu Streit neigend, gern, oft streitend;* ein ~er Mensch; in ~er Stimmung sein **2** *einen Streit nicht scheuend, bereit, um etwas zu kämpfen;* eine ~e Gesinnung beweisen, haben, zeigen, an den Tag legen; ein ~er Politiker ▢ *briguento; belicoso; combativo*

strei|ten ⟨V. 264⟩ **1** ⟨400; geh.⟩ *kämpfen;* das Volk streitet für mehr soziale Gerechtigkeit **2** ⟨415; geh.; fig.⟩ *sich für eine Sache mit allen Kräften einsetzen;* mit Fäusten, Waffen ~; für eine Idee ~ ▢ *lutar* **3** ⟨402/Vr 4⟩ **(sich)** ~ *sich im Zustand des Streits (1.2 od. 1.3) befinden, zanken;* miteinander ~; müsst ihr (euch) denn immer ~?; ich habe mich noch nie mit ihm gestritten; sich ~ ▢ *brigar;* wenn zwei sich ~, freut sich der Dritte ⟨Sprichw.⟩ ▢ **quando dois brigam, um terceiro tira proveito* **4** ⟨410⟩ *einen Streit(1.3) führen, eine Sache heftig, hitzig erörtern;* wegen dieser Angelegenheit haben wir uns schon gestritten; über ein Problem, ein gelehrtes Thema ~; sie ~ sich oftmals um nichts ▢ *brigar; discutir; bater boca* 4.1 darüber kann man, lässt sich ~ *darüber kann man verschiedener Meinung sein* ▢ **isso é discutível* **5** ⟨411⟩ *prozessieren;* vor Gericht ~ ▢ **brigar na justiça* 5.1 die ~den **Parteien** *die Gegner in einem Prozess* ▢ *litigante*

strei|tig ⟨Adj.⟩ **1** = *strittig* **2** ⟨24/52⟩ jmdm. etwas ~ machen *behaupten, dass jmd. kein Recht auf etwas hat* ▢ **contestar alguma coisa a alguém* **3** ⟨Rechtsw.⟩ *einem Gericht zur Entscheidung vorgelegt* ▢ *contencioso; litigioso* 3.1 ~e **Gerichtsbarkeit** *G., die mit der Klärung von Streitfällen beschäftigt ist* ▢ **jurisdição contenciosa;* Ggs *freiwillige Gerichtsbarkeit,* → *freiwillig(2)*

Streit|kraft ⟨f.; -, -kräf|te; meist Pl.; Mil.⟩ Streitkräfte *die für die Verteidigung u. (od.) Kriegführung bestimmten Angehörigen eines Staates;* die feindlichen Streitkräfte ▢ *forças armadas*

streit|lus|tig ⟨Adj.⟩ *Lust, Freude am Streiten empfindend;* ein ~er Mensch ▢ *briguento*

streng ⟨Adj.⟩ **1** *ohne Mitleid, Rücksicht (seiend), schonungslos, unnachgiebig;* seine Eltern sind zu ~; ~ gegen sich selbst u. gegen andere sein; ein ~er Richter, Vater, Lehrer; eine ~e Erziehung ▢ *rigoroso; rígido; severo;* jmdn. ~ bestrafen; ~ durchgreifen; das war ~ gehandelt, verfahren ▢ *rigorosamente; severamente;* ~e Herren regieren nicht lange ⟨Sprichw.⟩ ▢ **tudo o que é violento não dura muito tempo* 1.1 ein ~es **Gesetz,** ein ~er **Befehl** *ein für den Betroffenen hartes G., ein harter B., ein G., B., unter dem der Betroffene zu leiden hat;* ~e Maßnahmen, Verordnungen, Vorschriften; ein ~es Urteil, Verbot ▢ *rigoroso; rígido; severo* 1.2 ~e **Worte** *barsche, schroffe W.* ▢ *rude; duro* 1.3 ~es **Aussehen** *ernstes A.;* ein ~es Gesicht; ein ~er Blick; jmdn. ~ anblicken; ~ aussehen ▢ *severo; austero; severamente* **2** *genau, der Regel entsprechend;* Vorschriften, Grundsätze, Diät ~ einhalten; ein Thema ~ sachlich, wissenschaftlich behandeln; eine ~ wissenschaftliche Arbeit; sich ~ an eine Anweisung halten, eine Anweisung auf das ~ste/Strengste befolgen ▢ *rigoroso; rigorosamente; escrupulosamente* 2.1 etwas ~ **nehmen** *genau nehmen, sich streng an etwas halten;* nimm es nicht so ~ mit ihr ▢ **ser rigoroso com alguma coisa; levar alguma coisa à risca* 2.2 ~ **genommen**(,) *handelt es sich um einen klaren Rechtsverstoß eigentlich, im Grunde,* ⟨aber Getrennntu. Zusammenschreibung:⟩ ~ **genommen** = strenggenommen ◻ *na verdade 3 ein ~er Geschmack *ein herber G.;* etwas riecht, schmeckt ~ ◻ acre; azedo 3.1 es ist ein ~er Winter zu erwarten *sehr kalter und lange dauernder W.* ◻ rigoroso 4 ein ~er Geruch, eine ~e Kälte *durchdringend, scharf, beißend* ◻ penetrante; pungente 5 ⟨90⟩ *absolut, ganz, völlig;* Zutritt ~ verboten! etwas ~ untersagen, verbieten ◻ terminantemente; estritamente; zu ~stem Stillschweigen verpflichten ◻ absoluto 6 ⟨Getrennt- u. Zusammenschreibung⟩ 6.1 ~ verboten = *strengverboten*

Stren|ge ⟨f.; -; unz.⟩ 1 *strenge Einstellung gegenüber sich selbst od. gegenüber seinen Mitmenschen;* die Eltern haben es stets an ~ fehlen lassen (in der Erziehung usw.); jmdn. zur ~ gegen sich selbst anhalten 1.1 *Härte bei der Durchführung einer Handlung;* ~ zeigen; hier hilft nur drakonische ~; mit eiserner, unerbittlicher ~ durchgreifen; mit ~ herrschen, regieren, seines Amtes walten 1.2 *keine Ausnahmen duldende Härte;* die ~ eines Gesetzes, einer Vorschrift ◻ rigor; severidade 2 *große Kälte;* die ~ des Winters ◻ rigor; inclemência 3 *leichte Bitterkeit des Geruchs od. Geschmacks* ◻ azedume; acrimônia 4 *schlichte Linienführung, Klarheit der äußeren Formen;* die ~ eines Raumes, Bauwerks; in der geometrischen ~ der Formen erkennt man seinen Stil ◻ austeridade; sobriedade

streng|ge|nom|men *auch:* streng ge|nom|men ⟨Adj. 50⟩ *wörtlich genommen, präzise ausgeführt* ◻ ao pé da letra; em rigor; a. → *streng (2.2)*

streng||neh|men ⟨alte Schreibung für⟩ *streng nehmen*
streng|ver|bo|ten *auch:* streng ver|bo|ten ⟨Adj. 24/70⟩ *unter keinen Umständen gestattet* ◻ terminantemente proibido

Stress ⟨m.; -es, -e⟩ *übermäßige Belastung körperlicher od. seelischer Art (u. daraus erfolgende Reaktionen);* unter ~ stehen; dem ~ nicht mehr gewachsen sein; Lärm ist ein ~faktor; eine ~situation meistern ◻ estresse

stres|sen ⟨V. 500; umg.⟩ jmdn. ~ *übermäßig anstrengen, erschöpfen, belasten;* die Arbeit stresst ihn zunehmend; ich war völlig gestresst ◻ estressar

Stretch ⟨[strɛtʃ] m.; -; unz.⟩ *sehr elastische Wirkware;* Baumwoll~ ◻ stretch

streu|en ⟨V.⟩ 1 ⟨500⟩ etwas ~ *durch leichtes Werfen locker verteilen;* den Hühnern Körner ~; den Pferden Stroh ~; Blumen ~ (bei der Trauung vor dem Brautpaar) ◻ jogar; lançar; Samen auf den Acker ~ ◻ *semear o campo; Sand ~ (auf vereister Straße) ◻ espalhar; jogar; Zucker auf den Kuchen ~ ◻ polvilhar 2 ⟨400⟩ ein Gewehr, Geschütz streut *trifft ungenau;* die Gewehre der Schießbuden ~ meistens ◻ ser impreciso no tiro

streu|nen ⟨V. 400; umg.⟩ *sich herumtreiben* ◻ vagar; vadiar; ein ~der Hund ◻ sem dono

Streu|sel ⟨m. od. n.; -s, -; meist Pl.⟩ 1 *kleines Bröckchen aus Zucker, Butter u. Mehl zum Bestreuen von Kuchen;* ~kuchen ◻ Streusel; farofa doce 2 (nur m.; kurz für) Streuselkuchen; einen Obst~ backen ◻ Streusel; bolo com farofa doce

Strich ⟨m.7; -(e)s, -e⟩ 1 *schmale, lange Markierung durch einen Zeichenstift o. Ä.;* Sy Linie(1); Feder~, Pinsel~; einen ~ machen, zeichnen, ziehen; ein dicker, dünner, gerader, langer ~; etwas ~ für ~ abnachzeichnen; eine Zeichnung mit wenigen ~en entwerfen ◻ traço 1.1 einen ~ durch etwas machen *etwas durchstreichen u. damit ungültig machen* ◻ *riscar/anular alguma coisa 1.2 er ist bloß noch ein ~ in der Landschaft ⟨fig.; umg.⟩ *er ist sehr abgemagert, dünn* ◻ *ele está um palito 1.3 der Redner entwarf, zeichnete mit knappen ~en ein Bild der derzeitigen Schulpolitik ⟨fig.⟩ *der R. kennzeichnete in wenigen Sätzen ...* ◻ linha 2 *gestrichene Textstelle, Streichung;* ~e in einem Manuskript anbringen ◻ supressão; corte 3 *Streifen Landes, Gegend;* Land~, Küsten~; ein öder ~ lag vor uns ◻ região; área; faixa 4 *das Streichen, Art der Bogenführung beim Spielen auf einem Streichinstrument;* Bogen~; der ~ des Bogens; einen harten, kräftigen, weichen ~ haben ◻ arcada 5 ⟨Jägerspr.⟩ *das Umherstreichen der Vögel (in geringer Höhe);* der ~ der Schwalben, Stare, Zugvögel ◻ voo (baixo) 6 *Verlauf des Fadens beim Tuch* ◻ sentido; Samt muss gegen den ~ verarbeitet werden ◻ *o veludo tem de ser confeccionado a contrapelo 7 *die Richtung, Lage des Haars beim Kopfhaar, Fell* ◻ sentido; gegen den ~ bürsten, kämmen ◻ *escovar/pentear a contrapelo 8 ⟨umg.⟩ *das Herumstreichen der Prostituierten auf der Straße, das Gewerbe der Prostituierten* 8.1 auf den ~ gehen ⟨umg.⟩ *das Gewerbe der Prostitution ausüben, als Prostituierte Kunden suchen* ◻ *rodar bolsinha 9 ⟨fig.⟩ 9.1 ich habe an der Arbeit noch keinen ~ getan ⟨umg.⟩ *noch nichts* ◻ *ainda não fiz nenhuma linha do trabalho 9.2 er hat uns einen ~ durch die Rechnung gemacht *unseren Plan vereitelt* ◻ *ele acabou com a nossa festa; ele gorou nossos planos 9.3 einen ~ unter etwas, das Vergangene machen, ziehen *neu beginnen u. das Alte vergessen sein lassen* ◻ *passar uma borracha em (cima de) alguma coisa/no passado 9.4 ein Artikel steht unter ~ *im Unterhaltungsteil einer Zeitung (der ursprünglich vom politischen od. lokalen Teil durch einen Querstrich getrennt war)* ◻ *o artigo está no folhetim 9.5 jmdn. auf dem ~ haben ⟨umg.⟩ *jmdn. nicht leiden können* ◻ *não suportar alguém 9.6 das geht mir gegen den ~ ⟨umg.⟩ *passt mir nicht, ist mir zuwider* ◻ *não gosto disso 9.7 unter ~ ⟨umg.⟩ *ohne Berücksichtigung sämtlicher einzubeziehenden Faktoren* ◻ *abaixo da média 9.7.1 das ist unterm ~ ⟨umg.⟩ *sehr schlecht* ◻ *isso está abaixo da média 9.8 nach ~ und Faden ⟨umg.⟩ *deutlich, kräftig, ordentlich, tüchtig* ◻ *como convém; jmdn. nach ~ und Faden verprügeln ◻ *dar uma bela surra em alguém 10 ⟨Nautik⟩ *1/32 der Einteilung des Kreises auf einem Kompass, 1/8 eines rechten Winkels* ◻ ponto 11 ⟨Min.⟩ *Farbe feinzerteilter od. pulverisierter Minerale, die oft von der im kompakten Zustand abweicht* ◻ cor do traço

Strich|punkt ⟨m.; -(e)s, -e⟩ = *Semikolon*

strich|wei|se ⟨Adv.⟩ *nur in manchen Gebietsstreifen;* es hagelt, regnet ~ ◻ em alguns pontos

Strick ⟨m.; -(e)s, -e⟩ **1** *dünnes Tau, dünnes Seil, dicke Schnur, Bindfaden;* ein Tier mit einem ~ an-, festbinden; einen ~ um ein Paket schnüren □ **corda; cabo; barbante** 1.1 *Galgenstrick* □ **forca** 1.1.1 zum ~ greifen ⟨fig.⟩ *Selbstmord (durch Erhängen) begehen* □ *enforcar-se* 1.1.2 da kann ich mir gleich einen ~ nehmen (und mich aufhängen)! ⟨fig.⟩ *wenn das geschieht, ist die Lage für mich hoffnungslos* □ *nesse caso, eu me jogo pela janela!* **2** ⟨fig.⟩ 2.1 aus dieser unbedachten Äußerung, Bemerkung, daraus wollte er mir einen ~ drehen *er versuchte, mich damit zu belasten* □ *ele quis usar essa minha declaração/observação imprudente para armar uma cilada para mim* 2.2 wenn alle ~e reißen ⟨umg.⟩ *im Notfall* □ *na pior das hipóteses* **3** ⟨unz.; umg.⟩ *Strickwaren, Gestricktes, gestrickte Oberbekleidung;* ~ ist wieder modern □ **malha; tricô**

stri|cken ⟨V.⟩ **1** ⟨400⟩ *mit einer Rundnadel, zwei od. mehreren Nadeln einen Faden zu Maschen verschlingen u. so allmählich ein Maschengeflecht herstellen;* ich habe in der Schule ~ gelernt; gern, jeden Tag ~; an einer Jacke ~; → a. *links(5)* **2** ⟨500⟩ etwas ~ *durch Stricken(1) herstellen;* Muster ~; einen Pullover, Strümpfe ~; gestrickte Handschuhe, Strümpfe; ein gestrickter Wollschal □ **tricotar**

Strick|ja|cke ⟨f.; -, -n⟩ *gestrickte Jacke* □ **casaco de malha**

Strie|gel ⟨m.; -s, -⟩ *harte Bürste od. gezähntes Gerät mit Handgriff zum Reinigen des Fells der Haustiere;* Pferde~ □ **brossa; almofaça**

Strie|me ⟨f.; -, -n⟩ = *Striemen*

Strie|men ⟨m.; -s, -⟩ *blutunterlaufener Streifen auf der Haut (meist durch einen Hieb);* oV *Strieme* □ **vergão**

Strie|zel ⟨m.; -s, -⟩ **1** ⟨ostmdt.; süddt.; österr.⟩ *ein längliches Hefegebäck, meist in Zopfform;* Mohn~ □ **(pão em forma de) trança** **2** ⟨umg.⟩ *frecher Bursche, Schlingel* □ **atrevido; malcriado**

strikt ⟨Adj. 70⟩ *streng, genau;* sich ~ an die Vorschriften halten □ **estritamente; rigorosamente**

strin|gent ⟨Adj.; geh.⟩ *(nach den Gesetzen der Logik) zwingend, schlüssig, stimmig;* eine ~e Argumentation □ **concludente; convincente; coerente**

Strin|genz ⟨f.; -; unz.; geh.⟩ *(logische) Schlüssigkeit, Beweiskraft* □ **concludência; coerência**

Strip ⟨m.; -s, -s⟩ **1** ⟨umg.; kurz für⟩ *Striptease* □ **striptease** **2** *zugeschnittener u. steril verpackter Streifen Heftpflaster* □ **curativo adesivo; band-aid**

Strip|pe ⟨f.; -, -n; umg.⟩ **1** *Bindfaden, Strick, Schnur, Schnürsenkel* □ **corda; barbante; cordão** 1.1 jmdn. fest an der ~ haben, halten ⟨fig.; umg.⟩ *streng behandeln, erziehen* □ *levar/manter alguém na rédea curta* **2** ⟨scherzh.⟩ *Fernsprechleitung* □ **telefone** 2.1 sie hängt dauernd an der ~ ⟨umg.⟩ *sie telefoniert viel* □ *ela não sai do telefone*

strip|pen ⟨V.⟩ **1** ⟨400; umg.⟩ *einen Striptease vorführen* □ **fazer striptease** **2** ⟨500⟩ *leichtflüchtige Anteile* ~ ⟨Chem.⟩ *bei der Destillation entfernen* □ **destilar** **3** ⟨500⟩ *Elektronen* ~ ⟨Phys.⟩ *bei der Erzeugung von Schwerionen wegnehmen* □ *submeter elétrons a redissolução*

Strip|tease ⟨[-ti:z] m. od. n.; -; unz.⟩ *das Entkleiden vor Publikum (als erotischer Reiz);* einen ~ im Varietee vorführen □ **striptease**

strit|tig ⟨Adj. 70⟩ *umstritten, fraglich, nicht geklärt;* oV *streitig(1);* eine ~e Angelegenheit; die Sache ist ~ □ **discutível; controverso**

Stroh ⟨n.; -(e)s; unz.⟩ **1** *Halme, Blätter, Hülsen ohne Früchte von Getreide u. Hülsenfrüchten;* ein Bund ~; dem Vieh frisches ~ aufschütten, schütten; auf, im ~ schlafen; ein Haus mit ~ decken; viel ~, wenig Korn ⟨Sprichw.⟩ 1.1 das brennt wie ~ *besonders gut* 1.2 das brennt wie nasses ~ *sehr schlecht* 1.3 das schmeckt wie ~ ⟨umg.⟩ *nach nichts, ist nicht gehaltvoll* □ **palha** **2** *leeres* ~ dreschen ⟨fig.; umg.; abwertend⟩ *gehaltlose, unwichtige Sachen erzählen* □ *falar abobrinha* **3** ~ im Kopf haben ⟨fig.; umg.⟩ *dumm sein* □ *ter titica de galinha na cabeça* **4** ~ und Lehm ⟨oberdt.⟩ *Sauerkraut mit Erbsenbrei* □ *chucrute com purê de ervilhas*

Stroh|feu|er ⟨n.; -s, -⟩ **1** *mit Stroh genährtes, rasch brennendes, hoch auflodernes Feuer* □ **fogo alimentado com palha** **2** ⟨fig.⟩ *rasch aufflammende, aber schnell verlöschende Begeisterung;* ihre angeblich große Liebe war nur ein ~ □ **fogo de palha**

Stroh|halm ⟨m.; -(e)s, -e⟩ **1** *Getreidehalm ohne Körner (auch als Trinkhalm);* Limonade mit einem ~ trinken □ **canudo;** bei dem Unwetter wurden Bäume wie ~e geknickt □ **palha** 1.1 sich an einen ~ klammern (wie ein Ertrinkender) ⟨fig.⟩ *an den letzten Hoffnungsschimmer* 1.2 nach dem rettenden ~ greifen ⟨fig.⟩ *nach dem letzten Hoffnungsschimmer* □ *agarrar-se a uma palha/um fio de esperança* 1.3 er ist zuletzt noch über einen ~ gestolpert ⟨fig.; umg.⟩ *wegen einer Kleinigkeit hat er zuletzt sein Ziel doch nicht erreicht* □ *ele acabou fracassando por causa de uma besteira*

stroh|hig ⟨Adj.⟩ **1** *dürr, trocken wie Stroh* 1.1 Gemüse, Obst ist, schmeckt ~ ⟨fig.⟩ *ist hart u. trocken, schmeckt nach nichts* □ **de palha, como palha** **2** ~e Haare 2.1 strohgelbe H. □ **amarelo-palha** 2.2 trockene H. □ **seco como palha**

Stroh|mann ⟨m.; -(e)s, -män|ner⟩ **1** *aus Stroh zusammengebundene mannsgroße Puppe* □ **espantalho** **2** ⟨fig.⟩ *nur nach außen hin als Rechtsträger auftretende Person, die eine andere verdecken od. ersetzen soll;* den ~ abgeben, machen □ **testa de ferro** **3** ⟨Kart.⟩ *Ersatz für einen fehlenden Spieler* □ **jogador substituto**

Strolch ⟨m.; -(e)s, -e⟩ **1** *betrügerischer Mensch, Dieb, Gauner* □ **vigarista; larápio** **2** ⟨umg.; scherzh.⟩ *Schlingel, Schelm* □ **malandro; traquinas**

strol|chen ⟨V. 411(s.)⟩ *untätig u. ohne ein festes Ziel (durch die Gegend) streifen;* durch den Wald ~ □ **vaguear; flanar**

Strom ⟨m.; -(e)s, Strö|me⟩ **1** *großer Fluss;* einen ~ befahren; mit dem Dampfer auf einem ~ fahren; ein breiter, langer, reißender ~ □ **rio** 1.1 gegen den ~ schwimmen *stromaufwärts schwimmen* 1.2 mit dem ~ schwimmen *stromabwärts schwimmen* □ **corrente** **2** *fließende Bewegung, Strömung;* der ~ des Verkehrs ergoss sich morgens in die Innenstadt; in den ~ der Vergessenheit sinken ⟨poet.⟩; der ~ der Zeit ⟨fig.⟩ □

fluxo 3 *große Menge von etwas Flüssigem, Fließendem;* Ströme Blutes sind auf diesem Schlachtfeld geflossen; ein ~ von Tränen, Worten □ **rio; torrente 3.1** es regnet in Strömen *heftig* □ ***chove a cântaros 3.2** der Wein floss in Strömen ⟨fig.⟩ *es gab viel zu trinken* □ ***havia rios de vinho 4** fließende Elektrizität;* elektrischer ~; wir haben im letzten Monat viel ~ verbraucht; den ~ ausschalten, einschalten, unterbrechen □ **corrente; eletricidade 5** ⟨fig.⟩ **5.1** *große Menschenmenge, die sich bewegt;* nach der Vorstellung ergoss sich ein ~ von Menschen auf die Straße □ **torrente; multidão 5.2** *sich vom ~ der Menge tragen, treiben lassen innerhalb einer Menschenmenge vorangeschoben werden* □ ***deixar-se levar pela multidão 5.3** gegen den ~ schwimmen* ⟨fig.⟩ *sich gegen die allgemein geltende Meinung stellen* **5.4** *mit dem ~ schwimmen* ⟨fig.⟩ *die allgemein geltende Meinung (kritiklos) vertreten* □ **corrente 6** ⟨Getrennt- u. Zusammenschreibung⟩ **6.1** ~ sparend = stromsparend

strom|ab ⟨Adv.; kurz für⟩ *stromabwärts*

strom|ab|wärts ⟨Adv.⟩ *der Mündung des Stromes zu* □ **rio abaixo; a jusante**

strom|auf ⟨Adv.; kurz für⟩ *stromaufwärts*

strom|auf|wärts ⟨Adv.⟩ *der Quelle des Stromes zu* □ **rio acima; a montante**

strö|men ⟨V. 400(h.) od. 411(s.)⟩ *sich ununterbrochen, stark, in großen Mengen in die gleiche Richtung bewegen;* die Menschen strömten aus dem Kino; das Gas strömte aus der Leitung; das Blut strömt in den Adern; Wasser strömt ins Becken □ **afluir; correr;** bei ~dem Regen □ ***sob chuva torrencial**

Strom|kreis ⟨m.; -es, -e⟩ *aus Spannungsquelle, Leitern u. Widerständen bestehende kreisförmige Anordnung, in der ein elektrischer Strom fließt* □ **circuito elétrico**

Strom|li|ni|en|form ⟨f.; -, -en⟩ *Form eines festen Körpers mit geringem Strömungswiderstand* □ **forma aerodinâmica**

Strom|schnel|le ⟨f.; -, -n⟩ *Flussstrecke mit starkem Gefälle u. bes. starker Strömung;* Sy *Schnelle* □ **rápido; corredeira**

strom|spa|rend *auch:* **Strom spa|rend** ⟨Adj. 70⟩ *wenig Strom verbrauchend;* ~e Geräte □ **que consome pouca energia**

Strö|mung ⟨f.; -, -en⟩ **1** *starke, fließende Bewegung von Wasser od. Luft;* eine kalte, warme ~, z. B. im Meer; der Fluss hat eine reißende, starke ~; das Boot wurde von der ~ fortgerissen; die ~ nimmt hier plötzlich zu; sich mit der ~ treiben lassen; gegen die ~ kämpfen **2** ⟨fig.⟩ *geistige Bewegung, Richtung;* verschiedene ~en trafen hier zusammen; eine revolutionäre ~; eine neue ~ in der deutschen Literatur des 18. Jahrhunderts **2.1** *gegen die ~ ankämpfen gegen die überwiegende Meinung* □ **corrente**

Stron|ti|um ⟨n.; -s; unz.; chem. Zeichen: Sr⟩ **1** *silberweißes Leichtmetall, Ordnungszahl 38* **2** ~ *90 radioaktives Isotop des Strontiums* □ **estrôncio**

Stro|phe ⟨f.; -, -n⟩ ⟨griech. Tragödie⟩ *Wendung des singenden u. tanzenden Chors zum Altar* **1.1** *der zur Strophe(1) gesungene Abschnitt des Chorgesangs* **2** *aus mehreren Versen bestehender, durch Länge der Zeilen, Rhythmus u. häufig Reim bestimmter, sich in gleicher Form wiederholender Abschnitt eines Liedes od. Gedichtes;* in ~n gegliedertes Gedicht; ein Lied mit vier ~n □ **estrofe**

strot|zen ⟨V. 405⟩ ~ (an, von, vor etwas) *wegen etwas übervoll sein, fast bersten;* er strotzt vor Energie, Gesundheit, Kraft, Lebensfreude; der Aufsatz, die Rechenarbeit strotzt von Fehlern; die Behausung strotzte von Schmutz □ **transbordar; estar repleto/cheio;** eine Kuh mit ~dem Euter □ **cheio; túrgido**

strub|be|lig ⟨Adj.; umg.⟩ *zerzaust, unordentlich, wirr;* oV *strubblig;* ~es Haar; du siehst ganz ~ aus □ **desgrenhado; hirsuto**

strubb|lig ⟨Adj.⟩ = *strubbelig*

Stru|del ⟨m.; -s, -⟩ **1** *heftige kreis- od. spiralförmige Drehbewegung im Wasser, oft mit Sog nach unten,* Wirbel; Wasser~; das Boot geriet in einen gefährlichen ~; er wurde in den ~ hinabgezogen; das Boot wurde vom ~ erfasst und kenterte □ **remoinho; turbilhão 2** ⟨fig.⟩ *tolles Treiben, Wirbel, Durcheinander;* er stürzte sich in den ~ der Vergnügen; das ging im ~ der Ereignisse unter □ **turbilhão 3** ⟨oberdt.⟩ *Mehlspeise aus Nudel- od. Hefeteig mit eingerolltem Obst od. Fleisch;* Apfel~, Kirsch~; ein ~ mit Äpfeln, Kirschen □ ***Strudel* 4** ⟨oberdt.⟩ *Quirl;* mit einem ~ hantieren □ **batedor**

Struk|tur ⟨f.; -, -en⟩ **1** *inneres Gefüge;* ~ eines Kristalls, Gewebes **2** *Bau, Aufbau;* ~ eines Gebäudes **3** *innere Gliederung, Anordnung der Teile;* ~ einer Abhandlung **4** ⟨Wissth.⟩ *Menge der Relationen, die die Elemente eines Systems miteinander verbinden* □ **estrutura**

Strumpf ⟨m.; -(e)s, Strümp|fe⟩ **1** *eng anliegende, Fuß u. Bein umhüllende Bekleidung aus Wolle, Baumwolle od. Kunstfasern;* Knie~; Nylon~, Seiden~, Woll~; ein Paar Strümpfe; Strümpfe stopfen, stricken, waschen; gestrickte, lange, nahtlose Strümpfe; auf Strümpfen schlich er (sich) die Treppe hinunter; du hast eine Laufmasche, ein Loch im ~ □ **meia 2** *sich auf die Strümpfe machen* ⟨fig.; umg.⟩ *weggehen, aufbrechen* □ ***dar no pé* 3** *weiße Färbung der unteren Hälfte des Pferdebeines* □ **calçado**

Strumpf|ho|se ⟨f.; -, -n⟩ *gestricktes od. gewirktes Kleidungsstück für Damen u. Kinder, das aus Strümpfen u. anliegenden Hosen in einem Stück besteht* (Seiden~, Woll~) □ **meia-calça**

Strunk ⟨m.; -(e)s, Strün|ke⟩ **1** *Stammrest eines gefällten Baumes mit Wurzeln;* Baum~ □ **cepo 2** *dicker Pflanzenstängel ohne Blätter;* Kohl~, Kraut~ □ **talo**

strup|pig ⟨Adj. 70⟩ *unordentlich, verwirrt, ungepflegt;* ein ~er Bart; ein ~er Kerl; mit ~em Haar □ **desgrenhado; hirsuto; desarrumado**

Strych|nin ⟨n.; -s; unz.⟩ *Alkaloid aus dem Samen einer Gattung der Loganiengewächse (z. B. der Brechnuss), wirkt hemmend auf Nervensystem, Muskeln, Kreislauf u. Atmung, in höherer Dosis tödlich* □ **estricnina**

Stu|be ⟨f.; -, -n⟩ **1** *Zimmer, Raum;* Wohn~ □ ***sala de estar,* Schlaf~ □ ***quarto;** Wohnung mit ~, Kammer,

Küche □ **sala** 1.1 immer nur herein in die gute ~! ⟨scherzh.⟩ *(Aufforderung zum Eintreten)* □ ***entre, não fique aí parado!*** 1.2 *Wohn- u. Schlafraum mehrerer Soldaten, Schüler in Internaten;* die Bewohner von ~ drei □ **dormitório** 1.3 *Wohnstube, Wohnzimmer;* die gute ~ □ ***sala de estar*** 1.4 *(immer)* in der ~ hocken ⟨umg.⟩ *nicht ausgehen, spazieren gehen* □ ***não sair de casa***

Stuck ⟨m.; -(e)s; unz.⟩ *schnell härtende Masse aus Gips, Kalk, Sand, Leim u. Wasser zum halbplastischen Verzieren von Decken u. Wänden* □ **estuque**

Stück ⟨n.7; -(e)s, -e⟩ **1** *Teil eines Ganzen, Bruchteil;* ein ~ Brot, Fleisch, Kuchen, Torte; ein halbes ~ (Kuchen, Fleisch); ein ~ Papier für eine Notiz; ein gutes ~ Weges; ein abgerissenes, abgeschnittenes, abgesprungenes ~; etwas in (kleine) ~e reißen, schneiden; ein ~ abbeißen, abreißen, abschneiden; er hat das größte ~ erwischt; ein breites, dickes, großes, kleines, kurzes, langes, schmales ~; in seiner Wut schlug er alles in ~e; in ~e teilen; die Vase zersprang in tausend ~e □ **pedaço** 1.1 das wird noch in ~e gehen *zerbrechen* □ ***isso ainda vai quebrar/se despedaçar*** 1.2 sich für jmdn. in ~e reißen lassen ⟨fig.; umg.⟩ *unbeirrbar zu jmdm. stehen, jmdn. mit aller Kraft verteidigen* □ ***fazer de tudo por alguém*** 1.3 ~ eines **Textes** *Absatz, Abschnitt;* aus einem Buch ein ~ vorlesen; einen Text ~ für ~ durcharbeiten □ **trecho 2** *eine Einheit von etwas;* das ~ für zehn Euro; fünf ~ davon gehören immer zusammen; es ist aus einem ~ geschnitten □ **peça; unidade**; die Herde, Menge usw. ~ für ~ abzählen □ **cabeça**; ein ~ Land; ein ~ Feld, Land, Wiese pachten □ **lote; parte; pedaço** 2.1 ein ~ spazieren gehen *eine kleinere od. größere Strecke* □ **trecho** 2.2 Käse, Wurst im, am ~ kaufen *nicht in Scheiben geschnitten* □ **pedaço; peça 3** ⟨zur Bez. der Anzahl⟩ *eine Einheit bildender Teil eines Ganzen, Einzelteil;* zwölf ~ Vieh □ **cabeça**; ein ~ Wild □ **peça**; ein ~ Seife; ich nehme zwei ~ Zucker in den Kaffee; ich möchte zehn ~ (Eier); möchten Sie drei, vier ~? □ **unidade 4** *Münze; Geld-, Zehnpfennig-~* □ **moeda 5** ⟨Börse⟩ *Wertpapier;* ~e der Staatsanleihe □ **título 6** *Kunstwerk* 6.1 *Bühnenwerk;* Musik~, Theater~; hast du das ~ (im Theater) schon gesehen?; das ~ läuft Abend für Abend vor ausverkauftem Haus (Theaterstück); das ~ ist bei der Premiere durchgefallen; ein ~ vom Spielplan absetzen; ein ~ auf dem Klavier spielen, üben, vortragen □ **peça 7** *wertvoller Gegenstand;* Erb~ □ **peça herdada**, Meister~ □ **obra-prima**, Möbel~ □ **peça de mobiliário**, Pracht~ □ **exemplar primoroso**; er hat in seiner Sammlung ein paar herrliche ~e; das ist mein bestes, wertvollstes ~ (aus der Sammlung) □ **peça 8** ⟨veraltet⟩ *Geschütz* □ **peça de artilharia 9** *besondere Tat, Sache;* Kunst~ ; das ist ein starkes ~! □ **habilidade; façanha** 9.1 *Übeltat, Streich;* Buben-~ □ **brincadeira; peça 10** ⟨umg.⟩ *(bes. weibl.) Person mit schlechten Wesenszügen;* Weib(s)~; so ein freches ~!; sie ist ein raffiniertes ~ □ **bruxa 11** ⟨verstärkend⟩ *viel;* ein schweres ~ Arbeit □ ***um trabalho bem difícil***; damit kannst du dir ein hübsches ~ Geld verdienen □ ***com isso você pode ganhar um bom dinheiro*** **12** in allen, vielen ~en *in vieler Hinsicht, in vielen, allen Einzelheiten;* jmdm. in allen ~en Recht geben; sie gleicht ihrer Mutter in allen, vielen ~en □ **aspecto 13** es ist ein ~ **Heimat** für mich ⟨fig.⟩ *etwas, was mich an die H. erinnert* □ **pedaço; canto 14** diese Aktie ist nur noch ein ~ Papier *nichts mehr wert* □ **pedaço 15** sie, er ist mein **bestes** ~ ⟨umg.; scherzh.⟩ *sie, er ist für mich der beste Mensch, der Mensch, den ich am liebsten habe* □ ***ela/ele é minha maior alegria***

Stu|cka|teur ⟨[-tø:r] m.; -s, -e⟩ **1** *Handwerker, der Gebäude innen u. außen verputzt, Stuckarbeiten ausführt u. Ä.* **2** *Lehrberuf mit dreijähriger Lehrzeit* □ **estucador**

Stu|cka|tur ⟨f.; -, en⟩ *Verzierung aus Stuck;* eine Zimmerdecke mit ~ versehen □ **trabalho em estuque**

Stück|gut ⟨n.; -(e)s, -gü|ter⟩ **1** ⟨Kaufmannsspr.⟩ *nach Stück verkaufte Ware* □ **mercadoria vendida por peça/unidade 2** ⟨Eisenb.⟩ *einzeln, gesondert befördertes Frachtgut;* etwas als ~ versenden □ **frete individual**

Stück|werk ⟨n.; -(e)s; unz.; fig.⟩ *unvollkommene, unvollständige Arbeit* □ **obra incompleta**

Stu|dent ⟨m.; -en, -en⟩ **1** *jmd., der an einer Hochschule studiert, Studierender* □ **estudante universitário 2** ⟨österr.; schweiz.⟩ *Schüler einer höheren Schule* □ **estudante**

Stu|den|tin ⟨f.; -, -tin|nen⟩ *weibl. Student* □ **estudante (universitária)**

Stu|die ⟨[-djə] f.; -, -n⟩ **1** *(wissenschaftliche) Arbeit, Übung, Untersuchung* □ **estudo; análise 2** *Vorarbeit zu einem wissenschaftlichen Werk* **3** *Entwurf zu einem Kunstwerk (bes. der Malerei);* Akt-~ □ **estudo; projeto**

Stu|di|en|fach ⟨n.; -(e)s, -fä|cher⟩ *Fachgebiet für ein Studium, Studienrichtung;* sich für das ~ Medizin bewerben □ **área (de estudo)**

stu|di|e|ren ⟨V.⟩ **1** ⟨400⟩ *Gegenstände einer Wissenschaft aufnehmen u. geistig verarbeiten;* ein voller Bauch studiert nicht gern ⟨Sprichw.⟩; Probieren geht über Studieren ⟨Sprichw.⟩ □ **estudar** 1.1 *eine Hochschule besuchen;* er studiert in München □ **frequentar um curso universitário;** die Studierenden des Faches Musik □ **estudante universitário 2** ⟨500⟩ ein **Fachgebiet** ~ *sich durch geistige Arbeit Wissen, Kenntnisse eines Fachgebietes aneignen;* Biologie, Germanistik, Jura ~; er hat fünf Semester Medizin studiert 2.1 eine **Rolle** ~ *einüben* 2.2 **jmdn.** od. **etwas** ~ *eingehend beobachten u. sich gründlich befassen mit jmdm. od. etwas;* jmds. Charakter, Gesichtsausdruck ~ 2.3 ein **Problem** ~ *eingehend erforschen u. sich damit wissenschaftlich auseinandersetzen;* die Entwicklung verkehrstechnischer Probleme in den USA an Ort u. Stelle ~; menschliche Verhaltensweisen ~ 2.4 etwas ~ ⟨umg.; scherzh.⟩ *eingehend betrachten, lesen;* die Speisekarte, die Zeitung ~ □ **estudar**

Stu|dio ⟨n.; -s, -s⟩ **1** *Werkstatt eines Künstlers, Arbeitszimmer* □ **ateliê 2** ⟨Film, Funk, Fernsehen⟩ *Raum für Bild u. Tonaufnahmen* □ **estúdio 3** *Experimentiertheater* □ **teatro experimental 4** *Einzimmerwohnung* □ **quitinete**

Stu|di|um ⟨n.; -s, -di|en⟩ **1** *das Studieren(1);* Hochschul~; ~ der Mathematik, Musik; sein ~ abbrechen, abschließen, absolvieren, aufgeben, beenden, beginnen, unterbrechen; während meines ~s in Tübingen □ **estudos; curso (universitário) 2** *das Studieren(2)* □ **estudo** 2.1 ~ **generale** *allgemein bildende Vorlesungen für Hörer aller Fachbereiche od. Fakultäten* □ ***curso de estudos gerais; curso extracurricular**

Stu|fe ⟨f.; -, -n⟩ **1** *einzelne Trittfläche in einer schiefen Ebene, bes. Treppe;* Vorsicht ~(n)! (Warnungsschild); die ~n des Altars, des Thrones; die ~ einer Leiter, einer Treppe; ausgetretene, breite, hohe, schmale ~n; von ~ zu ~ klettern, steigen; ein paar ~n führten zum Eingang empor, zum Wasser hinunter □ **degrau 2** *Absatz in einer fortlaufenden Folge, einzelner Absatz, Abschnitt;* Ober- u. Mittel~ der Schule □ **nível;** Rang~ □ *****grau hierárquico**; *auf der Leiter des Erfolges von ~ zu ~ steigen* (fig.); *die ~n zum Erfolg, zum Ruhm hinaufsteigen, emporklimmen* ⟨fig.⟩ □ **degrau** 2.1 *Abschnitt innerhalb einer Entwicklung;* → a. *Etappe(1);* Entwicklungs~, Zwischen~; *die höchste ~ der Ehre, des Glückes, seiner Laufbahn, des Ruhmes, der Vollkommenheit, der Zufriedenheit erreichen* □ **etapa; estágio** 2.2 *Unterteilung in einer Rangfolge, Rang;* der Leutnant ist die unterste ~ des Offiziersrangs □ **grau** 2.2.1 *er kann sich mit ihm auf die gleiche ~ stellen* ⟨fig.⟩ *sich als gleichwertig betrachten, sich mit ihm vergleichen* 2.3 *der Stand einer Entwicklung, Niveau;* ihre Kultur stand damals schon auf einer hohen ~; seine Bildung steht auf einer niedrigen ~; wir stehen beruflich und gesellschaftlich auf gleicher ~ □ **nível 3** *waagerecht abgenähte Falte (im Kleid)* □ **prega 4** ⟨Mus.⟩ *Tonabstand, Intervall;* Ton~ □ **intervalo 5** ⟨Bgb.⟩ *erzhaltiges Gesteinsstück* □ **minério** 5.1 ⟨Geol.⟩ *kleinster Abschnitt der Erdgeschichte, Teil einer Abteilung* □ **supergrupo**

stu|fen ⟨V. 500⟩ *etwas ~* **1** *in Stufen einteilen, nach Stufen ordnen, gliedern* **2** *mit Stufen versehen;* treppenartig, terrassenförmig gestuft □ **graduar; escalonar**

Stu|fen|lei|ter ⟨f.; -, -n⟩ **1** *Leiter mit Stufen (statt Sprossen)* □ **escada de mão 2** ⟨fig.⟩ *Gesamtheit von Entwicklungsstufen, Rangordnung;* auf der ~ des Erfolges emporklettern, -steigen; die ~ zum Erfolg □ **escada**

Stuhl ⟨m.; -(e)s, Stüh|le⟩ **1** *Sitzmöbel mit Rückenlehne u. vier Beinen für eine Person;* Garten~, Korb~, Küchen~; ein bequemer, gepolsterter, harter, hölzerner ~; einen Mörder durch den elektrischen ~ hinrichten; sich auf einen ~ setzen; Stühle für den Balkon, das Esszimmer, das Kinderzimmer, die Küche; die Stühle um den Esstisch stellen; genügend Stühle bereitstellen; ich wäre beinahe vom ~ gefallen, als ich das hörte (so erschrak ich, so überrascht war ich) ⟨umg.⟩ 1.1 jmdm. einen ~ anbieten *jmdn. zum Sitzen auffordern* □ **cadeira 2** *Sitzmöbel für eine Person zum Zusammenklappen od. -falten ohne Lehne;* Jagd~, Klapp~, Camping~ □ **assento (dobrável) 3** *(kurz für) tragbarer Zimmerabort für Kranke;* Nacht~ □ **cadeira higiênica 4** ⟨kurz für⟩ *Stuhlgang;* blutiger, harter, weicher ~ □ **evacuação; defecação 5** ⟨fig.⟩ *Amt;* Richter~ □ ***cadeira do juiz; tribunal,** Lehr~ □ ***cátedra;** → a. *heilig(2.2)* **6** ⟨fig.⟩ 6.1 *sich zwischen zwei Stühle setzen, zwischen ~ und Bank fallen* ⟨schweiz.⟩ *es keiner von zwei Parteien recht machen, zwei Gelegenheiten zugleich verpassen* □ ***perder duas oportunidades de uma só vez** 6.2 jmdm. den ~ vor die Tür setzen *jmdn. hinauswerfen* □ ***pôr alguém no olho da rua**

Stuhl|gang ⟨m.; -(e)s; unz.⟩ *Ausscheidung von Kot;* keinen, regelmäßig ~ haben □ **evacuação; defecação**

Stuk|ka|teur ⟨alte Schreibung für⟩ *Stuckateur*

Stül|pe ⟨f.; -, -n⟩ **1** *umgeschlagenes, umgekrempeltes Stück, z. B. an Ärmel, Handschuh, Stiefel* **2** *verlängertes, über das Handgelenk reichendes Stück am Handschuh* □ **rebordo; canhão; punho**

stül|pen ⟨V. 511⟩ *etwas ~* **1** *umkehren, umstürzen, umdrehen;* er hatte die Hutkrempe nach oben gestülpt □ **dobrar; virar 2** *(darauf) setzen;* er stülpte sich den Hut auf den Kopf; den Kasten über die Nähmaschine ~ □ **colocar**

stumm ⟨Adj.⟩ **1** *aufgrund einer körperlichen od. einer vorübergehenden psychischen Disposition unfähig (od. nicht gewillt), einen Laut hervorzubringen;* von Geburt an ~; ~ vor Freude, Schreck, Staunen sein; trotz unserer teilnehmenden Fragen blieb er ~ □ **mudo 2** *eine ~e* **Gebärde** *lautlos, wortlos, nicht von Worten begleitet;* er reichte mir ~ den Brief; ~er Schmerz, Zorn □ **mudo; silencioso** 2.1 ⟨60⟩ *~e* **Person** ⟨Theat.⟩ *Darsteller einer Rolle, in der nicht gesprochen wird, Statist* □ ***figurante** 2.2 ⟨60⟩ *~es* **Spiel** ⟨Theat.⟩ *ausdrucksvolle Gestik u. Mimik, ohne zu sprechen* 2.3 ⟨60⟩ *~e* **Rolle** *(bei Theat. u. Film) eine R., bei der der Darsteller nichts zu sprechen hat* □ **mudo 3** *schweigend, nicht redend;* er blieb auf alle Fragen ~; ~ dabeisitzen, am Tische sitzen; ich werde ~ wie das Grab sein (u. das Geheimnis nicht ausplaudern); besser ~ als dumm ⟨Sprichw.⟩ 3.1 er war ~ wie ein Fisch, ein Stock *nicht gesprächig, wenig unterhaltsam* □ **mudo; calado** 3.2 ⟨50⟩ jmdn. ~ machen ⟨fig.⟩ *töten* □ ***calar alguém 4** *etwas ist ~ nicht tönend* 4.1 *~er* **Laut** ⟨Sprachw.⟩ L., *der nur geschrieben, nicht gesprochen wird;* das ~e "e" im Französischen □ **mudo**

Stum|mel ⟨m.; -s, -⟩ *kleines Endstück eines lang gestreckten (kleinen) Körpers, Stückchen, Rest;* Zigarren~; Schwanz~ □ **ponta; toco; coto**

Stum|pen ⟨m.; -s, -⟩ **1** ⟨süddt.⟩ *Stumpf, Baumstumpf* □ **cepo 2** *Zigarrenart ohne Spitzen* □ **charuto sem ponta 3** *rohe Filzform für Hüte* □ **molde de feltro para chapéus**

Stüm|per ⟨m.; -s, -; abwertend⟩ *jmd., der von seinem Fach nicht viel versteht, Pfuscher, Nichtskönner* □ **incompetente; sarrafaçal**

stumpf ⟨Adj.⟩ **1** *keine spitzen, geschliffenen od. scharfen Kanten od. Spitzen aufweisend;* Ggs *spitz(1);* ~e Zähne; Messer, Schwerter od. Werkzeuge werden rasch ~ □ **embotado; sem fio; cego** 1.1 ein ~er Bleistift *nicht gespitzter B.* 1.2 eine ~e **Nadel** *nicht stechende N.* □ **sem ponta 2** *nicht glänzend, matt;* ~e Seide; ~es Haar, ~es Metall □ **opaco; fosco 3** *unemp-*

1026

findlich, ausdruckslos, verständnislos, teilnahmslos, abgestumpft, seelenlos; die Gefangenen haben einen ~en Blick, Gesichtsausdruck; er blieb ~ gegen alles Schöne, ~ gegenüber allen Versuchen, ihn aufzumuntern; durch viele Schicksalsschläge ist sie ~ geworden; er ist nach seinem Schlaganfall völlig ~ geworden ⟨fig.⟩ □ **apático; insensível 4** ⟨70⟩ ~er Reim ⟨Metrik⟩ = *männlicher Reim*, → *männlich(1.2)* **5** ⟨70⟩ ~er Winkel ⟨Math.⟩ *W., der größer als 90° u. kleiner als 180° ist* □ **obtuso**

Stumpf ⟨m.; -(e)s, Stümp|fe⟩ *übrig bleibendes Stück eines lang gestreckten Körpers, Reststück, Ende;* Baum~, Bein~ □ **cepo; toco**

Stumpf|sinn ⟨m.; -(e)s; unz.⟩ **1** ⟨umg.⟩ *langweiliges, dummes Treiben;* das ist doch ~! □ **estupidez; chatice 1.1** ~ brüten ⟨umg.⟩ *teilnahmslos vor sich hinstarren* □ **ficar matutando; ficar mergulhado em pensamentos**

stumpf|sin|nig ⟨Adj.⟩ **1** *verblödet, schwachsinnig* □ **estúpido; obtuso 2** *langweilig, uninteressant, öde;* eine ~e Arbeit □ **chato; maçante**

Stun|de ⟨f.; -, -n⟩ **1** ⟨Abk.: St., Std., Stde., (Pl.) Stdn.; Zeichen: st, h (Astron.), ...ʰ⟩ *der 24. Teil des Tages, Zeitraum von 60 Minuten;* ich komme in einer ~; ich musste eine ~ warten; ich habe eine kleine, knappe ~ gebraucht; auf, für eine ~ bleiben, kommen; er kam nach einer ~ zurück; vor einer ~ hat er angerufen; die ~n bis zur Abreise zählen; er kann (ganze) ~n damit verbringen, zu ...; mit zwei ~n Wartezeit musst du rechnen; alle zwei ~n eine Tablette nehmen; die Wirkung der Tablette hält 24 ~n an; eine viertel ~, Viertelstunde; der Zug hat eine halbe ~ Aufenthalt, Verspätung; anderthalb ~n; ~ um ~ verging, verrann, verstrich; des Jahres letzte ~ (zu Silvester); bis dorthin ist es eine gute, reichliche ~ (Weges); der Wagen fährt 140 km in der, pro ~, 140 km die ~ ⟨umg.⟩; besser eine ~ zu früh als eine Minute zu spät ⟨Sprichw.⟩ □ **hora 2** *Unterricht von etwa einer Stunde(1) Dauer;* Deutsch~, Gesangs~, Schul~, Unterrichts~; die erste ~ fällt morgen aus (in der Schule); ~n geben, halten, nehmen; die morgigen ~n vorbereiten; ich gehe um 4 Uhr zur ~; der Schüler muss während der ~ gut aufpassen; was haben wir nächste ~? □ **aula 2.1** *Arbeitszeit von einer Stunde(1) Dauer;* er bekommt 15 Euro für die ~ □ **hora (de trabalho) 3** ⟨veraltet⟩ *Längenmaß von 4 bis 5 km;* drei ~n weit im Umkreis **4** *längerer Zeitraum innerhalb eines Tages;* Muße~; keine ruhige ~ für sich haben; das waren böse ~n für mich; die ~n dehnten sich; eine gemütliche ~ verplaudern; in beschaulichen, einsamen, langen ~n darüber nachdenken; frohe, heitere, schöne ~n miteinander verbringen; leere, unausgefüllte, verlorene ~n; seine müßigen ~n mit Malen verbringen; in einer stillen ~ werde ich es dir erzählen; dem Glücklichen schlägt keine ~ (nach Schiller, „Piccolomini", III, 3) **4.1** seine ~n sind gezählt ⟨fig.⟩ *er wird bald sterben;* seine letzte ~ (vor dem Tod) □ **hora 5** *Zeitpunkt, Augenblick;* die ~ der Entscheidung, der Gefahr; die ~ der Rache ist gekommen; die Gunst der ~ nutzen, verpassen, wahrnehmen; die richtige, rechte, geeignete ~ abwarten; zu beliebiger ~; zur gleichen, selben ~ geschah Folgendes ...; in vorgerückter ~ war die Stimmung auf dem Höhepunkt □ **hora; momento;** Zeit und ~ warten nicht ⟨Sprichw.⟩ □ ***o tempo não espera 5.1** zu später ~ *spät (am Abend, in der Nacht)* □ ***às altas horas; de madrugada 5.1.1** zu früher ~ *früh (am Morgen)* □ ***de manhã cedo 5.1.2** in letzter ~ *kurz bevor es zu spät ist* □ ***na última hora 5.2** zu gelegener ~ kommen *gelegen kommen, zur passenden Zeit* □ ***chegar em boa hora 5.2.1** seine ~ wahrnehmen *seine Chance nutzen* □ ***aproveitar a ocasião 5.2.2** dem Gebot, Gesetz der ~ gehorchen *das im Augenblick Wichtigste tun* □ ***obedecer às necessidades do momento 5.3** die ~ X *ein noch unbekannter Zeitpunkt* □ ***hora H 5.4** bis zur ~ *bis zu diesem Augenblick* □ ***até agora 5.4.1** von Stund an ⟨poet.⟩ *von da an, von dieser Stunde an* □ ***a partir daquele momento 5.4.2** zur ~ war er gesund *noch zu diesem Zeitpunkt* □ ***naquele momento ele estava saudável 5.4.3** zu jeder ~ *jederzeit* □ ***a qualquer hora 5.4.4** in einer schwachen ~ ⟨fig.⟩ *in einem Augenblick, da man schwach, nachgiebig ist* □ ***num momento de fraqueza 6** *Zeitpunkt nach Ablauf einer Stunde(1);* von ~ zu ~ warten; die Uhr schlägt die halben und ganzen ~n (an) □ **hora 6.1** wissen, was die ~ schlägt ⟨fig.⟩ *die Bedeutung einer Sache erkennen u. entsprechend handeln* □ ***saber o que fazer; saber como agir 6.2** seine ~ hat geschlagen ⟨fig.⟩ **6.2.1** *sein Tod steht kurz bevor* **6.2.2** *der Zeitpunkt der Abrechnung naht* □ ***sua hora chegou**

stun|den ⟨V. 503⟩ **(jmdm.) etwas ~** *für etwas Zahlungsaufschub, -frist geben, gewähren;* können Sie mir den Betrag drei Wochen ~? □ **prorrogar**

Stun|den|blu|me ⟨f.; -, -n⟩ *Hibiskus*

stun|den|lang ⟨Adj. 24/90⟩ *eine od. mehrere Stunden andauernd;* ~es Warten □ **durante horas; horas a fio**

Stun|den|plan ⟨m.; -(e)s, -plä|ne⟩ *Plan, Übersicht über die Verteilung der Unterrichts- od. Arbeitsstunden* □ **horário**

Stun|den|zei|ger ⟨m.; -s, -⟩ *den Ablauf der Stunden anzeigender Uhrzeiger;* Ggs *Minutenzeiger* □ **ponteiro das horas**

...stün|dig ⟨Adj. 24; in Zus.⟩ *eine bestimmte od. unbestimmte Anzahl von Stunden dauernd;* dreistündig, mehrstündig, vielstündig; ein dreistündiger Vortrag

stünd|lich ⟨Adj. 24⟩ **1** *jede Stunde stattfindend, alle Stunden wiederkehrend;* die Lage, sein Zustand ändert sich ~; man muss ihn täglich und ~ daran erinnern; der Autobus verkehrt ~; ich warte ~ auf seine Ankunft □ **de hora em hora; de uma hora para outra;** → a. *täglich(1.1)*

...stünd|lich ⟨Adj. 24; in Zus.⟩ *im Abstand von einer bestimmten Anzahl von Stunden (stattfindend, wiederkehrend);* der Bus verkehrt dreistündlich

Stunt ⟨[stʌnt] m.; -s, -s⟩ *(von einem Stuntman gespielte) gefährliche Filmszene* □ cena de dublê

Stunt|man ⟨[stʌntmæn] m.; -s, -men [-mən]⟩ *Mann, der gefährliche Filmszenen anstelle des Hauptdarstellers spielt* □ dublê

stu|pend ⟨Adj. 24/70; geh.⟩ *erstaunlich, ungeheuer, verblüffend;* ein ~es Wissen besitzen □ **espantoso; estupendo; enorme**

stu|pid ⟨Adj.⟩ oV *stupide* **1** *jmd. ist ~ dumm, beschränkt* □ **estúpido; tolo 2** *eine Beschäftigung ist ~ stumpfsinnig, eintönig, langweilig* □ **monótono; maçante**

stu|pi|de ⟨Adj.⟩ = *stupid*

Stups ⟨m.; -es, -e; umg.⟩ *leichter Stoß;* er gab mir einen ~ □ **empurrãozinho; cutucada**

stup|sen ⟨V. 500; umg.⟩ *jmdn. ~ jmdn. anstoßen, jmdm. einen leichten Stoß versetzen* □ **empurrar alguém de leve; cutucar alguém**

stur ⟨Adj.; umg.⟩ **1** *stier, starr;* ein ~er Blick □ **fixo 2** *sehr beharrlich, hartnäckig, verbissen, eigensinnig, uneinsichtig, borniert;* er bleibt ~ bei seiner Meinung; ~ ein Ziel verfolgen □ **obstinado; obstinadamente 2.1** ~ *wie ein Panzer, Brett vollkommen unnachgiebig, in keiner Weise zu beeinflussen* □ **irredutível; inflexível 2.2** ⟨60⟩ ein ~er Bock! ⟨derb⟩ *ein Starrkopf* □ ***um cabeça-dura!**

Sturm¹ ⟨m.; -(e)s, Stür|me⟩ **1** *starker, heftiger Wind, Orkan;* der ~ legt sich; ein ~ wird losbrechen; der ~ tobt; ein furchtbarer, verheerender ~ wütet über dem Land; das Barometer steht auf ~; durch ~ und Regen laufen; wer Wind sät, wird ~ ernten (nach Hosea, 8,7); die Ruhe vor dem ~ 1.1 ⟨Meteor.⟩ *Wind von mindestens Stärke 9 nach der Beaufortskala* □ **tempestade; vendaval 2** *heftiger, entscheidender Angriff, heftiger Kampf, Streit;* der ~ auf die Bastille; eine Festung usw. im ~ erobern, nehmen; zum ~ blasen (Mil.) □ **assalto; tomada; ataque 2.1** *gegen eine Anordnung ~ laufen* ⟨fig.⟩ *heftig dagegen kämpfen* □ ***lutar/fazer uma campanha contra uma disposição 2.2** *das od. jmds. Barometer steht heute auf ~* ⟨fig.; umg.⟩ *das Ausbrechen eines Streites, eines Wutanfalls steht kurz bevor* □ ***hoje o pau vai comer 2.3** *jmdn. od. jmds. Herz im ~ erobern schnell die Sympathie vom jmdm. erringen* □ ***cair nas graças de alguém 3** ⟨fig.⟩ *Aufruhr, Tumult* □ **tumulto; desordem 3.1** es war nur ein ~ im Wasserglas *Aufregung um Kleinigkeiten* □ **tempestade 4** ⟨fig.⟩ *heftiger Andrang;* ein ~ auf die Banken setzte ein (um Geld abzuheben) □ **corre-corre; afluência 5** ⟨fig.⟩ *heftige Bewegung der Gemüter, heftige Erregung, Protest;* ~ der Leidenschaften; diese Verfügung entfesselte einen ~ der Empörung, Entrüstung □ **furacão 5.1** die Ruhe vor dem ~ *vor einem Zornausbruch* □ **tempestade 6** ⟨Gen. -; unz.⟩ ~ und **Drang** *Richtung der deutschen Literatur von 1767-1785, die sich gegen den Rationalismus der Aufklärung wandte u. durch Betonung des Gefühls u. Freiheitsdrangs gekennzeichnet ist (nach dem Schauspiel "Wirrwarr" von M. Klinger, das von den Zeitgenossen Sturm u. Drang genannt wurde);* ~-und-Drang-Zeit; ein Werk aus der Zeit des ~ und Drang □ ***Sturm und Drang 7** *den Stürmen des Lebens ausgeliefert sein, trotzen* ⟨fig.⟩ *den Anforderungen, Schwierigkeiten* □ **tempestades; altos e baixos 8** ~ **läuten** ⟨umg.⟩ *heftig, stark läuten* □ ***tocar a rebate; tocar com força 9** ⟨Sp.⟩ *Gesamtheit der Spieler, die den Angriff vortragen (z. B. beim Fußball)* □ **ataque; atacantes**

Sturm² ⟨m.; -(e)s, unz.; österr.⟩ *in Gärung übergegangener Most* □ **mosto**

stür|men ⟨V.⟩ **1** ⟨400⟩ *der Wind stürmt weht stark, tobt* □ **enfurecer-se; tempestuar 1.1** ⟨401⟩ *es stürmt ein Sturm weht, es geht ein starker Wind;* es stürmt u. schneit □ ***está caindo uma tempestade 2** ⟨411(s.)⟩ *jmd. stürmt irgendwo(hin) rennt, jagt, stürzt;* ein Zimmer ~; durch den Wald ~ □ **precipitar-se; arrojar-se 3** ⟨500⟩ *etwas ~* ⟨fig.⟩ *im Ansturm in Besitz nehmen;* das Spielfeld wurde von aufgebrachten Fans gestürmt □ **tomar de assalto 4** ⟨400⟩ *Most, Wein stürmt gärt* □ **fermentar 5** ⟨500⟩ *etwas ~* ⟨Mil.⟩ *im Sturm nehmen, erobern;* die feindliche Stellung ~; die Vorratshäuser ~ □ **conquistar; tomar de assalto 6** ⟨400; Sp.⟩ *als Stürmer spielen* □ **jogar como atacante**

Stür|mer ⟨m.; -s, -⟩ **1** ⟨Sp.⟩ *im Sturm(9) eingesetzter Spieler* □ **atacante 2** *gegorener Most, Federweißer* □ **vinho novo**

Sturm|flut ⟨f.; -, -en⟩ *durch Sturm hervorgerufene, sehr hohe Flut* □ **maré alta**

sturm|frei ⟨Adj. 24⟩ **1** ⟨Mil.⟩ *gegen Erstürmung gesichert, unangreifbar, uneinnehmbar* □ **intacável; inexpugnável 2** ⟨70⟩ *eine ~e Bude* ⟨umg.⟩ *Zimmer, in dem man ohne Kontrolle durch die Eltern Freunde empfangen u. feiern kann* □ ***um quarto independente; um quarto em que pode fazer o que quiser**

stür|misch ⟨Adj.⟩ **1** *sturmerfüllt, sehr windig;* ~es Wetter, ein ~er Tag, eine ~e Nacht □ **tempestuoso; borrascoso 1.1** *mit hohem Wellengang;* ~e See; eine ~e Überfahrt □ **agitado; proceloso; revolto 2** *leidenschaftlich, wild, ungestüm, gewaltsam vorwärts drängend;* ein ~es Temperament haben; die Auseinandersetzung, Begrüßung, der Beifall war sehr ~; der Redner rief ~e Heiterkeit hervor; ein ~er Liebhaber; jmdn. ~ um etwas bitten; ~ gegen etwas protestieren □ **(de modo) tempestuoso/tormentoso/violento**

Sturm|schritt ⟨m.; in der Wendung⟩ *im ~ sehr schnell, mit großen, stürmischen Schritten;* im ~ angelaufen kommen □ ***com passo apressado/acelerado**

Sturz ⟨m.; -es, Stür|ze⟩ **1** *heftiger, schwerer, plötzlicher Fall;* Ab~, Ein~, Fels~; ein ~ auf dem Eis, aus dem Fenster, ins Wasser, vom Pferd □ **queda; tombo 2** ⟨fig.⟩ *plötzliches Fallen, Sinken von etwas;* der ~ der Temperatur, der Preise □ **queda; baixa 2.1** *plötzliches Umschlagen, plötzliche Verschlechterung;* Wetter~; Kurs~; Preis~ □ **mudança brusca; virada 2.1.1** *der ~ des Barometers plötzliches Sinken des Luftdrucks* □ ***queda da pressão atmosférica 3** ⟨fig.⟩ *gewaltsame Amtsenthebung, plötzliche Absetzung (eines Politikers od. der ganzen Regierung);* ~ eines Ministers, der Regierung □ **queda 4** *Feststellen des Kassenbestandes, genaue Abrechnung (eigentlich durch Umstürzen);* Kassen~ □ *verificação do caixa 6 ⟨Pl. -e; Arch.⟩ *oberer Abschluss von Fenster u. Tür;* Fenster~, Tür~ □ **lintel; padieira 7** ⟨Bgb.⟩ *Ausladeplatz* □ **local de descarga**

Sturz|bach ⟨m.; -(e)s, -bä|che⟩ **1** *Bach mit starkem Gefälle* **2** ⟨fig.⟩ *Schwall, Flut; ein ~ von Flüchen, Worten brach auf ihn nieder* □ **enxurrada; torrente**

stür|zen ⟨V.⟩ **1** ⟨400(s.)⟩ *heftig zu Fall gebracht werden, hinfallen, herabfallen; sie ist gestürzt und hat sich ein Bein gebrochen; sein Pferd stürzte; sie ist sehr schwer, unglücklich gestürzt; auf dem Eis ~; sie ist auf der Treppe gestürzt; aus dem Fenster ~; beim Skilaufen ~; ins Wasser ~; mit dem Pferd ~; vom Pferde, von der Leiter ~; zu Boden ~* □ **cair;** *über einen Stein ~* □ ***tropeçar numa pedra* **2** ⟨510/Vr 7⟩ *jmdn. ~ hinunterwerfen, (mittels Kraftanwendung) zu Fall bringen; jmdn. aus dem Fenster, ins Wasser ~; sie beging Selbstmord, indem sie sich aus dem Fenster stürzte; in seiner Verzweiflung wollte er sich von der Brücke aus ins Wasser ~; (sich) jmdm. flehend zu Füßen ~* □ **derrubar; jogar; lançar 2.1** *sich zu Tode ~ durch Sturz(1) sterben* □ ***morrer ao cair* **3** ⟨411(s.)⟩ *ein* **Berghang, Fels** *stürzt bildet einen steilen Hang; der Fels stürzt hier steil in die Tiefe* □ **formar um precipício 4** ⟨411(s.)⟩ *eine* **Flüssigkeit** *stürzt bricht heftig, plötzlich hervor; die Tränen stürzten ihr aus den Augen* □ **irromper; brotar 5** ⟨411(s.)⟩ *eilen, rennen; jmdm. in die Arme ~; er kam ins Zimmer gestürzt* □ **lançar-se; precipitar-se;** *er stürzte davon* □ **sair correndo 6** ⟨500⟩ *einen* **Behälter** *~ umdrehen, umkippen* □ **virar;** *bitte nicht ~!* (Aufschrift auf Kisten mit zerbrechlichem Inhalt) □ ***este lado para cima;** *gespülte Gläser zum Trocknen auf ein Tuch ~;* *den Pudding (eigentlich die Schüssel mit dem Pudding) ~* □ **virar 7** ⟨500⟩ *einen* **Acker** *~ umpflügen* □ **arar; lavrar 8** ⟨511⟩ *etwas über etwas ~ etwas mit etwas bedecken* □ ***cobrir alguma coisa com outra;** *den Deckel über den Kochtopf ~* □ ***tampar a panela* **9** ⟨511/Vr 3⟩ *sich in, auf etwas ~ sich schnell auf etwas zubewegen; er stürzte sich auf sie, um sie zum Tanze aufzufordern* **9.1** *sich mit Schwung, Heftigkeit, in, auf etwas begeben; sich in den Trubel, sich ins Vergnügen ~; sich auf die besten Plätze ~* □ **precipitar-se; lançar-se; arrojar-se 9.1.1** *sich auf die* **Zeitung** *~ die Z. eilig nehmen* □ ***arrebatar/apanhar o jornal* **9.1.2** *er stürzte sich förmlich auf das Essen er aß hastig* □ **lançar-se; precipitar-se 9.2** *sich auf jmdn. ~* **9.2.1** *jmdn. tätlich angreifen; der Einbrecher wurde daran gehindert, sich auf die alte Frau zu ~* □ ***atacar alguém; lançar-se sobre alguém 9.2.2** ⟨fig.⟩ *jmdn. in Beschlag nehmen; die Gaste stürzten sich auf den berühmten Arzt* □ **cercar; rodear 9.3** *sich intensiv mit etwas beschäftigen, etwas intensiv betreiben; sich in die Arbeit ~* □ **mergulhar; lançar-se 9.3.1** *du sollst dich nicht in Unkosten ~ du sollst dir keine (großen) Ausgaben machen* □ ***você não deve fazer despesas* **9.3.2** *bei diesem Projekt hat er viel Schulden gestürzt hat er viel Schulden gemacht* □ ***com esse projeto ele se afundou em dívidas* **10** ⟨500⟩ *jmdn. ~ jmds. Sturz(3) bewirken, jmdn. gewaltsam absetzen, seines Amtes entheben, zum Rücktritt zwingen; einen Minister ~; der König wurde gestürzt* □ **derrubar 11** ⟨511⟩ *jmdn. ins Unglück, ins Verderben ~* ⟨fig.⟩ *jmdn. unglücklich machen, jmds. U., V., V. verursachen* □ ***levar alguém à infelicidade/à ruína/ao desespero**

Stuss ⟨m.; -es; unz.; umg.⟩ *Unsinn, törichtes Zeug; er erzählt nur ~; mach keinen ~!* □ **bobagem; besteira**

Stu|te ⟨f.; -, -n⟩ **1** *weibl. Pferd; eine ~ mit ihrem Fohlen* □ **égua 2** *weibl. Tier (von Esel, Kamel, Zebra)* □ **fêmea (do burro/camelo/zebra)**

Stüt|ze ⟨f.; -, -n⟩ **1** *Gegenstand, Vorrichtung, die etwas stützt; der Stock dient mir als ~; Bäume, ein Dach, Pflanzen, die Wäscheleine mit ~n versehen* □ □ **apoio; suporte; escora 2** ⟨fig.⟩ *Hilfe, Beistand, Unterstützung, Halt; er ist mir im Alter eine große ~; ein Notizbuch als ~ für mein Gedächtnis* □ **ajuda; auxílio;** *eine ~ an jmdm. haben; jmds. ~ sein* □ **esteio; amparo**

stut|zen¹ ⟨V. 400⟩ **1** *erstaunt, verwirrt innehalten, überrascht sein* □ **ficar perplexo/espantado 2** *plötzlich argwöhnisch werden, Verdacht fassen; als sein Name erwähnt wurde, stutzte sie* □ **ficar receoso/desconfiado 3** *ein* **Pferd, Wild** *stutzt bleibt plötzlich stehen, wird scheu; das Pferd stutzte vor der Hecke* □ **empacar**

stut|zen² ⟨V. 500⟩ *etwas ~ kurz schneiden, beschneiden, verkürzen; den Bart, Bäume, Flügel, Haare, Hecken ~; die Ohren des Hundes, den Schwanz des Hundes ~* □ **aparar; tosar; podar**

Stut|zen ⟨m.; -s, -⟩ **1** *kurzes Jagdgewehr mit gezogenem Lauf* □ **carabina 2** *Ansatzrohr, Rohrstück* □ **tubuladura 3** ⟨Fußb.⟩ *fußloser Kniestrumpf* □ **meia esportiva de compressão**

stüt|zen ⟨V. 500⟩ **1** *jmdn. od. etwas ~ Halt geben, sichern, am Fallen, Zusammenbrechen hindern; die mit Früchten schwer beladenen Äste des Baumes ~; ein baufälliges Haus ~; alte Mauern durch Pfeiler ~; Äste, Bäume mit einem Stock usw. ~; Kranke ~; er stützte den Kopf in die Hände* □ **escorar; amparar 1.1** ⟨511/Vr 7⟩ *sich auf die* **Ellbogen** *~, die Ellbogen auf den Tisch ~ beim Sitzen mit den E. Halt am Tisch finden; du sollst die Ellenbogen nicht auf den Tisch ~* □ **apoiar(-se) 2** ⟨511/Vr 3⟩ *sich auf jmdn., etwas ~ Halt bei jmdn., etwas finden, etwas, jmdn. als Stütze benutzen; sich auf den Stock, den Tisch ~; ~ Sie sich auf meinen Arm!* □ ***apoiar-se em alguém ou alguma coisa* **3** *etwas ~* ⟨fig.⟩ *am Zusammenbrechen hindern; eine Währung ~* ⟨fig.⟩ *eine* **Regierung** *~ einer R., die Schwierigkeiten hat, helfen, sie unterstützen* □ **apoiar 4** ⟨511/Vr 3⟩ *sich auf etwas ~* ⟨fig.⟩ *sich stark an etwas anlehnen, als Grundlage benutzen; sich auf ein wissenschaftliches Werk ~; sich auf Aussagen, Beweise ~; worauf wird sich die Verteidigung ~?* □ ***apoiar-se/basear-se em alguma coisa**

stut|zig ⟨Adj. 80⟩ *verwundert, argwöhnisch; das machte mich ~; als ich das hörte, wurde ich ~* □ **espantado; surpreso**

Stütz|punkt ⟨m.; -(e)s, -e⟩ **1** *Punkt, auf dem ein Teil einer Last ruht, an dem ein Hebel Halt findet* ◻ **ponto de apoio 2** ⟨fig.⟩ *Ort, der sich bes. gut zur Verteidigung innerhalb eines größeren Gebietes eignet* ◻ **reduto; base 3** *wichtiger, oft befestigter Ausgangspunkt von Unternehmungen;* Flotten~, Handels~; ~e anlegen, errichten, sich schaffen ◻ **base**

sty|len ⟨[staɪ-] V.⟩ **1** ⟨500⟩ *etwas ~ modisch gestalten, entwerfen* **2** ⟨500/Vr 3; salopp⟩ *jmdn. od. sich ~ aufwändig zurechtmachen;* sie war kunstvoll gestylt ◻ **estilizar(-se)**

Sty|ro|por® ⟨n.; -s; unz.⟩ *aus Styrol u. Treibmittel hergestellter Kunststoff mit geringer Dichte (als Verpackungs- u. Isoliermittel verwendet)* ◻ **poliestireno expansível**

sub..., **Sub...** (in Zus.) *unter..., Unter...;* subaltern, subarktisch; Subkategorie, Substandard

sub|al|tern ⟨Adj.⟩ **1** ⟨24⟩ *jmd., jmds. Stellung ist ~ untergeordnet, unvollständig;* ein ~er Beamter **2** *ein ~es Benehmen unterwürfiges B.* ◻ **subalterno**

Sub|jekt ⟨n.; -(e)s, -e⟩ **1** *wahrnehmendes, denkendes, wollendes Wesen* **2** ⟨fig.; umg.; abwertend⟩ *Person; ein verdächtiges, widerwärtiges ~* **3** ⟨Logik⟩ *Begriff, dem ein anderer beigelegt od. abgesprochen wird;* → a. *Prädikat(3)* **4** ⟨Gramm.⟩ *Satzteil, von dem etwas ausgesagt wird* ◻ **sujeito;** → a. *Prädikat(3.1), Objekt(3)*

sub|jek|tiv ⟨a. ['---] Adj.⟩ **1** ⟨24⟩ *zum Subjekt(1) gehörig, auf ihm beruhend, von ihm ausgehend, ihm entsprechend, gemäß* **2** *persönlich, nicht sachlich, unsachlich;* Ggs *objektiv(2)*; ein ~es Urteil; etwas ~ betrachten, beurteilen ◻ **subjetivo; subjetivamente**

sub|lim ⟨Adj.; geh.⟩ *erhaben, verfeinert, von einem verfeinerten Verständnis zeugend, nur mit einem sehr feinen Empfinden zu verstehen;* ~e Betrachtungen ◻ **sublime**

sub|li|mie|ren ⟨V.⟩ **1** ⟨500⟩ *Erlebnisse ~ ins Erhabene steigern, läutern, verfeinern* **2** ⟨400⟩ *Stoffe ~* ⟨Phys.⟩ *gehen aus dem festen in den gasförmigen Aggregatzustand über u. umgekehrt, ohne dass die Stufe des flüssigen Aggregatzustandes durchlaufen wird* ◻ **sublimar**

sub|or|di|nie|ren ⟨V. 500/Vr 7⟩ **1** *jmdn. od. etwas ~ unterordnen* **2** *~de Konjunktion* ⟨Gramm.⟩ *K., die einen Nebensatz mit einem Hauptsatz verbindet;* Sy *unterordnende Konjunktion,* → *unterordnen(1.3)* ◻ ***conjunção subordinativa**

Sub|skrip|ti|on ⟨f.; -, -en⟩ **1** *Vorbestellung u. Verpflichtung zur Abnahme durch Unterschrift, z. B. bei größeren, in mehreren Bänden erscheinenden Werken der Literatur;* ~ auf ein Lexikon ◻ **assinatura 2** *Zeichnung von Anleihen* ◻ **subscrição**

◆ Die Buchstabenfolge **sub|st...** kann in Fremdwörtern auch **subs|t...** getrennt werden. Davon ausgenommen sind Zusammensetzungen, in denen die fremdsprachigen bzw. sprachhistorischen Bestandteile deutlich als solche erkennbar sind, z. B. *-standard* (→ a. *Standard*).

◆ **sub|stan|ti|ell** ⟨Adj.⟩ = *substanziell*

◆ **Sub|stan|tiv** ⟨n.; -s, -e; Gramm.⟩ *Wort, das einen Gegenstand od. Begriff bezeichnet;* Sy *Hauptwort* ◻ **substantivo**

◆ **Sub|stanz** ⟨f.; -, -en⟩ **1** ⟨Philos.⟩ *das Ding* **1.1** *das allen Dingen innewohnende Wesen* **1.2** *der Urgrund alles Seins* **2** ⟨Phys.⟩ = *Materie(2);* eine neue ~ auf chemischem Gebiet entdecken **3** *Stoff, das Stoffliche* **3.1** *das Bleibende* **4** ⟨fig.⟩ *innerstes Wesen, Kern (einer Sache), das Wesentliche* ◻ **substância 5** ⟨fig.; umg.⟩ *das Vorhandene, Besitz, Vorrat, Kapital, Vermögen;* die ~ angreifen, aufbrauchen; von der ~ leben, zehren ◻ **patrimônio; bens; capital**

◆ **sub|stan|zi|ell** ⟨Adj.⟩ oV *substantiell* **1** *wesentlich, wesenhaft* ◻ **substancial 2** ⟨24⟩ = *stofflich(2)*

sub|su|mie|ren ⟨V. 500⟩ *etwas ~* **1** *unter-, einordnen* **2** *zusammenfassen* ◻ **subsumir**

Sub|sum|ti|on ⟨f.; -, -en⟩ *das Subsumieren* ◻ **subsunção**

sub|til ⟨Adj.⟩ **1** *eine Person ist ~ zart, fein* **2** *ein Problem ist ~ schwierig* **3** *eine Äußerung ist ~ spitzfindig, scharfsinnig* ◻ **sutil**

sub|tra|hie|ren ⟨V. 500⟩ *eine Zahl ~ eine Subtraktion mit einer Z. durchführen;* Sy *abziehen (4);* Ggs *addieren;* vier von sechs ~ ◻ **subtrair**

Sub|trak|ti|on ⟨f.; -, -en; Math.⟩ Ggs *Addition* **1** *das Subtrahieren* **2** *Ergebnis des Subtrahierens* ◻ **subtração**

Sub|ven|ti|on ⟨[-vɛn-] f.; -, -en⟩ *(finanzielle) Hilfe, zweckgebundene Unterstützung, bes. aus öffentlichen Mitteln* ◻ **subvenção**

Sub|ver|si|on ⟨[-vɛr-] f.; -, -en⟩ *Untergrabung, Umsturz, Zerstörung* ◻ **subversão**

sub|ver|siv ⟨[-vɛr-] Adj.⟩ *umstürzend, umstürzlerisch, zersetzerisch;* ~e Elemente, Meinungen ◻ **subversivo**

Su|che ⟨f.; -, -n⟩ **1** ⟨unz.⟩ *das Suchen(1), Aufspüren, Nachforschung, Fahndung;* sich auf die ~ begeben, machen; auf die ~ gehen; jmdn. auf die ~ schicken; ich bin auf der ~ nach einem Hotel, einer Stellung, einer Wohnung; die polizeiliche ~ nach dem Verbrecher **2** ⟨Jagdw.⟩ *das Suchen, Aufspüren von Wild durch den Jäger u. die Hunde* ◻ **procura; busca**

su|chen ⟨V.⟩ **1** ⟨500/Vr 8 od. 800⟩ *jmdn., etwas, nach jmdm., nach etwas ~ jmdn., etwas finden wollen, zu finden sich bemühen;* ich habe dich überall gesucht; im Walde Beeren, Pilze ~; ein Hotel, eine Unterkunft, eine Wohnung, ein Zimmer ~; eine Stelle in einem Buch ~; in allen Taschen nach etwas ~; das Gesuchte hat sich gefunden; sich ~d umschauen; ich habe lange nach einer Ausrede, einem Vorwand gesucht; nach einem passenden Ausdruck, Wort ~; suchet, so werdet ihr finden (Matth. 7,7) ◻ **procurar (por); tentar encontrar 1.1** ⟨513⟩ *etwas wie eine Stecknadel im Heuhaufen ~* ⟨fig.⟩ *lange u. gründlich, aber mit wenig Aussicht auf Erfolg* **1.2** ⟨500⟩ *ein Betrieb sucht jmdn. möchte jmdn. neu einstellen;* Verkäufer(in), Kellner(in) etc. gesucht (Anzeige eines Betriebes) **1.2.1** *jmd. sucht eine* **Stellung** *möchte von einem Betrieb neu eingestellt werden* ◻ **procurar 1.3** ⟨500⟩ **Anschluss** *~ einen Bekanntenkreis finden wollen;* er wohnt erst seit kurzem hier und sucht noch

Anschluss □ *procurar fazer amizades 1.4 ⟨513⟩ jmdn. polizeilich, steckbrieflich ~ (lassen) *nach jmdm. fahnden* □ *mandar a polícia ir atrás de alguém; procurar alguém por meio de cartazes* 2 ⟨400⟩ ein **Jagdhund** sucht *spürt nach;* such!, such! (Aufforderung an den Hund) □ procurar; farejar 3 ⟨500⟩ eine **Sache** ~ *eine S. erreichen wollen, sich die Realisierung, Erfüllung einer S. wünschen;* einen Ausweg, Hilfe, Rat, Schutz, Trost, Zuflucht ~; Entspannung, Erholung, Ruhe, Vergessen ~; Abenteuer, Bekanntschaften ~ □ tentar encontrar 3.1 er sucht gern Händel, Streit *er ist streitsüchtig* 3.2 er sucht eine Frau *er möchte eine Liebesbeziehung eingehen, heiraten* □ procurar 3.3 er sucht den eigenen Vorteil *ist auf den eigenen V. bedacht* □ procurar; estar atrás de 4 ⟨580⟩ eine **Sache zu tun** ~ *versuchen, trachten, sich bemühen;* einer suchte den anderen auszustechen, zu überbieten, zu übertrumpfen; etwas zu erreichen ~; sie suchte ihm zu gefallen; jmdm. zu helfen ~; er suchte mir zu schaden; man muss ihn zu verstehen ~ □ *tentar fazer alguma coisa 5 ⟨500⟩ etwas ist gesucht *geziert, gekünstelt;* gesuchter Stil, Vergleich □ rebuscado; artificial 6 ⟨Part. Perf.⟩ jmd. od. etwas ist gesucht *rar, begehrt;* dieses Produkt ist sehr gesucht; er ist ein gesuchter Architekt, Arzt, Künstler □ requisitado; procurado 7 ⟨500; fig.⟩ 7.1 ⟨511⟩ umg.; in bestimmten Wendungen⟩ tun, treiben; was suchst du hier?; was hast du hier zu ~? 7.1.1 hier haben wir nichts zu ~ ⟨umg.⟩ *hier gehören wir nicht her, lasst uns gehen* □ fazer 7.2 jmd. hat bei jmdm. nichts zu ~ *ist bei jmdm., dort unerwünscht* □ *não ter nada o que fazer na casa de alguém* 7.3 ⟨510⟩ in allem etwas ~ *sehr misstrauisch sein* □ *procurar pelo em ovo e tudo* 7.4 man muss nicht hinter allem etwas Schlechtes ~ *vermuten* □ *não se deve ver maldade em tudo*

Sucht ⟨f.; -, Süch|te⟩ 1 *krankhaft gesteigertes Bedürfnis;* Alkohol~, Drogen~; ~kranke; *das Rauchen ist bei ihm zur* ~ *geworden* □ vício; dependência 2 ⟨fig.⟩ *hemmungsloses Verlangen, übersteigertes Streben;* Geltungs~, Ruhm~, Vergnügungs~; ~ *nach Abwechslung, Vergnügen, Zerstreuung;* die schnöde ~ *nach dem Geld* □ mania; avidez 3 ⟨veraltet⟩ *Krankheit, Leiden* □ doença; enfermidade; Gelb~ □ *ictericia

süch|tig ⟨Adj. 24⟩ *einer Sucht verfallen, ein krankhaft gesteigertes Bedürfnis nach etwas spürend;* alkohol~ □ *alcoólatra, drogen~; er ist ~ nach Büchern ⟨fig.⟩ □ viciado

Sud ⟨m.; -(e)s, -e; Pl. selten⟩ *Wasser, in dem Lebensmittel gekocht werden* □ caldo; decocção

su|deln ⟨V. 400; umg.; abwertend⟩ *Schmutz machen, etwas mit Schmutz beschmieren, im Schmutz wühlen* □ lambuzar; emporcalhar

Sü|den ⟨m.; -s; unz.; Abk.: S⟩ 1 *Himmelsrichtung, in der auf der nördlichen Halbkugel der Erde die Sonne am höchsten steht, Richtung auf den Südpol;* die Sonne steht im ~; das Zimmer geht, liegt, schaut nach ~; die Zugvögel fliegen, ziehen schon nach ~; gen ~ ⟨poet.⟩ 2 *das im Süden(1) gelegene Gebiet;* im ~ *von Berlin* 2.1 *die Mittelmeerländer;* er verbringt den Winter im ~; im sonnigen ~; aus dem ~ (Europas) stammen 2.2 *die südlichen Staaten der USA;* im ~ aufgewachsen sein und seine Probleme kennen □ sul

süd|lich ⟨Adj.⟩ *im Süden gelegen, in Richtung nach Süden gelegen;* die ~e Erdhalbkugel; der ~e Sternenhimmel □ meridional; austral; ~ von Berlin □ ao sul; die Südlichen Kalkalpen □ meridional; 10° ~er Breite ⟨Abk.: s. Br. od. südl. Br.⟩ □ sul

Süf|fi|sance ⟨[-zā:s] f.; -; unz.⟩ = *Süffisanz*

süf|fi|sant ⟨Adj.⟩ *spöttisch od. ironisch u. dabei selbstsicher, dünkelhaft;* ein ~es Lächeln □ arrogante; presunçoso

Süf|fi|sanz ⟨f.; -; unz.⟩ *Dünkel, Selbstgefälligkeit, Spottsucht;* oV *Süffisance* □ arrogância; presunção

Suf|fix ⟨n.; -es, -e; Gramm.⟩ *(dem Wortstamm) angefügte Wortbildungssilbe, z. B. „-heit" in „Krankheit", „-e" in „viele";* Sy *Nachsilbe;* Ggs *Präfix* □ sufixo

sug|ge|rie|ren ⟨V. 530⟩ jmdm. etwas ~ *durch seelische Beeinflussung glauben machen;* diesen Gedanken hat er ihm suggeriert □ sugerir; insinuar; insuflar

Sug|ges|ti|on ⟨f.; -, -en⟩ 1 *seelische Einflussnahme, Willensübertragung auf eine andere Person, ohne dass diese es bemerkt;* Massen~ □ sugestão; insuflação 2 ⟨unz.⟩ *suggestive Kraft;* sie strahlt eine starke ~ aus □ poder/capacidade de influenciar

sug|ges|tiv ⟨Adj.⟩ *seelisch beeinflussend;* eine ~e Macht besitzen; von ihm ging eine ~e Macht aus; eine ~e Wirkung auf jmdn. ausüben, haben □ sugestivo; influenciador

Süh|ne ⟨f.; -, -n⟩ *Wiedergutmachung (für begangenes Unrecht);* jmdm. ~ anbieten, geben, leisten; jmdm. eine ~ auferlegen; von jmdm. ~ erhalten, fordern, verlangen; gerechte ~ finden; als ~ für begangenes Unrecht □ expiação; penitência

süh|nen ⟨V. 500⟩ ein Unrecht ~ *wiedergutmachen, dafür büßen, Genugtuung geben;* begangenes Unrecht, eine Verfehlung, ein Verbrechen mit dem Leben, dem Tode ~ □ expiar; pagar

Sui|te ⟨[svi:t(ə)] f.; -, -n⟩ 1 *Folge von langsamen u. schnellen Sätzen gleicher Tonart;* Tanz~ □ suíte 2 *militärisches od. fürstliches Gefolge, Begleitung* □ séquito 3 *mehrere miteinander verbundene Zimmer, Zimmerflucht (im Hotel)* □ suíte

Su|i|zid ⟨m.; -(e)s, -e⟩ = *Selbstmord*

Su|jet ⟨[syʒɛː] n.; -s, -s⟩ *Thema (einer künstlerischen Darstellung), Gegenstand einer Untersuchung* □ tema

Suk|ka|de ⟨f.; -, -n⟩ *kandierte Schale von Zitrusfrüchten, z. B. Zitronat* □ casca cristalizada de fruta cítrica

suk|zes|siv ⟨Adj. 24⟩ *allmählich (eintretend);* oV *sukzessive* □ sucessivo

suk|zes|si|ve ⟨[-və] Adj. 24⟩ = *sukzessiv*

Sul|ky ⟨engl. [sʌlki] n.; -s, -s⟩ *zweirädriger Einspänner (für Trabrennen), Traberwagen* □ sulky

Sul|ta|ni|ne ⟨f.; -, -n⟩ *helle, große, kernlose Rosine* □ uva-passa sultanina

Sulz ⟨f.; -, -en; oberdt.; Kochk.⟩ = *Sülze(1)*

Sül|ze ⟨f.; -, -n⟩ **1** ⟨Kochk.⟩ *Fleisch-, Fischstücke in Gallert;* oV ⟨oberdt.⟩ *Sulz* □ *aspic* **2** *Sole* 2.1 *Salzlake, -brühe* □ **água salina; salmoura 3** *Salzquelle* □ **fonte de água salina 4** ⟨Jägerspr.⟩ *Stelle, wo Salz für das Wild gestreut wird* □ **local onde é espalhado o sal para a caça**

sum|ma|risch ⟨Adj. 24/70⟩ *kurz zusammengefasst, kurz gefasst, bündig;* ein Thema nur, sehr ~ behandeln □ **sumário; sumariamente**

Sum|me ⟨f.; -, -n⟩ **1** *Ergebnis einer Addition;* die ~ einer Rechnung **2** *bestimmter Betrag an Geld;* eine beträchtliche, große, hohe, stattliche ~; die runde ~ von 500 Euro; große ~n für etwas anlegen, aufwenden, ausgeben, verbrauchen; eine gewisse ~ für einen bestimmten Zweck bereitstellen; die ganze ~ bar bezahlen; dabei wurden große ~n einfach vergeudet, verschleudert, verschwendet **3** ⟨fig.⟩ *Gesamtheit, das Ganze;* ~ aller Erkenntnis, des Wissens □ **soma**

sum|men ⟨V.⟩ **1** ⟨400⟩ *Insekten, Flugzeuge ~ brummen leise, anhaltend, fliegen hörbar;* Käfer summten über der Wiese; es summt und brummt; Bienen ~ □ **zumbir;** ein eintöniges Summen war in der Luft □ **zumbido 2** ⟨400⟩ *etwas summt gibt einen vibrierenden, anhaltenden Ton von sich (wie Insekten od. Flugzeuge) ~* □ **zumbir;** die ~den Laute im Lautsprecher stören □ ***os zumbidos/zunidos do alto-falante incomodam;** es summt mir in den Ohren □ ***estou com um zumbido nos ouvidos;** ein Summen ertönte im Radio □ **zumbido; zunido 3** ⟨402⟩ *(eine Melodie) ~ mit geschlossenen Lippen singen, leise, ohne Worte vor sich hin singen;* ein Liedchen, eine Melodie ~ □ **cantarolar de boca fechada**

sum|mie|ren ⟨V. 500⟩ **1** *Beträge ~ zu einer Summe vereinigen* **2** ⟨Vr **3**⟩ *sich ~ anwachsen, sich häufen, immer mehr werden* □ **somar(-se); acrescentar(-se)**

Sumpf ⟨m.; -(e)s, Sümp|fe⟩ **1** *mit Wasser durchtränkter Erdboden;* die charakteristischen Vegetationen der Sümpfe; in einen ~ geraten 1.1 *Gebiet, das mit Sumpf(1) bedeckt ist;* einen ~ entwässern, trockenlegen □ **pântano; charco 2** ⟨fig.⟩ *Verkommenes, Schlechtes, Unmoralisches;* im ~ der Großstadt untergehen, versinken 2.1 in einen ~ geraten *unter schlechten Einfluss, in eine verkommene Umgebung;* im ~ stecken bleiben □ **atoleiro; lodo 3** ⟨Bgb.⟩ *unterster Teil eines Schachtes, meist mit Wasser gefüllt* □ **fundo de poço**

Sund ⟨m.; -(e)s, -e⟩ *Meeresstraße, Meerestenge (bes. zwischen der dänischen Insel Seeland u. Südschweden)* □ **estreito**

Sün|de ⟨f.; -, -n⟩ **1** ⟨Rel.⟩ *Verfehlung gegen die Gottheit od. ihr Gebot;* die ~n des Fleisches; die ~ des Hochmuts, des Unglaubens; seine ~n beichten, bekennen, bereuen, einsehen, erkennen; deine ~n sind dir vergeben, verziehen; in ~ fallen, geraten; von einer ~ erlöst werden; eine ~ begehen, tun; in ~ verstrickt sein **2** *Handlung, deren man sich schämen sollte, Verstoß, Unrecht;* es ist eine ~, das Brot wegzuwerfen; es ist eine (wahre) ~, dass du deine Gaben nicht besser nutzt □ **pecado;** es ist eine ~ und Schande □ ***é uma vergonha; é um absurdo**

Sün|der ⟨m.; -s, -⟩ *jmd., der eine Sünde begangen hat od. immer wieder sündigt;* wir sind alle ~; du stehst da wie ein ertappter ~; ein hart gesottener, verstockter ~ □ **pecador;** → a. *arm(3.3)*

Sün|de|rin ⟨f.; -, -rin|nen⟩ *weibl. Sünder* □ **pecadora**

Sünd|flut ⟨f.; -; unz.⟩ *volksetymolog. Umdeutung von Sintflut* □ **dilúvio**

sünd|haft ⟨Adj.⟩ **1** *mit Sünden beladen, sündig, gegen Gottes Gebot, gegen die Sitten verstoßend;* oV *sündig;* ~e Absichten, Gedanken, Wünsche, Taten □ **pecaminoso;** ich ~er Mensch □ **pecador;** es ist ~, das zu tun □ ***é pecado fazer isso 2** ⟨fig.; umg.⟩ *übertrieben (viel), sehr;* das kostet ein ~es Geld □ ***custa os olhos da cara;** das ist ~ teuer □ ***isso é carissimo**

sün|dig ⟨Adj.⟩ **1** = *sündhaft(1)* 1.1 ~ werden *eine Sünde begehen, sündigen* □ **pecador**

sün|di|gen ⟨V. 800⟩ *gegen etwas ~ eine Sünde begehen, gegen etwas verstoßen, sich vergehen;* gegen Gottes Gebote ~ □ **pecar;** du sündigst gegen deine Gesundheit □ ***você está pondo sua saúde em risco**

Sun|na ⟨f.; -; unz.⟩ *Sammlung von Aussprüchen u. Vorschriften Mohammeds als Richtschnur der islamischen Lebensweise* □ **suna**

Sun|nit ⟨m.; -en, -en⟩ *Anhänger der orthodoxen Glaubensrichtung des Islams, die auf der Sunna basiert (die auf Ali zurückzuführende gesonderte Sunna der Schiiten wird von den Sunniten nicht anerkannt)* □ **sunita;** → a. *Schiit*

su|per ⟨Adj. 11; umg.; salopp⟩ *hervorragend, sehr gut, großartig, toll;* du siehst ~ aus; das blaue Kleid steht dir ~ □ **ótimo; maravilhoso; lindo**

su|per..., Su|per... ⟨in Zus.⟩ **1** *ober..., Ober..., über..., Über...;* Superintendent, Supermacht **2** *äußerst, sehr, besonders;* superklug, superfein, superleicht 2.1 *herausragend, großartig;* Superhit

su|perb ⟨[sy-] Adj.; bes. österr.⟩ = *süperb*

sü|perb ⟨Adj.; geh.⟩ *vorzüglich, prächtig;* oV *superb* □ **soberbo; magnífico**

Su|per-G ⟨[-dʒi] m.; - od. -s, - od. -s; Sp.⟩ *Skirennen, eine Kombination aus Abfahrtslauf u. Riesenslalom* □ **super-G**

Su|per|la|tiv ⟨m.; -s, -e⟩ **1** ⟨Gramm.⟩ *Stufe des Vergleichs, die angibt, dass eine Eigenschaft einer Sache in größtem Maße zukommt, zweite Steigerungsstufe, Meiststufe* □ **superlativo 2** *übertriebener Ausdruck, übermäßiges Lob;* in (lauter) ~en reden; eine Ware in ~en anpreisen □ **exaltação; elogio exagerado;** Amerika ist ein Land der ~e □ **superlativo**

Su|per|markt ⟨m.; -(e)s, -märk|te⟩ *großes Lebensmittelgeschäft mit Selbstbedienung u. umfangreichem Sortiment* □ **supermercado**

Sup|pe ⟨f.; -, -n⟩ **1** *flüssige Speise;* ein Teller ~ als Vorspeise; eine dicke, klare, legierte, süße, versalzene ~; die ~ versalzen, würzen; ~ mit Einlage □ **sopa 2** ⟨fig.⟩ 2.1 die ~ hast du dir selbst eingebrockt ⟨fig.; umg.⟩ *diese Unannehmlichkeit hast du dir selbst zuzuschreiben* □ ***foi você que arrumou essa encrenca** 2.2

jmdm. eine schöne ~ einbrocken, einrühren ⟨umg.⟩ *eine unangenehme Sache aufhalsen* □ ***arrumar um belo problema para alguém** 2.3 die ~ auslöffeln, die man sich eingebrockt hat ⟨umg.⟩ *die unangenehmen Folgen seiner Handlungsweise tragen* □ ***arcar com as consequências dos próprios atos** 2.4 jmdm. in die ~ fallen ⟨umg.; scherzh.⟩ *jmdn. unerwartet während der Essenszeit besuchen* □ ***visitar alguém na hora da refeição** 2.5 jmdm. die ~ versalzen ⟨umg.⟩ *jmds. Pläne durchkreuzen, jmdm. die Freude verderben* □ ***acabar com a alegria de alguém; frustrar os planos de alguém** 2.6 das macht die ~ auch nicht fett ⟨umg.⟩ *hat wenig Wert* □ ***isso não muda muita coisa** 2.7 jmdm. in die ~ spucken ⟨umg.⟩ *jmdm. etwas verderben* □ ***estragar a festa de alguém**

Sup|ple|ment ⟨n.; -(e)s, -e⟩ *Ergänzung, bes. Nachtrag zu einem Werk* □ **suplemento**; ~band □ ***volume suplementar**

su|pra..., Su|pra... *auch:* **sup|ra..., Sup|ra...** ⟨in Zus.⟩ *ober..., Ober..., über..., Über...*; supranational; Supraleiter

sur|fen ⟨[sœ:-] V. 400⟩ 1 *Surfing betreiben;* auf dem Meer ~; er ist über den See gesurft 2 ⟨fig.⟩ im Netz, im Internet ~ *mit einem Browser durch das Internet navigieren* □ **surfar**

Sur|fing ⟨[sœ:fiŋ] n.; -s; unz.⟩ *Wassersport, bei dem man sich, auf einem Surfbrett stehend, von Wind u. Wellen vorwärts tragen lässt* □ **surfe**

Sur|re|a|lis|mus ⟨a. [zyr-] m.; -; unz.; seit Anfang des 20. Jh.⟩ *Strömung in Kunst u. Literatur, die das Fantastische, das Unbewusste u. Traumhafte u. seine Verschmelzung mit der Wirklichkeit darzustellen sucht* □ **surrealismo**

sur|ren ⟨V. 400⟩ etwas surrt *erzeugt ein gleichmäßiges, klangloses, metallisches Geräusch;* ein Flugzeug surrt □ **vibrar; zunir**

Sur|ro|gat ⟨n.; -(e)s, -e; geh.⟩ *(nicht vollwertiger) Ersatz, Behelf* □ **sucedâneo; substituto**

su|spekt *auch:* **sus|pekt** ⟨Adj.⟩ *verdächtig* □ **suspeito**

sus|pen|die|ren ⟨V. 500⟩ 1 jmdn. ~ *bis auf weiteres des Amtes entheben* 2 Anordnungen ~ *(zeitweilig) aufheben* 3 Entscheidungen ~ *aufschieben, in der Schwebe lassen* 4 Gliedmaßen ~ ⟨Med.⟩ *schwebend aufhängen* □ **suspender** 5 Stoffe ~ ⟨Chem.⟩ *feste Teilchen eines Stoffes in einer Flüssigkeit fein verteilen, so dass sie schweben* □ ***colocar substâncias em suspensão**

Sus|pen|si|on ⟨f.; -, -en⟩ 1 *(zeitweilige) Entlassung aus einem Amt* 2 ⟨Med.⟩ *schwebende Aufhängung* 3 ⟨Chem.⟩ *Aufschwemmung feinster Teilchen in einer Flüssigkeit* □ **suspensão**

süß ⟨Adj.⟩ 1 *von zucker- od. honigartigem Geschmack (seiend);* Ggs sauer(1), bitter(1); das schmeckt widerlich ~; ~er Kuchen schmeckt nicht allen; ~e Kirschen, Mandeln (im Unterschied zu sauren Kirschen u. bitteren Mandeln) □ **doce** 1.1 möchten Sie den Kaffee ~? *gezuckert* □ **com açúcar** 1.2 einen ~en Gruß senden *eine Süßigkeit* □ ***mandar um doce**

(para alguém) 2 ein Duft, Geschmack ist ~ *angenehm, wie Blüten, Backwerk riechend;* einen ~en Duft einatmen □ **doce; suave** 3 eine Person, ein Kind ist ~ *entzückend, reizend, nett anzusehen;* ein ~es Kind; ist er, sie nicht ~?; du bist (einfach) ~! □ **doce; encantador** 3.1 mein Süßer!, meine Süße! ⟨fig.; umg.⟩ *(zärtliche od. spottende Anrede)* □ ***doçura!** 4 eine Stimme, ein Klang ist ~ *lieblich;* den ~en Klängen lauschen ⟨geh.⟩ 5 *süßlich(2);* die Musik ist reichlich ~ □ **doce; suave** 6 ⟨fig.; umg.⟩ *sehr hübsch;* ein ~es Kleid; sie hat ein ~es Gesicht □ **lindo** 7 ⟨60⟩ das ~e Leben ⟨fig.; umg.⟩ *ausschweifendes L.* □ ***a boa vida; a dolce vita** 7.1 ~es Nichtstun *das angenehme Leben des Nichtstuns* □ ***dolce far niente** 8 eine ~e Last ⟨umg.; scherzh.⟩ *eine L., die man gern trägt* □ ***um fardo bom de carregar**

Süß|holz ⟨n.; -es; unz.⟩ 1 *als Hustenmittel u. zur Herstellung von Lakritze verwendeter Wurzelstock des Schmetterlingsblütlers: Glycyrrhiza glabra* □ **alcaçuz** 1.1 ~ raspeln ⟨fig.; umg.⟩ *(Frauen gegenüber) schmeichlerisch reden, schöntun* □ ***cortejar; galantear; cantar**

Sü|ßig|keit ⟨f.; -, -en⟩ 1 ⟨meist Pl.⟩ ~en *hauptsächlich aus Zucker hergestellte Nahrungsmittel, z. B. Schokolade, Pralinen, Bonbons;* ich habe mir mit ~en den Magen verdorben □ **doces** 2 ⟨fig.⟩ *angenehmes Wohlbefinden;* die ~ des Lebens genießen □ **doçura**

süß|lich ⟨Adj.⟩ 1 *leicht süß;* erfrorene Kartoffeln haben einen ~en Beigeschmack □ **adocicado** 2 ⟨fig.⟩ *kitschig, sentimental, unangenehm gefühlvoll;* ein ~es Bild, Gedicht; eine ~e Darstellung; ein ~er Mensch □ **meloso; piegas** 3 *scheinbar freundlich;* ~es Benehmen; ~e Worte; ein ~es Lächeln; eine ~e Miene machen □ **meloso; melífluo**

süß|sau|er ⟨Adj. 24⟩ 1 *süß u. säuerlich zugleich (schmeckend);* eine ~e Speise; die Gurken sind ~ eingelegt □ **agridoce** 2 *freundlich u. unfreundlich zugleich (blickend);* er machte ein ~es Gesicht □ ***ele deu um sorriso amarelo**

Sweat|shirt ⟨[swɛt∫œ:t] n.; -s, -s⟩ *Sportpullover aus Baumwolltrikot* □ **blusa de moletom**

Swim|ming|pool ⟨[-pu:l] m.; -s, -s⟩ *Schwimmbecken (im Haus od. Garten)* □ **piscina**

Swing ⟨m.; -s, -s⟩ 1 *ruhig schwingender Stil im Jazz* 1.1 *Tanz im Stil des Swing(1)* □ **suingue** 2 ⟨Wirtsch.⟩ *höchste Grenze des Kredits, die sich zwei Staaten bei Handelsverträgen gegenseitig einräumen* □ **limite máximo de crédito**

Sym|bio|se ⟨f.; -, -n⟩ *dauerndes Zusammenleben mehrerer Lebewesen (Tiere, Pflanzen od. Tier u. Pflanze) zu beiderseitigem Nutzen;* Sy *Lebensgemeinschaft(2)* □ **simbiose**

Sym|bol ⟨n.; -(e)s, -e⟩ 1 *einen tieferen Sinn andeutendes Zeichen;* → a. *Sinnbild, Allegorie* 2 *für ein chem. Element od. einen physikalischen Begriff stehendes Zeichen* 3 ⟨Semiotik⟩ *ein Ding od. ein Bild als Zeichen, das für ein Ding, eine Vorstellung od. ein Gefühl usw. steht* 4 ⟨bildende Kunst; Dichtung⟩ *bildhaftes, visuell wirkungsvolles Zeichen für einen Begriff od. Vorgang, oft ohne erkennbaren Zusammenhang mit diesem;* → a.

symbolisch

Allegorie; die blaue Blume als ~ für die Romantik □ **símbolo**

sym|bo|lisch ⟨Adj. 24⟩ *auf einem Symbol beruhend, mit Hilfe eines Symbols* □ **simbólico**

Sym|me|trie *auch:* **Sym|met|rie** ⟨f.; -, -n⟩ *spiegelbildliches Gleichmaß, Spiegelgleichheit* □ **simetria**

sym|me|trisch *auch:* **sym|met|risch** ⟨Adj. 24⟩ *auf beiden Seiten einer gedachten Achse od. Ebene spiegelbildlich gleich* □ **simétrico**

Sym|pa|thie ⟨f.; -, -n⟩ **1** = *Zuneigung* **2** *gefühlsmäßige Übereinstimmung, Seelenverwandtschaft* □ **simpatia**

Sym|pa|thi|kus ⟨m.; -; unz.; Med.⟩ *einer der Lebensnerven der Säugetiere u. des Menschen: Nervus sympathicus* □ **nervo simpático**

Sym|pa|thi|sant ⟨m.; -en, -en⟩ *jmd., der mit jmdm. od. etwas (bes. einer politischen Richtung od. Organisation) sympathisiert;* ~en einer terroristischen Organisation □ **simpatizante**

Sym|pa|thi|san|tin ⟨f.; -, -tin|nen⟩ *weibl. Sympathisant* □ **simpatizante**

sym|pa|thisch ⟨Adj.⟩ **1** *auf Sympathie beruhend, von angenehmen, liebenswertem Wesen;* ein ~er Mensch; er ist mir nicht ~ **2** ⟨Med.⟩ *den Sympathikus betreffend, auf ihm beruhend, mit ihm verbunden* □ **simpático**

Sym|pho|nie ⟨f.; -, -n; Mus.⟩ = *Sinfonie*

sym|pho|nisch ⟨Adj.⟩ = *sinfonisch*

Sym|po|si|um ⟨n.; -s, -si|en⟩ *wissenschaftliche Tagung (zur Erörterung u. Diskussion fachbezogener Themen); ein internationales ~ veranstalten* □ **simpósio**

Sym|ptom *auch:* **Symp|tom** ⟨n.; -s, -e⟩ *Zeichen, Kennzeichen, Merkmal (bes. einer Krankheit, Entwicklung), Sy Anzeichen(1.1); das ist ein ~ der Gesellschaft unserer Zeit; die ~e einer Krankheit beschreiben; die ~e von Schizophrenie mehrten sich bei ihr* □ **sintoma**

sym|pto|ma|tisch *auch:* **symp|to|ma|tisch** ⟨Adj. 24⟩ *auf bestimmten Symptomen beruhend, kennzeichnend, typisch; das ist ~ für unsere Zeit* □ **sintomático**

Syn|a|go|ge *auch:* **Sy|na|go|ge** ⟨f.; -, -n⟩ *Gotteshaus der Juden* □ **sinagoga**

syn|chron ⟨[-kroːn] Adj. 24⟩ *gleichlaufend, gleichzeitig (stattfindend), zeitlich übereinstimmend;* ~e *Vorgänge* □ **sincrônico**

Syn|chro|ni|sa|ti|on ⟨[-kro-] f.; -, -en⟩ **1** ⟨Tech.⟩ *Vorgang sowie Ergebnis des Synchronisierens* **2** ⟨Film⟩ **2.1** *das zeitliche Zusammenbringen von getrennt aufgenommenen Bildern und Tönen* **2.2** *Ersetzen einer fremdsprachigen Tonspur durch eine in der Landessprache besprochene u. zeitliche Abstimmung desselben mit den Bildern* □ **sincronização**

syn|chro|ni|sie|ren ⟨[-kro-] V. 500⟩ **1** *mehrere Vorgänge ~ bewirken, dass mehrere V. gleichzeitig ablaufen* **2** *einen Film ~ den (übersetzten u.) gesprochenen Text zu einem F. nachträglich so einspielen, dass die Bewegung der Lippen (ungefähr) mit den Worten des Textes übereinstimmt* **3** ⟨Tech.⟩ *ein Getriebe ~ die Drehzahlen des Getriebes aufeinander abstimmen* □ **sincronizar**

Syn|di|kat ⟨n.; -(e)s, -e⟩ **1** ⟨Wirtsch.⟩ *Form des Kartells mit festen Preisbestimmungen u. eigener Verkaufsorganisation* □ **sindicato** **2** *Zusammenschluss von Verbrechern;* Verbrecher~ □ **bando; quadrilha** **3** *Amt eines Syndikus* □ **sindicato**

Syn|di|kus ⟨m.; -, -di|ken od. -di|zi⟩ *ständiger Rechtsbeistand von Wirtschaftsunternehmen, Verbänden, Vereinen usw.* □ **síndico**

Syn|ko|pe ⟨[-kɔpe:] f.; -, -n⟩ **1** ⟨[zy.nkɔpe:]⟩ **1.1** ⟨Gramm.⟩ *Ausfall eines unbetonten Vokals im Innern des Wortes, z. B. „ew'ger" statt „ewiger"* **1.2** ⟨Metrik⟩ *Ausfall einer Senkung* **2** ⟨[-koːpə] Mus.⟩ *Verlagerung des Akzentes von einem betonten auf einen unbetonten Teil des Taktes durch Zusammenziehung beider (gleicher) Noten zu einer* □ **síncope**

♦ Die Buchstabenfolge **syn|o…** kann in Fremdwörtern auch **sy|no…** getrennt werden. Davon ausgenommen sind Zusammensetzungen, in denen die fremdsprachigen bzw. sprachhistorischen Bestandteile deutlich als solche erkennbar sind, z. B. *-ökologie.*

♦ **Syn|o|de** ⟨f.; -, -n⟩ **1** *Kirchenversammlung, bes. die evangelische, als Trägerin der Gesetzgebung* **2** ⟨kath. Kirche⟩ = *Konzil* **3** *die Körperschaft der evangelischen kirchlichen Selbstverwaltung* □ **sínodo**

♦ **syn|o|nym** ⟨Adj. 24⟩ *sinnverwandt, von gleicher Bedeutung;* ~e Wörter, Ausdrücke □ **sinônimo**

♦ **Syn|o|nym** ⟨n.; -s, -e od. -ny|ma⟩ *sinnverwandtes Wort, Wort von gleicher od. ähnl. Bedeutung* □ **sinônimo**

syn|tak|tisch ⟨Adj. 24⟩ *die Syntax betreffend, auf ihr beruhend;* ~e *Analyse* □ **sintático**

Syn|tax ⟨f.; -; unz.; Sprachw.⟩ *Lehre vom Satzbau, Satzlehre* □ **sintaxe**

Syn|the|se ⟨f.; -, -n⟩ Ggs *Analyse* **1** oV *Synthesis* **1.1** ~ *eines Ganzen Aufbau aus seinen Teilen* **1.2** ~ *zweier gegensätzlicher* **Begriffe** *(These und Antithese) die Verbindung zu einem höheren, dritten Begriff* **1.3** ⟨Philos.⟩ *der durch Synthese(1.2) gebildete Begriff* **2** ~ *einer* **chemischen Verbindung** *Aufbau aus ihren Bestandteilen* □ **síntese**

Syn|the|si|zer ⟨[-saɪzə(r)] m.; -s, -; Mus.⟩ *Gerät zur Erzeugung verschiedenartiger künstlicher Töne mittels elektronischer Schaltungen* □ **sintetizador**

Syn|the|tics ⟨Pl.⟩ *Gewebe, Textilien aus Kunstfasern* □ **tecido sintético**

syn|the|tisch ⟨Adj. 24⟩ Ggs *analytisch(1)* **1** *auf Synthese beruhend, mittels Synthese* **1.1** ~es *Urteil U., in dem von einem Gegenstand etwas Neues ausgesagt wird, das nicht bereits in seinem Begriff enthalten ist* **2** *aus einfachsten Stoffen chem., künstlich hergestellt* □ **sintético**

Sy|phi|lis ⟨f.; -; unz.⟩ *Geschlechtskrankheit, die in mehreren Stadien verläuft u. Gehirn, Organe, Knochen u. Knochenmark schädigt* □ **sífilis**

Sys|tem ⟨n.; -s, -e⟩ **1** *ein in sich geschlossenes, geordnetes u. gegliedertes Ganzes* **2** *Gesamtheit, Gefüge von Teilen, die voneinander abhängig sind, ineinander greifen* od. zusammenwirken, z. B. von Straßen, Flüssen, Lauten (einer Sprache); ein ~ von Kanälen; das ~ einer Wissenschaft 2.1 ⟨Phys.⟩ *Gesamtheit von Körpern, Feldern usw., die voneinander abhängig sind u. als Ganzes betrachtet werden* □ **sistema** 3 *Ordnung;* (etwas Ungeordnetes) in ein ~ bringen □ *****sistematizar** 3.1 *Gesellschaftsordnung, Staatsform;* ein korruptes, totalitäres, überaltertes ~; das herrschende ~ ablehnen, bekämpfen, unterstützen 3.2 ⟨Biol.⟩ *Einteilung von Tieren u. Pflanzen in Gruppen, meist danach, ob sie entwicklungsgeschichtlich verwandt sind* 4 *Methode, Prinzip;* in seinem Verhalten liegt ~; nach einem bestimmten ~ arbeiten, vorgehen □ **sistema**

sys|te|ma|tisch ⟨Adj.⟩ 1 *auf einem System beruhend, in ein System gebracht* 2 *nach einem bestimmten System geordnet, gegliedert* 3 *sinnvoll, folgerichtig* □ **sistemático**

Sze|ne ⟨f.; -, -n⟩ 1 ⟨Theat.⟩ *durch das Auf- od. Abtreten eines Schauspielers gekennzeichneter Teil eines Aktes, Bild;* Sy *Auftritt (2);* eine ~ proben, vorführen, filmen; 1. Akt, 3. ~; die ~ spielt auf dem Lande □ **cena** 1.1 *Schauplatz, Bühne, auf der die Szene(1) aufgeführt wird;* Applaus auf, bei offener ~; hinter der ~ □ **palco; cena** 1.2 ein Stück in ~ setzen *zur Aufführung vorbereiten* □ *****encenar uma peça** 2 ⟨geh.⟩ *ein besonderer Vorgang;* eine anmutige, rührende, hübsche ~; folgende ~ bot sich unseren Blicken 2.1 eine unangenehme ~ *Zank, heftiger Streit* □ **cena** 2.2 jmdm. eine ~ machen ⟨umg.⟩ *heftige, laute Vorwürfe* □ *****fazer uma cena/um escândalo para alguém** 3 jmdn. od. etwas in ~ setzen ⟨a. fig.⟩ *effektvoll ablaufen lassen, zur Geltung bringen* □ *****pôr alguém ou alguma coisa em cena**

Szep|ter ⟨n.; -s, -; veraltet⟩ = *Zepter*

Ta|bak ⟨a. [-'-] m.; -s, -e⟩ **1** ⟨unz.⟩ *einer Gattung der Nachtschattengewächse angehörendes nikotinhaltiges Kraut: Nicotiana;* ~ bauen **2** *aus dem Tabak(1) hergestelltes Genussmittel;* Zigaretten~, Pfeifen~, Kau~, Schnupf~; ~ beizen, ernten, fermentieren; ~ kauen, rauchen, schnupfen; guter, leichter, schlechter, schwerer ~; in dem Lokal roch es stark nach ~ □ **tabaco** 2.1 *das ist* starker *~* ⟨fig.; umg.⟩ *eine schwierige Sache, ein derber Witz u. Ä.* □ *essa é de doer!

Ta|bel|le ⟨f.; -, -n⟩ *Übersicht von Zahlen, Begriffen o. Ä. in der Form von Spalten od. Listen* □ **tabela**

Ta|blett *auch:* **Tab|lett** ⟨n.; -(e)s, -e od. -s⟩ *kleines Brett mit erhöhtem Rand zum Auftragen von Geschirr, Speisen usw.* □ **bandeja; tabuleiro**

Ta|blet|te *auch:* **Tab|let|te** ⟨f.; -, -n⟩ *in eine kugelige, ovale od. flache Form gepresstes Arzneimittel* □ **comprimido; pastilha**

ta|bu ⟨Adj. 11/40⟩ **1** *unantastbar, heilig, geheiligt* **2** ⟨fig.⟩ *verboten* □ **tabu**

Ta|bu|la ra|sa ⟨f.; - - ; unz.⟩ **1** ⟨urspr.⟩ *Tafel, von der die Schrift entfernt wurde* **2** ⟨Philos.⟩ *Seele ohne jede Erfahrung* **3** ⟨meist fig.⟩ *unbeschriebenes Blatt* 3.1 *mit etwas* Tabula rasa *machen reinen Tisch machen, grundlegend Ordnung schaffen* □ **tábua rasa**

Ta|bu|la|tor ⟨m.; -s, -to|ren⟩ *Taste an Computern od. Schreibmaschinen, die ein Weiterrücken des Cursors od. des Wagens an eine bestimmte Position in der Zeile bewirkt (bes. zum Erstellen von Tabellen)* □ **tabulador**

Ta|cho|me|ter ⟨m. od. n.; -s, -⟩ *Gerät zur Messung der Geschwindigkeit, Geschwindigkeitsmesser* □ **tacômetro**

Ta|del ⟨m.; -s, -⟩ **1** *missbilligende Äußerung, Rüge, Verweis;* einen ~ bekommen, empfangen, erhalten; damit habe ich mir einen ~ zugezogen; ein berechtigter, empfindlicher, harter, scharfer, schwerer, ungerechtfertigter, versteckter ~ □ **crítica; repreensão**; *ihn trifft kein ~* □ *não é culpa dele*; einen ~ einstecken ⟨umg.⟩ □ *levar uma bronca* 1.1 *einen ~ aussprechen, erteilen* tadeln □ *repreender; criticar* **2** *ohne ~ ohne Fehler, vollkommen* □ *sem falha; perfeito*; ein Ritter ohne Furcht und ~ □ **mácula**

ta|deln ⟨V. 500/Vr 7 od. Vr 8⟩ *jmdn. od. etwas* ~ *Unwillen, Missfallen über jmdn. od. etwas äußern, abfällig beurteilen, bemängeln, rügen;* ich muss dein Verhalten ~; ich muss dich für dein Verhalten ~; ich muss dich wegen deines Verhaltens ~; er findet, hat an deinem Verhalten etwas zu ~ □ **repreender; criticar**; ~de Bemerkungen, Blicke □ **de crítica; de repreensão**

Ta|fel ⟨f.; -, -n⟩ **1** *breites Brett, größere Platte;* eine hölzerne, metallene, steinerne ~ □ **tábua** 1.1 ⟨kurz für⟩ *Schiefertafel, Wandtafel* 1.1.1 *etwas an die ~ schreiben Wandtafel* 1.1.2 *etwas auf die ~ schreiben Schiefertafel* □ **lousa** 1.2 *Stein-, Metallplatte mit Inschrift;* Gedenk~; eine ~ (am Haus usw.) anbringen; eine ~ errichten zum Gedenken an ... 1.3 *aufgehängtes Brett mit Anzeigen, Mitteilungen, großes Schild;* Anschlag~, Aushänge~; eine wichtige Mitteilung in der ~ anschlagen □ **placa** 1.4 *Brett od. brettförmiges Gerät mit Schaltern, Instrumenten usw.;* Schalt~; plötzlich erschien ein Warnsignal auf der ~ □ **painel** 1.5 *plattenförmiges Stück;* eine ~ Schokolade; zwei ~n Schokolade als Reiseproviant kaufen □ **tablete; barra** **2** *langer Tisch, Speisetisch, gedeckter Tisch;* die ~ decken, dekorieren, schmücken; eine festliche, festlich gedeckte, geschmückte, reich besetzte ~ □ **mesa** **3** ⟨geh.⟩ *festliche Mahlzeit an der Speisetafel;* vor der ~ einen Aperitif anbieten; während der ~ eine kleine Rede halten □ **almoço; jantar** 3.1 *die ~ aufheben das Zeichen zur Beendigung der Mahlzeit, zum Aufstehen geben* □ *dar sinal de se levantar da mesa* 3.2 *zur ~ bitten zur Mahlzeit* □ *convidar (alguém) a passar à mesa* **4** ⟨Typ.; Abk.: Taf.⟩ *ganzseitige Illustration (in Büchern);* vgl. ~ 6 auf S. 110, Abbildung 2 (Hinweis in Büchern) □ **lâmina; ilustração**

ta|feln ⟨V. 400⟩ *an der Tafel(2) sitzen u. gut essen u. trinken* □ **banquetear-se**

tä|feln ⟨V. 500⟩ *eine* Wand, Decke ~ *mit Holztafeln verkleiden;* ein getäfeltes Zimmer □ **revestir de madeira; entabuar**

Taft ⟨m.; -(e)s, -e⟩ *steifer glänzender Stoff aus reiner od. mit anderen Material gemischter Seide für Kleider u. als Futter;* ein Kleid ganz aus ~ □ **tafetá**

Tag ⟨m.; -(e)s, -e⟩ **1** *die Zeit von 24 Stunden, von Mitternacht bis Mitternacht gerechnet;* jeder ~ kostet Geld; der ~ hat nur 24 Stunden; das Jahr hat 365 ~e; ein bedeutender, großer, historischer ~ in der Geschichte der Raumfahrt; erholsame, frohe, heitere, unbeschwerte ~e verbringen; festliche ~e stehen uns bevor; er blieb einige, etliche, ein paar, viele, wenige ~e; ich habe mehrere ~e lang daran gearbeitet; er kommt auf, für ein paar ~e zu uns; in den nächsten ~en wird es sich entscheiden; vor einigen ~en; in ein paar ~en; heute in acht ~en; alle acht ~e; jeder ~ bringt neue Sorgen ⟨Sprichw.⟩; die Arznei ist zweimal am ~(e) zu nehmen, zweimal pro ~ ⟨umg.⟩ □ **dia**; → a. **acht (2)** 1.1 *für ~ jeden Tag* **dia após dia**; dia a dia 1.2 ~ um ~ *verging ein Tag nach dem anderen* □ *os dias passavam um após o outro* 1.3 *von ~ zu ~ ständig* □ *a cada dia* 1.4 *er hat heute seinen* guten (schlechten) ~ *er ist heute gut (schlecht) aufgelegt, gelaunt* □ *hoje ele (não) está num bom dia* **2** *unbestimmter Zeitraum;* in guten und in bösen ~en zusammenhalten □ **dia** 2.1 *sie haben* bessere ~e gesehen *es ist ihr früher besser gegangen* □ *ela já teve dias melhores* 2.1.1 *das waren* goldene ~e (damals)! *eine schöne Zeit* □ *aqueles é que fo-*

ram/eram dias felizes! **2.2** eines schönen ~es *einmal, nachdem man gewartet hat* □ *um belo dia **2.3** seine ~e sind **gezählt** *er wird nicht mehr lange leben* □ *ele está com os dias contados **2.4** in den ~ hinein **leben** *sorglos, ohne sich Gedanken um die Zukunft zu machen* □ *viver o momento; ir no vai da valsa **2.4.1** seit **Jahr** und ~ *seit langem* □ *há muito tempo **2.5** dieser ~e **2.5.1** *vor kurzem;* ich habe ihn dieser ~e (noch) gesehen **2.5.2** *innerhalb kurzer Zeit;* dieser ~e komme ich bei dir vorbei □ *(um) dia desses **2.5.3** er muss **jeden** ~ ankommen 〈umg.〉 *sehr bald* □ *ele deve estar para chegar **2.5.4** ewig und drei ~e 〈umg.〉 *lange Zeit* □ *uma eternidade **2.6** die ~e der **Jugend** *Zeit der Jugend* □ *o tempo da juventude **2.6.1** auf meine **alten** ~e *in meinem alten* ~en fange ich damit nicht mehr an □ *na minha velhice; quando eu ficar velho **2.7** es ist noch nicht aller ~e **Abend** 〈Sprichw.〉 *noch ist die Entscheidung nicht gefallen* □ *nem tudo está perdido; as coisas ainda podem mudar **2.8** die **Forderung** des ~es *das in der Gegenwart, im Augenblick Nötige, Wichtigste;* den Anforderungen des ~es nicht gewachsen sein □ *as exigências/necessidades cotidianas **2.9** dein ~ wird (schon noch) **kommen 2.9.1** *dein Erfolg* **2.9.2** *deine Strafe* □ *seu dia (ainda) vai chegar **2.9.3** seine großen ~e haben *den Höhepunkt seiner Laufbahn erreicht haben* □ *ter seu grande dia **2.9.4** der Held, der Mann des ~es *der im Mittelpunkt Stehende, Gefeierte* □ dia; momento **3** *ein bestimmter Tag(1) im Ablauf des Jahres od. der Jahre, Datum;* ~ und Stunde für ein Treffen bestimmen, verabreden, vereinbaren; im Laufe des (heutigen) ~es; ich habe den ganzen ~ auf dich gewartet; er kam noch am gleichen, selben ~; an welchem ~ bist du geboren?; am ~ vorher war er noch bei uns; dein Geburtstagspaket kam auf den ~ an; am folgenden, nächsten ~; einen ~ eher, früher, später; einen ~ um den anderen; ein schwarzer ~; kein ~ gleicht dem andern 〈Sprichw.〉 □ dia; heute ist es auf den ~ (genau) ein Jahr her, seit ... □ *hoje faz (exatamente) um ano que... **3.1** sich einen guten ~ machen *es sich einen Tag lang wohl sein lassen, feiern* □ *passar um dia agradável **3.2** einen ~ rot im Kalender anstreichen *sich merken* □ *marcar um dia no calendário **3.3** der ~ des **Herrn** *Sonntag* **3.3.1** der letzte ~ des **Jahres** *Silvester* □ dia **3.3.2** der **Jüngste** ~ 〈Rel.〉 *der Tag des Gerichts* □ *o dia do juízo final **4** *die helle Zeit des Tages(1);* Ggs **Nacht** (1); bei Anbruch des ~es; ~ und Nacht arbeiten; die ~e nehmen ab, zu, werden kürzer, länger; der ~ bricht an, beginnt; ein bewölkter, kalter, nasskalter, nebliger, regnerischer, trüber, windiger ~; ich bin den ganzen ~ unterwegs (auf den Beinen) gewesen; ein gewittriger, heißer, klarer, schöner, schwüler, sonniger, warmer ~; am helllichten ~ wurde sie überfallen; bis (weit) in den ~ hinein schlafen; früh, spät am ~e **4.1** ein **Unterschied** wie ~ und Nacht *ein krasser Unterschied* □ dia **4.2** man soll den ~ nicht vor dem Abend loben 〈Sprichw.〉 *erst wenn der Tag vorüber ist, weiß man,* was er gebracht hat, vorher kann noch manches Unvorhergesehene geschehen □ *não se deve contar com o ovo antes de a galinha botá-lo **4.3** sie ist **schön** wie der junge ~ 〈poet.〉 *sehr schön* □ *ela é bela como a manhã **4.4** jetzt wird's ~! 〈fig.; umg.〉 *jetzt verstehe ich es!* □ *agora entendi/pesquei! **4.5** Guten ~! *(Grußformel);* Guten ~ sagen; jmdm. (einen) Guten ~ wünschen; ~! 〈umg.〉 □ dia; tarde **4.6** den lieben langen ~ faulenzen *den ganzen Tag, immerzu* □ *não fazer nada o dia inteiro **4.6.1** er redet viel, wenn der ~ lang ist 〈umg.〉 *man kann nichts auf seine Worte geben* □ *o que ele fala não se escreve **4.7** ein Gesicht wie drei ~e Regenwetter 〈umg.〉 *ein griesgrämiges, mürrisches G.* □ *uma cara de missa de sétimo dia **4.8** der kürzeste, längste ~ des Jahres *der 22. Dezember, 22. Juni* □ dia **4.9** der ~ neigt sich, sinkt, geht zur Neige, vergeht *es dämmert (abends)* □ *cai a noite; anoitece **4.10** der ~ graut, erwacht, kommt herauf, zieht herauf *es dämmert (morgens)* □ *rompe o dia; amanhece **4.11** am, bei ~(e) *bei Tageslicht* □ *à luz do dia; de dia **4.11.1** zwei Stunden **vor** ~ *vor Anbruch des Tages(4)* □ *duas horas antes de amanhecer **5** *Tagewerk, Arbeitszeit an einem Tag(4);* 8-Stunden-~, ein aufreibender, trostloser, verlorener ~; der Lärm des ~es; ich habe heute einen, meinen freien ~ □ jornada; dia **5.1** der ~ der **offenen Tür** *Tag, an dem Betriebe usw. besichtigt werden können* □ *dia de portas abertas ao público **5.2 morgen** ist auch noch ein ~ 〈fig.〉 *was heute nicht getan wird, kann morgen getan werden* □ *amanhã é um novo dia **5.2.1** Rom wurde auch nicht an einem ~ erbaut 〈Sprichw.〉 *(zurückweisende Antwort, wenn eine Arbeit in zu kurzer Zeit fertig sein soll)* □ Roma não foi feita em um dia **5.3** den ~ **stehlen** 〈fig.〉 *nicht arbeiten* □ *não trabalhar; mandriar **5.3.1** du stiehlst mir den ~ *hältst mich von der Arbeit ab* □ *você me faz perder tempo **5.3.2** den lieben Gott die ~e stehlen *faulenzen* □ *ficar de papo para o ar **5.3.3** den ~ **totschlagen** *ihn nutzlos verbringen* □ *passar o dia sem fazer nada **6** 〈Bgb.〉 *Erdoberfläche, Licht, Tageslicht* **6.1** über ~e *auf der Erdoberfläche* □ à superfície; a céu aberto **6.2** unter ~e *unter der Erdoberfläche, in der Grube* □ *debaixo da terra **7** an den ~ *offenbar* □ *abertamente; às claras **7.1** ein Verbrechen an den ~ **bringen** *aufdecken, offenbar machen* □ *revelar um crime; → a. **Sonne** (3.2) **7.2** an den ~ **kommen** *offenbar werden* □ *revelar-se **7.3** eine überraschende Sachkenntnis an den ~ **legen** *zeigen, offenbaren* □ *demonstrar um surpreendente conhecimento da matéria **8** 〈Getrennt- u. Zusammenschreibung〉 **8.1** zu Tage = *zutage*

...tag 〈m.; -(e)s, -e; in Zus.〉 **1** = *Tag* **2** *Versammlung von Abgeordneten;* Reichstag; Bundestag; Landtag; Kirchentag; Kreistag

tag|aus 〈Adv.〉 ~, tagein *jeden Tag, immerzu* □ todos os dias; dia após dia

Ta|ge|bau 〈m.; -(e)s, -e〉 *Bergbau an der Erdoberfläche* □ extração a céu aberto

Ta|ge|buch ⟨n.; -(e)s, -bü|cher⟩ Sy *Journal (2)* **1** *Buch, in dem man sich täglich (od. häufig) Aufzeichnungen macht (bes. über Erlebnisse, Gedanken);* Roman in Form eines ~es **2** *Buch, in das die täglichen Geschäfte od. Vorkommnisse eingetragen werden;* Geschäfts-~, Schiffs-~ □ *diário*

tag|ein ⟨Adv.⟩ → *tagaus*

ta|ge|lang ⟨Adv.⟩ *mehrere Tage (andauernd);* ~es Warten □ *por dias e dias; dias inteiros*

Ta|ge|löh|ner ⟨m.; -s, -⟩ *Arbeiter, der täglich bezahlt wird u. dessen Arbeitsverhältnis täglich gelöst werden kann* □ *diarista*

ta|gen¹ ⟨V. 400⟩ **1** *es, etwas tagt wird Tag;* der Morgen tagt; es beginnt zu ~ □ *amanhecer* **2** *es, eine Sache tagt* ⟨fig.; schweiz.⟩ *ein Ende, das Ende einer S. ist abzusehen;* es tagt mit der Arbeit □ *chegar ao fim*

ta|gen² ⟨V. 400 od. 410⟩ *eine Tagung, Sitzung abhalten;* das Kollegium tagt schon seit zwei Stunden; das Parlament tagt □ *reunir-se; fazer reunião; estar em reunião*

Ta|ges|licht ⟨n.; -(e)s; unz.⟩ **1** *Licht des Tages, natürliches Licht;* bei ~ arbeiten; der Stoff sieht bei ~ anders aus □ *luz do dia* **2** ⟨fig.⟩ *Situation, in der etwas klar erkennbar wird* □ *luz;* evidência; ans ~ kommen □ *vir à luz; ser revelado*

Ta|ges|ord|nung ⟨f.; -, -en⟩ **1** *Reihenfolge der Themen, die bei einer Versammlung behandelt werden sollen;* ein Thema auf die ~ setzen; auf der ~ standen drei Punkte; ein Thema von der ~ absetzen, streichen; zur ~! (Zuruf, der einen Redner auf Sitzungen mahnt, nicht vom Thema abzuschweifen) □ *ordem do dia; pauta* **1.1** *an der ~ sein* ⟨fig.; umg.⟩ *nicht mehr selten sein, häufig auftreten;* Autodiebstähle sind hier leider an der ~ □ *estar na ordem do dia; estar em pauta* **1.2** *zur ~ übergehen* ⟨a. fig.; umg.⟩ *eine Sache nicht beachten, sich über etwas hinwegsetzen* □ *passar à ordem do dia; mudar de assunto*

Ta|ge|werk ⟨n.; -(e)s, -e⟩ **1** *die Arbeit eines Tages* □ *jornada de trabalho* **2** ⟨früher⟩ *Feldmaß* □ *jugada; jeira* **3** ⟨allg.⟩ *Tagesarbeit, Arbeit, Aufgabe;* seinem ~ nachgehen; sein ~ verrichten, vollbringen; ein schweres ~ haben □ *trabalho diário; tarefa*

...tä|gig ⟨Adj. 24; in Zus.⟩ *eine bestimmte od. unbestimmte Zahl von Tagen dauernd;* dreitägig, (in Ziffern) 3-tägig; ganztägig, halbtägig, mehrtägig

täg|lich ⟨Adj. 24/90⟩ **1** *jeden Tag, an jedem Tag, für jeden Tag, einen Tag während, jeden Tag wiederkehrend;* meine ~e Arbeit □ *diário; cotidiano;* die Arznei ~ einnehmen □ *diariamente; todos os dias;* unser ~es Brot gib uns heute (Vaterunser) □ *de cada dia;* ~ wiederkehrende Anfälle; der ~e Bedarf an Lebensmitteln; die ~en Gebete (kath. Kirche) □ *diário* **1.1** ~ *und stündlich immer wieder;* man muss ihn wirklich ~ und stündlich daran erinnern □ *toda hora; o tempo todo* **2** ⟨60⟩ ~es *Geld* **2.1** ⟨Börse⟩ *innerhalb eines Tages kündbare Darlehen* **2.2** ⟨Bankw.⟩ *jederzeit ohne Kündigung abhebbare Darlehen* □ *resgate diário (de fundo ou crédito)*

...täg|lich ⟨Adj. 24; in Zus.⟩ *im Abstand von einer bestimmten Anzahl von Tagen (wiederkehrend, stattfindend);* vierzehntäglich (in Ziffern) 14-täglich

tags ⟨Adv.⟩ *am Tage* □ *de dia; durante o dia;* ~ darauf □ *no dia seguinte*

tags|über ⟨Adv.⟩ *während des Tages* □ *de dia; durante o dia*

Ta|gung ⟨f.; -, -en⟩ *Versammlung, (längere) Beratung, Sitzung* □ *reunião; congresso*

Tai|fun ⟨m.; -s, -e⟩ *tropischer Wirbelsturm (bes. an den Küsten Südostasiens)* □ *tufão*

Tai|ga ⟨f.; -; unz.⟩ *sumpfiges Waldgebiet (bes. in Sibirien)* □ *taiga*

Tail|le ⟨[taljə] f.; -, -n⟩ **1** *schmalste Stelle des Rumpfes zwischen dem unteren Bogen der Rippen u. der Hüfte;* sie hat eine schlanke ~; beim Volkstanz ein Mädchen um die ~ fassen □ *cintura* **1.1** *ein Anzug, Kleid ist auf ~ gearbeitet in der Taille anliegend* □ *um terno/vestido acinturado* **2** *versteiftes, trägerloses Oberteil eines Kleides* □ *corpete; corselete* **3** ⟨Kart.⟩ *das Aufdecken der Blätter für Gewinn od. Verlust* □ *ato de mostrar o jogo/as cartas* **4** ⟨in Frankreich vom 15. Jh. bis zur Frz. Revolution⟩ *Einkommen- u. Vermögenssteuer der nichtprivilegierten Stände (Bürger, Bauern)* □ *talha*

Ta|ke|la|ge ⟨[-ʒə] f.; -, -n; Mar.; bei Segelschiffen⟩ *die gesamte Segeleinrichtung einschließlich Masten (eines Segelschiffes);* Sy *Takelung(2), Takelwerk* □ *cordame; enxárcia*

Ta|ke|lung ⟨f.; -, -en; Mar.⟩ **1** *das Takeln* □ *cordame; enxárcia* **2** = *Takelage*

Ta|kel|werk ⟨n.; -(e)s; unz.; Mar.⟩ = *Takelage*

Takt ⟨m.; -(e)s, -e⟩ **1** *rhythmische Maßeinheit eines Musikstücks, am Anfang durch Bruchzahlen (3/4, 4/4, 6/8), innerhalb des Stückes durch senkrechte Taktstriche gekennzeichnet;* du musst besser den ~ halten; den ~ schlagen; ich bin aus dem ~ gekommen; gegen den ~ spielen; im ~ spielen □ *compasso* **1.1** den ~ angeben ⟨a. fig.⟩ *führen* □ *determinar/ditar o ritmo* **1.2** jmdn. *aus dem* ~ *bringen* ⟨a. fig.⟩ *verwirren* □ *distrair/confundir alguém* **2** *der zwischen den Taktstrichen eingeschlossene kleinste Teil eines aufgezeichneten Musikstücks;* er pfiff ein paar ~e des Liedes; hier ist ein ~, sind drei ~e Pause; die letzten ~e wiederholen; setzen Sie im vierten ~ ein! □ *compasso* **3** *regelmäßiger Schlag, regelmäßige Bewegung;* der ~ von Maschinen; gegen den ~ marschieren; im ~ marschieren □ *ritmo; cadência* **3.1** *Abschnitt bei der Arbeit am Fließband* □ *ciclo* **3.2** ⟨EDV⟩ *in regelmäßigem Rhythmus erfolgende kleinste gleichbleibende Phase zur Steuerung von Arbeitsschritten* □ *ciclo; pulso de clock* **4** ⟨unz.⟩ *Gefühl für richtiges Verhalten, Einfühlungsvermögen u. entsprechende Handlungsweise;* viel, wenig ~ haben; jmdm. Mangel an ~ vorwerfen; gegen den ~

verstoßen; eine Angelegenheit mit ~ behandeln; mit feinem ~ half er ihr aus der peinlichen Situation ☐ **tato**

takt|fest ⟨Adj.⟩ **1** ⟨Mus.⟩ *den Takt gut (ein)halten könnend, nicht leicht aus dem Takt zu bringen; er ist nicht ganz ~* ☐ **compassado; cadenciado 2** ⟨fig.⟩ *sicher (in der Arbeit, im Können)* ☐ **firme 3** *widerstandsfähig, gesund* ☐ **resistente; saudável**

Takt|ge|fühl ⟨n.; -(e)s; unz.; Mus.; a. fig.⟩ *Gefühl für Takt(1,4); feines, kein, viel ~ haben; ich überlasse es Ihrem ~* ☐ **senso de ritmo/tempo; tato; delicadeza**

tak|tie|ren[1] ⟨V. 400; Mus.⟩ *den Takt schlagen, durch Handbewegungen angeben* ☐ **marcar o compasso**

tak|tie|ren[2] ⟨V. 400⟩ *taktisch vorgehen* ☐ **agir com tática**

Tak|tik ⟨f.; -, -en⟩ **1** ⟨Mil.⟩ *Theorie u. Praxis des Einsatzes von Einheiten, Truppenteilen u. Verbänden in Gefechten* **2** *geschicktes Vorgehen, planvolles Ausnützen der Gegebenheiten zur Erreichung eines bestimmten Zieles; eine bestimmte, raffinierte ~ verfolgen* ☐ **tática**

takt|los ⟨Adj.⟩ *ohne Taktgefühl, verletzend; sein ~es Benehmen, Verhalten erregte Anstoß; diese Frage war ~; ein ~er Mensch; es war ~ von dir, darauf anzuspielen* ☐ **sem tato; indelicado; grosseiro**

takt|voll ⟨Adj.⟩ *Taktgefühl besitzend, voll Einfühlungsvermögen, zartfühlend; er ist sehr ~* ☐ **cheio de tato; delicado; discreto**; *er ging ~ darüber hinweg; ~ schweigen* ☐ **com tato; delicadamente**

Tal ⟨n.; -(e)s, Täler⟩ *meist durch fließendes Gewässer od. durch Gletscher entstandener, langgestreckter Einschnitt in der Erdoberfläche;* Ggs *Berg(1); Fluss~; über Berg und ~ wandern; auf dem Grund des ~es; an dieser Stelle verengt sich, weitet sich das ~; ein breites, enges, gewundenes, langgestrecktes, weites ~; ein dunkles, einsames, liebliches, stilles ~; der Fluss schlängelt sich das ~ entlang; tief im ~ gelegen; ins ~ hinabschauen, hinabsteigen; die Sennen treiben das Vieh im Herbst ins ~, zu ~; zu ~ fahren* ☐ **vale**

Ta|lar ⟨m.; -s, -e⟩ *weites, weitärmeliges, bis zu den Knöcheln reichendes schwarzes Obergewand, Amtstracht von Geistlichen, Richtern u. a.* ☐ **(vestimenta) talar; toga**

Ta|lent ⟨n.; -(e)s, -e⟩ **1** *antikes Gewicht (in Attika 26,196 kg) u. ihm entsprechende Geldeinheit (= 60 Minen = 6000 Drachmen)* **2** *= Begabung(1); sein ~ entfalten, entwickeln, verkümmern lassen; ein ~ fördern, schätzen, überschätzen; kein, viel, wenig ~ haben; an jmds. ~ glauben, zweifeln; von jmds. ~ überzeugt sein; ~ zum Klavierspielen; sie hat ein ~, immer gerade das Falsche zu sagen, zu tun* ⟨umg.; scherzh.⟩ **2.1** *Mensch mit Talent(2); er ist ein großes, starkes, ungewöhnliches, musikalisches ~; ein ~ entdecken* ☐ **talento**

Ta|ler ⟨m.; -s, -⟩ *bis ins 18. Jh. amtliche dt. Münze; Reichs~, ~, ~, du musst wandern (in Kinderlied u. -spiel); blanke, harte, preußische ~* ☐ **táler**, *wer den Pfennig nicht ehrt, ist des ~s nicht wert* ⟨Sprichw.⟩ ☐ ***quem não poupa reais não junta cabedais**

Talg ⟨m.; -(e)s, -e⟩ *geschmolzenes u. gereinigtes Fett, bes. vom Rind u. Schaf (Hammel), zum Kochen sowie zur Kerzen- u. Seifenherstellung verwendet* ☐ **sebo**

Ta|lis|man ⟨m.; -(e)s, -e⟩ *kleiner, meist am Körper getragener, vermeintlich schützender od. glückbringender Gegenstand* ☐ **talismã**

Talk[1] ⟨m.; -(e)s; unz.; Chem.⟩ *sehr weiches, blättriges od. schuppiges Mineral, das sich fettig anfühlt, Bestandteil von Pudern u. Schminken;* oV *Talkum* ☐ **talco**

Talk[2] ⟨m.; -(e)s, -e; oberdt.⟩ *Teig* ☐ **massa**

Talk[3] ⟨[tɔːk] m.; -s, -s⟩ *Gespräch, Plauderei; ~ am Nachmittag* ☐ **conversa; bate-papo**

Talk|mas|ter ⟨[tɔːk-] m.; -s, -⟩ *Leiter einer Talkshow* ☐ **apresentador de** *talk show*

Talk show ⟨[tɔːkʃoʊ] f.; -, -s⟩ *Fernsehsendung, in der ein Moderator einen Gast od. mehrere Gäste dem Publikum vorstellt u. mit ihnen diskutiert* ☐ **talk show**

Tal|kum ⟨n.; -s; unz.⟩ = *Talk*[1]

Tal|mi ⟨n.; -s; unz.⟩ **1** *goldfarbige Legierung aus Kupfer, Zink u. 1 % Gold für Schmuck* **2** ⟨fig.⟩ *Unechtes, Wertloses* ☐ **pechisbeque; ouropel**

Tal|sper|re ⟨f.; -, -n⟩ *Bauwerk, das einen Fluss über die ganze Breite des Tals absperrt u. so einen Stausee entstehen lässt* ☐ **barragem; represa**

Tam|bour ⟨[-buːr] m.; -s, -e; Pl. [-buː-] od. schweiz.: m.; -s, -en⟩ **1** *Trommler* **2** ⟨Arch.⟩ *von Fenstern durchbrochener Sockel einer Kuppel* ☐ **tambor**

Tam|bu|rin ⟨a. ['---] n.; -(e)s, -e⟩ **1** *aus dem Orient u. Südeuropa (bes. Spanien) stammende kleine, flache Handtrommel mit am Rand befestigten Schellen* ☐ **pandeiro 2** *kleines, flaches, trommelartiges, unten offenes Gerät zum Ballspiel u. zum Schlagen des Taktes bei der Gymnastik* ☐ **tamborim**

Tam|pon ⟨a. [-poːn] od. [tãpɔ̃] m.; -s, -s⟩ **1** *mit Gaze, Mull o. Ä. überzogener Bausch aus Watte od. Zellstoff zum Aufsaugen von Flüssigkeiten, zur Stillung des Blutes usw.* ☐ **tampão** 1.1 *während der Menstruation in die Scheide eingeführter Tampon(1)* ☐ **absorvente interno 2** *Ballen zum Einschwärzen der Druckplatte* ☐ **tampão**

Tam|tam ⟨n.; -s, -s⟩ **1** ⟨a. ['--]⟩ *ostasiatisches Musikinstrument, mit Klöppel geschlagenes, flaches Metallbecken, Gong* ☐ **tantã; gongo 2** ⟨unz.; umg.⟩ *Lärm, Aufhebens, Aufwand, aufdringliche Reklame; jmdn. mit großem ~ empfangen; man sollte nicht so viel ~ um diese Schauspielerin machen* ☐ **barulho; estardalhaço**

tän|deln ⟨V. 400⟩ **1** *spielen, scherzen, flirten* ☐ **gracejar; flertar 2** *mit Nichtigkeiten die Zeit totschlagen, trödeln* ☐ **entreter-se/perder tempo com futilidades 3** ⟨bair.⟩ *mit Altwaren handeln* ☐ **negociar objetos usados**

Tan|dem ⟨n.; -s, -s⟩ **1** *Fahrrad für zwei Personen* **2** *Wagen mit zwei hintereinandergespannten Pferden* ☐ **tandem**

Tang ⟨m.; -(e)s, -e⟩ *derbe Formen der Braun- u. Rotalgen, Seetang* ☐ **sargaço**

Tan|ga ⟨m.; -s, -s⟩ *sehr knapper Bikini* ☐ **tanga**

Tan|gen|te ⟨f.; -, -n⟩ **1** ⟨Math.⟩ *Gerade, die eine Kurve in einem Punkt berührt* ☐ **tangente** 1.1 ⟨Verkehrswesen⟩ *Straße, Eisenbahnlinie, die eine Stadt od. Landschaft berührt, aber nicht durch sie hindurchführt; Ost~; Ruhr~ der Autobahn* ☐ **anel viário 2** ⟨Mus.⟩

tangential

Plättchen aus Messing am Ende einer Taste, das beim Klavichord die Saiten anschlägt u. sie so zum Klingen bringt □ tangente

tan|gen|ti|al ⟨Adj. 24⟩ *eine Kurve od. gekrümmte Fläche berührend* □ tangencial

tan|gie|ren ⟨V. 500⟩ **1** *ein* **Gebilde** *tangiert ein anderes* ⟨Geom.⟩ *berührt es, ohne es zu schneiden;* die Linie tangiert die Kurve □ tangenciar **2** *eine* **Sache** *tangiert jmdn.* ⟨fig.⟩ **2.1** *berührt, beeindruckt jmdn.* □ afetar **2.2** *betrifft jmdn., geht jmdn. an;* das tangiert mich nicht □ tanger; dizer respeito

Tan|go ⟨m.; -s, -s⟩ *aus einem argentinischen Volkstanz hervorgegangener europäischer Gesellschaftstanz im langsamen 2/4-Takt* □ tango

Tank ⟨m.; -(e)s, -s od. -e⟩ *großer Behälter für (bes. feuergefährliche) Flüssigkeiten;* Öl~, Benzin~ □ tanque; reservatório

tan|ken ⟨V.⟩ **1** ⟨402⟩ **(Treibstoff)** *~ den Tank eines Fahrzeugs mit Treibstoff füllen (lassen);* Benzin ~ □ *encher o tanque (de combustível) **2** ⟨500⟩ **Kräfte, Mut** *~* ⟨fig.⟩ *wieder K. sammeln, M. schöpfen;* neue Kräfte, wieder Mut ~ □ *recarregar as baterias; criar coragem **3** ⟨400; umg.⟩ *sich betrinken* 3.1 er hat heute zu viel getankt ⟨fig.; umg.⟩ *er ist betrunken* □ *encher o pote/a cara

Tank|stel|le ⟨f.; -, -n⟩ *Anlage zum Versorgen von Fahrzeugen mit Treibstoff u. Öl* □ posto de gasolina

Tan|ne ⟨f.; -, -n; Bot.⟩ *einer immergrünen Gattung der Kieferngewächse angehörender Baum: Abies;* kerzengerade, schlank wie eine ~ □ abeto

Tan|te ⟨f.; -, -n⟩ **1** *Schwester des Vaters od. der Mutter;* ~ Erika; bei der ~ eingeladen sein; meine ~, deine ~ (Kartenspiel) **2** *(veraltet) (kindliche Anrede für Frauen);* die ~ im Schreibwarenladen □ tia **3** ⟨umg.⟩ *nicht sehr sympathische Frau;* da kam so eine (alte, komische) ~ daher □ bruxa

Tan|tie|me ⟨a. [tãtjɛːmə] f.; -, -n; meist Pl.⟩ *Gewinnanteil;* ~n beziehen □ participação nos lucros; porcentagem; direitos autorais

Tanz ⟨m.; -es, Tän|ze⟩ **1** *Folge rhythmischer, meist von Musik begleiteter Körperbewegungen u. Gebärden, ursprünglich als Ausdruck von Empfindungen, Vorstellungen, Gedanken od. als Beschwörung;* kultischer ~; langsamer, schneller, feierlicher, schwungvoller ~; ein spanischer, russischer, deutscher ~; sich im ~e drehen, schwingen, wiegen □ dança **2** *künstlerisch betriebener Tanz(1), Ballett;* sich in ~ ausbilden □ dança; balé **3** *das zu Tanz(1) gespielte od. gesungene Musikstück;* einen polnischen ~ spielen **4** *Gesellschaftstanz;* darf ich um den nächsten ~ bitten?; eine Dame zum ~ auffordern; zum ~ aufspielen □ dança **5** *Veranstaltung, an der Tanz(4) betrieben wird;* zum ~ gehen □ baile **6** *Instrumentalstück in der Art eines Tanzes, Teil der Sonate, Suite u. a.* □ dança **7** ⟨fig.⟩ 7.1 ein ~ auf dem Vulkan *leichtsinnige Ausgelassenheit in gefährlicher Lage* □ *brincar com fogo 7.2 der ~ ums goldene Kalb *die übertriebene Wertschätzung des Geldes, die Jagd nach dem Geld* □ *a adoração do bezerro de ouro

tän|zeln ⟨V. 400(h.) od. 411(s.)⟩ *in tänzerischen Schritten, fast hüpfend gehen;* ein Pferd tänzelt □ saltitar; saracotear

tan|zen ⟨V.⟩ **1** ⟨402⟩ **(etwas)** *~ Tanz(1) od. Tanz(4) ausführen;* Walzer ~; ~ können, lernen; mit jmdm. den ganzen Abend ~; sie tanzt sehr gut, sehr leicht 1.1 ⟨(s.)⟩ *sich mit Tanzschritten irgendwohin bewegen* □ dançar; aus der Reihe ~ ⟨a. fig.⟩ □ *fugir à regra; sair da linha **2** ⟨500⟩ *etwas ~ einen Tanz nach den Regeln der Tanzkunst aufführen;* Figuren ~; ein Solo ~; ein Turnier ~ □ dançar **3** ⟨400; fig.⟩ *sich leicht und schnell (fort)bewegen* □ bailar 3.1 die Mücken ~ (über dem Wasser) *fliegen im Schwarm durcheinander* □ dançar; voltear 3.2 das Schiff tanzt (auf den Wellen) *bewegt sich auf und ab* □ dançar; balançar 3.3 *sich leicht u. froh bewegen, hüpfen, springen;* das Kind tanzte vor Freude durchs Zimmer □ dançar; saltitar; durchs Leben ~ □ *aproveitar a vida; levar a vida sem se preocupar com nada **4** ⟨611⟩ jmdm. tanzt etwas vor den Augen ⟨fig.⟩ *jmdm. wird es vom Hinsehen auf etwas schwindlig;* mir tanzt alles vor den Augen □ *estar tonto; estar com a cabeça girando; mir ~ die Buchstaben vor den Augen □ *as letras parecem estar dançando à minha frente

Tän|zer ⟨m.; -s, -⟩ **1** *jmd., der tanzen kann, der tanzt;* ein guter, schlechter, begabter, leidenschaftlicher ~ sein □ dançarino 1.1 *jmd., der den künstlerischen Tanz beruflich ausübt u. öffentlich vorführt;* Solo~ □ dançarino; bailarino 1.2 *Partner beim Tanz;* einen (keinen) guten ~ haben; sie hat immer viele ~ □ parceiro (de dança)

Tän|ze|rin ⟨f.; -, -rin|nen⟩ *weibl. Tänzer* □ dançarina; bailarina

Ta|pet ⟨n.; -(e)s, -e⟩ **1** *(veraltet) Bespannung von Konferenztischen* □ forro **2** *etwas aufs ~ bringen* ⟨fig.⟩ *zur Sprache bringen* □ *colocar alguma coisa em discussão; trazer alguma coisa à baila

Ta|pe|te ⟨f.; -, -n⟩ *Wandverkleidung aus Gewebe, bes. Seide, Leder, Kunststoff od. (meist) Papier, häufig künstlerisch gestaltet* □ papel de parede; tapeçaria

ta|pe|zie|ren ⟨V. 500⟩ *etwas ~ mit Tapeten bekleben, auskleiden;* eine Wand, ein Zimmer ~ □ forrar/revestir (com papel de parede ou tapeçaria)

tap|fer ⟨Adj.⟩ *mutig, furchtlos, kühn, unerschrocken, widerstandsfähig, nicht wehleidig;* ~er Krieger, Streiter; bleib ~!; Schmerzen ~ ertragen, aushalten; ~ standhalten □ valente; corajoso

Ta|pir ⟨m.; -s, -e; Zool.⟩ *Angehöriger einer Familie von Pflanzenfressern, die den Schweinen ähneln: Tapiridae* □ anta; tapir

Ta|pis|se|rie ⟨f.; -, -n⟩ **1** *(Technik der) Tapeten-, Teppichwirkerei* **2** *Wandteppich* □ tapeçaria

tap|pen ⟨V.⟩ **1** ⟨400(h.)⟩ *mit leise, dumpf klatschendem Geräusch gehen, bes. barfuß;* Füße, Schritte tappten über den Flur; man hörte ~de Schritte □ pisar levemente; andar com passos surdos 1.1 *tapsig, unbeholfen, unsicher gehen, bes. im Dunkeln od. blind* □ andar/avançar às apalpadelas/cegas 1.2 im Dunkeln ~ ⟨fig.; umg.⟩ *im Ungewissen sein* □ *avançar às escu-

ras/cegas 2 ⟨411(s.)⟩ *irgendwohin ~ tappend an einen anderen Ort gelangen; er ist in die Pfütze getappt* □ *ir às cegas a algum lugar

täp|pisch ⟨Adj.⟩ *schwerfällig, unbeholfen, plump;* ~e *Bewegungen; er ist richtig ~* □ desajeitado; atrapalhado

tap|sig ⟨Adj.; umg.⟩ *ungeschickt, unbeholfen, täppisch* □ desajeitado; atrapalhado

Ta|ra ⟨f.; -, -ren⟩ 1 *Gewicht der Verpackung* 2 *Verpackung (einer Ware)* □ tara

Ta|ran|tel ⟨f.; -, -n; Zool.⟩ 1 *in Erdhöhlen lebende Wolfsspinne in Südeuropa, deren Biss für den Menschen harmlos ist: Lycosa tarentula* □ tarântula 1.1 *wie von der ~ gestochen aufspringen plötzlich u. heftig aufspringen* □ *pular como se tivesse sido picado por uma abelha

Ta|ran|tel|la ⟨f.; -, -tel|len od. -s⟩ 1 *stürmischer süditalienischer Volkstanz im 3/4- od. 6/8-Takt* 2 ⟨seit dem 19. Jh.⟩ *virtuoses Musikstück (bes. für Klavier)* □ tarantela

ta|rie|ren ⟨V. 500⟩ *eine Ware ~* 1 ⟨Phys.⟩ *durch Gegengewichte das Reingewicht einer W. feststellen* 2 *das Gewicht der Tara(1) einer W. feststellen* □ tarar

Ta|rif ⟨m.; -(e)s, -e⟩ 1 *vertraglich od. gesetzlich festgelegte Summe für Preise, Löhne, Gehälter, Steuern usw.* 2 *amtl. Verzeichnis von Preisen, Löhnen, Steuern usw.;* Zoll~, Steuer~, Fracht~ □ tarifa

ta|rif|lich ⟨Adj. 24⟩ *dem Tarif gemäß, ihm entsprechend;* Angestellte ~ *bezahlen* □ de acordo com a tarifa/tabela; tarifário

tar|nen ⟨V. 500⟩ 1 ⟨Vr 7⟩ *jmdn. od. etwas ~ unsichtbar machen, gegen Sicht od. Entdeckung schützen, der Umgebung anpassen* 2 *eine Sache ~* ⟨fig.⟩ *verdecken, verschleiern, bemänteln* □ camuflar

Ta|rock ⟨n. od. m.; -s, -s; Kart.⟩ 1 *Kartenspiel für drei Spieler mit speziellen Karten* 2 ⟨nur m.⟩ *eine der 21 Bildkarten des Tarocks(1)* □ Tarock

Ta|sche ⟨f.; -, -n⟩ 1 *in ein Kleidungsstück eingenähter Beutel;* Rock~, Hosen~, Schürzen~; *jmdm. die ~n durchsuchen; aufgesetzte ~n am Anzug, Kleid; nimm die Hände aus den ~n!; sich die ~n mit Obst, Nüssen usw. füllen* □ bolso 2 *meist flaches Behältnis aus Stoff od. Leder, oft mit Henkel;* Brief~ □ *carteira, Akten~ □ *pasta, Hand~ □ *bolsa, Schul~ □ *bolsa/mochila escolar, *eine ~ aus festem Stoff anfertigen; in der ~ wühlen, um etwas zu finden* □ bolsa 3 ⟨kurz für⟩ *Geldtasche, Portemonnaie* □ carteira; porta-moedas; *etwas aus seiner eigenen ~ bezahlen* □ *pagar alguma coisa do próprio bolso 3.1 *sich die ~n füllen* ⟨fig.⟩ *sich unrechtmäßig bereichern* □ *encher os bolsos 3.2 *jmdm. auf der ~ liegen* ⟨fig.; umg.⟩ *sich von jmdm. ernähren, unterhalten lassen* □ *viver à custa de alguém 3.3 *jmdm. das Geld aus der ~ locken, ziehen* ⟨fig.⟩ *jmdm. immer wieder um Geld bitten, zahlen lassen* □ *tirar dinheiro de alguém; pedir dinheiro a alguém 3.4 *(tief) in die ~ greifen* ⟨fig.⟩ *umg.⟩ Geld ausgeben, etwas spendieren, bezahlen* □ *gastar (muito) dinheiro; meter a mão no bolso 3.5 *etwas in seine eigene ~ stecken, in die eigene ~ ar-

beiten *sich unrechtmäßig bereichern* □ *embolsar alguma coisa; pôr alguma coisa no bolso 4 ⟨fig.⟩ 4.1 *ich kenne die Branche wie meine eigene ~* ⟨umg.⟩ *bis in alle Einzelheiten* □ *conheço esse ramo como a palma da minha mão 4.2 *jmdn. in der ~ haben* ⟨umg.⟩ *gefügig wissen* □ *ter alguém na palma da mão 4.3 *er hat den Auftrag, Vertrag in der ~* ⟨umg.⟩ *(so gut wie) abgeschlossen* □ *o/a encomenda/o contrato está no papo 4.4 *jmdn. in die ~ stecken* ⟨umg.⟩ *übertreffen, jmdn. überlegen sein* □ *pôr alguém no bolso;* → a. Faust(2.2)

Ta|schen|buch ⟨n.; -(e)s, -bü|cher⟩ *broschiertes Buch in Taschenformat;* Sy Paperback; Ggs Hardcover; *dieser Roman erscheint jetzt auch als ~* □ livro de bolso

Ta|schen|dieb ⟨m.; -(e)s, -e⟩ *Dieb, der Gegenstände aus Taschen entwendet, meist ein Gedränge ausnutzend; vor ~en wurde gewarnt* □ batedor de carteiras; punguista; trombadinha

Ta|schen|geld ⟨n.; -(e)s; unz.⟩ *regelmäßig gezahlte Geldsumme für kleine persönliche Ausgaben (bes. für Kinder, Schüler); wöchentlich, monatlich ~ bekommen* □ mesada

Ta|schen|spie|ler ⟨m.; -s, -⟩ *Zauberkünstler, der durch Fingerfertigkeit kleine Kunststücke vollbringt* □ prestidigitador; ilusionista

Ta|schen|tuch ⟨n.; -(e)s, -tü|cher⟩ *kleines Tuch aus Baumwolle, Seide od. Zellstoff;* Papier~ □ lenço

Tas|se ⟨f.; -, -n⟩ 1 *schalen- od. becherartiges Trinkgefäß mit Henkel u. dazugehöriger Untertasse; eine ~ Kaffee, Tee* □ xícara 1.1 *hoch die ~!* ⟨umg.; scherzh.⟩ *hoch die Gläser! (Aufforderung zum Trinken)* □ *saúde! 2 *du hast wohl nicht alle ~n im Schrank?* ⟨fig.; umg.⟩ *du bist wohl verrückt?* □ *você endoidou de vez?

Tas|ta|tur ⟨f.; -, -en⟩ *Gesamtheit der Tasten (an Klavier, Schreibmaschine, Computer)* □ teclado

Tas|te ⟨f.; -, -n⟩ 1 *mit dem Finger herabzudrückender Hebel, z. B. am Klavier, am Laptop* □ tecla 1.1 ⟨mächtig, kräftig⟩ *in die ~n greifen, hauen schwungvoll Klavier spielen* □ *martelar (o piano)

tas|ten ⟨V.⟩ 1 ⟨500 od. 800⟩ (nach) *etwas ~ mit den Fingerspitzen od. der ganzen Hand etwas fühlend, prüfend berühren, zu erkennen suchen; eine Geschwulst ~* □ apalpar; tatear 1.1 *vorsichtig zu ergreifen suchen; er tastete nach ihrer Hand* □ tatear 2 ⟨500/Vr 3⟩ *sich ~ sich tastend(1) vorwärtsbewegen; sich durch einen dunklen Gang ~* □ *avançar às palpadelas/tateando 3 ⟨500; fig.⟩ *durch vorsichtiges Fragen etwas zu ergründen suchen, behutsam fragen; (vorsichtig) ~, ob der andere beleidigt ist* □ tatear; sondar o terreno

Tat ⟨f.; -, -en⟩ 1 *das Tun, Handeln; seine Worte durch die ~ beweisen; sich zu keiner ~ aufraffen können 1.1 ein Mann der ~ jmd., der handelt, ohne viele Worte zu machen* □ ação 1.2 *jmdm. mit Rat und ~ zur Seite stehen mit Rat u. Hilfe* □ *fazer de tudo para ajudar alguém 2 (gewollte, bewusste) Handlung; eine gute, böse, edle, mutige, tapfere, blutige, verbrecherische, verhängnisvolle ~; einen Gedanken, ein Vorhaben in die ~ umsetzen; sich zu einer (unbedachten usw.) ~ hinreißen lassen □ ação; ato 2.1 zur ~ schreiten (geh.) *zu handeln beginnen* □ *partir para a ação; pôr mãos à obra* 3 *das, was getan worden ist, Leistung;* Helden~; Leben und ~en des ... (als Untertitel); eine (große) ~ vollbringen □ proeza; façanha; feito 4 in der ~! *tatsächlich, wirklich!;* in der ~ ist es so, dass ... □ *de fato!; realmente!

Ta|tar¹ ⟨m.; -en, -en⟩ 1 ⟨urspr.⟩ *Angehöriger eines mongolischen Volksstammes* 1.1 ⟨später a.⟩ *Angehöriger eines von verschiedenen Turkvölkern im Süden u. Osten Russlands* □ tártaro

Ta|tar² ⟨n.; - od. -s, -s; Kochk.⟩ *rohes, gehacktes, mit Pfeffer, Salz, Essig, Öl, Zwiebeln u. evtl. rohem Ei angemachtes Rindfleisch* □ bife tártaro

Tat|be|stand ⟨m.; -(e)s, -stän|de; Rechtsw.⟩ *Gesamtheit aller Merkmale einer strafbaren Handlung;* den ~ aufnehmen □ circunstâncias; fatos; matéria

Ta|ten|drang ⟨m.; -(e)s; unz.⟩ *Bedürfnis zu Taten, Unternehmungslust* □ dinamismo; espírito de iniciativa

Ta|ten|durst ⟨m.; -(e)s; unz.⟩ *gesteigerter Tatendrang* □ sede de ação

ta|ten|los ⟨Adj. 24⟩ *untätig, ohne einzugreifen;* ~ zusehen □ inativo; passivo

Tä|ter ⟨m.; -s, -⟩ *jmd., der eine Straftat, ein Vergehen begangen hat;* wer ist der ~? □ autor de um delito; culpado

Tä|te|rin ⟨f.; -, -rin|nen⟩ *weibl. Täter* □ autora de um delito; culpada

tä|tig ⟨Adj.⟩ 1 ⟨60⟩ *handelnd, wirksam, wirkend, tatkräftig;* ~e Mitarbeit, Hilfe □ ativo; efetivo 2 ⟨40⟩ ~ sein (als) *arbeiten, angestellt sein (als);* als Lehrer ~ sein; in einem Verlag ~ sein □ *trabalhar (como/em) 3 ⟨40; umg.; scherzh.⟩ *fleißig;* ich war heute schon sehr, ungeheuer ~ □ ocupado; empenhado 4 ⟨60⟩ ~e Reue ⟨Rechtsw.⟩ *freiwillige Verhinderung des Erfolgs einer strafbaren Handlung durch den Täter vor seiner Entdeckung* □ *arrependimento eficaz/ativo

tä|ti|gen ⟨V. 500; geh.⟩ etwas ~ *in die Tat umsetzen, vollbringen, abschließen;* einen Verkauf, Handel ~ □ realizar; efetuar

Tä|tig|keit ⟨f.; -, -en⟩ 1 *Handeln, Wirken, Schaffen, Wirksamkeit;* fieberhafte, rastlose, rege, segensreiche ~; in ~ treten □ atividade; funcionamento 1.1 eine Maschine außer ~ setzen *außer Betrieb* □ *desligar/para uma máquina* 1.2 der Vulkan ist noch in ~ *arbeitet noch* □ atividade 2 *Arbeit, Beruf;* eine ~ ausüben; eine angenehme, anstrengende ~; berufliche, häusliche, kaufmännische, praktische ~; an eine geregelte ~ gewöhnt sein; auf eine langjährige ~ (bei, in ...) zurückblicken □ atividade; ocupação; trabalho

Tat|kraft ⟨f.; -; unz.⟩ *Kraft, Energie, etwas zu tun, zu vollbringen;* ein Mensch von großer ~ □ energia; dinamismo

tat|kräf|tig ⟨Adj.⟩ *voller Tatkraft, wirksam;* ~e Hilfe ~; eingreifen, helfen, mitarbeiten □ enérgico; dinâmico; eficaz

tät|lich ⟨Adj. 24⟩ 1 *handelnd, handgreiflich* □ violento 1.1 ~ werden *jmdn. anpacken, angreifen, schlagen* □ *passar para as vias de fato

Tät|lich|keit ⟨f.; -, -en⟩ *Angriff, Schlag, Gewalttätigkeit;* der Streit artete in ~en aus; sich zu ~en hinreißen lassen; es kam zu ~en □ agressão; vias de fato

tä|to|wie|ren ⟨V. 500⟩ jmdn. ~ *Farbstoff durch Nadelstich in jmds. Haut bringen u. diese dadurch mit (nicht mehr entfernbaren) Figuren od. Mustern versehen* □ tatuar

Tat|sa|che ⟨f.; -, -n⟩ 1 *das, was sich wirklich, tatsächlich ereignet hat, was geschehen ist, Realität;* der Bericht, die Behauptung entspricht nicht den ~n □ realidade 2 *wirklicher Sachverhalt;* die ~n verdrehen, verdrängen; Vorspiegelung falscher ~n; Vortäuschung von ~n □ fato 2.1 auf dem Boden der ~n bleiben *sachlich bleiben* □ *ater-se aos fatos* 3 *etwas Feststehendes, etwas, woran nicht zu zweifeln ist;* das sind die nackten ~n; eine unbestrittene, unwiderlegbare ~; sich mit einer ~, mit den ~n abfinden □ fato; evidência 3.1 ~! ⟨umg.⟩ *wirklich!* □ é verdade!

tat|säch|lich ⟨a. ['---] Adj. 24⟩ 1 *den Tatsachen entsprechend, wirklich, wahrhaftig* □ verdadeiro; real 2 ⟨50⟩ *in Wirklichkeit;* ~ hat sich die Sache aber so zugetragen ... □ na realidade 2.1 ~? *ist das wirklich so?* □ verdade?; é mesmo?

tät|scheln ⟨V. 530/Vr 5 od. Vr 6⟩ jmdm. etwas ~ *leicht, liebkosend klopfen;* jmdm. den Rücken, die Wange, die Hand ~ □ dar um tapinha

tat|schen ⟨V. 411 od. 511 od. 611/Vr 5 od. Vr 6; umg.; abwertend⟩ jmdn. od. etwas ~ od. an, auf, in etwas ~ *etwas od. jmdn. plump anfassen, zudringlich streicheln;* auf den Kuchen, die Wurst ~; jmdm. ins Gesicht ~ □ pegar desajeitadamente; mexer

Tat|ze ⟨f.; -, -n⟩ 1 *Pfote (von großen Tieren, bes. Raubtieren)* □ pata; garra 2 ⟨umg.; scherzh.⟩ *plumpe Hand* □ pata 3 ⟨oberdt.; früher⟩ *Schlag, bes. auf die Hand (als Schulstrafe)* □ palmada

Tau¹ ⟨n.; -(e)s, -e⟩ *dickes Seil* □ corda; cabo

Tau² ⟨m.; -(e)s; unz.⟩ *wässriger Niederschlag während der Nacht an der sich abkühlenden Erdoberfläche;* der ~ fällt; der ~ hängt (noch) an den Gräsern □ orvalho

taub ⟨Adj.⟩ 1 *infolge einer physischen Disposition unfähig zu hören, ohne Gehör;* ~ geboren sein; auf einem, auf dem rechten, linken Ohr ~ sein 1.1 ⟨umg.⟩ *schwerhörig;* schrei nicht so, ich bin doch nicht ~; bist du ~ (oder warum hörst du nicht?) 2 ⟨fig.⟩ *nicht willens zu hören;* gegen alle Bitten ~ bleiben □ surdo; → a. *Ohr(1.2.5, 1.2.11)* 3 *leer, hohl, ohne nutzbaren Inhalt;* eine ~e Ähre, ~e Nuss □ oco; vazio 3.1 ~es Gestein *G. ohne nutzbare Metalle* □ estéril 4 ~es Metall *mattes, glanzloses M.* □ surdo; fosco 5 ~e Glieder *G. ohne Empfindung* □ entorpecido; dormente 6 ~es Gewürz *nicht mehr scharfes G.* □ sem sabor/aroma 7 ⟨40; schweiz.⟩ *verärgert, ungehalten;* ~ sein □ irritado; indignado

Tau|be ⟨f.; -, -n; Zool.⟩ 1 *Angehörige einer Ordnung amsel- bis gänsegroßer Vögel mit an den Nasenlöchern blasenförmig aufgetriebenem Schnabel: Gyrantes* 1.1 ⟨i. e. S.⟩ *als Symbol des Friedens geltende, z. T. als Haustier gehaltene, in vielen Rassen verbreitete Art der Tauben(1): Columba livia;* die ~ girrt, gurrt, ruckt, ruckst □ pombo; pomba; → a. *Spatz(1.3), braten(1.3)*

Tau|ben|schlag ⟨m.; -(e)s, schlä|ge⟩ **1** *auf einer Säule befestigter Holzverschlag mit Fluglöchern, Sitzstangen und Nistkästen für Haustauben* □ pombal **1.1** *heute ging es im Büro, Geschäft zu wie in einem ~* ⟨fig.; umg.⟩ *bes. turbulent* □ *hoje foi um corre-corre no escritório/na loja **2** ⟨fig.; umg.⟩ *Ort, an dem ein ständiges Kommen u. Gehen herrscht; das ist hier der reinste ~* □ entra e sai; vaivém

taub|stumm ⟨Adj. 24/70⟩ *unfähig zu hören u. (daher auch) zu sprechen, gehörlos* □ surdo-mudo

tau|chen ⟨V.⟩ **1** ⟨400(s.)⟩ *sich völlig unter Wasser begeben, unter Wasser (für kürzere od. längere Zeit) verschwinden; ich kann zwei Minuten ~* □ ficar debaixo d'água; *ein U-Boot taucht* □ submergir; *den jungen Enten beim Tauchen zusehen* □ mergulhar **1.1** ⟨411⟩ **nach** *einem* **Gegenstand** ~ *einen G. unter Wasser suchen; nach Muscheln, nach einem ins Wasser gefallenen Gegenstand ~* □ *mergulhar em busca de um objeto **1.2** ⟨411⟩ *aus dem Wasser, aus der Flut ~ wieder an die Oberfläche gehen ~* □ *emergir da água; voltar à superfície **2** ⟨511⟩ *etwas in eine Flüssigkeit ~ hineinstecken, hineinhalten; Stoff in die Farbbrühe ~; die Hand ins Wasser ~* □ mergulhar; banhar **3** ⟨511⟩ *jmdn. ins, unter Wasser ~ jmds. Körper mittels Kraftanwendung teilweise od. ganz unter Wasser bringen* □ mergulhar; imergir **4** *in Licht getaucht* ⟨fig.; geh.⟩ *von Licht überflutet, umgeben; die Wiese war in Licht getaucht* □ *banhado em luz

Tau|cher ⟨m.; -s, -⟩ **1** *jmd., der taucht (u. unter Wasser arbeitet)* □ mergulhador; escafandrista **2** ⟨Zool.⟩ *zum Tauchen befähigter Vogel* □ mergulhão

Tau|che|rin ⟨f.; -, -rin|nen⟩ *weibl. Taucher (1)* □ mergulhadora; escafandrista

Tauch|sie|der ⟨m.; -s, -⟩ *elektrisches Gerät zum Erhitzen von Wasser, mit spiralförmigem Heizkörper, der eingetaucht wird* □ aquecedor de imersão

tau|en¹ ⟨V. 401⟩ *es taut es fällt Tau², Tau² setzt sich an* □ cair orvalho; orvalhar

tau|en² ⟨V. 400⟩ **1** ⟨(s.)⟩ **Eis, Schnee** *taut schmilzt; der Schnee taut von den Dächern* **2** ⟨401⟩ *es taut das Eis, der Schnee schmilzt; es hat heute getaut* □ degelar; derreter

tau|en³ ⟨V. 500⟩ *etwas ~* ⟨niederdt.⟩ *mit einem Tau vorwärtsziehen, -schleppen* □ rebocar

Tau|fe ⟨f.; -, -n⟩ **1** ⟨unz.⟩ *Sakrament der Aufnahme des Täuflings in die Gemeinschaft der Christen durch Besprengen des Kopfes mit Wasser durch den Geistlichen od. durch Untertauchen des ganzen Körpers* **2** *kirchliche Zeremonie der Taufe(1)* **2.1** ⟨fig.⟩ *feierliche Namensgebung; Schiffs-* □ batismo; batizado

tau|fen ⟨V. 500⟩ **1** *jmdn. ~ jmdm. die Taufe geben, spenden; ein Kind ~; sich ~ lassen* **2** ⟨505⟩ *jmdn., ein Tier od. etwas (auf einen* **Namen**⟩ *~ (mit einem Namen) nennen, benennen; jmdn., einem T. od. etwas einen Namen geben; wir haben den Hund Fips getauft; ein Schiff beim Stapellauf ~; ein Kind auf die Namen Jan Christian ~; er ist auf den Namen Martin getauft* □ batizar

tau|frisch ⟨Adj.⟩ **1** *frisch u. kühl von der Feuchtigkeit des Taus²; ein ~er Morgen; die Luft ist ~* □ recoberto de orvalho; com o frescor do orvalho **2** ⟨fig.⟩ *sehr frisch, ganz neu; eine ~e Nachricht* □ fresco

tau|gen ⟨V.⟩ **1** ⟨415⟩ *für jmdn. od. etwas, zu etwas ~ brauchbar, geeignet sein; die gleiche Arznei taugt nicht für jeden; er taugt nicht zum Lehrer* □ servir; ser adequado **2** ⟨500⟩ *etwas ~ wert sein; er hat nie viel getaugt; das Werkzeug, das Buch, der Stoff taugt nichts* □ valer; prestar

Tau|ge|nichts ⟨m.; - od. -es, -e⟩ *jmd., der nichts taugt, unbrauchbarer Mensch, Nichtsnutz* □ imprestável; inútil

taug|lich ⟨Adj. 24⟩ *zu etwas taugend, brauchbar, geeignet; zum Wehrdienst ~* □ útil; apto; apropriado

Tau|mel ⟨m.; -s; unz.⟩ **1** *Schwindel (bes. bei Ohnmachtsanfällen), Zustand des Schwankens; von einem ~ erfasst sein, werden* □ vertigem; tontura **2** ⟨fig.⟩ *Rausch, Zustand der Verzückung, Überschwang; Begeisterungs~; ~ des Entzückens; im ~ der Leidenschaft* □ arrebatamento; arroubo; enlevo

tau|meln ⟨V. 400⟩ **1** *unsicher hin und her schwanken; nach einem Schlag, Stoß ~; vor Müdigkeit, Schwäche ~; wie ein Betrunkener ~* **2** ⟨411(s.)⟩ *sich unsicher schwankend, ungleichmäßig fortbewegen; durch die Straßen ~* □ cambalear; *der Falter taumelt von Blüte zu Blüte* □ adejar

Tausch ⟨m.; -(e)s, -e; Pl. selten⟩ *Hingabe eines Gutes u. dafür Annahme eines anderen; einen ~ vornehmen; einen guten, schlechten ~ machen; etwas im ~ gegen etwas anderes erhalten; etwas in ~ geben; in ~ nehmen* □ troca; permuta

tau|schen ⟨V.⟩ **1** ⟨500⟩ *jmdn. od. etwas ~ hergeben, um dafür jmd. anderen od. etwas anderes zu erhalten; Briefmarken, Zigarettenbilder ~; Blicke, Küsse ~; eine Briefmarke gegen eine andere ~; einen Spieler gegen einen anderen ~* **1.1** ⟨517⟩ **mit** *jmdm. etwas ~ auswechseln; mit jmdm. die Rollen ~* □ trocar **1.1.1** ⟨417⟩ *mit jmdm. nicht ~ wollen nicht an jmds. Stelle sein wollen; ich möchte nicht mit ihm ~* □ *não querer estar no lugar de alguém

täu|schen ⟨V. 500⟩ **1** *jmdn. ~ absichtlich etwas Falsches glauben machen, irreführen, betrügen, jmdn. etwas vorspiegeln; wenn meine Augen mich nicht ~ ...; wenn mich mein Gedächtnis nicht täuscht ...* □ enganar; trair; *meine Erwartungen, Hoffnungen haben (mich) getäuscht* □ frustrar; *du kannst ihn nicht ~; er lässt sich leicht, nicht ~; sich durch freundliches Wesen ~ lassen; jmdn. durch Freundlichkeit ~* □ enganar; iludir **1.1** *jmds. Vertrauen ~ missbrauchen* □ *trair a confiança de alguém **2** ⟨Vr 3⟩ *sich ~ sich irren, eine falsche Vorstellung von etwas haben; es kann sich nicht um die richtige Straße handeln, du musst dich getäuscht haben* □ *enganar-se **3** ⟨550/Vr 3⟩ *sich in jmdm. od. etwas ~ jmdn. od. etwas für jmd. anderen od. etwas anderes halten; ich habe mich in ihm, ihr sehr getäuscht; darin täuschst du dich* □ *enganar-se/equivocar-se com alguém ou alguma coisa **4** *~d ähnlich zum Verwechseln ähnlich; er sieht ihm ~d ähnlich* □ *parecidíssimo **4.1** *er hat eine ~de Ähnlichkeit mit seinem Vater sehr große Ä.* □ *ele é parecidíssimo com o pai; ele é a cara do pai

Täuschung

Täu|schung ⟨f.; -, -en⟩ **1** *das Täuschen* □ engano **2** *das Getäuschtwerden, Irrtum* □ erro; *Sinnes~* □ *ilusão; alucinação;* → a. *optisch(2.1)* **3** *Irreführung, Betrug, Missbrauch des Vertrauens;* das Opfer einer ~ werden □ fraude; logro **4** ⟨fig.⟩ *Einbildung* □ ilusão; sich ~en hingeben □ *iludir-se*

tau|send ⟨Numerale 11; in Ziffern: 1000; röm. Zahlzeichen: M⟩ **1** *zehnmal hundert;* ~ Menschen; ~ Stück; an die ~ Menschen; er ist nur einer unter ~; vor ~ Jahren **2** ⟨fig.⟩ *sehr viel, ungezählt;* ~ Ängste ausstehen; ich kann nicht an ~ Dinge zugleich denken; er hat die Geschichte mit ~ Einzelheiten ausgeschmückt; ~ Grüße; der Spiegel zersprang in ~ Stücke; er hat immer ~ Wünsche □ mil; ~ Dank! □ *muitíssimo obrigado!*; ~ und aber-/Tausend und Abertausend Menschen □ *milhares e milhares de pessoas*

Tau|send[1] ⟨f.; -, -en⟩ *die Zahl 1 000* □ mil

Tau|send[2] ⟨n.; -s, -e⟩ *Gesamtheit von 1 000 Stück od. Einzelwesen;* das erste ~ der Auflage; ein halbes ~; vier von ~; ~e/tausende begeisterter Menschen; es waren einige ~/tausend Vögel; mehrere ~/tausend Scheine; viele ~e/tausende von Zuschauern; ~e/tausende von Menschen; sie kamen zu ~en/tausenden; ~e und Abertausende/tausende und abertausende □ milhar

Tau|to|lo|gie ⟨f.; -, -n⟩ *Bezeichnung einer Sache durch zwei od. mehrere gleichbedeutende Ausdrücke, z. B. alter Greis, weißer Schimmel* □ tautologia

Tau|wet|ter ⟨n.; -s; unz.⟩ *milde Witterung, bei der Schnee u. Eis tauen* □ degelo

Tau|zie|hen ⟨n.; -s; unz.⟩ **1** *sportlicher Wettkampf, bei dem zwei Mannschaften an je einem Ende eines Taues ziehen, bis eine von ihnen eine Mittellinie übertritt* **2** ⟨fig.; umg.⟩ *zähes Ringen um Entscheidungen* □ cabo de guerra

Ta|ver|ne ⟨[-vɛr-] f.; -, -n⟩ *Lokal, Schenke, Kneipe* □ taberna

Ta|xa|me|ter ⟨m. od. s.; -s, -⟩ *Zählwerk im Taxi, Fahrpreisanzeiger* □ taxímetro

Tax|card ⟨f.; -, -s; schweiz.⟩ = *Telefonkarte*

Ta|xe ⟨f.; -, -n⟩ **1** *Schätzung (eines Wertes)* □ avaliação; estimativa **2** *festgesetzter Preis* □ tarifa **3** *Gebühr, Abgabe; Kur~* □ taxa **4** = *Taxi*

ta|xen ⟨V. 500⟩ = *taxieren*

Ta|xi ⟨n.; -s, -s⟩ *Personenkraftwagen, dessen Fahrer gegen Bezahlung Fahrgäste befördert;* Sy *Taxe(4)* □ táxi

ta|xie|ren ⟨V. 500⟩ oV *taxen* **1** den Wert ~ = *schätzen(2)* **2** einen Gegenstand ~ *den Wert eines Gegenstandes ermitteln* □ taxar; avaliar; estimar

Tb ⟨Abk. für⟩ *Tuberkulose*

Tbc ⟨Abk. für⟩ *Tuberkulose*

Tbc-krank ⟨[te:be:tse:-] Adj.⟩ = *Tb-krank*

Tb-krank ⟨[te:be:-] Adj.⟩ *an Tuberkulose erkrankt;* oV *Tbc-krank* □ tuberculoso

Teach-in auch: **Teach|in** ⟨[ti:tʃ]ɪn] n.; -s, -s⟩ *politische Diskussionsversammlung (bes. an Universitäten) zur Aufdeckung u. Diskussion bestimmter Missstände* □ debate

Teak ⟨[ti:k] n.; -s; unz.; kurz für⟩ *Holz des Teakbaumes, Teakholz* □ madeira de teca

Teak|baum ⟨[ti:k-] m.; -(e)s, -bäu|me⟩ *tropischer Baum, der ein gelblich braunes, sehr dauerhaftes Holz liefert; Tectona grandis* □ teca

Team ⟨[ti:m] n.; -s, -s⟩ **1** ⟨Sp.⟩ = *Mannschaft(4)* **2** *Arbeitsgemeinschaft* □ equipe

Team|ar|beit ⟨[ti:m-] f.; -; unz.⟩ = *Teamwork*

Team|work ⟨[ti:mwœːk] n.; -s; unz.⟩ *Gemeinschafts-, Gruppenarbeit, Arbeit eines gut aufeinander abgestimmten Teams;* Sy *Teamarbeit* □ trabalho de equipe

Tech|nik ⟨f.; -, -en; Pl. selten⟩ **1** (i. w. S.) *die Kunst, mit den zweckmäßigsten u. sparsamsten Mitteln ein bestimmtes Ziel od. die beste Leistung zu erreichen* **2** (i. e. S.) **2.1** *Gesamtheit aller Mittel, die Natur aufgrund der Kenntnis u. Anwendung ihrer Gesetze dem Menschen nutzbar zu machen; das Zeitalter der ~* **2.2** *Gesamtheit der Kunstgriffe, Regeln, maschinellen Verfahren auf einem Gebiet; Dramen~, Bühnen~, Bau~* **3** *Art u. Weise der Herstellung, Verfahren* **4** *ausgebildete Fähigkeit, Kunstfertigkeit; Fahr~, Schwimm~, Mal~;* eine ~ beherrschen, anwenden; der Skiläufer hat eine ausgezeichnete ~ **4.1** ⟨Mus.⟩ *Fingerfertigkeit* □ técnica **5** (österr.) = *Technische Hochschule*

tech|nisch ⟨Adj.⟩ **1** *die Technik betreffend, auf ihr beruhend, mit ihrer Hilfe* **1.1** *Technischer* **Direktor** *Leiter des technischen Bereiches eines Unternehmens* **1.2** *Technischer Überwachungs-Verein* ⟨TÜV⟩ *Verein zur Überwachung der Sicherheit technischer Anlagen u. Fahrzeuge* **2** *in der Technik gebräuchlich* **2.1** ~e *Atmosphäre* (Abk.: at) *Maßeinheit für den Druck, 1 kg/cm²* **3** ~e **Lehranstalt** *Ausbildungsstätte für Ingenieure verschiedener Fachrichtungen* **3.1** ~e **Hochschule** ⟨Abk.: TH⟩ *der Universität gleichgestellte Ausbildungs- u. Forschungsstätte der Technik;* Sy (österr.) *Technik(5); die Technische Hochschule Darmstadt* **3.2** ~e **Universität** ⟨Abk.: TU⟩ *technische Hochschule mit auch nichttechnischen Fakultäten; die Technische Universität Berlin* □ técnico

tech|ni|sie|ren ⟨V. 500⟩ *Herstellungsverfahren* ~ **1** *auf technischen Betrieb umstellen* **2** *für technischen Betrieb einrichten* **3** *technische Mittel, Maschinenkraft einsetzen in, bei Herstellungsverfahren* □ tecnicizar

Tech|no|lo|gie ⟨f.; -, -n⟩ **1** ⟨unz.⟩ *Lehre von den in der Technik angewendeten u. anwendbaren Produktionsverfahren* **2** *Technik, technisches Verfahren* □ tecnologia

Te|ckel ⟨m.; -s, -⟩ = *Dackel*

Ted|dy ⟨m.; -s, -s; kurz für⟩ *Teddybär* □ ursinho de pelúcia

Ted|dy|bär ⟨m.; -en, -en⟩ *Stoffbär (als Spielzeug für Kinder)* □ ursinho de pelúcia

Tee ⟨m.; -s, -s⟩ **1** *die aufbereiteten jungen Blätter des Teestrauches;* ~ aufbrühen, aufgießen, kochen; chinesischer, indischer ~; grüner, schwarzer ~ □ chá *Aufguss aus Tee(1) als Getränk;* eine Tasse ~; ~ trinken; der ~ muss fünf Minuten, muss noch etwas ziehen; starker, schwacher, dünner ~ □ chá; infusão **2.1** jmdn. **zum** ~ **einladen** *nachmittags zu einer leichten Mahlzeit mit Tee(1)* □ chá **2.2** abwarten und ~ trinken! ⟨fig.; umg.⟩ *nichts übereilen!* □ **não se afobe!; dê tempo ao tempo!* **3** *Aufguss von getrockneten Teilen einer Pflanze als Getränk;* Kamillen~, Pfefferminz~ □ infusão

Tee|beu|tel ⟨m.; -s, -⟩ *kleiner, wasserdurchlässiger, mit Teeblättern gefüllter Beutel, der für die Zubereitung von Tee mit heißem Wasser übergossen wird* □ saquinho de chá

Teen ⟨[tiːn] m.; -s, -s⟩ *Teenager;* ~s *und Twens* □ adolescente

Teen|ager ⟨[tiːneɪdʒə(r)] m.; -s, -; Kurzw.: Teen, Teenie, Teeny⟩ *Junge od. Mädchen zwischen 13 u. 19 Jahren* □ adolescente

Tee|nie ⟨[tiːni:] m.; -s, -s; umg.; Kurzw. für⟩ *Teenager;* oV *Teeny* □ adolescente

Tee|ny ⟨[tiːni:] m.; -s, -s; umg.; Kurzw. für⟩ = *Teenie*

Teer ⟨m.; -(e)s, -e⟩ *bei der trockenen Destillation von Stein- u. Braunkohle, Torf u. Holz entstehende, auch im Erdöl enthaltene braune bis schwarze, zähe Masse;* Holz~, Holzkohlen~, Braunkohlen~, Steinkohlen~ □ alcatrão

Tef|lon® *auch:* **Te|flon®** ⟨n.; -s; unz.⟩ *Polytetrafluoräthylen, ein hitzebeständiger Kunststoff* □ Teflon

Teich ⟨m.; -(e)s, -e⟩ *kleines, stehendes Gewässer, sehr kleiner See* □ lago; lagoa; → *a. groß(1.5)*

Teig ⟨m.; -(e)s, -e⟩ *breiige od. festere, zähe Masse aus Mehl, Milch od. Wasser, Eiern, Zucker u. a. zum Herstellen von Teigwaren od. zum Backen von Brot, Kuchen, Kleingebäck;* den ~ *kneten, rühren, ausrollen* □ massa

tei|gig ⟨Adj. 70⟩ **1** *aus (rohem) Teig bestehend;* der Kuchen ist noch ~ □ pastoso; mole; malcozido **2** *wie aus Teig bestehend; die Farbe ist von* ~*er Beschaffenheit* □ pastoso **2.1** *eine* ~*e* **Schrift** *eine zerfließende S.* □ empastado; borrado **3** *blass u. gedunsen; ein* ~*es Gesicht* □ pálido e inchado

Teig|wa|ren ⟨Pl.⟩ *aus Teig hergestellte Nahrungsmittel, bes. Nudeln* □ massas

Teil ⟨m. od. n.; -(e)s, -e⟩ **1** *Stück von einem Ganzen;* Körper~, Landes~; *ein ~ der Stadt ist niedergebrannt; der größte ~ des Waldes ist abgeholzt; der obere, untere, mittlere, kleinere, größere ~; der schönste ~ des Landes; einen Gegenstand in seine (einzelnen)* ~*e zerlegen* □ parte; Ersatz~ □ **peça de reposição;* Bestand~ □ **componente* **1.1** *der 4. ~ von 20 ist 5 ein Viertel von 20 ist 5* □ parte **1.2** zum größten ~ *das meiste* □ **na maior parte* **1.3** *ich habe die Arbeit zum ~ fertig teilweise* **1.4** *der Garten besteht zum ~ aus Blumenbeeten, zum ~ aus Rasen teilweise aus Blumenbeeten, teilweise aus Rasen* □ em parte; parcialmente **2** *Abschnitt; der vordere ~ des Schrankes; im hinteren ~ des Lokals* □ parte **3** *Einzelheit, einzelnes Stück, Glied;* ein(en) ~ *eines Gerätes ersetzen müssen* □ peça **4** *~ einer* **Sache** *Abschnitt, Einheit, in sich abgerundeter Teil(1); der schwierigste ~ der Aufgabe; die einzelnen* ~*e eines Gegenstandes, eines Romans; der erste, zweite ~ des „Faust"; Roman in drei* ~*en; im ersten ~ der Veranstaltung ist klassische Musik zu hören* □ parte **5** *Anteil,*

sein(en) ~ *beitragen zu etwas; etwas zu gleichen ~en vergeben; zu gleichen ~en erben* □ parte; porção; cota **5.1** *er hat sein ~ bekommen, weg* ⟨umg.; a. fig.⟩ *seinen Anteil, seine Strafe* □ **ele teve a sua parte; ele teve o que mereceu* **6** *sich sein ~ denken sich seine eigenen Gedanken über etwas machen, ohne sie auszusprechen* □ **tirar suas próprias conclusões* **6.1** *ich für meinen ~ was mich betrifft* □ **de minha parte;* quanto a mim **7** ⟨Rechtsw.⟩ *Partei; man muss beide* ~*e hören (juristischer Grundsatz); der beklagte, der klagende ~* □ parte

tei|len ⟨V. 500⟩ **1** ⟨Vr 7⟩ etwas ~ *in Teile (1 od. 2), Einzelteile zerlegen; die Zelle teilt sich; einen Apfel in zwei Teile* ~; *ein Stück Land in zwei Hälften* ~ □ dividir **1.1** *teile und herrsche! säe Zwietracht unter deinen Feinden, um sie zu beherrschen (bereits den Römern zugeschriebener, aber erst Ludwig XI. nachgewiesener Grundsatz der Außenpolitik)* □ **dividir para reinar!* **1.2** ⟨Vr 3⟩ *die Straße teilt sich gabelt sich* □ bifurcar-se **2** *etwas* ~ *zerschneiden, zertrennen, zerstückeln; einen Kuchen mit dem Messer* ~; *das Schiff teilt die Wellen* ⟨fig.⟩ □ partir; cortar **3** *etwas* ~ *aufteilen; etwas brüderlich* ~; *wir haben den Gewinn miteinander, untereinander geteilt* □ dividir; repartir **4** ⟨550⟩ *eine* **Zahl** *durch eine* **Zahl** ~ ⟨Math.⟩ = *dividieren; zehn durch zwei* ~; *zwölf geteilt durch 3 ist 4* □ dividir **5** ⟨517⟩ *etwas mit jmdm.* ~ **5.1** *jmdn. an etwas teilhaben lassen, jmdm. etwas abgeben, etwas mit jmdm. gemeinsam haben, benutzen; ein Stück Brot mit jmdm.* ~; *mit jmdm. das Badezimmer* ~ □ dividir **5.1.1** *mit jmdm. das* **Zimmer** ~ *gemeinsam bewohnen* **5.2** *mit jmdm. an etwas teilnehmen, Anteil haben, nehmen an etwas; den Schmerz mit jmdm.* ~ □ compartilhar; *geteilter Schmerz ist halber Schmerz, geteilte Freude ist doppelte Freude* ⟨Sprichw.⟩ □ **dores compartilhadas são menores; alegria compartilhada, alegria dobrada* **6** *jmds.* **Ansicht** *(nicht)* ~ *(nicht) der gleichen Ansicht sein wie jmd.; ich teile deine Ansicht (nicht)* □ **(não) compartilhar da opinião de alguém* **6.1** *sie waren geteilter Meinung verschiedener M.* □ **eles eram de opiniões diferentes* **6.2** *die Meinungen waren geteilt unterschiedlich* □ **as opiniões estavam divididas*

teil|ha|ben ⟨V. 159/800⟩ an etwas ~ **1** *an etwas beteiligt sein; jmdn. an seiner Arbeit, seiner Freude* ~ *lassen* **2** ⟨poet.⟩ *teilnehmen; die anderen lachten u. scherzten, aber er hatte nicht teil daran* □ **participar de alguma coisa; tomar parte em alguma coisa*

Teil|ha|ber ⟨m.; -s, -⟩ **1** *Mitberechtigter am Eigentum* **2** *Gesellschafter (eines Geschäftsunternehmens, bes. einer Personalgesellschaft)* □ sócio; → *a. still(6.3)*

Teil|ha|be|rin ⟨f.; -, -rin|nen⟩ *weibl. Teilhaber* □ sócia

teil|haf|tig ⟨Adj. 24; geh.⟩ **1** *Anteil habend* □ participante **1.1** ⟨44⟩ *einer* **Sache** ~ *werden eine S. erlangen, erleben, gewinnen; eines großen Glücks* ~ *werden* □ **participar de/partilhar (de) alguma coisa*

Teil|nah|me ⟨f.; -, -n⟩ *das Teilnehmen; eine Sache mit aufrichtiger, brennender* ~ *verfolgen* □ interesse; *meine herzlichste, innigste* ~! *(Beileidsformel)* □

teilnahmslos

condolências; pêsames; jmdm. seine herzliche ~ aussprechen □ *expressar suas sinceras condolências a alguém; ~ am Verbrechen; ~ an einem Wettbewerb, einer Veranstaltung □ participação

teil|nahms|los ⟨Adj.⟩ *ohne Teilnahme, gleichgültig, interesselos, apathisch;* ~ am Tisch sitzen □ indiferente; apático

teil|neh|men ⟨V. 190/800⟩ **1** *an etwas ~ sich an etwas beteiligen, bei etwas mitmachen;* an einem Ausflug, einem Wettbewerb ~ □ *participar de alguma coisa; tomar parte em alguma coisa **2** *an einer Sache ~ Anteil nehmen, etwas mitempfinden, mitfühlen;* an jmds. Freude, Kummer, Schmerz ~ □ *participar de alguma coisa; partilhar (de) alguma coisa **3** ⟨Part. Präs.⟩ ~d *teilnahmsvoll, mitfühlend, mitleidig;* sich ~d nach jmds. Befinden erkundigen □ interessado; com interesse

Teil|neh|mer ⟨m.; -s, -⟩ *jmd., der an etwas teilnimmt, sich an etwas beteiligt;* die ~ eines sportlichen Wettkampfes □ participante

Teil|neh|me|rin ⟨f.; -, -rin|nen⟩ *weibl. Teilnehmer* □ participante

teils ⟨Adv.⟩ **1** *teilweise, zum Teil;* 100 Menschen, ~ Männer, ~ Frauen; auf den Feldern liegt ~ noch Schnee; der Schnee auf den Feldern ist ~ schon geschmolzen □ em parte **2** ~, ~ *sowohl als auch, wechselnd* **2.1** waren nette Leute da? ~, ~! ⟨umg.⟩ *nette u. auch weniger nette Leute* **2.2** hast du viel Arbeit? ~, ~! ⟨umg.⟩ *manchmal ja, manchmal nein* □ em parte sim, em parte não; sim e não

Tei|lung ⟨f.; -, -en⟩ **1** *das Teilen;* Erbschafts~; die ~ eines Reiches □ divisão; partilha **2** ⟨Biol.⟩ *Form der ungeschlechtlichen Fortpflanzung;* Kern~ □ fissão **3** ⟨Math.⟩ = *Division(1)* **4** ⟨Maschinenbau⟩ *der auf dem Teilkreis gemessene Abstand zweier entsprechender Punkte an den Zähnen von Zahnrädern* □ passo

teil|wei|se ⟨Adj. 50 od. ⟨umg.⟩ 90⟩ *in Teilen, zum Teil;* das Haus ist ~ fertig □ parcialmente; sein ~s Nachgeben ⟨umg.⟩ □ parcial

Teil|zah|lung ⟨f.; -, -en⟩ **1** *Teil einer größeren zu leistenden Zahlung, Rate;* die ersten drei ~en **2** *Abzahlung, Zahlung in Raten;* monatliche ~; etwas auf ~, in ~ einkaufen □ prestação

Teil|zeit ⟨f.; -; unz.⟩ *Teil der gesamten Zeitdauer (bes. Arbeitszeit);* (in) ~ arbeiten; ~beschäftigun, ~job, ~stelle □ meio período/expediente

Teil|zeit|kraft ⟨f.; -, -kräf|te⟩ *Arbeitskraft, die Teilzeit arbeitet* □ funcionários que trabalham em regime de meio expediente

Teint ⟨[tɛ̃:] m.; -s, -s⟩ **1** *Gesichtsfarbe* □ cor do rosto **2** *Gesichtshaut* □ tez; cútis

Tek|to|nik ⟨f.; -; unz.⟩ **1** *Lehre vom Bau u. von den Bewegungen der Erdkruste* □ geotectônica **2** *Lehre vom inneren Aufbau eines Kunstwerks* □ estudo da estrutura interna de uma obra de arte **3** ⟨bes. Baukunst⟩ *Lehre vom harmonischen Zusammenfügen von Einzelheiten zu einem Ganzen* □ tectônica

Te|le|fax ⟨n.; -es, -e; kurz: Fax⟩ **1** ⟨unz.⟩ *Übermittlungsdienst für Schriftstücke u. Fotos über das Telefon-*

netz; eine Bestellung per ~ **2** *Gerät für das Telefax(1), Fernkopierer* **3** *per Telefax(1) übermittelte Fernkopie* □ telefax

Te|le|fon ⟨a. ['---] n.; -s, -e⟩ *Apparat zum Empfangen u. Senden mündlicher Nachrichten;* oV ⟨veraltend⟩ *Telephon;* Sy *Fernsprecher* □ telefone

Te|le|fon|an|schluss ⟨m.; -es, -schlüs|se⟩ **1** *Anschluss an das Telefonnetz eines Ortes* □ linha telefônica **2** *Telefonverbindung mit einem anderen Teilnehmer* □ ligação telefônica

Te|le|fon|buch ⟨n.; -(e)s, -bü|cher⟩ *Verzeichnis der Inhaber eines Telefonanschlusses innerhalb einer Stadt mit Adresse u. Rufnummer, Fernsprechbuch;* eine Telefonnummer im ~ nachschlagen □ lista telefônica

te|le|fo|nie|ren ⟨V. 400⟩ (mit jmdm.) ~ *durch das Telefon sprechen;* oV ⟨veraltend⟩ *telephonieren* □ telefonar

Te|le|fon|ka|bi|ne ⟨f.; -, -n; schweiz.⟩ = *Telefonzelle*

Te|le|fon|kar|te ⟨f.; -, -n⟩ *Karte in der Größe einer Scheckkarte, auf der je nach Kaufpreis Gebühreneinheiten gespeichert sind, die beim Telefonieren mit einem Kartentelefon abgebucht werden;* Sy ⟨schweiz.⟩ *Taxcard,* ⟨österr.⟩ *Telefonwertkarte* □ cartão telefônico

Te|le|fon|wert|kar|te ⟨f.; -, -n; österr.⟩ = *Telefonkarte*

Te|le|fon|zel|le ⟨f.; -, -n⟩ *kleiner, geschlossener, schalldichter Raum mit einem (meist öffentl.) Telefonapparat;* Sy ⟨schweiz.⟩ *Telefonkabine* □ cabine telefônica

te|le|gen ⟨Adj.⟩ *wirkungsvoll im Fernsehen (bes. von Personen)* □ fotogênico

Te|le|gra|fie ⟨f.; -; unz.⟩ *früher: Übermittlung von Nachrichten durch akustische, elektrische od. optische Geräte in bestimmten Zeichen, z. B. Morsezeichen;* oV *Telegraphie;* drahtlose ~ □ telegrafia

Te|le|gramm ⟨n.; -(e)s, -e⟩ *mittels Telegrafie weitergeleitete Mitteilung;* ein ~ aufgeben □ telegrama

Te|le|gra|phie ⟨f.; -; unz.⟩ = *Telegrafie*

Te|leo|lo|gie ⟨f.; -; unz.⟩ *Lehre, dass die Entwicklung von vornherein zweckmäßig u. zielgerichtet angelegt sei* □ teleologia

Te|le|pa|thie ⟨f.; -; unz.⟩ *Übertragung, Wahrnehmung von Empfindungen u. Gedanken ohne Hilfe der Sinnesorgane* □ telepatia

Te|le|phon ⟨a. ['---] n.; -s, -e; veraltende Schreibung für⟩ *Telefon* □ telefone

te|le|pho|nie|ren ⟨V. 400; veraltende Schreibung für⟩ *telefonieren* □ telefonar

Te|le|skop ⟨n.; -s, -e⟩ = *Fernrohr*

Te|le|vi|si|on ⟨[-vi-] f.; -; unz.; Abk.: TV⟩ *Fernsehen* □ televisão

Tel|ler ⟨m.; -s, -⟩ **1** *rundes, scheibenförmiges Essgerät mit Vertiefung und gewölbtem Rand;* Kuchen~, Suppen~; ein ~ (voll) Suppe; seinen ~ leeressen; ein flacher, tiefer ~ **2** *etwas, was die Form eines Tellers(1) hat* □ prato; Hand~ □ *palma da mão **2.1** ⟨Jägerspr.⟩ *Ohr des Wildschweins* □ orelha do javali

Tel|ler|ei|sen ⟨n.; -s, -⟩ *tellerförmige Tierfalle* □ armadilha

Tel|lur ⟨n.; -s; unz.; chem. Zeichen: Te⟩ *braunschwarzes, nichtmetallisches chemisches Element, Ordnungszahl 52* □ telúrio

Tem|pel ⟨m.; -s, -⟩ **1** *als heilig geltende, kultischen Zwecken dienende Stätte* **2** *einer nichtchristlichen Gottheit geweihter Bau;* heidnischer ~ **3** ⟨fig.⟩ *heiliger, verehrungswürdiger Ort;* die Natur ist ein ~ Gottes; ein ~ der Kunst □ **templo 4** jmdn. zum ~ hinausjagen ⟨fig.; umg.⟩ *jmdn. hinauswerfen* □ **botar alguém para fora; expulsar alguém*

Tem|pe|ra|ment ⟨n.; -(e)s, -e⟩ **1** *Gemütsart, Wesensart;* ein feuriges, sprudelndes, sprühendes, ruhiges ~ haben 1.1 ⟨Psych.⟩ *die vorherrschende Art u. die individuelle Eigenart des Ablaufs seelischer Vorgänge;* cholerisches, melancholisches, phlegmatisches, sanguinisches ~ □ **temperamento 2** ⟨fig.⟩ *Erregbarkeit, Lebhaftigkeit, Munterkeit;* (kein) ~ haben; sich von seinem ~ hinreißen lassen □ **vivacidade; entusiasmo** 2.1 sein ~ ist mit ihm **durchgegangen** *er hat die Beherrschung verloren* □ **ele perdeu a cabeça* 2.2 seinem ~ die Zügel schießenlassen *sich nicht beherrschen, zurückhalten* □ **perder o autocontrole; dar vazão aos impulsos do próprio temperamento*

tem|pe|ra|ment|voll ⟨Adj.⟩ *voller Temperament, lebhaft, feurig* □ **temperamental; genioso**

Tem|pe|ra|tur ⟨f.; -, -en⟩ **1** ~ *eines Stoffes Grad der Wärme;* das Gas hat eine ~ von 15º C **2** ⟨Med.⟩ *Wärme des (menschlichen) Körpers;* die ~ messen; die ~ ist gestiegen, gesunken, gefallen; erhöhte ~ haben □ **temperatura** 2.1 *leichtes Fieber;* ~ haben □ **febrícula 3** ⟨Mus.⟩ = *temperierte Stimmung,* → *temperieren(3)*

tem|pe|rie|ren ⟨V. 500⟩ **1** etwas ~ *gleichmäßige, gemäßigte Temperatur in einem Raum herbeiführen* □ **regular a temperatura***;* der Raum ist gut, angenehm temperiert □ **o ambiente está com uma temperatura boa/agradável* **2** ⟨Vr 7⟩ eine Sache ~ ⟨fig.⟩ *mäßigen, mildern;* jmds. Übermut ~ □ **temperar; moderar 3** ⟨Mus.⟩ temperierte Stimmung *S. aufgrund der in 12 gleiche Halbtöne eingeteilten Oktave;* Sy Temperatur(3) □ **afinação temperada*

Tem|po ⟨n.; -s, -s od. Tem|pi⟩ **1** ⟨unz.⟩ *Grad der Geschwindigkeit;* das ~ angeben; ein rasches ~ anschlagen; das ~ beschleunigen, verringern; das ~ einhalten, halten, schnelles, langsames, gemütliches, mörderisches ~ □ **velocidade; ritmo 2** ⟨unz.; fig.⟩ *Schnelligkeit* □ **velocidade; rapidez** 2.1 ~! *(Anfeuerung zu größerer Schnelligkeit)* □ **depressa!** 2.2 aber nun ein bisschen ~ ⟨umg.⟩ *ein bisschen schnell!* □ **um pouco mais rápido!* 2.3 mach ein bisschen ~ **dahinter!** ⟨umg.⟩ *beschleunige die Sache ein bisschen* □ **mais rápido com isso!; vamos logo!* 2.4 ~ **vorlegen** ⟨umg.⟩ *in schnellem Tempo zu laufen, zu fahren beginnen* □ **apertar o passo; acelerar* **3** ⟨Mus.⟩ *Zeitmaß;* ~ di marcia, di valsa; die Tempi einhalten; Marsch~, Walzer~ □ **tempo; andamento**

Tem|po|li|mit ⟨n.; -s, -s⟩ *Geschwindigkeitsbeschränkung* □ **limite de velocidade**

tem|po|rär ⟨Adj. 24; geh.⟩ *zeitweilig, zeitweise, vorübergehend;* ~e Verschlechterung □ **temporário**

Tem|pus ⟨n.; -, -po|ra; Gramm.⟩ *Zeitform des Verbs, z. B. Präsens, Perfekt* □ **tempo verbal**

Ten|denz ⟨f.; -, -en⟩ **1** *Neigung, Hang, Streben* **2** *erkennbare Absicht;* die ~ eines Buches, Theaterstücks **3** ⟨Börse⟩ *Entwicklung der Kurse u. Umsätze im Geschäft mit Wertpapieren* □ **tendência**

ten|den|zi|ös ⟨Adj.⟩ **1** *eine Tendenz erkennen lassend* **2** *(partei)politisch gefärbt* □ **tendencioso**

ten|die|ren ⟨V.⟩ **1** ⟨411⟩ nach einer Richtung ~ *eine R. einschlagen wollen, in eine R. streben;* nach rechts, links ~ **2** ⟨417⟩ zu einer **Sache** ~ *die Neigung, den Hang zu einer S. haben;* er tendiert dazu, die Dinge auf sich beruhen zu lassen □ **tender**

Ten|ne ⟨f.; -, -n⟩ *festgestampfter od. gepflasterter Platz, meist in der Scheune zum Dreschen des Getreides* □ **eira**

Ten|nis ⟨n.; -; unz.; Sp.⟩ *Ballspiel auf einem Rasen- od. Sandplatz od. in der Halle zwischen zwei od. vier Spielern, die mit einem Schläger den Ball über ein etwa 1 m hohes Netz hin- u. zurückschlagen* □ **tênis**

Te|nor¹ ⟨m.; -s; unz.⟩ **1** ~ *eines Textes, einer Rede* 1.1 *Inhalt, Wortlaut, Sinn* □ **teor; conteúdo** 1.2 *Haltung, Einstellung* □ **teor; conduta 2** ⟨Rechtsw.⟩ *entscheidender Teil eines Urteils* □ **dispositivo**

Te|nor² ⟨m.; -s, -nö|re; Mus.⟩ **1** *hohe Stimmlage der Männer* **2** *Sänger mit Tenor(1)* □ **tenor** 2.1 *Gesamtheit der Tenöre(2) im Chor* □ **tenores**

Ten|sid ⟨n.; -(e)s, -e; meist Pl.⟩ *die Oberflächenspannung von Flüssigkeiten (bes. Wasser) herabsetzende Substanz, häufig als Bestandteil von Wasch- u. Reinigungsmitteln* □ **agente tensoativo/surfactante**

Ten|ta|kel ⟨m. od. n.; -s, -⟩ *zum Tasten u. Ergreifen der Beute dienender Körperanhang von wasserbewohnenden, zumeist festsitzenden Tieren, Fangarm* □ **tentáculo**

Tep|pich ⟨m.; -(e)s, -e⟩ **1** *geknüpfter od. gewebter Fußbodenbelag od. Wandbehang aus Wolle, Haargarn, Seide, Kunstfaser usw., oft reich gemustert;* Wand~; ~e klopfen, saugen; ~e maschinell herstellen; ein ~ von bunten Wiesen, von Moos ⟨fig.⟩ □ **tapete** 1.1 *etwas unter den* ~ *kehren* ⟨fig.; umg.⟩ *etwas vertuschen* □ **varrer alguma coisa para debaixo do tapete* 1.2 bleib auf dem ~! ⟨umg.⟩ *bleib realistisch!* □ **mantenha os pés no chão!; seja realista!*

Ter|min ⟨m.; -s, -e⟩ **1** *bestimmter Zeitpunkt;* Liefer~; Fälligkeits~; einen ~ anberaumen, festsetzen; einen anderen, neuen ~ vereinbaren; einen ~ versäumen, verpassen; an einen ~ gebunden sein; zu einem früheren, späteren ~ □ **data; prazo** 1.1 ~ für eine Verhandlung ⟨Rechtsw.⟩ *vom Gericht festgesetzter Zeitpunkt* □ **termo; prazo 2** *Verhandlung zum Termin(1.1);* am 20. ist ~; ~ haben □ **audiência**

Ter|mi|nal ⟨[tœːmɪnəl] m. od. n.; -s, -s⟩ *Flughafenhalle zur Abfertigung von Fluggästen* □ **terminal**

Ter|mi|no|lo|gie ⟨f.; -, -n⟩ *Gesamtheit der Fachausdrücke (eines Kunst- od. Wissensgebietes)* □ **terminologia**

Ter|mi|nus ⟨m.; -, -mi|ni⟩ **1** ⟨selten⟩ *Grenze, Stichtag* □ **termo; limite 2** ~ **(technicus)** *Fachausdruck* □ **termo (técnico)*

Ter|mi|te ⟨f.; -, -n; Zool.⟩ *Angehörige einer den Schaben nahestehenden Ordnung der Insekten, die in hoch entwickelten Staaten leben: Isoptera* □ **cupim; térmite**

Ter|pen|tin ⟨n.; -s; unz.⟩ *dickflüssiges Harz bestimmter Kiefern, das feste Anteile an Harz u. Terpentinöl enthält* □ terebintina

Ter|rain ⟨[-rɛ̃ː] n.; -s, -s⟩ **1** *Gebiet, Gelände* 1.1 *(Bau-) Grundstück* □ terreno **2** *das ~ erkunden, sondieren* ⟨a. fig.⟩ *herausfinden wollen, ob die Lage für beabsichtigte Unternehmen günstig ist* □ *sondar o terreno

Ter|ra|ri|um ⟨n.; -s, -ri|en⟩ *(meist mit Drahtnetz verschlossener) Behälter zur Pflege und Zucht von Lurchen und Kriechtieren* □ terrário

Ter|ras|se ⟨f.; -, -n⟩ **1** *waagerechte Stufe im Gelände, Absatz* **2** *nicht überdachter, gepflasterter, an das Erdgeschoss eines Hauses angebauter Platz* 2.1 *großer, offener Balkon* □ terraço

Ter|ri|to|ri|um ⟨n.; -s, -ri|en⟩ **1** *Gebiet, Land* **2** *Hoheitsgebiet* □ território

Ter|ror ⟨m.; -s; unz.⟩ *gewalttätiges, rücksichtsloses Vorgehen, das die Betroffenen in Angst u. Schrecken versetzen soll; politischer ~* □ terror; terrorismo; ⟨fig.⟩ Konsum~; Mode~; Zicken~ □ terrorismo

ter|ro|ri|sie|ren ⟨V. 500⟩ *jmdn. ~ durch Anwendung von Gewalt einschüchtern, in Schrecken u. Furcht versetzen* □ aterrorizar

Ter|ti|är ⟨[-tsjɛːr] n.; -s; unz.; Geol.⟩ *ältere Periode in der Neuzeit der Erdgeschichte* □ Terciário; → a. *Quartär*

Terz ⟨f.; -, -en⟩ **1** ⟨Mus.⟩ *der dritte Ton der diatonischen Tonleiter* 1.1 *Intervall über zwei Schritte der diatonischen Tonleiter; kleine ~; große ~* **2** ⟨Fechten⟩ *Hieb od. Stich gegen eine vom rechten Ohr des Gegners zu dessen linker Hüfte gedachte Linie* **3** *Stunde des Gebets (9 Uhr), dritter Teil des Stundengebets* □ terça

Ter|zett ⟨n.; -(e)s, -e; Mus.⟩ **1** *Musikstück für drei Singstimmen od. drei gleiche Instrumente* **2** *die drei Sänger bzw. Spieler eines Terzetts(1)* □ terceto; trio

Test ⟨m.; -(e)s, -e od. -s⟩ *experimentelle Untersuchung zur Feststellung bestimmter Eigenschaften, Leistungen u. Ä.* □ teste; análise

Tes|ta|ment ⟨n.; -(e)s, -e⟩ **1** *schriftliche Erklärung, mit der jmd. für den Fall seines Todes die Verteilung seines Vermögens festlegt, letzter Wille; ein ~ anfechten; sein ~ machen; gemeinschaftliches ~ (zweier Ehegatten)* 1.1 *dann kannst du gleich dein ~ machen* ⟨umg.; scherzh.⟩ *dann kommst du nicht lebend davon* □ testamento **2** *Teil der Bibel; das Alte, Neue ~* □ Testamento

tes|ten ⟨V. 500⟩ *jmdn. od. etwas ~ mit Hilfe eines Tests prüfen* □ testar; analisar

Te|ta|nus ⟨m.; -; unz.⟩ *mit Krämpfen einhergehende, lebensgefährliche Infektion durch den Tetanusbazillus;* Sy *Wundstarrkrampf* □ tétano

Tete-a-tete ⟨[tɛːtaˈtɛːt] n.; -s, -s⟩ oV *Tête-à-tête* **1** *trauliches Beisammensein; sich zu einem ~ treffen* **2** *Gespräch unter vier Augen* □ tête-à-tête; conversa particular

Tête-à-tête ⟨[tɛːtaˈtɛːt] n.; -s, -s⟩ = Tete-a-tete

teu|er ⟨Adj.⟩ **1** ⟨40⟩ *eine bestimmte Summe, einen Kaufpreis von einer bestimmten Höhe kostend; dieses Buch ist um fünf Euro teurer als das andere* □ caro 1.1 *wie ~ ist das?; wie viel kostet das?; wie ~ ist der Stoff?* □ *quanto custa? **2** *viel kostend, von hohem Preis, hohe Ausgaben verursachend, kostspielig; ein teurer Spaß, ein teures Vergnügen; etwas ~ kaufen, verkaufen; das ist mir (viel) zu ~; Fleisch und Wurst sind wieder teurer geworden* □ caro 2.1 ⟨70⟩ *ein teures Pflaster* ⟨fig.; umg.⟩ *eine Stadt, in der das Leben viel Geld kostet* □ *um lugar caro 2.2 ⟨70⟩ *teure Zeiten* Z., *in denen die Preise hoch sind* □ *tempos de carestia* 2.3 ⟨70⟩ *etwas für teures Geld kaufen, erstehen* ⟨umg.⟩ *für viel G.* □ *pagar um bom dinheiro por alguma coisa 2.4 *etwas kommt jmdn. ~ zu stehen* ⟨a. fig.⟩ *kostet jmdn. viel; der Umbau des Hauses kam mich ~ zu stehen* 2.5 *sein Leichtsinn kam ihn ~ zu stehen er musste für seinen L. büßen* □ *custar caro a alguém **3** ⟨70⟩ *kostbar, wert, lieb; er sie, es ist mir teuer und ~* □ *ele/ela me é muito querido(a)/caro(a) **4** ⟨fig.⟩ 4.1 *er war entschlossen, sein Leben ~ zu verkaufen für sein L. zu kämpfen* □ caro 4.2 ⟨40⟩ *da ist guter Rat ~ ich bin ratlos, weiß nicht, was wir jetzt tun sollen* □ *é difícil saber o que fazer numa hora dessas

Teu|fel ⟨m.; -s, -⟩ **1** ⟨Rel.⟩ *Verkörperung des Bösen, böser Geist, Dämon* 1.1 ⟨christl. Rel.⟩ *Widersacher Gottes, von Gott abgefallener Engel, Verführer des Menschen zum Bösen; er sah aus wie der leibhaftige* □ diabo; demônio 1.2 *mit dem ~ im Bunde sein* ⟨fig.⟩ *unheimlich sein, unheimliche Kräfte, Fähigkeiten haben* □ *ter parte com o diabo 1.3 *vom ~ besessen* ⟨fig.⟩ *bösartig* □ *endemoniado 1.4 *den ~ mit dem Beelzebub austreiben* ⟨fig.⟩ *ein Übel durch ein anderes bekämpfen* □ *combater um mal com outro; despir um santo para vestir outro 1.5 *den ~ an die Wand malen von etwas reden, was man befürchtet* □ *pensar no pior 1.6 *in der Not frisst der ~ Fliegen* ⟨fig.; umg.⟩ *in der Not kann man sich mit wenigem begnügen* □ *quem não tem cão caça com gato* **2** *böser Mensch, böses Tier; der Bursche, das Pferd usw. ist ein wahrer ~; das Kind ist ein kleiner ~* □ peste; diabrete; demônio 2.1 *ein armer ~ ein armer Mensch* □ *um pobre diabo 2.2 ⟨fig.⟩ *Widersacher, böser Feind* □ diabo; demônio 2.2.1 *weder Tod noch ~ fürchten völlig furchtlos sein* □ *não ter medo de nada; não temer a Deus nem ao diabo 2.2.2 *sich den ~ darum scheren sich überhaupt nicht darum kümmern* □ *não dar a mínima; estar pouco se lixando 2.2.3 *in (des) ~s Küche in einer unangenehmen Lage* □ *em maus lençóis 2.2.4 *dort, hier ist der ~ los dort herrscht großes Durcheinander, großer Zank, Streit, dort ist ein wilder Kampf im Gange* □ *lá/aqui o diabo anda solto 2.2.5 *bist du des ~s? bist du verrückt?* □ *você está louco? 2.2.6 *wenn man dem ~ einen Finger reicht, so nimmt er gleich die ganze Hand wenn man jmdm. einen Teil zugesteht, so verlangt er sofort alles* □ *é só lhe estender a mão que ele quer logo o braço **3** ⟨fig.⟩ *Verkörperung der Wildheit, des Temperaments* □ diabo; demônio 3.1 *er fährt, reitet wie der ~ waghalsig, sehr schnell* □ *ele corre/cavalga feito louco 3.2 *ihn reitet der ~ er ist übermütig, waghalsig, unbesonnen* □ *ele ficou maluco; ele perdeu a cabeça 3.3 *arbeiten auf ~ komm 'raus* ⟨umg.⟩ *aus Leibeskräften* □ *trabalhar até o diabo dizer basta; trabalhar até não poder mais* **4** ⟨fig.; umg.⟩

Verkörperung eines unbekannten Verursachers 4.1 weiß der ~, wo das Geld geblieben ist *ich möchte nur wissen ...* □ *só Deus sabe onde ficou o dinheiro 4.2 *es müsste schon mit dem ~ zugehen, wenn es nicht klappte es müsste schon etwas ganz Unerwartetes eintreten* □ *seria muita falta de sorte não dar certo 4.3 *das soll der ~ verstehen! ich verstehe nicht!* □ *vá entender uma coisa dessas! 4.4 *den ~ werde ich tun! ich werde es ganz und gar nicht tun!, ich denke nicht daran!* □ *nem morto faço uma coisa dessas! 5 beim, zum ~ ⟨fig.; umg.⟩ *verloren, verschwunden; das Geld ist beim, zum ~* □ *sumir; desaparecer 5.1 *geh zum ~!* ⟨derb⟩ *mach, dass du fortkommst!; scher dich zum ~!* □ *vá para o diabo/inferno! 5.2 *jmdn. zum ~ schicken fortjagen* □ *mandar alguém para o diabo/inferno 5.3 *der ~ soll ihn, es holen!* ⟨fig.; umg.⟩ *ich möchte mit ihm, damit nichts mehr zu tun haben!; hol dich der ~!; der ~ soll den ganzen Kram holen!* □ *o diabo que o carregue! 6 (zum) ~! ⟨Fluch⟩ *verflucht, verdammt; wer zum ~ hat dich hergeschickt?; ~!, ~ auch!, ~ nochmal!; in (drei) ~s Namen!; Tod und ~!* □ *(que) diabo!; (que) droga! 6.1 *pfui ~!* ⟨Ausruf des Ekels, Abscheus⟩ *que nojo!; que horror!

teuf|lisch ⟨Adj.⟩ 1 *wie der Teufel, wie ein Teufel* 2 *unmenschlich, niederträchtig* □ diabólico; infernal 3 *außerordentlich, äußerst; die Prüfung war ~ schwer* □ extremamente

Text[1] ⟨m.; -(e)s, -e⟩ 1 *eine Folge von Wörtern, die eine sprachliche Äußerung in einer aktuellen (geschichtlichen) Situation darstellt* □ texto 1.1 *weiter im ~!* ⟨fig.; umg.⟩ *weiter!, fahr fort!, wir wollen weitermachen* □ *continuando!; voltando ao que interessa! 2 *genauer Wortlaut einer Aufzeichnung; einen ~ auswendig lernen, lesen* 2.1 *genauer Wortlaut eines Werkes als Grundlage der Literaturwissenschaft; ein schwieriger ~* 3 *inhaltlicher Hauptteil eines Buches im Unterschied zu Vor- u. Nachwort* 4 *zusammenhängendes Schriftbild einer bedruckten od. beschriebenen Seite im Unterschied zu Überschrift, Fußnote, Illustration* □ texto 5 *die begleitenden Worte zu einer musikalischen Komposition; Opern~* □ *libreto, *Lied~* □ *letra de música 6 (*erklärende*) *Beschreibung von Abbildungen, Karten usw.* □ legenda 7 *Bibelstelle als Thema einer Predigt; über einen ~ predigen* □ texto (bíblico); passagem (da Bíblia)

Text[2] ⟨f.; -; unz.; Typ.⟩ *Schriftgrad, 20 Punkt* □ corpo tipográfico 20

tex|til ⟨Adj. 24/70⟩ 1 *zur Textiltechnik od. -industrie gehörend, sie betreffend; ~e Verarbeitung* 2 *gewebt, gewirkt; ~e Stoffe* □ têxtil

Tex|ti|li|en ⟨Pl.; Sammelbez. für⟩ 1 *Stoffe, Tuche, Gewebe, Gewirke, Faserstoffe* □ produtos têxteis; tecidos 2 *Kleidung, Wäsche* □ roupas

Tex|tur ⟨f.; -, -en⟩ 1 *Gewebe, Faserung* 2 *Zusammenfügung, Anordnung* □ textura

T-för|mig ⟨[te:-] Adj. 24⟩ *wie ein T geformt* □ em forma de T

The|a|ter ⟨n.; -s, -⟩ 1 *vor Zuschauern vorgeführte (künstlerische) Darstellung äußerer od. innerer Vorgänge mit Hilfe von Figuren od. durch Menschen* 1.1 *Aufführung eines Bühnenstückes; das ~ beginnt um 20 Uhr; wir treffen uns nach dem ~* □ espetáculo teatral 1.2 ⟨fig.⟩ *Schauspielerei, Getue, Aufregung; das ist doch alles nur ~!; mach nicht so ein, so viel ~!; tu das nicht, sonst gibt es ein großes ~* ⟨umg.⟩ □ teatro; cena 1.2.1 *~ spielen* ⟨a. fig.; umg.⟩ *heucheln, etwas vortäuschen* □ *fingir; representar 2 *Gesamtheit aller Einrichtungen, die mit der Schauspielkunst zusammenhängen u. der Aufführung eines Bühnenstückes vor Zuschauern dienen* 2.1 *Institution für die Aufführung von Bühnenstücken; beim ~ (angestellt) sein* □ teatro 2.1.1 *zum ~ gehen Schauspieler(in) werden* □ *tornar-se ator/atriz 2.2 *Gebäude, in dem Bühnenstücke aufgeführt werden; was wird heute im ~ gegeben?; ins ~ gehen; das Stück habe ich kürzlich im ~ gesehen* □ teatro 3 *Gesamtheit der Zuschauer bei der Aufführung eines Bühnenstückes; das ganze ~ lachte, tobte, schrie, brach in Beifallsstürme aus* □ plateia; público 4 *Gesamtheit der dramatischen Werke eines Volkes od. einer Epoche; Barock~; griechisches, römisches, deutsches, französisches ~* □ teatro

The|a|ter|stück ⟨n.; -(e)s, -e⟩ *Dichtung in Dialogform zur Aufführung im Theater, Bühnenstück* □ peça teatral

The|a|tra|lik *auch:* **The|a|tra|lik** ⟨f.; -; unz.⟩ 1 *theatralisches Wesen, Schauspielerei* □ teatralidade 2 ⟨fig.; meist abwertend⟩ *Unnatürlichkeit, übertriebenes Pathos, Gespreiztheit* □ teatralismo

The|is|mus ⟨m.; -; unz.; Rel.⟩ *Lehre von einem höchsten, überweltlichen, persönlichen Gott, der die Welt erschaffen hat u. noch lenkt* □ teísmo

The|ke ⟨f.; -, -n⟩ 1 *Schanktisch* □ balcão de bar 2 *Ladentisch* □ balcão de loja

The|ma ⟨n.; -s, The|men od. (veraltet) -ma|ta⟩ 1 *behandelter od. zu behandelnder Gegenstand, Stoff (bes. einer wissenschaftl. Arbeit, eines Vortrags usw.); Aufsatz~, Gesprächs~; ein ~ behandeln, abhandeln; jmdm., sich ein ~ stellen; beim ~ bleiben; vom ~ abschweifen; das gehört nicht zum ~* □ tema; assunto 2 ⟨Mus.⟩ *aus mehreren Motiven bestehender wesentlicher Inhalt eines Musikstücks od. eines Teils davon* 2.1 *bei Variationen die zugrunde liegende Melodie, die abgewandelt wird; musikalisches ~* □ tema 3 ⟨allg.⟩ *Leit-, Grundgedanke* □ tema; motivo

The|ma|tik ⟨f.; -, -en; Pl. selten⟩ 1 *Gruppe, Auswahl von Themen* 2 *Formulierung eines Themas* 3 *Kunst der Behandlung u. Ausführung eines musikalischen Themas* □ temática

Theo|lo|gie ⟨f.; -; unz.⟩ *Lehre vom Glaubensinhalt einer Religion, bes. von der christlichen* □ teologia

The|o|re|ti|ker ⟨m.; -s, -⟩ 1 *jmd., bes. Wissenschaftler, der eine Sache od. ein Wissensgebiet gedanklich, betrachtend bearbeitet* 2 ⟨fig.⟩ *Mensch, der die Dinge nur gedanklich, begrifflich erfasst u. dem die Einsicht in die Praxis, ins praktische Leben fehlt* □ teórico

the|o|re|tisch ⟨Adj.⟩ *nur auf dem Denken, auf der Theorie beruhend, (rein) gedanklich, begrifflich; Ggs praktisch (1)* □ teórico

The|o|rie ⟨f.; -, -n⟩ 1 *rein gedankliche, abstrakte Betrachtungsweise, wissenschaftliches Denken; Ggs Pra-*

Therapie

xis(1); grau, teurer Freund, ist alle ~ und grün des Lebens goldner Baum (Goethe, „Faust" I, Studierzimmer); in der ~ sieht manches anders aus als in der Praxis; die ~ in die Praxis umsetzen **2** *System von Hypothesen*; eine ~ aufstellen 2.1 *Lehrmeinung* **3** ⟨Wissch.⟩ *Erkenntnis von gesetzlichen Zusammenhängen, Erklärung von Tatsachen*; Relativitäts~ □ teoria

The|ra|pie ⟨f.; -, -n⟩ *heilende Behandlung von Kranken*; Chemo~, Psycho~ □ terapia

ther|mal ⟨Adj. 24⟩ **1** *durch Wärme bewirkt* □ térmico **2** *mit Hilfe warmer Quellen* □ termal

ther|mo..., Ther|mo... ⟨in Zus.⟩ *wärme..., Wärme...*; thermochemisch; Thermoelektrizität

Ther|mo|me|ter ⟨n.; -s, -⟩ *Gerät zum Messen der Temperatur*; Fieber~, Außen~, Zimmer~; das ~ fällt, steigt; das ~ zeigt 10 ºC über, unter Null □ termômetro

Ther|mos|fla|sche ⟨f.; -, -n⟩ *Gefäß mit doppelten Wänden, in dem Speisen od. Getränke ihre Temperatur lange behalten* □ garrafa térmica

Ther|mo|stat *auch:* **Ther|mos|tat** ⟨m.; -(e)s od. -en, -e od. -en⟩ *Wärme-, Temperaturregler (bes. zur Einhaltung einer bestimmten Raumtemperatur)* □ termostato

The|se ⟨f.; -, -n⟩ *Behauptung, Leitsatz, Lehrsatz*; ~ und Antithese; ~n aufstellen □ tese

Thing ⟨n.; -(e)s, -e⟩ = *Ding*³

Tho|ra ⟨f.; -; unz.; jüd. Rel.; hebr. Bez. für⟩ *die fünf Bücher Mosis* □ Torá

Tho|rax ⟨m.; -es, -e; Anat.⟩ **1** *Brustkasten* **2** *mittlerer Körperabschnitt von Gliederfüßern zwischen Kopf u. Hinterleib* □ tórax

Thril|ler ⟨[θrɪl-] m.; -s, -; Film; Theat.; Lit.⟩ *Werk, das Spannung, Grausen u. Nervenkitzel hervorrufen soll*; ~autor; einen ~ lesen, im Fernsehen, im Kino anschauen □ thriller

Throm|bo|se ⟨f.; -, -n⟩ *Blutgerinnung innerhalb der Venen* □ trombose

Thron ⟨m.; -(e)s, -e⟩ **1** *prunkvoller Sessel eines regierenden Fürsten für feierliche Anlässe* **2** *Sinnbild der Herrscherwürde, des Herrschers, der monarchischen Regierung*; die Stützen des ~s □ trono 2.1 den ~ besteigen *die Regierung antreten* □ *subir ao trono 2.2 dem ~ entsagen *auf die Regierung verzichten* □ *abdicar o trono 2.3 jmdn. auf den ~ erheben *jmdn. zum Herrscher erklären* □ *entronizar alguém; elevar alguém ao trono

thro|nen ⟨V. 411⟩ *feierlich sitzen;* am obersten Ende der Tafel ~; auf einem Sessel ~ □ *reinar; dominar;* ~de Madonna ⟨Mal.⟩ □ entronizado

Thun|fisch ⟨m.; -(e)s, -e⟩ = *Tunfisch*

Thy|mi|an ⟨m.; -s, -e; Bot.⟩ *Angehöriger einer ätherische Öle enthaltenden Gattung halbsträuchiger Lippenblütler, Würzpflanze: Thymus* □ timo; tomilho

Ti|a|ra ⟨f.; -, -ren⟩ **1** *hohe, spitze Kopfbedeckung der altpersischen Könige* **2** *mit drei Kronen verzierte, hohe Mütze des Papstes* □ tiara

Tick ⟨m.; -s, -s⟩ *wunderliche Angewohnheit* □ tique; mania

ti|cken ⟨V. 400⟩ **1** *etwas tickt erzeugt ein knackendes u. klopfendes Geräusch;* die Uhr tickt □ tiquetaquear 1.1 *du tickst wohl nicht richtig?* ⟨umg.⟩ *du bist wohl nicht recht bei Verstand!* □ *você ficou louco?

Ti|cket ⟨n.; -(e)s, -s⟩ *Eintritts-, Fahrkarte* □ tíquete; bilhete; entrada

Tie|break *auch:* **Tie-Break** ⟨[taɪbreɪk] m. od. n.; -s, -s; Sp.; Tennis⟩ *besondere Zählweise zur Entscheidung eines Satzes bei einem Punktegleichstand von 6 : 6* □ tiebreak

tief ⟨Adj.⟩ **1** *(verhältnismäßig) weit nach unten (reichend, sich erstreckend);* einen Pflock ~ in die Erde bohren □ fundo; ein ~er Abgrund, ~es Wasser □ profundo; ~ sinken □ *afundar; das Wasser ist hier drei Meter ~ □ *a água aqui tem três metros de profundidade; ~ (im Schnee, Schlamm) einsinken □ *afundar (na neve, na lama) 1.1 ~er Schnee *S., in dem man einsinkt* □ *neve alta **2** *nahe dem Erdboden befindlich, weit unten, weit nach unten;* sich ~ hinunterbeugen □ *curvar-se profundamente;* das Flugzeug, der Vogel fliegt ~ □ baixo; ~ unten □ *no fundo **3** ⟨a. fig.⟩ *weit nach innen reichend, im Innern von etwas (befindlich);* eine ~e Wunde; seine Augen liegen ~ in den Höhlen □ profundo; fundo 3.1 ~ im Wald *weit drinnen im W.* □ *no coração da floresta 3.2 so etwas verabscheue ich aus ~ster Seele, aus ~stem Herzen *ganz und gar* **4** *weit nach hinten, in den Hintergrund reichend;* ein ~es Fach, ein ~er Schrank, eine ~e Bühne **5** *stark ausgehöhlt;* Ggs *flach(3);* ein ~er Teller, eine ~e Schüssel □ fundo **6** *ein ~es Blau, Rot ein kräftiges, dunkles B., R.* □ profundo; carregado **7** *stark, heftig, kräftig, intensiv, sehr;* ~e Ohnmacht, Bewusstlosigkeit □ profundo; ich bedaure es ~, dass …; das erschüttert, betrübt mich ~; der Vorwurf hat mich ~ getroffen; ich war ~ erschrocken, gekränkt, beleidigt; ich bin ~ gerührt ; ~ atmen; ~ Luft holen; ~ seufzen; der Glaube ist ~ in ihm verwurzelt □ profundamente; jmdm. ~ in die Augen schauen □ *olhar no fundo dos olhos de alguém;* in ~es Sinnen, Nachdenken versunken ⟨fig.⟩ □ *ensimesmar-se; perder-se em reflexões; ~e Not, Verlassenheit, Einsamkeit ⟨fig.⟩ □ profundo; extremo 7.1 aus ~stem Herzen *stark, herzlich, sehr;* jmdm. aus ~em Herzen danken; jmdn. aus ~stem Herzen bedauern, verabscheuen □ *do fundo do coração; profundamente 7.2 ~er Schlaf *fester S.* □ profundo; pesado 7.3 ⟨50⟩ ~ in Schulden stecken *große S. haben* □ *estar atolado em dívidas 7.4 ⟨90⟩ bis ~ in den Herbst, Winter, in die Nacht *bis weit in den H., W., die N.* □ *até pleno outono/inverno; até altas horas da noite **8** ⟨fig.⟩ *gründlich, intensiv* 8.1 ~ veranlagt sein, ein ~es Gemüt haben *tief empfindend, nicht oberflächlich* □ *ser muito talentoso; ser muito sensível 8.2 die Gefühle gehen ~ *sind sehr intensiv u. wirken lange nach* □ *os sentimentos calam fundo 8.3 ~ nachdenken *scharf, angestrengt* □ profundamente 8.4

ein ~er **Gedanke** *tiefgründiger, tiefschürfender G.* 8.5
ein ~er **Denker** *tieschürfender D.* ☐ **profundo** 8.6 ⟨50⟩
das lässt ~ blicken verrät mancherlei (Negatives) ☐
***isso dá o que pensar** 8.7 einen ~en Griff in den Beutel tun* ⟨fig.⟩ *großzügig bezahlen* ☐ ***pagar um preço exorbitante** 8.8 ~ in die Tasche greifen müssen viel bezahlen müssen* ☐ ***ter de gastar uma fortuna** 9* ~er Ton ⟨Mus.⟩ *T. von geringer Schwingungszahl;* Ggs *hoch(14);* eine ~e Stimme haben ☐ **grave** 10 ⟨Getrennt- u. Zusammenschreibung⟩ 10.1 **~ ausgeschnitten** = *tiefausgeschnitten* 10.2 **~ empfunden** = *tiefempfunden* 10.3 **~ gehend** = *tiefgehend* 10.4 **~ schürfend** = *tiefschürfend* 10.5 **~ verschneit** = *tiefverschneit*

Tief ⟨n.; -s, -s⟩ 1 *Zone niedrigen Luftdrucks, Tiefdruckgebiet; über Island liegt ein ausgedehntes ~* ☐ **zona de baixa pressão atmosférica** 2 *Senkung im Meeresboden* ☐ **fossa submarina** 3 = *Depression(1)* 4 = *Depression(2)*

tief|aus|ge|schnit|ten *auch:* **tief aus|ge|schnit|ten** ⟨Adj. 24/70⟩ *mit einem tiefen Ausschnitt versehen; ein ~es Kleid* ☐ **decotado**

Tief|bau ⟨m.; -(e)s; unz.⟩ *Bau in u. unter der Erde sowie zu ebener Erde;* Ggs *Hochbau* ☐ **construção subterrânea ou no nível do solo**

Tief|druck ⟨m.; -(e)s, -e⟩ *Druckverfahren, bei dem die druckenden Stellen (mit Druckfarbe gefüllt) vertieft in der Druckplatte liegen, z. B. beim Kupferstich;* Ggs *Hochdruck (3)* ☐ **impressão calcográfica; rotogravura**

Tie|fe ⟨f.; -, -n⟩ 1 *Abmessung, Ausdehnung nach unten; Wasser~; die ~ des Meeres, des Schnees; die ~ des Wassers messen; der Fluss erreicht hier eine ~ von drei Metern* 2 *Abmessung, Ausdehnung nach hinten; die ~ des Schranks, der Fächer angeben* ☐ **profundidade** 3 *Abgrund, etwas, was sich (weit) unten, im Verborgenen befindet; in die ~ stürzen; ein Ruf aus der ~; in der ~ versinken* ☐ **abismo** 4 ⟨fig.⟩ *Verborgenheit* 4.1 *in den ~n, in der ~ ihres Herzens lebte die Liebe noch heimlich fort tief verborgen in ihrem Herzen* ☐ **fundo** 4.2 *die Höhen und ~n des Lebens* ⟨fig.⟩ *die Freuden und Leiden des L.* ☐ ***os altos e baixos da vida*** 5 *die ~ eines Gefühls Stärke, Intensität* 5.1 *die ~ eines Gedankens tiefe(8.5) Beschaffenheit; Gedanken~; Gedanken von großer ~* ☐ **profundidade; intensidade**

tief|emp|fun|den *auch:* **tief emp|fun|den** ⟨Adj. 70⟩ *sehr, zutiefst empfunden; ~er Dank* ☐ **profundo; sentido profundamente**

tief|ernst ⟨Adj. 24⟩ *sehr, völlig ernst* ☐ **muito sério/grave**

tief|ge|frie|ren ⟨V. 140/500; meist im Inf. u. Part. Perf.⟩ **Lebensmittel** ~ *bei tiefen Temperaturen einfrieren; Gemüse, Obst ~; tiefgefrorene Backwaren* ☐ **submeter a processo de congelamento rápido**

tief|ge|hend *auch:* **tief ge|hend** ⟨Adj. 60⟩ 1 *stark eindringend, weit nach unten reichend; eine ~e Wunde* 2 ⟨fig.⟩ *stark fühlbar; ein ~er Schmerz, eine ~e Kränkung* ☐ **profundo**

tief|grün|dig ⟨Adj.; fig.⟩ *einer Sache auf den Grund gehend, die Dinge gründlich durchdenkend, philosophisch betrachtend; ~e Gedanken; ein ~es Gespräch* ☐ **profundo; aprofundado**

Tief|küh|lung ⟨f.; -; unz.⟩ 1 *Kühlung auf sehr niedrige Temperatur* ☐ **congelamento** 2 *Kühlung durch rasches Gefrieren (von Lebensmitteln)* ☐ **congelamento rápido**

Tief|punkt ⟨m.; -(e)s, -e⟩ *tiefster Punkt (im Lauf einer Entwicklung);* Ggs *Höhepunkt; auf dem ~ angekommen sein* ☐ **ponto mais baixo; nível mínimo; fundo**

tief|schür|fend *auch:* **tief schür|fend** ⟨Adj.; fig.⟩ *gründlich, scharf durchdenkend od. durchdacht, nicht oberflächlich* ☐ **profundo; perspicaz**

tief|sin|nig ⟨Adj.⟩ 1 *gedankentief, tiefgründig* ☐ **profundo** 2 *gründlich durchdacht; eine ~e Abhandlung; ~e Betrachtungen anstellen* ☐ **aprofundado** 3 ⟨umg.⟩ *trübsinnig; ~ vor sich hinstarren* ☐ **melancólico**

tief|ver|schneit *auch:* **tief ver|schneit** ⟨Adj. 24/70⟩ *mit sehr viel Schnee bedeckt; ~e Wege* ☐ **coberto de neve**

Tie|gel ⟨m.; -s, -⟩ 1 = *Pfanne(1)* 2 *Metallplatte (der Tiegeldruckpresse)* ☐ **platina**

Tier ⟨n.; -(e)s, -e⟩ *Lebewesen (außer dem Menschen), das sich von organischen Stoffen ernährt u. die Fähigkeit besitzt, sich zu bewegen u. auf Reize zu reagieren; ~e dressieren; sich ~e halten; ein ~ schlachten; ein nützliches, schädliches, wildes, zahmes ~* ☐ **animal**

Tier|arzt ⟨m.; -es, -ärz|te⟩ *Arzt für Tiere;* Sy *Veterinär* ☐ **veterinário**

Tier|gar|ten ⟨m.; -s, -gär|ten⟩ *zoologischer Garten mit großen gärtnerischen Anlagen* ☐ **jardim zoológico**

tie|risch ⟨Adj.⟩ 1 ⟨24/60⟩ *von Tieren stammend; ~e Fette* ☐ **animal** 2 ⟨fig.⟩ *auf das Niveau eines Tieres herabgesunken, triebhaft; ~e Rohheit* ☐ **animalesco; bestial** 3 ⟨60⟩ *~er Ernst* ⟨fig.; umg.⟩ *tiefer, humorloser E.; etwas mit ~em Ernst betreiben* ☐ ***extrema seriedade*** 4 ⟨Jugendspr.⟩ *sehr, äußerst; die Musik, der Film ist ~ gut* ☐ ***a música/o filme é animal***

Tif|fa|ny|lam|pe *auch:* **Tif|fa|ny-Lam|pe** ⟨[tɪfəni-] f.; -, -n⟩ *Lampe mit einem Glasschirm, der aus vielen, kunstvoll zusammengesetzten, buntfarbigen Glasstückchen besteht* ☐ **luminária Tiffany**

Ti|ger ⟨m.; -s, -; Zool.⟩ *Großkatze mit gelblichem, quer gestreiftem Fell, die auch dem Menschen gefährlich werden kann: Panthera tigris* ☐ **tigre**

Til|de ⟨f.; -, -n; Zeichen: ~⟩ 1 *Aussprachezeichen, im Spanischen über dem n zur mouillierten Aussprache* [nj], *z. B. in Señor, im Portugiesischen über a, o zur nasalen Aussprache, z. B. in São* ☐ **til** 2 (in Nachschlagewerken) *Wiederholungszeichen für ein Wort od. Wortteil* ☐ **sinal de repetição**

til|gen ⟨V. 500⟩ 1 *eine* **Schuld** ~ *durch Zurückzahlen (aus)löschen* ☐ **liquidar; saldar** 2 *eine* **Sache** ~ ⟨geh.⟩ *endgültig beseitigen; eine Erinnerung aus dem Gedächtnis ~* ☐ **eliminar; apagar**

Tim|bre *auch:* **Timb|re** ⟨[tɛ̃:brə] n.; -s, -s⟩ *Klangfarbe (bes. der Singstimme); mit warmem ~ singen* ☐ **timbre**

ti|men ⟨[taɪ-] V. 500; salopp⟩ *Abläufe, Vorgänge ~ aufeinander abstimmen* ☐ **sincronizar**

Time-out ⟨[taɪmaʊt] n.; -s, -s; Sp.⟩ *Auszeit, kurze Spielunterbrechung* ☐ **intervalo**

1051

Tink|tur ⟨f.; -, -en⟩ **1** *Auszug aus pflanzlichen od. tierischen Stoffen* **2** *Färbemittel* □ **tintura**

Tin|nef ⟨m., -s; unz.; umg.⟩ **1** *wertloses Zeug, Plunder* □ **bugiganga; quinquilharia 2** *Unsinn, dummes Geschwätz* □ **bobagem; asneira**

Tin|te ⟨f.; -, -n⟩ **1** *Flüssigkeit zum Schreiben aus Lösungen od. Suspensionen von Farbstoffen in Wasser;* blaue, grüne, rote, schwarze ~ □ *tinta;* → a. *klar(2.2), rot(1.4)* **2** in der ~ ⟨fig.; umg.⟩ *in einer unangenehmen Lage* □ **sinuca de bico* **2.1** sich in die ~ setzen ⟨fig.; umg.⟩ *sich in eine unangenehme Lage bringen* □ **meter-se em uma sinuca de bico* **2.2** in der ~ sitzen ⟨fig.; umg.⟩ *in einer unangenehmen Lage sein* □ **estar em uma sinuca de bico*

Tipp ⟨m.; -s, -s⟩ **1** ⟨allg.⟩ *Wink, Hinweis, Rat;* jmdm. einen ~ geben; das war ein guter ~ □ **palpite; sugestão; conselho 1.1** ⟨Börse⟩ *Andeutung, Hinweis auf gute Wertpapiere* □ **indicação 2** ⟨Toto; Lotto⟩ *Wette auf den Sieger od. die zu ziehende Zahl* □ **palpite**

tip|pen ⟨V.⟩ **1** ⟨411⟩ an etwas ~ **1.1** *etwas mit dem Finger, Zeh, Fuß leicht berühren* □ **tocar levemente 1.2** ⟨fig.⟩ *vorsichtig von etwas sprechen, etwas andeutungsweise erwähnen od. kritisieren* □ **tocar em; mencionar 1.3** daran ist nicht zu ~ ⟨fig.; umg.⟩ *das ist völlig richtig, nicht widerlegbar* □ **(essa questão) é ponto pacífico* **1.4** ⟨611/Vr 5 od. Vr 6 od. 511/Vr 7 od. Vr 8⟩ jmdm. od. jmdn. an (in, auf) etwas ~ *tippend(1.1) berühren;* jmdm. auf die Schulter ~ □ **dar um tapinha no ombro de alguém;* sich an die Stirn ~ (zum Zeichen, dass man etwas od. jmdn. dumm findet) □ **tocar a testa com o dedo* **2** ⟨402⟩ ⟨Texte⟩ ~ *mit dem Computer schreiben;* ich habe drei Stunden getippt; eine Arbeit, einen Text ~ □ **digitar 3** ⟨800⟩ *auf etwas ~ etwas erraten, voraussagen;* auf was tippst du?; falsch, richtig ~ □ **prognosticar 3.1** ⟨400, Sp., Toto, Lotto⟩ = *wetten;* sie tippt schon so lange und hat noch nichts gewonnen □ **apostar**

tipp|topp ⟨Adj. 24/80; umg.⟩ *tadellos, einwandfrei;* die Wohnung sieht ~ aus □ **perfeito; impecável**

Ti|ra|de ⟨f.; -, -n⟩ **1** ⟨Gesangskunst⟩ *Lauf schnell aufeinanderfolgender Töne* □ **notas de passagem diatônicas 2** *Wortschwall* □ **tirada**

ti|ri|lie|ren ⟨V. 400⟩ *ein Vogel tiriliert singt, trällert, jubiliert* □ **trilar; gorjear**

Tisch ⟨m.; -(e)s, -e⟩ **1** *Möbelstück aus einer waagerechten Platte, die auf einem oder mehreren Beinen ruht;* ein langer, ovaler, rechteckiger ~; den Kopf auf den ~ legen (vor Erschöpfung); die Arme auf den ~ stützen □ **mesa;** Schreib~ □ **escrivaninha* **1.1** *Tisch(1), auf dem gegessen wird;* Ess~; sich einen ~ (im Restaurant) reservieren lassen; den ~ decken, abdecken; es wird (das) gegessen, was auf den ~ kommt; vom ~ aufstehen □ **mesa 1.1.1** Trennung von ~ und Bett *eheliche Trennung, Scheidung* □ **separação de corpos* **1.2** ⟨m. Präp. u. ohne Artikel⟩ *das Essen, die Mahlzeit;* jmdn. zu ~ bitten □ **convidar alguém para passar à mesa;* vor ~; bei ~; nach ~ □ **refeição 1.2.1** bitte zu ~! *bitte zum Essen (kommen)* □ **venham comer!;* o almoço/jantar está servido! **1.2.2** eine Dame zu ~ (e) führen *als Tischherr eine Dame zum Essen führen (bei Gesellschaften)* □ **conduzir uma mulher à mesa* **1.3** der ~ des Herrn *der Altar* □ **a mesa do Senhor;* o altar **1.3.1** zum ~ des Herrn gehen *das Abendmahl nehmen* □ **receber a Eucaristia* **1.4** jmdn. unter den ~ trinken *so lange mit ihm trinken, bis er völlig betrunken ist, selbst mehr trinken können als der andere* □ **beber mais que outra pessoa sem ficar bêbado* **2** auf den ~ bringen ⟨a. fig.⟩ *offen, ohne Vorbehalte darlegen* □ **pôr as cartas na mesa* **2.1** etwas auf den ~ des Hauses legen ⟨fig.⟩ *feierlich od. nachdrücklich niederlegen, jmdm. überreichen* □ **apresentar/entregar solenemente alguma coisa* **2.2** etwas unter den ~ fallen lassen ⟨a. fig.⟩ *absichtlich nicht mehr berücksichtigen, in Erinnerung rufen, darauf aufmerksam machen;* die Sache ist unter den ~ gefallen □ **deixar alguma coisa de lado;* → a. *Fuß(1.9),* grün, rund

Tisch|ler ⟨m.; -s, -⟩ *Handwerker, der Möbel herstellt;* Sy *Schreiner* □ **marceneiro; moveleiro**

Tisch|le|rin ⟨f.; -, -rin|nen⟩ *weibl. Tischler;* Sy *Schreinerin* □ **marceneira; moveleira**

Tisch|tuch ⟨n.; -(e)s, -tü(cher⟩ *Tuch, das zum Essen über den Tisch gedeckt wird;* ein frisches ~ auflegen □ **toalha de mesa**

Ti|tan¹ ⟨m.; -en, -en⟩ **1** ⟨griech. Myth.⟩ *Angehöriger eines göttlichen Geschlechts von Riesen, das sich gegen Zeus erhob u. von ihm in den Tartarus gestürzt wurde* □ **Titã 2** = *Riese¹(2)*

Ti|tan² ⟨n.; -s; unz.; Zeichen: Ti⟩ *chem. Element, weißes, hartes, glänzendes Metall, Ordnungszahl 22* □ **titânio**

ti|ta|nisch ⟨Adj. 24⟩ **1** *zu den Titanen¹(1) gehörend, in der Art eines Titanen¹(1)* **2** *riesenhaft, von großer Stärke* □ **titânico**

Ti|tel ⟨m.; -s, -⟩ **1** *Bezeichnung des Ranges einer Person;* einen ~ führen; jmdn. mit seinem ~ ansprechen **1.1** *ehrenvoller, durch eine Prüfung erworbener od. für Verdienste verliehener Zusatz zum Namen;* Doktor~; akademischer ~ **1.2** *durch Geburt erworbene Bezeichnung des Ranges als Zusatz zum Namen;* Grafen~, Herzogs~ **1.3** *Amtsbezeichnung, z. B. Regierender Bürgermeister* **1.4** *in sportlichen Wettkämpfen errungene Bezeichnung des Ranges;* den ~ des Weltmeisters im Boxen verteidigen **2** *kennzeichnender Name eines Buches od. Kunstwerkes;* Buch~, Film~, Opern~ **3** *Name od. Ziffer des Abschnitts eines Gesetzes, einer Verordnung od. einer Drucksache;* diese Mittel sind unter ~ 5 des Haushaltsplanes ausgewiesen □ **título**

ti|tu|lie|ren ⟨V. 500⟩ **1** etwas ~ *mit einem Titel versehen, benennen;* ein Buch ~ □ **intitular; dar título a 2** ⟨Vr 7 od. Vr 8⟩ jmdn. ~ *mit einem Titel anreden* □ **chamar/tratar alguém pelo título 2.1** ⟨umg.; scherzh.⟩ *bezeichnen, nennen* □ **intitular**

Toast ⟨[to:st] m.; -(e)s, -e od. -s⟩ **1** *geröstete Scheibe Weißbrot* □ **torrada 2** = *Trinkspruch;* einen ~ auf jmdn. ausbringen □ **brinde**

to|ben ⟨V. 400⟩ **1** etwas tobt *ist in heftiger Bewegung, findet in sehr intensiver Weise statt;* ein Unwetter tobte gestern über der Stadt; der Kampf, die Schlacht tobte □ **ser violento; enfurecer-se; castigar 1.1** der See tobt *schlägt wilde Wellen* □ **o mar está agi-*

tado/bravio 1.2 der **Wasserfall, Wildbach** tobt braust wild 1.3 der Sturm tobt (ums Haus) weht wild, heult (ums H.) □ bramir; ~der Sturm □ *tempestade violenta 2 außer sich sein, wild, wütend sein, rasen; vor Schmerz, Wut ~ □ *enlouquecer de dor; ficar furioso; ~d um sich schlagen □ enfurecido; fora de si 3 Kinder ~ tollen, lärmen, laufen ausgelassen herum u. spielen; hier im Wald können die Kinder ordentlich ~ □ fazer algazarra

Tob|sucht ⟨f.; -; unz.⟩ häufig wiederkehrender, bis zur Unerträglichkeit gesteigerter Reizzustand □ furor; frenesi

Toch|ter ⟨f.; -, Töch|ter⟩ 1 weibl. Kind in Beziehung auf die Eltern; die ~ des Hauses; er hat zwei kleine, große, erwachsene Töchter □ **filha** 2 ⟨schweiz.⟩ Mädchen; Lehr~ □ *aprendiz, Saal~, Servier~ □ *garçonete; eine ~ aus gutem Hause □ moça

Tod ⟨m.; -(e)s, -e; Pl. selten⟩ 1 Sterben, Aufhören aller Lebensvorgänge; der ~ hat ihn ereilt; den ~ (nicht) fürchten; den ~ herbeisehnen, herbeiwünschen; gegen den ~ ist kein Kraut gewachsen; dem ~(e) nahe sein; ein ruhiger, sanfter, schöner, schmerzloser ~; einen sanften ~ sterben; ein früher, plötzlicher, unerwarteter ~; jmdn. zum ~e verurteilen; den ~ am Galgen sterben; der ~ auf dem Scheiterhaufen; ~ durch Erschießen, durch das Beil, den Strang; Liebe, Treue über den ~ hinaus; bis dass der ~ euch scheide (Trauungsformel); für eine Überzeugung, für jmdn. in den ~ gehen; an jmds. ~ schuld sein; eine Tat mit dem ~ bezahlen; eine Schuld mit dem ~ büßen; hier geht es um Leben und ~; jmdn. vom ~ erretten; kurz vor, nach seinem ~ 1.1 treu bis in den ~ bis ans Lebensende treu sein 1.2 den ~ in den Wellen finden ertrinken □ **morte** 1.3 jmdn. auf den ~ verwunden so verwunden, dass er daran stirbt □ *ferir alguém mortalmente 1.4 ein Tier zu ~e hetzen, schlagen, prügeln, quälen ein Tier so lange hetzen usw., bis es stirbt □ *perseguir/espancar/maltratar um animal até a morte 1.5 ⟨selten⟩ auf den ~ krank sein todkrank □ *estar gravemente doente; estar à beira da morte 1.6 (bei etwas) den ~ erleiden durch Gewalteinwirkung sterben □ *encontrar a morte 1.6.1 wenn das geschieht – das wäre mein ~ das könnte ich nicht ertragen, nicht überleben □ se isso acontecesse, seria a minha morte/o meu fim 1.7 eines natürlichen ~es sterben durch Krankheit, Altersschwäche u. Ä. sterben □ *morrer de causas naturais 1.8 eines gewaltsamen, unnatürlichen ~es sterben durch Unfall, Kriegseinwirkung, Mord, Hinrichtung u. Ä. sterben □ *ter uma morte violenta; morrer de causas não naturais 1.9 (sich) zu ~e fallen, stürzen so fallen, dass man an den Verletzungen stirbt □ *sofrer uma queda mortal 1.10 jmdn. in den ~ jagen, treiben an jmds. Sterben schuld sein, jmds. Sterben verursachen □ *levar alguém à morte 2 ⟨fig.⟩ der gedachte Verursacher des Todes(1); es ist ein Schnitter, heißt der ~ (Anfang eines Volksliedes); der ~ als Schnitter, Sensenmann, Gerippe (dargestellt); im Wald lauert der ~; bleich wie der ~ aussehen □ morte; ~ und Teufel! (Fluch) □ *diabo!,

diacho! 2.1 der ~ nahm ihm die Feder, den Pinsel aus der Hand er starb während seiner Arbeit, über seinem Werk □ *ele morreu escrevendo/pintando 2.2 der ~ hielt furchtbare Ernte ⟨fig.⟩ raffte die Menschen dahin □ *muitas vidas se perderam; é grande o número de vítimas fatais 3 ⟨fig.⟩ Ende, Erlöschen (eines Vorgangs, einer Entwicklung, eines Zustandes); das ist der ~ aller Gemeinsamkeit □ **fim** 4 zu ~e ⟨verstärkend⟩ sehr; zu ~e erschrecken □ *matar/morrer de susto; zu ~e betrübt □ *morto de tristeza; sich zu ~e langweilen ⟨umg.⟩ □ *morrer de tédio; sich zu ~e ärgern ⟨umg.⟩ □ *morrer de raiva 4.1 das kann ich auf den ~ nicht leiden ⟨umg.⟩ ganz und gar nicht, das ist mir äußerst unangenehm □ *não suporto isso; tenho horror a isso 4.2 mit dem ~(e) kämpfen dem Tode nahe sein, lebensgefährlich krank sein □ *lutar com a morte 4.3 jmdn. zu ~e hetzen bis zur Erschöpfung hetzen, verfolgen □ *perseguir alguém até a morte 4.4 sich zu ~e schinden ⟨umg.⟩ bis zur Erschöpfung arbeiten □ *matar-se de trabalhar 4.5 einen Witz, ein Beispiel zu ~e hetzen zum Überdruss wiederholen, so oft wiederholen, dass er, es langweilig wird □ *contar sempre a mesma piada; dar sempre o mesmo exemplo

tod|ernst ⟨Adj. 24⟩ ganz ernst, sehr ernst; er machte ein ~es Gesicht □ seríssimo; muito sério

To|des|fall ⟨m.; -(e)s, -fäl|le⟩ Tod einer Person, bes. innerhalb einer Familie od. anderen Gemeinschaft; wegen ~s vorübergehend geschlossen □ morte; falecimento

To|des|stoß ⟨m.; -es; unz.⟩ 1 Stoß mit einer Stichwaffe, als dessen Folge der Tod eintritt □ golpe mortal 1.1 jmdm. oder einem Tier den ~ geben jmdn. od. ein Tier, der bzw. das schon dem Tode nahe ist, töten 1.2 jmdm. den ~ geben ⟨fig.⟩ jmdm., dem es finanziell sehr schlecht geht, vollends ruinieren □ golpe de misericórdia

To|des|ver|ach|tung ⟨f.; -; unz.⟩ 1 keine Furcht vor dem Tode □ desprezo pela morte; destemor 2 ⟨fig.; umg.⟩ sehr große Überwindung; etwas mit ~ tun □ sacrifício

tod|krank ⟨Adj. 24⟩ sterbenskrank, so krank, dass Todesgefahr besteht □ à beira da morte; moribundo

töd|lich ⟨Adj. 24⟩ 1 todbringend, zum Tode führend, den Tod zur Folge habend; Körperverletzung mit ~em Ausgang; ~es Gift; ein ~er Schlag, Sturz; ~e Verletzungen □ mortal; mortífero; letal; ~ verunglücken; jmdn. ~ verwunden □ mortalmente 2 ⟨verstärkend⟩ in sehr hohem Maße, sehr groß, sehr stark; sich ~ langweilen □ *morrer de tédio; ~ beleidigt sein ⟨umg.; scherzh.⟩ □ *ficar profundamente ofendido 2.1 ~er Hass unversöhnlicher H. □ mortal 2.2 mit ~er Sicherheit ⟨fig.⟩ mit absoluter, völliger S. □ absoluto

Töff ⟨n.; -s, -s; schweiz.; umg.⟩ Motorrad □ motocicleta

To|fu ⟨m.; - od. -s; unz.⟩ Quark aus Sojabohnen □ tofu

To|ga ⟨f.; -, To|gen⟩ weites altrömisches Obergewand für Männer □ toga

To|hu|wa|bo|hu ⟨n.; - od. -s, -s⟩ völliges Durcheinander, Wirrwarr □ confusão; caos

Toilette

To|i|let|te ⟨[toa-] f.; -, -n⟩ **1** *(Waschraum mit) Abort¹;* auf die ~ gehen **2** ⟨unz.; veraltet⟩ *Körperpflege, Ankleiden u. Frisieren (bes. für festliche Gelegenheiten);* noch, gerade bei der ~ sein □ toalete

To|i|let|ten|pa|pier ⟨[toa-] n.; -s; unz.; umg.⟩ *Papier zum Reinigen nach der Ausscheidung auf der Toilette;* Sy ⟨umg.⟩ *Klopapier* □ papel higiênico

to|le|rant ⟨Adj.⟩ *duldsam, nachsichtig, weitherzig, großzügig* □ tolerante

To|le|ranz ⟨f.; -, -en⟩ *tolerantes Verhalten, Nachsichtigkeit, Weitherzigkeit* □ tolerância

toll ⟨Adj.⟩ **1** ⟨70⟩ *an Tollwut erkrankt, tollwütig;* der Hund ist ~ □ raivoso; hidrófobo **2** ⟨veraltet⟩ *verrückt, geistesgestört, wahnsinnig;* bist du ~?; der Schmerz machte ihn (fast) ~; er schrie, schlug um sich, gebärdete sich wie ~; dabei kann man ja ~ werden □ louco **3** ⟨veraltet⟩ *ausgelassen, wild, zügellos, verwegen;* eine ~e Fahrt, ein ~er Ritt; ~es Treiben □ desenfreado; er treibt es (denn doch) zu ~ □ *ele está passando dos limites;* da geht es ja ~ zu □ legal; fantástico; ein ~er Bursche, Kerl □ legal; bacana; ein ~er Streich □ temerário; **4** ⟨umg.⟩ *überdurchschnittlich gut, schön, großartig, herrlich, begeisternd;* wie war es gestern auf dem Fest, im Theater? ~!; ~, wie du das kannst, machst!; ein ~es Buch, ~er Film; ein ~es Haus, Kleid; das sieht (einfach) ~ aus; eine ~e Frau □ fantástico; maravilhoso

Tol|le ⟨f.; -; -n⟩ *große Haarlocke (bes. über der Stirn)* □ topete

tol|len ⟨V. 411(h.) od. (s.)⟩ *wild u. fröhlich spielen, lärmend u. fröhlich herumlaufen;* im Garten, im Wald können die Kinder ordentlich ~ □ fazer algazarra

toll|kühn ⟨Adj.⟩ *sehr kühn, die Gefahr, den Tod nicht scheuend;* ein ~er Mensch; eine ~e Tat; ein ~es Unternehmen □ audacioso; temerário

Toll|patsch ⟨m.; -(e)s, -e⟩ *ungeschickter Mensch* □ desajeitado; desastrado

Toll|wut ⟨f.; -; unz.; Vet.⟩ *durch Biss übertragene, auch beim Menschen vorkommende Viruskrankheit warmblütiger Tiere, die sich u. a. in rasender Wut äußert: Lyssa, Rabies* □ raiva; hidrofobia

Tol|patsch ⟨alte Schreibung für⟩ *Tollpatsch*

Töl|pel ⟨m.; -s, -⟩ **1** ⟨abwertend⟩ *schwerfälliger, einfältiger Mensch;* oh, ich ~! □ idiota; desastrado **2** ⟨Zool.⟩ *Angehöriger einer Familie gänsegroßer, starkschnäbliger Ruderfüßler, die stoßtauchend Fische erbeuten: Sulidae* □ sulídeos

To|ma|hawk ⟨[tɔmahɔ:k] m.; -s, -s⟩ *Streitaxt der nordamerikanischen Indianer* □ machadinha

To|ma|te ⟨f.; -, -n⟩ **1** ⟨Bot.⟩ *Nachtschattengewächs mit roten, auch gelben Früchten: Lycopersicum esculentum* □ tomateiro **2** *die Frucht der Tomate(1);* Sy ⟨österr.⟩ *Paradeiser;* rot wie eine ~ sein; jmdn. mit faulen ~n bewerfen □ tomate **3** treulose ~ ⟨fig.; umg.; scherzh.⟩ *unzuverlässiger Mensch* □ *salafrário

Tom|bo|la ⟨f.; -, -s od. -len⟩ *Verlosung von Gewinnen (bes. bei Wohltätigkeitsveranstaltungen, Festen u. Ä.)* □ tômbola

Ton¹ ⟨m.; -s, -e⟩ **1** ⟨Geol.⟩ *Sedimentgestein mit Korngrößen unter 0,02 mm, das aus Verwitterungsresten (wie Quarz, Glimmer, Feldspat), Verwitterungsneubildungen, insbes. Tonmineralen, Organismenresten u. a. besteht* **2** *hauptsächlich aus Ton(1) bestehender, in feuchtem Zustand weicher u. formbarer Rohstoff, der von Töpfern u. Bildhauern verwendet wird;* eine Figur in ~ bilden, aus ~ kneten; eine Vase aus ~ □ argila; barro

Ton² ⟨m.; -(e)s, Tö|ne⟩ **1** *hörbare Schwingung der Luft* 1.1 *Klang;* ein blecherner, dumpfer, metallischer ~ 1.2 ⟨Phys.⟩ *mit dem Ohr wahrnehmbare, periodisch rasche Luftschwingung, Sinusschwingung* 1.3 *Laut;* ein klagender, schriller, wimmernder ~ □ som; keinen ~ von sich geben □ *ficar calado; não dar um pio 1.4 ⟨Mus.⟩ *aus mehreren harmonischen Komponenten zusammengesetzte elementarste Einheit* □ nota 1.5 ⟨Mus.⟩ *Höhe des Tones;* ein falscher ~; den ~ nicht halten (beim Singen) 1.5.1 den ~ angeben *den Grundton anschlagen (als Hilfe für die Sänger)* 1.6 ⟨Mus.⟩ *Intervall zwischen den Einheiten;* ein halber, ganzer ~ □ tom 1.7 der ~ eines **Instruments** ⟨Mus.⟩ *Klangfarbe, Klangart;* das Klavier hat einen schönen ~ □ tom; timbre **2** ⟨fig.⟩ *Art des Sprechens, Umgangston, die Art, innerhalb einer Gemeinschaft miteinander zu sprechen;* etwas in vorwurfsvollem, wehleidigem ~ sagen; er redete im ~ eines Schulmeisters; diesen ~ verbitte ich mir!; etwas in barschem, befehlendem, freundlichem, scharfem ~ zu jmdm. sagen; in lautem, leisem ~ sprechen 2.1 was ist denn das für ein ~? *für ein unangemessene, unverschämte Sprechweise?* 2.2 *Art der Beziehung zwischen Personen, Atmosphäre;* der ~ hier bei uns ist rau, aber herzlich; hier herrscht ein liebenswürdiger, herzlicher, rauer ~ 2.3 der ~ macht die Musik ⟨fig.⟩ *die Art u. Weise wie etwas gesagt wird, entscheidet darüber, ob eine Äußerung als freundlich od. unfreundlich zu beurteilen ist* □ tom **3** *Betonung, Nachdruck, Akzent;* der ~ liegt auf der ersten, zweiten, letzten Silbe □ tônica **4** der ~ einer **Farbe** *Farbnuance, Schattierung, Spur;* die Farbe ist einen ~ zu hell, zu dunkel; die Vorhänge haben einen anderen ~ als die Tapeten □ tom; nuança; matiz **5** hast du, haste Töne? ⟨fig.; umg.; urspr. berlinisch⟩ *ist das möglich? (Ausruf des Erstaunens)* □ *que coisas dessas?; dá para acreditar numa coisa dessas?* 5.1 den ~ angeben (in etwas) *Vorbild, Richtlinie sein, das Verhalten der andern bestimmen* □ *dar o tom; determinar

ton|an|ge|bend ⟨Adj. 24/70⟩ *eine Gesellschaft bestimmend, sie beherrschend* □ dominante; que dá o tom

Ton|art ⟨f.; -, -en⟩ **1** ⟨i. w. S.⟩ *auf einem Grundton beruhendes System von Tönen als Grundlage von Musikstücken* 1.1 ⟨i. e. S.; seit dem 19. Jh.⟩ *Beziehung der Tongeschlechter (Dur u. Moll) auf einen Grundton;* Dur-~, Moll-~; ein Stück aus einer ~ in eine andere transponieren; in welcher ~ steht das Stück? □ tom; tonalidade **2** ⟨fig.⟩ 2.1 *Art des Sprechens, Ton² (2)* □ tom **2.2** eine andere ~ anschlagen *sein Verhalten ändern, insbes. strenger, energischer sprechen, auftreten* □ *mudar de tom

Ton|band ⟨n.; -(e)s, -bän|der⟩ *magnetisierbare Eisenteilchen enthaltendes Kunststoffband zur Speicherung von Schallwellen* □ fita magnética

tö|nen ⟨V.⟩ **1** ⟨400⟩ etwas tönt *gibt Töne, Klänge von sich; die Glocken tönten; von irgendwoher tönte ein Lautsprecher, ein Ruf, eine Stimme; dumpf, hell, laut, leise, schrill ~* □ **soar; tocar** 1.1 *~de* **Worte** *leere, nichtssagende W.* □ ***palavras vazias 2** ⟨800⟩ *von etwas ~* ⟨umg.; abwertend⟩ *prahlend, wichtigtuerisch von etwas sprechen; sie tönt ständig von ihrer tollen Karriere* □ **gabar-se; vangloriar-se 3** ⟨500⟩ *etwas ~ abschattieren, eine Schattierung anbringen an od. in etwas, ein wenig farbig machen; sich das Haar (kastanienrot o. Ä.) ~ lassen; ein Bild dunkler ~; die Wand ist (leicht) gelblich, grünlich getönt* □ **tonalizar; colorir**

tö|nern ⟨Adj. 24⟩ **1** *aus Ton¹* □ **de argila** 1.1 ⟨60⟩ *die Sache, das Unternehmen steht auf ~en Füßen* ⟨fig.⟩ *ist unsicher, hat keine feste Grundlage* □ ***a questão/a iniciativa é incerta/não tem bases sólidas**

Ton|fall ⟨m.; -(e)s, -fäl|le; Pl. selten⟩ *die Art der Betonung innerhalb des Satzes, Sprachmelodie; bairischer, sächsischer ~; singender ~* □ **inflexão; entonação**

To|ni|ka ⟨f.; -, -ken⟩ *Grundton einer Tonleiter* □ **tônica**

To|ni|kum ⟨n.; -s, -ni|ka⟩ *stärkendes Mittel* □ **tônico**

Ton|lei|ter ⟨f.; -, -n⟩ *vom Grundton ausgehende Folge der durch Tonart und Tongeschlecht bestimmten Ganz- u. Halbtöne innerhalb einer Oktave;* Sy *Skala(3);* C-Dur-~, a-Moll-~; ~n üben □ **escala**

Ton|na|ge ⟨[-ʒə] f.; -; unz.⟩ *in Bruttoregistertonnen gemessener Rauminhalt eines Schiffes* □ **tonelagem**

Ton|ne ⟨f.; -, -n⟩ **1** *großes Fass* □ **tonel; barril 2** *Maßeinheit für Gewicht, 1000 kg* □ **tonelada 3** ⟨früher⟩ *Hohlmaß, bes. für Wein u. Bier, 100 bis 700 l* □ **tonel 4** *schwimmendes Seezeichen in Form einer Tonne(1), oft mit Signaleinrichtung;* Heul-~ □ **boia; baliza 5** ⟨fig.; umg.; abwertend⟩ *sehr dicke Frau* □ **barrica; baleia**

Ton|trä|ger ⟨m.; -s, -⟩ *Schallplatte, Magnetband, CD od. sonstiger Datenträger, auf dem akustische Informationen gespeichert sind* □ **suporte de áudio**

Top ⟨n.; -s, -s⟩ *ärmelloses Damenoberteil (für sommerliche od. festliche Kleidung);* ⟨glänzende, seidene ~s; ein ~ mit Spaghettiträgern⟩ □ **top; bustiê**

To|pas ⟨m.; -es, -e⟩ *Mineral, Edelstein, chem. Aluminium-Fluor-Silicat* □ **topázio**

Topf ⟨m.; -(e)s, Töp|fe⟩ **1** *tiefes, meist zylinderförmiges Gefäß* □ **pote** 1.1 *Gefäß zum Kochen, Kochtopf; ein ~ voll Wasser, Suppe* □ **panela** 1.2 *Blumentopf; die Pflanze in einen größeren ~ umpflanzen* □ **vaso** 1.3 *Nachttopf; ein Kind auf den ~ setzen* □ **penico; urinol 2** ⟨fig.⟩ 2.1 *alles in einen ~ werfen* ⟨fig.; umg.⟩ *alles unterschiedslos behandeln* □ ***generalizar; colocar tudo no mesmo saco;* → a. *andere(r, -s)(1.5), Nase(3.3)*

Töpf|chen ⟨n.; -s, -⟩ **1** *kleiner Topf; die guten ins ~, die schlechten ins Kröpfchen (nach der Formel in dem Märchen „Aschenbrödel", in dem die Tauben dem Mädchen helfen, Körner auszulesen)* □ **panelinha; vasinho 2** *Nachttopf für Kinder; ein Kind aufs ~ setzen* □ **penico; troninho**

Topf|fen ⟨m.; -s; unz.⟩ *süddt., österr.⟩ Quark¹ (1)* □ **queijo Quark**

Töp|fer ⟨m.; -s, -⟩ **1** *Handwerker, der Töpfe u. andere Gegenstände aus Ton herstellt* □ **oleiro; ceramista 2** *Lehrberuf mit dreijähriger Lehrzeit* □ **formação em olaria 3** *Ofensetzer* □ **estufeiro**

Töp|fe|rin ⟨f.; -, -rin|nen⟩ *weibl. Töpfer* □ **oleira; ceramista; estufeira**

top|fit ⟨Adj. 40; umg.⟩ *in ausgezeichneter körperlicher Verfassung; er ist ~* □ **em plena forma; enxuto**

<u>To|po|gra|fie</u> ⟨f.; -, -n⟩ oV *Topographie* **1** *Ortskunde, Lagebeschreibung* **2** *Landesaufnahme* □ **topografia**

To|po|gra|phie ⟨f.; -, -n⟩ = *Topografie*

To|pos ⟨m.; -, To|poi⟩ **1** ⟨Antike⟩ *allgemein anerkannter Gesichtspunkt, Redewendung* **2** ⟨Lit.⟩ *formelhafte These, traditionelles Motiv* □ **tópos**

Topp ⟨m.; -s, -e(n) od. -s⟩ *oberstes Ende des Mastes* □ **tope**

<u>top|se|cret</u> *auch:* <u>top|sec|ret</u> ⟨[-siːkrət] Adj. 24/40; umg.⟩ *streng geheim; die Sache ist ~* □ **ultrassecreto**

Top|star ⟨m.; -s, -s; verstärkend⟩ *bes. erfolgreicher Star³* □ **superstar**

Top Ten ⟨[- tɛn-] Pl.⟩ *die ersten zehn Titel einer Erfolgsliste (Hitparade, Bestsellerliste o. Ä.); zu den ~ gehören; unter den ~ sein* □ **os dez primeiros; os dez melhores**

Tor¹ ⟨m.; -en, -en⟩ **1** *einfältiger Mensch; da steh ich nun, ich armer ~, und bin so klug als wie zuvor (Goethe, „Faust" I, Nacht)* **2** *töricht handelnder Mensch, Narr; oh, ich ~!* □ **tolo; simplório**

Tor² ⟨n.; -(e)s, -e⟩ **1** *(meist aus zwei Flügeln bestehende, sich in einem Abstand vor einem Gebäude befindende) große Tür, Eingang;* Scheunen-~, Stadt-~; *das ~ öffnen, schließen; ein vergoldetes ~* □ **portão; porta** 1.1 *vor den ~en der* **Stadt** ⟨früher⟩ *außerhalb der Stadt* □ ***às portas da cidade** 1.2 ⟨Geogr.⟩ *natürlicher Durchgang;* Felsen-~; → a. *Kuh(1.1), Tür(7.1)* **2** ⟨Sp.⟩ *durch zwei Pfosten bezeichnete Stelle, durch die bei bestimmten Wettfahrten (z. B. beim Skilauf) gefahren werden muss* □ **porta 3** ⟨Fußb., Hockey u. a.⟩ *Vorrichtung aus zwei Längsstangen u. einer darüberliegenden Querstange mit Netz als Ziel, in das der Ball gebracht werden muss* 3.1 *mit dem Ball erzielter Treffer im Tor²(3)* □ **gol**; *ein ~ schießen* □ ***marcar um gol** 3.1.1 *~! (Ausruf, wenn eine Mannschaft ein Tor²(3.1) erzielt)* □ **gol!**

To|re|ro ⟨m.; -s, -s⟩ *Stierkämpfer* □ **toureiro**

Torf ⟨m.; -(e)s; unz.⟩ *in trockenem Zustand brennbare Bodenart aus einem Gemenge von kohlenstoffreichen, im Wasser unvollständig zersetzten Pflanzenteilen; ~ stechen* □ **turfa**

tö|richt ⟨Adj.⟩ **1** *einfältig; ein ~er Mensch* **2** *unklug, unvernünftig; es ist ~ zu glauben, dass ...* □ **tolo; insensato**

tor|keln ⟨V. 400⟩ **1** *so stark schwanken, dass kaum die aufrechte Haltung beibehalten werden kann; als wie aus der Kneipe kamen, torkelten sie* **2** ⟨411(s.)⟩ *sich torkelnd(1) (fort)bewegen; der Betrunkene torkelte über die Straße* □ **cambalear**

Tor|na|do ⟨m.; -s, -s⟩ **1** *nordamerikanischer Wirbelsturm* **2** ⟨Typenbez. für⟩ *zweisitziges Kampfflugzeug der Bundeswehr* □ **tornado**

Tor|nis|ter ⟨m.; -s, -⟩ **1** ⟨Mil.⟩ *Ranzen aus Segeltuch od. Fell* □ **mochila 2** ⟨veraltet⟩ *Schulranzen* □ **mochila escolar**

tor|pe|die|ren ⟨V. 500⟩ **1** *Schiffe ~ mit einem Torpedo beschießen* **2** *Maßnahmen ~* ⟨fig.; umg.⟩ *verhindern, stören* □ **torpedear**

Tor|pe|do ⟨m.; -s, -s⟩ *durch eigene Kraft sich fortbewegendes unter Wasser eingesetztes Geschoss gegen Schiffe, das von Schiffen u. von U-Booten aus einem Rohr durch Pressluft ausgestoßen wird* □ **torpedo**

Tor|schluss ⟨m.; -es; unz.⟩ **1** ⟨früher⟩ *Schließungszeit des Stadttores* □ **fechamento dos portões da cidade 2** *kurz vor ~ kommen* ⟨fig.⟩ *gerade noch rechtzeitig* □ ***chegar em cima da hora**

Tor|so ⟨m.; -s, -s⟩ **1** *unvollendete od. nicht vollständig erhaltene Statue, die (meist) nur aus Rumpf u. Kopf besteht;* Sy *Fragment(3)* □ **torso 2** ⟨fig.⟩ *unvollendetes Werk* □ **obra incompleta; fragmento**

Tor|te ⟨f.; -, -n⟩ *kreisrunder, gefüllter od. mit Obst belegter Kuchen;* Buttercreme~, Obst~ □ **torta**

Tor|te|lett ⟨n.; -s, -s⟩ *Törtchen aus Mürbeteig, das mit Obst od. mit pikanten Zutaten belegt ist;* oV *Tortelette* □ **tortinha**

Tor|te|let|te ⟨f.; -, -n⟩ = *Tortelett*

Tor|tel|li|ni ⟨Pl.; ital. Kochk.⟩ *italienisches Gericht aus kleinen Nudelteigringen, die mit einer Fleisch- od. Gemüsemasse gefüllt sind* □ **tortellini**

Tor|til|la ⟨[-tɪlja] f.; -, -s⟩ **1** ⟨in Spanien⟩ *Omelette* **2** ⟨in Lateinamerika⟩ *aus Maismehl hergestelltes Fladenbrot* □ **tortilha**

Tor|tur ⟨f.; -, -en⟩ **1** ⟨früher⟩ = *Folter* **2** ⟨fig.⟩ *Qual, Quälerei, Plage* □ **tortura; tormento**

to|sen ⟨V. 400⟩ **1** *laut brausen, wild rauschen, lärmend fließen; der Wasserfall, Wildbach tost* □ **bramar; estrepitar 1.1** *~der Beifall* ⟨fig.⟩ *rauschender, sehr lauter B.* □ ***aplauso estrepitoso**

tot ⟨Adj. 24⟩ **1** *gestorben, des Lebens beraubt, leblos, entseelt; der Verunglückte war sofort ~; seine Eltern sind ~; der Verschüttete konnte nur ~ geborgen werden; er lag da wie ~; ~ umfallen; einen Vermissten für ~ erklären lassen; das Kind wurde ~ geboren;* ⟨aber Getrennt- u. Zusammenschreibung⟩ *~ geboren = totgeboren* **1.1** *ein ~er Hund beißt nicht mehr vor Toten ist man sicher* □ **morto 1.2** *sich ~ stellen bewegungslos liegen u. so den Tod vortäuschen* **1.2.1** *ein Tier stellt sich tot tut so, als ob es tot sei* □ ***fingir-se de morto 2** *ohne Leben* **2.1** *ein ~er Ast, Baum abgestorbener A., B.* □ **morto; seco 2.2** *~es Inventar Möbel, Liegenschaften u. a. Vermögenswerte* □ ***bens imóveis;** Ggs *lebendes Inventar* → *leben(1.8)* **3** ⟨70; fig.; umg.⟩ *erschöpft, sehr müde; sie waren vor Schreck mehr ~ als lebendig* ⟨scherzh.⟩ □ **morto 4** *eine Gegend ist* ⟨fig.⟩ *öde, unbelebt, ohne Bewegung;* X *ist heute eine ~e Stadt* □ **morto; deserto 5** ⟨60⟩ *nicht weiterführend, nicht nutzbar, keinen Ertrag abwerfend* **5.1** *~er Arm eines Flusses A., der nicht weiterführt* **5.2** *~es Gleis nicht weiterführendes G., auf dem Eisenbahnwagen abgestellt werden; ~er Strang* □ **morto 5.2.1** *eine Sache aufs ~e Gleis schieben* ⟨fig.⟩ *zurückstellen, nicht mehr beachten* □ ***pôr de lado/engavetar alguma coisa 5.3** *~e Leitung elektrische L., die keine Verbindung herstellt, keinen Strom führt* □ ***linha inativa 5.4** *~er Punkt* **5.4.1** ⟨Techn.⟩ *Stellung eines Getriebes, bei der keine Kraft übertragen werden kann* **5.4.2** ⟨fig.⟩ *Stadium, in dem es nicht weitergeht; die Verhandlungen sind an einem ~en Punkt angelangt; bei meiner Arbeit habe ich den ~en Punkt überwinden können* □ ***ponto morto 5.5** *~e Energie* ⟨Phys.⟩ *E. eines ruhenden Körpers* □ ***energia potencial;** Ggs *lebendige Energie* → *lebendig(7)* **5.6** *~er/Toter Mann* ⟨Bgb.⟩ *Teil der Grube, in dem nichts mehr abgebaut wird* □ ***parte de mina que não será mais explorada 5.7** *~e Last, ~er Ballast ohne Nutzwert* **5.8** *~es Kapital K., das keinen Ertrag abwirft* **5.9** *ihre Liebe ist ~ erloschen, erstorben* □ **morto 6** ⟨70; fig.⟩ **6.1** *~e Farben stumpfe, nicht frische, glanzlose F.* □ **morto; apagado 6.2** *den ~en Mann machen* (beim Schwimmen) *bewegungslos mit dem Rücken auf dem Wasser liegen* □ ***boiar 6.3** *~es Gewicht eines Fahrzeugs sein Eigengewicht* □ **morto 6.4** *~es Rennen* ⟨Sp.⟩ *unentschiedenes R.* □ ***corrida empatada 6.5** *~e Sprache S., die nicht mehr gesprochen wird;* Ggs *lebende Sprache* → *leben(6.3)* □ **morto 6.6** *das Tote Meer See im Nahen Osten, in dem wegen des hohen Salzgehalts keine Lebewesen leben können* □ ***o Mar Morto**

to|tal ⟨Adj. 24⟩ **1** *ganz, gänzlich, vollständig, alles umfassend;* Totalausverkauf □ **total;** *die Vorräte wurden ~ aufgebraucht* **1.1** ⟨umg.⟩ *völlig, durch u. durch; ~ übermüdet sein* □ **totalmente, completamente;** *er fährt ~ auf diese neuen Turnschuhe ab* ⟨Jugendspr.; salopp⟩ □ ***ele está gamado pelos tênis novos**

to|ta|li|tär ⟨Adj.⟩ **1** *die Gesamtheit umfassend* □ **total 2** *sich alles unterwerfend; ein ~er Staat, ~es Regime; ~ regieren* □ **(de modo) totalitário**

To|te(r) ⟨f. 2 (m. 1)⟩ **1** *Person, die gestorben ist, toter Mensch; hier ist ja ein Lärm, um einen ~n, um ~ aufzuwecken; einen ~n begraben, bestatten, beisetzen, einäschern; der ~n gedenken; bei dem Unfall hat es fünf ~ gegeben* ⟨umg.⟩ **1.1** *das Reich der ~n* ⟨Myth.; Rel.⟩ *Unterwelt, Jenseits* **1.2** *die ~n soll man ruhen lassen über Tote soll man nichts Nachteiliges mehr sagen* □ **morto**

To|tem ⟨n.; -s, -s; bes. bei traditionellen Völkern⟩ *Lebewesen (Mensch, Tier, Pflanze) od. Ding, das als Ahne eines Menschen od. Clans verehrt wird, als zauberischer Helfer dient u. nicht verletzt werden darf* □ **totem**

tö|ten ⟨V. 500⟩ **1** ⟨Vr 7⟩ *ein Lebewesen ~ totmachen, gewaltsam des Lebens berauben; einen Menschen, ein Tier ~; du sollst nicht ~* (eines der 10 Gebote); *wenn Blicke ~ könnten* (erg.: dann wäre ich jetzt tot)! ⟨umg.⟩ □ **matar 2** *etwas ~* ⟨fig.⟩ *vernichten, zerstören* □ **matar; destruir; extinguir 2.1** *einen Nerv ~ unempfindlich machen, abtöten* □ **dessensibilizar**

to|ten|blass ⟨Adj. 24⟩ *blass, bleich wie ein Toter* □ **lívido; pálido como um morto**

tot|ge|bo|ren *auch:* **tot ge|bo|ren** ⟨Adj. 24/60⟩ **1** *tot zur Welt gekommen; ein ~es Kind* □ **natimorto 1.1** *das ist ein ~es Kind* ⟨fig.⟩ *ein Unternehmen, das von* *vornherein keine Aussicht auf Erfolg hat* ☐ **esse é um projeto fadado ao fracasso*

To|to ⟨m. od. n.; -s, -s⟩ *Sportwette im Fußballspiel;* im ~ gewinnen ☐ **loteria esportiva**

tot‖sa|gen ⟨V. 500⟩ jmdn. ~ *das Gerücht verbreiten, dass jmd. gestorben sei* ☐ **dar por morto**

tot‖schla|gen ⟨V. 218/500⟩ **1** ⟨Vr 8⟩ jmdn. od. ein Tier ~ *durch Schlagen töten, erschlagen;* du kannst mich ~, ich weiß es wirklich nicht mehr, ich komme nicht darauf ⟨umg.; verstärkend⟩ ☐ **matar a pancadas 2** die Zeit ~ ⟨fig.⟩ *mit irgend etwas verbringen, weil man nichts Rechtes anfangen kann, sich die Langeweile vertreiben;* ich musste zwei Stunden auf den nächsten Zug warten, und um die Zeit (bis dahin) totzuschlagen, ging ich ins Kino ☐ **matar**

tot‖stel|len ⟨alte Schreibung für⟩ *tot stellen*

Touch ⟨[tʌtʃ] m.; -s, -s⟩ *Anflug, Hauch, besondere Note;* ein ~ von Exklusivität ☐ **toque**

tou|chie|ren ⟨[tuˈʃiː-] V. 500; Sp.⟩ ein **Hindernis**, den Gegner ~ *leicht berühren* ☐ **resvalar; tocar levemente**

Tou|pet ⟨[tupeː] n.; -s, -s⟩ **1** *Haarersatz (zum Bedecken einer Glatze);* ein ~ tragen ☐ **peruca 2** ⟨unz.; schweiz.⟩ *Unverfrorenheit, Frechheit* ☐ **topete; audácia**

Tour ⟨[tuːr] f.; -, -en⟩ **1** *kreisförmige Bewegung* ☐ **volta; giro** 1.1 in einer ~ ⟨fig.; umg.⟩ *immer wieder;* das Kind bettelt in einer ~ ☐ ***sem parar; continuamente 2** ⟨Tech.⟩ *Umdrehung einer Welle;* die Maschine macht 4500 ~en in der Minute ☐ **rotação** 2.1 auf vollen ~en *mit voller Leistung* ☐ ***a toda; a todo vapor** 2.2 auf ~en kommen *in Gang, Schwung kommen* ☐ ***tomar impulso; ganhar velocidade** 2.3 auf ~en sein *in guter Verfassung sein* ☐ ***estar em boa forma/condição 3** *Rundgang, Rundfahrt;* Auto-~, Berg-~; eine schöne, weite, anstrengende ~ machen ☐ **tour; passeio; volta** 3.1 ~ de France [- də frɛ̃ːs] *jährlich stattfindendes Radrennen von Berufssportlern in mehreren Etappen durch Frankreich* 3.2 ~ de Suisse [- də sɥis] *jährlich stattfindendes Radrennen von Berufssportlern in mehreren Etappen durch die Schweiz* ☐ *tour* **4** *Runde* 4.1 *in sich geschlossener Abschnitt eines Tanzes;* eine ~ tanzen ☐ **rodada 5** ⟨fig.; umg.⟩ *Art u. Weise (im sozialen Verhalten);* auf diese ~ darfst du mir nicht kommen; es auf die krumme ~ versuchen; komm mir nur nicht auf die schmeichlerische ~ ☐ **modo; maneira**

Tou|ris|mus ⟨[tu-] m.; -; unz.⟩ *das Reisen der Touristen* ☐ **turismo**

Tou|rist ⟨[tu-] m.; -en, -en⟩ *jmd., der eine Erholungsreise macht, bes. im Ausland* ☐ **turista**

Tou|ris|tik ⟨[tu-] f.; -; unz.⟩ *Reisewesen, Gesamtheit des Touristenverkehrs;* sie sucht einen Beruf in der ~ ☐ **turismo**

Tou|ris|tin ⟨[tʊ-] f.; -, -tin|nen⟩ *weibl. Tourist* ☐ **turista**

Tour|nee ⟨[tur-] f.; -, -s od. -n⟩ *Rundreise (von Künstlern), Gastspielreise* ☐ **turnê**

Tow|er auch: **To|wer** ⟨[taʊə(r)] m.; -s, -⟩ **1** ⟨Flugw.⟩ *Kontrollturm* **2** ⟨EDV⟩ *Computer, der für die Platzierung unter dem Schreibtisch eingerichtet ist* ☐ **torre**

to|xisch ⟨Adj. 24; Med.⟩ **1** *giftig;* ~e Pflanzen ☐ **tóxico 2** *durch Gift verursacht;* ~e Erkrankung ☐ ***intoxicação**

Trab ⟨m.; -(e)s; unz.⟩ **1** *beschleunigte Gangart der Vierfüßer* 1.1 *beschleunigte Gangart des Pferdes, bei der die diagonalen Beinpaare gleichzeitig auf dem Boden aufsetzen;* Arbeits-~; ~ laufen ☐ **trote** 1.2 ⟨umg.⟩ *Laufschritt* ☐ **passo rápido**; sich in ~ setzen ☐ ***pôr-se em marcha/movimento 2** ⟨fig.⟩ 2.1 mach ein bisschen ~ dahinter! ⟨umg.⟩ *beschleunige die Sache etwas!* ☐ ***acelere um pouco!** 2.2 nun aber (ein bisschen) ~! ⟨umg.⟩ *(ein bisschen) schnell!* ☐ ***(um pouco) mais rápido!** 2.3 jmdn. auf ~ bringen ⟨umg.⟩ *energisch zu einer Tätigkeit bringen, bewirken, dass jmd. intensiv arbeitet* ☐ ***dar uma sacudida em alguém; fazer alguém se mexer** 2.4 (immer) auf ~ sein ⟨umg.⟩ *(immer) in Bewegung sein, viel laufen müssen, viel zu tun haben* ☐ ***estar sempre na correria** 2.5 jmdn. in ~ halten *fortwährend mit neuen Aufgaben versehen* ☐ ***não dar descanso/sossego a alguém**

Tra|bant ⟨m.; -en, -en⟩ **1** ⟨früher⟩ *Leibwächter* ☐ **guarda--costas 2** ⟨heute; abwertend⟩ *von jmdm. abhängiger, bevormundeter Begleiter* ☐ **satélite 3** ⟨Astron.⟩ = *Mond(1)*

tra|ben ⟨V. 400⟩ **1** ⟨(h. od. s.)⟩ *im Trab laufen od. reiten;* das Pferd ist eine Runde getrabt ☐ **trotar 2** ⟨(s.)⟩ *schnell gehen;* das Kind trabte an der Seite des Vaters ☐ **andar depressa**

Tracht ⟨f.; -, -en⟩ **1** *nach Landschaften, Berufsgruppen, Ständen od. Zeiten unterschiedene Kleidung;* Bergmanns-~, Schwestern-~, Volks-~; bäuerliche, höfische ~ ☐ **traje 2** *die Art, sich zu frisieren od. den Bart zu tragen;* Haar-~ ☐ **penteado 3** ⟨veraltet⟩ *Traglast;* eine ~ Holz ☐ **carga 4** *Anteil, Portion* ☐ **dose; porção**; jmdm. eine ~ Prügel verabreichen ☐ ***dar uma bela surra em alguém**

trach|ten ⟨V.⟩ **1** ⟨480⟩ ~, etwas zu tun *versuchen, etwas zu tun, zu erreichen;* er trachtete, ihn zu töten ☐ **tentar**; all sein (Sinnen und) Trachten war darauf gerichtet, berühmt zu werden ☐ ***ele fez de tudo para ficar famoso 2** ⟨800⟩ *nach etwas* ~ *etwas begehren, erstreben* ☐ ***aspirar a alguma coisa** 2.1 ⟨650⟩ jmdm. nach dem Leben ~ *jmdn. töten wollen* ☐ ***atentar contra a vida de alguém**

träch|tig ⟨Adj. 24/70⟩ ein *Tier ist* ~ *trägt (ein Junges);* eine ~e Kuh ☐ **prenhe**

Tra|di|ti|on ⟨f.; -, -en⟩ *auf Herkommen, Gewohnheit, Brauch zurückzuführendes Verhalten;* eine ~ fortsetzen, bewahren; eine alte ~; an der ~ festhalten ☐ **tradição**

Tra|fik ⟨f.; -, -en; österr.⟩ *Tabakhandel, Tabakladen, Kiosk* ☐ **tabacaria**

Tra|fo ⟨m.; -s, -s; Kurzw. für⟩ *Transformator* ☐ **transformador**

träg ⟨Adj.⟩ = *träge*

trag|bar ⟨Adj. 24/70⟩ **1** *so beschaffen, dass es getragen werden kann;* ein ~er Fernsehapparat ☐ **portátil 2** *so beschaffen, dass man es noch tragen, anziehen kann;* das Kleid wird lange ~ sein ☐ **que ainda se pode vestir; usável 3** ⟨fig.⟩ *so beschaffen, dass man es ertragen kann,*

Trage

erträglich; dieser Zustand ist nicht mehr ~ □ **suportável; tolerável**

Tra|ge ⟨f.; -, -n⟩ **1** *Tragbahre* □ **maca; padiola 2** *Tragkorb;* Rücken~ □ **cesto; paneiro**

trä|ge ⟨Adj.⟩ oV *träg* **1** *sich widerstrebend bewegend, schwer zu bewegen, bestrebt, sich nicht aus der Ruhelage zu bewegen* □ **mole; indolente;** ~ Masse □ **inerte 2** *schwerfällig, langsam* □ **lento;** er erhob sich ~; der Fluss fließt ~ □ **lentamente 3** *faul, nicht gern bewegend;* alt und ~ werden □ **preguiçoso; indolente;** geistig ~ □ ***que tem preguiça mental**

tra|gen ⟨V. 265⟩ **1** ⟨500⟩ *jmdn. od. etwas ~ mit od. an (auf) einem Körperteil halten u. sich dabei fortbewegen;* ein müdes Kind ~; ein Kind auf den Armen, auf dem Arm ~; eine Last auf dem Kopf, auf den Schultern ~; etwas in der Hand ~; jmdn. den Koffer ~; ein Paket zur Post ~; Gepäck (zum Bahnhof) ~ (helfen); den verletzten Arm in der Schlinge ~; denn was man schwarz auf weiß besitzt, kann man getrost nach Hause ~ (Goethe, „Faust" I, Studierzimmer) □ **levar; carregar 1.1** *jmdn. zu Grabe ~ beerdigen* □ ***levar alguém à sepultura 1.2** *ein Kind unter dem Herzen, im Leib* ~ ⟨poet.⟩ *schwanger sein* □ ***carregar um filho no ventre 1.3** ⟨nur Part. Präs.⟩ *ein ~des Tier trächtiges T.;* die Kuh, Sau usw. ist ~d □ **prenhe 2** ⟨500⟩ *Kleidung, Schmuck, eine Haartracht u. a. ~ auf dem Körper haben, mit sich führen;* einen Bart, eine Brille, Kontaktlinsen ~; Einlagen (im Schuh) ~; das Haar lang, kurz ~; einen Ring am Finger ~; eine Blume im Haar ~; einen Gegenstand stets bei sich ~; sie trägt gern helle Kleider, einen Orden (auf der Brust) ~; (viel, wenig, keinen) Schmuck ~; eine Uniform, Tracht ~; ich kann das Kleid dieses Jahr noch, nicht mehr ~ □ **usar 2.1** *getragene Kleider gebrauchte K.* □ ***roupas de segunda mão 2.2** *Trauer ~ Trauerkleidung anhaben, trauern* □ ***estar de luto 2.3** ⟨510⟩ *etwas zur Schau ~ zeigen* □ ***expor/exibir alguma coisa 2.4** ⟨a. fig.⟩ **2.4.1** ⟨513⟩ *den Kopf hoch ~ stolz, selbstbewusst sein* □ ***manter a cabeça erguida 2.4.2** ⟨511⟩ *das Herz auf der Zunge ~ offen alles sagen, aussprechen, was man denkt u. empfindet* □ ***ter o coração perto da goela 3** ⟨500⟩ *etwas trägt jmdn. od. etwas* **3.1** *stützt jmdn., hält ihn stützend;* die Brücke trägt ein Gewicht von 10 Tonnen; schlanke Säulen ~ das Dach, den Balkon □ **sustentar; suportar 3.1.1** ⟨400⟩ *das Eis trägt ist so fest, dass man darauf gehen kann* □ ***o gelo está firme 3.2** *befördert jmdn.;* der Fluss trägt Schiffe (zum Meer); der Wind trug den Duft, den Ruf bis zu uns; er lief, so schnell, so weit ihn seine Füße trugen □ **levar; transportar 3.3** *Frucht ~ hervorbringen, produzieren;* der Baum, das Feld, der Strauch trägt gut, reichlich, schlecht, wenig Frucht **3.3.1** *die Sache trägt (reiche) Früchte* ⟨fig.⟩ *hat (guten) Erfolg, (gute) Wirkung gehabt* □ ***dar frutos 4** ⟨500; fig.⟩ *die Wechselfälle des Schicksals ~ ertragen, dulden, aushalten;* ein Unglück tapfer ~; ein Leiden mit Geduld ~; ich hab' es getragen sieben Jahr, und ich kann es nicht ~ mehr (Fontane, „Archibald Douglas") □ **suportar; aguentar 4.1** *die Kosten ~ bezahlen;* den Verlust, den Schaden ~ □ ***arcar com os custos 4.2** **Zinsen** *~ abwerfen* □ ***render juros 4.3** **Bedenken** *~* ⟨geh.⟩ *haben* □ ***hesitar 4.4** *einen* **Namen** *~ haben, führen;* den Namen des Vaters, der Mutter ~; das Buch, der Film trägt den Titel ... □ ***ter/levar um nome 4.5** ⟨511⟩ *eine Liebe im Herzen* ~ ⟨poet.⟩ *jmdn. lieben* □ **trazer 4.6** ⟨550⟩ **4.6.1** *die* **Schuld an etwas** *~ schuld an etwas sein, die S. an etwas haben* □ ***ser culpado de alguma coisa 4.6.2** **Sorge für etwas** *~ für etwas sorgen (dass es auch geschieht)* □ ***cuidar de alguma coisa; tratar de alguma coisa 4.7** ⟨540⟩ *einer Sache* **Rechnung** *~ eine S. berücksichtigen* □ ***levar alguma coisa em conta 5** ⟨500/Vr 3⟩ *sich ~* **5.1** *ein* **Unternehmen** *trägt sich wirft so viel Ertrag ab, dass kein Zuschuss notwendig ist* □ ***ser autossuficiente 5.2** ⟨513⟩ *Kleidungsstücke ~ sich (nicht) gut sind (nicht) haltbar, angenehm im Gebrauch;* der Stoff, das Kleid hat sich (nicht) gut getragen □ **(não) ser durável; (não) vestir bem 5.3** ⟨516/Vr 3⟩ *sich mit dem* **Gedanken** *~, etwas zu tun den G. erwägen, etwas planen, beabsichtigen* □ ***pensar em/ter a intenção de fazer alguma coisa 6** ⟨400⟩ **6.1** *eine* **Stimme** *trägt wird gut gehört;* seine Stimme trägt gut, schlecht, weit □ ***ter (longo) alcance;** eine ~de Stimme haben □ **ressoante; potente 6.3** ⟨Part. Präs.⟩ *~d grundlegend, Haupt...;* die ~de Idee, das ~de Motiv; eine ~de Rolle ⟨Theat.⟩ □ **principal**

Trä|ger ⟨m.; -s, -⟩ **1** *jmd., der etwas trägt;* Brief~ □ ***carteiro,** Gepäck~, Lasten~ □ **carregador,** Preis~ □ ***premiado;** die ~ einer Entwicklung □ **sustentáculo; base;** der ~ eines Namens □ **portador;** ~ der Staats-, Regierungsgewalt □ **representante 2** *tragendes Teil* □ **suporte; veículo 2.1** *Band, das ein Kleidungsstück festhält;* Hosen~, Schürzen~; Rock, Hose mit ~n □ **alça; suspensório 3** *Flugzeugträger* □ **porta-aviões**

Trä|ge|rin ⟨f.; -, -rin|nen⟩ *weibl. Träger(1)* □ **carteira; carregadora; premiada; portadora; representante**

trag|fä|hig ⟨Adj. 70⟩ *fähig, eine bestimmte Last zu tragen;* ein ~er Balken; die Brücke ist ausreichend ~ □ **resistente**

Träg|heit ⟨f.; -, -en; Pl. selten⟩ **1** *träge Art, träges Wesen, Langsamkeit, Schwerfälligkeit, Faulheit* □ **lentidão; indolência 2** *Beharrungsvermögen;* die ~ der Masse □ **inércia**

Tra|gik ⟨f.; -; unz.⟩ **1** *schweres, schicksalhaftes Leid* **2** *erschütterndes, leidbringendes, unausweichliches Geschehen* □ **tragédia**

tra|gisch ⟨Adj.⟩ **1** *auf Tragik beruhend* **2** *unabwendbaren, bes. unverschuldeten Untergang bringend* **3** *erschütternd, ergreifend* □ **trágico**

Tra|gö|die ⟨[-djə] f.; -, -n⟩ **1** *ein tragisches Geschehen schilderndes Schauspiel, Schauspiel vom tragischen Untergang eines Menschen;* Sy *Trauerspiel (1);* Ggs *Komödie(1)* **2** ⟨fig.⟩ *herzzerreißendes Unglück, tragischer Vorfall* □ **tragédia**

Trag|wei|te ⟨f.; -; unz.⟩ **1** *Schussweite (einer Feuerwaffe)* □ **alcance 2** ⟨fig.⟩ *Bedeutung, Wirkung;* ein Geschehen, eine Maßnahme von großer ~ □ **alcance; importância**

Trai|ner ⟨[trɛː-] od. [trɛː-] m.; -s, -⟩ *jmd., der Sportler auf einen Wettkampf vorbereitet* □ treinador; técnico
Trai|ne|rin ⟨[trɛː-] od. [trɛː-] f.; -, -rin|nen⟩ *weibl. Trainer* □ treinadora; técnica
trai|nie|ren ⟨[trɛː-] V.⟩ **1** ⟨400⟩ *sich auf einen Wettkampf vorbereiten, sich üben* **2** ⟨500⟩ **jmdn.** ~ *auf einen Wettkampf vorbereiten, mit jmdn. üben* □ treinar
Trai|ning ⟨[trɛː-] od. [trɛː-] n.; -s, -s⟩ *systematische Vorbereitung auf einen Wettkampf; hartes, tägliches* ~ □ treinamento
Trakt ⟨m.; -(e)s, -e⟩ *größerer Gebäudeteil, Flügel eines größeren Gebäudes;* Seiten~ □ ala; asa
Trak|tat ⟨n.; -(e)s, -e⟩ **1** ⟨veraltet⟩ = *Abhandlung(1)* **2** *Flug-, Streitschrift* □ panfleto; libelo
trak|tie|ren ⟨V. 500⟩ **1** *jmdn. od. ein Tier* ~ *schlecht behandeln, plagen, quälen* □ maltratar **1.1** ⟨514⟩ *jmdn. mit Vorwürfen* ~ ⟨umg.⟩ *ihm ständig bis zum Überdruss V. machen* □ *atormentar alguém com um sermão atrás do outro
Trak|tor ⟨m.; -s, -en⟩ *meist durch Dieselmotor angetriebenes Fahrzeug zum Schleppen, Schlepper;* Sy *Trecker* □ trator
träl|lern ⟨V. 402⟩ ⟨etwas⟩ ~ *ohne Worte fröhlich singen; ein Liedchen* ~; *vor sich hin* ~ □ cantarolar
Tram ⟨f.; -, -s od. ⟨schweiz.⟩ n.; -s, -s; kurz für⟩ *Trambahn* □ bonde
Tram|bahn ⟨f.; -, -en; schweiz.⟩ *Straßenbahn* □ bonde
tram|peln ⟨V.⟩ **1** ⟨400⟩ *derb auftreten, einen schwerfälligen Gang haben, schwerfällig u. achtlos gehen; durch die Gartenbeete, Felder* ~ □ andar pesadamente; pisar duro **2** ⟨500⟩ *etwas* ~ *mit den Füßen festtreten, zertreten; das Kind wurde zu Tode getrampelt; einen Weg durch den Schnee* ~ □ calcar; pisotear **3** ⟨400⟩ *mehrmals mit den Füßen stampfen; im Seminar* ~ ⟨als Zeichen des Beifalls⟩; *auf den Boden* ~ ⟨vor Wut, bes. von Kindern⟩ □ patear; bater os pés
tram|pen ⟨[trɛm-] V. 400⟩ *reisen, indem man auf Straßen Autos anhält u. sich von ihnen mitnehmen lässt* □ viajar de carona
Tram|per ⟨[trɛm-] m.; -s, -⟩ *jmd., der trampt;* Sy *Anhalter* □ caronista; caroneiro
Tram|pe|rin ⟨[trɛm-] f.; -, -rin|nen⟩ *weibl. Tramper;* Sy *Anhalterin* □ caronista; caroneira
Tram|po|lin ⟨a. ['---] n.; -s, -e⟩ *federndes Sprungbrett für sportliche Übungen* □ trampolim
Tram|way ⟨[tramvaɪ], engl. [trɛmweɪ] f.; -, -s; österr.⟩ *Straßenbahn, Straßenbahnwagen* □ bonde
Tran ⟨m.; -(e)s, -e⟩ **1** *Öl, das aus dem Speck von Meeressäugetieren gewonnen wird* □ óleo de mamíferos marinhos **1.1** *Öl, das aus Fischen gewonnen wird* □ óleo de peixe; Leber~ □ *óleo de fígado de peixe **2** *im* ~ ⟨fig.; umg.⟩ *im Zustand herabgeminderten Bewusstseins, bes. betrunken od. schlaftrunken* □ *grogue
Tran|ce ⟨[trãːs(ə)] f.; -, -n⟩ **1** *schlafähnlicher Dämmerzustand* **2** *schlafähnlicher Zustand der Entrückung* ⟨von Medien⟩ □ transe
tran|chie|ren ⟨[trãˈʃiː-] V. 500⟩ = *transchieren*
Trä|ne ⟨f.; -, -n⟩ **1** ⟨meist Pl.⟩ *von den Tränendrüsen im Auge abgesonderte Flüssigkeit, hervortretend bei Schmerz od. innerer Bewegung;* Freuden~, Zornes~; *jmdm.* sich die ~n abwischen; die ~n rollen ihr über die Wangen; sich, jmdm. die ~n trocknen; dicke, große ~n; ihre Augen standen voller ~n; ihre Augen schwammen in ~n; die ~n stiegen ihr in die Augen; ihre Augen füllten sich mit ~n; etwas mit ~n in den Augen sagen; der Rauch trieb mir die ~n in die Augen; die ~n standen ihm in den Augen ⟨vor Rührung⟩; wir haben ~n gelacht; er war zu ~n gerührt; ~n der Freude, der Rührung, des Zornes; ihr Blick war von ~n verschleiert □ lágrima **2** ⟨fig.⟩ **2.1** *das Weinen; die Sache ist keine* ~ *wert* □ *não vale a pena chorar por isso* **2.1.1** *die* ~n *hinunterschlucken das Weinen überwinden, mit Anstrengung zu weinen aufhören* □ *engolir as lágrimas* **2.1.2** *in* ~n *aufgelöst weinend u. stark erregt* □ *desmanchar-se em lágrimas* **2.1.3** *in* ~n *zerfließen* ⟨leicht iron.⟩ *anhaltend, heftig weinen* □ *desfazer-se em lágrimas* **2.1.4** *in* ~n *ausbrechen zu weinen beginnen* □ *romper em lágrimas* **2.1.5** ~n *vergießen weinen* □ *verter lágrimas* **2.1.6** *unter* ~n *lachen zwischen dem Weinen lachen* ⟨müssen⟩ □ *rir entre lágrimas* **2.2** *Ausdruck des Leids* **2.2.1** ~n *trocknen helfen Leid lindern helfen* □ *secar as lágrimas (de alguém)* **2.2.2** *wer nie sein Brot mit* ~n *aß* ... ⟨Goethe, Lied des Harfenspielers in "Wilhelm Meister"⟩ *wer Leid nicht kennt, kann tiefere Zusammenhänge nicht erfassen* □ lágrima **2.3** *Ausdruck des Bedauerns* **2.3.1** *ich weine ihm keine* ~ *nach ich bedaure sein Fortgehen, die Trennung von ihm nicht* □ *não vou derramar nem uma lágrima por ele ter ido embora* **2.3.2** *deswegen vergieße ich keine* ~n *das bedaure ich nicht* □ *não vou verter nem uma lágrima por isso*
Trä|nen|drü|se ⟨f.; -, -n⟩ **1** *in den Augenwinkeln der Wirbeltiere u. des Menschen gelegene Drüse, die Tränen ausscheidet* □ glândula lacrimal **1.1** *auf die* ~n *drücken* ⟨fig.⟩ *auf Rührung berechnet, sentimental sein; das Buch, der Film, das Theaterstück, der Vortrag drückt auf die* ~n □ *arrancar lágrimas
tra|nig ⟨Adj.⟩ **1** *voller Tran* □ oleoso **2** *wie Tran;* ~er *Geschmack* □ rançoso **3** ⟨umg.⟩ *im Tran, trödelig, langsam* □ lento; indolente
Trank ⟨m.; -(e)s, Trän|ke; poet.⟩ **1** *Getränk;* Liebes~, Zauber~ □ poção; Speis(e) und ~; *einen* ~ *brauen* □ bebida **1.1** *ein bitterer* ~ ⟨fig.⟩ *etwas Schweres, Unangenehmes* □ *uma coisa difícil de engolir; um osso duro de roer
Trän|ke ⟨f.; -, -n⟩ *Stelle od. Behältnis zum Tränken von Tieren; das Vieh zur* ~ *führen; eine Pferdebox mit Selbst*~ □ bebedouro
trän|ken ⟨V. 500⟩ **1** *Tiere* ~ *Tieren zu trinken geben, T. trinken lassen* □ dar de beber; abeberar **2** ⟨516⟩ *etwas mit einer Flüssigkeit* ~ *völlig nass machen, mit F. sättigen; das Erdreich ist mit Regenwasser getränkt* □ encharcar; abeberar
Tran|qui|li|zer ⟨[trɛŋkwɪlaɪzə(r)] m.; -s, -⟩ *beruhigendes Arzneimittel* □ tranquilizante; calmante

trans..., Trans... ⟨in Zus.⟩ *(hin)über..., (Hin)über..., hindurch..., Hindurch...;* transatlantisch; Transaktion

Transaktion

Trans|ak|ti|on ⟨f.; -, -en⟩ *großes Geld- od. Bankgeschäft;* Börsen~, Geld~, Wertpapier~ □ **transação**

tran|schie|ren ⟨V. 500⟩ *Fleisch ~ in Scheiben schneiden, zerlegen;* oV **tranchieren;** *gebratenes Geflügel ~* □ **trinchar**

Trans|fer ⟨m.; -s, -s⟩ **1** *Übertragung, Übermittlung;* Technologie~ **2** *Übertragung von Geld ins Ausland in der fremden Währung* **3** ⟨Sp.⟩ *Wechsel eines Berufsspielers zu einem anderen Verein (unter Zahlung einer Ablösesumme)* □ **transferência 4** *Überführung von Personen im Reiseverkehr;* ~ *vom Flughafen ins Hotel* □ **traslado**

Trans|for|ma|tor ⟨m.; -s, -to̱ren; Kurzw.: Trafo⟩ *aus zwei Wicklungen mit Eisenkernen bestehender Apparat zum Erhöhen od. Herabsetzen der Spannung von Dreh- od. Wechselstrom* □ **transformador**

trans|for|mie|ren ⟨V. 500⟩ **1** *etwas ~ umwandeln, umgestalten, umformen* **2** *einen Ausdruck ~* ⟨Math.⟩ *in einen anderen A. umwandeln* **3** *Strom ~ in S. höherer od. niederer Spannung umwandeln* **4** *einen Ausdruck ~* ⟨Sprachw.⟩ *nach bestimmten Regeln in einen anderen Ausdruck mit demselben Inhalt verwandeln, z. B. das schöne Buch → das Buch ist schön* □ **transformar**

Trans|fu|si|on ⟨f.; -, -en⟩ *Übertragung (von Blut);* Blut~ □ **transfusão**

Tran|sis|tor ⟨m.; -s, -to̱ren⟩ *steuerbares elektronisches Halbleiterbauelement, das aus meist drei verschieden dotierten Schichten besteht u. zur Regelung verwendet wird* □ **transistor**

Tran|sit ⟨a. ['--] m.; -(e)s, -e⟩ **1** *Transport von Waren zwischen zwei Ländern durch ein drittes Land;* im ~ **2** *Durchfahrt von Personen* □ **trânsito**

tran|si|tiv ⟨Adj. 24; Gramm.⟩ *zielend, ein Akkusativobjekt verlangend* (Verb); Ggs *intransitiv* □ **transitivo**

Trans|pa|rent ⟨n.; -(e)s, -e⟩ **1** *Spruchband, das aufgespannt in Demonstrationen mitgeführt wird* □ **faixa; cartaz 2** *Bild auf durchsichtigem Material (Glas, Pergament, Stoff), das von hinten beleuchtet wird* □ **transparência**

Trans|pa|renz ⟨f.; -; unz.⟩ *transparente Beschaffenheit, Durchsichtigkeit* □ **transparência**

Tran|spi|ra|ti|on *auch:* **Trans|pi|ra|ti|on** ⟨f.; -; unz.⟩ **1** ⟨geh.⟩ *das Transpirieren, Schweißabsonderung* **2** ⟨Biol.⟩ *Abgabe von Wasserdampf (bei Pflanzen)* □ **transpiração**

tran|spi|rie|ren *auch:* **trans|pi|rie|ren** ⟨V. 400⟩ **1** ⟨geh.⟩ *schwitzen* **2** *Pflanzen ~* ⟨Biol.⟩ *geben Wasserdampf ab* □ **transpirar**

Trans|plan|ta|ti|on ⟨f.; -, -en⟩ *Verpflanzung von Gewebe od. Organen;* Haut~; Nieren~ □ **transplante**

trans|po|nie|ren ⟨V. 500⟩ *ein Musikstück ~ in eine andere Tonart übertragen* □ **transpor; transportar**

Trans|port ⟨m.; -(e)s, -e⟩ **1** *Beförderung;* auf dem ~ □ **transporte 2** *die auf dem Transport(1) befindlichen Menschen, Tiere, Gegenstände* □ **carga; frete; passageiros**

trans|por|tie|ren ⟨V. 500⟩ *jmdn. od. etwas ~ befördern* □ **transportar**

Trans|ves|tit ⟨[-vɛs-] m.; -en, -en⟩ *jmd., der das Bedürfnis besitzt, sich wie ein Angehöriger des anderen Geschlechts zu kleiden u. zu benehmen* □ **travesti**

tran|szen|dent *auch:* **trans|zen|dent** ⟨Adj. 24⟩ **1** *die Grenzen der Erfahrung u. des sinnlich Wahrnehmbaren überschreitend;* Ggs *immanent (2)* **2** ~e *Zahl Z., die sich nicht als ganze Zahl, Wurzel od. Bruch ausdrücken lässt, z. B. p63* □ **transcedente**

Tra|pez ⟨n.; -es, -e⟩ **1** ⟨Geom.⟩ *Viereck mit zwei parallelen Seiten* **2** *im Turnen u. in der Artistik verwendete kurze, an Seilen hängende Stange aus Holz* □ **trapézio;** ~künstler □ **trapezista*

Trap|pe ⟨f.; -, -n; Zool.⟩ *Angehörige einer Familie der Kranichartigen mit z. T. sehr großen, kräftigen Arten: Otididae* □ **abetarda**

trap|peln ⟨V. 400(s.)⟩ *mit kleinen, schnellen Schritten u. pochendem Geräusch laufend;* die Mäuse trappelten auf dem Dachboden □ **andar a passos curtos**

Trap|per ⟨m.; -s, -⟩ *nordamerikanischer Pelztierjäger* □ **caçador de peles**

Tras|se ⟨f.; -, -n⟩ *durch Trassieren(1) festgelegte Linie für Straßen- u. Eisenbahnen;* oV *Trassee* □ **traçado**

Tras|see ⟨n.; -s, -s; schweiz.⟩ = *Trasse*

tras|sie|ren ⟨V. 500⟩ **1** *Verkehrswege ~ die Linienführung der V. im Gelände vermessen, markieren u. in Lagepläne eintragen* □ **traçar 2** *einen Wechsel ~ auf jmdn. ziehen od. ausstellen* □ **sacar**

trat|schen ⟨V. 400; umg.⟩ *klatschen(4,5), über andere (schlecht) reden* □ **fofocar; dedurar**

Trau|be ⟨f.; -, -n⟩ **1** ⟨Biol.⟩ *Blütenstand mit gestielten Einzelblüten an der verlängerten Hauptachse* **1.1** *aus der Traube(1) hervorgegangenes Bündel von Früchten;* Johannisbeeren hängen in ~n am Strauch □ **cacho 1.1.1** *Traube(1.1) des Weinstocks;* Sy *Weintraube;* 1 kg ~n; italienische, spanische ~n □ **cacho de uva 2** ⟨fig.⟩ *dichter Schwarm, geballte Menge;* an der Straßenbahntür, vor dem Schalter stand, hing eine ~ von Menschen □ **aglomerado; multidão 2.1** *Formation der Bienen nach Verlassen des Stocks mit der alten Königin;* die Bienen bilden eine ~ um einen Ast □ **enxame 3** *die ~n hängen ihm zu hoch* ⟨fig.⟩ *jmd. möchte etwas für ihn Unerreichbares gern haben, gibt es aber nicht zu, sondern tut, als wolle er es gar nicht* □ **quem desdenha quer comprar;* → a. *sauer(1.7)*

Trau|ben|zu|cker ⟨m.; -s; unz.⟩ *Zucker, der weniger süß ist als Rübenzucker u. in grünen Pflanzen entsteht;* Sy *Glucose, Glukose* □ **glicose**

trau|en ⟨V.⟩ **1** ⟨600/Vr 6 od. Vr 7⟩ *jmdm. od. einer Sache ~ Glauben, Vertrauen schenken;* jmdm. od. einer Sache nicht (recht) ~ □ **acreditar; confiar;** ich traue dem Frieden nicht (recht) □ **desconfiar do clima de paz;* jmdm. nicht über den Weg ~ ⟨verstärkend⟩ □ **não confiar nem um pouco em alguém* **1.1** *ich traute meinen Augen, Ohren kaum, als ich das sah, hörte ich glaubte nicht richtig zu sehen, zu hören* ~ □ **eu mal podia acreditar no que meus olhos viam/meus ouvidos ouviam* **1.2** *trau, schau, wem* ⟨Sprichw.⟩ *bevor du jmdm. Vertrauen schenkst, erwäge erst, ob du ihm glauben kannst* □ **confia desconfiando* **2** ⟨500/Vr

3) **sich etwas ~** *wagen, etwas zu tun;* er traut sich nicht; du traust dich nur nicht! (anstachelnde Aufforderung, etwas Unsinniges, Leichtsinniges zu tun); er traute sich nicht, sie zu fragen ☐ ***atrever-se a/ousar fazer alguma coisa** 2.1 ⟨511/ Vr 3⟩ **sich an eine Stelle ~** *sich an eine S. wagen, keine Angst haben, sich an eine S. zu begeben;* ich trau mich nicht aus dem Haus, ins Haus ☐ ***atrever-se a ir a algum lugar** 3 ⟨500⟩ **jmdn. ~** *jmds. Eheschließung standesamtlich beurkunden od. kirchlich segnen; nicht kirchlich, standesamtlich ~ lassen;* der Pfarrer, der Standesbeamte traut das Brautpaar ☐ **casar; unir em matrimônio**

Trau|er ⟨f.; -; unz.⟩ **1** *schmerzliche Gemütsstimmung nach Verlust eines Menschen;* ~ um einen Toten; sein Tod erfüllte alle mit tiefer ~; in tiefer ~ *(in Todesanzeigen)* ☐ **luto 1.1 ~ tragen** ⟨poet.⟩ *trauern (um jmdn.);* ~ muss Elektra tragen (Titel eines Stückes von O'Neill) ☐ ***estar de luto 2** *Trauerzeit;* die ~ dauert noch ein halbes Jahr ☐ **luto 2.1 ~ haben** *sich in der Trauerzeit befinden* ☐ ***guardar luto 3** *Trauerkleidung;* ~ anlegen ☐ ***pôr luto;** die ~ ablegen ☐ ***tirar o luto 3.1 ~ haben, tragen** *Trauerkleider tragen* ☐ ***vestir luto; estar de luto**

trau|ern ⟨V.⟩ **1** ⟨405⟩ **(um jmdn.) ~** *Trauer fühlen, traurig sein über den Tod eines Menschen* **2** ⟨400⟩ *(während der Trauerzeit) Trauerkleidung tragen* ☐ ***estar de luto (por alguém)**

Trau|er|spiel ⟨n.; -(e)s, -e⟩ **1** *= Tragödie(1)* **2** ⟨fig.⟩ *trauriges od. bedauerliches Geschehen* ☐ **tragédia;** es ist einfach ein ~, wie sie ihre Talente vernachlässigt ☐ **pena; pecado**

Trau|fe ⟨f.; -(e)s, -n⟩ **1** *aus der Dachrinne abfließendes Regenwasser* ☐ **goteira;** → a. *Regen(1.2)* **2** *untere waagerechte Kante der Dachfläche* ☐ **beiral**

träu|feln ⟨V.⟩ oV *träufen* **1** ⟨500⟩ *eine Flüssigkeit ~ tropfenweise gießen;* Tropfen ins Ohr ~ **2** ⟨400(s.)⟩ *eine Flüssigkeit träufelt fließt tropfenweise;* aus der Wunde träufelte Blut ☐ **pingar; gotejar**

träu|fen ⟨V.⟩ *= träufeln*

trau|lich ⟨Adj.⟩ *gemütlich, anheimelnd;* ~er Kerzenschein; bei ~em Licht der Tischlampe ~ beisammensitzen ☐ **aconchegante; acolhedor**

Traum ⟨m.; -(e)s, Träu|me⟩ **1** *Vorstellungen, die während des Schlafes auftreten, insbes. eine zusammenhängende Serie von Fantasiebildern;* einen ~ haben; Träume analysieren, deuten; ein böser, quälender, schöner, schwerer, wirrer ~; es ist mir im ~ erschienen; im ~ reden, lachen; im ~ habe ich ihn, sie gesehen **1.1** es war wie ein ~ *geradezu unwirklich (schön)* **1.2** es ist mir alles wie ein ~ *es kommt mir ganz unwirklich vor* ☐ **sonho 2** *Spiel der Einbildungskraft, Vorstellung, Produkt der Einbildungskraft;* Tag~, Wach~; die Träume eines Dichters, Idealisten ☐ **sonho; devaneio 3** ⟨fig.⟩ *sehnlicher, kaum zu realisierender Wunsch;* Wunsch~; es war immer der ~ meiner Jugend, immer mein ~, einmal die Pyramiden zu sehen; das habe ich in meinen kühnsten Träumen nicht zu hoffen gewagt ⟨umg.⟩ ☐ **sonho 3.1** dieser ~ ist ausgeträumt ⟨fig.⟩ *die Hoffnung auf Erfüllung dieses Wunsches muss jetzt endgültig begraben werden* ☐ ***o sonho acabou 3.2** Träume sind Schäume ⟨Sprichw.⟩ *Träume gehen nicht in Erfüllung* ☐ ***sonhos são quimeras 4** ⟨fig.⟩ **4.1** aus der ~!, der ~ ist aus! *es ist vorbei, vorüber (etwas Schönes)* ☐ ***o sonho acabou! 4.2 etwas nicht im ~ tun** *nicht im Geringsten die Absicht haben, etwas zu tun* ☐ ***não ter a menor intenção de fazer alguma coisa 4.2.1** ich habe nicht im ~ daran gedacht, ihn kränken zu wollen ⟨umg.⟩ *ganz u. gar nicht, wirklich nicht* ☐ ***não tive a menor intenção de magoá-lo 4.2.2** das fällt mir nicht im ~ ein! ⟨umg.⟩ *ich denke nicht daran (das zu tun)!* ☐ ***nem em sonho!**

Trau|ma ⟨n.; -s, -ma|ta od. Trau|men⟩ **1** ⟨Med.⟩ *Wunde, Verletzung durch Einwirkung von Gewalt* **2** ⟨Psych.⟩ *Schock, seelische Erschütterung* ☐ **trauma**

träu|men ⟨V.⟩ **1** ⟨410⟩ *einen Traum(1) od. Träume haben;* ich träumte, (auch) mir träumte, dass ...; einen Traum ~; schlaf gut und träume süß!; von jmdm. od. etwas ~ ☐ **sonhar;** träum was Schönes! (Wunsch beim Gutenachtsagen) ☐ ***tenha bons sonhos!;** ich habe schlecht geträumt ☐ ***tive um pesadelo 2** ⟨400⟩ *sich Träumen(2) hingeben;* ~d zum Fenster hinausschauen ☐ **sonhando; fantasiando 2.1** du träumst! *du bist wirklichkeitsfremd, fantasierst, bist verrückt* ☐ ***você está sonhando! 3** ⟨400⟩ *in Gedanken verloren, unaufmerksam sein, nicht aufpassen* **3.1** du hast wieder mal geträumt ⟨fig.⟩ *nicht aufgepasst* ☐ **sonhar acordado; devanear;** → a. *offen(1.1)* **4** ⟨800⟩ **von etwas ~** ⟨fig.⟩ *sich etwas sehnsüchtig vorstellen, einen Traum(3) haben;* er träumt davon, Schauspieler, Pilot usw. zu werden ☐ ***sonhar com alguma coisa 5** *sich etwas nicht od. nie ~ lassen etwas ganz u. gar nicht vermuten, an etwas überhaupt nicht denken* ☐ ***não/nunca imaginar alguma coisa;** das hätte ich mir nicht ~ lassen! ☐ ***nunca teria imaginado uma coisa dessas!**

traum|haft ⟨Adj.⟩ **1** *wie im Traum, unwirklich;* es war ~ schön **como em sonho 2** ⟨fig.⟩ *wunderbar;* sie haben ein ~es Haus ☐ **fanstástico; de sonho**

trau|rig ⟨Adj.⟩ **1** jmd. ist ~ *von Trauer erfüllt, bekümmert, betrübt;* ein ~es Gesicht machen; ~ aussehen; dein Verhalten hat mich sehr ~ gemacht; es ist ~, dass man dir das erst sagen muss!; er ist ~; (es ist) ~ genug, dass du das nicht einsiehst ☐ **triste;** etwas ~ sagen ☐ **com tristeza;** das Gespräch hat mich ~ gestimmt ☐ ***a conversa me entristeceu;** die Blumen ließen ~ die Köpfe hängen ⟨fig.⟩ ☐ **tristemente 2** *eine Sache, Handlung ist ~ gibt zu Trauer Anlass, ist schmerzlich, betrüblich, sehr bedauerlich;* ich habe die ~e Pflicht, Ihnen mitzuteilen ...; er hat ein ~es Schicksal gehabt; es ist ~, dass es so kommen musste; (es ist) ~, aber wahr ⟨umg.⟩ ☐ **triste; doloroso 2.1** er hat eine ~e Jugend gehabt *schwere J., J. ohne Freude* ☐ **triste 3** ⟨90⟩ **jmd. od. etwas ist ~** *jämmerlich, sehr gering;* es ist nur noch ein ~er Rest vorhanden; er hat durch sein Verbrechen eine ~e Berühmtheit erlangt; ein ~er Held ☐ **triste; deplorável; miserável**

traut ⟨Adj. 70; poet.⟩ **1** *lieb, vertraut;* ~e Freundin ☐ **querido; íntimo 2** *traulich, gemütlich, behaglich;* hier

Trauung

ist es so heimelig und ~ □ aconchegante; confortável; ~es Heim, Glück allein ⟨Sprichw.⟩ □ *lar, doce lar

Trau|ung ⟨f.; -, -en⟩ *Eheschließung;* kirchliche, standesamtliche ~ □ casamento

tra|vers ⟨[-vɛrs] Adj. 24⟩ *quer, quer gestreift* □ transversal; com riscas transversais

Traw|ler ⟨[trɔ:-] m.; -s, -⟩ *Fischereischiff, das mit einem Schleppnetz arbeitet* □ traineira

Tre|ber ⟨Pl.⟩ *Eiweiß u. Zellulose enthaltende Rückstände bei der Bierherstellung, als Viehfutter verwendet* □ bagaço; → a. *Trester(1)*

Treck ⟨m.; -s, -s⟩ **1** *Zug;* Flüchtlings~ □ comboio **2** *Auszug, Auswanderung;* auf dem ~ nach Westen □ êxodo

Tre|cker ⟨m.; -s, -⟩ = *Traktor*

Tre|cking ⟨n.; -s; unz.⟩ = *Trekking*

Treff ⟨m.; -s, -s; umg.; kurz für⟩ *Treffen, Treffpunkt;* bei unserem letzten ~; ein ~ für Jugendliche □ (ponto de) encontro

tref|fen ⟨V. 266⟩ **1** ⟨500 od. 411⟩ ein **Geschoss, Schlag,** trifft etwas od. in etwas *erreicht etwas, erreicht das Ziel;* ins Schwarze (der Zielscheibe) ~; das Ziel ~; der Blitz hat den Baum getroffen □ acertar; atingir; ein Ton traf mein Ohr □ chegar **2** ⟨500⟩ **jmdn.** od. **etwas** ~ *jmdn. od. etwas berühren, verletzen;* die Kugel hat ihn (tödlich) getroffen; jmdn. in den Arm, in die Brust ~ □ ferir; atingir; sich getroffen fühlen □ *sentir-se atingido/afetado; der größte Verlust trifft ihn; ein greller Lichtstrahl traf meine Augen □ atingir; dein Vorwurf trifft mich tief □ calar 2.1 er stand da wie vom Blitz getroffen *unbeweglich, starr* □ atingir 2.2 der Schlag hat ihn getroffen *er hat einen Schlaganfall erlitten* □ *ele teve um derrame cerebral **3** ⟨500⟩ eine **Sache** ~ *sie richtig herausfinden, erraten, richtig bezeichnen;* du hast's getroffen!; das Richtige ~ **3.1** den **Ton** ~ *den richtigen T. spielen od. singen* □ acertar **4** ⟨500/Vr 8⟩ **jmdn.** ~ *jmdm. (zufällig od. nach Vereinbarung) begegnen;* wir ~ uns heute Nachmittag; sich ~, (eigtl.) einander ~; wann, wo kann ich dich ~?; jmdn. auf der Straße, zu Hause, bei Freunden ~ □ encontrar **5** ⟨500/Vr 4⟩ sich ~ *mit jmdm., etwas zusammenkommen;* wir trafen uns um vier Uhr; die Linien ~ sich in einem Punkt □ *encontrar-se **6** ⟨800⟩ auf **jmdn., etwas** ~ *auf jmdn., etwas zufällig stoßen, jmdm. zufällig begegnen* **6.1** ich bin in dem Buch auf folgende Stelle getroffen *habe folgende S. gefunden* □ *deparar/topar com alguém ou alguma coisa **7** ⟨501/Vr 3; veraltet⟩ es trifft sich, dass ... *geschieht zufällig, dass ...;* es traf sich gerade, dass er auch dort war, als ich kam; wie es sich gerade trifft (so werden wir es machen) □ acontecer; calhar **8** ⟨501/Vr 3⟩ es od. das trifft sich *passt, fügt sich;* es trifft sich gut, schlecht, dass ... □ *(não) é conveniente **9** ⟨500; Funktionsverb⟩ **9.1 Anordnungen** ~ *etwas anordnen* □ dispor; ordenar **9.2 Anstalten, Vorbereitungen** ~, etwas zu tun *etwas vorbereiten* □ *tomar providências; fazer os preparativos **9.3** eine **Auswahl, Wahl** ~ (unter, zwischen) *etwas auswählen, -suchen* □ *fazer uma escolha **9.4**

Maßnahmen ~ *M. ergreifen* □ *adotar medidas **9.5 Vorsorge** ~ (dass etwas geschieht od. nicht geschieht) *dafür sorgen, dass ...* □ *tomar providências **9.6** ein **Abkommen,** eine **Vereinbarung** ~ *ein A. schließen, etwas vereinbaren* □ *chegar a um acordo **10** ⟨Part. Präs.⟩ ~d *genau (bezeichnend), richtig (kennzeichnend);* eine ~de Antwort geben; ~der Ausdruck, eine ~de Bezeichnung; ~des Urteil □ correto; preciso; eine Sache kurz und ~d bezeichnen; das ist ~ gesagt □ corretamente; apropriadamente **11** ⟨500; fig.⟩ **11.1** das Los hat ihn getroffen *er wurde durch das L. bestimmt, gewählt* □ *a sorte coube a ele **11.2** jmdn. trifft keine Schuld *jmd. hat keine S.* □ *não ter culpa **11.3** ich dachte, mich trifft der Schlag! (umg.) *ich war sehr überrascht, bestürzt* □ *pensei que fosse ter um troço! **11.4** ⟨513⟩ jmd. trifft es an einem Ort, in einer Situation gut, schlecht *es geht jmdm. gut, schlecht an einem O., in einer S.* □ *(não) estar bem num lugar/numa situação **11.5** er ist (auf dem Bild) gut getroffen *gut, richtig dargestellt* □ *ele saiu bem (na foto)

Tref|fen ⟨n.; -s, -⟩ **1** (in der altröm. Legion) *Linie, Glied* □ fileira **2** (allg.) *leichter (Wett-)Kampf;* im ersten ~ □ combate **2.1** etwas ins ~ führen (fig.; geh.) (als Begründung, Beweis) *anführen* □ *apresentar argumentos/razões **3** *Versammlung, Zusammenkunft, Begegnung;* ein großes ~ aller Mitglieder, Sportler; bei unserem letzten ~ □ encontro; reunião

Tref|fer ⟨m.; -s, -⟩ **1** *Schlag, Schuss, der richtig trifft;* einen ~ erzielen □ golpe/tiro certeiro **2** (fig.) *etwas, das Glück u. Erfolg hat, Handlung, mit der man Glück hat* □ empreendimento bem-sucedido; acerto **3** *Los, das gewinnt* □ bilhete/número premiado

treff|lich ⟨Adj.⟩ *vortrefflich, ausgezeichnet, sehr gut* □ excelente; ótimo

Treff|punkt ⟨m.; -(e)s, -e⟩ *Ort der Begegnung, Ort, an dem zwei od. mehrere Personen einander treffen;* einen ~ vereinbaren □ ponto de encontro

treff|si|cher ⟨Adj.⟩ **1** *sicher im Treffen des Zieles, das Ziel immer erreichend* □ certeiro **2** (fig.) *immer das Richtige treffend;* ~e Ausdrucksweise; ein ~es Urteil haben □ certeiro; preciso

trei|ben ⟨V. 267⟩ **1** ⟨500⟩ **jmdn.,** ein **Tier** od. **etwas** ~ *(heftig drängend) in schnelle Bewegung bringen, vor sich her jagen;* Vieh auf die Weide ~; Vieh in den Stall ~ □ conduzir; tanger; den Gegner in die Flucht ~ □ *espantar/afugentar o adversário* **1.1** den **Ball** ~ *vor sich her stoßen* □ lançar; arremessar **1.2** (Jagdw.) **Wild** ~ *mit Treibern jagen, vor die Schützen jagen* □ *levantar a caça **1.3** ⟨511⟩ **Preise** in die Höhe ~ (fig.) *zum Steigen bringen* □ *fazer subir os preços **2** ⟨500⟩ jmdn. ~ *zur Eile veranlassen, drängen (etwas rasch zu tun);* jmdn. zur Arbeit, zur Eile ~; die Sehnsucht, Unruhe trieb mich nach Hause, zu ihm □ apressar **3** ⟨402⟩ (jmdn.) ~ *ansporen, veranlassen (etwas zu tun);* er treibt seine Angestellten □ estimular; incitar **3.1** ⟨570; unpersönl.; geh.⟩ es treibt mich, dir zu sagen ... *ich fühle mich veranlasst, ich habe das Bedürfnis* □ *preciso dizer-lhe...; sou obrigado a lhe dizer... 3.2 die ~de **Kraft** ⟨fig.⟩ *jmd., von dem ein Antrieb ausgeht, der etwas, vorwärtstreibt* □ ***a força motriz 4** ⟨402⟩ etwas treibt **(etwas)** *bringt etwas hervor, bewirkt etwas* □ **produzir; gerar 4.1** eine **Pflanze** treibt **Knospen,** Blätter, Blüten, Wurzeln *die Knospen einer Pflanze beginnen zu wachsen, sprießen* □ **dar 4.2** Bier, Teig treibt *gärt, geht auf* **4.3** Bier, **Hefe** treibt **(etwas)** *bringt etwas zum Gären, Aufgehen* □ **levedar; fermentar 4.4** ⟨500⟩ etwas treibt **etwas** (an eine bestimmte **Stelle im Körper)** *bewirkt an einer Stelle im Körper eine bestimmte Reaktion;* die Erinnerung daran trieb ihr die Schamröte ins Gesicht □ ***a lembrança o fez corar**, der Rauch trieb mir die Tränen in die Augen □ ***a fumaça me fez lacrimejar 4.5** etwas treibt *wirkt harntreibend* □ **ter efeito diurético 5** ⟨500⟩ **Pflanzen** ~ *im Treibhaus zum vorzeitigen Blühen bringen* □ **colocar na estufa 6** ⟨511⟩ jmdn. zu, in etwas ~ *in eine unangenehme, ausweglose Situation bringen* ~ □ ***levar alguém a determinada situação**; jmdn. zur Verzweiflung ~ □ ***levar alguém ao desespero 6.1** jmdn. in den Tod ~ *jmds. Tod verursachen, jmdn. zum Selbstmord bringen* □ ***levar alguém à morte**; → a. *Enge(3.1)* **7** ⟨500⟩ etwas ~ *etwas schlagend, bohrend in eine bestimmte Richtung bringen;* einen Nagel ins Holz □ **pregar,** einen Pfahl in die Erde ~ □ **fincar; cravar,** einen Tunnel durch den Berg ~ □ **cavar 8** ⟨500⟩ Metall ~ ⟨Tech.⟩ *in kaltem Zustand durch Schlagen formen;* getriebenes Metall □ **malhar 8.1** einen metallenen **Gegenstand** ~ *in Treibarbeit anfertigen;* eine Schale (aus Silber) ~ □ **cinzelar; lavrar** 8.1.1 ⟨Part. Perf.⟩ getriebene **Arbeit** *durch Treiben(8.1) hergestellter Gegenstand* □ ***obra lavrada 9** ⟨400⟩ etwas treibt *bewegt sich ohne eigenen Antrieb fort;* das Boot trieb steuerlos auf dem Meer; Eisschollen ~ auf dem Fluss; das Schiff trieb vor dem Wind □ **estar à deriva; boiar; flutuar 9.1** ⟨411⟩ der Saft treibt ins Holz *steigt in die Höhe* □ **subir 9.2** das Boot vom Wind ~ lassen *vom Wind angetrieben fahren lassen* □ ***deixar o barco ser levado pelo vento**; ⟨aber Getrennt- u. Zusammenschreibung⟩ ~ lassen = treibenlassen **10** ⟨500⟩ eine **Sache** ~ *sich mit etwas aus Liebhaberei beschäftigen, etwas betreiben, längere Zeit intensiv tun, ausüben;* Missbrauch (mit etwas) ~ □ ***abusar (de alguma coisa)**; Unsinn ~; was treibst du in deiner Freizeit? □ **fazer 10.1** Handel (mit etwas) ~ *(mit etwas) handeln* □ ***negociar; comerciar 10.2** seinen Spott mit jmdn. ~ *jmdn. verspotten* □ ***zombar de alguém 10.3** ⟨513⟩ einen Spaß zu weit ~ *übertreiben, zu weit gehen* □ ***levar uma brincadeira longe demais**; → a. *Spitze(1.3)* **10.4** ⟨513⟩ es zu **arg,** zu wild ~ *zu übermütig, zu wild o. Ä. sein* □ ***ir longe de mais; passar dos limites 11** ⟨517⟩ es mit jmdm. ~ ⟨umg.; abwertend⟩ *mit jmdm. Geschlechtsverkehr haben;* sie haben es schon monatelang miteinander getrieben □ ***dormir com alguém**

Trei|ben ⟨n.; -s, -⟩ **1** *bei der Treibjagd umstelltes Gebiet, in dem die Jagd stattfindet* □ **montaria 2** *Leben u. Bewegung, reger Verkehr, Durcheinanderlaufen vieler Menschen;* buntes, lustiges ~ (beim Fasching, auf Jahrmärkten); emsiges, geschäftiges ~ □ **movimento; vaivém**

trei|ben||las|sen *auch:* **trei|ben las|sen** ⟨V. 175/500/Vr 3⟩ **sich** ~ *nicht selbst handeln, sich dem Geschehen überlassen;* sich von der Stimmung ~ □ ***deixar-se levar**; → a. *treiben (9.2)*

Treib|haus ⟨n.; -es, -häu|ser⟩ *Gewächshaus mit einer Temperatur von 12–15° C zur Vermehrung einheimischer Pflanzen od. mit einer Temperatur von 15–30° C zur Erhaltung tropischer Pflanzen* □ **estufa**

Treib|mit|tel ⟨n.; -s, -⟩ **1** *Mittel (Hefe, Backpulver, Sauerteig u. a.), das in den Teig gemengt wird, damit er aufgeht (treibt) u. locker wird* □ **levedura; fermento 2** ⟨Chem.⟩ *Stoff, der Kunststoffen zugesetzt wird, um sie porös zu machen* □ **agente de expansão; agente propulsor 3** = *Kraftstoff*

Trek|king ⟨n.; -s; unz.⟩ *Wanderung (einer Gruppe) im Hochgebirge;* oV ⟨auch⟩ *Trecking* □ **trekking**

Tre|mo|lo ⟨n.; -s, -s od. -li; Mus.⟩ **1** *Bebung, schnelle Wiederholung desselben Tones, um Erregung darzustellen* **2** *fehlerhaftes Beben der Gesangsstimme, im Unterschied zum natürlichen Vibrato* □ **tremolo**

Trench|coat ⟨[trɛntʃkoʊt] m.; -s, -s⟩ *Regenmantel aus dicht gewebtem (Baumwoll-)Stoff* □ **capa de chuva**

Trend ⟨m.; -s, -s⟩ **1** *Richtung einer statistisch erfassbaren Entwicklung* □ **tendência 1.1** im ~ **liegen** *den Zeitgeschmack treffen, modern sein* □ ***estar na moda 2** ⟨Biol.⟩ *Tendenz in der Entwicklung* □ **tendência**

Trend|set|ter ⟨m.; -s, -; umg.⟩ *Person od. Sache, die das Entstehen einer neuen Mode, eines neuen Trends anregt* □ **pessoa ou instituição que lança tendências/dita a moda**

tren|nen ⟨V.⟩ **1** ⟨500⟩ jmdn. od. etwas ~ *miteinander verbundene Gegenstände od. Personen voneinander lösen, auseinanderbringen;* Streitende, Kämpfende ~ □ **separar,** eine Telefonverbindung ~ □ **cortar; interromper;** Wörter richtig ~ □ **dividir; separar 1.1** eine **Naht** ~ *entfernen, aufschneiden, ohne den Stoff zu beschädigen;* als Schneiderin Übung im Trennen haben □ **desfazer; descoser 2** ⟨500⟩ etwas trennt **etwas** *unterbricht die Verbindung (zwischen, von etwas);* ein Bach trennt die beiden Grundstücke □ **cortar; separar 3** ⟨550/Vr 7⟩ jmdn. od. etwas von jmdm. od. etwas anderem ~ *entfernen, absondern, lösen von;* das Kind wurde im Gedränge von der Mutter getrennt; ein Blatt vom Block ~; die Ärmel, die Borte vom Kleid ~ □ **separar; tirar 4** ⟨500/Vr 3⟩ **(zwei)** Personen ~ *sich gehen (für kürzere od. längere Zeit) auseinander* **4.1** ⟨505⟩ sich (von jmdm.) ~ **4.1.1** von jmdm. *Abschied nehmen, eine andere Richtung einschlagen* **4.1.2** *jmdn. verlassen, mit jmdm. nicht mehr zusammen sein wollen* **5** ⟨500/Vr 4⟩ unsere Wege ~ sich (hier) *wir müssen jetzt in verschiedene(n) Richtungen weitergehen* □ **separar-se 6** ⟨550⟩ eine **Sache, Angelegenheit** von einer (anderen) **Sache, Angelegenheit** ~ *eine S., A. gesondert, für sich behandeln, betrachten;* das Berufliche vom Privaten ~; die Person von der Sache ~ □ **separar 6.1** Begriffe ~ *unterscheiden, auseinanderhalten* □ **distinguir; diferenciar 7** jmd. od.

Trennung

etwas ist getrennt *ist gesondert, jeder, jedes ist für sich alleine;* getrennt berechnen □ **separado; separadamente** 7.1 ⟨Part. Perf.⟩ getrennt (voneinander) **sein, leben** *nicht beieinander sein, nicht zusammen leben;* im Krieg waren viele Familien getrennt; sie leben seit einem Jahr getrennt □ ***ser separado; viver separadamente** 7.2 getrennt schlafen *nicht im gleichen Zimmer* □ ***dormir em quartos separados** 7.3 Wörter, einen Begriff getrennt **schreiben** *nicht zusammen, nicht in einem Wort schreiben* □ **separadamente** 7.4 wir machen, führen getrennte Kasse *jeder bezahlt für sich* □ ***cada um paga a própria conta** 8 Stoffgemische, Gemenge, Legierungen ~ ⟨Chem.; Phys.⟩ *in ihre Bestandteile zerlegen* □ **separar; dissociar** 9 ⟨500⟩ Werkstoffe ~ ⟨Tech.⟩ *durch Erhitzen, Spannen, Schneiden zerlegen* □ **cindir; decompor**

Tren|nung ⟨f.; -, -en⟩ 1 *das Trennen* □ **separação; divisão** 1.1 ~ von Tisch und Bett *Ehescheidung, Beendung des gemeinsamen Lebens* □ ***separação de corpos**

Tren|se ⟨f.; -, -n⟩ *Zaum mit Gebiss u. daran befestigten Zügeln* □ **bridão**

Trep|pe ⟨f.; -, -n⟩ 1 *Stiege, aus Stufen bestehender Aufgang;* Sy ⟨süddt.⟩ *Staffel(5);* die ~ hinauf-, hinuntergehen, -steigen; ~ n steigen; breite, enge, gewundene, steile ~ n □ **escada** 2 ⟨umg.⟩ *Stockwerk, Geschoss;* wir wohnen 3 ~ n (hoch); Müllers wohnen eine ~ höher □ **andar** 3 ⟨fig.⟩ 3.1 die ~ hinauffallen ⟨umg.⟩ *unverdientermaßen, ohne eigenes Zutun beruflich aufsteigen* □ ***subir na carreira (sem fazer força)**

Tre|sen ⟨m.; -s, -⟩ *Laden-, Schanktisch, Theke;* am ~ bezahlen □ **balcão**

Tre|sor ⟨m.; -s, -e⟩ 1 *gegen Feuer u. Diebstahl sichernder Schrank aus Stahl für Geld u. Wertgegenstände, Geldschrank, Safe* □ **cofre** 2 (in Banken) *gepanzerter unterirdischer Raum mit Schränken u. Fächern aus Stahl zum sicheren Aufbewahren von Geld u. Wertpapieren, Stahlkammer* □ **caixa-forte**

Tres|ter ⟨Pl.⟩ 1 *Obstabfälle, bes. Pressrückstände von Weinbeeren* □ **bagaço;** → a. *Treber* 2 *Branntwein aus Trester(1)* □ **aguardente bagaceira**

tre|ten ⟨V. 268⟩ 1 ⟨411(s.)⟩ *einen od. mehrere Schritte gehen od. machen, den Fuß setzen (auf, aus, in);* ans Fenster ~; auf den Balkon ~ □ **ir;** auf eine Blume, einen Käfer ~; bitte nicht auf den Rasen ~; einem Hund, einer Katze auf den Schwanz ~; jmdm. auf die Zehen, den Fuß ~; in eine Pfütze ~; hier ist eine solche Unordnung, dass man nicht weiß, wohin man ~ soll; ihr Gesang klingt, als hätte man einer Katze auf den Schwanz getreten ⟨umg.; iron.⟩ □ **pisar;** aus der Tür ~ □ **afastar-se;** über die Schwelle ~ □ ***passar pela soleira** 1.1 bitte, treten Sie näher! *kommen Sie herein, her!* □ ***por favor, aproxime-se!** 1.2 auf der **Stelle** ~ *gehen, ohne sich vorwärtszubewegen* □ ***marcar passo** 2 ⟨411(s.)⟩ jmd. od. etwas tritt an eine **Stelle** *begibt sich, gelangt an eine bestimmte Stelle;* nach vorn ~; hinter, neben, vor jmdn. ~; vor den Spiegel ~ □ **ir; colocar-se;** zu jmdm. ~ □ ***aproximar-se de alguém;** aus dem Haus, Zimmer ~ □ sair; ins Haus, Zimmer, in den Garten ~ □ **entrar;** jmdm. ~ die Tränen in die Augen (aus Schmerz od. Rührung) □ ***vir a alguém lágrimas nos olhos (de dor ou comoção);** in den Vordergrund, Hintergrund ~ ⟨a. fig.⟩ □ ***passar para o primeiro/segundo plano** 2.1 zur Seite ~ *Platz machen* □ **afastar-se; dar lugar** 2.2 der Fluss ist über die Ufer getreten *hat die U. überschwemmt* □ ***o rio transbordou** 3 ⟨500/Vr 8⟩ jmdn. od. etwas ~ *mit dem Fuß stoßen od. drücken, den Fuß auf jmdn. od. etwas setzen* □ **pisar;** jmdn. od. etwas ~ *etwas durch Treten betätigen;* das Spinnrad ~ ; die Bälge ~ (an der Orgel) □ **acionar (usando os pés); premer o pedal** 3.1.1 Wasser ~ *sich durch Fußbewegungen in aufrechter Stellung im Wasser halten* □ ***patinhar na água; tentar manter-se à superfície** 3.1.2 den **Takt** ~ *durch leichtes Klopfen mit dem Fuß auf dem Boden der T. angeben* □ ***marcar o ritmo com o pé** 3.2 beim Treten etwas platt- od. festdrücken; einen Weg durch den Schnee ~ □ ***percorrer um caminho patinhando/pisando na neve** 4 ⟨500/Vr 8⟩ jmdn. (in, gegen einen Körperteil) ~ *jmds. Körperteil einen Stoß mit dem Fuß versetzen;* jmdn. in den Bauch ~; jmdn. gegen das Schienbein ~ □ **chutar** 5 ⟨411⟩ nach jmdm. ~ *einen Stoß mit dem Fuß versetzen* □ ***dar um pontapé em alguém** 6 ⟨411⟩ gegen etwas ~ *im Zorn gegen etwas mit dem Fuß stoßen;* gegen die Tür ~ □ ***chutar alguma coisa** 7 ⟨500⟩ ein Tier tritt jmdn. *schlägt, trifft jmdn. mit dem Huf* □ **dar um coice** 8 ⟨500⟩ der **Hahn** tritt die **Henne** *begattet die Henne* □ **acasalar(-se)** 9 ⟨800(s.)⟩ jmd., etwas tritt in etwas ein *jmd., etwas beginnt (etwas), ein neuer Zustand tritt ein* □ ***iniciar alguma coisa;** wir treten jetzt in die Verhandlung □ ***estamos entrando em negociação** 9.1 in den Stand der Ehe ~ *sich verheiraten* □ ***contrair matrimônio** 9.2 in Kraft ~ *Gültigkeit erlangen* □ ***entrar em vigor** 9.3 ins Leben ~ 9.3.1 *geboren werden* □ ***nascer; vir ao mundo** 9.3.2 ⟨fig.⟩ *gegründet werden, entstehen* □ **surgir** 9.4 ⟨800⟩ jmd. tritt mit jmdm. in Beziehungen *knüpft B. an* □ ***travar relações com alguém** 10 ⟨fig.⟩ 10.1 ⟨516⟩ jmdn. mit Füßen ~ *jmdn. tief verletzen, sehr schlecht behandeln, beleidigen* □ ***espezinhar alguém** 10.1.1 jmds. Gefühle mit Füßen ~ *verletzen, missachten* □ ***passar por cima dos sentimentos de alguém** 10.2 ⟨500⟩ jmdn. ~ ⟨fig.⟩ *jmdn. dringend mahnen, drängen (etwas zu tun)* □ **pressionar** 10.3 ⟨411⟩ zutage ~ *sich zeigen* □ ***aparecer;** → a. *Auge(9.7), Pflaster(1.2), Stelle(1.4)*

Tret|müh|le ⟨f.; -, -n⟩ 1 = *Tretrad(1)* 2 ⟨fig.; umg.⟩ *immer gleiche, nicht aufhörende Arbeit;* die tägliche ~ □ **trabalho monótono; rotina; maçada**

Tret|rad ⟨n.; -(e)s, -rä|der⟩ 1 *Maschine zur Aufnahme von Tier- od. Menschenkraft;* Sy *Tretmühle* 1.1 *senkrechtes Rad mit Querleisten, auf denen der Mensch od. ein Tier nach oben steigt u. durch sein Gewicht das Rad in drehende Bewegung versetzt* 1.2 *waagerechtes Rad, das ein Mensch betätigt, indem er Laufbewegungen nach vorn ausführt u. sich dabei mit den Händen gegen einen festen Halt stützt, Tretscheibe* □ **cabrestante; tambor; nora**

treu ⟨Adj.⟩ **1** *fest verbunden, anhänglich, beständig in Liebe u. Anhänglichkeit;* sie sind ~e Freunde; ~e Freundschaft; seinen Grundsätzen, seiner Überzeugung ~ bleiben; jmdm. in ~er Liebe verbunden sein; ein ~er Hund □ **fiel; leal 2** *unveränderlich fest (in der Gesinnung)* 2.1 sich selber ~ bleiben *seine Gesinnung, sein Verhalten nicht ändern* 2.2 jmdm. od. einer Sache ~ bleiben, sein *unveränderlich zu jmdm. stehen, an einer S. festhalten* 2.3 ~ seinem **Schwur,** Versprechen *sich an seinen S., sein V. haltend* □ **fiel 3** *gewissenhaft, redlich;* jmdm. für ~e Dienste belohnen □ **honesto; leal;** jmdm. od. einer Sache ~ dienen; ~ seine Pflicht erfüllen □ **fielmente; devotadamente;** ~ und bieder; ~ und brav □ **fiel; leal** 3.1 jmdm. etwas zu ~en Händen übergeben *in Verwahrung geben, im Vertrauen darauf, dass die Betreffende die Sache ordentlich und gewissenhaft behandelt, besorgt* □ **confiar alguma coisa a alguém* **4** = *treuherzig;* er, sie ist eine ~e Seele ⟨umg.⟩ □ **inocente; ingênuo 5** ⟨Getrennt- u. Zusammenschreibung⟩ 5.1 ~ ergeben = *treugerben* 5.2 ~ sorgend = *treusorgend*

Treue ⟨f.; -; unz.⟩ **1** *treue Gesinnung, treues Verhalten, unverändert feste Verbundenheit, beständige Anhänglichkeit, unwandelbare Zuneigung, Liebe, Freundschaft;* die ~ brechen; jmdm. ~ geloben, schwören, eheliche ~ □ **fidelidade; lealdade** 1.1 jmdm. die ~ halten *treu bleiben* □ **manter-se fiel a alguém* **2** *Gewissenhaftigkeit;* Pflicht~; mit großer ~ dienen □ **fidelidade; lealdade 3** *Genauigkeit, präzise Darstellung;* die ~ der Übersetzung ist bewundernswert □ **fidelidade; precisão 4** Treu u. Glaube ⟨Rechtsw.⟩ *Vertrauen in das redliche Verhalten, das vertragsschließende Parteien voneinander erwarten dürfen* □ **boa-fé 5** meiner Treu! ⟨veraltet⟩ *wahrhaftig! (Ausruf des Erstaunens)* □ **meu Deus!; minha nossa!*

treu|er|ge|ben *auch:* **treu er|ge|ben** ⟨Adj. 24/60⟩ *treu und ergeben;* ein ~er Freund □ **devoto; devotado**

Treu|hän|der ⟨m.; -s, -⟩ *jmd., der fremdes Eigentum im eigenen Namen, aber zum Nutzen des Eigentümers verwaltet* □ **fiel depositário**

treu|her|zig ⟨Adj.⟩ *ohne Falsch, arglos, kindlich offen, voll kindlichen Vertrauens;* Sy *treu(4)* □ **inocente; ingênuo;** jmdn. ~ ansehen □ **com inocência/ingenuidade**

treu|los ⟨Adj.⟩ *nicht treu, ohne Treue, verräterisch;* ein ~er Freund, Geliebter □ **infiel; traidor,** ~ handeln □ **desonestamente**

treu|sor|gend *auch:* **treu sor|gend** ⟨Adj. 24/60⟩ *verantwortungsvoll u. zuverlässig für andere sorgend;* ein ~er Familienvater □ **devotado; dedicado**

Tri|an|gel ⟨f.; -, -n od. m.; -s, -⟩ *österr. n.; -s, -⟩ Schlaginstrument aus einem zu einem Dreieck gebogenen Stab aus Stahl, der mit einem metallenen Stäbchen geschlagen wird* □ **triângulo**

Tri|as ⟨f.; -, -⟩ **1** ⟨unz.; Geol.⟩ *älteste Formation des Erdmittelalters vor 248-213 Millionen Jahren* □ **Triássico; Trias 2** ⟨geh.⟩ *Dreiheit, Dreizahl* □ **tríade; trindade**

Tri|ath|lon ⟨m. od. n.; -s, s; Sp.⟩ *Mehrkampfdisziplin, die aus Schwimmen, Radfahren u. Laufen besteht* □ **triatlo**

Tri|bu|nal ⟨n.; -(e)s, -e⟩ **1** ⟨im antiken Rom⟩ *erhöhter Platz für den Richterstuhl* **2** ⟨dann⟩ 2.1 ⟨geh.⟩ *Gerichtshof (Kriegsverbrecher~)* 2.2 ⟨fig.⟩ *das öffentl. Anprangern u. Verurteilen von Missständen in der Form eines Gerichtsverfahrens* □ **tribunal**

Tri|bü|ne ⟨f.; -, -n⟩ **1** *erhöhter Platz für den Redner od. Vorstand einer Versammlung;* Redner~ □ **tribuna 2** *Gerüst mit Sitzplätzen für Zuschauer;* Zuschauer~ **3** *die auf der Tribüne(2) sitzenden Zuschauer* □ **arquibancada**

Tri|but ⟨m.; -(e)s, -e⟩ **1** ⟨im alten Rom⟩ *direkte Steuer* 1.1 *Steuer, Beitrag;* jmdm. einen ~ auferlegen; ~ zahlen **2** *Entschädigung an den Sieger* **3** ⟨fig.⟩ *Hochachtung, Ehrerbietung;* jmds. Leistung, Arbeit, Kunst den schuldigen ~ zollen □ **tributo**

Trich|ter ⟨m.; -s, -⟩ **1** *kegelförmiges Gerät mit Abflussrohr an der Spitze zum Eingießen von Flüssigkeiten in enge Öffnungen;* Öl durch einen ~ gießen □ **funil 2** *das sich erweiternde Ende der Blechblasinstrumente, Schallbecher* □ **campânula; pavilhão 3** ⟨Med.⟩ *konischer Fortsatz des Zwischenhirns: Infundibilum* □ **infundíbulo 4** *Loch (in der Erde) in Form eines Trichters(1), oft durch Geschoss entstehend;* Bomben~, Granat~; in einen ~ fallen □ **cratera 5** *Flussmündung, die sich flussabwärts verbreitert;* der ~ der Rhone □ **estuário 6** ⟨fig.⟩ 6.1 jmdm. auf den ~ bringen ⟨umg.⟩ *jmdm. etwas klarmachen* □ **levar alguém a entender alguma coisa* 6.2 jetzt ist er endlich auf den ~ gekommen ⟨umg.⟩ *jetzt hat er es endlich begriffen, eingesehen* □ **finalmente ele entendeu/pegou o jeito*

Trick ⟨m.; -s, -s⟩ **1** *Kunstgriff* □ **truque 2** ⟨Kart.⟩ 2.1 ⟨Whist⟩ *höherer Stich* 2.2 ⟨Bridge⟩ *Stich über sechs Augen* □ **vaza**

Trieb ⟨m.; -(e)s, -e⟩ **1** *gerichteter (innerer) Antrieb, Drang zu einer Handlung, (innere) treibende Kraft;* Natur~, Nahrungs~; sinnlicher ~; seine ~e beherrschen; seinen ~en nachgeben; der Not gehorchend, nicht dem eigenen ~e (Schiller, „Braut von Messina", I, 1) □ **instinto; pulsão** 1.1 *geschlechtliches Verlangen;* Geschlechts~, Fortpflanzungs~; seinen (geschlechtlichen) ~ befriedigen □ **desejo 2** ⟨Bot.⟩ = *Schoss* junge ~e (an den Bäumen); die ~e der Kastanienbäume □ **rebento; broto 3** ⟨Phys.⟩ *Kraftübertragung von einer Welle auf eine andere;* Ketten~, Riemen~, Seil~, Zahnrad~ □ **acionamento 4** ⟨Feinmechanik⟩ *meist im Uhrwerk vorkommendes kleines Zahnrad mit wenigen Zähnen* □ **pinhão**

Trieb|fe|der ⟨f.; -, -n⟩ **1** *Feder des Uhrwerkes* □ **mola 2** ⟨unz.; fig.⟩ *Antrieb, (innere) treibende Kraft* □ **móbil; elemento propulsor**

trieb|haft ⟨Adj.⟩ **1** *durch inneren Trieb, durch den Geschlechtstrieb bewirkt;* ~es Handeln, eine ~e Handlung □ **instintivo 2** *mehr den Trieben als dem Willen od. Verstand folgend;* ein ~er Mensch □ **impulsivo**

Trieb|kraft ⟨f.; -, -kräf|te⟩ **1** *Kraft, die eine Maschine treibt* □ **força motriz 2** *Fähigkeit von Saatgut, durch eine Erdschicht hindurchzuwachsen* □ **força vegetativa 3** ⟨fig.⟩ *treibende Kraft, Kraft, etwas voranzutreiben* □ **força; impulso**

Trieb|wa|gen ⟨m.; -s, -; Abk.: T⟩ *mit eigenem Motor ausgerüsteter, zur Aufnahme von Fahrgästen bestimmter Wagen der Eisen- od. Straßenbahn* ☐ **automotriz**

Trieb|werk ⟨n.; -(e)s, -e⟩ **1** ⟨Tech.⟩ *Antriebsvorrichtung* ☐ **mecanismo de propulsão; engrenagem 1.1** ⟨Flugw.⟩ *Motor mit Luftschraube od. Vorrichtung zum Erzeugen eines rückwärtsgerichteten Luft- od. Gasstrahls* ☐ **reator**

trie|fen ⟨V. 269⟩ **1** ⟨400⟩ *so nass sein, dass es tropft, tropfen;* er triefte von Schweiß ☐ ***ele suava em bica(s)**; seine Haare trieften von Wasser; vor Nässe ~; ein von Blut ~des Messer; ~d nass; jmdm. trieft die Nase ⟨umg.⟩ ☐ **pingar; escorrer 1.1** ⟨800⟩ *von Weisheit, Mildtätigkeit o. Ä. ~* ⟨fig.; umg.⟩ *sich übertrieben weise, mildtätig usw. gebärden* ☐ ***ser um poço de sabedoria/caridade**

trif|tig ⟨Adj.⟩ **1** *wohlbegründet;* ein ~er Einwand, eine ~e Entschuldigung ☐ **fundamentado; plausível 2** *zwingend, stichhaltig, nicht widerlegbar;* ein ~er Beweis, Grund ☐ **convincente; concludente**

Tri|ko|lo|re ⟨f.; -, -n⟩ *die dreifarbige Fahne (blau-weiß-rot) der französischen Republik* ☐ **bandeira tricolor francesa**

Tri|kot ⟨[-koː] n.; -s, -s⟩ **1** *elastisches, dehnbares Gewebe (für Unterwäsche, Sportbekleidung u. Ä.)* ☐ **tecido de malha 2** *Kleidungsstück, das aus einem derartigen Stoff besteht;* Fußball~; das gelbe/Gelbe Trikot ⟨Radsp.⟩ ☐ **camisa; malha**

Tri|ko|ta|gen ⟨[-ʒən] Pl.⟩ *Unter- u. Oberbekleidung aus Strick- u. Wirkware* ☐ **artigos de malha**

Tril|ler ⟨m.; -s, -⟩ **1** ⟨Mus.; Zeichen: tr od. tr↝⟩ *rascher, mehrmaliger Wechsel eines Tones mit dem nächsthöheren halben od. ganzen Ton* ☐ **trilo 2** *dem Triller(1) ähnlicher Vogelruf* ☐ **trinado; gorjeio**

tril|lern ⟨V.; umg.⟩ **1** ⟨402⟩ (ein Lied) ~ *mit Tremolo singen* ☐ **trilar 2** ⟨400⟩ **2.1** *Vögel ~ singen* ☐ **trinar; gorjear 2.2** *auf der Trillerpfeife pfeifen* ☐ **apitar**

Tril|li|ar|de ⟨f.; -, -n⟩ *1000 Trillionen* ☐ **sextilhão**

Tril|li|on ⟨f.; -, -en⟩ **1** *eine Million Billionen, 10^{18}* ☐ **quintilhão 2** ⟨in den USA, Frankreich, Russland u. a. früheren Sowjetstaaten⟩ *Billion, 10^{12}* ☐ **trilhão**

Tri|lo|gie ⟨f.; -, -n⟩ *literarisches Werk aus drei selbständigen, gleichartigen, stofflich zusammengehörigen Teilen* ☐ **trilogia**

Tri|mes|ter ⟨n.; -s, -⟩ *dritter Teil eines Studienjahres* ☐ **trimestre;** → a. *Semester(1)*

Trimm-dich-Pfad ⟨m.; -(e)s, -e⟩ *Waldweg mit Turngeräten u. Anweisungen für Übungen* ☐ **caminho/percurso (em bosques) equipado com aparelhos de ginástica**

trim|men ⟨V. 500⟩ **1** *einen Hund ~ einem H. das Fell scheren* ☐ **tosar 2** jmdn. od. ein Tier ~ ⟨umg.⟩ *auf ein bestimmtes Ziel hin erziehen, trainieren od. abrichten* ☐ **treinar; adestrar 2.1** ⟨Vr 3⟩ *sich ~ sich körperlich fit halten* ☐ ***exercitar-se; manter-se em forma 3** *Kohlen ~* ⟨Mar.; früher⟩ *K. aus den Bunkern zu den Kesseln bringen* ☐ **levar; carregar 4** ein Schiff, ein Flugzeug ~ *die Gewichte so verteilen, dass eine günstige Lage erreicht wird* ☐ **estivar; distribuir carga ou las-**

tro de uma embarcação/aeronave **5** *das Ruder ~* ⟨Flugw.⟩ *das R. so einstellen, dass eine günstige Lage entsteht* ☐ **estabilizar 6** *einen Schwingkreis ~* ⟨Elektronik⟩ *einen S. genau auf die gewünschte Frequenz einstellen* ☐ **regular; ajustar**

Tri|ni|tät ⟨f.; -; unz.⟩ *heilige Dreieinigkeit* ☐ **Trindade**

trin|ken ⟨V. 270⟩ **1** ⟨402⟩ *(eine Flüssigkeit ~ (mittels Trinkgefäßes) Flüssigkeit zu sich nehmen;* Vögel ~; Milch, Wasser, Wein u. Ä. ~; aus dem Glas, aus der Flasche ~; Suppe aus Tassen ~; Wasser vom Brunnen ~; Wasser aus der hohlen Hand ~ ☐ **beber; tomar 1.1** *einem Lebewesen zu ~ geben ihm ein Trinkgefäß mit Flüssigkeit bereitstellen od. ihm direkt die Flüssigkeit einflößen* **2** ⟨400⟩ *Alkohol trinken;* er trinkt gern; ~ wir noch etwas **2.1** *regelmäßig u. zu viel Alkohol trinken, alkoholabhängig sein;* er hat wieder angefangen zu ~; sich das Trinken angewöhnen, abgewöhnen ☐ **beber 2.2** ⟨800⟩ *auf jmds. Wohl, Gesundheit o. Ä. ~ jmdm. W. od. G. o. Ä. wünschen u. dabei etwas Alkohol trinken* ☐ ***beber à saúde de alguém 3** ⟨500⟩ *etwas ~* ⟨fig.⟩ *(gierig) einsaugen, in sich aufnehmen;* in langen, vollen Zügen ~; trinkt, o Augen, was die Wimper hält, von dem goldnen Überfluss der Welt! (G. Keller, „Abendlied"); die Erde trinkt den Regen ⟨fig.⟩; jmds. Küsse ~ ⟨poet.⟩ ☐ **beber; absorver; sorver**

Trin|ker ⟨m.; -s, -⟩ *jmd., der regelmäßig u. zu viel Alkohol trinkt, jmd., der alkoholabhängig ist* ☐ **alcoólatra**

Trin|ke|rin ⟨f.; -, -rin|nen⟩ *weibl. Trinker* ☐ **alcoólatra**

Trink|ge|fäß ⟨n.; -es, -e⟩ *Gefäß zum Trinken (Becher, Glas, Tasse)* ☐ **recipiente para bebida**

Trink|geld ⟨n.; -(e)s, -er⟩ **1** *kleines Geldgeschenk für erwiesene Dienste (bes. im Restaurant);* jmdm. ein ~ geben; ein kleines, ordentliches, reichliches ~ ☐ **gorjeta 2** ⟨fig.; abwertend⟩ *sehr geringer, zu geringer Lohn;* etwas für ein ~ tun ☐ **mixaria**

Trink|spruch ⟨m.; -(e)s, -sprü|che⟩ *bei festlichem Anlass ausgesprochene Huldigung für jmdn., nach der ein Schluck Alkohol getrunken wird;* Sy *Toast(2)* ☐ **brinde;** einen ~ (auf jmdn.) ausbringen ☐ ***fazer um brinde (a alguém); brindar (alguém)**

Trio ⟨n.; -s, -s⟩ **1** *Musikstück für drei verschiedene Instrumente* **2** *Gruppe von drei Sängern od. Instrumentalisten* **3** *ruhiges Mittelstück eines musikalischen Satzes* **4** ⟨umg.; oft abwertend⟩ *drei zusammengehörige Personen* ☐ **trio**

trip|peln ⟨V. 400(s.)⟩ *mit kleinen, schnellen Schritten laufen (bes. von kleinen Kindern)* ☐ **andar com passinhos miúdos e apressados**

Trip|per ⟨m.; -s, -⟩ *Geschlechtskrankheit, die sich in einer Entzündung der Schleimhäute der Geschlechtsorgane äußert;* Sy *Gonorrhö* ☐ **gonorreia**

Tri|pty|chon *auch:* **Trip|ty|chon** ⟨[-çɔn] n.; -s, -chen⟩ *aus drei beweglich miteinander verbundenen Tafeln bestehendes Gemälde, meist als Altarbild* ☐ **tríptico**

trist ⟨Adj.⟩ *traurig, öde, grau in grau* ☐ **triste, desolado**

Tris|tesse ⟨[-tɛs] f.; -; unz.; geh.⟩ *Traurigkeit, Schwermut* ☐ **tristeza; melancolia**

Tritt ⟨m.; -(e)s, -e⟩ **1** *das Auftreten mit dem Fuß, Schritt;* im Hausflur man hörte ~e; beim nächsten ~ wäre er in den Abgrund gestürzt; einen festen, kräftigen, leichten, leisen, schweren ~ haben 1.1 *militärischer Gleichschritt;* im gleichen ~ marschieren 1.1.1 ~ **halten** *denselben Takt beim Marschieren einhalten* □ *passo;* → a. *Schritt(1.5, 1.5.1)* **2** *etwas (Erhöhtes), worauf man tritt* 2.1 *Stufe, Trittbrett, kleine Stehleiter;* auf einen ~ steigen □ *estribo; degrau* 2.2 〈Jägerspr.〉 *Fußspur, Fährte;* ~e im Schnee □ *pegada; rastro* 2.3 *Stoß mit dem Fuß;* Fuß~; jmdm. einen ~ geben, versetzen □ *pontapé; chute*

Tritt|brett 〈n.; -(e)s, -er〉 *Brett an Fahrzeugen als Fußstütze beim Ein- u. Aussteigen* □ *estribo*

Tritt|brett|fah|rer 〈m.; -s, -; fig.〉 *jmd., der von etwas profitiert, ohne selbst einen entsprechenden Einsatz zu leisten* □ *oportunista*

Tri|umph 〈m.; -(e)s, -e〉 **1** 〈urspr.〉 *festlicher Einzug römischer Feldherren nach erfolgreicher Schlacht;* einen Sieger im ~ in die Stadt führen **2** 〈allg.〉 *Freude, Genugtuung über einen Sieg od. Erfolg;* sein Sieg war ein großer ~ für ihn **3** *mit Jubel gefeierter Sieg od. Erfolg;* der Sänger feierte ~e □ *triunfo*

tri|um|phie|ren 〈V. 400〉 *einen errungenen Sieg od. Erfolg jubelnd feiern, Genugtuung empfinden* □ *triunfar*

tri|vi|al 〈[-vi-] Adj.〉 **1** *gewöhnlich, ohne wertvollen Gehalt* **2** *platt, abgedroschen, bis zum Überdruss bekannt, seicht* □ *trivial*

tro|cken 〈Adj.〉 **1** *ohne Feuchtigkeit;* Ggs *nass(1);* die Wäsche ist schon, noch nicht ~; ~e Kleidung, Schuhe, Strümpfe anziehen; ~e Luft; einen ~en Hals haben; wir suchten einen Platz, wo wir ~ sitzen, schlafen konnten □ *seco;* 〈aber〉 → a. *trockensitzen, trockenstehen* 1.1 keinen ~en Faden (mehr) am Leibe haben 〈umg.〉 *durchnässt sein* □ **estar completamente ensopado* 1.2 sich ~ rasieren *mit dem elektrischen Rasierapparat, ohne Seife* □ **usar barbeador elétrico* 1.3 ~ Brot macht Wangen rot (Sprichw.) *hartes Brot (weil man stärker kauen muss)* □ *duro;* **seco** 1.4 ~e Destillation *Erhitzen fester Stoffe, die dann Zersetzungsprodukte abgeben, welche beim Abkühlen zu Flüssigkeiten kondensieren* **2** *ohne Niederschlag;* ~er Sommer, ~es Wetter □ *seco* 2.1 wir wollen sehen, dass wir noch ~ heimkommen *ehe es zu regnen anfängt* □ **queremos ver se chegamos em casa antes da chuva* **3** *eine organische Substanz ist ~ dürr, welk, vertrocknet, ohne Feuchtigkeit;* ~e Erde, ein ~er Zweig □ *seco; ressequido* **4** *eine ~e Bemerkung, Antwort nüchtern, ernsthaft vorgebrachte B., A.;* einen ~en Humor haben □ *seco;* „....!", sagte er ~ □ **secamente** **5** *ein Vortrag, eine Rede ist ~ langweilig, ohne Schwung, nicht anschaulich; das Buch ist ~ geschrieben* □ **(de modo) árido** **6** 6.1 auf dem Trockenen sitzen 〈umg.〉 *nicht weiterkönnen, in einer unangenehmen Lage (bes. finanziell) sein* □ **estar no mato sem cachorro; estar duro* 6.1.1 〈scherzh.〉 *vor einem leeren Glas sitzen* □ **não ter o que beber* 6.2 seine Schäfchen im Trockenen haben, ins Trockene bringen 〈umg.〉 *sich seinen Vorteil sichern* □ **fazer seu pé-de-meia* 6.3 das ist noch nicht in ~en Tüchern *noch nicht endgültig (positiv) entschieden* □ **ainda não* está *nada acertado/decidido* 6.4 er ist noch nicht ~ hinter den Ohren 〈umg.〉 *noch unreif, kindlich* □ **ele ainda cheira a cueiros* 6.5 ~en Auges zusehen *ohne Rührung, ohne Mitleid* □ **assistir sem derramar uma lágrima* 6.6 das Brot ~ essen, ~es Brot essen *ohne Aufstrich* 6.7 Wein ist ~ *herb, nicht süß* □ **seco 7** 〈Getrennt- u. Zusammenschreibung〉 7.1 ~ reiben = *trockenreiben* 7.2 ~ schleudern = *trockenschleudern*

Tro|cken|heit 〈f.; -, -en〉 **1** *trockene Beschaffenheit* □ **secura 2** *regenlose Zeit, Dürre* □ **seca; estiagem; aridez**

tro|cken|rei|ben auch: **trocken rei|ben** 〈V. 196/500/Vr 7 od. Vr 8 od. 530/Vr 5 od. Vr 6〉 *jmdn. od. etwas ~ reiben, bis jmd. od. etwas trocken ist* □ **enxugar esfregando**

tro|cken|schleu|dern auch: **tro|cken schleu|dern** 〈V. 500〉 *Wäsche ~ mit Hilfe einer Trockenschleuder trocknen* □ **secar roupas na secadora*

tro|cken|sit|zen 〈V. 246/400〉 *ohne Getränke, vor leeren Gläsern sitzen;* die Gäste haben zwei Stunden trockengesessen □ *não ter o que beber,* → a. *trocken (1)*

tro|cken|ste|hen 〈V. 256/400〉 *eine Kuh steht trocken gibt zurzeit keine Milch, weil sie trächtig ist* □ *estar sem leite,* → a. *trocken (1)*

trock|nen 〈V.〉 **1** 〈400〉 *trocken werden;* ~ lassen; an der Sonne ~; zum Trocknen an die Luft od. Sonne legen □ *secar(-se)* **2** 〈503/Vr 5〉 (jmdm.) *etwas ~ trockenmachen;* sich das Haar ~; sich die (schweißnasse) Stirn ~; Wäsche ~ □ *secar;* **enxugar,** → a. *Träne(2.2.1)* **3** 〈500〉 *Pflanzen ~ den P. die innere Feuchtigkeit entziehen, P. dörren;* getrocknete Pflanzen; getrocknetes Obst, Gemüse; Obst, Gemüse ~ □ **desidratar 4** 〈400〉 ~de Öle 〈Chem.〉 *fette Öle, die durch Aufnahme von Luftsauerstoff oxidieren u. dann auf der Unterlage einen fest haftenden Film bilden, z. B. Leinöl* □ **secante**

Tro|del 〈f.; -, -n〉 **1** = *Quaste(1)* **2** 〈Web.〉 *Anfang od. Ende der Kettfäden* □ **extremidade do fio de urdume**

Trö|del 〈m.; -s; unz.; umg.〉 **1** *wertloser (alter) Kram;* wirf doch den ganzen ~ weg! □ **tralha; cacareco** 1.1 *Altwaren, bes. Kleider, Möbel, Hausgerät* □ **velharia; bricabraque 2** *etwas ist ein ~* 〈fig.; umg.〉 *sehr langwierig, umständlich, zeitraubend; das ist immer ein ~, bis man alles beisammen hat, fertig hat* □ **complicação; novela**

trö|deln 〈V. 400〉 **1** 〈urspr.〉 *mit Trödel handeln* □ **negociar objetos velhos e usados 2** 〈fig.〉 *langsam sein, langsam arbeiten, die Zeit verschwenden* □ **demorar-se; perder tempo; ensebar**

Trog 〈m.; -(e)s, Trö|ge〉 *großes ovales od. rechteckiges Gefäß aus Holz od. Stein;* Back~ □ **amassadeira,* Brunnen~ □ **pia de fonte,* Futter~ □ **comedouro;* cocho, Wasch~ □ **tanque*

Troi|ka auch: **Tro|i|ka** 〈[trɔi-] od. [tro:i-] f.; -, -s〉 **1** *russisches Gespann aus drei Pferden, Dreigespann* **2** 〈fig.〉 *aus drei Politikern bestehendes Führungsgremium* □ **troica**

Troll 〈m.; -(e)s, -e〉 *dämonisches Wesen, zwergen- od. riesenhafter Unhold* □ *Troll*

trol|len 〈V.〉 **1** 〈500/Vr 3〉 sich ~ *ein wenig beschämt od. unwillig weggehen* □ **sair; ir embora* **2** 〈400(s.)〉 *Schalenwild* trollt 〈Jägerspr.〉 *trabt* □ *correr*

Trommel

Trom|mel ⟨f.; -, -n⟩ **1** *Schlaginstrument mit zylindrischem, an beiden Seiten mit Kalbfell o. Ä. bespanntem Resonanzkörper;* die ~ rühren, schlagen; die kleine, große ~ ◻ **tambor** 1.1 die ~ für etwas rühren ⟨fig.⟩ *für etwas werben, Propaganda machen* ◻ **rufar os tambores para alguma coisa* **2** *walzenförmiger Teil einer Maschine od. eines Gerätes;* Revolver~, Sieb~ ◻ **tambor; cilindro 3** *walzenförmiger Behälter;* Brot~, Botanisier~ ◻ **recipiente cilíndrico**

trom|meln ⟨V.⟩ **1** ⟨400⟩ *die Trommel schlagen* ◻ **rufar/tocar o tambor 2** ⟨411; fig.⟩ *(mit den Fingern od. Fäusten) rasch auf eine Fläche klopfen u. dadurch ein Geräusch hervorrufen;* mit den Fingern auf den Tisch, die Armlehne, gegen die Fensterscheiben ~; mit den Fäusten gegen die Tür ~ ◻ **tamborilar; bater** 2.1 ⟨550⟩ jmdn. aus dem Schlafe ~ ⟨fig.⟩ *unsanft wecken* ◻ **tirar alguém da cama* **3** ⟨400⟩ *Hasen, Kaninchen ~* ⟨Jägerspr.⟩ *schlagen (bei Gefahr) schnell mit den Vorderläufen auf den Boden* ◻ **patear**

Trom|pe|te ⟨f.; -, -n; Mus.⟩ *Blechblasinstrument mit oval gebogenem Rohr;* → a. *Pauke(1.2-1.3);* die ~, auf der ~ blasen; die ~ schmettert ◻ **trompete**

trom|pe|ten ⟨V. 400⟩ **1** *auf der Trompete blasen* ◻ **tocar trompete; trombetear 2** *Elefanten ~* ⟨fig.⟩ *geben Laut* ◻ **barrir 3** ⟨fig.; umg.⟩ *laut u. triumphierend od. fröhlich rufen* ◻ **gritar 4** ⟨fig.; umg.; scherzh.⟩ *sich laut die Nase schnäuzen* ◻ **trombetear; assoar o nariz ruidosamente**

Tro|pen ⟨Pl.⟩ *heiße Zone auf beiden Seiten des Äquators zwischen den Wendekreisen* ◻ **trópicos**

Tropf ⟨m.; -(e)s, Tröp|fe⟩ **1** *(einfältiger) Kerl* ◻ **palerma; simplório**; armer ~ ◻ **pobre diabo* **2** ⟨umg.⟩ *Gerät für die Dauertropfinfusion* ◻ **equipo**; am ~ hängen ◻ **estar/ficar no soro*

tröpf|chen|wei|se ⟨Adv.⟩ **1** *in einzelnen Tröpfchen* **2** ⟨fig.; umg.⟩ *in kleinen Teilen, kleinen Mengen;* er liefert seine Arbeit ~ ab; jmdm. eine schlechte Nachricht ~ beibringen ◻ **gota a gota; a conta-gotas**

tröp|feln ⟨V.⟩ **1** ⟨400(s.)⟩ *etwas tröpfelt fällt in einzelnen, wenigen Tropfen;* das Wasser tropfte nur spärlich ◻ **gotejar; pingar** 1.1 ⟨401⟩ *es tröpfelt es regnet in einzelnen, wenigen Tropfen* ◻ **está chuviscando* **2** ⟨531⟩ *jmdm. etwas irgendwohin ~ in kleinen Tropfen verabreichen;* sie hat dem Kind die Arznei in die Augen getröpfelt ◻ **pingar**

trop|fen ⟨V.⟩ **1** ⟨400(s.)⟩ *eine Flüssigkeit tropft fällt in Tropfen;* das Blut tropft auf den Boden; das Wasser tropfte ihm vom Hut **2** ⟨400⟩ *etwas tropft gibt Flüssigkeit tropfenweise ab;* ein Gefäß, der Wasserhahn tropft; ihm tropft die Nase **3** ⟨511⟩ *eine Flüssigkeit in, auf etwas ~ in Tropfen fallen lassen, gießen;* Medizin auf einen Löffel ~ ◻ **pingar**

Trop|fen ⟨m.; -s, -⟩ **1** *kleine Menge Flüssigkeit in charakteristischer Ei- od. Kugelform;* Schweiß~, Wasser~; der Regen fiel in großen, dicken, schweren ~; der Schweiß stand ihm in dicken ~ auf der Stirn; an der Kanne, Flasche hängt ein ~ ◻ **gota; pingo** 1.1 *Regentropfen;* die ~ rannen an der Fensterscheibe herab ◻ **pingo de chuva 2** ⟨fig.⟩ *kleine Menge od. kleiner Rest Flüssigkeit* (bes. von etwas Trinkbarem), *Schluck;* es ist seit Wochen kein ~ Regen gefallen; wir haben keinen ~ Wein, Milch im Hause; es ist nur noch ein ~ in der Flasche; ich lechze nach einem ~ Wasser ◻ **pingo; gota 3** ⟨zusammen mit Adj.⟩ *Alkohol, bes. Wein;* ein guter, ein edler, ein ganz besonderer ~ ◻ **bebida (alcoólica) 4** ⟨nur Pl.⟩ *Medizin, die in Tropfen(1) genommen wird;* Husten~, Magen~; ~ einnehmen, verschreiben; drei Mal täglich fünf ~ einnehmen ◻ **gota 5** ⟨fig.⟩ 5.1 *das ist nur ein ~ auf den heißen Stein so wenig, dass es keine Wirkung hat* ◻ **isso é só uma gota d'água no oceano*; → a. *bitter(2.1)*

tropf|nass ⟨Adj. 24⟩ *ganz nass, so nass, dass es tropft;* Wäsche ~ aufhängen ◻ **encharcado**

Tropf|stein ⟨m.; -(e)s, -e⟩ *wie ein Eiszapfen od. eine Säule geformtes Gebilde aus der Kalkabsonderung von tropfendem Wasser;* ~höhle ◻ **espeleotema (estalactite ou estalagmite)**

Tro|phäe ⟨f.; -, -n⟩ **1** *Teil der Beute als Zeichen des Sieges,* z. B. Waffe, Fahne o. Ä. **2** *Teil der Jagdbeute als Zeichen der erfolgreichen Jagd,* z. B. Geweih, Fell ◻ **troféu**

Tross ⟨m.; -es, -e⟩ **1** *die das Gepäck, Verpflegung u. Ausrüstung der Truppe mitführenden Fahrzeuge, Train* ◻ **recovagem; trem 2** ⟨fig.⟩ *Gefolge, Anhänger, Mitläufer* ◻ **séquito**

Trost ⟨m.; -(e)s; unz.⟩ **1** *etwas, das im Leid aufrichtet, das Leid vermindert, erleichtert, Aufmunterung, Aufheiterung, Erleichterung;* ein ~, dass er wenigstens Nachricht gegeben hat; nach dem Tod ihres Mannes ist das Kind ihr einziger, ganzer ~; das ist leider nur ein schwacher ~; das ist ein schöner ~! ⟨iron.⟩ 1.1 jmdm. ~ bringen, spenden, zusprechen *jmdn. trösten* 1.2 ~ bei jmdm., in etwas finden *von jmdm., durch etwas getröstet werden* ◻ **consolo; conforto** 1.3 zu meinem, deinem ~, ... *um mich, dich zu trösten, zu meiner, deiner Erleichterung* ◻ **consolo 2** *du bist wohl nicht (recht) bei ~(e)!* ⟨fig.; umg.⟩ *ein bisschen verrückt, nicht recht bei Verstand* ◻ **você deve estar maluco!*

trös|ten ⟨V.⟩ **1** ⟨500/Vr 7 od. Vr 8⟩ *jmdn. ~ jmdn. Trost bringen, zusprechen, im Kummer gut zureden;* jmdn. in seinem Schmerz ~; jmdm. ~d zureden ◻ **consolar; confortar** 1.1 *das tröstet mich* ⟨umg.⟩ *das beruhigt mich, richtet mich wieder auf* ◻ **isso me tranquiliza/consola* **2** ⟨500/Vr 3⟩ *sich ~ Trost finden;* getröstet lief das Kind zurück ◻ **consolar-se; conformar-se** 2.1 ⟨550/Vr 7⟩ *jmdn. über einen Verlust ~ einen V. überwinden, verschmerzen helfen* 2.2 ⟨550/Vr 7⟩ *jmdn. mit etwas ~ Ersatz für Unerreichbares od. Verlorenes durch etwas (anderes) schaffen* ◻ **consolar; confortar** 2.2.1 *du musst dich mit dem Gedanken ~, dass ... dich zufriedengeben* ◻ **você tem de se conformar com a ideia de que...* **2.3** *sich mit jmd. anderem ~ nach dem Auseinandergehen einer Bindung schnell wieder eine neue knüpfen;* sich mit einem anderen Mann, einer anderen Frau ~ ⟨umg.⟩ ◻ **buscar consolo em alguém*

tröst|lich ⟨Adj.⟩ *tröstend, Trost bringend;* es ist ~, zu wissen, dass ... ▫ **consolador; reconfortante**

trost|los ⟨Adj.⟩ **1** *keinem Trost zugänglich; verzweifelt;* er ist über seinen Verlust ganz ~ ▫ **desolado; desconsolado 2** *ohne Aussicht auf Besserung;* ein ~er Zustand; ~e Verhältnisse ▫ **desanimador 3** ⟨fig.⟩ *öde, völlig reizlos, verlassen;* eine ~e Gegend ▫ **desolado**

Trost|preis ⟨m.; -es, -e⟩ *kleiner Preis für den Verlierer* ▫ **prêmio de consolação**

Trott ⟨m.; -(e)s, -e⟩ **1** *langsamer, schwerfälliger Trab (vom Pferd)* ▫ **trote lento 2** *langsamer, schwerfälliger Gang* ▫ **passo lento e pesado 3** ⟨fig.⟩ *altgewohnte, immer gleiche, etwas lässige Arbeits-, Lebensweise, Schlendrian;* der tägliche ~; es geht immer im gleichen ~ ▫ **rotina; ramerrão**

Trott|tel ⟨m.; -s, -; umg.⟩ *Dummkopf, einfältiger, unaufmerksamer, etwas bequemer Mensch;* gutmütiger ~ ▫ **tonto; bobalhão**

trot|ten ⟨V. 400⟩ **1** *ein Pferd trottet trabt langsam, schwerfällig* ▫ **trotar lentamente 2** ⟨400(s.)⟩ *langsam, lustlos, unaufmerksam gehen* ▫ **caminhar vagarosa e distraidamente**

Trot|toir ⟨[-toaːr] n.; -s, -s od. -e; schweiz.⟩ *Bürgersteig, Gehsteig, Gehweg* ▫ **calçada**

trotz ⟨Präp. mit Dat. od. (geh.) Gen.⟩ **1** *ungeachtet, entgegen;* ~ allem, ~ alledem war es doch schön; ~ seiner Erfolge ist er bescheiden geblieben; ~ des Regens machten wir eine Wanderung 1.1 ~ aller Vorsicht stürzte er *obwohl er vorsichtig war* ▫ **apesar de**

Trotz ⟨m.; -es; unz.⟩ **1** *Widersetzlichkeit, Unfügsamkeit, Dickköpfigkeit, Eigensinn, Eigenwilligkeit;* kindlicher, kindischer ~; etwas aus ~ tun od. unterlassen ▫ **teimosia; obstinação 1.1** jmdm. od. einer Gefahr ~ bieten *Widerstand entgegensetzen* ▫ **resistência 1.2** jmdm. zum ~ *um jmdn. zu ärgern, gerade weil es jmd. anders will;* dir zum ~ bleibe ich hier ▫ ***a despeito de/apesar de alguém** **1.3** einer Sache zum ~ *trotz einer S.;* seiner Warnung zum ~ hat sie es doch getan ▫ ***a despeito de/apesar de alguma coisa**

trotz|dem ⟨a. [-'-]⟩ **1** ⟨Adv.; *dennoch*⟩ ~ darf man nicht glauben, dass ... ▫ **todavia; apesar disso**; sie hatte es dem Jungen verboten, aber er tat es ~ ▫ **mesmo assim 2** ⟨Konj.; umg.⟩ *obgleich;* ~ es heftig regnete, gingen wir spazieren ▫ **embora; ainda que**

trot|zen ⟨V.⟩ **1** ⟨600⟩ jmdm. od. einer Sache ~ *Trotz bieten, Widerstand entgegensetzen;* einer Gefahr ~ ▫ **enfrentar; desafiar**; diese Pflanzen ~ jeder Witterung, auch der größten Kälte ▫ **resistir; desafiar 2** ⟨400⟩ *ein Kind trotzt ist widersetzlich, dickköpfig* ▫ **insistir; teimar**

trot|zig ⟨Adj.⟩ **1** *kämpferisch, kriegerisch* ▫ **desafiador; recalcitrante 2** *aufbegehrend, zornig, eigensinnig;* etwas ~ sagen; ~ schweigen ▫ **(de modo) obstinado; revoltado 3** *voller Trotz, widerspenstig, widersetzlich, dickköpfig;* ein ~es Kind; ~ sein ▫ **teimoso; birrento**

Trou|ba|dour ⟨[trubaduːr] m.; -s, -e od. -s⟩ **1** *provenzalischer Minnesänger des 11.–14. Jh.* ▫ **trovador 1.1** ⟨scherzh.⟩ *Sänger, bes. Schlagersänger* ▫ **cantor de sucesso**

trüb ⟨Adj.⟩ = *trübe*

trü|be ⟨Adj.⟩ oV *trüb* **1** *eine Flüssigkeit, ein Glas ist ~ ist undurchsichtig, unklar, milchig, schmutzig;* der Spiegel hat ~ Stellen ▫ **turvo; opaco; fosco 2** *etwas ist ~ besitzt nicht die Eigenschaft zu leuchten, zu glänzen od. zu strahlen, ist nicht hell, ist glanzlos, matt;* ~ Augen; ~s Metall; ~s Licht ▫ **baço; opaco; fosco 3** *mit wolkenbedecktem Himmel, regnerisch, dunstig;* ein ~r Abend, Tag; es herrscht ein ~s Wetter ▫ **cinzento; nublado 3.1** ~ Tage ⟨Meteor.⟩ *T. mit einem durchschnittlichen Bewölkungsgrad von mehr als 8/10* ▫ **nublado 3.2** ~ Zeiten ⟨fig.⟩ *bedenkliche, ungünstige Z.;* die Zukunft sieht ~ aus ▫ **sombrio; nebuloso 4** jmdm. ist in ~r Stimmung *ist bedrückt, niedergeschlagen, lust- u. schwunglos, unfroh* ▫ ***estar triste/deprimido;** ~ vor sich hin schauen ▫ ***não ver boas perspectivas;** ~ in die Zukunft schauen ▫ ***não ver o futuro com bons olhos** **4.1** ~ Tasse ⟨fig.; umg.; abwertend⟩ *langweilige Person* ▫ ***pessoa chata** **5** *etwas ist ~ ist zweideutig, schlecht;* eine Sache erscheint in einem ~n Licht ▫ **nebuloso 5.1** im Trüben fischen ⟨fig.; umg.⟩ *aus einer unklaren Lage Vorteil ziehen, bei dunklen Geschäften seinen Profit machen* ▫ ***pescar em águas turvas**

Tru|bel ⟨m.; -s; unz.⟩ *lebhaftes, lärmendes Durcheinander, geschäftiges od. lustiges Treiben vieler Personen* ▫ **confusão; tumulto**

trü|ben ⟨V. 500/Vr 7⟩ **1** *Flüssigkeit, Glas, Metall ~ trübe, unklar, glanzlos machen;* von Tränen getrübte Augen ▫ **turvar; embaçar 2** jmd. od. *etwas trübt etwas macht etwas trüb;* kein Wölkchen trübte den Himmel ▫ **ofuscar; toldar; encobrir 2.1** ⟨Vr 3⟩ *der Himmel trübt sich bedeckt sich mit Wolken* ▫ **anuviar-se; nublar-se 3** ⟨Vr 3⟩ *eine Flüssigkeit trübt sich verdunkelt sich, wird milchig, schmutzig* **4** ⟨Vr 3⟩ *jmds. Verstand trübt sich* ⟨fig.⟩ *jmd. beginnt, geistig verwirrt zu werden, geisteskrank zu sein;* sein Bewusstsein, sein Erinnerungsvermögen ist getrübt ▫ **turvar-se 5** ⟨Vr 3⟩ *Beziehungen ~ sich* ⟨fig.⟩ *sind nicht mehr so gut, herzlich;* unser gutes Einvernehmen hat sich getrübt ▫ **desgastar-se; deteriorar-se 6** *eine Sache trübt etwas* ⟨fig.⟩ *beeinträchtigt, vermindert, dämpft etwas (bes. Freude, Fröhlichkeit);* kein Missklang trübte den frohen Abend, das Wiedersehen; unsere Freude wurde durch eine traurige Nachricht getrübt ▫ **estragar; empanar**

Trüb|sal ⟨f.; -, -e⟩ **1** *Trauer, seelischer Schmerz, Bedrückung, Elend* ▫ **tristeza; aflição 1.1** ~ blasen ⟨fig.; umg.⟩ *trüben Gedanken nachhängen, lustlos, missgestimmt sein* ▫ ***estar na fossa; estar deprimido**

trüb|se|lig ⟨Adj.⟩ **1** *bedrückt, niedergeschlagen, hoffnungslos;* er geht ~ herum ▫ **triste; deprimido 2** *trostlos, öde;* eine ~e Gegend ▫ **desolado 3** *anhaltend schlecht, regnerisch;* ~es Wetter ▫ **feio; chuvoso 4** ⟨fig.; umg.⟩ *armselig, kümmerlich;* ein ~er kleiner Rest ▫ **mísero**

Trüb|sinn ⟨m.; -(e)s; unz.⟩ *Schwermut, tiefe, anhaltende Niedergeschlagenheit;* in ~ verfallen ▫ **tristeza; melancolia**

Trü|bung ⟨f.; -, -en⟩ **1** *das Trüben;* ~ *des Bewusstseins* □ turvação; perturbação **2** *trübe Stelle;* das Glas weist eine leichte ~ auf □ (ponto de) opacidade

Truck ⟨[trʌk] m.; -s, -s⟩ *großer Lastkraftwagen* □ caminhão

tru|deln ⟨V. 400(s.)⟩ *etwas trudelt dreht sich um eine außerhalb der eigenen Längsachse liegende Achse steil nach unten* □ girar; rodar; *das Flugzeug kam ins Trudeln* □ *o avião entrou em parafuso

Trüf|fel ⟨f.; -, -n od. (umg.) m.; -s, -⟩ **1** *unter der Erdoberfläche wachsender, fleischiger, knolliger Pilz: Tuberales* □ trufa; túbera **2** *Praline, die mit einer festen, aber geschmeidigen Masse gefüllt ist* □ trufa

Trug ⟨m.; -(e)s; unz.⟩ **1** *Betrug, Täuschung* □ engano; logro; *es ist alles Lug und* ~ □ *é tudo mentira/enganação* **2** *Sinnestäuschung* □ ilusão

trü|gen ⟨V. 271/400⟩ *eine* **Sache** *trügt täuscht, führt irre;* wenn mich meine Erinnerung nicht trügt, war es so und so; *der Schein trügt* □ enganar

trü|ge|risch ⟨Adj.⟩ **1** *trügend, täuschend, irreführend, falsch;* ~er Glanz; sich ~en Hoffnungen hingeben; ~er äußerer Schein; das Gedächtnis ist ~; Versprechungen haben sich als ~ erwiesen □ falso; ilusório; enganador **1.1** *der* **Boden** *ist* ~ *gibt nach, obwohl er fest scheint* □ *o solo engana* **1.2** *das Eis ist* ~ *bricht ein, trägt nicht, obwohl es fest scheint* □ *o gelo engana*

Trug|schluss ⟨m.; -es, -schlüs|se⟩ **1** *unrichtiger Schluss, der von einer vieldeutigen, meist negativen Prämisse ausgeht* □ sofisma; falácia **2** ⟨allg.⟩ *falsche Schlussfolgerung, die auf einem Denkfehler beruht* □ falsa conclusão

Tru|he ⟨f.; -, -n⟩ *Kastenmöbel mit Klappdeckel;* Wäsche~ □ arca; baú

Trumm ⟨n.; -(e)s, Trüm|mer; oberdt.⟩ *großes Stück, grober Klotz;* ein ~ Fleisch; ein ~ Holz □ talho; cepo

Trüm|mer ⟨Pl.; Sg. nur noch oberdt.⟩ **1** *Bruchstücke, Teile, Stücke, Reste (eines zerschlagenen Gegenstandes);* von dem Haus, dem Schiff sind nur noch ~ vorhanden; in den ~n (des Hauses) nach noch brauchbaren Gegenständen suchen; unter den ~n des einstürzenden Hauses begraben werden; von herabfallenden ~n erschlagen werden □ ruínas; destroços; escombros; *etwas in* ~ *schlagen* □ *destruir/destroçar alguma coisa* **1.1** *in* ~ *gehen entzweigehen* □ *estilhaçar-se

Trumpf ⟨m.; -(e)s, Trümp|fe⟩ **1** ⟨Kart.⟩ *Farbe, die die anderen sticht;* ~ bekennen, ~ erklären; Pik ist ~; was ist ~? **2** ⟨fig.⟩ *Vorteil;* einen ~ in der Hand haben □ trunfo **2.1** *einen* ~ *ausspielen* ⟨fig.⟩ *einen Vorteil geltend machen, etwas Entscheidendes zum Einsatz bringen* □ *jogar um trunfo

Trunk ⟨m.; -(e)s, Trün|ke; Pl. selten⟩ **1** *das Trinken* □ gole; trago **1.1** *einen* ~ *tun etwas trinken* □ *tomar/beber alguma coisa* **1.2** *übermäßiges Trinken von Alkohol, Trunksucht* □ alcoolismo; *sich dem* ~ *ergeben;* dem ~ verfallen sein □ *entregar-se à bebida; dar para beber* **2** *Trank, Getränk;* ein frischer, kühler ~ □ bebida

trun|ken ⟨Adj. 70; geh.⟩ **1** ⟨poet.⟩ *betrunken;* ~ sein von Wein □ ébrio; embriagado **2** ⟨fig.⟩ *ganz erfüllt (von einem Gefühl);* freude~, wonne~; ~ von dem herrlichen Anblick; ~ vor Begeisterung, Wonne □ ébrio; inebriado

Trun|ken|bold ⟨m.; -(e)s, -e; umg.; abwertend⟩ *Trinker, Alkoholiker* □ beberrão; bêbado

Trupp ⟨m.; -s, -s⟩ **1** *zusammengehörige Gruppe, kleine Schar* □ bando; grupo **2** *kleinere, meist sehr bewegliche militärische Einheit, die für besondere Aufgaben herangezogen wird* □ destacamento; pelotão; Stoß~ □ *tropa de choque

Trup|pe ⟨f.; -, -n⟩ **1** *Gesamtheit der Soldaten, die für die Durchführung von Kampfhandlungen vorgesehen sind* **1.1** ⟨Pl.⟩ *militärische Einheiten* □ tropa **2** *Gruppe von Schauspielern od. Artisten;* Wander~ □ trupe

Trust ⟨[trʌst] m.; -s, -s⟩ *Zusammenschluss mehrerer Unternehmungen od. Firmen zu einem Großunternehmen unter Verlust ihrer Selbständigkeit* □ truste

Trut|hahn ⟨m.; -(e)s, -häh|ne⟩ *männl. Truthuhn* □ peru

Trut|huhn ⟨n.; -(e)s, -hüh|ner⟩ *zu den eigentlichen Hühnervögeln gehörendes Huhn, von dem mehrere Rassen als Geflügel zum Verzehr gezüchtet werden: Meleagris gallopavo* □ perua; → *a.* Pute(1)

Tsa|tsi|ki *auch:* **Tsat|si|ki** ⟨m. od. n.; -s, -s⟩ = Zaziki

tschil|pen ⟨V. 400⟩ *der* **Sperling** *tschilpt zwitschert;* oV schilpen □ chilrear

tschüs! ⟨umg.; Grußw.⟩ = *tschüss*

tschüss! ⟨umg.; Grußw.⟩ *leb wohl;* oV tschüs □ tchau!

Tse|tse|flie|ge ⟨f.; -, -n; Zool.⟩ *Angehörige einer in Zentralafrika vorkommenden Gattung der Stechfliegen, die sticht, Blut saugt u. die Erreger der Schlafkrankheit überträgt: Glossina* □ (mosca) tsé-tsé

T-Shirt ⟨[tiːʃœːt] n.; -s, -s⟩ *kurzärmeliges, meist kragenloses Hemd aus Baumwolltrikot* □ camiseta

T-Trä|ger ⟨[teː-] m.; -, -⟩ *Stahlträger mit einem Profil in der Form eines T* □ viga em T

Tu|ba ⟨f.; -, Tu|ben⟩ **1** ⟨Anat.⟩ oV Tube(2) □ tuba **1.1** *gewundener Gang im Innern des Ohres* □ tuba auditiva **1.2** *Eileiter* □ tuba uterina **2** ⟨Mus.⟩ *tiefstes Blechblasinstrument mit weitem, oval gewundenem Rohr, nach oben gerichtetem Trichter u. seitlich hervorragendem Mundstück* □ tuba

Tu|be ⟨f.; -, -n⟩ **1** *röhrenförmiger, biegsamer, an einem Ende flach auslaufender Behälter aus Aluminium, Zinn od. Kunststoff mit Schraubverschluss für teigige Stoffe, z. B. Farbe, Zahnpasta, Salbe* □ tubo; bisnaga **1.1** *auf die* ~ *drücken* ⟨fig.; umg.⟩ *Gas geben, stark beschleunigen* □ *pisar no acelerador **2** ⟨Anat.⟩ = *Tuba(1)*

Tu|ber|kel ⟨m.; -s, -; österr. a.: f.; -, -n⟩ *knötchenförmige Geschwulst, bes. bei Tuberkulose* □ tubérculo

Tu|ber|ku|lo|se ⟨f.; -, -n; Abk.: Tb, Tbc⟩ *mit Bildung von Knötchen verbundene, von Tuberkelbakterien hervorgerufene Krankheit* □ tuberculose

Tuch[1] ⟨n.; -(e)s, -e⟩ **1** ⟨veraltet⟩ *Stoff, Gewebe (meist aus Wolle) mit filzartiger, glatter Oberfläche;* englisches, wollenes ~; ~ weben, verarbeiten **1.1** ⟨Textilw.⟩ *Streichgarngewebe in Leinwand-, Köper- od. Atlasbindung* □ pano; fazenda

Tuch² ⟨n.; -(e)s, Tü|cher⟩ *gesäumtes, quadrat., rechteckiges od. dreieckiges Stück Stoff;* → a. *rot(1.3-1.4)*; Hals~ □ **lenço**, Hand~ □ ***toalha de rosto**, Kopf~, Taschen~ □ **lenço**, Umschlag~ □ ***xale; manta**, Wisch~ □ ***rodilha; esfregão**; sich ein ~ umnehmen; sich ein ~ um den Hals, den Kopf binden; jmdm. ein feuchtes ~ auf die Stirn legen □ **lenço**

Tuch|füh|lung ⟨f.; -; unz.⟩ **1** *leichte Berührung der Körper zweier Personen* □ **contato; toque; resvalo**; mit jmdm. ~ haben □ **roçar/resvalar (em) alguém**; in ~ sitzen, stehen □ ***estar (sentado) bem perto de alguém* **2** *(fig.) Kontakt, Beziehung, Fühlungnahme*; mit jmdm. in ~ kommen □ ***entrar em contato com alguém**

tüch|tig ⟨Adj.⟩ **1** jmd. ist ~ *(im Beruf) geschickt, fähig, fleißig u. erfolgreich*; ein ~er Arzt, Arbeiter, Buchhalter; eine ~e Sekretärin; er, sie ist sehr ~ □ **competente; hábil 2** ⟨50⟩ *sehr, kräftig, ordentlich;* ~ arbeiten □ **muito; a valer**; jmdm. ~ die Meinung sagen □ ***dizer umas verdades a alguém**; nun iss mal ~! □ ***coma mais!**; jmdm. ~ verhauen □ ***dar uma bela surra em alguém**

Tü|cke ⟨f.; -, -n⟩ **1** *Heimtücke, Hinterlist, Arglist, Treulosigkeit, böswilliger Vertrauensbruch* □ **perfídia; deslealdade;** → a. *List(1.1)* **2** *Verschlagenheit, Bosheit, Bösartigkeit* □ **maldade; malícia** 2.1 *die ~ des Objekts (scherzh.) der scheinbare Widerstand eines leblosen Dinges* □ ***a insídia do objeto**

tu|ckern ⟨V. 400⟩ *ein* **Motor** *tuckert* **1** *rattert, knattert*; der Motor des Motorbootes od. Traktors tuckert □ **vibrar; trepidar 2** *klopft, bringt ein regelwidriges Geräusch hervor*; der Motor des Autos tuckert □ **bater pino**

tü|ckisch ⟨Adj.⟩ *voller Tücke, hinterlistig, arglistig* □ **pérfido; traiçoeiro**; eine ~e Krankheit □ **insidioso**

Tuff ⟨m.; -(e)s, -e⟩ *Sediment aus vulkanischen Auswürfen* □ **tufo vulcânico**

tüf|teln ⟨V. 400⟩ **1** *grübeln, etwas Schwieriges herauszubringen suchen* □ **quebrar a cabeça 2** *im Kleinen sorgfältig u. genau arbeiten;* er tüftelt gerne □ **esmerar-se; ser minucioso/detalhista**

Tu|gend ⟨f.; -, -en⟩ **1** ⟨unz.⟩ *sittlich einwandfreie, vorbildl. Haltung;* ein Ausbund an ~ ⟨iron.⟩; → a. *Pfad(2)* **2** *(sittlich) hervorragende Eigenschaft;* ein Mann mit vielen ~en □ **virtude**; → a. *Not(1.1)*

Tu|gend|bold ⟨m.; -(e)s, -e; leicht abwertend⟩ *jmd., der als sehr tugendhaft gilt od. sich selbst so darstellt* □ **modelo de virtude**

Tüll ⟨m.; -s, -e⟩ *feines, netzartiges Gewebe (für Gardinen, Kleider u. Ä.)* □ **tule**

Tül|le ⟨f.; -, -n⟩ *Schnauze, Ausguss (an Kannen u. Krügen)* □ **bico**

Tul|pe ⟨f.; -, -n⟩ **1** ⟨Bot.⟩ *zu einer Gattung der Liliengewächse gehörende Zierpflanze der alten Welt mit aufrechten einzelnen Blüten: Tulipa 1.1 (i. e. S.) als Zierpflanze in Mitteleuropa angebaute Art der Tulpe(1): Tulipa gesneriana;* Garten~ **2** *(fig.)* Bierglas mit Stiel; Bier~ □ **tulipa**

...tum ⟨n.; -s; unz.; in Zus.⟩ **1** *Würde, Amt;* Kaisertum **2** *Stand;* Rittertum **3** *Wesen;* Heldentum **4** *Gesamtheit;* Judentum

tum|meln ⟨511/Vr 3⟩ sich ~ *umherlaufen u. spielen, sich lebhaft u. vergnügt bewegen;* sich auf der Wiese, im Wasser ~ □ **correr; agitar-se**

Tümm|ler ⟨m.; -s, -; Zool.⟩ **1** *Kleiner* ~ *Angehöriger einer Gattung der Schweinswale, Braunfisch* □ ***toninha* 2** *Großer* ~ *zu den Delphinen gehörender, 4 m langer Zahnwal: Tursiops truncatus* □ ***golfinho-nariz-de-garrafa* 3** *Rasse der Haustauben* □ **pombo-cambalhota**

Tu|mor ⟨m.; -s, -mo|ren; Med.⟩ = *Geschwulst*

Tüm|pel ⟨m.; -s, -⟩ *kleiner, sumpfiger, meist von Wasserpflanzen bedeckter Teich* □ **pântano; charco**

Tu|mult ⟨m.; -(e)s, -e⟩ *Aufruhr, lärmendes Durcheinander erregter Menschen, Getümmel* □ **tumulto**

tun ⟨V. 272⟩ **1** ⟨500⟩ etwas ~ *machen, ausführen, bewirken, unternehmen, verrichten;* seine Arbeit, Pflicht ~; ich habe mein Bestes, mein Möglichstes getan; Gutes ~; tu, was du nicht lassen kannst!; tu, was du willst!; ich habe getan, was ich konnte; des Guten zu viel ~; was soll man ~?; ich will sehen, was ich ~ kann; wir wollen sehen, was sich ~ lässt; das würde ich nie ~!; was ~?; er tut (den ganzen Tag) nichts anderes als zum Fenster hinausschauen; was tust du gerade?; etwas zu ~ pflegen **1.1** ich habe es nicht getan! *(Beteuerung)* **1.2** nichts **als** arbeiten, schimpfen usw. *immer nur arbeiten usw* **1.3** ich kann ~, was ich will, es gelingt mir nicht *ich kann mich noch so sehr anstrengen...* **1.4 Wunder** ~ *bewirken* □ **fazer 1.5** einen **Schrei**, Seufzer ~ *ausstoßen* □ **dar; soltar 1.6** nach getaner Arbeit ist gut ruhn ⟨Sprichw.⟩ *wenn man fleißig gearbeitet hat, hat man ein Recht auf Ruhe* □ ***trabalho feito, descanso merecido* 1.7** etwas ~ *arbeiten;* er muss noch was ~ **1.7.1** nichts ~ *müßig sein* □ **fazer 2** ⟨511⟩ einen **Gegenstand** in ~ (auf usw.) *einen anderen* ~ *setzen, stellen, legen;* den Koffer auf den Schrank ~; die Wäsche in den Koffer ~; etwas in ein Paket, in den Schrank ~; tu das Buch zu den anderen!; wohin soll ich das ~? **2.1** seinen Sohn in eine andere Schule ~ ⟨umg.; bes. süddt.⟩ *geben* □ **pôr; colocar 2.2** etwas in eine **Flüssigkeit** ~ *in die F. gießen, dazufügen;* tu die Milch in seinen Krug □ **verter; despejar 2.2.1** Salz **an** die Suppe ~ *die Suppe salzen* □ **colocar; salpicar 3** ⟨413⟩ so ~, (als ob ...) *sich so benehmen (als ob ...);* er tat (so), als hätte er nichts gesehen; tu, als ob du zu Hause wärst!; tu doch nicht so, als ob du es nicht wüsstest! □ ***agir como se; fingir que* 3.1** tu nur nicht so! **3.1.1** *verstell dich nicht!* □ ***deixe de fingimento!* 3.1.2** zier dich nicht so! □ ***não se faça de rogado!; não faça cerimônia!* 3.2** freundlich ~ *sich freundlich stellen* □ ***fazer-se de amigo* 3.3** ⟨813⟩ jmd. tut **gut daran**, ... *es wäre gut (für ihn), wenn jmd. ...;* du tätest gut, klug daran, sofort zu ihm zu gehen □ ***fazer bem em/se...* 4** ⟨530/Vr 6 od. Vr 7⟩ **jmdm. etwas** (...) ~ *(einen Schaden) zufügen;* sich od. jmdm. Schaden ~; er kann

Tun

niemandem etwas Böses ~; der Hund tut dir nichts; ich habe ihm doch nichts getan! ☐ *fazer; causar* **4.1** ich habe ihm Unrecht getan *ihn zu Unrecht beschuldigt* ☐ **cometi uma injustiça com ele* **4.2** jmdm. etwas **Liebes** ~ *jmdm. einen guten Dienst erweisen* ☐ **fazer uma gentileza para alguém* **5** ⟨550⟩ **5.1** für jmdm. etwas ~ *jmdm. in einer Angelegenheit behilflich sein* ☐ **fazer alguma coisa por alguém* **5.2** für eine **Sache etwas** ~ *sich um eine S. bemühen, eine S. fördern wollen* ☐ **fazer alguma coisa para conseguir outra* **5.3** gegen jmdm. etwas ~ *jmdm. in einer Angelegenheit hinderlich sein* ☐ **fazer alguma coisa contra alguém* **5.4** gegen eine **Sache etwas** ~ *eine S. zu vertuschen suchen* ☐ **tentar encobrir alguma coisa* **6** ⟨unpersönl.⟩ **6.1** ⟨500⟩ das od. es tut's *das reicht, es genügt*; ein Fußschemel tut's auch; das allein tut's nicht ☐ **basta; é o suficiente* **6.1.1** was tut's? *was schadet es?* ☐ **e daí?; qual é o problema?* **6.1.2** es tut **nichts** *es schadet nicht, stört niemanden* ☐ **não faz mal; não tem problema* **6.2** ⟨550⟩ das tut **nichts zur Sache** *das gehört nicht dazu* ☐ **isso não tem nada a ver com o assunto* **6.3** ⟨530/Vr 3⟩ es tut sich etwas *etwas Unbekanntes geschieht* ☐ **está acontecendo alguma coisa; was tut sich da?* ☐ **o que está acontecendo aqui?* **6.4** ⟨553/Vr 3⟩ sich schwer (leicht) mit einer Sache ~ *die S. fällt jmdm. schwer (leicht), bereitet ihm (keine) Mühe;* er tut sich schwer mit dem Rechnen; du tust dich leichter, wenn du es anders machst ☐ **ter dificuldade/facilidade com alguma coisa* **7** ⟨m. „zu" u. Inf.⟩ **7.1** eine **Arbeit** ist zu ~ *muss erledigt werden* ☐ **um trabalho tem de ser feito* **7.1.1** jmdm. etwas zu ~ geben *jmdm. eine Arbeit geben; es gibt noch viel zu ~* ☐ **dar a alguém o que fazer* **7.1.2** zu ~ haben *beschäftigt sein, noch arbeiten müssen* ☐ **ter o que fazer* **7.1.3** nichts zu ~ haben *keine Arbeit od. Beschäftigung haben;* hast du noch etwas für mich zu ~? ☐ **não ter o que fazer* **7.1.4** ich habe noch in der Stadt zu ~ *etwas in der S. zu erledigen* ☐ **ainda tenho algumas coisas para fazer na cidade* **7.2** mit jmdm. zu ~ haben *verhandeln müssen;* ich habe auf dem Finanzamt immer mit Herrn X zu ~ ☐ **ter (alguma coisa) a tratar com alguém* **7.3** mit einer **Angelegenheit** zu ~ haben *sich um eine A. kümmern müssen* ☐ **ter de lidar com uma questão* **7.4** damit habe ich nichts zu ~ **7.4.1** *das geht mich nichts an* **7.4.2** *das gehört nicht zu meiner Arbeit* **7.4.3** *daran bin ich nicht beteiligt* ☐ **não tenho nada a ver com isso* **7.5** damit will ich nichts zu ~ haben *ich will mich nicht hineinmischen* ☐ **não quero me envolver nisso* **8** ⟨unpersönl.⟩ **8.1** es mit jmdm. zu ~ bekommen *mit jmdm. verhandeln, jmds. Meinung berücksichtigen müssen* **8.1.1** hör sofort auf, sonst bekommst du es mit mir zu ~! *sonst bekommst du von mir Schelte od. Prügel* ☐ **ter de se haver com alguém* **8.1.2** es mit einer **Angelegenheit** zu ~ bekommen *sich mit einer A. beschäftigen müssen* ☐ **ter de se ocupar/tratar de alguma coisa* **8.1.3** es mit der Angst zu ~ bekommen *allmählich A. bekommen* ☐ **ficar com medo* **8.2** ⟨veraltet⟩ jmdm. ist es um jmdn. od. etwas zu ~ *jmd. macht sich Gedanken über jmdn. od. etwas, möchte jmdm. (bei etwas) helfen;* es ist mir nur darum zu ~, dass ihm sofort geholfen wird ☐ **preocupar-se/importar-se com alguém ou alguma coisa* **9** ⟨im Part. Perf.⟩ gesagt – getan *nachdem (jmd.) einen Entschluß geäußert hat, setzt er ihn in die Tat um;* gesagt – getan, er machte sich also auf den Weg ☐ **dito e feito* **10** ⟨550; Passiv⟩ **10.1** damit ist es noch nicht getan *das genügt nicht* ☐ **isso ainda não é o suficiente; isso não é tudo*

Tun ⟨n.; -s; unz.⟩ **1** *das Handeln, Wirken, Machen;* löbliches, nützliches ~; verräterisches, verbrecherisches ~ ☐ *ação; ocupação* **1.1** sein ~ und Lassen *seine Lebensweise* ☐ **sua conduta; seu proceder*

Tün|che ⟨f.; -, -n⟩ **1** *Kalk- od. Leimfarbe als Wandanstrich* ☐ *leite de cal* **2** ⟨fig.⟩ *äußerer Schein, der etwas verbirgt* ☐ *verniz; maquiagem*

tün|chen ⟨V. 500⟩ etwas ~ *mit Tünche(1) streichen* ☐ *caiar; branquear*

Tun|dra auch: **Tund|ra** ⟨f.; -, -dren⟩ *jenseits der polaren Baumgrenze liegende Steppe, Kältesteppe* ☐ *tundra*

Tu|nell ⟨n.; -s, -e; süddt.; österr.; schweiz.⟩ = *Tunnel*

Tu|ner ⟨[tjuː-] m.; -s, -⟩ **1** *Teil von Rundfunk- u. Fernsehempfängern zum Einstellen eines bestimmten Kanals bzw. einer bestimmten Frequenz* **2** *Rundfunkgerät (als Teil einer Stereoanlage)* ☐ *sintonizador*

Tun|fisch ⟨m.; -(e)s, -e; Zool.⟩ *großer Fisch warmer Meere mit blauschwarzem Rücken u. schmackhaftem Fleisch: Thunnus thynnus;* oV *Thunfisch* ☐ *atum*

Tu|nicht|gut ⟨m.; -(e)s, -e; abwertend⟩ *junger Mensch, der öfters Schlimmes anrichtet, häufig kleine Straftaten begeht* ☐ *malandro; marginal*

Tu|ni|ka ⟨f.; -, -ni|ken; im antiken Rom⟩ **1** ⟨im antiken Rom⟩ *langes Gewand für Männer u. Frauen* **2** ⟨Mode⟩ *ärmelloses Übergewand (für Frauen)* ☐ *túnica*

Tun|ke ⟨f.; -, -n⟩ *Soße (zum Tunken)* ☐ *molho*

tun|ken ⟨V. 511/Vr 8⟩ jmdn. od. etwas ~ *eintauchen;* Brot in Kaffee ~; jmdn. ins Wasser ~ ☐ *molhar; mergulhar*

tun|lich ⟨Adv.⟩ = *tunlichst*

tun|lichst ⟨Adv.⟩ *möglichst, wenn möglich, lieber, besser;* oV *tunlich;* das wirst du ~ bleibenlassen ☐ *se possível; de preferência*

Tun|nel ⟨m.; -s, - od. -s⟩ *unterirdisches Bauwerk zur Führung von Straßen, Bahnen od. Kanälen;* oV *Tunell* ☐ *túnel*

Tüp|fel ⟨m. od. n.; -s, -⟩ **1** *kleiner Tupfen, Pünktchen, Fleckchen* ☐ *pontinho; mancha; pinta* **2** *Aussparung in der Wandverdickung pflanzlicher Zellen* ☐ *pontuação*

tüp|fen ⟨V. 500⟩ **1** etwas ~ *mit Tupfen versehen;* ein getupftes Kleid ☐ *sarapintar; salpicar* **2** ⟨500/Vr 7 od. Vr 8⟩ etwas ~ *mehrmals rasch u. leicht berühren;* mit dem Taschentuch das Gesicht ~ ☐ *secar; enxugar* **3** ⟨511⟩ etwas auf etwas ~ *durch mehrmaliges rasches Berühren auf etwas auftragen* ☐ *aplicar; passar*

Tup|fen ⟨m.; -s, -⟩ *Punkt, runder Fleck; Farb~* ☐ *ponto; mancha*

Tür ⟨f.; -, -en⟩ **1** *Vorrichtung zum Verschließen eines Ein- od. Durchgangs für Menschen;* Garten~, Haus~,

Schrank~, Wagen~, Zimmer~; die ~ anlehnen, öffnen, schließen, zuwerfen; jmdm. die ~ aufhalten, öffnen; die ~ quietscht, knarrt; an die ~ gehen (um zu öffnen); an die ~ klopfen; zur ~ hereinkommen, hinausgehen; den Kopf zur ~ hereinstecken ▢ porta **2** ~ an ~ mit jmdm. wohnen *direkt neben jmdm. wohnen* ▢ *ser vizinho de porta de alguém* **3** von ~ zu ~ gehen *von Haus zu Haus, Wohnung zu Wohnung;* von ~ zu ~ gehen, um etwas zu verkaufen ▢ *ir de porta em porta* **4** jmdm. die ~ weisen *jmdn. scharf auffordern zu gehen* ▢ *mostrar a porta a alguém; mandar alguém sair* **5** jmdn. vor die ~ setzen *jmdn. hinauswerfen* ▢ *pôr alguém porta afora* **6** mit der ~ ins Haus fallen ⟨fig.⟩ *ein Anliegen sofort, ohne Einleitung vorbringen;* er fällt immer gleich mit der ~ ins Haus ▢ *ir direto ao que interessa* **7** ⟨fig.⟩ 7.1 einer Sache ~ und Tor² öffnen ⟨fig.⟩ *eine Sache bereitwillig ermöglichen, geschehen lassen* ▢ *abrir as portas para alguma coisa* 7.2 zwischen ~ und Angel ⟨fig.⟩ 7.2.1 *auf der Schwelle* ▢ *na soleira; à beira de* 7.2.2 *in aller Eile;* zwischen ~ und Angel ein Anliegen hervorbringen ▢ *às pressas; superficialmente* 7.3 etwas steht vor der ~ *ist nahe, steht bevor;* Weihnachten steht vor der ~ ▢ *estar às portas de; ser iminente* 7.4 ihm stehen alle ~en offen ⟨fig.⟩ *er hat alle Möglichkeiten, etwas zu tun* ▢ *todas as portas estão abertas para ele* 7.5 jeder kehre vor seiner ~! ⟨fig.⟩ *jeder kümmere sich um seine eigenen Angelegenheiten* ▢ *cada um cuide da própria vida!* 7.6 jmdm. die ~ vor der Nase zuschlagen 7.6.1 *die Tür(1) unmittelbar vor einem Nachfolgenden zuschlagen* 7.6.2 ⟨fig.⟩ *jmdn. kurz u. unfreundlich abfertigen, nicht hereinbitten* ▢ *bater a porta na cara de alguém;* → a. *offen(1.7.1, 1.7.2, 1.7.3, 1.11.3)*

Tur|ban ⟨m.; -s, -e⟩ **1** ⟨im alten Orient⟩ *Kopfbedeckung aus einem kappenartigen Mittelteil u. einem breiten, langen, um den Kopf geschlungenen Stoffstreifen* **2** ⟨Mode⟩ *dem Turban(1) nachempfundene Kopfbedeckung für Frauen* ▢ turbante

Tur|bi|ne ⟨f.; -, -n⟩ *Kraftmaschine mit einem in ständig drehender Bewegung befindlichen, mit gekrümmten Schaufeln besetzten Laufrad, angetrieben durch Dampf, durch Verbrennung erzeugtes Gas, Wasser od. Wind;* Dampf~, Gas~, Wasser~, Wind~ ▢ turbina

tur|bo..., Tur|bo... ⟨in Zus.⟩ *von Turbinen angetrieben;* turboelektrisch; Turbogenerator

Tur|bo|la|der ⟨m.; -s, -⟩ *Einrichtung zur Vorverdichtung des Benzin-Luft-Gemisches vor dem Eintritt in den Verbrennungsraum des Motors* ▢ turbocompressor de sobrealimentação

Tur|bo|mo|tor ⟨m.; -s, -en⟩ *mit einem Turbolader ausgestatteter Motor* ▢ turbomotor

tur|bu|lent ⟨Adj.⟩ **1** ~e Bewegungen *wirbelnde B.* **2** ~e Ereignisse *stürmische, mit viel Unruhe verbundene E.* ▢ turbulento

tür|kis ⟨Adj. 11⟩ *von der Farbe des Türkises¹, von hellem Blaugrün* ▢ turquesa

Tür|kis¹ ⟨m.; -es, -e; Min.⟩ *hellgrünblauer, undurchsichtiger Edelstein, beliebter Schmuckstein* ▢ turquesa

Tür|kis² ⟨n.; -; unz.⟩ *Farbton, der der Farbe des Türkises¹ entspricht* ▢ turquesa

Tür|klin|ke ⟨f.; -, -n⟩ *Hebel zum Öffnen der Tür;* Sy ⟨österr.⟩ Türschnalle ▢ maçaneta de porta

Turm ⟨m.; -(e)s, Tür|me⟩ **1** *allein stehendes od. mit einem Gebäude verbundenes hohes, schmales Bauwerk mit kleiner Grundfläche* 1.1 *Turm(1) an Kirchen, Rathäusern, Festungen, Burgen o. Ä.;* in der Ferne kann man schon die Türme der Stadt sehen ▢ torre; Kirch~ ▢ *campanário* 1.2 *Aussichtsturm;* einen ~ besteigen ▢ torre de observação 1.3 ⟨früher kurz für⟩ *Schuldturm, Schuldgefängnis;* jmdn. in den ~ werfen (lassen) ▢ prisão para devedores **2** ⟨Schwimmsp.⟩ *Gerüst für das Kunstspringen;* vom ~ springen ▢ torre do trampolim **3** *Figur des Schachspiels in Form eines Turmes;* den ~ verlieren ▢ torre

tür|men¹ ⟨V. 500⟩ **1** (511) etwas auf etwas ~ *in hohen Haufen, Stößen auf etwas legen;* Bücher auf den Boden, den Tisch ~ ▢ empilhar; amontoar **2** ⟨Vr 3⟩ etwas türmt sich *häuft sich hoch, stapelt sich übereinander;* Wolken ~ sich am Himmel ▢ encastelar-se; im Keller ~ sich die Kisten ▢ amontoar-se

tür|men² ⟨V. 400(s.); umg.⟩ *davonlaufen, ausreißen, die Flucht ergreifen* ▢ dar no pé

tur|nen ⟨V. 400 od. 410⟩ *Übungen zur körperlichen Ertüchtigung ausführen;* am Barren, Reck usw. ~ ▢ fazer exercícios físicos; fazer ginástica

Tur|nen ⟨n.; -s; unz.; Sp.⟩ *Leibesübungen als Unterrichtsfach od. als Sport;* Boden~, Geräte~; wir haben heute (eine Stunde) ~ ▢ ginástica; educação física

Tur|nier ⟨n.; -s, -e; Sp.⟩ **1** ⟨früher⟩ *mittelalterliches Kampfspiel der Ritter nach festen Regeln mit stumpfen (selten auch scharfen) Waffen zum Erproben der Kampffähigkeit* **2** ⟨heute⟩ *sportlicher Wettkampf mit mehreren Teilnehmern;* Fahr- u. Reit~, Schach~, Tanz~, Tennis~ ▢ torneio

Tur|nus ⟨m.; -, -se⟩ **1** *festgelegte Wiederkehr, Reihenfolge* **2** *regelmäßiger Wechsel, regelmäßig sich wiederholender Ablauf einer Tätigkeit* ▢ turno

Tür|schnal|le ⟨f.; -, -n; österr.⟩ = *Türklinke*

tur|teln ⟨V. 400⟩ **1** Tauben ~ *sind zärtlich miteinander* **2** ⟨fig.; umg.; scherzh.⟩ *sich verliebt benehmen, miteinander verliebt reden* ▢ arrulhar

Tusch ⟨m.; -(e)s, -e⟩ *kurzer, gebrochener Dreiklang einer Musikkapelle, oft zur Begleitung eines „Hoch";* einen ~ blasen, schmettern ▢ toque de clarim; fanfarra

Tu|sche ⟨f.; -, -n⟩ *farbige, schwarze od. weiße Flüssigkeit mit Bindemitteln (z. B. Gummiarabikum) u. fein verteiltem Farbstoff* ▢ tinta nanquim

tu|scheln ⟨V. 400⟩ *heimlich (miteinander) flüstern* ▢ cochichar

Tü|te ⟨f.; -, -n⟩ **1** *trichterförmiger od. rechteckiger Papierbeutel;* ~n kleben (früher als Arbeit Strafgefangener) ▢ saco/sacola de papel 1.1 Suppe aus der ~ ⟨fig.; umg.⟩ *S., die aus einem mit Wasser angerührten, pulverförmigen Extrakt gekocht wurde* ▢ *sopa de pacotinho* 1.2 das kommt nicht in die ~! ⟨fig.; umg.; scherzh.⟩ *das kommt nicht in Frage!* ▢ *isso está fora*

tuten

de questão!; nem pensar! **2** *trichterförmiges Behältnis;* Eis~; eine ~ Eis ☐ **cone**

tu|ten ⟨V. 400⟩ **1** *in ein Signalhorn blasen* ☐ **tocar (buzina, corneta)** 1.1 *von Tuten u. Blasen keine Ahnung haben* ⟨fig.; umg.⟩ *von der Sache nichts verstehen* ☐ ***não entender nada (de alguma coisa)* **2** *etwas tutet gibt ein Signal, pfeift dunkel;* der Dampfer, die Lokomotive tutet ☐ **apitar**

Tu|tor ⟨m.; -s, -to̱|ren⟩ **1** ⟨röm. Recht⟩ *Vormund, Erzieher* ☐ **tutor 2** ⟨heute⟩ *Lehrer, Ratgeber, Betreuer (von Schülern u. Studenten)* ☐ **orientador**

Tu|to|rin ⟨f.; -, -rin|nen⟩ *weibl. Tutor(2)* ☐ **orientadora**

tu̱t|ti ⟨Mus.⟩ *alle (Stimmen zusammen)* ☐ **tutti**

Tweed ⟨[twi:d] m.; -s, -s⟩ **1** ⟨urspr.⟩ *Gewebe aus handgesponnener schottischer Schafwolle* **2** ⟨heute⟩ *kleingemusterter, aus grobem Garn locker gewebter Stoff (bes. für Sakkos, Kostüme u. Ä.)* ☐ **tweed**

Twist¹ ⟨m.; -es, -e⟩ *locker gedrehter Zwirn aus mehreren Fäden* ☐ **fio/linha de algodão**

Twist² ⟨m.; -s, -s⟩ **1** *Tanz im 4/4-Takt, bei dem die Tanzpartner getrennt tanzen* **2** ⟨Tennis⟩ *mit Seiten- u. Vorwärtsdrall geschlagener (Aufschlag-)Ball* ☐ **twist**

Typ ⟨m.; -s, -en⟩ **1** ⟨Philos.⟩ *Urbild, Grundform;* oV *Typus* 1.1 ⟨Psych.⟩ *Gepräge, das eine Person mit anderen gemeinsam hat;* fröhlicher, melancholischer ~ 1.2 ⟨Psych.⟩ *Person, die einen Typ(1.1) repräsentiert* 1.3 ⟨umg.⟩ *Mann, Bursche* **2** *Gattung, Schlag;* blonder, dunkler, brünetter ~; norddeutscher, südländischer ~; kräftiger, zarter ~ 2.1 sie ist (nicht) mein ~ ⟨umg.⟩ *sie gefällt mir (nicht), passt (nicht) zu mir* **3** *Muster, Modell, Bauart;* Opel vom ~ „Omega" ☐ **tipo**

Ty|pe ⟨f.; -, -n⟩ **1** *gegossener Druckbuchstabe;* Sy *Letter* **2** *Buchstabe od. Zeichen auf Tastaturen etc.* **3** ⟨Müllerei⟩ *Grad der Ausmahlung des Mehls* **4** ⟨umg.⟩ *komischer, ulkiger Mensch* ☐ **tipo**

Ty|phus ⟨m.; -; unz.⟩ *vom Typhusbakterium hervorgerufene Infektionskrankheit mit Verdauungs- u. Bewusstseinsstörungen, Fieber u. Entwicklung roter Flecken* ☐ **tifo**

ty|pisch ⟨Adj.⟩ **1** *einen Typ(1) darstellend* **2** *zu einem bestimmten Typ(1.1-2.1) gehörig, kennzeichnend, bezeichnend, eigentümlich* **3** *unverkennbar* **4** *mustergültig, vorbildlich* ☐ **típico**

Ty|po|gra|fie ⟨f.; -; unz.⟩ *Gestaltung von Druckwerken;* oV *Typographie* ☐ **tipografia**

Ty|po|gra|phie ⟨f.; -; unz.⟩ = *Typografie*

Ty|pus ⟨m.; -, Ty|pen⟩ = *Typ(1)*

Ty|rann ⟨m.; -en, -en⟩ **1** *Gewaltherrscher* **2** ⟨fig.; abwertend⟩ *strenger, herrschbegieriger Mensch* ☐ **tirano 3** *Angehöriger einer amerikanischen Familie vielgestaltiger Sperlingsvögel mit vielen Arten: Tyrannidae* ☐ **tiranídeos**

ty|ran|ni|sie|ren ⟨V. 500⟩ jmdn. ~ *jmdm. den eigenen Willen aufzwingen, jmdn. beherrschen, unterdrücken* ☐ **tiranizar**

U-Bahn ⟨f.; -, -en; kurz für⟩ *Untergrundbahn* □ metrô
U-Bahn-Sta|ti|on ⟨f.; -, -en⟩ *Bahnhof, Haltestelle einer U-Bahn* □ estação de metrô
übel ⟨Adj.⟩ **1** *jmd. ist ~ in charakterlicher od. moralischer Hinsicht schlecht;* ein übler Kerl, ein übles Subjekt **2** *eine Sache, ein Zustand ist ~ schlecht, misslich, sehr unangenehm* □ mau; ruim; die Sache hat ein übles Ende genommen □ *a questão terminou mal; in einem üblen, in üblem Ruf stehen, einen üblen Ruf haben □ *ter má fama; ser mal-afamado; etwas ~ aufnehmen, vermerken □ *levar a mal; es steht ~ mit ihm □ *ele está mal; er war in übler Laune, Stimmung □ *ele estava de mau humor; der Überfallene war ~ zugerichtet □ *o agredido foi ferido; in eine üble Lage geraten □ *ver-se numa situação ruim **3** *eine üble Tat,* einen üblen Streich (tun) *(sich) böse, gemein (verhalten)* □ *praticar uma má ação; fazer uma brincadeira de mau gosto; sie hat ihm seine Hilfe ~ gelohnt □ mal; man hat ihn in der ~sten Weise hintergangen □ pior; jmdm. ~ mitspielen □ *tratar mal alguém **3.1** *ein übler Geschmack, Geruch widerlich, abscheulich* □ ruim **4** *jmds. Befinden ist ~ jmd. fühlt sich unwohl, schlecht* mir wird, ist ~ □ *sentir-se mal **4.1** *jmds. Befinden, Situation ist ~* ⟨a. fig.⟩ *es geht jmdm. schlecht* □ *seu estado de saúde/sua situação é ruim **5** *nicht ~ recht (gut);* seine Arbeit, sein Aufsatz ist gar nicht ~; wie geht's? Danke, nicht ~! □ *nada mau; das klingt, schmeckt, riecht nicht ~ □ bem **5.1** *nicht ~ Lust haben große Lust;* ich hätte nicht ~ Lust, dir eine herunterzuhauen □ *estar morrendo de vontade de (alguma coisa) **6** ⟨Getrennt- u. Zusammenschreibung⟩ **6.1** ~ **nehmen** = übelnehmen **6.2** ~ **riechend** = übelriechend

Übel ⟨n.; -s, -⟩ **1** *Missstand, schlimmer Zustand;* man muss das ~ an der Wurzel packen; ein ~ durch ein anderes vertreiben; ein ~ mit der Wurzel ausreißen **2** *etwas Schlimmes, Böses, Schlechtes;* die Wurzel, der Grund alles, allen ~s ist, dass ... □ mal **2.1** das ist von ~ *das ist schädlich, nicht gut* □ *isso é prejudicial; isso faz mal **3** *Missgeschick, Unglück;* von einem ~ betroffen, heimgesucht werden □ desgraça; infortúnio; zu allem ~ fing es auch noch zu regnen an □ *como se não bastasse, começou a chover; von zwei ~n das kleinere wählen □ *dos males escolher o menor; ein ~ kommt selten allein ⟨Sprichw.⟩ □ *uma desgraça nunca vem sozinha **4** ⟨geh.⟩ *Krankheit, Leiden;* ein altes, chronisches ~ □ mal

Übel|keit ⟨f.; -, -en⟩ **1** *Brechreiz;* dieser Geruch erregt in mir ~ **2** *mit Brechreiz, Schwindel od. Schwäche verbundenes Krankheitsgefühl;* gegen eine plötzliche ~ ankämpfen; von (plötzlicher) ~ befallen, überfallen werden □ náusea; mal-estar **3** ⟨fig.⟩ *Ekel, Gefühl des Abgestoßenseins;* es erregt einem ~, wenn man das hört, sieht □ náusea; repugnância

übel|neh|men *auch:* **übel neh|men** ⟨V. 189⟩ **1** ⟨500⟩ etwas ~ *wegen etwas beleidigt sein* **2** ⟨530⟩ jmdm. etwas ~ *sich durch jmds. Äußerung od. Verhalten beleidigt fühlen, jmdm. wegen etwas böse sein, jmdm. etwas anlasten;* nehmen Sie es mir nicht übel, aber ich muss Ihnen sagen ... □ levar a mal

übel|rie|chend *auch:* **übel rie|chend** ⟨Adj. 60⟩ *schlecht riechend;* eine ~e Flüssigkeit □ fedido; malcheiroso

Übel|stand ⟨m.; -(e)s, -stän|de⟩ *Missstand, Übel;* einem ~ abhelfen; einen ~ beheben □ inconveniente; mal

Übel|tat ⟨f.; -, -en⟩ **1** *böse Tat, Missetat* □ má ação **2** *Vergehen, Verbrechen* □ crime; delito

übel|wol|len ⟨V. 600/Vr 6⟩ jmdm. ~ *böse gesinnt sein* □ *querer mal a alguém

üben ⟨V. 500⟩ **1** ⟨505/Vr 7⟩ (jmdn. in etwas) ~ *Übungen machen, etwas immer wieder versuchen, um es zu lernen, durch Übungen Geschicklichkeit zu erwerben suchen;* Handstand, Kopfstand ~; täglich eine halbe Stunde ~; am Barren, Reck ~; auf der Geige, auf dem Klavier ~; sich (in etwas) ~; sich im Lesen, Schreiben, Schwimmen usw. ~ □ treinar; praticar **1.1** *Musikstücke od. Teile davon immer wieder spielen, Fingerübungen machen;* Klavier ~; ich muss heute noch ~ □ praticar **1.2** *die Muskeln ~ bewegen, anstrengen, trainieren* □ exercitar; treinar **2** *eine Sache ~ (in bestimmter Weise) handeln, vorgehen, sich verhalten* **2.1** *Barmherzigkeit ~ barmherzig sein, barmherzige Werke vollbringen* □ *fazer caridade **2.2** *Geduld ~ geduldig sein* □ *ter paciência **2.3** *Gerechtigkeit ~ gerecht sein* □ *ser justo **2.4** *Gewalt ~ gewalttätig handeln* □ *usar de violência **2.5** *Kritik* (an jmdm. od. etwas) ~ *(jmdn. od. etwas) kritisieren* □ *criticar (alguém ou alguma coisa) **2.6** *Rache ~ (an jmdm.) sich rächen* □ *vingar-se (de alguém) **2.7** *Verrat ~ begehen, etwas od. jmdn. verraten* □ *cometer uma traição **2.8** *Nachsicht ~ (mit jmdm.) nachsichtig sein* □ *ser indulgente (com alguém) **3** ⟨Part. Perf.⟩ *geübt durch Übung geschickt;* ein geübter Reiter, Schwimmer, Turner □ treinado; experiente

über¹ ⟨Präp. m. Dat. auf die Frage „wo?", m. Akk. auf die Frage „wohin?"⟩ **1** ⟨örtl.⟩ **1.1** ~ einen, einem *Gegenstand oberhalb von, höher als;* Ggs *unter;* der Mond steht ~ den Bäumen; sich einen Korb ~ den Arm hängen; ~ dem Bett, Tisch; einen Pullover ~ die Bluse, das Hemd ziehen; mit der Hand ~s Haar streichen; ~s hinweg, hinüber, hin; ~ einen Zaun klettern □ sobre; acima de; por cima de; ~ eine Straße, Brücke, einen Platz gehen □ *atravessar uma rua/uma ponte/uma praça **1.2** ~ einen Ort *den O. berührend u. weiter;* ~ München nach Frankfurt fahren; eine Reise ~s Meer □ (passando) por; via **1.2.1** ~ Land fahren *durch offenes Land,* an einen von

über

der Stadt entfernten Ort □ *viajar pelo interior 1.2.2 ~ Berg und Tal durch eine abwechslungsreiche Landschaft □ *por montanhas e vales **2** ~ jmdm. stehen ⟨a. fig.⟩ in einer höheren beruflichen Stellung □ *estar acima de alguém 2.1 ~ ein Land herrschen Herrscher eines Landes sein □ *governar um país 2.2 ~ einer Situation stehen ⟨fig.⟩ eine S. beherrschen □ *dominar uma situação 2.3 ~ einer **Arbeit** sitzen gerade an etwas arbeiten; ~ *estar trabalhando em alguma coisa 2.3.1 ~ den **Büchern** hocken ⟨umg.⟩ viel lesen und lernen □ *debruçar-se sobre os livros **3** ⟨zeitl.⟩ während; ~ dem Lesen ist er eingeschlafen; ~ dem Spielen vergisst er alles andere; ~ Nacht; ~ Ostern, Weihnachten □ *durante; die ganze Zeit, den ganzen Tag, den Nachmittag ~ □ *o tempo todo; o dia inteiro; a tarde toda 3.1 ~ **kurz oder lang** werde ich es doch tun müssen bald oder später □ *mais dia, menos dia vou ter de fazer isso 3.2 ⟨veraltet⟩ ~ ein kleines, ~ ein **Weilchen** nach kurzer Zeit □ *pouco depois 3.3 ~ **Mittag** bleiben (zum Mittagessen u.) bis nach Mittag □ *ficar para o almoço **3.4** ~ einen **Zeitraum** nach Ablauf eines Zeitraums; ~s Jahr □ *daqui a um ano; dentro de um ano 3.4.1 ~ **Jahr** und **Tag** einige Zeit später □ *anos depois **4** mehr als; es kostet ~ 100 Euro; er ist ~ 50 Jahre alt □ mais de; Jugendlichen ~ 14 Jahre ist der Zutritt gestattet □ acima de; ~ die, ~ alle Maßen schön □ *de uma beleza fora do comum 4.1 das geht ~ meine **Kräfte** das kann ich nicht leisten □ *isso está acima das minhas forças 4.1.1 etwas ~ **sich bringen** tun, obwohl man eine Abneigung dagegen hat □ *fazer das tripas coração para conseguir (fazer) alguma coisa 4.2 die Musik geht ihm ~ alles er liebt die M. mehr als alles andere □ *a música para ele está acima de tudo 4.3 es geht **nichts** ~ die Gesundheit die G. ist das Wichtigste von allem □ *nada é mais importante do que a saúde 4.4 länger als; es dauerte ~ ein Jahr, bis ...; es ist schon ~ acht Tage her, dass ... □ mais de **5** wegen; sich ~ etwas ärgern, freuen; ~ etwas klagen; ~ etwas od. jmdn. lachen; glücklich, unglücklich ~ etwas sein □ com; (por causa) de **6** ~ ein **Thema** (sprechen, arbeiten) ein T. zum Gegenstand (eines Vortrages, einer Untersuchung) machen; ~ die Literatur der Romantik publizieren □ sobre; acerca de **7** ⟨verstärkend⟩ 7.1 ... ~ ... sehr, sehr viel, viele; in seiner Arbeit sind Fehler ~ Fehler □ *em seu trabalho há um erro atrás do outro; Wunder ~ Wunder! (Ausruf des Erstaunens) □ *incrível!; quem diria! 7.2 ~ und ~ völlig, ganz u. gar; ~ und ~ mit Schmutz bespritzt; sie wurde ~ und ~ rot □ *completamente **7.3 ein Mal** ~ **das andere** ⟨fig.⟩ 7.3.1 jedes zweite Mal □ *alternadamente 7.3.2 immer wieder □ *repetidamente; volta e meia

über² ⟨Adv.; umg.; in den Wendungen⟩ **1** ich habe noch fünf Euro ~ übrig □ **ainda tenho cinco euros (sobrando)**; → a. überhaben **2** jmdn. in etwas ~ **sein** jmdm. überlegen sein, etwas besser können als jmd.; im Rechnen ist er mir ~ □ *ser melhor do que alguém em alguma coisa

über|all ⟨a. ['---] Adv.⟩ **1** an allen Orten, allenthalben; ich habe dich ~ gesucht; es ist ~ so □ **por toda parte** 1.1 er weiß ~ **Bescheid** ⟨a. fig.⟩ auf allen Gebieten, in allen Bereichen □ *ele sabe/conhece tudo 1.2 von ~ von allen Orten her □ *de toda parte

über|all|her ⟨a. ['----] Adv.⟩ von ~ von allen Orten her; die Menschen kamen von ~ □ *de toda parte

über|al|tert ⟨Adj.⟩ **1** zu alt □ **muito velho 2** mit zu vielen alten od. älteren Menschen, Angestellten versehen; eine ~e Bevölkerung; der Betrieb ist ~ □ **formado principalmente por idosos 3** ⟨fig.⟩ altmodisch, nicht mehr brauchbar, nicht mehr aktuell □ **antiquado; obsoleto**

über|ant|wor|ten ⟨V. 530⟩ jmdm. etwas od. jmdn. ~ ausliefern, jmds. Verantwortung übergeben; ein Kind den Großeltern (zur Erziehung) ~; einen Verbrecher dem Gericht ~ □ **confiar; entregar**

über|ar|bei|ten ⟨V. 500⟩ **1** etwas ~ ergänzend, verbessernd bearbeiten, neu fassen; ein Manuskript, einen Roman ~ □ **revisar; retocar 2** ⟨Vr 3⟩ sich ~ zu viel arbeiten, bis zur Erschöpfung arbeiten; überarbeite dich nicht! ⟨iron. od. scherzh.⟩ □ **trabalhar demais**

über|aus ⟨Adv.⟩ sehr, ganz besonders, äußerst; er machte einen ~ frischen, lebendigen Eindruck; es hat mir ~ gut gefallen □ **muito; extremamente**

Über|bau ⟨m.; -(e)s, -ten⟩ **1** die auf Pfeilern u. Fundamenten ruhenden Teile, z. B. einer Brücke □ **superestrutura 2** über die Außenmauer vorspringender Teil eines Gebäudes, z. B. Balkon □ **saliência 3** ⟨Rechtsw.⟩ Bau über die Grenze des Nachbargrundstücks (ohne Vorsatz od. Fahrlässigkeit) □ **invasão sobre área contígua 4** ⟨dialekt. Materialismus⟩ die geistigen Strömungen in einer bestimmten wirtschaftlichen Epoche; Ggs Basis(5) □ **superstrutura**

über|be|kom|men ⟨V. 170/500⟩ **1** eine Sache ~ sattbekommen, einer S. überdrüssig werden □ *ficar farto de alguma coisa **2** eins (mit dem Stock) ~ ⟨umg.⟩ einen Schlag (mit dem Stock) bekommen □ *levar uma surra (de vara)

über|bie|ten ⟨V. 110/500⟩ **1** jmdn. (bei Auktionen) ~ mehr bieten als jmd.; die Händler überboten die privaten Käufer □ **dar mais; fazer uma oferta melhor 2** jmdn. od. etwas ~ übertreffen 2.1 eine Leistung ~ mehr leisten, als bisher von einem anderen geleistet wurde 2.2 ⟨513⟩ jmdn. an Frechheit ~ noch frecher sein als jmd. 2.3 er ist an Hilfsbereitschaft kaum zu ~ man kann kaum hilfsbereiter sein als er 2.4 ⟨513⟩ einander in Höflichkeiten ~ einander immer mehr H. sagen □ **superar**

über|blei|ben ⟨V. 114/400(s.); umg.⟩ übrig bleiben □ **restar; sobrar**

Über|blick ⟨m.; -(e)s, -e⟩ **1** ~ (auf, über etwas) Blick, den man von einem erhöhten Punkt aus (auf, über etwas) hat, weite umfassende Aussicht; einen ~ über die Landschaft, ein Gelände haben; von hier oben hat man einen guten ~ über die Landschaft, die Stadt □ **vista; panorama 2** geistige Fähigkeit, eine Sache, Entwicklung, ein Gebiet im Zusammenhang zu sehen, zu überblicken 2.1 den ~ verlieren die Zusammenhänge nicht mehr übersehen □ **visão de conjunto 3** einen ~ haben in großen Zügen Kenntnisse (von einer

Sache, einem Gebiet) haben, über das Wesentliche einer Sache, eines Gebietes Bescheid wissen; einen ~ gewinnen (über); er besitzt, hat einen guten, keinen ~ über dieses Gebiet; sich einen ~ verschaffen □ visão/ideia geral **4** ~ (über ein **Wissensgebiet**, eine **Materie**) Abriss, übersichtliche Zusammenfassung; ~ über die deutsche Literatur □ visão geral; resumo; síntese

über|bli|cken ⟨V. 500⟩ **1** etwas ~ mit einem weiten Blick umfassen, weite Sicht haben über etwas; so weit man die Gegend (von hier) ~ kann; eine Landschaft, ein Gelände ~; von hier kann man den Platz ~ □ alcançar com a vista; abarcar **2** eine Sache ~ ⟨fig.⟩ die verschiedenen Gegebenheiten einer S. u. deren Zusammenhänge erfassen u. die S. dadurch beherrschen; die Lage ~ □ ter uma visão de conjunto

über|brin|gen ⟨V. 118/530/Vr 6⟩ **1** jmdm. etwas ~ etwas zu jmdm. bringen; jmdm. einen Brief, eine Nachricht ~ □ trazer; levar; entregar **1.1** jmdm. Glückwünsche (von jmdm.) ~ ausrichten □ transmitir

über|brü|cken ⟨V. 500⟩ **1** etwas ~ eine Brücke schlagen über etwas; einen Fluss, eine Schlucht ~ □ lançar uma ponte sobre **2** eine Sache ~ ⟨fig.⟩ ausfüllen, ausgleichen, überwinden; Gegensätze ~; einen augenblicklichen Geldmangel dadurch ~, dass man sich eine Summe leiht □ superar; remediar; eine Gesprächspause ~ □ *quebrar o gelo; eine Kluft ~ □ transpor; vencer; eine Zeitspanne ~ □ atravessar; superar

über|dau|ern ⟨V. 500⟩ etwas ~ länger halten, leben als etwas; der Bau hat mehrere Jahrhunderte, Kriege überdauert; sein Werk hat sein Leben überdauert □ sobreviver; perdurar

über|dies ⟨a. [--'-] Adv.⟩ außerdem, obendrein □ além disso

Über|do|sis ⟨f.; -, -do|sen⟩ überhöhte Dosis; an einer ~ Heroin sterben □ superdose

über|dre|hen ⟨V. 500⟩ **1** etwas ~ zu stark, bis zum Zerspringen drehen; eine Uhrfeder ~ □ dar corda em excesso **2** überdreht sein ⟨fig.⟩ zu stark erregt sein, zu übermütig, zu ausgelassen sein □ *estar superexcitado/eufórico

Über|druss ⟨m.; -es; unz.⟩ Abneigung, Unlust, Widerwille infolge Übersättigung □ fastio; enfado; etwas bis zum ~ hören □ *ouvir alguma coisa até enjoar

über|drüs|sig ⟨Adj. 44⟩ **1** einer Sache ~ sein eine S. satthaben, einer S. müde sein; des langen Wartens ~ sein □ *estar enfastiado/cansado de alguma coisa **2** einer Sache ~ werden einer S. müde werden, eine S. nicht mehr mögen □ *enfastiar-se com alguma coisa

über|eig|nen ⟨V. 530⟩ jmdm. etwas ~ in das Eigentum eines anderen überführen, jmdm. etwas als Eigentum geben; jmdm. Vermögenswerte, ein Grundstück, ein Geschäft ~ □ transferir; ceder

über|ei|len ⟨V.⟩ **1** ⟨500⟩ eine Sache ~ zu schnell tun, unbedacht tun; ein Vorhaben ~ □ precipitar; apressar **1.1** ⟨Part. Perf.⟩ übereilt überstürzt, unbedacht, verfrüht; eine übereilte Handlung; übereilt handeln □ precipitado; apressado; prematuro **2** ⟨516/Vr 3⟩ sich mit einer Sache ~ etwas zu schnell, vorschnell tun; übereil dich damit nicht □ *precipitar-se/apressar-se com alguma coisa **3** ⟨400⟩ ein junger **Hirsch** übereilt (Jägerspr.) setzt die Hinterläufe vor den Vorderläufen auf □ nas passadas, pisar com as patas traseiras antes das dianteiras

über|ein|an|der auch: **über|ei|nan|der** ⟨Adv.⟩ **1** einer od. eines über¹ (1) dem anderen; zwei Betten ~ □ um por cima do outro; um sobre o outro **2** über¹ (6) sich u. die anderen, voneinander (jeweils der eine über¹ (6) den anderen); ~ sprechen □ um sobre o outro; um do outro

über|ein|an|der||schla|gen auch: **über|ei|nan|der||schla|gen** ⟨V. 218/500⟩ die **Beine** ~ ein Bein über das andere legen □ cruzar

über|ein||kom|men ⟨V. 170/480 od. 417(s.)⟩ mit jmdm. ~ sich mit jmdm. einigen; wir sind übereingekommen, es so und so zu machen □ concordar; combinar

Über|ein||kom|men ⟨n.; -s, -⟩ **1** Vertrag, Vereinbarung, Sy Übereinkunft; ein stillschweigendes ~ □ acordo **1.1** ein ~ treffen etwas vereinbaren □ *chegar a um acordo

Über|ein|kunft ⟨f.; -, -künf|te⟩ = Übereinkommen

über|ein||stim|men ⟨V. 410⟩ **1** mit jmdm. (in etwas) ~ die gleiche Meinung über etwas haben, vertreten, sich einig sein; → a. korrespondieren(2); in dieser Beziehung stimmen wir nicht überein □ concordar **1.1** alle stimmen darin überein, dass ... alle sind der Ansicht, dass ... □ *todos estão de acordo que... **2** etwas stimmt in, mit etwas überein etwas passt zu etwas, ist gleich wie etwas, entspricht etwas; die Farbe der Tapete stimmt mit der des Vorhangs überein □ combinar; die Aussagen der beiden Zeugen stimmen überein □ condizer; bater **2.1** Wörter stimmen im Kasus, Numerus überein stehen im selben K., N. □ concordar

über|fah|ren¹ ⟨V. 130/500⟩ jmdn. ~ über einen Fluss oder einen See fahren, jmdn. in Boot od. Fähre hinüberbringen; der Fährmann hat uns übergefahren □ transportar; fazer a travessia de

über|fah|ren² ⟨V. 130/500⟩ **1** jmdn. od. ein **Tier** ~ mit einem Fahrzeug über jmdn. od. ein T. hinwegfahren (u. ihn bzw. es dadurch verletzen od. töten); das Kind ist ~ worden □ atropelar **2** etwas ~ an etwas vorbeifahren, ohne es zu beachten, obwohl man es beachten müsste; ein Signal, Warnungsschild ~ □ ultrapassar **3** jmdn. (in einer **Sache**) ~ ⟨fig.⟩ in einer S. handeln, ohne jmdn. zu befragen, jmdn. übergehen, benachteiligen □ atropelar; passar por cima

Über|fall ⟨m.; -(e)s, -fäl|le⟩ **1** Angriff, bes. auf den unvorbereiteten Gegner; ein heimtückischer ~; sich gegen einen ~ wappnen □ assalto, ataque(-surpresa) **2** ⟨Wasserbau⟩ die Stelle, an der das Wasser über ein Wehr fließt □ vertedouro; escoadouro

über|fal|len ⟨V. 131/500⟩ **1** jmdn. od. etwas ~ plötzlich, überraschend angreifen; ein Land ~; jmdn. auf der Straße, im Dunkeln ~ □ atacar de surpresa **2** jmdn. ~ ⟨umg.⟩ ohne Ankündigung besuchen; Freunde ~ □ visitar de surpresa **3** ⟨516⟩ jmdn. mit einer **Sache** ~ unvermittelt ohne Rücksicht auf die Si-

tuation mit einer S. belästigen ☐ **assediar; atormentar;** jmdn. mit Fragen ~ ☐ ***bombardear alguém com perguntas** 4 etwas überfällt jmdn. überkommt jmdn.; der Schlaf überfiel ihn; von Müdigkeit, einer plötzlichen Schwäche ~ werden* ☐ **acometer; tomar**

über|fäl|lig ⟨Adj.⟩ 1 *zur fahrplanmäßigen od. vereinbarten Ankunftszeit noch nicht eingetroffen; die Bergsteiger sind nun schon drei Tage ~; der Zug ist schon drei Stunden ~* ☐ **atrasado** 2 *zur Zeit der Fälligkeit noch nicht eingelöst, verfallen; ein ~er Wechsel* ☐ **caduco; vencido**

über|flie|gen ⟨V. 136/500⟩ *etwas ~* 1 *über etwas hinwegfliegen; einen Ort ~* ☐ **sobrevoar** 2 ⟨fig.⟩ *flüchtig lesen; einen Brief, ein Buch, eine schriftliche Arbeit ~* ☐ **passar os olhos por**

über|flü|geln ⟨V. 500/Vr 8⟩ *jmdn. ~ übertreffen, mehr leisten als jmd., jmdn. in der Leistung überholen* ☐ **superar; ultrapassar**

Über|fluss ⟨m.; -es; unz.⟩ 1 *zu reichliches Vorhandensein, weit größere Menge als notwendig, zu reichlicher Besitz; an etwas ~ haben; etwas im ~ haben, besitzen; im ~ leben* ☐ **abundância; fartura** 1.1 *zum, zu allem ~ obendrein, unnötigerweise, zu allem Übel; zu allem ~ war auch noch das Telefon kaputt* ☐ ***como se não bastasse**

über|flüs|sig ⟨Adj.⟩ *unnötig, nutzlos, entbehrlich; das macht mir ~e Arbeit; ein ~er Gegenstand; (es ist) ~ zu sagen, dass ...; diese Bemerkung, Mahnung war (höchst) ~; jedes weitere Wort ist ~; ich komme mir hier ~ vor* ☐ **supérfluo; desnecessário**

über|flu|ten[1] ⟨V. 400⟩ *über den Rand, die Ufer fließen* ☐ **transbordar**

über|flu|ten[2] ⟨V. 500⟩ 1 *Wasser, ein Fluss überflutet einen Ort überschwemmt einen O., setzt einen O. unter Wasser; der Strom hat die Felder, das Land überflutet* 2 ⟨Passiv⟩ *von etwas überflutet werden, sein* ⟨a. fig.⟩ 2.1 *von fließendem Wasser bedeckt werden od. sein; die Straßen waren von Hochwasser überflutet* 2.2 ⟨fig.⟩ *zu reichlich versehen werden od. sein mit, zu reichlich erhalten (haben)* 3 *etwas ~* ⟨fig.⟩ *überreichlich mit etwas versehen, in sehr großer Anzahl auftreten und eine Bedrohung für das Vorhandene darstellen; der einheimische Markt wurde von ausländischen Waren überflutet* ☐ **inundar**

über|for|dern ⟨V. 500/Vr 7 od. Vr 8⟩ *jmdn. ~ von jmdm. mehr fordern, als er leisten kann; du darfst das Kind nicht ~; diese Aufgabe überfordert meine Kräfte; mit dieser Aufgabe bin ich überfordert* ☐ **exigir demais de; sobrecarregar**

über∥füh|ren[1] ⟨V. 511⟩ *etwas in einen anderen Zustand ~ veranlassen, dass etwas in einen anderen Z. übergeht; das Angestelltenverhältnis ist in ein Beamtenverhältnis übergeführt worden* ☐ **converter; transformar**

über|füh|ren[2] ⟨V. 500⟩ 1 *jmdn. od. etwas ~ an einen anderen Ort bringen; der Tote wurde in seine Heimatstadt überführt* ☐ **trasladar**; *er wurde in das Krankenhaus überführt; das Auto wird überführt* ☐ **transportar; levar; transferir** 2 ⟨504⟩ *jmdn. (einer* *Schuld, eines Verbrechens) ~ jmdm. eine S., ein V. nachweisen* ☐ ***provar a culpa/o crime de alguém** 2.1 *ein überführter Mörder jmd., dem sein Mord nachgewiesen worden ist* ☐ ***um assassinato comprovado**

Über|füh|rung ⟨f.; -, -en⟩ 1 ⟨unz.⟩ *das Überführen*[2] *(1); ~skosten; die ~ eines Autos, Patienten, einer Leiche, eines Verbrechers* ☐ **transporte; traslado; transferência** 2 *Brücke, Verkehrsweg über eine Eisen-, Straßenbahnlinie od. Straße* ☐ **ponte; viaduto**

über|fül|len ⟨V. 500⟩ 1 *etwas ~ zu viel hineinfüllen; sich den Magen ~* ☐ **encher demais; abarrotar** 2 ⟨Part. Perf.⟩ *etwas ist überfüllt zu voll; der Saal, die Straßenbahn war überfüllt* ☐ **repleto; abarrotado; lotado**

Über|ga|be ⟨f.; -, -n⟩ *das Übergeben(1)* ☐ **entrega**; *Amts~, Geschäfts~* ☐ **transmissão; transferência;** ~ *einer Festung, einer eingeschlossenen Stadt* ☐ **capitulação; rendição**

Über|gang ⟨m.; -(e)s, -gän|ge⟩ 1 *der Vorgang des Hinübergehens, Überschreitens (eines Passes, einer Grenze); Grenz~* 2 *Weg, Brücke (über einen Fluss od. ein Bahngleis); gibt es hier einen ~?* (über den Bach, Fluss) 3 *durch Ampel, Schranke od. Zebrastreifen gesicherter Weg über eine Straße od. ein Bahngleis; Bahn~, Fußgänger~ ; hier kein ~ für Fußgänger!* (auf Verkehrsschildern) ☐ **passagem** 4 *Vorgang des Übergehens*[1] *(5) (in etwas anderes); ~ des Tages in den Abend; wir stehen noch am, im ~ (von einer Entwicklungsstufe zur anderen)* ☐ **passagem; transição** 5 *Zwischenstufe, Zwischenlösung, unfertiger Zustand; alle diese Erscheinungen, Maßnahmen usw. sind ja nur ein ~* ☐ **transição; solução temporária** 6 *Wechsel, Wandlung; ein schwieriger ~; der ~ vom Leben auf dem Lande zum Leben in der Stadt fiel ihm sehr schwer* ☐ **mudança; transferência** 7 *Überleitung; Gedanken, Geschichten ohne ~ aneinanderreihen* 7.1 ⟨Mus.; Lit.⟩ *verbindende Tonfolge, verbundener Satz, verbindende Worte; zwischen zwei Sätzen, Themen einen ~ schaffen; ein ~ aus, von einer Tonart in die andere* ☐ **passagem; transição** 8 ⟨Mal.⟩ *Schattierung, Abstufung; feine, zarte Übergänge* ☐ **gradação; esfumatura**

über|ge|ben ⟨V. 143/500⟩ 1 ⟨530/Vr 6⟩ *jmdm. etwas ~ etwas in jmds. Hände geben, ihm etwas bringen; jmdm. einen Brief, ein Geschenk, die Schlüssel ~* ☐ **entregar** 1.1 *ein Gebäude der Öffentlichkeit ~ zugänglich machen* ☐ **abrir** 2 ⟨530⟩ *jmdm. etwas ~ aushändigen, ausliefern; dem Feind die Festung, Stadt ~* ☐ **entregar** 3 ⟨530⟩ *jmdm. etwas ~ zur weiteren Bearbeitung geben, überlassen; seinem Nachfolger das Amt (feierlich) ~* ☐ **transmitir**; *eine Rechtssache dem Gericht, Rechtsanwalt ~* ☐ **colocar nas mãos de, entregar**; *jmdm. ein Geschäft ~* ☐ **transferir** 4 ⟨Vr 3⟩ *sich ~ sich erbrechen* ☐ ***vomitar**

über∥ge|hen[1] ⟨V. 145(s.)⟩ 1 ⟨400⟩ *eine Flüssigkeit geht über fließt über* ☐ **transbordar** 1.1 ⟨600⟩ *die Augen gehen jmdm. über jmd. muss weinen* ☐ ***as lágrimas lhe vieram aos olhos*; → a. *Herz(2.4)* 2 ⟨411⟩ *zu einer anderen Partei ~ seine eigene Partei verlassen u. für eine andere Partei arbeiten, kämpfen, überlaufen*

□ *mudar de partido; bandear-se 3 ⟨800⟩ **etwas** geht in jmds. Besitz, in jmds. Hände über *wird in jmds. Besitz, Gewalt, Verfügung gegeben;* das Geschäft ist in andere Hände übergegangen; das Grundstück ist in den Besitz des Staates übergegangen □ *passar para as mãos de alguém **4** ⟨411⟩ **etwas** geht **auf etwas** über *etwas prägt etwas durch seine Art;* im Laufe der Jahre war etwas vom Wesen der alten Frau auf ihren Hund übergegangen □ passar; transmitir **5** ⟨800⟩ **etwas** geht **in etwas** über *etwas verwandelt sich in etwas, nimmt die Form von etwas an;* das Gold der untergehenden Sonne ging in Rot über; das Weinen des Kindes ging in Schreien über □ transformar-se; converter-se; in Fäulnis ~ □ *apodrecer; decompor-se; → a. Fleisch(1.7)* **6** ⟨800⟩ **auf, in etwas (anderes)** ~ *etwas wechseln;* von einer Tonart in eine andere ~; auf ein anderes Thema ~ **7** ⟨800⟩ **zu etwas** ~ **7.1** *von jetzt an etwas anderes tun;* von der Weidewirtschaft zum Ackerbau ~ 7.1.1 zum Angriff ~ *angreifen* 7.2 *(fig.) von etwas anderem sprechen;* er ging nun zum Anliegen seines Besuches über 7.2.1 zur nächsten Frage der Tagesordnung ~ *sie von jetzt an besprechen* □ *passar para outra coisa*

über|ge|hen² ⟨V. 145/500/Vr 8⟩ **1** jmdn. od. etwas ~ *unbeachtet lassen, nicht berücksichtigen, vernachlässigen;* den Hunger ~; jmdn. bei der Beförderung ~; er fühlte sich übergangen □ ignorar; preterir **1.1** einen peinlichen Vorfall mit Stillschweigen ~ *nicht davon sprechen* □ *manter silêncio sobre um incidente desagradável* **2** etwas ~ *weglassen;* dieses Kapitel können wir bei der Lektüre ~ □ pular; deixar de lado

über|ge|nug ⟨Adv.⟩ *mehr als genug;* ich habe davon genug und ~ ⟨verstärkend⟩ □ mais que suficiente; de sobra

Über|ge|wicht ⟨n.; -(e)s; unz.⟩ **1** *zu großes Gewicht;* er, sie, der Brief hat ~ **2** *(durch Verlagerung des Schwerpunktes zustande gekommenes) größeres Gewicht des einen Teils gegenüber dem anderen* □ sobrepeso **2.1** ~ bekommen *kippen, umkippen, das Gleichgewicht verlieren* □ *perder o equilíbrio **3** (fig.) Vorteil gegenüber einem anderen;* in der Diskussion das ~ über jmdn. bekommen □ vantagem; preponderância

über|grei|fen ⟨V. 158⟩ **1** ⟨400⟩ *mit einer Hand über die andere greifen;* beim Klavierspiel, Geräteturnen ~ □ cruzar as mãos; passar uma mão por cima da outra **2** ⟨411⟩ etwas greift **auf etwas** über *breitet sich über etwas aus, erfasst auch etwas;* das Feuer griff auf die anderen Häuser über; die Seuche hat auf das Nachbarland übergegriffen □ propagar-se; alastrar-se

Über|griff ⟨m.; -(e)s, -e⟩ *unberechtigter Eingriff in die Rechte eines anderen;* sich ~e erlauben □ abuso; usurpação; violação

über|ha|ben ⟨V. 159/500/Vr 8⟩ etwas ~ ⟨umg.⟩ **1** *übrig haben;* bei diesem Rezept hat man zwei Eigelb über □ ter a mais **2** *noch über anderen Kleidungsstücken anhaben;* er hatte nur einen dünnen Mantel, eine Jacke über □ estar (vestido) com (uma roupa por cima de outra) **3** *etwas satthaben, einer Sache überdrüssig sein;* ich habe es über, immer wieder zu fragen; ich habe die Süßigkeiten (jetzt) über; ich habe das viele Warten über □ estar farto de alguma coisa

über|hand|neh|men ⟨V. 189/400⟩ *in zu großer Zahl vorkommen;* die Raubüberfälle haben in den letzten Wochen überhandgenommen □ crescer/aumentar excessivamente

Über|hang ⟨m.; -(e)s, -hän|ge⟩ **1** ⟨Arch.⟩ *Abweichung vom Lot* □ desvio de prumo **2** *etwas, das über etwas hängt od. hinausragt* □ proeminência; saliência **2.1** *überhängendes Felsstück* □ projeção de rocha; rocha saliente **2.2** *auf das Nachbargrundstück hinüberragende Zweige (von Bäumen u. Sträuchern)* □ galho pendente **2.3** *überhängende Gardine* □ sanefa **3** *überschüssiger Vorrat, Warenmenge, die man (im Augenblick) nicht verkaufen kann* □ excedente

über|hän|gen ⟨V. 161⟩ **1** ⟨400⟩ *über etwas hängen, über den Rand hängen* □ pender; estar suspenso/pendurado **2** ⟨400⟩ *etwas hängt über ist nicht lotrecht gebaut* □ estar inclinado; estar fora do prumo **3** ⟨400⟩ *etwas hängt über ragt über etwas schräg nach unten hinaus;* der Felsbrocken hängt über □ pender; projetar-se **3.1** ein ~des Dach *vorstehendes D.* □ projetado **4** ⟨530/Vr 5⟩ jmdm. etwas ~ *über die Schulter hängen, umhängen;* sich das Gewehr ~ □ pendurar no ombro; pôr a tiracolo; sich einen Mantel ~ □ pôr sobre os ombros

über|häu|fen ⟨V. 550⟩ **1** *etwas mit etwas anderem* ~ *überschütten, zu viel drauflegen, zu dicht bedecken mit etwas;* den Schreibtisch mit Akten, Büchern ~ □ entulhar; encher; abarrotar **2** *jmdn. mit etwas* ~ *jmdn. etwas in zu reichem Maße zukommen lassen;* jmdn. mit Arbeit, Aufträgen ~ □ sobrecarregar; assoberbar; jmdn. mit Ehren, Wohltaten, Vorwürfen ~ □ cobrir/encher de

über|haupt ⟨Adv.⟩ **1** *aufs Ganze gesehen, darüber (über das Gesagte) hinaus;* arbeitet er ~ etwas?; hast du heute ~ schon etwas gegessen? □ ∅; möchtest du lieber ein Glas Bier oder Wein haben? Danke, ~ nichts! □ absolutamente **2** *eigentlich;* gibt es das ~? □ *isso existe mesmo?;* wie ist das denn ~ gekommen? □ ∅ **3** *im Übrigen, außerdem, überdies;* und ~, warum kommt er nicht selbst zu mir, wenn er etwas will?; ich habe alle Filme mit XY gesehen – ich gehe ~ sehr gern ins Kino □ aliás; de resto **4** wenn ~ ... *wenn das wirklich der Fall sein sollte* □ *se for o caso* **5** ~ nicht *(ganz und) gar nicht;* daran habe ich ~ nicht gedacht □ *ele não veio mesmo;* ich weiß ~ nicht, worum es sich handelt □ *não faço a menor ideia do que se trata;* das ist ~ nicht wahr! □ ∅; er besucht mich ~ nicht mehr □ *ele não vem mais me visitar* **5.1** ~ nichts *gar nichts* □ *absolutamente nada*

über|heb|lich ⟨Adj.⟩ *anmaßend, dünkelhaft, stolz* □ presunçoso; arrogante

über|ho|len¹ ⟨V.⟩ **1** ⟨500⟩ *jmdn. od. etwas ~ mit dem Boot vom anderen Ufer herüberholen* □ ir buscar de barco do outro lado do rio **1.1** hol über! *(früher) (Ruf an den Fährmann)* □ *barqueiro!* **2** ⟨500⟩ die

überholen

Segel ~ *aufziehen* □ içar 3 ⟨400⟩ *das* **Schiff** *holt über neigt sich* □ **adernar**

über|ho|len² ⟨V. 500⟩ **1** *jmdn. od. ein* **Fahrzeug** ~ *einholen, ihm zuvorkommen, an jmdm. vorbeilaufen od. -fahren* □ **ultrapassar 2** *eine* **Maschine** ~ ⟨Tech.⟩ *auf Fehler prüfen, erneuern, Mängel beseitigen* □ **fazer revisão de; vistoriar; reparar**

über|hö|ren ⟨V. 500⟩ **1** Hörbares ~ *nicht hören; er hat das Klingeln überhört; davon weiß ich nichts, das muss ich überhört haben* □ **não ouvir 1.1** *nicht hören wollen, hören, aber nicht darauf reagieren, antworten; eine unpassende Bemerkung* ~ □ **ignorar 1.1.1** *das möchte ich überhört haben! das war sehr unangebracht, aber ich will nichts dazu sagen* □ ***vou fingir que não ouvi isso!**

über|ir|disch ⟨Adj.⟩ **1** *über der Erde befindlich* □ **acima do solo; na superfície 2** *übernatürlich, nicht der Erde zugehörig, göttlich;* Ggs *irdisch; ein* ~*es* **Wesen** □ **sobrenatural 2.1** *ein Kind von* ~*er* **Schönheit** *von engelhafter S.* □ **sobrenatural; fora do comum**

über|kom|men ⟨V. 170/500⟩ Empfindungen ~ *jmdn. überfallen, ergreifen, erfassen jmdn.; ihn überkam die Furcht; ein Grausen überkam mich; die Rührung überkam ihn, als er das sah* □ **acometer; tomar**

über|la|den ⟨V. 174/500⟩ **1** *etwas* ~ *zu sehr, zu stark, zu schwer beladen; der Wagen ist* ~ □ **sobrecarregar 1.1** ⟨530/Vr 1⟩ *sich den Magen* ~ *zu viel essen* □ ***comer demais 2** etwas* ~ ⟨fig.⟩ *zu viel anhäufen in od. auf etwas, zu viel anbringen an etwas* □ **amontoar; abarrotar 2.1** ~ *sein überreich verziert sein, versehen sein (mit); das Zimmer ist mit Bildern* ~; *die Fassade des Hauses ist mit Verzierungen* ~ □ **(sobre)carregado**

über|la|gern ⟨V. 500⟩ *etwas* ~ *sich darüberlagern, verdecken, zudecken* □ **sobrepor**

über|las|sen ⟨V. 175/530/Vr 6⟩ **1** *jmdm. etwas* ~ *zugunsten eines anderen auf etwas verzichten, jmdm. freiwillig von seinem Besitz, seinen Rechten etwas abtreten; er hat seinem Sohn schon früh die Hälfte seines Vermögens* ~; *jmdm. ein Grundstück zur Nutzung* ~ □ **ceder 1.1** *jmdm. eine* **Ware** *billig* ~ *billig verkaufen* □ **vender 2** *jmdm. etwas* ~ *jmdm. etwas anvertrauen, zu treuen Händen od. zum Gebrauch geben; sie ist zu unzuverlässig, ich kann ihr das Kind nicht (längere Zeit)* ~ □ **confiar; entregar**; → *a. Schicksal(1.1)* **3** *es jmdm.* ~*, etwas zu tun es jmdm. freistellen, etwas zu tun, es jmdm. nach seinem Gutdünken tun lassen; das zu beurteilen, musst du schon mir* ~!; *ich möchte die Wahl, Entscheidung ihm* ~ □ ***deixar alguma coisa por conta/ao critério de alguém 4** ⟨Vr 3⟩ *sich seinen* **Empfindungen***, Gefühlen* ~ *sich seinen E., G. hingeben, ihnen nachgeben* □ ***abandonar-se às próprias sensações/aos próprios sentimentos 5** *sich selbst* ~ *sein* **5.1** *allein, einsam sein* **5.2** *ohne nach eigenem Gutdünken, ohne Rat od. Hilfe tun müssen* □ ***estar abandonado à própria sorte; estar entregue a si próprio**

über||lau|fen¹ ⟨V. 176/400(s.)⟩ **1** eine **Flüssigkeit** *läuft über läuft über den Rand eines Gefäßes; die Milch, Suppe ist übergelaufen* **2** *ein* **Gefäß** *läuft über ist so voll, dass die Flüssigkeit herausläuft; der Topf, die Badewanne ist übergelaufen* □ **transbordar; extravasar 3** ⟨411⟩ *zum* **Feind** ~ = *desertieren(2)*

über|lau|fen² ⟨V. 176/500⟩ **1** *jmdn.* ~ *belästigen, zu stark in Anspruch nehmen* □ **importunar 1.1** *der Arzt ist sehr* ~ *hat zu viele Patienten* □ **requisitar 2** ⟨500 od. 513; unpersönl.⟩ *es, eine* **Empfindung** *überläuft jmdn. jmd. wird von einer E. erfasst* □ ***ser tomado por uma sensação; es überläuft mich heiß und kalt, wenn ich daran denke* □ ***pensar nisso me dá calafrios; es überlief ihn ein kalter Schauer* □ ***um calafrio lhe percorreu a espinha* **2.1** *es überlief mich (siedend) heiß ich erschrak tief, ich war sehr peinlich berührt, schämte mich plötzlich sehr* □ ***suei frio* **2.2** *es überlief mich kalt, eiskalt ich schauderte, erschrak tief, es graute mir* □ ***um calafrio me percorreu a espinha* **3** *ein* **Ort** *ist* ~ *es fahren zu viele Menschen hin, es herrscht dort zu viel Betrieb, Verkehr* □ **superlotado; apinhado de gente**

Über|läu|fer ⟨m.; -s, -⟩ **1** *Soldat, der desertiert ist* □ **desertor 2** *jmd., der zur Gegenpartei übergewechselt ist* □ **desertor; vira-casaca 3** ⟨Jägerspr.⟩ *Wildschwein im zweiten Jahr* □ **javali com dois anos de idade**

über|le|ben ⟨V.⟩ **1** ⟨400⟩ *weiterleben (nach dem Tod eines anderen od. anderer)* □ **sobreviver 1.1** *der überlebende* **Teil** ⟨Rechtsw.⟩ *der nach dem Tod des Ehepartners noch lebende Partner* □ ***a parte sobrevivente* **1.2** *jmdn.* ~ *länger leben als jmd.; er hat die ganze Familie überlebt* **2** ⟨500⟩ *etwas* ~ *lebend aus einer Gefahr hervorgehen, lebend etwas überstehen; er hat den Krieg überlebt; der Kranke wird die Nacht wohl nicht mehr* ~; *ein Unglück, eine Naturkatastrophe* ~ □ **sobreviver 2.1** *das überlebe ich nicht!* ⟨fig.; umg.⟩ *das kann ich nicht ertragen* □ ***não vou suportar uma coisa dessas!* **2.2** *du wirst's wohl* ~! ⟨fig.; umg.⟩ *du wirst es wohl ertragen, aushalten können (denn so schlimm ist es nicht)!* □ ***você vai sobreviver!* **3** *etwas überlebt sich veraltet, kommt außer Gebrauch (weil nicht mehr zweckmäßig); diese Anschauung, Mode, Sitte hat sich überlebt* □ **estar superado; sair de moda**

über|le|gen¹ ⟨V.⟩ ⟨500⟩ *etwas* ~ *durchdenken, erwägen, sich ein Urteil zu bilden suchen über; etwas gründlich, reiflich* ~ **2** ⟨400⟩ *nachdenken, nachsinnen; er überlegte eine Weile, dann sagte er ...; ohne zu* ~; *überleg nicht so lange!* □ **pensar; refletir; ponderar 3** ⟨530/Vr 1⟩ *sich etwas* ~ *sich über etwas Gedanken machen, über etwas nachdenken; das hättest du dir vorher* ~ *müssen; überlege es dir gut, genau!* □ ***pensar sobre/em alguma coisa; ich habe es mir (inzwischen) anders überlegt* □ ***(nesse meio-tempo,) mudei de ideia; ich habe es mir hin und her überlegt* □ ***pensei muito a respeito; pesei os prós e os contras; ich werde es mir (noch)* ~; *ich werde mir* ~*, wie wir das machen können; ich habe mir Folgendes überlegt* **3.1** *das muss ich mir erst (noch)* ~ *ich kann mich noch nicht entscheiden* □ **pensar 4** *eine* **Handlung** *ist überlegt vorbedacht, geplant, beabsichtigt* □

pensado; planejado 4.1 überlegt **handeln** *besonners, nach reiflicher Überlegung* ☐ *agir com ponderação

über|le|gen² ⟨Adj.⟩ **1** *jede Situation beherrschend, klug, gelassen, kaltblütig;* Sy souverän(2) ☐ seguro de si **2** *etwas überheblich, herablassend;* er ist immer so ~; ein ~es Lächeln ☐ altivo; soberbo **3** ⟨43⟩ jmdm. ~ sein *mehr können, wissen als jmd.;* jmdm. an Ausdauer, Kraft, Geschicklichkeit ~ sein ☐ superior

Über|le|gung ⟨f.; -, -en⟩ **1** ⟨unz.⟩ *das Überlegen;* bei nüchterner, ruhiger, sachlicher ~ ergab sich, dass ...; nach reiflicher ~; etwas ohne ~ tun, sagen ☐ reflexão; ponderação **2** ⟨Pl.⟩ *eine Reihe von Gedanken* ☐ reflexões 2.1 ~en anstellen *über etwas nachdenken* ☐ *refletir sobre alguma coisa

über|lei|ten ⟨V. 411⟩ zu etwas ~ *zu etwas anderem führen, leiten, eine Verbindung zu etwas anderem herstellen;* zum nächsten Abschnitt, Thema ~ ☐ *passar/conduzir a alguma coisa

über|le|sen ⟨V. 179/500⟩ etwas ~ **1** *flüchtig lesen* ☐ ler superficialmente **2** *(prüfend) durchlesen;* einen Text noch einmal ~ ☐ reler; revisar **3** *(bei flüchtigem Lesen) übersehen, nicht beachten, über etwas hinweglesen;* er hat viele Fehler ~ ☐ deixar passar; não ver/perceber

über|lie|fern ⟨V. 500⟩ **1** eine Sache ~ *erzählen, berichten (u. dadurch bewahren);* ein Werk der Nachwelt ~; diese Sage ist mündlich, schriftlich überliefert; dieser Text ist nur in Bruchstücken überliefert; dieser Brauch, diese Technik ist uns von unseren Vorfahren überliefert; überlieferte Sitten, Gebräuche, Formen ☐ transmitir; legar **2** ⟨530⟩ jmdm. jmdm. od. einer Institution ~ ⟨veraltet⟩ *ausliefern, übergeben;* jmdn. der Justiz, einem Gericht ~ ☐ entregar

Über|lie|fe|rung ⟨f.; -, -en⟩ **1** ⟨unz.⟩ *das Überliefern(1);* mündliche, schriftliche ~ **2** *etwas (mündlich od. schriftlich) Überliefertes, von früher her Erhaltenes, seit alters Bewahrtes;* die ~en aus dem 16. Jh. schildern das Kunstwerk anders ☐ tradição

über|lis|ten ⟨V. 500/Vr 7 od. Vr 8⟩ jmdn. ~ *durch List einen Vorteil über jmdn. gewinnen, jmdn. durch List täuschen* ☐ enganar; intrujar

überm ⟨Verschmelzungsform aus Präp. u. Art.⟩ = *über dem*

Über|macht ⟨f.; -; unz.; bes. Mil.⟩ **1** *Überlegenheit an Zahl, Stärke;* der ~ (des Gegners) erliegen; die ~ haben (über); der feindlichen ~ weichen; gegen eine vielfache ~ kämpfen ☐ superioridade; predomínio 1.1 in der ~ sein *die größere Zahl, Stärke besitzen* ☐ *preponderar; ser superior (em força/em número)

über|man|nen ⟨V. 500⟩ *Empfindungen, Zustände ~ jmdn. überkommen, überfallen, überwältigen jmdn.;* der Schlaf, Schmerz, die Rührung übermannte ihn; ich wurde von Müdigkeit übermannt ☐ vencer; dominar

über|mä|ßig ⟨Adj.⟩ **1** *ohne Maß, zu stark, zu viel, zu sehr usw., übertrieben;* ~e Anstrengungen; ~e Besorgnis ☐ excessivo; exagerado 1.1 ~es **Intervall** *durch einen Halbton chromatisch erweitertes I., z. B. C-Gis;* Ggs *vermindertes Intervall,* → *vermindern(1.1);* ~e Quinte ☐ aumentado **2** ⟨50⟩ *im Übermaß, zu, allzu*

(viel, stark, sehr usw.); sich ~ anstrengen; ~ breit, dick, groß, hoch, viel; die Ware ist ~ teuer; ~ viel essen, schlafen, arbeiten ☐ demais; em excesso

Über|mensch ⟨m.; -en, -en⟩ **1** *Gottmensch, vollkommener Mensch* **2** ⟨bei Goethe u. a., bes. bei Nietzsche⟩ *der zur Vollkommenheit angelegte u. sich (bewusst) dorthin entwickelnde Mensch* **3** ⟨umg.; oft iron.⟩ *Mensch ohne Fehler u. Schwächen* ☐ super-homem

über|mensch|lich ⟨Adj.⟩ **1** *über des Menschen Grenzen hinausgehend, übernatürlich* **2** ⟨fig.⟩ *sehr stark, sehr groß, gewaltig;* mit ~er Anstrengung; eine (wahrhaft) ~e Leistung ☐ sobre-humano

über|mit|teln ⟨V. 503/Vr 6⟩ ⟨jmdm.⟩ eine **Nachricht** ~ *mitteilen, ausrichten, überbringen, überreichen, schicken;* eine Botschaft, Grüße ~ ☐ transmitir

über|mor|gen ⟨Adv.⟩ **1** *am Tag nach morgen;* ich komme ~ 1.1 ~ **Abend** *am Abend des übernächsten Tages* ☐ depois de amanhã

Über|mut ⟨m.; -(e)s; unz.⟩ **1** ⟨veraltet⟩ *Überheblichkeit, Anmaßung, Dünkel, Selbstherrlichkeit* ☐ arrogância; presunção; ~ tut selten gut ⟨Sprichw.⟩ ☐ *o orgulho vem antes da queda **2** *Ausgelassenheit, große u. ein wenig kecke Fröhlichkeit* ☐ animação; exuberância; das hat er nur aus ~ getan (und nicht böse gemeint) ☐ *ele só fez isso de brincadeira (não foi por maldade); er weiß vor lauter ~ nicht, was er tun, anstellen soll ☐ *ele está tão eufórico que não sabe por onde começar

über|mü|tig ⟨Adj.⟩ **1** *voller Übermut, ausgelassen, fröhlich und ein wenig keck;* „....!", rief er ~; die Kinder tollten ~ durch den Garten; in ~er Laune ☐ animado; desenfreado; exuberante **2** *glücklich od. stolz (über bzw. auf eine Leistung) u. daher etwas leichtsinnig, fröhlich u. ein wenig eingebildet;* der Erfolg machte ihn ~! ☐ orgulhoso; vaidoso

über|nach|ten ⟨V. 411⟩ *die Nacht zubringen;* bei Freunden ~; im Hotel, Freien ~ ☐ pernoitar

über|näch|tigt ⟨Adj. 24/70⟩ *unausgeschlafen, müde, weil man in der Nacht nicht genügend geschlafen hat;* ~ aussehen, sein ☐ tresnoitado

Über|nah|me ⟨f.; -, -n⟩ **1** ⟨unz.⟩ *das Übernehmen;* Geschäfts~ ☐ *(ato de) assumir/conduzir o negócio herdado **2** *etwas Übernommenes;* eine ~ aus einer früheren Inszenierung ☐ empréstimo

über|na|tür|lich ⟨Adj.⟩ *nicht mit dem Verstand fassbar, außerhalb der natürlichen Gesetze stehend;* Ggs *natürlich(2);* eine ~e Erscheinung; jmdm. ~e Kräfte zuschreiben; ein ~es Wesen ☐ sobrenatural

über|neh|men¹ ⟨V. 189/500⟩ etwas ~ ⟨umg.⟩ *sich mit etwas bedecken, sich etwas umhängen;* einen Mantel, einen Schal ~ ☐ *cobrir-se com alguma coisa; colocar alguma coisa sobre os ombros

über|neh|men² ⟨V. 189/500⟩ **1** etwas od. jmdn. ~ *annehmen, zu sich, an sich nehmen, in Empfang nehmen;* nach dem Tod eines Verwandten dessen Kinder ~ ☐ ficar com; assumir, Güter, eine Sendung ~ ☐ receber **2** ein Geschäft, einen Betrieb ~ *in eigene Verwaltung, in Besitz nehmen;* ein Großkonzern wird ab Ja-

überordnen

nuar den Familienbetrieb ~ ☐ assumir; conduzir 3 Angestellte (von einem anderen Betrieb) ~ *von nun an im eigenen Betrieb beschäftigen* ☐ assumir; absorver 4 eine Pflicht, Verantwortung ~ *sich für eine Sache u. ihre Folgen einsetzen, engagieren, sie zur eigenen Sache machen; diese Stiftung hat es übernommen, für die Behinderten zu sorgen* ☐ assumir; comprometer-se 4.1 eine Arbeit, einen Auftrag ~ *annehmen, ausführen u. die Verantwortung dafür tragen;* ein Amt ~; es ~, etwas zu tun; würden Sie es ~, die Blumen, Eintrittskarten zu besorgen? ☐ assumir; encarregar-se 4.2 den Befehl, das Kommando ~ *von nun an den B., das K. haben, von nun an befehlen, kommandieren* 4.3 er hat nach dem Tod seines Vaters dessen Praxis übernommen *er führt sie seitdem* ☐ assumir; → a. *Bürgschaft(1)* 5 die Kosten ~ tragen ☐ arcar com; assumir 6 eine Sache ~ *sich zu eigen machen, annehmen, von nun an selbst anwenden bzw. vertreten;* neue Lernmethoden ~ ☐ adotar 7 eine Sache ~ *in derselben Form an anderer Stelle, zu einem anderen Zeitpunkt wiedergeben;* eine Textstelle wörtlich (in die eigene Arbeit) ~ ☐ retomar; reproduzir 8 ein Sender übernimmt eine Sendung *sendet dasselbe wie ein anderer S.* ☐ retransmitir 9 ⟨Vr 3⟩ sich ~ ⟨umg.⟩ *sich zu sehr anstrengen;* er hat sich beim Schwimmen, Wandern übernommen; übernimm dich nur nicht! ⟨fig., iron.⟩ ☐ cansar-se; sobrecarregar-se 10 Kohlen, Öl ~ ⟨Mar.⟩ *laden* ☐ carregar; embarcar

über|ord|nen ⟨V. 530/Vr 7⟩ etwas od. jmdn. einem anderen ~ *(in der Funktion) über etwas od. jmdn. stellen;* der Abteilungsleiter ist uns übergeordnet; die übergeordnete Stelle (im Amt, Betrieb) ☐ antepor; colocar acima

über|prü|fen ⟨V. 500/Vr 8⟩ jmdn. od. etwas ~ *(nochmals) prüfen, nachprüfen;* Sy *kontrollieren(2);* ein Ergebnis ~; eine Maschine ~ ☐ revisar; verificar; inspecionar

über|que|ren ⟨V. 500⟩ eine Straße, einen Fluss ~ *überschreiten, kreuzen* ☐ atravessar

über|ra|gen ⟨V. 505⟩ 1 jmdn. od. etwas ~ *größer sein als jmd. od. etwas* ☐ superar; sobrepujar; jmdn. um Haupteslänge ~ ☐ *ser uma cabeça mais alto do que alguém 2 jmdn. od. eine Sache ~ ⟨fig.⟩ *übertreffen, besser, stärker sein als jmd. od. eine S.;* jmdn. an Verdiensten, Leistungen weit ~ ☐ superar; sobrepujar 2.1 ⟨Part. Präs.⟩ ~d *hervorragend, bedeutend, ausgezeichnet;* eine ~de Begabung; ~de Fähigkeiten ☐ eminente; excelente; extraordinário

über|ra|schen ⟨V. 500⟩ 1 jmdn. od. etwas (an, bei etwas) ~ *unerwartet (bei etwas) (an)treffen;* die Dunkelheit überraschte uns; jmdn. beim Stehlen ~; von einem Gewitter überrascht werden ☐ surpreender; flagrar; apanhar desprevenido 2 etwas überrascht jmdn. *setzt jmdn. in Erstaunen;* das (was du sagst) überrascht mich! ☐ surpreender; espantar 2.1 lassen wir uns ~! ⟨umg.⟩ *warten wir's ab!* ☐ *vamos esperar para ver!* 2.2 es überrascht, dass ... *es ist erstaunlich, dass ...* ☐ *é uma surpresa que...; é de espantar que...* 3 ⟨Vr 8⟩ jmdn. (mit etwas) ~ *jmdm. mit etwas unerwartet Freude bereiten;* er überraschte uns mit sei-

nem Besuch, mit der (guten) Nachricht, dass ...; jmdn. mit einem Geschenk ~ ☐ surpreender; fazer uma surpresa a alguém (com alguma coisa) 4 ⟨Part. Perf.⟩ überrascht *erstaunt, verwundert über etwas Unerwartetes;* ich bin angenehm, unangenehm überrascht; ich bin überrascht über sein gutes Aussehen; freudig überrascht sein; „...?", fragte er überrascht ☐ surpreso 5 ⟨Part. Präs.⟩ ~d *unerwartet, erstaunlich;* ein ~der Besuch, Erfolg ☐ surpreendente; inesperado; es ging ~d schnell ☐ surpreendentemente; inesperadamente

Über|ra|schung ⟨f.; -, -en⟩ 1 *plötzliches, unerwartetes Ereignis, etwas, was überrascht(1);* eine angenehme, unangenehme ~; eine böse, üble ~ 2 *unerwartete Freude, etwas Schönes, das man nicht erwartet hat;* das ist ja eine ~!, ist das eine ~! (Ausruf der Freude über etwas Unerwartetes); ich habe eine ~ für dich; bitte sprich noch nicht darüber, es soll eine ~ für ihn sein 3 ⟨unz.⟩ *das Überraschtsein, Erstaunen, Verwunderung (über Unerwartetes);* zu meiner größten ~ hat er... ☐ surpresa

über|re|den ⟨V. 505/Vr 8⟩ jmdn. (zu etwas) ~ *durch Worte zu etwas veranlassen, jmdn. so lange zureden, bis er etwas tut;* ich habe mich ~ lassen; lass dich nicht ~!; ich habe ihn nicht ~ können, auf unseren Vorschlag einzugehen; jmdn. zum Mitkommen, Mitmachen ~ ☐ persuadir; convencer

über|rei|chen ⟨V. 503⟩ (jmdm.) etwas ~ *höflich od. feierlich übergeben;* jmdm. Blumen, ein Geschenk, eine Urkunde ~; überreicht von ... (in Widmungen od. auf Geschäftskarten) ☐ dar; entregar

über|rei|zen ⟨V. 500/Vr 7 od. Vr 8⟩ jmdn. od. etwas ~ *durch zu große Belastung stark reizen;* er ist überreizt; meine Nerven sind überreizt ☐ sobre-excitar

über|ren|nen ⟨V. 200/500⟩ 1 ⟨Mil.⟩ eine feindliche Stellung ~ *in einem Ansturm überwältigen* 2 ⟨516⟩ jmdn. mit einer Sache ~ ⟨fig.⟩ *jmdm. durch eine S. keine Gelegenheit zum Widerstand, zum Entgegnen geben;* er hat mich mit seinen Argumenten völlig überrannt ☐ vencer; subjugar

Über|rest ⟨m.; -(e)s, -e⟩ *letzter Rest;* von dem Haus sind nur noch einige traurige ~e vorhanden ☐ resto; ruína; → a. *sterblich(1.2)*

über|rol|len ⟨V. 500⟩ jmdn. od. etwas ~ *gewaltsam, mit großer Übermacht überfahren, mit Kampffahrzeugen angreifen u. vernichten;* den überraschten Gegner ~ ⟨a. fig.⟩ ☐ derrubar; atropelar

über|rum|peln ⟨V. 500/Vr 8⟩ jmdn. ~ 1 *unerwartet angreifen;* den Gegner ~ ☐ atacar repentinamente; assaltar 2 *jmdm. keine Zeit zur Besinnung geben;* jmdn. mit einer Frage ~ ☐ pegar de surpresa; surpreender

übers ⟨Verschmelzungsform aus Präp. u. Art.⟩ 1 ⟨umg.⟩ *über das;* er legte die Wolldecke ~ Bein ☐ ele colocou a coberta sobre a perna 1.1 ~ Jahr *in, nach einem Jahr* ☐ *em um ano*

über|sät ⟨Adj. 24/74⟩ *in großer Zahl bedeckt;* die Wiese ist mit Himmelsschlüsseln ~; sein Körper ist mit Narben, Pusteln, Flecken ~; der Himmel ist mit Sternen ~ ☐ coberto; cheio

über|schat|ten ⟨V. 500⟩ **1** etwas überschattet etwas *wirft einen Schatten auf etwas;* seine dichten Augenbrauen ~ seine Augen; dicht belaubte Bäume ~ den Garten □ sombrear **2** eine **Sache** überschattet eine **Sache** ⟨fig.⟩ *lässt eine S. nicht hervortreten;* der Ruhm des Vaters überschattete die Begabung des Sohnes □ fazer sombra a; ofuscar 2.1 überschattet sein ⟨fig.⟩ *getrübt sein;* unsere Freude war von der traurigen Nachricht überschattet □ *ser ofuscado

über|schät|zen ⟨V. 500/Vr 7 od. Vr 8⟩ jmdn. od. etwas ~ *zu hoch einschätzen;* ihn, seine Bedeutung, Einfluss ~; ich habe die Entfernung überschätzt; seine Kräfte, Fähigkeiten ~ □ superestimar

Über|schau ⟨f.; -; unz.⟩ *Übersicht, Überblick;* eine kurze ~ (über etwas) geben □ visão de conjunto; panorama; sinopse

über|schau|en ⟨V. 500⟩ etwas ~ *überblicken* □ abranger com a vista; ter uma visão de conjunto

über|schäu|men ⟨V. 400(s.)⟩ **1** eine **Flüssigkeit** schäumt über *tritt schäumend über den Rand eines Gefäßes;* die Milch, der Sekt schäumt über □ transbordar (espumando) **2** eine **Sache** schäumt über ⟨fig.⟩ *verlässt das übliche Maß;* sein Temperament schäumte über □ transbordar; extravasar 2.1 ⟨Part. Präs.⟩ ~d *wild, nicht zu zügeln;* ~de Fröhlichkeit, Kraft; ~des Temperament □ exuberante

über|schla|fen ⟨V. 217/500⟩ eine **Sache** ~ *nicht sofort entscheiden, sondern eine Nacht darüber hingehen lassen* □ *consultar o travesseiro sobre alguma coisa; adiar a decisão sobre alguma coisa

über|schla|gen[1] ⟨V. 218⟩ **1** ⟨500⟩ die **Beine** ~ *übereinanderlegen;* mit übergeschlagenen Beinen im Sessel sitzen □ cruzar **2** ⟨400(s.)⟩ **Funken, Wellen** schlagen über *springen über, strömen über* □ soltar; rebentar **3** ⟨400(s.)⟩ eine **Stimme** schlägt über *schlägt unbeabsichtigt od. fehlerhaft in die Kopfstimme um;* seine Stimme überschlug sich vor Zorn □ esganiçar-se

über|schla|gen[2] ⟨V. 218/500⟩ **1** eine **Textstelle, Buchseite** ~ *auslassen, weglassen, nicht (vor)lesen, nicht sprechen;* beim Lesen die Einführung ~ □ saltar; omitir **2 Kosten** ~ *ungefähr berechnen;* die Kosten ~, bevor man einen Auftrag erteilt □ fazer um cálculo aproximado **3** ⟨Vr 3⟩ **sich** ~ *sich im Fallen um sich selbst drehen, bes. vor- od. rückwärts;* er überschlug sich mehrmals, als er die Treppe hinunterstürzte □ dar uma cambalhota (ao cair); capotar 3.1 ⟨514⟩ er überschlägt sich fast vor Diensteifer ⟨fig.; umg.⟩ *er ist übertrieben diensteifrig* □ *ele se desdobra em gentilezas

über|schlä|gig ⟨Adj. 24/90⟩ *annähernd, ungefähr;* eine ~e Berechnung □ aproximado

über|schnap|pen ⟨V. 400(s.)⟩ **1** jmds. **Stimme** schnappt über *überschlägt sich* □ esganiçar-se **2** ⟨fig.; umg.⟩ *ein bisschen verrückt werden;* er ist übergeschnappt □ não regular muito bem; ser meio doido

über|schnei|den ⟨V. 227/500/Vr 3⟩ etwas überschneidet sich **1** *schneidet sich (überkreuzt sich) in einem od. mehreren Punkten;* Linien, Flächen ~ sich □ cruzar-

se **2** *fällt zeitlich zusammen;* die Unterrichtsstunden ~ sich **3** *trifft mit etwas zusammen;* Probleme, Arbeitsgebiete ~ sich □ sobrepor-se; coincidir

über|schrei|ben ⟨V. 230/500⟩ **1** etwas ~ *mit einem Titel, einer Überschrift versehen;* wie könnte man diesen Absatz, dieses Kapitel ~? □ intitular **2** ⟨530/Vr 5 od. Vr 6⟩ jmdm. etwas ~ *schriftlich u. gesetzlich übergeben, zukommen lassen;* jmdm. ein Grundstück ~, ein Grundstück an jmdn. ~ □ *transferir alguma coisa para alguém; passar alguma coisa para o nome de alguém

über|schrei|en ⟨V. 231/500⟩ **1** jmdn. od. etwas ~ *so laut schreien, dass gleichzeitig Hörbares übertönt wird;* den Lärm ~ □ gritar mais alto/forte; dominar a voz **2** ⟨Vr 3⟩ **sich** ~ *so laut schreien, dass die Stimme versagt, sich heiser schreien* □ *esgoelar-se; gritar até ficar rouco

über|schrei|ten ⟨V. 232/500⟩ **1** eine **Straße, Grenze** ~ *kreuzen, über eine S., G. hinübergehen;* die Schwelle des Hauses ~ **2** einen **Fluss** überschreiten *über einen F. fahren;* Cäsar überschritt 49 v. Chr. den Rubikon □ atravessar; cruzar **3** eine gewisse **Altersgrenze** überschritten haben *ein gewisses Alter erreicht haben* □ *passar de certa idade 3.1 er hat die 30, 40 usw. bereits überschritten *er ist älter als 30, 40 usw. Jahre* □ *ele já passou dos 30, 40 etc. **4** etwas überschreitet jmds. **Mittel, Kräfte** *geht über jmds. M., K. hinaus;* dieser Urlaub überschreitet meine Mittel □ ultrapassar **5** ein **Maß** ~ *sich nicht an ein M. halten* □ exceder; passar 5.1 das **Gesetz** ~ *nicht einhalten, übertreten* □ violar; transgredir 5.2 seine **Befugnisse, Vollmachten** ~ *etwas tun, wozu man keine B., V. hat* □ abusar 5.3 das **Maß** ~ *über das M. hinausgehen, sich nicht in Schranken halten* □ *passar dos limites; exceder-se 5.4 die (zulässige) **Geschwindigkeit** ~ *schneller fahren, als es gestattet ist* □ exceder 5.5 den **Kredit** ~ *mehr schulden, als K. gegeben wird* □ ultrapassar; exceder 5.6 seinen **Urlaub** ~ *eigenmächtig verlängern* □ prolongar; esticar

Über|schrift ⟨f.; -, -en⟩ *Titel, Name (eines Kapitels, Aufsatzes, Gedichts)* □ título

Über|schuss ⟨m.; -es, -schüs|se⟩ **1** *Gewinn ohne Abzug;* einen ~ erzielen □ excedente; superávit **2** *das, was über ein bestimmtes Maß hinausgeht;* Geburten-~; einen ~ an Kraft besitzen □ excedente

über|schüs|sig ⟨Adj. 24/70⟩ *über ein bestimmtes Maß, den Bedarf hinausgehend;* ~e Energie; ~e Gelder; ~e Kraft □ excedente

über|schüt|ten ⟨V. 516/Vr 7 od. Vr 8⟩ **1** jmdn. od. etwas mit etwas ~ *über jmdn. od. etwas etwas schütten;* die Steine mit Wasser ~ □ cobrir; derramar **2** jmdn. mit etwas ~ ⟨fig.⟩ *überhäufen,* jmdn. etwas überreichlich geben; jmdn. mit Geschenken, Vorwürfen ~ □ cobrir; encher

Über|schwang ⟨m.; -(e)s; unz.⟩ *Übermaß (von Gefühlen);* ~ der Freude, Begeisterung; im ~ der Gefühle (etwas ausrufen, tun); voller ~ □ exuberância; entusiasmo; arrebatamento

über|schwäng|lich ⟨Adj.⟩ *übertrieben gefühlvoll, übertrieben begeistert;* jmdn. in ~en Ausdrücken, mit ~en

Worten loben □ **efusivo; entusiasmado;** jmdm. ~ danken □ **efusivamente**

über|schwem|men ⟨V. 500⟩ **1** etwas überschwemmt etwas *überflutet etwas;* der Fluss trat über die Ufer und überschwemmte die Wiesen, Äcker □ **inundar; alagar 2** ⟨516⟩ jmdn. od. etwas mit etwas ~ ⟨fig.⟩ *überreichlich versehen;* das Land wurde mit ausländischen Waren überschwemmt □ **inundar; invadir**

über|schweng|lich ⟨alte Schreibung für⟩ *überschwänglich*

Über|see ⟨ohne Artikel⟩ *die Länder jenseits des Weltmeeres, bes. Amerika;* Briefmarken aus ~ sammeln; wir haben Verwandte in ~; nach ~ auswandern, exportieren □ **ultramar; além-mar**

über|se|hen¹ ⟨V. 239/530/Vr 1⟩ sich etwas ~ *etwas so oft sehen, dass man seiner überdrüssig wird;* ich habe mir diese Farben, dieses Muster übergesehen; du hast dir diesen Film schon übergesehen □ **cansar(-se) de ver**

über|se|hen² ⟨V. 239/500⟩ **1** ⟨Vr 8⟩ jmdn. ~ *nicht beachten, (absichtlich) über jmdn. hinwegsehen;* jmdn. bei der Begrüßung ~; von jmdm. (absichtlich od. unabsichtlich) ~ werden □ **ignorar; não ver/reparar 2** etwas ~ *nicht beachten, nicht sehen;* das haben Sie sicher ~; jmds. Taktlosigkeit (stillschweigend) ~ □ **não ver/reparar** 2.1 einen **Fehler** ~ *aus Unaufmerksamkeit nicht sehen;* das habe ich beim Lesen ~ □ **não ver; deixar passar 3** etwas ~ ⟨a. fig.⟩ *die Übersicht, den Überblick haben über etwas* □ **abranger com a vista** 3.1 ein **Gelände** ~ *überblicken, überschauen;* ich kann von hier aus die ganze Straße ~; ich kann den Platz von hier aus gut ~ □ **ver; ter vista** 3.2 eine **Lage**, einen **Schaden** ~ *abschätzen, erkennen;* ich kann es noch nicht ~, ob wir alle Arbeitskräfte brauchen werden □ **avaliar; estimar** 3.3 eine **Sache** ~ *die Zusammenhänge einer S. erkennen;* soweit ich die Angelegenheit übersehe, wird Ihr Vorschlag zu verwirklichen sein; keine einzelne Person kann heute noch das gesamte Gebiet der Naturwissenschaft ~; ich kann die Sache noch nicht ~ □ **entender**

über|set|zen¹ ⟨V.⟩ **1** ⟨400⟩ *von einem Ufer zum andern fahren;* die Truppen haben endlich nach vielen vergeblichen Versuchen übergesetzt □ **passar para a outra margem 2** ⟨500⟩ jmdn. ~ *mit dem Boot, der Fähre ans andere Ufer bringen;* sich vom Fährmann ~ lassen □ **transportar para a outra margem 3** ⟨400; Mus.⟩ 3.1 *auf Tasteninstrumenten einen Finger über den anderen setzen* □ **encavalar os dedos; passar um dedo por cima do outro** 3.2 *auf Saiteninstrumenten mit dem 1. Finger anstatt mit dem 2. od. 3. Finger greifen* □ **tocar com o dedo 1**

über|set|zen² ⟨V. 500⟩ einen **Text** ~ *in eine andere Sprache übertragen;* etwas wörtlich, sinngemäß ~; ein Buch ins Deutsche, Englische ~; das Buch wurde in mehrere Sprachen übersetzt; ein Buch aus dem Englischen ~ □ **traduzir; verter**

Über|set|zung ⟨f.; -, -en⟩ **1** *Übertragung (eines Textes) von einer Sprache in eine andere;* eine gute, schlechte, flüssige, holprige ~; die ~ aus dem Englischen □ **tra-** **dução 2** ⟨Tech.⟩ 2.1 *Vorrichtung zum Umwandeln einer Drehbewegung in eine Drehbewegung mit anderer Drehzahl* □ **transmissão** 2.2 *Verhältnis zwischen Eingangs- u. Ausgangsdrehzahl (eines Getriebes);* das Getriebe hat eine ~ von 1:4 □ **relação de transmissão**

Über|sicht ⟨f.; -, -en⟩ **1** ⟨a. fig.⟩ *Fähigkeit, etwas in seiner Gesamtheit zu sehen, Überblick;* die ~ über einen Betrieb haben **1.1** Überblick über eine Sache, Fähigkeit, Zusammenhänge zu erkennen; ~ gewinnen; keine, nicht genügend ~ über etwas haben; die ~ verlieren; sich die nötige ~ verschaffen □ **visão geral; visão de conjunto 2** *übersichtlicher Auszug, Abriss, kurze, klare Darstellung;* eine ~ über die englische Literatur □ **compêndio; síntese** 2.1 *kurze Darstellung in Tabellenform;* eine ~ über den Spielplan der kommenden Spielzeit □ **quadro sinóptico; tabela 3** *Verzeichnis;* Inhalts~; etwas in der ~ suchen □ **sumário; índice**

über|sicht|lich ⟨Adj.⟩ *so beschaffen, dass man es leicht in den Zusammenhängen überblicken, erkennen kann;* ~es Gelände □ **aberto;** eine ~e Kurve, Straße □ **visível;** eine ~e Darstellung; etwas ~ anordnen, darstellen, (schriftlich) zusammenstellen □ **(de modo) claro/ nítido**

über|sie|deln ⟨V. 400(s.)⟩ *in einen Ort, nach einem Ort ~ umziehen, an einen anderen Wohnort ziehen, seinen Wohnsitz in einen anderen Ort verlegen;* nach Köln ~; ich bin nach München übergesiedelt □ *****mudar-se/transferir-se para um lugar**

über|span|nen ⟨V. 500⟩ **1** etwas ~ *zu sehr, zu stark spannen* □ **esticar demais;** → a. *Bogen(4.1)* **2** ⟨516⟩ etwas mit etwas ~ *mit einem gespannten Stoff bedecken, einen Stoff darüberspannen;* das Gewächshaus mit einer Folie ~ □ **cobrir; revestir**

über|spannt 1 ⟨Part. Perf. von⟩ überspannen □ **muito esticado 2** ⟨Adj.⟩ *übertrieben, extrem, vom Normalen abweichend, ein bisschen verrückt;* ~e Ansichten haben; sie ist eine ~e Person □ **extravagante; excêntrico**

über|spie|len ⟨V. 500⟩ **1** eine akustische **Aufnahme** ~ *durch Spielen übertragen;* eine Tonbandaufnahme auf eine Datenträger ~ □ **gravar 2** eine **Sache** ~ ⟨fig.⟩ *geschickt über eine S. hinweggehen, durch gewandtes Verhalten verbergen;* seine Befangenheit, Schüchternheit ~; jmds. Taktlosigkeit ~ □ **encobrir; esconder**

über|spit|zen ⟨V. 500⟩ **1** eine **Sache** ~ *zu spitzfindig behandeln, zu genau, zu streng sein mit einer S., eine S. zu weit treiben;* wir wollen die Angelegenheit nicht ~ □ **exagerar; levar ao extremo** 1.1 ⟨Part. Perf.⟩ überspitzt *übertrieben, zu scharf (ausgedrückt), spitzfindig;* einen Sachverhalt überspitzt formulieren □ **(de modo) exagerado**

über|sprin|gen¹ ⟨V. 253(s.)⟩ **1** ⟨400⟩ etwas springt über *springt von einem aufs andere* □ **saltar; pular;** ein Funke sprang über □ **soltar-se 2** ⟨400⟩ etwas springt über *ragt über etwas;* das Dach springt über □ **sobressair; sobrepujar 3** ⟨800⟩ auf eine **Sache** ~ ⟨fig.⟩ *ohne Übergang zu etwas anderem übergehen;* auf ein anderes Thema ~ □ **passar/pular para**

über|sprin|gen² ⟨V. 253/500⟩ **1** ein **Hindernis** ~ *über ein H. hinwegspringen* **2** *etwas* ~ *auslassen, weglassen, überschlagen, übergehen;* ein paar Seiten (im Buch) ~; eine Textstelle (beim Lesen) ~ 2.1 eine Klasse (in der Schule) ~ *in die übernächste K. versetzt werden* □ **pular; saltar**

über|stän|dig ⟨Adj.⟩ **1** *übrig geblieben* □ **remanescente 2** *überaltert, nicht mehr wuchskräftig, nicht mehr wirtschaftlich* □ **antiquado; obsoleto**

über|ste|hen¹ ⟨V. 256/400⟩ *etwas steht über steht hervor, steht heraus, ragt heraus, springt vor* □ **sobressair; sobrepujar;** *ein ~der Balken, ~des Dach* □ **saliente**

über|ste|hen² ⟨V. 256/500⟩ **1** *eine* **Sache** ~ *überleben, aushalten, überwinden;* eine Anstrengung, Gefahr, Krankheit ~ □ **vencer; superar;** eine anstrengende Reise gut ~ □ **resistir;** *etwas glücklich* ~ □ ***sair ileso de alguma coisa***, *der Kranke hat die Krise, die Nacht überstanden* □ **superar** 1.1 *ich hab's überstanden* (umg.) *die Sache ist endlich vorüber* □ ***consegui superar*** 1.2 *du wirst's schon ~!* (umg.) *es wird schon nicht so schlimm werden* □ ***você vai superar isso!; você vai dar a volta por cima!*** 1.3 *er hat es überstanden* (fig.) *er ist von seinen Leiden erlöst, ist gestorben* □ ***ele descansou***

über|stei|gen ⟨V. 258/500⟩ **1** *etwas* ~ *über etwas hinübersteigen;* einen Berg ~ □ **escalar 2** *etwas übersteigt etwas ist größer, stärker, höher als etwas; das übersteigt meine Kräfte; der Preis dieses Teppichs übersteigt den des anderen um die Hälfte* □ **ultrapassar; exceder**

über|stei|gern ⟨V. 500⟩ **1** *etwas* ~ *übertrieben steigern, zu sehr steigern;* seine Ansprüche, Forderungen ~; *übersteigertes Selbstbewusstsein* □ **exagerar; aumentar excessivamente 2** ⟨Vr 3⟩ *sich* ~ *sich über das normale Maß hinaus steigern* □ ***exceder-se***

über|stim|men ⟨V. 500⟩ *jmdn.* ~ *durch Stimmenmehrheit zum Schweigen bringen, besiegen;* die andern haben mich überstimmt; er wurde überstimmt □ **vencer (por maioria de votos)**

über|strö|men¹ ⟨V. 400(s.)⟩ **1** *etwas* strömt über *strömt über den Rand;* das Wasser aus der Talsperre strömte über □ **transbordar 2** *Gefühle strömen über können wegen ihrer Stärke nicht zurückgehalten werden u. äußern sich heftig* □ **extravasar** 2.1 *von Dankesbezeigungen* ~ (fig.) *überschwänglich seinen Dank aussprechen* □ ***desfazer-se/desmanchar-se em demonstrações de agradecimento*** 2.2 *~de* Freude *große, deutlich ausgedrückte F.* □ **transbordante**

über|strö|men² ⟨V. 500⟩ *etwas überströmt jmdn. od. etwas bedeckt jmdn. od. etwas in einem Strom;* Blut überströmte sein Gesicht □ **cobrir; inundar**

Über|stun|de ⟨f.; -, -n⟩ *über die festgesetzte Arbeitszeit geleistete Arbeitsstunde;* freiwillig ~n machen; Bezahlung für ~n □ **hora extra**

über|stür|zen ⟨V. 500⟩ **1** *etwas* ~ *zu schnell, ohne Überlegung tun;* wir wollen nichts ~ □ **precipitar-se;** eine überstürzte Abreise □ **precipitado;** *überstürzt handeln, abreisen* □ **precipitadamente 2** ⟨Vr 4⟩ Sachen ~ sich *folgen zu schnell aufeinander;* die Ereignisse

überstürzten sich □ **precipitar-se;** seine Worte überstürzten sich, als er berichtete □ **atropelar-se**

über|töl|peln ⟨V. 500⟩ *jmdn.* ~ *betrügen, plump überlisten* □ **enganar; ludibriar**

über|tra|gen ⟨V. 265/500⟩ **1** *etwas* ~ *von einer Stelle zur andern bringen (ohne die äußere Form zu ändern)* □ **transferir** 1.1 *von einer Stelle auf eine andere schreiben;* Korrekturen (in ein anderes Exemplar) ~ □ **transcrever** 1.2 ⟨510⟩ eine **Summe** Geldes auf ein anderes Konto ~ *transferieren* □ **transferir** 1.3 *der* **Rundfunk** *überträgt eine Veranstaltung sendet eine V.;* ein Fußballspiel im Rundfunk, Fernsehen ~ 1.4 Kraft ~ ⟨Phys.⟩ *von einer Maschine auf die andere führen* 1.5 ⟨550⟩ (durch etwas) eine **Krankheit** auf *jmdn.* ~ *jmdn. (durch etwas) mit einer K. anstecken* 1.6 *eine* **Krankheit, Stimmung** *überträgt* sich (auf jmdn.) *jmd. wird von einer K., S. angesteckt* □ **transmitir(-se) 2** ⟨550⟩ einen **Text** in eine andere Sprache ~ *übersetzen* □ **traduzir 3** *~e* Bedeutung *figürliche, bildliche, nicht wörtliche B.;* ein Wort in ~er Bedeutung, in ~em Sinne gebrauchen □ ***sentido figurado*** **4** eine **Sache** ~ *in einem anderen Gebiet, an anderer Stelle anwenden;* eine Technik der Malerei auf die Fotografie ~ □ **aplicar 5** ⟨530⟩ *jmdm. etwas* ~ ⟨Rechtsw.⟩ *übereignen* □ **transferir; ceder 6** ⟨530/Vr 5 od. Vr 6⟩ *jmdm. etwas* ~ *übergeben, auftragen, jmdm. den Auftrag geben, etwas zu tun;* jmdm. ein Amt ~ □ ***confiar alguma coisa a alguém; encarregar alguém de alguma coisa*** **7** ein Kind ~ *über die normale Schwangerschaftszeit hinaus (im Körper) tragen* □ ***ter uma gestação prolongada***

Über|tra|gung ⟨f.; -, -en⟩ *das Übertragen* □ **transmissão; transferência; transcrição; tradução; aplicação;** eines Konzertes □ **transmissão**

über|tref|fen ⟨V. 266/500/Vr 7 od. Vr 8⟩ **1** *jmdn. od. etwas* ~ *besser sein als jmd. od. etwas, mehr leisten als jmd. od. etwas;* jmdn. an Körperkraft, an Energie, an Fleiß ~ 1.1 *du hast dich dabei selbst übertroffen du hast dabei mehr geleistet als je zuvor* □ **superar 2** *jmdn. od. etwas* ~ *überbieten;* hinsichtlich seiner Ausdauer ist er nicht zu ~ □ ***quanto à resistência, ele é imbatível/insuperável;*** darin ist er nicht zu ~ □ ***nesse aspecto ele é imbatível/insuperável;*** diese Maschine übertrifft die andere an Genauigkeit 2.1 *etwas übertrifft* etwas *geht über das Übliche (von etwas) hinaus;* das Ergebnis übertrifft alle meine Erwartungen □ **superar**

über|trei|ben ⟨V. 267⟩ **1** ⟨402⟩ (etwas) ~ *zu oft od. zu nachdrücklich tun;* du darfst das Schwimmen, Reiten usw. nicht ~ **2** ⟨402⟩ (etwas) ~ *besser od. schlechter darstellen, als es ist;* ich übertreibe nicht, wenn ich behaupte ...; du übertreibst seine Schwächen, Vorzüge; das ist (stark) übertrieben □ **exagerar 3** ⟨400; Bgb.⟩ *bei der Schachtförderung mit dem Förderkorb über die Hängebank hinaus in den Förderturm hineinfahren* □ **conduzir a gaiola para dentro da torre de extração**

Über|trei|bung ⟨f.; -, -en⟩ **1** ⟨unz.⟩ *das Übertreiben* **2** *übertriebene, nicht wahrheitsgemäße Darstellung* □ **exagero**

über|tre|ten¹ ⟨V. 268(s.)⟩ **1** ⟨400⟩ *etwas tritt über tritt über die Ufer* □ transbordar **2** ⟨400; Sp.⟩ *über die vorgeschriebene (Absprung-, Abwurf-) Stelle hinaustreten;* beim Wettspringen, Kugelstoßen ~ □ ultrapassar a linha **3** ⟨800⟩ *zu einer Sache ~ übergehen, sich einer anderen S. anschließen;* zum Katholizismus ~ □ *converter-se a alguma coisa

über|tre|ten² ⟨V. 268/500⟩ *eine Vorschrift ~ verletzen, nicht einhalten;* ein Gesetz, Gebot ~ □ transgredir; violar; infringir

über|trie|ben **1** ⟨Part. Perf. von⟩ *übertreiben* **2** ⟨Adj.⟩ *zu (groß), zu (hoch), übermäßig;* ~e Sparsamkeit, Strenge; *aus* ~em *Eifer etwas falsch machen* □ exagerado; excessivo; ~ genau; er ist ~ misstrauisch, vorsichtig □ exageradamente; excessivamente

über|trump|fen ⟨V. 500⟩ **1** *eine Spielkarte ~ mit einem höheren Trumpf nehmen* □ jogar trunfo mais alto **2** *jmdn. ~* ⟨fig.⟩ *jmdn. den Rang ablaufen, den Sieg über jmdn. davontragen, jmdn. überbieten* □ sobrepujar; deixar para trás

über|vor|tei|len ⟨V. 500/Vr 7 od. Vr 8⟩ *jmdn. ~ sich auf jmds. Kosten bereichern, einen Vorteil verschaffen, jmdn. benachteiligen, betrügen* □ enganar; trapacear; lesar

über|wa|chen ⟨V. 500/Vr 8⟩ *jmdn. od. etwas ~ beaufsichtigen, beobachten;* Sy *kontrollieren(1);* eine Arbeit, ein Projekt ~; *jmdn. durch Detektive, durch den Geheimdienst ~ lassen; jmdn. heimlich ~* □ controlar; vigiar

über|wäl|ti|gen ⟨V. 500⟩ **1** *jmdn. ~ besiegen, bezwingen, wehrlos machen;* den Feind, Gegner, einen Einbrecher ~ □ vencer; dominar **2** *etwas überwältigt jmdn. erfasst jmdn. mit unwiderstehlicher Kraft, beeindruckt jmdn. tief, macht ihn sprachlos;* ich bin von seiner Güte völlig überwältigt, von Rührung überwältigt, schloss er sie in seine Arme; die Schönheit der Landschaft überwältigte mich □ arrebatar; impressionar; von Müdigkeit überwältigt schlief er ein □ vencer; dominar **3** ⟨Part. Präs.⟩ ~d *außerordentlich (schön, groß, stark), herrlich, großartig;* es war ein ~der Anblick, ein ~des Erlebnis □ grandioso; impressionante; ein ~der Erfolg □ avassalador; er wurde mit ~der Mehrheit gewählt □ esmagador **3.1** deine Leistungen, Zensuren sind ja nicht gerade, nicht sehr ~d ⟨umg.⟩ *nicht bes. gut* □ *seus resultados/suas notas não são nenhuma maravilha

über|wei|sen ⟨V. 282/500⟩ **1** ⟨530/Vr 5⟩ *jmdm. Geld ~ auf jmds. Konto übertragen* □ transferir **2** ⟨511⟩ *einen Kranken an einen, zu einem anderen Arzt, an einen, zu einem Facharzt ~ einen K. mit einer schriftlichen Bescheinigung einem anderen A., einem F. zur weiteren Behandlung übergeben;* ich bin von Dr. X zu Ihnen überwiesen worden □ mandar; encaminhar

Über|wei|sung ⟨f.; -, -en⟩ **1** *das Überweisen, das Überwiesenwerden* □ transferência; encaminhamento **2** ⟨Bankw.⟩ *Auftrag für die Übertragung eines Geldbetrages;* ~en ausführen, tätigen; eine Rechnung per ~ bezahlen □ transferência 2.1 *Formular für die Überweisung eines Geldbetrages durch ein Geldinstitut;* eine ~ ausfüllen □ formulário para transferência de dinheiro **3** ⟨Med.⟩ *(von einem Arzt ausgefülltes) Formular für die weitere Behandlung eines Patienten durch einen Facharzt;* eine ~ für den Augenarzt bekommen □ formulário para encaminhamento de paciente

über|wer|fen¹ ⟨V. 286/530/Vr 5⟩ *jmdm. etwas ~ schnell anziehen, umhängen;* einen Mantel, Schal ~ □ cobrir (os ombros/as costas); jogar por cima (dos ombros/das costas)

über|wer|fen² ⟨V. 286/517/Vr 3⟩ *sich mit jmdm. ~ sich mit jmdm. entzweien;* wir haben uns überworfen; ich habe mich mit ihm überworfen □ *brigar/romper com alguém

über|wie|gen¹ ⟨V. 287/400⟩ *zu viel Gewicht haben;* der Brief wiegt über □ pesar muito; ter excesso de peso

über|wie|gen² ⟨V. 287/402⟩ **1** *eine Sache überwiegt (eine andere) ist stärker, wertvoller (als eine andere);* die Neugier überwog meine Bedenken; der Vorteil der Sache überwiegt ihre Nachteile □ preponderar; superar 1.1 ⟨Part. Präs.⟩ ~d *in erster Linie, in der Mehrzahl, in größerem Maße* □ preponderante; predominante; in diesem Stadtteil wohnen ~d Schwarze; das Wetter war ~d heiter, warm, trocken; diese Arbeit wird ~d von Frauen verrichtet □ predominantemente

über|win|den ⟨V. 288/500⟩ **1** *eine Sache ~ bewältigen, meistern, mit einer S. fertigwerden, über eine S. hinwegkommen;* eine Schwierigkeit, ein Hindernis ~; seine Abneigung (gegen etwas od. jmdn.) ~; er überwand seine Bedenken; seine Faulheit, Trägheit ~; seine Furcht, Schüchternheit ~; eine Krise ~; seinen Schmerz, Zorn ~ □ superar; vencer; dominar **2** ⟨Vr 3⟩ *sich ~ (etwas zu tun) etwas tun, obwohl es einem schwerfällt;* man muss sich immer einmal ~ können; ich kann mich nicht ~, das zu tun; ich muss mich immer erst ~, ehe ich das tue □ controlar-se; fazer um esforço **3** *jmdn. ~* ⟨veraltet⟩ *besiegen* □ vencer; sich für überwunden erklären □ *dar-se por vencido

Über|win|dung ⟨f.; -; unz.⟩ **1** *das Überwinden* □ superação **2** *Kraft zum Sichüberwinden* □ esforço; força de vontade; es hat mich viel, einige ~ gekostet, das zu sagen, zu tun □ sacrifício

über|win|tern ⟨V. 400⟩ **1** *eine Pflanze überwintert überdauert den Winter* □ sobreviver ao inverno **2** ⟨411⟩ *an einem Ort ~ den Winter an einem O. verbringen;* Caesars Truppen überwinterten in Südfrankreich; der Igel hat unter dem Komposthaufen überwintert □ invernar; hibernar; passar o inverno

Über|wurf ⟨m.; -(e)s, -würfe⟩ **1** *loses Überkleid, loser Mantel, Umhang* □ capa; manta; xale **2** *Schließband am Vorhängeschloss* □ fecho **3** ⟨Ringen⟩ *Griff, bei dem man den Gegner fasst u. über den Kopf hinter sich wirft* □ carga de costas

Über|zahl ⟨f.; -; unz.⟩ *in der ~ in größerer Zahl, in einer die Mehrheit, Überlegenheit sichernden Zahl;* die Männer waren an diesem Tag in der ~; der Feind erschien in großer ~ □ maioria

über|zeu|gen ⟨V. 500⟩ **1** jmdn. ~ *(mit Hilfe von Beweisen, Argumenten) bewirken, dass jmd. an die Richtigkeit einer Meinung, Ansicht glaubt;* deine Einwände haben mich (nicht) überzeugt; ich habe ihn nicht ~ können; ich habe ihn von der Richtigkeit meiner Auffassung überzeugt **2** ⟨Vr 3⟩ **sich** ~ *sich vergewissern, durch Nachsehen, Nachprüfen erkennen, dass sich etwas in einer bestimmten Weise verhält;* ich habe mich selbst (davon) überzeugt, dass alles in Ordnung ist; Sie können sich selbst (davon) ~, dass …; sich von etwas ~ □ **convencer(-se) 3** ⟨Part. Perf.⟩ **(von etwas od. jmdm.) überzeugt sein** *an etwas od. jmdn. fest glauben, sicher sein, dass …* □ **convencido**; seien Sie überzeugt, dass wir alles tun werden, was möglich ist □ *****pode ter certeza de que faremos todo o possível**; ich bin überzeugt, dass du Recht hast, aber …; ich bin von seinen Fähigkeiten nicht (sehr) überzeugt; davon bin ich nicht (ganz) überzeugt □ **convencido 3.1** er ist überzeugter Marxist *er ist M. aufgrund seiner Überzeugung, glaubt an den Marxismus* □ **convicto 3.2** von sich (Dat.) überzeugt sein *selbstbewusst, eingebildet sein* □ *****ser convencido/cheio de si 4** ⟨Part. Präs.⟩ ~d *glaubhaft, einleuchtend;* ein ~des Argument, ein ~der Beweis; eine ~de Aussage machen □ **convincente**

Über|zeu|gung ⟨f.; -, -en⟩ **1** *das Überzeugen* □ **convencimento 2** *das Überzeugtsein, fester Glaube, feste Meinung;* ich habe die ~ gewonnen, dass …; politische, religiöse ~ **2.1** etwas aus ~ tun *etwas deshalb tun, weil man es für richtig, wahr, gut hält* **2.2** gegen seine ~ handeln *etwas tun, was man für falsch hält* □ **convicção**

über|zie|hen[1] ⟨V. 293⟩ **1** ein Kleidungsstück ~ *anziehen;* zieh doch den Mantel, das Kleid einmal über, damit du siehst, ob er, es passt □ **vestir 2** ⟨530⟩ jmdm. od. einem **Tier** eins, ein paar ~ *einen Schlag, ein paar Schläge geben;* jmdm. od. einem Tier eins mit dem Stock, mit der Peitsche ~ □ **bater em**

über|zie|hen[2] ⟨V. 293/500⟩ **1** ⟨516⟩ etwas mit etwas ~ *mit einem Überzug versehen* □ **cobrir; revestir;** ein Bett (frisch) ~ □ *****fazer a cama; trocar a roupa de cama**; die Sessel müssen neu überzogen werden; einen Kasten mit Stoff, Papier ~ □ **forrar; revestir 1.1** ein Land mit Krieg ~ *durch K. verwüsten, zum Kriegsschauplatz machen* □ *****levar a guerra a um país 2** ⟨516/Vr 3⟩ etwas überzieht sich mit etwas *bedeckt sich mit etwas;* der Himmel hat sich mit Wolken überzogen; ein Gegenstand ist mit Rost, Schimmel, Grünspan überzogen □ **cobrir-se 3** ⟨500⟩ ein Flugzeug ~ *den Ausfallwinkel eines F. so weit vergrößern, dass die Strömung an den Flügeln abreißt u. das F. durchsackt* □ **estolar 4** ⟨500⟩ ein Konto ~ *mehr abheben, als auf dem K. steht* □ *****sacar a descoberto 5** die (zur Verfügung stehende) Zeit ~ *überschreiten* □ **exceder; ultrapassar**

Über|zug ⟨m.; -(e)s, -zü|ge⟩ **1** *dünne Schicht;* Schokoladen~ □ **cobertura; camada 2** *Bezug, auswechselbare Hülle* □ **forro; revestimento; capa;** Kopfkissen~ □ *****fronha**

üb|lich ⟨Adj. 70⟩ *gebräuchlich, gewohnt, hergebracht, herkömmlich;* er kam mit der ~en Verspätung; um die ~e Zeit; es ist bei uns ~, dass …; das ist hier nicht ~, so ~; vom Üblichen abweichen; wie ~ □ **habitual; costumeiro; comum**

üb|rig ⟨Adj. 24/70⟩ **1** *(als Rest) übrig geblieben, restlich, überschüssig* □ **restante;** für dich ist noch eine Portion Essen ~ □ *****ainda sobrou uma porção de comida para você;** noch etwas Suppe ~ haben □ *****ainda ter um pouco de sopa,** ⟨aber⟩ → a. *übrighaben;* die ~en Mitglieder sprachen sich gegen den Vorschlag aus □ **outros;** das Übrige; alles Übrige regelt der Rechtsanwalt □ **restante 1.1** ein Übriges tun *etwas Zusätzliches tun* □ *****fazer mais uma coisa 1.2** etwas ~ **behalten** *nicht mit weggeben, nicht mit verteilen, weil es zu viel ist* □ *****ficar com alguma coisa; guardar alguma coisa 1.3** ~ **bleiben** *als Rest zurückbleiben, nicht verbraucht werden;* von dem Geld ist nichts, sind 5 Euro ~ geblieben □ *****restar; sobrar;** ⟨aber Getrennt- u. Zusammenschreibung⟩ ~ bleiben ⟨fig.⟩ = *übrigbleiben* **1.4** etwas ~ **lassen** *nicht alles verbrauchen;* ein Stück Kuchen ~ lassen □ *****deixar;** ⟨aber Getrennt- u. Zusammenschreibung⟩ ~ lassen ⟨fig.⟩ = *übriglassen* **2** im Übrigen *außerdem, darüber hinaus;* im Übrigen wollte ich dir sagen… □ *****além disso**

üb|rig||blei|ben *auch:* **üb|rig blei|ben** ⟨V. 114(s.)/600(s.)⟩ **1** jmdm. bleibt **nichts anderes** übrig *jmd. hat keine andere Möglichkeit, keine andere Wahl* □ *****não ter outra possibilidade/escolha 1.1** was bleibt mir denn anderes, weiter übrig, als …? *was soll ich denn anderes tun, als …?* □ *****o que me resta fazer a não ser…?;** es blieb mir nichts anderes übrig, als wieder nach Hause zu gehen □ *****não me restava outra coisa a fazer a não ser voltar para casa;** → a. *übrig (1.3)*

üb|ri|gens ⟨Adv.⟩ *was ich noch sagen wollte, nebenbei bemerkt;* ~, weißt du schon, dass …; ich bin ~ gestern bei ihm gewesen □ **de resto; aliás**

üb|rig||ha|ben ⟨V. 159/550⟩ **1** für etwas od. jmdn. etwas ~ *Sympathie, Zuneigung für etwas od. jmdn. haben* **1.1** ich habe etwas für ihn übrig *ich kann ihn gut leiden, habe ihn gern* **1.2** ich habe für moderne Literatur etwas übrig *ich interessiere mich dafür, sie gefällt mir* □ *****gostar de alguém ou de alguma coisa; simpatizar com alguém ou alguma coisa **1.3** dafür habe ich nichts übrig *das mag ich nicht, das gefällt mir nicht, dafür interessiere ich mich nicht* □ *****não gosto disso;** → a. *übrig (1)*

üb|rig||las|sen *auch:* **üb|rig las|sen** ⟨V. 175/500; fig.⟩ zu wünschen ~ *nicht den Erwartungen entsprechen;* seine Arbeit lässt nichts zu wünschen übrig *ist tadellos* □ *****deixar a desejar;** → a. *übrig (1.4)*

Übung ⟨f.; -, -en⟩ **1** ⟨unz.⟩ *das Üben, regelmäßige Wiederholung von etwas zum Zweck des Lernens u. zum Steigern der Leistung;* geistige, sprachliche ~; nach einiger ~ gelang es ihm □ **exercício; treino;** ~ macht den Meister ⟨Sprichw.⟩ □ *****a prática faz o mestre 2** *Bewegung, Folge von Bewegungen od. Handlung, die man zum Erwerben von Geschicklichkeit in einer bestimmten Sache wiederholt;* Turn~, Finger~; Geh~,

Ufer

Schieß~; körperliche, militärische, sportliche ~en; ~en machen □ **exercício; treino 3** ⟨unz.⟩ *erworbene Geschicklichkeit, Gewandtheit, Vertrautheit mit etwas, Erfahrung;* (keine) ~ haben (in etwas); es fehlt ihm an der nötigen ~ □ **prática**; aus der ~ sein □ ***estar destreinado**; in der ~ bleiben □ ***continuar praticando 3.1** aus der ~ kommen die Gewandtheit, Geschicklichkeit verlieren* □ ***perder a prática 4** Übungsstück, Lektion;* eine mathematische ~ **5** *militärisches Training, Manöver;* eine ~ kurzfristig ansetzen **6** *turnerische Leistung, Turnfigur;* eine ~ vorführen, nachmachen; eine ~ am Barren, Pferd, Reck; eine leichte, schwere, schwierige ~ □ **exercício 7** *Unterrichtsstunde an der Hochschule, Seminar;* eine ~ ansetzen, abhalten □ **seminário 8** *das ist nicht der Zweck der ~* ⟨fig.; umg.⟩ *das ist nicht der Zweck, der Sinn der Sache* □ ***não é essa a intenção; não é esse o objetivo**

Ufer ⟨n.; -s, -⟩ **1** *Rand eines Gewässers, Gestade;* Fluss~, See~; am anderen ~; das rechte, linke ~ eines Flusses; ans andere ~ fahren, schwimmen; der Fluss trat über seine ~ □ **margem 2** *Meeresküste, Meeresstrand;* Meeres~; das Schiff legt am ~ an □ **costa; beira-mar**
ufer|los ⟨Adj. 24/70; fig.⟩ **1** *maßlos, ohne Ende, endlos, grenzenlos* □ **ilimitado; infinito 1.1** *das geht ins Uferlose* ⟨umg.⟩ *das führt zu weit, führt zu keinem Ergebnis* □ ***isso não tem fim; isso não leva a lugar nenhum**
UFO, Ufo ⟨n.; -s, -s; Kurzw. für⟩ *unbekanntes Flugobjekt (aus dem All)* □ **óvni**
U-för|mig auch: **u-för|mig** ⟨Adj. 24⟩ *wie ein U geformt* □ **em forma de U**
Uhr ⟨f.; -, -en⟩ **1** *Gerät zum Messen von Zeit- u. Bewegungsabläufen;* Armband~, Küchen~, Taschen~; die ~ aufziehen, stellen; die ~ geht (nicht); die ~ schlägt, tickt; die ~ schlägt fünf; auf, nach meiner ~ ist es halb fünf; die ~ geht vor, nach □ **relógio 1.1** auf die, nach der ~ sehen *feststellen, wie spät es ist* □ ***olhar (para) o relógio 2** *Zeitangabe (9ᵇ 30);* 9 ~ (und) 30 (Minuten); um 3 ~ früh, nachmittags; um 12 ~ mittags, nachts □ **hora 2.1** wie viel ~ ist es?, was ist die ~? *wie spät, welche Zeit ist es?* □ ***que horas são? 2.2** seine ~ ist abgelaufen ⟨fig.⟩ *sein Leben geht zu Ende, er muss sterben* □ ***está chegando a sua hora; seu fim está próximo 3** *Wasser-, Gaszähler;* Gas-, Wasser~; die ~ einstellen □ **registro; relógio; contador**
Uhr|ma|cher ⟨m.; -s, -⟩ *Handwerker, der Uhren repariert* □ **relojoeiro**
Uhr|werk ⟨n.; -(e)s, -e⟩ *Vorrichtung zum Antrieb der Zeiger einer Uhr* □ **mecanismo do relógio**
Uhu ⟨m.; -s, -s; Zool.⟩ *größte europäische Eule mit auffälligen Federohren, die in waldigen Vorgebirgen lebt und nistet: Bubo bubo* □ **corujão; bufo**
Ukas ⟨m.; -ses, -se⟩ **1** (früher) *Erlass des Zaren* □ **ucasse 2** ⟨scherzh.⟩ *Verordnung, Anordnung, Befehl;* ein ~ des Ministers □ **ordem; decreto**
Uku|le|le ⟨f.; -, -n⟩ *kleine Gitarre portugiesischen Ursprungs mit vier Saiten* □ **uquelele**
Ulan ⟨m.; -en, -en⟩ **1** ⟨16. Jh.⟩ *leichter polnischer Lanzenreiter* **2** ⟨in Preußen u. Dtschld. bis zum 1. Weltkrieg⟩ *Angehöriger der schweren Kavallerie* □ **ulano**
Ulk ⟨m.; -(e)s, -e⟩ *Spaß, lustiger Unfug;* ~ machen; etwas (nur) aus ~ sagen, tun □ **gracejo; brincadeira**
ul|ken ⟨V. 400; umg.⟩ *Ulk, Spaß machen, scherzen;* wir haben ja nur geulkt □ **brincar; gracejar**
ul|kig ⟨Adj.⟩ **1** *komisch, spaßig, drollig* □ **engraçado; cômico 2** ⟨umg.⟩ *seltsam* □ **estranho**
Ul|me ⟨f.; -, -n; Bot.⟩ *Baum aus der Gruppe der Edellaubhölzer mit geflügelten, einsamigen Früchten: Ulmus* □ **olmo**
Ul|ti|ma Ra|tio ⟨[-tsjo] f.; - -; unz.⟩ *letztes Mittel, letzter Ausweg* □ **ultima ratio**
Ul|ti|ma|tum ⟨n.; -s, -s od. -ma|ten⟩ *mit der Androhung von repressiven Maßnahmen verbundene, befristete Forderung* □ **ultimato**

♦ Die Buchstabenfolge **ul|tra...** kann in Fremdwörtern auch **ult|ra...** getrennt werden.
♦ **ul|tra..., Ul|tra...** ⟨in Zus.⟩ **1** *jenseits (von), über ... hinaus;* ultraviolett; Ultrakurzwelle **2** ⟨umg.⟩ *besonders, sehr, äußerst;* ultramodern, ultrakonservativ

♦ **Ul|tra|schall** ⟨m.; -(e)s; unz.⟩ *Schwingungen des Schalls, die oberhalb der Grenze der Hörbarkeit liegen* □ **ultrassom**
♦ **ul|tra|vi|o|lett** ⟨[-vi-] Adj.; Abk.: UV⟩ *im Spektrum jenseits des sichtbaren Violetts liegend;* ~e Strahlen = UV-Strahlen □ **ultravioleta**
um¹ ⟨Präp. m. Akk.⟩ **1** ~ jmdn. od. etwas (herum) *im Kreise, etwas od. jmdn. umgebend;* er ging ~ die Wiese, den Teich (herum); sie saßen, standen (im Kreis, Halbkreis) ~ ihn (herum); viele Menschen, Freunde ~ sich haben; ~ die Ecke biegen, schauen; sich ein Tuch ~ den Kopf binden; die Falter fliegen ~s Licht, ~ die Lampe; ~ den Tisch sitzen; ängstlich, vorsichtig ~ sich schauen □ **em volta de; ao redor de**; mir ist leicht, schwer, froh, warm ~s Herz ⟨fig.⟩ □ ***estou aliviado/triste/alegre/satisfeito 1.1** etwas ~ und ~ wenden *mehrmals herumdrehen* □ **de todos os lados; várias vezes 2** ~ einen **Preis**, **Gegenwert** *(im Austausch) für;* es ist ~ 100 Euro zu haben; Auge ~ Auge, Zahn ~ Zahn (2. Buch Mose, 21, 24) □ **por 2.1** ~ **nichts** in der **Welt**, nicht ~ die **Welt** ⟨fig.⟩ *keinesfalls* □ ***por nada neste mundo 2.2** ~ die **Wette** *im Wettbewerb* □ **em competição; à porfia 3** ~ einen **Wert** größer (kleiner) *so viel;* dies ist ~ die Hälfte teurer als jenes □ ***este é 50% mais caro do que aquele**; er ist ~ ein Jahr älter als sie □ ***ele é um ano mais velho do que ela**; dies ist ~ 2 cm größer, länger als jenes □ ***este é 2 cm maior/mais comprido do que aquele 3.1** ~ ein **Haar** ⟨fig.⟩ *fast, beinahe* □ ***por um fio/triz 4** (bei Zeit- od. Preisangaben) ~ (herum) *etwa, ungefähr, gegen, annähernd;* es kostet ~ 50 Euro (herum); ~ Mittag, ~ Mitternacht; ~ die 6. Stunde; ~ Weihnachten, ~ Ostern (herum) □ **cerca de; perto de; por volta de 4.1** ~ ... **Uhr** *genau, pünktlich;* ~ 12 Uhr; ~ 12 Uhr 25 □ **às 5 einer** ~ den **anderen 5.1** *jeweils einen (in der Reihe) überspringen*

umdrehen

gend, jeder Zweite ☐ *****um sim, outro não** 5.2 ⟨umg.⟩ *eine(r, -s, eins) nach dem anderen;* Jahr ~ Jahr verging; er wartete Stunde ~ Stunde ☐ **após 6** *wegen;* schade ~ das Geld! ☐ *****pena pelo dinheiro!;** ich habe ihn ~ Bücher gebeten ☐ *****pedi livros a ele;** es ist schade ~ ihn! ☐ *****pena por ele!;** ~ Geld spielen ☐ *****jogar a dinheiro;** ~ Hilfe rufen ☐ *****gritar por socorro;** sich ~ etwas od. jmdn. bemühen ☐ *****esforçar-se por alguma coisa ou alguém;** jmdn. ~ etwas beneiden ☐ *****invejar alguma coisa de alguém;** sich ~ etwas streiten ☐ *****brigar por alguma coisa 7** ⟨m. „zu" u. Inf.⟩ sie ging in die Stadt, ~ etwas einzukaufen *mit der Absicht* ☐ **para; a fim de 8** ⟨in sonstigen Wendungen⟩ **8.1** es geht ~ *alles es steht alles auf dem Spiel* ☐ *****tudo está em jogo 8.2** es **handelt** sich ~ *Folgendes das Folgende ist od. soll geschehen, davon ist die Rede* ☐ *****trata-se do seguinte 8.3** ~ etwas **kommen** *etwas verlieren;* ich bin dabei ~ mein ganzes Geld gekommen ☐ *****perder alguma coisa 8.4** wie **steht** es ~ jmdn. od. etwas? *mit, betreffend* ☐ *****como está (alguém ou alguma coisa)?;** es steht schlecht ~ ihn ☐ *****ele não está bem 8.5** ~ etwas **wissen** *etwas wissen, über etwas Bescheid wissen* ☐ *****estar informado sobre alguma coisa;** estar ciente de alguma coisa **9** ⟨Präp. mit Gen.⟩ ~ ... willen *wegen;* ~ seiner Eltern willen; ~ des lieben Friedens willen ☐ **por; por causa de; por amor de;** ~ Gottes willen! ⟨Ausruf des Schreckens⟩ ☐ *****pelo amor de Deus! 9.1** ~ meinetwillen (deinetwillen) *meinetwegen, mir zuliebe* ☐ **por mim; quanto a mim**

um² ⟨Adv. in der Wendung⟩ ~ **sein** *abgelaufen, vorbei sein;* die Ferien sind um; wenn das Jahr um ist ☐ *****terminar; acabar**

um..., Um... ⟨in Zus.⟩ **1** *rundherum, im Kreise um einen Mittelpunkt, von allen Seiten;* umbinden, umgehen; Umhang **2** *nach einer Seite hin, durcheinander;* umstürzen, umwerfen, umwenden **3** *verändert;* umarbeiten, umstellen; Umbruch, Umbau

um|ạr|men ⟨V. 500⟩ **1** jmdn. ~ *die Arme um jmdn. legen* ☐ **abraçar 2** ~*der Reim R., bei dem ein Paar Reime ein anderes einschließt, indem sich z. B. die 1. u. 4. sowie die 2. u. 3. Zeile reimen* ☐ *****rima abraçada**

Ụm|bau ⟨m.; -(e)s, -ten od. -e⟩ **1** ⟨unz.⟩ *das Umbauen¹* ☐ **reforma; remodelação; reestruturação;** ~ *auf der Bühne* ☐ *****troca de cenário 2** *hölzerne Wand hinter Bett od. Couch, meist mit Bord zum Aufstellen von Gegenständen* ☐ **revestimento de madeira**

ụm||bau|en¹ ⟨V. 500⟩ *etwas* ~ **1** *durch Bauen verändern;* ein Haus ~ ☐ **reformar; remodelar; reestruturar 1.1** *durch Verrücken, Verstellen der Einzelteile verändern;* das Bühnenbild ~ ☐ **trocar; mudar**

um|bau|en² ⟨V. 500⟩ **1** etwas ~ *durch Bauen, durch Gebäude umgeben, einschließen;* der See, der freie Platz ist heute völlig umbaut ☐ **cingir/cercar com construções 1.1** umbauter **Raum** *Raummaß, das nach bes. Richtlinien aus den äußeren Begrenzungen eines Gebäudes ermittelt wird u. a. zur überschläglichen Baukostenberechnung dient* ☐ **cubatura**

ụm||bet|ten ⟨V. 500⟩ **1** ⟨Vr 7⟩ jmdn. ~ *in ein anderes Bett legen;* einen Kranken ~ ☐ **mudar de cama 2** eine Leiche ~ *in ein anderes Grab legen* ☐ **trasladar**

ụm||bie|gen ⟨V. 109⟩ **1** ⟨500⟩ etwas ~ *nach einer Seite biegen, dehnen;* einen Draht ~ ☐ **torcer; dobrar; curvar 1.1** ⟨Vr 3⟩ sich ~ *sich nach einer Seite biegen (lassen);* der Baum, der Draht biegt sich um ☐ *****dobrar-se;** arquear-se **2** ⟨400(s.)⟩ *eine Biegung machen, die Richtung ändern;* die Straße biegt hier um ☐ **virar**

ụm||bin|den¹ ⟨V. 111/500⟩ **1** ⟨503/Vr 5⟩ (jmdm.) etwas ~ *durch Binden (an jmdm. od. sich) befestigen;* sich eine Schürze ~ ☐ **colocar; amarrar 2** ein Buch ~ *neu binden, mit einem neuen Einband versehen* ☐ **reencadernar**

um|bin|den² ⟨V. 111/500⟩ etwas ~ *mit einem Band, einer Schnur, einer Binde o. Ä. umwickeln;* einen verletzten Arm ~ ☐ **enfaixar; envolver**

ụm||blät|tern ⟨V.⟩ **1** ⟨402⟩ (eine Seite) ~ *(eine Seite) umwenden;* während des Lesens ☐ *****virar (uma página) 2** ⟨600⟩ jmdm. ~ *jmdm. die Seiten umwenden;* er hat ihr die Noten beim Klavierspielen umgeblättert ☐ *****virar as páginas para alguém**

ụm||bre|chen¹ ⟨V. 116⟩ **1** ⟨500⟩ etwas ~ *nach einer Seite brechen;* einen Stock, Zaun ~ ☐ **romper; quebrar 1.1** Erde ~ *umgraben* ☐ **revolver; arar 1.2** Papier ~ *umbiegen* ☐ **dobrar 2** ⟨400(s.)⟩ etwas bricht um *bekommt einen Bruch;* ein Strohhalm, Pappe bricht um ☐ **romper-se; quebrar-se 2.1** *bricht u. stürzt um;* ein Baum, Zaun ist umgebrochen ☐ **cair; tombar**

um|bre|chen² ⟨V. 116/500⟩ Schriftsatz ~ *zu Seiten, im richtigen Seitenformat zusammenstellen;* der Satz ist (schon, noch nicht) umbrochen ☐ **paginar**

ụm||brin|gen ⟨V. 118/500⟩ **1** jmdn. ~ *töten, ermorden* ☐ **matar; assassinar 1.1** ⟨Vr 3⟩ sich ~ *Selbstmord begehen* ☐ **suicidar-se 2** ⟨514/Vr 3⟩ sich vor (lauter) Diensteifer, Hilfsbereitschaft ~ ⟨fig.; umg.⟩ *allzu diensteifrig, hilfsbereit sein* ☐ *****matar-se/fazer tudo (por alguém/alguma coisa)**

Ụm|bruch ⟨m.; -(e)s, -brü|che⟩ **1** *grundlegende Änderung, Umwandlung (bes. politisch)* ☐ **revolução; mudança radical 2** ⟨Typ.⟩ *das Umbrechen²;* den ~ vornehmen ☐ **paginação 2.1** umbrochener Satz ☐ **composição 3** ⟨Bgb.⟩ *eine um den Schacht herumführende Strecke für den Umlauf der Förderwagen von der einen Schachtseite zur anderen* ☐ **galeria**

ụm||dre|hen ⟨V.⟩ **1** ⟨500⟩ etwas ~ *drehend nach der anderen Seite, auf die andere Seite bewegen;* den Schlüssel (im Schloss) ~ ☐ **girar 1.1** ⟨530⟩ einem **Vogel,** jmdm. den Hals ~ *einen V., jmdn. töten* ☐ **torcer 2** ⟨400⟩ (mit einem **Fahrzeug**) ~ *umkehren, (um)wenden, kehrtmachen;* der Fahrer musste ~, da der Weg aufhörte ☐ **voltar 3** ⟨500/Vr 3⟩ sich ~ *eine halbe Wendung (um 180°) machen;* dreh dich bitte mal um!; er drehte sich wortlos um und ging; er drehte sich auf dem Absatz um und ging hinaus ☐ **dar meia-volta; virar-se 4** ⟨511/Vr 3⟩ sich nach jmdm. od. etwas ~ *den Kopf wenden, um jmdn. od. etwas hinter sich zu sehen* ☐ *****virar-se/voltar-se para alguém ou alguma coisa 5** ⟨500; fig.⟩ **5.1** er dreht

1089

umeinander

jeden Cent (zweimal) um 5.1.1 *er spart sehr* 5.1.2 *er ist geizig* ☐ **ele pensa duas vezes antes de gastar dinheiro* 5.2 ⟨531⟩ *jmdm. das Wort im Munde ~ das, was jmd. sagt, absichtlich falsch deuten* ☐ **(dis)torcer as palavras de alguém* 5.3 *es ist ja gerade umgedreht! gerade das Gegenteil ist richtig!* ☐ **é exatamente o contrário!* 5.4 ⟨Vr 3⟩ *jmds. Magen dreht sich (her)um jmdm. wird übel, jmd. muss sich übergeben* ☐ **estar com o estômago revirado;* → a. *Spieß(2.2)*

um|ein|an|der *auch:* **um|ei|nan|der** ⟨Adv.⟩ *einer um den anderen (herum);* ~ *herumgehen; sie kümmern sich nicht ~; sie sorgen sich ~* ☐ **um ao redor do outro; um em relação ao outro**

um|fal|len ⟨V. 131/400(s.)⟩ **1** *etwas fällt um kippt um, fällt auf die Seite; ein Stuhl, Tisch fällt um; die Vase ist umgefallen* **2** *aus dem Stehen od. Sitzen hinfallen; tot ~ (bes. durch Herzschlag); vor Müdigkeit fast ~; ich bin zum Umfallen müde* ☐ **cair; tombar** **2.1** ⟨umg.⟩ *ohnmächtig werden; ich bin fast umgefallen vor Schreck* ☐ **desmaiar 3** ⟨fig.; umg.⟩ *(sich beeinflussen lassen u.) die Gesinnung plötzlich wechseln* ☐ **virar a casaca**

Um|fang ⟨m.; -(e)s, -fän|ge; Pl. selten⟩ **1** *zum Ausgangspunkt zurücklaufende Begrenzungslinie; Kreis~* **1.1** *Länge dieser Linie; das Grundstück misst 2 km im ~; den ~ (eines Kreises usw.) berechnen; der Baumstamm hat einen ~ von 2 m* ☐ **circunferência; perímetro; extensão 1.1.1** *jmd. hat einen beträchtlichen ~ ist ziemlich dick* ☐ **corpulência 2** ⟨fig.⟩ *Ausdehnung, Ausmaß; das Buch hat einen ~ von 200 Seiten* ☐ **o livro tem 200 páginas;* der ~ *der Verluste lässt sich noch nicht überblicken; die Sache, Arbeit nimmt allmählich größeren ~ an; ich habe die Bedeutung der Sache in ihrem ganzen ~ noch nicht, erst jetzt erkannt* ☐ **extensão; dimensão 3** *eine Sache in größerem ~ betreiben* ☐ **escala 3** *eine* **Stimme** *Fähigkeit, in sehr hoher u. (od.) sehr tiefer Tonlage zu singen* ☐ **extensão**

um|fan|gen ⟨V. 132/500/Vr 8⟩ **1** *jmdn. ~* ⟨geh.⟩ *umfassen, umarmen* ☐ **envolver; abraçar 1.1** *er umfing sie mit seinen Blicken er ließ seine B. liebevoll auf ihr ruhen* ☐ **ele a envolveu com o olhar*

um|fang|reich ⟨Adj.⟩ *großen Umfang besitzend, ausgedehnt, groß* ☐ **vasto; extenso**

um|fas|sen[1] ⟨V. 500⟩ *einen* **Edelstein** ~ *anders fassen als vorher, mit einer anderen Fassung versehen; es lohnt sich, diesen Edelstein umzufassen* ☐ **refazer o engaste de uma pedra preciosa*

um|fas|sen[2] ⟨V. 500⟩ **1** ⟨Vr 8⟩ *jmdn. od. etwas ~ mit den Armen, Händen fest umschließen* ☐ **apertar; agarrar 1.1** *jmdn. ~ umarmen; lass mich dich ~!* ☐ **abraçar 1.2** *jmds. Körperteil(e) ~ den Arm, die Arme darum legen; jmds. Hände, Knie, Schultern ~* ☐ **envolver; cingir 1.3** *etwas ~ mit der Faust festhalten; er umfasste das Messer fester* ☐ **empunhar 2** *eine* **Stellung, Truppen ~** ⟨Mil.⟩ *einschließen, umzingeln; den Feind von zwei, von allen Seiten ~* ☐ **cercar 3** *etwas* **umfasst** *etwas schließt etwas in sich, enthält etwas; das* **Buch umfasst** *200 Seiten; das Buch* **umfasst** *die deutsche Literatur vom Mittelalter bis zur Gegenwart* ☐ **conter; abranger 4** ⟨Part. Präs.⟩ *~d vollständig, alles einschließend; ~de Kenntnisse auf einem Gebiet besitzen; ein ~des Geständnis ablegen* **4.1** *eine ~de Bildung besitzen vielseitige B.* ☐ **extenso; abrangente**

Um|fra|ge ⟨f.; -, -n⟩ *Frage, die an viele Personen gerichtet wird; eine repräsentative ~; statistische Werte durch ~n ermitteln* ☐ **enquete; sondagem; pesquisa de opinião**

um|frie|den ⟨V. 500⟩ *etwas ~ einfassen, umzäunen, mit Gitter, Mauer, Zaun od. Hecke umgeben* ☐ **cercar**

Um|gang ⟨m.; -(e)s,-gän|ge⟩ **1** ⟨unz.⟩ *Verkehr, Geselligkeit, Zusammensein; freundschaftlicher, vertraulicher ~; schlechten ~ haben; er, sie ist kein ~ für dich* ☐ **companhia;** *(keinen) ~ mit jmdm. haben, pflegen* ☐ **intimidade 2** *kirchlicher Umzug, Rundgang, Prozession um den Altar, ein Stück Land o. Ä.; Flur~* ☐ **procissão 3** *überdachter Gang um ein Gebäude; Säulen~* ☐ **deambulatório*

um|gäng|lich ⟨Adj. 70⟩ *verträglich, freundlich, entgegenkommend; er ist ein ~er Mensch* ☐ **sociável; afável**

Um|gangs|spra|che ⟨f.; -; unz.⟩ *Sprache des täglichen Lebens* ☐ **linguagem coloquial**

um|ge|ben ⟨V. 143/500⟩ **1** *jmdn. od. etwas ~ einschließen, in die Mitte nehmen; der Wald umgibt das Grundstück von allen Seiten; von Freunden, Feinden ~ sein; der Redner war von zahlreichen Zuhörern ~* ☐ **cercar; rodear 2** ⟨516/Vr 8⟩ *jmdm. mit Fürsorge, Liebe ~* ⟨fig.⟩ *jmdm. viel F., L. zukommen lassen* ☐ **cercar alguém de cuidados/amor*

Um|ge|bung ⟨f.; -, -en⟩ **1** *Gebiet, das etwas umgibt, in unmittelbarer Nähe von etwas befindliche Gegend (mit ihrer Atmosphäre); die ~ Berlins; die ~ einer Stadt; die nähere, weitere ~ (einer Stadt); einen Ausflug in die ~ Hamburgs machen; die Stadt hat eine schöne, freundliche, trostlose ~* ☐ **arredores; imediações;** *in dieser ~ könnte ich mich (nicht) wohlfühlen* ☐ **ambiente; meio 2** *Personen, die sich immer in der Nähe von jmdm. aufhalten, mit ihm arbeiten, Gefolge, Begleitung; der Bundespräsident und seine ~* ☐ **comitiva;** *in seiner ~ tuschelt man darüber, dass er ...* ☐ **círculo; meio**

um|ge|hen[1] ⟨V. 145(s.)⟩ **1** ⟨400⟩ *ein* **Gerücht** *geht um ist im Umlauf, verbreitet sich* ☐ **correr; circular 2** ⟨400⟩ **Geister** *gehen um erscheinen, spuken; der alte Graf soll noch im Schloss ~* ☐ **andar; vaguear 3** ⟨417⟩ *mit jmdm. od. einem* **Tier** *in bestimmter Weise ~ jmdn. od. ein T. in bestimmter Weise behandeln; gut, schlecht mit jmdm. ~; grob, liebevoll mit jmdm., einem Tier ~* ☐ **tratar alguém ou um animal de determinada maneira* **3.1** ⟨m. Modalverb⟩ *mit jmdm. ~ können den richtigen Ton mit jmdm. treffen; er kann gut mit Menschen ~* ☐ **conseguir lidar com alguém;* **dar-se (bem/mal) com alguém 4** ⟨417⟩ *mit jmdm. ~* ⟨veraltet⟩ *mit jmdm. Umgang haben, mit jmdm. verkehren* ☐ **andar com alguém; frequentar alguém;* **sage mir, mit wem du umgehst, so sage ich**

dir, wer du bist (Goethe, „Maximen u. Reflexionen") □ *diga-me com quem andas que te direi quem és **5** ⟨410⟩ **mit etwas** in bestimmter Weise ~ *etwas (auf eine bestimmte Weise) behandeln, handhaben, gebrauchen, benutzen, anwenden;* ich kann damit nicht ~; ordentlich mit seinen Sachen ~; sparsam mit seinem Geld, seinem Vorrat ~; vorsichtig, unvorsichtig mit etwas ~ □ *lidar com alguma coisa **6** ⟨416⟩ mit einer **Sache** ~ *etwas im Sinn haben, sich (geistig) mit etwas beschäftigen* □ *pensar em alguma coisa;* ich gehe mit dem Gedanken, Plan um, mir ein Auto zu kaufen □ *ando pensando em comprar um carro

ụm∥ge∥hen² ⟨V. 145/500⟩ **1** etwas (bes. einen Ort) ~ *im (Halb-)Kreis um etwas herumgehen, herumfahren, einen Bogen, Umweg um etwas machen;* einen Sumpf, eine Stadt ~ □ *contornar;* den Feind an zwei Seiten, in der linken, rechten Flanke ~ □ *cercar* **2** eine **Sache** ~ *vermeiden, dass man eine S. beachten, einer S. entsprechen muss* **2.1** er umging die Antwort auf ihre Frage, indem er eine Gegenfrage stellte *er vermied die A.* □ *evitar; esquivar-se de* **2.2** ein Gesetz, eine Vorschrift ~ *nicht einhalten, ohne sich strafbar zu machen* □ *eludir*

ụm∥ge∥hend 1 ⟨Part. Präs. von⟩ *umgehen¹* **2** ⟨Adj. 24/70⟩ *sofortig, unverzüglich, sogleich, sofort;* ~e Erledigung, Antwort □ *imediato;* ~ antworten; eine Sache ~ erledigen, zurückschicken □ *imediatamente*

ụm∥ge∥kehrt 1 ⟨Part. Perf. von⟩ *umkehren* **2** ⟨Adj. 24⟩ *ins Gegenteil verkehrt, andersherum, entgegengesetzt;* es kam ~ □ *invertido; inverso* **2.1** ~ ist es richtig! *das Gegenteil ist richtig!* □ *contrário*

ụm∥grei∥fen¹ ⟨V. 158/400⟩ *den Griff ändern, wechseln (z. B. an einem Turngerät)* □ *mudar/trocar a empunhadura*

ụm∥grei∥fen² ⟨V. 158/500⟩ **1** etwas ~ *umfassen, umschließen;* eine Stange mit den Händen ~ □ *segurar; pegar* **2** etwas umgreift etwas *schließt etwas ein, umschließt etwas;* der See umgriff das Gebäude von allen Seiten □ *circundar; rodear*

Ụm∥hang ⟨m.; -(e)s, -hän∥ge⟩ *mantelartiges Kleidungsstück ohne Ärmel, das man sich nur umhängt;* Sy *Cape* □ *capa; capote*

ụm∥hän∥gen ⟨V. 500⟩ **1** etwas ~ *an einen anderen Platz hängen;* ein Bild ~ □ *pendurar em outro lugar* **2** ⟨530/Vr 5⟩ jmdm. etwas ~ *über die Schultern hängen;* sich einen Mantel, eine Tasche ~ □ *colocar sobre os ombros; pendurar no ombro*

ụm∥her ⟨Adv.⟩ *nach allen Seiten, hierhin u. dahin* □ *ao redor; por toda parte; aqui e acolá*

ụm∥her... ⟨in Zus. mit Verben; umg.⟩ *herum...*

ụm∥her∥ir∥ren ⟨V. 400(s.)⟩ *hierhin u. dahin gehen, ohne zu wissen, wo man ist, den Weg suchend umhergehen;* im Wald, in einem fremden Haus ~ □ *vaguear; errar*

ụm∥her∥zie∥hen ⟨V. 293⟩ **1** ⟨400(s.)⟩ *hierhin u. dorthin ziehen, wandern* □ *errar; levar uma vida itinerante;* ~de Jugendgangs □ *que perambula/circula* **2** ⟨500⟩ etwas ~ *hin u. her ziehen, hierhin u. dahin (mit sich) ziehen;* das Kind zieht einen Wagen, seine Spielsachen im Zimmer umher □ *puxar de um lado para outro*

ụm∥hin∥kom∥men ⟨V. 170⟩ = *umhinkönnen*

ụm∥hin∥kön∥nen ⟨V. 171; nur in der Wendung⟩ nicht ~ *nicht anders können als, etwas (tun) müssen;* Sy *umhinkommen;* ich kann nicht umhin, es ihm mitzuteilen; willst du ihn mitnehmen? Ich werde wohl nicht ~! □ *não poder deixar de*

ụm∥hö∥ren ⟨V. 500/Vr 3⟩ sich ~ *durch Fragen vieler Leute etwas zu erfahren suchen;* ich werde mich einmal ~, ob es so etwas gibt, ob man so etwas bekommen kann; ich habe mich umgehört, aber leider nichts erfahren; ich werde mich nach einer Arbeitsstelle für ihn ~ □ *informar-se*

Ụm∥kehr ⟨f.; -; unz.⟩ **1** *das Umkehren, Wendung zurück* □ *volta; regresso* **2** ⟨fig.⟩ *Beginn einer besseren Lebensweise* □ *mudança de vida*

ụm∥keh∥ren ⟨V.⟩ **1** ⟨400(s.)⟩ *die entgegengesetzte Richtung einschlagen;* der Weg endet hier, so bleibt uns nichts anderes übrig als umzukehren **2** ⟨400(s.)⟩ *wieder zurückgehen, zurückfahren od. -fliegen;* auf halbem Wege ~; als ich das sah, bin ich sofort wieder umgekehrt; es fängt an zu regnen, wir müssen ~ □ *voltar; regressar* **3** ⟨500⟩ etwas ~ *umdrehen, umwenden, auf die entgegengesetzte Seite kehren, in die entgegengesetzte Lage bringen, drehen, wenden;* einen Tisch, Stuhl ~ □ *virar; inverter;* einen Strumpf, die Hosentasche ~ □ *virar; pôr do avesso* **4** ⟨500⟩ die **Reihenfolge** ~ *die entgegengesetzte R. vornehmen;* bei vielen Rennen wird die Reihenfolge im zweiten Durchgang umgekehrt □ *inverter* **5** ⟨400(s.); fig.⟩ *sich von seinem bisherigen Leben abkehren u. ein besseres beginnen;* er bringt es nicht mehr fertig umzukehren □ *mudar de vida* **6** ⟨Part. Perf.⟩ umgekehrt *andersherum, entgegengesetzt;* umgekehrt ist es richtig!; umgekehrt proportional; sein Verdienst steht im umgekehrten Verhältnis zu seinen Ansprüchen □ *contrário; oposto; inverso* **6.1** es ist ja gerade umgekehrt! *andersherum richtig* □ *é exatamente o contrário!*

ụm∥kip∥pen ⟨V.⟩ **1** ⟨400(s.)⟩ *aus der senkrechten Stellung geraten, Übergewicht bekommen u. umstürzen, umfallen, auf die Seite fallen* □ *virar; tombar;* der Wagen ist umgekippt □ *capotar* **2** ⟨400(s.); fig.; umg.⟩ *ohnmächtig werden* □ *desmaiar* **3** ⟨400(s.)⟩ *plötzlich die Gesinnung wechseln* □ *mudar de opinião/atitude* **4** ⟨500⟩ etwas ~ *zum Kippen u. Stürzen bringen;* einen Stuhl, Schrank ~ □ *virar; derrubar*

ụm∥klạm∥mern ⟨V. 500/Vr 8⟩ jmdn. od. etwas ~ *von beiden Seiten, von allen Seiten packen u. festhalten, fest umarmen;* den Feind ~; jmdn. mit beiden Armen ~; das Tier umklammerte den Ast mit allen vier Beinen; einen Gegenstand fest umklammert halten □ *atracar-se; apertar/abraçar com força; agarrar(-se);* die Ringer umklammerten einander □ *os lutadores entraram em clinch*

um|klei|den[1] ⟨V. 500/Vr 7⟩ jmdn. ~ *jmds. Kleider wechseln* □ trocar a roupa de alguém; sich ~ □ *trocar-se; trocar de roupa*; jmdm. beim Umkleiden helfen □ *ajudar alguém a trocar de roupa

um|klei|den[2] ⟨V. 516⟩ **1** etwas mit etwas ~ *ringsherum bedecken, bekleben, bespannen, umhüllen*; einen Kasten mit Stoff ~ □ revestir; forrar **1.1** eine unangenehme Wahrheit mit schönen Worten ~ ⟨fig.⟩ *verhüllen* □ revestir; encobrir

um|kom|men ⟨V. 170/400(s.)⟩ **1** *sterben, ums Leben kommen (bei einem Unfall od. Unglück)*; bei dem schweren Erdbeben sind viele Menschen umgekommen □ morrer **1.1** ⟨414⟩ ich komme um vor Hitze ⟨umg.⟩ *mir ist schrecklich heiß* □ *estou morrendo de calor* **2** Lebensmittel kommen um *verderben;* ich lasse nichts ~ □ estragar

Um|kreis ⟨m.; -es, -e⟩ **1** ⟨unz.⟩ *Umgebung, Gebiet, das man von seinem Standpunkt aus überblicken kann* □ cercania; periferia; 3 km im ~ sind nur Felder und Wiesen zu sehen; im ~ von 50 m waren durch die Explosion alle Fensterscheiben entzweigegangen □ raio **2** ⟨Math.⟩ *Kreis, der durch die Ecken einer Figur geht* □ círculo circunscrito

um|krei|sen ⟨V. 500/Vr 8⟩ jmdn. od. etwas ~ *im Kreis um jmdn. od. etwas gehen, fahren, sich bewegen*; die Satelliten ~ die Erde; die Erde umkreist die Sonne; der Hund umkreist seinen Herrn in großen Sprüngen □ girar em torno de

um|krem|peln ⟨V. 500⟩ **1** Teil(e) eines Kleidungsstücks ~ *mehrmals nach oben, in die Höhe schlagen, aufkrempeln*; Ärmel, Hosenbeine ~; beim Abwaschen die Ärmel ~ □ arregaçar **2** jmdn. od. eine Sache ~ ⟨fig.⟩ *vollständig ändern*; wir haben die ganze Sache, unseren Plan völlig umgekrempelt **2.1** man kann einen Menschen nicht ~ ⟨umg.⟩ *nicht ändern, man muss ihn so nehmen, wie er (nun einmal) ist* **2.2** ich kann mich nicht ~ ⟨fig.; umg.⟩ *ich kann mich nicht ändern, ich muss (eben) so bleiben, wie ich bin* □ mudar (completamente) **3** eine Wohnung, ein Zimmer usw. ~ *etwas in einer W. usw. suchen u. dabei Unordnung erzeugen;* ich habe die ganze Wohnung umgekrempelt u. den Brief trotzdem nicht gefunden □ revirar

um|la|den ⟨V. 174/500⟩ etwas ~ *von einem Behälter od. Wagen in einen anderen laden;* Güter, Waren ~ □ baldear; transferir

um|la|gern[1] ⟨V. 500⟩ etwas ~ *die Lagerung von etwas ändern, anders lagern als vorher;* Obst, Getreide ~ □ armazenar em outro local

um|la|gern[2] ⟨V. 500⟩ jmdn. od. etwas ~ *umringen, sich um jmdn. od. etwas drängen;* der Verkaufsstand war von Neugierigen, Kauflustigen umlagert □ cercar; rodear

Um|lauf ⟨m.; -(e)s, -läu|fe⟩ **1** ⟨unz.⟩ *das Umlaufen*[1] *(2-2.1);* Geld~; Geld außer ~ setzen; Geld in ~ bringen, setzen; das Gerücht ist in ~, dass ... □ circulação **2** *Kreislauf, Bewegung im Kreis um etwas herum* □ giro; rotação; Mond~ □ *lunação; ciclo lunar **3** *Rundschreiben innerhalb eines Betriebes, das von jedem Angestellten abgezeichnet wird* □ circular **4** ⟨Med.⟩ *Fingerentzündung: Panaritium* □ paroníquia

um|lau|fen[1] ⟨V. 176⟩ **1** ⟨500⟩ jmdn. od. etwas ~ *im Laufen umstoßen;* er lief das Kind um □ derrubar (correndo) **2** ⟨400(s.)⟩ etwas läuft um *bewegt sich im Kreis, läuft von einem zum anderen (wieder zum Ausgangspunkt zurück);* Gerüchte laufen um □ circular; correr **2.1** ~des Geld *im Verkehr befindliches G.* □ *dinheiro em circulação

um|lau|fen[2] ⟨V. 176/500⟩ **1** etwas ~ *um etwas herumlaufen;* der Schäferhund umläuft die Herde □ correr ao redor de **2** etwas umläuft etwas *bewegt sich auf einer bestimmten Bahn um etwas;* der Planet umläuft die Sonne □ girar em torno de; orbitar

Um|laut ⟨m.; -(e)s, -e; Sprachw.⟩ **1** ⟨unz.⟩ *Veränderung eines Vokals durch den ursprünglichen Einfluss des folgenden, helleren Vokals, im Neuhochdeutschen a zu ä, o zu ö, u zu ü, au zu äu* □ metafonia **2** *der so entstehende Laut selbst (ä, ö, ü, äu)* □ vogal modificada por metafonia

um|le|gen ⟨V. 500⟩ **1** etwas ~ *aus der vertikalen in die horizontale Lage bringen, hinlegen, was vorher gestanden hat;* die Antenne am Radio ~ □ deitar; colocar na horizontal **1.1** der Wind hat das Getreide umgelegt *niedergebeugt* □ dobrar; curvar **1.2** einen Baum ~ *fällen* □ derrubar **2** einen Kragen, Manschetten ~ *umschlagen, falten* □ dobrar; virar **3** ⟨530/Vr 5⟩ jmdm. etwas ~ *umbinden, umhängen;* jmdm. eine Decke, einen Schal, eine Halskette ~ □ pôr **4** etwas ~ *anders legen, an eine andere Stelle legen, verlegen;* ein Elektrokabel ~; eine Leitung ~ □ deslocar; mudar de lugar **5** Kranke (im Krankenhaus) ~ *in ein anderes Zimmer legen* □ transferir **6** jmdn. ~ ⟨umg.⟩ **6.1** *zu Boden werfen (beim Ringen, Boxen)* □ derrubar **6.2** *töten, ermorden* □ matar; apagar **7** eine Frau ~ ⟨derb⟩ *mit einer Frau geschlechtlich verkehren* □ trepar com **8** Land, Kosten ~ *auf mehrere Personen verteilen* □ repartir; dividir **9** einen Termin ~ *ändern* □ alterar; mudar

um|lei|ten ⟨V. 500⟩ jmdn. od. etwas ~ *in eine andere Richtung leiten, anders leiten;* den Verkehr ~; einen Fluss ~ □ desviar; derivar

Um|lei|tung ⟨f.; -, -en⟩ **1** *das Umleiten, Führung des Verkehrs auf einem anderen als dem direkten od. gewohnten Weg* **2** *der ungewohnte Weg selbst, über den der Verkehr vorübergehend geleitet wird* □ desvio

um|lie|gend ⟨Adj. 24/60⟩ *in der näheren Umgebung befindlich, in der Nachbarschaft gelegen;* die ~en Häuser, Ortschaften □ adjacente; circunvizinho

um|nach|tet ⟨Adj. 70⟩ *verwirrt, nicht klar, (geistes)krank;* sein Geist ist ~; er ist (geistig) ~ □ alienado; perturbado

um|rah|men ⟨V. 500⟩ etwas ~ *mit einem Rahmen versehen;* ein Bild ~; ihr Gesicht war von blonden Locken umrahmt □ emoldurar; der Vortrag wurde von Musik umrahmt □ acompanhar

um|rech|nen ⟨V. 505⟩ einen Betrag (in etwas) ~ *rechnen, wie viel ein B. in einem anderen Kurs, in einer anderen Währung od. Rechnungseinheit ergibt;* Euro in Dollar, Pfund ~; Euro in Cent ~ □ converter

um|rei|ßen¹ ⟨V. 198/500⟩ **1** etwas ~ *niederreißen, zerstören;* eine Mauer ~; er riss den Zaun um **2** jmdn. od. etwas ~ *heftig umwerfen, zum Umfallen bringen;* Vorsicht, reiß mich nicht um! □ **derrubar**

um|rei|ßen² ⟨V. 198/500⟩ **1** etwas ~ *skizzieren, die Form von etwas mit wenigen Linien angeben;* Sy ⟨Mal.⟩ *konturieren (1)* □ **delinear; contornar 2** eine Sache ~ *mit wenigen Worten, in großen Zügen schildern* □ **delinear; esboçar**

um|rin|gen ⟨V. 500/Vr 8⟩ jmdn. od. etwas ~ *von allen Seiten umgeben;* die Kinder umringten den Vater □ **rodear; cercar**

Um|riss ⟨m.; -es, -e⟩ **1** *äußere Begrenzungslinie;* Sy *Kontur;* etwas in Umrissen zeichnen □ **contorno; perfil 1.1** etwas in Umrissen schildern *in großen Zügen, mit wenigen Worten* □ **descrever alguma coisa a traços largos/em linhas gerais*

ums (Verschmelzungsform aus Präp. u. Art.) *um das;* einmal ~ Haus gehen □ **dar uma volta ao redor da casa*

um|sat|teln ⟨V.⟩ **1** ⟨500⟩ ein Pferd ~ *mit einem anderen Sattel versehen* □ **mudar a sela de um cavalo* **2** ⟨400(s.); fig.⟩ *ein anderes Studium, einen anderen Beruf ergreifen;* von Jura zu (zur), auf Volkswirtschaft ~ □ **mudar de curso/profissão**

Um|satz ⟨m.; -es, -sät|ze⟩ **1** *die Gesamtheit dessen, was umgesetzt(5-6) wird* □ **vendas; conversão 1.1** *alle Verkäufe eines Betriebes in einer bestimmten Zeit;* Tages-~, Jahres-~; den ~ erhöhen □ **volume/movimento de vendas**

um|schal|ten ⟨V.⟩ **1** ⟨400; fig.; umg.⟩ *sich auf etwas anderes einstellen, umstellen;* nach den Ferien wieder auf den Arbeitsalltag ~ □ **adaptar-se 2** ⟨500⟩ etwas ~ *durch Schalten verändern;* das Netz von Gleichstrom auf Wechselstrom ~ □ **comutar**

Um|schau ⟨f.; -, -en⟩ **1** *Rundschau, Rundblick* □ **panorama; vista;** ~ halten □ **olhar ao redor; procurar alguma coisa* **2** *Überblick (oft als Zeitschriften- od. Zeitungsname)* □ **panorama**

um|schich|tig ⟨Adj.⟩ *abwechselnd* □ **alternado;** etwas ~ tun; ~ arbeiten □ **alternadamente**

um|schif|fen ⟨V. 500⟩ **1** etwas ~ *mit dem Schiff um etwas herumfahren;* ein Kap, ein Riff, eine Insel, Landzunge ~ □ **circunavegar; dobrar 1.1** eine Klippe glücklich ~ ⟨fig.⟩ *ein Hindernis umgehen, eine Schwierigkeit vermeiden* □ **contornar um obstáculo*

Um|schlag ⟨m.; -(e)s, -schlä|ge⟩ **1** ⟨unz.⟩ *das Umschlagen(6), plötzliche Veränderung, Umschwung;* Stimmungs-~, Witterungs-~; ein politischer ~ □ **mudança repentina; virada 2** *Papierhülle um ein Buch od. Heft;* Schutz-~; um ein kostbares Buch einen ~ machen □ **(sobre)capa 3** *Hülle für einen Brief zum Versenden;* Brief-~; einen Brief in einen ~ stecken; den ~ adressieren, zukleben; ein gefütterter ~; 25 Briefbogen mit Umschlägen □ **envelope 4** *feuchtes (mit Heilmittel versehenes) Tuch, das um einen Körperteil gewickelt wird, um Schmerzen zu lindern, Entzündungen zu hemmen usw.;* Sy *Wickel(2);* jmdm. einen ~ machen; ein ~ mit essigsaurer Tonerde; ein kalter, warmer ~ □ **compressa 5** *umgeschlagenes Stoffstück;* einen ~ nähen □ **dobra 6** *(bes. vom Schiff auf Landfahrzeuge) vorgenommene Umladung;* ein Unternehmen, das auf ~ spezialisiert ist □ **transbordo; baldeação**

um|schla|gen ⟨V. 218⟩ **1** ⟨500⟩ etwas ~ *auf die andere Seite wenden, umwenden;* die Seite eines Buches ~; den Kragen ~; den Saum ~; ein Blatt ~ □ **virar; dobrar 2** ⟨500⟩ etwas ~ *durch Schlag umwerfen, zum Stürzen bringen, fällen;* einen Baum ~ □ **derrubar; abater 3** ⟨500⟩ Güter, Waren ~ *(bes. vom Schiff auf Landfahrzeuge) umladen* □ **baldear; fazer o transbordo 4** ⟨400(s.)⟩ ein **Boot** schlägt um *kippt um, kentert;* bei diesem Wind ist es wahrscheinlich, dass das Boot umschlägt □ **virar 5** ⟨400(s.)⟩ **Wein, Bier** schlägt um *wird sauer;* bei zu langer Lagerung unter ungünstigen Bedingungen kann Wein ~ □ **azedar 6** ⟨400(s.)⟩ etwas schlägt um *ändert sich plötzlich, verkehrt sich ins Gegenteil;* das Wetter, die Stimmung schlägt um; ins Gegenteil ~ □ **mudar repentinamente; virar**

um|schlie|ßen ⟨V. 222/500⟩ **1** jmdn. od. etwas ~ *einschließen, umzingeln, umfassen;* die feindlichen Stellungen ~ □ **cercar;** er umschloss sie mit beiden Armen □ **abraçar; envolver 2** etwas umschließt etwas *umgibt etwas;* der Fluss umschließt die Burg von drei Seiten □ **cercar; circundar**

um|schlin|gen ⟨V. 223/500/Vr 8⟩ jmdn. od. etwas ~ *sich od. seine Arme eng um jmdn. od. etwas schlingen;* die Kletterpflanze umschlingt den Baumstamm; das Kind umschlang den Hals der Mutter □ **abraçar; enlaçar**

um|schrei|ben¹ ⟨V. 230/500⟩ **1** etwas ~ *in anderer Weise schreiben, durch Schreiben (Ergänzen, Streichen) umarbeiten, umgestalten, schriftlich ändern;* ein Manuskript, einen Text, Aufsatz ~ □ **reescrever 2** ⟨550⟩ etwas auf jmdn. od. etwas ~ *übertragen;* eine Hypothek auf jmdn. ~; einen Geldbetrag auf ein anderes Konto ~ □ **transferir 2.1** ein **Grundstück** auf jmdn., jmds. **Namen** ~ (lassen) *den Namen des Inhabers eines Grundstücks im Grundbuch ändern lassen* □ **passar um terreno para alguém/para o nome de alguém*

um|schrei|ben² ⟨V. 230/500⟩ etwas ~ **1** *in Umrissen beschreiben, bezeichnen, schildern;* jmds. Aufgaben, Pflichten genau, in kurzen Worten ~ □ **delinear; esboçar 2** *mit anderen, verhüllenden Worten ausdrücken, durch einen anderen Ausdruck bezeichnen;* wenn dir das Wort, die richtige Bezeichnung nicht einfällt, musst du es bzw. sie (durch andere Wörter) ~; ein unanständiges Wort, einen peinlichen Sachverhalt (durch andere Ausdrücke) ~ □ **parafrasear 3** *umgrenzen, auf einen Herd beschränken;* ein (genau) umschriebenes Ekzem; ein (genau) umschriebener Schmerz □ **circunscrever; delimitar**

um|schwär|men ⟨V. 500⟩ **1** etwas ~ *im Schwarm um etwas herumfliegen;* die Fliegen ~ den Komposthaufen □ **voar ao redor de 2** jmdn. ~ *in Scharen umgeben u. ihm dabei den Hof machen, bewundernd umgeben;*

Umschweife

der Schauspieler wird von vielen jungen Mädchen umschwärmt; sie wurde in ihrer Jugend von vielen Verehrern, Bewunderern umschwärmt ◻ **enxamear/ aglomerar-se ao redor de** 2.1 das junge Mädchen wird sehr umschwärmt *viele junge Männer machen ihm den Hof* ◻ **cortejar**

Um|schwei|fe ⟨nur Pl.⟩ 1 *Umwege, Umstände, einleitende Redensarten* 1.1 ~ *machen sich umständlich ausdrücken, nicht sofort sagen, was man will* 1.1.1 *mach keine* ~! *sag offen, was du willst!* 1.2 *etwas ohne ~ sagen geradeheraus sagen* ◻ **rodeios**

um|schwen|ken ⟨V. 400(s.)⟩ 1 *in eine andere Richtung gehen, schwenken* ◻ **mudar de direção; virar** 2 ⟨fig.⟩ *seine Ansicht, Gesinnung ändern* ◻ **mudar de opinião/atitude**

Um|schwung ⟨m.; -(e)s, -schwün|ge⟩ 1 *Drehung, Schwung um 360° am Reck* ◻ **giro** 2 *grundlegende Veränderung, Wendung (der politischen Lage, Einstellung einer Partei, Führung eines Staates od. der Stimmung)* ◻ **reviravolta; revolução** 3 ⟨unz.; schweiz.⟩ *Umgebung des Hauses* ◻ **vizinhança; redondeza**

um|se|hen ⟨V. 239/500/Vr 3⟩ *sich* ~ 1 *nach rückwärts sehen, hinter sich schauen; als er sich umsah, entdeckte er, dass er beobachtet wurde* ◻ **olhar para trás* 2 ⟨511/Vr 3⟩ *sich nach jmdm.* ~ *sich umwenden, um jmdn. zu sehen* ◻ **virar-se à procura de alguém;* sie sah sich immer wieder um, um sich zu vergewissern, dass ihr niemand folgte ◻ **olhar para trás** 3 *im Kreis herumblicken, nach allen Seiten schauen, das in der Nähe Befindliche genau betrachten; du darfst dich bei mir nicht so genau ~, ich habe noch nicht aufgeräumt* ◻ **olhar ao redor** 3.1 ⟨511/Vr 3⟩ *sich in der Stadt ~ die S. durch Umhergehen od. -fahren kennenlernen* ◻ **dar uma volta pela cidade* 4 ⟨511/Vr 3⟩ *sich nach jmdm. od. etwas ~ auf der Suche sein nach jmdm. od. etwas* ◻ **procurar alguém ou alguma coisa* 4.1 *ich werde mich ~, ob ich etwas Passendes finde* ⟨fig.⟩ *ich werde hier u. dort nachsehen, fragen, ob ...* ◻ **vou ver se encontro algo adequado* 4.2 ⟨550/Vr 3⟩ *sich nach Arbeit ~ A. suchen* ◻ **procurar trabalho* 5 ⟨511/Vr 3; fig.⟩ *sich in der Welt ~ die W. kennenlernen* ◻ **correr o mundo* 6 *du wirst dich noch ~!* ⟨umg.⟩ *du wirst noch anders denken lernen, du wirst dich noch wundern (weil alles anders ist, als du denkst)!* ◻ **você ainda tem muito que aprender!*

um|sein ⟨alte Schreibung für⟩ um sein → um²

um|sei|tig ⟨Adj. 24/90⟩ *auf der Rückseite (des Blattes) stehend* ◻ **no verso**

um|set|zen ⟨V. 500⟩ 1 *Gegenstände ~ in geänderter Ordnung, Reihenfolge aufstellen, anbringen* ◻ **transpor; alterar a ordem de** 1.1 *einen Kamin ~ (lassen) anders setzen od. an einer anderen Stelle aufstellen, errichten (lassen)* ◻ **mudar de lugar; construir em outro lugar** 2 *Pflanzen ~ in anderes Erdreich pflanzen; Bäume ~* ◻ **transplantar** 3 *jmdn. ~ jmdm. einen anderen Platz anweisen; einen ständig schwatzenden Schüler ~* 3.1 ⟨Vr 3⟩ *sich ~* ⟨umg.⟩ *sich auf einen anderen Platz setzen* ◻ **mudar de lugar** 4 *eine Melodie, ein Musikstück ~* ⟨Mus.⟩ *in eine andere Tonart setzen, transponieren* ◻ **transpor** 5 *Ware ~ verkaufen; Waren im Wert von 10 € ~* ◻ **vender** 6 *etwas ~ umwandeln; Kohlehydrate in Fett ~* ⟨Biochem.⟩ 6.1 ⟨Vr 3⟩ *etwas setzt sich um verwandelt sich; Bewegung setzt sich in Energie um* ◻ **transformar(-se); converter(-se)** 7 ⟨511⟩ *Geld in etwas ~ für etwas ausgeben; sein Geld in Bücher ~* ◻ **gastar dinheiro em alguma coisa* 8 ⟨511⟩ *einen Plan, ein Vorhaben in die Tat ~* ⟨fig.⟩ *ausführen, verwirklichen* ◻ **pôr em prática/executar um plano/projeto*

Um|sicht ⟨f.; -; unz.⟩ *kluges, zielbewusstes Beachten aller Umstände; mit ~ zu Werke gehen* ◻ **prudência; precaução**

um|sich|tig ⟨Adj.⟩ *bedacht, überlegt, alle Umstände bedenkend* ◻ **prudente; precavido;** ~ *handeln, vorgehen* ◻ **com prudência/precaução**

um|so ⟨Konj.⟩ *desto;* ~ *mehr tut es ihm leid;* ~ *größer ist seine Schuld* ◻ **tanto;** *je schneller,* ~ *besser* ◻ **quanto mais rápido, melhor*

um|sonst ⟨Adv.⟩ 1 *unentgeltlich, kostenlos, ohne Vergütung;* ~ *arbeiten; wenn du ihn bittest, macht er dir das ~* ◻ **gratuitamente; de graça** 2 *vergeblich, vergebens, erfolglos; du hast dich ~ bemüht* ◻ **inutilmente;** *es ist alles ~* ◻ **em vão**

um|sprin|gen¹ ⟨V. 253(s.)⟩ 1 ⟨410⟩ *aus dem Stand springend eine Viertel- od. halbe Drehung (auf der gleichen Stelle) machen;* (mit den Skiern) *nach rechts, links ~* ◻ **virar com um salto** 2 ⟨400⟩ *etwas springt um wechselt plötzlich die Richtung; der Wind springt um* ◻ **virar; mudar de direção** 3 ⟨813⟩ *mit jmdm. ~* ⟨fig.⟩ *jmdn. (schlecht) behandeln; so kannst du nicht mit ihm ~!; energisch, grob mit jmdm. ~* ◻ **tratar mal alguém; ser rude/grosseiro com alguém* 4 ⟨400⟩ *den Griff (am Turngerät) wechseln u. in die entgegengesetzte Richtung springen; am Barren, Reck ~* ◻ **mudar a empunhadura**

um|sprin|gen² ⟨V. 253/500⟩ *jmdn. od. etwas ~ um jmdn. od. etwas herumspringen; die Hunde umsprangen die Beute* ◻ **saltar ao redor**

Um|stand ⟨m.; -(e)s, -stän|de⟩ 1 *bes. Lage, bemerkenswerte, bes. Einzelheit, Tatsache, Sachverhalt; allein der ~, dass er niemanden hier kennt, macht seine Aufgabe so schwierig; ein entscheidender, wesentlicher, wichtiger ~; ein glücklicher, misslicher, ungünstiger ~* ◻ **circunstância; fato; situação** 1.1 *unter diesen Umständen muss ich es leider ablehnen, das zu tun bei diesem Sachverhalt muss ich es leider ablehnen, ...* ◻ **circunstância; condição** 2 ⟨nur Pl.⟩ *Verhältnisse; das ist je nach den Umständen verschieden; sich den veränderten Umständen anpassen; ich bin durch die äußeren Umstände gezwungen, es zu tun* ◻ **circunstâncias; situações** 3 *unter Umständen gegebenenfalls, vielleicht, wenn es möglich ist; unter Umständen könnten wir die Ferien zusammen verbringen* ◻ **eventualmente* 3.1 *unter allen Umständen auf jeden Fall* ◻ **de todo modo;* **a todo custo** 3.2 *unter keinen Umständen keinesfalls; das kommt unter gar keinen Umständen in Frage* ◻ **de modo algum* 4 ⟨nur Pl.⟩

Umstände *Unannehmlichkeiten, zusätzliche Arbeit, umfangreiche Vorbereitungen zu etwas*; wenn es Ihnen keine Umstände macht, dann komme ich gern □ incômodo 4.1 mach keine Umstände! *mach dir nicht (so) viel Mühe!* □ *não precisa se incomodar!* 4.2 in anderen Umständen sein *schwanger sein* □ *estar em estado interessante

um|stän|de|hal|ber ⟨Adv.⟩ *wegen veränderter, wegen besonderer Umstände*; der Hund ist ~ abzugeben □ devido às circunstâncias

um|ständ|lich ⟨Adj.⟩ 1 *viele Umstände verursachend, mit vielen Umständen (Mühen) verbunden*; eine ~e Arbeit, Reise; das ist mir viel zu ~! □ complicado; trabalhoso 2 *allzu genau od. nicht zweckmäßig u. daher langsam*; eine ~e Schilderung □ pormenorizado; prolixo; das machst du aber ~! □ *você está complicando as coisas!*; er ordnete ~ seine Papiere u. begann vorzulesen □ meticulosamente, er ist bei allem, was er tut, ein wenig ~ □ meticuloso

um|ste|hend ⟨Adj. 24/70⟩ 1 *ringsum, im Kreis um etwas od. jmdn. stehend*; die ~en Menschen; die Umstehenden applaudierten □ presente; circunstante 2 *auf der Rückseite befindlich*; der Paragraph wird erläutert 2.1 auf der ~en Seite *auf der Rückseite des Blattes* 2.2 im Umstehenden *auf der umstehenden Seite* 2.3 Umstehendes *das auf der Rückseite Befindliche*; Umstehendes sollte genauestens befolgt werden □ no verso

um|stei|gen ⟨V. 258/400(s.)⟩ 1 *aus einem Fahrzeug in ein anderes steigen* 1.1 *in den Bus, Zug, die Straßenbahn, das Schiff wechseln*; muss ich nach Berlin ~ oder gibt es einen durchgehenden Zug?; ich muss in Frankfurt ~ □ baldear; mudar (de transporte) 2 ⟨fig.⟩ *einer anderen Beschäftigung als bisher nachgehen* □ mudar de ocupação 3 ⟨fig.⟩ *ein anderes Gerät o. Ä. als bisher benutzen*; wir sind auf eine andere Automarke umgestiegen □ trocar; mudar

um|stel|len¹ ⟨V. 500⟩ 1 etwas ~ *an einen anderen Platz stellen, anders stellen als vorher, umräumen*; Bücher, Möbel, Wörter (im Satz) ~ □ mudar de lugar; deslocar; transpor 2 ⟨550⟩ etwas auf etwas ~ *auf eine neue Norm ausrichten, anders einstellen*; die Heizung von Sommer- auf Winterbetrieb ~; das Telefon vom Geschäft auf die Wohnung ~ □ transferir 2.1 einen Betrieb auf eine andere Produktion ~ *in einem B. von nun an etwas anderes produzieren* □ reestruturar; reorganizar 2.2 er hat seine Buchhandlung auf Antiquariat umgestellt *in ein A. umgewandelt* □ converter; transformar 3 ⟨Vr 3⟩ sich ~ *eine andere Haltung einnehmen, sich den neuen Umständen, einer neuen Lage anpassen*; er ist zu alt, er kann sich nicht mehr (auf die heutige Zeit) ~ 4 ⟨550/Vr 3⟩ sich auf etwas ~ *sich nach etwas richten, sich auf etwas einstellen, sich einer Sache anpassen, sich in einer veränderten Lage zurechtfinden*; die älteren Angestellten können sich oft nur schwer auf neue Computerprogramme ~ □ *adaptar-se (a alguma coisa)

um|stel|len² ⟨V. 500⟩ jmdn. od. etwas ~ *sich so um jmdn. od. etwas stellen, dass niemand, nichts entkommen kann*; das Wild ~; ein Haus mit Wachtposten ~; das Haus war von allen Seiten umstellt □ cercar

um|stim|men ⟨V. 500⟩ 1 ein Instrument ~ *die Stimmung eines Instrumentes ändern* □ alterar a afinação de um instrumento 2 den Organismus ~ *Veränderung in der Funktion des O. bewirken* □ alterar 3 jmdn. ~ *veranlassen, seine Meinung zu ändern*; er lässt sich nicht ~ □ *fazer alguém mudar de opinião

um|sto|ßen ⟨V. 262/500⟩ 1 jmdn. od. etwas ~ *durch einen Stoß umwerfen*; eine Kanne, Vase ~ □ derrubar 2 eine Sache ~ *für ungültig erklären, rückgängig machen*; das stößt alle unsere Berechnungen um □ anular; revogar; einen Plan, ein Vorhaben ~ □ frustrar

um|strit|ten ⟨Adj. 70⟩ *nicht sicher, nicht einwandfrei geklärt, nicht verbürgt, nicht überliefert*; die Herkunft dieses Wortes ist ~; der Wert dieses Bildes ist ~ □ discutível; controverso

Um|sturz ⟨m.; -es, -stür|ze; Pl. selten⟩ *grundlegende Veränderung, Umwälzung (bes. der Staatsform)* □ revolução; subversão

um|stür|zen ⟨V.⟩ 1 ⟨500⟩ etwas ~ *in eine verkehrte, schiefe Lage bringen, umwerfen*; einen Wagen, ein Gefäß, einen Tisch ~ □ derrubar; virar; fazer capotar 1.1 eine Mauer ~ *niederreißen* □ derrubar; demolir 2 ⟨400⟩ etwas stürzt um *fällt um, zur Seite*; ein umgestürzter Lastwagen, Tisch □ cair; tombar 3 ⟨500⟩ etwas ~ ⟨fig.⟩ *die Ordnung von etwas grundlegend verändern*; wir haben den ganzen Plan ~ müssen; wenn wir die Eltern bei uns aufnehmen, müssen wir die ganze Wohnung ~ □ alterar; reestruturar 4 ⟨500⟩ die Regierung ~ *stürzen, zu Fall bringen, beseitigen* □ derrubar

um|tau|schen ⟨V. 500⟩ etwas ~ *zurückgeben u. dafür etwas anderes, Gleichwertiges bekommen, gegen etwas Gleichwertiges auswechseln* □ trocar; permutar

Um|trieb ⟨m.; -(e)s, -e⟩ 1 ⟨meist Pl.⟩ ~e *Machenschaften, Ränke*; revolutionäre ~e; geheime ~e □ maquinações; manobras; intrigas 2 ⟨nur Pl.⟩ ~e *(Zeit od. Geld verschlingende) lästige Nebenarbeiten, Umstände, Umständlichkeit*; etwas ohne viel ~e machen □ complicação 3 ⟨Bgb.⟩ *Strecke, die um Schächte herum- od. an ihnen vorbeiführt* □ galeria 4 ⟨Forstw.⟩ *Zeitraum, in dem jeder Bestand eines gleichaltrigen Hochwaldes oder Niederwaldes planmäßig einmal abgeholzt wird* □ rotação; afolhamento

Um|trunk ⟨m.; -(e)s, -trün|ke; Pl. selten⟩ *gemeinsames Trinken*; einen ~ veranstalten □ happy hour

um|tun ⟨V. 272; umg.⟩ 1 ⟨530/Vr 5 od. Vr 6⟩ jmdm. etwas ~ *umhängen, umlegen*; tu dir eine warme Decke, einen Mantel um □ pôr; vestir 2 ⟨500/Vr 3⟩ sich ~ *Erkundigungen einziehen* □ *informar-se 2.1 ⟨550/Vr 3⟩ sich nach etwas ~ *sich nach etwas erkundigen, etwas zu erfahren suchen* □ *procurar informar-se sobre alguma coisa 2.2 ⟨550/Vr 3⟩ sich nach jmdm. ~ *jmdn. suchen (zur Arbeit)*; sich nach einer Haushaltshilfe ~ □ *procurar alguém (para empregar)

um|wäl|zen ⟨V. 500⟩ 1 jmdn. od. etwas ~ *auf die andere Seite wälzen* □ virar 2 ⟨meist im Part. Präs.⟩ eine Sache ~ ⟨fig.; selten⟩ *(gewaltsam) vollkommen ändern*

umwandeln

□ revolucionar; subverter; ~de Ereignisse; von ~der Wirkung □ revolucionário

um‖wan|deln ⟨V. 500/Vr 7⟩ **1** jmdn. od. etwas ~ *in eine andere Form bringen, umgestalten, verwandeln;* Todesstrafe in lebenslängliche Gefängnisstrafe ~ □ **comutar;** Gleichstrom in Wechselstrom ~ □ **transformar; converter** 1.1 jmd. ist wie umgewandelt *ist ein anderer Mensch geworden, hat sich sehr verändert* □ **parecer outra pessoa

um|wech|seln ⟨[-ks-] V. 505⟩ etwas (in etwas) ~ *auswechseln, umtauschen;* Dollar in Euro ~; Papiergeld in Münzen ~ □ **trocar**

Um|weg ⟨m.; -(e)s, -e; a. fig.⟩ *Weg, der länger ist als der gerade Weg,* einen ~ machen □ **caminho mais longo; desvio; volta;** einen Ort auf ~en erreichen; eine Sache nur auf ~en erreichen ⟨fig.⟩ □ **chegar a algum lugar por vias indiretas; conseguir alguma coisa por vias indiretas*

Um|welt ⟨f.; -; unz.⟩ *Gesamtheit der ein Lebewesen umgebenden anderen Lebewesen, Dinge u. Vorgänge, mit denen es in Wechselwirkung steht;* sich seiner ~ anpassen; fremde, gewohnte, ungewohnte ~; sich in einer neuen ~ eingewöhnen □ **ambiente; meio**

um|welt|be|wusst ⟨Adj.⟩ *sich der Verantwortung der natürlichen Umwelt gegenüber bewusst seiend* □ **que tem consciência ecológica; ecologicamente correto;** ~ handeln □ **com consciência ecológica; de modo ecologicamente correto**

um‖wen|den ⟨V. 283⟩ **1** ⟨500/Vr 7⟩ jmdn. od. etwas ~ *auf die andere Seite wenden, umdrehen;* jmdm. die Notenblätter ~; eine Seite (im Buch) ~ □ **virar** 1.1 ⟨Vr 3⟩ sich ~ *sich umdrehen, sich nach rückwärts wenden* □ **virar-se; voltar-se* 1.1.1 ⟨550/Vr 3⟩ sich nach jmdm. ~ *den Kopf wenden, um nach jmdm. zu sehen* □ **virar-se/voltar-se para alguém* **2** ⟨400; selten⟩ *mit dem Fahrzeug umkehren, die entgegengesetzte Richtung einschlagen;* die Straße ist zu schmal, wir können hier nicht ~ □ **virar**

um‖wer|fen ⟨V. 286⟩ **1** ⟨500/Vr 8⟩ jmdn. od. etwas ~ *zum Umfallen bringen, zu Boden werfen* □ **derrubar 2** ⟨530/Vr 1⟩ sich etwas ~ *sich rasch etwas umhängen;* einen Mantel, ein Tuch ~ □ **jogar alguma coisa nos ombros/nas costas* **3** ⟨500⟩ eine Sache ~ *grundlegend ändern;* einen Plan ~ □ **mudar radicalmente 4** ⟨500⟩ jmdn. ~ ⟨fig.⟩ *aus der Fassung bringen;* ein hartes Wort wirft mich nicht um □ **perturbar; abalar; derrubar** 4.1 ~d komisch *ganz besonders komisch* □ **hilário;* **muito engraçado**

um|wit|tert ⟨Adj. 46⟩ von etwas ~ sein *in geheimnisvoller Weise von etwas umgeben sein;* seine Herkunft ist von Geheimnissen ~; der Ort ist von einem düsteren Hauch ~ □ **envolto**

um|wöl|ken ⟨V. 500/Vr 3⟩ **1** der Himmel umwölkt sich *bedeckt sich mit Wolken* **2** jmds. Stirn umwölkt sich ⟨fig.⟩ *verdüstert sich, jmds. Gesicht wird finster* □ **anuviar-se**

um‖zie|hen¹ ⟨V. 293⟩ **1** ⟨400(s.)⟩ *die Wohnung, den Wohnsitz wechseln;* Sy ⟨schweiz.⟩ zügeln² □ **mudar-se 2** ⟨500/Vr 7⟩ jmdn. ~ *jmds. Kleidung wechseln;* ich musste das Kind völlig ~ □ **trocar a roupa de alguém;* sie ist noch beim Umziehen; sich fürs Abendessen, fürs Theater ~ □ **trocar-se**

um|zie|hen² ⟨V. 293/500/Vr 3⟩ sich ~ *sich mit Wolken bedecken;* der Himmel umzog sich □ **anuviar-se;* **ficar encoberto**

um|zin|geln ⟨V. 500⟩ jmdn. od. etwas ~ *jmdn. od. etwas einkreisen, umstellen, (in feindlicher Absicht) umringen;* einen Geflohenen ~ □ **cercar; encurralar**

Um|zug ⟨m.; -(e)s, -züge⟩ **1** *das Umziehen¹(1);* der ~ nach Berlin muss noch organisiert werden □ **mudança; transferência 2** *Fahrt, Marsch eines Festzuges;* sich den ~ ansehen; einen ~ veranstalten; an einem ~ teilnehmen; Fastnachts~ □ **cortejo; procissão**

un… ⟨in Zus.⟩ *(zur Bez. der Verneinung od. des Gegenteils) nicht;* unerwünscht, unhöflich, unübersehbar
Un… ⟨Vorsilbe⟩ **1** *(zur Bez. des großen Maßes) sehr groß;* Unmenge, Unzahl **2** Miss….; Unbehagen

un|ab|än|der|lich ⟨a. ['----] Adj. 24⟩ *nicht zu ändern, unwiderruflich;* ein ~er Entschluss □ **inalterável; irrevogável**

un|ab|ding|bar ⟨a. ['----] Adj. 24/70⟩ *unbedingt nötig;* die ~e Voraussetzung dafür ist, dass … □ **indispensável; imprescindível**

un|ab|läs|sig ⟨a. ['----] Adj. 24/90⟩ *ohne Unterlass, ohne aufzuhören, immerfort, immerzu, dauernd* □ **contínuo; ininterrupto**

un|acht|sam ⟨Adj.⟩ *nicht achtsam, nicht sorgsam, unaufmerksam, nachlässig* □ **desatento; descuidado**

un|an|ge|nehm ⟨Adj.⟩ *nicht angenehm, peinlich, Verlegenheit, Unbehagen bereitend;* ein ~er Nachbar, Vorfall □ **desagradável; incômodo**

Un|an|nehm|lich|keit ⟨f.; -, -en⟩ *unangenehme, lästige Mühe, lästige Sorge;* jmdm. ~en bereiten □ **aborrecimento; transtorno; contrariedade**

un|an|sehn|lich ⟨Adj.⟩ *nicht schön anzusehen, armselig, abgenutzt, ungepflegt;* eine ~e Wohnung □ **feio; malcuidado**

un|an|stän|dig ⟨Adj.⟩ **1** *nicht anständig, unehrenhaft* □ **indecente; inconveniente** 1.1 *anstößig, peinlich, das Schamgefühl der anderen verletzend* □ **indecente; obsceno** 1.2 ⟨umg.⟩ *überaus, unmäßig, außergewöhnlich;* ~e Preise verlangen □ **indecente**

Un|art ⟨f.; -, -en⟩ **1** *ungezogenes, unartiges Benehmen* □ **grosseria; malcriação 2** *für andere lästige od. unangenehme Gewohnheit;* was ist denn das wieder für eine ~! □ **mau hábito**

un|ar|tig ⟨Adj.⟩ *nicht artig, unfolgsam, ungezogen;* ein ~es Kind □ **grosseiro; malcriado**

un|auf|fäl|lig ⟨Adj.⟩ **1** *nicht auffällig, unbemerkbar für andere;* jmdm. ~ folgen; sich ~ entfernen **2** *nicht auffallend, bescheiden, nicht ins Blickfeld fallend;* sich ~ kleiden □ **discreto; discretamente**

un|auf|halt|sam ⟨a. ['----] Adj. 24⟩ *nicht aufhaltbar, so beschaffen, dass man es nicht aufhalten kann, stetig (fortschreitend);* eine ~e Entwicklung □ **irrefreável**

un|auf|hör|lich ⟨a. ['----] Adj. 24/90⟩ *ohne aufzuhören, ohne Unterlass, fortwährend* ☐ **incessante; contínuo;** ~ reden ☐ **continuamente; sem parar**

un|auf|rich|tig ⟨Adj.⟩ *nicht aufrichtig, nicht ehrlich, nicht offen;* ~ sein ☐ **falso; fingido**

un|aus|bleib|lich ⟨a. ['----] Adj. 24/70⟩ *so beschaffen, dass es nicht ausbleiben kann, unbedingt kommend, sicher bevorstehend, gewiss;* die ~e Folge wird sein, dass ... ☐ **inevitável**

an|aus|ge|gli|chen ⟨Adj. 70; fig.⟩ *nicht ausgeglichen, unharmonisch, wechselnd in der Stimmung;* er ist in letzter Zeit sehr ~ ☐ **desequilibrado; desarmônico**

un|aus|sprech|lich ⟨a. ['----] Adj.; nur fig.⟩ *unsäglich, unglaublich, unbeschreiblich;* ~e Freude, ~er seelischer Schmerz ☐ **inefável; indizível;** ~ glücklich, dankbar sein ☐ **inefavelmente**

un|aus|steh|lich ⟨a. ['----] Adj.⟩ *so geartet, dass man es, ihn, sie nicht aussteh́en kann, unerträglich, sehr lästig;* ein ~er Kerl; du bist heute ~ ☐ **insuportável**

un|bän|dig ⟨a. ['-'--] Adj.⟩ *sehr groß, riesig;* es herrsche ~e Freude, ~er Jubel (darüber); ein ~er Zorn, eine ~e Wut erfasste ihn ☐ **irrefreável; indomável;** ich habe mich ~ gefreut ☐ **enormemente**

un|barm|her|zig ⟨Adj.⟩ **1** *nicht barmherzig, hart, grausam, ohne Mitleid* ☐ **cruel; impiedoso** 1.1 eine ~e Kälte (fig.) *sehr stark, anhaltende K.* ☐ **inclemente**

un|be|dacht ⟨Adj.⟩ *ohne nachzudenken, unbesonnen, gedankenlos;* eine ~e Äußerung ☐ **irrefletido; estouvado**

un|be|deu|tend ⟨Adj.⟩ *nicht bedeutend, nichts sagend, geringwertig, geringfügig, nichtig;* ein ~er Künstler ☐ **insignificante; irrelevante**

un|be|dingt ⟨a. [--'--] Adj.⟩ **1** *ohne Einschränkung, uneingeschränkt, bedingungslos;* ~en Gehorsam verlangen; ich habe zu ihm ~es Vertrauen ☐ **absoluto; incondicional;** man kann sich auf ihn ~ verlassen ☐ **incondicionalmente 2** ⟨50⟩ *auf jeden Fall;* das müssen Sie sich ~ ansehen; man muss ihm ~ helfen ☐ **sem falta; de todo modo;** ~ nötig, ~ notwendig ☐ *absolutamente necessário, indispensável* 2.1 ~! *ganz gewiss! (als Antwort)* ☐ **claro!; com certeza!**

un|be|fan|gen ⟨Adj.⟩ **1** *vorurteilslos, unparteiisch, unbeeinflusst;* ~ an eine Sache herangehen ☐ **imparcial(mente) 2** *ohne Befangenheit, ohne Hemmungen, nicht schüchtern* ☐ **desinibido; espontâneo;** jmdm. ~ entgegentreten ☐ **naturalmente; com desenvoltura**

un|be|greif|lich ⟨a. ['----] Adj.⟩ *so beschaffen, dass man es nicht begreifen kann, unverständlich, unerklärlich, rätselhaft;* ein ~es Verhalten ☐ **incompreensível; inconcebível**

un|be|grenzt ⟨a. [--'-] Adj. 24⟩ *ohne Grenzen, grenzenlos, nicht begrenzt, uneingeschränkt;* jmdm. ~es Vertrauen schenken ☐ **ilimitado**

un|be|grün|det ⟨Adj. 24⟩ **1** *ohne (stichhaltigen) Grund, nicht begründet;* seine Bedenken sind ~ ☐ **infundado; sem fundamento 2** *unberechtigt;* eine ~e Strafe ☐ **injustificado**

un|be|hag|lich ⟨Adj.⟩ **1** *nicht behaglich, ungemütlich;* ein ~es Zimmer im Keller bewohnen ☐ **desconfor**-**tável; incômodo 2** *unangenehm, verlegen, peinlich* ☐ **desagradável;** er fühlte sich ~ ☐ **pouco à vontade**

un|be|hel|ligt ⟨a. [--'--] Adj.; meist 50⟩ *unbehindert, ohne Belästigung, ungestört;* hier bleiben Sie, sind Sie von lästigen Zuschauern ~; jmdn. ~ vorbeigehen lassen; ~ die Kontrolle passieren ☐ **sossegado; tranquilo; sem ser importunado**

un|be|herrscht ⟨Adj.⟩ *ohne Selbstbeherrschung;* er ist sehr ~ ☐ **descontrolado**

un|be|hol|fen ⟨Adj.⟩ *ungeschickt in den Bewegungen, im Benehmen ungewandt, schwerfällig* ☐ **desajeitado; desastrado**

un|be|irrt ⟨[--'-'] Adj. 24⟩ *ohne sich beirren, ohne sich stören zu lassen, zielstrebig;* er ist ~ in seinen Entscheidungen ☐ **firme; imperturbável**

un|be|kannt ⟨Adj. 70⟩ **1** *nicht bekannt, fremd;* Grabmal des Unbekannten Soldaten ☐ **desconhecido;** ~ verzogen (Vermerk auf nicht zustellbaren Postsendungen) ☐ *mudou-se; endereço desconhecido;* der große Unbekannte; eine Anzeige gegen unbekannt erstatten ☐ **desconhecido** 1.1 eine ~e Größe (a. fig.; umg.) *jmd., der keinen bedeutenden Ruf hat* 1.1.1 er ist noch eine ~e Größe für uns (umg.; scherzh.) *wir kennen ihn nicht näher u. wissen deshalb noch nicht, was wir von ihm halten sollen* ☐ *um ilustre desconhecido* 1.2 ⟨41⟩ irgendwo ~ sein *nicht Bescheid wissen, sich nicht auskennen;* ich bin hier ~ ☐ *não sou daqui; não conheço aqui* 1.3 ⟨43⟩ jmdm. ist etwas ~ *jmd. kennt, weiß etwas nicht* ☐ *não saber de alguma coisa; desconhecer alguma coisa;* das ist mir ~ ☐ *isso é novidade para mim;* es ist mir nicht ~, dass... ☐ *não ignoro que...*

un|be|küm|mert ⟨a. [--'--] Adj.⟩ **1** *ohne sich um etwas zu kümmern, sorglos, gleichgültig;* ~ um die Mahnungen, Vorwürfe der anderen ☐ **despreocupado** 1.1 *darum, ob ... ohne daran zu denken, dass vielleicht ...* ☐ *sem se preocupar se...*

un|be|liebt ⟨Adj.⟩ **1** *nicht beliebt, nicht gern gesehen;* ein ~er Lehrer 1.1 sich (bei jmdm) ~ machen *jmds. Missfallen erregen;* er hat sich bei allen Angestellten ~ gemacht ☐ **malquisto; malvisto; impopular**

un|be|mannt ⟨Adj.⟩ *nicht bemannt, ohne Besatzung;* ein ~es Raumschiff ☐ **não tripulado**

un|be|merkt ⟨Adj.⟩ *nicht bemerkt, ohne, dass es bemerkt wird, ohne Aufmerksamkeit zu erregen;* sich ~ entfernen ☐ **despercebido; sem ser notado**

un|be|nom|men ⟨a. [--'--] Adv.⟩ *nur in den Wendungen⟩* ~ bleiben, ~ sein *in jmds. Ermessen gestellt, freigestellt bleiben, sein;* es bleibt Ihnen ~, zu gehen oder zu bleiben; es ist mir ~, ob ich das Geld dafür verwende oder nicht ☐ *estar livre; ficar a critério de*

un|be|quem ⟨Adj.⟩ **1** *nicht bequem;* die Schuhe sind mir ~; der Sessel ist ~; ich sitze hier ~ ☐ **desconfortável; incômodo 2** ⟨fig.⟩ *lästig;* einen ~en Aufpasser loswerden wollen 2.1 ~e Fragen *peinliche F.* ☐ **incômodo; inconveniente**

un|be|re|chen|bar ⟨a. [--'---] Adj.⟩ **1** *so beschaffen, dass man es nicht berechnen kann;* die Schmerzen sind ~ ☐ **incalculável 2** *so geartet, dass man sein, ihr Verhalten* *nicht voraussehen kann, wankelmütig, launenhaft;* er ist ~ □ **imprevisível**

un|be|ru|fen ⟨a. [--'--] Adj. 24⟩ **1** *nicht berufen, ohne Berechtigung, ohne Auftrag, unaufgefordert;* ~e Einmischung; sich ~ einmischen □ **sem autorização; sem ser chamado 2** *eine Sache ~ lassen von einer S. aus Aberglauben nicht sprechen (damit sie nicht schief geht);* □ **não nomear alguma coisa;* ~, toi, toi, toi! □ **bata na madeira!; isola!*

un|be|rührt ⟨Adj.⟩ **1** *(noch) nicht berührt, ungebraucht, unbenutzt, unbeschädigt;* das Bett war am Morgen noch ~ □ **intacto 1.1** *etwas ~ lassen nicht nehmen, nichts damit machen* **1.1.1** *das Essen ~ lassen stehen lassen, nichts davon essen* □ **não tocar em alguma coisa* **2** ~e *Natur, Landschaft N., L. im Naturzustand;* das ~e Weiß der Schneedecke **3** *jungfräulich, keusch* □ **intocado 4** *nicht von Rührung ergriffen, ohne Mitleid;* ~ von ihrem Weinen, Klagen wandte er sich ab **4.1** die Nachricht ließ mich ~ *berührte, bewegte, ergriff mich nicht* □ **impassível; indiferente**

un|be|scha|det ⟨a. [--'--] Präp. m. Gen.⟩ ~ einer Sache *ohne eine S. zu gefährden, zu schmälern;* ~ seiner großen Verdienste um das Werk, müssen wir aber doch sagen, dass ... □ **sem diminuir; sem prejuízo de**

un|be|schol|ten ⟨Adj. 70⟩ *rechtschaffen, ehrenhaft, von einwandfreiem Ruf;* der Angeklagte, ein bisher ~er junger Mensch □ **íntegro; irrepreensível**

un|be|schränkt ⟨Adj. 24/70⟩ *ohne Schranken, nicht beschrankt;* ein ~er Bahnübergang □ **sem cancela/barreira**

un|be|schränkt ⟨a. [--'-] Adj. 24⟩ *ohne Einschränkung, ohne Begrenzung, unbegrenzt;* jmdm. ~es Vertrauen schenken; einen Termin auf ~e Zeit verschieben □ **ilimitado**

un|be|schreib|lich ⟨a. [--'--] Adj. 24⟩ *so beschaffen, dass man es nicht beschreiben kann, unglaublich;* sie sah ~ schön aus □ **incrivelmente;** es herrschte eine ~e Unordnung □ **indescritível**

un|be|schwert ⟨Adj.⟩ **1** *nicht beschwert, unbelastet;* ein ~es Gewissen haben **1.1** *sorglos, heiter;* einen ~en Urlaub verleben □ **tranquilo; sem preocupações**

un|be|se|hen ⟨a. [--'--] Adj. 24; meist 50⟩ *ohne es anzusehen, ohne zu überlegen;* er nimmt es ~ □ **sem ver; de olhos fechados**

un|be|stän|dig ⟨Adj.⟩ **1** *nicht beständig, nicht dauernd, wechselhaft, schwankend, veränderlich;* ~es Wetter; die Werte sind ~ □ **instável; variável 2** *wankelmütig, Stimmungen nachgebend, nicht zielstrebig;* ein ~er Mensch □ **inconstante; volúvel**

un|be|stech|lich ⟨a. [--'--] Adj. 24⟩ *nicht bestechlich, der Bestechung nicht zugänglich;* ein ~er Richter □ **incorruptível**

un|be|stimmt ⟨Adj.⟩ **1** *nicht bestimmt, nicht genau festgesetzt;* auf ~e Zeit verreisen; es ist noch ~, ob ich, wann ich kommen kann □ **indefinido; indeterminado 2** *nicht deutlich, unklar, ungenau, vage;* ich habe davon nur einen ~en Eindruck zurückbehalten; sich (nur) ~ äußern; ich habe davon nur eine ~e Vorstel-

lung; seine Haltung ist ~; er ist in seinen Äußerungen so ~ □ **vago; impreciso 2.1** ~es Fürwort *F., das anstelle einer nicht genannten Person steht, z. B. man, einem, Indefinitpronomen* □ **indefinido**

un|beug|sam ⟨a. ['---] Adj. 24⟩ **1** *nicht beeinflussbar in seiner Willensentscheidung;* ein ~er Mensch □ **inflexível 2** *Beeinflussungen nicht zugänglich;* ein ~er Wille □ **inabalável**

un|be|wusst ⟨Adj. 24⟩ *nicht bewusst, ohne es zu wissen, instinktiv* □ **inconsciente; instintivo;** er hat ganz ~ gehandelt □ **instintivamente; inconscientemente**

Un|bil|den ⟨Pl.; nur in den Wendungen⟩ die ~ der Witterung, des Winters *Unannehmlichkeiten, unangenehme Wirkungen* □ **intempéries; inclemências**

Un|bill ⟨f.; -; unz.; geh.⟩ *Unrecht, Schimpf* □ **injustiça; iniquidade; injúria**

un|blu|tig ⟨Adj. 24⟩ **1** ⟨Med.⟩ *ohne Blutverlust;* ein ~er Eingriff **2** *ohne Blutvergießen (bes. bei einer politischen Auseinandersetzung);* eine ~e Revolution □ **incruento**

un|bot|mä|ßig ⟨Adj.; veraltet⟩ *widersetzlich, frech, ungehörig;* ein ~es Benehmen □ **desobediente; insubordinado**

un|brauch|bar ⟨a. ['---] Adj. 24⟩ *nicht zu gebrauchen, ungeeignet;* er ist für diese Tätigkeit ~ □ **inapto; inutilizável; inadequado**

und ⟨Konj.; Abk.: u.; Zeichen: &⟩ **1** ⟨beiordnend, aufzählend⟩ *zusammen mit, zugleich, außerdem, dazu;* Ggs *wenig(3);* du ~ ich; Bruder ~ Schwester; Tag ~ Nacht; 3 ~ 5 ist 8; ~ andere(s) Andere(s), andre(s)/ Andre(s) ⟨Abk.: u. a.⟩; ~ Ähnliche(s) ⟨Abk.: u. Ä.⟩; ~ viele(s) andere/Andere ⟨Abk.: u. v. a.⟩; ~ viele(s) andere/Andere mehr ⟨Abk.: u. v. a. m.⟩ □ **e;** je zwei ~ zwei □ **de dois em dois* **1.1** ⟨auf Folgendes, Kommendes weisend⟩ ~ so weiter ⟨Abk.: usw.⟩ *in diesem Sinne, in dieser Art so weiter* □ **e assim por diante; et cetera* **2** ⟨verstärkend⟩ **2.1** *durch* ~ *durch vollständig durch* □ **completamente; do princípio ao fim* **2.2** *größer* ~ *größer immer größer* □ **cada vez maior* **2.3** *nach* ~ *nach allmählich* □ **pouco a pouco* **3** ⟨entgegenstellend⟩ der ~ singen können? ⟨umg.⟩ *der kann doch überhaupt nicht singen!* □ **e seria aquele ali o que acha que sabe cantar?* **4** ⟨anknüpfend, einen zweiten Hauptsatz od. ein Satzgefüge einleitend⟩ ich warte hier ~ du gehst rasch zum Briefkasten; er erzählte ~ sie hörten aufmerksam zu; ich rief ~, als keine Antwort kam, ging ich wieder hinaus **4.1** ⟨einleitend, als Partikel⟩ ~ so kam es, dass ...; ~ was soll ich jetzt tun? □ **e 5** ⟨Int.⟩ **5.1** ~ ob!, ~ wie! ⟨umg.⟩ *ja, sehr!* □ **e como!; nem fale!* **5.2** na ~? ⟨umg.⟩ *was noch?, ist das alles?, weiter nichts?* □ **e o que mais?; e então?*

Un|dank ⟨m.; -(e)s; unz.⟩ *Mangel an Dank, Undankbarkeit, unfreundliche Gegenleistung;* er hat für alle seine Hilfe nur ~ geerntet; eine gute Tat mit ~ lohnen, vergelten □ **ingratidão;** ~ ist der Welt Lohn ⟨Sprichw.⟩ □ **a ingratidão é a sombra do benefício*

un|dank|bar ⟨Adj.⟩ **1** *nicht dankbar, gleichgültig gegen erwiesene Freundlichkeit od. Güte, Gutes mit Bösem vergeltend;* es wäre sehr ~ von uns, ihm jetzt nicht zu helfen 2 ⟨70; fig.⟩ *viel Mühe bereitend u. doch unerfreulich, nicht lohnend;* eine ~e Arbeit, Aufgabe □ **ingrato**

Un|der|co|ver... ⟨[ˌʌndə(r)kʌvə(r)] in Zus.⟩ *Geheim..., Spitzel...;* ~aktion; ~agent □ **secreto**

Un|der|ground ⟨[ˌʌndə(r)graʊnd] m.; - od. -s; unz.⟩ **1** *Unterwelt, Bereich außerhalb der Legalität u. Konvention* **2** *künstlerische Richtung, die nicht den gesellschaftlich anerkannten Konventionen entspricht* □ **underground**

Un|ding ⟨n.; -(e)s; unz.⟩ *etwas Widersinniges, Torheit;* es ist ein ~, von einem Kind zu verlangen, dass es ... □ **absurdo; disparate**

un|durch|dring|lich ⟨a. [ˈ----] Adj. 70⟩ **1** *so beschaffen, dass man nicht hindurchdringen kann;* ein ~es Gestrüpp **2** *starr, verschlossen, emotionslos;* mit ~em Gesicht zuhören □ **impenetrável**

un|durch|sich|tig ⟨Adj.⟩ **1** ⟨70⟩ *nicht durchsichtig;* ~es Papier □ **opaco; fosco; não transparente 2** ⟨fig.⟩ *nicht leicht zu durchschauen;* eine ~e Angelegenheit; ein ~er Zeitgenosse □ **pouco claro; obscuro**

un|eben ⟨Adj.⟩ **1** *nicht eben, holperig;* die Straße ist ~ **2** *hügelig, wellig;* ~es Gelände □ **irregular; acidentado**

un|echt ⟨Adj. 24⟩ *nicht echt, falsch, imitiert, nachgemacht;* ~er Schmuck; seine Anteilnahme wirkt ~ □ **falso; falsificado; artificial**

un|ehe|lich ⟨Adj. 24/70⟩ *von einer unverheirateten Frau geboren, außerhalb der Ehe geboren;* ein ~es Kind □ **ilegítimo; natural**

un|ein|ge|schränkt ⟨a. [---ˈ-] Adj. 24⟩ *nicht eingeschränkt, ohne Einschränkung, unbeschränkt;* ~es Vertrauen □ **ilimitado; absoluto;** jmdn. ~ verehren □ **inteiramente; absolutamente**

un|ei|nig ⟨Adj. 70⟩ *nicht einig, nicht übereinstimmend, verschiedener Meinung* □ **discordante; divergente;** über etwas ~ sein □ *discordar a respeito de alguma coisa

un|eins ⟨Adj. 24/46; in den Wendungen⟩ mit jmdm. ~ sein, werden *nicht einig sein, werden, zerstritten sein;* Ggs *eins²(1)* □ *não estar de acordo/não chegar a um acordo com alguém; ich bin mit mir ~, ob ich bleiben od. gehen soll □ *ainda não decidi se devo ir ou não

un|end|lich ⟨Adj. 24⟩ **1** *nicht endlich, von nicht messbarem Ausmaß seiend, unbegrenzt, grenzenlos, unermesslich;* (eine) ~e Geduld haben; eine Arbeit mit ~er Mühe vollbringen □ **infinito; interminável;** die ~e Weite des Meeres ⟨fig.⟩ □ *a imensidão do mar **1.1** zwei parallele Linien schneiden sich im Unendlichen *in der Unendlichkeit* **1.2** das Objektiv auf „~" einstellen ⟨Fot.⟩ *auf eine nicht begrenzte Entfernung* **1.3** bis ins Unendliche ⟨fig.⟩ *und so weiter ohne Ende, ohne Aufhören* □ **infinito 2** ⟨50; verstärkend⟩ *sehr, ungemein, außerordentlich;* ~ groß, hoch, weit; ~ müde, traurig □ **infinitamente; extremamente;** ~ viel, viele Dinge □ *uma infinidade de coisas **2.1** ~ klein unvorstellbar klein □ *infinitamente pequeno; ínfimo

un|ent|gelt|lich ⟨a. [ˈ----] Adj. 24⟩ *ohne Entgelt, ohne Bezahlung, umsonst* □ **gratuito**

un|ent|schie|den ⟨Adj. 24⟩ **1** *nicht entschieden, zweifelhaft, nicht genau bestimmt;* es ist noch ~, ob ... □ **pendente; incerto 2** *unfähig, sich zu entscheiden;* er ist sehr ~ □ **indeciso 3** ⟨Sp.⟩ *mit gleicher Punktzahl für beide Mannschaften bzw. Spieler, ohne Gewinner u. Verlierer;* das Spiel endete ~ 3.1 das Spiel steht ~ *für beide Mannschaften, Spieler gleich* □ **empatado**

un|ent|schlos|sen ⟨a. [--ˈ--] Adj. 24⟩ *(noch) nicht entschlossen, noch keinen Entschluss gefasst habend;* er ist sehr ~ □ **irresoluto; indeciso**

un|ent|wegt ⟨a. [ˈ---] Adj. 90⟩ *ohne sich ablenken zu lassen, unverdrossen, unermüdlich, unaufhörlich;* nur ~e Arbeit zeitigt dieses Ergebnis □ **contínuo, incessante;** ~ arbeiten; das Kind schrie ~ □ **incessantemente; sem parar**

un|er|bitt|lich ⟨a. [ˈ----] Adj.⟩ *sich so verhaltend, dass man durch Bitten nicht gerührt, nicht umgestimmt werden kann, unnachgiebig, hart, unbeugsam;* sie baten und flehten, aber er blieb ~ □ **inflexível; inexorável**

un|er|fah|ren ⟨Adj.⟩ *(noch) ohne Erfahrung, ungeübt, ungeschult;* ein ~er Autofahrer; er ist noch ganz ~ □ **inexperiente**

un|er|find|lich ⟨a. [ˈ----] Adj.⟩ *unverständlich, unerklärlich;* aus einem ~en Grunde □ **incompreensível; inexplicável**

un|er|freu|lich ⟨a. [ˈ----] Adj.⟩ *nicht erfreulich, unangenehm;* jmdm. eine ~ Mitteilung machen □ **desagradável**

un|er|füll|bar ⟨a. [ˈ----] Adj. 24⟩ *nicht erfüllbar, so beschaffen, dass es nicht erfüllt werden kann;* ~e Wünsche, Bitten □ **irrealizável**

un|er|gründ|lich ⟨a. [ˈ----] Adj. 24⟩ *nicht zu ergründen, unerklärlich, rätselhaft;* sein Entschluss war ~ □ **impenetrável; insondável**

un|er|heb|lich ⟨Adj. 24/70⟩ *nicht erheblich, nicht wesentlich, unbedeutend;* seine Einwände waren ~ □ **insignificante; irrelevante**

un|er|hört ⟨a. [ˈ---] Adj.⟩ **1** *nicht erhört;* ihre Bitten blieben ~ □ **não atendido/realizado 2** ⟨veraltend⟩ *unglaublich, außerordentlich;* (das ist ja) ~!; das ist eine ~e Frechheit; er hat ~es Glück gehabt; der Pianist verfügt über eine ~e Technik, Präzision □ **incrível; inaudito; extraordinário;** ~ billig; die Preise sind ~ hoch □ **incrivelmente**

un|er|klär|lich ⟨a. [ˈ----] Adj.⟩ *nicht zu erklären, unverständlich, rätselhaft;* sein Verschwinden ist ~ □ **inexplicável**

un|er|läss|lich ⟨a. [ˈ----] Adj.⟩ *so beschaffen, dass man es nicht erlassen kann, unbedingt nötig;* eine ~e Bedingung, Voraussetzung; es ist ~, vorher zu prüfen, ob ... □ **indispensável; essencial**

un|er|mess|lich ⟨a. [ˈ----] Adj.⟩ **1** *so beschaffen, dass man es nicht ermessen, nicht messen kann, ungeheuer in der Ausdehnung, im Ausmaß;* seine Wünsche gingen ins Unermessliche □ **incomensurável; imenso 1.1** ⟨50⟩ *ungeheuer, außerordentlich* □ **desmesurado;** er ist ~ reich □ **extraordinariamente**

un|er|müd|lich ⟨a. ['----] Adj. *ohne zu ermüden, ausdauernd;* mit ~em Fleiß; ~ arbeiten; er ist ~ in seiner Hilfsbereitschaft, in seinem Eifer □ **incansável; incansavelmente**

un|er|sätt|lich ⟨a. ['----] Adj. **1** *nicht zu sättigen, nicht zu stillen;* ein ~es Verlangen; ~er Wissensdurst, Wissensdrang **2** *gierig, nicht zufriedenzustellen;* er ist ~ in seinem Bestreben, zu lernen, Neues zu sehen □ **insaciável**

un|er|schöpf|lich ⟨a. ['----] Adj. 24/70⟩ *so beschaffen, dass man es nicht erschöpfen, nicht ausschöpfen kann;* ihre Geduld ist ~; einen ~en Vorrat an Witzen besitzen □ **inesgotável**

un|er|schro|cken ⟨Adj.⟩ *nicht zu erschrecken, kühn, mutig, furchtlos;* ein ~er Mensch □ **intrépido; destemido;** ~ handeln □ **intrepidamente**

un|er|schüt|ter|lich ⟨a. ['----] Adj.⟩ *so beschaffen, dass es nicht zu erschüttern ist, fest, gleichbleibend, stetig;* eine ~e Hoffnung □ **imperturbável; inabalável;** ~ an einem Vorhaben festhalten □ **firmemente**

un|er|träg|lich ⟨a. ['----] Adj.⟩ *nicht zu ertragen, nicht auszuhalten, nicht zu erdulden;* ~e Schmerzen □ **insuportável**

un|er|war|tet ⟨a. [--'--] Adj.⟩ **1** *nicht erwartet, unvorhergesehen;* eine ~e Nachricht; ein ~es Wiedersehen; es geschah (für uns alle) völlig ~; er verschied plötzlich und ~ (in Todesanzeigen) **1.1** die Nachricht kam nicht ~ *wir hatten die N. schon erwartet* **1.2** wir haben ~ Besuch bekommen *ohne Ankündigung* **1.3** es kam uns ~ *wir waren nicht darauf vorbereitet, wir hatten es nicht erwartet* □ **inesperado; inesperadamente**

un|fä|hig ⟨Adj.⟩ *nicht fähig, nicht imstande (etwas zu tun), ohne die Fähigkeit (etwas zu tun);* ~er Arbeiter, Mitarbeiter; der Verletzte war ~ aufzustehen; ich bin augenblicklich ~ zu entscheiden, ob ...; er ist ~, die Wahrheit zu ertragen; er ist ~, Rot und Grün zu unterscheiden □ **incapaz**

un|fair ⟨[-fɛːr] Adj.⟩ *nicht fair, nicht anständig, unehrlich (bes. im Sport);* ein ~er Wettkampf; sich ~ verhalten □ **(de modo) desleal**

Un|fall ⟨m.; -(e)s, -fäl|le⟩ *Missgeschick oder Unglück, das meistens Sachschaden od. körperliche Verletzungen zur Folge hat;* Arbeits~, Auto~, Verkehrs~; einen ~ erleiden, haben; leichter, schwerer, tödlicher ~; gegen ~ versichert sein □ **acidente**

un|fass|bar ⟨a. ['---] Adj.⟩ *nicht zu fassen, nicht zu begreifen, erschütternd;* ein ~es Unglück □ **inconcebível; incompreensível**

un|fehl|bar ⟨a. ['---] Adj.⟩ **1** *untrüglich;* etwas mit ~em Instinkt, mit ~er Sicherheit tun **2** *niemals irrend;* kein Mensch ist ~ □ **infalível 3** *unanfechtbar;* eine ~e Entscheidung, Erklärung □ **incontestável 4** ⟨50⟩ *sicher, gewiss, unweigerlich* □ **infalível; certo;** wenn er dort weitergeht, wird er ~ abstürzen; die Katastrophe wird ~ kommen □ **certamente; infalivelmente**

un|fern ⟨Präp. m. Gen.⟩ *nicht fern von, ziemlich nahe;* ~ der Brücke, des Dorfes □ **não longe de; perto de**

un|fer|tig ⟨Adj. 70⟩ **1** *(noch) nicht fertig, unvollendet, nicht zu Ende geführt;* eine Arbeit ~ liegenlassen □ **inacabado; incompleto 2** ⟨fig.⟩ *unreif;* ein ~er Mensch □ **imaturo**

Un|flat ⟨m.; -(e)s; unz.; geh.⟩ **1** *Schmutz, Unrat* □ **sujeira; imundície 2** ⟨fig.⟩ *Beschimpfungen, Schimpfwörter, Schimpfreden* □ **sujeira; obscenidade; indecência**

un|för|mig ⟨Adj.⟩ *sehr groß u. ohne richtige od. schöne Form;* eine ~e Gestalt; ein ~er Klumpen; das verletzte Bein war ~ angeschwollen □ **(de modo) disforme/informe/desproporcional**

un|frei ⟨Adj.⟩ **1** *nicht frei (1-2.3), abhängig, ohne Bewegungsfreiheit, behindert, befangen, bedrückt;* ich fühle mich in dem Kleid, dem Mantel ~ □ **preso; incomodado;** ich bin, fühle mich in seiner Gegenwart ~ □ **sem liberdade; inibido 1.1** ⟨früher⟩ *leibeigen* □ **servo 2** *nicht frankiert, nicht bezahlt;* ein Paket ~ schicken □ **porte a pagar**

un|freund|lich ⟨Adj.⟩ **1** *nicht freundlich, abweisend, grob, barsch* □ **grosseiro; descortês;** er empfing uns sehr ~ □ **fomos muito mal recebidos por ele;* ein ~es Gesicht machen □ **carrancudo; de poucos amigos 2** *nicht schön;* ein ~es Gebäude □ **feio; pouco acolhedor 2.1** ~es Wetter *regnerisches, kaltes W.* □ **feio; ruim**

Un|frie|de ⟨m.; -ns; unz.; älter für⟩ = *Unfrieden*

Un|frie|den ⟨m.; -s; unz.⟩ *Streit, Zank, Zwist, dauernde Spannung;* oV *Unfriede;* ~ stiften; mit jmdm. in ~ leben □ **discórdia**

Un|fug ⟨m.; -(e)s; unz.⟩ **1** ⟨Rechtsw.⟩ *öffentliches Ärgernis erregendes, die Allgemeinheit belästigendes Benehmen, bewusste Störung der öffentlichen Ordnung* □ **desordem;** grober ~ □ **perturbação da ordem pública* **2** ⟨umg.⟩ *Schabernack, Dummheiten, Unsinn;* mach keinen ~!; das ist doch (alles) ~!; ~ treiben □ **bobagem; disparate**

un|ge|ach|tet ⟨Präp. mit Gen.⟩ ~ einer Sache **1** *eine S. zu berücksichtigen, zu beachten, trotz;* ~ seiner großen Fähigkeiten hat man ihn doch entlassen müssen □ **apesar de; a despeito de 1.1** ~ dessen *ohne Rücksicht darauf* □ **apesar disso*

un|ge|ahnt ⟨a. [--'-] Adj. 24/60⟩ *so beschaffen, dass man es nicht ahnen kann, nicht hat ahnen können, nicht vorauszusehen, nicht vorher zu erkennen;* er entwickelt ~e Fähigkeiten, Talente; hier bieten sich ~e Möglichkeiten □ **imprevisto; impensado**

un|ge|bär|dig ⟨Adj.⟩ *widersetzlich, störrisch, wild, schwer zu zügeln;* ein ~es Kind, Tier □ **rebelde; indócil**

un|ge|bil|det ⟨Adj.⟩ *ohne Bildung, nicht gebildet;* ein ~er Mensch □ **inculto; ignorante**

un|ge|bühr|lich ⟨Adj.⟩ *ungehörig, sich nicht ziemend, über das geziemende, normale Maß hinaus(gehend);* ~e Antwort; ~es Benehmen □ **inconveniente; impertinente;** der Preis ist ~ hoch □ **o preço é exorbitante;* jmdn. ~ lange warten lassen □ **excessivamente**

un|ge|bun|den ⟨Adj.⟩ **1** ⟨24/70⟩ *ohne ein zusammenhaltendes Band;* ~e Blumen; ein ~er Blumenstrauß solto; desatado 2 ⟨24/70⟩ ein Buch ist ~ *nicht gebunden, ohne Einband* □ não encadernado 3 ⟨24/70⟩ ein Element ist ~ ⟨Chem.⟩ *nicht Teil einer chem. Verbindung* □ livre 4 ⟨24⟩ in ~er Rede *in Prosa, nicht in Versen* □ *em prosa 5 ⟨fig.⟩ *keinen Zwang kennend, ohne ständige Pflichten od. Verpflichtungen*; ein ~es Leben führen □ livre; independente 5.1 *unverheiratet, ledig*; er, sie ist noch ~ □ livre; sem compromisso 5.2 ~ durch etwas *frei von etwas*; ~ durch häusliche Pflichten □ *livre de alguma coisa

un|ge|duld ⟨f.; -; unz.⟩ *Mangel an Geduld, Unfähigkeit zu warten* □ impaciência

un|ge|fähr ⟨a. [--'-] Adj. 24⟩ 1 ⟨90⟩ *etwa, rund gerechnet, nicht genau gerechnet*; ~ die Doppelte; ~ um 3 Uhr; er ist ~ 30 Jahre alt; ~ 10 Stück □ cerca de; aproximadamente; hast du denn alles allein bezahlen, allein machen müssen? So ~! □ mais ou menos 2 *ungenau, annähernd*; ~e Schätzung; ich habe davon nur eine ~e Vorstellung □ aproximado 3 ⟨50⟩ *etwas kommt nicht von* ~ *ist nicht zufällig; das ist doch nicht von* ~ *so* □ *não acontecer por acaso

un|ge|fähr|lich ⟨Adj.⟩ 1 *nicht gefährlich, keine Gefahr bergend, nicht bedrohlich*; ein ~es Vorhaben 1.1 *eine Sache ist nicht* ~ *eine S. ist etwas gefährlich* □ inofensivo; inócuo; sem perigo

un|ge|fü|ge ⟨Adj.⟩ *sehr groß u. massig, schwer zu handhaben*; ein ~r Gegenstand, ein ~s Gerät □ volumoso; avultado

un|ge|hal|ten ⟨Adj.⟩ ~ (über) etwas *unzufrieden mit etwas, unwillig, ärgerlich über, wegen etwas* □ descontente; irritado; indignado

un|ge|heu|er ⟨a. [--'--] Adj.⟩ 1 *ans Wunderbare grenzend, riesig, gewaltig, außerordentlich*; ungeheure Anstrengung, Leistung; von ungeheuren Ausmaßen; von ungeheurer Größe, Höhe, Weite; er besitzt ungeheure Kraft; ungeheure Mengen; dazu gehört ungeheurer Mut, ungeheure Energie, Selbstbeherrschung; die Verantwortung, die er trägt, ist ~ □ enorme; descomunal; etwas ins Ungeheure steigern □ *aumentar excessivamente alguma coisa 2 *sehr, ungemein, riesig, außerordentlich*; ~ groß, stark, schwer □ imensamente; monstruosamente

Un|ge|heu|er ⟨n.; -s, -⟩ Sy *Monstrum(1)* 1 *riesenhaftes, hässliches Fabeltier* 2 *furchterregendes, großes Tier* 3 ⟨fig.; abwertend⟩ *grausamer, roher, verbrecherischer Mensch* □ monstro

un|ge|heu|er|lich ⟨a. [--'---] Adj.⟩ *empörend, unerhört*; das ist ja ~! □ monstruoso

un|ge|hö|rig ⟨Adj.⟩ *nicht der guten Sitte entsprechend, vorlaut, frech, unehrerbietig*; eine ~e Antwort, ~es Benehmen □ impertinente; inconveniente

un|ge|hor|sam ⟨Adj.⟩ *nicht gehorsam, Anweisungen nicht gehorchend*; ein ~er Hund □ desobediente

un|ge|le|gen ⟨Adj.⟩ *unpassend, zu unpassender Zeit*; zu ~er Stunde kommen; jmdm. ~ kommen; komme ich ~?; Ihr Vorschlag, Besuch kommt mir zurzeit leider sehr ~ □ inoportuno; em má hora

un|ge|lenk ⟨Adj.⟩ *unbeholfen, ungeschickt in den Bewegungen* □ desajeitado; canhestro

un|ge|lo|gen ⟨Adv. 24; umg.⟩ *ohne zu lügen, tatsächlich, wirklich, nicht übertrieben*; ich habe ~ drei Stunden dazu gebraucht; das Wasser stand ~ so hoch □ sincero; sinceramente; sem exagero

Un|ge|mach ⟨n.; -s; unz.; fast nur noch poet.⟩ 1 *Unglück, Übel*; großes ~ erleiden □ adversidade; desgraça 2 *Beschwernis, große Mühe*; Ggs *Gemach¹*; mancherlei ~ auf sich nehmen □ aborrecimento; atribulação

un|ge|mein ⟨a. ['---] Adj. 24⟩ 1 ⟨60⟩ *sehr groß, außerordentlich*; es macht mir ~Vergnügen; eine ~e Anstrengung □ enorme; extraordinário 2 ⟨50; verstärkend⟩ *sehr, äußerst*; er war ~ frech □ muito; extremamente

un|ge|müt|lich ⟨Adj.⟩ 1 *nicht gemütlich, nicht anheimelnd*; ein ~er Raum, eine ~e Wohnung; in seinem Zimmer war es kalt und ~ □ desconfortável; incômodo 2 ⟨fig.⟩ *unbehaglich, unangenehm*; ein ~es Gefühl; mir war etwas ~ zumute □ desconfortável; desagradável 3 *unfreundlich, grob*; wenn er die Geduld verliert, kann er sehr ~ werden □ desagradável; antipático

un|ge|niert ⟨[-ʒə-] a. [--'-'] Adj.⟩ *ohne sich zu genieren, ungehemmt, frei, nicht ganz korrekt, nicht ganz den gesellschaftlichen Formen entsprechend*; ein ~es Benehmen □ desenvolto; sagen Sie es ~! □ com franqueza; langen Sie bitte ~ zu! □ à vontade

un|ge|nieß|bar ⟨a. ['----] Adj. 70⟩ 1 ⟨24⟩ *nicht genießbar, verdorben; das Essen war ~* □ intragável 1.1 *nicht zum Essen geeignet, giftig*; ~e Pilze □ não comestível 2 ⟨fig.; umg.⟩ *übellaunig, unfreundlich*; du bist heute ~! □ intragável; insuportável

un|ge|nü|gend ⟨Adj.⟩ *nicht genügend, nicht zufrieden stellend*; das ist eine ~e Erklärung □ insuficiente; das ist ~ vorbereitet □ insuficientemente; → a. *Note(2.6)*

un|ge|ra|de ⟨Adj. 24⟩ 1 *nicht durch 2 teilbar*; Sy *gerade²*; ~ Zahl, Hausnummer □ ímpar 2 ein ~s Geweih, Gehörn ⟨Jägerspr.⟩ *Geweih, dessen Stangen eine ungleiche Zahl von Enden aufweisen* □ díspar 2.1 ein ~r Zwölfender, Zwölfer *Hirsch mit elf Enden am Geweih, auf einer Seite sechs, auf der andern fünf* □ *cervo com onze galhos, distribuídos de modo desigual

un|ge|recht ⟨Adj.⟩ *nicht gerecht, nicht dem Rechtsgefühl entsprechend*; ~ Urteil; jmdn. ~ behandeln; er, sie ist ~ □ injusto; injustamente

un|ge|reimt ⟨Adj.⟩ 1 *ohne Reime*; ein ~es Gedicht □ não rimado; livre 2 ⟨fig.⟩ *unvernünftig, unsinnig, töricht*; ~es Gerede; ~es Zeug (daher)reden □ absurdo; insensato; disparatado

un|gern ⟨Adv.⟩ 1 *nicht gern, mit innerem Widerstand*; er sieht, hat es ~, wenn man ...; das tue ich (am höchst) ~; gern oder ~, ich muss es tun □ a contragosto; de má vontade 1.1 *nicht* ~ *ganz gern*; ich tanze nicht ~ □ *com prazer

un|ge|rührt ⟨Adj.⟩ *nicht gerührt, nicht bewegt, gefühlskalt, gleichgültig*; er blieb völlig ~, als er die Nachricht empfing □ insensível; impassível

un|ge|schickt ⟨Adj.⟩ 1 *nicht geschickt, schwerfällig*; sich ~ anstellen; etwas ~ machen; "Bitte sehr!", sagte er ~

und wurde rot; bist du aber ~!; seine kleinen Finger sind noch zu ~ ☐ **desajeitado; inábil 2** ⟨fig.⟩ *unklug*; es war ~, *das jetzt zu sagen* ☐ **inconsiderado; infeliz**

un|ge|schlacht ⟨Adj.; abwertend⟩ *groß u. unförmig, von grobem Körperbau;* ein ~er Kerl ☐ **brutamontes**

un|ge|schminkt ⟨Adj.⟩ **1** *nicht geschminkt, ohne Schminke* ☐ **sem maquiagem 2** ⟨fig.⟩ *ohne Beschönigung, ohne Schönfärberei;* jmdm. die ~e Wahrheit sagen ☐ **puro; nu e cru**

un|ge|scho|ren ⟨Adj.⟩ **1** *nicht geschoren;* Mantel aus ~em Lammfell, Schaffell ☐ **não tosquiado 2** ⟨40⟩ jmdn. ~ lassen ⟨fig.⟩ *in Ruhe lassen, nicht belästigen, nicht angreifen* ☐ ***deixar alguém em paz**

un|ge|setz|lich ⟨Adj. 24⟩ *gesetzlich nicht erlaubt, illegal;* Ggs *gesetzlich;* etwas auf ~em Wege erreichen ☐ **ilegal**

un|ge|stört ⟨a. [--ˈ-] Adj.⟩ *nicht gestört, ohne Störung, in Ruhe;* für einen ~en Ablauf (der Sache, Veranstaltung) sorgen; ~e Entwicklung; in ~er Ruhe; hier kann ich nicht ~ arbeiten; ich möchte bis 3 Uhr ~ bleiben; hier sind Sie ganz ~ ☐ **tranquilo; sossegado; tranquilamente**

un|ge|stüm ⟨Adj.⟩ *heftig u. schnell, ungeduldig vorwärtsdrängend* ☐ **impetuoso**; er sprang ~ auf; jmdm. ~ um den Hals fallen ☐ **impetuosamente**; „...!", rief er ~ ☐ **com veemência**

Un|ge|stüm ⟨n.; -s; unz.⟩ *ungestümes Wesen, leidenschaftliche Ungeduld;* mit jugendlichem ~ ☐ **ímpeto; impetuosidade**

un|ge|sund ⟨Adj. 22⟩ **1** *der Gesundheit abträglich;* ~es Klima ☐ **insalubre**; ~e Speisen ☐ **pouco saudável; prejudicial à saúde 2** *von schlechter Gesundheit zeugend;* ~es Aussehen ☐ **doentio**

Un|ge|tüm ⟨n.; -(e)s, -e⟩ **1** *riesiges Tier* ☐ **monstro 2** *riesiger, schwerer Gegenstand;* der Wagen, ein blaues ~, brauste heran; wohin soll dieses ~ von Schrank? ☐ **colosso**

un|ge|wiss ⟨Adj.⟩ **1** *nicht gewiss, unsicher, unbestimmt, zweifelhaft;* es ist ~, ob er heute noch kommt; der Ausgang, Erfolg der Angelegenheit ist ~ ☐ **incerto; duvidoso**; unser Versuch, unser Vorgehen ist ein Sprung ins Ungewisse ☐ ***nossa tentativa/ nosso procedimento é um salto no escuro 1.1** jmdn. über etwas im Ungewissen lassen *jmdm. nichts Genaues mitteilen* ☐ **incerteza; dúvida**

un|ge|wöhn|lich ⟨Adj.⟩ **1** *vom Üblichen abweichend;* eine ~e Kälte, Hitze; er behandelte ihn mit ~er Strenge, Freundlichkeit ☐ **extraordinário; excepcional 1.1** *ungebräuchlich;* ein ~er Ausdruck, eine ~e Redewendung ☐ **inusitado; pouco comum 1.2** *erstaunlich;* er ist ein ~er Mensch ☐ **extraordinário; excepcional 2** ⟨50⟩ *ganz besonders, wie man es selten sieht, hört, liest, erlebt;* das Bild ist ~ gut erhalten; es dauerte heute ~ lange ; sie hat eine ~ schöne Stimme ☐ **extraordinariamente; excepcionalmente**

un|ge|wohnt ⟨Adj.⟩ **1** *nicht gewohnt, nicht üblich;* mit ~er Schärfe sagte er … ☐ **incomum; insólito 1.1** jmdm. ist etwas ~ *jmd. ist etwas nicht gewohnt, ist in etwas ungeübt;* es ist mir ~, solch ein Auto zu fahren ☐ ***não estar acostumado a alguma coisa**

un|ge|zählt ⟨Adj. 24⟩ **1** ⟨60⟩ *so viele, dass man sie nicht zählen kann;* ~e Stunden mit einer Tätigkeit zubringen; Ungezählte kamen aus den Häusern ☐ **incontável; inumerável 2** ⟨50⟩ *ohne nachgezählt zu haben;* das Geld ~ auf den Tisch legen ☐ **não contado; sem contar**

Un|ge|zie|fer ⟨n.; -s; unz.⟩ *tierische Schädlinge u. Schmarotzer (bes. Insekten, auch Ratten u. a.), die Menschen, Tiere, Pflanzen, Stoffe, Vorräte angreifen* ☐ **parasitas; pragas**

un|ge|zo|gen ⟨Adj.⟩ *unartig, ungehorsam, frech, widersetzlich;* eine ~e Antwort geben; ~es Kind; ~ antworten; ~ sein ☐ **malcriado; mal-educado**

un|ge|zü|gelt ⟨Adj.⟩ *nicht gezügelt, unbeherrscht* ☐ **desenfreado**

un|ge|zwun|gen ⟨Adj.; fig.⟩ *natürlich, nicht steif, nicht förmlich;* Sy *salopp(1);* in ~er Haltung ☐ **natural; espontâneo**; sie bewegt sich hier ganz frei und ~; sich ~ unterhalten ☐ **com naturalidade**

un|glaub|haft ⟨Adj.⟩ *so beschaffen, dass man es nicht glauben kann;* eine ~e Geschichte, Darstellung; seine Schilderung ist ~ ☐ **inacreditável; incrível**

un|gläu|big ⟨Adj.⟩ **1** *nicht gläubig, nicht an Gott glaubend;* jmd. ist ~; die Ungläubigen ☐ **incrédulo; ateu; infiel 2** *etwas nicht glauben könnend, etwas bezweifelnd;* jmdn. ~ anschauen ☐ **com ceticismo**; ~ den Kopf schütteln, lächeln ☐ **incrédulo**

un|glaub|lich ⟨a. [ˈ---] Adj.⟩ **1** *so beschaffen, dass man es kaum glauben kann, nicht zu_glauben, unwahrscheinlich;* eine ~e Geschichte; es ist ~, wie schnell er das fertig gebracht hat **2** ⟨fig.⟩ *unerhört;* (das ist) ~!; eine ~e Frechheit ☐ **inacreditável; incrível**

un|gleich ⟨Adj.⟩ **1** *nicht gleich im Aussehen, in den Maßen, Ausmaßen, in der Art unterschiedlich, verschieden, nicht übereinstimmend;* ~e Augen, Hände, Füße haben; ~e Größe, Tiefe, Breite; die beiden sind zu ~ und vertragen sich deshalb nicht gut ☐ **desigual; diferente**; ~ verteilt ☐ **desigualmente 1.1** ⟨43⟩ einander ~ sein *sich unterscheiden* ☐ ***ser diferente um do outro 2** ⟨50⟩ *sehr viel, weitaus;* ~ besser, schöner ☐ **muito mais; incomparavelmente**

Un|glück ⟨n.; -(e)s, -e⟩ **1** *Geschehnis, Ereignis, das Schaden u. Trauer hervorruft, Katastrophe, schweres Missgeschick, schwerer Unfall;* Lawinen~, Verkehrs~; es ist ein ~ geschehen; pass auf, sei vorsichtig, sonst passiert noch ein ~; von einem ~ betroffen werden ☐ **desastre; desgraça**; ein ~ kommt selten allein ⟨Sprichw.⟩ ☐ ***uma desgraça nunca vem só 1.1** das ist kein (großes) ~ *das ist nicht so schlimm* ☐ **tragédia; fim do mundo 2** ⟨fig.⟩ *Pech;* Ggs *Glück;* ~ in der Liebe, im Spiel haben; zu allem ~ hat er auch noch seine Brieftasche verloren; von, vom ~ verfolgt werden ☐ **azar**; er saß da wie ein Häufchen ~ ☐ ***ele estava sentado ali com ar de coitado*; dabei hat er noch Glück im ~ gehabt ☐ **azar; adversidade**

un|glück|lich ⟨Adj.⟩ **1** *traurig, niedergeschlagen;* sich ~ fühlen; ich bin ~ darüber! ☐ **triste 2** *Unglück bringend;* durch einen ~en Zufall, durch ein ~es Zusammentreffen ☐ **infeliz**; er ist so ~ gestürzt, dass er sich den Arm gebrochen hat □ azarado 3 *nicht vom Glück begünstigt;* die Sache endete, verlief ~ □ mal 3.1 *der Unglückliche! der Arme!,* er kann einem Leid tun! □ *coitado! 3.2 ~e Liebe *L. ohne Gegenliebe* □ infeliz 4 *ungeschickt;* durch eine ~e Bewegung fielen die Tassen vom Tablett □ infeliz; desastrado 4.1 eine ~e Figur machen *sich unbeholfen, gehemmt bewegen u. dadurch keinen guten Eindruck machen* □ *fazer triste figura

un|glück|li|cher|wei|se ⟨Adv.⟩ *zum Unglück;* ~ konnte ich den Zusammenstoß nicht verhindern □ infelizmente

Un|gna|de ⟨f.; -; unz.⟩ 1 *Übelwollen, Ungunst, Unwillen (einem Untergebenen gegenüber)* □ desfavor; desgraça; sich jmds. ~ zuziehen □ *cair em desgraça junto de alguém 1.1 in ~ fallen *sich jmds. Unwillen zuziehen, jmds. Gunst verlieren* □ *cair em desgraça 1.2 jmdn. in ~ fallen lassen *jmdm. die Gunst, das Wohlwollen entziehen, ihm nicht mehr wohlgesinnt sein* □ *deixar de apoiar alguém

un|gnä|dig ⟨Adj.⟩ 1 *verdrießlich, übellaunig, ungeduldig* □ rude; mal-humorado; etwas ~ aufnehmen □ de má vontade 2 ⟨geh.⟩ *unheilvoll, hart, erbarmungslos;* das Schicksal war ~ mit ihm □ inclemente; impiedoso

un|gül|tig ⟨Adj. 24/70⟩ 1 *nicht (mehr) gültig, keine Geltung (mehr) habend;* ein ~er Fahrschein, Pass; ein Gesetz, Banknoten für ~ erklären □ inválido; nulo; caduco 1.1 ~ werden *seine Gültigkeit verlieren, nicht mehr gelten;* der Pass wird am 20. Mai ~ □ *expirar; perder a validade

Un|gunst ⟨f.; -; unz.⟩ 1 *Mangel an Gunst, das Ungünstigsein;* die ~ der Verhältnisse □ desfavor; adversidade; die ~ der Witterung brachte es mit sich □ inclemência 2 *zu jmds. ~en zu jmds. Nachteil;* das Urteil ist zu seinen ~en ausgefallen; ich habe mich zu Ihren ~en verrechnet □ *em detrimento/prejuízo de alguém 3 ⟨Getrennt- u. Zusammenschreibung⟩ 3.1 zu Ungunsten = *zuungunsten*

un|güns|tig ⟨Adj.⟩ *nicht günstig, nachteilig, schlecht;* ~es Wetter (für einen Ausflug); bei ~er Witterung findet das Fest im Saal statt; das Urteil ist für ihn ~ ausgefallen; der Augenblick, die Gelegenheit ist ~; die Aussichten sind ~; dieses Bild von dir ist ~ □ desfavorável; ruim; adverso; jmdn. ~ beurteilen □ desfavoravelmente

un|gut ⟨Adj. 24⟩ 1 *nicht gut, böse, unangenehm;* ich habe ein ~es Gefühl bei dieser Sache gehabt; zwischen den beiden herrscht ein ~es Verhältnis; ~e Worte □ ruim; desagradável 2 *nichts für ~ nehmen Sie es mir nicht übel* □ *não leve a mal

un|halt|bar ⟨a. ['---] Adj. 70⟩ 1 *so beschaffen, dass man es nicht länger halten, verteidigen kann;* eine ~e (militärische) Stellung 2 *so beschaffen, dass man es nicht aufrechterhalten kann;* eine ~e Behauptung 3 *so beschaffen, dass es nicht fortdauern kann;* ein ~er Zustand □ insustentável

un|hand|lich ⟨Adj.⟩ *nicht handlich, unpraktisch (in der Anwendung);* ein ~es Paket, Gepäckstück □ difícil de manejar

Un|heil ⟨n.; -(e)s; unz.⟩ 1 *schlimmes Geschehen, Schlimmes, Böses, Unglück;* ~ abwenden, anrichten, stiften; ich habe das ~ kommen sehen □ mal; desgraça; calamidade 2 ⟨Getrennt- u. Zusammenschreibung⟩ 2.1 ~ verkündend = *unheilverkündend*

un|heil|bar ⟨a. ['---] Adj. 24⟩ *nicht heilbar, so beschaffen, dass man es nicht heilen kann;* an einer ~en Krankheit leiden □ incurável

un|heil|dro|hend ⟨Adj. 24⟩ *Unheil ankündigend, bedrohlich;* ein ~es Zeichen des Schicksals □ ominoso; agourento

un|heil|ver|kün|dend *auch:* Un|heil ver|kün|dend ⟨Adj. 24; geh.⟩ *nahendes Unheil ankündigend;* er zog ein ~es Gesicht; ⟨bei Erweiterung des ersten Bestandteils⟩ großes Unheil verkündend; ⟨bei Steigerung oder Erweiterung der gesamten Fügung⟩ ihr heutiger Brief war (noch) unheilverkündender als der gestrige; die Rede des Diktators klang sehr unheilverkündend □ sinistro; agourento; funesto

un|heil|voll ⟨Adj.; geh.⟩ *Unheil mit sich bringend* □ calamitoso; funesto

un|heim|lich ⟨a. ['---] Adj.⟩ 1 *leichte Furcht, leichtes Grauen erregend, sehr unbehaglich;* eine ~e Gestalt; er sah ~ aus □ assustador; sinistro 1.1 mir ist ~ zumute *ich empfinde eine unbestimmte Angst* □ *estou sentindo um aperto no coração 2 ⟨fig.; umg.⟩ *sehr groß, sehr viel;* es herrschte ein ~es Durcheinander; ich habe ~en Hunger □ enorme; tremendo 3 ⟨50; umg.⟩ *sehr;* das ist ~ schnell gegangen □ muito; ~ viel □ *um monte

un|höf|lich ⟨Adj.⟩ *nicht höflich, nicht hilfsbereit, unfreundlich;* ein ~er Mensch; sich ~ verhalten □ (de modo) grosseiro/malcriado

Un|hold ⟨m.; -(e)s, -e⟩ 1 *böser Geist, Teufel, Ungeheuer, Menschenfresser (im Märchen)* □ monstro; demônio 2 *bösartiger, grausamer Mensch* □ monstro

uni ⟨[yni:] *od.* ['--] Adj. 11⟩ *einfarbig;* das Kleid ist ~ □ liso; de uma só cor

Uni|form ⟨a. ['---] f.; -, -en⟩ *einheitliche Dienstkleidung, z. B. der Soldaten, Polizisten, bestimmter Beamter usw.;* Ggs Zivil □ uniforme; farda

Uni|kum ⟨n.; -s, Uni|ka *od.* -s⟩ 1 ⟨Pl. Uni|ka⟩ *etwas in seiner Art Einmaliges, Seltenes, etwas Einzigartiges* 2 ⟨Pl. Uni|ka⟩ *nur einmal hergestelltes Exemplar, Einzelstück* □ exemplar único; peça única 3 ⟨Pl.: -s; fig.; umg.⟩ *sonderbarer Mensch, Kauz, Sonderling* □ tipo raro; figura

Uni|on ⟨f.; -, -en⟩ *Vereinigung, Verbindung, Zusammenschluss;* ~ der lutherischen u. der reformierten Kirche in Preußen □ união

uni|so|no ⟨Adv.⟩ 1 ⟨Mus.⟩ *im Einklang, einstimmig zu spielen* 2 ⟨geh.⟩ *im Einklang, übereinstimmend* □ uníssono

uni|ver|sal ⟨[-vɛr-] Adj. 24⟩ *gesamt, umfassend, allgemein;* oV universell □ universal

uni|ver|sell ⟨[-vɛr-] Adj. 24⟩ = *universal*

uni|ver|si|tär ⟨[-vɛr-] Adj. 24/90⟩ *die Universität betreffend, zu ihr gehörig;* ~e Angelegenheiten; die ~e Verwaltung □ universitário

Universität

Uni|ver|si|tät ⟨[-vɛr-] f.; -, -en⟩ **1** Hochschule für alle Wissensgebiete **2** Gesamtheit der Lehrer, Angestellten u. Studenten einer Universität(1) □ **universidade**

Uni|ver|sum ⟨[-vɛr-] n.; -s; unz.⟩ Weltraum, All □ **universo**

Un|ke ⟨f.; -, -n⟩ **1** ⟨Zool.⟩ Angehörige einer zu den Scheibenzünglern gehörigen Gattung der Froschlurche, die als Schreckreaktion eine bewegungslose „Kahnstellung" einnehmen, wobei die grell gefärbte Unterseite der Gliedmaßen gezeigt wird: Discoglossidae □ **sapo-de-barriga-de-fogo 2** ⟨umg.; scherzh.⟩ Schwarzseher, Pessimist □ **agourento; pessimista**

un|ken ⟨V. 400; umg.⟩ Unglück prophezeien, schwarz sehen □ **agourar**

un|kennt|lich ⟨Adj. 24⟩ nicht erkennbar □ **irreconhecível**; sich ~ machen □ *disfarçar-se

Un|kennt|nis ⟨f.; -; unz.⟩ **1** das Nichtwissen, Nichtkennen (eines Sachverhalts); aus ~ einen Fehler begehen; ~ schützt vor Strafe nicht □ **ignorância; desconhecimento 1.1** ich habe ihn in ~ darüber gelassen ihn nicht über diese Sache aufgeklärt □ *deixei-o às escuras

un|klar ⟨Adj.⟩ **1** nicht verständlich; ein ~er Text; ein ~er Bericht, Vortrag □ **confuso; obscuro**; sich ~ ausdrücken □ de forma pouco clara; das ist mir noch ~; es ist mir völlig ~, wie ich das schaffen soll □ **incompreensível 1.1** ungewiss □ **incerto; duvidoso**; ich bin mir darüber noch ~ □ *ainda não entendi isso direito; ainda tenho dúvidas a respeito; du solltest ihn nicht länger darüber im Unklaren lassen □ *você não deveria deixá-lo em dúvida por mais tempo **2** dunkel, verwickelt; eine ~e Angelegenheit □ **obscuro 3** undeutlich, verschwommen; ein ~es Bild □ **pouco nítido; indistinto 4** trübe, unrein; eine ~e Flüssigkeit □ **turvo**

un|klug ⟨Adj.⟩ psychologisch nicht geschickt, unvorsichtig, unbesonnen; eine ~e Maßnahme; ein ~es Verhalten, Vorgehen; das war ~ (gehandelt); es wäre ~, zu ... □ **inconsiderado; imprudente**

Un|kos|ten ⟨Pl.⟩ **1** (zusätzliche, unvorhergesehene) Kosten; die entstandenen ~ werden auf alle Teilnehmer umgelegt; die ~ belaufen sich auf 1.000 € **2** (Gesamtheit an) Ausgaben; die ~ belaufen sich zusammen auf 500 € monatlich □ **gastos; despesas 2.1** sich in ~ stürzen ⟨umg.⟩ viel Geld ausgeben □ *gastar um dinheirão

Un|kraut ⟨n.; -(e)s, -kräu|ter⟩ **1** Pflanze, die zwischen Nutz- od. Zierpflanzen wächst u. deren Fortkommen hindert; Acker~, Wiesen~; ~ ausreißen, jäten, vertilgen, ziehen, zupfen; das ~ sprießt üppig, wuchert □ **erva daninha 1.1** ~ vergeht nicht ⟨Sprichw.⟩ zähe, kräftige Menschen gehen nicht unter □ *erva ruim geada não mata **1.2** das ~ mit der Wurzel ausreißen, ausrotten ⟨a. fig.⟩ ein Übel gründlich beseitigen □ *arrancar o mal pela raiz

un|kul|ti|viert ⟨[-viːrt] Adj.⟩ **1** nicht kultiviert, nicht bebaut; ~er Boden □ **inculto 2** ⟨fig.⟩ roh, ungeschliffen; ~es Benehmen □ **bruto; rude**

un|längst ⟨Adv.⟩ kürzlich, vor kurzem, neulich; er ist ~ angekommen, zurückgekehrt □ **há pouco; recentemente**

un|leid|lich ⟨Adj.⟩ schlecht gelaunt, sehr unfreundlich, unverträglich, missgestimmt u. daher ungezogen; ein ~es Kind; ein ~er Mensch; er ist heute ~ □ **insuportável; intolerável**

un|leug|bar ⟨a. [-'--] Adj. 24⟩ so beschaffen, dass man es nicht leugnen kann, unbestreitbar; ~e Tatsachen □ **inegável; incontestável**

un|lieb ⟨Adj. 24/46⟩ **1** nicht lieb, nicht angenehm, ungelegen, unwillkommen □ **inoportuno; indesejado 1.1** jmdm. ist etwas nicht ~ ganz lieb, kommt etwas ganz gelegen; es ist mir nicht ~, dass ... □ *ficar feliz em; folgar em

un|lieb|sam ⟨Adj.⟩ unangenehm, lästig; ~es Aufsehen erregen; eine ~e Erörterung, Meinungsverschiedenheit, Störung □ **desagradável**

Un|lust ⟨f.; -; unz.⟩ Mangel an Lust, Unbehagen, Abneigung; Ggs Lust; seine ~ überwinden; etwas mit ~ essen; mit ~ an eine Arbeit usw. herangehen □ **falta de vontade; contragosto**

un|mä|ßig ⟨Adj.⟩ kein Maß kennend, maßlos, nicht Maß haltend □ **imoderado; desmedido**; ~ essen □ **desmedidamente**

Un|men|ge ⟨f.; -, -n⟩ sehr große, nicht zählbare Menge; eine ~ von Menschen, Büchern □ **sem-número; monte**

Un|mensch ⟨m.; -en, -en⟩ **1** grausamer Mensch, Rohling **1.1** ich bin ja kein ~ ⟨umg.⟩ ich lasse mit mir reden, gebe nach □ **monstro; bruto**

un|mensch|lich ⟨a. [-'--] Adj.⟩ **1** nicht menschlich (denkend, handelnd), grausam, roh, wie ein Tier; mit ~er Grausamkeit, Härte □ **monstruoso, desumano**; jmdn. ~ quälen □ **brutalmente; barbaramente 2** ⟨50; fig.; umg.⟩ sehr (groß), ungeheuer; es ist ~ schwül heute □ **muito; demais**

un|miss|ver|ständ|lich ⟨a. [---'--] Adj.⟩ so geartet, dass es nicht misszuverstehen ist, sehr deutlich u. energisch; eine ~e Ablehnung, Absage □ **inequívoco; categórico**; sich ~ ausdrücken; jmdm. etwas ~ klarmachen, sagen, zu verstehen geben □ **inequivocamente; categoricamente**

un|mit|tel|bar ⟨Adj.⟩ **1** ⟨50⟩ ohne Umweg, direkt, gerade(n)wegs □ **direto; imediato**; seine Worte berührten mich ganz ~ □ **diretamente; imediatamente 1.1** ~er Zwang ⟨Rechtsw.⟩ von der Obrigkeit angewendete physische Gewalt, einschließlich des Waffengebrauchs gegen Personen od. rechtswidrig eingerichtete Gegenstände □ *coação direta **2** ⟨90⟩ ohne Zwischenstufe, ohne Zwischenraum; in ~er Nähe, Verbindung bleiben □ **direto; imediato**; ~ hinter dem Haus; das Grundstück liegt ~ neben dem unseren □ **logo**; ~ vor der Tür, vor mir □ **exatamente; bem 2.1** ~er Besitz ⟨Rechtsw.⟩ tatsächliche Verfügungsgewalt über eine Sache □ *posse direta **2.1.1** ~er Besitzer jmd., der augenblicklich über eine Sache verfügt, z. B. Pächter, Mieter □ *proprietário direto **3** ⟨50⟩ sofort, gleich; danach hörte ich, wie ... □ **imediatamente**

un|mo|dern ⟨Adj.⟩ nicht modern, nicht der Mode, der Zeit, dem aktuellen Stand entsprechend, unzeitgemäß; sich ~ kleiden, einrichten; ~e Ansichten vertreten;

diese Technik, dieser Apparat ist ~ □ (de modo) antiquado; fora de moda

un|mög|lich ⟨a. [-'--] Adj.⟩ **1** *nicht möglich, nicht durchführbar, nicht denkbar;* bei Gott ist kein Ding ~ (NT, Lukas 1,37); du solltest nichts Unmögliches erhoffen, erwarten, versuchen, wollen; (scheinbar) Unmögliches leisten; das Unmögliche möglich machen; du verlangst Unmögliches von mir; es ist mir ~, zu ...; das ist räumlich, technisch, zeitlich ~ **1.1** *ausgeschlossen;* ~!; das ist ganz, völlig ~; ich halte es für ~ □ **impossível 2** ⟨50⟩ *etwas* ~ **tun können** *nicht, keinesfalls, unter keinen Umständen;* das kann ich ~ schaffen; das kann ~ richtig sein □ **de jeito nenhum; de forma alguma 3** ⟨umg.⟩ *völlig aus dem Rahmen fallend;* sie hatte ein ~es Kleid an; ein ~er Mensch; du siehst (mit dem Hut, in dem Kleid) ~ aus!; du bist (einfach) ~! □ **inaceitável; inadequado 3.1** jmdn. ~ machen *bloßstellen, blamieren* □ *****ridicularizar alguém;** er hat sich ~ gemacht □ *****ele fez um papel ridículo**

un|mo|ra|lisch ⟨Adj.⟩ *nicht moralisch, unsittlich;* eine ~e Einstellung; einen ~en Lebenswandel führen; ~ handeln, denken □ **imoral(mente)**

Un|mut ⟨m.; -(e)s; unz.⟩ *Missmut, Missgestimmtsein, Ärger, Verdruss;* seinen ~ an jmdm. auslassen; seinen ~ zügeln, sich nicht anmerken lassen □ **mau humor; irritação**

un|nach|ahm|lich ⟨a. [--'--] Adj. 24⟩ *so beschaffen, dass man es nicht nachahmen kann;* mit ~em Humor □ **inimitável**

un|nah|bar ⟨a. ['---] Adj.⟩ *sehr zurückhaltend, verschlossen, unzugänglich;* ~e Haltung, Würde; sie hat ein ~es Wesen; sie wirkt so ~ □ **inacessível**

un|na|tür|lich ⟨Adj.⟩ **1** *nicht natürlich, nicht der Natur entsprechend;* dieses Verhalten der Wale ist ~ □ **não natural; antinatural;** der Winter ist ~ warm □ **anormalmente 2** *gespreizt, gekünstelt, geziert;* ein ~es Benehmen □ **afetado; artificial**

un|nütz ⟨Adj.⟩ **1** *nutzlos, unnötig, umsonst;* sein Geld ~ ausgeben ; das ist alles ~es Gerede, Zeug; seine Zeit ~ vertun □ **inútil; inutilmente;** kauf doch nichts Unnützes □ **inutilidades 2** *unnötig, überflüssig, umsonst* □ **supérfluo, desnecessário;** sich ~ ereifern □ **desnecessariamente**

UNO ⟨f.; -; unz.; Abk. für⟩ *United Nations Organization (Vereinte Nationen);* ~-Sicherheitsrat □ **ONU**

Un|ord|nung ⟨f.; -; unz.⟩ *Mangel an Ordnung, Durcheinander;* eine heillose ~ anrichten, hinterlassen; etwas in ~ bringen; in ~ geraten □ **desordem**

un|par|tei|isch ⟨Adj.⟩ *nicht parteiisch, zwischen den (sich streitenden) Parteien stehend, neutral;* ~ sein; eine ~e Haltung einnehmen □ **imparcial; neutro**

Un|par|tei|i|sche(r) ⟨f. 2 (m. 1)⟩ *Schiedsrichter(in)* □ **árbitro**

un|pas|send ⟨Adj.⟩ **1** ~es **Verhalten** *nicht passendes, nicht der Situation entsprechendes Verhalten;* eine ~e Äußerung □ **impróprio; inconveniente 2** ~er Zeitpunkt *nicht genehmer, nicht gelegener Z.* □ **inoportuno**

un|päss|lich ⟨Adj. 40⟩ *unwohl, (vorübergehend) nicht ganz gesund, leicht erkrankt;* ~ sein, sich ~ fühlen □ **indisposto; adoentado**

un|per|sön|lich ⟨Adj.⟩ **1** *nicht auf eine bestimmte Person zu beziehen* **1.1** ein Verb, eine Verbform ist ~ ⟨Gramm.⟩ *nicht mit einer persönlichen Form zu bilden, z. B.* es schneit **2** *sachlich, kühl, zurückhaltend, persönliche Dinge nicht berührend;* ~es Gespräch; die ~e Atmosphäre in diesem Betrieb behagt ihr nicht **3** *ohne persönliche Eigenart;* ein ~ eingerichtetes Zimmer □ **impessoal**

Un|rast ⟨f.; -; unz.⟩ *Unruhe, Ruhelosigkeit* □ **inquietação; desassossego; agitação**

Un|rat ⟨m.; -(e)s; unz.⟩ **1** *Schmutz, Abfall, Kehricht* □ **lixo; imundíce 2** ⟨fig.⟩ *Schlechtes* □ **porcaria 2.1** ~ wittern ⟨fig.; umg.⟩ *Verdacht schöpfen* □ *****suspeitar; desconfiar**

un|recht ⟨Adj. 24⟩ **1** *dem Recht, den Gesetzen, einer sittlichen od. gesellschaftlichen Norm nicht entsprechend;* Ggs **recht(2);** auf ~e Gedanken kommen □ **impróprio; condenável;** es ist ~, das zu sagen, zu tun □ *****não é certo dizer/fazer isso;** du tust ihm ~ □ *****você está sendo injusto com ele;** etwas Unrechtes tun □ *****fazer algo errado;** er hat ~ an ihr gehandelt □ *****ele a tratou mal 2** *nicht richtig, falsch;* sie fühlt sich dort am ~en Platz □ *****lá ela se sente deslocada;** er hat ~/Unrecht bekommen □ *****não lhe deram razão;** ich musste ihm ~/Unrecht geben □ *****tive de contestá-lo;** er war der Unrechte dafür □ **pessoa errada;** du hast ~/Unrecht □ *****você está errado;** da hast du nicht ganz ~/Unrecht □ *****nesse caso, você não está totalmente errado;** es ist ~ von ihm, zu ... □ **errado 2.1** damit ist er bei mir an den Unrechten gekommen *ich bin nicht darauf eingegangen, ich habe ihn zurückgewiesen* □ *****ele veio falar com a pessoa errada 2.2** der Brief ist in ~e Hände gefallen, gekommen, gelangt *an jmdn., für den er nicht bestimmt war* □ *****a carta caiu em mãos erradas 2.3** *ungelegen;* zur ~en Zeit kommen □ **inoportuno;** komme ich ~? □ *****cheguei em má hora?**

Un|recht ⟨n.; -(e)s; unz.⟩ **1** *Ungerechtigkeit, Unrichtigkeit im Handeln;* ~ bekämpfen, meiden, scheuen, tun; ~ erdulden, erleiden, leiden; es geschieht ihm ~; ich versuchte ihm sein ~ klarzumachen; das ist ein bitteres, großes, himmelschreiendes ~; besser ~ leiden als ~ tun ⟨Sprichw.⟩ **2** *unrechte Tat;* jmdm. (ein) ~ antun, zufügen; ein ~ begehen; ein ~ trifft mich, widerfährt mir □ **injustiça 3** *Unrichtigkeit im Urteil, in der Beobachtung;* er befindet sich, ist im ~ □ *****ele está errado;** jmdn. ins ~ setzen □ *****mostrar que alguém está errado;** man hat ihn zu ~ verdächtigt; sich zu ~ beklagen; die Vorschrift besteht zu ~ □ **injustamente; sem razão**

un|red|lich ⟨Adj.⟩ *nicht redlich, unaufrichtig, betrügerisch;* das war ~ von ihm □ **desonesto; desleal;** ~ handeln □ **desonestamente; com deslealdade**

Un|ruh ⟨f.; -, -en⟩ *Schwungrädchen mit Spiralfeder, Gangregler der Uhr;* oV ⟨nicht fachsprachl.⟩ *Unruhe(4)* □ **balanceiro; volante**

Un|ru|he ⟨f.; -, -n⟩ **1** ⟨unz.⟩ *anhaltende, leichte innere Erregung, Besorgnis, Ruhelosigkeit;* ~ *bemächtigte sich ihrer; jmdm.* ~ *bereiten, bringen, verursachen;* ~ *erfasste, erfüllte, ergriff, überfiel, überkam mich; eine innere* ~ *lässt mich heute nicht los; krankhafte, nervöse, quälende* ~; *in* ~ *geraten, sein; jmdn. in* ~ *versetzen; von* ~ *erfasst werden* □ **inquietação; desassossego; agitação 2** ⟨unz.⟩ *störende Bewegung, Störung, Aufregung; in der Klasse herrscht* ~; ~ *stiften* □ **alvoroço 3** *(unblutiger) Aufruhr, laute Unzufriedenheit, Murren;* ~n *beilegen, (im Keime) ersticken, niederschlagen, schlichten, unterdrücken; unter der Menge entstand eine* ~; *politische, religiöse* ~n; *es kam zu* ~n *unter der Bevölkerung* □ **tumulto; distúrbio; desordem 4** *(nicht fachsprachl.)* = *Unruh*

un|ru|hig ⟨Adj.⟩ **1** *nicht ruhig, rastlos, ungeduldig, nervös;* ~ *sein* **1.1** *leicht aufgeregt, angstvoll besorgt, nervös* □ **inquieto; nervoso 1.2** *jmd. hat ein* **Blut** ⟨fig.⟩ *hält es nirgends lange aus, zieht von Ort zu Ort* □ ***viver como um cigano; não ter parada 2** *heftig bewegt; das Meer war* ~ □ **agitado 3** *geräuschvoll, laut;* ~e *Wohngegend* □ **ruidoso; barulhento**

uns ⟨Dat. u. Akk. von⟩ *wir;* → a. *sich* □ **nos; a nós**

un|säg|lich ⟨a. ['---] Adj.⟩ *so, dass man es nicht sagen, nicht beschreiben kann, unaussprechlich* □ **indizível; indescritível;** ~ *traurig sein* □ **inefavelmente**

un|schäd|lich ⟨Adj.⟩ **1** *nicht schädlich, harmlos, nicht gefährlich;* ~e *Insekten;* ~e *Mittel anwenden* □ **inofensivo; inócuo 1.1** *jmdn.* ~ *machen* ⟨fig.⟩ *jmdm. die Möglichkeit nehmen zu schaden* □ ***neutralizar alguém; tornar alguém inofensivo**

un|schätz|bar ⟨a. ['-'--] Adj.⟩ **1** *nicht schätzbar, bes. kostbar; die Kronjuwelen sind* ~; *das Bild hat für mich (einen)* ~en *Wert* **2** ⟨fig.⟩ *unermesslich, außerordentlich groß; er hat uns* ~e *Dienste erwiesen* □ **incalculável; inestimável**

un|schein|bar ⟨Adj.⟩ **1** *so beschaffen, dass man es leicht übersehen kann, nicht auffallend, unbedeutend; diese Pflanze hat nur ganz* ~e *Blüten* □ **pouco vistoso; discreto 2** *einfach, bescheiden, unauffällig; ein* ~er *Mensch* □ **simples; modesto; discreto**

un|schlüs|sig ⟨Adj.⟩ *nicht entschlossen, schwankend, ratlos; ich bin* ~, *was ich tun soll* □ **indeciso**

un|schön ⟨Adj. 24⟩ **1** *nicht schön, hässlich; ein* ~es *Gesicht; der Anblick war* ~ □ **feio 2** *unangenehm; eine* ~e *Angelegenheit* □ **desagradável**

Un|schuld ⟨f.; -; unz.⟩ **1** *Schuldlosigkeit, Freiheit von Schuld; seine* ~ *beteuern, beweisen; meine* ~ *wird sich herausstellen; an jmds.* ~ *glauben* □ **inocência 1.1** *in aller* ~ *etwas sagen, tun ohne etwas Böses dabei zu denken* □ ***dizer/fazer alguma coisa com a maior inocência 1.2** *seine Hände in* ~ *waschen* ⟨fig.; umg.⟩ *sich für nicht schuldig, nicht verantwortlich erklären* □ ***lavar as mãos 2** *Unberührtheit, Keuschheit; seine* ~ *verlieren* □ **inocência; virgindade 3** ⟨fig.⟩ *naiver, einfältiger Mensch, bes. Mädchen; sie spielt gern die gekränkte* ~ □ **ingênuo; inocente 3.1** *eine* ~ *vom Lande* ⟨fig.; abwertend⟩ *einfältiges Bauernmädchen* □ ***uma moça ingênua do campo**

un|schul|dig ⟨Adj. 24⟩ **1** *nicht schuldig, ohne Schuld, schuldlos; er ist* ~ □ **inocente 1.1** *daran ist er* ~ ⟨iron.⟩ *das ist nicht sein Verdienst* □ ***ele não tem nada a ver com isso 2** *unverdorben, rein; ein* ~es *Kind* □ **inocente; ingênuo; puro**

un|selb|stän|dig ⟨Adj.⟩ = **unselbstständig**

un|selbst|stän|dig ⟨Adj.⟩ *nicht selbständig, auf die Hilfe anderer angewiesen;* oV *unselbständig* □ **dependente**

un|se|lig ⟨Adj.⟩ *unglücklich, verhängnisvoll; eine* ~e *Tat;* ~en *Angedenkens; ein* ~es *Erbe antreten* □ **fatal; funesto**

un|ser[1] ⟨Possessivpron. 4; 1. Person Pl.⟩ → a. *mein*[1] *(1.1-3.4)* **1** = *Buch, Haus (usw.) ist* ~ *wir haben ein B.; ein H. (usw.)* **1.1** *uns gehörend, aus unserem Eigentum od. Besitz stammend* □ **nosso 1.1.1** *das Unsere/unsere, Unsrige/unsrige unser Eigentum* □ ***o nosso 1.2** *mit uns verwandt, bekannt, befreundet* **1.2.1** *die Unseren/unseren (enge) Verwandte* □ ***os nossos (parentes) 1.3** *einen Teil von uns bildend* **1.4** *von uns ausgehend* **1.5** *uns zukommend* **2** *eine Eigenschaft von uns darstellend* **2.1** *uns zur Gewohnheit geworden* **3** *von uns getan* **3.1** *von uns verursacht* **3.2** *von uns vertreten, gerechtfertigt* **3.3** *uns erwünscht* **3.4** *von uns benutzt* □ **nosso 4** *Unsere Frau Maria, Mutter Jesu; Unsrer Lieben Frau(en) (Kirche)* □ ***Nossa Senhora 5** ~ *lieber ...! (vertrauliche Anrede)* □ **nosso**

un|ser[2] ⟨Gen. von⟩ *wir* □ **nosso**

un|ser|ei|ner ⟨Indefinitpron.; umg.⟩ *jmd. wie wir;* oV *unsereins;* ~ *kann das nicht bezahlen* □ **alguém como nós**

un|ser|eins ⟨Indefinitpron.⟩ = *unsereiner*

un|se|rer|seits ⟨Adv.⟩ *von uns aus, von unserer Seite aus;* oV *unserseits, unsrerseits;* ~ *ist nichts dagegen einzuwenden* □ **da nossa parte**

un|se|res|glei|chen ⟨Indefinitpron.⟩ *Leute wie wir, Leute unserer gesellschaftlichen Stellung;* oV *unsersgleichen, unsresgleichen* □ **gente como nós**

un|ser|seits ⟨Adv.⟩ = *unsererseits*

un|sers|glei|chen ⟨Indefinitpron.⟩ = *unseresgleichen*

un|sert|hal|ben ⟨Adv.⟩ = *unsertwegen*

un|sert|we|gen ⟨Adv.⟩ *mit Rücksicht auf uns, uns zuliebe;* Sy *unserthalben, unsertwillen* □ **por nossa causa; por nós; quanto a nós**

un|sert|wil|len ⟨Adv.⟩ = *unsertwegen*

un|si|cher ⟨Adj.⟩ **1** *nicht sicher, nicht gefestigt, nicht fest, schwankend; er hat eine* ~e *Hand;* ~ *gehen; die Kranke ist noch* ~ *auf den Füßen* **1.1** *ohne Zutrauen zu der eigenen Meinung, ohne Selbstbewusstsein; er ist im Rechnen, in der Rechtschreibung noch* ~; *er benahm sich* ~ □ **inseguro; vacilante; com insegurança 1.1.1** *du kannst mich nicht* ~ *machen beirren* □ ***você não vai conseguir me deixar inseguro 2** *zweifelhaft; eine* ~e *Angelegenheit, Sache; es ist noch* ~, *ob ...* □ **incerto; duvidoso 2.1** ⟨60⟩ *ein* ~er **Kantonist** ⟨umg.⟩ *jmd., auf den man sich nicht verlassen kann* □ ***um sujeito pouco confiável 3** *gefährlich; dieser Gebirgs-*

pfad, Steg ist ~ □ **inseguro; perigoso** **3.1** die Gegend ~ machen ⟨umg.⟩ *sein Unwesen in einer G. treiben* □ ***andar aprontando em algum lugar**

Un|sinn ⟨m.; -(e)s; unz.⟩ **1** *etwas Unlogisches, Torheit, törichtes Geschwätz od. Tun, dummes Zeug, Albernheit;* es wäre ja (reiner) ~, so etwas zu tun; ~! (zurückweisende Bemerkung); (blühenden) ~ reden, schwatzen □ **absurdo; besteira; insensatez 2** *Dummheiten, Unfug, Faxen;* ~ machen; ~ treiben; er hat nichts als ~ im Kopf □ **asneira; tolice**

un|sin|nig ⟨Adj.⟩ **1** *keinen Sinn habend, voller Unsinn, töricht, albern;* ~es Benehmen, Gerede, Geschwätz; das Urteil ist ~ □ **absurdo; disparatado 2** ⟨umg.⟩ *ungeheuer, sehr, allzu;* ~e Preise verlangen □ **absurdo; exorbitante;** es ist ~ teuer □ **absurdamente**

Un|sit|te ⟨f.; -, -n⟩ *schlechte Angewohnheit, übler Brauch, Untugend* □ **mau hábito**

uns|re ⟨Possessivpron.⟩ → *unser¹*
uns|rer|seits ⟨Adv.⟩ = *unsererseits*
uns|res|glei|chen ⟨Indefinitpron.⟩ = *unseresgleichen*
uns|ri|ge ⟨Possessivpron.⟩ = *unser¹*

un|sterb|lich ⟨a. [-'---] Adj. 24⟩ **1** *nicht sterblich, ewig (lebend, dauernd);* der ~e Gott; das ~e Werk eines Künstlers □ **imortal 2** ⟨umg.; scherzh.⟩ *sehr, außerordentlich;* sich ~ verlieben □ **perdidamente;** er hat sich ~ blamiert □ ***ele fez papel de perfeito idiota**

Un|stern ⟨m.; -(e)s; unz.; geh.⟩ *böses Geschick, Missgeschick, Unglück;* ein ~ waltet über ihm, über dem Unternehmen; er scheint unter einem ~ geboren zu sein □ **má estrela; má sorte**

un|stet ⟨Adj.⟩ *unruhig, rastlos, ruhelos;* ein ~er Charakter, ein ~es Leben, ein ~er Mensch; er hat einen ~en Blick □ **inquieto; volúvel; inconstante**

Un|stim|mig|keit ⟨f.; -, -en; meist Pl.⟩ **1** *Unterschied, Fehler (z. B. in einer Rechnung)* **1.1** *Widerspruch (zwischen Gesetzen, Zahlen);* ~en bereinigen, beseitigen □ **diferença; discrepância 2** *Meinungsverschiedenheit;* es gab häufig ~en zwischen ihnen □ **divergência; discordância**

Un|sum|me ⟨f.; -, -n⟩ *sehr große Summe* □ **soma enorme;** er hat eine ~ Geld verloren □ ***ele perdeu um dinheirão**

un|ta|de|lig ⟨a. ['---] Adj.⟩ *so beschaffen, dass es nichts zu tadeln, nichts auszusetzen gibt, einwandfrei, vorbildlich;* oV *untadlig;* ein ~es Benehmen; eine Ware von ~er Qualität □ **irrepreensível; impecável**

un|tad|lig ⟨a. ['---] Adj.⟩ = *untadelig*

Un|tat ⟨f.; -, -en⟩ *böse Tat, Missetat, Verbrechen;* eine ~ begehen; seine ~en büßen □ **atrocidade; crime**

un|tä|tig ⟨Adj.⟩ *nichts tuend, müßig, faul, beschäftigungslos* □ **ocioso; inativo;** die Hände ~ in den Schoß legen; ~ herumsitzen □ **ociosamente**

un|ten ⟨Adv.⟩ **1** *tief, tiefer gelegen, am unteren Ende, an der unteren Seite;* ~ ankommen (mit dem Fahrstuhl) □ ***descer (de elevador);** ~ bleiben, sein □ **embaixo;** siehe ~! ⟨Abk.: s. u.⟩ (Verweis auf später Gesagtes in Büchern) □ **abaixo; infra;** ich warte ~ auf dich (vorm Haus) □ **(lá) embaixo;** ~ an der Tafel; nach ~ (zu) wird der Baumstamm dicker □ **na parte inferior;** ~ auf der Seite □ ***no pé da página;** dort, hier ~ (z. B. im Tal); Sie müssen dort ~ durch die Unterführung □ **embaixo;** von hier ~ (aus) kann ich es nicht sehen □ **de baixo;** links, rechts ~ im Bild □ **embaixo; no canto inferior;** im Fahrstuhl nach ~ fahren □ ***descer de elevador;** man wusste kaum noch, was ~ und (was) oben war (solch ein Durcheinander herrschte, so fröhlich ging es zu) □ ***(a confusão/a alegria era tão grande que) mal se reconhecia o lugar;** ~ bleiben, liegen, stehen □ **embaixo;** die Herde kam gemächlich von ~ herauf auf die Alm □ ***aos poucos o rebanho foi subindo para o pasto;** im Fahrstuhl von ~ nach oben fahren □ ***subir de elevador;** weiter ~ (im Tal, im Text eines Buches) □ ***mais abaixo 1.1** *es liegt ganz ~ auf der Landkarte* ⟨umg.⟩ *im Süden* □ **sul 1.2** wir wohnen ~ *im Parterre* □ **no térreo 1.3** bei jmdm. ~ *durch sein* ⟨fig.; umg.⟩ *jmds. Achtung verloren haben* □ ***cair no conceito de alguém 2** ⟨Getrennt- u. Zusammenschreibung⟩ **2.1** ~ erwähnt = *untenerwähnt* **2.2** ~ stehend = *untenstehend*

un|ten|an ⟨Adv.⟩ *am unteren Ende (meist einer Tafel);* ~ sitzen □ **no último lugar; no fundo**

un|ten|er|wähnt *auch:* **un|ten er|wähnt** ⟨Adj. 24/60⟩ *weiter hinten (im Text) erwähnt;* sich auf das Untenerwähnte/unten Erwähnte beziehen □ **infracitado**

un|ten|ste|hend *auch:* **un|ten ste|hend** ⟨Adj. 24/60⟩ *unter etwas stehend (bes. weiter unten im Text);* unten Stehendes/Untenstehendes ist zu berücksichtigen □ **(o trecho) abaixo mencionado; o que segue**

un|ter ⟨Präp. mit Dativ auf die Frage „wo?", mit Akkusativ auf die Frage „wohin?"⟩ **1** ~ jmdm. (jmdm.) od. einen (einem) **Gegenstand** *unterhalb von, niedriger, tiefer als;* Ggs *auf¹ (1.1, 2.1.1);* das Tal ~ sich liegen sehen; ~ der (die) Erdoberfläche; 15 m ~ dem (den) Meeresspiegel; er kroch ~ der Schranke hindurch; der Hund saß ~ dem Tisch, kroch ~ den Tisch, kam ~ dem Tisch hervor; das Eis brach ~ ihm, ~ seinem Gewicht ein; ~ Wasser schwimmen; ~ eine(r) Decke kriechen (liegen) □ **embaixo; debaixo; sob; por baixo 1.1** ~ **Wasser** stehen *überschwemmt sein* **1.2** unter der (die) **Erde** ⟨a. fig.⟩ **1.2.1** jmd. liegt ~ der **Erde** *ist tot und begraben* □ **debaixo 1.2.2** jmd. kommt ~ die **Erde** *ist gestorben und wird begraben;* er wird mich noch ~ die Erde bringen (so viel Kummer macht er mir) □ ***ser sepultado/enterrado 1.2.3** ~ **Tage** arbeiten ⟨Bgb.⟩ = *in einer Grube(2)* □ ***trabalhar no subterrâneo/na mina 1.2.4** jmdm. den **Boden** ~ den **Füßen** wegziehen ⟨fig.⟩ *jmdm. seiner Existenzgrundlage berauben* □ ***tirar o pão da boca de alguém 1.2.5** ~ freiem **Himmel** nächtigen *im Freien* □ ***passar a noite a céu aberto/ao relento 1.3** mit jmdm. ~ einer **Decke** stecken ⟨a. fig.⟩ *mit jmdm. gemeinsame Sache machen* □ ***estar mancomunado com alguém 1.3.1** ~ dem **Deckmantel** ... ⟨fig.⟩ *dem Vorwand;* jmdn. ~ dem Deckmantel der Freundschaft betrügen □ ***sob o manto/pretexto de... 1.3.2** ~ einen **Hut** bringen ⟨a. fig.⟩ *einer gemeinsamen Ansicht annähern* □ ***conciliar 1.3.3** ~ einem **Hut** sein ⟨a. fig.⟩ *eine gemeinsame Ansicht haben* □ ***ter a mesma opinião 1.3.4** die Tochter ~ die **Haube** bringen ⟨fig.; veraltet⟩ *verheiraten* □ *casar a filha 1.4 etwas gerade ~ der **Hand**, ~ den Händen haben *gerade an etwas arbeiten* □ *estar trabalhando em/com alguma coisa 1.4.1 ~ der Hand *im Stillen, heimlich;* etwas ~ der Hand *besorgen, erfahren, kaufen, tun verbreiten, weitersagen* □ *secretamente; por (de)baixo do pano 1.4.2 jmdm. ~ die **Arme** greifen ⟨a. fig.⟩ *jmdm. helfen* □ *dar uma força a alguém 1.4.3 jmdm. etwas ~ die **Nase** halten, reiben ⟨a. fig.⟩ *vorhalten, Vorhaltungen machen* □ *esfregar alguma coisa na cara de alguém 1.4.4 etwas ~ **vier Augen** *besprechen* ⟨fig.⟩ *zu zweit* □ *discutir alguma coisa em particular/a sós 1.4.5 jmdm. ~ die **Augen** treten, kommen ⟨fig.⟩ *sich jmdm. nähern* □ *aparecer na frente de alguém 1.4.6 sie trägt ein Kind ~ dem **Herzen** ⟨poet.; fig.⟩ *sie ist schwanger* □ *ela está grávida 1.5 das Schiff geht ~ **Segel** *fährt ab* □ *o navio está zarpando 1.5.1 ~ fremder **Flagge** fahren, segeln ⟨a. fig.⟩ *die Ziele eines anderen vertreten* □ *ser testa de ferro de alguém 1.6 es stand ~ dem **Strich** *im Unterhaltungsteil der Zeitung (der früher durch einen Strich vom übrigen abgetrennt war)* □ *estava no caderno de variedades 1.6.1 ~m Strich ⟨umg.⟩ *alles zusammengenommen, unter Berücksichtigung der wesentlichen Faktoren;* ~m Strich *bringt das neue Gesetz keine Steuerentlastung* □ *no final das contas 1.7 ~ den **Hammer** *kommen* ⟨fig.⟩ *versteigert werden* □ *ir a leilão 1.8 ~ einem Längen-(Breiten-)**Grad** ⟨Geogr.⟩ *an einer Stelle der Erdoberfläche, auf der ein L.-(B.-)G. verläuft;* ~ 15° nördlicher Breite (östlicher Länge) □ *a ... graus de longitude/latitude 2 ~ einer **Anzahl** *od.* **Menge** *von Personen od. Sachen zwischen, inmitten, bei;* ~ die Milch war Wasser gemischt □ *misturaram água ao leite; ~ den Büchern gab es einige Raritäten □ entre; ~ der Rubrik ... □ sob; ist einer ~ euch, der ... □ *algum de vocês...; der Unbegabteste ~ ihnen □ de; dentre; er war auch ~ den Gästen, Zuschauern; mitten ~ den Kindern □ entre; sich ~ die Menge mischen □ *misturar-se à multidão; ~ ander(e)m/Ander(en)m, ~ ander(e)n/ Ander(e)n ⟨Abk.: u. a.⟩ □ *entre outras coisas 2.1 wir sind ganz ~ uns *im vertraulichsten Kreise, sprechen ganz im Vertrauen darauf, dass das anderen nicht erzählt wird* □ *estamos a sós; ~, so gesagt ... □ *cá entre nós... 2.2 Geld ~ die **Leute** *bringen* ⟨scherzh.⟩ *in Umlauf setzen, ausgeben* □ *gastar dinheiro 2.2.1 eine Mitteilung ~ die **Leute** *bringen* ⟨fig.⟩ *bekanntmachen* □ *fazer um comunicado; espalhar uma notícia 2.3 es ist ~ Brüdern 50 Euro wert *der freundschaftlich niedrig angesetzte Preis beträgt ...* □ *para amigos, faço por 50 euros 2.4 ~ die **Räuber** *fallen* ⟨umg.; scherzh.⟩ *ausgebeutet werden* □ *cair nas mãos de ladrões; ser assaltado 2.5 ~ die **Maler** *gehen* ⟨fig.⟩ *Maler werden* □ *tornar-se pintor 2.6 er ist gern ~ **Menschen** *in Gesellschaft* □ *ele gosta de companhia/de ver gente 3 ~ einem **Sachverhalt**, ~ *begleitenden Umständen mit, bei (bestimmten) Voraussetzungen, Gründen;* ~ jmdm., ~ etwas (Kälte, Strenge

usw.) *leiden* □ por causa de; com; ~ der **Bedingung, Voraussetzung**, dass ... □ *contanto que; sob a condição de que...; ~ dem **Vorwand** □ *sob o pretexto de; ~ **Berücksichtigung** von ... □ *levando em consideração/em conta...; noch ganz ~ dem Eindruck des Geschehenen, Gehörten stehen □ sob; er hat es ~ großer Anstrengung gerade noch geschafft ; ~ großen Entbehrungen, Opfern □ com; ~ **Verzicht** auf ... □ *renunciando a...; ~ (ärztlicher) Aufsicht, Kontrolle, Quarantäne stehen □ sob; de; ~ einem **Zwang** handeln, stehen; ~ seinem Schutz □ sob; er hat es mir ~ dem **Siegel** der Verschwiegenheit anvertraut □ *ele me confiou isso sob sigilo; ~ falschem Namen leben □ com; sob; ~ dem **Namen** X bekannt sein □ *ser conhecido pelo nome X; ~ Glockengeläut zog das Brautpaar in die Kirche ein □ *ao som de sinos, os noivos entraram na igreja; ~ (lautem) Protest den Saal verlassen □ sob; die kostbaren Funde werden ~ Verschluss gehalten □ *os valiosos objetos encontrados foram guardados a sete chaves; Herzkranke leiden ~ schwülem Wetter □ com; die Verhandlung fand ~ Ausschluss der Öffentlichkeit statt ⟨Rechtsw.⟩ □ *a audiência foi realizada a portas fechadas 3.1 ⟨früher⟩ das Schiff liegt ~ **Dampf** *ist abfahrtbereit* □ *o navio está pronto para zarpar 3.2 etwas ~ **Tränen** *gestehen, sagen, tun weinend* □ *confessar/dizer/fazer alguma coisa chorando 3.3 ~ **Umständen** ⟨Abk.: u. U.⟩ *möglicherweise, vielleicht* □ *talvez; eventualmente 3.3.1 ~ **allen Umständen** *auf jeden Fall, bestimmt* □ *de todo modo; a todo custo 3.3.2 ~ **diesen Umständen** *weil die Voraussetzungen so sind;* ~ diesen Umständen verzichte ich □ *nestas circunstâncias 4 ~ einem **Maß**, **Wert** *weniger als; Ggs* **über**^{1}*(1.1);* Kinder ~ 12 Jahren haben keinen Zutritt □ *abaixo de; com menos de; nicht ~ 20 Euro □ *não menos de 20 euros; ~ dem Durchschnitt liegen, sein; 10 Grad ~ null; etwas ~ (dem) Preis kaufen, verkaufen □ abaixo de; ~ einer Stunde kann ich nicht zurück sein □ em menos de 4.1 ~ **aller Kritik** *so schlecht, dass man es gar nicht mehr kritisieren kann* □ *abaixo de toda crítica 4.2 ~ jmds. **Würde** *die W., Selbstachtung einer Person verletzend* □ *indigno de alguém 5 ~ der **Anordnung**, dem **Befehl** (einer Person) *niedrigeren Ranges, untergehen, unterstellt, untergeordnet, im Dienste von* □ *sob as prescrições/ordens de; eine Abteilung, ein Sachgebiet ~ sich haben (als Leiter) □ *ser o responsável por uma seção/área; dirigir uma seção/área; sich ~ das Gesetz stellen; ~ dem Oberbefehl von ... ⟨Mil.⟩ □ sob 6 ~ einem **Zeitraum** *während eines Zeitraumes;* ~ Mittag; ~ der Arbeit kann ich mich nicht unterhalten □ durante; ~ der Regierung Wilhelms I. □ sob; ~ Tage *tagsüber* □ *durante o dia; de dia 6.1 ~ einem (österr.) *zugleich* □ *ao mesmo tempo; simultaneamente

Un|ter ⟨m.; -s, -; in der dtd. Spielkarte⟩ *Blatt mit einem Wert zwischen Zehn u. Dame;* Sy *Junge, Wenzel, Bube* □ valete

un|ter..., Un|ter... ⟨in Zus.⟩ **1** ⟨mit Verben⟩ 1.1 ⟨mit der Betonung auf dem ersten Teil des Wortes⟩ *etwas darunterlegen, -stellen, tiefer legen usw.;* unterlegen, unterschieben 1.2 ⟨mit der Betonung auf dem Stammwort⟩ 1.2.1 *Bewegung nach unten od. von unten her;* unterdrücken, untergraben, untermalen 1.2.2 *nicht mehr tun od. geschehen;* unterbleiben, unterbrechen, unterlassen **2** ⟨mit Adjektiven⟩ *darunter od. unten befindlich;* unterirdisch, unterentwickelt **3** ⟨mit Substantiven⟩ *etwas unten, darunter, tiefer Befindliches, z. B. in geografischen Bezeichnungen, in Titeln od. Rangbezeichnungen;* Unteritalien, Unteroffizier, Unterstaatssekretär

Un|ter|arm ⟨m.; -(e)s, -e; Anat.⟩ *Teil des Armes zwischen Hand u. Ellenbogen;* Ggs Oberarm □ **antebraço**

Un|ter|be|wusst|sein ⟨n.; -s; unz.⟩ *die seelisch-geistigen Vorgänge unter der Schwelle des Bewusstseins* □ **subconsciente**

un|ter|bie|ten ⟨V. 110/500/Vr 8⟩ *jmdn. od. etwas ~ weniger fordern als der andere od. als etwas anderes kostet* □ **oferecer por menos;** *einen Mitbewerber ~* □ **vender mais barato do que um concorrente;* dieser Preis ist nicht mehr zu ~ □ **esse preço não pode ser reduzido*

un|ter|bin|den¹ ⟨V. 111/500⟩ *etwas ~ unter etwas binden;* sie hat noch ein Tuch untergebunden □ **amarrar embaixo/por baixo**

un|ter|bin|den² ⟨V. 111/500⟩ **1** *ein* **Blutgefäß** *~ abschnüren (u. dadurch die Blutung stillen)* □ **fazer uma ligadura em um vaso sanguíneo* **2** *den Straßenverkehr ~ unterbrechen, aufhalten* □ **interromper 3** *Handlungen, Vorgänge ~ verhindern, verbieten* □ **impedir**

un|ter|blei|ben ⟨V. 114/400(s.)⟩ *etwas unterbleibt geschieht nicht;* es hat zu ~; es ist leider unterblieben □ **não acontecer; não se realizar**

un|ter|bre|chen ⟨V. 116/500⟩ **1** *etwas ~ trennen u. dadurch (teilweise) aufhören lassen, aufhalten, stören;* einen Kontakt ~; der Verkehr war wegen des Unfalls auf dieser Strecke unterbrochen □ **interromper;** nichts unterbrach die Stille; das Grün der Wiesen wird durch dunklere Waldstücke unterbrochen □ **interromper; quebrar 2** *etwas ~ vorübergehend aufhören mit etwas;* seine Arbeit, ein Gespräch ~; wir ~ die Fahrt, Reise in München **3** ⟨Vr 8⟩ *jmdn. ~ daran hindern weiterzusprechen;* unterbrich mich doch nicht fortwährend!; wir waren unterbrochen worden (am Telefon) □ **interromper; cortar**

Un|ter|bre|chung ⟨f.; -, -en⟩ **1** *das Unterbrechen, das Unterbrochensein* **2** *Störung, Ausfall* □ **interrupção**

un|ter|brei|ten¹ ⟨V. 500⟩ *etwas ~ unter etwas ausbreiten;* wir haben eine Decke untergebreitet □ **estender embaixo/por baixo**

un|ter|brei|ten² ⟨V. 500⟩ *eine* **Sache** *~ (als Vorschlag) darlegen, vorlegen;* einen Vorschlag, ein Gesuch ~; einen Entwurf ~; dem Parlament die Gesetzesvorlage ~ □ **submeter; apresentar**

un|ter|brin|gen ⟨V. 118/500⟩ **1** *etwas ~ verstauen;* in diesem Koffer kann ich nicht alles ~; Gepäck im Gepäcknetz ~; Waren im Lagerraum ~ □ **colocar; acomodar** 1.1 *unter Dach abstellen;* wo kann ich den Wagen ~? □ **estacionar (em local coberto) 2** *jmdn. ~ jmdm. eine Unterkunft beschaffen;* jmdn. im Hotel, in einem Krankenhaus, in einer Wohnung usw. ~; ein Kind für die Ferien bei Verwandten ~ □ **acomodar; alojar; hospitalizar 3** *jmdn. ~ jmdm. eine Stellung verschaffen;* er hat seinen Sohn bei der Sparkasse untergebracht; jmdn. auf einem Posten ~ □ **arranjar uma colocação para alguém* **4** *etwas ~ erreichen, dass etwas angenommen wird, einen Käufer, Abnehmer finden für etwas;* er konnte seinen Artikel bei der Zeitung, sein Hörspiel bei einem Sender ~ □ **conseguir publicar; colocar/vender**

un|ter|der|hand ⟨alte Schreibung für⟩ unter der Hand

un|ter|des ⟨Adv.⟩ = *unterdessen*

un|ter|des|sen ⟨Adv.⟩ *inzwischen, seitdem, mittlerweile;* oV *unterdes* □ **nesse meio-tempo; entrementes**

un|ter|drü|cken ⟨V. 500/500⟩ **1** *etwas ~ nicht aufkommen lassen, zurückhalten, bezwingen;* seine Gefühle ~; seine Angst, ein Lächeln, seine Neugier, seinen Zorn ~; ein unterdrücktes Gähnen □ **reprimir;** conter 1.1 *gewisse Nachrichten ~ nicht bekanntwerden lassen* □ **abafar 2** *jmdn. od. etwas ~ mit Gewalt beherrschen, niederhalten, nicht aktiv werden lassen;* ein Volk, seine Untertanen ~ □ **oprimir; subjugar;** eine Revolte ~; bestimmte politische Bestrebungen ~ □ **sufocar; esmagar**

un|te|re(r, -s) ⟨Adj. 60⟩ **1** *unten gelegen, sich unten befindend;* der ~, unterste Teil; der ~ Rand der Seite; unterstes Stockwerk □ **inferior; (de) baixo** 1.1 *das Unterste zuoberst kehren* ⟨a. fig.⟩ *alles durcheinanderwerfen* □ **revirar/revolver tudo* **2** *weniger Wert, Ansehen habend, wenig fortgeschritten;* die ~ Beamtenlaufbahn; die ~ en Lohngruppen, Klassen der Schule, der Gesellschaft; die unterste Stufe eines Ordens □ **inferior; baixo** 2.1 *auf den ~n Sprossen der Leiter stehen* ⟨a. fig.⟩ *am Beginn einer Karriere* □ **estar no primeiro degrau da escada*

un|ter|ein|an|der *auch:* **un|ter|ei|nan|der** ⟨Adv.⟩ **1** *unter uns, unter euch, unter sich;* das können wir ~ ausmachen; etwas ~ regeln □ **entre nós/vocês/eles/si 2** *miteinander, gegenseitig;* Leitungen ~ verbinden □ **um com o outro; mutuamente**

un|ter|ein|an|der|schrei|ben *auch:* **un|ter|ei|nan|der|schrei|ben** ⟨V. 230/500⟩ *etwas ~ eines unter das andere schreiben;* Zahlen ~ □ **escrever uma coisa embaixo da outra*

Un|ter|fan|gen ⟨n.; -s, -⟩ *Wagnis, kühnes Unternehmen* □ **aventura; empreendimento audacioso**

un|ter||fas|sen ⟨V. 500⟩ **1** *jmdn. ~ unter den Arm fassen u. dadurch stützen* **2** ⟨Vr 8; veraltet⟩ *jmdn. od. sich ~ den Arm in den eines anderen schlingen, sich einhaken;* Sy *unterhaken;* sie fassten sich unter; sie gingen untergefasst □ **dar o braço a alguém; andar de braços dados*

Un|ter|füh|rung ⟨f.; -, -en⟩ *Verkehrsweg, der unter einem anderen Verkehrsweg liegt;* Straßen~, Eisenbahn~ □ **passagem subterrânea; túnel**

Untergang

Un|ter|gang ⟨m.; -(e)s; -gän|ge⟩ **1** *das Untergehen;* der ~ eines Schiffes ☐ **naufrágio**; der ~ eines Gestirns; nach dem ~ der Sonne ☐ **pôr; ocaso**; der ~ eines Volkes, einer Truppe, einer Stadt; der ~ des Abendlandes ☐ **declínio; decadência** **1.1** jmds. ~ *Verderben*; der Alkohol ist noch dein ~! ☐ **ruína** **1.2** *Tod*; seinem ~ entgegengehen; dem ~ geweiht, preisgegeben, verfallen sein ☐ **morte; fim**

un|ter|ge|ben ⟨Adj. 72⟩ *jmdm. ~ (sein) in jmds. Dienst stehend, jmdm. unterstellt* ☐ **subordinado; subalterno**

Un|ter|ge|be|ne(r) ⟨f. 2 (m. 1)⟩ *jmd., der einem anderen untergeben ist, der unter einem Vorgesetzten arbeitet* ☐ **subordinado; subalterno**

un|ter|ge|hen ⟨V. 145/400(s.)⟩ **1** *sinken u. verschwinden*; ein Schiff, ein Ertrinkender geht unter ☐ **naufragar; afundar**; die Sonne geht unter ☐ **pôr-se** 1.1 ihr Stern ist im Untergehen begriffen ⟨fig.⟩ *ihr Ruhm nimmt ab* ☐ ***ela é uma estrela em declínio** **1.2** sein Rufen ging in dem Lärm unter ⟨fig.⟩ *wurde nicht gehört* ☐ **perder-se; passar despercebido** **2** *zugrunde gehen, vernichtet werden*; ein Volk, eine Armee ist untergegangen ☐ **extinguir-se; ser aniquilado**; eine untergegangene Stadt ☐ **arrasado; arruinado**; er braucht mich, sonst geht er unter ☐ **arruinar-se**; pass auf, dass du nicht in der Großstadt untergehst ☐ **perder-se**

un|ter|gra|ben¹ ⟨V. 157/500⟩ etwas ~ *beim Graben darunterbringen, vermengen*; Dung, Torfmull im Beet ~; er gräbt Dung, Torfmull unter ☐ **enterrar**

un|ter|gra|ben² ⟨V. 157/500⟩ **1** etwas ~ *das Erdreich unter etwas wegnehmen*; der Bach hat die Uferböschung untergraben **2** eine Sache ~ ⟨fig.⟩ *langsam, unmerklich zerstören*; jmds. Ansehen, Stellung ~; er untergräbt mein Ansehen, meine Stellung; er untergräbt durch Ausschweifungen seine Gesundheit ☐ **minar**

Un|ter|grund ⟨m.; -(e)s, -grün|de⟩ **1** *unter der Erdoberfläche liegende Bodenschicht* ☐ **subsolo** **2** ⟨Mal.⟩ *unterste Farbschicht* ☐ **fundo** **3** ⟨fig.⟩ *Bereich der Illegalität* **3.1** Widerstands-, Untergrundbewegung; im ~ kämpfen ☐ **clandestinidade**

Un|ter|grund|bahn ⟨f.; -, -en; kurz: U-Bahn⟩ *unter der Erdoberfläche in Tunneln fahrende Bahn in Großstädten* ☐ **metrô**

un|ter|ha|ken ⟨V. 500⟩ = *unterfassen(2)*

un|ter|halb ⟨Präp. m. Gen.⟩ *unter etwas gelegen, tiefer befindlich (als)*; ~ des Hauses am Berg ☐ **sob; embaixo; na parte inferior**

Un|ter|halt ⟨m.; -(e)s; unz.⟩ **1** *alle Aufwendungen für die Lebensführung: Ernährung, Wohnung, Kleidung, Ausbildung*; jmdm. ~ geben, gewähren; für jmds. ~ aufkommen, sorgen; zu jmds. ~ beitragen; seinen ~ bestreiten, fristen von etwas; jmdm. den ~ verweigern; jmdm. ~ zahlen; kärglicher, notdürftiger, standesgemäßer ~ ☐ **sustento 2** *das Unterhalten² (2.1-2.2)*; der ~ von Anlagen, Gebäuden, Institutionen ☐ **manutenção; conservação**

un|ter|hal|ten¹ ⟨V. 160/500⟩ etwas ~ *unter etwas halten*; die Hand, einen Teller, ein Tuch ~; halte bitte etwas unter, weil es tropfen könnte ☐ **colocar/manter/segurar embaixo/por baixo**

un|ter|hal|ten² ⟨V. 160/500⟩ **1** jmdn. ~ *für jmds. Lebensunterhalt aufkommen* ☐ **manter; sustentar 2** etwas ~ *für etwas sorgen* **2.1** ein Gebäude ~ *instand halten* **2.2** eine Einrichtung ~ *auf seine Kosten halten, betreiben*; gut unterhaltene Krankenhäuser, Schulen **2.3** Beziehungen ~ *aufrechterhalten, pflegen* ☐ **manter; conservar 3** ⟨Vr 7 od. Vr 8⟩ jmdn. ~ *jmdm. die Zeit vertreiben, Vergnügen bereiten, jmdn. belustigen, zerstreuen*; bitte unterhalte unseren Gast, bis ich komme!; wir haben uns mit Gesellschaftsspielen ~ ☐ **divertir; entreter**; es war recht ~d; ~de Lektüre, Spiele ☐ **divertido; interessante 4** ⟨Vr 3⟩ sich (mit jmdm.) ~ *(mit jmdm.) ein Gespräch führen, plaudern*; wir haben uns angeregt, gut, heiter, prächtig ~; ich unterhalte mich gern mit ihm; mit ihm kann man sich gut ~; wir haben uns über das neue Theaterstück unterhalten ☐ ***conversar (com alguém)**

un|ter|halt|sam ⟨Adj.⟩ *unterhaltend, Zerstreuung bereitend*; der Abend war sehr ~ ☐ **divertido; interessante**

Un|ter|hal|tung ⟨f.; -, -en⟩ **1** ⟨unz.⟩ *das Unterhalten*; es müsste mehr für die ~ der Straßen getan werden ☐ **manutenção; conservação**; ich wünsche gute, angenehme ~!; die Band Blumfeld sorgte für die ~ der Gäste ☐ **entretenimento; divertimento 2** *Gespräch*; die ~ wieder aufnehmen, zu Ende führen; die ~ floss munter, schleppend dahin; die ~ allein führen; es war eine anregende, geistreiche, interessante, lebhafte ~ ☐ **conversa**

un|ter|han|deln ⟨V. 410⟩ *verhandeln, sich besprechen*; über den Abschluss eines Friedensvertrages ~ ☐ **tratar; negociar**

Un|ter|hemd ⟨n.; -(e)s, -en⟩ *unter der Oberbekleidung, direkt auf der Haut getragenes Hemd* ☐ **camiseta de baixo**

Un|ter|holz ⟨n.; -es; unz.⟩ *niedriges Gehölz, Gebüsch im Wald, Buschwerk, Niederholz* ☐ **matagal**

Un|ter|ho|se ⟨f.; -, -n⟩ *unter der Hose, direkt auf der Haut zu tragende Hose, Schlüpfer, Slip* (Damen~; Herren~) ☐ **ceroulas; calcinhas; cuecas**

un|ter|ir|disch ⟨Adj. 24⟩ **1** *unter der Erde befindlich, gelegen*; Ggs oberirdisch **2** ⟨fig.⟩ *verborgen, heimlich*; ~e Machenschaften ☐ **subterrâneo**

un|ter|jo|chen ⟨V. 500⟩ jmdn. od. etwas ~ *unterdrücken, gewaltsam beherrschen, abhängig machen u. erhalten, knechten*; eine Minderheit ~ ☐ **subjugar; submeter**

un|ter|kom|men ⟨V. 170(s.)⟩ **1** (411) *Aufnahme, Zuflucht, Obdach, Anstellung finden*; er hofft, bei unserer Firma unterzukommen ☐ **encontrar emprego/colocação**; für die Nacht (irgendwo) ~ ☐ **encontrar acomodação/abrigo 2** (600) etwas kommt jmdm. unter ⟨umg.⟩ *wird von jmdm. gesehen, begegnet jmdm.*; so etwas ist mir bisher noch nicht untergekommen ☐ **acontecer; ocorrer**

Un|ter|kom|men ⟨n.; -s; unz.⟩ **1** *Zuflucht, Obdach, Wohnung*; ein ~ (für die Nacht) suchen ☐ **acomodação; abrigo 2** *Stelle, Anstellung*; jmdm. ein ~ bieten, geben, gewähren ☐ **emprego; colocação**

Un|ter|kunft ⟨f.; -, -künf|te⟩ *Obdach, (vorübergehende) Wohnung;* Sy *Quartier(1);* ~ *und Verpflegung (im Urlaubsort)* □ **acomodação; alojamento**

Un|ter|la|ge ⟨f.; -, -n⟩ **1** *etwas, das untergelegt wird, z. B. Tuch, Decke, Platte, Polster, Blatt;* eine harte, warme, wasserdichte, weiche ~; *eine* ~ *aus Bast, Gummi, Holz, Kork, Pappe, Plastik, Stroh; eine* ~ *zum Schreiben* □ **base; suporte; apoio; descanso** 1.1 *der untere Teil einer durch Pfropfen veredelten Pflanze* □ **porta-enxerto; cavalo 2** ⟨Pl.⟩ *schriftliche Beweisstücke, Nachweise, Belege, Akten;* ~ *n beschaffen, prüfen, verlangen, vernichten; alle erforderlichen* ~*n einreichen, vorlegen; jmdm. Einblick in die* ~*n gewähren; Angebote mit den üblichen* ~*n an ... (in Stellenanzeigen)* □ **comprovante; documentação; prova**

Un|ter|lass ⟨m.; -es; unz.⟩ *ohne* ~ *unaufhörlich, ununterbrochen* □ ***sem interrupção; continuamente**

un|ter|las|sen ⟨V. 175/500⟩ *eine Sache* ~ *sein lassen, bleibenlassen, nicht tun, versäumen zu tun, sich einer S. enthalten;* er hat es ~, rechtzeitig Bescheid zu geben; wir wollen keine Anstrengungen ~, damit ...; eine spöttische Bemerkung ~; unterlass bitte diese Witze!; Zwischenrufe sind zu ~!; warum haben Sie es ~, zu ...?; weshalb wurde es ~? □ **deixar de fazer; abster-se de**

Un|ter|lauf ⟨m.; -(e)s, -läu|fe⟩ *letzter Abschnitt eines Flusses vor der Mündung;* Ggs *Oberlauf* □ **curso inferior de um rio**

un|ter|lau|fen ⟨V. 176⟩ **1** ⟨500⟩ *jmdn.* ~ *geduckt unterhalb der Deckung des Gegners angreifen;* den Gegner (beim Ringen od. Zweikampf) ~ □ **atacar por baixo 2** ⟨600(s.)⟩ *etwas unterläuft jmdm. geschieht bei jmds. Tätigkeit ohne dessen Wissen;* mir ist (dabei, in meiner Arbeit) ein Fehler ~ □ **passar despercebido; escapar 3** ⟨416⟩ *etwas unterläuft mit Blut füllt sich unter der Haut mit aus dem Gewebe getretenem Blut;* das Auge, der Striemen ist mit Blut ~; mit Blut ~e Stelle □ ***injetar-se**

un|ter|le|gen¹ ⟨V. 500⟩ *etwas* ~ *unter etwas legen;* er legt einen Stein, ein Tuch unter □ **colocar embaixo/por baixo;** wir haben der Henne Eier untergelegt □ ***pusemos a galinha para chocar;** er will böse Absichten ~; einem Text einen anderen Sinn ~ □ **atribuir; dar**

un|ter|le|gen² ⟨V. 500⟩ *etwas* ~ *mit einer Unterlage versehen, damit verstärken;* die Platte war mit Kork unterlegt; mit Seide unterlegte Spitze □ **reforçar; guarnecer; forrar**

un|ter|le|gen³ 1 ⟨Part. Perf. von⟩ *unterliegen* **2** ⟨Adj. 24/70⟩ *nicht ebenbürtig, nicht gleichkommend;* er ist ihr (geistig) weit ~; dem Gegner an Kraft, an Zahl ~ sein □ **inferior**

un|ter|lie|gen¹ ⟨V. 180/400⟩ *etwas liegt unter liegt unter etwas;* die Decke, das Tuch liegt unter □ **estar embaixo de**

un|ter|lie|gen² ⟨V. 180(s.)⟩ **1** ⟨400(s.)⟩ *besiegt, bezwungen werden;* vermutlich wird unsere Mannschaft ~; sie sind nach hartem Kampf unterlegen; die bei der Wahl unterlegene Partei □ **ser derrotado; sucumbir 2** ⟨600⟩ *einer Sache* ~ *von einer S. betroffen sein, werden;* der Arzt unterliegt der Schweigepflicht □ **estar sujeito a** 2.1 *es unterliegt keinem Zweifel, dass ... darüber herrscht, besteht kein Zweifel, dass ..., zweifellos* □ ***não resta dúvida de que...**

un|ter|ma|len ⟨V. 500⟩ **1** *ein Bild* ~ *die erste Farbschicht für ein B. auftragen, grundieren* □ **imprimar; dar uma primeira demão de tinta 2** *etwas* ~ ⟨fig.⟩ *begleiten;* ein Gespräch, einen Vortrag mit Musik ~ □ **acompanhar com fundo musical**

un|ter|mau|ern ⟨V. 500⟩ **1** *ein Gebäude* ~ *mit Mauern von unten her stützen, mit Grundmauern anlegen, versehen* □ **reforçar com muro de alicerce 2** *eine Sache* ~ ⟨fig.⟩ *mit fester Grundlage versehen, mit stichhaltigen Argumenten stützen* □ **alicerçar; consolidar**

Un|ter|mie|te ⟨f.; -; unz.⟩ **1** *Weitervermietung einer gemieteten Sache (Wohnung, Zimmer) an einen Dritten;* ein Zimmer in ~ abgeben; jmdn. in, zur ~ nehmen **2** *das Mieten einer bereits von einem andern gemieteten Sache;* in, zur ~ wohnen (bei) □ **sublocação**

un|ter|mi|nie|ren ⟨V. 500⟩ **1** *etwas* ~ *zur Sprengung vorbereiten;* feindliche Stellungen ~ **2** *eine Sache* ~ ⟨fig.⟩ *langsam, unmerklich zerstören;* jmds. Ansehen, Stellung ~ □ **minar**

un|ter|neh|men ⟨V. 189/500⟩ *etwas* ~ *beginnen, machen, tun, in die Wege leiten, Maßnahmen ergreifen;* man muss doch etwas (dagegen) ~!; was wollen wir heute ~?; hast du schon etwas unternommen?; eine Reise, einen Spaziergang ~ □ **fazer; empreender;** er will Schritte ~, um die Angelegenheit aufzuklären □ ***ele tomará providências para esclarecer a questão**

Un|ter|neh|men ⟨n.; -s, -⟩ **1** *Vorhaben;* das ist ein sehr gewagtes, kühnes ~! □ **iniciativa; empreendimento 2** *ein od. mehrere Betriebe, eine od. mehrere Fabriken als wirtschaftliche (nicht räumliche) Einheit;* ein ~ finanzieren, gründen, liquidieren; ein aussichtsreiches, ertragreiches, gut fundiertes, rentables, unrentables, stabiles ~; diese Aktiengesellschaft ist das größte ~ seiner Art in Deutschland □ **empreendimento** 2.1 *ein gewerbliches, kaufmännisches* ~ *Geschäft* □ **empresa**

Un|ter|neh|mer ⟨m.; -s, -⟩ *jmd., der ein Unternehmen auf eigene Kosten führt* □ **empresário**

Un|ter|neh|me|rin ⟨f.; -, -rin|nen⟩ *weibl. Unternehmer* □ **empresária**

Un|ter|of|fi|zier ⟨m.; -s; -e; Abk.: Uffz., schweiz.: Uof.; Mil.⟩ **1** *militärischer Dienstgrad zwischen Mannschaften u. Offizieren* **2** ⟨i. e. S.⟩ *Unteroffizier aus der Gruppe der Unteroffiziere(1)* □ **terceiro-sargento** 2.1 ~ *vom Dienst* ⟨Abk.: UvD⟩ *für den organisatorischen Ablauf des täglichen Dienstes einer Kompanie verantwortlicher Unteroffizier* □ ***terceiro-sargento de serviço**

un|ter|ord|nen ⟨V. 500⟩ **1** ⟨530/Vr 7⟩ *etwas einer Sache* ~ *zugunsten einer Sache zurückstellen, von einer Sache abhängig machen;* die eigene Lebensführung der Familientradition ~; ein (einem Oberbegriff) untergeordneter Begriff □ **subordinar** 1.1 *das ist von untergeordneter Bedeutung, spielt nur eine unterge-*

Unterredung

ordnete Rolle *von zweitrangiger, geringerer Bedeutung* ☐ *secundário* **1.2** ein untergeordneter Satz *Nebensatz* ☐ *subordinado* **1.3** ~de Konjunktion ⟨Gramm.⟩ = *subordinierende Konjunktion,* → *subordinieren(2)* ☐ *subordinativo* **2** ⟨503/Vr 3⟩ **sich** (jmdm.) ~ *sich (jmdm.) fügen, sich einfügen;* er kann sich nicht ~ ☐ **subordinar-se/submeter-se (a alguém)* **3** jmdm. untergeordnet sein *untergeben, unterstellt sein;* eine untergeordnete Stellung innehaben ☐ **estar/ser subordinado a alguém*

Un|ter|re|dung ⟨f.; -, -en⟩ *Besprechung, Verhandlung;* eine ~ unter vier Augen; mit jmdm. eine ~ haben ☐ *conversa; colóquio*

Un|ter|richt ⟨m.; -(e)s, -e; Pl. selten⟩ *planmäßige, regelmäßige Unterweisung eines Lernenden durch einen Lehrenden* ☐ *ensino; instrução;* ~ erteilen, geben, haben, halten, nehmen; der ~ beginnt um 8 Uhr und dauert bis 12 Uhr; den ~ schwänzen, versäumen; ~ in Englisch, Französisch geben, nehmen; am ~ teilnehmen; ~ in Gesang, im Zeichnen, in einer Fremdsprache; während des ~s ☐ *aula*

un|ter|rich|ten ⟨V. 500⟩ **1** jmdn. ~ *lehren, unterweisen,* jmdm. Unterricht geben, erteilen; der Lehrer unterrichtet die Schüler; jmdn. im Gesang, in Deutsch, Französisch ~ ☐ *ensinar; dar aulas* **2** ⟨510/Vr 7 od. Vr 8⟩ jmdn. über etw. *von einem* **Ereignis** ~ *benachrichtigen, eine Mitteilung machen, in Kenntnis setzen, informieren;* gut, schlecht, nicht unterrichtet sein über etwas ~; in unterrichteten Kreisen wird angenommen, dass ...; von gut unterrichteter Seite hörten wir, dass ... ☐ *informar* **3** ⟨510/Vr 3⟩ **sich über etwas ~** *Auskunft über etwas einziehen, sich Kenntnis von etwas verschaffen;* darüber muss ich mich erst noch ~ ☐ **informar-se sobre alguma coisa*

Un|ter|rich|tung ⟨f.; -, -en; Pl. selten⟩ *das Unterrichten(2-3)* ☐ *informação*

Un|ter|rock ⟨m.; -s, -rö|cke⟩ *dünner Rock od. ärmelloses Kleid mit schmalen Trägern zum Unterziehen unter Kleider u. Röcke* ☐ *anágua; combinação*

un|ter|sa|gen ⟨V. 503/Vr 5 od. Vr 6⟩ **(jmdm.) etwas ~** *nicht erlauben, verbieten;* der Arzt hat mir das Rauchen untersagt; das Betreten des Grundstücks ist untersagt ☐ *proibir; interdizer*

Un|ter|satz ⟨m.; -es, -sät|ze⟩ *Gestell, Platte, Teller, Sockel, worauf man etwas stellt, Stütze;* wir brauchen einen ~ für den heißen Topf ☐ *suporte; descanso*

un|ter|schät|zen ⟨V. 500/Vr 7 od. Vr 8⟩ **jmdn. od. etwas ~** *zu gering schätzen, für geringer halten, als er bzw. es ist;* du hast ihn unterschätzt; eine Entfernung, Gefahr, einen Gegner ~; jmds. Klugheit, Kräfte, Leistungen ~ ☐ *subestimar*

un|ter|schei|den ⟨V. 209⟩ **1** ⟨500⟩ **etwas ~** *genau, in allen Einzelheiten erkennen, die Verschiedenheit von anderem, den Unterschied zu anderem erkennen;* ich kann die Buchstaben, die Gegenstände nicht mehr ~ (weil es zu dunkel ob. die Entfernung zu groß ist); er kann das Wesentliche nicht vom Unwesentlichen ~ **2** ⟨800⟩ **zwischen jmdm. od. etwas ~** *trennende Merkmale hervorheben, den Unterschied hervorheben;* man muss (dabei) ~ zwischen ... und ... **3** ⟨505⟩ **jmdn. od. etwas (von jmdm. od. etwas) ~** *auseinanderhalten, eine Trennung, Einteilung machen von jmd. od. etwas;* kannst du die beiden Schwestern voneinander ~?; diese Pflanzen sind leicht, schwer zu ~; sie werden nach ihrer Größe, Farbe unterschieden ☐ *distinguir; diferenciar* **4** ⟨550/Vr 3⟩ **sich von jmdm. od. etwas ~** *sich abheben, anders sein als jmd. od. etwas;* die beiden Schwestern ~ sich sehr stark voneinander ☐ **distinguir-se/diferir de alguém ou alguma coisa* **5** ⟨550⟩ **etwas unterscheidet jmdn. od. etwas von jmdm. od. etwas** *hebt jmdn. od. etwas von jmdm. od. etwas ab;* seine Hautfarbe unterscheidet ihn von den andern ☐ *distinguir;* das ~de Merkmal ist ... ☐ *distinto; diferente*

Un|ter|schei|dung ⟨f.; -, -en⟩ *das Unterscheiden;* eine sorgfältige ~ vornehmen; eine ~ zwischen Tatsachen u. Spekulationen; eine genauere ~ ist hier nicht möglich ☐ *distinção; diferenciação*

Un|ter|schen|kel ⟨m.; -s, -; Anat.⟩ *unterer Teil des Beines (vom Knie an abwärts);* Ggs Oberschenkel ☐ *perna*

Un|ter|schicht ⟨f.; -, -en⟩ *untere Gesellschaftsschicht;* Ggs Oberschicht ☐ *classe/camada inferior*

un|ter|schie|ben¹ ⟨V. 214/503⟩ **etwas ~** *unter etwas schieben;* jmdm. ein Kissen, einen Stuhl ~; ich habe ihr ein Kissen untergeschoben ☐ *enfiar/colocar embaixo/por baixo de*

un|ter|schie|ben² ⟨V. 214/530/Vr 6⟩ **1** jmdm. etwas ~ *heimlich zuschieben, an die falsche Stelle bringen, vertauschen;* ein Kind ~; mir unterschobene Briefe **2** jmdm. eine Sache ~ ⟨fig.⟩ *(meist böswillig) behaupten, unterstellen, zuschreiben;* jmdm. eigennützige Beweggründe ~; man hat mir diese Bemerkung unterschoben ☐ **atribuir/imputar alguma coisa a alguém*

Un|ter|schied ⟨m.; -(e)s, -e⟩ **1** *Anderssein, Verschiedenheit, Ungleichheit, Gegensatz;* einen ~ ausgleichen, feststellen, übersehen; zwischen beidem besteht ein feiner ~; der ~ fällt sofort ins Auge, kaum ins Gewicht; die ~e verwischen sich allmählich; ein beträchtlicher, feiner, geringer, großer, himmelweiter, ins Auge fallender ~; ~e im Preis, in der Qualität; im ~ zu ihm hat sie ...; ein ~ wie Tag und Nacht; der ~ zwischen ihnen ist, dass ..., ist der: ... ☐ *diferença* **2** *Unterscheidung, Trennung, Einteilung;* ich kenne da keine ~e; einen ~ machen zwischen ...; alle ohne ~ behandeln; zum ~ von ☐ *distinção*

un|ter|schied|lich ⟨Adj.⟩ *verschieden, ungleich, ungleichartig;* ~e Schreibweisen; ~er Ansicht sein ☐ *diferente; distinto*

un|ter|schla|gen¹ ⟨V. 218/500⟩ **etwas ~** *kreuzen, eins unter das andere legen;* die Beine beim Sitzen ~; mit untergeschlagenen Armen dastehen ☐ *cruzar*

un|ter|schla|gen² ⟨V. 218/500⟩ **1** etwas ~ *unrechtmäßig zurückbehalten, veruntreuen;* Geld, einen Brief ~ ☐ *desviar; extraviar;* der ~e Betrag konnte sichergestellt werden ☐ *desviado* **2** eine Sache ~ *unrechtmäßigerweise nicht mitteilen;* eine Nachricht, eine Neuigkeit ~ ☐ *ocultar; sonegar*

Un|ter|schlupf ⟨m.; -(e)s, -e od. -schlüp|fe⟩ *etwas, wo man unterschlüpfen kann, Zuflucht, Obdach, Schutz;* ~ *finden, suchen (für die Nacht, vor dem Gewitter); bei jmdm.* ~ *finden* □ abrigo; refúgio

un|ter|schrei|ben ⟨V. 230/500⟩ **1** *etwas* ~ *seinen Namen unter etwas schreiben;* einen Brief, eine Urkunde, ein Urteil ~; das unterschreibe ich nicht; der Brief ist unterschrieben mit ..., von ... □ assinar; subscrever **2** *eine Sache* ~ ⟨fig.⟩ *begrüßen, einer Sache uneingeschränkt zustimmen;* diese Meinung kann ich nicht ~; das kann ich (nur) ~! □ subscrever; aprovar

Un|ter|schrift ⟨f.; -, -en⟩ **1** *Namenszug unter einem Schriftstück (Brief, Urkunde), unter einer Zeichnung usw.;* ich musste meine ~ von einem Notar beglaubigen lassen; er hat seine ~ daruntergesetzt, gegeben; die ~ ist nicht zu entziffern, zu lesen; ~ sammeln (für eine Resolution, einen Aufruf); die Mitteilung trägt seine ~; die ~ verweigern; jmdm. einen Brief zur ~ vorlegen **1.1** *seine* ~ *geben (für etwas) (einer Sache) schriftlich zustimmen* □ assinatura; firma

un|ter|schwel|lig ⟨Adj. 24⟩ *unterhalb der Reiz-, Bewusstseinsschwelle vorhanden;* ~e Aggressionen gegen jmdn. hegen □ subliminar; subconsciente

Un|ter|set|zer ⟨m.; -s, -⟩ *kleiner Teller, kleine Platte, Deckchen usw., worauf man einen Gegenstand stellt* □ descanso; Blumen~ □ pratinho

un|ter|setzt ⟨Adj. 24/60⟩ *klein, aber kräftig, stämmig, gedrungen* □ atarracado

Un|ter|stand ⟨m.; -(e)s, -stän|de⟩ **1** *meist unterirdischer, schuss- u. splittersicherer Raum (im Krieg)* **2** *Schutzraum gegen Unwetter* □ abrigo

un|ters|te(r, -s) ⟨Adj. 60; Superlativ von⟩ *unter;* Ggs *oberste(r, -s);* der ~ Bereich; der Unterste in der Hierarchie; das Unterste zuoberst, das Oberste zuunterst kehren □ inferior; mais baixo; último

un|ter|ste|hen¹ ⟨V. 256/400(h.) od. (s.)⟩ *sich unter etwas stellen;* hier können wir während des Regens ~; ich habe untergestanden; ich bin untergestanden ⟨österr., schweiz.⟩ □ abrigar-se

un|ter|ste|hen² ⟨V. 256⟩ **1** ⟨600⟩ *jmdm.* ~ *unter einem Vorgesetzten stehen, arbeiten, ihm untergeordnet sein;* er untersteht dem Abteilungsleiter; er hat dieser Behörde unterstanden □ estar/ser subordinado a **2** ⟨580/Vr 3⟩ *sich* ~ *sich erdreisten, wagen;* untersteh dich wegzulaufen □ *ousar; atrever-se* **2.1** *untersteh dich! (Warnung)* wehe dir!, wehe, wenn du es wagst! □ *não se atreva!; ai de você!*

un|ter|stel|len¹ ⟨V. 500/Vr 7⟩ *jmdm. od. etwas* ~ *unter etwas stellen, unter ein schützendes Dach stellen, unterbringen;* der Wagen ist in der Garage untergestellt □ guardar; recolher; ich konnte mich während des Regens ~ □ abrigar-se

un|ter|stel|len² ⟨V. 500⟩ **1** ⟨530⟩ *jmdm. od. einer Institution jmdn. od. etwas* ~ *zur Leitung, Beaufsichtigung übergeben;* jmdm. eine Abteilung, ein Sachgebiet ~; ich bin ihm unterstellt; er wurde meiner Aufsicht unterstellt □ subordinar; submeter **2** ⟨530⟩ *jmdm. etwas* ~ ⟨fig.⟩ *etwas Unrichtiges als von jmdm. getan, gesagt, gedacht usw. hinstellen,* jmdm. etwas fälschlich zur Last legen; jmdm. böse Absichten ~; du hast mir ganz falsche Beweggründe unterstellt □ imputar; atribuir; wie kannst du mir ~, dass ich so etwas getan haben könnte! □ insinuar **3** *etwas* ~ *als wahr annehmen;* wir wollen einmal ~, dass ... □ supor

un|ter|strei|chen ⟨V. 263/500⟩ **1** *etwas* ~ *einen Strich unter etwas ziehen (um es hervorzuheben);* das Ergebnis der Rechenaufgabe wird zweimal unterstrichen; Wörter in einem Text durch Unterstreichen hervorheben □ sublinhar **2** *eine Sache* ~ ⟨fig.⟩ *betonen (durch Ausdruck, Worte, Gesten);* das kann ich nur ~!; das möchte ich mit allem Nachdruck ~!; der Redner unterstrich besonders die Tatsache, dass ...; seine Worte durch eine Handbewegung ~ □ enfatizar; frisar

un|ter|stüt|zen ⟨V. 505⟩ **1** ⟨Vr 8⟩ *jmdm.* ~ *jmdm. beistehen, zur Seite stehen, helfen, jmdn. fördern;* jmdn. bei seiner Arbeit, Forschung ~; junge Künstler mit Geld ~; jmdn. mit Rat und Tat ~ □ apoiar; subsidiar; fomentar **2** *etwas* ~ *fördern, befürworten;* ein Gesuch ~ □ apoiar; favorecer

Un|ter|stüt|zung ⟨f.; -, -en⟩ **1** ⟨unz.⟩ *das Unterstützen;* ~ der Armen, Bedürftigen, Hinterbliebenen, Kranken; du kannst auf meine ~ rechnen □ apoio; auxílio **2** *geldliche Hilfe, Zuschuss, Rente;* eine ~ annehmen, beantragen, beziehen, empfangen, erbitten, erhalten, fordern; bekommt er irgendeine ~?; jmdm. die ~ entziehen; jmds. ~ herabsetzen; jmdm. eine ~ gewähren; gesetzliche, finanzielle, öffentliche, private ~; auf ~ angewiesen sein; um eine ~ bitten, nachsuchen □ auxílio financeiro; subsídio; subvenção

un|ter|su|chen ⟨V. 500⟩ **1** *jmdn. od. etwas* ~ *genau prüfend betrachten, durch Tasten, Horchen, Vergleichen, chem. Analysen, Fragen usw. festzustellen suchen;* eine Maschine, einen Tatbestand ~; Milch auf ihren Fettgehalt (hin) ~; einen Kranken ~; etwas chemisch ~; etwas eingehend, genau, gründlich, oberflächlich ~; jmdn. auf seinen Geisteszustand (hin) ~; wir haben ihn vom Arzt ~ lassen **1.1** *eine Sache* ~ *(als Richter)* ⟨Rechtsw.⟩ *einen Sachverhalt prüfen u. rechtlich würdigen;* einen Fall ~; etwas gerichtlich ~ □ examinar; analisar; investigar **1.2** *eine Sache* ~ *erforschen, erörtern, abhandeln;* die Frage der zukünftigen Entwicklung der westlichen Kultur ~ □ analisar; estudar

Un|ter|su|chung ⟨f.; -, -en⟩ *das Untersuchen;* die ~ eines Streitfalles; die ~ des Patienten ergab keinen Befund; die ~ des Falles ist abgeschlossen, läuft noch; eine strenge ~ anordnen; eine ~ einleiten, durchführen, führen, vornehmen; die ~ wurde eingestellt, niedergeschlagen; die ~ hat ergeben, dass ...; die ~ verlief ergebnislos; die ärztliche, chemische, gerichtliche, gerichtsmedizinische ~; eingehende, gründliche, sorgfältige ~; er ist mit der ~ des Falles beauftragt; vom Arzt zur ~ bestellt sein; zum Arzt zur ~ kommen □ exame; análise; investigação

un|ter|tan ⟨Adj. 24/70⟩ **1** *als Untertan zugehörig, untergeben;* einem König ~ sein □ súdito **2** *dienstbar,* hörig, gefügig; dem Willen eines andern ~ sein ☐ *estar submetido à vontade de outrem; sich jmdn. ~ machen ☐ *submeter-se a alguém

Un|ter|tas|se ⟨f.; -, -n⟩ **1** *passendes Tellerchen als Untersatz der Tasse* ☐ **pires** 1.1 *fliegende ~ angeblich gesichtetes, vielfach als außerirdisch angenommenes, bemanntes Flugzeug, dessen Herkunft noch nicht geklärt ist* ☐ *disco voador

un|ter|tau|chen ⟨V.⟩ **1** ⟨500/Vr 8⟩ *jmdn. od. etwas ~ unter die Oberfläche drücken;* einen Stoff in der Farbbrühe ~ **2** ⟨400(s.)⟩ *unter die Oberfläche tauchen;* der Schwimmer, Taucher taucht unter; Schwimmvögel tauchen unter ☐ **imergir; mergulhar 3** ⟨400 od. 411(s.); fig.⟩ *verschwinden, nicht mehr gesehen werden;* in der Menge ~ ☐ **sumir; desaparecer**

un|ter|tei|len ⟨V. 500⟩ *etwas ~ in Teile, Gruppen gliedern, einteilen* ☐ **subdividir**

Un|ter|ton ⟨m.; -(e)s, -tö|ne⟩ **1** *jeweils zu einem Ton gehöriger, nicht hörbarer, spiegelbildlich dem Oberton entsprechender, mitschwingender Ton* ☐ **harmônico inferior 2** ⟨fig.⟩ *leiser, versteckter Ton, Tonfall;* in seiner Stimme schwang ein drohender ~; mit einem ~ von Spott ☐ **tom; ponta**

un|ter|wan|dern ⟨V. 500⟩ *ein Volk, einen Kreis von Personen ~ durch langsames Eindringen (von fremder Bevölkerung) aufspalten, schwächen, zersetzen;* ein Land ~; eine Partei ~ ☐ **enfraquecer infiltrando-se**

Un|ter|wä|sche ⟨f.; -; unz.⟩ *unter der Oberbekleidung getragene Kleidungsstücke (Unterhemd, Unterhose usw.)* ☐ **roupa de baixo**

un|ter|wegs ⟨Adv.⟩ **1** *auf dem Wege, auf der Reise;* ich war schon ~, als er kam; der Bote ist (schon) ~; die ganze Stadt war ~, um ihn zu sehen; die Waren sind (bereits) ~ ☐ **a caminho;** wir waren drei Tage ~ fora; em viagem; ich habe ~ viel Neues gesehen ☐ **no caminho; na viagem;** wir haben ~ Blumen gepflückt; der Gedanke kam mir erst ~ ☐ **no/pelo caminho;** er ist ~ nach Berlin ☐ *ele está a caminho de/de viagem para Berlim; von ~ eine Postkarte schreiben ☐ *escrever um cartão-postal durante a viagem 1.1 bei ihr ist ein Kind ~ ⟨fig.; umg.⟩ *sie erwartet ein Kind, ist in anderen Umständen* ☐ *ela está esperando um bebê

un|ter|wei|sen ⟨V. 282/500/Vr 8⟩ *jmdn. ~ lehren, unterrichten, jmdm. Kenntnisse vermitteln;* Schüler ~; jmdn. im Rechnen, Zeichnen ~ ☐ **instruir; ensinar**

Un|ter|welt ⟨f.; -; unz.⟩ **1** ⟨Myth.⟩ *Totenreich, Aufenthaltsort der Gestorbenen* ☐ **reino dos mortos; inferno(s) 2** ⟨fig.⟩ *Verbrecherwelt* ☐ **submundo**

un|ter|wer|fen ⟨V. 286/500⟩ **1** ⟨Vr 8⟩ *jmdn. od. etwas ~ besiegen, bezwingen, erobern u. unterjochen, untertan machen;* fremder Herrschaft unterworfen sein; die unterworfenen Länder, Völker ☐ **submeter; subjugar 2** ⟨Vr 2⟩ *sich ~ sich ergeben, sich fügen;* sich jmds. Anordnung, Willen ~; ich unterwerfe mich dem Richterspruch ☐ **submeter-se; sujeitar-se 3** ⟨530/Vr 7 od. Vr 8⟩ *jmdn. od. etwas einer Sache ~ unterziehen;* jmdn. einer Prüfung, einem Verhör ~ ☐ **submeter**

un|ter|wür|fig ⟨a. ['----] Adj.⟩ *würdelos demütig, übertrieben gehorsam, übertrieben ehrerbietig, sehr ergeben, kriecherisch;* Sy **subaltern(2);** eine ~e Geste, Haltung ☐ **submisso**

un|ter|zeich|nen ⟨V. 500⟩ *etwas ~ unterschreiben, durch Unterschrift bestätigen;* Sy **signieren(2);** einen Brief, ein Protokoll, einen Vertrag, ein gerichtliches Urteil, ein Zeugnis ~ ☐ **assinar**

un|ter|zie|hen¹ ⟨V. 293/500⟩ **1** *ein Wäschestück ~ unter etwas anziehen;* hast du noch eine Jacke untergezogen? ☐ **vestir/colocar por baixo 2** *eine Masse ~* ⟨Kochk.⟩ *vorsichtig unter etwas mischen;* Eischnee ~ ☐ **misturar (cuidadosamente)**

un|ter|zie|hen² ⟨V. 293/530/Vr 7⟩ *jmdn. od. etwas einer Sache ~ aussetzen, eine S. mit jmdm. od. etwas geschehen lassen;* jmdn. einer Prüfung, einem Verhör ~; er hat sich einer Operation unterzogen; er unterzieht sich dieser Arbeit, Aufgabe; sich der Mühe einer Reise ~ ☐ **submeter**

Un|tie|fe ⟨f.; -, -n⟩ **1** *Mangel an nötiger Tiefe, seichte Stelle (im Meer, See, Fluss), Sandbank* ☐ **baixio; banco de areia 2** ⟨volkstüml.⟩ *sehr große Tiefe* ☐ **abismo**

un|treu ⟨Adj. 70⟩ *nicht treu, treulos;* ein ~er Ehemann, Liebhaber ☐ **infiel;** jmdm., sich selbst ~ werden ☐ *trair alguém/os próprios princípios

un|über|legt ⟨Adj.⟩ *nicht überlegt, unbesonnen, voreilig* ☐ **impensado; irrefletido;** das war ~ gehandelt, gesagt ☐ **sem pensar**

un|um|gäng|lich ⟨a. ['----] Adj.⟩ *nicht zu umgehen, nicht zu vermeiden, unbedingt notwendig, erforderlich;* es ist ~ (notwendig) ☐ **inevitável; indispensável**

un|ver|än|der|lich ⟨a. ['-----] Adj. 24/70⟩ *nicht veränderlich, so beschaffen, dass es sich nicht ändert* ☐ **imutável; constante;** ~e Größe ⟨Math.⟩ ☐ *grandeza invariável

un|ver|ant|wort|lich ⟨a. ['-----] Adj. 24⟩ **1** *nicht zu verantworten, so geartet, dass es nicht zu verantworten ist;* das ist ~ ☐ **imperdoável 2** *verantwortungslos, leichtsinnig;* ~ handeln ☐ **(de modo) irresponsável**

un|ver|bes|ser|lich ⟨a. ['-----] Adj. 70⟩ *nicht zu bessern, nicht zu ändern;* er besitzt einen ~en Charakter; er ist ~ ☐ **incorrigível**

un|ver|bind|lich ⟨a. [--'--] Adj. 24⟩ **1** *nicht verbindlich, nicht bindend* ☐ **facultativo** 1.1 *ohne die Verpflichtung zum Kauf;* jmdm. ein ~es Angebot machen ☐ **sem compromisso 2** *nicht sehr freundlich, gerade noch höflich, aber nicht liebenswürdig, kurz angebunden;* er gab mir am Telefon eine ~e Antwort ☐ **frio; reservado**

un|ver|blümt ⟨a. [--'-] Adj.⟩ *geradeheraus, aufrichtig, offen;* Ggs **verblümt;** jmdm. ~ die Meinung, die Wahrheit sagen; das ist die ~e Wahrheit; ~ mit jmdm. reden ☐ **sem rodeios; nu e cru**

un|ver|brüch|lich ⟨a. ['----] Adj. 24⟩ *ganz fest;* ~es Schweigen bewahren; jmdm. ~ die Treue halten; an seinem Versprechen ~ festhalten ☐ **inabalável; inquebrantável**

un|ver|fro|ren ⟨a. [--'--] Adj.⟩ *dreist, frech, ziemlich unverschämt* ☐ **descarado; atrevido**

un|ver|gess|lich ⟨a. ['----] Adj. 24/70⟩ *so beschaffen, dass man es nicht vergessen kann;* ein ~es Erlebnis □ inesquecível

un|ver|gleich|lich ⟨a. ['----] Adj. 24⟩ *so vorzüglich, dass man es nicht mit anderem vergleichen kann, unübertrefflich, einzigartig;* eine ~e Tat; eine Stimme von ~em Wohlklang □ incomparável; sem igual

un|ver|hofft ⟨a. [--'-] Adj.⟩ *unerwartet, unvorhergesehen, plötzlich;* ein ~es Wiedersehen; sein Sieg bei den Wettkämpfen kam allen ~ □ inesperado; imprevisto; ~ kommt oft ⟨Sprichw.⟩ □ o imprevisto é mais frequente do que se pensa

un|ver|hoh|len ⟨a. [--'--] Adj. 24⟩ *nicht verborgen, unverhüllt;* mit ~er Schadenfreude □ franco; aberto; seinen Ärger ~ zeigen □ abertamente

un|ver|kenn|bar ⟨a. ['----] Adj. 24⟩ *nicht zu verkennen, deutlich zu erkennen;* der Maler hat einen ~en Stil □ inconfundível

un|ver|meid|lich ⟨a. ['----] Adj. 24⟩ *nicht zu vermeiden, nicht zu umgehen;* es war leider ~, dass ich ... □ inevitável

un|ver|min|dert ⟨Adj. 24⟩ *nicht vermindert, nicht geringer geworden, gleich geblieben* □ indiminuto; inalterado; das Fieber ist ~ hoch □ *a febre continua alta; der Sturm tobte mit ~er Heftigkeit □ *a tempestade não diminuiu sua fúria

un|ver|mit|telt ⟨Adj. 24⟩ *ohne Übergang erfolgend, plötzlich;* □ repentino; direto; ~ fragte er mich ... □ de repente

Un|ver|mö|gen ⟨n.; -s; unz.⟩ *Unfähigkeit, Mangel an Fähigkeit, Können, Kraft;* Sy *Vermögen(1);* in seinem ~, ein Glied zu bewegen ... □ incapacidade

Un|ver|nunft ⟨f.; -; unz.⟩ *Mangel an Vernunft, unvernünftiges Verhalten;* diese Tat ist ein Ausdruck seiner ~ □ insensatez; irracionalidade

un|ver|nünf|tig ⟨Adj.⟩ *nicht vernünftig, vernunftwidrig, töricht;* das war sehr ~ von dir! □ insensato; irracional

un|ver|rich|tet ⟨Adj. 24/60⟩ **1** *nicht verrichtet, nicht getan, nicht erledigt* □ inacabado; incompleto **1.1** ~er Dinge, ~er Sache *abziehen, zurückkommen ohne etwas erreicht, ohne das Vorgenommene erledigt zu haben* □ *sair/voltar de mãos abanando/sem ter conseguido nada

un|ver|schämt ⟨Adj.⟩ *schamlos, frech, dreist;* eine ~e Antwort; ~es Benehmen; ein ~er Kerl □ desavergonhado; descarado; er lügt ~ □ descaradamente

un|ver|se|hens ⟨a. ['----] Adv.⟩ *plötzlich, überraschend;* ~ war der Winter da □ de repente; inesperadamente

un|ver|söhn|lich ⟨a. ['----] Adj. 24⟩ *nicht zu versöhnen, nicht zur Versöhnung bereit;* er blieb ~ □ implacável; irreconciliável

Un|ver|stand ⟨m.; -(e)s; unz.⟩ *Mangel an Verstand, Einfalt, Torheit* □ insensatez; falta de juízo/bom-senso

un|ver|stän|dlich ⟨Adj.⟩ **1** *nicht zu verstehen, nicht verständlich, undeutlich;* seine Worte waren ~ □ incompreensível; ininteligível **2** *nicht zu begreifen, unbegreiflich;* ein ~es Verhalten □ incompreensível

Un|ver|ständ|nis ⟨n.; -ses; unz.⟩ *Mangel an Verständnis;* auf ~ stoßen □ incompreensão

un|ver|wech|sel|bar ⟨[-ks-] a. ['-----] Adj. 24⟩ *nicht zu verwechseln, jmdm. eigentümlich, typisch;* sein Gang ist ~ □ inconfundível

un|ver|wüst|lich ⟨a. ['----] Adj. 24⟩ **1** *nicht zu verwüsten, nicht zerstörbar, sehr haltbar, strapazierfähig;* dieses Gewebe, dieser Stoff ist ~ □ indestrutível; resistente; durável **2** ⟨fig.⟩ *nicht zu besiegen, durch nichts aus dem Gleichgewicht zu bringen;* sein ~er Frohsinn □ inabalável; er hat eine ~e Gesundheit □ de ferro; er ist ~ □ *ele não se deixar abater

un|ver|zeih|lich ⟨a. ['----] Adj. 24/70⟩ *nicht verzeihlich, nicht zu verzeihen;* ein ~er Fehler □ imperdoável

un|ver|züg|lich ⟨a. ['----] Adj. 24/90⟩ *ohne Verzug, sofort, gleich* □ imediato; sich ~ auf den Weg machen; ~ antworten □ imediatamente; sem demora

un|voll|en|det ⟨a. [--'--] Adj. 24⟩ *nicht vollendet, nicht fertig, nicht zu Ende gebracht;* eine ~e Symphonie □ incompleto; inacabado

un|voll|kom|men ⟨a. [--'--] Adj. 24⟩ *nicht vollkommen, nicht vollständig, mangelhaft;* ~e Sätze □ imperfeito; incompleto; eine Sprache nur ~ beherrschen □ *dominar uma língua apenas por cima/superficialmente

un|vor|her|ge|se|hen ⟨a. [--'----] Adj. 24⟩ *nicht vorhergesehen, unerwartet, plötzlich;* ein ~es Ereignis □ inesperado; imprevisto

un|vor|sich|tig ⟨Adj. 24⟩ *nicht vorsichtig, leichtsinnig;* das war sehr ~ von dir □ imprudente; descuidado

un|vor|stell|bar ⟨a. ['----] Adj. 24⟩ *nicht vorstellbar, ungeheuerlich;* ~e Schäden □ inconcebível; inimaginável

un|wahr ⟨Adj. 24⟩ *nicht wahr, falsch, erlogen;* ~e Behauptungen □ falso; não verdadeiro

un|wahr|schein|lich ⟨a. [--'--] Adj. 24⟩ **1** *nicht wahrscheinlich, kaum anzunehmen;* es ist ~, dass er noch kommt □ improvável **2** *unglaubhaft, nicht zu glauben;* eine ~e Geschichte □ inverossímil; incrível **3** ⟨verstärkend⟩ *sehr groß;* mit ~er Schnelligkeit □ incrível **3.1** ⟨50⟩ *sehr, äußerst;* ~ viel, hoch □ incrivelmente

un|weg|sam ⟨Adj.⟩ *schwer zu begehen, schwer gangbar;* ~es Gelände □ intransitável; impraticável

un|wei|ger|lich ⟨a. ['----] Adj.⟩ *unhedingt, auf jeden Fall, ganz bestimmt;* die ~e Folge dieser Sache wird sein, dass ... □ inevitável; forçoso; es wird, es musste ~ so kommen □ inevitavelmente; necessariamente

un|weit ⟨Präp. mit Gen. od. mit „von"⟩ *nicht weit, nahe;* ~ des Ortes, der Stadt; ~ von dem, vom Ort, von der Stadt □ não longe de

Un|we|sen ⟨n.; -s; unz.⟩ *schlimmes Treiben;* Banden~; ein Schwindler trieb in dem Ort sein ~ □ desordem; confusão; inconveniência

un|we|sent|lich ⟨Adj.⟩ *nicht wesentlich, nicht wichtig;* seine Einwände sind ~ □ secundário

Un|wet|ter ⟨n.; -s, -⟩ *Sturm u. Regen, Gewitter;* ein ~ brach los, ging nieder; vor dem ~ Schutz suchen □ temporal

un|wich|tig ⟨Adj.⟩ *nicht wichtig, bedeutungslos, nebensächlich* □ insignificante; irrelevante

un|wi|der|ruf|lich ⟨a. ['-----] Adj.⟩ *nicht zu widerrufen, endgültig;* ein ~es Urteil □ irrevogável; definitivo; es steht ~ fest, dass ... □ irrevogavelmente; definitivamente

un|wi|der|steh|lich ⟨a. ['-----] Adj.⟩ **1** *so geartet, dass man nicht widerstehen kann;* ein ~er Drang, Trieb; von ~er Komik; ein ~es Verlangen nach etwas haben □ irresistível; irreprimível; ~ angezogen werden von jmdm. od. etwas □ irresistivelmente **2** ⟨fig.⟩ *bezwingend, sehr anziehend;* von ~em Reiz; er, sie ist (einfach) ~; er hält sich für ~ □ irresistível

Un|wil|le ⟨m.; -ns; unz.⟩ **1** *Ärger, Verdruss, leichter Zorn;* oV *Unwillen;* jmds. ~n erregen, hervorrufen; sein ~ richtet sich bes. gegen mich; ich konnte meinen ~n nicht länger zurückhalten; etwas mit ~n bemerken, feststellen, wahrnehmen □ indignação; irritação **1.1** seinem ~n Luft machen ⟨fig.; umg.⟩ *deutlich sagen, worüber man sich ärgert* □ *dar vazão à própria irritação

Un|wil|len ⟨m.; -s; unz.⟩ = *Unwille*

un|will|kür|lich ⟨a. [--'--] Adj. 24/90⟩ *ohne Willen, ohne Absicht, unbewusst;* Ggs *willkürlich(3);* eine ~e Reaktion □ involuntário; espontâneo; automático

un|wirsch ⟨Adj.⟩ *unliebenswürdig, barsch, kurz angebunden* □ rude; grosseiro; brusco; ~ antworten □ bruscamente

un|wirt|lich ⟨Adj.⟩ Ggs *wirtlich* **1** *ungastlich, unfreundlich;* ein ~es Haus **2** *einsam, unfruchtbar;* eine ~e Gegend **3** *regnerisch u. kalt;* ~es Wetter □ inóspito

Un|wis|sen|heit ⟨f.; -; unz.⟩ *Mangel an Wissen, an Kenntnissen;* darüber herrscht noch allgemeine ~; ~ schützt nicht vor Strafe □ ignorância

un|wohl ⟨Adj. 40 od. 43⟩ *nicht wohl, nicht ganz gesund, unpässlich;* ich bin etwas ~, mir ist ~; sich ~ fühlen □ indisposto

un|wür|dig ⟨Adj.⟩ **1** *nicht würdig, nicht wert, (jmdm.) nicht gemäß;* des Lobes ~ □ indigno; desmerecedor **1.1** das ist seiner ~ *das entspricht nicht seiner Art, seiner Lebenseinstellung* □ *isso é indigno dele **2** *erniedrigend;* ~e Behandlung eines Kranken □ indigno; degradante

Un|zahl ⟨f.; -; unz.⟩ *sehr große Zahl, unzählbare Menge;* eine ~ von Geschenken, von Menschen □ infinidade; sem-número

un|zäh|lig ⟨a. [-'--] Adj. 24⟩ *nicht zählbar, sehr viele;* ~e Dinge; ~e Mal; ~e Male □ inumerável; incontável; Unzählige kamen □ muitos

Un|zeit ⟨f.; -; unz.⟩ *zur ~ zu unpassender Zeit, zu einem schlecht gewählten Zeitpunkt;* zur ~ kommen □ *em má hora; intempestivamente

un|zer|trenn|lich ⟨a. ['----] Adj. 24/70⟩ *sehr eng verbunden, nicht zu trennen, stets beisammen;* ~e Freundinnen □ inseparável

Un|zucht ⟨f.; -; unz.⟩ *jurist. heute nicht mehr verwendeter Begriff für) geschlechtliche Unsittlichkeit, unsittliche Handlung* □ impudicícia; impudência; ~ treiben; ~ mit Abhängigen; jmdn. zur ~ verführen □ atentado ao pudor; libidinagem

un|zu|frie|den ⟨Adj.⟩ *nicht zufrieden, missmutig;* ~ sein; ein ~es Gesicht machen □ descontente; insatisfeito

un|zu|gäng|lich ⟨Adj.⟩ **1** *nicht zugänglich;* die Räume sind ~ □ inacessível; impenetrável **1.1** einer **Sache** ~ sein ⟨fig.⟩ *nicht auf eine Sache eingehen, sich ihr verschließen* □ *permanecer insensível a alguma coisa **2** ⟨fig.⟩ *herb, verschlossen* □ inacessível; impenetrável

un|zu|läng|lich ⟨Adj.⟩ *nicht zulänglich, nicht ausreichend, mangelhaft, ungenügend;* ~e Ausbildung, Ausrüstung, Entlohnung, Leistung, Versorgung, Vorbereitung; die sanitären Einrichtungen sind ~ □ insuficiente

un|zu|ver|läs|sig ⟨Adj.⟩ *nicht zuverlässig, nicht pflichtbewusst;* ein ~er Mensch □ não confiável

Up|date ⟨['ʌpdeɪt] n.; -s, -s; EDV⟩ *neue, überarbeitete Fassung, verbesserte Version (bes. bei EDV-Programmen);* an einem ~ arbeiten □ atualização

üp|pig ⟨Adj.⟩ **1** *in Fülle vorhanden, reichlich, überreich;* ~er Haarwuchs, Pflanzenwuchs; ein ~es Mahl □ abundante; lauto; copioso; dort gedeiht eine ~e Vegetation; ~ wuchernde Pflanzen □ exuberante; farto **1.1** *wollüstig, schwelgerisch, genießerisch, verschwenderisch;* zu ~ leben □ (de modo) luxuoso/suntuoso **1.2** *reich, lebendig, blühend;* eine ~e Fantasie □ rico; fértil **2** *rundlich, von vollen Formen;* sie hat eine ~e Figur; eine ~e Frau; Frau mit ~en Körperformen □ opulento; avantajado

Ur ⟨m.; -(e)s, -e⟩ = *Auerochse*

ur..., Ur... ⟨in Zus.⟩ **1** *den Anfang, das Erste bezeichnend;* urgermanisch, Urmensch, Urtext, Urzustand **2** *einen hohen Grad bezeichnend, sehr;* uralt, urkomisch **3** *Echtheit, Unverbrauchtheit bezeichnend;* Urkraft **4** *die vorhergehende od. nachfolgende Generation bezeichnend;* Urgroßvater, Urenkel

Uran ⟨n.; -s; unz.; Zeichen: U⟩ *chem. Element, radioaktives silberweißes Metall mit der Ordnungszahl 92* □ urânio

ur|ban ⟨Adj. 24; geh.⟩ **1** *weltmännisch, gebildet, höflich* **2** *städtisch* □ urbano

ur|bar ⟨Adj. 24⟩ *anbaufähig, nutzbar, pflügbar* □ aravel; cultivável; Boden, Land, Wald ~ machen □ *desbravar/arrotear o solo/a terra/a floresta

Ur|bild ⟨n.; -(e)s, -er⟩ **1** *Vorbild eines Abbildes* □ arquétipo, protótipo **2** ⟨fig.⟩ *Vorbild, Inbegriff, Idee;* Sy *Original(1)* □ modelo; original

ur|chig ⟨Adj.; schweiz.⟩ = *urig*

Ur|en|kel ⟨m.; -s, -⟩ *Sohn des Enkels od. der Enkelin* □ bisneto

Ur|he|ber ⟨m.; -s, -⟩ **1** *Veranlasser, für eine Tat Verantwortlicher* □ autor; causador **2** *Schöpfer, Verfasser (eines Schrift-, Musikstückes od. sonstigen Kunstwerkes);* geistiger ~ □ autor; criador

Ur|he|be|rin ⟨f.; -, -rin|nen⟩ *weibl. Urheber* □ autora; causadora; criadora

urig ⟨Adj.⟩ *urwüchsig, bodenständig, unverfälscht;* oV ⟨schweiz.⟩ *urchig* □ **natural; original; primitivo**

Urin ⟨m.; -s, -e⟩ = *Harn*

Ur|kun|de ⟨f.; -, -n⟩ **1** ⟨i. w. S.⟩ *jeder Gegenstand, der einen menschlichen Gedanken verkörpert, z. B. Grenzstein, Fahrzeugnummer* **1.1** ⟨i. e. S.⟩ *Schriftstück, auf dem ein Gedanke, Wille usw. festgehalten ist, Beweisstück, Zeugnis;* eine ~ ausstellen, fälschen, unterschreiben; eine historische, mittelalterliche ~; von einer Privatperson verfasste ~ □ **documento; certificado; atestado;** → a. *öffentlich(3.3)*

Ur|laub ⟨m.; -(e)s, -e⟩ **1** *Erlaubnis, vom Dienst fernzubleiben;* ~ beantragen, einreichen; ~ bewilligen, genehmigen; um ~ bitten **2** *die Zeit des Fernbleibens von beruflicher Arbeit (bei fortlaufenden Bezügen);* drei Tage, zwei Wochen ~; seinen ~ antreten, abbrechen; wann hast du ~?; er hat ~ vom 15. Juli bis zum 10. August; hast du schon ~ gehabt?; ~ nehmen; ein erholsamer, langer, regenreicher, ruhiger, sonniger ~; seinen ~ an der See, im Gebirge verbringen; auf, in ~ fahren; auf, in ~ gehen; auf, in ~ sein; eine Karte aus dem ~ schreiben; jmdn. aus dem ~ zurückrufen □ **licença; férias 2.1** *von etwas* ~ *machen sich von etwas zurückziehen, um Abstand davon zu gewinnen bzw. um neue Kräfte zu schöpfen* □ ***tirar férias de alguma coisa**

Ur|lau|ber ⟨m.; -s, -⟩ **1** *jmd., der Urlaub hat* □ **aquele que está de férias/licença 2** *Ferienreisender* □ **turista; veranista**

Ur|mensch ⟨m.; -en, -en⟩ *der erste Mensch, älteste Erscheinungsform des Menschen* □ **homem primitivo**

Ur|ne ⟨f.; -, -n⟩ **1** *Gefäß mit Deckel, zur Aufnahme der Asche nach der Verbrennung des Toten* **2** ⟨kurz für⟩ *Wahlurne* □ **urna**

Ur|sa|che ⟨f.; -, -en⟩ **1** *Grund für ein Geschehen, Ursprung, Veranlassung;* die ~ einer Krankheit, eines Streites, Unfalls, jmds. Todes; ~ und Wirkung; eine ~ erkennen, feststellen, finden, kennen, klären, vermuten; jmdm. etwas zu tun, zu denken; ich habe (alle) ~ anzunehmen, dass ...; wo liegt die ~ für, des ...?; einer ~ nachforschen, nachgehen, auf den Grund gehen; seine Absage war die ~ für ihre Niedergeschlagenheit; sein Verhalten hat keine ersichtliche ~; du hast keine ~, dich zu beschweren; die ~ hierfür ist unbekannt; ein Verkehrsunfall aus bisher ungeklärter ~ □ **causa; razão; motivo;** kleine ~, große Wirkungen ⟨Sprichw.⟩ □ **causa 1.1** keine ~! ⟨umg.⟩ *bitte, gern geschehen (Höflichkeitsformel auf den Dank eines andern hin)* □ ***não há de quê!**

ur|säch|lich ⟨Adj.⟩ *die Ursache betreffend, auf ihr beruhend, durch gemeinsame Ursache od. Ursache u. Wirkung verbunden;* das steht in ~em Zusammenhang mit ... □ **causal**

Ur|schrift ⟨f.; -, -en⟩ *ursprüngliche, erste Niederschrift* □ **original; autógrafo**

Ur|sprung ⟨m.; -(e)s, -sprün|ge⟩ **1** *Beginn, Anfang, Ausgangspunkt* **1.1** seinen ~ haben in etwas *mit etwas beginnen* □ **origem; princípio 2** *Entstehung;* die Spielgruppe für Kinder verdankt ihren ~ zwei engagierten Müttern □ **surgimento 3** *Herkunft;* ein Wort lateinischen ~s □ **origem**

ur|sprüng|lich ⟨a. [´--] Adj.; Abk.: urspr.⟩ **1** ⟨24⟩ *am Anfang, zu Beginn befindlich, zuerst vorhanden;* der ~e Text lautete ganz anders; der ~e Plan wurde geändert □ **inicial; original 2** ⟨24/50⟩ *anfangs, zuerst;* ~ hatte ich die Absicht, zu ...; der Text war ~ viel länger □ **inicialmente; originalmente 3** *einfach, naturhaft, natürlich;* Wasser von ~er Reinheit **4** *urwüchsig, unverbildet, echt;* sie hat einen ~en Sinn für alles Schöne □ **natural**

Ur|stoff ⟨m.; -(e)s, -e⟩ **1** *Grundstoff, Element* □ **matéria-prima; elemento 2** *der unbelebten u. belebten Welt zugrundeliegender Stoff;* Sy *Materie(1)* □ **matéria primária/primordial**

Ur|teil ⟨n.; -(e)s, -e⟩ **1** ⟨Rechtsw.⟩ *Entscheidung des Richters im Prozess, Richterspruch;* Sy *Sentenz(2);* ein Todes~ aussprechen, begründen, fällen; das ~ anfechten, anerkennen, aufheben, bestätigen, sprechen, vollstrecken, vollziehen; das ~ ergeht morgen, liegt bereits vor; ein ~ revidieren; ein gerechtes, hartes, mildes, ungerechtes ~; gegen ein ~ Berufung einlegen; das ~ in diesem Prozess; jmdm. od. sich selbst sein ~ sprechen (fig.); das ~ über diese Angelegenheit ist noch nicht gesprochen (fig.) □ **sentença 2** *prüfende Beurteilung;* Sachverständigen~; ein ~ abgeben, äußern; ein fachmännisches, nüchternes, objektives, parteiisches, sachliches, unparteiisches, unsachliches ~; ein allgemeines, klares, maßgebendes, salomonisches, unmaßgebliches, vorschnelles, weises, wohlüberlegtes ~; mit seinem ~ ins Schwarze treffen; das ~ des Paris ⟨Myth.⟩ □ **julgamento 3** *sich auf bestimmte Gründe stützende feste Meinung;* Wert~; das ~ der Fachwelt, der Nachwelt, der öffentlichen Meinung; sich ein ~ bilden über jmdn. od. etwas; es ist das einmütige ~ aller; etwas, nichts auf jmds. ~ geben; er hat mich in meinem ~ bestärkt; ich bin in meinem ~ unsicher geworden; sie hielt mit ihrem ~ zurück; wie kommst du zu diesem ~?; ich bin schließlich zu dem ~ gekommen, dass ...; wir sind zu verschiedenen ~en gekommen □ **julgamento; parecer; conclusão 4** *Fähigkeit, etwas richtig zu beurteilen;* sein ~ ist unfehlbar; sie hat ein gutes ~; kein ~ haben; ich habe darüber kein ~; auf sein ~ kann man sich nicht verlassen □ **bom-senso; juízo**

ur|tei|len ⟨V. 400⟩ **1** ⟨400⟩ *ein Urteil(2) abgeben, fällen;* abfällig, gerecht, hart, milde, parteiisch, unsachlich, unvoreingenommen, vorschnell ~; ohne Ansehen der Person ~; über etwas od. jmdn. ~; wie ~ Sie über ...? □ **julgar 2** ⟨405⟩ ~ *nach sich ein Urteil(3) bilden;* man darf nicht nach dem äußeren Schein ~; dem Erfolg nach zu ~, hat er ...; wenn man nach dem Erfolg ~ darf, dann ... □ ***julgar por**

ur|tüm|lich ⟨Adj.⟩ **1** *ursprünglich, urwüchsig* □ **original 2** *unverbildet, unberührt, natürlich-einfach* □ **primitivo; natural**

Ur|wald ⟨m.; -(e)s, -wäl|der⟩ *unberührter, nicht bewirtschafteter, nicht kultivierter Wald, bes. in den Tropen* □ **floresta virgem**

ur|wüch|sig ⟨[-ks-] Adj.⟩ **1** *auf natürliche Weise einfach, naturhaft* □ **natural** 1.1 *unverbildet, auf natürliche Weise grob* □ **primitivo 2** *wild* □ **selvagem 3** *bodenständig* □ **nativo; indígena**

Ur|zeit ⟨f.; -, -en⟩ **1** *älteste Zeit der Erdgeschichte* □ **tempos primitivos** 1.1 *seit ~en seit langem, solange man denken kann* □ **desde tempos imemoriais; desde sempre*

Usan|ce ⟨[yzā:s(ə)] f.; -, -n; geh.⟩ *Brauch (bes. Handelsbrauch), Herkommen, Gewohnheit;* oV *Usanz* □ **usança**

Usanz ⟨f.; -, -en; schweiz.⟩ = *Usance*

User ⟨[ju:zə(r)] m.; -s, -; EDV⟩ *Benutzer, Bediener (eines Computers)* □ **usuário**

usu|ell ⟨Adj. 24; geh.⟩ *gebräuchlich, üblich, herkömmlich* □ **usual**

Usus ⟨m.; -; unz.⟩ *Brauch, Sitte, Gewohnheit; es ist bei uns ~, dass ...* □ **uso; hábito**

Uten|si|li|en ⟨Pl.⟩ *(kleine, notwendige) Geräte, Gegenstände, Werkzeuge;* Schreib~; Mal~ □ **utensílios**

Uto|pie ⟨f.; -, -n⟩ **1** *Schilderung eines künftigen gesellschaftlichen Zustandes* **2** *Wunschtraum, Hirngespinst, Schwärmerei* □ **utopia**

uto|pisch ⟨Adj.⟩ **1** *nur in der Vorstellung möglich, erträumt, erhofft* **2** *nach Unmöglichem strebend* □ **utópico**

UV-be|strahlt ⟨[u:faʊ-] Adj. 24⟩ *ultravioletten Strahlen ausgesetzt* □ **exposto a raios ultravioleta**

UV-Strah|len ⟨[u:faʊ-] Pl.⟩ *ultraviolette Strahlen; sich durch Sonnenschutzcreme vor ~ schützen* □ **raios ultravioleta**

UV-Strah|len-ge|schä|digt ⟨[u:faʊ-] Adj. 24/70⟩ *durch das Bestrahlen mit ultravioletten Strahlen gesundheitliche Schäden habend* □ **lesionado por exposição a raios ultravioleta**

va|banque auch: **va banque** ⟨[vabã:k] beim Glücksspiel⟩ **1** *es gilt die Bank* 1.1 ~ **spielen** 1.1.1 *um den gesamten Einsatz der Bank spielen* 1.1.2 ⟨fig.⟩ *ein Wagnis eingehen* □ última cartada

vag ⟨[va:g] Adj.⟩ = *vage*

Va|ga|bund ⟨[va-] m.; -en, -en⟩ **1** = *Landstreicher* **2** ⟨fig.⟩ *rastloser, ruheloser, umhergetriebener Mensch* □ vagabundo

va|ge ⟨[va:gə] Adj.⟩ *eine Vorstellung, Idee ist ~ unbestimmt, ungenau, verschwommen;* oV *vag; etwas nur ~ beschreiben* □ vago; vagamente

Va|gi|na ⟨a. [va-] f.; -, -gi|nen; Anat.⟩ = *Scheide(3)*

va|kant [va-] Adj. 24⟩ *~e Stelle offene, unbesetzte S.* □ vago; desocupado

Va|ku|um ⟨[va:-] n.; -s, -kua od. -ku|en; Phys.⟩ *Raum, der (nahezu) luftleer ist* □ vácuo

Va|lenz ⟨[va-] f.; -, -en⟩ **1** ⟨Chem.⟩ = *Wertigkeit(1)* **2** ⟨Gramm.⟩ = *Wertigkeit(2)* **3** ⟨Biol.⟩ *Stärke, Tüchtigkeit* □ valência

Vamp ⟨[væmp] m.; -s, -s⟩ *erotisch stark anziehende, dabei aber kalt berechnende Frau* □ vampe

Vam|pir [vam-], Betonung a. ['--] m.; -s, -e⟩ **1** ⟨Zool.⟩ *Angehöriger einer Familie der Fledermäuse, die kein Blut saugen, sondern es nur auflecken: Desmodontidae;* Sy *Blutsauger(1.3)* **2** ⟨Volksglaube⟩ *blutsaugendes Nachtgespenst;* Sy *Blutsauger(2)* □ vampiro **3** = *Blutsauger(3)*

Van|da|lis|mus ⟨[van-] m.; -; unz.⟩ *rohe Zerstörungswut, die sich gegen Kunstwerke od. öffentliches Eigentum richtet;* oV *Wandalismus* □ vandalismo

Va|nil|le ⟨a. [vaniljə] f.; -; unz.; Bot.⟩ **1** *Angehörige einer Gattung der Orchideen: Vanilla* 1.1 *echte ~ Pflanze mit zylindrischen Früchten, die nach Fermentieren ein charakteristisches Aroma erhalten, das für Süßspeisen beliebt ist: Vanilla planifolia* □ *baunilha **2** *Frucht der Vanille(1.1) als Gewürz* □ baunilha

va|ri|a|bel ⟨[va-] Adj.⟩ *wandelbar, veränderlich, flexibel;* Ggs *konstant* □ variável

Va|ri|an|te ⟨[va-] f.; -, -n⟩ *veränderte Form, Abart, Spielart* □ variante

Va|ri|a|ti|on ⟨[va-] f.; -, -en⟩ **1** *Veränderung, Abwandlung* **2** ⟨Biol.⟩ *Abweichung von der Art* **3** ⟨Mus.⟩ *melodische, harmonische od. rhythmische Veränderung, Abwandlung eines Themas; Thema mit ~en* □ variação

Va|ri|e|té ⟨[variete:] n.; -s, -s⟩ = *Varietee*

Va|ri|e|tee ⟨[variete:] n.; -s, -s⟩ *Bühne für akrobatische, tänzerische, musikalische u. a. Vorführungen;* oV *Varieté* □ variedades

va|ri|ie|ren ⟨[va-] V.⟩ **1** ⟨400⟩ *etwas variiert ist verschieden, anders, weicht ab* **2** ⟨500⟩ *etwas ~ etwas verändern, abwandeln* 2.1 *ein* **Thema** *~* ⟨Mus.⟩ *melodisch, harmonisch od. rhythmisch abwandeln* □ variar

Va|sall ⟨[va-] m.; -en, -en⟩ **1** *Gefolgsmann* □ vassalo **2** = *Lehnsmann*

Va|se ⟨[va:-] f.; -, -n⟩ *kunstvoll gearbeitetes Gefäß aus Ton, Porzellan od. Glas für Schnittblumen; Blumen~* □ vaso

Va|se|lin ⟨[va-] n.; -s; unz.; österr.⟩ = *Vaseline*

Va|se|li|ne ⟨[va-] f.; -; unz.⟩ *halbfestes, salbenartiges Gemisch gesättigter aliphatischer Kohlenwasserstoffe großer Kettenlänge von gelber od. weißer Farbe;* oV ⟨österr.⟩*Vaselin* □ vaselina

Va|ter ⟨m.; -s, Vä|ter⟩ **1** *Erzeuger eines Kindes;* er hat seinen ~ nie gekannt; ~ sein, werden; den ~ verlieren; er ist glücklicher ~ (geworden); mein leiblicher ~; ~ von drei Kindern; du bist deinem ~ wie aus dem Gesicht geschnitten (so ähnlich siehst du ihm); wer ist der ~ dieses Kindes?; wo ist der ~?; wo ist mein, dein, unser, euer ~?; ~ werden ist nicht schwer, ~ sein dagegen sehr ⟨Sprichw. nach Wilhelm Busch⟩ □ pai 1.1 *sich zu seinen Vätern versammeln* ⟨fig., veraltet⟩ *sterben* □ antepassados **2** *Familienoberhaupt, Ernährer;* Familien~, Haus~; du sollst deinen ~ und deine Mutter ehren (4. Gebot); ein guter, liebevoller, nachsichtiger, strenger, treusorgender ~; er hat für mich wie ein ~ gesorgt **3** *Beschützer;* ein ~ der Hilflosen **4** *Leiter, Vorsteher, Schöpfer;* Turn~ Jahn; der ~ einer Idee; die Väter der Stadt berieten darüber; Holberg als ~ des dänischen Theaters; ~ unser, der du bist im Himmel (Gebetsanfang) □ pai 4.1 *hier ist wolh der Wunsch der ~ des Gedankens dieser Gedanke entspringt nur dem Wunsch u. ist kaum zu verwirklichen* □ *devanear; tomar os próprios desejos por realidade; →* a. *himmlisch(2.4)* **5** *Ordenspriester, Pater,* → a. *geistlich(2.4), heilig(2.1)* □ padre **6** *(Anrede für ältere Männer, bes. Geistliche)* 6.1 ~ Rhein ⟨poet.⟩ *der Rhein* □ *nosso bom e velho Reno* 6.2 *~ Staat* ⟨scherzh.⟩ *der Staat, bes. als Steuereinnehmer* □ ∅ **7** ⟨Bgb.⟩ *Fundort* □ jazida **8** *(bei Prägewerkzeugen) der obere Stempel* □ matriz superior

Va|ter|land ⟨n.; -(e)s, -län|der⟩ *Land, in dem man geboren od. aufgewachsen ist, Heimat(land);* ein einiges, geeintes, geteiltes ~; der Prophet gilt nichts in seinem ~ ⟨Sprichw.⟩ □ pátria □ *santo de casa não faz milagre*

vä|ter|lich ⟨Adj.⟩ **1** ⟨60⟩ *den Vater betreffend, dem Vater zugehörend, vom Vater stammend;* das ~e Erbe; er wird später das ~e Geschäft übernehmen; das ~e Handwerk erlernen; von ~er Seite her; hör auf meinen ~en Rat; er gab seinen ~en Segen □ paterno; de pai 1.1 *~e* **Gewalt** ⟨Rechtsw.; früher⟩ *Bestimmungsrecht über Person u. Vermögen des Kindes* □ *pátrio poder* **2** *einem Vater gemäß, wie ein Vater handelnd;* jmdm. ein ~er Freund sein; ~e Liebe; ~es Wohlwollen □ paternal; jmdn. ~ beraten, betreuen, unterstützen; jmdm. ~ helfen, zureden; ~ an jmdm. handeln; ~ auf jmdn. einreden □ paternalmente

Va|ter|schaft ⟨f.; -, -en⟩ *das Vatersein, Rechtsverhältnis des Vaters zum Kind;* Bestimmung, Feststellung der ~; eheliche, uneheliche ~; die ~ anerkennen, annehmen, feststellen; die ~ ablehnen, bestreiten, leugnen □ **paternidade**

Ve|ge|ta|ri|er ⟨[ve-] m.; -s, -⟩ *jmd., der sich nur von pflanzlicher Kost ernährt* □ **vegetariano**

ve|ge|ta|risch ⟨[ve-] Adj. 24⟩ *pflanzliche Kost betreffend, auf ihr beruhend;* ~e Ernährung □ **vegetariano**

Ve|ge|ta|ti|on ⟨[ve-] f.; -, -en⟩ **1** *Leben, Wachstum der Pflanzen* **2** *Gesamtheit der in einem Gebiet vorkommenden Pflanzen* □ **vegetação**

ve|ge|ta|tiv ⟨[ve-] Adj.⟩ **1** *pflanzlich* **2** ~es Nervensystem ⟨Med.⟩ *unbewusstes, nicht dem Willen unterliegendes N.;* Sy *autonomes Nervensystem,* → *autonom(2)* □ **vegetativo**

ve|ge|tie|ren ⟨[ve-] V. 400⟩ *(kümmerlich) dahinleben* □ **vegetar**

ve|he|ment ⟨[ve-] Adj.⟩ ~e Bewegung *heftige, ungestüme B.* □ **veemente**

Ve|hi|kel ⟨[ve-] n.; -s, -⟩ **1** *(bes. altes, altmodisches, schlechtes) Fahrzeug* □ **lata-velha; calhambeque 2** ⟨fig.⟩ *Mittel zum Zweck* □ **veículo; instrumento**

Veil|chen ⟨n.; -s, -⟩ **1** ⟨Bot.⟩ *zu einer über die ganze Erde verbreiteten Gattung der Veilchengewächse gehörende, früh blühende, meist kleine Blume;* Sy *Viola¹* □ **violeta 2** ⟨fig.; umg.⟩ *2.1 blaues Auge (infolge eines Schlags oder Stoßes)* □ **olho roxo** 2.2 *er ist blau wie ein ~* ⟨fig.; umg.⟩ *sehr betrunken* □ ***ele está bêbado como um gambá**

Vek|tor ⟨[vɛk-] m.; -s, -to|ren⟩ **1** ⟨Math.; Phys.⟩ *Größe, die als Strecke bestimmter Lage u. Richtung definiert ist* **2** ⟨Gentech.⟩ *Plasmid, Virus od. ein anderes Partikel, das genetisches Material in eine Zelle einbringen kann* □ **vetor**

Ve|lo ⟨[ve:-] n.; -s, -s; schweiz.⟩ *Fahrrad* □ **bicicleta 2** ⟨Getrennt- u. Zusammenschreibung⟩ *2.1* ~ *fahrend* = *velofahrend*

ve|lo|fah|rend *auch:* **Ve|lo fah|rend** ⟨[ve:-] Adj. 24/60; schweiz.⟩ *auf, mit einem Fahrrad fahrend* □ **de bicicleta**

Ve|lours ⟨[vəluːr] m.; - [-luːrs]; unz.⟩ **1** *samtartiges Gewebe* □ **veludo 2** ⟨kurz für⟩ *Vourssleder* □ **camurça**

Ve|lours|le|der ⟨[vəluːr-] n.; -s; unz.⟩ *Leder mit einer aufgerauten, samtartig geschliffenen Oberseite;* ~jacke □ **camurça**

Ve|ne ⟨[ve:-] f.; -, -n⟩ *zum Herzen führendes Blutgefäß;* Ggs *Arterie* □ **veia**

ve|nös ⟨[ve-] Adj. 24⟩ *die Venen betreffend, zu ihnen gehörend, von ihnen transportiert;* ~es Blut □ **venoso**

Ven|til ⟨[vɛn-] n.; -s, -e⟩ **1** *Vorrichtung zum Absperren von Flüssigkeiten u. Gasen, als Kugel, Kegel, Nadel usw.; ein ~ öffnen, schließen; das ~ ist verstopft* □ **válvula; registro 2** ⟨bei Blechblasinstrumenten⟩ *Mechanismus, der die ursprüngliche Stimmung verändert* □ **válvula; pistão 3** ⟨bei der Orgel⟩ *die Luftzufuhr regelnde Klappe* □ **válvula 4** ⟨El.⟩ *Gleichrichter* □ **válvula; retificador 5** *er braucht, sucht ein ~ für seinen Zorn* ⟨fig.⟩ *er muss seinem Z. Ausdruck verleihen* □ **válvula de escape**

Ven|ti|la|tor ⟨[vɛn-] m.; -s, -to|ren⟩ *Vorrichtung zur Lüftung von Räumen, Bewetterung von Bergwerken, zur Kühlung von Motoren usw.* □ **ventilador**

ver... ⟨in Zus. mit Verben⟩ **1** *das Abweichen von der Richtung, das Falsche, Missgestalten, Verkehren ins Gegenteil bezeichnend;* Gebäude verbauen, Stoff verschneiden, Charakter verbilden; sich verrechnen, sich verhören, verbieten, sich etwas verbitten **2** *das Vollenden einer Handlung bezeichnend;* verbrauchen, verdursten, verklingen, verwelken **3** *das Steigern, Verstärken bezeichnend;* verdichten, veredeln, vergrößern, verschließen **4** *das Verwandeln bezeichnend;* verfinstern, verflüssigen, verkohlen **5** *das Zusammenbringen bezeichnend;* verknüpfen, vermischen **6** *das Auseinanderbringen, Weggehen bezeichnend;* verjagen, verlieren, verschütten **7** ⟨mundartl.⟩ *(in verschiedenen Bedeutungen)* 7.1 *sich verkühlen* erkälten 7.2 *verzählen* erzählen

ver|ab|re|den ⟨V. 500⟩ **1** *etwas ~ vereinbaren;* eine Besprechung, ein Stelldichein, Zeit u. Ort für eine Zusammenkunft ~; wir haben verabredet, dass ...; zur verabredeten Zeit; wir treffen uns wie bereits verabredet □ **combinar 2** ⟨500/Vr 3⟩ *sich (mit jmdm.) ~ ein Treffen (mit jmdm.) vereinbaren, festlegen;* ich habe mich mit ihm um 20 Uhr vor dem Theater verabredet □ ***marcar (um encontro) com alguém** 2.1 *ich bin leider schon verabredet* ich habe leider schon ein Treffen vereinbart □ ***infelizmente já tenho um encontro/compromisso**

Ver|ab|re|dung ⟨f.; -, -en⟩ **1** ⟨unz.⟩ *das Verabreden, das Sichverabreden* □ **compromisso 2** ⟨zählb.⟩ *vereinbartes Treffen;* eine ~ absagen müssen; er hat morgen Abend eine ~ □ **encontro (marcado) 3** ⟨zählb.⟩ *gemeinsam beschlossenes Vorgehen, Absprache;* ~en treffen; das ist gegen unsere ~ □ **acordo**

ver|ab|scheu|en ⟨V. 500⟩ *jmdn. od. etwas ~ Abscheu, Ekel vor jmdm. od. etwas empfinden;* jmds. Handlungsweise ~; bestimmte Speisen ~ □ **detestar**

ver|ab|schie|den ⟨V. 500⟩ **1** *jmdn. ~ zum Weggehen veranlassen;* er verabschiedete ihn mit ein paar freundlichen Worten □ **mandar embora; despedir 2** *jmdn. ~ aus dem Dienst entlassen;* einen Beamten, einen Offizier ~ □ **despedir; dispensar; exonerar 3** *ein Gesetz ~ beschließen* □ **aprovar 4** ⟨Vr 3⟩ *sich ~ Abschied nehmen;* gestern hat er sich von uns verabschiedet □ ***despedir-se**

ver|ach|ten ⟨V. 500⟩ **1** ⟨500⟩ *jmdn. od. etwas ~ für schlecht, nichts wert halten;* Ggs *achten(1);* er verachtet jede übertriebene Höflichkeit; jmdn. wegen seiner Feigheit ~ **2** *etwas ~ verschmähen, nicht nehmen, unbeachtet lassen* □ **desprezar; desdenhar** 2.1 *dieser Wein ist nicht zu ~* ⟨umg.⟩ *ist recht gut* □ ***este vinho não é de jogar fora* 3** *eine Sache ~ für gering, nicht für wichtig ansehen;* eine Gefahr, den Tod ~ □ **desprezar; desdenhar**

ver|ächt|lich ⟨Adj.⟩ **1** ⟨70⟩ *Verachtung verdienend;* eine ~e Haltung, Handlungsweise; eine ~e Gesinnung erkennen lassen; ein ~er Kerl □ **desprezível** 1.1

jmdn. ~ machen *in den Augen der anderen herabsetzen;* damit hat er sich selbst ~ gemacht □ **desprestigiar/depreciar alguém* **2** *von Verachtung zeugend, mit, voller Verachtung;* ~e Blicke, Worte □ **desdenhoso;** jmdn. ~ ansehen, behandeln; ~ von jmdm. sprechen □ **com desdém/ desprezo**

Ver|ach|tung ⟨f.; -; unz.⟩ **1** *Mangel an Wertschätzung;* ~ der Konsumgesellschaft **2** *Nichtbeachtung, Missachtung;* jmdn. mit ~ strafen □ **desprezo; desdém**

ver|all|ge|mei|nern ⟨V. 500⟩ etwas ~ *für allgemeingültig erklären, auf alle Fälle anwenden;* eine Aussage, Behauptung ~ □ **generalizar**

ver|al|ten ⟨V. 400(s.)⟩ *etwas veraltet bleibt nicht zeitgemäß, wird unmodern, hält mit der Entwicklung nicht Schritt, kommt außer Gebrauch;* Anschauungen, Ansichten ~; Kleidermoden ~; Maschinen ~; Wörter ~ □ **sair de moda; cair em desuso**

Ve|ran|da ⟨[ve-] f.; -, -ran|den⟩ *vor- od. eingebauter, überdachter, meist mit Glaswänden versehener Raum an einem Haus;* ein Haus mit ~ □ **varanda**

ver|än|dern ⟨V. 500⟩ **1** jmdn. od. etwas ~ *anders machen, umgestalten, verwandeln, umarbeiten;* im jugendlichen Überschwang will er am liebsten die ganze Welt ~; an einer Sache etwas ~; mit veränderter Stimme sprechen; seitdem ist er ganz verändert **2** ⟨Vr 3⟩ sich ~ *anders werden;* du hast dich sehr verändert, seit ...; du hast dich in den letzten Jahren gar nicht verändert; er hat sich zu seinen Gunsten, seinem Nachteil, seinen Ungunsten, seinem Vorteil verändert **2.1** ⟨umg.⟩ *Stellung, Beruf od. Wohnung wechseln;* er hat sich verändert □ **mudar**

Ver|än|de|rung ⟨f.; -, -en⟩ **1** *das Verändern;* ~ der Vorschriften □ **alteração; modificação 2** *das Verändertwerden, Sichverändern;* charakteristische ~ □ **transformação; mudança 3** *Schwankung, Wechsel;* berufliche, private ~ □ **mudança; troca**

ver|an|kern ⟨V. 500⟩ **1** ein Schiff ~ *durch Anker befestigen;* ein verankertes Schiff **2** eine Sache ~ ⟨fig.⟩ *festlegen;* das Recht der Freizügigkeit ist in der Verfassung verankert; ein im Gesetz verankertes Recht □ **ancorar**

ver|an|la|gen ⟨V. 500⟩ jmdn. od. etwas ~ *einschätzen, die Höhe der Steuern für jmdn. od. etwas festsetzen;* er wurde vom Finanzamt mit diesem Betrag veranlagt □ **avaliar; taxar**

ver|an|lagt 1 ⟨Part. Perf. von⟩ *veranlagen* **2** ⟨Adj. 24/70⟩ *in bestimmter Weise begabt, befähigt, mit bestimmten Eigenschaften versehen, bestimmte Charakteranlagen aufweisend;* sie ist künstlerisch ~; ein musikalisch ~er Mensch □ **dotado**

Ver|an|la|gung ⟨f.; -, -en⟩ **1** *Festsetzung (der Steuern)* □ **taxação; tributação 2** *Charakteranlage, angeborene Fähigkeit od. Unfähigkeit, Begabung;* das ist ~ □ **aptidão; vocação;** eine einseitige, künstlerische ~ □ **inclinação; pendor,** krankhafte ~ □ **predisposição; tendência;** er hat eine glückliche ~ □ **dom; talento**

ver|an|las|sen ⟨V. 500⟩ **1** etwas ~ *dafür sorgen, dass etwas geschieht, etwas bewirken, hervorrufen, anordnen;* wollen Sie bitte ~, dass ... □ **fazer com que...;** Maßnahmen ~ □ **tomar providências;* ich werde das Nötige, alles Weitere ~; wer hat das veranlasst? □ **providenciar; preparar 2** ⟨550⟩ jmdn. zu etwas ~ *jmdn. dazu bringen, etwas zu tun, jmdn. zu etwas bewegen, anregen;* ich fühlte mich veranlasst, schnellstens einzugreifen; was mag ihn zu diesem Entschluss veranlasst haben? □ **levar alguém a (fazer) alguma coisa*

ver|an|schla|gen ⟨V. 500⟩ **1** etwas ~ *schätzen, im Voraus berechnen;* die Kosten ~; man hat die Kosten zu niedrig veranschlagt; die veranschlagten Kosten für den Hausbau wurden weit überschritten; wie hoch ~ Sie den Bau des Theaters? □ **orçar; calcular 2** eine Sache ~ *bewerten;* sein Einfluss kann nicht hoch genug veranschlagt werden □ **avaliar; estimar**

ver|an|stal|ten ⟨V. 500⟩ eine Sache ~ *ins Werk setzen, stattfinden lassen, abhalten, durchführen;* eine Ausstellung, Tagung, Volkszählung ~; ein Fest ~ □ **organizar; preparar**

Ver|an|stal|tung ⟨f.; -, -en⟩ **1** *das Veranstalten;* die ~ einer Ausstellung planen □ **organização; preparação 2** *das, was veranstaltet wird, z. B. Ausstellung, Fest, Kundgebung, Tagung, Wettkampf* (Tanz~, Sport~, Wahl~); eine ~ besuchen; an einer ~ teilnehmen; zu einer ~ gehen; eine ~ organisieren □ **evento**

ver|ant|wor|ten ⟨V. 500⟩ **1** etwas ~ *die Verantwortung übernehmen, die Folgen für etwas tragen;* ich werde es ~; eine Anordnung, einen Befehl, eine Maßnahme, Tat ~ □ **responder por; responsabilizar-se por 1.1** *rechtfertigen;* ich kann es nicht ~, dass ... □ **não posso responder pelo fato de...;* es ist nicht zu ~, dass ... □ **é injustificável que...;* wie soll ich, willst du das ~? □ **justificar 2** ⟨514/Vr 3⟩ sich ~ *sich rechtfertigen, sich verteidigen;* er muss sich für seine Tat ~; du wirst dich deswegen, dafür ~ müssen, zu ~ haben; er muss sich vor Gericht ~ □ **justificar-se;* **responder por**

ver|ant|wort|lich ⟨Adj. 24⟩ **1** *die Verantwortung tragend;* Klage gegen den ~en Schriftleiter; die Verantwortlichen bestrafen, zur Rechenschaft ziehen; ~ bleiben für eine Maßnahme, Handlung usw.; dafür bist du ~; er ist voll ~ für seine Tat □ **responsável 1.1** jmdn. für etwas ~ machen *jmdm. die Schuld an einer Sache geben;* für den Unfall kann man ihn nicht ~ machen □ **responsabilizar alguém por alguma coisa* **1.2** ~ zeichnen *durch Unterschrift eine Verantwortung übernehmen* □ **assumir a responsabilidade* **2** ⟨60⟩ *Verantwortung erfordernd;* es ist ein ~es Amt; er hat einen ~en Posten □ **de responsabilidade**

Ver|ant|wor|tung ⟨f.; -; unz.⟩ **1** *das Verantworten(1);* es ist auf meine ~ (hin) geschehen; das kannst du nur auf deine eigene ~ (hin) tun **2** *Verpflichtung, für (seine) Handlungen einzustehen, ihre Folgen zu tragen;* die ~ ablehnen, haben, tragen, übernehmen; die ~ kann ihr niemand abnehmen; die ~ kannst du nicht einfach abschütteln; er versuchte, die ~ von sich abzuwälzen; er wollte mir die ~ aufbürden, auferlegen, zuschieben; jmdn. der ~ entheben; sich der ~ (durch die Flucht) entziehen; die ~ lastet schwer auf ihr;

verarbeiten

die ~ ist mir zu groß; ich übernehme keine ~ dafür; eine schwere ~ auf sich laden, nehmen; die ~ für diese Maßnahme hat ...; ihm fehlt der Mut zur ~ ☐ **responsabilidade 3** *Rechenschaft;* jmdn. zur ~ ziehen ☐ **tomar satisfação com alguém; pedir explicações a alguém*

ver|ar|bei|ten ⟨V. 500⟩ **1** etwas ~ *als Material für die Herstellung von etwas verwenden;* Stoffe zu Kleidung ~ ☐ **trabalhar; manufaturar; confeccionar**⟨*-de Industrie* ☐ **de transformação;** verarbeitetes Silber ☐ **trabalhado 1.1** Speisen im Magen ~ *verdauen* ☐ **digerir 2** eine Sache ~ *auf sich wirken lassen, eine S. durchdenken, geistig bewältigen, sich eine eigene Meinung über etwas bilden;* Erlebtes, Gehörtes, Gelesenes, Gesehenes ~; Erlebnisse, Eindrücke ~; ein Buch, neue Eindrücke geistig ~ ☐ **digerir; assimilar**

ver|är|gern ⟨V. 500⟩ jmdn. ~ *nachhaltig ärgern, ärgerlich machen;* er ist verärgert wegen deines ständigen Fehlens ☐ **irritar; aborrecer**

ver|aus|ga|ben ⟨V. 500⟩ **1** Geld ~ *ausgeben* ☐ **gastar 2** ⟨Vr 3⟩ sich ~ *sein Geld völlig ausgeben* ☐ **gastar todo o seu dinheiro* **3** ⟨Vr 3⟩ sich ~ ⟨fig.⟩ *sich bis zur Erschöpfung anstrengen, sein Bestes, alles hergeben, so dass man nichts Neues mehr schaffen kann;* er hat sich mit diesem einen Werk völlig verausgabt ☐ **exaurir-se; esgotar-se*

ver|äu|ßern ⟨V. 500⟩ **1** etwas ~ *verkaufen* ☐ **vender 2** Rechte ~ *übertragen* ☐ **alienar; transferir**

Verb ⟨[vɛrp] n.; -(e)s, -en; Gramm.⟩ *flektierbares Wort, das Tätigkeiten, Vorgänge u. Zustände bezeichnet, z. B. gehen, er geht;* o *Verbum* ☐ **verbo**

ver|ball|hor|nen ⟨V. 500⟩ ein Wort, eine Wendung ~ *durch vermeintliches Verbessern verschlimmern, entstellen* ☐ **estropiar; deturpar**

Ver|band ⟨m.; -(e)s, -bän|de⟩ **1** *Gewebe, das zum Schutz über einer Wunde od. erkrankten Körperstelle befestigt wird;* einen ~ anlegen, abnehmen, erneuern, wechseln ☐ **atadura; bandagem 2** *Bund, Zusammenschluss (von Vereinen, Körperschaften, Angehörigen eines Berufes usw.);* Schriftsteller-, Ärzte-; einem ~ beitreten; einen ~ gründen; ~ der Automobilindustrie ⟨Abk.: VDA⟩ ☐ **associação; federação 3** *organisatorische od. zeitlich begrenzte Zusammenfassung mehrerer militärischer Einheiten;* Truppen~; im ~ fahren; im ~ fliegen (von Flugzeugen) **4** *regelmäßige, gruppenweise vorgenommene Anpflanzung (von Pflanzen, Obstbäumen usw.)* ☐ **unidade; formação 5** *die Verbindung, das Ineinandergreifen von Hölzern od. Mauersteinen* ☐ **aparelho**

ver|ban|nen ⟨V. 500⟩ **1** jmdn. ~ *aus einem bestimmten Gebiet, meist dem Land, weisen, jmdn. strafweise einen bestimmten Aufenthaltsort zuweisen;* jmdn. auf eine Insel ~ ☐ **desterrar; exilar 2** jmdn. od. etwas ~ *ausschließen, jmdm. od. etwas den Zugang verwehren;* sie wollte alle Gedanken an ihn aus ihrem Herzen ~ ☐ **banir; afastar**

Ver|ban|nung ⟨f.; -, -en⟩ Sy ⟨veraltet⟩ *Acht*³ **1** *das Verbannen;* die ~ Napoleons **2** *das Verbanntsein;* lebenslängliche ~; ~ auf Lebenszeit; aus der ~ zurückkehren; in die ~ gehen; in der ~ leben; jmdn. in die ~ schicken; nach, vor, während seiner ~ **3** *Ort, an den jmd. verbannt ist od. wird* ☐ **exílio**

ver|bau|en ⟨V. 500⟩ **1** ⟨530/Vr 5⟩ jmdm. etwas ~ *durch Bauen versperren;* jmdm. durch einen Neubau die Aussicht, den Blick auf die Berge ~ ☐ **obstruir; bloquear 2** ⟨530/Vr 5 od. Vr 6⟩ jmdm. die Aussichten ~ ⟨fig.⟩ *jmds. A. zunichtemachen;* jmdm. alle Möglichkeiten (zum Weiterkommen) ~; er hat sich seine Zukunft gründlich verbaut ☐ **arruinar; acabar com 3** etwas ~ *beim Bauen verbrauchen;* Holz ~ ☐ **usar na construção 3.1** Geld ~ *beim Bauen ausgeben* ☐ **gastar dinheiro com obras* **4** etwas ~ *falsch, unzweckmäßig bauen;* das Haus ist völlig verbaut ☐ **construir mal 4.1** ⟨Vr 3⟩ sich ~ ⟨umg.⟩ *beim Bauen einen Fehler machen;* die Maurer haben sich verbaut ☐ **errar na construção**

ver|bei|ßen ⟨V. 105/500⟩ **1** ⟨550/Vr 3⟩ ein Tier verbeißt sich in etwas *beißt sich in etwas fest;* der Hund verbeißt sich im Wild; die Hunde haben sich ineinander verbissen ☐ **cravar os dentes em alguma coisa 2** ⟨550/Vr 3⟩ sich in etwas ~ ⟨fig.⟩ *hartnäckig an etwas festhalten, nicht los-, nicht lockerlassen;* er verbiss sich regelrecht in die Arbeit, in dieses Problem ☐ **aferrar-se a alguma coisa* **3** ⟨530/Vr 1⟩ sich eine Gefühlsäußerung ~ *eine G. zurückhalten, nicht zeigen, unterdrücken;* ich musste mir das Lachen ~; seinen Zorn ~ ☐ **reprimir; conter**

ver|ber|gen ⟨V. 106/500⟩ **1** ⟨Vr 7⟩ jmdn. od. etwas ~ *den Blicken od. dem Zugriff anderer entziehen, verstecken;* das Gesicht in den Händen, an jmds. Schulter ~; sich hinter einem Busch ~; sich vor der Polizei, vor Verfolgern ~ ☐ **esconder(-se) 2** etwas ~ ⟨fig.⟩ *verheimlichen, nicht sagen;* du verbirgst mir doch etwas!; sie konnte ihre Erregung nicht ~; seine Gedanken, seine Meinung ~; Liebe lässt sich nicht ~ ⟨Sprichw.⟩ ☐ **esconder; dissimular;** → a. *verborgen*²

ver|bes|sern ⟨V. 500⟩ **1** etwas ~ *besser machen, vervollkommnen;* eine Erfindung ~; er will damit seine finanzielle Lage ~ ☐ **melhorar; aperfeiçoar;** zweite, verbesserte Auflage (auf Buchtiteln) ☐ **revisto 1.1** (s)eine Leistung, einen Rekord ~ *steigern, überbieten* ☐ **melhorar 2** ⟨Vr 3⟩ sich ~ *bessere Lebensbedingungen für sich schaffen;* mit der neuen Wohnung haben wir uns sehr verbessert ☐ ***melhorar; progredir 2.1** er konnte sich ~ *mehr Gehalt, eine bessere Stellung bekommen* ☐ **melhorar de vida 3** etwas ~ *richtig machen, richtigstellen;* eine Aussage, einen Fehler ~; einen Aufsatz, jmds. Aussprache, Fehler, Rechtschreibung ~ **4** ⟨Vr 8⟩ jmdn. ~ *jmds. Aussage, Aussprache usw. berichtigen* **4.1** ich muss mich ~ *ich muss berichtigen, was ich eben gesagt habe* ☐ **corrigir(-se)**

ver|beu|gen ⟨V. 500/Vr 3⟩ sich ~ *Kopf u. Oberkörper nach vorn neigen (als Gruß, Zeichen der Ehrerbietung od. Zustimmung);* er verbeugte sich nach allen Seiten; er verbeugte sich tief vor der Künstlerin ☐ **inclinar-se; fazer reverência*

Ver|beu|gung ⟨f.; -, -en⟩ **1** *das Verbeugen;* eine tiefe ~ vor jmdm. machen ☐ **reverência 2** etwas ist eine ~

vor jmdm. ⟨fig.⟩ *eine Geste, ein Zeichen des Respekts, der Wertschätzung* □ reverência; sinal de respeito

ver|bie|gen ⟨V. 109/500⟩ **1** ⟨Vr 7⟩ etwas ~ *in die falsche Richtung biegen, durch falsches Biegen entstellen, gebrauchsunfähig machen* □ torcer; entortar; *ein verbogenes Rückgrat haben* □ curvado **2** *einen* Charakter ~ ⟨fig.⟩ *durch schlechten Einfluss, falsche Erziehung verbilden, schlecht machen* □ deformar; corromper

ver|bie|ten ⟨V. 110/500⟩ **1** ⟨530⟩ jmdm. etwas ~ *nicht erlauben, untersagen; eine solche Handlungsweise verbietet mir mein Ehrgefühl; der Arzt hat mir das Rauchen verboten; Betreten, Eintritt, Zutritt verboten; Rauchen verboten!; es ist (bei Strafe) verboten, zu ...; das sollte, müsste verboten werden* □ não permitir; proibir; vetar **1.1** *eine solche Reise verbietet mir mein Geldbeutel meine finanziellen Verhältnisse erlauben mir eine solche R. nicht, ich kann sie mir nicht leisten* □ não permitir **1.2** *das Buch ist verboten worden die Herausgabe, der Verkauf des Buchs* **1.3** *die* Verbotene Stadt *der Kaiserpalast in Peking* **1.4** *verbotener* Weg *W., dessen Benutzung nicht erlaubt ist* □ proibir; → a. Haus(1.1), Mund(3.4) **1.5** *verboten aussehen* ⟨fig.; umg.⟩ *in seiner Erscheinung völlig aus dem Rahmen fallen* □ *parecer inadequado/inconveniente **1.5.1** *bei ihm sieht es verboten aus unvorstellbar liederlich* □ *ele tem uma aparência desleixada **1.5.2** *in dem Kleid sieht sie verboten aus hässlich, geschmacklos* □ *ela fica horrível naquele vestido **2** ⟨513/Vr 3⟩ etwas verbietet sich *von selbst es ist ganz selbstverständlich, dass das nicht geschehen darf* □ *estar fora de questão; estar descartado

ver|bin|den ⟨V. 111/500⟩ **1** ⟨Vr 7 od. Vr 8⟩ jmdm. od. etwas ~ *mit einem Verband versehen; ein verletztes Bein, eine Wunde ~; einen Verletzten ~; er hat den Arm verbunden* □ enfaixar; pôr atadura **2** ⟨530/Vr 5⟩ jmdm. die Augen ~ *mit einer Binde verdecken; mit verbundenen Augen* □ vendar **3** ⟨517⟩ etwas mit etwas ~ *zusammenbringen, eine Verbindung mit etwas herstellen; zwei Enden, Fäden ~; zwei Holzteile, Maschinenteile, Wagen ~; Zahlen, Sätze, Gedanken ~; die Straßenbahnlinie verbindet den Vorort mit der Stadt; das Zimmer ist mit dem Bad durch eine Tür verbunden* □ ligar; unir; juntar; *die ~den Worte (zwischen einzelnen Vorführungen)* □ de intermediação **4** ⟨517/Vr 3⟩ etwas verbindet sich mit etwas *vereinigt, vermischt sich mit etwas; Mehl, Zucker usw. ~ mit Flüssigkeit zum Teig* □ ligar-se; misturar-se **5** ⟨517; fig.⟩ etwas mit etwas ~ *an etwas anschließen, zugleich haben; das Angenehme mit dem Nützlichen ~* □ unir; juntar **5.1** *etwas ist* mit etwas verbunden *ist mit etwas verknüpft, geht mit etwas einher; die Sache ist mit Schwierigkeiten verbunden; die damit verbundene Mühe, die damit verbundenen Kosten* □ envolver; implicar **6** etwas verbindet jmdn. mit jmdm. *etwas erhält eine Beziehung zwischen jmdm. u. einem anderen aufrecht; uns ~ viele gemeinsame Interessen; wir fühlen uns (innerlich) sehr verbunden* □ unir; ligar **7** ⟨517⟩ jmdn. mit jmdm. od. etwas ~ *eine Telefonverbindung zwischen jmdm. u. einem anderen herstellen; mit wem darf ich Sie ~?* □ *com quem deseja falar?; *bitte ~ Sie mich mit dem Abteilungsleiter* □ *por favor, me ligue com o chefe do departamento; *falsch verbunden!* □ *é engano! **8** ⟨517/Vr 3⟩ sich mit jmdm. ~ ⟨fig.⟩ *verbünden, zusammentun; sie haben sich fürs Leben verbunden* □ *unir-se a alguém **9** ⟨530/Vr 3⟩ sich jmdm. ~ ⟨geh.⟩ *zu Dank verpflichten; ich bin Ihnen für Ihre Anteilnahme, Hilfe usw. sehr verbunden* □ *ser grato a alguém

ver|bind|lich ⟨Adj.⟩ **1** *höflich, liebenswürdig, gefällig, zuvorkommend; ein ~es Benehmen; ~e Worte; ein sehr ~er Mensch; ~e Redensarten miteinander austauschen, wechseln; ~e Umgangsformen; ~ lächeln* □ amável; atencioso; gentil; *~en, ~sten Dank!* □ *com (os mais) sinceros agradecimentos!; *~, ~st danken* □ *agradecer profundamente; *ich danke ~, ~st* □ *agradeço muitíssimo **2** *verpflichtend; eine ~e Zusage; ein ~es Abkommen; ~e Bestellung* □ obrigatório

Ver|bind|lich|keit ⟨f.; -, -en⟩ **1** *Verpflichtung, Schulden; (keine) ~en eingehen, haben; seine ~en erfüllen* □ obrigação; compromisso **1.1** *Schulden; gegen jmdn. ~en in Höhe von 1.000 Euro haben* □ dívida **2** ⟨unz.⟩ *Höflichkeit, Liebenswürdigkeit, verbindliches Wesen* □ amabilidade; gentileza

Ver|bin|dung ⟨f.; -, -en⟩ **1** *das Verbinden; die ~ von Holz-, Maschinenteilen* □ junção; acoplamento **2** *das, was verbindet; eine ~ herstellen zwischen zwei Punkten* □ ligação; conexão **3** *Zustand des Verbundenseins, Zusammenhang, Beziehung; ich habe die ~ zu ihm schon lange abgebrochen; die ~ mit jmdm. aufnehmen; eine ~ herstellen zwischen zwei Vorkommnissen; briefliche, mündliche, schriftliche ~; eine eheliche, freundschaftliche, gesellschaftliche, harmonische, innere ~; eine enge, feste, innige, lockere, unlösbare ~; mit jmdm. in ~ bleiben; jmdn. mit einem Ereignis in ~ bringen; sich mit jmdm. in ~ setzen; das eine Ereignis steht in ~ mit dem andern; ich stehe noch, nicht mehr in ~ mit ihm; in ~ treten mit jmdm.* □ relação; contato; *viel Bewegung in ~ mit vernünftiger Ernährung* □ associação; *die verbilligte Fahrkarte gilt nur in ~ mit dem Ausweis* □ *a passagem mais barata vale apenas (junto) com o documento de identidade **3.1** *mit einer Frau eine ~ eingehen eine F. heiraten* □ *unir-se a uma mulher **3.2** ⟨meist Pl.⟩ *Beziehung zu, Bekanntschaft mit einflussreichen od. unterrichteten Menschen, Geschäftsunternehmen usw.; neue ~en anknüpfen, knüpfen, suchen; gute, keine ~en haben (zu einflussreichen Persönlichkeiten)* □ relação; contato **4** *Eisenbahn-, Straßenbahn-, Autobuslinie, Möglichkeit zur Beförderung; Verkehrs~* □ *sistema integrado de transportes públicos; *~ durch Bahn, Brücken, Bus, Fähre, Flugzeuge; Sie haben direkte ~ nach Frankfurt; gute, schlechte ~ zum Arbeitsplatz haben* □ conexão; ligação **5** *Fernsprechanschluss mit einem andern Teilnehmer; (keine) ~ bekommen; haben Sie (telefonische) ~ (mit München)?; die ~ unterbrechen; die*

verbissen

(telefonische) ~ ist nicht zustande gekommen □ co-municação; ligação 6 *Studentenverbindung, Korps;* einer farbentragenden, nichtschlagenden, schlagenden ~ angehören □ união/associação de estudantes diese Stoffe gehen eine ~ ein 7 (kurz für) *chemische Verbindung;* diese Stoffe gehen eine ~ ein □ combinação; composto

ver|bis|sen 1 ⟨Part. Perf. von⟩ *verbeißen* 2 ⟨Adj.⟩ 2.1 ⟨fig.⟩ *hartnäckig u. zäh;* mit ~em Fleiß arbeiten; mit ~er Hartnäckigkeit hielt er an seinem Plan fest □ obstinado; tenaz; ~ arbeiten □ obstinadamente 2.2 *verhalten zornig, grimmig;* ~ dreinschauen □ com raiva

ver|bit|ten ⟨V. 112/530/Vr 1⟩ *sich etwas* ~ *verlangen, dass etwas unterbleibt;* das verbitte ich mir!; ich verbitte mir jede Einmischung in meine Angelegenheiten!; ich verbitte mir diesen Ton!; das möchte ich mir verbeten haben! □ *não admitir alguma coisa

ver|bit|tern ⟨V. 500⟩ 1 *etwas* verbittert jmdn. *macht jmdn. unzufrieden, griesgrämig, bringt jmdn. zu einer menschenfeindlichen Haltung;* die schweren Schicksalsschläge haben ihn verbittert □ amargar; amargurar 1.1 ⟨Part. Perf.⟩ verbittert *unzufrieden, griesgrämig, menschenfeindlich* □ amargo; amargurado

ver|blas|sen ⟨V. 400(s.)⟩ 1 *etwas* verblasst *wird blass, verbleicht;* die Farbe ist schon etwas verblasst □ desbotar; esmaecer 2 ein Eindruck verblasst ⟨fig.⟩ *lässt nach, verschwindet allmählich;* meine Erinnerungen an diese Zeit ~ □ esmaecer; esvaecer

ver|bläu|en ⟨V. 500⟩ jmdn. ~ *verprügeln* □ bater em; espancar

Ver|bleib ⟨m.; -(e)s; unz.⟩ *Aufenthaltsort (einer vermissten Person od. Sache);* wissen Sie etwas über seinen ~? □ paradeiro

ver|blei|ben ⟨V. 114/s.⟩ 1 ⟨411⟩ *verharren, an einem Ort, in einer Stellung bleiben;* ein weiteres Verbleiben im Amt war für ihn nach diesem Vorfall nicht mehr möglich; die kleineren Kinder wurden evakuiert, die größeren sind im Heim verblieben; er wird noch so lange in seiner Stellung ~, bis die Sache entschieden ist □ permanecer; ficar 2 ⟨300; am Briefschluss⟩ *bleiben;* ich verbleibe Ihr sehr ergebener ... □ *seu sempre devoto... 3 ⟨600⟩ *jmdm.* ~ *übrig bleiben;* es sind mir noch fünf Euro verblieben □ restar; sobrar; die ~de Summe □ restante 4 ⟨413⟩ *etwas vereinbaren, wie vereinbart belassen;* wir sind so verblieben, dass er mich anruft, wenn er etwas Neues erfährt; und wie seid ihr verblieben? □ combinar; decidir

ver|blei|chen ⟨V. 126/400(s.)⟩ 1 *etwas* verbleicht *wird farblos, blass;* der Stoff ist verblichen □ desbotar; esmaecer 2 ⟨fig.; poet.⟩ *sterben* □ falecer; sein verblichener Vater □ falecido 2.1 der Verblichene *der Tote, Verstorbene* □ *o morto/falecido

ver|blen|den ⟨V. 500⟩ 1 Mauerwerk ~ *mit anderem, besserem Baustoff (Blendsteinen) verkleiden* □ revestir 2 jmdn. ~ ⟨fig.⟩ *der Einsicht, vernünftigen Überlegung berauben;* er ist (von seinen Erfolgen, seiner Leidenschaft, seinem Ehrgeiz) völlig verblendet □ cegar; ofuscar

ver|bleu|en ⟨alte Schreibung für⟩ = *verbläuen*

ver|blüf|fen ⟨V. 500/Vr 7 od. Vr 8⟩ jmdn. ~ *in sprachloses Erstaunen setzen, sehr überraschen;* jmdn. durch eine schlagfertige Antwort ~; lass dich nicht ~!; ich war so verblüfft, dass ich nichts zu sagen wusste; ich war völlig verblüfft, als ich das sah, hörte □ surpreender; aturdir; mit ~der Sicherheit, Offenheit; es ist ~d, wie schnell er das gelernt hat □ incrível; surpreendente; sie sehen einander ~d ähnlich □ incrivelmente

ver|blü|hen ⟨V. 400(s.)⟩ 1 Blumen ~ *hören auf zu blühen, verwelken* □ murchar 2 ⟨fig.⟩ *altern;* sie sieht verblüht aus □ murchar; perder o viço 2.1 eine verblühte Schönheit ⟨fig.; veraltet⟩ *eine gealterte Frau, der man jedoch ihre einstige Schönheit noch ansieht* □ *uma beleza sem viço

ver|blümt ⟨Adj.⟩ *höflich umschrieben, schonend verhüllt, angedeutet;* Ggs *unverblümt;* ein ~er Ausdruck, Vorwurf □ velado; indireto; etwas ~ ausdrücken □ veladamente; indiretamente

ver|blu|ten ⟨V. 400(s.)⟩ jmd. verblutet *stirbt durch Blutverlust* □ sangrar até morrer

ver|boh|ren ⟨V. 500/Vr 3⟩ 1 sich in etwas ~ *von etwas nicht abweichen, an etwas hartnäckig festhalten* □ *teimar/insistir em alguma coisa 1.1 ⟨Part. Perf.⟩ verbohrt *hartnäckig (auf einer falschen Meinung) beharrend, stur* □ teimoso; insistente

ver|bor|gen¹ ⟨V. 500⟩ etwas ~ *verleihen* □ emprestar

ver|bor|gen² 1 ⟨Part. Perf. von⟩ *verbergen* 2 ⟨Adj.⟩ *versteckt, unbemerkt, heimlich;* eine ~e Gefahr; Gott sieht auch das Verborgene, ins Verborgene; ich vermutete eine ~e Falle ⟨fig.⟩ □ oculto; etwas od. sich ~ halten □ *manter alguma coisa escondida; ficar escondido; etwas im Verborgenen tun □ *fazer alguma coisa às escondidas; im Verborgenen leben □ *viver escondido 2.1 im Verborgenen bleiben *unbemerkt bleiben, unaufgeklärt bleiben* □ *permanecer secreto/velado 2.2 *nicht wahrnehmbar, aber dennoch vorhanden u. wirksam;* Sy *latent(1)* □ latente; oculto 2.3 im Verborgenen blühen *sich unbeachtet von anderen positiv entwickeln* □ prosperar na sombra; → a. *verbergen*

Ver|bot ⟨n.; -(e)s, -e⟩ *Untersagung, Befehl, etwas nicht zu tun;* Ausgeh~, Park~; ein ~ erlassen, übertreten; ärztliches, ausdrückliches, strenges ~; gegen ein ~ handeln; trotz meines ~s hat er ... □ proibição; interdição

ver|brä|men ⟨V. 500⟩ 1 ein Kleidungsstück ~ *am Rand verzieren, bes. mit Pelz;* ein mit Pelz verbrämter Mantel □ guarnecer; debruar 2 eine Sache ~ ⟨fig.⟩ *verhüllend, verblümt sagen, umschreiben;* einen Vorwurf, eine Ablehnung mit schönen Worten ~ □ atenuar; dizer veladamente

Ver|brauch ⟨m.; -(e)s; unz.⟩ 1 *das Verbrauchen, das Verbrauchtwerden, Konsum, Verzehr;* der durchschnittliche ~ an Fleisch; Kraftstoff~ 2 *Abnutzung, Verschleiß;* einen großen Verbrauch an Papier haben □ consumo

ver|brau|chen ⟨V. 500⟩ 1 etwas ~ *immer wieder von einem Vorrat wegnehmen u. verwenden;* Gas, Strom ~ ;

Geld, Kohlen, Lebensmittel, Papier, Seife, Stoff ~ □ consumir; gastar 2 etwas ~ *völlig für einen Zweck verwenden;* wir haben den ganzen Vorrat verbraucht □ gastar; esgotar 3 ⟨Vr 7⟩ jmdn. od. etwas ~ *abnutzen, verschleißen* □ consumir; exaurir 3.1 verbrauchte Luft *schlechte L.* □ *ar viciado 3.2 er, sie ist (alt und) verbraucht ⟨fig.⟩ *nicht mehr leistungsfähig* □ esgotado; extenuado

Ver|brau|cher ⟨m.; -s, -⟩ 1 *jmd., der etwas verbraucht;* End~ 2 *jmd., der Waren erwirbt;* Sy Konsument; ~schutz □ consumidor

Ver|brau|che|rin ⟨f.; -, -rin|nen⟩ *weibl. Verbraucher* □ consumidora

ver|bre|chen ⟨V. 116/500⟩ 1 etwas ~ *ein Verbrechen, eine Missetat begehen* 2 etwas ~ ⟨meist im Perf. gebraucht; umg.; scherzh.⟩ 2.1 *einen Fehler, eine Missetat, etwas Dummes begehen;* ich habe doch nichts verbrochen! □ cometer/perpetrar (um crime) 2.2 *verfassen, schreiben, gestalten;* wer hat diesen Roman verbrochen? □ escrever; ser o autor de

Ver|bre|chen ⟨n.; -s, -⟩ 1 ⟨Rechtsw.⟩ *schwere Rechtsverletzung, Straftat, die mit einer Freiheitsstrafe von mindestens einem Jahr bestraft wird;* ein ~ begehen 2 ⟨fig.⟩ *verantwortungslose Handlung;* es ist ein ~, das Kind mit Lügen anzuhalten; ~ gegen die Gesundheit □ crime

Ver|bre|cher ⟨m.; -s, -⟩ *jmd., der ein Verbrechen begangen hat* □ criminoso

Ver|bre|che|rin ⟨f.; -, -rin|nen⟩ *weibl. Verbrecher* □ criminosa

ver|brei|ten ⟨V. 500⟩ 1 etwas ~ *veranlassen, dass etwas in weiten Kreisen bekannt wird;* ein Gerücht, eine Nachricht ~ 2 ⟨Vr 3⟩ etwas verbreitet sich *wird bekannt;* die Nachricht verbreitete sich rasch □ espalhar(-se); divulgar(-se); propagar(-se) 3 Entsetzen, Schrecken ~ *überall erregen* □ espalhar; disseminar 4 ⟨Vr 3⟩ etwas verbreitet sich *tritt in immer weiterem Umkreis auf;* ein Geruch verbreitet sich; eine Krankheit verbreitet sich □ espalhar-se; alastrar-se 4.1 ⟨Part. Perf.⟩ verbreitet *in weiten Kreisen anzutreffen;* der Glaube, dass ..., ist sehr verbreitet; eine verbreitete Ansicht □ difundido 4.1.1 eine verbreitete Zeitung *Z., die an vielen Orten, von vielen Personen gelesen wird* □ *um jornal de grande circulação 5 ⟨550/Vr 3⟩ sich über ein Thema ~ ⟨fig.; geh.⟩ *sich ausführlich zu einem T. äußern* □ *estender-se sobre um tema

ver|bren|nen ⟨V. 117⟩ 1 ⟨400⟩ *durch Feuer zerstört werden;* unsere Bücher, Möbel sind beim Großfeuer verbrannt; zu Asche ~ □ queimar 2 ⟨400(s.)⟩ etwas verbrennt *wird durch zu große Hitze verdorben;* den Braten ~ lassen □ queimar; verbrannt riechen, schmecken □ queimado 2.1 verbrannte Wiesen *durch Sonne u. lange Trockenheit ausgedörrte, braun gewordene W.* □ queimado; seco 2.2 sein Gesicht ist von der Sonne verbrannt ⟨fig.⟩ *stark gebräunt* □ queimado; bronzeado 3 ⟨500⟩ jmdn. od. etwas ~ *durch Feuer zerstören, ins Feuer werfen;* Briefe, Holz, Papier ~; Leichen ~; jmdn. als Ketzer ~ ⟨MA⟩ □ queimar; incinerar 4 ⟨500/Vr 3⟩ sich ~ *sich eine Brandwunde zuziehen* □ *queimar-se 5 ⟨530/Vr 1⟩ sich etwas ~ *durch zu große Hitze verletzen;* ich habe mir die Finger am Herd verbrannt; er hat sich den Mund mit heißer Suppe verbrannt □ *queimar alguma coisa

Ver|bren|nungs|kraft|ma|schi|ne ⟨f.; -, -n⟩ = Verbrennungsmotor

Ver|bren|nungs|mo|tor ⟨m.; -s, -en⟩ *Kraftmaschine, bei der Energie durch Verbrennung eines Kraftstoff-Luft-Gemisches in einem Zylinder erzeugt wird;* Sy Verbrennungskraftmaschine □ motor de combustão interna; motor de explosão

ver|brin|gen ⟨V. 118/500⟩ 1 Zeit ~ *verleben, zubringen;* die Zeit mit Lesen ~; den Urlaub an der See, im Gebirge ~ □ passar 2 ⟨511; veraltet⟩ jmdn. od. etwas an einen Ort ~ *an einen Ort bringen;* er wurde in eine Heilanstalt verbracht □ levar

ver|bu|chen ⟨V. 500⟩ etwas ~ 1 ⟨Wirtsch.⟩ *in eine Geschäftsbuch eintragen, buchen;* Ausgaben ~; Gewinne ~ □ registrar; lançar; 2 *als etwas Positives od. Negatives einordnen;* er hat die Entscheidung als seinen Erfolg verbucht □ classificar

Ver|bum ⟨[vɛr-]; n.; -s, Ver|ba od. Ver|ben [vɛr-]; Gramm.⟩ = Verb

Ver|bund ⟨m.; -(e)s, -e⟩ 1 *Verbindung, Zusammenschluss* □ união; fusão; *Verkehrs~* □ *sistema integrado de transportes públicos 2 *Haftung zwischen Beton u. Stahl* □ aderência

ver|bün|den ⟨V. 500/Vr 3⟩ sich (mit jmdm.) ~ *ein Bündnis mit jmdm. schließen, sich zusammenschließen;* verbündete Staaten □ *aliar-se (a alguém)

ver|bür|gen ⟨V. 500⟩ etwas verbürgt etwas *leistet Gewähr, gibt Sicherheit für etwas;* guter Wille allein verbürgt noch nicht das Gelingen der Sache □ garantir; assegurar 1.1 eine verbürgte Nachricht *von amtlicher od. maßgebender Stelle bestätigte N., beweisbare, authentische N.* □ autêntico; comprovado 2 ⟨550/Vr 3⟩ sich für etwas od. jmdn. ~ *für etwas od. jmdn. Bürgschaft leisten, einstehen;* ich verbürge mich für die Richtigkeit der Sache, für die Wahrheit dieser Behauptung; ich verbürge mich für seine Zuverlässigkeit, Ehrlichkeit □ *garantir alguma coisa; responsabilizar-se por alguém

Ver|dacht ⟨m.; -(e)s; unz.⟩ 1 *Argwohn, Vermutung von etwas Schlechtem;* einen ~ auf jmd. anderen abwälzen; einen ~ äußern; den ~ auf jmdn. lenken; sich dem ~ aussetzen, gestohlen zu haben; ~ erregen; der ~ ist auf ihn gefallen; ~ schöpfen; begründeter, unbegründeter ~; er ist über jeden ~ erhaben □ suspeita; jmdn. in ~ bringen □ *tornar alguém suspeito; in ~ geraten, kommen □ *tornar-se suspeito; im ~ des Diebstahls stehen □ *ser suspeito de roubo 1.1 ich habe den ~, dass ... *ich vermute, dass ...* □ *suspeito que... 1.2 jmdn. in ~ haben, dass er ... *vermuten, dass er ...* □ *suspeitar que alguém... 2 etwas auf ~ tun ⟨umg.⟩ *etwas aufs Geratewohl tun, ohne genau zu wissen, ob es richtig ist, etwas probieren* □ *fazer alguma coisa a esmo/ao acaso

ver|däch|tig ⟨Adj.⟩ **1** *in einem Verdacht stehend, mutmaßlich schuldig;* der Unterschlagung ~ sein □ **suspeito 1.1** sich ~ machen *Verdacht erregen* □ ***tornar--se suspeito 2** *zweifelhaft, nicht glaubwürdig, bedenklich;* der Mann, die Sache kommt mir ~ vor □ **suspeito; duvidoso**

ver|däch|ti|gen ⟨V. 500/Vr 8⟩ jmdn. ~ *eines Unrechts bezichtigen, für mutmaßlich schuldig halten, beschuldigen;* jmdn. des Diebstahls ~; ich will niemanden ~, aber ...; er wird verdächtigt, dass er ... □ **suspeitar**

ver|dam|men ⟨V. 500/Vr 7 od. Vr 8⟩ **1** jmdn. ~ *verurteilen, verwerfen, verfluchen* □ **condenar 1.1** die Verdammten ⟨Rel.⟩ *alle, die zur Höllenstrafe verdammt worden sind* □ ***os condenados**

ver|dan|ken ⟨V. 530/Vr 6⟩ jmdm. etwas ~ **1** *jmdm. für etwas Dank schuldig sein;* ich verdanke ihm meine Rettung; ich habe ihm sehr viel zu ~ □ ***ser grato a alguém por alguma coisa; dever alguma coisa a alguém 2** ⟨schweiz.; mundartl.⟩ *für etwas danken;* hast du dein Weihnachtsgeschenk schon verdankt? □ **agradecer**

ver|dat|tert ⟨Adj.; umg.⟩ *erschrocken u. verwirrt, verblüfft;* ~ dreinschauen □ **boquiaberto; perplexo**

ver|dau|en ⟨V. 500⟩ **1 (Nahrung)** ~ *im Körper verarbeiten;* diese Speise ist gut, leicht, schlecht, schwer zu ~ **2** eine Sache ~ ⟨fig.⟩ *geistig verarbeiten;* ich muss die vielen Eindrücke, Erlebnisse erst ~ □ **digerir**

Ver|deck ⟨n.; -(e)s, -e⟩ **1** *oberstes Schiffsdeck* □ **convés da superestrutura 2** *Wagendach;* das ~ herunterklappen □ **capota**

ver|de|cken ⟨V.500⟩ **1** jmdn. od. etwas ~ *zudecken, der Sicht entziehen;* die Bäume ~ die Aussicht auf die Straße; das Bild verdeckt einen Flecken auf der Wand; eine Locke verdeckt seine Stirn □ **(en)cobrir; tapar 2** eine Sache ~ *verbergen;* er suchte seine Enttäuschung durch ein Lachen zu ~ □ **encobrir; ocultar**

ver|den|ken ⟨V. 119/530/Vr 5 od. Vr 6⟩ jmdm. etwas ~ *verübeln, übelnehmen, nachtragen* □ ***desaprovar alguém por alguma coisa; levar alguém a mal por alguma coisa**

Ver|derb ⟨m.; -(e)s; unz.⟩ **1** ⟨geh.⟩ *Verderben, Vernichtung* □ **ruína 1.1** jmdm. auf Gedeih und ~ ausgeliefert sein *jmdm. (was auch geschehen mag) völlig ausgeliefert sein* □ ***estar completamente à mercê de alguém 2** *das Ungenießbarwerden von Lebensmitteln* □ **apodrecimento; deterioração**

ver|der|ben ⟨V. 273⟩ **1** ⟨400(s.)⟩ etwas verdirbt *wird schlecht, unbrauchbar od. ungenießbar;* Speisen, Nahrungsmittel ~ lassen; das Fleisch, Obst ist verdorben □ **estragar; deteriorar(-se) 1.1** verdorbene Luft *verbrauchte, stickige L.* □ ***ar viciado 2** ⟨500⟩ etwas ~ *schädigen* □ **estragar; prejudicar 2.1** ⟨530/Vr 5⟩ sich die Augen ~ *die Sehkraft schädigen* □ ***acabar com a vista;* estragar a vista 2.2** ⟨530/Vr 5⟩ sich den Magen ~ *durch ungeeignete od. zu viel Speise eine Magenstörung, Übelkeit hervorrufen;* einen verdorbenen Magen haben □ ***ter uma indigestão 2.3** die Preise ~ *durch Unterbieten herunterdrücken* □ ***praticar dumping;* forçar a baixa dos preços 3** ⟨503/Vr 5⟩ (sich) etwas ~ *unbrauchbar machen, zerstören, vernichten;* sich mit Schokolade den Appetit ~; solch ein Anblick verdirbt einem ja den Appetit □ **tirar; acabar com;** sie hat den Kuchen, Braten verdorben □ **estragar 3.1** jmdm. die Freude, den Geschmack, die Lust an etwas ~ *jmdm. die Freude usw. an etwas nehmen, zerstören* **3.2** jmdm. das Spiel ~ *jmdm. die Freude am Spiel nehmen, ihm das S. stören* □ **acabar com 3.3** ⟨517/Vr 5⟩ es (sich) mit jmdm. ~ *sich jmds. anhaltenden Unwillen zuziehen, jmds. Gunst verlieren* □ ***perder a simpatia de alguém 4** ⟨500/Vr 8⟩ jmdn. ~ *zugrunde richten, moralisch schlecht beeinflussen* □ **corromper 4.1** ⟨Part. Perf.⟩ verdorben, verderbt ⟨fig.⟩ *moralisch verkommen;* er ist durch und durch verdorben □ **corrompido; corrupto**

Ver|der|ben ⟨n.; -s; unz.⟩ **1** *Untergang, Zerstörung, Vernichtung, Unheil;* in sein ~ rennen; jmdn. ins ~ stürzen **2** ⟨fig.⟩ *moralischer Verfall;* der Alkohol war sein ~ □ **ruína; perdição**

ver|deut|li|chen ⟨V. 500⟩ etwas ~ *deutlicher, klarer machen* □ **elucidar; esclarecer**

ver|dich|ten ⟨V. 500⟩ **1** etwas ~ *zusammendrängen;* Gase ~ □ **condensar; comprimir 2** ⟨Vr 3⟩ etwas verdichtet sich *wird dichter;* der Nebel verdichtet sich immer mehr □ **adensar-se 2.1** ⟨553⟩ etwas verdichtet sich zu einem Verdacht ⟨fig.⟩ *lässt einen V. aufkommen;* die einzelnen Momente ~ sich zu einem dringenden Tatverdacht □ **crescer; intensificar-se**

ver|die|nen ⟨V. 500⟩ etwas ~ **1** *durch Arbeit, Leistung erwerben, erhalten;* Geld ~; er verdient 14 Euro in der Stunde; sich ein Taschengeld mit Nachhilfe ~; sich seinen Unterhalt mit Aushilfsarbeiten ~ □ **ganhar;** er hat sich sein Studium selbst verdient □ ***ele próprio financiou seus estudos 2** *ein Anrecht erwerben, Anspruch haben auf etwas;* seine Leistungen ~ Beachtung, Lob; er verdient Vertrauen □ **merecer 2.1** eine verdiente Persönlichkeit *jmd., der Bemerkenswertes geleistet hat, der Anerkennung beanspruchen darf* □ ***uma pessoa de valor/mérito 2.2** sich um etwas od. jmdn. verdient machen *viel für etwas od. jmdn. leisten* □ ***batalhar por alguma coisa; fazer muito por alguém 3** *(als Ausgleich einer Schuld) gerechterweise erleiden müssen;* er hat Strafe verdient; seine verdiente Strafe bekommen □ **merecer 3.1** er hat es verdient, es verdient ist nicht besser, nicht anders *es geschieht ihm recht* □ ***ele teve o que mereceu; ele fez por merecer**

Ver|dienst[1] ⟨m.; -(e)s, -e⟩ *durch Arbeit erworbenes Geld;* einen guten, geringen ~ haben □ **salário; remuneração**

Ver|dienst[2] ⟨n.; -(e)s, -e⟩ **1** *Tat zum Wohle anderer;* wenn es seiner Mutter heute wieder gut geht, so ist das sein ~e; seine ~e um die Entwicklung des Schulwesens; → a. *Krone(1.3)* **2** *Anspruch auf Ansehen, Anerkennung;* er hat sich um unsere Stadt große ~e erworben; jmdn. nach ~ belohnen □ **mérito 2.1** sich etwas zum ~ anrechnen *eine eigene Leistung für aner-*

kennenswert halten □ *atribuir-se o mérito por ter feito alguma coisa

ver|din|gen ⟨V. 120/500; veraltet⟩ **1** eine Arbeit ~ *ausgeben, vergeben, einen Vertrag mit jmdm. über eine A. schließen* □ *contratar (alguém) para um trabalho **2** ⟨500/Vr 3⟩ sich ~ *eine Arbeit annehmen, Dienst nehmen; sich als Hilfsarbeiter bei einem Bauern ~* □ *começar a trabalhar (de/como); arrumar emprego (de/como)

ver|dop|peln ⟨V. 500/Vr 7⟩ **1** etwas ~ *doppelt machen, um die gleiche Größe, Zahl, das gleiche Maß vermehren;* einen Konsonanten ~ □ **dobrar; duplicar 2** eine Sache ~ ⟨fig.⟩ *sehr beschleunigen, verstärken;* seinen Eifer, seine Anstrengungen ~ □ **redobrar; aumentar**

ver|dor|ren ⟨V. 400(s.)⟩ Pflanzen ~ *trocknen, werden dürr, trocknen ab* □ **secar; ressequir-se**

ver|drän|gen ⟨V. 500⟩ **1** jmdn. od. etwas ~ *beiseitedrängen, zur Seite schieben;* eine Vorstellung verdrängte die andere □ **suplantar;** das Schiff verdrängt 1 500 t (Wasser) □ **deslocar;** jmdn. aus jmds. Vertrauen ~ □ *dissipar a desconfiança que uma pessoa tem de outra; jmdn. aus seiner Stellung ~; jmdn. von seinem Platz ~ □ **remover; desalojar 2** eine Sache ~ ⟨Psych.⟩ *unterbewusst unterdrücken* □ **reprimir; recalcar 2.1** verdrängte **Komplexe** *unterdrückte, aus dem Bewusstsein ausgeschiedene, im Unterbewusstsein aber weiter wirkende u. in sogenannten Ersatzhandlungen sich ausdrückende K.* □ **reprimido; recalcado**

ver|dre|hen ⟨V. 500⟩ etwas ~ **1** *falsch drehen, zu weit drehen;* die Augen ~ □ **virar;** den Schlüssel im Schloss ~ (so dass er sich nicht mehr bewegen lässt) □ **girar;** jmdm. das Handgelenk ~ □ **torcer 1.1** den Hals ~ (vor Neugierde) *weit drehen u. recken, um etwas sehen zu können* □ **virar 2** ⟨fig.⟩ *(bewusst) falsch deuten, unrichtig darstellen od. wiedergeben;* das Recht ~; er hat den Sinn meiner Worte (völlig) verdreht; Tatsachen ~ □ **torcer; deturpar**

ver|drie|ßen ⟨V. 274/500⟩ **1** etwas verdrießt jmdn. ⟨geh.⟩ *bereitet jmdm. Verdruss, Ärger, macht jmdn. missmutig;* es verdrießt mich, dass ...; seine Antwort verdross mich □ **aborrecer; amofinar 1.1** sich etwas nicht ~ lassen *nicht verleiden lassen, sich die Freude an etwas nicht nehmen lassen;* lass es dich nicht ~! □ *não se deixar desanimar

ver|drieß|lich ⟨Adj.⟩ **1** *schlecht gelaunt, missmutig, ärgerlich, mürrisch* □ **mal-humorado; carrancudo;** ein ~es Gesicht machen □ ***ficar de cara amarrada;** du bist heute so ~ □ **rabugento 2** *zu Verdruss Anlass gebend;* eine ~e Sache, eine ~e Arbeit □ **incômodo; maçante**

ver|dros|sen 1 ⟨Part. Perf. von⟩ *verdrießen* **2** ⟨Adj.⟩ *mürrisch, unlustig* □ **rabugento;** ~ seine Arbeit tun □ **de mau humor; contrariado;** ein ~es Gesicht machen □ ***ficar de cara amarrada**

ver|drü|cken ⟨V. 500⟩ **1** etwas ~ *zerdrücken, zerknittern;* Stoff, ein Kleid ~; die Kleider, Anzüge sind im Koffer verdrückt worden □ **amarrotar; amassar 2** etwas ~ ⟨umg.⟩ *essen;* er hat fünf Stück Kuchen verdrückt □ **devorar; engolir 3** ⟨Vr 3⟩ sich ~ ⟨umg.⟩ *sich heimlich, unauffällig entfernen* □ **evaporar-se; sair à francesa**

Ver|druss ⟨m.; -es; unz.⟩ *Ärger;* jmdm. ~ bereiten; wir wollen es sein lassen, es bringt, gibt nur ~ □ **aborrecimento; dissabor**

ver|dun|keln ⟨V. 500⟩ **1** etwas ~ *dunkel, dunkler machen;* einen Raum ~ □ **escurecer 1.1** ein Fenster ~ *verhängen, so dass kein Licht nach außen dringen kann* □ **fechar; cobrir 1.2** Tränen verdunkelten ihren Blick *trübten, verschleierten ihren B.* □ **turvar 1.3** den Glanz ~ *beeinträchtigen, matter machen* □ **empanar 2** Tatbestände ~ ⟨Rechtsw.⟩ *verschleiern, verbergen* □ **ocultar 3** ⟨Vr 3⟩ etwas verdunkelt sich *wird dunkel;* der Himmel verdunkelt sich □ **escurecer;** die Sonne verdunkelt sich (bei Sonnenfinsternis) □ **eclipsar-se**

ver|dün|nen ⟨V. 500⟩ **1** eine Flüssigkeit ~ *dünner machen, ihre Konzentration herabsetzen;* Kaffee mit Wasser ~ □ **diluir; aguar 2** ⟨Vr 3⟩ etwas verdünnt sich *wird dünner, verjüngt sich;* die Fahnenstange verdünnt sich nach oben □ **adelgaçar-se; afinar-se**

ver|duns|ten ⟨V. 400(s.)⟩ Flüssigkeiten ~ *gehen (langsam) in Gasform über* □ **evaporar(-se); volatilizar(-se)**

ver|durs|ten ⟨V. 400(s.)⟩ **1** *vor Durst, aus Mangel an Flüssigkeit sterben* **2** ⟨umg.⟩ *sehr großen Durst haben;* ich verdurste gleich □ **morrer de sede**

ver|dutzt ⟨Adj.⟩ *überrascht, verblüfft, verwirrt;* ein ~es Gesicht machen; "....?", fragte er ~ □ **perplexo; estupefato**

ver|eb|ben ⟨V. 400(s.)⟩ eine Sache verebbt ⟨fig.⟩ *klingt langsam ab, verklingt, lässt nach, wird allmählich still;* der Beifall, der Lärm, das Stimmengewirr verebbte (allmählich) □ **ir diminuindo; baixar; decair**

ver|eh|ren ⟨V. 500⟩ **1** ⟨Vr 8⟩ jmdn. ~ *sehr hoch schätzen, bewundernd, ehrfurchtsvoll lieben;* einen Lehrer, Schauspieler ~; eine Frau ~ □ **adorar; reverenciar;** Verehrteste!, Verehrtester! (veraltet, noch als iron. Anrede) □ **mui estimada senhora!; mui estimado senhor!;** verehrte Anwesende!; verehrte Gäste! (höfliche Anrede vor einer Ansprache) □ ***senhoras e senhores!;** sehr verehrte gnädige Frau! (höfliche Anrede im Brief); unser verehrter Herr Präsident □ **prezado; estimado 2** Götter, Heilige ~ *Göttern, Heiligen kultische Ehren erweisen;* die Germanen verehrten ihre Götter in heiligen Hainen □ **venerar; adorar 3** ⟨530⟩ jmdm. etwas ~ *schenken, als Geschenk überreichen;* er hat mir das Buch zum Geburtstag verehrt □ **presentear; dar de presente**

ver|ei|di|gen ⟨V. 500/Vr 8⟩ jmdn. ~ *durch Eid verpflichten;* Beamte, Rekruten ~ □ **juramentar**

Ver|ein ⟨m.; -(e)s, -e⟩ **1** *Verbindung von Personen zu gemeinsamer Beschäftigung auf gesellligem, sportlichem, künstlerischem o. ä. Gebiet;* → a. **Klub;** Gesang~, Sport~; einem ~ beitreten, einen ~ gründen; aus einem ~ austreten; in einen ~ eintreten; ~ Deutscher Ingenieure (Abk.: VDI) □ **clube; associação; sociedade;** → a. *eintragen(1.1)* **2** im ~ mit *zusammen mit, gemeinsam mit* □ ***junto com**

ver|ein|bar ⟨Adj. 24/41⟩ *so beschaffen, dass man es mit etwas anderem vereinigen, zusammenbringen kann;*

vereinbaren

die beiden Ansichten, Pläne sind nicht, sind ohne weiteres miteinander ~ □ compatível; conciliável
ver|ein|ba|ren ⟨V. 500⟩ eine Sache ~ *verabreden, abmachen, miteinander festlegen;* wir haben vereinbart, dass ...; einen Preis, Zinssatz ~; einen Treffpunkt, Zeitpunkt ~ □ combinar; ajustar; estipular
ver|ei|nen ⟨V. 500/Vr 8; geh.⟩ **1** jmdn. od. etwas ~ *zusammenbringen, vereinigen* 1.1 (wieder) vereint sein *(wieder) zusammen, beisammen sein* □ juntar; (re)unir 1.2 mit vereinten Kräften *gemeinsam, durch gemeinsame Anstrengung* □ *unindo forças/esforços
ver|ei|ni|gen ⟨V. 500/Vr 8 od. 517/Vr 8⟩ **1** jmdn. od. etwas ~ *verbinden, zusammenschließen, zusammenbringen, in Einklang, in Übereinstimmung bringen;* mehrere Ämter, Funktionen, Unternehmen in einer Hand ~ □ reunir; concentrar; sich mit etwas od. jmdm. zu gemeinsamem Tun ~ □ unir-se; juntar-se; unsere Ansichten, Absichten lassen sich nicht miteinander ~ □ *nossas opiniões/nossos objetivos são incompatíveis 1.1 ⟨Vr 4⟩ hier vereinigt sich die Isar mit der Donau, hier ~ sich I. und D. *fließen zusammen* □ confluir **2** ⟨Vr 4⟩ sich ~ (geh.) *Geschlechtsverkehr ausüben* □ *manter relação sexual
Ver|ei|ni|gung ⟨f.; -, -en⟩ **1** *das Vereinigen, Verbindung, Zusammenschluss* □ (re)união; junção; fusão 1.1 geschlechtliche ~ (geh.) *Geschlechtsverkehr* □ *relação sexual* **2** *Verein;* Künstler~; ~ für die Förderung alter Musik □ associação; união
ver|ein|zelt ⟨Adj. 24⟩ *nur einzeln (vorhanden), hier u. da, nur selten (vorhanden), gelegentlich;* solche Fälle treten nur ~ auf; man findet diese Pflanzen noch ~ an hoch gelegenen Orten □ esporadicamente; ocasionalmente; Vereinzelte kamen □ poucos
ver|ei|teln ⟨V. 500⟩ eine Sache ~ *zum Scheitern bringen, zunichtemachen, verhindern;* Pläne, Hoffnungen, Unternehmungen ~ □ frustrar; malograr
ver|en|den ⟨V. 400(s.)⟩ ein Tier verendet *stirbt* □ morrer
ver|er|ben ⟨V. 500⟩ **1** ⟨530⟩ jmdm. etwas ~ *als Erbe hinterlassen;* jmdm. ein Grundstück, Vermögen ~ □ legar; deixar de herança 1.1 (fig.; umg.; scherzh.) *schenken, überlassen;* kannst du mir nicht deinen Wintermantel ~? □ dar de presente **2** ⟨530⟩ jmdm. etwas ~ *etwas als Erbanlage auf jmdn. übertragen;* die zarte Konstitution hat ihm sein Vater vererbt; eine Eigenschaft, Krankheit auf ein Kind ~ □ transmitir (por hereditariedade) **3** ⟨Vr 3⟩ sich ~ *als Erbanlage übertragen werden;* erworbene Eigenschaften ~ sich nicht □ *ser hereditário; transmitir-se
ver|ewi|gen ⟨V. 500⟩ **1** ⟨Vr 7⟩ sich od. etwas ~ *unvergesslich, unsterblich machen;* durch große Werke seinen Namen ~ □ eternizar(-se); imortalizar(-se) 1.1 ⟨Vr 3⟩ sich ~ (umg.) *lange Zeit sichtbare Spuren seiner Anwesenheit hinterlassen;* auf dem Teppich hat sich ein Hund verewigt □ *deixar sua marca/seu rastro **2** etwas ~ (fig.) *lang dauernd machen;* wir wollen diesen Zustand nicht ~ □ perpetuar; prolongar
ver|fah|ren ⟨V. 130⟩ **1** ⟨413(s.)⟩ *handeln, vorgehen, eine Sache auf bestimmte Weise erledigen;* wir könnten vielleicht so ~; wir ~ am besten so, dass wir zuerst ...; eigenmächtig, grausam, rücksichtsvoll, rücksichtslos, schonend ~ □ proceder; agir 1.1 ⟨417(s.)⟩ mit jmdm. ~ *jmdn. behandeln;* so kannst du nicht mit ihm ~!; schlecht, übel mit jmdm. ~ □ *tratar alguém **2** ⟨500⟩ Geld, Zeit ~ (umg.) *durch Fahren verbrauchen* □ gastar; demorar **3** ⟨500⟩ eine Sache ~ (fig.) *falsch anpacken, falsch durchführen, in eine falsche Richtung lenken* □ começar mal; levar a um impasse; die Sache ist völlig ~ □ *não há saída para essa questão 3.1 eine ~e Geschichte *bisher falsch behandelte Angelegenheit* □ mal resolvido **4** ⟨500/Vr 3⟩ sich ~ *in die Irre fahren, beim Fahren auf einen falschen Weg geraten;* wir haben uns ~ □ *errar o caminho; perder-se
Ver|fah|ren ⟨n.; -s, -⟩ **1** *Art u. Weise einer Ausführung, Handlungsweise, eines Vorgehens;* ein ~ anwenden; geschicktes, ungeschicktes, grausames, rücksichtsloses ~; planmäßiges ~; mit diesem ~ kommen wir nicht weiter; nach dem modernsten, neuesten ~ arbeiten; vereinfachtes ~ (oft scherzh.) □ procedimento; método **2** ⟨Rechtsw.⟩ *Reihenfolge notwendiger Rechtshandlungen zur Erledigung einer Rechtssache;* ein ~ gegen jmdn. einleiten; das ~ einstellen; das ~ eröffnen; gerichtliches, langwieriges ~ □ processo
Ver|fall ⟨m.; -(e)s; unz.⟩ **1** *das Verfallen(1);* ein Gebäude dem ~ preisgeben □ ruína; der ~ lässt sich nicht aufhalten; geistiger, körperlicher ~; moralischer, sittlicher ~ □ decadência; degeneração; der ~ einer alten Kultur, Kunst □ declínio; der ~ des Römischen Reiches □ queda; in ~ geraten □ *arruinar-se; decair **2** *Ende der Geltungsdauer;* Gutscheine vor dem ~ einlösen 2.1 *das Fälligwerden (von Wechseln)* □ vencimento **3** *Verbindung von zwei Dachfirsten ungleicher Höhe* □ espigão
ver|fal|len ⟨V. 131(s.)⟩ **1** ⟨400⟩ *allmählich, stückweise zerfallen, sich auflösen* 1.1 ein Gebäude verfällt *wird baufällig* □ desmoronar; ruir; eine ~e Burg □ em ruínas 1.2 jmd. verfällt *verliert die körperliche u. geistige Kraft, Frische;* der Kranke verfiel in den nächsten Tagen zusehends □ enfraquecer; perder o vigor; er sieht ganz ~ aus □ acabado; abatido 1.3 eine Sache verfällt *verliert allmählich die Lebenskraft u. Wirksamkeit;* seine Autorität verfiel im letzten halben Jahr □ declinar; diminuir **2** ⟨400⟩ etwas verfällt *verliert seine Gültigkeit, wird ungültig;* die Gutscheine ~ nach vier Wochen; ihre Einreiseerlaubnis ist bereits ~ □ vencer; caducar **3** ⟨800⟩ in ein Verhalten, einen Zustand ~ *unversehens ein Verhalten annehmen, in einen Zustand geraten;* in einen Fehler ~; in Melancholie, Resignation, Trübsinn ~ □ cair; in tiefes Nachdenken ~ □ mergulhar **4** ⟨800⟩ auf etwas ~ *plötzlich auf etwas kommen, einen (den anderen meist etwas wunderlich erscheinenden) Einfall zu etwas haben;* auf einen Gedanken ~, etwas zu tun; wie ist er denn bloß darauf ~? □ *ter uma ideia (estranha/absurda) **5** ⟨600⟩ jmdm. od. einer Sache ~ *sich nicht mehr von jmdm. od. einer Sache lösen können;* er ist ihr mit Haut und Haar ~ □ *ele se tornou totalmente dependente dela; dem Alkohol ~; einem Laster ~ □ entregar-se a; abandonar-se a

ver|fäl|schen ⟨V. 500⟩ etwas ~ **1** *in einen schlechteren, minderwertigen Zustand versetzen, nachteilig verändern* 1.1 **Lebensmittel** ~ *mit Zutaten versehen, die das Produkt besser erscheinen lassen, aber die Qualität herabmindern;* Wein ~ □ **adulterar 2** *bewusst falsch, irreführend darstellen;* einen Text, Bericht ~ □ **falsificar; adulterar**

ver|fan|gen ⟨V. 132⟩ **1** ⟨650/Vr 3⟩ **sich in einer Sache** ~ *verwickeln, verwirren;* das Tier hat sich im Netz, in einem Strick ~ □ **enredar-se; emaranhar-se** 1.1 ⟨550/Vr 3⟩ sich in Widersprüche ~ *sich in W. verwickeln, durch W. die eigenen Lügen aufdecken* □ ***cair em contradição 2** ⟨410⟩ *etwas verfängt wirkt, hilft, nützt;* hier verfängt nichts mehr; alle Bitten, Mahnungen verfingen bei ihm nicht; schöne Worte ~ bei mir nicht □ **surtir efeito; funcionar**

ver|fäng|lich ⟨Adj.⟩ **1** *verdächtig;* sich in einer ~en Situation befinden; in eine ~e Situation geraten □ **suspeito 2** *peinlich, bloßstellend* □ **embaraçoso** 2.1 ~e Frage *F., deren Beantwortung Nachteile für den Antwortenden mit sich bringen kann* □ **capcioso**

ver|fär|ben ⟨V.⟩ **1** ⟨500⟩ etwas ~ *falsch färben, durch Färben unansehnlich machen* □ **usar a cor errada; manchar 2** ⟨500/Vr 3⟩ sich ~ *die Farbe wechseln;* der Stoff hat sich verfärbt □ **mudar de cor** 2.1 *blass werden;* bei der Erwähnung dieser unangenehmen Geschichte verfärbte sie sich □ **empalidecer 3** ⟨400⟩ Schalenwild verfärbt (Jägerspr.) *wechselt das Haarkleid (im Frühjahr u. Herbst)* □ **trocar o pelo**

ver|fas|sen ⟨V. 500⟩ etwas ~ *schreiben, schriftlich herstellen;* eine Abhandlung, Beschwerde, Eingabe, Rede ~; einen Artikel, Brief ~; ein Buch ~ □ **redigir; escrever**

Ver|fas|ser ⟨m.; -s, -⟩ *jmd., der etwas verfasst hat, Autor, Urheber* □ **autor**

Ver|fas|se|rin ⟨f.; -, -rin|nen⟩ *weibl. Verfasser* □ **autora**

Ver|fas|sung ⟨f.; -, -en⟩ **1** *die schriftlich fixierten Grundsätze über Form u. Aufbau eines Staates sowie seine Rechte u. Pflichten gegenüber seinen Bürgern u. umgekehrt;* die ~ ändern; die ~ brechen; aufgrund der ~ haben wir das Recht dazu; gegen die ~ handeln, verstoßen □ **Constituição 2** *körperlicher od. seelischer Zustand;* in ausgezeichneter, guter, schlechter ~ sein; ich bin nicht in der ~ mitzugehen; geistige, körperliche, seelische ~; er ist in keiner guten ~; in solcher ~ kann er die Reise unmöglich durchhalten; ich fand ihn, die Kinder, das Haus in einer unbeschreiblichen ~ vor □ **estado; condição**

ver|fas|sung|ge|bend ⟨Adj. 24/60⟩ ~e Versammlung *V., die zur Ausarbeitung einer Verfassung zusammentritt* □ **constituinte**

ver|fau|len ⟨V. 400(s.)⟩ *faul werden, in Fäulnis übergehen;* verfaultes Obst □ **apodrecer**

ver|fech|ten ⟨V. 133/500⟩ eine Sache ~ *für eine S. eintreten, eine S. verteidigen;* eine Meinung, einen Standpunkt ~ □ **defender; sustentar**

ver|feh|len ⟨V. 500⟩ **1** jmdn. od. etwas ~ *nicht erreichen, nicht treffen, nicht finden* □ **não encontrar; não conseguir;** ich habe den Zug verfehlt □ **perder** 1.1 ⟨Vr 4⟩ sich ~ *einander trotz Verabredung nicht treffen* □ ***desencontrar-se 2** etwas ~ *am eigentlichen Ziel vorbeigehen;* wir haben den Weg, die richtige Abzweigung verfehlt; der Pfeil, Schuss verfehlte sein Ziel; diese Maßnahme wird ihren Zweck nicht ~; diese Maßnahme hat ihren Zweck völlig verfehlt □ **errar; não atingir** 2.1 seine Worte verfehlten ihre Wirkung *hatten nicht die beabsichtigte Wirkung* □ ***suas palavras não surtiram o efeito desejado** 2.2 er hat seinen **Beruf** verfehlt *er hat den falschen B. gewählt, hätte einen anderen B. ergreifen sollen (als scherzhaftes Lob für jmdn., der eine bes. Leistung außerhalb seines Berufs vollbracht hat)* □ ***ele escolheu a profissão errada** 2.3 er hat das **Thema** verfehlt *das T. nicht begriffen, nicht genau über das gegebene T. geschrieben od. gesprochen* □ ***ele saiu do tema** 2.4 ⟨Part. Perf.⟩ verfehlt *verkehrt, falsch, unangebracht, fehl am Platze;* ich halte es für völlig verfehlt, das jetzt zu tun □ **errado; inoportuno**

ver|fil|men ⟨V. 500⟩ ein **Drama**, eine **Oper**, einen **Roman** ~ *zu einem Film verarbeiten, als Film gestalten* □ **filmar; levar às telas**

ver|fla|chen ⟨V.⟩ **1** ⟨500⟩ etwas ~ *flacher, glatter machen* □ **aplanar; nivelar 2** ⟨400(s.)⟩ etwas verflacht *wird flach;* das Gelände verflacht □ **aplanar-se; nivelar-se** 2.1 Wasser verflacht *wird seicht* □ **tornar-se raso 3** ⟨400(s.)⟩ eine Sache verflacht *wird oberflächlich;* ein Gespräch verflacht; die Kunst dieser Zeit ist verflacht □ **tornar-se superficial; perder-se em trivialidades**

ver|flech|ten ⟨V. 135⟩ **1** ⟨510⟩ etwas in, mit etwas ~ *in etwas einflechten, durch Flechten mit etwas innig verbinden;* Bänder, Zweige miteinander ~ □ **entrelaçar; entrançar 2** ⟨510⟩ jmdn. od. eine Sache in, mit einer Sache ~ ⟨fig.⟩ *in einen engen Zusammenhang bringen;* zwei Angelegenheiten, Unternehmen miteinander ~; in eine Angelegenheit verflochten werden □ **envolver; implicar**

ver|flie|gen ⟨V. 136⟩ **1** ⟨400(s.)⟩ ein **Geruch** verfliegt *verschwindet;* der Duft verfliegt schnell; den Kaffee verschlossen aufbewahren, damit das Aroma nicht verfliegt □ **dissipar-se 2** ⟨400(s.)⟩ eine Gefühlsbewegung, die **Zeit** verfliegt *vergeht schnell;* seine Begeisterung ist verflogen; sein Ärger war rasch wieder verflogen □ **passar;** die Stunden verflogen im Nu □ ***as horas voaram 3** ⟨500/Vr 3⟩ sich ~ *falsch fliegen, sich beim Fliegen verirren* □ ***sair da rota; perder-se**

ver|flie|ßen ⟨V. 138/400(s.)⟩ **1** Zeit verfließt *geht dahin, vergeht, läuft ab;* es sind schon drei Monate, Wochen verflossen; im verflossenen Jahr; die Zeit verfloss zu schnell □ **transcorrer; passar** 1.1 seine Verflossene ⟨fig.; umg.; meist scherzh.⟩ *seine ehemalige Freundin* □ **ex 2** Sachen ~ *gehen ineinander über, werden undeutlich;* Begriffe, Grenzen ~ □ **confundir-se; misturar-se**

ver|flixt ⟨Adj.⟩ **1** ⟨umg.; verhüllend⟩ *verflucht, verdammt, ärgerlich, unangenehm, lästig, schwierig;* ~!, ~ nochmal! (Ausruf der Ungeduld, des Ärgers) □ ***que saco!; que droga!;** das ist eine ~e Geschichte, Sache

□ chato; diese ~en Wespen, Mücken! □ maldito 1.1 ~ und zugenäht! *(Ausruf der Ungeduld)* □ *que saco!; que droga!* 1.2 ⟨50⟩ *sehr;* das ist ja ~ schnell gegangen; das ist mir ~ unangenehm □ terrivelmente; muito

ver|flu|chen ⟨V. 500⟩ **1** ⟨Vr 7 od. Vr 8⟩ *jmdn.* ~ *verdammen, verwünschen, durch Fluch verstoßen, Gottes Strafe auf jmdn. herabwünschen;* seinen Sohn ~ **2** *etwas* ~ ⟨fig.⟩ *heftig über etwas schimpfen, etwas sehr bereuen, wünschen, dass etwas nicht so sei;* ich habe es schon oft verflucht, dass ich damit angefangen, dass ich mich darauf eingelassen habe; eine Arbeit, einen Tag ~ □ amaldiçoar; maldizer

ver|flucht 1 ⟨Part. Perf. von⟩ *verfluchen* **2** ⟨Adj.; umg.⟩ *sehr (unangenehm), sehr peinlich;* ~! *(Fluch, Ausruf des Ärgers)* □ que saco!; que droga!; eine ~e Geschichte, Sache □ chato; das ist mir ~ peinlich, unangenehm; es geht mir ~ schlecht; es ist ~ schwierig □ terrivelmente; muito 2.1 ~es Schwein haben ⟨fig., umg.⟩ *großes Glück haben;* da hat er aber ~es Schwein gehabt □ *ter uma sorte danada*

ver|flüch|ti|gen ⟨V. 500⟩ **1** eine Flüssigkeit ~ *in gasförmigen Zustand überführen* **2** ⟨Vr 3⟩ *etwas verflüchtigt sich geht in einen gasförmigen Zustand über* **3** ⟨Vr 3⟩ *sich* ~ ⟨fig.; umg.; scherzh.⟩ *heimlich, unauffällig weggehen, auf unerklärliche Weise verschwinden;* mein Schlüssel hat sich (wohl) verflüchtigt □ volatilizar(-se)

ver|fol|gen ⟨V. 500⟩ **1** ⟨Vr 8⟩ *jmdn., ein Tier od. deren Spuren* ~ *jmds. od. eines Tieres Spur folgen, nacheilen, jmdn. od. ein Tier einzufangen suchen;* einen Flüchtling, einen fliehenden Verbrecher ~; der Hund verfolgt die Spur des Wildes; jmdn. mit den Blicken ~ □ seguir; Verfolgte(r) des Naziregimes □ perseguido 1.1 jmdn. mit Anträgen, Bitten usw. ~ ⟨fig.⟩ *bedrängen, plagen, belästigen* 1.2 jmdn. mit seinem Hass ~ ⟨fig.⟩ *jmdn. überall seinen H. spüren lassen* 1.3 der Gedanke verfolgt mich seit Tagen ⟨fig.⟩ *begleitet mich, peinigt od. ängstigt mich* 1.4 vom Unglück verfolgt *oft von U. betroffen* □ perseguir **2** einen Vorgang, eine Handlung ~ *beobachten;* eine Entwicklung aufmerksam, interessiert, gespannt ~ □ seguir; observar **3** ein Ziel, einen Zweck ~ *zu erreichen, zu verwirklichen suchen;* eine Absicht ~; was für einen Zweck verfolgst du damit? □ perseguir

Ver|fol|gung ⟨f.; -, -en⟩ *das Verfolgen, das Verfolgtwerden* (~sjagd); eine ~ aufnehmen, abbrechen; die ~ der Juden im „Dritten Reichs" □ perseguição; caça; gerichtliche ~ einer Straftat □ *ação judicial de um crime*

ver|frach|ten ⟨V. 500⟩ **1** Waren ~ *als Fracht auf den Weg bringen, verladen* □ despachar; expedir **2** ⟨511/Vr 7⟩ *jmdn. in etwas* ~ ⟨fig.; umg.⟩ *bringen;* ein Kind, einen Kranken ins Bett ~; jmdn. in den Zug ~ □ colocar

ver|fro|ren ⟨Adj.⟩ **1** *leicht frierend;* sie ist ~ □ friorento **2** *sehr frierend, durchkältet;* ich bin ganz ~ nach Hause gekommen □ morrendo de frio

ver|fü|gen ⟨V.⟩ **1** ⟨500⟩ *etwas* ~ *anordnen, bestimmen;* den Bau einer neuen Schule ~ □ dispor; ordenar **2** ⟨800⟩ *über etwas* ~ *zur Verfügung haben, jederzeit beliebig verwenden können, etwas besitzen;* er verfügt über genügend Beziehungen, so dass er ~ ...; er verfügt über großen Einfluss; über eine größere Summe ~; er verfügt über ein großes Wissen; er kann über sein Taschengeld frei ~ □ *dispor de alguma coisa* **3** ⟨800⟩ *über jmdn.* ~ *jmds. Dienste jederzeit in Anspruch nehmen können;* bitte ~ Sie über mich! □ *dispor de alguém*

Ver|fü|gung ⟨f.; -, -en⟩ **1** ⟨unz.⟩ *Erlaubnis, Möglichkeit, über etwas bestimmen, etwas benutzen zu können;* wir haben nicht genügend Arbeitskräfte zur ~ □ disposição **1.1** sich zu jmds. ~ halten *sich bereithalten, jmdm. zu helfen;* ich halte mich zu Ihrer ~ □ *manter-se à disposição de alguém* **1.2** jmdm. zur ~ stehen *bereit sein, jmdm. behilflich zu sein;* ich stehe Ihnen jederzeit gern zur ~ □ *estar à disposição de alguém* **1.3** sich stellen *sich jmdm. zur Hilfe anbieten* □ *colocar-se à disposição de alguém* **1.4** jmdm. etwas zur ~ stellen *jmdm. etwas zum (beliebigen) Verwenden überlassen;* die Bilder wurden freundlicherweise von Herrn X zur ~ gestellt (Vermerk in Büchern, auf Ausstellungen u. Ä.) □ *colocar alguma coisa à disposição de alguém* **2** *Anordnung, Bestimmung, Vorschrift;* weitere ~en abwarten; es besteht eine ~, dass ...; eine ~ erlassen □ disposição; ordem; letztwillige ~ ⟨Rechtsw.⟩ □ testamento **2.1** weitere ~en treffen *Weiteres anordnen* □ *dar novas instruções/ordens*

ver|füh|ren ⟨V. 505/Vr 8⟩ **1** jmdn. (zu etwas) ~ *so beeinflussen, dass er etwas tut, was nicht seiner Moral entspricht, verleiten, verlocken;* der niedrige Preis hat mich verführt, den Mantel zu kaufen; jmdn. zum Spielen, Trinken ~; jmdn. zu unrechtem Tun ~ □ induzir; seduzir; darf ich Sie zu einem Eis, einer Tasse Kaffee ~? ⟨umg.; scherzh.⟩ □ convidar **2** jmdn. ~ *zum Geschlechtsverkehr verleiten* □ seduzir

ver|gäl|len ⟨V. 500⟩ **1** Branntwein ~ *ungenießbar machen, denaturieren;* vergällter Spiritus □ desnaturar **2** ⟨530/Vr 5⟩ *jmdm. eine Sache* ~ ⟨fig.⟩ *zerstören, verbittern;* jmdm. die Freude ~; jmdm. das Leben mit dauernder Unzufriedenheit ~ □ estragar; azedar

Ver|gan|gen|heit ⟨f.; -; -en; Pl. selten⟩ **1** ⟨unz.⟩ *gewesene, frühere Zeit;* diese Erscheinung gehört der ~ an; die jüngste ~ □ passado **1.1** lassen wir die ~ ruhen *sprechen wir nicht mehr davon, was einmal war* □ *deixemos o passado de lado* **1.2** das Leben (eines Menschen) bis zum gegenwärtigen Zeitpunkt; sie hat eine bewegte, dunkle ~; die Stadt hat eine ruhmreiche, stolze ~ □ passado **2** ⟨Gramm.⟩ *Zeitform des Verbs, die ein Geschehen in der Vergangenheit(1) bezeichnet;* ein Verb in die ~ setzen **2.1** die drei ~en des Verbs *Imperfekt, Perfekt, Plusquamperfekt* □ pretérito

ver|gäng|lich ⟨Adj. 70⟩ *nicht von Bestand, nicht ewig während, sterblich* □ passageiro; efêmero

Ver|ga|ser ⟨m.; -s, -⟩ *Teil eines Verbrennungsmotors, in dem flüssiger Kraftstoff in Gas umgewandelt wird* □ carburador

ver|ge|ben ⟨V. 143⟩ **1** ⟨500⟩ etwas ~ *weggeben, übertragen, verteilen;* ich habe noch einige Eintrittskarten zu ~ ☐ **distribuir; ceder; conferir;** eine Stelle ist noch zu ~ ☐ ***ainda há um lugar vago** 1.1 die Stelle ist schon ~ *schon besetzt* ☐ ***o lugar já está ocupado** 1.2 die Stelle ist noch nicht ~ *noch frei* ☐ ***o lugar ainda está vago** 1.3 ich habe den nächsten Tanz bereits ~ *jmdm. versprochen* ☐ ***já prometi a próxima dança** 1.4 heute Abend bin ich schon ~ *habe ich schon etwas vor* ☐ ***hoje à noite já tenho um compromisso** 1.5 er, sie ist schon ~ *verheiratet od. mit jmdm. in einer festen Beziehung lebend* ☐ ***ele/ela já é comprometido/a** 2 ⟨530/Vr 1⟩ **sich etwas ~** *seiner Würde, seinem Ansehen schaden;* du vergibst dir nichts, wenn du das tust ☐ **comprometer-se** 3 ⟨602⟩ **jmdm. (etwas) ~** *verzeihen;* vergib (mir)!; dem Beichtenden seine Sünden ~; jmdm. ein Unrecht ~ ☐ **perdoar** 4 ⟨500/Vr 3⟩ **sich ~** *sich (beim Kartenausgeben) irren* ☐ ***enganar-se ao distribuir as cartas**

ver|ge|bens ⟨Adv.⟩ *vergeblich, erfolglos, umsonst, nutzlos;* sich ~ bemühen; es ist alles ~; ich bin dreimal ~ dort gewesen ☐ **em vão**

ver|geb|lich ⟨Adj. 24⟩ *erfolglos, nutzlos;* ~e Anstrengungen, Bemühungen, Versuche ☐ **inútil;** sich ~ bemühen; ~ auf jmdn. warten ☐ **inutilmente**

ver|ge|gen|wär|ti|gen ⟨V. 530/Vr 1⟩ **sich etwas ~** *sich etwas in Erinnerung rufen, deutlich vorstellen* ☐ ***evocar/ rememorar alguma coisa**

ver|ge|hen ⟨V. 145⟩ **1** ⟨400(s.)⟩ *Zeit vergeht geht vorbei, vorüber, läuft ab, verstreicht;* der Winter ist vergangen; die Zeit verging im Fluge; das Jahr ist schnell vergangen ☐ **passar; decorrer;** am vergangenen Montag; längst vergangene Zeiten ☐ **passado; ido 2** ⟨400(s.)⟩ *etwas vergeht schwindet, lässt nach, hört auf;* ein Duft vergeht; die Schmerzen ~ nicht ☐ **passar; cessar; dissipar-se;** das Werden und Vergehen (in der Natur) ☐ ***o ciclo de crescimento e morte (na natureza);** der Appetit, die Lust ist mir vergangen ☐ **passar;** dir wird das Lachen, Spotten schon noch ~! ☐ ***quero ver você achar graça daqui a pouco!;** da vergeht einem ja der Appetit, wenn man das sieht! ⟨fig.; umg.⟩ ☐ ***ver uma coisas dessas tira o apetite de qualquer um!** 2.1 sie fuhren so schnell, dass ihm Hören und Sehen verging *sie fuhren viel zu schnell* ☐ ***estavam indo tão rápido que ele ficou atordoado** 3 ⟨414(s.)⟩ **vor etwas ~** *umkommen, an etwas sehr leiden;* ich vergehe vor Durst, Hitze; ich bin vor Heimweh, vor Schmerz fast vergangen; ich vergehe vor Langeweile ⟨umg.⟩ ☐ ***morrer de alguma coisa** 4 ⟨550/Vr 3⟩ **sich an jmdn. ~** *ein Verbrechen (bes. Sexualdelikt) an jmdn. verüben* ☐ ***violentar alguém** 5 ⟨550/Vr 3⟩ **sich gegen eine Vorschrift, ein Gesetz ~** *eine V., ein G. übertreten* ☐ ***violar/transgredir uma prescrição/lei**

Ver|ge|hen ⟨n.; -s, -⟩ *Gesetzesübertretung, kleinere Straftat;* sich eines ~s schuldig machen ☐ **delito; infração**

ver|gel|ten ⟨V. 147/530/Vr 6⟩ **1 jmdm. etwas ~** *durch eine entsprechende Gegenleistung, Handlung ausgleichen;* → a. **revanchieren(1);** Böses mit Gutem ~; jmdm. seine Dienste, Hilfe böse, übel, schlecht ~; jmdm. seine Freundlichkeit mit Undank ~ ☐ **retribuir; pagar 1.1** *vergüten, entgelten, lohnen, einen Gegendienst für etwas erweisen, etwas wiedergutmachen;* wie kann ich Ihnen das jemals ~?; ich werde es Ihnen reichlich ~ ☐ **recompensar 1.1.1** vergelt's Gott ⟨eigtl.⟩ *Gott vergelte es Ihnen, vielen Dank* ☐ ***Deus lhe pague!* 1.1.2** etwas für ein „Vergelt's Gott" tun *umsonst, ohne Bezahlung* ☐ ***fazer alguma coisa sem esperar retribuição* 1.2** ⟨516⟩ **etwas mit etwas ~** *sich für etwas an jmdn. rächen, jmdn. etwas heimzahlen;* Böses mit Bösem ~ ☐ ***pagar/retribuir uma maldade com outra;** Gleiches mit Gleichem ~ ☐ ***pagar na mesma moeda**

ver|ges|sen ⟨V. 275/500⟩ **1 jmdn. od. etwas ~** *aus dem Gedächtnis verlieren, sich nicht mehr an jmdn. od. etwas erinnern, nichts mehr von jmdn. od. etwas wissen;* ich habe vergessen, was ich sagen wollte; ich habe seinen Namen, seine Adresse ~; ich vergesse leicht, schnell; diesen Vorfall hatte ich schon völlig ~; ich habe das Gelernte schon wieder ~; du musst versuchen, das zu ~; vergiss uns nicht! ☐ **esquecer(-se) 1.1** dem Vergessen anheimfallen *mit der Zeit in Vergessenheit geraten* ☐ ***cair no esquecimento* 1.2** manche Werke dieses Schriftstellers sind heute ~ *kennt man heute nicht mehr* ☐ **esquecido 1.3** ⟨530⟩ das werde ich dir nie ~! *ich werde immer daran denken, dass du das getan hast* ☐ ***nunca me esquecerei disso!* 1.4** das kannst du ~! ⟨umg.⟩ *das ist erledigt, daraus wird nichts* ☐ **esquecer 2 etwas ~** *an etwas (was man sich vorgenommen hat) nicht denken u. es (deshalb) nicht ausführen;* ich habe ~, Geld mitzunehmen; oh, das hab' ich ganz ~!; vergiss über dem Erzählen die Arbeit nicht!; nicht zu ~ ... (bei Aufzählungen); mir gefällt an ihm seine Kameradschaftlichkeit, seine Offenheit und, nicht zu ~, seine Liebe zu Kindern ☐ **esquecer(-se) 2.1** ⟨800⟩ **auf etwas ~** ⟨oberdt.⟩ *etwas (zu tun) versäumen* ☐ ***esquecer-se de fazer alguma coisa* 3 etwas ~** *versehentlich liegen, stehen lassen;* ich habe meinen Schirm bei euch ~; ich habe meine Uhr ~; er vergisst noch mal seinen Kopf! ⟨umg.; scherzh.⟩ ☐ **esquecer 4** ⟨Vr 3⟩ **sich ~** *unüberlegt sein, einer Gefühlsaufwallung nachgeben;* wie konnte ich mich so ~, so etwas zu tun! ☐ ***perder a cabeça; descontrolar-se**

ver|gess|lich ⟨Adj.⟩ *oft etwas vergessend, leicht vergessend, ein schlechtes Gedächtnis habend;* ~ sein ☐ **esquecido**

ver|geu|den ⟨V. 500⟩ **1** Geld ~ *verschwenden, leichtsinnig weggeben* ☐ **esbanjar 2** Kräfte, Zeit ~ *vertun, nutzlos, sinnlos verwenden* ☐ **desperdiçar**

ver|ge|wal|ti|gen ⟨V. 500⟩ **1 jmdn. ~** (i. e. S.) *zum Geschlechtsverkehr zwingen* ☐ **violentar; estuprar 2 jmdn. ~** (i. w. S.) *unterdrücken, unter seine Gewalt zwingen* ☐ **violentar; oprimir; forçar**

ver|ge|wis|sern ⟨V. 504/Vr 3⟩ **sich ~, dass ... od. sich** (einer **Sache) ~** *sich durch Augenschein Gewissheit darüber verschaffen, dass ..., sich überzeugen, dass ..., nachprüfen, ob ..., (eine S.) überprüfen;* hast du dich vergewissert, dass die Tür abgeschlossen ist? ☐ ***certificar-se/assegurar-se de que...**

ver|gie|ßen ⟨V. 152/500⟩ eine **Flüssigkeit ~ 1** *verschütten, danebengießen;* ich habe hier etwas Milch

vergiften

vergossen; pass auf, dass du nichts vergießt **2** *fließen lassen* 2.1 **Blut** ~ *(jmdn.) töten;* in dieser Auseinandersetzung wurde viel Blut vergossen 2.2 **Tränen** ~ *weinen;* sie vergoss viele Tränen ▢ derramar

ver|gif|ten ⟨V. 500⟩ **1** etwas ~ *giftig machen;* die Limonade ist vergiftet; vergiftete Pfeile ▢ envenenar **2** ⟨Vr 7⟩ jmdn. ~ *durch Gift schädigen od. töten;* sich durch verdorbenes Fleisch, Pilze ~ ▢ intoxicar(-se) **3** eine Sache ~ ⟨fig.⟩ *(durch schlechten Einfluss) schädigen, (moralisch) zerstören;* die Atmosphäre in einer Gemeinschaft durch Misstrauen, Lügen ~; er hat durch seine Ausschweifungen sein Leben, seine Gesundheit vergiftet ▢ envenenar

ver|gil|ben ⟨V. 400(s.)⟩ etwas vergilbt *wird vor Alter gelb;* vergilbte Blätter (eines Buches); vergilbte Fotografien ▢ amarelar

Ver|giss|mein|nicht ⟨n.; -(e)s, -e; Bot.⟩ *Angehöriges einer Gattung der Sumpfblattgewächse mit kleinen blauen Blüten: Myosotis* ▢ miosótis

ver|gla|sen ⟨V.⟩ **1** ⟨500⟩ etwas ~ *mit Glasscheiben, Glasfenstern versehen* ▢ envidraçar **2** ⟨400⟩ etwas verglast *wird glasig* ▢ vitrificar-se 2.1 ein verglaster **Blick** ⟨fig.⟩ *starrer, nicht klarer B.* ▢ vitrificado

Ver|gleich ⟨m.; -(e)s, -e⟩ **1** *Betrachtung mehrerer Gegenstände od. Personen, indem man ihre Vorzüge u. Nachteile nebeneinanderhält;* einen ~ anstellen, heranziehen; der ~ zwischen den zwei Handschriftproben, der ~ der zwei Handschriftproben hat ergeben, dass ... ▢ comparação; confronto 1.1 er hält den ~ mit jedem anderen Schüler aus *er ist genauso begabt, gescheit wie alle anderen S.* ▢ *ele é comparável a qualquer outro estudante* 1.2 kein ~ mit ...! *nicht zu vergleichen mit ...!, längst nicht so gut wie ...!* ▢ *não se pode comparar com...* 1.3 das ist ja gar kein ~! ⟨umg.⟩ *das ist ja viel besser (od. schlechter) als das andere!* ▢ *não dá para comparar!* 1.4 die Temperatur heute ist gar kein ~ mit der Hitze von gestern ⟨umg.⟩ *die T. ist bei weitem nicht so hoch wie gestern* ▢ *a temperatura de hoje não se compara ao calorão de ontem* 1.5 im ~ zu seiner Frau ist Herr X sehr ruhig *verglichen mit seiner F.* **2** *bildhafte, das Verständnis erleichternde Redewendung, z. B. schwarz wie die Nacht;* ein guter, schlechter, treffender ~; etwas durch, mit einem ~ anschaulich, verständlich machen ▢ comparação 2.1 jeder ~ hinkt *man kann mit einem Vergleich eine Sache nie ganz genau verdeutlichen* ▢ *toda comparação é capenga* ⟨Rechtsw.⟩ *durch beiderseitiges Nachgeben gütliche Beilegung eines Streits;* einen ~ schließen; sich durch einen ~ einigen; zwischen beiden Parteien kam es zum ~ ▢ acordo

ver|glei|chen ⟨V. 153⟩ **1** ⟨516/Vr 7 od. Vr 8⟩ jmdn. od. etwas mit jmdm. od. etwas ~ *jmdn. od. etwas jmdm. od. etwas betrachtend gegenüberstellen, prüfend nebeneinanderstellen, prüfend gegeneinander abwägen;* Gegenstände, Personen, Schriftstücke ~; das Original mit der Abschrift ~ ▢ comparar; confrontar; ~de Sprachwissenschaft ▢ *linguística comparada* 1.1 vergleiche Seite 12 ⟨Abk.: vgl.⟩ *schlage hierzu auf Seite 12 nach* ▢ *confrontar com a página 12* 1.2 es ist nicht zu ~ mit ... *es ist viel weniger gut, schön usw. als ...* ▢ *não se pode comparar com...* 1.3 ~de **Werbung** *W., bei der ein Produzent sein eigenes Produkt mit einem gleichartigen Produkt der Konkurrenz vergleicht* ▢ *propaganda comparativa* **2** ⟨516⟩ jmdn. mit einem anderen, mit einem Tier, einer Pflanze ~ *Ähnlichkeit zwischen jmdm. u. einem anderen usw. feststellen u. sie in einem Vergleich(2) ausdrücken;* in dem Gedicht wird die Angesprochene mit einer Rose verglichen ▢ comparar 2.1 Äpfel mit Birnen ~ ⟨umg.⟩ *Gegensätzliches, Unvereinbares zusammenbringen* ▢ *misturar alhos com bugalhos* **3** ⟨517/Vr 3⟩ sich mit jmdm. ~ 3.1 *messen;* er ihm kannst du dich nicht ~ ▢ *comparar-se com alguém* 3.2 ⟨Rechtsw.⟩ *sich mit jmdm. gütlich einigen, einen Vergleich(3) mit jmdm. schließen* ▢ *fechar um acordo com alguém*

ver|gleichs|wei|se ⟨Adv.⟩ **1** *im Vergleich zu anderen;* das ist ~ wenig, viel ▢ comparativamente **2** *um es mit einem Vergleich deutlicher zu machen;* nehmen wir ~ an, er hätte ... ▢ a título de comparação

ver|gnü|gen ⟨V. 500/Vr 7⟩ jmdn. ~ *heiter unterhalten, jmdm. die Zeit kurzweilig vertreiben;* sich mit Ballspielen ~; die Kinder vergnügten sich damit, Schiffchen schwimmen zu lassen ▢ divertir(-se)

Ver|gnü|gen ⟨n.; -s, -⟩ **1** *Beschäftigung, der man zur eigenen Unterhaltung, aus Freude an der Sache selbst nachgeht;* er denkt nur an sein ~; ich gönne ihm das ~; es war ein sehr zweifelhaftes ~ ▢ prazer; divertimento 1.1 ⟨veraltet⟩ *unterhaltsame Veranstaltung* ▢ festa; Tanz~ ▢ *baile* **2** *Freude, Spaß, Unterhaltung;* es bereitet, macht ihm ~, dem Jungen Unterricht zu geben; in der Abwechslung liegt das ~; das Schwimmen macht ihm ~; die Kinder machten sich ein ~ daraus, die Affen zu necken; es bereitet mir ein diebisches ~; es ist (mir) ein ~ zu sehen, wie es den Kindern schmeckt; ein kindliches ~ an etwas haben; an etwas ~ finden; etwas (nur) aus ~ tun; Sucht nach ~; etwas zum ~ tun ▢ diversão; prazer; satisfação; viel ~! (Wunsch für jmdn., der etwas Schönes vorhat) ▢ *bom divertimento* 2.1 mit (dem größten) ~! *sehr gern!* ▢ *com (o maior) prazer!* 2.2 mit wem habe ich das ~? ⟨förml.; veraltet⟩ *mit wem spreche ich?, wie ist bitte Ihr Name?* ▢ *com quem tenho o prazer de falar?*

ver|gnügt 1 ⟨Part. Perf. von⟩ vergnügen **2** ⟨Adj.⟩ *fröhlich, ausgelassen, lustig, heiter;* ein ~er Abend ▢ divertido; alegre; die Kinder waren sehr ~ ▢ contente; satisfeito

ver|gol|den ⟨V. 500⟩ etwas ~ **1** *mit Gold überziehen;* Holz, Metall ~; vergoldete Ketten, Schüsseln ▢ banhar a ouro; dourar **2** *in einen goldenen Schein tauchen;* die Abendsonne vergoldete die Dächer der Häuser u. Türme **3** ⟨fig.⟩ *schön, glücklich, strahlend, froh machen;* die Freude vergoldete ihr Gesicht; die Erinnerung vergoldet manches, was in Wirklichkeit nicht so schön war ▢ dourar

ver|gön|nen ⟨V. 530/Vr 5⟩ jmdm. etwas ~ **1** ⟨geh.⟩ *erlauben, zugestehen;* es war ihm nicht vergönnt, die

Geburt seines Enkels zu erleben □ permitir; conceder 2 ⟨schweiz.⟩ nicht gönnen, missgönnen; er vergönnt ihm den Erfolg □ invejar

ver|gra|ben ⟨V. 157/500⟩ 1 etwas ~ eingraben, unter der Erde verstecken; das Eichhörnchen hat die Haselnüsse ~ □ enterrar 2 ⟨511/Vr 3⟩ sich in etwas ~ ⟨fig.⟩ sich so stark mit etwas beschäftigen, dass man für nichts anderes zu sprechen ist; sich in seinen Büchern ~ □ *mergulhar em alguma coisa; entregar-se inteiramente a alguma coisa

ver|grä|men ⟨V. 500⟩ 1 jmdn. ~ verärgern, kränken □ aborrecer; afligir 2 Wild ~ stören, verscheuchen □ perturbar; afugentar

ver|grei|fen ⟨V. 158/500/Vr 3⟩ 1 sich ~ falsch greifen, danebengreifen □ enganar-se; pegar uma coisa em vez de outra 1.1 ⟨Mus.⟩ falsch spielen ~ *errar a nota/tecla/corda 2 ⟨550/Vr 3⟩ 2.1 sich in etwas ~ das Falsche wählen □ *escolher mal alguma coisa; sich im Ausdruck ~ □ *usar/escolher a expressão errada 2.2 sich an etwas ~ sich etwas widerrechtlich aneignen; sich an fremdem Eigentum ~ □ *apropriar-se indevidamente de alguma coisa 2.3 sich an jmdn. ~ jmdn. misshandeln, gegen jmdn. tätlich werden □ *maltratar/agredir alguém

ver|grif|fen 1 ⟨Part. Perf. von⟩ vergreifen 2 ⟨Adj. 24/70⟩ nicht mehr lieferbar; eine Ware ist ~; das Buch ist leider ~ □ esgotado

ver|grö|ßern ⟨V. 500⟩ 1 etwas ~ größer machen; einen Betrieb, einen Garten ~; eine Fotografie ~; achtfach vergrößert (Vermerk unter Abbildungen) □ aumentar; ampliar 1.1 du vergrößerst damit das Übel nur (wenn du das tust) verschlimmerst das Ü. □ *com isso você só piora as coisas 1.2 erweitern; seinen Gesichtskreis, seine Vollmachten, sein Wissen ~ □ ampliar; estender; ein (leicht) vergrößertes Herz haben □ grande 1.3 vermehren; sein Kapital ~ □ aumentar 2 ⟨Vr 3⟩ etwas vergrößert sich wird größer; der Punkt in der Ferne vergrößerte sich zusehends □ aumentar; crescer 3 ⟨Vr 3⟩ sich ~ ⟨umg.⟩ 3.1 eine größere Wohnung, ein größeres Geschäft u. Ä. nehmen; wir haben uns vergrößert □ *crescer 3.2 ⟨a. fig., scherzh.⟩ Nachwuchs bekommen; Familie Meier hat sich vergrößert □ aumentar; crescer

Ver|grö|ße|rung ⟨f.; -, -en⟩ 1 ⟨unz.⟩ das Vergrößern, das Sichvergrößern □ aumento; crescimento 2 ⟨zählb.⟩ vergrößerte Fotografie □ ampliação

ver|güns|ti|gen ⟨V. 500⟩ eine Sache ~ günstiger gestalten □ favorecer; facilitar; die Preise zu dieser Veranstaltung sind etwas vergünstigt □ baixar; reduzir

ver|gü|ten ⟨V. 500⟩ 1 ⟨530/Vr 5 od. Vr 6⟩ jmdm. etwas ~ jmdm. für etwas entschädigen; jmdm. seine Auslagen, Unkosten ~; jmdm. einen Schaden ~ □ ressarcir; indenizar 2 eine Leistung ~ bezahlen, belohnen □ recompensar; remunerar 3 etwas ~ in seiner Beschaffenheit verbessern 3.1 Stahl ~ durch Härten verbessern □ temperar 3.2 Linsen ~ ⟨Optik⟩ durch bestimmte Oberflächenbehandlung verbessern □ *aplicar nas lentes uma camada protetora e antirreflexo

ver|haf|ten ⟨V. 500⟩ 1 jmdn. ~ in Haft, in polizeilichen Gewahrsam nehmen, festnehmen; Sy arretieren(1) □ prender 2 (mit) einer Sache verhaftet sein ⟨geh.⟩ mit einer S. eng zusammenhängen, verbunden sein □ *estar ligado/preso a alguma coisa

Ver|haf|tung ⟨f.; -, -en⟩ 1 das Verhaften, das Verhaftetwerden, polizeiliche Festnahme; die Polizisten nahmen zwei ~en vor □ prisão; captura 2 das Verhaftetsein (mit etwas), Verbundenheit; sich aus der familiären ~ nicht lösen können □ ligação; vínculo

ver|hal|len ⟨V. 400(s.)⟩ 1 etwas verhallt wird allmählich unhörbar; ein Ton, Musik verhallt □ desaparecer aos poucos; apagar-se 1.1 sein Ruf verhallte ungehört ⟨fig.⟩ sein mahnender Einwand wurde nicht bedacht □ *seu chamado não foi ouvido; seu chamado passou despercebido

ver|hal|ten¹ ⟨V. 160/500⟩ 1 etwas ~ ⟨geh.⟩ zurückhalten; er verhielt den Schritt und lauschte □ conter; refrear 2 ⟨513/Vr 3⟩ sich ... ~ sich ... benehmen, handeln; sich abwartend, passiv, vorsichtig ~; sich anständig, ehrenhaft, gemein, unanständig, unehrenhaft ~; sich falsch, richtig ~; sich ruhig, still ~; ich weiß nicht, wie ich mich ~ soll □ comportar-se; agir 3 ⟨513/Vr 3⟩ eine Sache verhält sich ... befindet sich in einem bestimmten Zustand, hat einen bestimmten Sachverhalt; die Sache verhält sich anders, gerade umgekehrt; die Sache verhält sich folgendermaßen □ *a questão é... 3.1 es verhält sich (mit etwas) ... es steht (mit etwas) ...; mit den anderen Kindern verhält es sich ganz genauso □ *com as outras crianças acontece exatamente a mesma coisa; wie verhält es sich eigentlich mit seiner Ordnungsliebe, Pünktlichkeit? □ *como ele é em termos de organização/pontualidade?; wenn es sich so verhält ... □ *se é assim...; nesse caso... 3.2 ⟨550/Vr 3⟩ etwas verhält sich zu etwas steht zu etwas in einem bestimmten Verhältnis 3.2.1 3 verhält sich zu 5 wie 6 zu 10 3 u. 5 stehen im gleichen Verhältnis zueinander wie 6 u. 10 □ estar para

ver|hal|ten² 1 ⟨Part. Perf. von⟩ verhalten¹ 2 ⟨Adj.⟩ 2.1 zurückhaltend 2.1.1 das Publikum reagierte ~ kühl □ contido 2.2 unterdrückt, gedämpft; mit ~er Stimme sprechen; mit ~em Zorn sagte er... □ reprimido; abafado

Ver|hal|ten ⟨n.; -s, -⟩ Benehmen, Vorgehen, Handeln; sein ~ gibt (keinen) Anlass zum Tadel; anständiges, einwandfreies, mustergültiges, unverschämtes, vorbildliches ~; sein bisheriges ~ □ comportamento; conduta

Ver|hält|nis ⟨n.; -ses, -se⟩ 1 messbare od. vergleichbare Beziehung, Proportion; Größen~; die beiden Gruppen stehen im ~ 5:3 □ proporção; relação 1.1 seine Ausgaben stehen in keinem ~ zu seinen Einnahmen seine A. sind bei weitem höher als seine E. □ *suas despesas não são proporcionais ao seu rendimento 1.2 der Aufwand steht im umgekehrten ~ zum Erfolg der A. ist viel zu groß für den erzielten E. □ *os gastos são inversamente proporcionais ao êxito 2 Art der Beziehungen zweier od. mehrerer Menschen od. Staaten zueinander; ein freundschaftliches, gutes, herzliches, kameradschaftliches ~; in freundschaftlichem

verhältnismäßig

~ zu jmdm. stehen; das ~ zwischen Deutschland u. Frankreich, zwischen Bruder und Schwester; in welchem (verwandtschaftlichen) ~ stehen Herr u. Frau X zueinander? □ **relação** 2.1 ⟨umg.⟩ *über längere Zeit aufrechterhaltene sexuelle Beziehung, Liebschaft;* mit jmdm. ein ~ haben; die beiden haben ein ~ miteinander; er hat ein festes ~ □ **caso; relação amorosa** 2.1.1 ⟨umg.⟩ *Geliebte;* sie ist sein ~ □ **caso; amante** 3 ⟨Pl.⟩ die ~se *die Lebensumstände, Umstände, allgemeine Lage;* sich den (gegebenen, augenblicklichen) ~sen anpassen; bei ihnen herrschen geordnete ~se; ärmliche, dürftige, gute, schlechte ~se; seine familiären, finanziellen ~se; in geordneten, guten usw. ~sen leben; unter normalen ~sen das anders; die örtlichen, politischen ~se □ **situação; condições** 3.1 *über* jmds. ~se *finanzielle Möglichkeiten;* das geht über meine ~se; über seine ~se leben □ ***acima das condições (financeiras) de alguém**

ver|hält|nis|mä|ßig ⟨Adj. 50⟩ 1 *in einem angemessenen Verhältnis stehend;* der Kranke war ~ ruhig 2 = *ziemlich(2);* ~ viel, wenig, dumm □ **relativamente**

Ver|hält|nis|wort ⟨n.; -(e)s, -wör|ter⟩ = *Präposition*

ver|han|deln ⟨V.⟩ 1 ⟨405⟩ (mit jmdm. über etwas) ~ *zwecks Klärung od. Einigung sprechen, unterhandeln;* über den Friedensvertrag ~; über ein Geschäft ~; ich verhandle jedesmal mit Herrn X □ **negociar; tratar** 2 ⟨500⟩ etwas (mit jmdm.) ~ *im Gespräch zu klären, sich über etwas zu einigen suchen;* eine Grenzfrage ~ □ **discutir; tratar** 2.1 etwas ~ ⟨Rechtsw.⟩ *in einem Gerichtsverfahren erörtern;* sein Fall wird morgen verhandelt □ **debater; julgar**

Ver|hand|lung ⟨f.; -, -en⟩ 1 *das Verhandeln;* die ~ eröffnen, abbrechen, schließen 1.1 mit jmdm. in ~(en) stehen *verhandeln* □ **negociação; debate; discussão**

ver|hän|gen ⟨V. 500⟩ 1 etwas ~ *zuhängen, durch einen Vorhang verdecken;* ein Fenster ~ □ **cobrir com uma cortina** 2 eine Sache ~ ⟨fig.⟩ *veranlassen, verfügen, bestimmen;* den Ausnahme-, Belagerungszustand ~ □ **declarar; decretar**; eine Strafe ~; die Todesstrafe über jmdn. ~ □ **infligir**

Ver|häng|nis ⟨n.; -ses, -se⟩ 1 *schlimmer Schicksalsschlag, unglückliche Fügung;* es ist ein ~, dass es uns nicht gelingen will ...; da brach das ~ über uns herein □ **fatalidade** 1.1 das wurde ihm zum ~ *hatte schlimme Folgen für ihn* □ ***aquilo foi sua ruína**

ver|häng|nis|voll ⟨Adj.⟩ *folgenschwer, Unglück nach sich ziehend;* eine ~er Entscheidung □ **fatal; funesto**

ver|här|ten ⟨V.⟩ 1 ⟨400(s.)⟩ *etwas verhärtet wird hart, gefühllos;* der Ackerboden verhärtet 2 ⟨500/Vr 3⟩ sich ~ *hart werden;* das Gewebe, Geschwür hat sich verhärtet 2.1 ⟨fig.⟩ *verbittert werden, hartherzig werden* □ **endurecer(-se)**

ver|hasst ⟨Adj. 70⟩ 1 *gehasst, verabscheut;* eine ~e Arbeit; ein ~er Mensch □ **odioso; detestável** 1.1 sich ~ machen 1.2 er ist überall ~ *jeder hasst ihn* □ **odiado; detestado** 1.3 ⟨43⟩ jmdm. ist etwas ~ *jmd. hasst, verabscheut etwas;* es ist mir ~, lügen zu müssen □ ***odiar alguma coisa** 1.4 sich bei anderen ~ machen *sich den Hass anderer zuziehen* □ ***passar a ser odiado por alguém**

Ver|hau ⟨m. od. n.; -(e)s, -e⟩ 1 *künstliches, aus vielen Teilen zusammengefügtes od. geflochtenes Hindernis* □ **abatis; estacada**; Draht~ □ ***arame farpado** 2 ⟨fig.; umg.⟩ *heillose Unordnung, dichtes Durcheinander* □ **confusão** 3 = *Verschlag*

ver|hau|en ⟨V. 500⟩ 1 ⟨Vr 8⟩ jmdn. ~ *prügeln, verprügeln* □ **espancar** 2 etwas ~ ⟨fig.; umg.; bes. Schülerspr.⟩ *völlig falsch machen, sehr schlecht machen;* den Aufsatz, die Rechenarbeit habe ich ~ □ ***errar alguma coisa; ir mal em alguma coisa** 3 ⟨Vr 3⟩ sich ~ *sich sehr irren, eine falsche Entscheidung treffen;* mit deiner Schätzung hast du dich ganz schön ~ □ ***enganar-se**

ver|hee|ren ⟨V. 500⟩ 1 etwas ~ *verwüsten, stark zerstören;* der Krieg, der Hagel, der Sturm hat das Land verheert □ **devastar; assolar** 1.1 ⟨Part. Präs.⟩ ~d *furchtbar, vernichtend, katastrophal;* eine ~de Epidemie; die Sache hat ~de Folgen gehabt □ **devastador; desastroso** 1.1.1 ⟨fig.; umg.⟩ *scheußlich, geschmacklos, unerfreulich;* es ist ~d!; er sieht mit der neuen Frisur ~d aus □ **horrível; horroroso**

ver|heh|len ⟨V. 503⟩ (jmdm.) eine Sache ~ *verbergen, verheimlichen, verschweigen;* ich kann es (ihm, dir) nicht ~, dass ... □ **esconder; ocultar**

ver|hei|len ⟨V. 400(s.)⟩ eine **Wunde** *verheilt wird heil, schließt sich völlig* □ **sarar; cicatrizar**

ver|heim|li|chen ⟨V. 503/Vr 6⟩ (jmdm.) eine Sache ~ *verbergen, verschweigen, nicht merken lassen;* du verheimlichst mir doch etwas; ich kann es nicht länger ~, dass ...; jmdm. eine schlechte Nachricht, eine Entdeckung ~; ich habe nichts zu ~ □ **esconder**

ver|hei|ra|tet 1 ⟨Part. Perf. von⟩ *verheiraten* 2 ⟨Adj. 24; Abk.: verh.; Zeichen; ∞⟩ *ehelich gebunden* □ **casado**; glücklich, unglücklich ~ sein □ ***ser feliz/infeliz no casamento** 2.1 du bist doch nicht mit ihnen ~ ⟨fig.; umg.⟩ *du kannst dich doch jederzeit von ihnen trennen, zurückziehen* □ ***você não nasceu grudado neles**

ver|hei|ßen ⟨V. 164/530/Vr 6⟩ jmdm. etwas ~ *versprechen, voraussagen, an-, verkündigen, prophezeien;* jmdm. Glück, Gutes ~ □ **prometer**

ver|hel|fen ⟨V. 165/616⟩ jmdm. zu etwas ~ *jmdm. etwas verschaffen, bei etwas behilflich sein;* jmdm. zu seinem Glück ~; jmdm. zu einer guten Stellung ~ □ ***ajudar alguém a conseguir alguma coisa**

ver|hin|dern ⟨V. 500⟩ 1 eine Sache ~ *unmöglich machen, unterbinden, abwehren, abwenden, vermeiden;* einen Plan, ein Vorhaben ~; ich konnte das Unglück rechtzeitig ~; es ließ sich leider nicht ~, dass ... □ **impedir; evitar** 2 verhindert sein *nicht kommen können* □ ***não poder comparecer** 2.1 ich bin dienstlich verhindert (zu kommen) *ich kann aus dienstlichen Gründen nicht kommen* □ ***não posso ir por causa do trabalho** 2.2 er war am Erscheinen verhindert *er konnte nicht kommen* □ ***ele não pôde comparecer à apresentação**

ver|hoh|len ⟨Adj. 24⟩ *heimlich, unbemerkt, verborgen;* mit kaum ~er Schadenfreude □ **dissimulado**

Ver|hör ⟨n.; -s, -e⟩ 1 *polizeiliche od. richterliche Befragung, Vernehmung;* jmdn. ins ~ nehmen 2 ⟨fig.⟩ *strenge*

u. genaue Befragung; ein ~ mit jmdm. anstellen; jmdn. einem ~ unterziehen ☐ **interrogatório**

ver|hö|ren ⟨V. 500⟩ **1** jmdn. ~ polizeilich od. richterlich vernehmen, befragen; er wurde stundenlang verhört **1.1** ⟨fig.⟩ streng u. genau befragen ☐ **interrogar 2** ⟨Vr 3⟩ sich ~ etwas falsch hören; da habe ich mich wohl verhört; ich glaubte, mich verhört zu haben (aber er hatte es tatsächlich gesagt) ☐ ***entender/ouvir mal**

ver|hül|len ⟨V. 500⟩ **1** ⟨Vr 5⟩ jmdn. od. etwas ~ (unter einer Hülle) verbergen, (mit einer Hülle) bedecken; sich das Gesicht mit einem Schleier ~; sich den Kopf mit einem Tuch ~; die Berge sind von Wolken verhüllt; sein Haupt ~ (früher zum Zeichen der Trauer) ☐ **cobrir** 1.1 ⟨Vr 3⟩ sich ~ sich (das Gesicht) bedecken ☐ ***cobrir o rosto 2** eine Sache ~ ⟨fig.⟩ freundlicher, höflicher darstellen, als sie in Wirklichkeit ist, beschönigen; mit kaum verhülltem Hass ☐ **velar; dissimular** 2.1 ~der Ausdruck Euphemismus, sprachliche Beschönigung ☐ ***expressão eufemística**

ver|hun|gern ⟨V. 400(s.)⟩ **1** vor Hunger, aus Mangel an Nahrung sterben **2** ⟨fig.; umg.⟩ sehr großen Hunger haben; wir sind ganz verhungert ☐ **morrer de fome**

ver|hü|ten ⟨V. 500⟩ eine Sache ~ verhindern, vermeiden; Gefahr, Krankheit, Schaden, Schwangerschaft ~ ☐ **evitar**, das verhüte Gott! ☐ ***Deus me livre!**; ein Unheil (rechtzeitig) ~ ☐ **prevenir; evitar**

ver|ir|ren ⟨V. 500/Vr 3⟩ **1** sich ~ in die Irre gehen, vom richtigen, rechten Weg abkommen; sich im Wald ~; wohin hast du dich verirrt? ⟨fig.⟩ ☐ ***perder-se; desgarrar-se** 1.1 eine verirrte Kugel von der Schusslinie abgekommene K. ☐ ***uma bala perdida** 1.2 ein verirrtes Schaf ⟨fig.⟩ vom rechten Weg abgekommener Mensch ☐ ***uma ovelha desgarrada**

ver|ja|gen ⟨V. 500⟩ jmdn. od. ein Tier ~ wegjagen, verscheuchen; er konnte den Einbrecher ~ ☐ **afugentar; escorraçar**

ver|jäh|ren ⟨V. 400(s.)⟩ ein Anspruch, eine Schuld verjährt kann nach einer gesetzlichen Frist rechtlich nicht mehr eingefordert werden ☐ **caducar; prescrever**

ver|jün|gen ⟨V. 500⟩ **1** jmdn. od. etwas ~ jünger machen **1.1** der Urlaub hat sie verjüngt hat ihr ein jüngeres Aussehen verliehen ☐ **rejuvenescer** 1.2 den Baumbestand ~ aufforsten 1.3 den Personalbestand ~ mit jungen Kräften auffüllen ☐ **renovar 2** etwas ~ in kleinerem Maßstab darstellen ☐ **reduzir; diminuir 3** ⟨Vr 3⟩ etwas verjüngt sich wird (nach oben) schmaler, dünner, enger; die Säule verjüngt sich im oberen Teil ☐ **estreitar-se; afilar-se**

ver|kal|ken ⟨V. 400(s.)⟩ **1** etwas verkalkt büßt allmählich seine Funktionstüchtigkeit ein durch Einlagern, Anhäufen von Kalk, Wasserleitungen ~ ☐ **calcificar 2** ⟨umg.⟩ an zunehmender Arterienverkalkung leiden ☐ **sofrer de arteriosclerose 2.1** ⟨fig.; umg.⟩ alt werden u. geistige Kraft, Fähigkeiten einbüßen; er ist schon recht, völlig, ziemlich verkalkt ☐ **esclerosado**

Ver|kauf ⟨m.; -(e)s, -käu|fe⟩ **1** das Verkaufen, das Verkauftwerden; vorteilhafter, unvorteilhafter ~; einen ~ rückgängig machen; ~ mit Gewinn, Verlust; der ~ von Theaterkarten, Waren; etwas zum ~ anbieten; Waren zum ~ feilhalten ☐ **venda 1.1** Waren, Grundstücke kommen zum ~ werden verkauft, sollen verkauft werden, werden zum Kauf angeboten ☐ ***mercadorias/terrenos são postos à venda 2** ⟨unz.⟩ Verkaufsabteilung (eines Unternehmens); Einkauf und ~ ☐ **departamento de vendas**

ver|kau|fen ⟨V. 500⟩ **1** ⟨500⟩ jmdn. od. etwas ~ gegen einen Gegenwert, bes. für Geld als Eigentum weggeben; Waren, Dienstleistungen, Liegenschaften, Rechte ~; Sklaven ~; jmdm. etwas ~; die Ware ist verkauft; etwas billig, teuer, preiswert ~; an jmdn. etwas ~; etwas für 100 Franken ~; etwas über, unter dem Wert ~ ☐ **vender**, Verkaufen ist keine Kunst, aber dabei verdienen ⟨Sprichw.⟩ ☐ ***a arte não está em vender, mas em ganhar dinheiro** 1.1 ⟨513⟩ sein Leben (im Kampf) so teuer wie möglich ~ vor dem eigenen Tode noch möglichst viele Gegner umbringen ☐ **vender** 1.2 ⟨550⟩ jmdn. für dumm ~ für dumm halten, als dumm hinstellen; du willst mich wohl für dumm ~? ☐ ***tomar alguém por idiota**; → a. verraten(1.1) **2** ⟨513/Vr 3⟩ etwas verkauft sich gut, schlecht kann sehr gut, schlecht abgesetzt werden ☐ ***(não) vender bem; (não) ter muita saída** 2.1 jmd. verkauft sich gut, schlecht ⟨fig.⟩ kann seine Fähigkeiten gut, schlecht vermitteln ☐ ***vender bem/mal a própria imagem; (não) saber promover-se 3** ⟨550/Vr 3⟩ sich an den Gegner ~ sich vom Gegner bestechen lassen (und Verrat üben), dem Gegner gewinnen lassen ☐ ***vender-se ao adversário 4** ⟨Vr 7⟩ das Mädchen verkauft sich, ihren Körper geht der Prostitution nach ☐ **vender(-se)**

Ver|käu|fer ⟨m.; -s, -⟩ **1** jmd., der etwas, das sich in seinem Besitz befindet, verkauft; der ~ des Wagens **2** jmd., der als Angestellter eines Geschäftes od. Beauftragter eines Unternehmens Waren verkauft; als ~ in der Verkaufsabteilung eines Unternehmens arbeiten ☐ **vendedor**

Ver|käu|fe|rin ⟨f.; -, -rin|nen⟩ weibl. Verkäufer ☐ **vendedora**

Ver|kehr ⟨m.; -s; unz.⟩ **1** Beförderung von Personen, Gütern, Zahlungsmitteln, Nachrichten ☐ **circulação; tráfego**, Eisenbahn~ ☐ ***tráfego ferroviário**, Fremden~ ☐ ***turismo**, Handels~ ☐ ***transações comerciais**, Post~ ☐ ***tráfego postal**, Reise~ ☐ ***movimento/circulação de turistas**, Zahlungs~ ☐ ***pagamento 2** Bewegung von Personen u. Fahrzeugen; Auto~, Personen~, Straßen~; den ~ freigeben; es herrscht viel, wenig ~; den ~ regeln; lebhafter, reger, schwacher, starker ~ (auf den Straßen, in den Geschäften) ☐ **trânsito; tráfego**, → a. fließen(1.2), ruhen(1.3.7) **3** Umlauf; Zahlungsmittel in ~ bringen **3.1** etwas aus dem ~ ziehen nicht mehr zum Gebrauch zulassen; Banknoten aus dem ~ ziehen; einen Wagen aus dem ~ ziehen ☐ **circulação 4** Umgang (mit jmdm.), menschl. Beziehungen (mit anderen); Brief~; brieflicher, schriftlicher ~ ☐ **correspondência**, den ~ mit jmdm. abbrechen; wir haben an unserem neuen Wohnort sehr netten ~; wir haben keinen ~ mehr mit ihnen; (keinen) ~ mit jmdm. pflegen; er, sie ist

verkehren

kein ~, nicht der geeignete ~ für dich; freundschaftlicher, geschäftlicher ~ ☐ relação; amizade; contato 4.1 ⟨kurz für⟩ *Geschlechtsverkehr*; mit jmdm. ~ haben ☐ relação sexual

ver|keh|ren ⟨V.⟩ **1** ⟨410⟩ etwas verkehrt *fährt regelmäßig (als öffentliches Verkehrsmittel);* der Omnibus verkehrt montags bis freitags jede halbe Stunde; zwischen München und Starnberg ~ *Vorortzüge* ☐ **circular 2** ⟨411⟩ bei jmdm. ~ *häufig bei jmdm. zu Gast sein* ☐ *frequentar a casa de alguém **3** ⟨417⟩ mit jmdm. ~ *häufig mit jmdm. zusammenkommen, zusammen sein, Umgang haben* ☐ *dar-se com alguém; conviver com alguém; mit jmdm. freundschaftlich ~ ☐ *ter uma relação de amizade com alguém **3.1** mit niemandem ~ *ein einsiedlerisches Leben führen, keine Besuche machen u. keine empfangen* ☐ *não se re-lacionar com ninguém **3.2** mit jmdm. brieflich ~ *Briefe wechseln* ☐ *corresponder-se com alguém por carta **3.3** mit jmdm. geschlechtlich ~ *Geschlechtsverkehr mit jmdm. haben* ☐ *ter relações sexuais com alguém **4** ⟨513⟩ etwas ins Gegenteil ~ *verdrehen, wenden, gegenteilig, falsch darstellen od. wiedergeben;* Tatsachen, Worte, einen Sachverhalt, den Sinn einer Sache ins Gegenteil ~ ☐ *distorcer alguma coisa;* Recht in Unrecht ~ ☐ transformar **5** ⟨513/Vr 3⟩ etwas verkehrt sich in sein Gegenteil *verwandelt sich in sein G.;* ihre Zuneigung hat sich in Abneigung verkehrt ☐ *inverter-se; transformar-se em seu contrário

ver|kehrs|be|ru|higt ⟨Adj. 24/70⟩ *von starkem u. schnellem Verkehr entlastet;* ~e Wohngebiete ☐ tranquilo; sem trânsito

Ver|kehrs|mit|tel ⟨n.; -s, -⟩ **1** *Fahrzeug zur Beförderung von Personen, z. B. Eisen-, Straßenbahn, Auto, Schiff* ☐ meio de transporte; → a. *öffentlich(2.3)*

Ver|kehrs|zei|chen ⟨n.; -s, -⟩ *Zeichen, das ein Gebot, Verbot od. eine Warnung ausdrückt u. somit zur Regelung u. Sicherung des Straßenverkehrs beiträgt;* ein ~ nicht beachten ☐ sinal de trânsito

ver|kehrt 1 ⟨Part. Perf. von⟩ *verkehren* **2** ⟨Adj.⟩ *falsch, nicht richtig;* du hast die ~e Seite aufgeschlagen; der Schrank steht auf der ~en Seite; ~ antworten; das Bild hängt, liegt ~; der Schrank steht ~ ☐ errado; invertido; virado; etwas ~ machen ☐ errado **2.1** mit etwas an die ~e Adresse geraten ⟨fig.; umg.⟩ *an den Unrechten geraten, abgewiesen werden* ☐ *bater à porta errada **2.2** mit dem ~en Bein (zuerst) aufgestanden sein ⟨fig.; umg.⟩ *schlechter Laune sein* ☐ *levantar com o pé esquerdo **2.3** der Vorschlag ist gar nicht ~! ⟨fig.; umg.⟩ *gar nicht übel, gar nicht schlecht* ☐ *a proposta não é nada ruim! **2.4** Kaffee ~ *wenig K. mit viel Milch* ☐ *leite pingado **2.5** ~e Masche *linke M.* ☐ *malha em ponto tricô **2.5.1** zwei glatt, zwei ~ stricken *zwei rechts, zwei links, zwei rechte u. zwei linke Maschen im Wechsel stricken* ☐ ponto tricô

ver|ken|nen ⟨V. 500/Vr 8⟩ **1** jmdn. od. etwas ~ *nicht richtig erkennen, falsch beurteilen, missdeuten;* den Ernst der Sache ~; man darf die Schwierigkeiten nicht ~; Sie ~ die Tatsachen ☐ interpretar/julgar mal; subestimar **1.1** ein verkanntes **Genie 1.1.1** *nicht zur Geltung kommender begabter Mensch* **1.1.2** ⟨umg.; iron.⟩ *jmd., der sich für sehr begabt hält, ohne dass ihn andere dafür halten* ☐ *um gênio incompreendido **2** du wirst das Haus auf jeden Fall finden, es ist (durch seinen Bau o. Ä.) nicht zu ~ *einfach zu erkennen* ☐ ser inconfundível **2.1** es ist nicht zu ~, dass ... *man muss erkennen, zugeben, sagen, dass ...* ☐ *não se pode negar que...

ver|ket|ten ⟨V. 500⟩ **1** etwas ~ *mit einer Kette zusammenbinden, befestigen* ☐ encadear **2** ⟨Vr 4⟩ sich ~ *sich fest zusammenbinden, zusammenfügen, verbinden, verschmelzen;* es haben sich mehrere unglückliche Zufälle verkettet, so dass ... ☐ *encadear-se; concatenar-se

ver|kla|gen ⟨V. 500/Vr 8⟩ jmdn. ~ *Klage gegen jmdn. erheben, jmdn. vor Gericht bringen* ☐ processar; mover ação contra

ver|klap|pen ⟨V. 500⟩ Schadstoffe, Abfälle ~ *vom Schiff ins offene Meer ablassen* ☐ despejar no mar

ver|klä|ren ⟨V. 500/Vr 7⟩ **1** jmdn. ~ *ins Überirdische erhöhen* ☐ glorificar **2** etwas verklärt jmdn. od. etwas *macht jmdn. od. etwas schöner, strahlender;* das Glück verklärte ihre Gesichter ☐ iluminar **2.1** ⟨Part. Perf.⟩ verklärt *beseligt, glückselig;* die Kinder betrachteten verklärt den Weihnachtsbaum ☐ radiante **3** eine Sache verklärt jmdn. od. etwas *lässt jmdn. od. etwas besser, schöner, leuchtender erscheinen;* die Erinnerung verklärt das Vergangene ☐ iluminar

ver|klei|den ⟨V. 500⟩ **1** ⟨516⟩ etwas (mit etwas) ~ *mit einer Hülle, einer Schicht, einem Überzug verdecken, verhüllen;* Heizkörper mit einer Gitter ~; die Wände mit Holz, mit Seide ~ ☐ revestir; forrar **1.1** einen Schacht ~ ⟨Bgb.⟩ *abstützen* ☐ escorar **2** ⟨500/Vr 3⟩ sich ~ *sein Äußeres durch andere Kleidung, durch Schminke (u. Perücke) verändern, so dass man scheinbar ein anderer, etwas anderes ist, sich kostümieren;* sich (im Fasching) als Harlekin ~; sich als Mann, als Frau ~ ☐ *fantasiar-se; travestir-se

ver|klei|nern ⟨V. 500⟩ **1** etwas ~ *kleiner machen;* den Parkplatz ~ ☐ diminuir **1.1** *in einem kleineren Maßstab darstellen* ☐ reduzir **2** eine Sache ~ ⟨fig.⟩ *geringer erscheinen lassen, schmälern;* jmds. Leistungen, Verdienste ~; seine Schuld zu ~ suchen ☐ diminuir; minimizar **3** ⟨Vr 3⟩ etwas verkleinert sich *wird kleiner;* durch den zusätzlichen Schreibtisch hat sich der Raum sehr verkleinert ☐ diminuir **4** ⟨Vr 3⟩ sich ~ ⟨fig.⟩ *eine kleinere Wohnung, ein kleineres Geschäft nehmen, den Umfang des Betriebes, Geschäftes verringern* ☐ *mudar para um imóvel menor; reduzir espaço de um imóvel

ver|knö|chern ⟨V. 400(s.)⟩ **1** Gewebe verknöchert *wird zu Knochen* ☐ ossificar-se **2** ⟨fig.⟩ *durch Alter od. Mangel an Bewegung steif, unbeweglich werden;* Glieder ~ ☐ enrijecer(-se); ancilosar(-se) **2.1** ⟨Part. Perf.⟩ verknöchert *alt u. in den Ansichten u. Gewohnheiten starr geworden, nicht mehr anpassungsfähig* ☐ fossilizado; ein verknöcherter Junggeselle ☐ contumaz

ver|knüp|fen ⟨V. 500⟩ **1** etwas ~ *durch Knoten verbinden, festmachen, verknoten* ☐ atar/amarrar (dando

verlangen

um nó) 2 ⟨517⟩ eine **Sache** mit einer **anderen** ~ ⟨fig.⟩ *verbinden, in Zusammenhang bringen; einen Gedanken mit einem anderen (logischen) ~; die Sache ist mit großen Ausgaben, Veränderungen verknüpft* □ **ligar; vincular** 2.1 = assoziieren(1)

ver|kom|men ⟨V. 170/400(s.)⟩ **1** *den inneren Halt verlieren u. meist auch sein Äußeres vernachlässigen, verwahrlosen, moralisch sinken, zum Verbrecher werden* □ **degenerar-se; desleixar-se 2** *Lebensmittel ~ werden schlecht, verderben* □ **estragar(-se); deteriorar(-se) 3** *Gebäude, Grundstücke ~ werden nicht mehr gepflegt, werden baufällig, verwahrlosen* □ **deteriorar-se; ficar abandonado**

ver|kör|pern ⟨V. 500⟩ *jmdn. od. etwas ~ durch seine Person anschaulich, sichtbar darstellen, in Erscheinung treten lassen; die Rolle der guten Fee verkörpern; er verkörpert den Friedenswillen seines Volkes* □ **personificar; encarnar; representar**

ver|kraf|ten ⟨V. 500/Vr 8⟩ *etwas ~ bewältigen; ich kann die viele Arbeit nicht, gerade noch, gut ~; noch ein Schnitzel kann ich nicht mehr ~* □ **dar conta de; aguentar**

ver|kramp|fen ⟨V. 500/Vr 3⟩ *sich ~* **1** *sich im Krampf zusammenziehen; seine Hände hatten sich in die Decke verkrampft* □ ***contrair-se; crispar-se 2** ⟨fig.⟩ *starke innere Hemmungen bekommen, sehr befangen, im Benehmen unfrei werden; er ist völlig verkrampft* □ **acanhado; tenso** 2.1 *ein verkrampftes Lachen gezwungenes, unnatürliches L.* □ **forçado**

ver|krie|chen ⟨V. 173⟩ **1** ⟨500/Vr 3⟩ *jmd., ein Tier od. etwas verkriecht sich kriecht irgendwo hinein, so dass er bzw. es nicht gesehen wird, versteckt sich; der Hund hat sich unters Bett verkrochen; ich hätte mich vor Verlegenheit am liebsten irgendwo verkrochen* □ **esconder-se; enfiar-se em algum lugar** 1.1 ⟨511/Vr 3⟩ *sich ins Bett ~* ⟨umg.; scherzh.⟩ *zu B. gehen* □ ***enfiar-se na cama** 1.2 ⟨511/Vr 3⟩ *wohin hat sich nur mein Schlüssel verkrochen?* ⟨umg.; scherzh.⟩ *wo habe ich nur meinen S. hingetan?* □ ***onde foi parar minha chave?** 1.3 ⟨500/Vr 3⟩ *neben ihm kannst du dich ~!* ⟨fig.; umg.⟩ *mit ihm kannst du dich nicht messen, ihm kommst du nicht gleich!* □ ***você não pode se comparar a ele!**

ver|krüp|peln ⟨V. 400(s.)⟩; *meist im Part. Perf. gebraucht⟩* **1** *zum Krüppel werden; das Kind, der Mann ist verkrüppelt* □ **ficar aleijado 2** *missgestaltig wachsen, sich verbiegen; ein Baum verkrüppelt* □ **atrofiar(-se)** 2.1 ⟨Part. Perf.⟩ *verkrüppelt missgestaltet, verbogen, schief gewachsen; ein verkrüppelter Arm, Fuß, Baum* □ **atrofiado; deformado**

ver|küm|mern ⟨V. 400(s.)⟩ **1** *eine Pflanze verkümmert verliert allmählich die Lebensfähigkeit, geht allmählich ein* □ **murchar; mirrar 2** *ein Organ verkümmert bildet sich zurück, schrumpft* □ **atrofiar(-se) 3** ⟨fig.; umg.⟩ *die Lebensfreude, Arbeitslust, Energie verlieren* □ **definhar; languescer**

ver|kün|den ⟨V. 500⟩ *etwas ~* **1** *bekanntgeben, öffentlich kundtun; ein Gesetz, eine Nachricht ~* □ **anunciar; promulgar;** *das Urteil ~* □ **pronunciar; proferir**

2 ⟨fig.; umg.⟩ *ausdrücklich sagen, erklären, ausrufen; „...!", verkündete er triumphierend* □ **proclamar; anunciar**

ver|kup|peln ⟨V. 500⟩ **1** *etwas ~ beweglich od. lösbar verbinden* □ **acoplar; engatar 2** ⟨550⟩ *jmdn. mit jmdn. ~ mit einem Mann bzw. einer Frau zusammenbringen* □ **alcovitar** 2.1 *seine Tochter ~ um bestimmter Vorteile willen mit einem Mann verheiraten* □ ***arranjar casamento para a filha**

ver|kür|zen ⟨V. 500⟩ **1** *etwas ~ kürzer machen; ein Brett, einen Strick, eine Zeitspanne ~; die Arbeitszeit ~* □ **reduzir; encurtar; abreviar** 1.1 ⟨530/Vr 1⟩ *sich die Zeit ~ vertreiben, sich mit etwas beschäftigen, um die Zeit kürzer erscheinen zu lassen; sich die Zeit mit Lesen, Briefschreiben ~* □ ***matar o tempo** 1.2 *etwas perspektivisch ~* ⟨Mal.⟩ *der Perspektive entsprechend kürzer darstellen, als etwas in Wirklichkeit ist* □ ***escorçar alguma coisa** 1.2.1 ⟨Part. Perf.⟩ *verkürzt perspektivisch verkleinert; der Körper des Liegenden erscheint auf dem Bild stark verkürzt* □ **reduzido; escorçado 2** ⟨Vr 3⟩ *etwas verkürzt sich wird kürzer* □ **reduzir-se; encurtar-se**

ver|la|den ⟨V. 174/500⟩ *etwas ~ zur Beförderung in ein Fahrzeug bringen; Güter, Truppen ~; Güter auf Lastwagen, Schiffe, in Güterwagen ~* □ **carregar; embarcar**

Ver|lag ⟨m.; -(e)s, -e⟩ **1** *Unternehmen zur Vervielfältigung u. Verbreitung von Werken der Literatur, Kunst, Musik u. Wissenschaft; Buch-~, Kunst-~, Musik-~, Zeitschriften-~, Zeitungs-~; einen ~ gründen; einen ~ für ein Buch, Manuskript suchen; belletristischer, medizinischer, populärwissenschaftlicher ~; für einen ~ arbeiten; ich arbeite im ~; das Buch ist im ~ XY erschienen* □ **editora 2** *Unternehmen des Zwischenhandels; Bier-~* □ **atacadista; distribuidora; revendedora**

ver|la|gern ⟨V. 500⟩ **1** *etwas ~ anders lagern; das Gewicht (von einem Bein aufs andere) ~; den Schwerpunkt (der Arbeit) auf ein anderes Gebiet ~* **2** ⟨Vr 3⟩ *etwas verlagert sich ändert seine Lage; der Schwerpunkt hat sich verlagert* □ **transferir(-se); deslocar(-se)**

ver|lan|gen ⟨V.⟩ **1** ⟨500⟩ *etwas ~ fordern, beanspruchen, energisch, streng wünschen; ich verlange, dass meine Anweisungen sofort befolgt werden; ich verlange unbedingte Pünktlichkeit; etwas Rücksicht kann ich doch wohl ~!; ich verlange von dir, dass du ...; das kannst du nicht von mir, von dem Kind ~!; das ist zu viel verlangt!* □ **exigir** 1.1 *als Bezahlung haben wollen; einen zu hohen Preis ~; er hat 100 Euro (dafür) verlangt; was verlangt er dafür?* □ **pedir; querer 2** ⟨500⟩ *etwas verlangt etwas bei etwas ist etwas nötig; diese Arbeit verlangt starke Konzentration, viel Fingerspitzengefühl* □ **exigir; requerer 3** ⟨500⟩ *jmdn. ~ mit jmdm. sprechen wollen* □ ***querer falar com alguém;** *Herr X, Sie werden am Telefon verlangt* □ ***senhor X, ligação para o senhor 4** ⟨800⟩ *nach jmdm. ~ jmdn. zu sehen wünschen, sich nach jmdm. sehnen; er verlangt nach dir* □ ***sentir sauda-**

Verlangen

des de alguém; querer ver alguém 5 ⟨800⟩ nach etwas ~ wünschen, etwas zu bekommen, bes. zu essen od. zu trinken wünschen; der Kranke verlangt nach Wasser □ *pedir alguma coisa 6 ⟨550⟩ jmdn. verlangt (es) nach etwas ⟨geh.⟩ jmd. sehnt sich nach etwas; es verlangt ihn, ihn verlangt nach Betätigung, nach Beschäftigung □*ansiar por alguma coisa 6.1 ⟨580⟩ es verlangt mich, mehr davon zu hören *ich möchte gern mehr davon hören* □ *estou ansioso por ouvir mais a respeito 7 ⟨Part. Präs.⟩ ~d *sehnsüchtig, begehrlich;* ~de Blicke auf etwas werfen; seine Hände ~d nach etwas od. jmdm. ausstrecken □ ansioso; ávido

Ver|lan|gen ⟨n.; -s; unz.⟩ 1 *Wunsch, Forderung;* jmds. ~ nachkommen; das ist ein unbilliges ~; auf mein ~ wurde mir die Liste gebracht; auf allgemeines ~ hin; auf ~ von Herrn X, auf ~ des Chefs □ pedido; exigência 2 *Sehnsucht, Bedürfnis;* ich habe kein ~ danach; ein dringendes, schmerzliches, sehnsüchtiges ~; er streckte voller ~ die Hand danach aus; das ~ nach Speise, Nahrung □ anseio; necessidade; vontade

ver|län|gern ⟨V. 500⟩ 1 etwas ~ *länger machen, ausdehnen;* einen Rock, die Ärmel eines Pullovers ~ □ encompridar; alongar 1.1 eine Soße ~ ⟨fig.⟩ *durch Hinzufügen von Flüssigkeit verdünnen, ergiebiger machen* □ diluir 1.2 der verlängerte Rücken ⟨scherzh.⟩ *das Gesäß* □ *as nádegas 2 eine Sache ~ *die Dauer der Gültigkeit einer S. ausdehnen;* ein Abkommen, einen Vertrag ~; seinen Pass ~ lassen □ prorrogar

Ver|lass ⟨m.; nur in der Wendung⟩ es ist (kein) ~ auf jmdn. *jmd. ist (nicht) zuverlässig, man kann sich (nicht) auf jmdn. verlassen* □ *(não) se pode confiar em alguém

ver|las|sen ⟨V. 175/500⟩ 1 ⟨Vr 8⟩ jmdn. od. etwas ~ *von jmdm. od. etwas fortgehen;* einen Platz, eine Wohnung, ein Land ~; er hat die Konferenz schon ~ □ deixar; sair de 1.1 ⟨Part. Perf.⟩ *unbewohnt, einsam, leer;* eine ~e Gegend, ein ~er Platz; eine ~e Wohnung; ~ daliegen □ deserto; desocupado; abandonado 2 jmdn. ~ *allein, im Stich lassen;* er hat seine Frau ~ □ abandonar; von Gott ~ □ abandonado 2.1 aller Mut, alle Zuversicht verließ ihn *er verlor allen M., alle Z.* □ *ele perdeu toda coragem/confiança 2.2 und da verließen sie ihn ⟨fig.; umg.⟩ *da fiel ihm plötzlich nichts mehr ein, da blieb er stecken, da wusste er nicht mehr weiter* □ *ele não sabia mais nada; deulhe um branco 2.3 ⟨Part. Perf.⟩ *allein u. hilflos;* ~ dasitzen □ desamparado; solitário 3 ⟨550/Vr 3⟩ sich auf jmdn. od. etwas ~ *auf jmdn. od. etwas vertrauen, zählen, mit jmdm. od. etwas rechnen;* sie verlässt sich ganz auf ihn; auf ihn kann man sich (nicht) ~; sich auf sein Glück ~ □ *confiar em alguém; contar com alguém 3.1 das geht bestimmt schief, verlass dich drauf! ⟨umg.; verstärkend⟩ *da kannst du sicher sein!* □ *isso não vai dar certo, pode apostar!

Ver|las|sen|schaft ⟨f.; -, -en; österr.; schweiz.⟩ *Nachlass, Erbschaft* □ herança

ver|läss|lich ⟨Adj.⟩ *zuverlässig;* er ist sehr ~; ich suche eine ~e Putzfrau □ confiável; de confiança

Ver|laub ⟨m.; -s; unz.; nur noch in der Wendung⟩ 1 mit ~ ⟨geh.⟩ *wenn es erlaubt ist, mit Ihrer Erlaubnis* □ *com licença 1.1 das ist, mit ~ (zu sagen), eine Frechheit *mit allem schuldigen Respekt zu sagen* □ *se (você) me permite dizer, isso é um atrevimento

Ver|lauf ⟨m.; -(e)s, -läu|fe⟩ *Ablauf, Entwicklung;* der ~ des Kampfes, der Krankheit □ evolução; den ~ einer Reise ergählen □ *contar como transcorreu a viagem; die Krankheit nimmt ihren normalen ~ □ evolução; curso; im ~(e) von drei Stunden □ *ao longo de três horas; im weiteren ~ der Diskussion □ *no decorrer da discussão; nach ~ von fünf Tagen □ *decorridos cinco dias; ao final de cinco dias

ver|lau|fen ⟨V. 176⟩ 1 ⟨413(s.)⟩ etwas verläuft in einer bestimmten Weise *läuft in einer bestimmten W. ab;* der Urlaub, die Reise ist gut ~; es ist alles gut, glücklich ~; wie ist das Fest ~? □ (trans)correr 2 ⟨410(s.)⟩ etwas verläuft *erstreckt sich, nimmt seinen Lauf;* die Linien ~ parallel; der Fluss, Weg verläuft hier in vielen Windungen, durch eine Wiese □ correr; passar 3 ⟨500/Vr 3⟩ sich ~ *sich verirren;* sich im Wald, in einer Stadt ~ □ *perder-se 4 ⟨500/Vr 3⟩ sich ~ *sich allmählich entfernen, auseinandergehen;* die Menschenmenge verlief sich □ *dispersar-se 4.1 Wasser verläuft sich *läuft auseinander u. versickert;* das Hochwasser hat sich (wieder) ~ □ baixar; escoar; → a. Sand(2.5)

ver|laut|ba|ren ⟨V. 500⟩ etwas ~ *bekanntmachen;* amtlich wird verlautbart, dass ... □ comunicar; anunciar; divulgar

Ver|laut|ba|rung ⟨f.; -, -en⟩ *Bekanntmachung;* amtliche, offizielle ~ □ comunicado; anúncio; aviso

ver|lau|ten ⟨V. 400⟩ 1 etwas verlautet *wird bekannt* □ constar; ser comunicado/divulgado; wie aus Berlin verlautet, hat das Unwetter dort keinen Schaden angerichtet □ *segundo informações/notícias vindas de Berlim... 2 etwas ~ lassen *etwas sagen, bekanntwerden lassen* 2.1 er hat nichts davon ~ lassen *nichts davon gesagt, nichts verraten* □ dizer; deixar escapar

ver|le|ben ⟨V. 500⟩ etwas ~ *verbringen, zubringen;* den Urlaub im Gebirge ~; eine schöne Zeit bei Freunden ~; wo hast du deine Ferien verlebt? □ passar

ver|lebt 1 ⟨Part. Perf. von⟩ *verleben* 2 ⟨Adj.⟩ *durch ausschweifendes Leben verbraucht, elend;* ein ~es Gesicht □ marcado; ~ aussehen □ decrépito; desgastado

ver|le|gen¹ ⟨V. 500⟩ 1 etwas ~ *an einem bestimmten Platz, über eine bestimmte Strecke fest anbringen;* Leitungen, Kabel, Rohre ~ □ instalar; colocar 1.1 ⟨516⟩ den Fußboden mit Mosaik, Parkett ~ *belegen, mit einem Belag von M., P. versehen* □ revestir 2 etwas ~ *weglegen, ohne sich danach an die Stelle erinnern zu können, an die man es gelegt hat;* ich habe meine Brille verlegt □ colocar fora do lugar; perder 3 jmdn. od. etwas ~ *an einem anderen Ort unterbringen;* ein Geschäft ~; seinen Wohnsitz nach Spanien ~ □ transferir; mudar; Truppen ~ □ deslocar 4 etwas ~ *zeitlich verschieben;* einen Termin ~; eine Unterrichtsstunde, eine Verabredung ~ □ adiar 5 etwas ~

1138

verlieren

im Verlag herausbringen, veröffentlichen; Bücher, Zeitschriften ~; *in diesem Verlag werden Kinderbücher verlegt* □ editar; publicar **6** ⟨530⟩ **jmdm. etwas ~** *versperren, abschneiden;* jmdm. den Weg, den Zugang ~ □ barrar; impedir **7** ⟨550/Vr 3⟩ **sich auf etwas ~** *etwas neuerdings mit bes. Interesse betreiben, sich einer Sache von nun an widmen;* als Drohungen nichts nützten, verlegte er sich auf Bitten □ *recorrer a alguma coisa; *sich auf den Handel mit Stoffen ~* □ *dedicar-se ao comércio de tecidos

ver|le|gen² ⟨Adj.⟩ **1** *befangen, peinlich berührt, beschämt, verwirrt, unsicher;* ~ lächeln; jmdn. ~ machen □ embaraçado; constrangido; sem graça **1.1** ⟨46⟩ **um etwas (nicht) ~ sein** *über etwas (nicht) verfügen, etwas (nicht) bereithaben* □ *(não) dispor de alguma coisa; *um Geld ~ sein* □ *estar sem dinheiro; *er ist nie um eine Antwort, Ausrede ~* □ *ele tem sempre uma resposta/desculpa

Ver|le|gen|heit ⟨f.; -, -en⟩ **1** *Befangenheit, Verwirrung, Unsicherheit, Beschämung* □ embaraço; constrangimento; *jmdn. in ~ bringen, setzen* □ *deixar alguém constrangido/sem graça **2** *unangenehme Lage, Geldnot;* jmdm. aus der ~ helfen □ *ajudar alguém a sair de uma situação difícil **2.1** *in die ~ kommen, etwas tun zu müssen* in die Lage kommen, etwas Unangenehmes tun zu müssen, zu einer peinl. Handlung verpflichtet zu sein □ *ver-se na situação difícil/embaraçosa de ter de fazer alguma coisa **2.2** ich bin augenblicklich etwas in ~ *in Geldnot* □ aperto; dificuldade financeira

Ver|le|ger ⟨m.; -s, -⟩ **1** *(angestellter od. selbständiger) Leiter eines Verlages(1)* □ editor **2** *(angestellter od. selbständiger) Leiter eines Verlages(2)* □ distribuidor; atacadista; revendedor

Ver|le|ge|rin ⟨f.; -, -rin|nen⟩ *weibl. Verleger* □ editora; distribuidora; atacadista; revendedora

ver|lei|den ⟨V. 530/Vr 5 od. Vr 6⟩ **jmdm. etwas ~** *jmdm. die Freude an etwas nehmen;* die ganze Reise ist mir durch diesen peinlichen Vorfall verleidet □ estragar; tirar o prazer

ver|lei|hen ⟨V. 178/503⟩ **1 (jmdm.) etwas ~** *(bes. gegen Entgelt) ausleihen, borgen;* Autos, Fahrräder ~; er verleiht seine Bücher nicht gern □ emprestar; alugar; locar **2** *(jmdm.)* eine Auszeichnung, einen Titel ~ *(feierlich) zusprechen, übertragen;* jmdm. einen Preis, Orden, Titel, Rechte ~; jmdm. den „Dr. h. c." ~ □ conferir; conceder

ver|lei|ten ⟨V. 550/Vr 8⟩ **jmdn. zu etwas ~** *(zum Bösen) verführen;* jmdn. zum Ungehorsam ~ □ induzir; incitar

ver|ler|nen ⟨V. 500⟩ **1** *etwas ~ wieder vergessen;* das Schwimmen verlernt man nicht **1.1** etwas verlernt haben *etwas, das man gelernt hat, nicht mehr können;* er hat sein Englisch verlernt □ esquecer; desaprender

ver|le|sen ⟨V. 179/500⟩ **1** *etwas ~ vorlesen, lesend vortragen;* eine Bekanntmachung, Namen ~; ein Protokoll ~ □ ler em voz alta **2** *etwas ~ auslesen, Schlechtes aussondern;* Salat, Gemüse, Körner ~ □ selecionar; escolher **3** ⟨Vr 3⟩ **sich ~** *falsch lesen* □ ler errado

ver|let|zen ⟨V. 500⟩ **1** ⟨Vr 7 od. 503/Vr 5⟩ **jmdn. od. etwas ~** *verwunden, beschädigen;* sich den Kopf, die Hand ~ □ machucar; ferir **2** ⟨Vr 8⟩ **jmdn. ~** ⟨fig.⟩ *kränken;* ich möchte Sie nicht ~, aber ich muss Ihnen sagen, dass ... □ ofender; magoar; in ~dem Ton; ~de Worte □ ofensivo; er schwieg verletzt □ ofendido; magoado **3** *eine Sache ~ nicht achten, gegen eine S. verstoßen;* jmds. Gefühle ~ □ ferir; jmds. Rechte ~ □ violar; seine Pflicht ~ □ prevaricar

Ver|let|zung ⟨f.; -, -en⟩ **1** *das Verletzen, Beschädigen* □ ferida; dano **2** *Vernachlässigung, Nichteinhaltung, Vergehen* □ inobservância; negligência; Pflicht~ □ *prevaricação **3** *verletzte Stelle, Wunde, körperliche Beschädigung;* Körper~ □ ferida; lesão

ver|leug|nen ⟨V. 500⟩ **1** *etwas ~ leugnen, in Abrede stellen, nicht zugeben;* er kann seinen Geiz nicht ~; seinen Glauben ~ □ (re)negar; esconder **2** ⟨Vr 7⟩ *sein Wesen, sich selbst ~ anders handeln, als es dem eigenen Wesen entspricht* □ *desmentir-se; contradizer-se **3** ⟨Vr 8⟩ **jmdn. ~** *behaupten, jmdn. nicht zu kennen;* Petrus hat Christus drei Mal verleugnet □ renegar **4** ⟨Vr 3⟩ **sich ~** *so tun, als ob man nicht zu Hause sei, die Tür (auf Klingeln od. Klopfen hin) nicht öffnen* □ *fingir não estar em casa **4.1** *sich ~ lassen Besuchern sagen lassen, dass man nicht zu Hause sei* □ *mandar dizer que não está em casa

ver|leum|den ⟨V. 500/Vr 8⟩ **jmdn. ~** *in schlechten Ruf bringen, böswillig, falsch verdächtigen;* jmdn. als Betrüger ~ □ caluniar; difamar

ver|lie|ben ⟨V. 505/Vr 3⟩ **1 sich (in jmdn.) ~** *Liebe zu jmdm. fassen, jmdn. liebgewinnen* □ *apaixonar-se (por alguém) **1.1** ⟨Part. Perf.⟩ *verliebt von Liebe erfüllt* □ apaixonado **1.1.1** jmdm. verliebte Augen machen *jmdm. durch Blicke mitteilen, dass man in ihn verliebt ist* □ *olhar apaixonadamente para alguém **2** ich bin in dieses Haus ganz verliebt ⟨fig.; umg.⟩ *ich finde es reizend* □ *sou apaixonado por esta casa

ver|lie|ren ⟨V. 276⟩ **1** ⟨500/Vr 7⟩ **1.1** *jmdn. ~ unbeabsichtigt fallen, liegen, stehen lassen u. nicht wiederfinden;* seine Geldbörse, seinen Schirm, seine Handtasche ~ **1.2** *jmdn. ~ (aufgrund einer kurzen Unachtsamkeit) nicht mehr wiederfinden;* gib mir die Hand, damit wir uns in diesem Gedränge nicht ~! □ perder(-se) **1.3** *irgendwo nichts verloren haben* ⟨fig.; umg.⟩ *keine Berechtigung, sich irgendwo aufzuhalten;* dort habe ich nichts verloren □ *não perdi nada lá; não tenho razão para ir até lá **1.3.1** was hast du hier verloren? was willst du hier? □ *você perdeu alguma coisa aqui?; o que veio fazer aqui? **1.4** *verloren suchen* (Jägerspr.) *ein erlegtes Stück Wild frei, d. h. ohne Fährte, suchen* □ *caçar a esmo; caçar sem seguir o rastro do animal **2** ⟨500⟩ **etwas ~** *einbüßen;* im Herbst ~ die Bäume ihre Blätter; der Kaffee hat durch langes Aufheben das Aroma verloren; (durch einen Unfall) das Augenlicht ~; die Farbe, den Geschmack ~; Haare, Zähne ~; seine Stellung ~; er hat im Spiel all sein Geld verloren □ perder **2.1** ⟨550⟩ *sein Herz an jmdn. ~ sich in jmdn. verlieben* □ *estar apaixonado por alguém **2.2** *verlorene* Form *beim*

Verlies

Gießen von Metallen nur einmal benutzte F.□ *molde perdido 2.3 verlorenes **Profil** ⟨Mal.⟩ zur Bildtiefe hin gewendetes P. □ *perfil perdido/fugidio 2.4 eine **Sache** ~ nicht länger bewahren können; die Fassung, die Geduld ~; den Mut ~; den Überblick ~ 2.5 ⟨800⟩ **an etwas** ~ etwas teilweise einbüßen; sie hat an Schönheit, Anmut verloren□ perder 2.5.1 ⟨400; fig.; umg.⟩ sich zu seinem Nachteil verändern; das Kleid verliert, wenn du diese Schleife entfernst □ *se você tirar o laço, o vestido já não é o mesmo; er hat sehr verloren □ *ele já não é o mesmo 3 ⟨500⟩ **jmdn.** ~ jmdn. (durch dessen Tod od. durch Verfeindung) nicht mehr haben, mit jmdm. nicht mehr verkehren; ich habe in ihm einen guten Freund verloren; er hat zwei Söhne im Krieg verloren; sie hat mit zehn Jahren ihren Vater verloren□ perder 3.1 der verlorene **Sohn** der arm u. reuig heimgekehrte S.□ *o filho pródigo 3.2 ein verlorenes **Schaf** ⟨a. fig.⟩ Abtrünniger (bes. im christlichen Sprachgebrauch)□ *uma ovelha perdida 3.3 ⟨Vr 3⟩ **sich** selbst ~ ⟨fig.⟩ keinen inneren Halt mehr haben□ perder-se 4 ⟨500⟩ **etwas** ~ bei etwas besiegt werden, nicht gewinnen; die Schlacht ~; eine Wette ~; im Spiel ~□ perder 4.1 noch ist nicht alles verloren ⟨fig.⟩ noch besteht eine geringe Hoffnung, dass die Sache doch gut endet□ *nem tudo está perdido 5 ⟨500/Vr 3⟩ etwas verliert **sich** verschwindet, vergeht; seine Befangenheit, Schüchternheit verlor sich allmählich 6 ⟨511/Vr 3⟩ **sich in etwas** ~ unauffindbar werden; die Spur verlor sich im Wald □ perder-se; sumir 6.1 in Gedanken verloren in G. versunken, vertieft□ *perdido em pensamentos 7 ⟨Getrennt- u. Zusammenschreibung⟩ 7.1 verloren gehen = verlorengehen

Ver|lies ⟨n.; -es, -e⟩ unterirdisches Gefängnis, Kerker, Burg~□ calabouço; masmorra

ver|lo|ben ⟨V. 500⟩ 1 ⟨500/Vr 3⟩ **sich** ~ jmdm. (offiziell) versprechen, ihn zu heiraten; Ggs entloben; er hat sich gestern mit ihr verlobt; sie ist seit einem halben Jahr verlobt; sie ist mit XY verlobt □ *ficar/estar noivo 2 ⟨517 od. 530⟩ **jmdn. (mit) jmdm.** ~ jmdm. jmdm. zur Ehe versprechen; man verlobt die österreichische Prinzessin (mit) einem italienischen Prinzen□ desposar; prometer casamento

ver|lo|cken ⟨V. 550/Vr 8 od. 800⟩ 1 **(jmdn.) zu etwas** ~ jmdn. zu etwas anreizen, jmdn. locken, etwas zu tun, jmdn. zu etwas verführen; der Berg verlockt mich dazu, hinaufzusteigen; das klare Wasser verlockt zum Schwimmen □ atrair; seduzir; convidar 1.1 ⟨Part. Präs.⟩ ~d verführerisch, anreizend; ein ~des Angebot; der Kuchen sieht ~d aus□ atraente; sedutor; convidativo

ver|lo|gen ⟨Adj.⟩ 1 lügenhaft, oft lügend; eine ~e Person□ mentiroso 2 lügnerisch, unwahr; ~e Moral; ~e Reden, Versprechungen□ falso

ver|lo|ren 1 ⟨Part. Perf. von⟩ verlieren 2 ⟨Adj. 60⟩ 2.1 vergeblich, nutzlos; das ist ~e Liebesmüh□ inútil 2.2 ~e **Eier** roh in fast noch kochendes Essigwasser geschlagene E., die darin gezogen haben, bis sie gar sind□ *ovos escalfados 2.3 ~er **Posten** ⟨Mil.⟩ Stellung, die nicht gehalten werden kann, die im Kampf aufgegeben werden muss□ *posição perdida 2.3.1 auf ~em Posten stehen ⟨a. fig.⟩ mit einer Sache befasst sein, die keine Aussicht auf Erfolg hat□ *travar uma batalha perdida

ver|lo|ren|ge|hen auch: **ver|lo|ren ge|hen** ⟨V. 145/400(s.)⟩ abhandenkommen; pass auf, dass nichts verlorengeht/verloren geht□ perder-se; extraviar-se

Ver|lust ⟨m.; -(e)s, -e⟩ 1 das Verlieren; den ~ des Vaters beklagen □ perda 1.1 in ~ geraten verlorengehen, abhandenkommen □ *perder-se; extraviar-se 2 durch Verlieren erlittener Schaden; der ~ geht in die Millionen; geschäftliche, finanzielle ~e □ prejuízo; die Truppe hatte geringe, hohe, starke ~e □ baixa; perda; ein schwerer ~ hat ihn betroffen; einen großen ~ erleiden (durch den Tod eines Angehörigen); ein schmerzlicher, schwerer, unersetzlicher ~ □ perda 3 ⟨Getrennt- u. Zusammenschreibung⟩ 3.1 ~ bringend = verlustbringend

ver|lust|brin|gend auch: **Ver|lust brin|gend** ⟨Adj. 90⟩ zu Einbußen führend; ~e Geschäfte□ prejudicial

ver|ma|chen ⟨V. 500⟩ 1 ⟨530/Vr 6⟩ **jmdm. etwas** ~ testamentarisch zuwenden, als Erbe hinterlassen; jmdm. ein Haus, ein Vermögen, Schmuck, Wertgegenstände ~ □ legar; deixar de herança 2 ⟨Holz⟩ ⟨schweiz.⟩ zerkleinern □ cortar; partir 3 ⟨Fugen⟩ ⟨schweiz.⟩ verstopfen□ tapar; obstruir

Ver|mächt|nis ⟨n.; -ses, -se⟩ 1 Zuwendung durch Testament 2 etwas, das jmdm. vermacht wird; jmdm. ein Haus als ~ hinterlassen □ legado; herança 3 ⟨fig.⟩ letzter Wille, Auftrag (des Verstorbenen) an die Zurückgebliebenen; er hat mir die Sorge für das Kind als ~ hinterlassen□ último desejo/pedido

ver|mäh|len ⟨V.; geh.⟩ 1 ⟨505/Vr 3⟩ **sich (mit jmdm.)** ~ jmdn. heiraten; er hat sich vermählt 2 ⟨530⟩ **jmdn. (mit jmdm.)** ~ ⟨veraltet⟩ jmdn. verheiraten; seine Tochter mit einem Adligen ~□ desposar(-se)

ver|meh|ren ⟨V. 500⟩ 1 **etwas** ~ mehr machen aus, die Anzahl erhöhen von, vergrößern, verstärken; seinen Besitz, sein Vermögen ~; Pflanzen, Tiere durch Zucht ~ □ multiplicar; vermehrte Ausscheidung, Absonderung von Körperflüssigkeit □ *aumento de secreção/eliminação de fluido corporal 2 ⟨Vr 3⟩ **sich** ~ (an Menge, Zahl) zunehmen; die Zahl der Unfälle hat sich nicht vermehrt □ *aumentar; crescer 2.1 sich fortpflanzen, Nachwuchs bekommen; die Meerschweinchen haben sich vermehrt□ multiplicar-se; reproduzir-se

ver|mei|den ⟨V. 183/500⟩ **etwas** ~ vor etwas ausweichen, einer Sache aus dem Weg gehen, es nicht dazu kommen lassen; er vermied es, sie anzusehen; einen Fehler ~; es lässt sich nicht ~, dass ...; ich möchte es ~, ihm zu begegnen□ evitar

ver|meint|lich ⟨Adj. 70⟩ irrtümlich vermutet, fälschlich angenommen; der ~e Mann erwies sich beim Näherkommen als ein Baumstumpf□ suposto; pretenso

ver|men|gen ⟨V. 500⟩ **etwas** ~ vermischen, durcheinanderbringen□ misturar; confundir

ver|mer|ken ⟨V. 500⟩ **1** etwas ~ *kurz aufzeichnen, notieren;* etwas am Rande (eines Schriftstückes) ~ □ anotar **2** eine Sache ~ *zur Kenntnis nehmen* □ tomar nota de; registrar 2.1 ⟨513⟩ eine Sache übel ~ *mit Missfallen bemerken, übelnehmen* □ *levar a mal alguma coisa

ver|mes|sen¹ ⟨V. 185/500⟩ **1** Land ~ *genau ausmessen* □ medir; agrimensar **2** ⟨Vr 3⟩ sich ~ *nicht richtig, ungenau messen;* ich habe mich um einen Meter ~ □ *errar ao medir **3** ⟨580/Vr 3⟩ sich ~ ⟨geh.⟩ *sich erkühnen, erdreisten;* wie kannst du dich ~, zu sagen, dass ... □ *atrever-se; ousar

ver|mes|sen² **1** ⟨Part. Perf. von⟩ *vermessen¹* **2** ⟨Adj.; geh.⟩ *anmaßend, überheblich;* es ist ~, zu behaupten, man könne ... □ presunçoso; atrevido

ver|mie|ten ⟨V. 500⟩ etwas ~ *gegen Entgelt zeitweilig zur Benutzung geben;* jmdm. od. an jmdn. eine Wohnung ~; zu ~ (Aufschrift an freien Zimmern bzw. Wohnungen) □ alugar

Ver|mie|ter ⟨m.; -s, -⟩ *jmd., der etwas vermietet* (Wohnungs~) □ locador; senhorio

Ver|mie|te|rin ⟨f.; -, -rin|nen⟩ *weibl. Vermieter* □ locadora; senhoria

ver|min|dern ⟨V. 500⟩ **1** etwas ~ *geringer machen, verringern;* die Geschwindigkeit ~ □ diminuir; reduzir 1.1 vermindertes **Intervall** *um einen Halbton chromatisch verringertes I., z. B. c - ges;* Ggs *übermäßiges Intervall,* → *übermäßig(1.1);* verminderte Quinte □ diminuto 1.2 Preise ~ *ermäßigen, herabsetzen* □ reduzir; baixar **2** ⟨Vr 3⟩ etwas vermindert sich *nimmt ab, wird schwächer;* die Schmerzen haben sich vermindert □ *diminuir; atenuar-se

ver|mi|schen ⟨V. 505⟩ **1** etwas (mit etwas) ~ *untereinander mischen, durcheinanderbringen, vermengen;* Saft, Wein mit Wasser ~ □ misturar 1.1 Vermischtes *Anzeigen od. kurze Mitteilungen (in Zeitungen) unterschiedlichen Inhalts* □ miscelânea **2** ⟨Vr 4⟩ sich ~ *sich vermengen, ineinander aufgehen, sich verbinden, vereinigen;* die beiden Tierrassen haben sich vermischt □ misturar-se; cruzar

ver|mis|sen ⟨V. 500⟩ **1** etwas ~ *das Fehlen von etwas bemerken;* ich vermisse meinen Füllfederhalter □ dar pela falta de; não encontrar **2** ⟨Vr 8⟩ jmdn. ~ *jmds. Abwesenheit bemerken od. schmerzlich spüren;* wir haben dich sehr vermisst □ sentir (a) falta de 2.1 ⟨Part. Perf.⟩ jmd. ist (im Krieg) vermisst *über jmds. Verbleib ist nichts bekannt;* einen Soldaten als vermisst melden □ desaparecido

ver|mit|teln ⟨V.⟩ **1** ⟨400⟩ *eine Einigung (zwischen Streitenden) zustande bringen* 1.1 zwischen zwei Gegnern ~ *den Streit zwischen zwei Gegnern schlichten* □ mediar; conciliar 1.2 einige ~de Worte sprechen *begütigende, versöhnliche W.* □ *dizer algumas palavras conciliadoras* 1.3 ~d eingreifen *eingreifen, um Streitende zu beruhigen, zu versöhnen* □ *intervir (para conciliar)* **2** ⟨530/Vr 6⟩ jmdm. etwas od. jmdn. ~ *jmdm. zu etwas od. jmdm. verhelfen;* jmdm. eine Arbeit, Anstellung ~; jmdm. einen Partner ~; neue Arbeitskräfte, Mitarbeiter ~ □ arranjar; conseguir

ver|mit|tels ⟨Präp. mit Gen.⟩ *mittels, durch, mit (Hilfe von);* ~ eines Dietrichs die Tür öffnen □ por meio de; mediante; com o auxílio de

Ver|mitt|ler ⟨m.; -s, -⟩ **1** *jmd., der bei einem Streit vermittelt;* den ~ machen, spielen □ mediador; conciliador **2** *jmd., der einem anderen etwas vermittelt* □ intermediário

ver|mö|ge ⟨Präp. m. Gen.; geh.⟩ *dank, durch, aufgrund (von);* ~ seiner Geschicklichkeit □ graças a; em virtude de

ver|mö|gen ⟨V. 187/500 od. 580⟩ etwas ~ *können, zu etwas imstande sein;* ich vermag es nicht; er vermochte vor Schmerzen nicht zu laufen; ich will tun, was ich vermag □ conseguir; ter condições de

Ver|mö|gen ⟨n.; -s, -⟩ **1** ⟨unz.⟩ *Leistungsfähigkeit, Können;* Ggs *Unvermögen;* das geht über sein ~ □ capacidade **2** *Geld und in Geld schätzbarer Besitz;* er hat sich damit ein ~ erworben; sie hat (großes, viel) ~ □ patrimônio; fortuna 2.1 das kostet mich ein ~ ⟨umg.⟩ *sehr viel Geld* □ fortuna; dinheirão

ver|mum|men ⟨V. 500/Vr 7⟩ jmdn., etwas od. sich ~ *verhüllen, umhüllen, verkleiden;* vermummte Gestalten; mit vermummtem Gesicht □ disfarçar(-se); mascarar(-se); cobrir(-se)

ver|mu|ten ⟨V. 500⟩ **1** etwas ~ *annehmen, für möglich halten, mutmaßen;* ich vermute, er kommt heute noch; ich weiß es nicht, ich vermute es nur □ supor; suspeitar; achar **2** ⟨511⟩ jmdn. an einem bestimmten Ort ~ *annehmen, dass jmd. an einem bestimmten Ort ist;* ich habe dich in Berlin vermutet □ *pensar/achar que alguém está em determinado lugar

Ver|mu|tung ⟨f.; -, -en⟩ *Mutmaßung, Annahme;* eine ~ äußern; ich habe die ~, dass... ich vermute, dass...; seine ~ war richtig □ suposição; suspeita

ver|nach|läs|si|gen ⟨V. 500/Vr 7 od. Vr 8⟩ **1** etwas od. jmdn. ~ *sich weniger um etwas od. jmdn. kümmern, als es nötig wäre, nicht genügend berücksichtigen od. beachten;* seine Kleidung ~; seine Pflichten ~ □ descuidar; negligenciar; das Kind sah vernachlässigt aus □ desleixado; sie fühlt sich in ihrer Ehe vernachlässigt □ desprezado 1.1 von der Natur vernachlässigt *nicht sehr hübsch* □ *a natureza foi cruel com ele/ela

ver|neh|men ⟨V. 189/500⟩ **1** etwas ~ ⟨geh.⟩ *hören, durch das Gehör bemerken;* ich habe vernommen, dass ... □ ficar sabendo; ouvir dizer; ein leises Geräusch ~ □ ouvir 1.1 dem Vernehmen nach ist er augenblicklich in Amerika *wie man hört, wie gesagt wird* □ *pelo que dizem, no momento ele está nos Estados Unidos* **2** jmdn. ~ *ausfragen, verhören;* der Täter, der Zeuge wurde vernommen □ interrogar

ver|nei|nen ⟨V. 500⟩ **1** eine Sache ~ *eine negative Aussage machen über eine S.* □ negar; ein ~der Satz ⟨Gramm.⟩ □ negativo 1.1 eine **Frage** ~ *mit Nein beantworten* □ negar; responder negativamente; ~d den Kopf schütteln □ negativamente **2** etwas ~ ⟨fig.⟩ *ablehnen;* eine Staatsform, das Leben ~; einer Angelegenheit ~d gegenüberstehen □ negar; refutar 2.1 *bestreiten, leugnen;* den Sinn des Lebens ~ □ negar; contestar

ver|nich|ten ⟨V. 500⟩ **1** jmdn. od. etwas ~ *völlig zerstören;* Briefe, Papiere ~; der Hagel hat die Ernte vernichtet □ **destruir; aniquiliar 1.1 Schädlinge** ~ *ausrotten* □ **exterminar 1.2** ⟨Part. Präs.⟩ ~d ⟨fig.⟩ *voller Verachtung, Ablehnung;* ein ~der Blick □ **fulminante;** ein ~des Urteil, eine ~de Kritik □ **devastador; arrasador**

Ver|nis|sa|ge ⟨[vɛrnisaːʒə] f.; -, -n⟩ *feierliche Eröffnung einer Ausstellung neuer Bilder eines lebenden Künstlers* □ *vernissage*

Ver|nunft ⟨f.; -; unz.⟩ **1** *Fähigkeit, Zusammenhänge zu erkennen u. sich innerhalb dieser Zusammenhänge zweckvoll zu betätigen, Einsicht, Besonnenheit;* das ist doch gegen alle ~! □ **razão; juízo 1.1** er ist aller ~ beraubt ⟨geh.⟩ *er ist verblendet, unbesonnen, ihm fehlt die Einsicht* □ **ele perdeu completamente o juízo* **1.2** jmdn. zur ~ bringen *zur Einsicht bringen, seine Erregung beschwichtigen* □ **chamar alguém à razão* **1.3** er ist endlich wieder zur ~ gekommen *ruhig, einsichtig geworden* □ **ele finalmente recobrou o juízo* **1.4** nimm doch ~ an! *beruhige dich doch u. denk nach!* □ **tome juízo!; seja sensato!*

ver|nünf|tig ⟨Adj.⟩ **1** *voller Vernunft, überlegt, einsichtig, besonnen;* das muss doch jeder ~e Mensch einsehen; der Junge ist mit seinen zehn Jahren schon sehr ~; sei doch ~! □ **razoável; sensato 1.1** er wird schon noch ~ werden *zur Einsicht kommen, besonnen werden* □ **ele ainda vai cair em si; ele ainda vai tomar juízo* **2** *auf Vernunft begründet, einleuchtend;* Sy *rational(2)*; ~e Argumente, Gründe □ **racional 2.1** ~ mit jmdm. reden ⟨umg.⟩ *sich offen mit jmdm. aussprechen* □ **ter uma conversa sensata com alguém*

ver|öf|fent|li|chen ⟨V. 500⟩ etwas ~ **1** *öffentlich bekanntmachen;* die neuesten Meldungen ~ □ **publicar; divulgar 2** *gedruckt erscheinen lassen, publizieren;* seine Memoiren ~ □ **publicar**

Ver|öf|fent|li|chung ⟨f.; -, -en⟩ **1** *das Veröffentlichen, Veröffentlichtwerden, Bekanntmachen in der Öffentlichkeit;* die ~ eines Reformvorhabens □ **publicação; divulgação 2** *veröffentlichtes Werk, Publikation;* seine erste ~ war gleich ein großer Erfolg □ **publicação**

ver|ord|nen ⟨V. 500⟩ **1** ⟨530/Vr 5 od. Vr 6⟩ jmdm. etwas ~ *bestimmen, dass jmd. etwas einnimmt od. tut;* jmdm. ein Heilmittel ~; jmdm. eine Kur in einem Bad ~; jmdm. Pillen, Tropfen, Umschläge ~; der Arzt hat mir eine täglichen Spaziergang von zwei Stunden verordnet; wenn vom Arzt nicht anders verordnet, täglich drei Tabletten (Aufschrift auf Arzneimittelpackungen) □ **receitar; prescrever 2** eine Sache ~ ⟨veraltet⟩ *verfügen, anordnen, behördlich festsetzen* □ **ordenar; decretar**

ver|pas|sen ⟨V. 500⟩ **1** ⟨Vr 8⟩ jmdn. od. etwas ~ *verfehlen, nicht treffen, versäumen;* den Zug ~; den richtigen Zeitpunkt ~; eine verpasste Gelegenheit □ **perder; desencontrar-se de 2** ⟨530⟩ jmdm. eins ~ ⟨umg.⟩ *jmdn. verprügeln, jmdm. Schläge geben* □ **descer o braço em alguém*

ver|pfän|den ⟨V. 500⟩ **1** etwas ~ *etwas als Pfand geben;* er hat seinen Besitz verpfändet □ **hipotecar; penho-**

rar 2 sein Wort ~ *durch Ehrenwort erklären, dass ...;* jmdm. sein Ehrenwort ~, dass eine Sache wahr ist □ **empenhar/dar sua palavra*

ver|pfle|gen ⟨V. 500 od. 510/Vr 7 od. Vr 8⟩ jmdn. ~ *regelmäßig mit Nahrung, mit Speise versorgen, verköstigen;* wir wohnten in einem Fischerhaus, wurden aber im Hotel verpflegt □ **alimentar(-se)**

ver|pflich|ten ⟨V.⟩ **1** ⟨500/Vr 7 od. Vr 8⟩ jmdn. ~ *jmdn. eine Pflicht auferlegen, jmdn. vertraglich binden* □ **obrigar; vincular 1.1** ~de Zusage *bindende Z.* □ **obrigatório vinculativo 1.2** Minister auf die Verfassung ~ *M. darauf vereidigen, ihre Pflicht der V. gemäß zu erfüllen* □ **fazer com que os ministros jurem cumprir a constituição* **2** ⟨516/Vr 7 od. Vr 8⟩ jmdn. für, zu etwas ~ *jmdm. die Pflicht auferlegen, etwas zu tun, jmdn. für eine Arbeit, Leistung in Dienst nehmen;* einen Schauspieler für eine Rolle, für die nächste Spielzeit ~ □ **contratar 3** ⟨402⟩ etwas verpflichtet (jmdn.) zu etwas *erlegt jmdm. eine entsprechende Pflicht auf;* die Annahme des Paketes verpflichtet zur Bezahlung der Gebühren □ **obrigar; exigir 3.1** verpflichtet sein, etwas zu tun, etwas tun zu müssen *die Pflicht haben, etwas zu tun, etwas tun müssen;* ich bin vertraglich verpflichtet, das zu tun; ich bin zum Schweigen, zum Sprechen verpflichtet □ **ser obrigado a fazer alguma coisa* **3.2** jmdm. (zu Dank) verpflichtet sein *Dank schulden* □ **ter uma dívida (de gratidão) para com alguém* **3.3** sich jmdm. verpflichtet fühlen *das Gefühl haben, jmdm. Dank, eine Gegenleistung zu schulden* □ **sentir-se em dívida com alguém* **3.4** sich zu etwas verpflichtet fühlen *das Gefühl haben, etwas tun zu müssen;* ich fühle mich verpflichtet, ihm das zu sagen □ **sentir-se obrigado a fazer alguma coisa* **4** ⟨550/Vr 3⟩ sich zu etwas ~ *etwas fest versprechen;* er hat sich verpflichtet, die Kinder jeden Tag zur Schule zu fahren □ **comprometer-se a fazer alguma coisa*

ver|pönt ⟨Adj.⟩ *geächtet, nicht statthaft, tabu;* in ihren Kreisen ist das Tragen von Jeans ~ □ **proibido; tabu**

ver|puf|fen ⟨V. 400(s.)⟩ **1** etwas verpufft *entweicht plötzlich;* das Gas ist verpufft □ **explodir 2** eine Sache verpufft *geht ohne den eigentlichen Zweck erfüllt zu haben vorüber, geht verloren;* die Nummern des Unterhaltungsprogramms verpufften im allgemeinen Lärm □ **não ter efeito; não dar em nada**

ver|put|zen ⟨V. 500⟩ **1** etwas ~ *mit Putz versehen;* eine Mauer, Wand ~ □ **rebocar 2** Nahrung ~ ⟨umg.⟩ *schnell u. restlos aufessen;* er hat fünf Stück Kuchen verputzt □ **devorar 3** jmdn. od. etwas nicht ~ können ⟨fig.; umg.⟩ *nicht ertragen können* □ **não conseguir engolir alguém ou alguma coisa* **4** Geld ~ ⟨umg.⟩ *schnell u. restlos ausgeben* □ **gastar; torrar**

ver|quer|ge|hen ⟨V. 145/400(s.)⟩ *misslingen;* heute ist alles verquergegangen □ **dar errado**

ver|qui|cken ⟨V. 550/Vr 7⟩ eine Sache mit einer anderen ~ ⟨geh.⟩ *verbinden;* die beiden Angelegenheiten sind eng miteinander verquickt □ **unir; amalgamar**

Ver|rat ⟨m.; -(e)s; unz.⟩ **1** *Preisgabe, unberechtigte od. böswillige Mitteilung (eines Geheimnisses)* **2** *Treue-*

bruch; an jmdm., an einer Sache ~ begehen, üben □ **traição**

ver|ra|ten ⟨V. 195/500⟩ **1** ⟨Vr 8⟩ jmdn. ~ *jmdm. die Treue brechen*; einen Freund ~ □ **trair** 1.1 ~ *und verkauft sein* (fig.) *keinen Ausweg mehr wissen, verloren sein* □ ***estar perdido/frito 2** etwas ~ preisgeben, unberechtigt mitteilen*; ein Geheimnis, Versteck ~; bitte nichts ~, es soll eine Überraschung werden! 2.1 ich will es Ihnen ~, wo es so etwas zu kaufen gibt *vertraulich mitteilen* □ **revelar; contar 3** ⟨Vr 3⟩ *sich ~ seine eigentliche Absicht unbeabsichtigt erkennen lassen*; er hat sich durch ein unbedachtes Wort ~ □ **trair-se 4** etwas verrät etwas *lässt erkennen*; seine Erklärungen verrieten hervorragende Kenntnisse; sein Gesicht verriet seinen Schrecken □ **trair; revelar**

Ver|rä|ter ⟨m.; -s, -⟩ *jmd., der einen Verrat begeht od. begangen hat* □ **traidor**

Ver|rä|te|rin ⟨f.; -, -rin|nen⟩ *weibl. Verräter* □ **traidora**

ver|rech|nen ⟨V. 500⟩ **1** *Geldforderungen ~ G., die auf zwei Seiten bestehen, rechnerisch miteinander ausgleichen*; diesen Betrag ~ wir später mit der anderen Summe □ **compensar** 1.1 einen Scheck ~ *den Betrag eines S. einem anderen Konto gutschreiben, nicht bar auszahlen* □ **creditar; depositar 2** ⟨Vr 3⟩ *sich ~ falsch rechnen*; ich habe mich bei der Addition verrechnet □ **errar na conta 3** ⟨Vr 3⟩ *sich ~* (fig.) *Erwartungen hegen, die sich nicht erfüllen werden*; wenn du glaubst, dass ich das tun werde, dann hast du dich verrechnet □ **enganar-se**

ver|re|cken ⟨V. 400(s.)⟩ **1** *Vieh verreckt stirbt* □ **morrer 2** ⟨derb⟩ *elend zugrunde gehen, umkommen*; er soll ~! □ **morrer à mingua**

ver|rei|sen ⟨V. 400(s.)⟩ *auf Reisen gehen, für einige Zeit wegfahren*; er ist verreist; ich muss morgen ~ □ **viajar**

ver|ren|ken ⟨V. 500⟩ **1** ⟨530/Vr 5⟩ jmdm. ein Glied ~ *jmdm. ein G. aus dem Gelenk drehen*; sich den Arm ~ □ **deslocar; luxar** 1.1 ⟨Vr 1⟩ sich den Hals (nach jmdm. od. etwas) ~ ⟨fig.; umg.⟩ *sich auffällig nach jmdm. od. etwas umschauen* □ ***esticar/virar o pescoço (para ver alguém ou alguma coisa)** 1.2 ⟨Vr 1⟩ dabei muss man sich die Zunge ~ ⟨fig.; umg.⟩ *das ist sehr schwierig auszusprechen* □ ***isso é um verdadeiro trava-língua 2** ⟨Vr 3⟩ *sich ~ eine unnatürliche Körperhaltung einnehmen* □ ***contorcer-se**

ver|rich|ten ⟨V. 500⟩ **1** eine Sache ~ *ordnungsgemäß ausführen, erledigen*; eine Arbeit ~ □ **executar; cumprir** 1.1 sein Gebet ~ *beten* □ ***fazer sua oração** 1.2 seine Notdurft ~ *Darm od. Harnblase entleeren* □ ***fazer suas necessidades**

ver|rin|gern ⟨V. 500⟩ **1** etwas ~ *geringer machen*; die Kosten ~; die Geschwindigkeit, den Abstand ~ **2** ⟨Vr 3⟩ etwas verringert sich *wird geringer*; die Anzahl der Kursteilnehmer hat sich verringert □ **diminuir; reduzir(-se)**

ver|rin|nen ⟨V. 203/400(s.)⟩ **1** etwas verrinnt *verteilt sich rinnend, bis es verschwunden ist*; die Quelle verrinnt zwischen den Steinen □ **escoar; escorrer 2** Zeit verrinnt *vergeht*; Stunde um Stunde verrann □ **passar; correr**

Ver|riss ⟨m.; -es, -e⟩ *schlechte Kritik*; ~ eines Buches, Films, Theaterstücks □ **crítica feroz/áspera**

ver|ros|ten ⟨V. 400(s.)⟩ **1** etwas verrostet *setzt Rost an, überzieht sich mit Rost*; das Schloss ist verrostet □ **enferrujar(-se)** 1.1 eine verrostete Stimme haben ⟨fig.⟩ *eine tiefe u. heisere S.* □ **rouco**

ver|rot|ten ⟨V. 400(s.)⟩ **1** etwas verrottet *verfault, vermodert*; Pflanzenreste ~ □ **apodrecer; decompor-se 2** etwas verrottet *zerbröckelt*; Mauerwerk verrottet □ **desmoronar(-se); esfacelar-se 3** etwas verrottet ⟨fig.; umg.⟩ *verkommt äußerlich u. moralisch*; eine verrottete Gesellschaft □ **corromper-se; esfacelar-se**

ver|rückt 1 ⟨Part. Perf. von⟩ **verrücken 2** ⟨Adj. 70; umg.⟩ 2.1 *geisteskrank*; er ist dann später ~ geworden; er schrie, gebärdete sich wie ~; er schrie wie ein Verrückter 2.2 *überspannt, nicht recht bei Verstand, von Sinnen*; er ist ein ~er Kerl!; du bist ~!; du bist wohl ~?; ich bin vor Angst, Ungeduld fast ~ geworden; er war halb ~ vor Schmerz □ **louco; maluco** 2.2.1 es ist zum Verrücktwerden! *es ist zum Verzweifeln!* □ ***é de enlouquecer!** 2.2.2 jmdn. ~ machen *ihn aufregen, nervös machen*; der Lärm macht mich ganz ~; mach mich nicht ~ mit deiner Quengelei! □ ***enlouquecer alguém; deixar alguém louco** 2.2.3 ~ auf etwas sein *etwas unbedingt haben wollen, eine heftige Vorliebe für etwas haben* □ ***ser/estar louco por alguma coisa** 2.2.4 nach jmdm. ~ sein *heftig verliebt in jmdn. sein, jmdn. leidenschaftlich begehren* □ ***ser louco por alguém** 2.3 *unsinnig, sehr merkwürdig, vom Normalen stark abweichend*; ein ~er Einfall, Gedanke □ **louco; absurdo**; er schmerzt wie ~ □ ***dói demais**

ver|rückt|spie|len ⟨V. 400; fig.⟩ **1** jmd. spielt verrückt *gerät außer sich, ist nicht zu bändigen, verhält sich nicht normal* □ **estar fora de si 2** etwas spielt verrückt *funktioniert nicht richtig* □ **não funcionar direito; falhar** 2.1 das Wetter spielt verrückt *ist nicht vorhersehbar, ist vollkommen anders als gewöhnlich* □ ***o tempo está louco**

Ver|ruf ⟨m.; -(e)s; unz.⟩ *schlechter Ruf* □ **má fama; descrédito**; jmdn. in ~ bringen □ ***desacreditar/difamar alguém**; in ~ geraten, kommen □ ***cair em descrédito; ser difamado**

Vers ⟨[fɛrs] m.; -es, -e; Abk.: V.⟩ **1** *durch das Metrum gegliederte, oft mit einem Reim versehene Einheit einer Dichtung in gebundener Rede, Zeile einer Strophe*; Roman, Epos in ~en; einen Gedanken, Text in ~e bringen **2** ⟨nicht fachsprachlich⟩ *Strophe, Gedicht* □ **verso** 2.1 ~e machen, ~e schmieden *Gedichte machen, dichten* □ ***compor versos; versificar** **3** darauf kann ich mir keinen ~ machen ⟨fig.; umg.⟩ *das begreife ich nicht, das kann ich mir nicht erklären* □ ***para mim isso não tem pé nem cabeça 4** ⟨Abk.: V.⟩ *Abschnitt in der Bibel* □ **versículo**

ver|sa|gen ⟨V.⟩ **1** ⟨530⟩ jmdm. etwas ~ *verweigern, abschlagen, nicht gewähren*; sein Vater versagte ihm die Zustimmung □ **negar; recusar**; die Beine versagten ihm den Dienst □ ***suas pernas falharam** 1.1 ⟨Vr 1⟩ sich etwas ~ *auf etwas verzichten*; sich ein Vergnügen ~ □ ***negar-se alguma coisa; privar-se de al-

versammeln

guma coisa **2** ⟨400⟩ *nicht das Erwartete leisten od. bewirken;* sein Gedächtnis versagte; das Gewehr hat versagt; der Motor versagt; die Stimme versagte ihm □ **falhar**; er hat bei der Prüfung versagt □ **fracassar**

ver|sạm|meln ⟨V. 500⟩ **1** jmdn. ~ *an einen Ort zusammenbringen, zusammenkommen lassen, zusammenrufen;* er versammelte seine Kinder, seine Schüler um sich □ **reunir 2** ⟨Vr 2⟩ mehrere, viele Personen ~ sich *kommen zusammen, treffen sich;* wir ~ uns um 10 Uhr vor der Schule □ **reunir-se; encontrar-se 3** ein Pferd ~ *durch Hilfen in korrekte Haltung u. erhabene Bewegungen bringen* □ **fazer a reunião do cavalo;* das Pferd ist gut, schlecht versammelt □ **o cavalo está bem/mal reunido*

Ver|sạmm|lung ⟨f.; -, -en⟩ **1** ⟨unz.⟩ *das Versammeln* □ **reunião 2** *mehrere zu einem bestimmten Zweck zusammengekommene Personen;* Partei~, Volks~ □ **reunião; assembleia; comício 3** *Besprechung, Beratung mehrerer Personen;* eine ~ einberufen; die ~ eröffnen, leiten, schließen; auf einer ~ sprechen; zu einer ~ gehen □ **reunião**

Ver|sand ⟨m.; -(e)s; unz.⟩ *das Versenden (von Waren)* □ **envio; expedição**

ver|säu|men ⟨V. 500⟩ **1** etwas ~ *ungenutzt vorübergehen lassen;* eine Gelegenheit ~; wir haben schon zu viel Zeit versäumt □ **deixar passar; perder 1.1** Sie haben etwas versäumt (weil Sie nicht dabei waren) *Sie hätten dabei sein sollen, denn es war sehr schön* □ **o/a senhor(a) não sabe o que perdeu* **1.2** Sie haben nichts versäumt, wenn Sie den Film nicht gesehen haben *der F. war nicht bes. schön, nicht bes. gut* □ **o/a senhor(a) não perdeu nada por não ter assistido ao filme* **2** etwas ~ *entgegen der eigentlichen Absicht außer Acht lassen, nicht tun, nicht erreichen, verpassen, bei etwas nicht dabei sein;* ein Geschäft ~ □ **perder**; eine Pflicht ~; die Schule, den Unterricht ~ □ **faltar**; den Zug ~; ich habe den Anfang der Aufführung leider versäumt □ **perder**; das Versäumte nachholen □ **recuperar o que foi perdido* **2.1** ⟨580⟩ ich werde nicht ~, es zu tun *ich werde es ganz bestimmt tun* □ **não deixarei de fazer isso* **3** jmdn. ~ ⟨schweiz.⟩ *aufhalten;* Frau X hat mich versäumt; ich bin versäumt worden □ **atrasar**

ver|schạf|fen ⟨V. 530/Vr 5 od. Vr 6⟩ **1** jmdm. etwas ~ *besorgen, jmdm. zu etwas verhelfen;* jmdm. eine Arbeit, Stellung, Wohnung ~ □ **conseguir; arranjar**; sich einen Einblick in, einen Überblick über eine Sache ~ □ **conseguir dar uma olhada em alguma coisa; conseguir ter uma ideia de alguma coisa;* er hat sich das Geld auf unrechtmäßige Weise verschafft; ich muss mir irgendwie das nötige Geld dazu ~; sich eine Genehmigung für etwas ~ □ **conseguir; arranjar**; ich werde mir Genugtuung ~; sich das Recht ~, etwas zu tun □ **obter 1.1** was verschafft mir das Vergnügen, die Ehre? (Frage an einen unerwarteten Besucher) ⟨veraltet⟩ *was ist der Grund Ihres Besuches?* □ **a que devo o prazer/a honra (de sua visita)?*

ver|schạn|zen ⟨V. 500⟩ **1** etwas ~ ⟨veraltet⟩ *durch Schanze(n) befestigen;* ein Lager ~ **2** ⟨Vr 3⟩ sich ~ ein *Hindernis als Deckung vor sich aufbauen* **3** ⟨511/Vr 3⟩ sich hinter einer Sache ~ ⟨fig.⟩ *eine S. als Vorwand benutzen;* sich hinter einer Ausrede, Ausflucht ~ □ **entrincheirar(-se)**

ver|schạ̈r|fen ⟨V. 500⟩ **1** eine Sache ~ *schärfer machen, vergrößern, vermehren, verschlimmern* □ **aumentar; intensificar**; das Tempo ~ □ **acelerar**; die Strafe ist verschärft worden; wir wollen die Spannung nicht noch ~ □ **agravar; aumentar**; drei Tage verschärften Arrest bekommen □ **ter de passar três dias na solitária;* ficar três dias de castigo (na prisão); mit verschärfter Aufmerksamkeit □ **com atenção redobrada;* mit verschärftem Tempo □ **em ritmo acelerado* **2** ⟨Vr 3⟩ eine Sache verschärft sich *wird schärfer, verstärkt, verschlimmert sich;* die Lage verschärfte sich; es herrschte eine sich noch ~de Spannung; die Gegensätze zwischen ihnen haben sich verschärft □ **agravar-se; intensificar-se**

ver|schẹn|ken ⟨V. 500⟩ etwas ~ *als Geschenk weggeben* □ **dar (de presente)**

ver|schẹr|zen ⟨V. 530/Vr 1⟩ sich etwas ~ *etwas durch Leichtsinn, durch Rücksichtslosigkeit verlieren;* sich jmds. Gunst, Wohlwollen ~ □ **perder alguma coisa (por culpa própria)*

ver|scheu|chen ⟨V. 500⟩ **1** ⟨Vr 8⟩ jmdn. od. ein Tier ~ *verjagen, wegjagen;* Fliegen, Vögel, Wild ~ **2** eine Sache ~ *zum Verschwinden bringen;* jmds. Bedenken, trübe Gedanken ~ □ **afugentar; espantar**

ver|schị|cken ⟨V. 500⟩ **1** etwas ~ *fortschicken, versenden;* Anzeigen, Briefen, Prospekte, Waren ~ □ **enviar 2** jmdn. ~ *veranlassen, dass jmd., der darin keine Entscheidungsfreiheit hat, eine Reise unternimmt 2.1* Kinder aufs Land ~ *zur Erholung aufs Land bringen lassen* □ **mandar 2.2** Sträflinge ~ *verbannen, deportieren* □ **deportar**

ver|schie|ben ⟨V. 214/500⟩ **1** etwas ~ *an einen anderen Platz, an eine andere Stelle schieben, verrücken;* Eisenbahnwagen ~; der Schrank lässt sich nicht ~ **1.1** ⟨Vr 3⟩ etwas verschiebt sich *kommt an eine andere Stelle, in eine andere Lage;* der Teppich hat sich verschoben; die Besitzverhältnisse haben sich verschoben □ **mover(-se); deslocar(-se) 2** etwas ~ *zeitlich verlegen, aufschieben, auf einen späteren Zeitpunkt festsetzen;* einen Termin, eine Verabredung ~; die Abreise, den Urlaub ~; eine Arbeit auf den nächsten Tag ~ □ **adiar 3** Waren ~ ⟨fig.; umg.⟩ *Waren auf unsaubere Weise kaufen u. (zu Wucherpreisen) verkaufen* □ **vender no mercado negro; traficar**

ver|schie|den ⟨Adj.⟩ **1** *unterschiedlich, andersartig, ungleich;* er hat zwei ~e Augen; ~er Meinung sein; die beiden Brüder sind sehr ~; ~ groß, lang, tief; in der Farbe, Größe ~ □ **diferente; distinto 1.1** das ist ~ *das ist in jedem Fall anders, das wird unterschiedlich gehandhabt* □ **isso varia; isso depende* **2** ⟨60⟩ *mehrere, einige, manche,* ~e Bilder, Bücher; an ~en Orten □ **diversos; vários 3** Verschiedene gingen in der Pause □ **várias pessoas 3** Verschiedenes *mancherlei;* Verschiedenes war unverständlich □ **muitas coisas 3.1** ~schiedenes Beiträge aus mancherlei Gebieten (als Zei-

1144

tungsrubrik) □ **miscelânea 4** ⟨Part. Perf. von ver*scheiden*; geh.⟩ *gestorben* □ **falecido; extinto**

ver|schie|ßen ⟨V. 215⟩ **1** ⟨500⟩ etwas ~ *durch Schießen verbrauchen*; seine Munition ~ □ **gastar; esgotar**; → a. *Pulver(1.1.1)* **2** ⟨500⟩ etwas ~ ⟨Fußb.⟩ *neben das Tor schießen*; er verschoss den Elfmeter □ **perder (um pênalti, o gol) 3** ⟨511/Vr 3⟩ *sich in jmdn.* ~ ⟨fig.; umg.⟩ *sich in jmdn. verlieben*; er hat sich in sie verschossen □ ***estar de quatro por alguém 4** ⟨400(s.)⟩ *Stoffe* ~ *verbleichen, verlieren an Farbe*; das Kleid ist verschossen □ **desbotar; descorar**

ver|schla|fen¹ ⟨V. 217⟩ **1** ⟨400⟩ *zu lange schlafen, über einen bestimmten Zeitpunkt hinaus schlafen*; ich habe heute Morgen ~; stell dir den Wecker, damit du nicht verschläfst □ **perder a hora (dormindo); dormir demais 2** ⟨500⟩ *Zeit* ~ *durch Schlaf versäumen, mit Schlaf verbringen* □ ***passar o tempo dormindo; perder alguma coisa por ter dormido demais**; ich habe den ganzen Nachmittag ~ □ ***dormi a tarde inteira 3** ⟨500⟩ etwas Unangenehmes ~ *durch Schlaf überwinden*; Sorgen, Kummer ~ □ **esquecer (enquanto dorme)**

ver|schla|fen² ⟨Part. Perf. von⟩ *verschlafen¹* **2** ⟨Adj.⟩ *schlaftrunken*; ich bin noch ganz ~ □ **sonolento 2.1** ⟨fig.⟩ *langweilig, temperamentlos*; eine ~e Kleinstadt □ **sonolento; monótono**

Ver|schlag ⟨m.; -(e)s, -schlä|ge⟩ *einfacher Schuppen, mit Brettern abgetrennter Raum*; Sy *Verhau(3)* □ **barracão; galpão; Latten~** □ ***tabique; divisória feita de ripas**

ver|schla|gen¹ ⟨V. 218/500⟩ **1** etwas ~ *mit Brettern abteilen od. schließen, mit Brettern zunageln*; eine Kiste, ein Fass ~ □ **fechar/dividir com tábuas 2** den Ball ~ ⟨Tennis⟩ *falsch angeben, den Ball falsch ins Spiel bringen* □ ***errar o saque 3** eine Seite im Buch ~ *verblättern, versehentlich umschlagen* □ ***perder a página em que se estava ao folhear o livro 4** ⟨530⟩ etwas verschlägt jmdm. etwas *nimmt jmdm. für kurze Zeit eine natürl. Fähigkeit* □ **tirar; tomar 4.1** die Kälte des Wassers verschlug mir fast den Atem *nahm mir fast den A.*, ich konnte kaum atmen vor Kälte ~ □ ***a água estava tão fria que quase me tirou o fôlego 4.2** ⟨unpersönl.⟩ es verschlug ihm die Sprache *er konnte (vor Verblüffung) nicht weitersprechen, er war sprachlos* □ ***ele ficou sem fala 5** ⟨511; unpersönl.⟩ jmdn. verschlägt es an einen Ort *jmd. kommt durch Zufall, ungewollt an einen Ort*; das Schiff wurde an eine einsame Insel, an eine fremde Küste ~; das Schicksal hat uns hierher ~ □ ***ir parar em algum lugar; ser lançado em algum lugar 6** etwas verschlägt etwas ⟨umg.⟩ *hilft, nutzt etwas*; die Arznei verschlägt nicht; das verschlägt nichts □ **ajudar; servir**

ver|schla|gen² **1** ⟨Part. Perf. von⟩ *verschlagen¹* **2** ⟨Adj.⟩ **2.1** *unaufrichtig u. schlau*; er hat einen ~en Blick; ein ~er Bursche □ **astuto; matreiro 2.2** *überschlagen, lauwarm*; das Getränk, Wasser ist ~ □ **morno 2.3** *durch vieles Prügeln scheu, ängstlich*; der Hund ist ~ □ **medroso; assustado**

ver|schlam|pen ⟨V.; umg.⟩ **1** ⟨500⟩ etwas ~ *durch Unachtsamkeit verlieren od. verlegen*; ich habe seinen Brief verschlampt □ **perder (por distração); colocar fora do lugar 2** ⟨400 (s.)⟩ *verkommen, unordentlich werden*; sie haben den Garten ~ lassen; die Wohnung sieht verschlampt aus; sie ist völlig verschlampt □ **descuidar; desleixar**

ver|schlech|tern ⟨V. 500⟩ **1** eine Sache ~ *schlechter machen*; die Arbeitslosigkeit hat seine wirtschaftliche Lage erheblich verschlechtert **2** ⟨Vr 3⟩ eine Sache verschlechtert sich *wird schlechter*; sein Gesundheitszustand hat sich verschlechtert □ **piorar; agravar(-se)**

ver|schlei|ern ⟨V. 500⟩ **1** ⟨Vr 7⟩ sich, den Kopf, das Gesicht ~ *mit einem Schleier bedecken*; sich (das Gesicht) ~ □ **velar(-se); cobrir(-se) com véu 1.1** der Himmel verschleiert sich *bedeckt sich mit Dunst, mit dünnen Wolken* □ **encobrir; nublar 1.2** ⟨Part. Perf.⟩ verschleiert *unklar, verschwommen*; seine Stimme war verschleiert □ **rouco**; ihre Augen waren von Tränen verschleiert □ **marejado**; ein verschleierter Blick □ **embaçado; turvo 2** eine Sache ~ ⟨fig.⟩ *der genauen Feststellung entziehen*; Tatsachen, Bilanzen ~ □ **falsificar; mascarar**

ver|schlei|ßen ⟨V. 221⟩ **1** ⟨500/Vr 3⟩ etwas ~ *durch häufigen Gebrauch stark abnutzen*; Schuhe ~ **2** ⟨400⟩ etwas verschleißt *wird durch häufigen Gebrauch stark abgenutzt*; das Hemd verschliss bereits nach kurzer Zeit □ **desgastar(-se); puir(-se) 3** ⟨500⟩ etwas ~ ⟨österr.⟩ *im Kleinen verkaufen* □ **vender a varejo**

ver|schlep|pen ⟨V. 500⟩ **1** jmdn. od. etwas ~ *widerrechtlich od. mit Gewalt an einen unbekannten Ort bringen*; (im Krieg) Einwohner, Kunstwerke ~ □ **deportar; sequestrar 1.1** Gegenstände ~ ⟨umg.⟩ *an einen Platz bringen, an dem man sie nicht findet*; der Hund hat die Pantoffeln verschleppt □ **esconder 2** eine Sache ~ *verzögern, hinauszögern, in die Länge ziehen*; einen Prozess ~; die Verhandlungen wurden verschleppt □ **atrasar; retardar 2.1** eine **Krankheit** ~ *nicht beachten, nicht behandeln u. dadurch längere Zeit nicht loswerden* □ **descuidar-se de; deixar de tratar**; eine verschleppte Grippe □ ***uma gripe mal curada**

ver|schleu|dern ⟨V. 500⟩ **1** etwas ~ *vergeuden, leichtsinnig ausgeben*; sein Vermögen ~ □ **desperdiçar; esbanjar 2** Waren ~ *zu billig verkaufen* □ **vender por preço muito baixo; malbaratar**

ver|schlie|ßen ⟨V. 222/500⟩ **1** etwas ~ *mit einem Schloss absperren, zuschließen*; ein Schubfach, die Tür ~; er verschloss die Haustür □ **fechar a chave 1.1** vor verschlossener Tür stehen *zu dem Ort, den man betreten will, keinen Einlass finden* □ ***encontrar a porta trancada 1.2** bei, hinter verschlossenen Türen *unter Ausschluss der Öffentlichkeit*; Verhandlungen hinter verschlossenen Türen führen □ ***a portas fechadas 2** etwas ~ *einschließen, unter Verschluss aufbewahren*; Geld, Papier, Vorräte ~ □ **guardar a sete chaves 3** ⟨530/Vr 3⟩ sich einer Sache ~ *nichts von einer S. wissen wollen, sich abweisend gegenüber einer S. verhalten* □ ***fechar-se para alguma coisa 3.1** ich kann mich der Tatsache nicht ~, dass ... *ich muss die*

verschlingen

T. notwendigerweise anerkennen □ **não posso fechar os olhos para o fato de que...*

ver|schlin|gen ⟨V. 223/500⟩ **1** *etwas ~ ineinander-, umeinanderschlingen; die Fäden ~* □ **entrelaçar; entrançar 2** *etwas ~ gierig hinunterschlucken; er verschlang das Brot im Handumdrehen* □ **devorar; engolir 2.1** *ein Buch ~ ohne Unterbrechung u. mit Spannung lesen* □ **devorar 2.2** ⟨516⟩ *jmdn. mit den Blicken ~ jmdn. aufdringlich, voll Begierde ansehen* □ ***comer alguém com os olhos 3** *eine Sache verschlingt etwas verbraucht, kostet etwas; der Bau wird Millionen ~* □ **consumir**

ver|schlu|cken ⟨V. 500⟩ **1** *etwas ~ hinunterschlucken; das Kind hat das Bonbon verschluckt* **1.1 Wörter, Silben ~** ⟨fig.⟩ *unvollständig aussprechen od. weglassen* **2** *etwas verschluckt jmdn.* ⟨fig.⟩ *jmd. verschwindet in etwas; die Dunkelheit hatte ihn verschluckt* □ **engolir 3** *etwas verschluckt etwas verbraucht, kostet etwas; der Bau hat viel Geld verschluckt* □ **engolir; consumir 4** ⟨Vr 3⟩ *sich ~ ein Krümchen, einen Tropfen in die falsche Kehle (Luftröhre) bekommen* □ **engasgar(-se)**

Ver|schluss ⟨m.; -es, -schlüs|se⟩ **1** *Vorrichtung zum Zumachen, zum Verschließen, z. B. Schloss, Deckel, Pfropfen, Klappe, Knopf, Haken usw.; ~sache* □ **fecho 1.1** *etwas unter ~ halten etwas sicher verwahren, nicht herausgeben* □ ***guardar alguma coisa a sete chaves 2** ⟨Med.⟩ *das Zuwachsen, zugewachsene od. auf andere Weise verschlossene Stelle; Darm~* □ **obstrução; oclusão**

ver|schlüs|seln ⟨V. 500⟩ *etwas ~ in Geheimschrift übertragen, chiffrieren; ein verschlüsseltes Telegramm* □ **cifrar; codificar**

ver|schmer|zen ⟨V. 500⟩ *etwas ~ überwinden, über etwas hinwegkommen, sich über etwas trösten; einen Verlust ~; ich kann es ~; das kann ich nie ~* □ **superar; resignar-se; esquecer**

ver|schmitzt ⟨Adj.⟩ *lustig, schlau, pfiffig, schelmisch; ein ~es Augenzwinkern* □ **astuto; malicioso;** *~ lächeln* □ **maliciosamente**

ver|schnau|fen ⟨V. 400 od. 500/Vr 3⟩ **(sich) ~** *(sich) ausruhen, eine Pause machen (um wieder zu Atem zu kommen); ich muss (mich) einen Augenblick ~* □ **tomar fôlego; descansar**

ver|schnei|den ⟨V. 227/500/Vr 7⟩ **1** *etwas ~ beschneiden, stutzen; eine Hecke, Bäume ~; sich die Finger, Fußnägel ~* □ **cortar 2 Stoff ~** *falsch zuschneiden* □ **cortar mal 3** *einen Mann, ein männliches Tier = kastrieren* □ **castrar 3.1** *ein Verschnittener Eunuch* □ ***um eunuco 4 Weinbrand, Rum ~** *mit anderem, billigerem W. R. mischen* □ **adulterar; batizar**

ver|schol|len ⟨Adj. 24⟩ *seit längerer Zeit abwesend u. deshalb für verloren od. tot gehalten; er ist seit dem Krieg ~; das Schiff ist in der Arktis ~* □ **desaparecido**

ver|scho|nen ⟨V. 500/Vr 8⟩ **1** *jmdn. od. etwas ~ schonen, jmdm. od. etwas nichts antun; sie sind von der Epidemie verschont geblieben* □ **poupar 2** ⟨516⟩ *jmdn. mit etwas ~ nicht mit etwas behelligen; verschone mich mit deinen Ratschlägen!* □ ***poupar alguém de alguma coisa**

ver|schrän|ken ⟨V. 500⟩ **1** *etwas ~ kreuzweise legen od. stellen; die Arme vor der Brust ~* □ **cruzar 1.1** *mit verschränkten Armen dabeistehen* ⟨fig.⟩ *zusehen, ohne zu helfen* □ ***ficar de braços cruzados 1.2 Hölzer ~** *kreuzweise miteinander verbinden* □ **ensamblar 1.3** *verschränkter Reim R. in der Stellung abc – cab od. abc – bac* □ ***rima abraçada/cruzada**

ver|schrei|ben ⟨V. 230/500⟩ **1** *eine Arznei ~ ein Rezept ausstellen über eine A.; einem Kranken ein schmerzlinderndes Mittel ~* □ **prescrever; receitar 2** ⟨530/Vr 6⟩ *jmdm. etwas ~* ⟨veraltet⟩ *urkundlich übereignen; er hat ihm das Haus verschrieben* □ **passar (para o nome de); transferir 3** ⟨530/Vr 3⟩ *sich einer Sache ~ sich von nun an einer S. eingehend widmen; er hat sich der Musik, der Medizin verschrieben* □ ***dedicar-se a alguma coisa 4 Papier ~** *beim Schreiben verbrauchen* □ **gastar (escrevendo) 5** ⟨Vr 3⟩ *sich ~ etwas falsch schreiben, einen Schreibfehler machen* □ ***errar ao escrever**

ver|schrien ⟨Adj.⟩ **1** *in üblem Ruf stehend; diese Straße ist wegen häufiger Überfälle ~* □ **malvisto; mal-afamado 1.1** *er ist als Schläger ~ er steht in dem Ruf, ein S. zu sein* □ ***ele tem fama de ser briguento**

ver|schro|ben ⟨Adj.⟩ *wunderlich, seltsam, überspannt; ~e Ansichten haben; die alte Frau ist ~* □ **excêntrico, extravagante**

ver|schul|den ⟨V.⟩ **1** ⟨400(s.)⟩ *in Schulden geraten, Schulden machen* □ **endividar-se 1.1** *verschuldet sein mit Schulden belastet sein* □ ***estar endividado 2** ⟨500⟩ *etwas ~ schuldhaft verursachen; das hat er selbst verschuldet; ein Unfall, ein Unglück ~* □ ***ser culpado de alguma coisa; causar/provocar alguma coisa 2.1** *es geschah ohne mein Verschulden daran habe ich keine Schuld* □ ***não tive culpa**

ver|schüt|ten ⟨V. 500⟩ **1** *eine Flüssigkeit ~ versehentlich ausschütten* □ **derramar 1.1** ⟨511; unpersönl.⟩ *es bei jmdm. ~* ⟨fig.; umg.⟩ *jmds. Gunst, Wohlwollen verlieren* □ ***perder a simpatia de alguém 2** *jmdn. od. etwas ~ zuschütten, mit Erde bedecken; einen Brunnen, Graben, Teich ~* □ **aterrar 2.1** *verschüttet werden durch einstürzende Gebäude, Erdmassen usw. von der Außenwelt abgeschnitten werden; die Bergarbeiter waren zwei Tage verschüttet* □ ***ser/ficar soterrado**

ver|schwei|gen ⟨V. 233/500⟩ *eine Sache ~ verheimlichen, nichts von einer S. sagen; er hat (es) verschwiegen, dass er dabei war; eine Nachricht, die Wahrheit ~; ich habe nichts zu ~* □ **ocultar; calar**

ver|schwen|den ⟨V. 500⟩ *etwas ~ unnötig verbrauchen, leichtsinnig ausgeben, vertun, vergeuden; viel Geld, Zeit für etwas ~* □ **desperdiçar; perder;** *er hat viel Arbeit, Mühe daran, darauf verschwendet; darauf brauchen wir keine Mühe zu ~* □ **empregar**

ver|schwen|de|risch ⟨Adj.⟩ **1** *wie ein Verschwender, überreichlich Geld ausgebend u. Sachen verbrauchend; er gibt sein ~ mit ihrem Geld um* □ **esbanjador; gastador 2** *überreich, üppig; ~ rico; abundante;* *in ~er Fülle* □ ***em profusão;** *~ geschmückt* □ ***ricamente adornado**

ver|schwie|gen 1 ⟨Part. Perf. von⟩ *verschweigen* **2** ⟨Adj.⟩ **2.1** *schweigen könnend, ein Geheimnis für sich*

behalten könnend; Ggs *geschwätzig;* klug und ~ sein □ discreto; calado 2.1.1 jmd. ist ~ wie das Grab *kann unbedingt schweigen, ein Geheimnis sicher bewahren* □ *sua boca é um túmulo 2.2 *verborgen, ruhig, nicht leicht zu finden;* ein ~es Plätzchen □ retirado; escondido 2.2.1 einen ~en Ort aufsuchen ⟨umg.; verhüllend⟩ *die Toilette aufsuchen* □ *procurar o reservado
ver|schwịm|men ⟨V. 235/400(s.)⟩ **1** etwas verschwimmt *wird undeutlich, verwischt sich in den Umrissen;* der Horizont verschwamm im Dunst; es verschwamm mir alles vor den Augen □ confundir-se; desvanecer-se **2** ⟨Part. Perf.⟩ verschwommen *unklar, undeutlich, unscharf;* ich habe nur noch eine verschwommene Erinnerung daran; ich kann die Buchstaben, das Bild nur noch verschwommen sehen □ indistinto; vago; confuso
ver|schwịn|den ⟨V. 236/400(s.)⟩ **1** *(sich entfernen u.) unsichtbar werden, weggehen, -fahren, -fliegen usw., vergehen, dahinschwinden;* der Fleck ist mit der Zeit verschwunden; der Taschenspieler ließ Handschuhe, Hüte usw. ~; langsam, schnell, rasch ~; die Sonne verschwand hinter den Bergen; der Hirsch verschwand im Wald; das Flugzeug verschwand in den Wolken, in der Ferne; der Hund verschwand unter dem Tisch □ desaparecer; sumir 1.1 ⟨umg.⟩ *sich unauffällig entfernen;* er verschwand auf Nimmerwiedersehen □ *ele sumiu; ele saiu de circulação 1.1.1 verschwinde! ⟨umg.⟩ *mach, dass du wegkommst!, ich will dich hier nicht mehr sehen* □ *suma da minha frente!; desapareça! 1.1.2 ich muss mal ~ ⟨umg.; verhüllend⟩ *die Toilette aufsuchen* □ *preciso dar uma saidinha 1.2 ⟨411⟩ sie verschwindet neben ihm ⟨fig.; umg.⟩ *sie ist viel kleiner u. schmaler als er* □ *ela some quando está ao lado dele 1.2.1 eine ~d kleine Zahl *sehr kleine Z.* □ *um número ínfimo 1.2.2 ~d wenig *sehr wenig* □ *pouquíssimo **2** *wegkommen, abhandenkommen, nicht mehr auffindbar sein;* das Kind ist seit gestern (spurlos) verschwunden; mein Schlüssel ist verschwunden □ sumir; desaparecer; sein Verschwinden wurde erst nach einigen Stunden bemerkt □ sumiço; desaparecimento
ver|schwö|ren ⟨V. 238/500⟩ **1** eine Sache ~ ⟨veraltet⟩ *einer S. abschwören, etwas bestimmt nie wieder tun wollen* □ *jurar renunciar a alguma coisa 1.1 *man soll nie etwas ~ man soll nie zu viel versprechen* □ *não se deve prometer mundos e fundos **2** ⟨Vr 3⟩ sich (mit jmdm. gegen jmdn.) ~ *sich heimlich mit jmdm. (gegen jmdn.) verbünden, ein Komplott mit jmdm. (gegen jmdn.) schmieden;* Sy konspirieren □ conspirar; conjurar 2.1 es hat sich alles gegen mich verschworen ⟨fig.⟩ *nichts will mir gelingen* □ *é um complô contra mim; deu tudo errado
Ver|schwö|rung ⟨f.; -, -en⟩ *geheimer Plan, geheime Verbindung, Anschlag;* eine ~ anzetteln, aufdecken, verraten □ conspiração; conjuração
ver|se|hen ⟨V. 500⟩ **1** etwas ~ *ausüben, eine bestimmte Aufgabe erfüllen;* er versieht das Amt eines Hausmeisters; seinen Dienst gewissenhaft, getreu, treulich ~ □ desempenhar; exercer 1.1 sich um etwas ~ *kümmern, für etwas sorgen;* er versieht während unserer Abwesenheit das Haus und den Garten □ tomar conta de; cuidar de **2** ⟨516/Vr 7 od. Vr 8⟩ jmdn. od. etwas mit etwas ~ *versorgen, ausstatten, ausrüsten;* jmdn. mit Kleidung, mit Geld, Lebensmitteln ~ □ prover/abastecer de; ein Schriftstück mit einem Stempel ~ □ *carimbar um documento; jmdn. mit den Sterbesakramenten ~ □ *ministrar os últimos sacramentos a alguém; ein Zimmer mit Tapeten, Vorhängen ~ □ guarnecer de; colocar 2.1 danke, ich bin mit allem reichlich ~ *ich habe alles reichlich, was ich brauche* □ *obrigado; estou muito bem servido/abastecido **3** ⟨Vr 7⟩ sich od. etwas ~ *sich bei etwas irren, einen Fehler machen;* oh, das habe ich ~!; ich habe mich beim Zählen ~ □ enganar-se; errar **4** ⟨520 od. 540/Vr 3⟩ sich etwas od. einer Sache ~ *eine S. erwarten* □ *esperar alguma coisa; ehe man sich's versieht, ehe man sich dessen versieht ... □ *quando menos se espera...; und ehe du dich's versiehst, ist die Zeit vorbei □ *quando você se der conta, o tempo já passou
Ver|se|hen ⟨n.; -s, -⟩ *Irrtum, auf Unachtsamkeit, Fehlbeurteilung beruhender Fehler;* entschuldigen Sie, es war ein ~ von mir; etwas nur aus ~ tun □ engano; erro; descuido
ver|se|hent|lich ⟨Adv.⟩ *aus Versehen, unbeabsichtigt, irrtümlich;* ~ etwas mitnehmen □ por engano; inadvertidamente
Ver|sehr|te(r) ⟨f. 2 (m. 1)⟩ *Körperbeschädigter;* Kriegs~ □ inválido; mutilado
ver|selb|stän|di|gen ⟨Vr 3⟩ = verselbstständigen
ver|selbst|stän|di|gen ⟨Vr 3⟩ sich ~ *sich selbstständig machen, sich aus einem Zusammenhang lösen;* oV verselbständigen; das Gerät hat sich in seine Einzelteile verselbstständigt ⟨fig.⟩ □ *tornar-se independente/autônomo
ver|sen|den ⟨V. 241/500⟩ etwas ~ *(auf dem Postweg) verschicken* □ enviar; expedir
ver|sen|ken ⟨V. 500⟩ **1** etwas ~ *zum Sinken (unter Wasser) bringen, untergehen lassen;* ein Schiff ~ □ afundar; submergir **2** etwas ~ *in die Tiefe senken, unter einer Oberfläche verschwinden lassen;* einen Toten im Meer ~ □ lançar; despejar 2.1 ⟨511⟩ etwas in der Erde ~ *vergraben* □ enterrar; soterrar 2.2 eine Bühnendekoration ~ *(unter der Bühne) verschwinden lassen* □ fazer desaparecer 2.3 versenkte **Schraube** *S., die nicht über die Oberfläche des Werkstücks herausragt, sondern mit dieser in einer Ebene liegt* □ *parafuso escareado/embutido **3** ⟨511/Vr 3⟩ sich in eine Sache ~ *seine Gedanken eingehend auf eine S. richten, sich in eine S. vertiefen;* sich in ein Buch, eine Arbeit, ein Wissensgebiet ~ □ mergulhar/concentrar-se em
Ver|sen|kung ⟨f.; -, -en⟩ **1** *das Versenken (von Schiffen)* □ afundamento; submersão **2** ⟨Theat.⟩ *versenk- u. hebbarer Teil des Bühnenbodens* □ alçapão 2.1 in der ~ verschwinden ⟨fig.; umg.⟩ *in Vergessenheit geraten* □ *cair no esquecimento **3** *geistige Sammlung, Konzentration* □ contemplação; concentração
ver|ses|sen ⟨Adj.⟩ auf etwas ~ sein *hartnäckig auf etwas bedacht sein, etwas unbedingt (immer wieder) haben*

wollen; er ist ganz ~ auf Kriminalfilme ☐ *ser louco por alguma coisa

ver|set|zen ⟨V. 500⟩ **1** etwas ~ *an eine andere Stelle setzen, umstellen;* einen Kamin, Ofen, eine Wand ~ ☐ **deslocar; mudar de lugar** 1.1 Pflanzen ~ *verpflanzen* ☐ **transplantar** 1.2 einen Ton ~ ⟨Mus.⟩ *chromatisch um einen Halbton erhöhen od. erniedrigen* ☐ **transpor** 1.3 die Steine sind schachbrettartig gegeneinander versetzt *verschoben* ☐ **mover 2** jmdn. ~ *in eine andere berufliche Stellung beordern;* er ist nach Hannover versetzt worden ☐ **transferir**, in einen höheren Rang versetzt werden ☐ *ser promovido* **3** ein Schulkind ~ *in die nächsthöhere Klasse überführen;* der Junge ist in die 5. Klasse versetzt worden; der Junge ist nicht versetzt worden ☐ **passar de ano; aprovar 4** ⟨511/Vr 8⟩ jmdn. od. etwas in etwas ~ *in einen bestimmten Zustand bringen;* jmdn. in Aufregung, Erstaunen, Schrecken, Trauer, Zorn ~ ☐ *deixar alguém aflito/espantado/assustado/triste/com raiva*; jmdn. in die Lage ~, etwas zu tun ☐ *dar a alguém condições de fazer alguma coisa*; jmdn. in den Ruhestand ~ ☐ *aposentar alguém*; in diesem Schloss, dieser Stadt fühlt man sich in vergangene Zeiten versetzt ☐ **transportar 5** ⟨530/Vr 6⟩ jmdn. einen Schlag, Tritt, Stoß ~ *geben* ☐ **dar; aplicar** 5.1 ⟨511/Vr 7⟩ sich in jmdn., in jmds. Lage ~ *sich in jmds. Lage einfühlen, seine Gefühle nachempfinden;* versetz dich bitte einmal in meine Lage! ☐ *colocar-se no lugar de alguém* **6** ⟨517⟩ etwas mit etwas ~ *vermischen* ☐ **misturar**, Wein mit Kohlensäure ~ ☐ *gaseificar o vinho* **7** etwas ~ *verpfänden;* seine Uhr ~ ☐ **penhorar; empenhar 8** jmdn. ~ ⟨umg.⟩ *vergeblich warten lassen, eine Verabredung mit jmdn. nicht einhalten* ☐ *dar o cano em alguém* **9** etwas ~ *erwidern, antworten;* „ich weiß es nicht", versetzte er ☐ **replicar; responder**

ver|seu|chen ⟨V. 500⟩ etwas ~ *mit Krankheitskeimen infizieren, mit radioaktiven od. chem. Stoffen verunreinigen od. durchsetzen* ☐ **contaminar**

ver|si|chern ⟨V. 500⟩ **1** etwas ~ *als wahr beteuern, garantieren;* etwas ehrenwörtlich ~; an Eides statt ~ **2** ⟨530⟩ jmdm. etwas ~ *jmdm. beteuern, als wahr erklären, dass ...;* ich versichere Ihnen, dass keine Gefahr besteht **3** ⟨540⟩ jmdn. einer Sache ~ ⟨geh.⟩ *jmdm. Gewissheit über eine S. geben;* jmdn. seiner Hochachtung ~ ☐ **assegurar; garantir** 3.1 Sie können versichert sein, dass alles auftragsgemäß ausgeführt wird *Sie können sicher sein, dass ...* ☐ *o senhor pode ter certeza de que tudo será executado conforme solicitado* 3.2 seien Sie versichert, dass ... *bitte glauben Sie, dass ..., seien Sie überzeugt, dass ...* ☐ *tenha certeza de que...; fique tranquilo...* 3.3 sich ~, dass ... *sich überzeugen, ...* ☐ *assegurar-se/certificar-se de que...* **4** ⟨Vr 7⟩ jmdn. od. etwas ~ *für jmdn. od. etwas bei einer Versicherungsgesellschaft eine Versicherung abschließen;* sich (bei einer Versicherungsgesellschaft) ~; ein Haus, Grundstück ~; seinen Hausrat gegen Feuer ~; das Haus ist hoch versichert ☐ **segurar; pôr no seguro 5** jmdn. ~ *mit jmdn. eine Versicherung gegen regelmäßig zu zahlenden Beitrag für den Fall eines Scha-* dens abschließen u. sich dabei verpflichten, den Schaden zu tragen ☐ *contratar seguro para alguém*

Ver|si|cher|ten|kar|te ⟨f.; -, -n⟩ *von der Krankenversicherung ausgestellte Karte mit den Personalien des Versicherten, Krankenversicherungskarte* ☐ **cartão do seguro-saúde**

Ver|si|che|rung ⟨f.; -, -en⟩ **1** *das Versichern;* die ~ von Reisegepäck ☐ **seguro 2** *Unternehmen, das Personen u. Sachen gegen Schäden usw. versichert;* die ~ kommt für den Schaden auf ☐ **seguradora 3** *Vertrag mit einer Versicherung(2);* Feuer~, Lebens~; eine ~ abschließen, kündigen, erhöhen ☐ **seguro 4** *feste Zusage, Versprechen, Beteuerung;* eine eidesstattliche, feierliche ~ abgeben; er gab mir die ~, dass ... ☐ **certeza; garantia; afirmação**

ver|si|ckern ⟨V. 400(s.)⟩ etwas versickert *fließt langsam ab, wird allmählich von der Erde aufgesaugt;* die Quelle, das Wasser versickert im Sand ☐ **escoar; infiltrar-se; dissipar-se**

ver|sie|gen ⟨V. 400(s.), geh.⟩ **1** etwas versiegt *hört auf zu fließen;* die Quelle ist versiegt 1.1 seine Schaffenskraft ist versiegt ⟨fig.⟩ *er hat keine S. mehr* ☐ **secar; esgotar-se**

ver|siert ⟨[vɛr-] Adj.⟩ *in einer Sache bewandert, erfahren, gut unterrichtet;* ein ~er Fachmann ☐ **versado**

ver|sil|bern ⟨V. 500⟩ **1** Metall ~ *mit einer Silberschicht überziehen* ☐ **pratear; dar banho de prata 2** etwas ~ ⟨fig.; umg.; scherzh.⟩ *veräußern, verkaufen, zu Geld machen* ☐ **passar nos cobres 3** etwas ~ ⟨poet.⟩ *mit Silberschein überfluten;* der Mond versilbert den See ☐ **pratear**

ver|sin|ken ⟨V. 244(s.)⟩ **1** ⟨400⟩ *unter die Oberfläche von etwas sinken u. darin (völlig od. zum Teil) verschwinden;* das Schiff versank mit Mann u. Maus ☐ **afundar; naufragar**, ich hätte (vor Verlegenheit) im Boden, in der Erde ~ mögen ☐ **sumir; enfiar-se em um buraco**, bis zu den Knien im Schnee, im Sumpf ~ ☐ **afundar**, versunkene Erinnerungen, Bilder stiegen vor mir auf ⟨fig.⟩ ☐ **submerso; esquecido** 1.1 wenn er Musik hört, versinkt alles um ihn her ⟨fig.⟩ *hört u. sieht er nichts anderes mehr* ☐ *ele se esquece do mundo quando ouve música* **2** ⟨411⟩ in etwas ~ ⟨fig.⟩ *ganz aufgehen, sich an etwas völlig hingeben;* in Gedanken ~; in den Anblick eines Bildes, einer Landschaft versunken sein ☐ *mergulhar/perder-se em alguma coisa* 2.1 in Schlaf ~ *einschlafen* ☐ *pegar/cair no sono*

Ver|si|on ⟨[vɛr-] f.; -, -en⟩ *Fassung, Lesart* ☐ **versão**

ver|skla|ven ⟨V. 500⟩ jmdn. ~ **1** *zu einem Sklaven machen* **2** ⟨fig.⟩ *willfährig machen* ☐ **escravizar**

ver|söh|nen ⟨V. 500⟩ **1** ⟨505⟩ jmdn. (mit jmdn.) ~ *Frieden zwischen jmdn. u. einem anderen stiften, einen Streit zwischen jmdn. u. einem anderen beilegen;* Feinde, Streitende ~ ☐ **reconciliar; apaziguar 1.1** ⟨Vr 3⟩ sich (mit jmdn.) ~ *(mit jmdn.) Frieden schließen, einen Streit (mit jmdn.) beilegen;* wir haben uns (wieder) versöhnt ☐ **reconciliar(-se); fazer as pazes 2** jmdn. ~ *jmds. Zorn, Unwillen besänftigen;* die Götter ~ ☐ **aplacar**, er ist schnell versöhnt ☐ **apaziguar**

ver|son|nen ⟨Adj.⟩ *träumerisch, nachdenklich;* ein ~er Blick; ; ~ lächeln sie war ganz ~ □ **enlevado; pensativo; absorto**

ver|sor|gen ⟨V. 500⟩ **1** jmdn. ~ *jmdn. mit allem Notwendigen versehen, für jmds. Essen u. Kleidung sorgen;* seine Kinder ~; er hat fünf Kinder zu ~; Patienten ~ □ **cuidar de; sustentar** 1.1 ⟨Vr 3⟩ sich selbst ~ *für sich selbst sorgen, bes. sich seine Mahlzeiten selbst bereiten* □ ***cuidar de si mesmo; manter-se** **2** ⟨550/Vr 7 od. Vr 8⟩ jmdn. mit etwas ~ *versehen, machen, dass etwas beschaffen, verschaffen;* jmdn. mit Geld, Kleidung, Lebensmitteln ~; sich mit allem Notwendigen ~ □ ***prover/abastecer alguém de alguma coisa**

ver|spä|ten ⟨V. 500/Vr 3⟩ sich ~ *später als erwartet, als vorgesehen kommen, zu spät kommen;* ich habe mich leider etwas, um eine halbe Stunde verspätet; der Zug hat sich verspätet; eine verspätete Blüte, ein verspäteter Schmetterling; der Zug ist verspätet angekommen □ ***atrasar-se**

Ver|spä|tung ⟨f.; -, -en⟩ **1** *das Sichverspäten, späteres Eintreffen als vorgesehen;* der Zug ist mit einer Stunde ~ abgefahren □ **atraso** 1.1 ~ haben *später ankommen als im Fahrplan vorgesehen;* der Zug hat eine halbe Stunde ~ □ ***estar atrasado**

ver|sper|ren ⟨V. 500⟩ etwas ~ **1** *zuschließen, verschließen;* den Kasten, die Tür ~ □ **trancar 2** ⟨530/Vr 5 od. Vr 6⟩ *durch Hindernisse sperren, unzugänglich machen;* die Straße ist durch Erdrutsch versperrt □ **bloquear** 2.1 jmdm. die Aussicht ~ *so stehen, dass jmd. nichts sehen kann;* ein Gebäude versperrt die Aussicht □ **tapar; bloquear** 2.2 jmdm. den Weg ~ *so stehen, sich so stellen, dass jmd. seinen Weg nicht fortsetzen kann* □ **obstruir; bloquear**

ver|spie|len ⟨V.⟩ **1** ⟨500⟩ etwas ~ *beim Spiel verlieren;* Geld ~ □ ***perder dinheiro no jogo** 1.1 einen Vorsprung ~ *durch Nachlässigkeit einbüßen* □ ***ficar para trás 2** ⟨400⟩ bei jmdm. verspielt haben ⟨fig.⟩ *jmds. Gunst, Wohlwollen verloren haben* □ ***perder a simpatia de alguém;* er hat bei mir verspielt □ ***não quero mais saber dele**

ver|spin|nen ⟨V. 249/500⟩ **1** etwas ~ *durch Spinnen zum Faden machen;* Baumwolle, Flachs ~ □ **fiar 2** ⟨511⟩ sich in Gedanken, Vorstellungen ~ ⟨fig.⟩ *sich ständig mit G., V. beschäftigen (u. sich dadurch von der Umwelt abschließen)* □ ***perder-se em pensamentos; estar absorto em suas ideias**

ver|spon|nen 1 ⟨Part. Perf. von⟩ *verspinnen* **2** ⟨Adj.; umg.⟩ *verrückt, überspannt, wunderlich, absonderlichen Ideen anhängend;* ein ~er Mensch; ~e Ansichten äußern □ **excêntrico; extravagante**

ver|spot|ten ⟨V. 500⟩ jmdn. od. etwas ~ *lächerlich machen, boshaft über jmdn. od. etwas lachen;* er wurde von seinen Mitschüler häufig verspottet □ **zombar de; ridicularizar**

ver|spre|chen ⟨V. 251⟩ **1** ⟨503⟩ (jmdm.) etwas ~ *geloben, zusichern, ausdrücklich erklären, etwas bestimmt zu tun;* jmdm. eine Belohnung, Geld ~; einer Frau die Ehe ~; er hat es mir fest versprochen; hier bringe ich dir das versprochene Buch; wie versprochen, schicke ich dir anbei das Buch; er verspricht viel und hält wenig; was man verspricht, muss man auch halten □ **prometer** 1.1 *Versprechen und Halten ist zweierlei nicht alles, was versprochen wird, wird auch gehalten, so manche Zusicherung wird nicht erfüllt* □ ***prometer é uma coisa, cumprir é outra 2** ⟨500⟩ etwas ~ *verheißen, hoffen lassen, erwarten lassen;* die Ernte verspricht gut zu werden; das Wetter verspricht schön zu werden; sein Gesicht versprach nichts Gutes □ **prometer; prenunciar 3** ⟨534/Vr 3⟩ sich etwas von jmdm. od. etwas ~ *etwas erwarten;* ich verspreche mir von dieser Kur einen guten Erfolg; ich habe mir von dem Buch, Film mehr versprochen; ich verspreche mir viel, nichts davon □ ***esperar alguma coisa de alguém ou alguma coisa 4** ⟨500/Vr 3⟩ sich ~ *etwas versehentlich anders sagen, ein Wort anders aussprechen, als man beabsichtigt hat;* ich habe mich versprochen; der Schauspieler verspricht sich oft □ ***enganar-se/atrapalhar-se (ao falar); trocar uma palavra por outra**

Ver|spre|chen ⟨n.; -s, -⟩ *feste Zusage, Zusicherung;* sein ~ (nicht) einlösen, brechen; er verabschiedete sich mit dem ~, bald wiederzukommen; ein ~ einhalten □ **promessa**

ver|spren|gen ⟨V. 500⟩ **1** ⟨Mil.⟩ Soldaten, Truppen ~ *von ihrer Einheit abschneiden, trennen u. in die Flucht schlagen, zerstreuen* □ **dispersar 2** Wasser ~ *verspritzen* □ **borrifar; aspergir**

Ver|stand ⟨m.; -(e)s; unz.⟩ **1** *zum Auffassen, Erkennen u. Beurteilen notwendige Fähigkeit, Denkkraft;* ~ haben; einen klaren, scharfen ~ haben; da hat er mehr Glück als ~ gehabt! ⟨umg.⟩ □ **discernimento; entendimento; intelecto** 1.1 der ~ kommt mit den Jahren *im Alter handelt man überlegter, besonnener* □ **juízo** 1.2 er musste seinen ganzen ~ zusammennehmen, um richtig zu handeln *er musste sich alles sehr genau überlegen* □ ***ele teve de se concentrar para agir corretamente** 1.3 man muss doch an deinem ~ zweifeln ⟨umg.⟩ *es ist unverständlich, wie du so etwas hast tun, sagen können!* □ ***é para duvidar de sua sanidade mental** 1.4 etwas mit ~ tun *mit Überlegung* □ **ponderação** 1.5 das geht über meinen ~ ⟨umg.⟩ *das verstehe ich nicht* □ ***isso não entra na minha cabeça** 1.6 du bringst mich noch um den ~! ⟨umg.⟩ *du machst mich noch verrückt!* □ ***você me deixa maluco!* 1.7 da steht einem der ~ still! ⟨fig.; umg.⟩ *es ist nicht zu fassen, dass so etwas möglich ist!,* da ist man sprachlos □ ***não dá para entender uma coisa dessas!* 1.8 den ~ verlieren ⟨umg.⟩ *geisteskrank werden* 1.8.1 hat er den ~ verloren? ⟨fig.; umg.⟩ *was denkt er sich eigentlich?* □ ***perder o juízo; enlouquecer** 1.9 nicht ganz bei ~ sein *nicht ganz normal sein;* du bist wohl nicht recht bei ~? □ ***não bater bem** 1.10 etwas mit ~ essen, trinken ⟨fig.; umg.⟩ *bewusst genießen* □ ***saborear a comida/bebida**

ver|stän|dig ⟨Adj.⟩ *besonnen, einsichtig;* ein ~es Kind **sensato; compreensivo;** ~ handeln □ **com sensatez**

ver|stän|di|gen ⟨V. 500⟩ **1** jmdn. ~ *benachrichtigen;* die Polizei ~ 1.1 ⟨550⟩ jmdn. von etwas ~ *jmdm. etwas mitteilen, was er unbedingt wissen muss* □ **informar 2**

Verständigung

⟨517/Vr 3⟩ **sich mit jmdm. ~** *mit jmdm. so sprechen, dass jeder den anderen versteht;* es war schwierig, sich mit dem alten, schwerhörigen Mann zu ~; er konnte etwas Deutsch und ich etwas Französisch, so haben wir uns ganz gut miteinander ~ können; wir haben uns am Telefon kaum miteinander ~ können □ ***comunicar-se/entender-se com alguém**

Ver|stän|di|gung ⟨f.; -; unz.⟩ *das Verständigen, das Sichverständigen* □ **informação; comunicação; entendimento**; die ~ am Telefon war sehr schlecht □ ***a ligação estava péssima**

ver|ständ|lich ⟨Adj.⟩ **1** *so beschaffen, dass man es mit den Sinnen, bes. dem Gehör gut wahrnehmen kann* □ **compreensível; inteligível**; der Lärm war so groß, dass ich mich kaum ~ machen konnte □ ***o barulho era tão alto que foi difícil me fazer ouvir 2** *begreiflich, dem Sinn nach erfassbar, klar* □ **compreensível; inteligível**; ich kann so viel Italienisch, dass ich mich in Italien (gut) ~ machen kann □ ***sei tão bem italiano que consigo me fazer entender/comunicar**; sein Vortrag war leicht, schwer ~ □ ***sua palestra foi fácil/difícil de compreender** 2.1 jmdm. etwas ~ machen *erklären* □ ***explicar alguma coisa a alguém 3** *begreiflich, so beschaffen, dass man die Gründe u. Ursachen einsieht;* ihr Verhalten ist durchaus ~; es ist ~, dass sie diesen Wunsch hat □ **compreensível**

Ver|ständ|nis ⟨n.; -ses; unz.⟩ **1** *das Verstehenkönnen, Einfühlungsvermögen* 1.1 für jmdn. od. etwas ~ haben *sich gut in jmdn. od. etwas einfühlen können*; ich habe für Musik, Malerei kein ~; er hat viel ~ für sie, ihre Sorgen □ **compreensão; sensibilidade** 1.1.1 für Unzuverlässigkeit habe ich kein ~ *U. lehne ich ab, U. missfällt mir* □ ***não admito falta de seriedade**

ver|stär|ken ⟨V. 500⟩ **1** etwas ~ *stärker machen;* eine Befestigung, Mauer ~ □ **reforçar; fortalecer 2** etwas ~ *vermehren, vergrößern;* die Truppen sind verstärkt worden □ **reforçar; aumentar 3** etwas ~ *die Intensität von etwas erhöhen;* seine Anstrengungen ~ □ **intensificar**; elektromagnetische Wellen ~; die Stimme, den Ton ~ □ **amplificar**; seinen Widerstand ~ □ **fortalecer** 3.1 eine chem. Lösung ~ *konzentrieren* □ **concentrar** 3.2 ⟨Vr 3⟩ **sich ~** *stärker werden, kräftiger werden, zunehmen, wachsen;* der Sturm hat sich verstärkt; die Spannung hat sich verstärkt; meine Zweifel an dieser Angelegenheit haben sich noch verstärkt □ ***aumentar; intensificar-se**

ver|stau|chen ⟨V. 530/Vr 1⟩ **sich ein Glied ~** *sich eine Verzerrung am Gelenk eines Gliedes zuziehen;* sich die Hand, den Fuß ~ □ **torcer**

ver|stau|en ⟨V. 500⟩ **etwas irgendwo ~** *gut verteilt unterbringen;* Koffer, Gepäck im Auto ~; Ladung, Güter im Schiff, im Wagen ~ □ **estivar; arrumar**

Ver|steck ⟨n.; -(e)s, -e⟩ *Ort, an dem etwas versteckt ist od. versteckt werden kann, Schlupfwinkel, verborgener Ort;* sich ein sicheres ~ suchen □ **esconderijo**; ~ spielen □ ***brincar de esconde-esconde**

ver|ste|cken ⟨V. 500⟩ **1** jmdn. od. etwas ~ *verbergen, wegbringen, so dass ihn, bzw. es niemand findet od. sieht;* jmdm. die Brille ~; die Hand hinter dem Rücken ~; einen Gegenstand vor jmdm. ~ 1.1 ⟨Vr 3⟩ **sich ~** *sich verbergen, verschwinden;* sich hinter einem Busch ~; die Maus hat sich in ihrem Loch versteckt □ **esconder(-se)**; der Brief hatte sich unter, zwischen anderen Papieren versteckt ⟨fig.⟩ □ **ir parar** 1.1.1 mit jmdm. Versteck(en) spielen ⟨fig.⟩ *jmdn. irreführen, ihm nicht die ganze Wahrheit sagen* □ ***esconder alguma coisa de alguém** 1.1.2 sich hinter jmdm. od. etwas ~ ⟨fig.⟩ *jmdn. od. etwas vorschieben, als Vorwand benutzen* □ ***esconder-se atrás de alguém ou alguma coisa** 1.1.3 ⟨Inf. m. Modalverb⟩ sich neben, vor jmdm. ~ können ⟨fig.; umg.⟩ *mit ihm kannst du dich nicht messen;* neben, vor ihm kannst du dich ~ □ ***não estar à altura de alguém 2** ⟨Part. Perf.⟩ versteckt *verborgen, ungesehen, schwer erkennbar;* ein versteckter Platz; das Haus liegt ganz versteckt im Wald; sich versteckt halten □ **escondido** 2.1 ⟨fig.⟩ *heimlich, nicht offen ausgesprochen, angedeutet;* eine versteckte Anspielung; versteckter Spott; eine versteckte Bosheit; sie hörte aus seinen Worten den versteckten Vorwurf heraus □ **velado; dissimulado**

ver|ste|hen ⟨V. 256/500⟩ **1** ⟨Vr 8⟩ **jmdn. od. etwas ~** *deutlich hören;* ich habe ihn am Telefon nur schwer, schlecht, kaum ~ können; bei dem Lärm kann man sein eigenes Wort nicht ~; sprich lauter, deutlicher, ich verstehe kein Wort! □ **entender; ouvir 2** etwas ~ *begreifen, den Sinn erfassen von etwas;* einen Begriff, ein Wort ~; jetzt verstehe ich (es)!; ich habe es gehört, aber nicht verstanden; das wirst du erst ~, wenn du älter bist; dieses Wort, diesen Satz verstehe ich nicht; das Buch ist leicht, schwer zu ~; Englisch, Französisch ~; ich verstehe etwas Portugiesisch, kann es aber selbst nicht sprechen □ **entender**; er nickte ~d; ein ~der Blick □ **compreensivo; compreensiva** 2.1 verstanden? *(hast du es) begriffen?, merk dir das, ich sage es nicht noch einmal! (als Zurechtweisung)* □ **entendeu?; estamos entendidos?** 2.2 jmdm. etwas zu ~ geben *jmdm. etwas andeutend sagen* □ ***dar a entender alguma coisa a alguém 3** ⟨Vr 8⟩ **jmdn. od. etwas ~** *auslegen, deuten;* etwas falsch, richtig ~; wenn ich dich richtig verstanden habe, so meinst du, dass ...; das muss man bildlich (nicht wörtlich) ~; wie verstehst du diesen Ausdruck? 3.1 wie soll ich das ~? *wie ist das gemeint?* □ **entender** 3.2 ⟨513⟩ etwas falsch ~ ⟨fig.⟩ *etwas falsch auslegen, falsch deuten (u. sich dann verletzt fühlen od. es übelnehmen);* bitte ~ Sie mich nicht falsch, wenn ich Ihnen das sage □ ***entender mal alguma coisa** 3.3 ⟨550⟩ etwas unter einer Sache ~ *mit etwas eine S. meinen;* was verstehst du unter „Freiheit"? □ ***entender alguma coisa por** 3.4 ⟨Vr 3⟩ etwas versteht **sich** *ist in bestimmter Weise gemeint, aufzufassen;* der Preis versteht sich mit Bedienung, Lieferung frei Haus □ ***compreender; incluir**; das versteht sich von selbst □ ***isso é evidente** 3.4.1 versteht sich! *natürlich!;* ich möchte mir ein Zimmer mieten, möbliert, versteht sich! □ ***é claro!; obviamente! 4** ⟨Vr 8⟩ **jmdn. ~** *sich in jmdn. hineinversetzen (können);* ich verstehe dich nicht!; ich kann Sie gut ~ □ **entender; compreender**

5 ⟨Vr 4⟩ **sich, einander ~** *gut miteinander auskommen, selten miteinander Streit haben, geistig verwandt sein, die gleichen Interessen, Ansichten, Ziele haben;* die beiden ~ sich; einander gut, schlecht, nicht ~; wir ~ uns, einander □ ***entender-se** 5.1 ⟨517/Vr 3⟩ **sich mit jmdm. ~** *mit jmdm. (gut) auskommen;* ich verstehe mich sehr gut mit ihm; ich verstehe mich (nicht) mit ihr □ ***entender-se/dar-se com alguém 6** etwas ~ *können, beherrschen, gelernt haben;* er versteht (es gut), mit Kindern umzugehen; er erledigte es, so gut er es verstand □ **saber** 6.1 *Spaß ~ einen S. nicht gleich übelnehmen* □ ***levar na brincadeira** 6.2 *keinen Spaß ~ einen S. gleich übelnehmen* □ ***não ter senso de humor; não aceitar brincadeiras** 6.2.1 *in dieser Sache versteht er keinen Spaß* ⟨fig.⟩ *damit ist es ihm ernst, er nimmt es ganz genau* □ **ele não brinca com essas coisas; ele é muito sério a esse respeito** 6.3 ⟨550⟩ **etwas von** einer **Sache ~** *Kenntnisse in einer S. haben, eine S. beherrschen;* davon verstehst du nichts! (als ablehnende Antwort, wenn man Fragen zurückweisen will); er versteht etwas, viel von alter Malerei; von Musik, von Technik verstehe ich nichts; er versteht etwas von seinem Handwerk 6.4 ⟨550/Vr 3⟩ **sich auf etwas ~** *etwas ausüben können, gelernt haben, mit etwas umgehen können;* er versteht sich auf die Behandlung schwieriger Kunden; er versteht sich aufs Fotografieren; er versteht sich auf Pferde; er versteht sich (nicht) darauf □ ***entender de alguma coisa; saber lidar com alguma coisa**

ver|stei|fen ⟨V. 500⟩ **1** etwas ~ *steifmachen, verstärken, stützen, abstützen;* einen Kragen mit Leinen ~ □ **reforçar; entretelar;** eine Brücke, Decke, Mauer mit Hölzern ~ □ **escorar 2** ⟨Vr 3⟩ **etwas versteift sich** *wird steif;* ein Glied, Gelenk versteift sich □ **enrijecer-se; retesar-se** 2.1 *die Fronten haben sich versteift* ⟨fig.⟩ *die beiden sich gegenüberstehenden Parteien sind unnachgiebiger geworden* □ **endurecer(-se) 3** ⟨550/Vr 3⟩ **sich auf etwas ~** *unbedingt etwas wollen, hartnäckig bei etwas bleiben, auf einer Sache beharren;* er hat sich darauf versteift, schon eher abzureisen □ ***colocar alguma coisa na cabeça; teimar**

ver|stei|gen ⟨V. 258/500/Vr 3⟩ **1** sich ~ *sich im Hochgebirge, beim Bergsteigen verirren* □ **perder-se (ao praticar alpinismo) 2** ⟨550⟩ **sich zu etwas ~** ⟨geh.⟩ *sich etwas anmaßen, sich zu etwas erkühnen;* sich dazu ~, etwas zu behaupten, zu wollen; er hat sich zu der Behauptung verstiegen, dass … □ ***atrever-se a fazer alguma coisa; ousar fazer alguma coisa**

ver|stei|gern ⟨V. 500⟩ etwas ~ *durch Ausbieten zum bestmöglichen Preis verkaufen;* Bilder, Möbel, Teppiche (meistbietend) ~ □ **leiloar**

Ver|stei|ge|rung ⟨f.; -, -en⟩ *das Versteigern, Verkauf durch Ausbieten zum bestmöglichen Preis;* Sy Auktion □ **leilão**

ver|stel|len ⟨V. 500⟩ **1** etwas ~ *anders stellen, umstellen;* einen Gegenstand, ein Maschinenteil, einen Zeiger ~ □ **mudar de lugar; deslocar** 1.1 *die Reihenfolge von etwas ändern;* Bücher, Zahlen ~ □ **alterar a sequência/ordem** 1.2 *in eine andere Stellung bringen;* ein Signal, eine Weiche ~ □ **deslocar** 1.3 *die Einstellung von etwas verändern;* ein Fernglas ~ □ **regular; ajustar 2** etwas ~ *versperren, unzugänglich machen;* jmdm. den Weg ~; die Tür mit Möbeln ~ □ **barrar; obstruir 3** etwas ~ ⟨fig.⟩ *so verändern, dass es ein anderer nicht erkennt;* seine Handschrift ~; mit verstellter Stimme sprechen □ **alterar; disfarçar** 3.1 ⟨Vr 3⟩ **sich ~** *sich anders geben, als man ist, heucheln, etwas vortäuschen;* → a. **simulieren(1);** er kann sich gut, schlecht, nicht ~ □ ***fingir**

ver|ster|ben ⟨V. 259/400(s.); nicht im Präs. üblich⟩ *sterben;* gestern verstarb … (in Todesanzeigen); unser Vater ist vor einem Jahr verstorben □ **morrer; falecer;** der Verstorbene; meine verstorbene Mutter □ **finado; falecido**

ver|steu|ern ⟨V. 500⟩ etwas ~ *von etwas Steuern zahlen;* sein Einkommen, sein Vermögen ~ □ ***pagar imposto sobre alguma coisa**

ver|stie|gen ⟨Adj.; fig.⟩ *überspannt;* ~e Ideen □ **extravagante; excêntrico**

ver|stim|men ⟨V. 500⟩ **1** ein Instrument ~ *einem I. einen falschen Klang geben* □ **desafinar** 1.1 ⟨Part. Perf.⟩ *verstimmt keinen reinen Klang mehr habend;* das Klavier ist verstimmt □ **desafinado 2** jmdn. ~ *jmdm. die gute Stimmung verderben, jmdn. verärgern, in schlechte Laune versetzen* □ **irritar; indispor** 2.1 ⟨Part. Perf.⟩ *verstimmt* ⟨fig.⟩ *schlecht gelaunt, ärgerlich* □ **irritado; mal-humorado**

Ver|stim|mung ⟨f.; -, -en; fig.⟩ *Verärgerung, Missstimmung;* sein Vortrag sorgte für ~ bei den Anwesenden □ **irritação; mau humor**

ver|stockt ⟨Adj.⟩ **1** *halsstarrig, uneinsichtig, trotzig* □ **teimoso; obstinado** 1.1 *ein ~er Sünder nicht zur Reue bereiter S.* □ **impenitente**

ver|stoh|len ⟨Adj.⟩ *heimlich, unauffällig;* sich ~ umschauen; etwas ~ in die Tasche stecken □ **furtivo; furtivamente**

ver|stö|ren ⟨V. 500⟩ jmdn. ~ *aus dem seelischen Gleichgewicht bringen, zutiefst erschrecken, verwirren;* seit dem Unfall ist er völlig verstört □ **transtornar; perturbar**

Ver|stoß ⟨m.; -es, -stö|ße⟩ *Verletzung (einer Regel, eines Gesetzes), Verfehlung, Zuwiderhandlung* □ **infração; violação;** ein ~ gegen die guten Sitten □ **atentado**

ver|sto|ßen ⟨V. 262⟩ **1** ⟨500⟩ ein Kind ~ *aus der Familie ausstoßen;* seinen Sohn ~ □ **repudiar; renegar 2** ⟨800⟩ **gegen eine Vorschrift ~** *eine V. verletzen, einer V. zuwiderhandeln* □ ***infringir/violar um preceito**

ver|strei|chen ⟨V. 263⟩ **1** ⟨500⟩ etwas ~ *durch Streichen gut verteilen;* Farbe, Salbe ~ □ **passar; espalhar 2** ⟨500⟩ ein Loch ~ *mit einem Füllmittel ausfüllen u. die Oberfläche glattstreichen;* einen Mauerriss ~ □ **tapar; calafetar; preencher 3** ⟨500⟩ etwas ~ *beim Streichen verbrauchen;* viel Butter ~ □ **usar; gastar 4** ⟨400(s.)⟩ *Zeit, ein Zeitpunkt verstreicht* ⟨geh.⟩ *läuft ab, geht vorüber;* es sind bereits zwei Monate, Jahre verstrichen, seit …; eine Gelegenheit ungenutzt ~ lassen □ **passar; decorrer**

ver|stri|cken ⟨V. 500⟩ **1 Garn, Wolle ~** *beim Stricken verbrauchen* □ **usar; gastar (para tricotar) 2** ⟨511/Vr 7⟩ jmdn. in eine Angelegenheit ~ ⟨fig.⟩ *in eine A.*

verstümmeln

verwickeln ☐ envolver; colocar **2.1** sich in Widersprüche ~ *einander widersprechende Aussagen machen, sich in Widersprüche verwickeln* ☐ *cair em contradição
ver|stüm|meln ⟨V. 500⟩ **1** jmdn. ~ *durch Abtrennung eines od. mehrerer Glieder schwer verletzen;* man fand die verstümmelte Leiche im Fluss **1.1** ⟨Vr 3⟩ sich selbst ~ *sich selbst einen dauerhaften körperlichen Schaden zufügen* ☐ mutilar(-se) **2** einen Text ~ *durch Unachtsamkeit od. Missverständnis unvollständig wiedergeben;* eine Nachricht ~ ☐ mutilar; truncar
ver|stum|men ⟨V. 400(s.); geh.⟩ **1** *stumm werden, aufhören zu sprechen od. zu tönen;* er verstummte vor Schreck, als er sie sah; jmdn. zum Verstummen bringen ☐ emudecer; silenciar **2** eine Sache verstummt *endet, kommt zum Stillstand, hört auf* ☐ cessar; parar; calar
Ver|such ⟨m.; -(e)s, -e⟩ *Handlung, durch die man etwas erkunden, prüfen od. erreichen will;* → a. Probe, Experiment; Atomwaffen~, Flucht~, Überredungs~; einen ~ machen (in der Chemie, Physik); ich will einen ~ machen; den ~ machen, über eine Mauer zu klettern; der erste ~ schlug fehl, misslang; es gelang erst beim dritten ~, die Haustür aufzubrechen; aussichtsloser, vergeblicher, geglückter, missglückter ~; chemischer, physikalischer, psychologischer ~; das soll mein letzter ~ sein; er machte einen verzweifelten ~, sich zu befreien; es kommt auf den ~ an ☐ tentativa; experiência; ensaio; prova
ver|su|chen ⟨V. 500⟩ **1** etwas ~ *tun, um etwas zu erproben, zu prüfen, zu erreichen;* Sy probieren(1); ich habe schon alles (Mögliche) versucht, aber es war vergeblich; ich habe es mit Güte und mit Strenge versucht ☐ tentar; jmdn. wegen versuchten Diebstahls anzeigen ☐ *denunciar alguém por tentativa de roubo* **1.1** sein Heil, sein Glück ~ *etwas wagen, einen Vorstoß machen* **1.2** etwas tun, um zu sehen, ob man es kann; lass mich es einmal ~! ☐ tentar; experimentar **1.3** sich bemühen *(etwas zu tun);* er versuchte, es ihr zu erklären; ich will ~ zu kommen; versuche nicht, mich zu überreden, mich umzustimmen ☐ tentar; procurar **1.4** ⟨511/Vr 3⟩ sich an, in etwas ~ *sich bemühen, mit, in etwas etwas zustande zu bringen;* sich an einem Thema ~; ich habe mich schon einmal an Bachs Flötensonaten versucht, aber sie sind mir zu schwer; sich in einem Handwerk ~ ☐ *tentar (fazer) alguma coisa* **1.5** ⟨550⟩ es mit etwas od. jmdm. ~ *prüfen, wie etwas od. jmd. sich bewährt* ☐ *testar alguma coisa ou alguém* **2** etwas ~ *kosten, schmeckend prüfen, eine Kostprobe von etwas nehmen;* Sy probieren(1.2); Speisen ~; bitte versuch einmal die Suppe, ob genügend Salz darin ist ☐ provar; degustar **3** jmdn. ~ *auf die Probe stellen, in Versuchung führen, zum Bösen verlocken* ☐ tentar; pôr à prova **3.1** versucht sein, sich versucht fühlen, etwas zu tun *sich verlockt fühlen zu etwas, gerne etwas tun wollen, aber noch zögern;* ich fühlte mich versucht, in den Streit einzugreifen ☐ *estar/sentir-se tentado a fazer alguma coisa*

Ver|su|chung ⟨f.; -, -en⟩ **1** *das Versuchen(3), das Versuchtwerden, Verlockung zum Bösen, zur Sünde;* ~en ausgesetzt sein; einer ~ erliegen, widerstehen; jmdn. in ~ führen; und führe uns nicht in ~ (Bitte im Vaterunser) ☐ tentação **1.1** in ~ geraten, kommen, etwas zu tun, zu sagen *etwas sehr gern tun wollen (aber dagegen ankämpfen)* ☐ *cair na tentação de fazer/dizer alguma coisa* **1.1.1** ich komme gar nicht in (die) ~, das zu tun *ich will es von vornherein nicht tun* ☐ *não vou cair na tentação de fazer isso*
ver|sün|di|gen ⟨V. 505/Vr 3⟩ sich (an jmdm. od. etwas) ~ *schuldig werden, eine Sünde begehen;* er hat sich an seinen Kindern versündigt ☐ *pecar (contra alguém ou alguma coisa)*
ver|ta|gen ⟨V. 500⟩ eine Sache ~ **1** *auf einen späteren Zeitpunkt verschieben;* eine Sitzung ~ ☐ adiar; diferir **2** ⟨550; veraltet⟩ *auf einen bestimmten Zeitpunkt festlegen;* die Feier wird auf den Ostermontag vertagt ☐ marcar
ver|tau|schen ⟨V. 500⟩ etwas ~ **1** *versehentlich tauschen, verwechseln;* wir haben unsere Hüte, Mäntel vertauscht ☐ trocar; confundir **2** ⟨geh.⟩ *austauschen, auswechseln;* er vertauschte das Schwert gegen die Feder ☐ trocar; permutar
ver|tei|di|gen ⟨V. 500/Vr 7 od. Vr 8⟩ **1** jmdn. od. etwas ~ *gegen Angriffe schützen, Angriffe von jmdm. od. etwas abwehren;* sein Leben ~; eine Stadt, eine militärische Stellung ~; sich hartnäckig, standhaft, tapfer, bis zum äußersten ~ **2** einen Rekord ~ *einen R. im sportlichen Wettkampf zu erhalten suchen* **3** jmdn. od. etwas ~ *rechtfertigen, sich zum Fürsprecher von jmdm. od. etwas machen;* seinen Standpunkt ~; jmdn. od. sich gegen einen Vorwurf ~ **4** vor Gericht vertreten; der Angeklagte wird von Rechtsanwalt X verteidigt ☐ defender
ver|tei|len ⟨V. 500⟩ **1** etwas ~ *austeilen, jedem einen Teil geben von etwas;* Programme ~; Preise ~; Geld unter die Armen ~ ☐ distribuir; repartir **1.1** ein Theaterstück mit verteilten Rollen lesen *ein T. gemeinsam laut lesen, wobei jeder eine bestimmte Rolle liest* ☐ distribuído **1.2** die Rollen ~ ⟨a. fig.⟩ *jedem seine Aufgabe zuweisen* ☐ distribuir **2** etwas ~ *hierhin u. dorthin stellen od. legen;* Blumen auf die Tischen ~; Zucker gleichmäßig auf dem, über den Kuchen ~ ☐ distribuir; espalhar **3** ⟨Vr 3⟩ sich ~ *sich (in einem Raum, über eine Fläche) ausbreiten;* die Gäste verteilten sich über die verschiedenen Räume, im Garten ☐ *espalhar-se; dispersar-se*
ver|tie|fen ⟨V. 500⟩ **1** etwas ~ *tiefer machen;* einen Graben, ein Loch ~ ☐ aprofundar **1.1** ein vertieft gearbeitetes Bild *eingemeißeltes, graviertes B.* ☐ *uma figura trabalhada em baixo-relevo* **1.2** ⟨Vr 3⟩ etwas vertieft sich *wird tiefer;* die Falten um seinen Mund haben sich vertieft ☐ aprofundar-se **2** eine Sache ~ *verstärken, tiefgründiger gestalten, (gedanklich) tiefer ausschöpfen;* ihr Auftreten vertiefte noch den Eindruck; ein Gespräch, einen Gedanken ~ ☐ reforçar; aprofundar **2.1** sein Wissen über eine Sache ~ *tiefer in eine S. eindringen u. dadurch sein W. vergrößern* ☐ aprofundar **3** ⟨550/Vr 3⟩ sich in etwas ~ *sich*

in etwas versenken, sich eingehend mit etwas zu beschäftigen beginnen; sich in seine Arbeit ~; er war ganz vertieft in sein Spiel □ *concentrar-se em alguma coisa; estar absorto em alguma coisa

ver|ti|kal ⟨[vɛr-] Adj. 24⟩ = *senkrecht(1.1)*

ver|til|gen ⟨V. 500⟩ etwas ~ **1** *vernichten, ausrotten;* Ungeziefer, Unkraut ~ □ *exterminar; extirpar* **2** ⟨fig.; umg.⟩ *verzehren, (auf)essen;* er hat alle belegten Brote vertilgt □ *devorar*

ver|to|nen ⟨V. 500⟩ einen Text ~ *zu einem T. die Musik schreiben;* ein Libretto, ein Theaterstück ~ □ *musicar*

ver|trackt ⟨Adj.; umg.⟩ *verwickelt, verzwickt, unangenehm;* eine ~e Angelegenheit □ *espinhoso; desagradável; complicado*

Ver|trag ⟨m.; -(e)s, -trä|ge⟩ *auf Angebot u. Annahme beruhende rechtsgültige Vereinbarung zweier od. mehrerer Partner zur Regelung gegenseitiger Rechte u. Pflichten;* Sy *Kontrakt;* Friedens~, Kauf~, Staats~, Werk~; einen ~ (mit jmdm.) abschließen, schließen; einen ~ brechen; einen ~ kündigen; einen ~ unterzeichnen; langfristiger, kurzfristiger ~; das steht mir laut ~ zu; er hat einen ~ mit dem Theater in X ⟨umg.⟩ □ *contrato; tratado*

ver|tra|gen ⟨V. 265/500⟩ **1** etwas ~ *ertragen, aushalten, sich zumuten können, tun od. essen können, ohne dass es einem schadet;* er verträgt keinen Alkohol; ich kann Hitze, Kälte (nicht gut) ~; diese Pflanzen ~ viel, keine Sonne; sie verträgt langes Stehen nicht; diesen ironischen Ton vertrage ich nicht; bestimmte Speisen gut, schlecht, nicht ~ (können) □ *suportar; aguentar; tolerar* **1.1** er verträgt (keinen) Spaß *er versteht (keinen) Spaß, er hat bei einem Scherz (nicht) gern mit* □ **ele (não) tolera brincadeiras* **1.2** er kann viel ~ *er kann viel essen od. trinken (bes. Alkohol)* □ **ele aguenta/consegue comer muito; ele tolera bem o álcool* **2** ⟨Vr 3 od Vr 4⟩ sich (mit jmdm.) ~ *sich (mit jmdm.) gut verstehen, mit jmdm. gut auskommen;* wir wollen uns wieder ~!; die beiden Kinder ~ sich gut, schlecht, nicht (miteinander) □ **entender-se/dar-se com alguém* **2.1** sich mit jmdm. wieder ~ *sich mit jmdm. versöhnt haben* □ **fazer as pazes com alguém* **2.2** ⟨Vr 3 od. Vr 4⟩ etwas verträgt sich (mit etwas) *passt gut zu etwas, ist mit etwas vereinbar;* die beiden Rottöne ~ sich nicht; dieses Rot der Handtasche verträgt sich nicht mit dem Grün des Kleides □ *combinar;* diese Behauptung verträgt sich nicht mit den sonstigen Ansichten □ *ser compatível; condizer* **3** etwas ~ ⟨schweiz.⟩ *austragen;* er verträgt Zeitungen □ *entregar; distribuir*

ver|trag|lich ⟨Adj. 24/90⟩ *durch einen Vertrag (festgelegt);* ~e Verpflichtung □ *contratual;* ich bin ~ gebunden; etwas ~ festlegen, vereinbaren □ *por contrato; contratualmente*

ver|träg|lich ⟨Adj.⟩ **1** *sich mit andern Menschen stets gut vertragend, friedlich, umgänglich, entgegenkommend, nachgiebig;* er ist sehr ~ □ *afável; sociável* **2** *so beschaffen, dass man es gut, leicht vertragen kann, verdaulich, bekömmlich;* dieser Kuchen, Rotwein ist (leicht, schwer) ~ □ *digerível*

ver|trau|en ⟨V.⟩ **1** ⟨600/Vr 6 od. 800⟩ jmdm., auf jmdn. od. etwas ~ *von jmdm. od. etwas glauben, dass man sich auf ihn bzw. es verlassen kann, dass er bzw. es sich in bestimmter Weise verhält;* du kannst ihm unbedingt ~; auf Gott ~; ich vertraue auf seine Ehrlichkeit; ich vertraue auf mein Glück; ich vertraue darauf, dass er es tut □ **confiar em alguém ou alguma coisa* **1.1** jmdm. blind ~ ⟨fig.⟩ *bedenkenlos* **1.1.1** du kannst ihm blind ~ *er ist sehr zuverlässig* □ **confiar cegamente em alguém* **1.2** ⟨600/Vr 5⟩ sich selbst ~ *sicher sein, fest glauben, dass man etwas kann* □ **ter autoconfiança* **2** ⟨530⟩ jmdm. etwas ~ ⟨veraltet⟩ *anvertrauen;* jmdm. ein Geheimnis ~ □ **confiar alguma coisa a alguém*

Ver|trau|en ⟨n.; -s; unz.⟩ **1** *Zuversicht, fester Glaube an jmds. Zuverlässigkeit, fester Glaube daran, dass jmd. sich in bestimmter Weise verhält;* er hat dein ~, das in ihn gesetzte ~ enttäuscht; zu jmdm. ~ haben; jmds. ~ missbrauchen; jmdm. seines ~s würdigen; sich jmds. ~ würdig erweisen; blindes, unbedingtes ~; im ~ darauf, dass er ehrlich ist, habe ich ihm den Auftrag gegeben □ *confiança* **1.1** jmds. ~ genießen *von jmdm. für zuverlässig gehalten werden* □ **gozar da confiança de alguém* **1.2** jmdn. ins ~ ziehen *jmdn. in ein Geheimnis einweihen* □ **confidenciar alguma coisa a alguém* **1.3** im ~ (gesagt) *unter uns, unter dem Siegel der Verschwiegenheit* □ **confidencialmente* **2** ⟨Getrennt- u. Zusammenschreibung⟩ **2.1** ~ erweckend = *vertrauenerweckend*

ver|trau|en|er|we|ckend *auch:* **Ver|trau|en er|we|ckend** ⟨Adj.⟩ *Vertrauen einflößend, einen zuverlässigen Eindruck erweckend;* er macht einen ~en Eindruck; ⟨bei Erweiterung des Erstbestandteils nur Getrenntschreibung⟩ großes Vertrauen erweckend; ⟨bei Steigerung od. Erweiterung der gesamten Fügung nur Zusammenschreibung⟩ vertrauenerweckender, sehr vertrauenerweckend □ *que inspira confiança*

ver|trau|ens|bil|dend ⟨Adj. 24; bes. Pol.⟩ *die Basis für Vertrauen schaffend, zur Festigung des gegenseitigen Vertrauens beitragend;* ~e Maßnahmen □ *que gera confiança*

ver|trau|lich ⟨Adj.⟩ **1** *unter dem Siegel der Verschwiegenheit, nicht für die Allgemeinheit bestimmt, diskret;* ~e Mitteilung; jmdm. etwas ~ mitteilen; was ich Ihnen jetzt sage, ist streng ~! □ *confidencial(mente)* **1.1** eine Sache ~ behandeln *für sich behalten, nicht weitererzählen;* Anfragen werden auf Wunsch ~ behandelt (Anfragen z. B. bei Zeitschriften) □ *confidencialmente; reservadamente* **2** *(allzu) freundschaftlich, vertraut;* er nahm ihn ~ beim Arm □ *amigavelmente;* wenn man freundlich zu ihm ist, wird er sofort ~ □ *íntimo; familiar*

ver|träu|men ⟨V. 500⟩ die Zeit ~ *mit Träumen verbringen* □ **passar o tempo sonhando*

ver|traut 1 ⟨Part. Perf. von⟩ *vertrauen* **2** ⟨Adj.⟩ **2.1** *freundschaftlich miteinander verbunden;* → a. *innig;* ein ~er Freund; wir sind sehr ~ miteinander □ *íntimo; familiar;* auf ~em Fuß mit jmdm. stehen □ **ter intimidade com alguém* **2.1.1** mit jmdm. ~ werden *sich mit jmdm. befreunden* □ **ficar íntimo de alguém* 2.2 *gut bekannt* □ *familiar* 2.2.1 sich mit einer Sache ~ machen *eine S. kennenlernen, eine S. lernen, sich mit einer S. bekanntmachen, sich Fertigkeit in einer S. aneignen* □ **familiarizar-se com alguma coisa* 2.2.2 ~ mit etwas sein *etwas gut kennen od. können, wohlbekannt mit etwas, erfahren in etwas sein; mit den Spielregeln, den Vorschriften (nicht) ~ sein* □ **estar familiarizado com alguma coisa; conhecer bem alguma coisa*

ver|trei|ben ⟨V. 267/500⟩ **1** ⟨Vr 8⟩ **jmdn. od. etwas ~** *zwingen, einen Ort zu verlassen; Insekten, Vögel ~* □ *afugentar; enxotar; jmdn. aus dem Land, von seinem Besitz ~* □ *expulsar; desalojar; der Wind hat die Wolken vertrieben* □ *dispersar; bitte lassen Sie sich nicht ~!* (Höflichkeitsformel eines Besuchers gegenüber einem anderen, der schon da ist) □ **por favor, não precisa sair do seu lugar/se levantar!* 1.1 *habe ich Sie von Ihrem Platz vertrieben? habe ich versehentlich Ihren Platz eingenommen?* □ **tomei seu lugar?* 1.2 ⟨530/Vr 5 od. Vr 6⟩ **jmdm. etwas (Lästiges) ~** *jmdn. von etwas befreien; jmdm. die Langeweile, die Sorgen ~* □ **livrar alguém de alguma coisa (maçante)* 1.2.1 *sich die Zeit (mit einer Beschäftigung, mit Spielen) ~ verkürzen, kurzweilig gestalten* □ **passar/matar o tempo* **2 Waren ~** *W. einem Zwischenhändler anbieten od. direkt an einem Endabnehmer verkaufen* □ *vender*

ver|tre|ten ⟨V. 268/500⟩ **1** ⟨530/Vr 3⟩ **sich den Fuß ~** *sich den F. verstauchen* □ **torcer o pé* **2** ⟨530/Vr 3⟩ **sich die Beine, Füße ~** ⟨umg.⟩ *sich durch Umhergehen Bewegung verschaffen (nach langem Sitzen)* □ **estender/esticar as pernas/os pés* **3** ⟨530⟩ **jmdm. den Weg ~** *durch Dazwischentreten versperren* □ **impedir a passagem de alguém* **4** ⟨Vr 8⟩ **jmdn. ~** *vorübergehend jmds. Stelle einnehmen; er vertritt den Abteilungsleiter während dessen Urlaubs; jmdn. dienstlich ~* □ *substituir* **5** *jmdn. od. jmds. Sache ~ für jmdn. od. jmds. Sache eintreten, jmds. Rechte wahren; er lässt sich von einem sehr tüchtigen Anwalt ~; jmds. Interessen ~* □ *defender; representar* **6** *eine Sache ~ verteidigen, rechtfertigen, für eine S. eintreten; eine Behauptung ~; er vertritt die Meinung, dass ...; wie willst du eine solche Handlungsweise vor deinen Vorgesetzten ~?* □ *defender; sustentar* **7** *eine Firma ~ als Vertreter den Verkauf von Waren für eine F. vermitteln; Sy repräsentieren(1)* □ *representar* **8** ⟨Part. Perf.⟩ *~ sein (als Vertreter) anwesend, vorhanden sein; bei der Besprechung war die Geschäftsleitung nicht ~; in diesem Sammelband sind von jüngeren Schriftstellern nur X, Y und Z ~* □ **ser representado*

Ver|tre|ter ⟨m.; -s, -⟩ *jmd., der einen anderen od. eine Sache vertritt(4–8); Stell~, Handels~; sein ~ vor Gericht ist Rechtsanwalt X; er ist ein ~ dieser Richtung* □ *substituto; representante*

Ver|tre|te|rin ⟨f.; -, -rin|nen⟩ *weibl. Vertreter* □ *substituta; representante*

Ver|tre|tung ⟨f.; -, -en⟩ **1** *das Vertreten(4–8); Stell~; er hat die ~ der Firma X* □ *representação; substitui-*

ção; Herr X hat die ~ des erkrankten Y übernommen □ **o senhor X substituiu Y, que estava doente* 1.1 *in ~ (von ..., des ...) anstelle, im Namen, im Auftrag (von ..., des ...); in ~ des Herrn Direktors, Präsidenten* □ **como representante de; em nome de*

Ver|trieb ⟨m.; -(e)s; unz.⟩ **1** *das Vertreiben(2) (von Waren)* □ *venda* **2** *Abteilung einer Firma, die die Bestellung u. Auslieferung der Waren bucht u. ausführt* □ *departamento de vendas*

ver|trock|nen ⟨V. 400(s.)⟩ **1** *trocken werden, austrocknen, durch Trockenheit absterben; die Pflanzen, Felder, Wiesen sind vertrocknet* 1.1 *die Quelle ist vertrocknet versiegt* □ *secar*

ver|trös|ten ⟨V. 500/Vr 7 od. Vr 8⟩ **jmdn. ~** *auf später hoffen lassen; ich vertröstete ihn auf morgen, auf später* □ *fazer esperar; prometer*

ver|tun ⟨V. 272/500; umg.⟩ **1 Geld ~** *mit nichtigen Dingen verschwenden* □ *desperdiçar* **2 Zeit ~** *mit oberflächlichen od. nutzlosen Dingen, Beschäftigungen verbringen, zubringen; die Zeit mit Reden ~* □ *perder* **3** ⟨Vr 3⟩ **sich ~** *sich irren; da habe ich mich vertan* □ **enganar-se*

ver|tu|schen ⟨V. 500; umg.⟩ *eine Sache ~ verheimlichen, unterdrücken, das Bekanntwerden verhindern; eine peinliche Angelegenheit, einen unangenehmen Vorfall ~* □ *encobrir; abafar*

ver|üben ⟨V. 500⟩ *eine Sache ~ ausführen, begehen; ein Attentat, Verbrechen ~* □ *cometer; perpetrar*

ver|un|glimp|fen ⟨V. 500/Vr 8; geh.⟩ **jmdn. od. eine Sache ~** *schmähen, beleidigen* □ *difamar; insultar*

ver|un|glü|cken ⟨V. 400(s.)⟩ **1** *einen Unfall erleiden, tödlich ~; mit dem Auto ~* □ *sofrer um acidente* **2** *etwas verunglückt* ⟨umg.⟩ *misslingt, missrät; der Kuchen ist völlig verunglückt* □ *dar errado*

ver|un|stal|ten ⟨V. 500/Vr 7⟩ **jmdn. od. etwas ~** *entstellen, hässlich, unansehnlich machen; eine Landschaft durch Industriebauten ~; ein durch eine Narbe verunstaltetes Gesicht* □ *desfigurar; deformar; enfear*

ver|un|treu|en ⟨V. 500⟩ *Geld ~ unterschlagen* □ *desviar; subtrair*

ver|ur|sa|chen ⟨V. 500⟩ *etwas ~ die Ursache für etwas sein; das verursacht viel Arbeit, Kosten; Schaden ~; einen Skandal ~* □ *causar; provocar*

ver|ur|tei|len ⟨V. 500⟩ **1** ⟨550⟩ *jmdn. zu einer Strafe ~ durch Gerichtsbeschluss eine Strafe über jmdn. verhängen; jmdn. zu einer Geldstrafe, zu fünf Jahren Freiheitsstrafe, zum Tode ~* □ *condenar; sentenciar* **2** *zu etwas verurteilt sein* ⟨fig.⟩ *zu etwas bestimmt, verdammt sein; die Sache war von vornherein zum Scheitern verurteilt* □ **estar condenado a alguma coisa* **3** ⟨Vr 8⟩ **jmdn. od. etwas ~** *ablehnend beurteilen, ablehnen; jmds. Benehmen, Verhalten, Handlungsweise ~* □ *condenar; desaprovar*

Ver|ve ⟨[vɛrvə] f.; -; unz.; geh.⟩ *Schwung, Begeisterung; etwas mit großer ~ erzählen* □ *verve*

ver|viel|fäl|ti|gen ⟨V. 500⟩ *etwas ~ auf mechanischem Wege mehrfach herstellen; einen Text ~* □ *fotocopiar; reproduzir*

ver|voll|komm|nen ⟨V. 500⟩ **1** etwas ~ *vollkommen machen, verbessern, verschönern, vervollständigen;* seine Kenntnisse, sein Wissen ~ **2** ⟨511/Vr 3⟩ **sich in einer Sache** ~ *verbessern, in einer S. sehr gut werden;* sich in einer Fremdsprache ~ ☐ **aperfeiçoar(-se)**

ver|voll|stän|di|gen ⟨V. 500/Vr 7⟩ etwas ~ *vollständig machen, ergänzen;* seine Kenntnisse ~; einen Text durch Nachträge ~ ☐ **completar**

ver|wach|sen¹ ⟨[-ks-] V. 277⟩ **1** ⟨500⟩ ein **Kleidungsstück** ~ *aus einem K. herauswachsen, zu groß für ein K. werden* ☐ **já não caber em uma roupa (por ter crescido) 2** ⟨400(s.)⟩ etwas verwächst *verschwindet durch das Wachsen von etwas anderem, wächst zu;* die Narbe, der Riss, die Wunde ist gut ~ ☐ **cicatrizar(-se);** fechar; der Weg ist (durch Unkraut, Gesträuch o. Ä.) ~ ☐ **cobrir-se de vegetação 3** ⟨417(s.)⟩ *zusammenwachsen;* die beiden Blätter sind miteinander ~ ☐ **concrescer** 3.1 *mit etwas* ~ ⟨fig.⟩ *sich eng mit etwas verbinden;* er ist mit seinem Grund u. Boden fest ~; er ist mit seiner Arbeit fest ~ ☐ ***ser/estar estreitamente ligado a alguma coisa** 3.2 *zu einer* **Einheit** ~ ⟨fig.⟩ *allmählich zu einer E. werden* ☐ ***tornar-se uma coisa só; formar uma unidade;* die Kinder sind zu einer festen Gemeinschaft ~ ☐ **formar; constituir**

ver|wach|sen² ⟨[-ks-] V. 500⟩ **1** ⟨Part. Perf. von⟩ *verwachsen¹* **2** ⟨Adj.⟩ *schief, verkrümmt gewachsen;* er hat einen ~en Rücken ☐ **torto; deformado; corcundo**

ver|wach|sen³ ⟨[-ks-] V. 500⟩ Skier ~ *mit dem falschen Wachs einreiben* ☐ ***passar a cera errada nos esquis**

ver|wah|ren ⟨V. 500⟩ **1** etwas ~ ⟨geh.⟩ *in sichere Obhut nehmen, sicher aufbewahren;* Sy *aufheben(2);* Geld, Papiere im Tresor ~ **2** etwas ~ ⟨umg.; bes. norddt.⟩ *für später aufheben, nicht sofort verbrauchen;* Süßigkeiten ~ ☐ **guardar 3** ⟨550/Vr 3⟩ *sich gegen etwas* ~ *gegen etwas protestieren, Widerspruch erheben;* sich gegen einen Vorwurf ~ ☐ ***protestar contra alguma coisa**

ver|wahr|lo|sen ⟨V. 400(s.)⟩ *schmutzig, ungepflegt werden, verkommen;* einen Garten, ein Gebäude, die Wohnung ~ lassen ☐ **descuidar de; entregar ao abandono;** verwahrloste Kinder, Jugendliche; das Zimmer sah verwahrlost aus; das Kind war völlig verwahrlost ☐ **abandonado; descuidado**

ver|wai|sen ⟨V. 400; nur im Perf. Pass. od. als Part. Perf.⟩ **1** *Waise werden, die Eltern verlieren;* das Kind ist verwaist ☐ **ficar órfão** 1.1 ⟨fig.⟩ *einsam werden, verlassen werden;* verwaiste Dörfer ☐ **abandonado; deserto**

ver|wal|ten ⟨V. 500⟩ eine Sache ~ *alle mit einer S. zusammenhängenden Angelegenheiten erledigen;* ein Amt ~; Gelder ~; ein Gut ~ ☐ **administrar; gerir**

Ver|wal|ter ⟨m.; s,-⟩ *jmd., der etwas verwaltet;* Guts~, Haus~, Vermögens~ ☐ **administrador; gerente**

Ver|wal|te|rin ⟨f.; -, -rin|nen⟩ *weibl. Verwalter* ☐ **administradora; gerente**

Ver|wal|tung ⟨f.; -, -en⟩ **1** *das Verwalten* **2** *Person, Unternehmen od. Behörde, die bzw. das etwas verwaltet;* Haus~; Unterlagen bei der ~ einreichen ☐ **administração; gerência; gestão**

ver|wan|deln ⟨V. 500/Vr 7⟩ **1** jmdn. od. etwas ~ *völlig ändern, umgestalten, umformen;* die Szene, den Schauplatz ~; Flüssigkeit in Dampf ~; das Haus wurde durch die Gasexplosion in einen Trümmerhaufen verwandelt; sie war durch die Freude ganz verwandelt; er ist seit seiner Kur wie verwandelt ☐ **transformar; mudar; converter** 1.1 ⟨550/Vr 7⟩ jmdn. in etwas ~ *die Gestalt von etwas annehmen (lassen);* Zeus verwandelte sich in einen Schwan; die Hexe verwandelte die Prinzessin in ein Kätzchen ☐ **transformar**

ver|wandt ⟨Adj. 24⟩ **1** *von gleicher Abstammung, zur selben Familie gehörend;* wir sind nahe, entfernt, weitläufig ~ ☐ **parente; aparentado** 1.1 *mit jmdm.* ~ sein *die gleiche Abstammung haben, zur selben Familie gehören;* wir sind miteinander ~ ☐ ***ser parente de alguém** 1.2 *auf den gleichen Ursprung zurückgehend;* die deutsche Sprache ist mit der englischen ~ ☐ **aparentado; afim 2** ⟨70; fig.⟩ *sehr ähnlich;* Mut und Tapferkeit sind ~e Eigenschaften 2.1 *in der Art, Denkart, Empfindungsart ähnlich;* geistig ~ sein ☐ **similar; parecido**

Ver|wand|te(r) ⟨f. 2 (m. 1)⟩ *Person, Tier od. Pflanze der gleichen Abstammung od. derselben Familie;* ~ ersten, zweiten, dritten Grades; alle ~n einladen; wir fahren zu ~n ☐ **parente**

Ver|wandt|schaft ⟨f.; -, -en⟩ **1** *das Verwandtsein* ☐ **parentesco 2** ⟨i. w. S.⟩ *Gesamtheit der Verwandten* ☐ **parentela** 2.1 ⟨i. e. S.⟩ *die Familienangehörigen außerhalb der engsten Familie;* die ~ zu Besuch haben ☐ **parentes; familiares 3** ⟨fig.⟩ *Ähnlichkeit in der Art, verbindende Ähnlichkeit auf geistigem od. seelischem Gebiet;* Geistes~, Seelen~; zwischen beiden Sprachen, Eigenschaften besteht eine gewisse ~ ☐ **parentesco; afinidade; semelhança**

ver|war|nen ⟨V. 500⟩ jmdn. ~ *jmdm. eine Verwarnung erteilen, jmdn. verwarnend zurechtweisen* ☐ **advertir; admoestar**

Ver|war|nung ⟨f.; -, -en⟩ **1** *warnende Zurechtweisung (bes. als polizeiliche Maßnahme bei Übertretungen von Verkehrsvorschriften);* gebührenpflichtige ~ ☐ **advertência; admoestação 2** ⟨Sp.⟩ 2.1 ⟨Fußb.; Handb.⟩ *Gelbe Karte* 2.2 ⟨Boxen, Ringen⟩ *die Punktewertung beeinflussende, minder schwere Bestrafung* ☐ **advertência**

ver|wa|schen ⟨Adj.⟩ **1** *durch vieles Waschen verblichen;* ein ~es Kleidungsstück ☐ **desbotado; deslavado 2** *blass, nicht leuchtend;* eine ~e Farbe; ein ~es Rot, Blau ☐ **pálido; apagado 3** ⟨fig.⟩ *unbestimmt, unklar, ungenau, verschwommen;* ein ~er Ausdruck; eine ~e Formulierung ☐ **vago; impreciso**

ver|wäs|sern ⟨V. 500⟩ **1** etwas ~ *zu sehr mit Wasser verdünnen;* eine Suppe, Wein ~ ☐ **aguar 2** eine Sache ~ *des Gehaltes, der Durchschlagskraft berauben, unanschaulich, nicht überzeugend gestalten;* die verwässerte Darstellung einer Sache ☐ **diluir; atenuar**

ver|we|ben ⟨V. 280/500⟩ **1** etwas ~ *zum Weben verbrauchen;* Garn ~ ☐ **usar (para tecer) 2** ⟨510⟩ etwas in, mit etwas ~ *in etwas hineinweben, mit etwas zu-*

verwechseln

sammenweben; Goldfäden in einen Stoff ~ □ **entrelaçar; entretecer 3** ⟨510⟩ eine **Sache** in eine **Sache**, mit einer **Sache** ~ ⟨fig.⟩ *eng verbinden, ineinander aufgehen lassen, verflechten;* er hat alte Legenden u. Märchen in seinen Roman verwoben; die Angelegenheiten sind miteinander verwoben □ **entrelaçar; mesclar**

ver|wech|seln ⟨[-ks-] V. 500⟩ **1** etwas ~ *irrtümlich vertauschen;* zwei Begriffe, Wörter (miteinander) ~; wir haben unsere Handschuhe verwechselt; sie sehen einander, sich zum Verwechseln ähnlich □ **trocar (por engano); confundir** 1.1 er verwechselt manchmal Mein und Dein ⟨fig.; umg.⟩ *er ist nicht ehrlich, er stiehlt ab und zu* □ ***às vezes ele não sabe distinguir o que é dele e o que é dos outros** 1.2 er verwechselt mir und mich ⟨fig.; umg.⟩ *er spricht nicht korrekt Deutsch* □ ***ele não sabe falar (alemão) direito** **2** ⟨516⟩ etwas mit etwas anderem, **jmdn.** mit **jmdm.** ~ *irrtümlich für etwas anderes, für jmd. anderen halten;* ich habe ihn mit seinem Bruder, seinem Freund verwechselt; du hast Thomas mit Heinrich Mann verwechselt □ **confundir**

Ver|wechs|lung ⟨[-ks-] f.; -, -en⟩ *das Verwechseln, irrtümliche Vertauschung;* ~ von Begriffen □ **confusão; engano; troca (por engano)**

ver|we|gen ⟨Adj.⟩ **1** *kühn, draufgängerisch;* ein ~er Bursche; eine ~e Tat; er sah ~ aus □ **audacioso; corajoso; temerário 2** *forsch, keck;* die Mütze saß ihm ~ auf einem Ohr □ **(de modo) ousado/arrojado**

ver|weich|li|chen ⟨V. 500/Vr 7⟩ jmdn. ~ *weichlich machen, verwöhnen, verzärteln* □ **mimar demais; acostumar mal**

ver|wei|gern ⟨V.⟩ **1** ⟨500⟩ etwas ~ *ablehnen, abschlagen;* die Annahme eines Briefes ~; die Aussage ~ (vor Gericht); den Gehorsam ~; den Wehrdienst ~ □ **recusar; refutar 2** ⟨530⟩ **jmdm.** etwas ~ *nicht geben;* jmdm. eine Auskunft ~; jmdm. eine Genehmigung, die Einreise ~; jmdm. Hilfe ~ □ **recusar; negar 3** ⟨400⟩ *das* **Pferd** *hat dreimal (das* **Hindernis**) *verweigert das P. ist dreimal nicht über das H. gesprungen* □ **refugar**

ver|wei|len ⟨V.; geh.; 400⟩ **1** *bleiben;* zum Augenblicke dürft' ich sagen: verweile doch, du bist so schön! (Goethe, „Faust" II, 5); lass uns hier noch ein wenig ~; die Bank, der weiche Moosboden lud zum Verweilen ein □ **ficar; permanecer** 1.1 *bei einer* **Sache** ~ *sich länger mit einer S. beschäftigen* □ ***demorar-se/estender-se em alguma coisa**

Ver|weis¹ ⟨m.; -es, -e⟩ *Verwarnung, Rüge, Tadel (auch als Dienststrafe);* einen ~ bekommen; jmdm. einen ~ erteilen; milder, scharfer, strenger ~ □ **repreensão; admoestação**

Ver|weis² ⟨m.; -es, -e⟩ *Hinweis (auf eine bestimmte Stelle od. ein Bild eines Textes);* in einem Text einen ~ anbringen □ **referência; remissão**

ver|wei|sen¹ ⟨V. 282/500⟩ **1 jmdn.** ~ *rügen, tadeln, jmdm. einen Verweis erteilen* □ **repreender; admoestar 2** ⟨530⟩ **jmdm.** etwas ~ ⟨veraltet⟩ *tadelnd verbieten;* einem Kind sein vorlautes Reden ~ □ ***repreender/censurar alguém por alguma coisa**

ver|wei|sen² ⟨V. 282⟩ **1** ⟨411⟩ *auf* etwas ~ *auf etwas hinweisen;* auf ein Bild, eine Seite ~ (in einem Text); auf seinen Protest hin verwies man ihn auf die amtlichen Vorschriften □ ***remeter a alguma coisa; indicar alguma coisa 2** ⟨511⟩ **jmdn. an** jmd. anderen ~ *jmdn. bitten, sich an jmd. anderen zu wenden;* ich bin von Herrn X an Sie verwiesen worden □ **encaminhar; enviar 3** ⟨540 od. 511⟩ **jmdn.** einer **Sache** od. **von, aus** etwas ~ *zum Verlassen einer S., von etwas zwingen;* jmdn. des Landes ~; einen Schüler von der Schule ~ □ **expulsar**

ver|wel|ken ⟨V. 400(s.)⟩ **1** *welk werden, verblühen* (von Blumen) □ **murchar; fenecer** 1.1 *verwelktes* **Gesicht** ⟨fig.; abwertend⟩ *Gesicht mit erschlaffter Haut* 1.2 sie sieht verwelkt aus ⟨fig.; abwertend⟩ *nicht mehr jugendlich u. frisch* □ **murcho; sem viço**

ver|wen|den ⟨V. 283/500⟩ **1** etwas ~ *benutzen, gebrauchen, anwenden;* meine Kenntnisse kann ich hier gut, kaum ~; den Stoff können wir für einen kurzen Rock ~ □ **usar; empregar** 1.1 ⟨550⟩ viel Arbeit, Fleiß, Mühe *auf* etwas ~ *für etwas aufbringen, sich etwas viel A., F., M. kosten lassen;* er hat viel Arbeit, Mühe darauf verwendet □ **empregar; dedicar 2** ⟨550/Vr 3⟩ *sich für* **jmdn.** ~ *sich zu jmds. Fürsprecher machen, sich für jmdn. einsetzen* □ ***intervir a favor de alguém; interceder por alguém**

ver|wer|fen ⟨V. 286⟩ **1** ⟨500⟩ etwas ~ ⟨selten⟩ *so werfen, so aufheben od. weglegen, dass man es nicht wiederfindet;* einen Ball ~ □ **perder 2** ⟨500⟩ eine **Sache** ~ *zurückweisen, ablehnen, für nicht gut, für unbrauchbar erklären;* eine Methode ~; einen Plan, Vorschlag ~ 2.1 *ein* **Urteil** ~ *für unannehmbar erklären* □ **rejeitar; recusar** 2.2 *eine* **Handlungsweise** ~ *für unsittlich erklären* □ **condenar; reprovar 3** ⟨500/Vr 3⟩ etwas verwirft **sich** *zieht sich krumm, verbiegt sich;* das Holz hat sich verworfen; die Bretter ~ sich □ **empenar; vergar 4** ⟨400⟩ *ein* **Tier** *verwirft hat eine Fehlgeburt;* die Kuh hat verworfen □ **abortar**

ver|werf|lich ⟨Adj.⟩ *verdammenswert, verächtlich, unsittlich;* eine ~e Handlungsweise, Tat; es ist ~, so etwas zu tun □ **condenável; reprovável**

ver|wer|ten ⟨V. 500⟩ etwas ~ *(noch für etwas) verwenden, ausnützen, benutzen, gebrauchen;* Altmetall, Papierabfälle (noch zu etwas) ~; Metallgegenstände als Schrott ~; einen Stoffrest noch für ein Kopftuch ~; Eindrücke, Erlebnisse in einem Roman ~ □ **aproveitar; utilizar**

ver|we|sen¹ ⟨V. 500⟩ etwas ~ ⟨veraltet⟩ *verwalten* □ **administrar; gerir**

ver|we|sen² ⟨V. 400(s.)⟩ *sich zersetzen, verfaulen* □ **decompor-se; apodrecer**

ver|wi|ckeln ⟨V. 500⟩ **1** etwas ~ *verwirren, ineinanderschlingen;* du hast das Garn, die Fäden verwickelt □ **emaranhar; embaraçar 2** ⟨511/Vr 3⟩ *sich in* etwas ~ *etwas versehentlich um sich wickeln;* das Kind hatte sich in die Gardinenschnur verwickelt □ ***enrolar-se/embrulhar-se em alguma coisa 3** ⟨511/Vr 7⟩ **jmdn. in** etwas ~ ⟨fig.⟩ *jmdn. in eine Angelegenheit hineinziehen;* lass dich nicht in diesen Streit ~ □ **en-**

volver 3.1 **sich in etwas ~** *in eine Angelegenheit hineingeraten, hineingezogen werden* □ *envolver-se em alguma coisa 3.1.1 **sich in Widersprüche ~** *einander widersprechende Aussagen machen* □ *cair em contradição* 3.2 *in eine Angelegenheit verwickelt sein an einer A. beteiligt sein* □ *estar envolvido/implicado em uma questão*

ver|wil|dern ⟨V. 400(s.)⟩ **1** etwas verwildert *wird zur Wildnis, bleibt ungepflegt, wird von Unkraut, Gras, Gebüsch überwuchert;* der Park verwildert; einen Garten ~ lassen □ *estar coberto por mato; estar entregue ao abandono; não ser cuidado* **2** *ein unordentliches, nachlässiges, nicht ordnungsgemäßes Aussehen, Verhalten annehmen;* die Kinder sind in den Ferien völlig verwildert; verwildert aussehen □ *desleixado; indisciplinado*

ver|win|den ⟨V. 288/500⟩ eine Sache ~ *überwinden, verschmerzen, über eine S. hinwegkommen;* einen Verlust, Schicksalsschlag ~; sie kann den Tod ihres Mannes nicht ~ □ *superar; recuperar-se de*

ver|wir|ken ⟨V. 503/Vr 5⟩ **1** eine Sache ~ ⟨geh.⟩ *das Anrecht auf eine S. (durch eigene Schuld) einbüßen, verlieren;* sich jmds. Gunst, Wohlwollen ~ □ *perder (por culpa própria)* 1.1 sein Leben verwirkt haben *eine Schuld mit dem Leben bezahlen müssen, zum Tode verurteilt werden* □ *merecer morrer* **2** ⟨400⟩ *nicht länger gültig sein;* in diesem Fall verwirkt der Anspruch sofort □ *perder a validade; deixar de valer*

ver|wirk|li|chen ⟨V. 500⟩ **1** etwas ~ *in die Tat umsetzen;* Sy *realisieren*(1); eine Idee, einen Plan ~ **2** ⟨Vr 3⟩ etwas verwirklicht **sich** *wird Wirklichkeit;* meine Hoffnung, mein Wunsch hat sich verwirklicht □ *realizar(-se)*

ver|wir|ren ⟨V. 500⟩ **1** etwas ~ *in Unordnung bringen, durcheinanderbringen;* sein Haar, seine Frisur war verwirrt □ *emaranhar; embaraçar* 1.1 ⟨Vr 3⟩ etwas verwirrt **sich** *gerät in Unordnung* □ *emaranhar-se; embaralhar-se,* sein Geist hat sich verwirrt □ *ele ficou confuso/perturbado* **2** ⟨Vr 8⟩ jmdn. ~ *aus der Fassung bringen, jmds. Gedanken in Unordnung bringen;* → a. *Konzept*(3); jmdn. durch eine Frage ~ □ *desconcertar; confundir,* verwirrt aussehen; du machst mich ganz verwirrt; „Ich weiß nicht –", sagte er verwirrt; ich bin durch die vielen neuen Eindrücke ganz verwirrt □ *confuso; desnorteado,* eine ~de Fülle von Dingen □ *confuso; desconcertante*

ver|wi|schen ⟨V. 500⟩ **1** etwas ~ *durch Wischen auf eine größere Fläche verteilen (u. dadurch undeutlich machen);* Tinte ~ □ *espalhar,* du hast die Schrift verwischt ~ ⟨fig.⟩ *unkenntlich machen, undeutlich werden lassen;* Spuren ~ □ *encobrir; ocultar* 2.1 ⟨Part. Perf.⟩ verwischt *undeutlich, unklar, verschwommen;* ich habe nur noch eine verwischte Erinnerung daran; die Berge waren nur in verwischten Umrissen zu erkennen □ *indistinto, vago* **3** ⟨Vr 3⟩ etwas verwischt **sich** *wird undeutlich;* im Laufe der Zeit ~ sich die Eindrücke 3.1 Gegensätze, Unterschiede ~ sich *gleichen sich aus;* die Farbkontraste haben sich mit der Zeit verwischt □ *apagar-se; obliterar-se*

ver|wit|tern ⟨V. 400(s.)⟩ **1** etwas verwittert *zerfällt unter den Witterungseinflüssen;* das Gestein, die Mauer verwittert □ *desintegrar-se/desgastar-se (pela ação das intempéries)* 1.1 ein verwittertes Gesicht ⟨fig.⟩ *zerfurchtes G. mit ledern wirkender Haut* □ *castigado pelo tempo*

ver|wit|wet ⟨Adj. 24/70; Abk. verw.⟩ *Witwe bzw. Witwer geworden;* er, sie ist seit einem Jahr ~; Frau Müller, -e Schulze □ *viúvo*

ver|wöh|nen ⟨V. 500⟩ **1** ⟨Vr 7⟩ jmdn. ~ *durch zu vorsichtige, zu wenig strenge Behandlung verziehen;* der Vater verwöhnt den Jungen zu sehr; der Junge ist in den Ferien von den Großeltern sehr verwöhnt worden; das Kind ist sehr verwöhnt **2** ⟨Vr 8⟩ jmdn. ~ *sehr entgegenkommend behandeln, jmdm. jeden Wunsch erfüllen;* lass dich mal etwas ~!; er hat sie mit Geschenken verwöhnt □ *mimar* 2.1 ⟨Part. Perf.⟩ verwöhnt *verfeinert, anspruchsvoll;* dieses Hotel wird auch verwöhnten Ansprüchen gerecht; einen verwöhnten Geschmack haben □ *exigente; refinado*

ver|wor|fen **1** ⟨Part. Perf. von⟩ *verwerfen* **2** ⟨Adj. 70; geh.⟩ *moralisch verkommen, lasterhaft, unsittlich;* ein ~er Mensch □ *abjeto; depravado*

ver|wor|ren ⟨Adj.⟩ *unklar, verwickelt;* eine ~e Angelegenheit; ~e Reden; seine Erklärungen waren sehr ~; die Lage ist ziemlich ~ □ *confuso; complicado*

ver|wun|den ⟨V. 500/Vr 7 od. Vr 8⟩ jmdn. ~ **1** *jmdm. eine Wunde zufügen;* Sy *lädieren*(2); leicht, schwer, tödlich verwundet □ *ferir; machucar,* die Verwundeten versorgen □ *ferido* **2** ⟨fig.⟩ *kränken;* er hat mich tief verwundet □ *ferir; magoar*

ver|wun|dern ⟨V. 500⟩ **1** etwas verwundert jmdn. *wundert, erstaunt jmdn.;* es hat mich verwundert, dass ...; ihre Bemerkung hat ihn sehr verwundert □ *surpreender; espantar* 1.1 es ist (nicht) zu ~, dass ... *es ist (nicht) erstaunlich, dass ...* □ *(não) é de admirar que...*

ver|wun|schen ⟨Adj.⟩ *verzaubert;* ein ~es Schloss; eine ~e Prinzessin □ *encantado*

ver|wün|schen ⟨V. 500/Vr 8⟩ jmdn. od. etwas ~ **1** *verfluchen;* ich könnte diesen Computer ~! (weil er nicht richtig funktioniert) □ *amaldiçoar; maldizer,* dieser verwünschte Mensch ist wieder nicht gekommen □ *maldito* **2** ⟨im Märchen⟩ *verzaubern* □ *encantar; enfeitiçar*

ver|wur|zeln ⟨V. (s.)⟩ **1** ⟨400⟩ eine Pflanze verwurzelt *schlägt Wurzeln;* die Pflanze verwurzelt gut; der Baum ist tief im Boden verwurzelt □ *enraizar-se; arraigar-se* **2** ⟨411⟩ jmd. ist in etwas verwurzelt ⟨fig.⟩ *fest mit etwas verwachsen, verbunden;* er ist tief in seiner Heimat, seinem Grund u. Boden verwurzelt □ *estar arraigado/radicado*

ver|wüs|ten ⟨V. 500⟩ **1** etwas ~ *zur Wüste machen, in Wüste verwandeln, vernichten, verheeren, zerstören;* ein Land im Krieg ~ □ *devastar; arrasar* 1.1 ein verwüstetes Gesicht ⟨fig.⟩ *elendes, eingefallenes, leidvolles Gesicht* □ *arrasado; desolado*

ver|za|gen ⟨V. 400(s.)⟩ **1** *mutlos werden, die Zuversicht verlieren* □ *desanimar; abater-se* 1.1 ⟨Part. Perf.⟩

verzählen

verzagt *kleinmütig, mutlos;* verzagt sein □ desanimado; abatido

ver|zäh|len ⟨V. 500/Vr 3⟩ sich ~ *falsch zählen, sich beim Zählen irren;* er hat sich zweimal verzählt □ *enganar-se na conta

ver|zap|fen ⟨V. 500⟩ **1** Getränke ~ ⟨selten⟩ *vom Fass ausschenken* □ servir diretamente do barril **2** *Holzteile* ~ *durch Zapfen verbinden* □ ensamblar **3** *Unsinn* ~ ⟨fig.; umg.⟩ *reden, von sich geben* □ *dizer asneiras

ver|zau|bern ⟨V. 500⟩ **1** jmdn. od. etwas ~ *durch Zauber verwandeln;* die Hexe verzauberte die Königssöhne in Schwäne; ein verzauberter Prinz **2** ⟨Vr 8⟩ jmdn. ~ ⟨fig.⟩ *stark, tief beeindrucken u. beglücken;* ihre Schönheit hat ihn verzaubert; ich war von dem Anblick ganz verzaubert □ encantar; enfeitiçar

Ver|zehr ⟨m.; -s; unz.⟩ *Verbrauch (an Essen und Trinken);* zum baldigen ~ bestimmt □ consumo

ver|zeh|ren ⟨V. 500⟩ **1** etwas ~ *essen u. (od.) trinken;* in einem Restaurant etwas ~; er verzehrte in aller Ruhe, gemächlich sein Brot und sagte dann ...; den mitgebrachten Proviant ~ **2** etwas ~ *verbrauchen;* Friede ernährt, Unfriede verzehrt ⟨Sprichw.⟩ □ consumir 2.1 *für den Lebensunterhalt verbrauchen, von etwas leben;* sein Vermögen ~; er hat im Monat 800 Euro zu ~ □ consumir; gastar 2.2 etwas ~ *etwas verbraucht etwas völlig;* die Arbeit, Krankheit hat alle seine Kräfte verzehrt □ consumir; ein ~des Fieber 2.2.1 ~de **Leidenschaft** ⟨fig.⟩ *heftige, nahezu bis zur Krankheit führende L.* □ que consome **3** ⟨500/Vr 3⟩ sich ~ ⟨geh.⟩ *an etwas leiden* □ *consumir-se; corroer-se 3.1 sich in Kummer ~ *fast krank sein, fast vergehen vor K.* □ *consumir-se de preocupação 3.2 sich nach etwas od. jmdm. ~ *nach etwas od. jmdm. heftiges Verlangen, große Sehnsucht haben* □ *ansiar por alguém ou alguma coisa 3.2.1 jmdn. mit ~den Blicken ansehen *mit verlangenden, begehrenden B.* □ *devorar alguém com os olhos

ver|zeich|nen ⟨V. 500⟩ **1** etwas ~ *falsch zeichnen;* die Nase auf dem Porträt ist vollkommen verzeichnet □ desenhar mal 1.1 ⟨fig.⟩ *falsch od. übertrieben darstellen;* die Gestalten des Films, des Romans sind (völlig) verzeichnet □ distorcer **2** etwas ~ *vermerken, feststellen (u. schriftlich festhalten);* er ist in der Liste (nicht) verzeichnet □ arrolar; die Seiten mit Abbildungen sind im Register verzeichnet; man muss es eben als Tatsache zu ~ □ anotar; registrar 2.1 ich habe einen Erfolg zu ~ ⟨fig.; verstärkend⟩ *einen E. gehabt* □ *tenho um êxito a registrar

Ver|zeich|nis ⟨n.; -ses, -se⟩ *unter einem bestimmten Gesichtspunkt zusammengestellte Sammlung von Daten;* → a. *Register(1), Katalog;* Abbildungs-~, Bücher-~, Inhalts-~, Namens-~, Waren-~ ; namentliches ~ □ relação; registro; catálogo

ver|zei|hen ⟨V. 292/503/Vr 5 od. Vr 6⟩ **1** (jmdm.) etwas ~ *nicht übelnehmen, vergeben, entschuldigen;* das wird er dir nie ~!; so etwas kann ich nicht ~; ich kann es mir nicht ~, dass ich das getan habe; ich habe ihm (längst) verziehen; ~ Sie, können Sie mir sagen ... (Höflichkeitsformel); ~ Sie bitte die Störung □ perdoar; desculpar 1.1 ~ Sie! *ich bitte um Entschuldigung* □ *perdão!; desculpe!

Ver|zei|hung ⟨f.; -; unz.⟩ **1** *das Verzeihen;* jmdn. um ~ bitten; ich bitte Sie tausendmal um ~ (Höflichkeitsformel zur Entschuldigung) □ perdão; desculpa 1.1 ~! *entschuldigen Sie!, das wollte ich nicht!* □ perdão!; desculpe!

ver|zer|ren ⟨V. 500⟩ **1** ⟨530/Vr 1⟩ sich etwas ~ *zerren, zu sehr dehnen;* er hat sich eine Sehne verzerrt □ distender **2** etwas ~ *aus der Form geraten lassen;* das Gesicht durch Grimassen ~; vor Schmerz verzerrter Mund □ contorcer; der Spiegel verzerrt das Bild **3** etwas ~ ⟨fig.⟩ *falsch wiedergeben, entstellen;* die Lautsprecheranlage verzerrt den Ton; der Spiegel verzerrt die Proportionen; der Gesang auf der Schallplatte klingt verzerrt □ distorcer 3.1 einen Vorfall verzerrt darstellen, wiedergeben ⟨fig.⟩ *verfälscht* □ *apresentar um quadro distorcido de um acontecimento

ver|zet|teln ⟨V. 500⟩ **1** etwas ~ ⟨veraltet⟩ *auf einzelne Zettel schreiben;* Titel von Büchern, bestimmte Begriffe eines Textes; Namen einer Liste ~ und dann alphabetisch ordnen □ catalogar; registrar em fichas **2** etwas ~ *ohne wirklichen Nutzen für viele kleine Dinge verbrauchen;* du solltest dir für die 100 Euro etwas Schönes kaufen und sie nicht in Kleinigkeiten ~; seine Kraft mit nutzlosen Anstrengungen ~ □ desperdiçar; gastar **3** ⟨Vr 3⟩ sich ~ *zu vieles beginnen, ohne sich auf eine Sache zu konzentrieren* □ *querer abraçar o mundo; dispersar-se

Ver|zicht ⟨m.; -(e)s, -e⟩ *das Verzichten;* schmerzlicher, schwerer ~; unter ~ auf eine Gegenleistung □ renúncia; desistência

ver|zich|ten ⟨V. 800⟩ **1** auf eine Sache ~ *einer S. entsagen, nicht länger auf einer S. bestehen, sie nicht mehr beanspruchen;* danke, ich verzichte (darauf)!; ich verzichte zu deinen Gunsten; auf einen Anspruch, eine Forderung, ein Recht ~; auf den Thron ~; auf ein Vergnügen, ein Vorhaben ~ □ *renunciar a alguma coisa; desistir de alguma coisa 1.1 auf eine Sache ~ *können eine S. nicht brauchen, auf eine S. keinen Wert legen;* auf deine Hilfe kann ich ~ □ *poder prescindir/abrir mão de alguma coisa

ver|zie|hen ⟨V. 293⟩ **1** ⟨500⟩ etwas ~ *aus seiner normalen Form bringen, in eine andere Form ziehen* □ deformar; torcer; er verzog keine Miene; ohne eine Miene zu ~, holte er aus und schlug zu □ *ele não esboçou reação...; ele ficou impassível...;* er verzog den Mund zu einer Grimasse, zu einem Grinsen □ torcer 1.1 ⟨Vr 3⟩ etwas verzieht sich *zieht sich in eine falsche Form;* das Brett, das Fenster, der Stoff hat sich verzogen □ empenar; deformar(-se) **2** ⟨500⟩ jmdn. ~ *falsch, schlecht erziehen;* das Kind ist total verzogen □ mimar; estragar com mimos **3** ⟨400⟩ *umziehen, wegziehen, die Wohnung, den Wohnort verlegen (nach);* unbekannt verzogen □ *mudou-se;* falls verzogen, bitte zurück an Absender □ *em caso de mudança, devolver para o remetente;* sie sind nach

Hamburg verzogen □ mudar-se 4 ⟨500/Vr 3⟩ etwas verzieht sich *verschwindet allmählich;* das Gewitter verzieht sich; die Wolken haben sich verzogen; der Schmerz verzog sich □ passar; dissipar-se 5 ⟨500/Vr 3⟩ sich ~ ⟨umg.⟩ *(unauffällig) weggehen, verschwinden* □ desaparecer; gegen zehn Uhr hab' ich mich (ins Bett) verzogen □ enfiar-se 6 ⟨500⟩ Rüben ~ *die schwachen u. zu dicht stehenden Pflanzen unter den R. herausziehen* □ desbastar

ver|zie|ren ⟨V. 500⟩ 1 etwas ~ *mit Zierrat versehen, schmücken, ausschmücken;* ein Kleid mit Stickerei ~; eine Torte mit Schlagsahne ~; mit Intarsien, Schnitzerei verzierte Möbel □ guarnecer; enfeitar; decorar 1.1 einen Ton, ein Motiv, eine Melodie ~ *umspielen, durch Triller, Wiederholung, kleine Melodien u. Ä. reicher gestalten* □ ornamentar; florear

ver|zin|sen ⟨V. 503⟩ 1 (jmdm.) etwas ~ *Zinsen für etwas zahlen;* jmdm. ein Kapital, eine Spareinlage mit 3 % ~ □ pagar juros 2 ⟨Vr 3⟩ etwas verzinst sich *bringt Zinsen ein;* die Pfandbriefe verzinsen sich mit 5 % □ render juros

ver|zö|gern ⟨V. 500⟩ 1 eine Sache ~ *verlangsamen, hinausziehen;* den Ablauf einer Sache ~; der Materialmangel hat den Bau verzögert □ retardar; atrasar; adiar 2 ⟨Vr 3⟩ eine Sache verzögert sich *zieht sich hinaus, tritt später als vorgesehen ein;* seine Ankunft, Abreise hat sich verzögert □ atrasar(-se); demorar(-se)

ver|zol|len ⟨V. 500⟩ Waren ~ *für W. Zoll bezahlen* □ pagar taxas alfandegárias; haben Sie etwas zu ~? □ declarar

ver|zü|cken ⟨V. 500⟩ 1 jmdn. ~ *in Begeisterung, in Ekstase versetzen, hinreißen* □ extasiar; arrebatar 1.1 ⟨Part. Perf.⟩ verzückt *wie gebannt vor Begeisterung, ekstatisch (z. B. bei rituellen Tänzen);* die Kinder sahen verzückt dem Feuerwerk zu □ extasiado; arrebatado

Ver|zug ⟨m.; -(e)s; unz.⟩ 1 *Verzögerung, Rückstand* □ atraso; demora; ich bin mit der Arbeit, Zahlung in ~ geraten □ *estou atrasado com o trabalho/ pagamento; mit der Ratenzahlung im ~ sein □ *estar atrasado com o pagamento; ohne ~ □ *imediatamente; sem demora 2 *Gefahr* ist im ~ 2.1 *droht, nähert sich* □ *o perigo é iminente 2.2 *es ist gefährlich zu zögern* □ *é perigoso demorar 3 ⟨Bgb.⟩ *Verkleidung* □ revestimento

ver|zwei|feln ⟨V. 400(s.)⟩ 1 *die Hoffnung völlig aufgeben, verzagen;* am Leben, an den Menschen, am Wetter ~ □ desesperar; perder a esperança 1.1 er machte verzweifelte **Anstrengungen**, sich zu befreien *große, angstvolle A.* □ *ele tentou desesperadamente se libertar 1.2 ein verzweifelter Kampf *ein K. ums Letzte, um Leben u. Tod* 1.3 ich bin ganz verzweifelt *ich weiß nicht mehr, was ich tun soll* □ desesperado 2 ⟨umg.⟩ *die Geduld verlieren;* es ist zum Verzweifeln! □ *é de tirar do sério! 2.1 das ist verzweifelt wenig ⟨umg.⟩ *außerordentlich wenig* □ *é muito pouco; não é quase nada

ver|zwei|gen ⟨V. 500/Vr 3⟩ etwas verzweigt sich *gabelt sich, spaltet sich in Zweige, in Teile auf;* der Baum, Weg verzweigt sich □ ramificar-se; eine verzweigte Familie, Verwandtschaft haben; ein verzweigtes Unternehmen □ ramificado

ver|zwickt ⟨Adj.; umg.⟩ *schwierig, unklar, undurchsichtig, unangenehm;* das ist eine ~e Geschichte □ complicado; intrincado

Ves|per ⟨[fɛs-] f.; -, -n⟩ 1 ⟨urspr.⟩ *die vorletzte der katholischen Gebetsstunden am späten Nachmittag od. frühen Abend* 2 ⟨danach⟩ *Gottesdienst am frühen Abend;* Christ~ □ vésperas 3 *kleine Zwischenmahlzeit (bes. am Nachmittag)* □ lanche; merenda 4 *kurze Arbeitspause, um eine Vesper(3) einzunehmen* □ pausa para o lanche/café

Ves|ti|bül ⟨[vɛs-] n.; -s, -e⟩ *Vorhalle, Eingangshalle (durch die man ein Theater, ein Hotel o. Ä. betritt)* □ vestíbulo

Ves|ton ⟨[vɛstɔ̃:] m.; -s, -s; schweiz.⟩ *Herrenjackett, Sakko* □ casaco masculino; jaqueta masculina

Ve|te|ran ⟨[ve-] m.; -en, -en; a. fig.⟩ *altgedienter Soldat, Altgedienter, Teilnehmer an einem früheren Krieg* □ veterano

Ve|te|ri|när ⟨[ve-] m.; -s, -e⟩ = *Tierarzt*

Ve|to ⟨[ve:-] n.; -s, -s⟩ 1 *Recht, etwas durch Einspruch zu verhindern* □ veto 2 = *Einspruch(1)* 2.1 sein ~ einlegen *Einspruch erheben* □ *vetar; opor seu veto

Vet|ter ⟨m.; -s, -n⟩ *Sohn des Onkels od. der Tante;* Sy Cousin □ primo

Ve|xier|bild ⟨[vɛ-] n.; -(e)s, -er⟩ *Bilderrätsel* □ figura/imagem ambígua

V-för|mig *auch:* v-för|mig ⟨[faʊ-] Adj. 24⟩ *wie ein V geformt* □ em forma de V

via ⟨[vi:a] Präp. m. Akk.⟩ *(auf dem Wege) über;* nach Hamburg ~ Hannover fahren □ via

Via|dukt ⟨[vi-] m. od. n.; -(e)s, -e⟩ 1 *Brücke, die über ein Tal führt* 2 *Überführung* □ viaduto

♦ Die Buchstabenfolge vi|br... kann in Fremdwörtern auch vib|r... getrennt werden.

♦ Vi|bra|fon ⟨[vi-] n.; -s, -e; Mus.⟩ *Musikinstrument aus Metallstäbchen, die mit Hämmerchen geschlagen werden u. unter denen sich Schallbecher befinden, die elektromotorisch geöffnet u. geschlossen werden, wodurch ein Vibrato entsteht;* oV *Vibraphon* □ vibrafone

♦ Vi|bra|phon ⟨[vi-] n.; -s, -e⟩ = *Vibrafon*

♦ Vi|bra|ti|on ⟨[vi-] f.; -, -en⟩ *das Vibrieren, Schwingung, Zittern, feine Erschütterung* □ vibração

♦ vi|brie|ren ⟨[vi-] V. 400⟩ *beben, schwingen* □ vibrar

Vi|deo ⟨[vi:-]⟩ 1 ⟨n.; -s; unz.⟩ *kurz für) Videotechnik* 2 ⟨m.; -s, -s, kurz für⟩ *Videoclip, Videofilm, Videorekorder* □ vídeo

Vi|deo|clip ⟨[vi:-] m.; -s, -s⟩ *mit Musik unterlegter, kurzer Videofilm (bes. von einem Popsänger od. einer Popgruppe)* □ videoclipe

Vi|deo|film ⟨[vi:-] m.; -(e)s, -e⟩ 1 *Film, der mit einer Videokamera aufgenommen wurde* 2 *Film (bes. Kinofilm) auf einer Videokassette* □ vídeo

Vi|deo|tech|nik ⟨[vi:-] f.; -; unz.⟩ 1 *alle Verfahren zur magnetischen Aufzeichnung von Bild u. Ton u. deren*

Videothek

Wiedergabe □ **vídeo** 2 *Gesamtheit aller in der Videotechnik(1) benötigten Geräte* □ **equipamento de vídeo**

Vi|deo|thek ⟨[vi-] f.; -, -en⟩ 1 *Sammlung von Filmen u. Fernsehaufzeichnungen* □ **videoteca** 2 *Räumlichkeiten, in denen eine Videothek (1) untergebracht ist, aus der einzelne Filme (gegen Gebühr) entliehen werden können* □ **videoteca; videolocadora**

vi|die|ren ⟨[vi-] V. 500; österr.⟩ *beglaubigen, unterschreiben* □ **dar um visto; autenticar**

Vieh ⟨n.; -(e)s; unz.⟩ 1 ⟨unz.⟩ *Nutztiere der Hauswirtschaft, Rinder, Schweine, Schafe, Ziegen, Federvieh, auch Pferde u. Esel; das ~ füttern; ~ halten, züchten; das ~ hüten (auf der Wiese)* □ **gado** 2 ⟨umg.⟩ *Tier; das arme ~; dummes ~!* □ **animal** 2.1 *zum ~ werden* ⟨fig.⟩ *zum Rohling werden* □ ***bestializar-se; embrutecer(-se)***

viel ⟨Indefinitpron.; Komparativ: mehr; Superlativ: meist⟩ 1 Ggs *wenig; recht ~* □ ***muito**; unendlich ~* □ ***uma infinidade**; nicht ~* □ ***não muito**; sehr ~* □ ***muitíssimo**; ziemlich ~* □ ***bastante; uma boa quantidade**; gleich ~* □ ***em igual quantidade; o mesmo tanto**; er arbeitet, liest so ~, dass er ...* □ ***ele trabalha/lê tanto, que...**; furchtbar, unheimlich ~* ⟨umg.⟩ □ ***um monte; pra caramba** 1.1 eine große Menge (von); ~ Obst essen; ~ Geld; schade um das ~e Geld; ~ Gutes, Böses, Schönes; dazu gehört ~ Übung; ~ Arbeit, Mühe; durch ~es Arbeiten; ~ arbeiten, essen, lesen, schlafen; ich habe dir ~ zu erzählen* 1.2 *eine große Anzahl (von), zahlreich(e); ~e von diesen Büchern, ~e von ihnen; ~e Dinge; ~e Freunde, Kinder; ~e Leute; ~e Hundert/*hundert *Menschen* 1.2.1 *~e/*Viele *eine große Zahl von Leuten; ~e/*Viele *können das nicht verstehen; und ~e andere/*Andere*; es waren ~e/*Viele *unter ihnen, die ich kannte; die ~en/*Vielen*, die keine Karten bekommen hatten, wollten sich nicht damit abfinden* 1.3 *ein hoher Grad, große Intensität; er ist ~ älter, um ~es/*Vieles *älter; davon weiß er ~* 2 ⟨24; vor Komparativ u. vor „zu", das ein Übermaß bezeichnet; verstärkend⟩ *in großem Maße; ~ größer, kleiner, schlimmer, schöner; ich würde ~ lieber hierbleiben; ~ mehr, ~ weniger* □ **muito**; *~ zu groß, zu klein* □ ***demasiadamente grande/pequeno**; das ist ~ zu viel* □ ***isso é demais**; ~ zu wenig* □ ***muito pouco**; das ist ein bisschen (zu) ~* ⟨umg.⟩ □ ***isso é um pouco demais** 3* ⟨Getrennt- u. Zusammenschreibung⟩ 3.1 *~ befahren = vielbefahren* 3.2 *~ versprechend = vielversprechend*

viel|be|fah|ren auch: **viel be|fah|ren** ⟨Adj. 26/60⟩ *mit starkem Verkehr; eine ~e Straße* □ **muito movimentado; de grande circulação**

viel|deu|tig ⟨Adj. 24⟩ *mehrere Deutungen zulassend, zweifelhaft, unklar; ein ~er Begriff* □ **ambíguo**

Viel|eck ⟨n.; -(e)s, -e⟩ *geometrische Figur mit mehr als drei Ecken* □ **polígono**

vie|ler|lei ⟨Adj. 11/60⟩ 1 *mannigfaltig, viele verschiedene Dinge umfassend; auf ~ Arten* □ **variado; vário** 2 *viel(es), eine große Menge, viel Verschiedenes; ich habe noch ~ zu tun* □ **muito; muitas coisas**

viel|fach ⟨Adj.⟩ 1 *viele Male aufeinander-, nebeneinanderliegend; einen Faden ~ nehmen; ~ zusammengelegt, -gefaltet* □ **diversas vezes** 2 *viele Male (auftretend), mehrfach* □ **múltiplo** 2.1 *~er Millionär jmd., der viele Millionen besitzt* □ ***multimilionário** 2.2 kleinstes gemeinsames Vielfaches* ⟨Math.; Abk.: k. g. V.⟩ *die kleinste natürliche Zahl, durch die mehrere vorgegebene natürliche Zahlen ein- od. mehrmals ohne Rest teilbar sind* □ ***mínimo múltiplo comum** 3* ⟨umg.⟩ *häufig, oft; ich habe schon ~ gehört, dass ...* □ **muitas vezes**

Viel|falt ⟨f.; -; unz.⟩ *Vorhandensein in vielen verschiedenen Arten, Mannigfaltigkeit; die ~ der Blumen, Farben* □ **variedade; multiplicidade**

viel|fäl|tig ⟨Adj. 24⟩ *in vielen verschiedenen Arten vorhanden, mannigfaltig; eine ~e Fauna und Flora; in ~en Farben* □ **variado; múltiplo**

viel|leicht ⟨Adv.⟩ 1 *unter Umständen, möglicherweise, wenn es geht; kommst du heute Abend ~!; ~ kann ich dir helfen; ich komme ~ auch mit; es wird ~ besser sein, wenn ...* □ **talvez**; *~ benimmst du dich jetzt anständig!* ⟨umg. zurechtweisend⟩ □ ***faça o favor de se comportar direito!** 2* ⟨bei Zahlenangaben; umg.⟩ *etwa, ungefähr; es waren ~ 20 Leute da* □ **cerca de; mais ou menos** 3 ⟨umg. verstärkend⟩ *sehr, sehr viel; ich war ~ aufgeregt!; in der Stadt waren ~ Leute!* □ **muito**

viel|mals ⟨Adv.; fast nur noch in festen Wendungen⟩ 1 *viele Male, oft, häufig* □ **muitas vezes**; *ich bitte ~ um Entschuldigung* □ ***peço mil desculpas**; er lässt dich ~ grüßen!* □ ***ele manda muitas lembranças para você** 1.1 danke ~!* □ ***muito Dank!**□ ***muito obrigado!***

viel|mehr ⟨a. [-'-] Konj.; korrigierend⟩ *richtiger, besser, eher; ich glaube nicht, dass er das kann, ich bin ~ der Meinung, dass man ihm sogar helfen sollte* □ **antes; pelo contrário**

viel|sei|tig ⟨Adj.⟩ 1 *in vielen Dingen bewandert, an vielen Dingen interessiert;* Ggs *einseitig(3);* → a. *allseitig; er ist sehr ~* □ **versátil; polivalente** 2 *viele Gebiete einschließend, umfassend;* Ggs *einseitig(3); ~e Interessen* □ **variado; diverso**; *eine ~e Bildung haben* □ **vasto; amplo**; *~ interessiert sein* □ ***interessar-se por várias coisas/áreas** 3 von vielen Seiten geäußert; auf ~en Wunsch* □ ***atendendo à demanda geral** 4* ⟨Math.⟩ *viele Seiten aufweisend* □ **multilateral; poligonal**

viel|ver|spre|chend auch: **viel ver|spre|chend** ⟨Adj.⟩ 1 *vieles versprechend, vieles erhoffen lassend; ein ~er Blick, ein ~es Lächeln* □ **prometedor**; *ein ~er Anfang* □ **auspicioso**; *ein ~er junger Mann; ein ~er Schriftsteller* 2 *so beschaffen, dass man mit einem Erfolg rechnen kann; ein ~es Unternehmen* □ **promissor**

vier ⟨Numerale 11⟩ 1 ⟨in Ziffern: 4fach/4-fach, 4-jährig, 4-malig, 4-8-mal, 4-Stunden-Dienst⟩ *drei plus eins; zwei und ~ ist (macht) sechs (2 + 4 = 6); 4 mal 6 ist 24; innerhalb (binnen) ~ Stunden; um ~ Tage weiter; das ist so klar, wie zwei mal zwei ~ ist; die ersten ~ 1.1 wir sind ~ Personen; sie kamen zu ~;*

mit allen ~en essen gehen ▫ quatro 1.2 jmd. ist ~ *4 Jahre alt;* wann wird er ~? ▫ **ter quatro anos de idade* 1.3 es ist ~ *vier Uhr;* die Uhr schlägt ~ ▫ **são quatro horas* 1.3.1 halb ~ *3.30 Uhr* ▫ **três e meia* 1.3.2 gegen ~ *etwa 4 Uhr* ▫ **por volta das quatro horas* 1.3.3 Punkt, Schlag ~ *genau 4 Uhr* ▫ **quatro horas em ponto* 1.4 sechs zu ~ *(mit) 6 gegen 4 Punkte(n), Tore(n) usw.;* die Mannschaft gewann 10 : 4 ▫ **seis a quatro* 2 ⟨fig.⟩ 2.1 alle ~e ⟨umg.⟩ *Arme u. Beine* ▫ de quatro; de gatinhas 2.1.1 alle ~e von sich strecken *sich bequem lang ausstrecken* ▫ **dar uma boa espreguiçada* 2.1.2 auf allen ~en gehen *auf Händen u. Füßen* ▫ **engatinhar; andar de quatro* 2.2 seine ~ Buchstaben ⟨umg.; verhüllend für⟩ *Gesäß;* sich auf seine ~ Buchstaben setzen ▫ **seu bumbum* 2.3 unter ~ Augen *ohne Zeugen, vertraulich;* mit jmdm. unter ~ Augen sprechen ▫ **em particular; a sós* 2.4 die ~ Elemente *Feuer, Wasser, Luft, Erde* 2.5 in seinen ~ Wänden bleiben *zu Hause bleiben* 2.6 die ~ Jahreszeiten *Frühling, Sommer, Herbst u. Winter* 2.7 die ~ Farben ⟨Kart.⟩ *Kreuz, Pik, Herz, Karo (Eicheln, Schippen, Herzen, Schellen)* ▫ quatro

Vier ⟨f.; -, -en⟩ 1 *die Ziffer 4;* eine ~ drucken, malen, schreiben ▫ quatro 1.1 ⟨umg.⟩ *die Straßenbahn-, Buslinie Nr. 4;* mit der ~ fahren; in die ~ umsteigen ▫ linha quatro 2 *ausreichend (als Schulnote, Zensur);* eine ~ schreiben; eine Prüfung mit (einer) „~" bestehen ▫ quatro (nota equivalente a 5 no Brasil)

Vier|eck ⟨n.; -(e)s, -e⟩ *aus vier geraden Linien bestehende geometrische Figur* ▫ quadrado; quadrilátero

vier|fach ⟨Adv.; in Ziffern: 4fach/4-fach⟩ *viermal(ig);* eine ~e Ermahnung ▫ (feito) quatro vezes

Vier|ling ⟨m.; -s, -e⟩ 1 *vierläufiges Jagdgewehr* ▫ espingarda de quatro canos 2 *eines von vier gleichzeitig im Mutterleib entwickelten u. kurz nacheinander geborenen Kindern* ▫ quadrigêmeo

vier|mal ⟨Adv.; in Ziffern: 4-mal⟩ *vierfach wiederholt;* jmdn. ~ erinnern ▫ quatro vezes

vier|ma|lig ⟨Adj. 24/60; in Ziffern: 4-malig⟩ *vierfach stattfindend, vierfach wiederholt* ▫ (repetido) quatro vezes

vier|schrö|tig ⟨Adj. 70⟩ *breit gebaut u. kräftig, untersetzt u. derb;* eine ~e Person, ein ~er Mann ▫ atarracado; parrudo

vier|te(r, -s) ⟨Numerale 24; Zeichen: 4.⟩ 1 ⟨Ordinalzahl von⟩ *vier;* der Vierte in der Reihenfolge; das ~ Mal; er ist der Vierte für der Leistung nach (in seiner Klasse); er kam als Vierter an die Reihe; Heinrich der Vierte ▫ quarto; am Vierten des Monats ▫ **o dia quatro do mês;* der ~ Januar ▫ **quatro de janeiro* 1.1 der ~ Stand ⟨im 19. Jh.⟩ *die (besitzlosen) Arbeiter* ▫ **o quarto Estado*

vier|tel ⟨[fɪr-] Numerale 11⟩ 1 ⟨Bruchzahl zu⟩ *vier;* ein ~ Zentner (od. Viertelzentner) Kartoffeln; eine ~ Torte; im ~ Stunden (od.) 3 in drei Viertelstunden; der Becher ist drei ~ voll ▫ quatro 1.1 *Viertelstunde;* viertel vier *3.15 Uhr* ▫ **três e quinze* 1.2 drei ~ vier *3.45 Uhr* ▫ **três e quarenta e cinco;* quinze para as quatro; fünf Minuten vor drei ~ vier ▫ **três e* quarenta; vinte para as quatro 1.3 um ~ viertel drei habe ich einen Termin *um 2.15 bzw. 14.15* ▫ **às duas e quinze tenho um compromisso*

Vier|tel ⟨[fɪr-] n. od. ⟨schweiz. auch⟩ m.; -s, -⟩ 1 *der vierte Teil;* ein ~ vom Kuchen; das erste, letzte ~ des Mondes; drei ~ der Anwesenden ▫ quarto 1.1 ein ~ von etwas *Viertelpfund (125 Gramm);* ein ~ Kaffee, Wurst ▫ 125 gramas 1.2 ein ~ Wein *Viertelliter* ▫ quarto (de litro) 1.2.1 *Viertelstunde;* die Uhr hat drei ~ geschlagen ▫ quarto (de hora) 1.3.1 es ist (ein) ~ nach drei *3.15 bzw. 15.15 Uhr* ▫ **são três e quinze* 1.3.2 es ist (ein) ~ vor drei *2.45 bzw. 14.45 Uhr* ▫ **são quinze para as três* 2 ⟨Mus.⟩ *Viertelnote;* die Geige setzt zwei ~ später ein als die Flöte; im Dreivierteltakt ⟨in Ziffern: 3/4-Takt⟩ ▫ semínima 3 *Stadtteil;* Geschäfts~, Stadt~, Wohn~; wir wohnen in einem ruhigen ~ ▫ bairro

Vier|tel|jahr ⟨[fɪr-] n.; -(e)s, -e⟩ *vierter Teil eines Jahres, drei Monate* ▫ trimestre

Vier|tel|stun|de ⟨[fɪr-] f.; -, -n⟩ *vierter Teil einer Stunde;* drei ~n ⟨od.⟩ drei viertel Stunden ▫ quarto de hora

Vier|vier|tel|takt ⟨m.; -(e)s, -e; Mus.; in Ziffern: 4/4-Takt⟩ *aus einem Zeitmaß von vier Vierteln bestehender Takt* ▫ compasso 4/4

vier|zehn ⟨Numerale 11; in Ziffern: 14⟩ *zehn plus vier;* im Jahre (neunzehnhundert)~ (1914) ▫ catorze; um (das Jahr) ~hundert (1400) ▫ **por volta de 1400*

vier|zehn|tä|gig ⟨Adj. 24/60; in Ziffern: 14-tägig⟩ 1 *vierzehn Tage, zwei Wochen dauernd* 2 *vierzehn Tage alt* ▫ de catorze dias

vier|zig ⟨Numerale 11; in Ziffern: 40⟩ *viermal zehn;* er ist ~ ⟨Jahre alt⟩; über ~, unter ~; mit ~ Jahren; jmd. ist Mitte, Ende vierzig, über die vierzig ▫ quarenta; → a. achtzig (1)

Vier|zig ⟨f.; -, -en⟩ *die Zahl 40* ▫ quarenta

vier|zi|ger ⟨Adj. 11⟩ → a. achtziger

Vier|zi|ger ⟨m.; -s, -⟩ 1 jmd. ist ein ~ 1.1 ⟨i. e. S.⟩ *Mann von 40 Jahren* 1.2 ⟨i. w. S.⟩ *Mann zwischen 40 u. 49 Jahren* ▫ quadragenário; quarentão; in den ~n sein ▫ **estar na casa dos quarenta* 1.2.1 Mitte (Ende) der ~ sein *etwa 45 (48 – 49) Jahre alt sein* ▫ **estar com 45;* passar dos 45 2 ⟨nur Pl.⟩ die ~ *die Jahre zwischen 1940 u. 1950;* es geschah in den ~n, Mitte der ~ ▫ **os anos quarenta;* → a. *Achtziger*

Vier|zi|ge|rin ⟨f.; -, -rin|nen⟩ 1 unsere Nachbarin ist eine ~ 1.1 ⟨i. e. S.⟩ *Frau von 40 Jahren* 1.2 ⟨i. w. S.⟩ *Frau zwischen 40 u. 49 Jahren* ▫ quadragenária; quarentona

Vi|gnet|te *auch:* **Vig|net|te** ⟨[vɪnjɛtə] f.; -, -n⟩ 1 *kleine Verzierung auf dem Titelblatt, am Ende eines Kapitels o. Ä.* 2 ⟨Fot.⟩ *Schablone als Vorsatz vor ein Kameraobjektiv od. vor ein Negativ* ▫ vinheta 3 ⟨Kfz.; in der Schweiz u. in Österr.⟩ *Bescheinigung über eine pauschal abgegoltene jährliche Gebühr für die Benutzung der Autobahnen (als selbstklebende Plakette an der Windschutzscheibe)* ▫ adesivo colado no para-brisa do veículo, indicando o pagamento de taxa rodoviária

Vi|kar ⟨[vi-] m.; -s, -e⟩ 1 *Stellvertreter im weltlichen od. kirchlichen Amt, bes. junger Geistlicher als Gehilfe des*

Vikarin

Pfarrers; Pfarr~ 1.1 *als Praktikant tätiger Theologe mit Universitätsausbildung* □ **vigário** 2 ⟨schweiz.⟩ *stellvertretender Lehrer* □ **professor substituto**

Vi|ka|rin ⟨[vi-] f.; -, -rin|nen⟩ *weibl. Vikar* □ **vigária; professora substituta**

Vil|la ⟨[vɪl-] f.; -, Vɪl|len⟩ 1 *Landhaus* □ **casa de campo** 2 *größeres, frei stehendes Ein- od. Mehrfamilienhaus* □ **casarão**

Vi|o|la¹ ⟨[vi:-] f.; -, Vi|o|len⟩ = *Veilchen (1)*

Vi|o|la² ⟨[vio:-] f.; -, Vi|o|len; Mus.⟩ 1 (i. e. S.) = *Bratsche* 2 (i. w. S.) *aus der Fidel entwickelte Art von Streichinstrumenten* □ **viola** 2.1 ~ **d'Amore** *Geige mit 6-7 Darmsaiten, die gestrichen werden, u. je einer Saite aus Messing, die nur mitklingt* □ ***viola de amor** 2.2 ~ da **Braccio** = *Bratsche* □ ***viola de braço** 2.3 ~ da **Gamba** *Kniegeige des 16. bis 18. Jh., Vorläufer des Cellos;* Sy *Gambe* □ ***viola de gamba**

vi|o|lett ⟨[vi-] Adj. 24⟩ *(dunkel)blaurot, veilchenblau* □ **violeta**

Vi|o|li|ne ⟨[vi-] f.; -, -n; Mus.⟩ = *Geige*

Vi|o|lon|cel|lo ⟨[violɔntʃɛlo] n.; -s, cel|li; Mus.⟩ = *Cello*

VIP ⟨[vɪp] od. engl. [vi:aɪpi:] m.; -s, - od. f.; -, -s; Abk. für⟩ *very important person (sehr wichtige Person), wichtige, bekannte Persönlichkeit; die ~s treffen sich in der ~-Lounge* □ ***VIP**

Vi|per ⟨[vi:-] f.; -, -n⟩ 1 ⟨Zool.⟩ *Angehörige einer Schlangenfamilie mit Giftzähnen: Viperidae;* Sy *Otter²* □ ***víbora** 2 ⟨Drogenszene⟩ *Rauschgiftsüchtiger im fortgeschrittenen Stadium der Abhängigkeit* □ **viciado**

vi|ril ⟨[vi-] Adj.; geh.⟩ *männlich* □ **viril**

vir|tu|ell ⟨[vɪr-] Adj. 24⟩ 1 *der Kraft od. Möglichkeit nach vorhanden* 2 *nicht echt, nicht wirklich vorhanden, in der Art einer Sinnestäuschung* 2.1 ~es *Bild* ⟨Opt.⟩ *scheinbares B.* □ **virtual**

vir|tu|os ⟨[vɪr-] Adj.⟩ *meisterhaft, kunstfertig* □ **virtuose**

vi|ru|lent ⟨[vi-] Adj.⟩ 1 ⟨24; Med.⟩ *ansteckend, krankheitserregend, giftig* 2 ⟨geh.⟩ *drängend, heftig, stürmisch; eine ~e Entwicklung* □ **virulento**

Vi|rus ⟨[vi:-] n., umg. auch: m.; -, Vi|ren⟩ *kleinster Organismus, häufig Erreger einer übertragbaren Krankheit* □ **vírus**

Vi|sa ⟨[vi:-] Pl. von⟩ *Visum*

Vis|a|vis *auch:* **Vi|sa|vis** ⟨[vizavi:] n.; - [-vi:(s)], - [-vi:(s)]⟩ *das Gegenüber* □ **vis-à-vis;** *unser ~ ist verzogen* □ **vizinho da frente**

vis-a-vis *auch:* **vis-à-vis** ⟨[vizavi:] Adv.⟩ *gegenüber; sie wohnen ~* □ **vis-à-vis; defronte**

Vi|sier ⟨[vi-] n.; -s, -e⟩ 1 *Teil des mittelalterlichen Helms zum Schutz des Gesichtes* □ **viseira** 2 *Vorrichtung bei Feuerwaffen zum Zielen* □ **mira** 3 *mit offenem ~ kämpfen* ⟨a. fig.⟩ *seine Absichten ehrlich bekennen* □ ***lutar de peito aberto**

Vi|si|on ⟨[vi-] f.; -, -en⟩ *Traumgesicht, Erscheinung, Trugbild* □ **visão**

Vi|si|te ⟨[vi-] f.; -, -n⟩ *Besuch zwecks Untersuchung, bes. von Kranken;* Kranken~ □ **visita**

Vis|ko|se ⟨[vɪs-] f.; -; unz.⟩ *Faser aus Zellstoff, Zelluloseverbindung (~faser)* □ **viscose**

vi|su|ell ⟨[vi-] Adj. 24⟩ 1 *das Sehen od. den Gesichtssinn betreffend, durch Sehen hervorgerufen;* Sy *optisch(2); ~er Eindruck* □ **visual** 2 *~er Typ jmd., der Gesehenes leichter im Gedächtnis behält als Gehörtes* □ ***pessoa que tem memória visual**

Vi|sum ⟨[vi:-] n.; -s, Vi|sa od. Vi|sen⟩ 1 *Erlaubnis zur Ein- u. Ausreise in einen bzw. aus einem fremden Staat* 2 *Sichtvermerk (im Pass für den Aufenthalt in einem fremden Staat)* □ **visto**

vi|tal ⟨[vi-] Adj.⟩ 1 *zum Leben gehörend* 2 *lebenswichtig* 3 *lebenskräftig* □ **vital**

Vit|a|min *auch:* **Vi|ta|min** ⟨n.; -s, -e; Biochem.⟩ *Wirkstoff, der für Tiere u. Menschen zur Steuerung bestimmter organischer Prozesse benötigt wird, ohne selbst Nährstoff zu sein; ~-B-haltig; er hat einen akuten ~-B-Mangel* □ **vitamina**

Vi|tri|ne *auch:* **Vit|ri|ne** ⟨[vi-] f.; -, -n⟩ 1 *Glasschrank* 2 *Schaukasten* □ **vitrine**

Vi|va|ri|um ⟨[viva:-] n.; -s, -ri|en⟩ 1 *Behälter für kleine Tiere, z. B. Aquarium, Terrarium* 2 *Gebäude, in dem Tiere in Vivarien(1) gezeigt werden* □ **viveiro**

Vi|ze... ⟨[fi:-] od. [vi:-] in Zus.⟩ *stellvertretende(r)...;* Vizekanzler; Vizepräsident □ **vice**

Vlies ⟨n.; -es, -e⟩ 1 *Schaffell, Wolle vom Schaf;* → a. *golden(1.7)* 2 *zusammenhängende Faserschicht (als Einlage o. Ä.);* Baumwoll~ □ **velo**

Vo|gel ⟨m.; -s, Vö|gel; Zool.⟩ 1 *Angehöriger einer Klasse der Wirbeltiere mit Flügeln, die aus den Vordergliedmaßen gebildet sind: Aves;* Raub~, Greif~, Sing~; *Vögel füttern, halten; die Vögel singen, zwitschern, jubilieren* □ **ave; pássaro** 1.1 *einen ~ haben* ⟨fig., umg.⟩ *nicht ganz bei Verstand sein; du hast ja einen ~!* □ ***não bater bem da cabeça** 1.2 *jmdm. den ~ zeigen* ⟨fig., umg.⟩ *sich an die Stirn tippen, um auszudrücken, dass man den andern für verrückt hält* □ ***bater com o indicador na própria testa para indicar que alguém é louco** 1.3 *den ~ abschießen* ⟨fig.⟩ 1.3.1 *als Bester abschneiden, die beste Leistung erreichen (urspr. beim Schützenfest)* □ ***sair vencedor; levar a melhor** 1.3.2 ⟨iron.⟩ *sich einen bes. dummen Fehler leisten* □ ***cometer um erro bobo** 1.4 *friss ~ oder stirb!* ⟨fig., umg.⟩ *es gibt keine Wahl* □ ***é matar ou morrer!** 1.5 *der ~ ist ausgeflogen* ⟨fig.⟩ *der, die Gesuchte ist nicht zu Hause, geflohen* □ ***a pessoa procurada bateu (as) asas** 1.6 *der ~ ist ins Garn, auf den Leim gegangen* ⟨fig.⟩ *jmd. hat sich überlisten lassen* □ ***ele caiu no laço; ele mordeu a isca** 2 ⟨fig.; umg.⟩ *Mensch;* ein lockerer, loser ~; *er ist ein seltener ~* □ **cara; sujeito**

vo|gel|frei ⟨Adj. 24/70; im alten dt. Recht⟩ *ohne Rechtsschutz, geächtet;* jmdn. für ~ *erklären* □ **fora da lei**

Vo|gel|grip|pe ⟨f.; -, -n; Vet.⟩ *anzeigepflichtige Viruserkrankung der Vögel, die in Einzelfällen auch auf den Menschen übertragbar ist* □ **gripe aviária**

Vo|gel|scheu|che ⟨f.; -, -n⟩ 1 *auf Feldern, in Gärten aufgestellte Gestalt aus einem mit alten Kleidern behängten Holzkreuz zum Verscheuchen der Vögel* 2 ⟨fig.; umg.; abwertend⟩ *lange, dürre, hässliche od. geschmacklos gekleidete Person* □ **espantalho**

Vogt ⟨m.; -(e)s, Vög|te; früher⟩ **1** *Verwaltungsbeamter;* Land~ ☐ **bailio; administrador** 1.1 *Schirmherr;* Kirchen~ ☐ **patrono; padroeiro** 1.2 *Richter;* Gerichts~ ☐ **bailio** 1.3 *Burg-, Schlossverwalter;* Burg~, Schloss~ ☐ **intendente**

Vo|ka|bel ⟨[vo-] f.; -, -n; österr.: n.; -s, -n⟩ *einzelnes Wort (bes. aus einer fremden Sprache);* ~n *lernen;* jmdm. ~n *abfragen* ☐ **vocábulo**

Vo|ka|bu|lar ⟨[vo-] n.; -s, -e⟩ **1** *alle Wörter einer (Fach-) Sprache, Wortschatz* **2** *Wörterverzeichnis* ☐ **vocabulário**

vo|kal ⟨[vo-] Adj. 24⟩ *für Singstimme(n) (geschrieben)* ☐ **vocal**

Vo|kal ⟨[vo-] m.; -s, -e; Sprachw.⟩ *Selbstlaut, Laut, bei dem der Atemstrom ungehindert aus dem Mund entweicht;* Ggs *Konsonant* ☐ **vogal**

Volk ⟨n.; -(e)s, Völ|ker⟩ **1** ⟨urspr.⟩ *Kriegsschar;* Kriegs~ ☐ **tropas; soldados** **2** *durch gemeinsame Sprache u. Kultur verbundene größere Gemeinschaft von Menschen;* → a. *Nation; die Völker Asiens, Europas; das deutsche, englische ~* ☐ **povo** **3** *zusammengehörige Gruppe gleichartiger Tiere, Schwarm;* Bienen~*; drei Völker Bienen; ein ~ Rebhühner* ☐ **colônia** **4** ⟨unz.⟩ *Gesamtheit der Angehörigen eines Staates; die Vertreter des ~es im Parlament* **5** ⟨unz.⟩ *untere Schicht der Bevölkerung; der Mann aus dem ~* ☐ **povo** **6** ⟨unz.⟩ *größere Menge von Menschen, Leute; auf dem Platz vor dem Schloss drängte sich das ~; lustiges ~; viel ~ hatte sich eingefunden* ☐ **povo; multidão** 6.1 *etwas unters ~ bringen etwas verbreiten, bekanntmachen* ☐ ***divulgar alguma coisa;*** → a. *jung(1.1.4), klein (1.4.3)*

Völ|ker|schaft ⟨f.; -, -en⟩ *kleines Volk, Volksgruppe, Stamm* ☐ **tribo; povoação**

Völ|ker|wan|de|rung ⟨f.; -, -en⟩ **1** *seit dem 2. Jh. n. Chr. u. bes. seit dem Einbruch der Hunnen in Europa Ende des 4. Jh. bis ins 8. Jh. Wanderung germanischer, später auch slawischer Völker nach Süd- u. Westeuropa* ☐ **migração dos povos; invasões bárbaras** **2** ⟨danach a. allg.⟩ *Auszug, Umsiedlung eines ganzen Volkes* ☐ **migração; êxodo** **3** ⟨fig.; umg.; scherzh.⟩ *Menschenstrom, Bewegung vieler Menschen in einer Richtung* ☐ **grande movimentação de pessoas**

Volks|kam|mer ⟨f.; -; unz.; DDR⟩ *Erste Kammer des Parlaments der DDR* ☐ **Câmara do Povo**

Volks|lied ⟨n.; -(e)s, -er⟩ *im Volk entstandenes u. überliefertes, schlichtes, weit verbreitetes Lied in Strophenform* ☐ **canção popular**

Volks|mund ⟨m.; -(e)s; unz.⟩ **1** *im Volk verbreitete sprachliche Überlieferung* **2** *im Volk üblicher Gebrauch von Wörtern u. Redensarten* 2.1 *im ~ im Sprachgebrauch des Volkes; das Siegel des Gerichtsvollziehers heißt im ~ „Kuckuck"* ☐ **linguagem popular**

Volks|schu|le ⟨f.; -, -n⟩ *allgemeinbildende öffentliche Pflichtschule für Kinder vom 1.- 8. bzw. (bei anschließendem Besuch der Oberschule) 1.-4. Schuljahr* ☐ **escola de ensino fundamental;** → a. *Grundschule*

Volks|tanz ⟨m.; -es, -tän|ze; Sammelbez. für⟩ *eine der von der bäuerlichen Bevölkerung u. den Handwerkern hervorgebrachten u. entwickelten, nach Landschaften u. Berufsgruppen unterschiedlichen Tanzformen, z. B. Bauern-, Schäfflertanz* ☐ **dança popular/folclórica**

volks|tüm|lich ⟨Adj.⟩ **1** *dem Volk eigen, dem Volk, der Art des Volkes entsprechend* **2** *den Wünschen der breiten Masse des Volkes entgegenkommend, allgemein verständlich, bekannt od. beliebt* ☐ **popular**

Volks|ver|tre|ter ⟨m.; -s, -⟩ *vom Volk gewählter Abgeordneter* ☐ **deputado**

Volks|ver|tre|te|rin ⟨f.; -, -rin|nen⟩ *weibl. Volksvertreter* ☐ **deputada**

Volks|wirt|schaft ⟨f.; -; unz.⟩ *Gesamtheit der Wirtschaft eines Staates od. Landes* ☐ **economia nacional**

voll ⟨Adj.⟩ **1** *ganz gefüllt (mit);* Ggs *leer; ein ~es Glas; ein Becher ~ Milch; mit ~em Mund spricht man nicht; er hat von der Suppe drei Teller ~ gegessen; der Topf ist ~ Wasser; er hat den Mund ~; der Koffer, der Sack ist gestopft ~* ☐ **cheio** 1.1 *der Saal war zum Bersten, Brechen ~, war gerammelt, gerappelt ~* ⟨umg.⟩ *überfüllt* ☐ ***o salão estava abarrotado/apinhado*** 1.2 *mit ~en Backen kauen kräftig, gierig, genussreich kauen* ☐ ***mastigar avidamente*** 1.3 *mit ~en Händen schenken, Geld ausgeben verschwenderisch* ☐ ***dar de mãos largas; gastar dinheiro*** 1.4 *den Kopf ~ haben* ⟨umg.⟩ *viel zu bedenken haben, sich mit vielen Problemen beschäftigen müssen* ☐ ***estar de cabeça cheia*** 1.5 *das Maß ist ~!* ⟨fig.⟩ *es ist genug!, nun reicht es mir!* ☐ ***já chega!*** 1.6 *aus dem Vollen schöpfen* ⟨fig.⟩ *ein Leben ohne Einschränkungen führen, aus dem Überfluss wählen können, im Überfluss nehmen* ☐ ***poder esbanjar; viver à larga*** 1.7 *ein ~er Bauch studiert nicht gern* ⟨Sprichw.⟩ *zu viel essen macht träge* ☐ ***barriga cheia não procura letra*** 1.8 ⟨40⟩ *~ sein* ⟨umg.⟩ *(von Essen od. Alkohol) (über)genug haben; bis obenhin ~ sein* ☐ ***estar cheio/satisfeito*** 1.9 *besetzt; die Straßenbahn, der Wagen ist ~; sie spielten vor ~em Haus* ☐ **cheio** 1.9.1 *ich kann dir nicht helfen, ich habe die Hände ~* ⟨umg.⟩ *ich habe gerade etwas in den Händen, das ich nicht absetzen kann* ☐ **ocupado** 1.9.2 *alle Hände ~ zu tun haben* ⟨fig.⟩ *sehr viel zu tun haben* ☐ ***estar muito ocupado; ter muito o que fazer*** 1.10 ⟨70⟩ *bedeckt, dicht besetzt mit; der Tisch stand ~ mit Geschirr; die Jacke, Straße ist ~(er) Löcher; der Garten liegt, ist ~(er) Schnee; das Tuch ist ~er Blut* ☐ **cheio/repleto de; coberto de** 1.11 ⟨70; fig.⟩ *erfüllt (von);* ~(er) *Angst, Begeisterung, Freude, Hass; er ist ganz ~ davon* ☐ **cheio (de) 2** ⟨90⟩ *ganz, vollständig, ungeteilt, unvermindert, uneingeschränkt; er ist (nicht) bei ~em Bewusstsein* ☐ ***ele (não) está totalmente consciente; ein ~es Dutzend, Hundert*** ☐ **inteiro**; *das ist mein ~er Ernst!* ☐ ***estou falando muito sério!;*** *der Zug war in ~er Fahrt, als ...* ☐ ***o trem estava a toda velocidade, quando...***; *in ~em Galopp, Lauf* ☐ ***a toda brida/velocidade;*** *die Sache ist in ~em Gange* ☐ ***a questão está em pleno andamento/em plena atividade;*** *das Bild zeigt ihn in ~er Größe* ☐ ***o quadro o mostra de corpo inteiro;*** *mit ~er Kraft schreien* ☐ ***gritar com toda força;*** *in ~em Maße* ☐ ***plenamente;*** *zum ~en Preis* ☐ ***ao preço normal;*** *mit ~em Recht* ☐ ***com toda a razão;*** *bei ~em Tageslicht* ☐ ***em plena luz do dia;*** *die Uhr schlägt zur ~en*

volladen

Stunde □ *o relógio bate nas horas cheias; er hat es mit ~er Überlegung getan□ *ele fez isso deliberadamente; das ist die ~e Wahrheit □ *esta é toda a verdade; drei ~e Wochen, Monate, Stunden □ inteiro; ich erkenne es ~ an □ plenamente; der Junge muss jetzt in der Straßenbahn ~ bezahlen □ *agora o rapaz deve pagar a tarifa integral do bonde; er hat seine Rechnung, Schuld ~ bezahlt □ integralmente 2.1 die Bäume stehen in ~er Blüte *ganz in Blüte* pleno 2.2 aus ~em Herzen danken *sehr herzlich* □ *agradecer de todo o coração 2.3 aus ~em Halse, aus ~er Kehle, Brust lachen, schreien, singen *laut, kräftig* □ *rir/gritar/cantar a plenos pulmões 2.4 in ~en Zügen trinken, genießen *reichlich, gründlich* □ *beber alguma coisa a grandes goles; desfrutar plenamente de alguma coisa 2.5 jmdm. ~ ansehen *jmdm. gerade ins Gesicht sehen* □ *olhar alguém nos olhos 2.6 ~ und ganz (verstärkend) *völlig* □ *inteiramente; completamente 2.7 jmdn. nicht für ~ ansehen, nehmen *geringschätzen, nicht ernst nehmen* □ *não levar alguém a sério 2.8 in die Vollen gehen (umg.) *mit ganzer Kraft und Energie vorgehen* □ *empenhar-se a fundo; dar o melhor de si 2.9 ins Volle greifen *ein üppige Lebensweise führen* □ *levar uma vida de nababo 3 (70) *rundlich, etwas dick, dicklich*; eine ~e Fünfzigerin; ein ~es Gesicht, ~e Arme; er ist in letzter Zeit etwas ~er geworden □ cheio; rechonchudo 4 (11; umg.; salopp; Jugendspr.) *ganz u. gar, äußerst*; das war ~ gut□ muito; bem; pra caramba 5 (Getrennt- u. Zusammenschreibung) 5.1 ~ besetzt = vollbesetzt

vol|la|den (alte Schreibung für) = **vollladen**

voll|auf (Adv.) *völlig, reich* □ completamente; plenamente; ich habe damit ~ zu tun (und kann nichts anderes außerdem tun) □ *estou muito ocupado com isso

vol|lau|fen (alte Schreibung für) = **volllaufen**

Voll|bad (n.; -(e)s, -bä|der) *Bad für den ganzen Körper*; ein ~ nehmen□ banho de corpo inteiro

Voll|bart (m.; -(e)s, -bär|te) *Backen-, Kinn- u. Schnurrbart* □ barba completa

voll|be|setzt auch: **voll be|setzt** (Adj. 24) *vollständig besetzt*; ein ~er Zug □ completo; inteiramente ocupado

voll|brin|gen (V. 118/500) etwas ~ *zustande bringen, leisten, ausführen, tun*; eine Tat ~; es ist vollbracht! □ realizar; concluir

Völ|le (f.; -; unz.) *das Vollsein (bes. des Magens)*□ repleção; empanturramento; empanzinamento

Völ|le|ge|fühl (n.; -(e)s, -e) *Gefühl der Völle*□ sensação de empanturramento/empanzinamento

vol|len|den (V. 500) 1 etwas ~ *zu Ende bringen, fertig machen*; eine Arbeit ~; einen Satz ~ □ concluir; terminar 1.1 er hat (sein Leben) vollendet (geh.) *er ist gestorben* □ *sua vida chegou ao fim 1.2 jmdn. vor vollendete Tatsachen stellen *jmdn. von einer Sache vorher nicht benachrichtigen*□ *apresentar a alguém fatos consumados

vol|lends (Adv.) *völlig, gänzlich, ganz*; inzwischen war es ~ Tag geworden; ein zu Tode verwundetes

Tier ~ töten; das wird ihn ~ zugrunde richten □ completamente; inteiramente

vol|ler (Adj. 11/60; Subst. ohne Artikel; Nebenform von) *voll(1.10 -1.11)*□ cheio; repleto

Völ|le|rei (f.; -; unz.) *Unmäßigkeit im Essen u. Trinken*; sich der ~ ergeben□ gula

Vol|ley|ball ⟨[vɔle:-], engl. [vɔlɪ-] m.; -(e)s, -bäl|le; Sp.⟩ **1** ⟨unz.⟩ *Ballspiel zwischen zwei Mannschaften zu je sechs Spielern, die den Ball über ein etwa 2,40 m hohes Netz schlagen, so dass er den Boden möglichst nicht berührt*□ voleibol **2** *Ball für das Volleyballspiel*□ bola de voleibol

voll|füh|ren ⟨V. 500⟩ etwas ~ *vollbringen, ausführen*; ein Kunststück ~□ executar; realizar; er vollführte einen Luftsprung vor Freude□ dar

voll|fül|len ⟨V. 500⟩ ein Gefäß ~ *bis zum Rand füllen*; ich habe den Eimer vollgefüllt □ encher completamente; encher até à borda

Voll|gas ⟨n.; -es; unz.⟩ **1** *volle Geschwindigkeit*□ velocidade máxima; mit ~ über die Kreuzung fahren□ *passar pelo cruzamento a toda a velocidade 1.1 ~ geben *den Gashebel ganz niedertreten, die Geschwindigkeit bis zum äußersten beschleunigen*□ *pisar fundo (no acelerador)

Voll|ge|fühl ⟨n.; -(e)s; unz.⟩ im ~ (von etwas) *in dem Gefühl, dass man uneingeschränkt über etwas (bes. seine Fähigkeiten u. Möglichkeiten) verfügen kann*; im ~ seiner Überlegenheit, seiner Würde □ *plenamente consciente (de alguma coisa)

völ|lig ⟨Adj. 24/90⟩ *vollständig, gänzlich, ganz*; er arbeitete bis zur ~en Erschöpfung; jmdm. ~e Freiheit lassen □ completo; pleno; total; das genügt ~; er hat mich ~ missverstanden; jmdn. ~ zufriedenstellen; das ist ~ unmöglich; er ist mit seinen Kräften ~ am Ende □ completamente; totalmente; inteiramente; du hast ~ Recht □ todo; ich war ~ sprachlos ⟨umg.; verstärkend⟩□ completamente

voll|jäh|rig ⟨Adj. 24⟩ *mündig*

voll|kom|men ⟨a. [′---] Adj.⟩ **1** *mustergültig, unübertrefflich, meisterhaft, ohne Makel*; ein ~es Kunstwerk 1.1 ~e **Zahl** *natürliche Z., die gleich der Summe ihrer echten Teiler ist*□ perfeito **2** ⟨90; umg.⟩ *völlig*; das genügt ~; ich verstehe ~!; ich bin ~ sprachlos; du bist ~ verrückt!□ completamente; totalmente

voll|la|den ⟨V. 174/500⟩ einen **Wagen** ~ *bis oben hin beladen, ganz beladen*; das Auto ist vollgeladen □ carregar completamente; lotar

voll|lau|fen ⟨V. 176/400(s)⟩ **1** ein **Gefäß** *läuft voll füllt sich ganz mit Flüssigkeit*; die Badewanne ist vollgelaufen□ encher-se (de líquido) **2** sich ~ lassen ⟨fig.; umg.⟩ *sich betrinken*□ *encher a cara

Voll|macht ⟨f.; -, -en⟩ **1** *die jmdm. von jmdm. erteilte Ermächtigung, ihn zu vertreten, für ihn zu verhandeln u. Geschäfte abzuschließen*; jmdm. die ~ erteilen, ein Geschäft abzuschließen; ich habe die ~, die Sache zu entscheiden; jmdn. mit allen ~en ausstatten □ plenos poderes; carta branca 1.1 in ~ ⟨in Briefunterschriften vor dem Namen dessen, der für einen anderen unterzeichnet; Abk.: i. V., I. V.⟩ *mit Hand-*

lungsvollmacht ausgestattet □ ***por procuração** **2** *Urkunde, mit der eine Vollmacht(1) erteilt wird;* eine ~ *unterschreiben* □ **procuração**

Voll|milch ⟨f.; -; unz.⟩ *nichtentrahmte Milch, die mindestens 3,5 % Fett enthält* □ **leite integral**

Voll|mond ⟨m.; -(e)s, -e⟩ **1** *voll beleuchteter Mond, eine der Mondphasen;* wir haben heute ~; es ist ~ □ **lua cheia** 1.1 *er strahlte wie ein ~* ⟨umg.; scherzh.⟩ *er strahlte, lächelte glücklich* □ ***ele sorriu de orelha a orelha** **2** ⟨fig.; umg.; scherzh.⟩ *ein völlig kahler Kopf* □ **totalmente careca**

voll|mun|dig ⟨Adj.⟩ *kräftig, voll im Geschmack;* ein ~er Wein □ **encorpado; forte**

voll|schen|ken ⟨V. 500⟩ ein **Glas** ~ *bis zum Rand mit einem Getränk (bes. Wein) füllen;* er hat das Weinglas vollgeschenkt □ **encher até a borda**

voll|schlank ⟨Adj. 70⟩ *nicht schlank, aber auch nicht dick;* eine ~e Frau □ **robusto**

voll|stän|dig ⟨Adj.⟩ **1** *aus allen dazugehörenden Teilen bestehend;* ein ~er Satz Briefmarken; die Sammlung ist noch nicht ~ **2** *bis zu Ende (durchgeführt);* eine ~e Arbeit abliefern □ **completo**; eine Sache ~ ⟨fertig⟩ machen □ ***completar/concluir alguma coisa** **3** ⟨50; umg.⟩ *ganz, völlig;* du hast ~ Recht □ **todo**; er ist ~ verrückt; er hat es ~ allein gemacht □ **completamente; inteiramente**

voll|stre|cken ⟨V. 500⟩ ein **Urteil** ~ *ausführen, vollziehen;* ein Todesurteil an jmdm. ~; das Urteil wurde bereits vollstreckt □ **executar; cumprir**

voll|tan|ken ⟨V.⟩ **1** ⟨402⟩ (ein Fahrzeug) ~ *den Benzintank bis zum Rand füllen;* er hat vollgetankt □ **abastecer (um veículo); encher o tanque (de combustível) 2** ⟨500/Vr 3⟩ sich ~ ⟨umg.; scherzh.⟩ *sich betrinken* □ ***encher a cara**

Voll|tref|fer ⟨m.; -s, -⟩ **1** *Treffer mitten ins Ziel* **2** ⟨fig.⟩ *Sache von großer Wirkung* □ **tiro certeiro**

Voll|wert|er|näh|rung ⟨f.; -; unz.⟩ *Ernährung, die den vollen Wert, Gehalt an Inhaltsstoffen bewahrt hat (bes. Getreide-, Milch-, Gemüse- u. Obstprodukte)* □ **alimentação baseada em produtos orgânicos**

voll|zäh|lig ⟨Adj.⟩ **1** *die vorgeschriebene od. gewünschte od. übliche Anzahl aufweisend;* ~e Liste der Mitglieder □ **completo** **2** *ausnahmslos alle;* ich habe die Briefmarken dieses Satzes (nicht) ~ □ ***(não) tenho todos os selos dessa série**; sind wir ~? □ ***estamos todos aqui?**; sie waren ~ versammelt □ ***estavam todos reunidos**

voll|zie|hen ⟨V. 293/500⟩ **1** eine Sache ~ *vollstrecken, durchführen, leisten, in die Tat umsetzen;* eine Strafe, ein Urteil ~ □ **executar; cumprir**; mit der Trauung auf dem Standesamt ist die Ehe rechtlich vollzogen □ **consumar** 1.1 ~*de* Gewalt = Exekutive

Voll|zug ⟨m.; -(e)s, -züge (Pl. selten)⟩ *das Vollziehen;* ~sgewalt, Straf~ □ **execução; cumprimento; consumação**

Vo|lon|tär ⟨[vɔlɔn-] od. [-lõ-] m.; -s, -e⟩ *jmd., der unentgeltlich od. gegen geringe Bezahlung zur Vorbereitung auf seine berufliche Tätigkeit in einem Betrieb (bes. im journalistischen od. kaufmännischen Bereich) arbeitet* □ **estagiário**

Vo|lon|tä|rin ⟨[vɔlɔn-] f.; -, -rin|nen⟩ *weibl. Volontär* □ **estagiária**

Volt ⟨[vɔlt] n.; - od. -(e)s, -; El.; Phys.; Zeichen: V⟩ *Einheit der elektrischen Spannung* □ **volt**

Vol|te ⟨[vɔl-] f.; -, -n⟩ *kreisförmige Figur;* eine ~ reiten □ **volta**

vol|ti|gie|ren ⟨[vɔltiʒiː-] V. 400; Reitsp.⟩ *auf dem galoppierenden Pferd turnen* □ **voltear; praticar volteio**

Vo|lu|men ⟨[vo-] n.; -s, - od. Vo|lu|mi|na⟩ **1** ⟨Zeichen: V⟩ *Rauminhalt* □ **volume** **2** ⟨Abk.: vol.⟩ = *Band² (1)*

vo|lu|mi|nös ⟨[vo-] Adj.; geh.⟩ *einen beträchtlichen Umfang aufweisend;* ein ~es Buch □ **volumoso**

vom ⟨Verschmelzungsform aus Präp. u. Art.⟩ **1** *von dem;* ~ Apfelbaum (herab) □ ***de cima da macieira**; ~ 1. Januar an □ **a partir de**; ~ 10. bis (zum) 15. Juni □ **de**; mir ist schwindelig ~ Karussellfahren □ ***estou tonto de andar de carrossel** 1.1 ~ **Hundert** ⟨Abk.: v. H., vH; Zeichen: %⟩ *Prozent;* 20 ~ Hundert □ ***por cento** 1.2 ~ **Tausend** ⟨Abk.: v. T., vT; Zeichen: ‰⟩ *Promille;* 0,5 ~ Tausend □ ***por mil**

von ⟨Präp. mit Dat.⟩ **1** ~ einem **Ort** *aus einer Richtung herkommend;* Ggs *nach*; ~ Berlin; ~ da, dort; ~ ferne, ~ weitem/**Weitem**; ~ oben, unten, hinten, vorn, rechts, links 1.1 ⟨vor Namen, zur Bez. des Adelstitels, früher auch der Herkunft; Abk.: v.⟩; Wolfram ~ Eschenbach; Walther ~ der Vogelweide; Baron, Freiherr, Graf ~ X; Herr, Frau, Fräulein ~ Y 1.2 jmdm. *aus der Richtung einer Person herkommend;* Ggs *zu¹(2);* er kommt ~ seiner Mutter; ich komme gerade vom Arzt; ich habe einen Brief ~ ihm bekommen; ich bekam das Buch ~ meinem Freund □ **de** 1.3 ~ ... **bis** *beginnend ... endend* 1.3.1 ⟨örtl.⟩; ~ hier bis dort; ~ Hamburg bis Berlin □ 1.3.2 ⟨zeitl.⟩; ~ drei bis vier Uhr; ~ morgens bis abends 1.3.3 ⟨Menge⟩ ~ 10 bis 40 € □ ***de ... até** 1.4 ⟨örtl.⟩ ~ ... **zu** *beginnend ... endend;* ~ einem Ufer zum andern schwimmen □ ***de ... a** 1.5 ~ ... **an** *beginnend mit einem bestimmten Punkt* 1.5.1 ~ einem **Ort** *aus ausgehend von einem O.;* ~ Hamburg an 1.5.2 ~ einem **Zeitpunkt** *an beginnend mit dem Z.;* nun an; ~ heute an; ~ Kind(heit) an, auf 1.5.3 ~ einem **Alter** *an so alt u. älter;* Kinder ~ 10 Jahren an (aufwärts) 1.5.4 ~ einer **Menge** *an so viel u. mehr;* hier gibt es Stoffe ~ zehn Euro an □ **a partir de** 1.6 ~ ... **nach** *aus einer Richtung in eine andere;* ~ Osten nach Westen □ ***de ... a/para** 1.7 ~ ... **aus** *ausgehend von, beginnend bei;* ~ diesem Fenster aus; ~ meinem Standpunkt aus betrachtet □ ***de** 1.7.1 ~ mir aus ⟨umg.⟩ *meinetwegen* □ ***por mim; de minha parte** 1.8 ~ **Zeit zu Zeit** *ab u. zu, manchmal* □ ***de tempos em tempos** 1.8.1 ~ **Jahr zu Jahr** *immer wieder ein J. vergehen lassend;* sie haben ~ Jahr zu Jahr gewartet □ ***ano após ano 2** *zu jmdm. od. einer Gemeinschaft gehörig, stammend aus;* die Königin ~ Großbritannien 2.1 *geschaffen durch;* die „Iphigenie" ~ Goethe, ~ G. Hauptmann; der „Faust" ist ~ Goethe; dieses Bild stammt ~ Rubens; eine Oper ~ Mozart □ **de** 2.2 *verursacht durch;* grüßen Sie ihn ~ mir □ ***mande lembranças a ele por mim**; ich bin müde ~ dem langen Marsch □ ***estou cansado por causa**

da longa caminhada; er wurde ~ seinen Eltern gerufen ☐ *ele foi chamado pelos pais; das ist sehr liebenswürdig ~ Ihnen ☐ *é muito amável de sua parte; was will er ~ mir? ☐ *o que ele quer de mim? **2.2.1** ~ **Hand** (umg.) *mit der H., nicht automatisch* ☐ *à mão **2.2.2** etwas ~ sich aus tun *selbständig, aus eigenem Antrieb* ☐ *fazer alguma coisa espontaneamente/ por iniciativa própria **2.2.3** ~ mir aus *ich habe dagegen keine Einwände;* ~ mir aus darfst du es tun ☐ *no que me diz respeito; por mim **3** *bestehend aus;* eine Stadt ~ 100 000 Einwohnern; ein Ring ~ Gold ⟨geh.⟩ **4** *eine Eigenschaft habend;* ein Tisch ~ dieser Länge; ein Grundstück ~ fünfhundert Quadratmetern; schön ~ Gestalt, ~ schöner Gestalt; ein Mädchen ~ 10 Jahren; dieser Esel ~ Sachbearbeiter (umg.) ☐ de **5** ~ jmdm. od. etwas **sprechen** *über jmdn. od. etwas;* ~ wem ist die Rede?; wir sprachen ~ der letzten Premiere ☐ *falar de alguém ou alguma coisa **6** das ist **nicht** ~ **ungefähr** *geschehen nicht zufällig* ☐ *isso não aconteceu por acaso **7** ⟨anstelle des partitiven Genitivs⟩ ein Freund ~ mir *einer meiner Freunde* ☐ *um amigo meu; einige ~ ihnen ☐ *alguns deles; einer ~ vielen; Tausende ~ Menschen; ~ meinen Bekannten habe ich nur wenige gesehen (umg.) ☐ de **8** ⟨Getrennt- u. Zusammenschreibung⟩ **8.1** ~ **Seiten** = *vonseiten*

von|ein|an|der *auch:* **von|ei|nan|der** ⟨Adv.⟩ *einer vom anderen;* wir haben lange nichts ~ gehört; sie können sich nicht ~ trennen ☐ **um do outro; uns dos outros;** sie lernen ~ ☐ **um com o outro; uns com os outros**

von|ein|an|der||ge|hen *auch:* **von|ei|nan|der||ge|hen** ⟨V. 145/400(s.); geh.⟩ *sich trennen;* sie sind voneinandergegangen ☐ **separar-se (um do outro)**

von|nö|ten ⟨Adv.⟩ *nötig, erforderlich;* das ist nicht ~ ☐ **necessário; essencial**

von|sei|ten *auch:* **von Sei|ten** ⟨Adv.⟩ *verursacht durch;* ~ der Gegenpartei erhob sich kein Widerspruch ☐ **por parte de**

von|stat|ten||ge|hen ⟨V. 145/400(s.)⟩ **1** *stattfinden* ☐ **acontecer; realizar-se;** wann soll das Fest ~? ☐ *quando vai ser a festa? **2** ⟨zügig⟩ *vorwärtsgehen, weitergehen;* die Sache ging gut vonstatten ☐ **ir; transcorrer**

vor¹ ⟨Präp. m. Dat. auf die Frage „wo?" u. Akk. auf die Frage „wohin?"⟩ **1** ⟨örtl.⟩ *an od. gegenüber der Vorder- od. Außenseite;* Ggs *hinter;* ~ jmdm. hergehen, stehen, sitzen; er stand, saß ~ mir; ~ dem Fenster; ~ dem Haus, der Tür; ich warte ~ dem Kino auf dich ☐ **diante de; em frente a 1.1** etwas ~ **sich hin** brummen, murmeln *leise und unverständlich sagen* ☐ *murmurar/resmungar alguma coisa **1.2** wir haben unseren Urlaub noch ~ uns *noch nicht gehabt* ☐ *ainda temos nossas férias pela frente **1.3** einen Schlag ~ die Stirn bekommen *an, gegen die Stirn* ☐ *levar uma pancada na testa **1.4** etwas ~ **Zeugen** erklären *versichern in Gegenwart von Z.* ☐ *declarar alguma coisa na presença de testemunhas **2** ⟨fig.⟩ *gegenüber* **2.1** den Hut ~ jmdm. abnehmen, ziehen **2.1.1** *jmdn. durch Abnehmen des Hutes grüßen* **2.1.2** *vor jmdm. große Achtung haben* ☐ *tirar o chapéu para alguém **3** ⟨zeitl.⟩ *früher als, eher als;* Ggs *nach¹ (3);* er wird nicht ~ Abend kommen; ~ seiner Abreise; einen Tag ~ seiner Prüfung wurde er krank; kurz ~ Weihnachten; 200 Jahre ~ Christi Geburt ⟨Abk.: v. Chr. G.⟩; ~ Christo, ~ Christus ⟨Abk.: v. Chr.⟩ ☐ **antes de;** ~ vier Wochen, Jahren ☐ **há 3.1** ~ der **Zeit** *früher als vorgesehen* ☐ *prematuramente; **antes do tempo 3.2** ~ allem, ~ allen Dingen *in erster Linie, besonders* ☐ *sobretudo **4** ⟨kausal zur Bez. des Beweggrundes, der Ursache⟩ *aus, wegen;* er weiß ~ lauter Arbeit, Sorgen nicht mehr aus noch ein; er zitterte ~ Angst, Kälte; er machte ~ Freude einen Luftsprung; er weinte ~ Wut, Zorn ☐ **de 4.1** er log aus Furcht ~ Strafe *weil er die S. fürchtete* ☐ **por 4.2** Achtung, Furcht ~ jmdm. haben *jmdm. gegenüber empfinden* ☐ **por; de 5** ~ **sich gehen** *sich ereignen, geschehen* ☐ *acontecer; ocorrer **6** ⟨veraltet⟩ *für,* Gnade ~ Recht ergehen lassen ☐ *usar de clemência

vor² ⟨Adv.⟩ *nach wie* ~ *jetzt ebenso wie vorher, wie bisher* ☐ *como antes; ainda

vor|ab ⟨Adv.⟩ *zuvor, zuerst, im Voraus, zunächst;* ich schicke Ihnen ~ einen Teil der Unterlagen, die weiteren folgen nächste Woche ☐ **em primeiro lugar; primeiramente**

♦ Die Buchstabenfolge **vor|an...** kann auch **vo|ran...** getrennt werden.

♦ **vor|an** ⟨Adv.⟩ **1** *voraus, vorn, als erster;* der Lehrer ~, die Kinder hinterdrein ☐ **à frente; adiante 2** ⟨umg.⟩ *vorwärts;* immer langsam ~! ☐ **avante**

♦ **vor|an||ge|hen** ⟨V. 145/400(s.)⟩ **1** *vorn gehen, als Erster gehen* ☐ **ir primeiro; ir na frente 1.1** ⟨600⟩ jmdm. ~ *vor jmdm. hergehen* ☐ *ir/andar à frente de alguém **1.2** jmdn. ~ **lassen** *jmdn. den Vortritt lassen, jmdn. zuerst hinein-, hinausgehen lassen* ☐ *deixar alguém passar à frente/ir primeiro **1.3** mit gutem Beispiel ~ ⟨fig.⟩ *ein nachahmenswertes B. geben* ☐ *dar bom exemplo **2** etwas geht voran *geht voraus, ereignet sich vorher;* dem Drama geht ein Vorspiel voran ☐ **preceder; anteceder;** vorangegangene Ereignisse; am vorangegangenen Tag hatte er bereits ... ☐ **anterior; precedente 3** ⟨600⟩ einem **Textabschnitt** ~ *vorher im Text stehen, zuvor beschrieben werden* ☐ *preceder uma passagem/um trecho; Vorangehendes wurde häufig kritisiert ☐ **a passagem/o trecho anterior;** im Vorangehenden wurde gesagt, dass ... ☐ **anteriormente; na passagem/no trecho anterior 4** eine Sache geht voran *macht Fortschritte;* die Arbeit geht gut voran; geht es (mit der Arbeit) voran? ☐ **avançar; progredir**

♦ **vor|an||kom|men** ⟨V. 170/400(s.)⟩ **1** *sich (gut) vorwärtsbewegen (können);* in dem starken Reiseverkehr kamen wir nicht voran ☐ **avançar; ir adiante 2** ⟨fig.⟩ *Fortschritte machen;* mit einer Arbeit gut ~ ☐ **avançar; progredir**

vor|ar|bei|ten ⟨V.⟩ **1** ⟨400⟩ *die Arbeitszeit vorverlegen;* wir haben vorgearbeitet □ **adiantar o trabalho 2** ⟨500⟩ *einen* **Tag** ~ *die Arbeitszeit für einen T. vorher ableisten;* Ggs *nacharbeiten(3)* □ **antecipar um dia de trabalho*

vor|auf *auch:* **vo|rauf** ⟨Adv.⟩ *voran, voraus* □ **à frente; adiante**

vor|auf|ge|hen *auch:* **vo|rauf|ge|hen** ⟨V. 145/403(s.); geh.⟩ **1** (jmdm. od. etwas) ~ *vor jmdm. od. etwas hergehen, vorgehen* □ **ir à frente de 2** *etwas geht (einer Sache)* **vorauf** *geht einer Sache voran, ereignet sich vorher* □ **preceder; anteceder**

♦ Die Buchstabenfolge **vor|aus...** kann auch **vo|raus...** getrennt werden.

vor|aus ⟨Adv.⟩ **1** *räumlich vor jmdm. od. etwas, noch vor den Folgenden;* er war immer ein paar Schritte ~ □ **adiante; à frente;** Land ~ □ **à vista 2** *jmdm. od. einer* **Sache** ~ *sein* (fig.) *schneller, weiter, besser sein als jmd. od. eine S.;* im Sport ist er seinen Klassenkameraden weit ~ □ **estar à frente de alguém ou alguma coisa* 2.1 er ist seiner Zeit (weit) ~ *er ist (in der Gestaltung seiner Werke, in seinen Anschauungen) weiter als seine Zeitgenossen, er lässt schon die zukünftige Entwicklung erkennen* □ **ele está (muito) à frente de seu tempo* **3** *im* Voraus *schon vorher;* vielen Dank im Voraus! □ **de antemão;* Miete im Voraus zahlen (für einen Monat, für zwei Monate) □ **adiantado; antecipadamente*

vor|aus|ge|hen ⟨V. 145(s.)⟩ **1** ⟨400⟩ *vorangehen, vor jmdm. od. etwas hergehen, schon vor jmdm. (an einen bestimmten Ort) gehen;* ich gehe einstweilen, schon voraus □ **ir à/na frente de; preceder 2** ⟨600⟩ *eine* **Sache** *geht einer* **Sache** *voraus ereignet sich vor einer S.;* dem Streit war ein Vorfall vorausgegangen, der ... **3** ⟨600⟩ *einem* **Textabschnitt** ~ *vorangestellt sein, sich davor befinden* □ **preceder; antecder;** die vorausgegangenen Hinweise ~ □ **as referências anteriores* 3.1 im Vorausgehenden *weiter oben* □ **acima*

vor|aus|ha|ben ⟨V. 159/530⟩ *jmdm. etwas* ~ *gegenüber jmdm. einen Vorteil haben, jmdm. gegenüber im Vorteil sein;* er hat seinem Bruder die leichtere Auffassungsgabe voraus □ **levar vantagem sobre alguém*

♦ **Vor|aus|sa|ge** ⟨f.; -, -n⟩ *das Voraussagen* □ **previsão; prognóstico**

♦ **vor|aus|sa|gen** ⟨V. 500⟩ *etwas* ~ *sagen, wie etwas Kommendes verlaufen wird;* → a. *prophezeien;* das Wetter ~; niemand kann die Zukunft ~ □ **prever; prognosticar**

♦ **vor|aus|schi|cken** ⟨V. 500⟩ **1** *jmdm. od. etwas* ~ *veranlassen, dass jmd. od. etwas schon vor jmdm. od. etwas an einen bestimmten Ort geht;* die Leute mit den Picknickkörben wurden vorausgeschickt □ **mandar alguém ou alguma coisa na frente* **2** *eine* **Sache** ~ *vorher sagen, vorher mitteilen, als Erstes mitteilen;* ich muss ~, dass ...; ich muss meinem Vortrag einige Bemerkungen ~ □ **antecipar; dizer de antemão**

♦ **vor|aus|se|hen** ⟨V. 239/500⟩ *eine* **Sache** ~ *als sicher erwarten;* niemand hat ~ können, dass das geschehen würde; das war vorauszusehen □ **prever; antever**

♦ **vor|aus|set|zen** ⟨V. 500⟩ **1** *eine* **Sache** ~ *als gegeben annehmen;* wir müssen dabei ~, dass der Zug auch pünktlich ankommt; diese Tat setzt großen Mut voraus; ich darf wohl als bekannt ~, dass ... □ **supor** 1.1 vorausgesetzt, (dass) ... *wenn man voraussetzen darf, als sicher angenommen, dass ..., wenn ...;* vorausgesetzt, der Zug kommt pünktlich an, dann können wir ... □ **supondo (que)...; se...**

♦ **Vor|aus|set|zung** ⟨f.; -, -en⟩ **1** *Annahme, auf die man sich bei einer Handlung stützt;* du bist von einer falschen ~ ausgegangen □ **pressuposto; suposição 2** *das, was gegeben, festgesetzt sein muss; die notwendige* ~ *dafür ist, dass ...;* nur unter dieser ~ ist es möglich, dass ... □ **precondição; prerrequisito**

♦ **Vor|aus|sicht** ⟨f.; -; unz.⟩ **1** *Vermutung, Ahnung, sichere Erwartung (dass etwas Bestimmtes eintrifft)* □ **previsão;** in der ~, dass dies eintreten würde, habe ich das und das getan □ **prevendo que isso fosse acontecer...;* in weiser ~ habe ich warme Sachen mitgenommen ⟨umg.; scherzh.⟩ □ **tive a sábia precaução de trazer roupas quentes* 1.1 menschlicher ~ nach, aller menschlichen ~ nach muss das und das geschehen *soweit man es (als Mensch) voraussehen kann* □ **até onde é humanamente possível prever...* 1.2 aller ~ nach *wahrscheinlich* □ **muito provavelmente*

♦ **vor|aus|sicht|lich** ⟨Adj. 24/90⟩ *aller Voraussicht nach, wahrscheinlich, vermutlich;* er wird ~ kommen □ **provável; provavelmente**

Vor|bau ⟨m.; -(e)s; -ten⟩ **1** *vorspringender Gebäudeteil, Anbau, z. B. Balkon, Portikus* □ **avançamento; corpo saliente 2** ⟨fig.; umg.; scherzh.⟩ *großer, dicker Busen* □ **seios fartos 3** ⟨Bgb.⟩ *Verfahren, den Abbau vom Schacht aus in Richtung auf die Grenzen des Grubenfeldes vorzutreiben* □ **(trabalho de) avanço**

vor|bau|en ⟨V. 500⟩ **1** *etwas* ~ *vorn anbauen* □ **construir em ressalto 2** ⟨403⟩ *(einer* **Sache)** ~ ⟨fig.⟩ *vorbeugend (gegen eine S.) etwas tun;* wir müssen rechtzeitig ~, dass dies nicht geschieht □ **precaver-se (contra alguma coisa)*

Vor|be|dacht ⟨m.; -(e)s; unz.⟩ *aus, mit, voll* ~ *mit vorheriger Überlegung;* etwas mit ~ tun □ **deliberadamente*

Vor|be|halt ⟨m.; -(e)s, -e⟩ *Bedingung, Einschränkung, die unter Umständen geltend gemacht werden muss;* ich bin damit einverstanden, doch mit dem ~, unter dem ~, dass ...; ich stimme dem ohne ~ zu □ **ressalva; restrição;** → a. *geheim(1.2.1)*

vor|be|hal|ten ⟨V. 160/530/Vr 1⟩ **1** *sich etwas* ~ *für sich die Möglichkeit beanspruchen, gegebenenfalls etwas anders entscheiden zu dürfen;* ich behalte mir das Recht vor, Änderungen vorzunehmen □ **reservar alguma coisa para si* 1.1 Widerruf ~ *unter Umständen kann das Gesagte, Erlaubte widerrufen werden* □ **sujeito a revogação* **2** *etwas* bleibt, ist *jmdm.* ~ *jmdm. allein bleibt, ist etwas überlassen;* die endgültige Entscheidung bleibt, ist ihm vorbehalten □ *ficar a critério de alguém

vor|bei ⟨Adv.⟩ Sy *vorüber* **1** *an, neben jmdm. od. einer Sache ~ unmittelbar in die Nähe von jmdm. od. einer S. gelangend u. sich weiter fortbewegend* □ *(que passa) perto/ao lado de alguém ou alguma coisa* **2** *(zeitlich) vergangen* □ passado; terminado; *der Schmerz, die Übelkeit ist ~* □ *a dor/náusea passou* **2.1** *es ist 2 Uhr ~* ⟨umg.⟩ *es ist schon nach 2 Uhr* □ *passa das duas horas* **2.2** *es ist ~ mit ihm es ist nichts mehr für ihn zu hoffen* □ *ele está desenganado*

vor|bei... ⟨abtrennbare Vorsilbe bei Verben⟩ **1** *kurze Zeit, einen Augenblick neben od. bei jmdm. od. etwas u. dann weiter vorwärts;* vorbeibringen, vorbeifahren, vorbeilassen **2** *vorüber, zu Ende;* vorbeigehen(3)

vor|bei|ge|hen ⟨V. 145/400(s.)⟩ **1** ⟨405⟩ (an jmdm. od. etwas) ~ *einen Augenblick neben jmdm. od. etwas her- u. dann weitergehen, entlanggehen, vorübergehen;* an jmdm., an einem Gebäude ~; er geht achtlos an allen Schönheiten der Natur vorbei; Blumen im Vorbeigehen abpflücken; im Vorbeigehen flüsterte er mir zu ...; jmdn. mit dem Blick im Vorbeigehen streifen □ passar (perto de, ao lado de, por alguém ou alguma coisa) **1.1** im Vorbeigehen ⟨a. fig.⟩ *flüchtig;* ich habe es nur im Vorbeigehen, bemerkt □ *de passagem* **2** ⟨411⟩ bei jmdm. ~ ⟨umg.⟩ *jmdn. kurz besuchen, jmdn. kurz aufsuchen, zu jmdm. gehen;* bitte geh doch bei ihm vorbei und bring ihm das Buch zurück □ *dar uma passada na casa de alguém* **3** etwas geht vorbei ⟨fig.; umg.⟩ *vergeht, geht vorüber;* der Schmerz wird bald ~; eine Gelegenheit (ungenutzt) ~ lassen □ passar **4** ein Schlag, Schuss geht vorbei *trifft nicht, verfehlt das Ziel* □ *o golpe/tiro erra o alvo*

vor|be|las|tet ⟨Adj. 24/70⟩ *bereits durch etwas belastet (durch Strafe, Erbanlage o. Ä.)* □ com antecedentes (penais/hereditários); fichado

vor|be|rei|ten ⟨V. 500⟩ **1** etwas ~ *im Voraus bestimmte Arbeiten für etwas erledigen;* eine Arbeit, ein Fest ~; eine Unterrichtsstunde ~ □ preparar **2** ⟨550/Vr 7⟩ jmdn. od. etwas für etwas ~ *vorher zurechtmachen;* alles für die Abreise ~; einen Kranken für die Operation ~ □ *preparar alguém ou alguma coisa coisa para alguma coisa* **3** ⟨550/Vr 7⟩ jmdn. auf eine Sache ~ *alles tun, was vorher möglich ist, dass jmd. einer S. gewachsen ist;* jmdn. auf eine Prüfung ~; jmdn. (schonend) auf eine schlimme Botschaft ~ □ *preparar alguém para alguma coisa* **3.1** sich auf eine Sache ~ *alles tun, was vorher möglich ist, um einer S. gewachsen zu sein;* sich auf eine Prüfung, auf den Unterricht ~ □ *preparar-se para alguma coisa* **3.2** er ist gut, schlecht, nicht vorbereitet *hat gut, wenig, nicht (für etwas) gearbeitet* □ *ele estava bem/mal preparado;* ele não estava preparado **3.3** darauf war ich nicht vorbereitet *das hatte ich nicht erwartet* □ *eu não estava preparado para isso*

Vor|be|rei|tung ⟨f.; -, -en⟩ **1** *das Vorbereiten, vorherige Arbeit, Ausarbeitung* (Examens~) □ preparação **1.1** ~en zur Abreise treffen *die Abreise vorbereiten* □ preparativo **1.2** etwas ist in ~ *an etwas wird gearbeitet* □ preparação

vor|be|straft ⟨Adj. 24/70⟩ *bereits früher gerichtlich bestraft;* der Angeklagte ist zweimal ~ □ com antecedentes penais; fichado

vor|beu|gen ⟨V.⟩ **1** ⟨500/Vr 3⟩ sich ~ *sich nach vorn beugen* □ debruçar-se; inclinar-se para a frente **2** ⟨600⟩ einer Sache ~ *eine S. vorsorglich verhüten;* einer Krankheit ~ □ prevenir **2.1** ⟨Part. Präs.⟩ ~d *prophylaktisch, präventiv;* ~de Maßnahme □ preventivo; profilático

Vor|bild ⟨n.; -(e)s, -er⟩ *Muster, mustergültiges Beispiel, Beispiel, dem man nachstreben sollte;* er hat diese Gestalt nach dem ~ seiner Mutter geschaffen; er ist mein ~; leuchtendes ~; sich jmdn. zum ~ nehmen □ modelo; exemplo

vor|bild|lich ⟨Adj.⟩ *einem Vorbild gleich, mustergültig, beispielhaft;* ein ~es Verhalten □ exemplar

Vor|bo|te ⟨m.; -n, -n; fig.⟩ **1** *erster Bote* □ arauto **2** *Vorläufer* **3** ⟨fig.⟩ *Vorzeichen, Anzeichen (für);* Schneeglöckchen als ~n des Frühlings; der Kopfschmerz als ~ einer Grippe □ indício; anúncio; sintoma

vor|brin|gen ⟨V. 118/500⟩ **1** eine Sache ~ *sagen, zur Sprache bringen, zum Ausdruck bringen;* Protest, Klagen, Wünsche ~ □ fazer; prestar; manifestar; eine Beschwerde ~ □ prestar; hat noch jemand etwas vorzubringen? □ dizer; alegar **2** etwas ~ ⟨umg.⟩ *nach vorn bringen;* bring das Buch dem Lehrer ans Pult vor □ trazer/levar para a frente

vor|dem ⟨a. [-'-] Adv.; veraltet⟩ **1** *einst, in alter Zeit, früher* **1.1** von ~ *aus alter Zeit, von früher* □ antigamente; outrora

vor|de|re(r, -s) ⟨Adj. 26/60⟩ **1** *vorn befindlich;* Ggs hintere(r, -s); die ~n Räume des Hauses □ dianteiro; da frente; die ~n Reihen □ *as primeiras fileiras* **1.1** der vorderste Platz *der am weitesten vorn befindliche P.* □ *o primeiro lugar*

Vor|der|grund ⟨m.; -(e)s; unz.⟩ **1** *dem Betrachter zunächst liegender Teil des Raumes* □ dianteira **1.1** sich in den ~ drängen ⟨fig.⟩ *die allgemeine Aufmerksamkeit (mehr od. minder rücksichtslos) auf sich ziehen* □ *colocar-se em evidência; tentar ser o centro das atenções* **1.2** diese Frage rückt jetzt mehr in den ~ ⟨fig.⟩ *gewinnt jetzt an Wichtigkeit, Bedeutung* □ *essa questão agora tem prioridade/está em primeiro plano* **1.3** im ~ stehen ⟨fig.⟩ *allgemein beachtet werden, wichtiger als anderes sein;* folgende Überlegung stand im ~ □ *estar em primeiro plano/em evidência* **1.4** jmdn. od. etwas in den ~ stellen ⟨fig.⟩ *hervorheben, die Aufmerksamkeit auf jmdn. od. etwas lenken* □ *colocar alguém ou alguma coisa em primeiro plano/em evidência* **1.5** in den ~ treten ⟨fig.⟩ *allgemeine Beachtung erringen* □ *passar para o primeiro plano* **1.6** *(bei einem perspektivisch gemalten Bild) der vordere Teil des Bildraumes* □ primeiro plano

vor|der|hand ⟨Adv.⟩ *vorläufig, einstweilen, zunächst;* ich werde ~ nichts unternehmen □ por enquanto; provisoriamente

Vor|der|mann ⟨m.; -(e)s, -män|ner⟩ **1** *in einer Reihe vor jmdm. Stehender od. Sitzender;* Ggs *Hintermann(1)* □ pessoa que está na frente de outra; *mein ~* □ **a pessoa na minha frente* **1.1** *~ halten sich nach dem vor einem Stehenden genau ausrichten* □ **manter-se em fila; alinhar-se pelo vizinho da frente* **1.2** *jmdn. auf ~ bringen* ⟨fig.; umg.⟩ *jmdn. energisch zurechtweisen* □ **fazer alguém andar na linha* **1.3** *etwas auf ~ bringen* ⟨fig.; umg.⟩ *etwas wieder ordentlich, sauber machen; die Wohnung auf ~ bringen* □ **colocar alguma coisa em ordem; arrumar alguma coisa*

Vor|der|sei|te ⟨f.; -, -n⟩ *nach vorn bzw. oben gelegene Seite; die ~ eines Buches, Hauses, einer Münze* □ frente; folha de rosto; fachada; cara (de uma moeda)

vor||drin|gen ⟨V. 122/411(s.)⟩ *nach vorn dringen, vorwärtsdringen, eindringen in, vorstoßen; in unbekanntes, unerforschtes Gebiet ~* □ avançar; penetrar; *drang mit seiner Beschwerde bis zum Chef vor* □ (conseguir) chegar até alguém; *die Truppen drangen bis über den Fluss vor; in ein Wissensgebiet ~* ⟨fig.⟩ □ avançar; ganhar terreno

vor|dring|lich ⟨Adj.⟩ *bes. dringlich, bes. wichtig, vor anderen (zu berücksichtigen); eine ~e Angelegenheit* □ urgente; prioritário; *die Sache muss ~ behandelt werden* □ com prioridade/urgência

vor|ei|lig ⟨Adj.⟩ *überstürzt, unüberlegt, übereilt; ein ~er Entschluss* □ precipitado; irrefletido

vor|ein|an|der *auch:* **vor|ei|nan|der** ⟨Adv.⟩ *einer vor dem anderen* □ um na frente do outro; *sie haben keine Geheimnisse ~* □ **eles não têm segredos entre si; ~ fliehen* □ **fugir um do outro*

vor|ein|ge|nom|men ⟨Adj.⟩ *voller Vorurteile, von vornherein für, gegen etwas od. jmdn. eingenommen* □ prevenido (a favor/contra); parcial

vor||ent|hal|ten ⟨V. 160/530/Vr 5 od. Vr 6⟩ *jmdm. etwas ~ (widerrechtlich) nicht geben; jmdm. sein Erbe ~* □ privar; negar

vor|erst ⟨Adv.⟩ *vorläufig, zunächst, fürs Erste, vorderhand; bitte erzähle ~ nichts davon* □ no momento; por enquanto; primeiramente

Vor|fahr ⟨m.; -en, -en⟩ *Verwandter in aufsteigender Linie, z. B. Vater, Großmutter;* oV *Vorfahre;* Sy ⟨geh.⟩ *Ahne(1)* Ggs *Nachkomme* □ antepassado

Vor|fah|re ⟨m.; -n, -n⟩ = *Vorfahr*

Vor|fahrt ⟨f.; -; unz.⟩ Sy ⟨österr.⟩ *Vorrang (3),* ⟨schweiz.⟩ *Vortritt* **1** *Vorrang in einer Fahrtrichtung (bei Straßenkreuzungen); die ~ beachten, verletzen* **2** *das Recht, mit dem Fahrzeug vor den anderen, rechts od. links kommenden Fahrzeugen über die Kreuzung zu fahren; sich die ~ erzwingen; der Radfahrer hat ~; wer hat hier ~?* □ preferência

Vor|fall ⟨m.; -(e)s, -fäl|le⟩ **1** *Ereignis, Begebenheit, Geschehnis, Vorkommnis; dieser ~ veranlasste uns ...; ein heiterer, peinlicher, unangenehmer ~* □ acontecimento; ocorrência; incidente **2** ⟨Med.⟩ *Hervortreten eines im Körperinneren gelegenen Organs od. Gewebes, Prolaps; Gebärmutter~; Bandscheiben~* □ prolapso

vor||fal|len ⟨V. 131/400(s.)⟩ **1** *etwas fällt vor geschieht, ereignet sich; was ist vorgefallen?; er tat, als ob nichts vorgefallen wäre* □ acontecer; ocorrer **2** ⟨umg.⟩ *nach vorn fallen* □ cair para frente **2.1** *innere Organe fallen vor treten hervor* □ sofrer prolapso

vor||fin|den ⟨V. 134/500 od. 510⟩ *jmdn. od. etwas ~ (an einem Ort) finden (wenn man hinkommt), antreffen; als ich kam, fand ich ihn schon vor; ich fand eine große Unordnung vor; ich fand die Kinder in einem unbeschreiblichen Zustand vor* □ encontrar

vor||füh|ren ⟨V. 503⟩ **1** *jmdn. (jmdm.) ~ vor jmdn. führen; jmdn. dem Arzt, dem Richter ~* □ levar; apresentar **2** *jmdn. od. etwas ~ zeigen, vorstellen; ich werde dir mein neues Kleid ~* □ mostrar **2.1** *etwas ~* **2.1.1** *öffentlich zeigen; er führte seine dressierten Hunde vor; ein Kunststück ~; ein Theaterstück ~* □ exibir; apresentar **2.1.2** *auf eine Leinwand werfen, projizieren(2); einen Film, Dias ~* □ exibir; projetar

Vor|gang ⟨m.; -(e)s, -gän|ge⟩ **1** *Geschehen, Ablauf, Hergang* □ ocorrência; andamento; *Natur~* □ **fenômeno da natureza; jmdm. einen ~ schildern* □ fato; *ein biologischer, technischer ~* □ procedimento; processo **2** *Akte, in der ein Fall festgehalten ist; bitte geben Sie mir den ~ XY* □ processo; documentação

Vor|gän|ger ⟨m.; -s, -⟩ *jmd., der jmdm. in etwas (z. B. im Amt) vorangegangen ist, der früher dasselbe getan hat* □ antecessor; predecessor

Vor|gän|ge|rin ⟨f.; -, -rin|nen⟩ *weibl. Vorgänger* □ antecessora; predecessora

vor||ge|ben ⟨V. 143⟩ **1** ⟨500⟩ *etwas ~ nach vorn geben; die Klassenarbeiten ~* □ passar adiante/para frente **2** ⟨530⟩ *jmdm. etwas ~ geben, dass er eine günstigere Ausgangsposition hat; jmdm. fünf Meter, fünf Punkte ~* □ dar de vantagem **2.1** *jmdm. eine Zeit (für einen Auftrag) ~ eine Z. bestimmen, in der ein A. erledigt sein muss* □ **fixar/estabelecer um prazo para alguém* **3** ⟨480⟩ *bewusst fälschlich behaupten; er gab vor, krank gewesen zu sein* □ fingir; alegar

vor||ge|hen ⟨V. 145/400(s.)⟩ **1** *nach vorn gehen; die Schüler mussten der Reihe nach ~ (an die Tafel)* □ ir para a frente **1.1** ⟨Mil.⟩ *vorrücken, vorstoßen, angreifen* □ avançar **2** *als Erster gehen, (mit einem Vorsprung) vor jmdm. gehen; bitte geh schon vor, ich komme gleich nach* □ ir na frente; ir primeiro **2.1** *jmdn. ~ lassen jmdm. den Vortritt lassen, ihn vorangehen lassen* □ **deixar alguém passar à frente* **3** *die Uhr geht vor geht zu schnell, zeigt die Zeit zu früh an; meine Uhr geht fünf Minuten vor* □ estar adiantado **4** *etwas geht vor geschieht* □ acontecer **4.1** *hier geht irgendetwas vor hier stimmt etwas nicht, hier ist etwas anders als sonst* □ **está acontecendo alguma coisa aqui* **5** ⟨413⟩ *(in einem bestimmten Fall) handeln (gegen jmdn. od. etwas) angehen; energisch, rücksichtslos ~; wie sollen wir hier ~?* □ agir; proceder; *gegen jmdn. gerichtlich ~* □ **intentar uma ação contra alguém; ich kann sein Vorgehen nicht billigen* □ procedimento; conduta **6** *den Vorrang haben, wichtiger sein; die Gesundheit, Arbeit geht vor* □ ter prioridade

Vor|ge|schmack ⟨m.; -(e)s; unz.; fig.⟩ *Probe von etwas Kommendem; der Nikolaustag gibt den Kindern einen ~ des Weihnachtsfestes* □ prova; antegosto

Vorgesetzte(r)

Vor|ge|setz|te(r) ⟨f. 2 (m. 1)⟩ *im Amt, im Dienst Höhergestellte(r), jmd., dessen dienstliche Anordnungen man befolgen muss* □ **superior; chefe**

vor|ges|tern ⟨Adv.⟩ **1** *am Tage vor gestern;* ~ Abend □ **anteontem 2** *von ~ (fig.; umg.) veraltet, altmodisch;* Anschauungen von ~ □ **de antigamente; do tempo do Onça**

vor|grei|fen ⟨V. 158/600⟩ **1** *einer Sache ~ zuvorkommen, die Wirkung einer S. nicht abwarten;* ich möchte Ihrer Entscheidung nicht ~, aber darf ich schon sagen, dass ...? □ **antecipar 2** *jmdm. ~ jmds. Handlung, Entscheidung vorwegnehmen, sie nicht abwarten* □ **antecipar-se a alguém*

vor|ha|ben ⟨V. 159/500⟩ **1** *eine Sache ~ planen, beabsichtigen, tun wollen;* ich habe vor, ihn morgen aufzusuchen; wenn du morgen nichts Besseres vorhast, könnten wir ins Kino gehen; eine Reise ~; ich habe heute Abend etwas, nichts vor □ **ter a intenção de; planejar 2** *etwas ~* ⟨umg.⟩ *vorgebunden haben, als Schutz vor sich haben;* sie hat eine Schürze vor □ **estar com; vestir**

Vor|ha|ben ⟨n.; -s, -⟩ *Plan, Unternehmen, Absicht;* sein ~ ändern; sein ~ durchführen □ **plano; propósito; intenção**

vor|hal|ten ⟨V. 160⟩ **1** ⟨503/Vr 5⟩ **(jmdm.)** *etwas ~ etwas vor jmdn. halten;* einem Tier Futter ~; ich hielt mir vor dem Spiegel den Stoff vor, um die Wirkung zu prüfen □ **pôr/segurar alguma coisa na frente (de alguém);* mit vorgehaltenem Gewehr in ein Haus eindringen □ **invadir uma casa de arma em punho;* hinter der vorgehaltenen Hand lachen, gähnen □ **rir/bocejar com a mão tapando a boca* **2** ⟨530/Vr 6⟩ *jmdm. etwas ~* ⟨fig.⟩ *zum Vorwurf machen, vorwerfen;* jmdm. seine Unpünktlichkeit, seine Fehler ~ □ **repreender alguém por alguma coisa* **3** ⟨400⟩ *etwas hält vor* ⟨umg.⟩ *reicht (aus);* dieser Vorrat wird lange ~ □ **ser suficiente; bastar 3.1** *die Erholung wird lange ~ wird lange wirken* □ **durar**

vor|han|den ⟨Adj. 24/70⟩ *da, verfügbar, vorrätig* □ **existente; disponível;** ~ sein □ **existir; estar disponível;* von den Waren, Vorräten ist nichts mehr ~ □ **não há mais mercadorias/provisões;* hier sind reiche Bodenschätze ~ □ **aqui há recursos minerais em abundância*

Vor|hang ⟨m.; -(e)s, -hän|ge⟩ **1** *Stück Stoff, das vor etwas, bes. vor Fenster, gehängt wird; die Vorhänge auf-, zuziehen, zurückziehen, auf-, zumachen* **2** *große Stoffbahnen, mit denen im Theater die Bühne gegen den Zuschauerraum hin verschlossen werden kann;* → a. **eisern**(1.4); der ~ geht auf, fällt, schließt sich, öffnet sich □ **cortina;** vor den ~ treten □ **aparecer em cena; entrar no palco* **2.1** *es gab viele Vorhänge* ⟨umg.⟩ *die Künstler mussten sich am Schluss der Vorstellung oft dem beifallspendenden Publikum zeigen* □ **os artistas foram chamados várias vezes ao palco para receber aplausos;* → a. **eisern**(1.4)

vor|her ⟨Adv.⟩ **1** *früher, davor, zuvor, bevor etwas geschieht od. geschehen ist;* das hättest du mir doch ~ sagen können; lang, kurz ~ □ **antes;** am Tage ~ □ **na*

véspera 1.1 *im Voraus;* ein Hotelzimmer drei Monate ~ bestellen □ **antes**

vor|her|ge|hen ⟨V. 145/600(s.)⟩ **1** *etwas geht einer Sache vorher geht einer Sache voran, geschieht früher* □ **preceder; anteceder 1.1** ⟨Part. Präs.⟩ ~d *unmittelbar vorher geschehend;* am ~den Tag □ **anterior; precedente;** *das Vorhergehende nicht erwähnen* □ **ocorrido 1.2** *im Vorhergehenden weiter oben (im Text)* □ **(no trecho mencionado) acima*

Vor|herr|schaft ⟨f.; -; unz.⟩ *Vorrangstellung, Übergewicht, politisch führende Rolle;* Preußen u. Österreich kämpften lange um die ~ in Europa □ **predomínio; supremacia; hegemonia**

vor|herr|schen ⟨V. 400 od. 410⟩ *die Vorherrschaft innehaben, überwiegen;* in dieser Landschaft herrscht Laubwald, Nadelwald vor □ **predominar; prevalecer;** *die ~de Meinung ist, dass ...; die damals ~de Mode* □ **predominante**

vor|her|sa|gen ⟨V. 500⟩ *etwas ~ voraussagen, prophezeien, ankündigen;* schlechtes Wetter ~ □ **predizer; prenunciar**

vor|her|se|hen ⟨V. 239/500⟩ *eine Sache ~ voraussehen;* diese Entwicklung konnte man nicht ~ □ **prever**

vor|hin ⟨Adv.⟩ *kürzlich, eben erst;* ich habe ihn ~ gesehen □ **há pouco; agora mesmo**

vor|hin|ein *auch:* **vor|hi|nein** ⟨Adv.; nur in der Wendung⟩ *im Vorhinein von vornherein, im Voraus;* sie hat die Festtafel schon im Vorhinein gedeckt □ **com antecedência; de antemão*

Vor|hut ⟨f.; -, -en; Mil.⟩ *vorausgeschickte Sicherungstruppe* □ **vanguarda**

vo|rig ⟨Adj.⟩ **1** ⟨60⟩ *vorhergehend, früher, vergangen;* ~es Jahr; im ~en Jahrhundert; ~e Woche □ **passado; anterior;** das ~e Mal □ **último 1.1** ~en Jahres (Abk.: v. J.) *des letzten Jahres* **1.2** ~en Monats (Abk.: v. M.) *des letzten Monats* □ **passado 1.3** *im Vorigen wurde gesagt, dass ... weiter vorher* □ **acima/antes foi mencionado que...* **1.4** *die Vorigen* (in Regieanweisungen) *die Personen des vorhergehenden Auftritts* □ **os personagens da cena anterior* **2** ⟨umg.; schweiz.⟩ *übrig;* er hat es ~ gelassen □ **ele deixou (sobrar) isso;* das Geld ist ~ □ **sobrou dinheiro* **2.1** ⟨40⟩ *jmd. ist ~ überflüssig;* ich bin ~ □ **desnecessário; dispensável**

Vor|kämp|fer ⟨m.; -s, -⟩ *jmd., der für etwas Zukünftiges kämpft* □ **precursor; pioneiro**

Vor|kämp|fe|rin ⟨f.; -, -rin|nen⟩ *weibl. Vorkämpfer* □ **precursora; pioneira**

Vor|keh|rung ⟨f.; -, -en⟩ *vorsorgliche Anordnung, Maßnahme;* ~en treffen □ **medida; precaução**

vor|kom|men ⟨V. 170(s.)⟩ **1** ⟨400⟩ *nach vorn kommen;* komm vor und schreib es an die Tafel! □ **vir para a frente 2** ⟨400⟩ *zum Vorschein kommen, (aus einem Versteck) hervorkommen;* du kannst jetzt ~ □ **aparecer 3** ⟨400⟩ *etwas kommt vor geschieht, ereignet sich;* es kommt immer wieder vor, dass ...; es kann durchaus ~, dass ...; das soll nicht wieder ~!; das kommt häufig, selten vor □ **acontecer 3.1** *so etwas kann ~ so etwas erlebt man öfter* □ **essas coisas acontecem* **3.2** *so etwas ist mir noch nicht vorgekommen so etwas* habe ich noch nie erlebt □ *nunca me aconteceu uma coisa dessas 3.3 das kommt in den besten Familien vor ⟨umg.; scherzh.⟩ das ist nicht so schlimm, das kann jedem einmal passieren □ *(isso) acontece nas melhores famílias 4 ⟨400⟩ etwas kommt vor findet sich, ist vorhanden; diese Tiere, Pflanzen kommen nur in den Tropen vor; wo kommen diese Mineralien sonst noch vor?; in einem Satz kommen mehrere Adjektive vor; dieser Ausdruck kommt im Englischen oft vor □ existir; ser encontrado 5 ⟨613/Vr 5⟩ jmdm. ~ scheinen, erscheinen, einen bestimmten Eindruck bei jmdm. hervorrufen; es kommt mir vor, als hätte ich das schon einmal gesehen, gehört; diese Frau, dieses Bild, diese Melodie kommt mir bekannt vor; das kommt mir sehr komisch, seltsam, merkwürdig, verdächtig vor □ parecer 5.1 das kommt dir nur so vor das scheint dir nur so (in Wirklichkeit ist es nicht so) □ *é só impressão sua 5.2 er kommt sich sehr klug, sehr schlau vor er hält sich für sehr klug, schlau □ *ele se acha muito esperto 5.3 ich komme mir vor wie ein ... ich fühle mich wie ein ... □ *sinto-me como um... 5.4 wie kommst du mir denn vor? ⟨umg.⟩ was fällt dir ein?, was denkst du dir eigentlich? □ *quem você está pensando que é?

Vor|kom|men ⟨n.; -s, -⟩ Vorhandensein, bes. von Mineralien; Erz~; reiches, schwaches ~ von Kohle, Silber □ jazida

Vor|komm|nis ⟨n.; -ses, -se⟩ Vorfall, Begebenheit, Zwischenfall □ acontecimento; evento

vor||la|den ⟨V. 174/500⟩ jmdn. ~ zum Erscheinen vor Gericht auffordern □ citar; intimar

Vor|la|ge ⟨f.; -, -n⟩ 1 Entwurf; Gesetzes~ □ projeto 2 Muster zur Vervielfältigung; Zeichen~ □ modelo; molde 3 Gefäß zur Aufnahme eines destillierten Stoffes □ recipiente coletor 4 ⟨Fußb.⟩ nach vorn genau zum Torschuss gespielter Ball □ assistência; passe 5 ⟨Skisp.⟩ vorgebeugte Haltung, Vorbeugen des Oberkörpers □ posição inclinada para frente 6 ⟨schweiz.⟩ Matte od. kleiner Teppich, den man vor einen Raum od. ein Möbelstück legt; Bett~ □ *tapete de beira de cama, Tür~ □ *capacho

vor||las|sen ⟨V. 175/500⟩ 1 jmdn. ~ jmdm. Zutritt gewähren, jmdn. empfangen □ deixar entrar; receber 2 jmdn. od. etwas ~ vorangehen, voranfahren lassen; würden Sie mich bitte ~, ich verpasse sonst meinen Zug 2.1 einen Wagen ~ zuerst fahren lassen, überholen lassen □ deixar passar

Vor|läu|fer ⟨m.; -s, -⟩ Person, Sache od. Erscheinung, die einer späteren bereits ähnlich ist, Vorgänger; der ~ des Computers □ precursor

Vor|läu|fe|rin ⟨f.; -, -rin|nen⟩ weibl. Vorläufer □ precursora

vor|läu|fig ⟨Adj. 24⟩ 1 einstweilig, vorübergehend, provisorisch; eine ~e Anordnung, Entscheidung, Verfügung □ provisório; temporário 2 einstweilen, zunächst, fürs Erste, bis auf weiteres; das können wir ~ so lassen, so machen □ provisoriamente; por enquanto

vor|laut ⟨Adj.⟩ 1 ⟨urspr. nur Jägerspr.⟩ zu früh anschlagend, zu früh Laut gebend □ que late cedo demais;

der Hund ist ~ □ agitado; barulhento 2 ⟨danach fig.⟩ dreist redend, ohne gefragt zu sein, sich überall einmischend, naseweis; ein ~es Kind; sei nicht so ~! □ intrometido; impertinente

Vor|le|ben ⟨n.; -s, -⟩ früheres Leben, bisheriges Leben; das ~ des Angeklagten; Erkundigungen über jmds. ~ einziehen; ich kenne sein ~ genau □ vida pregressa; passado; antecedentes

vor||le|gen ⟨V. 500⟩ 1 etwas ~ vor etwas legen; einen Stein, einen Klotz ~ (vor das Wagenrad, die Tür) □ pôr à frente 1.1 ein Schloss ~ vorhängen, vor die Tür hängen □ pôr 2 ⟨530⟩ jmdm. etwas ~ zum Essen auf den Teller legen; jmdm. Fleisch, Gemüse ~ □ servir 3 ⟨530⟩ jmdm. etwas ~ etwas vor jmdn. zum Ansehen, Auswählen, Unterschreiben u. a. hinlegen; einem Kunden Waren ~; eine Arbeit zur Prüfung ~; jmdm. einen Brief zur Unterschrift ~ □ mostrar; apresentar; submeter 3.1 jmdm. eine Frage ~ jmdm. eine Frage stellen, jmdm. etwas förmlich fragen □ fazer 4 etwas ~ vorzeigen, zeigen, vorweisen; seinen Pass, Ausweis ~; er konnte gute Zeugnisse ~ □ apresentar 4.1 er legte ein scharfes Tempo vor ⟨fig.; umg.⟩ er begann in scharfem T., sehr schnell zu laufen, fahren □ *ele apertou o passo; ele acelerou

vor||le|sen ⟨V. 179/530/Vr 6⟩ jmdm. etwas ~ etwas für jmdn. laut lesen; jmdm. einen Brief ~; Kindern Märchen, Geschichten ~; jmdm. aus der Bibel ~; vorgelesen, genehmigt, unterschrieben (Formel unter gerichtl. Protokollen) ⟨Abk.: v., g., u.⟩ □ ler em voz alta

Vor|le|sung ⟨f.; -, -en⟩ wissenschaftlicher Vortrag, Form des Unterrichts an Hochschulen u. Universitäten ohne Unterrichtsgespräch u. Diskussion; Sy Kolleg (1); eine ~ belegen; ~en halten; ~en hören □ aula expositiva; conferência

vor|letz|te(r, -s) ⟨Adj.⟩ vor dem Letzten befindlich □ penúltimo

Vor|lie|be ⟨f.; -, -n⟩ 1 bes. Neigung (für); er hat eine ~ für alte Musik, für gutes Essen □ predileção; preferência 1.1 etwas mit ~ tun bes. gern tun □ *gostar muito de fazer alguma coisa

vor||lieb||neh|men ⟨a. [-'---] V. 189/417⟩ mit etwas od. jmdm. ~; Sy ⟨veraltet⟩ fürliebnehmen; sich mit etwas od. jmdm. begnügen, zufriedengeben; er hat mit dieser Situation vorliebgenommen □ contentar-se; dar-se por satisfeito

vor||lie|gen ⟨V. 180⟩ 1 ⟨600⟩ etwas liegt jmdm. vor liegt vor jmdn. zur Bearbeitung, jmd. hat etwas vor sich liegen; mir liegt ein Brief vom Schulamt, eine Beschwerde, Anfrage vor □ *ter alguma coisa em mãos 1.1 im ~den Falle in diesem F., in dem F., den wir jetzt behandeln □ *neste caso 2 ⟨400⟩ etwas liegt vor besteht, ist vorhanden; liegt irgend etwas Besonderes vor?; es liegt kein Grund zur Besorgnis vor □ existir; haver 2.1 es liegt nichts Neues vor es ist nichts Neues dazugekommen □ *não há nenhuma novidade 2.2 was liegt gegen ihn vor? was wirft man ihm vor? □ *o que existe contra ele?

vorm ⟨Verschmelzungsform aus Präp. u. Art.⟩ vor dem

vor||ma|chen ⟨V. 530/Vr 5 od. Vr 6⟩ jmdm. etwas ~ 1 jmdm. zeigen, wie etwas gemacht wird; mach es bitte

Vormacht

den andern, mach es mir einmal vor! ☐ *mostrar como se faz; demonstrar* **2** *vorspiegeln, vortäuschen;* du kannst mir doch nichts ~!; er lässt sich nichts ~, von niemandem etwas ~ ☐ *iludir; enganar*

Vor|macht ⟨f.; -; unz.⟩ *Vorherrschaft, führende politische Stellung* ☐ *hegemonia; supremacia*

vor|mals ⟨Adv.; Abk.: vorm.⟩ *ehemals, früher;* Schulze vorm. Krause (auf Firmenschildern) ☐ *anteriormente; antigamente*

vor|mer|ken ⟨V. 500/Vr 7⟩ *jmdn. od. etwas ~ für eine spätere Berücksichtigung aufschreiben, notieren*(1, 3) ☐ *anotar; tomar nota;* sich für einen Lehrgang, einen Ausflug, einen Termin ~ lassen ☐ *inscrever(-se); reservar*

Vor|mit|tag ⟨m.; -s, -e⟩ *Zeitraum vom Morgen bis zum Mittag;* des ~s; heute, morgen Vormittag; am ~; am Montagvormittag; eines Montagvormittags; im Laufe des ~s ☐ *manhã;* → a. *Abend*

vor|mit|tags ⟨Adv.; Abk.: vorm.⟩ *am Vormittag;* montags ~, montagvormittags ☐ *de manhã;* → a. *abends*

Vor|mund ⟨m.; -(e)s, -e od. -mün|der⟩ *amtlich bestellter Vertreter, Betreuer von Minderjährigen (bes. Waisen), Entmündigten usw.* ☐ *tutor*

Vor|mund|schaft ⟨f.; -, -en⟩ *gesetzliche Vertretung von, Fürsorge für Minderjährige, entmündigte Erwachsene usw.;* die ~ für, über jmdn. übernehmen; jmdm. die ~ für, über jmdn. übertragen; unter ~ stehen; jmdn. unter ~ stellen ☐ *tutela*

vorn ⟨Adv.⟩ oV *vorne* **1** *an vorderer Stelle, an der Spitze, obenan;* die Mütze liegt gleich ~ (links, rechts) im Schrank; ~ marschieren, sitzen, stehen ☐ *à/na frente; na parte anterior* 1.1 *von ~ von Anfang an; etwas (noch einmal) von ~ anfangen* ☐ ******desde o princípio* **2** *an, nach, von der Vorderseite;* er bekam einen Schlag, Schuss von ~ ☐ *frente* 2.1 das Zimmer liegt nach ~ hinaus *mit den Fenstern zur Straßenseite* ☐ ******o quarto dá para a rua/frente* 2.2 es reicht, langt nicht ~ und nicht hinten ⟨fig.; umg.⟩ *es fehlt überall, es reicht überhaupt nicht* ☐ ******(isso) não dá para nada; (isso) não é suficiente* 2.3 von ~ bis hinten ⟨fig.; umg.⟩ *ganz gründlich* ☐ *de cabo a rabo; completamente*

Vor|na|me ⟨m.; -ns, -n⟩ *persönlicher Name, Taufname;* bitte alle ~n angeben (auf Formularen); jmdn. beim ~n nennen ☐ *prenome; nome de batismo*

vor|ne ⟨Adv.; umg.⟩ = *vorn*

vor|nehm ⟨Adj.⟩ **1** *von edler Abstammung, von höherem Stand* ☐ *nobre; aristocrata* 1.1 die ~e Welt ⟨fig.; umg.⟩ *die höheren Gesellschaftsschichten* ☐ ******a alta sociedade* **2** *edel, anständig, großzügig, hochherzig;* eine ~e Gesinnung; ein ~er Mensch; ein ~es Wesen ☐ *nobre; magnânimo* **3** *elegant u. geschmackvoll, kostbar u. geschmackvoll;* er ist sehr ~; eine ~ eingerichtete Wohnung; ~ gekleidet ☐ *elegante; distinto* **4** ⟨60; nur Superlativ; geh.⟩ *hauptsächlich, wichtig, maßgebend;* meine ~ste Aufgabe, Pflicht ☐ *principal; primordial*

vor|neh|men ⟨V. 189/500⟩ **1** etwas ~ *vorbinden, umbinden;* eine Schürze, Serviette ~ ☐ *pôr; colocar* **2** jmdn. ~ ⟨umg.⟩ *bevorzugt abfertigen;* einen Kunden im Laden ~; einen Patienten beim Arzt ~ ☐ *atender primeiro* **3** ⟨503/Vr 5⟩ (sich) etwas ~ *sich mit etwas (zu) beschäftigen (beginnen);* (sich) ein Buch ~; (sich) eine Arbeit ~ ☐ *ocupar-se de* **4** ⟨530/Vr 1⟩ sich jmdn. ~ ⟨fig.; umg.⟩ *jmdn. zu sich rufen u. ihn ermahnen* ☐ ******dar uma bronca em alguém* **5** ⟨530/Vr 1⟩ sich etwas ~ *den Entschluss zu etwas fassen, etwas tun wollen, die Absicht haben, etwas zu tun;* ich habe mir vorgenommen, ab sofort mit dem Rauchen aufzuhören; ich habe mir zu viel vorgenommen (und kann nicht alles erledigen) ☐ ******propor-se a fazer alguma coisa* 5.1 hast du dir für morgen schon etwas vorgenommen? *hast du morgen etwas vor, hast du schon einen Plan, was du morgen tun willst?* ☐ ******você já tem programa para amanhã?* 5.2 ich möchte mir heute nichts ~ *ich möchte heute nicht ausgehen u. keinen Besuch haben* ☐ ******não quero fazer nada hoje* **6** etwas ~ *etwas ausführen, tun;* eine Änderung ~ ☐ *fazer; realizar*

vor|nehm|lich ⟨Adv.⟩ *besonders, vor allem;* alle Kinder, ~ die kleineren ☐ *principalmente*

vorn|her|ein auch: **vorn|he|rein** ⟨Adv.; nur in der Wendung⟩ von ~ *von Anfang an, sofort* ☐ *desde o princípio*

vorn|über ⟨Adv.⟩ *nach vorn* ☐ *para a frente*

vorn|über|fal|len ⟨V. 131/400(s.)⟩ *nach vorn fallen* ☐ *cair para a frente*

vorn|über|kip|pen ⟨V. 400(s.)⟩ *nach vorn kippen* ☐ *cair/tombar para a frente*

vorn|weg ⟨Adv.⟩ *vorn, als Erste(r), als Erstes, zuerst, voran;* ~ laufen ☐ *antes; à frente; primeiro*

Vor|ort ⟨m.; -(e)s, -e⟩ **1** *äußerer Stadtteil* ☐ *subúrbio; periferia* **2** ⟨schweiz.⟩ *Vorstand einer überregionalen Körperschaft* ☐ *presidência; direção*

Vor|rang ⟨m.; -(e)s; unz.⟩ **1** *die höhere, wichtigere Stellung;* einer Sache den ~ geben; ihm gebührt der ~; jmdm. den ~ streitig machen ☐ *prioridade; primazia* **2** *Vortritt* ☐ *preferência;* jmdm. den ~ lassen ☐ ******dar preferência (de passagem) a alguém; deixar alguém passar* **3** ⟨österr.⟩ = *Vorfahrt*

Vor|rat ⟨m.; -(e)s, -rä|te⟩ **1** *für späteren Bedarf Aufgespeichertes, Aufgehobenes, Reservoir*(2)*; Geld~, Waren~;* der ~ ist erschöpft; solange der ~ reicht; einen großen, kleinen, reichlichen ~ von etwas haben; ~ an Lebensmitteln, Kohlen ☐ *reserva; provisão* 1.1 etwas auf ~ kaufen *etwas kaufen, um es für späteren Bedarf aufzuheben* ☐ ******fazer provisão/estoque de alguma coisa*

Vor|recht ⟨n.; -(e)s, -e⟩ *Sonderrecht, Vergünstigung, Privileg* ☐ *prerrogativa; privilégio*

vor||rich|ten ⟨V. 500⟩ etwas ~ *vorbereitend zurichten, herrichten;* ein Zimmer ~ lassen; alles fürs Mittagessen ~ ☐ *preparar; aprontar*

Vor|rich|tung ⟨f.; -, -en⟩ **1** *Zusammenstellung von einzelnen Teilen, die so angeordnet sind, dass sie zusammenwirkend einen bestimmten Zweck erfüllen* ☐ *mecanismo* **2** *ein dem zu bearbeitenden Werkstück angepasstes Hilfsmittel der Fertigungstechnik* ☐ *dispositivo* **3** ⟨Bgb.⟩ *das Auffahren von Grubenbauen innerhalb einer Lagerstätte zur unmittelbaren Vorbereitung eines Abbaues* ☐ *sondagem*

vor‖rü|cken ⟨V.⟩ **1** ⟨500⟩ etwas ~ *nach vorn rücken, nach vorn schieben;* einen Schrank, Tisch ~ □ **mover para frente; empurrar 1.1** einen **Stein** (im Brettspiel) ~ *in Richtung zum Spielgegner setzen* □ **mover para a frente; avançar 2** ⟨400(s.)⟩ *sich nach vorne bewegen;* bitte rücken Sie ein wenig vor, dass ich hier durchkomme! □ **ir para a frente 2.1** die **Zeiger** der **Uhr** rücken vor *bewegen sich in Uhrzeigerrichtung* **2.2 Truppen** rücken vor *sind auf dem Vormarsch* **3** ⟨400(s.)⟩ die **Zeit** rückt vor *es wird später* □ **avançar 3.1** zu vorgerückter **Stunde** *zu später S., um od. kurz vor Mitternacht* □ **a altas horas (da noite)* **3.2** in vorgerücktem **Alter** *in höherem A.* □ **em idade avançada*

vors ⟨Verschmelzungsform aus Präp. u. Art.⟩ *vor das*

vor‖sa|gen ⟨V.⟩ **1** ⟨530⟩ jmdm. etwas ~ *zum Nachsagen vorsprechen;* er sagte ihm den Text vor □ **dizer alguma coisa a alguém (para que seja repetida); ditar* **1.1** ⟨Vr 1⟩ *sich* etwas ~ *etwas (wiederholt) vor sich hin sprechen* □ **repetir alguma coisa para si mesmo* **2** ⟨602; Schülerspr.⟩ jmdm. (etwas) ~ *durch Zuflüstern der Antwort unerlaubt helfen* □ **soprar**

Vor|satz ⟨m.; -es, -sät|ze⟩ **1** *feste Absicht, festes Vorhaben;* ich habe den (festen) ~, es zu tun; gute Vorsätze fassen; bei seinem ~ bleiben; jmdn. in seinem ~ bestärken □ **propósito; intenção;** den ~ fassen, etwas zu tun □ **decidir/resolver fazer alguma coisa;→* a. *Weg(9.2)* **2** ⟨Rechtsw.⟩ *bewusstes Wollen einer Straftat;* etwas mit ~ tun □ **premeditação; intenção 3** ⟨Buchw.⟩ *Doppelblatt, dessen eine Hälfte auf die Innenseite des Buchdeckels geklebt wird u. dessen andere Hälfte beweglich bleibt* □ **(folha de) guarda**

vor|sätz|lich ⟨Adj. 24⟩ *mit Vorsatz(2), absichtlich;* jmdn. ~ töten □ **premeditadamente; intencionalmente**

Vor|schau ⟨f.; -, -en⟩ **1** *vorausschauender Überblick* □ **antecipação; previsão 1.1** ⟨Film, Fernsehen⟩ *zusammenfassender Überblick über kommende Sendungen od. Programme* □ **trailer*

Vor|schein ⟨m.; -s; unz.; nur in den Wendungen⟩ **1** zum ~ bringen *erscheinen lassen, sichtbar machen, hervorholen u. zeigen;* er griff in die Tasche u. brachte einen Apfel zum ~ □ **trazer à luz; fazer aparecer* **2** zum ~ kommen *sichtbar werden, erscheinen, deutlich werden, erkennbar werden;* als er das Paket öffnete, kam ein bunter Ball zum ~; dabei kam seine ganze Habgier zum ~ □ **aparecer; vir à luz*

vor‖schie|ben ⟨V. 214/500⟩ **1** etwas ~ *nach vorn schieben, vorwärtsschieben;* einen Spielstein um ein Feld ~ **1.1 Truppen** ~ *langsam vorrücken lassen* □ **fazer avançar 2** etwas ~ *vor etwas schieben;* den Riegel ~ □ **passar o ferrolho/a tranca* **3** eine **Sache** ~ *vorschützen, als angeblichen Grund nennen;* eine Krankheit, Verabredung ~ (um etwas nicht tun zu müssen) □ **usar como pretexto 4** ⟨Vr 8⟩ jmdn. ~ *für sich handeln lassen, um selbst im Hintergrund zu bleiben* □ **usar alguém como testa de ferro*

vor‖schie|ßen ⟨V. 215⟩ **1** ⟨530⟩ jmdm. Geld ~ *als Vorschuss geben, als Teil einer Zahlung bereits vorher geben;* er schoss ihm ein Startkapital von 20.000 €

vor □ **adiantar; antecipar 2** ⟨400⟩(s.) umg.⟩ *(vor den anderen) nach vorn stürzen, laufen;* er ist vorgeschossen □ **lançar-se para a frente; disparar**

Vor|schlag ⟨m.; -(e)s, -schlä|ge⟩ **1** *Äußerung, in einer eine Möglichkeit aufgezeigt wird, wie etwas gehandhabt werden kann, Anregung, Rat, Anerbieten, Angebot;* einen ~ annehmen, ablehnen, zurückweisen; jmdm. einen ~ machen; hast du einen besseren ~?; kannst du einen besseren ~ machen?; ein guter, praktischer, vernünftiger ~; auf ~ von Herrn X □ **proposta; sugestão;** ein ~ zur Güte ⟨umg.⟩ □ **proposta amigável para se entrar em acordo* **1.1** etwas in ~ bringen ⟨geh.⟩ *vorschlagen* □ **propor;* **sugerir 1.2** ist das ein ~? ⟨umg.⟩ *bist du damit einverstanden?* □ **sugestão 2** *erster Schlag (beim Hämmern, Schmieden usw.)* □ **primeiro golpe 3** *leerer Raum oben auf der ersten Seite eines Buches od. eines Kapitels* □ **espaço em branco 4** ⟨Mus.⟩ *einem Melodieton zur Verzierung vorausgeschickter kurzer Nebenton, Appoggiatura* □ **apojatura 5** ⟨schweiz.⟩ *(rechnerischer) Gewinn;* die Staatsrechnung schließt mit einem ~ von 100 000 Franken ab □ **lucro; superávit**

vor‖schla|gen ⟨V. 218/500⟩ **1** etwas ~ *empfehlen, raten, als Möglichkeit nennen;* ich schlage vor, dass ... □ **propor; sugerir 2** ⟨505⟩ jmdn. (für etwas) ~ *als geeignet empfehlen, ins Gespräch bringen;* er wurde für das Präsidentenamt vorgeschlagen □ **indicar; recomendar**

vor‖schnell ⟨Adj.⟩ *voreilig, übereilt, unüberlegt;* eine ~e Antwort; ein ~es Urteil □ **precipitado; impensado;** ~ antworten, handeln, urteilen □ **precipitadamente; sem pensar**

vor‖schrei|ben ⟨V. 230/503⟩ (jmdm.) etwas ~ **1** *als Muster für jmdn. schreiben;* Kindern einen Buchstaben ~ □ **mostrar como se escreve 2** ⟨fig.⟩ *befehlen, fordern, sagen, dass od. wie es getan werden muss, angeben, bestimmen;* die Gesetze schreiben vor ...; jmdm. Bedingungen ~ □ **prescrever; impor; ordenar;** ich lasse mir von dir nichts ~ □ **não admito que você me dê ordens;* ich soll bei einem Medikament an die vorgeschriebene Dosis, Menge halten □ **prescrito;** den vorgeschriebenen Weg einhalten; es ist vorgeschrieben, es so zu machen □ **prescrito; determinado 2.1** Preise ~ ⟨fig.⟩ *amtlich festsetzen* □ **fixar**

vor‖schrei|ten ⟨V. 232/400(s.)⟩ **1** eine **Sache** schreitet vor *entwickelt sich weiter;* die Arbeit schreitet zügig vor □ **avançar; progredir 1.1** die Zeit, Stunde war schon vorgeschritten, als ... *es war schon spät, als ...* □ **já era hora avançada quando...* **1.2** im vorgeschrittenen Alter *in nicht mehr jungen Jahren* □ **em idade avançada* **1.3** zu vorgeschrittener Stunde *zu später S.* □ **a altas horas*

Vor|schrift ⟨f.; -, -en⟩ *Anordnung, Bestimmung;* die ~(en) beachten, befolgen, einhalten, übertreten, verletzen □ **regra; regulamento;** ich lasse mir von Ihnen keine ~en machen □ **não admito que o senhor me dite regras;* es ist ~, nach 22 Uhr niemanden mehr einzulassen □ **regra; norma;** ärztliche, gesetzliche, polizeiliche ~ □ **prescrição; diretiva;** sich an die ~en halten □ **ater-se às normas;* ein Medika-

Vorschub

ment nach ~ einnehmen □ **prescrição**; ich muss mich nach meinen ~en richten □ **preceito**

Vor|schub 〈m.; -(e)s; unz.〉 **1** *Maß der Vorwärtsbewegung eines Werkzeugs* □ **avanço 2** 〈nur in der Wendung〉 *einer* **Sache** *~ leisten eine S. begünstigen* □ **favorecer/promover alguma coisa*

Vor|schuss 〈m.; -es, -schüs|se〉 *im Voraus geleisteter Teil einer Zahlung, bes. des Gehalts, Lohns;* einen ~ erhalten; um ~ bitten □ **adiantamento**

vor||schüt|zen 〈V. 500〉 eine **Sache** *~ vorgeben, zum Vorwand nehmen;* dringende Arbeiten ~; eine Erkältung ~ □ **dar como desculpa; usar como pretexto**

vor||schwe|ben 〈V. 600〉 *jmdm.* **schwebt** *etwas vor jmd. hat etwas im Sinn, stellt sich etwas vor;* mir schwebt dabei etwas Bestimmtes vor □ **ter alguma coisa em mente*

vor||se|hen 〈V. 239/500〉 **1** *jmdn. od. etwas ~ in Aussicht nehmen;* jmdn. für einen Posten, zu einem Amt ~ □ **ter em vista**; die Feier ist für den 21. 12. vorgesehen □ **prever 2** 〈Vr 3〉 **sich** *~ sich in Acht nehmen;* bitte sieh dich vor, damit du nicht fällst, dich nicht erkältest; sich vor jmdm. ~; sich vor einem Loch im Boden ~ □ **ter cuidado; precaver-se*

Vor|se|hung 〈f.; -; unz.〉 *göttliche Leitung der Geschicke, Schicksal;* die ~ hat es mir so bestimmt □ **Providência**

vor||set|zen 〈V. 500〉 **1** *etwas ~ vor etwas setzen;* einem Wort eine Silbe ~; einer Note ein Kreuz, ein b ~ □ **antepor 2** *etwas ~ nach vorn setzen, vorwärtssetzen, vorrücken;* einen Stein (im Brettspiel) ~ □ **avançar**; den rechten, linken Fuß ~ □ **mover para a frente; pôr à frente 3** 〈530〉 *jmdm.* **etwas** *~* (zu essen, zu trinken) *~ etwas vor jmdn. hinstellen, jmdm. etwas anbieten;* wir müssen unserem Gast etwas ~; wir bekamen nichts weiter als ein belegtes Brot vorgesetzt; ich habe gar nichts da, was ich Ihnen ~ könnte □ **servir; oferecer**

Vor|sicht 〈f.; -; unz.〉 **1** *Klugheit gegenüber einer Gefahr, Besonnenheit;* etwas mit besonderer ~ tun □ **prudência; cautela**; ~ walten lassen □ **agir com cautela* **1.1** *~ ist die Mutter der Weisheit* 〈Sprichw.〉 *um weise zu sein, muss man auch vorsichtig sein* **1.2** *~ ist die Mutter der Porzellankiste* 〈umg.; scherzh.〉 *man muss immer vorsichtig sein, damit man nichts zerstört* □ **seguro morreu de velho* **1.3** *~ ist besser als Nachsicht* 〈Sprichw.; umg.; scherzh.〉 *man muss Gefahren beizeiten bedenken, nicht erst, wenn es zu spät ist* □ **mais vale prevenir do que remediar* **2** *das Achtgeben, Achtsamkeit, Bedacht, Bedachtsamkeit, Behutsamkeit;* hier ist (äußerste, größte) ~ geboten; ich kann das nur mit aller ~ sagen; dieser Schnaps ist mit ~ zu genießen (weil er sehr scharf ist) 〈umg.〉 □ **cuidado 2.1** *er ist mit ~ zu genießen* 〈umg.; scherzh.〉 *bei ihm muss man sehr vorsichtig sein, er wird leicht zornig* □ **é preciso tratá-lo com luvas de pelica* **2.2** *~ üben vorsichtig sein, achtgeben* □ **ser cuidadoso* **2.3** *~!* (Warnruf) *Achtung!, Obacht geben!;* ~, Glas! (Aufschrift auf Kisten); ~, Stufe! (Aufschrift vor Treppenstufen); ~, zerbrechlich! (Aufschrift auf Kisten) □ **cuidado**

vor|sich|tig 〈Adj.〉 *mit Vorsicht, besonnen, behutsam;* etwas ~ anfassen; ~ an etwas herangehen □ **com cautela; cuidadosamente**; hier erscheint eine ~e Handlungsweise angebracht □ **cuidadoso; cauteloso**

Vor|sil|be 〈f.; -, -n; Sprachw.〉 = *Präfix*

Vor|sitz 〈m.; -es, -e〉 *Leitung (eines Vereins, einer Sitzung);* den ~ haben □ **presidência**

Vor|sit|zen|de(r) 〈f. 2 (m. 1); Abk.: Vors.〉 *jmd., der den Vorsitz hat, Präsident(1-2)* □ **presidente**

Vor|sor|ge 〈f.; -; unz.〉 **1** *vorausschauende Fürsorge, vorsorgliche Maßnahme;* ~ tragen, treffen; ~ fürs Alter treffen □ **precaução; providência 1.1** *zur ~ vorsichtshalber, vorsorglich* □ **por precaução*

vor||sor|gen 〈V. 405〉 *(für etwas) ~ vorsorgliche Maßnahmen treffen, sich vorausschauend auf etwas vorbereiten;* für sein Alter, für die Zukunft ~ □ **prevenir-se; tomar providências**

Vor|spann 〈m.; -(e)s, -e〉 **1** *Zugtiere vor dem eigentlichen Gespann* □ **cavalo de reforço 2** 〈Film, Fernsehen〉 *einem Film bzw. einer Sendung vorangestellte Angaben über Titel, Hersteller, Darsteller u. Ä.* □ **créditos de abertura 3** *Einleitung eines Presseartikels, Aufhänger* □ **lide; cabeça**

vor||spie|geln 〈V. 530/Vr 5 od. Vr 6〉 *jmdm.* **etwas** *~ vortäuschen, jmdn. etwas glauben machen wollen;* jmdm. eine Krankheit ~ □ **simular; fazer crer**

Vor|spiel 〈n.; -(e)s, -e〉 **1** *musikalische Einleitung;* Sy *Ouvertüre(1)* □ **abertura; prelúdio 2** *einleitende Szenen vor dem eigentl. Schauspiel* □ **prólogo 3** 〈fig.〉 *der Anfang;* das war erst das ~! □ **começo 4** 〈fig.〉 *Austausch von Zärtlichkeiten vor dem Geschlechtsverkehr* □ **preliminares**

vor||spie|len 〈V.〉 **1** 〈602〉 *jmdm. (etwas) ~ vor jmdm. auf einem Instrument spielen, vor Zuhörern musizieren od. Theater spielen;* jmdm. ~ (um sich prüfen zu lassen) **2** 〈530/Vr 6〉 *jmdm.* **etwas** *~ auf einem Instrument spielend od. ein Theaterstück spielend vorführen;* eine Melodie auf dem Klavier ~ □ **tocar/executar (um instrumento/uma peça) para alguém; apresentar-se para alguém* **2.1** 〈fig.〉 *jmdm. durch Reden od. Handlungen etwas Unwahres glauben machen;* sie hat ihm eine Ohnmacht vorgespielt □ **simular**

vor||spre|chen 〈V. 251〉 **1** 〈530〉 *jmdm.* **etwas** *~ zum Nachsprechen deutlich vorsagen;* einem kleinen Kind ein Wort ~ □ **ensinar a pronunciar 2** 〈400 od. 602〉 *~ od. jmdm. (etwas) ~ vor jmdm. ein Stück aus einer Rolle sprechen (um sein schauspielerisches Talent unter Beweis zu stellen)* □ **recitar; declamar 3** 〈411〉 *bei jmdm. ~ jmdn. aufsuchen, um etwas mit ihm zu besprechen;* bei einem Rechtsanwalt ~ □ **procurar alguém; ir ver alguém*

Vor|sprung 〈m.; -(e)s, -sprün|ge〉 **1** *vorspringender, herausragender Teil, z. B. eines Bauwerkes, einer Küste;* Fels~; einen ~ bilden □ **saliência; ressalto 2** *Abstand vor dem Verfolger, vor dem Gegner od. Mitbewerber;* den ~ eines anderen aufholen, einholen; jmdm. fünf Schritte ~ geben (beim Wettlauf); einen ~ vor jmdm. gewinnen; einen ~ haben □ **vantagem; avanço**

Vor|stand ⟨m.; -(e)s, -stän|de⟩ *geschäftsführendes Organ einer Stiftung, eines Vereins od. einer Aktiengesellschaft* □ presidência; diretoria

vor|ste|hen ⟨V. 256⟩ **1** ⟨400⟩ *etwas steht vor* ragt hervor, springt vor; *ein Bauteil steht vor; das Haus steht etwas vor* □ sobressair; estar saliente; *~de Zähne, Backenknochen* □ protruso; saliente **2** ⟨600⟩ *jmdm. od. einer* **Sache** *~ die Führung von jmdm. od. einer S. haben, jmdm. od. einer S. leiten;* einer Anstalt, Gemeinde, Schule ~; dem Haushalt ~ □ estar à frente de; dirigir **3** ⟨400⟩ *ein* **Jagdhund** *steht vor* ⟨Jägerspr.⟩ *wittert das Wild u. bleibt in gespannter Haltung stehen* □ apontar (a caça)

Vor|ste|her|drü|se ⟨f.; -, -n; Anat.⟩ = Prostata

vor|stel|len ⟨V. 500⟩ **1** ⟨Vr 7⟩ *etwas ~ vor etwas stellen;* sie hatte eine spanische Wand vorgestellt □ pôr à/em frente **2** *etwas ~ nach vorn stellen, vorrücken;* du kannst den Tisch noch etwas ~ □ mover para frente; empurrar **2.1** die **Uhr** *~ den Zeiger nach vorn verrücken* □ adiantar **3** ⟨530/Vr 7 od. Vr 8⟩ *jmdm. einem anderen ~ jmdm. mit einem anderen bekanntmachen;* darf ich Ihnen Herrn X ~? **3.1** *sich* ⟨Vr 8⟩ *~ sich (mit jmdm.) bekanntmachen, (jmdm.) seinen Namen nennen;* darf ich mich ~: Hans X; sich bei jmdm., in einem Betrieb ~ (um sich wegen einer Anstellung zu erkundigen) □ apresentar(-se) **4** ⟨530/Vr 1⟩ *sich etwas ~* ⟨fig.⟩ *etwas in seiner Vorstellung sehen, sich etwas (aus)denken;* stellen Sie sich meine Überraschung vor!; kannst du dir das ~?; kannst du dir so eine Frechheit ~?; das kann ich mir gut, lebhaft ~ **4.1** das kann ich mir nicht ~ ⟨fig.⟩ *das glaube ich nicht recht* □ *imaginar/conceber alguma coisa **5** *etwas ~* ⟨fig.⟩ *bedeuten, sein;* was soll das Bild ~?; der „Puck" im „Sommernachtstraum" stellt einen Waldgeist vor □ representar; significar **5.1** *er stellt etwas vor* ⟨fig.⟩ *er hat eine bedeutende Stellung inne, er ist eine Persönlichkeit* □ *ele é uma pessoa importante/um figurão **5.2** *er will etwas ~, was er nicht ist* ⟨fig.⟩ *er tut so, als sei er etwas Besonderes* □ *ele se acha mais importante do que é **6** ⟨530/Vr 7⟩ *jmdm. etwas ~* ⟨fig.⟩ *zu bedenken geben* □ demonstrar

vor|stel|lig ⟨Adj. 46; nur in der Wendung⟩ ~ werden *Einspruch erheben, sich beschweren;* bei einer Behörde, bei jmdm. ~ werden □ *fazer uma reclamação

Vor|stel|lung ⟨f.; -, -en⟩ **1** *das Vorstellen(3), das Sichvorstellen;* bei der allgemeinen ~ habe ich den Namen nicht verstanden □ apresentação **2** ⟨Theat., Film⟩ *Aufführung, Darbietung;* die ~ beginnt, endet um 20 Uhr; die erste, zweite, letzte ~; eine geschlossene, öffentliche ~; die ~ am Nachmittag, am Abend; eine ~ geben ⟨Theat.⟩ □ apresentação; sessão **3** *Begriff, Gedanke, Bild im Bewusstsein;* ich habe davon keine ~; du machst dir keine ~, wie schwer das für mich ist; eine klare, unklare, deutliche, undeutliche, verschwommene ~ von etwas haben; sich eine ~ von etwas machen; in meiner ~ sicht das anders aus **3.1** du machst dir keine ~ von seinem Reichtum *du ahnst nicht, wie reich er ist* □ ideia; noção; concepção **4** ⟨Pl.; fig.; geh.; veraltet⟩ *Einwände, Vorhaltungen;* jmdm. ~en machen □ admoestação; repreensão

Vor|stoß ⟨m.; -es, -stö|ße⟩ **1** *das Vorstoßen, Vordringen, Angriff;* einen ~ in den Weltraum, in unerforschtes, unbewohntes Gebiet machen □ ataque; investida **1.1** einen ~ machen ⟨a. fig.⟩ *ein Anliegen vorzubringen suchen* □ tentativa **2** *vorspringender Rand an Rädern* □ borda **3** *Tuchstreifen als Besatz von Kanten an Kleidungsstücken* □ pestana; debrum

Vor|stra|fe ⟨f.; -, -n⟩ *frühere Strafe, die noch im Strafregister verzeichnet ist* □ antecedentes penais

Vor|stu|fe ⟨f.; -, -n⟩ *vorbereitender Zustand, Zeit vor dem eigentl. Beginn;* die ~ einer Entwicklung □ estágio inicial

vor|täu|schen ⟨V. 500⟩ *etwas ~ zur Irreführung anderer heucheln, spielen, fälschlich darstellen, vorspiegeln;* Krankheit ~ □ simular; fazer crer

Vor|teil ⟨m.; -(e)s, -e⟩ **1** *gute Eigenschaft;* Ggs *Nachteil(1);* die Sache hat den ~, dass ...; die Vor- und Nachteile einer Sache gegeneinander abwägen □ vantagem **2** *Gewinn, Nutzen;* Ggs *Nachteil(2);* sich einen (unerlaubten) ~ verschaffen; er ist sehr auf seinen ~ bedacht; einen ~ aus etwas ziehen; das ist für dich von (großem) ~; die Lage zu seinem ~ ausnützen; seinen ~ wahrnehmen □ proveito; benefício **2.1** sich zu seinem ~ verändern *hübscher, ansehnlicher werden, angenehmer im Wesen werden* □ *mudar para melhor **3** im ~ *in günstiger Lage;* Ggs *Nachteil(3)* □ vantagem; jmdm. gegenüber im ~ sein □ *levar vantagem sobre alguém **4** ⟨Tennis⟩ *erster Punkt nach dem Einstand* □ vantagem

vor|teil|haft ⟨Adj.⟩ **1** *Vorteil(e) bringend, günstig;* ein ~es Angebot, Geschäft; ein ~er Kauf □ vantajoso; etwas ~ einkaufen, verkaufen □ por um preço vantajoso; das ist ~ für ihn □ vantajoso; proveitoso **2** *alle Vorzüge od. einen bestimmten Vorzug zur Geltung bringend, günstig;* ~e Kleidung, eine ~e Farbe □ que valoriza/realça; sie kleidet sich sehr ~ □ *ela usa roupas que a valorizam muito;* die helle Tapete wirkt in dem dunklen Zimmer sehr ~ □ *o tapete claro valoriza bastante o quarto escuro

Vor|trag ⟨m.; -(e)s, -trä|ge⟩ **1** ⟨unz.⟩ *Art des Vortragens;* ausdrucksvoller, beseelter ~ □ exposição; interpretação **2** *sprachliche od. musikalische Darbietung;* ein öffentlicher ~; in einen, zu einem ~ gehen □ recital; declamação; execução **3** *ausführliche Rede, bes. über ein wissenschaftliches Thema* □ conferência; einen ~ (über Goethe) halten □ *fazer/proferir uma conferência (sobre Goethe)* **3.1** *mündliche Berichterstattung* □ relato **3.1.1** ~ halten *Bericht erstatten* □ *relatar **4** ⟨Kaufmannsspr.⟩ *Restbetrag eines Kontos, Übertrag;* ~ auf neue Rechnung □ transferência

vor|tra|gen ⟨V. 265/500⟩ **1** *etwas ~ nach vorn tragen;* die Hefte einsammeln und (zum Lehrer) ~; einen Stuhl, Tisch, einen Kranken ~ □ levar para a frente **2** *etwas ~ künstlerisch darbieten, vorsprechen, vorsingen, vorspielen;* ein Gedicht, Lied, Musikstück ~ □ recitar; declamar; executar; cantar **3** ⟨503⟩ (jmdm.) *etwas ~ darlegen, förmlich mitteilen;* jmdm. eine Angelegenheit, einen Beschluss ~; er hatte gestern Gelegenheit, sein Anliegen vorzutragen □ relatar;

expor 4 ⟨550⟩ etwas auf etwas ~ ⟨Kaufmannsspr.⟩ *übertragen;* einen Betrag auf neue Rechnung ~ □ **transferir**

vor|treff|lich ⟨Adj.⟩ *ausgezeichnet, vollkommen, hervorragend, glänzend;* ~! □ **perfeito!**; ein ~es Mahl; er ist ein ~er Reiter, Schwimmer □ **excelente, primoroso**; das Werk ist ihm ~ gelungen; er hat den „Romeo" ~ gespielt □ **primorosamente**; es hat mir ~ geschmeckt □ **delicioso**

vor|ü|ber *auch:* **vo|rü|ber** ⟨Adv.⟩ = *vorbei*

vor|ü|ber|ge|hen *auch:* **vo|rü|ber|ge|hen** ⟨V. 145(s.)⟩ **1** ⟨800⟩ an jmdm. od. etwas ~ *vorbeigehen;* an etwas achtlos ~ □ **passar por alguém ou alguma coisa* **1.1** daran kann man nicht ~ ⟨fig.⟩ *das muss man beachten, das fällt auf* □ **não se pode deixar passar uma coisa dessas* **2** ⟨400⟩ etwas geht vorüber *geht vorbei;* das Gewitter ging schnell vorüber; der Schmerz geht bald vorüber □ **passar; cessar**

vor|ü|ber|ge|hend *auch:* **vo|rü|ber|ge|hend** **1** ⟨Part. Präs. von⟩ *vorübergehen* **2** ⟨Adj. 24⟩ *nur kurze Zeit dauernd, anhaltend* □ **passageiro; provisório**

Vor|ur|teil ⟨n.; -(e)s, -e⟩ *vorgefasste Meinung ohne Prüfung der Tatsachen;* ein ~ gegen jmdn. od. etwas haben □ **preconceito**

Vor|wahl ⟨n.; -, -en⟩ **1** ⟨Tel.⟩ *Nummer für das Ortsnetz, die bei Ferngesprächen vor der Nummer des anderen Teilnehmer gewählt werden muss, Vorwahlnummer;* Frankfurt hat die ~ 069 □ **DDD (discagem direta a distância) 2** *Wahlgang, bei dem Kandidaten für eine zweite Wahl aufgestellt werden (z. B. bei den Präsidentenschaftswahlen in den USA)* □ **eleição preliminar; primárias**

Vor|wand ⟨f.; -(e)s, -wän|de⟩ *vorgeschobener Grund, Ausrede, Ausflucht;* ich habe keinen ~, um heute zu Hause zu bleiben; eine dringende Arbeit als ~ benutzen; dein Besuch kann mir als ~ dienen, heute Abend nicht zu dem Vortrag zu gehen; eine Einladung unter einem ~ absagen; eine Erkältung zum ~ nehmen □ **pretexto; desculpa**

vor|wärts ⟨Adv.⟩ **1** *nach vorn;* Ggs *rückwärts;* zwei Schritte ~; weiter ~ **1.1** ein großer Schritt ~ ⟨fig.⟩ *ein großer Fortschritt* □ **adiante; para/à frente 1.2** das kann ich ~ und rückwärts ⟨fig., umg.⟩ *das kann ich auswendig, fließend, gut* □ **isso eu sei de trás para frente*

vor|wärts|fah|ren ⟨V. 130⟩ **1** ⟨V. 400(s.)⟩ *sich mit einem Fahrzeug nach vorne fortbewegen;* der Fahranfänger ist mit dem Auto ein kurzes Stück vorwärtsgefahren □ **avançar (com um veículo) 2** ⟨V. 500⟩ etwas ~ *ein Fahrzeug mit der Vorderseite voran fahren* □ **avançar de frente (com um veículo)**; ⟨aber⟩ sie hat ihren Wagen vorwärts in die Garage gefahren □ **ela estacionou seu carro de frente na garagem*

vor|wärts|ge|hen ⟨V. 145/400(s.)⟩ **1** *mit der Vorderseite voran gehen;* er soll vorwärtsgehen □ **avançar (de frente/com o lado dianteiro) 2** eine Sache geht vorwärts ⟨fig.⟩ *wird besser, entwickelt sich günstig;* die Arbeit sollte besser ~; mit seiner Gesundheit, Genesung geht es jetzt vorwärts □ **avançar; melhorar; progredir**

vor|wärts|kom|men ⟨V. 170/400(s.); fig.⟩ *Erfolg haben;* im Leben ~; er ist in der Firma vorwärtsgekommen □ **avançar; progredir**

vor|weg ⟨Adv.⟩ *im Voraus, vorher;* ~ sei gesagt ...; ~ noch eine Frage; wir müssen das ~ erledigen □ **primeiramente; de antemão**

vor|weg|neh|men ⟨V. 189/500⟩ eine Sache ~ **1** *vor dem dafür vorgesehenen Zeitpunkt erledigen* **2** *vorher sagen, gleich sagen;* um gleich das Wichtigste vorwegzunehmen, möchte ich Ihnen mitteilen, dass ... □ **antecipar**

vor|wei|sen ⟨V. 282/500⟩ etwas ~ **1** *hervorholen u. zeigen, zur Prüfung zeigen;* den Ausweis, Reisepass ~ **2** *unter Beweis stellen;* ausreichende Kenntnisse ~ können □ **apresentar; mostrar**

vor|wer|fen ⟨V. 286/500⟩ **1** etwas ~ *nach vorn werfen;* den Kopf ~ □ **jogar/lançar para frente 2** ⟨530⟩ Tieren jmdn. od. etwas ~ *vor Tiere jmdn. od. etwas zum Fressen hinwerfen;* Tieren Fleisch ~; einen Gefangenen den wilden Tieren ~ (früher als Strafe) □ **jogar; lançar 3** ⟨530/Vr 5 od. Vr 6⟩ jmdm. eine Sache ~ ⟨fig.⟩ *zum Vorwurf machen, tadelnd vorhalten;* er wirft mir Unpünktlichkeit, Unhöflichkeit vor **3.1** sie haben einander nichts vorzuwerfen *einer ist nicht besser als der andere* **3.2** ich habe mir nichts vorzuwerfen **3.2.1** *ich habe nichts Unrechtes getan* **3.2.2** *ich habe alles versucht, aber es gelang trotzdem nicht* □ **repreender alguém por alguma coisa*

vor|wie|gen ⟨V. 287/400⟩ **1** *vorherrschen, überwiegen* □ **predominar; prevalecer 1.1** ⟨Part. Präs.⟩ ~d *überwiegend, in erster Linie, besonders;* bei der Veranstaltung waren ~d Kinder da; in diesem Wald stehen ~d Buchen □ **predominante(mente)**

Vor|witz ⟨m.; -es; unz.⟩ *vorlautes Wesen, dreistes Besserwissen* □ **atrevimento; impertinência**

vor|wit|zig ⟨Adj.⟩ **1** *vorlaut;* eine ~e Antwort geben □ **atrevido; impertinente 2** *unvorsichtig, neugierig;* ~ höhersteigen □ **indiscreto; intrometido 2.1** ⟨fig.⟩ *verfrüht, nicht der Witterung gemäß;* ein paar ~e Schneeglöckchen waren schon zu sehen □ **adiantado; prematuro**

Vor|wort ⟨n.; -(e)s, -e⟩ *Vorrede, Einleitung (in einem Buch)* □ **prefácio; preâmbulo**

Vor|wurf ⟨m.; -(e)s, -wür|fe⟩ **1** *Tadel, Rüge, Vorhaltung, Beschuldigung;* Vorwürfe gegen jmdn. erheben; jmdm. einen ~, jmdm. Vorwürfe machen; ich werde es doch tun, dann brauche ich mir später nicht den ~ zu machen, etwas versäumt zu haben; ich habe mir bittere Vorwürfe gemacht; jmdn. mit Vorwürfen überhäufen □ **repreensão; recriminação 2** *Gegenstand wissenschaftlicher od. künstlerischer Bearbeitung, Vorlage;* sich ein Werk, Thema zum ~ nehmen □ **modelo; tema**

Vor|zei|chen ⟨n.; -s, -⟩ **1** ⟨Math.; Zeichen: + bzw. −⟩ *plus bzw. minus, Zeichen, dass eine Zahl hinzugezählt od. abgezogen werden soll* □ **sinal 2** ⟨Mus.⟩ *Zeichen für die chromatische Erhöhung od. Erniedrigung eines Tones* □ **acidente 3** ⟨allg.⟩ *Anzeichen künftigen Geschehens, Omen(1);* ein günstiges, schlimmes, ungünstiges, untrügliches ~ □ **sinal; agouro**

vor|zei|gen ⟨V. 500⟩ etwas ~ zur Prüfung zeigen, vorweisen, vorlegen; den Ausweis, die Fahrkarte ~ ☐ **apresentar; mostrar**

vor|zei|ten ⟨Adv.; poet.⟩ vor langer Zeit, einst ☐ ***antigamente; outrora**

vor|zei|tig ⟨Adj.⟩ verfrüht, früher als vorgesehen, als erwartet, zu früh (eintretend, geschehend); ~e Abreise, Rückkehr ☐ **antecipado**; den Urlaub ~ abbrechen ☐ **antecipadamente**; das Kind ist ~ geboren ☐ **prematuramente**

vor|zie|hen ⟨V. 293/500⟩ **1** etwas ~ nach vorn ziehen, hervorziehen ☐ **puxar para a frente**; etwas unter dem Schrank ~ ☐ **tirar; puxar; fazer sair 2** etwas ~ vor etwas ziehen, zuziehen; die Gardinen ~ ☐ **puxar**; fechar **3** jmdn. od. etwas ~ sich früher als urspr. vorgesehen mit jmdm. od. etwas befassen; eine Arbeit ~ ☐ **antecipar; adiantar; dar prioridade a 4** jmdn. od. etwas ~ ⟨fig.⟩ bevorzugen, lieber mögen; ein Kind, einen Schüler ~; ich ziehe Rotwein (dem Weißwein) vor; ich ziehe es vor, zu Fuß zu gehen; ich zog es vor, schleunigst zu verschwinden ☐ **preferir 4.1** es ist vorzuziehen, es so zu machen es ist besser ☐ ***é preferível fazer assim**

Vor|zug ⟨m.; -(e)s, -zü|ge⟩ **1** gute Eigenschaft; die Vorzüge und Nachteile einer Sache od. Person gegeneinander abwägen; das hat den ~, dass ...; er, sie hat viele Vorzüge; einer ihrer Vorzüge ist ihre Zuverlässigkeit ☐ **qualidade; mérito 2** Vergünstigung, Vorrang; dies hat den ~ erhalten; einer Sache den ~ geben; wenn ich die Wahl habe zwischen diesem und jenem, gebe ich diesem den ~ ☐ **prioridade; preferência 3** ⟨Eisenb.⟩ vor dem fahrplanmäßigen Zug eingesetzter Entlastungszug ☐ **trem especial (que parte antes do trem regular)**

vor|züg|lich ⟨Adj.⟩ ausgezeichnet, ganz bes. gut; er ist ein ~er Redner, Schwimmer ☐ **excelente; primoroso**

vo|tie|ren ⟨[vo-] V. 800; geh.⟩ für, gegen jmdn. od. etwas ~ stimmen, sich für, gegen jmdn. od. etwas aussprechen; die Abgeordneten votierten für die Gesetzesvorlage ☐ **votar**

Vo|tiv|bild ⟨[vo-] n.; -(e)s, -er; kath. Kirche⟩ einem Heiligen aufgrund eines Gelübdes geweihtes Bild ☐ **ex-voto**

Vo|tum ⟨[vo:-] n.; -s, Vo|ten od. Vo|ta⟩ **1** = Gelübde **2** Abgabe der Stimme ☐ **voto 3** Äußerung einer Meinung **3.1** Gutachten, Urteil; sein ~ abgeben ☐ **parecer; opinião**

Vou|cher ⟨[vaʊtʃə(r)] m. od. n.; -s, -; Touristik⟩ Buchungsbestätigung ☐ **voucher**

Voy|eur auch: **Vo|yeur** ⟨[voaʒø:r], umg. [vɔɪʒø:r] m.; -s, -e⟩ jmd., der verborgen andere bei sexuellen Handlungen beobachtet u. dabei Befriedigung empfindet; Sy Spanner ☐ **voyeur**

vul|gär ⟨[vul-] Adj.⟩ **1** gemein, gewöhnlich, ordinär, derb; ein ~es Benehmen; ~e Sprache ☐ **vulgar; ordinário 1.1** ~er Ausdruck meist aus dem fäkalen od. geschlechtlichen Bereich stammender A., dessen öffentliche Verwendung vom überwiegenden Teil einer Sprachgemeinschaft abgelehnt wird ☐ **vulgar**

Vul|kan ⟨[vul-] m.; -s, -e⟩ **1** Berg, durch den heiße Dämpfe u. glühende Lava an die Oberfläche dringen ☐ **vulcão 1.1** tätiger ~ feuerspeiender Berg ☐ ***vulcão ativo 2** durch Vulkanismus entstandener Berg; erloschener ~ ☐ ***vulcão extinto 3** auf einem ~ tanzen ⟨fig.⟩ mutwillig Gefahren trotzen, ein gefährliches Spiel treiben ☐ ***brincar com pólvora/fogo**

vul|ka|ni|sie|ren ⟨[vul-] V. 500⟩ Naturkautschuk ~ zur Herstellung elastischen Kautschuks mit Schwefel- o. ä. chem. Verbindungen behandeln ☐ **vulcanizar**

Waa|ge ⟨f.; -, -n⟩ **1** *Messgerät zur Ermittlung der Masse eines Körpers* □ **balança 2** ⟨fig.⟩ *Gleichgewicht* □ **equilíbrio** 2.1 *beides hält sich die* ~ ⟨fig.⟩ *beides gleicht sich aus, beides ist gleich oft vorhanden, ist gleich viel wert* □ **as duas coisas se contrabalançam* **3** *Gerät zur Bestimmung der Waagerechten; Wasser*~ □ **nível de bolha de ar* **4** *ein Sternbild am südlichen Himmel, siebtes Tierkreiszeichen* □ **Balança; Libra**

waa|ge|recht ⟨Adj. 24⟩ *so wie die beiden in gleicher Höhe schwebenden Waagschalen ausgerichtet, eben, rechtwinklig zur Senkrechten;* oV *waagrecht;* Sy *horizontal;* ~ *stehen* □ **horizontal**

waag|recht ⟨Adj. 24⟩ = **waagerecht**

Waag|scha|le ⟨f.; -, -n⟩ **1** *Schale an der Waage zum Auflegen der zu wiegenden Last bzw. der Gewichte* □ **prato da balança** 1.1 *das fällt schwer in die* ~ ⟨fig.⟩ *das ist wichtig, schwerwiegend, bedeutungsvoll* □ **isso tem um grande peso; isso é importante* 1.2 *etwas in die* ~ *werfen* ⟨fig.⟩ *bei einer Besprechung, Entscheidung geltend machen* □ **fazer pesar na balança*

wab|be|lig ⟨Adj.⟩ *gallertartig, weich u. wackelnd;* oV *wabblig; ein ~er Pudding* □ **mole; flácido**

wab|beln ⟨V. 400⟩ *etwas wabbelt bewegt sich gallertartig hin u. her* □ **tremer; balançar**

wabb|lig ⟨Adj.⟩ = *wabbelig*

Wa|be ⟨f.; -, -n⟩ *aus Wachszellen bestehende Wand des Bienenstocks* □ **favo**

wa|bern ⟨V. 400⟩ *etwas wabert flackert, zuckt* □ **tremular; estremecer 2** *sich ohne erkennbare Form ausbreiten;* Nebel *wabert* □ **dispersar-se; espalhar-se**

wach ⟨Adj.⟩ **1** *nicht schlafend, munter; die Nacht über* ~ *bleiben* □ **acordado** 1.1 *jmdn., sich* ~ *halten am Einschlafen hindern* □ **manter(-se) acordado* ⟨aber⟩ → a. *wachhalten* 1.2 = *werden aufwachen* □ **acordar; despertar** ⟨aber Getrennt- u. Zusammenschreibung⟩ ~ *werden = wachwerden* **2** ⟨fig.⟩ *aufgeweckt, geistig rege; ein ~er Geist* □ **alerta; atento 3** ⟨Getrennt- u. Zusammenschreibung⟩ 3.1 ~ *liegen* = *wachliegen* 3.2 ~ *rütteln* = *wachrütteln (I)*

Wa|che ⟨f.; -, -n⟩ **1** *Person od. Personengruppe, die jmdn. od. etwas bewacht, Wächter, Posten; Schild*~; *die* ~ *zieht auf; die* ~ *ablösen* □ **guarda; sentinela; vigia 2** *Raum, Gebäude, in dem die Wache(1) stationiert ist* □ **guarita; posto de guarda/vigilância** 2.1 ⟨kurz für⟩ *Polizeiwache; jmdn. mit auf die* ~ *nehmen* □ **posto policial 3** *Wachdienst;* ~ *haben, stehen; jmdm. die* ~ *übergeben, übernehmen* □ **guarda; vigilância** 3.1 *bei einem Kranken, Gefangenen, vor einem Gebäude* ~ *halten wachen(2)* □ **velar um doente; vigiar um preso; montar guarda diante de um edifício* 3.2 ~ *schieben* ⟨Soldatenspr.⟩ *Wachdienst haben* □ **estar de guarda* **4** *Stelle, an der sich der Posten während des Wachdienstes aufhält;* (die) ~ *beziehen; auf* ~ *ziehen* □ **assumir o turno da guarda*

wa|chen ⟨V.⟩ **1** ⟨400⟩ *wach sein, nicht schlafen* □ **estar acordado;** *die (ganze) Nacht (hindurch)* ~ □ **passar a noite (inteira) acordado/em claro; im Wachen und im Schlafen* □ **dia e noite; na vigília e no sono; halb ~d, halb träumend* □ **meio acordado, meio sonhando* **2** ⟨800⟩ *auf jmdn. od. etwas achten, aufpassen; bei einem Kranken* ~ □ **velar um doente* 2.1 *über etwas od. jmdn.* (jmdm.) ~ *auf etwas od. jmdn. aufpassen, etwas od. jmdn. beschützen;* (streng) *darüber* ~, *dass die Vorschriften befolgt werden* □ **velar/zelar por alguma coisa ou alguém*

wach∥hal|ten ⟨V. 160/500⟩ *eine Sache* ~ ⟨fig.⟩ *lebendig, rege erhalten; jmds. Andenken* ~; *eine Erinnerung* ~; *seinen Hass, Rachedurst* ~; *jmds. Interesse an etwas* ~ □ **manter vivo;** → a. *wach (1.1)*

wach∥lie|gen *auch:* **wach lie|gen** ⟨V. 180/400(h.) od. südd., österr., schweiz. (s.)⟩ *nicht einschlafen können; die ganze Nacht* ~ □ **ficar acordado**

Wa|chol|der ⟨m.; -s, -; Bot.⟩ *Angehöriger einer Gattung meist strauchartiger Nadelhölzer mit schwarzblauen Beeren: Juniperus* □ **zimbro**

wach∥ru|fen ⟨V. 204/500⟩ **1** *jmdn.* ~ *durch Rufen wecken* □ **despertar/acordar chamando 2** *eine Sache* ~ ⟨fig.⟩ *(wieder) hervorrufen, ins Bewusstsein, in Erinnerung bringen; Erinnerungen* ~; *seine Bemerkung hat ein Erlebnis (in mir, in meiner Erinnerung) wachgerufen; den alten Schmerz wieder* ~ □ **despertar; evocar**

wach∥rüt|teln *auch:* **wach rüt|teln** ⟨V. 500⟩ **I** ⟨Zusammen- u. Getrenntschreibung⟩ *jmdn. wachrütteln/wach rütteln durch Rütteln wecken; er musste sie morgens immer wachrütteln/wach rütteln* □ **acordar sacudindo II** ⟨nur Zusammenschreibung; fig.⟩ *jmdn. wachrütteln aufrütteln, aus einer seelischen, geistigen Erstarrung herausreißen* □ **dar uma sacudida em alguém*

Wachs ⟨[-ks] n.; -es, -e⟩ **1** *Bienenwachs o. ä. chem. Stoff mit dessen Eigenschaften;* ~ *formen, gießen, kneten; mit* ~ *bestreichen, verkleben; er wurde bleich, weiß wie* ~ □ **cera** 1.1 *er ist in ihren Händen (so weich wie)* ~ ⟨fig.⟩ *er tut alles, was sie will, sie hat starken Einfluss auf ihn* □ **ele é uma marionete em suas mãos* 1.2 *als er ihr drohte, sie anzuzeigen, wurde sie weich wie* ~ ⟨fig.⟩ *wurde sie gefügig, gab sie nach* □ **quando ele ameaçou denunciá-la, ela amoleceu;* → a. *echt(1.2)*

wach|sam ⟨Adj. 70⟩ **1** *auf Gefahren od. Feinde achtend, aufmerksam, scharf beobachtend, vorsichtig prüfend;* ~ *sein* □ **vigilante; atento** 1.1 *ein ~es Auge auf jmdn. od. etwas haben* ⟨umg.⟩ *auf jmdn. od. etwas gut achtgeben, jmdn. od. etwas scharf beobachten* □ **estar de olho em alguém*

wach|sen[1] ⟨[-ks-] V. 500⟩ *etwas* ~ *mit Wachs einreiben; den Fußboden* ~; *die Skier* ~ □ **encerar**

wach|sen² ⟨[-ks-] V. 277/400(s.)⟩ **1** *an Größe zunehmen;* der Junge ist im letzten Jahr ein großes Stück, tüchtig gewachsen; sich einen Bart, das Haar ~ lassen; in die Höhe, in die Breite ~ (von Pflanzen) 1.1 *sich in bestimmter Weise wachsend(1) entwickeln;* der Baum ist gerade, krumm, schief gewachsen ⬜ **crescer** 1.1.1 *gut gewachsen sein einen schlanken, gut gebauten Körper haben* ⬜***ter um corpo bonito/corpão 2** *etwas* wächst *gedeiht, entwickelt sich;* hier wächst viel Mais, Raps ⬜ **crescer 3** *etwas* wächst *vermehrt sich, wird größer;* die Anforderungen sind (stark) gewachsen; die Einwohnerzahl, der Viehbestand ist gewachsen ⬜ **crescer; aumentar 4** *etwas wächst wird stärker, intensiver;* seine Energie wächst mit seinen Aufgaben ⬜ **crescer; intensificar-se;** mit ~der Erregung, ~dem Interesse zuhören ⬜ **crescente 5** *jmdm. od. einer Sache (nicht) gewachsen sein mit jmdm. od. einer S. (nicht) fertigwerden* ⬜***(não) estar à altura de alguém ou alguma coisa**
wäch|sern ⟨[-ks-] Adj. 24⟩ **1** *aus Wachs bestehend;* ~e Kerzen ⬜ **de cera 2** *wie aus Wachs beschaffen;* das ~e Gesicht des Toten ⬜ **céreo**
Wachs|tum ⟨[-ks-] n.; -s; unz.⟩ **1** *das Wachsen;* das ~ beschleunigen, fördern, hindern; üppiges ~ der Pflanzen; im ~ begriffen sein ⬜ **crescimento** 1.1 *Entwicklung;* im ~ zurückgeblieben sein ⬜ **crescimento; desenvolvimento 2** *von einem bestimmten Weingut stammender Wein;* der Winzer bot uns eigenes ~ an ⬜ **produção**
Wacht ⟨f.; -, -en⟩ **1** *Wache;* ~ halten; die ~ am Rhein ⬜ **guarda** 1.1 *auf der ~ sein auf der Hut sein, aufpassen* ⬜***ficar alerta**
Wäch|te ⟨alte Schreibung für⟩ Wechte
Wach|tel ⟨f.; -, -n; Zool.⟩ *kleiner, fasanenartiger Hühnervogel, der auf Wiesen, Feldern u. im Ödland lebt:* Coturnix coturnix ⬜ **codorna**
Wäch|ter ⟨m.; -s, -⟩ *jmd. (od. ein Tier), der (bzw. das) jmdn. od. etwas bewacht;* Museums~, Nacht~, Park~; der Hund ist ein guter, treuer ~ des Hauses ⬜ **guarda; vigia**
Wäch|te|rin ⟨f.; -, -rin|nen⟩ *weibl. Wächter* ⬜ **guarda; vigia**
Wacht|meis|ter ⟨m.; -s, -⟩ **1** ⟨veraltet⟩ *unterer Dienstgrad der Polizei* 1.1 *Polizeibeamter in diesem Dienstrang* ⬜ **soldado 2** ⟨österr.; schweiz.⟩ *zweitunterster Offiziersgrad (Feldwebel)* 2.1 *Soldat dieses Dienstgrades* ⬜ **sargento**
Wacht|pos|ten ⟨m.; -s, -⟩ *Wache stehender Soldat* ⬜ **sentinela; guarda**
wach|wer|den *auch:* wach werden ⟨V. 286/400(s.)⟩; fig.⟩ *hervorbrechen;* gute, schlechte Erinnerungen, die ~ ⬜ **irromper; vir à tona;** → *a. wach (1.2)*
wa|cke|lig ⟨Adj.⟩ oV wacklig **1** *bei Berührung wackelnd, nicht fest (stehend), zitterig;* ein ~er Stuhl; ein ~er Zahn; die Tür ist ~; der Tisch steht ~ ⬜ **bambo; instável;** der alte Mann ist schon etwas, recht ~ ⬜ **cambaleante; trôpego;** ich bin nach der langen Krankheit noch etwas ~ (auf den Beinen, in den Knien) ⬜ ***depois de muito tempo doente, ainda não estou firme nas pernas/nos joelhos 2** ⟨fig.⟩ *unsicher, gefährdet* ⬜ **instável; incerto** 2.1 *er steht* ~ ⟨fig.; umg.⟩ *seine berufliche, geschäftliche, politische Stellung ist unsicher, gefährdet* 2.1.1 *der Schüler steht* ~ ⟨fig.; umg.⟩ *der S. wird vielleicht nicht versetzt* ⬜ **na corda bamba; perigando** 2.2 *ein ~es* Unternehmen ⟨fig.⟩ *vom Bankrott bedrohtes U.* ⬜ ***uma empresa à beira da falência**
wa|ckeln ⟨V. 400⟩ **1** *etwas wackelt schwankt (bei Berührung) hin u. her, steht, sitzt nicht fest;* der Tisch, Schrank wackelt ⬜ **bambear; balançar;** der Zahn wackelt ⬜ **estar mole;** wenn ein Bus an unserem Haus vorbeifährt, wackelt alles; er lachte (so laut), dass die Wände wackelten ⟨umg.; scherzh.⟩ ⬜ **tremer 2** ⟨416⟩ *mit etwas* ~ *etwas hin- u. herbewegen;* mit dem Kopf, den Zehen ~; mit den Ohren ~ können ⬜ ***abanar/menear alguma coisa 3** ⟨400(s.); fig.; umg.⟩ *sich von einer Seite auf die andere schwankend fortbewegen;* die Enten wackelten zum Teich; das Kind kam ins Zimmer gewackelt ⬜ **cambalear**
Wa|ckel|pe|ter ⟨m.; -s, -; umg.⟩ = Götterspeise(2)
wa|cker ⟨Adj.⟩ **1** ⟨veraltet⟩ *bieder, rechtschaffen, ehrlich;* ein ~er Handwerker ⬜ **honesto; correto 2** *tapfer, tüchtig;* ~! (als Lob) ⬜ **bravo!;** ein ~er Kämpfer, Krieger, Streiter ⬜ **valoroso; corajoso;** er hat ~ ausgehalten, standgehalten ⬜ ***ele aguentou firme;** der Kleine ist ~ mitgelaufen; er hat sich ~ verteidigt ⬜ **corajosamente** 2.1 ⟨fig.⟩ *kräftig, tüchtig, sehr* ⬜ **para valer;** jmdn. ~ verprügeln ⬜ ***dar uma bela surra em alguém**
wack|lig ⟨Adj.⟩ = wackelig
Wa|de ⟨f.; -, -n; Anat.⟩ *der hintere Teil des Unterschenkels, der durch den dreiköpfigen Wadenmuskel gewölbt wird:* Sura ⬜ **panturrilha**
Waf|fe ⟨f.; -, -n⟩ **1** *Gerät zum Kämpfen;* Hieb~, Stich~, Stoß~; Feuer~; (keine) ~n bei sich führen, haben; mit der ~ in der Hand kämpfen; jmdn. nach ~n untersuchen; zur ~ greifen ⬜ **arma** 1.1 *die ~n strecken* ⟨a. fig.⟩ *sich ergeben, kapitulieren* ⬜ ***depor as armas;** render-se 1.2 *in* ~n *stehen zum Kampf, zum Krieg gerüstet sein* ⬜ ***pôr-se em armas 2** ⟨fig.⟩ *Kampfmittel im Wortkampf, Argument, Beweis;* seine Schlagfertigkeit, sein Geist ist seine beste ~; jmds. eigene Worte als ~ gegen ihn benutzen ⬜ **arma** 2.1 *die ~n aus der Hand geben* ⟨fig.⟩ *seine Absichten, Gedanken offen bekennen* ⬜ ***abrir o jogo** 2.2 *die ~n strecken* ⟨a. fig.⟩ *aufgeben, nachgeben, nicht mehr kämpfen* ⬜ ***depor as armas; entregar os pontos 3** ⟨Pl.; Jägerspr.⟩ 3.1 *die hervorstehenden Eckzähne im Ober- u. Unterkiefer (des Keilers)* ⬜ **presas** 3.2 *Klauen (des Luchses u. der Wildkatze)* 3.3 *Krallen (der Greifvögel)* ⬜ **garras**
Waf|fel ⟨f.; -, -n⟩ *feines, süßes, flaches Gebäck mit wabenförmiger Musterung* ⬜ **waffle**
Waf|fen|gat|tung ⟨f.; -, -en⟩ *eine Anzahl von Truppenteilen (Bataillone, Regimenter) des Heeres mit gleichartiger Aufgabe u. Ausstattung* ⬜ **arma (do exército)**
Waf|fen|still|stand ⟨m.; -(e)s; unz.⟩ *von den Regierungen od. Oberbefehlshabern vertraglich vereinbarte Einstellung der Feindseligkeiten, meist bis zum Abschluss des Friedensvertrages* ⬜ **armistício**

wa|ge|hal|sig ⟨Adj.⟩ = *waghalsig*

Wä|gel|chen¹ ⟨n.; -s, -⟩ *kleine Waage* □ *balancinha*

Wä|gel|chen² ⟨n.; -s, -⟩ *kleiner Wagen* □ *carrinho; pequena carruagem/carroça*

wa|ge|mu|tig ⟨Adj.⟩ *kühn, mutig* □ *ousado; audaz*

wa|gen ⟨V. 500⟩ **1** *etwas ~ riskieren, einsetzen, aufs Spiel setzen;* alles ~, um alles zu gewinnen; sein Leben ~ □ *arriscar; apostar* **2** *etwas ~ mutig, das Risiko in Kauf nehmend unternehmen;* soll ich's ~, ihn darum zu bitten?; ich wage es nicht zu tun; keinen Widerspruch ~; das Kind wagte ihn nicht anzublicken; er wagte kein Wort zu sagen □ *ousar; atrever-se;* wer wagt, gewinnt ⟨Sprichw.⟩ □ **quem não arrisca não petisca*; erst wägen, dann ~ ⟨Sprichw.⟩ □ **pense duas vezes antes de agir*; frisch gewagt ist halb gewonnen ⟨Sprichw.⟩ □ **um bom começo é meio caminho andado* **2.1** ⟨Part. Perf.⟩ *gewagt gefährlich, riskant;* eine gewagte Sache, ein gewagtes Unternehmen; es scheint mir (zu) gewagt, das zu tun; ich halte es für zu gewagt, das zu tun □ *arriscado* **2.1.1** *ein gewagter Witz vorlauter, unpassender W.* □ *indecoroso; impróprio* **3** ⟨511/Vr 3⟩ **(sich)** ~, *etwas zu tun sich getrauen, den Mut haben, etwas Bestimmtes zu tun;* ich wage mich nicht aus dem Haus □ *aventurar(-se); arriscar(-se)*

Wa|gen ⟨m.; -s, -⟩ **1** *zwei-, auch dreispuriges Fahrzeug mit Rädern;* Eisenbahn~, Pferde~; geschlossener, offener ~; zwei-, drei-, vierrädriger ~; Pferde vor den ~ spannen □ *carro; carruagem* **1.1** *Kraftfahrzeug, Auto;* er fährt den ~ der Firma; den ~ überholen, waschen lassen; einen eigenen ~ fahren; aus dem, in den ~ steigen; wir sind mit dem ~ gekommen □ *automóvel; carro* **1.1.1** *jmdn. an den ~ fahren* ⟨fig.; umg.⟩ *jmdn. grob anreden, beleidigen, jmdn. zu schaden versuchen* □ **ofender alguém; pegar pesado com alguém* **1.2** *ein ~ der Linie 8 Straßenbahnwagen* □ *bonde* **2** *Maschinenteil zum Führen eines Gegenstandes, z. B. an Drehmaschinen, Schreibmaschinen* □ *carro* **3** *Kleiner, Großer ~ die Sternbilder Kleiner, Großer Bär* □ **Ursa Menor/Maior*

wä|gen ⟨V. 278/500⟩ **1** *etwas ~* ⟨veraltet⟩ *wiegen¹(1)* **2** *eine Sache ~* ⟨fig.⟩ *(ein)schätzen, erwägen, bedenken;* jmds. Worte, Handlungen, Gesinnung ~ □ *pesar;* **2.1** *erst ~ ponderar* **2.1** *erst ~, dann wagen* ⟨Sprichw.⟩ *erst überlegen, dann handeln* □ **pense duas vezes antes de agir*

Wag|gon ⟨[vagõː] od. [-gɔŋ] m.; -s, -s⟩ *Eisenbahnwagen, bes. Güterwagen;* oV *Wagon* □ *vagão*

wag|hal|sig ⟨Adj.⟩ oV *wagehalsig* **1** *wagemutig, sehr mutig, tollkühn;* er ist ~ □ *arrojado; audacioso* **2** *äußerst gefährlich;* ein ~es Unternehmen □ *arriscado; temerário*

Wag|nis ⟨n.; -ses, -se⟩ *kühnes Unternehmen, Tat, die Mut erfordert* □ *risco; arrojamento;* → a. *Risiko*

Wa|gon ⟨[vagõː] od. [-gɔŋ] m.; -s, -s⟩ = *Waggon*

Wä|he ⟨f.; -, -n; südwestdt.; schweiz.⟩ *flacher Blechkuchen mit süßem od. pikantem Belag;* Apfel~, Zwiebel~ □ *torta*

Wahl ⟨f.; -, -en⟩ **1** *das Wählen(1);* die ~ fiel für ihn günstig, ungünstig aus; ~ durch Handaufheben, durch Abgabe von Stimmzetteln; zur ~ gehen; → a. *direkt(3.3), geheim(3), indirekt(2.5)* **1.1** *Berufung zu einem Amt durch Abstimmung;* seine ~ zum Präsidenten, Kanzler □ *eleição* **2** *Auswahl, Entscheidung zwischen mehreren Möglichkeiten;* die ~ steht dir frei; zwischen zwei Dingen die ~ haben; jmdm. die ~ lassen; eine ~ treffen; die Preisträger erhalten ein Buch nach (freier) ~; ich stehe vor der ~, dies oder das zu nehmen; jmdn. vor die ~ stellen, dies oder das zu tun; Sie haben drei Stücke zur ~ □ *escolha; opção* **2.1** *wer die ~ hat, hat die Qual die Schwierigkeit einer freien Entscheidung nimmt einem niemand ab* □ **quem pode escolher não sabe o que fazer* **2.2** *ich habe keine andere ~ mir bleibt nichts anderes übrig* □ *escolha; alternativa* **2.3** *er ist geschickt in der ~ seiner Mittel er weiß seine M. geschickt einzusetzen, er wählt seine M. geschickt aus* **2.4** *er ist nicht (gerade) zimperlich in der ~ seiner Mittel seine Mittel, seine Handlungen sind drastisch, er wendet oft Gewalt an* □ *escolha* **3** *Wertklasse, Güte, Güteklasse;* Strümpfe erster, zweiter, dritter ~ □ *qualidade*

wahl|be|rech|tigt ⟨Adj. 24⟩ *zum Wählen bei einer Wahl (von Abgeordneten, Vorsitzenden usw.) berechtigt,* die Anzahl der Wahlberechtigten feststellen □ *que tem direito de voto*

wäh|len ⟨V.⟩ **1** ⟨402⟩ ⟨jmdn.⟩ ~ *seine Stimme (für jmdn.) abgeben;* es muss ein neuer Präsident gewählt werden □ **votar (em alguém)* **1.1** *~ gehen* ⟨umg.⟩ *zur Stimmabgabe zum Wahllokal gehen* □ **ir votar; ir às urnas* **1.2** ⟨500⟩ *jmdn.* ~ *durch Abstimmung berufen;* jmdn. ins Parlament; jmdn. zum Präsidenten, zum König, Kaiser ~; ins Parlament, zum König gewählt werden □ *eleger* **2** ⟨500⟩ *jmdn. od. etwas ~ sich für jmdn. od. etwas entscheiden, auswählen, aussuchen;* den richtigen Augenblick, Zeitpunkt ~; einen Beruf ~; eine Farbe, einen Stoff für ein Kleid ~; ein Gericht (auf der Speisekarte) ~ **2.1** haben Sie (schon) gewählt? haben Sie sich (schon) etwas ausgesucht? □ *escolher* **2.2** *eine Nummer ~* ⟨Tel.⟩ *die gewünschte N. auf der Nummerntastatur drücken* □ *digitar* **2.3** *seine Worte (mit Bedacht) ~ seine W. genau überlegen (ehe man sie ausspricht)* □ *escolher*

Wäh|ler ⟨m.; -s, -⟩ **1** *wahlberechtigte Person* **2** *jmd., der wählt, gewählt hat od. wählen wird (~stimme)* □ *eleitor*

Wäh|le|rin ⟨f.; -, -rin|nen⟩ *weibl. Wähler* □ *eleitora*

wäh|le|risch ⟨Adj.⟩ *lange auswählend, anspruchsvoll, schwer zufriedenzustellen* □ *exigente; difícil de contentar; seletivo*

wahl|frei ⟨Adj. 24/70⟩ *freigestellt, nicht Pflicht, nach eigener Entscheidung zu wählen;* ein ~es Fach; ~er Unterricht; Religion ist an unserer Schule ~ □ *facultativo; optativo*

Wahl|hei|mat ⟨f.; -; unz.⟩ *Gegend, die man sich als Wohnsitz erwählt hat* □ *pátria adotiva*

Wahl|kampf ⟨m.; -(e)s, -kämp|fe⟩ *Kampf der einzelnen Parteien, in dem sie sich durch Wahlpropaganda durchzusetzen suchen* □ *campanha eleitoral*

wahl|los ⟨Adj. 24/90⟩ *ohne zu wählen, willkürlich, auf gut Glück* □ **indiscrimado;** ~ *ein Stück herausgreifen* □ **ao acaso; indiscriminadamente**

Wahl|spruch ⟨m.; -(e)s, -sprü|che⟩ *Leitspruch, als Richtlinie dienender Sinnspruch;* Sy *Devise(1)* □ **divisa; lema;** *slogan*

Wahl|ur|ne ⟨f.; -, -n⟩ *Behälter für die Stimmzettel bei der Wahl* □ **urna eleitoral**

Wahn ⟨m.; -(e)s; unz.⟩ *hartnäckig beibehaltene irrige Vorstellung, grundlose Hoffnung, Selbsttäuschung, Einbildung, Irrglaube, Verblendung;* ein eitler, leerer ~; *und die Treue, sie ist doch kein leerer ~* (Schiller, „Die Bürgschaft"); sie handelte, lebte in dem ~, dass ... □ **ilusão; quimera**

wäh|nen ⟨V. 500/Vr 8⟩ **1** jmdn. od. etwas ~ ⟨geh.⟩ *vermuten, fälschlich annehmen, sich einbilden, glauben;* ich wähnte, er habe ... □ **imaginar; achar** 1.1 ich wähnte dich noch in Berlin *ich glaubte, du seist noch in B.* □ **achei que você ainda estivesse em Berlim*

Wahn|sinn ⟨m.; -(e)s; unz.⟩ **1** *Geisteskrankheit, geistige Umnachtung;* dem ~ verfallen sein; in ~ verfallen □ **loucura; demência 2** ⟨fig.; umg.⟩ *Torheit, Unsinn, abwegiger u. meist auch gefährlicher Einfall;* Sy *Wahnwitz;* das ist doch (heller) ~, eine ~sidee! □ **loucura; absurdo**

wahn|sin|nig ⟨Adj.⟩ **1** *geistesgestört, geisteskrank* □ **louco; demente;** ~ werden □ **enlouquecer* **2** ⟨fig.; umg.⟩ *unvernünftig, verrückt;* das macht mich ~; bist du ~?; ich könnte ~ werden (vor Ungeduld usw.) □ **louco; maluco 3** ⟨fig.; umg.⟩ *sehr, außerordentlich;* ich habe ~e Schmerzen □ **terrível;** ich habe mich ~ gefreut, geärgert; ~ teuer; was du gesagt hast, hat ~ wehgetan □ **muito;** ~ verliebt □ **perdidamente**

Wahn|witz ⟨m.; -es; unz.; fig.⟩ = *Wahnsinn(2)*

wahr ⟨Adj. 24⟩ **1** *der Wahrheit, der Wirklichkeit, den Tatsachen entsprechend, wirklich, tatsächlich (geschehen);* eine ~e Begebenheit, Geschichte □ **verdadeiro; real;** das ist zu schön, um ~ zu sein; ist das ~ (ja gar) nicht ~! □ **verdade;** so ~ mir Gott helfe! (Schwurformel) □ **Deus é testemunha!;* so ~ ich lebe!, so ~ ich hier stehe! (Beteuerungsformel) □ **tão certo quanto dois e dois são quatro* **1.1** jetzt zeigt er sein ~es Gesicht ⟨fig.⟩ *jetzt zeigt er, wie er wirklich ist, denkt* □ **verdadeiro 1.2** das ist schon gar nicht mehr ~ ⟨fig.; umg.⟩ *das ist schon so lange her, dass man kaum noch daran denkt* □ **isso foi há séculos* **1.3** ~ werden *Tatsache werden, wirklich geschehen* □ **realizar-se; tornar-se realidade* **2** *nicht gelogen, richtig, irrtumsfrei, zutreffend;* es ist kein ~es Wort daran □ **verdadeiro;** das einzige Wahre an der Geschichte ist, dass ...; etwas für ~ halten; er hat ~ gesprochen ⟨geh.⟩ □ **verdade 2.1** das ist ein ~es Wort *damit hast du wirklich Recht* □ **isso é verdade* **2.2** das ist nicht das Wahre ⟨umg.⟩ *das ist nicht ganz das Richtige, das gefällt mir nicht recht* □ **não é bem assim* **2.3** es ist etwas Wahres daran *es ist zum Teil richtig, es ist nicht ganz falsch* □ **há um pouco de verdade nisso* **2.4** nicht ~? *ist es nicht so?, verstehst du?* □ **não é verdade?; não é mesmo?* **3** ⟨geh.⟩ *aufrichtig,*

echt; er ist ein ~er Freund □ **verdadeiro; sincero 4** ⟨60; verstärkend⟩ *wirklich, geradezu;* es ist ein ~es Glück, eine ~e Schande; der Blumenstrauß eine ~e Pracht; es ist ein ~er Segen, dass ...; darauf brach ein ~er Sturm der Begeisterung, Entrüstung, Empörung los; es war mir eine ~e Wonne, ein ~es Vergnügen □ **verdadeiro 5** ⟨Getrennt- u. Zusammenschreibung⟩ 5.1 = ~ machen = *wahrmachen*

wah|ren ⟨V. 500⟩ *eine Sache ~* **1** *schützen, verteidigen;* Rechte, Interessen ~ □ **defender; proteger 2** *erhalten, aufrechterhalten;* den Schein ~ □ **manter**

wäh|ren ⟨V. 410⟩ *etwas währt* ⟨geh.⟩ **1** *dauern, Zeit in Anspruch nehmen;* das Fest währte drei Tage; es währte nicht lange □ **durar; prolongar-se;** was lange währt, wird endlich gut ⟨Sprichw.⟩ □ **quem espera sempre alcança* **2** *bestehen (bleiben)* □ **continuar; perdurar;** ewig ~d □ **eterno; que dura eternamente*

wäh|rend ⟨Präp. m. Gen., umg. a. m. Dat.⟩ **1** *zur Zeit (als..., des ..., der ...), im Verlauf (von);* ~ des Essens; ~ zweier Tage; ~ dieser Zeit □ **durante;** ~ wir davon sprachen □ **enquanto 2** *wohingegen;* der eine spart, ~ der andere sein Geld verschwendet □ **enquanto; ao passo que**

wäh|rend|des|sen ⟨Konj.⟩ *während dieser Zeit, während dieses geschah;* ich war zwei Stunden in der Stadt, und ~ hatte er mehrmals angerufen; ich habe noch zu arbeiten, du kannst ~ etwas lesen □ **enquanto isso; nesse meio-tempo**

wahr|ha|ben ⟨V. 500; nur im Inf. in der Fügung⟩ (nicht) ~ wollen *(nicht) zur Kenntnis nehmen wollen, nicht glauben wollen;* er will es nicht ~, dass es so ist □ **(não) querer reconhecer/admitir*

wahr|haft ⟨Adj. 24⟩ **1** *wirklich, echt;* ein ~er Mensch □ **verdadeiro; autêntico 2** ⟨50⟩ *wirklich, tatsächlich* □ **verídico; real;** ein ~ fürstliches Mahl; eine ~ große Tat □ **realmente**

wahr|haf|tig ⟨Adj. 70⟩ **1** *wahrheitsliebend, aufrichtig* □ **verdadeiro; sincero;** ~er Gott! (Ausruf der Überraschung) □ **santo Deus!* **2** ⟨50⟩ *wirklich, tatsächlich, fürwahr, wahrlich;* das geht ihn doch ~ nichts an; er ist ~ kein Dummkopf; ich weiß es ~ nicht □ **realmente;** wirklich und ~ ⟨verstärkend⟩ □ **verdade verdadeira* **2.1** ~! *wirklich!, es ist wahr!* □ *é verdade!* **2.2** ~? *wirklich?, stimmt das?, tatsächlich?* □ **verdade?; é mesmo?**

Wahr|heit ⟨f.; -, -en⟩ **1** ⟨unz.⟩ *das Wahre, wahrer, richtiger Sachverhalt, Übereinstimmung mit den Tatsachen;* die ~, die ganze ~ und nichts als die ~ (alte Schwur-, Beteuerungsformel); Dichtung und ~ (Titel der Autobiographie Goethes); die ~ einer Behauptung anzweifeln; das entspricht (nicht) der ~; um die ~ zu gestehen, er wäre so: ...; die ~ sagen; der ~ gemäß, getreu antworten, berichten; die lautere, nackte, reine, volle ~; seine Behauptung beruht auf ~ □ **verdade;** ich zweifle an der ~ seiner Worte □ **veracidade 1.1** Kinder und Narren sagen die ~ ⟨Sprichw.⟩ *Kinder sind zu unschuldig u. Narren zu dumm, als dass sie lügen könnten* **1.2** jmdm. die ~ sagen ⟨fig.; umg.⟩ *jmdm. deutlich seine Meinung sagen, ihm sagen, was*

wahrlich

einem an ihm missfällt ☐ verdade 1.3 etwas schlägt der ~ ins Gesicht (fig.; umg.) widerspricht offenkundig dem wahren Sachverhalt; diese Behauptung schlägt der ~ ins Gesicht ☐ *ser uma mentira deslavada 1.4 bei der ~ bleiben nicht lügen ☐ *dizer a verdade 1.5 in ~ verhält es sich so in Wirklichkeit ☐ *na verdade, a situação é essa 2 Tatsache; es ist eine alte ~, dass ...; eine bittere, traurige ~; ich habe ihm ein paar unangenehme ~en sagen müssen ☐ verdade

wahr|lich ⟨Adv.⟩ wirklich, tatsächlich, fürwahr; das ist ~ eine gute Tat; das ist ~ kein Vergnügen ☐ realmente; ~, ich sage euch ... (bibl.) ☐ *em verdade vos digo...

wahr|ma|chen auch: **wahr ma|chen** ⟨V. 500⟩ etwas ~ in die Tat umsetzen; eine Absicht, Behauptung, Drohung ~ ☐ cumprir; pôr em prática

wahr|neh|men ⟨V. 189/500⟩ 1 etwas ~ durch die Sinnesorgane aufnehmen, bemerken; ein Geräusch ~; in der Ferne einen Lichtschein ~ ☐ perceber; notar; distinguir 2 eine Sache ~ nutzen, ausnutzen; die Gelegenheit ~, etwas zu tun ☐ aproveitar 2.1 eine Frist ~ benutzen, einhalten ☐ respeitar; observar 2.2 jmds. Interessen ~ (fig.) vertreten, so handeln, wie es in jmds. Interesse liegt 2.3 ein Recht ~ behaupten ☐ defender

wahr|sa|gen ⟨V. 402⟩ (eine Sache) ~ (im Volksglauben) Zukünftiges vorhersagen, voraussagen ☐ profetizar; predizer; sich ~ lassen ☐ *deixar que alguém leia sua sorte; aus dem Flug der Vögel, aus der Hand, aus den Karten ~ ☐ *ler a sorte no voo dos pássaros; ler a mão; pôr as cartas

währ|schaft ⟨Adj.; schweiz.⟩ gut, bewährt, solid, gediegen, deftig ☐ sólido; resistente; ein ~er Bursche ☐ competente; confiável

wahr|schein|lich ⟨Adj.⟩ vermutlich, es ist anzunehmen, dass ...; der ~e Täter; ~ kommt er heute noch; er ist ~ schon fort; das ist möglich, aber nicht ~; es ist ~, dass ... ☐ provável; provavelmente

Wäh|rung ⟨f.; -, -en⟩ 1 gesetzliche Geldordnung eines Landes 2 die der Währung(1) zugrundeliegende Geldeinheit; Dollar~; in britischer, japanischer ~ 3 die Art u. Weise, wie das umlaufende Geld gedeckt ist; Gold~, Silber~, Papier~ ☐ moeda

Wahr|zei|chen ⟨n.; -s, -⟩ charakteristisches Merkmal, symbolisches Denkmal; ~ einer Stadt; der Petersdom ist das ~ Roms ☐ símbolo; emblema

waid..., Waid... (in jägerspr. Zus.) = weid..., Weid...

Wai|se ⟨f.; -, -n⟩ 1 elternloses Kind ☐ órfão 2 reimlose Zeile in gereimtem Gedicht ☐ rima órfã

Wal ⟨m.; -(e)s, -e; Zool.⟩ Angehöriger einer Ordnung völlig an das Wasserleben angepasster Säugetiere: Cetacea ☐ baleia

Wald ⟨m.; -(e)s, Wäl|der⟩ 1 größere Fläche mit dichtem Baumwuchs; durch ~ und Feld streifen; die Tiere des ~es; Wiesen und Wälder; dichter, dunkler, finsterer, herbstlicher, verschneiter, winterlicher ~; tief im ~ ☐ bosque; floresta 1.1 er sieht den ~ vor lauter Bäu-

men nicht (fig.; umg.) er bemerkt nicht, was doch vor ihm steht, was offensichtlich ist ☐ *ele não enxerga o óbvio 1.2 wie man in den ~ hineinruft, so schallt es wieder heraus (Sprichw.) so, wie man einen anderen behandelt, wird man selbst auch von ihm behandelt ☐ *quem com ferro fere com ferro será ferido 2 (fig.) große, dichte Menge (bes. von aufrecht stehenden Gegenständen); ein ~ von Fahnen, Masten, Antennen ☐ bosque; floresta

wal|ken¹ ⟨V. 500⟩ 1 Felle ~ schlagen, kneten, stoßen, um sie geschmeidig zu machen 2 Haare, Fasern ~ miteinander verfilzen (bei der Tuchherstellung) ☐ pisoar 3 Blech ~ durch hintereinanderliegende, versetzt angeordnete Walzenpaare führen u. dabei hin u. her biegen ☐ tornar flexível 4 jmdn. ~ ⟨fig.; umg.⟩ prügeln ☐ *dar uma sova em alguém

wal|ken² ⟨[wɔː-] V. 400(s.); Sp.⟩ Walking betreiben, schnell gehen ☐ praticar caminhada rápida

Wal|kie-Tal|kie ⟨[wɔːkitɔːki] n.; -s, -s⟩ kleines, tragbares Funksprechgerät ☐ walkie-talkie

Wal|king ⟨[wɔːkɪŋ] n.; -s; unz., Sp.⟩ schnelles, ausdauerndes Gehen (als Sportart) ☐ caminhada rápida

Walk|man ⟨[wɔːkmæn] m.; -s, -men [-mən]⟩ kleiner Kassettenrekorder mit Kopfhörern, den man überallhin mitnehmen kann ☐ walkman

Wall¹ ⟨m.; -(e)s, Wäl|le⟩ 1 langgestreckte Aufschüttung von Erde zur Befestigung u. Einfriedigung ☐ trincheira 1.1 ~ und Graben Burganlage ☐ *circunvalação 2 (fig.) Bollwerk ☐ baluarte; bastião

Wall² ⟨m. 7; -(e)s, -e; nach Zahlen Pl.: -⟩ Zählmaß, 80 Stück (bes. bei Fischen); 1 ~ Heringe ☐ conjunto de oitenta unidades

Wal|lach ⟨m.; -s, -e⟩ kastrierter Hengst ☐ capão; cavalo castrado

wal|len¹ ⟨V. 400(h.) od. (s.)⟩ etwas wallt 1 siedet, kocht, sprudelt ☐ ferver; borbulhar 2 ⟨geh.⟩ fällt in langen Wellen, Locken, weichen Falten; die Locken wallten ihr über Schultern u. Rücken ☐ ondular; ein ~des Gewand; ~des Haar ☐ ondulado

wal|len² ⟨V. 411(s.); veraltet⟩ 1 eine Wallfahrt machen 2 (poet.) dahinziehen, pilgern ☐ peregrinar

wall|fah|ren ⟨V. 400(s.); schwach konjugiert⟩ eine Wallfahrt machen, pilgern; er wallfahrte nach Rom, ist nach Rom gewallfahrt ☐ peregrinar

Wall|fahrt ⟨f.; -, -en⟩ Fahrt od. Fußreise zu einem religiös bedeutsamen Ort ☐ peregrinação; romaria

Wall|holz ⟨n.; -es, -höl|zer; schweiz.⟩ = Nudelholz

Wal|lung ⟨f.; -, -en⟩ 1 das Wallen¹(1) ☐ ebulição; fervura 1.1 sein Blut geriet in ~ (fig.) er wurde erregt, zornig ☐ *seu sangue ferveu 2 (Med.) 2.1 Blutwallung ☐ congestão 2.2 Hitzewallung ☐ onda de calor; rubor 3 (fig.) Aufregung, Erregung; jmdn. in ~ bringen ☐ *agitar/inquietar alguém; in ~ geraten ☐ *agitar-se; inquietar-se

Walm|dach ⟨n.; -(e)s, -dä|cher⟩ Satteldach mit Abschrägung über dem Giebel ☐ telhado de quatro águas

Wal|nuss ⟨f.; -, -nüs|se⟩ Frucht des Walnussbaums ☐ noz

Wal|nuss|baum ⟨m.; -(e)s, -bäu|me; Bot.⟩ Angehöriger einer Gattung von sommergrünen Bäumen der nördli-

chen gemäßigten Zone mit schmackhaften Steinfrüchten: Juglans □ nogueira
Wal|ross ⟨n.; -es, -e; Zool.⟩ *Robbe mit zu Hauern umgebildeten oberen Eckzähnen: Odobenus rosmarus* □ morsa
wal|ten ⟨V.; geh.⟩ **1** ⟨400⟩ *etwas waltet wirkt, herrscht, ist da; hier ~ gute, hilfreiche, rohe Kräfte; das Walten der Natur, der Naturgesetze* □ reinar; dominar **1.1** *Gnade ~ lassen nachsichtig üben* □ *usar de clemência **1.2** *Vorsicht ~ lassen vorsichtig sein* □ *agir com cautela **2** ⟨410⟩ *nach Belieben handeln, über etwas gebieten; im Hause ~* □ mandar; governar; → a. *schalten(3.1)* **2.2** ⟨700⟩ *seines* **Amtes** *~ sein Amt versehen, tun, was seines Amtes ist* □ *cumprir seu dever **3** ⟨500; veraltet; nur noch in der Wendung⟩ *das walte Gott! das möge Gott geben!* □ *queira/tomara Deus!
Wal|ze ⟨f.; -, -n⟩ **1** *zylindrischer Körper mit kreisförmigem Querschnitt* **2** *aus Stahl, Holz u. a. Werkstoffen gefertigtes Maschinenteil in dieser Form; Acker~, Dampf~, Druck~, Glätt~, Kalander~; Schreibmaschinen~, Straßen~* □ rolo; cilindro **2.1** *immer wieder dieselbe ~!* ⟨fig.; umg.⟩ *immer wieder dasselbe Thema!* □ *sempre a mesma história! **3** ⟨bes. früher⟩ *Wanderschaft der Handwerksburschen; auf der ~ sein* □ *estar com o pé na estrada
wal|zen ⟨V.⟩ **1** ⟨500⟩ *etwas ~ mit einer Walze bearbeiten, pressen, glätten* □ laminar; aplanar; cilindrar **2** ⟨400; früher scherzh.⟩ *(Walzer) tanzen* □ valsar
wäl|zen ⟨V. 500⟩ **1** *jmdn. od. etwas ~ rollend bewegen; sich auf dem Boden ~; sich im Schnee, Gras ~; sich (im Bett, im Schlaf) von einer Seite auf die andere ~; einen Stein vor eine Öffnung ~* □ rolar; *Klößchen in Mehl, Semmelbröseln ~* □ empanar **1.1** ⟨514/Vr 3⟩ *sich vor Lachen ~* ⟨fig.; umg.⟩ *heftig lachen* □ *rolar de rir **1.2** *das ist ja zum Wälzen* ⟨fig.; umg.⟩ *sehr komisch* □ *é de rolar de rir **1.3** *Bücher ~* ⟨fig.; umg.⟩ *in Büchern nachschlagen* □ folhear; consultar **1.4** *Probleme ~* ⟨fig.; umg.⟩ *von allen möglichen Seiten betrachten, erörtern* □ ruminar **1.5** ⟨511⟩ *die Schuld auf einen anderen ~* ⟨fig.⟩ *die S. jmd. anderem zuschieben* □ *jogar a culpa em outra pessoa
Wal|zer ⟨m.; -s, -⟩ *Gesellschaftstanz im 3/4-Takt, ursprünglich ein Rundtanz; ~ tanzen* □ valsa
Walz|werk ⟨n.; -(e)s, -e⟩ *Anlage zum Umformen von Metallen, die durch Walzen geführt werden; Kalt~, Warm~* □ laminador
Wam|me ⟨f.; -, -n⟩ **1** *Hängefalte zwischen Kehle u. Brust (z. B. bei Rindern u. Hunden)* □ papada; barbela **2** ⟨Kürschnerei⟩ *Bauchteil von Fellen; Bisam~ pelame do ventre* **3** ⟨mitteldt., oberdt.⟩ *Bauch, Bauchfleisch* □ barriga; toucinho **4** ⟨umg.⟩ = *Wampe*
Wam|pe ⟨f.; -, -n; umg.; abwertend⟩ *fetter Bauch;* oV *Wamme(4)* □ pança
Wams ⟨n.; -es, Wäm|ser⟩ **1** ⟨13./14. Jh.⟩ *unter der Rüstung getragener Männerrock* **2** ⟨15./17. Jh.⟩ *eng anliegende Jacke mit Schoß für Männer* □ gibão
Wand ⟨f.; -, Wän|de⟩ **1** *seitliche Begrenzung eines Raumes; Gefäß~, Zimmer~; Holz~; die Wände tapezieren, weißen; ich hätte vor Schmerzen an den Wänden hinaufklettern, hochgehen können* ⟨fig.; umg.⟩; *ich könnte vor Schmerzen mit dem Kopf gegen die ~ rennen* ⟨umg.⟩ **1.1** *hier haben die Wände Ohren* ⟨fig.⟩ *hier wird man belauscht* **1.2** *in seinen vier Wänden* ⟨fig.⟩ *daheim, zu Hause* □ parede **1.3** *jmdn. an die ~ drücken* ⟨fig.⟩ *jmdn. in den Hintergrund drängen, in seinem Wirken behindern, nicht zu Wort kommen lassen* □ *fazer sombra a alguém **1.4** *die anderen Schauspieler an die ~ spielen* ⟨fig.⟩ *so viel besser spielen, dass die anderen S. kaum zur Geltung kommen* □ *roubar a cena **1.5** *zusehen, dass man mit dem Rücken an die ~ kommt* ⟨fig.; umg.⟩ *seinen Vorteil wahren* □ *tratar de garantir seus interesses **1.6** *jmdn. an die ~ stellen* ⟨fig.⟩ *erschießen* □ *mandar alguém para o paredão; fuzilar alguém **1.7** *das ist, um an den Wänden hochzugehen* ⟨fig.; umg.⟩ *das ist empörend, zum Verzweifeln* □ *é desesperador; é de enlouquecer; → a. *Kopf(6.3)* **1.8** *sie wurde weiß wie eine ~, wie die ~ sehr blass, ganz weiß* □ parede **1.9** *Trennungsfläche zwischen Räumen; Zwischen~* □ *tabique; divisória **1.9.1** *~ an ~ wohnen unmittelbar nebeneinander, benachbart* □ morar parede com parede **1.9.2** *bei ihm redet man wie gegen eine ~* ⟨umg.⟩ *er ist nicht einsichtig, nicht zu überzeugen* □ *falar com ele é como falar com uma parede **1.9.3** *zwischen uns steht eine ~* ⟨fig.⟩ *wir verstehen einander nicht, sind einander fremd* □ *há um abismo entre nós **2** *steiler Bergabhang; Berg~, Fels~; eine ~ bezwingen, erklettern (beim Bergsteigen)* **3** ⟨Bgb.⟩ *größeres Gesteinsstück* □ encosta; vertente **4** ⟨fig.⟩ *steil aufragende, große Fläche* □ declive; *Wolken~* □ *cortina de nuvens
Wan|da|lis|mus ⟨m.; -; unz.⟩ = *Vandalismus*
Wan|del ⟨m.; -s; unz.⟩ **1** *Wandlung, Wechsel; Bedeutungs~, Gesinnungs~, Gestalt~, Laut~; es ist ein grundlegender ~ eingetreten; es hat sich ein tiefgreifender ~ vollzogen* □ transformação; mudança **2** ⟨veraltet; nur noch in der Wendung⟩ *Handel und ~ Handel und Verkehr* □ *vida social e comercial
wan|deln ⟨V.⟩ **1** ⟨500/Vr 7⟩ *jmdn. od. etwas ~ einem Wandel unterwerfen, verwandeln, verändern; seine Ansichten haben sich (grundlegend) gewandelt* **1.1** ⟨Vr 3⟩ *alles wandelt sich nichts ist beständig* □ mudar; transformar **2** ⟨410(s.)⟩ *langsam, geruhsam gehen, schreiten, lustwandeln; auf und ab ~; im Park, unter Bäumen ~* □ caminhar; passear **2.1** *Wandelndes Blatt Gespenstheuschrecke Ostindiens, die mit grünem, abgeflachtem Körper u. verbreiterten Beinen einem Eichenblatt ähnlich sieht: Phyllium siccifolium* □ *bicho-folha **2.2** *er ist die ~de Güte* ⟨fig.⟩ *er ist sehr, außerordentlich gütig* □ *ele é a bondade em pessoa **2.3** *er sieht aus wie eine ~de Leiche* ⟨umg.⟩ *er sieht erschreckend blass aus* **2.4** *er ist ein ~des Lexikon* ⟨fig.⟩ *er hat ein umfangreiches Wissen* □ ambulante
wan|dern ⟨V. 400(s.)⟩ **1** *von einem Ort zum anderen ziehend größere Strecken zurücklegen* □ perambular; deslocar-se; *ein ~der Händler* □ ambulante, *~de Völker* □ nômade **1.1** *~der* **Handwerksbursche** ⟨frü-

her) *Handwerksgeselle während der vorgeschriebenen Wanderzeit* ☐ **ambulante** 1.2 *zu Fuß reisen, zu Fuß weit umhergehen, weit marschieren;* wir sind heute fünf Stunden gewandert; durch den Wald ~; das Wandern ist des Müllers Lust (Anfang eines Liedes von W. Müller) ☐ **andar; caminhar** 1.3 *manche* **Tiere** *~ suchen sich regelmäßig einen anderen Wohnplatz, Laichplatz;* Lachse ~ zum Laichen die Flüsse hinauf ☐ **migrar** 1.4 *etwas wandert wechselt seinen Standort;* Wolken ~ am Himmel ☐ **deslocar-se;** ~de Dünen ☐ **movediço** 1.5 **Blicke, Gedanken** *~ schweifen;* sie ließ ihre Blicke über die Möbel, die Bilder ~ ☐ **vaguear; errar** 1.6 **Kulturgüter** *~ gelangen in andere Gegenden, werden verbreitet;* Märchenmotive von einem Volk zum andern ☐ **passar; circular** 2 *gebracht werden, (weiter)gegeben werden;* der Brief ist gleich ins Feuer, in den Papierkorb gewandert; ins Gefängnis ~ ☐ **acabar em; ir parar em**

Wan|der|schaft ⟨f.; -; unz.⟩ *das Wandern, Zeit des Wanderns (früher bei Handwerksburschen);* auf die ~ gehen, ziehen; auf (der) ~ sein ☐ **viagem (a pé)**

Wan|de|rung ⟨f.; -, -en⟩ 1 *Ausflug zu Fuß;* eine weite ~ machen, unternehmen ☐ **caminhada** 2 *Wechsel des Wohnsitzes (von Völkern u. Tieren)* ☐ **migração**

Wand|lung ⟨f.; -, -en⟩ 1 *Wandel, Wechsel, Änderung, Veränderung;* Sinnes~; mit ihm ist eine ~ vor sich gegangen; äußere, innere ~ ☐ **transformação; mudança** 2 *zweiter Hauptteil der katholischen Messe, in dem Brot u. Wein in Leib u. Blut Christi verwandelt werden* ☐ **consagração eucarística; transubstanciação** 3 ⟨Rechtsw.⟩ *Rückgängigmachung eines Kauf- od. Werkvertrages bei Mängeln in der Ware od. in der Dienstleistung;* auf ~ klagen ☐ **redibição**

Wan|ge ⟨f.; -, -n⟩ 1 ⟨geh.⟩ = *Backe¹ (1);* bleiche, dicke, eingefallene, frische, rote, runde ~n; jmdn. auf die ~ küssen; die ~ in die Hand stützen ☐ **bochecha; face** 1.1 *das Blut, die Röte stieg ihm in die* ~n ⟨poet.⟩ *er wurde rot* ☐ ***o sangue/rubor subiu-lhe à face** 2 *die seitliche Region des Kopfes (bei Trilobiten u. Insekten):* **Gena** ☐ **gena** 3 *Seitenwand, Seitenteil, z. B. von Maschinen* ☐ **face; lateral** 3.1 *Seitenwand eines Sitzes des Chorgestühls* ☐ **lateral do cadeiral** 3.2 *die Setz- u. Trittstufen tragender Teil einer Treppe* ☐ **perna da escada** 3.3 ⟨Bgb.⟩ *seitliche Begrenzungsfläche einer Strecke* ☐ **(parede) lateral**

wan|kel|mü|tig ⟨Adj.⟩ *wechselnd in der Gesinnung, in den Ansichten, unbeständig* ☐ **inconstante; volúvel**

wan|ken ⟨V. 400⟩ 1 ⟨403/Vr 5⟩ *sich unsicher, heftig hin- u. herbewegen, sich neigen u. umzufallen, einzustürzen drohen* ☐ **balançar; oscilar;** die Knie wankten mir ☐ ***minhas pernas tremeram;** der Boden wankte ihm unter den Füßen ☐ ***sentiu faltar-lhe o chão;** die Brücke, der Schrank geriet ins Wanken ☐ ***a ponte/o armário começou a balançar** 1.1 ⟨⟨s.⟩⟩ *sich stark von einer Seite auf die andere schwankend fortbewegen;* er konnte nur noch zu einem Stuhl ~ ☐ **cambalear** 2 *unsicher, unbeständigen Sinnes sein, in seiner Meinung schwanken, unsicher werden* ☐ **vacilar; titubear** 2.1 *jmds. Entschluss ins Wanken bringen jmdn. in seinem E. unsicher machen* ☐ ***fazer alguém vacilar em sua decisão** 2.2 *jmdn. (in seinem Entschluss) ~d machen jmdn. an der Richtigkeit seines Entschlusses zweifeln lassen* ☐ ***deixar alguém indeciso** 2.3 *in seinem Entschluss ~d werden unsicher werden, an der Richtigkeit seines Entschlusses zweifeln* ☐ ***ficar indeciso** 3 *nicht u. nicht weichen* ⟨veraltet⟩ *standhaft bleiben, seine Stellung behaupten* ☐ ***não arredar de sua posição; não ceder** 3.1 *ich werde nicht ~ und nicht weichen, bis du mir versprichst ... so lange warten, hierbleiben* ☐ ***não arredo o pé daqui até você me prometer...**

wann ⟨Adv.⟩ 1 *zu welcher Zeit, um welche Zeit;* ~ ist Goethe geboren?; ich weiß noch nicht, ~ ich komme; ~ kommst du?; ~ treffen wir uns?; bis ~ kannst du bleiben?; seit ~ bist du schon da?; von ~ bis ~ hast du Unterricht? ☐ **quando** 1.1 ~ (auch) immer *gleichgültig, zu welcher Zeit* ☐ ***não importa quando;** → a. *dann(4.1)*

Wan|ne ⟨f.; -, -n⟩ 1 *größeres, ovales Gefäß aus Metall, Holz. od. Kunststoff;* Bade~ ☐ ***banheira,** Wasch~ ☐ ***tina; bacia** 1.1 *Wanne(1) zum Baden;* Wasser in die ~ laufen lassen ☐ **banheira** 1.1.1 *in die ~ steigen* ⟨umg.⟩ *ein Bad nehmen* ☐ ***tomar um banho**

Wanst¹ ⟨m.; -(e)s, Wäns|te⟩ *dicker Bauch* ☐ **pança**

Wanst² ⟨n.; -(e)s, Wäns|te; abwertend od. grob scherzh.⟩ *kleines Kind* ☐ **pirralho**

Wan|ze ⟨f.; -, -n⟩ 1 ⟨Zool.⟩ *Angehörige einer Unterordnung der Schnabelkerfe mit unvollkommener Verwandlung:* **Heteroptera** 1.1 (i. e. S.) *Angehörige einer Gruppe auf dem Land lebender Wanzen(1), die als saugende u. stechende Parasiten leben:* **Geocorisae** 1.1.1 (i. e. S.) *Angehörige einer Familie der Wanzen(1.1), die parasitär auf Warmblütern leben:* **Cimicidae** ☐ **percevejo** 2 ⟨umg.⟩ *versteckt angebrachtes Mikrofon, mit dessen Hilfe Gespräche abgehört werden können* ☐ **grampo; escuta**

Wap|pen ⟨n.; -s, -⟩ 1 ⟨urspr.⟩ *Abzeichen eines Ritters an Helm u. Schild als Erkennungszeichen* 2 ⟨später⟩ *nach heraldischen Regeln bildlich gestaltetes Abzeichen von Personen od. Gemeinwesen;* Amts~, Familien~; er führt einen Löwen im ~ ☐ **brasão; armas**

wapp|nen ⟨V. 500; geh.⟩ 1 *jmdn. ~ bewaffnen* ☐ **armar** 2 ⟨516/Vr 3⟩ *sich gegen etwas ~* ⟨fig.⟩ *sich auf etwas gefasst machen;* gegen einen solchen Angriff war ich nicht gewappnet ☐ ***preparar-se para alguma coisa** 3 ⟨510/Vr 3⟩ *sich mit Geduld ~* ⟨fig.⟩ *sich vornehmen, geduldig zu sein* ☐ ***armar-se de paciência**

Wa|re ⟨f.; -, -n⟩ 1 *Handelsgut, käufliche od. verkäufliche Sache od. Menge von Sachen;* seine ~n auslegen, feilbieten; die ~n (mit dem Preisschild) auszeichnen; das Anfassen der ~ ist verboten; diese ~ führen wir nicht; gute, schlechte, erstklassige, hochwertige ~; wir bekommen heute wieder neue ~ herein; eine ~ auf den Markt bringen; den Markt mit ~n überschwemmen ☐ **artigo; mercadoria,** → a. *gut(1.2-1.3)*

Wa|ren|haus ⟨n.; -es, -häu|ser⟩ *Kaufhaus für Waren aller Art im Einzelhandel* ☐ **loja de departamentos**

Wa|ren|pro|be ⟨f.; -, -n⟩ 1 *Probe, Muster einer Ware zur*

Ansicht 2 ⟨Post⟩ *Mustersendung zu ermäßigter Gebühr, Muster ohne Wert, Warensendung* ☐ amostra de mercadoria

warm ⟨Adj. 22⟩ **1** *eine angenehme Temperatur zwischen kalt u. heiß aufweisend;* ~es Essen; ~e Getränke; ~e Quellen; ~er Regen, Wind; ~es Wetter; ~e Würstchen; ein ~es Zimmer haben; meine Zähne reagieren auf kalt u. ~; es ist ~ draußen; hier ist es ~; die Heizung auf „~" stellen; ich habe seit drei Tagen nichts Warmes gegessen ☐ quente; mir ist ~ ☐ *estou com calor; hier ist es schön, herrlich, mollig ~* ⟨umg.⟩ ☐ *aqui está bem quentinho* **1.1** ein ~er Herbst, Winter *milder H., W.* **1.2** ~ baden *in warmem Wasser baden* ☐ quente **1.3** ~ essen *eine gekochte u. warme Mahlzeit zu sich nehmen* ☐ *comer comida quente* **1.4** Alkohol, Kaffee macht ~ ⟨umg.⟩ *wärmt* ☐ *o álcool/o café esquenta* **1.5** sich ~ waschen *mit warmem Wasser* ☐ *lavar-se com água quente* **1.6** ~ halten *wärmen, vor Kälte schützen* (Essen) ☐ *manter aquecido;* ⟨aber⟩ → a. warmhalten **1.7** ~ laufen *im Leerlauf laufen, um warm zu werden* (Verbrennungsmotor) ☐ *aquecer* **1.8** sich ~ laufen *sich durch Laufen erwärmen* ☐ *aquecer-se correndo;* ⟨aber⟩ → a. warmlaufen **1.9** sich ~ machen *(durch Bewegung) aufwärmen* ☐ *aquecer-se (movimentando-se);* ⟨aber Getrennt- u. Zusammenschreibung⟩ ~ machen = warmmachen **1.10** ~ sitzen *an einem Platz sitzen, an dem man nicht friert* ☐ *estar sentado em local aquecido* **1.11** das Bier wird in der Sonne schnell ~ werden *die Temperatur des Bieres wird schnell steigen* ☐ *no sol, a cerveja vai esquentar/ficar quente logo;* ⟨aber Getrennt- u. Zusammenschreibung⟩ ~ werden = warmwerden **1.12** ~e Miete ⟨umg.⟩ *M. einschließlich Heiz- u. Nebenkosten* ☐ *aluguel que inclui aquecimento e serviços públicos* **1.13** etwas geht weg wie ~e Semmeln ⟨fig.; umg.⟩ *wird schnell u. leicht verkauft* ☐ *isso vende como água* **2** *Wärme speichernd, wärmend, vor Kälte schützend;* ~e Kleidung ☐ quente **2.1** sich ~ *wärmende Kleidung anziehen* ☐ *agasalhar-se* **2.1.1** sich ~ anziehen müssen ⟨fig.⟩ *sich auf etwas gefasst machen müssen* ☐ *ter de se preparar para alguma coisa* **2.2** sich ~ halten *sich wärmend bekleiden, sich vor Kälte schützen* ☐ *agasalhar-se;* ⟨aber⟩ → a. warm halten **2.3** jmdn. ~ zudecken *mit wärmenden Decken* ☐ *cobrir* (*com cobertas*) **2.4** in einem ~en Nest sitzen ⟨fig.⟩ *geborgen sein, sorgenfrei leben können* ☐ *estar com a vida ganha* **3** ⟨fig.⟩ *herzlich, freundlich, gefühlsbetont;* ~e Anteilnahme, Begrüßung; ein ~es Gefühl der Dankbarkeit, der Zuneigung; ~e Worte des Dankes, der Freude ☐ caloroso; cordial; jmdm. ~ die Hand drücken; „...!", sagte er ~ ☐ calorosamente; cordialmente **3.1** ein ~es Herz haben ⟨fig.⟩ *mitfühlend, teilnahmsvoll sein* ☐ *ter bom coração* **3.2** jmdm. wird es ~ ums Herz *jmd. empfindet ein positives Gefühl;* es wird einem ~ ums Herz, wenn ... ☐ *(alguma coisa) aquece o coração de alguém* **3.3** jmdm. etwas ~, wärmstens empfehlen ⟨fig.⟩ *sehr, dringend, aufrichtig empfehlen* ☐ *recomendar vivamente alguma coisa a alguém* **4** ~e Farben *F. mit Rot od. Gelb als vorherrschendem Bestandteil;* ein ~es Braun, Rot ☐ quente **5** ⟨60⟩ ~er Bruder ⟨umg.; abwertend⟩ *Homosexueller* ☐ *bicha* **6** ~e Fährte ⟨Jägerspr.⟩ *frische F.* ☐ recente; fresco **7** ⟨Tech.⟩ *heiß, glühend;* Ggs *kalt* ☐ quente **8** ⟨Getrennt- u. Zusammenschreibung⟩ **8.1** ~ stellen = warmstellen

Wär|me ⟨f.; -; unz.⟩ **1** *warmer Zustand, angenehme Temperatur zwischen kalt u. heiß, Temperatur über 10° C;* Ggs *Kälte* ☐ calor **1.1** zehn Grad ~ *eine Temperatur von + 10° C* ☐ *dez graus positivos* **1.2** ist das eine ~! hier ist es sehr warm! ☐ *como está quente aqui!* **1.3** komm herein in die ~ ⟨umg.⟩ *ins warme Zimmer* ☐ *venha para o quente* **2** ⟨fig.⟩ *Herzlichkeit, aufrichtige Freundlichkeit* ☐ calor; cordialidade; jmdn. mit ~ begrüßen, empfangen, willkommen heißen ☐ *cumprimentar/receber/dar as boas vindas a alguém calorosamente* **3** ⟨Phys.⟩ *durch die Eigenbewegung von Molekülen verursachte Form der Energie* ☐ calor

wär|men ⟨V.⟩ **1** ⟨500/Vr 7 od. Vr 8⟩ *jmdn. od. etwas ~ warmmachen, erwärmen;* komm herein und wärme dich; jmdm. od. sich das Essen ~; sich die Hände, Füße ans Feuer ~ **2** ⟨400⟩ *etwas wärmt gibt Wärme, hält warm;* Kaffee, Alkohol wärmt; Wolle wärmt ☐ aquecer(-se); esquentar(-se)

warm‖hal|ten ⟨V. 160/530/Vr 1⟩ sich jmdn. ~ ⟨fig.; umg.⟩ *sich jmds. Wohlwollen erhalten* ☐ *manter boas relações com alguém;* → a. warm *(1.6, 2.2)*

warm|her|zig ⟨Adj.⟩ *ein warmes Herz für andere habend, mitfühlend, hilfsbereit u. herzlich;* ein ~er Mensch; ist ~ ist sehr ~ ☐ caloroso; cordial

warm‖lau|fen ⟨V. 176/400/Vr 3; fig.⟩ sich im Gespräch ~ *sich immer mehr darin vertiefen u. immer aktiver daran teilnehmen* ☐ animar-se; entusiasmar-se; → a. warm *(1.7-1.8)*

warm‖ma|chen auch: **warm ma|chen** ⟨V. 500⟩ *etwas ~ etwas einer erhöhten Temperatur aussetzen, damit es warm wird;* Wachs ~ ☐ esquentar; aquecer; jmdm. das Essen noch einmal ~ ☐ *requentar a comida para alguém;* → a. warm *(1.9)*

Warm|mie|te ⟨f.; -, -n⟩ *Miete einschließlich der anfallenden Kosten für Heizung, Wasser u. Strom;* Ggs *Kaltmiete* ☐ *aluguel que inclui aquecimento e serviços públicos*

warm‖stel|len auch: **warm stel|len** ⟨V. 500⟩ *etwas ~ so aufbewahren, dass es warm bleibt;* das Mittag-, Abendessen ~ ☐ *manter aquecido*

warm‖wer|den auch: **warm wer|den** ⟨V. 285(s.); fig.⟩ **1** ⟨V. 400⟩ *allmählich Anteil nehmen, seine Schüchternheit verlieren* ☐ *perder a timidez; quebrar o gelo* **1.1** in einer Stadt ~ werden *heimisch werden* ☐ *sentir-se à vontade/em casa em uma cidade* **2** ⟨405⟩ ich kann mit ihm, ihr nicht ~ *ich bekomme keinen inneren, herzlichen Kontakt mit ihm, ihr* ☐ *não consigo simpatizar com ele/ela*

Warm|zeit ⟨f.; -, -en⟩ *der zwischen den quartären Eiszeiten liegende warme Zeitabschnitt;* Ggs *Eiszeit* ☐ período interglacial

war|nen ⟨V. 500/Vr 8⟩ **1** ⟨550⟩ *jmdn. vor etwas od. jmdm. ~ von drohendem Unheil benachrichtigen, auf eine Gefahr hinweisen* □ **alertar/prevenir alguém de alguma coisa ou de alguém*; vor Taschendieben wird gewarnt □ **cuidado com os batedores de carteira!* **2** *jmdn. ~ drohend auffordern, von etwas abzulassen, etwas zu tun od. nicht zu tun* □ *advertir; admoestar;* ich warne dich! □ **estou te avisando!*; er erhob ~d den Finger; „...!", sagte er ~d □ *com ar de advertência; advertindo*

War|nung ⟨f.; -, -en⟩ **1** *Hinweis auf drohendes Unheil, auf Gefahr;* ohne ~ schießen □ *aviso; alerta* **2** *Lehre für die Zukunft;* das soll dir eine ~ sein; lass es dir als, zur ~ dienen! □ *lição*

War|te ⟨f.; -, -n⟩ **1** *Beobachtungs-, Wachtturm* □ *mirante; torre de vigia;* Wetter~ □ **observatório meteorológico* **2** ⟨fig.⟩ *überlegener Standpunkt;* etwas von der hohen ~ aus betrachten □ *ponto de vista*

war|ten[1] ⟨V. 405⟩ **1** (auf *jmdn.* od. *etwas*) *~ sich gedulden u. verweilen, bis jmd. kommt od. etwas eintritt, verweilen u. Kommendes od. jmdn., der kommen soll, herbeiwünschen, für Kommendes od. einen Kommenden bereit sein;* warte einen Augenblick!; hinter der nächsten Ecke wartet vielleicht schon der Tod ⟨fig.⟩; komm schnell, der Zug wartet nicht; kann ich gleich darauf (auf Erledigung, auf Antwort usw.) ~?; wie lange soll ich noch ~?; schmerzlich, sehnsüchtig, ungeduldig ~; stundenlang, tagelang ~; warte auf mich!; daheim wartete eine Überraschung auf ihn; auf ein Zeichen ~; ich habe lange (auf dich) gewartet; wir wollen mit dem Essen noch etwas ~ □ *esperar; aguardar;* na warte! (wenn ich dich erwische!; leichte Drohung) □ **espere só!;* da kannst du lange ~! □ **você pode esperar sentado!;* ich kann nicht länger ~; ich habe so (auf dich) gewartet! □ *esperar;* nach langem Warten war es endlich so weit □ *espera* 1.1 das kann ~ *das hat Zeit* □ *esperar* 1.2 er lässt lange auf sich ~ *es dauert lange, bis er kommt* □ **ele demorou muito* 1.3 die Wirkung ließ nicht auf sich ~ *die W. erfolgte sofort* □ **o efeito foi rápido* 1.4 auf den habe ich gerade noch gewartet! ⟨umg.; iron.⟩ *der kommt mir wirklich ungelegen* □ **não me faltava mais nada!*

war|ten[2] ⟨V. 500⟩ **1** *etwas ~ durch regelmäßige Prüfung u. ggf. vorgenommene Reparaturen instand halten;* eine Maschine, ein Auto ~ □ *fazer a manutenção de* **2** *jmdn.* od. *etwas* ~ ⟨veraltet⟩ *pflegen, betreuen;* eine Blume ~; Kinder, Kranke ~ □ *cuidar de; tomar conta de*

Wär|ter ⟨m.; -s, -⟩ *jmd., der jmdn. od. etwas wartet, Hüter, Pfleger, Betreuer* □ *guarda;* Bahn~ □ **guarda-linha,* Kranken~ □ **enfermeiro,* Leuchtturm~ □ **faroleiro,* Tier~ □ **tratador de animais*

Wär|te|rin ⟨f.; -, -rin|nen⟩ *weibl. Wärter* □ *guarda*

...wärts ⟨Nachs. in Zus.⟩ *in Richtung auf (... hin);* himmelwärts, seewärts, abwärts, aufwärts, seitwärts, rückwärts, vorwärts

War|tung ⟨f.; -, -en⟩ *das Warten*[2]*, Pflegen u. Instandhalten, Reparatur, das Gewartetwerden;* die ~ eines Gerätes □ *manutenção*

wa|rum *auch:* **wa|rum** ⟨Adv.⟩ *aus welchem Grund, weshalb;* ~ hast du das getan?; sag mir, ~ du das getan hast; ich weiß nicht, ~ (das so ist usw.) ; ~ nicht?; ~ nicht gleich?; ~ (bist du) so ernst? □ *por que;* nach dem Warum und Woher, nach dem Warum und Weshalb fragen □ **querer saber o como e o porquê;* ~ nicht gar! (Ausruf der Ablehnung) □ **esta agora!; que ideia!*

War|ze ⟨f.; -, -n⟩ *hornige Wucherung der Haut, bes. an Gesicht und Händen: Verruca* □ *verruga*

was ⟨Pron.⟩ **1** ⟨Interrogativpron.⟩ 1.1 ⟨Gen. wessen, veraltet wes⟩ *(Ausdruck, der nach einer Sache, einem Vorgang fragt);* ~ findest du bloß daran so schön?; ~ ist mit dir?; ~ hast du, ~ fehlt dir?; ~ machst du da?; ~ meinst du dazu?; ~ hast du gesagt?; ~ ist?; ~ ist denn (geschehen)?; ~ soll das bedeuten?; ~ soll ich (nur) tun?; ~ weißt du denn davon!; ~ wissen Sie über ...?; ~ willst du? □ *o que;* ~ ist ihr Vater von Beruf? □ **o que seu pai faz?;* ~ gibt es Neues? □ **quais são as novidades?; o que há de novo?;* ~ kostet das Buch? □ *quanto;* ~ doch alles passieren kann! □ **cada coisa que pode acontecer!;* ~ ist aus ihm geworden? □ **que fim ele levou?;* ~ ist schon dabei, wenn ... □ **que mal há em...?;* ~ es auch (immer) sei □ **seja lá o que for;* ~ ich aber auch alles wissen soll! □ **cada coisa que tenho de saber!;* ~ denn? □ **o que foi?; qual é o problema?;* ~ auch immer geschehen mag □ **aconteça o que acontecer* 1.1.1 an ~ denkst du? ⟨umg.⟩ *woran ~ *em que você está pensando?* 1.1.2 auf ~ wartest du noch? ⟨umg.⟩ *worauf* □ **o que você ainda está esperando?;* es kommt hier nicht nur auf das Was, sondern auch auf das Warum an □ *quê* 1.1.3 für ~ hältst du das? ⟨umg.⟩ *wofür* □ **o que você acha que é isso?* 1.1.4 mit ~ beschäftigst du dich gerade? ⟨umg.⟩ *womit* □ **com o que você está ocupado agora?* 1.1.5 um ~ handelt es sich? ⟨umg.⟩ *worum* □ **de que se trata?* 1.2 ~ für (ein) = welche(r, -s)(1.1.1);* ~ sind das für Blumen? □ **que flores são essas?;* ~ für ein Buch möchten Sie? □ **qual/que livro o senhor deseja?;* ~ für ein Tier ist das? □ **que animal é esse?* 1.2.1 ~ für (ein) ...! *Ausruf des Staunens, der Bewunderung, des Entsetzens;* ~ für ein Lärm! □ **que barulheira!;* ~ für ein schönes Kind! □ **que criança linda!;* ~ sind das für Sachen, Geschichten! □ **que coisa!; que história!* 1.3 *wie;* ~ ist das doch schwierig ⟨umg.⟩ □ **que (coisa) difícil!; como isso é difícil!;* ~ hast du dich verändert! □ **como você mudou!* 1.3.1 ~? ⟨unhöflich⟩ *wie bitte, ich habe nicht verstanden* □ **quê?* 1.3.2 ~ ist die Uhr? ⟨süddt.⟩ *wie spät ist es?* □ **que horas são?* 1.4 *wie viel;* ~ bekommen Sie dafür (an Geld)? □ *quanto* 1.5 ~ rennst du so schnell? ⟨umg.⟩ *warum* □ *por que* 1.6 ~ Wunder, dass ...! *ist es ein W., dass ...?* □ **que maravilha que...!* 1.7 ~! *(Ausruf der Überraschung);* ~, das weißt du nicht? □ *o quê/como?!;* ~ du nicht sagst! □ **não me diga!* 1.7.1 ~ weiß ich! *ich habe keine Ah-*

nung, ich weiß es nicht □ **sei lá!* **1.7.2** er hat ~ weiß ich alles getan *alles Mögliche, vieles* □ **ele fez tudo o que pôde* **2** 〈Relativpron.〉 **2.1** 〈Gen. wessen, veraltet wes〉 *(Ausdruck für eine unbestimmte Sache, einzelne Dinge od. einen ganzen Satz);* ~ mich betrifft (erg.: das, ~ ...) □ **de minha parte; no que me diz respeito;* erzähle, ~ du erlebt hast!; das ist doch das Schönste, ~ es gibt; zeig, ~ du kannst!; ich weiß nicht, ~ ich sagen soll; ~ ich noch sagen, fragen wollte: ... (als Einleitung) □ **o que**; sag mir, ~ du (eigentlich) willst; du kannst machen, sagen ~ du willst, er tut es doch nicht □ **o que**; komme, ~ da wolle □ **venha o que vier*; alles, manches, vieles, ~ ich hier gesehen, gehört, gelesen habe □ **(d)o que**; das, ~ du sagst, stimmt nicht; das ist etwas, ~ ich tief bedaure, ~ mir viel Freude macht, ~ ich nicht verstehe; das Beste, ~ du tun kannst, ist ... □ **que**; früh krümmt sich, ~ ein Häkchen werden will (Sprichw.) □ **de pequenino é que se torce o pepino* **2.2** lauf, ~ du kannst! *so sehr, so schnell wie möglich* □ **corra o mais rápido que puder* **2.3** es koste, ~ es wolle *so viel wie verlangt wird* □ **custe o que custar* **3** 〈Indefinitpron.; umg.; unbetont〉 = *etwas*; das ist doch ~ (ganz) anderes! □ **isso é outra coisa!; isso são outros quinhentos!*; er hat ~ Böses getan □ **ele cometeu uma maldade*; das wird ~ Gescheites, ~ Rechtes sein! □ **isso será o sensato/correto!*; ich habe ~ Schönes für dich □ **tenho uma coisa bonita para você*; ich hab ~ für dich □ **tenho algo para você*; ich sehe ~, was du nicht siehst □ **eu vejo uma coisa que você não vê*; ich weiß ~! □ **eu sei!* **3.1** kann ich dir ~ helfen? 〈umg.〉 *bei, mit etwas* □ **posso ajudá-lo em alguma coisa?* **3.2** schäm dich ~! *schäm dich, du hast allen Grund dazu!* □ **que vergonha!; que papelão!* **3.3** na, das ist **doch wenigstens** ~! *etwas Ordentliches, eine ziemlich gute Leistung* □ **isso ao menos já é alguma coisa.* **3.4** das Was und das Wie *die Substanz (der Stoff) und die Art und Weise* □ **o "quê" e o "como"* **3.5** inzwischen kann wer weiß ~ geschehen *alles Mögliche, alles mögliche Schlimme* □ **nesse meio--tempo, vai-se saber o que pode acontecer* **3.6** er hielt ihn für **wer weiß** ~ *für etwas Besonderes* □ **ele o considera o bambambã*

Wä|sche 〈f.; -, -n〉 **1** *das Waschen*; die Farbe ist bei, in der ~ ausgegangen; das Kleid ist bei, in der ~ eingegangen, eingelaufen □ **lavagem**; Körper~ □ **banho* **1.1** Handtücher in die ~ geben *zum Waschen weglegen od. weggeben* □ **colocar as toalhas para lavar* **1.2** das Hemd ist in der ~ *wird gerade gewaschen, ist in der Wäscherei* □ **a camisa está para lavar; a camisa está na lavanderia* **1.3** (bes. früher) *der Tag, an dem Wäsche gewaschen wird, Waschtag;* heute habe ich ~ □ **dia de lavar roupa 2** *das, was gewaschen wird* □ **roupa (para lavar)**; Unter~ □ **roupa íntima*, Bett~ □ **roupa de cama*, Bunt~ □ **roupa colorida*, Fein~ □ **roupa delicada*, Weiß~ □ **roupa branca*; die ~ abnehmen, aufhängen, auswringen, einweichen, kochen, schleudern, spülen, trocknen; ~ ausbessern, bügeln, einsprengen, flicken, legen; die ~ wechseln; bunte, weiße ~; frische, neue, reine, saubere ~ anziehen; seidene, wollene ~; warme ~ □ **roupa**; → a. *schmutzig(1.3)*

wasch|echt 〈Adj. 24〉 **1** *beim Waschen sich nicht verändernd; der Stoff, die Farbe ist* ~ □ **que não desbota; lavável 2** 〈fig.; umg.〉 *ganz echt, unverfälscht*; er ist ein ~er Stuttgarter; ~es Sächsisch sprechen □ **autêntico; verdadeiro**

wa|schen 〈V. 279〉 **1** 〈500/Vr 7〉 *jmdn. od. etwas* ~ *mit Wasser (u. Seife o. Ä.) reinigen, säubern;* sich das Haar, den Kopf ~ (lassen); sich die Hände ~; ein Kleid, einen Pullover ~; Wäsche ~; sich gründlich ~; sich kalt, warm ~; sich von Kopf bis Fuß, von oben bis unten ~ □ **lavar(-se)**; die Farbe ist beim Waschen ausgegangen, ausgelaufen; der Stoff ist beim Waschen eingegangen, eingelaufen □ **lavagem**; Wäsche zum Waschen geben □ **colocar a roupa para lavar* **1.1 Gas** ~ *G. durch Flüssigkeiten führen u. dadurch reinigen* **1.2 Gold** ~ *G. aus dem Flusssand aussondern, ausschwemmen* □ **lavar 2** 〈400; umg.〉 *schmutzige Wäsche reinigen;* ich wasche einmal in der Woche, jeden Montag; wir ~ heute □ **lavar roupa 3** 〈500/Vr 3〉 *etwas hat sich gewaschen* 〈fig.; umg.〉 *hat es in sich*; eine Ohrfeige, Tracht Prügel, die sich gewaschen hat □ **uma bela bofetada/surra;* die Prüfung hatte sich gewaschen □ **a prova foi de lascar*

Wä|sche|rei 〈f.; -, -en〉 **1** 〈unz.〉 *das Waschen* (Gold~) □ **lavagem 2** *Betrieb, in dem man gegen Entgelt Wäsche waschen lassen kann* □ **lavanderia**

Wasch|lap|pen 〈m.; -s, -〉 **1** *kleiner Lappen aus Frotteestoff zum Waschen des Körpers* □ **pano atoalhado para lavar o corpo 2** 〈fig.; umg.; abwertend〉 *Schwächling, Feigling;* du bist ein ~ □ **maricas; frouxo**

Wasch|ma|schi|ne 〈f.; -, -n〉 *Maschine zum Wäschewaschen* □ **máquina de lavar roupa**

Wasch|mit|tel 〈n.; -s, -〉 *Seife, Seifenpulver zum Wäschewaschen* □ **detergente; sabão (em pó)**

Was|ser 〈n.; -s, -; bei Mineralwasser u. Ä. auch n.; -s, Wäs|ser〉 **1** *farblose, bei 0 ° C gefrierende Flüssigkeit, chem. Formel* H_2O; ein Becher, Glas, Topf (voll) ~; um ein Glas ~ bitten; ~ brodelt, kocht, siedet; ~ holen, kochen, schöpfen, trinken; hartes, weiches ~; kaltes, warmes, heißes, kochendes ~; kalkhaltiges, klares, trübes, frisches, reines ~; Zimmer mit fließendem ~ **1.1** ~ fassen, nehmen 〈Mar.; Eisenb.〉 *Wasservorrat aufnehmen* □ **água 1.2** auf ~ und Brot gesetzt sein, bei ~ und Brot sitzen *eingesperrt sein (u. nur die allernötigste Nahrung bekommen)* □ **ser preso;* **estar na prisão 1.3** der Vorwurf läuft an ihm ab wie ~ 〈umg.〉 *macht ihm keinen Eindruck* □ **a repreensão* **entra nele por um ouvido e sai pelo outro 1.4** jmdm. das ~ nicht reichen können 〈fig.〉 *tief unter jmdm. stehen, jmdm. sehr unterlegen sein* □ **não chegar aos pés de alguém* **1.5** ~ mit einem Sieb schöpfen 〈fig.〉 *sich vergebl. Mühe machen* □ **enxugar gelo* **1.6** jmdm. ~ in den Wein gießen 〈fig.〉 *jmds. Begeisterung dämpfen* □ **estragar a festa de alguém;* **dar um banho de água fria em alguém 1.7** mit allen ~n gewaschen sein 〈fig.〉 *gerissen, raffiniert sein* □ **ser escolado;* ser gato escaldado 1.8 es wird überall nur mit ~ gekocht ⟨fig.⟩ *es wird überall genauso gearbeitet, es wird woanders nichts anders, besser gemacht* ☐ **é assim em todo lugar* **2** *Inhalt von Meer, See, Fluss;* Fluss~, Meer~, Quell~, Leitungs~, Regen~, See~, Trink~; *das* ~ *fließt, rauscht, schwillt, spritzt, strömt;* ~ *schlucken* (beim Schwimmen, Tauchen); *die trägen* ~ *des Flusses; munter wie ein Fisch im* ~ *sein; ins* ~ *fallen, gleiten, springen, stürzen, werfen; sich über* ~ *halten* (von Schiffbrüchigen); *unter* ~ *schwimmen; ein Boot zu* ~ *bringen, lassen; sich zu* ~ *und zu Lande fortbewegen können* **2.1** *einen Ort zu Lande und zu* ~ *erreichen können auf dem Land- u. auf dem Wasserweg* ☐ *água* **2.2** *zu* ~ *gehen sich auf dem Wasser niederlassen (vom Wasserflugzeug)* ☐ **amarar* **2.3** *unter* ~ *stehen überschwemmt sein* ☐ **estar debaixo d'água; estar inundado* **2.4** ~ *treten sich durch tretende Beinbewegungen senkrecht an einer Stelle im Wasser halten* ☐ **tentar manter-se à superfície* **2.5** *wie aus dem* ~ *gezogen* ⟨umg.⟩ *völlig durchnässt* ☐ **molhado como um pinto* **2.6** ~ *hat keine Balken* ⟨Sprichw.⟩ *im Wasser muss man schwimmen können* ☐ **a água é traiçoeira* **2.7** *jmdm. das* ~ *abgraben* ⟨fig.⟩ *jmds. Wirksamkeit einschränken, seine Existenz gefährden* ☐ **deixar alguém sem ação; minar o terreno de alguém* **2.8** *das ist* ~ *auf seine Mühle* (n) ⟨fig.⟩ *das kommt ihm gelegen* ☐ **isso leva água para o seu moinho* **2.9** *ins* ~ *gehen* ⟨fig.⟩ *sich ertränken* ☐ **afogar-se* **2.10** *ins* ~ *fallen* ⟨fig.⟩ *misslingen, nicht verwirklicht werden; mein Plan ist ins* ~ *gefallen; das Fest, Unternehmen ist ins* ~ *gefallen* ☐ **ir por água abaixo* **2.11** *das* ~ *geht, reicht, steht jmdm. bis zum Halse, an die Kehle* ⟨fig.⟩ *jmd. befindet sich in bedrängter (finanzieller) Lage* ☐ **estar com a corda no pescoço* **2.12** *sich über* ~ *halten* ⟨fig.⟩ *(mühsam) sein Leben fristen, seine Existenz erhalten* ☐ **ir levando; conseguir manter--se (com dificuldade)* **2.13** ~ *in die Elbe, den Rhein, ins Meer tragen* ⟨fig.⟩ *etwas Überflüssiges tun* ☐ **lançar água no mar* **2.14** *bis dahin läuft noch viel* ~ *den Berg, den Rhein hinunter* ⟨fig.⟩ *bis dahin geschieht noch manches* ☐ **até lá, muita água vai passar por baixo da ponte* **3** *Gewässer; flaches, seichtes, tiefes* ~; *fließendes, stehendes* ~ ☐ *águas* **3.1** *nahe ans* ~ *gebaut haben* ⟨fig.⟩ *leicht weinen* ☐ **ser uma manteiga derretida* **3.2** *übers große* ~ *fahren* ⟨fig.⟩ *nach Übersee, bes. nach Amerika* ☐ **cruzar o oceano; cruzar o Atlântico;* → a. *still*(3.5, 3.5.1) **4** *Flüssigkeit zu Heilod. kosmet. Zwecken; Gesichts~* ☐ **tônico facial, Haar~* ☐ **tônico capilar, Mineral~; wohlriechende Wässer* ☐ *água;* → a. *brennen*(10.1) **5** *mehr od. minder klare vom Körper gebildete Flüssigkeit* ☐ *secreção* **5.1** *Tränen; ihre Augen standen voll* ~; *das* ~ *schoss ihm in die Augen; das* ~ *stürzte ihr aus den Augen* ☐ *água; lágrimas* **5.2** *Schweiß; ihm floss das* ~ *von der Stirn* ☐ *suor* **5.3** *Speichel* ☐ *saliva;* ~ *läuft einem ja das* ~ *im Munde zusammen!* ☐ **é de dar água na boca!* **5.4** *Harn* ☐ *urina;* ~ *lassen* ☐ **urinar* **5.5** *Lymphe* **5.5.1** ~ *in den Beinen haben krankhafte Wasseransammlung in den Geweben der B.* ☐ *edema;* inchaço; acúmulo de água **6** ⟨fig.⟩ *Glanz, Durchsichtigkeit, Reinheit der Edelsteine; ein Edelstein reinsten* ~s ☐ *água* **6.1** *ein Berliner reinsten* ~s ⟨fig.⟩ *ein ganz echter, unverfälschter B.* ☐ **um autêntico berlinense* **7** ⟨Getrennt- u. Zusammenschreibung⟩ **7.1** ~ abweisend = *wasserabweisend*

Wạs|ser|ab|wei|send *auch:* **Wạs|ser ab|wei|send** ⟨Adj. 24/70⟩ *Wasser nicht aufnehmend, nicht aufsaugend;* ~er Stoff ☐ hidrofóbico

Wạs|ser|bad ⟨n.; -(e)s, -bä|der⟩ **1** *Bad im Wasser, Dusche* ☐ banho **2** *Becken mit fließendem Wasser zum Wässern von fotografischen Abzügen od. Vergrößerungen;* Abzüge ins ~ legen ☐ recipiente de lavagem **3** *Topf mit kochend heißem Wasser, in das ein kleiner Topf zum Erhitzen von Speisen, die bei der Zubereitung nicht bis zum Kochen gebracht werden sollen, gestellt wird;* Speisen im ~ erwärmen ☐ banho-maria

Wạs|ser|dicht ⟨Adj. 24⟩ **1** *Wasser nicht durchlassend, wasserundurchlässig* ☐ impermeável; à prova d'água **1.1** ⟨fig.⟩ *unanfechtbar, unangreifbar* ☐ incontestável; inatacável; ein ~es Alibi ☐ perfeito

Wạs|ser|fall ⟨m.; -(e)s, -fäl|le⟩ **1** *Wasserlauf mit (fast) senkrechtem Gefälle, oft in mehreren Stufen* ☐ queda-d'água; cascata **1.1** reden wie ein ~ ⟨umg.⟩ *ununterbrochen reden* ☐ **falar como uma matraca*

Wạs|ser|far|be ⟨f.; -, -n⟩ *mit leimartigen Bindemitteln versetzte, mit Wasser angeriebene, wasserlösl. u. durchscheinende Farbe; Gemälde in* ~n; *mit* ~n *malen* ☐ aquarela

Wạs|ser|glas ⟨n.; -es, -glä|ser⟩ **1** *gläsernes Trinkgefäß ohne Fuß für Wasser* ☐ copo para água; → a. *Sturm*[1] (3.1) **2** *wässrige, zähe, farblose Flüssigkeit, kolloidale Lösung von Natrium- u. Kaliumsilikat* ☐ silicato de sódio ou potássio; vidro solúvel

Wạs|ser|hahn ⟨m.; -(e)s, -häh|ne⟩ *regulierbares Ventil an der Wasserleitung* ☐ torneira

wạs|se|rig ⟨Adj.⟩ oV *wässrig* **1** *viel Wasser enthaltend; eine* ~e *Brühe, Flüssigkeit, Suppe* ☐ aguado **1.1** jmdm. den Mund ~ machen ⟨fig.⟩ *jmdm. Appetit auf etwas machen* ☐ **deixar alguém aguado/com água na boca* **2** *wasserähnlich, wie Wasser; eine* ~e *Flüssigkeit* ☐ aquoso **2.1** ⟨fig.⟩ *fade, nicht schmackhaft, nicht gehaltvoll; das schmeckt etwas* ~ ☐ aguado; insípido

Wạs|ser|kraft ⟨f.; -; unz.⟩ *die durch den Druck strömenden Wassers erzeugte Kraft* ☐ força hidráulica

wạs|sern ⟨V. 400⟩ *ein Flugzeug wassert geht auf dem Wasser nieder* ☐ amarar; pousar na água

wạ̈s|sern ⟨V.⟩ **1** ⟨500⟩ *Nahrungsmittel* ~ ⟨Kochk.⟩ *in Wasser legen (um dadurch Salz herauszulösen od. um es weich zu machen);* Salzfleisch, Heringe ~; *getrocknete Erbsen* ~ ☐ deixar de molho; dessalgar **2** ⟨500, Fot.⟩ *nach dem Entwickeln u. Fixieren eine Zeit lang in fließendes Wasser legen;* Abzüge, Filme ~ ☐ lavar **3** ⟨500⟩ *Pflanzen* ~ *stark begießen* ☐ regar; aguar **4** ⟨400⟩ *sich mit Wasser (Speichel, Tränenflüssigkeit) füllen, Wasser abgeben; seine Augen* ~ ☐ encher-se de água **4.1** ⟨605⟩ *mir wässert der Mund nach etwas ich habe großen Appetit auf etwas* ☐ **fiquei com água na boca (por alguma coisa)*

Was|ser|schloss ⟨n.; -es, -schlös|ser⟩ **1** *in einem See od. Teich liegendes Schloss* □ castelo circundado por água **2** *am Anfang einer Druckleitung für Wasserkraftanlagen liegender offener Behälter, der Druckunterschiede ausgleicht* □ tanque de compensação

Was|ser|spie|gel ⟨m.; -s, -⟩ *die Oberfläche des Wassers* □ espelho d'água

Was|ser|stand ⟨m.; -(e)s, -stän|de⟩ *Höhe, Stand des Wasserspiegels; hoher, niedriger ~* □ nível da água

Was|ser|stoff ⟨m.; -(e)s; unz.; chem. Zeichen: H⟩ *chem. Grundstoff, ein geruch- u. geschmackloses Gas, Ordnungszahl 1* □ hidrogênio

Was|ser|stra|ße ⟨f.; -, -n⟩ *schiffbarer Wasserlauf als Verkehrsweg* □ via navegável; hidrovia

Was|ser|weg ⟨m.; -(e)s, -e⟩ *Weg zu Wasser, mit dem Schiff; einen Ort auf dem ~ erreichen; etwas auf dem ~ schicken* □ via fluvial/marítima

Was|ser|zei|chen ⟨n.; -s, -⟩ *Muster im Papier, das erscheint, wenn man den Bogen gegen das Licht hält, als Kennzeichen der Herkunft u. Qualität sowie zur Verhinderung von Fälschungen, z. B. bei Banknoten* □ filigrana; marca-d'água

wäss|rig ⟨Adj.⟩ = wässerig

wa|ten ⟨V. 400(s.)⟩ *einsinkend gehen; durch einen Bach, durchs Wasser ~* □ vadear; atravessar a vau; *im Sand, Schlamm, Schmutz, Wasser ~* □ passar com dificuldade

wat|scheln ⟨V. 410(s.)⟩ *mit schleppenden Füßen u. leicht hin u. her schwankend gehen* □ bambolear(-se); *gingar, wie eine Ente ~* □ *andar gingando como um pato

Watt¹ ⟨n.; -s, -; Zeichen: W⟩ *Maßeinheit der elektrischen Leistung, 1 W = 1 V x 1 A* □ watt

Watt² ⟨n.; -(e)s, -en; kurz für⟩ *flacher Streifen des Meeresbodens, der bei Niedrigwasser ganz od. teilweise trocken liegt, Wattenmeer* □ baixio

Wat|te ⟨f.; -, -n⟩ **1** *lockere Schicht von Fasern (zum Füttern u. Auspolstern, z. B. von Kleidungsstücken)* □ algodão em rama; chumaço; *sich ~ in die Ohren stopfen* □ chumaço 1.1 *jmdn. in ~ packen (fig.; umg.)* 1.1.1 *jmdn. mit übertriebener Vorsicht vor Krankheiten usw. schützen* □ *papariar alguém; tratar alguém na palma da mão* 1.1.2 *eine übertrieben empfindliche Person nicht kritisieren* □ *tratar alguém com luvas de pelica; pisar em ovos com alguém* **1.2** *gereinigte u. durch Entfettung saugfähig gemachte Baumwolle für Verbände* □ algodão hidrófilo

WC ⟨Abk. für⟩ *Wasserklosett (engl. water closet), Toilette mit Wasserspülung* □ WC

Web ⟨n.; - od. -s; unz.; kurz für⟩ *World Wide Web, Internet;* ~adresse; ~log; ~seite □ web

we|ben ⟨V. 280⟩ **1** ⟨500⟩ *etwas ~ durch Kreuzen u. Verflechten von Fäden herstellen; Gewebe, Stoff ~; Leinen, Tuch, Teppiche ~; die Spinne webt ihr Netz* 1.1 *etwas webt etwas* ⟨fig.; poet.⟩ *erzeugt etwas;* der Mondschein wob einen silbernen Schleier zwischen den Bäumen □ tecer **2** ⟨400⟩ *ein* **Pferd** *webt schwingt den Kopf hin u. her* □ menear/balançar a cabeça **3** ⟨400; fig.; poet.⟩ *sich bewegen, in Bewegung sein; auf den Wiesen und im Wald lebt und webt es* □ mover-se

We|ber|knecht ⟨m.; -(e)s, -e; Zool.⟩ *Spinnentier mit langen Beinen, die bei Gefahr abgeworfen werden: Opiliones;* Sy Schneider(7), Schuster(2) □ opilião

Web|stuhl ⟨m.; -(e)s, -stüh|le; Textilw.⟩ *Maschine zum Weben, ursprünglich von Hand u. Fuß angetrieben;* Hand~, Maschinen~ □ tear

Wech|sel¹ ⟨[-ks-] m.; -s, -⟩ **1** *das Wechseln;* Geld~ □ *câmbio, Personal~ □ *troca de pessoal, Pferde~ □ *muda de cavalos, Wohnungs~ □ mudança de domicílio; Mond~ □ *lunação; fases da lua, Stellungs~ □ *mudança de cargo, Stimm~ □ *mudança da voz; muda;* Jahres~ □ passagem/virada do ano, Posten~ □ *troca de posto; ~ der Jahreszeiten* □ *mudança das estações; in buntem ~* □ *numa sucessão variada; ~ (in) der Regierung; einen ~ herbeiführen, vornehmen* □ mudança **2** ⟨Finanzw.⟩ *schriftliche Verpflichtung zur Zahlung einer Summe an den Inhaber der Urkunde, schuldrechtliches Wertpapier;* Ggs Bargeld; *einen ~ akzeptieren, ausstellen, diskontieren, girieren; einen ~ einlösen, fälschen; einen ~ auf jmdn. ausstellen, ziehen* □ letra de câmbio **3** ⟨Jägerspr.⟩ *regelmäßig begangener Pfad (des Hochwildes);* Wild~; *hier hat der Bär, Hirsch seinen ~* □ trilha

Wech|sel² ⟨[-ks-] n.; -s; unz.; umg.⟩ *Kleidungs-, Wäschestück zum Wechseln; mehrere Paar Strümpfe einpacken, damit man das ~ hat* □ muda de roupa (para troca)

Wech|sel|geld ⟨[-ks-] n.; -(e)s; unz.⟩ **1** *Betrag, der auf die zu viel bezahlte Summe beim Kauf einer Ware herausgegeben wird* **2** *Kleingeld zum Herausgeben* □ troco; dinheiro trocado

Wech|sel|jah|re ⟨[-ks-] Pl.⟩ *bei Frauen der Zeitraum, in dem die Tätigkeit der Keimdrüsen u. die Menstruation allmählich erlischt, meist zwischen dem 45. und 50. Jahr;* Sy Klimakterium, Klimax; *in den ~n sein* □ climatério

Wech|sel|kurs ⟨[-ks-] m.; -es, -e; Bankw.⟩ *Kurs, zu dem inländisches in ausländisches Geld u. umgekehrt gewechselt wird* □ cotação; taxa de câmbio

wech|seln ⟨[-ks-] V.⟩ **1** ⟨500⟩ *etwas ~ an die Stelle von etwas anderem setzen, tauschen, vertauschen, umtauschen* 1.1 *durch etwas Neues, Frisches ersetzen; die Kleider, Schuhe, Wäsche ~; das Hemd ~; Reifen, Öl ~ (beim Auto); Schuhe, Strümpfe, Wäsche zum Wechseln* 1.2 *etwas (mit jmdm.) ~ austauschen; die Ringe ~ (bei der Trauung); Briefe mit jmdm. ~; ein paar Worte mit jmdm. ~.* 1.3 **Geld** ~ *eine größere Münze in kleinere od. eine bestimmte Geldsorte in eine andere umtauschen; kannst du mir 10 Euro ~?; ich möchte Euro in, gegen Dollar ~* □ trocar **2** ⟨500⟩ *eine* **Sache** ~ *ändern, verändern; den Beruf, den Platz, die Stellung, die Wohnung ~* □ mudar de 2.1 *die Farbe ~* ⟨fig.⟩ *bleich bzw. rot werden* □ *mudar de cor* 2.2 *das Thema ~ von etwas anderem zu sprechen beginnen* □ *mudar de assunto* 2.3 ⟨400(s.)⟩ *den Ausbildungsort od. die Ausbildungsart ändern; ich habe die Schule gewechselt* □ *mudar de escola* **3** ⟨400⟩

eine **Sache** wechselt *ändert sich;* seine Stimmungen ~ rasch; das Wetter wechselt häufig, rasch □ **mudar** **3.1** *(Part. Präs.)* ~d *sich verändernd* □ **cambiante;** in ~den Farben □ ***em furta-cores;** ~d bewölkt □ ***com nebulosidade variável 3.1.1** *einmal gut, einmal weniger gut;* wie geht es dir? ~d! □ **mais ou menos;** bei ~der Gesundheit □ **instável 3.1.2** *einmal mehr, einmal weniger;* mit ~dem Erfolg, Glück □ **variável 4** ⟨400⟩ *den Platz tauschen;* wollen wir ~? (z. B. beim Tragen, Spielen) □ **trocar de lugar 5** ⟨400⟩ *Wild wechselt* (Jägerspr.) *bewegt sich langsam vorwärts;* hier wechselt Wild über die Straße □ **atravessar;** hier hat ein Hirsch gewechselt □ **passar**

wech|sel|sei|tig ⟨[-ks-] *Adj.* 24⟩ *gegenseitig;* die beiden geben sich ~ Anregungen □ **mútuo; recíproco**

Wech|sel|strom ⟨[-ks-] *m.;* -(e)s; *unz.*⟩ *elektrischer Strom, dessen Stärke u. Richtung sich periodisch ändern;* Ggs *Gleichstrom* □ **corrente alternada**

wech|sel|voll ⟨[-ks-] *Adj.*⟩ *abwechslungsreich, häufig wechselnd;* eine ~ Landschaft □ **variado; variegado,** ein ~es Leben □ **cheio de vicissitudes,** ~es Wetter □ **inconstante; variável**

Wech|te ⟨*f.;* -, -n⟩ *überhängende Schnee- od. Firnmasse* □ **cornija de neve**

Weck ⟨*m.;* -(e)s, -e; *oberdt.*⟩ = *Wecken*

We|cke ⟨*f.;* -, -n; *oberdt.*⟩ = *Wecken*

we|cken ⟨V. 500⟩ **1** ⟨Vr 8⟩ *jmdn.* ~ *aus dem Schlaf reißen, wachmachen;* bitte weck mich um acht Uhr; warum hast du mich so spät, so früh geweckt?; nach dem Wecken wird ein Waldlauf gemacht; wann möchten Sie geweckt werden? □ **acordar; despertar;** um 7 Uhr ist Wecken □ **hora de acordar 2** *etwas* ~ ⟨fig.⟩ *hervorrufen, wachrufen;* das weckt schöne Erinnerungen in mir; jmds. Neugier, Misstrauen ~; Gefühle in jmdm. ~ □ **despertar**

We|cken ⟨*m.;* -s, -; *oberdt.*⟩ *Weißbrot, Brötchen;* oV *Weck, Wecke, Weckerl, Weggen* □ **pão branco; pãozinho**

We|cker ⟨*m.;* -s, -⟩ *Uhr, die zu einer bestimmten Zeit, die man vorher einstellt, klingelt od. rasselt* □ **despertador**

We|ckerl ⟨*n.;* -s, -n; *oberdt.*⟩ = *Wecken*

We|del ⟨*m.;* -s, -⟩ **1** *Bündel, Büschel von Federn, Haaren, Stroh, Laub o. Ä. zum Fächeln od. Staubwischen* □ **abanador; leque; espanador;** Fliegen~ □ ***enxota-moscas,** Staub~ □ ***espanador 2** *großes, gefiedertes Blatt* □ **palma; folha de palmeira 3** ⟨Jägerspr.⟩ *Schwanz* (beim Schalenwild, außer Schwarzwild) □ **rabo; cauda**

we|deln ⟨V. 400⟩ **1** ⟨416⟩ *mit etwas* ~ *etwas rasch hin u. her bewegen;* mit einem Blatt Papier, Tuch, Zweig, Wedel ~ □ **abanar; agitar; sacudir;** mit dem Taschentuch ~ □ **acenar;** der Hund wedelte mit dem Schwanz □ **abanar 2** *ein* **Hund** *wedelt bewegt den Schwanz rasch hin u. her;* der Hund wedelte freudig □ **abanar a cauda/o rabo 3** ⟨Skisp.⟩ *(beim Abwärtsfahren) die Skier locker aus der Hüfte heraus parallel nach links u. rechts schwingen* □ **ziguezaguear**

we|der ⟨Konj.⟩ **1** ~ ... noch ... *nicht ... und auch nicht ..., nicht das eine u. auch nicht das andere, nicht so u. auch nicht anders;* ~ er noch sie gab nach; ~ Schnaps noch Wein noch Bier; er hat ~ geschrieben noch angerufen; er ist ~ klug noch schön; sie wusste ~ aus noch ein **2** ~ ... ~ ... ⟨poet.⟩ *weder ... noch ...;* bin ~ Fräulein ~ schön (Goethe, „Faust" I, Straße) □ **não... nem...; nem... nem...**

weg ⟨Adv.; *umg.*⟩ **1** *fort, aus dem Gesichtskreis, an einen andern Ort;* Kopf ~! □ ***cuidado com a cabeça!;** ~ da! □ ***fora daqui!;** ~ damit! □ ***tire isto daqui!;** Hände ~ (von ...)! □ **tire as mãos (de...)!** 1.1 ~!, lass das! *geh fort! tue die Hände weg!* □ ***saia! deixe isso aí! 1.2** meine Uhr ist ~ *ich habe meine U. verloren, ich vermisse sie* □ ***meu relógio sumiu; perdi meu relógio 1.3** ich bin darüber ~ ⟨fig.; *umg.*⟩ *ich habe es verschmerzt, überwunden* □ **já superei 2** *entfernt, abseits;* er war schon ~, als ich kam □ **ele já tinha ido embora/estava longe quando cheguei;** das Schiff ist noch weit ~ □ ***o navio ainda está muito longe**

Weg ⟨*m.;* -(e)s, -e⟩ **1** *festgetretene od. leicht befestigte Bahn, die angelegt wurde, um von einem Ort zu anderen zu gelangen* □ **caminho;** Feld~ □ ***atalho; vereda,** Garten~ □ ***caminho de jardim,** Wald~ □ ***caminho na floresta,** Spazier~ □ ***passeio; calçada;** da kam ein Wanderer des ~(e)s (daher) □ ***eis que chega um viajante;** einen ~ (zwischen den Blumenbeeten, im Schnee) treten; ein abschüssiger, breiter, ebener, holpriger, schattiger, schmaler, sonniger, steiler, steiniger, stiller ~; Blumen am ~(e); ein paar Schritte vom ~ blühten viele Blumen □ **caminho; via;** es gab nicht ~ noch Steg ⟨poet.⟩ □ ***não havia caminho nem vereda 2** *Zugang, Durchgang, Ausweg (den man sich verschafft)* □ **caminho; passagem; saída;** jmdm. den ~ freigeben □ ***deixar alguém passar;** sich einen ~ durchs Gestrüpp bahnen; jmdm. den ~ versperren; es gibt keinen anderen ~, um in das Gebäude zu gelangen □ **caminho 3** *Richtung, Reiseroute, die man normalerweise einschlagen muss, um an einen bestimmten Ort zu gelangen;* Land~ □ ***via terrestre,** Reise~ □ ***itinerário; rota,** See~ □ ***via marítima;** jmdm. den ~ (zum Museum usw.) beschreiben; den ~ verfehlen, verlieren; jmdn. auf den ~ bringen; jmdn. den ~ zeigen; wir haben denselben ~; jmdn. nach dem ~ fragen; vom ~(e) abkommen; vom ~(e) abweichen; den ~ zur Stadt, vom Wald einschlagen □ **caminho;** trajeto **3.1** es liegt mir an ~ *ich komme daran vorbei* □ ***é meu caminho 3.2** woher des ~es? ⟨poet.⟩ *woher kommst du?* □ ***de onde você vem? 3.3** wohin des ~es? ⟨poet.⟩ *wohin gehst du?* □ **aonde você vai? 4** *Raum, den jmd. zum Durchgehen beansprucht;* Hindernisse aus dem ~ räumen, schaffen □ ***tirar um obstáculo do caminho 4.1** jmdn. aus dem ~ räumen, schaffen ⟨fig.⟩ *jmdn. beseitigen, töten* □ ***tirar alguém do caminho; matar alguém;** → a. *Stein (1.2.2, 1.2.3)* **4.2** jmdm. in den ~ laufen *jmdm. unvermutet, unerwartet begegnen* □ ***encontrar alguém por acaso 4.3** jmdm. aus dem ~(e) gehen **4.3.1** *jmdm. Platz machen, jmdn. vorbeilassen* □ ***deixar alguém passar 4.3.2** ⟨fig.⟩ *jmdn. meiden, jmdm. nicht begegnen wollen* □ ***evitar alguém 4.4** einer Sache aus dem ~(e) gehen ⟨fig.⟩ *eine S. nicht tun* □ ***evitar alguma coisa; esquivar-se de alguma coisa 4.5** jmdm. im ~(e) stehen **4.5.1**

jmdn. am Weitergehen hindern, jmds. Bewegungsfreiheit beeinträchtigen ☐ *obstruir o caminho de alguém 4.5.2 er steht mir bei meinem Vorhaben im ~(e) ⟨fig.⟩ er stört mich durch sein bloßes Dasein ☐ *ele está atrapalhando meus planos 4.6 dem steht nichts im ~(e) ⟨fig.⟩ das kann ohne weiteres geschehen, getan werden ☐ *não há nada que impeça isso 4.7 sich jmdm. in den ~ stellen 4.7.1 jmdm. entgegentreten 4.7.2 ⟨fig.⟩ jmdm. behindern 4.8 jmdm. in den ~ treten ⟨fig.⟩ jmdn. bei seinem Vorhaben behindern, ihn an seinem V. hindern ☐ *pôr-se no caminho de alguém 4.9 jmdm. nicht über den ~ trauen ⟨fig.⟩ jmdm. nicht trauen ☐ *não confiar nem um pouco em alguém 5 Strecke, auf der man geht, zurückzulegende od. zurückgelegte Strecke; Heim~, Rück~; hier können wir ein Stück ~ abschneiden; jmdm. ein Stück ~(es) begleiten; wir können den ~ abkürzen; auf halbem ~(e) stehen bleiben, stecken bleiben, umkehren; gibt es einen kürzeren ~ nach ...? ☐ caminho; → a. halb(1.5) 6 Entfernung; bis dorthin ist es ein ~ von einer halben Stunde ☐ caminho; distância 7 Reise od. Lauf, den jmd. od. ein Gegenstand vollzieht; Glück auf den ~! ☐ *boa viagem!; auf dem ~ nach Berlin; er ist schon auf dem ~ zu Ihnen ☐ caminho 7.1 ein Paket, Waren auf den ~ bringen ab-, fortschicken ☐ *enviar/despachar uma encomenda/mercadorias 7.2 sich auf den ~ machen aufbrechen, fortgehen ☐ *pôr-se a caminho 8 ⟨umg.⟩ Gang, um etwas zu erledigen, Besorgungsgang, Besorgung; kannst du mir einen ~ abnehmen, erledigen? ☐ *você pode ir (a tal lugar) resolver (tal coisa) para mim?; mein erster ~ nach meiner Rückkehr war zu dir ☐ *a primeira pessoa que visitei desde que voltei foi você 8.1 ~e gehen Besorgungen, Einkäufe machen ☐ *fazer compras 8.2 ich muss rasch noch einen ~ gehen etwas besorgen, erledigen ☐ *ainda tenho que correr para resolver algumas coisas 8.3 seiner ~e gehen gleichgültig, ärgerlich weggehen ☐ *seguir seu caminho 8.4 geh deiner ~e! mach, dass du fortkommst! ☐ *siga seu caminho!; → a. letzte(r, -s) (1.8.3, 1.8.6) 9 ⟨fig.⟩ Laufbahn, Bahn zum Ziel; Instanzen~ ☐ *instâncias; trâmites legais; Lebens~ ☐ *caminho (da vida); carreira; des Menschen ~e sind nicht Gottes ~e; der ~ der Pflicht; er ist auf dem besten ~(e), ein Hochstapler zu werden; neue ~e weisen; auf dem rechten ~(e) sein; der ~ zum Ruhm ist nicht mit Rosen gepflastert; der ~ zum Ziel ist dornig, steinig ☐ caminho 9.1 da führt kein ~ dran vorbei ⟨fig.; umg.⟩ das muss geschehen, das ist unumgänglich ☐ *é inevitável 9.2 der ~ zur Hölle ist mit guten Vorsätzen gepflastert ⟨Sprichw.⟩ man nimmt sich vieles vor u. bleibt dann doch bei seinen alten Fehlern ☐ *de boas intenções o inferno está cheio 9.3 der ~ ist das Ziel nicht das eigentliche Ziel, sondern der Weg dorthin ist das Entscheidende ☐ caminho 9.4 wo ein Wille ist, da ist auch ein ~ ⟨Sprichw.⟩ ein fester Wille führt zum Erfolg ☐ *querer é poder; → a. austreten (4.3, 4.3.1), eigen (1.4.7), krumm (2.1.3), recht(2.1, 2.2, 2.3) 10 ⟨fig.⟩ durchlaufene od. zu durchlaufende Strecke, um ein Ziel zu erreichen; einer Entwicklung, Neuerung, jmdm. den ~ bereiten; jmdm. den ~, die ~e, alle ~e ebnen; einen (anderen) ~ einschlagen; einen anderen ~ gehen; unbeirrt seinen ~ gehen; sich nicht vom ~(e), von seinem ~ abbringen lassen ☐ caminho; er ist, befindet sich auf dem ~(e) der Besserung ☐ *ele está melhorando; jmdm. ein Wort, einen Ratschlag mit auf den ~ geben ☐ *dar a alguém um conselho para o futuro/a vida; hier trennen sich unsere ~e ☐ caminho 10.1 den ~ alles Irdischen gehen vergänglich sein ☐ *quebrar(-se); estragar(-se) 10.2 den ~ allen Fleisches gehen sterblich sein ☐ *seguir o caminho de todos os mortais 10.3 den ~ gehen, den alle gehen müssen sterben ☐ *ir para onde todo o mundo tem de ir um dia 10.4 der Junge wird seinen ~ (schon) machen sein Ziel erreichen, im Leben vorwärtskommen ☐ *esse rapaz vai longe 10.5 unsere ~e haben sich mehrmals gekreuzt wir sind uns im Leben mehrmals begegnet ☐ caminho 10.6 etwas in die ~e leiten etwas vorbereiten, veranlassen ☐ *providenciar/preparar alguma coisa 10.7 der Prozess nimmt seinen ~ seinen Verlauf ☐ *o processo segue seu curso 11 Mittel, Verfahren, Möglichkeit; wir müssen Mittel und ~e finden, um das zu ändern ☐ *precisamos achar meios de mudar isso; wir müssen einen ~ finden, ihm zu helfen; es muss doch einen ~ geben, wie man das erreichen kann ☐ meio; jeito 11.1 es bleibt (mir) kein anderer ~ (offen) ⟨fig.⟩ es bleibt mir nichts anderes übrig, ich habe keine andere Möglichkeit ☐ *não (me) resta outra saída/outro caminho 12 auf einem bestimmten ~(e) auf eine bestimmte Art u. Weise ☐ *de determinada maneira; auf diesem ~(e) kann man ... ☐ *desse modo, pode-se...; auf chemischem ~(e) ☐ *por via química; auf gesetzlichem, ungesetzlichem ~(e) ☐ *por meios legais/ilegais; auf gütlichem ~(e) ☐ *amigavelmente; auf schriftlichem ~(e) ☐ *por escrito; → a. kurz(2.3.2), schnell(1.6) 13 ⟨Getrennt- u. Zusammenschreibung⟩ 13.1 zu Wege = zuwege

weg... ⟨Vorsilbe zu Verben⟩ weg von, an einen anderen Ort

weg|blei|ben ⟨V. 114/400(s.)⟩ 1 nicht erscheinen, obwohl erwartet, nicht (mehr) kommen; er kam noch einige Male und blieb dann weg; du kannst nicht einfach ~, ohne abzusagen, ohne dich zu entschuldigen! ☐ não comparecer/aparecer 1.1 von der Schule ~ (vorübergehend) nicht in die S. gehen ☐ *estar afastado da escola 2 etwas bleibt weg versagt plötzlich; der Motor bleibt weg ☐ falhar; mir bleibt die Sprache weg ☐ *estou sem palavras; → a. Spucke(1.1) 3 etwas bleibt weg wird nicht verwendet, ist unnötig; dieser Satz, dieser Tischschmuck kann ~ ☐ ser deixado de lado; ser excluído

We|ge|la|ge|rer ⟨m.; -s, -⟩ jmd., der anderen am Wege auflauert, um sie zu berauben, Straßenräuber ☐ assaltante; salteador

we|gen ⟨Präp. mit Gen. od. Dat.⟩ 1 aufgrund (von); ~ der Krankheit des Vaters blieb er zu Hause; ~ schlechten Wetters muss die Vorstellung ausfallen ☐

wegfahren

por causa de; devido a; → a. *Amt(1.2)*, *Recht(1.3)* **2** *um ... willen*; des Vaters, der Mutter ~ □ **por; por amor de 3** von ~! ⟨umg.⟩ *keineswegs!, keine Rede (davon), das denkst du dir so!* □ ***que nada!; pois sim!***

weg‖fah|ren ⟨V. 130⟩ **1** ⟨400(s.)⟩ *an einen anderen Ort fahren, abfahren, fortfahren, abreisen*; wann fahrt ihr morgen weg? □ **partir; ir-se (com um veículo) 2** ⟨500⟩ *etwas ~ mittels Fahrzeugs an einen anderen Ort bringen* □ ***transportar alguma coisa (com um veículo)***

weg‖fal|len ⟨V. 131/400(s.)⟩ *etwas fällt weg entfällt; die beiden letzten Sätze können ~* □ **cair; ser suprimido**; *etwas ~ lassen* □ ***suprimir alguma coisa***

weg‖ge|hen ⟨V. 145/400(s.)⟩ **1** *an einen anderen Ort gehen, sich entfernen*; er ist vor fünf Minuten weggegangen; sie ging schnell, leise, heimlich, ohne Gruß, Abschied weg □ **ir embora; partir; sair 1.1** *gehe weg (von mir)!* ⟨umg.⟩ *berühre mich nicht!* □ ***não toque em mim!* 1.2** ⟨umg.⟩ *ausgehen*; gehst du heute noch weg? □ **sair 1.3** geh mir (bloß) weg damit, mit ihm ⟨fig.; umg.⟩ *lass mich in Ruhe!* □ ***não venha me falar sobre isso/ele!* 2** *etwas geht weg* ⟨fig.; umg.⟩ *etwas lässt sich entfernen*; der Fleck, Schmutz geht nicht (mehr) weg □ **sair 3** *etwas geht weg* ⟨umg.⟩ *etwas verkauft sich*; die Karten gingen schnell weg; auch die letzten Weihnachtsbäume sind im Nu weggegangen □ **sair; vender**; → a. *warm(1.13)*

Weg|gen ⟨m.; -s, -; schweiz.⟩ = *Wecken*

weg‖ha|ben ⟨V. 159/500; umg.⟩ **1** *etwas ~* **1.1** *bekommen haben*; seine Strafe ~; seinen Teil ~ □ ***ter recebido alguma coisa* 1.2** *fortgeschafft, erledigt haben*; ich möchte die Blumen hier ~ □ **tirar; remover**; ich möchte die Arbeit bis morgen ~ □ **terminar 1.2.1** einen ~ ⟨fig.⟩ *einen Schwips haben* □ ***estar alegre; ter bebido além da conta* 2** eine Sache ~ ⟨fig.⟩ *beherrschen, gut können, verstehen, begreifen*; er hat es noch nicht weg, wie man es machen muss; er hat die Arbeit (fein) weg **dominar; entender; conhecer bem**

weg‖kom|men ⟨V. 170(s.); umg.⟩ **1** ⟨400⟩ *etwas kommt weg kommt abhanden, geht verloren*; meine Uhr ist (mir) weggekommen □ **sumir; desaparecer 2** ⟨400⟩ *sich entfernen (wollen)* □ **(querer) sair; afastar-se**; mach, dass du wegkommst! □ ***caia fora!*; sehen wir zu, dass wir hier (rasch) ~! □ ***vamos tratar de sair (rapidamente) daqui*; sie kommt wieder nicht vom Spielen weg □ ***mais uma vez, ela não consegue parar de jogar* 2.1** ich komme wenig weg *ich gehe wenig aus* □ ***saio pouco* 3** ⟨800⟩ *über etwas ~ etwas verwinden, verschmerzen können*; ich komme nicht darüber weg, dass ... □ ***superar alguma coisa* 4** ⟨503⟩ **gut, schlecht (bei etwas) ~** ⟨fig.⟩ *viel, wenig (von etwas) erhalten, gut, schlecht bei etwas abschneiden* □ ***sair-se bem/mal (em alguma coisa)***

weg‖krie|gen ⟨V. 500; umg.⟩ **1** *etwas ~ beseitigen (können)*; die Flecken ~; ich weiß nicht, wie ich die Warze ~ soll □ **(conseguir) remover/tirar 1.1** jmdn. (von einem Ort) ~ *zum Weggehen veranlassen*; die Kinder sind nicht von dem Schaufenster wegzukriegen □ ***tirar/afastar alguém (de algum lugar)* 1.2** schwere Gegenstände ~ *(heben u.) fortbringen (können)*; ich kriege den Sack allein nicht weg □ **(conseguir) levar/carregar 2** eine Sache ~ ⟨fig.; umg.⟩ *begreifen, verstehen*; ich habe es nicht weggekriegt, wie das Zauberkunststück vor sich geht, gemacht wird □ **entender; pescar**

weg‖las|sen ⟨V. 175/500⟩ **1** *etwas ~ nicht verwenden, streichen*; die letzte Szene lassen wir weg □ **suprimir**; *deixar de fora* **2** jmdn. ~ *weggehen lassen*; die Kinder wollten ihn nicht ~ □ **deixar ir**

weg‖lau|fen ⟨V. 176/400(s.)⟩ **1** ⟨410⟩ *sich rasch entfernen, davonlaufen, fortlaufen*; von der Arbeit, vom Spiel ~; vor dem Hund ~ □ **afastar-se; fugir; sair correndo 1.1** *ausreißen*; ihm ist seine Frau weggelaufen □ ***sua mulher o deixou*; das Kind, der Hund ist weggelaufen □ **escapar; fugir 1.2** das läuft mir nicht weg ⟨fig.; umg.⟩ *das kann ich später noch erledigen* □ ***isso pode esperar* 2** eine Flüssigkeit läuft weg *fließt weg*; mir ist das Spülwasser weggelaufen □ **escoar; escorrer**

weg‖neh|men ⟨V. 189/500⟩ **1** *etwas od. jmdn. ~ von einer Stelle nehmen*; kannst du eben mal die Vase ~?; nimm doch bitte deine Sachen hier weg; das Tischtuch ~; wenn du von acht Äpfeln drei wegnimmst, wie viel bleiben dann übrig? □ **tirar 1.1** *heimlich Geld ~ stehlen* □ **roubar 1.2** *ein Kind von einer Schule ~ aus einer S. nehmen, von einer S. abmelden* □ **tirar 2** ⟨530⟩ *jmdm. etwas ~ (etwas, was einem anderen gehört,) an sich nehmen* □ **tirar**; jmdm. sein Eigentum ~ □ **confiscar**; die kleinen Kinder nehmen einander oft die Spielsachen weg; lass es dir doch nicht ~! □ **tomar; tirar**; die Polizei hat ihm alles gestohlene Gut wieder ~ können □ ***a polícia conseguiu recuperar todos os bens que ele havia roubado* 2.1** dem Gegner einen Stein beim Brettspiel ~ *einen S. des Gegners aus dem Spiel nehmen* □ **soprar; comer**

weg‖schaf|fen ⟨V. 500⟩ *etwas ~ an einen anderen Ort bringen*; morgen wird der Sperrmüll weggeschafft □ **remover; levar**

weg‖schi|cken ⟨V. 500⟩ **1** *etwas ~ an einen anderen Ort schicken, ab-, fortschicken*; einen Brief, ein Paket, Waren ~ □ **mandar; enviar 2** *jmdn. ~ zum Gehen veranlassen*; du kannst mich doch nicht ~, ohne mich anzuhören!; sie hat das Kind mit einem Auftrag weggeschickt □ **mandar embora; despachar**

weg‖schlei|chen ⟨V. 219/400(s.)⟩ *od.* 500/ Vr 3(h.)⟩ (sich) ~ *sich leise, heimlich entfernen* □ **esquivar-se; escapulir(-se)**

weg‖schnap|pen ⟨V. 530/Vr 6⟩ jmdm. od. einem Tier jmdn. od. etwas ~ *schnell wegnehmen, ehe jmd. od. ein T. zugreifen kann*; der Hund hat dem anderen den Bissen, Knochen weggeschnappt; einem andern Mann die Frau ~ ⟨fig.; umg.; scherzh.⟩; jmdm. eine gute Stellung ~ ⟨fig.; umg.⟩ □ **tomar; tirar; arrebatar**

weg‖ste|cken ⟨V. 500⟩ *etwas ~* **1** *an eine andere Stelle tun u. dadurch verbergen*; als die Mutter eintrat, steckten die Kinder die Weihnachtsarbeiten schnell weg □ **esconder 2** *in die Tasche stecken, einstecken*; steck den Brief, das Geld weg □ **pôr no bolso 3**

⟨umg.⟩ *verkraften, zurechtkommen;* einen Misserfolg ~ (können); er kann nichts ~; das Kind hat die Krankheit gut weggesteckt □ **superar; suportar**

weg|steh|len ⟨V. 257/500/Vr 3⟩ sich ~ *sich heimlich entfernen* □ **esquivar-se; sair às escondidas**

weg|tre|ten ⟨V. 268/400(s.)⟩ **1** *an eine andere Stelle treten, zurücktreten* □ **afastar-se; retirar-se 2** ⟨Mil.⟩ *abtreten, sich entfernen* □ **sair de forma;** weggetreten! □ **fora de forma!**

weg|tun ⟨V. 272/500⟩ etwas ~ **1** *an eine andere, die richtige Stelle tun;* Geschirr, Kleider ~; bitte tu deine Sachen weg □ **guardar 2** *zu den Abfällen tun;* Speisereste, alte Schuhe ~ □ **jogar fora 3** *verstecken, verbergen;* etwas rasch ~ □ **esconder 4** *wegschließen, zurücklegen;* ich habe jeden Monat etwas Geld weggetan □ **pôr de lado; guardar**

Weg|wei|ser ⟨m.; -s, -⟩ **1** *den Weg zu einem Ort weisendes Schild* □ **placa indicativa 2** ⟨fig.⟩ *Buch mit kurzen Angaben über ein Wissensgebiet, Leitfaden* □ **guia; manual 3** *Reiseführer;* ~ durch die Stadt Wien □ **guia de viagem**

weg|wer|fen ⟨V. 286/500⟩ **1** *etwas ~ von sich werfen;* wirf den Stein, den du da aufgehoben hast, wieder weg! □ **jogar 1.1** *zu den Abfällen werfen;* alte Briefe ~; ich habe die Kartoffeln ~ müssen □ **jogar fora 2** Geld ~ ⟨fig.⟩ *unnütz ausgeben;* ich will mein Geld nicht dafür ~; das ist weggeworfenes Geld □ ***jogar dinheiro fora 3** ⟨505/Vr 3⟩ sich ~ ⟨fig.⟩ *sich entwürdigen* □ ***rebaixar-se; aviltar-se 3.1** sich an jmdn. ~ *seine Neigung, Liebe einem Unwürdigen schenken* □ ***perder tempo com alguém**

Weg|zeh|rung ⟨f.; -, -en⟩ **1** *kleiner Essensvorrat für den Weg, Mundvorrat* □ **viático; farnel 1.1** jmdm. die letzte ~ geben ⟨fig.; kath. Kirche⟩ *jmdm. die Sterbesakramente reichen* □ **viático**

weg|zie|hen ⟨V. 293⟩ **1** ⟨500⟩ etwas ~ *durch Ziehen aus dem Weg räumen, entfernen, beiseiteziehen;* einen Vorhang ~ □ **puxar;** jmdm. den Stuhl ~ (so dass er stürzt) □ **(re)tirar; puxar 2** ⟨400(s.)⟩ *den Wohnsitz an einen andern Ort verlegen;* wir sind von München weggezogen □ **mudar(-se) 3** ⟨400(s.)⟩ *Zugvögel ziehen weg fliegen nach dem Süden* □ **(e)migrar**

weh¹ ⟨Adj.⟩ **1** *wund, verletzt, schmerzhaft, schmerzend;* einen ~en Finger haben □ **machucado; ferido 2** ⟨fig.⟩ *traurig, wehmütig;* ihr war ganz ~ ums Herz □ **triste; ferido 3** ⟨Getrennt- u. Zusammenschreibung⟩ 3.1 ~ tun = *wehtun*

weh² ⟨Int.⟩ **1** ~! *wie schlimm!, wie schrecklich!, wie entsetzlich! (Ausruf der Klage)* □ **ai! 1.1** ~ mir! *wie schrecklich für mich!,* ich Arme(r)! □ ***ai de mim!; pobre de mim! 1.2** o ~! *das ist aber schrecklich, schlimm!* □ ***ai, meu Deus! 2** ~ dem, der das tut! *dem, der das tut, wird es schlecht, schlimm ergehen!* o V Wehe (2) □ ***ai daquele que fizer isso!**

Weh ⟨n.; -(e)s, -e (Pl. selten)⟩ oV *Wehe³* **1** *Leid, Kummer;* ein bitteres, tiefes ~ im Herzen tragen; sie konnte sich nicht fassen vor (lauter) ~ □ **dor; tristeza;** das Wohl und ~(e) des Volkes hängt davon ab □ ***o bem-estar do povo depende disso 2** mit Ach und ~ ⟨fig.⟩ *mit vielem Klagen, Stöhnen* □ ***queixando--se/reclamando muito;* Ach und Weh schreien (vor Schmerzen) □ ***gritar (de dor) 2.1** Ach und Weh über jmdn. rufen, schreien ⟨fig.⟩ *jmdn. laut beklagen* □ ***reclamar alto de alguém**

we|he ⟨Int.⟩ **1** ~! *einem Zuwiderhandelnden soll es schlimm ergehen (Ausruf der Drohung)* □ **ai (de você)! 2** = *weh²;* ~ den Besiegten! □ ***ai dos vencidos!**

We|he¹ ⟨f.; -, -n⟩ *vom Wind zusammengewehter kleiner Berg von Schnee;* Schnee~ □ ***acúmulo de neve**

We|he² ⟨f.; -, -n; meist Pl.⟩ *schmerzhafte Zusammenziehung der Gebärmutter zur Ausstoßung der Leibesfrucht;* die Frau hat, liegt in den ~n □ **dores do parto**

We|he³ ⟨n.; -s; unz.⟩ = *Weh*

we|hen ⟨V.⟩ **1** ⟨400⟩ Wind weht *bläst;* das Wehen des Windes; der Wind weht vom Meer her; es weht ein starker Wind; der Wind weht eisig, frisch, kalt, lau, scharf □ **soprar;** draußen weht es tüchtig □ ***está ventando muito lá fora 2** ⟨411⟩ ein Duft, Ton weht irgendwohin *wird von der Luft, vom Wind irgendwohin getragen;* ein Duft von Rosen wehte ins Zimmer; ein Ruf wehte übers Wasser zu uns; die Töne wehten durch den Raum □ **ser levado/trazido pelo vento; pairar; ressoar 3** ⟨400⟩ etwas weht *bewegt sich im Wind, flattert;* ihr Haar weht im Wind □ **esvoaçar,** die Fahne im Wind ~ lassen □ ***desfraldar a bandeira;* ein Taschentuch ~ lassen □ ***agitar um lenço;* mit ~den Fahnen, Haaren, Rockschößen davoneilen □ **tremulante; esvoaçante 4** ⟨511⟩ der Wind weht etwas (von irgendwo) irgendwohin *treibt, trägt etwas (von irgendwo) irgendwohin;* der Wind wehte uns feinen Sand an die Beine; der Wind hat die Blätter von den Bäumen geweht □ **levar; trazer; soprar;** → a. *Wind (1.8, 1.9-1.9.3, 1.13.1, 1.13.3)*

weh|kla|gen ⟨V. 400⟩ *laut klagen, jammern* □ **lamentar(-se); lastimar(-se),** in lautes Wehklagen ausbrechen □ ***debulhar-se em lamentos,* „...!", rief er ~d □ **lamentoso; lastimoso**

weh|lei|dig ⟨Adj.⟩ *oft, gern klagend, schnell jammernd, übertrieben schmerzempfindlich* □ **queixoso; lamuriento**

Weh|mut ⟨f.; -; unz.⟩ *leichte Trauer, leichter Schmerz um Vergangenes, Verlorenes, Sehnsucht nach Vergangenem;* mich erfasst ~, wenn ich daran zurückdenke □ **tristeza; melancolia; nostalgia**

Wehr¹ ⟨n.; -(e)s, -e⟩ *quer durch ein fließendes Gewässer gebaute Anlage zur Erhöhung des Wasserstandes, Verringerung der Wassergeschwindigkeit usw.;* Stau~ □ ***barragem; dique**

Wehr² ⟨f.; -, -en⟩ **1** ⟨unz.⟩ *Widerstand, Verteidigung;* Ab~ □ ***defesa; resistência,* Not~ □ ***legítima defesa 1.1** sich zur ~ setzen *sich wehren, Widerstand leisten* □ ***proteger-se; opor resistência 2** ⟨veraltet⟩ *das, womit man sich wehrt, Instrument, Vorrichtung, Anlage, Menschengruppe zum Schutz od. zur Verteidigung* □ **defesa; proteção;** Brust~ □ ***parapeito;* Schnee~ □ ***brigada de socorro na neve;* Feuer~ □ **(corpo de) bombeiros;** Land~ □ ***milícia territorial;* ~ und

Waffen ⟨veraltet; poet.⟩ □ *proteção e defesa 3 ⟨Jägerspr.⟩ *die bei einer Treibjagd in gerader Linie vorgehenden Treiber od. (u.) Schützen* □ batedores; defesa

weh|ren ⟨V.⟩ 1 ⟨500/Vr 3⟩ *sich ~ sich schützen, verteidigen, Widerstand leisten* □ defender-se, resistir; *sich gegen eine Krankheit ~* □ *lutar contra uma doença; *sich mit Händen und Füßen ~* □ *defender-se com unhas e dentes; *sich seiner Haut ~* ⟨verstärkend⟩ □ *defender a própria pele 2 ⟨600⟩ *einer Sache ~* ⟨geh.; veraltet⟩ *Einhalt gebieten* □ *pôr termo a alguma coisa; conter/deter alguma coisa; *einem Übel ~* □ *acabar com um mal; *den Anfängen ~* □ *cortar o mal pela raiz 3 ⟨530/Vr 6⟩ *jmdm. etwas ~* ⟨geh.; veraltet⟩ *verbieten, jmdn. von etwas zurückhalten* □ *impedir/ proibir alguém de alguma coisa

wehr|los ⟨Adj.⟩ *unfähig, sich zu wehren, sich zu verteidigen; sie stand seinen Drohungen, Angriffen ~ gegenüber* □ desarmado; indefeso

Wehr|macht ⟨f.; -; unz.; 1935 - 1945⟩ *die Gesamtheit der deutschen Streitkräfte* □ forças armadas

Wehr|pflicht ⟨f.; -, unz.⟩ *Verpflichtung aller männl. Staatsangehörigen zum Wehrdienst; allgemeine ~* □ serviço militar obrigatório

weh|tun *auch:* **weh tun** ⟨V. 272⟩ 1 ⟨403⟩ *schmerzen, Schmerz bereiten; mir tut der Bauch, der Kopf weh; es tut mir in der Seele weh, dass...* □ doer 2 ⟨600⟩ *jmdm. ~ jmdm. körperl. od. seel. Schmerz zufügen; ich wollte dir nicht ~* □ ferir; machucar 3 ⟨Vr 3⟩ *sich ~ sich verletzen, sich stoßen, klemmen usw.; hast du dir wehgetan/weh getan?* □ *machucar-se; ferir-se

Weib ⟨n.; -(e)s, -er; veraltet; nur noch poet. u. umg.⟩ 1 *Frau; zwei alte Weiber standen an der Ecke; ein tolles ~* □ mulher 2 ⟨veraltet⟩ *Ehefrau; mein ~ 2.1 ~ und Kind haben eine eigene Familie haben 2.2 Mann und ~ Eheleute* □ esposa; mulher

Weib|chen ⟨n.; -s, -⟩ 1 ⟨Koseform für⟩ *Weib* □ mulherzinha 2 *weibl. Tier; Vogel~* □ fêmea 3 ⟨fig.; abwertend⟩ *geistig anspruchslose, vorwiegend auf hausfräuliche Tätigkeiten gerichtete Frau* □ mulherzinha

Wei|bel ⟨m.; -s, -⟩ 1 ⟨veraltet⟩ *Feldwebel, Unteroffizier* □ sargento 2 ⟨schweiz.⟩ *Amts-, Gerichtsdiener* □ oficial de justiça

weib|lich ⟨Adj.⟩ 1 ⟨24⟩ *die (Geschlechts-)Merkmale der Frau, der Weiblichkeit aufweisend; das ~e Geschlecht; ~es Substantiv; ~er Artikel* feminino; *ein ~es Tier* □ *uma fêmea *1.1 ~er Reim = klingender Reim* → *klingen(4.2); Ggs männlicher Reim* → *männlich(1.2)* 2 *die Frau betreffend, ihr zugehörig, ihr entsprechend; ~e Eigenschaften betonen; ~e (Körper-)Formen* □ feminino

weich ⟨Adj.⟩ 1 *Druck kaum Widerstand entgegensetzend; Ggs hart(1); ein ~es Bett, Kissen; ein ~er Sessel; sich ins ~e Moos setzen* □ mole; macio 1.1 *~ sitzen, liegen auf bequemer Unterlage* □ *sentar-se em algo macio 1.2 *ein ~es Ei weichgekochtes, 4-5 Minuten gekochtes Ei* □ quente; à la coque 1.3 ⟨60⟩ *~er Gaumen hinterer, mit dem Zäpfchen endender, weicher Teil des Gaumens* □ mole 1.4 *Hemd mit ~em Kragen mit nicht gestärktem K.* □ mole; não engomada 1.5 *so beschaffen, dass etwas anderes leicht eindringen kann* □ permeável 1.6 *formbar, knetbar; ~er Ton, ~es Wachs, ~e Butter* □ mole 2 *wenig (Zusammen-)Halt aufweisend; für eine Hose ist dieser Kleiderstoff zu ~* □ mole 2.1 *die Knie wurden ihm ~* ⟨a. fig.⟩ *er bekam Angst, drohte umzusinken* □ *ele ficou com as pernas bambas 2.2 *gargekocht, gebraten; das Gemüse, Fleisch, der Reis ist noch nicht ~; nach längern Kochen wird das Gemüse ~ werden* □ macio; tenro; ⟨aber Getrennt- u. Zusammenschreibung⟩ *~ werden = weichwerden* 2.3 *dickflüssig, breiig; eine ~e Masse; ~er Teig* □ pastoso 3 *glatt, geschmeidig, seidig, wollig; Ggs rau (1); eine ~e Haut, ein ~es Fell* □ macio; *sich ~ anfühlen* □ *ser macio ao toque 3.1 *~es Wasser wenig Kalk enthaltendes W.* □ mole 4 ⟨fig.⟩ *für Gefühlsregungen, Mitleid u. a. leicht ansprechbar; ein ~es Gemüt haben; ein ~er Mensch* □ mole; sensível; *ein ~es Herz haben* □ *ter coração mole; *die Erinnerung stimmte ihn ~* □ a lembrança o amoleceu/enterneceu 4.1 *empfindlich, gutartig; ein ~er Jagd-, Blindenhund* □ dócil; afetuoso 5 ⟨fig.⟩ *von Gefühlen bestimmt, bes. Rücksichtnahme ausdrückend; „...", sagte sie ~* □ gentilmente; amavelmente 6 ⟨fig.⟩ *klingend, mild, sanft, zart; eine ~e Stimme; ein ~er Wind; ein ~er Klang, Ton (von Instrumenten)* □ suave; delicado 7 ⟨fig.⟩ *fließend in den Konturen ineinander übergehend; Ggs scharf(3) 7.1 ~es Negativ* ⟨Fot.⟩ *N. ohne scharfe Kontraste 7.2 ~er Stil Stilrichtung der deutschen Plastik u. Malerei von etwa 1400 bis 1430, durch fließenden Faltenwurf, liebliche, zierliche Gestalten gekennzeichnet* □ suave 8 *~e Droge Rauschmittel, das physisch keine Sucht verursacht, z. B. Haschisch* □ leve 9 ⟨Getrennt- u. Zusammenschreibung⟩ 9.1 *~ spülen = weichspülen* 9.2 *~ gekocht = weichgekocht*

Weich|bild ⟨n.; -(e)s, -er⟩ 1 ⟨heute⟩ *Stadtgebiet* □ perímetro urbano; área municipal 2 ⟨früher⟩ *Stadtgerichtsbezirk* □ comarca municipal 3 ⟨früher⟩ *Stadtrecht* □ direito municipal

Wei|che[1] ⟨f.; -, -n⟩ 1 ⟨unz.⟩ *weiche Beschaffenheit* □ moleza; maciez; suavidade; brandura 2 *Seite, Flanke, knochenfreie Körpergegend zwischen unterster Rippe u. Hüftknochen; dem Pferd die Sporen in die ~n drücken; jmdm. einen Stoß in die ~ geben* □ flanco; ilharga

Wei|che[2] ⟨f.; -, -n; an Eisen- u. Straßenbahngleisen⟩ 1 *Vorrichtung an Eisen- u. Straßenbahngleisen zum Abzweigen eines Schienenstrangs* □ agulha 1.1 *die ~ (richtig, falsch) stellen* ⟨a. fig.⟩ *den richtigen, falschen Lebensweg einschlagen* □ *(não) seguir pelo melhor caminho

wei|chen[1] ⟨V.⟩ 1 ⟨400(s.)⟩ *etwas weicht wird weich; die Semmeln müssen (in der Milch, im Wasser) noch etwas ~* 2 ⟨500⟩ *etwas ~ weich machen, einweichen, aufweichen* □ amolecer

wei|chen[2] ⟨V. 281/400(s.)⟩ 1 ⟨403⟩ ⟨jmdm. od. einer Sache⟩ *~ nachgeben, sich (vor jmdm. od. einer S.) zurückziehen, sich (von jmdm. od. etwas) besiegt, geschlagen geben* □ retirar-se; recuar; *wir mussten der*

Übermacht ~ □ ceder; → a. wanken(3) **2** ⟨411⟩ **aus, von, unter etwas** od. **jmdm.** ~ zurückweichen, jmdn. od. etwas verlassen □ afastar-se; alles Blut war aus seinem, ihrem Gesicht gewichen □ *ela ficou lívida; jmdm. nicht von der Seite ~ □ *não sair do lado de alguém; der Boden wich unter meinen Füßen □ *perdi o chão; nicht von der Stelle ~ □ *não sair do lugar; weiche von mir! ⟨poet.⟩ □ *afaste-se de mim!

weich|ge|kocht auch: **weich ge|kocht** ⟨Adj. 24/60⟩ **1** durch Kochen weich geworden □ cozido até amolecer 1.1 ~es Ei *Ei, das so lange gekocht wird, bis das Eiweiß fest u. das Eigelb noch weich ist* □ *ovo quente; ovo à la coque

weich|klop|fen auch: **weich klop|fen** ⟨V. 500⟩ I ⟨Zusammen- u. Getrenntschreibung⟩ ein Schnitzel ~ *klopfen, dass es weich wird* □ amolecer (batendo) II ⟨nur Zusammenschreibung⟩ jmdn. ~ *so bearbeiten, dass er gefügig wird* □ *amolecer/enternecer alguém

weich|lich ⟨Adj.⟩ **1** etwas weich *meio mole* **2** ⟨fig.⟩ verweichlicht, verhätschelt, zimperlich □ melindroso; amimalhado **3** weibisch, unmännlich □ afeminado

weich|spü|len auch: **weich spü|len** ⟨V. 500⟩ Wäsche ~ *mit Weichspüler waschen* □ lavar com amaciante

Weich|tier ⟨n.; -(e)s, -e; Zool.⟩ Angehöriges eines formenreichen Stammes von Tieren mit weicher, ungeschützter Haut, die sich kriechend fortbewegen: Mollusca □ molusco

weich|wer|den auch: **weich wer|den** ⟨V. 285/400(s.);⟩ fig.⟩ nachgeben, lockerlassen, gerührt werden; nur nicht ~! □ amolecer; ceder; → a. weich (2.2)

weid..., Weid... ⟨in Zus.⟩ jagd..., Jagd...; oV waid..., Waid...; weidgerecht, weidwund; Weidmann, Weidmannsheil

Wei|de¹ ⟨f.; -, -n; Bot.⟩ einer Gattung der Weidengewächse angehörende Holzpflanze mit zweihäusigen, in Kätzchen zusammenstehenden Blüten: *Salix*; Korb~, Sal~, Trauer~ □ salgueiro

Wei|de² ⟨f.; -, -n⟩ **1** grasbewachsene Fläche, Wiese, auf der Vieh weiden kann; Vieh~; eine fette, gute, saftige ~; Vieh auf die ~ führen, treiben □ pasto **2** *Ort, wo Tiere Nahrung finden*; Fisch~, Vogel~ □ local onde os animais encontram comida

wei|den ⟨V.⟩ **1** ⟨400⟩ Vieh weidet *sucht auf der Weide Nahrung, frisst Gras;* ~des Vieh □ pastar **2** ⟨500⟩ Vieh ~ *auf die Weide führen* □ apascentar; pastorear **3** ⟨550/Vr 3⟩ **sich an etwas** ~ ⟨fig.⟩ *sich an etwas freuen, erfreuen, etwas genießen;* sich an einem Anblick ~; sich an jmds. Erstaunen, Überraschung, Verlegenheit ~ □ *deleitar-se/deliciar-se com alguma coisa

weid|lich ⟨Adv.; fig.⟩ ordentlich, kräftig, tüchtig; jmdn. ~ auslachen; ~ schimpfen □ muito; a valer

Weid|mann ⟨m.; -(e)s, -män|ner⟩ *Jäger, der zugleich auch Heger ist* □ caçador que segue as regras de caça

Weid|werk ⟨n.; -(e)s; unz.⟩ *die Jagd u. alles, was mit ihr zusammenhängt; das edle* ~ □ caça; arte venatória

wei|gern ⟨V. 508/Vr 3⟩ sich ~ (etwas zu tun) *zum Ausdruck bringen od. erklären, etwas nicht tun zu wollen;* er hat sich geweigert, das Geld anzunehmen; er weigerte sich, mit uns mitzukommen; ich weigere mich, dies zu unterschreiben; sich hartnäckig, standhaft ~; du wirst dich vergeblich ~ □ *negar-se; recusar-se (a fazer alguma coisa)

Wei|he¹ ⟨f.; -, -n⟩ **1** Segen, Einsegnung, gottesdienstliche Handlung, *mit der eine Person od. Sache für den Kult bestimmt wird, wobei Ersterer bestimmte Rechte übertragen werden*; Priester~ □ *ordenação sacerdotal, Altar~, Glocken~ □ consagração; bênção; die ~n empfangen □ *ser ordenado; die ~n erteilen □ *ordenar; consagrar; die höheren, niederen ~n □ *as ordens maiores/menores **2** ⟨allg.; geh.⟩ Einweihung, feierliches Ingebrauchnehmen (z. B. von Brücken) □ inauguração **3** ⟨fig.; geh.⟩ Feierlichkeit, feierliche Stimmung; einer Sache durch musikalische Darbietungen die rechte ~ geben; die ~ des Augenblicks, der Stunde empfinden; eine erhabene ~ lag über der Versammlung □ solenidade

Wei|he² ⟨f.; -, -n; Zool.⟩ *mittelgroßer Greifvogel* □ milhafre

wei|hen ⟨V. 500⟩ **1** jmdn. ~ *jmdm. die Weihen erteilen, geben*; einen Priester ~ 1.1 ⟨550⟩ jmdn. **zu etwas** ~ *jmdn. durch gottesdienstliche Handlungen ein geistliches Amt übertragen*; jmdn. zum Bischof ~ □ ordenar **2** etwas ~ *durch gottesdienstliche Handlungen segnen*; die Hostie, das Wasser ~ □ benzer 2.1 *feierlich in kirchlichen Gebrauch nehmen*; einen Altar, eine Glocke, Kirche ~ □ consagrar 2.2 ⟨allg.⟩ *einweihen*; ein Festspielhaus ~ □ inaugurar **3** ⟨530⟩ **jmdn.** od. **etwas jmdm.** od. **einer Sache** ~ ⟨geh.⟩ *widmen, verschreiben*; sein erstes Werk jmdm. ~; sein Leben einem Werk, einer Idee ~ 3.1 ⟨Vr 3⟩ **sich einer Sache** ~ *sich einer S. widmen, verschreiben, sich für eine S. opfern* □ dedicar(-se); consagrar(-se) **4** ⟨530⟩ **jmdn.** od. **etwas einer Sache** ~ ⟨geh.⟩ *preisgeben* □ entregar; abandonar 4.1 er ist dem Tod geweiht *er muss sterben, fallen* □ *ele está condenado à morte 4.2 die Stadt war dem Untergang geweiht *der U. der S. stand dicht bevor, war sicher, die S. war dem U. preisgegeben* □ *a cidade estava entregue à decadência

Wei|her ⟨m.; -s, -⟩ **1** *kleiner Teich, Tümpel* □ lagoa; charco **2** *kleiner künstlicher Teich für einen bestimmten Zweck* □ tanque; Fisch~ □ *viveiro de peixes

Weih|nacht ⟨f.; -; unz.; geh.⟩ = Weihnachten(1)

Weih|nach|ten ⟨n.; -s, -; oft ohne Artikel⟩ **1** *Fest der Geburt Jesu, ursprünglich am 6. Jan., im 4. Jh. auf den 25. Dez. verlegt, Christfest*; oV Weihnacht; fröhliches ~!; ~ feiern; jmdm. etwas zu ~ schenken; was hast du zu ~ (geschenkt) bekommen? **2** *Weihnachtsfeiertage*; diese, nächste, vorige ~; (ich wünsche dir) fröhliche ~!; komm doch zu ~ uns; an den drei letzten ~ waren wir im Gebirge ⟨umg.⟩ 2.1 über ~ *während der Weihnachtsfeiertage*; wir fahren über ~ ins Gebirge □ Natal; → a. grün(1.15), weiß¹(2.12) **3** ⟨umg.⟩ *Weihnachtsgeschenk(e)*; mein ~ ist sehr reichlich ausgefallen □ *presente(s) de Natal

weih|nacht|lich ⟨Adj.⟩ Weihnachten betreffend, zu Weihnachten gehörend, an Weihnachten üblich □ natalino

Weih|nachts|baum ⟨m.; -(e)s, -bäu|me⟩ *Tannenbaum, der zu Weihnachten ins Zimmer gestellt u. mit Kerzen, Glaskugeln, Zuckerwerk u. a. geschmückt wird;* Sy *Christbaum* □ **árvore de Natal**

Weih|rauch ⟨m.; -s; unz.⟩ **1** *als Räuchermittel verwendeter Milchsaft aus den Rinden des Weihrauchbaumes (Boswellia carteri);* ~ *abbrennen* □ **incenso** 1.1 *jmdm.* ~ *streuen* ⟨fig.⟩ *jmdn. übertrieben loben* □ ***incensar alguém** **2** *durch Verbrennung wohlriechender Stoffe erzeugter Rauch, in verschiedenen Religionen zu kultischen Zwecken verwendet* □ **incenso**

weil ⟨kausale Konj.; im Unterschied zu „da" wird „weil" häufig dann verwendet, wenn das Geschehen im kausalen Gliedsatz neu ist. Der Gliedsatz, auf dem besonderes Gewicht liegt, ist dann meist Nachsatz⟩ *da, aus dem Grunde, dass ...;* → a. *denn¹(1); ich konnte nicht kommen,* ~ *ich krank war; warum bist du nicht gekommen?* ~ *ich keine Zeit hatte* □ **porque**

Wei|le ⟨f.; -; unz.⟩ **1** *kurze Zeit, kleine Zeitspanne; kannst du eine* ~ *warten?* □ **momento; instante;** *es ist schon eine ganze* ~ *her* ⟨umg.⟩; *eine kleine, kurze, lange* ~ *nach einer* ~ *(des Wartens) sah ich ihn kommen; über eine* ~; *ich bin erst vor einer* ~ *gekommen* □ **tempo** 1.1 *damit hat es gute* ~ *das wird noch nicht so bald geschehen* □ ***não há pressa; ainda há tempo;** → a. *eilen(1.2)*

wei|len ⟨V. 411; geh.; a. scherzh.⟩ *sich aufhalten, (an einem Ort) sein; in Gedanken weilte er schon daheim; wo hast du so lange geweilt?; er weilt nicht mehr unter uns, unter den Lebenden* □ **encontrar--se; estar**

Wei|ler ⟨m.; -s, -⟩ *keine eigene Gemeinde bildendes, nur aus einigen Gehöften bestehendes Dorf* □ **lugarejo; povoado**

Wein ⟨m.; -(e)s, -e⟩ **1** *Weinrebe, Rebe, Rebstock, Weinstock;* ~ *anbauen* □ **videira; vinha;** → a. *wild(1.2.1)* **2** ⟨unz.⟩ *Weintrauben; ein halbes Pfund* ~; ~ *keltern;* ~ *lesen* □ **cacho de uvas 3** *gegorener Saft aus Weintrauben;* eine *Flasche, ein Glas* ~; *ein Schoppen* ~; ~ *kalt stellen;* ~ *panschen; der* ~ *steigt mir leicht in den Kopf; alter, junger, leichter, schwerer, saurer, herber, süßer* ~; *feuriger, vollmundiger, würziger* ~, *roter, weißer* ~ □ **vinho** 3.1 *jmdm. reinen* ~ *einschenken* ⟨fig.⟩ *jmdn. die Wahrheit über etwas Unangenehmes sagen* □ ***dizer a verdade a alguém** 3.2 *im* ~ *ist Wahrheit* ⟨fig.⟩ *wer ein wenig berauscht ist, plaudert manches aus* □ **in vino veritas;* **no vinho está a verdade;** → a. *offen(1.8.2), Wasser(1.6)* **4** *gegorener Saft aus anderem Obst, z. B. Äpfeln, Beeren;* Obst~, *Apfel~, Johannisbeer~* □ **vinho**

Wein|berg|schne|cke ⟨f.; -, -n⟩ *essbare Landlungenschnecke, die an der Weinrebe schädlich wird: Helix pomatia* □ **escargot**

Wein|brand ⟨m.; -(e)s, -brän|de⟩ *aus Wein hergestelltes Branntweindestillat mit mindestens 38% Alkohol* □ **aguardente de vinho**

wei|nen ⟨V.⟩ **1** ⟨400⟩ *Tränen vergießen;* Ggs *lachen(1); bittere Tränen* ~; *ich weiß (vor Schreck, vor Verblüffung) nicht, ob ich lachen oder* ~ *soll; bitterlich, herzzerreißend, jämmerlich, laut* ~; *mir ist das Weinen näher als das Lachen!* □ **chorar;** *in lautes Weinen ausbrechen* □ ***desatar a chorar;** *leise vor sich hin* ~ □ ***chorar baixinho; choramingar;** *vor Freude, vor Schmerz, vor Zorn* ~ □ ***chorar de alegria/dor/raiva;** *jmdn. zum Weinen bringen* □ ***fazer alguém chorar;** *es ist zum Weinen!* (Ausruf des Ärgers, der Enttäuschung) □ ****é de chorar!**;* *jmdm.* ~ *in die Arme sinken* □ **chorando; em prantos;** → a. *Auge(9.8), lachen(1.3), leise(1)* 1.1 *um etwas, um jmdn.* ~ *trauern* □ ***chorar por alguma coisa/alguém** **2** ⟨511/Vr 3⟩ *sich in etwas* ~ *sich durch Weinen in einen bestimmten Zustand bringen; sich in den Schlaf* ~ □ ***chorar até dormir**

wei|ner|lich ⟨Adj.⟩ **1** *leicht weinend; das Kind ist heute so* ~ □ **choroso; chorão 2** *im nächsten Augenblick weinen wollend* □ **prestes a chorar;** *„Nein!", sagte das Kind* ~ □ **fazendo bico 3** *tränenerstickt; mit* ~*er Stimme* □ **sufocado pelo choro**

Wein|geist ⟨m.; -(e)s; unz.⟩ = **Äthylalkohol**

Wein|re|be ⟨f.; -, -n; Bot.⟩ **1** *Angehörige einer Gattung der Weinrebengewächse: Vitis* 1.1 ⟨i. e. S.⟩ *Weinrebe(1), die zur Gewinnung von Weintrauben gezüchtet wird: Vitis vinifera* □ **videira**

Wein|stock ⟨m.; -(e)s, -stö|cke⟩ *die einzelne Pflanze der Weinrebe(1.1)* □ **videira**

Wein|trau|be ⟨f.; -, -n⟩ = *Traube(1.1.1)*

wei|se ⟨Adj.⟩ **1** *klug u. einsichtig, lebenserfahren, gereift, abgeklärt; jmdm.* ~ *Lehren geben; ein* ~*r Mensch; ein* ~*r Ratschlag; das war ein* ~*s Wort; er dünkt sich sehr* ~ □ **sábio; sensato;** ~ *handeln, urteilen* □ **sabiamente; sensatamente** 1.1 ⟨60⟩ ~ *Frau* ⟨früher⟩ 1.1.1 *Hebamme* □ ***parteira** 1.1.2 *Wahrsagerin* □ ***vidente; adivinha**

Wei|se ⟨f.; -, -n⟩ **1** *(bestimmte) Art, Verfahren, Vorgehen (bei einem Tun); auf besondere* ~; *jeder sucht sein Glück auf seine (eigene)* ~; *ich kann auf keine* ~ *erreichen, dass ...; man kann seinen Zweck auf verschiedene* ~ *erreichen; auf welche, in welcher* ~ *auch immer es geschehen mag ...; in besonderer* ~; *jeder handelt nach seiner* ~ □ **modo; maneira** 1.1 *auf diese* ~ *so* □ ***desse modo; dessa maneira** 1.2 *wir wollen in der* ~ *vorgehen, dass ... so vorgehen, dass ...* □ ***queremos agir de modo/maneira que...** 1.3 *in einfacher, schlichter* ~ *einfach, schlicht* □ ***simplesmente** 1.4 *in gewohnter* ~ *wie gewohnt* □ ***como de costume** 1.5 *in keiner* ~ *überhaupt nicht, gar nicht, nicht im Geringsten; er hat mir in keiner* ~ *geholfen; du störst mich in keiner* ~ □ ***de modo algum;** → a. *Art(5, 6)* **2** ⟨Mus.⟩ *Tonfolge, Melodie, Lied;* Sy *Modus(4);* *Volks~; eine einfache, schlichte, volkstümliche* ~ □ **melodia; cantiga**

Wei|se(r) ⟨f. 2 (m. 1)⟩ **1** *jmd., der weise ist, gereifter, erfahrener, abgeklärter Mensch* **2** ⟨früher⟩ *Denker, Philosoph* □ **sábio;** *die drei Weisen aus dem Morgenlande* □ ***os Três Reis Magos do Oriente;** → a. *Stein(1.7)*

...wei|se ⟨Adv.; in Zus.⟩ **1** *in einer bestimmten Art, mit einem bestimmten Umstand verbunden;* probeweise, zwangsweise, glücklicherweise, zufälligerweise **2** *(zur Bezeichnung des Maßes) jeweils eine bestimmte Mengeneinheit;* dutzendweise, tropfenweise, löffelweise

wei|sen ⟨V. 282⟩ **1** ⟨530⟩ jmdm. etwas ~ *zeigen;* jmdm. den Weg, die Richtung ~ ▯ mostrar; indicar 1.1 jmdm. die Tür ~ ⟨fig.⟩ *jmdm. hinauswerfen* ▯ *mostrar a porta a alguém; mandar alguém embora* **1.2** ⟨geh.⟩ *jmdn. etwas lehren;* einem Schüler die Anfangsgründe in Geometrie ~ ▯ ensinar **2** ⟨510⟩ *jmdn. ~ schicken;* ein anderer Beamter wies mich an diese Stelle ▯ mandar; einen Schüler von der Schule ~ **2.1** *jmdn. aus dem Hause ~ hinauswerfen* ▯ expulsar **3** ⟨510⟩ *etwas von sich, von der* **Hand** *~ etwas ablehnen;* einen Verdacht, einen Gedanken (weit) von sich ~ ▯ *negar/refutar alguma coisa* **3.1** diese Vermutung ist nicht von der Hand zu ~ *ist nicht unwahrscheinlich, nicht abzulehnen* ▯ *essa suposição é irrefutável* **4** ⟨410⟩ *zeigen, deuten, Richtung angeben;* auf einen Stern, eine Zahl ~; der Zeiger weist auf 10; mit dem Daumen (über die Schulter) hinter sich ~; mit dem Finger in eine Richtung ~; die Kompassnadel weist nach Norden; nach oben, unten ~; zum Himmel ~ ▯ apontar; indicar

Weis|heit ⟨f.; -, -en⟩ **1** ⟨unz.⟩ *einsichtige Klugheit, Lebenserfahrung, geistige, innere Reife, Abgeklärtheit;* die ~ des Alters ▯ sabedoria; → a. *Vorsicht(1.1)* **2** ⟨unz.⟩ *überlegenes Wissen, Gelehrsamkeit* ▯ sabedoria; erudição **2.1** mit seiner ~ am, zu Ende sein ⟨fig.; umg.⟩ *nicht mehr weiterwissen, ratlos sein* ▯ *não saber o que fazer; não saber a que santo recorrer* **2.2** er hat die ~ nicht mit Löffeln gegessen (gefressen) ⟨fig.; umg.⟩ *er ist nicht sehr klug* ▯ *ele não é nenhum gênio* **3** *weiser Spruch, weise Aussage, kluge Lehre;* Volks- ~ ▯ *sabedoria/dito popular;* deine ~(en) kannst du für dich behalten; das ist eine alte ~; das Buch steckt voller (feiner) ~en ▯ sentença; máxima

weis||ma|chen ⟨V. 530/Vr 5 od. Vr 6⟩ *jmdm. etwas ~ vormachen, vorspiegeln, vortäuschen* ▯ *fazer alguém crer em alguma coisa;* mach mir doch nichts weis! ▯ *vá contar essa a outro!; não me venha com essa!;* mach mir doch nichts weis, dass ... ▯ *não tente me fazer acreditar que ...; não espere que eu acredite que ...;* das kannst du mir doch nicht ~! ▯ *vá contar essa para outro!; das kannst du anderen ~* (aber nicht mir)! ▯ *pode contar essa para outra pessoa (não para mim)!;* lass dir (von ihm, ihr) nichts ~! ▯ *não acredite em uma palavra que ele/ela diz!*

weiß[1] ⟨Adj.⟩ **1** *alle sichtbaren Farben reflektierend, ohne Farbe;* ~es Feld (auf dem Spielbrett); ~er Stein (beim Brettspiel); etwas ~ anstreichen; blendend ~; gelblich ~; schmutzig ~; ~ blühen; das Weiße im Auge ▯ branco; das Weiße im Ei ▯ clara; → a. *schwarz(1.8)* **1.1** ⟨60⟩ die ~e **Fahne** *Zeichen für erbetene Waffenruhe, Zeichen für unkriegerische Absicht* **1.2** ⟨60⟩ ein ~er **Fleck** auf der Landkarte *ein unerforschtes Gebiet* **1.3** ⟨60⟩ das Weiße **Haus** *Regierungsgebäude u. Wohnsitz des Präsidenten der USA in Washington* ▯ branco **1.4** ⟨60⟩ ~e **Kohle** ⟨fig.⟩ *Wasserkraft* ▯ *hulha-branca* **1.5** ⟨60⟩ ein ~er **Rabe** ⟨fig.⟩ *seltene Erscheinung, Ausnahmeerscheinung (von Menschen)* ▯ *uma ave rara* **1.6** ⟨60⟩ Weißer **Sonntag** *erster S. nach Ostern* ▯ *pascoela* **1.7** ⟨60⟩ der ~e/Weiße **Sport** *Tennis* ▯ *o esporte branco; o tênis* **2** *von der hellsten Farbe;* ~e Bohnen; ~es Fell; ~es Fleisch (vom Geflügel); ~es Haar; die ~e Rasse ▯ branco **2.1** Sie haben sich ~ gemacht ⟨umg.⟩ *Sie sind mit dem Kleid über etwas Helles gestreift, das hängengeblieben ist* ▯ *o senhor manchou sua roupa de branco; o senhor encostou em alguma coisa branca* **2.2** ~ werden *weißes Haar bekommen* ▯ *encanecer; ficar grisalho* **2.3** Achtung vor jmds. ~em Haar haben *Achtung vor seinem Alter u. seiner Reife* ▯ *respeitar os cabelos brancos de alguém* **2.4** ⟨60⟩ Weiße **Ameisen** ⟨fälschlich für⟩ *Termiten* ▯ *cupins* **2.5** ⟨60⟩ ~e **Blutkörperchen** *zur Eigenbewegung befähigte, im Zustand der Ruhe abgerundete B., deren Hauptaufgabe die Abwehr von Krankheitserregern ist;* Ggs rote Blutkörperchen, → *rot(1.15)* **2.6** ⟨60⟩ ~es **Gold** *mit Silber und Kupfer im Verhältnis 3:2 legiertes G.* **2.7** ⟨60⟩ ~e **Magie** *(bei Naturvölkern) von der Gesellschaft anerkannte M.;* Ggs schwarze Magie → *schwarz(3.3)* **2.8** ⟨60⟩ ~es **Mehl** *Auszugsmehl, meist aus Weizen* ▯ branco **2.9** ⟨60⟩ ~er **Pfeffer** *geschälte Samen des Pfefferstrauchs* ▯ *pimenta-branca* **2.10** ⟨60⟩ ~e **Substanz** *die wegen ihres Reichtums an markhaltigen Nervenfasern weißen Teile des Gehirns und des Rückenmarks;* Ggs graue Substanz → *grau(1.10)* ▯ branco **2.11** ⟨60⟩ der weiße/Weiße **Tod** ⟨fig.⟩ *der T. im Schnee* ▯ *a morte na neve* **2.12** ⟨60⟩ ~e **Weihnachten, Ostern** *W., O. mit Schnee;* Ggs grüne Weihnachten, Ostern → *grün(1.15)* ▯ *Natal/Páscoa com neve* **3** *bleich, blass;* ein ~es Gesicht; ~e Haut(farbe) ▯ branco; pálido **3.1** ~ werden *blass werden* ▯ *ficar branco; empalidecer* **3.2** ⟨60⟩ die ~e **Frau** *(im Volksglauben) Gespenstererscheinung* ▯ *a Dama Branca* **4** ⟨60⟩ eine ~e **Weste** haben ⟨fig.⟩ *unbescholten sein, ein reines Gewissen haben* ▯ *ter ficha limpa* **4.1** einen Fleck auf seiner ~en Weste haben *nicht ganz unbescholten sein, einmal etwas Unrechtes getan haben* ▯ *ter ficha suja* **5** ⟨Getrennt- u. Zusammenschreibung⟩ **5.1** ~ tünchen = *weißtünchen* **5.2** ~ waschen = *weißwaschen (I)* **5.3** ~ gekleidet = *weißgekleidet*

weiß[2] ⟨1. u. 3. Pers. Sing. Präs. von⟩ *wissen*

Weiß ⟨n.; - od. -es, -⟩ **1** *weiße Farbe;* in ~ gekleidet sein ▯ branco **1.1** sie erschien ganz in ~ *weiß gekleidet* ▯ *ela apareceu toda de branco* **1.2** das Zimmer ist in ~ gehalten *mit weißen Möbeln, Vorhängen usw. eingerichtet* ▯ *o quarto é decorado de branco* **2** aus Schwarz Weiß machen ⟨fig.⟩ *etwas Schlimmes als harmlos darstellen* ▯ *dourar a pílula* **2.1** aus Weiß Schwarz machen ⟨fig.⟩ *etwas Gutes als schlimm darstellen* ▯ *pintar um quadro negro*

weis||sa|gen ⟨V. 530/Vr 8⟩ *jmdm. etwas ~ voraussagen;* Sy *prophezeien(1);* einem Menschen Künftiges ~; sie weissagte mir, dass ... ▯ predizer; profetizar

Weiß|bier ⟨n.; -(e)s, -e⟩ *obergäriges, kohlensäurereiches Bier, zu dessen Herstellung auch Weizen verwendet wird* □ **cerveja branca**

weiß|blu|ten ⟨V. 500/Vr 3; nur im Inf; umg.⟩ **1** sich ~ *sich (finanziell) völlig verausgaben* □ ***arruinar-se; ficar na pindaíba 2** ⟨substantiviert; in der Wendung⟩ bis zum Weißbluten *bis zum Letzten* □ ***até não poder mais**

wei|ßen ⟨V. 500⟩ *etwas ~ weiß anstreichen, weiß tünchen, kalken* □ **branquear; caiar**

weiß|ge|klei|det auch: **weiß ge|klei|det** ⟨Adj. 24/60⟩ *in Weiß gekleidet;* eine ~e Braut □ **vestido de branco**

Weiß|glut ⟨f.; -; unz.⟩ **1** *beim Weißglühen entstehende Glut* □ **incandescência 1.1** jmdn. (bis) zur ~ bringen, erzürnen ⟨fig.; umg.⟩ *jmdn. in äußerste Wut, äußersten Zorn bringen* □ ***fazer alguém espumar de raiva**

Weiß|herbst ⟨m.; -(e)s, -e⟩ *sehr heller Rotwein, bei dem die farbstoffreichen Schalen rasch ausgekeltert werden;* Sy *Rosé¹* □ **vinho rosé**

Weiß|nä|he|rin ⟨f.; -, -rin|nen; früher⟩ *Näherin, die Bett-, Küchen- u. Tischwäsche, Oberhemden u. einfache Blusen näht u. ausbessert* □ **costureira**

weiß|tün|chen auch: **weiß tün|chen** ⟨V. 500⟩ *etwas ~ weiß anstreichen;* ein Zimmer ~; eine Wand ~ □ **pintar de branco; caiar**

weiß|wa|schen auch: **weiß wa|schen** ⟨V. 279/500⟩ **I** ⟨Zusammen- u. Getrenntschreibung⟩ Wäsche weißwaschen/weiß waschen *so sorgfältig, gründlich waschen, dass sie weiß wird* □ **alvejar II** ⟨Vr 7 od. Vr 8; nur Zusammenschreibung; fig.⟩ jmdn. weißwaschen *von einem Verdacht reinigen* □ ***limpar a barra de alguém**

Weiß|wein ⟨m.; -(e)s, -e⟩ *gelblicher Wein aus hellen Trauben;* ein Glas ~ bestellen, trinken □ **vinho branco**

Wei|sung ⟨f.; -, -en⟩ **1** *Gebot, Befehl, Anweisung;* ~en erteilen; ich habe die ~, niemanden hereinzulassen □ **instrução; ordem; diretiva 2** ⟨schweiz.⟩ *Bericht der Behörde an die Stimmberechtigten vor einer Abstimmung über eine Sachfrage* □ **relatório que precede uma votação**

weit ⟨Adj.⟩ **1** *(verhältnismäßig) geräumig, sich über einen größeren Raum, ein großes Gebiet ausdehnend, erstreckend;* Ggs *eng(1)* □ **amplo; vasto; extenso;** in die ~e Welt ziehen □ ***cair no mundo;** in ~en Zwischenräumen □ ***em grandes intervalos;** den Mund ~ aufmachen □ ***abrir bem a boca;** die Tür ~ öffnen □ ***escancarar a porta;** mit ~ aufgerissenen Augen □ ***com olhos arregalados;** das Fenster, die Tür stand ~ offen □ ***a janela/a porta ficou escancarada 1.1** das ist ein ~es Feld ⟨fig.⟩ *darüber kann, müsste man lange sprechen* □ **vasto 1.2** ein ~es Gewissen haben ⟨fig.⟩ *es in moralischen od. rechtlichen Dingen nicht sehr genau nehmen* □ **elástico 1.3** ein ~es Herz für andere haben ⟨fig.⟩ *großzügig, hilfreich, mildtätig sein* □ **grande 1.4** das Herz wurde mir ~ (vor Freude, Glück usw.) *ich empfand große Freude, großes Glück* □ ***meu coração se encheu de alegria/felicidade etc. 1.5** einen ~en Horizont haben ⟨fig.⟩ *Kenntnisse auf den verschiedensten Gebieten* □ **amplo 1.6** der Vorfall zog ~e Kreise ⟨fig.⟩ *hatte einige Folgen* □ ***o incidente teve grande repercussão 1.7** ~e **Kreise** *viele Menschen(gruppen);* ~e Kreise der Bevölkerung □ ***grande parcela/amplos setores da população;** etwas ~en Kreisen zugänglich machen □ ***tornar alguma coisa acessível para um grande número de pessoas 1.8** ⟨60; fig.⟩ *umfassend;* im ~eren Sinne ⟨Abk.: i. w. S.⟩; im ~esten Sinne des Wortes □ **amplo; lato 1.9** ⟨50⟩ *in großem Umkreis;* er ist ~ (in der Welt) herumgekommen □ ***ele correu o mundo 1.9.1** und breit *in dem Umkreis, den man überblicken kann* □ ***por toda parte;** es war ~ und breit niemand zu sehen □ ***não se via ninguém nas redondezas 2** *lose sitzend, groß;* Ggs *eng(3);* ~e Ärmel; das Kleid ist mir zu ~ □ **largo; folgado;** ich muss mir das Kleid etwas ~er machen □ ***preciso alargar um pouco o vestido;** → a. *weitermachen* **3** *sich über große Entfernung erstreckend, lang, räumlich (od. zeitlich) ausgedehnt, entfernt;* aus ~er Entfernung □ ***de muito longe; de uma longa distância;** der Weg ist mir zu ~; der Weg war doch ~er, als ich dachte □ **longo;** wie ~ ist es von hier bis ...? □ ***qual é a distância daqui até...?;** so ~ kann ich nicht gehen, sehen, werfen □ **longe 3.1** ist es noch ~? *muss ich noch lange bis dorthin gehen, fahren?, ist die Entfernung noch groß?, ist der Weg noch lang?* □ ***ainda está longe?; falta muito? 3.2** von hier hat man einen ~en Blick übers Land *einen in die Ferne reichenden B.* □ **amplo 3.3** auf ~e Strecken (hin) *ziemlich lange* □ ***em grande parte; em longos trechos 3.4** das Weite suchen ⟨fig.⟩ *ausreißen, davonlaufen, fliehen* □ ***cair fora; dar no pé 3.5** (über) *eine große Strecke;* ich musste noch ~ gehen, fahren; ich bin ~ gelaufen □ **muito; um bom pedaço;** ich bin heute ~er gegangen als gestern □ **mais 3.6** ~ (weg) *in großer Entfernung;* das Haus liegt ~ von hier; das ist nicht ~ von hier □ ***(bem) longe;** ~er hinten, vorn, rechts, links, oben, unten □ ***mais atrás/à frente/à direita/à esquerda/acima/abaixo;** er wohnt so ~ weg, dass wir uns nur selten sehen □ ***ele mora tão longe que nos vemos apenas raramente 3.7** ~ entfernt *in einem verhältnismäßig großen Abstand;* unsere Verwandten wohnen ~ entfernt □ ***muito longe/distante 3.7.1** *in einem bestimmten Abstand;* das Dorf liegt 5 km ~ entfernt von hier □ ***o vilarejo fica a 5 km daqui;** ein paar Häuser ~er wohnt unser Großvater □ ***nosso avô mora algumas casas mais adiante 3.7.2** ich bin ~ entfernt (davon), das zu tun, zu glauben ⟨fig.⟩ *ich denke nicht daran* □ ***estou longe de fazer isso/de acreditar nisso 3.8** von ~ her *aus großer Entfernung;* ein Hund, der von ~ her heimfindet; von ~ her kommen □ ***de longe 3.8.1** das ist etwas ist es nicht ~ her ⟨fig.; umg.⟩ *etwas ist nicht besonders gut;* mit deinen Leistungen ist es nicht ~ her □ ***não é grande coisa;** → a. *weither* **3.9** von ~em/Weitem *aus großer Entfernung, von ferne;* ich habe ihn schon von ~em/Weitem erkannt □ ***de longe 4** ⟨fig.⟩ *in Richtung auf ein Ziel um ein (verhältnismäßig) großes Stück voran(gekommen);* wie ~ bist du mit deiner Arbeit? □ ***em que ponto/pé você está com seu trabalho?;** wir sind schon ~er (im Lehrplan) als die andere Klasse □ *já estamos mais avançados no programa do que a outra classe; die Krankheit ist schon ~ fortgeschritten □ *a doença já está bem avançada; damit wirst du nicht ~ kommen □ *com isso você não vai longe; mit Höflichkeit kommt man am ~esten □ *com gentileza se vai mais longe 4.1 es ~ bringen (im Leben) viel erreichen, Erfolg haben; es hat es im Leben, in seinem Beruf ~ gebracht □ *ir longe; progredir 4.2 wir wollen es (erst) so ~ kommen lassen eine Veränderung zum Schlechten schon in den Anfängen aufhalten □ *não queremos que as coisas cheguem a este ponto 4.3 so ~ ist es schon (mit dir, mit uns) gekommen so schlimm ist es schon geworden □ *as coisas já chegaram a este ponto (com você, conosco) 4.4 zu ~ ⟨fig.⟩ über ein bestimmtes Maß hinaus □ *longe demais 4.4.1 es würde zu ~ führen, wenn ich es genau erklären wollte zu viel Zeit erfordern □ *levaria tempo demais explicar em detalhes 4.4.2 das geht zu ~! ⟨fig.⟩ das ist zu viel, zu unverschämt □ *isso está indo longe demais! 4.4.3 wir wollen es nicht zu ~ treiben ⟨fig.⟩ nicht übertreiben □ *não queremos levar isso longe demais 5 ⟨50; bei Vergleichen⟩ viel, um vieles; jmdn. ~ übertreffen; dieses Bild gefällt mir ~ besser als das andere; er ist ~ größer als du; er war den andern bald ~ voraus muito; bem 5.1 bei ~em/Weitem sehr viel, mit großem Abstand, dies gefällt mir bei ~em/Weitem besser als jenes 5.1.1 er ist bei ~em/Weitem der Beste mit großem Abstand von den andern der Beste □ de longe 5.1.2 dies gefällt mir bei ~em/Weitem nicht so gut wie jenes längst nicht so gut, viel weniger □ *nem de longe este me agrada tanto quanto aquele; → a. weiter 6 ⟨Getrennt- u. Zusammenschreibung⟩ 6.1 ~ blickend = weitblickend 6.2 ~ gehend = weitgehend (I) 6.3 ~ gereist = weitgereist 6.4 ~ reichend = weitreichend 6.5 ~ verbreitet = weitverbreitet

weit|ab ⟨Adv.⟩ weit entfernt; ~ vom Dorf □ muito/bem longe

weit|aus ⟨Adv.⟩ bei weitem; ~ besser, schöner □ de longe; muito

Weit|blick (m.; -(e)s; unz.) Fähigkeit, Dinge im Voraus zu beurteilen, künftige Notwendigkeiten zu erkennen; politischen ~ besitzen □ sagacidade; perspicácia

weit|bli|ckend auch: **weit blickend** ⟨Adj.⟩ mit Weitblick begabt, vorausschauend; eine ~e Entscheidung treffen □ sagaz; perspicaz

Wei|te ⟨f.; -, -n⟩ 1 das Weitsein, weite Beschaffenheit; die ~ einer Landschaft; das Meer lag in unendlicher ~ vor uns □ amplidão; extensão 2 Ferne □ distância; in die ~ schweifen, wandern; mit den Augen, den Gedanken in die ~ schweifen; in die ~ schauen □ ao longe 3 Durchmesser, Öffnung (eines Gefäßes), Ausdehnung, Umfang □ diâmetro; circunferência; abertura; extensão; Kopf~ □ *circunferência da cabeça, Kragen~ □ *medida do colarinho; → a. licht(3) 4 Entfernung, Abstand; Schuss~ □ *alcance de tiro, Sicht~ □ *horizonte; alcance da vista, Spann~ □ *envergadura; er erzielte beim Hammerwerfen die besten ~n □ distância

wei|ten ⟨V. 500⟩ 1 etwas ~ weiter machen, dehnen; Schuhe, eine Öffnung ~ 2 ⟨Vr 3⟩ etwas weitet sich wird weiter □ alargar(-se), dilatar(-se), ampliar(-se); das Herz weitete sich bei diesem schönen Anblick ⟨fig.⟩ □ inchar; crescer

wei|ter ⟨Adj.⟩ 1 ⟨Komparativ von⟩ weit □ mais adiante; mais longe 2 ⟨60⟩ andere(r, -s) hinzukommend, hinzutretend, zusätzlich; eine ~e Arbeit, Sorge; hast du noch ~e Aufträge für mich?; zu ~en Auskünften bin ich gern bereit; nach einer ~en Stunde □ outro; mais; ulterior; das Weitere werde ich dir noch erklären; alles Weitere ist klar □ resto; restante 2.1 des, im Weiteren (waren noch zu sehen...) außerdem □ *além disso 2.2 bis auf ~es/Weiteres vorläufig, bis auf Widerruf, bis etwas anderes bekanntgegeben wird; das Theater ist, bleibt bis auf ~es/Weiteres geschlossen □ *por enquanto; até segunda ordem 2.3 ohne ~es/Weiteres, ⟨österr.⟩ ohneweiters ohne Umstände, ohne Bedenken □ *sem problemas; facilmente; das kann man ohne ~es tun □ *não há inconveniente em fazer isso 3 ⟨50⟩ außerdem, weiterhin, sonst noch, darüber hinaus(gehend); und was geschah ~? □ *e o que mais aconteceu?; ich werde mich auch ~ um ihn kümmern □ *também vou continuar cuidando dele; ~ sage ich nichts □ *não digo mais nada; ~ möchte ich noch sagen, dass ... □ *ainda gostaria de dizer que...; was ist da ~ (dabei)? □ *o que mais há?; ~ wollte ich nichts □ *eu não queria nada além disso; kein Wort ~ (darüber)! □ *nem mais uma palavra (sobre isso)!; bis hierher und nicht ~ □ *até aqui e nem um passo mais; ~ nichts □ *nada mais?; ~ nichts als ... □ *se não há mais nada; und was ~? □ *e o que mais?; den ~en Verlauf der Geschichte konnten wir nicht mehr hören □ *já não pudemos ouvir a continuação da história 3.1 in gleicher Weise fort(fahrend), ohne Unterbrechung; und so ~ ⟨Abk.: usw.⟩ □ *e assim por diante; etc. 3.2 ~! weitergehen!, sprich weiter!; bitte, ~! (beim Vorführen von Lichtbildern); (halt), nicht ~! □ continue 3.2.1 ~ im Text! ⟨umg.⟩ fahren wir fort! □ *vamos prosseguir com a leitura! 3.3 ⟨mit Negation⟩ ~ niemand, nichts niemand, nichts von Bedeutung □ *mais ninguém; mais nada; es war ~ niemand da □ *não havia mais ninguém lá; das hat ~ nichts zu sagen □ *isso já não tem importância 4 ⟨Getrennt- u. Zusammenschreibung⟩ 4.1 ~ bestehen = weiterbestehen

wei|ter... ⟨in Zus. mit Verben⟩ 1 fortfahren zu, nicht aufhören zu ...; weiterarbeiten, weiterklingen 2 an einen Dritten, an andere, einem anderen, anderen; weitergeben, weiterverkaufen, weitersagen, weitererzählen

wei|ter|be|ste|hen auch: **wei|ter be|ste|hen** ⟨V. 256/400⟩ weiterhin bestehen, fortbestehen, nicht aufhören zu bestehen; die Einrichtung hat noch zwei Jahre weiterbestanden/weiter bestanden □ continuar a existir; durar

weiterbilden

wei|ter‖bil|den ⟨V. 500/Vr 7⟩ jmdn. ~ *fortbilden, noch mehr bilden, weiter, besser ausbilden* □ **aperfeiçoar; especializar**

Wei|ter|bil|dung ⟨f.; -, -en⟩ **1** ⟨unz.⟩ *das Weiterbilden, das Sichweiterbilden* □ **aperfeiçoamento; especialização 2** ⟨zählb.⟩ *Kurs, den man besucht, um sich in einem bestimmten Bereich weiterzubilden;* an einer ~ zur Bürokauffrau teilnehmen □ **curso de aperfeiçoamento/especialização**

wei|ter‖den|ken ⟨V. 119⟩ **1** ⟨402⟩ (eine **Sache**) ~ *einen Gedanken fortsetzen, zu Ende führen* □ **continuar a pensar 2** ⟨400⟩ *nicht nur an das Nächstliegende, sondern auch an Kommendes denken* □ **pensar no futuro**

wei|ter‖fah|ren ⟨V. 130/400(s.)⟩ *ohne (längeren) Aufenthalt die Fahrt fortsetzen;* er möchte noch heute nach Bielefeld ~ □ **prosseguir; continuar a viagem;** ⟨aber Getrenntschreibung⟩ weiter fahren → *weit(3.5)*

wei|ter‖ge|hen ⟨V. 145/400(s.)⟩ **1** *ohne Aufenthalt vorübergehen, an einen anderen Ort gehen, seinen Weg fortsetzen, nicht stehen bleiben* □ **prosseguir; continuar;** bitte ~! □ **circulando, por favor!* **1.1** *ich werde meine Beschwerde ~ lassen ich werde mich an die nächsthöhere Stelle wenden* □ **darei prosseguimento à minha reclamação* **2** *etwas geht weiter dauert an;* → a. *fortgehen (2);* so kann es nicht ~; soll das immer so ~?; meinetwegen könnte es noch lange so ~ **2.1** plötzlich ging es nicht weiter *der Weg war versperrt, hörte auf* **2.2** ⟨413⟩ so kann es nicht ~ *das muss geändert werden* □ **continuar 2.3** ⟨413⟩ und wie ging es weiter? *was geschah dann?* □ **e o que aconteceu depois?;* ⟨aber Getrenntschreibung⟩ weiter gehen → *weit(3.5)*

wei|ter‖hin ⟨Adv.⟩ **1** *in Zukunft, künftig;* ich werde dich auch ~ besuchen; lass es dir auch ~ gutgehen □ **no futuro, doravante 2** *außerdem;* ~ ist zu bedenken, dass ... □ **além disso**

wei|ter‖kom|men ⟨V. 170/400(s.)⟩ **1** *vorankommen, vorwärtskommen;* mit einer Arbeit, im Leben ~ □ **avançar; progredir 2** schau, dass du weiterkommst! ⟨bair.; österr.⟩ *geh sofort weg!* □ **trate de cair fora!*

wei|ter‖ma|chen ⟨V. 500⟩ **1** *eine Tätigkeit fortsetzen, weiterarbeiten, weiterspielen* **2** *sich weiterhin genauso benehmen, verhalten wie bisher;* mach nur so weiter, du wirst schon sehen, wohin das führt! □ **continuar,** a. → *weit(2)*

wei|ters ⟨Adv.; österr.⟩ *weiterhin (2)* □ **além disso**

weit|ge|hend *auch:* weit ge|hend I ⟨Adj.; Zusammen- u. Getrenntschreibung⟩ *umfangreich, großzügig;* sein Vorschlag fand ~e Unterstützung; man brachte ihm ~es Verständnis entgegen; ~e Vollmachten besitzen □ **amplo; considerável; extenso** II ⟨Adv. 50; nur Zusammenschreibung⟩ *nach Möglichkeit, so weit wie möglich;* wir werden Ihre Wünsche ~ berücksichtigen; jmdn. ~ unterstützen □ **na medida do possível; tanto quanto possível**

weit|ge|reist *auch:* weit ge|reist ⟨Adj. 24/70⟩ *viele Reisen unternommen habend;* eine ~e Frau □ **muito viajado**

weit|her ⟨Adv.⟩ *aus weiter Ferne, aus großer Entfernung;* ein Ruf von ~ □ **(vindo) de (muito) longe;** a. → *weit (3.8-3.8.1)*

weit|her|zig ⟨Adj.⟩ *großzügig* □ **generoso; magnânimo**

weit|hin ⟨Adv.⟩ *bis in weite Ferne, bis in große Entfernung;* sein Geschrei war ~ zu hören □ **(ao) longe**

weit|läu|fig ⟨Adj.⟩ **1** *großräumig, großzügig angelegt;* ein ~er Garten, ein ~es Gebäude □ **amplo; espaçoso 2** ⟨90⟩ *entfernt (verwandt);* wir sind ~ verwandt miteinander; ein ~er Verwandter □ **afastado; distante 3** *ausführlich;* eine ~e Erzählung; etwas ~ erzählen □ **(de modo) detalhado/minucioso**

weit|rei|chend *auch:* weit rei|chend ⟨Adj. 70; fig.⟩ *umfangreich, sehr wirksam;* von ~er Bedeutung; die Sache hatte ~e Folgen □ **de longo alcance; de grande envergadura**

weit|schwei|fig ⟨Adj.⟩ *sehr ausführlich, umständlich, wortreich;* eine ~e Erzählung; etwas ~ erzählen, berichten; der Roman ist sehr ~ geschrieben □ **(de modo) prolixo/difuso**

Weit|sicht ⟨f.; -; unz.⟩ **1** = *Fernsicht* **2** ⟨fig.⟩ *Fähigkeit, die Zukunft beurteilen zu können, Weitblick* □ **perspicácia; visão de futuro**

weit|sich|tig ⟨Adj.⟩ Ggs *kurzsichtig* **1** ⟨70⟩ *an Weitsichtigkeit leidend* □ **hipermetrope 2** ⟨fig.⟩ *die Zukunft sehr weise beurteilend, vorausschauend, weitblickend* □ **perspicaz**

Weit|sich|tig|keit ⟨f.; -; unz.⟩ *Störung des Sehvermögens, die verhindert, nahe gelegene Gegenstände (bes. Geschriebenes) scharf zu erkennen, meist im Alter auftretend;* Ggs *Kurzsichtigkeit* □ **hipermetropia**

weit|ver|brei|tet *auch:* weit ver|brei|tet ⟨Adj. 24/70⟩ *über ein weites Gebiet, unter vielen Menschen verbreitet;* eine ~e Religion □ **muito difundido**

Wei|zen ⟨m.; -s; unz.⟩ **1** ⟨Bot.⟩ *Gattung der Süßgräser mit wichtigen Getreidearten: Triticum* **2** *Mehl liefernde Getreide: Triticum aestivum;* Weich~ □ **trigo 2.1** sein ~ blüht ⟨fig.; umg.⟩ *er hat Erfolg* □ **seus negócios vão de vento em popa; a sorte está sorrindo para ele;* → a. *Spreu(1.1)*

welch ⟨Interrogativpron.; kurz für⟩ *welcher, welche, welches (meist in Ausrufen);* ~ schönes Bild!; ~e Wohltat!; ~ große Mühe hat das gekostet; mit ~ einer Begeisterung schreibt er von seiner Reise! □ **que**

wel|che(r, -s) ⟨Pron. 10 (stark)⟩ **1** ⟨Interrogativpron.⟩ **1.1** ⟨attributiv⟩ **1.1.1** *(in direkten Fragen, mehrere Möglichkeiten unterscheidend);* Sy *was* (1.2) *für ein, eine;* die Arbeit ~s Schülers ist die beste?; ~ Stadt gefällt dir besser?; an ~m Tag bist du geboren?; aus ~m Grunde hast du das getan?; in ~ Schule gehst du?; mit ~m Zug bist du gekommen?; von ~m Autor stammt der Roman ...? **1.1.2** *(in indirekten Fragen);* man sieht, ~n Eindruck seine Rede hinterlassen hat; ~n Entschluss er auch fassen mag; frag mich nicht, in ~m Zustand ich ihn angetroffen habe; es ist anerkennenswert, mit ~m Eifer er arbeitet □ **que; qual 1.2** ⟨substantivisch⟩ *wer aus einer Gruppe, was aus einer Menge;* er hat eine der drei Schwestern X geheiratet. Welche?; hier sind mehrere Bücher, ~s willst du haben?; ~r auch (immer) der Schuldige ist ...; ~ von beiden ist schuld?; ~n von deinen Freunden schätzt du am höchsten? □ **qual 2** ⟨Relativpron.; veraltend, heute fast nur noch, um Häufung gleichlautender Pronomen zu vermeiden⟩ *der, die, das;* derjenige, ~r; das Kind, ~s das schönste Bild gemalt hat; alle Schüler, ~ die Vorstellung besuchen wollen; das Buch, in ~s er mir die Widmung geschrieben hat □ **que; qual 3** ⟨Indefinitpron.; umg.⟩ 3.1 *einige, manche;* da gibt es ~, die nicht einsehen können, dass ...; hier sind ~, die noch keine Eintrittskarte haben □ **alguns; quem 3.2** *einige(s), manche(s);* diese Blumen gefallen mir, ich werde mir auch ~ kaufen; ich habe kein Geld eingesteckt. Das macht nichts, ich habe ~s □ **algum; alguns**

wel|cher|lei ⟨a. ['---] Adv.⟩ *was für ein, eine auch immer;* welcher, welche, welches auch immer; in ~ Form es auch sei □ **seja qual for; não importa qual**

Welf ⟨m.; -(e)s, -e od. n.; -(e)s, -er⟩ = Welpe

welk ⟨Adj.⟩ **1** *verblüht, vertrocknet, dürr;* ~e Blumen, ~es Laub □ **murcho; seco 2** *nicht mehr straff, schlaff, erschlafft, geschrumpft;* ein ~es Gesicht, ~e Haut □ **flácido**

wel|ken ⟨V. 400(s.)⟩ **1** *Pflanzen ~ werden welk;* die Blumen ~ □ **murchar; definhar 2** *Haut welkt wird schlaff* □ **ficar flácido**

Well|blech ⟨n.; -(e)s, -e; Pl. selten⟩ *verzinktes Eisenblech, das wellenförmig gebogen u. dadurch sehr tragfähig ist (bes. für Dächer, Autogaragen, Baracken usw.)* □ **chapa ondulada**

Wel|le ⟨f.; -, -n⟩ **1** *berg-und-talförmige Bewegung der Wasseroberfläche;* Meeres~; das Wasser, das Meer schlägt ~n; hohe, schäumende ~n; das Boot trieb hilflos, steuerlos auf den ~n; sich von den ~n tragen lassen □ **onda; vaga 1.1** die Stimmung, der Jubel schlug hohe ~n ⟨fig.⟩ *war groß, stürmisch* □ ***a animação/o júbilo foi grande 1.2** die Sache hat ~n geschlagen ⟨fig.⟩ *hat Aufsehen erregt* □ ***a questão causou sensação; a questão deu o que falar 1.3** den Tod in den ~n finden ⟨poet.⟩ *im Meer ertrinken* □ ***encontrar a morte no mar 1.4** die ~n der Begeisterung, Empörung schlugen immer höher ⟨fig.⟩ *die B., E. wurde immer größer* **2** ⟨fig.⟩ *plötzlicher Ansturm;* Kälte~, Hitze~ □ **onda 3** ⟨fig.⟩ *Bewegung, Strömung;* Filme der neuen ~ □ **onda; moda 4** *etwas, das in seiner Form einer Welle(1) ähnlich sieht* □ **onda; ondulação 4.1** *wellenartige Form des Kopfhaars, auch künstlich erzeugt;* Dauer~ □ ***permanente,** Natur~ □ ***cabelos naturalmente ondulados,** Wasser~ □ ***mis-en-plis,** sich das Haar in ~n legen lassen □ ***frisar/ondear os cabelos 4.2** *kleine Erhebung, flacher Hügel;* Boden~ □ **ondulação 5** ⟨Phys.⟩ *schwingende, sich von einem Punkt fortpflanzende Bewegung;* Licht~, Radio~, Schall~; kurze, lange, ultrakurze ~n □ **onda 6** *zylinderförmige Stahlstange zur Übertragung von Drehbewegungen* □ **eixo de transmissão 7** ⟨alemann., fränk.⟩ *Bündel (aus Holz, Reisig)* □ **fardo; feixe 8** ⟨Sp.⟩ *Turnübung, Umschwung, Schwung des ganzen Körpers um die Querachse, z. B. am Reck;* Knie~, Riesen~ □ **giro**

Wel|len|berg ⟨m.; -(e)s, -e⟩ *oberer Teil einer Welle;* Ggs *Wellental* □ **crista da onda**

Wel|len|bre|cher ⟨m.; -s, -⟩ *ins Meer gebauter Damm, der einen Hafen od. Teil einer Küste vor der vollen Kraft der Wellen schützt* □ **quebra-mar**

Wel|len|län|ge ⟨f.; -, -n⟩ *Länge elektromagnetischer Wellen* □ **comprimento de onda 2** *auf derselben ~ liegen* ⟨fig.; umg.⟩ *sehr ähnlich empfinden* □ **estar em sintonia**

Wel|len|sit|tich ⟨m.; -s, -e; Zool.⟩ *(in Australien heimischer) kleiner Papagei, beliebter Käfigvogel: Melopsittacus undulatus* □ **periquito-australiano**

Wel|len|tal ⟨n.; -(e)s, -täler⟩ *tiefster Teil einer Welle;* Ggs *Wellenberg* □ **sulco/côncavo da onda**

Welp ⟨m.; -en, -en⟩ = *Welpe*

Wel|pe ⟨m.; -n, -n⟩ *Junges (vom Wolf, Fuchs od. Hund);* oV *Welf, Welp* □ **filhote (de lobo, raposa, cão)**

Wels ⟨m.; -es, -e; Zool.⟩ *am Boden von Gewässern lebender, bis 3 m langer Nutzfisch mit auffälligen Bartfäden am Maul: Silurus glanis* □ **siluro**

Welt ⟨f.; -, -en⟩ **1** *die Gesamtheit alles Seienden, aller Erscheinungen u. Erlebnisse, Empfindungen, Gedanken;* Außen~; Innen~ □ **mundo 1.1** *die Gesamtheit der Himmelskörper, Weltall;* die Entstehung der ~ □ **universo 2** ⟨unz.⟩ *die Erde als Lebensraum der Menschen;* das ist das Schönste auf der ~; die ~ kennenlernen; er ist viel in der ~ herumgekommen; in die weite ~ wandern, ziehen ⟨poet.⟩ □ **mundo 2.1** *das kostet nicht die ~* ⟨fig.; umg.⟩ *das ist nicht teuer* □ ***não é caro 2.2** *um nichts in der ~ würde ich das tun* ⟨fig.⟩ *auf keinen Fall, um keinen Preis* □ **mundo 2.3** *dort ist die ~ mit Brettern vernagelt* ⟨fig.; umg.⟩ *dort ist es sehr einsam u. langweilig* □ ***aquele lugar é um fim de mundo 2.4** *das ist nicht aus der ~* ⟨fig.; umg.⟩ *nicht weit entfernt* □ ***não é muito longe;** → a. *Ende (8.2-8.3)* **2.5** *in aller ~* ⟨formelhaft als Steigerung, Betonung des Fragewortes⟩ *nur, eigentlich;* warum in aller ~ hast du nichts davon gesagt? □ ***por que cargas d'água você não disse nada a respeito?;** was in aller ~ hast du dir denn dabei gedacht? □ ***mas que diabos você havia imaginado?;** wo in aller ~ bist du gewesen? □ ***onde diabos você se meteu? 3** ⟨unz.⟩ *Dasein, Leben auf der Welt(2);* Kinder in die ~ setzen □ ***pôr filhos no mundo 3.1** *ein Kind zur ~ bringen gebären* □ ***trazer uma criança ao mundo 3.2** *eine Veranlagung mit auf die ~ bringen mit einer V. geboren werden* □ ***nascer com aptidão para alguma coisa 3.3** *auf die ~ kommen geboren werden* □ ***vir ao mundo 3.4** *aus der ~ gehen, scheiden sterben, bes. Selbstmord begehen* □ ***partir deste mundo 3.5** *Streitigkeiten, Schwierigkeiten aus der ~ schaffen* ⟨fig.⟩ *bereinigen* □ ***eliminar os conflitos/as dificuldades 3.6** *die ~ kennen Lebenserfahrung haben* □ ***conhecer o mundo;** → a. *Lauf(6.4), Licht(3.7)* **4** ⟨unz.⟩ *alle ~, die ganze ~* ⟨umg.⟩ *die Gesamtheit der Menschen;* alle ~ spricht davon, alle ~ weiß es; ich könnte die ganze ~ umarmen (vor Glück) ⟨fig.⟩ □ ***todo o mundo 4.1** *vor aller ~* ⟨fig.; umg.⟩ *vor allen, öffentlich* □ ***diante de todo o mundo 5** ⟨fig.⟩ *Lebenskreis, Lebensbereich, Bereich;* Kinder~, Pflanzen~; die ~ des Films, des Theaters; die ~ des Kindes, die ~ der Technik; die ~

der Träume; die Bücher sind meine ~ □ **mundo; universo** **5.1** zwischen uns liegen, uns trennen ~en *wir verstehen uns nicht, haben grundverschiedene Anschauungen* □ **somos de mundos diferentes* **5.2** die ~ *aus den Angeln heben (wollen) alles anders u. besser machen (wollen)* □ **(querer) mudar o mundo*; → a. **alt(4.8.5), neu(1.6.1), vornehm(1.1)** **6** *von* ~ ⟨fig.⟩ *von vornehmer Lebensart;* ein Mann von ~ □ **do mundo* **7** ⟨unz.; geh.⟩ *Gesamtheit des Irdischen in seiner (menschlichen) Unvollkommenheit;* der ~ entsagen; sich von der ~ zurückziehen; mein Reich ist nicht von dieser ~ *(Johannes 18,36)* □ **mundo**

Welt|all ⟨n.; -s; unz.⟩ *die Gesamtheit der Himmelskörper;* Sy **Kosmos**; → a. *Weltraum* □ **universo; cosmo**

Welt|an|schau|ung ⟨f.; -, -en⟩ *die Art, wie der Mensch die Welt u. ihren Sinn sowie sein Dasein in ihr betrachtet u. beurteilt* □ *Weltanschauung;* **concepção do mundo; cosmovisão**

Welt|bild ⟨n.; -(e)s, -er⟩ *die Gesamtheit des menschlichen Wissens von der Welt u. das menschliche Urteil darüber in einer bestimmten Epoche;* das ~ der Antike; das mittelalterliche ~; unser heutiges ~ □ **concepção do mundo**

Wel|ter|ge|wicht ⟨n.; -(e)s; unz.; Sp.⟩ **1** ⟨unz.⟩ *Gewichtsklasse (zwischen Mittel- u. Leichtgewicht)* **2** *Sportler der Gewichtsklasse Weltergewicht(1),* Weltergewichtler □ **peso welter**

welt|fremd ⟨Adj.; meist abwertend⟩ *das Getriebe der Welt nicht kennend, nicht durchschauend, unbeholfen;* ein ~er Träumer, Gelehrter □ **fora da realidade; ingênuo 2** *unpraktisch, nicht anwendbar, ohne Bezug zur Wirklichkeit;* ~e Ideen □ **inviável; impraticável**

Welt|ge|schich|te ⟨f.; -; unz.⟩ **1** *Darstellung der Geschichte sowie Entwicklung der Menschheit u. der Beziehungen der Völker untereinander* □ **história universal 2** ⟨fig.; umg.; scherzh.⟩ *Welt, fremde Länder;* in der ~ umherfahren □ **mundo**

welt|ge|wandt ⟨Adj.⟩ *gewandt, überlegen im Umgang mit Menschen* □ **experiente; versado nas coisas do mundo**

Welt|krieg ⟨m.; -(e)s, -e⟩ **1** *Krieg, an dem viele Länder beteiligt sind, bes. einschließlich der USA* **1.1** ⟨i. e. S.⟩ *einer der Kriege von 1914 bis 1918 u. von 1939 bis 1945;* Erster, Zweiter ~ □ **guerra mundial**

Welt|ku|gel ⟨f.; -, -n⟩ *kugelförmige Darstellung der Erde mit allen Ländern u. Meeren* □ **globo terrestre**

welt|lich ⟨Adj. 24⟩ **1** *die Welt betreffend, zu ihr gehörend, irdisch* □ **mundano; terreno 2** *nicht kirchlich, nicht geistlich, nicht zum geistlichen Stand od. Besitz gehörend, nicht zur Kirche gehörend;* Sy **säkular (2)**; ~e und geistliche Fürsten □ **secular; temporal 3** *aufs Diesseits gerichtet, dem Diesseits verbunden;* ~er Sinn; ~ gesinnt □ **mundano; laico**

Welt|macht ⟨f.; -, -mäch|te⟩ *Großmacht, Staat mit bedeutender Macht in der Welt* □ **potência mundial**

Welt|mann ⟨m.; -(e)s, -män|ner⟩ **1** *gewandter Mann mit überlegenen Umgangsformen* □ **homem do mundo 2** *weltlich gesinnter bzw. nicht dem geistlichen Stande angehöriger Mann* □ **homem mundano/laico**

Welt|meer ⟨n.; -(e)s, -e⟩ *zusammenhängende, einen großen Teil der Erdoberfläche bedeckende Wassermasse;* Sy **Ozean** □ **oceano**

Welt|raum ⟨m.; -(e)s; unz.⟩ *der unendliche Raum, in dem sich alle Himmelskörper befinden;* → a. *Weltall* □ **universo; cosmo**

Welt|raum|fahrt ⟨f.; -, -en⟩ = *Raumfahrt*

Welt|schmerz ⟨m.; -es; unz.⟩ *Schmerz, Trauer über die Unzulänglichkeit der Welt gegenüber dem eigenen Wollen u. den eigenen Ansprüchen;* sich dem ~ überlassen □ **mal do século**

Welt|stadt ⟨f.; -, -städ|te⟩ *Stadt mit mehr als 1 Million Einwohnern* □ **metrópole**

welt|weit ⟨Adj. 24/90⟩ *die ganze Welt umfassend, sie betreffend, in der ganzen Welt bekannt* □ **mundial(mente); internacional(mente)**

Welt|wun|der ⟨n.; -s, -⟩ *eines der sieben Weltwunder* □ **maravilha do mundo**; → *sieben² (1.4)*

wem 1 ⟨Interrogativpron.; Dat. von⟩ *wer(1);* ~ hast du das Buch gegeben?; ~ gehört dieses Haus? □ **a quem**; bei ~ bist du gewesen?; mit ~ hast du gesprochen? □ **(com) quem**; von ~ stammt das Gedicht? □ **(de) quem 2** ⟨Relativpron.; Dat. von⟩ *wer(2);* ich habe vergessen, ~ ich das Buch gegeben habe; ich weiß nicht, ~ das Haus gehört □ **a quem**

Wem|fall ⟨m.; -(e)s, -fäl|le; Gramm.⟩ = *Dativ (1)*

wen 1 ⟨Interrogativpron.; Akk. von⟩ *wer(1);* ~ hast du getroffen?; an ~ schreibst du?; für ~ machst du das? **2** ⟨Relativpron.; Akk. von⟩ *wer(2);* ich weiß nicht, ~ du meinst; erzähl mir, ~ du gesehen hast □ **quem**

Wen|de¹ ⟨m.; -n, -n⟩ *Angehöriger eines westslawischen Volksstammes in einem Teil der Lausitz an der oberen Spree* □ **sorábio; lusácio**

Wen|de² ⟨f.; -, -n⟩ **1** *Wendung, Umkehr, Umstellung* □ **volta**; Sonnen~ □ **solstício* **2** *Drehung um 180°(beim Schwimmen, Segeln)* □ **virada 3** *Drehung des ganzen Körpers um die Längsachse (bes. als Absprung vom Turngerät)* □ **volteio; giro 4** *Anfang, Beginn (von etwas Neuem);* Jahrhundert~, Jahres~ ; an der, um die ~ des 18. Jahrhunderts ~ □ **virada; transição 5** *Umschwung (in einer Entwicklung);* es ist eine ~ eingetreten; Politik der ~ □ **mudança 5.1** *nach der Wende nach der Wiedervereinigung Deutschlands* □ **reunificação alemã**

Wen|de|kreis ⟨m.; -es, -e⟩ **1** *Kreis, der beim größten Lenkeinschlag durch die äußeren Fahrzeugteile beschrieben wird* □ **diâmetro de viragem 2** ⟨Geogr.⟩ *Breitenkreis zwischen tropischer u. gemäßigter Zone der Erde, auf dem die Sonne zur Zeit der Sommer- bzw. Wintersonnenwende im Zenit steht* **2.1** ~ des Krebses *nördlicher W.* **2.2** ~ des Steinbocks *südlicher W.* □ **trópico**

Wen|del|trep|pe ⟨f.; -, -n⟩ *Treppe, die schraubenförmig um eine Achse angelegt ist* □ **escada de caracol/em espiral**

wen|den ⟨V. 283⟩ **1** ⟨500⟩ *etwas* ~ *auf die andere Seite drehen;* das Fleisch (in der Pfanne) ~; Heu ~ (zum schnelleren Trocknen); bitte ~! (Aufforderung zum Umblättern, Umdrehen eines Formulars usw.) ⟨Abk.: b. w.⟩ □ **virar 1.1** *ein Kleidungsstück* ~ zertrennen, die Innenseite nach außen kehren u. wieder zusammennähen □ **virar; pôr do avesso** **2** ⟨500⟩ **etwas ~ in die entgegengesetzte Richtung stellen;** ich kann das Auto hier nicht ~ **3** ⟨400⟩ **umkehren, kehrtmachen, die entgegengesetzte Richtung einschlagen,** z. B. beim Wettlaufen, Schwimmen; ich kann in der engen Straße (mit dem Wagen) nicht ~; der Schwimmer stößt sich beim Wenden mit den Beinen ab **4** ⟨500/Vr 7⟩ **sich** od. **etwas ~ drehen, umdrehen, umkehren;** der Wind hat sich gewendet; den Kopf nach jmdm., etwas ~; sich zu jmdm. ~ □ **virar(-se)** 4.1 ⟨530⟩ jmdm. den Rücken ~ *jmdm. den Rücken zukehren, sich von jmdm. abkehren* □ ***dar/virar as costas para alguém** 4.2 das Wetter hat sich gewendet ⟨fig.⟩ *ist anders geworden* □ ***o tempo virou/mudou;** → a. *Blatt(2.1), drehen(6.2)* **5** ⟨511/Vr 3⟩ **sich in eine Richtung ~** *eine R. einschlagen, in eine bestimmte R. gehen;* sich nach links, rechts ~; sich nach Süden, Norden ~; sich zum Ausgang ~ □ ***tomar uma direção; dirigir-se para (determinado lugar)** **6** ⟨550/Vr 3⟩ **sich zu etwas ~** *anschicken;* sich zur Flucht ~; sich zum Gehen ~ □ ***preparar-se para alguma coisa** **7** ⟨511/Vr 8⟩ **etwas wendet sich in, zu etwas** *etwas wandelt, verkehrt sich in, zu etwas* □ **transformar-se em; virar;** es hat sich alles noch zum Guten gewendet □ ***tudo acabou dando certo** **8** ⟨511⟩ **etwas irgendwohin ~** *richten, lenken;* seine Aufmerksamkeit auf etwas ~; seine Schritte nach der Stadt, dem Walde ~ □ **dirigir** 8.1 ⟨550⟩ kein Auge von jmdm. ~ *jmdm. fortwährend ansehen* □ ***não tirar os olhos de alguém** **9** ⟨550/Vr 3⟩. **sich an jmdn. ~** *sich (mit einer Frage od. Bitte) an jmdn. richten* □ ***dirigir-se/recorrer a alguém;** ich wandte mich an meinen Bruder um Rat □ **recorrer;** darf ich mich mit einer Bitte an Sie ~? □ ***posso lhe fazer um pedido?;** die Zeitschrift wendet sich vor allem an Hausfrauen □ **destinar-se** **10** ⟨550/Vr 3⟩ **sich gegen jmdn.** od. **etwas ~** *jmdn. od. etwas angreifen;* er wandte sich gegen den Parteivorsitzenden; mehrere Abgeordnete wandten sich gegen den Beschluss des Krisenstabes □ ***voltar-se contra alguém ou alguma coisa** **11** ⟨550/Vr 7⟩ **sich** od. **etwas von jmdm. ~** ⟨geh.⟩ *abwenden* □ ***afastar(-se) de alguém** 11.1 die Hand von jmdm. ~ *nicht mehr für jmdn. sorgen, ihn nicht mehr unterstützen* □ ***deixar de proteger alguém** **12** ⟨530⟩ **etwas an etwas ~** *etwas für etwas aufbringen, ausgeben;* ich habe viel Fleiß, Mühe daran gewendet; ich habe viel Geld daran gewendet □ **investir**

Wen|de|punkt ⟨m.; -(e)s, -e⟩ **1** *Punkt, an dem sich etwas wendet;* der ~ der Sonne □ ***o ponto solsticial,** einer Entwicklung usw. □ ***um momento de mudança/transição** **2** ⟨Math.⟩ *Punkt einer Kurve, in dem diese die Richtung wechselt* □ **(ponto de) inflexão** **3** ⟨fig.⟩ *Zeitpunkt, an dem ein Umschwung, eine Änderung eintritt;* der ~ im Drama, in der Geschichte; in seinem Leben an einem ~ angelangt sein □ **virada; reviravolta**

wen|dig ⟨Adj.⟩ **1** *beweglich, leicht lenkbar;* ein ~es Fahrzeug □ **manobrável; fácil de manobrar** **2** *ge-*schmeidig, flink, Situationen schnell erkennend u. ausnutzend; ein ~er Geschäftsmann □ **versátil; ágil**

Wen|dung ⟨f.; -, -en⟩ **1** *das Wenden, Richtungsänderung, Drehung, Umkehr;* Kehrt~; eine ~ machen; durch eine schnelle, geschickte ~ ausweichen □ **volta; viragem** **2** *Veränderung, Umschwung;* eine glückliche, günstige ~; eine ~ zum Besseren, Schlechteren □ **mudança; virada** 2.1 dem Gespräch eine andere ~ geben *von etwas anderem zu sprechen beginnen* 2.2 die Sache nahm eine andere, eine unerwartete ~ *verlief anders als gedacht, als geplant* □ **rumo** **3** ⟨fig.⟩ *sprachliche Formel, Redensart* □ **locução;** Rede~ □ ***expressão idiomática**

Wen|fall ⟨m.; -(e)s, -fäl||e; Gramm.⟩ = *Akkusativ (1)*

we|nig ⟨Indefinitpron.⟩; als Attribut dekliniert 10⟩ Ggs *viel* **1** *nicht viel;* das ist (recht, sehr) ~; dafür habe ich ~ übrig; je ~er, umso besser; das ist mir zu ~; er hat während des ganzen Abends nur ~ gesprochen, ~ gesagt; recht ~, unendlich ~; ziemlich ~; gleich ~; furchtbar, unheimlich ~ ⟨umg.⟩ 1.1 *eine kleine, geringe Menge (von);* ~ Geld; ein ~ Zucker; es gibt hier ~ Wald; ich kann nur ~ Englisch; ich habe bei ihm ~ Entgegenkommen gefunden; er hat ~ Zeit; hast du so ~ Vertrauen zu mir?; mit ein ~ Geduld wird es schon gehen; ich habe (nur noch) ~ Hoffnung; ~ arbeiten, lesen, schreiben □ **pouco;** er hat von allen das ~ste Geld; das Stück wird oft gespielt, mit mehr oder ~er Erfolg □ **menos;** dazu habe ich ~ Lust □ ***não estou muito a fim disso;** das hat ~ Zweck □ ***isso não tem muita serventia;** die Arbeit ist mir ~er geworden □ ***o trabalho não diminuiu** 1.1.1 ein (klein) ~ *ein bisschen* □ ***um pouquinho;** das ~e/Wenige, was ich dir sagen kann 1.1.2 ~es/Weniges *in kleiner Menge Vorhandenes;* mit ~em/Wenigem (~ Essen, Geld) auskommen; ~ essen, trinken □ **pouco** 1.1.3 jmd. wird immer ~er ⟨umg.⟩ *immer magerer* □ ***ficar cada vez mais magro** 1.1.4 ich kann Ihnen die Ware nicht für ~er geben *zu einem niedrigeren Preis* □ **menos** 1.2 *eine kleine Zahl (von);* es ist einer, eins zu ~ □ ***é um a menos;** ~ Leute, ~e Leute; einige ~e Kinder; in ~en Tagen wird er kommen; etwas mit ~en Worten erklären; es sind nur ~e Schritte bis dorthin; wir haben uns bisher nur ~e Male getroffen □ **pouco;** dort, wo die ~sten Menschen sind; es ist nur in den ~sten Fällen gut gegangen □ **pouquíssimo;** ~er als 100 Personen □ **menos** 1.2.1 es waren nicht ~e *eine ziemlich große Zahl* □ **pouco** 1.2.2 nicht ~er als 100 Personen ⟨betonend⟩ *unerwarteter Weise so viele* □ ***nada menos do que 100 pessoas** 1.2.3 hier wäre ~er mehr gewesen *geringere Mengen hätten eine bessere Wirkung hervorgebracht* □ **menos** 1.2.4 ~e/Wenige *eine kleine Zahl (von Menschen);* die ~en/Wenigen, die dabei waren, ...; es sind nur ~e/Wenige mitgekommen □ **poucos;** das wissen die ~sten/Wenigsten □ **pouquíssimos; minoria** 1.3 *ein geringer Grad, eine geringe Intensität von;* ich kann sein Verhalten umso ~er gutheißen, als ... □ **menos;** es gehört ~ (Verstand) dazu zu begreifen, dass ... □ ***não é preciso muito para en-**

wenigbefahren

tender que...; er ist nur ~ älter, größer als ich; er ist um (ein) ~es/Weniges älter als ich; daran siehst du, wie ~ er davon weiß ▫ **pouco** 1.3.1 er ist nichts ~er als klug *gar nicht klug* ▫ ***ele não é nem um pouco esperto*** 1.3.2 **das** ist das ~ste/Wenigste! ⟨umg.⟩ *das ist nicht von Bedeutung!* ▫ ***isso é o de menos!*** 1.3.3 mehr oder ~er schön ⟨umg.⟩ *(wohl) nicht bes. schön* ▫ **menos** 1.3.4 ich kenne ihn ~ ⟨fig.⟩ *nicht sehr gut* ▫ **pouco** 1.3.5 das ist das ~ste/Wenigste, was man tun sollte *so viel kann man wohl verlangen* ▫ **mínimo** 1.3.6 *selten;* danach frage ich ~; das Stück wird ~ gespielt; wir sehen uns jetzt nur noch ~ ▫ **pouco** 1.3.7 das hätte ich am ~sten erwartet *mit geringer Wahrscheinlichkeit* ▫ ***é o que eu menos teria esperado*** 2 ⟨vermindernd⟩ *nicht besonders;* Ggs *sehr;* das stört mich ~; es kümmert mich ~, ob ...; das interessiert mich ~; er hat mir (nur) ~ geholfen; das ist ~ angenehm, ~ erfreulich ⟨umg.⟩; er ist ~ beliebt ⟨umg.⟩; das ist ~ nett, ~ schön von dir ⟨umg.⟩ ▫ **não muito;** er ist ~er klug als schön ▫ **menos;** es gefällt mir immer ~er ▫ ***estou gostando cada vez menos;*** es kommt ~er auf die Menge als auf die Güte an ▫ ***é menos importante a quantidade do que a qualidade*** 2.1 *nicht* ~ erstaunt *sehr erstaunt* ▫ ***muito surpreso*** 3 ⟨nur komparativ⟩ ~er ⟨beim Rechnen⟩ *vermindert um;* Sy *minus (1);* Ggs *und(1);* sechs ~er zwei ist vier ▫ **menos** 4 ⟨Getrennt- u. Zusammenschreibung⟩ 4.1 **~ befahren** = wenigbefahren 4.2 **~ gelesen** = weniggelesen

we|nig|be|fah|ren *auch:* **wenig be|fah|ren** ⟨Adj. 70⟩ *nicht viel befahren;* eine ~e Straße ▫ **com pouco movimento; pouco movimentado**

we|nig|ge|le|sen *auch:* **wenig ge|le|sen** ⟨Adj. 70⟩ *nicht oft gelesen;* ein ~es Buch ▫ **pouco lido**

we|nigs|tens ⟨Adv.⟩ 1 *mindestens, als wenigstes;* ich habe ~ vier Mal gerufen; ~ vier (Euro, Personen usw.) 2 *zumindest;* komm doch ~ einen Tag essen; du ~ geschrieben hättest; du bist ~ ehrlich (wenn auch nicht höflich) ▫ **ao/pelo menos**

wenn ⟨Konj.⟩ 1 *zu dem Zeitpunkt, wo ...;* ~ es Frühling wird, kommen die Zugvögel wieder ▫ **quando** 1.1 *sooft;* jedes Mal, ~ ich an eurem alten Haus vorbeigehe, denke ich an frühere Zeiten; immer, ~ er kommt, wird es lustig ▫ **(sempre) que** 1.2 *sobald;* ~ ich Nachricht von ihm habe, lasse ich es dich sofort wissen ▫ **quando; assim que** 2 *unter der Bedingung, Voraussetzung, dass ..., für den Fall, dass ..., im Falle, dass ..., falls;* ~ man auf den Knopf drückt, öffnet sich die Tür von selbst; wehe (dir), ~ ich dich erwische!; es würde, sollte mich freuen, ~ du kämst; ~ du rechtzeitig gekommen wärst, hättest du ihn noch getroffen; ~ er noch kommen sollte, dann sag ihm bitte ...; ~ ich die Wahrheit sagen soll; ~ dem so ist, dann ...; ~ du brav bist, darfst du mitkommen; ~ sich sein Zustand verschlechtert, komme ich sofort zurück; ich komme sicher heute Nachmittag zu dir, ~ nicht, rufe ich dich an; du nicht bald kommst, bekommst du nichts mehr zu essen; ~ er nicht gestohlen hätte, säße er heute nicht im Gefängnis; ~ nicht heute, so doch morgen; ~ ich nichts mehr von mir hören lasse, komme ich am Montag; ~ du nur ein klein wenig aufpassen wolltest, dann ... ▫ **se; caso;** selbst ~ ich es wüsste, ich würde es dir nicht sagen ▫ ***ainda/mesmo que eu soubesse, não lhe diria;*** und ~ du mich auch noch so bittest, ich kann es nicht tun ▫ ***por mais que você me peça, não posso fazer isso;*** ~ es schon sein muss, dann lieber gleich ⟨umg.⟩ ▫ ***se é preciso ser assim, então que seja logo*** 3 ~ *auch obwohl, obschon, obgleich;* ~ er auch mein Freund ist, kann ich doch sein Verhalten nicht billigen; sie ist schön, ~ auch nicht mehr ganz jung ▫ **embora** 4 ⟨in Wunschsätzen⟩ ~ **doch ...,** ~ **nur ...** *ich wollte, dass ...;* ~ er doch schon da wäre!; ach, ~ er doch käme!; ~ er nur nicht gerade heute käme! ▫ ***se (pelo menos)*** 4.1 ~ ich das wüsste! ⟨umg.⟩ *ich weiß es leider nicht* ▫ ***se eu soubesse disso!*** 5 **als, wie** ~ ⟨umg.⟩ *als ob;* er tut immer, als ~ er ...; es war, wie ~ jemand gerufen hätte ▫ ***como se***

wenn|gleich ⟨Adv.⟩ *obgleich;* ~ mir das Bild nicht gefällt, muss ich doch sagen, dass es gut gemalt ist ▫ **ainda que; embora**

wẹnn|schon ⟨Adv.; umg.⟩ 1 *na* ~! *das macht doch nichts!* ▫ ***e daí?; que importa?*** 2 ~, *dennschon! wenn (es) überhaupt (getan wird), dann auch ordentlich* ▫ ***se é para fazer, então que seja bem feito!***

Wen|zel ⟨m.; -s, -; im deutschen Kartenspiel⟩ = *Unter*

wer ⟨Pron.; Gen. wessen, veraltet wes, Dat. wem, Akk. wen⟩ 1 ⟨Interrogativpron.⟩ *(Ausdruck, der nach einer od. mehreren Personen fragt);* wen siehst du da?; ~ ist das?; ~ ist dieser Junge?; ~ will noch etwas? ▫ **quem;** wessen Buch ist das? ▫ **de quem;** wem gibst du es? ▫ **a quem** 1.1 ~ **da?** *(Ruf des Postens, wenn sich jmd. nähert)* ▫ ***quem vem lá?*** 1.2 ~ **anders** *als er kann es gewesen sein? welcher andere Mensch ...?* ▫ ***quem mais pode ter sido senão ele?*** 1.3 ~ **weiß?** *wer kann es wissen?* ▫ ***quem é que sabe?;*** er kann dir ~ weiß was erzählen ▫ ***vai-se saber o que ele pode lhe contar;*** er treibt sich ~ weiß wo herum ▫ ***vai-se saber por onde ele anda*** 2 ⟨Relativpron.⟩ *(Ausdruck für eine od. mehrere Personen);* er sagte, wessen Buch es sei ▫ **de quem;** ich weiß nicht, ~ gekommen ist; wir möchten wissen, mit wem wir es zu tun haben; er beschrieb, wen er gesehen habe 3 ⟨Indefinitpron.⟩ *(Ausdruck für eine od. mehrere Personen);* ~ vieles bringt, wird manchem etwas bringen (Goethe, „Faust", Vorspiel auf dem Theater); ~ etwas weiß, soll die Hand heben ▫ **quem** 3.1 ⟨umg.⟩ *irgendjemand;* ist schon ~ gekommen?; ist da ~? ▫ **alguém** 3.2 ~ **auch** *(immer) jeder;* ~ es auch sei; ~ auch kommt, er sei willkommen ▫ ***seja quem for; quem quer que***

wẹr|ben ⟨V. 284⟩ 1 ⟨416⟩ **für etwas** ~ *Interesse für etwas zu wecken suchen, für etwas Werbung betreiben, Käufer, Anhänger suchen;* für einen Handelsartikel ~; für eine Partei ~ ▫ ***fazer propaganda/publicidade de alguma coisa*** 2 **um jmdn. od. etwas** ~ *sich um jmdn. od. etwas bemühen, jmdn. od. etwas für sich zu gewinnen suchen* ▫ ***tentar obter/conquistar alguém ou alguma coisa;*** um jmds. Gunst ~ ▫ ***tentar obter***

o favor de alguém; um eine Frau ~ □ *cortejar uma mulher; pedir uma mulher em casamento 3 ⟨500/Vr 8⟩ jmdn. ~ durch Werbung zu gewinnen suchen; Anhänger, Käufer, Mitglieder, Soldaten ~ □ atrair; recrutar

wer|be|wirk|sam ⟨Adj.⟩ wirkungsvoll werbend; ein ~er Spruch □ de grande efeito publicitário

Wer|bung ⟨f.; -, -en⟩ **1** planmäßiges Vorgehen, jmdn. od. bestimmte Personengruppen für sich od. für etwas zu gewinnen; auf dem Gebiet der ~ reichhaltige Erfahrungen haben; in der ~ tätig sein □ propaganda; publicidade **2** Werbeabteilung □ departamento de propaganda/publicidade **2.1** zum Zwecke der Werbung (1) Veröffentlichtes; Fernseh~, Radio~ □ propaganda; publicidade **3** das Werben; seine ~ um sie war vergeblich □ pedido de casamento; galanteio

Wer|de|gang ⟨m.; -(e)s, -gän|ge; Pl. selten⟩ **1** Vorgang des Werdens, Reifens, Lauf der Entwicklung □ desenvolvimento; evolução **2** Berufsausbildung, Laufbahn; können Sie mir kurz Ihren ~ schildern? □ formação; carreira **3** Ablauf der Herstellung (z. B. eines Industrieerzeugnisses) □ processo

wer|den ⟨V. 285(s.)⟩ **1** ⟨Kopula; 300⟩ in Zukunft sein; arm, reich ~; größer ~; blind, taub ~; böse, zornig ~ □ ficar; tornar-se; ohnmächtig ~ □ *desmaiar; perder os sentidos; gesund, krank ~; müde ~; alt ~ □ *sarar; ficar doente/adoecer; ficar cansado; ficar velho/envelhecer; es wird dunkel, hell □ *está escurecendo/clareando; es wird kalt □ *está esfriando; es wird schon alles noch gut ~ □ *vai dar tudo certo; wir können uns nicht einig ~ □ *não estamos conseguindo chegar a um acordo; es ist spät geworden □ *ficou tarde; das muss anders ~ □ *isso tem que mudar; was nicht ist, kann noch ~; es werde Licht! (1. Buch Mose 1,3) □ *faça-se a luz!; es wird Nacht, Tag □ *está anoitecendo/amanhecendo; jeder Tag, den Gott ~ lässt □ *todo santo dia; er ist Erster, Letzter geworden; er ist ein guter Lehrer geworden □ tornar-se **1.1** bist du **verrückt** geworden? ⟨umg.⟩ das kannst du doch nicht sagen, tun! □ *ficou maluco? **2** ⟨300; als selbständiges Prädikat⟩ **2.1** jmd. wird Lehrer (usw.) ergreift den Beruf eines L.; er will Arzt ~ □ ser; tornar-se; ~ de Arzt, Mathematiker ~ □ *o futuro médico/matemático; was willst du ~, wenn du erwachsen bist? □ ser **2.1.1** eine ~de Mutter eine Frau, die ein Kind erwartet □ *uma futura mãe **2.2** jmd. ist wieder geworden ⟨umg.⟩ ist wieder gesund geworden, hat sich von einer Krankheit, einem Unfall erholt □ *melhorar; ficar bom **2.3 was** wird? was geschieht? □ *o que está acontecendo?; was soll nun ~? □ *o que vai acontecer/ser agora?; und wie ist es dann noch geworden? □ *e o que aconteceu depois? **2.3.1** es will nicht ~ nicht klappen, gehen □ *não está dando certo; und wie ist es dann noch geworden? □ *e como é que ficou depois? **2.4** es wird **Zeit** es muss jetzt geschehen, muss begonnen werden □ *é chegado o momento; a hora é agora; jetzt wird es aber (höchste) Zeit! □ *já está mais do que na hora!; es wird Zeit (zu gehen usw.) □ *está na hora (de ir etc.) **2.4.1** nun, wird's bald?, wird's endlich? drohende Aufforderung □ *então, vai demorar muito?; é para hoje? **2.5** das ewige **Stirb und Werde** ⟨fig.⟩ der ewige Kreislauf der Natur □ *o eterno recomeço; o ciclo da morte e da vida **3** ⟨330⟩ jmdm. wird ... jmd. gerät in einen Zustand ...; mir wird schlecht, übel, kalt, ängstlich zumute □ sentir-se; seine Besuche ~ mir allmählich zur Last □ tornar-se **3.1** die **Zeit** wird mir lang es ist mir langweilig □ *tenho a sensação de que o tempo não passa **3.2** dein **Recht** soll dir ~ du sollst dein R. bekommen □ *hão de lhe dar razão **3.3** sein **Lohn** soll ihm ~ er soll belohnt werden, er soll seinen L. bekommen □ *ele há de receber o que merece **4** ⟨unpersönl.⟩ jmd. wird es **müde** zu ... will nicht mehr; er wurde es müde, es immer wieder zu erklären □ *cansar-se de **5** ⟨340; mit bestimmten Adj.⟩ einer Ansicht, überdrüssig ~ □ *ver/avistar alguma coisa; enfastiar-se/aborrecer-se com alguma coisa **6** ⟨310; mit Präpositionalgruppe⟩ **6.1** ~ **aus 6.1.1** aus jmdm. wird etwas jmd. entwickelt sich zu ...; es wird schon noch ein anständiger Mensch aus ihm ~ □ *ele ainda se tornará uma pessoa decente; was soll aus dem Jungen noch ~? □ *o que vai ser deste rapaz?; was ist aus ihnen geworden? □ *que fim levaram eles? **6.1.2** aus einer **Sache** wird etwas die S. lässt sich verwirklichen; aus dem Geschäft ist nichts geworden □ *a empresa não deu em nada; aus nichts wird nichts ⟨umg.⟩ □ *do nada, nada vem **6.1.3** daraus kann ich nicht klug ~ das verstehe ich nicht □ *não consigo entender isso **6.1.4** daraus wird nichts! ⟨umg.⟩ das kommt nicht infrage! □ *isso está fora de questão! **6.2** ⟨314⟩ **mit** jmdm. wird etwas jmd. erhält eine Aufgabe, Arbeit; und was wird mit dir? □ *o que você vai fazer? **6.3** ⟨315⟩ **zu** etwas ~ seinen Zustand ändern; die saure Milch ist zu Quark geworden; er ist zum Dieb geworden; zu Stein, zu Eis ~; zum Gespött der Leute ~ □ virar; tornar-se; transformar-se **7** (Hilfsverb zur Bildung der Formen des Passivs, des Futurs, Konjunktivs, von Wunschsätzen u. Sätzen der Ungewissheit) **7.1** ⟨Passiv⟩; er ist befördert worden; er wurde zum Direktor ernannt; der Baum wird gefällt; ich bin am Arm verwundet worden □ ser **7.2** ⟨Futur⟩; ich werde kommen; du wirst ihn heute Abend sehen; es wird gleich regnen □ Ø **7.2.1** ich werd' dir helfen! (scherzhafte Drohung) wehe, wenn du das tust! □ *espere só para ver uma coisa! **7.3** ⟨Konjunktiv⟩; ich würde gern kommen, wenn ich Zeit hätte □ Ø **7.4** ⟨höfl. Aufforderung⟩ bitte; würdest du es ihm wohl sagen? □ *você poderia porventura dizer isso a ele?; sei bitte so freundlich sein, mir zu helfen? □ *o senhor poderia, por favor, fazer a gentleza de me ajudar? **7.5** ⟨in Sätzen der Ungewissheit⟩ kommen wird er wohl, aber ... □ *ele deve vir, mas...; es wird schon richtig sein □ *deve estar correto; jetzt ~ wohl alle da sein □ *todos já devem ter chegado; es wird schon so sein, wie du sagst □ *deve ser mesmo como você diz **7.6** ⟨in

Werder

Wunschsätzen⟩ *es wird ihm doch nichts passiert sein?* □ **será que aconteceu alguma coisa com ele?* 7.7 *es wird schon* ~ ⟨umg.⟩ *es wird schon gehen, klappen, es wird schon alles gutgehen* □ **vai dar tudo certo*

Wer|der ⟨m.; -s, -⟩ **1** *Flussinsel* □ **ínsua; mouchão 2** *Landstriche zwischen Fluss u. stehendem Gewässer* □ **faixa de terra entre rio e água parada 3** *trockengelegtes Land* □ **terreno drenado**

Wer|fall ⟨m.; -(e)s, -fäl|le; Gramm.⟩ = *Nominativ* (1)

wer|fen ⟨V. 286⟩ **1** ⟨500⟩ **jmdn.** *od.* **etwas** ~ *jmdn. od. etwas einen Schwung, Stoß geben, dass er bzw. es wegfliegt, schleudern* □ **atirar; lançar; arremessar;** *das Handtuch* ~ (*als Zeichen zum Aufgeben des Kampfes*) (Boxspr.; a. fig.) □ *jogar a toalha **1.1** *Anker* ~ *ankern* □ *lançar âncora **1.2** *wer ohne Schuld ist, der werfe den ersten Stein der richte* □ ***quem não tiver pecado que atire a primeira pedra 1.3** ⟨413⟩ *einen Ball (od. Stein) von sich schleudern (bes. als sportliche Übung); wie weit kannst du* ~?; *ich werfe 42 m weit* □ **arremessar; lançar;** *sich im Werfen üben* □ **arremesso; lançamento 1.4** ⟨416⟩ *mit etwas* ~ *etwas als Wurfgeschoss benutzen; die Kinder warfen mit Sand und Steinen* □ **atirar/arremessar alguma coisa* **1.4.1** *mit Geld um sich* ~ ⟨fig.; umg.⟩ *prahlerisch od. leichtsinnig G. ausgeben* □ **jogar dinheiro fora* **1.4.2** *mit seinen Kenntnissen um sich* ~ ⟨fig.; umg.⟩ *mit seinen K. prahlen* □ **arrotar/ alardear seus conhecimentos* **1.5** ⟨500⟩ **etwas** ~ *durch das Werfen(1) eines Gegenstandes verursachen; er hat ihm ein Loch in den Kopf geworfen* □ **ele abriu um buraco em sua cabeça (ao arremessar alguma coisa)* **1.6** ⟨500⟩ **etwas** ~ *durch Werfen (eines Würfels) erzielen; sechs Augen* ~ (*beim Würfeln*) □ **obter; tirar 2** ⟨511⟩ **jmdn.** *od.* **etwas irgendwohin** ~ *mit Schwung irgendwohin befördern; etwas auf den Boden* ~; *etwas oder jmdn. aus dem Fenster* ~ ; *den Ball in die Höhe* ~ □ **lançar; jogar;** *die Tür ins Schloss* ~ □ **bater a porta; jmdn. od. etwas ins Wasser* ~; *er warf sich einen Mantel um die Schultern; jmdn. zu Boden* ~; *den Kopf stolz in den Nacken* ~ ⟨fig.⟩ □ **jogar;** *ein wichtiges Argument in die Waagschale* ~ ⟨fig.⟩; *eine Frage ins Gespräch, in die Diskussion* ~ ⟨fig.⟩ □ **lançar 2.1** *jmdn. aus dem Haus* ~ ⟨fig.⟩ *jmdn. fortjagen* □ **expulsar alguém de casa* **2.2** *jmdm. eine Grobheit an den Kopf* ~ ⟨fig.⟩, *eine G. sagen* □ **dizer uma grosseria a alguém* **2.3** *einen Blick auf etwas oder jmdn.* ~ ⟨fig.⟩, *etwas od. jmdn. kurz anblicken* □ **dar uma olhada/espiada em alguma coisa ou alguém* **2.4** *ein Auge auf jmdn.* ~ ⟨fig.⟩ *sich für jmdn. interessieren* □ **estar de olho em alguém* **2.5** *Ware auf den Markt* ~ ⟨fig.⟩ *in großen Mengen zum Verkauf anbieten* □ **inundar o mercado com um produto* **2.6** *eine Skizze aufs Papier* ~ ⟨fig.⟩ *rasch zeichnen* □ **rascunhar um esboço no papel* **2.7** ⟨Vr 3⟩ **sich irgendwohin** ~ *sich irgendwohin stürzen, sich irgendwohin fallen lassen; sich jmdm. (weinend) an die Brust* ~; *sich (wütend) auf den Boden* ~ (*bes. von Kindern*); *sich vor jmdn. auf die Knie* ~; *sich jmdm. (weinend, glücklich) in die Arme* ~; *sich vor den Zug* ~ (*in selbstmörderischer Absicht*); *sich jmdm. zu Füßen* ~ □ **jogar-se, atirar-se;** *sich im Schlaf unruhig hin und her* ~ □ ***debater-se durante o sono 2.7.1** *sich auf jmdn.* ~ *sich auf jmdn. stürzen, jmdn. angreifen* □ ***atirar-se/lançar-se sobre alguém 2.7.2** *er warf sich aufs Bett er ließ sich heftig, achtlos aufs Bett fallen* □ ***ele se jogou/atirou na cama 2.7.3** *sich in seine Kleider* ~ ⟨fig.⟩ *sich rasch anziehen* □ ***vestir-se rapidamente 3** ⟨500⟩ **etwas wirft etwas** *bildet etwas, bringt etwas hervor; das Wasser wirft beim Kochen Blasen* □ ***a água borbulha quando ferve;** *das Gewand wirft schwere, reiche Falten* □ ***a roupa forma muitas pregas;** *die Bäume warfen lange Schatten* □ ***as árvores davam grandes sombras;** *der See wirft hohe Wellen* □ ***altas ondas se formam no mar 4** ⟨500/Vr 3⟩ **etwas wirft sich** *krümmt sich, verzieht sich* □ **dobrar; vergar;** *das Holz hat sich geworfen* □ **empenar 5** ⟨402⟩ *ein* **Tier wirft** (**Junge**) *bekommt Junge; die Kuh hat ein Kalb geworfen; die Hündin, die Kuh hat geworfen* □ **parir**

Werft¹ ⟨f.; -, -en⟩ *Anlage am Wasser zum Bau u. Ausbessern von Schiffen* □ **estaleiro**

Werft² ⟨m.; -(e)s, -e⟩ *Kette eines Gewebes* □ **urdidura**

Werg ⟨n.; -(e)s; unz.⟩ *Abfallfasern bei der Flachs- u. Hanfspinnerei* □ **estopa**

Werk ⟨n.; -(e)s, -e⟩ **1** *etwas Geschaffenes, Hervorgebrachtes, Schöpfung, Erzeugnis; Kunst*~, *Literatur*~ □ **obra,** *Blend*~ □ ***ilusão; engano;** *Goethes ausgewählte, gesammelte* ~*e; Goethes sämtliche* ~*e in 20 Bänden; ein unvollendetes* ~ □ **obra 1.1** *das* ~ *meiner Hände das, was ich selbst geschaffen, gemacht habe* □ ***obra minha 1.2** *Schrift, Buch; Nachschlage~; ein geschichtliches* ~ □ **obra 2** *Tätigkeit, Arbeit, Aufgabe; ein* ~ *beginnen, fördern* □ **obra; trabalho; tarefa 2.1** *frisch ans* ~ *gehen, sich ans* ~ *machen* □ ***pôr mãos à obra,** *eine Sache ins* ~ *setzen beginnen* □ ***iniciar alguma coisa 2.2** *behutsam, vorsichtig zu* ~ *gehen behutsam, vorsichtig sein, beginnen* □ ***proceder com atenção/cuidado 3** *Handlung, Tat; es war das* ~ *eines Augenblicks* □ ***foi coisa/questão de um instante;** *ein gutes* ~ *tun, gute* ~*e tun* □ **ação 3.1** *das ist dein, mein* ~ *das hast du, das habe ich getan* □ **obra 4** *große, komplizierte technische Anlage; Elektrizitäts~, Kraft~* □ ***central/usina elétrica,** *Wasser*~ □ ***central de abastecimento de água 5** *Fabrik, Betrieb; der Leiter eines* ~*es; ein* ~ *besichtigen* □ **fábrica; empresa 6** *künstliches Gefüge, ineinandergreifendes Getriebe; Räder*~ □ ***engrenagem,** *Uhr*~ □ ***mecanismo do relógio**

Werk|bank ⟨f.; -, -bän|ke⟩ *Arbeitstisch in einer Fabrik od. im Privatbereich* □ **bancada de trabalho**

wer|ken ⟨V. 410⟩ (*praktisch*) *tätig sein, schaffen, arbeiten; er werkt von früh bis spät; in der Küche* ~ □ **trabalhar**

Werk|statt ⟨f.; -, -stät|ten⟩ **1** *Arbeitsstätte für die gewerbliche Herstellung von Waren, in der im Allgemeinen sämtliche Arbeitsgänge durchgeführt werden (im Unterschied zur Fabrik); oV Werkstätte* □ **oficina 2** *Arbeitsraum eines Künstlers* □ **estúdio; ateliê**

Werk|stät|te ⟨f.; -, -n; geh.⟩ = *Werkstatt(1)*
Werk|stoff ⟨m.; -(e)s, -e⟩ *fester Rohstoff, z. B. Holz, Metall, Leder, Stein* □ **material; matéria-prima**
Werk|stück ⟨n.; -(e)s, -e⟩ *Gegenstand, der sich noch in der Herstellung od. Montage befindet* □ **peça a ser acabada/trabalhada**
Werk|tag ⟨m.; -(e)s, -e⟩ *Tag, an dem gearbeitet wird, Wochentag; Ggs Sonntag, Feiertag* □ **dia útil**
werk|tags ⟨Adv.⟩ *an Werktagen; der Nahverkehrszug fährt nur ~* □ **em/nos dias úteis**
werk|tä|tig ⟨Adj. 24/70⟩ *für Lohn od. Gehalt arbeitend, in einem Arbeitsverhältnis stehend* □ **trabalhador; ativo***; die ~e Bevölkerung* □ ***a população (economicamente) ativa**
Werk|zeug ⟨n.; -(e)s, -e⟩ **1** *Gerät zur Bearbeitung von Werkstoffen, Arbeitsgerät* □ **instrumento; ferramenta 2** *(bei Tieren) bestimmte Gliedmaßen; Kau~; Fress~* □ ***órgão da mastigação* 3** ⟨fig.⟩ *jmd., der von einem andern als Mittel zum Zweck benutzt wird; ein willenloses ~ in der Hand eines anderen sein* □ **instrumento**
Wer|mut ⟨m.; -(e)s; unz.⟩ **1** *Bitterstoffe u. ätherische Öle enthaltender, gelbblühender Korbblütler: Artemisia absinthium* □ **absinto 2** *(kurz für) Wermutwein* □ **vermute 3** ⟨fig.⟩ *Bitternis, Schmerzliches; ein Tropfen ~ in einer großen Freude* □ **amargura**
wert ⟨Adj. 24⟩ **1** ⟨43 od. 60; veraltend; geh.⟩ *lieb, teuer; er ist mir lieb und ~* ⟨verstärkend⟩ □ ***ele me é muito querido* 1.1** *geehrt (Höflichkeitsformel, bes. in Briefen); ~er Herr X!* □ **prezado***; wie ist Ihr ~er Name?* □ ***qual o seu nome?; qual a sua graça?; wir haben Ihr ~es Schreiben erhalten* □ **prezado 2** ⟨40⟩ *bedeutungsvoll, wichtig; Ihre Auskunft, Ihre Hilfe ist mir sehr viel ~* **2.1** *etwas (nicht) für ~ erachten, finden, halten (nicht) wichtig finden, (nicht) für wichtig erachten, halten* **2.2** *jmdm. etwas ~ sein jmdm. sehr wichtig sein* □ **importante 3** ⟨42 od. 44⟩ *würdig, verdient habend* □ **merecedor; digno***; er ist es ~, dass man ihn unterstützt* □ ***ele merece ser apoiado* 3.1** *diese Tat ist aller Achtung ~ verdient Achtung* □ ***este ato merece toda atenção* 3.2** *diese Frau ist aller Ehren ~ ist ehrbar* □ ***esta mulher merece todo respeito* 3.3** *er ist unseres Vertrauens ~ er verdient unser V.* □ ***ele é digno de nossa confiança* 3.4** *das ist nicht der Mühe ~ das lohnt sich nicht* □ ***não vale o esforço* 3.5** *es ist nicht der Rede ~ es ist bedeutungslos* □ ***não vale a pena falar disso* 3.6** *das Wiedersehen mit dir war mir die Reise ~ ich habe die R. gern auf mich genommen, um dich wiederzusehen* □ ***reencontrar você valeu minha viagem* 4** ⟨40⟩ *einen bestimmten Preis kostend, einen bestimmten Wert habend; der Ring ist 1.000 Euro ~* □ ***o anel vale 1000 euros***; *was, wie viel ist der Schmuck ~?* □ ***quanto vale esta joia?***; *der Ring ist (nicht) viel ~* □ ***o anel (não) vale muito* 4.1** *das ist ja Gold ~! das ist (für einen bestimmten Zweck) sehr wertvoll* □ ***isso vale ouro!* 4.2** *keinen Heller ~ sein gar nichts wert sein* □ ***não valer um centavo* 4.3** *ich bin heute gar nichts ~* ⟨umg.; scherzh.⟩ *ich bin heute nicht in Stimmung, bin sehr müde* □ ***hoje estou imprestável**

Wert ⟨m.; -(e)s, -e⟩ **1** *Geltung, Bedeutung, Wichtigkeit; einer Sache, einem Ereignis großen, keinen ~ beilegen, beimessen; sich seines (eigenen) ~es bewusst sein; der geistige, ideelle ~ einer Sache; deine Auskünfte haben für mich keinen ~; der künstlerische ~ eines Werkes* □ **valor 1.1** *~ auf etwas legen etwas für sehr wichtig halten; ~ auf Äußeres, auf Genauigkeit, Pünktlichkeit legen* □ ***dar valor/importância a alguma coisa***; *ich lege ~ darauf zu wissen ...* □ ***para mim, é importante saber...* 1.2** *das hat keinen ~* ⟨umg.⟩ *das hat keinen Zweck, das ist nutzlos* **1.3** ⟨Philos.⟩ *die positive Bedeutung eines Subjekts od. Objekts im Verhältnis zu anderen; ethischer, moralischer ~* **1.4** *einen Wert(1) repräsentierende Eigenschaft; innere ~e* **2** *Preis, Kauf~, Marktpreis, Preis, den man beim Verkauf bekommen würde; den ~ eines Gegenstandes schätzen, festsetzen; die Sammlung hat großen ~; materieller ~; an ~ gewinnen, verlieren ; im ~ sinken, steigen (Papiere, Gold); er besitzt Bilder im ~(e) von vielen 1.000 Euro; ein Bild über, unter seinem (wirklichen) ~ verkaufen; Bilder von einigem ~* **2.1** *einen Wert(2) repräsentierender Gegenstand; die kleinen, größeren ~e (der Briefmarken, Spielkarten); im Krieg sind viele (unersetzliche) ~e vernichtet worden* □ **valor**
wer|ten ⟨V. 518/Vr 8⟩ *jmdn. als jmdn. od. etwas (als etwas) ~ jmdn. od. etwas schätzen, beurteilen, jmdm. od. etwas einen bestimmten Wert beimessen; ich werte ihn als guten Freund; ihre sportliche Leistung wurde zu niedrig gewertet; etwas gering ~; etwas höher ~ als etwas anderes; etwas als gute, schlechte Leistung ~* □ **avaliar; estimar; qualificar**
wert|hal|ten ⟨V. 160/500/Vr 8⟩ *jmdn. od. etwas ~* ⟨veraltet⟩ *hoch schätzen, hochhalten, in guter, treuer Erinnerung bewahren, in Ehren halten; einen Gegenstand, ein Andenken ~; sie hielt ihren alten Vater wert* □ **estimar; respeitar**

...wer|tig ⟨Adj.; in Zus.⟩ **1** *einen bestimmten Wert habend; geringwertig, gleichwertig, hochwertig, neuwertig* **2** ⟨Chem.⟩ *eine bestimmte Wertigkeit habend; einwertig, zweiwertig*

Wer|tig|keit ⟨f.; -; unz.⟩ **1** ⟨Chem.⟩ *Eigenschaft eines Atoms, Ions od. Radikals, sich mit anderen Atomen, Ionen od. Radikalen in definierten Verhältnissen zu vereinigen; Sy Valenz(1)* **2** ⟨Sprachw.⟩ *die Eigenschaft eines Wortes (bes. eines Verbs), noch mehrere Ergänzungen zu verlangen; Sy Valenz(2)* □ **valência 3** ⟨allg.⟩ *Wert, Gewichtung* □ **valor; importância**
Wert|pa|pier ⟨n.; -s, -e⟩ **1** *einen Wert verkörperndes Papier (z. B. Banknote)* □ **valor; título 2** (i. e. S.) *Urkunde über Rechte an einem Vermögen, wobei die Ausübung der Rechte an die Urkunde gebunden ist* □ **título (de valor imobiliário)**
wert|schät|zen ⟨V. 500/Vr 8⟩ *jmdn. od. etwas ~ für wertvoll halten, hochs chätzen, Achtung haben (vor); er sah, dass alle ihn wertschätzten; seine Zeitgenossen wussten seine Werke nicht wertzuschätzen* □ **apreciar; estimar; dar valor**

wert|voll ⟨Adj.⟩ **1** *von hohem Wert, kostbar;* deine Hilfe, Nachricht usw. ist mir sehr ~; es ist mir ~ zu wissen, dass ... **2** *mit moralisch guten Charakteranlagen ausgestattet;* ein ~er Mensch **3** *von großem Nutzen;* wir verloren in ihm einen ~en Mitarbeiter □ **precioso; valioso; de valor**

Wert|zei|chen ⟨n.; -s, -⟩ *einen bestimmten Geldwert verkörperndes Zeichen (z. B. Banknote, Wertpapier, Scheck, Briefmarke)* □ **selo; título de crédito**

Wer|wolf ⟨m.; -(e)s, -wöl|fe; Volksglauben⟩ *ein Mensch, der sich zeitweise in einen Wolf verwandeln kann u. dann Unheil stiftet;* Sy *Wolfsmensch* □ **lobisomem**

wes ⟨Interrogativpron.; veraltet⟩ **1** = *wessen;* ~ das Herz voll ist, des gehet der Mund über ⟨Sprichw.⟩ □ **a boca fala do que lhe transborda o coração* 1.1 ich erkannte sofort, ~ Geistes Kind er ist *wie man ihn einschätzen muss* □ **reconheci imediatamente que tipo de pessoa ele é*

We|sen ⟨n.; -s, -⟩ **1** ⟨unz.; Philos.⟩ *Sosein der Dinge, im Unterschied zum bloßen Dasein* □ **essência** 1.1 ⟨allg.⟩ *Grundeigenschaft, der innere Kern, das Wesentliche;* es liegt im ~ dieser Sache, der Dinge, dass ...; es liegt im ~ der Pflanze, stets nach dem Licht zu drängen; es gehört zum ~ des Menschen, dass ... □ **natureza** 1.2 *Art u. Weise eines Menschen, sich zu äußern, zu benehmen, Eigenart, Wesensart, Natur, Charakter;* dieses Verhalten entspricht eigentlich nicht seinem ~; anmaßendes, freundliches, gekünsteltes, gesetztes, heiteres, kindliches, ungezwungenes ~; seinem (innersten) ~ nach ist er gutmütig; von liebenswürdigem ~ sein □ **natureza; caráter; índole** 1.3 *Tun u. Treiben;* die Kinder haben im Garten ihr ~ getrieben □ **as crianças fizeram das suas no jardim* 1.3.1 viel ~(s) von, um jmdn. od. etwas machen *viel Aufhebens, Umstände* □ **fazer um grande estardalhaço por causa de alguém ou alguma coisa* **2** *etwas Lebendes, Lebewesen, Geschöpf;* ein hilfloses ~; alle lebenden ~; so ein kleines ~ □ **ser; criatura** 2.1 ⟨umg.⟩ *Mensch;* sie ist ein hilfsbereites, liebes ~; ein männliches, weibliches ~ □ **ser humano; pessoa**

...we|sen ⟨in Zus.; zur Bildung von Subst.; n.; -s; unz.; Sammelbegriff für⟩ *alle Dinge u. Vorgänge, die zu einer Sache gehören;* Bankwesen, Buchwesen, Gesundheitswesen, Schulwesen

We|sens|zug ⟨m.; -(e)s, -zü|ge⟩ *Charaktereigenschaft, Charakterzug* □ **traço característico**

we|sent|lich ⟨Adj.⟩ **1** ⟨70⟩ *bedeutsam, wichtig, den Kern der Sache betreffend, grundlegend;* keine ~en Änderungen; ein ~er Bestandteil; zwischen beiden besteht ein ~er Unterschied; das ist sehr ~; das Wesentliche erkennen; das Wesentliche vom Unwesentlichen unterscheiden können; es ist nichts Wesentliches vorgefallen □ **essencial; fundamental** 1.1 im Wesentlichen *im Kern, im Grunde, in der Hauptsache;* der Inhalt des Buches ist im Wesentlichen der ... □ **em essência/substância* **2** ⟨50⟩ *sehr merklich, sehr spürbar, bedeutend* □ **notável; considerável**; ~ größer, kleiner; es geht mir heute ~ besser; er hat ~ dazu beigetragen, dass die Arbeit noch rechtzeitig fertig wurde □ **consideravelmente**

Wes|fall ⟨m.; -(e)s, -fäl|le; Gramm.⟩ = *Genitiv(1)*

wes|halb ⟨Adv.⟩ Sy *weswegen* **1** ⟨Interrogativadv.⟩ *warum, aus welchem Grunde;* ~ lachst du?; sag mir, ~ du gelacht hast; ich weiß nicht, ~ er eigentlich gekommen ist □ **por que 2** ⟨konjunktional in Nebensätzen⟩ *darum, aus diesem Grunde;* ich war plötzlich krank geworden, ~ ich gestern nicht kommen konnte □ **eis por que; razão pela qual**

Wes|pe ⟨f.; -, -n; Zool.⟩ *Angehörige einer Überfamilie der Stechimmen mit Vorderflügeln, die der Länge nach zusammengefaltet werden können: Vespidae* □ **vespa**

wes|sen ⟨Genitiv von⟩ **1** *wer* □ **cujo; do qual; de quem 2** ⟨veraltet⟩ *was(1.1 u. 2.1)*

West ⟨ohne Art.; Abk.: W⟩ = *Westen(1);* Frankfurt ~ □ **oeste**

Wes|te ⟨f.; -, -n⟩ *ärmelloses, bis zur Taille reichendes, eng anliegendes Kleidungsstück, das bei Männern unter dem Jackett, bei Frauen über einer Bluse getragen wird* □ **colete**; → a. *weiß¹(4, 4.1)*

Wes|ten ⟨m.; -s; unz.; Abk.: W⟩ **1** ⟨Abk.: W⟩ *Himmelsrichtung, in der die Sonne untergeht;* oV *West* □ **oeste; ocidente; poente 2** *westlich gelegenes Gebiet;* im ~ der Stadt □ **oeste** 2.1 ⟨umg.⟩ *Westdeutschland (einschließlich Süddeutschlands)* □ **Alemanha Ocidental** 2.1.1 nach dem, in den ~ gehen ⟨umg.; früher⟩ *aus der DDR in die Bundesrepublik Deutschland* □ **Ocidente** 2.2 *Westeuropa;* im ~ nichts Neues □ **Europa Ocidental**

Wes|tern ⟨m.; -s, -⟩ *Wildwestfilm* □ **western; faroeste**

west|fä|lisch ⟨Adj. 24⟩ *Westfalen betreffend, aus ihm stammend* □ **westfaliano; da Westfália**; Westfälischer Friede *F. von Münster u. Osnabrück am 24. 10. 1648, der den 30-jährigen Krieg beendete* □ **Paz/Tratado de Westfália*

west|lich ⟨Adj.⟩ *nach Westen zu gelegen, in westlicher Richtung gelegen* □ **ocidental**; ~ von Hannover □ **a oeste de Hannover*

West|over ⟨[-o:vər] m.; -s, -⟩ *ärmelloser Pullover (meist mit spitzem Ausschnitt), Pullunder* □ **pulôver com gola em V e sem mangas; colete**

west|wärts ⟨Adv.⟩ *nach Westen zu, in westl. Richtung;* die Straße verlief ~ □ **para oeste; para o ocidente**

wes|we|gen ⟨Adv.⟩ = *weshalb*

wett ⟨Adv.⟩ **1** *quitt, ausgeglichen* □ **quite** 1.1 ~ sein *seine Schuld mit einem anderen ausgeglichen haben* □ **estar quite*

Wettau|chen ⟨alte Schreibung für⟩ **Wetttauchen**

Wett|be|werb ⟨m.; -(e)s, -e⟩ **1** *Kampf um die beste Arbeit, um die beste Leistung;* Sy *Konkurrenz(1);* mit jmdm. im ~ stehen □ **concorrência; competição 2** ⟨Sp.⟩ = *Wettkampf;* einen ~ ausschreiben, veranstalten 2.1 das Pferd läuft außer ~ *läuft im Rennen, aber ohne an der Bewertung teilzunehmen* □ **competição**

Wet|te ⟨f.; -, -n⟩ **1** *Abmachung zwischen zweien, dass der, dessen Behauptung sich als unrichtig erweist, etwas zahlen od. leisten muss* □ **aposta**; eine ~ abschließen, eingehen □ **fazer uma aposta; apostar*; eine ~ gewinnen, verlieren □ **aposta**; ich mache jede ~ mit, dass ...; ich gehe jede ~ ein, dass es stimmt, was ich sage □ *aposto qualquer coisa que ... 1.1 was gilt die ~? was zahlst du, wenn ich Recht habe? □ *quanto você quer apostar? 2 etwas um die ~ tun mit anderen od. einem anderen etwas tun, um zu sehen, wer es besser kann □ *aposta alguma coisa; um die ~ fahren, laufen □ *apostar uma corrida (de automóvel/a pé)

wett|ei|fern ⟨V. 417⟩ mit jmdm. ~ etwas um die Wette tun, versuchen, etwas vor jmdm. zu erreichen; sie wetteiferten miteinander um den besten, ersten Platz □ *competir com alguém por alguma coisa

wet|ten ⟨V.⟩ 1 ⟨400⟩ eine Wette eingehen, abschließen, sich verpflichten, etwas zu zahlen, wenn man nicht Recht behält; Sy ⟨Toto; Lotto⟩ tippen(3.1); ich wette, dass er nicht mehr kommt □ apostar 1.1 ~, dass? wollen wir wetten, dass es so ist, wie ich sage? □ *quer apostar? 1.2 so haben wir nicht gewettet! ⟨fig.; umg.⟩ das ist gegen die Abmachung, das kommt nicht infrage! □ *não foi o que combinamos! 1.3 um fünf Euro, um eine Flasche Wein ~ vereinbaren, dass der, dessen Behauptung sich als falsch erweist, dem anderen fünf E. zahlen, eine F. W. geben muss □ *apostar cinco euros/uma garrafa de vinho 1.4 auf etwas ~ sich verpflichten, etwas zu zahlen, wenn etwas nicht stimmt od. eintritt, was man behauptet hat; ich wette darauf, dass es so ist! 1.4.1 auf ein Pferd ~ die Abmachung (mit einer Annahmestelle für Wetten) treffen, dass man einen Gewinn bekommt, wenn ein bestimmtes Pferd im Rennen siegt, bzw. seinen Einsatz verlorengibt, wenn es nicht siegt □ *apostar em alguma coisa 2 ⟨500⟩ etwas ~ beim Wetten(1) einsetzen; ich habe zehn Euro gewettet 2.1 ich wette zehn gegen, zu eins, dass es so ist ich bin fest davon überzeugt, ich gehe jede Wette ein, dass es so ist □ apostar

Wet|ter ⟨n.; -s, -⟩ 1 Zustand der Lufthülle der Erde, Ablauf der meteorolog. Erscheinungen (in einem begrenzten Gebiet); es ist schönes, schlechtes ~; was ist für ~?; wie ist das ~?; frühlingshaftes, herbstliches, sommerliches, winterliches ~; gutes, herrliches, kühles, regnerisches, schlechtes, schönes, stürmisches, warmes ~; bei günstigem ~ machen wir einen Ausflug; wir gehen bei jedem ~ aus □ tempo; clima 1.1 bei dem ~ jagt man keinen Hund hinaus, vor die Tür das Wetter ist so schlecht, dass man nicht ausgehen kann □ *com um tempo desses, nem dá para colocar o nariz para fora de casa 2 gutes, schlechtes ~ ⟨fig.⟩ friedliche, zornige Stimmung eines Menschen □ *tempo tranquilo/quente 3 ⟨geh.⟩ Gewitter, starker Regen, Unwetter; es kommt ein ~; ein ~ zieht sich zusammen □ temporal; → a. Wind(1.1-1.2) 3.1 alle ~! Ausruf des Staunens □ *(minha) nossa! 4 ⟨nur Pl.; Bgb.⟩ Luft u. a. Gasgemische in einem Grubenbau; schlagende ~ □ *grisu

Wet|ter|be|richt ⟨m.; -(e)s, -e⟩ von der Wetterwarte ausgegebener Bericht über das Wetter u. seine voraussichtliche Entwicklung; den ~ im Fernsehen verfolgen □ boletim meteorológico

Wet|ter|fah|ne ⟨f.; -, -n⟩ 1 metallene Fahne auf dem Dach zum Anzeigen der Windrichtung 2 ⟨fig.; abwertend⟩ launischer Mensch, Mensch, der seine Meinung rasch ändert □ cata-vento; veleta

wet|ter|fest ⟨Adj. 70⟩ unempfindlich od. gesichert gegen Einwirkungen des Wetters; eine ~e Hütte; ~e Kleidung □ resistente às intempéries; impermeável

Wet|ter|hahn ⟨m.; -(e)s, -häh|ne⟩ Wetterfahne in Form eines Hahnes □ galo de cata-vento; grimpa

Wet|ter|kar|te ⟨f.; -, -n⟩ Landkarte, auf der alle Faktoren des Wetters eingezeichnet sind □ mapa meteorológico

Wet|ter|leuch|ten ⟨n.; -s; unz.⟩ Aufleuchten entfernter Blitze, ohne dass man den Donner hört □ relâmpago

wet|tern ⟨V.⟩ 1 ⟨401⟩ es wettert es ist ein Gewitter □ *está trovejando 2 ⟨405⟩ ⟨gegen etwas od. jmdn.⟩ ~ ⟨fig.; umg.⟩ auf etwas od. jmdn. schimpfen □ *praguejar/esbravejar (contra alguma coisa ou alguém)

Wet|ter|schei|de ⟨f.; -, -n⟩ Gebirgskette od. Gewässer, die bzw. das eine Scheide zwischen verschiedenartigem Wetter bildet, indem sie bzw. es das Wetter beeinflusst, z. B. den Wolkenzug hemmt o. Ä. □ limite meteorológico

wet|ter|wen|disch ⟨Adj.; fig.⟩ unbeständig, launenhaft, leicht seine Meinung od. Stimmung ändernd; sie ist ein sehr ~er Mensch □ inconstante; volúvel

Wett|kampf ⟨m.; -(e)s, -kämp|fe⟩ friedlicher Kampf um die beste sportliche Leistung, Kampf um die Meisterschaft; Sy Wettbewerb(2) □ competição

Wett|lauf ⟨m.; -(e)s, -läu|fe⟩ 1 Lauf um die Wette, Lauf um zu prüfen, wer der schnellste Läufer ist 1.1 das ist ein ~ mit der Zeit ⟨fig.⟩ es geht um jede Minute, es ist sehr eilig □ corrida

wett||ma|chen ⟨V. 500⟩ etwas ~ wiedergutmachen, ausgleichen; einen Fehler, Verlust (wieder) ~ □ compensar; reparar

wet|tren|nen ⟨V. 200; nur im Infinitiv übl.⟩ um die Wette rennen; wollen wir ~? □ apostar/disputar uma corrida

Wett|streit ⟨m.; -(e)s, -e⟩ Bemühung, einen anderen od. andere zu übertreffen, übertrumpfen; zwischen beiden entspann sich ein ~, wer dem andern den Vortritt lassen sollte □ disputa; competição

Wett|tau|chen ⟨n.; -s; unz.⟩ Tauchen um die Wette □ competição de mergulho

wet|zen ⟨V.⟩ 1 ⟨500⟩ etwas ~ schleifen, schärfen; ein Messer, eine Sense ~; der Vogel wetzt seinen Schnabel (an einem Ast, am Gitter usw.) □ afiar; amolar 2 ⟨400(s.); umg.⟩ rasch laufen, rennen □ correr

Whirl|pool® ⟨[wœ:lpu:l] m.; -s, -s⟩ kleines Badebecken mit sprudelndem Wasser □ banheira de hidromassagem

Whis|key ⟨[vɪski] od. engl. [wɪski] m.; -s, -s⟩ irischer od. Amerikanischer Whisky □ uísque (irlandês ou norte-americano)

Whis|ky ⟨[vɪski] od. engl. [wiski] m.; -s, -s⟩ englischer od. schottischer Kornbranntwein □ uísque (inglês ou escocês); → a. Whiskey

Wich|se ⟨[-ks-] f.; -, -n⟩ 1 Putzmittel (bes. für Schuhe); Schuh~ □ graxa 2 ⟨unz.; fig.; umg.⟩ Prügel; er hat heute schon seine ~ bekommen □ surra

Wicht ⟨m.; -(e)s, -e⟩ **1** *Kobold, Zwerg* □ **duende; gnomo 2** *kleiner Kerl, Kerlchen* □ **nanico; tampinha 3** *Schurke, Schuft* □ **pilantra; vigarista;** *Böse~* □ **malfeitor; facínora;** *elender ~* □ ***criatura miserável**

wich|tig ⟨Adj.⟩ **1** *wesentlich, bedeutend, schwerwiegend, Aufmerksamkeit erfordernd, einflussreich;* eine *~e Arbeit, Aufgabe, Nachricht, Neuigkeit;* ich muss noch einen *~en Brief schreiben;* ein *~er Mann,* eine *~e Persönlichkeit;* das ist nicht (so) *~;* es ist mir sehr *~ zu* wissen, ob ...; etwas für *~* halten □ **importante;** etwas *~* nehmen □ ***levar alguma coisa a sério; dar importância a alguma coisa;** sich *~* vorkommen □ ***achar-se importante 1.1** in übertriebenem Maße von der Bedeutsamkeit der eigenen Äußerungen überzeugt;* mit *~er* Miene sprach sie ...; „ich weiß es genau!", sagte er *~* □ **com ares de importância**

wich|tig|ma|chen ⟨V. 500/Vr 3⟩ *sich ~, sich mit etwas ~ sich einer Sache übertrieben rühmen;* Sy *wichtigtun* □ ***gabar-se de alguma coisa**

wich|tig|tun ⟨V. 272/400 od. 500/Vr 3⟩ = *wichtigmachen;* sie muss (sich) immer *~* □ ***gabar-se de alguma coisa**

Wi|cke ⟨f.; -, -n; Bot.⟩ *Angehörige einer Gattung der Schmetterlingsblütler mit Wickelranken: Vicia* □ **vícia**

Wi|ckel ⟨m.; -s, -⟩ **1** *Zusammengerolltes, Bündel, Knäuel* □ **novelo 2** = *Umschlag(4); Hals~, Waden~;* ein feuchter, heißer, kalter *~* □ **compressa 3** *kleiner (zylinderförmiger) Gegenstand, um den etwas gewickelt werden kann* □ **rolo; bobina;** *Garn~* □ ***carretel,** Locken~* □ ***bobe 4** *jmdn. beim ~ kriegen* ⟨fig.; umg.⟩ *jmdn. am Kragen fassen, tadeln, ausschelten, zur Rechenschaft ziehen* □ ***pegar alguém pelo colarinho**

wi|ckeln ⟨V. 500⟩ **1** etwas *~ durch eine drehende Bewegung (der Hand) in neben- u. übereinanderliegenden Windungen zusammenfassen;* Garn, Wolle *~;* das Haar zu Locken *~* □ **enrolar 2** ⟨511⟩ etwas um, auf etwas *~ um etwas od. umeinanderschlingen, legen;* einen Faden, ein Band auf, um eine Rolle *~;* sich einen Schal um den Hals, den Kopf *~;* sich eine Mullbinde, ein Tuch um die Hand *~;* einen Bindfaden um ein Paket *~* □ ***enrolar alguma coisa em (torno de) alguma coisa;* → a. *Finger(2.4)* **3** ⟨511/Vr 7⟩ *jmdn.* od. etwas in etwas *~ dadurch, dass man etwas in Windungen um jmdn. od. etwas legt, einhüllen;* sich in eine Decke *~;* sich fest in seinen Mantel *~;* etwas in Papier *~* □ **embrulhar(-se); enrolar(-se) 3.1** ⟨500⟩ ein Kind *~ einem K. Windeln umlegen;* das Kind ist gerade frisch gewickelt □ ***trocar as fraldas de uma criança**

Wid|der ⟨m.; -s, -⟩ **1** ⟨Zool.⟩ *männl. Schaf, Schafbock* □ **carneiro 2** ⟨Astron.⟩ *Sternbild des nördlichen Himmels* □ **Áries 3** ⟨Jägerspr.⟩ *männl. Muffelwild* □ **muflão macho**

wi|der ⟨Präp. m. Akk.; veraltet, noch poet. u. in bestimmten Wendungen⟩ **1** *gegen; ~* alle Vernunft; *~* die Ordnung □ **contra 1.1** *~* Willen *gegen den eigenen Willen, ungern* □ ***a contragosto;* → a. *für(2.3)*

wi|der..., Wi|der... ⟨Vorsilbe; in Zus.⟩ *gegen..., Gegen..., zurück..., Zurück...*

wi|der|ein|an|der auch: **wi|der|ei|nan|der** ⟨Adv.; geh.⟩ *gegeneinander; ~* kämpfen □ **um contra o outro**

wi|der|fah|ren ⟨V. 130/600(s.)⟩ **1** *jmdm. widerfährt* etwas *geschieht etwas, stößt etwas zu;* es widerfährt mir oft, dass ...; ihm ist ein Unglück *~* □ **acontecer;** sofrer **1.1** *jmdm. Gerechtigkeit ~ lassen jmdn. gerecht beurteilen u. behandeln* □ ***fazer justiça a alguém**

Wi|der|ha|ken ⟨m.; -s, -⟩ *Haken, bei dem die zurückbogene Spitze eingestoßen wird, so dass ein Zurückziehen od. -drehen nicht möglich ist* □ **farpa; barbela**

Wi|der|hall ⟨m.; -(e)s, -e; Pl. selten⟩ **1** = *Echo(1)* **2** (keinen) *~ finden* ⟨fig.⟩ *(k)eine Reaktion hervorrufen;* sein Vorschlag, seine Rede fand großen *~* □ **eco; repercussão**

wi|der|hal|len ⟨V. 400⟩ **1** *ein Ton hallt wider tönt zurück, wird zurückgeworfen* **2** ⟨414⟩ etwas hallt von etwas wider *ist von Widerhall erfüllt;* die Turnhalle hallte vom Lärm der Schüler wider □ **ecoar; ressoar**

wi|der|le|gen ⟨V. 500/Vr 7 od. Vr 8⟩ *jmdn.* od. etwas *~ den Beweis erbringen, dass jmd.* etwas *Unrichtiges behauptet, dass etwas nicht stimmt;* einen Einwand, jmds. Ansicht *~;* es war sehr einfach, den Zeugen zu *~* □ **refutar; contestar**

wi|der|lich ⟨Adj.⟩ **1** *Widerwillen, Abscheu erregend, abstoßend, ekelhaft;* ein *~er* Geruch, Geschmack, Anblick □ **repugnante; nojento 2** ⟨fig.⟩ *hässlich, gemein, sehr unangenehm;* er ist ein *~er* Kriecher; ich finde seine Handlungsweise *~* □ **repugnante; odioso**

wi|der|na|tür|lich ⟨Adj.⟩ *gegen die Natur verstoßend, gegen das natürl. Empfinden verstoßend* □ **contranatural; antinatural**

Wi|der|part ⟨m.; -(e)s, -e⟩ **1** *Widersacher, Gegner* □ **adversário; oponente 2** *jmdm. ~ geben, bieten sich jmdm. widersetzen, Widerstand leisten* □ ***opor-se a alguém; oferecer resistência alguém**

wi|der|recht|lich ⟨Adj. 24⟩ *zu Unrecht, ungesetzlich;* *~er* Gebrauch wird bestraft □ **ilegal; ilícito;** sich etwas *~* aneignen □ ***usurpar alguma coisa**

Wi|der|re|de ⟨f.; -, -n⟩ *Widerspruch, Gegenrede;* er duldet keine *~* □ **objeção;** keine *~!* □ ***sem discutir!; sem chiar!;* etwas ohne *~* annehmen, hinnehmen □ ***aceitar alguma coisa sem protestar**

Wi|der|rist ⟨m.; -(e)s, -e; bei Horn- u. Huftieren⟩ *vorderer, höchster Teil des Rückens, Übergang vom Hals zum Rücken* □ **cernelha; garrote**

Wi|der|ruf ⟨m.; -(e)s, -e⟩ *das Zurücknehmen (einer Anordnung), Ungültigkeitserklärung;* das Betreten des Geländes ist (bis) auf *~* gestattet, verboten □ **revogação; anulação; contra-ordem**

wi|der|ru|fen ⟨V. 204/500⟩ etwas *~ zurücknehmen, für ungültig, falsch erklären;* eine Anordnung, einen Befehl *~;* die Erlaubnis zum Baden *~;* er widerrief seine Aussage vor Gericht □ **revogar; cancelar; desmentir**

Wi|der|sa|cher ⟨m.; -s, -⟩ *Gegner, Feind* □ **adversário; rival**

Wi|der|sa|che|rin ⟨f.; -, -rin|nen⟩ *weibl. Widersacher* □ **adversária; rival**

wi|der|set|zen ⟨V. 503/Vr 3⟩ *sich (jmdm. od. einer Sache) ~ Widerstand leisten, etwas nicht tun wollen; sich einer Anordnung ~; er widersetzte sich hartnäckig; sie hat sich ihm ständig widersetzt* □ ***opor-se; resistir (a alguém ou a alguma coisa)**

wi|der|sin|nig ⟨Adj.⟩ *unsinnig, unlogisch, widersprechend* □ **absurdo; paradoxal**

wi|der|spens|tig ⟨Adj.⟩ **1** *jmd. ist ~ widersetzt sich der Handlungsabsicht eines anderen; ein ~es Kind; der Esel war sehr ~* □ **recalcitrante; teimoso 2** *etwas ist ~ lässt sich nicht in gewünschter Weise handhaben; meine Haare sind heute Morgen sehr ~* □ **rebelde**

wi|der|spie|geln ⟨V. 500⟩ **1** *etwas spiegelt jmdn. od. etwas wider zeigt das Spiegelbild von jmdm. od. etwas; das Wasser spiegelt die Bäume, den Himmel wider* **1.1** ⟨511/Vr 3⟩ *etwas spiegelt sich in etwas wider ruft ein Spiegelbild in etwas hervor; das Boot spiegelt sich im Teich wider* **2** *eine Sache spiegelt eine Sache wider bringt bei einer Darstellung eine S. mit zum Ausdruck; der Roman spiegelt die Sitten jener Zeit wider* **2.1** ⟨511/Vr 3⟩ *eine Sache spiegelt sich in einer Sache wider kommt bei der Darstellung einer S. mit zum Ausdruck; dieses Erlebnis, diese Liebe spiegelt sich in seinen Werken wider* □ **refletir(-se); espelhar(-se)**

wi|der|spre|chen ⟨V. 251/600/Vr 5 od. Vr 6⟩ **1** *jmdm. od. einer Sache ~ eine entgegengesetzte Ansicht äußern; einer Behauptung, Meinung, einem Tadel, Vorwurf ~; einer Vorgesetzten ständig ~; widersprich mir nicht!* □ **contradizer; contestar 1.1** ⟨Vr 1⟩ *sich ~ eine einer früheren Aussage entgegengesetzte Äußerung tun; sie widersprach sich bei ihrer Aussage mehrmals* **2** ⟨Vr 2⟩ *Aussagen ~ sich eine Aussage beinhaltet etwas, was einer früheren Aussage entgegengesetzt ist; die Aussagen der Zeugen ~ sich, einander* □ **contradizer-se;** *die Zeitungen brachten sich ~de Nachrichten* □ **contraditório**

Wi|der|spruch ⟨m.; -(e)s, -sprü|che⟩ **1** *Behauptung des Gegenteils, das Gegenteil aussagende Entgegnung, Einwand, Einspruch; keinen ~ dulden; (jeden) ~ zurückweisen; empörter, entrüsteter, heftiger, schwacher ~; erhebt sich dagegen ~?; etwas ohne ~ anhören, hinnehmen; jmdn. zum ~ reizen* □ **objeção; contestação 2** *gegenteilige Behauptung, Tatsache, Bestrebung, die mit einer anderen Behauptung, Tatsache, Bestrebung unvereinbar ist; auf einen ~ stoßen; diese Darstellung enthält einen ~ in sich selbst; ich bin kein ausgeklügelt Buch, ich bin ein Mensch mit seinem ~* (Ulrich von Hutten) □ **contradição 2.1** *sich in Widersprüche verwickeln einander widersprechende Aussagen machen* □ ***cair em contradição 3** *Unvereinbarkeit, unvereinbares Verhältnis (zweier Gegebenheiten); im ~ zu etwas stehen; seine Handlungsweise steht im ~ zu seinen Worten, Versprechungen; in ~ zu etwas geraten* □ **contradição**

wi|der|sprüch|lich ⟨Adj.⟩ **1** *eine Sache ist ~ schließt einen Widerspruch in sich ein; ~es Verhalten* **2** *Sachen sind ~ widersprechen einander; ~e Aussagen, Nachrichten* □ **contraditório**

Wi|der|stand ⟨m.; -(e)s, -stän|de⟩ **1** *Verhalten, das darin besteht, eine od. mehrere Forderungen nicht zu erfüllen, sich ihnen zu widersetzen; den ~ aufgeben; jmds. ~ brechen, überwinden; (jmdm.) ~ leisten; den ~ organisieren; bewaffneter ~; erbitterter, heftiger, tapferer, verbissener, vergeblicher ~; auf ~ stoßen; er ließ sich ohne ~ festnehmen; zum ~ aufrufen* □ **resistência; oposição 1.1** *~ gegen die Staatsgewalt* ⟨Rechtsw.⟩ *Widerstand(1) gegen einen Vollstreckungsbeamten durch Drohung od. Gewalt;* → *a. aktiv(1.3), passiv(1.2)* **2** *Kraft, die einer Bewegung entgegenwirkt; Luft~, Wasser~; elektrischer ~* □ **resistência 3** ⟨El.⟩ *Bauelement aus schlecht leitendem Material, das den Fluss von elektrischem Strom vermindert* □ **resistência; resistor**

wi|der|stands|fä|hig ⟨Adj. 70⟩ *fähig, Widerstand zu leisten; ~ gegen Ansteckung; ~ gegen politische Propaganda* □ **resistente; refratário**

wi|der|stands|los ⟨Adj. 24⟩ *ohne Widerstand zu leisten, ohne sich zu wehren; er ließ sich ~ abführen* □ **sem opor resistência**

wi|der|ste|hen ⟨V. 256/600⟩ **1** *einer Sache ~ eine S. nicht tun, obwohl man es gern möchte, einer S. standhalten, nicht nachgeben; einer Versuchung ~; einer Sache nicht ~ können; ich konnte der Verlockung, Versuchung nicht ~, es zu tun* **1.1** *ich kann dieser Torte nicht ~* ⟨umg.⟩ *ich muss ein Stück dieser T. essen, sie verlockt mich zu sehr* □ ***resistir a alguma coisa 2** *etwas widersteht jmdm.* ⟨geh.⟩ *ist jmdm. zuwider; es widersteht mir, ihm die Hand zu reichen; diese Wurst widersteht mir* □ **repugnar**

wi|der|stre|ben ⟨V. 600; geh.⟩ **1** *jmdm. od. einer Sache ~ sich jmdm. od. einer S. widersetzen, etwas nicht tun wollen, einer S. nicht nachgeben wollen; jmds. Willen ~* □ **contrariar; opor-se a;** *sie ging nur ~d mit* □ **contrariado 2** *etwas widerstrebt jmdm. od. einer Sache ist jmdm. od. einer S. zuwider, unangenehm; es widerstrebt mir, ohne sein Einverständnis zu handeln* □ **repugnar; desagradar;** *es widerstrebt seinem Taktgefühl, so etwas zu sagen* □ **ser contrário a**

Wi|der|streit ⟨m.; -(e)s; unz.⟩ *Konflikt (zweier) unterschiedlicher Bestrebungen; im ~ der Gefühle* □ **conflito; contradição**

wi|der|wär|tig ⟨Adj.⟩ **1** *abstoßend, ekelhaft; es ist ~; eine ~e Arbeit, Angelegenheit* □ **repugnante; repulsivo 2** *sehr unangenehm, unsympathisch; ein ~er Kerl; ihr Benehmen bei der Beerdigung war ~* □ **antipático; inconveniente**

Wi|der|wil|le ⟨m.; -ns, -n⟩ *Ekel, Abscheu, starke Abneigung; seine schmeichlerische Art erregt meinen ~n; dieser Geruch weckt ~n (in mir); einen ~n gegen eine Speise haben; etwas nur mit ~n essen, tun; mit ~n an eine Arbeit, Sache herangehen* □ **aversão; repugnância; relutância**

wi|der|wil|lig ⟨Adj.⟩ **1** *Widerwillen spüren lassen; eine ~e Antwort; seine ~e Art zu reden* □ **relutante; contrariado 2** ⟨50⟩ *mit Widerwillen, höchst ungern; ~*

antworten; etwas ~ essen, tun; ~ gehorchen; sie ging ~ mit; er schüttelte ~ den Kopf □ **de má vontade; a contragosto**

wid|men ⟨V. 530⟩ **1** jmdm. etwas ~ *als Zeichen der Freundschaft od. Verehrung zueignen;* jmdm. ein Buch ~; Herrn X gewidmet von Y (in Büchern) **2** etwas einer **Sache** ~ ⟨geh.⟩ *zueignen, darbringen, schenken, etwas für eine S. verwenden;* sein Leben der Kunst, der Wissenschaft ~ 2.1 seine Zeit einer Sache ~ *seine Zeit mit einer S. verbringen* **3** ⟨Vr 3⟩ **sich** jmdm. od. einer **Sache** ~ *sich eingehend mit jmdm. od. einer S. beschäftigen;* sie widmet sich ganz ihren Kindern; sie widmet sich ganz der Pflege des Kranken □ **dedicar(-se); consagrar(-se)**

Wid|mung ⟨f.; -, -en⟩ *Zueignung, Inschrift in einem Buch (handschriftlich od. gedruckt), mit der dieses jmdm. gewidmet wird;* jmdm. eine ~ in ein Buch schreiben □ **dedicatória**

wid|rig ⟨Adj.⟩ **1** *entgegenstehend, sich entgegenstellend, hemmend, behindernd;* ein ~es Geschick; ~e Umstände □ **adverso; desfavorável 1.1** ~e **Winde** *die Fahrt, den Flug hemmende, hindernde W.* □ **contrário**

wie[1] ⟨Interrogativadv.⟩ **1** ⟨in direkten u. indirekten Fragen⟩ **1.1** ⟨alleinstehend⟩ ~ (**bitte**)? *was hast du, was haben Sie gesagt?* □ **como 1.1.1** *das war doch sehr schön,* ~? ⟨umg.⟩ *nicht wahr?* □ **foi muito bonito, não foi?* **1.2** ⟨vor Verben⟩ *auf welche Weise?;* ~ macht man das? ; er erzählte, ~ er es gemacht hatte □ **como;** ~ gefällt Ihnen der Roman? □ **gostou do livro?;* ~ geht's, ~ geht es dir? □ **como vai?; como está?;* ~ meinen Sie das? □ **o que quer dizer com isso?* **1.2.1** ~ kommt es, dass ...? *was ist die Ursache davon, dass ...?* □ **como é que...?; como se explica que...?* **1.2.2** ~ wäre es, wenn wir ins Kino gingen? *was halten Sie von dem Vorschlag, dem Gedanken, dass ...?* □ **que tal irmos ao cinema?* **1.3** ⟨vor Adj. u. Adv.⟩ *in welchem Maße, in welchem Grade?;* ~ hoch ist dieser Berg? □ **quanto esta montanha tem de altura?;* kannst du mir sagen, ~ tief das Wasser hier ist? □ **sabe me dizer qual é profundidade da água neste ponto?;* ~ oft bist du dort gewesen? □ **quantas vezes você esteve lá?;* ich weiß nicht, ~ oft ich ihm das schon verboten habe □ **não sei dizer quantas vezes já o proibi disso* **1.3.1** ~ weit ist es bis zum Museum? *welches ist die Entfernung?* □ **qual é a distância até o museu?* **1.3.2** ~ spät ist es? *wie viel Uhr ist es?* □ **que horas são?* **1.3.3** ~ lange willst du noch bleiben? □ **quanto tempo ainda pretende ficar?,* ~ lange dauert es noch? *wie viel Zeit?* □ **quanto tempo isso ainda leva?* **1.3.4** ~ alt ist er? *welches ist sein Alter?* □ **quantos anos ele tem?* **1.3.5** ~ viel?; welche Anzahl?, welche Menge?; ~ viel(e) Einwohner hat Hamburg?; ich muss erst nachsehen, ~ viel Geld ich noch habe; ~ viel(e) Personen waren anwesend?; ~ viel ist, macht drei mal vier?; ~ viele Mal(e) □ **quanto;** ⟨aber⟩ → a. **wievielmal 1.4** ⟨mit Partikeln⟩ *das musst du anders machen!* ~ denn? *auf welche Weise?* □ **como?* **2** ⟨in Ausrufen⟩ **2.1** ⟨alleinstehend⟩ ~! *wirklich? (Ausruf des Erstaunens, der Überraschung);* ~, hat er das wirklich gesagt? **2.1.1** *und* ~! *(als Antwort) ja, sehr!, ja, außerordentlich!* **2.2** ⟨vor Verben⟩ *sehr, so* **2.2.1** ~ habe ich mich gefreut, als ...! *ich habe mich so gefreut, sehr gefreut* **2.2.2** ~ haben wir gelacht, als ... *wir haben sehr gelacht* □ **como 2.3** ⟨vor Adj. u. Adv.⟩ ~ **dumm!** *das ist sehr dumm!* **2.3.1** ~ merkwürdig! *das ist sehr merkwürdig!* **2.3.2** ~ schade! *das ist sehr schade!* **2.3.3** ~ hübsch! *ach, ist das hübsch!* □ **que 2.3.4** ~ froh wären sie, als ... *sie waren so froh, als ...* □ **como 2.3.5** ~ schrecklich! *das ist ja schrecklich!* □ **que 2.3.6** ~ sehr würde ich mich freuen, wenn ...! *ich würde mich sehr freuen* □ **como 2.3.7** ~ oft habe ich dir das schon gesagt! *ich habe es dir schon so oft gesagt!* □ **quantas vezes já lhe disse isso?* **2.3.8** ~ viel sehr viel, so viel □ **quanto;* ~ viel Geld das gekostet hat! □ **quanto dinheiro não deve ter custado!;* ~ Schönes habe ich auf dieser Reise gesehen! □ **quanta coisa bonita vi nessa viagem!;* ~ viel besser geht es mir jetzt, seit ich das neue Mittel nehme! □ **como estou melhor desde que passei a tomar esse novo remédio!*

wie[2] ⟨Konj.⟩ **1** ⟨vergleichend⟩ *im gleichen Maße, in der Art eines, einer ..., gleich einem, einer ...* □ **como; tanto quanto;** *das kannst du so gut* ~ *ich* □ **você consegue tão bem quanto eu;* ein Mann ~ er; in einem Falle ~ diesem muss man ...; es ist einer ~ der andere; stark ~ ein Bär; ein großer Dichter ~ Goethe; ~ man sieht, ist alles noch unverändert; so ~ er nun einmal ist; alles bleibt, ~ es war; es war so schön ~ noch nie; und es war, ~ schon so oft, ...; mittags ging ich, ~ ich es immer tue, spazieren □ **como;** *der Junge sah aus* ~ *ein Schornsteinfeger;* das Sofa sieht wieder aus ~ neu ∅; sie ist (ebenso) hübsch ~ ihre Schwester □ **ela é bonita como a irmã; ela é tão bonita quanto a irmã;* S ~ Siegfried (beim Buchstabieren, bes. am Telefon) □ **"s" de Siegfried;* ~ dem auch sei, wir wollen es (trotzdem) versuchen □ **seja como for, queremos tentar (mesmo assim);* der Schrank ist so breit ~ hoch □ **quanto;* ~ die Tat, so der Lohn ⟨Sprichw.⟩ □ **tal ato, tal recompensa* **1.1** einer ~ der andere ⟨umg.⟩ *alle miteinander* □ **tanto um quanto o outro* **1.2** ~ du mir, so ich dir ⟨Sprichw.⟩ *was du mir antust, vergelte ich dir* □ **olho por olho, dente por dente* **1.3** ich weiß, ~ es ist, wenn ... *ich kann es verstehen, nachfühlen* **1.4** geschickt, ~ er ist, hat er sofort ... *da er geschickt ist ...* □ **como 1.5** ~ reich er auch sein mochte, er konnte doch nicht helfen *obwohl er so reich war* □ **por mais rico que ele fosse, não pôde ajudar* **1.6** er ist so gut ~ taub *er ist fast ganz taub* □ **ele é praticamente surdo* **1.7** ~ es nun einmal geht *so ist es meistens* □ **como costuma ser* **1.8** ~ sich's gehört *in der Art guter Manieren* □ **como se deve* **1.9** ~ gehabt ⟨umg.⟩ *ähnlich, gleich den früheren Vorgängen,* Malen □ **como sempre* **1.10** so, ~ die Dinge jetzt liegen *nach dem jetzigen Stand der Dinge* □ **tal como estão as coisas; do jeito que as coisas estão* **1.11** ~ man sagt, hat er ... *dem Gerücht nach, die Leute sagen, er habe ...* □ **pelo que dizem, ...* **1.12** ~ (schon) gesagt, habe ich ... *um es noch einmal zu wiederholen* □ **como* (já) dito, eu... 2 ~ wenn 〈umg.〉 *als ob*; es war, ~ wenn Schritte über den Flur tappten □ *como se 3 〈temporal nur im Präsens〉 *zur gleichen Zeit*; und ~ ich aus dem Fenster schaue, sehe ich ... □ *quando; no momento em que* 3.1 **als** ~ = *als¹(2)*

Wie 〈n.; -; unz.〉 **1** *das* ~ *die Art u. Weise, die Form*; es kommt nicht nur auf das Was, sondern auch auf das ~ an; das ~ ist mir klar, aber das Warum verstehe ich nicht 1.1 *das* ~, *Wann und Wo ist jetzt noch völlig unklar die Form, die Zeit u. der Ort (einer Sache)* □ *como*

Wie|de|hopf 〈m.; -(e)s, -e; Zool.〉 *Angehöriger der Familie der Rackenvögel, Höhlenbrüter mit einem langen, gebogenen Schnabel u. einer aufrichtbaren Federhaube: Upupa epops* □ *poupa*

wie|der 〈Adv.〉 **1** *aufs Neue, nochmals, abermals, wiederum, noch einmal*; er hat ~ Fieber; werde bald ~ gesund!; können Sie mir ~ die Theaterkarten besorgen?; er hat die richtig Lösung schon ~ erkannt; sie ist in der Nacht ständig ~ erwacht; er möchte gern ~ etwas finden; kannst du mir den Teller ~ (erneut) geben?; die Seile sind alle zerrissen, wir müssen ~ einige herstellen; ich musste ~ die Milch holen; wann darf ich ~ zu euch kommen?; das Kind kann jetzt ~ sehen □ *de novo; outra vez*; immer und immer ~ **repetidas vezes; volta e meia*; das darfst du nie ~ tun □ **você não deve fazer isso nunca mais*; einmal und nie ~! □ **primeira e última vez!*; kann ich das nächste Mal ~ ein Eis bekommen? □ **da próxima vez, posso ganhar mais um sorvete?*; die Straßen belebten sich ~ □ **as ruas voltaram a se encher de gente* 1.1 er musste das ständig zu Boden fallende Blatt ~ aufnehmen *es abermals aufnehmen*; 〈aber Getrennt- u. Zusammenschreibung〉 ~ aufnehmen = *wiederaufnehmen* □ *de novo; outra vez* 1.2 ~ *da sein* 〈umg.〉 *zurück (gekommen) sein* □ *estar de volta; da bin ich ~! □ **voltei!*; ich bin gleich ~ da □ *volto logo 1.3 *hin und* ~ *ab und zu, manchmal, zuweilen* □ **de vez em quando; ocasionalmente* 1.4 ich möchte es nicht und möchte es auch ~ *nicht ich bin mir unschlüssig, ob ich es will* □ **por um lado eu quero, por outro, não* 1.5 er versuchte es ~ und ~ *immer aufs Neue* □ **ele tentou várias vezes*

wie|der||auf|be|rei|ten 〈V. 500〉 *Kernbrennstoffe ~ in einer Wiederaufbereitungsanlage in wiederverwendbare Anteile u. nicht wieder nutzbare Abfälle zerlegen* □ *reprocessar*

wie|der||auf|neh|men *auch*: **wie|der auf|neh|men** 〈V. 189/500〉 *eine Sache ~ mit einer S. von neuem beginnen*; abgebrochene Beziehungen ~; ein unterbrochenes Gespräch, den Faden des Gesprächs ~ □ *retomar; reatar*; das Verfahren wurde wiederaufgenommen/wieder aufgenommen □ *rever*; → a. *wieder (1.1)*

wie|der||be|kom|men 〈V. 170/500〉 *etwas ~ zurückbekommen*; hast du dein Buch ~? □ *reaver; recuperar*; 〈aber Getrenntschreibung〉 *wieder bekommen* → *wieder(1)*

wie|der||be|le|ben 〈V. 500/Vr 3〉 **1** *jmdn. ~ aus einer Bewusstlosigkeit, einem leblosen Zustand wieder zum Leben erwecken*; einen Ertrunkenen ~ □ *reanimar* **2** *etwas ~ etwas Vergessenes wieder einführen*; die alten Sitten, Bräuche ~ □ *reviver*; 〈aber Getrenntschreibung〉 *wieder beleben* → *wieder(1)*

wie|der||brin|gen 〈V. 118/500〉 *etwas ~ zurückbringen*; ich habe dir das Buch wiedergebracht □ *devolver; restituir*; 〈aber Getrenntschreibung〉 *wieder bringen*

wie|der||er|ken|nen 〈V. 166/500〉 *jmdn. ~ jmdn. nach langer Zeit erkennen*; ich habe dich kaum wiedererkannt □ *reconhecer*; 〈aber Getrenntschreibung〉 *wieder erkennen* → *wieder(1)*

wie|der||er|wa|chen 〈V. 400(s.)〉 **1** *von neuem erwachen* □ *despertar novamente* **2** 〈fig.〉 *neu entstehen*; ihr Interesse, ihre Liebe erwachte wieder □ *renascer*; 〈aber Getrenntschreibung〉 *wieder erwachen* → *wieder(1)*

wie|der||fin|den 〈V.134/500〉 *jmdn. od. etwas ~ erneut finden*; er hat seine Taschenlampe wiedergefunden □ *recuperar; reencontrar*; 〈aber Getrenntschreibung〉 *wieder finden* → *wieder(1)*

Wie|der|ga|be 〈f.; -, -n〉 *das Wiedergeben*; die ~ eines Musikstücks, einer Geschichte, eines Bildes, Textes □ *execução; interpretação; reprodução*; falsche, genaue, richtige, wörtliche ~ □ *relato; descrição*; der Lautsprecher hat eine gute, schlechte ~; er besitzt Drucke moderner Maler in sehr guten ~ □ *reprodução*

wie|der||ge|ben 〈V. 143/500〉 **1** 〈530〉 *jmdm. etwas ~ zurückgeben, erstatten*; einem Gefangenen seine Freiheit ~; können Sie mir 2 Euro (Wechselgeld) ~?; bitte leg die 10 Euro aus, ich gebe sie dir später wieder □ *devolver; restituir* **2** *etwas ~ nachbilden, darstellen, darbieten, berichten, erzählen, erstatten*; einen Vorgang, Anblick ~; ich kann die Ausdrücke, die er gebrauchte, nicht ~; ich kann meine Gedanken, Gefühle, als ich das sah, nicht ~; einen Vorgang falsch, richtig, entstellt, verzerrt ~; er hat die Stimmung des Abends in seinem Bericht gut wiedergegeben; einen Text sinngemäß ~; ein Gespräch wörtlich ~; bitte geben Sie den Inhalt des Textes in Ihren eigenen Worten wieder! □ *reproduzir; descrever; contar*; 〈aber Getrenntschreibung〉 *wieder geben* → *wieder(1)*

Wie|der|ge|burt 〈f.; -, -en〉 **1** 〈in manchen Religionen〉 *das Wiedergeborenwerden zu einer neuen irdischen Existenz* □ *reencarnação* **2** 〈fig.〉 *(geistige) Erneuerung, Neuaufleben* □ *renascimento*

wie|der||her|stel|len 〈V. 500/Vr 7〉 **1** *etwas ~ aufs Neue herstellen, im alten Zustand herstellen; Sy restaurieren* □ *restaurar; restabelecer* **2** *jmdn. ~* 〈fig.〉 *wieder in den früheren Zustand bringen* □ *restabelecer; recuperar*; der Kranke, der Patient ist (völlig) wiederhergestellt □ *restabelecido; recuperado* **3** *etwas wieder herstellen* □ *restabelecer; recuperar*; 〈aber Getrenntschreibung〉 *wieder herstellen* → *wieder(1)*

wie|der||ho|len¹ 〈V. 503/Vr 1〉 *(sich) etwas ~ zurückholen*; mein Ball ist in den anderen Garten gefallen, aber ich hole ihn mir wieder □ **ir buscar novamente alguma coisa*; 〈aber Getrenntschreibung〉 *wieder holen* → *wieder(1)*

wie|der|ho|len² ⟨V. 500⟩ **1** etwas ~ *noch einmal sagen od. tun;* jmds. Befehl, Anweisung, Worte ~ ☐ **repetir 1.1** eine **Klasse** ~ *nochmals durchlaufen* ☐ ***repetir de ano 1.2** eine **Lektion** ~ *noch einmal lernen* ☐ ***repassar a lição 1.3** eine **Vorführung** ~ *noch einmal darbieten;* auf vielfachen Wunsch wird die Sendung am Dienstag wiederholt ☐ **repetir; reprisar**

wie|der|holt 1 ⟨Part. Perf. von⟩ *wiederholen²* **2** ⟨Adj. 24/90⟩ *mehrmalig, mehrmals, öfters;* ich habe gegen dieses Vorhaben ~ protestiert ☐ **repetidamente; reiteradamente;** ~e Beschwerden ☐ **repetido; reiterado**

Wie|der|ho|lung ⟨f.; -, -en⟩ *nochmaliges Sagen od. Tun derselben Sache, nochmalige Darbietung;* im Fernsehen werden viele ~en gezeigt ☐ **repetição; reprise**

Wie|der|hö|ren ⟨n.; -s; unz.⟩ **1** *nochmaliges, mehrmaliges Hören* ☐ **nova audição 1.1** auf/Auf ~! *(Abschiedsgruß beim Telefongespräch)* ☐ ***tchau!; até mais!**

wie|der|käu|en ⟨V.⟩ **1** ⟨402⟩ **(Futter)** ~ *(Futter) aus dem Magen ins Maul zurückbringen u. noch einmal kauen;* die Kühe liegen im Gras und käuen wieder; das Futter, Gras ~ ☐ **ruminar 2** ⟨500⟩ **schon** einmal Gesagtes, Gehörtes ~ ⟨fig.; umg.⟩ *noch einmal (in langweiliger Form) wiederholen, immer wieder sagen;* eine Lektion, den Lehrstoff ~ ☐ **repisar**

wie|der|keh|ren ⟨V. 400(s.)⟩ **1** *zum Ausgangspunkt zurückkommen;* von einer Reise ~; er ist aus dem Krieg nicht wiedergekehrt ☐ **regressar; voltar 2** *etwas kehrt wieder wiederholt sich, tritt wieder ein;* ein Gedenktag, Festtag kehrt wieder; diese Gelegenheit kehrt nie wieder; diese Melodie, dieses Motiv kehrt im ersten Satz dreimal wieder; dieser Vorgang kehrt regelmäßig wieder ☐ **repetir-se; ser recorrente;** ein jährlich ~es Fest ☐ ***um festival que acontece anualmente**

wie|der|kom|men ⟨V. 170/400(s.)⟩ *zurückkommen;* er ist nach zwei Stunden wiedergekommen ☐ **regressar; voltar;** ⟨aber Getrenntschreibung⟩ w<u>ie</u>der kommen → *wieder(1)*

wie|der|se|hen ⟨V. 239/500/Vr 8⟩ *jmdn.* ~ *nochmals mit jmdm. zusammentreffen, jmdn. nochmals begegnen;* ich habe ihn nach 15 Jahren wiedergesehen; wann sehen wir uns wieder? ☐ **rever; tornar a ver;** ⟨aber Getrenntschreibung⟩ w<u>ie</u>der sehen → *wieder(1)*

Wie|der|se|hen ⟨n.; -s, -; Pl. selten⟩ **1** *nochmaliges Zusammentreffen (zweier od. mehrerer Personen);* ein ~ vereinbaren; es war ein fröhliches, trauriges, überraschendes ~; bei unserem letzten ~ ☐ **reencontro;** auf ~! *(Abschiedsgruß);* auf baldiges ~! *(Abschiedsgruß)* ☐ ***até logo!; até mais! 1.1** jmdm. auf/Auf ~ sagen *sich von jmdm. verabschieden* ☐ ***despedir-se de alguém 1.2** ~ macht Freude! ⟨umg.; scherzh.⟩ *(beim Verleihen eines Gegenstandes)* jetzt vergiss nicht, ihn mir wiederzugeben ☐ ***emprestado não é dado!**

wie|der|um *auch:* **wie|de|rum** ⟨Adv.⟩ **1** *nochmals;* und als ich ihn ~ ermahnte, antwortete er ... ☐ **de novo; outra vez 2** *andererseits;* ich habe ihm geraten, es zu tun, er ~ ist der Meinung, es sei besser, es nicht zu tun; er ist im Allgemeinen sehr zurückhaltend, doch muss ich ~ sagen, dass er sofort hilft, wenn es wirklich nötig ist ☐ **por outro lado; em compensação; por sua vez**

Wie|ge ⟨f.; -, -n⟩ **1** *Kinderbett auf gerundeten Brettern, so dass es seitwärts geschaukelt werden kann;* das Kind in der ~ schaukeln **1.1** seine ~ stand in Berlin ⟨poet.⟩ *er ist in Berlin geboren* ☐ **berço 1.2** das ist ihm nicht an der ~ gesungen worden, dass er einmal Professor werden würde ⟨fig.⟩ *das hätte früher niemand vermutet* ☐ ***ninguém podia imaginar que um dia ele se tornaria professor 1.3** von der ~ an ⟨fig.⟩ *von Geburt an, von klein auf* ☐ ***desde o berço**

wie|gen¹ ⟨V. 287⟩ **1** ⟨500/Vr 7⟩ *jmdn. od. etwas* ~ *(auf der Waage) das Gewicht feststellen von jmdm. od. etwas;* einen Koffer, ein Paket ~; sie hat die Wurst knapp, reichlich, gut, schlecht gewogen ☐ **pesar 1.1** das Pfund Nüsse ist knapp, reichlich gewogen *es ist ein knappes, reichliches Pfund N.* ☐ ***meio quilo justo de nozes; um bom meio quilo de nozes 1.2** sich ~ *sich auf die Waage stellen u. sein Gewicht prüfen* ☐ ***pesar-se 1.3** ⟨511⟩ etwas in der **Hand** ~ *das Gewicht von etwas, das man in der H. hat, schätzen* ☐ ***sopesar 2** ⟨413⟩ *schwer sein, Gewicht haben;* der Schrank wiegt mindestens zwei Zentner; wie viel wiegst du? ☐ **pesar 2.1** der Koffer wiegt schwer *hat viel Gewicht, ist schwer* ☐ ***a mala pesa muito; a mala é muito pesada 2.2** seine Argumente ~ schwer ⟨fig.⟩ *sind ernst zu nehmen, wichtig* ☐ ***seus argumentos pesam muito**

wie|gen² ⟨V. 500⟩ **1** *jmdn. od. etwas* ~ *in eine hin- u. herschwingende Bewegung versetzen;* nachdenklich, bedenklich den Kopf ~ ☐ **balançar;** mit ~den Schritten gehen ☐ **oscilante 1.1** einen ~den Gang haben *einen federnden, leicht schaukelnden G.* ☐ ***caminhar gingando 1.2** ein **Kind** ~ *in der Wiege od. in den Armen schaukeln;* das Kind in den Schlaf ~ ☐ **embalar 2** ⟨Vr 3⟩ sich ~ *hin- u. herschwingen, sanft, leicht schaukeln;* das Boot wiegt sich auf den Wellen ☐ ***balançar-se;** sich in den Hüften ~ (beim Gehen) ☐ ***requebrar quadris; gingar;** sich im Tanz ~ ⟨poet.⟩ ☐ ***balançar-se ao ritmo da música 2.1** ⟨550⟩ sich auf etwas ~ *sich auf etwas leicht schaukeln, sich von etwas schaukelnd tragen lassen* ☐ ***balançar-se em alguma coisa 2.2** ⟨513⟩ sich in **Sicherheit,** in **Hoffnungen** ~ ⟨fig.⟩ *sich dem Gefühl der S., (trügerischen) H. hingeben* ☐ ***ter uma sensação de segurança; alimentar (falsas) esperanças 3** etwas ~ *mit dem Wiegemesser zerkleinern;* Petersilie ~ ☐ **picar**

wie|hern ⟨V. 400⟩ **1** *das* **Pferd** *wiehert gibt Laut* ☐ **relinchar 2** ⟨fig.; umg.⟩ *laut u. hemmungslos lachen;* er wieherte vor Lachen; er lachte ~d ☐ **gargalhar;** dar uma sonora gargalhada; ein ~des Gelächter ☐ ***uma gargalhada estrepitosa**

Wie|se ⟨f.; -, -n⟩ *mit Gras bewachsenes Land (auch zum Gewinnen von Heu)* ☐ **campo; prado**

Wie|sel ⟨n.; -s, -; Zool.⟩ **1** *Angehöriges einer Gattung kleiner, flinker Marder: Mustela* ☐ **doninha 1.1** flink wie ein ~ *schnell u. gewandt;* er kann laufen wie ein ~ ☐ ***rápido como um raio**

wie|so ⟨Interrogativadv.; umg.⟩ *warum?; wie kommt das?, wie kommt es, dass ...?;* ~ kommst du erst jetzt? ☐ **por que; como assim**

wie|viel ⟨alte Schreibung für⟩ *wie viel*

wie|viel|mal ⟨Interrogativadv.⟩ *welche Anzahl von Malen* □ quantas vezes; ⟨aber⟩ wie viele Mal(e)

wie|vielt ⟨a. ['--]; in der Wendung⟩ zu ~ *zu wie vielen;* zu ~ habt ihr gespielt? □ *em quantos

wie|viel|te(r, -s) ⟨Adj. 24/60⟩ **1** *(fragt nach der Stelle in einer Reihenfolge, Rangordnung);* zum ~n Mal habe ich dir das eigentlich schon verboten? □ *quantas vezes já o proibi de fazer isso? **1.1** den Wievielten haben wir heute? *welchen Tag des Monats haben wir heute?* □ *que dia é hoje?

wie|weit ⟨Konj.⟩ *inwieweit, bis zu welchem Grade;* ich weiß nicht, ~ er damit Recht hat □ até que ponto; até onde; ⟨aber Getrenntschreibung⟩ wie weit? → *wie¹(1.3.1)*

wie|wohl ⟨Konj.⟩ *obwohl* □ ainda que; embora

Wig|wam ⟨m.; -s, -s⟩ *(kuppelförmiges) Hauszelt nordamerikanischer Indianer* □ cabana/tenda indígena

wild ⟨Adj.⟩ **1** *im Naturzustand belassen, nicht kultiviert* **1.1** ~e **Tiere** *ungezähmte T.;* Ggs *zahme Tiere* → *zahm(1);* ~e Enten, Schwäne, Tauben □ selvagem **1.2** ~e **Pflanzen** *nicht angebaute P.;* ~e Blumen □ silvestre **1.2.1** Wilder **Wein** *als Zierpflanze beliebtes Weinrebengewächs, Jungfernrebe: Parthenocissus* □ *vinha-virgem; trepadeira da Virgínia* **1.3** ~es **Land** *unerschlossenes, unbearbeitetes L.* □ inculto **1.3.1** eine ~e Gegend, Landschaft ⟨fig.⟩ *einsame G. mit schroffen Felsen, knorrigen Bäumen, reißendem Bach usw.* **1.4** ein ~es **Volk** *ein unzivilisiertes, auf niedriger Kulturstufe stehendes V.;* das ~e Volk der Ubier leistete den Römern Widerstand **1.5** Wilder **Westen** *der Westen Nordamerikas zur Zeit der Kolonisation im 19. Jh.* □ selvagem **1.6** ⟨fig.⟩ *ungepflegt, unordentlich;* ein ~er Bart; die Haare hingen ihm ~ in die Stirn, standen ihm ~ um den Kopf □ desgrenhado; die Sachen lagen ~ durcheinander □ *as coisas estavam reviradas **1.7** ~es **Gestein** ⟨Bgb.⟩ *taubes G.* □ estéril **2** *unkontrolliert, außerhalb der dafür geltenden Gesetze bestehend;* ~er Handel, ~es Parken □ ilegal; proibido **2.1** ⟨60⟩ ~er **Streik** ⟨fig.⟩ *nicht organisierter, von der Gewerkschaft nicht genehmigter S.* □ selvagem **2.2** ⟨60⟩ ~es Fleisch *an Wunden wucherndes F.* □ *granuloma piogênico; carne esponjosa* **2.3** ⟨60⟩ ~e **Gerüchte, Geschichten** ⟨fig.; umg.⟩ *fantastische, übertriebene G.;* die ~esten Gerüchte schwirren durch die Stadt; er erzählte ~e Geschichten □ exagerado; fantástico **2.4** ⟨60⟩ ~e **Jahre** *Lebensabschnitt, in dem ausschweifend gelebt wird* □ rebelde **3** ⟨fig.⟩ *ungezügelt, unbeherrscht, unbändig, ungestüm, heftig;* ~e Blicke □ feroz; ~e Drohungen □ violento; ~es Geschrei □ descontrolado; er schlug ~ um sich □ violentamente; es entbrannte ein ~er Kampf □ violento; ein ~er Zorn ergriff ihn □ *ele ficou uma fera/arara; er ist ganz ~ vor Begeisterung ⟨fig.; umg.⟩ □ *ele está todo entusiasmado **3.1** in ~er Flucht davonrennen, davonjagen ⟨fig.⟩ *in ungestümer, ungeordneter F.* □ *debandar **3.2** ~e See ⟨fig.⟩ *vom Sturm aufgewühltes Meer* □ bravio **3.3** ein ~es **Kind** *ein sehr lebhaftes u.*

furchtloses K. □ traquinas; travesso **3.5** ⟨46⟩ ~ auf etwas sein ⟨fig.; umg.⟩ *versessen auf etwas sein, etwas leidenschaftlich gern haben, sehen wollen od. essen;* er ist ganz ~ auf Fisch, auf Schokolade; er ist ganz ~ auf Kriminalfilme □ *ser louco por alguma coisa **4** *sehr zornig, wütend;* er schaute ~ um sich; „ich denke nicht daran!", schrie er ~; als er das hörte, wurde er ~ □ furioso; irado **4.1** den ~en Mann spielen ⟨fig.; umg.⟩ *sich sehr zornig u. unberechenbar gebärden* □ *dar um ataque; fazer escândalo **5** ⟨40⟩ *das ist halb so ~* ⟨fig.; umg.⟩ *halb so schlimm, nicht so schlimm* □ *o diabo não é tão feio quanto pintam **6** ⟨Getrennt- u. Zusammenschreibung⟩ **6.1** ~ **machen** = wildmachen **6.2** ~ **lebend** = wildlebend

Wild ⟨n.; -(e)s; unz.⟩ **1** ⟨Sammelbez. für⟩ *jagdbare Tiere;* Hoch~, Nieder~, Rot~, Schwarz~ □ caça **1.1** ein Stück ~ *ein einzelnes jagdbares Tier* □ *uma peça de caça **2** = Wildbret

Wild|bahn ⟨f.; -, -en⟩ **1** *Jagdgebiet, Jagdrevier* □ tapada; reserva de caça **1.1** freie ~ *nicht umzäuntes Jagdgebiet* □ *habitat natural

Wild|bret ⟨n.; -s; unz.⟩ *Fleisch vom Wild(1);* Sy *Wild(2)* □ carne de caça

wil|dern ⟨V. 400⟩ *unzulässigerweise jagen;* in diesem Gebiet wird noch viel gewildert □ caçar sem permissão; ein ~der Hund, eine ~de Katze □ caçador

Wild|fang ⟨m.; -(e)s, -fän|ge⟩ **1** *aus der Freiheit eingefangener Beizvogel* □ ave de rapina usada em caça **2** *Fangvorrichtung für Rotwild* □ armadilha para caçar cervos **3** ⟨fig.⟩ *wildes, ausgelassenes Kind;* Sy *Wildling(2)* □ traquinas

wild|fremd ⟨Adj. 24/70⟩ *völlig fremd, völlig unbekannt;* ich kann doch nicht einen ~en Menschen fragen, ob … □ totalmente desconhecido

wild|le|bend *auch:* **wild le|bend** ⟨Adj. 24⟩ *in freier Wildbahn, in Freiheit lebend;* ~e Tiere □ selvagem; que vive em seu *habitat* natural

Wild|ling ⟨m.; -s, -e⟩ **1** *Schoss eines Baumes, der veredelt worden ist* □ rebento de enxerto; galocha **2** ⟨fig.⟩ = *Wildfang(3)* **3** ⟨fig.⟩ *ungestümer junger Mensch* □ jovem impetuoso

wild|ma|chen *auch:* **wild ma|chen** ⟨V. 500⟩ **1** jmdn. ~ *zornig machen* □ *deixar alguém furioso **2** Tiere ~ *scheumachen;* mach mir die Pferde nicht wild □ assustar

Wild|nis ⟨f.; -, -se⟩ *wilde Gegend, Land im Naturzustand* □ mato; selva; ermo

Wild|schwein ⟨n.; -(e)s, -e⟩ **1** ⟨Zool.⟩ *Angehöriges einer Gattung untersetzter, kräftiger, in Rudeln lebender Schweine, wilder Vorfahr des Hausschweins mit braunschwarzem, langhaarigem, borstigem Fell, stehenden Ohren u. kräftigen Hauern: Sus* **2** ⟨unz.⟩ *Fleisch des Wildschweins(1)* □ javali

Wil|le ⟨m.; -ns, -n⟩ oV *Willen* **1** *Fähigkeit (des Menschen), sich für bestimmte Handlungen aufgrund bewusster Motive zu entscheiden;* wo ein ~ ist, ist auch ein Weg; schwacher, starker ~; einen eisernen ~n haben ⟨fig.⟩ □ vontade **1.1** jmds. ~n brechen *jmdn. unterdrücken, ihn zwingen, sich unterzuordnen* □

*quebrantar a vontade de alguém 1.2 einen eigenen ~n haben *wissen, was man will* □ *ter vontade própria 1.3 keinen eigenen ~n haben *nicht wissen, was man will, sich anderen zu sehr unterordnen* □ *não ter vontade própria 2 *Entscheidung für eine bestimmte Handlung aufgrund bewusster Motive;* seinen ~n durchsetzen (wollen); es ist mein fester ~, es zu tun; auf seinem ~n bestehen; gegen jmds. ~n handeln; es ist gegen meinen ~n geschehen; nach dem ~n des Künstlers, Baumeisters □ **vontade; desejo** 2.1 jeder nach seinem ~n *jeder, wie er will* □ *cada um a seu modo 2.2 freier ~ ⟨Philos.⟩ *die Entscheidungsfreiheit des Menschen* □ *livre-arbítrio 2.2.1 es ist doch mein freier ~, das zu tun oder nicht zu tun *ich kann es doch selbst entscheiden* □ *é minha a decisão de fazer isso ou não 2.2.2 etwas aus freiem ~n tun *ohne Zwang, freiwillig* □ *fazer alguma coisa de livre e espontânea vontade 2.3 letzter ~ ⟨fachsprachl.⟩ *Letzter ~ Bestimmung für den Todesfall, Testament* □ *último desejo; testamento 3 *feste Absicht, Vorsatz;* den ~n haben, etwas zu tun; er hat den redlichen ~n, es gut zu machen □ **propósito; intenção**; es war nicht böser ~ □ *não foi por mal; ich tue das doch nicht aus bösem ~n (*sondern weil ich nicht anders kann*) □ *não faço isso por mal; ich konnte es beim besten ~n nicht tun (*obwohl ich es sehr gerne getan hätte*) □ *não pude fazê-lo, por mais que quisesse 4 *bewusstes Anstreben eines Handlungszieles;* etwas mit ~n tun; es geschah ohne Wissen und ~n des Betreffenden; ein bisschen guter ~ gehört natürlich dazu; mit ein wenig gutem ~n geht es schon □ **vontade** 4.1 er ist guten ~ns *er gibt sich Mühe* □ **ele tem muita boa vontade** 4.2 wider ~ *unabsichtlich, ohne es zu wollen*; ich musste wider ~n lachen □ *contra a vontade; contrafeito 5 *Vollzug des Willens(2), das, was jmd. anstrebt* □ **vontade** 5.1 er soll seinen ~n haben *wir wollen tun, was er will (wenn auch nicht gern)* □ *que seja como ele quer 5.2 lass ihm doch seinen ~n! *tu doch, was er will* □ *faça a vontade dele! 5.3 des Menschen ~ ist sein Himmelreich ⟨fig.⟩ *wenn jmd. unbedingt etwas tun od. haben möchte, soll man ihm nachgeben, auch wenn man es selbst nicht versteht* □ *o que é de gosto regala a vida 5.4 jmdm. zu ~n sein *tun, was jmd. will* □ *fazer as vontades de alguém

wil|len ⟨Präp. m. Gen.⟩ um jmds. od. einer Sache ~ *jmds. od. einer S. wegen, weil es für jmdn. od. eine S. gut ist, um jmdm. einen Gefallen zu tun* □ *por (amor de) alguém ou alguma coisa

Wil|len ⟨m.; -s, -⟩ *Nebenform von* ⟩ = *Wille*

wil|len|los ⟨Adj.⟩ *ohne (eigenen) Willen, schwach, energielos*; ein ~er Mensch; jmdm. ~ die Führung überlassen □ **sem vontade; apático**; er ist ein ~es Werkzeug in den Händen eines anderen (fig.) □ *ele é um simples instrumento nas mãos dos outros

wil|lens ⟨Adv.⟩ ~ sein *gewillt sein, bereit sein, etwas zu tun*; ich bin nicht ~, in diesem Punkt nachzugeben □ *estar disposto (a fazer alguma coisa); ter a intenção de (fazer alguma coisa)

wil|lent|lich ⟨Adj. 24/70⟩ *absichtlich, mit Willen* □ **intencional(mente); de propósito**

wil|lig ⟨Adj.⟩ *stets bereit, etwas zu tun, bereitwillig, fügsam, guten Willens, dienstfertig;* ein ~er Arbeiter □ **diligente; solícito**; ein ~es Kind, Pferd; er, sie ist sehr ~ □ **obediente; dócil**; etwas ~ tun □ **de boa vontade**

wil|li|gen ⟨V. 800⟩ in eine Sache ~ ⟨geh.⟩ *einer S. zustimmen, etwas erlauben, sich mit etwas einverstanden erklären* □ *consentir/concordar com alguma coisa

will|kom|men ⟨Adj. 70⟩ 1 *gern gesehen, gern angenommen, erwünscht, angenehm, gelegen;* eine ~e Nachricht □ **bem-vindo** 1.1 ein ~er Anlass, eine ~e Gelegenheit *ein A., eine G., den bzw. die man gern benutzt (um etwas zu tun, zu sagen)* □ **oportuno** 1.2 ein ~er Gast *ein G., den man gern empfängt, gern bei sich sieht* □ **bem-vindo** 1.3 jmdn. (herzlich) ~ heißen *jmdn. freundlich (u. herzlich) begrüßen* □ *dar as boas-vindas a alguém 1.4 ⟨43⟩ jmd. ist jmdm. ~ *wird von jmdm. freundlich empfangen, jmd. freut sich über jmds. Kommen;* du bist mir (jederzeit, stets) ~ □ *ser bem-vindo para alguém 1.4.1 sei ~! *ich freue mich, dass du kommst*; ~! (als Gruß); (sei) herzlich ~!; ~ in der Heimat! (Empfangsgruß für jmdn., der in die H. zurückgekehrt ist) □ **bem-vindo** 1.5 ⟨43⟩ eine Sache ist jmdm. ~ *wird von jmdm. gern angenommen, ist jmdm. recht, passt jmdm.;* dein Angebot ist mir (sehr) ~; sein Angebot, seine Anwesenheit ist mir nicht ~ □ **ser bem-vindo; vir a propósito**

Will|kom|men ⟨n. od. m.; -s; unz.⟩ *freundliche Begrüßung, Empfang* □ **boas-vindas**; jmdm. ein ~ bieten □ *dar as boas-vindas a alguém

Will|kür ⟨f.; -; unz.⟩ *eigenes Gutdünken ohne Rücksicht auf Gesetze, Moral od. die Interessen anderer Menschen* □ **arbitrariedade**; → a. *Laune*; jmds. ~ preisgegeben sein □ *estar à mercê de alguém; jmdn. der ~ seiner Feinde preisgeben □ *deixar alguém à mercê de seus inimigos

will|kür|lich ⟨a. [-ˈ--] Adj.⟩ 1 *auf Willkür beruhend, selbstherrlich, je nach Laune, rücksichtslos;* ~e Maßnahmen □ **arbitrário**; jmdn. ~ bestrafen □ **arbitrariamente** 2 *beliebig;* eine ~e Auswahl treffen □ **casual; aleatório** 3 *vom Willen gelenkt;* Ggs *unwillkürlich;* eine ~e Bewegung, ~e Muskeln □ **voluntário**

wim|meln ⟨V.⟩ 1 ⟨400⟩ Lebewesen ~ *bewegen sich in großer Anzahl durcheinander;* die Menschen wimmelten über den Platz; die Ameisen wimmelten im Wald □ **formigar; fervilhar** 2 ⟨800⟩ etwas wimmelt von Lebewesen od. etwas *etwas enthält eine große Anzahl von L. od. etwas;* der Käse wimmelte von Maden; das Buch wimmelte von Fehlern; hier wimmelt es von Ameisen □ **estar cheio/repleto de**

Wim|merl ⟨n.; -s, -n⟩ bair.-österr.⟩ *Eiter-, Hitzebläschen* □ **espinha; brotoeja**

wim|mern ⟨V. 400⟩ *klagende Laute von sich geben, leise jammern, winseln* □ **choramingar**

Wim|pel ⟨m.; -s, -⟩ 1 *kleine, schmale dreieckige Fahne* 2 ⟨Mar.⟩ *Signalflagge* □ **flâmula; galhardete**

Wim|per ⟨f.; -, -n⟩ 1 *kurzes Haar am Rand des Augenlids* □ **pestana; cílio** 2 ohne mit der ~ zu zucken ⟨fig.⟩ *ohne sein Erschrecken, Erstaunen od. seine Empörung zu zeigen, ohne Zögern* □ *sem pestanejar

Wind ⟨m.; -(e)s, -e⟩ **1** *durch unterschiedliche Druckverhältnisse verursachte stärkere Luftbewegung, Luftzug; das Spiel von Wasser und ~, Wolken und ~; ein leichter ~ ist aufgekommen, hat sich aufgemacht; der ~ bläst, braust, heult, pfeift, weht; der ~ dreht sich, nimmt zu, lässt nach, nimmt ab, springt um; eisiger, frischer, kalter, kühler, lauer, scharfer, schmeichelnder, warmer ~; auf günstigen ~ warten (beim Segeln); heftiger, leichter, sanfter, starker ~; gegen den ~ fahren, gehen, laufen, fliegen; der ~ raunt, säuselt ⟨poet.⟩* □ **vento** 1.1 *~ und Wetter ausgesetzt den Unbilden des Wetters ausgesetzt* □ ***estar exposto às intempéries** 1.2 *bei ~ und Wetter bei jedem Wetter, bes. bei schlechtem Wetter* □ ***faça chuva ou faça sol** 1.3 *wer ~ sät, wird Sturm ernten* ⟨Sprichw.⟩ *wer eine kleine Schlechtigkeit begeht, wird durch ein größeres Übel bestraft* □ ***quem semeia vento colhe tempestade** 1.4 *wie der ~ sehr schnell; er kann laufen wie der ~; und wie der ~ war er fort* □ ***como um raio** 1.5 *in alle ~e in alle Himmelsrichtungen* □ ***aos quatro ventos**; *die Familie ist in alle ~e zerstreut* □ ***a família está espalhada pelos quatro cantos do mundo** 1.6 *jmdm. den ~ aus den Segeln nehmen* ⟨fig.⟩ *jmds. Absicht vereiteln* □ ***jogar um balde de água fria em alguém** 1.7 *das ist ~ in seine Segel* ⟨fig.; umg.⟩ *das unterstützt seine Absicht, ist ihm von Vorteil* □ ***isso é uma mão na roda para ele** 1.8 *sich den ~ um die Nase, Ohren wehen lassen* ⟨fig.; umg.⟩ *Lebenserfahrung gewinnen, etwas erleben* □ ***ganhar experiência** 1.9 *wissen, woher der ~ weht* ⟨fig.⟩ *Bescheid wissen, sich auskennen* 1.9.1 *merken, woher der ~ weht* ⟨fig.; umg.⟩ *merken, was zu geschehen droht* □ ***saber/perceber de que lado sopra o vento** 1.9.2 *daher weht der ~!* ⟨fig.; umg.⟩ *so war es also gemeint!* □ ***então é isso!** 1.9.3 *hier weht ein anderer ~!* ⟨fig.; umg.⟩ *hier herrschen strengere Sitten, werden strengere Maßstäbe angelegt* □ ***aqui não tem moleza!** 1.10 *etwas in den ~ schlagen* ⟨fig.⟩ *unbeachtet lassen; Bedenken, eine Warnung, einen guten Rat in den ~ schlagen* □ ***(deixar) entrar por um ouvido e sair por outro** 1.11 *in den ~ reden* ⟨fig.⟩ *vergebens reden* □ ***falar para a parede** 1.12 *~ machen, jmdm. ~ vormachen* ⟨fig.; umg.⟩ *jmdm. etwas vorreden, was nicht stimmt* □ ***botar banca (para alguém)** 1.12.1 *mach nicht so viel ~!* ⟨fig.; umg.⟩ *mach dich nicht so wichtig, gib nicht so an* □ ***deixe de ser convencido!** 1.13 ⟨fig.⟩ *Stimmung, Schwung, Ton* 1.13.1 *hier weht ein neuer, frischer ~* ⟨fig.⟩ *hier ist neuer Schwung, ein frischer, neuer Geist zu spüren* □ ***novos ares sopram por aqui** 1.13.2 *frischen ~ in eine Abteilung, Gesellschaft bringen* ⟨fig.⟩ *neuen Schwung* □ ***dar novos ares a uma repartição/empresa** 1.13.3 *hier weht nun ein schärfer ~* ⟨fig.⟩ *der Umgangston ist scharf, streng, hier herrscht strenge Disziplin* □ ***o tempo fechou por aqui**; → a. **Fahne**(2.1), **Mantel**(1.1.1) **2** ⟨Jägerspr.⟩ *der von einem Luftzug getragene Geruch, Witterung* □ **vento**; *das Wild hat ~ bekommen* □ ***a caça tomou ventos** 2.1 *der Jäger hat guten, schlechten ~ der J. steht so, dass das Wild ihn nicht wittern bzw. ihn wittern kann* □ ***o caçador (não) tem o vento a seu favor** 2.2 *er hat ~ davon bekommen* ⟨fig.; umg.⟩ *er hat etwas darüber gehört, davon erfahren (obwohl es eigtl. nicht für seine Ohren bestimmt war)* □ ***ele ficou sabendo 3** ⟨bei der Orgel⟩ *die durch den Blasebalg den Pfeifen zugeführte Luft* □ **vento 4** *im Darm gebildetes Gas; Darm~; ~e abgehen lassen* □ **gases; flatulência** 4.1 *einen ~ streichen lassen* ⟨selten⟩ *eine Blähung entweichen lassen* □ ***peidar; soltar um pum**

Wind|beu|tel ⟨m.; -s, -⟩ **1** *leichtes Gebäck in Form zweier aufeinandergestülpter Schalen aus Brandteig, welches mit geschlagener Sahne gefüllt ist* □ **profiterole 2** ⟨fig.; umg.⟩ *Mensch mit lockerem Lebenswandel* □ **leviano; cabeça de vento**

Win|de ⟨f.; -, -n⟩ **1** *von einer Kurbel angetriebenes Gerät zum Heben von Lasten mittels eines Seiles, das auf eine Trommel auf- u. abgewickelt wird, mittels einer Zahnstange od. einer Schraubenspindel* □ **guincho**; Seil~ □ ***cabrestante; sarilho**, Zahnstangen~ □ ***macaco de cremalheira**, Schrauben~ □ ***macaco de rosca 2** ⟨Bot.⟩ *einer Gattung der Windengewächse angehörendes sich windendes Kraut: Convolvulus* □ **convólvulo**

Win|del ⟨f.; -, -n⟩ **1** *Tuch, das um den Unterkörper des Säuglings gewickelt wird, um die Ausscheidungen aufzunehmen* □ **fralda; cueiro** 1.1 *er lag damals noch in den ~n er war damals noch ein Säugling* □ **ele ainda usava fraldas 2** *anstelle einer Windel(1) verwendete, mit Zellstoff gefütterte Kunststofffolie, die mit Klebestreifen zusammengehalten u. nach Gebrauch weggeworfen wird* □ **fralda descartável**

win|del|weich ⟨Adj. 80; fig.; umg.⟩ *nur in der Wendung⟩ jmdn. ~ schlagen fürchterlich prügeln* □ ***moer alguém de pancada**

win|den[1] ⟨V. 288/500⟩ **1** *etwas ~ drehend zusammenfügen, flechten; Girlanden, einen Kranz ~; Blumen zum Kranz ~* □ **entrelaçar; (en)trançar 2** ⟨550⟩ *etwas um etwas ~ drehen, drehend bewegen, wickeln, schlingen; ein Band um etwas ~; Draht, Garn um eine Spule ~; sich ein Tuch um den Kopf ~* □ **enrolar; cingir 3** ⟨531⟩ *jmdm. etwas aus ~ ~ jmdm. etwas durch Drehen aus etwas wegnehmen; jmdm. die Waffe aus den Händen ~* □ ***arrancar alguma coisa de alguém 4** *etwas ~* ⟨veraltet⟩ *mit einer Winde auf- od. abwärts bewegen; einen Eimer (Wasser) aus dem Brunnen, in die Höhe ~* □ **içar; guindar 5** ⟨550/Vr 3⟩ *sich um etwas ~ sich in Windungen um etwas halten; eine Schlange wand sich um seinen Arm, sein Bein; der Efeu windet sich um den Baumstamm* □ ***enroscar-se em alguma coisa 6** ⟨Vr 3⟩ *sich ~ sich krümmen; die Schlange, der Regenwurm windet sich; sich vor Schmerzen ~* □ ***(con)torcer-se** 6.1 ⟨fig.; umg.⟩ *Ausflüchte machen, nicht die Wahrheit sagen wollen, nicht offen reden wollen; er windet sich (vor Verlegenheit, Scham)* □ **tergiversar; usar de rodeios 7** ⟨511/Vr 3⟩ *sich irgendwohin ~ in Windungen irgendwohin (ver)laufen, sich irgendwo(hin) schlängeln; der Pfad, Bach windet sich durch die Wiesen; sich durch eine Menschenmenge, eine Lücke im Zaun ~* □ **serpear; meandrar 7.1** *ein viel-*

fach gewundener Bachlauf, Weg *in Windungen verlaufender B.*, *W.* □ **sinuoso; serpeante**

win|den² ⟨V. 400⟩ **1** ⟨401⟩ *es windet es weht ein Wind; draußen windet es tüchtig* □ **ventar 2** *Wild, der Hund windet* ⟨Jägerspr.⟩ *nimmt Witterung auf, prüft den Wind* □ **tomar ventos**

Wind|fang ⟨m.; -(e)s, -fän|ge⟩ **1** *Schutzvorrichtung am Schornstein gegen den Wind* **2** *kleiner Raum zwischen Haustür u. einer dicht dahinterliegenden Tür* □ **guarda--vento 3** ⟨Jägerspr.⟩ *Nase (beim Schalenwild außer Schwarzwild)* □ **nariz**

win|dig ⟨Adj. 70⟩ **1** *voller Luftbewegung; eine ~e Stelle, Ecke; ein ~er Tag* □ **ventoso 1.1** *draußen, hier oben ist es ~ herrscht starke Luftbewegung, geht der Wind* □ ***lá fora/aqui em cima está ventando 2** ⟨fig.; umg.⟩ *unsicher, nicht glaubhaft, nicht überzeugend; eine ~e Ausrede* □ **duvidoso 2.1** *eine ~e Sache eine S., hinter der nichts steckt* □ **ventoso; fútil 2.2** *ein ~er Kerl, Typ jmd., dem man nicht vertrauen kann* □ **de caráter duvidoso; não confiável**

Wind|müh|le ⟨f.; -, -n⟩ *älteste Form des Windrades mit vier Flügeln* □ **moinho de vento**

Wind|ro|se ⟨f.; -, -n; am Kompass⟩ *Scheibe (am Kompass), auf der die Himmelsrichtungen eingezeichnet sind* □ **rosa dos ventos**

Wind|sack ⟨m.; -(e)s, -sä|cke⟩ *auf Flugplätzen u. an Autobahnbrücken) an einem Mast befestigte, längliche, kegelstumpfförmige, an beiden Enden offene rot-weiße Stoffröhre, die die Richtung des Bodenwindes anzeigt* □ **biruta**

Wind|schat|ten ⟨m.; -s; unz.⟩ **1** *windgeschützte Seite* **2** ⟨Seemannsspr.⟩ *die dem Wind abgekehrte Seite (des Schiffes, eines Gebirges)* □ **sotavento**

wind|schief ⟨Adj.⟩ **1** *nicht im richtigen Winkel befindlich; ein ~es Dach, Haus* □ **desaprumado 2** ⟨umg.⟩ *nicht richtig gerade stehend* □ **torto 3** *~e Geraden* ⟨Math.⟩ *nicht in einer Ebene liegende G. (die sich nicht schneiden)* □ ***retas reversas**

Win|dung ⟨f.; -, -en⟩ *Abweichung von der Geraden, Krümmung, Biegung* □ **volta; curva**; *Darm~* □ ***cur-va/circunvolução do intestino, Fluss~* □ ***meandro do rio, Schrauben~* □ ***espira/volta do parafuso; sich in ~en fortbewegen* □ **curva**; *der Fluss, Weg verläuft in vielen ~en* □ **meandro; curva; sinuosidade**

Wink ⟨m.; -(e)s, -e⟩ **1** *Zeichen mit der Hand, dem Kopf od. mit den Augen; er gehorcht auf den leisesten ~* (hin); *jmdm. einen ~ geben* □ **sinal; aceno 2** ⟨fig.⟩ *Andeutung, was der andere tun soll, Hinweis; jmdm. einen ~ geben; er verstand den ~ sofort* □ **dica; sugestão**; → *a. Zaunpfahl(2.1)*

Win|kel ⟨m.; -s, -⟩ **1** *Richtungsunterschied zweier sich schneidender Geraden, zwischen zwei sich schneidenden Geraden liegende Ebene; die Straße biegt dort im rechten, spitzen ~ nach links, rechts ab; ein ~ von 45°; einen ~ messen* (Math.) □ **ângulo**; → a. *recht(r, -s)(4), spitz(1.1), stumpf(5)* **2** *Gerät in der Form eines rechtwinkligen Dreiecks* □ **esquadro 3** *von zwei Wänden gebildete Ecke (eines Raumes); in einem vergessenen ~ habe ich dies heute gefunden; sich in einen ~*

verkriechen □ **canto 4** ⟨fig.⟩ *heimliches Plätzchen, stille, abgelegene Stelle; ein dunkler, heimlicher, lauschiger, malerischer, stiller, versteckter ~* □ **cantinho; (re)canto**

Win|kel|zug ⟨m.; -(e)s, -zü|ge⟩ *unlauteres Vorgehen, nicht einwandfreier Umweg, um etwas zu erreichen; Winkelzüge machen* □ **subterfúgio; estratagema**

win|ken ⟨V.⟩ **1** ⟨403/Vr 6⟩ ⟨jmdm.⟩ *~ ein Zeichen geben; jmdm. mit den Augen ~; mit Fähnchen ~; mit dem Taschentuch ~; er winkte mir mit der zusammengefalteten Zeitung* □ ***acenar/fazer um sinal (para alguém) 1.1** *die Hand od. ein Tuch als Abschiedsgruß od. Zeichen des Erkennens schwenken; wir standen noch lange auf dem Bahnsteig, am Fenster und winkten* □ **despedir-se/saudar com um aceno 1.2** *durch Signalflaggen Nachrichten übermitteln* □ **comunicar por bandeiras de sinais 2** ⟨511⟩ *jmdn. od. etwas irgendwohin ~ durch ein Zeichen herbeirufen; jmdn. zu sich ~; den Kellner an den Tisch ~* □ ***chamar alguém ou alguma coisa com um aceno 3** ⟨600⟩ *jmdm. winkt etwas* ⟨fig.; geh.⟩ *steht etwas in Aussicht; ihm winkt eine Belohnung; ihm winkt das Glück* □ ***alguma coisa espera alguém**

win|seln ⟨V. 400⟩ **1** *ein Hund winselt gibt leise klagend Laut* □ **ganir 2** ⟨fig.⟩ *unwürdig flehen, jammernd bitten; um Gnade ~* □ **suplicar choramingando**

Win|ter ⟨m.; -s, -⟩ **1** *die kalte Jahreszeit;* Ggs *Sommer(1); wir verleben schon den zweiten ~ hier auf dem Campingplatz; ein harter, kalter, milder, strenger ~; im ~; gut über den ~ kommen* □ **inverno 2** ⟨fig.; veraltet⟩ *Jahr; fünf ~ lang* □ **ano**

Win|ter|gar|ten ⟨m.; -s, -gär|ten⟩ *Teil eines Zimmers mit sehr großen, breiten Fenstern od. verglaste Veranda, wo man u. a. Topfpflanzen hält* □ **jardim de inverno**

win|ter|lich ⟨Adj.⟩ **1** *dem Winter entsprechend (kalt); ~e Temperaturen* □ **invernal; de inverno**; *es ist schon recht ~ draußen* □ ***já está bem frio lá fora 1.1** *sich ~ kleiden sich warm anziehen* □ ***vestir roupas de inverno**

win|ters ⟨Adv.⟩ *im Winter;* Ggs *sommers* □ **no inverno**

Win|ter|schluss|ver|kauf ⟨m.; -(e)s, -käu|fe; Abk.: WSV; früher⟩ *Verkauf von Artikeln, bes. Kleidung, die im Winter gebraucht werden u. im nächsten Jahr nicht mehr modern sind, vor dem Ende des Winters zu herabgesetzten Preisen* □ **saldo de inverno**

Win|ter|sport ⟨m.; -(e)s; unz.⟩ *nur im Winter betriebene Sportart (Skilaufen, Schlittschuhlaufen, Eiskunstlaufen, Curling, Eishockey, Rodeln, Bobfahren)* □ **esporte de inverno**

Win|zer ⟨m.; -s, -⟩ *Bewirtschafter eines Weingutes, Weinbauer* □ **viticultor**

Win|ze|rin ⟨f.; -, -rin|nen⟩ *weibl. Winzer* □ **viticultora**

win|zig ⟨Adj.⟩ **1** *sehr klein, zwerghaft; ein ~er Bruchteil; ein ~es Häuschen, Hündchen, Kerlchen; er ist ~* (klein) □ **minúsculo 1.1** ⟨60⟩ *ein ~es bisschen* ⟨umg.⟩ *eine ganz kleines bisschen, sehr wenig* □ ***bem pouquinho**

Wip|fel ⟨m.; -s, -⟩ *Oberteil, Gipfel des Baumes mit den Zweigen u. Blättern; in den ~n der Bäume rauscht der Wind* □ **copa**

Wip|pe ⟨f.; -, -n⟩ **1** *zweiarmiger Hebel* □ **alavanca de dois braços 2** *Brett, das in der Mitte beweglich auf einem Pfosten befestigt ist, mit je einem Sitz an beiden Enden zum Schaukeln für zwei, auch vier Personen* □ **gangorra**

wip|pen ⟨V. 400(h.) od. (s.)⟩ **1** *auf der Wippe schaukeln* □ **brincar na gangorra 2** *auf u. nieder federn, schnellen; auf einem Fuß, auf den Zehenspitzen ~; er saß auf der Armlehne des Sessels u. wippte mit der Fußspitze* □ **balançar(-se);** → a. *kippen(6)*

wir ⟨Personalpron., 1. Person Pl.; Gen. unser, Dat. u. Akk. uns⟩ **1** *(unsere Personen, die Sprecher selbst); ~ Brüder, Kinder; ~ kommen; sie erinnern sich unser; Gott erbarme sich unser!; man empfing uns freundlich; das Haus gehört uns; kennst du uns nicht mehr?; warum hast du uns nicht geschrieben?; es liegt (nicht) an uns, wenn ..., dass ...; es liegt bei uns, die Hand zur Versöhnung zu reichen; hier sind wir ganz für uns allein; er saß hinter, neben, vor uns; fahr, geh, komm mit uns!; er war mitten unter uns; ein Freund von uns; von uns aus ist nichts dagegen einzuwenden; vor uns brauchst du keine Angst zu haben; komm doch morgen zu uns* **1.1** *die Zeit ist uns schnell vergangen nach unserer Meinung, unserem Gefühl* **2** *(Pluralis majestatis (mit Großschreibung); veraltet) (Form, in der ein Fürst von sich sprach, heute noch in Büchern üblich, wenn der Autor von sich selbst spricht) ich;* Wir, Friedrich von Gottes Gnaden, ~ sind bei unserer Untersuchung davon ausgegangen **3** *(gelegentlich; bes. gegenüber Kindern) du, ihr, Sie; ~ haben wohl nicht aufgepasst* □ **nós**

Wir|bel ⟨m.; -s, -⟩ **1** *schnelle, drehende, kreisende Bewegung um eine Achse; ein ~ im Fluss, im Wasser* □ **redemoinho; torvelinho 2** *⟨fig.⟩ rasches, heftiges Durcheinander, rasche Aufeinanderfolge; im ~ der Ereignisse habe ich das vergessen* **2.1** *Aufruhr; sich in den ~ des Faschings stürzen; ich verlor ihn im ~ des Festes, des Tanzes aus den Augen* □ **turbilhão; confusão 2.2** *⟨fig.; umg.⟩ Aufregung, Aufsehen; es gab einen großen ~, als bekanntwurde, dass ...* □ **alvoroço; agitação 3** *Stelle, an der etwas spiralförmig zusammenläuft* **3.1** *Stelle auf dem Kopf, an der die Haare strahlenförmig um einen Mittelpunkt angeordnet sind; Haar~* □ **cocuruto**; *sein Haar bildet auf dem Scheitel einen ~; einen ~ über der Stirn, am Scheitel haben* □ **redemoinho 3.1.1** *vom ~ bis zur Zehe von Kopf bis Fuß, vom Scheitel bis zur Sohle, ganz u. gar* □ **da cabeça aos pés 3.2** *Stelle auf der Fingerkuppe, an der die Hautrillen spiralförmig verlaufen* □ **circunvolução 4** *⟨an Saiteninstrumenten⟩ mit drehbarem Griff versehener Zapfen, um den jeweils eine Saite oberhalb des Griffbretts befestigt ist* □ **cravelha 5** *drehbarer Griff am Fenster zum Schließen u. Öffnen; Fenster~* □ **taramela; cravelha 6** ⟨Anat.⟩ *Glied des Achsenskeletts der Wirbeltiere u. des Menschen; sich einen ~ brechen, verletzen* □ **vértebra 7** *sehr schnelle, gleichmäßige Schläge mit beiden Schlägeln (auf Schlaginstrumenten); Pauken~, Trommel~* □ **rufo**; *einen ~ schlagen (auf der Trommel)* □ ***rufar (o tambor)**

wir|be|lig ⟨Adj. 70; fig.⟩ oV *wirblig* **1** *schwindlig, drehend* □ **turbinoso; vertiginoso**; *mir wurde ganz ~ (im Kopf)* □ ***fiquei completamente tonto 2** *wild, sehr lebhaft, nicht stillsitzen könnend, ständig in Bewegung; ein ~es Kind* □ **agitado; que não para quieto**

Wir|bel|lo|se(s) ⟨n. 3; Zool.⟩ *Tier ohne Wirbelsäule: Invertebrat*; Ggs *Wirbeltier* □ **invertebrado**

wir|beln ⟨V.⟩ **1** ⟨410(s.)⟩ *sich wie ein Wirbel, sich drehend schnell bewegen;* Schneeflocken ~ durch die Luft □ **redemoinhar; turbilhonar**; *sie wirbelte durchs Zimmer, aus dem Zimmer* □ **rodopiar; voltear 2** ⟨511⟩ *etwas irgendwohin ~ in eine wirbelnde(1) Bewegung versetzen u. dadurch irgendwohin bringen; der Wind wirbelt Blätter, Staub in die Luft* □ **redemoinhar; turbilhonar 3** ⟨600⟩ *jmdm. wirbelt der Kopf ⟨fig.; umg.⟩ jmd. ist ganz verwirrt* □ ***estar com a cabeça girando; estar tonto/confuso**

Wir|bel|säu|le ⟨f.; -, -n; Anat.⟩ *gegliedertes Achsenskelett der Wirbeltiere u. des Menschen;* Sy *Rückgrat(1)* □ **coluna vertebral; espinha dorsal**

Wir|bel|tier ⟨n.; -(e)s, -e; Zool.⟩ *Angehöriges eines Unterstammes der Chordatiere, zu denen u. a. die Säugetiere u. der Mensch gehören: Vertebrata;* Ggs *Wirbellose(s)* □ **vertebrado**

Wir|bel|wind ⟨m.; -(e)s, -e⟩ **1** *wirbelnder Windstoß* **2** ⟨fig.⟩ *sehr lebhafte, stürmische Person, bes. Kind, junger Mensch; sie ist ein ~; wie ein ~ durch die Wohnung flitzen* □ **turbilhão; furacão**

wirb|lig ⟨Adj. 70⟩ = *wirbelig*

wir|ken ⟨V.⟩ **1** ⟨410⟩ *arbeiten, schaffen, tätig sein, wirksam sein, erfolgreich schaffen; er hat lange Zeit in Afrika als Missionar gewirkt; für eine Sache ~, gegen jmdn., gegen jmds. Einfluss ~* □ **trabalhar; atuar**; *sein Wirken war segensreich; während seines Wirkens als Leiter der Schule* □ **trabalho; atuação 2** ⟨500⟩ *etwas ~ ⟨geh.⟩ hervorbringen, tun;* Gutes ~; Wunder ~ **2.1** *diese Medizin wirkt Wunder ⟨fig.⟩ hilft sofort, sehr gut* □ **fazer; operar 3** ⟨400⟩ *etwas wirkt übt eine Wirkung aus; die Arznei beginnt zu ~; diese Tabletten ~ abführend, anregend, beruhigend; Kaffee, Tee wirkt anregend; Alkohol wirkt berauschend; schädlich ~* □ **agir; fazer efeito; produzir/ter (um) efeito**; *das Mittel wirkt gut gegen Kreislaufstörungen* □ ***o remédio é eficaz contra problemas de circulação; ein rasch, schnell, stark ~des Medikament* □ ***um medicamento de efeito rápido/forte 3.1** *auf etwas ~ bei etwas Wirkung hervorbringen, auf etwas Einfluss ausüben; dieses Medikament wirkt auf die Nerven, Verdauung* □ ***agir/ter efeito sobre alguma coisa 3.2** *auf jmdn. ~ bei jmdn. eine Wirkung hervorbringen, auf jmdn. Eindruck machen, Einfluss ausüben; das Theaterstück hat auf mich sehr stark gewirkt; dieser Raum wirkt auf mich bedrückend* □ ***impressionar alguém; produzir determinado efeito sobre alguém 3.3** *einen Anblick, Musik auf sich ~ lassen sich dem Eindruck eines A., der M. hingeben* □ ***render-se ao efeito de uma cena/música 4** ⟨413⟩ *einen bestimmten Eindruck erwecken; er wirkt gehemmt, unbeholfen; sein Auftreten hat sehr gut ge-*

wirklich

wirkt; er, sie wirkt noch immer jugendlich, jung; ein solches Verhalten wirkt lächerlich, peinlich, unangenehm □ *dar a impressão de; parecer* **5** ⟨411⟩ *etwas* wirkt **irgendwo** *kommt irgendwo zur Geltung; das Bild wirkt aus einiger Entfernung besser* □ *sobressair(-se); destacar-se* **6** ⟨500⟩ **Textilien** ~ *durch maschenartiges Verschlingen der Fäden herstellen;* Strümpfe ~; ein gewirkter Pullover □ *fazer malha; tecer;* gewirkte Wäsche □ **roupa de malha* **7** ⟨500⟩ Teig ~ ⟨umg.⟩ *kräftig durchkneten* □ *amassar bem*

wirk|lich ⟨Adj.⟩ **1** *der Wirklichkeit, den Tatsachen entsprechend, tatsächlich vorhanden, bestehend, wahr; das ~e Leben ist ganz anders, als es in diesen Romanen, Filmen geschildert wird; er hat es so dargestellt, aber der ~e Sachverhalt ist anders* □ *real; verdadeiro;* wir müssen die Dinge so sehen, erkennen, wie sie ~ sind □ *realmente; verdadeiramente;* er ist ein ~er Künstler □ *verdadeiro; autêntico* **1.1** ~! *ganz bestimmt!, du kannst es glauben!* □ *de verdade!; sério!* **1.2** ~? *ist das wahr?* □ *é mesmo?; sério?* **2** ⟨24/50⟩ *tatsächlich, wahrhaftig, in der Tat;* er ist ~ ein anständiger Kerl; du bist ~ ein Künstler; es ist ~ kaum zu glauben; bist du ~ dort gewesen?; ~ (sehr) hübsch! (erg.: das ist...); das ist ~ reizend von dir □ *realmente; mesmo* **3** Wirklicher Geheimer Rat ⟨früher Ehrentitel für⟩ *höchster Beamter* □ **conselheiro privado*

Wirk|lich|keit ⟨f.; -, -en⟩ **1** ⟨Philos.⟩ *Sein, Dasein, das, was wirkt, was wirksam ist, das, was nicht nur Schein od. Möglichkeit ist, Realität* **2** ⟨allg.⟩ *das Wirklichsein, die Tatsachen, das Leben in allen seinen Erscheinungsformen;* in der Kunst die ~ darstellen; in ~ war es ganz anders □ *realidade* **3** der ~ **ins Auge sehen** ⟨fig.⟩ *sich keine Illusionen machen, eine Sache so betrachten, wie sie wirklich ist* □ **encarar os fatos/a realidade*

wirk|sam ⟨Adj.⟩ *(starke) Wirkung ausübend, erfolgreich wirkend;* ~ sein; eine ~e Maßnahme, Strafe; ein ~es Mittel (gegen, für etwas) □ *eficaz; eficiente*

Wirk|stoff ⟨m.; -(e)s, -e⟩ *Hormone, Vitamine u. Enzyme* □ *substância ativa*

Wir|kung ⟨f.; -, -en⟩ **1** *das Wirken(3 - 4), Folge, Einfluss, Eindruck, Effekt, Reaktion;* die ~ einer Explosion; die ~ einer Rede, einer Maßnahme; du verwechselst Ursache und ~; (starke) ~ ausüben; gute ~ haben; seine Bitten haben keinerlei ~ gehabt; ~ hervorrufen, auslösen; es hat sich noch keine ~ gezeigt; die ~ zeigte sich schon bald; die erwartete, eine unerwartete ~ zeitigen; die einzige ~ dieser Maßnahme war ...; gute, schlechte, günstige, ungünstige ~; nachhaltige, rasche, schnelle ~; überraschende, unerwartete, wohltuende ~ □ *efeito; consequência;* kleine Ursache(n), große ~(en) ⟨Sprichw.⟩ □ **pequenas causas, grandes efeitos* **1.1** seine ~ tun *den beabsichtigten Erfolg haben* □ **surtir/fazer efeito* **1.2** mit ~ vom 1. Oktober *vom 1. O. an geltend, wirkend* □ **válido a partir de 1º de outubro*

Wirk|wa|ren ⟨Pl.; Textilw.⟩ *Stoffe, die nach dem Prinzip des Strickens auf Maschinen hergestellt worden sind* □ *malha*

wirr ⟨Adj.⟩ **1** *ungeordnet, kreuz u. quer (liegend), durcheinander;* ein ~es Durcheinander □ **um caos; uma barafunda;* ~es Haar □ *desgrenhado;* das Haar hing ihm ~ ins Gesicht □ *em desalinho* **2** *unklar, verwirrt;* jmdn. mit ~en Blicken ansehen; mir ist von all dem Lärm ganz ~ im Kopf □ *confuso; perturbado*

Wir|ren ⟨Pl.⟩ *ungeordnete Verhältnisse, Unruhen, Kämpfe, Verwicklungen;* politische ~; die ~ des Krieges □ *distúrbios; tumultos; desordens*

Wirr|heit ⟨f.; -; unz.⟩ *das Wirrsein, Verwirrtheit* □ *confusão (mental)*

Wirr|warr ⟨m.; -s; unz.⟩ *großes Durcheinander* □ *caos; barafunda*

Wir|sing ⟨m.; -s, -e; kurz für⟩ *krausblättrige Form des Gemüsekohls;* Sy Wirsingkohl, Wirz □ *couve-lombarda*

Wir|sing|kohl ⟨m.; -(e)s, -e⟩ = *Wirsing*

Wirt ⟨m.; -(e)s, -e⟩ **1** *Inhaber od. Pächter einer Gaststätte, Gastwirt, Gastgeber* □ *dono ou locatário de restaurante/hospedaria/bar* **1.1** die Rechnung ohne den ~ **machen** ⟨fig.⟩ *etwas ohne Rücksicht auf einen anderen tun, der sich dann zur Wehr setzt, seine Einwilligung nicht gibt* □ **estar muito enganado* **2** *Zimmervermieter* □ *senhorio* **3** ⟨Biol.⟩ *der von Parasiten befallene Organismus* □ *hospedeiro*

Wir|tel ⟨m.; -s, -⟩ **1** ⟨Bot.⟩ *Verbindung mehrerer Blätter mit demselben Stängelknoten;* Sy Quirl(2) □ *verticilo* **2** *Scheibe od. Kugel als Schwungrad einer Handspindel* □ *fusaiola*

Wir|tin ⟨f.; -, -tin|nen⟩ *weibl. Wirt* □ *dona ou locatária de restaurante/hospedaria/bar; senhoria; hospedeira*

wirt|lich ⟨Adj.; veraltet⟩ Ggs *unwirtlich* **1** *gastlich* □ *hospitaleiro* **2** *angenehm, schön* □ *acolhedor*

Wirt|schaft ⟨f.; -, -en⟩ **1** *planmäßige Tätigkeit sowie alle damit verbundenen Einrichtungen zur Erzeugung, Verteilung u. Verwendung von Gütern;* Sy Ökonomie(1) □ *economia;* freie ~ (im Unterschied zur Planwirtschaft); Sy Marktwirtschaft □ **economia de mercado* **2** *Hauswirtschaft, Haushalt;* (jmdm.) die ~ besorgen, führen □ **cuidar da casa; administrar a casa;* getrennte ~ führen □ **ter contas separadas* **2.1** ⟨fig.; umg.⟩ *unordentliche Arbeiten, Durcheinander;* das ist ja eine saubere, schöne ~!; was ist denn das für eine ~! □ *desordem; bagunça* **2.2** ⟨fig.; umg.⟩ *Umstände, Mühe;* das ist mir zu viel ~! □ **isso está me dando a maior trabalheira!* **2.3** polnische ~ ⟨abwertend; umg.⟩ *Unordnung, Schlamperei* □ **bagunça; zona* **3** *kleiner Landwirtschaftsbetrieb;* er hat eine eigene ~ □ *sítio* **4** *Gastwirtschaft, Gaststätte;* Bier~ □ **cervejaria,* Schank~ □ **bar;* in einer ~ einkehren □ *restaurante; hospedaria*

wirt|schaf|ten ⟨V. 400 od. 410⟩ **1** *eine Wirtschaft führen, haushalten (kochen, putzen usw.)* □ *cuidar da casa; administrar a casa* **2** *die Einnahmen u. Ausgaben aufeinander abstimmen, das Haushaltsgeld einteilen;* sie versteht zu ~; wir haben diesen Monat gut, schlecht gewirtschaftet □ *administrar o orçamento* doméstico 3 ⟨umg.⟩ *sich zu schaffen machen, beschäftigt sein;* sie wirtschaftet noch in der Küche □ **ocupar-se de; trabalhar**

Wirt|schaf|te|rin ⟨f.; -, -rin|nen⟩ *Frau, die jmdm. die Wirtschaft, den Haushalt führt, Haushälterin* □ **governanta**

wirt|schaft|lich ⟨Adj.⟩ **1** ⟨24⟩ *die Wirtschaft betreffend, zu ihr gehörend, geldlich;* ~e Blüte (eines Landes, Staates); ~er Zusammenbruch □ **econômico;** es geht ihm ~ nicht gut, sehr gut □ *suas finanças (não) vão muito bem* **2** *sparsam, gut wirtschaften könnend, häuslich gesinnt;* sie ist sehr ~ □ **econômico; parcimonioso**

Wirts|haus ⟨n.; -es, -häu|ser⟩ *Haus, in dem gegen Entgelt Speisen u. Getränke verabreicht werden, Gasthaus;* ständig im ~ sitzen □ **bar; restaurante**

Wirz ⟨m.; -es, -e; schweiz.⟩ = *Wirsing*

Wisch ⟨m.; -(e)s, -e; umg.⟩ **1** *wertloses Stück Papier* □ **papelucho; papelote** **2** *schlecht, unordentlich geschriebenes od. wertloses Schriftstück* □ **papelejo** **3** *Bündel;* Stroh~ □ **molho; feixe**

wi|schen ⟨V.⟩ **1** ⟨410⟩ *mit etwas über etwas ~ hinfahren, streichen (u. dabei etwas entfernen);* mit der Hand, dem Ärmel (versehentlich) über Geschriebenes ~ □ *passar alguma coisa sobre outra (e apagá-la/limpá-la)* **2** ⟨500/Vr 7⟩ *etwas (an, von etwas) ~ durch Darüberfahren od. leichtes Reiben entfernen;* Schmutz, Nässe an ein Tuch ~ □ *tirar a sujeira de um pano; secar um pano;* sich den Schweiß von der Stirn ~ □ *enxugar o suor da testa* **2.1** *Staub ~/staubwischen mit einem Lappen entfernen* □ *tirar o pó (com um pano)* **3** ⟨530/Vr 5 od. Vr 6⟩ jmdm. etwas ~ *durch Darüberfahren od. leichtes Reiben reinigen;* sich den Mund ~ (mit der Serviette) □ *limpar a boca (com o guardanapo);* sich die Augen ~ □ *enxugar os olhos* **3.1** ⟨500⟩ den **Boden** ~ *mit einem Lappen reinigen;* den Boden (feucht) ~ □ *passar um pano (úmido) no chão*

Wi|scher ⟨m.; -s, -⟩ **1** *Läppchen zum Abwischen, zum Reinigen* □ *pano de limpeza;* Tinten~ □ *limpa-penas* **2** *(automatisches) Gerät zum Abwischen;* Scheiben~ □ *limpador de para-brisa* **3** *an einem Stab befestigtes Stoff-, Wergbündel zum Wischen, Reinigen* □ **esfregão; rodilha** **4** *kleines Werkzeug des Malers, an beiden Enden zugespitzter Stift aus gepresstem Zellstoff, mit dem man aufgetragene Farbe von Kreide od. Pastellstiften verwischt* □ **esfuminho**

Wi|sent ⟨m.; -(e)s, -e; Zool.⟩ *wild lebende Art der Rinder: Bison bonasus* □ **bisão**

Wis|mut ⟨n.; -(e)s; unz.; chem. Zcichen: Bi⟩ = *Bismut*

wis|pern ⟨V. 402⟩ (etwas) ~ *leise, ohne Ton sprechen, flüstern;* untereinander ~; jmdm. etwas ins Ohr ~ □ **sussurrar; cochichar**

Wiss|be|gier ⟨m.; -; unz.⟩ = *Wissbegierde*

Wiss|be|gier|de ⟨f.; -; unz.⟩ *Begier, Wunsch, Kenntnisse zu erwerben u. Wissen zu erlangen;* oV *Wissbegier* □ **sede de conhecimento**

wis|sen ⟨V. 289⟩ **1** ⟨402⟩ (etwas) ~ *im Bewusstsein haben, erfahren haben, Kenntnis haben von etwas;* ich weiß, dass ich nichts weiß (Grundsatz des Sokrates); er wusste nicht, wo sie war; ich weiß es nicht; das weiß jedes Kind; ich weiß ein Lied, das geht so ...; ich kenne ihn, aber ich weiß seinen Namen nicht; weißt du schon das Neueste?; den Weg (nicht) ~; wie soll ich, woher soll ich das ~?; zwar weiß ich viel, doch möcht' ich alles ~ (Goethe, „Faust" I, Nacht); ich weiß nur, dass er aus Hannover kommt; woher wusstest du das?; ich weiß nichts davon; ich will nichts davon ~! □ *saber* **1.1** *soviel ich weiß, war er gestern da soweit ich unterrichtet bin* □ *que eu saiba, ontem ele estava aí* **1.2** *ja, wenn ich das wüsste!* (erg.: dann wäre ich froh) *ich weiß es leider nicht* □ *pois é, se eu soubesse!* **1.3** was weiß ich! ⟨umg.⟩ *(unwillige Ablehnung) ich weiß nicht, und es interessiert mich auch nicht* □ *sei lá!* **1.4** was weißt du denn davon? *du hast keine Ahnung davon, also sei still!* □ *e o que você entende disso?* **1.5** einen ~den Blick haben *einen B., aus dem Erfahrung spricht* □ *ter um olhar de quem é experiente* **1.6** ⟨530/Vr 1⟩ jmdm. etwas ~ *für jmdn. etwas (im Bewusstsein) haben* □ *saber alguma coisa;* ich weiß mir keinen Rat, keine Hilfe mehr □ *não sei mais o que fazer* **1.6.1** jmdm. Dank ~ ⟨geh.; veraltet⟩ *jmdm. dankbar sein;* er weiß mir keinen Dank dafür □ *ser grato a alguém* **1.7** ⟨400⟩ weiß Gott, weiß der Himmel *wirklich, tatsächlich;* ich habe weiß Gott, weiß der Himmel anderes zu tun, als ... □ *realmente* **1.8** ⟨402⟩ wer weiß *niemand kann es wissen* **1.8.1** wer weiß, ob ... *man kann nicht wissen, nicht sagen, ob* ... **1.8.2** wer weiß, was alles noch kommt *niemand kann sagen* ... □ *quem sabe; vai-se saber* **1.8.3** ⟨410⟩ er denkt, er sei wer weiß wie klug *sehr, ungemein klug* □ *ele se acha muito esperto* **1.8.4** ⟨411⟩ er steckt wieder wer weiß wo *niemand weiß, wo er steckt* □ *sabe Deus onde ele se meteu outra vez;* → a. *Bescheid(3)* **2** ⟨402⟩ (etwas) ~ *im Gedächtnis haben, sich (an etwas) erinnern;* was, das weißt du nicht (mehr)?; weißt du noch, wie wir ...? □ *lembrar-se; saber;* ein Gedicht, Worte auswendig ~ □ *saber uma poesia/palavras de cor* ⟨402⟩ (etwas) ~ *sich über etwas im Klaren sein;* das musst du ganz vorsichtig machen, weißt du?; um das zu verstehen, muss man ~, dass ...; ja, ich weiß! (erg.: es) □ *saber;* dass du es nur weißt! (verstärkende Formel, nachdem man jmdm. die Meinung gesagt hat) □ *só para seu governo!* **3.1** nicht, dass ich wüsste ⟨umg.⟩ *davon weiß ich nichts* □ *não que eu saiba* **3.2** weißt du was, wir gehen ins Kino *ich schlage vor* □ *quer saber de uma coisa? vamos ao cinema!* **4** ⟨402⟩ (etwas) ~ *sich einer Sache sicher sein, sich schlüssig sein;* ich weiß auch nicht (erg.: es); ich möchte ~, ob ich Recht habe; ich weiß nicht, was ich tun soll; er weiß, was er will □ *saber* **5** ⟨800⟩ **von, um** etwas ~ *über etwas unterrichtet sein, im Bilde sein, von etwas Kenntnis haben;* er tut, als wüsste er von nichts; sie weiß um die Schwierigkeiten ihrer Verwandten □ *saber/ter conhecimento de alguma coisa* **6** ⟨580/Vr 1⟩ etwas zu tun ~ *etwas zu tun verstehen, etwas können* □ *saber o que fazer;* er

Wissen

weiß sich immer zu helfen ☐ *ele sempre sabe como se virar*; ich wusste mir nicht anders zu helfen ☐ *não tive escolha*; er weiß zu schweigen, wenn es sein muss; sie weiß mit Kindern umzugehen ☐ *saber* **7** ⟨Getrennt- u. Zusammenschreibung⟩ 7.1 ~ **lassen** = wissenlassen

Wis|sen ⟨n.; -s; unz.⟩ **1** *Kenntnis, Bewusstsein (von etwas)* ☐ *conhecimento*; mit jmds. ~ und Willen ☐ **com o conhecimento e o consentimento de alguém** 1.1 meines ~s, unseres ~s ⟨Abk.: m. W., u. W.⟩ *soviel mir, uns bekannt ist*; meines ~s ist er schon abgereist ☐ *que eu saiba; até onde sabemos* 1.2 es ist ohne mein ~ *geschehen ohne meine Kenntnis, ohne dass ich etwas davon wusste* ☐ *conhecimento* 1.3 ich habe es wider besseres ~ getan *ich habe es getan, obwohl ich wusste, dass es falsch war* ☐ *fiz isso mesmo sabendo que era errado* 1.4 nach bestem ~ u. Gewissen *wahrheitsgemäß u. ohne etwas zu verschweigen*; eine Aussage nach bestem ~ und Gewissen machen; nach bestem ~ und Gewissen antworten ☐ **de boa-fé; com consciência 2** *Kenntnisse, Gelehrsamkeit*; er besitzt, hat ein umfangreiches ~ ☐ **conhecimento; saber; erudição**

wis|sen|las|sen *auch:* **wis|sen las|sen** ⟨V. 175/500⟩ jmdn. etwas ~ *jmdm. etwas mitteilen, jmdm. über etwas Bescheid sagen*; bitte lassen Sie mich wissen, ob ... ☐ *informar/avisar alguma coisa a alguém*

Wis|sen|schaft ⟨f.; -, -en⟩ **1** *geordnetes, folgerichtig aufgebautes, zusammenhängendes Gebiet von Erkenntnissen*; Kunst und ~; sich einer ~ verschreiben, widmen; die medizinische, theologische ~; diese Ansicht ist von der ~ widerlegt worden ☐ *ciência* 1.1 das ist eine ~ für sich ⟨umg.⟩ *das kann man nicht so schnell erlernen, erklären, dazu gehören einige Kenntnisse* ☐ **é preciso fazer um curso para entender isso (de tão complicado que é)**

wis|sen|schaft|lich ⟨Adj.⟩ **1** *die Wissenschaft betreffend, auf ihr beruhend, in der Art einer Wissenschaft*; ~e Arbeiten; das Buch ist nicht sehr ~ ☐ *científico* 1.1 ~e Hilfskraft *(an einer Hochschule od. Universität) wissenschaftlich ausgebildete H.* ☐ **assistente de pesquisa** 1.2 ~er Beirat *aus Wissenschaftlern bestehender B.* ☐ **comitê científico**

wis|sent|lich ⟨Adj. 24/90⟩ *mit Wissen, mit Absicht, absichtlich* ☐ **consciente; intencional**; ~ eine falsche Aussage machen ☐ **conscientemente; intencionalmente**

wit|tern ⟨V.⟩ **1** ⟨400⟩ *mit Hilfe des Geruchssinns wahrnehmen*; der Hirsch stand am Waldrand und witterte **2** ⟨500/Vr 2⟩ **jmdn. od. ein Tier** ~ *riechen, von jmdm. od. einem T. Witterung bekommen*; der Hund witterte einen Hasen, einen fremden Menschen; das Wild hat den Jäger sofort gewittert ☐ **farejar; sentir o cheiro (de) 3** ⟨500⟩ eine **Sache** ~ ⟨fig.⟩ *merken, ahnen, (argwöhnisch vermuten)*; Gefahr, Verrat, einen Hinterhalt ~ ☐ **farejar; pressentir**

Wit|te|rung ⟨f.; -, -en⟩ **1** *Ablauf des Wetters innerhalb eines größeren Zeitraums*; milde, raue ~; bei dieser ~ können wir nicht ausgehen; bei günstiger, ungünsti-

ger ~ ☐ **tempo 2** *Geruch der Ausdünstung von Tieren u. Menschen, den Wild u. Hund wahrnehmen (wittern) können*; ~ bekommen, haben ☐ **faro; odor 3** *Geruchssinn von Wild u. Hund*; der Hund hat eine gute, scharfe ~ ☐ **faro; olfato 4** *stark riechender Köder für Haarraubwild*; Fuchs~ ☐ **isca com forte odor**

Wit|we ⟨f.; -, -n⟩ *Frau, deren Ehemann gestorben ist* ☐ **viúva**

Wit|wer ⟨m.; -s, -⟩ *Mann, dessen Ehefrau gestorben ist* ☐ **viúvo**

Witz ⟨m.; -es, -e⟩ **1** ⟨unz.; veraltet⟩ *Gescheitheit, Findigkeit, Schlauheit*; um sich aus dieser Zwangslage zu befreien, reichte sein ~ nicht aus ☐ **perspicácia; argúcia 2** ⟨unz.⟩ *Gabe, Lustiges treffend zu erzählen, schlagfertig u. lustig zu entgegnen, Reichtum an lustigen Einfällen*; er hat (viel) ~; seine Rede sprühte von Geist und ~; etwas mit feinem ~ darstellen, erzählen; etwas mit beißendem, sarkastischem, scharfem ~ darstellen ☐ **senso de humor; graça 3** *lustige Begebenheit (die erzählt wird), schlagfertige, lustige Entgegnung od. Bemerkung, Witzwort*; einen ~, ~e erzählen; einen ~, ~e machen ☐ **piada**; ich wollte doch nur einen ~ machen (und habe es nicht ernst gemeint) ☐ **brincadeira**; über etwas od. jmdn. ~e machen ☐ **piada; gracejo**; soll das ein ~ sein? ☐ **isso é alguma piada/brincadeira?**; das ist ein alter ~; ein anzüglicher, schmutziger, unanständiger ~; ein dummer, fauler, schlechter ~; ein geistreicher, guter ~; ein politischer ~ ☐ **piada**; ~e reißen ⟨umg.⟩ ☐ **contar piadas** 3.1 mach keine ~e! ⟨fig.⟩ *das ist doch wohl nicht dein Ernst?* ☐ **deixe de brincadeira!** 3.2 ist das nicht ein ~? ⟨fig.⟩ *ist das nicht komisch, verrückt, absurd?* ☐ **não é ridículo? 4** ⟨unz.; fig.; umg.⟩ *das Interessante, Entscheidende (bei einer Sache)*; der ~ der Sache ist der, dass ... ☐ **o legal é que...**; das ist der ganze ~ ☐ **esta é a questão; é isso o que interessa**; und was ist der ~ dabei? ☐ **qual é a graça?**, wo steckt der ~? ☐ **onde está a graça?**

Witz|bold ⟨m.; -(e)s, -e⟩ **1** *jmd., der häufig Witze erzählt, der gern Späße macht* ☐ **brincalhão; gozador** 1.1 *Dummkopf, einfältiger Mensch*; welcher ~ hat die Türkette vorgelegt? ☐ **tonto; imbecil**

wit|zig ⟨Adj.⟩ **1** jmd. ist ~ *begabt, treffende Witze zu machen*; er, sie ist sehr ~ **2** etwas ist ~ *enthält Witz, ist lustig u. geistreich*; eine ~e Formulierung; ein ~er Einfall, Ausspruch; eine Sache ~ darstellen, erzählen; sehr ~ ⟨iron.⟩ ☐ **(de modo) engraçado/espirituoso**

wo 1 (Interrogativadv.) *an welchem Ort, an welcher Stelle?*; ~ hat der Bleistift gelegen?; ~ bist du gewesen?; ich weiß nicht, ~ er gewesen ist; ~ wohnst du? ☐ **onde** 1.1 von ~ *woher*; von ~ kommst du? ☐ **de onde 2** (Relativadv.) *der Ort, in dem, an dem ..., an dem Ort, an dem ..., in den Ort, in dem ...*; in Hamburg, ~ ich geboren wurde; das war in Hamburg, ~ ich mehrere Jahre gelebt habe; dort, ~ es am stillsten ist; ~ (auch) immer ich bin, denke ich an dich ☐ **onde 3** ⟨Konj.; veraltet⟩ *wenn*; ~ nicht, werde ich ... wenn nicht ... ☐ **quando 4** (in umg. Wendungen) ach ~!, i ~! *durchaus nicht!, keineswegs!, Unsinn!, das ist ja

1222

nicht wahr! □ **de jeito nenhum!; que nada!; imagine!* 4.1 *ih, ~ werd' ich denn! das werde ich ganz bestimmt nicht tun!* □ **é claro que não!; não mesmo!*

wo|an|ders ⟨Adv.⟩ *an einem anderen Ort, in einer anderen Gegend* □ **em outro lugar**

wo|an|ders|hin ⟨Adv.⟩ *an einen anderen Ort, nach einem anderen Ort; ~ fahren, gehen; etwas ~ legen* □ **em/para outro lugar**

wo|bei 1 ⟨Interrogativadv.⟩ *bei welcher Sache?, bei welcher Arbeit?* □ **em que;** *~ bist du gerade?* □ ***o que você está fazendo?;** *~ hast du ihn überrascht?* □ **como; com que; de que forma 2** ⟨Relativadv.⟩ *bei welcher Sache; ~ es notwendig ist, dass ...* □ ***por isso, é necessário que...;** *der Termin steht fest, ~ noch zu beachten ist ...* □ ***o prazo foi estabelecido, devendo-se ainda observar...**

Wo|che 1 ⟨f.; -, -n⟩ **1** *Zeitraum von sieben Tagen;* es vergingen ~*n und Monate; alle drei, vier ~n; jede ~ einmal, zweimal; kommende, nächste ~; vorige, letzte ~; in vier ~n werde ich ...; sein Befinden bessert, verschlechtert sich von ~ zu ~; vor einigen ~n* **1.1** *heute in vier ~n vier Wochen später, von heute an gerechnet* **1.2** *Folge der Tage von Montag bis zum Sonntag; im Lauf der ~ hat sich das Wetter gebessert; dreimal in der ~* **1.3** *sieben Tage dauernde Veranstaltung; die Kieler ~;* → a. *grün(1.17)* **2** *Gesamtheit der Wochentage, Arbeitswoche; während der ~, unter der ~ habe ich dazu keine Zeit (sondern nur sonntags)* □ **semana**

Wo|chen|bett ⟨n.; -(e)s, -en⟩ **1** *Zeit, während derer die Mutter nach der Geburt eines Kindes im Bett liegen muss: Puerperium* □ **puerpério;** *im ~ liegen* □ ***estar de resguardo 1.1** *ins ~ kommen ein Kind gebären* □ ***dar à luz 1.2** *im ~ sterben an den Folgen einer Geburt sterben* □ ***morrer no parto**

Wo|chen|en|de ⟨n.; -s, -n⟩ *Samstag u. Sonntag* □ **fim de semana**

Wo|chen|tag ⟨m.; -(e)s, -e⟩ *einer der 6 Tage der Woche außerhalb des Sonntags, Arbeitstag* □ **dia útil**

wö|chent|lich ⟨Adj.⟩ *jede Woche (stattfindend); zwei Stunden ~; zweimal ~* □ **semanal; por semana**

Wöch|ne|rin ⟨f.; -, -rin|nen⟩ *Frau im Wochenbett (während der Zeit nach der Entbindung) bzw. während der 8 Wochen, die der Entbindung folgen* □ **puérpera**

Wod|ka ⟨m. 7; -s, -s⟩ *russischer Kartoffel- od. Getreidebranntwein; einen ~ trinken; zwei ~(s) bestellen* □ **vodca**

wo|durch 1 ⟨Interrogativadv.⟩ *durch welche Sache?; ~ ist er eigentlich so scheu geworden?* □ **como; de que modo 2** ⟨Relativadv.⟩ *durch das (Vorhergehende, eben Erwähnte)* □ **pelo qual/que; por onde;** *er ist trotz des Verbotes aufgestanden, ~ sich seine Krankheit natürlich wieder verschlimmert hat* □ ***apesar da proibição, ele se levantou, o que naturalmente voltou a piorar seu estado**

wo|für 1 ⟨Interrogativadv.⟩ **1.1** *für welche Sache, zu welchem Zweck?; ~ willst du das haben?* □ **para que;** *~ ist das gut?* □ ***para que serve isso? 1.2** *für welchen Menschen, für was für eine Art von Mensch?* □ **para/por quem;** *~ halten Sie mich?* □ ***por quem me toma? 2** ⟨Relativadv.⟩ *für das (Vorhergehende, eben Erwähnte); er hat mir viel geholfen, ~ ich ihm sehr dankbar bin* □ **por isso;** *er ist nicht das, ~ er sich ausgibt* □ ***ele não é essa pessoa pela qual se faz passar**

Wo|ge ⟨f.; -, -n⟩ **1** *große Welle(1); die ~n gingen mannshoch; die ~n schlugen über das Boot* **2** ⟨fig.⟩ *stürmische Bewegung; die ~n der Begeisterung, Empörung* □ **onda**

wo|ge|gen 1 ⟨Interrogativadv.⟩ *gegen welche Sache?; ~ hilft dieses Mittel?* □ **contra que 2** ⟨Relativadv.⟩ *gegen das (Vorhergehende, eben Erwähnte); er schlug vor, mit dem Wagen zu fahren, ~ ich nichts einzuwenden hätte, wenn nicht ...* □ ***ele sugeriu ir de carro, ao que eu não me oporia se...**

wo|gen ⟨V. 400⟩ *etwas wogt* **1** *schlägt große Wellen* □ **encapelar-se; agitar-se;** *das ~de Meer; die ~de See* □ **encapelado; revolto; agitado 2** ⟨fig.⟩ *bewegt sich (wellenartig) hin u. her, auf u. nieder; die Ähren ~ im Wind* □ **ondear; flutuar,** *ein wilder Kampf wogte* □ **alastrar-se;** *mit ~der Brust* □ ***com o peito arfante;** *eine ~de Menschenmenge* □ **ondeante; ondulante**

wo|her 1 ⟨Interrogativadv.⟩ *von wo?, von welchem Ort?; ~ kommst du?; ich weiß genau, ~ er kommt* □ **de onde; de que lugar;** *jmdn. nach dem Woher u. Wohin fragen* □ ***perguntar a alguém sobre seu passado e seus planos para o futuro** **1.1** *aus welcher Quelle?; ~ weißt du das?* □ **de onde; como 2** ⟨Relativadv.⟩ *von welchem (erwähnten) Ort, von welcher (vorher genannten) Stelle; weißt du noch, ~ du gekommen bist?* □ **de onde 3** ⟨in Ausrufen⟩ *ach ~, i ~ (denn)!* ⟨umg.⟩ *keinesfalls!, bestimmt nicht!, keine Rede!* □ ***é claro que não!; imagine!**

wo|her|um *auch:* **wo|he|rum** ⟨a. ['---]⟩ **1** ⟨Interrogativadv.⟩ *woher?, welchen Weg entlang?, in welcher Richtung herum?; ~ bist du gekommen?* **2** ⟨Relativadv.⟩ *woher, welchen Weg entlang, in welche Richtung herum; er hatte nicht gesehen, ~ sie gekommen war* □ **de onde; por onde**

wo|hin 1 ⟨Interrogativadv.⟩ *nach welchem Ort?, an welchen Ort?; ~ gehst du?; ich weiß nicht, ~ er geht; ~ willst du?* □ **aonde; para onde;** *~ des Wegs?* □ ***aonde você vai?** **1.1** *an welche Stelle, an welchen Platz?; ~ hast du den Schlüssel gelegt?* □ **onde** **1.1.1** *ich weiß nicht, ~ damit wo ich es hintun soll* □ ***não sei onde colocá-lo 2** ⟨Relativadv.⟩ *an, zu welchem (erwähnten) Ort, zu welcher Stelle; du kannst sagen, ~ du gehen möchtest* □ **aonde; para onde**

wo|hin|auf *auch:* **wo|hi|nauf** ⟨a. ['---]⟩ **1** ⟨Interrogativadv.⟩ *wohin?, welchen Weg, an welcher Stelle hinauf?; ~ muss ich gehen?* **2** ⟨Relativadv.⟩ *welchen Weg, welche Stelle hinauf; er erinnerte sich nicht, ~ sie gegangen waren* □ **aonde; para onde**

wo|hin|aus *auch:* **wo|hi|naus** ⟨a. ['---]⟩ **1** ⟨Interrogativadv.⟩ *wohin?, an welcher Stelle, an welchen Ort hinaus?; ~ geht der Weg?* **2** ⟨Relativadv.⟩ *wohin, in welche Richtung; er wusste nicht, ~ sie gegangen waren* □ **aonde; para onde**

wo|hin|ein *auch:* **wo|hi|nein** ⟨a. ['---]⟩ **1** ⟨Interrogativadv.⟩ *wohin?, an welcher Stelle hinein?; ~ willst du* gehen? **2** ⟨Relativadv.⟩ *wohin, an welcher Stelle hinein;* niemand wusste, ~ sie gelaufen war ☐ **aonde; para (dentro de) onde**

wo|hin|ge|gen ⟨Konj.⟩ *im Gegensatz dazu, dagegen, andererseits;* er ist sehr hilfsbereit, ~ seine Frau sich oft recht abweisend verhält; ich bin deiner Meinung, ~ mein Freund der Ansicht ist, dass ... ☐ **enquanto; ao passo que**

wo|hin|ter ⟨a. ['---]⟩ **1** ⟨Interrogativadv.⟩ *hinter welcher Sache?;* ~ hat er sich versteckt? **2** ⟨Relativadv.⟩ *hinter welche Sache;* er wusste nicht, ~ er das Geld gesteckt hatte ☐ **atrás de que**

wo|hin|un|ter *auch:* **wo|hi|nun|ter** ⟨a. ['---]⟩ **1** ⟨Interrogativadv.⟩ *wohin?, welchen Weg, an welche Stelle hinunter?* **2** ⟨Relativadv.⟩ *wohin, welchen Weg, welche Stelle hinunter;* niemand hatte gesehen, ~ er geritten war ☐ **para debaixo de que/onde; embaixo de que/ onde; sob o que**

wohl 1 ⟨Adv.⟩ *(gesundheitlich) nicht übel, recht gut, angenehm;* ~ aussehen; ist dir nicht ~? ☐ **bem**; leben Sie ~! (Abschiedsgruß; eigentlich: lassen Sie es sich gut gehen!) ☐ ***tudo de bom!; felicidades!** 1.1 ~ bekomm's! (beim Zutrinken) *lass es dir gut bekommen!* ☐ **à sua saúde!** 1.2 sich's ~ sein lassen *Essen u. Trinken genießen, sein Leben genießen* ☐ ***aproveitar/curtir a vida** 1.3 mir ist bei dem Gedanken nicht recht ~, dass er ... *ich fühle mich unbehaglich, bin besorgt bei dem G.* ☐ ***não fico sossegado ao pensar que ele...** 1.4 ~ oder übel muss er es tun *ob er will od. nicht, gern od. ungern, er muss es tun* ☐ ***ele tem de fazer isso por bem ou por mal/querendo ou não** **2** ⟨Adv.; verstärkend⟩ *durchaus, völlig, sicher, gewiss, ohne weiteres;* ich habe ~ bemerkt, dass er ...; das kann man ~ sagen!; ich weiß ~, dass ... ☐ **muito bem; perfeitamente** 2.1 siehst du ~, wie gut das geht! *du siehst jetzt sicher, ...* ☐ ***viu só como dá certo?** 2.2 willst du ~ dort weggehen?! ⟨umg.⟩ *geh schnell dort weg!* ☐ ***quer fazer o favor de sair?** 2.3 *gewiss, ja* 2.3.1 ~! ⟨oberdt.⟩ *gewiss!, ja!* ☐ **sim!; é claro!** 2.3.2 sehr ~! ⟨veraltet⟩ *zu Befehl des Dieners auf eine Anordnung* ☐ ***pois não!** **3** ⟨Adv.; einschränkend, füllend⟩ *anscheinend, vielleicht, vermutlich, wahrscheinlich, möglicherweise;* er wird ~ schon abgereist sein; dazu wirst du ~ keine Lust haben, oder doch?; es ist ~ wahr, dass ...; ich werde ihn ~ am Mittwoch besuchen; er wird ~ noch in München sein ☐ **provavelmente; talvez; es ist ~ anzunehmen** ☐ ***é de supor**; ob er ~ kommt? ☐ ***será que ele vem?**; das kann ~ sein, das ist ~ (nicht) möglich ☐ ***é bem possível; certamente é (im)possível** 3.1 ich habe ~ nicht recht gehört? ⟨fig.; umg.⟩ *das ist doch sicher nicht dein Ernst?* ☐ ***será que ouvi direito?** 3.2 *etwa, ungefähr;* es wird ~ eine Woche sein, dass er verreist ist ☐ ***deve fazer uma semana que ele viajou* 4** ⟨Konj.⟩ *zwar, freilich, allerdings;* die Botschaft hör' ich ~, allein mir fehlt der Glaube (Goethe, „Faust" I, Nacht, Vers. 765); ~ habe ich ihm versprochen, mit ihm ins Kino zu gehen, aber ich habe nicht gesagt, wann; kommen wird er ~, aber ... ☐ **é (bem) verdade que; certamente 5** ⟨Getrennt- u. Zusammenschreibung⟩ 5.1 ~ ergehen = *wohlergehen* 5.2 ~ fühlen = *wohlfühlen* 5.3 ~ erzogen = *wohlerzogen* 5.4 ~ schmeckend = *wohlschmeckend*

Wohl ⟨n.; -(e)s; unz.⟩ **1** *Zustand des Wohlergehens, Heil, Glück, Förderung, Gedeihen, Nutzen;* das ~ meiner Familie, meiner Kinder; das ~ des Volkes, Staates; das allgemeine, öffentliche ~; für jmds. ~ sorgen ☐ **bem; bem-estar**; zum ~e der Menschheit ☐ ***para o bem da humanidade; em prol da humanidade**; → a. *Weh(1)* 1.1 *Gesundheit;* (auf) Ihr ~! (beim Trinken); auf jmds. ~ trinken ☐ **saúde**; zum ~! (beim Trinken u. Zutrinken) ☐ ***saúde!**

wohl|auf ⟨Adv.⟩ **1** ⟨geh.⟩ *nun denn, also;* ~! noch getrunken den funkelnden Wein (Anfang eines Liedes von J. Kerner) ☐ **pois bem!; vamos lá! 2** *gesund;* (wieder) ~ sein ☐ **saudável; bem (de saúde)**

wohl|be|hal|ten ⟨Adj. 50⟩ *gesund, unverletzt, in gutem Zustand;* wir sind ~ zu Hause angekommen, eingetroffen ☐ **são e salvo; incólume**; das Paket ist ~ angekommen ☐ **em boas condições; em bom estado**

wohl|er|ge|hen *auch:* **wohl er|ge|hen** ⟨V. 145/600(s.)⟩ jmdm. ~ *gut ergehen;* ist es dir wohlergangen/wohl ergangen? ☐ ***dar tudo certo com alguém**

Wohl|er|ge|hen ⟨n.; -s; unz.⟩ *Gesundheit u. Wohlbefinden;* um jmds. ~ besorgt sein ☐ **bem-estar**

wohl|er|zo|gen *auch:* **wohl er|zo|gen** ⟨Adj. 24⟩ *gut erzogen, brav;* ein ~es Kind ☐ **bem-educado**

Wohl|fahrt ⟨f.; -; unz.⟩ **1** *Wohlergehen des einzelnen Bürgers und des ganzen Volkes* ☐ **bem-estar 2** *öffentliche Fürsorge, Sozialhilfe* ☐ **assistência social**

wohl|feil ⟨Adj.; veraltet⟩ *billig, preiswert;* ~e Ausgabe eines Buches; eine Ware ~ erhalten ☐ **barato; em conta**

wohl|füh|len *auch:* **wohl füh|len** ⟨Vr 3⟩ **1** sich ~ *gut fühlen, ein angenehmes Grundgefühl haben, sich gesund fühlen;* in dieser Stadt fühle ich mich sehr wohl ☐ ***sentir-se bem** 1.1 sich nicht ganz ~ *sich gesundheitlich nicht gut fühlen* ☐ ***não se sentir muito bem**

Wohl|ge|fal|len ⟨n.; -s; unz.⟩ **1** *Gefallen, Freude u. Befriedigung;* etwas mit ~ betrachten ☐ **satisfação; prazer**; sein ~ an etwas haben ☐ ***deleitar-se com alguma coisa; ter prazer em alguma coisa**; Friede auf Erden und den Menschen ein ~ (Lukas 2,14) ☐ ***paz na Terra e boa vontade para com os homens* 2** sich in ~ auflösen ⟨fig.; umg.; scherzh.⟩ *zu nichts werden;* seine Pläne, Hoffnungen haben sich in ~ aufgelöst ☐ ***virar fumaça** 2.1 die Gemeinschaft, der Verein hat sich in ~ aufgelöst *ist auseinandergegangen* ☐ ***desmanchar-se; dissolver-se** 2.2 meine Schuhe lösen sich in ~ auf *gehen allmählich entzwei* ☐ ***desfazer-se; despedaçar-se**

wohl|ge|lit|ten ⟨Adj. 24/70⟩ *beliebt, gern gesehen;* ein ~er Gast ☐ **benquisto; bem-visto**

wohl|ge|merkt ⟨a. [--'-] Adv.⟩ *das merke man sich, das sei betont;* ich hatte ihn, ~, vorher ausdrücklich gewarnt ☐ **que fique claro; bem entendido**

wohl|ge|mut ⟨Adj.⟩ *fröhlich u. zuversichtlich, guter Stimmung* ☐ **alegre; bem-humorado**

wohl|ha|bend ⟨Adj.⟩ *in guten Vermögensverhältnissen (lebend);* ~e Familien; er ist sehr ~ ☐ **abastado; rico**

wohl|lig ⟨Adj.⟩ *behaglich, angenehm;* ein ~es Gefühl von Wärme □ **agradável; prazeroso;** sich ~ dehnen, strecken □ **com gosto**

wohl|schme|ckend *auch:* wohl schme|ckend ⟨Adj. 70⟩ *angenehm, gut schmeckend, mit gutem Geschmack;* eine ~e Speise □ **saboroso; gostoso**

Wohl|sein ⟨n.; -s; unz.; geh.⟩ **1** *das Sichwohlfühlen, gutes Befinden, Gesundheit* □ **saúde; bem-estar 1.1** (zum) ~! ⟨umg.⟩ *Gesundheit! (Wunsch für jmdn., wenn er niest)* □ **saúde!**

Wohl|stand ⟨m.; -(e)s; unz.⟩ *Begütertsein, gute Vermögenslage, hoher Lebensstandard;* im ~ leben □ **riqueza; abastança**

Wohl|tat ⟨f.; -, -en⟩ **1** *freiwillige, unentgeltliche Hilfe, gute Tat;* jmdm. eine ~ erweisen; ~en annehmen □ **boa ação; bem 2** *Erleichterung, Annehmlichkeit;* die Kühle des Waldes ist eine ~; der heiße Kaffee ist eine wahre ~ □ **alívio; reconforto**

wohl|tu|end ⟨Adj.⟩ *angenehm, lindernd, erleichternd (wirkend);* eine ~e Abwechslung; die Sonnenstrahlen als ~ empfinden □ **agradável; reconfortante**

wohl|tun ⟨V. 272/400 od. 410⟩ **1** *gut handeln* □ **fazer o bem;** wohlzutun und mitzuteilen vergesset nicht (Brief des Johannes an die Hebräer 13,16) □ ***não vos esqueçais da beneficência e da comunicação 1.1** ⟨800⟩ du würdest wohl daran tun, wenn du ... ⟨geh.⟩ *du würdest richtig, klug handeln* □ ***você faria bem se... 2** *etwas tut wohl ist angenehm, hat eine angenehme, gute Wirkung, bringt Linderung;* die Kühle tut wohl; deine guten Worte haben mir wohlgetan □ **fazer bem; reconfortar**

wohl|weis|lich ⟨Adv.⟩ *nach sorgfältiger Überlegung, aus guten Gründen;* ich habe ihm ~ nichts davon gesagt □ **por prudência; sabiamente**

Wohl|wol|len ⟨n.; -s; unz.⟩ *freundliche Gesinnung, Geneigtheit, Gunst, freundliche Zuneigung;* sich jmds. ~ erwerben, erhalten, verscherzen; jmdn. mit ~ behandeln, betrachten □ **benevolência; benquerença; simpatia**

Wohn|bau ⟨m.; -(e)s, -ten⟩ *Bau, Gebäude mit Wohnungen (im Unterschied z. B. zum Fabrikbau)* □ **construção/prédio residencial**

Wohn|block ⟨m.; -s, -blö|cke⟩ *Block aus Mietshäusern* □ **bloco residencial**

woh|nen ⟨V. 400⟩ **1** ⟨410⟩ *sein Heim, seine Wohnung, seinen ständigen Aufenthalt haben;* auf dem Lande, in der Stadt ~; zur Miete, Untermiete bei jmdm. ~; ich habe lange Zeit in Berlin gewohnt; im dritten Stock ~; wo wohnst du? □ **morar; residir 2** ⟨411⟩ *Unterkunft haben;* ich kann während dieser Zeit bei Freunden ~; in welchem Hotel ~ Sie? □ **hospedar-se; alojar-se 3** *etwas wohnt irgendwo* ⟨poet.⟩ *lebt;* hinter seiner Stirn wohnt ein starker Wille; eine starke Liebe, große Hoffnung wohnt in seinem Herzen □ **viver**

wohn|haft ⟨Adj. 24/70; Amtsdt.⟩ *ständig wohnend, seinen ständigen Wohnsitz habend;* ~ in Frankfurt; die in diesem Stadtteil ~en Berufstätigen □ **domiciliado; residente**

wohn|lich ⟨Adj.⟩ *so beschaffen, dass man gern darin wohnt, sich gern darin länger aufhält, behaglich;* ein ~er Raum; ein Zimmer ~ einrichten □ **(de modo) confortável/aconchegante**

Wohn|sitz ⟨m.; -es, -e⟩ **1** *Ort, an dem man ständig wohnt;* Sy *Domizil*(1); seinen ~ in Berlin haben **1.1** *Gemeinde, in der eine Person polizeilich gemeldet ist;* Personen ohne festen ~; einen zweiten ~ haben **2** *ständige Wohnung;* seinen ~ in Berlin aufschlagen; seinen ~ auf dem Lande haben □ **domicílio; residência**

Woh|nung ⟨f.; -, -en⟩ **1** *Räume (auch einzelner Raum), in denen man wohnt, Räume für ständigen Aufenthalt, Heim;* Miet~, Zweizimmer~; eine ~ beziehen; jmdm. od. sich eine ~ einrichten; eine ~ kaufen, mieten; sich eine (neue, andere) ~ suchen; eine behagliche, gemütliche, hübsche ~; eine billige, teure ~; eine feuchte, helle, luftige, warme ~; eine große, kleine, moderne ~; ~ mit drei Zimmern, Bad, Küche, Diele und Balkon □ **apartamento 1.1** die ~ wechseln *umziehen* □ ***mudar de apartamento 2** *Unterkunft;* in einem Hotel ~ nehmen □ ***hospedar-se num hotel;** freie ~ (und Verpflegung) bei jmdm. haben □ **acomodação; hospedagem**

Woh|nungs|lo|se(r) ⟨f. 2 (m. 1)⟩ = *Obdachlose(r)*

Wohn|wa|gen ⟨m.; -s, -⟩ **1** *Autoanhänger, der zum vorübergehenden Wohnen bzw. Schlafen (während des Urlaubs) eingerichtet ist* **1.1** *Wagen mit Wohn-, Schlaf-, Kücheneinrichtung, in dem fahrende Schausteller wohnen* □ **trailer**

wöl|ben ⟨V. 500⟩ **1** *etwas ~ in der Art eines Gewölbes, in einem Bogen spannen;* die Decke des Durchgangs soll leicht gewölbt werden □ **arquear; abobadar 1.1** ⟨Part. Perf.⟩ *gewölbt mit einem Gewölbe versehen;* ein gewölbter Raum □ **abobadado 2** ⟨Vr 3⟩ *sich ~ sich in einem Bogen spannen, sich gerundet (über etwas) erheben, sich krümmen;* sich nach vorn, nach oben ~; eine Brücke wölbt sich über einen Fluss; ein strahlend blauer Himmel wölbte sich über dem Land □ **arquear-se; curvar-se 2.1** ⟨Part. Perf.⟩ *gewölbt sich wölbend, erhaben gerundet;* eine gewölbte Stirn, Brust haben □ **arqueado; abaulado**

Wolf ⟨m.; -(e)s, Wöl|fe⟩ **1** ⟨Zool.⟩ *hundeartiges Raubtier: Canis lupus;* im Mittelalter kamen die Wölfe in harten Wintern bis in die Städte **1.1** hungrig wie ein ~ sein *sehr hungrig sein* □ **lobo 1.2** mit den Wölfen heulen ⟨fig.⟩ *mitmachen, was die Umwelt tut, die Meinung der anderen unterstützen um des eigenen Vorteils willen* □ ***ir na onda 1.3** der ~ in der Fabel *jmd., der kommt, wenn man gerade von ihm spricht* □ ***falando no diabo... 1.4** ein ~ im Schafspelz ⟨fig.⟩ *ein scheinheiliger Mensch, ein sich freundlich u. harmlos stellender Bösewicht* □ ***um lobo em pele de cordeiro 2** ⟨Astron.⟩ *Sternbild des südlichen Himmels* □ **Lobo 3** ⟨Text.⟩ *mit Zähnen versehene Maschine, die Faserbündel auflockert;* Krempel~ □ ***carda-lobo,** Reiß~ □ ***abridor; esfarrapadeira 4** = *Fleischwolf;* Fleisch durch den ~ drehen □ **moedor de carne 4.1** ich bin wie durch den ~ gedreht ⟨umg.; scherzh.⟩ *völlig zer-*

Wolfram

schlagen, alle Knochen tun mir weh ☐ *estou moído; estou um trapo

Wolf|ram ⟨n.; -s; unz.; chem. Zeichen: W⟩ weißlänzendes, relativ säure- u. hitzebeständiges Metall, ein chem. Element aus der 6. Nebengruppe des Periodensystems, Ordnungszahl 74 ☐ **tungstênio**

Wolfs|mensch ⟨m.; -en, -en⟩ = Werwolf

Wol|ke ⟨f.; -, -n⟩ **1** Gebilde aus verdichtetem Wasserdampf; Gewitter~, Regen~; ~n ballen sich, türmen sich am Himmel auf; die ~n ziehen, jagen über den Himmel; der Berggipfel ist in dicke ~n gehüllt; der Himmel bedeckte sich, überzog sich mit ~n; die Gefahr schwebte wie eine drohende ~ über ihnen ☐ **nuvem 1.1** aus allen ~n fallen ⟨fig.; umg.⟩ außerordentlich erstaunt, ernüchtert, ein wenig unangenehm überrascht sein; ich war wie aus allen ~n gefallen ☐ *cair das nuvens **1.2** in den ~n schweben, sein ⟨fig.⟩ geistesabwesend sein, in fantastischen Vorstellungen leben; er schwebt immer in den ~n ☐ *viver nas nuvens; viver no mundo da lua **1.3** auf ~ sieben schweben ⟨fig.; umg.⟩ hochgestimmt, überglücklich sein ☐ *estar nas nuvens; estar no sétimo céu **2** geballte Masse winziger Teilchen; Dampf~, Nebel~, Rauch~, Staub~; der Rauch lag in einer dichten ~ über der Stadt; er blies, stieß den Rauch (seiner Pfeife) in dichten ~n von sich; eine ~ von Mücken, Heuschrecken; eine ~ von Staub wirbelte auf **2.1** eine ~ des Unmuts lag auf seiner Stirn ⟨fig.; poet.⟩ ein Ausdruck des U. lag auf seiner (gerunzelten) Stirn ☐ **nuvem 3** Fleck in Edelsteinen ☐ **jaça 4** das ist 'ne ~! ⟨fig.; umg.⟩ das ist eine tolle Sache! ☐ *isso é maravilhoso!

Wol|ken|bruch ⟨m.; -(e)s, -brü|che⟩ kurzer, aber sehr starker u. oft zerstörender Regen ☐ **aguaceiro**

Wol|ken|krat|zer ⟨m.; -s, -⟩ sehr hohes Wohn- od. Geschäftshaus ☐ **arranha-céu**

wol|kig ⟨Adj.⟩ **1** voller Wolken, bewölkt; das Wetter wird heiter bis ~ ☐ **nublado; encoberto 2** wie Wolken, in Form von Wolken; ~er Rauch ☐ **como uma nuvem; em forma de nuvem 3** ⟨Fot.⟩ fleckig, verschwommen ☐ **velado 4** ⟨fig.⟩ unklar, undeutlich, vage; seine Ausführungen waren mir zu ~ ☐ **nebuloso**

Wollap|pen ⟨alte Schreibung für⟩ _Wolllappen_

Woll|de|cke ⟨f.; -, -n⟩ Decke aus Wolle ☐ **cobertor de lã**

Wol|le ⟨f.; -, -n⟩ **1** Tierhaare, die zum Spinnen geeignet sind; Schaf~, Ziegen~; gebleichte, ungebleichte, gefärbte, ungefärbte, gekräuselte, raue, weiche ~; ein Jacke aus reiner ~; ein Kleid aus ~ ☐ **lã 1.1** jmdm. in die ~ bringen ⟨fig.; umg.⟩ zornig machen, in Wut versetzen ☐ *deixar alguém pê da vida **1.2** in die ~ geraten, kommen ⟨fig.; umg.⟩ zornig werden ☐ *ficar pê da vida; → a. Geschrei(2.2) **1.3** in der ~ färben unversponnen, nicht erst als fertiges Produkt, sondern schon im Rohstoff, also nachhaltiger färben ☐ *tingir a lã crua **1.4** in der ~ gefärbt ⟨fig.; umg.⟩ ganz echt, durch u. durch ☐ *autêntico; verdadeiro **2** ⟨fig.; umg.⟩ menschliches Kopfhaar ☐ **cabeleira 2.1** sich mit jmdm. in der ~ haben, sich in die ~ geraten, kriegen zu streiten beginnen, aufeinander zornig werden, handgreiflich werden; wir sind uns in die ~ geraten ☐ *engalfinhar-se com alguém **3** ⟨Jägerspr.⟩ **3.1** Behaarung (des Hasen u. Kaninchens) ☐ **pelagem 3.2** das zwischen den langen dickeren Haaren unmittelbar auf der Haut sitzende weiche, wollige Haar (vom Schwarz- u. Haarraubwild) ☐ **pelame**

woll|len¹ ⟨Adj.⟩ aus Wolle bestehend ☐ **de lã**

wol|len² ⟨V. 290⟩ **1** ⟨500⟩ etwas ~ haben mögen, wünschen, begehren, fordern, verlangen, erstreben; er will, dass ich mitgehe; ich will doch nur dein Bestes; er will bis morgen Antwort haben; er will Geld von mir haben; ich will meine Ruhe haben!; was willst du noch mehr?; er weiß, was er will; (ganz) wie du willst!; ich wollte, er wäre schon da **1.1** was ~ Sie, es ist doch ganz gut gegangen? warum regen Sie sich auf? ☐ **querer 1.2** hier ist nichts zu ~ hier nützt alles nichts, hier kann man nichts machen ☐ *não há o que fazer nesse caso **1.3** ⟨mit Passiv⟩ etwas will getan werden, sein muss getan werden, sein ☐ *alguma coisa tem de ser feita; die Pflanze will täglich gegossen werden ☐ *a planta precisa ser regada diariamente; das will gelernt sein ☐ *isso requer estudo; das will genau überlegt sein ☐ *é necessário refletir muito bem sobre isso **1.4** ⟨mit Adv.⟩ ich will hier durch ~ ☐ *quero passar por aqui **2** ⟨Modalverb⟩ den (festen, guten) Willen, die feste Absicht, den Plan haben (etwas zu tun), (etwas gern tun) mögen; ich will nicht!; ich will es nicht tun; ich will morgen abreisen; ich will lieber hierbleiben; er mag ~ oder nicht, er muss es tun; man muss nur ~, dann geht es auch; sagen will ich es ihm schon, aber ...; was ich noch sagen wollte ...; man will Sie sprechen; ich will es tun; ich will mich rasch noch umziehen; er will Arzt werden; will doch (einmal) sehen, ob ...; ich will (endlich) wissen, was geschehen ist; ohne es zu ~; wenn du willst, kannst du mitkommen; was willst du damit sagen?; was man will, das kann man auch; mach, was du willst!; ich tue, was ich will; zwischen Wollen und Können ist ein großer Unterschied ☐ **querer; pretender**; wir ~ heute Abend ins Theater ⟨erg.: gehen⟩; er nach Amerika ⟨erg.: reisen⟩; ich will zu einem Freund ⟨erg.: gehen⟩ ☐ **querer ir 2.1** zu wem ~ Sie? ⟨umg.⟩ wen möchten Sie sprechen? (bei Behörden o. Ä.) ☐ *com quem deseja falar? **2.2** das will ich nicht gehört haben! ⟨zurechtweisend⟩ das hättest du nicht sagen dürfen! ☐ *vou fazer de conta que não ouvi isso! **2.3** das will ich meinen! ⟨bekräftigend⟩ ganz bestimmt ist es so! ☐ *é o que também acho! **2.4** ich will nichts gesagt haben kümmere dich nicht darum, was ich gesagt habe, ich möchte keinen Einfluss ausüben ☐ *esqueça o que eu disse **2.5** wollte Gott, es wäre so! wenn es doch so wäre! ☐ *quisera Deus que fosse assim! **2.6** wenn man alles glauben wollte ... würde, könnte ☐ *se fôssemos acreditar em tudo... **2.7** meine Augen ~ nicht mehr ⟨umg.⟩ ich kann nicht mehr gut sehen ☐ *já não consigo enxergar direito **2.8** ⟨unpersönl.⟩ **2.8.1** es will mir nicht aus dem Kopf ⟨umg.⟩ ich muss immer daran denken ☐ *isso não sai da minha cabeça **2.8.2** das will mir nicht in den Kopf ⟨umg.⟩ das kann ich mir nicht denken, das verstehe ich nicht ☐ *isso não entra na minha cabeça **2.8.3** das will etwas heißen! das bedeutet viel!

□ *isso é significativo! 2.8.4 das will nichts sagen, besagen ⟨umg.⟩ *das bedeutet nichts* □ *isso não quer dizer nada* 2.9 ⟨mit Relativpron.⟩ 2.9.1 komme, was da wolle *was auch immer kommt* □ *venha o que vier* 2.9.2 er sei, wer er wolle *wer er auch sei* □ *seja ele quem for* 2.9.3 koste es, was es wolle *wie viel es auch sei, unter allen Umständen* □ *custe o que custar* 2.10 ⟨höfl. Aufforderung⟩ ~ Sie das bitte tun *tun Sie das, bitte;* ~ Sie bitte einmal herschauen; ~ Sie bitte so freundlich sein; ~ Sie bitte einen Augenblick warten; man wolle bitte darauf achten, dass ... □ *querer; ter a bondade de* 2.11 ⟨Part. Perf.⟩ gewollt *gezwungen, unnatürlich;* mit etwas gewollter Heiterkeit □ *forçado; artificial; intencional* 3 ⟨Modalverb⟩ *im Begriff sein, sich anschicken, etwas zu tun, die Tendenz zu etwas haben;* wir ~ gehen! □ *vamos andando!;* ich will Ihnen eins sagen □ *vou dizer-lhe uma coisa;* es will nicht vorwärts gehen □ *isso não vai adiante;* mir will scheinen, als hätte er ... □ *parece-me que ele teria...* 3.1 wir ~ sehen! *wir werden sehen, warten wir ab* □ *veremos!* 3.2 wir ~ doch sehen, wer hier zu bestimmen hat! (leicht drohend od. warnend) *hier bestimme ich, du wirst dich fügen müssen* □ *vamos ver quem manda aqui!* 3.3 willst du wohl still sein? (befehlend, leicht drohend) *sei sofort still!* □ *quer fazer o favor de ficar quieto?* 4 ⟨Modalverb⟩ *getan haben, gewesen sein* ~ *behaupten, etwas getan zu haben, etwas gewesen zu sein, angeblich getan haben, gewesen sein;* er will dich gestern gesehen haben; er will schon vor vier Uhr da gewesen sein □ *pretender ter feito/estado; dizer ter feito/estado* 4.1 und dann will es niemand gewesen sein ⟨umg.⟩ *und dann behauptet jeder, er sei es nicht gewesen* □ *e depois a culpa não é de ninguém*

wol|lig ⟨Adj.⟩ 1 ⟨70⟩ *Wolle tragend;* ein ~es Schaf 2 *so aussehend, sich anfühlend wie Wolle;* ~es Haar □ *lanoso*

Woll|lap|pen ⟨m.; -s, -⟩ *(gestrickter) Lappen aus Wolle, Lappen aus Wollstoff* □ *pano de lã para limpeza*

Woll|lust ⟨f.; -; unz.⟩ 1 *Lustgefühl bei sexueller Erregung, sexuelle Begierde* □ *volúpia; luxúria* 2 ⟨fig.⟩ *Wonne, triebhafte Freude;* etwas mit wahrer ~ tun □ *prazer; deleite*

wo|mit 1 ⟨Interrogativadv.⟩ *mit was?, mit welcher Sache?;* ~ hast du den Fleck entfernt?; ich möchte gern wissen, ~ ich ihm eine Freude machen kann □ *com que coisa; como* 2 ⟨Relativadv.⟩ *mit dem (Vorangegangenen, eben Erwähnten);* er hat mir erklärt, er wolle Pilot werden, ~ ich keineswegs einverstanden bin □ *ele me explicou que quer ser piloto, mas não concordo absolutamente com isso;* er hat ihm gründlich die Meinung gesagt, ~ er völlig Recht hatte □ *ele lhe disse abertamente sua opinião, e tinha toda a razão*

wo|mög|lich ⟨Adv.⟩ 1 *falls möglich, wenn möglich;* komm ~ schon etwas eher □ *se (for) possível* 2 ⟨umg.⟩ *wahrscheinlich noch, am Ende, vielleicht sogar;* wir wollen schnell laufen, sonst holt er uns ~ wieder zurück; er ist durchgebrannt und ~ noch mit dem ganzen Geld □ *talvez (até); possivelmente*

wo|nach 1 ⟨Interrogativadv.⟩ *nach welcher Sache?;* ~ hat er dich gefragt? □ *o que ele lhe perguntou?;* ~ soll man sich richten? □ *pelo que devemos nos orientar?* 2 ⟨Relativadv.⟩ *nach dem (Vorangegangenen, eben Erwähnten);* es ist eine neue Verordnung herausgekommen, ~ alle, die ... □ *saiu um novo decreto, segundo o qual...*

Won|ne ⟨f.; -, -n⟩ 1 ⟨geh.⟩ *beglückender Genuss, tiefe Freude, Glück, Beglückung, inniges Vergnügen;* die ~n der Liebe; das Kind ist ihre ganze ~; das kalte Bad im See war mir eine ~; es ist eine wahre ~, den Kindern zuzuschauen; die Kinder stürzten sich mit ~ auf Kakao und Kuchen □ *prazer; deleite; alegria* 2 ⟨umg.⟩ *Schadenfreude;* er pflegt mit (wahrer) ~ andere zu necken u. zu ärgern □ *prazer*

wor|an *auch:* **wo|ran** ⟨a. ['--]⟩ 1 ⟨Interrogativadv.⟩ *an was?, an welche Sache?* □ *a que; em que;* ~ denkst du? □ *em que você está pensando?;* wenn ich nur wüsste, ~ sie wirklich Freude hat □ *se ao menos eu soubesse o que realmente a faz feliz;* ~ liegt es? □ *qual a razão disso?; a que se deve isso?* 1.1 er weiß nicht, ~ er ist ... *was er denken soll, was er davon halten soll* □ *ele não sabe o que pensar* 2 ⟨Relativadv.⟩ *an dem (Vorangegangenen, eben Erwähnten);* er hat mich zum Abendessen eingeladen, ~ mir gar nichts liegt □ *ele me convidou para jantar, mas não estou nem um pouco a fim de ir*

wor|auf *auch:* **wo|rauf** ⟨a. ['--]⟩ 1 ⟨Interrogativadv.⟩ *auf was?, auf welche Sache?* □ *sobre o que; onde;* ~ freust du dich am meisten? □ *o que lhe dá mais prazer?;* ~ wartest du noch? □ *o que você ainda está esperando?* 2 ⟨Relativadv.⟩ *auf das (Vorangegangene, eben Erwähnte), auf das (Vorhergehende) hin, als Folge des (Vorhergehenden);* Sy *woraufhin (2);* er fragte mich in der Prüfung etwas, ~ ich gefasst war □ *no exame ele me perguntou uma coisa para a qual eu estava preparado;* er wurde unverschämt, ~ ich ihm die Tür vor der Nase zuschlug □ *ele foi insolente, por isso bati a porta na sua cara*

wor|auf|hin *auch:* **wo|rauf|hin** ⟨a. ['---]⟩ 1 ⟨Interrogativadv.⟩ *auf welche Sache hin?;* ~ hat er das geantwortet? □ *o que o levou a dar essa resposta?* 2 ⟨Relativadv.⟩ = *worauf(2)*

wor|aus *auch:* **wo|raus** ⟨a. ['--]⟩ 1 ⟨Interrogativadv.⟩ *aus was?, aus welchem Material?, aus welcher Sache?* □ *de que; de onde;* ~ besteht Wasser, Milch? □ *em que consiste a água/o leite?;* ~ schließt du das? □ *de onde você tirou essa conclusão?* 2 ⟨Relativadv.⟩ *aus dem (Vorangegangenen, eben Erwähnten);* er unterstützt seine Eltern großzügig, ~ man entnehmen kann, dass er gut verdient □ *ele sustenta seus pais com liberalidade, o que permite concluir que ele ganha bem;* er sagte, er könne nicht kommen, ~ ich schloss, dass er ... □ *ele disse que não poderia vir, o que me levou a concluir que ele...*

Worces|ter|so|ße ⟨[wʊstə(r)-] f.; -; unz.⟩ *scharfe Gewürzsoße* □ *molho inglês*

wor|ein *auch:* **wo|rein** ⟨a. ['--] Adv.; umg. für⟩ *wohinein;* □ *aonde; para (dentro de) onde*

wor|in *auch:* **wo|rin** ⟨a. [‗--]⟩ **1** ⟨Interrogativadv.⟩ *in was?, in welcher Sache?;* ~ besteht der Unterschied zwischen … □ **em que 2** ⟨Relativadv.⟩ *in dem (Vorhergegangenen, eben Erwähnten);* er vertritt die Auffassung, dass …, ~ ich jedoch nicht mit ihm übereinstimme, ~ ich ihm nicht Recht geben kann □ ***ele sustenta a opinião de que (…), em relação à qual…**

Work|aho|lic ⟨[wœːkəhɔlık] m.; -s, -s⟩ **1** *jmd., der unter Arbeitszwang steht, ständig arbeiten muss* **2** ⟨a. scherzh. für⟩ *jmd., der gern u. viel arbeitet* □ **workaholic; viciado em trabalho**

Work|shop ⟨[wœːkʃɔp] m.; -s, -s⟩ *Diskussionsveranstaltung, in der bestimmte Themen od. Werke vorgestellt u. erörtert werden* □ **workshop; oficina**

Wort ⟨n.; -(e)s, Wör|ter od. (selten) -e; Sprachw.⟩ **1** *sprachliche Äußerung des Menschen mit bestimmtem Bedeutungsgehalt, kleinster selbständiger Redeteil, Vokabel;* die Bedeutung eines ~es; die Betonung eines ~es; der Klang eines ~es; den Sinn eines ~es (nicht) verstehen; im wahrsten, im eigentlichen Sinn des ~es; Wörter auslassen, vergessen (beim Sprechen od. Schreiben); ein ~ richtig, falsch aussprechen, betonen; ein ~ buchstabieren; hier fehlt ein ~; Wörter lernen, wiederholen; ein (neues) ~ prägen; ein ~ (auf einen Zettel, an die Wandtafel) schreiben; dieses ~ ist unübersetzbar; zwei Wörter (in einem Satz) streichen; ein ~ aus einer anderen Sprache, in eine andere Sprache übersetzen; der Satz besteht aus fünf Wörtern; abgegriffenes, anschauliches, treffendes, veraltetes ~; sag mir ein anderes ~ für „Hochmut"; ein deutsches, englisches ~; einfaches, einsilbiges, mehrsilbiges, zusammengesetztes ~; hässliches, unanständiges ~; kurzes, langes, schwieriges ~; ein ~ mit fünf Buchstaben; ich habe den Brief ~ für ~ gelesen; einen Satz ~ für ~ wiederholen □ **palavra; vocábulo;** 200,– €, in ~en: zweihundert (auf Quittungen, Zahlungsanweisungen) □ ***200 euros, por extenso* 2** ⟨Pl. nur: -e⟩ *zusammenhängende Wortgruppe, Äußerung;* ohne ein ~ zu sagen; das ist das erste ~, das ich davon höre; er brachte vor Scham, Schreck, Verlegenheit kein ~ hervor; kein ~ miteinander sprechen; kein ~ zu sprechen wagen; an dem, was er gesagt hat, ist kein ~ wahr; das sind leere ~e!; jmdm. mit leeren ~en hinhalten, abspeisen; das waren seine letzten ~e, ehe er starb; ein paar ~e mit jmdm. sprechen, wechseln; in ~ und Bild über, von etwas berichten; ich kann meinen Eindruck schwer, kaum in ~e fassen; seine Gedanken, Gefühle in ~e kleiden; schnell fertig ist die Jugend mit dem ~, das schwer sich handhabt wie des Messers Schneide (Schiller, „Wallensteins Tod", 2,2); er hat die Sache mit keinem ~ erwähnt; einen Sachverhalt mit wenigen ~en klären; nach diesen ~en erhob er sich und ging; ohne viele ~e □ **palavra;** darüber ist (noch) kein ~ gefallen □ ***(ainda) não se disse nenhuma palavra a respeito;** kein ~ weiter (davon)! □ ***nem mais uma palavra (sobre isso);** nach ~en ringen (nach einer Überraschung, einem Schrecken) □ ***procurar as palavras!* 2.1** mir fehlen die ~e *ich bin so* überrascht, erstaunt, entsetzt, dass ich nichts dazu sagen kann □ **palavra 2.2** hast du ~e?, hat der Mensch ~e? ⟨umg.⟩ *(Ausdruck des Staunens)* kann man so etwas für möglich halten? □ ***pode/é possível uma coisa dessas?* 2.3** ~e machen *reden, ohne dabei etwas Wesentliches zu sagen od. das Nötige zu tun;* schöne, viele ~e machen; wir wollen nicht viele ~e machen □ ***falar demais; estender o discurso* 2.4** jmdn. mit ~en strafen *ausschelten* □ ***repreender alguém;** ralhar com alguém **2.5** kein ~ über etwas verlieren *nichts sagen über etwas, nicht über etwas sprechen* □ ***não dizer uma palavra sobre alguma coisa;** darüber braucht man kein ~ zu verlieren (da es klar, selbstverständlich ist) □ ***esse assunto dispensa explicações/comentários* 2.6** auf ein ~! *ich möchte Sie einen Augenblick sprechen* □ ***posso dar uma palavrinha com você?* 3** *das, was gesprochen, gesagt wurde od. werden soll;* im Anfang war das ~ (Johannes 1,1) □ **Verbo;** hier versteht man ja sein eigenes ~ nicht mehr (vor lauter Lärm) □ ***não dá para entender o que se diz (tanto é o barulho);** ich verstehe kein ~; ein ~ gab das andere, und schließlich kamen sie in Streit □ **palavra 3.1** jmdm. das ~ reden *jmdm. schmeicheln, das sagen, was jmd. gern hören möchte* □ ***dizer o que o outro quer ouvir* 3.2** einer Sache das ~ reden *eine S. verteidigen, unterstützen* □ ***falar bem de alguma coisa; argumentar em favor de alguma coisa* 3.3** du nimmst mir das ~ aus dem Mund *du sagst, was ich gerade sagen wollte* □ ***você tirou a(s) palavra(s) da minha boca* 3.4** jmdm. das ~ im Munde (her)umdrehen *behaupten, dass jmd. das Gegenteil von dem gesagt habe, was er wirklich gesagt hat, das Gesagte verdrehen* □ ***(dis)torcer as palavras de alguém* 4** *Äußerung, die eine Entscheidung od. Anweisung beinhaltet;* das ~ Gottes □ **palavra 4.1** aufs ~ gehorchen *sofort gehorchen* □ ***obedecer sem pestanejar* 4.2** jmdm. etwas aufs ~ glauben *alles glauben, was jmd. sagt* □ ***acreditar piamente em alguém;** → a. *letzte(r, -s)(1.8.7–1.8.8)* **5** *Ausdruck, Ausspruch, Bemerkung;* dieses ~ stammt von Goethe □ **expressão;** Ihre freundlichen ~e haben mir sehr wohl getan; du sprichst ein großes ~ gelassen aus (Goethe, „Iphigenie", 1,3); das ist das rechte ~ zur rechten Zeit; jmdm. mit warmen ~en danken □ **palavra 5.1** hier kann man ein offenes ~ reden, sagen *offen reden, offen sprechen* □ ***aqui se pode falar abertamente* 5.2** das ist ein wahres ~ *das ist wirklich wahr* □ ***isso é uma grande verdade;** → a. *böse(2.4), dürr(4), geflügelt(4), gut(7.4, 7.4.1, 7.4.2)* **6** *Rede* **6.1** jmdm. das ~ abschneiden *jmdn. nicht weitersprechen lassen, jmdn. unhöflich unterbrechen* □ ***cortar a palavra a alguém* 6.2** das ~ führen *der Hauptsprecher sein (in einer Diskussion)* □ ***conduzir a discussão* 6.3** das große ~ führen *die Diskussion, das Gespräch beherrschen* □ ***monopolizar a conversa* 6.4** das ~ an jmdn. richten *jmdn. anreden* □ ***dirigir a palavra a alguém* 6.5** jmdm. ins ~ fallen *jmdn. unterbrechen* □ ***interromper alguém* 6.6** sich zu ~ melden *sich melden, um etwas zu sagen, vorzubringen* □ ***pedir a palavra;** → a. *letzte(r, -s)(6.1, 6.2)* **7** *Möglichkeit, Er-*

laubnis, sich an einem Gespräch, einer Diskussion zu beteiligen 7.1 jmdm. das ~ entziehen *jmdn. nicht weitersprechen lassen (in einer Diskussion, Versammlung* □ **não deixar alguém falar/continuar* 7.2 das ~ ergreifen *anfangen zu sprechen (in einer Versammlung, vor einer Gesellschaft)* □ **tomar a palavra* 7.3 jmdm. das ~ erteilen *jmdm. die Erlaubnis geben zu sprechen (in einer Versammlung)* □ **dar a palavra a alguém* 7.4 ich bitte ums ~ *ich möchte etwas sagen (in einer Diskussion)* □ **peço a palavra* 7.5 nicht zu ~ kommen *nichts sagen können (weil der andere dauernd spricht)* □ **não conseguir dar uma (só) palavra* 7.6 andere nicht zu ~ kommen lassen *ohne Pause (weiter)reden* □ **não deixar os outros falar; não dar a palavra aos outros* **8** ⟨unz.⟩ *Versprechen, Ehrenwort;* jmdm. das ~ abnehmen, zu schweigen; sein ~ brechen; jmdm. sein ~ geben, etwas zu tun od. nicht zu tun; ich habe sein ~; sein ~ (nicht) halten; sein ~ zurücknehmen □ *palavra* 8.1 jmdm. od. bei jmdm. im ~ sein *jmdm. etwas versprochen haben* □ **ter dado sua palavra a alguém* 8.2 auf mein ~! *ich versichere es!, es ist wirklich wahr!* □ **palavra de honra!* 8.3 jmdn. beim ~ nehmen *von jmdm. fordern, das auszuführen, was er versprochen hat* □ **cobrar uma promessa de alguém*

Wort|art ⟨f.; -, -en; Gramm.⟩ *Art des Wortes, nach grammatischen Kriterien gebildete Klasse von (morphologisch, syntaktisch od. semantisch) gleichartigen Wörtern, z. B. Substantiv, Adjektiv, Verb, Präposition u. Ä.* □ *categoria gramatical; classe de palavras*

Wort|bruch ⟨m.; -(e)s, -brü|che⟩ *Bruch des Ehrenwortes, des Versprechens* □ *quebra da palavra dada; falta de palavra*

Wör|ter|buch ⟨n.; -(e)s, -bü|cher⟩ *alphabetisch od. begrifflich geordnetes Verzeichnis der Wörter einer Sprache, einer Mundart, eines Fachgebietes o. Ä., mit Erklärungen (Form, Inhalt, Geschichte usw. der Wörter betreffend) bzw. Übersetzungen in eine andere Sprache;* einsprachiges, zweisprachiges ~; Fach~; ~ der Physik, Chemie, Medizin; Synonym~; Herkunfts~ □ **dicionário**

Wort|füh|rer ⟨m.; -s, -⟩ *Sprecher;* sich zum ~ einer Sache machen □ **porta-voz**

Wort|ge|fecht ⟨n.; -(e)s, -e⟩ = *Disput*

wort|karg ⟨Adj.⟩ *schweigsam, wenig redend, wenig Worte machend;* Ggs *geschwätzig* □ **lacônico; de poucas palavras**

Wort|klau|be|rei ⟨f.; -, -en; abwertend⟩ *zu genaues, engstirniges Festhalten am Wort, an der wörtlichen Bedeutung* □ **pedantismo**

Wort|laut ⟨m.; -(e)s; unz.⟩ *wörtlicher Inhalt einer Aussage, eines Textes; der genaue ~ eines Briefes; die Verordnung hat folgenden ~ ...;* sich an den ~ halten □ **teor; conteúdo**

wört|lich ⟨Adj. 24⟩ **1** *wortgetreu, dem Text genau entsprechend, Wort für Wort;* ~e Übersetzung □ **literal**; er hat (es) aus dem Buch ~ abgeschrieben □ **palavra por palavra**; du darfst das, was er sagt, nicht ~ nehmen, verstehen □ **ao pé da letra**; er hat mir ~ das Gleiche gesagt wie sein Freund □ **literalmente**; ich

kann es nicht ~ wiederholen, sondern nur dem Sinne nach; ich zitiere ~: ... □ **textualmente** 1.1 ~e Rede *direkte R.* □ **discurso direto*

Wort|mel|dung ⟨f.; -, -en⟩ *Meldung zum Wort, zum Sprechen (in Diskussionen, Versammlungen)* □ **pedido para ter a palavra**; es liegen keine weiteren ~en vor □ **ninguém mais pediu a palavra*

Wort|schatz ⟨m.; -es, -schät|ze; Sprachw.⟩ **1** *Gesamtheit der Wörter (einer Sprache)* □ **léxico 2** *die jmdm. zur Verfügung stehenden Wörter, Gesamtheit der Wörter, die jmd. anwenden kann;* dieser Schriftsteller hat einen bescheidenen, kleinen, großen, reichen ~; das Kind hat jetzt einen ~ von etwa 50 Wörtern □ **vocabulário**

Wort|wech|sel ⟨[-ks-] m.; -s, -⟩ *Streit mit Worten; heftiger, lauter ~;* in einen ~ geraten; es kam zu einem (heftigen) ~ □ **discussão; altercação**

wor|ü|ber *auch:* **wo|rü|ber** ⟨a. ['---]⟩ **1** ⟨Interrogativadv.⟩ *über was?, über welche Sache?;* ~ habt ihr gesprochen? □ **sobre o que; de que 2** ⟨Relativadv.⟩ *über das (Vorangegangene, eben Erwähnte);* er ist einfach weggeblieben, nicht gekommen, ohne sich zu entschuldigen, ~ ich recht erstaunt war □ **ele simplesmente não apareceu nem se desculpou, o que me deixou surpreso*

wor|um *auch:* **wo|rum** ⟨a. ['--]⟩ **1** ⟨Interrogativadv.⟩ *um was?, um welche Sache?;* ~ handelt es sich? □ **de que; sobre o que 2** ⟨Relativadv.⟩ *um das (Vorangegangene, eben Erwähnte bzw. Folgende);* da ist noch etwas, ~ ich dich sehr bitten möchte □ **ainda há algo que eu gostaria de lhe pedir encarecidamente*; das, ~ es hier geht, ist Folgendes □ **a questão aqui é a seguinte*

wor|un|ter *auch:* **wo|run|ter** ⟨a. ['---]⟩ **1** ⟨Interrogativadv.⟩ *unter welcher Sache?* □ **sob o que**; ~ hast du in deiner Jugend am meisten gelitten? □ **o que mais o fez sofrer na juventude?* **2** ⟨Relativadv.⟩ *unter dem (Vorangegangenen, eben Erwähnten);* er redete viel von Viertakt und Zweitakt, ~ ich mir aber nicht viel vorstellen kann □ **ele falou muito de compasso binário e quaternário, o que não me diz muito*

wo|von ⟨a. ['--]⟩ **1** ⟨Interrogativadv.⟩ *von was?, von welcher Sache?* □ **de que; do que**; ~ redet ihr? □ **do que vocês estão falando?;* ~ ist die Rede? □ **do que se trata?* **2** ⟨Relativadv.⟩ *von dem (Vorhergegangenen, eben Erwähnten);* er fragte mich nach etwas, ~ ich keine Ahnung hatte □ **ele me perguntou sobre uma coisa da qual não tenho a menor ideia*; rede nicht so viel von etwas, ~ du nichts verstehst □ **não fale tanto de algo que você não entende*

wo|vor ⟨a. ['--]⟩ **1** ⟨Interrogativadv.⟩ *vor was?, vor welcher Sache?* □ **de que; do que; diante do que**; ~ fürchtest du dich? □ **de que você tem medo?* **2** ⟨Relativadv.⟩ *vor dem (Vorangegangenen, eben Erwähnten);* Dunkelheit ist das, ~ sich das Kind am meisten fürchtet □ **escuridão é o que a criança mais teme*

wo|zu ⟨a. ['--]⟩ **1** ⟨Interrogativadv.⟩ *zu welchem Zweck?, zu welcher Sache?;* ~ brauchst du das Geld?; ~ willst du die Schere haben? □ **para que; por que**; ~ hast du dich nun entschlossen? □ **o que você decidiu, afinal?* **2** ⟨Relativadv.⟩ *zu dem (Vorangegangene, eben*

Wrack

Erwähnten); er hat mich aufgefordert, mit ihm nach Berlin zu fahren, ~ ich aber gar keine Lust habe □ *ele me convidou a ir com ele para Berlim, mas estou sem a menor vontade de acompanhá-lo

Wrack ⟨n.; -s, -s⟩ *1 durch Beschädigung unbrauchbar gewordenes, zerschelltes Schiff* □ destroços de um navio; carcaça *2* ⟨fig.; umg.⟩ *körperlich verbrauchter Mensch, Mensch mit zerrütteter Gesundheit; er ist (nur noch) ein* ~ □ frangalho; caco

wrin|gen ⟨V. 291/500⟩ *etwas* ~ *so zusammendrücken, dass die Flüssigkeit herausgepresst wird; Wäsche* ~ □ torcer

Wu|cher ⟨m.; -s; unz.⟩ *1 Erzielung eines im Verhältnis zur Leistung zu hohen Gewinns, indem die Notlage, Unerfahrenheit od. der Leichtsinn des anderen ausgenützt wird* □ usura; agiotagem *1.1 das ist ja* ~! ⟨umg.⟩ *das ist ja ein unverschämt hoher Preis* □ *isso é um roubo!; isso é uma exploração! 1.2* ~ *treiben zu hohen Gewinn erzielen* □ *praticar usura/agiotagem*

Wu|cher|blu|me ⟨f.; -, -n⟩ = *Chrysantheme*

wu|chern ⟨V. 400⟩ *1* ⟨(s.)⟩ **Pflanzen** ~ *wachsen üppig; das Unkraut wuchert (über den Weg, den Zaun)* □ pulular; vicejar *2* ⟨(s.)⟩ **Körpergewebe** *wuchert wächst zu stark; wildes Fleisch wuchert* □ proliferar *3* ⟨416⟩ *mit etwas* ~ *Wucher treiben* □ *praticar usura/agiotagem com alguma coisa 3.1 mit einem Pfund* ~ ⟨fig.⟩ *seine Begabung, Fähigkeit voll einsetzen, zur Geltung bringen* □ *saber tirar proveito de suas capacidades*

Wuchs ⟨[-ks] m.; -es Wüch|se⟩ *1 Wachstum;* **Pflanzen**~ □ crescimento *2 Gestalt, Körperbau; von kleinem, hohem, schlankem* ~ □ tamanho; porte; estatura *3 Nachwuchs, Anzucht (von Pflanzen); ein* ~ *junger Tannen*□ vegetação

Wucht ⟨f.; -; unz.⟩ *1 Gewicht, Kraft, Druck, Schwung; er schlug mit aller* ~ *zu; er fiel mit voller* ~ *auf den Rücken; der Schlag, Stein traf mich mit voller* ~ □ força; peso *2 das ist 'ne* ~! ⟨fig.; umg.⟩ *das ist eine großartige, fantastische Sache!* □ *isso é formidável!; isso é o máximo!*

wuch|ten ⟨V.⟩ *1* ⟨400⟩ *mit Anstrengung, mit aller Kraft arbeiten;* bei unserem Umzug haben wir schwer gewuchtet □ trabalhar muito; dar duro *2* ⟨500⟩ *etwas* ~ *mit Kraft, Anstrengung heben; einen Kleiderschrank auf den Speicher, einen Wagen* ~ □ *levantar/erguer alguma coisa com esforço*

wuch|tig ⟨Adj.⟩ *1 massig u. schwer; ein* ~*er Gegenstand; ein* ~*es Gebäude; der Schrank ist für dieses Zimmer zu* ~ □ maciço; pesado; imponente *2 heftig, kraftvoll; ein* ~*er Schlag, Hieb* □ violento; forte

wüh|len ⟨V.⟩ *1* ⟨411⟩ *ein Tier wühlt in der Erde gräbt mit den Vorderpfoten od. der Schnauze in der Erde u. reißt sie (auf der Suche nach etwas) auf; das Schwein wühlt in der Erde nach Morcheln* □ *um animal revolve/fuça a terra 2* ⟨411 od. 611/Vr 1 od. Vr 2⟩ *mit beiden Händen od. auch einem Werkzeug in etwas eindringen u. es (suchend) durcheinander bringen* □ vasculhar; fuçar; *die Kinder wühlten im Sand* □ *as crianças cavavam a areia; sich in den Haaren* ~ □

revolver os cabelos; er wühlte in seinen Papieren □ *ele vasculhou seus papéis 2.1 im Schmutz* ~ ⟨fig.⟩ *mit Freude über schmutzige Angelegenheiten sprechen* □ *remexer a lama 2.2* ⟨fig.; umg.⟩ *heftig, angestrengt arbeiten; er ist jetzt fertig, dafür hat er aber auch den ganzen Tag gewühlt* □ dar duro *2.3 gegen jmdn. od. etwas* ~ ⟨fig.; abwertend⟩ *andere aufwiegeln, im Geheimen hetzen; er hat gegen die Parteispitze gewühlt* □ fazer intriga; conspirar *3 der Hunger, Schmerz wühlt* (in jmdm.) ⟨fig.; geh.⟩ *schwillt an u. ab, wird einmal hier, einmal dort quälend spürbar; der Schmerz wühlte in seinen Eingeweiden; der Hunger wühlte ihm im Leib* □ revolver-se

Wulst ⟨m.; -(e)s, Wüls|te od. f.; -, Wüls|te; fachsprachl.: m.; -(e)s, -e⟩ *1 längliche Verdickung, länglicher Auswuchs* □ protuberância; inchaço *2* ⟨Geom.⟩ *Rotationsfläche, die durch Drehung eines Kreises um eine außerhalb von ihm, mit ihm in einer Ebene liegenden Achse entsteht; Kreis~ 2.1 von einer Wulst(2) umschlossener geometrischer Körper* □ toro *3* ⟨Arch.⟩ *meist am oberen od. unteren Ende von Säulen befindliches Bauglied in der Form einer viertel Wulst(2.1);* Säulen~ □ *toro; astrágalo*

wund ⟨Adj. 70⟩ *1 mit einer verletzten Hautoberfläche, durch Aufreiben, Aufscheuern der Haut entzündet; eine* ~*e Stelle am Finger haben; einen Säugling pudern und einreiben, damit er nicht* ~ *wird* □ ferido; esfolado; escoriado *2* ⟨poet.⟩ *verwundet; ein* ~*er Krieger; seine Worte waren Balsam für ihr* ~*es Herz* ⟨poet.; umg. a. scherzh.⟩ □ ferido; machucado *3* ⟨60⟩ ~*er Punkt* ⟨fig.⟩ *Sache, von der man lieber nicht spricht, best. Stelle, an der jmd. empfindlich u. verletzbar ist* □ delicado; sensível *4* ⟨Getrennt- u. Zusammenschreibung⟩ *4.1* = laufen = *wundlaufen 4.2* ~ liegen = *wundliegen 4.3* ~ reiben = *wundreiben 4.4* ~ schreiben = *wundschreiben*

Wun|de ⟨f.; -, -n⟩ *1 Verletzung durch gewaltsame Zerstörung, Durchtrennung von Haut (u. darunter liegendem Gewebe);* Biss~, Brand~, Hieb~, Quetsch~, Platz~, Riss~, Schnitt~, Stich~; *eine* ~ *reinigen, verbinden; die* ~ *blutet, eitert, nässt; die* ~ *heilt, schließt sich; die* ~ *muss geklammert, genäht werden; sich eine* ~ *zuziehen; gefährliche, tödliche* ~; *klaffende, leichte, offene, schwere, tiefe, vernarbte* ~; *er blutete aus vielen* ~n □ ferida *2* ⟨fig.⟩ *schwerer (seelischer) Schaden, Leid, Schmerz, Kummer, Übel* □ ferida; chaga *2.1 der Krieg hat tiefe* ~n *geschlagen hat vieles zerstört, viel Schaden, Unheil, Schmerz verursacht* □ *a guerra causou feridas profundas 2.2 eine alte* ~ *wieder aufreißen einen alten Schmerz wieder neu wecken* □ *voltar a tocar numa antiga ferida;* → a. Finger(3.1)

Wun|der ⟨n.; -s, -⟩ *1 Vorgang, der den gewöhnlichen Erfahrungen u. den Naturgesetzen widerspricht;* ~ *tun, vollbringen, wirken; das grenzt an ein* ~; *er ist wie durch ein* ~ *dem Tod entgangen, gerettet worden* □ milagre; → a. Zeichen(2.1.1) *2* ⟨fig.⟩ *Ereignis od. Erzeugnis, welches das übliche Maß weit übertrifft, ungewöhnliche Erscheinung; ein* ~ *der Technik; diese Ma-*

schine ist ein ~ an Genauigkeit, Präzision; er hat das ~ vollbracht, aus dieser wilden Bande eine disziplinierte Gemeinschaft zu machen 2.1 diese Arznei wirkt bei mir ~ *wirkt erstaunlich gut, hilft sofort* □ **milagre; maravilha** 2.2 das ist kein ~ *das ist ganz natürlich, nicht erstaunlich* □ *não é de admirar* 2.3 kein ~, dass …, wenn … *nicht erstaunlich* □ *não é de admirar que/se…* 2.4 was ~, dass … *es ist nur natürlich, folgerichtig, nicht erstaunlich, dass …* □ *não é nenhuma surpresa que…* 2.5 sich Wunder *was einbilden sich einbilden, etwas Besonderes zu sein od. zu können* □ *considerar-se o máximo/o bambambã* 2.6 er glaubt, Wunder *was vollbracht zu haben etwas ganz Besonderes* □ *ele acredita ter feito maravilhas* 2.7 er denkt, er sei Wunder *wer eine bedeutende Persönlichkeit* □ *ele se acha maravilhoso/o tal* 2.8 er glaubt Wunder *wie gescheit zu sein ganz bes. gescheit* □ *ele se considera brilhante;* → a. *blau(6.2)*

wun|der|bar ⟨Adj.⟩ **1** *erstaunlich, wie ein Wunder (erscheinend), übernatürlich;* durch eine ~e Fügung wurde das Schiff gerettet; von einem ~en Licht umstrahlt □ **milagroso**; das grenzt ans Wunderbare □ *isso é quase um milagre* **2** *herrlich, sehr schön, großartig, köstlich;* wie war es im Theater? ~!; eine ~e Künstlerin; ein ~es Land, eine ~e Stadt; eine ~e Reise; ein ~es Werk; das ist ~!; es muss ~ sein, das selbst zu erleben □ **maravilhoso**; das hast du ~ gemacht □ *ficou maravilhoso o que você fez*

wun|der|lich ⟨Adj.⟩ **1** *zur Verwunderung Anlass gebend;* der Alte wird jetzt etwas ~; damit ist es ~ zugegangen □ **estranho; esquisito** 1.1 ein ~er Heiliger, Kauz ⟨fig.; umg.⟩ *sonderbarer, schrulliger Mensch* □ *um sujeito estranho; um esquisitão*

wun|dern ⟨V. 500⟩ **1** etwas wundert jmdn. *überrascht jmdn., setzt jmdn. in Erstaunen;* das wundert mich; es wundert mich, dass …; seine Unpünktlichkeit wundert mich □ **admirar; surpreender** 1.1 es sollte mich ~, wenn er noch käme *ich glaube nicht, dass er noch kommt* □ *eu ficaria surpreso se ele ainda viesse* **2** ⟨Vr 3⟩ sich ~ *erstaunt sein, staunen;* sich über jmdn. od. etwas ~ □ *admirar-se/surpreender-se com alguém ou alguma coisa* 2.1 da wirst du dich aber ~!, du wirst dich ~! ⟨umg.⟩ *du wirst erstaunt sein (denn es wird ganz anders kommen, als du denkst)* □ *você vai se surpreender!; você vai ter uma bela surpresa!* 2.2 ich muss mich doch sehr ~! ⟨umg.; scherzh.⟩ *das hätte ich von dir nicht gedacht* □ *estou muito surpreso*

wun|der||neh|men ⟨V. 189/500⟩ etwas nimmt jmdn. wunder *erstaunt, wundert jmdn.* □ **surpreender; admirar**; es nimmt mich wunder, dass … □ *estou surpreso que…; admira-me que…*

wun|ders ⟨Adv.; umg.⟩ *wundersam, in höchstem Maße, einem Wunder gleichkommend, ganz besonders* □ **maravilhoso; extraordinário**; er glaubt, ~ wie gescheit zu sein □ *ele se considera brilhante*

wun|der|sam ⟨Adj.; poet.⟩ **1** *überirdisch, übernatürlich;* er hörte plötzlich eine ~e Musik □ **maravilhoso; magnífico 2** *seltsam, merkwürdig;* es wurde ihm so ~ zumute □ **estranho; singular**

wund||lau|fen *auch:* **wund lau|fen** ⟨V. 176/500/Vr 3⟩ (sich) die Füßen ~ *durch andauerndes Reiben beim Gehen die Haut verletzen* □ *ficar com o pé machucado/esfolado de tanto andar*; du wirst dir noch die Fersen ~ □ *você ainda vai machucar/esfolar o calcanhar*

wund||lie|gen *auch:* **wund lie|gen** ⟨V. 180/500/Vr 3 od. 530/Vr 1⟩ sich ~ od. sich etwas ~ *sich durch längeres Liegen offene Wunden zuziehen;* er hat sich (den Rücken) wundgelegen/wund gelegen □ *desenvolver escaras de decúbito*

Wund|mal ⟨n.; -(e)s, -e⟩ *offene Wunde, unvernarbte Wunde;* die ~e Christi □ **chaga**

wund||rei|ben *auch:* **wund rei|ben** ⟨V. 196/500/Vr 3⟩ sich (etwas) ~ *durch anhaltendes Reiben die Haut verletzen* □ *esfolar-se; escoriar-se*

wund||schrei|ben *auch:* **wund schrei|ben** ⟨V. 230/500/Vr 3; fig.⟩ sich die Finger ~ *immer wieder etwas (z. B. Gesuche, Ermahnungen) schreiben, ohne dass es Erfolg hat* □ *ficar com calos nos dedos de tanto escrever*

Wund|starr|krampf ⟨m.; -(e)s; unz.⟩ = Tetanus

Wunsch ⟨m.; -(e)s, Wün|sche⟩ **1** *etwas, das man gern haben, verwirklicht sehen möchte, Begehren, Verlangen;* jmdm. jeden ~ von den Augen ablesen; jmdm. seinen ~ erfüllen; ich hege den (stillen) ~; ein eigenes Haus war schon immer mein ~; sich od. jmdm. einen ~ versagen; ich habe nur den einen ~, möglichst schnell von hier wegzukommen; es ist sein größter ~, einmal nach Amerika zu reisen; ein heimlicher, stiller ~; ein heißer, sehnlicher ~; sich (ganz) nach jmds. Wünschen richten; er ist seit langem von dem ~e beseelt, Maler zu werden □ **desejo**; hast du noch einen ~?; haben Sie sonst noch Wünsche? (Frage der Verkäuferin) □ *deseja algo mais?*; Prospekte werden auf ~ zugesandt; auf allgemeinen, vielfachen ~ wird die Sendung morgen wiederholt; auf meinen besonderen ~ hin hat er …; auf ~ von Herrn X □ **pedido**; Herr X scheidet auf seinen eigenen ~ aus unserem Betrieb aus □ **vontade**; Nachtisch, Wein nach ~ □ *sobremesa/vinho de sua escolha*; mein ~ ist in Erfüllung gegangen □ *meu desejo se realizou* 1.1 dein ~ ist mir Befehl ⟨nur noch scherzh.⟩ *ich tue, was du willst* □ *seu desejo é uma ordem* 1.2 es geht alles nach ~ *wie man es sich gewünscht, gedacht hat* □ *tudo está correndo conforme desejado;* → a. *Vater(4.1)* **2** *Glückwunsch;* jmdm. seine Wünsche darbringen; mit den besten Wünschen für baldige Genesung; mit allen guten Wünschen für das neue Jahr; beste Wünsche zum Geburtstag, zum neuen Jahr □ **voto**

Wün|schel|ru|te ⟨f.; -, -n⟩ *gegabelter Zweig, der in den Händen mancher Menschen zuckt, wenn er über Wasseradern im Boden gehalten wird* □ **varinha rabdomântica**

wün|schen ⟨V.⟩ **1** ⟨503/Vr 5 od. Vr 6⟩ (jmdm.) etwas ~ *den Wunsch haben, etwas zu haben, etwas verwirklicht sehen wollen, mögen, verlangen, fordern;* ich wünschte, ich könnte bei euch sein; sie wünscht sich (zu Weihnachten) eine Puppe; der Junge wünscht sich

Würde

ein Schwesterchen; etwas brennend, sehnlich(st) ~; was ~ Sie? (Frage des Verkäufers); was wünschst du dir zum Geburtstag, zu Weihnachten?; ich wünsche, dass meine Anordnungen sofort befolgt werden; es geht mir sehr gut, ich könnte mir nichts Besseres ~; ganz wie Sie ~ ☐ desejar; querer; du darfst dir (von mir) etwas ~ ☐ *você pode (me) fazer um pedido; es wird gewünscht, dass die Angestellten ... ☐ *espera-se que os funcionários...; bitte die gewünschte Nummer hier einsetzen (auf Bestellformularen); das Medikament hatte (nicht) die gewünschte Wirkung ☐ desejado; anbei senden wir Ihnen den gewünschten Prospekt ☐ solicitado 1.1 ⟨Inf.⟩ es ist (sehr) zu ~, dass ... *es ist wünschenswert* ☐ *é de esperar que...; é desejável que...* 1.1.1 etwas lässt zu ~ übrig *ist nicht so, wie es sein sollte* ☐ *deixar a desejar* 1.1.2 sein Betragen lässt noch viel zu ~ übrig *ist durchaus nicht gut* ☐ *seu comportamento ainda deixa muito a desejar* 1.1.3 sein Betragen lässt nichts zu ~ übrig *ist sehr gut, tadellos* ☐ *seu comportamento não deixa nada a desejar* **2** ⟨503/Vr 5 od. Vr 6⟩ **(jmdm.) etwas ~** *für jmd. anders etwas erhoffen, erbitten;* mir ist ~, Ihnen gute Besserung; jmdm. Glück ~; ich wünsche dir alles Gute (zum Geburtstag)!; ich wünsche Ihnen gute Reise!; jmdm. ein frohes Weihnachten, ein gutes neues Jahr ~; wünsche wohl zu ruhen, zu speisen ⟨geh.⟩; ich wünsche dir herzlich baldige Genesung; die Schmerzen, die ich in diesen Wochen gehabt habe, wünsche ich niemandem, wünsche ich meinem ärgsten Feind nicht ⟨umg.⟩ 2.1 (einen) guten Morgen ~ *jmdm. guten M. sagen* ☐ desejar **3** ⟨510⟩ **jmdn. od. etwas irgendwohin od. irgendwie ~** *den Wunsch haben, dass jmd. od. etwas irgendwo od. irgendwie ist;* jmdm. dahin ~, wo der Pfeffer wächst ☐ *mandar alguém para o inferno;* jmdm. zum Teufel ~ ☐ *mandar alguém para o diabo;* ich hätte mir den Wein etwas herber gewünscht ☐ *eu teria pedido/preferido um vinho um pouco mais seco*

Wür|de ⟨f.; -, -n⟩ **1** ⟨unz.⟩ *achtunggebietendes Verhalten, Wesen eines Menschen aufgrund seiner starken Persönlichkeit, seiner geistig seelischen Kraft;* die ~ des Alters ehren; die ~ des Menschen; er verbeugte sich mit ~ 1.1 etwas mit ~ ertragen ⟨umg.⟩; häufig scherzh.⟩ *sich in etwas Unvermeidliches fügen, ohne zu klagen od. zu schelten* ☐ dignidade 1.2 etwas ist unter aller ~ *sehr schlecht, unzumutbar* ☐ *estar abaixo de toda crítica* 1.3 etwas ist unter jmds. ~ *ist jmds. nicht würdig* ☐ *ser indigno de alguém* 1.3.1 ich halte es für unter meiner ~, das zu tun *ich halte es für zu niedrig, für unehrenhaft* ☐ *considero indigno fazer isso* **2** *mit Titel u. äußeren Ehren verbundene Stellung, verbundenes Amt;* Doktor~ ☐ *título/grau de doutor,* Königs~ ☐ *realeza; dignidade real;* jmdm. die ~ eines Doktors, Kardinals verleihen ☐ título; dignidade; akademische ~n ☐ grau; die kaiserliche, königliche ~; in die ~ eines Bischofs eingesetzt werden ☐ dignidade 2.1 ~ bringt Bürde (Sprichw.) *ein hohes Amt bringt Verantwortung u. viel Arbeit, Mühe mit sich* ☐ *a nobreza obriga; são os ossos do ofício;* → a. *Amt(1.4)*

Wür|den|trä|ger ⟨m.; -s, -⟩ *Inhaber eines hohen Amts od. hoher Auszeichnungen* ☐ dignitário; geistlicher ~ ☐ *dignidade eclesiástica*

wür|dig ⟨Adj.⟩ **1** *Achtung, Ehrfurcht gebietend, ehrwürdig;* ein ~er alter Herr ☐ digno; respeitável **2** *Ehre od. eine Auszeichnung verdienend, wert;* er ist ein ~er Nachfolger des Direktors ☐ digno; sich einer Ehre ~ erweisen ☐ *provar que é digno de honra;* er ist es (nicht) ~, so bevorzugt zu werden; er hat sich des Vertrauens, das wir in ihn gesetzt haben, (nicht) ~ gezeigt, erwiesen; jmdn. für ~ befinden, erachten, eine Auszeichnung, ein Amt zu erhalten ☐ digno; merecedor

wür|di|gen ⟨V. 500/Vr 8⟩ **1 jmdn. od. etwas ~** *hoch einschätzen, anerkennen;* ich weiß seine Güte zu ~; jmds. Verdienste gebührend ~; man wusste ihn zu ~ ☐ apreciar; reconhecer **2** ⟨540⟩ **jmdn. einer Sache ~ *für würdig, wert halten*** ☐ *considerar alguém digno de alguma coisa;* er hat mich keiner Antwort gewürdigt ☐ *ele não se dignou a me responder,* er würdigte ihn keines Blickes ☐ *ele não se dignou a lhe dirigir o olhar,* jmdn. seiner Freundschaft ~ ☐ *considerar alguém digno de sua amizade*

Wurf ⟨m.; -(e)s, Wür|fe⟩ **1** *das Werfen(1), Schleudern;* Speer~; ein ~ mit dem Ball, Speer, Stein; zum ~ ausholen **2** *Ergebnis des Werfens(1);* ein guter, schlechter ~ (beim Würfeln od. Werfen); einen Gegenstand mit zwei Würfen treffen, umwerfen ☐ lançamento; arremesso 2.1 auf einen ~ *auf einmal* ☐ *de uma só vez* 2.2 alles auf einen ~ setzen *mit einer Tat alles riskieren, aufs Spiel setzen* ☐ *arriscar tudo; ir para o tudo ou nada* 2.3 ⟨fig.⟩ *Erfolg, erfolgreiche Tat;* der Roman war sein großer ~ ☐ sucesso; → a. *glücklich(1.2)* **3** *die jungen Tiere, die unmittelbar nacheinander von einem Tierweibchen geworfen (geboren) worden sind;* ein ~ junger Hunde, Katzen, Wölfe ☐ ninhada

Wür|fel ⟨m.; -s, -⟩ **1** *Körper mit sechs gleichen quadratischen Seiten;* Sy Kubus(1) ☐ cubo **2** *Spielstein in Form eines Würfels(1), dessen Seiten 1-6 Punkte (Augen) tragen* ☐ dado 2.1 ~ spielen *würfeln* ☐ *jogar dados* 2.2 der ~ ist gefallen (Zitat Cäsars nach Sueton, als er 49 v. Chr. den Rubikon überschritt), ~ sind gefallen ⟨fig.⟩ *die Sache ist entschieden* ☐ *a sorte está lançada* **3** ⟨Kochk.⟩ *Stück in Form eines Würfels(1);* Käse~, Schinken~, Speck~; Speck in ~ schneiden ☐ cubo **4** ⟨umg.⟩ *gleichseitiges Viereck als Stoffmuster* ☐ xadrez; → a. *Karo(2)*

wür|feln ⟨V.⟩ **1** ⟨400⟩ *einen Würfel(2) werfen, mit einem Würfel(2) spielen;* du bist mit Würfeln an der Reihe ☐ *jogar dados* 1.1 **um etwas ~** *würfeln(1), wobei der Spieler, bei dem der Würfel(2) die meisten Augen nach oben zeigt, etwas gewinnt, das vorher vereinbart wurde;* um den ersten Einsatz (bei Gesellschaftsspielen) ~ ☐ *decidir alguma coisa nos dados;* um Geld ~ ☐ *jogar dados a dinheiro* **2** ⟨500⟩ **etwas ~** *etwas die Form eines Würfels(3-4) geben;* Zwiebeln

~; den gewürfelten Speck ausbraten □ cortar em cubos 2.1 gewürfelter Stoff ⟨umg.⟩ karierter S. □ *tecido axadrezado

würǀgen ⟨V.⟩ **1** ⟨500/Vr 8⟩ jmdm. ~ am Hals drücken, so dass er keine Luft mehr bekommt □ estrangular; der Kragen würgt mich (am Hals) □ *o colarinho está apertando meu pescoço 1.1 an der Kehle fassen, jmdm. die Kehle zudrücken □ estrangular; esganar 1.2 (früher bes. in Spanien) mit einem um den Hals gelegten, zusammenschraubbaren Eisens foltern □ torturar com estrangulamento; → a. hängen¹(4.4) **2** ⟨400⟩ einen Bissen (an dem man sich verschluckt hat) wieder aus dem Hals herauszubringen versuchen □ engasgar(-se) **3** ⟨800⟩ an etwas ~ etwas mit Anstrengung zu schlucken suchen; an einem Bissen ~ □ *fazer esforço para engolir alguma coisa **4** ⟨410; fig.; umg.⟩ sich sehr anstrengen müssen, sich abmühen; ich habe lange, sehr gewürgt, bis ich es zustande gebracht habe □ ralar; dar duro

Wurm¹ ⟨m.; -(e)s, Würǀmer⟩ **1** Angehöriger einer Gruppe wirbelloser Tiere verschiedener Gestalt, meist gestreckt, ohne Glieder: Vermes, Helminthes 1.1 Würmer haben an einer Wurmkrankheit leiden 1.2 er kroch vor ihm wie ein ~ im Staube ⟨poet.⟩ er erniedrigte, demütigte sich vor ihm □ verme 1.3 er wand sich wie ein getretener ~ ⟨fig.; umg.⟩ er war sehr verlegen □ *ele ficou muito sem graça; ele não sabia onde se enfiar de vergonha 1.4 jmdm. die Würmer aus der Nase ziehen ⟨fig.; umg.⟩ jmdm. ein Geheimnis entlocken □ *arrancar um segredo de alguém com sacarolhas; fazer alguém soltar a língua 1.5 ⟨umg.⟩ Made; von Würmern zerfressenes Holz; in dem Apfel ist ein ~; der Apfel hat einen ~ ⟨umg.⟩ □ larva; verme; bicho 1.5.1 da ist der ~ drin! ⟨fig.; umg.⟩ da stimmt etwas nicht □ *nesse mato tem coelho! **2** ⟨Myth.⟩ Drache, Lindwurm □ dragão **3** ⟨fig.⟩ verborgenes, zehrendes Übel □ mal que consome/corrói 3.1 der nagende ~ des Gewissens das schlechte G. □ *a consciência pesada; o remorso que corrói

Wurm² ⟨n.; -(e)s, Würǀmer; fig.; umg.⟩ Geschöpf, kleines Kind; das arme ~ kann man nur bemitleiden; die Frau schlägt sich nur mühsam mit ihren drei (kleinen) Würmern durch □ criaturinha; armes ~! □ *coitadinho!; pobrezinho!

Wurmǀfortǀsatz ⟨m.; -es, -sätǀze; Anat.⟩ wurmartiger Fortsatz des Blinddarms □ apêndice vermiforme

wurmǀstiǀchig ⟨Adj. 24/70⟩ von einem Wurm, von Würmern befallen u. zerfressen; ein ~er Apfel, ~es Holz □ caruncho; bichado

Wurst ⟨f.; -, Würsǀte⟩ **1** walzenförmiges Nahrungsmittel aus zerhacktem Fleisch in Darm-, Magen-, Pergament- od. Kunststoffschläuchen; Blut~, Brat~, Leber~, Mett~, Dauer~, Hart~, Streich~; eine ~ braten, räuchern; eine ~ füllen, stopfen; frische, gebratene, geräucherte ~; ~ machen; ein Brot mit ~ belegen, bestreichen □ salsicha; linguiça 1.1 mit der ~ nach der Speckseite werfen ⟨fig.; umg.⟩ durch das Gewähren eines Vorteils einen größeren Vorteil für sich zu erhalten suchen □ *dar bilha de leite por bilha de azeite **2** es geht um die ~ ⟨fig.; umg.⟩ es geht um die Entschei-

dung □ *ou vai, ou racha; este é o momento decisivo 2.1 ~ wider ~ ⟨fig.⟩ wie du mir, so ich dir □ *olho por olho, dente por dente **3** das ist mir wurst ⟨fig.; umg.⟩ gleich, einerlei □ *para mim tanto faz

wursǀteln ⟨V. 400; umg.⟩ langsam u. ungeschickt od. unordentlich arbeiten □ trabalhar sem interesse; fazer o trabalho nas coxas

Wurz ⟨f.; -, -en; veraltet⟩ Pflanze, Kraut □ planta; erva; Nies~ □ *heléboro

Würǀze ⟨f.; -, -n⟩ **1** den Geschmack einer Speise od. eines Getränkes verfeinerndes Mittel, Gewürz; Speise~; die Suppe braucht noch etwas ~; Pfeffer, Paprika, Majoran als ~ verwenden □ tempero; condimento **2** Zustand des Biers, bevor Wasser aufgefüllt wird □ mosto **3** ⟨fig.⟩ Reiz, das Besondere (einer Sache) □ condimento; graça; in der Kürze liegt die ~ □ *quanto mais sucinto, melhor

Wurǀzel ⟨f.; -, -n⟩ **1** der Befestigung u. der Ernährung dienendes Pflanzenorgan; Ggs Spross(1); Pflanzen treiben ~n □ raiz 1.1 ~n schlagen ⟨fig.⟩ heimisch werden □ *lançar raízes; arraigar(-se) **2** ⟨fig.⟩ Ursache; die ~ allen Übels ist ... □ raiz; causa 2.1 ein Übel an der ~ packen ein Ü. mitsamt der Ursache, von Grund aus zu beseitigen suchen □ *atacar o mal pela raiz 2.2 ein Übel mit der ~ ausreißen einem Ü. gründlich abhelfen, es mit der Ursache beseitigen □ *arrancar o mal pela raiz **3** Ansatzstelle (bes. eines Zahnes, aber auch der Hand od. der Zunge); Hand~ □ *carpo, Zahn~, Zungen~; bei dem Zahn muss die ~ behandelt werden □ raiz **4** ⟨Sprachw.⟩ nicht mehr zerlegbarer, die Bedeutung tragender Kern eines Wortes □ radical; raiz **5** die n-te ~ aus einer Zahl a ⟨Math.; Zeichen: √⟩ diejenige Zahl, deren n-te Potenz die Zahl a ist; die ~ aus einer Zahl ziehen □ raiz **6** ⟨umg.; bes. norddt.⟩ Möhre □ cenoura

wurǀzeln ⟨V. 400⟩ **1** etwas wurzelt schlägt Wurzeln **2** ⟨411⟩ etwas wurzelt in etwas ist in etwas mit Wurzeln festgewachsen; die Pflanze wurzelt tief, nicht sehr tief im Boden □ enraizar-se; arraigar-se **3** ⟨411⟩ eine Sache wurzelt in etwas ⟨fig.⟩ ist mit etwas fest verbunden; der Abscheu, das Misstrauen dagegen wurzelt fest in ihm; seine Kompositionen wurzeln noch stark in der klassischen Musik □ estar enraizado/arraigado

Wurǀzelǀwerk ⟨n.; -(e)s; unz.⟩ **1** die Gesamtheit der Wurzeln einer Pflanze □ raizame **2** ⟨Kochk.⟩ etwas Sellerie, gelbe Rübe, Lauch u. Ä. zum Würzen von Suppenfleisch □ mistura de legumes (usada como tempero)

würǀzen ⟨V. 500⟩ **1** eine Speise ~ einer S. durch Hinzufügen von Gewürzen einen feineren od. stärkeren Geschmack verleihen; einen Braten mit Paprika, Pfeffer ~; die Suppe ist zu wenig gewürzt **2** eine Sache ~ ⟨fig.⟩ interessant, witzig, kurzweilig machen; er würzte seine Rede mit humorvollen Anspielungen □ temperar; condimentar

würǀzig ⟨Adj.⟩ kräftig im Geschmack od. Geruch; eine ~e Speise □ bem temperado; saboroso; aromático; ein ~es Getränk □ encorpado; die Luft riecht nach dem Regen sehr ~ □ *há um forte cheiro de chuva no ar

wu|sche|lig ⟨Adj.; umg.⟩ *lockig u. zerzaust* (Haare); oV *wuschlig* □ **crespo; encaracolado**

wusch|lig ⟨Adj.; umg.⟩ = *wuschelig*

Wust ⟨m.; -es; unz.⟩ *wüstes Durcheinander, ungeordneter Haufen, Gewirr;* ich fand den Brief in einem ~ von anderen Papieren; ein ~ von Kleidern, Papieren u. Büchern □ **mixórdia; bagunça; caos**

wüst ⟨Adj.⟩ **1** ⟨70⟩ *öde, unbebaut;* eine ~e Gegend □ **deserto; inculto 2** *verwahrlost, unordentlich;* eine ~e Szene; hier sieht es ja ~ aus; du siehst ~ aus □ **desolado; abandonado; desarrumado 2.1** *zerzaust;* das Haar hing, stand ihm ~ um den Kopf □ **desgrenhado; despenteado 3** *widerwärtig, roh;* ein ~es Benehmen; ein ~er Kerl □ **repugnante; bruto; grosseiro 4** *das normale, vernünftige Maß nicht einhaltend* **4.1** im Zimmer herrschte ein ~es Durcheinander, eine ~e Unordnung *ein schlimmes, großes D.* □ **no quarto reinava uma grande desordem/bagunça* **4.2** ein ~es Leben führen *ein ausschweifendes L.* □ **levar uma vida desregrada/dissoluta* **5** ⟨oberdt.⟩ *hässlich, unschön* □ **horrível; horroroso**

Wüs|te ⟨f.; -, -n⟩ **1** *vegetationsloses Gebiet der Erde* Sand~ **1.1** *trockenes, pflanzenloses Sandgebiet;* die Nomaden durchqueren die ~ mit ihren Kamelen; → a. *Schiff(2.1)* **2** ⟨fig.⟩ *Einöde, unbebautes Land* □ **deserto 2.1** ein Land zur ~ machen *verwüsten* □ **assolar/devastar um país* **2.2** jmdn. in die ~ schicken ⟨umg.⟩ *aus einer einflussreichen Stellung entfernen* □ **pôr alguém no olho da rua; mandar alguém embora*

wüs|ten ⟨V. 410⟩ mit etwas ~ *verschwenderisch, leichtsinnig umgehen;* mit dem Geld ~ □ **desperdiçar/esbanjar dinheiro;* mit seiner Gesundheit ~ □ **arruinar/estragar sua saúde*

Wut ⟨f.; -; unz.⟩ **1** *heftiger Zorn, Raserei* □ **fúria; raiva;** jmdn. in ~ bringen □ **enfurecer/exasperar alguém;* er ballte die Fäuste in ohnmächtiger ~; er schlug vor ~ mit der Faust auf den Tisch; er war rot vor ~ □ **raiva;** ~ auf jmdn. haben ⟨umg.⟩ □ **estar furioso com alguém;* estar com raiva de alguém **1.1** ihn packte die ~ *er wurde wütend* □ **ele ficou furioso* **1.2** in ~ geraten *wütend werden* □ **enfurecer-se;* ficar com raiva **1.3** er kochte, schäumte vor ~ *er war äußerst wütend* □ **ele estava espumando de raiva* **2** *übertriebene Neigung für etwas, übersteigerte Begeisterung;* Lese-~, Tanz~ □ **paixão**

wü|ten ⟨V. 400⟩ **1** *toben, rasen (vor Wut);* die Soldaten wüteten im Schloss □ **esbravejar 2** etwas wütet ⟨fig.⟩ *ist heftig, wild wirksam (u. richtet Verwüstungen an);* der Sturm, das Feuer hat (schrecklich) gewütet □ **provocar estragos; ser violento; enfurecer-se 2.1** die Seuche wütete in der Stadt *forderte viele Todesopfer* □ **devastar; dizimar**

wü|tend 1 ⟨Part. Präs. von⟩ *wüten* **2** ⟨Adj.⟩ **2.1** *voller Wut, äußerst zornig, von Wut bestimmt, äußerst erregt;* der Hund sprang mit ~em Gebell auf ihn zu □ **raivoso; bravo; enfurecido;** jmdn. ~ angreifen □ **furiosamente;** jmdn. ~ machen □ **enfurecer alguém;* „...!", schrie er ~; er ist ~ auf mich; über etwas ~ sein, werden □ **enfurecido; com raiva; bravo 2.2** ⟨90⟩ *heftig, sehr groß;* ~e Schmerzen □ **violento; tremendo**

wut|ent|brannt ⟨Adj. 24⟩ *sehr wütend* □ **furioso; fervendo de raiva**

wut|schäu|mend ⟨Adj. 24⟩ *sehr wütend* □ **furioso; espumando de raiva**

wut|schnau|bend ⟨Adj. 24⟩ *sehr wütend* □ **furioso; bufando de raiva**

WWW ⟨Abk. für⟩ *World Wide Web (weltweit verbreitetes Computernetzwerk, Informations- u. Nachrichtensystem im Internet)* □ **www**

x-Ach|se ⟨[-ks-] f.; -, -n; Math.⟩ *waagerechte Achse im Koordinatensystem;* Sy *Abszissenachse* □ **eixo X; eixo das abscissas;** → a. *y-Achse*

Xan|thip|pe ⟨f.; -, -n; fig.; umg.; abwertend⟩ *zänkische, streitsüchtige Frau* □ **megera**

X-Bei|ne ⟨Pl.⟩ *vom Knie an leicht nach außen gebogene Beine;* jmd. hat ~ □ **genuvalgo; pernas em X**

X-bei|nig auch: **x-bei|nig** ⟨Adj.⟩ *X-Beine aufweisend* □ **genuvalgo; que tem pernas em X**

x-be|lie|big ⟨Adj.; umg.⟩ *irgendein, gleichgültig, wer oder was;* ein ~es Kleid □ **qualquer;** das kann ja jeder x-Beliebige sagen □ **qualquer um**

X-Chro|mo|som ⟨[-kro-] n.; -s, -en; Genetik⟩ *eines der beiden geschlechtsbestimmenden Chromosomen;* Ggs *Y-Chromosom* □ **cromossomo X**

Xe|ro|der|mie ⟨f.; -; unz.; Med.⟩ *Trockenheit der Haut* □ **xerodermia**

xe|ro|phil ⟨Adj.; Bot.⟩ *die Trockenheit liebend;* ~e Pflanzen □ **xerófilo**

Xe|ro|phi|lie ⟨f.; -; unz.; Bot.⟩ *Vorliebe für trockene Standorte (von Pflanzen)* □ **xerofilia**

Xe|ro|phyt ⟨m.; -en, -en; Bot.⟩ *Trockenheit liebende Pflanze* □ **xerófito**

x-fach ⟨Adj. 24; umg.⟩ *vielfach;* ein ~es Bemühen □ **múltiplo; reiterado;** er verdient mittlerweile das x-Fache seines früheren Einkommens □ **"n" vezes; inúmeras vezes**

X-för|mig auch: **x-för|mig** ⟨Adj. 24⟩ *wie ein X geformt;* ein ~es Gestell □ **em forma de X**

X-Ha|ken ⟨m.; -s, -⟩ *Haken zum Aufhängen von Bildern* □ **gancho em X**

XL ⟨Abk. für engl.⟩ *extra large, sehr groß (als Konfektionsgröße)* □ **(tamanho) GG**

x-mal ⟨Adv.; umg.⟩ *viele Male;* das habe ich schon ~ gesehen □ **mil vezes; não sei quantas vezes**

XS ⟨Abk. für engl.⟩ *extra small, sehr klein (als Konfektionsgröße)* □ **(tamanho) PP**

X-Strah|len ⟨Pl.; Phys.⟩ = *Röntgenstrahlen*

x-te(r, -s) ⟨Zahladj. 70; umg.⟩ *soundsovielte(r, -s), irgendeine(r, -s) aus einer Reihe;* der ~ Besucher; die ~ Potenz; der ~ Versuch □ **enésimo;** ich habe jetzt schon zum ~n Mal versucht, einen Termin zu bekommen □ ***pela enésima vez**

XXL ⟨Abk. für engl.⟩ *extra extra large, übermäßig groß (als Konfektionsgröße)* □ **(tamanho) GGG**

Xy|lo|fon ⟨a. ['---] n.; -s, -e; Mus.⟩ *Musikinstrument, bei dem kleine, nach Tonleitern angeordnete, auf einer weichen Unterlage ruhende Holzstäbe mit hölzernen Klöppeln angeschlagen werden;* oV *Xylophon* □ **xilofone**

Xy|lo|phon ⟨a. ['---] n.; -s, -e; Mus.⟩ = *Xylofon*

Xy|lo|se ⟨f.; -; unz.; Biochemie⟩ *Zucker mit fünf Atomen Kohlenstoff, Holzzucker* □ **xilose**

y-Ach|se ⟨[-ks-] f.; -, -n; Math.⟩ *senkrechte Achse im Koordinatensystem; Sy Ordinatenachse* □ eixo Y; eixo das ordenadas; → a. *x-Achse*

Yacht ⟨f.; -, -en⟩ = *Jacht*

Yak ⟨m.; -s, -s; Zool.⟩ = *Jak*

Ya|ku|za ⟨[-za] f.; -, -⟩ *Gruppe, die der organisierten Kriminalität in Japan angehört* □ yakuza

Ya|ma|shi|ta ⟨[-ˈjiːta] m.; -s, -s; Sp.⟩ *Sprung am Pferd* □ salto Yamashita

Yams|wur|zel ⟨f.; -, -n; Bot.⟩ = *Jamswurzel*

Yan|kee ⟨[ˈjæŋkɪ] m.; -s, -s; abwertend⟩ *US-Amerikaner* □ ianque

Yard ⟨n. 7; -s, -s; Abk.: yd.⟩ *englisches u. nordamerikanisches Längenmaß, 0,91 m* □ jarda

Y-Chro|mo|som ⟨[-kro-] n.; -s, -en; Genetik⟩ *eines der beiden geschlechtsbestimmenden Chromosomen; Ggs X-Chromosom* □ cromossomo Y

Yel|low Press ⟨[ˈjɛloʊ-] f.; - -; unz.⟩ *Boulevardpresse* □ imprensa marrom

Ye|ti ⟨m.; -s, -s⟩ *angeblich im Himalaya lebendes, urtümliches, menschenähnliches Wesen; Sy Schneemensch* □ yeti

Ygg|dra|sil ⟨[ˈyk-] m.; -s; unz.; nord. Myth.⟩ *Weltesche, ein immergrüner Baum im Mittelpunkt der Welt, unter dessen Wurzeln die Welten der Menschen verborgen begraben liegen* □ Yggdrasil

Yin und Yang ⟨n.; - - -; unz.⟩ = *Jin und Jang*

Ylang-Ylang ⟨[iː-iː-] n.; -s, -s; Bot.⟩ *zur Familie der Annonengewächse gehörender Baum, aus dessen Blüten ein aromatisches Öl gewonnen wird: Cananga odorata* □ ilangue-ilangue

YMCA ⟨[waɪɛmsiːˈɛɪ] Abk. für engl.⟩ *Young Men's Christian Association (Christlicher Verein junger Männer)* □ YMCA (Associação Cristã de Moços)

Yo|ga ⟨n. od. m.; -s; unz.⟩ = *Joga*

Youngs|ter ⟨[ˈjʌŋs-] m.; -s, -⟩ **1** *Jugendliche(r)* □ jovem; adolescente **2** *Nachwuchssportler; er gilt als ihr talentiertester ~* □ jovem esportista **3** ⟨Pferderennen⟩ *zweijähriges Pferd* □ cavalo com dois anos de idade

Yo-Yo ⟨n.; -s, -s⟩ = *Jo-Jo*

Yp|si|lon ⟨n.; -s, -s⟩ **1** *Buchstabe y, Y* **2** *20. Buchstabe des griechischen Alphabets* □ ípsilon

Ysop ⟨[iː-] m.; -s, -e; Bot.⟩ *in Südamerika heimischer Lippenblütler mit dunkelblauen, rosenroten od. weißen Blüten, als Zierpflanze beliebt: Hyssopus officinalis* □ hissopo

Ytong® ⟨[iː-] m.; -s, -s⟩ *durch Zusatz von Blähmitteln zu normalen Beton gewonnener Leichtbeton, der unter Druck u. bei etwa 180 °C in Formen ausgehärtet u. z. B. als Mauerstein verwendet wird* □ (argamassa) Ytong

Yt|tri|um *auch:* **Ytt|ri|um** ⟨n.; -s; unz.; chem. Zeichen: Y⟩ *zu den seltenen Erdmetallen gehörendes chem. Element, Ordnungszahl 39* □ ítrio

Yuc|ca ⟨f.; -, -s; Bot.⟩ *Angehörige einer Gattung der Liliengewächse mit kräftigen, langen, zugespitzten Blättern; Sy Palmlilie* □ iúca

Yup|pie ⟨m.; -s, -s; meist abwertend⟩ *gewandter, sportlicher, karrierebewusster junger Mensch, Aufsteiger* □ yuppie

YWCA ⟨[waɪdʌblju:siːˈɛɪ] Abk. für engl.⟩ *Young Women's Christian Association (Christlicher Verein junger Frauen)* □ YWCA (Associação Cristã Feminina)

Za|cke ⟨f.; -, -n⟩ oV *Zacken* **1** *hervorragende, in der Form oft auffallende Spitze* □ ponta; pua; *Berg-* □ pincaro; cume **2** *Zinke, Zahn (einer Reihe, z. B. an der Egge, der Gabel, am Kamm); eine Krone mit fünf* ~*n* □ dente; ponta **3** = *Zinne*
Za|cken ⟨m.; -s, -⟩ = *Zacke*
za|ckig ⟨Adj.⟩ **1** *mit Zacken versehen, gezackt* □ denteado; pontudo **2** ⟨fig.; umg.⟩ *militärisch straff, schneidig, forsch* □ brioso; enérgico; ~ *grüßen* □ de modo enérgico/resoluto
za|gen ⟨V. 400⟩ *ängstlich, schüchtern zögern* □ ter medo; hesitar; → a. *zittern(2.1)*
zag|haft ⟨Adj.⟩ *schüchtern, furchtsam, zögernd, vorsichtig; ein ~er Versuch; das Kind fragte ~, ob...* □ temeroso; tímido; hesitante
zäh ⟨Adj.⟩ **1** *einen starken Zusammenhalt aufweisend* □ rijo; consistente **1.1** *weich, aber so beschaffen, dass es nicht zerreißt; ~es Leder* □ resistente **1.2** *dickflüssig u. fest, schwer zu gießen od. zu schöpfen; eine ~e Masse, ein ~er Teig* □ grosso; consistente **1.3** *schwer zu zerkleinern; ~es Fleisch; der Braten ist ~ wie Leder* □ duro **2** ⟨fig.⟩ *widerstandsfähig, ausdauernd, beharrlich, hartnäckig, nicht nachlassend, nicht erlahmend; er ist schlank und klein, aber sehr ~* □ resistente; *sich etwas mit ~em Fleiß erarbeiten* □ perseverante; obstinado; *ein ~es Leben haben* ⟨umg.⟩ □ duro **3** ⟨Getrennt- u. Zusammenschreibung⟩ **3.1** ~ *fließend* = *zähfließend*
zäh|flie|ßend auch: **zäh flie|ßend** ⟨Adj.⟩ *langsam fließend; ~er Verkehr* □ devagar; congestionado
Zäh|heit ⟨f.; -; unz.⟩ *zähe Beschaffenheit* □ tenacidade; dureza
Zahl ⟨f.; -, -en⟩ **1** *der Mengenbestimmung dienende, durch Zählen gewonnene Größe; die ~ Neun; eine ~ abrunden, aufrunden;* ~*en addieren, subtrahieren; große, kleine, hohe, niedrige ~; durch eine ~ teilen, dividieren; mit einer ~ malnehmen, multiplizieren* □ número; → a. *ganz(2.4), gemischt(2.2), gerade²(1), rund(4), ungerade(1)* **1.2** *arabische, römische ~en Ziffern* □ algarismo **2** *Menge, Gruppe, Anzahl; die ~ der Mitglieder, Zuschauer; eine große ~ (von) Menschen; sie kamen, strömten in großer ~ herbei* □ número **2.1** *100 an der ~* ⟨verstärkend⟩ *100* □ *em número de 100* **2.2** *Leute, Tiere ohne ~, zahllose, unsagbar viele L., T.; Vögel ohne ~* □ *incontáveis pessoas/animais; um sem-número de pessoas/animais* **3** ⟨Gramm.⟩ *Zahlform;* Sy *Numerus* □ número

zäh|le|big ⟨Adj.⟩ *widerstandsfähig, nicht empfindlich gegen Verletzungen, Krankheiten* □ resistente
zah|len ⟨V.⟩ **1** ⟨400⟩ *etwas bezahlen, einer finanziellen Forderung nachkommen, eine Schuld tilgen* □ pagar; *Herr Ober, bitte ~!* □ *garçom, a conta, por favor!, ich möchte ~!; nicht ~ können; der Kunde zahlt immer gut, pünktlich, schlecht, unpünktlich* **2** ⟨500⟩ *etwas ~ Geld als Gegenleistung für etwas geben, mit Geld finanzielle Forderungen ausgleichen, etwas bezahlen, vergüten; jmds. Schulden ~; ich zahle dir ein Taxi 2.1 was habe ich zu ~? was bin ich schuldig?, was kostet es?* □ pagar
zäh|len ⟨V.⟩ **1** ⟨410⟩ *Zahlen der Reihe nach durchgehen, aufsagen; der Junge hat im Kindergarten ~ gelernt;* → a. *drei(2.2,2.3)* **2** ⟨500⟩ *etwas ~ die Anzahl von etwas feststellen; die Anwesenden, Gegenstände ~; sein Geld ~* **2.1** *seine Tage sind gezählt* ⟨fig.⟩ *er hat nicht mehr lange zu leben;* → a. *Bissen(1.2)* **2.2** *die Tage, Stunden bis zu einem Ereignis ~ ein E. kaum erwarten können; ich zähle die Stunden bis zu seiner Ankunft; die Kinder ~ die Tage bis Weihnachten* □ contar **3** ⟨500⟩ *etwas ~* ⟨geh.⟩ *haben, aufweisen; der Ort zählt 200 Einwohner; er zählt 30 Jahre* □ contar; ter **4** ⟨410; selten⟩ *nach etwas ~ etwas betragen, ausmachen; sein Vermögen zählt nach Millionen* □ *montar a alguma coisa* **5** ⟨550/Vr 7 od. Vr 8⟩ *jmdn. od. etwas zu jmdm. od. etwas ~ zu jmdm. od. etwas rechnen; jmdn. zu seinen Kunden ~; ich zähle mich zu seinen Freunden* □ *contar(-se)/incluir(-se) entre alguém ou alguma coisa* **6** ⟨417⟩ *zu jmdm. od. etwas ~ gehören; auch ich zähle zu seinen Freunden, Kunden* □ *estar entre/fazer parte de alguém ou alguma coisa* **7** ⟨800⟩ *auf jmdn. ~ mit jmdm. rechnen, sich auf jmdn. verlassen* □ *contar com alguém* **8** ⟨400⟩ *etwas zählt etwas gibt, ist von Bedeutung; das zählt nicht* □ contar; ser importante
Zäh|ler ⟨m.; -s, -⟩ **1** ⟨Math.⟩ *Zahl über dem Bruchstrich;* Ggs *Nenner* □ numerador **2** *Gerät mit Zählwerk; Elektrizitäts-, Gas-* □ contador
zahl|los ⟨Adj. 24⟩ *ungezählt, unendlich viele; ~e Blumen, Sterne, Vögel; Zahllose kamen* □ inúmero; incontável
zahl|reich ⟨Adj.⟩ *in großer Zahl (vorhanden, auftretend), viel; ~e Fabriken, Mitglieder, Personen, Teilnehmer, Zuschauer; eine ~e Familie; die Gäste, Zuschauer waren ~ erschienen; Zahlreiche verließen den Saal* □ numeroso; muito
Zah|lung ⟨f.; -, -en⟩ **1** *das Zahlen; jmdn. die ~ (durch Gewähren von Raten o. Ä.) erleichtern; ~ in Monatsraten* □ pagamento **1.1** *die ~en einstellen nicht mehr zahlen* □ *suspender o pagamento* **1.2** *eine ~ leisten etwas bezahlen* □ *fazer um pagamento* **1.3** *einen Gegenstand in ~ nehmen annehmen u. mit der Rechnung an Zahlungs statt verrechnen* □ *aceitar um objeto como parte do pagamento*
Zah|lungs|bi|lanz ⟨f.; -, -en⟩ *Gegenüberstellung sämtlicher Zahlungsforderungen u. -verpflichtungen zwischen In- u. Ausland* □ balança de pagamentos

zah|lungs|fä|hig ⟨Adj. 24/70⟩ *imstande, fällige Zahlungen zu leisten* □ solvente

Zähl|werk ⟨n.; -(e)s, -e⟩ *Vorrichtung zum Zählen von Personen, Gegenständen od. Vorgängen* □ mecanismo de contagem; contador

Zahl|wort ⟨n.; -(e)s, -wör|ter; Gramm.⟩ *Wort, das eine Zahl bezeichnet, z. B. dreizehn, vierter;* Sy *Numerale* □ numeral

zahm ⟨Adj.⟩ **1** *an Menschen gewöhnt, gezähmt;* Ggs *wild(1.1);* ein ~es Reh; ein ~er Vogel □ manso; domesticado **2** ⟨fig.⟩ *fügsam, friedlich;* sich ~ verhalten; sie war schon als Kind so ~ □ (de modo) dócil/pacífico **3** ⟨fig.⟩ *milde, zurückhaltend;* die Kritik war sehr ~ □ brando; indulgente

zäh|men ⟨V. 500⟩ **1** ein Tier ~ *zahm machen, an den Menschen gewöhnen, bändigen, abrichten;* Löwen, Vögel ~ □ amansar; domesticar; domar **2** ⟨Vr 7⟩ *jmdn. od. eine* Sache ~ ⟨fig.⟩ *zügeln, beherrschen, gefügig, gehorsam machen;* sie wird diesen wilden Kerl schon ~; er konnte sich kaum noch ~ ⟨geh.⟩; du musst deine Ungeduld ~ ⟨geh.⟩ □ dominar; controlar

Zahn ⟨m.; -(e)s, Zäh|ne⟩ **1** *Teil des Gebisses des Menschen u. der Wirbeltiere: Dens;* Backen~, Eck~, Schneide~, Weisheits~; sich einen ~ (an einem harten Bissen) ausbeißen; das Kind bekommt Zähne; jmdm. ein paar Zähne ein-, ausschlagen; der Hund fletscht die Zähne; einen ~ füllen, ersetzen; sich die Zähne putzen; bei mir wackelt ein ~; falsche, künstliche Zähne; gute, gesunde, kranke, schlechte Zähne haben; ein lockerer ~; ein oberer, unterer ~; mit den Zähnen klappern (vor Kälte od. Angst); mit den Zähnen knirschen (vor Wut); sei ruhig, oder ich schlag' dir die Zähne ein! ⟨derb⟩ □ dente **1.1** die Zähne heben (beim Essen) ⟨umg.⟩ *lustlos, mit Widerwillen essen* □ *comer a contragosto **1.2** sich die Zähne an einer Sache ausbeißen ⟨fig.; umg.⟩ *viel (geistige) Mühe haben, sich sehr anstrengen müssen, um eine S. zu bewältigen* □ *quebrar a cabeça com alguma coisa; dar tratos à bola **1.3** die Zähne zusammenbeißen ⟨fig.⟩ *tapfer sein* □ *aguentar firme **1.4** jmdm. die Zähne zeigen ⟨fig.⟩ *sich gegen jmdn. zur Wehr setzen, zeigen, dass man böse werden kann* □ *mostrar os dentes a alguém **1.5** bis an die Zähne bewaffnet ⟨fig.⟩ *stark bewaffnet* □ *estar armado até os dentes **1.6** jmdm. auf den ~ fühlen ⟨fig.; umg.⟩ *jmds. Fähigkeiten od. Gesinnung zu ergründen suchen* □ *sondar alguém; jogar verde para colher maduro **1.7** jmdm. einen ~ ziehen ⟨fig.; umg.⟩ *jmdn. von einer falschen Vorstellung befreien, jmdm. eine Illusion nehmen* □ *tirar uma ideia da cabeça de alguém;* → a. *Auge(11.3), Haar(2.4), dritte(r, -s)(1.8), hohl(4)* **2** der ~ der Zeit ⟨fig.⟩ *die zerstörende Kraft der Z.* □ *os dentes do tempo; a força corrosiva do tempo* **3** *Zacke, Spitze (in einer Reihe, z. B. von Kamm, Säge, Zahnrad)* □ dente **3.1** einen Affen~ drauf haben ⟨fig.; umg.⟩ *sich mit hoher Geschwindigkeit fortbewegen* □ *ir a toda velocidade

Zahn|arzt ⟨m.; -(e)s, -ärz|te⟩ *Arzt für die Behandlung von Zahnerkrankungen, Zahnmediziner* □ dentista

Zahn|bürs|te ⟨f.; -, -n⟩ *kleine Bürste zum Säubern der Zähne* □ escova de dentes

Zahn|creme ⟨[-kre:m] f.; -, -s⟩ = *Zahnpasta;* oV *Zahnkrem, Zahnkreme*

Zahn|krem ⟨f.; -, -s⟩ = *Zahncreme*

Zahn|kre|me ⟨f.; -, -s⟩ = *Zahncreme*

Zahn|pas|ta ⟨f.; -, -pas|ten⟩ *Paste zum Säubern u. Pflegen der Zähne;* Sy *Zahncreme* □ pasta de dentes; creme dental

Zahn|rad ⟨n.; -(e)s, -rä|der⟩ *Maschinenelement zur Übertragung von Drehbewegungen mit Hilfe von am Rande eingekerbten Rädern* □ roda dentada

Zahn|stein ⟨m.; -(e)s; unz.⟩ *Ablagerung von Kalk-, Kalium- u. Natriumsalzen u. a. Stoffen an den Zahnhälsen* □ tártaro

Zam|pa|no ⟨m.; -s, -s⟩ *Anführer (einer Gruppe), angeberischer, prahlerischer Mensch;* er benimmt sich wie ein ~ □ fanfarrão

Zan|der ⟨m.; -s, -; Zool.⟩ *Angehöriger einer (als Speisefisch beliebten) im Süßwasser lebenden Art der Barsche: Stizostedion lucioperca,* Sy *Fogosch* □ lucioperca

Zan|ge ⟨f.; -, -n⟩ **1** *Werkzeug zum Greifen u. Kneifen;* Kneif~, Grill~, Zucker~ □ tenaz; alicate; pegador **2** *Greifwerkzeug von Tieren* □ pinça; quela **3** ⟨kurz für⟩ *Geburtszange;* das Kind musste mit der ~ geholt werden □ fórceps **4** jmdn. in die ~ nehmen ⟨fig.⟩ *jmdn. heftig bedrängen, jmdm. keine Möglichkeit zu Ausflüchten lassen* □ *acuar/imobilizar alguém; pressionar alguém

Zank ⟨m.; -(e)s; unz.⟩ *heftiger Wortwechsel, Streit;* tu das nicht, sonst gibt es nur Streit und ~; ~ um den besten Platz □ briga; bate-boca; discussão

Zank|ap|fel ⟨m.; -s, -äp|fel; fig.⟩ *Gegenstand, Ursache eines Streites;* der Ball ist ein ewiger, ständiger ~ zwischen den beiden Kindern □ pomo da discórdia

zan|ken ⟨V. 500/Vr 3 od. Vr 4⟩ sich ~ *streiten;* die Kinder ~ sich schon wieder; ich habe mich mit ihm gezankt; sich um ein Spielzeug ~ □ *brigar

zän|kisch ⟨Adj.⟩ *leicht, oft, wegen Kleinigkeiten (sich mit jmdm.) zankend, streitsüchtig* □ briguento

Zapf ⟨m.; -es, Zäp|fe⟩ = *Zapfen*

Zäpf|chen ⟨n.; -s, -⟩ **1** *kleiner Zapfen* □ botoque pequeno **2** ⟨Anat.⟩ *zäpfchenförmiger Ausläufer des weichen Gaumens* □ úvula palatina; campainha **3** *Heilmittel in Form eines kleinen Zapfens, der in die Scheide od. durch den After in den Darm eingeführt wird;* Vaginal~ □ supositório

Zäpf|chen-R *auch:* **Zäpf|chen-r** ⟨n.; -, -; Sprachwiss.⟩ *mit dem Gaumenzäpfchen gebildeter r-Laut* □ erre fricativo uvular; → a. *Zungen-R*

zap|fen ⟨V. 500⟩ *eine Flüssigkeit* ~ *durch ein Spundloch ausfließen lassen, einem Fass entnehmen;* Bier, Wein ~ □ tirar; espichar

Zap|fen ⟨m.; -s, -⟩ oV *Zapf* **1** *kleines Gerät in Form eines Kegelstumpfes zum Verschließen von Fässern, Flaschen od. Rohren od. als Sperre, Spund, Pfropfen* □ botoque; espicho **2** ⟨Arch.⟩ *Ende eines Kantholzes, das in ein anderes Kantholz eingreift* □ tarugo; cavilha **3** ⟨Techn.⟩ *abgesetztes Ende von Wellen u. Ach-*

sen □ **perno 4** ⟨Anat.⟩ *lichtempfindl. Element der Netzhaut des Auges* □ **cone 5** ⟨Bot.⟩ *an einer langen Achse angeordnete Staub- od. Fruchtblätter der nacktsamigen Pflanzen;* Tannen~□ **estróbilo; pinha**

Zap|fen|streich ⟨m.; -(e)s, -e⟩ **1** *Signal am Abend, bei dem die Soldaten in den Unterkünften, bes. in der Kaserne, sein müssen;* den ~ blasen □ **toque de recolher 1.1** *um 12 ist ~* ⟨umg.⟩ *um 12 ist Schluss* □ ***fecha/encerra às 12**

zap|peln ⟨V. 400⟩ **1** *sich rasch u. unruhig hin u. her bewegen;* mit Armen und Beinen ~; das Kind zappelte vor Ungeduld □ **debater-se; agitar-se 1.1** *in der Schlinge ~* ⟨fig.⟩ *keine Gelegenheit zu Ausflüchten haben* □ ***não ter como escapar 2** ⟨fig.⟩ *unruhig, im Ungewissen sein;* wie ein Fisch an der Angel ~ □ ***debater-se como um peixe no anzol 2.1** *jmdn. ~ lassen* ⟨umg.⟩ *jmdn. im Ungewissen lassen, jmdn. absichtlich warten lassen* □ ***deixar alguém inquieto/aflito**

Zar ⟨m.; -en, -en⟩ **1** ⟨in Russland bis 1917⟩ **1.1** ⟨unz.⟩ *Titel des herrschenden Monarchen.* **1.2** *Träger des Titels Zar (1.1)* **2** ⟨fig.⟩ *(auf einem bestimmten Gebiet) sehr bedeutende, mächtige, einflussreiche Person;* Mode~; Medien~□ **tsar**

Zar|ge ⟨f.; -, -n⟩ **1** *Einfassung (einer Tür, eines Fensters)* □ **caixilho; marco 2** *Seitenwand (einer Schachtel, eines Saiteninstruments mit flachem Schallkörper)* □ **costilha**

Za|rin ⟨f.; -, -rin|nen⟩ **1** *weibl. Zar* **2** *Gemahlin eines Zaren(1.2)* □ **tsarina**

zart ⟨Adj.⟩ **1** ⟨70⟩ *zerbrechlich, fein, dünn, weich;* die ~en Linien ihres Gestalt, ihres Gesichts □ **suave; delicado;** ~e junge Triebe, Knospen □ **frágil;** ~e Haut □ **suave; delicado;** ~es Fleisch, Gemüse □ **macio; tenro 2** ⟨70⟩ *körperlich empfindlich, dünn u. klein, schwach, zu Krankheiten neigend;* sie war als Kind sehr ~; im ~en Alter von 5 Jahren ⟨fig.⟩ □ **franzino; frágil 3** ⟨70⟩ *unaufdringlich, hell, leise u. angenehm;* ~e Farben; ein ~es Rot, Blau; ~e Musik; eine ~e Berührung, Liebkosung □ **tênue; suave; delicado 4** *empfindungsfähig, einfühlend, rücksichtsvoll, liebevoll;* jmdm. etwas auf ~e Weise mitteilen; mit jmdm. ~ umgehen; „....?", fragte er ~ □ **delicado; delicadamente 5** ⟨Getrennt- u. Zusammenschreibung⟩ **5.1** ~ besaitet = *zartbesaitet* **5.2** ~ fühlend = *zartfühlend*

zart|be|sai|tet auch: **zart be|sai|tet** ⟨Adj. 70⟩ *sehr empfindsam, sensibel;* ein ~es Kind □ **muito sensível**

zart|blau ⟨Adj. 24⟩ *fein hellblau* □ **azul pálido**

zart|füh|lend auch: **zart füh|lend** ⟨Adj.⟩ *sich in andere einfühlend, einfühlsam, rücksichtsvoll, sensibel;* ein ~es Kind □ **sensível; atencioso**

Zart|ge|fühl ⟨n.; -(e)s; unz.⟩ *einfühlende Rücksichtnahme, Takt* □ **delicadeza; tato**

zärt|lich ⟨Adj.⟩ *liebevoll, lieb u. anschmiegsam,* Liebkosungen suchend u. gern gebend; ~er Blick; er ist seinen Kindern ein ~er Vater; das Kind ist sehr ~ □ **carinhoso; afetuoso;** jmdn. ~ ansehen; jmdn. ~ lieben; jmdm. ~ übers Haar streichen □ **com carinho**

Zä|si|um ⟨n.; -s; unz.; chem. Zeichen: Cs⟩ *chem. Element, silberweißes, sehr weiches Alkalimetall;* oV ⟨fachsprachl.⟩ *Cäsium* □ **césio**

Zä|sur ⟨f.; -, -en⟩ **1** *Einschnitt, Beginn einer neuen Entwicklung;* eine ~ machen □ **corte; pausa; interrupção 1.1** ⟨Metrik⟩ *Einschnitt, Ruhepunkt im Vers* □ **cesura 1.2** ⟨Mus.⟩ *Einschnitt, Pause innerhalb eines Musikstücks, einer Melodie* □ **pausa**

Zau|ber ⟨m.; -s, -⟩ **1** ⟨im Volksglauben u. in den Religionen der Naturvölker⟩ *übernatürliches, magisches Mittel od. Reihe magischer Handlungen zur Beeinflussung eines Geschehens;* Fruchtbarkeits~; Jagd~; einen ~ anwenden; den ~ (durch ein Wort od. eine Tat) lösen (im Märchen) □ **magia; feitiço; encanto 2** ⟨fig.; umg.⟩ *(Angelegenheit, von der) übertrieben erscheinendes Aufhebens (gemacht wird);* was kostet der ganze ~? □ ***quanto custa toda esta encrenca?;** den ~ kenne ich! □ ***conheço esse truque!;** mach keinen (faulen) ~! □ ***não venha querer me enganar!;** → a. *faul(3.3.1)* **3** ⟨fig.⟩ *unwiderstehlicher Reiz, fesselnder Liebreiz, anziehendes Wesen;* alle waren von dem ~ ihrer Persönlichkeit gefangen, entzückt □ **encanto; fascínio**

Zau|be|rei ⟨f.; -, -en⟩ **1** ⟨unz.⟩ *das Zaubern* □ **magia; encanto 2** *Zauberkunststück* □ **mágica**

Zau|be|rer ⟨m.; -s, -⟩ *jmd., der zaubern kann, Magier* □ **mágico; feiticeiro**

zau|ber|haft ⟨Adj.⟩ **1** *unerklärlich, magisch* □ **mágico 2** ⟨fig.⟩ *bezaubernd, wunderschön, entzückend;* diese Landschaft ist ~ □ **mágico; encantador**

Zau|be|rin ⟨f.; -, -rin|nen⟩ *weibl. Zauberer, Hexe* □ **mágica; feiticeira**

zau|bern ⟨V.⟩ **1** ⟨402⟩ **(etwas)** ~ ⟨im Volksglauben u. in den Religionen der Naturvölker⟩ *einen Zauber anwenden, etwas durch Zauber bewirken* □ **enfeitiçar; encantar 1.1** *du denkst wohl, ich kann ~* ⟨fig.; umg.⟩ *etwas Unmögliches tun* □ **fazer milagres 1.2** ⟨511/Vr 7⟩ *jmdn. od. etwas irgendwohin ~ durch einen Zauber an einen anderen Ort versetzen* □ ***fazer alguém ou alguma coisa aparecer em algum lugar 2** ⟨500⟩ *etwas ~ durch ein Zauberkunststück erscheinen od. verschwinden lassen* □ **fazer aparecer/desaparecer;** Kaninchen aus dem Zylinder ~ □ ***tirar coelhos da cartola**

zau|dern ⟨V. 400⟩ *unschlüssig sein u. zögern* □ **hesitar;** nach langem Zaudern entschloss er sich ... □ **hesitação**

Zaum ⟨m.; -(e)s, Zäu|me⟩ **1** *Riemenzeug am Kopf u. im Maul von Zug- u. Reitpferden zum Führen u. Lenken;* einem Kutschpferd den ~ anlegen □ **cabeçada 2** *jmdn. od. etwas im ~ halten* ⟨fig.⟩ *beherrschen, bändigen;* sich, seinen Zorn, Unmut im ~ halten □ ***refrear/conter alguém ou alguma coisa 2.1** *die Zunge im ~ halten sich hüten, etwas auszuplaudern, nichts verraten, nicht vorlaut sein* □ ***morder a língua**

Zaum|zeug ⟨n.; -(e)s, -e⟩ *Zaum(1), Trense* □ **cabeçada**

Zaun ⟨m.; -(e)s, Zäu|ne⟩ **1** *Einfriedigung aus Holz od. Draht;* Draht~, Latten~ □ **cerca 2** *einen Streit vom ~ brechen* ⟨fig.⟩ *vorsätzlich einen S. herbeiführen, heraufbeschwören* □ ***provocar uma briga**

Zaun|gast ⟨m.; -(e)s, -gäs|te⟩ **1** *außerhalb des Zauns stehender u. somit nichts zahlender Zuschauer* □ **ex-**

Zaunpfahl

pectador externo/sem ingresso **1.1** ich war bei der Veranstaltung nur ~ *ich war nicht offiziell zur V. eingeladen u. habe nur von ferne, vom Rande aus zugesehen* ☐ bicão; penetra

Zaun|pfahl ⟨m.; -(e)s, -pfäh|le⟩ **1** *Pfahl für einen Zaun* ☐ estaca para cerca **2** ⟨fig.⟩ 2.1 **Wink** mit dem ~ *verblümter, aber deutlicher Hinweis* ☐ *indireta; jmdm. einen Wink mit dem ~ geben* ☐ *dar uma indireta a alguém* **2.2** mit dem ~ winken *jmdm. etwas verblümt, aber deutlich zu verstehen geben* ☐ *dar uma indireta

zau|sen ⟨V. 500⟩ *jmdn. od. etwas* ~ *zupfen, leicht an etwas ziehen, so dass es in Unordnung gerät (u. auch teilweise abgeht); der Sturm zaust die (Zweige der) Bäume; jmdm. das Haar* ~; *jmdm. bei den Haaren* ~ ☐ desgrenhar; arrepelar

Za|zi|ki ⟨n. od. m.; -, -s; grch. Kochk.⟩ *(meist als Vorspeise od. Beilage gereichte) Speise aus Joghurt, geriebener Gurke u. Knoblauch;* oV Tsatsiki ☐ tsatsiki

Ze|bra *auch:* **Zeb|ra** ⟨n.; -s, -s; Zool.⟩ *Angehöriges einer Gruppe schwarzweiß od. braunweiß gestreifter, in Steppen od. Bergen Afrikas heimischer Wildpferde; gestreift wie ein* ~ ☐ zebra

Ze|bra|strei|fen *auch:* **Zeb|ra|strei|fen** ⟨m.; -s, -⟩ *durch breite weiße od. gelbe Streifen auf der Fahrbahn markierter Weg über die Straße, auf dem die Fußgänger den Vortritt vor Fahrzeugen haben* ☐ faixa de pedestres

Ze|che ⟨f.; -, -n⟩ **1** *(Rechnung über) genossene Speisen u. Getränke im Gasthaus;* er kann seine ~ nicht bezahlen; jeder zahlt seine ~ ☐ (gastos/despesas de) consumação **1.1** eine große ~ machen *im Gasthaus viel verzehren* ☐ *ter uma conta alta de consumação* **1.2** die ~ prellen, den Wirt um die ~ prellen *nicht bezahlen* ☐ *sair (do bar/restaurante) sem pagar* **1.3** die ~ bezahlen müssen ⟨fig.; umg.⟩ *für den von anderen verursachten Schaden aufkommen müssen* ☐ *ter de pagar a conta; ter de arcar com as consequências* **2** ⟨Bgb.⟩ *Bergwerk; eine* ~ *stilllegen* ☐ mina

ze|chen ⟨V. 400; veraltet; noch scherzh.⟩ *viel Alkohol trinken; bis spät in die Nacht, bis in den Morgen hinein* ~ ☐ fartar-se de beber

Zeck ⟨m.; -(e)s, -e; österr.⟩ = Zecke

Ze|cke ⟨f.; -, -n; Zool.⟩ *Angehörige einer Familie kleiner blutsaugender Milben: Ixodida;* oV Zeck ☐ carrapato

Ze|der ⟨f.; -, -n; Bot.⟩ *Angehörige einer Gattung von Kieferngewächsen des Mittelmeergebietes: Cedrus* ☐ cedro

Zeh ⟨m.; -s, -en⟩ = Zehe(1)

Ze|he ⟨f.; -, -n⟩ **1** *Endglied des Fußes;* oV Zeh; *die große, kleine* ~ ☐ dedo do pé; *auf die* ~n *gehen, schleichen (um nicht gehört zu werden); sich auf die* ~n *stellen (um mehr zu sehen)* ☐ ponta dos pés **1.1** jmdm. auf die ~n treten ⟨fig.; umg.⟩ *jmdn. (unabsichtigt) kränken* ☐ *pisar no calo de alguém;* → a. Wirbel(3.1.1) **2** eine ~ **Knoblauch** *Teilzwiebel des K.* ☐ *um dente de alho

zehn ⟨Numerale 11; in Ziffern: 10; röm. Zahlzeichen: X⟩ → a. **vier 1** *die Zahl 10; Zeitraum von* ~ *Jahren, Tagen, Wochen;* ~ *Stück; es ist halb* ~ (Uhr); *ich wette* ~ *gegen eins, dass ...; die Zehn Gebote* ⟨Bibel⟩ ☐ dez **1.1** keine ~ Pferde bringen mich dahin ⟨fig.; umg.⟩ *dazu kann mich nichts veranlassen* ☐ *não vou nem amarrado; não faço isso nem que a vaca tussa* **2** *Grundzahl des Dezimalsystems* ☐ dez

Zeh|ner ⟨m.; -s, -⟩ **1** *vorletzte Ziffer einer mehrstelligen Zahl* **2** *vorletzte Zahl vor dem Komma (bei Dezimalbrüchen)* ☐ dezena

zehn|fach ⟨Adj. 24/90; in Ziffern: 10fach/10-fach⟩ *zehnmal(ig); das Zehnfache einer Summe* ☐ décuplo

zehn|jäh|rig ⟨Adj.; in Ziffern: 10-jährig⟩ *zehn Jahre alt* ☐ de dez anos

zehn|mal ⟨Adv.; in Ziffern: 10-mal⟩ *zehnfach wiederholt, mit zehn malgenommen* ☐ dez vezes

zehn|tau|send ⟨a. [-'- -]⟩ Numerale 11; in Ziffern: 10 000⟩ **1** *zehnmal tausend* ☐ dez mil **1.1** die oberen Zehntausend/zehntausend *die oberste Gesellschaftsschicht* ☐ *a nata da sociedade

zehn|te(r, -s) ⟨Numerale 24; in Ziffern: 10.⟩ → a. **vierte(r, -s) 1** ⟨Ordinalzahl von⟩ *zehn* **2** *etwas, jmd., das bzw. der an 10. Stelle steht* **2.1** die ~ **Muse** ⟨umg.; scherzh.⟩ *die M. der Kleinkunst* ☐ décimo **2.2** der **Zehnte** ⟨MA⟩ *Abgabe (ursprünglich der 10. Teil) von den Erträgen aus der Bewirtschaftung von Grundbesitz* ☐ dízimo

zehn|tel ⟨Zahladj. 60; in Ziffern: /10; Bruchzahl zu⟩ *zehn* ☐ décimo; décima parte

Zehn|tel ⟨n.; -s, -; schweiz. m.; -s, -⟩ *der zehnte Teil* ☐ décimo; décima parte

zeh|ren ⟨V.; geh.⟩ **1** ⟨414⟩ **von etwas** ~ *von etwas leben, sich von etwas ernähren;* wir zehrten von unseren Vorräten **1.1** ⟨fig.⟩ *sich nachträglich noch über etwas freuen u. sich dadurch seelisch aufrichten;* von seinen Erinnerungen ~; von seinem Ruhme ~ ☐ *viver/alimentar-se de alguma coisa* **2** ⟨400⟩ *etwas zehrt macht mager; Essig, Meeresluft zehrt* ☐ emagrecer **2.1** ⟨411⟩ **etwas** zehrt **an etwas** ⟨fig.⟩ *schwächt, zerstört etwas;* der Kummer zehrt an ihrem Herzen, an ihrer Kraft ☐ consumir; corroer

Zei|chen ⟨n.; -s, -⟩ **1** *sinnlich wahrnehmbarer Hinweis, Signal; Verkehrs~; wenn man mit dem Fahrzeug links oder rechts abbiegt, muss man* ~ *geben; geben Sie doch* ~!; *jmdm. ein* ~ *geben; ein deutliches, heimliches, klares, verabredetes* ~; *sich durch* ~ *miteinander verständigen; zum* ~ *der Ablehnung, der Zustimmung den Kopf schütteln, mit dem Kopf nicken; das* ~ *zur Abfahrt, zum Halten, zum Start* ☐ sinal **1.1** das ~ zum Aufbruch geben ⟨umg.⟩ *aufstehen, um anzuzeigen, dass man gehen will u. die anderen Gäste auch gehen sollten* ☐ *dar o sinal de partida; mostrar que está na hora de ir embora* **1.1.1** ~ setzen ⟨fig.⟩ *mit einer Handlung den Beginn einer richtungsweisenden Entwicklung signalisieren* ☐ *abrir caminho; marcar o início de uma tendência* **2** *wahrnehmbare Erscheinung, die erfahrungsgemäß einer anderen Erscheinung voraus- od. mit ihr einhergeht; An~; drohende Vor~; Krankheits~; das ist ein* ~ *der Zeit; Wetterleuchten ist ein* ~ *für ein fernes Gewitter; wenn nicht alle* ~ *trügen, dann gibt es heute* noch ein Gewitter; Fieber, Schmerzen als ~ einer Krankheit; das ist ein (untrügliches) ~ für ...; schwüle, drückende Hitze ist meist ein ~ für ein kommendes Gewitter; das ist ein böses, gutes, schlechtes ~ □ sinal; indício; sintoma 2.1 ⟨veraltet⟩ Wunder □ milagre 2.1.1 es geschehen noch ~ und Wunder ⟨fig.; umg.⟩ *das ist ja erstaunlich, großartig, überraschend* □ *milagres ainda acontecem 3 Beweis, Probe; ein Geschenk als ~ der Freundschaft, Liebe, Verehrung; als ~ seines Könnens, seiner Geschicklichkeit zeigte er uns ...; sein Verschulden ist ein ~ von Großzügigkeit, Schwäche, Unsicherheit □ prova 4 *etwas sichtbar, hörbar, bes. schriftlich Dargestelltes, das von etwas Kunde gibt od. für etwas anderes steht;* Sy *Sinnbild, Symbol(1);* Frage~, Kreuzes~, Merk~, Schrift~ □ sinal, Tierkreis~ □ *signo zodiacal; das ~ des Kreuzes machen, schlagen; sich an einer Stelle im Buch ein ~ machen; an der Tür ein ~ machen; ein Kreuz, ein Strich als ~, dass an dieser Stelle etwas falsch geschrieben ist □ sinal; marca; ein Lorbeerzweig als ~ des Sieges, des Ruhmes □ símbolo; → a. *musikalisch(1.1)* 4.1 die Sonne steht im ~ des Krebses *im Sternbild des Krebses (innerhalb des Tierkreises)* □ signo 4.1.1 etwas steht im ~ einer Sache ⟨fig.⟩ *wird von einer S. geprägt, beeinflusst;* der Abend stand im ~ der frohen Nachricht □ *ser marcado/influenciado por alguma coisa 4.2 ⟨kurz für⟩ Satzzeichen; ~ setzen □ sinal de pontuação 4.4 unser ~: xy *unser Aktenzeichen (in Geschäftsbriefen)* □ (número de) referência/registro 4.3 ⟨Pl.⟩ Zeichenerklärung, z. B. auf Landkarten □ legenda 4.4 ⟨Naturw., Math.⟩ *Buchstabe od. stilisiertes Bild zur Bezeichnung von (international vereinbarten) Begriffen, Maßen, Gewichten u. Ä.;* Sy *Symbol(2);* mathematisches ~, z. B. +, – □ sinal; símbolo 5 *bildliche Darstellung od. Figur, Merkmal, körperliche Bildung o. Ä., die bzw. das etwas aus anderen heraushebt, etwas kennzeichnet, Kennzeichen, Abzeichen;* Handwerks~, Marken~ □ marca 5.1 er ist seines ~s Uhrmacher *es ist von Beruf U. (nach der früheren Sitte der Handwerker, ihr Berufszeichen über der Tür anzubringen)* □ *ele é relojoeiro de profissão

zeich|nen ⟨V.⟩ 1 ⟨402/Vr 7 od. Vr 8⟩ (jmdn. od. etwas) ~ *in Strichen, Linien darstellen;* einen Grundriss, Plan ~; kannst du (gut) ~?; ~ lernen; ich zeichne gern; etwas in Umrissen ~; mit Bleistift, Farbstiften, Kohle, Tusche ~; eine Person nach dem Leben, nach einer Fotografie ~; eine Landschaft nach der Natur ~ □ desenhar 2 ⟨500⟩ jmdn. od. etwas ~ ⟨fig.⟩ *darstellen (im Roman, Film, Theater usw.);* die Romanfiguren sind realistisch, übertrieben, gut, klar gezeichnet □ representar 3 ⟨500⟩ jmdn. od. etwas ~ *mit einem Zeichen versehen, kennzeichnen, kenntlich machen;* Wäsche, Kisten ~; Wäsche mit dem Monogramm ~; die Wäsche ist gezeichnet □ marcar; assinalar 3.1 ⟨Part. Perf.⟩ gezeichnet ⟨geh.⟩ *mit einem Zeichen, einem Mal versehen, durch ein scheinbar unnatürliches Ereignis herausgehoben;* er ist gezeichnet; ein Gezeichneter □ marcado; assinalado 3.1.1 vom Tode gezeichnet *die Zeichen des nahen Todes tragen, dem Tode sichtlich nahe sein* □ *marcado para morrer; perto de morrer 4 ⟨402⟩ (den Namen) ~ ⟨veraltet⟩ *unterzeichnen, unterschreiben* 4.1 ⟨418⟩ als Verfasser der Kritik zeichnet Dr. X *verantwortlicher Verfasser der Kritik ist Dr. X* □ assinar 4.2 ⟨Part. Perf.; Abk.: gez.⟩ gezeichnet XY *(Vermerk am Schluss von vervielfältigten Schriftstücken, Briefabschriften usw. vor der nicht handschriftlichen Unterschrift) das Original ist unterschrieben von XY* □ assinado 5 ⟨500⟩ etwas ~ ⟨Kaufmannsspr.⟩ *(durch Unterschrift) als Verpflichtung übernehmen;* eine Aktie ~ □ assinar; subscrever 6 ⟨400⟩ Schalenwild zeichnet ⟨Jägerspr.⟩ *lässt erkennen, ob u. an welcher Körperstelle es vom Schuss getroffen ist, z. B. an der Art der Fährte od. Blutspur* □ apresentar ferimento(s); estar (visivelmente) ferido

Zeich|nung ⟨f.; -, -en⟩ 1 *bildliche Darstellung in Linien;* Bleistift~, Feder~, Kohle~, Tusch~; einen Sachverhalt durch eine ~ veranschaulichen; ein Klischee nach einer ~ herstellen 2 *natürliche Musterung (z. B. eines Tierfells);* die Flügel des Schmetterlings haben eine schöne, feine ~ □ desenho 3 *unterschriftliche Verpflichtung zur Abnahme od. Beisteuerung;* Anleihe~ □ subscrição; assinatura 4 ⟨fig.⟩ *Darstellung, Schilderung (im Roman, Drama usw.);* gute, lebendige, lebensechte, übertriebene ~ der Charaktere □ representação; descrição

zei|gen ⟨V.⟩ 1 ⟨411⟩ *weisen, deuten, (auf etwas) hinweisen;* mit dem Finger, mit der Hand, dem Kopf auf jmdn. ~; er zeigte auf ein Bild und erklärte ...; in eine Richtung ~; die Magnetnadel zeigt nach Norden □ mostrar; apontar; indicar; → a. *Finger(3.2)* 2 ⟨530/Vr 6⟩ jmdm. etwas ~ *vorführen, jmdm. etwas sehen, kennenlernen lassen;* zeig mir den Brief; jmdm. sein Haus, seine Bildersammlung ~; jmdm. die Stadt ~; bitte – Sie mir mein Zimmer (im Hotel) □ mostrar 2.1 jmdn. etwas wissen lassen, etwas deutlich, verständlich machen, weisen; jmdm. den Weg ~ □ mostrar; indicar; jmdm. seine Liebe, Verachtung ~ □ mostrar; revelar; ich zeige (es) dir, wie man es macht □ mostrar 2.1.1 dir werd ich's ~! ⟨umg.⟩ *(Drohung)* □ *vou lhe mostrar uma coisa!; você vai ver só! 3 ⟨500/Vr 3⟩ sich ~ *sich sehen lassen;* sich der Öffentlichkeit ~; sich am Fenster ~; am Horizont zeigte sich zuerst ein roter Schein; am Himmel zeigten sich die ersten Sterne 3.1 bekannte Persönlichkeiten ~ sich auf einem Fest *besuchen ein F.* 3.2 das Kind will sich ~ ⟨umg.⟩ *die Aufmerksamkeit auf sich lenken, sich ein wenig wichtigtun* □ *aparecer 3.3 ⟨530/Vr 3⟩ sich jmdm. ~ *sich vor jmdm. sehen lassen;* so kann ich mich niemandem ~ □ *aparecer para alguém 4 ⟨500⟩ etwas ~ *zur Schau stellen, erkennen, spüren, merken lassen;* die Bäume ~ schon Knospen, grüne Spitzen; nun zeig, was du kannst!; hier kann er ~, was er gelernt hat; sein Können ~; seinen Ärger, seine Freude, Ungeduld, Unruhe ~; er hat bei seiner Arbeit viel Ausdauer, Fleiß gezeigt; er zeigte kein Bedauern, keine Reue; sie zeigte nicht viel Lust, Neigung; er zeigte kein Interesse dafür; er kann seine Gefühle nicht ~ ☐ **mostrar; demonstrar** 4.1 *etwas* zeigt *etwas bezeugt etwas, spricht für etwas, lässt auf etwas schließen, beweist etwas;* der Versuch zeigt, dass ...; deine Antwort zeigt, dass du nichts weißt, nichts davon verstehst; seine Fragen zeigten sein Interesse, sein Verständnis; sein Verhalten zeigt einen Mangel an Erziehung, an Einfühlungsvermögen; sein Schreck zeigte deutlich, dass er ein schlechtes Gewissen hatte ☐ **mostrar; revelar** 4.2 *ein* **Messgerät** *zeigt einen* **Wert** *gibt einen W. an;* das Thermometer zeigt zehn Grad über Null; die Uhr zeigt halb zehn ☐ **mostrar; indicar; marcar** 5 ⟨500/Vr 3⟩ *etwas* zeigt sich *kommt zum Vorschein, wird sichtbar, stellt sich heraus, offenbart sich, wird offenkundig* ☐ **mostrar-se; revelar-se;** das wird sich ~! ☐ ***é o que veremos!**; es zeigte sich, dass er alles falsch gemacht hatte, dass er uns getäuscht hatte ☐ ***ficou claro que ele havia feito tudo errado; ficou claro que ele havia nos enganado;** es wird sich ja ~, ob ich Recht habe ☐ ***o futuro dirá se tenho razão** 6 ⟨513/Vr 3⟩ sich ... ~ *sich (auf bestimmte Weise) verhalten;* sich anständig, feige, tapfer ~; er zeigte sich (nicht) erfreut, erstaunt, gekränkt; er hat sich mir gegenüber sehr freundlich gezeigt; er zeigte sich (nicht) geneigt mitzumachen ☐ ***mostrar-se;** wie kann ich mich Ihnen erkenntlich ~? ☐ ***como posso lhe agradecer?; como posso lhe demonstrar minha gratidão?**

Zei|ger ⟨m.; -s, -⟩ 1 *Teil von Messgeräten, der etwas (meist auf einer Skala) anzeigt, auf etwas hinweist;* der ~ gibt einen Ausschlag; der ~ der Waage stand auf 60 kg ☐ **ponteiro; fiel; agulha** 1.1 *Teil der Uhr, der die Stunden, bzw. Minuten, bzw. Sekunden anzeigt;* Stunden~, Minuten~, Sekunden~, Uhr~; den ~ vor-, zurückstellen; der große, kleine ~ ☐ **ponteiro**

zei|hen ⟨V. 292/540/Vr 7 od. Vr 8⟩ *jmdn. einer* **Sache** *~ beschuldigen, bezichtigen;* jmdn. des Betruges ~ ☐ **acusar; culpar**

Zei|le ⟨f.; -, -n⟩ 1 *Reihe, mehrere aneinandergereihte Gegenstände;* Häuser~ ☐ **fila; fileira** 2 *Reihe von nebeneinanderstehenden Wörtern;* Druck~; ich bin überzeugt, er hat von dem Buch, dem Manuskript noch nicht eine (einzige) ~ gelesen; fünf ~n Zwischenraum; fünfte ~ von oben!; neue ~! (Angabe beim Diktieren) 2.1 ein paar ~n an jmdn. schreiben ⟨fig.⟩ *einen kurzen Brief, eine Karte, E-Mail an jmdn. schreiben* ☐ **linha** 2.2 *etwas zwischen den ~n lesen* ⟨fig.⟩ *aus den Andeutungen in einem Brief, Artikel o. Ä. erraten* ☐ ***ler alguma coisa nas entrelinhas**

Zei|sig ⟨m.; -s, -e; Zool.⟩ *Finkenvogel der Gattung Carduelis* ☐ **pintassilgo**

zeit ⟨Präp. m. Gen.; in der Wendung⟩ ~ seines, meines Lebens *während seines (meines) Lebens, das ganze Leben lang* ☐ **durante**

Zeit ⟨f.; -, -en⟩ 1 *Ablauf des Geschehens, Nacheinander des Erlebens;* ~ und Raum; die ~ heilt (vieles); die ~ vergeht, verfliegt, verstreicht 1.1 im Laufe der ~, mit der ~ *allmählich, nach u. nach* ☐ **tempo** 1.2 du liebe ~! (Ausruf des Schreckens od. der Überraschung) ☐ ***santo Deus!** 2 *Zeitraum;* es verging geraume ~; es verging einige ~; kurze, lange ~; seit einiger, kurzer ~; auf einige ~; für einige ~; für einige ~ verreisen; und in dieser ~ hatte er ...; in (ganz) kurzer ~ hatte er ...; nach einiger, kurzer, längerer ~; vor einiger, kurzer, langer ~; während dieser ~; wie viel ~ ist seitdem vergangen?; in letzter ~ habe ich ihn nur selten gesehen; zur gleichen, selben ~ als ...; in einer ~ von 5 Minuten ☐ **tempo; período** 2.1 *zur Verfügung stehender Zeitraum;* das braucht viel ~; ich habe noch keine ~, noch nicht die ~ gefunden, dir auf deinen Brief zu antworten; dazu fehlt mir leider die ~; ~ haben; ich habe noch fünf Minuten, eine Stunde, eine Woche ~; ich habe keine, viel ~; das kostet mich zu viel ~; die ~ nutzen, ausnützen; es ist noch ~ genug; die ~ mit Lesen verbringen, zubringen; sich die ~ mit Lesen vertreiben; wir haben reichlich, wenig, viel ~; die ~ vertrödeln; er weiß nicht, was er mit seiner ~ anfangen soll; die ~ wird ihm lang 2.1.1 wir wollen keine ~ verlieren *wir wollen uns beeilen* ☐ **tempo** 2.1.2 *jmdm. (die) ~ rauben, stehlen jmdn. über Gebühr beanspruchen* ☐ ***tomar o tempo de alguém** 2.1.3 *~ ist* **Geld** (Sprichw.) *jeder muss die ihm zur Verfügung stehende Z. als Verdienstmöglichkeit nutzen* 2.2 *zeitlicher Spielraum, Aufschub;* geben Sie mir noch etwas, noch eine Woche ~; ~ gewinnen; ~ gewonnen, alles gewonnen ☐ **tempo** 2.2.1 *jmdm. ~ lassen jmdn. nicht drängen* ☐ ***dar tempo a alguém** 2.2.2 *sich ~ lassen sich nicht beeilen* ☐ ***dar-se tempo; proceder com calma** 2.2.3 nehmen Sie sich ~! *beeilen Sie sich nicht!* ☐ ***não tenha pressa!** 2.2.4 das hat ~ *das eilt nicht* 2.2.5 das hat ~ bis morgen *verträgt Aufschub* 2.3 *die für etwas erforderliche od. gegebene Zeitspanne;* er gönnt sich kaum (die) ~ zum Essen; die ~ ist um ☐ **tempo** 2.3.1 die (gelaufene, gefahrene) ~ abnehmen ⟨Sp.⟩ *stoppen* ☐ ***cronometrar** 2.3.2 auf ~ ⟨Abk.: a. Z.⟩ *für eine bestimmte Dauer, bis auf Widerruf* ☐ ***por tempo determinado** 3 *durch bestimmte Umstände gekennzeichneter Zeitabschnitt, Zeitalter, Epoche;* Jahres~, Tages~, Mittags~, Sommers~, Winters~, Weihnachts~; Barock~, Goethe~, Neu~; es war eine schöne ~; die ~ Karls des Großen; böse, gute, schlechte, schwere ~en; frühere, vergangene ~en; die heutige ~; kommende, künftige, spätere ~en; auf bessere ~en warten; in der ~ vor, nach dem Krieg; in früheren, vergangenen ~en; in neuerer ~; in nächster ~; zur ~ der Minnesänger, des Sturm und Drang, Goethes; in, zu dieser, jener ~; zu dieser, jener ~ gab es das noch nicht; für alle ~en; zu allen ~en; zu ~en Goethes ☐ **período; época; tempo** 3.1 *die ~en ändern sich in jedem Zeitalter ist alles ein wenig anders u. wird auch anders beurteilt* ☐ ***os tempos mudam** 3.2 *vor ~en lebte einmal ...* (formelhafter Märchenbeginn) *vor vielen Jahren* ☐ ***era uma vez...** 3.3 seine ~ ist noch nicht gekommen *die für ihn günstige Gelegenheit* ☐ ***sua vez ainda não chegou** 3.4 das ist vor seiner ~ geschehen ⟨umg.⟩ *bevor er hier war, hier arbeitete, wohnte usw.* ☐ ***isso aconteceu**

antes de ele estar aqui/vir para cá 3.5 zu seiner ~ *zu seinen Lebzeiten* □ *em seu tempo; em sua época 3.6 zu keiner ~ *niemals* □ *em tempo algum; jamais 3.7 zu meiner ~ *als ich noch jung war* □ *no meu tempo; na minha época 3.8 *gegenwärtiger Zeitabschnitt, Gegenwart;* der Geist der ~; das ist ein Zeichen, ein Zug der ~; die ~ ist dafür noch nicht reif; unsere ~ □ época; tempo 3.8.1 mit der ~ (mit)gehen *modern sein, sich der Gegenwart gegenüber aufgeschlossen zeigen* □ *acompanhar seu tempo; ser do seu tempo 3.8.2 in diesen teuren ~en ⟨umg.⟩ *gegenwärtig, da alles sehr teuer ist* □ *nestes tempos de carestia 3.8.3 spare in der ~, so hast du in der Not ⟨Sprichw.⟩ *spare, wenn du es gerade kannst, wenn du genügend Geld o. Ä. hast* □ *guarda o teu dinheiro para o mau tempo 4 *bestimmter Augenblick, Zeitpunkt;* Essens-, Schlafens~; eine ~ angeben; er kann die ~ nicht erwarten; ~ und Ort der Zusammenkunft werden noch bekanntgegeben; es ist ~ (zu beginnen, zu gehen usw.); ich bin an keine bestimmte ~ gebunden; um diese ~ ist das Kind sonst schon im Bett; morgen um diese ~; um diese, jene ~ gab es das noch nicht; um welche ~ wollen wir uns treffen?; von dieser ~ an; zur festgesetzten ~ kommen; Sie können zu jeder ~ zu mir kommen □ tempo; momento; hora 4.1 das ist nur eine Frage der ~ *es geschieht auf jeden Fall, es ist nur nicht klar, wann* □ *é só uma questão de tempo 4.2 es wird (allmählich) ~! *der Zeitpunkt rückt heran!, wir müssen jetzt gehen!* □ *está (quase) na hora! 4.3 es ist an der ~ (zu gehen) *es ist so weit, der Zeitpunkt ist gekommen* □ *está na hora (de ir); é chegado o momento (de ir) 4.4 außer der ~ *zu einem unpassenden Zeitpunkt, außerhalb der Dienst- od. Essenszeit* □ *fora do horário; em momento inoportuno 4.5 vor der ~ *vor dem festgesetzten Zeitpunkt, verfrüht* □ *antes do tempo; prematuramente 4.6 alles zu seiner ~! *nichts überhasten!* □ *tudo a seu tempo! 4.7 von ~ zu ~ *ab u. zu, gelegentlich* □ *de tempos em tempos; → a. *hoch(7.5, 7.11), recht(1.2, 1.3)* 4.8 *Zeitpunkt, an dem eine Frist abläuft;* die ~ überschreiten □ prazo 5 ⟨kurz für⟩ *Uhrzeit;* bitte vergleichen Sie die ~, es ist beim Gongschlag 22 Uhr; hast du genaue ~?; welche ~ ist es? □ hora; mitteleuropäische, osteuropäische, westeuropäische ~; Sommer~, Winter~ □ horário 6 ⟨kurz für⟩ *Zeitrechnung;* das Jahr 500 nach, vor unserer Zeit □ era 7 ⟨Gramm.⟩ *Zeitform, Tempus* □ tempo 8 ⟨Getrennt- u. Zusammenschreibung⟩ 8.1 ~ lang = *Zeitlang¹* 8.2 ~ raubend = *zeitraubend* 8.3 ~ sparend = *zeitsparend*

Zeit|al|ter ⟨n.; -s, -⟩ 1 *größerer historischer Zeitraum, Epoche, Ära;* das ~ Friedrichs des Großen, Goethes 1.1 in unserem ~ *in der Gegenwart* □ época; era; idade; → a. *golden(4.6.1)*

Zeit|ein|heit ⟨f.; -, -en⟩ *Einheit des Zeitablaufs (Sekunde, Minute, Stunde, Woche, Monat, Jahr, Jahrhundert usw.)* □ unidade de tempo

Zei|ten|wen|de ⟨f.; -; unz.⟩ *Beginn der christlichen Zeitrechnung, das Jahr von Christi Geburt* □ início da era cristã; nach, vor der ~ □ *depois de Cristo; antes de Cristo

Zeit|geist ⟨m.; -(e)s; unz.⟩ *die ein Zeitalter, eine Epoche charakterisierende geistige Haltung* □ espírito da época

zeit|ge|mäß ⟨Adj.⟩ *dem Zeitgeist entsprechend, der Gegenwart angepasst, modern;* das ist nicht (mehr) ~ □ atual; moderno

Zeit|ge|nos|se ⟨m.; -n, -n⟩ 1 *Mitmensch, gleichzeitig Lebender;* er war ein ~ Goethes □ contemporâneo 2 ein seltsamer ~ ⟨umg.; iron.⟩ *ein seltsamer Mensch* □ *um sujeito estranho

zei|tig ⟨Adj.⟩ *frühzeitig, früh, beizeiten;* morgens ~ aufstehen; ~ genug am Bahnhof sein □ cedo; a tempo; em boa hora

zei|ti|gen ⟨V. 500⟩ etwas zeitigt etwas *bringt etwas hervor, zieht etwas nach sich;* Wirkung, Erfolg ~ □ produzir

Zeit|lang¹ *auch:* **Zeit lang** ⟨f.; -; unz.; in der Wendung⟩ eine ~ *eine Weile;* eine ~ müssen wir noch warten □ um momento; algum tempo

Zeit|lang² ⟨f.; -; unz.; bair.⟩ *Sehnsucht;* ein bisschen ~ nach jmdm. haben □ saudade

Zeit|lauf ⟨m.; -s, -läuf|te⟩ 1 *Ablauf der Zeit, Folge der Ereignisse* □ decorrer do tempo 1.1 die heutigen Zeitläufte *die Gegenwart* □ conjuntura; circunstância

zeit|le|bens ⟨Adv.⟩ *zeit meines (seines, ihres) Lebens, während meines (seines, ihres) Lebens;* er hat ~ viele Sorgen gehabt □ durante toda a vida; a vida inteira

zeit|lich ⟨Adj. 24⟩ 1 *die Zeit betreffend, in ihr geschehend* □ temporal; ich weiß nicht, wie ich unsere Verabredung ~ einrichten soll □ *não sei como encontrar tempo para nos encontrarmos 2 ⟨70⟩ *vergänglich, irdisch;* ~e Werte, Güter □ passageiro; transitório 2.1 das Zeitliche segnen ⟨fig.; verhüllend⟩ *sterben* □ *ir desta para melhor

zeit|los ⟨Adj.⟩ *nicht zeitgebunden, von der Mode, vom Zeitgeist nicht abhängig;* ein ~er Stil; dieses Kleid ist von ~er Eleganz □ atemporal

Zeit|lu|pe ⟨f.; -; unz.⟩ *Verfahren, durch das die aufgenommenen Vorgänge bei der Wiedergabe langsamer ablaufen;* Ggs *Zeitraffer;* einen Wettkampf in ~ zeigen □ câmara lenta

Zeit|punkt ⟨m.; -(e)s, -e⟩ *bestimmter Augenblick;* den günstigen ~ verpassen; du bist zum richtigen ~ gekommen □ momento; hora

Zeit|raf|fer ⟨m.; -s; unz.⟩ *Verfahren, durch das die auf dem Filmstreifen aufgenommenen Vorgänge bei der Wiedergabe schneller ablaufen;* Ggs *Zeitlupe;* das Aufblühen einer Blume in ~ zeigen □ câmara rápida

zeit|rau|bend *auch:* **Zeit rau bend** ⟨Adj.⟩ *langwierig, lästig viel Zeit verbrauchend* □ demorado; moroso; que toma tempo

Zeit|raum ⟨m.; -(e)s, -räu|me⟩ *Zeitabschnitt, Zeitspanne;* in einem ~ von mehreren Monaten □ período; lapso

Zeit|rech|nung ⟨f.; -, -en⟩ *Art der Einteilung der Jahre;* Sy *Kalender(2);* christliche ~ □ calendário; nach, vor unserer ~ □ era

Zeit|schrift 〈f.; -, -en〉 *regelmäßig (wöchentlich, monatlich) erscheinende, meist bebilderte Druckschrift, Journal(3)* □ revista; periódico

Zeit|span|ne 〈f.; -, -n〉 *Zeitabschnitt, Zeitraum* □ período; lapso

zeit|spa|rend *auch:* **Zeit spa|rend** 〈Adj.〉 *weniger Zeit in Anspruch nehmend, mit weniger Zeitaufwand verbunden;* eine ~e Methode □ que poupa tempo; que faz poupar tempo

Zei|tung 〈f.; -, -en〉 *regelmäßig (täglich, wöchentlich) erscheinende Druckschrift mit Nachrichten über die Tagesereignisse;* Tages~, Wochen~; eine ~ abonnieren; eine ~ abonniert haben; ~en austragen; eine ~ drucken, verlegen; die ~ hat ihr Erscheinen eingestellt; eine ~ gründen, herausgeben; die ~ lesen; er arbeitet ist bei der ~; in den letzten Tagen ging die Nachricht durch die ~en, dass ...; einen Gegenstand in eine (alte) ~ einwickeln; in der ~ steht, dass ...; eine Anzeige, einen Aufsatz in einer ~ veröffentlichen □ jornal; diário; periódico

Zeit|ver|treib 〈m.; -(e)s, e〉 *Tätigkeit, mit der man sich die Zeit vertreibt, mit der man Zeit kurzweilig verbringt, Kurzweil;* das tu' ich nur zum ~ □ passatempo

zeit|wei|lig 〈Adj.〉 1 〈24/70〉 *eine Zeit lang dauernd* □ temporário; momentâneo 2 〈50〉 *zeitweise, eine Zeit lang;* sein Puls setzt ~ aus □ temporariamente; momentaneamente

zeit|wei|se 〈Adj. 24〉 *nur eine Zeit lang, zuweilen* □ temporariamente; de vez em quando

Zeit|zün|der 〈m.; -s, -〉 *Zünder, der eine Sprengladung nach einer bestimmten Zeit zur Detonation bringt* □ espoleta/detonador de tempo

ze|le|brie|ren *auch:* **ze|leb|rie|ren** 〈V. 500〉 1 *einen Ritus ~ feierlich vornehmen* 2 *die Messe ~ lesen* □ celebrar

Zel|le 〈f.; -, -n〉 1 *kleiner Raum, dessen Einrichtung auf das Notwendigste beschränkt ist;* Gefängnis~, Mönchs~ □ cela; célula; Telefon~ □ *cabine telefônica 2 *einer der sechseckigen Hohlräume, aus denen eine Bienenwabe besteht* □ alvéolo 3 〈El.〉 *Element einer Akkumulatorenbatterie* 4 〈Flugw.〉 *Rumpf eines Flugzeuges* 5 〈Biol.〉 *kleinste lebendige Einheit u. Grundbaustein aller Lebewesen* 6 〈Soziol.〉 *Gruppe von Mitgliedern als kleinste Einheit von politischen Organisationen* □ célula

Zel|lo|phan 〈n.; -s; unz.〉 *durchsichtige, glasklare Folie aus Viskose;* oV *Cellophan*® □ celofane

Zell|stoff 〈m.; -(e)s, -e〉 *feinfaserige, aus Zellulose bestehende, weiße, weiche Masse* □ pasta química; celulose

Zel|lu|loid 〈n.; -(e)s; unz.〉 *durchsichtiger, elastischer Kunststoff aus Kampfer u. Zellulosedinitraten;* oV 〈fachsprachl.〉 *Celluloid* □ celuloide

Zel|lu|lo|se 〈f.; -, -n〉 *Hauptbestandteil pflanzlicher Zellwände, chem. ein aus Glukose aufgebautes Polysaccharid;* oV 〈fachsprachl.〉 *Cellulose* □ celulose

Zell|wol|le 〈f.; -; unz.〉 *aus Zellulose hergestellte Spinnfaser* □ lã celulósica

Ze|lot 〈m.; -en, -en〉 1 〈1. Jh.〉 *Angehöriger einer römerfeindlichen altjüdischen Partei* □ zelote 2 〈geh.〉 *fanatischer Eiferer, Glaubenseiferer* □ fanático

Zelt 〈n.; -(e)s, -e〉 1 *aus Stoffbahnen od. Fellen u. Stangen leicht gebaute u. schnell wieder abreißbare Bedachung, Unterkunft;* Indianer~; Bier~; ein ~ aufschlagen □ cabana; tenda; barraca 1.1 seine ~e abbrechen 〈fig.〉 *von seinem Wohnort wegziehen* □ *mudar-se 2 〈fig.; poet.〉 *hohes, weites Gewölbe;* Himmels~, Sternen~ □ firmamento

zel|ten 〈V. 400〉 *in einem Zelt übernachten, campen;* wir haben im Urlaub gezeltet □ acampar

Ze|ment 〈m.; -(e)s, -e〉 1 *an der Luft od. im Wasser erhärtendes, nach dem Erhärten wasserfestes Bindemittel aus Mörtel u. Beton* □ cimento 2 *die Zahnwurzel umgebende harte Substanz* 3 *Masse für Zahnfüllungen* □ cemento

Ze|nit 〈m.; -(e)s, -〉 1 〈Astron.〉 *Schnittpunkt einer über dem Beobachtungspunkt gedachten senkrechten Linie mit der Himmelskugel;* Sy *Scheitelpunkt(3)* 2 〈fig.〉 *Höhepunkt;* im ~ des Lebens stehen □ zênite

zen|sie|ren 〈V. 500〉 1 *Leistungen ~ mit einer Zensur(3) versehen;* einen Aufsatz ~; die Arbeit mit „Gut", mit einer Zwei ~ □ dar nota 2 *etwas ~ der Zensur(2) unterwerfen;* ein Kinostück, Briefe ~ □ censurar

Zen|sur 〈f.; -, -en〉 1 〈unz.; im alten Rom〉 *Amt des Zensors, der die Bürger nach ihrem Vermögen schätzt* 2 〈unz.〉 *staatliche Kontrolle von Kunstwerken u. Schriftstücken;* die Briefe gehen durch die ~; der Film, das Buch, Theaterstück ist von der ~ verboten worden □ censura 3 = *Note(2);* vor den Ferien gibt's ~en; gute, schlechte ~en □ nota

Zen|taur 〈m.; -en, -en〉 *griech. Fabelwesen mit menschlichem Oberkörper u. Pferdeleib;* oV *Kentaur* □ centauro

zen|ti..., **Zen|ti...** 〈in Zus. vor Maßeinheiten〉 *hundertstel...:* Zentimeter, Zentiliter

Zen|ti|me|ter 〈a. ['----] m. od. n.; -s, -; Zeichen: cm〉 *hundertstel Meter, 1/100 m* □ centímetro

Zent|ner 〈m. 7; -s, -; Abk.: Ztr.〉 1 *Gewichtseinheit, 50 kg, 100 Pfund* □ meio quintal métrico 1.1 〈österr.; schweiz.; Zeichen: q〉 *100 kg* □ quintal métrico

♦ Die Buchstabenfolge **zen|tr...** kann in Fremdwörtern auch **zent|r...** getrennt werden.

♦ **zen|tral** 〈Adj.〉 1 〈24〉 *im Mittelpunkt (liegend, stehend)* 1.1 das Haus liegt ~ *in der Mitte der Stadt* 2 *hauptsächlich, wesentlich* 2.1 〈fig.〉 *im Mittelpunkt stehend, äußerst wichtig;* das ~e Problem ist ... □ central

♦ **Zen|tra|le** 〈f.; -, -n〉 1 *Mittelpunkt, Ausgangspunkt* 2 *Hauptgeschäftsstelle* 3 *Teil eines Unternehmens, in dem bestimmte Arbeitsgänge zusammenlaufen* □ central

♦ **zen|tra|li|sie|ren** 〈V. 500〉 1 *etwas ~ zusammenziehen, in einem Punkt (bes. im Mittelpunkt) vereinigen* 2 *eine Sache ~ planmäßig zusammenfassen u. von*

einer Stelle aus leiten lassen; die Verwaltung ~ □ centralizar
- **Zen|tra|lis|mus** ⟨m.; -; unz.⟩ *Streben nach Einheitlichkeit, nach zentraler Lenkung des Staates, der Verwaltung usw.* □ centralismo
- **Zen|tren** ⟨Pl. von⟩ *Zentrum* □ centros
- **Zen|tri|fu|gal|kraft** ⟨f.; -, -kräf|te⟩ *auf einen sich drehenden Körper wirkende Trägheitskraft, die senkrecht zur Drehkraft nach außen gerichtet ist, Fliehkraft, Schwungkraft;* Ggs *Zentripetalkraft* □ força centrífuga
- **Zen|tri|fu|ge** ⟨f.; -, -n⟩ *zylindrisches Gerät, das um seine Mittelachse in Bewegung gesetzt wird, um Stoffe verschiedener Dichte voneinander zu trennen* □ centrífuga
- **Zen|tri|pe|tal|kraft** ⟨f.; -kräf|te⟩ *bei drehenden Bewegungen nach dem Mittelpunkt hin wirkende Kraft;* Ggs *Zentrifugalkraft* □ força centrípeta
- **Zen|trum** ⟨n.; -s, Zen|tren⟩ **1** *Mitte, Mittelpunkt* **2** *zentrale Stelle* **2.1** *zentrale Einrichtung;* Jugend~, Drogen~ **3** *Innenstadt;* im ~ der Stadt wohnen **4** ⟨früher⟩ *politische katholische Partei* □ centro

Ze|phir ⟨m.; -s, -e⟩ oV *Zephyr* **1** ⟨unz.; in der Antike⟩ *warmer Westwind* □ zéfiro **2** *leichter, feiner Baumwollstoff* □ zefir
Ze|phyr ⟨m.; -s, -e⟩ = *Zephir*
Zep|ter ⟨n.; -s, -⟩ oV ⟨österr.⟩ *Szepter* **1** *verzierter Stab als Sinnbild der kaiserlichen od. königlichen Macht u. Würde* **2** ⟨fig.⟩ *höchste Gewalt, Herrschaft* □ cetro **2.1** das ~ führen, schwingen ⟨fig.⟩ *bestimmen, zu bestimmen haben* □ *empunhar o cetro

zer... ⟨Vorsilbe zur Bez. der Zerstörung, Auflösung, Trennung⟩ *auseinander...:* zerfließen, zerreißen, zertrennen, zerteilen

zer|bre|chen ⟨V. 116⟩ **1** ⟨500⟩ etwas ~ *entzweibrechen;* ich habe das Glas zerbrochen □ quebrar **1.1** *in Ketten ~* ⟨poet.⟩ *zerreißen* □ romper; → a. *Kopf(4.2)* **2** ⟨405⟩ (an etwas) ~ ⟨fig.⟩ *scheitern, infolge eines Kummers zugrunde gehen* □ *fracassar (em alguma coisa)
zer|brech|lich ⟨Adj. 70⟩ **1** *so beschaffen, dass es leicht zerbricht;* ein ~er Gegenstand □ frágil; quebradiço **2** ⟨fig.⟩ *zart, schmächtig;* sie wirkt sehr ~ □ frágil; delicado
zer|drü|cken ⟨V. 500⟩ **1** *jmdn. od. ein Tier ~ durch Drücken töten;* der Arbeiter wurde von den herabstürzenden Erdmassen zerdrückt; die Maus ist unter dem Rad des Autos zerdrückt worden □ esmagar **2** *etwas ~ entzweidrücken, durch Drücken zerkleinern od. zerstören;* Kartoffeln ~; ein Ei in der Hand, in der Tasche ~ □ quebrar; esmagar **3** *etwas ~ durch langes Drücken mit Fältchen verunstalten, zerknittern;* ein Kleid, eine Bluse ~; sie hat ihren Rock beim Sitzen ganz zerdrückt □ amassar; amarrotar
Ze|re|mo|nie ⟨österr. [-moːnjə] f.; -, -n⟩ *feierliche, an bestimmte Regeln od. Vorschriften gebundene Handlung;* Begrüßungs~; die ~ des Teebereitens u. -trinkens im alten Japan □ cerimônia

zer|fah|ren ⟨Adj.⟩ *sehr zerstreut, gedankenlos, ständig etwas vergessend, unkonzentriert;* ein ~er Mensch; du bist heute wieder völlig ~ □ distraído; estouvado
Zer|fall ⟨m.; -s; unz.; a. Chem.⟩ *das Zerfallen, Zersetzung, Auflösung;* ~ des Römischen Reiches □ queda; decadência; desintegração; → a. *radioaktiv(1.3)*
zer|fal|len ⟨V. 131/400(s.)⟩ **1** ⟨400⟩ *etwas zerfällt fällt auseinander, löst sich in viele kleine Teilchen auf* □ desintegrar(-se), decompor(-se); eine Tablette in Wasser ~ lassen □ dissolver(-se) **1.1** ⟨800⟩ *in Teile sich in T. gliedern lassen;* der Roman zerfällt in folgende Teile ... □ *dividir-se em partes **2** ⟨417⟩ *mit jmdm. ~ sein* ⟨fig.⟩ *entzweit, uneins sein* □ *estar de relações cortadas com alguém **2.1** *mit sich selbst ~ sein* ⟨fig.⟩ *mit sich selbst uneins sein, sich Selbstvorwürfe machen* □ *estar em crise consigo mesmo **2.2** *mit sich und der Welt ~ sein* ⟨fig.⟩ *Weltschmerz haben, niedergeschlagen, traurig, bedrückt sein* □ *estar de mal consigo mesmo e com o mundo
zer|fet|zen ⟨V. 500/Vr 8⟩ *jmdn. od. etwas ~ auseinanderreißen, in Fetzen reißen;* der Hund hat die Zeitung völlig zerfetzt; sein Arm wurde von einer Granate zerfetzt □ rasgar; dilacerar
zer|fled|dern ⟨V.⟩ **1** ⟨500⟩ *etwas ~ durch häufigen Gebrauch abnutzen* (bes. *Bücher*); die Schüler ~ die Bücher **2** ⟨400(s.)⟩ *etwas zerfleddert nutzt sich durch häufigen Gebrauch ab* □ (des)gastar; estragar
zer|flei|schen ⟨V. 500/Vr 8⟩ **1** *jmdn. od. ein Tier ~ mit den Zähnen auseinanderreißen, zerfetzen;* der Tiger hat seinen Dompteur völlig zerfleischt; die Wölfe zerfleischten ein Schaf □ dilacerar; despedaçar **2** ⟨Vr 3 od. Vr 8⟩ *sich ~* ⟨fig.⟩ *sich, einander quälen; sich in Selbstvorwürfen ergehen;* die Eheleute ~ sich in Eifersucht □ atormentar-se; dilacerar-se
zer|flie|ßen ⟨V. 138(s.)⟩ **1** ⟨400⟩ *etwas zerfließt* **1.1** *fließt auseinander;* die Tusche zerfließt auf der Zeichnung □ diluir-se **1.2** *wird flüssig;* die Schokolade, Butter zerfloss in der Hitze □ derreter **2** ⟨413⟩ *in Tränen ~* ⟨fig.⟩ *untröstlich weinen* □ *desfazer-se em lágrimas
zer|fres|sen ⟨V. 139/500⟩ **1** *etwas ~ durch Fressen stark beschädigen od. zerstören;* die Motten haben den Pelz, den Stoff ~ □ carcomer **2** *etwas ~ durch chem. Vorgänge beschädigen od. zerstören;* die Säure zerfrisst das Metall □ corroer; von Rost ~es Eisen □ corroído
zer|ge|hen ⟨V. 145/400(s.)⟩ **1** *etwas zergeht löst sich auf, schmilzt, zerfließt;* eine Tablette in etwas Flüssigkeit ~ lassen; das Bonbon zergeht im Mund; Salz, Zucker zergeht in Wasser □ diluir(-se); dissolver(-se) **1.1** *das Fleisch ist so zart, es zergeht auf der Zunge* ⟨fig.⟩ *man braucht es kaum zu kauen* □ desmanchar(-se); desfazer-se
zer|glie|dern ⟨V. 500⟩ **1** *etwas ~ in seine Bestandteile zerlegen (u. erklären);* einen Satz ~ □ desmembrar; analisar **2** *eine Sache ~ allzu genau in allen Einzelheiten untersuchen u. zu verstehen suchen;* jmds. Verhaltensweise, menschliche Vorgänge ~ □ analisar; dissecar

zer|klei|nern ⟨V. 500⟩ etwas ~ *in kleine Stücke teilen*; Fleisch, Gemüse, Holz ~ □ **picar; esmiuçar; rachar**

zer|klüf|tet ⟨Adj.⟩ *vielmals gespalten, mit Rissen u. Spalten durchzogen*; ~e Felsen; ~es Gebirge; ~e Mandeln □ **alcantilado; acidentado; gretado**

zer|knal|len ⟨V.⟩ **1** ⟨400(s.)⟩ *mit einem Knall zerplatzen, zerspringen*; plötzlich zerknallte die Glühbirne **2** ⟨500⟩ etwas ~ *mit einem Knall zerplatzen, zerspringen lassen*; eine Tüte, einen Luftballon aufblasen und ~ □ **estourar 2.1** ⟨umg.⟩ *zerbrechen, zerschlagen*; eine Vase, Geschirr ~ □ **quebrar; estilhaçar**

zer|knirscht ⟨Adj.⟩ *reuig, schuldbewusst*; ~er Sünder; über eine Verfehlung ~ sein □ **arrependido; contrito**

zer|knit|tern ⟨V. 500⟩ etwas ~ *zerdrücken, in ungleichmäßige Falten drücken*; Papier, ein Kleid ~ □ **amassar; amarfanhar**

zer|las|sen ⟨V. 175/500⟩ etwas ~ *schmelzen lassen*; Butter, Fett ~ □ **derreter**

zer|lau|fen ⟨V. 176/400(s.)⟩ etwas zerläuft *schmilzt, zerfließt*; Fett in der Pfanne ~ lassen; Butter, Schokolade zerläuft leicht □ **derreter**

zer|le|gen ⟨V. 500⟩ etwas ~ **1** *auseinandernehmen, in seine Bestandteile zerteilen*; einen Schrank, ein Regal ~ □ **desmontar 1.1** ⟨Gramm.⟩ *grammatisch analysieren*; einen Satz ~ □ **analisar 2** *Schlachtvieh, Wild in Stücke zerteilen, tranchieren* □ **trinchar; cortar**

zer|le|sen ⟨V. 179/500; meist im Part. Perf.⟩ etwas ~ *durch häufiges Lesen abnutzen, unansehnlich machen*; ein Buch ~ □ **estragar; (des)gastar**; das Buch sieht ~ aus □ **gasto; muito usado**

zer|lö|chern ⟨V. 500⟩ etwas ~ *durchlöchern, mit vielen Löchern versehen*; die Wand ist schon ganz zerlöchert; zerlöcherte Schuhe, Socken □ **furar; esburacar**

zer|lumpt ⟨Adj.⟩ **1** *stark abgetragen, abgenutzt, zerrissen*; ~e Kleider □ **esfarrapado; esfrangalhado 2** *in Lumpen gekleidet*; ~e Kinder; ~ aussehen □ **esfarrapado; andrajoso**

zer|mal|men ⟨V. 500⟩ jmdn. od. etwas ~ **1** *heftig zerdrücken, zerquetschen, in kleinste Teile drücken od. zerbrechen*; die Maschine hat ihm die Hand zermalmt; Knochen mit den Zähnen ~ (von großen Raubtieren); die Häuser wurden von der Lawine, von den herabstürzenden Steinen zermalmt □ **esmigalhar; reduzir a pó 2** ⟨fig.; geh.⟩ *völlig vernichten*; sein Zorn wird sie alle ~ □ **aniquilar**

zer|mür|ben ⟨V. 500/Vr 7 od. Vr 8⟩ jmdn. ~ ⟨fig.⟩ *mürbe machen, jmds. Widerstandskraft brechen*; die Sorgen haben ihn allmählich zermürbt; den Feind durch Aushungern, durch eine lange Belagerung ~ □ **cansar; desmoralizar**; das lange Warten ist ~d □ **desgastante**

Ze|ro ⟨[ze-] f.; -, -s od. n.; -, -s⟩ **1** *Null, Nichts* **2** ⟨Roulett⟩ *Gewinnfeld des Bankhalters* **3** ⟨Sprachw.⟩ *Nullmorphem* □ **zero**

zer|pflü|cken ⟨V. 500⟩ etwas ~ **1** *auseinanderrupfen, durch Zupfen in einzelne Teile teilen*; Papier, Salat, eine Blume ~ □ **desfolhar 2** ⟨fig.⟩ *kleinlich in allen Einzelheiten untersuchen u. kritisieren (u. Punkt für Punkt widerlegen)*; das Stück wurde von der Kritik zerpflückt □ **esmiuçar; fazer uma crítica minuciosa e negativa**

Zerr|bild ⟨n.; -(e)s, -er⟩ = *Karikatur*

zer|rei|ßen ⟨V. 198⟩ **1** ⟨500⟩ jmdn. od. etwas ~ *auseinanderreißen, durch Reißen gewaltsam trennen*; Papier in Stücke ~; einen Brief ~ □ **rasgar; despedaçar**, etwas mit den Krallen, den Zähnen ~; er wurde von einem Tiger, von Wölfen zerrissen □ **dilacerar; despedaçar**; ich könnte ihn (vor Wut) in der Luft ~! ⟨fig.; umg.; scherzh.⟩ □ *****me dá vontade de fazer picadinho dele! 1.1** ein Schuss, ein Donnerschlag zerriss die Stille ⟨fig.⟩ *dröhnte plötzlich durch die S.* **1.2** ein Blitz zerriss die Dunkelheit ⟨fig.⟩ *erhellte plötzlich die D.* □ **romper 1.3** ⟨530⟩ etwas zerreißt jmdm. das Herz ⟨fig.⟩ *bereitet jmdm. großen Kummer*; der Anblick zerriss mir das Herz □ *****cortar o coração de alguém 1.4** sie tat einen Blick in sein von Kummer zerrissenes Herz ⟨fig.⟩ *von Kummer gequälte H.* □ **atormentado; aflito 1.5** ich habe so viel zu tun, dass ich mich ~ könnte ⟨fig.; umg.⟩ *dass ich nicht weiß, wo ich anfangen soll* □ *****tenho tanta coisa para fazer que queria poder me desdobrar em mil 1.6** ⟨550⟩ sich für jmdn. ~ ⟨fig.; umg.⟩ *für jmdn. so viel tun, dass es fast die eigenen Kräfte übersteigt* □ *****desdobrar-se por alguém 1.7** ⟨530/Vr 5 od. Vr 6⟩ jmdn. etwas ~ *durch Hängenbleiben an einem spitzen Gegenstand ein Loch in etwas reißen*; er hat sich die Hose, die Strümpfe zerrissen □ **rasgar**; → a. *Maul(2.1.12)* **2** ⟨400⟩ etwas zerreißt *reißt auseinander, geht entzwei*; Vorsicht, das Seil zerreißt; der Stoff zerreißt leicht; mein Kleid, Rock ist zerrissen □ **rasgar(-se)**; zerrissene Hosen, Strümpfe, Schuhe □ **rasgado**; das letzte Band, das uns noch aneinanderknüpfte, ist nun zerrissen ⟨fig.⟩ □ **desfazer-se 2.1** *(innerlich) zerrissen* ⟨fig.⟩ *zwiespältig, uneins mit sich selbst*; das politisch zerrissene Deutschland im 19. Jahrhundert □ **desunido; dividido**

Zer|reiß|pro|be ⟨f.; -, -n⟩ **1** *Versuch, etwas (Werkstoff) zu zerreißen*; die (nicht) aushalten □ **ensaio/teste de ruptura 2** ⟨fig.⟩ *starke Beanspruchung*; diese Wochen waren eine ~ für meine Nerven, meine Geduld, unsere Freundschaft □ **prova de fogo**

zer|ren ⟨V.⟩ **1** ⟨511/Vr 8⟩ jmdn. od. etwas irgendwohin ~ *gewaltsam irgendwohin ziehen*; jmdn. aus dem Bett, Zimmer ~; jmdn. in den Wagen, aus dem Wagen ~ □ **arrancar; enfiar 1.1** jmdn. in den Schmutz ~ ⟨fig.⟩ *jmdn. Übles nachreden* □ *****difamar alguém 2** ⟨530/Vr 1⟩ sich etwas ~ *heftig dehnen, zu stark dehnen*; sich eine Sehne ~ □ *****distender/estirar alguma coisa 3** ⟨411⟩ an jmdm. od. etwas ~ *heftig u. ruckweise ziehen*; an seinen Fesseln ~; der Hund zerrt an der Leine, Kette □ *****puxar alguém ou alguma coisa com força**

zer|rin|nen ⟨V. 203/400(s.); bes. poet.⟩ **1** *auseinanderrinnen, langsam zerfließen, schmelzen, zergehen*; der Schnee zerrinnt □ **derreter 2** ⟨410; fig.⟩ *sich in nichts auflösen*; das Geld zerrinnt ihm in, unter den Händen □ *****o dinheiro escorre por entre seus dedos**; wie gewonnen, so zerronnen ⟨Sprichw.⟩ □ *****o que o diabo dá o diabo leva**

Zer|rung ⟨f.; -, -en⟩ **1** *durch auseinanderstrebende Kräfte bewirkte Formänderung* **2** ⟨Med.⟩ *Sehnenzerrung* □ distensão; estiramento

zer|rüt|ten ⟨V. 500/Vr 8⟩ jmdn. od. etwas ~ *in Unordnung bringen, schädigen* □ transtornar; desorganizar; zerrüttete Nerven, Gesundheit □ abalado; arruinado; eine zerrüttete Ehe □ desfeito; sie ist durch die Aufregungen völlig zerrüttet □ transtornado

zer|schel|len ⟨V. 400(s.)⟩ *durch einen Aufprall in Stücke brechen;* das Schiff ist an den Klippen zerschellt □ despedaçar-se; esfacelar-se

zer|schla|gen ⟨V. 218/500⟩ **1** etwas ~ *entzweischlagen, durch Schlag zerbrechen, zerstören;* eine Fensterscheibe, einen Teller, eine Vase ~ □ quebrar; espatifar 1.1 ich bin wie ~, ganz ~ ⟨fig.⟩ *sehr müde, abgearbeitet, erschöpft* □ quebrado; moído **2** eine Sache ~ *aufteilen, in Teile teilen;* ein Gut, einen Staat ~ □ dividir; desmembrar **3** ⟨Vr 3⟩ etwas zerschlägt sich *erfüllt, verwirklicht sich nicht;* meine Hoffnung hat sich ~; das Projekt, Unternehmen zerschlug sich; die Verabredung hat sich ~ □ malograr; fracassar

zer|schmet|tern ⟨V. 500⟩ **1** jmdn. od. etwas ~ *heftig, mit Wucht zerschlagen;* der stürzende Baum hat ihn zerschmettert □ esmagar; der Stein hat eine Fensterscheibe zerschmettert □ estilhaçar; der Baum ist vom Blitz zerschmettert worden □ fulminar; destroçar; er blieb mit zerschmetterten Gliedern unten liegen □ esmagado; fraturado **2** jmdn. ~ ⟨fig.⟩ *tief treffen, vernichten;* seinen Gegner ~; die Nachricht hat ihn zerschmettert □ fulminar; aniquilar

zer|set|zen ⟨V. 500⟩ **1** eine Flüssigkeit, ein Gas zersetzt einen Stoff *löst einen S. auf, wandelt ihn in unerwünschter Weise um* □ desagregar; desintegrar; Säure zersetzt das Metall □ corroer 1.1 ⟨Vr 3⟩ ein Stoff zersetzt sich *löst sich in seine Bestandteile auf, wandelt sich in unerwünschter Weise um;* organische Verbindungen ~ sich □ decompor-se; desagregar-se; dissolver-se **2** eine Gemeinschaft, Ordnung ~ *die Ordnung, den Bestand einer G. zerstören;* eine Partei (moralisch) ~; die Moral ~; die politische Ordnung ~ □ desagregar; subverter

zer|split|tern ⟨V.⟩ **1** ⟨500⟩ etwas ~ *in Splitter spalten;* der Blitz hat den Baum zersplittert □ estilhaçar; despedaçar **2** ⟨400(s.)⟩ etwas zersplittert *zerbricht in Splitter, wird zerbrochen, spaltet sich in Splitter;* die Fensterscheibe, der Knochen zersplittert □ estilhaçar-se **3** ⟨500⟩ eine Sache ~ ⟨fig.⟩ *in zu viele einzelne kleine Teile aufteilen* □ fracionar 3.1 zersplitterte Stimmen *sich auf viele kleine Parteien verteilende S.* □ *votos dispersos

zer|spren|gen ⟨V. 500⟩ **1** etwas ~ *durch Sprengen zerstören, auseinandersprengen;* das Küken zersprengte die Eierschale; die Bierflaschen wurden durch den Frost zersprengt □ rebentar; estourar **2** eine Gruppe von Personen, eine Sammlung von Dingen ~ *(gewaltsam) so auseinanderbringen, dass jedes Teil an einem anderen Ort ist;* eine Truppe, eine militärische Einheit ~ □ dispersar; desbaratar

zer|sprin|gen ⟨V. 253(s.)⟩ **1** ⟨400⟩ etwas zerspringt *zerteilt sich springend in kleine Teilchen;* ein Glas, eine Tasse zerspringt; in Stücke ~ □ quebrar(-se); estilhaçar(-se) **2** ⟨400; poet.⟩ *zerreißen, auseinanderspringen;* er spielte bis die Saiten zersprangen □ romper-se **3** ⟨600⟩ jmdm. zerspringt das Herz ⟨fig.; poet.⟩ *jmds. Herz reagiert heftig auf Gefühlsregungen;* sie glaubte, ihr Herz müsste (vor Freude, vor Schmerz) ~ □ estourar; rebentar

zer|stäu|ben ⟨V. 500⟩ eine Flüssigkeit ~ *in winzigen Tröpfchen verteilen, versprühen;* Parfüm ~; ein Mittel gegen Motten im Zimmer ~ □ vaporizar; pulverizar

zer|stie|ben ⟨V. 260/400(s.)⟩ **1** etwas zerstiebt *fliegt in sehr feinen Teilen nach allen Seiten auseinander;* das Wasser zerstiebt nach allen Seiten □ respingar; chuviscar **2** eine Gruppe von Personen zerstiebt *eilt nach allen Seiten auseinander;* seine Anhänger waren in alle Winde zerstoben □ dispersar-se; debandar

zer|stö|ren ⟨V. 500⟩ **1** etwas ~ *so stark beschädigen, dass es seinen Zweck nicht mehr erfüllen kann;* das Haus, die Stadt ist durch Feuer, durch Bomben im Kriege zerstört worden; Säure zerstört Gewebe; der Junge zerstört ständig das Spielzeug der anderen Kinder □ destruir; demolir; arruinar **2** eine Sache ~ *zugrunde richten;* jmds. Freude, Glück ~; jmds. Leben, Ehe ~ □ destruir; acabar com

Zer|stö|rung ⟨f.; -, -en⟩ **1** ⟨unz.⟩ *das Zerstören, Zerstörtwerden;* ~ des natürlichen Lebensraumes □ destruição; devastação **2** ⟨zählb.⟩ *Schaden durch Zerstören;* ~ durch Erdbeben □ destruição; estrago

zer|streu|en ⟨V. 500⟩ **1** jmdn. od. etwas ~ *weit auseinander umherstreuen, willkürlich verteilen, auseinandertreiben* □ dispersar; espalhar 1.1 das Licht wird durch Staubteilchen zerstreut *in verschiedene Richtungen abgelenkt* 1.2 ⟨Vr 3⟩ sich ~ *auseinandergehen, sich verlaufen;* die Menge zerstreut sich □ dispersar(-se) 1.2.1 seine Kinder haben sich in alle Winde zerstreut ⟨fig.⟩ *seine K. sind alle fortgezogen* □ *seus filhos se espalharam pelo mundo **2** ⟨Vr 7 od. Vr 8⟩ jmdn. ~ ⟨fig.⟩ *erheitern, unterhalten, jmdm. die Zeit vertreiben, jmdn. auf andere Gedanken bringen;* man sollte den Kranken ein bisschen ~; wir waren im Kino, um uns zu ~ □ distrair(-se) **3** jmds. schlimme Vermutungen ~ *beseitigen;* jmds. Argwohn, Verdacht ~ □ afastar

zer|streut 1 ⟨Part. Perf. von⟩ zerstreuen **2** ⟨Adj.; fig.⟩ *unaufmerksam, abgelenkt, in Gedanken stets mit anderen Dingen als den im Augenblick notwendigen beschäftigt, häufig irgendetwas vergessend;* er ist sehr ~ □ distraído 2.1 ⟨60⟩ ein ~er Professor ⟨umg.; scherzh.⟩ *jmd., der ständig irgendetwas vergisst* □ *cabeça de vento

Zer|streu|ung ⟨f.; -, -en⟩ **1** *Kurzweil, Unterhaltung;* seinen Gästen allerlei ~en bieten □ entretenimento; distração **2** ⟨unz.⟩ *die Eigenschaft, zerstreut(1) zu sein;* in seiner ~ hat er wieder seinen Schal vergessen □ distração **3** ⟨unz.⟩ *das Zerstreutwerden;* die ~ des Lichts □ dispersão

zer|stü|ckeln ⟨V. 500⟩ **1** jmdn. od. etwas ~ *in kleine Stücke zerteilen;* Fleisch, Wurst ~ □ picar; despedaçar; der Acker wurde bei der Aufteilung des Besit-

zerteilen

zes zerstückelt □ *fragmentar; desmembrar;* die Polizei fand eine zerstückelte Leiche □ *esquartejado* **2** ⟨Vr 3⟩ ich kann mich doch nicht ~ ⟨fig.⟩ *verschiedene Dinge gleichzeitig tun* □ **não posso me dividir em dois; sou um só*

zer|tei|len ⟨V. 500⟩ **1** etwas ~ *in Teile zerlegen, in Stücke teilen* □ *dividir; fragmentar;* der Wind zerteilt die Wolken □ *dividir; dissipar;* ich habe so viel zu tun – ich könnte mich ~! ⟨umg.⟩ □ **tenho tanta coisa para fazer que queria poder me dividir em dois!* **2** ⟨Vr 3⟩ **etwas** zerteilt **sich** *fällt in Teile auseinander, löst sich in Teile auf, teilt sich auf;* die Wolken ~ sich; der Baumstamm zerteilt sich in viele Äste □ *dissipar-se; dividir-se*

Zer|ti|fi|kat ⟨n.; -(e)s, -e⟩ **1** *Bescheinigung, Bestätigung, Auszeichnung;* ein ~ erhalten, ausstellen **2** ⟨Bankw.⟩ *Anteilschein an einem Investmenttrust;* Investment~ □ *certificado*

zer|tre|ten ⟨V. 268/500⟩ etwas od. ein **Tier** ~ *mit den Füßen breittreten, zerdrücken, niedertreten u. zerstören od. beschädigen;* Blumen ~; eine Ameise, einen Wurm ~; das Gras ist ganz ~ □ *pisotear; esmagar com os pés*

zer|trüm|mern ⟨V. 500⟩ etwas ~ *in Trümmer schlagen, heftig zerschlagen;* bei einer Schlägerei Bierflaschen, Stühle ~; eine Fensterscheibe (mit einem Stein) ~; einen Spiegel ~ □ *destruir; destroçar; estilhaçar*

Zer|ve|lat|wurst ⟨a. [zɛrvə-] f.; -, -würs|te⟩ *Dauerwurst aus Schweinefleisch, Rindfleisch u. Speck;* oV *Servelatwurst;* Sy *Cervela, Cervelat, Servela* □ *linguiça/salsicha tipo cervelat*

Zer|würf|nis ⟨n.; -ses, -se⟩ *Entzweiung, Verfeindung* □ *desacordo; desavença*

zer|zau|sen ⟨V. 500/Vr 7 od. Vr 8⟩ etwas ~ *in Unordnung bringen;* Haar, Federn ~ □ *desgrenhar; desalinhar;* du bist ja ganz zerzaust; du hast ja ganz zerzaustes Haar □ *desgrenhado; desalinhado*

ze|tern ⟨V. 400⟩ *laut jammern, schreien, zanken* □ *gritar; berrar*

Zet|tel[1] ⟨m.; -s, -⟩ *kleineres, loses, zum Beschreiben gedachtes od. beschriebenes Blatt Papier;* beschriebener, leerer, zerknitterter ~; sich Notizen auf einen ~ schreiben □ *pedaço de papel;* Merk~ □ **lembrete;* Bestell~ □ **ficha de requisição*

Zet|tel[2] ⟨m.; -s, -⟩ *Längsfäden eines Gewebes, Reihenfolge der Kettfäden* □ *urdidura*

Zeug ⟨n.; -(e)s, -e⟩ **1** ⟨veraltet⟩ *(einfaches, grobes) Gewebe* □ *pano; fazenda* **1.1** ⟨unz.⟩ *Textilien, Wäsche;* Lein~, Bett~ □ *roupa* **2** ⟨unz.⟩ *Ausrüstung* □ *apetrechos; utensílios* **2.1** *Kleidung;* Öl~; sein ~ in Ordnung halten □ *vestuário;* vestimenta **2.1.1** jmdm. etwas am ~ flicken ⟨fig.⟩ *jmdn. ungerechtfertigterweise od. aus sehr geringfügigem Anlass tadeln* □ **fazer a caveira de alguém* **2.2** *Arbeitsgeräte;* Handwerks~ □ *ferramentas* **2.2.1** das ~ zu etwas haben ⟨fig.⟩ *zu etwas befähigt, begabt sein;* er hat das ~ zu einem guten Reiter; er hat nicht das ~ dazu □ **ter capacidade/jeito para alguma coisa* **2.3** ⟨veraltet⟩ *Geschirr* (der Zugtiere) □ *arreios* **2.3.1** sich (für jmdn. od. etwas) ins ~ legen ⟨fig.⟩ *sich anstrengen, sich kräftig bemühen (um jmdn. od. etwas zu fördern)* □ **empenhar-se; fazer de tudo (por alguém ou alguma coisa)* **2.3.2** was das ~ hält ⟨fig.⟩ *mit äußerster Anspannung, aus Leibeskräften;* arbeiten, was das ~ hält □ **até não mais poder* **3** ⟨unz.; umg.⟩ *schlechte, minderwertige, wertlose Dinge (aller Art);* du könntest endlich dein ~ aufräumen; ich kann dein ~ – hier?; altes ~; unnützes ~; was soll ich mit all dem ~?; das ist ja ein fürchterliches, ungenießbares ~! □ *tralha* **3.1** dummes ~ *Unsinn;* dummes ~ reden; das ist (doch) dummes ~! □ **bobagem; abobrinha* **4** ⟨Brauerei⟩ *Bierhefe* □ *levedura de cerveja* **5** ⟨Jägerspr.⟩ *Tücher, Netze, Lappen, mit denen bei Treibjagden ein Waldstück abgegrenzt wird* □ *redes; panos*

Zeu|ge ⟨m.; -n, -n⟩ **1** *jmd., der einem Vorgang beiwohnt od. beigewohnt hat u. später gegebenenfalls darüber berichten kann;* Augen~, Ohren~; ich habe leider keinen ~n für den Vorfall; ich war ~, als das geschah; ~ eines Unfalls, eines Gesprächs sein; etwas in Gegenwart von ~n sagen, tun **2** *jmd., der über einen beobachteten Vorgang vor Gericht aussagen soll;* einen ~n vernehren, vernehmen; als ~ aussagen; als ~ vorgeladen werden **2.1** Gott ist mein ~, dass ... ich kann beschwören, dass ... **3** ~n Jehovas *von Ch. T. Russel 1879 gegründete christliche Sekte, die ein Gottesreich erwartet* **4** ~ der Vergangenheit ⟨fig.⟩ *etwas, das aus der V. stammt u. von ihr Kunde gibt, z. B. ein Bauwerk* □ *testemunha*

zeu|gen[1] ⟨V.⟩ **1** ⟨400⟩ *als Zeuge aussagen* □ *testemunhar* **2** ⟨800⟩ von etwas ~ ⟨fig.⟩ *auf etwas schließen lassen;* sein Verhalten zeugt von Ehrlichkeit, Großzügigkeit □ **demonstrar alguma coisa*

zeu|gen[2] ⟨V. 500⟩ **1** ein Kind ~ *durch einen Geschlechtsakt die Entstehung eines K. einleiten* □ *gerar; procriar* **2** ⟨fig.⟩ etwas ~ *geistig hervorbringen;* kühne Gedanken ~ □ *produzir; conceber*

Zeu|gin ⟨f.; -, -gin|nen⟩ *weibl. Zeuge* □ *testemunha*

Zeug|nis ⟨n.; -ses, -se⟩ **1** *urkundliche Bescheinigung, amtliche Bestätigung, Beglaubigung;* ein ärztliches ~ □ *atestado* **1.1** *Urkunde mit Bewertung einer Leistung;* Schul~, Examens~, Reife~; jmdm. ein ~ ausstellen, schreiben; morgen gibt es ~se (in der Schule); ~se vorweisen, vorlegen; ausgezeichnete, hervorragende ~se haben; ein gutes, schlechtes ~ □ *boletim* **1.1.1** ich kann ihm nur das beste ~ ausstellen ⟨fig.⟩ *ich kann nur Gutes über ihn sagen, kann ihn nur loben* □ **só posso falar bem dele* **2** ⟨geh.⟩ *(Zeugen-)Aussage zum Beweis einer Behauptung od. Tatsache* □ *testemunho* **2.1** von etwas ~ ablegen *von etwas berichten, etwas bekunden* □ **prestar/dar testemunho de alguma coisa* **2.2** falsches ~ ablegen *eine falsche Aussage machen* □ **prestar falso testemunho* **3** ⟨fig.⟩ *Gegenstand aus vergangener Zeit, der Aufschluss über diese Zeit gibt;* die Pyramiden sind ein ~ der altägyptischen Baukunst □ *testemunho*

Zi|cho|rie ⟨[tsiço:riə] f.; -, -n⟩ **1** ⟨Bot.⟩ *Angehörige einer Gattung der Korbblütler, Wegwarte: Cichorium* **2** als

Kaffee-Ersatz verwendete getrocknete Pflanzenteile der Zichorie(1) □ chicória

Zi|cke ⟨f.; -, -n⟩ **1** *Ziege (1)* □ cabra **2** ⟨abwertend⟩ *unfreundliche, verschrobene weibl. Person* □ megera; bruxa **3** ⟨Pl.⟩ *~n* **machen** *Schwierigkeiten machen, sich nicht fügen* □ *criar problemas

Zick|zack ⟨m.; -(e)s, -e⟩ *in mehreren Zacken verlaufende Linie;* der *~* eines Blitzes; im *~* laufen, fliegen □ zigue-zague

Zie|ge ⟨f.; -, -n⟩ **1** ⟨Zool.⟩ *Angehörige einer Gattung der Horntiere mit kräftigen Hörnern u. rauem Fell: Capra* □ cabra **2** ⟨Zool.⟩ *ein Karpfenfisch in Küstengewässern, der zur Laichzeit in Flüsse zieht: Pelecus cultratus* □ peixe-sabre **3** ⟨umg.; abwertend⟩ *dumme od. unangenehme weibl. Person* □ tonta; sonsa

Zie|gel ⟨m.; -s, -⟩ *Backstein, gebrannter Baustein aus Lehm, Ton u. Ä.;* Dach*~;* *~* brennen, ein Dach mit *~*n decken □ tijolo; telha

Zie|gen|pe|ter ⟨m.; -s; unz.; volkstüml.⟩ = *Mumps*

Zieh|el|tern ⟨Pl.⟩ *Eltern, die ein Pflegekind aufziehen, Pflegeeltern* □ pais adotivos

zie|hen ⟨V. 293⟩ **1** ⟨500⟩ **jmdn. od. etwas *~*** *mit stetig angewandter Kraft hinter sich her bewegen;* das Pferd zieht den Wagen; lass dich doch nicht so *~!* (Aufforderung an das Kind, das man an der Hand führt); sich auf dem Schlitten *~* lassen **2** ⟨500/Vr 8⟩ **jmdn. od. etwas *~*** *mit stetig angewandter Kraft zu sich her bewegen;* jmdn. (zärtlich) an sich *~;* er zog sie neben sich aufs Sofa; etwas in die Höhe *~;* den Mantel enger um sich *~;* das Boot an Land *~* □ puxar 2.1 *~!* (Aufschrift an Türen) □ puxe! **2.2** ⟨511⟩ der König zog Gelehrte, Musiker an seinen Hof *rief sie an seinen H., beschäftigte sie an seinem H.* □ convocar **2.3** ⟨511⟩ jmdn. auf seine Seite *~* *jmdn. für sich gewinnen, ihn günstig für sich beeinflussen* □ *trazer alguém para o próprio lado **2.4** ⟨500⟩ etwas *~* *durch Ziehen(2) betätigen;* die Notbremse *~* **2.5** ⟨411⟩ **an etwas *~*** *versuchen, etwas von der Stelle, an der es befestigt ist, durch stetig angewandte Kraft wegzubewegen (u. zu sich heranzuziehen);* an einem Strick *~;* der Hund zieht (erg.: an der Leine); jmdn. am Ohr, an den Haaren *~* □ puxar; an der Glocke *~* □ *tocar o sino **3** ⟨510⟩ **jmdn. od. etwas mit sich *~*** *gegen Widerstand in der eigenen Bewegungsrichtung bewegen, in Bewegung setzen* □ arrastar **3.1** *durch Ziehen(3) an eine bestimmte Stelle bringen;* Perlen auf einen Faden *~* □ *passar pérolas por um fio; Wein auf Flaschen *~* □ *engarrafar o vinho; Saiten auf ein Instrument *~* □ *encordoar um instrumento; ein Bild auf Pappe *~* □ *colar uma figura no papelão; einen Brief aus der Tasche *~* □ *tirar uma carta do bolso; den Faden durchs Nadelöhr, durch den Stoff *~* □ *passar o fio pelo buraco da agulha/pelo tecido; die Gardine vors Fenster *~* □ *fechar a cortina; eine Jacke übers Kleid *~* □ *pôr um casaco por cima do vestido **3.1.1** etwas in Erwägung *~* *etwas erwägen, bedenken, überlegen* □ *levar alguma coisa em consideração **3.1.2** jmdn. ins Gespräch *~* *am G. beteiligen, etwas fragen, zum Sprechen ermuntern* □ *chamar/trazer alguém para a conversa **3.1.3** etwas ins Lächerliche *~* *etwas lächerlich machen* □ *ridicularizar alguma coisa **3.1.4** jmdn. ins Vertrauen *~* *jmdm. etwas anvertrauen* □ *confiar alguma coisa a alguém; contar um segredo a alguém **3.1.5** jmds. Worte in Zweifel *~* *anzweifeln, nicht glauben* □ *pôr em dúvida as palavras de alguém; duvidar das palavras de alguém **4** ⟨503⟩ **(jmdm.) etwas *~*** *durch Ziehen(2-3) entfernen;* jmdm. einen Zahn *~;* den Korken aus der Flasche *~;* einen Ring vom Finger *~;* nach der Operation müssen die Fäden gezogen werden □ arrancar; tirar **4.1** ⟨511⟩ Banknoten aus dem Verkehr, Umlauf *~* ⟨fig.⟩ *aus dem V., U. nehmen* □ *tirar notas de circulação **4.2** ⟨505⟩ den Hut (vor jmdm.) *~* *den H. zum Gruß abnehmen* □ *cumprimentar alguém tirando o chapéu **5** ⟨500⟩ etwas *~* *zu einem bestimmten Zweck hervorholen;* den Degen *~;* er zog das Messer, den Revolver □ desembainhar; sacar **6** ⟨550⟩ etwas auf sich *~* *lenken;* die Aufmerksamkeit auf sich *~;* die Blicke auf sich *~;* jmds. Unwillen, Hass auf sich *~* □ atrair **7** ⟨550⟩ **etwas aus etwas *~*** *herausziehen, gewinnen;* ich werde (mir) eine Lehre daraus *~;* Nutzen aus etwas *~;* Folgerungen (aus einer Beobachtung) *~;* daraus kann man den Schluss *~,* dass ... □ tirar **7.1** ⟨500⟩ etwas *~* *auswählen;* eine Karte *~;* ein Los *~* □ tirar; escolher **8** ⟨500⟩ etwas *~* *durch Ziehen(3), Dehnen herstellen* □ puxar **8.1** ⟨Tech.⟩ *durch einen sich konisch verengenden Ring hindurchführen u. so strecken od. verfestigen;* Metallstangen *~,* Draht, Röhren *~* □ trefilar **8.1.1** gezogener Draht *durch Ziehen geformter D.* □ *arame trefilado **8.2** Kerzen *~* *durch Ziehen des Wachses mit der Hand K. herstellen, formen* □ moldar; gezogene (nicht gegossene) Kerzen □ moldado **8.3** etwas zieht etwas *bildet etwas;* Blasen *~;* der Sirup, Honig zieht Fäden □ formar **9** ⟨500⟩ etwas *~* *von einem Punkt ausgehend gleichförmig in die Länge ausdehnend herstellen;* eine Linie *~* □ *traçar uma linha; einen Graben *~* □ *abrir/cavar uma vala; sich den Scheitel *~* □ *fazer a risca do cabelo **10** ⟨500⟩ ein Gesicht *~* *seinem G. einen unwilligen Ausdruck geben;* ein schiefes Gesicht *~* □ *fazer cara feia; torcer o nariz **11** ⟨500⟩ Pflanzen, Tiere *~* *züchten, aufziehen;* Blumen, Obstbäume, Schäferhunde *~* □ cultivar; criar **12** ⟨510⟩ **etwas zieht etwas nach sich** *hat etwas zur Folge;* diese Maßnahme wird noch weitere nach sich *~;* das wird noch üble Folgen nach sich *~* □ *acarretar alguma coisa **13** ⟨500⟩ etwas *~* *dehnen, strecken;* Stoff, Garn *~;* die Wäsche zum Trocknen in die Länge *~;* Gummi lässt sich *~* □ estender; esticar **13.1** die Töne *~* (beim Singen) *die T. unschön dehnend miteinander verbinden* □ *desafinar **13.2** ⟨Vr 3⟩ etwas zieht sich *ist dehnbar, lässt sich dehnen, strecken;* die Strümpfe *~* sich nach dem Fuß □ *ser flexível/elástico **13.2.1** ⟨513⟩ etwas zieht sich in die Länge ⟨fig.⟩ *dauert länger als erwartet* □ *demorar **14** ⟨511/Vr 7 unpersönl.⟩ **es zieht jmdn. irgendwohin** *jmd. möchte gerne irgendwohin gehen;* es zieht mich immer wieder dorthin; es zieht mich heimwärts □ *querer ir a algum lugar **15** ⟨400(s.)⟩ *sich stetig fortbewegen, sich* (in gleichförmiger, ruhiger Bewegung) an einen anderen Ort begeben; die Wolken ~ am Himmel ☐ **passar**; der Hirsch zieht über die Lichtung ☐ **atravessar; passar por**; die Zugvögel ~ nach dem Süden ☐ **migrar**; durch die Welt ~ ☐ ***andar pelo mundo**; in die Fremde ~; in den Krieg, ins Feld ~; der König zog mit seinem Heer nach Italien ☐ **partir; ir** 15.1 ⟨411⟩ auf Wache ~ *die W. übernehmen* ☐ ***assumir o turno da guarda** 15.2 jmdn. (ungern) ~ lassen *weggehen lassen (für lange Zeit)* ☐ ***deixar (a contragosto) alguém partir** 15.3 Jahr um Jahr zog ins Land ⟨poet.⟩ *verging* ☐ **passar** 16 ⟨400; Brettspiel⟩ *einen Stein auf ein anderes Feld rücken* ☐ **mover** 17 ⟨411(s.)⟩ *irgendwohin ~ seinen Wohnsitz irgendwohin verlegen;* aufs Land ~; in einen Ort, nach einem Ort ~; in eine andere Wohnung ~; nach Berlin, nach England ~ ☐ ***mudar para algum lugar** 17.1 *zu jmdn. ~ seinen Wohnsitz mit jmdn. zusammenlegen* ☐ ***ir morar com alguém** 18 ⟨400⟩ *etwas zieht hat Luftzug*; der Ofen, die Zigarre zieht ☐ **ter tiragem** 19 ⟨411⟩ *an einer Pfeife, Zigarre ~ den Rauch der P., Z. einziehen* ☐ ***tragar a fumaça do cachimbo/charuto** 20 ⟨400⟩ *es zieht es herrscht Zugluft*; hier zieht es; Tür zu, es zieht! ☐ ***passar corrente (de ar)** 21 ⟨400⟩ *etwas zieht gibt Aroma u. Farbe an das heiße Wasser ab* ☐ **estar/permanecer em infusão**; der Tee muss fünf Minuten ~ ☐ ***o chá precisa de cinco minutos de infusão** 22 ⟨400⟩ *etwas zieht* ⟨fig., umg.⟩ *hat die gewünschte Wirkung*; er drohte ihm ein Fernsehverbot an, und das zog endlich ☐ **funcionar; ter o efeito desejado**; das zieht bei mir nicht mehr ☐ ***nessa eu não caio mais**; das Theaterstück, der Film zieht (nicht) ☐ ***a peça/o filme (não) emplacou**

Zie|hung ⟨f.; -, -en⟩ *Bestimmung der Gewinner in einer Lotterie durch Herausziehen von einzelnen Losen aus der Gesamtmenge der Lose;* ~ der Lottozahlen; morgen ist ~ ☐ **sorteio; extração**

Ziel ⟨n.; -(e)s, -e⟩ 1 *Ort, Punkt, den man erreichen will;* ~ einer Wanderung; sein ~ erreichen; sich seinem ~ nähern; das ~ treffen, verfehlen (beim Werfen, Schießen); ans ~ gelangen, kommen; wir sind am ~; am ~ seiner Reise angelangt sein ☐ **destino; objetivo** 1.1 *Endpunkt eines Wettlaufs od. einer Wettfahrt;* als Erster durchs ~ gehen; er musste kurz vor dem ~ aufgeben ☐ **linha de chegada** 2 *festgesetzter zeitlicher Endpunkt;* gegen drei Monate, mit drei Monaten ~ ☐ **prazo** 3 ⟨fig.⟩ *etwas, das man erreichen will, worauf das menschliche Handeln gerichtet ist u. woran es sich orientiert;* ein (bestimmtes) ~ verfolgen; ein hohes, lohnendes ~; er studiert Sprachen mit dem ~ des Staatsexamens, mit dem ~, Lehrer zu werden; ein ~ vor Augen haben; dieser Weg führt nicht zum ~; sein Streben, seine Mühe hat glücklich zum ~ geführt ☐ **objetivo; meta; fim**; ohne Maß und ~ ☐ ***sem medida; em demasia**; ein Leben ohne Zweck und ~ ☐ ***uma vida sem objetivo/sentido**; sich ein ~ setzen, stecken ☐ ***estabelecer um objetivo para si mesmo**; damit bin ich am ~ meiner Wünsche ☐ ***com isso, consegui o que queria** 3.1 *sich etwas zum ~ setzen,* stecken *sich etwas vornehmen* ☐ ***propor-se alguma coisa; ter alguma coisa como objetivo** 3.2 *sein ~ verfehlen das Erstrebte nicht erreichen, scheitern* ☐ ***não alcançar seu objetivo** 3.3 *übers ~ (hinaus)schießen ein vernünftiges od. erwünschtes Maß überschreiten* ☐ ***ir longe demais; ultrapassar os limites**

ziel|be|wusst ⟨Adj.⟩ *entschlossen, ein gesetztes Ziel zu erreichen, unbeirrbar im Verfolgen seines Zieles;* ein ~er Mensch; er ist sehr ~ ☐ **determinado; decidido; seguro de si**; ~ arbeiten; ~ handeln, vorgehen ☐ **com determinação**

zie|len ⟨V. 411⟩ *(auf etwas od. jmdn. ~)* 1 *etwas, womit man schießt od. wirft, genau auf jmdn. od. etwas richten, um ihn bzw. es treffen zu können;* gut, genau, sorgfältig ~; ein gut gezielter Schuss, Wurf ☐ **mirar** 2 ⟨fig.⟩ *sich auf jmdn. od. etwas als Ziel richten;* die Bemerkung zielte auf dich ☐ **dirigir-se a** 2.1 *~des Zeitwort Z., das ein Akkusativobjekt verlangt, transitives Verb* ☐ ***verbo transitivo** 2.2 *eine gezielte Bemerkung, Anspielung B., A., die deutlich etwas zum Ausdruck bringt, offensichtlich eine bestimmte Person od. Sache meint* ☐ ***uma observação/alusão direta** 2.3 *eine gezielte Erziehung eine E. mit einem genau festgelegten u. sorgfältig verfolgten Ziel* ☐ ***uma educação orientada**

Ziel|schei|be ⟨f.; -, -n⟩ 1 *Scheibe (meist mit konzentrischen schwarzen u. weißen Ringen) als Ziel für Schießübungen, Schießscheibe* 2 ⟨fig.⟩ *Ziel, Angriffspunkt;* er dient ihnen nur als ~ des, ihres Spottes ☐ **alvo**

ziel|stre|big ⟨Adj.⟩ *eifrig nach einem Ziel strebend* ☐ **determinado; resoluto**

zie|men ⟨V.; veraltet⟩ 1 ⟨600; geh.⟩ jmdm. ~ *richtig, passend für jmdn. sein, jmdn. zukommen;* ihm ziemt ein höflicheres Verhalten 2 ⟨500/Vr 3⟩ *sich ~ sich geziemen, sich schicken;* das ziemt sich nicht für mich, nicht für alle; willst du genau erfahren, was sich ziemt, so frage nur bei edlen Frauen an (Goethe, „Tasso", 2,1) ☐ **convir; ser conveniente/adequado**

ziem|lich ⟨Adj.⟩ 1 ⟨veraltet⟩ *geziemend* ☐ **adequado; apropriado** 2 ⟨70; umg.⟩ *beträchtlich, beachtlich;* Sy *verhältnismäßig;* es war eine ~e Anstrengung, Arbeit; es ist eine ~e Frechheit; es ist eine ~e Strecke bis dorthin; es dauerte eine ~e Weile ☐ **considerável** 2.1 ⟨50⟩ *in nicht geringem, aber auch nicht zu hohem Maße, recht, einigermaßen;* ~ breit, groß, gut, hoch, klein, schlecht; ~ früh, spät; ~ kalt, warm; ~ oft, viel ☐ **bastante; suficiente(mente)** 2.2 ⟨50⟩ *so ~* ⟨umg.⟩ *beinahe, fast;* hast du das alles allein gemacht? So ~! ☐ ***quase**

zie|pen ⟨V.⟩ 1 ⟨400⟩ *Küken ~ geben einen hohen, piepsenden Ton von sich* ☐ **piar; pipilar** 2 ⟨401⟩ *es ziept* ⟨umg.⟩ *es schmerzt ziehend (beim Kämmen)* ☐ **doer** 3 ⟨500⟩ jmdn. ~ ⟨umg.⟩ *jmdn. an den Haaren od. an der Haut schmerzhaft ziehen;* du ziepst mich! ☐ **machucar (ao puxar alguém)**

Zier ⟨f.; -; unz.; poet.⟩ = *Zierde*

Zie|rat ⟨alte Schreibung für⟩ *Zierrat*

Zier|de ⟨f.; -, -n⟩ 1 *Zierrat, Ausschmückung, Verschönerung, Schmuck;* oV *Zier*; als ~ dienen; Blumen zur ~

auf den Tisch stellen □ enfeite; decoração 2 ⟨fig., veraltet⟩ jmd. od. etwas, der bzw. das einer Sache zur Ehre gereicht, das Ansehen einer Sache hebt; sie ist eine ~ ihres Geschlechts □ orgulho; honra

zie|ren ⟨V. 500⟩ 1 ⟨Vr 7⟩ jmdn. od. etwas ~ verschönern, (aus)schmücken; eine Feder zierte seinen Hut; einen Tisch mit Blumen ~; die Torte war mit einem großen Schokoladenherz geziert □ decorar; enfeitar 2 ⟨Vr 3⟩ sich ~ zimperlich tun, sich bescheiden stellen, bescheiden abwehren, Umstände machen; ich kann wirklich nichts mehr essen, ich ziere mich nicht!; wenn man sie auffordert, etwas vorzusingen, ziert sie sich nicht lange; zier dich doch nicht so! □ *fazer cerimônia; fazer-se de rogado 2.1 ⟨Part. Perf.⟩ geziert unnatürlich, affektiert; geziertes Benehmen; gezierter Stil; geziert sprechen, gehen □ (de modo) artificial/afetado

zier|lich ⟨Adj.⟩ zart u. anmutig, klein u. fein; eine ~e Figur haben; ~e Hände, Füße; ein ~es Mädchen; eine ~e Schrift; eine ~e Vase; sie ist sehr ~ □ gracioso; elegante

Zier|rat ⟨m.; -(e)s, -e⟩ Ausschmückung, schmückendes Beiwerk, Zierde, Schmuck; der Vorhang erfüllt keinen praktischen Zweck, sondern ist nur ~; ein Türmchen als ~ auf dem Dach □ adereço; ornamento

Zif|fer ⟨f.; -, -n⟩ 1 schriftliches Zahlzeichen; arabische ~, römische ~; die ~ Null □ algarismo 2 ⟨Abk.: Ziff.⟩ mit einer Ziffer(1) versehener Teil eines Paragraphen od. Absatzes □ artigo

Zif|fer|blatt ⟨n.; -(e)s, -blät|ter⟩ das Uhrwerk bedeckende Scheibe mit Ziffern, auf der sich die Zeiger drehen u. die Uhrzeit anzeigen □ mostrador

Zi|ga|ret|te ⟨f.; -, -n⟩ Papierhülse mit fein geschnittenem, leicht gepresstem Tabak; jmdm. eine ~ anbieten; sich eine ~ anzünden, anbrennen, anstecken; die ~ (im Aschenbecher) ausdrücken; sich eine ~ drehen; eine ~ rauchen; leichte, schwere ~n □ cigarro

Zi|ga|ril|lo ⟨a. [-rɪljo] n. od. m.; -s, -s⟩ kleine, dünne Zigarre □ cigarrilha

Zi|gar|re ⟨f.; -, -n⟩ stabförmig gewickelte Tabakblätter □ charuto

Zi|geu|ner ⟨m.; -s, -⟩ 1 ⟨abwertend⟩ Angehöriger eines weit verbreiteten, ursprünglich indischen Wandervolkes 1.1 ⟨Selbstbenennung⟩ Rom, Sinto 2 ⟨fig., umg.⟩ unruhig, unstet lebender Mensch □ cigano

Zi|geu|ne|rin ⟨f.; -, -rin|nen⟩ weibl. Zigeuner □ cigana

zig|tau|send auch: **Zig|tau|send** ⟨unbest. Numerale⟩ viele tausend; ~ waren gekommen □ milhares

zig|tau|sen|de auch: **Zig|tau|sen|de** ⟨unbest. Numerale⟩ viele tausend; ~ von Zuschauern klatschten Beifall □ milhares

Zi|ka|de ⟨f.; -, -n; Zool.⟩ pflanzensaugende Angehörige einer Gruppe der Schnabelkerfe, deren Männchen mit einem Trommelorgan ausgerüstet sind: Cicadina; Sy Zirpe □ cigarra

Zil|le ⟨f.; -, -n; ostmdt.; österr.⟩ 1 flacher Frachtkahn für die Flussschifffahrt □ barcaça 2 ⟨österr. a.⟩ kleiner flacher Kahn (als Rettungs-, Polizeiboot) □ barco

Zim|bel ⟨f.; -, -n; Mus.⟩ Schlaginstrument, kleines Becken □ címbalo

Zim|mer ⟨n.; -s, -⟩ 1 (abschließbarer) Raum eines Hauses, der zum Wohnen, Arbeiten od. Schlafen bestimmt ist; ein ~ aufräumen, heizen, lüften, putzen; haben Sie ein ~ (frei)? (im Hotel); ein ~ malen, streichen, tapezieren, tünchen lassen; ein ~ mieten, vermieten; (sich) ein ~ (in einem Hotel) nehmen; sich ein ~ suchen (zur Miete); ~ zu vermieten; das Kind hat ein eigenes ~; ein großes, hohes, kleines, luftiges, schmales, sonniges ~; ein möbliertes ~; er ist noch in seinem, (bei Hotelzimmern) auf seinem ~; ~ mit Balkon □ quarto; aposento; Arbeits~ □ *escritório, Hotel~ □ *quarto de hotel, Schlaf~ □ *quarto, Wohn~ □ *sala, Konferenz~ □ *sala de conferências/reuniões 1.1 das ~ hüten wegen Krankheit nicht ausgehen □ *estar de cama

Zim|mer|flucht ⟨f.; -, -en⟩ Reihe nebeneinanderliegender u. miteinander verbundener Zimmer □ série de quartos; corredor com vários quartos

Zim|mer|mäd|chen ⟨n.; -s, -; in Hotels und großen Haushalten⟩ Angestellte, die die Zimmer aufräumt u. sauber hält (in Hotels u. sehr großen Haushalten) □ camareira

Zim|mer|mann ⟨m.; -(e)s, -leu|te⟩ 1 Handwerker zur Herstellung von Holzbauteilen für den Bau von Gebäuden □ carpinteiro 2 jmdm. zeigen, wo der ~ das Loch gelassen hat ⟨fig.; umg.⟩ jmdn. die Tür weisen, jmdn. hinauswerfen □ *mostrar a alguém a porta da rua

zim|mern ⟨V. 402⟩ 1 (etwas) ~ aus Holz herstellen; ein Bauteil ~; er zimmert schon den ganzen Tag □ *fazer (alguma coisa) de madeira; fabricar (alguma coisa) em madeira 2 ⟨fig.⟩ bauen, aufbauen; sich sein Lebensglück ~ □ construir; criar

zim|per|lich ⟨Adj.⟩ übertrieben empfindlich; ein ~er Mensch; sei nicht so ~ □ hipersensível; melindroso

Zimt ⟨m.; -(e)s, -e⟩ 1 ⟨Bot.⟩ einer Gattung der Lorbeergewächse angehörende Kulturpflanze: Cinnamomum 1.1 auf Ceylon heim. Baum, aus dessen Rinde ein Gewürz gewonnen wird: Cinnamomum zeylanicum 2 Gewürz aus der Rinde von Zimt(1.1); Grießbrei mit Zucker und ~ □ canela 3 ⟨fig.; umg.; abwertend⟩ Kram, wertloses Zeug, lästige Angelegenheit □ tralha 3.1 der ganze ~ kann mir gestohlen bleiben ⟨fig.; umg.⟩ ich will von alledem nichts wissen □ *não quero nem saber dessa história/conversa

Zink¹ ⟨n.; -(e)s; unz.; chem. Zeichen: Zn⟩ bläulich weißes Metall, chem. Element mit der Ordnungszahl 30 □ zinco

Zink² ⟨m.; -(e)s, -en; Mus.⟩ trompetenähnliches Holzblasinstrument der Renaissance- u. Barockzeit □ corneta

Zin|ke ⟨f.; -, -n⟩ 1 Zacke, Spitze (der Gabel, des Kamms, des Rechens) □ dente 2 schwalbenschwanzartiger Zapfen am Ende eines Brettes, der in eine entsprechende Ausarbeitung passt □ ensambladura dentada; malhete em cauda de andorinha

zin|ken¹ ⟨V. 500⟩ etwas ~ mit Zinken¹ versehen (bes. Spielkarten) □ marcar; mit gezinkten Karten spielen (in betrügerischer Absicht) □ *jogar com cartas marcadas

zin|ken² ⟨V. 500⟩ etwas ~ mit Zinke(n) versehen; Holz ~ ▫ dentear

Zin|ken¹ ⟨m.; -s, -⟩ Zeichen, bildliches Schriftzeichen; Gauner~ ▫ sinal secreto

Zin|ken² ⟨m.; -s, -; umg.; scherzh.⟩ große, dicke Nase ▫ narigão

Zinn ⟨n.; -(e)s; unz.⟩ **1** ⟨Zeichen: Sn⟩ silberweißes, glänzendes, weiches Metall, chem. Element, Ordnungszahl 50 ▫ estanho **2** Zinngeschirr ▫ baixela de estanho

Zin|ne ⟨f.; -, -n⟩ **1** rechteckiges, zahnförmiges Bauglied (auf einer Mauer, meist in einer Reihe); Sy Zacke(3) ▫ merlão **2** ⟨schweiz.⟩ umfriedetes Flachdach ▫ terraço cercado; laje

Zin|no|ber ⟨m.; -s; unz.⟩ **1** diamanten glänzendes Erz, chem. Quecksilbersulfid ▫ cinábrio **2** gelbliches Rot ▫ cinabrino **3** ⟨fig.; umg.; abwertend⟩ **3.1** Kram, Zeug ▫ tralha **3.2** Umstände, Redensarten, Getue ▫ estardalhaço; espalhafato

Zinn|sol|dat ⟨m.; -en, -en⟩ **1** kleine Figur eines Soldaten aus Zinn, Kinderspielzeug **1.1** wie ein ~, die ~en stramm, sehr gerade, wohl ausgerichtet; sie gingen, marschierten wie die ~en; er sitzt, steht so stramm wie ein ~ ▫ soldadinho de chumbo

Zins ⟨m.; -es, -en od. -e⟩ **1** ⟨veraltet⟩ Abgabe, Steuer ▫ taxa; imposto **2** ⟨veraltet⟩ Miete, Pacht; Miet~ ▫ aluguel **3** ⟨Pl.⟩ prozentual berechnetes Entgelt für die leihweise Überlassung von Kapital; das Kapital bringt, trägt ~en; ~en zahlen; hohe, geringe ~en; jmdm. etwas auf ~en leihen; von seinen ~en leben (ohne das Kapital anzugreifen); ein Darlehen mit 5 % ~en; ein Kapital auf ~en legen ▫ juro **3.1** jmdm. etwas mit ~en, mit ~ u. Zinseszins~ zurückzahlen ⟨fig.; umg.; verstärkend⟩ jmdm. etwas heimzahlen, schlimmere Vergeltung, Rache üben, als das begangene Unrecht eigentlich fordert ▫ *fazer alguém pagar alguma coisa com juros e correção monetária

Zin|sen ⟨Pl. von⟩ Zins ▫ juros

Zio|nis|mus ⟨m.; -; unz.⟩ **1** ⟨urspr.⟩ jüdische Bewegung zur Bildung eines selbständigen jüdischen Staates Israel **2** ⟨heute⟩ politische Bewegung, die eine Stärkung u. Vergrößerung des Staates Israel zum Ziel hat ▫ sionismo

Zip|fel ⟨m.; -s, -⟩ **1** Ecke, Ende, Eckstück (von Stoffen, Kleidungsstücken); Rock~, Schürzen~ ▫ ponta; extremidade **2** eine Sache an allen vier ~n haben ⟨fig.⟩ eine S. fest, sicher haben ▫ *ter certeza de alguma coisa

zip|pen ⟨[zip-] V. 500; EDV⟩ Daten ~ mit Hilfe eines speziellen Programms komprimieren; gezippte Dateien senden, öffnen ▫ zipar; compactar

zir|ka ⟨Adv. Abk.: ca.⟩ ungefähr, etwa; oV circa ▫ cerca de; aproximadamente

Zir|kel ⟨m.; -s, -⟩ **1** Gerät aus zwei an einem Ende beweglich verbundenen Schenkeln, deren einer in eine scharfe Spitze (zum Einstechen ins Papier) ausläuft, der anderer eine Mine trägt, zum Zeichnen von Kreisen **1.1** ähnliches Gerät mit zwei Spitzen zum genauen Messen von Entfernungen (in geometrischen Figuren, auf Landkarten usw.) ▫ compasso **2** ⟨fig.⟩ Kreisform, Bewegung; der ~ schließt sich **3** ▫ Kreis(4); literarischer ~ **4** ⟨Reitsp.⟩ kreisförmige Figur; auf dem ~ reiten ▫ círculo **5** monogrammartig verschlungener Schriftzug (als Abzeichen einer studentischen Verbindung) ▫ monograma de uma associação estudantil

zir|ku|lar ⟨Adj. 24⟩ kreisförmig, in der Art eines Zirkels; oV zirkulär ▫ circular

zir|ku|lär ⟨Adj. 24⟩ = zirkular

zir|ku|lie|ren ⟨V. 400⟩ **1** sich ständig im Kreis bewegen; das Blut zirkuliert in den Adern **2** ⟨fig.⟩ umlaufen; es ~ Gerüchte, dass ... ▫ circular

zir|kum..., Zir|kum... ⟨in Zus.⟩ um... herum...: zirkumterrestrisch; Zirkumferenz, Zirkumflex, Zirkumskription

Zir|kum|fe|renz ⟨f.; -, -en; geh.⟩ Umfang, Ausbreitung, Ausdehnung ▫ circunferência

Zir|kus ⟨m.; -, -se⟩ oV Circus **1** (im alten Rom) Rennbahn in Form eines Ovals (für Wagen- u. Pferderennen) **2** Unternehmen, das Dressuren von Tieren, Artistik u. a. gegen Entgelt darbietet; Wander~ ▫ circo **3** Zelt od. Halle für einen Zirkus(2) ▫ lona de circo **4** ⟨fig.; umg.⟩ **4.1** quirlendes, lärmendes Durcheinander; macht nicht so einen ~! ▫ circo **4.2** Aufregung, Aufhebens, große Umstände; mach doch keinen solchen ~! ▫ estardalhaço

Zir|pe ⟨f.; -, -n⟩ = Zikade

zir|pen ⟨V. 400⟩ Zikaden, Grillen ~ geben feine, schrille Töne von sich ▫ estridular; guizalhar

Zir|rus|wol|ke ⟨f.; -, -n⟩ Federwolke in großer Höhe ▫ cirro

zir|zen|sisch ⟨Adj. 24⟩ **1** den Zirkus betreffend, im Zirkus stattfindend; eine ~e Veranstaltung **1.1** ~e Spiele (im alten Rom) Wagen- u. Pferderennen im Zirkus ▫ circense

zi|scheln ⟨V. 400⟩ ärgerlich od. böse zischend flüstern; er zischelte mir etwas ins Ohr ▫ cochichar/sussurrar (em tom zangado)

zi|schen ⟨V.⟩ **1** ⟨400⟩ einen scharfen Ton von sich geben, wie wenn Feuer od. etwas Heißes u. Wasser zusammentreffen; das Bügeleisen zischt auf dem feuchten Stoff; das Wasser, Fett zischt in der Pfanne ▫ sibilar; chiar; ciciar **2** ⟨400⟩ Gänse, Schlangen ~ geben Laut ▫ chalrear; sibilar **3** ⟨400⟩ den s-Laut bilden ▫ ciciar; sibilar **4** ⟨500⟩ einen ~ ⟨fig.; umg.⟩ ein Glas Schnaps od. Bier trinken ▫ *tomar um trago

zi|se|lie|ren ⟨V. 500⟩ Metall ~ mit Meißel, Stichel, Punze verzieren, Ornamente in M. stechen ▫ cinzelar

Zis|ter|ne ⟨f.; -, -n⟩ unterirdischer, gemauerter Behälter zum Speichern von Regenwasser ▫ cisterna

Zi|ta|del|le ⟨f.; -, -n⟩ (Kern einer) Festung od. befestigten Stadt ▫ cidadela

Zi|tat ⟨n.; -(e)s, -e⟩ **1** wörtlich angeführte Stelle aus einem Buch ▫ citação **2** oft zitierter Ausspruch ▫ ditado; provérbio

Zi|ther ⟨f.; -, -n⟩ Zupfinstrument mit einem flachen Resonanzkörper u. fünf Saiten, auf denen die Melodie gespielt wird, sowie 24–42 Saiten zur Begleitung ▫ cítara

zi|tie|ren ⟨V. 500⟩ **1** einen Text ~ = *anführen(2.1.1)*; einen Ausspruch, eine Stelle aus einem Buch ~ **2** jmdn. ~ *herbeirufen, vorladen, zum Erscheinen auffordern*; jmdn. vor Gericht ~ □ citar

◆ Die Buchstabenfolge **zi|tr...** kann in Fremdwörtern auch **zit|r...** getrennt werden.

◆ **Zi|trat** ⟨n.; -(e)s, -e⟩ *Salz der Zitronensäure*; oV ⟨fachsprachl.⟩ *Citrat* □ citrato

◆ **Zi|tro|ne** ⟨f.; -, -n; Bot.⟩ **1** *zu den Zitrusgewächsen gehörender mittelgroßer Baum mit weißen Blüten: Citrus limonum* □ limoeiro **2** *gelbe, eiförmige saure Frucht der Zitrone(1)* □ limão

◆ **Zi|trus|ge|wächs** ⟨[-ks] n.; -es, -e; meist Pl.⟩ *Angehöriges einer Pflanzengattung, zu der Zitrone, Apfelsine, Mandarine, Pampelmuse u. a. gehören: Citrus* □ cítrus

zit|te|rig ⟨Adj.⟩ oV *zittrig* **1** *zum Zittern neigend (vor Alter, Schwäche, Nervosität), zitternd*; ein ~er alter Mann; meine Hand ist ~; er ist schon etwas ~ **2** ~e Schrift *ungleichmäßige, mit zitternder Hand geschriebene S.* □ trêmulo

zit|tern ⟨V. 400⟩ **1** *durch anhaltende leichte u. rasche Bewegungen erschüttert werden*; die Blätter ~ im leichten Wind; seine Hand zitterte (nicht), als er schoss, als er den Wein einschenkte; er zitterte an allen Gliedern, am ganzen Körper; mir ~ die Knie (vor Schreck); vor Angst, Furcht, Kälte ~; er zitterte wie Espenlaub; er schrie, dass die Wände zitterten ⟨umg.⟩ □ tremer; tiritar; trepidar **1.1** *Sonnenstrahlen ~ auf dem Wasserspiegel flimmern, tanzen* □ tremeluzir **1.2** ein Ton, eine Stimme zittert *klingt ungleichmäßig hoch u. laut*; seine Stimme zitterte, als er antwortete □ tremer; das Zittern seiner Stimme □ tremor **2** ⟨fig.⟩ *Angst haben*; für jmdn. ~ □ *temer por alguém; vor jmdm., vor jmds. Zorn ~ □ *tremer de medo de alguém/da ira de alguém **2.1** *mit Zittern und Zagen sehr furchtsam* □ *morrendo de medo

Zit|ter|pap|pel ⟨f.; -, -n⟩ = *Espe*

zitt|rig ⟨Adj.⟩ = *zitterig*

Zit|ze ⟨f.; -, -n⟩ *zum Säugen der Jungen dienender Fortsatz an der Brust weiblicher Säugetiere* □ teta; mamilo

zi|vil ⟨[-viːl] Adj.⟩ **1** *bürgerlich(2.3); Ggs militärisch* □ civil **2** ⟨fig.⟩ *angemessen, mäßig*; ~e Preise □ módico

Zi|vil ⟨[-viːl] n.; -s; unz.; kurz für⟩ *bürgerliche Kleidung, Zivilkleidung; Ggs Uniform*; ~ tragen □ traje civil; in ~ erscheinen □ *aparecer à paisana/em traje civil

Zi|vil|cou|ra|ge ⟨[-viːlkuraːʒə] f.; -; unz.⟩ *Mut, die eigene Überzeugung zu vertreten* □ coragem cívica

Zi|vil|dienst ⟨[-viːl-] m.; -(e)s; unz.⟩ *waffenloser, meist sozialer Dienst für Kriegsdienstverweigerer, Wehrersatzdienst*; seinen ~ in der Altenpflege leisten; der Einsatz von ~ Leistenden/Zivildienstleistenden □ serviço civil

Zi|vi|li|sa|ti|on ⟨[-vi-] f.; -, -en⟩ *die technisch fortgeschrittenen, verfeinerten äußeren Formen des Lebens u. der Lebensweise eines Volkes, im Unterschied zur Kultur* □ civilização

zi|vi|li|sie|ren ⟨[-vi-] V. 500⟩ *Menschen ~ der Zivilisation zuführen*; ein Volk ~ □ civilizar

Zi|vil|recht ⟨[-viːl-] n.; -(e)s; unz.⟩ = *bürgerliches Recht → bürgerlich(1.2)*

Zo|bel ⟨m.; -s, -; Zool.⟩ **1** *Angehöriger einer in Nordasien heimischen Marderart mit wertvollem Fell: Martes Zibellina* □ marta-zibelina **1.1** *Fell des Zobels(1)* □ zibelina **2** *Angehöriger einer Art der Karpfenfische: Abramis sapa* □ brema-do-Danúbio

zo|ckeln ⟨V. 400(s.); umg.⟩ = *zuckeln*

Zo|fe ⟨f.; -, -n⟩ *Kammerzofe, Dienerin bei einer Angehörigen des höheren Adels* □ camareira

zö|ger|lich ⟨Adj.⟩ *zögernd, abwartend*; eine ~e Haltung einnehmen □ hesitante

zö|gern ⟨V. 400⟩ *sich nicht entschließen können, abwarten, zaudern*; zu lange ~; ohne Zögern antworten, aufbrechen, handeln □ hesitar; etwas nur ~d tun; ~d gehorchen □ hesitante; com hesitação

Zög|ling ⟨m.; -s, -e⟩ *jmdm. od. einem Institut zur Erziehung anvertraute(r) Jugendliche(r), Pflegebefohlene(r)*; ~ eines Internats □ aluno; pupilo

Zö|li|bat ⟨m. od. n; -(e)s; unz.⟩ *vorgeschriebene Ehelosigkeit der katholischen Geistlichen* □ celibato

Zoll¹ ⟨m. 7; -(e)s, -; Zeichen: "⟩ **1** *früheres dt. Längenmaß, 1/10 od. 1/12 Fuß*; 3 ~ breit; (aber Getrennt- u. Zusammenschreibung: ~ breit = Zollbreit **2** *englisches Längenmaß, Inch, 2,54 cm* □ polegada **3** ⟨Astron.⟩ *zwölfter Teil des Sonnen- od. Monddurchmessers* □ dígito

Zoll² ⟨m.; -(e)s, Zöl|le⟩ **1** ⟨Altertum u. MA⟩ *Abgabe an bestimmten Plätzen im Innern des Landes, z. B. Wegezoll, Brückengeld* **2** *Abgabe für Waren, die in einen anderen Staat befördert werden, an diesen Staat*; die Zölle erhöhen, senken; auf dieser Ware liegt kein ~; für eine Ware ~ bezahlen □ aduana; imposto **3** ⟨umg.⟩ *Zollabfertigungsstelle*; die Sendung liegt noch beim ~ □ alfândega

Zoll|breit *auch:* **Zoll breit** ⟨m.; (-) -s, (-) -⟩ *Breite von einem Zoll* □ polegada; keinen ~ zurückweichen *nicht von der Stelle weichen* □ *não retroceder um milímetro; → a. *Zoll¹ (1)*

zol|len ⟨V. 530/Vr 6; geh.⟩ *jmdm. eine Sache ~ nach Verdienst u. Schuldigkeit erweisen*; jmdm. Achtung, Anerkennung, Bewunderung ~ □ *ter respeito/reconhecimento/admiração por alguém; jmdm. Beifall ~ □ *aplaudir alguém

Zöll|ner ⟨m.; -s, -⟩ ⟨im Röm. Reich⟩ *Einnehmer von Zoll* □ coletor de impostos aduaneiros **2** ⟨umg.; veraltet⟩ *Zollbeamter* □ fiscal aduaneiro

Zoll|stock ⟨m.; -(e)s, -stö|cke⟩ *(zusammenklappbarer) Messstab mit Zoll- u. (od.) Zentimetereinteilung* □ metro articulado

Zom|bie ⟨m.; - od. -s, -s⟩ **1** *zum Leben wieder erweckter Toter (im westindischen Wodukult)* **2** ⟨umg.⟩ *aufgrund einer Drogenabhängigkeit zerstörter, willenloser Mensch* **3** ⟨umg.⟩ *willensschwacher Mensch (der sich von anderen leiten lässt)* □ zumbi

Zo|ne ⟨f.; -, -n⟩ **1** *nach bestimmten Gesichtspunkten eingeteiltes Gebiet*; Gefahren~ **1.1** *Teilgebiet eines nicht-*

souveränen Staates; Besatzungs~ 1.2 *Stufe der Entfernung, nach der die Preise im öffentl. Personennahverkehr, bei Auslandsgesprächen usw. berechnet werden; der Fahrpreis für die erste ~ beträgt 2,50 Euro, für die zweite ~ 5 Euro* 1.3 *des* **Schweigens** *Gebiet, in dem eine Detonation nicht hörbar ist* 2 ⟨Geogr.⟩ *von zwei parallelen Kreisen begrenzter Streifen der Erdoberfläche* 2.1 **gemäßigte** *~ Gebiet zwischen Wendekreis u. Polarkreis* 2.2 **heiße** *~ Gebiet zwischen beiden Wendekreisen* 2.3 **kalte** *~ Gebiet zwischen Polarkreis u. Pol* 3 ⟨Geol.⟩ *kleinste Unterabteilung einer Formation* □ **zona**

Zoo ⟨[tso:] m.; -s, -s; Kurzw. für⟩ *Einrichtung zur Haltung u. Schaustellung von einheimischen u. exotischen Tieren zu belehrenden u. wissenschaftlichen Zwecken, zoologischer Garten, Tiergarten, Tierpark* □ **zoo; jardim zoológico**

Zoo|lo|gie ⟨[tso:o-] f.; -; unz.⟩ *wissenschaftliche Kunde, Lehre von den Tieren* □ **zoologia**

zoo|lo|gisch ⟨[tso:o-] Adj. 24⟩ *die Zoologie betreffend, zu ihr gehörend, auf ihr beruhend* □ **zoológico**

Zoom ⟨[zu:m] n.; -s, -s; Fot.⟩ *Zoomobjektiv* □ **zoom**

Zoom|ob|jek|tiv ⟨[zu:m-] n.; -(e)s, -e; Fot.⟩ *Objektiv mit stufenlos verstellbarer Brennweite* □ **zoom**

Zopf ⟨m.; -(e)s, Zöp|fe⟩ 1 *aus drei Strängen geflochtenes, langes Haupthaar; einen ~, Zöpfe tragen; das Haar in Zöpfe flechten* □ **trança** 2 ⟨fig.⟩ *überholte Einrichtung od. Anordnung, rückständige Ansicht; das ist ein alter ~* □ **costume antiquado/ultrapassado** 3 *aus drei Teigstreifen geflochtenes Gebäck* □ **trança** 4 ⟨Forstw.⟩ *Wipfel eines Baumes* □ **copa**

Zorn ⟨m.; -(e)s; unz.⟩ *heftiger Unwille, aufwallender Ärger (über Unrecht od. eine Kränkung); jmds. ~ fürchten; der ~ packte ihn; sein ~ war verraucht; einen ~ auf jmdn. haben* □ **ira; raiva; cólera**; *jmdn. in ~ bringen* □ ***encolerizar alguém**; in ~ geraten* □ ***encolerizar-se**; sich in ~ reden* □ ***ir ficando com raiva/encolerizado**; er war rot vor ~* □ **raiva**; *mich packte ein heiliger ~* ⟨scherzh.⟩ □ ***fui tomado por uma profunda raiva**

zor|nig ⟨Adj.⟩ *im Zorn befindlich, voller Zorn; ~ werden* □ **irado; encolerizado**

Zo|te ⟨f.; -, -n⟩ *grob unanständiger Witz, unanständige Redensart* □ **obscenidade; indecência**

Zot|te¹ ⟨f.; -, -n; südwestdt.; mdt.⟩ *Schnauze, Ausgießer (der Kanne)* □ **bico**

Zot|te² ⟨f.; -, -n⟩ 1 ⟨Anat.⟩ *kleine Ausbuchtung an Geweben nach innen; Darm~* □ **vilosidade** 2 *Haarbüschel (bes. bei Tieren)* □ **tufo de pelos/cabelos**

Zot|tel ⟨f.; -, -n; umg.⟩ *unordentlich herabhängende Haarsträhne; sich die ~n aus dem Gesicht streichen* □ **melena; guedelha**

zot|teln ⟨V. 411(s.); umg.⟩ *langsam u. achtlos u. in Gedanken versunken einhergehen; durch die Stadt, die Straßen ~* □ **flanar; vaguear**

zu¹ ⟨Präp. mit Dativ⟩ 1 *~ einem* **Ort** *in Richtung auf, auf ... hin ...; jmdn. ~r* **Bahn** *bringen; der Weg ~r* **Stadt**; *~r* **Tür** *(hinaus)gehen* □ **a; para**; *~ Boden stürzen* □ **em**; *stell das Glas ~ den anderen* □ **(junto)**

com; *~* **Anfang**, *~* **Ende** □ ***no início; no fim** 1.1 ⟨nachgestellt⟩ *nach Osten ~; dem Meer, der Straße ~ gelegen* □ **para; na direção de** 1.2 *von* **Ort** *~* **Ort** *von einem O. zum anderen* □ ***de um lugar para outro** 1.3 *bitte ~* **Tisch**! *das Essen ist fertig* □ ***por favor, dirijam-se à mesa!* 1.4 *~* **Bett** *gehen schlafen gehen* □ ***ir para a cama; ir dormir** 2 *~* **jmdn.** *in Richtung auf, neben jmdn., in jmds. Haus, Wohnung;* Ggs *von(1.2); ~ jmdm. gehen, kommen* □ ***ir/vir até alguém**; *setz dich ~ mir*; *junto a; ~m Arzt, ~m Bäcker gehen* □ **a** 2.1 *Geld ~ sich stecken G. einstecken* □ ***pegar dinheiro** 2.2 *sich ~* **jmdm**. *verhalten* ⟨fig.⟩ *gegenüber, in Bezug auf jmdn.* □ ***comportar-se em relação a alguém**; *er ist immer sehr nett ~ mir* □ ***ele é sempre muito simpático comigo**; *aus Liebe ~ ihm* □ ***por amor a ele* 2.3 *an einem* **Ort**; *jmdm. ~ Füßen sitzen* □ ***estar sentado aos pés de alguém**; *der Dom ~ Köln; Fürst ~ Monaco* □ **de**; *jmdm. ~r Seite sitzen* □ ***estar sentado ao lado de alguém**; *~m Fenster hinaussehen* □ ***olhar pela janela**; *~ seiner Rechten, Linken* □ ***à sua direita/esquerda** 2.3.1 ⟨vor Namen, urspr. Ortsbez.⟩ ⟨Adelsprädikat⟩ *Freiherr von u. ~m Stein* □ ***barão de Stein** 2.3.2 *ein* **Herr von und** ⟨scherzh.⟩ *ein sehr vornehmer od. vornehm tuender H.* □ ***um ilustríssimo senhor** 2.3.3 *jmdm. ~r* **Seite stehen** ⟨fig.⟩ *jmdm. helfen* □ ***estar do lado de alguém; apoiar alguém** 2.3.4 *~* **Lande** *und ~* **Wasser** *auf dem Land u. auf dem Wasser* □ ***por terra e por mar** 2.3.4.1 *~* **Lande** *daheim; bei uns ~* **Lande** □ ***na nossa terra** 3 *~ einer* **Arbeitsstelle** *gehen dort (zu) arbeiten (beginnen) ~* ***ir para o trabalho** 3.1 *~r* **Bühne** *gehen Schauspieler(in) werden* □ ***tornar-se ator/atriz** 3.2 *~m* **Militär** *gehen Soldat werden* □ ***entrar para o exército** 3.3 *~r* **See** *fahren Matrose, Seeoffizier sein* □ ***ser da marinha** 3.4 *~r* **Schule, Hochschule** *gehen eine S., H. regelmäßig besuchen* □ ***frequentar a escola (superior)** 4 *~ einer* **Zeit**, *einem* **Zeitpunkt** *gleichzeitig mit, an einem Z.* □ ***em determinado momento**; *~ jener Zeit* □ ***naquele tempo; naquela época**; *~* **Mittag, Abend** *essen* □ ***almoçar; jantar**; *~r* **Zeit des Bauernkrieges** □ ***na época da guerra dos camponeses**; *~* **Goethes Zeiten** □ ***nos tempos de Goethe** 4.1 *von* **Zeit** *~* **Zeit** *ab u. zu, gelegentlich* □ ***de tempos em tempos** 4.2 *es wird von* **Tag** *~* **Tag** *schlechter, besser jeden T.* □ ***piora/melhora a cada dia** 4.3 *~ einem* **Anlass** *anlässlich* □ ***em determinado ocasião**; *~* **Weihnachten** □ ***no Natal**; *~ seinem Geburtstag, Jubiläum* □ ***em seu aniversário/jubileu** 5 *~ einer* **Form**, *einem* **Stoff** *werden eine andere Gestalt annehmen, sich verwandeln in* □ ***adquirir determinada forma; transformar-se em determinada matéria**; *~* **Asche** *verbrennen* □ ***virar cinza**; *reduzir-se a cinza*; *~* **Pulver** *zermahlen* □ ***moer até virar pó*; *~* **Brei**, *~* **Mus** *quetschen* □ ***amassar até obter a consistência de mingau/purê*; *~* **Butter, Quark** *werden* □ ***virar manteiga/queijo Quark*; *~* **Eis** *werden* □ ***congelar** 5.1 *eine andere gesellschaftliche Funktion erhalten*; *jmdm. ~m* **Direktor** *ernennen* □ ***nomear alguém diretor**; *jmdm. ~m* **König** *wählen* □ ***esco-**

lher alguém como rei; er ist ~m Mann herangewachsen □ *ele se tornou um homem; er ist ~m Dieb geworden □ *ele se tornou um bandido; er ist ~m reichen Mann geworden □ *ele se tornou um homem rico **6** ~ etwas **6.1 Material** ~ etwas *als Bestandteil, notwendige Voraussetzung dienend*; Stoff ~ einem Kleid; Papier ~m Schreiben; etwas ~m Essen, Trinken; ein Platz ~m Spielen; etwas Warmes ~m Anziehen **6.2** ~ etwas **Abstraktem** *seinem Ziel, Zweck dienend*; ~ meiner Freude kann ich sagen ... □ para; dir ~ Ehren □ *em sua homenagem; jmdm. ~m (zu jmds.) Nutzen □ *para o interesse/benefício de alguém; er hat es ~ meiner vollen Zufriedenheit erledigt □ *fiquei totalmente satisfeito com o que ele fez; ~ meiner Unterhaltung □ *para minha diversão; das tue ich nur ~m Zeitvertreib □ *faço isso só por passatempo; sich jmdn. ~m Vorbild nehmen □ *tomar alguém como modelo/exemplo; ~ m Wohl! □ *saúde!; ~m Beispiel (Abk.: z. B.) □ *por exemplo **6.3** *(Mittel der Fortbewegung)*; ~ Fuß gehen □ *ir a pé; ~ Pferde; hoch ~ Ross □ *a cavalo; ~ Schiff □ *de navio **6.4** ~ Befehl! ⟨Mil.⟩ *wie befohlen, wird ausgeführt* □ *às ordens! **6.5** ~m Glück *glücklicherweise* □ *felizmente **7** ⟨mit Zahlen- od. Mengenangabe⟩ **7.1** *im Verhältnis*; 2 verhält sich ~ 4 wie 3 ~ 6 (2:4 = 3:6) □ *2 está para 4 assim como 3 está para 6; der Verein hat 2 ~ 1 gewonnen (2:1) □ *o grêmio ganhou de 2 a 1; im Vergleich ~ seiner Schwester ist er klein □ *em comparação com sua irmã, ele é baixo **7.2** ~ **zweit, dritt** (zwein, dreien) usw. *zwei, drei usw. Zusammen* □ *em dois/três; sie kamen ~ hunderten □ *vieram às centenas **7.3** ~m **Ersten, Zweiten, Dritten** *erstens, zweitens, drittens* □ *em primeiro/segundo/terceiro lugar **7.4** ~ achten **Mal** *wiederkehrend* □ *pela oitava vez **7.5** etwas ~ einem **Preis** von 10,– € kaufen *10,– € dafür bezahlen*; das Stück ~ 7,50 € □ *por **7.6** etwas ~m **Teil** tun *nicht ganz* □ *fazer alguma coisa parcialmente; etwas ~r Hälfte aufessen □ *comer a metade de alguma coisa; ~m halben Preis kaufen □ *comprar pela metade do preço **8** ⟨ohne Kasusrektion vor Infinitiv; bei Verben mit abtrennbaren Vors. zusammengeschrieben zwischen Vors. u. Stamm⟩ ich wünsche ihn ~ sprechen □ *eu gostaria de encontrá-lo; wir versuchten ihn abzulösen □ *tentamos soltá-lo **8.1** er droht, das Zimmer ~ verlassen *er droht (damit), dass er das Z. verlässt* □ *ele ameaçou deixar o quarto **8.1.1** jmd. tut etwas, **ohne** es ~ wissen *ohne dass er es weiß* □ *fazer alguma coisa sem saber **8.1.2 statt** ~ gehorchen *statt dass er gehorcht* □ *em vez de obedecer **8.2** es ist kaum ~ glauben □ *mal dá para acreditar; es ist nichts ~ machen □ *não há o que fazer; es ist zwischen X und Y ~ unterscheiden □ *há que se distinguir X de Y; der Wein ist nicht ~ trinken □ *não dá para beber esse vinho **8.3** etwas **ist** ~ **tun** *muss, soll getan werden*; Zimmer ~ vermieten □ *alugam-se quartos; die Aufgabe ist ~ lösen □ *deve-se resolver o exercício; die ~ vermietenden Zimmer □ *os quartos a serem alugados; noch ~ lösende Auf-

gaben □ *exercícios a serem resolvidos **8.4** etwas ~ **tun haben** *tun müssen; dürfen*; etwas ~ bestimmen haben □ *ter de definir alguma coisa; er hat nichts ~ arbeiten □ *ele não tem com que trabalhar, er hat ~ gehorchen □ *ele tem de obedecer; er wird noch kurze Zeit ~ leben haben □ *ter pouco tempo de vida **8.5 um** ~ *mit dem Ziel, zu ...*; ich komme, um dir ~ helfen □ *para; a fim de **9** etwas ~ einem anderen *darüber hinaus, außerdem noch*; Brot ~m Fleisch essen; nimmst du Milch, Zucker ~m Kaffee? □ com; ~ allem Übel, Unglück □ *como se não bastasse; ~ alledem kam noch seine Krankheit □ *além de tudo isso, ele ainda ficou doente **9.1** Lieder ~ einem **Instrument** *mit Begleitung eines Instruments*; Lieder ~r Gitarre, Laute singen □ acompanhado de **10** ⟨Getrennt- u. Zusammenschreibung⟩ **10.1** ~ **Grunde** = zugrunde **10.2** ~ **Gunsten** = zugunsten **10.3** ~ **Hause** = zuhause **10.4** ~ **Lasten** = zulasten **10.5** ~ **Leide** = zuleide **10.6** ~ **Mute** = zumute **10.7** ~ **Nutze** = zunutze **10.8** ~ **Rande** = zurande **10.9** ~ **Rate** = zurate **10.10** ~ **Schanden** = zuschanden **10.11** ~ **Schulden** = zuschulden **10.12** ~ **Seiten** = *zuseiten* **10.13** ~ **Stande** = zustande **10.14** ~ **Tage** = zutage **10.15** ~ **Ungunsten** = zuungunsten **10.16** ~ **Wege** = zuwege

zu² ⟨Adv.⟩ **1** *im Übermaß vorhanden*; ~ sehr;~ groß, ~ hoch, ~ klein, ~ tief; er ist ~ klug, als dass er so etwas täte; es ist ~ schön, um wahr ~ sein; das ist ~ dumm, ~ schade □ muito; demais **1.1** ~ **viel** *mehr als angemessen, als zuträglich* □ *demais; das ist ~ viel des Guten, (od.) des guten ~ viel! □ *é demais!; é um exagero!; es ist ~ viel Milch, Zucker im Kaffee; es ist ~ viel Salz in der Suppe; er hat mir ~ viel berechnet; du hast schon ~ viel gesagt; das kann dir doch nicht schon ~ viel sein!; das wäre ~ viel verlangt; er weiß ~ viel; er weiß viel ~ viel; besser ~ viel als ~ wenig; viel ~ viel □ demais **1.1.1** heute ist mir alles ~ viel ⟨umg.⟩ *strengt mich alles an* □ *tudo está me deixando cansado hoje **1.1.2** was ~ viel ist, ist ~ viel! ⟨umg.⟩ *jetzt habe ich genug davon, meine Geduld ist zu Ende!* □ *quando é demais, é demais!; há limite para tudo! **1.1.3** ~ viel getrunken ⟨umg.⟩ *er ist beschwipst* □ *ele bebeu umas a mais **1.1.4** diese Besuche werden mir ~ viel ⟨umg.⟩ *lästig* □ *essas visitas são muito maçantes **1.2** ~ **wenig** *weniger als angemessen, als zuträglich*; es ist ~ wenig Salz in der Suppe; ich habe ihm versehentlich ~ wenig berechnet; er hat die Sache ~ wenig erklärt; er weiß ~ wenig; er weiß viel ~ wenig □ *muito pouco; das ist ~ wenig! □ *é pouquíssimo!; é uma ninharia! **2** *geschlossen*; Tür ~! □ *feche a porta!; Tür ~, es zieht! □ *feche a porta, há corrente de ar!; die Läden haben sonntags ~ □ *as lojas fecham aos domingos; Mund ~! □ *bico calado!; ~ sein; etwas ist ~!; die Tür ist ~; sieh nach, ob mein Kleid hinten ~ ist □ fechado **3** *ab und* ~ *gelegentlich, manchmal* □ *às vezes; de vez em quando **4** mach ~! ⟨umg.⟩ *mach schnell!, beeile dich* □ *depressa!; vamos! **4.1** nur ~! *nur weiter (so)!, frisch ans Werk, nur Mut!* □ *mãos à obra!; vamos em frente!

zu... ⟨Vors.⟩ **1** *(zur Bez. des Verschließens, Bedeckens):* zuschließen, zumachen, zuschütten **2** *(zur Bez. der Richtung auf ein Ziel hin):* auf jmdn. zugehen, zukommen **3** *(zur Bez. des Hinzufügens, der zusätzlichen Gabe):* zugeben, zusetzen, zuzahlen

zu|al|ler|erst ⟨Adv.; verstärkend⟩ *zuerst* □ **em primeiro lugar; antes de tudo**
zu|al|ler|letzt ⟨Adv.; verstärkend⟩ *zuletzt* □ **em último lugar; por fim**
zu|al|ler|meist ⟨Adv.; verstärkend⟩ *zumeist* □ **em geral; na maioria das vezes**
Zu|be|hör ⟨n. od. (selten) m.; -(e)s, (selten) -e⟩ **1** *bewegliche Sachen, die zu etwas (Haus, Betrieb, Gerät u. a.) dazugehören;* eine Wohnung mit allem ~ **2** ⟨Tech.⟩ *ein Gerät ergänzende Teile;* eine Kamera mit ~ □ **acessórios**
zu|bei|ßen ⟨V. 105/400⟩ *schnell u. kräftig beißen, mit den Zähnen nach etwas schnappen;* Vorsicht, der Hund beißt rasch zu!; er biss schnell zu □ **morder**
Zu|ber ⟨m.; -s, -⟩ *großer hölzerner Behälter mit zwei Handgriffen, Wanne;* Wasch~ □ **cuba; tina**
zu|be|rei|ten ⟨V. 500⟩ **1** *Speisen ~ kochen, zum Essen vorbereiten, fertig machen;* das Essen ist gut zubereitet **2** *Arznei ~ mit der Hand herstellen* **3** *Stoff ~ einem bestimmten chem. Prozess unterwerfen, appretieren* □ **preparar**
zu|bil|li|gen ⟨V. 530/Vr 5 od. Vr 6⟩ *jmdm. etwas ~ gestatten, zugestehen, einräumen;* wir können unseren Kunden einen Preisnachlass ~; dem Angeklagten wurden mildernde Umstände zugebilligt □ **conceder**
zu|bin|den ⟨V. 111/500⟩ **1** *etwas ~ durch Binden verschnüren;* einen Sack ~ **2** ⟨503/Vr 3⟩ *(jmdm. od. sich) etwas ~ (jmdm. od. sich) ein Kleidungsstück, Schuhe o. Ä. durch Binden verschließen* □ **amarrar; fechar (amarrando)**
zu|brin|gen ⟨V. 118/500⟩ **1** *einen Verschluss ~* ⟨umg.⟩ *schließen können;* ich bringe das Fenster nicht zu □ **conseguir fechar 2** ⟨530⟩ *jmdm. etwas ~ zu jmdm. etwas hinbringen, hinschaffen;* den Arbeitern Material automatisch ~ lassen □ **levar 2.1** *jmdm. eine Nachricht ~* ⟨fig.⟩ *zutragen, hinterbringen* □ **contar; dar 3** ⟨511⟩ *eine Zeit an einem Ort ~ (bes. zwangsweise od. ungern) verbringen, verleben;* das Alter in völliger Einsamkeit ~; er hat sechs Wochen im Krankenhaus, im Gefängnis zugebracht □ **(ter de) passar**
Zu|brin|ger ⟨m.; -s, -⟩ **1** *jmd., der jmdm. etwas zubringt* □ **portador 2** *Maschinenteil, der zur Arbeit benötigtes Material dorthin befördert, wo es gebraucht wird, z. B. Förderband* □ **dispositivo de alimentação; alimentador 3** *Verkehrsmittel (Kraftfahrzeug, Flugzeug) zur Beförderung an einen wichtigen Verkehrspunkt, vor allem Flugplatz* □ **ônibus de traslado; ponte aérea 4** *Straße, die die Verbindung zu einer Hauptstraße od. Autobahn herstellt* □ **acesso; acesso à *acesso rodoviário**
Zucht ⟨f.; -, -en⟩ **1** ⟨unz.; veraltet⟩ *strenge Erziehung zum Gehorsam;* jmdn. in die ~, in strenge ~ nehmen □ ***levar/criar alguém na rédea curta 1.1** *Straffheit,* *Disziplin;* ~ halten; jmdn. an ~ gewöhnen; in diesem Haus herrscht (keine) ~ und Ordnung □ **disciplina 2** *das Aufziehen, Züchten, Züchtung;* Pflanzen~, Tier~ **3** *Ergebnis der Zucht(2);* beide Tiere stammen aus einer ~, aus verschiedenen ~en; die ~en dieses Jahres waren enttäuschend □ **cultivo; criação**
züch|ten ⟨V. 500⟩ **1** *Pflanzen, Tiere ~ aufziehen u. durch Kreuzen möglichst die Rasse od. Art verbessern* □ **cultivar; criar 1.1** *Bakterien ~ nach bes. Verfahren heranziehen* **2** ⟨fig.⟩ *wachrufen u. zur Entfaltung bringen;* hier wird Arroganz geradezu gezüchtet □ **cultivar**
Zucht|haus ⟨n.; -es, -häu|ser; früher⟩ *Strafanstalt für die zu einer schweren Freiheitsstrafe verurteilten Verbrecher;* im ~ sitzen □ **penitenciária; presídio**
züch|tig ⟨Adj., veraltet⟩ *tugendhaft, sittsam, verschämt;* ein ~es Kind □ **pudico; acanhado;** ~ die Augen niederschlagen □ **com pudor**
züch|ti|gen ⟨V. 500/Vr 7 od. Vr 8; veraltet⟩ *jmdn. ~ durch Schlagen bestrafen* □ **castigar (fisicamente)**
zu|ckeln ⟨V. 400(s.); umg.⟩ *sich langsam, gemächlich, schwerfällig fortbewegen;* oV zockeln; die Kinder zuckelten hinterher □ **andar devagar**
zu|cken ⟨V.⟩ **1** ⟨400⟩ *ein Licht zuckt flackert, leuchtet plötzlich, unregelmäßig;* ein Blitz zuckte (am, über den Himmel) □ **relampejar; fulgurar 1.1** *die Flammen ~ flackern, lodern* □ **tremeluzir; bruxulear 2** ⟨400⟩ *unwillkürlich eine plötzliche Bewegung machen;* seine Hand zuckte, als die Flamme sie berührte □ **sobressaltar-se;** sie leidet an einem nervösen Zucken des Gesichts, der Augenlider □ **tique; cacoete 3** ⟨414⟩ **3.1** *ohne mit der Wimper zu ~* ⟨fig.⟩ *unbewegten Gesichtes, ohne ein Gefühl zu zeigen* □ ***pestanejar/hesitar; com ar impassível 3.2** *mit ~den Mundwinkeln, mit ~den Lippen* ⟨a. fig.⟩ *dem Weinen nahe* □ ***quase chorando 3.3** ⟨416 od. 500⟩ *die Achseln, mit den Achseln ~ die A., die Schultern rasch heben u. fallen lassen (um zu zeigen, dass man etwas nicht weiß od. dass einem etwas gleichgültig ist)* □ ***encolhendo os ombros; dando de ombros**
zü|cken ⟨V. 500⟩ *etwas ~* **1** *plötzlich hervorziehen;* ein Messer, eine Pistole ~ □ **desembainhar; sacar 2** ⟨umg.; scherzh.⟩ *nehmen, ergreifen;* den Bleistift ~; das Portmonee ~ □ **pegar**
Zu|cker ⟨m.; -s, -⟩ **1** ⟨i. e. S.⟩ *aus bestimmten Pflanzen (Zuckerrohr, Zuckerrübe) u. Früchten gewonnenes Kohlenhydrat von süßem Geschmack;* das ist süß wie ~; die Ostereier waren aus ~; gebrannter, brauner ~; feiner, grober ~; nehmen Sie ~ zum Kaffee?; den Tee mit ~ süßen; Kaffee mit ~ und Milch od. Sahne; ein Löffel (voll), ein Stück ~ □ **açúcar 2** ~ haben ⟨umg.⟩ *zu viel Zucker(1) im Blut haben, zuckerkrank sein* □ ***ser diabético 3** ⟨i. w. S.⟩ *Kohlenhydrat, das sich aus verhältnismäßig kleinen Molekülen zusammensetzt* □ **açúcar 4** *das ist ~!* ⟨fig.; umg.⟩ *das ist prima, ausgezeichnet* □ ***muito bem!; nota dez!**
Zu|cker|erb|se ⟨f.; -, -n⟩ *süß schmeckende Sorte der Gartenerbse;* Sy ⟨schweiz.⟩ Kefe □ **ervilha doce**
zu|cker|frei ⟨Adj. 24⟩ *frei von Zucker, ohne Zusatz von Zucker;* ~ Bonbons □ **sem açúcar**

Zu|ckerl ⟨n.; -s, -n; bair.-österr.⟩ *Bonbon* □ bala

zu|ckern ⟨V. 500⟩ Speisen ~ *Zucker hinzufügen, süßen; den Kuchen, den Pudding ~* □ adoçar; açucarar

Zu|cker|werk ⟨n.; -(e)s; unz.⟩ *überwiegend aus Zucker bestehende Süßigkeiten* □ doces

zu|de|cken ⟨V. 500⟩ **1** etwas ~ *bedecken, schließen, indem man einen Gegenstand darüberlegt; ein Loch, eine Grube, einen Topf ~* □ tampar; tapar; *die Pflanzen vor dem ersten Frost mit Stroh, Reisig ~* **2** ⟨Vr 7⟩ jmdn. ~ *mit einer Decke bedecken; das Kind gut, warm ~; sich mit seinem Mantel ~* **2.1** ⟨516⟩ jmdn. mit Reden ~ *(fig.) überhäufen, nicht zu Worte kommen lassen; sie haben ihn mit Fragen, Vorwürfen zugedeckt* □ cobrir(-se)

zu|dem ⟨Adv.⟩ *überdies, außerdem* □ além disso

zu|den|ken ⟨V. 119/530/Vr 5 od. Vr 6⟩ jmdm. etwas ~ *jmdm. etwas geben, schenken wollen, etwas für jmdn. bestimmen; dieses Buch habe ich ihr zugedacht; ich habe das ihm zugedachte Geschenk leider vergessen* □ querer dar; destinar

zu|dre|hen ⟨V. 500⟩ **1** etwas ~ *durch Drehen verschließen; den Wasserhahn ~* □ fechar (girando) **1.1** eine Schraube ~ *fest anziehen* □ apertar **2** jmdm. den Rücken, das Gesicht ~ *sich so stellen, so stehen, dass man jmdm. den Rücken, das Gesicht zuwendet* □ *virar/dar as costas/a cara para alguém

zu|dring|lich ⟨Adj.⟩ *aufdringlich, lästig, einen anderen belästigend (bes. mit Vertraulichkeiten); ein ~er Mensch; ~ werden* □ importuno; indiscreto

zu|drü|cken ⟨V. 500⟩ **1** etwas ~ *durch Drücken schließen; einen Deckel, eine Tür ~* □ fechar (apertando) **2** ⟨530⟩ jmdm. die Augen ~ *einem soeben Gestorbenen die Augen schließen* **3** *ein Auge, beide Augen ~ (fig.; umg.) etwas absichtlich nicht beachten, über etwas Unzulässiges hinwegsehen* □ fechar

zu|ein|an|der *auch:* **zu|ei|nan|der** ⟨a. [--'--], Adv.⟩ **1** *eines, einer zum anderen, einer mit dem anderen; sie sind sehr nett, lieb, böse ~* □ um com o outro **2** *(Getrennt- u. Zusammenschreibung)* **2.1** ~ finden = *zueinanderfinden* **2.2** ~ passen = *zueinanderpassen*

zu|ein|an|der|fin|den *auch:* **zu|ein|an|der|fin|den** ⟨V. 134/400⟩ *sich nahekommen, einig sein, sich gut verstehen; sie haben wieder zueinandergefunden/zueinander gefunden* □ entender-se

zu|ein|an|der|pas|sen *auch:* **zu|ein|an|der|pas|sen** ⟨V. 400⟩ *eines, einer zum anderen passen* □ combinar um com o outro; harmonizar-se; *sie passen gut, schlecht zueinander* □ *eles (não) combinam/se harmonizam

zu|er|ken|nen ⟨V. 166/530/Vr 5 od. Vr 6⟩ jmdm. etwas od. jmdn. ~ *(gerichtlich) zusprechen; etwas dem Meistbietenden ~ (bei Versteigerungen); jmdn. den ersten Preis ~; jmdm. ein Recht ~; das Kind wurde nach der Scheidung der Mutter zuerkannt* □ adjudicar; conferir; outorgar

zu|erst ⟨Adv.⟩ **1** *als Erster, als Erste, als Erstes; mit der ~ genannten Bedingung bin ich einverstanden, mit der zuletzt genannten nicht; ~ läuft der Intercity ein, danach die Regionalbahn; ich gehe ~; ~ an die Reihe kommen* □ em primeiro lugar; primeiro; *wer ~ kommt, mahlt ~ (Sprichw.)* □ *quem primeiro chega primeiro é servido **2** *zu Anfang, anfänglich, in der ersten Zeit; ~ bemerkte ich noch gar nichts; ~ fand ich ihn unsympathisch, aber später lernte ich seine Vorzüge schätzen; ~ verstand ich gar nicht, was er damit meinte* □ no início; inicialmente

Zu|fahrt ⟨f.; -, -en⟩ *Möglichkeit des Fahrens bis zu etwas hin; gibt es zu dem Grundstück keine andere ~?* □ acesso

Zu|fall ⟨m.; -(e)s, -fäl|le⟩ *das Eintreten od. Zusammentreffen von Ereignissen, das nach menschlicher Voraussicht nicht zu erwarten war; das kann doch nicht bloß ~ sein!; eine Kette, Reihe von Zufällen brachte es mit sich, dass ...; was für ein, welch ein ~ (dass ich dich gerade hier treffe)!; durch ~ erfuhr ich davon; es war reiner, purer ~, dass wir uns hier trafen; es war ein glücklicher, unglücklicher ~, dass ...; ein Spiel des ~s; und wie es der ~ manchmal mit sich bringt ...; das wollen wir dem ~ überlassen; seine Rettung ist nur dem ~ zu verdanken; der ~ wollte (es), dass ...* □ acaso; coincidência

zu|fal|len ⟨V. 131(s.)⟩ **1** ⟨400⟩ etwas fällt zu *schließt sich von selbst; das Fenster, die Tür, der Deckel fällt zu; die Augen fielen ihm vor Müdigkeit fast zu; die Tür ist von selbst zugefallen* □ fechar(-se) **2** ⟨600⟩ jmdm. fällt etwas zu *jmd. erhält etwas als Anteil, z. B. infolge Erbschaft; das gesamte Erbe fiel einem Neffen zu; der erste Preis ist Frau X zugefallen* **2.1** jmdm. fällt eine Aufgabe zu *jmd. hat eine A. zu erledigen; ihm fiel die Rolle des Beraters zu* □ caber; competir

zu|fäl|lig ⟨Adj.⟩ *durch Zufall (geschehend), ohne dass es vorauszusehen war, unerwartet; eine ~e Beobachtung; es war nur ein ~es Zusammentreffen; es geschah ganz ~; das habe ich (ganz) ~ gesehen; ich traf ihn in der Stadt; er ging ~ vorüber; der kleine Kreis hat sich mehr oder minder ~ zusammengefunden* □ casual(mente); eventual(mente); por acaso

zu|fas|sen ⟨V. 400⟩ **1** *greifen, anfassen; er konnte gerade noch rechtzeitig ~* □ apanhar; agarrar **2** *(fig.) helfend einspringen; du könntest beim Tischdecken ein wenig mit ~!* □ ajudar; dar uma mão

zu|flie|gen ⟨V. 136(s.)⟩ **1** ⟨530⟩ ein Vogel fliegt jmdm. zu *ein V. fliegt zu jmdm. u. bleibt im Haus; der Kanarienvogel ist uns zugeflogen* □ voar até alguém; entrar voando na casa de alguém **1.1** Gedanken fliegen jmdm. zu *(fig.) jmd. kommt ohne Mühe auf neue G.* □ *as ideias ocorrem facilmente a alguém; não ter dificuldade (para fazer alguma coisa) **1.1.1** jmdm. ist in der Schule alles zugeflogen *(fig.) jmdm. ist das Lernen sehr leicht gefallen, jmd. hat sehr leicht gelernt* □ *ir de vento em popa na escola **1.2** alle Herzen fliegen jmdm. zu *(fig.) alle haben jmdn. sofort gern* □ *ganhar a simpatia de todo o mundo **2** ⟨411⟩ auf etwas od. jmdn. ~ *in Richtung auf etwas od. jmdn. fliegen; auf einen Wald, eine Stadt, ein Ziel ~; sie flog auf ihre Mutter zu* □ *voar/ir de avião para encontrar alguma coisa ou alguém **3** ⟨400⟩ Fenster,

zufließen

Türen fliegen zu (umg.) *fallen heftig (krachend) zu* ▫ **bater; fechar batendo**

zu|flie|ßen ⟨V. 138/600(s.)⟩ *etwas fließt etwas zu* **1** *in eine bestimmte Richtung fließen, hinfließen zu;* der Fluss fließt dem Meer zu **2** *fließend zu etwas hinzukommen;* dem Bassin fließt ständig frisches Wasser zu ▫ **correr para; afluir a 3** ⟨fig.⟩ *zuteilwerden;* der Reinerlös der Veranstaltung floss dem Rettungsdienst zu ▫ **destinar-se**

Zu|flucht ⟨f.; -, -en⟩ **1** *Hilfe, Rettung, Schutz;* jmdm. ~ vor dem Unwetter bieten; bei jmdm. ~ suchen; du bist meine letzte ~! ▫ **abrigo; refúgio; recurso 2** ⟨fig.⟩ *Ausweg;* seine ~ zu einem nicht ganz einwandfreien, nicht ganz korrekten Mittel nehmen ▫ ***recorrer a meios não totalmente irrepreensíveis/ corretos**

Zu|fluss ⟨m.; -es, -flüs|se⟩ **1** *das Zu–, Hinzufließen;* der ~ war durch das Unwetter unterbrochen ▫ **afluência 2** *hinzufließendes Wasser, Gewässer;* der See erhält ~ von zwei Bächen ▫ **afluente 3** ⟨fig.⟩ *(ständiges) Hinzukommen;* ~ von Geldern, Spenden ▫ **afluência; afluxo**

zu|fol|ge ⟨Präp.; nachgestellt m. Dat. u. vorangestellt m. Gen.⟩ *als Folge des ..., der ..., gemäß, nach, folgend;* dem Befehl ~ hat er ...; ~ dieses Befehls hat er ... ▫ **em consequência; em virtude de**

zu|frie|den ⟨Adj.⟩ **1** *befriedigt, mit seinen Lebensumständen einverstanden, keine großen Wünsche habend;* ein ~es Gesicht machen; ein ~er Mensch; er ist nie ~; bist du nun ~? 1.1 ⟨45⟩ **mit** jmdm. od. etwas ~ **sein** *einverstanden sein, von jmds. Leistungen od. etwas befriedigt sein;* ich bin mit deinen Leistungen (nicht, sehr, recht) ~; er ist mit seiner neuen Sekretärin (gar nicht, sehr) ~ ▫ **satisfeito; contente** 1.2 ⟨42⟩ es ~ **sein** *mit etwas einverstanden sein, es recht finden* ▫ ***estar de acordo**; ich bin es ~ ▫ ***por mim, tudo bem 2** ⟨Getrennt- u. Zusammenschreibung⟩ 2.1 ~ **stellen** = *zufriedenstellen*

zu|frie|den|ge|ben ⟨V. 143/500/Vr 3⟩ **1** sich ~ *von nun an zufrieden sein, sich beruhigen, sich einverstanden erklären, nichts mehr wünschen od. fordern* 1.1 nun gib dich endlich zufrieden! hör auf mit dem Nörgeln! **2** ⟨516/Vr 3⟩ *sich mit etwas ~ abfinden, von nun an mit etwas zufrieden sein;* er hat sich endlich mit dieser Lösung zufriedengegeben; damit werde ich mich nie und nimmer ~! ▫ ***contentar-se/dar-se por satisfeito (com alguma coisa)**

Zu|frie|den|heit ⟨f.; -; unz.⟩ *das Zufriedensein;* er hat es zu meiner vollen ~ gemacht ▫ **satisfação; contentamento**

zu|frie|den|las|sen ⟨V. 175/500/Vr 8⟩ jmdn. ~ *in Ruhe lassen;* nun lass mich endlich zufrieden!; warum lässt du ihn nicht damit zufrieden?; er hat mich nicht zufriedengelassen ▫ **deixar em paz**

zu|frie|den|stel|len *auch:* **zu|frie|den stel|len** ⟨V. 500/Vr 8⟩ jmdn. ~ *jmds. Zufriedenheit erreichen, jmdn., jmds. Wünsche befriedigen;* er ist leicht, schwer zufriedenzustellen; zufrieden zu stellen; man kann ihn mit nichts ~! ▫ **contentar; satisfazer**

zu|fü|gen ⟨V. 500⟩ **1** ⟨500⟩ *etwas ~ hinzufügen, hinzutun;* der Soße noch ein wenig Wasser ~ ▫ **acrescentar; adicionar 2** ⟨530⟩ jmdm. etwas ~ *jmdm. etwas (Böses) antun;* jmdm. eine Niederlage, Schaden, Schmerz, Kummer ~ ▫ **infligir; causar**

Zu|fuhr ⟨f.; -, -en⟩ **1** *Möglichkeit, etwas zuzuführen;* die Eingeschlossenen waren von jeder ~ abgeschnitten; die ungünstige Witterung ließ die ~ von Lebensmitteln stocken ▫ **abastecimento; aprovisionamento 2** *das Zuführen;* die ~ von Warmluft bringt Tauwetter ▫ **chegada**

zu|füh|ren ⟨V. 500⟩ **1** ⟨530⟩ jmdm. od. einer Sache jmdn. od. etwas ~ *hinführen zu, heranführen an, zuleiten, hineinführen in* ▫ **conduzir; levar**; dem Gerät Elektrizität ~ ▫ ***alimentar o aparelho com energia elétrica**; dem Magen Nahrung ~ ▫ ***alimentar o estômago**; einem Geschäft neue Kunden ~ ▫ **arranjar; conseguir**; dem Stier die Kuh ~ ▫ **conduzir**; einen Verbrecher seiner verdienten Strafe ~ ▫ **infligir 2** ⟨511⟩ *etwas führt auf etwas ~ etwas verläuft in Richtung auf etwas;* die Straße führt (genau, gerade) auf das Dorf zu ▫ **conduzir; levar**

Zug ⟨m.; -(e)s, Zü|ge⟩ **1** *das Ziehen;* Wolken~ ▫ ***passagem das nuvens**, Vogel~ ▫ ***migração das aves**; in diesem Jahr setzt der ~ der Vögel nach dem Süden schon früh ein ▫ **migração** 1.1 *(Brettspiel) das Ziehen, Rücken einer Figur, eines Steins;* den ersten ~ tun; kann ich den ~ noch zurücknehmen?; einen ~ tun; ein falscher, unüberlegter ~; am ~(e) sein; er gewann das Spiel in fünf Zügen ▫ **lance; jogada** 1.1.1 **am ~(e) sein** ⟨a. fig.⟩ *an der Reihe sein zu handeln* ▫ ***ser a vez (de alguém)** 1.2 *das Hinunterschlucken von Getränken;* einen kräftigen, tüchtigen ~ tun; in langen, gierigen Zügen trinken; einen ~ aus dem Glas tun ▫ **gole; trago** 1.2.1 in einem, auf einen, mit einem ~ *ohne abzusetzen;* er leerte das Glas in einem ~ ▫ ***de uma só vez; de um só trago** 1.2.2 einen guten ~ haben ⟨umg.⟩ *ohne das Glas abzusetzen viel trinken können* ▫ ***virar bem; virar um bom copo** 1.3 *das Einatmen (von Luft od. Tabaksrauch);* die reine Waldluft in kräftigen Zügen genießen ▫ ***respirar fundo o ar puro da floresta**; einen ~ aus der Pfeife tun ▫ ***dar uma tragada no cachimbo**; ein ~ an der Zigarre, Zigarette ▫ ***uma tragada no charuto/cigarro** 1.4 ⟨fig.⟩ 1.4.1 er genoss sein Leben **in vollen Zügen** *er kostete sein L. nach Kräften aus* ▫ ***ele aproveitou plenamente a vida** 1.4.2 er liegt in den letzten Zügen *er liegt im Sterben* ▫ ***ele está no fim/nas últimas 2** *Reise, Fahrt mehrerer Personen;* der ~ der Karawane; der ~ der Kinder Israel durch die Wüste ▫ **grupo; excursão** 2.1 *kriegerische od. räuberische Unternehmung;* Kriegs~ ▫ ***expedição militar**; Raub~ ▫ ***razia**; der ~ Napoleons nach Russland ▫ **incursão; invasão 3** *Schnur, Seil zum Ziehen;* Klingel~, Seil~ ▫ **corda; cabo** 3.1 *Vorrichtung zum Spannen, Zusammenhalten;* Gummi~ ▫ ***elástico 4** *Kanal zum Abziehen der Rauchgase (bei Feuerungsanlagen)* ▫ **canal de tiragem; duto** 4.1 *im Lauf von Feuerwaffen angebrachte schraubenförmige Rillen, die das Geschoss in*

zugehen

Drehung versetzen □ **estria 5** *zusammengekoppelte Reihe von Fahrzeugen* □ **comboio 5.1** *Lokomotive mit angehängten Wagen;* Eisenbahn~; der ~ war leer, überfüllt; der ~ führt nur Wagen zweiter Klasse; wann geht der nächste ~ nach Hamburg?; unser ~ hat 15 Minuten Verspätung; den ~ verpassen, versäumen; einen anderen ~ nehmen; der Lokomotivführer brachte den ~ noch rechtzeitig zum Halten, zum Stehen; der ~ ist entgleist; in den falschen ~ steigen; der ~ hält nicht überall, nicht an allen Stationen; früh mit dem ersten ~ fahren; ich werde dich zum ~ bringen; ich hole dich vom ~ ab □ **trem 5.2** *Lastwagen mit Anhänger;* Last~ □ ***caminhão-trator com semirreboque 5.3** Gespann (von Pferden vor einem Wagen);* Sechser~ □ **parelha; junta 6** *hintereinander hergehende od. fahrende Gruppe von Menschen od. Fahrzeugen;* Demonstrations~, Fest~, Geleit~, Trauer~; der ~ der Trauernden folgte dem Sarg □ **cortejo; comboio 6.1** ⟨Mil.⟩ *kleinste militärische Einheit* □ **pelotão 7** ⟨fig.⟩ *kennzeichnende Linie;* Gesichts~; Schrift~; milde, scharfe, strenge Züge; sie hat einen bitteren, scharfen ~ um den Mund □ **traço 7.1** *etwas in großen Zügen erklären, schildern zusammenfassend, ohne Einzelheiten* □ ***esclarecer; descrever alguma coisa a traços largos 7.2** Schwerpunkt der Bildung in der Schule;* das Gymnasium hat einen geisteswissenschaftlichen und einen naturwissenschaftlichen ~ □ **peso; ênfase 7.3** *Bestandteil, Eigenart;* ~ des Charakters, des Wesens; Charakter~, Wesens~; daran kannst du nichts ändern, das ist der ~ der Zeit; das ist ein anständiger, schöner ~ von ihm □ **traço; peculiaridade; característica 7.4** *einen ~ ins ... haben eine Richtung ins ... einschlagen* □ ***ser um pouco...; ser meio... 7.4.1** die ganze Sache hat einen ~ ins Lächerliche ist etwas lächerlich* □ ***a situação toda é meio ridícula 7.4.2** er hat einen ~ ins Maßlose er wird leicht maßlos, kann manchmal nicht maßhalten* □ ***às vezes ele acaba se excedendo 8** ⟨unz.⟩ **8.1** *Luftbewegung in Räumen;* Sy **Zugluft;** Durch~; ich habe ~ abbekommen und mich dabei erkältet; ich vertrage keinen ~; diese Pflanze muss vor ~ geschützt werden; sich dem ~ aussetzen □ **corrente de ar 8.1.1** *Luftbewegung in Feuerungsanlagen;* der Ofen hat nicht genug ~ □ **tiragem 8.2** ⟨Mechanik⟩ *Belastung, die auftritt, wenn auf einen Werkstoff zwei in Richtung der Achse angreifende, einander entgegengesetzte Kräfte wirken;* diese Bewegungen üben einen starken ~ auf die Welle aus; eine Schraube auf ~ beanspruchen □ **tensão 8.3** ⟨fig.⟩ *Spannung, Bewegung, Schwung;* ~ in etwas bringen □ ***impulsionar/ativar alguma coisa 8.3.1** zum ~(e) kommen tatkräftig handeln, so handeln od. sprechen, wie man es will* □ ***chegar a vez de; ter a chance de (falar/agir) 8.3.2** die Sache muss um ~ geschehen, erledigt werden ohne Unterbrechung, eine Maßnahme od. Handlung muss der anderen dabei sofort folgen* □ ***ininterruptamente 8.3.3** im ~(e) sein dabei sein, ohne Unterbrechung etwas zu tun;* der Redner war im besten ~(e), als ... □ ***logo na hora em que o orador estava falando tão bem... 8.4** im ~(e)* ⟨fig.⟩ *zusammen mit, gleichzeitig;* im ~(e) der Reformen in der Sozialgesetzgebung □ ***durante**

Zu|ga|be ⟨f.; -, -n⟩ **1** ⟨unz.⟩ *das Zugeben;* unter ~ von Wasser □ **adição; acréscimo 2** *etwas, das (bei einem Kauf, einer Bestellung o. Ä.) zusätzlich gegeben wird* □ **brinde 3** *zusätzlich gegebene (musikalische) Darbietung;* die Sängerin gab drei ~n □ **bis**

Zu|gang ⟨m.; -(e)s, -gän|ge⟩ **1** ~ *zu einem* **Raum, Gebiet** *Tor, Tür od. Weg als Eingang;* gibt es zu diesem Raum nur einen ~?; alle Zugänge (zur Stadt, zur Grenze) waren gesperrt; das Land forderte freien ~ zum Meer **2** ~ *zu Gruppen der* **Gesellschaft** *Möglichkeit, in eine G. aufgenommen zu werden;* zu diesen Gesellschaftskreisen habe ich keinen ~ □ **acesso 3** ~ *zu* **Künsten, Wissenschaften** ⟨fig.⟩ *Verständnis, Fähigkeit zur Beurteilung von K., W.;* zur modernen Kunst kann ich keinen ~ finden □ ***conseguir entender as artes/ciências 4** Neuerwerb, Zuwachs;* ~ an Büchern, Waren; die Bibliothek hatte in der letzten Zeit nur wenig Zugänge □ **aquisição**

zu|gäng|lich ⟨Adj.⟩ **1** *ein* **Ort, Platz** *ist* ~ *so beschaffen, dass man zu ihm hingehen kann;* die Bibliothek, das Schloss ist nicht allgemein ~ □ ***acessível;** die Hütte ist im Winter schwer ~ □ ***no inverno, a cabana é de difícil acesso 2** ⟨70⟩ **Gegenstände** *sind* ~ *verfügbar, benutzbar;* das Buch ist zurzeit nicht ~ □ **disponível 3** ⟨70⟩ *ein* **Werk** *der Kunst od. Wissenschaft ist* ~ ⟨fig.⟩ *verständlich;* jmdm. ein schwieriges Werk ~ machen; ist es nicht, schwer ~es Werk **4** *jmd. ist* ~ ⟨fig.⟩ *gegenüber anderen Menschen aufgeschlossen, umgänglich;* er ist für einen guten Rat stets ~ □ **acessível**

zu|ge|ben ⟨V. 143/500⟩ **1 Waren** ~ *dazugeben, (als Geschenk) zusätzlich geben;* der Fleischer gibt beim Abwiegen der Wurst meist ein paar Gramm zu □ **dar a mais; dar de presente 1.1** *hinzufügen;* Gewürze (an die Suppe) ~ □ **acrescentar; adicionar 2** *etwas vorher* **Bestrittenes, Abgelehntes** ~ *einräumen, für richtig erklären;* ich gebe zu, dass er Recht hat, aber anständig ist es nicht, wie er sich verhält; nun gib doch endlich zu, dass du dabei warst!; der Angeklagte hat die Tat zugegeben □ **admitir; confessar; reconhecer 2.1** zugegeben, er hat ..., aber ... richtig, es stimmt zwar, dass er ..., aber ... □ ***é bem verdade que...; há que se admitir que...*

zu|ge|ge|be|ner|ma|ßen ⟨Adv.⟩ *wie bereits zugegeben wurde, wie zugegeben wird;* das ist ~ meine Schuld □ **de fato; com efeito**

zu|ge|gen ⟨Adj. 24/40⟩ *anwesend;* ich war zufällig ~, als ...; bei etwas ~ sein □ **presente**

zu|ge|hen ⟨V. 145(s.)⟩ **1** ⟨400⟩ *ein* **Verschluss** *geht zu lässt sich schließen;* die Türen, Fenster gehen zu; der Koffer ist so voll, dass der Deckel nicht zugeht □ **fechar(-se) 2** ⟨600⟩ *etwas* **geht** *jmdm. zu wird geschickt;* die Antwort wird Ihnen morgen ~ □ **ser enviado;** mir ist eine Anzeige der Firma X zugegangen □ ***recebi o anúncio/a propaganda da empresa X;** ich lasse Ihnen in den nächsten Tagen die Unterlagen ~ □ ***vou enviar-lhe os documentos nos próxi-*

mos dias 3 ⟨600 od. 800⟩ einem **Zeitpunkt** od. **auf einen Z. ~ sich nähern;** das Konzert, Fest ging bereits dem Ende zu, als ...; es geht dem Frühling zu; wir gehen auf den Frühling zu; er geht nun schon auf die siebzig zu □ **aproximar-se; chegar a 4** ⟨411⟩ **auf** jmdn. od. einen **Ort** ~ *an jmdn. od. einen O. näher herangehen, sich nähern* □ **aproximar-se de alguém ou de algum lugar;* er ging einige Schritte auf ihn zu □ **ele deu alguns passos em sua direção;* er ging rasch auf den Ausgang zu □ **ele correu para a saída;* auf das Dorf, den Wald ~ □ **aproximar-se da aldeia/floresta* **5** ⟨413⟩ *spitz ~ in einer Spitze enden;* der Aussichtsturm geht spitz zu □ **afunilar;* **terminar em ponta 6** (Imp.; oberdt.) *geh zu!* **6.1** *geh weiter!* □ **prossiga!* **6.2** (fig.; zuredend) *komm!, sei doch nicht so!, tu es doch!* □ **vamos!; coragem!* **7** ⟨413; unpersönl.⟩ *es geht ... zu es geschieht auf eine bestimmte Weise;* ich weiß auch nicht mehr, wie es eigentlich zugegangen ist; so geht es nun einmal in der Welt zu!; es geht manchmal merkwürdig zu □ **acontecer;** das kann doch nicht mit rechten Dingen ~! □ **tem alguma coisa estranha nessa história!* **7.1** gestern Abend ging es **recht lebhaft** bei euch zu (umg.) *war lebhafte Stimmung, war viel Leben* □ **estava animada a noite de ontem na casa de vocês* **7.2** es müsste **mit dem Teufel ~,** wenn dir das nicht gelänge! (umg.) *es gelingt dir gewiss* □ **seria muito azar você não conseguir!*

zu|ge|hö|rig ⟨Adj. 72⟩ jmdm. od. einer **Sache ~ sein** (geh.) *jmdm. od. zu einer S. gehören;* der Kirche ~e Grundstücke □ **pertencente**

Zu|ge|hö|rig|keit ⟨f.; -; unz.⟩ *das Dazugehören (zu etwas od. jmdm.);* Partei~; ~ zu einem religiösen Bekenntnis, zu einer Partei; seine ~ zum Katholizismus usw. □ **filiação; adesão**

zu|ge|knöpft 1 ⟨Part. Perf. von⟩ *zuknöpfen* **2** ⟨Adj.; fig.⟩ **2.1** *abweisend, unzugänglich, verschlossen, wortkarg;* er ist in Gesellschaft immer so ~ □ **reservado; taciturno 2.2** *mit ~en Taschen geizig* □ ***mão-fechada**

Zü|gel ⟨m.; -s, -⟩ **1** *am Gebiss befestigter Riemen zum Lenken u. Führen von Reit- u. Zugtieren;* dem Pferd die ~ anlegen; ein Pferd am ~ führen; die ~ annehmen □ **rédea 1.1** *einem durchgehenden Kutschpferd in die ~ fallen ein K. vorn am Z. packen u. es dadurch energisch zum Stehen bringen* □ **puxar as rédeas de um cavalo de coche desgovernado 2** ⟨a. fig.⟩ *Gewalt, Herrschaft, strenge Aufsicht über jmdn. od. eine Gemeinschaft;* er versuchte vergeblich, die ~ an sich zu reißen □ **ele tentou em vão tomar as rédeas;* die ~ aus der Hand geben □ **passar o bastão (para alguém)* **2.1** *die ~ anziehen jmdn. streng beaufsichtigen, kontrollieren* □ **levar (alguém) na rédea curta* **2.2** *die ~ fest in der Hand haben strenge Ordnung halten, strenge Aufsicht führen* □ **manter a rédea firme* **2.3** *bei jmdm. die ~ kurzhalten jmdn. streng beaufsichtigen* □ **levar alguém na rédea curta* **2.4** *die ~ lockern* ⟨fig.⟩ *jmdn. nicht mehr so streng beaufsichtigen, jmdm. mehr Freiheit geben* □ **soltar as rédeas* **2.5** *die ~ verlieren die Führung verlieren, eine Situation nicht mehr*

beherrschen □ **perder as rédeas* **3** ~ *eines* **Vogels** *Kopfpartie zwischen Auge u. oberem Teil des Schnabels* □ **loro**

zü|gel|los ⟨Adj.⟩ **1** *ohne Zügel;* ein Pferd ~ reiten □ **sem rédeas 2** ⟨fig.⟩ *unbeherrscht, kein Maß u. keine Zucht einhaltend, ungebändigt;* ~e Leidenschaften; ein ~er Mensch; er ist ~ □ **desenfreado; descontrolado**

zü|geln[1] ⟨V. 500⟩ **1** ein Pferd ~ *die Zügel des P. anziehen, annehmen* **2** ⟨Vr 7⟩ jmdn. od. etwas ~ ⟨fig.⟩ *in Zucht halten, beherrschen;* sie ist heute nicht zu ~; seine Leidenschaft, seinen Zorn ~ □ **refrear**

zü|geln[2] ⟨V. 400; schweiz.⟩ *umziehen*[1](1) □ **mudar-se**

zu|ge|sel|len ⟨V. 530/Vr 3⟩ **1** sich jmdm. ~ *zu jmdm. kommen u. (eine Zeit lang) bei ihm bleiben, jmdm. Gesellschaft leisten;* wir gesellten uns einer Gruppe von Ausflüglern zu □ **juntar-se a alguém;* **acompanhar alguém 2** sich einer **Sache ~** *zu einer S. hinzukommen* □ **juntar-se/acrescentar-se a alguma coisa;* meinem Schnupfen hat sich nun noch eine Bronchitis zugesellt □ **meu resfriado ainda veio acompanhado de uma bronquite*

Zu|ge|ständ|nis ⟨n.; -ses, -se⟩ *Verzicht auf einen Teil des eigenen Vorteils od. Rechtes, um eine Einigung zu erzielen;* Sy *Konzession*(1); → a. *Kompromiss*(2); jmdm. ein ~, ~se machen; ich muss ihm das ~ machen, dass er ein sehr gutes Organisationstalent hat, aber ... □ **concessão**

zu|ge|ste|hen ⟨V. 256/530/Vr 5 od. Vr 6⟩ jmdm. etwas ~ *einräumen, zubilligen;* diesen Rabatt können wir allen unseren Kunden ~; jmdm. ein Recht, Vorrecht ~ □ **conceder**

zu|ge|tan 1 ⟨Part. Perf. von⟩ *zutun* **2** ⟨Adj. 24/70⟩ jmdm. od. einer **Sache ~ sein** *jmdm. od. einer S. freundlich gesinnt, geneigt sein;* ich bin ihm sehr ~ □ **afeiçoado; apegado;** er ist den schönen Künsten ~ □ **ele gosta muito das belas-artes*

Zu|ge|winn ⟨m.; -(e)s, -e⟩ **1** *zusätzlicher Wert, Gewinn* □ **lucro; ganho 1.1** *der ~,* im ~ *und während der Dauer der Zugewinngemeinschaft das Vermögen eines Ehegatten steigt* □ **aquestos**

Zug|füh|rer ⟨m.; -s, -; Eisenb.⟩ **1** ⟨Eisenb.⟩ *Beamter, der die Aufsicht im Zug führt* □ **chefe do trem 2** ⟨Mil.⟩ *Führer eines Zuges* □ **comandante de pelotão**

zu|gig ⟨Adj.⟩ *dem Zug, der Zugluft ausgesetzt;* ein ~er Platz □ **exposto à corrente de ar;** es ist ~ hier □ **há corrente de ar aqui*

zü|gig ⟨Adj.⟩ **1** *schwungvoll, flott u. ohne Unterbrechung;* eine ~e Schrift haben; ~ arbeiten; die Arbeit geht ~ vorwärts □ **(de modo) corrente/fluente/ininterrupto 2** ⟨schweiz.⟩ *zugkräftig* □ **atrativo**

Zug|kraft ⟨f.; -; unz.⟩ **1** ⟨Tech.⟩ *die Kraft, mit der ein Zug ausgeübt wird* □ **força de tração 2** ⟨fig.⟩ *Anziehungskraft, Reiz;* das Theaterstück, der Titel des Buches hat nicht genügend ~ □ **apelo; atratividade**

zu|gleich ⟨Adv.⟩ **1** *im gleichen Augenblick, gleichzeitig;* ich habe ihm ~ erklärt, dass ... □ **ao mesmo tempo 2** *(alle) auf einmal, miteinander, zusammen;* alle ~; ~ mit mir □ **junto**

Zug|luft ⟨f.; -; unz.⟩ = *Zug(8.1)*
Zug|ma|schi|ne ⟨f.; -, -n⟩ *Kraftfahrzeug zum Ziehen von Anhängern, Schlepper* □ locomotiva; veículo trator
zu|grei|fen ⟨V. 158/400⟩ **1** *greifen u. nehmen, packen, anfassen;* er griff rasch zu und konnte die Vase gerade noch auffangen □ apanhar; pegar 1.1 bei **Tisch** ~ *nehmen u. essen;* bitte greifen Sie zu! □ servir-se **2** *kaufen, bevor etwas vergriffen ist;* das Angebot war so verlockend, dass ich sofort zugegriffen habe; ich hatte keine Zeit zum Überlegen, zum Wählen, ich musste sofort ~ □ aproveitar a ocasião **3** die Polizei hat zugegriffen *ist eingeschritten* □ intervir 3.1 *rasch entschlossen helfen* □ ajudar; dar uma mão; er greift überall zu, wo es nötig ist □ *ele é pau para toda obra
Zu|griff ⟨m.; -(e)s, -e⟩ *das Zugreifen(1 u. 3)* □ captura; sich etwas durch raschen ~ sichern □ *garantir (a posse de) alguma coisa apanhando-a/agarrando-a rapidamente;* sich dem ~ der Polizei entziehen □ *fugir da (captura da) polícia
zu|grun|de *auch:* **zu Grun|de** ⟨Adv.⟩ **1** *als Grundlage* 1.1 einer **Sache** etwas ~ *legen etwas für etwas als Grundlage benutzen;* er legte seinem Vortrag ein Wort von Goethe ~ □ *fundamentar uma coisa em outra; tomar alguma coisa como base para outra* 1.2 etwas liegt einer **Sache** ~ *etwas ist der Grund, die Grundlage für etwas;* diesem Übelstand liegt etwas ganz Anderes ~; seiner Arbeit liegt die Auffassung ~, dass ... □ *ser o fundamento de alguma coisa; estar na base de alguma coisa* **2** *zum, ins Verderben* 2.1 ~ **gehen** *vernichtet werden, ins Verderben geraten u. sterben;* er ist an dieser Krankheit, in der Fremde elend ~ gegangen □ *arruinar-se; morrer* 2.2 *jmdn. od. etwas* ~ **richten** *vernichten, ins Verderben bringen;* das viele Rauchen, Trinken wird ihn noch ~ richten, hat ihn ~ gerichtet; sein Sohn hat das Unternehmen ~ gerichtet □ *acabar com alguém ou alguma coisa; arruinar/destruir alguém ou alguma coisa
Zug|tier ⟨n.; -(e)s, -e⟩ *Tier zum Ziehen von Lasten, Wagen, z. B. Pferd, Rind, Esel* □ animal de tiro/tração
zu|guns|ten *auch:* **zu Guns|ten** ⟨Präp. m. Gen.⟩ *für jmdn. od. etwas, zu seinen, ihren Gunsten;* er hat sich ~ des Kunden verrechnet; eine Wohltätigkeitsveranstaltung ~ des Müttergenesungswerkes □ em favor/beneficio/prol de
zu|gu|te|hal|ten ⟨V. 160/530⟩ **1** *jmdm. etwas* ~ *jmdm. etwas anrechnen, als Milderungsgrund, als Entschuldigung gelten lassen* □ *levar em conta justificar ou desculpar alguém* 3.1 ⟨Vr 1⟩ *sich etwas auf etwas* ~ *stolz auf etwas sein;* er hält sich etwas auf seine Leistung, sein Aussehen zugute □ *vangloriar-se de alguma coisa
zu|gu|te|kom|men ⟨V. 170(s.)⟩ **1** ⟨600⟩ *jmdm.* ~ *jmdm. helfen, nützen;* sein Aufenthalt im Ausland ist seiner Arbeit mit Sicherheit zugutegekommen; das Geld kommt dem Kindergarten zugute □ *beneficiar alguém; reverter em favor de alguém* **2** *jmdn. etwas* ~ lassen *jmdn. von etwas Nutzen haben lassen* □ *fazer alguém se beneficiar com alguma coisa
zu|gu|te|tun ⟨V. 272/530/Vr 5⟩ *jmdm. od. sich etwas* ~ *jmdm. od. sich etwas Gutes gönnen, etwas Gutes tun;* du kannst nicht immer nur arbeiten, du musst dir auch einmal etwas ~ □ *fazer alguma coisa em proveito próprio; permitir-se um prazer
Zug|vo|gel ⟨m.; -s, -vö|gel⟩ **1** *Vogel, der regelmäßig bei Herannahen der kalten Jahreszeit wärmere Gegenden aufsucht (im Unterschied zum Stand- u. Strichvogel)* □ ave migratória; ave de arribação **2** ⟨fig.⟩ *jmd., der seine Lebensumstände ständig wechselt* □ alguém que está sempre mudando de vida
zu|hal|ten ⟨V. 160⟩ **1** ⟨503/Vr 5 od. Vr 6⟩ (jmdm.) etwas ~ *(mit der Hand) bedecken, verschließen, geschlossen halten;* die Tür (von außen, von innen) ~; jmdm. den Mund ~ (damit er nichts mehr sagt, nicht mehr schreit); sich die Nase ~ (damit man nichts riecht); sich die Ohren ~ (um nichts zu hören) □ manter fechado; tapar **2** ⟨411⟩ **auf** einen **Ort** ~ *auf einen O. zusteuern, sich einem O. geradewegs nähern;* das Boot hielt auf die Insel zu □ dirigir-se para; aproar
Zu|häl|ter ⟨m.; -s, -⟩ *jmd., der seinen Lebensunterhalt aus den Einkünften einer Prostituierten bestreitet* □ gigolô; proxeneta; cafetão
Zu|häl|te|rei ⟨f.; -; unz.⟩ *gewerbähnliche Tätigkeit eines Zuhälters* □ caftismo; proxenetismo
zu|hauf ⟨Adv.; poet.⟩ *in großen Haufen, in großen Mengen, scharenweise;* sie kamen ~ □ aos montes; em massa
zu|hau|se *auch:* **zu Hau|se** ⟨Adv.⟩ *daheim;* ~ bleiben, sein □ em casa
Zu|hau|se ⟨n.; -s; unz.⟩ *Heim, Häuslichkeit;* er hat kein ~ mehr; ein schönes ~ haben □ lar
zu|hin|terst ⟨Adv.⟩ *ganz hinten, an letzter Stelle;* er stand ~ □ bem atrás; no fundo; em último lugar
zu|höchst ⟨Adv.⟩ *ganz oben, an oberster Stelle;* das Buch steht ~ im Regal □ bem no alto; no ponto mais alto
zu|hö|ren ⟨V. 403 od. 405⟩ **1** *jmdm. od.* (bei) *einem Gespräch* ~ *auf jmdn. od. ein G. hören, jmdm. od. einem G. lauschen;* er hat fast nicht gesprochen, sondern nur zugehört; (bei) einem Gespräch, einer Radiosendung ~ 1.1 *es gibt wenige Menschen, die* (gut) ~ *können die sich aufmerksam u. teilnehmend die Sorgen anderer anhören* **2** ⟨Imperativ⟩ hör mal zu! ⟨umg.⟩ *pass auf, sei aufmerksam (denn ich will dir etwas sagen)* □ *ouça bem!; preste atenção!
Zu|hö|rer ⟨m.; -s, -⟩ **1** *jmd., der zuhört, jmd., der etwas mithört, bes. beim Gespräch* **2** *Besucher einer Veranstaltung, bei der es hauptsächlich etwas zu hören gibt, z. B. in Oper u. Konzert (im Unterschied zum Zuschauer)* □ ouvinte
Zu|hö|re|rin ⟨f.; -, -rin|nen⟩ *weibl. Zuhörer* □ ouvinte
zu|knöp|fen ⟨V. 500⟩ *etwas* ~ *mit Knöpfen schließen;* ein Kleid, einen Mantel ~ □ abotoar
zu|kom|men ⟨V. 170⟩ **1** ⟨411⟩ **auf** *jmdn. od. etwas* ~ *an jmdn. od. etwas herankommen, jmdm. od. einer Sache näher kommen;* die Kinder kamen mit ausgebreiteten Armen auf mich zu; er sah den Wagen auf sich ~; das Gewitter kommt gerade auf uns zu; sie kam mit schnellen Schritten auf unseren Wagen zu

Zukunft

□ *vir ao encontro de alguém ou alguma coisa; aproximar-se de alguém ou alguma coisa **1.1 auf** jmdn. ~ ⟨fig.; umg.⟩ *bevorstehen* □ ***ter pela frente; esperar alguém 1.1.1** die Arbeit, die nun auf uns zukommt ⟨fig.; umg.⟩ *die A., die uns bevorsteht* □ ***o trabalho que temos pela frente/que nos espera 1.2** etwas auf sich ~ lassen *die Entwicklung einer Sache abwarten* □ ***deixar o barco correr 2** ⟨600; veraltet⟩ jmdm. kommt ein Verhalten zu *ein V. ist für jmdn. passend, steht ihm infolge seiner sozialen Stellung zu;* ein solches Verhalten kommt einem Kind, einem Untergebenen nicht zu; eine solche Frage kommt dir nicht zu □ ***a alguém convém determinado comportamento 3** ⟨500; Inf.⟩ jmdm. etwas ~ lassen *zustellen, zusenden, zuschicken* □ ***enviar alguma coisa a alguém;** jmdm. einen Brief, eine Nachricht ~ lassen □ ***enviar uma carta a alguém; notificar alguém 3.1** jmdm. Geld, **Werte** ~ lassen *schenken* □ ***dar dinheiro/valores a alguém 3.2** jmdm. eine Vergünstigung ~ lassen *gewähren* □ ***conceder um privilégio a alguém**

Zu|kunft ⟨f.; -; unz.⟩ **1** *die noch bevorstehende Zeit;* → a. *Gegenwart, Vergangenheit;* wir müssen geduldig abwarten, was die ~ bringt; der ~ zuversichtlich entgegengehen, entgegensehen; die ~ wird es lehren; das gilt für alle ~!; er arbeitet, sorgt nur für die ~; Pläne für die ~ haben; in ~ werde ich vorsichtiger sein; in ferner ~ wird es möglich sein; in nächster ~ ist nichts zu befürchten **2** *in der Zukunft(1) liegendes Geschehen, Schicksal;* du musst auch an die ~ denken!; sie kann beruhigt in die ~ blicken; jmdm. eine glänzende ~ voraussagen; wie stellst du dir deine ~ vor?; einer ungewissen ~ entgegengehen; er erwartet noch viel von der ~ **2.1** (eine) ~ **haben** *in der Zukunft(1) begehrt, erfolgreich sein;* der junge Künstler hat eine große ~ (vor sich); diese Kunstrichtung hat keine ~ **3** ⟨Gramm.⟩ *die Zukunft(1) bezeichnende grammatische Form;* Sy *Futur,* von einem Verbum die ~ bilden □ **futuro**

zu|künf|tig ⟨Adj.⟩ **1** ⟨60⟩ *die Zukunft(1-2) betreffend, in der Z. stattfindend, erscheinend, bevorstehend, später;* die ~e Weltlage kann noch niemand überblicken; mein ~er Schwiegersohn □ **futuro 2** der (die) Zukünftige ⟨umg.⟩ *der zukünftige Ehemann, die zukünftige Ehefrau* □ ***o futuro marido; a futura esposa 3** ⟨80⟩ *von heute an;* ~ werden wir anders verfahren □ **doravante**

Zu|la|ge ⟨f.; -, -n⟩ **1** *Gewährung von etwas Zusätzlichem, Zugabe;* Nacht~; eine ~ von monatlich 200,– € bekommen, erhalten □ **adicional 2** *erhöhte Zahlung, Gehalts-, Lohn-, Besoldungserhöhung;* Gehalts~ □ **aumento**

zu|lan|de ⟨alte Schreibung für⟩ **zu Lande**

zu|lan|gen ⟨V. 400; umg.⟩ **1** *nach etwas greifen, um es zu besitzen;* auf dem Markt gab es billiges Obst, ich habe schnell zugelangt □ **pegar 2** *sich etwas zu essen nehmen (bei Tisch);* bitte, langen Sie zu!; kräftig, tüchtig ~ □ **servir-se**

zu|läng|lich ⟨Adj. 24; veraltet⟩ *ausreichend, genügend, hinreichend;* einigermaßen ~e Verpflegung □ **suficiente; bastante**

zu|las|sen ⟨V. 175/500⟩ **1** jmdn. ~ *(zu, als) hereinlassen, aufnehmen, Zutritt gewähren;* er ist als Mitglied zugelassen □ **admitir; deixar entrar 2** einen Sachverhalt ~ *dulden, erlauben, gestatten, nicht verhindern;* ich kann leider keine Ausnahmen ~; du willst doch nicht etwa diesen Unfug ~?; der Sachverhalt ist eindeutig, er lässt keinen Zweifel zu □ **permitir; tolerar 3** ⟨505⟩ jmdm. od. etwas (zu etwas) ~ *nach Prüfung der Eignung eine Genehmigung erteilen;* ein Kraftfahrzeug (zur Teilnahme am Straßenverkehr) ~; Wertpapiere zum Börsenhandel ~; ein Tier zur Zucht ~; der Arzt wurde zur kassenärztlichen Behandlung zugelassen; der Abiturient wurde zum Studium zugelassen; alle für das Wintersemester zugelassenen Studenten □ **admitir; aprovar 4** ⟨500⟩ etwas ~ ⟨umg.⟩ *geschlossen lassen, nicht öffnen;* sie ließ die Tür zu □ **deixar fechado**

zu|läs|sig ⟨Adj. 24/70⟩ *erlaubt, gestattet;* wir dürfen keine anderen als die ~en Hilfsmittel benutzen; ~e Höchstgeschwindigkeit; es ist nicht ~, bei der Prüfung Hilfsmittel zu benutzen; ~e Beanspruchung ⟨Tech.⟩ □ **permitido; autorizado; admissível**

zu|las|ten *auch:* **zu Las|ten** ⟨Präp. m. Gen.⟩ ~ **von** jmdm. *auf Kosten (von jmdm.);* die Rechnung geht ~ der Firma X; die Kosten gehen zu unseren Lasten □ ***por conta de alguém**

Zu|lauf ⟨m.; -(e)s, -läu|fe⟩ **1** *das Herbeikommen vieler Menschen;* durch den großen ~ wurde die Spielzeit des Films verlängert □ **afluência 2** ~ haben *beliebt, viel besucht, gesucht sein;* der Arzt, Anwalt hat großen ~ □ ***ter uma grande clientela; ser muito requisitado**

zu|lau|fen ⟨V. 176(s.)⟩ **1** ⟨400⟩ eine Flüssigkeit läuft zu *läuft, fließt zusätzlich in etwas hinein;* heißes (kaltes) Wasser ~ lassen □ **afluir; correr 2** ⟨600⟩ jmdm. ~ gelaufen kommen □ ***correr para alguém 2.1** der Hund ist uns zugelaufen *der H. ist uns eines Tages nachgelaufen u. mit uns gekommen (u. wir haben ihn behalten, weil wir nicht wissen, wem er gehört)* □ ***o cão veio parar em nossa casa 3** ⟨411⟩ **auf** jmdn. od. etwas ~ *zu jmdm. od. etwas hinlaufen, sich jmdm. od. einem Ort, einer Sache im Laufen nähern;* die Kinder liefen auf den Kater zu; er lief rasch auf den Wald zu; er kam geradewegs auf uns zugelaufen □ ***correr para alguém ou alguma coisa 4** ⟨413⟩ ein Gegenstand läuft ... zu *wird zu einem Ende hin dünner;* die Türme laufen spitz zu □ **terminar em ponta; afunilar-se 5** ⟨400; umg.⟩ *weiterlaufen, zu laufen beginnen* □ (**começar a**) **correr 5.1** lauf zu! *beeile dich!* □ ***corra!**

zu|le|gen ⟨V. 500⟩ **1** etwas ~ *etwas dazulegen, hinzutun;* ich habe noch 50 Euro zugelegt und mir die bessere Ausführung gekauft; jmdm. ein paar Euro (Lohn, Gehalt) ~ □ **acrescentar; dar a mais 1.1** noch einen Schritt ~ *schneller gehen* □ ***ir mais rápido; acelerar 1.2** du hast ganz schön zugelegt *bist dicker geworden* □ **engordar 2** ⟨530/Vr 1⟩ **sich** etwas ~ ⟨umg.⟩ *sich etwas kaufen, erwerben, anschaffen;* ich habe mir ein neues Kleid, einen Mantel zugelegt; ich werde mir ein neues Auto ~ ☐ **comprar; adquirir** 2.1 er hat sich eine Freundin, Frau zugelegt ⟨scherzh.⟩ *hat jetzt eine F., F.* ☐ **arranjar** 3 *etwas ~ so bedecken, dass es verschlossen ist;* einen Graben mit Brettern ~ ☐ **fechar; tampar**

zu|lei|de *auch:* **zu Lei|de** ⟨Adv.; nur in der Wendung⟩ *jmdm. etwas ~* tun *jmdm. eine Verletzung zufügen, Schaden zufügen, jmdn. kränken;* hat er dir etwas ~ getan? ☐ ***fazer mal a alguém; ofender alguém**; → a. *Fliege(1.3)*

zu|lei|ten ⟨V. 530/Vr 5 od. Vr 6⟩ *jmdm. etwas ~ etwas zu jmdm. od. etwas anderem hinleiten, -führen;* einem Fischteich Wasser ~ ☐ **fazer afluir**; die Post leitet unzustellbare Sendungen dem Absender wieder zu ☐ **levar**

zu|letzt ⟨Adv.⟩ **1** *als Letzte(r, -s), an letzter Stelle;* er kam ~, ging ~; ich möchte nicht immer ~ an die Reihe kommen ☐ **por último; em último lugar 2** *schließlich, endlich, am Ende;* ~ verlor ich die Geduld ☐ **por fim 3** *zum letzten Mal;* ich habe ihn ~ im Konzert getroffen ☐ **pela última vez 4** *nicht ~ wesentlich, hauptsächlich;* die gute Verpflegung trug nicht ~ zu unserem Wohlbefinden bei ☐ ***sobretudo; principalmente**

zu|lie|be ⟨Adv.⟩ *jmdm. ~ jmdm. zu Gefallen, weil es jmd. gern möchte;* tu es mir ~!; ich bin nur meiner Mutter ~ hingegangen ☐ **por (amor de) alguém**

zum ⟨Verschmelzungsform aus Präp. u. Art.⟩ *zu dem;* Gasthaus, Hotel „Zum Löwen" ☐ ***hospedaria/ hotel „Do Leão"**; ~ ersten, letzten Male ☐ ***pela primeira/última vez**

zu||ma|chen ⟨V. 500; umg.⟩ *etwas ~ schließen;* ein Fenster, einen Koffer, eine Tür ~; kannst du mir bitte den Kragen, das Kleid ~? ☐ **fechar**

zu|mal[1] ⟨Konj.⟩ *vor allem da, besonders weil, um so mehr als;* er hat immer eine etwas belegte Stimme, ~ wenn er lange geredet hat; ich muss jetzt lernen, ~ ich in letzter Zeit viel versäumt habe ☐ **tanto mais quanto; sobretudo quando/porque**

zu|mal[2] ⟨Adv.⟩ **1** ⟨veraltet⟩ *zugleich, gleichzeitig, auf einmal;* da kamen sie alle ~ herbeigelaufen ☐ **ao mesmo tempo 2** *vor allem, besonders;* die Konzerte dieser Saison, ~ das letzte Kammerkonzert, waren sehr interessant ☐ **sobretudo**

zu|meist ⟨Adv.⟩ **1** *meistens, meist* ☐ **geralmente; na maioria das vezes 2** ⟨umg.⟩ *zum größten Teil;* die Teilnehmer waren ~ Jugendliche ☐ **em sua maioria**

zu|min|dest ⟨Adv.⟩ *mindestens, wenigstens;* er hätte ~ grüßen müssen, wenn er schon nicht an unseren Tisch kam ☐ **pelo/ao menos**

zu|mu|te *auch:* **zu Mu|te** ⟨Adv. m. Dat.; nur in der Wendung⟩ ~ sein, werden **1** *sich fühlen, in einer (bestimmten) Stimmung sein;* mir ist (nicht) wohl ~ ☐ ***(não) me sinto bem**; mir wird ganz unheimlich ~ ☐ ***estou ficando totalmente apavorado**; wie ist dir ~? ☐ ***como está se sentindo?** 1.1 mir ist bei dieser Sache nicht wohl ~ ⟨fig.⟩ *ich habe Bedenken, ich fürchte Schwierigkeiten, ich ahne Böses* ☐ ***não estou gostando dessa situação**

zu|mu|ten ⟨V. 530/Vr 5 od. Vr 6⟩ *jmdm. etwas ~ unbilligerweise von jmdm. etwas fordern, verlangen;* du kannst niemandem ~, Tag und Nacht für dich da zu sein; er hat sich, seinen Kräften zuviel zugemutet ☐ **exigir; pretender; esperar**

Zu|mu|tung ⟨f.; -, -en⟩ **1** *ungehöriges Ansinnen, unbillige Forderung, unbescheidenes Verlangen;* gegen eine solche ~ verwahre ich mich energisch!; das ist eine ~! ☐ **pretensão; exigência descabida 2** *rücksichtsloses Benehmen;* es ist eine ~, so spät abends noch anzurufen ☐ **desaforo; atrevimento**

zu|nächst 1 ⟨Adv.⟩ *zuerst, fürs Erste, vorerst;* das beabsichtige ich ~ noch nicht; ~ werde ich einmal gar nichts unternehmen; das ist ~ noch nicht vorgesehen ☐ **em primeiro lugar; primeiramente 2** ⟨Präp. m. Dat.; geh.⟩ *in der Nähe des, der, von, ganz nahe von, bei;* in der Nähe des, der, von, ganz nahe von, bei; dem Ort ~, (od.) ~ dem Ort; das Haus, das dem Wald ~ liegt ☐ **próximo de; perto de**

Zu|nah|me ⟨f.; -, -n⟩ *das Zunehmen;* Ggs *Abnahme(2);* eine starke, beträchtliche ~ des Umfangs, Gewichts, der Produktion ☐ **aumento; incremento**

Zu|na|me ⟨m.; -ns, -n⟩ = *Familienname*

zün|den ⟨V.⟩ **1** ⟨400⟩ *etwas Brennbares zündet fängt an zu brennen;* diese Streichhölzer ~ nicht ☐ **acender** 1.1 Pulver zündet *brennt schnell ab, explodiert* ☐ **acender; explodir** 1.2 der Blitz hat gezündet *eingeschlagen u. einen Brand verursacht* ☐ **provocar um incêndio** 1.3 ⟨500⟩ Feuer ~ ⟨schweiz.⟩ *anmachen* ☐ **acender 2** ⟨400⟩ *etwas zündet* ⟨fig.⟩ *ruft Begeisterung, Zustimmung hervor;* der Aufruf hat allgemein gezündet ☐ **inflamar; entusiasmar**; er hielt eine ~de Rede ☐ **inflamado; entusiasmado 3** ⟨411⟩ bei jmdm. zündet es ⟨fig.; scherzh.⟩ *jmd. beginnt, etwas zu verstehen;* hat es (bei dir) endlich gezündet? ☐ ***cair a ficha**

Zun|der ⟨m.; -s; unz.⟩ **1** *zum Anmachen von Feuer verwendeter, an Buchen u. Birken vorkommender Pilz* ☐ **cogumelo das acendalhas**; trocken wie ~ ☐ ***extremamente seco** 1.1 das brennt wie ~ *das brennt sehr gut, brennt sehr schnell an* ☐ ***isso queima como palha 2** ⟨unz.; fig.; umg.⟩ *Prügel;* gleich gibt es ~! ☐ **pancadaria; surra 3** ⟨unz.⟩ *Oxidschicht, die beim Glühen von Eisen entsteht u. beim Schmieden od. Walzen abspringt* ☐ **crosta de óxido de ferro**

Zün|der ⟨m.; -s, -⟩ **1** *Vorrichtung zum Entzünden von Sprengstoffen* ☐ **detonador; espoleta 2** ⟨nur Pl.; umg.; österr.⟩ *Zündhölzer* ☐ **fósforos**

Zünd|holz ⟨n.; -es, -höl|zer⟩ *Holzstäbchen mit Kuppe aus leicht entzündlicher Masse, die beim Reiben Feuer gibt;* Sy *Streichholz* ☐ **(palito de) fósforo**

Zünd|ker|ze ⟨f.; -, -n; Kfz⟩ *Vorrichtung an Verbrennungsmotoren zum Entzünden des im Verbrennungsraum befindlichen Kraftstoff-Luft-Gemischs mittels eines elektrischen Funkens* ☐ **vela de ignição**

Zünd|schlüs|sel ⟨m.; -s, -; Kfz⟩ *Sicherheitsschlüssel zum Einschalten der Zündung an Kraftfahrzeugen* ☐ **chave de ignição**

Zünd|schnur ⟨f.; -, -schnü|re⟩ *mit einem Explosivstoff gefüllter Gewebeschlauch, der nach dem Anzünden* *langsam weiterbrennt u. eine Sprengladung zündet* □ mecha; rastilho

Zünd|stoff ⟨m.; -(e)s, -e⟩ **1** *Stoff zum Zünden explosiver Stoffe* □ material inflamável; acendalha **2** ⟨fig.⟩ *etwas, das Anlass zu Streitigkeiten geben kann; sein Vortrag enthielt eine Menge ~; die Zeitungen boten erneut ~ in dieser Angelegenheit* □ estopim

Zün|dung ⟨f.; -, -en⟩ **1** *das Zünden, Entzünden, Sichentzünden* □ inflamação; acendimento **2** *Zündkerze u. Vorrichtung zum Steuern ihrer elektrischen Entladung; die ~ ausschalten, einschalten* □ ignição **3** *Vorrichtung zum Entzünden von Spreng- u. Treibladungen* □ detonador; ignição

zu∥neh|men ⟨V. 189/400⟩ **1** ⟨400⟩ *etwas nimmt zu wird größer, stärker, wächst, vermehrt, vergrößert sich; die Dunkelheit, Helligkeit nimmt zu; wenn er wieder ganz gesund ist, werden auch seine Kräfte wieder ~* □ aumentar; crescer; *wir haben ~den Mond crescente;* in *~dem Maße* □ *cada vez mais* 1.1 mit *~den Jahren wenn man älter wird* □ *com os anos; com o passar dos anos* 1.2 *die Tage, Nächte nehmen zu werden länger* □ *os dias/as noites ficam mais longos* 1.3 *es wird ~d kälter immer kälter* □ *está cada vez mais frio* 1.4 **an etwas** *~ etwas in erhöhtem Maße werden; er nimmt an Jahren, aber auch an Weisheit zu* □ *ele está ficando mais velho, porém também mais sábio; der Wind nimmt an Stärke zu* □ *o vento se intensifica* **2** *jmd. nimmt zu wird dicker, wiegt mehr; ich habe wieder ein Kilo zugenommen; der Arzt hat gesagt, ich darf jetzt nicht mehr ~* □ engordar **3** ⟨402⟩ **(Maschen)** *~* ⟨beim Stricken, Häkeln⟩ *die Zahl der M. bei einem Arbeitsgang vergrößern* □ aumentar

zu∥nei|gen ⟨V.⟩ **1** ⟨530/Vr 3⟩ *sich jmdm. od. etwas ~ sich in Richtung auf jmdn. od. etwas neigen, sich jmdm. od. etwas nähern; ich neige mich meiner Nachbarin zu; die Sonne neigt sich dem Westen zu* □ *inclinar-se para alguém ou alguma coisa* 1.1 ⟨fig.; geh.⟩ *sich langsam dem Ende nähern; der Tag, das Jahr neigt sich dem Ende zu* □ aproximar-se do fim; ir-se acabando **2** ⟨602/Vr 3⟩ **(sich)** *einer Sache ~ an einer S. Gefallen finden u. sich mit ihr beschäftigen* □ *propender para alguma coisa* 2.1 *der Ansicht ~ die A. für richtiger halten (als eine andere); er dagegen neigt mehr der Ansicht zu, dass ...* □ *tender a acreditar que...* 2.2 ⟨Part. Perf.⟩ **jmdm.** *zugeneigt sein für jmdn. freundschaftliche Empfindungen haben; er ist ihr herzlich, sehr zugeneigt* □ *simpatizar com alguém*

Zu|nei|gung ⟨f.; -, -en⟩ *freundschaftliches Empfinden;* Sy *Sympathie(1);* → a. *Abneigung(1); für jmdn. ~ empfinden; jmds. ~ erwidern; aufrichtige, herzliche, innige ~* □ simpatia

Zunft ⟨f.; -, Zünfte; 11.-19. Jh.⟩ *berufliche Vereinigung der Handwerker zur gegenseitigen Hilfe, zur Regelung der Ausbildung, Arbeitszeit u. a.* □ corporação

zünf|tig ⟨Adj. 24⟩ **1** *fachmännisch, fachgemäß, sachgemäß; eine ~e Arbeit* □ especializado; adequado; apropriado **2** ⟨umg.⟩ *tüchtig, ordentlich; ein ~er Schluck* □ *um bom gole; ~ feiern* □ *comemorar como se deve*

Zun|ge ⟨f.; -, -n⟩ **1** *aus quergestreifter Muskulatur bestehendes bewegliches Organ der Mundhöhle, Organ zum Schmecken u. Sprechen;* mit der ~ schnalzen; die ~ zeigen (beim Arzt); eine belegte ~ haben (als Krankheitszeichen); jmdm. die ~ herausstrecken (um ihn zu ärgern) □ língua 1.1 mir hängt die ~ zum Hals heraus ⟨fig.; umg.⟩ 1.1.1 *ich habe großen Durst* □ *estou morrendo de sede* 1.1.2 *ich habe mich sehr angestrengt* □ *estou com a língua de fora* **2** *Gericht aus der Zunge(1) von Rindern od. Schweinen; bei uns gibt es sonntags oft ~* **3** ⟨fig.⟩ *Organ des Geschmackes* □ língua 3.1 *eine feine, gute, verwöhnte ~ haben ein Feinschmecker sein* □ *ter um paladar refinado; ser um gourmet* **4** ⟨fig.⟩ *Organ des Sprechens* □ língua 4.1 *sich eher die ~ abbeißen, als etwas sagen* ⟨fig.; umg.⟩ *nichts verraten, sich keine Aussage entlocken lassen* □ *preferir morder a língua a dizer alguma coisa* 4.2 mit der ~ **anstoßen** *lispeln* □ *falar com a língua presa; cecear* 4.3 *sich an einem Wort die ~ abbrechen ein W. schwer aussprechen können* □ *tartamudear; dar um nó na língua* 4.4 *sich auf die ~ beißen* ⟨a. fig.⟩ *sich mühsam beherrschen, seine wahre Meinung zu sagen ~* □ *morder a língua* 4.4.1 *sich die ~ verbrennen* ⟨a. fig.⟩ *etwas sagen, was einem schadet od. was man hinterher bereut* □ *dizer o que não devia; falar demais* 4.4.2 *seine ~ hüten nicht vorlaut sein, sondern sich überlegen, welche Wirkung eine Äußerung hat* □ *medir as palavras* 4.4.3 *seine ~ im Zaum halten nicht alles ausplaudern, verschwiegen sein* □ *segurar a língua* 4.5 jmdm. die ~ **lösen** *jmdn. gesprächig, redefreudig machen* □ *fazer alguém soltar a língua* 4.6 *eine schwere ~ haben schwerfällig reden* □ *falar com dificuldade* 4.7 *ein Wort auf der ~ haben ein W. sagen wollen, das einem im Augenblick nicht einfällt* □ *estar com a palavra na ponta da língua* 4.8 *das Herz auf der ~ tragen sehr offenherzig, vertrauensselig sein* □ *soltar a língua; ter a língua solta* **5** ⟨fig.⟩ *Art zu sprechen* □ língua 5.1 *eine böse, lose, scharfe od. spitze ~ haben gern böse, freche, spitze Bemerkungen machen* □ *ter uma língua viperina/solta/afiada* 5.2 *mit gespaltener ~ reden lügnerisch, verlogen sein, beim einen das eine, beim anderen etwas anderes behaupten* □ *mentir; inventar histórias* 5.3 *mit tausend ~n reden etwas eindringlich sagen od. predigen* □ *usar mil argumentos (para convencer alguém)* **6** ⟨poet.⟩ *Sprache; so weit die deutsche ~ klingt; die Völker spanischer ~* **7** ⟨fig.⟩ *Mensch als sprechendes Lebewesen* □ língua 7.1 *böse ~n behaupten, dass ... boshafte Menschen* □ *dizem as más línguas que...* **8** *länglicher Gegenstand, der an einer seiner schmalen Seiten befestigt ist* 8.1 *längliches Stück Leder im Ausschnitt von Schnürschuhen* □ lingueta 8.2 *länglicher Zeiger von Waagen* □ *fiel da balança* 8.3 ⟨Mus.⟩ *von strömender Luft in Schwingung versetztes u. infolgedessen tönendes längliches Plättchen aus Metall, z. B. an Harmonikas* □ palheta; lingueta; → a. *zergehen(1)*

zün|geln ⟨V. 400⟩ **1** *die Zunge rasch herausstrecken, mehrmals blitzschnell hin u. her bewegen u. wieder zu-*

rückziehen (von Schlangen) □ sibilar **2** ⟨fig.⟩ *sich rasch u. zuckend hin u. her bewegen;* die Flamme züngelte im Kamin □ **levantar-se em labaredas; lamber**

Zun|gen|fer|tig ⟨Adj.⟩ *gewandt im Sprechen* □ **loquaz; verboso**

Zun|gen|pfei|fe ⟨f.; -, -n⟩ *Art der Orgelpfeifen, bei denen der Ton durch ein in Schwingungen versetztes Metallplättchen entsteht* □ **tubo de lingueta/palheta**

Zun|gen-R *auch:* **Zun|gen-r** ⟨n.; -, -; -⟩ *Sprachwiss.⟩ mit der Zunge hinter den oberen Schneidezähnen gebildetes R, rollendes R.* □ **erre vibrante apical;** → a. **Zäpfchen-R**

Zun|gen|schlag ⟨m.; -(e)s, -schlä|ge⟩ *leichte Sprachstörung aufgrund mangelnder Beherrschung der Zungenbewegung* □ **má pronúncia; problema de fala;** → a. *falsch(1.2.4)*

zu|nich|te|ma|chen ⟨V. 500⟩ *etwas ~ zerstören, vereiteln;* das ungünstige Wetter hat meine Urlaubspläne zunichtegemacht □ **destruir; acabar com**

zu|nich|te|wer|den ⟨V. 285/400(s.)⟩ *zerstört, vereitelt werden;* meine Hoffnungen sind zunichtegeworden □ **malograr-se; fracassar**

zu|nut|ze *auch:* **zu Nut|ze** ⟨Adv.; nur in der Wendung⟩ *sich etwas ~ machen etwas ausnutzen, nutzbringend anwenden, für sich verwerten;* er machte sich die Gelegenheit ~ □ ***aproveitar alguma coisa**

zu|oberst ⟨Adv.⟩ **1** *ganz oben* □ **por cima de tudo; no topo 1.1** *das Unterste ~ kehren alles durcheinanderbringen, große Unordnung anrichten* □ ***virar tudo de pernas para o ar**

zu|pa|cken ⟨V. 400; umg.⟩ **1** *kräftig zugreifen, derb anfassen* ~ □ **agarrar; pôr as mãos em 2** *tatkräftig helfen, energisch (körperlich) arbeiten* □ **pôr mãos à obra**

zu|pas|se|kom|men ⟨V. 170/600(s.)⟩ = **zubasskommen**

zu|pass|kom|men ⟨V. 170/600(s.)⟩ *jmdm. ~ gelegen kommen, im rechten Augenblick geschehen;* oV zupassekommen; dein Angebot, Vorschlag kommt mir sehr zupass ~ □ ***vir a calhar; vir em boa hora**

zup|fen ⟨V. 500⟩ *etwas ~ kurz u. vorsichtig mit Daumen u. Zeigefinger ziehen, lockern u. auseinanderziehen;* Fasern ~, Wolle ~ □ **puxar 1.1 Saiten** *der Zupfinstrumente ~ mit den Fingern od. einem Plättchen anreißen;* die Gitarre, Zither wird gezupft (nicht gestrichen); die Saiten der Geige beim Pizzikatospiel ~ □ **pinçar as cordas; dedilhar 1.2** ⟨511⟩ **jmdn.** *~ an einem Körperteil ~ mit Daumen u. Zeigefinger kurz ein wenig greifend berühren;* jmdn. am Ärmel ~ (um ihn geräuschlos auf sich aufmerksam zu machen) □ **puxar; beliscar 2** ⟨511⟩ *zupf dich an deiner eigenen Nase!* ⟨fig.; umg.⟩ *kümmere dich um deine eigenen Angelegenheiten* □ ***vá cuidar do seu nariz!**

Zupf|in|stru|ment *auch:* **Zupf|ins|tru|ment** *auch:* **Zupf|inst|ru|ment** ⟨n.; -(e)s, -e; Mus.⟩ *Musikinstrument, dessen Saiten durch Zupfen zum Klingen gebracht werden (Gitarre, Laute, Harfe)* □ **instrumento de cordas pinçadas**

zur ⟨Verschmelzungsform aus Präp. u. Art.⟩ *zu der;* Gasthaus, Hotel „Zur Krone" □ ***hospedaria/hotel "Da coroa",** jmdm. ~ Linken, Rechten sitzen □ *estar sentado à esquerda/direita de alguém;* ~ Schule gehen □ ***ir à escola**

zu|ran|de *auch:* **zu Ran|de** ⟨Adv.; fig.; nur in den Wendungen⟩ **1** *mit etwas od. jmdm. ~ kommen zurechtkommen, fertigwerden;* ich komme damit nicht ~ □ ***lidar com alguém; dar conta de alguma coisa 2** *etwas ~ bringen fertigbringen, schaffen* □ ***concluir; completar alguma coisa**

zu|ra|te *auch:* **zu Ra|te** ⟨Adv.⟩ **1** *jmdn. od. etwas ~ ziehen befragen, Hilfe, Beratung suchen bei jmdm. od. etwas;* Sy *konsultieren;* einen Arzt ~ ziehen; ein Lexikon, ein Wörterbuch ~ ziehen □ ***consultar alguém ou alguma coisa 2** *mit sich ~ gehen sich etwas überlegen* □ ***refletir; considerar**

zu|ra|ten ⟨V. 195/600/Vr 5 od. Vr 6⟩ *jmdm. ~ jmdm. zu etwas raten;* ich kann dir weder zu- noch abraten □ **aconselhar; recomendar;** *nur auf sein Zuraten hin habe ich es getan* □ **conselho; recomendação**

zu|rech|nen ⟨V. 530/Vr 5⟩ *jmdm. etwas ~* **1** *jmdm. etwas zutrauen u. das offen aussprechen* **2** *jmdn. als Schöpfer eines Werkes ansehen, jmdm. etwas zuschreiben* □ **atribuir**

zu|rech|nungs|fä|hig ⟨Adj. 70⟩ *fähig, seine Handlungen zu erkennen, bewusst auszuführen und zu verantworten* □ **em pleno gozo das faculdades mentais; imputável**

zu|recht... ⟨in Zus.⟩ **1** *richtig, in Ordnung* **2** *wie es gewünscht, gebraucht wird* **3** *zur rechten Zeit* ⟨aber Getrenntschreibung⟩ zu Recht → *Recht(3.1)*

zu|recht|brin|gen ⟨V. 118/500⟩ *etwas ~ in Ordnung bringen, zuwege bringen, erreichen;* ich bringe heute nichts zurecht □ **arrumar; pôr em ordem**

zu|recht|fin|den ⟨V. 134/510/Vr 3⟩ **1** *sich an einem Ort od. in einer Lage ~ wissen, wie man zu einem Ziel gelangt, wie man etwas findet;* danke, ich finde mich schon allein zurecht! (Antwort auf das Angebot, den Weg zu zeigen); sich in einer Stadt ~; ich kann mich bei Dunkelheit hier nicht ~ □ ***saber o caminho; conseguir localizar-se 2** *sich in einer Angelegenheit, Arbeit ~ beim Betrachten, Prüfen einer A. erkennen, worum es sich handelt u. was getan werden muss* □ ***saber o que fazer em uma circunstância/em um trabalho**

zu|recht|kom|men ⟨V. 170/400⟩ **1** *zur rechten Zeit, rechtzeitig kommen;* ich kam gerade noch zurecht □ **chegar a tempo 2** ⟨417⟩ *mit jmdm. od. etwas ~ fertigwerden, keine Schwierigkeiten haben;* wir kommen mit unserem neuen Mitarbeiter gut zurecht; ich komme damit einfach nicht zurecht □ ***entender-se com alguém; conseguir lidar com alguma coisa**

zu|recht|le|gen ⟨V. 500⟩ **1** *etwas ~ so hinlegen, wie es gebraucht wird, bereitlegen;* für die Reise schon alles ~ □ **preparar; arrumar 2** ⟨530/Vr 1⟩ *sich etwas ~* ⟨fig.⟩ *ausdenken, im Geist vorher formulieren* □ **formular previamente;** sich eine Ausrede ~ □ ***arranjar uma desculpa**

zu|recht|ma|chen ⟨V. 500; umg.⟩ **1** *etwas ~ zum Gebrauch fertig machen, vorbereiten;* wir erwarten Besuch, ich muss das Gästezimmer noch ~ **2** ⟨Vr 7 od. Vr 8⟩ **jmdn.** od. **sich** ~ *gut anziehen, kämmen, schminken usw.;* ich muss mich noch für den Empfang ~; sie ist immer sehr gut (zu sehr) zurechtgemacht □ **arrumar(-se); aprontar(-se)**

zu|recht|rü|cken ⟨V. 500⟩ **1** *etwas* ~ *an die rechte Stelle rücken;* einen Gegenstand ~; die Bücher im Regal ~ □ **arrumar; pôr no lugar 2** ⟨530⟩ *jmdn.* den Kopf ~ ⟨fig.⟩ *jmdm. energisch die Meinung sagen* □ ***dizer umas verdades a alguém**

zu|recht|set|zen ⟨V. 500⟩ **1** *etwas* ~ *an die richtige Stelle setzen;* die Vasen auf den Tischen ~ □ **arrumar; pôr no lugar 2** ⟨Vr 7⟩ *jmdn.* od. *sich* ~ *jmdn.* od. *sich so hinsetzen, wie es für eine Tätigkeit zweckvoll ist;* sich auf der Schaukel, auf dem Beifahrersitz des Motorrads ~ □ **sentar(-se) 3** ⟨530/Vr 6⟩ *jmdm.* den Kopf ~ ⟨fig.⟩ *jmdm. energisch die Meinung sagen* □ ***dizer umas verdades a alguém**

zu|recht|wei|sen ⟨V. 282/500/Vr 8⟩ *jmdn.* ~ *tadeln, rügen;* jmdn. scharf ~ □ **repreender**

zu|re|den ⟨V. 600⟩ *jmdm.* ~ *jmdn. durch Reden zu einem gewünschten Verhalten veranlassen;* jmdm. gut ~ □ **tentar persuadir; aconselhar;** auf langes Zureden hin erklärte er sich endlich bereit dazu; trotz allen Zuredens (trotz allem Zureden) war er nicht zu bewegen mitzukommen □ **conselho; tentativa de persuasão;** → a. *krank*(1.3)

zu|rich|ten ⟨V. 500⟩ **1** *Gegenstände (zur Verarbeitung)* ~ *herrichten, vorbereiten* **1.1 Druckformen** ~ *D. zum Druck bereitmachen u. dabei Höhenunterschiede im Satz od. Unebenheiten von Druckstöcken ausgleichen* □ **preparar; ajustar 1.2 Gewebe** ~ *G. bearbeiten, um ihm Festigkeit, Glanz u. a. gewünschte Eigenschaften zu verleihen* **1.3 Leder** ~ *L. gerben* □ **dar acabamento a 1.4 Rauchwaren** ~ *R. veredeln* □ **beneficiar 1.5 ein Stück Holz, einen Stein** ~ *H., S. verarbeiten* □ **trabalhar 2** ⟨500; fig.; umg.⟩ **2.1 etwas** ~ *in einen schlechten Zustand bringen, beschädigen, abnutzen;* du hast deine Schuhe aber zugerichtet!; er hat den Wagen durch mangelnde Pflege schön zugerichtet ⟨iron.⟩ □ **acabar com; destruir 2.2 jmdn.** ~ *jmdm. schmerzhafte Verletzungen zufügen;* man hat ihn bei der Schlägerei übel zugerichtet □ **machucar**

zür|nen ⟨V. 600/Vr 5 od. Vr 6; geh.⟩ *jmdm.* ~ *zornig, sehr ärgerlich auf jmdn. sein, jmdm. grollen* □ ***estar furioso com alguém**

zur|ren ⟨V. 500⟩ *etwas (fest)*~ *festbinden, binden;* den Anker, das Tau ~ □ **amarrar**

Zur|schau|stel|lung ⟨f.; -, -en⟩ *öffentliches Zeigen, das Zurschaustellen* □ **exposição, exibição**

zu|rück ⟨Adv.⟩ **1** *wieder hier am* od. *an den Ausgangspunkt;* die Fahrt hin und ~ kostet ... □ ***volta;** hin in fünf Minuten (wieder) ~ □ ***volto em 5 minutos;** er wird erst Ende des Monats von seiner Reise ~ sein □ ***ele só voltará de viagem no final do mês;** ich werde um 8 Uhr ~ sein □ ***estarei de volta às 8h 1.1** es gibt kein Zurück mehr ⟨fig.⟩ *keine Umkehr, es ist unabänderlich* □ **volta 2** *nach hinten;* halt, ~!; gehen Sie ~! □ **para trás 3** ⟨fig.⟩ *nicht so weit fortgeschritten, wie es zu erwarten ist;* er ist in seiner Entwicklung etwas ~; in Deutsch und Mathematik ist er sehr ~; die Natur ist in diesem Jahr noch sehr, weit ~ □ **atrasado 3.1** ~ **zur Natur!** *(auf Rousseau zurückgehendes Schlagwort für natürliche Lebensweise)* □ ***de volta à natureza!**

zu|rück... ⟨in Zus.⟩ **1** *(wieder) zum Ausgangspunkt hin:* zurückgehen, zurückstellen, zurückwinken **2** *(wieder) zum Ursprünglichen:* zurückbilden, zurückgeben **3** *am Ausgangspunkt, hinter sich:* zurückbleiben, zurücklassen

zu|rück|bil|den ⟨V. 500/Vr 3⟩ *sich* ~ **1** *in der Entwicklung allmählich wieder zu einem früheren Stadium zurückkehren* □ **retroceder 2** *schrumpfen, kleiner werden, allmählich vergehen;* die Geschwulst hat sich zurückgebildet □ **regredir; diminuir**

zu|rück|blei|ben ⟨V. 114(s.)⟩ **1** *nicht weitergehen, -fahren, warten* □ **permanecer; ficar;** bleib zurück! □ ***pare!; espere! 2** ⟨411⟩ *an einem Ort* ~ *dableiben, verweilen;* als die anderen aufbrachen, blieben wir noch zurück; bei dem Patienten muss jmd. als Nachtwache ~; in der Heimat ~ □ **permanecer; ficar 3** *nicht Schritt halten, nicht mit-, nicht hinterherkommen;* der Läufer ist weiter hinter den anderen zurückgeblieben □ **ficar para trás 3.1** die **Uhr** bleibt zurück *geht nach, geht zu langsam* **4** ⟨410; fig.⟩ **4.1** in der **Entwicklung** ~ *ein Ziel der E. nicht erreichen;* er ist in diesem Schuljahr so zurückgeblieben, dass er das Klassenziel nicht erreichen wird □ **estar atrasado;** ein geistig zurückgebliebenes Kind; der Junge macht einen zurückgebliebenen Eindruck □ **atrasado 4.2** mit der **Arbeit** ~ *die A. nicht zum vorgesehenen Termin erledigen;* durch die Krankheit bin ich mit meiner Arbeit zurückgeblieben □ **estar atrasado 4.3** *etwas bleibt zurück geht nicht mehr weg, bleibt als Folge, bleibt übrig;* von seinem Schädelbruch sind immer Schmerzen ~ □ **restar 4.4** hinter den **Erwartungen** ~ *die E. nicht ganz erfüllen;* der Eindruck von der Stadt blieb meilenweit hinter meinen Erwartungen zurück □ ***estar/ficar aquém das expectativas**

zu|rück|bli|cken ⟨V. 400⟩ **1** *nach hinten blicken, sich umsehen;* als der Zug abfuhr, blickte er sehnsüchtig, traurig zurück □ **olhar para trás 2** ⟨fig.⟩ *sich erinnern, Vergangenes vom augenblickl. Standpunkt aus überschauen;* auf sein Leben, auf die Vergangenheit ~ □ **lançar um olhar retrospectivo; relembrar**

zu|rück|brin|gen ⟨V. 118/500⟩ **1** *jmdn.* od. *etwas* ~ *wieder an den Ausgangsort* od. *zum ursprüngl. Besitzer bringen;* er brachte das entwendete Buch zurück; die Helfer brachten die Kranken zurück ins Krankenhaus □ **trazer/levar de volta; reconduzir; devolver 2** ⟨513; fig.⟩ **2.1** *jmdn.* ins **Leben** ~ *jmdn. durch Wiederbelebungsversuche das Leben retten* □ ***reanimar alguém 2.2** *jmdn.* in seinen **Leistungen** ~ *jmdn. in seinen L. schaden, sein Leistungsvermögen herabsetzen* □ ***rebaixar alguém 2.3** *etwas* bringt *jmdn.* zurück *etwas lässt jmdn. viel versäumen;* die lange Krankheit hat den Jungen in der Schule sehr zurückgebracht □ atrasar

zu|rück||drän|gen ⟨V. 500⟩ **1** jmdn. ~ *durch Drängen an den Ausgangspunkt, nach hinten treiben; die Schaulustigen wurden von der Polizei zurückgedrängt* □ **empurrar para trás; fazer recuar 2** *etwas ~* ⟨fig.⟩ *allmählich unterdrücken, einschränken; einen Aufstand, eine Bewegung ~* □ **reprimir; conter 3** *etwas ~* ⟨fig.⟩ *zurückhalten, nicht zeigen;* Gefühle ~; seinen Hass, Neid ~ □ **recalcar; reprimir**

zu|rück||fah|ren ⟨V. 130⟩ **1** ⟨400(s.)⟩ *wieder zum Ausgangspunkt fahren, mit einem Fahrzeug zurückkommen; wir können den gleichen Weg ~; ich werde mit dem Bus, der Bahn ~; der Zug ist am selben Tage zurückgefahren* □ **voltar (dirigindo ou com meio de transporte) 1.1** jmd. *fährt zurück* ⟨fig.⟩ *prallt zurück; vor Schreck ~* □ **recuar; sobressaltar-se 2** ⟨500⟩ jmdn. od. etwas ~ *wieder zum Ausgangspunkt fahren, mit einem Fahrzeug zurückbringen; wir werden euch heute Abend nach Hause ~; der Fahrer hat die Sachen wieder zurückgefahren* □ **levar de volta (de carro)**

zu|rück||fal|len ⟨V. 131(s.)⟩ **1** ⟨400⟩ *nach hinten (um)fallen; erschöpft ließ sie sich (in den Sessel) ~* □ **cair para trás 1.1** ⟨fig.⟩ *schlechter werden; in der letzten Runde fiel er auf den dritten Platz zurück; im letzten Halbjahr ist dieser Schüler in Englisch sehr zurückgefallen* □ **cair; regredir 2** ⟨411⟩ **2.1** *etwas fällt an* jmdn. *zurück etwas geht wieder in jmds. Besitz über; nach dem Tode des Inhabers fällt das Geschäft an den früheren Eigentümer zurück; die großen Ländereien sind an den Staat zurückgefallen* □ **voltar para 2.2** *in einen Zustand ~ wieder in den Z. übergehen; er ist in seinen alten Fehler zurückgefallen; in eine Krankheit ~* □ **recair; reincidir 2.3** *etwas fällt auf* jmdn. *zurück etwas bringt jmdn. in einen schlechten Ruf, etwas schadet jmdm.; seine Tat wird auf ihn ~* □ **recair**

zu|rück||fin|den ⟨V. 134⟩ **1** ⟨402/Vr 3⟩ **(sich) ~** (zu jmdm. od. einem Ort) *wieder zum Ausgangspunkt finden; allein finde ich mich nicht zurück; er fand erst nach längerer Zeit zum Dorf zurück; ich finde schon allein zurück; wie wirst du dich ~?* □ **(saber) voltar; reencontrar o caminho de volta 1.1** *zu sich selbst ~* ⟨fig.⟩ *eine innere Krise überwinden* □ ***reencontrar-se 1.2** ⟨fig.; geh.⟩ *zurückkehren; der Sohn hat ins Elternhaus zurückgefunden; er hat zu seiner Jugendliebe zurückgefunden* □ **voltar; regressar 2** ⟨500⟩ den Weg ~ *wiederfinden; er fand den Weg nicht mehr zurück* □ **reencontrar**

zu|rück||füh|ren ⟨V.⟩ **1** ⟨500⟩ jmdn. ~ (zu einem Ort) *wieder zum Ausgangspunkt führen, wieder hinführen nach od. zu; ich möchte den gleichen Weg zurückgeführt werden, den ich gekommen bin; nach der Pause führte ich sie zu ihrem Platz zurück* **1.1** jmdn. ~ ⟨fig.⟩ *veranlassen, sich wieder zu verhalten wie früher; wir müssen versuchen, ihn auf den rechten Weg zurückzuführen* □ **reconduzir 2** ⟨550⟩ **2.1** *etwas auf etwas ~* ⟨fig.⟩ *etwas durch etwas erklären, die Ursache*

von etwas in etwas sehen; man kann es auf ein Versehen, auf seinen Leichtsinn ~; die Missstände sind allein darauf zurückzuführen, dass ...; dass er das erreichte, ist auf seine Beredsamkeit zurückzuführen □ **atribuir 2.1.1** *komplizierte auf einfache Sachverhalte ~ mit Hilfe logischer Schlüsse erklären* □ **esclarecer (com base em) 2.2** *das führt mich auf mein Anliegen zurück veranlasst mich, (wieder) mein A. vorzubringen* □ **reconduzir**

zu|rück||ge|ben ⟨V. 143/500⟩ **1** ⟨503/Vr 6⟩ (jmdm.) *etwas ~ etwas geben, was jmd. schon gehabt hat; kannst du mir das Buch bis nächste Woche ~?; er hat anscheinend vergessen, mir das entliehene Geld zurückzugeben; unser Lehrer will uns morgen die Aufsätze ~* □ **devolver; restituir 1.1** *Wechselgeld ~* ⟨umg.⟩ *herausgeben* □ ***dar de troco 2** ⟨400; geh.⟩ *antworten, erwidern, entgegnen; „Und was soll aus mir werden?", gab sie zurück* □ **replicar; responder**

zu|rück||ge|hen ⟨V. 145/500⟩ **1** ⟨400⟩ *wieder an den Ausgangspunkt gehen, nach hinten gehen; ich habe meinen Schirm vergessen, ich muss noch einmal ~; wir wollen denselben Weg, den wir gekommen sind, ~* □ **voltar;** *geh bitte einen Schritt zurück!* □ ***por favor, dê um passo para trás!* **1.1** *der Angreifer geht zurück weicht zurück* □ **recuar 1.2** *~ lassen zurückschicken, nicht annehmen; wenn du die Ware nicht bestellt hast, so lass sie doch ~* □ ***devolver; mandar de volta 2** ⟨400⟩ *etwas geht zurück* ⟨fig.⟩ *wird geringer, lässt nach, sinkt; das Fieber geht nur langsam zurück; Lederwaren sind (im Preis) zurückgegangen; der Umsatz geht ständig zurück; das Hochwasser geht zurück* □ **diminuir; baixar 2.1** *die* **Börsenkurse** *gehen zurück sinken* □ **cair 2.2** *das* **Geschäft** *geht zurück macht Rückschritte, entwickelt sich rückläufig* □ **retroceder 3** ⟨411⟩ *auf etwas od.* jmdn. *~ seinen Ursprung in ... haben, zugrunde liegen; dieser Brauch geht noch auf die Germanen zurück* □ **remontar 3.1** *(bei einer wissenschaftlichen Arbeit) auf die* **Quellen** *~ die Q. zugrunde legen* □ **voltar**

Zu|rück||ge|zo|gen|heit ⟨f.; -; unz.⟩ **1** *Einsamkeit, Abgeschiedenheit* **1.1** *sie lebt in großer ~ sie meidet jeden Umgang* □ **isolamento**

zu|rück||grei|fen ⟨V. 158⟩ **1** ⟨800⟩ *auf* jmdn. *~* jmdn. *in Anspruch nehmen; ich werde in dieser Angelegenheit auf Sie ~* **2** ⟨800⟩ *auf etwas ~ etwas Gesammeltes, Vorhandenes wieder hervorholen; ich muss auf meine Vorräte ~* □ **recorrer 3** ⟨410; fig.⟩ *etwas früher Geschehenes in Erinnerung bringen; da müsste ich weit in die Vergangenheit ~* □ **buscar (na memória, no passado); recorrer**

zu|rück||hal|ten ⟨V. 160⟩ **1** ⟨500/Vr 8⟩ jmdn. *~ festhalten, aufhalten; wenn Sie in Eile sind, so will ich Sie nicht länger ~; ich konnte das Kind noch am Ärmel ~, sonst wäre es vor den Wagen gelaufen* □ **segurar; deter 1.1** ⟨510⟩ jmdn. *vor (von) etwas ~* ⟨fig.⟩ *bewahren vor etwas, daran hindern, etwas zu tun; jmd. von uns sollte sie von, vor diesem unüberlegten Schritt ~; ich konnte ihn gerade noch davon, davor ~, eine Dummheit zu begehen* □ **deter; impedir 2** ⟨500⟩

Zurückhaltung

Besitz, Eigentum ~ *nicht herausgeben, behalten* ☐ **manter; ficar com 3** ⟨500/Vr 7⟩ seine **Gefühle** od. sich ~ ⟨fig.⟩ *sich beherrschen, sein Gefühl od. seine Meinung verbergen;* länger konnte sie sich nicht ~, sie sagte ihm deutlich ihre Meinung; es gelang ihr nicht, die Tränen, ihren Zorn zurückzuhalten ☐ **conter(-se); reprimir(-se) 3.1** ⟨417⟩ **mit etwas** ~ *etwas noch nicht sagen, es verbergen, sich in dieser Beziehung beherrschen;* mit seinen Kenntnissen, seiner Meinung, seinem Urteil ~; mit seinen Gefühlen, seinem Unwillen, seinen Vorwürfen ~ ☐ *****esconder/ocultar alguma coisa 3.2** ⟨Part. Präs.⟩ ~d *unaufdringlich, nicht zu gesprächig, sich abwartend verhaltend, seine Gefühle verbergend;* du solltest ihm gegenüber ~der sein!; sie hat ein angenehm ~des Wesen; ~d argumentieren ☐ **(de modo) comedido/moderado 3.2.1** das Publikum verhielt sich ~d *das P. spendete wenig Beifall, tat aber auch kein Missfallen kund* ☐ **com moderação**

Zu|rück|hal|tung ⟨f.; -; unz.⟩ **1** *das Zurückhalten(1-2)* ☐ **retenção 1.1** beim **Kaufen** ~ *üben zögernd kaufen;* auf dem Viehmarkt, bei den Lederwaren, im Verlagswesen herrscht zurzeit größte ~ ☐ **retenção; contenção 2** *zurückhaltendes Wesen;* → *z*. **zurückhalten(3);** er müsste sich größere ~ auferlegen; die Meldung wurde mit größter ~ aufgenommen; du solltest mehr ~ üben! ☐ **moderação; comedimento**

zu|rück|keh|ren ⟨V. 400(s.)⟩ **1** *zurückkommen, heimkehren;* er kehrte erst nach fünfjähriger Gefangenschaft zurück; er verließ das Elternhaus schon in jungen Jahren u. kehrte nie wieder zurück; der verlorene Sohn ist in den Schoß der Familie zurückgekehrt; nachdem er sie verlassen hatte, hoffte sie lange Zeit vergeblich, dass er zu ihr ~ würde; wir sind erst heute von einer längeren Reise zurückgekehrt **2** ⟨fig.⟩ *sich wieder hinwenden (zu);* für einen Häftling ist es schwer, ins bürgerliche Leben zurückzukehren **3 Gedanken** kehren zurück ⟨fig.⟩ *kommen wieder, stellen sich wieder ein;* langsam kehrte das Bewusstsein, die Erinnerung zurück (nach einer Ohnmacht) ☐ **voltar; regressar**

zu|rück|kom|men ⟨V. 170(s.)⟩ **1** ⟨400⟩ *wieder zum Ausgangsort kommen, heimkehren;* er wird bald ~; er kam unverrichteter Dinge zurück **2** ⟨800⟩ **auf eine Angelegenheit** ~ *eine A. wieder aufgreifen, erneut behandeln, besprechen, erwähnen usw.;* auf einen Gedanken, einen Plan, ein Thema, einen Vorschlag ~; um noch einmal darauf zurückzukommen ...; ich komme immer wieder darauf zurück ☐ **voltar**

zu|rück||las|sen ⟨V. 175/500⟩ **1** *einen Gegenstand* ~ *liegen lassen, nicht mitnehmen;* den Koffer in der Gepäckaufbewahrung ~ ☐ **deixar 2** ⟨503⟩ (jmdm.) eine **Nachricht** ~ *die N. übergeben lassen, nachdem man sich entfernt hat* ☐ *****deixar um recado (para alguém) 3 Spuren** ~ *S. sichtbar, wahrnehmbar hinter sich lassen* ☐ *****deixar rastros 4** jmdn. ~ *nicht mitnehmen, sondern an einem Ort bleiben lassen;* die Kinder bei den Großeltern ~; der Verunglückte ließ drei kleine Kinder zurück ⟨fig.⟩ ☐ **deixar 4.1** ⟨500⟩ **jmdm.** (im

Wettkampf) ~ *(weit) übertreffen, wesentlich besser sein als jmd.* ☐ **deixar para trás**

zu|rück||le|gen ⟨V. 500⟩ **1** *einen* **Gegenstand** *(wieder)* ~ *an den Ort legen, wo er vorher gelegen hat;* ein Buch ins Regal ~ ☐ **colocar de volta; pôr no lugar 1.1** *(noch nicht gekaufte)* **Ware** ~ *solange aufbewahren, bis sie bezahlt (u. abgeholt) wird;* könnten Sie mir die Konzertkarte bis morgen Abend ~? ☐ **guardar; reservar 1.2 Geld** ~ *sparen;* du solltest dir ein paar Euro, einen Notgroschen ~ ☐ **poupar; economizar 2** ⟨Vr 7⟩ **den Körper, ein Körperteil** ~ *nach hinten legen;* den Kopf ~; sich wieder in die Kissen ~ ☐ **deitar; inclinar para trás 3** *einen* **Weg** ~ *hinter sich bringen;* 50 km in der Stunde ~; 100 m in 11 Sekunden ~; die vorgeschriebene Entfernung, Strecke nur langsam ~ ☐ **percorrer; fazer**

zu|rück||lie|gen ⟨V. 180/400⟩ **1** *hinten liegen* ☐ **estar/ficar atrás/no fundo**; die ~den Räume werden als Lager benutzt ☐ *****os cômodos do fundo serão utilizados como depósito 2 etwas** liegt zurück ⟨fig.⟩ *etwas liegt in der Vergangenheit* ☐ **fazer; decorrer**; liegt jetzt fünf Jahre zurück, dass ... ☐ *****hoje faz cinco anos que...**

zu|rück||neh|men ⟨V. 189/500⟩ **1** *etwas Gegebenes wieder annehmen, in Empfang nehmen* **1.1 Ware** ~ *den Kauf einer W. rückgängig machen;* die Ware kann nicht zurückgenommen werden ☐ **aceitar/receber de volta 2** *eine* **Äußerung** ~ ⟨fig.⟩ *widerrufen, rückgängig machen;* eine Klage, ein Angebot, sein Wort, Versprechen ~; eine Anschuldigung, Behauptung, Beschwerde, Beleidigung, seinen Verdacht ~ ☐ **desdizer; retirar; retratar 2.1** einen **Zug** ~ ⟨Spiel⟩ *ungeschehen, rückgängig machen* ☐ **desfazer; voltar atrás**

zu|rück||pral|len ⟨V. 400(s.)⟩ *beim Aufschlag abprallen;* die Bälle, Steine prallten zurück; die Kugel prallte von der Bande zurück ☐ **ricochetar**

zu|rück||ru|fen ⟨V. 204⟩ **1** ⟨500⟩ jmdn. ~ *zur Rückkehr, zum Umkehren rufen, zurückberufen;* den Kurier, den Händler ~; jmdn. aus dem Urlaub ~ ☐ **chamar (de volta) 1.1** ⟨511⟩ jmdn. aus der Bewusstlosigkeit ins Leben ~ ⟨fig.⟩ *veranlassen, dass jmd. aus der B. erwacht* ☐ *****reanimar alguém 2** ⟨531/Vr 5 od. Vr 6⟩ **jmdm. od. sich etwas ins Gedächtnis** ~ *jmdn. od. sich an etwas erinnern;* sich die Zeit ohne Computer ins Bewusstsein ~ ☐ *****fazer alguém lembrar alguma coisa; evocar/recordar alguma coisa 3** ⟨400; umg.⟩ *jmdn., der telefonisch angerufen hat, wieder anrufen;* ich rufe in zehn Minuten zurück ☐ **retornar a ligação; ligar de volta**

zu|rück||schal|ten ⟨V. 500⟩ *etwas* ~ *auf eine niedrigere Stufe schalten;* den Gang beim Auto, den Schalter einer Maschine ~ ☐ **passar para uma marcha inferior; voltar para o estágio anterior (de uma máquina, de um mecanismo)**

zu|rück||schau|dern ⟨V. 405⟩ *(vor etwas)* ~ *schaudernd zurückweichen;* vor dem grauenvollen Anblick, vor der entsetzlichen Tat ~ ☐ **recuar aterrorizado**

zu|rück||schla|gen ⟨V. 218⟩ **1** ⟨500⟩ einen **Ball** ~ *in die entgegengesetzte Richtung schlagen* ☐ **devolver; reba-**

ter 2 ⟨500⟩ etwas ~ *nach hinten schlagen, um- od. aufklappen, aufdecken;* einen Deckel, eine Decke ~ ☐ **tirar; afastar** 2.1 Vorhänge ~ *zur Seite bewegen, beiseiteschieben* ☐ **afastar** 2.2 jmdn. od. etwas ~ ⟨fig.⟩ *abwehren;* mehrere Angriffe konnten kurz vorm Tor zurückgeschlagen werden; den Feind, das feindliche Heer ~ ☐ **defender; rechaçar; repelir** 3 ⟨400(s.)⟩ ein Pendel schlägt zurück *bewegt sich heftig in die entgegengesetzte Richtung* ☐ **voltar** 4 ⟨400⟩ jmd. schlägt zurück *schlägt denjenigen, der ihn zuerst geschlagen hat;* als Vergeltungsmaßnahme ~ ☐ **dar o troco; devolver o golpe**

zu|rück||schrau|ben ⟨V. 500⟩ 1 etwas ~ *nach hinten schrauben* ☐ **desaparafusar; desatarraxar** 2 etwas ~ ⟨fig.; umg.⟩ *einschränken;* seine Erwartungen, Forderungen ~ ☐ **moderar; limitar**

zu|rück||schre|cken ⟨V.⟩ 1 ⟨500/Vr 8⟩ jmdn. od. etwas ~ *in Schrecken versetzen, einschüchtern;* dieser Gedanke, die Furcht vor Entdeckung hat ihn zurückgeschreckt; jmdn. durch Drohungen ~ ☐ **intimidar; atemorizar** 2 ⟨400(s.)⟩ *vor Schrecken Abstand nehmen, erschrecken u. zurückprallen;* er schreckte zurück, als er das Messer sah ☐ **recuar; sobressaltar-se** 3 ⟨800(s.)⟩ vor etwas ~ *den Mut zu etwas nicht aufbringen;* ich bin davor zurückgeschreckt; der Gedanke an die Kosten ließ ihn davor ~; vor nichts, niemandem ~ ☐ *****intimidar-se com alguma coisa; recuar diante de alguma coisa**

zu|rück||set|zen ⟨V.⟩ 1 ⟨500⟩ etwas ~ *wieder an den alten Platz setzen;* nachdem sie den Blumen frisches Wasser gegeben hatte, setzte sie die Vase auf den Tisch zurück ☐ **colocar de volta; pôr no lugar** 2 ⟨500/Vr 7⟩ jmdn. od. etwas ~ *nach hinten setzen;* setzen Sie doch bitte den Wagen ein Stück zurück; du solltest dich beim Fernsehen etwas weiter ~ ☐ **afastar(-se); colocar mais para trás; sentar-se mais para trás** 3 ⟨500⟩ Waren ~ ⟨regional⟩ *den Preis der W. herabsetzen* ☐ *****reduzir/baixar o preço das mercadorias;* die Schuhe waren um 20 € zurückgesetzt ☐ *****os sapatos estavam 20 euros mais baratos;* zurückgesetzte Ware ☐ *****mercadoria com preço reduzido** 4 ⟨500/Vr 7⟩ jmdn. ~ ⟨fig.⟩ *benachteiligen;* du darfst ihn gegenüber den anderen nicht so sehr ~ ☐ **prejudicar; preterir;** bei dieser Behandlung muss er sich zurückgesetzt fühlen ☐ **prejudicado; preterido** 5 ⟨400⟩ Geweih- u. Gehörnträger setzen zurück ⟨Jägerspr.⟩ *bilden geringeren Kopfschmuck als im Vorjahr aus* ☐ **crescer menos que no ano anterior;** der Hirsch setzt zurück ☐ ***os galhos do cervo cresceram menos que no ano anterior**

zu|rück||sin|ken ⟨V. 244/400(s.)⟩ 1 *nach hinten sinken;* sie sank auf das Bett, in die Kissen zurück ☐ **afundar para trás; afundar de costas** 2 ⟨fig.⟩ *nachlassen, sich wieder dem ursprünglichen Stand nähern;* du bist nahe daran, wieder in deinen alten Schlendrian zurückzusinken ☐ **recair**

zu|rück||sprin|gen ⟨V. 253/400(s.)⟩ 1 *nach hinten springen, beiseitespringen;* er konnte vor dem herankommenden Wagen gerade noch ~ ☐ **pular para**

trás; desviar pulando 2 ein Gebäude springt zurück ⟨fig.⟩ *weicht innerhalb einer Reihe nach hinten ab;* das Haus springt etwas zurück ☐ **formar uma reentrância/um recuo**

zu|rück||ste|cken ⟨V. 500⟩ 1 etwas ~ *weiter nach hinten stecken;* wir müssen diesen Pflock noch mehr ~ ☐ **colocar mais para trás** 2 ⟨500⟩ etwas ~ *wieder an die alte Stelle stecken;* ich habe den Brief in den Umschlag zurückgesteckt ☐ **repor no lugar** 3 ⟨410; fig.⟩ *seine Ansprüche, Forderungen mäßigen;* bei den Verhandlungen haben beide Seiten sehr zurückgesteckt ☐ **moderar as próprias exigências**

zu|rück||ste|hen ⟨V. 256⟩ 1 ⟨400⟩ *weiter hinten stehen;* die hinteren beiden Häuser stehen etwas zurück ☐ **estar mais atrás** 2 ⟨800⟩ hinter jmdm. od. etwas ~ *an Wert u. Leistungen Geringeres als jmd. od. etwas aufweisen;* du stehst in deinen Leistungen hinter denen des Vorjahres zurück ☐ *****ficar/estar atrás de alguém ou alguma coisa** 3 ⟨400⟩ etwas muss ~ ⟨fig.⟩ *muss zeitlich nach hinten geschoben werden;* die Renovierung des Treppenhauses muss noch ~ ☐ **vir depois; ficar para depois** 4 ⟨400; m. Modalverb⟩ ~ *müssen hintangesetzt, benachteiligt werden;* er muss immer hinter seiner Schwester ~ ☐ *****ficar em segundo plano; ser preterido (em favor de alguém)**

zu|rück||stel|len ⟨V. 500⟩ 1 etwas ~ *wieder an den alten Platz stellen;* stell bitte den Stuhl wieder an seinen Platz zurück ☐ **repor no lugar; colocar de volta no lugar** 2 Waren ~ *vorläufig nicht an einen anderen Kunden verkaufen, eine Zeit lang für einen Kunden reservieren;* eine Ware bis zum Abend ~ lassen (um sie abzuholen od. noch einmal anzusehen) ☐ **reservar** 3 etwas ~ *nach hinten stellen;* stelle bitte den Sessel ein wenig weiter zurück ☐ **colocar para trás** 4 eine Uhr, den Zeiger eines Instruments ~ *auf einen zurückliegenden Punkt einstellen;* die Zeiger der Uhr fünf Minuten ~ 4.1 man kann die Zeiger der Uhr nicht ~ ⟨fig.⟩ *Vergangenes bleibt vergangen* ☐ **atrasar** 5 etwas ~ *zeitlich verschieben;* wir müssen das Streichen der Türen leider noch ~ ☐ **adiar; deixar para depois** 6 eine Sache ~ ⟨fig.⟩ *hintansetzen;* Bedenken, persönliche Interessen ~; ich musste meine eigenen Pläne vorläufig ~ ☐ **deixar de lado** 7 Rekruten ~ ⟨Mil.⟩ *vorläufig nicht einziehen;* aus gesundheitlichen Gründen wurde er vom Militärdienst zurückgestellt ☐ **dispensar**

zu|rück||sto|ßen ⟨V. 262/500⟩ 1 jmdn. od. etwas ~ *wegstoßen, nach hinten stoßen;* einen Stuhl vom Tisch ~; den Gegner beim Boxkampf ~ ☐ **empurrar para trás** 2 jmdn. ~ ⟨fig.⟩ *jmdn. heftig abweisen;* sich zurückgestoßen fühlen; sie hat ihn zurückgestoßen ☐ **rejeitar**

zu|rück||tre|ten ⟨V. 268⟩ 1 ⟨400(s.)⟩ *nach hinten treten;* in den Schatten des Baumes ~; von der Bahnsteigkante ~! ☐ **recuar; ir para trás; afastar-se** 2 ⟨405(s.)⟩ *einen Posten aufgeben, sich davon zurückziehen;* von einem Amt ~ 2.1 die Regierung tritt zurück *erklärt den Rücktritt;* die Regierung ist gestern zurückgetreten ☐ **renunciar; demitir-se** 3 ⟨800(s.)⟩ von etwas

zurückversetzen

~ *etwas rückgängig machen;* leider muss ich von der gestrigen Vereinbarung ~ □ *cancelar alguma coisa 4 ⟨400(s.)⟩;* ein **Wasserlauf** tritt zurück *tritt nach einem Hochwasser wieder in das alte Bett;* der Fluss ist bald nach der Überschwemmung wieder in sein altes Bett zurückgetreten □ baixar; refluir 5 ⟨400(s.)⟩; fig.⟩ *geringer, unbedeutender erscheinen, in den Hintergrund treten, im Schatten stehen;* den großen Vorteilen gegenüber, die damit geboten werden, treten die kleinen Nachteile völlig zurück; jetzt müssen alle anderen Pläne hinter dieser großen Aufgabe ~; er trat ganz hinter seinem berühmten Bruder zurück □ passar para segundo plano; ficar atrás de 6 ⟨402⟩ (jmdn.) ~ *jmdn., der einen getreten hat, ebenfalls treten;* ich habe ihn zurückgetreten □ devolver um chute

zu|rück|ver|set|zen ⟨V. 500⟩ 1 jmdn. ~ *wieder auf seinen früheren (niedrigeren) Posten versetzen;* man hat ihn nach K. zurückversetzt □ mandar de volta a seu posto; reprovar (um aluno) 2 etwas ~ *nach hinten, an die frühere Stelle versetzen;* den Zaun, das Gitter ~ □ recolocar no lugar anterior 3 ⟨550/Vr 3⟩ sich ~ *sich in Gedanken in die Vergangenheit versetzen;* wenn ich mich so in die alte Zeit zurückversetze ... □ relembrar; transportar-se (mentalmente)

zu|rück|wei|chen ⟨V. 281/405(s.)⟩ 1 *(nach hinten) weichen, sich zurückziehen;* die Menge wich zurück, um dem Künstler Platz zu machen; vor dem Feind ~ □ recuar; retroceder 2 ⟨fig.⟩ *zurückschrecken(2-3);* sie weicht vor jeder noch so kleinen Anstrengung zurück; vor Drohungen weicht er nicht zurück □ recuar; intimidar-se 3 Hochwasser weicht zurück *wird weniger* □ baixar

zu|rück|wei|sen ⟨V. 282/500⟩ 1 etwas ~ *abweisen, ablehnen;* ich kann sein Angebot nicht ~; er wies dieses Ansinnen, die Einmischung, Forderung, Zumutung empört, energisch zurück; sie wies jeden Gedanken an einen Kompromiss zurück □ recusar; rejeitar 2 jmdn. ~ *an den alten Platz verweisen;* jmdn. an seinen Platz ~ □ *mandar alguém de volta a seu lugar 2.1 ⟨511⟩ jmdn. in seine Grenzen ~ *jmdn. klarmachen, dass er seine G. nicht überschreiten darf* □ *colocar alguém em seu (devido) lugar

zu|rück|wer|fen ⟨V. 286/500⟩ 1 ⟨Vr 7⟩ sich od. etwas ~ *nach hinten werfen;* er warf sich in das Polster zurück; sie warf den Kopf zurück □ jogar(-se) para trás 2 jmdn. od. etwas ~ *in die Gegenrichtung werfen;* wirf doch den Ball zu mir zurück! □ devolver; mandar de volta 2.1 Strahlen ~ *widerspiegeln, reflektieren* □ refletir 3 etwas wirft jmdn. od. etwas zurück ⟨fig.⟩ *verursacht bei jmdm. od. etwas einen Rückschritt;* der letzte Herzanfall hat den Patienten wieder stark zurückgeworfen; das unerwartete Ergebnis dieser Untersuchung wirft meine Arbeit um Wochen zurück □ prejudicar; atrasar

zu|rück|zie|hen ⟨V. 293⟩ 1 ⟨400(s.)⟩ *wieder zum Ausgangsort ziehen;* die Prozession zieht von dort wieder zurück □ voltar; retornar 2 ⟨500⟩ etwas ~ *nach hinten ziehen, beiseiteziehen;* den Vorhang ~; den Fuß ~; den Wagen in die Einfahrt ~ □ puxar (para trás); afastar; recolher 3 ⟨500⟩ eine **Sache** ~ ⟨fig.⟩ *widerrufen;* einen Auftrag, ein Versprechen ~; ein Angebot, einen Antrag, eine Bewerbung, eine Klage ~ □ revogar; cancelar; retirar 4 ⟨500/Vr 3⟩ sich ~ *sich auf rückwärtige Stellungen begeben;* der Feind hat sich zurückgezogen 5 ⟨500/Vr 3⟩ sich ~ *sich absondern, sich aus der Öffentlichkeit entfernen, sich dem Kontakt mit den Mitmenschen entziehen;* sie wollte sich in ein Kloster ~; er hat sich ins Privatleben zurückgezogen; sich von der Welt ~; die Abgeordneten zogen sich zur Beratung zurück □ retirar-se; ein zurückgezogenes Leben führen; das alte Ehepaar lebt sehr zurückgezogen □ retirado; isolado 5.1 ⟨550/Vr 3⟩ sich von jmdm. ~ *nicht mehr Kontakt zu jmdm. haben* □ *afastar-se de alguém 6 ⟨550/Vr 3⟩ sich von einer **Tätigkeit, Stellung** ~ *eine T., S. aufgeben;* im Alter von 65 Jahren zog er sich von seinen Geschäften zurück □ *retirar-se de uma atividade/um cargo; renunciar a uma atividade/um cargo

Zu|ruf ⟨m.; -(e)s, -e⟩ 1 *das Zurufen;* anfeuernde, aufmunternde, höhnische, ironische ~e □ grito; durch ~ abstimmen, wählen □ aclamação 2 *das Zugerufene;* die Fußballmannschaft wurde durch die ~e ihrer Landsleute angefeuert □ aclamação; grito (de incentivo)

zu|ru|fen ⟨V. 204/530⟩ jmdm. etwas ~ *jmdm. über einige Entfernung laut rufend etwas mitteilen* □ gritar

zur|zeit ⟨Adv.⟩ *jetzt, augenblicklich, gegenwärtig;* ~ geht es ihm etwas besser; Herr B. ist ~ verreist □ no momento; ⟨aber Getrenntschreibung⟩ *zur Zeit* → Zeit(3)

zu|sa|gen ⟨V.⟩ 1 ⟨500⟩ eine Sache ~ *versprechen;* er sein Kommen, seine Mitwirkung, seine Teilnahme fest zugesagt □ prometer 1.1 ich habe eine ~de Antwort, einen ~den Bescheid erhalten *eine Zusage* □ *recebi uma resposta afirmativa/uma confirmação 2 ⟨400⟩ *eine Einladung annehmen;* mein Bruder hat uns zum Abendessen eingeladen, ich habe bereits zugesagt □ aceitar um convite 3 ⟨600⟩ etwas sagt jmdm. zu ⟨fig.⟩ *gefällt jmdm., ist jmdm. angenehm;* seine neue Tätigkeit sagt ihm gar nicht zu □ agradar 3.1 das ist ein mir sehr ~der Vorschlag *ein passender, mir genehmer V., ein V., der mir gefällt, mir willkommen ist* □ conveniente; bem-vindo 4 ⟨531/Vr 6⟩ jmdm. etwas auf den Kopf ~ ⟨fig.; umg.⟩ *jmdm. offen sagen, dass man ihn für schuldig an etwas hält;* ich habe ihm den Betrug auf den Kopf zugesagt □ *jogar alguma coisa na cara de alguém

zu|sam|men ⟨Adv.⟩ 1 *gemeinsam, miteinander;* Eltern und Kinder ~; England und Frankreich ~; wir haben an diesem Buch, in dieser Firma zwei Jahre lang ~ gearbeitet; ~ fahren, lesen, musizieren, reisen, spielen, tanzen; wir haben den Kuchen ~ zu unseren Nachbarn gebracht; beim Stolpern versuchte ich, mich an ihr festzuhalten, infolgedessen sind wir ~ gefallen; wir werden möglichst ~ kommen; im Wettkampf ~ laufen; sie haben mich (beide) ~ geschlagen; beide wollen ~ ein Buch schreiben; diesen

1270

Reisebericht hat das Ehepaar ~ geschrieben; wir haben unsere Instrumente ~ gestimmt; die beiden haben mich ~ (von der Treppe) gestoßen; wir haben ihn ~ in der Stadt getroffen; wir haben ~ überlegt, was da zu tun sei; die Brüder verfügen ~ über die Aktienmehrheit; mit einem Kind ~ bis zehn zählen; wir haben ~ an dem Seil gezogen □ **junto; conjuntamente 2** *gleichzeitig;* wir sind ~ angekommen, eingetroffen □ **junto; ao mesmo tempo 3** *insgesamt, im Ganzen;* unsere Ausgaben betrugen ~ nicht mehr als 200 Euro; zwei Frankfurter Würstchen, zwei Bier – macht ~ 15,20 Euro (Abrechnung des Kellners); ihr Schmuck hat einen Wert von ~ 100.000 Euro □ **no total 4** ~ **sein 4.1** sie sollen schon seit längerem ~ sein *ein Paar sein;* er ist schon lange nicht mehr mit ihr ~ □ *****estar junto**

zu|sam|men... (in Zus.) **1** *beieinander;* zusammenbleiben, zusammensitzen **2** *zueinander;* zusammenfegen, zusammenkommen **3** *aneinander;* zusammenbinden **4** *vereinigen;* zusammenschweißen **5** *übereinstimmend;* zusammenklingen, zusammenpassen **6** ⟨umg.⟩ *entzwei, kaputt;* zusammenschlagen **7** ⟨fig.; umg.; verstärkend⟩ sich etwas zusammenlügen

Zu|sam|men|ar|beit ⟨f.; -; unz.⟩ *gemeinsame Arbeit;* die enge wirtschaftliche ~ der europäischen Staaten; wir setzen uns für internationale ~ ein; die ~ mit den französischen Kollegen war sehr gut; die ~ von Bund und Ländern □ **colaboração; cooperação**

zu|sam|men||bal|len ⟨V. 500⟩ **1** etwas ~ *zu einem Knäuel, Klumpen zusammendrücken, -pressen;* Papier, Schnee ~ □ **amassar; embolar; fazer uma bola de 2** ⟨Vr 3⟩ *sich* ~ *in gedrängter Fülle auftreten, sich dicht zusammendrängen;* Gewitterwolken ballten sich am Horizont zusammen; die in Industriezentren zusammengeballten Menschenmassen; die zusammengeballte Macht des Kapitals; das Verhängnis hatte sich bereits über den Dächern dieser Stadt zusammengeballt ⟨fig.⟩ □ *****aglomerar-se; concentrar-se

zu|sam|men||bei|ßen ⟨V. 105/500⟩ **1** die Zähne ~ *aufeinanderbeißen, durch Beißen zusammenpressen;* ich biss die Zähne zusammen, um nicht vor Schmerzen aufzuschreien; den Schmerz mit zusammengebissenen Zähnen ertragen □ *****cerrar os dentes 2** ⟨Vr 4⟩ sich ~ ⟨fig.; umg.⟩ *einander anpassen;* in den ersten gemeinsamen Jahren mussten wir uns erst ~ □ *****adaptar-se (um ao outro)**

zu|sam|men||bre|chen ⟨V. 116/400(s.)⟩ **1** etwas bricht zusammen *verliert den Zusammenhalt u. stürzt (in Trümmern) zu Boden;* die Brücke brach infolge zu starker Belastung zusammen □ **desmoronar; desabar 1.1** bei diesem entsetzlichen Anblick brachen die Knie unter ihr zusammen □ **sucumbir 2** eine Sache bricht zusammen *erleidet schweren Schaden, wird unwirksam, kommt zum Stillstand;* der Angriff ist im feindlichen Artilleriefeuer zusammengebrochen □ **fracassar; malograr 2.1** eine **Firma** bricht zusammen *kann den*

geordneten Ablauf der Geschäfte nicht länger aufrechterhalten □ **falir 3** *vor Entkräftung hinfallen, ohnmächtig werden, erkranken;* er ist infolge Überanstrengung, vor Erschöpfung völlig zusammengebrochen; er arbeitete bis zum Zusammenbrechen □ **desabar; desmaiar 4** *die innere Widerstandskraft verlieren;* sie brach nach seinem Tode zusammen; unter der drückenden Last der Beweise brach der Angeklagte zusammen und gestand die Tat □ **ter um colapso; sucumbir**

zu|sam|men|brin|gen ⟨V. 118/500⟩ **1** etwas ~ *ansammeln, anhäufen;* im Laufe seines Lebens hat er ein Vermögen zusammengebracht □ **acumular; juntar 2** etwas ~ ⟨fig.; umg.⟩ *im Geiste etwas Zusammenhängendes zustande bringen;* vor Aufregung brachte ich keine drei Sätze zusammen; ich kann die Verse, den Wortlaut nicht mehr ~ □ **juntar 3** jmdn. ~ *die Bekanntschaft, das Zusammensein von jmdm. herbeiführen;* kannst du mich gelegentlich mit ihm ~? □ **apresentar; pôr em contato 3.1** zwei Leute wieder ~ *versöhnen;* ich möchte die beiden feindlichen Brüder gern wieder ~ □ **reconciliar;** ⟨aber Getrenntschreibung⟩ zusammen bringen → *zusammen(1)*

Zu|sam|men|bruch ⟨m.; -(e)s, -brü|che⟩ **1** *Vernichtung, Ende;* der ~ war nicht aufzuhalten, war unvermeidlich; ein militärischer, politischer, wirtschaftlicher ~ □ **derrocada 1.1** *geschäftlicher Ruin;* das führte zum ~ der Firma □ **ruína; falência 2** *schwere gesundheitliche Schädigung;* Nerven~; Überarbeitung und familiäre Sorgen trugen zu seinem ~ bei □ **colapso**

zu|sam|men|fal|len ⟨V. 131/400(s.)⟩ **1** etwas fällt zusammen *stürzt ein;* das altersschwache Gebäude ist zusammengefallen **1.1** ⟨400⟩ ihre Hoffnungen und Pläne fielen wie ein Kartenhaus zusammen *wurden jäh zerstört* □ **desmoronar; desabar 1.2** seine Lügen sind in sich zusammengefallen *wurden aufgedeckt, waren nicht länger aufrechtzuerhalten* □ **cair por terra 2** etwas fällt zusammen *sinkt zusammen, verliert sein lockeres od. pralles Aussehen;* der Hefeteig ist wieder zusammengefallen; am Boden angekommen fällt der Fallschirm zusammen □ **murchar 3** *hager u. faltig werden;* der alte Mann ist in der letzten Zeit zusammengefallen □ **definhar 4** ⟨405⟩ etwas fällt (mit etwas) zusammen *stimmt zeitlich überein, findet gleichzeitig statt;* mein Geburtstag und sein Jubiläum werden ~ **5** ⟨405⟩ etwas fällt (mit etwas) zusammen ⟨Math.⟩ *deckt sich* □ **ser congruente;** das Zusammenfallen zweier Flächen □ **congruência;** ⟨aber Getrenntschreibung⟩ zusammen fallen → *zusammen(1)*

zu|sam|men|fas|sen ⟨V. 500⟩ etwas ~ **1** *raffen, straffen, kurz das Wichtigste angeben;* wir wollen zum Schluss ~: ...; er hat den Verlauf der Besprechungen in einem Bericht, Protokoll zusammengefasst □ **resumir; condensar;** ~d lässt sich sagen, dass... □ *****em resumo, pode-se dizer que... 2** *miteinander verbinden;* diese kleineren Organisationen sind zusammengefasst in ... □ **(re)unir**

Zu|sam|men|fas|sung ⟨f.; -, -en⟩ **1** ⟨unz.⟩ *das Zusammenfassen* □ **(re)união; concentração 2** ⟨zählb.⟩ *das*

zusammengehörig

Zusammengefasste, Überblick; eine ~ für eine schriftliche Abhandlung schreiben; eine ~ der wichtigsten Meldungen des Tages □ **resumo**

zu|sam|men|ge|hö|rig ⟨Adj. 24⟩ *zusammengehörend, eng miteinander verbunden, eine Einheit bildend;* zwei ~e Möbelstücke □ **conjugado; conectado; combinado**

Zu|sam|men|halt ⟨m.; -(e)s; unz.; a. fig.⟩ *das Zusammenhalten, enge Verbundenheit;* der ~ in der Klasse war gut □ **coesão; união**

zu|sam|men|hal|ten ⟨V. 160⟩ **1** ⟨500⟩ etwas ~ *vergleichend nebeneinander betrachten;* nur wenn man die Farben zusammenhält, kann man den feinen Unterschied erkennen □ **confrontar; comparar 2** ⟨400⟩ etwas hält zusammen *bleibt aneinanderhaften, löst sich nicht los;* ich habe es geleimt, hoffentlich wird es jetzt ~ □ **ficar colado; não desgrudar 3** ⟨500⟩ jmdn. od. etwas ~ *(geordnet) beieinanderhalten;* der Lehrer konnte bei dem Ausflug die Klasse nur schwer ~; der alte Mann kann seine Gedanken nicht mehr ~ □ **manter unido/junto/coeso; coordenar 3.1** sein **Geld** ~ ⟨umg.⟩ *sparen, nicht ausgeben;* du musst dein Geld immer gut ~ □ **poupar; guardar 4** ⟨400; fig.⟩ *einander beistehen, in gegenseitiger Hilfsbereitschaft verbunden sein;* Freunde müssen auch in der Not ~; brüderlich, eng, fest, treulich ~ □ **permanecer/estar unido; ser solidário;** → a. *Pech(1.1)*

Zu|sam|men|hang ⟨m.; -(e)s, -hän|ge⟩ *Verbindung einzelner Teile, sinngemäße Beziehung, bes. in der Rede;* einen ~ ahnen, erkennen, feststellen, vermuten; er hat die Zusammenhänge nicht durchschaut; die historischen Zusammenhänge; ein innerer, ursächlicher ~; es besteht nur ein loser ~ zwischen beiden Ereignissen □ **conexão; nexo; relação;** bei dieser Inhaltsangabe ist einiges aus dem ~ geraten; einen Satz aus dem ~ herauslösen, reißen; das muss in diesem ~ einmal gesagt werden; ohne ~ kann man das Zitat nicht verstehen □ **contexto;** sein Name wurde im ~ mit dem Unfall genannt; im, in ~ stehen mit □ **relação;** zwei Ereignisse miteinander in ~ bringen □ ***relacionar dois acontecimentos;** ein ~ mit dem Einbruch konnte nicht festgestellt werden; ich finde, sehe keinen ~ zwischen beiden Vorfällen □ **relação; ligação**

zu|sam|men|hän|gen ⟨V. 161⟩ **1** ⟨417⟩ etwas hängt mit etwas zusammen *ist mit etwas verbunden;* die Insel hing einmal mit dem Festland zusammen □ **estar ligado a;** → a. *Klette(3.1)* **2** ⟨405⟩ eine **Sache** hängt (**mit** einer **Sache**) zusammen *steht mit einer S. in Beziehung;* mit allem, was damit zusammenhängt; es wird wohl damit ~; das kann nicht damit ~; meine Migräne hängt mit dem schwülen Wetter zusammen; wie hängt das zusammen? □ **estar relacionado a 2.1** dem Schüler fällt es noch schwer, ~d zu reden, zu schreiben (fig.) *er ist noch zu sprunghaft* □ **com coerência; de modo coerente 3** ⟨500⟩ etwas ~ *durch Hängen vereinen, in eins hängen;* die Wintersachen habe ich alle in diesen Schrank zusammengehängt □ **pendurar junto**

zu|sam|men|klap|pen ⟨V.⟩ **1** ⟨500⟩ etwas ~ *mit einem kleinen harten Geräusch zumachen, zusammenlegen;* ein Buch, Taschenmesser ~; den Balkontisch, den Liegestuhl, den Schirm ~ □ **fechar; dobrar 2** ⟨400(s.); fig.; umg.⟩ *am Ende seiner Kräfte sein, gesundheitlich zusammenbrechen;* er ist uns plötzlich zusammengeklappt □ **desabar; abater-se;** wenn du dich nicht mehr schonst, wirst du bald wie ein Taschenmesser ~ ⟨scherzh.⟩ □ ***se você não se cuidar mais, vai acabar caindo doente**

zu|sam|men|kom|men ⟨V. 170/400(s.)⟩ **1** *von verschiedenen Seiten kommend sich an einem Ort treffen, sich versammeln;* wir werden morgen beim Tennisspiel ~; regelmäßig, selten ~; einmal im Jahr kommen die Mitglieder zusammen □ **reunir-se; encontrar-se 2** *Sachen kommen zusammen stellen sich gleichzeitig ein;* verschiedene unglückliche Umstände kamen zusammen □ **coincidir; ocorrer ao mesmo tempo 3 Geld** kommt zusammen *sammelt sich an;* bei der letzten Sammlung ist nicht viel Geld zusammengekommen □ **ser recolhido/coletado/ acumulado;** ⟨aber Getrenntschreibung⟩ zusammen kommen → *zusammen(1)*

Zu|sam|men|kunft ⟨f.; -, -künf|te⟩ *Treffen, Versammlung, Sitzung, Tagung;* wir haben heute Abend eine ~ der Vorstandsmitglieder; jmdm. eine ~ gewähren; wir verabredeten für nächsten Mittwoch eine ~; unsere monatliche ~ □ **reunião; encontro**

zu|sam|men|lau|fen ⟨V. 176/400(s.)⟩ **1** *von verschiedenen Seiten kommend an eine Stelle laufen u. sich da sammeln;* eine Menge Schaulustiger war zusammengelaufen □ **acorrer 2** ⟨411⟩ etwas läuft in einem Punkt, an einer Stelle zusammen *etwas trifft sich von verschiedenen Seiten kommend in einem Punkt, an einer Stelle;* das Wasser läuft in der Senke zusammen □ **confluir;** die Linien laufen in diesem Punkt zusammen □ **convergir;** → a. *Faden¹(4.1)* **3 Farben** laufen zusammen *laufen auf einer Fläche, wo sie nebeneinander aufgetragen wurden, ineinander u. vermischen sich* □ **confundir-se; misturar-se 4 Milch** läuft zusammen ⟨regional⟩ *gerinnt* □ **coagular; coalhar 5 Stoff** läuft zusammen ⟨regional⟩ *geht ein;* der Stoff ist beim Waschen zusammengelaufen □ **encolher;** ⟨aber Getrenntschreibung⟩ zusammen laufen → *zusammen (1)*

Zu|sam|men|le|ben ⟨n.; -s; unz.⟩ *gemeinsame Lebensführung, Lebensgemeinschaft;* eheliches ~ □ **convívio; convivência**

zu|sam|men|le|gen ⟨V.⟩ **1** ⟨500⟩ etwas ~ *durch Übereinanderlegen von Teilflächen auf ein kleineres Format bringen, einer Sache eine ordentlichere Form geben;* du sollst abends deine Sachen (Kleidungsstücke) ordentlich ~; die Servietten, das Tischtuch, die Wäsche ~ □ **dobrar 2** ⟨500⟩ etwas ~ *verschiedene Gegenstände an eine Stelle legen;* ich habe alles, was ich mit auf die Reise nehmen möchte, bereits zusammengelegt □ **separar 3** ⟨500⟩ Sachen ~ *verschiedene S. der Leitung einer Stelle od. Person unterstellen;* wegen geringer Beteiligung wurden beide Kurse für Englisch zusammengelegt □ **reunir 4** ⟨402⟩ **(Geld)** ~ *aus vie-*

len kleinen Beträgen eine (größere) Summe bilden; die Hausbewohner legten für einen Kranz zusammen □ *fazer uma vaquinha

zu|sam|men|neh|men ⟨V. 189/500⟩ **1** (innere) **Kräfte** ~ alle verfügbaren K. für die Bewältigung einer Sache aufbieten; seine Gedanken, seine Kräfte ~; ich musste allen Mut ~, um ... □ **reunir 2** ⟨Vr 3⟩ **sich** ~ sich beherrschen, achtgeben, aufpassen; nimm dich zusammen! □ *concentrar-se; prestar atenção **2.1** der Verletzte hat sich sehr zusammengenommen nichts von seinen Schmerzen gezeigt □ *conter-se; controlar-se **3** Sachen ~ verschiedene S. im Ganzen betrachten; nimmt man alle Hinweise zusammen, entsteht ein recht deutliches Bild □ **considerar em conjunto 3.1** alles zusammengenommen im Ganzen (gesehen) **3.1.1** alles zusammengenommen macht fünfzig Euro insgesamt □ *no total **3.1.2** alles zusammengenommen kann man sagen ... alles in allem, abschließend □ *levando-se tudo em conta; no final das contas

zu|sam|men|pres|sen ⟨V. 500⟩ **etwas** ~ fest aneinanderpressen, zusammendrücken; sie presste die Lippen zusammen u. sagte kein Wort □ **apertar; comprimir**

zu|sam|men|raf|fen ⟨V. 500⟩ **1 etwas** ~ hastig u. ungeordnet an sich nehmen; seine Sachen, Kleider ~ □ **apanhar/pegar apressadamente 2 etwas** ~ gierig an sich reißen, sich aneignen; er kann nicht genug Geld, Besitz ~ □ **arrebanhar; apoderar-se de 3** ⟨Vr 3⟩ **sich** ~ ⟨fig.; umg.⟩ wieder energisch werden u. handeln, aus der Gleichgültigkeit, Tatenlosigkeit erwachen; nun raff dich aber mal zusammen! □ **reagir; recobrar o ânimo**

zu|sam|men|rot|ten ⟨V. 500/Vr 7⟩ **sich** ~ in Mengen herbeiströmen, Gruppen bilden (Menschen, bes. in aufrührerischer Stimmung) □ **aglomerar-se; agrupar-se; amotinar-se**

zu|sam|men|rü|cken ⟨V.⟩ **1** ⟨400(s.)⟩ einander näher rücken; rückt alle ein wenig zusammen! **2** ⟨500⟩ **etwas** ~ nahe aneinanderrücken, dicht nebeneinanderstellen; Möbel, Stühle ~ □ **juntar(-se), aproximar(-se)**

zu|sam|men|schie|ßen ⟨V. 215⟩ **1** ⟨500; derb⟩ **etwas** ~ durch Beschuss zerstören; das Militär schoss das Dorf zusammen □ **bombardear 2** ⟨500/Vr 8; derb⟩ **jmdn.** ~ töten □ **matar (a tiro); apagar 3** ⟨500⟩ **Geld** ~ ⟨fig.⟩ finanziell mit beisteuern, zusammenbringen; wir haben die nötige Summe zusammengeschossen □ **reunir; juntar 4** ⟨400⟩ **Kristalle** schießen zusammen vereinigen sich □ **agrupar-se**

zu|sam|men|schla|gen ⟨V. 218⟩ **1** ⟨500⟩ **etwas** ~ heftig aneinander-, gegeneinanderschlagen; die Becken ~ ⟨Mus.⟩ □ **bater**, die Hände über dem Kopf ~ (vor Erstaunen, Überraschung) ⟨umg.⟩ □ *ficar pasmo/horrorizado **1.1** die Hacken ~ strammstehen □ *tomar a posição de sentido; bater os tacões **2** ⟨500⟩ **etwas** ~ ⟨umg.⟩ zerschlagen, zertrümmern; er hat im Zorn die halbe Einrichtung zusammengeschlagen □ **destruir; destroçar 3** ⟨500/Vr 8⟩ **jmdn.** ~ ⟨umg.⟩ so schlagen, dass er sich nicht (mehr) wehren kann; sie haben mich zusammengeschlagen □ *moer alguém de pancada **4** ⟨500⟩ **etwas** ~ durch Übereinanderschlagen von Teilflächen auf ein kleineres Format bringen; eine Zeitung ~, um sie in die Tasche zu stecken □ **dobrar 5** ⟨411(s.)⟩ **etwas** schlägt **über etwas** od. **jmdm.** zusammen schließt sich über jmdn. od. etwas, begräbt jmdn. od. etwas unter sich; die Wellen schlugen über ihm zusammen □ **sepultar; cobrir**, das Unglück, Verhängnis schlägt über ihm zusammen ⟨fig.⟩ □ **abater-se sobre**, ⟨aber Getrenntschreibung⟩ zusammen schlagen → zusammen(1)

zu|sam|men|schlie|ßen ⟨V. 222/500⟩ **1 etwas** od. **jmdn.** (mit etwas od. jmdm.) ~ schließend vereinigen; die beiden Enden einer Kette ~; er schloss die Häftlinge mit Handschellen zusammen □ **atar; prender 2** ⟨Vr 3 od. Vr 4⟩ **sich** (mit jmdm.) ~ ⟨fig.⟩ sich vereinigen, gemeinsame Sache machen; ich schließe mich mit ihm zusammen, um ...; die beiden Firmen, Gemeinden, Interessengemeinschaften haben sich zusammengeschlossen; sie wollen sich zu einem Verein ~ □ *associar-se; unir-se (a alguém)

zu|sam|men|schmel|zen ⟨V. 225⟩ **1** ⟨500⟩ **etwas** ~ durch Schmelzen vereinigen, in eins schmelzen; Metalle ~ □ **fundir 2** ⟨400(s.)⟩ **etwas** schmilzt zusammen verkleinert sich durch Schmelzen; die Schneedecke ist in der Sonne zusammengeschmolzen □ **derreter; diminuir 3** ⟨400(s.)⟩ **etwas** schmilzt zusammen ⟨fig.⟩ wird weniger; unser erspartes Geld, das Kapital, unsere Vorräte sind bis auf einen kleinen Rest zusammengeschmolzen □ **diminuir; reduzir-se**

zu|sam|men|schrei|ben ⟨230/500⟩ **etwas** ~ **1** in einem Wort schreiben; werden diese beiden Wörter zusammengeschrieben? □ **escrever junto 2** aus anderen Büchern herausnehmen u. neu schreiben; bei dieser Arbeit ist das meiste aus ungenannten Quellen zusammengeschrieben □ **compilar 3** ⟨umg.⟩ flüchtig niederschreiben, verfassen; wie kann man nur so viel Unsinn ~!; ein schnell zusammengeschriebener Bericht □ **escrevinhar; escrever 4** ⟨fig.; umg.⟩ sich durch Schreiben erwerben □ **ganhar a vida escrevendo**, er hat sich mit Kriminalromanen ein kleines Vermögen zusammengeschrieben □ **ele construiu um pequeno patrimônio escrevendo romances policiais**, ⟨aber Getrenntschreibung⟩ zusammen schreiben → zusammen(1)

zu|sam|men|schrump|fen ⟨V. 400(s.)⟩ **1 Gegenstände** schrumpfen zusammen verkleinern sich durch Schrumpfen; die Äpfel, Kartoffeln sind schon ganz zusammengeschrumpft □ **murchar; encolher 2** die Haut schrumpft zusammen wird faltig, runzlig □ **enrugar**, eine ganz zusammengeschrumpfte Haut □ **enrugado 3 etwas** schrumpft zusammen ⟨fig.⟩ vermindert sich, wird weniger, geringer; unsere Vorräte schrumpfen allmählich zusammen □ **diminuir; reduzir-se**

zu|sam|men|sein ⟨alte Schreibung für⟩ zusammen sein
Zu|sam|men|sein ⟨n.; -s; unz.⟩ **1** Beisammensein □ **reunião; encontro 2** Zusammenleben □ **convívio; convivência**

zu|sam|men|set|zen ⟨V. 500⟩ **1** ⟨Vr 4⟩ **sich** ~ sich an einem gemeinsamen Platz zueinandersetzen; wir müssen uns bald einmal ~ und alles besprechen; wir

Zusammensetzung

haben uns im Konzert zusammengesetzt; beide Freundinnen wollen sich in der Schule ~ □ **sentar(-se) junto** 2 etwas ~ *in eins fügen;* Maschinenteile ~ □ **montar;** auf dem Feld werden die Garben zu Puppen zusammengesetzt □ **transformar** 2.1 *durch Zusammensetzen(2) herstellen;* eine Maschine, ein Mosaik ~ □ **montar; compor;** ein zusammengesetztes Wort ~ □ **composto** 3 ⟨550/Vr 3⟩ *etwas setzt sich aus etwas od. jmdm. zusammen besteht aus etwas od. jmdm.;* der Vorstand setzt sich aus folgenden Mitgliedern zusammen □ *****compor-se de alguma coisa ou alguém**

Zu|sam|men|set|zung ⟨f.; -, -en⟩ 1 ⟨unz.⟩ *das Zusammensetzen(2)* □ **montagem** 2 *das Zusammengesetzte, Art, wie etwas zusammengesetzt ist;* die ~ eines Medikaments □ **composição**

zu|sam|men|ste|cken ⟨V.⟩ 1 ⟨500⟩ *etwas ~ mit Nadeln, Klammern u. Ä. lose miteinander verbinden;* die zugeschnittenen Stoffteile mit Stecknadeln ~ □ **prender** 2 ⟨500⟩ *die Köpfe ~* ⟨fig.; umg.⟩ *miteinander tuscheln* ~ □ *****cochichar; ficar de segredinho** 3 ⟨410; fig.; umg.⟩ *oft, bes. heimlich, zusammen sein* □ **estar junto;** die beiden stecken dauernd zusammen □ *****os dois vivem grudados um no outro**

zu|sam|men|stel|len ⟨V. 500⟩ 1 *jmdn. od. etwas ~ nebeneinanderstellen, an einen gemeinsamen Platz stellen;* etwas zum Vergleich ~ □ **colocar junto/lado a lado** 2 *etwas ~ Teile auswählen u. zu etwas vereinigen, zusammensetzen;* die Farben in diesem Raum sind gut zusammengestellt □ **combinar;** eine Liste, ein Menü, eine Mustersendung, eine Stadtrundfahrt, eine Übersicht ~; er hat das Programm für den heutigen Abend zusammengestellt □ **compor; montar; organizar**

zu|sam|men|stim|men ⟨V. 400⟩ 1 *etwas stimmt zusammen ist gut aufeinander abgestimmt;* die beiden Flöten haben nicht zusammengestimmt □ **harmonizar** 2 *Sachen stimmen zusammen eine Sache ergänzt eine andere ohne Widersprüche;* die Aussagen der beiden Zeugen stimmen nicht zusammen □ **corresponder; bater; conferir,** ⟨aber Getrenntschreibung⟩ zusammen stimmen → *zusammen(1)*

Zu|sam|men|stoß ⟨m.; -es, -stö|ße⟩ 1 *das Zusammenstoßen, Gegeneinanderprallen (bes. von Fahrzeugen);* ~ zweier Flugzeuge, Kraftwagen, Personenzüge □ **colisão; choque; batida** 2 ⟨fig.⟩ *Auseinandersetzung, Streit, Zank;* ich hatte mit ihm einen ~ □ **discussão; desentendimento**

zu|sam|men|sto|ßen ⟨V. 262/400(s.)⟩ 1 ⟨mit jmdm. od. einem **Gegenstand**⟩ *~ aufeinander-, gegeneinanderprallen;* die beiden Wagen sind in voller Fahrt zusammengestoßen; der Skifahrer stieß mit einem Fußgänger zusammen □ **colidir; bater** 2 ⟨417⟩ *mit jmdm.* ~ ⟨fig.⟩ *eine Auseinandersetzung, einen Wortwechsel haben, sich streiten, zanken;* er ist wiederholt mit dem Hausmeister zusammengestoßen □ **discutir; desentender-se** 3 *etwas stößt zusammen berührt sich, hat eine gemeinsame Grenze;* die Linien, Grundstücke stoßen zusammen □ **tocar-se; encontrar-se;**

confinar, ~*de Grundstücke* □ **confinante; contíguo;** ⟨aber Getrenntschreibung⟩ zusammen stoßen → *zusammen(1)*

zu|sam|men|tref|fen ⟨V. 266/400(s.)⟩ 1 ⟨mit jmdm.⟩ *~ jmdn. treffen, jmdm. begegnen;* ich bin lange nicht mit ihm zusammengetroffen; wir sind in S. zufällig zusammengetroffen □ **encontrar-se** 2 *etwas trifft zusammen* ⟨fig.⟩ *stimmt zeitlich überein, geschieht gleichzeitig;* mein Geburtstag und das Osterfest treffen in diesem Jahr zusammen □ **coincidir,** ⟨aber Getrenntschreibung⟩ zusammen treffen → *zusammen(1)*

zu|sam|men|tre|ten ⟨V. 268⟩ 1 ⟨500⟩ *jmdn. od. etwas ~ durch Treten verletzen, zerstören;* ein Beet, eine Kiste ~; er ist bei dem Fußballspiel zusammengetreten worden □ **pisar; pisotear** 2 ⟨400(s.)⟩ *eine Vereinigung tritt zusammen versammelt sich, kommt zusammen;* der Verein, Vorstand tritt morgen zu einer Sitzung zusammen □ **reunir-se; encontrar-se**

zu|sam|men|tun ⟨V. 272/500⟩ 1 *etwas ~ in eins tun, miteinander verbinden, vereinigen;* bitte nicht Weiß- und Buntwäsche ~! □ **juntar; misturar** 2 ⟨Vr 4⟩ *sich ~ gemeinsame Sache machen;* die beiden haben sich zusammengetan, um ein Geschäft zu eröffnen □ **unir-se; associar-se**

zu|sam|men|wach|sen ⟨[-ks-] V. 277/400(s.)⟩ 1 *in eins wachsen, sich durch Wachstum (wieder) vereinigen;* die siamesischen Zwillinge waren an den Hüften zusammengewachsen □ **crescer unido;** über der Nase zusammengewachsene Augenbrauen □ *****sobrancelhas que se unem sobre o nariz** 2 ⟨fig.⟩ *sich seelisch eng verbinden, sich eng befreunden;* ein langes gemeinsames Leben hatte die einst so ungleichen Eheleute ~ lassen □ **entender-se; dar-se bem**

zu|sam|men|zäh|len ⟨V. 500⟩ 1 *etwas ~ eins zum andern zählen;* Zahlen, Rechnungsbeträge ~; alles zusammengezählt ergibt sich ein Restbetrag von 245,40 € □ **somar; calcular o total,** ⟨aber Getrenntschreibung⟩ zusammen zählen → *zusammen(1)*

zu|sam|men|zie|hen ⟨V. 293⟩ 1 ⟨500⟩ *etwas ~* 1.1 *durch Ziehen verengen, verkürzen;* ein Loch nur schnell mit einem Faden ~ □ **fechar; estreitar** 1.1.1 ⟨Part. Präs.⟩ *~des* **Mittel** *entzündungshemmendes, blutstillendes M.* □ **adstringente** 1.2 *miteinander verbinden, vereinigen;* die Augenbrauen ~ □ **franzir** 1.3 *Personen ~* ⟨fig.⟩ *sammeln;* Polizei ~ □ **reunir; agrupar** 1.4 *Zahlen ~ addieren;* ich muss die einzelnen Posten noch ~ □ **adicionar; somar** 2 ⟨400(s.)⟩ (mit jmdm.) *~ in eine gemeinsame Wohnung ziehen;* sie werden in Kürze ~; sie ist mit ihm zusammengezogen □ **ir morar com alguém** 3 ⟨500/Vr 3⟩ *sich ~ sich verkleinern, verengern, schließen;* die Wundränder ziehen sich schon zusammen □ **fechar; cicatrizar** 4 ⟨500/Vr 3⟩ *etwas zieht sich zusammen entsteht, bildet sich;* im Westen zieht sich ein Gewitter, Unwetter zusammen; das Unheil zog sich über seinem Kopf zusammen ⟨fig.⟩ □ **formar-se;** ⟨aber Getrennschreibung⟩ zusammen ziehen → *zusammen(1)*

Zu|satz ⟨m.; -es, -sät|ze⟩ 1 *etwas, das zusätzlich angefügt, hinzugefügt wird;* ein ~ zu einem Anschreiben, einer chemischen Lösung, einem Testament usw. ☐ **adendo; aditivo; aditamento 2** ⟨unz.⟩ *das Zusetzen, Hinzufügen;* einen Salat unter ~ von Essig, Öl usw. Anrichten ☐ **acréscimo**

zu|sätz|lich ⟨Adj. 24⟩ *ergänzend hinzukommend, noch hinzugefügt* ☐ **adicional; suplementar**

zu|schan|den *auch:* **zu Schan|den** ⟨Adv.; geh.⟩ **1** ~ **machen** *vernichten, zerstören, zugrunde richten, zunichtemachen, vereiteln;* das hat all unsere Erwartungen, Hoffnungen, Pläne ~ gemacht ☐ **arruinar; frustrar; acabar com* **1.1** er wird sich noch ~ arbeiten ⟨umg.⟩ *seine Gesundheit durch zu vieles Arbeiten untergraben* ☐ **ele ainda vai se matar de tanto trabalhar* **1.2** ein Pferd ~ reiten *so rücksichtslos reiten, dass es Schaden erleidet* ☐ **cavalgar machucando o cavalo* **2** ~ **werden** *vernichtet werden* ☐ **ser destruído/aniquilado*

zu|schau|en ⟨V. 400⟩ *zusehen, ein Ereignis mit den Augen verfolgen* ☐ **assistir; presenciar**

Zu|schau|er ⟨m.; -s, -⟩ *jmd., der bei einer Darbietung zusieht* ☐ **espectador**

Zu|schau|e|rin ⟨f.; -, -rin|nen⟩ *weibl. Zuschauer* ☐ **espectadora**

zu|schie|ben ⟨V. 214/500⟩ **1** etwas ~ *durch Schieben schließen;* eine Schublade, Schiebetür ~; den Riegel, die Tür des Güterwagens ~ ☐ **fechar (empurrando) 2** ⟨530/Vr 6⟩ **jmdm. etwas** ~ *etwas zu jmdm. hinschieben;* sie schob ihm stillschweigend die Rechnung zu ☐ **passar alguma coisa para alguém* **2.1** ⟨fig.⟩ *veranlassen, dass jmd. etwas Unangenehmes übernimmt* ☐ **atribuir; imputar;** er wollte mir die ganze Arbeit, alle Schuld, Verantwortung ~ ☐ **ele queria jogar/empurrar todo o trabalho/toda a culpa/responsabilidade para cima de mim;* → a. *schwarz(1.7.1)*

zu|schie|ßen ⟨V. 215; umg.⟩ **1** ⟨500⟩ **Geld** ~ *mit beisteuern, dazugeben;* er hat 20.000 Euro zu dem Geschäft zugeschossen; meine Eltern haben zu meinem Studium einiges zugeschossen ☐ **contribuir com; subsidiar 2** ⟨411(s.)⟩ **auf jmdn.** ~ *plötzlich rasch zu jmdm. hingehen, sich auf jmdn. stürzen;* auf der Straße schoss er auf mich zu ☐ **lançar-se/precipitar-se na direção de alguém**

Zu|schlag ⟨m.; -(e)s, -schlä|ge⟩ **1** *zusätzlich zu zahlender Betrag, zusätzliche Gebühr, Aufschlag, Nachzahlung, Erhöhung;* IC-~ ☐ **sobretaxa; taxa suplementar 2** ⟨Kaufmannsspr.⟩ *Erteilung des Auftrags* **3** *Erklärung des Versteigerers, dass er das letzte Gebot annimmt;* der ~ erfolgte an … (bei Auktionen); sie bot am meisten und erhielt den ~; den ~ an den Meistbietenden erteilen (auf Auktionen) ☐ **adjudicação 4** *Zusatz* ☐ **acréscimo; adendo 4.1** ⟨Bauwesen⟩ *Füllstoffe, z. B. Sand od. Kies, die zusammen mit einem Bindemittel zu Mörtel od. Beton verarbeitet werden* ☐ **agregado 4.2** ⟨Met.⟩ *Zusatz bei der Verhüttung von Erzen, Beischlag* ☐ **fundente**

zu|schla|gen ⟨V. 218⟩ **1** ⟨500⟩ **etwas** ~ *mit einer heftigen Bewegung geräuschvoll schließen;* man hörte ihn die Wagentür ~ **1.1** ⟨400(s.)⟩ **etwas** schlägt zu *schließt sich mit einem heftigen Schlag; die Tür ist zu-*geschlagen ☐ **fechar(-se) (batendo); bater 2** ⟨500⟩ **etwas** ~ *mit Nägeln, Nieten u. Ä. schließen;* Fässer, Kisten ~ ☐ **fechar com pregos/rebites 3** ⟨530/Vr 6⟩ **jmdm. etwas** ~ *etwas mit einem Schläger in jmds. Richtung schlagen;* jmdm. den Ball ~ ☐ **lançar; devolver (a bola) 4** ⟨505⟩ **etwas (zu etwas)** ~ *hinzufügen u. dadurch dessen Wert, Preis erhöhen;* Zinsen zum Kapital ~; 10 % werden auf den Preis noch zugeschlagen ☐ **adicionar; acrescentar 5** ⟨530/Vr 5⟩ **jmdm. etwas** ~ *als Eigentum durch Zuschlag(3) zuerkennen* ☐ **adjudicar 6** ⟨400⟩ *einen kräftigen Schlag geben, heftige Schläge erteilen;* schlag zu!; er holte aus und schlug zu ☐ **bater; golpear**

zu|schlie|ßen ⟨V. 222/500⟩ **etwas** ~ *mit dem Schlüssel abschließen, fest verschließen;* den Koffer ~; sie schloss die Tür zu ☐ **fechar à chave**

zu|schnap|pen ⟨V. 400⟩ **1** *mit dem Maul rasch nach etwas greifen, plötzlich beißen;* plötzlich schnappte der Hund zu ☐ **abocanhar 2** ⟨(s.)⟩ **etwas** schnappt zu *fällt mit einem klappenden Geräusch ins Schloss, schließt sich;* das Türschloss, Taschenmesser schnappt zu ☐ **fechar-se subitamente; bater**

zu|schnei|den ⟨V. 227/500⟩ **1** etwas ~ *nach bestimmten Maßen in bestimmte Form(en) schneiden;* ein Kleid, den Stoff ~ ☐ **talhar; cortar (por modelo ou medida) 2** ⟨550⟩ **etwas auf jmdn. od. etwas** ~ ⟨fig.⟩ *auf jmdn. od. etwas ausrichten;* das Stück ist ganz auf die Hauptdarstellerin zugeschnitten; der Lehrgang war ganz auf das Examen (hin) zugeschnitten ☐ **fazer/preparar alguma coisa sob medida para alguém ou alguma coisa*

zu|schnü|ren ⟨V. 500⟩ **1** etwas ~ *mit einer Schnur fest zusammenhalten;* ein Paket ~ **1.1** Schuhe ~ *mit einem Schnürsenkel fest zubinden* ☐ **amarrar 2** ⟨530/Vr 5 od. Vr 6⟩ **jmdm. etwas** ~ *zusammenziehen, zusammendrücken;* er hat ihm die Kehle zugeschnürt **2.1** die Angst schnürte ihr die Kehle zu ⟨fig.⟩ *sie konnte vor Angst nicht schreien* ☐ **apertar; estrangular**

zu|schrei|ben ⟨V. 230/500⟩ **1** etwas ~ ⟨kurz für⟩ *hinzuschreiben, dazuschreiben;* willst du noch einen Gruß ~? ☐ **acrescentar (por escrito) 2** ⟨530/Vr 5 od. Vr 6⟩ **jmdm. od. einer Sache etwas** ~ *jmdm. etwas durch etwas Schriftliches als Eigentum übertragen;* er hat das Grundstück seiner Tochter ~ lassen; 10 % des Reingewinns werden seinem Konto zugeschrieben ☐ **transferir; passar 3** ⟨530/Vr 5 od. Vr 6⟩ **jmdm. od. einer Sache etwas** ~ ⟨fig.⟩ *etwas auf jmdn. od. etwas zurückführen, jmdn. od. etwas für den Urheber bzw. die Ursache ansehen;* das hast du dir selbst zuzuschreiben; das kann man nur deiner Dummheit, deiner Einfalt ~; das Bild wird Leonardo zugeschrieben; es ist dem Umstande zuzuschreiben, dass … **4** ⟨530/Vr 5 od. Vr 6⟩ **jmdm. od. etwas eine Sache** ~ ⟨fig.⟩ *glauben, dass jmd. od. etwas eine Sache hat;* ich kann dieser Angelegenheit keine Bedeutung ~; dieser Quelle wird eine wundertätige Wirkung zugeschrieben; die Schuld an diesem Zwischenfall muss man keinem von uns ~ ☐ **atribuir; imputar**

Zu|schrift ⟨f.; -, -en⟩ *Brief, schriftliche Mitteilung zu einem bestimmten Thema, Angebot o. Ä.* ☐ **carta; mis-**

siva; ofício; ich habe auf meine Anzeige viele ~en bekommen ◻ resposta; eine ~ aus dem Leserkreis ◻ carta

zu|schul|den auch: **zu Schul|den** ⟨Adv.; in der Wendung⟩ **sich etwas ~ kommen lassen** etwas Unrechtes tun ◻ *cometer uma falta; ser culpado de alguma coisa

Zu|schuss ⟨m.; -es, -schüs|se⟩ **1** finanzieller Beitrag, zusätzliche Zahlung; Unterhalts~; einen ~ beantragen, bewilligen, gewähren, leisten; die Krankenkasse gibt einen ~ zu meiner Kur ◻ subsídio; subvenção **2** ⟨Typ.⟩ vom Drucker über die Auflage hinaus vorbereitete Papierbogen, um Ausschuss auszugleichen ◻ folhas suplementares

zu|se|hen ⟨V. 239⟩ **1** ⟨400⟩ auf jmdn. od. etwas sehen (u. beobachten, was jmd. tut bzw. was vorgeht), hinblicken, betrachten; ich sah ihm bei der Arbeit zu; ich habe beim Sportfest nur zugesehen (nicht mitgeteiligt); schon vom Zusehen wird mir schwindlig ◻ olhar; observar; presenciar 1.1 ⟨412⟩ da sehe ich nicht mehr lange zu! ⟨fig.⟩ da warte ich nicht mehr lange ab, da greife ich bald ein ◻ *não vou mais ficar aqui parado, olhando! 1.2 kannst du dabei ruhig ~? ⟨fig.⟩ kannst du das dulden? ◻ *você consegue assistir tranquilamente a isso? **2** ~, dass ... ⟨fig.⟩ sich bemühen, trachten, auf etwas achten, für etwas sorgen; wir müssen ~, dass wir so schnell wie möglich zum Bahnhof kommen ◻ tratar (de); ver (se); dar um jeito (de); sehen Sie doch zu, dass Sie morgen mitkommen können ◻ *veja se amanhã consegue vir junto; soll er selbst ~, wie er damit fertig wird! ◻ *ele que se vire para terminar!

zu|se|hends ⟨Adv.⟩ **1** ⟨eigtl.⟩ beim Zusehen wahrnehmbar **2** merklich, rasch, sichtlich schnell, offenkundig; dem Kranken geht es ~ besser; er wächst ~ ◻ visivelmente; a olhos vistos

zu|sein ⟨alte Schreibung für⟩ zu sein

zu|sei|ten auch: **zu Sei|ten** ⟨Adv.; veraltet⟩ neben; er ging ~ seines Vaters ◻ ao lado de

zu|set|zen ⟨V.⟩ **1** ⟨530⟩ einer Sache etwas ~ hinzufügen, dazutun; man könnte der Bowle noch einen Schuss Rum ~; der Winzer hat dem Wein Wasser zugesetzt ◻ acrescentar; adicionar 1.1 ⟨500⟩ ich habe (bei diesem Geschäft) viel zugesetzt ⟨umg.⟩ es war ein finanzieller Verlust für mich ◻ investir (e sair perdendo) 1.2 nichts zuzusetzen haben ⟨umg.⟩ keine Reserven an Gesundheit, Kraft, Körpergewicht mehr haben; er hat nichts zuzusetzen ◻ *já não ter forças/saúde **2** ⟨600/Vr 6⟩ jmdm. ~ jmdn. bedrängen, jmdn. drängen (damit er etwas Bestimmtes tut); ihm wurde so lange hart zugesetzt, bis er schließlich nachgab; jmdm. mit Bitten, Worten ~ ◻ instar; insistir; pressionar 2.1 ⟨600⟩ etwas setzt jmdm. zu geht jmdm. nahe, nimmt jmdn. mit; der Tod seines Vaters hat ihm sehr zugesetzt ◻ deprimir; abalar

zu|si|chern ⟨V. 530/Vr 6⟩ jmdm. etwas ~ jmdm. etwas versprechen, verbürgen; der Arzt hat mir zugesichert, dass er noch heute kommt ◻ garantir; prometer

zu|sper|ren ⟨V. 500; süddt.; österr.⟩ etwas ~ verriegeln; zuschließen; die Haustür ~ ◻ fechar à chave; trancar

zu|spie|len ⟨V. 530/Vr 6⟩ **1** jmdm. den Ball ~ den B. zu jmdm. werfen, stoßen **2** jmdm. etwas ~ ⟨fig.⟩ dafür sorgen, dass jmd. etwas wie zufällig bekommt ◻ passar

zu|spit|zen ⟨V. 500⟩ **1** etwas ~ mit einer scharfen Spitze versehen, spitzmachen; einen Stock ~ ◻ afiar; aguçar; adelgaçar **2** ⟨Vr 3⟩ eine Sache spitzt sich zu ⟨fig.⟩ verschärft sich, wird bedrohlich, nimmt an Konfliktstoffen zu; die politische Lage hat sich in den letzten Wochen gefährlich zugespitzt; das Verhältnis spitzte sich mehr und mehr zu ◻ agravar-se

zu|spre|chen ⟨V. 251⟩ **1** ⟨530/Vr 5 od. Vr 6⟩ jmdm. etwas ~ durch Worte vermitteln ◻ *dizer alguma coisa a alguém; er sprach mir Mut, Trost zu ◻ *animar/consolar alguém **2** ⟨613⟩ jmdm. ... ~ auf besondere Weise zu jmdm. sprechen; jmdm. besänftigend, freundlich, gut, tröstend ~ ◻ *falar com alguém (de determinada maneira) **3** ⟨530/Vr 6⟩ jmdm. etwas od. jmdn. ~ (durch Urteil) zuerkennen; das Gericht sprach ihm das Erbe zu ◻ atribuir; adjudicar; das Kind wurde bei der Scheidung der Mutter zugesprochen ◻ *na separação, a guarda do filho foi concedida à mãe **4** ⟨600; veraltet⟩ Speisen, Getränken ~ Speisen, Getränke (mit Appetit) zu sich nehmen; dem Essen ~; dem Bier, der Flasche, dem Rotwein fleißig ~; er spricht dem Essen eifrig, kräftig, sehr, tüchtig zu; einer Speise nur mäßig ~ ◻ saborear; degustar

Zu|spruch ⟨m.; -(e)s; unz.⟩ **1** guter Rat, Trost, freundliches Zureden; ärztlicher, geistlicher ~; freundlichen ~s bedürfen; auf jmds. ~ hören; sie hat aus seinem ~ wieder Mut, Kraft geschöpft ◻ conselhos; palavras de conforto/encorajamento **2** Anklang, Beliebtheit, Besuch, Zulauf, Andrang; das neue Musical erfreut sich allgemeinen ~s ◻ *o novo musical faz bastante sucesso; das Restaurant findet großen ~; die kalte Platte fand regen ~; dieser Arzt hat viel ~ ◻ procura; clientela

Zu|stand ⟨m.; -(e)s, -stän|de⟩ **1** ⟨Phys.⟩ Beschaffenheit (eines Stoffes od. eines physikalischen Systems); den ~ eines Stoffes durch äußere Einflüsse verändern ◻ estado; condição **2** ⟨allg.⟩ Beschaffenheit, augenblickliche Lage (einer Sache, Verfassung); der ~ des Patienten hat sich gebessert, nicht verändert, verschlechtert; der augenblickliche, derzeitige, heutige, jetzige ~; körperlicher, krankhafter, moralischer, nervöser, seelischer ~; sein ~ ist bedenklich, beklagenswert, hoffnungslos, Mitleid erregend; das Grundstück befindet sich in bestem, gutem ~; die politischen, wirtschaftlichen Zustände im Lande; den schlechten ~ einer Ware beanstanden; der Garten ist in einem unbeschreiblichen, verwahrlosten ~; es herrschen dort unhaltbare, unerträgliche Zustände; in diesem ~ kann ich doch nicht allein lassen; über die Zustände im Überschwemmungsgebiet berichtet ... ◻ estado; condição; situação 2.1 das sind doch keine Zustände! ⟨umg.⟩ das kann doch nicht so bleiben, weitergehen!, hier muss sich einiges ändern! ◻ *isso não pode ficar assim!; isso não está certo! 2.2 Zustände bekommen, haben, kriegen Anfälle ~ *ter um ataque

zu|stan|de *auch:* **zu Stan|de** ⟨Adv.; nur in den Wendungen⟩ **1** etwas ~ **bringen** *leisten, schaffen, fertig machen;* das wirst du auch nicht ~ bringen! ☐ **realizar; conseguir* **2** ~ **kommen** *verwirklicht werden, gelingen;* eine Einigung ist nicht ~ gekommen ☐ **realizar-se; ter êxito*

zu|stän|dig ⟨Adj. 24/70⟩ **1** *zur Bearbeitung, Entscheidung einer Sache berechtigt bzw. verpflichtet;* die ~e Behörde; der für diesen Fall ~e Richter; niemand will dafür ~ sein; wer ist ~ für ...? ☐ *competente; responsável;* an ~er Stelle wusste man bereits davon ☐ **as esferas competentes/as autoridades responsáveis já sabiam disso* **2** ~ **nach** einer **Stadt** ⟨österr.⟩ *heimatberechtigt in einer S., Bürger einer S.;* ~ nach Wien ☐ **domiciliado/residente em uma cidade*

zu|stat|ten|kom|men ⟨V. 170/600(s.); geh.⟩ jmdm. ~ *nützen, hilfreich sein;* was du jetzt lernst, wird dir später im Beruf ~ ☐ **servir; ser útil*

zu|ste|cken ⟨V. 500⟩ **1** etwas ~ *mit Nadeln schließen;* einen Riss, Vorhänge ~ ☐ *fechar com alfinete* **2** ⟨530/Vr 6⟩ jmdm. etwas ~ *heimlich, verstohlen geben;* sie hat ihm 100 € zugesteckt ☐ **passar furtivamente alguma coisa a alguém*

zu|ste|hen ⟨V. 256/600⟩ jmdm. steht etwas zu *jmdm. gebührt etwas als sein Recht, sein Anteil;* 21 Urlaubstage im Jahr stehen uns zu ☐ *competir; caber*

zu|stel|len ⟨V.⟩ **1** ⟨500⟩ Öffnungen ~ *verdecken, schließen, indem man etwas davorstellt;* wir haben die Verbindungstür mit einem Schrank zugestellt ☐ *cobrir; fechar; tampar* **2** ⟨503⟩ (jmdm.) eine Sendung ~ *ins Haus bringen;* Briefe werden durch die Post zugestellt ☐ *entregar;* der Gerichtsvollzieher hat mir die Klage zugestellt ⟨Rechtsspr.⟩ ☐ *notificar*

zu|steu|ern ⟨V.⟩ **1** ⟨600(s.)⟩ einem Ziel ~ *sich in Richtung auf ein Z. in Bewegung setzen* ☐ **dirigir-se/orientar-se para um objetivo* **1.1** ⟨Mar.⟩ *Kurs nehmen auf ein Z.;* dem Hafen, der offenen See ~ ☐ *rumar para* **1.2** ⟨fig.⟩ *auf ein bestimmtes Ziel hin arbeiten; außenpolitisch einer Verständigung mit den Nachbarvölkern* ~ ☐ *trabalhar para conseguir alguma coisa* **2** ⟨411(s.)⟩ **auf** jmdn. od. **eine Sache** ~ *auf jmdn. od. eine S. zielstrebig zugehen;* er steuerte geradewegs auf mich zu; auf eine Inflation, eine Krise ~ ⟨fig.⟩ ☐ **dirigir-se a alguém; caminhar rumo a alguma coisa* **3** ⟨500(s.)⟩ etwas ~ *beisteuern, dazugeben, finanziell unterstützen;* meine Eltern wollen zu unserer Reise 500 Euro ~ ☐ *contribuir com*

zu|stim|men ⟨V. 600/Vr 6⟩ **1** jmdm. ~ *jmdm. Recht geben, mit seiner Ansicht übereinstimmen* ☐ *concordar; anuir;* er nickte mir ~d zu ☐ *concordando; anuindo* **2** einer **Sache** ~ *eine S. billigen, mit ihr einverstanden sein* ☐ *concordar; consentir;* wer schweigt, scheint zuzustimmen ☐ **quem cala consente*

Zu|stim|mung ⟨f.; -; unz.⟩ **1** *Übereinstimmung mit einer Ansicht, Billigung, Einwilligung, Erlaubnis;* als Zeichen der ~ nicken; seine ~ geben, verweigern; darf ich Ihr Schweigen als ~ nehmen? ☐ *consentimento; assentimento* **2** *Beifall;* unter allgemeiner ~ erklärte der Redner, dass ...; die Forderungen des Wahlredners fanden bei den Zuhörern lebhafte ~ ☐ *aprovação; adesão*

zu|sto|ßen ⟨V. 262⟩ **1** ⟨500⟩ etwas ~ *durch einen Stoß schließen;* die Tür mit dem Fuß ~ ☐ *fechar (empurrando)* **2** ⟨400⟩ *einen Stoß führen;* mit einem Messer ~; stoß zu! ☐ *golpear* **3** ⟨600(s.)⟩ etwas stößt jmdm. zu ⟨fig.⟩ *etwas passiert, geschieht jmdm.;* ihm muss etwas zugestoßen sein, sonst wäre er längst da; ihm ist ein Missgeschick, ein Unglück zugestoßen ☐ *acontecer; suceder*

zu|stre|ben ⟨V. 600 od. 411⟩ **1** einem **Ziel** ~ *zu einem Z. eilen, nach einem Z. streben;* einem Treffpunkt ~ **1.1** auf jmdn. od. etwas ~ *auf jmdn. od. etwas zueilen* ☐ *dirigir-se correndo; esforçar-se para alcançar*

Zu|strom ⟨m.; -(e)s; unz.⟩ *Andrang, Herbeikommen in Scharen;* es herrschte reger ~ von Besuchern, Käufern, Schaulustigen ☐ *afluência*

zu|strö|men ⟨V. 600(s.) od. 800⟩ einem bestimmten **Punkt, auf** einen bestimmten **Punkt** ~ *in großer Anzahl, Menge an einen bestimmten P. kommen;* dem Meer ~ (Flüsse); die Menge strömte dem Sportplatz zu ☐ *afluir*

zu|ta|ge *auch:* **zu Ta|ge** ⟨Adv.; nur in den Wendungen⟩ **1** ~ **fördern, bringen** *offenkundig machen, aufspüren;* ein Geheimnis ~ fördern ☐ **revelar; trazer à luz* **2** Erze ~ fördern ⟨Bgb.⟩ *abbauen* ☐ **extrair minérios* **3** ~ **liegen** *leicht zu erkennen sein;* seine Absichten liegen offen ~ ☐ **aflorar; ser evidente* **4** ~ **kommen, treten** *offenkundig werden, erkannt werden;* auch seine Schuld wird noch ~ kommen ☐ **vir à luz; revelar-se*

Zu|tat ⟨f.; -, -en; meist Pl.⟩ *Kleinigkeit, die zu einer Sache nötig od. wünschenswert ist, Beiwerk;* zu diesem Gericht, diesem Kuchen brauchen Sie folgende ~en ... ☐ *ingrediente*

zu|tei|len ⟨V. 530⟩ **1** jmdm. etwas ~ *in Teilen abgeben, an jmdn. austeilen;* im Krieg wurden der Bevölkerung die Lebensmittel zugeteilt ☐ *distribuir* **2** jmdm. eine Sache ~ ⟨fig.⟩ *als Anteil übergeben, anweisen, bewilligen, zusprechen* ☐ **conceder/atribuir alguma coisa a alguém;* sie bekamen vom Wohnungsamt eine Wohnung zugeteilt; wir bekamen folgende Arbeit, Aufgabe zugeteilt ☐ *receber;* die mir zugeteilte Rolle in diesem Intrigenspiel passt mir nicht ☐ *atribuído*

Zu|tei|lung ⟨f.; -, -en⟩ **1** *Anweisung, Bewilligung, Übergabe;* die ~ der Unterkünfte an die Teilnehmer der Reisegesellschaft erfolgt am Urlaubsort ☐ *distribuição; repartição* **2** *zugesprochener Teil, Anteil;* die ~ an Zucker reicht keine Woche ☐ *porção (racionada)*

zu|teil|wer|den ⟨V. 285/600(s.); geh.⟩ **1** jmdm. ~ *bekommen, erhalten;* es wird jmdm. (nicht) ~ ☐ **caber a alguém; ser dado a alguém* **2** ⟨602⟩ jmdm. etwas ~ **lassen** *gewähren;* jmdm. eine Vergünstigung ~ lassen ☐ **dar; conceder; prestar*

zu|tiefst ⟨Adv.⟩ *aufs Tiefste, völlig, sehr;* er war ~ beleidigt, gekränkt, verletzt ☐ *profundamente*

zu|tra|gen ⟨V. 265/500⟩ **1** ⟨530/Vr 6⟩ jmdm. etwas ~ 1.1 *zu jmdm. etwas hintragen;* jmdm. Holz ~ □ *trazer; levar* **1.2** ⟨fig.⟩ *(heimlich) erzählen;* Klatsch, ein Gerücht ~; das ist mir von jmdm. zugetragen worden □ *contar* **2** ⟨Vr 3⟩ *etwas trägt sich zu etwas ereignet sich, geschieht;* der Vorfall hat sich gestern zugetragen □ *ocorrer; acontecer*

zu|träg|lich ⟨Adj. 70⟩ *vorteilhaft, günstig, nützlich, förderlich, bekömmlich;* das Klima hier ist ihm nicht ~ □ *favorável; propício; vantajoso*

zu|trau|en ⟨V. 530/Vr 5 od. Vr 6⟩ **1** jmdm. etwas ~ *es von jmdm. glauben od. fürchten;* ich traue ihm nichts Böses, nur Gutes zu; diese Tat kann ich ihm nicht ~ □ **acreditar que alguém é capaz de (fazer) alguma coisa* **2** jmdm. od. einer Sache etwas ~ *annehmen, dass jmd. od. eine S. zu etwas fähig, imstande, geeignet ist;* er traut sich nichts zu □ **ele se acha incapaz; ele não confia em si mesmo;* er traut sich zu viel zu □ **ele sobrestima as próprias capacidades;* das ist ihm zuzutrauen! □ **ele é bem capaz disso!;* du hast deinen Kräften zu viel zugetraut □ **você sobrestimou suas forças*

Zu|trau|en ⟨n.; -s; unz.⟩ *Vertrauen, Glaube an jmds. Redlichkeit;* sein Verhalten erweckt ~; ich habe (kein) ~ zu ihm; jmdm. sein ~ schenken; das ~ zu jmdm. verlieren □ *confiança*

zu|trau|lich ⟨Adj.⟩ **1** *voll Zutrauen, ohne Scheu;* ein ~es Kind; die Kinder sind sehr ~ □ *confiante; extrovertido* **1.1** *zahm;* ein ~es Tier □ *dócil; manso*

zu|tref|fen ⟨V. 266⟩ **1** ⟨400⟩ *etwas trifft zu ist richtig, in einer bestimmten Situation wirksam, angemessen (für jmdn. od. etwas);* diese Darstellung dürfte wohl nicht ganz ~; ihr Urteil in dieser Sache trifft durchaus zu □ *ser/estar certo/correto; conferir; confirmar-se;* eine ~de Bemerkung, Meinung, Vermutung □ *certo; correto* **2** ⟨800⟩ *etwas trifft für, auf jmdn. od. etwas zu etwas bezieht sich auf jmdn. od. etwas;* das trifft für alle Studenten zu □ **valer para alguém ou alguma coisa;* Zutreffendes bitte ankreuzen □ **marcar com um X a opção adequada*

zu|trin|ken ⟨V. 270/600/Vr 6⟩ jmdm. ~ *jmdm. mit dem gefüllten Glas grüßen u. dann auf sein Wohl trinken* □ **brindar a alguém; beber à saúde de alguém*

Zu|tritt ⟨m.; -(e)s; unz.⟩ **1** *das Hereinkommen, Eintreten u. das Recht hierzu;* ~ bekommen, erhalten; jmdm. ~ gewähren; kein ~! (Aufschrift an Türen); ~ verboten (Aufschrift an Türen); ~ nur mit Ausweis; sich den ~ zu etwas erzwingen □ *acesso;* → a. *frei(6)* **2** *das Eindringen, Hinzukommen (von Flüssigkeiten, Luft);* eine chemische Verbindung vor ~ von Luft schützen □ *entrada*

zu|tun ⟨V. 272/500; umg.⟩ **1** ⟨503⟩ (einer **Sache**) etwas ~ *hinzutun, hinzufügen, zusetzen, hinzulegen;* (dem Gericht) noch etwas Butter ~; ich habe (der Suppe) noch Wasser zugetan □ *acrescentar; adicionar* **2** *etwas zu ~ schließen* □ *fechar* **2.1** ich konnte die ganze Nacht kein Auge ~ ⟨umg.⟩ *ich konnte nicht schlafen* □ **não consegui pregar o olho a noite inteira* **2.2** er wird bald die Augen für immer ~ *sterben*

□ *fechar* **3** ⟨530/Vr 1⟩ sich etwas ~ ⟨mundartl.⟩ *sich etwas zulegen, anschaffen* □ **arranjar/comprar alguma coisa*

Zu|tun ⟨n.; -s; unz.⟩ **1** *Hilfe, Unterstützung* □ *apoio; auxílio* **1.1** ⟨meist in der Wendung⟩ ohne mein ~ *ohne meine Mitwirkung, ohne dass ich das Geringste dazu tat* □ *participação; intervenção*

zu|un|guns|ten *auch:* zu Un|guns|ten **1** ⟨Präp. mit Dat., wenn das Subst. voransteht, mit Gen., wenn das Subst. folgt⟩ *zum Nachteil;* ~ des Händlers; dem Konto des Händlers ~ □ *em detrimento/prejuízo de* **2** ⟨aber stets getrennt⟩ zu jmds. Ungunsten → *Ungunst(2)*

zu|un|terst ⟨Adv.⟩ *ganz unten, ganz unten hin;* das Oberste ~ kehren □ *no fundo/embaixo de tudo*

zu|ver|läs|sig ⟨Adj.⟩ *so beschaffen, dass man sich darauf verlassen kann, vertrauenswürdig, verlässlich;* ein ~er Freund, Mensch, Mitarbeiter; wie wir aus ~er Quelle erfahren ...; die Wettervorhersage ist nicht ~; er ist (nicht) ~ □ *confiável; fidedigno;* wie ich weiß ... □ **como tenho certeza (de que)...*

Zu|ver|sicht ⟨f.; -; unz.⟩ *Vertrauen in die Zukunft, feste Hoffnung;* Jesus, meine ~; ich habe die feste ~, dass ...; ich bin der festen ~, dass ...; seine ~ auf Gott setzen; ich habe meine ganze ~ auf dich gesetzt; in unerschütterlicher ~ an etwas festhalten □ *confiança; fé*

zu|ver|sicht|lich ⟨Adj.⟩ *voll Zuversicht, vertrauensvoll in die Zukunft blickend, optimistisch;* ein ~er Mensch; seine Pläne stimmten ihn ~ □ *confiante; otimista*

zu|viel ⟨alte Schreibung für⟩ *zu viel*

Zu|viel ⟨n.; - od. -s; unz.⟩ *Übermaß* □ *excesso;* ein ~ ist besser als ein Zuwenig ⟨sprichwörtl.⟩ □ **é melhor sobrar do que faltar*

zu|vor ⟨Adv.⟩ *vorher, als Erstes;* ~ meinen besten Dank, meine herzlichsten Glückwünsche □ *primeiramente; antes de tudo;* ich habe ihn nie ~ gesehen; wir haben es wieder wie ~ gemacht; es war im Jahr ~, als ...; du solltest dich ~ vergewissern, ob ...; er soll ~ kommen □ *antes*

zu|vor|derst ⟨Adv.⟩ *ganz vorn;* er steht ~ □ *na frente; em primeiro lugar*

zu|vor|kom|men ⟨V. 170/600(s.)⟩ **1** jmdm. od. einer Sache ~ *handeln, bevor jmd. anders tätig werden, bzw. eine S. auftreten kann;* er darf mir nicht ~; wir mussten uns rasch entschließen, sonst wären uns andere Interessenten zuvorgekommen; Sie sind meiner Frage zuvorgekommen □ *antecipar-se; adiantar-se;* einer Gefahr ~ □ *prevenir;* ⟨aber Getrenntschreibung⟩ zuvor kommen → *zuvor*

zu|vor|kom|mend ⟨Adj.⟩ *freundlich, liebenswürdig, höflich, hilfsbereit;* ein ~es Wesen haben; gegen jedermann ~ sein □ *atencioso; gentil;* ich wurde überall ~ behandelt □ *com atenção/gentileza*

Zu|wachs ⟨[-ks] m.; -es, -wäch|se⟩ **1** *Vergrößerung, Wachstum (bes. des Baumbestandes), Vermehrung;* Familien~; ~ an Besitz, Einnahmen, Vermögen; ein ~ an Mitgliedern, Teilnehmern, Besuchern □ *aumento; crescimento; incremento* **1.1** einem Kind ein Kleidungsstück auf ~ kaufen ⟨umg.⟩ *noch zu groß, damit es dieses möglichst lange tragen kann* □ **comprar uma roupa maior/mais larga para uma criança* 1.2 wir haben ~ bekommen ⟨umg.⟩ *ein Baby* □ **nossa família cresceu*

zu|we|ge *auch:* **zu We|ge** ⟨Adv.; nur in den Wendungen⟩ **1** etwas ~ bringen *etwas fertigbringen* □ **conseguir fazer alguma coisa* **2** mit etwas ~ kommen *mit etwas fertigwerden* □ **dar conta de alguma coisa; concluir alguma coisa* **3** nicht mehr, noch gut ~ sein ⟨umg.⟩ *nicht mehr, noch sehr rüstig sein* □ **já não estar em forma; ainda estar em forma*

zu|wei|len ⟨Adv.; geh.⟩ *gelegentlich, ab u. zu, manchmal; Sy zuzeiten; er sieht ~ bei uns herein* □ **às vezes; ocasionalmente**

zu|wei|sen ⟨V. 282/530/Vr 5 od. Vr 6⟩ etwas od. **jmdm.** etwas ~ *zuteilen, als Anteil geben, als Arbeit anweisen; jmdm. Arbeit, eine Aufgabe ~* □ **dar; atribuir;** *uns wurde vom Wohnungsamt eine Wohnung zugewiesen; den Forschungsinstituten werden jährlich große Summen zugewiesen* □ **dar; conceder; destinar**

zu|wen|den ⟨V. 283/530⟩ **1** ⟨Vr 5⟩ **sich** od. **etwas jmdm.** od. **etwas** ~ *zu jmdm. od. etwas hinwenden; sie wandten sich dem Neuankömmling zu; jmdm. das Gesicht, den Rücken ~; das Gesicht der Sonne ~; die der Straße zugewandten Zimmer* □ **voltar(-se), virar(-se) 2 jmdm.** od. **etwas** eine **Sache** ~ *zukommen lassen; seine ganze Aufmerksamkeit einem chem. Versuch ~; sie hat ihre ganze Liebe dem Kind zugewandt, (od.) zugewendet* □ **dedicar; dispensar 3** ⟨Vr 3⟩ **sich** einer **Sache** ~ *sich damit beschäftigen, Interesse dafür zeigen, damit beginnen; er will sich als nächstes dem Studium der spanischen Sprache ~; wir wollen uns einem neuen Thema ~* □ **dedicar-se a alguma coisa*

zu|we|nig ⟨alte Schreibung für⟩ zu wenig

Zu|we|nig ⟨n.; - od. -s; unz.⟩ *Mangel, Fehlbetrag* □ **falta;** → a. **Zuviel**

zu|wer|fen ⟨V. 286/500⟩ **1** etwas ~ *durch Werfen schließen, zuschlagen; die Tür des Wagens von außen ~* □ **bater; fechar (batendo) 2** etwas ~ *mit Erde bedecken, füllen; einen Graben, eine Grube ~* □ **cobrir (com terra); fechar 3** ⟨530/Vr 5⟩ **jmdm.** etwas ~ *etwas in Richtung auf jmdn. werfen (so dass er es auffangen kann); wirf mir den Ball zu!; jmdm. Blicke, eine Kusshand, ein strahlendes Lächeln ~* ⟨fig.⟩ □ **jogar; lançar**

zu|wi|der ⟨Präp. mit vorangestelltem Dativ⟩ **1** *widerwärtig, unangenehm; dieses Essen ist mir ~; diese Art Musik ist meinem Ohr ~; diese Person ist mir ~; das kann einem schnell ~ werden* □ **repugnante; desagradável; antipático 2** *entgegen, widersprechend, widerstreitend, widerstrebend; dem Gesetz ~ sein; beim Sportwettkampf ist sie dem Verbot des Arztes ~ gelaufen* □ **contrário; contra**

zu|wi|der|han|deln ⟨V. 600; Amtsdt.⟩ einer **Sache** ~ *gegen eine S. handeln; einem Gebot, dem Gesetz, einem Verbot, einem Vertrag ~; er hat damit seinem Grundsatz zuwidergehandelt* □ **transgredir; infringir**

zu|wi|der|lau|fen ⟨V. 176/600(s.)⟩ einer **Sache** ~ *entgegenwirken, entgegenstehen; das dürfte seinen Absichten ~* □ **contrariar; ser contrário a**

zu|win|ken ⟨V. 600⟩ **jmdm.** ~ *jmdn. winkend grüßen od. verabschieden; jmdm. mit der Hand, mit einem Taschentuch ~; sie hat ihm zum Abschied zugewinkt* □ **acenar; fazer sinal a**

zu|zei|ten ⟨Adv.⟩ = **zuweilen;** ⟨aber Getrenntschreibung⟩ *zu Zeiten,* → **Zeit**(3)

zu|zeln ⟨V. 500 od. 411; bair.⟩ österr.⟩ **(an)** etwas ~ *saugen, lutschen, schlürfen; an einem Lutscher ~; eine Limonade ~* □ **chupar; sorver**

zu|zie|hen ⟨V. 293⟩ **1** ⟨500⟩ etwas ~ *durch Ziehen schließen; die Gardinen, Vorhänge ~* □ **fechar (puxando) 2** ⟨500⟩ etwas ~ *zusammenziehen, festziehen; einen Knoten, eine Schleife ~* □ **apertar 3** ⟨500⟩ **jmdn.** ~ ⟨fig.⟩ *hinzuziehen, um eine sachkundige Auskunft, einen Rat, Behandlung bitten; einen Arzt ~* □ **chamar; consultar 4** ⟨530/Vr 5⟩ **4.1 sich** eine **Krankheit** ~ ⟨fig.⟩ *eine K. bekommen; sich eine Erkältung ~; bei diesem nasskalten Wetter kann man sich leicht einen Schnupfen ~* □ **pegar; contrair 4.2 sich** jmds. **Hass** od. einen **Tadel** ~ *(durch eigenes Verhalten verursacht) auf sich lenken; ich weiß nicht, womit ich mir seinen Hass zugezogen habe; ich habe mir einen Tadel, Verweis, Vorwurf zugezogen* □ **atrair ódio/a repressão de alguém; fazer alguma coisa para merecer o ódio/a repressão de alguém* **5** ⟨400(s.)⟩ *seine Wohnung am Ort nehmen, den Wohnsitz von außerhalb hierher verlegen; die Familie ist erst vor kurzem zugezogen* □ **mudar(-se) para; instalar-se em**

zu|züg|lich ⟨Präp. mit Gen.⟩ *mit Hinzurechnung;* ~ der Kosten, (der) Zinsen □ **incluindo; incluído**

zwa|cken ⟨V. 500; umg.⟩ **jmdn.** ~ *kneifen, zwicken; der Käfer hat mich ins Ohr gezwackt* □ **picar;** *es zwickt u. zwackt mich überall* □ **estou todo dolorido*

Zwang ⟨m.; -(e)s, Zwän̈ge⟩ **1** *gebieterische Notwendigkeit, die jmdn. veranlasst, so zu handeln od. sich zu verhalten, wie er es nicht aus freier Entscheidung täte* □ **obrigação; coerção; coação;** Kleidungs-~, Getränke-~ □ **uniforme; consumação obrigatória;* der ~ der Ereignisse, Verhältnisse brachte das so mit sich; der ~ der Gesellschaft, des Gesetzes, der Konvention □ **força;** ein äußerer, eiserner, lastender, lästiger ~; ein innerer, moralischer, sanfter ~; unter dem ~ der Termine stöhnen □ **obrigação; pressão 1.1** er tut es nur aus ~ *gezwungenermaßen, nicht freiwillig* □ **obrigação 1.2** *sich selbst auferlegte Beschränkung im Handeln u. Verhalten, Hemmung; allen ~ ablegen* □ **dispensar toda formalidade; sie tut ihren Empfindungen, Gefühlen keinen ~ an* □ **ela não reprime/esconde nenhum sentimento; sich keinen ~ antun od. auferlegen* □ **não fazer cerimônia; ficar à vontade; man kann ohne ~ kommen und gehen* □ **poder ir e vir livremente* **2** *körperliche od. seelische Gewalt, Druck;* jmdn. ~ antun □ **forçar/pressionar alguém;* ich fürchte jeden ~; auf jmdn. ~ ausüben □ **violência;**

zwängen

pressão; → a. *unmittelbar (1.1)* **3** ⟨Jägerspr.⟩ *Fährtenzeichen (des Rothirsches)* □ **rastro**

zwän|gen ⟨V.⟩ **1** ⟨500/Vr 7⟩ **jmdn.** od. **etwas** ~ *pressen, drücken, quetschen, klemmen;* wir konnten uns nur mühsam durch die Menge ~; die Wäsche noch in den Koffer ~ □ **passar à força; fazer entrar à força 2** der Hirsch zwängt ⟨Jägerspr.⟩ *tritt die Erde ein* □ **deixar rastro**

zwang|los ⟨Adj.⟩ **1** *ungezwungen, ohne Förmlichkeit, frei, unverbindlich;* ein ~es Beisammensein; es ging ziemlich ~ zu; wir kommen einmal im Monat ~ zusammen □ **sem cerimônia; à vontade; sem compromisso 1.1** die Lieferungen des Werkes erscheinen in ~er Folge *ihr Erscheinen ist an keinen Termin gebunden* □ **a obra foi entregue em intervalos irregulares*

Zwangs|ar|beit ⟨f.; -, -en; Pl. selten⟩ *unter Zwang zu leistende Arbeit (als schwere Freiheitsstrafe);* er wurde zu 10 Jahren ~ verurteilt □ **trabalho forçado**

Zwangs|ja|cke ⟨f.; -, -n⟩ *Jacke aus Segeltuch mit bes. langen Ärmeln ohne Öffnung, deren Enden auf dem Rücken zusammengebunden werden (früher in der Psychiatrie verwendet)* □ **camisa de força**

Zwangs|la|ge ⟨f.; -, -n⟩ *Bedrängnis, Notlage, die jmdm. bestimmtes Handeln aufzwingt;* → a. *Dilemma;* ich befinde mich, bin in einer ~ (und deshalb kann ich nicht anders handeln) □ **dilema**

zwangs|läu|fig ⟨Adj.⟩ *unabsichtlich, unabwendbar, aus einer Zwangslage heraus entstanden;* eine ~e wirtschaftliche Entwicklung □ **forçoso; obrigatório;** es musste ~ dahin kommen □ **inevitavelmente**

zwangs|räu|men ⟨V. 500⟩ ein **Gebäude,** eine **Wohnung,** ein **Gebiet** ~ *zwangsweise (gegen den Widerstand der Bewohner) räumen;* das zum Abriss bestimmte Haus wurde zwangsgeräumt □ **evacuar; desocupar**

zwan|zig ⟨Numerale 11; in Ziffern: 20⟩ *zweimal zehn;* es kostet ~ Euro; wir waren ~ Personen; → a. *achtzig* □ **vinte**

zwan|zigs|te(r, -s) ⟨Numerale 24; Zeichen: 20.⟩ → a. *vierte(r, -s)* **1** ⟨Ordinalzahl von⟩ *zwanzig* □ **vigésimo 2** *etwas, jmd., das bzw. der an 20. Stelle steht;* der ~ Juli 1944 □ **dia 20 de julho de 1944**

zwan|zigs|tel ⟨Zahladj. 24/60; in Ziffern: /20; Bruchzahl zu⟩ *zwanzig* □ **vigésimo; vinte avos**

Zwan|zigs|tel ⟨n. od. (schweiz.) m.; -s, -⟩ *zwanzigster Teil eines Ganzen* □ **vigésimo; vigésima parte**

zwar ⟨Konj.⟩ **1** ⟨nebenordnend, konzessiv⟩ *..., aber (doch, jedoch, allein) wohl ... aber, freilich ... dennoch* □ **certamente; é (bem) verdade;** diese Möbel sind ~ schön, aber auch sehr teuer □ **certamente esses móveis são bonitos, mas também são caros;* es schmeckt ~ nicht gut, soll aber sehr gesund sein □ **pode até não ser gostoso, mas deve ser muito saudável* **2** ⟨nebenordnend, erläuternd; in der Wendung⟩ **und** ~ *um es genauer zu sagen;* ich habe mir den Arm gebrochen, und ~ den rechten □ **e precisamente; a saber*

Zweck ⟨m.; -(e)s, -e⟩ *Sinn, Ziel einer Handlung;* der ~ der Sache ist folgender ...; welchem ~ soll das dienen?; dem ~ entsprechende Kleidung; dieses kleine Gerät erfüllt völlig seinen ~; seinen ~ (nicht) erreichen; die Maßnahme hat ihren ~ (völlig) verfehlt; er verfolgt damit einen bestimmten ~; er dient ihr nur als Mittel zum ~; zu diesem ~(e); zu welchem ~ willst du das haben? □ **objetivo; finalidade;** das hat keinen ~!; es hat keinen ~, länger zu warten; was soll das für einen ~ haben? □ **sentido; utilidade;** Geld für einen guten ~ spenden □ **motivo;** diese Pflanze wird für medizinische ~e gebraucht; das brauche ich für private ~e; ich brauche das Buch für einen bestimmten ~ □ **uso; fim**

zweck|los ⟨Adj.⟩ **1** *ohne Zweck, keinen Zweck habend;* ein ~es Möbelstück **2** *nutzlos, vergeblich;* es ist ~, länger zu warten; deine Bemühungen waren ~ □ **inútil**

zweck|mä|ßig ⟨Adj.⟩ *für einen Zweck gut geeignet, einen Zweck erfüllend, passend;* eine ~e Anordnung; es ist nicht ~, das so zu machen □ **adequado; oportuno; conveniente**

zwecks ⟨Präp. m. Gen.⟩ *zum Zwecke der, des ..., zu;* ~ besserer Verteilung, Ausnutzung □ **para; a fim de**

zwei ⟨Numerale 11; Gen. ~er, Dat. ~en, wenn kein vorangehendes Wort den Kasus kennzeichnet; in Ziffern: 2⟩ → a. *acht, vier* **1** *die Zahl 2;* ~ und vier ist (macht) sechs (2 + 4 = 6) **2** *eine(r) u. noch eine(r), eins u. noch eins;* er ist Vater ~er Kinder; sie gingen ~ und ~ neben-, hintereinander □ **dois,** zu ~en, zu ~t □ **a dois;* **dois a dois 2.1** wenn ~ sich streiten, freut sich der Dritte ⟨Sprichw.⟩ *von einem Streit haben eher Unbeteiligte als die Streitenden selbst einen Vorteil* □ **quando dois brigam, um terceiro tira proveito* **2.2** da haben sich ~ gefunden *zwei Gleichgesinnte, Lausbuben, Gauner* □ **esses dois foram feitos um para o outro* **2.3** er hat ~ Gesichter ⟨fig.⟩ *er ist nicht aufrichtig, er verstellt sich oft* □ **ele tem duas caras* **2.4** jedes Ding hat seine ~ Seiten *seinen Vor- u. seinen Nachteil* □ **tudo/toda questão tem seus dois lados* **2.5** ~ Seelen, ein Gedanke ⟨Sprichw.⟩ *jetzt haben wir beide zu gleicher Zeit dasselbe gedacht* □ **pensamos juntos a mesma coisa* **3** ⟨umg.⟩ *beide;* wir ~; einer von euch ~en □ **dois,** alle ~ □ **os dois; ambos 3.1** dazu gehören ~! *das ist nur möglich, wenn beide (nicht nur einer) mitmachen, einverstanden sind* □ **são necessárias duas pessoas (para fazer algo)* **4** ⟨Getrennt- u. Zusammenschreibung⟩ 4.1 ~ Mal = *zweimal*

Zwei ⟨f.; -, -en⟩ **1** *die Ziffer 2;* er malte eine schwungvolle ~ an die Tafel □ **dois 2** *gut (als Schulnote, Zensur);* eine ~ bekommen, schreiben; einem Prüfling, Schüler eine ~ geben; er hat in Deutsch eine ~; gestern hat er drei ~en geschrieben □ **dois (nota equivalente a 8 no Brasil)**

zwei|deu|tig ⟨Adj.⟩ **1** *zwei Deutungen zulassend, unklar;* eine ~e Antwort, ein ~er Ausdruck, Begriff □ **ambíguo 2** *schlüpfrig, etwas unanständig;* eine ~e Bemerkung, ~e Witze erzählen □ **obsceno; de duplo sentido**

zwei|er|lei ⟨Adj. 11/70⟩ **1** *zwei, zwei verschiedene Arten (von);* ~ Schuhe, Strümpfe; das Kleid ist aus ~

Stoff □ de dois tipos; auf ~ Weise □ *de duas maneiras 1.1 zwei Dinge mit ~ Maß messen ⟨fig.⟩ ungerecht beurteilen □ *usar dois pesos e duas medidas 2 zwei verschiedene Dinge, Handlungen; sie muss immer ~ machen; Versprechen und Halten ist ~ □ duas coisas diferentes

zwei|fach ⟨Adj. 24/90; in Ziffern: 2fach/2-fach⟩ zweimal geschehend, zweimal vorhanden, doppelt; ~es Verbrechen (z. B. Mord u. Raub) □ duplo; ein Tuch ~ legen □ dobrado

Zwei|fel ⟨m.; -s, -⟩ 1 Unsicherheit, nicht festes Wissen, nicht fester Glaube, inneres Schwanken; jmds. ~ beheben, beseitigen; es besteht kein ~, dass ...; ich hege einige ~, dass es wirklich stimmt; darüber besteht, herrscht kein ~; es sind mir einige ~ gekommen, ob es richtig war, was ich getan habe; es unterliegt keinem ~, dass ...; es steht außer ~, dass er Recht hat; ich habe ihn nicht darüber im ~ gelassen, dass es mir ernst ist; eine Behauptung, Aussage in ~ stellen, ziehen; seine Bemerkung hat mich wieder in neue ~ gestürzt; es ist ohne ~ richtig, das zu tun; ich bin mir im ~, ob das richtig ist □ dúvida 1.1 das ist außer ~ das ist ganz sicher, ganz gewiss □ *não há dúvida quanto a isso 1.2 ohne ~! ganz richtig!, ganz sicher □ dúvida

zwei|fel|haft ⟨Adj.⟩ 1 fragwürdig, verdächtig; ~e Firma, ~es Unternehmen; er ist von ~em Ruf □ duvidoso; suspeito 2 fraglich, unsicher; es ist ~, ob ...; der Erfolg ist (noch) ~ □ questionável; incerto 2.1 ⟨60⟩ das ist ein ~es Vergnügen ⟨umg.; iron.⟩ kein reines V. ~ □ duvidoso

zwei|fel|los ⟨a. [--'-] Adv.⟩ ohne Zweifel, ganz sicher, bestimmt; Sy zweifelsohne; er hat ~ etwas Falsches gesagt □ indubitável; sem dúvida

zwei|feln ⟨V. 405⟩ (an jmdm. od. etwas) ~ Zweifel haben, an jmdn. od. etwas nicht fest glauben; ich zweifle, ob das wirklich richtig ist; man muss doch an seinem Verstand ~!; ich zweifle nicht an seinem guten Willen, aber er wird es sicher nicht schaffen; ich zweifle an seiner Zuverlässigkeit; daran ist nicht zu ~ □ duvidar; desconfiar; er schüttelte ~d den Kopf □ desconfiado; ich habe lange an mir gezweifelt □ *por muito tempo não confiei em mim mesmo/não tive autoconfiança

zwei|fels|oh|ne ⟨Adv.⟩ = zweifellos

Zweig ⟨m.; -(e)s, -e⟩ 1 nicht unmittelbar vom Stamm ausgehender oberirdischer Teil eines Baumes od. Strauches; Ggs Ast(1); einen ~ (vom Baum) abbrechen; ~e bilden; abgestorbener, belaubter, dürrer, kahler ~; von Früchten schwere ~e; sich in ~e teilen; der Vogel hüpft von ~ zu ~ □ ramo; galho; → a. grün(1.7) 2 ⟨fig.⟩ abzweigende Linie, Teil einer Gabelung, Neben-, Seitenlinie; der ~ einer Eisenbahnstrecke; ~ einer Familie 3 Gebiet innerhalb eines größeren, Untergruppe, Unterabteilung; Wissens~, Wissenschafts~; die Satzlehre ist ein ~ der Grammatik □ ramo

zwei|mal auch: zwei Mal ⟨Adv.; in Ziffern: 2-mal/2-mal⟩ 1 ⟨Zusammen- u. Getrenntschreibung⟩ zwei-

fach wiederholt; wir haben uns heute schon ~ zufällig getroffen; er ließ es sich nicht ~ sagen; ~ täglich, wöchentlich, monatlich, jährlich II ⟨nur Zusammenschreibung⟩ mit zwei multipliziert; heute arbeiten bei uns zweimal so viele Mitarbeiter wie vor zwanzig Jahren □ duas vezes

Zwei|pfün|der ⟨m.; -s, -; in Ziffern: 2-Pfünder⟩ Gegenstand od. Tier, das zwei Pfund wiegt □ (objeto/animal) de duas libras/de um quilo

zwei|schnei|dig ⟨Adj. 24⟩ 1 auf beiden Seiten schneidend, auf beiden Seiten geschliffen; ein ~es Messer, Schwert □ de dois gumes 2 ⟨70⟩ das ist ein ~es Schwert ⟨fig.⟩ Mittel, das auch dem schaden kann, der einem anderen schaden will □ *isso é uma faca de dois gumes

zwei|spra|chig ⟨Adj. 24⟩ 1 in zwei Sprachen abgefasst; ~es Wörterbuch 2 zwei Sprachen zugleich lernend, zwei Sprachen sprechend, bilingual; das Kind wächst ~ auf □ bilíngue

zwei|te(r, -s) ⟨Numerale 24; Zeichen: 2.⟩ 1 ⟨Ordinalzahl von⟩ zwei, nach dem ersten (stehend); zum ~n Male; die ~ Stimme singen □ segundo; jeden ~n Tag □ *a cada dois dias; zum Ersten, zum Zweiten, zum Dritten □ *em primeiro/segundo/terceiro lugar; noch ein Zweites ansprechen □ *dizer mais uma coisa; er kam als Zweiter ins Ziel □ *ele foi o segundo a chegar; ele foi o segundo colocado 1.1 er kann arbeiten wie kein Zweiter ⟨fig.⟩ wie niemand sonst, sehr viel □ *ele consegue trabalhar como nenhum outro 1.2 der ~ Bildungsweg Schulausbildung zum Erlangen von Mittelschulreife u. Abitur ohne der üblichen Schulbesuch □ *supletivo 1.3 er ist ein ~r Domingo ⟨fig.; umg.⟩ er singt fast so gut wie Domingo 1.4 er spielt nur die ~ Geige, Rolle ⟨fig.⟩ nur eine untergeordnete Rolle □ segundo 1.5 das zweite Gesicht haben ⟨fig.⟩ die angebliche Fähigkeit, kommende Geschehnisse vorauszusehen □ *ter o dom de prever os acontecimentos 1.6 etwas aus ~r Hand kaufen gebraucht 1.7 ich kenne die Sache nur aus ~r Hand ⟨fig.⟩ ich habe die S. nicht selbst gesehen od. erlebt, ich kenne sie nur vom Hören, vom Erzählen 1.8 Zweites Deutsches Fernsehen ⟨Abk.: ZDF⟩ öffentlich-rechtliche Fernsehanstalt 1.9 der Zweite Weltkrieg ⟨in Ziffern 2. Weltkrieg⟩ 1939 bis 1945 andauernder Weltkrieg □ segundo

zwei|tens ⟨Adv.⟩ an zweiter Stelle □ em segundo lugar

zweit|letz|te(r, -s) ⟨Adj. 24⟩ an vorletzter Stelle stehend; der ~ Starter; er war der Zweitletzte im Turmspringen □ penúltimo

Zweit|schrift ⟨f.; -, -en⟩ = Abschrift; nur eine ~ ist erhalten □ cópia; segunda via

Zwerch|fell ⟨n.; -(e)s, -e⟩ Scheidewand zw. Brust- u. Bauchhöhle der Säugetiere u. des Menschen: Diaphragma □ diafragma

Zwerg ⟨m.; -(e)s, -e⟩ 1 ⟨Myth.⟩ sehr kleines menschliches Wesen, meist als altes Männchen mit Bart vorgestellt; Schneewittchen und die sieben ~e □ anão; gnomo 2 ⟨abwertend⟩ sehr kleiner Mensch □ anão 3 ⟨umg.; Kosename⟩ kleines Kind □ pequeno; pequerrucho

Zwet|sche ⟨f.; -, -n⟩ = *Pflaume (2)*
Zwetsch|ge ⟨f.; -, -n; süddt.; schweiz.⟩ = *Pflaume (2)*
Zwetsch|ke ⟨f.; -, -n; österr.⟩ = *Pflaume (2)*
Zwi|ckel ⟨m.; -s, -⟩ **1** *ein dreieckiger Einsatz in Kleidungsstücken;* Strumpfhose mit ~ □ **pinha**; einen ~ einsetzen □ **nesga 2** *dreieckiges Flächenstück, z. B. zwischen einem Bogen u. seiner viereckigen Umrahmung;* Bogen~ □ **tímpano**
zwi|cken ⟨V.⟩ **1** ⟨500/Vr 7 od. Vr 8⟩ *jmdn. ~ mit zwei Fingern od. den zwei bewegl. Teilen eines Werkzeugs kurz drücken, kneifen;* jmdn. in den Arm, in die Wange ~; ~ und zwacken (verstärkend) □ **beliscar 2** ⟨500⟩ *etwas ~* (österr.) *lochen;* einen Fahrschein ~ □ **(per)furar 3** ⟨402⟩ *etwas zwickt* (jmdn.) ⟨fig., umg.⟩ *drückt an einer Körperstelle ganz besonders (weil es zu eng ist);* es zwickt mich hier; ein zu enges Kleidungsstück zwickt □ **apertar**
Zwick|müh|le ⟨f.; -, -n⟩ **1** *Stellung im Mühlespiel, doppelte Mühle, bei der man den Gegner, wie er auch zieht, in einer Mühle fangen kann;* sich in einer ~ befinden □ **moinho 2** ⟨fig.⟩ *ausweglose Situation, Lage, in der man, wie man sich auch verhält, Unannehmlichkeiten bekommt;* in eine ~ geraten □ *estar entre a cruz e a espada; estar num dilema
Zwie|back ⟨m.; -(e)s, -bä|cke od. -e⟩ *auf beiden Seiten geröstetes Weizengebäck* □ **torrada**
Zwie|bel ⟨f.; -, -n⟩ **1** ⟨Bot.⟩ *meist unterirdischer, stark verdickter pflanzlicher Spross, an dem fleischig verdickte Schuppenblätter sitzen, die der Speicherung dienen;* Küchen~, Tulpen~, Schneeglöckchen~; die ~n werden im Spätherbst gesetzt □ **cebola; bulbo 1.1** ⟨i. e. S.⟩ *zweijährige Kulturpflanze (Liliengewächs) mit röhrenförmigen Blättern u. Zwiebeln(1) als Überwinterungsorganen, die als Gewürz od. Gemüse dienen: Allium cepa;* die ~n würfeln und in der Pfanne glasig werden lassen □ **cebola 1.2** *weinen, bevor man die ~ geschält hat sich über etwas aufregen, was noch nicht geschehen ist* □ *preocupar-se antes da hora
zwie|fach ⟨Adj. 90; veraltet⟩ *zweifach* □ **duplo**
Zwie|licht ⟨n.; -(e)s; unz.⟩ **1** *Licht aus mehreren Lichtquellen gleichzeitig* □ **lusco-fusco**; ins ~ geraten ⟨fig.⟩ *fragwürdig, unglaubwürdig, suspekt werden* □ *comprometer-se; ficar numa situação comprometedora* **2** *Dämmerlicht;* ~ der Abenddämmerung □ **crepúsculo; lusco-fusco**
zwie|lich|tig ⟨Adj.⟩ *undurchschaubar, suspekt;* eine ~e Person □ **impenetrável; suspeito**
Zwie|spalt ⟨m.; -(e)s, (selten) -e od. -späl|te⟩ *innere Zerrissenheit, starkes inneres Schwanken, schmerzliche Unfähigkeit, sich zwischen zwei Dingen zu entscheiden od. zwei Dinge zu vereinigen;* jmdn. in einen ~ bringen, stürzen; der ~ zwischen Wollen und Können □ **dilema; conflito interior**
Zwie|spra|che ⟨f.; -, -n⟩ **1** *Zwiegespräch, Aussprache zu zweien* □ **conversa; diálogo**; mit jmdm. ~ halten □ *falar/conversar a sós com alguém* **2** *~ mit sich selbst halten sich selbst, das eigene Denken erforschen* □ *falar sozinho; conversar consigo mesmo

Zwie|tracht ⟨f.; -; unz.⟩ *Uneinigkeit, Streit, böse Gesinnung gegen einen anderen od. andere;* ~ säen, stiften □ **discórdia**
Zwilch ⟨m.; -(e)s, -e⟩ = *Zwillich*
Zwil|lich ⟨m.; -s, -e⟩ *grober Leinenstoff, Drell;* oV Zwilch □ **cotim; brim**
Zwil|ling ⟨m.; -s, -e⟩ **1** *eines von zwei zur gleichen Zeit im Mutterleib entwickelten u. kurz nacheinander geborenen Kindern od. Tieren;* ~e bekommen; die beiden sind ~e □ **gêmeo 2** *Doppelkristall* □ **cristal geminado 3** *Gewehr mit doppeltem Lauf* □ **espingarda de dois canos 4** ⟨Pl.; Astron.⟩ ~e *Sternbild des nördlichen Himmels: Gemini* □ **Gêmeos**
Zwin|ge ⟨f.; -, -n⟩ **1** *Werkzeug, das mittels zweier durch Schrauben verstellbarer Backen das Ein- od. Zusammenspannen von Werkzeugen ermöglicht;* Schraub~ □ **grampo; gastalho; sargento 2** *Metall- od. Gummiring am Werkzeuggriff od. Gummizylinder am Ende des Krückstockes* □ **virola; ponteira**
zwin|gen ⟨V. 294⟩ **1** ⟨505/Vr 7 od. Vr 8⟩ *jmdn. (zu etwas) ~ jmdn. mit Gewalt od. Drohung dazu bringen, etwas zu tun;* ich muss mich ~, freundlich zu ihr zu sein; sein Mut zwingt (mich) zur Bewunderung; jmdn. zum Nachgeben, zum Gehorsam, zum Sprechen ~; er zwang sich zur Ruhe; ich kann ihn nicht dazu ~ □ **obrigar; forçar**; jmdn. auf die Knie, in die Knie ~ □ *fazer alguém dobrar os joelhos; subjugar alguém* **1.1** *ich sehe mich leider gezwungen, ihn einzuladen ich muss ihn einladen* **1.2** *ich bin gezwungen, ihn einzuladen ich muss ihn einladen* **1.3** *etwas nur gezwungen tun nicht freiwillig* □ **obrigado; forçado**; → a. *Glück(2.1)* **2** ⟨802⟩ *etwas zwingt* (jmdn.) *zu etwas etwas fordert (von jmdn.) etwas; besondere Umstände zwingen mich dazu, das Haus zu verkaufen; die Situation zwang zu raschem Handeln* □ **obrigar; levar a; requerer**
zwin|gend 1 ⟨Part. Präs. von⟩ *zwingen* **2** ⟨Adj. 70⟩ *unumgänglich, unausweichlich, überzeugend, schlüssig;* es bestehen ~e Gründe zu dieser Maßnahme; diese Begründung ist nicht ~ □ **plausível; convincente**; eine ~e Notwendigkeit □ **urgente**
Zwin|ger ⟨m.; -s, -⟩ **1** ⟨urspr.⟩ *Gang zwischen innerer u. äußerer Burgmauer od. freier Platz in der Vorburg für Kampfspiele od. als Gehege für wilde Tiere;* Bären~, Löwen~ □ **recinto; ala 2** ⟨dann⟩ *Käfig, eingezäunter Platz für Tiere, bes. Wach- od. Jagdhunde* □ **jaula**; Hunde~ □ *canil
zwin|kern ⟨V. 410⟩ *die Augen zusammenkneifen u. die Lider schnell abwechselnd öffnen u. schließen;* mit den Augen ~ □ **piscar; pestanejar**
zwir|beln ⟨V. 500⟩ *etwas ~ zwischen den Fingern drehen;* den Bart, einen Faden ~ □ **enrolar; encaracolar**
Zwirn ⟨m.; -s, -e; Textilw.⟩ *aus mehreren Fäden zusammengedrehtes, bes. reißfestes Garn;* Baumwoll~, Seiden~ □ **fio retorcido; retrós; linha**
Zwirns|fa|den ⟨m.; -s, -fä|den⟩ **1** *Faden aus Zwirn* □ **fio; linha**; er ist dünn wie ein ~ □ *ele é magro como um cabo de vassoura* **2** ⟨fig.⟩ *etwas (Dünnes), was nicht unbegrenzt belastbar ist, etwas Geringfügiges,*

eine Kleinigkeit 2.1 sein Leben hing an einem ~ ⟨fig.; umg.⟩ *sein L. war in großer Gefahr* □ **sua vida estava por um fio* 2.2 die Sache hing an einem ~ ⟨fig.; umg.⟩ *die S. wäre fast misslungen, schiefgegangen* □ **a questão estava por um fio* 2.3 über einen ~ stolpern ⟨fig.; umg.⟩ *sich durch eine Kleinigkeit aus der Fassung bringen lassen* □ **errar/fracassar por pouco; afogar-se num copo d'água*

zwi|schen ⟨Präp.⟩ **1** ⟨mit Dat.⟩ 1.1 ~ mehreren Gegenständen od. Personen *etwa in der Mitte von, mitten unter;* ~ den Bäumen hindurchgehen; ~ beiden Häusern ist ein Durchgang; er saß ~ den Kindern; ich saß ~ ihm und seiner Frau 1.2 ~ mehreren Personen *die P. betreffend, ihre Angelegenheiten berührend;* es hat Streit ~ ihnen gegeben; Verhandlungen ~ Frankreich und Deutschland 1.2.1 er muss sich ~ dir und mir entscheiden *entweder für dich od. für mich* 1.3 ~ zwei **Zeitpunkten** *beginnend und endend;* ~ Weihnachten und Neujahr; ich komme ~ zwei und drei Uhr 1.4 ~ beiden Begriffen ist ein Unterschied *sie unterscheiden sich* 1.5 ~ zwei **Extremen** *sowohl dem einen als auch dem anderen E. zuneigend;* er schwankte ~ Zorn und Lachen **2** ⟨mit Akk.⟩ ~ mehrere **Gegenstände** od. **Personen** *mitten hinein, mitten in;* ich habe die Blumen ~ die beiden Bilder gestellt; ~ zwei Streitende treten; ich setzte mich ~ die beiden Kinder □ **entre**

Zwi|schen|ding ⟨n.; -(e)s, -e⟩ = *Mittelding*

zwi|schen|drin ⟨Adv.⟩ *mitten darin, in der Mitte dazwischen* □ **em meio a; entre**

zwi|schen|durch ⟨Adv.⟩ *zwischen der einen u. der nächsten Handlung, während einer Handlung;* er hat den ganzen Abend gearbeitet u. hatte nur ~ ein wenig gegessen; wir nehmen am Tag drei Mahlzeiten ein u. essen ~ etwas Obst □ **entremetes; nesse meio-tempo**

Zwi|schen|fall ⟨m.; -(e)s, fäl|le⟩ *unerwarteter Vorfall, unbeabsichtigter Vorgang, den Ablauf einer Sache hemmendes Ereignis;* ärgerlicher, lustiger, peinlicher ~; die Reise verlief ohne ~ □ **imprevisto; incidente; contratempo**

zwi|schen|fi|nan|zie|ren ⟨V. 500; nur im Inf. u. Part. Perf.⟩ *etwas ~ einen kurzfristigen Kredit aufnehmen, um die Wartezeit auf eine längerfristige Finanzierung zu überbrücken* □ **fazer um pré-financiamento**

zwi|schen|lan|den ⟨V. 400(s.); meist im Inf. u. Part. Perf.⟩ *eine Flugstrecke unterwegs durch eine Landung unterbrechen, eine Zwischenlandung machen;* wir sind in Amsterdam zwischengelandet; wir müssen in New York ~ □ **fazer escala**

Zwi|schen|raum ⟨m.; -(e)s, -räu|me⟩ *freier Raum zwischen zwei Dingen, Abstand;* 2 m ~; eine Zeile ~ einen ~ ausfüllen; etwas ~ lassen; ~ zwischen zwei Abschnitten, Buchstaben, Häusern, Möbelstücken □ **intervalo; espaço intermediário; lacuna**

Zwi|schen|ruf ⟨m.; -(e)s, -e⟩ *Ruf in ein Gespräch, eine Rede, einen Vortrag hinein;* ablehnende, empörte, zustimmende ~e; der Redner wurde durch häufige ~e unterbrochen □ **interrupção**

Zwi|schen|spiel ⟨n.; -(e)s, -e⟩ **1** *kleines, meist heiteres, in ein Theaterstück od. zwischen zwei größere Stücke eingeschobenes Theaterstück* **2** *zwischen zwei Akte od. Szenen einer Oper eingeschobenes Musikstück* □ **entreato 3** *Instrumentalspiel zwischen den Strophen eines Gesangsstücks* □ **interlúdio 4** ⟨fig.⟩ *in eine Handlung eingeschobener od. zwischen zwei Handlungen ablaufender Vorgang* □ **episódio;** Sy *Intermezzo (2)*

Zwi|schen|zeit ⟨f.; -, -en⟩ **1** *Zeitraum zwischen zwei Handlungen od. Vorgängen;* in der ~ gehe ich zum Bäcker □ **intervalo 2** ⟨Sp.⟩ *während eines Wettkampfs zwischendurch (auf halber Strecke) gestoppte Zeit;* der Skifahrer hat eine gute, schlechte ~ □ **tempo intermediário**

Zwist ⟨m.; -(e)s, -e; geh.⟩ *Streit, Hader, Uneinigkeit, Feindschaft;* wir wollen den alten ~ begraben; mit jmdm. in ~ leben □ **desavença; rixa**

zwit|schern ⟨V.⟩ **1** ⟨400⟩ *Laut geben (von Vögeln)* □ **gorjear; chilrar 2** ⟨400⟩ *wie die Alten sungen, so ~ die Jungen* ⟨fig.⟩ *Kinder reden oft das nach, was die Eltern sagen* □ **como canta o galo velho, assim cantará o novo* **3** ⟨500⟩ *einen ~* ⟨fig.; umg.⟩ *Alkohol trinken* □ **tomar um trago*

Zwit|ter ⟨m.; -s, -⟩ *zur Fortpflanzung fähiges Lebewesen mit männlichen u. weiblichen Geschlechtsmerkmalen* □ **hermafrodita**

zwo ⟨Numerale; umg.; oft zur besseren Verständigung, bes. am Telefon, um eine Verwechslung mit drei auszuschließen⟩ *zwei* □ **dois**

zwölf ⟨Numerale 11; in Ziffern: 12⟩ → *a.* **acht 1** *zehn und zwei;* die ~ Apostel; die ~ Monate □ **doze** 1.1 die Zwölf Nächte *die Nächte zwischen dem ersten Weihnachtstag u. Dreikönige* □ **as doze noites santas* 1.2 ~ Stück *ein Dutzend* □ **dúzia* 1.3 (um) ~ Uhr mittags *Mittag* □ **(ao) meio-dia* 1.4 (um) ~ Uhr nachts *Mitternacht* □ **(à) meia-noite* 1.5 es ist fünf Minuten vor ~ ⟨fig.⟩ *höchste Zeit, fast schon zu spät* □ **já está em cima da hora*

zwölf|tel ⟨Zahladj. 24/60; in Ziffern: /12; Bruchzahl zu⟩ *zwölf* □ **duodécimo; doze avos**

Zwölf|tel ⟨n.; -s, -; schweiz. auch: m.; -s, -⟩ *zwölfter Teil eines Ganzen* □ **duodécimo; décima segunda parte**

Zy|an|ka|li ⟨n.; -s; unz.⟩ *sehr giftiges Kaliumsalz der Blausäure* □ **cianeto de potássio**

◆ Die Buchstabenfolge **zy|kl...** kann in Fremdwörtern auch **zyk|l...** getrennt werden.

◆ **Zy|kla|me** ⟨f.; -, -n; österr.; schweiz.⟩ = *Zyklamen*
◆ **Zy|kla|men** ⟨n.; -s, -⟩ = *Alpenveilchen;* oV *Zyklame*
◆ **zy|klisch** ⟨Adj. 24⟩ **1** *in der Art eines Zyklus, im Kreislauf regelmäßig wiederkehrend, sich wiederholend* □ **cíclico 2** *~e Verbindung chem. V. mit ringförmiger Anordnung der Atome im Molekül* □ **composto cíclico*

◆ **Zy|klon** ⟨m.; -s, -e⟩ **1** *Wirbelsturm in tropischen Gebieten* **2** ⟨Tech.⟩ *Gerät mit einem nach unten spitz zulaufenden Hohlkörper, das Feststoffe aus Flüssigkeiten*

Zyklop

mit Hilfe der Fliehkraft abtrennt, Fliehkraftabscheider □ ciclone

♦ **Zy|klop** ⟨m.; -en, -en; grch. Myth.⟩ *einäugiger Riese* □ ciclope

♦ **Zy|klus** ⟨m.; -, Zy|klen⟩ **1** *sich regelmäßig wiederholender Ablauf*; Menstruations~ **2** *Folge inhaltlich zusammenhängender Schrift- od. Musikwerke* □ ciclo

Zy|lin|der ⟨m.; -s, -⟩ **1** *walzenförmiger Körper mit kreisförmigem Querschnitt* **2** *in Dampfmaschinen u. Verbrennungskraftmaschinen der Raum, in dem Dampf od. verbrannte Gase einen Kolben hin- u. herbewegen* □ cilindro **3** *nach beiden Seiten offener walzenförmiger Körper aus Glas, der über eine brennende Flamme gestülpt wird* □ **chaminé; manga de candeeiro 4** *hoher,* *röhrenförmiger, meist schwarzer Hut für Herren* □ cartola

Zy|ni|ker ⟨m.; -s, -⟩ *zynischer Mensch* □ cínico

zy|nisch ⟨Adj.⟩ *spöttisch, ohne Ehrfurcht od. Scham* □ cínico

Zy|pres|se *auch:* **Zyp|res|se** ⟨f.; -, -n; Bot.⟩ *Angehörige einer Gattung immergrüner Bäume aus der Familie der Zypressengewächse mit sehr kleinen, dichten Blättern:* *Cupressus* □ cipreste

zy|ril|lisch ⟨Adj. 24⟩ = *kyrillisch*

Zys|te ⟨f.; -, -n⟩ **1** ⟨Med.⟩ *durch eine Membran abgeschlossener, abnormer Hohlraum im Gewebe mit flüssigem Inhalt* **2** ⟨Biol.⟩ *meist mit derber Haut umgebene Ruheform niederer Pflanzen u. Tiere* □ cisto

Informações sobre a nova ortografia alemã

Informações sobre a nova ortografia alemã

A configuração definitiva da reforma da ortografia alemã, cuja implantação foi intensamente discutida nos anos 1996-2006, entrou em vigor após nova revisão das regras pelo "Conselho para a ortografia alemã", em 1º de agosto de 2006. Em uma exposição geral, serão comentados, primeiramente, o surgimento, e as diferentes fases da reforma e, por fim, serão apresentadas as novas grafias, que resultaram da reforma de 1996/2006.

I Introdução

Para a reforma ortográfica alemã, valeram até 1º de agosto de 1998 as decisões da II Conferência Ortográfica de 1901, realizada em Berlim, e que foram publicadas como regras em 1902. O objetivo da antiga reforma ortográfica era uniformizar as grafias parcialmente diferentes, praticadas nos países de língua alemã (Alemanha, Áustria e Suíça). Com a reforma ortográfica de 1901/1902 foi estabelecida uma ortografia uniforme para os países de língua alemã. No entanto, como ela não continha nenhuma sistematização nem simplificação da língua alemã escrita, sempre houve outras propostas de reforma. Em 1958, foram formuladas as "Propostas de Wiesbaden", que defendiam "o uso moderado das minúsculas", bem como uma pontuação simplificada. Todavia, Áustria e Suíça não estavam de acordo com esses objetivos. Nos anos 70, a reforma ortográfica voltou à pauta. Em 1977, foi fundada em Mannheim, junto ao "Instituto para a língua alemã", uma nova "Comissão para as questões ortográficas", e em 1980 reuniu-se pela primeira vez um grupo de trabalho, que foi seguido por vários encontros de especialistas da República Federal da Alemanha, da República Democrática da Alemanha, da Suíça e da Áustria. Dessas reuniões resultou, em 1986, a I Convenção de Viena, da qual participaram políticos e especialistas dos países de língua alemã.

A esta primeira seguiu-se a II Convenção de Viena, em 1990, durante a qual se decidiu deixar a cargo da "Associação internacional para a ortografia" a elaboração de uma base de discussão para as reformas planejadas. Em 1992, o resultado do trabalho foi publicado com o título de "Ortografia alemã. Propostas para sua nova regulamentação". Com base nessa proposta, realizou-se, por fim, a III Convenção de Viena, em 1994. Nela, os esforços destinados à reforma foram provisoriamente concluídos. As regras apresentadas foram deferidas por todos os participantes da conferência, mas ainda precisavam de garantias contratuais e políticas em cada país. A decisão final sobre a reforma ortográfica planejada já deveria entrar em vigor no final de setembro de 1995. Porém, como os funcionários do Ministério da Educação e Cultura alemão não eram unânimes em relação às propostas – especialmente a alteração ortográfica de palavras estrangeiras e alguns casos de mudança de maiúsculas e minúsculas foram criticados por alguns Ministros da Cultura e governadores –, seguiu-se nova correção das propostas de reforma. Desse modo, em 1º de julho de 1996, decidiu-se que a reforma entraria em vigor, e, em 1º de agosto de 1998, as novas regras passaram a valer. Em primeiro lugar, previu-se uma regulamentação de transição para a nova ortografia, segundo a qual as grafias antigas não deveriam ser consideradas erradas até o dia 31 de julho de 2005. Após a entrada em vigor da reforma, a "Comissão internacional para a ortografia alemã", composta por um total de 12 membros alemães, austríacos e suíços, apresentou relatórios bianuais com propostas para a especificação das regras. No entanto, como até 2004 a discussão sobre a nova ortografia ainda não havia terminado, mas, ao contrário, chegava a intensificar-se ainda mais, a conferência dos Ministros da Educação e Cultura decidiu

Informações sobre a nova ortografia alemã

substituir a "Comissão internacional para a ortografia alemã", até então responsável pelos trabalhos, pelo "Conselho para a ortografia alemã". Este conta com 39 membros de seis países, que atuam em áreas linguísticas ou em outros campos que se ocupam do emprego ou da organização da ortografia. Sob a coordenação do doutor Hans Zehetmair, seu presidente, o novo conselho iniciou seus trabalhos em dezembro de 2004.
Segundo a decisão dos Ministros da Educação e Cultura, aquelas partes da reforma – tais como a correlação entre fonemas e letras, a grafia com hífen e as iniciais maiúsculas e minúsculas – que não precisassem ser revistas já se tornariam obrigatórias em 1º de agosto de 2005. Em contrapartida, as questões particularmente discutíveis, como a grafia unida ou separada de alguns vocábulos, a pontuação e a divisão silábica, bem como algumas partes relativas às iniciais maiúsculas e minúsculas, foram novamente revistas e, desse modo, tornaram-se obrigatórias após a decisão tomada durante a conferência dos Ministros da Educação e Cultura, em 1º de agosto de 2006. O Estado tem o poder de regulamentação perante as instituições públicas, especialmente as escolas e as repartições administrativas. As alterações foram igualmente aceitas pelas repartições públicas competentes na Áustria e na Suíça.
As informações dadas a seguir sobre as regras mais importantes da nova ortografia alemã baseiam-se nas regras oficiais, que constam, entre outras, da página do "Conselho para a ortografia alemã" no *site* www.rechtschreibrat.com. As regras oficiais consistem em uma parte de normas e em uma relação de vocábulos.
O "Conselho para a ortografia alemã" é uma comissão permanente, responsável por observar e descrever o uso da grafia, ou seja, a aceitação e a conversão das novas regras – especialmente também em relação à grafia das variantes – ao longo dos próximos anos. Ele também é a instância competente para o esclarecimento das dúvidas sobre a grafia alemã.

Como justamente no campo da escrita unida ou separada de alguns vocábulos inúmeras grafias antigas (originariamente previstas para não serem mais aceitas) subsistiram, há muitas variantes de escrita que oferecem aos usuários a possibilidade de escolher a grafia de sua preferência. Não se previu expressamente a recomendação de certas variantes, uma vez que são apropriadas para manter as nuanças da diferenciação linguística de significados. Por essa razão, na relação dos verbetes do *Dicionário compacto da língua alemã*, todas as variantes aceitáveis foram apresentadas sem que uma recomendação tenha sido expressa.

II Visão geral sobre as mudanças da reforma ortográfica de 1996/2006

A reforma ortográfica refere-se a seis áreas:

A   Correlações entre fonemas e letras
B   Grafia unida ou separada de alguns vocábulos
C   Grafia com hífen
D   Iniciais maiúsculas e minúsculas
E   Pontuação
F   Separação de sílabas em final de linha

Nos parágrafos que seguem, as novas formas ortográficas foram impressas em cinza.

A Correlações entre fonemas e letras

O princípio fonético da escrita, ou seja, a concordância de um fonema com uma letra nem sempre foi dado no alemão. Por exemplo, o fonema [e:] pode ser reproduzido pelas letras *e* (como em St*e*le, Sir*e*ne), *ee* (como em M*ee*r, S*ee*le) ou *eh* (como em m*eh*r, s*eh*r). O mesmo se pode dizer dos ditongos *ai* (como em S*ai*te, M*ai*s, K*ai*ser) e *ei* (como em S*ei*te,

Correlações entre fonemas e letras

*Ei*s, w*ei*ter), que são pronunciados de forma idêntica, mas escritos de maneira diferente. Inversamente, porém, uma letra também pode ter mais de uma variante de pronúncia. Por exemplo, o *v* pode ser articulado de forma surda (como em *V*esper) ou sonora (como em *V*ase). Com o auxílio das novas regras de ortografia, algumas irregularidades na relação entre fonema e letra devem ser eliminadas. As novas regras consideram em grande parte o **princípio do radical**, ou seja, em parentescos efetivos ou supostos dos radicais das palavras – especialmente em derivações e em vocábulos compostos –, escreve-se do mesmo modo. Por exemplo, überschwänglich (de *Überschwang*) em vez da forma *überschwenglich* até então usada. Vocábulos com radicais diferentes (como *Seite/Saite* e *Mal/Mahl*), embora sejam homófonos, conservam sua grafia particular. Com base no princípio do radical, foram feitas as seguintes inovações:

1. Fortalecimento do princípio do radical
Casos particulares com metafonia
Bändel (de *Band*) em vez do antigo *Bendel*
behände (de *Hand*) em vez do antigo *behende*
Gämse (de *Gams*) em vez do antigo *Gemse*
Quäntchen (de *Quantum*) em vez do antigo *Quentchen*
schnäuzen (de *Schnauze*) em vez do antigo *schneuzen*
überschwänglich (de *Überschwang*) em vez do antigo *überschwenglich*
verbläuen (de *blau*) em vez do antigo *verbleuen*
aufwendig (de *aufwenden*) ou aufwändig (de *Aufwand*)
Schenke (de *ausschenken*) ou Schänke (de *Ausschank*)

Duplicação das consoantes após vogal breve
Em consequência da grafia adaptada dos radicais ou das formas de flexão, agora alguns vocábulos são escritos com dupla consoante. Por exemplo:
Ass (de *Asse*) em vez do antigo *As*
Karamell (de *Karamelle*) em vez do antigo *Karamel*
Mopp (de *moppen*) em vez do antigo *Mop*
nummerieren (de *Nummer*) em vez do antigo *numerieren*
Tipp (de *tippen*) em vez do antigo *Tip*
Tollpatsch (de *toll*) em vez do antigo *Tolpatsch*

Derivações de radicais que terminam em -z
Se o radical de uma derivação terminar em -*z*, além de -*tial* e -*tiell* poderão ser empregados os sufixos -*zial* e -*ziell*.
Differenzial, differenziell (de *Differenz*), além dos antigos *Differential, differentiell*
essenziell (de *Essenz*), além do antigo *essentiell*
Potenzial, potenziell (de *Potenz*), além dos antigos *Potential, potentiell*
substanziell (de *Substanz*), além do antigo *substantiell*

Do mesmo modo, algumas grafias foram adaptadas:
rau (que figura entre outros adjetivos terminados em -*au*, como *blau, grau* e *schlau*) e o correspondente substantivo Rauheit, em vez dos antigos *rauh* e *Rauhheit*
Känguru (que figura entre outros nomes de animais, como *Kakadu* e *Gnu*) em vez do antigo *Känguruh*
Föhn em vez do antigo *Fön* (que continua sem *h* apenas como marca registrada)
Rohheit, Zähheit em vez dos antigos *Roheit* e *Zäheit*
selbstständig, além da forma *selbständig*, até então usada
Zierrat em vez do antigo *Zierat*
platzieren (de *Platz*) em vez do antigo *plazieren*

2. Nova regulamentação da grafia do *s*
O *ß* só continuará sendo escrito **após vogal longa e após ditongo.** Por exemplo: *Maß – Maße, gießen – gießt* etc. Após vogal breve, o *ss* substitui o *ß*. Exemplos:

Informações sobre a nova ortografia alemã

dass em vez de *daß*
Fass – Fässer em vez de *Faß – Fässer*
Fluss – Flüsse em vez de *Fluß – Flüsse*
Kuss – küssen – küsste em vez de *Kuß – küssen – küßte*
passen – passt – passend em vez de *passen – paßt – passend*
Wasser – wässerig – wässrig em vez de *Wasser – wässerig – wäßrig*

3. Encontro de três letras iguais

3.1 Em princípio, no **encontro de três letras iguais em vocábulos compostos**, todas as três letras devem ser grafadas. Portanto, como antes, ainda se escrevem *Schifffracht* e *Fetttropfen*. Agora, porém, mesmo quando seguidas de vogal, as três consoantes são mantidas. Por exemplo:
Flanelllappen em vez do antigo *Flanellappen*
Flussstrecke em vez do antigo *Flußstrecke*
genusssüchtig em vez do antigo *genußsüchtig*
Schifffahrt em vez do antigo *Schiffahrt*
wettturnen em vez do antigo *wetturnen*

3.2 Essa regulamentação também vale para o **encontro de três vogais iguais em vocábulos compostos**. Até a reforma, o segundo componente do vocábulo era separado com hífen, como em *Kaffee-Ersatz*. Essa grafia ainda é aceita, porém não mais obrigatória. Exemplos:
Kaffeeersatz, além do antigo *Kaffee-Ersatz*
Seeelefant, além do antigo *See-Elefant*

3.3 De modo geral, o **hífen** pode ser empregado para facilitar a leitura quando ocorre um encontro de três letras iguais, tanto de consoantes quanto de vogais. Por exemplo: *Sauerstoff-Flasche*, *Fett-Tropfen* (a esse respeito, cf. também o item C, Grafia com hífen).

Todavia, a nova regulamentação não se refere àqueles vocábulos que já não são vistos como uma palavra composta, como *Mittag* ou *dennoch*. Nesses casos, a grafia utilizada até o momento deve ser mantida.

4. Palavras estrangeiras

Um grande número das palavras estrangeiras que são comuns em alemão já foi adaptado para a ortografia alemã. Por exemplo: *Frottee*, do francês *Frotté*, *Nugat*, usado paralelamente a além de *Nougat* etc. Com o auxílio das novas regras de ortografia, em alguns casos também se tentou adaptar a ortografia dos vocábulos estrangeiros à escrita alemã. Em regra, a nova grafia dos termos estrangeiros proposta na reforma ortográfica refere-se apenas ao vocabulário geral, e não à linguagem técnica. Por ora, tanto a nova quanto a antiga grafias podem ser usadas, a fim de eventualmente possibilitar o processo de integração da nova escrita.

Em algumas palavras, *f*, *t*, *r* e *g* podem substituir *ph*, *th*, *rh* e *gh*
Em algumas palavras estrangeiras, o uso do *f* já prevalece em relação ao uso do *ph*. Por exemplo: *Foto* (em vez de *Photo*), *Telefon* (em vez de *Telephon*) e *Grafik* (em vez de *Graphik*). Essa escrita também pode ser empregada em *Delphin* (nova ortografia: *Delfin*), *Graphit* (nova ortografia: *Grafit*) e em todas as palavras com os morfemas *-phon-*, *-phot-* e *-graph-*. Assim como o *f* é usado no lugar do *ph*, em alguns casos o *t* pode ser escrito no lugar do *th*, o *r* no lugar do *rh* e o *g* no lugar do *gh*. No entanto, também há muitos vocábulos que conservam o *ph*, o *th*, o *rh* ou o *gh*, como os termos *Phänomen*, *Philosophie*, *Theologie*, *Rhytmus* e *Rheuma*.
As variantes de escrita mais importantes são:
Delfin, além do antigo *Delphin*
Grafit, além do antigo *Graphit*
Spagetti, além do antigo *Spaghetti*
Jogurt, além do antigo *Joghurt*

Panter, além do antigo *Panther*
Tunfisch, além do antigo *Thunfisch*
Katarr, além do antigo *Katarrh*
Myrre, além do antigo *Myrrhe*
Hämorriden, além do antigo *Hämorrhoiden*

ee pode substituir é, ée
Dragee, além do antigo *Dragée*
Exposee, além do antigo *Exposé*
Kommunikee, além do antigo *Kommuniqué*
Varietee, além do antigo *Varieté*

ä pode substituir ai
Frigidär, além do antigo *Frigidaire*
Nessessär, além do antigo *Necessaire* (antes também já se grafava *Mohär*, *Sekretär*, *Dränage*, *Majonäse*)

Como **caso particular** igualmente **novo**:
Portmonee, além do antigo *Portemonnaie*

u pode substituir ou
Buklee, além do antigo *Bouclé*
Suflee, além do antigo *Soufflé* (antes também já se grafava *Nugat*)

ss pode substituir c
Fassette, além do antigo *Facette*
Nessessär, além do antigo *Necessaire* (antes também já se grafava *Fassade*, *Fasson*)

sch pode substituir ch
Ketschup, além do antigo *Ketchup*
Schikoree, além do antigo *Chicorée* (antes também já se grafava *Haschee*, *Scheck* etc.)

k pode substituir qu
Kommunikee, além do antigo *Kommuniqué* (antes também já se grafava *Likör*, *Etikett*)

Vocábulos do inglês recebem o plural -s segundo o padrão alemão
Babys em vez dos antigos *Babies* ou *Babys*
Gullys em vez dos antigos *Gullies* ou *Gullys*
Hobbys em vez dos antigos *Hobbies* ou *Hobbys* etc.

B Grafia unida ou separada de alguns vocábulos

Como na reforma de 1902 a grafia unida ou separada de alguns vocábulos não foi suficientemente estabelecida, nas décadas seguintes esse campo foi, em parte, normatizado de maneira heterogênea, o que acabou gerando complicações desnecessárias (por exemplo, *radfahren*, mas *Auto fahren*). Ao longo da discussão sobre a reforma ortográfica e das tentativas de voltar a normatizar a grafia unida ou separada de alguns vocábulos, constatou-se que esse campo era o mais difícil de sistematizar. Com o auxílio das novas regras ortográficas, tentou-se substituir as regulamentações até então assistemáticas. Em princípio, grupos de palavras são escritos separadamente, e palavras compostas ou composições são escritas em um só vocábulo, sendo que, às vezes, unidades da mesma forma podem ser entendidas como grupos de palavras (por exemplo, *schwer beschädigt*) e outras vezes como composições (por exemplo, *schwerbeschädigt*).

1. VERBO
Em **verbos não separáveis**, a sequência dos componentes não se altera (*er maßregelt/ maßregelte/hat gemaßregelt/zu maßregeln*). Substantivos, adjetivos, preposições ou advérbios podem formar composições não separáveis com verbos, que sempre devem ser escritas em um só vocábulo.

1.1 Composições não separáveis de **substantivos e verbos**, por exemplo: *wehklagen, brandmarken, handhaben, lobpreisen, maßegeln, nachtwandeln, schlafwandeln, schlussfolgern.*
Em casos particulares, uma composição também pode ser entendida como grupo de palavras: *danksagen/Dank sagen, gewährleisten/Gewähr leisten, brustschwimmen/Brust schwimmen, staubsaugen/Staub saugen, marathonlaufen/ Marathon laufen.*

Informações sobre a nova ortografia alemã

1.2 Composições não separáveis de **adjetivos e verbos**, por exemplo: *frohlocken, langweilen, liebäugeln, liebkosen, vollbringen, vollenden, weissagen.*

1.3 Composições não separáveis de **preposições e verbos** ou **advérbios e verbos**, com tônica no segundo componente: *durchbrechen (er durchbricht seine Gewohnheiten), hintergehen, überschlagen (sie überschlägt die Kosten).*

Em **verbos separáveis**, a sequência dos componentes é variável (por exemplo: *davonlaufen: er läuft davon/lief davon/ist davongelaufen/davonzulaufen*). Partículas, adjetivos, substantivos ou verbos podem formar composições separáveis como prevérbios com verbos. Estas são escritas em um só vocábulo no infinitivo, em ambos os particípios e no deslocamento para o final de orações subordinadas.

1.4 Uniões **de partículas verbais** (tais como **preposições) e verbos** são escritas em um só vocábulo, por exemplo com *ab-, an-, auf-, aus-, entgegen-, hinter-, zwischen-* etc.

1.5 Uniões **de partículas verbais** (tais como **advérbios) e verbos** são escritas em um só vocábulo, por exemplo com *abwärts-, auseinander-, hinterher-, hinüber-, rückwärts-, voran-, zusammen-* etc.

Diferença entre partícula verbal e advérbio independente: a partícula verbal e o advérbio independente podem ser distintos por sua sílaba tônica: em vocábulos compostos, normalmente a sílaba tônica recai na partícula verbal (*wiedersehen*), enquanto em grupos de palavras o advérbio independente também pode ser átono (*wieder sehen*). Um advérbio independente também pode aparecer no início da oração (*Dabei wollte sie nicht stehen*). Entre advérbio e infinitivo podem ser inseridos um ou mais membros da oração, mas entre partícula verbal e componente verbal, não: *Sie wollte auch mit dabeistehen. Sie wollte dabei lieber nicht stehen.* Do mesmo modo: *dabei (beim Kartoffelschälen) sitzen*, mas: *sie möchte mit dabeisitzen.*

1.6 Composições de **verbos e partículas verbais** que perderam as características de palavras independentes ou que já não podem ser atribuídas a uma classe gramatical específica são escritas em um só vocábulo. Por exemplo: *abhanden-, anheim-, inne-, überein-, zurecht-, fehl-, feil-, kund-, preis-, weis-, wett-.*

1.7 Composições de **componentes adjetivais e verbos:**
- A grafia unida ou separada é possível quando um **adjetivo simples indicar uma propriedade como resultado do processo verbal** (os chamados predicados resultativos). Por exemplo: *blank putzen/blankputzen, glatt hobeln/glatthobeln, klein schneiden/kleinschneiden, kalt stellen/kaltstellen, kaputt machen/kaputtmachen, leer essen/leeressen.*
- Sempre se escreve em um só vocábulo quando o componente adjetival formar com o verbo um **significado geral novo e idiomático**. Por exemplo: *krankschreiben, freisprechen* (= von einer Schuld, Anklage befreien), *kaltstellen* (= (politisch) ausschalten), *kürzertreten* (= sich einschränken), *richtigstellen* (= berichtigen), *schwerfallen* (= Mühe verursachen), *heiligsprechen.*
- Em casos particulares, se não for possível **detectar claramente** se há um significado geral idiomático, fica a cargo do usuário escrever os termos separadamente ou em um só vocábulo. Por exemplo: *bekannt machen/bekanntmachen, fertig stellen/fertigstellen, verloren gehen/verlorengehen.*
- Uniões com **fest-, voll-** e **tot-** (por exemplo: *festhalten, totschlagen,*

Grafia unida ou separada de alguns vocábulos

volltanken) formam um grupo especial. Como esses adjetivos podem unir-se a inúmeros verbos, compondo uma sequência (*volllaufen, vollschenken, vollspritzen*), costumam ser escritos em um só vocábulo. Por exemplo: *festzurren, festklopfen, tottreten* (mas apenas: *sich tot stellen*), *vollmachen*.
- Em todos os casos restantes, os termos são escritos separadamente. Entre esses casos, contam-se, sobretudo, as uniões em que o adjetivo é complexo ou ampliado. Por exemplo:
bewusstlos schlagen, ultramarinblau streichen, ganz nahe kommen.

1.8 Composições de **substantivos e verbos**: a escrita em um só vocábulo vale apenas para os casos seguintes, nos quais os primeiros componentes perderam consideravelmente a propriedade de substantivos independentes. Por exemplo: *eislaufen, kopfstehen, leidtun, nottun, standhalten, stattfinden, stattgeben, statthaben, teilhaben, teilnehmen, wundernehmen*.

Nos casos seguintes, a grafia unida ou separada é possível, uma vez que pode ter por base uma composição ou um grupo de palavras. Por exemplo: *achtgeben/Acht geben* (mas apenas: *sehr achtgeben, allergrößte Acht geben), achthaben/Acht haben, haltmachen/Halt machen, maßhalten/Maß halten*.

1.9 Em princípio, uniões entre **verbos** são escritas separadamente. Por exemplo: *essen gehen, laufen lernen, baden gehen, lesen üben, spazieren gehen*. Em uniões com *bleiben* e *lassen* como segundo componente, a escrita em um só vocábulo também é possível quando o sentido for figurado. Por exemplo: *sitzen bleiben/sitzenbleiben* (= nicht versetzt werden), *liegen bleiben/liegenbleiben* (= unerledigt bleiben). O mesmo também vale para *kennen lernen/kennenlernen* (= Erfahrung mit etwas oder jmdm. haben).

1.10 Uniões com o verbo *sein* sempre são escritas separadamente. Por exemplo: *da sein (da gewesen), auf sein, fertig sein, zufrieden sein, zusammen sein*.

2. ADJETIVO

Quando empregados como primeiro componente, substantivos, adjetivos, verbos, advérbios ou vocábulos de outras categorias podem formar composições junto com um segundo componente adjetival ou usado como adjetivo.

2.1 Uniões com adjetivos ou particípios como segundo componente são escritas em um só vocábulo quando **o primeiro componente puder ser parafraseado com um grupo de palavras**. Por exemplo: *angsterfüllt* (= von Angst erfüllt), *butterweich* (= weich wie Butter), *jahrelang* (= mehrere Jahre lang).
Muitas composições já são reconhecíveis graças ao emprego de um elemento de ligação: *altersschwach, sonnenarm, werbewirksam*.

2.2 Escreve-se em um só vocábulo quando **o primeiro ou o segundo componente não aparecer nessa forma**. Por exemplo: *einfach, letztmalig, blauäugig, großspurig, vieldeutig, kleinmütig*.

2.3 Também se escreve em um só vocábulo quando **o verbo que forma o particípio for escrito em um só vocábulo**. Por exemplo: *wehklagend* (devido a *wehklagen*), *herunterfallend* (devido a *herunterfallen*), *irreführend, teilnehmend, teilgenommen*.

2.4 **Adjetivos de mesma categoria** (coordenados) são escritos em um só vocábulo. Por exemplo: *blaugrau, dummdreist, feuchtwarm, grünblau, taubstumm*.

2.5 Também se escreve em um só vocábulo quando **o primeiro componente de uma composição**

Informações sobre a nova ortografia alemã

tiver um significado intensificador ou atenuador. Por exemplo: *bitterböse, brandaktuell, extrabreit, superschlau, todernst, ultramodern, urkomisch.*

2.6 **Números cardinais** de mais de um componente e **abaixo de um milhão**, bem como **números ordinais**, são escritos em um só vocábulo. Por exemplo: *sechzehn, zwanzigtausend, neunzehnhundertdreiundsiebzig, der zweihunderttausendste Besucher, der einundzwanzigste Juni.*

2.7 **Uniões de substantivos, adjetivos, advérbios ou partículas com particípios usados como adjetivos** podem ter a grafia unida ou separada. Por exemplo: *die Rat suchenden/ratsuchenden Bürger, eine allein erziehende/alleinerziehende Mutter, eine klein geschnittene/kleingeschnittene Karotte, selbst gebackener/selbstgebackener Kuchen.*
Se essas uniões forem ampliadas ou sofrerem flexão de grau, deverão ser escritas separadamente apenas se o primeiro componente for afetado: *ein schwerer wiegender Fall, ein kleiner geschnittenes Stück.*
Em contrapartida, se toda a construção for afetada, na maioria das vezes escreve-se em um só vocábulo: *ein schwerwiegenderer Fall, eine äußerst notleidende Bevölkerung* (mas: *eine große Not leidende Bevölkerung*).

2.8 **Uniões com um adjetivo simples, não flexionado, como determinação que sofre gradação** são escritas em um ou mais vocábulos. Por exemplo: *allgemein gültig/allgemeingültig, eng verwandt/engverwandt, schwer verständlich/schwerverständlich.*
Se o primeiro componente for ampliado ou sofrer flexão de grau, deverá ser escrito separadamente: *leichter verdaulich, besonders schwer verständlich, höchst erfreulich.* Em casos de dúvida, a acentuação pode ser decisiva: *er ist höchstpersönlich gekommen, das ist eine höchst persönliche Angelegenheit.*

2.9 Podem ser escritas em um ou mais vocábulos as uniões de **nicht** com adjetivos: *eine nicht öffentliche/nichtöffentliche Sitzung.*

3. SUBSTANTIVO

Substantivos, adjetivos, radicais verbais, pronomes ou partículas podem formar composições com substantivos. Essas composições, bem como substantivações compostas de vários componentes, são escritas em um só vocábulo.

3.1 **Composições** com substantivos, adjetivos, verbos, pronomes ou partículas, **nas quais o último componente é um substantivo**, são escritas em um só vocábulo. Por exemplo: *Nadelstich, Apfelschale, Hochhaus, Schnellstraße, Zweierbob, Ichsucht, Wirgefühl, Selbstsucht, Wemfall, Backform, Laufband, Waschmaschine, Jetztzeit, Nichtraucher.*

3.2 **Substantivações com mais de um componente** são escritas em um só vocábulo. Por exemplo: *das Autofahren, das Schwimmengehen* (mas, como forma infinitiva: *schwimmen gehen*), *das Liegenlassen* etc.

3.3 **Nomes próprios que formam o primeiro componente da palavra**, bem como, em muitos casos, **designações de origem ou de nacionalidade, derivadas de nomes e que terminam em -er**, são escritos em um só vocábulo. Por exemplo: *Schillergedicht, Goethestraße, Kantplatz, Italienreise, Danaergeschenk.*

3.4 **Composições originárias do inglês também são escritas em um só vocábulo.** Por exemplo: *Bandleader, Chewinggum, Mountainbike.*
Uniões de adjetivos e substantivos originários do inglês podem ser escritas em um só vocábulo quando o acento tônico recair no primeiro componente da palavra: *Hotdog* ou *Hot Dog, Softdrink* ou *Soft Drink*, mas apenas *High Society, Electronic Banking*

(a esse respeito, cf. também o item C, Grafia com hífen).

3.5 Indicações fracionárias antes de unidades de medida podem ser consideradas numerais adjetivos de dois componentes ou substantivos compostos: *fünf hundertstel Sekunden* ou *fünf Hundertstelsekunden*.

3.6 Derivações de adjetivos pátrios terminadas em *-er* são escritas separadamente. Por exemplo: *Berliner Zoo, Thüringer Wald, Schweizer Alpen.*

4. OUTRAS CLASSES GRAMATICAIS

4.1 A grafia em um só vocábulo vale para **advérbios, conjunções, preposições e pronomes com mais de um componente quando a classe gramatical, a forma de uma palavra ou o significado de cada componente já não puder ser claramente reconhecido:**
advérbios: *indessen, allerdings, allenfalls, ehrenhalber, diesmal, himmelwärts, deswegen, derzeit, vorzeiten, allzu, beileibe, nichtsdestoweniger;*
conjunções: *anstatt, indem, inwiefern, sobald, sofern, solange, sooft, soviel, soweit;*
preposições: *anhand, anstatt, infolge, inmitten;*
pronomes: *irgendein, irgendetwas, irgendjemand, irgendwas, ingendwelcher, irgendwer.*

4.2 A grafia separada vale para **uniões em que um componente é ampliado:** *dies eine Mal* (mas: *diesmal*), *den Strom abwärts* (mas: *stromabwärts*), *der Ehre halber* (mas: *ehrenhalber*), *irgend so ein* (mas: *irgendein*).

4.3 São grafadas separadamente as **construções em que a classe gramatical, a forma da palavra ou o significado de cada componente são reconhecíveis:**
adjuntos adverbiais: *zu Ende kommen, zu Hilfe kommen;*
conjunções com mais de um componente: *ohne dass, statt dass, außer dass;*
construções em emprego preposicional: *zur Zeit (Goethes), zu Zeiten (Goethes);*
so, wie ou **zu** com adjetivo, advérbio ou pronome: *so viel, so viele, so oft, so weit* (como conjunções são escritos em um só vocábulo: *soviel, sooft, soweit*);
construções com **gar**: *gar kein, gar nichts.*

4.4 Uma série de construções de palavras pode ser escrita em um ou mais vocábulos:
construções em emprego adverbial: *aufgrund/auf Grund, mithilfe/mit Hilfe, aufseiten/auf Seiten, zuhause bleiben/zu Hause bleiben, zustande bringen/zu Stande bringen, zuwege bringen/zu Wege bringen;*
a conjunção *sodass/so dass;*
construções em emprego preposicional: *anstelle/an Stelle, zugunsten/zu Gunsten.*

C Grafia com hífen

Em princípio, a grafia com hífen deve ser empregada quando se desejar evidenciar os diferentes componentes das palavras compostas. Com essa nova regulamentação, muitas vezes o usuário pode decidir se deve colocar ou não o hífen. Todavia, em alguns casos, prescreve-se a grafia com hífen para que se possa identificar claramente os diferentes componentes. Por exemplo: *O-Beine, x-beliebig, UKW-Sender.*

1. O hífen é obrigatório em palavras compostas que contenham **letras isoladas, abreviaturas** ou **números**. Por exemplo: *C-Dur, fis-Moll, i-Punkt, x-beinig, T-förmig, Fugen-s, EU-Kommission, Kfz-Mechaniker, 8-Zylinder, 100-prozentig, 20-jährig, 2:1-Sieg, ¾-Takt.*

Informações sobre a nova ortografia alemã

2. Coloca-se hífen antes de um **sufixo** quando ele estiver ligado **a uma letra isolada**. Por exemplo: *zum x-ten Mal, die n-te Potenz* (mas sem hífen: *68er, BWLer, ein 64stel*).

3. **Justaposições, especialmente com infinitivos substantivados**, são escritas com hífen: *das In-den-Tag-Hineinleben, das Auf-die-lange-Bank-Schieben, das Sowohl-als-auch*.

4. Coloca-se hífen entre todos os componentes de **palavras compostas por mais de um elemento**, nas quais um grupo de palavras ou uma composição é escrito com hífen, bem como em composições complexas, formadas por adjetivos coordenados de mesmo grau. Por exemplo: *10-Cent-Münze, D-Dur-Tonleiter, 4-Zimmer-Wohnung, Trimm-Dich-Pfad, wissenschaftlich-technischer Fortschritt, manisch-depressiv, deutsch-englisches Wörterbuch*.

5. No encontro de **três letras iguais** pode-se colocar um hífen. Exemplos: *Seeelefant* ou *See-Elefant, Fetttropfen* ou *Fett-Tropfen*.

6. O hífen pode ser empregado a fim de marcar com clareza cada componente de uma **composição complexa**. Por exemplo: *Software-Angebotsmesse, Desktoppublishing* ou *Desktop-Publishing* (sobre os termos estrangeiros, cf. também o item D, Iniciais maiúsculas e minúsculas, 3.2).

7. Pode-se igualmente usar o hífen para **destacar cada componente de uma palavra** ou para evitar equívocos. Por exemplo: *die Soll-Stärke, die Kann-Bestimmung, das Be-greifen, das Nach-denken, Icherzählung* ou *Ich-Erzählung, Druck-Erzeugnis, Musiker-Leben*.

8. **Composições com nomes próprios** são escritas com hífen, bem como aquelas que contêm um nome próprio como segundo componente. O hífen também é mantido nas derivações. Exemplos: *Müller-Lüdenscheid, Getränke-Müller, Blumen-Meier, baden-württembergisch (Baden-Württemberg), alt-wienerisch (Alt-Wiener)*.

9. Coloca-se hífen entre todos os componentes de palavras compostas por mais de um elemento quando os primeiros componentes forem nomes próprios. Por exemplo: *Karl-Kraus-Platz, Luise-Büchner-Schule, Konrad-Adenauer-Stiftung*. Se um nome próprio formar o primeiro componente de uma composição, a palavra poderá ser escrita com hífen: *Goetheausgabe* ou *Goethe-Ausgabe, Morseapparat* ou *Morse-Apparat*.

D Iniciais maiúsculas e minúsculas

Até a reforma, as regras válidas para as iniciais maiúsculas e minúsculas chegaram a causar muita insegurança na escrita. Assim, por exemplo, as diferentes grafias de *in bezug auf* e *mit Bezug auf, heute mittag* e *gegen Mittag* não eram compreendidas sem um conhecimento prévio e bem fundamentado da gramática. Por essa razão, muitas vezes a regra parcialmente confusa das iniciais maiúsculas e minúsculas esteve no centro da discussão sobre uma reforma da ortografia alemã. Para sistematizar e simplificar a escrita das iniciais maiúsculas e minúsculas, foram elaboradas as seguintes regras:

1. A **primeira palavra** de um cabeçalho, de um título, de um endereço, de uma lei, de um contrato ou de um texto deve ser escrita com inicial maiúscula:
Verheerende Schäden durch Waldbrand
Großes Wörterbuch der deutschen Sprache
Wo warst du, Adam?
Ungarische Rhapsodie
An den Hessischen Rundfunk
Sehr geehrter Herr Meier, ...

Iniciais maiúsculas e minúsculas

Se um **título** ou expressão semelhante for citado dentro de um texto, a inicial maiúscula da primeira palavra é mantida: *Ich habe gestern „Die Zeit" gelesen. Wir lasen Kellers Roman „Der grüne Heinrich".*
Se o título sofrer alteração (por exemplo, flexão do artigo), sua segunda palavra deve ser escrita com inicial maiúscula: *Wir lasen den „Grünen Heinrich".*

2. A **primeira palavra de uma frase** é escrita com inicial maiúscula:
Dieser Tag blieb ihm im Gedächtnis. Anfangs beschäftigte ihn der Vorfall kaum. Ob sie heute kommen würde? Wohl kaum. Warum nicht?
Se após **dois-pontos** houver uma oração completa, esta deverá ter sua primeira palavra com inicial maiúscula:
Es ist jedes Jahr das Gleiche: Der Sommer geht, der Winter kommt.
A primeira palavra do **discurso direto** é escrita com inicial maiúscula:
Sie fragte: „Wie sieht es aus?"

Se houver **números, letras que indiquem seções, parágrafos** ou outros símbolos semelhantes antes de uma oração, de um título etc., a palavra que os segue deverá ser escrita com inicial maiúscula:
§ 3 Abschließende Beratung;
d) Der Kommentar

3. **Substantivos** são escritos com inicial maiúscula:
Mehl, Blume, Haus und Hof, Dunkelheit, Philosophie etc.
O mesmo vale para os nomes próprios:
Peter, Sabine, Schmidt, Wien, Donau.

3.1 **Vocábulos que não são substantivos**, que se encontram no início de uma composição com hífen e que foram substantivados devem ser escritos com inicial maiúscula. Por exemplo: *die S-Bahn, die Ad-hoc-Entscheidung, das In-den-Tag-hinein-Leben*. No entanto, abreviaturas minúsculas ou letras minúsculas isoladas permanecem inalteradas. Exemplos: *km-Zahl, die a-Moll-Tonleiter, der ph-Wert.*

3.2 **Substantivos estrangeiros** são escritos com inicial maiúscula quando não são empregados como citação. Por exemplo: *das Happening, das Adagio, der Mainstream.*
Em **substantivos estrangeiros com mais de um componente**, o primeiro elemento é sempre escrito com inicial maiúscula, e o segundo, apenas quando for substantivo. Por exemplo: *das Cordon bleu, die Ultima Ratio, der Soft Drink, das Corned Beef, das Happy End, der Fulltime-Job*. Em parte, esses casos também podem ser escritos em um só vocábulo (a esse respeito, cf. o item B, Grafia unida ou separada de alguns vocábulos, 3.4).

3.3 Com inicial maiúscula são escritos igualmente os substantivos que são componentes de **estruturas fixas** e não formam um vocábulo único quando ligados a outros componentes. Por exemplo: *mit Bezug auf, in Bezug auf, außer Acht lassen, Rad fahren, Auto fahren, Angst haben, in Betracht kommen, in Kauf nehmen, Maschine schreiben, Folge leisten, Ernst machen.*

3.4 Em **construções adverbiais** que derivam integralmente de uma língua estrangeira, vale a escrita com iniciais minúsculas. Por exemplo: *a cappella, de facto, in nuce, ex cathedra.*

3.5 Numerais empregados como substantivos são escritos com inicial maiúscula: *ein Dutzend, das Paar, eine Million, das erste Hundert Blätter.*

3.6 Após os advérbios *gestern, heute, morgen, vorgestern* e *übermorgen*, substantivos que designam determinado **período do dia** são escritos com inicial maiúscula. Por exemplo: *morgen Mittag, gestern Nachmittag, heute Abend.*

4. Com inicial minúscula são escritas as palavras que **apresentam a mesma**

Informações sobre a nova ortografia alemã

forma dos substantivos, mas que por si só não acusam nenhuma característica de substantivo.

4.1 É o que ocorre com vocábulos empregados **predominantemente como predicativos**, tais como *angst, bange, feind, freund, gram, klasse, leid, pleite, recht, schuld, spitze, unrecht, weh,* vinculados aos verbos *sein, bleiben* ou *werden*. Por exemplo: *Mir wurde angst und bange. Sie ist ihm gram. Sie sind sich feind. Das Spiel war klasse. Die Firma ist pleite. Das war mir nicht recht. Wir sind schuld daran.*

4.2 Com inicial maiúscula ou minúscula podem ser escritos os vocábulos *recht/Recht* e *unrecht/Unrecht*, quando vinculados a verbos como *behalten, bekommen, geben, haben* e *tun*. Por exemplo: *Ich gebe dir recht/Recht. Du tust ihm unrecht/Unrecht.*

4.3 Com inicial minúscula é escrito o primeiro componente substantivo de locuções verbo-nominais não fixas, mesmo quando desmembradas. Por exemplo: *Er nimmt an der Sitzung teil. Es tut ihm leid. Es nimmt ihn wunder.* Quando não é escrito em um só vocábulo com o infinitivo, o substantivo deve ser escrito com inicial maiúscula: *Er nimmt daran Anteil. Er fährt Auto.*

4.4 Com inicial minúscula são escritos **advérbios, preposições** e **conjunções** terminados em *-s* e *-ens*: *abends, morgens, freitags, neuerdings, hungers, willens, rechtens, angesichts, mittels, namens, teils... teils.*

4.5 As seguintes **preposições** são escritas com inicial minúscula: *dank, kraft (kraft ihres Amtes), laut, statt, an ... statt (an Kindes statt), trotz, wegen, von ... wegen (von Amts wegen), um ... willen, zeit (zeit seines Lebens).*

4.6 Os seguintes **pronomes adjetivos indefinidos** são escritos com inicial minúscula: *ein bisschen, ein paar* (= einige).

4.7 Numerais fracionários terminados em *-tel* e *-stel* são escritos com inicial minúscula. Por exemplo: *hundertstel, zehntel, tausendstel, ein zehntel Millimeter* (ou *ein Zehntelmillimeter*), *in fünf hundertstel Sekunden* (ou *in fünf Hundertstelsekunden*).

4.8 **Indicações de horário antes de numerais cardinais** são escritas com inicial minúscula. Por exemplo: *um viertel fünf, gegen drei viertel acht* (mas com inicial maiúscula: *ein Drittel, das erste Fünftel, neun Zehntel des Umsatzes, um (ein) Viertel vor fünf*).

5. **Vocábulos de outras classes gramaticais** e que são empregados como substantivos devem ser escritos com inicial maiúscula. Na maioria das vezes, o uso substantivo é identificado mediante um **artigo** que o precede ou um **pronome adjetivo (indefinido)**. Por exemplo: *das Aufstehen, das Beste, das Deutsche, das Inkrafttreten, ein Gutes, mein Angestellter, dieser Dritte, jener Studierende, nichts/wenig Neues, alles Übrige, einige Eifrige, ein paar Überzählige, genug Schlechtes, viel Schönes.* O artigo também pode estar contraído com uma preposição: *im Allgemeinen, im Übrigen, im Dunkeln tappen, im Folgenden, etwas zum Besten geben.*

5.1 **Pronomes adjetivos indefinidos**, como *Unzählige, Zahllose* e *Verschiedene* são escritos com inicial maiúscula. O mesmo vale para **expressões com pares de adjetivos** não declinados, como *Jung und Alt, Arm und Reich* (mas: *durch dick und dünn gehen*).

5.2 **Numerais ordinais substantivados** são igualmente escritos com inicial maiúscula. Por exemplo: *als Erster ankommen, jeder Zweite lachte.*

5.3 **Designações de línguas** são escritas com inicial maiúscula quando não houver dúvida de que seu uso não é adjetival nem adverbial. Por exemplo: *sie lernt Spanisch; sie spricht Spanisch*

Iniciais maiúsculas e minúsculas

(em resposta à pergunta: *Was?*), mas: *sie spricht spanisch* (em resposta à pergunta: *Wie?*).

5.4 **Verbos substantivados** são escritos com inicial maiúscula. Por exemplo: *Das Lesen fällt ihm schwer. Es war ein einziges Kommen und Gehen. Es ist zum Heulen. Sie fährt zum Reiten.* Em construções verbais com mais de um componente ligado por hífen, grafam-se o primeiro vocábulo, o infinitivo e todos os componentes substantivos com inicial maiúscula. Por exemplo: *Es ist zum Nicht-mehr-Aushalten; ein erfolgreiches Hand-in-Hand-Arbeiten.*

5.5 **Pronomes e numerais cardinais substantivados** são escritos com inicial maiúscula. Exemplos: *Er hat mir das Du angeboten. Wir wollen Mein und Dein unterscheiden. Wir standen vor dem Nichts. Er hat ein gewisses Etwas. Er schreibt nur Fünfen in der Schule.*

5.6 **Advérbios, preposições, conjunções e interjeições substantivados recebem inicial maiúscula.** Por exemplo: *ein großes Durcheinander, ein ewiges Hin und Her, das Jetzt erleben, das Danach war ihm egal.*

6. Nos casos seguintes, os **adjetivos**, os **particípios** e os **pronomes** são escritos com inicial minúscula, embora apresentem características formais de substantivação:

6.1 Adjetivos, particípios e pronomes que se referem a um substantivo precedente ou posterior: *Sie war die intelligenteste meiner Studentinnen. Spannende Bücher liest er schnell, langweilige bleiben liegen. Er zeigte mir eine Auswahl an Hemden. Die gestreiften und gepunkteten gefielen mir gar nicht.*

6.2 **Superlativos com *am*** recebem inicial minúscula: *Sie kann es am besten. Das war am interessantesten.* No entanto, podem ser escritos com inicial maiúscula ou minúscula quando acompanhados de *aufs*: *Er wurde aufs Schlimmste/schlimmste zugerichtet.*

6.3 Determinadas **uniões fixas entre preposições e adjetivos não declinados**, sem artigo precedente: *Ich hörte von fern ein dumpfes Grollen. Sie kamen von nah und fern. Sie hielten durch dick und dünn zusammen. Über kurz oder lang wird sich das herausstellen. Mit Biologie hat er sich von klein auf beschäftigt. Er machte sich ihre Argumentation zu eigen. Das musst du mir schwarz auf weiß beweisen.*

6.4 Determinadas **uniões fixas entre preposições e adjetivos declinados**, sem artigo precedente. Nesse caso, porém, a grafia com inicial maiúscula também é aceita: *Es stieg von neuem/Neuem Rauch auf.*
Sie konnten alles von weitem/Weitem betrachten.
Die Regelung bleibt bis auf weiteres/Weiteres in Kraft.
Dies wird binnen kurzem/Kurzem erledigt sein.

6.5 Os **pronomes** são escritos com inicial minúscula mesmo quando representam substantivos: *In diesem Dickicht hat sich schon mancher verirrt. Er hat sich mit diesen und jenen abgesprochen. Das muss (ein) jeder selbst wissen. Wir haben alles geregelt. Wir haben mit (den) beiden geredet.*

6.6 Quando precedidos de artigo definido ou vocábulos semelhantes, os **adjetivos possessivos** podem ser classificados como **substantivos** e escritos com inicial maiúscula ou minúscula: *Grüß mir die deinen/Deinen (die deinigen/Deinigen)! Jeder soll das seine/Seine (das seinige/Seinige) zum Gelingen beitragen.*

6.7 Os **pronomes indefinidos** *viel, wenig, ein* e *andere(r, -s)* são escritos com inicial minúscula: *die vielen, dieses wenige, die einen und die anderen.* Quando o usuário quiser mostrar

Informações sobre a nova ortografia alemã

que o pronome indefinido é usado como **substantivo**, também poderá escrevê-lo com inicial maiúscula: *Sie strebte etwas ganz Anderes/anderes an. Die einen/Einen sagen dies, die anderen/Anderen das. Die meisten/Meisten stimmten dem Vorschlag zu.*

6.8 Em princípio, **numerais cardinais** inferiores a um milhão recebem inicial minúscula: *Er kann nicht bis drei zählen. Diese vier sind mir bekannt.*

Se *hundert* e *tausend* designarem uma quantidade indeterminada, poderão ser escritos com inicial maiúscula ou minúscula: *Es kamen viele tausende/Tausende von Zuhörern. Sie kamen zu aberhunderten/Aberhunderten.*

Do mesmo modo:
Der Stoff wird in einigen Dutzend/dutzend Farben angeboten. Der Fall war angesichts Dutzender/dutzender von Augenzeugen klar.

7. **Nomes próprios** são escritos com inicial maiúscula:
Sophie, Paula, Emilie, Charlotte, Frankfurt, Australien, Alpen. Em **nomes próprios compostos**, a primeira palavra, bem como todos os componentes, exceto artigos, preposições e conjunções, é escrita com inicial maiúscula:
Johann Wolfgang von Goethe, Deutsches Rotes Kreuz, Heinrich-Heine-Straße, Neuer Markt, Auf der Heide.

São considerados nomes próprios:

7.1 **Antropônimos**, **nomes próprios** de origem religiosa e mitológica, bem como **alcunhas** e **apelidos**, entre outros: *Johann Wolfgang von Goethe, Ludwig van Beethoven, Walther von der Vogelweide, Katharina die Große, Heinrich der Achte, Klein Erna.* Preposições como *van, von, de, te(n), zu(r)* em antropônimos são sempre escritas com inicial minúscula no interior das orações, mesmo quando não são precedidas pelo primeiro nome:
Der Reporter heißt von der Aue.

7.2 **Topônimos** e denominações geopolíticas de regiões do mundo, países, Estados, áreas administrativas; cidades, aldeias, lugares; paisagens, montanhas, florestas, regiões, campos; mares, regiões marítimas, rios, lagos, ilhas e costas: *Vereinigtes Königreich Großbritannien und Nordirland, Freie und Hansestadt Hamburg, Groß-Gerau, Unter den Linden, Neuer Markt, Kahler Asten, Holsteinische Schweiz, Thüringer Wald, Stiller Ozean, Neusiedler See, Kapverdische Inseln, Kap der guten Hoffnung.*

7.3 Nomes próprios de **objetos** de diferentes classes: estrelas, constelações, corpos celestes; veículos, edifícios, localidades; denominações isoladas de animais e plantas; condecorações e distinções: *Kleiner Bär, Großer Wagen, die Stromwärts* (Schiff)*, die Blaue Moschee* (in Istanbul)*, die Große Mauer* (in China)*; der Fliegende Pfeil* (ein bestimmtes Pferd)*, die Alte Eiche* (eine bestimmte Eiche)*; das Blaue Band des Ozeans, Großer Österreichischer Staatspreis.*

7.4 Nomes próprios de **instituições**, organizações, fundações; partidos, associações, sociedades; empresas, firmas, corporações, restaurantes, lojas; jornais, revistas; nomes próprios não oficiais, abreviações, abreviaturas de nomes próprios; determinados acontecimentos históricos e determinadas épocas:
Deutscher Bundestag, Statistisches Bundesamt, Hessisches Staatstheater Wiesbaden, Zweites Deutsches Fernsehen, Vereinte Nationen, Sozialdemokratische Partei Deutschlands, Österreichisches Rotes Kreuz, Nassauische Sparkasse, Gasthaus zur Neuen Post, Zum Goldenen Anker, Berliner Zeitung, Neue Illustrierte, Die Zeit, USA, CDU, EU, ORF, der Westfälische Frieden, der Zweite Weltkrieg.

Pontuação

Em alguns dos nomes próprios, citados em 7.4, a grafia pode fugir à regra em casos particulares: *konkret* (Zeitschrift), *Zur goldenen Gans* (Gaststätte).

7.5 Derivações de topônimos terminadas em *–er* são escritas com inicial maiúscula: *Berliner U-Bahn, Kölner Dom, Wiener Oper, Frankfurter Würstchen*. Derivações adjetivais de nomes próprios terminadas em *-(i)sch* são escritas com inicial minúscula. Em contrapartida, quando o antropônimo for separado por um apóstrofo, deverá ser escrito com inicial maiúscula: *die darwinsche/Darwin'sche Evolutionstheorie*.

7.6 Em **associações fixas de adjetivos e substantivos**, o adjetivo é escrito com inicial minúscula quando não se tratar de nome próprio: *das olympische Feuer, die höhere Mathematik, der bunte Hund*. No entanto, em associações que produzem um novo significado idiomático, o adjetivo também pode ser escrito com inicial maiúscula quando o uso especial tiver de ser enfatizado: *die graue/Graue Eminenz* (jmd., der im Hintergrund die Entscheidungen trifft), *der blaue/Blaue Brief* (Amtsschreiben), *die grüne/Grüne Grenze* (unbefestigte Grenze), *die kalte/Kalte Ente* (ein Getränk), *der runde/Runde Tisch* (Verhandlungen unter Gleichberechtigten), *das schwarze/Schwarze Brett* (Anschlagtafel), *der weiße/Weiße Tod* (Tod durch Lawinen).

7.7 Em determinados **grupos de palavras empregadas como substantivos**, os **adjetivos** são escritos com iniciais maiúsculas, embora não se trate de nomes próprios. É o caso de títulos, saudações militares, determinadas designações de cargos e funções, datas comemorativas e designações técnicas: *der Technische Direktor, Heiliger Vater, der Regierende Bürgermeister, der Heilige Abend,*
der Erste Mai, der Internationale Frauentag, Grüner Veltliner, Roter Milan, Schwarze Witwe. Todavia, em algumas expressões técnicas, dá-se preferência à inicial minúscula: *eiserne Lunge, grauer Star, seltene Erden*.

Em determinadas expressões técnicas, algumas associações que representam uma unidade conceitual podem ser escritas com inicial maiúscula ou minúscula. Por exemplo: *gelbe/Gelbe Karte, goldener/Goldener Schnitt, kleine/Kleine Anfrage, erste/Erste Hilfe*.

8. Os **pronomes de tratamento** *Sie* e *Ihr*, incluídas suas formas flexionadas, são escritos com inicial maiúscula: *Werden Sie am Montag kommen? Wir möchten Ihnen gratulieren*. Os pronomes de tratamento *du* e *ihr*, incluídas suas formas flexionadas, e os respectivos pronomes possessivos *dein* e *euer* são escritos com inicial minúscula: *Kannst du mir helfen? Ich werde es euch schon zeigen!* No entanto, em **cartas**, os pronomes de tratamento *du* e *ihr* e seus pronomes possessivos podem receber inicial maiúscula ou minúscula: *Liebe Susanne, ich danke dir/Dir für deinen/Deinen Brief. Wie geht es euch/Euch?*

E Pontuação

Quanto à pontuação, as novas regras preveem uma margem de decisão maior para o usuário.

Em orações principais que contenham *und*, *oder* e conjunções semelhantes, a **vírgula** já não é obrigatória. Por exemplo:
Es war ein herrlicher Sommertag(,) und wir verbrachten den ganzen Tag am Meer.

Em **orações subordinadas convencionais**, a vírgula pode ser eliminada. Por exemplo:
Wie telefonisch vereinbart(,) schicken wir Ihnen anbei die gewünschten Artikel zu. Wie bereits gesagt(,) treffen wir uns um 9 Uhr.

Em grupos infinitivos, a vírgula é facultativa em muitos casos.

Grupos infinitivos são sempre acompanhados de vírgula quando:

Informações sobre a nova ortografia alemã

a) o grupo infinitivo for introduzido por *um, ohne, statt, anstatt, außer, als*.
Por exemplo:
Wir trafen uns, um das Projekt zu besprechen. Er ging, ohne sich bei uns zu verabschieden. Anstatt sich zu entschuldigen, wurde er immer unverschämter. Es blieb keine andere Möglichkeit, als den Vertrag zu kündigen. Wir können gar nichts tun, außer zu zahlen.

b) o grupo infinitivo depender de um substantivo. Por exemplo:
Sie wurde bei ihrem Vorschlag, die Gehälter zu erhöhen, von allen ausgelacht. Wir fassten den Plan, aus Protest abzureisen.

c) o grupo infinitivo depender de um correlato ou de um vocábulo remissivo. Por exemplo:
Sie liebt es sehr, abends lange aufzubleiben. Lange aufzubleiben, das liebt sie sehr. Er hat es bereut, diese Fortbildung gemacht zu haben.

Quando o infinitivo for simples, a vírgula pode ser eliminada em b) e c) se sua supressão não gerar nenhum equívoco. Por exemplo:
Den Plan(,) abzureisen(,) hatten wir bald gefasst.
Die Freude(,) zu singen(,) wurde ihm bald genommen.
Er dachte nicht daran(,) zu gehen.

No **discurso direto**, há vírgula quando ele vier seguido de oração interferente ou quando esta constituir sua continuação:
„Wann kommst du?", fragte sie mich.
Sie sagte: „Ich komme gleich wieder", und ging hinaus.

Segundo a nova ortografia, o emprego do **apóstrofo** também é aceito a fim de separar a **desinência genitiva -s** ou o **sufixo adjetival -sch**. Por exemplo:
Melanie's Blumenstube (além da forma regular: *Melanies Blumenstube*), *Davy'sche Lampe* (além da grafia igualmente válida: *davysche Lampe*).

A colocação de apóstrofo em **formas verbais no imperativo** para indicar supressão já não é aceita. Por exemplo: *lass dich nicht überreden, komm doch endlich!*

F Separação de sílabas em final de linha

Os critérios essenciais para a divisão silábica levam em conta a articulação das sílabas fonéticas, os componentes de cada palavra e a separação das consoantes. Com as novas regras da ortografia alemã, a separação de sílabas em final de linha foi alterada em alguns pontos.
Agora também é separado o grupo consonântico *st* (*Fens-ter, am engs-ten* etc.).
A separação de *ck* como *-k-k* já não é aceita. As consoantes *ck* passam a ser entendidas como grupo consonântico, do mesmo modo como *ch* e *sch*, e são respectivamente separadas (*Zu-cker, le-cker* etc.).
As seguintes regras básicas devem ser observadas na separação de sílabas em final de linha:

1. **Separação por sílabas fonéticas:**
De acordo com a regra básica da separação silábica, palavras em final de linha são divididas do modo como podem ser decompostas quando pronunciadas lentamente. Por exemplo:
Bau-er, Ei-er, se-hen, Ge-spens-ter, na-ti-o-nal, Ver-such, Blu-men-er-de, Haus-tür, Be-fund, bei-spiels-wei-se.
Vogais isoladas no início ou no final de palavra não são separadas, mesmo quando se trata de composições. Por exemplo:
Abend, Kleie, Ju-li-abend, Bio-müll.
De modo geral, separações cacofônicas devem ser evitadas. Por exemplo:
An-alphabet (e não: *Anal-phabet*), *Sprech-erziehung* (e não: *Sprecher-ziehung*), *Ur-instinkt* (e não: *Urin-stinkt*).

Separação de sílabas em final de linha

2. **Separação de palavras compostas:** Palavras compostas e palavras com prefixo são separadas entre cada componente. Por exemplo:
Kaffee-kanne, Chef-arzt, Job-suche, erziehungs-berechtigt, voll-enden, Re-print, syn-chron, Pro-gramm, At-trak-tion, kom-plett, In-stanz etc.

3. **Separação de palavras polissílabas simples e sufixadas**

3.1 Pode-se realizar a separação entre vogais que pertencem a sílabas diferentes. Por exemplo:
Bau-er, Ei-er, Foli-en, klei-ig, re-ell, Spi-on.

3.2 Se nas palavras simples ou sufixadas houver uma consoante isolada entre vogais, na separação ela passará para a próxima linha. Se nessas mesmas palavras houver várias consoantes, apenas a última passará para a próxima linha. Por exemplo:
Au-ge, Bre-zel, trau-rig, Hop-fen, ros-ten, Städ-te, sit-zen, ren-nen, müs-sen, Drit-tel, Ach-tel, sechs-te, imp-fen, Karp-fen, dunk-le, knusp-rig, Kanz-lerin.

3.3 Se grupos consonânticos como *ch, sch, ph, rh, sh* ou *th* representarem uma única consoante, não deverão ser separados. O mesmo vale para *ck*. Exemplos:
la-chen, du-schen, Deut-sche, Sa-phir, Myr-rhe, Fa-shion, Zi-ther, bli-cken, Zu-cker.

3.4 Em vocábulos estrangeiros, o encontro de uma consoante + *l, n* ou *r* pode ser separado de acordo com 3.2 ou passar sem separação para a próxima linha. Exemplos:
nob-le/no-ble, Zyk-lus/Zy-klus, Mag-net/Ma-gnet, Feb-ruar/Fe-bruar, Hyd-rant/Hy-drant, Arth-ritis/Ar-thritis.

4. **Casos especiais:** palavras que, do ponto de vista histórico-linguístico ou etimológico, são composições ou prefixações, mas já não são sentidas ou reconhecidas como tais podem ser separadas conforme 2.1 ou 3 (3.1-3.4). Por exemplo:
hin-auf/hi-nauf, dar-um/da-rum, war-um/wa-rum, Chrys-antheme/Chry-santheme, Hekt-ar/Hek-tar, Heliko-pter/Helikop-ter, inter-essant/inte-ressant, Lin-oleum/Li-noleum, Päd-agogik/Pä-dagogik, Chir-urg/Chi-rurg.